Düwell · Lipke
ArbGG
Arbeitsgerichtsgesetz

Düwell · Lipke

ArbGG
Arbeitsgerichtsgesetz

Kommentar zum gesamten Arbeitsverfahrensrecht

Herausgegeben von

Prof. Franz Josef Düwell
Vorsitzender Richter am BAG a.D., Honorarprofessor an der Universität Konstanz

Prof. Dr. Gert-Albert Lipke
Präsident des Landesarbeitsgerichts Niedersachsen a.D., Mitglied des Niedersächsischen Staatsgerichtshofes (2007 bis 2014) und Honorarprofessor an der Technischen Universität Braunschweig, vormals Richter am Bundesarbeitsgericht

4. Auflage

Luchterhand Verlag 2016

Zitiervorschlag: Düwell/Lipke/*Bearbeiter* § 1 Rdn. 1

Bibliografische Information der Deutschen Nationalbibliothek

Die Deutsche Nationalbibliothek verzeichnet diese Publikation in der Deutschen Nationalbibliografie; detaillierte bibliografische Daten sind im Internet über http://dnb.d-nb.de abrufbar.

ISBN 978-3-472-08641-3

www.wolterskluwer.de
www.luchterhand-fachverlag.de

Alle Rechte vorbehalten.
© 2016 Wolters Kluwer Deutschland GmbH, Luxemburger Straße 449, 50939 Köln.
Luchterhand – eine Marke von Wolters Kluwer Deutschland GmbH.

Das Werk einschließlich aller seiner Teile ist urheberrechtlich geschützt. Jede Verwertung außerhalb der engen Grenzen des Urheberrechtsgesetzes ist ohne Zustimmung des Verlages unzulässig und strafbar. Das gilt insbesondere für Vervielfältigungen, Übersetzungen, Mikroverfilmungen und die Einspeicherung und Verarbeitung in elektronischen Systemen.

Verlag und Autor übernehmen keine Haftung für inhaltliche oder drucktechnische Fehler.

Umschlagkonzeption: Martina Busch, Grafikdesign, Homburg Kirrberg
Satz: Innodata Inc., Noida, Indien
Druck und Weiterverarbeitung: Williams Lea & Tag GmbH, München

Gedruckt auf säurefreiem, alterungsbeständigem und chlorfreiem Papier.

Vorwort zur 4. Auflage

Als 2000 unsere Erstauflage als die ZPO-Vorschriften »integrierender« Kommentar erschien, betraten wir Neuland. Mit der 3. Auflage kamen weitere Innovationen hinzu: Handreichungen für die Berechnung der Gebühren und Anwaltsvergütung, die Einführung in die gerichtsinternen Mediationsverfahren und die Kommentierung des kirchlichen Verfahrensrechts in Arbeitssachen verbunden mit einem Verzeichnis aller kirchlichen Schlichtungsstellen und kirchlichen Gerichte für Arbeitssachen. Die Nachfrage hat uns gezeigt, wie hilfreich dieses Konzept für die tägliche Arbeit der in der forensischen Praxis tätigen Verbandsvertreter, Anwälte und Richter ist.

In der 4. Auflage setzen wir dieses auf Integration und Praxisnutzen angelegte Konzept konsequent fort. Dabei kommt dem Kommentar auch die unveränderte Zusammensetzung des Autorenteams zustatten. Vertreten ist die Gerichtsbarkeit mit erfahrenen Richtern aus allen drei Instanzen, die Anwaltschaft mit ausgewiesenen Arbeitsrechtsexperten sowie die Rechtswissenschaft in Gestalt der beiden in der universitären Lehre tätigen Herausgeber.

Die 4. Auflage bringt die Leserschaft nicht nur auf den aktuellen Stand von Gesetzgebung, Rechtsprechung und Rechtswissenschaft, sondern verschafft der Leserschaft auch einen Wissensvorsprung:
- Spätestens ab 2018 besteht die Pflicht, elektronische Dokumente auch für den Arbeitsgerichtsprozess zu nutzen. Die Kommentierung zu §§ 46c bis 46g bereitet auf diesen Zeitpunkt vor und erläutert den Verfahrensbevollmächtigten die Rechtslage in der Übergangszeit.
- Die auf Initiative der Präsidentinnen und Präsidenten der Landesarbeitsgerichte gebildete Streitwertkommission hat am 5. April 2016 einen neuen Streitwertkatalog erarbeitet. Dieser für die Orientierung in Gebühren- und Anwaltsvergütungsfragen wichtige Katalog wird praxisgerecht zum Nachschlagen nach A bis Z im Anhang 2 aufbereitet und erläutert.
- Das Tarifautonomiestärkungsgesetz vom 11. August 2014 und das Tarifeinheitsgesetz vom 3. Juli 2015 hat zu Neuregelungen in den §§ 2a Abs. 1 Nr. 5 und 6, 98, 99, 112 ArbGG geführt, die dort ausführlich kommentiert werden. § 98 ArbGG mit seinen Regelungen zum Einigungsstellenbesetzungsverfahren ist inhaltlich unverändert nach § 100 ArbGG verschoben worden, der zuvor unbesetzt war.
- Die in § 4a TVG geregelte Herstellung der Tarifeinheit im Betrieb ist verfassungsrechtlich höchst umstritten. Die Erläuterung des dazugehörigen besonderen Beschlussverfahrens in § 99 ArbGG zeigt eine verfassungskonforme Problemlösung auf.

Herausgeber, Autorinnen und Autoren wünschen der Leserschaft einen hohen Gebrauchsnutzen. Hinweise, Anregungen und Kritik nehmen wir gerne elektronisch entgegen:

Franz.Duewell@uni-konstanz.de oder lage-lipke@mail.de

Wir schließen mit dem Dank an Verlag und Lektorat für die vertrauensvolle Zusammenarbeit.

Weimar und Enger, im Juli 2016
Franz Josef Düwell
Gert Albert Lipke

Autorenverzeichnis

Daniel Dreher
Vorsitzender Richter am LAG Niedersachsen

Prof. Franz Josef Düwell
Vorsitzender Richter am BAG a.D., Honorarprofessor an der Universität Konstanz

Alexandra Flick
Rechtsanwältin, Bielefeld

Thomas Kloppenburg
Vorsitzender Richter am LAG Berlin-Brandenburg

Horst-Dieter Krasshöfer
Richter am BAG, Erfurt

Prof. Dr. Gert-Albert Lipke
Präsident des Landesarbeitsgerichts Niedersachsen a.D., Mitglied des Niedersächsischen Staatsgerichtshofes (2007 bis 2014) und Honorarprofessor an der Technischen Universität Braunschweig, vormals Richter am Bundesarbeitsgericht

Dr. Mathias Maul-Sartori, D.E.A. (Université de Rennes 1)
Richter am ArbG Frankfurt/Oder, z. Zt. Bundesministerium für Arbeit und Soziales, Berlin

Harald Oesterle
Vorsitzender Richter am LAG Baden-Württemberg

Waldemar Reinfelder
Richter am BAG, Erfurt

Dr. Gerhard Schäder
Rechtsanwalt, Fachanwalt für Arbeitsrecht, München

Stefan Stodolka
Rechtsanwalt, Fachanwalt für Arbeitsrecht und für Insolvenzrecht, Detmold

Arno Tautphäus
Vizepräsident des LAG Thüringen a.D.

Birgit Voßkühler
Vorsitzende Richterin am LAG Hamburg, Mitglied des Hamburgischen Verfassungsgerichts

Dr. jur. Martin Wolmerath
Rechtsanwalt, Hamm, Vertretungsprofessur für Bürgerliches Recht, Handels- und Gesellschaftsrecht, Arbeitsrecht an der Fachhochschule Dortmund im Fachbereich Wirtschaft

Im Einzelnen haben bearbeitet

Einführung	Düwell
§ 1	Lipke
§§ 2–5 einschließlich Art. 20–23 EuGVVO (VO EG Nr. 44/2001)	Krasshöfer
§§ 6–7	Lipke
§ 8	Dreher
§ 9	Reinfelder
§ 10	Dreher
§§ 11, 11a	Wolmerath
§§ 12–13a	Dreher
§§ 14, 15	Lipke
§ 16	Wolmerath
§§ 17–19	Lipke
§§ 20–24	Wolmerath
§ 25	*weggefallen*
§§ 26–31	Wolmerath
§ 32	*weggefallen*
§§ 33–36	Lipke
§§ 37–39	Wolmerath
§§ 40–42	Lipke
§ 43	Wolmerath
§ 44	Wolmerath/Düwell
§ 45	Düwell
§§ 46–47	Kloppenburg
§ 48	Krasshöfer
§ 48a	*weggefallen*
§§ 49–53	Kloppenburg
§ 54	Kloppenburg/Tautphäus
§ 54a	Tautphäus
§§ 55–61b	Kloppenburg
§ 62	Dreher
§ 63	Kloppenburg
§§ 64–67	Maul-Sartori

Autorenverzeichnis

§ 67a	*weggefallen*
§§ 68, 69	Maul-Sartori
§§ 70, 71	*weggefallen*
§§ 72–77	Düwell
§§ 78, 78a	Oesterle
§ 79	Lipke
§§ 80–85	Reinfelder
§ 86	*weggefallen*
§§ 87–91	Oesterle
§ 92–96a	Düwell
§ 97	Lipke
§ 98	Reinfelder
§ 99	Düwell
§ 100	Lipke
§§ 101–111	Voßkühler
§ 112	Lipke
§§ 113–116	*weggefallen*
§ 117	Lipke
§§ 118-122	*weggefallen*
Anhang 1: Auszug GKG	Dreher
Anhang 2: Streitwertlexikon	Schäder
Anhang 3: Verfahren vor den Kirchlichen Arbeitsgerichten	Flick/Stodolka
Anhang 4: Verzeichnis der Gerichte für Arbeitssachen in der BRD	

Inhaltsverzeichnis

Vorwort zur 4. Auflage.	V
Autorenverzeichnis.	VII
Im Einzelnen haben bearbeitet	IX
Inhaltsverzeichnis.	XI
Abkürzungsverzeichnis.	XVII
Literaturverzeichnis	XXIII
Einführung	1
Arbeitsgerichtsgesetz	15
Erster Teil Allgemeine Vorschriften	15
§ 1 Gerichte für Arbeitssachen	15
§ 2 Zuständigkeit im Urteilsverfahren.	25
Anhang zu § 2 ArbGG	51
§ 2a Zuständigkeit im Beschlussverfahren	62
§ 3 Zuständigkeit in sonstigen Fällen	69
§ 4 Ausschluss der Arbeitsgerichtsbarkeit	72
§ 5 Begriff des Arbeitnehmers.	73
§ 6 Besetzung der Gerichte für Arbeitssachen	80
§ 6a Allgemeine Vorschriften über das Präsidium und die Geschäftsverteilung.	83
§ 7 Geschäftsstelle, Aufbringung der Mittel	95
§ 8 Gang des Verfahrens	102
§ 9 Allgemeine Verfahrensvorschriften und Rechtsschutz bei überlangen Gerichtsverfahren	103
§ 10 Parteifähigkeit.	137
§ 11 Prozessvertretung	144
§ 11a Beiordnung eines Rechtsanwalts, Prozesskostenhilfe	181
§ 12 Kosten	196
§ 12a Kostentragungspflicht.	197
§ 13 Rechtshilfe	205
§ 13a Internationale Verfahren	208
Zweiter Teil Aufbau der Gerichte für Arbeitssachen.	211
Erster Abschnitt Arbeitsgerichte.	211
§ 14 Errichtung und Organisation	211
§ 15 Verwaltung und Dienstaufsicht.	215
§ 16 Zusammensetzung	219
§ 17 Bildung von Kammern	222
§ 18 Ernennung der Vorsitzenden.	225
§ 19 Ständige Vertretung	228
§ 20 Berufung der ehrenamtlichen Richter	230
§ 21 Voraussetzungen für die Berufung als ehrenamtlicher Richter	235
§ 22 Ehrenamtlicher Richter aus Kreisen der Arbeitgeber	242

Inhaltsverzeichnis

§ 23	Ehrenamtlicher Richter aus Kreisen der Arbeitnehmer	244
§ 24	Ablehnung und Niederlegung des ehrenamtlichen Richteramts	245
§ 25	*(weggefallen)*	248
§ 26	Schutz der ehrenamtlichen Richter	248
§ 27	Amtsenthebung der ehrenamtlichen Richter	251
§ 28	Ordnungsgeld gegen ehrenamtliche Richter	254
§ 29	Ausschuss der ehrenamtlichen Richter	256
§ 30	Besetzung der Fachkammern	259
§ 31	Heranziehung der ehrenamtlichen Richter	261
§ 32	*(weggefallen)*	281

Zweiter Abschnitt Landesarbeitsgerichte 282

§ 33	Errichtung und Organisation	282
§ 34	Verwaltung und Dienstaufsicht	283
§ 35	Zusammensetzung, Bildung von Kammern	284
§ 36	Vorsitzende	286
§ 37	Ehrenamtliche Richter	286
§ 38	Ausschuss der ehrenamtlichen Richter	288
§ 39	Heranziehung der ehrenamtlichen Richter	289

Dritter Abschnitt Bundesarbeitsgericht 289

§ 40	Errichtung	289
§ 41	Zusammensetzung, Senate	292
§ 42	Bundesrichter	294
§ 43	Ehrenamtliche Richter	298
§ 44	Anhörung der ehrenamtlichen Richter, Geschäftsordnung	301
§ 45	Großer Senat	316

Dritter Teil Verfahren vor den Gerichten für Arbeitssachen 329

Erster Abschnitt Urteilsverfahren 329

Erster Unterabschnitt Erster Rechtszug 329

§ 46	Grundsatz	329
§ 46a	Mahnverfahren	430
§ 46b	Europäisches Mahnverfahren nach der Verordnung (EG) Nr. 1896/2006	442
§ 46c	Einreichung elektronischer Dokumente	455
Vorbemerkungen zu §§ 46c–f		468
§ 46d	Gerichtliches elektronisches Dokument	472
§ 46e	Elektronische Akte	473
§ 46f	Formulare; Verordnungsermächtigung	476
§ 47	Sondervorschriften über Ladung und Einlassung	477
§ 48	Rechtsweg und Zuständigkeit	480
§ 48a	*(weggefallen)*	483
§ 49	Ablehnung von Gerichtspersonen	483
§ 50	Zustellung	502

§ 51	Persönliches Erscheinen der Parteien	517
§ 52	Öffentlichkeit	525
§ 53	Befugnisse des Vorsitzenden und der ehrenamtlichen Richter	536
§ 54	Güteverfahren	543
§ 54a	Mediation, außergerichtliche Konfliktbeilegung	565
§ 55	Alleinentscheidung durch den Vorsitzenden	570
§ 56	Vorbereitung der streitigen Verhandlung	584
§ 57	Verhandlung vor der Kammer	604
§ 58	Beweisaufnahme	611
§ 59	Versäumnisverfahren	697
§ 60	Verkündung des Urteils	711
§ 61	Inhalt des Urteils	718
§ 61a	Besondere Prozessförderung in Kündigungsverfahren	728
§ 61b	Klage wegen Benachteiligung	732
§ 62	Zwangsvollstreckung	737
§ 63	Übermittlung von Urteilen in Tarifvertragssachen	761

Zweiter Unterabschnitt Berufungsverfahren 763

§ 64	Grundsatz	763
§ 65	Beschränkung der Berufung	798
§ 66	Einlegung der Berufung, Terminbestimmung	803
§ 67	Zulassung neuer Angriffs- und Verteidigungsmittel	829
§ 67a	(weggefallen)	848
§ 68	Zurückverweisung	849
§ 69	Urteil	857
§ 70	(weggefallen)	864
§ 71	(weggefallen)	864

Dritter Unterabschnitt Revisionsverfahren 865

§ 72	Grundsatz	865
§ 72a	Nichtzulassungsbeschwerde	896
§ 72b	Sofortige Beschwerde wegen verspäteter Absetzung des Berufungsurteils	945
§ 73	Revisionsgründe	961
§ 74	Einlegung der Revision, Terminbestimmung	998
§ 75	Urteil	1041
§ 76	Sprungrevision	1063
§ 77	Revisionsbeschwerde	1075

Vierter Unterabschnitt Beschwerdeverfahren, Abhilfe bei Verletzung des Anspruchs auf rechtliches Gehör 1085

§ 78	Beschwerdeverfahren	1085
§ 78a	Abhilfe bei Verletzung des Anspruchs auf rechtliches Gehör	1106

Fünfter Unterabschnitt Wiederaufnahme des Verfahrens 1117

§ 79		1117

Inhaltsverzeichnis

Zweiter Abschnitt Beschlussverfahren ... 1127

Erster Unterabschnitt Erster Rechtszug ... 1127

- § 80   Grundsatz ... 1127
- § 81   Antrag ... 1134
- § 82   Örtliche Zuständigkeit ... 1150
- § 83   Verfahren ... 1152
- § 83a Vergleich, Erledigung des Verfahrens ... 1164
- § 84   Beschluss ... 1167
- § 85   Zwangsvollstreckung ... 1170
- § 86   *(weggefallen)* ... 1182

Zweiter Unterabschnitt Zweiter Rechtszug ... 1183

- § 87   Grundsatz ... 1183
- § 88   Beschränkung der Beschwerde ... 1188
- § 89   Einlegung ... 1190
- § 90   Verfahren ... 1197
- § 91   Entscheidung ... 1200

Dritter Unterabschnitt Dritter Rechtszug ... 1203

- § 92   Rechtsbeschwerdeverfahren, Grundsatz ... 1203
- § 92a Nichtzulassungsbeschwerde ... 1224
- § 92b Sofortige Beschwerde wegen verspäteter Absetzung der Beschwerdeentscheidung ... 1230
- § 93   Rechtsbeschwerdegründe ... 1235
- § 94   Einlegung ... 1243
- § 95   Verfahren ... 1254
- § 96   Entscheidung ... 1259
- § 96a Sprungrechtsbeschwerde ... 1264

Vierter Unterabschnitt Beschlussverfahren in besonderen Fällen ... 1272

- § 97   Entscheidung über die Tariffähigkeit oder Tarifzuständigkeit einer Vereinigung ... 1272
- § 98   Entscheidung über die Wirksamkeit einer Allgemeinverbindlicherklärung oder einer Rechtsverordnung ... 1281
- § 99   Entscheidung über den nach § 4a Absatz 2 Satz 2 des Tarifvertragsgesetzes im Betrieb anwendbaren Tarifvertrag ... 1291
- § 100 Entscheidung über die Besetzung der Einigungsstelle ... 1301

Vierter Teil Schiedsvertrag in Arbeitsstreitigkeiten ... 1323

Vorbemerkung zum Vierten Teil ... 1323

- § 101 Grundsatz ... 1323
- § 102 Prozesshindernde Einrede ... 1335
- § 103 Zusammensetzung des Schiedsgerichts ... 1342
- § 104 Verfahren vor dem Schiedsgericht ... 1345
- § 105 Anhörung der Parteien ... 1349
- § 106 Beweisaufnahme ... 1353
- § 107 Vergleich ... 1358
- § 108 Schiedsspruch ... 1360

§ 109	Zwangsvollstreckung	1368
§ 110	Aufhebungsklage	1373

Fünfter Teil Übergangs- und Schlussvorschriften ... 1381

§ 111	Änderung von Vorschriften	1381
§ 112	Übergangsregelung	1391
§§ 113–116	*(weggefallen)*	1392
§ 117	Verfahren bei Meinungsverschiedenheiten der beteiligten Verwaltungen	1392
§§ 118–122	*(weggefallen)*	1392

Anhänge ... 1393

Anhang 1 Gerichtskostengesetz (GKG) ... 1393

Anhang 2 Streitwertlexikon ... 1406

Anhang 3 Verfahren vor den Kirchlichen Arbeitsgerichten ... 1482

Stichwortverzeichnis ... 1527

Abkürzungsverzeichnis

a.A.	andere Auffassung
ABl.	Amtsblatt
abl.	ablehnend
Abs.	Absatz
a.F.	alte Fassung
AFG	Arbeitsförderungsgesetz (jetzt SGB III)
AG	Aktiengesellschaft; Arbeitgeber; Amtsgericht
AGB-DDR	Arbeitsgesetzbuch DDR
AGG	Allgemeines Gleichbehandlungsgesetz
AktG	Aktiengesetz
AN	Arbeitnehmer
ÄndG	Änderungsgesetz
Anm.	Anmerkung
AnwK-ArbR	Hümmerich/Boecken/Düwell, AnwaltKommentar Arbeitsrecht
AP	Arbeitsrechtliche Praxis (Ab 1954: Nachschlagewerk des Bundesarbeitsgerichts)
ArbG	Arbeitsgericht
ArbGG	Arbeitsgerichtsgesetz
AR-Blattei	Arbeitsrecht-Blattei
AR-Blattei SD	Arbeitsrecht-Blattei – Systematische Darstellungen
ArbNErfG	Gesetz über Arbeitnehmererfindungen
ArbPlSchG	Arbeitsplatzschutzgesetz
ArbuR	Arbeit und Recht (Zeitschrift)
arg.	argumentum
ArbZG	Arbeitszeitgesetz
ARST	Arbeitsrecht in Stichworten (Entscheidungssammlung)
Art.	Artikel
AuA	Arbeit und Arbeitsrecht (Zeitschrift)
AÜG	Gesetz zur Regelung der Arbeitnehmerüberlassung
Auff.	Auffassung
AVAG	Anerkennungs- und Vollstreckungsausführungsgesetz
AVG	Angestelltenversicherungsgesetz
AVR	Allgemeine Vertragsrichtlinien
Az.	Aktenzeichen
BA	Bundesagentur für Arbeit
BAG	Bundesarbeitsgericht
BAGE	Amtliche Sammlung der Entscheidungen des Bundesarbeitsgerichts
BAnz.	Bundesanzeiger
BArbBl.	Bundesarbeitsblatt
BAT	Bundes-Angestelltentarifvertrag
Bay.VerfGH	Bayerischer Verfassungsgerichtshof
Bay.JMBl.	Bayerisches Justizmitteilungsblatt
BayVBl.	Bayerische Verwaltungsblätter (Zeitschrift)
BB	Betriebs-Berater (Zeitschrift)
Bbg VerfG	Verfassungsgericht des Landes Brandenburg
BBiG	Berufsbildungsgesetz
BDA	Bundesvereinigung Deutscher Arbeitgeberverbände
BDSG	Bundesdatenschutzgesetz
BEEG	Gesetz zum Elterngeld und zur Elternzeit (Bundeselterngeld- und Elternzeitgesetz)
Beil.	Beilage
BerHG	Beratungshilfegesetz
BeschFG	Beschäftigungsförderungsgesetz
BErzGG	Bundeserziehungsgeldgesetz

Abkürzungsverzeichnis

BetrAVG	Gesetz zur Verbesserung der betrieblichen Altersversorgung
BetrVG	Betriebsverfassungsgesetz
BFH	Bundesfinanzhof
BGB	Bürgerliches Gesetzbuch
BGBl.	Bundesgesetzblatt
BGH	Bundesgerichtshof
BOSchG	Bühnenoberschiedsgericht
BPersVG	Bundespersonalvertretungsgesetz
BRAGO	Bundesgebührenordnung für Rechtsanwälte
BRAK	Bundesrechtsanwaltskammer
BRAO	Bundesrechtsanwaltsordnung
BRTV-Bau	Bundesrahmentarifvertrag für das Baugewerbe
BSchGO	Bühnenschiedsgerichtsordnung
BSchGO-C	Tarifvertrag über die Bühnenschiedsgerichtsbarkeit für Opernchöre
BSG	Bundessozialgericht
BSHG	Bundessozialhilfegesetz
bspw.	beispielsweise
BT-Drs.	Drucksache des Deutschen Bundestages
BTT	Bühnentechnikertarifvertrag
Buchst.	Buchstabe
BUrlG	Bundesurlaubsgesetz
BVerfG	Bundesverfassungsgericht
BVerfGE	Entscheidungen des Bundesverfassungsgerichts
BVerfGG	Bundesverfassungsgerichtsgesetz
BVerwG	Bundesverwaltungsgericht
BWG	Bundeswahlgesetz
bzw.	beziehungsweise
DAG	Deutsche Angestelltengewerkschaft (jetzt ver.di)
DAV	Deutscher Arbeitnehmer-Verband
DB	Der Betrieb (Zeitschrift)
DB AG	Deutsche Bahn AG
DBGrG	Gesetz über die Gründung einer Deutschen Bahn Aktiengesellschaft
dbr	der betriebsrat (Zeitschrift)
DBV	Deutscher Bühnenverein – Bundesverband deutscher Theater
DDR	Deutsche Demokratische Republik
DGB	Deutscher Gewerkschaftsbund
d.h.	das heißt
DKK	Däubler/Kittner/Klebe (Hrsg.), Betriebsverfassungsgesetz mit Wahlordnung, Kommentar
DRiG	Deutsches Richtergesetz
DRiZ	Deutsche Richterzeitung (Zeitschrift)
EDV	Elektronische Datenverarbeitung
EGBGB	Einführungsgesetz zum Bürgerlichen Gesetzbuch
EGGVG	Einführungsgesetz zum Gerichtsverfassungsgesetz
EGMR	Europäischer Gerichtshof für Menschenrechte
EGStGB	Einführungsgesetz zum Strafgesetzbuch
EhrRiEG	Gesetz über die Entschädigung der ehrenamtlichen Richter
Einl.	Einleitung
EMRK	Europäische Konvention zum Schutze der Menschenrechte und Grundfreiheiten
EntgeltfortzG	Entgeltfortzahlungsgesetz
Erl.	Erläuterung
etc.	et cetera
EU	Europäische Union
EuGH	Europäischer Gerichtshof

EuGVÜ	Übereinkommen der Europäischen Gemeinschaft über die gerichtliche Zuständigkeit und die Vollstreckung gerichtlicher Entscheidungen in Zivil- und Handelssachen vom 27.09.1968
EzA	Entscheidungssammlung zum Arbeitsrecht
f., ff.	folgend (e)
FA	Fachanwalt Arbeitsrecht (Zeitschrift)
FamRZ	Zeitschrift für das gesamte Familienrecht
FDGB	Freier Deutscher Gewerkschaftsbund
FGG	Gesetz über die Angelegenheiten der freiwilligen Gerichtsbarkeit
FGO	Finanzgerichtsordnung
GBl.	Gesetzblatt
GDBA	Genossenschaft Deutscher Bühnen-Angehöriger
GebrMG	Gebrauchsmustergesetz
gem.	gemäß
GeschmMG	Geschmacksmustergesetz
GG	Grundgesetz
GK-ArbGG	Gemeinschaftskommentar zum Arbeitsgerichtsgesetz
GK-BUrlG	Gemeinschaftskommentar zum Bundesurlaubsgesetz
GKG	Gerichtskostengesetz
GmbH	Gesellschaft mit beschränkter Haftung
GmS-OGB	Gemeinsamer Senat der obersten Gerichtshöfe des Bundes
grds.	grundsätzlich
GRUR	Gewerblicher Rechtsschutz und Urheberrecht (Zeitschrift)
GS	Großer Senat
GVBl.	Gesetz- und Verordnungsblatt
GVG	Gerichtsverfassungsgesetz
HAG	Heimarbeitsgesetz
Halbs.	Halbsatz
HGB	Handelsgesetzbuch
h.M.	herrschende Meinung
Hrsg.; hrsg.	Herausgeber; herausgegeben
HzA	Handbuch zum Arbeitsrecht, Spezialwerk mit Gesetzestexten für die betriebliche Praxis, Loseblatt
i.d.F.	in der Fassung
i.d.R.	in der Regel
i.E.	im Einzelnen
IG	Industriegewerkschaft
InsO	Insolvenzordnung
i.R.d.	im Rahmen des/der
i.S.e.	im Sinne eines
i.S.v.	im Sinn von
i.Ü.	im Übrigen
i.V.m.	in Verbindung mit
JuMiG	Justizmitteilungsgesetz
JurBüro	Das juristische Büro (Zeitschrift)
jurisPR-ArbR	juris PraxisReport Arbeitsrecht
jurisPR-BVerwG	juris PraxisReport Bundesverwaltungsgericht
JZ	Juristenzeitung
KAB	Katholische Arbeitnehmer-Bewegung
KG	Kammergericht (Berlin); Kommanditgesellschaft
KO	Konkursordnung

Abkürzungsverzeichnis

KR	Gemeinschaftskommentar zum Kündigungsschutzgesetz und zu sonstigen kündigungsschutzrechtlichen Vorschriften
KSchG	Kündigungsschutzgesetz
LAG	Landesarbeitsgericht
LAGE	Entscheidungen der Landesarbeitsgerichte
LAGReport	LAGReport-Schnelldienst zur Rechtsprechung der Landesarbeitsgerichte (Zeitschrift)
LG	Landgericht
li.	links
lit.	litera (Buchstabe)
LNR	Lexis Nexis Recht/Listen-Nummer
LPVG	Landespersonalvertretungsgesetz
LS	Leitsatz
MBl.	Ministerialblatt
MDR	Monatsschrift für Deutsches Recht (Zeitschrift)
MitbestG	Mitbestimmungsgesetz
MTV	Manteltarifvertrag
MS	Sozialministerium
MünchKomm-BGB	Münchener Kommentar zum Bürgerlichen Gesetzbuch
MünchKomm-ZPO	Münchener Kommentar zur Zivilprozessordnung mit Gerichtsverfassungsgesetz und Nebengesetzen
MuSchG	Mutterschutzgesetz
m.w.N.	mit weiteren Nachweisen
Nds.VBl.	Niedersächsische Verwaltungsblätter
n.F.	neue Fassung
NJ	Neue Justiz (Zeitschrift)
NJW	Neue Juristische Wochenschrift
NJW-RR	NJW-Rechtsprechungs-Report Zivilrecht (Zeitschrift)
Nr.	Nummer
NStZ	Neue Zeitschrift für Strafrecht (Zeitschrift)
NV Bühne	Normalvertrag Bühne (vom 15.10.2002)
NV Solo	Normalvertrag Solo
n.v.	nicht veröffentlicht
NVwZ	Neue Zeitschrift für Verwaltungsrecht (Zeitschrift)
NVwZ-RR	NVwZ-Rechtsprechungs-Report Verwaltungsrecht (Zeitschrift)
NW	Nordrhein-Westfalen
NZA	Neue Zeitschrift für Arbeits- und Sozialrecht
NZA-RR	NZA-Rechtsprechungs-Report Arbeitsrecht (Zeitschrift)
NZI	Neue Zeitschrift für das Recht der Insolvenz und Sanierung (Zeitschrift)
OHG	Offene Handelsgesellschaft
OLG	Oberlandesgericht
ÖTV	Gewerkschaft Öffentliche Dienste, Transport und Verkehr (jetzt ver.di)
OVG	Oberverwaltungsgericht
OWiG	Ordnungswidrigkeitengesetz
PatG	Patentgesetz
PersR	Personalrat (Zeitschrift)
PKH	Prozesskostenhilfe
PostPersRG	Gesetz zum Personalrecht der Beschäftigten der früheren Deutschen Bundespost
PSV	Pensions-Sicherungs-Verein
RA	Rechtsanwalt
RdA	Recht der Arbeit (Zeitschrift)

Abkürzungsverzeichnis

Rdn.	Randnummer(n) (interner Verweis)
RGBL	Reichsgesetzblatt
re.	rechts
RIW	Recht der internationalen Wirtschaft (Zeitschrift)
RiWahlG	Richterwahlgesetz
Rn	Randnummer(n) (externer Verweis)
RPflG	Rechtspflegergesetz
RsprEinhG	Gesetz zur Wahrung der Einheitlichkeit der Rechtsprechung der obersten Gerichtshöfe des Bundes
RuP	Recht und Politik (Zeitschrift)
RuS	Recht und Schaden (Zeitschrift)
RVG	Gesetz über die Vergütung der Rechtsanwältinnen und Rechtsanwälte (Rechtsanwaltsvergütungsgesetz)
RVO	Reichsversicherungsordnung
S.	Seite
s.	siehe
s.a.	siehe auch
SAE	Sammlung arbeitsrechtlicher Entscheidungen
SchiedsVfG	Gesetz zur Neuregelung des Schiedsverfahrens
SchlHA	Schleswig-Holsteinische Anzeigen
SchwbG	Schwerbehindertengesetz (jetzt SGB IX)
SeemannsamtVO	Seemannsamtsverordnung
SeemG	Seemannsgesetz
SGB	Sozialgesetzbuch
SGG	Sozialgerichtsgesetz
sog.	so genannte(r)
Sp.	Spalte
spi	sozialpolitische Information hrsg. vom Bundesminister für Arbeit und Sozialordnung
SprAuG	Sprecherausschussgesetz
SR	Sonderregelung
StA	Staatsanwalt(schaft)
StGB	Strafgesetzbuch
str.	streitig
st. Rspr.	ständige Rechtsprechung
TVG	Tarifvertragsgesetz
Übers.	Übersicht
UmwG	Umwandlungsgesetz
UrhG	Urheberrechtsgesetz
usw.	und so weiter
u.U.	unter Umständen
v.a.	vor allem
ver.di	Vereinte Dienstleistungsgewerkschaft
VersR	Versicherungsrecht (Zeitschrift)
VfGBbg	Verfassung des Landes Brandenburg
vgl.	vergleiche
VwGO	Verwaltungsgerichtsordnung
WRV	Weimarer Reichsverfassung
WuM	Wohnungswirtschaft und Mietrecht (Zeitschrift)
ZA-NATO-Truppenstatut	Zusatzabkommen zum NATO-Truppenstatut
z.B.	zum Beispiel
ZDG	Zivildienstgesetz

Abkürzungsverzeichnis

ZPO	Zivilprozessordnung
ZPO-RG	Zivilprozessreformgesetz
ZRHO	Rechtshilfeordnung für Zivilsachen
ZSEG	Gesetz über die Entschädigung von Zeugen und Sachverständigen
ZTR	Zeitschrift für Tarifrecht
ZZP	Zeitschrift für Zivilprozess
z.T.	zum Teil

Literaturverzeichnis

Ascheid	Beweislastfragen im Kündigungsschutzprozeß, 1989
Ascheid	Kündigungsschutzrecht – Die Kündigung des Arbeitsverhältnisses, 1993 (zit.: Ascheid, Kündigungsschutzrecht)
Ascheid	Urteils- und Beschlußverfahren im Arbeitsrecht – Eine systematische Darstellung der Verfahren in Arbeitssachen, 2. Aufl. 1998 (zit.: Ascheid)
Bader/Creutzfeldt/Friedrich	Kommentar zum Arbeitsgerichtsgesetz, 5. Aufl. 2008 (z.T. zit.: BCF/Bearbeiter)
Bader/Dörner/Mikosch/Schleusener/Schütz/Vossen	Gemeinschaftskommentar zum Arbeitsgerichtsgesetz, Loseblatt, (zit.: GK-ArbGG/Bearbeiter)
Bader/Hohmann/Klein	Die ehrenamtlichen Richterinnen und Richter beim Arbeits- und Sozialgericht, 13. Aufl. 2012
Bartenbach/Volz	Arbeitnehmererfindungsgesetz – ArbEG, Kommentar, 5. Aufl. 2013
Baumbach/Lauterbach/Albers/Hartmann	Zivilprozessordnung mit Gerichtsverfassungsgesetz und anderen Nebengesetzen, 74. Aufl. 2016
Beyer/Frank/Frey/Hammerl/Müller/Schulze Froning/Simon/Sroka/Thüsing/Tiggelbeck	Freiburger Kommentar zur Rahmenordnung für eine Mitarbeitervertretungsordnung MAVO, Loseblatt
Däubler	Arbeitsrecht, 11. Aufl. 2015
Däubler	Tarifvertragsgesetz mit Arbeitnehmer-Entsendegesetz, 3. Aufl. 2012 (zit.: Däubler/Bearbeiter)
Däubler/Kittner/Klebe/Wedde (Hrsg.)	Betriebsverfassungsgesetz mit Wahlordnung und EBR-Gesetz, Kommentar, 15. Aufl. 2016 (zit.: DKKW-Bearbeiter)
Dersch/Volkmar	Arbeitsgerichtsgesetz, 6. Aufl. 1955
	Die Arbeitsgerichtsbarkeit, Festschrift zum 100-jährigen Bestehen des Deutschen Arbeitsgerichtsverbandes, 1994
Dietz/Nikisch	Arbeitsgerichtsgesetz, 1954
Dunkl/Moeller/Baur/Feldmeier/Wetekamp	Handbuch des vorläufigen Rechtsschutzes, 3. Aufl. 1999
Düwell	Die ehrenamtlichen Richter beim Bundesarbeitsgericht, in *Lieber/Sens*, Ehrenamtliche Richter: Demokratie oder Dekoration am Richtertisch?, Festschrift zum 10-jährigen Jubiläum der deutschen Vereinigung der Schöffinnen und Schöffen, 1999
Düwell (Hrsg.)	Betriebsverfassungsgesetz, 4. Aufl. 2014 (zit.: Düwell-Bearbeiter)
Düwell	Kölner Schrift zur Insolvenzordnung, 3. Aufl. 2009
Etzel/Bader/Fischermeier/Friedrich/Gallner/Griebeling/Klose/Kreft/Link/Lipke/Rachor/Rinck/Rost/Spilger/Treber/Vogt/Weigand	KR, Gemeinschaftskommentar zum Kündigungsschutzgesetz und zu sonstigen kündigungsschutzrechtlichen Vorschriften, 11. Aufl. 2016 (zit.: KR/Bearbeiter)
Fitting/Engels/Schmidt/Trebinger/Linsenmaier	Betriebsverfassungsgesetz, 28. Aufl. 2016
Germelmann/Matthes/Prütting/Müller-Glöge	Arbeitsgerichtsgesetz, Kommentar, 8. Aufl. 2013 (z.T. zit.: GMP/Bearbeiter)

Literaturverzeichnis

Gift/Baur	Das Urteilsverfahren vor den Gerichten für Arbeitssachen, 1993 (zit.: Gift/Baur)
Graf	Das Arbeitsgerichtsgesetz von 1926, 1993
Griebeling	Betriebliche Altersversorgung, 2. Aufl. 2003
Grunsky/Waas/Benecke/Greiner	Arbeitsgerichtsgesetz, Kommentar, 8. Aufl. 2014
Haerendel	Gesellschaftliche Gerichtsbarkeit in der Deutschen Demokratischen Republik, 1996
Hartmann	Kostengesetze, Kommentar, 46. Aufl. 2016
Hauck/Helml/Biebl	Arbeitsgerichtsgesetz, Kommentar, 4. Aufl. 2011
Henssler/Willemsen/Kalb (Hrsg.)	Arbeitsrecht, 7. Aufl. 2016 (zit.: HWK/Bearbeiter)
Herbst/Bertelsmann/Reiter	Arbeitsgerichtliches Beschlußverfahren, 2. Aufl. 1998
v. Hoyningen-Huene/Linck	Kündigungsschutzgesetz, Kommentar, 15. Aufl. 2013
Hümmerich/Boecken/Düwell	AnwaltKommentar Arbeitsrecht, 2. Aufl. 2010 (zit.: AnwK-ArbR/Bearbeiter)
Ide	Die Stellung der ehrenamtlichen Richter, in: Die Arbeitsgerichtsbarkeit, Festschrift zum 100-jährigen Bestehen des Deutschen Arbeitsgerichtsverbandes, 1994
Kania	Nichtarbeitsrechtliche Beziehungen zwischen Arbeitgeber und Arbeitnehmer, Monographie, 1990
Keil	Gerichtskosten und Prozeßkostenhilfe, in: Die Arbeitsgerichtsbarkeit, Festschrift zum 100-jährigen Bestehen des Deutschen Arbeitsgerichtsverbandes, 1994
Kempen/Zachert	Tarifvertragsgesetz, Kommentar, 5. Aufl. 2014
Kilger/Schmidt	Insolvenzgesetze – KO/VglO/GesO, 17. Aufl. 1997
Kissel/Mayer	Gerichtsverfassungsgesetz, Kommentar, 8. Aufl. 2015
Krüger/Rauscher (Hrsg.)	Münchener Kommentar zur Zivilprozessordnung mit Gerichtsverfassungsgesetz und Nebengesetzen, 3 Bände, 4. Aufl. (zit.: MünchKomm-ZPO/Bearbeiter)
Küttner	Personalbuch 2016, 23. Aufl. 2016 (zit.: Küttner/Bearbeiter)
Laux	Die Antrags- und Beteiligungsbefugnis im arbeitsgerichtlichen Beschlußverfahren, 1985
Leinemann	Handbuch zum Arbeitsrecht, Spezialwerk mit Gesetzestexten für die betriebliche Praxis, Loseblatt (zit.: Bearbeiter, in: HzA)
Leinemann/Linck	Urlaubsrecht, Kommentar, 2. Aufl. 2001
Leinemann/Taubert	Berufsbildungsgesetz, 2. Aufl. 2008
Markl/Meyer	Gerichtskostengesetz, Kommentar, 5. Aufl. 2003
Maunz/Schmidt-Bleibtreu/Klein/Bethge	Bundesverfassungsgerichtsgesetz, Loseblatt-Kommentar, 47. Aufl. 2015
Mayer-Maly	Die Arbeitsgerichtsbarkeit und der Nationalsozialismus, in: Die Arbeitsgerichtsbarkeit, Festschrift zum 100-jährigen Bestehen des Deutschen Arbeitsgerichtsverbandes, 1994
Mayer/Kroiß (Hrsg.)	Rechtsanwaltsvergütungsgesetz, 6. Aufl. 2013 (zit.: Mayer/Kroiß-Bearbeiter)

Literaturverzeichnis

Müller	Zur Geschichte der Arbeitsgerichtsbarkeit seit 1945, in: Die Arbeitsgerichtsbarkeit, Festschrift zum 100-jährigen Bestehen des Deutschen Arbeitsgerichtsverbandes, 1994
Müller/Bauer	Der Anwalt vor den Arbeitsgerichten, 3. Aufl. 1991
Müller-Glöge/Preis/Schmidt	Erfurter Kommentar zum Arbeitsrecht, 16. Aufl. 2016 (zit.: ErfK/Bearbeiter)
Musielak	Kommentar zur Zivilprozessordnung, 8. Aufl. 2011 (zit.: Musielak/Bearbeiter)
Natter/Gross	Arbeitsgerichtsgesetz, Kommentar, 2. Aufl. 2013
Oestreicher/Schelter/Kunz	Bundessozialhilfegesetz, Loseblatt-Kommentar
Opolony	Seitenwege – Umwege – Abwege. Arbeitsrechtliche Streitigkeiten außerhalb der Arbeitsgerichte, in: Bewegtes Arbeitsrecht, Festschrift für Wolfgang Leinemann zum 70. Geburtstag, 2006, S. 607 ff.
Ostrowicz/Künzl/Scholz	Handbuch des arbeitsgerichtlichen Verfahrens, 5. Aufl. 2014 (Aufl. 1-3 erschienen unter *Ostrowicz/Künzl/Schäfer*)
Palandt	Bürgerliches Gesetzbuch, 75. Aufl. 2016 (zit.: Palandt/Bearbeiter)
Postier/Lieber	§ 19, Rechtspflege, in: *Simon/Frankel/Sachs*, Handbuch der Verfassung des Landes Brandenburg, 1994
Prütting/Gehrlein	ZPO-Kommentar, 7. Aufl. 2015
Richardi	Arbeitsrecht in der Kirche, 7. Aufl. 2015
Richardi	Betriebsverfassungsgesetz mit Wahlordnung, Kommentar, 15. Aufl. 2016
Richter	Die besondere Stellung der ehrenamtlichen Richter bei den Landesarbeitsgerichten als in der Regel letztentscheidende Instanz, in: *Lieber/Sens*, Ehrenamtliche Richter: Demokratie oder Dekoration am Richtertisch?, Festschrift zum 10-jährigen Jubiläum der Deutschen Vereinigung der Schöffinnen und Schöffen, 1999
Sachs	Grundgesetz, Kommentar, 7. Aufl. 2014
Säcker/Rixecker/Oetker/Limberg (Hrsg.)	Münchener Kommentar zum Bürgerlichen Gesetzbuch, 12 Bände, 6. Aufl. (zit.: MünchKomm-BGB/Bearbeiter)
Saenger	Zivilprozessordnung, Kommentar, 6. Aufl. 2015
Schäfer	Der einstweilige Rechtsschutz im Arbeitsrecht, 1996
Schaub	Arbeitsrechts-Handbuch, 16. Aufl. 2015 (zit.: Schaub, Arbeitsrechts-Handbuch)
Schaub	Arbeitsrechtliches Formular- und Verfahrenshandbuch, 11. Aufl. 2015 (zit.: Schaub, Formularsammlung)
Schilken	Zivilprozessrecht, 7. Aufl. 2014
Schmidt-Räntsch	Deutsches Richtergesetz, Richterwahlgesetz, Kommentar, 6. Aufl. 2009
Schmitt	Bundessozialhilfegesetz, Kommentar, Loseblatt
Schuschke	Arrest und einstweilige Verfügung (§§ 916 bis 945 ZPO, Kommentar, Bd. 2, 3. Aufl. 2005)
Schwab/Weth (Hrsg.)	Arbeitsgerichtsgesetz, 4. Aufl. 2015 (zit.: Schwab/Weth-Bearbeiter)
Schwedes	Der Wiederaufbau der Arbeitsgerichtsbarkeit in den neuen Bundesländern, in: Die Arbeitsgerichtsbarkeit, Festschrift zum 100-jährigen Bestehen des Deutschen Arbeitsgerichtsverbandes, 1994
Soergel/Siebert	Bürgerliches Gesetzbuch mit Einführungsgesetz und Nebengesetzen, 10 Bände, 13. Aufl. 2000 ff. (zit.: Soergel/Siebert/Bearbeiter)

Literaturverzeichnis

Stahlhacke	Die Entwicklung der Gerichtsbarkeit in Arbeitssachen bis 1890, in: Die Arbeitsgerichtsbarkeit, Festschrift zum 100-jährigen Bestehen des Deutschen Arbeitsgerichts Verbandes, 1994
Stahlhacke/Bachmann/Bleistein/Berscheid	Gemeinschaftskommentar zum Bundesurlaubsgesetz, 5. Aufl. 1992 (zit.: GK-BUrlG/Bearbeiter)
Staudinger	J. v. Staudinger's Kommentar zum Bürgerlichen Gesetzbuch mit Einführungsgesetz und Nebengesetzen (zit.: Staudinger/Bearbeiter)
Stein/Jonas	Kommentar zur Zivilprozessordnung, 22. Aufl. 2013 (zit.: Stein/Jonas/Bearbeiter)
Theimer/Theimer	Mustertexte zum Zivilprozess, Bd. I, 9. Aufl. 2016
Thiel/Fuhrmann/Jüngst	Kommentar zur Rahmenordnung für eine Mitarbeitervertretungsordnung – MAVO, 7. Aufl. 2014
Thomas/Putzo	Zivilprozessordnung, Kommentar, 36. Aufl. 2015
Umbach/Clemens/Kley	Bundesverfassungsgerichtsgesetz, Mitarbeiterkommentar und Handbuch, 1992
v. Plottnitz	Können und sollen Ausländer ehrenamtliche Richter sein?, in: *Lieber/Sens*, Ehrenamtliche Richter: Demokratie oder Dekoration am Richtertisch?, Festschrift zum 10-jährigen Jubiläum der Deutschen Vereinigung der Schöffinnen und Schöffen, 1999
Walker	Der einstweilige Rechtsschutz im Zivilprozess und im arbeitsgerichtlichen Verfahren, 1993
Weiss	Von den Gewerbegerichten zu den Arbeitsgerichten, in: Die Arbeitsgerichtsbarkeit, Festschrift zum 100-jährigen Bestehen des Deutschen Arbeitsgerichtsverbandes, 1994
Weth	Das arbeitsgerichtliche Beschlußverfahren – Verfahren zur Entscheidung von Streitigkeiten aus dem kollektiven Arbeitsrecht, Habilitationsschrift, 1995
Wieser	Arbeitsgerichtsverfahren – Eine systematische Darstellung aufgrund der Rechtsprechung des Bundesarbeitsgerichts, 1994
Wlotzke/Richardi/Wißmann/Oetker (Hrsg.)	Münchener Handbuch zum Arbeitsrecht, 3 Bände, 3. Aufl. 2009 (zit.: MünchArbR/Bearbeiter, Bd.)
Wlotzke/Schwedes/Lorenz	Das neue Arbeitsgerichtsgesetz 1979, 1979
Wolmerath	Der ehrenamtliche Richter in der Arbeitsgerichtsbarkeit, 2003
Zöller	Zivilprozessordnung, Kommentar, 31. Aufl. 2016 (zit.: Zöller/Bearbeiter)

Einführung

Übersicht

		Rdn.
I.	Erhalt der eigenständigen Fachgerichtsbarkeit für Arbeitssachen	1
II.	Die Änderungen des ArbGG seit 2006 (soweit sie noch für das geltende Recht von Bedeutung sind)	2
	1. Verbandsklage und Beistandsleistung	2
	2. Klagefrist für Entschädigungsklagen wegen Benachteiligung	4
	3. Umsetzung des unionsrechtlichen Gesellschaftsrechts	5
	4. Gerichtliches Mahnverfahren	6
	5. Berufung der ehrenamtlichen Richter	7
	6. Prozessvertretung durch Verbände. . .	8
	7. Vereinfachung des arbeitsgerichtlichen Verfahrens	9
	8. Erweiterung der Zuständigkeiten . . .	10
	9. Justizielle Zusammenarbeit in der Union.	11
	10. Örtliche Zuständigkeit	12
	11. Geschäftsordnung des BAG	13
	12. Wiederaufnahme nach Entscheidung des Europäischen Menschengerichtshofs (EGMR)	14

		Rdn.
	13. Überlange Gerichtsverfahren.	15
	14. Gerichtsinterne Mediation	16
	15. Umfassende Rechtsbehelfsbelehrung.	17
	16. Gemeinsamer Senat der obersten Gerichtshöfe des Bundes.	18
	17. Ausschluss der Schiedsgerichtsbarkeit für Kapitäne und Besatzungsmitglieder	19
	18. Weitere Modernisierung des Kostenrechts	20
	19. Prozesskostenhilfe vor den Gerichten für Arbeitssachen	21
	20. Mahnverfahren und elektronischer Rechtsverkehr	22
	21. Neue Aufgaben im Zusammenhang mit allgemeinverbindlichen Tarifverträgen	25
	22. Neue Aufgaben zur Herstellung der Tarifeinheit im Betrieb	26
	23. Zuständigkeitsanpassung	27
III.	Einbettung der Gerichte in ein rechtliches Mehrebenensystem.	28
	1. Anwendung des Völkerrechts	30
	2. Amicus curiae	36

I. Erhalt der eigenständigen Fachgerichtsbarkeit für Arbeitssachen

Die von dem beim Bundesministerium des Innern angesiedelten Sachverständigenrat »Schlanker Staat« 1998 in seinem Abschlussbericht[1] empfohlene Ablösung des historisch gewachsenen Systems von fünf Fachgerichtsbarkeiten durch eine Einheitsjustiz[2] ist mehrfach aufgegriffen worden. Zwei Bundesratsinitiativen sollten die rechtlichen Grundlagen schaffen. Sowohl der Gesetzesentwurf des Bundesrats vom 23.03.2006 zur Änderung der Artikel 92 und 108[3] als auch der vom 23.03.2006 zur Öffnung des Bundesrechts für die Zusammenführung von Gerichten der Verwaltungs-, Sozial- und Finanzgerichtsbarkeit in den Ländern (Zusammenführungsgesetz)[4] sind gescheitert. Zwar ist das Thema im August 2011 mit der Forderung der Justizminister Sachsens, Sachsen-Anhalts und Thüringens zur Auflösung der eigenständigen Sozialgerichtsbarkeit wieder belebt worden. Diese Initiative hat es angesichts der Ablehnung in der Fachöffentlichkeit nicht mehr zu einem Gesetzentwurf gebracht. Zu Recht wies der Deutsche Richterbund (DRB) am 30.08.2011 in Übereinstimmung mit dem DGB darauf hin, der von den Ministern beklagte Anstieg der sozialgerichtlichen Verfahren könne in Ländern mit vorausschauender Personalpolitik auch ohne eine Zusammenlegung bewältigt werden. Viele Richter, darunter auch der Arbeitsgerichtsbarkeit, sind dem Aufruf zum freiwilligen Wechsel in die Sozialgerichtsbarkeit gefolgt. Weder kam es zu der von der Justizministerkonferenz 2004 angekündigten »Große Justizreform« noch zu der von der damaligen Bundesjustizministerin Zypries 2005 geforderten einheitliche Verfahrensordnung für alle Gerichtsbarkeiten. Stattdessen war der Gang der Gesetzgebung durch kleine Schritte zur Opti- 1

---

1 Abschlussbericht, 1998, Band 1, S. 188.
2 Düwell in: FS für Däubler, 1999, S. 745 ff.
3 BT-Drucks. 16/1034.
4 BT-Drucks. 16/1040.

mierung des bestehenden Systems der Fachgerichtsbarkeiten gekennzeichnet. Zwar mag es als Rede pro domo ausgelegt werden, aber es muss nicht schamhaft verschwiegen werden, dass erneut andere Gerichtsbarkeiten bewährte Verfahrensregeln von der Arbeitsgerichtsbarkeit übernommen haben. International hat sich in gleicher Weise das Modell der 1926 erfundenen eigenständigen Gerichte für Arbeitssachen als Exportschlager erwiesen. Beide Herausgeber haben – der eine in Japan und der andere in Taiwan – an der Einfügung von Grundelementen des Arbeitsgerichtsmodells in das Prozessrecht dieser Staaten mitwirken dürfen.

II. Die Änderungen des ArbGG seit 2006 (soweit sie noch für das geltende Recht von Bedeutung sind)

1. Verbandsklage und Beistandsleistung

2   Mit dem Gesetz zur Umsetzung europäischer Richtlinien zur Verwirklichung des Grundsatzes der Gleichbehandlung (GleiBehUmsG) vom 14.08.2006[5] war zunächst in § 11 Abs. 1 Satz 6 und § 11 Abs. 3 Satz 2 ArbGG zum 18.08.2006 die Zulässigkeit der Vertretung von Diskriminierungsopfern durch Vertreter der in § 23 des Allgemeinen Gleichbehandlungsgesetzes (AGG) bezeichneten Verbände bei der Geltendmachung eines Rechts wegen eines Verstoßes gegen das Benachteiligungsverbot nach § 7 Abs. 1 des AGG eingeführt worden. Doch diese Befugnis wurde als zu weitgehend angesehen. Binnen weniger Wochen ist sie durch Art. 8 Abs. 3 Nr. 1 des Gesetzes zur Änderung des Betriebsrentengesetzes und anderer Gesetze vom 02.12.2006[6] mit Wirkung vom 12.12.2006 wieder gestrichen worden. Seitdem können Antidiskriminierungsverbände nur noch bei den Arbeitsgerichten als Beistand nach § 23 Abs. 2 AGG auftreten.

3   Eine von der Praxis bislang unbeachtete prozessuale Sonderrolle ist den Behindertenverbänden in § 63 SGB IX eingeräumt. Diese können dann, wenn behinderte Menschen in ihren Rechten nach dem SGB IX verletzt werden, an deren Stelle und mit ihrem Einverständnis klagen, die nach ihrer Satzung behinderte Menschen auf Bundes- oder Landesebene vertreten. Bislang ist vor den Gerichten für Arbeitssachen nicht von diesem Verbandsklagerecht Gebrauch gemacht worden. Das wird sich jedoch ändern; denn die Gewerkschaft IG Metall hat auf ihrem 23. Ordentlichen Gewerkschaftstag vom 18. bis 24. Oktober 2015 beschlossen, ihre Satzung insoweit zu ergänzen. Jetzt kann diese Gewerkschaft insbesondere das Recht auf behinderungsgerechte Beschäftigung (§ 81 Abs. 4 SGB IX) einklagen und auch die aus der Verletzung des besonderen Benachteiligungsverbots gegenüber schwerbehinderten Beschäftigten aufgrund § 81 Abs. 2 SGB IX i.V.m. § 15 AGG erwachsenden Ansprüche gerichtlich geltend machen. Allerdings ist die Fähigkeit von Gewerkschaften, für behinderte Menschen, deren Rechte aus dem SGB IX einzuklagen, umstritten. So wird von einer Mindermeinung im Schrifttum vertreten, Gewerkschaften fielen aus dem Anwendungsbereich des § 63 SGB IX heraus; denn als allgemeine Arbeitnehmerorganisationen verträten sie eben nicht schwerpunktmäßig die Interessen behinderter Menschen.[7]

2. Klagefrist für Entschädigungsklagen wegen Benachteiligung

4   Mit dem Gesetz zur Umsetzung europäischer Richtlinien zur Verwirklichung des Grundsatzes der Gleichbehandlung (GleiBehUmsG) vom 14.08.2006[8] ist zum 18.08.2006 die in § 61b ArbGG enthaltene Ausschlussfrist für Klagen wegen der Benachteiligung wegen des Geschlechts nach § 611a BGB auf alle Klagen wegen einer Benachteiligung aufgrund eines der in § 1 AGG genannten Diskriminierungsmerkmale erstreckt worden. Danach muss eine Klage auf Entschädigung nach § 15 AGG innerhalb von drei Monaten, nachdem der Anspruch schriftlich geltend gemacht worden

---

5 BGBl. I 2006, S. 1897.
6 BGBl. I 2006, S. 2742.
7 So Masuch in: Hauck/Noftz, SGB IX, § 63 Rn 12. A.A. Köhler, ZFSH/SGB 2010, 19, 25; Joussen in: Dau/Düwell/Joussen, SGB IX, § 63 Rn 10.
8 BGBl. I 2006, S. 1897.

ist, erhoben werden. Damit knüpft die Frist an die Ausschlussfrist des § 15 Abs. 4 AGG an. Nach § 15 Abs. 4 AGG sind Schadensersatz- und Entschädigungsansprüche nach § 15 Abs. 1 und Abs. 2 AGG von benachteiligten Beschäftigten innerhalb von zwei Monaten gegenüber dem Arbeitgeber schriftlich geltend zu machen. Der Lauf der Ausschlussfrist des § 15 Abs. 4 AGG wird im Falle einer Bewerbung oder eines beruflichen Aufstiegs mit dem Zugang der Ablehnung ausgelöst. Entgegen der Ansicht des LAG Köln[9] gilt die Klagefrist des § 61b Abs. 1 ArbGG nur für Ansprüche auf Entschädigung und nicht für Schadensersatzansprüche. Während das BAG diese Rechtsfrage zunächst bewusst offen gelassen hatte[10], ist nunmehr die Rechtsfrage eindeutig beantwortet: »auf den materiellen Schadensersatzanspruch nach § 15 Abs. 1 AGG findet § 61b ArbGG keine Anwendung. Dies folgt bereits aus dem Wortlaut der gesetzlichen Regelung, die nur von Entschädigung, nicht von Schadensersatz spricht.«[11]

3. Umsetzung des unionsrechtlichen Gesellschaftsrechts

Mit dem Gesetz zur Einführung der Europäischen Genossenschaft und zur Änderung des Genossenschaftsrechts (SCEEG) vom 14.08.2006[12] sowie dem Gesetz zur Umsetzung der Regelungen über die Mitbestimmung der Arbeitnehmer bei einer Verschmelzung von Kapitalgesellschaften aus verschiedenen Mitgliedstaaten (MgVUmsG) vom 21.12.2006[13] sind entsprechende Beteiligtenstellungen in § 83 Abs. 3 ArbGG eingeräumt, neue Zuständigkeiten in § 2a Abs. 1 ArbGG eingefügt und erforderliche Regelungen zur örtlichen Zuständigkeit in § 82 Abs. 4 sowie Abs. 5 ArbGG getroffen worden.

5

4. Gerichtliches Mahnverfahren

Durch das 2. Justizmodernisierungsgesetz (JuMoG 2) vom 22.12.2006[14] ist die das Mahnverfahren regelnde Vorschrift des § 46a ArbGG geändert worden. In Abs. 1 Satz 2 der Vorschrift ist angeordnet, § 690 Abs. 3 ZPO nicht anzuwenden, so dass weiterhin der Mahnantrag in einer anderen als maschinell lesbaren Form übermittelt werden darf. Durch das Gesetz zur Änderung des Sozialgerichtsgesetzes und des Arbeitsgerichtsgesetzes (SGG/ArbGGÄndG) vom 26.03.2008[15] wurde das Verfahren konkretisiert, das das Mahngericht nach Eingang des Einspruchs einzuhalten hat. Dieses ist 2013 erneut geändert worden (vgl. § 46a Rdn. 1).

6

5. Berufung der ehrenamtlichen Richter

Mit dem RV-Altersgrenzenanpassungsgesetz (RVAltGrAnpG) vom 20.04.2007[16] ist in § 24 Abs. 1 Nr. 1 ArbGG mit Wirkung ab 01.01.2008 das Erreichen der Regelaltersgrenze nach dem SGB VI als Ablehnungs- und Niederlegungsgrund für ehrenamtliche Richter eingefügt worden. Durch das Gesetz zur Änderung des Sozialgerichtsgesetzes und des Arbeitsgerichtsgesetzes (SGG/ArbGGÄndG) vom 26.03.2008[17] ist § 21 Abs. 1 ArbGG geändert worden. Nach der Neufassung können als ehrenamtliche Richter nicht nur Arbeitnehmer und Arbeitgeber berufen werden, die im Bezirk des Arbeitsgerichts tätig sind, sondern auch diejenigen, die im Bezirk wohnen.

7

---

9 LAG Köln, 13.02.2012 – 2 Sa 768/11, auf die Revision vom BAG aufgehoben: BAG, 20.06.2013 – 8 AZR 482/12 -NZA 2014, 21.
10 BAG, 22.07.2010 – 8 AZR 1012/08, AP AGG § 22 Nr. 2.
11 BAG, 20.06.2013 – 8 AZR 482/12, NZA 2014, 21.
12 BGBl. I 2006, S. 1911.
13 BGBl. I 2006, S. 3332.
14 BGBl. I 2006, S. 3416.
15 BGBl. I 2008, S. 444.
16 BGBl. I 2007, S. 554.
17 BGBl. I 2008, S. 444.

Einführung

6. Prozessvertretung durch Verbände

8 Mit dem Gesetz zur Neuregelung des Rechtsberatungsrechts (RBerNG) vom 12.12.2007[18] ist die Vertretung und die Postulationsbefugnis vor den Gerichten für Arbeitssachen in §§ 11, 12a Abs. 2 Satz 1, 55 Abs. 1, 55 Abs. 1 Nr. 9, 87 Abs. 2 Satz 2, 89 Abs. 1, 92 Abs. 2 Satz 2, 94 Abs. 1, 105 Abs. 2 Satz 4 zum 01.07.2008 umfassend neugeregelt worden. Insbesondere das Vertretungsmonopol der Rechtsanwaltschaft vor dem BAG ist weggefallen. Die Gewerkschaften und Arbeitgeberverbände können sich selbst und ihre Mitglieder in allen Instanzen vertreten. Erforderlich ist für das Auftreten der Verbände vor dem BAG nur, dass sie durch eine Person mit der Befähigung zum Richteramt handeln, § 11 Abs. 4 Satz 3 ArbGG.

7. Vereinfachung des arbeitsgerichtlichen Verfahrens

9 Dem Gesetz zur Änderung des Sozialgerichtsgesetzes und des Arbeitsgerichtsgesetzes (SGG/ArbGGÄndG) vom 26.03.2008[19] liegt eine umfangreiche Überarbeitung des erstinstanzlichen Urteils- und Beschlussverfahrens unter dem Aspekt der Verfahrensvereinfachung und Beschleunigung zugrunde. So wurde besonders das Alleinentscheidungsrecht des Vorsitzenden durch Änderungen in § 55 Abs. 1 Eingangssatz, § 55 Abs. 1 Nr. 4a, § 55 Abs. 1 Nr. 8 bis 11, § 55 Abs. 2 Satz 1 sowie § 89 Abs. 3 Satz 1 und 2 ArbGG gestärkt. In § 46c ist die Rechtsgrundlage für die Einreichung elektronischer Dokumente eingeführt worden.

8. Erweiterung der Zuständigkeiten

10 Mit dem Gesetz zur Förderung von Jugendfreiwilligendiensten (JFDFöG) vom 16.05.2008[20] und mit dem Gesetz zur Einführung eines Bundesfreiwilligendienstes (BFDGEG) vom 28.04.2011[21] ist in § 2 Abs. 1 Nr. 8 und 8a ArbGG für Streitigkeiten zwischen den Trägern und den Freiwilligen nach dem Jugendfreiwilligengesetz sowie nach dem Bundesfreiwilligengesetz der Rechtsweg zu den Gerichten für Arbeitssachen eröffnet worden. Das ist bemerkenswert, weil damit auch öffentlich-rechtliche Rechtsverhältnisse erfasst werden. Die Angelegenheiten der von den Freiwilligen nach § 10 BFDGEG zu wählenden Sprecherinnen und Sprecher, die deren Interessen gegenüber den Einsatzstellen, Trägern, Zentralstellen und der zuständigen Bundesbehörde vertreten, sind in § 2a Abs. 1 Nr. 3d (nach Umnummerierung) ArbGG dem Beschlussverfahren zugewiesen.

9. Justizielle Zusammenarbeit in der Union

11 Das Gesetz zur Verbesserung der grenzüberschreitenden Forderungsdurchsetzung und Zustellung (GrZustVerbG) vom 30.10.2008[22] hat in § 13a ArbGG die Verweisung auf die justizielle Zusammenarbeit in der Europäischen Union gebracht, die im Buch 11 der ZPO geregelt ist. Ferner ist durch dieses Gesetz auch § 46b ArbGG eingefügt worden, der das Europäische Mahnverfahren für anwendbar erklärt.

10. Örtliche Zuständigkeit

12 Das Gesetz zur Verbesserung der Rahmenbedingungen für die Absicherung flexibler Arbeitszeitregelungen und zur Änderung anderer Gesetze (ArbZRVerbG) vom 21.12.2008[23] hat die in § 48 Abs. 1a Satz 1 ArbGG getroffene Zuständigkeitsregelung geändert. Während bis Ende 2008 der Gerichtsstand des Arbeitsorts für alle in § 2 ArbGG aufgeführten Gegenstände des Urteilsverfahrens galt, ist mit Wirkung ab 2009 eine Beschränkung auf Rechtsstreitigkeiten nach § 2 Abs. 1

---

18 BGBl. I 2007, S. 2840.
19 BGBl. I 2008, S. 444.
20 BGBl. I 2008, S. 842.
21 BGBl. I 2011, S. 687.
22 BGBl. I 2008, S. 2122.
23 BGBl. I 2008, S. 2940.

Nr. 3, 4a, 7, 8 und 10 sowie Abs. 2 erfolgt. Einleuchtender Grund ist: An den Arbeitsort kann nur dann als besonderen Gerichtsstand angeknüpft werden, wenn Gegenstand des Rechtsstreits ein Beschäftigungsverhältnis oder eine Arbeitsleistung ist. Durch das Zweite Gesetz zur Änderung des Europäische Betriebsräte-Gesetzes, das der Umsetzung der Richtlinie 2009/38/EG über Europäische Betriebsräte (2. EBRG-ÄndG) vom 14.06.2011[24] dient, ist in § 82 Abs. 2 Satz 2 ArbGG eine Zuständigkeitsfrage geklärt worden. Wird eine Vereinbarung nach § 41 Abs. 1 bis 7 des Gesetzes über Europäische Betriebsräte (EBRG) über die grenzüberschreitende Unterrichtung und Anhörung getroffen, so ist bei Streitigkeiten für die Bestimmung der örtlichen Zuständigkeit der Sitz des vertragsschließenden Unternehmens maßgebend.

11. Geschäftsordnung des BAG

Mit dem Gesetz zur Modernisierung von Verfahren im anwaltlichen und notariellen Berufsrecht, zur Errichtung einer Schlichtungsstelle der Rechtsanwaltschaft sowie zur Änderung sonstiger Vorschriften (RA/NotModG) vom 30.07.2009[25] ist der in § 44 Abs. 2 Satz 1 ArbGG enthaltene Vorbehalt »Der Geschäftsgang wird durch eine Geschäftsordnung geregelt, die das Präsidium beschließt; sie bedarf der Bestätigung durch den Bundesrat.« weggefallen. Seit dem Inkrafttreten der Änderung am 05.08.2009 kann das Präsidium des BAG die Geschäftsordnung ändern, ohne die Zustimmung des Bundesrats einzuholen.

12. Wiederaufnahme nach Entscheidung des Europäischen Menschengerichtshofs (EGMR)

Das Gesetz zur Änderung des § 522 der Zivilprozessordnung vom 21.10.2011[26] ist zum 27.10.2011 in Kraft getreten. Es wirkt sich über § 79 ArbGG auch auf rechtskräftige arbeitsgerichtliche Urteile aus. So kann insbesondere gegen rechtskräftige Abweisungen von Kündigungsschutzklagen nach § 79 ArbGG i.V.m. § 580 Nr. 8 ZPO Restitutionsklage erhoben werden, falls der EGMR eine Verletzung der Europäischen Menschenrechtskonvention (EMRK) festgestellt hat und das Urteil auf dieser Entscheidung beruht. Gemäß § 586 Abs. 2 Satz 2 ZPO war die Restitutionsklage nach bisherigem Recht nach Ablauf von fünf Jahren seit Eintritt der Rechtskraft des angegriffenen Urteils unstatthaft. Art. 1 Nr. 2 des Gesetzes zur Änderung des § 522 der Zivilprozessordnung hat das geändert. Diese Ausschlussfrist ist auf Restitutionsklagen nach § 580 Nr. 8 ZPO nicht mehr anzuwenden. Diese Neuregelung gilt nach der Übergangsregelung in § 38 Abs. 2 EGZPO jedoch nicht rückwirkend für Altfälle, bei denen im Zeitpunkt des Inkrafttretens des Gesetzes die Frist des § 586 Abs. 2 Satz 2 ZPO bereits abgelaufen war.

13. Überlange Gerichtsverfahren

Das Gesetz über den Rechtsschutz bei überlangen Gerichtsverfahren und strafrechtlichen Ermittlungsverfahren (ÜberlVfRSchG) vom 24.11.2011[27] ist am 03.12.2011 in Kraft getreten. Es ist in beiden arbeitsgerichtlichen Verfahrensarten mit der Modifikation anzuwenden, das anstelle des Oberlandesgerichts das Landesarbeitsgericht und anstelle des Bundesgerichtshofs das Bundesarbeitsgericht zuständig ist. Das ergibt sich aus der Einfügung in § 9 Abs. 2 Satz 2 ArbGG. Der gesamte Inhalt des ÜberlVfRSchG ist im Rahmen der Erläuterungen zu § 9 ArbGG vom Autor Richter am BAG Waldemar Reinfelder praxisbezogen dargestellt.

14. Gerichtsinterne Mediation

Mit dem Gesetz zur Förderung der Mediation und anderer Verfahren der außergerichtlichen Konfliktbeilegung vom 21.07.2012 ist entsprechend der Beschlussempfehlung des Rechtsausschusses

---

24 BGBl. I 2011, S. 1050.
25 BGBl. I 2009, S. 2449.
26 BGBl. I 2001, S. 2082.
27 BGBl. I 2011, S. 2302.

Einführung

(6. Ausschuss) vom 01.12.2011[28] und dem Einigungsvorschlag des Vermittlungsausschusses auch die gerichtsinterne Mediation in Gestalt des Güterichters eingeführt worden. Das hat die Anfügungen von § 54 Abs. 6 und § 54a und Folgeänderungen in §§ 55 Abs. 1 Nr. 8, 64 Abs. 7, 80 Abs. 2 Satz 1, 83a Abs. 1 und 87 Abs. 2 Satz 1 mit sich gebracht. Im Rahmen der Kommentierung zu §§ 54, 54a ArbGG erläutert der seit Jahren selbst als Güterichter tätige Vizepräsident des Thüringer LAG Arno Tautphäus die gerichtsinterne Mediation. Wesentlicher Inhalt: Nach § 54 Abs. 6 ArbGG kann der Vorsitzende die Parteien zur Durchführung einer besonderen Güteverhandlung oder einer Mediation an einen Güterichter verweisen. Statt einer Verweisung in das Güterichterverfahren kommt auch eine Fortsetzung der Güteverhandlung durch den Vorsitzenden in einem weiteren Termin gem. § 54 Abs. 1 Satz 5 ArbGG in Frage. Gelingt eine konsensuale Lösung können die Parteien im arbeitsgerichtlichen Urteilsverfahren den Rechtsstreit im Rahmen der Güterichterverhandlung durch den Abschluss eines gerichtlichen Vergleichs zur Niederschrift des Güterichters nach § 54 Abs. 6 ArbGG beenden. Im Beschlussverfahren können die Beteiligten nach § 83a Abs. 1 ArbGG das Verfahren ebenso durch Vergleich erledigen. Nach § 54a ArbGG kann das Gericht den Parteien auch eine Mediation oder ein anderes Verfahren der außergerichtlichen Konfliktbeilegung vorschlagen. Entscheiden sich die Parteien zur Durchführung einer Mediation oder eines anderen Verfahrens der außergerichtlichen Konfliktbeilegung, ordnet das Gericht das Ruhen des Verfahrens an. Dazu ist in § 55 Abs. 1 Nr. 8 ArbGG das Alleinentscheidungsrecht des Vorsitzenden erweitert. Er trifft die Entscheidung »über die Aussetzung und Anordnung des Ruhens des Verfahrens«.

15. Umfassende Rechtsbehelfsbelehrung

17 Das Gesetz zur Einführung einer Rechtsbehelfsbelehrung im Zivilprozess und zur Änderung anderer Vorschriften vom 05.12.2012[29] hat die Rechtslage im Zivilprozess an die bereits seit Langem im Arbeitsgerichtsprozess nach § 9 Abs. 5 ArbGG geltende Pflicht zur Rechtsmittelbelehrung angeglichen. Die mit dem Gesetz eingeführte Rechtsbehelfsbelehrung sowohl für das Erkenntnisverfahren als auch das Vollstreckungsverfahren soll die Orientierung im gerichtlichen Instanzenzug erleichtern und der Vermeidung unzulässiger Rechtsmittel dienen. Dazu muss die Belehrung zukünftig Form, Frist und zuständiges Gericht enthalten. Es liegt wohl eine Nachlässigkeit vor, dass keine Bestimmung zum Arbeitsgerichtsgesetz aufgenommen wurde. Zwar ist § 9 Abs. 5 ArbGG für den Zivilprozess beispielgebend, aber auch hier besteht Nachbesserungsbedarf, denn die Belehrungspflicht betrifft nur Entscheidungen, die mit einem Rechtsmittel anfechtbar sind. Es wäre hilfreich gewesen, wenn auch bei den nicht mit Rechtsmitteln anfechtbaren Entscheidungen der Gerichte für Arbeitssachen im Zwangsvollstreckungsverfahren und insbesondere im Hinblick auf den Rechtsbehelf der Nichtzulassungsbeschwerde eine Belehrungspflicht eingeführt würde. Hier wird der Standard des Zivilprozesses unterschritten.

16. Gemeinsamer Senat der obersten Gerichtshöfe des Bundes

18 Art. 5 des Gesetzes zur Einführung einer Rechtsbehelfsbelehrung im Zivilprozess und zur Änderung anderer Vorschriften vom 05.12.2012 hat eine Änderung des Gesetzes zur Wahrung der Einheitlichkeit der Rechtsprechung der obersten Gerichtshöfe des Bundes – RsprEinhG – gebracht. Nach dem Vorbild des § 45 ArbGG ist für das Verfahren vor dem Gemeinsamen Senat der obersten Gerichtshöfe das vorgeschaltete Anfrageverfahren eingeführt worden. Damit soll eine Beschleunigung und Verfahrensvereinfachung in den Fällen erreicht werden, in welchen der früher erkennende Senat sich der Rechtsauffassung des vorlegenden Senats anschließt.

17. Ausschluss der Schiedsgerichtsbarkeit für Kapitäne und Besatzungsmitglieder

19 Zum 31.07.2013 ist die Zulässigkeit, bürgerliche Rechtsstreitigkeiten zwischen Arbeitgebern und Kapitänen sowie Seeleuten durch Schiedsgerichte zu entscheiden, beendet worden. Das hat das

---

28 BT-Drucks. 17/8058.
29 BGBl. I 2012, S. 2418.

Gesetz zur Umsetzung des Seearbeitsübereinkommens 2006 der Internationalen Arbeitsorganisation vom 20.04.2013 (SeeArbÜbk2006UmsG)[30] bewirkt. Dort ist § 101 Abs. 2 Satz 1 zum 01.08.2013 geändert worden.

18. Weitere Modernisierung des Kostenrechts

Im Zusammenhang mit der Anpassung der Gerichtsgebühren auf dem Gebiet der freiwilligen Gerichtsbarkeit und der Notargebühren an die wirtschaftliche Entwicklung ist die bereits 2004 eingeleitete Strukturreform in Kostensachen mit dem 2. Kostenrechtsmodernisierungsgesetz (2. KostRMoG) vom 23.07.2013[31] fortgesetzt worden. Dabei hat der Gesetzgeber in Art. 19 des KostRMoG mit der Änderung des § 12a Abs. 2 ArbGG eine Nachbesserung vorgenommen. Bei der Zulassung der Verbandsvertretung vor dem BAG in Art. 11 des Gesetzes zur Neuregelung des Rechtsberatungsrechts war versäumt worden, das Kostenrecht an diese neue Rechtslage anzupassen. Dem Wortlaut nach galt die Kostenregelung in § 92 Abs. 1 Satz 1 ZPO durch § 12a Abs. 2 ArbGG, nach der bei der Berechnung des Kostenausgleichs für eine durch eine Gewerkschaft oder einen Arbeitgeberverband vertretene Partei Kosten in der Höhe zu berücksichtigen, wie sie bei einer Vertretung durch einen Rechtsanwalt entstanden wären, nur für die zweite Instanz (Berufungsverfahren). Durch die Einfügung der Wörter »und dritten« (Rechtszugs) in § 12a Abs. 2 Satz 1 ArbGG wird klargestellt, dass die schon für das Berufungsverfahren geltende Regelung auch für das Revisionsverfahren gelten soll. Im Windschatten der Neuordnung des Kostenrechts der freiwilligen Gerichtsbarkeit sind auch Strukturfehler bei der Bemessung der Anwaltsvergütung für die Tätigkeit in den Rechtsmittelverfahren der arbeitsgerichtlichen Beschlussverfahren behoben worden.[32]

19. Prozesskostenhilfe vor den Gerichten für Arbeitssachen

Mit dem Gesetz zur Änderung des Prozesskostenhilfe- und Beratungshilferechts (PKH/BerHRÄndG) vom 31.08.2013[33] hat die damalige christlich-liberale Bundesregierung den vom Recht der ZPO abweichenden arbeitsgerichtlichen Sonderweg in der PKH beseitigt. Die Bestimmungen in § 11a Abs. 1, 2 und 2a ArbGG, nach denen das Arbeitsgericht regelmäßig auf Antrag einer anwaltlich nicht vertretenen Partei dieser zur Herstellung der Waffengleichheit einen Rechtsanwalt oder eine Rechtsanwältin beizuordnen hatte, sind mit Wirkung zum 31.12.2013 ersatzlos aufgehoben worden. Die mit der Beiordnung bezweckte Waffengleichheit im arbeitsgerichtlichen Verfahren soll nach der Gesetzesbegründung ähnlicher Weise durch § 121 Abs. 2 Alt. 2 ZPO gewährleistet werden.[34] Die Aufhebung der besonderen Beiordnungsvorschriften stellt sich jedoch tatsächlich als ein nicht unerheblicher Einschnitt in das historisch gewachsene Arbeitnehmerschutzrecht dar.[35]

20. Mahnverfahren und elektronischer Rechtsverkehr

Das Gesetz zur Förderung des elektronischen Rechtsverkehrs mit den Gerichten (ERVGerFöG) vom 10.10.2013[36] erweitert die elektronischen Zugangswege für die Anwaltschaft zu den Gerichten für Arbeitssachen. Das Gesetz verpflichtet die BRAK gem. § 31a BRAO, zum 01.01.2016 für jeden Rechtsanwalt und jede Rechtsanwältin ein besonderes elektronisches Anwaltspostfach einzurichten, über das die elektronische Kommunikation mit den Rechtsanwälten abgewickelt werden soll. Gem. § 130a ZPO können ab 2018 elektronische Dokumente dann entweder – wie nach der derzeit geltenden Fassung des § 130a ZPO auch – qualifiziert elektronisch signiert oder über einen »sicheren Übermittlungsweg« bei Gericht eingereicht werden. Ein solcher Übermittlungsweg ist das

---

30 BGBl. I 2013, S. 868.
31 BGBl. I 2013, S. 2586.
32 Vgl. Düwell, BB 2013, 373.
33 BGBl. I 2013, S. 3533.
34 BR-Drs. 516/12, S. 67.
35 Düwell, jurisPR-ArbR 2/2014 Anm. 1.
36 BGBl. I 2013, S. 3786.

Einführung

besondere elektronische Anwaltspostfach. Voraussetzung für den Verzicht auf die qualifizierte elektronische Signatur ist ein sicheres Anmeldeverfahren vor dem Versand über das Anwaltspostfach. Erst mit Wirkung zum 01.01.2018 treten die Vorschriften in § 46c in Kraft, die die Einreichung von Schriftsätzen als elektronische Dokumente regeln. Ab 01.01.2022 gilt die Nutzungspflicht, die in § 46g geregelt ist. Für den Fall des Medienbruchs bei Führung der elektronischen Akte ist in § 46 Abs. 2 die Übertragung in ein elektronisches Dokument angeordnet. Ab 2018 gilt gem. § 46c Abs. 3, dass die in Papierform eingereichten Schriftstücke sechs Monate nach der Einreichung vernichtet werden.

23 Das Artikelgesetz vom 10.10.2013 hat zusätzlich das Mahnbescheidverfahren modernisiert. Im geänderten § 46a Abs. 4 Satz 1 ist jetzt, wie in § 696 Abs. 1 Satz 1 ZPO geregelt, angeordnet, dass die Sache nach rechtzeitigem Widerspruch von Amts wegen an das im Mahnbescheid bezeichnete Gericht abzugeben ist. In § 46a Abs. 2 Satz 2 bis 4 sind die Voraussetzungen für ein überbezirkliches Mahngericht geschaffen. Zur Erleichterung der Bearbeitung soll ein elektronisches Mahnbescheidformular zur Verfügung stehen. Das BMAS hat dafür in § 46a Abs. 8 Satz 3 die Ermächtigung erhalten. Generell sollen elektronische Formulare für beide arbeitsgerichtliche Verfahrensarten verwandt werden. Dazu hat in § 46f das BMAS eine weitere Ermächtigung erhalten.

24 Durch Anfügungen in § 62 Abs. 2 Satz 3 und in § 85 Abs. 2 Satz 3 ist gleichermaßen für das Urteils- wie für das Beschlussverfahren geregelt, dass Schutzschriften, die beim Schutzschriftenregister eingestellt sind, auch bei allen Arbeitsgerichten als eingereicht gelten.

21. Neue Aufgaben im Zusammenhang mit allgemeinverbindlichen Tarifverträgen

25 Das Tarifautonomiestärkungsgesetz (TarifAStG) vom 11.08.2014[37] hat in seinem Art. 1 den gesetzlichen Mindestlohn eingeführt. Art. 5 und 6 enthalten die Bestimmungen, die dazu dienen sollen, den Tarifvertragsparteien zu erleichtern, ihre Tarifverträge allgemeinverbindlich werden zu lassen. Damit soll der abnehmenden Tarifbindung entgegengewirkt werden. Die Reform des Rechts der Allgemeinverbindlicherklärung in § 5 TVG und in §§ 7, 7a AEntG soll insbesondere einem Verdrängungswettbewerb über die Lohnkosten entgegenwirken. In Art. 2 dieses Gesetzes hat der Gesetzgeber die seit langem ausstehenden Lösung der mit dem materiellen Recht verbundenen verfahrensrechtlichen Probleme vorgenommen. Es ist ein einheitliches Verfahren geschaffen worden, in dem mit Wirkung auch für Dritte gerichtlich geklärt werden kann, ob eine Allgemeinverbindlicherklärung eines Tarifvertrages nach dem Tarifvertragsgesetz bzw. eine Rechtsverordnung nach § 7 oder § 7a des Arbeitnehmer-Entsendegesetzes oder § 3a des Arbeitnehmerüberlassungsgesetzes wirksam ist. Die Überprüfung tariflich erstreckter Regelungen soll bei den Arbeitsgerichten konzentriert werden. Dazu sind die Zuständigkeitskataloge für das Urteils- und Beschlussverfahren in § 2a Abs. 1 ArbGG um die Nr. 4 und Nr. 5 erweitert worden. In dem neu eingeführten Verfahren nach § 98 ArbGG n.F. soll die Frage der Wirksamkeit einer Allgemeinverbindlicherklärung eines Tarifvertrages nach dem Tarifvertragsgesetz bzw. einer Rechtsverordnung nach § 7 oder § 7a des Arbeitnehmer-Entsendegesetzes oder § 3a des Arbeitnehmerüberlassungsgesetzes geklärt werden. Die Klärung erfolgt mit Bindungswirkung für die Vielzahl der davon abhängigen Einzelrechtsstreite. Erstmalig ist hier das Landesarbeitsgericht, in dessen Bezirk die den Tarifvertrag für allgemeinverbindlich erklärende Behörde bzw. die die Rechtsverordnung erlassende Behörde ihren Sitz hat, zur Eingangsinstanz gemacht worden. Darüber hinaus sind Anpassungen an die Neuerungen in § 2a Abs. 1 Nr. 4, § 8 Abs. 1, § 10 Satz 3, § 97 (Überschrift), § 97 Abs. 2, § 97 Abs. 2a, § 97 Abs. 3 (Umnummerierung), § 97 Abs. 3 Satz 1, § 97 Abs. 4 Satz 1 und § 98 (Einfügung und Umnummerierung) erfolgt. In § 112 ist eine Übergangsregelung für anhängige Verfahren getroffen worden.

---

37 BGBl. I 2014, S. 1348.

22. Neue Aufgaben zur Herstellung der Tarifeinheit im Betrieb

Mit dem Tarifeinheitsgesetz (TarifEinhG) vom 03.07.2015[38] verfolgt der Gesetzgeber das Ziel, durch eine gesetzliche Regelung der Tarifeinheit nach dem Mehrheitsprinzip die Funktionsfähigkeit der Tarifautonomie zu sichern. Der in § 4a TVG verankerte Grundsatz der Tarifeinheit soll als Kollisionsregel nur subsidiär eingreifen. Den Belangen von Minderheitsgewerkschaften soll durch flankierende Verfahrensregelungen Rechnung getragen werden. Verfahrensrechtlich sind dazu zahlreiche Änderungen am ArbGG vorgenommen worden. Der Katalog der Zuständigkeiten der Gerichte für Arbeitssachen für Angelegenheiten, auf die das Beschlussverfahren Anwendung findet, ist in § 2a Abs. 1 um die Nr. 6 erweitert. Danach sind die Gerichte für Arbeitssachen ausschließlich zuständig für die Entscheidung über den nach § 4a Abs. 2 Satz 2 TVG im Betrieb anwendbaren Tarifvertrag. Der neue § 58 Abs. 3 stellt klar, dass zur Beweisführung eine notarielle Erklärung im Wege des Urkundenbeweises nach § 415 ZPO verwertet werden kann. Dies soll auch möglich sein, um die Zahl der in einem Arbeitsverhältnis stehenden Mitglieder einer Gewerkschaft in einem Betrieb in Verfahren nach § 2a Abs. 1 Nr. 6 und zum Nachweis des Vertretenseins einer Gewerkschaft in einem Betrieb nach § 2 Abs. 2 BetrVG nachweisen zu können. Der neue, umnummerierte § 99 regelt einige Besonderheiten des Beschlussverfahrens, wenn in diesem über den nach § 4a Abs. 2 Satz 2 TVG im Betrieb anwendbaren Tarifvertrag zu entscheiden ist. Insbesondere sollen die Beschlüsse nicht nur zwischen den Parteien des Rechtsstreits (inter partes), sondern für und gegen jedermann (erga omnes) wirken. Nach § 99 Abs. 4 findet eine Restitutionsklage auch dann statt, wenn die Entscheidung darüber, welcher Tarifvertrag nach § 4a Abs. 2 Satz 2 TVG im Betrieb anwendbar ist, darauf beruht, dass ein Beteiligter absichtlich unrichtige Angaben oder Aussagen gemacht hat.

23. Zuständigkeitsanpassung

Mit der Zehnten Zuständigkeitsanpassungsverordnung (ZustAnpV 10) vom 31.08.2015[39] sind in §§ 5 Abs. 3 Satz 2, 7 Abs. 1 Satz 2, 40 Abs. 2 Satz 1, 2, 41 Abs. 3 und 42 Abs. 1 Satz 2 Anpassungen an die Ressortbezeichnungen vorgenommen worden. Die dort geregelten Verordnungsermächtigungen enthalten jetzt die neuen amtlichen Bezeichnungen.

III. Einbettung der Gerichte in ein rechtliches Mehrebenensystem

Die deutschen Gerichte für Arbeitssachen sind nicht nur gehalten, das deutsche Recht anzuwenden. Sie sind auch im weiteren Sinne Unionsgerichte, denn sie müssen das Primärrecht der Europäischen Union unmittelbar anwenden. Wegen des Vorrangs des Unionsrechts haben sie auch in einem Rechtsstreit zwischen Privaten jede dem Primärrecht entgegenstehende nationale Vorschrift unangewendet zu lassen.[40] Soweit nicht oder nur unzureichend umgesetztes Richtlinienrecht vollzogen werden kann, haben die Gerichte jedenfalls gegenüber einem öffentlichen Arbeitgeber die vertikale die Direktwirkung des Sekundärrechts zu beachten.[41] Die Möglichkeit, sich gegenüber staatlichen Einrichtungen auf die Richtlinien zu berufen, beruht darauf, dass jede Richtlinie für jeden Mitgliedstaat, an den sie gerichtet ist, verbindlich ist. Der säumige Staat darf aus seiner Nichtbeachtung des Unionsrechts keinen Nutzen ziehen. Eine Ausdehnung dieses Grundsatzes auf den Bereich der Beziehungen zwischen den Bürgern (horizontale Drittwirkung) hieße, der Gemeinschaft die Befugnis zuzuerkennen, mit unmittelbarer Wirkung zu Lasten der Bürger Verpflichtungen anzuordnen, obwohl sie dies nur dort darf, wo ihr die Befugnis zum Erlass von Verordnungen zugewiesen ist.[42]

---

38 BGBl. I 2015, S. 1130.
39 BGBl. I 2015, S. 1474.
40 EuGH, 20.01.2010 – C-555/07 (Kücükdeveci), NZA 2010, 85.
41 EuGH, 14.07.1994 – C-91/92 (Dori/Recrebl), EzA Art. 189 EWG-Vertrag Nr. 1.
42 EuGH, 14.07.1994 – C-91/92 (Dori/Recrebl), EzA Art. 189 EWG-Vertrag Nr. 1.

Einführung

29 Sehen die Gerichte bei der Anwendung und Auslegung des Unionsrechts eine Unklarheit, können Instanzgerichte nach Art. 267 Abs. 2 AEUV und müssen letztinstanzlich entscheidende Gerichte nach Art. 267 Abs. 3 AEUV das Verfahren aussetzen und den EuGH um Vorabentscheidung ersuchen. Der deutsche Richter ist bei der Anwendung und Auslegung des deutschen Rechts nach Art. 238 Abs. 3 AEUV (ex Art. 249 Abs. 3 EG) verpflichtet, dem Unionsrecht durch eine richtlinienkonforme Auslegung zur Wirksamkeit zu verhelfen.[43] Dazu hat er gegebenenfalls auch im Verhältnis zu privaten Arbeitgebern das deutsche Recht nach den Vorgaben einer zum Sekundärrecht gehörenden Richtlinie unionskonform fortzubilden.[44] Eine nicht zu überschreitende Grenze besteht, wenn es zu einer Auslegung »contra legem« käme.[45] Falls die richtlinienkonforme Auslegung daran scheitert oder aus anderen Gründen nicht möglich ist, hat das nationale Gericht die nationalen Rechtsvorschriften, die gegen das unmittelbar anzuwendende Unionsrecht verstoßen, unangewendet zu lassen.[46] Das gilt insbesondere, wenn die nationale Rechtsvorschrift mit dem unmittelbar geltenden Verbot der Altersdiskriminierung nicht vereinbar ist.[47] Hinter dem Gebot, die volle Wirkung des Unionsrechts sicherzustellen, muss auch der Vertrauensschutz zurücktreten. Der Gerichthof hat klargestellt, dass das Vertrauen in den Fortbestand einer ständigen nationalen Rechtsprechung keine Ankündigungsrechtsprechung erlaubt. Denen, die das Ausgangsverfahren einer Vorabentscheidung betreiben und damit erstmalig eine unionskonforme Rechtsanwendung durchsetzen, darf der Vorteil nicht versagt werden, der sich aus der erstrittenen Auslegung ergibt.[48]

Das Verhältnis zum EuGH wird als Kooperationsbeziehung bezeichnet. Das ist eine euphemistische Bezeichnung, denn tatsächlich besteht die Zusammenarbeit darin, dass das nationale Gericht vorlegt, der EuGH eine Antwort gibt und das Gericht im Ausgangsverfahren, ohne an der Entscheidungsfindung des EuGH beteiligt gewesen zu sein, an die Vorabentscheidung gebunden ist. Dieser Verpflichtung kann sich der Richter auch nicht entziehen, denn der EuGH gilt nach ständiger Rechtsprechung des Bundesverfassungsgerichts für die Beantwortung dieser Fragen als gesetzlicher Richter i.S.v. Art. 101 Abs. 1 Satz 2 GG. So hat das BVerfG das Urteil des BGH zur »Geräteabgabe« nach dem Urheberrechtsgesetz mit der Begründung aufgehoben, dass zu der vom BGH als klar verstandenen Auslegung »andere vertretbare Ansichten auf der Grundlage der Richtlinie keinesfalls ausgeschlossen erscheinen«.[49]

1. Anwendung des Völkerrechts

30 Die den Bereich der Union übersteigende Regelungsebene liegt im Völkerrecht. Hier sind von den Gerichten für Arbeitssachen vor allem die Europäische Menschenrechtskonvention (EMRK), die Übereinkommen der Internationalen Arbeitsorganisation (englische Abkürzung: ILO) und die Konventionen der Vereinten Nationen (englische Abkürzung: UNO) zu berücksichtigen. Nach der Rechtsprechung des BVerfG gehört zur Bindung an Gesetz und Recht (Art. 20 Abs. 3 GG) auch die Berücksichtigung der Gewährleistungen der EMRK und der Entscheidungen des Europäischen Gerichtshofs für Menschenrechte. Solange im Rahmen geltender methodischer Standards Auslegungs- und Abwägungsspielräume eröffnet sind, trifft deutsche Gerichte die Pflicht, der konventionsgemäßen Auslegung den Vorrang zu geben.[50] Sowohl die fehlende Auseinandersetzung mit einer

---

43 EuGH, 16.07.2009 – C-12/08 (Mono Car Styling), Rn 62 f., EzA Richtlinie 98/59 EG-Vertrag 1999 Nr. 2; BGH, 05.10.2004 – C-397/01 bis C-403/01 (Pfeiffer u.a.), Rn 111 f., 115 ff., Slg. 2004, I-8835.
44 BAG, 24.03.2009 – 9 AZR 983/07, carpe diem, EzA § 7 BUrlG Abgeltung Nr. 15.
45 EuGH, 15.01.2014 – C 176/12 – (Association de médiation sociale) EzA Richtlinie 2002/14 EG-Vertrag 1999 Nr. 1, BAG, 17.11.2009 – 9 AZR 844/08 – EzA § 13 BUrlG Nr. 59; BAG, 18.02.2003 – 1 ABR 2/02, zu B IV 3 b dd der Gründe, BAGE 105, 32.
46 EuGH, 19.04.2016 – C 441/14 – (Dansk Industri) ZESAR 2016, 285 ff. mit Anm. Düwell.
47 So schon EuGH, 22.11.2005 – C 144/04 – (Mangold) EzA § 14 TzBfG Nr. 21; EuGH, 19.01.2010 – C 555/07 – (Kücükdeveci) EzA Richtlinie 2000/78 EG-Vertrag 1999 Nr. 14.
48 EuGH, 19.04.2016 – C 441/14 – (Dansk Industri) ZESAR 2016, 285 ff. mit Anm. Düwell.
49 BVerfG, 30.08. 2010 – 1 BvR 1631/08 – NJW 2011, 288.
50 BVerfG, 14.10.2004 – 2 BvR 1481/04 – (Görgülü) NJW 2004, 3407.

Entscheidung des Gerichtshofs als auch deren gegen vorrangiges Recht verstoßende schematische »Vollstreckung« können deshalb gegen Grundrechte i.V.m. dem Rechtsstaatsprinzip verstoßen.[51]

In jüngerer Zeit hat vor allem die Behindertenrechtskonvention (BRK), die in Deutschland mit der Ratifikation Gesetzeskraft hat[52], Bedeutung erhalten. Das BVerfG hat die BRK als Auslegungshilfe für die Bestimmung von Inhalt und Reichweite der Grundrechte herangezogen.[53] Das spricht dafür, dass auch die Fachgerichte die BRK im Rahmen einer völkerrechtskonformen Auslegung berücksichtigen müssen, wenn sie auslegungsbedürftige deutsche Bestimmungen anwenden. Besondere Beachtung verdient Art. 2 Unterabs. 3 letzter Halbs. der BRK, nach der die Versagung (»denial«) angemessener Vorkehrungen als Diskriminierung zu bewerten ist.[54] In der Sache entspricht das der Rechtsprechung des BAG, die bereits in der Versagung einer vom Gesetzgeber besonders für behinderte Menschen eingeräumten Chance eine Benachteiligung gesehen hat.[55]

Umstritten ist, ob sich weitergehend ohne Anhalt im deutschen Recht unmittelbar aus ratifizierten völkerrechtlichen Verträgen für Rechtsverhältnisse Privater Rechtsansprüche ergeben können. Die sog. Transformationstheorie[56] lehnt das auch in ihrer modifizierten Fassung für unmittelbar vollzugsfähige Bestimmungen ab. Dagegen wird von der deutschen Monitoring-Stelle zur BRK vertreten, sie könne auch ohne Rückgriff auf innerstaatliche Normen unmittelbar angewandt werden.[57]

Zur Beantwortung der Rechtsfrage, ob die Diskriminierung wegen einer fehlenden entscheidenden beruflichen Eignungsvoraussetzung zulässig ist (§ 8 AGG), schreibt der Sechste Senat des BAG eine sorgfältige Prüfung vor, ob durch angemessene Vorkehrungen von Arbeitgebern vorgebrachte Bedenken gegen die Erfüllung beruflicher Anforderungen ausgeräumt werden können. Im Streitfall ging es darum, ob durch das Tragen von Spezialhandschuhen das vom Arbeitgeber vorgebrachte Risiko der Verunreinigung der im Reinraum hergestellten Medikamente ausgeschlossen werden konnte.[58] Zur Begründung der Pflicht zur Prüfung und Durchführung angemessener Vorkehrungen geht der Sechste Senat im Anschluss an die Rechtsprechung des Achten Senats[59] davon aus, dass trotz fehlender Umsetzung der Vorgaben Arbeitgeber schon jetzt in Anwendung des § 241 BGB verpflichtet seien, entsprechend Art. 5 RL 2000/78/EG i.V.m. Art. 27 Abs. 1 Satz 2 Buchst. i, Art. 2 Unterabs. 4 des Übereinkommens der Vereinten Nationen vom 13.12.2006 über die Rechte von Menschen mit Behinderungen (Behindertenrechtskonvention – BRK) angemessene Vorkehrungen zu ergreifen, um Behinderten u.a. die Ausübung eines Berufs zu ermöglichen. Dazu gehöre es nach Art. 2 Unterabs. 4 i.V.m. Art. 27 Abs. 1 BRK Änderungen und Anpassungen vorzunehmen, die notwendig und geeignet sind, um zu gewährleisten, dass Menschen mit Behinderungen gleichberechtigt in einem integrativen Umfeld ihr Recht auf Arbeit verwirklichen können.

Ausgangspunkt ist der Beitritt der EU zur BRK, den der Rat im Namen der EU gebilligt hat.[60] Daraus folgert der EuGH, dass und wie Art. 5 RL 2000/78/EG in Übereinstimmung mit der BRK auszulegen ist.[61] Dazu gehört, den Begriff »angemessene Vorkehrungen« so weit zu verstehen, dass er die Beseitigung der verschiedenen Barrieren umfasst, die die volle und wirksame, gleichberechtigte Teilhabe der Menschen mit Behinderung am Berufsleben behindern. Erfasst werden nicht nur

---

51 BVerfG, 14.10.2004 – 2 BvR 1481/04 – (Görgülü) NJW 2004, 3407.
52 Gesetz zu dem Übereinkommen der Vereinten Nationen vom 13.12.2006 über die Rechte von Menschen mit Behinderungen sowie zu dem Fakultativprotokoll vom 13.12.2006 zum Übereinkommen der Vereinten Nationen über die Rechte von Menschen mit Behinderungen vom 21.12.2008, BGBl. II, S. 1419.
53 BVerfG, 23.03.2011 – 2 BvR 882/09, medizinische Zwangsbehandlung im Maßregelvollzug, Rn 52.
54 POSITIONEN Nr. 5 S. 2, hrsg. von dem Deutschen Institut für Menschenrechte.
55 BAG, 17.08. 2010 – 9 AZR 839/08, EzA § 81 SGB IX Nr. 21.
56 Vgl. Schweitzer, Lehrbuch des Staatsrecht III, 10. Aufl. 2010.
57 POSITIONEN Nr. 6 S. 2, hrsg. von dem Deutschen Institut für Menschenrechte.
58 BAG, 19.12.2013 – 6 AZR 190/12, NZA 2014, 372.
59 BAG, 27.01.2011 – 8 AZR 580/09, Rn 34 ff.
60 Rat der EU, Beschl. 2010/48/EG v. 26.11.2009 ABl. EU L 23 v. 27.01.2010 S. 35.
61 EuGH, 04.07. 2013 – C-312/11 – (Kommission/Italien); EuGH, 11.04.2013 – C-335/11 u.a. – (Ring).

materielle, sondern auch organisatorische Maßnahmen, wobei die Aufzählung der möglichen Vorkehrungen im 20. Erwägungsgrund der RL 2000/78/EG nicht abschließend ist.[62] Ob solche Vorkehrungen den jeweiligen Arbeitgeber unverhältnismäßig belasten, haben die nationalen Gerichte festzustellen, wobei sie insbesondere den damit verbundenen finanziellen und sonstigen Aufwand unter Berücksichtigung der Größe und der Finanzkraft des Arbeitgebers sowie der Möglichkeit, öffentliche Mittel oder andere Unterstützungen in Anspruch zu nehmen, in die Abwägung einzubeziehen haben.[63] Die Mitgliedstaaten müssen aufgrund von Art. 5 RL 2000/78/EG i.V.m. Art. 2 Unterabs. 4 BRK die Arbeitgeber verpflichten, die im konkreten Einzelfall jeweils erforderlichen angemessenen Vorkehrungen zu ergreifen. Das bloße Schaffen von Anreiz- und Hilfsmaßnahmen genügt nicht.[64]

35 Da die Bestimmungen der BRK als integrierender Bestandteil der Unionsrechtsordnung gelten,[65] sind sie zugleich Bestandteil des – ggf. unionsrechtskonform auszulegenden – deutschen Rechts. Im Hinblick auf die durch den Gerichtshof der Europäischen Union unter Beachtung der BRK vorgenommenen Auslegung des Art. 5 RL 2000/78/EG findet die Rechtsprechung des Sechsten Senats des BAG eine originelle Lösung; Diese lehnt sowohl die unmittelbare Anwendung der BRK[66] als auch die völkerrechtskonforme Auslegung von §§ 7 und 8 AGG ab. Die Verpflichtung zu angemessenen Vorkehrungen ergibt sich vielmehr schon aus einer unionsrechtskonformen Auslegung des § 241 Abs. 2 BGB.[67]

2. Amicus curiae

36 Im Zusammenhang mit der Berücksichtigung des Unions- und Völkerrechts stellt sich die Frage, ob vor deutschen Gerichten auch das Institut des »amicus curiae« zur Anwendung gelangen kann. Unter dieser Bezeichnung wird international eine Person verstanden, die als »Freund des Gerichts« zu wesentlichen Rechtsfragen aufgrund seiner Sach- und Fachkenntnis dem Gericht Informationen zur Verfügung stellt. Im Common Law tritt er als eine Art parteiischer Sachverständiger auf, wie z.B. in den USA die Bürgerrechtsorganisationen oder das US-Justizministerium beim Supreme Court.[68] Die große Beschwerdekammer des Europäischen Patentamts hat im Fall »Nicotinsäure zur Herstellung eines Retardarzneimittels durch orale Verabreichung« verschiedene sachkundige Dritte aufgefordert, als amici curiae Informationen zu erteilen und die eingegangenen Schriftsätze später verwertet.[69] Ebenso hat das BPatG im Fall »Vorrichtung zum einseitigen Blankpressen von optischen Bauteilen für Beleuchtungszwecke« es zugelassen, dass sich ein Miterfinder als »Amicus Curiae« an den Senat gewandt und u.a. vorgebracht hat, die erhobene Nichtigkeitsklage und die weitgehende beschränkte Verteidigung des Streitpatents dienten lediglich dazu, den Miterfinder in seinen Vergütungsansprüchen zu beeinträchtigen.[70] Für die Gerichte für Arbeitssachen ist es hilfreich, wenn bei der Berücksichtigung fremden oder internationalen Rechts sachkundige Stellen, wie z.B. das Deutsche Institut für Menschenrechte dem Richter als amicus curiae Informationen verschaffen. Diese sind als Eingaben Dritter allen Prozessbeteiligten offenzulegen. In dem Fall der Kündigung wegen einer symptomlosen HIV-Infektion hat das BAG eine Eingabe des als amicus curiae auftretenden Deutschen Instituts für Menschenrechte entgegengenommen.[71] Allerdings

---

62 EuGH, 11.04.2013 – C-335/11 u.a. – (Ring) Rn 53 bis 56.
63 EuGH, 11.04.2013 – C-335/11 u.a. – (Ring) Rn 59 ff.
64 EuGH, 04.07.2013 – C-312/11 – (Kommission/Italien) Rn 60 ff. der franz. Fassung; zust.: Beyer/Wocken DB 2013, 2270.
65 So ausdrücklich: EuGH, 11.04.2013 – C-335/11 u.a. – (Ring) Rn 28 ff.
66 Dazu: v. Roetteken jurisPR-ArbR 33/2013 Anm. 1 unter D; Schmahl JuS 2013, 961, 965; Aichele AnwBl. 2011, 727, 728.
67 BAG, 19.12.2013 – 6 AZR 190/12, Rn 52f, NZA 2014, 372.
68 Vgl. http://www.usdoj.gov, No. 08–448.
69 Europäisches Patentamt Große Beschwerdekammer, 19.02.2010 – G 2/08.
70 BPatG, 09.05.2011 – 3 Ni 25/09.
71 BAG, 19.12.2013 – 6 AZR 190/12, NZA 2014, 372.

hat der Sechste Senat es versäumt, diesen Umstand im Tatbestand seiner Entscheidung offenzulegen. Vorbildlich verhält sich demgegenüber das BVerfG, das alle eingegangenen Stellungnahmen ausweist.

Im Gesetzentwurf der Bundesregierung vom 18.05.2016 zu einem Sechsten Gesetz zur Änderung des Vierten Buches Sozialgesetzbuch und anderer Gesetze[72] ist in Art. 12 folgende Änderung vorgesehen: 37

»*§ 77 Revisionsbeschwerde*

Gegen den Beschluss des Landesarbeitsgerichts, der die Berufung als unzulässig verwirft, findet die Revisionsbeschwerde statt, wenn das Landesarbeitsgericht sie in dem Beschluss oder das Bundesarbeitsgericht sie zugelassen hat. Für die Zulassung der Revisionsbeschwerde gelten § 72 Absatz 2 und § 72a entsprechend. Über die Nichtzulassungsbeschwerde und die Revisionsbeschwerde entscheidet das Bundesarbeitsgericht ohne Hinzuziehung der ehrenamtlichen Richter. Die Vorschriften der Zivilprozessordnung über die Rechtsbeschwerde gelten entsprechend.«

---

72 BT-Drs. 18/8487 S. 25 f.

Arbeitsgerichtsgesetz

in der Fassung der Bekanntmachung vom 2. Juli 1979 (BGBl. I S. 853, 1036), zuletzt geändert durch Artikel 170 der Zehnten Zuständigkeitsanpassungsverordnung vom 31. August 2015 (BGBl. I S. 1474).

Erster Teil Allgemeine Vorschriften

§ 1 Gerichte für Arbeitssachen

Die Gerichtsbarkeit in Arbeitssachen – §§ 2 bis 3 – wird ausgeübt durch die Arbeitsgerichte – §§ 14 bis 31 –, die Landesarbeitsgerichte – §§ 33 bis 39 – und das Bundesarbeitsgericht – §§ 40 bis 45 – (Gerichte für Arbeitssachen).

Übersicht	Rdn.		Rdn.
I. Aufbau	1	V. Besondere Verfahren	23
II. Eigener Rechtsweg	5	VI. Verfassungsbeschwerde und Vorabent-	
III. Deutsche Gerichtsbarkeit	6	scheidungsverfahren (EuGH)	27
IV. Internationale Zuständigkeit	9		

I. Aufbau

Die Arbeitsgerichtsbarkeit ist **dreistufig** aufgebaut. Die ersten zwei Rechtszüge *(ArbG und Landesarbeitsgerichte)* sind – anders als im Zivilprozess ab 01.01.2002[1] – weiterhin Tatsacheninstanzen. Das Bundesarbeitsgericht (BAG) überprüft die Entscheidungen der Vorinstanzen dagegen nur in rechtlicher Hinsicht. Ohne Rücksicht auf den Streitwert und die Verfahrensart *(Urteils- oder Beschlussverfahren)* ist im ersten Rechtszug das Arbeitsgericht (ArbG) nach § 8 Abs. 1 zuständig. Das Landesarbeitsgericht (LAG) versieht die Aufgaben eines Rechtsmittelgerichts. Es entscheidet über Berufungen und Beschwerden gegen Urteile bzw. Beschlüsse des ArbG. In Verfahren über die Tarif(un)fähigkeit oder Tarif(un)zuständigkeit (§ 97) und über die Wirksamkeit einer Allgemeinverbindlicherklärung oder einer Rechtsverordnung (§ 98) ist ab den 16.08.2014 das LAG in erster Instanz zuständig.[2] Nach dem zum 01.10.1996 in Kraft getretenen Gesetz zur Förderung von Wachstum und Beschäftigung[3] sind für einige Beschlussverfahren nach §§ 122 Abs. 3, 126 Abs. 2 InsO nur Rechtsmittel zum BAG vorgesehen, wenn das ArbG gegen seine Entscheidung die Rechtsbeschwerde zulässt.[4] 1

Soweit es um die Amtsenthebung eines ehrenamtlichen Richters und eine Festsetzung von Ordnungsgeld gegen diese geht, ist das LAG in den Fällen der §§ 21 Abs. 5, 27 und 28 erstinstanzlich tätig. Bei kleineren Arbeitsgerichten, die durch das Ausscheiden einer Gerichtsperson infolge Ablehnungsgesuchs beschlussunfähig werden, hat ebenfalls das LAG eine Entscheidung durch zu treffen.[5] Zu den Voraussetzungen der einzelnen Rechtsmittel nach § 8 Abs. 2 bis 5 vgl. Erl. zu den §§ 64, 72 ff., 77, 78, 87 und 100 Abs. 2. 2

Im dritten Rechtszug entscheidet das BAG ausschließlich als Rechtsmittelgericht über Revisionen im Urteilsverfahren und Rechtsbeschwerden im Beschlussverfahren.[6] Ausnahmsweise überprüft das 3

---

1 ZPO-RG vom 27.07.2001, BGBl. I, S. 1887.
2 Art. 2 Tarifautonomiestärkungsgesetz vom 11.08.2014, BGBl. I, S. 1348.
3 Arbeitsrechtliches Beschäftigungsförderungsgesetz vom 25.09.1995, BGBl. I, S. 1476.
4 HWK-Annuß § 122 InsO Rn 9, § 126 InsO Rn 6; ErfK/Gallner § 126 InsO Rn 8.
5 § 49 Abs. 2.
6 §§ 72 Abs. 1 und 92.

BAG Entscheidungen der ersten Instanz im Fall einer Sprungrevision[7] oder Sprungrechtsbeschwerde.[8] In erster und letzter Instanz ist das BAG in Rechtsstreitigkeiten des Schwerbehindertenrechts beim Bundesnachrichtendienst zuständig.[9]

4 Der eigenständige Aufbau einer dreistufigen Gerichtsbarkeit für Arbeitssachen berücksichtigt die verfassungsrechtlichen Vorgaben nach Art. 92 und 95 Abs. 1 GG. Er würdigt die besondere Bedeutung des Arbeitsrechts in einem sozialen Rechtsstaat[10] und eröffnet darüber hinaus eine stärkere Beteiligung der ehrenamtlichen Richter als in der ordentlichen Gerichtsbarkeit.[11]

II. Eigener Rechtsweg

5 Mit der Neufassung des § 48 infolge des Vierten Gesetzes zur Änderung der Verwaltungsgerichtsordnung[12] vom 17.12.1990[13] ist mit Wirkung vom 01.01.1991 die bisher umstrittene Frage, ob die Arbeitsgerichtsbarkeit neben der ordentlichen Gerichtsbarkeit eine eigene Gerichtsbarkeit oder Teil der ordentlichen Gerichtsbarkeit ist, geklärt. Nach § 48 Abs. 1, der sowohl für die Zulässigkeit des Rechtsweges und der Verfahrensart als auch für die sachliche und örtliche Zuständigkeit auf die §§ 17 ff. GVG verweist, ist nunmehr davon auszugehen, dass die Arbeitsgerichtsbarkeit gegenüber allen anderen Gerichtsbarkeiten einschließlich der ordentlichen Gerichtsbarkeit einen **eigenständigen Rechtsweg** darstellt.[14] Bestrebungen, die Gerichte für Arbeitssachen mit den Zivilgerichten der ordentlichen Justiz zusammenzuführen, werden nach dem Koalitionsvertrag der CDU/CSU/FDP 2009 nicht mehr weiterverfolgt. Mit Inkrafttreten des § 98 im Wege des Tarifautonomiestärkungsgesetzes vom 11.08.2014 hat sich das **Nebeneinander von Zuständigkeiten** der Arbeits-, Sozial-, Verwaltungsgerichte und ordentlichen Gerichte bei Entscheidungen über die Wirksamkeit von Allgemeinverbindlicherklärungen und Rechtsverordnungen i.S.v. § 2a Abs. 1 Nr. 5 ab dem 16.08.2014 erledigt. Jetzt sind ausschließlich die Arbeitsgerichte hierfür zuständig.[15]

III. Deutsche Gerichtsbarkeit

6 Für ein Tätigwerden der deutschen Gerichte für Arbeitssachen ist von Amts wegen zu prüfen, ob die deutsche Gerichtsbarkeit gegeben und im Rahmen der internationalen Zuständigkeit zur Entscheidung befugt ist.

7 Mit Ausnahme der in §§ 18 bis 20 GVG bestimmten Personen *(Diplomaten, Mitglieder der konsularischen Vertretungen, deren Familienmitglieder usw.)*[16] unterliegen auch in Deutschland lebende Ausländer der deutschen Gerichtsbarkeit, soweit nicht **Hoheitsakte ausländischer Staaten** betroffen sind.[17] Die Immunität, auf die verzichtet werden kann,[18] umfasst auch Angehörige **internationaler Organisationen** *(z.B. UNO, ILO, WHO usw.)*.[19] Ausländische Staaten sind von

---

7 § 76.
8 § 95a.
9 § 158 Nr. 5 SGB IX.
10 Art. 20 Abs. 1 GG.
11 Hauck/Helml § 1 Rn 1; Weth NZA 1998, 680.
12 4. VwGO-ÄndG.
13 BGBl. I, S. 2809.
14 BAG, 26.03.1992 – 2 AZR 443/91, NZA 1992, 954; GMPMG/Matthes § 1 Rn 6; Kissel/Mayer NZA 1995, 345.
15 Art. 2 Tarifautonomiestärkungsgesetz vom 11.08.2014, BGBl. I, S. 1348; ErfK/Koch § 98 Rn 1.
16 BVerfG, 17.03.2014 – 2 BvR 736/13, EzA § 20 GVG Nr. 10; BAG, 01.01.2010 – 2 AZR 270/09, BB 2011, 179.
17 BVerfG, 17.03.2014 – 2 BvR 736/13, EzA § 20 GVG Nr. 10 unter Aufhebung BAG, 14.02.2013 – 3 AZB 5/12, EzA § 20 GVG Nr. 6.
18 BAG, 10.11.1993 – 7 AZR 600/92, EzAÜG § 1 ArbGG Nr. 1.
19 BAG, 12.08.2015 – 7AZR 930/11, EzA-SD 2016 Nr. 5, 23, Europäische Schule; EuGH 11.03.2015 – C464/13, NZA 2015, 567.

der deutschen Gerichtsbarkeit ausgenommen, soweit sie auf dem deutschen Territorium hoheitlich tätig werden. Es ist mit dem Prinzip der souveränen Gleichheit von Staaten und dem daraus abgeleiteten Rechtsprinzip, dass Staaten nicht übereinander zu Gericht sitzen nicht zu vereinbaren, dass ein deutsches Gericht hoheitliches Handeln eines anderen Staates rechtlich überprüft.[20] Die Klärung, ob eine **hoheitliche oder eine nicht hoheitliche Tätigkeit eines fremden Staates** vorliegt, obliegt den angerufenen deutschen Gerichten, die dazu nach deutschem Recht zu entscheiden haben.[21]

§ 18 GVG

Die Mitglieder der im Geltungsbereich dieses Gesetzes errichteten diplomatischen Missionen, ihre Familienmitglieder und ihre privaten Hausangestellten sind nach Maßgabe des Wiener Übereinkommens über diplomatische Beziehungen vom 18. April 1961 (Bundesgesetzbl. 1964 II S. 957 ff.) von der deutschen Gerichtsbarkeit befreit. Dies gilt auch, wenn ihr Entsendestaat nicht Vertragspartei dieses Übereinkommens ist; in diesem Falle findet Artikel 2 des Gesetzes vom 6. August 1964 zu dem Wiener Übereinkommen vom 18. April 1961 über diplomatische Beziehungen (Bundesgesetzbl. 1964 II S. 957) entsprechende Anwendung.

§ 19 GVG

(1) Die Mitglieder der im Geltungsbereich dieses Gesetzes errichteten konsularischen Vertretungen einschließlich der Wahlkonsularbeamten sind nach Maßgabe des Wiener Übereinkommens über konsularische Beziehungen vom 24. April 1963 (Bundesgesetzbl. 1969 II S. 1585 ff.) von der deutschen Gerichtsbarkeit befreit. Dies gilt auch, wenn ihr Entsendestaat nicht Vertragspartei dieses Übereinkommens ist; in diesem Falle findet Artikel 2 des Gesetzes vom 26. August 1969 zu dem Wiener Übereinkommen vom 24. April 1963 über konsularische Beziehungen (Bundesgesetzbl. 1969 II S. 1585) entsprechende Anwendung.
(2) Besondere völkerrechtliche Vereinbarungen über die Befreiung der in Absatz 1 genannten Personen von der deutschen Gerichtsbarkeit bleiben unberührt.

§ 20 GVG

(1) Die deutsche Gerichtsbarkeit erstreckt sich auch nicht auf Repräsentanten anderer Staaten und deren Begleitung, die sich auf amtliche Einladung der Bundesrepublik Deutschland im Geltungsbereich dieses Gesetzes aufhalten.
(2) Im übrigen erstreckt sich die deutsche Gerichtsbarkeit auch nicht auf andere als die in Absatz 1 und in den §§ 18 und 19 genannten Personen, soweit sie nach den allgemeinen Regeln des Völkerrechts, auf Grund völkerrechtlicher Vereinbarungen oder sonstiger Rechtsvorschriften von ihr befreit sind.

Ausländische juristische Personen, die sich auf deutschem Gebiet privatrechtlich betätigen, unterliegen dagegen uneingeschränkt der deutschen Arbeitsgerichtsbarkeit.[22] Ist die deutsche Gerichtsbarkeit nicht gegeben, darf kein Gerichtstermin anberaumt werden. Der Streit hierüber kann durch Zwischenurteil nach § 280 ZPO entschieden werden.[23]

8

---

20 EuGH, 19.07.2012 – C-154/11, Rn. 54 [Mahamdia]; BAG, 18.12.2014 – 2 AZR 1004/13, Rn 16.
21 BVerfG, 17.03.2014 – 2 BvR 736/13, EzA § 20 GVG Nr. 10 Rn 22; BGH, 26.09.1978 – VI ZR 267/76; BAG, 10.04.2014 – 2 AZR 741/13, EzA Art 30 EGBGB Nr. 11 Rn. 19; BAG, 03.07.1996 – 2 AZR 513/95; BAG, 20.11.1997 – 2 AZR 631/96, NZA 1998, 813; LAG Köln 19.01.2016 – 12 Sa 319/15.
22 BAG 25.04.2013 – 2 AZR 960/11, EzA § 20 GVG Nr. 8, Rn 14; BAG 10.04.2013 – 5 AZR 78/12, EzA § 20 GVG Nr. 7, Rn 17 f.; GK-ArbGG/Dörner § 1 Rn 9.
23 BAG, 23.11.2000 – 2 AZR 490/99, NZA 2001, 683.

IV. Internationale Zuständigkeit

9   Ist in Fällen mit **Auslandsbezug** die deutsche Gerichtsbarkeit gegeben, bleibt von Amts wegen zu prüfen, ob das angerufene deutsche ArbG auch international zuständig ist. Will das angerufene Gericht die internationale Zuständigkeit der deutschen Gerichtsbarkeit vorab bindend feststellen, so hat dies im Wege eines Zwischenurteils nach § 280 ZPO zu geschehen.[24] Die internationale Zuständigkeit ergibt sich – soweit sie nicht vorrangig durch ein internationales Abkommen oder einen bilateralen Vertrag geregelt ist – wie bei den ordentlichen Gerichten. nach den Vorschriften der ZPO über die örtliche Zuständigkeit.[25] Diese Regelung schließt auch die Beschlussverfahren mit ein.[26] Der für die örtliche Zuständigkeit nach § 29 ZPO maßgebliche Erfüllungsort bestimmt sich nach dem laut deutschen internationalen Privatrecht anzuwendenden materiellen Recht.[27]

10 Die Parteien eines Arbeitsvertrages können in den Grenzen der §§ 38 bis 40 ZPO die internationale Zuständigkeit eines deutschen ArbG vereinbaren. Der Begriff des »individuellen Arbeitsvertrags« bestimmt sich als genuiner Begriff nach EG-Verordnung 44/2001 unter Berücksichtigung von Art. 45 AEUV und nicht nach nationalen Kriterien.[28] Eine solche Vereinbarung nach den Vorschriften der ZPO findet jedoch ihre Grenze dort, wo die Rechtsverfolgung vor dem vereinbarten Gericht aus tatsächlichen oder rechtlichen Gründen unmöglich ist. Dies käme einer Rechtsverweigerung gleich.[29] Vgl. auch Rdn. 21.

11 Ist nach § 504 ZPO entsprechend belehrt worden, kann die internationale Zuständigkeit eines deutschen Gerichts auch durch rügelose Einlassung des Beklagten nach § 39 ZPO im Kammertermin[30] begründet werden. Indessen gelten die Vorschriften der §§ 65, 73 Abs. 2 in der Berufungs- und Revisionsinstanz, welche die Prüfung zum Rechtsweg, zur Verfahrensart und zur Berufung der ehrenamtlichen Richter einschränken, nicht für die Rüge der internationalen Zuständigkeit.[31]

12 Die internationale Zuständigkeit der Gerichte kann sich teilweise abweichend von den Vorschriften der ZPO aus dem **Übereinkommen der Europäischen Gemeinschaft über die gerichtliche Zuständigkeit und die Vollstreckung gerichtlicher Entscheidungen in Zivil- und Handelssachen** *(EuGVÜ)* vom 27.09.1968,[32] Ausführungsgesetz vom 29.07.1972[33] ergeben. Neben den sechs Gründerstaaten *(Belgien, Deutschland, Frankreich, Italien, Luxemburg und den Niederlanden)* sind diesem Übereinkommen inzwischen Dänemark, Irland und Großbritannien beigetreten. Das EuGVÜ gilt auch für arbeitsrechtliche Streitigkeiten,[34] seine Vorschriften sind zwingend und **gehen den Regelungen der Zivilprozessordnung vor**. Ab dem 01.03.2002 ist für Personen, die ihren Wohnsitz in einem Staat der Europäischen Gemeinschaft haben, die Verordnung *(EG)* Nr. 44/2001 über die gerichtliche Zuständigkeit, Anerkennung und Vollstreckung von Entscheidungen in Zivil- und Handelssachen *(sog. Brüssel-I-Verordnung = EuGVVO)* zu beachten. Die EuGVVO geht der EuGVÜ zeitlich und räumlich vor.[35] Nähere Ausführungen zur EuGVVO finden sich im Anschluss der Kommentierung im Anhang zu § 2.

---

24 BAG, 20.10.2015 – 9 AZR 525/14, EzA Verordnung 44/2001 EG-Vertrag 1999 Nr. 10, Rn 14.
25 §§ 12 ff. ZPO; BAG, 19.03.1996 – 9 AZR 656/94; BAG, 09.10.2002 – 5 AZR 307/01, EzA § 29 ZPO 2002 Nr. 1; Schwab/Weth/Liebscher ArbGG, § 1 Rn 28; näher dazu Mankowski AR-Blattei SD 160.5.5.
26 BAG, 31.10.1985 – 1 ABR 4/74, EzA § 106 BetrVG 1972 Nr. 2.
27 BAG, 13.11.2007 – 9 AZR 134/07, NZA 2008, 761; BAG, 20.04.2004 – 3 AZR 301/03; BAG, 09.10.2002 – 5 AZR 307/01; GMPMG/Matthes § 1 Rn 18; näher dazu Junker NZA 2005, 199; Deinert RdA 2009, 144.
28 BAG, 20.10.2015 – 9 AZR 525/14, EzA Verordnung 44/2001 EG-Vertrag 1999 Nr. 10, Rn 18.
29 BAG, 29.06.1978 – 2 AZR 973/77.
30 BAG, 02.07.2008 – 8 AZR 306/08, EzA Verordnung 44/2001 EG-Vertrag 1999 Nr. 4.
31 GMPMG/Matthes-Schlewing § 1 Rn 39.
32 BGBl. 1972 II, S. 774.
33 BGBl. I, S. 1328 und BGBl. I 1973, S. 26.
34 EuGH, 13.11.1979 – Rs. 25/79.
35 Art. 66, 68.

Personen, die in einem der Vertragsstaaten ihren **Wohnsitz** haben, können ohne Rücksicht auf ihre 13 Staatsangehörigkeit vor dem örtlich zuständigen Gericht des Wohnsitzes verklagt werden.[36] Denkbar ist nach Art. 19 EuGVVO[37] die Zuständigkeit des **gewöhnlichen Arbeitsortes** (Erfüllungsort) nach Nr. 2a oder bei wechselnden Arbeitsorten in verschiedenen Vertragsstaaten der Ort der einstellenden Niederlassung (Nr. 2b) des Arbeitgebers.[38] Näher dazu Erl. zu § 48.

Gerichtsstandsvereinbarungen können nur noch unter den erschwerten Voraussetzungen des 14 Art. 21 EuGVVO zwischen den Arbeitsvertragsparteien getroffen werden.

In Arbeitssachen kann die internationale Zuständigkeit durch **rügelose Einlassung** begründet werden.[39] Eine unter Verletzung der Zuständigkeit ergangene Entscheidung kann nach Art. 35 Abs. 1 EuGVVO, der den Abschnitt 5 der Regelung ausspart, gleichwohl im Anwendungsbereich der EuGVVO zuerkannt und vollstreckt werden.[40]

▶ **Hinweis:**

Die rügelose Einlassung im Gütetermin begründet noch nicht die Zuständigkeit des angerufenen unzuständigen ArbG nach Art. 24 Satz 1 EuGVVO.[41]

Im Verhältnis zu den Vertragsstaaten, die **nicht Mitglied der EU** sind, aber dem **Luganer Übereinkommen** 16 über die gerichtliche Zuständigkeit und Vollstreckung gerichtlicher Entscheidungen in Zivil- und Handelssachen vom 16.09.1988 *(LGVÜ)* beigetreten sind *(Island, Norwegen und Schweiz)*, ist das **LGVÜ** weiterhin zu beachten. Danach ist der Ort, den der Arbeitnehmer als tatsächlichen Mittelpunkt seiner Berufstätigkeit gewählt hat oder von dem aus er den wesentlichen Teil seiner Verpflichtungen gegenüber seinem Arbeitgeber tatsächlich erfüllt, zuständigkeitsbegründend.[42]

Fehlt die internationale Zuständigkeit des angerufenen deutschen ArbG, so ist die Klage als unzulässig abzuweisen.[43] Eine Verweisung an das zuständige ausländische Gericht ist nicht möglich. 17

Haben die Arbeitsvertragsparteien für ihre Rechtsbeziehungen ausländisches Recht und die Zuständigkeit 18 ausländischer Gerichte verabredet, hat sich die Prüfung, ob die **Zuständigkeitsvereinbarung** wirksam zustande gekommen ist, nach dem vereinbarten **ausländischen Recht** zu richten.[44] Dabei ist zu beachten, dass bei Arbeitsverträgen mit Auslandsberührung der getroffenen Rechtswahl große Bedeutung zukommt.

Übt ein **Arbeitnehmer in mehreren Mitgliedstaaten der EU seine Tätigkeit aus**, findet im Rechtsstreit 19 über den Arbeitsvertrag das Recht des Staates Anwendung, in dem der Arbeitnehmer seine beruflichen Verpflichtungen im Wesentlichen erfüllt. Der Begriff des »**gewöhnlichen Arbeitsorts**« i.S.v. **Art 30 Abs. 2 Nr. 1 EGBGB** ist weit zu verstehen. Übt der Arbeitnehmer seine Tätigkeit in mehreren Vertragsstaaten aus, ist gewöhnlicher Arbeitsort der Ort, an dem oder von dem aus er seine berufliche Tätigkeit tatsächlich ausübt, und, in Ermangelung eines Mittelpunkts der Tätigkeit, der Ort, an dem er den größten Teil seiner Arbeit verrichtet.[45] Kann dies nicht festgestellt

---

36 Art. 2 EuGVVO.
37 Zuvor Art. 5 Nr. 1 EuGVÜ.
38 EuGH, 15.03.2011 – C 29/10, Koelzsch, EzA Verordnung 593/2008 EG-Vertrag 1999 Nr. 1 mit Anm. Noltin; EuGH, 27.02.2002 – Rs. C 37/00, zu § 5 Nr. 1 EuGVÜ; BAG, 24.09.2009 – 8 AZR 306/08, EzA Verordnung 44/2001 EG-Vertrag 1999 Nr. 4.
39 Art. 24 EuGVVO.
40 Piltz NJW 2002, 789; Mankowski IPRax, 2003, 21.
41 BAG, 02.07.2008 – 10 AZR 355/07, NZA 2008, 1084.
42 BAG, 29.05.2002 – 5 AZR 141/01, NZA 2002, 1108.
43 BAG, 23.11.2000 – 2 AZR 490/99; GMPMG/Matthes-Schlewing § 1 Rn 40; GK-ArbGG/Dörner § 1 Rn 8; Schwab/Weth-Liebscher § 1 Rn 32.
44 LAG Baden-Württemberg, 15.01.2002 – 11 Sa 49/02; LAG Berlin, 20.07.1998 – 9 Sa 74/97.
45 BAG, 19.03.2014 –5 AZR 252/12, EzA § 305c BGB 2002 Nr. 25, Rn 25, für Arbeitsverträge die vor dem 17.12.2009 geschlossen wurden; vgl. dazu auch Rdn. 19.

werden, ist das Recht der Niederlassung, welche die Einstellung vorgenommen hat, maßgeblich.[46] Die **freie Rechtswahl** wird zugunsten des Arbeitnehmers als schwächerer Vertragspartei über **Art. 6 des Übereinkommens von Rom (RL 80/934/EWG)** insoweit **eingeschränkt**. Hätten die Parteien keine Rechtswahl getroffen, könnten sie durch Vereinbarung zwingende Bestimmungen des Rechts, dem sie dann unterfielen, ebenfalls nicht ausschließen.[47] Die **Verordnung 593/2008/EG** des Europäischen Parlaments und des Rates vom 17. Juni 2008 über das auf vertragliche Schuldverhältnisse anzuwendende Recht (Rom I, ABl. L 177, S. 6; im Folgenden: Rom-I-Verordnung) hat **das Übereinkommen von Rom ersetzt**. Diese Verordnung findet Anwendung auf **Verträge, die am 17. Dezember 2009 oder später** geschlossen wurden.

▶ **Art. 8 Abs. 4 (»Individualarbeitsverträge«) der Rom-I-Verordnung lautet**:

Ergibt sich aus der Gesamtheit der Umstände, dass der Vertrag eine engere Verbindung zu einem anderen als dem in Absatz 2 oder 3 bezeichneten Staat aufweist, ist das Recht dieses anderen Staates anzuwenden.

20 Der EuGH hat dazu entschieden, dass auch dann, wenn ein Arbeitnehmer die Arbeit in Erfüllung des Arbeitsvertrags gewöhnlich, dauerhaft und ununterbrochen in ein- und demselben Staat verrichtet, das nationale Gericht das in diesem Land anwendbare Recht gemäß dem letzten Halbsatz dieser Bestimmung ausschließen kann, wenn sich aus der **Gesamtheit der Umstände ergibt, dass eine engere Verbindung zwischen diesem Vertrag und einem anderen Land besteht.**[48] Diese kann aus wichtigen Anknüpfungspunkten zu einem anderen Land als dem **Tätigkeitsort** folgen als da sind: Steuer und Sozialversicherungspflichten sowie Parameter, welche das Gehalt und die Arbeitsbedingungen bestimmen.

Eine deutsche Arbeitnehmerin, die jahrelang für eine Drogeriekette in Deutschland tätig war, übernimmt als angestellte Geschäftsführerin die Leitung von 300 Filialen in den Niederlanden und übt diese bis zu ihrer Abberufung und Rückversetzung nach Deutschland 12 Jahre später aus, gegen die sie sich zur Wehr setzt. Trotz der jahrelangen Beschäftigung in den Niederlanden hat der EuGH – mangels Rechtswahl – eine größere Nähe zum deutschen Recht gesehen, da abgesehen vom tatsächlichen Arbeitsort die anderen relevanten Umstände aufgrund ihrer großen Zahl auf ein anderes Land hindeuten.

21 Die **Rechtswahl der Parteien** darf bei Arbeitsverträgen mit deutschen Arbeitnehmern und Arbeitsverhältnissen in Deutschland nicht dazu führen, dass dem Arbeitnehmer der Schutz entzogen wird, der ihm durch **zwingende Bestimmungen des Rechts** (Gleichbehandlungsgrundsatz, Vertragsübernahme bei Betriebsübergang, Jugendarbeitsschutz, Mutterschutz, Arbeitszeitschutz) gewährt wird, das ohne Rechtswahl anzuwenden wäre.[49]

Art. 30 EGBGB Arbeitsverträge und Arbeitsverhältnisse von Einzelpersonen

(1) Bei Arbeitsverträgen und Arbeitsverhältnissen darf die Rechtswahl der Parteien nicht dazu führen, dass dem Arbeitnehmer der Schutz entzogen wird, der ihm durch die zwingenden Bestimmungen des Rechts gewährt wird, das nach Absatz 2 mangels einer Rechtswahl anzuwenden wäre.

(2) Mangels einer Rechtswahl unterliegen Arbeitsverträge und Arbeitsverhältnisse dem Recht des Staates,
  1. in dem der Arbeitnehmer in Erfüllung des Vertrages gewöhnlich seine Arbeit verrichtet, selbst wenn er vorübergehend in einen anderen Staat entsandt ist, oder

---

46 EuGH, 15.12.2011 – C 384/10, Voogsgeerd, EzA Verordnung 593/2008 EG-Vertrag 1999 Nr. 2.
47 EuGH, 15.03.2011 – C 29/10 Koelzsch, EzA Verordnung 593/2008 EG-Vertrag 1999 Nr. 1 mit Anm. Noltin; HWK-Kalb Rn. 9.
48 EuGH, 12.09.2013 – C 64/12 Schlecker, EzA Verordnung 593/2008 EG-Vertrag 1999 Nr. 4.
49 § 30 EGBGB; BAG, 24.08.1989 – 2 AZR 3/89, NZA 1990, 841; BAG, 12.12.2001 – 5 AZR 255/00; BAG, 13.11.2007 – 9 AZR 134/07, NZA 2008, 761; BAG, 16.12.2010, 2 AZR 963/08, NZA-RR 2012,269; Deinert RdA 2009, 150 ff.; ders. Internationales Arbeitsrecht 2013, § 10 zu den sog. Eingriffsnormen.

2. in dem sich die Niederlassung befindet, die den Arbeitnehmer eingestellt hat, sofern dieser seine Arbeit gewöhnlich nicht in ein und demselben Staat verrichtet,

es sei denn, dass sich aus der Gesamtheit der Umstände ergibt, dass der Arbeitsvertrag oder das Arbeitsverhältnis engere Verbindungen zu einem anderen Staat aufweist; in diesem Fall ist das Recht dieses anderen Staates anzuwenden.

Zur örtlichen Zuständigkeit s. ferner Erl. zu § 2 Rdn. 58 ff. und § 48, zur internationalen Zuständigkeit vgl. auch Erl. zu § 46 Rdn. 104 f.

Eine ausdrückliche **Regelung zur internationalen Zuständigkeit** der deutschen Gerichte für Arbeitssachen unter Festlegung des Rechtsweges enthält § 15 Arbeitnehmerentsendegesetz (AEntG):[50]

§ 15 AEntG Gerichtsstand

Arbeitnehmer und Arbeitnehmerinnen, die in den Geltungsbereich dieses Gesetzes entsandt sind oder waren, können eine auf den Zeitraum der Entsendung bezogene Klage auf Erfüllung der Verpflichtungen nach §§ 2, 8 oder 14 auch vor einem deutschen Gericht für Arbeitssachen erheben. Diese Klagemöglichkeit besteht auch für eine gemeinsame Einrichtung der Tarifvertragsparteien nach § 5 Nr. 3 in Bezug auf die ihr zustehenden Beiträge.

Damit können **ausländische Arbeitnehmer** ihre Ansprüche aus für allgemeinverbindlich erklärten Tarifverträgen vor den deutschen ArbGe einklagen, wenn sie zur Arbeit von ihrem ausländischen Arbeitgeber auf deutschem Boden eingesetzt worden sind. Allerdings kann der Arbeitnehmer auch die heimischen ArbGe anrufen. Gemeinsame Einrichtungen von Tarifvertragsparteien, bspw. die Sozialkassen des Baugewerbes, können danach die ihnen zustehenden Beiträge gegen ausländische Arbeitgeber, einschließlich der Bürgenhaftung nach § 14 AEntG bei Zwischenschaltung eines anderen Unternehmens, vor den deutschen ArbG durchsetzen, selbst wenn weder der Arbeitgeber noch der Arbeitnehmer im Zeitpunkt der Klageerhebung nicht mehr im Geltungsbereich des AEntG tätig sind.[51]

V. Besondere Verfahren

Streitigkeiten zwischen den zivilen Arbeitskräften bei den in Deutschland stationierten **Truppen** der Vertragsstaaten des **Nordatlantikvertrages** sind in Urteils- und Beschlussverfahren gegen die Bundesrepublik Deutschland als Prozessstandschafterin zu richten.[52] Dagegen unterliegen die Mitglieder des zivilen Gefolges[53] dem Recht und der Gerichtsbarkeit des Entsendestaates.[54] Entsprechendes gilt nach dem Aufenthalts- und Abzugsvertrag vom 12.10.1990 für die Zivilbeschäftigten bei den Streitkräften der Union der Sozialistischen Sowjetrepubliken.[55]

Die verfassungsrechtlich in Art. 140 GG i.V.m. Art. 137 Abs. 3 Weimarer Reichsverfassung verbürgte kollektive Glaubensfreiheit gesteht den **Kirchen** und Religionsgemeinschaften das Recht zu, innerhalb der Schranken des für alle geltenden Gesetzes ihre Angelegenheiten selbstständig zu ordnen und zu verwalten.[56] Daraus ergibt sich die Befugnis, eine **eigene Gerichtsbarkeit** für die

---

[50] Gesetz über zwingende Arbeitsbedingungen für grenzüberschreitend entsandte und für regelmäßig im Inland beschäftigte Arbeitnehmer und Arbeitnehmerinnen (Arbeitnehmer-Entsendegesetz – AEntG – v. 20.04.2009, BGBl. I, S. 799, zuletzt geändert durch das Tarifautonomiestärkungsgesetz vom 11.08.2014, BGBl. I, S. 1348.
[51] BAG, 02.07.2008 – 10 AZR 307/07, NZA 2008, 1084; BCF/Bader § 1 Rn 6, 9; Schwab/Weth-Walker § 2 Rn 253.
[52] Art. 56 Abs. 8 ZA-NATO-Truppenstatut, BGBl. 1961 II, S. 1190, 1208; BAG, 15.05.1991 – 5 AZR 115/90, NZA 1992, 43.
[53] Art. 1 Abs. 1b ZA-NATO-Truppenstatut.
[54] Hess. LAG, 04.10.2010 – 16 Sa 1982/09; GK-ArbGG/Dörner § 1 Rn 10; HWK-Kalb Rn 6; ErfK/Koch § 1 Rn 2.
[55] BAG, 28.04.1993 – 10 AZR 391/92, NZA 1993, 1005; Hauck/Helml § 1 Rn 12.
[56] BVerfG 22.10.2014 – 2 BvR 661/12, EzA § 611 BGB 2002 Kirchliche Arbeitnehmer Nr. 32.

kirchlichen Beamten, Geistlichen und Ordensangehörigen zu errichten. Die diesen Personenkreis betreffenden dienst- und arbeitsrechtlichen Streitigkeiten sind der Zuständigkeit der staatlichen Gerichte entzogen.[57] Die staatlichen Gerichte sind ebenfalls nicht zur Entscheidung über Rechtsstreitigkeiten befugt, die Rechte und Pflichten der kirchlichen Mitarbeitervertretung betreffen.[58] Voraussetzung dafür ist allerdings, dass die dafür geschaffenen Schlichtungsstellen den rechtsstaatlichen Mindestanforderungen an ein Gericht genügen. Inzwischen haben sowohl die evangelische als auch die katholische Kirche auch für kollektive Rechtsstreitigkeiten kircheneigene Gerichte geschaffen. Vgl. **Anhang 3 Kirchengerichtliche Verfahren**.[59]

25 Stehen dagegen die Mitarbeiter in einem privatrechtlichen Arbeitsverhältnis zur Kirche, ist für sie der Rechtsweg zu den Gerichten für Arbeitssachen eröffnet.[60] Allerdings haben die ArbGe bei ihren Entscheidungen die Achtung des Privat- und Familienlebens mit den Konventionsrechten der kirchlichen Arbeitgeber sowie der **kirchlichen Selbstverwaltungsgarantie** gegeneinander abzuwägen und ggf. das kirchliche Recht anzuwenden.[61]

26 Kirchliche Schlichtungsausschüsse können jedoch in jedem Fall in arbeitsrechtlichen Streitigkeiten zwischen Arbeitnehmer und Arbeitgeber dem arbeitsgerichtlichen Verfahren vorgeschaltet werden.[62]

VI. Verfassungsbeschwerde und Vorabentscheidungsverfahren (EuGH)

27 Die ArbGe haben bei ihren Entscheidungen die Grundrechte (*Menschenwürde, allgemeines Persönlichkeitsrecht, Gleichbehandlungsgrundsatz, Diskriminierungsverbot, Glaubens-, Gewissens- und Bekenntnisfreiheit, Recht der freien Meinungsäußerung, Schutz von Ehe und Familie, Vereinigungsfreiheit, Berufsfreiheit*) zu beachten. Im Fall der möglichen Verfassungswidrigkeit anzuwendender nationaler Gesetze, auf dessen Gültigkeit es bei der Entscheidung ankommt, hat das ArbG im Wege der Richtervorlage nach Art. 100 GG das Verfahren auszusetzen und eine Entscheidung des BVerfG einzuholen. Wird dies unterlassen oder bestehen Zweifel an der verfassungsgemäßen Behandlung im Verfahren des ArbG (*Rechtsstaatsprinzip, rechtliches Gehör, gesetzlicher Richter*), kann nach Erschöpfung des Rechtsweges die beschwerte Partei **Verfassungsbeschwerde** nach Art. 93 Abs. 1 Nr. 4a GG, §§ 13 Nr. 8a, 90 ff. BVerfGG zum BVerfG einlegen.

28 Im Fall der **Verletzung** des Anspruchs auf **rechtliches Gehör**[63] sieht der mit dem ZPO-RG ab 01.01.2002 eingefügte § 321a ZPO vor, dass das Gericht auf Rüge der beschwerten Partei bei unanfechtbaren Entscheidungen der ersten Instanz sich noch selbst berichtigen kann. Durch das **Anhörungsrügengesetz** vom 28.10.2004,[64] das zum 01.01.2005 in Kraft getreten ist, wurde die Anhörungsrüge als Rechtsbehelf auf jedwede sonst nicht anfechtbare (Erst-) Entscheidung ausgedehnt. Es soll damit erreicht werden, dass »Verletzungen« des rechtlichen Gehörs vom Gericht ohne aufwendige Einschaltung des übergeordneten Gerichts bereinigt werden können. Die Neuregelung in § 321a ZPO n.F. findet ihre Entsprechung in dem zum 01.01.2005 in das ArbGG eingefügten § **78a**, der in seinen Abs. 1 bis 5 mit § 321a ZPO übereinstimmt und arbeitsgerichtliche Besonder-

---

57 BAG, 07.02.1990 – 5 AZR 84/89, NJW 1990, 2082.
58 BAG, 09.09.1992 – 5 AZR 456/91, EzA § 611 BGB Kirchliche Arbeitnehmer Nr. 39.
59 Näher dazu Schliemann NZA 2000, 1311; ders. NJW 2005, 392 ff.; Fischermeier RdA 2007, 195 f.
60 BAG, 16.09.2000 – 2 AZR 712/98, NZA 2000, 208; BAG, 02.02.2006 – 2 AZR 254/05, EzA § 1 KSchG Betriebsbedingte Kündigung Nr. 143.
61 BVerfG, 04.06.1985 – 2 BvR 1703/83, NJW 1986, 356; EGMR, 23.09.2010 – 425/03 Obst, NZA 2011, 277; BAG, 08.09.2011 – 2 AZR 543/10, EzA § 611 BGB 2002 Kirchliche Arbeitnehmer Nr. 21; BAG, 21.02.2001 – 2 AZR 139/00; BAG, 16.09.2004 – 2 AZR 447/03; LAG Rheinland-Pfalz, 03.03.2016 – 5 Sa 363/15, Rn 50, Anwendung der KAVO auf Reisekostenansprüche.
62 BAG, 18.05.1999 – 9 AZR 682/98, NZA 1999, 1350; GMPMG/Matthes Einleitung § 1 Rn 84 ff.
63 Art. 103 Abs. 1 GG.
64 BGBl. I, S. 3220.

heiten nur in den Abs. 6 bis 8 regelt. Zu den Besonderheiten der Anhörungsrüge im arbeitsgerichtlichen Verfahren s. die Erl. zu § 78a.

§ 321a ZPO Abhilfe bei Verletzung des Anspruchs auf rechtliches Gehör

(1) Auf die Rüge der durch die Entscheidung beschwerten Partei ist das Verfahren fortzuführen, wenn
1. *ein Rechtsmittel oder ein anderer Rechtsbehelf gegen die Entscheidung nicht gegeben ist und*
2. *das Gericht den Anspruch dieser Partei auf rechtliches Gehör in entscheidungserheblicher Weise verletzt hat.*

Gegen eine der Endentscheidung vorausgehende Entscheidung findet die Rüge nicht statt.

(2) Die Rüge ist innerhalb einer Notfrist von zwei Wochen nach Kenntnis von der Verletzung des rechtlichen Gehörs zu erheben; der Zeitpunkt der Kenntniserlangung ist glaubhaft zu machen. Nach Ablauf eines Jahres seit Bekanntgabe der angegriffenen Entscheidung kann die Rüge nicht mehr erhoben werden. Formlos mitgeteilte Entscheidungen gelten mit dem dritten Tage nach Aufgabe zur Post als bekannt gegeben. Die Rüge ist schriftlich bei dem Gericht zu erheben, dessen Entscheidung angegriffen wird. Die Rüge muss die angegriffene Entscheidung bezeichnen und das Vorliegen der in Absatz 1 Satz 1 Nr. 2 genannten Voraussetzungen darlegen.

(3) Dem Gegner ist, soweit erforderlich, Gelegenheit zur Stellungnahme zu geben.

(4) Das Gericht hat von Amts wegen zu prüfen, ob die Rüge an sich statthaft und ob sie in der gesetzlichen Form und Frist erhoben ist. Mangelt es an einem dieser Erfordernisse, so ist die Rüge als unzulässig zu verwerfen. Ist die Rüge unbegründet, weist das Gericht sie zurück. Die Entscheidung ergeht durch unanfechtbaren Beschluss. Der Beschluss soll kurz begründet werden.

(5) Ist die Rüge begründet, so hilft ihr das Gericht ab, indem es das Verfahren fortführt, soweit dies aufgrund der Rüge geboten ist. Das Verfahren wird in die Lage zurückversetzt, in der es sich vor dem Schluss der mündlichen Verhandlung befand. § 343 gilt entsprechend. In schriftlichen Verfahren tritt an die Stelle des Schlusses der mündlichen Verhandlung der Zeitpunkt, bis zu dem Schriftsätze eingereicht werden können.

Ein Verfahrensmangel konnte bis zum 31.12.2004 – anders als in anderen Verfahrensordnungen – die Zulassung der Revision zum BAG nicht rechtfertigen. Die in § 72a bestimmte Begrenzung der Nichtzulassungsbeschwerde widersprach rechtsstaatlichen Grundsätzen.[65] Deshalb ist zum 01.01.2005 durch eine Änderung der §§ 72, 72a, 72b der Katalog der Nichtzulassungsbeschwerdegründe um die Fälle der **Verletzung des rechtlichen Gehörs und der nicht rechtzeitigen Absetzung der Entscheidung** erweitert werden. Um diese Verfahren kann das BVerfG in Zukunft entlastet werden. Näher dazu Erl. zu § 72, 72a, 72b. 29

Die Gerichte haben bei ihrer Entscheidungsfindung vorrangig das Recht der Europäischen Gemeinschaften zugrunde zu legen. Ergeben sich bei der Anwendung europäischen Rechts Auslegungszweifel, können die ArbGe nach Art. 267 AEUV[66] im **Vorabentscheidungsverfahren** den EuGH anrufen. Dieser legt verbindlich die Auslegung einer Rechtsnorm des europäischen Rechts fest. Zur Vorlagepflicht, zur Vorlageberechtigung und den Voraussetzungen einer Vorlage BVerfG, 06.07.2010 – 2 BvR 2661/06 Honeywell/Mangold,[67] 13.06.1997 und 05.08.1998 – 1 BvR 2102/95, 1 BvR 264/98. Als letztinstanzliches Gericht ist das BAG in solchen Fällen zur Anrufung des Gerichtshofes verpflichtet, die Gerichte der ersten und zweiten Instanz sind dagegen nur 30

---

65 BVerfG, 30.04.2003 – 1 PBvU 1/02, NJW 2003, 1924 und 26.03.2001 – 1 BvR 383/00.
66 Vertrag über die Arbeitsweise der EU (Vertrag von Lissabon), Inkrafttreten 01.12.2009, Bek. v. 13.11.2009, BGBl. II, S. 1223; früher Art. 234 EG-Vertrag, davor Art. 177.
67 BVerfG, 06.07.2010 – 2 BvR 2661/06, NZA 2010, 995.

vorlageberechtigt. Davon kann nur Abstand genommen werden, wenn die gemeinschaftsrechtliche Rechtslage eindeutig ist (acte clair oder eclaire).[68]

Art. 267 AEUV (Vorabentscheidungsverfahren)

Der Gerichtshof entscheidet im Wege der Vorabentscheidung
a) über die Auslegung der Verträge,
b) über die Gültigkeit und die Auslegung der Handlungen der Organe, Einrichtungen oder sonstigen Stellen der Union.

Wird eine derartige Frage einem Gericht eines Mitgliedstaates gestellt und hält dieses Gericht eine Entscheidung darüber zum Erlass seines Urteils für erforderlich, so kann es diese Frage dem Gerichtshof zur Entscheidung vorlegen.

Wird eine derartige Frage in einem schwebenden Verfahren bei einem einzelstaatlichen Gericht gestellt, dessen Entscheidungen selbst nicht mehr mit Rechtsmitteln des innerstaatlichen Rechts angefochten werden können, so ist dieses Gericht zur Anrufung des Gerichtshofes verpflichtet.

...

Das Vorabentscheidungsverfahren dient der **Herstellung und Wahrung der Einheit des Gemeinschaftsrechts**. Der EuGH legt verbindlich primäres und sekundäres Gemeinschaftsrecht aus. Unter Beachtung dieser Auslegung trifft das nationale Gericht seine Entscheidung. Die Verletzung der Vorlagepflicht zieht ein Vertragsverletzungsverfahren nach sich und beinhaltet zugleich einen Verstoß gegen das Verfassungsgebot des gesetzlichen Richters aus Art. 101 Abs. 1 Satz 2 GG.[69]

31 Der **Europäische Gerichtshof für Menschenrechte** (EGMR) sichert die in der Europäischen Konvention zum Schutz der Menschenrechte und Grundfreiheiten verbrieften Rechte, wie z.B. das Recht auf faires Verfahren oder Meinungsfreiheit (Art. 6 und 10 der Konvention). Für das Arbeitsgerichtsverfahren kommt eine Anrufung in Betracht, wenn der Zugang zum Gericht, ein faires Verfahren oder eine angemessene Dauer des Prozesses bis zu seinem Abschluss infrage steht.[70] Nachdem der EGMR seit 2006 wiederholt einen nicht ausreichenden Rechtsschutz gegen überlange Verfahren in Deutschland beanstandete, hat der Gesetzgeber gehandelt und ein **Gesetz über den Rechtsschutz bei überlangen Verfahren** und strafrechtlichen Ermittlungsverfahren beschlossen, welches am 03.12.2011 in Kraft getreten ist.[71] Nach fruchtloser Erhebung einer Verzögerungsrüge entsteht künftig bei unangemessener Dauer des Gerichtsverfahrens ein **Entschädigungsanspruch** von 1.200,00 € für jedes Jahr der Verzögerung. Das Gesetz gilt für sämtliche Instanzen aller Gerichte, auch für die regelmäßig sehr schnell arbeitende Arbeitsgerichtsbarkeit. Die Entschädigungsverfahren für die Arbeitsgerichtsbarkeit sind beim LAG bzw. beim BAG zu führen (§§ 198–201 GVG). Näheres dazu in den Erl. zu § 9 ArbGG. Darüber hinaus beschäftigt sich der Gerichtshof auch mit Menschenrechtsverletzungen im Individual- und im Kollektivarbeitsrecht, bspw. im Spannungsfeld von Kirche und Arbeitsverhältnis oder von staatsbürgerlichen und arbeitgeberbezogenen Loyalitätspflichten des Arbeitnehmers (»Whistleblowing«).[72] Neben den Entschädigungszahlungen kommt auch

---

68 BVerfG, 08.04.2015 – 2 BvR 35/12 – Rn 23, NVwZ-RR 2016, 166.
69 EuGH, 10.01.2006 – C 344/04, NJW 2006, 351; BVerfG, 15.01.2015 – 1 BvR 499/12, ZIP 2015, 542; BVerfG, 25.02.2010 – 1 BvR 230/09, NJW 2010, 1268; BVerfG, 06.07.2010 – 2 BvR 2661/06, NJW 2010, 3422.
70 EGMR, 18.02.1999 – Beschwerde-Nr. 26083/94 (Waite u. Kennedy/Deutschland); EGMR, 06.11.2008 – Beschwerde-Nr. 58911/00 (Osho/Deutschland).
71 BGBl. I, S. 2302; Wagner FA 2012, 70.
72 EGMR, 23.09.2010 – Beschwerde-Nr. 425/03 (Obst/Deutschland), EUGRZ 2010, 571; EGMR, 21.07.2011 – Beschwerde-Nr. 28274/08 (Heinisch), EzA § 626 BGB 2002 Anzeige gegen Arbeitgeber Nr. 1.

eine Wiederaufnahme des Verfahrens nach § 79 ArbGG i.V.m. § 580 Nr. 10 ZPO in Betracht. Näher dazu Erl. zu § 79.

§ 580 ZPO Restitutionsklage

Die Restitutionsklage findet statt:

[...]

8. wenn der Europäische Gerichtshof für Menschenrechte eine Verletzung der Europäischen Konvention zum Schutz der Menschenrechte und Grundfreiheiten oder ihrer Protokolle festgestellt hat und das Urteil auf dieser Verletzung beruht.

§ 2 Zuständigkeit im Urteilsverfahren

(1) Die Gerichte für Arbeitssachen sind ausschließlich zuständig für
1. bürgerliche Rechtsstreitigkeiten zwischen Tarifvertragsparteien oder zwischen diesen und Dritten aus Tarifverträgen oder über das Bestehen oder Nichtbestehen von Tarifverträgen;
2. bürgerliche Rechtsstreitigkeiten zwischen tariffähigen Parteien oder zwischen diesen und Dritten aus unerlaubten Handlungen, soweit es sich um Maßnahmen zum Zwecke des Arbeitskampfes oder um Fragen der Vereinigungsfreiheit einschließlich des hiermit im Zusammenhang stehenden Betätigungsrechts der Vereinigungen handelt;
3. bürgerliche Rechtsstreitigkeiten zwischen Arbeitnehmern und Arbeitgebern
    a) aus dem Arbeitsverhältnis;
    b) über das Bestehen oder Nichtbestehen eines Arbeitsverhältnisses;
    c) aus Verhandlungen über die Eingehung eines Arbeitsverhältnisses und aus dessen Nachwirkungen;
    d) aus unerlaubten Handlungen, soweit diese mit dem Arbeitsverhältnis im Zusammenhang stehen;
    e) über Arbeitspapiere;
4. bürgerliche Rechtsstreitigkeiten zwischen Arbeitnehmern oder ihren Hinterbliebenen und
    a) Arbeitgebern über Ansprüche, die mit dem Arbeitsverhältnis in rechtlichem oder unmittelbar wirtschaftlichem Zusammenhang stehen;
    b) gemeinsamen Einrichtungen der Tarifvertragsparteien oder Sozialeinrichtungen des privaten Rechts über Ansprüche aus dem Arbeitsverhältnis oder Ansprüche, die mit dem Arbeitsverhältnis in rechtlichem oder unmittelbar wirtschaftlichem Zusammenhang stehen, soweit nicht die ausschließliche Zuständigkeit eines anderen Gerichts gegeben ist;
5. bürgerliche Rechtsstreitigkeiten zwischen Arbeitnehmern oder ihren Hinterbliebenen und dem Träger der Insolvenzsicherung über Ansprüche auf Leistungen der Insolvenzsicherung nach dem Vierten Abschnitt des Ersten Teils des Gesetzes zur Verbesserung der betrieblichen Altersversorgung;
6. bürgerliche Rechtsstreitigkeiten zwischen Arbeitgebern und Einrichtungen nach Nummer 4 Buchstabe b und Nummer 5 sowie zwischen diesen Einrichtungen, soweit nicht die ausschließliche Zuständigkeit eines anderen Gerichts gegeben ist;
7. bürgerliche Rechtsstreitigkeiten zwischen Entwicklungshelfern und Trägern des Entwicklungsdienstes nach dem Entwicklungshelfergesetz;
8. bürgerliche Rechtsstreitigkeiten zwischen den Trägern des freiwilligen sozialen oder ökologischen Jahres oder den Einsatzstellen und Freiwilligen nach dem Jugendfreiwilligendienstegesetz;
8a. bürgerliche Rechtsstreitigkeiten zwischen dem Bund oder den Einsatzstellen des Bundesfreiwilligendienstes oder deren Trägern und Freiwilligen nach dem Bundesfreiwilligendienstgesetz;
9. bürgerliche Rechtsstreitigkeiten zwischen Arbeitnehmern aus gemeinsamer Arbeit und aus unerlaubten Handlungen, soweit diese mit dem Arbeitsverhältnis im Zusammenhang stehen;
10. bürgerliche Rechtsstreitigkeiten zwischen behinderten Menschen im Arbeitsbereich von Werkstätten für behinderte Menschen und den Trägern der Werkstätten aus den in § 138 des Neunten Buches Sozialgesetzbuch geregelten arbeitnehmerähnlichen Rechtsverhältnissen.

(2) Die Gerichte für Arbeitssachen sind auch zuständig für bürgerliche Rechtsstreitigkeiten zwischen Arbeitnehmern und Arbeitgebern,
a) die ausschließlich Ansprüche auf Leistung einer festgestellten oder festgesetzten Vergütung für eine Arbeitnehmererfindung oder für einen technischen Verbesserungsvorschlag nach § 20 Abs. 1 des Gesetzes über Arbeitnehmererfindungen zum Gegenstand haben;
b) die als Urheberrechtsstreitsachen aus Arbeitsverhältnissen ausschließlich Ansprüche auf Leistung einer vereinbarten Vergütung zum Gegenstand haben.

(3) Vor die Gerichte für Arbeitssachen können auch nicht unter die Absätze 1 und 2 fallende Rechtsstreitigkeiten gebracht werden, wenn der Anspruch mit einer bei einem Arbeitsgericht anhängigen oder gleichzeitig anhängig werdenden bürgerlichen Rechtsstreitigkeit der in den Absätzen 1 und 2 bezeichneten Art in rechtlichem oder unmittelbar wirtschaftlichem Zusammenhang steht und für seine Geltendmachung nicht die ausschließliche Zuständigkeit eines anderen Gerichts gegeben ist.

(4) Auf Grund einer Vereinbarung können auch bürgerliche Rechtsstreitigkeiten zwischen juristischen Personen des Privatrechts und Personen, die kraft Gesetzes allein oder als Mitglieder des Vertretungsorgans der juristischen Person zu deren Vertretung berufen sind, vor die Gerichte für Arbeitssachen gebracht werden.

(5) In Rechtsstreitigkeiten nach diesen Vorschriften findet das Urteilsverfahren statt.

Übersicht

		Rdn.
I.	Allgemeine Grundsätze	1
II.	Enumerative Aufzählung für den Rechtsweg	2
	1. Bürgerliche Rechtsstreitigkeit	3
	2. Tarifrechtliche Streitigkeiten	4
	3. Arbeitskampfstreitigkeit und Fragen der Vereinigungsfreiheit	5
	4. Individualrechtliche Streitigkeiten zwischen Arbeitnehmern und Arbeitgebern	6
	a) Streitigkeiten aus dem Arbeitsverhältnis	7
	b) Streitigkeiten über das Bestehen oder Nichtbestehen eines Arbeitsverhältnisses	8
	c) Streitigkeiten über die Eingehung und Nachwirkung des Arbeitsverhältnisses	10
	5. Einzelfälle	11
III.	Verfahren für die Rechtswegentscheidung	46
	1. Prüfung von Amts wegen	47
	2. Vorabentscheidung bei Zulässigkeit des Rechtswegs	48
	3. Vorabentscheidung bei Unzulässigkeit des Rechtswegs	49
	4. Verfahrensablauf der Entscheidung	50
	5. Anfechtbarkeit der Entscheidung	51
	6. Bindungswirkung der Entscheidung	53
IV.	Kosten	55
V.	Örtliche Zuständigkeit	56
	1. Allgemeine Grundsätze	57
	2. Einzelfälle	58
VI.	Verfahren für die Entscheidung über die örtliche Zuständigkeit	77

I. Allgemeine Grundsätze

1 Nach § 46 Abs. 1 ist der Rechtsweg zu den Gerichten für Arbeitssachen in den in § 2 Abs. 1 bis Abs. 4 bezeichneten bürgerlichen Rechtsstreitigkeiten gegeben. Die Bestimmungen des Urteilsverfahrens – ein Verfahren das nach Antrag aufgrund der Dispositionsmaxime mit dem Urteil endet – sind zwingend. Die Parteien können keine andere Verfahrensart wählen. Es handelt sich um eine ausschließliche Zuständigkeit. Nach § 40 Abs. 2 ZPO kann der Rechtsweg eines anderen Gerichts weder durch Gerichtsstandsvereinbarung nach § 38 ZPO (in vermögensrechtlichen Streitigkeiten) noch durch rügelose Einlassung gem. § 39 ZPO begründet werden. Damit kommt die Rechtswegzuständigkeit eines unzuständigen Gerichts regelmäßig nur bei fehlerhafter aber nicht offensichtlicher gesetzeswidriger Verweisung durch ein anderes Gericht in Betracht.

II. Enumerative Aufzählung für den Rechtsweg

§ 2 bestimmt die Zuständigkeit der ArbG nicht durch eine Generalklausel, sondern durch eine enumerative Aufzählung.

Allerdings kann nach § 2 Abs. 4 für bürgerliche Rechtsstreitigkeiten zwischen juristischen Personen und ihren gesetzlichen oder satzungsgemäßen Vertretern[1] die Zuständigkeit der ArbG vereinbart werden.

1. Bürgerliche Rechtsstreitigkeit

Sämtliche zuständigkeitsbegründenden Tatbestände des § 2 setzen eine bürgerliche Rechtsstreitigkeit voraus. Diese ist gegeben, wenn die Parteien über Rechtsfolgen oder Rechtsverhältnisse streiten, die dem Privatrecht angehören. Der Streitgegenstand muss eine unmittelbare Rechtsfolge des Zivilrechts sein. Die bürgerliche Rechtsstreitigkeit ist zu einem Streit abzugrenzen, der dem öffentlichen Recht angehört. Ob eine Streitigkeit öffentlich- oder bürgerlich-rechtlich ist, muss nach der Natur des Rechtsverhältnisses, welche aus dem Klageanspruch hergeleitet wird, beurteilt werden.[2] Entscheidend ist dabei die Art des Klagebegehrens nach dem zugrunde liegenden Sachverhalt. Dieser kann durch Rechtssätze des bürgerlichen oder des öffentlichen Rechts geprägt sein. Eine öffentlich-rechtliche Streitigkeit ist gegeben, wenn dem Rechtsverhältnis kein privatrechtlicher Vertrag, sondern ein öffentlich-rechtlicher Vertrag oder ein Verwaltungsakt zugrunde liegt. Es kommt auch darauf an, ob die an dem Rechtsstreit Beteiligten zueinander in einem hoheitlichen Verhältnis der Über- und Unterordnung stehen, ob sich der Träger hoheitlicher Gewalt besonderer, ihm zugeordneten Rechtssätze des öffentlichen Rechts bedient oder ob er sich den zivilrechtlichen Regeln unterstellt.[3] Es kommt nicht auf die Natur der Vorfragen an, da Entscheidungen hierüber nicht in Rechtskraft erwachsen.[4] Bei Klagen auf oder gegen VA einer Behörde handelt es sich um öffentlich-rechtliche Streitigkeiten.[5] Ebenso bei der Klage eines angestellten Lehrers auf Zulassung zur berufsbegleitenden Weiterbildung für Förderschulen mit dem Ziel der unbefristeten Lehrerlaubnis für das Lehramt an Förderschulen.[6] Selbst wenn der Rechtsstreit einen privat-rechtlichen Vertrag betrifft, folgt hieraus nicht ohne Weiteres eine bürgerlich-rechtliche Streitigkeit. Hierzu ist weiter erforderlich, dass der konkrete Streitgegenstand eine Rechtsfolge des Privatrechts ist. Das ist z.B. zu verneinen bei Streitigkeiten über die öffentlich-rechtlichen Abgabenpflichten. Streiten die Parteien etwa über die Verpflichtung des Arbeitgebers zur ordnungsgemäßen Ausfüllung der Lohnsteuerbescheinigung, sind die Finanzgerichte zuständig.[7]

2. Tarifrechtliche Streitigkeiten

Nach § 2 Abs. 1 Nr. 1 sind die ArbG ausschließlich zuständig für bürgerliche Rechtsstreitigkeiten zwischen Tarifvertragsparteien oder zwischen diesen und Dritten aus Tarifverträgen oder über das Bestehen oder Nichtbestehen von Tarifverträgen. Sind die Tarifvertragsparteien Parteien des Rechtsstreites, fehlt es am Über- und Unterordnungsverhältnis. Betrifft der Streit den obligatorischen Teil des Tarifvertrages, handelt es sich um einen bürgerlichen Rechtsstreit zwischen Tarifvertragsparteien aus dem Tarifvertrag. Das können Ansprüche auf Durchführung des Tarifvertrages durch die andere Tarifvertragspartei sein. Eine Tarifvertragspartei kann aber auch auf die Einwirkung auf ihre Verbandsmitglieder zur Einhaltung des Tarifvertrages verklagt werden. Zu den tarifrechtlichen Streitigkeiten gehören auch die Wahrung der Friedenspflicht, Anträge auf Unterlassung

---

1 § 5 Abs. 1 Satz 3.
2 GmS-OGB 04.06.1974 – 2/73, NJW 1974, 2087.
3 BAG, 27.03.1990 – 3 AZR 188/89, NZA 1990, 789.
4 GMPMG/Matthes § 2 Rn 143.
5 BAG, 07.12.2000 – 2 AZR 459/99, NZA 2001, 1304.
6 BAG, 22.09.1999 – 5 AZB 27/99, NZA 2000, 55.
7 BAG, 11.06.2003 – 5 AZB 1/03, NZA 2003, 877.

von Arbeitskampfmaßnahmen oder auf Führung von Tarifverhandlungen. Aus den Tarifverträgen kann sich zudem das Recht von Gewerkschaften zum Zutritt des Betriebes ergeben.

Die ArbG sich auch für Streitigkeiten über die Auslegung des normativen Teils des Tarifvertrages oder einzelner Vorschriften zuständig.[8]

Die Streitigkeiten über das Bestehen oder Nichtbestehen von Tarifverträgen betreffen die Fragen des wirksamen Abschlusses von Tarifverträgen, seiner Gültigkeit, seines räumlichen oder fachlichen oder betrieblichen Geltungsbereichs sowie die Wirksamkeit einer Kündigung.[9] Ebenso gehört hierzu der Streit über Umfang und Wirksamkeit einer Allgemeinverbindlichkeitserklärung soweit nicht die zuständige Behörde, sondern die Tarifvertragsparteien Parteien des Rechtsstreites sind.

Parteien des Rechtsstreits können allerdings nicht nur die Tarifvertragsparteien selbst sein. Die ausschließliche Zuständigkeit nach Abs. 1 Nr. 1 erfasst auch Streitigkeiten zwischen Tarifvertragsparteien und Dritten. Dritter ist dabei jeder, der nicht selbst Partei des Tarifvertrages ist, so z.B. Mitglieder eines Tarifverbandes. Es kann sich auch um Außenseiter handeln.

3. Arbeitskampfstreitigkeit und Fragen der Vereinigungsfreiheit

5 Nach Abs. 1 Nr. 2 wird die ausschließliche Zuständigkeit der Gerichte für Arbeitssachen für bürgerliche Rechtsstreitigkeiten zwischen tariffähigen Parteien oder zwischen diesen und Dritten aus unerlaubten Handlungen zum Zwecke des Arbeitskampfes oder um Fragen der Vereinigungsfreiheit sowie der Betätigungsfreiheit der Vereinigungen begründet. Dabei muss es sich wieder um bürgerliche Rechtsstreitigkeiten handeln. Ausgeschlossen sind daher Streitigkeiten mit Behörden wegen hoheitlichen Handelns anlässlich von Arbeitskampfmaßnahmen. Eine bürgerliche Streitigkeit ist gegeben, wenn die öffentlich-rechtliche Körperschaft als Arbeitgeber Beamte auf bestreikten Arbeitsplätzen einsetzt, da auch dieser Streit im Arbeitskampfrecht und damit im Privatrecht seine wesentliche Grundlage hat.[10]

Der Begriff der unerlaubten Handlung i.S.d. § 2 Abs. 1 Nr. 2 ist weit auszulegen. Es sollen alle Rechtsstreitigkeiten aus der Beteiligung der Koalition am Arbeitskampf und aus ihrer Betätigung im Arbeitsleben erfasst werden, deren Zulässigkeit und Rechtmäßigkeit umstritten ist. Er beschränkt sich daher nicht nur auf die unter § 823 BGB zu subsumierenden Verhaltensweisen.[11] Für Amtshaftungsansprüche gem. § 839 BGB aus dem Einsatz hoheitlicher Gewalt anlässlich von Arbeitskämpfen sind die ordentlichen Gerichte zuständig.[12]

Der Begriff des Arbeitskampfes ist weit auszulegen. Hierzu zählen z.B. jede Form des Streikes oder der Aussperrung, Protestdemonstrationen, Werksbesetzungen, Behinderungen von Arbeitswilligen und weiten Kampfmaßnahmen. Jeder Dritte, auch der einzelne Arbeitnehmer, kann Partei dieses Rechtsstreits sein. Ist der Betriebsrat beteiligt, ergibt sich die Zuständigkeit im Beschlussverfahren nach § 2a. Bei Streitigkeiten zwischen Arbeitnehmern anlässlich eines Arbeitskampfes, z.B. wegen Beleidigungen oder Körperverletzungen folgt die Zuständigkeit der ArbG nach § 2 Abs. 1 Nr. 9.

4. Individualrechtliche Streitigkeiten zwischen Arbeitnehmern und Arbeitgebern

6 Voraussetzung für diese Zuständigkeitsbestimmung ist, dass an dem Streit Arbeitnehmer und Arbeitgeber beteiligt sind. Die Begriffsbestimmung des Arbeitnehmers ergibt sich aus § 5. Danach sind Arbeitnehmer Arbeiter und Angestellte sowie die zu ihrer Berufsausbildung Beschäftigten. Als Arbeitnehmer gelten auch die in Heimarbeit beschäftigten, die ihnen gleichgestellten sowie die arbeitnehmerähnlichen Personen.

---

8 BAG, 25.09.1987 – 7 AZR 315/86, NZA 1988, 358.
9 BAG, 26.09.1984 – 4 AZR 343/83, DB 1985, 394.
10 BAG, 10.09.1985 – 1 AZR 262/84, NZA 1985, 814.
11 BAG, 14.02.1978 – 1 AZR 280/77, NJW 1979, 1844.
12 Kissel/Mayer § 13 Rn 102.

Arbeitnehmer ist, wer aufgrund eines privatrechtlichen Vertrages eine persönlich abhängige Arbeitstätigkeit leisten muss. Die persönliche Abhängigkeit muss nach ihrem Grad größer sein als es bei einem Selbstständigen üblich ist. Dabei ist v.a. die Eigenart der jeweiligen Tätigkeit zu berücksichtigen. Über die Zuordnung der Vertragsgestaltung entscheidet der Wille der Parteien. Dieser kann sich aus den ausdrücklichen Erklärungen oder auch aus der praktischen Handhabung der Vertragsbeziehungen ergeben. Beim Auseinanderfallen von Vertragsgestaltung und praktischer Handhabung ist dabei die praktische Handhabung maßgebend für die Einordnung des Vertragsverhältnisses. Es kommt nicht darauf an, wie die Parteien ihr Rechtsverhältnis benannt, sondern wie sie es nach objektiven Maßstäben praktiziert haben.[13] Der Dienstleistende muss seine Dienstleistungen im Rahmen einer vom Dritten bestimmten Arbeitsorganisation erbringen. § 84 Abs. 1 Satz 2 HGB enthält insoweit ein typisches Abgrenzungsmerkmal. Danach ist selbstständig und nicht Arbeitnehmer, wer im Wesentlichen frei seine Tätigkeit gestalten und seine Arbeitszeit bestimmen kann. Persönlich abhängig und unselbstständig ist dagegen der Mitarbeiter, der in die fremde Arbeitsorganisation eingegliedert ist, indem er einem Weisungsrecht hinsichtlich Inhalt, Durchführung, Zeit, Dauer und Ort der Tätigkeit unterliegt.[14]

Arbeitgeber ist jeder, der einen Arbeitnehmer i.S.v. § 5 beschäftigt. Dies gilt auch für den mittelbaren Arbeitgeber. Ein mittelbares Arbeitsverhältnis ist gegeben, wenn ein Mittelsmann, der selbst Arbeitnehmer eines Dritten ist, im eigenen Namen Hilfskräfte einstellt, die mit Wissen des Dritten unmittelbar für diesen Arbeit leisten.[15] Der Arbeitnehmer einer juristischen Person soll deren Geschäftsführer in entsprechender Anwendung des § 2 Abs. 1 Nr. 3d wegen unerlaubter Handlung beim Arbeitsgericht verklagen können.[16]

a) Streitigkeiten aus dem Arbeitsverhältnis

Der Rechtsstreit muss sich aus dem Arbeitsverhältnis ergeben. Hierzu reicht es aus, dass das Arbeitsverhältnis besteht, bestanden hat oder begründet werden sollte. Es kann sich dabei auch um ein nichtiges faktisches Arbeitsverhältnis handeln. Betroffen ist auch gem. § 5 das Berufsausbildungsverhältnis und das Heimarbeitsverhältnis. Der Anspruch muss nicht aus dem Arbeitsvertrag unmittelbar resultieren. Er kann sich auch aus Gesetzen, Tarifverträgen und Betriebsvereinbarungen ergeben. Es kann sich um Ansprüche des Arbeitnehmers aber auch um Ansprüche des Arbeitgebers, wie z.B. Schadensersatzansprüche oder Rückzahlungsansprüche handeln. Nach § 2 Abs. 1 Nr. 4 Buchst. a) ArbGG reicht es aus, dass die geltend gemachten Ansprüche mit dem Arbeitsverhältnis in rechtlichem oder unmittelbar wirtschaftlichem Zusammenhang stehen. Ein unmittelbar wirtschaftlicher Zusammenhang ist anzunehmen, wenn der Anspruch auf demselben wirtschaftlichen Verhältnis beruht oder wirtschaftliche Folge desselben Tatbestands ist. Die Ansprüche müssen innerlich eng zusammengehören, also einem einheitlichen Lebenssachverhalt entspringen.[17] Der Zusammenhang kommt besonders dann deutlich zum Ausdruck, wenn die Leistung auch eine Bindung des Arbeitnehmers an den Betrieb bezweckt. Das ist bspw. gegeben, wenn ein angestellter Arzt eine vom Arbeitgeber genehmigte Nebentätigkeit unter Nutzung von Personal und Sachmittel des Arbeitgebers ausübt und die Parteien über die hierdurch entstandenen Kostenerstattungsansprüche des Arbeitgebers streiten.[18]

7

---

13 BAG, 16.03.1994 – 5 AZR 447/92, AP BGB § 611 Abhängigkeit Nr. 68 = EzA § 611 BGB Arbeitnehmerbegriff Nr. 53.
14 BAG, 13.11.1991 – 7 AZR 31/91, NZA 1992, 1125.
15 BAG, 08.08.1958 – 4 AZR 173/55, DB 1959, 234.
16 LAG Rheinland-Pfalz, 16.01.2008 – 9 Ra 288/07.
17 BAG, 11.09.2002 – 5 AZB 3/02, NZA 2003, 62.
18 BAG, 24.09.2004 – 5 AZB 46/04, EzA § 2 ArbGG 1979 Nr. 62.

b) Streitigkeiten über das Bestehen oder Nichtbestehen eines Arbeitsverhältnisses

8   Hierunter fallen zunächst reine Statusklagen. Bei ihnen begehrt der Kläger ausschließlich die Feststellung des Bestehens eines Arbeitsverhältnisses. Da anspruchs- und zuständigkeitsbegründende Tatsachen zusammenfallen, kommt es nicht darauf an, ob das zwischen den Parteien des Rechtsstreits bestehende Vertragsverhältnis tatsächlich ein Arbeitsverhältnis gewesen ist. Liegt kein Arbeitsverhältnis vor, erfolgt keine Rechtswegverweisung. Die Klage ist materiell durch Endurteil abzuweisen.[19] Dies gilt auch für die Kündigungsschutzklage. Kann diese nur Erfolg haben, wenn der Kläger Arbeitnehmer ist *(sic-non-Fall)*, ist der Rechtsweg zu den Gerichten für Arbeitssachen auch dann gegeben, wenn der Kläger nicht Arbeitnehmer, sondern nur freier Mitarbeiter ist.

▶ **Beispiel:**

Der Kläger beantragt festzustellen, dass der Aufhebungsvertrag und die fristlose Kündigung des Beklagten unwirksam sind und nicht zu einer Beendigung des **Arbeitsverhältnisses** der Parteien geführt haben.

9   Hier handelt es sich um einen sic-non-Fall i.S.d. Rechtsprechung. Zwar können Aufhebungsvertrag und fristlose Kündigung auch ohne Arbeitnehmerstatus des Klägers unwirksam sein. Streitgegenstand der Klage ist aber nicht nur die Frage, ob das Vertragsverhältnis zwischen den Parteien durch Aufhebungsvertrag oder Kündigung beendet worden ist, sondern auch, ob dieses Vertragsverhältnis ein Arbeitsverhältnis ist. Die Unwirksamkeit von Aufhebungsvertrag und Kündigung soll nicht unabhängig vom Status des Vertragsverhältnisses festgestellt werden, sondern nur verbunden mit der weiteren Feststellung, dass es sich bei dem fortbestehenden Rechtsverhältnis um ein Arbeitsverhältnis handelt. Das setzt voraus, dass im Zeitpunkt des Aufhebungsvertrages bzw. der Kündigung ein Arbeitsverhältnis zwischen den Parteien bestanden hat. Andernfalls wären die Anträge schon deshalb unbegründet.[20] Der Klageerfolg hängt bei dieser Antragstellung folglich auch von Tatsachen ab, die zugleich für die Bestimmung des Rechtswegs entscheidend sind. Wegen dieser Doppelrelevanz sind die Gerichte für Arbeitssachen zur Entscheidung solcher Anträge zuständig, ohne dass es dazu eines Rückgriffs auf § 2 Abs. 3 bedürfte.[21] Die Klage ist, falls sich im Verlaufe des Rechtsstreits herausstellt, dass der Kläger kein Arbeitnehmer gewesen ist, als unbegründet abzuweisen.[22]

Neben Kündigungsschutzklagen gehören zu den Streitigkeiten über das Bestehen eines Arbeitsverhältnisses insb. Befristungskontrollklagen *(Klage gegen die Wirksamkeit einer Befristungsabrede)*, Klagen über die Anfechtung des Arbeitsvertragsabschlusses oder über die Wirksamkeit einer Aufhebungsvereinbarung. Die Zuständigkeit der ArbG ist auch für die begehrte Feststellung auf Bestehen eines Arbeitsverhältnisses zwischen Entleiher und Leiharbeitnehmer kraft Fiktion nach § 10 AÜG gegeben. Dasselbe gilt für die Klagen eines Auszubildenden nach § 78a BetrVG oder § 9 BPersVG, der als Mitglied eines betriebsverfassungsrechtlichen oder personalvertretungsrechtlichen Organs das gesetzliche Zustandekommen eines Arbeitsverhältnisses nach Abschluss der Ausbildung geltend macht. Der dagegen gerichtete Antrag des Arbeitgebers z.B. nach § 78a Abs. 4 BetrVG auf Feststellung der Nichtbegründung eines Arbeitsverhältnisses oder der Auflösung eines begründeten Arbeitsverhältnisses mit einem betriebsverfassungsrechtlichen Organ ist dagegen im Beschlussverfahren geltend zu machen.

c) Streitigkeiten über die Eingehung und Nachwirkung des Arbeitsverhältnisses

10 Hierdurch wird die Zuständigkeit der ArbG für mögliche Ansprüche vor Abschluss des Arbeitsverhältnisses oder nach Beendigung des Arbeitsverhältnisses begründet. Dazu zählen z.B. Klagen auf Erstattung von Vorstellungskosten, Schadensersatz wegen Pflichtverletzungen bei Verhandlun-

---

19 BAG, 28.10.1993 – 2 AZB 12/93, NZA 1994, 234.
20 BAG, 20.09.2000 – 5 AZR 271/99, NZA 2001, 210; BAG, 26.05.1999 – 5 AZR 664/98, NJW 1999, 3733.
21 BAG, 19.12.2000 – 5 AZB 16/00, NZA 2001, 285.
22 BAG, 18.12.1996 – 5 AZB 25/96, NZA 1997, 509.

gen über den Vertragsschluss, Herausgabe von Bewerbungsunterlagen und Löschung gespeicherter Daten. Es kommt nicht darauf an, ob es zu einem Arbeitsvertragsschluss kommt.

Streitigkeiten aus Nachwirkungen des Arbeitsverhältnisses betreffen v.a. Ansprüche auf Unterlassung von Wettbewerb, Zahlung einer Karenzentschädigung, eines betrieblichen Ruhegeldes, Herausgabe der Arbeitspapiere, Erteilung eines Zeugnisses, Streitigkeiten um Vorruhestandsleistungen und Schadensersatzansprüche des Arbeitnehmers wegen rufschädigender Auskünfte des Arbeitgebers ggü. einem möglichen neuen Arbeitgeber.

5. Einzelfälle

Abgrenzungsprobleme für die Rechtswegzuständigkeit der Gerichte für Arbeitssachen ergeben sich insb. in folgenden Fällen: 11

Anspruchsgrundlagenkonkurrenz

Kann ein einheitlicher Anspruch sowohl auf eine arbeitsrechtliche als auch auf eine nicht arbeitsrechtliche Anspruchsgrundlage gestützt werden *(et-et-Fall)*, muss das angerufene Gericht, das wenigstens für eine Anspruchsgrundlage zuständig ist, gem. § 17 Abs. 2 Satz 1 GVG den Rechtsstreit unter allen in Betracht kommenden rechtlichen Gesichtspunkten prüfen. Dies umfasst auch die Prüfungs- und Entscheidungskompetenz für Anspruchsgrundlagen, die an sich nicht in seine Zuständigkeit fallen. Wegen einzelner Anspruchsgrundlagen darf nicht an ein anderes Gericht verwiesen werden.[23] Allerdings haben nach dem vorgetragenen Sachverhalt offenkundig nicht gegebene Anspruchsgrundlagen außer Betracht zu bleiben.[24] 12

Kommt nur eine arbeitsrechtliche Anspruchsgrundlage in Betracht und sind lediglich deren Voraussetzungen streitig *(sic-non-Fall)*, darf keine Verweisung an eine andere Gerichtsbarkeit erfolgen, wenn der Anspruch vom Vorliegen eines Arbeitsverhältnisses abhängt.[25] Zur Begründung der Zuständigkeit ist dann noch nicht einmal die schlüssige Behauptung des Vorliegens eines Arbeitsverhältnisses erforderlich. Dieses gilt aber nur für die Fälle, bei denen der geltend gemachte Anspruch von dem Vorliegen eines Arbeitsverhältnisses abhängt *(zuständigkeitsbegründende und anspruchsbegründende Anforderungen decken sich)*.

Kann ein Anspruch entweder auf eine arbeitsrechtliche oder auf eine bürgerlich-rechtliche Anspruchsgrundlage gestützt werden und schließen sich die beiden Anspruchsgrundlagen gegenseitig aus *(aut-aut-Fall)*, ist die Rechtswegzuständigkeit der Gerichte für Arbeitssachen nur gegeben, wenn das ArbG nach Prüfung von Amts wegen, ggf. nach Beweisaufnahme, vom Vorliegen eines Arbeitsverhältnisses ausgehen kann. Nach § 17 Abs. 2 GVG hat das Gericht dann über alle in Betracht kommenden rechtlichen Gesichtspunkte zu entscheiden. Die Rechtswegzuständigkeit beschränkt sich nicht auf die arbeitsgerichtliche Anspruchsgrundlage. Stellt sich heraus, dass es sich tatsächlich nicht um ein Arbeitsverhältnis gehandelt hat, ist der Rechtsstreit an das für den Rechtsweg zuständige Gericht zu verweisen.

Sind mehrere Ansprüche zwischen den Parteien streitig, die in verschiedenen Rechtswegen geltend zu machen sind, kann allerdings eine Zusammenhangsklage nach § 2 Abs. 3 vorliegen. Allerdings kann ein sic-non-Antrag für Zusammenhangsklagen nicht die Zuständigkeit der Gerichte für Arbeitssachen begründen. § 2 Abs. 3 findet keine Anwendung, wenn die Zuständigkeit für die Zusammenhangsklage allein aus der Verbindung mit einem sic-non-Antrag folgen kann. Ansonsten besteht die Gefahr einer Manipulation bei der Auswahl des zuständigen Gerichts.[26] 13

---

23 GMPMG/Matthes § 2 Rn 197.
24 BAG, 21.05.1999 – 5 AZB 31/98, NZA 1999, 837.
25 BAG, 18.12.1996 – 5 AZB 25/96, NZA 1997, 509.
26 BVerfG, 31.08.1999 – 1 BvR 1389/97, NZA 1999, 1234.

Arbeitnehmer-Entsendegesetz

14 Arbeitnehmer, die in den (räumlichen) Geltungsbereich des AEntG entsandt sind oder waren, können nach § 15 AEntG eine auf den Zeitraum der Entsendung bezogene Klage auf Erfüllung der Verpflichtungen nach den §§ 2, 8 oder 14 AEntG auch vor einem deutschen Gericht für Arbeitssachen erheben. Diese Klagemöglichkeit besteht auch für eine gemeinsame Einrichtung der Tarifvertragsparteien nach § 5 Nr. 3 AEntG in Bezug auf die ihr zustehenden Beiträge. Die internationale Zuständigkeit der deutschen Gerichte für Beitragsklagen folgt aus Art. 1 Abs. 1 Satz 1, Art. 76, 67 EuGVVO i.V.m. § 15 Satz 2 AEntG.[27]

Arbeitnehmervertreter im Aufsichtsrat

15 Für Streitigkeiten aus dem Amt der Arbeitnehmervertreter im Aufsichtsrat sind die ordentlichen Gerichte zuständig.[28] Dies gilt für alle Streitigkeiten im Zusammenhang mit der besonderen Stellung als Aufsichtsratsmitglied. Bei Streitigkeiten aus einem gleichzeitig bestehenden Arbeitsverhältnis verbleibt es bei der Zuständigkeitsanordnung nach § 2.

Aufrechnung

16 Ist für die Hauptforderung das ArbG und für die zur Aufrechnung gestellte Gegenforderung ein ordentliches Gericht zuständig, wird teilweise angenommen, das ArbG sei auch für die zur Aufrechnung gestellte Forderung zuständig. Dies ergebe sich aus § 17 Abs. 2 GVG, wonach das Gericht den Rechtsstreit unter allen in Betracht kommenden rechtlichen Gesichtspunkten zu entscheiden habe.[29] Dem stehen allerdings die eindeutigen Rechtswegzuständigkeitsregelungen entgegen. Allein durch die Erklärung der Aufrechnung kann keine Zuständigkeit eines an sich unzuständigen Gerichts begründet werden.[30] Die (Prozess-)Aufrechnung mit rechtswegfremden Gegenforderungen kann nur dann berücksichtigt werden, wenn diese Gegenforderungen rechtskräftig oder bestandskräftig festgestellt oder unstreitig sind. Grundlage der Entscheidung über die Zulässigkeit des Rechtswegs ist allein der Sachvortrag der Klagepartei, da nur er den Streitgegenstand bestimmt; Einwendungen der Beklagtenpartei sind insoweit unbeachtlich. Bei der Aufrechnung mit (möglicherweise) rechtswegfremden Gegenforderungen ist Grundlage der Entscheidung über die diesbezügliche Zulässigkeit des Rechtswegs allein der Sachvortrag der die Aufrechnung erklärenden Beklagtenpartei; insoweit sind Einwendungen der Klagepartei unbeachtlich. Beruht derselbe prozessuale Anspruch auf mehreren Anspruchsgrundlagen, die verschiedenen Rechtswegen zugeordnet sind, so ermöglicht § 17 Abs. 2 Satz 1 GVG eine einheitliche Sachentscheidung.[31]

Andererseits darf der Partei nicht die Möglichkeit der Aufrechnung genommen werden. Das ArbG ist nicht verpflichtet, das Verfahren nach § 148 ZPO auszusetzen. Es kann nach § 302 ZPO über die Hauptforderung durch Vorbehaltsurteil entscheiden. Hinsichtlich der Gegenforderung bleibt der Rechtsstreit anhängig. Insoweit hat gem. § 17a Abs. 2 GVG eine Verweisung an das zuständige Gericht zu erfolgen. Dieses muss dann, das Nachverfahren nach § 302 Abs. 4 Satz 2 durchführen.[32] Dieser etwas umständliche Weg ist jedoch nicht erforderlich, falls das Bestehen der Gegenforderung zwischen den Parteien unstreitig ist und sie allein zur Disposition über die Gegenforderung befugt sind. Sonst müssten die Parteien bei dem für die Gegenforderung zuständigen Gericht einen Prozess führen, obwohl sie diesbezüglich nicht streiten.[33]

---

27 BAG, 15.12.2012 – 10 AZR 711/10.
28 OLG München, 13.07.1955 – 7 U 950/55.
29 Drygala NZA 1992, 294.
30 BAG, 23.08.2001 – 5 AZB 3/01, NZA 2001, 1158.
31 OLG Nürnberg, 15.07.2015 – 12 W 1374/15, JurionRS 2015, 23688.
32 BAG, 28.11.2007 – 5 AZB 44/07, NZA 2008, 843.
33 Krasshöfer-Pidde/Molkenbur NZA 1991, 623, 624.

Ist für die zur Aufrechnung gestellte Gegenforderung ein ausländisches Gericht international zuständig oder ergibt sich die Zuständigkeit eines Schiedsgerichts, kommt eine Verweisung nicht in Betracht. Das Verfahren ist daher auszusetzen, bis der Beklagte eine Entscheidung des ausländischen Gerichts oder des Schiedsgerichts über das Bestehen der Gegenforderung beigebracht hat.[34]

Arbeitspapiere

Die Zuständigkeit ergibt sich aus § 2 Abs. 1 Nr. 3e. Arbeitspapiere sind sämtliche Papiere und Bescheinigungen, an deren Ausfüllung, Herausgabe und Berichtigung ein berechtigtes Interesse besteht. Hierzu zählen Lohnsteuerkarten, Versicherungsnachweis, Bescheinigungen gem. § 6 BUrlG, § 9 Heimarbeitsgesetz, Verdienstbelege, Zeugnisse, Lohnnachweiskarten im Baugewerbe sowie Arbeitsbescheinigungen nach § 312 SGB III. Die Erteilungspflicht des Arbeitgebers folgt z.T. aus öffentlichem Recht, welches etwa bei der Arbeitsbescheinigung gem. § 312 SGB III ggü. der Bundesagentur für Arbeit und bei der Lohnsteuerbescheinigung ggü. dem FA besteht. Daneben ist aber eine entsprechende privatrechtliche Pflicht des Arbeitnehmers gegeben.[35] Deshalb sind für die Ansprüche auf Erteilung *(Ausfüllung und Herausgabe der Arbeitspapiere)* die ArbG zuständig.[36] Das folgt aus der umfassenden Zuständigkeitsregelung des § 2 Abs. 1 Nr. 3e. Nach Wortlaut und Entstehungsgeschichte werden sämtliche Streitigkeiten über Arbeitspapiere erfasst. In der Begründung des Ausschusses über Arbeits- und Sozialordnung vom 17.01.1979[37] heißt es, dass über den Anspruch auf Herausgabe der Arbeitspapiere hinaus, die Einbeziehung von Ansprüchen auf deren ordnungsgemäße, insb. vollständige Ausfüllung und ggf. auf Ergänzung oder Berichtigung wegen des engen Sachzusammenhangs und im Hinblick auf die schutzwürdigen Interessen des Arbeitnehmers geboten sei. Die Berichtigung von Fehlern beim Lohnsteuerabzug kann nach Abschluss des Lohnsteuerabzugs gem. § 42b Abs. 3 Satz 1 EStG durch den Arbeitgeber nur noch i.R.d. Einkommensteuerveranlagung des Arbeitnehmers durchgeführt werden. Die ArbG sind für die Berichtigung der Lohnsteuerbescheinigung damit nicht zuständig, da es sich prägend nur um eine lohnsteuerrechtliche Verpflichtung handelt.[38]

Schadensersatzansprüche im Zusammenhang mit unterbliebener oder fehlerhafter Ausfüllung der Arbeitspapiere fallen allerdings nicht unter § 2 Abs. 1 Nr. 3e, sind jedoch Streitigkeiten aus dem Arbeitsverhältnis i.S.v. § 2 Abs. 1 Nr. 3a.

17

Arbeitskampf

Für Streitigkeiten anlässlich eines Arbeitskampfes von Arbeitnehmern *(z.B. Streik)* oder Arbeitgebern *(z.B. Aussperrung)* ergibt sich die Zuständigkeit aus § 2 Abs. 1 Nr. 2.

18

Behindertenwerkstätten

Nach § 2 Abs. 1 Nr. 10 ergibt sich die Zuständigkeit auch für bürgerliche Rechtsstreitigkeiten zwischen behinderten Menschen im Arbeitsbereich von Werkstätten für behinderte Menschen und den Trägern der Werkstätten nach § 138 SGB IX. Dies gilt dann, wenn behinderte Menschen im Arbeitsbereich anerkannter Werkstätten als Arbeitnehmer beschäftigt werden. Gem. § 138 Abs. 1 SGB IX gelten sie, falls die Arbeitnehmereigenschaft nicht besteht, in jedem Fall als arbeitnehmerähnliche Person, soweit sich aus dem sozialen Leistungsverhältnis nichts anderes ergibt. I.S.d. ArbGG ergibt sich daher die Arbeitnehmereigenschaft nach § 5.

19

---

34 GMPMG/Matthes § 2 Rn 154.
35 Vgl. BAG, 13.05.1970 – 5 AZR 385/69, NJW 1970, 1654.
36 BAG, 30.08.2000 – 5 AZB 12/00, NZA 2000, 1359; Grunsky § 2 Rn 104.
37 BT-Drs. 8/2535, S. 34.
38 BAG, 11.06.2003 – 5 AZB 1/03, NZA 2003, 877.

Darlehen

20 Gewähren Arbeitgeber und Arbeitnehmer einander anlässlich des Arbeitsverhältnisses Darlehen, kann sich die Zuständigkeit aus § 2 Abs. 1 Nr. 3a und aus § 2 Abs. 1 Nr. 4a ergeben. Für die Zuständigkeit nach § 2 Abs. 1 Nr. 4a ist es erforderlich, dass das Darlehen mit dem Arbeitsverhältnis in einem inneren Zusammenhang steht. Unter § 2 Abs. 1 Nr. 3a fallen deshalb nicht Ansprüche, die nur gelegentlich des Arbeitsverhältnisses (fehlende Verknüpfung zum Arbeitsverhältnis) begründet werden. Bei marktüblichen Darlehen ohne jede Vergünstigung fehlt es an dieser notwendigen Verknüpfung. Ansatzpunkte für diesen Zusammenhang ergeben sich insbesondere aus dem Verzicht auf marktübliche Sicherheiten, Abwicklung der Tilgung und des Zinsendienstes durch Lohnabzug, Verzicht auf Gebühren und Fälligkeit der Darlehensrückzahlung mit Beendigung des Arbeitsverhältnisses. Die Zuständigkeit für Zinsen und Gebühren folgt der Hauptforderung.

Einrichtungen der Tarifvertragsparteien oder Sozialeinrichtungen des privaten Rechts

21 § 2 Abs. 1 Nr. 4b betrifft bürgerliche Rechtsstreitigkeiten zwischen Arbeitnehmern und gemeinsamen Einrichtungen der Tarifvertragsparteien bzw. sozialen Einrichtungen des privaten Rechts. Es handelt sich dabei um alle rechtlich selbstständigen Einrichtungen, die dem Arbeitnehmer im Zusammenhang mit dem Arbeitsverhältnis Leistungen erbringen oder zusagen. Die gemeinsame Einrichtung der Tarifvertragsparteien kann auch in öffentlich-rechtlicher Rechtsform betrieben sein. Alle Einrichtungen müssen allerdings rechtlich selbstständig, zumindest aber passiv parteifähig sein.[39] Sozialeinrichtungen sind z.B. Ruhegeld-Unterstützungskassen, Betriebsküchen und -kantinen, betriebliche Wohnungs- und Baugesellschaften, die Lohnausgleichskasse und die Urlaubskasse des Baugewerbes und des Dachdeckerhandwerks, Zusatzversorgungs- und Unterstützungskassen, Ausgleichskassen für Vorruhestandsleistungen und Altersteilzeit, Gesamthafenbetrieb und Betriebskindergärten.

Ein-EURO-Job

22 Für Rechtsstreitigkeiten zwischen dem erwerbsfähigen Hilfebedürftigen und einer privaten Einrichtung als Leistungserbringerin aus dem Rechtsverhältnis der im öffentlichen Interesse liegenden, zusätzlichen Arbeiten nach § 16 Abs. 3 Satz 2 SGB II sind die Sozialgerichte zuständig, § 51 Abs. 4 Nr. 4a SGG.[40]

Erfinder- und Urheberstreitigkeiten

23 § 2 Abs. 2 begründet die Zuständigkeit der ArbG ausschließlich für Vergütungsansprüche über eine AN-Erfindung, einen technischen Verbesserungsvorschlag oder im Rahmen eines Urheberrechtsstreits. Die Zuständigkeit der ArbG gilt nur für die Vergütungsansprüche, wobei für die Ansprüche anlässlich einer AN-Erfindung die Feststellung oder Festsetzung der Vergütung bereits nach § 12 ArbNErfG erfolgt sein muss. Die Zuständigkeit erfasst auch Vorbereitungsrechtsstreite für die Vergütungsklage, wie etwa Klage auf Auskunft oder Rechnungslegung. Ist unstreitig eine Vergütung für die vom Arbeitnehmer angeblich erbrachte Sonderleistung nicht vereinbart, ist für den Anspruch aus dem Urheberrechtsgesetz gemäß § 104 Satz 1 UrhG der Rechtsweg zu den ordentlichen Gerichten gegeben.[41] Verlangt der AN von seinem früheren AG die Unterlassung der Vermarktung sowie die Anmeldung zum Patent, ist hierfür ausschließlich das für Patentstreitsachen zuständige LG zuständig.[42] § 2 Abs. 2 begründet keine ausschließliche Zuständigkeit der ArbG. Die Parteien des Rechtsstreits können daher auch die Zuständigkeit der ordentlichen Gerichte vereinbaren.

---

39 Grunsky § 2 Rn 115.
40 BAG, 08.11.2006 – 5 AZB 36/06, NZA 2007, 53.
41 LAG Hamm, 30.06.2008 – 2 Ta 871/07, ZUM-RD 2008, 578.
42 BAG, 11.07.1997 – 9 AZB 14/97, NZA 1997, 1181.

Für Kennzeichenstreitsachen sind die LG nach § 140 Abs. 1 MarkenG ausschließlich zuständig. Das erfasst alle Streitigkeiten aus vertraglichen Vereinbarungen, deren Gegenstand die Inhaberschaft oder die Rechte aus einem Kennzeichenrecht bilden.[43] Das BAG hat es dahinstehen lassen, ob die Zuständigkeit nach § 140 Abs. 1 MarkenG der ausschließlichen Zuständigkeit der ArbG nach § 2 Abs. 1 Nr. 3a vorgeht.[44]

Freie Mitarbeiter

Für Streitigkeiten aus freien Mitarbeiterverhältnissen sind die ArbG nicht zuständig, abgesehen von den Ausnahmen in § 5 Abs. 1 Satz 2 *(arbeitnehmerähnliche Person)* und Abs. 2 *(Einfirmenvertreter mit geringer Vergütung)*. Freie Mitarbeiter sind wie Arbeitnehmer zur Dienstleistung verpflichtet, mangels persönlicher Abhängigkeit aber keine Arbeitnehmer i.S.d. § 2. Für reine Statusklagen auf Feststellung eines Arbeitsverhältnisses sind die ArbG zuständig. Hier begehrt der Kläger ausschließlich die Feststellung des Bestehens eines Arbeitsverhältnisses. Anspruch- und zuständigkeitsbegründende Tatsachen fallen daher zusammen.[45] Hat eine Klage nur Erfolg, wenn der Kläger Arbeitnehmer ist, reicht die bloße Rechtsbehauptung des Klägers, er sei Arbeitnehmer, zur Begründung der arbeitsgerichtlichen Zuständigkeit.[46] Eine Verweisung des Rechtsstreites in einen anderen Rechtsweg, bei Verneinung der Arbeitnehmereigenschaft, ist sinnlos. Die Klage kann ohne Weiteres abgewiesen werden.[47] Reicht ein freier Mitarbeiter daher eine Kündigungsschutzklage nach dem Kündigungsschutzgesetz ein und stellt sich heraus, dass er mangels persönlicher Abhängigkeit nicht Arbeitnehmer, sondern freier Mitarbeiter ist, hat das ArbG die Kündigungsschutzklage durch Urteil abzuweisen. Diese Auffassung des BAG führt in der Praxis zu erheblichen Problemen.

Zwar beruft sich der Kläger einer Kündigungsschutzklage i.d.R. auf das Kündigungsschutzgesetz und/oder die fehlende/fehlerhafte Betriebsratsanhörung. Der Beendigungszeitpunkt steht aber nicht fest. Auch im freien Mitarbeiterverhältnis sind Kündigungsfristen zu beachten, deren Länge zwischen den Parteien streitig sein kann. Zudem kann die Kündigung auch aus anderen, nicht spezifisch arbeitsrechtlichen Gründen unwirksam sein *(fehlende Vollmacht des Erklärenden, Formmängel usw.)*. Die ArbG würden auch bei Beurteilung dieser Rechtsmängel in die Rechtswegzuständigkeit der ordentlichen Gerichte eingreifen. Ein die Zuständigkeit der Arbeitsgerichte begründender sic-non-Fall soll auch vorliegen, wenn der Kläger die Feststellung beantragt, das (vermeintliche) Arbeitsverhältnis sei nicht durch eine fristlose Kündigung beendet worden.[48] Entscheidend dürfte sein, ob es dem Kläger gerade auch darauf ankommt, dass sein »Arbeitsverhältnis« nicht oder nicht zu diesem Zeitpunkt beendet worden ist. Dann handelt es sich um einen sic-non-Fall, der die Zuständigkeit der Arbeitsgerichte begründet. Wendet er sich dagegen nur gegen die Beendigung seines Vertragsverhältnisses und stützt er sich auf keinen Grund, der nur für Arbeitsverhältnisse anzuwenden wäre, liegt kein sic-non-Fall vor. Die Zuständigkeit hängt dann von der rechtlichen Einordnung des Vertragsverhältnisses ab.

Gemischte Verträge

Bei gemischten Verträgen werden Bestandteile verschiedener Vertragstypen derart verbunden, dass sie nur in ihrer Gesamtheit ein sinnvolles Ganzes ergeben. Eine Aufspaltung ist nicht möglich. Im Gegensatz dazu werden beim zusammengesetzten Vertrag mehrere Verträge lediglich zu einem trennbaren Gesamtvertrag dergestalt verbunden, dass sie für die rechtliche Beurteilung eine Einheit bilden.[49] Ist nicht das gesamte Vertragsverhältnis streitig, kommt es bei beiden Vertragstypen auf das jeweils

---

43 BGH, 04.03.2004 – I ZR 50/03, GRUR 2004, 619.
44 BAG, 07.09.2004 – 9 AZR 545/03, NZA 2005, 105.
45 BAG, 28.10.1993 – 2 AZB 12/93, NZA 1994, 234.
46 Sic-non-Fall; BAG, 19.12.2000 – 5 AZB 16/00, NZA 2001, 285.
47 BAG, 24.04.1996 – 5 AZB 25/95, NZA 1996, 1005.
48 LAG Hamm, 26.03.2008 – 2 Ta 830/07.
49 BAG, 24.08.1972 – 2 AZR 437/71, DB 1972, 2358.

einschlägige Element an *(Kombinationsgrundsatz)*. Dieses muss nach Vertragszweck, Parteiwille und Interessenlage arbeitsrechtlicher Natur sein.[50] Steht der Bestand des Gesamtvertrages in Streit, kommt es darauf an, welche Elemente eine sinnvolle Auflösung ermöglichen und das wirtschaftliche Schwergewicht bilden.[51] Die nicht so stark ausgeprägten Bestimmungen werden verdrängt.[52]

Haupt- und Hilfsantrag

26 Haupt- und Hilfsantrag können hinsichtlich der Zuständigkeit voneinander unterschieden werden. Dabei ist zunächst über den Hauptantrag zu entscheiden. Ist insoweit der Rechtsweg nicht zulässig, hat gem. § 17a Abs. 2 GVG eine Verweisung von Amts wegen zu erfolgen. Der Hilfsantrag wird hiervon nicht automatisch erfasst.[53] Ist der Rechtsweg zu den Arbeitsgerichten für den Hilfsantrag nicht gegeben, kommt eine Verweisung insoweit nur in Betracht, wenn der Hauptantrag als unbegründet abgewiesen wurde.

Insolvenz

27 Die Zuständigkeit der ArbG wird nicht durch die Einleitung und Eröffnung eines Insolvenzverfahrens geändert. Der vorläufige und der endgültige Insolvenzverwalter gem. §§ 22 und 56 ff. InsO sind kraft Gesetzes befugt, anstelle des sachlich Berechtigten (i.d.R. AG), den Rechtsstreit zu führen. Das gilt sowohl bei Rechtsstreitigkeiten um Masseschulden nach § 55 Abs. 1 Nr. 1 und 2 InsO als auch bei Insolvenzforderungen.[54] Das gilt auch für den Streit über den Rang der Insolvenzforderung, wenn über die Forderung bereits ein Rechtsstreit beim ArbG anhängig war (§ 180 Abs. 2 InsO). Für Masseschulden nach § 55 Abs. 1 Nr. 2 InsO und für betriebsverfassungsrechtliche Streitigkeiten ist der Insolvenzverwalter AG gem. §§ 2 oder 83 Abs. 3. Die Zuständigkeit folgt damit unmittelbar aus §§ 2 oder 2a. Fordert der Insolvenzverwalter vom Arbeitnehmer Rückzahlung der vom Schuldner vor Insolvenzeröffnung geleisteten Vergütung wegen Anfechtbarkeit der Erfüllungshandlung gemäß §§ 129 ff. InsO, sind ebenso die Arbeitsgerichte zuständig.[55]

Bei Ansprüchen aus persönlicher Haftung des Insolvenzverwalters gem. § 61 InsO für von ihm begründete arbeitsrechtliche Ansprüche ergibt sich die Zuständigkeit der ArbG aus § 3.[56]

Konkurrentenklage

28 Macht der Bewerber im Wege der Konkurrentenklage seinen Bewerbungsverfahrensanspruch gemäß Art. 33 Abs. 2 GG gelten, richtet sich der Rechtsweg nach der Rechtsnatur der begehrten Stelle. Soweit angenommen wird, dass das ArbG zuständig ist, wenn die Stelle durch Arbeitnehmer besetzt werden soll,[57] ist dem nicht zu folgen. Die Zuständigkeit kann nicht davon abhängen, wie die Stelle ausgeschrieben ist. Zuständigkeitsbegründend ist bereits die Tatsache, dass der Bewerber die Anstellung in einem Arbeitsverhältnis begehrt.

Kurzarbeitergeld

29 Für diese Ansprüche des AN gegenüber dem AG ist der Rechtsweg zu den ArbG gegeben, wenn die Arbeitsagentur bereits an den AG gezahlt hat.

---

50 BAG, 15.08.1975 – 5 AZR 217/75, NJW 1976, 206.
51 BAG, 06.02.1969 – 2 AZR 236/68, NJW 1969, 1192.
52 BAG, 19.04.1956 – 2 AZR 416/54, AP BGB § 616 Nr. 5.
53 Kissel/Mayer § 17 Rn 49.
54 BAG, 17.04.1985 – 5 AZR 74/84, NZA 1986, 191.
55 BAG, 27.02.2008 – 5 AZB 43/07, NZA 2008, 549; dem nachfolgend GmS OGB, 27.09.2010 – GmS-OGB 1/09, AuR 2011, 33.
56 BAG, 09.07.2003 – 5 AZB 34/03, EzA § 3 ArbGG 1979 Nr. 5; BGH, 16.11.2006 – IX ZB 57/06, ZIP 2007, 94.
57 OVG Münster, 27.04.2010 – 1 E 404/10, NZA-RR 2010, 433.

Leiharbeitsverhältnis

Die Arbeitgeberfunktion ist beim Leiharbeitsverhältnis zwischen dem Verleiher und Entleiher aufgeteilt. Bei einer legalen Arbeitnehmerüberlassung ist der Verleiher Arbeitgeber des Leiharbeitnehmers. Mit diesem schließt der Leiharbeitnehmer seinen Arbeitsvertrag. Mit dem Entleiher besteht bei einer Tätigkeit im Rahmen legaler Arbeitnehmerüberlassung kein Arbeitsverhältnis; dieses gilt nach § 10 Abs. 1 Satz 1 AÜG nur dann zwischen dem Entleiher und dem Leiharbeitnehmer als zustande gekommen, wenn der Vertrag zwischen dem Verleiher und dem Leiharbeitnehmer nach § 9 Nr. 1 AÜG unwirksam ist. Da der Leiharbeitnehmer in die Betriebsorganisation des Entleihers eingegliedert wird, entstehen zwischen Leiharbeitnehmer und Entleiher ebenfalls Beziehungen mit arbeitsrechtlichem Charakter. Der Entleiher übt das Direktionsrecht aus und entscheidet über die Zuweisung des konkreten Arbeitsplatzes und die Art und Weise der Erbringung der Arbeitsleistungen.[58] Der Leiharbeitnehmer ist verpflichtet, die ihm aus dem Arbeitsvertrag mit dem Verleiher obliegende Arbeitspflicht gegenüber dem Entleiher zu erbringen. Tatsächlich entstehen somit auch zum Entleiher rechtliche Beziehungen mit arbeitsrechtlichem Charakter. Dieser gespaltenen Arbeitgeberstellung trägt der Gesetzgeber Rechnung. Nach § 13 AÜG kann der Leiharbeitnehmer von seinem Entleiher Auskunft über die im Betrieb des Entleihers geltenden Arbeitsbedingungen verlangen. Nach § 14 Abs. 2 Satz 3 AÜG kann er gegenüber dem Entleiher die dort aufgeführten Rechte aus dem Betriebsverfassungsgesetz geltend machen, nach § 7 Satz 2 BetrVG sind Leiharbeitnehmer bei einem Einsatz von mehr als drei Monaten im Betrieb des Entleihers wahlberechtigt. Soweit der Schutz der Beschäftigten vor Benachteiligung gemäß den §§ 6 ff. AGG in Rede steht, gilt nach § 6 Abs. 2 Satz 2 AGG auch der Entleiher als Arbeitgeber. Deshalb ist für alle sich hieraus ergebenden Ansprüche sowie für den Entschädigungsanspruch des § 15 AGG der Rechtsweg zu den ArbG eröffnet.[59]

30

Mutterschafts- und Elterngeld

Für Ansprüche auf Mutterschaftsgeld gem. § 13 MuSchG und Elterngeld nach dem BEEG sind die Sozialgerichte zuständig.[60] Es handelt sich um öffentlich-rechtliche Streitigkeiten. Für das Elterngeld ergibt sich dies unmittelbar aus § 13 BEEG. Der vom Arbeitgeber zu zahlende Zuschuss zum Mutterschaftsgeld gem. § 14 MuSchG ist dagegen vor den Arbeitsgerichten geltend zu machen.

31

Pachtvertrag

Für Streitigkeiten aus einem Pachtvertrag gem. §§ 581 ff. BGB sind die ArbG nicht zuständig. Es handelt sich nicht um ein Arbeitsverhältnis. Macht die Pächterin im Rahmen einer Klage gegen die Kündigung des Vertragsverhältnisses geltend, dass zwischen den Parteien ein Arbeitsverhältnis fortbestehe, handelt es sich um einen sic-non-Fall. Der Fortbestehensantrag setzt nämlich die Feststellung voraus, dass im Zeitpunkt der Kündigung ein Arbeitsverhältnis bestanden hat. Wegen dieser Doppelrelevanz sind die ArbG zuständig.[61]

32

Pensionssicherungsverein

Für Ansprüche von Arbeitnehmern, ehemaligen Arbeitnehmern oder deren Hinterbliebenen auf Leistung der Insolvenzsicherungen nach den §§ 7 bis 9 Abs. 1 BetrAVG ergibt sich die ausschließliche Zuständigkeit der ArbG nach § 2 Abs. 1 Nr. 5. Es muss sich allerdings auch um bürgerliche Streitigkeiten handeln. Dies liegt vor, wenn ohne den Sicherungsfall nach § 7 BetrAVG eine Zuständigkeit der ArbG nach § 2 Abs. 1 Nr. 4 gegeben wäre. Rechtsstreitigkeiten zwischen dem

33

---

58 BAG, 23.09.2010 – 8 AZR 567/09, Rn. 42, 44, DB 2011, 246.
59 BAG, 15.03.2011 – 10 AZB 49/10, NZA 2011, 653.
60 BSG, 09.09.1971 – 3 RK 30/71, AP MuSchG § 13 Nr. 1.
61 BAG, 17.01.2001 – 5 AZB 18/00, NZA 2001, 341.

Träger der Insolvenzsicherung und den einzelnen Arbeitgebern sind öffentlich-rechtlicher Natur gem. § 10 Abs. 1 BetrAVG und gehören in die Zuständigkeit der Verwaltungsgerichte.

Rechtsstreitigkeiten zwischen Arbeitnehmern

34 Hierfür sind die ArbG gem. § 2 Abs. 1 Nr. 9 zuständig, wenn es sich um Ansprüche aus gemeinsamer Arbeit oder aus unerlaubter Handlung handelt. Eine gemeinsame Arbeit in diesem Sinne liegt immer vor, wenn die Arbeitnehmer in einer Gruppe zusammenarbeiten. Es reicht aber auch eine innere Beziehung zum Arbeitsverhältnis. Hierfür reicht es nicht aus, dass sich eine tätliche Auseinandersetzung auf dem Weg von der Arbeitsstätte zu der Wohnung der Beteiligten ereignet hat.[62]

In Betracht kommen Streitigkeiten über die Verteilung des gemeinsam erarbeiteten Lohns, Schadensersatzansprüche innerhalb der Gruppe oder Streitigkeiten im Rahmen einer Fahrgemeinschaft. Die Zuständigkeitsanordnung aus unerlaubter Handlung kommt nur in Betracht, wenn die unerlaubte Handlung mit dem Arbeitsverhältnis im Zusammenhang steht. Hierzu muss sie in der besonderen Eigenart des Arbeitsverhältnisses und dem ihm eigentümlichen Reibungen und Berührungspunkten wurzeln.[63]

Schadensersatz und Entschädigung nach § 15 AGG

35 Für Ansprüche auf Entschädigung und Schadensersatz nach § 15 AGG aus Verhandlungen über die Eingehung eines Arbeitsverhältnisses zwischen Arbeitnehmer und Arbeitgeber sind die Arbeitsgerichte zuständig, § 2 Abs. 1 Nr. 3c. Die arbeitsvertraglichen Beziehungen müssen zwischen den Streitparteien begründet werden sollen. Das ist nicht der Fall, wenn die Verhandlungen zwischen dem potenziellen Arbeitnehmer und einem außenstehenden Vermittler des Arbeitgebers stattfinden und die Klage sich gegen den Dritten richtet *(z.B. Klage auf Auskunft über die Identität des Auftraggebers, Klage auf Entschädigung nach § 15 Abs. 2 AGG).*[64]

Sozial-, Kranken- und Pflegeversicherung

36 Die AN-Anteile zur Sozialversicherung sind Teil des vom AG vertraglich geschuldeten Bruttolohnes. Daher sind die ArbG auch zuständig, wenn der AN die Abführung der AN-Anteile zur Sozialversicherung an die Einzugsstelle verlangt. Er ist Gläubiger der Forderung, sodass er für die richtige Abführung sorgen muss.[65] Dabei hat das ArbG im Rahmen der Gehaltsklage auch über die Vorfrage der Versicherungspflicht zu entscheiden.[66] Die ArbG sind auch zuständig für Klagen des AN auf Abführung der AG-Anteile zur Sozialversicherung. Nach § 28e SGB IV handelt es sich dabei zwar u.a. auch um eine öffentlich-rechtliche Verpflichtung. Daneben besteht jedoch ein bürgerlich-rechtlicher Anspruch des AN. Bedenklich kann nur sein, ob der AN ein entsprechendes Rechtsschutzinteresse hat, da seine Rechte auch ohne eine solche Klage öffentlich-rechtlich gewahrt werden. Zudem könnte ein Fall unzulässiger Prozessstandschaft vorliegen.[67]

Legt der Arbeitgeber bei einer Lohnklage des Arbeitnehmers nachvollziehbar dar, dass er bestimmte Abzüge für Steuern oder Sozialversicherungsbeiträge einbehalten und abgeführt hat, kann der Arbeitnehmer die nach seiner Auffassung unberechtigt einbehaltenen Beträge nicht mit einer Vergütungsklage geltend machen. Er ist auf die steuer- und sozialrechtlichen Rechtsbehelfe beschränkt.[68]

Für Erstattungsansprüche des AG gegenüber seinem ausgeschiedenen AN hinsichtlich der AN-Anteile zur Sozialversicherung entsprechend § 670 BGB sind die ArbG ebenfalls zuständig. § 28g

---

62 BAG, 11.07.1995 – 5 AS 13/95, NZA 1996, 951.
63 BGH, 07.02.1958 – VI ZR 49/57, AP ArbGG 1953 § 2 Nr. 48.
64 BAG, 27.08.2008 – 5 AZB 71/08, NZA 2008, 1259.
65 Müller DB 1985 Beilage 5, S. 5.
66 BAG, 20.03.1957 – 4 AZR 526/54, AP AVG § 3 Nr. 1.
67 BAG, 23.09.2009 – 5 AZR 518/08, NZA 2010, 781.
68 BAG, 30.04.2008 – 5 AZR 725/07, NZA 2008, 884.

Satz 4 SGB IV erweitert lediglich das Rückgriffsrecht des AG, ohne dessen bürgerlich-rechtliche Ansprüche auszuschließen, z.B. aus § 826 BGB. Letztendlich streiten die Parteien dann nur um die privatrechtliche Verpflichtung, wer die AN-Anteile zu tragen hat.[69] Macht der AN im Rahmen einer Feststellungsklage gegenüber dem AG geltend, dass die Einbehaltung von Lohnanteilen hinsichtlich der AN-Beitragsanteile rechtswidrig gewesen ist, ergibt sich keine Zuständigkeit der ArbG. Die Anwendung der öffentlich-rechtlichen Vorschriften ist hier nicht nur Vor-, sondern Hauptfrage.[70] Verlangt der AN dagegen eine höhere Nettovergütung, weil der AG wegen des Nachholverbots nach § 28g SGB IV zu hohe Abzüge vorgenommen hat, ist der Rechtsweg zu den ArbG gegeben.[71] Es handelt sich um einen bürgerlich-rechtlichen Lohnanspruch. Dagegen ist der Anspruch auf den AG-Zuschuss gem. § 257 SGB V öffentlich-rechtlicher Natur. Er hat seine Grundlage im Recht der Sozialversicherung. Dasselbe gilt für den Anspruch auf Zuschuss zur Pflegeversicherung gem. § 61 Abs. 1 SGB XI.[72]

Verlangt der Arbeitnehmer vom Arbeitgeber, ihn für einen bestimmten Zeitraum bei der zuständigen Krankenkasse anzumelden oder nachzuversichern, sind die Sozialgerichte zuständig.[73]

Für Klagen auf Zahlung des Arbeitgeberzuschusses zur Kranken- und Pflegeversicherung sind die Arbeitsgerichte nicht zuständig. Das gilt auch, wenn die Parteien darüber streiten, ob für geleistete Zuschüsse die Voraussetzungen des § 257 SGB V vorlagen.[74]

Sportler, Trainer

Rechtsstreitigkeiten zwischen Lizenzspielern und Vereinen aus dem Spielervertrag gehören als Streitigkeit zwischen Arbeitsvertragsparteien vor die ArbG. Dies gilt auch für Amateursportler und Trainer, wenn diese in einem Arbeitsverhältnis zum Verein stehen. Entscheidend ist dabei allein der Grad der persönlichen Abhängigkeit und nicht der zeitliche Umfang der Tätigkeit.

37

Sozialversicherung

Die Feststellung der Sozialversicherungspflichtigkeit ist allein den Sozialgerichten zugewiesen. Es handelt sich um öffentlich-rechtliche Streitigkeiten in Angelegenheiten der Sozialversicherungen nach § 51 Abs. 1 SGG.[75] Hängt der geltend gemachte bürgerlich-rechtliche Anspruch vom Bestehen bzw. Nichtbestehen einer Angestelltenversicherungspflicht des Arbeitnehmers ab, sind die ArbG auch für die Entscheidung dieser sozialversicherungsrechtlichen Vorfrage zuständig.

38

Unerlaubte Handlung

Für die Zuständigkeit der ArbG nach § 2 Abs. 1 Nr. 3d muss es sich um Streitigkeiten *(unerlaubte Handlungen)* zwischen Arbeitnehmern und solchen zwischen Arbeitgebern und Arbeitnehmern, die mit dem Arbeitsverhältnis zusammenhängen, handeln. Dabei ist der Begriff der unerlaubten Handlung weit auszulegen. Ein entsprechender Zusammenhang besteht, wenn zugleich arbeitsvertragliche Pflichten verletzt werden, die Schadensersatzansprüche nach § 280 Abs. 1 BGB begründen können. Er besteht nicht, wenn das Arbeitsverhältnis hinweggedacht werden kann, ohne dass hierdurch der Rechtsstreit auch nur im Geringsten beeinflusst wird. Ausreichend ist es aber, wenn der Streit auf der besonderen Eigenart des Arbeitsverhältnisses und den diesen eigentümlichen Reibungen und Berührungspunkten beruht.[76] Für Klagen eines Arbeitnehmers gegen das Organ der

39

---

69 BAG, 14.01.1988 – 8 AZR 238/85, NZA 1988, 803.
70 BSG, 07.06.1979 – 12 RK 13/78, AP RVO §§ 394, 395 Nr. 4.
71 BAG, 21.03.1984 – 5 AZR 320/82, BB 1985, 200.
72 BAG, 19.08.2008 – 5 AZB 75/08, NZA 2008, 1313.
73 BAG, 05.10.2005 – 5 AZB 27/05, NZA 2005, 1429; LAG Rheinland-Pfalz, 27.03.2008 – 3 Ta 43/08.
74 BAG, 19.08.2008 – 5 AZB 75/08, NZA 2008, 1313.
75 BAG, 11.07.1975 – 5 AZR 546/74, AP SGG § 55 Nr. 1 = EzA § 2 ArbGG Nr. 8.
76 GMPMG/Matthes § 2 Rn 75.

juristischen Person des Arbeitgebers ist § 2 Abs. 1 Nr. 3d entsprechend anzuwenden. Die juristische Person kann nicht selbst Täter einer unerlaubten Handlung sein, sondern nur das für sie handelnde Organ. Diese ausfüllungsbedürftige und -fähige Lücke im Gesetz ist durch die entsprechende Anwendung auf diese Fälle zu schließen.[77] Nimmt ein Versicherungsunternehmen einen Arbeitnehmer auf Schadensersatz für die Beschädigung des vom Arbeitgeber geleasten Firmenfahrzeugs aus übergegangenem Recht des Leasinggebers in Anspruch, ist der Rechtsweg zu den Gerichten für Arbeitssachen nicht gegeben. Der Arbeitnehmer ist weder Rechtsnachfolger des Arbeitgebers noch an dessen Stelle zur Prozessführung befugt (§ 3).[78]

Urkundsprozess

40 Nach § 46 Abs. 2 finden die Vorschriften über den Urkunden- und Wechselprozess (§§ 592 bis 605a ZPO) auf das arbeitsgerichtliche Verfahren keine Anwendung. Dies führt aber nicht zum Ausschluss der Arbeitsgerichtsbarkeit hinsichtlich der der Scheck- oder Wechselübergabe zugrunde liegenden Forderung. Handelt es sich um eine Forderung, für die nach allgemeinen Grundsätzen die Zuständigkeit der ArbG gegeben ist, verbleibt es insoweit bei deren Zuständigkeit. § 46 Abs. 2 schließt lediglich den Scheck- oder sonstigen Urkundenprozess als Prozessart vor den Gerichten für Arbeitssachen aus.[79]

Werkmiet- und Werkdienstwohnungen

41 Die Zuständigkeit der ArbG kann sich aus § 2 Abs. 1 Nr. 4 ergeben. Dazu muss die Überlassung der Wohnung mit dem Arbeitsverhältnis in rechtlichem oder unmittelbar wirtschaftlichem Zusammenhang stehen und es darf nicht die ausschließliche Zuständigkeit eines anderen Gerichts gegeben sein. Für Werkmietwohnungen i.S.v. § 576 BGB sind die ArbG nicht zuständig. Sie werden zwar mit Rücksicht auf das Bestehen eines Arbeitsverhältnisses vermietet, Arbeits- und Mietvertrag bestehen aber voneinander unabhängig. Das Mietverhältnis besteht dabei rechtlich unabhängig vom Arbeitsverhältnis. Gem. § 23 Nr. 2a GVG sind für Rechtsstreitigkeiten aus Werkmietwohnungen die ordentlichen Gerichte zuständig. § 29a ZPO regelt nur die örtliche Zuständigkeit für Werkmietwohnungen. Das gilt selbst für funktionsgebundene Wohnungen i.S.d. § 565c Satz 1 Nr. 2 BGB.

Nur bei Werkdienstwohnungen nach § 565b BGB ergibt sich die Zuständigkeit der ArbG. Bei ihnen besteht kein eigenständiges Mietverhältnis. Der Arbeitsvertrag ist alleinige Grundlage für die Nutzung des Wohnraums.[80]

Wettbewerbsverbote

42 Bei Streitigkeiten über das gesetzliche Wettbewerbsverbot gem. § 60 HGB handelt es sich um eine Streitigkeit nach § 2 Abs. 1 Nr. 3a, c, wenn ein Arbeitnehmer beteiligt ist. Dasselbe gilt für Streitigkeiten im Zusammenhang mit einem vertraglichen Wettbewerbsverbot gem. § 74 HGB, selbst dann, wenn das Arbeitsverhältnis bereits beendet ist.[81]

Widerklage

43 Für die Widerklage gilt keine andere Zuständigkeitsanordnung, als wenn sie als eigenständige Klage erhoben worden wäre. Der Rechtsweg ist daher von Amts wegen gem. § 17a Abs. 2 GVG bei fehlender Rechtswegzuständigkeit in den richtigen Rechtsweg zu verweisen. Es können allerdings die Voraussetzungen einer Zusammenhangsklage nach § 2 Abs. 3 vorliegen.

---

[77] BAG, 24.06.1996 – 5 AZB 35/95, NZA 1997, 115.
[78] BAG, 07.07.2009 – 5 AZB 8/09, NZA 2009, 919.
[79] BAG, 07.11.1996 – 5 AZB 19/96, NZA 1997, 228.
[80] BAG, 02.11.1999 – 5 AZB 18/99, NZA 2000, 277.
[81] BAG, 09.03.1999 – 5 AZB 19/98.

Zusammenhangsklage

Nach § 2 Abs. 3 sind die ArbG auch für Rechtsstreitigkeiten, die an sich nicht unter den Zuständigkeitskatalog fallen, zuständig, wenn der bürgerlich-rechtliche Anspruch mit einer anhängigen oder gleichzeitig anhängig werdenden arbeitsrechtlichen Streitigkeit in rechtlichem oder unmittelbar wirtschaftlichem Zusammenhang steht und für seine Geltendmachung nicht die ausschließliche Zuständigkeit eines anderen Gerichts gegeben ist. Ein solcher Zusammenhang liegt i.d.R. vor, wenn die Ansprüche auf demselben wirtschaftlichen Verhältnis beruhen oder wirtschaftliche Folgen desselben Tatbestands sind. Die Ansprüche müssen einem einheitlichen Lebenssachverhalt entspringen.[82] Wegen einzelner Anspruchsgrundlagen soll nicht an ein anderes Gericht verwiesen werden. Umgekehrt ist aber das angerufene ordentliche Gericht nicht für den arbeitsrechtlichen Anspruch zuständig. Bei objektiver oder subjektiver Klagehäufung ist die Zuständigkeit für jeden Anspruch gesondert zu prüfen. Fehlt diese, kann gleichwohl ein Zusammenhang i.S.v. § 2 Abs. 3 bestehen. Nach der Ansicht des BAG entfällt die arbeitsgerichtliche Zuständigkeit für die Zusammenhangsklage nachträglich, wenn der Kläger die arbeitsrechtliche Hauptklage zurücknimmt, bevor der Beklagte zur Hauptsache verhandelt hat.[83] Anderenfalls könne die Hauptklage nur erhoben worden sein, um die Zuständigkeit der ArbG für die Zusammenhangsklage endgültig zu begründen. Ab Antragstellung könne der Beklagte die Rücknahme der Hauptklage verhindern, indem er darin nicht gem. § 269 Abs. 1 ZPO einwillige. Nichts anderes gilt danach, wenn die Anhängigkeit der Hauptklage anderweitig endet, z.B. durch Teilvergleich, Teilurteil oder Erledigungserklärung.

44

Ein sic-non-Antrag kann für Zusammenhangsklagen nicht die Zuständigkeit der ArbG begründen. § 2 Abs. 3 findet keine Anwendung, wenn die Zuständigkeit für die Zusammenhangsklage allein aus der Verbindung mit einem sic-non-Antrag folgen kann.[84] Ansonsten besteht die Gefahr einer Manipulation bei der Auswahl des zuständigen Gerichts.[85]

Eine Zuständigkeit kraft Zusammenhangs im Verhältnis zu den Verwaltungs-, Sozial- und Finanzgerichten scheidet mangels bürgerlich-rechtlicher Streitigkeit aus.

Zusatzversorgungseinrichtung

Für Klagen eines Arbeitnehmers gegen eine Zusatzversorgungseinrichtung sind die Gerichte für Arbeitssachen nicht zuständig. Die Zusatzversorgungskasse ist nicht Arbeitgeber i.S.v. § 2 Abs. 1 ArbGG. Die Ansprüche stehen auch nicht in einem rechtlichen oder unmittelbar wirtschaftlichen Zusammenhang zum Arbeitsverhältnis nach § 2 Abs. 1 Nr. 4 Buchst. a) ArbGG. Die Zusatzversorgungskasse ist auch nicht Rechtsnachfolger des Arbeitgebers nach § 3 ArbGG. Es besteht eine eigenständige Verpflichtung. Sie ist nur eine gemeinsame Einrichtung der Tarifvertragspartei i.S.v. § 2 Abs. 1 Nr. 4 Buchst. b) ArbGG, wenn die Tarifvertragsparteien ein unmittelbares Kontroll- und Weisungsrecht haben.[86]

45

III. Verfahren für die Rechtswegentscheidung

Die Zulässigkeit des Rechtsweges ist Prozessvoraussetzung und muss von Amts wegen geprüft werden. Auf eine Rüge der Parteien kommt es nicht an. Das angerufene Gericht 1. Instanz hat daher von Amts wegen den Rechtsweg zu prüfen und darüber zu entscheiden. Dabei ist i.d.R. der Rechtsweg vor der örtlichen Zuständigkeit zu prüfen. § 17a GVG bezweckt, dass über den Rechtsweg möglichst früh entschieden wird.[87]

46

---

82 BAG, 23.08.2001 – 5 AZB 20/01, AP ArbGG 1979 § 2 Nr. 76 = EzA § 2 ArbGG 1979 Nr. 54.
83 BAG, 29.11.2006 – 5 AZB 47/06, NZA 2007, 110.
84 BAG, 15.02.2005 – 5 AZB 13/04, NZA 2005, 487.
85 BVerfG, 31.08.1999 – 1 BvR 1389/97, NZA 1999, 1234.
86 BAG, 10.08.2004 – 5 AZB 26/04, ZTR 2004, 603.
87 BAG, 17.07.1996 – 5 AS 30/95.

1. Prüfung von Amts wegen

47 Maßgeblich für die Prüfung der Zulässigkeit des Rechtswegs ist die Rechtsnatur des erhobenen Anspruchs. Das Gericht geht dabei vom tatsächlichen Vorbringen des Klägers aus *(Schlüssigkeitstheorie)*. Eine Beweiserhebung soll nur erfolgen, wenn zulässigkeitsbegründende Tatsachen streitig sind und diese nicht zugleich auch für die Begründetheit der Klage relevant sind.[88] Dem steht entgegen, dass die Parteien es nicht durch ihren Sachvortrag in der Hand haben können, die Zulässigkeit eines Rechtswegs zu begründen. Die Schlüssigkeitstheorie widerspricht auch der Verpflichtung der Gerichte den beschrittenen Rechtsweg von Amts wegen zu prüfen. Es ist daher von einer generellen Beweiserhebungspflicht in der Zulässigkeitsprüfung auszugehen.[89]

2. Vorabentscheidung bei Zulässigkeit des Rechtswegs

48 Das Gericht kann nach § 17a Abs. 3 GVG die Zulässigkeit des beschrittenen Rechtswegs vorab aussprechen. Es ist hierzu verpflichtet, wenn eine Partei die Zulässigkeit des Rechtswegs rügt. Hierdurch wird dem Rechnung getragen, dass die Parteien das später erlassene Urteil nicht mit der Begründung anfechten können, der Rechtsweg sei nicht zulässig.[90] Bei Unterbleiben der Rüge kann das Gericht in den Gründen des Endurteils Ausführungen zu der Zulässigkeit des beschrittenen Rechtsweges machen. In den höheren Instanzen kommt dann nach § 17a Abs. 5 GVG eine Überprüfung der Zulässigkeit des Rechtsweges nicht mehr in Betracht.[91] Auch eine Beschwerdemöglichkeit gegen die Inzidententscheidung besteht nicht. Im Vorabentscheidungsverfahren ist zu allen Streitgegenständen eine Rechtswegentscheidung herbeizuführen. Das betrifft auch Hilfsanträge, wenn diese im Kammertermin für den Fall einer erfolglosen Aufrechnung gestellt wurden.[92]

3. Vorabentscheidung bei Unzulässigkeit des Rechtswegs

49 Das Gericht hat nach § 17a Abs. 2 GVG die Parteien von Amts wegen anzuhören, wenn es den beschrittenen Rechtsweg für unzulässig hält. Die rechtswegverweisende Entscheidung des Gerichts ergeht durch Beschluss. Der Beschluss erfolgt gem. § 17a Abs. 4 Satz 1 GVG nach Anhörung der Parteien und ist nach § 17a Abs. 4 Satz 2 GVG mit Gründen zu versehen und nach § 329 Abs. 3 ZPO zuzustellen. Bei unterbliebener Zustellung läuft die Beschwerdefrist erst mit Ablauf von fünf Monaten nach der Verkündung oder der formlosen Mitteilung des Verweisungsbeschlusses.[93] Der Beschluss ist gemäß § 48 Abs. 1 ArbGG i.V.m. § 17a Abs. 4 Satz 2 GVG zu begründen. Sind nicht die Gründe, sondern nur der Tenor vom entscheidenden Richter unterzeichnet, führt dies nicht zur Nichtigkeit, sondern nur zur Anfechtbarkeit des Beschlusses.[94] Der wegen fehlender Anfechtung rechtskräftig gewordene Beschluss bindet alle anderen Gerichte gem. § 17a Abs. 1 GVG.

4. Verfahrensablauf der Entscheidung

50 Der Beschluss über die Zulässigkeit oder Unzulässigkeit des Rechtsweges kann nach § 17a Abs. 4 Satz 1 GVG ohne mündliche Verhandlung ergehen. In Abweichung von § 53 Abs. 1 Satz 1 hat der Beschluss gem. § 48 Abs. 1 Nr. 2 auch außerhalb der mündlichen Verhandlung stets durch die Kammer zu erfolgen. Es liegt keine verfahrensbeendende Entscheidung i.S.v. § 55 Abs. 3 vor, da das Verfahren nicht insgesamt, sondern nur für das ArbG beendet wird. Im Verfahren des einstweiligen Rechtsschutzes enthält § 944 ZPO eine speziellere Regelung. Es ist eine Entscheidung des Vorsitzenden allein möglich, wenn dieser nach eigenem Ermessen eine Vorabendscheidung wegen der besonderen Eilbedürftigkeit für notwendig hält. Wird neben dem Rechtsweg auch die örtliche

---

[88] Vgl. die Nachweise für die h.M. bei Kissel/Mayer § 17 Rn 17.
[89] BAG, 26.06.1967 – 3 AZR 341/66, NJW 1968, 719.
[90] BT-Drs. 11/7030, S. 37.
[91] BAG, 09.07.1996 – 5 AZB 6/96, NZA 1996, 1117.
[92] Sächsisches LAG, 13.04.2000 – 4 Ta 25/00, NZA-RR 2001, 604.
[93] BAG, 01.07.1992 – 5 AS 4/92, NZA 1992, 1047.
[94] BAG, 31.08.2010 – 3 ABR 139/09, NZA 2011, 995.

Zuständigkeit des angerufenen Gerichts gerügt, hat das Gericht ein Wahlrecht, worüber es zuerst entscheidet. Das Gesetz schreibt keine Reihenfolge vor.[95]

5. Anfechtbarkeit der Entscheidung

Gegen die Beschlüsse nach § 17a Abs. 1 und Abs. 2 GVG ist die sofortige Beschwerde an das LAG möglich. Dies gilt allerdings nicht für die Entscheidung über die örtliche Zuständigkeit. Nach § 48 Abs. 1 Nr. 1 sind Beschlüsse über die örtliche Zuständigkeit gem. § 17a Abs. 2 und 3 GVG unanfechtbar. 51

Die Frist zur Einlegung der Beschwerde beträgt zwei Wochen und beginnt mit Zustellung des Verweisungsbeschlusses. Das Hauptverfahren ist gem. § 148 ZPO bis zur rechtskräftigen Erledigung der Beschwerde auszusetzen. Entscheidet das Gericht trotz Rüge eines der Parteien nicht nach § 17a Abs. 3 GVG im Wege des Vorabverfahrens durch Beschluss, sondern durch Urteil, hat der Beklagte nach dem Grundsatz der Meistbegünstigung sowohl das Rechtsmittel der sofortigen Beschwerde als auch das der Berufung. Der Vorsitzende der Beschwerdekammer entscheidet über die Berechtigung der Beschwerde ohne mündliche Verhandlung allein.[96] § 64 Abs. 7 verweist nur auf § 53, nicht aber auf § 48. Das LAG darf bei Aufhebung des Beschlusses des ArbG im Beschwerdeverfahren den Rechtsstreit nicht an das ArbG zurückverweisen. Trotz Anwendbarkeit des § 572 Abs. 3 ZPO steht dem der Beschleunigungsgrundsatz gem. § 9 Abs. 1 entgegen.[97]

Gegen den Beschluss des Landesarbeitsgerichts über die eingelegte Beschwerde ist eine weitere Beschwerde nach § 17a Abs. 4 Satz 3 GVG nur gegeben, wenn sie im Beschluss des Landesarbeitsgerichts zugelassen worden ist. Sie ist zuzulassen, wenn die Rechtsfrage grundsätzliche Bedeutung hat oder wenn das Gericht von der Entscheidung eines Obersten Gerichtshof des Bundes oder des gemeinsamen Senats der Obersten Gerichtshöfe des Bundes abweicht. Der Oberste Gerichtshof ist dann an die Zulassung der Beschwerde gebunden. Eine Nichtzulassungsbeschwerde ist nicht möglich.[98] Das BAG entscheidet über die weitere sofortige Beschwerde ohne Hinzuziehung der ehrenamtlichen Richter jedenfalls dann, wenn die Entscheidung ohne mündliche Verhandlung ergeht. Dies wird aus einer entsprechenden Anwendung von § 72 Abs. 6 i.V.m. § 53 Abs. 1 Satz 1 hergeleitet.[99] Bei der nach § 17a Abs. 4 Satz 4 GVG vom LAG zugelassenen Beschwerde handelt es sich um eine Rechtsbeschwerde i.S.d. §§ 574 ff. ZPO. Sie ist deshalb gem. § 575 Abs. 1 ZPO innerhalb einer Notfrist von einem Monat nach Zustellung des Beschlusses einzulegen und zu begründen. Entspricht die Rechtsmittelbelehrung des Landesarbeitsgerichts nicht dieser seit dem Inkrafttreten des Gesetzes zur Reform des Zivilprozesses vom 27.07.2001[100] geänderten Rechtslage, beträgt die Beschwerdefrist gem. § 9 Abs. 5 Satz 4 ein Jahr seit Zustellung der Entscheidung.[101] 52

6. Bindungswirkung der Entscheidung

Der Rechtsstreit wird mit Rechtskraft des Verweisungsbeschlusses bei Eingang der Akte bei dem im Beschluss bezeichneten Gericht anhängig.[102] Der Beschluss ist für das Gericht, an das verwiesen worden ist, gem. § 48 Abs. 1, § 17a Abs. 2 Satz 3 GVG bindend.[103] Er hat aufdrängende Wirkung. 53

---

95 Für Vorrang der Rechtswegentscheidung LAG München, 28.10.2008 – 1 SHa 27/08, NZA-RR 2009, 218.
96 BAG, 10.12.1992 – 8 AZB 6/92, NZA 1993, 619.
97 BAG, 11.06.2003 – 5 AZB 37/02, NZA 2003, 517.
98 BAG, 27.08.2003 – 5 AZB 45/03.
99 BAG, 10.12.1992 – 8 AZB 6/92, NZA 1993, 619, AP Nr. 4 zu § 17a GVG.
100 BGBl. I, S. 1887.
101 BAG, 26.09.2002 – 5 AZB 15/02, NZA 2002, 1302.
102 Schaub, BB 1993, 1666, 1668.
103 BAG, 22.07.1998 – 5 AS 17/98, NZA 1998, 1190.

Eine Weiterverweisung in einen anderen Rechtsweg ist damit unzulässig. Nur eine offensichtlich gesetzwidrige Verweisung[104] entfaltet keine Bindungswirkung.[105]

54 Eine solche offensichtliche Gesetzwidrigkeit liegt insb. in folgenden Fällen vor:
- wenn der Beschluss dazu führt, dass sich die Verweisung bei Auslegung und Anwendung der maßgeblichen Norm in nicht mehr hinnehmbarer, willkürlicher Weise vom verfassungsrechtlichen Grundsatz des gesetzlichen Richters entfernt;[106]
- wenn der Beschluss auf der Versagung rechtlichen Gehörs ggü. den Verfahrensbeteiligten oder einem von ihnen beruht;[107]
- wenn der Beschluss unter Berücksichtigung elementarer rechtsstaatlicher Grundsätze nicht mehr verständlich erscheint und offensichtlich unhaltbar ist.[108] Das ist beispielsweise der Fall, wenn das AG den Rechtsstreit mit einer nach § 35 GmbHG kraft Gesetz zur Vertretung der juristischen Person berufenen Geschäftsführerin an das Arbeitsgericht verweist[109] oder der Rechtsstreit vor Rechtshängigkeit der Klage verwiesen wird.[110]

An ein Gericht desselben Rechtswegs, bspw. vom LG an das AG, darf jedoch verwiesen werden. Darüber hinaus ist eine Weiterverweisung wegen örtlicher Unzuständigkeit des Gerichts, an das wegen Rechtswegzuständigkeit verwiesen wurde, ebenso zulässig.[111] Die bindende Wirkung der Verweisungsbeschlüsse ist auch im Bestimmungsverfahren nach § 36 Abs. 1 Nr. 3 ZPO zu beachten. Damit ist als zuständiges Gericht das Gericht zu bestimmen, an das die Sache durch den ersten Verweisungsbeschluss gelangt ist, es sei denn, der Verweisungsbeschluss ist ausnahmsweise nicht bindend.[112] Erforderlich ist, dass es innerhalb eines Verfahrens zu Zweifeln über die Bindungswirkung eines rechtskräftigen Verweisungsbeschlusses kommt und keines der infrage kommenden Gerichte bereit ist, die Sache zu bearbeiten, oder die Verfahrensweise eines Gerichts die Annahme rechtfertigt, der Rechtsstreit werde von diesem nicht prozessordnungsgemäß betrieben, obwohl dieser gem. § 17b Abs. 1 GVG vor ihm anhängig ist.[113]

Bei negativen Kompetenzkonflikten zwischen Gerichten der ordentlichen Gerichtsbarkeit und Gerichten für Arbeitssachen hat die Bestimmung des zuständigen Gerichts in entsprechender Anwendung von § 36 Abs. 1 Nr. 6 ZPO zu erfolgen. Zuständig für die Zuständigkeitsbestimmung ist derjenige Gerichtshof des Bundes, der zuerst darum angegangen wird.[114]

IV. Kosten

55 Verweist das unzuständig angerufene LG den Rechtsstreit an das ArbG, hat der Kläger dem Beklagten die diesem durch die Anrufung des LG entstandenen Anwaltskosten zu ersetzen. Das Kostenprivileg nach § 12a Abs. 1 Satz 3 gilt für diese Kosten nicht. Dazu gehören die Rechtsanwaltskosten auch dann, wenn sich der obsiegende Beklagte nach der Verweisung von demselben Rechtsanwalt vertreten lässt.[115]

---

104 »krasse Rechtsverletzung« so BAG, 19.03.2003 – 5 AS 1/03, NZA 2003, 683.
105 BAG, 14.01.1994 – 5 AS 22/93, NZA 1994, 478.
106 BGH, 13.11.2001 – X ARZ 266/01, NZA 2002, 637.
107 BAG, 19.03.2003 – 5 AS 1/03, NZA 2003, 683.
108 BGH, 09.04.2002 – X ARZ 24/02, NZA 2002, 813.
109 BAG, 12.07.2006 – 5 AS 7/06, NZA 2006, 1004.
110 BAG, 09.02.2006 – 5 AS 1/06, NZA 2006, 454.
111 BAG, 14.01.1994 – 5 AS 22/93, NZA 1994, 478.
112 BAG, 03.11.1993 – 5 AS 20/93, NZA 1994, 479; BAG, 13.11.1996 – 5 AS 11/96, NZA 1997, 227.
113 BAG, 17.06.2004 – 5 AS 3/04, AP ZPO § 36 Nr. 60 = EzA § 36 ZPO 2002 Nr. 2.
114 BAG, 19.03.2003 – 5 AS 1/03, NZA 2003, 683.
115 BAG, 01.11.2004 – 3 AZB 10/04, NZA 2005, 429.

V. Örtliche Zuständigkeit

Die örtliche Zuständigkeit der ArbG im Urteilsverfahren richtet sich über § 46 Abs. 2 nach den Gerichtsständen der ZPO. Gem. § 12 ZPO kann eine Person an ihrem allgemeinen Gerichtsstand verklagt werden, sofern nicht ein ausschließlicher Gerichtsstand gegeben ist. § 20 f. ZPO bestimmt den besonderen Gerichtsstand, der nur für bestimmte Klagen maßgeblich ist, z.B. den Gerichtsstand der gewerblichen Niederlassung gem. § 21 ZPO oder den Gerichtsstand des Erfüllungsorts nach § 29 ZPO. Die ausschließlichen Gerichtsstände verdrängen danach den allgemeinen Gerichtsstand nach § 12 ZPO. 56

1. Allgemeine Grundsätze

Trotz der grundsätzlichen Anwendbarkeit der Gerichtsstände der ZPO über § 46 Abs. 2 ergeben sich für arbeitsrechtliche Streitigkeiten Besonderheiten. 57

2. Einzelfälle

Im arbeitsgerichtlichen Verfahren sind der Gerichtsstand des Erfüllungsorts, des Arbeitsorts und der allgemeine Gerichtsstand von besonders praktischer Bedeutung. Durch die Einführung des Gerichtsstands des gewöhnlichen Arbeitsorts gemäß § 48 Abs. 1a Satz 1 ist die Bedeutung des Erfüllungsorts allerdings zurückgetreten. Bei mehreren Gerichtsständen hat der Kläger nach § 35 ZPO ein Wahlrecht, falls keine ausschließliche Zuständigkeit eines Gerichts gegeben ist. Die wichtigsten Gerichtsstände sind: 58

Arbeitsort

Nach § 48 Abs. 1a Satz 1 ist für Streitigkeiten aus einem Arbeitsverhältnis auch das Arbeitsgericht zuständig, in dessen Bezirk der Arbeitnehmer seine Arbeit gewöhnlich verrichtet oder zuletzt gewöhnlich verrichtet hat. Ist ein Arbeitsort in diesem Sinne nicht feststellbar, ist nach § 48 Abs. 1a Satz 2 das Arbeitsgericht örtlich zuständig, von dessen Bezirk aus der Arbeitnehmer gewöhnlich seine Arbeit verrichtet oder zuletzt verrichtet hat. Nach der Gesetzesbegründung soll durch diese Regelung Arbeitnehmern durch Gewährleistung eines naheliegenden Gerichtsstands die Prozessführung erleichtert werden, die wie Außendienstmitarbeiter ihre Arbeitsleistung fern vom Sitz des Arbeitgebers oder dem Ort einer Niederlassung des Arbeitgebers erbringen (BR-Drucks. 820/07 S. 13 f.). Da es sich nicht um einen ausschließlichen, sondern einen besonderen Gerichtsstand handelt, besteht für die klagende Partei ein Wahlrecht nach § 35 ZPO auch an anderen Gerichtsständen klagen zu können. 59

§ 48 Abs. 1a Satz 1 knüpft für die Zuständigkeit an den Gerichtsbezirk an, in dem der Arbeitnehmer gewöhnlich seine Arbeit verrichtet. Der gewöhnliche Arbeitsort ist der Ort, an dem der Arbeitnehmer seine Tätigkeiten (zeitlich) schwerpunktmäßig verrichtet. Bei mehreren Orten ist deshalb der Ort festzustellen, an dem der Arbeitnehmer zeitlich überwiegend tätig war. Maßgebend ist der tatsächliche Mittelpunkt der Tätigkeit des Arbeitnehmers. Unerheblich ist deshalb, ob sich dort auch eine Niederlassung, Betriebsstätte oder andere verfestigte Betriebsstruktur des Arbeitgebers befindet (BR-Drucks. 820/07, S. 31 f.). Ebenso kommt es nicht darauf an, von welchem Ort aus Arbeitsanweisungen erteilt werden oder die Zahlung der Vergütung veranlasst wird (BR-Drucks. 820/07, S. 32). Hat der Arbeitsort gewechselt, ist der zum Zeitpunkt der Klageerhebung gewöhnliche Arbeitsort maßgebend (BR-Drucks. 820/07, S. 32). Das gilt allerdings nicht, wenn der Arbeitsort wegen der Eigenart des Arbeitsverhältnisses ständig wechselt. Dann ist § 48 Abs. 1a Satz 2 anzuwenden. Hiervon zu unterscheiden ist die nur vorübergehende (zeitlich befristete) Tätigkeit an einem anderen Ort. Diese verändert nicht den gewöhnlichen Ort der Arbeitsleistung. Da das Gesetz an den Ort der tatsächlichen Arbeitsleistung anknüpft, sind davon abweichende vertragliche Vereinbarungen bedeutungslos. Die Vereinbarung eines Arbeitsorts im Arbeitsvertrag allein hat deshalb keine gerichtsstandsbegründende Wirkung. Eine analoge Anwendung von § 29 Abs. 2 ZPO ist deshalb nicht notwendig. Ebenso wenig kommt es darauf an, ob der

Arbeitgeber die Tätigkeit an diesem Ort nach § 106 Satz 1 GewO zuweisen durfte. Nicht gefolgt werden kann deshalb der Auffassung, dass der Betriebsort als vertraglich festgelegter Arbeitsort gilt, wenn im Arbeitsvertrag keine ausdrückliche Regelung zum Arbeitsort getroffen wurde.[116]

Lässt sich ein zeitlich überwiegender Arbeitsort nicht feststellen, ist das Arbeitsgericht örtlich zuständig, von dessen Bezirk aus der Arbeitnehmer gewöhnlich seine Arbeit verrichtet. Auf den zeitlichen Anteil dieses Ausgangsarbeitsorts kommt es nicht an. Dementsprechend ist der Wohnort eines Außendienstmitarbeiters jedenfalls dann der Ort, von dem aus er im Sinne von § 48 Abs. 1a Satz 2 gewöhnlich seine Arbeit verrichtet, wenn er dort in gewissem Umfang Arbeitsleistungen erbringt. So genügt es, wenn Außendienstmitarbeiter in einem Home-Office ihre Geschäftsreisen vor- oder nachbereiten oder Berichte über diese verfassen. Einen bestimmten Mindestumfang muss die am Wohnort verrichtete Tätigkeit nicht haben.[117] Die Wohnung ist allerdings dann nicht mehr Anknüpfungspunkt für die Zuständigkeit, wenn der Arbeitnehmer dort keinerlei Arbeitsleistungen erbringt und von dort aus nur den Weg zur Arbeit antritt *(BR-Drucks. 820/07, S. 32)*.

▶ **Beispiel:**

Ein Montagearbeiter fährt zunächst zum Betriebssitz, um dort die Arbeitsanweisungen und das notwendige Material entgegenzunehmen. Erst dann fährt er zu den verschiedenen Arbeitsorten. Hier ist nur der Betriebssitz Anknüpfungspunkt für § 48 Abs. 1a Satz 2.

Entschädigung nach § 15 AGG

60 Macht der AG im Hinblick auf seine Entschädigungspflicht bei geschlechtsbedingter Benachteiligung die Höchstbegrenzung der Gesamtentschädigung bei mehreren Anspruchsberechtigten geltend, hat eine Konzentration sämtlicher Klagen bei einem Gericht zu erfolgen. Mit § 61b Abs. 2 wird danach für alle Klagen eine ausschließliche Zuständigkeit des Gerichts begründet, bei dem die erste Klage erhoben worden ist. Alle anderen Gerichte haben die bei ihnen anhängigen Klagen von Amts wegen dorthin zu verweisen. Die Verfahren sind dann bei demselben Gericht zur gemeinsamen Verhandlung und Entscheidung zu verbinden.

Erfüllungsort

61 § 29 Abs. 1 ZPO bestimmt für Ansprüche aus einem Vertragsverhältnis und über dessen Bestehen die Zuständigkeit des Gerichtsortes, an dem die streitige Verpflichtung zu erfüllen ist. Der Ort der Vertragserfüllung bestimmt sich dabei nach materiellem Recht. Für zivilrechtliche Verträge und damit auch für den Arbeitsvertrag ergibt sich dies aus § 269 Abs. 1 BGB. Zwar stellt § 269 Abs. 1 BGB nicht auf den Erfüllungsort, sondern auf den Ort der Leistung ab. Beide Begriffe sind jedoch identisch.[118] Gemeint ist in beiden Fällen der Ort der Leistungshandlung. Hier hat der Schuldner die Leistungshandlung vorzunehmen. Der Gläubiger hat die geschuldete Leistung dort anzunehmen. Bei Holschulden liegt dieser Ort beim Schuldner und bei Bringschulden beim Gläubiger. Für Schickschulden gelten die §§ 270, 447 BGB. Der Gesetzgeber hat hier dem Umstand Rechnung getragen, dass der Erfolg nicht immer auch am Leistungs- und damit am Erfüllungsort eintritt. Er sah sich deshalb zur Schaffung der Gefahrtragungsregeln veranlasst. Maßgeblicher Erfüllungsort i.S.d. § 29 Abs. 1 ZPO ist damit stets der Leistungsort i.S.d. § 269 Abs. 1 BGB. Die Bestimmung eines Leistungsortes gem. § 269 Abs. 1 BGB im Sinne einer das Gericht bindenden vertraglichen Vereinbarung ist für das arbeitsgerichtliche Verfahren unmaßgeblich. Nach § 29 Abs. 2 ZPO können materiell nicht ernst gemeinte Vereinbarungen mit gerichtsstandsbegründender Wirkung nur zwischen Vollkaufleuten getroffen werden. Anderenfalls könnte das Verbot der Gerichtsstandsvereinbarung gem. § 38 ZPO durch eine Erfüllungsortsvereinbarung umgangen werden. Zulässig sind allerdings materiell-rechtliche Vereinbarungen, ebenso wie die Direktionsrechtsweisung, welche

---

116 LAG Baden-Württemberg, 10.12.2010 – 18 Sa 33/10, LAGE § 611 BGB 2002 Direktionsrecht Nr. 2.
117 Hessisches LAG, 26.08.2008 – 4 Ta 308/08.
118 Süße AuR 1970, 47.

dem AN einen bestimmten Arbeitsort zuweisen, damit der AN dort seine geschuldete Arbeitsleistung auch tatsächlich zu erbringen hat. Der Verbotsumfang erstreckt sich auf die positive und auf die negative Prorogation.[119] Das Verbot der negativen Prorogation (Derogation) verhindert die Sperrwirkung des bei einem nicht vereinbarten anderen Gericht bzw. Erfüllungsort gegebenen Gerichtsstands des gesetzlichen Erfüllungsorts.

Zur Bestimmung des gesetzlichen Erfüllungsorts ist auf den tatsächlichen Ort der Leistungen abzustellen, sofern er vertraglich geschuldet ist. Es kommt dabei auf die Umstände, insb. die Natur des Schuldverhältnisses an. Zu berücksichtigen sind unter Beachtung des Prinzips von Treu und Glauben alle Umstände des Einzelfalls, v.a. jedoch die Verkehrssitte und die Art der Leistungen sowie die vertragsspezifischen Merkmale. Dabei ist der Leistungsort auch beim gegenseitigen Vertrag regelmäßig für die einzelnen Verpflichtungen gesondert zu bestimmen, da § 29 Abs. 1 ZPO auf die streitige Verpflichtung und § 269 Abs. 1 BGB auf die Leistung abstellt. 62

Beim Arbeitsvertrag wird hinsichtlich des Erfüllungsorts für alle beiderseitigen Leistungsverpflichtungen einheitlich auf den Ort der Arbeitsleistung abgestellt.[120] Dieser sei wirtschaftlicher und technischer Mittelpunkt des Arbeitsverhältnisses.[121] Unproblematisch ist die Feststellung des einheitlichen Erfüllungsorts nach der h.L., wenn Ort der Arbeitsleistung und Betriebssitz identisch sind. Dieser Ort ist dann der alleinige Erfüllungsort für sämtliche beiderseitigen Vertragspflichten. Ist die Arbeitsleistung am Ort der Niederlassung zu erfüllen, bestimmt sich auch hiernach der Erfüllungsort. Problematisch sind die Fälle, in denen der Ort der Arbeitsleistung ein anderer ist als der Ort des Betriebes oder der Niederlassung. Bei einem dauernden Einsatz an einem gleichbleibenden auswärtigen Arbeitsort ist ausgehend von der Erbringung der Arbeitsleistung dieser auswärtige Arbeitsort Erfüllungsort i.S.d. § 29 Abs. 1 ZPO. Sämtliche Klagen können daher direkt anhängig gemacht werden. Dies gilt auch für Geldschulden. Beim Einsatz der AN an ständig wechselnden Beschäftigungsorten ohne festen Bezirk (z.B. Arbeiter und Monteure auf wechselnden Baustellen, Lkw- und Omnibusfahrer sowie alle sonstigen AN im überörtlichen Straßen-, Schienen-, Schifffahrts- und Luftverkehr) wird im Allgemeinen auf den steuernden Betriebsort als einheitlichen Erfüllungsort abgestellt.[122] Einer solchen Anwendung des § 29 Abs. 1 ZPO steht entgegen, dass dieser eine gewisse Identität und Dauerhaftigkeit des Erfüllungsorts voraussetzt. Für diese AN-Gruppe kann es daher unter Ausschluss der Anwendung des § 29 Abs. 1 ZPO für den Anknüpfungspunkt Ort der Arbeitsleistung nur bei den Gerichtsständen der §§ 17 und 21 ZPO verbleiben. 63

Dieselben Grundsätze gelten für die von ihrem Wohnsitz aus tätigen Außendienstmitarbeiter (z.B. Vertreter, Reisende und Kundendienstmonteure). Bei diesen wird angenommen, einheitlicher Erfüllungsort sei der Wohnsitz des AN, wenn diesem ein bestimmter Bezirk zugewiesen sei, in dem er von seinem Wohnsitz aus tätig wurde und an den er – nicht notwendig täglich – immer wieder zurückkehre.[123] Es ist schwer vorstellbar, dass Anknüpfungspunkt für den Schwerpunkt der Tätigkeit eines Außendienstmitarbeiters sein Wohnort sein soll. Das zeitliche Hauptgewicht der Arbeitsleistung dürfte im Außendienst und nicht an seinem Wohnsitz liegen. Überschreitet der zu betreuende Bezirk des Außendienstmitarbeiters damit den Zuständigkeitsbereich eines Gerichtsbezirks, findet § 29 Abs. 1 ZPO als Anknüpfungspunkt für den einheitlichen Erfüllungsort keine Anwendung. Es verbleibt dann bei den sonstigen Gerichtsständen. Nur wenn der Außendienstmitarbeiter auch im Außendienst innerhalb des Zuständigkeitsbereichs eines Gerichts tätig ist, ergibt § 29 ZPO die Zuständigkeit dieses Gerichts als einheitlichen Erfüllungsort der Arbeitsleistung. Trotz der entgegenstehenden Auffassung des BAG ist die Verweisung eines Rechtsstreits unter 64

---

119 ArbG Berlin, 03.03.1985 – 30 Ca 346/83.
120 Grunsky § 2 ArbGG Rn 39.
121 Zöller/Vollkommer § 29 Rn 25; a.A. Krasshöfer-Pidde/Molkenbur, NZA 1988, 236, 237.
122 LAG Bremen 25.10.1960 – 2 Sa 41/60, DB 1961, 1620.
123 BAG, 03.11.1993 – 5 AS 20/93, NZA 1994, 479; ArbG Solingen, 24.03.1993 – 3 Ca 2356/92; Schulz NZA 1994, 644 ff.; dagegen Krasshöfer-Pidde/Molkenbur NZA 1988, 236, 238; Ostrup/Zumkeller NZA 1995, 16 f.; ArbG Leipzig, 14.02.2002 – 17 Ca 52/02.

Bezugnahme auf die hier vertretene Rechtsauffassung bindend, da sie nach Auffassung des BAG aus vertretbaren Gründen erfolgt.[124] Allerdings hat sich der Auffassungsstreit durch den neu eingeführten Gerichtsstand des Arbeitsorts nach § 48 Abs. 1a entschärft.

65 Der Gerichtsstand des einheitlichen Erfüllungsorts (Ort der Arbeitsleistung) wird nicht durch die Beendigung des Arbeitsverhältnisses berührt. Dies gilt jedenfalls für alle Ansprüche, die in der Zeit vor der Beendigung fällig gewesen sind. Schuldet der AN allerdings keine Arbeitsleistung mehr, etwa bei Ansprüchen in der Freistellungsphase eines Altersteilzeitarbeitsverhältnisses, ist der Ort der Arbeitsleistung nicht mehr i.S.d. § 29 Abs. 1 ZPO zuständigkeitsbegründend,[125] wohl aber nach § 48 Abs. 1a als letzter gewöhnlicher Arbeitsort.

Fiskus und Behörde

66 Der allgemeine Gerichtsstand des Fiskus wird durch den Sitz der Behörde bestimmt, die berufen ist, ihn in dem Rechtsstreit zu vertreten (§ 18 ZPO). Fiskus ist dabei der Bund oder ein Land in der Eigenschaft als Vermögensträger. § 18 ZPO knüpft an die gesetzliche Vertretung an, welche sich nach öffentlich-rechtlichen Organisationsnormen richtet. Behörden haben ihren allgemeinen Gerichtsstand nach § 17 Abs. 2 Satz 2 ZPO bei dem Gericht ihres Amtssitzes, wenn sie als solche verklagt werden können, also ausnahmsweise parteifähig sind. Daneben gelten die besonderen Gerichtsstände, insb. der Gerichtsstand des Erfüllungsorts gem. § 29 ZPO. Bei Zahlungen aus öffentlichen Kassen ergibt sich hieraus der Sitz der auszahlenden Kasse, da dort die Zahlungspflicht erfüllt wird.

Insolvenz

67 Allgemeiner Gerichtsstand des Insolvenzverwalters ist gem. § 19a ZPO für Klagen, die sich auf die Insolvenzmasse beziehen, der Sitz des Insolvenzgerichts. Da es sich nicht um einen ausschließlichen Gerichtsstand handelt, kann sich daneben die örtliche Zuständigkeit eines anderen Gerichts aus den §§ 12 ff. ZPO ergeben. Fordert der Insolvenzverwalter vom Arbeitnehmer Rückzahlung der vom Schuldner vor Insolvenzeröffnung geleisteten Vergütung wegen Anfechtbarkeit der Erfüllungshandlung (§§ 129 ff. InsO), ist der Rechtsweg zu den Arbeitsgerichten eröffnet.[126]

Niederlassung

68 Bei Klagen gegen den Arbeitgeber kommt der Gerichtsstand der Niederlassung gem. § 21 ZPO in Betracht. Erfasst werden Haupt- und Zweigniederlassungen, in denen für eine gewisse – nicht notwendig unbestimmte – Dauer eine geschäftliche Tätigkeit von nicht nur untergeordneter Bedeutung entfaltet wird. Die Niederlassung muss somit zum selbstständigen Geschäftsabschluss und -handeln berechtigt sein. Darüber hinaus muss die Klage eine Zweckbeziehung zum Geschäftsbetrieb der Niederlassung haben. Hierzu reicht es nicht aus, dass der Arbeitsvertrag am Ort der Niederlassung geschlossen wurde.[127] Er muss vielmehr mit Rücksicht auf den Ort der Niederlassung – etwa wegen der dort zu erbringenden Arbeitsleistung – mit dem klagenden Arbeitnehmer abgeschlossen worden sein.

Prorogation

69 Nach § 38 Abs. 1 ZPO ist eine Gerichtsstandsvereinbarung nur zwischen Kaufleuten, juristischen Personen des öffentlichen Rechts oder öffentlich-rechtlichen Sondervermögen zulässig. Für Streitigkeiten aus dem Arbeitsverhältnis kommt dies nicht in Betracht. Gem. § 38 Abs. 2 ZPO kann eine Gerichtsstandsvereinbarung getroffen werden, wenn eine der Parteien im Inland keinen allgemei-

---

124 BAG, 04.01.1995 – 5 AS 1/95.
125 ArbG Dortmund, 21.05.2002 – 9 Ca 2490/02.
126 BAG, 27.02.2008 – 5 AZB 43/07, NZA 2008, 549.
127 So aber Grunsky § 2 Rn 38.

nen Gerichtsstand hat. Die Vereinbarung muss schriftlich abgeschlossen oder schriftlich bestätigt werden. Weiterhin ist gem. § 38 Abs. 3 ZPO eine Gerichtsstandsvereinbarung nur zulässig, wenn sie ausdrücklich und schriftlich nach dem Entstehen der Streitigkeit oder für den Fall geschlossen wird, dass die im Klageweg in Anspruch zu nehmende Partei nach Vertragsschluss ihren Wohnsitz oder gewöhnlichen Aufenthaltsort aus dem Geltungsbereich dieses Gesetzes verlegt hat oder ihr Wohnsitz oder gewöhnlicher Aufenthalt im Zeitpunkt der Klageerhebung nicht bekannt ist. Diese Prorogationsmöglichkeiten gelten auch im arbeitsgerichtlichen Verfahren und begründen die ausschließliche Zuständigkeit des vereinbarten Gerichts.

Nach § 48 Abs. 2 kann die örtliche Zuständigkeit eines an sich unzuständigen ArbG ohne die Beschränkungen des § 38 ZPO durch Vereinbarung der Tarifvertragsparteien begründet werden. Diese Prorogationsmöglichkeit gilt für bürgerliche Rechtsstreitigkeiten zwischen Arbeitnehmern und Arbeitgebern aus einem Arbeitsverhältnis[128] und aus Verhandlungen über die Eingehung eines Arbeitsverhältnisses.[129] Wegen des eindeutigen Wortlauts gilt dies nicht für die anderen in § 2 genannten Streitigkeiten, insb. nicht für Streitigkeiten aus unerlaubter Handlung, Streitigkeiten über das Bestehen oder Nichtbestehen eines Arbeitsverhältnisses oder Streitigkeiten aus der Nachwirkung des Arbeitsverhältnisses. Ebenso findet die Prorogationsmöglichkeit nicht für die Rechtsnachfolge gem. § 3 und für das Beschlussverfahren gem. § 2a Anwendung.

Gem. § 48 Abs. 2 Nr. 2 kann die örtliche Zuständigkeit tariflich auch für bürgerliche Rechtsstreitigkeiten aus dem Verhältnis einer gemeinsamen Einrichtung der Tarifvertragsparteien zu den Arbeitnehmern oder Arbeitgebern festgelegt werden. Voraussetzung ist stets eine Tarifbindung der Parteien des Rechtsstreits, während im Rahmen von § 48 Abs. 2 Nr. 1 die Vereinbarungen der Anwendung des gesamten Tarifvertrages zwischen nichttarifgebundenen Parteien ausreicht. Da § 38 ZPO keine Anwendung findet, begründet die tarifvertragliche Prorogation nicht ohne Weiteres die ausschließliche Zuständigkeit eines Gerichts. Es ist vielmehr durch Auslegung zu ermitteln, ob die ausschließliche Zuständigkeit oder nur die weitere Zuständigkeit eines Gerichts begründet werden sollte.

Mit Ausnahme von nichtvermögensrechtlichen Streitigkeiten oder Streitigkeiten, bei denen ein ausschließlicher Gerichtsstand begründet ist[130] kann die Zuständigkeit eines an sich örtlich nicht zuständigen Gerichtes dadurch begründet werden, dass sich der Beklagte auf die vor dem an sich unzuständigen Gericht erhobenen Klage in der Verhandlung zur Hauptsache einlässt, ohne die Unzuständigkeit zu rügen. Voraussetzung ist aber, dass er nach § 504 ZPO über die Unzuständigkeit und die Bedeutung der rügelosen Einlassung belehrt worden ist. Eine rügelose Verhandlung im Gütetermin begründet keine rügelose Einlassung. Gem. § 54 Abs. 2 Satz 3 gilt § 39 Abs. 1 ZPO nicht in der Güteverhandlung.[131]

Sic-non Fälle

Die für die Bestimmung des Rechtswegs in den sog. sic-non Fällen entwickelten Grundsätze gelten auch für die örtliche Zuständigkeit. Sic-non fälle sind gegeben, wenn der Kläger behauptet Arbeitnehmer zu sein und seine Klage nur begründet sein kann, wenn das Gericht seine Arbeitnehmereigenschaft bejaht (z.B. bei Befristungskontrollklagen oder Kündigungsschutzklagen). Deshalb ist in diesen Fällen nicht nur der Rechtsweg zu den ArbG gegeben. Die Beurteilung der örtlichen Zuständigkeit richtet sich ebenso nach arbeitsrechtlichen Vorschriften, wobei die Arbeitnehmereigenschaft zu unterstellen ist. Die örtliche Zuständigkeit richtet sich deshalb auch nach dem gewöhnlichen Arbeitsort, § 48 Abs. 1a ArbGG.[132]

---

128 § 2 Abs. 1 Nr. 3a.
129 Z.T. § 2 Abs. 1 Nr. 3c.
130 § 40 Abs. 2 Satz 2 ZPO.
131 LAG Hamburg, 26.04.2000 – 1 Sha 1/00, LAGE § 36 ZPO Nr. 3.
132 ArbG Berlin, 20.01.2011 – 60 Ca 15938/10, LAGE § 48 ArbGG 1979 Nr. 19.

Sitz der juristischen Person

72 Eine juristische Person kann nach § 17 ZPO an ihrem Sitz – i.d.R. der Ort der Verwaltung – verklagt werden. Dasselbe gilt für die in § 17 Abs. 1 Satz 1 ZPO genannten Personenvereinigungen und sonstigen Vermögensmassen. Durch die Umwandlungspflicht der bergrechtlichen Gewerkschaften AG oder GmbH ist der Ort der Belegenheit des Bergwerkes überflüssig geworden.[133]

Unerlaubte Handlung

73 Für Klagen aus unerlaubten Handlungen ist das Gericht zuständig, in dessen Bezirk die unerlaubte Handlung begangen wurde.[134] Sowohl Handlungs- als auch Erfolgsort können Begehungsort *(Tatort)* sein. Begangen wird die Tat dort, wo eines der wesentlichen Tatbestandsmerkmale verwirklicht wurde.[135] Regelmäßig wird mit der unerlaubten Handlung auch eine arbeitsvertragliche Pflicht verletzt werden *(§ 280 BGB)*. Auch hierfür richtet sich dann der Gerichtsstand nach § 32 ZPO.

Wahlrecht nach § 35 ZPO

74 Der Kläger hat unter mehreren zuständigen Gerichtsständen gem. § 35 ZPO die Wahl. Dies gilt nicht im Verhältnis von ausschließlichen zu allgemeinen oder besonderen Gerichtsständen. Nur bei mehreren ausschließlichen Gerichtsständen besteht insoweit zwischen ihnen ein Wahlrecht. Die Ausübung der Wahl erfolgt durch Klageerhebung. Sie ist unwiderruflich und bindend.[136] Ein zuständiges Gericht darf nach Klageerhebung den Rechtsstreit daher nicht auch nicht auf Antrag des Klägers an ein anderes auch zuständiges Gericht verweisen.

Bei Anrufung eines unzuständigen Gerichts kann der Kläger sein Wahlrecht noch durch den Verweisungsantrag gem. § 281 Abs. 1 Satz 2 ZPO ausüben.

Widerklage

75 Die Widerklage allein begründet nach § 33 Abs. 1 ZPO nur die Zuständigkeit des an sich für den Widerklageanspruch unzuständigen Gerichts, wenn der Widerklageanspruch mit dem Klageanspruch oder mit den gegen ihn vorgebrachten Verteidigungsmitteln im Zusammenhang steht. Ansonsten ist die örtliche Zuständigkeit für die Widerklage gesondert zu prüfen.

Wohnsitz oder Aufenthalt bei natürlichen Personen

76 Für Klagen gegen sämtliche natürliche Personen ist das Gericht örtlich zuständig, bei dem diese Personen ihren allgemeinen – durch den Wohnsitz bestimmten – Gerichtsstand haben.[137] Bei wohnsitzlosen Personen ist der Aufenthaltsort und – wenn dieser unbekannt ist – der letzte Wohnsitz maßgeblich.[138]

VI. Verfahren für die Entscheidung über die örtliche Zuständigkeit

77 Auch für die örtliche Zuständigkeit gelten gem. § 48 Abs. 1 die §§ 17 bis 17b GVG und nicht mehr § 281 ZPO. Die Verweisung hat ebenso von Amts wegen ohne Antrag zu erfolgen. Bei Rüge des Beklagten hinsichtlich der örtlichen Zuständigkeit hat das ArbG nach § 17a Abs. 2 Satz 2 GVG vorab zu entscheiden. Der Beschluss ist nach § 17a Abs. 4 Satz 2 GVG zu begründen, wobei formelhafte Wendungen, wie die, es sei weder ein allgemeiner noch ein besonderer Gerichtsstand gegeben, keine Begründung darstellen. Eine solche nur formelhafte Begründung führt zur offensichtlichen

---

[133] Zöller/Vollkommer § 17 Rn 11.
[134] § 32 ZPO.
[135] Zöller/Vollkommer § 32 Rn 16.
[136] Zöller/Vollkommer § 35 Rn 2.
[137] §§ 12, 13 ZPO.
[138] § 16 ZPO.

Gesetzeswidrigkeit und damit zur fehlenden Bindungswirkung des Verweisungsbeschlusses, es sei denn, die Begründung ergibt sich aus der Akte.[139]

Eine ausschließlich mit der örtlichen Unzuständigkeit begründete Verweisung an ein anderes ArbG, hat keine Bindungswirkung für den Rechtsweg.[140]

78

§ 36 ZPO regelt die Festlegung des örtlich zuständigen Gerichts durch ein Bestimmungsverfahren. Die Vorschrift wird für andere Zuständigkeitsstreitigkeiten *(Rechtswegzuständigkeit)* entsprechend angewandt. Nach § 36 Abs. 1 Nr. 6 ZPO erfolgt die gerichtliche Bestimmung des zuständigen Gerichts, wenn sich zwei ArbG für unzuständig halten. Das zunächst angerufene Gericht verweist den Rechtsstreit an das von ihm für zuständig gehaltene Gericht, welches bei einem solchen negativen Kompetenzkonflikt die Vorlage an das nächsthöhere Gericht gem. § 36 Nr. 6 ZPO zu beschließen hat. Nächsthöheres Gericht ist bei einem Kompetenzstreit innerhalb eines Landesarbeitsgerichtsbezirks das zuständige LAG, bei bezirksüberschreitendem Konflikt das BAG. Eine Zurückverweisung ist nicht zulässig.[141]

Ein Anwendungsfall der Gerichtsstandsbestimmung i.S.v. § 36 Nr. 3 ZPO ergibt sich v.a. dann, wenn im Rahmen eines Betriebsübergangs Betriebsveräußerer und Betriebserwerber verschiedene allgemeine Gerichtsstände haben. Werden sie in demselben Rechtsstreit als Arbeitgeber verklagt, sind sie Streitgenossen. Dabei genügt die einfache Streitgenossenschaft.[142] Im Bestimmungsverfahren ist jedoch zu beachten, dass die Verweisung des zuerst angerufenen Gerichts i.d.R. bindend ist.[143]

Anhang zu § 2

Verordnung über die gerichtliche Zuständigkeit und die Anerkennung und Vollstreckung von Entscheidungen in Zivil- und Handelssachen (EuGVVO)

VERORDNUNG (EU) Nr. 1215/2012 DES EUROPÄISCHEN PARLAMENTS UND DES RATES (Brüssel Ia)

vom 12. Dezember 2012
(Amtsblatt Nr. L 351 vom 20.12.2012)
In Kraft getreten am 15.01.2015

– Auszug –

---

139 BAG, 03.11.1993 – 5 AS 20/93, NZA 1994, 479.
140 LAG Nürnberg, 21.05.2001 – 7 Ta 95/01, LAGE § 48 ArbGG 1979 Nr. 14.
141 LAG Nürnberg, 25.02.1995 – 1 Sa 1/95.
142 BAG, 25.04.1996 – 5 AS 1/96, NZA 1996, 1062.
143 BAG, 03.11.1993 – 5 AS 20/93, NZA 1994, 479.

Anhang zu § 2 ArbGG Auszug EuGVVO

Artikel 20 EuGVVO

(1) Bilden ein individueller Arbeitsvertrag oder Ansprüche aus einem individuellen Arbeitsvertrag den Gegenstand des Verfahrens, so bestimmt sich die Zuständigkeit unbeschadet des Artikels 6, des Artikels 7 Nummer 5 und, wenn die Klage gegen den Arbeitgeber erhoben wurde, des Artikels 8 Nummer 1 nach diesem Abschnitt.

(2) Hat der Arbeitgeber, mit dem der Arbeitnehmer einen individuellen Arbeitsvertrag geschlossen hat, im Hoheitsgebiet eines Mitgliedstaats keinen Wohnsitz, besitzt er aber in einem Mitgliedstaat eine Zweigniederlassung, Agentur oder sonstige Niederlassung, so wird er für Streitigkeiten aus ihrem Betrieb so behandelt, wie wenn er seinen Wohnsitz im Hoheitsgebiet dieses Mitgliedstaats hätte.

Übersicht

		Rdn.				Rdn.
I.	Allgemeines	1	IV.	Zweigniederlassung, Agentur oder sonstige Niederlassung		18
II.	Anwendungsbereich	2	V.	Gerichtsstandsvereinbarung		24
	1. Räumlicher Anwendungsbereich	4	VI.	Bindungswirkung		25
	2. Sachlicher Anwendungsbereich	6				
III.	Abschließende Zuständigkeit	16				

I. Allgemeines

1 Die EuGVVO ist seit ihrem Inkrafttreten am 1. März 2002 in allen ihren Teilen verbindlich und gilt unmittelbar in jedem Mitgliedstaat der Europäischen Union (Art. 249 Abs. 2 EG). Sie geht nationalem Recht im Rang vor. Soweit ihr nationale Bestimmungen widersprechen, werden sie durch die EuGVVO verdrängt.[1] Die internationale Zuständigkeit folgt grundsätzlich der örtlichen Zuständigkeit nach den §§ 12 ff. ZPO. Fällt ein Rechtsstreit nach den §§ 12 ff. ZPO in die örtliche Zuständigkeit eines deutschen Gerichts, ist die internationale Zuständigkeit regelmäßig indiziert und sind die deutschen Gerichte auch im Verhältnis zu einem ausländischen Gericht zuständig. Allerdings sind bei der Beurteilung der internationalen Zuständigkeit insbesondere die Regelungen der Verordnung (EG) Nr. 44/2001 des Rates vom 22. Dezember 2000 über die gerichtliche Zuständigkeit und die Anerkennung und Vollstreckung von Entscheidungen in Zivil- und Handelssachen (EuGVVO) zu beachten.[2] Die klagende Partei ist im Erkenntnisverfahren nach den allgemeinen Regeln für die Eröffnung der deutschen Gerichtsbarkeit darlegungspflichtig.[3]

II. Anwendungsbereich

2 Nach Art. 1 Abs. 1 EuGVVO ist diese sachlich anzuwenden, wenn es sich um eine zivilrechtliche Streitigkeit, wozu auch arbeitsrechtliche Streitigkeiten gehören, handelt.[4] Art. 20 Abs. 2 begründet die Anwendbarkeit des gesamten 5. Abschnitts. Dieser dient dem besonderen Schutzbedürfnis der Arbeitnehmer.

3 Dabei ist zwischen räumlichem und sachlichem Anwendungsbereich zu unterscheiden. Beide müssen vorliegen.

---

[1] BAG, 23.01.2008 – 5 AZR 60/07, AP ZPO § 38 Internationale Zuständigkeit Nr. 22 = EzA EG-Vertrag 1999 Verordnung 44/2001 Nr. 1; BAG 25.06.2013 – 3 AZR 138/11, EzA Verordnung 44/2001 EG-Vertrag 1999 Nr. 9.
[2] BAG 25.06.2013 – 3 AZR 138/11, EzA Verordnung 44/2001 EG-Vertrag 1999 Nr. 9.
[3] BAG 03.07.1996 – 2 AZR 513/95, EzA § 20 GVG Nr. 1.
[4] BAG 24.09.2009 – 8 AZR 306/08, EzA Verordnung 44/2001 EG-Vertrag 1999 Nr. 4.

1. Räumlicher Anwendungsbereich

Aus Art. 20 Abs. 2 folgt, dass die den Arbeitnehmer begünstigende Zuständigkeitsregelung nur Anwendung findet, wenn der Beklagte seinen Sitz oder Wohnsitz im räumlichen Anwendungsbereich der Verordnung hat. Diese Voraussetzung muss zum Zeitpunkt der Klageerhebung oder während des Rechtsstreits vorliegen. Dies folgt auch unmittelbar aus Art. 2 Abs. 1. Danach sind Personen mit Wohnsitz in einem Mitgliedstaat ohne Rücksicht auf ihre Staatsangehörigkeit vor den Gerichten dieses Mitgliedsstaats zu verklagen. Auf die Herkunft und den Wohnsitz des Klägers kommt es nicht an. Der Wohnsitz des Arbeitgebers bestimmt sich nach Art. 59 entsprechend dem jeweiligen nationalen Recht des angerufenen Gerichts. In der Bundesrepublik Deutschland sind zur Ermittlung des Wohnsitzes die §§ 7 ff. BGB anzuwenden. Gemäß Art. 60 Abs. 1 gilt als Wohnsitz von Gesellschaften und juristischen Personen der Ort, an dem sich der satzungsmäßige Sitz, die Hauptverwaltung oder die Hauptniederlassung befindet. Hat der beklagte Arbeitgeber keinen Wohnsitz oder Sitz im räumlichen Anwendungsbereich der Verordnung, findet sie keine Anwendung. Es gelten dann die allgemeinen Regelungen. Art. 20 Abs. 2 erweitert die Anwendung der Verordnung für den Abschnitt 5. auf Arbeitgeber, die zwar keinen Sitz oder Wohnsitz, aber eine Zweigniederlassung, Agentur oder sonstige Niederlassung im Hoheitsgebiet eines Mitgliedstats haben.

Für die Anwendung von Art. 22 und Art. 23 reicht es aus, dass eine der Parteien einen Wohnsitz in einem Mitgliedstaat hat.

2. Sachlicher Anwendungsbereich

Abschnitt 5. erfasst nur Streitigkeiten zwischen Arbeitgeber und Arbeitnehmer aus dem individuellen Arbeitsvertrag. Er gilt deshalb nicht für deliktische Ansprüche.[5]

Art. 20 Abs. 1 EuGVVO setzt voraus, dass zwischen den Parteien ein »individueller Arbeitsvertrag« geschlossen wurde. Dieser Begriff des »individuellen Arbeitsvertrags« ist nicht nach nationalen Kriterien zu bestimmen. Es handelt sich um einen Begriff der EuGVVO. Er ist deshalb unter Berücksichtigung von Art. 45 AEUV autonom auszulegen.[6] Die EuGVVO definiert selbst nicht den Begriff des Arbeitsvertrages. Deshalb ist der primär rechtliche Arbeitnehmerbegriff des Art. 48 EGV heranzuziehen.[7] Daneben kann die Begriffsbestimmung zu Art. 6 EVÜ als Auslegungshilfe herangezogen werden.[8] Der Arbeitsvertrag ist damit ein Vertrag, in dem sich eine Partei dazu verpflichtet, für eine gewisse Dauer gegen Vergütung Dienste für die andere Vertragspartei zu erbringen, wobei sie deren Weisungen untersteht und in deren betriebliche Organisation eingegliedert ist, keine eigene unternehmerische Entscheidungsfreiheit hat und kein eigenes unternehmerisches Risiko trägt.[9] Die Natur des Beschäftigungsverhältnisses nach nationalem Recht ist für die Arbeitnehmereigenschaft i.S.d. Union ohne Bedeutung.[10] Ob es sich bei einem Vertragsverhältnis um einen individuellen Arbeitsvertrag i.S.d. Art. 20 Abs. 1 EuGVVO handelt, beurteilt sich nach dem Inhalt der zwischen den Parteien getroffenen vertraglichen Vereinbarungen. Diese sind auszulegen. Die praktische Handhabung der Vertragsbeziehungen ist auch zu berücksichtigen, als sich daraus Rückschlüsse darauf ziehen lassen, von welchen Rechten und Pflichten die Vertragsparteien ausgegangen sind, was sie also wirklich bei Abschluss der Vereinbarung gewollt haben.[11]

---

5 Dieterich/Neef/Schwab AR-Blattei Arbeitsgerichtsbarkeit V – E Internationale Zuständigkeit 160.5.5 Rn 93.
6 BAG, 25.06.2013 – 3 AZR 138/11, EzA Verordnung 44/2001 EG-Vertrag 1999 Nr. 9.
7 Mankowski, BB 1997, 465, 467.
8 MünchKomm-Gottwald, ZPO Art. 5 EuGVÜ Rn 12.
9 EuGH, 09.07.2015 – C-229/14, EzA Richtlinie 98/59 EG-Vertrag 1999 Nr. 7; BAG 25.06.2013 – 3 AZR 138/11, EzA Verordnung 44/2001 EG-Vertrag 1999 Nr. 9.
10 EuGH, 09.07.2012 – C – 229/14, EzA Richtlinie 98/59 EG-Vertrag 1999 Nr. 7.
11 BAG, 18.01.2012 – 7 AZR 723/10, EzA § 1 AÜG Nr. 14.

8 Fraglich ist, ob arbeitnehmerähnliche Personen einzubeziehen sind.[12] Dagegen spricht das Fehlen einer entsprechenden Regelung in den Art. 20 ff. Dafür lässt sich eine vergleichbare Schutzbedürftigkeit arbeitnehmerähnlicher Personen anführen. Praktisch dürfte diese Problematik nicht werden. Für arbeitnehmerähnliche Personen gilt zumindest auch Art. 7 Nr. 1b 2. Alternative EuGVVO. Danach ist für den Gerichtsstand des Erfüllungsorts bei der Erbringung von Dienstleistungen der Ort in einem Mitgliedstaat maßgeblich, an dem die Dienstleistung nach dem Vertrag erbracht worden ist oder hätte erbracht werden müssen. Das wäre für die arbeitnehmerähnliche Person der Ort der Arbeitsleistung. Damit ist dem Schutzbedürfnis dieser Personengruppe ausreichend Rechnung getragen.

9 Abzugrenzen ist danach, ob die streitigen Ansprüche aus dem individuellen Arbeitsverhältnis herrühren, oder aus einem anderen Rechtsverhältnis entstanden sind. Vertragliche Schadensersatzansprüche unterliegen deshalb Art. 20. Folgt ein deliktischer Schadensersatzanspruch, etwa bei einem Diebstahl des Arbeitnehmers, allerdings nur bei Gelegenheit des Arbeitsverhältnisses, findet Art. 20 keine Anwendung. Aus dem individuellen Arbeitsvertrag im Sinne des Art. 18 folgen auch vorvertragliche und nachvertragliche Ansprüche. Art. 20 gilt auch für faktische Arbeitsverhältnisse. Hierfür spricht schon die Parallele zu Art. 7 EuGVVO, der nach herrschender Meinung auch faktische Arbeitsverhältnisse erfasst.[13] Nach zutreffender Auffassung können sich auch Rechtsnachfolger des Arbeitnehmers, etwa die Erben, auf die Zuständigkeitsregelungen der Art. 18 bis 21 berufen.[14]

10 Die klagende Partei ist im Erkenntnisverfahren nach den allgemeinen Regeln für die Eröffnung der deutschen Gerichtsbarkeit darlegungspflichtig.

11 Bei grenzüberschreitenden Insolvenzen steht Art. 1 Abs. 2 Buchst. b EuGVVO der Anwendbarkeit der EuGVVO nicht entgegen. Diese Bereichsausnahme erfasst nur Klagen, die unmittelbar aus dem Insolvenzverfahren hervorgehen und mit ihm in einem engen Zusammenhang stehen. Solche Klagen werden durch Art. 3 EuInsVO der internationalen Zuständigkeit der Gerichte des Staats der Verfahrenseröffnung zugeordnet. Zu diesen Annexverfahren zählen Klagen gegen Kündigungen, die ein Insolvenzverwalter i.S.d. EuInsVO in Deutschland nach deutschem Recht erklärt hat, auch dann nicht, wenn sie auf der Grundlage eines Interessenausgleichs mit Namensliste nach § 125 InsO und mit der kurzen Frist des § 113 InsO erfolgt sind. Für solche Verfahren bestimmt sich die internationale Zuständigkeit nach der EuGVVO und nicht nach der EuInsVO.[15]

12 Aus der Hervorhebung, dass die Ansprüche aus dem individuellen Arbeitsvertrag herrühren müssen, folgt, dass kollektivrechtliche Streitigkeiten nicht einzubeziehen sind. Die Art. 18 ff. gelten daher nicht für Streitigkeiten zwischen Parteien eines Tarifvertrages oder zwischen Arbeitgeber und Arbeitnehmervertretungen (insbesondere Betriebsräten). Klagt dagegen ein Arbeitnehmer gegen seinen Arbeitgeber tarifliche Ansprüche oder Ansprüche aus einer Betriebsvereinbarung ein, handelt es sich um eine Streitigkeit aus dem individuellen Arbeitsvertrag.

13 Nach § 20 Abs. 2 GVG i.V.m. dem Allgemeinen Völkergewohnheitsrecht als Bestandteil des Bundesrechts (Art. 25 GG) sind Staaten der Gerichtsbarkeit anderer Staaten insoweit nicht unterworfen, wie ihre hoheitliche Tätigkeit betroffen ist. Es ist mit dem Prinzip der souveränen Gleichheit von Staaten und dem daraus abgeleiteten Rechtsprinzip, nicht zu vereinbaren, dass ein deutsches Gericht hoheitliches Handeln eines anderen Staates rechtlich überprüft. Andernfalls könnte die rechtliche Prüfung durch die inländischen Gerichte eine Beurteilung des hoheitlichen Handelns erfordern mit der Folge, dass die ungehinderte Erfüllung der Aufgaben der Botschaft oder des Konsulats des anderen Staates beeinträchtigt wäre. Demgegenüber besteht keine allgemeine Regel des Völkerrechts, welche die inländische Gerichtsbarkeit für Klagen gegen einen ausländischen Staat

---

12 Vgl. Däubler, NZA 2003, 1297, 1302.
13 Rauscher-Mankowski, Europäisches Zivilprozessrecht 2006, Art. 18 Brüssel-I-VO Rn 6.
14 Rauscher-Mankowski, Europäisches Zivilprozessrecht 2006, Art. 19 Brüssel-I-VO Rn 22.
15 BAG, 20.09.2012 – 6 AZR 253/11, EzA § 125 InsO Nr. 8.

ausschlösse, in denen seine nicht-hoheitliche Betätigung zur Beurteilung steht.[16] Es ist deshalb maßgebend, ob die dem Arbeitnehmer übertragenen Aufgaben hoheitlich oder nicht-hoheitlich sind.[17] Mangels völkerrechtlicher Unterscheidungsmerkmale ist diese Abgrenzung grundsätzlich nach dem Recht am Sitz des entscheidenden Gerichts vorzunehmen. Ungeachtet seiner ist stets hoheitlich nur das staatliche Handeln, das dem Kernbereich der Staatsgewalt zuzurechnen ist. Zu ihm gehören die Betätigung der auswärtigen und militärischen Gewalt, die Gesetzgebung, die Ausübung der Polizeigewalt und die Rechtspflege.[18]

Nach § 20 Abs. 2 GVG erstreckt sich die deutsche Gerichtsbarkeit nicht auf zwischenstaatliche Organisationen, soweit sie nach den allgemeinen Regeln des Völkerrechts, aufgrund völkerrechtlicher Vereinbarungen oder sonstiger Rechtsvorschriften von ihr befreit sind. Die Befreiung einer internationalen Organisation und ihrer Untergliederungen von der nationalen Gerichtsbarkeit des Sitzstaates wird regelmäßig im Rahmen der Gründungsabkommen oder gesonderter Privilegienabkommen geregelt.[19] 14

Nach § 20 Abs. 1 GVG sind Repräsentanten anderer Staaten und ihre Begleitung als exterritorial von der deutschen Gerichtsbarkeit ausgenommen. Repräsentanten sind etwa Personen, die aufgrund ihrer staatsrechtlichen Stellung innerhalb des anderen Staats zur Vertretung desselben berechtigt sind. Dazu gehören Ministerpräsidenten, Kanzler und sonstige Regierungschefs sowie die übrigen Regierungsmitglieder. Sie müssen aufgrund einer amtlichen Einladung in Deutschland sein.[20] 15

III. Abschließende Zuständigkeit

Der Verordnungsgeber hat eine besondere Schutzbedürftigkeit des Arbeitnehmers angenommen. Deshalb hat er für Streitigkeiten im Zusammenhang mit Arbeitsverhältnissen in den Art. 18 ff. abschließende Zuständigkeitsregelungen getroffen. Diese verdrängen die allgemeinen Zuständigkeitsanordnungen der Art. 2 ff., es sei denn die Art. 18 ff. verweisen ausdrücklich auf einzelne Normen, wie z.B. Auf Art. 4 und auf Art. 5 Nummer 5. Die Art. 18 ff sind gegenüber den ausschließlichen Gerichtsständen des Art. 22 subsidiär. Art. 24 bleibt daneben bestehen. Diese Regelung begründet die Zuständigkeit, wenn sich der Beklagte auf das Verfahren einlässt, ohne die internationale Unzuständigkeit zu rügen. Aus dem in Art. 18 verfolgten Ziel ergibt sich, dass die Rüge der fehlenden Zuständigkeit, soweit sie nicht vor jedem Vortrag zur Hauptsache vorgebracht wird, nicht mehr nach Abgabe derjenigen Stellungnahme erhoben werden kann, die nach dem innerstaatlichen Prozessrecht als erste Vorbringen vor dem angerufenen Gericht anzusehen ist.[21] Wegen der abschließenden Regelung im 5. Abschnitt kann auch die besondere Zuständigkeitsvorschrift in Artikel 6 Nr. 1 der Verordnung Nr. 44/2001 über die gerichtliche Zuständigkeit und die Anerkennung und Vollstreckung von Entscheidungen in Zivil- und Handelssachen nicht auf einen Rechtsstreit angewandt werden, der unter die Zuständigkeitsvorschriften des Kapitels II Abschnitt 5 der Verordnung fällt.[22] Daneben können die Parteien weiterhin nach Art. 23 Vereinbarungen über die internationale Zuständigkeit und die örtliche Zuständigkeit treffen. Außerhalb des Geltungsbereichs der EuGVVO richtet sich die internationale Zuständigkeit nach den Regeln über die örtliche Zuständigkeit.[23] 16

Art. 18 ff. begründen keinen Aktivgerichtsstand des Arbeitgebers. Der klagende Arbeitgeber kann sich deshalb nicht auf Art. 18 Abs. 2 berufen. Er kann den Arbeitnehmer an seiner Zweignieder- 17

---

16 BAG, 18.12.2014 – 2 AZR 1004/13, NZA-RR 2015, 546.
17 Zum Fahrer einer Botschaft vgl. BAG, 10.04.2014 – 2 AZR 741/13, EzA Art. 30 EGBGB Nr. 11.
18 Zu Lehrern an staatlichen Schulen BAG, 25.04.2013 – 2 AZR 960/11, EzA § 20 GVG Nr. 8.
19 Vgl. zur Europäischen Schule BAG, 24.04.2013 – 7 AZR 930/11 (A), EzA § 20 GVG Nr. 9.
20 Zu Sozialkassenverfahren bei ausländischem Bauunternehmen BAG, 15.02.2011 – 10 AZR 711/10, EzA Verordnung 44/2001 EG-Vertrag 1999 Nr. 5.
21 EuGH, 24.06.1981 – 150/80, EuGH 1981, 1671.
22 EuGH, 22.05.2008 – C-462/06.
23 LAG Berlin-Brandenburg, 09.12.2011 – 6 Sa 1422/11, BB 2012, Zitat 180.

lassung nur dann verklagen, wenn dieser in seiner Eigenschaft als Arbeitnehmer eine Niederlassung oder Agentur betreibt (Art. 5 Nr. 5).[24] Dies dürfte ein absoluter Ausnahmefall sein.

IV. Zweigniederlassung, Agentur oder sonstige Niederlassung

18 Art. 20 Abs. 2 EuGVVO erweitert den räumlichen Geltungsbereich der Bestimmung der internationalen Zuständigkeit. Danach wird ein Arbeitgeber mit dem ein Arbeitnehmer einen individuellen Arbeitsvertrag geschlossen hat und der im Hoheitsgebiet eines Mitgliedstaates der EG keinen Wohnsitz hat, aber in einem Mitgliedstaat eine Zweigniederlassung, Agentur oder sonstige Niederlassung besitzt für Streitigkeiten aus seinem Betrieb so behandelt, wie wenn er einen Wohnsitz im Hoheitsgebiet dieses Mitgliedsstaates hätte. Folglich kann der nicht in einem Mitgliedstaat ansässige Arbeitgeber in dem Mitgliedstaat verklagt werden, in dem er seine Niederlassung hat, sofern Streitigkeiten aus ihrem Betrieb vorliegen.[25]

19 Voraussetzung für die Anwendung des Art. 20 Abs. 2 dürfte deshalb sein, dass der Arbeitgeber seinen Wohnsitz in einem Drittstaat hat.[26] Ist dies nicht der Fall, muss der Arbeitgeber zum Zeitpunkt der Anhängigkeit der Klage in einem Mitgliedstaat eine Zweigniederlassung, Agentur oder sonstige Niederlassung besitzen. Weiterhin muss sich die Streitigkeit aus dem Betrieb (»ihrem Betrieb«) ergeben.

20 Der Niederlassungsbegriff wird in Art. 20 Abs. 2 sowie in Art. 5 Ziff. 5 verwendet. Eine Niederlassung ist jede auf Dauer angelegte arbeitsorganisatorische Einheit eines Unternehmens. Sie muss keine eigene Rechtspersönlichkeit besitzen. Es können nicht nur Tochtergesellschaften und Zweigstellen, sondern auch andere Einheiten wie etwa die Büros eines Unternehmens eine Niederlassung sein. Abzustellen ist dabei auf die Niederlassung, die den Arbeitnehmer eingestellt hat.[27] In diesem Sinne ist mit den Begriffen Zweigniederlassung, Agentur oder sonstige Niederlassung »ein Mittelpunkt geschäftlicher Tätigkeit gemeint, der auf Dauer als Außenstelle eines Stammhauses hervortritt, eine Geschäftsführung hat und sachlich so ausgestaltet ist, dass er in der Weise Geschäfte mit Dritten betreiben kann, dass diese, obgleich sie wissen, dass möglicherweise ein Rechtsverhältnis mit dem im Ausland ansässigen Stammhaus begründet wird, sich nicht unmittelbar an dieses zuwenden brauchen, sondern Geschäfte an dem Mittelpunkt geschäftlicher Tätigkeit abschließen können, der dessen Außenstelle ist«.[28] Die Aufsicht und Leitung der Niederlassung muss deshalb einem Stammhaus unterliegen.[29] Dabei kommt es allein auf die unternehmensexterne Perspektive eines objektiven Beobachters an. Dieser muss davon ausgehen können, dass eine Verbindung zwischen Niederlassung und Stammhaus besteht. Es kommt darauf an, ob der objektive Anschein erweckt wird, dass es sich um eine Niederlassung einer anderen Gesellschaft handelt. Allein dies ist maßgebend, selbst wenn die Niederlassung gesellschaftsrechtlich eigenständig ist.[30] Merkmal der Niederlassung ist auch dessen Unselbstständigkeit vom Stammsitz. Auch insoweit kommt es auf die Perspektive eines objektiven Beobachters an. Indiz für eine Niederlassung ist die Angabe der Adresse auf Briefbögen oder der Unterhalt eines Büros, welches dem Besucherverkehr geöffnet ist.[31]

21 Eine Niederlassung liegt nur vor, wenn die Geschäftstätigkeit eine gewisse Dauer und Beständigkeit aufweist. Dazu dürfte eine dauerhafte räumliche und gegenständliche Ausstattung notwendig sein. Die Botschaft eines ausländischen Staates stellt eine »Niederlassung« i.S.v. Art. 20 Abs. 2 EuGVVO

---

24 Geimer/Schütze Europäisches Zivilverfahrensrecht, Art. 18 Rn 26.
25 BAG, 25.06.2013 – 3 AZR 138/11, EzA Verordnung 44/2001 EG-Vertrag 1999 Nr. 9.
26 LAG Rheinland-Pfalz, 29.10.2010 – 6 Sa 310/10.
27 BAG, 19.03.2014 – 5 AZR 252/12 (B), EzA § 305c BGB 2002 Nr. 25.
28 EuGH, 22.11.1978 – C-33/78; BAG, 25.06.2013 – 3 AZR 138/11, EzA Verordnung 44/2001 EG-Vertrag 1999 Nr. 9.
29 EuGH, 06.10.1976 – C-12/76, NJW 1977, 490.
30 EuGH, 09.12.1987 – C-218/86.
31 EuGH, 22.11.1978 – C-33/78, RIW 1979, 56.

dar, wenn die Aufgaben der Arbeitnehmer, mit denen sie Arbeitsverträge geschlossen hat, zur wirtschaftlichen Betätigung der Botschaft im Empfangsstaat gehören.[32]

Weiterhin ist es erforderlich, dass von der Niederlassung aus eine gewisse Geschäftstätigkeit ausgeübt wird. Überwiegend wird angenommen, eine Niederlassung im Sinne des Art. 18 Abs. 2 liege nur vor, wenn der Arbeitnehmer dort organisatorisch eingegliedert ist.[33] Diese Auffassung dürfte richtig sein. Der Schutzzweck gebietet es nicht, dass der Arbeitnehmer den Arbeitgeber an jeder Niederlassung verklagen kann. 22

Da Art. 18 Abs. 2 nur für Streitigkeiten »aus dem Betrieb der Niederlassung« gilt, wird der Anwendungsbereich des 5. Abschnitts nur für solche Arbeitnehmer erweitert, die im Zusammenhang mit ihrer Arbeitstätigkeit auch mit der betreffenden Niederlassung in Berührung kommen. Die Klage muss einen Bezug zu der Niederlassung aufweisen.[34] Eine niederlassungsbezogene Streitigkeit ist deshalb dann gegeben, wenn der Arbeitnehmer bei dieser Niederlassung beschäftigt ist oder aber von dort Weisungen erhält.[35] Dies erfordert, dass der Rechtsstreit entweder Handlungen betrifft, die sich auf den Betrieb der Niederlassung beziehen, oder Verpflichtungen, die diese im Namen des Stammhauses eingegangen ist. Eine Rechtsstreitigkeit bezieht sich dann auf den Betrieb der Niederlassung, wenn Gegenstand derselben vertragliche oder außervertragliche Rechte und Pflichten in Bezug auf die eigentliche Führung der Niederlassung sind. Hierzu gehören auch Rechtsstreitigkeiten, die Rechte und Pflichten im Zusammenhang mit der vor Ort vorgenommenen Einstellung des in der Niederlassung beschäftigten Personals betreffen.[36] 23

V. Gerichtsstandsvereinbarung

Art. 25 Abs. 1 Satz 1 EuGVVO eröffnet den Parteien grundsätzlich die Möglichkeit zu vereinbaren, dass ein Gericht über eine künftige aus einem bestimmten Rechtsverhältnis entspringende Rechtsstreitigkeit entscheiden soll. Eine solche Gerichtsstandsvereinbarung hat keine Wirkung, wenn sie gegen Schutzvorschriften, wie etwa die Regelungen zum Arbeitnehmerschutz in Abschnitt 5 der EuGVVO verstößt (Art 25 Abs. 5 EuGVVO).[37] Sie muss nach Entstehung der Streitigkeit getroffen werden. Ist eine solche Gerichtsstandsvereinbarung getroffen worden, besteht eine gesetzliche Vermutung nach Art. 25 Abs. 1 Satz 2 EuGVVO (»wenn nicht ...«) dafür, dass das Gericht des Auftraggebers »ausschließlich« zuständig sein soll. Diese Vermutung kann im Prozess entkräftet werden.[38] 24

VI. Bindungswirkung

Kommt das Arbeitsgericht in den Gründen seines positiven Rechtswegbeschlusses nach § 17a Abs. GVG als Vorfrage für die Prüfung der Rechtswegzuständigkeit zu dem Ergebnis, dass der Rechtsstreit der deutschen Gerichtsbarkeit unterfällt, erwächst daraus keine Bindungswirkung. § 17a Abs. 3 GVG und damit auch die daraus erwachsende Bindungswirkung betrifft ausschließlich die Frage, ob der beschrittene Rechtsweg zulässig ist. Eine Bindungswirkung zu der Frage ob der Rechtsstreit überhaupt der deutschen Gerichtsbarkeit unterliegt, tritt nicht ein. Hierüber könnte nur im Wege eines Zwischenurteils gemäß § 280 ZPO entschieden werden, nicht aber durch Beschluss nach § 17a GVG. 25

---

32 BAG, 18.12.2014 – 2 AZR 1004/13, NZA-RR 2015, 546.
33 Gamillscheg ZfA 1983, 307, 334.
34 BAG, 01.07.2010 – 2 AZR 270/09, NZA 2008, 724.
35 Däubler NZA 2003, 1297, 1298.
36 BAG, 25.06.2013 – 3 AZR 138/11, EzA Verordnung 44/2001 EG-Vertrag 1999 Nr. 9.
37 EuGH, 20.01.2005 – C-464/01, NJW 2005, 653.
38 OLG Hamburg, 14.04.2004 – 13 U 76/03, NJW 2004, 3126.

Anhang zu § 2 ArbGG   Auszug EuGVVO

Artikel 21 EuGVVO

(1) Ein Arbeitgeber, der seinen Wohnsitz im Hoheitsgebiet eines Mitgliedstaats hat, kann verklagt werden:
a) vor den Gerichten des Mitgliedstaats, in dem er seinen Wohnsitz hat, oder
b) in einem anderen Mitgliedstaat
   i) vor dem Gericht des Ortes, an dem oder von dem aus der Arbeitnehmer gewöhnlich seine Arbeit verrichtet oder zuletzt gewöhnlich verrichtet hat, oder
   ii) wenn der Arbeitnehmer seine Arbeit gewöhnlich nicht in ein und demselben Staat verrichtet oder verrichtet hat, vor dem Gericht des Ortes, an dem sich die Niederlassung, die den Arbeitnehmer eingestellt hat, befindet oder befand.

(2) Ein Arbeitgeber, der seinen Wohnsitz nicht im Hoheitsgebiet eines Mitgliedstaats hat, kann vor dem Gericht eines Mitgliedstaats gemäß Absatz 1 Buchstabe b verklagt werden.

Übersicht

	Rdn.		Rdn.
I. Anwendungsbereich................	1	2. Gerichtsstand des gewöhnlichen Arbeitsorts nach Nr. 2a...........	4
II. Verschiedene Gerichtsstände.........	2	3. Einstellende Niederlassung nach Nr. 2b.......................	10
1. Allgemeiner Gerichtsstand........	3		

I. Anwendungsbereich

1   Art. 18 Abs. 1 verweist auf den gesamten 5. Abschnitt. Deshalb gilt Art. 19 auch, soweit Art. 18 eine Zuständigkeit begründet. Art. 19 regelt die Zuständigkeit in den Fällen, in denen der Arbeitgeber verklagt wird. Da in arbeitsrechtlichen Streitigkeiten meistens der Arbeitnehmer den Arbeitgeber verklagt, ist Art. 19 für die Praxis von besonderer Bedeutung. Deshalb ist der Wortlaut des Art. 19 missverständlich, soweit er voraussetzt, dass der Arbeitgeber seinen Wohnsitz im Hoheitsgebiet eines Mitgliedstaats hat. Art. 18 Abs. 2 hat die Bedeutung einer Erweiterung der Zuständigkeitsregelung des Art. 19. Danach reicht es aus, dass der Arbeitgeber in einem Mitgliedstaat eine Zweigniederlassung, Agentur oder sonstige Niederlassung betreibt. Der Niederlassungsgerichtsstand findet aber nur Anwendung, wenn der Arbeitgeber seinen Wohnsitz nicht im Hoheitsgebiet eines Mitgliedstaats hat.[1]

II. Verschiedene Gerichtsstände

2   Art. 19 Nr. 1 bestimmt allein die internationale Zuständigkeit. Die örtliche Zuständigkeit regelt sich nach dem jeweiligen nationalen Prozessrecht. Anders ist es bei Art. 19 Nr. 2. Aus der Formulierung »vor dem Gericht des Ortes« folgt, dass dort die örtliche Zuständigkeit neben der internationalen Zuständigkeit geregelt ist. Das nationale Recht findet dann keine Anwendung. Der Arbeitnehmer hat das Wahlrecht, ob er den Arbeitgeber an dessen allgemeinem Gerichtsstand gemäß Nr. 1 oder den Gerichtsständen der Nr. 2 verklagt.

1. Allgemeiner Gerichtsstand

3   Der Arbeitgeber kann an seinem Wohnsitz bzw. Sitz verklagt werden. Da Art. 18 Abs. 3 den Gerichtsstand insoweit auch auf die Zweigniederlassung, Agentur oder sonstige Niederlassung erweitert, gilt dies auch für den allgemeinen Gerichtsstand. Art. 18 Abs. 2 stellt diese räumliche Betriebstätigkeit des Arbeitgebers dem Wohnsitz bzw. Sitz gleich.

2. Gerichtsstand des gewöhnlichen Arbeitsorts nach Nr. 2a

4   Danach kann der Arbeitnehmer den Arbeitgeber in einem anderen Mitgliedstaat vor dem Gericht des Ortes verklagen, an dem er seine Arbeit gewöhnlich verrichtet oder zuletzt gewöhnlich ver-

---

[1] Bosse, Probleme des europäischen Internationalen Arbeitsprozessrechts, 2006, 159.

richtet hat. Anders als beim allgemeinen Gerichtsstand kann der Arbeitgeber deshalb auch außerhalb seines Wohnsitzstaates verklagt werden. Der Arbeitnehmer soll als sozial schwächere Partei die Möglichkeit haben, mit dem geringsten Kostenaufwand Rechtsschutz in Anspruch nehmen zu können.[2] Voraussetzung ist zunächst, dass der gewöhnliche Arbeitsort des klagenden Arbeitnehmers in einem Mitgliedstaat liegt.

Für die Bestimmung des nach Art. 21 Nr. 1 Buchst. i EuGVVO maßgebenden Ortes, »an dem der Arbeitnehmer gewöhnlich seine Arbeit verrichtet«, ist auf das Verständnis des identischen Begriffs in Art. 5 Nr. 1 des Brüsseler Übereinkommens zurückzugreifen. Für dieses Verständnis wiederum ist das Ziel der Regelung zu berücksichtigen, dem Arbeitnehmer als der schwächeren Vertragspartei einen angemessenen Schutz zu gewährleisten. Ein solcher Schutz ist größer, wenn Streitigkeiten aus einem Arbeitsvertrag in die Zuständigkeit der Gerichte des Ortes fallen, an dem der Arbeitnehmer seine Verpflichtungen gegenüber dem Arbeitgeber faktisch erfüllt. An diesem Ort kann sich der Arbeitnehmer mit dem geringsten Kostenaufwand aktiv an die Gerichte wenden oder sich vor ihnen als Beklagter zur Wehr setzen. 5

Unter dem Ort, an dem der Arbeitnehmer gewöhnlich seine Arbeit verrichtet, ist der Ort zu verstehen, an dem er die mit seinem Arbeitgeber vereinbarten Tätigkeiten tatsächlich ausübt. Erfüllt er die Verpflichtungen aus seinem Arbeitsvertrag in mehreren Mitgliedstaaten, ist dies der Ort, an dem oder von dem aus er unter Berücksichtigung aller Umstände des Einzelfalls den wesentlichen Teil seiner Verpflichtungen gegenüber seinem Arbeitgeber tatsächlich erfüllt.[3] 6

Hierzu muss der Arbeitnehmer an diesem Ort den größten Teil seiner Arbeitszeit geleistet haben. Dabei ist grundsätzlich auf die gesamte Dauer des Arbeitsverhältnisses abzustellen.[4] Insbesondere dann, wenn der Arbeitnehmer über ein Büro verfügt, von dem aus er seine Arbeitstätigkeit organisiert, bildet dies den Mittelpunkt seiner Tätigkeit.[5] Diese Rechtsprechung ist insbesondere für Außendienstmitarbeiter relevant. 7

Ergeben sich nach diesen Grundsätzen verschiedene gewöhnliche Arbeitsorte des Arbeitnehmers in unterschiedlichen Staaten, bleibt nur die Möglichkeit, auf den Schwerpunkt der geschuldeten Arbeitsleistung abzustellen.[6] Dasselbe gilt für den Fall, wenn der Arbeitnehmer an mehreren unterschiedlichen Arbeitsorten innerhalb verschiedener Mitgliedsstaaten tätig war. Der Schwerpunkt kann sich aus zeitlichen Aspekten aber auch aus anderen Umständen ergeben. 8

Fraglich ist, ob es für das zeitliche Moment (wesentlicher Teil seiner Verpflichtungen) notwendig ist, dass der Arbeitnehmer an diesem Arbeitsort mehr als 50 % oder zumindest 60 % seiner Arbeitszeit tätig sein muss, damit der notwendige Zeitanteil erreicht ist. Diese Frage kann sich stellen, wenn es mehrere Arbeitsorte gibt, die jede für sich nicht zeitlich überwiegen. Der EuGH verlangt, dass es sich um einen Ort handeln muss, mit dem der Rechtsstreit die engste Verknüpfung aufweist.[7] Unabhängig vom zeitlichen Anteil kann sich eine solche engere Verknüpfung auch daraus ergeben, dass die wesentlichen Verpflichtungen aus dem Arbeitsvertrag an diesem Ort erfüllt wurden.[8] Lässt sich kein hauptsächlicher Arbeitsort des Arbeitnehmers feststellen, etwa weil sämtliche verschiedenen Arbeitsorte gleichwertig sind, kann Art. 21 Nr. 2a keine internationale Zuständigkeit begründen. Diese richtet sich dann nach Art. 21 Nr. 2b. 9

---

2 BAG, 29.05.2002 – 5 AZR 141/01, NJW 2002, 1108 zur vergleichbaren Regelung in Art. 5 Nr. 1 des Lugano-Übereinkommens über die gerichtliche Zuständigkeit und die Vollstreckung gerichtlicher Entscheidungen in Zivil- und Handelssachen.
3 BAG, 20.12.2012 – 2 AZR 481/11, EzA Verordnung 44/2001 EG-Vertrag 1999 Nr. 8.
4 EuGH, 27.02.2002 – C-37/00, NJW 2002, 459.
5 EuGH, 09.01.1997 – C-383/96, BB 1998, 260 = NZA 1997, 225.
6 EuGH, 13.07.1993 – C-125/92.
7 Zur Zuständigkeit bei Flugpersonal vgl. BAG, 20.12.2012 – 2 AZR 481/11, EzA Verordnung 44/2001 EG-Vertrag 1999 Nr. 8.
8 EuGH, 09.01.1997 – C-383/95.

3. Einstellende Niederlassung nach Nr. 2b

10 Der Gerichtsstand der einstellende Niederlassung nach Art. 21 Nr. 2b kommt nur in Betracht, wenn ein gewöhnlicher Arbeitsort des Arbeitnehmers im Sinne des Art. 21 Nr. 2a nicht festgestellt werden kann. Die beiden Gerichtsstände schließen sich gegenseitig aus. Der klagende Arbeitnehmer kann aber zwischen dem allgemeinen Wohngerichts stand nach Art. 21 Nr. 1. Und Art. 21 Nr. 2b wählen.[9]

11 Der Gerichtsstand der einstellenden Niederlassung ist an dem Ort gegeben, an dem sich die Niederlassung, die den Arbeitnehmer eingestellt hat, befindet oder befand. Aus der Hervorhebung »befand« folgt, dass dieser Ort auch dann die Zuständigkeit begründet, wenn dort zum Zeitpunkt der Klageerhebung überhaupt keine Niederlassung mehr besteht. Maßgeblich ist insoweit der Zeitpunkt der Einstellung. Wird die einstellende Niederlassung allerdings verlegt, ist der letzte neue Ort entscheidend (»befindet«).[10]

12 Fraglich ist, was unter dem Begriff der Einstellung zu verstehen ist. Eine Auffassung orientiert sich am Wortlaut. Danach ist unter Einstellung nur der formale Vertragsschluss zu verstehen. Die Eingliederung reiche nicht aus.[11] Eine andere Auffassung hält die organisatorische Eingliederung des Arbeitnehmers während des Arbeitsverhältnisses für maßgeblich.[12] Es spricht einiges dafür, auf den Ort der Eingliederung des Arbeitnehmers abzustellen. Nur diese Auslegung berücksichtigt den Schutzzweck des 5. Abschnitts. Der Ort des Vertragsschlusses kann zufällig sein und unterliegt Manipulationsmöglichkeiten des Arbeitgebers. Zudem ist die räumliche Nähe des Arbeitnehmers eher zu dem Ort der Eingliederung seiner Arbeitsleistung gegeben, als zu dem Ort des Vertragsschlusses.

Artikel 22 EuGVVO

(1) Die Klage des Arbeitgebers kann nur vor den Gerichten des Mitgliedstaats erhoben werden, in dessen Hoheitsgebiet der Arbeitnehmer seinen Wohnsitz hat.

(2) Die Vorschriften dieses Abschnitts lassen das Recht unberührt, eine Widerklage vor dem Gericht zu erheben, bei dem die Klage selbst gemäß den Bestimmungen dieses Abschnitts anhängig ist.

Übersicht	Rdn.		Rdn.
I. Wohnsitz des Arbeitnehmers	1	II. Widerklage	2

I. Wohnsitz des Arbeitnehmers

1 Art. 22 regelt die Zuständigkeit für Klagen des Arbeitgebers gegen den Arbeitnehmer. Maßgeblich ist dabei allein der Wohnsitz des beklagten Arbeitnehmers. Ein Wahlrecht hat der Arbeitgeber nicht. Die anderen Gerichtsstände sind dem Arbeitgeber damit nicht eröffnet. So kann er den Arbeitnehmer auch nicht am gewöhnlichen Arbeitsort verklagen.

II. Widerklage

2 Art. 22 Abs. 2 durchbricht die ausschließliche Zuständigkeit nach Abs. 1 für Klagen gegen den Arbeitnehmer. Ist der Arbeitgeber bereits von seinem Arbeitnehmer verklagt worden, darf er nach

---

9 Müller, Die internationale Zuständigkeit deutscher Arbeitsgerichte und das auf den Arbeitsvertrag anwendbare Recht, 2004, 78.
10 Müller, Die internationale Zuständigkeit deutscher Arbeitsgerichte und das auf den Arbeitsvertrag anwendbare Recht, 2004, 80.
11 LAG Hessen, 16.11.1999 – 4 Sa 463/99, NZA-RR 2000, 401.
12 Gamillscheg ZfA 1983, 307, 334.

Abs. 2 auch vor diesem Gericht eine Widerklage erheben. Diese Regelung trägt dem Umstand Rechnung, dass der Arbeitnehmer, der bereits einen Gerichtsstand gewählt hat, für die Widerklage nicht mehr gesondert schutzbedürftig ist. Zudem dient sie der Prozesswirtschaftlichkeit und Verfahrensbeschleunigung. Nach Art. 6 Nr. 3 muss sich die Widerklage auf denselben Vertrag oder Sachverhalt wie die Klage stützen.

Artikel 23 EuGVVO

Von den Vorschriften dieses Abschnitts kann im Wege der Vereinbarung nur abgewichen werden,
1. wenn die Vereinbarung nach der Entstehung der Streitigkeit getroffen wird oder
2. wenn sie dem Arbeitnehmer die Befugnis einräumt, andere als die in diesem Abschnitt angeführten Gerichte anzurufen.

Übersicht	Rdn.		Rdn.
I. Gerichtsstandsvereinbarungen	1	III. Vertragliche Vereinbarung über erweitertes Wahlrecht des Arbeitnehmers nach Nr. 2	4
II. Verbot von Vereinbarungen vor Entstehen der Streitigkeit	2	IV. Formerfordernisse	5

I. Gerichtsstandsvereinbarungen

Art. 23 räumt den Parteien das Recht ein, einen normativ nicht bestehenden Gerichtsstand zu vereinbaren. Durch die Nr. 1 und 2 wird der Arbeitnehmer davor geschützt, dass ihm von seinem Arbeitgeber als stärkeren Vertragspartner ein Gerichtsstand kraft Vereinbarung aufgezwungen wird. 1

II. Verbot von Vereinbarungen vor Entstehen der Streitigkeit

Nach Art. 23 Nr. 1 darf eine Gerichtsstandsvereinbarung nur nach Entstehung der Streitigkeit getroffen werden. Aus diesem Grund ist es nicht zulässig, bereits im Arbeitsvertrag für sämtliche denkbaren künftigen Streitigkeiten einen beschränkten Gerichtsstand zu vereinbaren. Eine Gerichtsstandsvereinbarung läuft i.S.v. Art. 25 Abs. 5 EuGVVO den Regelungen in Art. 23 EuGVVO zuwider, wenn sie von Vorschriften des 5. Abschnitts der EuGVVO abweicht und nicht nach Entstehung des Rechtsstreits getroffen worden ist (Art. 23 Nr. 1 EuGVVO) oder nicht die Befugnis einräumt, andere als im 5. Abschnitt angeführte Gerichte anzurufen (Art. 23 Nr. 2 EuGVVO). Diese Befugnis ist dahin zu verstehen, dass sie Gerichtsstände begründen muss, die zu den in Art. 20 und Art. 21 der EuGVVO vorgesehenen Gerichtsständen noch hinzukommen. Eine vor Entstehung der Streitigkeit getroffene Gerichtsstandsvereinbarung darf für einen Arbeitnehmer nicht den Ausschluss der in der EuGVVO vorgesehenen Gerichtsstände bewirken, sondern kann lediglich die Befugnis begründen oder erweitern, unter mehreren zuständigen Gerichten zu wählen.[1] 2

Unklar ist, zu welchem Zeitpunkt die konkrete Streitigkeit entsteht. Teilweise wird vertreten, dass hierzu ein gerichtliches Verfahren unmittelbar oder in Kürze bevorstehen soll.[2] Nach anderer Auffassung soll es genügen, wenn die Parteien überhaupt streiten. Eine gerichtliche Auseinandersetzung müsse nicht schon drohen.[3] Der Schutzzweck der Regelung gebietet es, für die Streitentstehung auf einen möglichst späten und für den Arbeitnehmer bestimmbaren Zeitpunkt abzustellen. Da die Regelung auf die Streitentstehung und nicht die Anhängigkeit der Klage abstellt, muss es sich um einen Zeitpunkt handeln, der vor der Klageerhebung liegt. Maßgeblich ist deshalb der Zeitpunkt, zu dem für den Arbeitnehmer erkennbar eine gerichtliche Auseinandersetzung mit dem Arbeitgeber 3

---

1 BAG, 10.04.2014 – 2 AZR 741/13, EzA Art 30 EGBGB Nr. 11.
2 Junker NZA 2005, 199, 201; Geimer, in Geimer/Schütze Europäisches Zivilverfahrensrecht, Art. 13 Rn. 5.
3 MünchKomm-Gottwald, ZPO, Art. 12 EuGVÜ, Rn 2.

unmittelbar bevorsteht. Nur dann ist es gewährleistet, dass der Arbeitnehmer die Notwendigkeit einer rechtlichen Beratung erkennt und so vor einer Überrumpelung geschützt ist.[4]

III. Vertragliche Vereinbarung über erweitertes Wahlrecht des Arbeitnehmers nach Nr. 2

4 Diese Regelung berührt nicht die für den Arbeitnehmer normativ geltenden Gerichtsstände. Sie lässt es lediglich zu, durch Vereinbarung weitere Gerichtsstände hinzutreten zu lassen. Deshalb kann eine solche Gerichtsstandsvereinbarung auch vor der Entstehung der Streitigkeit geschlossen werden. Es ist allerdings nicht überzeugend, hier schon von einem sog. »Prozessualen Günstigkeitsprinzip« auszugehen.[5] Der zusätzlich vereinbarte Gerichtsstand kann durchaus für den Arbeitnehmer ungünstig sein. Er muss zwar hier keine Klage erheben. Es besteht aber weiterhin das Risiko, dass er irrtümlich annimmt, hier Klage erheben zu müssen, da er an seine Vereinbarung gebunden sei.

IV. Formerfordernisse

5 Es gilt weiterhin Art. 25. Art. 23 ergänzt lediglich die allgemeinen Regelungen über Gerichtsstandsvereinbarungen nach Art. 25. Wegen der Eigenart des Arbeitsverhältnisses ist deshalb nur Art. 25 Abs. 1 Satz 3a anzuwenden. Danach muss die Gerichtsstandsvereinbarung schriftlich oder mündlich mit schriftlicher Bestätigung geschlossen werden. Die zweite Alternative lässt es ausreichen, dass eine mündliche Gerichtsstandsvereinbarung von einer Seite schriftlich bestätigt wird.

§ 2a Zuständigkeit im Beschlussverfahren

(1) Die Gerichte für Arbeitssachen sind ferner ausschließlich zuständig für
1. Angelegenheiten aus dem Betriebsverfassungsgesetz, soweit nicht für Maßnahmen nach seinen §§ 119 bis 121 die Zuständigkeit eines anderen Gerichts gegeben ist;
2. Angelegenheiten aus dem Sprecherausschussgesetz, soweit nicht für Maßnahmen nach seinen §§ 34 bis 36 die Zuständigkeit eines anderen Gerichts gegeben ist;
3. Angelegenheiten aus dem Mitbestimmungsgesetz, dem Mitbestimmungsergänzungsgesetz und dem Drittelbeteiligungsgesetz, soweit über die Wahl von Vertretern der Arbeitnehmer in den Aufsichtsrat und über ihre Abberufung mit Ausnahme der Abberufung nach § 103 Abs. 3 des Aktiengesetzes zu entscheiden ist;
3a. Angelegenheiten aus den §§ 94, 95, 139 des Neunten Buches Sozialgesetzbuch,
3b. Angelegenheiten aus dem Gesetz über Europäische Betriebsräte, soweit nicht für Maßnahmen nach seinen §§ 43 bis 45 die Zuständigkeit eines anderen Gerichts gegeben ist;
3c. Angelegenheiten aus § 51 des Berufsbildungsgesetzes;
3d. Angelegenheiten aus § 10 des Bundesfreiwilligendienstgesetzes;
3e. Angelegenheiten aus dem SE-Beteiligungsgesetz vom 22. Dezember 2004 (BGBl. I S. 3675, 3686) mit Ausnahme der §§ 45 und 46 und nach den §§ 34 bis 39 nur insoweit, als über die Wahl von Vertretern der Arbeitnehmer in das Aufsichts- oder Verwaltungsorgan sowie deren Abberufung mit Ausnahme der Abberufung nach § 103 Abs. 3 des Aktiengesetzes zu entscheiden ist;
3f. Angelegenheiten aus dem SCE-Beteiligungsgesetz vom 14. August 2006 (BGBl. I S. 1911, 1917) mit Ausnahme der §§ 47 und 48 und nach den §§ 34 bis 39 nur insoweit, als über die Wahl von Vertretern der Arbeitnehmer in das Aufsichts- oder Verwaltungsorgan sowie deren Abberufung zu entscheiden ist;
3g. Angelegenheiten aus dem Gesetz über die Mitbestimmung der Arbeitnehmer bei einer grenzüberschreitenden Verschmelzung vom 21. Dezember 2006 (BGBl. I S. 3332) mit Ausnahme der §§ 34 und 35 und nach den §§ 23 bis 28 nur insoweit, als über die Wahl von Vertretern

---

[4] Franzen RIW 2000, 81, 82.
[5] So aber Däubler NZA 2003, 1297, 1301.

der Arbeitnehmer in das Aufsichts- oder Verwaltungsorgan sowie deren Abberufung mit Ausnahme der Abberufung nach § 103 Abs. 3 des Aktiengesetzes zu entscheiden ist;
4. die Entscheidung über die Tariffähigkeit und die Tarifzuständigkeit einer Vereinigung.
5. die Entscheidung über die Wirksamkeit einer Allgemeinverbindlicherklärung nach § 5 des Tarifvertragsgesetzes, einer Rechtsverordnung nach § 7 oder § 7a des Arbeitnehmer-Entsendegesetzes und einer Rechtsverordnung nach § 3a des Arbeitnehmerüberlassungsgesetzes.
6. die Entscheidung über den nach § 4a Absatz 2 Satz 2 des Tarifvertragsgesetzes im Betrieb anwendbaren Tarifvertrag.

(2) In Streitigkeiten nach diesen Vorschriften findet das Beschlussverfahren statt.

Übersicht	Rdn.		Rdn.
I. Allgemeines	1	8. Europäische Gesellschaft (Gesetz über die Beteiligung der Arbeitnehmer in einer Europäischen Gesellschaft)	12
II. Einzelfälle	2		
1. Betriebsverfassungsrechtliche Vorfragen	3		
2. Betriebsverfassungsrechtsverhältnis	4	9. Gewerkschaften und Arbeitgeberverbände	13
3. Streitigkeiten zwischen Arbeitgeber und Arbeitnehmer aus dem Individualrechtsverhältnis	5	10. Jugend- und Auszubildendenvertretung	14
		11. Kosten der Betriebsratstätigkeit	15
4. Streitigkeiten zwischen Mitgliedern von Betriebsverfassungsorganen und dem Arbeitgeber	6	12. Mitarbeitervertretung	16
		13. Mitbestimmungsgesetze	17
		14. NATO-Truppenstatut	18
a) Urteilsverfahren	7	15. Personalvertretung	19
b) Beschlussverfahren	8	16. Schwerbehindertenvertretung	20
5. Betriebsvereinbarung	9	17. Sprecherausschuss	21
6. Einigungsstelle	10	18. Straf- und Bußgeldverfahren	22
7. Errichtung von Betriebsverfassungsorganen	11	19. Tariffähigkeit- und Tarifzuständigkeit	23
		20. Werkstattrat der behinderten Menschen	24

I. Allgemeines

Die ausschließliche Zuständigkeit der Gerichte für Arbeitssachen im Beschlussverfahren richtet sich nach § 2a Abs. 1. Danach sind die ArbG für alle Angelegenheiten aus dem Betriebsverfassungsgesetz zuständig. Nur für die Verfahren nach §§ 119 bis 121 BetrVG sind die ordentlichen Gerichte zuständig. Die ArbG sind nicht zuständig. § 2a enthält bis auf die Nr. 2 bis 4 in Abs. 1 keine enumerative Aufzählung der Zuständigkeitstatbestände wie § 2. Entscheidend ist daher im Wesentlichen, ob es sich um eine Angelegenheit aus dem Betriebsverfassungsgesetz handelt. Damit sind personalvertretungsrechtliche Streitigkeiten von der Zuständigkeit der ArbG ausgenommen, es sei denn, das personalvertretungsrechtliche Problem ist nur Vorfrage einer arbeitsgerichtlichen Rechtsstreitigkeit. Ansonsten sind die Verwaltungsgerichte zuständig. 1

II. Einzelfälle

Folgende Fälle führen in der Praxis häufig zu Problemen: 2

1. Betriebsverfassungsrechtliche Vorfragen

Die Zuständigkeit im Beschlussverfahren ist nur gegeben, wenn die Angelegenheit aus dem Betriebsverfassungsgesetz selbst Gegenstand der Streitigkeit ist. Es verbleibt daher beim Urteilsverfahren, wenn der betriebsverfassungsrechtliche Streit nur Vorfrage einer bürgerlichen Rechtsstreitigkeit nach § 2 ist *(z.B. Wirksamkeit einer Betriebsratsanhörung bei streitiger Kündigung eines Arbeitnehmers)*. Mit der Vorschrift des § 2a Abs. 1 Nr. 1 hat der Gesetzgeber das Beschlussverfahren für alle Streitigkeiten eröffnen wollen, die aus dem Betriebsverfassungsrecht entstehen können. Immer dann, wenn die durch das Betriebsverfassungsrecht geregelte Ordnung des Betriebes und die gegenseitigen Rechte und Pflichten der Betriebspartner als Träger dieser Ordnung im Streit sind, 3 soll darüber im Beschlussverfahren als der dafür geschaffenen und besonders geeigneten Verfahrensart entschieden werden. Das gilt selbst dann, wenn Rechte des Betriebsrates im Streit sind, die sich nicht direkt aus dem Betriebsverfassungsgesetz selbst ergeben.[1]

2. Betriebsverfassungsrechtsverhältnis

4 Die Zuordnung einer arbeitsgerichtlichen Tätigkeit zum Urteils- oder Beschlussverfahren richtet sich nach dem Streitgegenstand. Eine Angelegenheit aus dem Betriebsverfassungsrecht liegt demnach nur vor, wenn der geltend gemachte Anspruch oder die begehrte Feststellung ihre Rechtsgrundlagen im BR-Amt oder einem Betriebsverfassungsrechtsverhältnis haben. Streitigkeiten zwischen dem BR und dem AG begründen sich danach immer aus dem Betriebsverfassungsrechtsverhältnis und sind im Beschlussverfahren auszutragen. Über eine Angelegenheit aus dem Betriebsverfassungsgesetz wird auch gestritten, wenn eine Erweiterung oder Verstärkung der Beteiligungsrechte des Betriebsrates durch einen Tarifvertrag im Streit steht.[2] Streitigkeiten zwischen BR-Mitgliedern und dem AG können ihre Grundlage aber auch im Arbeitsverhältnis haben *(Entgeltansprüche des BR-Mitglieds für die durch die Amtstätigkeit versäumte Arbeitszeit nach §§ 20 Abs. 3, 37 Abs. 2, 3, 6 und 7 BetrVG)*. Darüber hinaus finden sich im BetrVG Anspruchsgrundlagen für Ansprüche zwischen AG und AN, die ebenfalls nicht aus einem Betriebsverfassungsrechtsverhältnis resultieren und letztendlich ihre Grundlage im Arbeitsverhältnis finden. Auch diese Streitigkeiten sind im Urteilsverfahren auszutragen (z.B. Ansprüche von AN aus einem Sozialplan).

3. Streitigkeiten zwischen Arbeitgeber und Arbeitnehmer aus dem Individualrechtsverhältnis

5 Streitigkeiten zwischen Arbeitnehmer und Arbeitgeber sind i.d.R. im Urteilsverfahren zu behandeln. Zwischen ihnen besteht kein Betriebsverfassungsrechtsverhältnis. Die Streitigkeiten resultieren regelmäßig aus dem Individualrechtsverhältnis, selbst wenn sich die Anspruchsgrundlagen im Betriebsverfassungsgesetz befinden. Hierzu gehören bspw.:

Arbeitsentgelt für die Zeit der Teilnahme an einer Betriebsversammlung.[3] Unterrichtungs-, Anhörungs- und Erörterungsrechte der Arbeitnehmer nach den §§ 81 ff. BetrVG, Ansprüche auf Nachteilsausgleich gem. § 113 Abs. 3 BetrVG, Ansprüche auf Weiterbeschäftigung nach § 102 Abs. 5 BetrVG sowie der gegenteilige Anspruch des Arbeitgebers auf Entbindung von der Weiterbeschäftigungspflicht.

4. Streitigkeiten zwischen Mitgliedern von Betriebsverfassungsorganen und dem Arbeitgeber

6 Hier ist zu unterscheiden, ob die Streitigkeit Ansprüche betrifft, die aus der Amtstätigkeit herrühren oder ob nur arbeitsvertragliche Ansprüche aus Anlass einer Amtstätigkeit geltend gemacht werden.

a) Urteilsverfahren

7 Lohnansprüche von Betriebsverfassungsorganen für die durch die Amtstätigkeit versäumte Arbeitszeit sind regelmäßig im Urteilsverfahren geltend zu machen.[4] Die betriebsverfassungsrechtliche Vorfrage, ob die Arbeitsversäumnis, z.B. wegen Teilnahme an einer Schulung gem. § 37 Abs. 6 BetrVG erforderlich war, ist dann auch im Urteilsverfahren mitzuentscheiden.[5] Etwas anderes gilt nur, wenn die Notwendigkeit der Freistellung für die Betriebsratstätigkeit oder den Besuch einer Schulungsveranstaltung allein Streitgegenstand der gerichtlichen Auseinandersetzung ist. In diesem Fall findet das Beschlussverfahren statt.[6] Im Urteilsverfahren sind demnach bspw. geltend

---

1 BAG, 16.07.1985 – 1 ABR 9/83, NZA 1986, 235.
2 ArbG Stuttgart, 28.06.2007 – 9 BV 2/07.
3 BAG, 01.10.1974 – 1 AZR 394/73, DB 1975, 310.
4 BAG, 30.01.1973 – 1 ABR 22/72, DB 1973, 1025.
5 BAG, 09.09.1992 – 7 AZR 492/91, NZA 1993, 468.
6 BAG, 06.05.1975 – 1 ABR 135/73, DB 1975, 1706.

zu machen: Kündigungsschutzklagen von Betriebsratsmitgliedern, Schadensersatzansprüche des Arbeitgebers gegen Betriebsratsmitglieder wegen Verletzung von Amtspflichten,[7] Ansprüche auf bezahlte Freistellung oder Abgeltung von Betriebsratstätigkeit außerhalb der Arbeitszeit nach § 37 Abs. 3 BetrVG,[8] Streitigkeiten über beruflichen Aufstieg oder Gehaltserhöhungen.[9]

b) Beschlussverfahren

Das Beschlussverfahren ist die richtige Verfahrensart, wenn die Streitigkeit die Rechte und Pflichten der Betriebspartner aus der betriebsverfassungsrechtlichen Ordnung betrifft.[10] Das ist auch der Fall, wenn die Betriebsparteien darüber streiten, ob ein Mitbestimmungsrecht des Betriebsrats gemäß § 99 Abs. 1 BetrVG hinsichtlich der dem Betrieb zugeordneten Beamten besteht.[11]

8

Die Beendigung des Betriebsverfassungsrechtsverhältnisses beseitigt nicht ohne Weiteres die Zuständigkeit im Beschlussverfahren. Es reicht aus, wenn der Streit auch nach Beendigung des Betriebsverfassungsrechtsverhältnisses diesem noch entspringt.

5. Betriebsvereinbarung

Streitigkeiten über die Wirksamkeit und Auslegung von Betriebsvereinbarungen sind betriebsverfassungsrechtliche Angelegenheiten und gehören ins Beschlussverfahren. Dasselbe gilt für einen Betriebskollektivvertrag.[12]

9

6. Einigungsstelle

Hierzu gehören alle Streitigkeiten im Zusammenhang mit der Einigungsstelle, wie die Bestellung des Vorsitzenden, die Bestimmung der Zahl der Beisitzer, die Errichtung der Einigungsstelle nach § 98, Streitigkeiten über die Zuständigkeit der Einigungsstelle im Feststellungsverfahren, die Anfechtung eines Spruchs der Einigungsstelle sowie Streitigkeiten über die Kosten der Einigungsstelle wie den Honoraranspruch des Vorsitzenden und der Beisitzer.[13]

10

7. Errichtung von Betriebsverfassungsorganen

Dies betrifft Streitigkeiten über die Errichtung von Betriebsrat, Gesamtbetriebsrat, Konzernbetriebsrat, der Jugend- und Auszubildendenvertretung, dem Sprecherausschuss für leitende Angestellte und dem Wirtschaftsausschuss. Hierzu gehören auch Streitigkeiten über die Bildung von Ausschüssen, ihre Zusammensetzung oder die Wahl oder die Bestellung des Vorsitzenden und seines Stellvertreters. Diese Zuständigkeit erfasst auch alle Streitigkeiten im Zusammenhang mit der Errichtung der Betriebsverfassungsorgane, etwa wegen der Betriebsratsgröße, die Frage der Zuordnung von Betrieben oder Betriebsteilen, der Arbeitnehmereigenschaft i.S.d. § 5 BetrVG oder die Qualifizierung eines Arbeitnehmers als leitenden Angestellten i.S.d. § 5 Abs. 3 BetrVG. Dasselbe gilt für alle Streitigkeiten im Zusammenhang mit einer Wahl von Betriebsverfassungsorganen, etwa der Anfechtung der Betriebsratswahl,[14] der Nichtigkeit einer Wahl, falls sie selbst Streitgegenstand ist, sowie Streitigkeiten über rechtlich selbstständige Teilakte des Wahlverfahrens wie Maßnahmen des Wahlvorstandes.

11

---

7 Grunsky § 2 Rn 91.
8 BAG, 26.02.1992 – 7 AZR 201/91, NZA 1993, 423.
9 BAG, 15.01.1992 – 7 AZR 194/91, DB 1993, 1379.
10 BAG 16.07.1985 – 1 ABR 9/83, DB 1986, 231.
11 LAG Nürnberg, 19.04.2005 – 9 Ta 34/05, NZA-RR 2005, 655.
12 BAG, 26.05.1992 – 20 ABR 63/91, NZA 1992, 1135.
13 BAG, 05.12.1978 – 6 ABR 64/77, DB 1979, 1467.
14 BAG, 12.10.1976 – 1 ABR 14/76, DB 1977, 212.

8. Europäische Gesellschaft (Gesetz über die Beteiligung der Arbeitnehmer in einer Europäischen Gesellschaft)

12 Nach § 2a Abs. 1 Nr. 3d ArbGG ist die Zuständigkeit der Gerichte für Arbeitssachen in Angelegenheiten aus dem Gesetz über die Beteiligung der Arbeitnehmer in einer Europäischen Gesellschaft *(SE-Beteiligungsgesetz)* bestimmt. Für alle Streitigkeiten über die Wahl der Arbeitnehmervertreter in das Aufsichts- oder Verwaltungsorgan ist damit das arbeitsgerichtliche Beschlussverfahren gegeben. Das gilt nicht für Streitigkeiten über Beschlüsse der Hauptversammlung sowie Abberufungsgründe nach § 103 AktG. Insoweit verbleibt es bei der Zuständigkeit der ordentlichen Gerichte. Für die Straf- und Ordnungswidrigkeiten nach §§ 45 und 46 SE-Beteiligungsgesetz sind die ArbG ebenfalls unzuständig.

9. Gewerkschaften und Arbeitgeberverbände

13 Streitigkeiten über die betriebsverfassungsrechtlichen Befugnisse dieser Verbände sind im Beschlussverfahren zu entscheiden. Hierzu gehören v.a. Zutrittsrechte zum Betrieb,[15] Teilnahme an einer Betriebsversammlung, an einer Sitzung des Wirtschaftsausschusses, des Wahlvorstandes oder Besichtigung eines Arbeitsplatzes auf Ersuchen des Betriebsrates zur Überprüfung einer Eingruppierung.[16]

10. Jugend- und Auszubildendenvertretung

14 Für die Jugend- und Auszubildendenvertretung gelten dieselben Grundsätze wie für die Zuständigkeit bei Streitigkeiten mit dem Betriebsrat. Die Anträge des Arbeitgebers nach § 78a Abs. 4 Satz 1 BetrVG bzw. nach § 78a Abs. 2 und 3 BetrVG sind im arbeitsgerichtlichen Beschlussverfahren zu entscheiden.[17] Der Antrag des Auszubildenden auf Feststellung des Bestehens eines Arbeitsverhältnisses ist dagegen eine individual-rechtliche Streitigkeit, für die das Urteilsverfahren zur Anwendung kommt. Dasselbe gilt für den Feststellungsantrag des Arbeitgebers, ein Arbeitsverhältnis sei wegen des Fehlens der Voraussetzungen des § 78a Abs. 2 oder 3 BetrVG nicht zustande gekommen.[18]

11. Kosten der Betriebsratstätigkeit

15 Streitigkeiten über die für die Betriebsratstätigkeit erforderlichen Kosten gem. § 40 Abs. 1 BetrVG sowie den erforderlichen Sachaufwand gem. § 40 Abs. 2 BetrVG sind im Beschlussverfahren geltend zu machen.[19] Dasselbe gilt für entsprechende Ansprüche der anderen Betriebsverfassungsorgane. Kostenerstattungsansprüche von einzelnen Organmitgliedern, z.B. Betriebsratsmitgliedern, gehören ebenso ins Beschlussverfahren.[20] Entscheidend ist, dass es sich hier insgesamt um Ansprüche handelt, die aus § 40 oder § 37 Abs. 6 BetrVG resultieren. Tritt ein Betriebsratsmitglied seinen Kostenerstattungsanspruch an den Schulungsträger ab, verbleibt es bei der Zuständigkeit im Beschlussverfahren. Der Schulungsträger ist lediglich i.S.v. § 3 Rechtsnachfolger, wodurch eine Zuständigkeitsänderung nicht bewirkt wird.

12. Mitarbeitervertretung

16 Für Streitigkeiten der Mitarbeitervertretungen aus den Mitarbeitervertretungsordnungen der Religionsgemeinschaften und ihrer karitativen und erzieherischen Einrichtungen ist die Zuständigkeit der ArbG nicht gegeben.[21] Etwas anderes gilt nur für die Zuständigkeit im Urteilsverfahren, wenn

---

15 BAG, 26.06.1973 – 1 ABR 24/72, NJW 1973, 2222.
16 BAG, 17.01.1989 – 1 AZR 805/87, DB 1989, 1528.
17 BAG, 05.04.1984 – 6 AZR 70/83, DB 1984, 1992.
18 BAG, 29.11.1989 – 7 ABR 67/88, NZA 1991, 233.
19 BAG, 19.04.1989 – 7 ABR 6/88, NZA 1990, 740.
20 BAG, 28.08.1991 – 7 ABR 46/90, NZA 1992, 72.
21 BAG, 09.09.1992 – 5 AZR 456/91, AP GG Art. 140 Nr. 40 = EzA § 611 BGB Kirchliche Arbeitnehmer Nr. 39.

es sich um Streitigkeiten aus dem Arbeitsverhältnis handelt und die Anwendung der Mitarbeitervertretungsordnung nur Vorfrage ist.

13. Mitbestimmungsgesetze

§ 2a Abs. 1 Nr. 3 bestimmt die Zuständigkeit im Beschlussverfahren über die Wahl von Vertretern der Arbeitnehmer in den Aufsichtsrat und über die Abberufung mit Ausnahme der Abberufung nach § 103 Abs. 3 Aktiengesetz für die Mitbestimmungsorgane aus dem Mitbestimmungsgesetz, dem Mitbestimmungsergänzungsgesetz und dem Betriebsverfassungsgesetz 1952. Es handelt sich hier um die Vertretung der Arbeitnehmer im Aufsichtsrat nach den jeweiligen gesetzlichen Regelungen. Da die Wahl der Arbeitnehmervertreter im Aufsichtsrat nach dem Montan-Mitbestimmungsgesetz nicht genannt ist, sind insofern die ordentlichen Gerichte zuständig.[22] I.Ü. ergibt sich die Zuständigkeit im Beschlussverfahren für sämtliche Wahlstreitigkeiten der Arbeitnehmervertreter im Aufsichtsrat wie Anfechtung und Nichtigkeit der Wahl, Streitigkeiten die sich anlässlich der Wahl von Arbeitnehmervertretung zum Aufsichtsrat im Verlaufe des Wahlverfahrens ergeben können.[23] Die Zuständigkeit erfasst auch die Vorfragenkompetenz über gesellschaftsrechtliche Fragen. Ist im Rahmen einer Wahlanfechtung oder eines Wahlverfahrens streitig, ob Arbeitnehmer eines abhängigen Konzernunternehmens oder einer KG nach den §§ 4, 5 MitbestG für die Wahl der Arbeitnehmervertreter zum Aufsichtsrat des herrschenden Unternehmens oder des persönlich haftenden Gesellschafters wahlberechtigt sind, verbleibt es auch bei der Zuständigkeit der ArbG. Zwar ist für das Statusverfahren nach den §§ 96 Abs. 2, 97, 98 Aktiengesetz die ordentliche Gerichtsbarkeit zuständig. Es handelt sich hier jedoch nicht um ein entsprechendes Statusverfahren, sondern um Streitigkeiten im Zusammenhang mit der Wahl der Arbeitnehmervertreter im Aufsichtsrat. Die Einbeziehung der Arbeitnehmer darf jedoch nicht zu einer Veränderung der Größe des Aufsichtsrats führen, da dies nur im Statusverfahren, für das die ordentlichen Gerichte zuständig sind, festgelegt werden kann.[24] Die Zuständigkeit der ArbG im Beschlussverfahren ist auch gegeben für Streitigkeiten über die Abberufung der Arbeitnehmervertreter sowie den Widerruf der Bestellung zum Aufsichtsrat nach § 76 Abs. 5 BetrVG 1952. Die gerichtliche Überprüfung beschränkt sich dabei allerdings auf die Einhaltung der Verfahrensvorschriften. Für die Abberufung von Aufsichtsratsmitgliedern nach § 103 Abs. 3 Aktiengesetz aus wichtigem Grund sind die ordentlichen Gerichte zuständig. Dies gilt ebenso für alle Streitigkeiten, die nicht mit der Wahl oder Abberufung der Arbeitnehmervertreter im Zusammenhang stehen. Soweit aus Anlass der Aufsichtsratstätigkeit von Arbeitnehmern arbeitsrechtliche Ansprüche im Streit sind, sind die ArbG im Urteilsverfahren zuständig. Hier gelten dieselben Grundsätze wie bei Betriebsratsmitgliedern.

17

14. NATO-Truppenstatut

Für Streitigkeiten aus der Betriebsvertretung der bei den Stationierungsstreitkräften beschäftigten zivilen Arbeitskräfte ist das Beschlussverfahren bei den Arbeitsgerichten die zutreffende Verfahrensart.[25] Dies ergibt sich aus Abs. 10 des Unterzeichnungsprotokolls zu Art. 56 Abs. 9 des Zusatzabkommens zum NATO-Truppenstatut. Nach Art. 56 Abs. 9 des Zusatzabkommens richtet sich das Vertretungsrecht grds. nach dem Bundespersonalvertretungsrecht und nicht nach dem Betriebsverfassungsgesetz. Dennoch bleibt es bei der Zuständigkeit der ArbG.[26]

18

---

22 BAG, 24.05.1957 – 1 ABR 3/56, DB 1957, 1021.
23 LAG Hamburg, 31.01.1979 – 5 TaBV 8/78.
24 GMPMG/Matthes § 2a Rn 58 m.w.N.
25 BAG, 21.08.1979 – 6 ABR 77/77, AP ZA-Nato-Truppenstatut Art 56 Nr. 4.
26 BAG, 12.02.1985 – 1 ABR 3/83, AP Nato-Truppenstatut Art 1 Nr. 1.

15. Personalvertretung

19 Streitigkeiten aus dem Bundespersonalvertretungsgesetz und den Landespersonalvertretungsgesetzen sind im Beschlussverfahren von den Verwaltungsgerichten zu entscheiden.[27]

16. Schwerbehindertenvertretung

20 Arbeitsgerichte sind für sämtliche organschaftlichen Streitigkeiten der Schwerbehindertenvertretung zuständig. Dies gilt auch, wenn sich die Rechtsgrundlage nicht aus den in § 2a Abs. 1 Nr. 3a ausdrücklich aufgeführten §§ 94, 95 SGB 9 IX ergibt, sondern aus § 96 SGB IX.[28]

Ist die Schwerbehindertenvertretung allerdings im Bereich einer Dienststelle errichtet, für die ein Personalvertretungsgesetz gilt, ergibt sich die Zuständigkeit der Verwaltungsgerichte.[29] Da die Vertrauensperson der schwerbehinderten Menschen nach § 96 SGB IX im Wesentlichen den anderen Organmitgliedern der Betriebsverfassung gleichgestellt ist, gelten insoweit hinsichtlich der Zuständigkeit dieselben Grundsätze wie bei den anderen Betriebsverfassungsorganen. Dennoch hat die Rspr. für Streitigkeiten zwischen der Vertrauensperson der schwerbehinderten Menschen und dem AG aus ihrer Tätigkeit teilweise das Urteilsverfahren als zutreffende Verfahrensart angesehen.[30] Rechtsstreitigkeiten über Rechte und Pflichten der Schwerbehindertenvertretung ggü. dem AG/Dienststellenleiter oder dem BR/PR sind im Beschlussverfahren zu entscheiden. Dies gilt auch für Streitigkeiten über die Pflicht des Arbeitgebers nach § 98 Abs. 8 Satz 1 SGB IX, die Kosten der Schwerbehindertenvertretung zu tragen. In entsprechender Anwendung des § 2a Abs. 1 Nr. 3a, Abs. 2 ArbGG sind sie ausschließlich im arbeitsgerichtlichen Beschlussverfahren zu entscheiden und zwar auch dann, wenn Beamten in Wahrnehmung ihrer Aufgaben als Mitglied der Schwerbehindertenvertretung Kosten entstanden sind.[31] Ist die Schwerbehindertenvertretung allerdings in einer Dienststelle errichtet, für die ein Personalvertretungsgesetz gilt, so sind für diese Rechtsstreitigkeiten die Verwaltungsgerichte zuständig.[32] Für Angelegenheiten aus den §§ 94, 95, 139 SGB IX sind nach § 2a Abs. 1 Nr. 3a die ArbG auch im Bereich des Öffentlichen Dienstes ausschließlich zuständig. Das gilt auch für das Verfahren über die Anfechtung der Wahl der Schwerbehindertenvertretung,[33] Das gilt auch für einen Streit über die Feststellung der Nichtigkeit der Wahl.[34]

Soweit vergleichbare Streitigkeiten von BR-Mitgliedern im Beschlussverfahren zu entscheiden sind, kann dies auch für die Vertrauenspersonen der Schwerbehinderten gelten.[35] Das ist allerdings noch nicht höchstrichterlich geklärt. § 2a Abs. 1 Nr. 3a verweist nur auf die §§ 94, 95, 139 SGB IX, nicht aber auf § 96 SGB IX (Rechte und Pflichten der Vertrauenspersonen der schwerbehinderten Menschen).

17. Sprecherausschuss

21 Für Angelegenheiten aus dem Sprecherausschussgesetz bestimmt § 2a Abs. 1 Ziff. 2 die Zuständigkeit im Beschlussverfahren. Dies gilt nur nicht, wenn die §§ 34 bis 36 des Sprecherausschussgesetzes die Zuständigkeit eines anderen Gerichtes anordnen. Hierbei handelt es sich, vergleichbar mit den §§ 119 bis 121 BetrVG, um Bußgeld- und Strafvorschriften.

Angelegenheiten aus dem Sprecherausschussgesetz sind insb. Streitigkeiten über die Bildung der Sprecherausschüsse, Rechtsstellung ihrer Mitglieder, Anfechtung und Nichtigkeit der Wahl, Erstat-

---

[27] § 83 Abs. 2 BPersVG, § 106 BPersVG und § 187 Abs. 2 VwGO.
[28] LAG Nürnberg, 22.10.2007 – 6 Ta 155/07, ZTR 2008, 116.
[29] BAG, 21.09.1989 – 1 AZR 465/88, NZA 1990, 362.
[30] BAG, 16.08.1977 – 1 ABR 49/76, DB 1977, 2287.
[31] BAG, 30.03.2010 – 7 AZB 32/09, NZA 2010, 668.
[32] BAG, 21.09.1989 – 1 AZR 465/88, NZA 1990, 362.
[33] BAG, 11.11.2003 – 7 AZB 40/03, AP SGB IX § 94 Nr. 1 = EzA § 2a ArbGG 1979 Nr. 5.
[34] BAG, 22.03.2012 – 7 AZB 51/11, EzA § 2a ArbGG 1979 Nr. 7.
[35] LAG Köln, 05.07.2001 – 6 TaBV 34/01, AP SchwbG 1986 § 26 Nr. 3.

tung der Kosten gem. § 14 Abs. 2 Sprecherausschussgesetz, Errichtung von Ausschüssen nach den §§ 368 f. Sprecherausschussgesetz. Statusverfahren über die Rechtsstellung eines Arbeitnehmers als leitenden Angestellten i.S.v. § 5 Abs. 3 BetrVG 1972 sind betriebsverfassungsrechtliche Angelegenheiten und ebenfalls dem Beschlussverfahren zuzuordnen.

18. Straf- und Bußgeldverfahren

§ 2a Abs. 1 Nr. 1 sowie § 2 Abs. 1 Nr. 2 nehmen die Straf- und Bußgeldvorschriften für den Sprecherausschuss nach dem Sprecherausschussgesetz und für das Betriebsverfassungsgesetz aus der Zuständigkeit der ArbG heraus. Für diese sind nach § 13 GVG und §§ 68 f. OWiG die ordentlichen Gerichte zuständig. 22

19. Tariffähigkeit- und Tarifzuständigkeit

Für Entscheidungen über die Tariffähigkeit und Tarifzuständigkeit einer Vereinigung i.S.v. § 97 ArbGG sind nach § 2a Abs. 1 Nr. 4 die ArbG ausschließlich zuständig. Der Streit betrifft die Frage, ob die Fähigkeit gegeben ist, Partei eines Tarifvertrages nach § 2 TVG zu sein. Dies erfasst auch den Fall, dass über die Tariffähigkeit eines einzelnen Arbeitgebers, z.B. wegen seiner Mitgliedschaft in einem Arbeitgeberverband Streit besteht.[36] Die Tarifzuständigkeit einer tariffähigen Vereinigung begründet ihr Recht, für einen bestimmten Geltungsbereich Tarifverträge abzuschließen. Maßgeblich ist dabei die Satzung der Vereinigung. 23

20. Werkstattrat der behinderten Menschen

§ 2a Abs. 1 Nr. 3a begründet die Zuständigkeit der ArbG im Beschlussverfahren für die Angelegenheiten aus § 139 SGB IX. Danach können behinderte Menschen im Arbeitsbereich anerkannter Werkstätten[37] unabhängig von ihrer Geschäftsfähigkeit einen Werkstattrat wählen. Streitigkeiten im Zusammenhang mit der Errichtung und den Mitbestimmungsbefugnissen des Werkstattrates sind daher im Beschlussverfahren vor den Arbeitsgerichten auszutragen. 24

§ 3 Zuständigkeit in sonstigen Fällen

Die in den §§ 2 und 2a begründete Zuständigkeit besteht auch in den Fällen, in denen der Rechtsstreit durch einen Rechtsnachfolger oder durch eine Person geführt wird, die kraft Gesetzes an Stelle des sachlich Berechtigten oder Verpflichteten hierzu befugt ist.

Übersicht	Rdn.		Rdn.
I. Allgemeines	1	4. Erstattungsansprüche der Bundesagentur für Arbeit	6
II. Einzelfälle	2	5. Hinterbliebene	7
1. Abtretung	3	6. Rückgriffsansprüche eines Sozialversicherungsträgers	8
2. Drittschuldnerklage	4		
3. Durchgriffshaftung	5	7. Zwangsvollstreckung	9

I. Allgemeines

§ 3 begründet die Zuständigkeit der ArbG auch für Rechtsstreitigkeiten gegen Dritte, die nicht Partei des Arbeitsverhältnisses gewesen sind, sondern nur aufgrund Rechtsnachfolge Gläubiger oder Schuldner des arbeitsrechtlichen Anspruchs geworden sind. Das gilt nicht nur bei einer Forderungsabtretung oder einer Schuldübernahme, sondern auch bei einem Schuldbeitritt, bei einer Pfändung oder Verpfändung von Ansprüchen, bei der Verfolgung von Ansprüchen aus Verträgen 1

---

36 Grunsky § 2a Rn 33.
37 § 138 SGB IX.

zugunsten Dritter oder mit Schutzwirkung zugunsten Dritter. Für die erweiterte Zuständigkeit spielt es keine Rolle, ob der Schuldner einer arbeitsrechtlichen Verpflichtung wechselt oder ein Dritter als Schuldner derselben Verpflichtung neben den Arbeitgeber tritt.[1] § 3 ist daneben anzuwenden auf die Gesamtrechtsnachfolge *(Erbfall gem. § 1922 BGB, Umwandlung einer Kapitalgesellschaft, § 1 UmwG)*, die Einzelrechtsnachfolge *(gesetzlicher Forderungsübergang nach §§ 426 Abs. 2 und 774 BGB, § 6 EFZG, § 9 Abs. 2 BetrAVG)*, Rechtsnachfolge kraft Rechtsgeschäfts *(Abtretung einer Forderung, Schuldübernahme nach §§ 414 f. BGB, Schuldbeitritt, Pfändung oder Verpfändung von Ansprüchen, Verfolgung von Ansprüchen aus Verträgen zugunsten Dritter oder mit Schutzwirkung zugunsten Dritter, Firmenfortführungen nach den §§ 25 und 28 HGB)*. Auch der vollmachtslose Vertreter des AG ist Rechtsnachfolger i.S.d. § 3.[2]

II. Einzelfälle

2 § 3 findet auf die Rechtsnachfolge kraft Rechtsgeschäftes und kraft Gesetzes Anwendung. Für die Praxis sind vor allem die folgenden Fallgruppen von Bedeutung.

1. Abtretung

3 Ansprüche aus eigenem und aus abgetretenem Recht sind aufteilbar. Die Streitgegenstände sind nicht identisch. Es muss daher für jeden Anspruch die Zuständigkeit geprüft werden.[3]

Die bloße Rechtsbehauptung einer Rechtsnachfolge begründet bereits die Zuständigkeit. Zuständigkeits- und anspruchsbegründende Tatsachen fallen zusammen. Die Klage ist abzuweisen, falls keine Rechtsnachfolge gegeben ist.[4]

2. Drittschuldnerklage

4 Der Pfändungsgläubiger ist Rechtsnachfolger des Schuldners gem. § 3.[5] Handelt es sich bei der gepfändeten Forderung daher um eine arbeitsrechtliche Forderung, ergibt sich die Zuständigkeit der ArbG aus § 2 i.V.m. § 3. Dies gilt auch für den gem. § 850h Abs. 2 ZPO fingierten Anspruch. Der Gläubiger der Drittschuldnerklage macht ggü. dem Drittschuldner die dem Schuldner aus dem Arbeitsverhältnis mit dem Drittschuldner zustehende Arbeitsvergütung als Rechtsnachfolger geltend. Im Gegensatz dazu handelt es sich bei den Ansprüchen auf Auskunft nach § 840 Abs. 1 ZPO und Schadensersatz nach § 840 Abs. 2 Satz 2 ZPO nicht um arbeitsrechtliche Ansprüche des Schuldners ggü. dem Drittschuldner, sondern um einen eigenständigen gesetzlichen Anspruch des Pfändungsgläubigers ggü. dem Drittschuldner aus dem durch die Pfändung begründeten gesetzlichen Schuldverhältnis.[6] Für diese Ansprüche sind daher die ordentlichen Gerichte zuständig. Wird dagegen beim ArbG zunächst Erfüllungsklage erhoben, anschließend Auskunft erteilt und deshalb im Wege der Klageänderung oder hilfsweise Schadensersatz geltend gemacht, verbleibt es bei der arbeitsgerichtlichen Zuständigkeit.[7] Die Auffassung des BAG,[8] wonach die Zuständigkeit der ArbG auch für die selbstständige Geltendmachung des Anspruchs gem. § 840 Abs. 2 Satz 2 ZPO gegeben sein soll, vermag nicht zu überzeugen. Eine Sachnähe zum Arbeitsverhältnis besteht nicht. Allein der Drittschuldner verletzt Pfändungsvorschriften.

Für eine Zusammenrechnung mehrerer Einkommen des Drittschuldners gem. § 850e Ziff. 2 und 2a ZPO bei der Berechnung des pfändbaren Einkommens gem. § 850c ZPO sind nicht die ArbG,

---

[1] LAG München, 19.01.2008 – 11 Ta 356/07.
[2] BAG, 07.04.2003 – 5 AZB 2/03, NZA 2003, 813.
[3] BAG, 13.01.2003 – 5 AS 7/02, NJW 2003, 427.
[4] BAG, 29.03.2000 – 5 AZB 69/99; BAG, 15.03.2000 – 5 AZB 70/99, NZA 2000, 671.
[5] BGH, 23.02.1977 – VIII ZR 222/75, NJW 1977, 853.
[6] BAG, 31.10.1984 – 4 AZR 535/82, NZA 1985, 289.
[7] BAG, 31.10.1984 – 4 AZR 535/82, NZA 1985, 289.
[8] BAG, 23.09.1960 – 5 AZR 258/59, NJW 1961, 698.

sondern nach dem eindeutigen Wortlaut des § 850e ZPO die Vollstreckungsgerichte zuständig. Ebenso ist den Vollstreckungsgerichten die Entscheidung über die Berücksichtigung oder Nichtberücksichtigung unterhaltsberechtigter Personen ausschließlich zugewiesen.[9] Da gilt auch für die Berechnung der abtretbaren Vergütung gem. § 400 BGB.[10]

3. Durchgriffshaftung

Macht ein Arbeitnehmer gegen einen persönlich nicht haftenden Gesellschafter Ansprüche geltend, kommt eine Zuständigkeit der ArbG gem. § 2 Abs. 1 Nr. 3 i.d.R. nicht in Betracht. Das Arbeitsverhältnis besteht mit der Gesellschaft und nicht mit dem persönlich haftenden Gesellschafter. Etwas anderes gilt nur, wenn bereits die handels- und haftungsrechtliche Stellung wie etwa die des persönlich haftenden Gesellschafters einer Handelsgesellschaft die Gleichstellung mit dem Arbeitgeber begründet.[11] Daneben kommt eine Zuständigkeit der ArbG in entsprechender Anwendung des § 2 Abs. 1 Nr. 3d in Betracht, wenn der Arbeitnehmer einer juristischen Person deren Geschäftsführer wegen einer unerlaubten Handlung, die mit dem Arbeitsverhältnis in Zusammenhang steht, in Anspruch nimmt. Die als Organ der juristischen Person handelnde natürliche Person steht dann dem Arbeitgeber gleich.[12]

Schwieriger sind die Fälle zu beurteilen, in denen der Arbeitnehmer einen arbeitsgerichtlichen Anspruch gegen einen persönlich nicht haftenden Gesellschafter geltend macht, z.B. weil die Gesellschaft vermögenslos geworden ist. Es handelt sich dann um einen Fall der Durchgriffshaftung. Eine materielle Rechtsnachfolge gem. § 3 ist nicht gegeben. Der Gesellschafter tritt als zusätzlicher Schuldner neben und nicht an die Stelle der Gesellschaft. Das BAG nimmt eine prozessuale Rechtsnachfolge i.S.v. § 3 an.[13] Danach sei Rechtsnachfolge im weitesten Sinne zu verstehen und erfasse auch die Sachverhalte, in denen ein Dritter aufgrund seiner gesellschaftsrechtlichen Stellung als Inhaber des Arbeitgebers in Anspruch genommen werde.[14] Dem ist zuzustimmen, zumal § 3 sicherstellen will, dass nicht verschiedene Gerichtsbarkeiten über denselben Anspruch entscheiden müssen. Es genügt, dass ein Dritter den Rechtsstreit anstelle der in den §§ 2, 2a genannten Prozessparteien führt, etwa weil er dem Arbeitnehmer die Erfüllung arbeitsrechtlicher Ansprüche zusätzlich schuldet.[15]

4. Erstattungsansprüche der Bundesagentur für Arbeit

Soweit Erstattungsansprüche der BA auf gesetzliche Zession der entsprechenden Arbeitnehmeransprüche beruhen, ist ebenfalls der Rechtsweg zu den Arbeitsgerichten gegeben. Dies gilt auch für eine Klage der BA gegen den Arbeitnehmer auf Zustimmung zur Auszahlung des vom Arbeitgeber hinterlegten Abfindungsbetrages wegen behaupteten Anspruchsübergangs.[16] Zahlt die BA den Arbeitnehmern einer GmbH nach Eröffnung des Insolvenzverfahrens Insolvenzgeld und macht sie anschließend gegen deren Geschäftsführer Schadensersatzansprüche wegen Insolvenzverschleppung geltend, sind hierfür die ordentlichen Gerichte zuständig. Der Schadensersatzanspruch ist nicht mit den ausgefallenen Vergütungsansprüchen der Arbeitnehmer identisch, sodass keine Rechtsnachfolge gem. § 3 vorliegt.[17]

5. Hinterbliebene

Soweit Hinterbliebene als Erben Rechtsnachfolger des Arbeitnehmers sind, ergibt sich die arbeitsgerichtliche Zuständigkeit aus § 3. Daneben kann die Zuständigkeit der ArbG für Ansprüche der

---

9 LAG Berlin, 15.06.2001 – 6 Sa 707/01, LAGE § 400 BGB Nr. 1.
10 BAG, 24.04.2002 – 10 AZR 42/01, NZA 2002, 868.
11 BAG, 06.05.1986 – 1 AZR 553/84, NZA 1986, 800.
12 BAG, 24.06.1996 – 5 AZB 35/95, NZA 1997, 115.
13 BAG, 11.11.1986 – 3 AZR 186/85, NJW 1987, 2606.
14 BAG, 13.06.1997 – 9 AZB 38/96, NZA 1997, 1128.
15 BAG, 09.07.2003 – 5 AZB 34/03, EzA § 3 ArbGG 1979 Nr. 5.
16 BAG, 12.06.1997 – 9 AZB 5/97, NZA 1997, 1070.
17 BAG, 20.03.2002 – 5 AZB 25/01, NZA 2002, 695.

Hinterbliebenen aus den §§ 844, 845 BGB begründet sein *(Ersatzansprüche wegen entgangener Dienste oder Dritter bei Tötung)*. Erforderlich ist aber ein Sachzusammenhang zum Arbeitsverhältnis.

6. Rückgriffsansprüche eines Sozialversicherungsträgers

8   Für Rückgriffsansprüche des Sozialversicherungsträgers nach § 115 SGB X ist der Rechtsweg zu den Arbeitsgerichten gegeben, falls die übergegangenen Ansprüche im Zusammenhang mit dem Arbeitsverhältnis stehen. Gesetzlich übergegangene Ansprüche[18] gegen schädigende Dritte ohne einen sachlichen Zusammenhang zum Arbeitsverhältnis gehören dagegen vor die ordentlichen Gerichte.

7. Zwangsvollstreckung

9   Soweit für die Zwangsvollstreckung die Aufgaben dem Prozessgericht zugewiesen sind, folgt die Zuständigkeit der Zuständigkeit des Hauptverfahrens. Die Gerichte für Arbeitssachen sind demnach insoweit auch für die Vollstreckung der von ihnen erlassenen Titel zuständig. Weist die ZPO die Vollstreckung dem Vollstreckungsgericht zu, verbleibt es bei der Zuständigkeit des AG nach § 764 ZPO. Für die Zwangsvollstreckung wegen Geldforderungen nach § 803 bis 882a ZPO sind daher die AG als Vollstreckungsgericht zuständig. Die Erwirkung von Handlungen nach § 887, 888 ZPO erfolgt durch das ArbG als Prozessgericht. Bei einer Zwangsvollstreckungsgegenklage nach § 767 ZPO gegen ein Urteil oder gegen eine notarielle Urkunde über arbeitsrechtliche Ansprüche handelt es sich um eine Rechtsstreitigkeit aus dem Arbeitsverhältnis.[19]

§ 4 Ausschluss der Arbeitsgerichtsbarkeit

In den Fällen des § 2 Abs. 1 und 2 kann die Arbeitsgerichtsbarkeit nach Maßgabe der §§ 101 bis 110 ausgeschlossen werden.

1   Die Vorschrift erlaubt es für Streitigkeiten gem. § 2 Abs. 1 und Abs. 2 in den engen Grenzen der §§ 101 bis 110 den Arbeitsgerichten einen ihrer ausschließlichen Rechtswegzuständigkeit unterfallenden Rechtsstreit endgültig zu entziehen. Im Umkehrschluss verbietet die Regelung damit für alle anderen Fälle eine Durchbrechung der ausschließlichen Zuständigkeit. Damit ist im Beschlussverfahren gem. § 2a ArbGG jede schiedsgerichtliche Abrede, die den Rechtsweg zu den Arbeitsgerichten ausschließt, unzulässig. Ein Antrag im Beschlussverfahren zur Klärung einer betriebsverfassungsrechtlichen Meinungsverschiedenheit ist unzulässig, wenn sich die Betriebsparteien verpflichtet haben, in einem solchen Konfliktfall zunächst eine innerbetriebliche Einigung in einem von ihnen vereinbarten Verfahren zu versuchen. Ein solches Vorverfahren ist keine nach § 4 ArbGG unzulässige Schiedsvereinbarung, sondern eine Arbeitgeber und Betriebsrat durch § 76 Abs. 6 BetrVG eröffnete Möglichkeit, zwischen ihnen bestehende Meinungsverschiedenheiten vorrangig einer innerbetrieblichen Konfliktlösung zuzuführen und erst nach deren Scheitern der anderen Betriebspartei die Einleitung eines Beschlussverfahrens zu ermöglichen. Dies gilt auch dann, wenn Gegenstand einer im Konfliktfall anzurufenden Einigungsstelle keine Regelungs-, sondern eine Rechtsfrage ist, für die diese außerhalb der ihr gesetzlich zugewiesenen Kompetenzen keine Entscheidungsbefugnis hat. Eine von den Betriebsparteien begründete Zuständigkeit der Einigungsstelle für die gegenwärtige Auslegung einer Betriebsvereinbarung verpflichtet Arbeitgeber und Betriebsrat daher, zunächst deren Entscheidung herbeizuführen, bevor sie über diese Rechtsfrage die Gerichte für Arbeitssachen zur Streitentscheidung anrufen. Ein Antrag auf Feststellung des Inhalts einer betrieblichen Norm ist unzulässig, solange das vereinbarte Schlichtungsverfahren nicht durchgeführt worden ist.[1] Wegen der weiteren Einzelheiten wird auf die Kommentierung zu den §§ 101 bis 110 verwiesen.

---

18   Z.B. gem. § 116 SGB X.
19   OLG Frankfurt am Main, 22.10.1984 – 17 W 46/84, DB 1985, 751.
 1   BAG, 11.02.2014 – 1 ABR 76/12, EzA § 76 BetrVG 2001 Nr. 7.

§ 5 Begriff des Arbeitnehmers

(1) ¹Arbeitnehmer im Sinne dieses Gesetzes sind Arbeiter und Angestellte sowie die zu ihrer Berufsausbildung Beschäftigten. ²Als Arbeitnehmer gelten auch die in Heimarbeit Beschäftigten und die ihnen Gleichgestellten (§ 1 des Heimarbeitsgesetzes vom 14. März 1951 – Bundesgesetzbl. I S. 191 –) sowie sonstige Personen, die wegen ihrer wirtschaftlichen Unselbstständigkeit als arbeitnehmerähnliche Personen anzusehen sind. ³Als Arbeitnehmer gelten nicht in Betrieben einer juristischen Person oder einer Personengesamtheit Personen, die kraft Gesetzes, Satzung oder Gesellschaftsvertrags allein oder als Mitglieder des Vertretungsorgans zur Vertretung der juristischen Person oder der Personengesamtheit berufen sind.

(2) Beamte sind als solche keine Arbeitnehmer.

(3) ¹Handelsvertreter gelten nur dann als Arbeitnehmer im Sinne dieses Gesetzes, wenn sie zu dem Personenkreis gehören, für den nach § 92a des Handelsgesetzbuchs die untere Grenze der vertraglichen Leistungen des Unternehmers festgesetzt werden kann, und wenn sie während der letzten sechs Monate des Vertragsverhältnisses, bei kürzerer Vertragsdauer während dieser, im Durchschnitt monatlich nicht mehr als 1.000 Euro auf Grund des Vertragsverhältnisses an Vergütung einschließlich Provision und Ersatz für im regelmäßigen Geschäftsbetrieb entstandene Aufwendungen bezogen haben. ²Das Bundesministerium für Arbeit und Soziales und das Bundesministerium der Justiz und für Verbraucherschutz können im Einvernehmen mit dem Bundesministerium für Wirtschaft und Energie die in Satz 1 bestimmte Vergütungsgrenze durch Rechtsverordnung, die nicht der Zustimmung des Bundesrates bedarf, den jeweiligen Lohn- und Preisverhältnissen anpassen.

Übersicht	Rdn.		Rdn.
I. Allgemeines	1	5. Handels- und Versicherungsvertreter	8
II. Einzelfälle	2	6. Heimarbeitsverhältnis	9
1. Arbeitnehmer	3	7. Organmitglieder	10
2. Arbeitnehmerähnliche Personen	4	8. Praktikanten	12
3. Auszubildende	5	9. Umschulungsverhältnis	13
4. Beamte	7		

I. Allgemeines

§ 5 Abs. 1 definiert den Arbeitnehmerbegriff i.S.d. ArbGG und schließt Beamte aus dem Geltungsbereich aus *(Abs. 2)*. Für Handelsvertreter trifft Abs. 3 eine Sonderregelung. 1

II. Einzelfälle

Im Einzelnen sind folgende Fälle von Bedeutung: 2

1. Arbeitnehmer

AN unterscheiden sich von freien Dienstnehmern durch den stärkeren Grad ihrer persönlichen Abhängigkeit. Der AN ist in die Arbeitsorganisation des AG eingegliedert. Dies zeigt sich insb. darin, dass er dem Weisungsrecht des AG unterliegt *(§ 106 GewO)*. Das Weisungsrecht betrifft Inhalt, Durchführung, Zeit, Dauer und Ort der Tätigkeit. Der AN kann seine Tätigkeit nicht im Wesentlichen frei gestalten *(vgl. § 84 Abs. 1 Satz 2, Abs. 2 HGB)*. Für die Abgrenzung von Bedeutung sind in erster Linie die Umstände, unter denen die Dienstleistung zu erbringen ist, nicht aber allein die Bezeichnung der Parteien oder die von ihnen gewünschten Rechtsfolgen.[1] Die tatsächliche Durchführung des Vertragsverhältnisses ist nur maßgeblich, wenn die Parteien ihr Vertragsverhältnis nicht als Arbeitsverhältnis, sondern z.B. als freies Dienstverhältnis bezeichnen, 3

---

[1] BAG, 22.02.1999 – 5 AZB 56/98.

der Beschäftigte jedoch tatsächlich weisungsgebundene Tätigkeiten verrichtet. Es soll verhindert werden, dass ein Arbeitsverhältnis nur durch falsche Bezeichnung dem zwingenden Arbeitnehmerschutz entzogen wird. Damit wird ein Rechtsverhältnis, das als Arbeitsverhältnis vereinbart wurde, nicht durch bloße Nichtausübung des Weisungsrechts zu einem freien Dienstverhältnis.[2] Der Grad der persönlichen Abhängigkeit hängt dabei auch von der Eigenart der jeweiligen Tätigkeit ab. Ob ein Dienst- oder Arbeitsverhältnis besteht, zeigt der wirkliche Geschäftsinhalt. Zwingende gesetzliche Regelungen für Arbeitsverhältnisse können nicht dadurch abbedungen werden, dass Parteien ihrem Arbeitsverhältnis eine andere Bezeichnung geben. Welches Rechtsverhältnis vorliegt, ist anhand einer Gesamtwürdigung aller maßgebenden Umstände des Einzelfalls zu ermitteln, der objektive Geschäftsinhalt ist den ausdrücklich getroffenen Vereinbarungen und der praktischen Durchführung des Vertrags zu entnehmen. Widersprechen sich Vereinbarung und tatsächliche Durchführung, ist Letztere maßgebend.[3]

Die Arbeitnehmereigenschaft ist auch dann anzunehmen, wenn ein Arbeitgeber erklärt, ein Mitarbeiter, der materiell-rechtlich kein Arbeitnehmer ist, sei bei ihm »angestellt«. Mit dieser Äußerung erklärt er, dass er den Mitarbeiter wie einen Arbeitnehmer behandeln will, ihm also den Arbeitnehmerstatus zuerkennen möchte und damit für Rechtsstreitigkeiten die Gerichte für Arbeitssachen zuständig sein sollen.[4]

Entsprechend der grundgesetzlich geschützten Vereinsautonomie (Art. 9 Abs. 1 GG) können abhängige Dienste auch als Mitgliedschaftsbeitrag erbracht werden, soweit durch die Arbeitspflichten zwingende arbeitsrechtliche Schutzbestimmungen nicht umgangen werden.[5]

2. Arbeitnehmerähnliche Personen

4   Gem. § 5 Abs. 1 Satz 2 gelten solche Personen als Arbeitnehmer, die wegen ihrer wirtschaftlichen Unselbstständigkeit als arbeitnehmerähnlich anzusehen sind. Für bürgerliche Rechtsstreitigkeiten dieser Personen sind die ArbG deshalb gem. § 2 Abs. 1 Nr. 3a, b zuständig. Es handelt sich um Selbstständige, die nicht persönlich *(wie der Arbeitnehmer)*, sondern nur wirtschaftlich abhängig sind. Daneben müssen sie aufgrund ihrer sozialen Stellung und Schutzbedürftigkeit dem Arbeitnehmer soziologisch vergleichbar sein.[6] Als Kriterien für die Prüfung der wirtschaftlichen Abhängigkeit können der Umfang der eingesetzten sächlichen Betriebsmittel, eigener Einsatz von Arbeitnehmern, Zahl der Vertragspartner sowie die einem Arbeitnehmer der Höhe nach vergleichbare Vergütung herangezogen werden.[7] Entscheidend für die wirtschaftliche Abhängigkeit ist vor allem, ob die aus der Tätigkeit für den Dienstherrn die einzige wirtschaftliche Existenzgrundlage darstellt. Ein gemäß § 57 SGB III gewährter Gründungszuschuss führt nicht zum Wegfall der wirtschaftlichen Abhängigkeit.[8] Hat die Person im Wesentlichen Arbeitgeberfunktionen inne und Anspruch auf eine Vergütung, die derjenigen der Geschäftsführer der Höhe nach vergleichbar ist, spricht dies gegen eine Arbeitnehmerähnlichkeit. Ein Gesellschafter einer von ihm mit seinem ehemaligen Arbeitgeber gegründeten Gesellschaft bürgerlichen Rechts kann nach den Umständen des Einzelfalls ebenfalls arbeitnehmerähnliche Person sein.[9]

Steht fest, dass es sich entweder um einen Arbeitnehmer oder um eine arbeitnehmerähnliche Person handelt, ist eine Wahlfeststellung zulässig. Das Gericht kann dann hinsichtlich des Rechtsweges die Abgrenzung dahinstehen lassen und die Zuständigkeit der Gerichte für Arbeitssachen annehmen.[10]

---

2   BAG, 25.01.2007 – 5 AZB 49/06, NZA 2007, 580.
3   BAG, 21.07.2015 – 9 AZR 484/14.
4   LAG Nürnberg, 12.12.2007 – 7 Ta 208/07, NZA-RR 2008, 271.
5   Zu Rot-Kreuz-Schwestern BAG, 17.03.2015 – 1 ABR 62/12 (A).
6   BAG, 06.07.1995 – 5 AZB 9/93, NZA 1996, 33.
7   BAG, 13.09.1956 – 2 AZR 605/54, AP ZPO § 281 Nr. 1.
8   BAG, 21.12.2010 – 10 AZB 14/10, NZA 2011, 309.
9   LAG Rheinland-Pfalz, 07.07.2008 – 6 Ta 95/08.
10 BAG, 17.06.1999 – 5 AZB 23/98, NZA 1999, 1175; BAG, 14.01.1997 – 5 AZB 22/96, NZA 1997, 399.

3. Auszubildende

Gem. § 5 Abs. 1 Satz 1 sind Arbeitnehmer i.S.d. ArbGG auch alle zu ihrer Berufsausbildung 5
beschäftigten Personen. Hierzu zählen alle Bereiche der Berufsbildung nach § 1 Abs. 1 BBiG. Zu den zu ihrer Ausbildung Beschäftigten zählen neben den Auszubildenden gem. § 1 Abs. 2 BBiG deshalb auch Umschüler gem. § 1 Abs. 4 BBiG und Teilnehmer an berufsvorbereitenden Maßnahmen gem. § 1 Abs. 3 BBiG.[11] Die Berufsbildung kann nach § 1 Abs. 5 BBiG in Betrieben der Wirtschaft, in vergleichbaren Einrichtungen außerhalb der Wirtschaft, in berufsbildenden Schulen und in sonstigen Berufsbildungseinrichtungen außerhalb der schulischen und betrieblichen Berufsbildung stattfinden, z.B. Lehrwerkstätten oder Ausbildungszentren.[12]

§ 5 Abs. 1 setzt eine »Beschäftigung« zur Berufsbildung voraus. Das ist jedenfalls gegeben, wenn der Auszubildende innerhalb der arbeitstechnischen Zwecke des Produktions- oder Dienstleistungsbetriebs oder einer vergleichbaren Einrichtung betrieblich-praktisch unterwiesen wird und selbst beruflich aktiv ist. Der Begriff der »Beschäftigung« ist jedoch weiter auszulegen. Eine Beschäftigung zur Berufsausbildung liegt auch vor, wenn der Betreffende aufgrund eines privatrechtlichen Vertrags im Dienste eines Anderen Arbeit leistet und dies außerhalb der betrieblichen Berufsbildung erfolgt. Auch wenn Studenten, deren Ausbildung nach den einschlägigen gesetzlichen Bestimmungen an einer Akademie und an einer betrieblichen Ausbildungsstätte stattfindet, nicht in den Geltungsbereich des BBiG fallen, können sie gleichwohl im Rahmen der betrieblichen Ausbildung zu ihrer Berufsausbildung beschäftigt und deshalb Arbeitnehmer i.S.d. § 5 Abs. 1 Satz 1 ArbGG sein.[13] Beschäftigte in diesem Sinne können auch Auszubildende an berufsbildenden Schulen und sonstigen Bildungseinrichtungen sein. Auf Lernort oder Lernmethode kommt es nicht an. Entscheidend ist vielmehr, ob das Rechtsverhältnis einen über den bloßen Leistungsaustausch hinausgehenden Inhalt hat. Der Ausbildende muss zu mehr als nur zur Zahlung von Entgelt verpflichtet sein. Er muss das Lernen vertraglich schulden. Das ist anzunehmen, wenn er kündigungsbewehrt etwa die Pflicht zum Schulbesuch, zur Teilnahme an Prüfungen oder zur Einhaltung sonstiger Verhaltensregeln hat.[14] Nicht zuständig sind die Gerichte für Arbeitssachen für Personen, die zu ihrer Erziehung beschäftigt werden. Für Rechtsstreitigkeiten zwischen Behinderten im Arbeitsbereich von Werkstätten für Behinderte und den Trägern der Werkstätten aus den im § 138 SGB IX geregelten Rechtsverhältnisses ergibt sich die Zuständigkeit allerdings aus § 2 Abs. 1 Ziff. 10.

Zur Beilegung von Streitigkeiten zwischen Auszubildenden und Ausbildenden können die Handwerksinnungen im Bereich des Handwerks Schlichtungsausschüsse errichten. Gem. § 111 Abs. 2 ist 6
der Ausschuss danach bei bestehendem Berufsausbildungsverhältnis i.S.d. BBiG für Streitigkeiten aus dem Ausbildungsverhältnis zuständig. Dies gilt auch für Streitigkeiten über die Wirksamkeit einer Kündigung des Auszubildenden.[15] Das ArbG hat daher zunächst von Amts wegen zu prüfen, ob die Anrufung des Schlichtungsausschusses als Prozessvoraussetzung gegeben ist. Vor Anrufung des Schlichtungsausschusses ist die Klage unzulässig, es sei denn, der Schlichtungsausschuss lehnt die Durchführung des Schlichtungsverfahrens ab. Eine Verweisung an den Schlichtungsausschuss kommt nicht in Betracht. Die Klage wird nachträglich zulässig, wenn das nach Klageerhebung eingeleitete Schlichtungsverfahren beendet ist. Eine rügelose Einlassung der Klage vor dem ArbG ohne Verfahrensbeendigung beim Schlichtungsausschuss ist nicht zulässig.[16] Wegen der Aufhebung des früheren Satzes 8 in § 111 Abs. 2 durch Art. 1 Nr. 25[17] findet die Güteverhandlung vor dem ArbG auch nach Abschluss des Schlichtungsverfahrens statt.

---

11 BAG, 24.09.1981 – 6 ABR 7/81, DB 1982, 606.
12 BAG, 26.01.1994 – 7 ABR 13/92, NZA 1995, 120.
13 Zu PsychTHG BAG, 15.04.2015 – 9 AZB 10/15.
14 BAG, 24.02.1999 – 5 AZB 10/98, NZA 1999, 557.
15 BAG, 18.09.1975 – 2 AZR 602/74, NJW 1976, 909.
16 BAG, 17.09.1987 – 2 AZR 654/86, NZA 1988, 735.
17 Gesetz v. 30.03.2000, BGBl. I, S. 333 mit Wirkung vom 01.05.2000.

4. Beamte

7 Nach § 5 Abs. 2 sind Beamte keine Arbeitnehmer i.S.d. ArbGG. Für Streitigkeiten aus dem Beamtenverhältnis sind die Verwaltungsgerichte ausschließlich zuständig. Bei Klagen aus dem Beamtenverhältnis handelt es sich im Regelfall um eine öffentlich-rechtliche Streitigkeit. Der Streitgegenstand ist dem öffentlichen Recht zugewiesen. Dies gilt auch für Richter und Soldaten. Ist der Beamte daneben Arbeitnehmer und resultiert der Streit aus dem Arbeitsverhältnis, ergibt sich wieder die Zuständigkeit der ArbG nach allgemeinen Grundsätzen *(z.B. bei einer arbeitsrechtlichen Nebentätigkeit)*. Macht der Beamte den Abschluss eines privatrechtlichen Arbeitsvertrages unter gleichzeitiger Beurlaubung geltend, ist entscheidend aus welcher Rechtsnorm dies hergeleitet wird. I.d.R. wird diese öffentlich-rechtlicher Natur sein.[18] Für die Deutsche Bahn AG und die Postunternehmen ergibt sich die Zuständigkeit der ArbG im Beschlussverfahren nach § 2a Abs. 1 Nr. 1 in allen Rechtsstreitigkeiten, die sich aus der Anwendung des BetrVG auf die bei diesen Unternehmen beschäftigten Beamten ergeben *(§§ 15, 19 DBGrG und §§ 24 bis 27, 32, 33 PostPersRG)*.

Arbeiter und Angestellte des öffentlichen Dienstes sind keine Beamten. Es verbleibt damit bei der Zuständigkeit der ArbG.

5. Handels- und Versicherungsvertreter

8 Handels- oder Versicherungsvertreter sind Arbeitnehmer, wenn sie ihre Tätigkeit nicht frei gestalten und ihre Arbeitszeit nicht selbst bestimmen können.[19] Die Zuständigkeit der ArbG ergibt sich dann aus § 2 Abs. 3. Fehlt diese Abhängigkeit, können freie Mitarbeiter gem. § 5 Abs. 3 Satz 1 als Arbeitnehmer gelten, wenn sie Einfirmenvertreter waren und die Einkommensgrenze des § 5 Abs. 3 Satz 1 nicht überschritten haben. Hierzu dürfen sie im letzten halben Jahr vor Klageerhebung – bei kürzerer Dauer während dieser – nicht mehr als durchschnittlich 1.000 EUR pro Monat verdient haben.

Es kommt nur darauf an, in welcher Höhe innerhalb der letzten sechs Monate Vergütungsansprüche des Handelsvertreters entstanden sind, unabhängig davon, ob und auf welche Weise sie von dem Unternehmer erfüllt worden sind.[20] Allerdings sind bei der Berechnung der Durchschnittsvergütung gemäß § 5 Abs. 3 Satz 1 solche Provisionen nicht einzubeziehen, die nach dem Handelsvertretervertrag nicht ausgezahlt, sondern mit einem Betrag »für den Erwerb des Vertriebsgebiets« verrechnet werden.[21] Bei der Ermittlung der nach § 5 Abs. 3 ArbGG maßgeblichen Vergütungsgrenze sind auch zunächst darlehensweise gewährte Provisionsvorschüsse zu berücksichtigen, wenn und soweit diese sich aufgrund eines bereits im Handelsvertretervertrag vereinbarten Erlasses der Rückzahlungsverpflichtung beim Ausscheiden des Handelsvertreters automatisch in unbedingt bezogene Vergütungen umgewandelt haben.[22] Gegenansprüche des Unternehmers sind grundsätzlich nicht zu berücksichtigen. Dies gilt auch für Rückforderungsansprüche des Unternehmers gemäß § 87a Abs. 2 HGB, denen Stornierungen von Verträgen, für die der Handelsvertreter vor diesem Zeitraum Provisionsansprüche erlangt hat, zugrunde liegen. Diese Rückforderungsansprüche des Unternehmers stellen nicht lediglich unselbständige Rechnungsposten der dem Handelsvertreter zustehenden Provisionsansprüche, sondern selbständige Gegenansprüche des Unternehmers dar, mit denen er gegenüber den vom Handelsvertreter in einem späteren Zeitraum verdienten Provisionen die Aufrechnung erklären kann. Eine Berücksichtigung von Provisionsrückforderungsansprüchen des Unternehmers nach § 87a Abs. 2 HGB kann bei der Ermittlung der nach § 5 Abs. 3 Satz 1 ArbGG maßgebenden durchschnittlichen monatlichen Vergütung des Handelsvertreters allein dann in Betracht kommen, wenn die dem Handelsvertreter in den letzten sechs Monaten vor Beendigung des Vertragsverhältnisses entstandenen Provisionsansprüche infolge von Vertragsstornierungen nachträglich wieder ent-

---

18 BAG, 16.06.1999 – 5 AZB 16/99.
19 Auslegungsgrundsatz aus § 84 Abs. 1, Abs. 2 HGB.
20 BGH, 12.02.2008 – VIII ZB 3/07, NJW-RR 2008, 1418.
21 BAG, 20.10.2009 – 5 AZB 30/09, NZA 2009, 1411.
22 BGH, 28.06.2011 – VIII ZB 91/10, NJW-RR 2011, 1255.

fallen und vom Unternehmer nach § 87a Abs. 2 HGB zurückgefordert werden können.[23] Von dem Berechnungszeitraum der letzten sechs Monate darf auch dann nicht abgewichen werden, wenn der Handelsvertreter in diesen Monaten nicht gearbeitet und damit nichts verdient hat. Wegen des eindeutigen Gesetzeswortlauts kommt es nur auf den rechtlichen Bestand des Vertragsverhältnisses an.[24] Zum bezogenen Einkommen zählen Provision, Vergütung und Aufwendungsersatz.[25] Auf nicht ins Verdienen gebrachte Vorschüsse kommt es dabei jedoch nicht an.[26] Die eigenen Kosten des Handelsvertreters können nicht in Abzug gebracht werden. Ansonsten würde die jeweilige Arbeitsweise des Handelsvertreters über die Zuständigkeit entscheiden können. Es sind vielmehr laufende Aufwendungen, welche von dem Unternehmer erstattet werden, in den Verdienst einzuberechnen. Damit ist die gesetzgeberische Wertung verbunden, dass Aufwendungen von dem Handelsvertreter zu tragen sind. Es ist daher ohne Bedeutung, welche Mittel dem Handelsvertreter nach Abzug von Aufwendungen und Kosten verbleiben; entscheidend ist sein Bruttoverdienst.[27] Dabei sind auch die Monate in die Berechnung einzubeziehen, in denen der Handelsvertreter nicht gearbeitet hat.[28] Die Spezialvorschrift ist abschließend. Greift sie nicht ein, darf der Handelsvertreter auch nicht aus anderen wirtschaftlichen Gründen *(z.B. wegen hoher Kosten)* als arbeitnehmerähnliche Person i.S.d. § 5 Abs. 1 Satz 2 behandelt werden.[29] Für die wirtschaftliche Abhängigkeit ist es unbeachtlich, dass der Handelsvertreter nur im Nebenberuf tätig ist. Eine hauptberufliche Tätigkeit als Handelsvertreter ist nicht Tatbestandsmerkmal.[30] Für Versicherungsvertreter nach § 92 HGB gelten wegen der Verweisung in § 92 Abs. 2 HGB dieselben Grundsätze. Erfasst werden nur sog. Einfirmenvertreter i.S.v. § 92a HGB. Ihnen ist es vertraglich untersagt, auch für weitere Unternehmen als Handelsvertreter tätig zu werden. Es reicht auch, wenn ihnen die anderweitige Tätigkeit wegen Art und Umfang der Haupttätigkeit faktisch nicht möglich ist.[31] Ebenso begründen nur mittelbar wirkende vertragliche Einschränkungen einer weiteren Betätigung wie ein Wettbewerbsverbot oder das Gebot, die volle Arbeitskraft der Erfüllung des Vertrags zu widmen, nicht die Eigenschaft als Einfirmenvertreter kraft Vertrags gemäß § 92a HGB.[32] Darf der Handelsvertreter nur mit Genehmigung der Versicherung für ein anderes Unternehmen tätig werden, ist er Einfirmenvertreter i.S.v. § 92a Abs. 1 HGB, solange ihm eine solche Genehmigung nicht erteilt worden ist.[33] Dieselben Grundsätze gelten für nebenberufliche Handelsvertreter i.S.v. § 92b HGB. Zwar verweist § 5 Abs. 3 Satz 2 nur auf § 92a HGB. Dessen Anwendung wird aber durch § 92b HGB für Vertreter im Nebenberuf nicht ausgeschlossen. Sie müssen allerdings Einfirmenvertreter sein.[34]

§ 5 Abs. 3 Satz 1 stellt die Einfirmenvertreter den AN nur prozessual gleich. Die Vorschrift führt nicht zur Anwendung arbeitsrechtlicher Vorschriften, die nur für AN gelten.[35] Für Versicherungsvertreter gelten die vorstehenden Ausführungen wegen § 92 Abs. 2 HGB entsprechend.

6. Heimarbeitsverhältnis

Die in Heimarbeit Beschäftigten[36] gelten gem. § 5 Abs. 1 als Arbeitnehmer i.S.d. Arbeitsgerichtsgesetzes. Zwischenmeister und die weiteren in § 1 Abs. 2a-d HAG genannten Personen können mit

9

---

23 BGH, 04.02.2015 – VII ZB 36/14, EzA § 5 ArbGG 1979 Nr. 51.
24 BAG, 15.02.2005 – 5 AZB 13/04, NZA 2005, 487.
25 BAG, 24.10.2002 – 6 AZR 632/00, NZA 2003, 668.
26 BGH, 09.12.1963 – VII ZR 113/62, DB 1964, 116.
27 BGH, 12.02.2008 – VIII ZB 51/06, NJW-RR 2008, 1.
28 BAG, 14.02.2005 – 5 AZB 13/04, NZA 2005, 487.
29 BAG, 15.07.1961 – 5 AZR 472/60, DB 1961, 1200.
30 BAG, 15.02.2005 – 5 AZB 13/04, NZA 2005, 487.
31 BAG, 15.07.1961 – 5 AZR 472/60, DB 1961, 1200.
32 LAG Rheinland-Pfalz, 17.03.2008 – 10 Ta 7/08.
33 LAG Hamm, 18.07.2007 – 2 Ta 279/07; a.A. LAG Nürnberg, 21.05.2001 – 7 Ta 95/01, NZA-RR 2002, 327.
34 BAG, 14.02.2005 – 5 AZB 13/04, NZA 2005, 487.
35 BAG, 24.10.2002 – 6 AZR 632/00, NZA 2003, 668.
36 Heimarbeiter i.S.v. § 2 Abs. 1 HAG und Hausgewerbetreibende i.S.v. § 2 Abs. 2 HAG.

Zustimmung der zuständigen Arbeitsbehörde gleichgestellt werden. Hierzu ist ihre entsprechende Schutzbedürftigkeit erforderlich. Die Gleichstellung durch den Heimarbeitsausschuss begründet dann die arbeitsgerichtliche Zuständigkeit.

7. Organmitglieder

10 Personen, die kraft Gesetzes, Satzung oder Gesellschaftsvertrag zur Vertretung der juristischen Personen berufen sind, gelten gem. § 5 Abs. 1 Satz 3 in deren Betrieben nicht als Arbeitnehmer. Die Fiktion des § 5 Abs. 1 Satz 3 ArbGG greift unabhängig davon ein, ob das der Organstellung zugrunde liegende Rechtsverhältnis materiell-rechtlich als freies Dienstverhältnis oder als Arbeitsverhältnis ausgestaltet ist. Sie soll sicherstellen, dass die Mitglieder der Vertretungsorgane mit der juristischen Person keinen Rechtsstreit im »Arbeitgeberlager« vor dem ArbG führen. Selbst wenn ein Anstellungsverhältnis zwischen der juristischen Person und dem Mitglied des Vertretungsorgans wegen dessen starker interner Weisungsabhängigkeit als Arbeitsverhältnis zu qualifizieren ist und deshalb materielles Arbeitsrecht zur Anwendung kommt, sind zur Entscheidung eines Rechtsstreits die ordentlichen Gerichte berufen, solange die Fiktionswirkung besteht.

Nach der Abberufung als Geschäftsführer greift die Fiktionswirkung des § 5 Abs. 1 Satz 3 ArbGG nicht mehr, selbst dann, wenn die Abberufung erst nach Eingang der Klage erfolgt.[37] Zwar führen nachträgliche Veränderungen grundsätzlich nicht zum Verlust des einmal gegebenen Rechtswegs. Dieser in § 17 Abs. 1 Satz 1 GVG enthaltene Grundsatz der perpetuatio fori gilt jedoch nur rechtswegerhaltend. Alle bis zur letzten Tatsachenverhandlung eintretenden Umstände, welche die zunächst bestehende Unzulässigkeit des Rechtswegs beseitigen, sind dagegen zu berücksichtigen, sofern nicht vorher ein (rechtskräftiger) Verweisungsbeschluss ergeht.[38] Geschäftsführer üben insoweit Arbeitgeberfunktionen aus, sodass es auch an der typischen persönlichen Abhängigkeit des Arbeitnehmers fehlt. Es ist zwischen der durch Organisationsakt begründeten Organstellung und dem schuldrechtlichen Vertragsverhältnis zu unterscheiden, welches Rechtsgrundlage für die Bestellung ist und als »Anstellungsvertrag« bezeichnet wird. Wird der Geschäftsführer gegen Entgelt tätig, ist sein Anstellungsvertrag als Dienstvertrag zu qualifizieren, der eine Geschäftsbesorgung zum Gegenstand hat.[39] Die ArbG sind für die Beurteilung der Rechtmäßigkeit der Abberufung hinsichtlich der Organzustellung sowie der Rechtmäßigkeit einer Kündigung des der Organstellung zugrunde liegenden Rechtsverhältnisses nicht zuständig.[40] Eine Zuständigkeit der ArbG für die in § 5 Abs. 1 Nr. 1 genannten Personen kommt daher nur in Betracht, wenn tatsächlich neben dem freien Dienstverhältnis, das die Grundlage der Organstellung bildet, zugleich ein Arbeitsverhältnis besteht[41] oder sich das freie Dienstverhältnis in ein Arbeitsverhältnis umgewandelt hat. Es muss eine unterscheidbare Doppelstellung vorliegen.[42] Auch wenn das Anstellungsverhältnis zwischen juristischer Person und Vertretungsorgan wegen starker interner Weisungsabhängigkeit als Arbeitsverhältnis anzusehen ist und deshalb dem materiellen Arbeitsrecht unterliegt und keine trennbare weitere Rechtsbeziehung vorliegt, sind nicht die Arbeitsgerichte, sondern die ordentlichen Gerichte zuständig.[43] Allerdings muss das schuldrechtliche Vertragsverhältnis nicht notwendig mit der Gesellschaft abgeschlossen werden, zu dem die Organschaft besteht. So ist es zulässig, dass die Organstellung in einer bestimmten juristischen Person oder Personengesamtheit auf einem Vertrag mit einem Dritten beruht. Dieses Rechtsverhältnis kann dann auch ein Arbeitsverhältnis sein.[44] So kann ein Gesamtprokurist für eine KG *(GmbH & Co. KG)* als Arbeitnehmer tätig sein. Der Geschäftsführer der Komplementär GmbH einer KG gilt gem. § 5 Abs. 1 Satz 3 nicht als Arbeitnehmer i.S.d.

---

37 BAG, 08.09.2015 – 9 AZB 21/15; BAG, 03.12.2014 – 10 AZB 98/14, EzA § 5 ArbGG 1979 Nr. 50.
38 BAG, 22.10.2014 – 10 AZB 46/14, EzA § 5 ArbGG 1979 Nr. 49.
39 §§ 611, 675 BGB.
40 BAG, 21.02.1994 – 2 AZB 28/93, NZA 1994, 905.
41 BAG, 23.08.2001 – 5 AZB 9/01, NZA 2002, 52.
42 BAG, 12.03.1987 – 2 AZR 336/86, NZA 1987, 845.
43 BAG, 03.02.2009 – 5 AZB 100/08, NZA 2009, 669.
44 BAG, 20.10.1995 – 5 AZB 5/95, NZA 1996, 200.

Arbeitsgerichtsgesetzes, weil er kraft Gesetzes zur Vertretung dieser Personengesamtheit berufen ist. Das gilt unabhängig davon, ob das der Organstellung zugrunde liegende Rechtsverhältnis materiell-rechtlich ein freies Dienstverhältnis oder ein Arbeitsverhältnis ist. Unerheblich ist auch, ob intern eine Weisungsabhängigkeit wie bei einem Arbeitnehmer besteht. Es handelt sich immer um Streitigkeiten im »Arbeitgeberlager«. Das betrifft auch Streitigkeiten des Geschäftsführers der Komplementär GmbH mit der KG.[45] Auch wenn die Kommanditisten einer Kommanditgesellschaft gesellschaftsvertraglich zur tätigen Mitarbeit in der Gesellschaft verpflichtet wurden, sind sie nicht als deren Arbeitnehmer anzusehen.[46] Unterbleibt die vereinbarte Bestellung zum Geschäftsführer einer GmbH, wird der Dienstnehmer allein hierdurch nicht zum Arbeitnehmer. Der Geschäftsführer einer Vor-GmbH gilt nach § 5 Abs. 1 Satz 3 ebenso wenig als deren Arbeitnehmer.[47] Auch Gesellschafter können in einem Arbeitsverhältnis zu der Gesellschaft stehen, deren Gesellschafter sie sind. Dies gilt dann nicht, wenn ein Gesellschafter als Kapitaleigner einen so großen Einfluss auf die Führung der Gesellschaft hat, dass er über seine Gesellschafterstellung letztlich auch die Leitungsmacht hat. In diesem Fall unterliegt er nicht dem Weisungsrecht des Geschäftsführers. Ob ein solcher Einfluss besteht, richtet sich in erster Linie nach den Stimmrechtsverhältnissen.[48] Die Organstellung des Organs einer juristischen Person bleibt durch die Eröffnung des Insolvenzverfahrens unberührt. Deshalb greift die Fiktion auch bei einer Kündigung des zugrunde liegenden Rechtsverhältnisses durch den Insolvenzverwalter.[49]

Bei den Organmitgliedern gilt auch der Grundsatz, dass für Klagen, bei denen der Anspruch ausschließlich auf eine arbeitsgerichtliche Grundlage gestützt wird *(sic-non-Fall)*, die Rechtswegzuständigkeit der ArbG auch für Rechtsverhältnisse gegeben ist, für die das Arbeitsgerichtsgesetz an sich keine entsprechende Zuständigkeit vorsieht. Erhebt daher ein ehemaliges Mitglied des Vertretungsorgans eine ausschließlich auf die Sozialwidrigkeit gestützte Kündigungsschutzklage gem. § 1 KSchG mit der Behauptung, sein ehemaliges Arbeitsverhältnis sei nach der Beendigung der Organstellung wieder aufgelebt oder habe als ruhendes Arbeitsverhältnis weiter bestanden, ist der Rechtsweg zu den Gerichten für Arbeitssachen eröffnet.[50] Die bloße Rechtsansicht der Klagepartei, es handele sich um ein Arbeitsverhältnis, genügt dann, um den Rechtsweg zu den ArbG zu eröffnen.[51] Kommen allerdings für einen Anspruch auch bürgerlich-rechtliche Anspruchsgrundlagen in Betracht *(aut-aut-Fälle und et-et-Fälle)* begründet die bloße Rechtsbehauptung des Klägers, er sei Arbeitnehmer, nicht die arbeitsgerichtliche Zuständigkeit.[52] Fraglich ist, ob es sich beim Zeugnisanspruch um einen sic-non-Fall handelt. Für Arbeitnehmer folgt der Anspruch aus § 109 GewO, für Geschäftsführer aus § 630 BGB. Jedenfalls, wenn der Kläger in seine Anträge den Begriff »im Arbeitsverhältnis« aufnimmt, macht er einen Anspruch aus dem Arbeitsverhältnis geltend. Auch wenn § 17 Abs. 2 Satz 1 GVG vorsieht, dass das Gericht des zulässigen Rechtswegs den Rechtsstreit unter allen in Betracht kommenden rechtlichen Gesichtspunkten entscheidet, ist es zulässig, dass sich der Kläger auf einen möglichen Anspruch aus dem Arbeitsverhältnis beschränkt, weil er nach § 253 Abs. 2 Nr. 2 ZPO alleine den Streitgegenstand bestimmt.[53] Wendet sich der Kläger damit gegen eine außerordentliche Kündigung auch für den Fall, dass das Gericht ein Arbeitsverhältnis für nicht gegeben ansieht, hat das angerufene ArbG den Rechtsstreit zu verweisen, falls es das Bestehen eines Arbeitsverhältnisses ablehnt. Offen bleibt dabei immer noch, ob der schlüssige Tatsachenvortrag des Klägers zum Bestehen eines Arbeitsverhältnisses bereits die Zuständigkeit der ArbG begründet *(Schlüssigkeitstheorie)* oder ob der Vortrag bewiesen werden muss. Unbeachtlich muss es

---

45 BAG, 20.08.2003 – 5 AZB 79/02, NJW 2003, 3290.
46 LAG Hamm, 04.07.2007 – 2 Ta 863/06.
47 BAG, 13.05.1996 – 5 AZB 27/95, NZA 1996, 952.
48 BAG, 17.09.2014 – 10 AZB 43/14, EzA § 611 BGB 2002 Arbeitnehmerbegriff Nr. 27.
49 BAG, 04.02.2013 – 10 AZB 78/12, EzA § 5 ArbGG 1979 Nr. 47.
50 BAG, 18.12.1996 – 5 AZB 25/96, NZA 1997, 509.
51 BAG, 26.10.2012 – 10 AZB 60/12, EzA § 2 ArbGG 1979 Nr. 81.
52 BAG, 10.12.1996 – 5 AZB 20/96, NZA 1997, 674.
53 BAG, 22.10.2014 – 10 AZB 46/14, EzA § 5 ArbGG 1979 Nr. 49.

jedoch sein, ob der schlüssige Tatsachenvortrag streitig ist oder nicht. Die Parteien können es nicht in der Hand haben, durch unstreitigen Tatsachenvortrag Einfluss auf die Rechtswegzuständigkeit zu nehmen.[54]

8. Praktikanten

12 Praktikanten müssen nicht generell in einem Verhältnis der beruflichen Bildung gem. § 5 Abs. 1 stehen. Praktika können nach Ausbildungsordnung vor, während oder nach der theoretischen Ausbildung *(z.B. Studium)* liegen. Entscheidend ist, ob die schulische Ausbildung im Vordergrund steht oder nicht. Ist der Praktikant z.B. kein Student mehr und gehört sein Praktikum nicht mehr zur schulischen Ausbildung und steht er somit zur Praktikumsstelle in einem privatrechtlichen Rechtsverhältnis, welches tarifvertraglichen Regelungen unterstellt werden kann, liegt eine persönlich abhängige Beschäftigung vor, sodass die Zuständigkeit der ArbG gegeben ist.[55]

9. Umschulungsverhältnis

13 Umschüler oder Auszubildende in überbetrieblichen Ausbildungseinrichtungen gehören auch zu dem Personenkreis der zur Berufsausbildung Beschäftigten i.S.v. § 5 Abs. 1 Satz 1 und gelten insofern als Arbeitnehmer.[56]

§ 6 Besetzung der Gerichte für Arbeitssachen

(1) Die Gerichte für Arbeitssachen sind mit Berufsrichtern und mit ehrenamtlichen Richtern aus den Kreisen der Arbeitnehmer und Arbeitgeber besetzt.

(2) *(weggefallen)*

Übersicht	Rdn.		Rdn.
I. Allgemeines	1	III. Ehrenamtliche Richter	7
II. Berufsrichter	2		

I. Allgemeines

1 Die Vorschrift des § 6 regelt allgemein die Besetzung der Gerichte für Arbeitssachen in allen Rechtszügen. Die Besetzung im Einzelnen wird für die ArbGe in §§ 14 bis 31, für die Landesarbeitsgerichte in §§ 33 bis 39 und für das BAG in §§ 40 bis 45 näher festgelegt. Kennzeichnend für die Arbeitsgerichtsbarkeit ist, dass traditionell die ehrenamtlichen Richter in allen drei Rechtszügen vertreten und in erster und zweiter Instanz im Verhältnis zu den Berufsrichtern in der Überzahl sind. Die besondere Betonung des ehrenamtlichen Elements bei der Besetzung der Gerichte für Arbeitssachen soll bewirken, dass die **ehrenamtlichen Richter** zum einen ihre besonderen **Sachkenntnisse** und ihre **Berufserfahrung** in das Verfahren einbringen können, zum anderen aufgrund der gleichgewichtigen Beteiligung von Personen aus Arbeitnehmer- und Arbeitgeberkreisen das **Vertrauen der Bürger** in die Rechtsprechung der ArbGe stärken. Die Beteiligung praxiserfahrener ehrenamtlicher Richter entspricht dem Grundsatz der sozialen Selbstverwaltung.[1] Näheres s. Erl. zu § 16 Rdn. 1 bis 4.

---

54 Kissel/Mayer § 17 Rn 17 m.w.N.
55 LAG Hamm, 19.05.1995 – 4 Sa 443/95, LAGE § 48 ArbGG 1979 Nr. 12.
56 LAG Bremen, 09.08.1996 – 2 Ta 15/96, AP ArbGG 1979 § 5 Nr. 29.
 1 Künzl ZZP 104, 150 ff.; GMPMG/Prütting § 6 Rn 4; BCF/Bader Rn 2; HWK-Kalb § 6 Rn 2.

II. Berufsrichter

Mit Ausnahme des BAG werden die Berufsrichter im ersten und zweiten Rechtszug ausschließlich als Vorsitzende einer Kammer tätig.[2] Zu den Abweichungen bei der Verwendung der Richter im Verhältnis zu den ordentlichen Gerichten vgl. § 18 Abs. 7 und die dortigen Erläuterungen.[3]

Zum Berufsrichter wird, wer nach §§ 8, 17 DRiG mit Aushändigung einer Urkunde in das Richterverhältnis berufen worden ist. Nach Art. 97 Abs. 1 GG sind Richter gegenüber der Exekutive **sachlich unabhängig** und nur dem Gesetz unterworfen. Das bedeutet, dass der Berufsrichter in seiner rechtsprechenden Tätigkeit von Verwaltungsvorschriften und sonstigen vermeidbaren Einflussnahmen frei ist und ihm gegenüber Einzelweisungen unzulässig sind.[4] Zur rechtsprechenden Tätigkeit zählt nicht nur die zu treffende Entscheidung selbst, sondern ebenso die dieser dienenden Handlungen, wie z.B. Terminsbestimmungen, Fristsetzungen, Sitzungspolizei, Beweiserhebungen und Geschäftsverteilung. Ausgenommen von der sachlichen Unabhängigkeit sind nur sog. **Justizverwaltungsangelegenheiten**.[5]

Hauptamtlich und planmäßig endgültig angestellte Richter genießen den vollen Schutz der persönlichen Unabhängigkeit nach Art. 97 Abs. 2 GG. Danach ist es verboten, hauptamtlich und planmäßig endgültig angestellte Richter des Amtes zu entheben oder sie gegen ihren Willen zu versetzen. Auch Maßnahmen der Geschäftsverteilung, die im Ergebnis gleiche Wirkungen haben, sind unzulässig. Die persönliche **Unabhängigkeit des Berufsrichters** wird indessen nicht dadurch beeinträchtigt, dass er der Dienstaufsicht unterliegt. Nach § 26 DRiG beschränkt sich die Dienstaufsicht indessen nur auf den **Bereich äußerer Ordnung** richterlicher Tätigkeit wie bspw. die rechtzeitige Absetzung von Entscheidungen (vgl. § 60 Abs. 4; § 69 Abs. 1 ArbGG). Streitigkeiten hierzu entscheidet das Richterdienstgericht (§§ 61 ff. DRiG), beispielsweise im Zusammenhang mit vorbereitenden Maßnahmen zur dienstlichen Beurteilung der Richteramtsausübung.[6]

§ 26 DRiG Dienstaufsicht

(1) Der Richter untersteht einer Dienstaufsicht nur, soweit nicht seine Unabhängigkeit beeinträchtigt wird.

(2) Die Dienstaufsicht umfasst vorbehaltlich des Absatzes 1 auch die Befugnis, die ordnungswidrige Art der Ausführung eines Amtsgeschäftes vorzuhalten und zu ordnungsgemäßer, unverzögerter Erledigung der Amtsgeschäfte zu ermahnen.

(3) Behauptet der Richter, dass eine Maßnahme der Dienstaufsicht seine Unabhängigkeit beeinträchtige, so entscheidet auf Antrag des Richters ein Gericht nach Maßgabe des Gesetzes.

Die Rechtsstellung der Berufsrichter an den Gerichten für Arbeitssachen richtet sich nach den für Berufsrichter aller Gerichtszweige geltenden **Vorschriften des Deutschen Richtergesetzes (DRiG) sowie den Bestimmungen der landesrechtlichen Richtergesetze**. Voraussetzung für die Ausübung des Amtes eines Berufsrichters ist der Erwerb der Befähigung zum Richteramt.[7] Ergänzend zu den Vorschriften der Richtergesetze auf Bundes- und Landesebene treten entsprechend anzuwendende Bestimmungen aus dem Beamtenrecht. Zur Bestellung der Berufsrichter im Einzelnen vgl. Erl. zu § 18.

Da die Arbeitsgerichtsbarkeit im Schnittpunkt gegenläufiger wirtschaftlicher Interessen der Arbeitnehmer- und Arbeitgeberseite angesiedelt ist, kommt dem Verhalten ihrer Berufsrichter besondere

---

2 § 16 Abs. 2, § 35 Abs. 2.
3 § 18 Rdn. 6.
4 BVerfG, 07.01.1981 – 2 BvR 401, 606/76; BVerfG, 24.03.1982 – 2 BvH 1, 2/82, 2 BvR 233/82, NJW 1982, 1579; BGH Dienstgericht des Bundes, 03.12.2014 – RiZ(R) 2/14, NJW 2015,1250.
5 BVerfG, 22.10.1974 – 2 BvR 147/70, BVerfGE 38, 139.
6 BGH Dienstgericht des Bundes, 04.03.2015 – RiZ(R) 4/14, DRiZ 2016, 110.
7 §§ 5 bis 7 DRiG.

Bedeutung zu. § 39 DRiG gibt insoweit vor, dass der Richter sich innerhalb und außerhalb seines Amtes, auch bei politischer Betätigung, so zu verhalten hat, dass das Vertrauen in seine Unabhängigkeit nicht gefährdet wird. Danach bleibt es dem Berufsrichter zwar erlaubt, Mitglied in politischen Parteien und Verbänden *(Gewerkschaften)* zu werden und sich dort auch aktiv zu betätigen,[8] er ist aber mit Blick auf die verfassungsrechtlich gewährleistete Unabhängigkeit in Art. 97 GG über § 39 DRiG gehalten, sich dabei zurückzunehmen und zu mäßigen (Mäßigungsgebot).[9] Eine **offenkundige einseitige Interessenwahrnehmung** innerhalb und außerhalb seines Amtes kann ansonsten zur erfolgreichen Ablehnung wegen **Befangenheit**[10] führen.[11] Im Übrigen wäre eine Nebentätigkeit, die zur Ansehensgefährdung führt oder sich als Ausübung vollziehender Gewalt darstellt (§ 4 Abs. 1 DRiG), nicht genehmigungsfähig.[12]

III. Ehrenamtliche Richter

7   Die ehrenamtlichen Richter sind staatliche, unabhängige und neutrale Richter, nur an Recht und Gesetz gebunden und nur ihrem Gewissen unterworfen.[13] Sie sind bei ihrer **Entscheidungsfindung frei** und nicht an die Ansichten der durch sie vertretenen Interessengruppen gebunden.[14] Sie stehen den Berufsrichtern hinsichtlich ihrer Rechte und Pflichten gleich und haften ebenso für ihre richterliche Tätigkeit nur nach § 839 Abs. 2 BGB, wenn sie dabei eine Straftat begangen haben *(Richterprivileg)*. Der Rahmen der Rechtsstellung der ehrenamtlichen Richter wird in den §§ 44 bis 45a DRiG umrissen. Näheres zur Rechtsstellung der ehrenamtlichen Richter vgl. Erl. zu §§ 16, 20 bis 24, 43 Abs. 1.

8   Wenngleich die ehrenamtlichen Richter von ihrer Rechtsstellung, ihrer sachlichen Unabhängigkeit und ihrem Stimmrecht bei der Urteilsfällung dieselben Aufgaben und Befugnisse haben wie die Berufsrichter, bleiben gleichwohl **bestimmte richterliche Befugnisse dem Berufsrichter (als Vorsitzenden) vorbehalten**. Dazu zählen der Erlass aller nicht aufgrund mündlicher Verhandlung ergehenden Verfügungen und Beschlüsse, die Durchführung der Güteverhandlung und die alleinige Entscheidungsbefugnis in bestimmten Verfahrenssituationen *(z.B. Klagerücknahme, Säumnis, örtliche Zuständigkeit, Aussetzung des Verfahrens, Einstellung der Zwangsvollstreckung)*. Vgl. näher die Erl. zu §§ 53 Abs. 2, 54, 55. Die ordnungsgemäße Heranziehung der ehrenamtlichen Richter zu den einzelnen Sitzungstagen muss – unter Einhaltung gesetzlicher Vorgaben[15] – geschäftsverteilungsplanmäßig nachvollziehbar geregelt sein.[16] Vgl. Erl. unter § 31 Rdn. 5.

9   Die ehrenamtlichen Richter erhalten im Unterschied zum Berufsrichter für ihre richterliche Tätigkeit keine Vergütungen. Sie üben ihre Aufgaben in Wahrnehmung einer staatsbürgerlichen Pflicht als öffentliches **Ehrenamt** aus. Als Ausgleich für ihre Zeitversäumnis und ihre Wegeunkosten erhalten sie eine Aufwandsentschädigung in Geld.[17] Näheres hierzu vgl. § 31 Rdn. 21 bis 32.

---

8   BVerfG, Vorprüfungsausschuss v. 15.03.1984 – 1 BvR 200/84, NJW 1984, 1974.
9   Papier NJW 2001, 1089; Schwab/Weth-Liebscher § 6 Rn 21 f.; HaKo-ArbGG/Zimmermann § 6 Rn 6; Schmidt-Räntsch DRiG 6. Aufl. § 39 Rn 4, 9, 28; HWK-Kalb § 6 Rn 6; GK-ArbGG/Mikosch § 6 Rn 3; Nds. Dienstgerichtshof für Richter, 14.09.1089 – DGH 2/89, NdsRpfl 1989, 297.
10 § 42 ZPO.
11 GMPMG/Prütting § 6 Rn 7.
12 OVG NRW 08.12.2006 – 1A 3842/05, Rn 34, 37.
13 § 45 Abs. 3 DRiG.
14 Berger/Delhey BB 1988, 1664; GK-ArbGG/Mikosch § 6 Rn 7.
15 Vgl. BAG, 17.09.2014 – 10 AZB 4/14 – Rn 6, EzA § 2 ArbGG 1979 Nr. 86.
16 BVerfG, 06.02.1998 – 1 BvR 1788/97, NZA 1998, 445; BAG, 23.03.2010 – 9 AZR 1030/09, NJW 2010, 2298; BAG, 16.10.2008 – 7 AZN 427/08, NZA 2009, 510.
17 Justizvergütungs- und -entschädigungsgesetz (JVEG) v. 05.05.2004, in Kraft ab 01.07.2004 BGBl. I, S. 718, zuletzt geändert durch Gesetz vom 30.07.2009, BGBl. I, S. 2449; zuvor Gesetz über die Entschädigung der ehrenamtlichen Richter i.d.F. der Bekanntmachung vom 01.10.1969, BGBl. I, S. 1753, zuletzt geändert durch Gesetz vom 22.02.2002, BGBl. I, S. 981 – EhrRiEG; BAG, 22.01.2009 – 6 AZR 78/08, NZA 2009, 735; BAG 26.09.2007 – 10 AZR 35/07, NZA 2007, 1318.

Der Entschädigungsaufwand steht den ehrenamtlichen Richtern nicht nur für die eigentliche richterliche Tätigkeit durch Teilnahme an gerichtlichen Terminen, sondern auch hinsichtlich der Zeiten von Einführungs- und Fortbildungsveranstaltungen und zur Teilnahme an Sitzungen des Beisitzerausschusses zu.[18] Der **Entschädigungsanspruch** beschränkt sich allerdings auf die **notwendige Zeit der richterlichen Tätigkeit** und nicht auf die gesamte tatsächlich aufgewendete Zeit.[19]   10

Soweit ein ehrenamtlicher Richter in einem Arbeitsverhältnis steht, ist er für die Ausübung der richterlichen Tätigkeit **von der Arbeit freizustellen**. Dies gilt auch für begleitende **Schulungsveranstaltungen**.[20] Hierzu können Regelungen auch in einer Betriebsvereinbarung getroffen werden.[21] Die Fortzahlung seiner Arbeitsvergütung richtet sich in diesen Fällen nach den arbeits- bzw. tarifvertraglichen Vorschriften. Reicht die gesetzliche Aufwandsentschädigung, z.B. bei Schulungen durch die zuständigen staatlichen Stellen,[22] nicht aus, den Lohnausfall des Arbeitnehmers vollständig abzudecken, ergeben sich für den Rest Entgeltzahlungspflichten des Arbeitgebers aus § 616 Abs. 1 BGB.[23] Näheres vgl. Erl. zu § 31 Rdn. 22.   11

§ 6a Allgemeine Vorschriften über das Präsidium und die Geschäftsverteilung

Für die Gerichte für Arbeitssachen gelten die Vorschriften des Zweiten Titels des Gerichtsverfassungsgesetzes nach Maßgabe der folgenden Vorschriften entsprechend:

1. ¹Bei einem Arbeitsgericht mit weniger als drei Richterplanstellen werden die Aufgaben des Präsidiums durch den Vorsitzenden oder, wenn zwei Vorsitzende bestellt sind, im Einvernehmen der Vorsitzenden wahrgenommen. ²Einigen sich die Vorsitzenden nicht, so entscheidet das Präsidium des Landesarbeitsgerichts oder, soweit ein solches nicht besteht, der Präsident dieses Gerichts.
2. Bei einem Landesarbeitsgericht mit weniger als drei Richterplanstellen werden die Aufgaben des Präsidiums durch den Präsidenten, soweit ein zweiter Vorsitzender vorhanden ist, im Benehmen mit diesem wahrgenommen.
3. Der Aufsicht führende Richter bestimmt, welche richterlichen Aufgaben er wahrnimmt.
4. Jeder ehrenamtliche Richter kann mehreren Spruchkörpern angehören.
5. Den Vorsitz in den Kammern der Arbeitsgerichte führen die Berufsrichter.

Übersicht

	Rdn.
I. Allgemeines	1
II. Präsidium	3
1. Aufgabenstellung	3
2. Zusammensetzung und Größe	5
3. Wahl	9
4. Vertretung	13
5. Verfahren	15
6. Präsident und der Aufsicht führende Richter	21
III. Geschäftsverteilung	24
1. Grundsätze	24
2. Zuweisung der Richter	28
3. Zuweisung richterlicher Aufgaben	32
4. Streitigkeiten	36

I. Allgemeines

§ 6a passt die allgemeinen Vorschriften der §§ 21a bis i GVG über das Präsidium und die Geschäftsverteilung den **besonderen Verhältnissen der Gerichte für Arbeitssachen** an. Dabei war sowohl den abweichenden Besetzungsregelungen in den §§ 6 und 35 Abs. 2 als auch den geringeren Größen-   1

---

18 Wolmerath Der ehrenamtliche Richter in der Arbeitsgerichtsbarkeit, 2003, S. 56 ff.; Berger/Delhey BB 1988, 1669; GMPMG/Prütting § 6 Rn 17.
19 Vgl. BAG, 26.09.1972 – 1 AZR 227/72; LAG Bremen, 25.07.1988 – 2 Ta 72/87; LAG Hamm, 23.03.1993 – 8 Ta 294/91, NZA 1993, 864.
20 BAG, 25.08.1982 – 4 AZR 1147/79, EzA § 26 ArbGG 1979 Nr. 1.
21 LAG Rheinland-Pfalz, 25.11.2014 – 8 Sa 363/14.
22 § 15 Abs. 3 JVEG.
23 LAG Bremen, 14.06.1990 – 3 Sa 132/89, LAGE § 616 BGB Nr. 5; GK-ArbGG/Mikosch § 6 Rn 9.

ordnungen der Gerichtsbarkeit in der Zahl der Richter Rechnung zu tragen. Die **Sondervorschriften** betreffen durchgehend nur die Gerichte für Arbeitssachen im ersten und zweiten Rechtszug. Ergänzende Bestimmungen für die ehrenamtlichen Richter finden sich neben Nr. 4 noch in der Bestimmung zur Besetzung von Fachkammern in § 30. Die Beteiligung der ehrenamtlichen Richter an der Geschäftsverteilung findet über den nach § 29 zu bildenden Ausschuss statt. Vgl. hierzu die Erl. zu § 29 Rdn. 10 bis 12.

2 Mit dem Gesetz zur Stärkung der Unabhängigkeit der Richter und Gerichte vom 22.12.1999[1] sind die Privilegien der Vorsitzenden Richter im Präsidium und in den Spruchkörpern mit mehreren Berufsrichtern *(BAG)* ab dem 01.01.2000 aufgehoben worden. Danach sind **für die Aufgabenstellung im Präsidium alle Richter als gleichrangig** anzusehen.[2] Die gesetzlichen Änderungen haben ohne Änderung des ArbGG Auswirkungen auf die Zusammensetzung des Präsidiums am BAG.[3]

II. Präsidium

1. Aufgabenstellung

3 Nach § 21a GVG ist bei jedem Gericht zwingend ein Präsidium zu errichten. Die Zahl der Richterplanstellen ist für die Errichtung als solche unerheblich und bestimmt nach § 21d GVG allein dessen Größe.[4] Das Präsidium ist ein **Organ richterlicher Selbstverwaltung**. Mit ihm werden Aufgaben der Gerichte erfüllt, die unerlässliche Vorstufen der eigentlichen Rechtsprechung sind. Vornehmste Pflicht des Präsidiums ist es, die Richterdienstgeschäfte nach § 21e GVG zu verteilen und damit den gesetzlichen Richter entsprechend Art. 101 Abs. 1 Satz 2 GG näher zu bestimmen. Die selbstverantwortete Wahrnehmung dieser Pflicht durch die Richter stärkt ihre richterliche Unabhängigkeit aus Art. 97 GG; die Entscheidungen des Präsidiums sind Bestandteil der richterlichen Unabhängigkeit.[5]

4 Die Zuteilung der Richter auf die einzelnen Spruchkörper nach § 21e Abs. 1 GVG ist aufgrund der besonderen Besetzungsregeln aus den §§ 6 und 35 Abs. 2 in der Arbeitsgerichtsbarkeit nur für das BAG von Bedeutung. Im ersten und zweiten Rechtszug haben demgegenüber die Verteilung der Geschäfte und die Regelung der Vertretung größeres Gewicht.

2. Zusammensetzung und Größe

§ 21a GVG

(1) Bei jedem Gericht wird ein Präsidium gebildet.

(2) Das Präsidium besteht aus dem Präsidenten oder aufsichtführenden Richter als Vorsitzenden und
1. *bei Gerichten mit mindestens achtzig Richterplanstellen aus zehn gewählten Richtern,*
2. *bei Gerichten mit mindestens vierzig Richterplanstellen aus acht gewählten Richtern,*
3. *bei Gerichten mit mindestens zwanzig Richterplanstellen aus sechs gewählten Richtern,*
4. *bei Gerichten mit mindestens acht Richterplanstellen aus vier gewählten Richtern,*
5. *bei den anderen Gerichten aus den nach § 21b Abs. 1 wählbaren Richtern.*

5 Das Präsidium setzt sich aus den Berufsrichtern zusammen. Den Vorsitz führt als geborenes Mitglied der Präsident oder der die Aufsicht führende Richter des Gerichts. Die Zahl der weiteren gewählten Präsidiumsmitglieder richtet sich ungeachtet der tatsächlichen Besetzung nach den vor-

---

[1] BGBl. I, S. 2598.
[2] BT-Drs. 14/979, S. 4.
[3] Kissel/Mayer NJW 2000, 460.
[4] OVG Berlin-Brandenburg, 14.04.2016 – OVG 4 A1.16, Rn 15.
[5] BGH, 14.09.1990 – RiZ (R) 3/90, NJW 1991, 423; Schwab/Weth-Liebscher § 6a Rn 53; Hauck/Helml § 6a Rn 2; ErfK/Koch § 6a Rn 1.

handenen Richterplanstellen des Gerichts.[6] Demzufolge besteht das Präsidium nach den neuen Größenordnungen des § 21a Abs. 2 n.F. ab dem 01.01.2000 neben dem Präsidenten oder dem Aufsicht führenden Richter bei Gerichten mit mindestens acht, aber weniger als zwanzig Richterplanstellen aus vier gewählten Richtern, bei größeren Gerichten aus sechs und bei Gerichten mit mindestens vierzig Richterplanstellen aus acht gewählten Richtern, bei kleineren Gerichten aus den nach § 21b Abs. 1 GVG wählbaren Richtern *(sog. Plenarpräsidium)*. Das Präsidium beim BAG muss nach der Neufassung des GVG (s. Rdn. 2) nicht mehr zur Hälfte aus Vorsitzenden Richtern bestehen. Kommt es zu erheblichen Veränderungen der Zahl von Richterplanstellen, ist dies bei der nächsten Präsidiumswahl zu berücksichtigen.[7]

§ 21d GVG

(1) Für die Größe des Präsidiums ist die Zahl der Richterplanstellen am Ablauf des Tages maßgebend, der dem Tage, an dem das Geschäftsjahr beginnt, um sechs Monate vorhergeht.

(2) Ist die Zahl der Richterplanstellen bei einem Gericht mit einem Präsidium nach § 21a Abs. 2 Nr. 1 bis 3 unter die jeweils genannte Mindestzahl gefallen, so ist bei der nächsten Wahl, die nach § 21b Abs. 4 stattfindet, die folgende Zahl von Richtern zu wählen:
1. bei einem Gericht mit einem Präsidium nach § 21a Abs. 2 Nr. 1 vier Richter,
2. bei einem Gericht mit einem Präsidium nach § 21a Abs. 2 Nr. 2 drei Richter,
3. bei einem Gericht mit einem Präsidium nach § 21a Abs. 2 Nr. 3 zwei Richter.

(2) Neben den nach § 21b Abs. 4 ausscheidenden Mitgliedern scheidet jeweils ein weiteres Mitglied, das durch das Los bestimmt wird, aus.

(3) Ist die Zahl der Richterplanstellen bei einem Gericht mit einem Präsidium nach § 21a Abs. 2 Nr. 2 bis 4 über die für die bisherige Größe des Präsidiums maßgebende Höchstzahl gestiegen, so ist bei der nächsten Wahl, die nach § 21b Abs. 4 stattfindet, die folgende Zahl von Richtern zu wählen:
1. bei einem Gericht mit einem Präsidium nach § 21a Abs. 2 Nr. 2 sechs Richter,
2. bei einem Gericht mit einem Präsidium nach § 21a Abs. 2 Nr. 3 fünf Richter,
3. bei einem Gericht mit einem Präsidium nach § 21a Abs. 2 Nr. 4 vier Richter.

Hiervon scheidet jeweils ein Mitglied, das durch das Los bestimmt wird, nach zwei Jahren aus.

Die besonderen Verhältnisse in der Arbeitsgerichtsbarkeit führen in den Nr. 1 und 2 des § 21a Abs. 2 GVG zu **abweichenden Bestimmungen für kleinere Gerichtseinheiten**. Bei einem ArbG mit weniger als drei Richterplanstellen nimmt der Vorsitzende oder, falls zwei Vorsitzende bestellt sind, nehmen beide Vorsitzenden die Aufgaben des Präsidiums einvernehmlich wahr *(Nr. 1 Satz 1)*. Zum Begriff des Einvernehmens vgl. Erl. zu § 117. Können sich die Vorsitzenden des ArbG zur Geschäftsverteilung nicht einigen, entscheidet das **Präsidium des Landesarbeitsgerichts** oder, soweit ein solches nicht besteht, der Präsident dieses Gerichts *(Nr. 1 Satz 2)*. Anders als § 21a Abs. 2 Nr. 3 GVG ist die Mitgliedschaft im Präsidium des kleinen ArbG nach § 6a nicht von der Wählbarkeit der Richter abhängig. Deshalb ist auch bei einem Zweikammergericht mit einem Direktor und Richter auf Lebenszeit sowie einem weiteren, länger als drei Monate abgeordneten Richter auf Probe oder einem Richter kraft Auftrags Einvernehmen über die anstehende Geschäftsverteilung zu erzielen.

Bei einem LAG mit weniger als drei Planstellen erfüllt nach **Nr. 2** der Präsident die Aufgaben des Präsidiums. Ist ein weiterer Vorsitzender vorhanden, hat sich der Präsident mit diesem ins Benehmen zu setzen.. Im Unterschied zum ersten Rechtszug ist das Einverständnis des weiteren Vorsitzenden zur vom Präsidenten beabsichtigten Geschäftsverteilung daher nicht erforderlich. Folgerichtig sieht § 6a keine Entscheidung einer übergeordneten Stelle für den Fall der Nichteinigung vor.

---

6 § 21a Abs. 2 GVG; OLG Koblenz, 26.01.1996 – 12 VAs 1/96.
7 § 21d GVG.

3. Wahl

§ 21b GVG

(1) Wahlberechtigt sind die Richter auf Lebenszeit und die Richter auf Zeit, denen bei dem Gericht ein Richteramt übertragen ist, sowie die bei dem Gericht tätigen Richter auf Probe, die Richter kraft Auftrages und die für die Dauer von mindestens drei Monaten abgeordneten Richter, die Aufgaben der Rechtsprechung wahrnehmen. Wählbar sind die Richter auf Lebenszeit und die Richter auf Zeit, denen bei dem Gericht ein Richteramt übertragen ist. Nicht wahlberechtigt und nicht wählbar sind Richter, die für mehr als drei Monate an ein anderes Gericht abgeordnet, für mehr als drei Monate beurlaubt oder an eine Verwaltungsbehörde abgeordnet sind.

(2) Jeder Wahlberechtigte wählt die vorgeschriebene Zahl von Richtern.

(3) Die Wahl ist unmittelbar und geheim. Gewählt ist, wer die meisten Stimmen auf sich vereint. Durch Landesgesetz können andere Wahlverfahren für die Wahl zum Präsidium bestimmt werden; in diesem Fall erlässt die Landesregierung durch Rechtsverordnung die erforderlichen Wahlordnungsvorschriften; sie kann die Ermächtigung hierzu auf die Landesjustizverwaltung übertragen. Bei Stimmengleichheit entscheidet das Los.

(4) Die Mitglieder werden für vier Jahre gewählt. Alle zwei Jahre scheidet die Hälfte aus. Die zum ersten Mal ausscheidenden Mitglieder werden durch das Los bestimmt.

(5) Das Wahlverfahren wird durch eine Rechtsverordnung geregelt, die von der Bundesregierung mit Zustimmung des Bundesrates erlassen wird.

(6) Ist bei der Wahl ein Gesetz verletzt worden, so kann die Wahl von den in Absatz 1 Satz 1 bezeichneten Richtern angefochten werden. Über die Wahlanfechtung entscheidet ein Senat des zuständigen Oberlandesgerichts, bei dem Bundesgerichtshof ein Senat dieses Gerichts. Wird die Anfechtung für begründet erklärt, so kann ein Rechtsmittel gegen eine gerichtliche Entscheidung nicht darauf gestützt werden, das Präsidium sei deshalb nicht ordnungsgemäß zusammengesetzt gewesen. Im übrigen sind auf das Verfahren die Vorschriften des Gesetzes über die Angelegenheiten der freiwilligen Gerichtsbarkeit sinngemäß anzuwenden.

Wahlberechtigt zum Präsidium sind nach § 21b Abs. 1 GVG die Richter auf Lebenszeit, die Richter auf Zeit, denen bei dem Gericht ein Richteramt übertragen ist, sowie – anders als in der ordentlichen Gerichtsbarkeit – die bei einem Gericht tätigen Richter auf Probe, die Richter kraft Auftrags und die für eine Dauer von mindestens drei Monaten zur Wahrnehmung von Aufgaben der Rechtsprechung abgeordneten Richter. **Wählbar** sind dagegen nur die Richter auf Lebenszeit oder auf Zeit. Nicht wählbar ist der Präsident oder aufsichtführende Richter als geborenes Mitglied des Präsidiums. Als möglicher Vorsitzender des Präsidiums ist der Vizepräsident oder Stellvertreter des Aufsicht führenden Richters wählbar; was sich aus § 21c Abs. 1 Satz 2 GVG ableiten lässt.[8] Wird ein Richter für mehr als drei Monate an ein anderes Gericht oder an eine Verwaltungsbehörde abgeordnet, verliert er seine Wahlberechtigung und Wählbarkeit an diesem Gericht. Er kann aber zugleich an dem anderen Gericht wahlberechtigt und wählbar werden.

9 Die **Wahl** der Präsidiumsmitglieder erfolgt **für vier Jahre**. Für die wahlberechtigten Richter besteht **Wahlpflicht**; der zum Präsidium gewählte Richter kann die Wahl nicht ablehnen. Die Präsidiumswahl dient der Wahrnehmung richterlicher Aufgaben und nicht etwa der Ausübung eigener Belange.[9] Die Wahl ist unmittelbar und geheim. Jeder Wahlberechtigte hat im Wege der sog. Blockwahl so viele Richter zu wählen, wie dem Präsidium angehören. Gewählt ist, wer die meisten Stimmen auf sich vereinigt. Bei Stimmengleichheit entscheidet das Los.[10] Die **Wahl** zum Präsidium

---

8 Vgl. auch Kissel/Mayer § 21b Rn 11; GK-ArbGG/Schleusener § 6a Rn 24.
9 BVerwG, 23.05.1975 – VII A 1.73, DVBl 1975, 727.
10 § 21b Abs. 3 GVG.

findet **alle zwei Jahre** statt, da nach § 21b Abs. 4 Satz 2 GVG zu diesem Zeitpunkt jeweils die Hälfte der Präsidiumsmitglieder ausscheiden muss. Näheres regelt die **Wahlordnung** für Präsidien der Gerichte vom 19.09.1972[11] in der geänderten Fassung vom 22.12.1999.[12] Nach Art. 5a des Gesetzes sind die neuen Vorschriften in §§ 21a, b und d GVG für Präsidiumswahlen erst ab dem 01.04.2000 *(Größe des Präsidiums, Stellung der Vorsitzenden Richter)* anzuwenden. Bei der ersten Wahl sind alle Präsidiumsmitglieder neu zu wählen, danach bleibt es beim 2-jährigen Wahlturnus für die Hälfte der gewählten Präsidiumsmitglieder.[13] In § 21b Abs. 3 GVG hat der Gesetzgeber durch die Neufassung ab dem 01.01.2000 eine Öffnungsklausel für **abweichende landesrechtliche Wahlvorschriften** geschaffen. Dies ermöglicht auf Landesebene die Einführung eines Verhältniswahlsystems durch Rechtsverordnung der Landesregierung. Damit kann die Repräsentanz kleinerer Richtergruppen *(Interessenvertretungen der Ver.di, der Neuen Richtervereinigung etc.)* im Präsidium verbessert werden.[14]

Die Teilnahme an der Präsidiumswahl und die **Ausübung des Präsidiumsamtes** sind Bestandteil der **Dienstpflicht**.[15] Verletzungen dieser Dienstpflicht können dienstaufsichtsrechtlich nach § 26 DRiG geahndet werden. 10

Verstöße gegen die Wahlpflicht beeinträchtigen nicht die Wirksamkeit der Wahl zum Präsidium.[16] Bei anderen Gesetzesverletzungen kann die Wahl des Präsidiums von jedem wahlberechtigten Richter angefochten werden.[17] Die Entscheidung über die **Anfechtung einer Präsidiumswahl** im ersten oder zweiten Rechtszug trifft eine durch Geschäftsverteilungsplan bestimmte Kammer des Landesarbeitsgerichts, für die Anfechtung der Präsidiumswahl am BAG der dort bestimmte Senat.[18] Eine einzuhaltende Anfechtungsfrist ist nicht vorgegeben.[19] Wahlverstöße führen nicht zur Unwirksamkeit von Beschlüssen des Präsidiums; selbst bei begründeter Wahlanfechtung lässt sich darauf ein Rechtsmittel gegen eine gesetzliche Entscheidung nicht stützen.[20] 11

4. Vertretung

§ 21c GVG

(1) Bei einer Verhinderung des Präsidenten oder aufsichtführenden Richters tritt sein Vertreter (§ 21h) an seine Stelle. Ist der Präsident oder aufsichtführende Richter anwesend, so kann sein Vertreter, wenn er nicht selbst gewählt ist, an den Sitzungen des Präsidiums mit beratender Stimme teilnehmen. Die gewählten Mitglieder des Präsidiums werden nicht vertreten.

(2) Scheidet ein gewähltes Mitglied des Präsidiums aus dem Gericht aus, wird es für mehr als drei Monate an ein anderes Gericht abgeordnet oder für mehr als drei Monate beurlaubt, wird es an eine Verwaltungsbehörde abgeordnet oder wird es kraft Gesetzes Mitglied des Präsidiums, so tritt an seine Stelle der durch die letzte Wahl Nächstberufene.

Der geborene Vorsitzende des Präsidiums kann durch seinen Stellvertreter im Fall der Verhinderung vertreten werden. Dagegen scheidet eine **Vertretung** eines verhinderten **gewählten Präsi-**

---

11 BGBl. I, S. 1821.
12 Art. 2 des Gesetzes zur Stärkung der Unabhängigkeit der Richter und Gerichte, BGBl. I, S. 2598.
13 § 21b Abs. 4 GVG.
14 BT-Drs. 14/979, S. 4.
15 BVerwG, 23.05.1975, a.a.O.
16 Kissel/Mayer § 21b Rn 15.
17 § 21b Abs. 6 GVG; vgl. BVerwGE 44, 172, 174; OVG Berlin-Brandenburg, 14.04.2016 – OVG 4 A1.16, Rn 9, 11.
18 GK-ArbGG/Schleusener § 6a Rn 29 ff.
19 OVG Nordrhein-Westfalen, 09.04.1987 – 1 E 8/87, NJW 1988, 723.
20 Kissel/Mayer § 21b Rn 21; Hauck/Helml § 6a Rn 5; Schwab/Weth/Liebscher § 6a Rn 45.

diumsmitglieds aus.²¹ Zu den Verhinderungsgründen zählen Krankheit, Urlaub und Dienstbefreiung, für das geborene Mitglied u.U. auch die vorübergehende Nichtbesetzung der Planstelle des Präsidenten oder des Aufsicht führenden Richters. Auch bei unaufschiebbaren Dienstgeschäften kann nur im Ausnahmefall eine **Verhinderung** angenommen werden, da die Geschäfte des Präsidiums regelmäßig vorgehen.²² Ist der Vorsitzende des Präsidiums verhindert, leitet sein Stellvertreter die Präsidiumssitzung. Der Vertreter des Präsidenten oder des Aufsicht führenden Richters kann auch an den Sitzungen des Präsidiums mit beratender Stimme teilnehmen. Ist ein gewähltes Präsidiumsmitglied verhindert, muss die Beschlussfähigkeit nach § 21i Abs. 1 GVG überprüft werden.

§ 21i GVG

(1) Das Präsidium ist beschlussfähig, wenn mindestens die Hälfte seiner gewählten Mitglieder anwesend ist.

(2) Sofern eine Entscheidung des Präsidiums nicht rechtzeitig ergehen kann, werden die in § 21e bezeichneten Anordnungen von dem Präsidenten oder aufsichtführenden Richter getroffen. Die Gründe für die getroffene Anordnung sind schriftlich niederzulegen. Die Anordnung ist dem Präsidium unverzüglich zur Genehmigung vorzulegen. Sie bleibt in Kraft, solange das Präsidium nicht anderweit beschließt.

13   Das **Ausscheiden** eines Mitglieds des Präsidiums ist nur in den von § 21c Abs. 2 GVG genannten Fällen möglich. Im Vordergrund steht dabei ein Ausscheiden infolge Beendigung jeglicher richterlichen Tätigkeit an dem Gericht durch Tod, Pensionierung, Beförderung in ein höheres Richteramt an ein anderes Gericht oder Versetzung zu einer Verwaltungsbehörde. Lang anhaltende Krankheit oder Überlastung im richterlichen Dezernat geben dagegen keinen Grund, aus dem Präsidium auszuscheiden. Insoweit ist das Ausscheiden von möglichen Vertretungsfällen zu unterscheiden.²³

14   Liegt ein gesetzlicher Ausscheidungsgrund vor (vgl. Rdn. 13), rückt nach dem Ergebnis der letzten Präsidiumswahl der noch wählbare Richter mit den meisten Stimmen nach. Scheiden aus dem Präsidium gleichzeitig zwei Mitglieder aus, von denen das eine aufgrund der vorletzten, das andere aufgrund der letzten Wahl in das Präsidium gekommen war, ist durch Auslosung festzulegen, wer von den Nächstberufenen für das eine und wer für das andere Mitglied nachrückt. Der Nächstberufene tritt in die Amtszeit des ausgeschiedenen Präsidiumsmitglieds ein.²⁴

5. Verfahren

15   Eine abschließende Regelung des vom Präsidium einzuhaltenden Verfahrens sieht das GVG nicht vor. Die **Verfahrensgestaltung** liegt deshalb in seinem **pflichtgemäßen Ermessen**, soweit das GVG nicht bestimmte Regelungen vorhält.²⁵ Das Präsidium kann sich eine **Geschäftsordnung** geben, ist dazu aber nicht verpflichtet.²⁶ Das BAG hat davon zuletzt 2003 Gebrauch gemacht. Näher dazu Erl. zu § 44. Den **Vorsitz** im Präsidium führt in jedem Fall der Präsident oder der aufsichtführende Richter.²⁷

16   Nach § 21i Abs. 1 GVG ist das Präsidium nur **beschlussfähig**, wenn mindestens die Hälfte seiner gewählten Mitglieder anwesend ist (s. Rdn. 12). Das Präsidium entscheidet gem. § 21e Abs. 7 GVG

---

21   § 21c Abs. 1 Satz 3 GVG.
22   GK-ArbGG/Schleusener § 6a Rn 37, 116 ff.
23   Schwab/Weth/Liebscher § 6a Rn 34 ff., 49.
24   BGH, 18.10.1990 – III ZB 35/90, NJW 1991, 1183.
25   BVerwG, 05.04.1983 – 9 CB 12/80, NJW 1984, 575 LS; Kissel/Mayer GVG § 21e Rn 29; GMPMG/Müller-Glöge § 6a Rn 33.
26   BVerwG, 05.04.1983 – 9 CB 12/80, NJW 1984, 575.
27   § 21a Abs. 2 GVG.

(s. Rdn. 23) mit Stimmenmehrheit, bei Stimmengleichheit ist entsprechend § 21i Abs. 2 GVG zu verfahren (s. Rdn 12), bis eine Mehrheit zustande kommt. Das Präsidium hat vor seinen Entscheidungen zur Geschäftsverteilung[28] und zur Zuteilung eines Richters an einen bestimmten Spruchkörper[29] **Anhörungspflichten** gegenüber den *(betroffenen)* Richtern. Soll ein Richter neben dem Präsidenten und Vizepräsidenten bzw. dem aufsichtführenden Richter und seinem Stellvertreter für Aufgaben der Justizverwaltung ganz oder teilweise freigestellt werden, steht dem Präsidium nur ein Anhörungs- und Informationsrecht zu.[30] Zu den Besonderheiten der Plenarpräsidien kleinerer Arbeits- und Landesarbeitsgerichte vgl. Rdn. 6 f.

Zu den ungeschriebenen Verfahrensgrundsätzen zählt, dass das Präsidium seine **Beschlüsse** regelmäßig **schriftlich** niederlegt. Die Beschlüsse werden entweder von allen beteiligten Präsidiumsmitgliedern unterzeichnet oder in einem Protokoll festgehalten, dessen Richtigkeit vom Vorsitzenden oder vom Vorsitzenden und dem Protokollführer durch Unterschrift bestätigt wird.[31] 17

Ob in Ausnahmefällen ein Beschluss des Präsidiums im **Umlaufverfahren** ohne Sitzung getroffen werden kann, ist streitig, im Ergebnis aber in eilbedürftigen und im Präsidium unumstrittenen Angelegenheiten zu bejahen.[32] Voraussetzung dafür ist allerdings, dass alle mitwirkungsberechtigten und nicht verhinderten Präsidiumsmitglieder der Beschlussfassung im Umlaufverfahren zustimmen.[33] Die in § 21i Abs. 1 GVG geforderte Anwesenheit zur Bestimmung der Beschlussfähigkeit spricht ebenso wenig wie die mögliche Richteröffentlichkeit nach § 21e Abs. 8 GVG dagegen.[34] Die dem Präsidium überlassene autonome Verfahrensgestaltung ist auch in diesem Punkt maßgeblich. 18

Als unabhängiges Organ richterlicher Selbstverwaltung kann das Präsidium nach der neuen Regelung in § 21e Abs. 8 GVG bei Beratungen und Abstimmungen des Präsidiums die **Richteröffentlichkeit***(zeitweise)* herstellen.[35] Eine Herstellung der Richteröffentlichkeit ist in das Ermessen des Präsidiums gestellt. Der Schutz der Persönlichkeitsrechte betroffener Richterinnen und Richter wird ferner durch eine analoge Anwendung des § 171 GVG *(Ausschluss der Öffentlichkeit bei einer Gerichtsverhandlung)* absichert. Mit diesem »Mittelweg« zwischen Transparenz der Präsidiumsentscheidungen und den Persönlichkeitsrechten der davon Betroffenen bleibt die Unabhängigkeit der Präsidiumsmitglieder bei der Entscheidungsfindung gewährleistet. 19

Die Mitglieder des Präsidiums können sich **bei der Beschlussfassung nicht der Stimme enthalten**. Aufgabenstellung des richterlichen Selbstverwaltungsorgans (Rdn. 1), Wahlpflicht (Rdn. 8) und die Pflicht zur Amtsübernahme (Rdn. 9) lassen ein derartiges Stimmverhalten nicht zu.[36] Enthält sich ein Präsidiumsmitglied gleichwohl der Stimme, so ist seine Enthaltung als Nein-Stimme zu werten.[37] Kommt es zu einer Pattsituation, ist ein Präsidiumsbeschluss nicht gefasst. In diesem Fall kann der Vorsitzende des Präsidiums eine **Eilanordnung** treffen. Es ist nach § 21i Abs. 2 GVG (s. Rdn. 12) zu verfahren. 20

---

28 § 21e Abs. 2, 3 und 5 GVG.
29 § 21e Abs. 4 GVG.
30 § 21e Abs. 6 GVG.
31 BVerwG, 29.06.1984 – 6 C 35/83, NJW 1984, 2961.
32 Wie hier BVerwG, 25.04.1991 – 7 c 11/90, NJW 1992, 254; GK-ArbGG/Schleusener § 6a Rn 69; Kissel/Mayer GVG § 21e Rn 37; Zöller/Lückemann § 21i GVG Rn 3; a.A. GMPMG/Müller-Glöge § 6a Rn 35; Hauck/Helml § 6a Rn 9; Schwab/Weth-Liebscher § 6a Rn 101.
33 BVerwG, 25.04.1991 – 7 C 11/90, NJW 1992, 254.
34 A.A. GMPMG/Müller-Glöge § 6a Rn 35; Hauck/Helml § 6a Rn 9.
35 So bereits BGH, 07.04.1995 – RiZ [R] 7/94.
36 GK-ArbGG/Schleusener § 6a Rn 74; a.A. Baumbach/Albers § 21e Rn 19.
37 GMPMG/Müller-Glöge § 6a Rn 42; a.A. Schwab/Weth-Liebscher § 6a Rn 104; Kissel/Mayer § 21e GVG Rn 66: Stimme bleibt unberücksichtigt.

6. Präsident und der Aufsicht führende Richter

21 Dem **Präsidenten** oder aufsichtführenden Richter[38] ist mit dem Vorsitz die Führung der Geschäfte und die Vertretung des Präsidiums nach außen anvertraut.[39] Ist eine rechtzeitige Entscheidung des Präsidiums nicht möglich, hat er die Befugnis, eine **Eil- oder Ersatzanordnung** zu treffen, die er jedoch dem Präsidium unverzüglich zur Genehmigung vorzulegen hat.[40]

22 Im Rahmen der Geschäftsverteilung nach § 21e GVG hat der **Präsident** nach Abs. 1 Satz 3 das Recht, vorab zu bestimmen, **welche richterlichen Aufgaben** er wahrnimmt. Daraus ergibt sich zugleich, dass er sich nicht allein mit Verwaltungsaufgaben beschäftigen darf, sondern ein richterliches Dezernat zu betreiben hat. Das Präsidium ist an die Festlegungen des Präsidenten gebunden und kann nur noch die verbleibenden richterlichen Aufgaben verteilen.[41] Eine entsprechende Befugnis des aufsichtführenden Richters zu einer maßvollen Entlastungsregelung wird in Ergänzung zu § 21e GVG in **Nr. 3** zu **§ 6a** ausdrücklich festgelegt.[42]

III. Geschäftsverteilung

1. Grundsätze

23 *§ 21e GVG*

(1) Das Präsidium bestimmt die Besetzung der Spruchkörper, bestellt die Ermittlungsrichter, regelt die Vertretung und verteilt die Geschäfte. Es trifft diese Anordnungen vor dem Beginn des Geschäftsjahres für dessen Dauer. Der Präsident bestimmt, welche richterlichen Aufgaben er wahrnimmt. Jeder Richter kann mehreren Spruchkörpern angehören.

(2) Vor der Geschäftsverteilung ist den Richtern, die nicht Mitglied des Präsidiums sind, Gelegenheit zur Äußerung zu geben.

(3) Die Anordnungen nach Absatz 1 dürfen im Laufe des Geschäftsjahres nur geändert werden, wenn dies wegen Überlastung oder ungenügender Auslastung eines Richters oder Spruchkörpers oder infolge Wechsels oder dauernder Verhinderung einzelner Richter nötig wird. Vor der Änderung ist den Vorsitzenden Richtern, deren Spruchkörper von der Änderung der Geschäftsverteilung berührt wird, Gelegenheit zu einer Äußerung zu geben.

(4) Das Präsidium kann anordnen, dass ein Richter oder Spruchkörper, der in einer Sache tätig geworden ist, für diese nach einer Änderung der Geschäftsverteilung zuständig bleibt.

(5) Soll ein Richter einem anderen Spruchkörper zugeteilt oder soll sein Zuständigkeitsbereich geändert werden, so ist ihm, außer in Eilfällen, vorher Gelegenheit zu einer Äußerung zu geben.

(6) Soll ein Richter für Aufgaben der Justizverwaltung ganz oder teilweise freigestellt werden, so ist das Präsidium vorher zu hören.

(7) Das Präsidium entscheidet mit Stimmenmehrheit. § 21i Abs. 2 gilt entsprechend.

(8) Das Präsidium kann beschließen, dass Richter des Gerichts bei den Beratungen und Abstimmungen des Präsidiums für die gesamte Dauer oder zeitweise zugegen sein können. § 171b gilt entsprechend.

(9) Der Geschäftsverteilungsplan des Gerichts ist in der von dem Präsidenten oder aufsichtführenden Richter bestimmten Geschäftsstelle des Gerichts zur Einsichtnahme aufzulegen; einer Veröffentlichung bedarf es nicht.

---

[38] § 15 Abs. 2.
[39] § 21a Abs. 2 Satz 1 GVG.
[40] § 21i Abs. 2 GVG.
[41] GK-ArbGG/Schleusener § 6a Rn 78 ff.
[42] Schwab/Weth-Liebscher § 6a Rn 56.

Die Hauptaufgabe des Präsidiums besteht nach § 21e Abs. 1 GVG darin, den **richterlichen Geschäftsverteilungsplan** zu erstellen. Dabei geht es allein um die Zuweisung der richterlichen Geschäfte. Die **Aufgabenverteilung der nichtrichterlichen Geschäfte** unter den Rechtspflegern, Urkundsbeamten, Sachbearbeitern und Schreibkräften ist demgegenüber ausschließlich **Sache des Präsidenten** oder des aufsichtführenden Richters.[43] Hierfür gilt die **besondere Vertretungsregelung** nach § 21h GVG:

§ 21h GVG

Der Präsident oder aufsichtführende Richter wird in seinen durch dieses Gesetz bestimmten Geschäften, die nicht durch das Präsidium zu verteilen sind, durch seinen ständigen Vertreter, durch den dienstältesten, bei gleichem Dienstalter durch den lebensältesten von ihnen vertreten. Ist ein ständiger Vertreter nicht bestellt oder ist er verhindert, wird der Präsident oder aufsichtführende Richter durch den dienstältesten, bei gleichem Dienstalter durch den lebensältesten Richter vertreten.

Im Einzelnen hat das Präsidium die Besetzung der Spruchkörper, die Vertretung und die Geschäftsverteilung zu regeln. Kommt es in Anwendung des **Geschäftsverteilungsplans** zu **Streitigkeiten**, entscheidet das Präsidium verbindlich über dessen Auslegung, wenn die betroffenen Richter sich nicht untereinander einigen können.[44]

Die Geschäftsverteilung hat bestimmten allgemeinen Anforderungen zu genügen, um die Voraussetzungen des verfassungsrechtlich gewährleisteten »gesetzlichen Richters« nach Art. 101 Abs. 1 Satz 2 GG zu erfüllen.[45] So ergibt sich bereits aus § 21e Abs. 1 und 3 GVG das sog. **Jährlichkeitsprinzip**. Danach ist der Geschäftsverteilungsplan regelmäßig vor Beginn des Geschäftsjahres *(Kalenderjahres)* für dieses Jahr zu beschließen und tritt an dessen Ende ohne Weiteres außer Kraft.[46] Eine **Änderung** des Geschäftsverteilungsplans im laufenden Geschäftsjahr ist nur im **Ausnahmefall** nach Maßgabe des § 21e Abs. 3 GVG möglich *(Überlastung oder ungenügende Auslastung eines Richters oder Spruchkörpers; Wechsel oder dauernde Verhinderung einzelner Richter; Zuweisung oder Entzug von Geschäftsaufgaben; Korrektur offensichtlicher Fehler)*.[47] Hierzu zählt auch die durch Präsidiumsbeschluss mögliche Errichtung einer **Hilfskammer**.[48] 24

Als weitere Grundsätze der Geschäftsverteilung sind das **Vollständigkeits-** und das **Vorauswirkungsprinzip** zu beachten. Darunter ist zu verstehen, dass zum einen alle vorhandenen und nicht nur die neu eingehenden Sachen vollständig *(neu)* vor Beginn des Geschäftsjahres zuzuweisen sind. Nur so erklärt sich die Befugnis des Präsidiums aus § 21e Abs. 4 GVG, es nach Änderung der Geschäftsverteilung bei der Zuständigkeit des Richters oder Spruchkörpers zu belassen, der in einer Sache tätig geworden ist. Die Verteilung der richterlichen Aufgaben hat auch in Zeiten der Not und des Personalmangels vollständig zu erfolgen. Es geht nicht an, wegen Unterbesetzung des Gerichts bestimmte Verfahren keinem Richter zuzuweisen.[49] Dagegen soll das Vorauswirkungsprinzip sichern, dass der gesetzliche Richter im Vorhinein bestimmt werden kann. Diese Anforderung steht im Zusammenhang mit dem Jährlichkeitsgrundsatz und der nur ausnahmsweise zugelassenen Änderung des Geschäftsverteilungsplans im laufenden Geschäftsjahr (Rdn. 24). 25

Besondere Bedeutung kommt schließlich dem sog. **Abstraktionsprinzip** bei der Geschäftsverteilung zu. Danach sind die richterlichen Aufgaben nach allgemeinen, abstrakten, sachlich-objektiven Kriterien generell zu verteilen. Die verfassungsrechtliche Gewährleistung des **gesetzlichen** 26

---

[43] GK-ArbGG/Schleusener § 6a Rn 84; Hauck/Helml § 6a Rn 11.
[44] BGH, 26.11.1979 – II ZR 31/79, DRiZ 1980, 147; Kissel/Mayer § 21e Rn 104 ff.
[45] BVerfG, 24.03.1964 – 2 BvR 42, 83, 89/63; BVerfG, 02.06.1964 – 2 BvR 498/62, NJW 1964, 1667.
[46] BVerwG, 30.10.1984 – 9 C 67/82, NJW 1985, 822 LS.
[47] Schwab/Weth/Liebscher § 6a Rn 63 ff.; GK-ArbGG/Schleusener § 6a Rn 129 ff; vgl. auch BAG, 18.06.2015 – 8 AZN 881/14, Rn 13.
[48] BAG, 20.05.1999 – 2 ZR 278/98, Rn 20 ff.; BAG, 24.03.1998 – 9 AZR 172/97, EzA § 21e GVG Nr. 1.
[49] BayVerfGH, 15.12.1977 – VfS – VII – 77, NJW 1978, 1515, 1518; Kissel/Mayer § 21e Rn 80.

Richters i.S.v. Art. 101 Abs. 1 Satz 2 GG verträgt sich nicht mit einer im Geschäftsverteilungsplan vorgesehenen Ermessensentscheidung einer Kammer über die Zuständigkeit.[50] Darin liegt keine normative abstrakt-generelle Vorherbestimmung des zuständigen Richters.[51] Die Zuweisung einer ausgesprochen schwierigen Rechtssache an einen besonders befähigten Richter ist damit nicht zu vereinbaren.[52] Die maßgebenden Grundsätze für die Aufgabenzuweisung, Auslegungsregeln und Begriffsbestimmungen sollen dem Geschäftsverteilungsplan deutlich zu entnehmen sein. Diesem Erfordernis entspricht der bei der Geschäftsverteilung zu beachtende **Bestimmtheitsgrundsatz**.[53] Davon zu trennen ist eine im Einzelfall willkürliche Auslegung und Anwendung des Geschäftsverteilungsplans, die absolute Revisions- bzw. Rechtsbeschwerdegründe nach § 547 Nr. 1 ZPO setzen.[54]

27 Der Geschäftsverteilungsplan ist nach § 21e Abs. 9 GVG in einer vom Präsidenten oder Aufsicht führenden Richter bestimmten Geschäftsstelle zur Einsichtnahme für jeden Rechtsuchenden bereitzuhalten. Die Verletzung der **Offenlegungspflicht** hat nicht die Unwirksamkeit des Geschäftsverteilungsplans zur Folge.[55] Geschäftsverteilungspläne der Gerichte werden zunehmend über eine Homepage oder ein Portal in das Internet gestellt, obwohl eine Veröffentlichungspflicht nicht besteht.[56] Rechtsuchende mit Internet-Zugang können in diesen Fällen auf den möglichen Zugriff im Internet verwiesen werden. Zur Beteiligung des Ausschusses der ehrenamtlichen Richter vgl. Erl. zu § 29 Rdn. 10 bis 12. Zur Zusammensetzung des Präsidiums bei kleineren Arbeits- und Landesarbeitsgerichten vgl. Rdn. 6 f.

2. Zuweisung der Richter

28 Bei der Anordnung der Besetzung sind sowohl Berufsrichter als auch die ehrenamtlichen Richter einzelnen Spruchkörpern zuzuweisen. Dies hat immer für die Dauer des beginnenden oder noch laufenden Geschäftsjahres zu geschehen. Ein Berufsrichter kann auch **mehreren Spruchkörpern** angehören; ein Fall, der in der Arbeitsgerichtsbarkeit insb. bei offener Besetzung einer Kammer eintreten kann. Es darf kein Richter von der Zuweisung ausgenommen werden, selbst wenn feststeht, dass er ganz oder teilweise an der Wahrnehmung seiner richterlichen Pflichten verhindert sein wird.[57] Dabei sind jedoch die den einzelnen Richter schützenden Individualinteressen wie **Schwerbehinderung** und **Krankheitsanfälligkeit** (§§ 81 Abs. 4, 84 Abs. 2 SGB IX) zu berücksichtigen.[58]

29 Die **Heranziehung der ehrenamtlichen Richter** hat nach der vom Kammervorsitzenden gem. § 31 Abs. 1, § 39 und § 43 Abs. 3 aufzustellenden Liste zu erfolgen. Ein Abruf in der Reihenfolge der Terminierung begegnet keinen Bedenken.[59] Enthält der Geschäftsverteilungsplan die Aufstellung der Liste, nach der die ehrenamtlichen Richter zu den Sitzungen herangezogen werden, so können die Kammervorsitzenden diese ausdrücklich oder stillschweigend übernehmen. In der Praxis hat sich eingebürgert, dass das Präsidium derartige Listen vergibt, die auch – ohne Verletzung der Offenbarungspflicht – in einer im Computer abgelegten Datenbank geführt werden können.[60] Der ehrenamtliche Richter kann nach Nr. 4 mehreren Spruchkörpern angehören. Dies ist in den

---

50 BVerfG 18.03.2009 – 2 BvR 229/09, NJW 2009, 1734.
51 BAG, 22.03.2002 – 8 AZR 565/00, NZA 2002, 1349.
52 BVerwG, 18.10.1990 – 3 C 19/88, NJW 1991, 1370; OVG Hamburg, 24.09.1993 – Bs IV 177/93, NJW 1994, 274.
53 BVerfG, 02.06.1964 – 2 BvR 498/62, NJW 1964, 1667.
54 BAG 09.06.2011 – 2 ABR 35/10, EzA § 547 ZPO 2002 Nr. 5, Rn 16, 24.
55 BAG, 21.06.2001 – 2 AZR 359/00, EzA § 21e GVG Nr. 2.
56 § 21e Abs. 9 Halbs. 2. GVG.
57 Kissel/Mayer § 21e Rn 81; GK-ArbGG/Schleusener § 6a Rn 110; Schwab/Weth-Liebscher § 6a Rn 79.
58 VG Frankfurt/Main, 26.05.2014 – 9 L 1009/14 F, Rn 41; VG Frankfurt/Main, 11.11.2011 – 9 L 3208/11 F, Rn 6, 10, Beteiligung des Richterrats und der Schwerbehindertenvertretung.
59 BAG, 23.03.2010 – EzA § 72a ArbGG 1979 Nr. 122.
60 BAG, 21.06.2001 – 2 AZR 359/00, EzA § 21e GVG Nr. 2.

Gerichten für Arbeitssachen im ersten und zweiten Rechtszug der Regelfall.[61] Nach dem Verfassungsgrundsatz des gesetzlichen Richters aus Art. 101 Abs. 2 Satz 2 GG hat die listenmäßige Heranziehung der ehrenamtlichen Richter auch im **Fall einer Vertagung** zu gelten. Davon kann durch abstrakt-generelle Regelung im Geschäftsverteilungsplan, nicht aber durch Beschluss des jeweiligen Spruchkörpers abgewichen werden.[62] Zu denken ist dabei an den Fall der **Fortsetzung einer noch nicht abgeschlossenen Beweisaufnahme**. Näheres vgl. § 31 Rdn. 6 und Erl. zu § 39. Bei der Errichtung von **Fachkammern** ist die nach Geschäftsverteilungsplan vorzunehmende Zuweisung der ehrenamtlichen Richter nach § 30 zu beachten.

§ 21f GVG 30

(1) Den Vorsitz in den Spruchkörpern bei den Landgerichten, bei den Oberlandesgerichten sowie bei dem Bundesgerichtshof führen der Präsident und die Vorsitzenden Richter.

(2) Bei Verhinderung des Vorsitzenden führt den Vorsitz das vom Präsidium bestimmte Mitglied des Spruchkörpers. Ist auch dieser Vertreter verhindert, führt das dienstälteste, bei gleichem Dienstalter das lebensälteste Mitglied des Spruchkörpers den Vorsitz.

Für den Fall der tatsächlichen oder rechtlichen **Verhinderung eines Richters** durch Krankheit, Urlaub, Dienstbefreiung, Überlastung, im Fall einer Dienstenthebung oder einer vorübergehenden Stellenvakanz hat der Geschäftsverteilungsplan eine **Vertretung** vorzusehen. Die gesetzliche Bestimmung in § 21f Abs. 2 GVG kommt nur bei Verhinderung der Vorsitzenden Richter am BAG zur Anwendung,[63] da nach **Nr. 5** die Berufsrichter den Vorsitz im ersten und zweiten Rechtszug führen. Damit scheidet zugleich eine Vertretung der Berufsrichter durch die ehrenamtlichen Richter aus.[64] Die Festlegung der Vertretung kann namentlich oder in der Reihenfolge nach Alphabet, Dienst- oder Lebensalter erfolgen. Entsprechendes gilt auch für eine notwendige Vertretung bei Ausschluss vom Richteramt oder bei Besorgnis der Befangenheit.[65]

Besteht ein Streit darüber, ob z.B. die Krankheit oder angezeigte Überlastung eine die Vertretung herbeiführende Verhinderung auslöst, hat der Präsident oder aufsichtführende Richter den Vertretungsfall festzustellen und dies aktenkundig zu machen.[66] Ist eine Vertretung durch ein richterliches Mitglied des Gerichts nicht möglich, hat auf Antrag des Präsidiums die Justizverwaltung nach § 70 Abs. 1 GVG eine Entscheidung zur Vertretung zu treffen. In den Organisationsbereich der Justizverwaltung fällt auch die Anordnung eines **Bereitschaftsdienstes** in dienstfreien Zeiten. Die Umsetzung dieser Anordnung durch Zuweisung der Richter ist dagegen wieder Aufgabe des Präsidiums.[67] 31

3. Zuweisung richterlicher Aufgaben

Die **Verteilung der richterlichen Aufgaben** hat unter Berücksichtigung der in Rdn. 23 ff. genannten Grundsätze zu erfolgen. Die nach allgemeinen, **abstrakten, sachlich-objektiven Merkmalen** zu vollziehende Zuweisung kann nach Eingang,[68] Anfangsbuchstaben einer Partei *(Kläger oder Beklagter)*, Gegenstand des Prozesses *(z.B. Eingruppierung öffentlicher Dienst, Betriebsrente)* oder nach räumlichen Bezirken *(Gemeinde X, Kreis Y)* geschehen.[69] Wird nach Eingang zugeteilt, ist näher 32

---

61 Vgl. auch BAG, 24.03.1998 – 9 AZR 172/97.
62 BAG, 26.09.1996 – 8 AZR 126/95, NJW 1997, 2133 = NZA 1997, 333.
63 Vgl. dazu OVG Rheinland-Pfalz, 19.04.2016 – 3 A 10151/16, Rn 31 ff. mit einem sehr weitergehenden Begriff der »Verhinderung«.
64 GMPMG/Müller-Glöge § 6a Rn 70.
65 §§ 41, 42 ZPO.
66 BGH, 31.01.1983 – II ZR 43/82, DRiZ 1983, 234.
67 BGH, 06.11.1986 – RiZ [R] 3/86; Zöller/Lückemann § 21e Rn 17.
68 Endnummern; BAG, 24.03.1998 – 9 AZR 172/97, NZA 1999, 107; nach Eingang.
69 GK-ArbGG/Schleusener § 6a Rn 123 ff.; Schwab/Weth-Liebscher § 6a Rn 70 ff.

festzulegen, wie gleichzeitig eingehende Verfahren zu behandeln sind; außerdem sind »Kunstgriffe« bei Feststellung der Eingangsreihenfolge auszuschließen. Soweit **Fachkammern** nach § 17 Abs. 2 bei den Arbeitsgerichten zu errichten sind, ist dem bei der Geschäftsverteilung Rechnung zu tragen. Ohne Grundlage im Geschäftsverteilungsplan ist eine spruchkörperübergreifende Verbindung von Verfahren unzulässig.[70]

33 § 21 Abs. 5 Satz 2 gibt dem Präsidium ferner auf, für jedes Jahr im Voraus eine Kammer zu bestimmen, die über die **Amtsentbindung ehrenamtlicher Richter** entscheidet. Näheres dazu s. Erl. zu § 21 Rdn. 17 bis 22. § 21e Abs. 4 GVG gestattet dem Präsidium anzuordnen, dass der bereits mit einer Sache befasste Richter oder Spruchkörper nach einer Änderung der Geschäftsverteilung zuständig bleibt. Dies trifft für eine Ausnahme von der Jahresgeschäftsverteilung ebenso zu wie für deren nachträgliche Änderung im laufenden Geschäftsjahr.[71]

34 Um voneinander abweichende Entscheidungen in **Parallel- oder Massensachen** zu vermeiden, ist es sinnvoll und praktikabel, diese Verfahren zur Erledigung in einem Spruchkörper zu bündeln. Dafür ist es im Geschäftsverteilungsplan erforderlich, sowohl den Begriff der Parallel- oder Massensache nach seinen Voraussetzungen allgemein zu bestimmen als auch abstrakt-generell festzulegen, welcher Richter oder Spruchkörper dafür zuständig ist.[72] Der Geschäftsverteilungsplan kann ferner eine **Ausgleichsregelung** i.S.e. möglichst gleichmäßigen **Belastung** aller Richter treffen. Darüber hinaus steht es im billigen Ermessen des Präsidiums, **Schwerbehinderung** oder **höheres Alter** der Richter bei der Aufgabenverteilung richterlicher Geschäfte angemessen im konkreten Einzelfall zu berücksichtigen. Bei einer nach Gegenständen orientierten Zuweisung richterlicher Geschäfte ist es schließlich zulässig, auch die Fachkenntnisse und Befähigung einzelner Richter mit zu bedenken (z.B. bei Einrichtung einer Fachkammer). Eine solche Verfahrensweise verletzt nicht das Abstraktionsprinzip, da keine Einzelzuweisung vorgenommen wird (Rdn. 26). Das **Präsidium** eines Gerichts verfügt bei der Verteilung der richterlichen Geschäfte über einen **weiten Ermessensspielraum**, der nur durch grobe Sachwidrigkeit oder Willkür begrenzt wird.[73] Zur Verteilung der richterlichen Aufgaben innerhalb der Senate des BAG vgl. § 41 Rdn. 1.

35 Sieht der Geschäftsverteilungsplan vor, die eingehenden Sachen nach Gegenständen zuzuweisen, empfiehlt es sich, die **Auffangzuständigkeit** eines Spruchkörpers für nicht zuzuordnende Verfahren vorzusehen. Die Auffangzuständigkeit des Richters oder Spruchkörpers ist aber nur dann gegeben, wenn die Auslegung des Geschäftsverteilungsplans eine anderweitige Zuordnung nicht zulässt.[74] Zu der nur ausnahmsweise zulässigen Änderung des Geschäftsverteilungsplans im laufenden Geschäftsjahr s. Rdn. 24.

4. Streitigkeiten

36 Die Rechtsnatur des Geschäfts Verteilungsplans ist umstritten. Die Anordnungen im **Geschäftsverteilungsplan** wirken sich zwar auf die richterliche Tätigkeit aus, sind letztlich aber Akte richterlicher Selbstverwaltung. Deshalb kommt dem Geschäftsverteilungsplan weder normative Kraft noch die Qualität eines Verwaltungsaktes zu. Er stellt sich vielmehr als »**multifunktionaler Justizhoheitsakt sui generis**« dar.[75]

---

70 LAG Köln, 14.06.2010 – 4 Ta 211/10; ErfK-Koch § 6a Rn 1.
71 GK-ArbGG/Schleusener § 6a Rn 126.
72 Schwab/Weth-Liebscher § 6a Rn 74.
73 BVerfG, 16.02.2005 – 2 BvR 581/03, Rn 16 ff., NJW 2005, 2689.
74 GK-ArbGG/Schleusener § 6a Rn 127.
75 H.M. Kissel/Mayer § 21e Rn 93; Zöller/Lückemann § 21e Rn 34; GK-ArbGG/Schleusener § 6a Rn 82; a.A GMPMG/Müller-Glöge § 6a Rn 52 »normativer Charakter« m.w.N.; zum Ganzen BayVerfGH, 06.08.1985 – Vf 13 - VII/84, NJW 1986, 1673.

Ein vom Präsidium beschlossener Geschäftsverteilungsplan ist für Dritte. nicht anfechtbar, da 37
es sich nicht um einen Justizverwaltungsakt handelt (§ 23 EGGVG).[76] Das trifft auch für die
Prozessbeteiligten zu.[77] Allerdings steht den Prozessbeteiligten offen, Gesetzesverstöße infolge
fehlerhafter Geschäftsverteilung als Verfahrensverletzung i.S.v. §§ 547 Nr. 1 ZPO; 73 ArbGG
oder §§ 579 Abs. 1 Nr. 1 ZPO, 79 ArbGG *(nicht vorschriftsmäßige Besetzung des Gerichts)* mit
Rechtsmitteln zu rügen[78] und bei Erschöpfung des Rechtsweges eine Verfassungsbeschwerde mit
der Begründung einzulegen, der Grundsatz des gesetzlichen Richters nach Art. 101 Abs. 1 Satz 2
GG sei nicht eingehalten worden. Entsprechendes gilt für die **fehlerhafte Anwendung** eines einwandfreien Geschäftsverteilungsplans, wenn **dadurch willkürlich der gesetzliche Richter entzogen wird**.[79]

Eine **Anfechtung** des einzelnen **durch** die Geschäftsverteilung in seinen Rechten **betroffenen Richters** vor dem VG wird dagegen bejaht.[80] Die gegen den Dienstherrn zu richtende Klage geht auf 38
die Feststellung, dass der Richter der angegriffenen Regelung des Geschäftsverteilungsplans nicht
nachzukommen braucht.[81] Bis zu einer rechtskräftigen Entscheidung des Verwaltungsgerichts hat
der Richter indessen die ihm nach dem Geschäftsverteilungsplan zugewiesenen Aufgaben wahrzunehmen.[82] Eine fehlerhafte Regelung im Geschäftsverteilungsplan berührt nicht die **Wirksamkeit
richterlicher Handlungen**.

§ 7 Geschäftsstelle, Aufbringung der Mittel

(1) ¹Bei jedem Gericht für Arbeitssachen wird eine Geschäftsstelle eingerichtet, die mit der erforderlichen Zahl von Urkundsbeamten besetzt wird. ²Die Einrichtung der Geschäftsstelle bestimmt
bei dem Bundesarbeitsgericht das Bundesministerium für Arbeit und Soziales im Benehmen mit
dem Bundesministerium der Justiz und für Verbraucherschutz. ³Die Einrichtung der Geschäftsstelle bestimmt bei den Arbeitsgerichten und Landesarbeitsgerichten die zuständige oberste
Landesbehörde.

(2) ¹Die Kosten der Arbeitsgerichte und der Landesarbeitsgerichte trägt das Land, das sie errichtet. ²Die Kosten des Bundesarbeitsgerichts trägt der Bund.

Übersicht	Rdn.		Rdn.
I. Einrichtung der Geschäftsstelle	1	2. Landesarbeitsgerichte (§ 64 Abs. 6)	9
II. Besetzung der Geschäftsstelle	3	3. Bundesarbeitsgericht (§ 72 Abs. 5)	10
III. Kostentragungspflicht	6	4. Rechtsantragsstelle	11
IV. Aufgaben der Geschäftsstelle	7	5. Rechtsbehelfe	12
1. Arbeitsgerichte	7	V. Neue Organisationsformen	13

---

76 OLG Karlsruhe, 14.04.2016 – 2 VAs 3/16, m.w.N.
77 LAG Frankfurt, 10.06.1988 – 2 Ta 197/77; BayVerfGH, 06.08.1985 – Vf 13 - VII/84, NJW 1986, 1673;
ErfK/Koch § 6a Rn 1.
78 BAG, 02.12.1999 – 2 AZR 843/98, NZA 2000, 733; vgl. auch Erl. zu § 79.
79 BAG, 16.05.2002 – 8 AZR 412/01, EzA Art. 101 GG Nr. 7; krit. Vollkommer M./Vollkommer G. Anm.
EzA Art. 101 GG Nr. 7.
80 BVerfG, 03.12.1990 – 2 BvR 785, 1536/90, DRiZ 1991, 100; VG Frankfurt/Main, 26.05.2014 –
9 L 1009/14 F; VG Weimar, 06.11.2014 – 1 K 1036/12 We; VG Köln, 26.10.2012 – 19 K 3320/12,
NZA-RR 2013, 273; GMPMG/Müller-Glöge § 6a Rn 53; GK-ArbGG/Mikosch § 6a Rn 139; Schwab/
Weth-Liebscher § 6a Rn 115.
81 A.A. Zöller/Lückemann § 21e GVG Rn 56a: Klage gegen das Präsidium.
82 BVerwG, 28.11.1975 – VII C 47/73, NJW 1976, 1224, 1226.

§ 7 ArbGG   Geschäftsstelle, Aufbringung der Mittel

I. Einrichtung der Geschäftsstelle

1 Nach **Abs. 1** ist bei jedem Gericht für Arbeitssachen[1] eine Geschäftsstelle einzurichten. Hat ein Gericht mehrere Spruchkörper *(Kammern oder Senate)*, so besteht die Geschäftsstelle aus mehreren Abteilungen.[2] Eine gemeinsame Geschäftsstelle für mehrere Gerichte lässt der Wortlaut des Abs. 1 nicht zu.[3] In der Praxis der Arbeitsgerichtsbarkeit ist die Unterteilung in Kammer- oder Senatsgeschäftsstellen üblich. Vgl. aber Rdn. 13.

2 Zuständig für die Einrichtung der Geschäftsstellen sind die Länder, entweder die Landesjustizminister oder obersten Arbeitsbehörden der Länder. Entscheidend ist, welchem Ministerium die Arbeitsgerichtsbarkeit zugeordnet ist *(Ressortierung)*. Zur zuständigen obersten Landesbehörde vgl. § 15 Rdn. 1. Die Herstellung des Benehmens[4] zwischen dem zuständigen Ministerium und der anderen sachlich berührten obersten Landesbehörde *(Justiz- oder Arbeitsminister)* ist seit dem 01.05.2000 auf Landesebene nicht mehr erforderlich, da das **Arbeitsgerichtsbeschleunigungsgesetz** vom 30.03.2000[5] insoweit eine Konzentration der Zuständigkeiten erreicht hat.

II. Besetzung der Geschäftsstelle

3 § 7 deckt sich mit § 153 GVG.

§ 153 GVG

(1) Bei jedem Gericht und jeder Staatsanwaltschaft wird eine Geschäftsstelle eingerichtet, die mit der erforderlichen Zahl von Urkundsbeamten besetzt wird.

(2) Mit den Aufgaben eines Urkundsbeamten der Geschäftsstelle kann betraut werden, wer einen Vorbereitungsdienst von zwei Jahren abgeleistet und die Prüfung für den mittleren Justizdienst oder für den mittleren Dienst bei der Arbeitsgerichtsbarkeit bestanden hat. Sechs Monate des Vorbereitungsdienstes sollen auf einen Fachlehrgang entfallen.

(3) Mit den Aufgaben eines Urkundsbeamten der Geschäftsstelle kann auch betraut werden,
1. *wer die Rechtspflegerprüfung oder die Prüfung für den gehobenen Dienst bei der Arbeitsgerichtsbarkeit bestanden hat,*
2. *wer nach den Vorschriften über den Laufbahnwechsel die Befähigung für die Laufbahn des mittleren Justizdienstes erhalten hat,*
3. *wer als Bewerber (§ 4 Abs. 3 des Rahmengesetzes zur Vereinheitlichung des Beamtenrechts) nach den landesrechtlichen Vorschriften in die Laufbahn des mittleren Justizdienstes übernommen worden ist.*

(4) Die näheren Vorschriften zur Ausführung der Absätze 1 bis 3 erlassen der Bund und die Länder für ihren Bereich. Sie können auch bestimmen, ob und inwieweit Zeiten einer dem Ausbildungsziel förderlichen sonstigen Ausbildung oder Tätigkeit auf den Vorbereitungsdienst angerechnet werden können.

(5) Der Bund und die Länder können ferner bestimmen, dass mit Aufgaben eines Urkundsbeamten der Geschäftsstelle auch betraut werden kann, wer auf dem Sachgebiet, das ihm übertragen werden soll, einen Wissens- und Leistungsstand aufweist, der dem durch die Ausbildung nach Absatz 2 vermittelten Stand gleichwertig ist.

Die Geschäftsstelle ist mit der erforderlichen Zahl von Urkundsbeamten zu besetzen.[6] Die persönlichen Voraussetzungen für die Bestellung zum Urkundsbeamten der Geschäftsstelle ergeben sich

---

1 Vgl. § 1 Rdn. 1.
2 GK-ArbGG/Mikosch § 7 Rn 3.
3 Hauck/Helml § 7 Rn 1; GMPMG/Prütting § 7 Rn 3.
4 Zum Begriff vgl. § 117 Rdn. 2.
5 BGBl. I, S. 333.
6 Vgl. Abs. 1 Satz 1.

aus § 153 Abs. 2 bis 5 GVG. Diese Voraussetzungen erfüllen Beamte, welche die Rechtspflegerprüfung, die Prüfung für den gehobenen Dienst in der Arbeitsgerichtsbarkeit und Beamte, die einen Vorbereitungsdienst von zwei Jahren abgeleistet und die Prüfung für den mittleren Justizdienst oder für den mittleren Dienst bei der Arbeitsgerichtsbarkeit bestanden haben. **Angestellte**, die die Voraussetzungen des § 153 Abs. 3 bis 5 GVG erfüllen, dürfen ebenfalls als Urkundsbeamte der Geschäftsstelle eingesetzt werden.[7] Regelmäßig finden in der Arbeitsgerichtsbarkeit Angestellte und Beamte des mittleren Dienstes als Urkundsbeamte in den Serviceeinheiten Verwendung. Zulässig ist nach § 153 Abs. 5 GVG auch der Einsatz von Referendaren.

Die **tarifvertraglichen Grundlagen für Angestellte** ergaben sich aus dem Tarifvertrag über die Änderung der Anlage 1a zum BAT für den Bereich des Bundes für den Bereich der Tarifgemeinschaft deutscher Länder (TdL; *Angestellte als Geschäftsstellenverwalter*), der vom **TVöD** abgelöst worden ist. Es gelten nun für Angestellte als Geschäftsstellenverwalter die tariflichen Bestimmungen der Anlage A (Entgeltordnung) zum TV-L Nr. 12.1 »Beschäftigte bei Gerichten und Staatsanwaltschaften«.[8] Wenn ein Beamter oder Angestellter die persönlichen Voraussetzungen erfüllt, muss er mit den Aufgaben eines Urkundsbeamten der Geschäftsstelle betraut werden.[9] Der »Urkundsbeamte« ist ein Organ der Rechtspflege.[10]

4

Nach **Abs. 1 Satz 1** muss die erforderliche Zahl von Urkundsbeamten bestellt werden. Genauere Vorgaben fehlen hierzu. Jedenfalls sind die Gerichte personell und sachlich so auszustatten, dass die Aufgaben der Geschäftsstelle zügig abgewickelt werden können. Die **Gewährung effektiven Rechtsschutzes** darf nicht an der unzulänglichen Personal- und Sachausstattung der Geschäftsstellen scheitern.[11] Orientierung für die notwendige Personalausstattung ergeben die ständig erhobenen PEBB§Y-Zahlen.

5

III. Kostentragungspflicht

Die Länder haben nach **Abs. 2 Satz 1** die Kosten der Arbeits- und der Landesarbeitsgerichte zu tragen. Die erforderlichen Mittel sind in den Haushaltsplänen auszuweisen. Die Kosten des BAG gehen gem. **Abs. 2 Satz 2** zulasten des Bundes.

6

IV. Aufgaben der Geschäftsstelle

1. Arbeitsgerichte

Die Aufgaben der Geschäftsstelle/Serviceeinheit ergeben sich nach §§ 46 Abs. 2, 46a Abs. 4, 62 Abs. 2, 64 Abs. 6 und 72 Abs. 5 im Wesentlichen aus der Verweisung auf die Vorschriften der ZPO. Sonderregelungen enthält das Arbeitsgerichtsgesetz in §§ 59, 81 Abs. 1 und 2, 90 Abs. 1 und 95 Abs. 1. Sie obliegen den Urkundsbeamten, soweit sie nicht nach § 26 RPflG dem Rechtspfleger vorbehalten sind.[12]

7

---

7 GK-ArbGG/Mikosch § 7 Rn 10; Hauck/Helml § 7 Rn 3.
8 GK-ArbGG/Mikosch § 7 Rn 10; LAG Sachsen-Anhalt, 14.04.2015 – 6 Sa 489/13E, Rn 22 ff.: zur Eingruppierung bei teilweise übertragenen Rechtspflegeraufgaben.
9 Kissel/Mayer § 153 Rn 29.
10 BAG, 11.02.1985 – 2 AZB 1/85, EzA § 317 ZPO Nr. 1.
11 Hauck/Helml § 7 Rn 2; GMPMG/Prütting § 7 Rn 4; Grunsky § 7 Rn 2; GK-ArbGG/Mikosch § 7 Rn 11; Schwab/Weth-Liebscher § 7 Rn 15.
12 Rechtspflegergesetz (RPflG) v. 05.11.1969, BGBl. I, S. 2065, neu gefasst am 14.04.2013, BGBl. I, S. 2014; geändert durch Art. 4 des Gesetzes vom 29.06.2015, BGBl. I, S. 1042, gültig ab 01.10.2015; zuletzt geändert durch Art. 9 des Gesetzes vom 04.04.2016, BGBl. I, S. 558.

§ 26 RPflG *Verhältnis des Rechtspflegers zum Urkundsbeamten der Geschäftsstelle*

Die Zuständigkeit des Urkundsbeamten der Geschäftsstelle nach Maßgabe der gesetzlichen Vorschriften bleibt unberührt, soweit sich nicht aus § 20 Satz 1 Nr. 12 (zu den §§ 726 ff. der Zivilprozessordnung), aus § 21 Nr. 1 (Festsetzungsverfahren) und aus § 24 (Aufnahme von Erklärungen) etwas anderes ergibt.

§ 20 RPflG *Bürgerliche Rechtsstreitigkeiten*

(1) Folgende Geschäfte im Verfahren nach der Zivilprozessordnung werden dem Rechtspfleger übertragen:
1. *das Mahnverfahren im Sinne des Siebenten Buchs der Zivilprozessordnung einschließlich der Bestimmung der Einspruchsfrist nach § 700 Abs. 1 in Verbindung mit § 339 Abs. 2 der Zivilprozessordnung sowie der Abgabe an das für das streitige Verfahren als zuständig bezeichnete Gericht, auch soweit das Mahnverfahren maschinell bearbeitet wird; jedoch bleibt das Streitverfahren dem Richter vorbehalten;*
2. *...*
3. *...*
4. *im Verfahren über die Prozesskostenhilfe*
   a) *die in § 118 Abs. 2 der Zivilprozessordnung bezeichneten Maßnahmen einschließlich der Beurkundung von Vergleichen nach § 118 Abs. 1 Satz 3 zweiter Halbsatz, wenn der Vorsitzende den Rechtspfleger damit beauftragt;*
   b) *die Bestimmung des Zeitpunktes für die Einstellung und eine Wiederaufnahme der Zahlungen nach § 120 Abs. 3 der Zivilprozessordnung;*
   c) *die Änderung und die Aufhebung der Bewilligung der Prozesskostenhilfe nach §§ 120a, 124 Absatz 1 Nummer 2 bis 5 der Zivilprozessordnung;*
5. *das Verfahren über die Bewilligung der Prozesskostenhilfe in den Fällen, in denen außerhalb oder nach Abschluss eines gerichtlichen Verfahrens die Bewilligung der Prozesskostenhilfe lediglich für die Zwangsvollstreckung beantragt wird; jedoch bleibt dem Richter das Verfahren über die Bewilligung der Prozesskostenhilfe in den Fällen vorbehalten, in welchen dem Prozessgericht die Vollstreckung obliegt oder in welchen die Prozesskostenhilfe für eine Rechtsverfolgung oder Rechtsverteidigung beantragt wird, die eine sonstige richterliche Handlung erfordert;*
6. *...*
6a. *...*
7. *...*
8. *(aufgehoben)*
9. *(aufgehoben)*
10. *...*
11. *...*
12. *die Erteilung der vollstreckbaren Ausfertigungen in den Fällen des § 726 Abs. 1, der §§ 727 bis 729, 733, 738, 742, 744, 745 Abs. 2 sowie des § 749 der Zivilprozessordnung;*
13. *die Erteilung von weiteren vollstreckbaren Ausfertigungen gerichtlicher Urkunden und Entscheidung über den Antrag auf Erteilung weiterer vollstreckbarer Ausfertigungen notarieller Urkunden nach § 797 Abs. 3 der Zivilprozessordnung und § 60 Satz 3 Nr. 2 des Achten Buches Sozialgesetzbuch;*
14. *...*
15. *...*
16. *...*
16a. *...*
17. *die Geschäfte im Zwangsvollstreckungsverfahren nach dem Achten Buche der Zivilprozessordnung, soweit sie von dem Vollstreckungsgericht, einem von diesem ersuchten Gericht oder in den Fällen der §§ 848, 854, 855 der Zivilprozessordnung von einem anderen Amtsgericht oder dem Verteilungsgericht (§ 873 der Zivilprozessordnung) zu erledigen sind. Jedoch bleiben dem Richter die Entscheidungen nach § 766 der Zivilprozessordnung vorbehalten.*

(2) Die Landesregierungen sind ab 01.10.2015 ermächtigt, durch Rechtsverordnung zu bestimmen, dass die Prüfung der persönlichen und wirtschaftlichen Verhältnisse nach den §§ 114 bis 116 der Zivilprozes-

sordnung einschließlich der in § 118 Absatz 2 der Zivilprozessordnung bezeichneten Maßnahmen, der Beurkundung von Vergleichen nach § 118 Absatz 1 Satz 3 der Zivilprozessordnung und der Entscheidungen nach § 118 Absatz 2 Satz 4 der Zivilprozessordnung durch den Rechtspfleger vorzunehmen ist, wenn der Vorsitzende das Verfahren dem Rechtspfleger insoweit überträgt. In diesem Fall ist § 5 Absatz 1 Nummer 2 nicht anzuwenden. Liegen die Voraussetzungen für die Bewilligung der Prozesskostenhilfe hiernach nicht vor, erlässt der Rechtspfleger die den Antrag ablehnende Entscheidung; anderenfalls vermerkt der Rechtspfleger in den Prozessakten, dass dem Antragsteller nach seinen persönlichen und wirtschaftlichen Verhältnissen Prozesskostenhilfe gewährt werden kann und in welcher Höhe gegebenenfalls Monatsraten oder Beträge aus dem Vermögen zu zahlen sind.

(3) Die Landesregierungen können die Ermächtigung nach Absatz 2 auf die Landesjustizverwaltungen übertragen.

Nach § 59 Satz 2 kann der **Einspruch gegen ein Versäumnisurteil** zur Niederschrift der Geschäftsstelle eingelegt werden. Nach § 81 Abs. 1 und 2 kann der Antrag auf Einleitung des Beschlussverfahrens und seine Rücknahme zur Niederschrift der Geschäftsstelle erklärt werden, wenn nicht eine schriftliche Einreichung erfolgt. Im Übrigen obliegen dem Urkundsbeamten der Geschäftsstelle – ohne insoweit weisungsgebunden zu sein – **Beurkundungen wie Protokollierung**[13] und Aufnahme von **Erklärungen**.[14] Darüber hinaus erteilt er **Ausfertigungen**, z.B. nach § 317 Abs. 3 ZPO *(Urteilsausfertigungen)*, § 724 ZPO *(vollstreckbare Ausfertigung)*, § 725 ZPO *(Vollstreckungsklausel)* und nach § 706 ZPO *(Rechtskraft/Notfristzeugnis)*. Ferner führt der Urkundsbeamte der Geschäftsstelle im Rahmen des Prozessbetriebs richterliche Verfügungen aus, bewirkt **Ladungen**[15] und **Zustellungen**[16] und hält **Register** und **Akten** auf dem Laufenden. Seine übrigen Pflichten ergeben sich aus den allgemeinen Rechts- und Verwaltungsvorschriften sowie Geschäfts- und Dienstanweisungen.[17] Der Aufgabenkreis der Geschäftsstelle hat sich durch Organisationsänderungen *(Serviceeinheiten vgl. Rdn. 13)* und erweiterte **Kommunikationstechnik**[18] vergrößert.

Der Rechtspfleger kann nach § 20 Nr. 4 und 5 RPflG zu vorbereitenden Ermittlungen und Berechnungen im PKH-Verfahren herangezogen werden.[19] Mit der **Reform des Prozesskostenhilferechts** können die Landesregierungen (ggf. die Landesjustizverwaltungen nach Ermächtigung gem. § 20 Abs. 3 RPflG) **ab 01.10.2015** durch Rechtsverordnung den **Rechtspflegern generell Aufgaben der Prozesskostenhilfe und zusätzliche Entscheidungskompetenzen im Rahmen des § 20 Abs. 2 RPflG an die Hand geben**, soweit der Richter davon Gebrauch machen will.[20] Das Land Baden-Württemberg hat eine entsprechende VO bereits erlassen.[21] In der Vergangenheit war diese Handhabung über § 20 Abs. 1 Nr. 4 RPflG bereits in der Praxis weit verbreitet, sofern es um eine aufwändige vorbereitende Prüfung der persönlichen und wirtschaftlichen Verhältnisse des Antragstellers ging.

2. Landesarbeitsgerichte (§ 64 Abs. 6)

Im zweiten Rechtszug des Beschlussverfahrens können sich die Beteiligten zur Beschwerdeschrift und zur Beschwerdebegründung durch Erklärung zur Niederschrift des ArbG äußern, das den angefochtenen Beschluss erlassen hat. Hier kann ebenfalls die Geschäftsstelle genutzt werden, um Erklärungen der beteiligten aufzunehmen.[22]

---

13 § 159 ZPO.
14 Z.B. Antrag auf Bewilligung der PKH, § 117 ZPO; Vorbereitung der mündlichen Verhandlung, §§ 129 Abs. 2, 129a ZPO; Einlegung der Beschwerde, § 569 Abs. 3 ZPO.
15 §§ 168, 214 ZPO.
16 § 50; §§ 168 ff., 270 ZPO.
17 Kissel/Mayer § 153 Rn 6; GK-ArbGG/Mikosch § 7 Rn 13 ff.
18 ZustRG vom 25.06.2001, BGBl. I, S. 1206 ff.; § 46d ArbGG.
19 Vgl. LAG Rheinland-Pfalz, 21.04.2009 – 1 Ta 90/09; Schwab/Weth-Liebscher § 7 Rn 24; vgl. Rdn. 7.
20 Rellermeyer/Strauß RpflBl 2015, 24; Natter FA 2014, 290.
21 VO vom 10.04.2014 GBl. 2014, 212.
22 § 83 Abs. 4 Satz 1 ArbGG; Schwab/Weth-Weth § 83 Rn 106.

3. Bundesarbeitsgericht (§ 72 Abs. 5)

10 Im dritten Rechtszug haben die Beteiligten die Möglichkeit, ihre Äußerung zur Rechtsbeschwerdeschrift und Rechtsbeschwerdebegründung zur Niederschrift der Geschäftsstelle des Landesarbeitsgerichts zu erklären, das den angefochtenen Beschluss erlassen hat,.

4. Rechtsantragsstelle

11 Die Urkundsbeamten der Geschäftsstelle sind zwar berechtigt und verpflichtet, bestimmte Erklärungen entgegenzunehmen (s. Rdn. 7). Die Aufgaben der Rechtsantragsstelle zur Aufnahme von Klagen einer nicht von einem Rechtsanwalt oder einem Verbandsbevollmächtigten vertretenen Partei bleiben indessen dem **Rechtspfleger** vorbehalten.

§ 24 RPflG Aufnahme von Erklärungen

(1) Folgende Geschäfte der Geschäftsstelle werden dem Rechtspfleger übertragen:
1. die Aufnahme von Erklärungen über die Einlegung und Begründung
   a) der Rechtsbeschwerde und der weiteren Beschwerde,
   b) der Revision in Strafsachen;
2. die Aufnahme eines Antrags auf Wiederaufnahme des Verfahrens (§ 366 Abs. 2 der Strafprozessordnung, § 85 des Gesetzes über Ordnungswidrigkeiten).

(2) Ferner soll der Rechtspfleger aufnehmen:
1. sonstige Rechtsbehelfe, soweit sie gleichzeitig begründet werden;
2. Klagen und Klageerwiderungen;
3. andere Anträge und Erklärungen, die zur Niederschrift der Geschäftsstelle abgegeben werden können, soweit sie nach Schwierigkeit und Bedeutung den in den Nummern 1 und 2 genannten Geschäften vergleichbar sind.

(3) § 5 ist nicht anzuwenden.

Der Rechtspfleger hat auf die Richtigkeit und Vollständigkeit von Angaben sowie auf die Sachdienlichkeit von Anträgen hinzuwirken. Er kann auf Bedenken hinweisen, die gegen die Zulässigkeit der Rechtsverfolgung sprechen. Eine **Rechtsberatung** ist **untersagt**, da diese den Rechtsanwälten und Verbänden vorbehalten bleibt.[23] Zum Aufgabenkreis des Rechtspflegers s. auch Erläuterungen zu § 9 Rdn. 48 ff.

5. Rechtsbehelfe

12 Verlangt eine Partei die **Änderung** einer **Entscheidung des Urkundsbeamten** der Geschäftsstelle, so ist nach § 573 ZPO binnen einer Frist von zwei Wochen die Entscheidung des Prozessgerichts im Wege **der befristeten Erinnerung** nachzusuchen. Zuständig ist hierfür der Richter und nicht der Rechtspfleger.[24]

§ 573 ZPO Erinnerung

(1) Gegen die Entscheidungen des beauftragten oder ersuchten Richters oder des Urkundsbeamten der Geschäftsstelle kann binnen einer Notfrist von zwei Wochen die Entscheidung des Gerichts beantragt werden (Erinnerung). Die Erinnerung ist schriftlich oder zu Protokoll der Geschäftsstelle einzulegen. § 569 Abs. 1 Satz 1 und 2, Abs. 2 und die §§ 570 und 572 gelten entsprechend.

(2) Gegen die im ersten Rechtszug ergangene Entscheidung des Gerichts über die Erinnerung findet die sofortige Beschwerde statt.

---

23 GMPMG/Prütting § 7 Rn 22.
24 § 4 Abs. 2 Nr. 3 RPflG.

(3) ...

Gegen Entscheidungen des Rechtspflegers sind die nach den allgemeinen Vorschriften geltenden Rechtsmittel, ansonsten die befristete Erinnerung gegeben.

§ 11 RPflG Rechtsbehelfe

(1) Gegen die Entscheidungen des Rechtspflegers ist das Rechtsmittel gegeben, das nach den allgemeinen verfahrensrechtlichen Vorschriften zulässig ist.

(2) Kann gegen die Entscheidung nach den allgemeinen verfahrensrechtlichen Vorschriften ein Rechtsmittel nicht eingelegt werden, so findet die Erinnerung statt, die innerhalb einer Frist von zwei Wochen einzulegen ist. Hat der Erinnerungsführer die Frist ohne sein Verschulden nicht eingehalten, ist ihm auf Antrag Wiedereinsetzung in den vorigen Stand zu gewähren, wenn er die Erinnerung binnen zwei Wochen nach der Beseitigung des Hindernisses einlegt und die Tatsachen, welche die Wiedereinsetzung begründen, glaubhaft macht. Ein Fehlen des Verschuldens wird vermutet, wenn eine Rechtsbehelfsbelehrung unterblieben oder fehlerhaft ist. Die Wiedereinsetzung kann nach Ablauf eines Jahres, von dem Ende der versäumten Frist an gerechnet, nicht mehr beantragt werden. Der Rechtspfleger kann der Erinnerung abhelfen. Erinnerungen, denen er nicht abhilft, legt er dem Richter zur Entscheidung vor. Auf die Erinnerung sind im Übrigen die Vorschriften der Zivilprozessordnung über die sofortige Beschwerde sinngemäß anzuwenden.

(3) Gerichtliche Verfügungen, Beschlüsse oder Zeugnisse, die nach den Vorschriften der Grundbuchordnung, der Schiffsregisterordnung oder des Gesetzes über das Verfahren in Familiensachen und in den Angelegenheiten der freiwilligen Gerichtsbarkeit und den für den Erbschein geltenden Bestimmungen wirksam geworden sind und nicht mehr geändert werden können, sind mit der Erinnerung nicht anfechtbar. Die Erinnerung ist ferner in den Fällen der §§ 694, 700 der Zivilprozessordnung und gegen die Entscheidungen über die Gewährung eines Stimmrechts (§ 77 der Insolvenzordnung) ausgeschlossen.

(4) Das Erinnerungsverfahren ist gerichtsgebührenfrei.

Im Fall der **Erinnerung** kann der Rechtspfleger abhelfen, d.h. seine Entscheidung ändern.[25] In allen anderen Fällen ist nur der Richter zur Abänderung befugt.

V. Neue Organisationsformen

Die herkömmliche **Geschäftsstellenorganisation** befindet sich **im Umbruch**. Die hierarchische Aufgliederung in Geschäftsstelle, Protokolldienst und Schreibkanzlei ist überholt. Die Verfahrensabläufe sind nach neueren Organisationsuntersuchungen und betriebswirtschaftlichen Erkenntnissen ganzheitlich und EDV-gerecht umzugestalten. Die Einrichtung von **Serviceeinheiten**, die einer oder zwei Kammern zuarbeiten, wird mehr und mehr zum Standard. Innerhalb der Serviceeinheiten sollen alle Mitarbeiter befähigt sein, sämtliche anfallenden Aufgabenstellungen von der Schreibarbeit *(Protokoll, kleines und großes Schreibwerk)* bis zur Geschäftsstellentätigkeit *(Aktenführung; Kosten)* zu erledigen. Ausgenommen sind nur die dem Rechtspfleger vorbehaltenen Tätigkeiten. Die neue Organisationsform, die auch den Richter in das Team einbezieht, steigert die Arbeitsergebnisse und die Arbeitszufriedenheit der Mitarbeiter. Außerdem ermöglicht sie eine Bearbeitung mithilfe der EDV in Richtung eines »elektronischen Rechtsverkehrs«, einer Führung »elektronischer Akten«[26] und hilft dadurch den Aktenumlauf merklich zu senken.[27] Ob die elektronische Bearbeitung ab 2018 – wie geplant – vollständig zur Umsetzung gelangt, ist aber durchaus fraglich.

13

---

25 LAG Rheinland-Pfalz, 17.04.2009 – 3 Ta 88/09; LAG Schleswig-Holstein, 28.10.1999 – 1 Ta 135/99.
26 Vgl. Erläuterungen zu §§ 46c ff.
27 Vgl. Viefhues/Volesky DRiZ 1996, 13.

14 Die **Umsetzung** des neuen Konzeptes erweist sich angesichts der Strukturen des Dienstrechts und **des Tarifrechts** als **schwierig**. Gedruckte oder auf Papier ausgedruckte elektronisch eingereichte Schriftsätze sind für die Verfahrensführung immer noch prägend, da viele technische Probleme ungelöst sind oder die handelnden Personen sich nicht in der Lage fühlen diese elektronisch weiter zu bearbeiten.[28] Gleichwohl sind die Tage der Geschäftsstelle alter Prägung gezählt. Die **Heranziehung von Protokollkräften** hat in § 159 ZPO Abs. 1 eine einschränkende Regelung erfahren. Das (digitale) Eigendiktat des Richters im Verhandlungstermin und die Aushändigung der Protokolle nach der Verhandlung werden zur Regel. In Zukunft wird mit Spracherkennungssystemen gearbeitet, die den Arbeitsanfall in den Serviceeinheiten herabsetzen. Dadurch werden Arbeitskapazitäten frei, die für neue Aufgaben, beispielsweise die Betreuung und Weiterentwicklung der IT-gestützten Arbeitsabläufe (Elektronische Akte §§ 46c ff.), genutzt werden können.

§ 159 ZPO Protokollaufnahme

(1) Über die Verhandlung und jede Beweisaufnahme ist ein Protokoll aufzunehmen. Für die Protokollführung kann ein Urkundsbeamter der Geschäftsstelle zugezogen werden, wenn dies auf Grund des zu erwartenden Umfangs des Protokolls, in Anbetracht der besonderen Schwierigkeit der Sache oder aus einem sonstigen wichtigen Grund erforderlich ist.

(2) ...

§ 8 Gang des Verfahrens

(1) Im ersten Rechtszug sind die Arbeitsgerichte zuständig, soweit durch Gesetz nichts anderes bestimmt ist.

(2) Gegen die Urteile der Arbeitsgerichte findet die Berufung an die Landesarbeitsgerichte nach Maßgabe des § 64 Abs. 1 statt.

(3) Gegen die Urteile der Landesarbeitsgerichte findet die Revision an das Bundesarbeitsgericht nach Maßgabe des § 72 Abs. 1 statt.

(4) Gegen die Beschlüsse der Arbeitsgerichte und ihrer Vorsitzenden im Beschlussverfahren findet die Beschwerde an das Landesarbeitsgericht nach Maßgabe des § 87 statt.

(5) Gegen die Beschlüsse der Landesarbeitsgerichte im Beschlussverfahren findet die Rechtsbeschwerde an das Bundesarbeitsgericht nach Maßgabe des § 92 statt.

1 Die Vorschrift regelt die **sachliche** und **funktionale Zuständigkeit** der Gerichte für Arbeitssachen. Die sachliche Zuständigkeit betrifft die Abgrenzung der Zuständigkeit nach der Art des Streitgegenstandes.[1] Sie stellt in der Arbeitsgerichtsbarkeit i.d.R. kein Problem dar. Ob das ordentliche Gericht oder das ArbG zuständig ist, ist seit dem 01.01.1991 eine Frage der Zulässigkeit des Rechtswegs, § 48 Abs. 1 i.V.m. § 17a GVG.[2] Die funktionale Zuständigkeit betrifft die Abgrenzung nach der Art der Tätigkeit, die das Gericht entfalten soll.[3] Sie umfasst die Zuständigkeit im Rechtsmittelzug, die sich aus der Überordnung der Gerichte ergibt. Der Instanzenzug ist sowohl im Urteils- als auch im Beschlussverfahren dreistufig.

2 In erster Instanz sind die **ArbG** im Urteils- und Beschlussverfahren ausschließlich zuständig *(Abs. 1)*. Das gilt für beide Verfahrensarten unabhängig vom Streitwert oder vom Streitgegenstand. Lediglich in den Beschlussverfahren nach § 2a Abs. 1 Nr. 4 und 5 (Entscheidung über die Tariffähigkeit und -zuständigkeit einer Vereinigung bzw. über die Wirksamkeit von Allgemeinverbindlichkeitserklä-

---

28 Skrobotz jurisPR-ITR24/2015 Anm. 2 zur Signatur und dem EGVP.
1 Zöller/Vollkommer § 1 Rn 5.
2 BAG, 26.03.1992 – 2 AZR 443/91, NZA 1992, 954.
3 Zöller/Vollkommer § 1 Rn 6.

rungen oder Rechtsverordnungen nach dem AEntG oder dem AÜG) ist das **Landesarbeitsgericht** erstinstanzlich zuständig, §§ 97 f. Örtlich zuständig ist das Landesarbeitsgericht, in dessen Bezirk die Vereinigung, über deren Tariffähigkeit oder Tarifzuständigkeit zu entscheiden ist (§ 97 Abs. 2) bzw. in dessen Bezirk die Behörde ihren Sitz hat, die den Tarifvertrag für allgemeinverbindlich erklärt oder die Rechtsverordnung erlassen hat (§ 98 Abs. 2).

Die **Landesarbeitsgerichte** sind zuständig für die Berufung gegen Urteile der ArbG[4] und für die Beschwerde gegen die das Beschlussverfahren beendenden Entscheidungen der ArbG.[5] Für Beschlussverfahren nach §§ 122 Abs. 3, 126 Abs. 2 InsO ist die Rechtsbeschwerde zum BAG statthaft, wenn das ArbG sie zulässt. Die Beschwerde an das LAG findet nicht statt, § 122 Abs. 3 InsO. Die Landesarbeitsgerichte sind ferner funktional zuständig für Beschwerden gegen verfahrensleitende Beschlüsse der ArbG oder ihrer Vorsitzenden.[6] Schließlich entscheiden die Landesarbeitsgerichte über sofortige Beschwerden gegen bestimmte Urteile der ArbG[7] sowie über sofortige Beschwerden gegen Beschlüsse der ArbG über den Rechtsweg.[8] Soweit es um die Amtsenthebung eines ehrenamtlichen Richters und eine Festsetzung von Ordnungsgeld gegen diese geht, ist das LAG in den Fällen der §§ 21 Abs. 5, 27 und 28 ausnahmsweise **erstinstanzlich** tätig. Ebenfalls erstinstanzlich entscheidet das LAG bei Klagen auf **Entschädigung** gegen das Land **wegen überlanger Gerichtsverfahren**, § 9 Abs. 2 Satz 2 ArbGG i.V.m. § 201 Abs. 1 Satz 1 GVG.

3

Das **BAG** entscheidet in dritter Instanz über die Revision gegen die Endurteile der Landesarbeitsgerichte[9] und über die Rechtsbeschwerde gegen die das Beschlussverfahren beendenden Entscheidungen der Landesarbeitsgerichte.[10] Das BAG ist ferner funktional zuständig für Sprungrevisionen gegen Urteile der ArbG[11] sowie für Sprungrechtsbeschwerden gegen die das Beschlussverfahren beendenden Entscheidungen der ArbG.[12] Schließlich entscheidet das BAG über Nichtzulassungsbeschwerden im Urteils- und Beschlussverfahren,[13] über die zugelassene Rechtsbeschwerde bei Verwerfung einer Berufung als unzulässig[14] sowie über die weitere sofortige Beschwerde in den Fällen des § 17a Abs. 2 und 3 GVG. In Rechtsstreitigkeiten behinderter Menschen im Geschäftsbereich des Bundesnachrichtendienstes, die in die Rechtswegzuständigkeit der Gerichte für Arbeitssachen fallen, entscheidet das BAG in **erster und letzter Instanz**, § 158 Nr. 5 SGB IX. Gleiches gilt gemäß § 9 Abs. 2 Satz 2 ArbGG i.V.m. § 201 Abs. 1 Satz 2 GVG für **Klagen auf Entschädigung gegen den Bund** wegen überlanger Gerichtsverfahren.

4

§ 9 Allgemeine Verfahrensvorschriften und Rechtsschutz bei überlangen Gerichtsverfahren

(1) Das Verfahren ist in allen Rechtszügen zu beschleunigen.

(2) ¹Die Vorschriften des Gerichtsverfassungsgesetzes über Zustellungs- und Vollstreckungsbeamte, über die Aufrechterhaltung der Ordnung in der Sitzung, über die Gerichtssprache, über die Wahrnehmung richterlicher Geschäfte durch Referendare und über Beratung und Abstimmung gelten in allen Rechtszügen entsprechend. ²Die Vorschriften des Siebzehnten Titels des

---

4 Abs. 2 i.V.m. § 64 Abs. 1.
5 Abs. 4 i.V.m. § 87.
6 § 78.
7 Entscheidung über die Kosten in einem Anerkenntnisurteil, § 99 Abs. 2 ZPO; Zwischenurteil über die Zulassung eines Nebenintervenienten, § 71 Abs. 2 ZPO; Zwischenurteil über die Rechtmäßigkeit einer Zeugnisverweigerung, § 387 Abs. 3 ZPO.
8 § 17a Abs. 4 GVG.
9 Abs. 3 i.V.m. § 72 Abs. 1.
10 Abs. 5 i.V.m. § 92.
11 § 76.
12 § 96a.
13 §§ 72a, 92a.
14 Revisionsbeschwerde, § 77 i.V.m. § 522 Abs. 1 ZPO.

Gerichtsverfassungsgesetzes sind mit der Maßgabe entsprechend anzuwenden, dass an die Stelle des Oberlandesgerichts das Landesarbeitsgericht, an die Stelle des Bundesgerichtshofs das Bundesarbeitsgericht und an die Stelle der Zivilprozessordnung das Arbeitsgerichtsgesetz tritt.

(3) ¹Die Vorschriften über die Wahrnehmung der Geschäfte bei den ordentlichen Gerichten durch Rechtspfleger gelten in allen Rechtszügen entsprechend. ²Als Rechtspfleger können nur Beamte bestellt werden, die die Rechtspflegerprüfung oder die Prüfung für den gehobenen Dienst bei der Arbeitsgerichtsbarkeit bestanden haben.

(4) Zeugen und Sachverständige erhalten eine Entschädigung oder Vergütung nach dem Justizvergütungs- und -entschädigungsgesetz.

(5) ¹Alle mit einem befristeten Rechtsmittel anfechtbaren Entscheidungen enthalten die Belehrung über das Rechtsmittel. ²Soweit ein Rechtsmittel nicht gegeben ist, ist eine entsprechende Belehrung zu erteilen. ³Die Frist für ein Rechtsmittel beginnt nur, wenn die Partei oder der Beteiligte über das Rechtsmittel und das Gericht, bei dem das Rechtsmittel einzulegen ist, die Anschrift des Gerichts und die einzuhaltende Frist und Form schriftlich belehrt worden ist. ⁴Ist die Belehrung unterblieben oder unrichtig erteilt, so ist die Einlegung des Rechtsmittels nur innerhalb eines Jahres seit Zustellung der Entscheidung zulässig, außer wenn die Einlegung vor Ablauf der Jahresfrist infolge höherer Gewalt unmöglich war oder eine Belehrung dahin erfolgt ist, dass ein Rechtsmittel nicht gegeben sei; § 234 Abs. 1, 2 und § 236 Abs. 2 der Zivilprozessordnung gelten für den Fall höherer Gewalt entsprechend.

Übersicht

		Rdn.			Rdn.
I.	Allgemeines	1	f)	Angemessene Entschädigung	38
II.	Beschleunigungsgrundsatz (Abs. 1)	2	g)	Wartefrist und Klagefrist	39
III.	Entsprechende Anwendung von Vorschriften des GVG (Abs. 2)	8	h)	Zuständigkeit	42
			i)	Verfahren	43
	1. Zustellungs- und Vollstreckungsbeamte	8	j)	Übergangsrecht	47
			IV.	Rechtspfleger (Abs. 3)	48
	2. Sitzungspolizei	13	V.	Zeugen- und Sachverständigenentschädigung (Abs. 4)	55
	3. Gerichtssprache	20			
	4. Beratung und Abstimmung	25	VI.	Rechtsmittelbelehrung (Abs. 5)	56
	5. Referendare	30		1. Belehrungspflichtige Entscheidungen	56
	6. Rechtsschutz bei überlangen Gerichtsverfahren	33		2. Form der Belehrung	64
	a) Anlass der Neuregelung	33		3. Inhalt der Belehrung	65
	b) Rechtsnatur und Anwendungsbereich	34		4. Folgen fehlender oder unrichtiger Belehrung	68
	c) Verfahrensbeteiligte	35		a) Fehlende oder unrichtige Belehrung	68
	d) Angemessenheit der Verfahrensdauer	36		b) Fehlende Zustellung der Entscheidung	73
	e) Verzögerungsrüge	37		c) Berichtigung oder Nachholung	75

I. Allgemeines

1 § 9 enthält eine Vielzahl grundlegender Verfahrensregelungen. Durch das **Gesetz über den Rechtsschutz bei überlangen Gerichtsverfahren und strafrechtlichen Ermittlungsverfahren**[1] steht aber noch stärker als bisher die Durchführung der Verfahren in angemessener Zeit im Mittelpunkt (Abs. 2 Satz 2). Dies findet seinen Ausdruck auch in der neugefassten Überschrift.

---

1 Vom 24.11.2011 (BGBl. I, S. 2302), geändert durch Gesetz v. 06.12.2011 (BGBl. I, S. 2554).

II. Beschleunigungsgrundsatz (Abs. 1)

Das arbeitsgerichtliche Verfahren ist unabhängig von der Verfahrensart in allen Instanzen zu beschleunigen. Das Gebot richtet sich an alle am Verfahren Beteiligten, der Schwerpunkt liegt aber naturgemäß beim Gericht. Dieses hat es durch zügige Prozessführung und angemessene Vorbereitung in der Hand, das Ziel der Beschleunigung zu erreichen. Der arbeitsgerichtliche Beschleunigungsgrundsatz geht über die aus Art. 2 GG i.V.m. dem Rechtsstaatsprinzip (Art. 20 Abs. 3 GG) folgende **allgemeine Gewährung effektiven Rechtsschutzes** hinaus. Das **Bedürfnis** an einer **schnellen Klärung strittiger Rechtsverhältnisse** ist im Arbeitsrecht für Arbeitnehmer wie für Arbeitgeber besonders groß.

Trotz ihrer Bedeutung für das gesamte arbeitsgerichtliche Verfahren enthält die Vorschrift nur einen allgemeinen Rechtsgrundsatz. Ihr kommt keine eigenständige verfahrensrechtliche Bedeutung in dem Sinne zu, dass auf Verstöße gegen diese Norm Rechtsmittel oder selbstständige prozessuale Rügen gestützt werden könnten.[2] Vielmehr enthält das ArbGG in Umsetzung dieses Grundsatzes **konkrete Normen**, die der Beschleunigung dienen. Außerhalb dieser Vorschriften ergeben sich die Rechtsfolgen aus einer verzögerten Verfahrensbehandlung durch das Gericht nach Abs. 2 Satz 2 aus den durch das **Gesetz über den Rechtsschutz bei überlangen Gerichtsverfahren und strafrechtlichen Ermittlungsverfahren** neugefassten §§ 198 bis 201 GVG.

Konkrete Ausprägung hat der allgemeine Beschleunigungsgrundsatz z.B. in **§ 61a Abs. 1** gefunden, der die **vorrangige Erledigung von Bestandsstreitigkeiten** vorgibt. Darüber hinaus finden sich in diversen Vorschriften Regelungen, die von den für die ordentlichen Gerichte geltenden Vorschriften im Beschleunigungsinteresse abweichen. Diese sind in den letzten Jahren immer weiter ausgedehnt worden:
— Abkürzung der **Einlassungsfrist** auf eine Woche (§§ 47 Abs. 1, 80 Abs. 2), im Einigungsstelleneinsetzungsverfahren auf 48 Std. (§ 98 Abs. 1 Satz 4).
— Ausbau des **Güteverfahrens** (§§ 54 Abs. 1, 80 Abs. 2 Satz 2).
— Möglichkeit des **unmittelbaren Anschlusses der weiteren Verhandlung** an die Güteverhandlung (§ 54 Abs. 4).
— Ausdehnung der **Befugnisse des Vorsitzenden zur Vorbereitung der Kammerverhandlung** (§ 55 Abs. 4).
— **Alleinentscheidung des Vorsitzenden** bei weniger bedeutsamen Verfahrensentscheidungen (§ 55 Abs. 1 und 2).
— Umfassende **Vorbereitung der streitigen Verhandlung** durch den Vorsitzenden mit dem Ziel der Erledigung des Rechtsstreits im ersten Kammer- oder Anhörungstermin (§ 56 Abs. 1).
— Möglichkeit zur **Fristsetzung und Zurückweisung verspäteten Vorbringens** in Urteils- und Beschlussverfahren (§§ 56 Abs.2, 61a Abs. 5, 83 Abs. 1a).
— Gem. § 46 Abs. 2 Satz 2 Nichtanwendung des § 227 Abs. 3 ZPO (Verlegung von Terminen zwischen dem 1. Juli und 31. August).
— **Anordnung des persönlichen Erscheinens der Parteien in jeder Lage des Verfahrens** (§ 51 Abs. 1), **Zurückweisung von Prozessbevollmächtigten** bei unentschuldigtem Ausbleiben persönlich geladener Parteien, wenn dadurch der Zweck der Anordnung vereitelt wird (§ 51 Abs. 2).
— **Unanfechtbarkeit von** Beschlüssen über die **Ablehnung von Richtern oder Sachverständigen** (§ 49 Abs. 3).
— Abkürzung der **Einspruchsfrist** gegen Versäumnisurteile auf eine Woche (§ 59 Satz 1).
— **Unanfechtbarkeit von Zwischenurteilen** (§ 61 Abs. 3).
— Übergabe der vollständigen Fassung **von Urteilen und Beschlüssen** binnen 3 Wochen[3] nach Verkündung an die Geschäftsstelle (§ 60 Abs. 4 Satz 3), Zustellung binnen weiterer 3 Wochen

---

2 BAG, 13.05.1981 – 4 AZR 1080/78 zu I 3 der Gründe, NJW 1982, 302; GMPMG/Prütting § 9 Rn 5; Schwab/Weth-Weth § 9 Rn 4.
3 In zweiter Instanz vier Wochen; § 69 Abs. 1 Satz 2.

(§§ 50 Abs. 1, 80 Abs. 2). Im Einigungsstelleneinsetzungsverfahren Zustellung spätestens 4 Wochen nach Eingang des Antrags (§ 100 Abs. 1 Satz 6).
- **Verkündungstermin** nur unter erschwerten Voraussetzungen (§ 60 Abs. 1).
- Anhebung der **Berufungssumme** (§ 64 Abs. 2 Buchst. b).
- **Beschränkte Zulassung neuer Tatsachen und Beweismittel** in der Berufungsinstanz (§ 67).
- **Rechtsmittelbegründungs- und -beantwortungsfristen** können nur einmal verlängert werden (§§ 66 Abs. 1 Satz 5, 74 Abs. 1 Satz 3). Die Fristen betragen in der Revisions- bzw. Rechtsbeschwerdeinstanz **längstens einen Monat** (§§ 74 Abs. 1 Satz 3, 92 Abs. 2 Satz 1).[4]
- **Beschränkung bzw. Ausschluss der Zurückverweisung** in die erste Instanz (§§ 68, 91 Abs. 1 Satz 2).

5 Ungeachtet dieser besonderen Vorschriften sind alle Verfahrensabläufe dem Beschleunigungsgrundsatz zu unterwerfen. So hat sich bspw. eine Entscheidung über die **Aussetzung des Verfahrens** nach § 148 ZPO zum einen am **Grundrecht auf wirkungsvollen Rechtsschutz** zu orientieren, zum anderen ist das **schnelle Klärungsbedürfnis in Bestandsstreitigkeiten** zu bedenken. Dies hat Folgen insbesondere für Verfahren mit doppeltem Rechtsweg *(so bei besonderem Kündigungsschutz von Schwangeren und Schwerbehinderten).*[5] Ermessensspielräume hat das Gericht im Lichte von § 9 Abs. 1 zu gebrauchen.[6] In jedem Fall hat es seine **ermessensleitenden Erwägungen** offenzulegen.[7] Die Aussetzung eines Kündigungsschutzprozesses bis zur rechtskräftigen Erledigung eines Strafverfahrens ist dabei u.a. wegen der erheblichen wirtschaftlichen Risiken für die Parteien regelmäßig nicht gerechtfertigt.[8] Gleiches gilt für einen Rechtsstreit über Entgeltansprüche, die von der Wirksamkeit einer Kündigung abhängen.[9] Ähnliche Erwägungen gelten in den Sonderfällen der Aussetzung wegen Klärung der Tariffähigkeit oder Tarifzuständigkeit nach § 97 Abs. 5 ArbGG[10] oder der Entscheidung über die Wirksamkeit einer Allgemeinverbindlicherklärung oder einer Rechtsverordnung nach § 98 Abs. 6.[11]

6 Allerdings darf nicht unbeachtet bleiben, dass die Beschleunigung des Verfahrens kein Selbstzweck ist, sondern der Verwirklichung des verfassungsrechtlich garantierten Justizgewährungsanspruchs dient. Die Verfahrensbeschleunigung steht dabei in einem latenten **Spannungsverhältnis** zum **Grundsatz des fairen Verfahrens** und dem Anspruch auf **Gewährung rechtlichen Gehörs** (Art. 103 Abs. 1 GG), die wiederum durch einfachrechtliche Verfahrensvorschriften konkretisiert werden (z.B. § 139 ZPO). Dies ist bei der Anwendung der Beschleunigungsvorschriften zu berücksichtigen. Kommt es dabei zu Verletzungen des rechtlichen Gehörs und führt eine Anhörungsrüge nach § 78a zur Fortführung des Verfahrens, so läuft dies erst recht der gebotenen Verfahrensbeschleunigung zuwider.

7 Die besonderen Erwartungen, die aus dem **Beschleunigungsgrundsatz** an die ArbG gestellt werden, bedingen eine hinreichende Ausstattung mit Personal und Sachmitteln. Diese ist nicht immer gewährleistet, was die Erfüllung des gesetzlichen Auftrags zulasten von Arbeitnehmern und Arbeitgebern gefährdet. Kontraproduktiv sind allerdings auch manche gesetzgeberischen Aktivitäten, wie z.B. der Wegfall der Kostenprivilegierung des Teilvergleichs oder der Teilrücknahme.[12]

---

4 Keine feste zeitliche Grenze besteht hingegen in der Berufungs- bzw. Beschwerdeinstanz: BAG, 16.07.2008 – 7 ABR 13/07, Rn 16 f., NZA 2009, 202.
5 BAG, 17.06.2003 – 2 AZR 245/02 zu B II 2 c der Gründe, NJW 2004, 215 = NZA 2003, 1329.
6 GK-ArbGG/Bader § 9 Rn 17; a.A. Schwab/Weth-Weth § 9 Rn 4: nur selbstverständliche Mahnung an Richter und Parteien, Verfahren nicht in die Länge zu ziehen.
7 BVerfG, 30.06.2003 – 1 BvR 2022/02, EzA § 149 ZPO 2002 Nr. 1.
8 BAG, 25.11.2010 – 2 AZR 801/09, Rn 17, DB 2011, 880.
9 BAG, 16.04.2014 – 10 AZB 6/14, Rn 11, NJW 2014, 1903.
10 BAG, 24.07.2012 – 1 AZB 47/11, Rn 8 f., NZA 2012, 1061; 28.01.2008 – 3 AZB 30/07, Rn 10, NZA 2008, 489.
11 BAG, 07.01.2015 – 10 AZB 109/14, Rn 21, NZA 2015, 237.
12 Vorbemerkung 8 Satz 2 KV-GKG; dazu BAG, 16.04.2009 – 6 AZR 1049/09, Rn 4, NZA 2008, 783.

III. Entsprechende Anwendung von Vorschriften des GVG (Abs. 2)

1. Zustellungs- und Vollstreckungsbeamte

Die Vorschriften des GVG gelten gem. Art. 2 EGGVG grundsätzlich nur für die ordentliche Gerichtsbarkeit. In den Verfahren vor den Gerichten für Arbeitssachen sind sie daher nur anzuwenden, soweit dies ausdrücklich im ArbGG bestimmt ist. Dies ist sowohl in § 9 Abs. 2 als auch in anderen Vorschriften, wie z.B. § 6a *(Präsidium und Geschäftsverteilung)*, § 13 *(Rechtshilfe)*, § 48 *(Rechtsweg und Zuständigkeit)* und § 52 *(Öffentlichkeit)* der Fall. Teilweise sind die Verweisungen allerdings mit Einschränkungen versehen.

§ 9 Abs. 2 Satz 1 erklärt die für Zustellungs- und Vollstreckungsbeamte geltenden Vorschriften der §§ 154 und 155 GVG für entsprechend anwendbar. Sie haben folgenden Wortlaut:

§ 154 GVG

Die Dienst- und Geschäftsverhältnisse der mit den Zustellungen, Ladungen und Vollstreckungen zu betrauenden Beamten (Gerichtsvollzieher) werden bei dem Bundesgerichtshof durch den Bundesminister der Justiz und für Verbraucherschutz, bei den Landesgerichten durch die Landesjustizverwaltung bestimmt.

§ 155 GVG

Der Gerichtsvollzieher ist von der Ausübung seines Amts kraft Gesetzes ausgeschlossen:
I. in bürgerlichen Rechtsstreitigkeiten:
1. wenn er selbst Partei oder gesetzlicher Vertreter einer Partei ist oder zu einer Partei in dem Verhältnis eines Mitberechtigten, Mitverpflichteten oder Schadensersatzpflichtigen steht;
2. wenn sein Ehegatte Partei ist, auch wenn die Ehe nicht mehr besteht;
3. wenn eine Person Partei ist, mit der er in gerader Linie verwandt oder verschwägert, in der Seitenlinie bis zum dritten Grad verwandt oder bis zum zweiten Grad verschwägert ist oder war;
II. in Strafsachen ...

Der **Gerichtsvollzieher** ist **selbstständiges, hoheitlich handelndes Organ der Rechtspflege** in der Zwangsvollstreckung.[13] Er ist als **weisungsgebundener Beamter** zwar nicht unabhängig, hat aber bei seinen Handlungen einen gewissen Ermessensspielraum. Die Aufsicht erfolgt zweigleisig durch den Dienstherrn und das Vollstreckungsgericht. Der Gerichtsvollzieher hat sich gegenüber allen Beteiligten neutral zu verhalten. Bei Amtspflichtverletzungen haftet das Land, in dessen Dienst er steht. Eine **Privatisierung des Gerichtsvollzieherwesens** steht immer wieder in der **rechtspolitischen Diskussion**.

Der Gerichtsvollzieher ist im Bereich der Arbeitsgerichtsbarkeit im gleichen Umfang tätig wie in der ordentlichen Gerichtsbarkeit. Er wird bei Zustellungen, Ladungen und Vollstreckungen tätig. Seine Hauptaufgabe besteht in der Zwangsvollstreckung, die er im Auftrage des Gläubigers nach § 753 Abs. 1 ZPO durchführt. Für den Zustellungsbetrieb gelten die Besonderheiten des Arbeitsgerichtsverfahrens. Danach erfolgen **Zustellungen grds. von Amts wegen**.[14] Im **Parteibetrieb** werden nur im Beschlusswege erlassene Arrestbefehle und einstweilige Verfügungen zugestellt, außerdem Prozessvergleiche und Urkunden, aus denen zwangsvollstreckt werden soll.[15]

---

13 BGH, 29.01.2009 – III ZR 115/08 zu II 1 der Gründe, NJW 2009, 1086.
14 §§ 50, 64 Abs. 7, 72 Abs. 6, 80 Abs. 2, 85 Abs. 2 Satz 2, 87 Abs. 2, 92 Abs. 2; vgl. die Erläuterungen der genannten Bestimmungen.
15 GMPMG/Germelmann § 50 Rn 21 f.

11 Nach § 11 GKG sind die Vorschriften über Kostenvorschüsse im arbeitsgerichtlichen Verfahren nicht anwendbar.[16] Das gilt auch für Gebührenvorschüsse des Gerichtsvollziehers. Die örtliche Zuständigkeit des Gerichtsvollziehers richtet sich nach Landesrecht. Danach wird dem Gerichtsvollzieher ein bestimmter Bezirk zugewiesen. Sachlich zuständig ist der Gerichtsvollzieher für jede Zwangsvollstreckung in seinem Bezirk, die nicht gesetzlich den Gerichten zugewiesen ist. Wird die sachliche oder örtliche Zuständigkeit nicht gewahrt, ist die Zwangsvollstreckungsmaßnahme bei sachlicher Unzuständigkeit nichtig, bei örtlicher Unzuständigkeit anfechtbar.[17]

12 Nach § 155 GVG ist der Gerichtsvollzieher in bestimmten Fällen von der Ausübung seines Amtes kraft Gesetzes ausgeschlossen *(z.B. Selbstbetroffenheit, Verwandtschaft, Schwägerschaft)*. Stellt er gleichwohl zu, ist die fehlerhafte Zustellung unwirksam. Führt er trotz Ausschließung eine Vollstreckungsmaßnahme durch, ist diese anfechtbar.[18] Die Tätigkeit trotz Ausschließung ist eine Amtspflichtverletzung sowohl ggü. dem Schuldner als auch ggü. dem Gläubiger.

2. Sitzungspolizei

13 Die Vorschriften über die Aufrechterhaltung der Ordnung in der Sitzung gelten nach § 9 Abs. 2 Satz 1 entsprechend auch für das arbeitsgerichtliche Verfahren. Sie haben folgenden Wortlaut:

§ 176 GVG

Die Aufrechterhaltung der Ordnung in der Sitzung obliegt dem Vorsitzenden.

§ 177 GVG

Parteien, Beschuldigte, Zeugen, Sachverständige oder bei der Verhandlung nicht beteiligte Personen, die den zur Aufrechterhaltung der Ordnung getroffenen Anordnungen nicht Folge leisten, können aus dem Sitzungszimmer entfernt sowie zur Ordnungshaft abgeführt und während einer zu bestimmenden Zeit, die vierundzwanzig Stunden nicht übersteigen darf, festgehalten werden. Über Maßnahmen nach Satz 1 entscheidet gegenüber Personen, die bei der Verhandlung nicht beteiligt sind, der Vorsitzende, in den übrigen Fällen das Gericht.

§ 178 GVG

(1) Gegen Parteien, Beschuldigte, Zeugen, Sachverständige oder bei der Verhandlung nicht beteiligte Personen, die sich in der Sitzung einer Ungebühr schuldig machen, kann vorbehaltlich der strafgerichtlichen Verfolgung ein Ordnungsgeld bis zu eintausend Euro oder Ordnungshaft bis zu einer Woche festgesetzt und sofort vollstreckt werden. Bei der Festsetzung von Ordnungshaft ist zugleich für den Fall, dass dieses nicht beigetrieben werden kann, zu bestimmen, in welchem Maße Ordnungshaft an seine Stelle tritt.

(2) Über die Fortsetzung von Ordnungsmitteln entscheidet gegenüber Personen, die bei der Verhandlung nicht beteiligt sind, der Vorsitzende, in den übrigen Fällen das Gericht.

(3) Wird wegen derselben Tat später auf Strafe erkannt, so sind das Ordnungsgeld oder die Ordnungshaft auf die Strafe anzurechnen.

§ 179 GVG

Die Vollstreckung der vorstehend bezeichneten Ordnungsmittel hat der Vorsitzende unmittelbar zu veranlassen.

---

16 Vgl. Erl. Anh. 1.
17 Seiler in: Thomas/Putzo § 753 Rn 7.
18 Baumbach/Lauterbach/Albers/Hartmann § 155 GVG Rn 1.

§ 180 GVG

Die in den §§ 176 bis 179 bezeichneten Befugnisse stehen auch einem einzelnen Richter bei der Vornahme von Amtshandlungen außerhalb der Sitzung zu.

§ 181 GVG

(1) Ist in den Fällen der §§ 178, 180 ein Ordnungsmittel festgesetzt so kann gegen die Entscheidung binnen der Frist von einer Woche nach ihrer Bekanntmachung Beschwerde eingelegt werden, sofern sie nicht von dem Bundesgerichtshof oder einem Oberlandesgericht getroffen ist.

(2) Die Beschwerde hat in dem Falle des § 178 keine aufschiebende Wirkung, in dem Falle des § 180 aufschiebende Wirkung.

(3) Über die Beschwerde entscheidet das Oberlandesgericht.

§ 182 GVG

Ist ein Ordnungsmittel wegen Ungebühr festgesetzt oder eine Person zur Ordnungshaft abgeführt oder eine bei der Verhandlung beteiligte Person entfernt worden, so ist der Beschluss des Gerichts und dessen Veranlassung in das Protokoll aufzunehmen.

§ 183 GVG

Wird eine Straftat in der Sitzung begangen, so hat das Gericht den Tatbestand festzustellen und der zuständigen Behörde das darüber aufgenommene Protokoll mitzuteilen. In geeigneten Fällen ist die vorläufige Festnahme des Täters zu verfügen.

14 Zur sog. **Sitzungspolizei** gehören Maßnahmen, die der äußeren Ordnung dienen, damit die Verhandlung vor Gericht ungestört ablaufen kann. Die Sitzungspolizei ist zu unterscheiden von der **Prozessleitung** nach § 136 ZPO und dem Hausrecht im Gerichtsgebäude.[19]

15 Die Sitzungspolizei steht grds. dem Vorsitzenden zu. Gegenüber **nicht am Verfahren beteiligten Personen** *(z.B. Zuhörer, Pressevertreter, wartende RA in anderen Verfahren)* ist er für Maßnahmen nach §§ 176, 177 GVG *(z.B. Abmahnung, Entfernung aus dem Sitzungszimmer, Abführen in Ordnungshaft und Festhalten)* allein zuständig. Soweit Parteien, Zeugen und Sachverständige von den Maßnahmen betroffen sind, entscheidet das Gericht über die Ordnungsmittel (§ 177 Satz 2 GVG).

16 Vor der Anordnung und Durchführung der Maßnahme ist der Betroffene anzuhören. Das gilt auch für die **Ordnungsmittel** bei Ungebühr, die sich bspw. in unzulässigem Fotografieren, Dazwischenreden, Essen, Trinken und Rauchen während der Verhandlung äußern kann. Hierfür sieht § 178 Abs. 1 GVG Ordnungsgelder bis zu 1.000,00 € oder Ordnungshaft bis zu einer Woche vor. Es gilt der **Grundsatz der Verhältnismäßigkeit**. Von Ordnungsmaßnahmen ist zurückhaltend, aber konsequent Gebrauch zu machen. Werden Ordnungsmittel verhängt, so ist dies konkret in die Sitzungsniederschrift aufzunehmen (§ 182 GVG). Beschwerden gegen Ordnungsmittel nach § 178 GVG können gegen entsprechende Anordnungen der ArbG binnen Wochenfrist nach ihrer Bekanntmachung beim LAG eingelegt werden. Gegen Ordnungsmittel des Landesarbeitsgerichts und des BAG ist ebenso wenig eine Beschwerde statthaft (§ 78 i.V.m. § 181 Abs. 1 GVG) wie gegen Maßnahmen nach §§ 176, 177 GVG. Letzteres gilt allerdings nur, soweit die Maßnahmen auf die Aufrechterhaltung der Ordnung in der Sitzung beschränkt sind.[20]

---

19 Kissel/Mayer § 176 Rn 1 ff.; GK-ArbGG/Bader § 9 Rn 47 ff.
20 LAG Niedersachsen, 29.02.2008 – 16 Ta 333/08 zu II 1 der Gründe, ArbuR 2009, 55.

17 Maßnahmen nach §§ 177, 178 GVG sind nicht gegenüber **RA** möglich, die für Verfahrensbeteiligte auftreten.[21] Ausnahmen werden allenfalls für Fälle extremen Fehlverhaltens eines RA diskutiert.[22] Im Übrigen bleibt für diesen Personenkreis nur die Ermahnung, der Ordnungsruf und die kurzfristige Unterbrechung der Sitzung. Bei schwerwiegenden Störungen der Verhandlung ist auch eine Vertagung nach § 227 ZPO möglich. Ob § 176 GVG überhaupt die Zurückweisung eines **RA** erlaubt, der entgegen § 20 BORA oder entsprechender landesrechtlicher Regelungen[23] **ohne Robe auftritt**, erscheint zweifelhaft.[24] Jedenfalls dürfte eine solche Maßnahme regelmäßig unverhältnismäßig sein.[25]

18 Nach § 11 Abs. 2 Satz 2 vertretungsbefugte **Verbandsvertreter** sind in ihrer Stellung RA im Wesentlichen gleichgestellt. Deshalb sind auch ihnen gegenüber keine sitzungspolizeilichen Maßnahmen zulässig, sie gehören nicht zum Kreis der in §§ 177, 178 GVG genannten Personen.[26]

19 Bei Fehlverhalten **ehrenamtlicher Richter** gehen die in §§ 27, 28 getroffenen Regelungen vor. Näheres in den dortigen Erl.

3. Gerichtssprache

20 Die Gerichtssprache ist in den §§ 184 bis 191 GVG geregelt. Diese lauten auszugsweise:

§ 184 GVG

Die Gerichtssprache ist deutsch. Das Recht der Sorben, in den Heimatkreisen der sorbischen Bevölkerung vor Gericht sorbisch zu sprechen, ist gewährleistet.

§ 185 GVG

(1) Wird unter Beteiligung von Personen verhandelt, die der deutschen Sprache nicht mächtig sind, so ist ein Dolmetscher zuzuziehen. Ein Nebenprotokoll in der fremden Sprache wird nicht geführt; jedoch sollen Aussagen und Erklärungen in fremder Sprache, wenn und soweit der Richter dies mit Rücksicht auf die Wichtigkeit der Sache für erforderlich erachtet, auch in der fremden Sprache in das Protokoll oder in eine Anlage niedergeschrieben werden. In den dazu geeigneten Fällen soll dem Protokoll eine durch den Dolmetscher zu beglaubigende Übersetzung beigefügt werden.

(1a) Das Gericht kann gestatten, dass sich der Dolmetscher während der Verhandlung, Anhörung oder Vernehmung an einem anderen Ort aufhält. Die Verhandlung, Anhörung oder Vernehmung wird zeitgleich in Bild und Ton an diesen Ort und in das Sitzungszimmer übertragen.

(2) Die Zuziehung eines Dolmetschers kann unterbleiben, wenn die beteiligten Personen sämtlich der fremden Sprache mächtig sind.

(3) ...

§ 186 GVG

(1) Die Verständigung mit einer hör- oder sprachbehinderten Person in der Verhandlung erfolgt nach ihrer Wahl mündlich, schriftlich oder mit Hilfe einer die Verständigung ermöglichenden Person, die vom Gericht hinzuzuziehen ist. Für die mündliche und schriftliche Verständigung hat das Gericht die geeig-

---

21 GK-ArbGG/Bader § 9 Rn. 52.
22 BGH, 27.09.1976 – RiZ [R] 3/75, NJW 1977, 437; abl. Kissel/Mayer § 176 Rn 40 ff.
23 Z.B. § 21 AGGVG BW, § 4 Abs. 4 ThürAGGVG.
24 Vgl. BVerfG, 13.03.2012 – 1 BvR 210/12, NJW 2012, 2570; 18.02.1970 – 1 BvR 226/69, NJW 1970, 851; GK-ArbGG/Bader § 9 Rn 50.
25 LAG Niedersachsen, 29.02.2008 – 16 Ta 333/08 zu II 2 der Gründe, ArbuR 2009, 55.
26 GMPMG/Germelmann § 11 Rn 93; Schwab/Weth-Weth § 11 Rn 29.

neten technischen Hilfsmittel bereitzustellen. Die hör- oder sprachbehinderte Person ist auf ihr Wahlrecht hinzuweisen.

(2) Das Gericht kann eine schriftliche Verständigung verlangen oder die Hinzuziehung einer Person als Dolmetscher anordnen, wenn die hör- oder sprachbehinderte Person von ihrem Wahlrecht nach Absatz 1 keinen Gebrauch gemacht hat oder eine ausreichende Verständigung in der nach Absatz 1 gewählten Form nicht oder nur mit unverhältnismäßigem Aufwand möglich ist.

§ 188 GVG

Personen, die der deutschen Sprache nicht mächtig sind, leisten Eide in der ihnen geläufigen Sprache.

§ 189 GVG

(1) Der Dolmetscher hat einen Eid dahin zu leistendass er treu und gewissenhaft übertragen werde. Gibt der Dolmetscher an, dass er aus Glaubens- oder Gewissensgründen keinen Eid leisten wolle, so hat er eine Bekräftigung abzugeben. Diese Bekräftigung steht dem Eid gleich; hierauf ist der Dolmetscher hinzuweisen.

(2) Ist der Dolmetscher für Übertragungen der betreffenden Art in einem Land nach den landesrechtlichen Vorschriften allgemein beeidigt, so genügt vor allen Gerichten des Bundes und der Länder die Berufung auf diesen Eid.

(3) ...

(4) Der Dolmetscher oder Übersetzer soll über die Umstände, die ihm bei seiner Tätigkeit zur Kenntnis gelangen, Verschwiegenheit wahren. Hierauf weist ihn das Gericht hin.

§ 190 GVG

Der Dienst des Dolmetschers kann von dem Urkundsbeamten der Geschäftsstelle wahrgenommen werden. Einer besonderen Beeidigung bedarf es nicht.

§ 191 GVG

Auf den Dolmetscher sind die Vorschriften über Ausschließung und Ablehnung der Sachverständigen entsprechend anzuwenden. Es entscheidet das Gericht oder der Richter, von dem der Dolmetscher zugezogen ist.

§ 191a GVG

(1) Eine blinde oder sehbehinderte Person kann Schriftsätze und andere Dokumente in einer für sie wahrnehmbaren Form bei Gericht einreichen. Sie kann nach Maßgabe der Rechtsverordnung nach Absatz 2 verlangen, dass ihr Schriftsätze und andere Dokumente eines gerichtlichen Verfahrens barrierefrei zugänglich gemacht werden. Ist der blinden oder sehbehinderten Person Akteneinsicht zu gewähren, kann sie verlangen, dass ihr die Akteneinsicht nach Maßgabe der Rechtsverordnung nach Absatz 2 barrierefrei gewährt wird. Ein Anspruch im Sinne der Sätze 1 bis 3 steht auch einer blinden oder sehbehinderten Person zu, die von einer anderen Person mit der Wahrnehmung ihrer Rechte beauftragt oder hierfür bestellt worden ist. Auslagen für die barrierefreie Zugänglichmachung nach diesen Vorschriften werden nicht erhoben.

(2) Das Bundesministerium der Justiz und für Verbraucherschutz bestimmt durch Rechtsverordnung, die der Zustimmung des Bundesrates bedarf, unter welchen Voraussetzungen und in welcher Weise die in Absatz 1 genannten Dokumente und Dokumente, die von den Parteien zur Akte gereicht werden, einer

blinden oder sehbehinderten Person zugänglich gemacht werden, sowie ob und wie diese Person bei der Wahrnehmung ihrer Rechte mitzuwirken hat.

(3) Sind elektronische Formulare eingeführt ([…] § 46f des Arbeitsgerichtsgesetzes, […]), sind diese blinden oder sehbehinderten Personen barrierefrei zugänglich zu machen. Dabei sind die Standards von § 3 der Barrierefreie-Informationstechnik-Verordnung vom 12. September 2011 (BGBl. I S. 1843) in der jeweils geltenden Fassung maßgebend.

21 § 184 GVG bestimmt, dass die **Gerichtssprache deutsch** ist. Fremdsprachige Schriftsätze ohne beigefügte Übersetzung können daher keine verfahrensrechtlichen Wirkungen entfalten, insbesondere können sie nicht Frist wahrend wirken.[27] Das Gericht ist von sich aus nicht verpflichtet, eine Übersetzung zu veranlassen. Allerdings wird es den Einreicher regelmäßig auf die Problematik hinzuweisen und auf eine Übersetzung hinzuwirken haben, es darf den Vortrag nicht einfach unberücksichtigt lassen.[28] Fremdsprachige Beweismittel sind in jedem Fall zu verwerten (vgl. § 142 Abs. 3 ZPO), insoweit gilt § 184 GVG nicht.[29]

Eine Ausnahme gilt gem. Satz 2 örtlich beschränkt für die Nutzung der **sorbischen Sprache**.

22 Für die Partei oder andere Beteiligte, die der deutschen Sprache nicht mächtig sind, ist zu den Verhandlungen ein Dolmetscher hinzuzuziehen. Ob die Betreffenden die deutsche Staatsangehörigkeit innehaben, ist dabei unerheblich. § 185 GVG konkretisiert insoweit die Verpflichtungen aus Art. 20 GG und Art. 6 EGMRK.

23 **Hör- oder sprachbehinderte Personen** haben ein Wahlrecht über die Art der Verständigung *(mündlich, schriftlich oder über Dolmetscher)*, auf das sie hinzuweisen sind (§ 186 Abs. 1 GVG). Das Gericht hat ggf. geeignete technische Hilfsmittel zur Verfügung zu stellen, soweit dies nicht unverhältnismäßigen Aufwand verursacht. Im letztgenannten Fall, wenn keine Wahl getroffen wird oder trotzdem keine ausreichende Verständigung möglich ist, kann das Gericht eine schriftliche Verständigung verlangen oder die Hinzuziehung eines Dolmetschers anordnen (Abs. 2). Erheblich ausgeweitet wurden die **Rechte blinder und sehbehinderter Personen** im Verfahren im Hinblick auf die Zugänglichmachung von Schriftstücken, bei der Akteneinsicht und bei der Verwendung elektronischer Formulare (§ 191a GVG).

24 Der Dolmetscher ist vor seiner Tätigkeit zu vereidigen, soweit er nicht für Übertragungen der betreffenden Art allgemein beeidigt ist (§ 189 Abs. 1 und 2 GVG). Ist die Beeidigung vor dem Arbeitsgericht nicht ordnungsgemäß erfolgt, so muss das LAG die Beweisaufnahme wiederholen.[30] In der fehlenden Vereidigung liegt ein Verfahrensfehler, der Revisionsgrund sein kann.[31] Bei dem Hinweis auf die Verschwiegenheitspflicht nach § 189 Abs. 4 GVG dürfte es sich hingegen um eine bloße Ordnungsvorschrift handeln. Bei der Ablehnung eines Dolmetschers verweist § 191 GVG auf die für Sachverständige geltenden Vorschriften. Damit gibt es auch hier gem. § 49 Abs. 3 kein Rechtsmittel gegen den entsprechenden Beschluss des Gerichts.[32] Gegen einen unentschuldigt ferngebliebenen Dolmetscher können keine Ordnungsmittel festgesetzt werden. Ihm können allerdings die durch sein Ausbleiben entstandenen Kosten auferlegt werden.[33]

---

27 BAG, 17.02.1981 – 7 AZR 846/79 zu II 2 b der Gründe, NJW 1982, 2630; Zöller/Lückemann § 184 GVG Rn 3 f.
28 Zöller/Lückemann § 184 GVG Rn 4.
29 LAG Düsseldorf, 28.05.2014 – 12 Sa 1423/13, zu B II 2 der Gründe, IHR 2014, 242; BVerwG, 08.02.1996 – 9 B 418/95, NJW 1996, 1553; BGH, 02.03.1988 – IVb ZB 10/88 zu 2 der Gründe, NJW 1989, 1433.
30 BGH, 21.12.1993 – VI ZR 246/02 zu II 2 der Gründe, NJW 1994, 941.
31 Relativer Revisionsgrund: BAG, 02.09.1957 – 1 AZR 223/57, AP GVG § 189 Nr. 1.
32 BAG, 22.7.2008 – 3 AZB 26/08, Rn. 10, NZA 2009, 453 (zur Ablehnung eines Sachverständigen).
33 Kissel/Mayer § 185 Rn 17, § 189 Rn 11.

4. Beratung und Abstimmung

Gem. § 9 Abs. 2 Satz 1 kommen für die Beratung und Abstimmung der zur Entscheidung berufenen Richter die Verfahrensvorschriften der §§ 192 bis 197 GVG entsprechend zur Anwendung.

§ 192 GVG

(1) Bei Entscheidungen dürfen Richter nur in der gesetzlich bestimmten Anzahl mitwirken.

(2) Bei Verhandlungen von längerer Dauer kann der Vorsitzende die Zuziehung von Ergänzungsrichtern anordnen, die der Verhandlung beizuwohnen und im Falle der Verhinderung eines Richters für ihn einzutreten haben.

(3) Diese Vorschriften sind auch auf Schöffen anzuwenden.

§ 193 GVG

(1) Bei der Beratung und Abstimmung dürfen außer den zur Entscheidung berufenen Richtern nur die bei demselben Gericht zu ihrer juristischen Ausbildung beschäftigten Personen und die dort beschäftigten wissenschaftlichen Hilfskräfte zugegen sein, soweit der Vorsitzende deren Anwesenheit gestattet.

(2) Ausländische Berufsrichter, Staatsanwälte und Anwälte, die einem Gericht zur Ableistung eines Studienaufenthaltes zugewiesen worden sind, können bei demselben Gericht bei der Beratung und Abstimmung zugegen sein, soweit der Vorsitzende deren Anwesenheit gestattet und sie gem. den Absätzen 3 und 4 verpflichtet sind. Satz 1 gilt entsprechend für ausländische Juristen, die im Entsendestaat in einem Ausbildungsverhältnis stehen.

(3) Die in Absatz 2 genannten Personen sind auf ihren Antrag zur Geheimhaltung besonders zu verpflichten. § 1 Abs. 2 und 3 des Verpflichtungsgesetzes vom 2. März 1974 (BGBl. I, S. 469, 547 – Artikel 42) gilt entsprechend. Personen, die nach Satz 1 besonders verpflichtet worden sind, stehen für die Anwendung der Vorschriften des Strafgesetzbuches über die Verletzung von Privatgeheimnissen (§ 203 Abs. 2 Satz 1 Nr. 2, Satz 2, Abs. 4 und 5, § 205), Verwertung fremder Geheimnisse (§§ 204, 205), Verletzung des Dienstgeheimnisses (§ 353b Abs. 1 Satz 1 Nr. 2, Satz 2, Abs. 3 und 4) sowie Verletzung des Steuergeheimnisses (§ 355) den für den öffentlichen Dienst besonders Verpflichteten gleich.

(4) Die Verpflichtung wird vom Präsidenten oder vom aufsichtsführenden Richter des Gerichts vorgenommen. Er kann diese Befugnis auf den Vorsitzenden des Spruchkörpers oder auf den Richter übertragen, dem die in Absatz 2 genannten Personen zugewiesen sind. Einer erneuten Verpflichtung bedarf es während der Dauer des Studienaufenthaltes nicht. In den Fällen des § 355 des Strafgesetzbuches ist der Richter, der die Verpflichtung vorgenommen hat, neben dem Verletzten antragsberechtigt.

§ 194 GVG

(1) Der Vorsitzende leitet die Beratung, stellt die Fragen und sammelt die Stimmen.

(2) Meinungsverschiedenheiten über den Gegenstand, die Fassung und die Reihenfolge der Fragen oder über das Ergebnis der Abstimmung entscheidet das Gericht.

§ 195 GVG

Kein Richter oder Schöffe darf die Abstimmung über eine Frage verweigern, weil er bei der Abstimmung über eine vorhergegangene Frage in der Minderheit geblieben ist.

§ 196 GVG

(1) Das Gericht entscheidet, soweit das Gesetz nicht ein anderes bestimmt, mit der absoluten Mehrheit der Stimmen.

(2) Bilden sich in Beziehung auf Summen, über die zu entscheiden ist, mehr als zwei Meinungen, deren keine die Mehrheit für sich hat, so werden die für die größte Summe abgegebenen Stimmen den für die zunächst geringere abgegebenen so lange hinzugerechnet, bis sich eine Mehrheit ergibt.

(3) [...]

(4) Ergibt sich in dem mit zwei Richtern und zwei Schöffen besetzten Gericht in einer Frage, über die mit einfacher Mehrheit zu entscheiden ist, Stimmengleichheit, so gibt die Stimme des Vorsitzenden den Ausschlag.

§ 197 GVG

Die Richter stimmen nach dem Dienstalter, bei gleichem Dienstalter nach dem Lebensalter, ehrenamtliche Richter und Schöffen nach dem Lebensalter; der jüngere stimmt vor dem älteren. Die Schöffen stimmen vor den Richtern. Wenn ein Berichterstatter ernannt ist, so stimmt er zuerst. Zuletzt stimmt der Vorsitzende.

26 Nach § 192 Abs. 1 GVG dürfen bei Entscheidungen Richter nur in der gesetzlich bestimmten Anzahl mitwirken. Das gilt über den Wortlaut des § 192 Abs. 3 GVG hinaus nicht nur für Schöffen, sondern auch für ehrenamtliche Richter.[34]

Ist der Vorsitzende verhindert, tritt nach Geschäftsverteilungsplan der dort vorgesehene Vertreter an seine Stelle (§ 21f Abs. 2 GVG). Näheres vgl. Erl. zu § 6a Rdn. 30 f.

27 Über den in § 192 GVG genannten Personenkreis hinaus dürfen bei Beratung und Abstimmung aus Gründen des **Beratungsgeheimnisses** nur die zu ihrer Ausbildung bei demselben Gericht beschäftigten Personen *(Referendare, Jurastudenten)*, wissenschaftliche Mitarbeiter *(z.B. am BAG)* sowie zugewiesene ausländische Berufsrichter, Staatsanwälte und Anwälte während ihres Studienaufenthalts oder ausländische Juristen im Ausbildungsverhältnis zugegen sein. Die Entscheidung über die Anwesenheit trifft der Vorsitzende. Darüber hinaus muss es auch erlaubt sein, inländische Hospitanten *(z.B. »Gastrichter« oder zur Einarbeitung zugewiesene Richter auf Probe)* an der Beratung und Abstimmung teilnehmen zu lassen.[35] In- und ausländische Hospitanten sind auf ihren Antrag zur Geheimhaltung besonders zu verpflichten (§ 193 Abs. 3 und 4 GVG).

28 Es gibt keine Vorschrift, die bestimmt, dass Beratung und Abstimmung sich unmittelbar an die Verhandlung der Sache anschließen müssen. Vielmehr obliegt es dem Vorsitzenden zu entscheiden, ob die Beratung erst am Schluss des Sitzungstages stattfindet.[36] Der **Vorsitzende** ist nach § 194 Abs. 1 GVG für den **äußeren Ablauf der Beratung** verantwortlich, d.h., er bestimmt die zeitlich-räumlichen Umstände der Beratung, stellt die Fragen und sammelt die Stimmen. Eine Stimmenthaltung des einzelnen Richters ist – auch außerhalb des § 195 GVG – unzulässig; sie ist mit der Funktion eines Richters unvereinbar. Die ehrenamtlichen Richter sind bei Beratung und Abstimmung gleichberechtigt.

29 Das Gericht entscheidet, soweit das Gesetz nichts anderes mit bestimmt, gem. § 196 Abs. 1 GVG mit der absoluten Mehrheit der Stimmen. Die Reihenfolge der Stimmabgabe bestimmt § 197 GVG. Bei den ArbG und LAG haben deshalb **zunächst die ehrenamtlichen Richter** nach Lebensalter, der jüngere vor dem älteren, **abzustimmen**. Erst dann gibt der Berufsrichter seine Stimme ab.

---

34 Kissel/Mayer § 192 Rn 21.
35 Sog. Erst-Recht-Schluss: Zöller/Lückemann § 193 GVG Rn 5; zu § 193 GVG a.F. vgl. BAG, 22.02.1967 – 4 AZR 127/66, NJW 1967, 1581.
36 GK-ArbGG/Bader § 9 Rn 60.

Am BAG stimmt zunächst nach § 197 Satz 3 GVG der Berichterstatter ab, dann die ehrenamtlichen Richter,[37] gefolgt vom zweiten Berufsrichter und zum Schluss der Vorsitzende Richter.

5. Referendare

Gem. § 9 Abs. 2 Satz 1 können nach § 10 GVG auch in der Arbeitsgerichtsbarkeit Referendare Rechtshilfeersuchen erledigen, Beweise erheben und die mündliche Verhandlung leiten, jedoch jeweils unter Aufsicht des zuständigen Berufsrichters. Versagt bleiben den Referendaren jedoch die Anordnung der Beeidigung und die Abnahme des Eides. 30

§ 10 GVG

Unter Aufsicht des Richters können Referendare Rechtshilfeersuchen erledigen und außer in Strafsachen Verfahrensbeteiligte anhören, Beweise erheben und die mündliche Verhandlung leiten. Referendare sind nicht befugt eine Beeidigung anzuordnen oder einen Eid abzunehmen.

Nicht übertragbar ist dem Referendar die über die formelle und sachliche Prozessleitung hinausgehende, dem Gericht vorbehaltene Entscheidungsbefugnis. Umstritten ist, ob sich die Verhandlungsleitung im Arbeitsgerichtsverfahren auf die **Führung der Güteverhandlung** nach § 54 beschränkt.[38] Für zwingend halte ich dies im Hinblick auf den Inhalt der gesetzlichen Regelung aber nicht.[39] Wegen der Beteiligung der ehrenamtlichen Richter erscheint die Rolle des *(zeitweiligen)* Vorsitzenden unter Aufsicht allerdings nicht ganz passend, sodass allenfalls zurückhaltend von dieser Möglichkeit Gebrauch gemacht werden sollte. In jedem Fall steht der Referendar unter der ständigen Aufsicht des zuständigen Richters,[40] der jederzeit eingreifen kann und dies bei erheblichen Fehlentwicklungen auch muss. Der Einsatz des Referendars ist in der Sitzungsniederschrift klar zu vermerken. 31

Ein Referendar kann als **Urkundsbeamter der Geschäftsstelle** eingesetzt werden oder gem. § 2 Abs. 5 RPflG mit der zeitweiligen Wahrnehmung von **Rechtspflegeraufgaben** betraut werden. Die Beauftragung ist aktenkundig zu machen. Die Auswahl des Referendars bei seinem jeweiligen Einsatz hat sich am Ausbildungsstand, seiner fachlichen Qualifikation und menschlichen Reife zu orientieren. 32

6. Rechtsschutz bei überlangen Gerichtsverfahren[41]

a) Anlass der Neuregelung

Gem. § 9 Abs. 2 Satz 2 gelten die Vorschriften des 17. Titels des GVG (§§ 198 – 201)[42] mit bestimmten Maßgaben auch für das arbeitsgerichtliche Verfahren. Die Verabschiedung des am 03.12.2011 in Kraft getretenen Gesetzes über den Rechtsschutz bei überlangen Gerichtsverfahren und strafrechtlichen Ermittlungsverfahren war die Reaktion auf diverse Verurteilungen Deutschlands durch den Europäischen Gerichtshof für Menschenrechte (EGMR) wegen Verstoßes gegen 33

---

37 Kissel/Mayer § 197 Rn 3.
38 So z.B. Kissel/Mayer § 10 Rn 11; Zöller/Lückemann § 10 GVG Rn 3 unter Verweis auf § 28 Abs. 2 Satz 2 DRiG.
39 Ebenso GK-ArbGG/Bader § 9 Rn 33; Musielak/Wittschier § 10 GVG Rn 10.
40 Kissel/Mayer § 10 Rn 12 f.
41 Vgl. dazu allg. Althammer/Schäuble NJW 2012, 1 ff.; Heine MDR 2012, 327; Magnus ZZP 2012, 75 ff.; zur Arbeitsgerichtsbarkeit vom Stein/Brand NZA 2014, 113 ff.
42 Eingefügt durch Gesetz über den Rechtsschutz bei überlangen Gerichtsverfahren und strafrechtlichen Ermittlungsverfahren v. 24.11.2011 (BGBl. I, S. 2302), geändert durch G. v. 06.12.2011 (BGBl. I, S. 2554).

Art. 6 Abs. 1 EMRK und Art. 13 EMRK.[43] Dabei hatte der EGMR wiederholt – zuletzt unter Fristsetzung – moniert, dass das deutsche Recht keinen angemessenen innerstaatlichen Rechtsbehelf *(im weiteren Sinn)* vorsieht, der geeignet ist, Abhilfe für die unangemessene Dauer zivilrechtlicher Verfahren zu schaffen.[44] Angemessen ist ein Rechtsbehelf i.S.v. Art. 13 EMRK dann, wenn er ermöglicht, die befassten Gerichte zu einer früheren Entscheidungsfindung zu veranlassen *(präventive Wirkung)* oder dem Rechtsuchenden für die bereits entstandenen Verzögerungen eine angemessene Entscheidung zu gewähren *(kompensatorische Wirkung)*.[45]

Die Möglichkeit der Einlegung einer Verfassungsbeschwerde wegen Verstoß gegen Art. 2 Abs. 1 GG i.V.m. Art. 20 Abs. 3 GG erfüllt diese Voraussetzungen nicht, da das Bundesverfassungsgericht lediglich feststellen kann, dass durch die überlange Verfahrensdauer eine Grundrechtsverletzung vorliegt.[46] Ebenso wenig genügt ein Verweis auf Amtshaftungsansprüche nach § 839 BGB i.V.m. Art. 34 GG,[47] da diese eine schuldhafte Verzögerung voraussetzen und Nichtvermögensschäden nicht ersetzt werden.[48] Beide Verfahren stehen weiter zur Verfügung; zu Amtshaftungsansprüchen besteht Anspruchskonkurrenz, soweit dieselben Nachteile entschädigt werden.[49] Eine Verfassungsbeschwerde ist allerdings nach § 90 Abs. 2 Satz 2 BVerfGG subsidiär und kommt erst nach Durchführung des Verfahrens nach § 198 GVG in Betracht.[50]

Die gesetzliche Neuregelung soll der Rechtsbehelfsklarheit dienen und einen einheitlichen, in Voraussetzungen und Wirkungen für den Bürger klar erkennbaren Rechtsbehelf bei *(vermeintlicher)* überlanger Verfahrensdauer schaffen. Von der Rechtsprechung teilweise entwickelte Rechtsbehelfskonstruktionen *(z.B. außerordentliche Beschwerde, Untätigkeitsbeschwerde)* werden damit mangels Fortbestehen einer Regelungslücke hinfällig.[51] Eine Beschwerde beim EGMR setzt nach Art. 35 Abs. 1 EMRK die vorherige Durchführung des Entschädigungsverfahrens nach §§ 198 ff. GVG voraus.[52]

§ 198 GVG

(1) Wer infolge unangemessener Dauer eines Gerichtsverfahrens als Verfahrensbeteiligter einen Nachteil erleidet, wird angemessen entschädigt. Die Angemessenheit der Verfahrensdauer richtet sich nach den Umständen des Einzelfalles, insbesondere nach der Schwierigkeit und Bedeutung des Verfahrens und nach dem Verhalten der Verfahrensbeteiligten und Dritter.

(2) Ein Nachteil, der nicht Vermögensnachteil ist, wird vermutet, wenn ein Gerichtsverfahren unangemessen lange gedauert hat. Hierfür kann Entschädigung nur beansprucht werden, soweit nicht nach den Umständen des Einzelfalles Wiedergutmachung auf andere Weise gemäß Absatz 4 ausreichend ist. Die Entschädigung gemäß Satz 2 beträgt 1 200 Euro für jedes Jahr der Verzögerung. Ist der Betrag gemäß

---

43 BT-Drs. 17/3802, S. 1 f., 15 ff.; vgl. zur Ausgangslage und zum ursprünglichen Gesetzentwurf Düwell FA 2010, 202; zu den Ergebnissen einer ersten Evaluation für den Zeitraum bis 31.12.2013 BT-Drs. 18/2590.
44 Vgl. das sog. Pilurteil: EGMR, 02.09.2010 – Nr. 46344/06 (Rumpf/Deutschland), NJW 2010, 700 (auch mit einer Darstellung der früheren Fälle).
45 EGMR, 11.06.2009 – 71972/01 (Mianowicz/Deutschland), Rn 58 (ein Fall aus der Arbeitsgerichtsbarkeit).
46 Vgl. zuletzt z.B. BVerfG 3. Kammer des Ersten Senats, 05.08.2013 – 1 BvR 2965/10, NZA 2013, 1229 [ein Fall aus der Arbeitsgerichtsbarkeit]; 02.12.2011 – 1 BvR 314/11, WM 2012, 76.
47 Vgl. dazu z.B. BGH, 04.11.2010 – III ZR 32/10, NJW 2011, 1072.
48 EGMR, 11.01.2007 – 20027/02, Rn 67 m.w.N., NVwZ 2008, 289.
49 BT-Drs. 17/3802 S. 19; Remus NJW 2012, 1403, 1408.
50 BVerfG, 2. Kammer des 1. Senats, 05.09.2013 – 1 BvR 2447/11, NVwZ 2014, 62; 3. Kammer des 2. Senats, 06.06.2013 – 2 BvQ 26/13 [zur Notwendigkeit der Verzögerungsrüge im Eilverfahren].
51 BT-Drs. 17/3802, S. 1, 15 f.; BGH, 30.04.2014 – XII ZB 136/14, FamRZ 2014, 1285; BGH, 20.11.2012 – VIII ZB 49/12, NJW 2013, 385; Bayerisches LSG, 24.02.2012 – L 16 SB 282/11 B.
52 EGMR, 29.05.2012 – 53126/07, Taron/Deutschland, AuR 2012, 363.

Satz 3 nach den Umständen des Einzelfalles unbillig, kann das Gericht einen höheren oder niedrigeren Betrag festsetzen.

(3) Entschädigung erhält ein Verfahrensbeteiligter nur, wenn er bei dem mit der Sache befassten Gericht die Dauer des Verfahrens gerügt hat (Verzögerungsrüge). Die Verzögerungsrüge kann erst erhoben werden, wenn Anlass zur Besorgnis besteht, dass das Verfahren nicht in einer angemessenen Zeit abgeschlossen wird; eine Wiederholung der Verzögerungsrüge ist frühestens nach sechs Monaten möglich, außer wenn ausnahmsweise eine kürzere Frist geboten ist. Kommt es für die Verfahrensförderung auf Umstände an, die noch nicht in das Verfahren eingeführt worden sind, muss die Rüge hierauf hinweisen. Anderenfalls werden sie von dem Gericht, das über die Entschädigung zu entscheiden hat (Entschädigungsgericht), bei der Bestimmung der angemessenen Verfahrensdauer nicht berücksichtigt. Verzögert sich das Verfahren bei einem anderen Gericht weiter, bedarf es einer erneuten Verzögerungsrüge.

(4) Wiedergutmachung auf andere Weise ist insbesondere möglich durch die Feststellung des Entschädigungsgerichts, dass die Verfahrensdauer unangemessen war. Die Feststellung setzt keinen Antrag voraus. Sie kann in schwerwiegenden Fällen neben der Entschädigung ausgesprochen werden; ebenso kann sie ausgesprochen werden, wenn eine oder mehrere Voraussetzungen des Absatzes 3 nicht erfüllt sind.

(5) Eine Klage zur Durchsetzung eines Anspruchs nach Absatz 1 kann frühestens sechs Monate nach Erhebung der Verzögerungsrüge erhoben werden. Die Klage muss spätestens sechs Monate nach Eintritt der Rechtskraft der Entscheidung, die das Verfahren beendet, oder einer anderen Erledigung des Verfahrens erhoben werden. Bis zur rechtskräftigen Entscheidung über die Klage ist der Anspruch nicht übertragbar.

(6) Im Sinne dieser Vorschrift ist
1. ein Gerichtsverfahren jedes Verfahren von der Einleitung bis zum rechtskräftigen Abschluss einschließlich eines Verfahrens auf Gewährung vorläufigen Rechtsschutzes und zur Bewilligung von Prozess- oder Verfahrenskostenhilfe; ausgenommen ist das Insolvenzverfahren nach dessen Eröffnung; im eröffneten Insolvenzverfahren gilt die Herbeiführung einer Entscheidung als Gerichtsverfahren;
2. ein Verfahrensbeteiligter jede Partei und jeder Beteiligte eines Gerichtsverfahrens mit Ausnahme der Verfassungsorgane, der Träger öffentlicher Verwaltung und sonstiger öffentlicher Stellen, soweit diese nicht in Wahrnehmung eines Selbstverwaltungsrechts an einem Verfahren beteiligt sind.

b) Rechtsnatur und Anwendungsbereich

§ 198 Abs. 1 Satz 1 GVG beinhaltet den materiellen Kern der Neuregelung: Wer als Verfahrensbeteiligter infolge unangemessener Dauer eines Gerichtsverfahrens einen Nachteil erleidet, soll zukünftig angemessen entschädigt werden. Es handelt sich um einen **Staatshaftungsanspruch sui generis** infolge rechtswidrigen hoheitlichen Verhaltens, der ein Verschulden nicht voraussetzt.[53] **Gerichtsverfahren** ist dabei nach der Legaldefinition des Abs. 6 Nr. 1 jedes Verfahren von der Einleitung bis zum rechtskräftigen Abschluss einschließlich Verfahren des einstweiligen Rechtsschutzes und der Gewährung von Prozesskostenhilfe, nicht aber jeder einzelne Antrag oder jedes Gesuch im Zusammenhang mit dem verfolgten Rechtsschutzbegehren.[54] Der Anwendungsbereich ist umfassend; alle Verfahren nach dem ArbGG sind erfasst. Dabei ist egal, ob es sich um Urteilsverfahren nach §§ 2, 46 ff., 110 oder Beschlussverfahren nach §§ 2a, 80 ff., 97 f. handelt. Auch die Entschädigungsverfahren selbst sind erfasst; die vom Bundesrat insoweit gewünschte Ausnahme ist nicht Gesetz geworden.[55] Keine Gerichtsverfahren in diesem Sinne sind hingegen Schiedsgerichtsverfahren nach § 101 ArbGG oder die Durchführung einer Mediation, unabhängig von deren Form.

34

---

53 BT-Drs. 17/3802 S. 19.
54 BGH, 13.03.2014 – III ZR 91/13, Rn 23, NJW 2014, 1816; vgl. auch BGH 05.12.2013 – III ZR 73/13, NJW 2014, 789 zum selbständigen Beweisverfahren und dem Hauptsacheverfahren als jeweils getrennt zu betrachtende Gerichtsverfahren i.S.v. § 198 Abs. 6 Nr. 1 GVG.
55 BT-Drs. 17/3802 S. 36, 42.

c) Verfahrensbeteiligte

35 Die Rechte nach § 198 GVG haben nur **Verfahrensbeteiligte**. Dritte können keine Ansprüche geltend machen, selbst wenn sie indirekt Nachteile erleiden *(z.B. durch den Eintritt der Verjährung bei Abwarten eines »Musterprozesses« eines Kollegen ohne entsprechende Verzichtsabrede)*. Verfahrensbeteiligt ist nach Abs. 6 Nr. 2 jede Partei und jeder Beteiligte eines Gerichtsverfahrens, nicht aber beispielsweise Zeugen oder Sachverständige. Im Urteilsverfahren sind dies die **Parteien** selbst und m.E. auch der **Nebenintervenient** nach §§ 66 ff. ZPO, soweit er dem Prozess zulässig beitritt. Zwar wird er nicht Partei,[56] aber ihm stehen eigene prozessuale Rechte zu und er ist insoweit vor einer überlangen Dauer des Prozesses ebenso zu schützen wie die Partei selbst.[57] Die bloße Stellung als Streitverkünder *(z.B. im Drittschuldnerprozess nach § 841 ZPO)* genügt hingegen ohne Beitritt nicht, da der Rechtsstreit in diesem Fall ohne Rücksicht auf die Streitverkündung fortgesetzt wird (§ 74 Abs. 2 ZPO). Etwaige Nachteile einer überlangen Verfahrensdauer für den Streitverkündeten bilden eine bloße Reflexwirkung, ohne diesen damit zum Verfahrensbeteiligten zu machen. Bei **Beschlussverfahren** ist auf den **Beteiligtenbegriff nach § 83 Abs. 2** zurückzugreifen: Beteiligt ist, wer unmittelbar in seiner betriebsverfassungs- oder mitbestimmungsrechtlichen Rechtsstellung berührt wird (zu den Einzelheiten vgl. § 80 Rdn. 15 ff.). Obwohl die Beteiligteneigenschaft dem materiellen Recht folgt, ohne das es einer darauf gerichteten Handlung der Person, der Stelle oder des Gerichts bedarf,[58] können nur diejenigen einen Anspruch erlangen, die tatsächlich am Verfahren beteiligt werden. Dies ergibt sich schon aus Abs. 3; wer nicht beteiligt ist, kann auch keine Verzögerungsrüge erheben. Etwaige Nachteile zu Unrecht Nicht-Beteiligter sind auch hier die Folge einer bloßen Reflexwirkung. Dementsprechend kann ein Anspruch von Beteiligten auch nur für die Instanzen geltend gemacht werden, an denen sie formell beteiligt waren. Ausdrücklich nicht als Verfahrensbeteiligte i.S.d. Gesetzes gelten die Verfassungsorgane und die **Träger öffentlicher Verwaltung**. Dies gilt auch dann, wenn sie Partei sind; dem Staat soll kein Entschädigungsrecht gegen sich selbst zustehen.[59] Ausgenommen sind die Fälle, in denen eine solche Partei in Wahrnehmung eines Selbstverwaltungsrechts an einem Verfahren beteiligt ist *(z.B. eine Kommune oder Anstalt des öffentlichen Rechts als Arbeitgeber*[60]*)*.

d) Angemessenheit der Verfahrensdauer

36 Für die Beurteilung der **Angemessenheit der Verfahrensdauer** sind nach Abs. 1 Satz 2 alle Umstände des Einzelfalls heranzuziehen, Bezugspunkt ist grundsätzlich das Gesamtverfahren.[61] Für die Ausfüllung dieses unbestimmten Rechtsbegriffs ist inhaltlich auf die Gewährleistung des Art. 2 Abs. 1 i.V.m. Art. 20 Abs. 3 GG und des Art. 6 Abs. 1 EMRK zurückzugreifen.[62] Die hierzu ergangene Rechtsprechung des BVerfG[63] und des EGMR[64] muss deshalb herangezogen werden.[65] Nach der gesetzlichen Konzeption gibt es damit **keine festen Fristen**, ab denen immer oder vor denen

---

56 Zöller/Vollkommer § 67 ZPO Rn 1.
57 Ebenso Heine MDR 2012, 327, 328; a.A. Althammer/Schäuble NJW 2012, 1; unklar die Gesetzesbegründung BT-Drs. 17/3802, S. 23.
58 BAG, 08.12.2010 – 7 ABR 69/09, Rn 11, NZA 2011, 362; 09.12.2008 – 1 ABR 75/07, Rn 13, NJW 2009, 872 = NZA 2009, 254.
59 BT-Drs. 17/3802, S. 23.
60 BT-Drs. 17/3802, S. 36, 42.
61 BGH, 14.11.2013 – III ZR 376/12, Rn 25 ff., 30, NJW 2014, 220; Kissel/Mayer § 198 Rn 13.
62 Vgl. beispielhaft in eigener Sache BVerfG, 20.08.2015 – 1 BvR 2781/13 – Vz 11/14, NJW 2015, 3361; Althammer/Schäuble NJW 2012, 1, 2.
63 Zuletzt z.B. BVerfG 3. Kammer des Ersten Senats, 14.12.2010 – 1 BvR 404/10, zu III 2 der Gründe, SozR 4–1110 Art. 19 Nr. 10; 3. Kammer des Ersten Senats, 30.07.2009 – 1 BvR 2662/06, NJW-RR 2010, 207.
64 Zuletzt z.B. EGMR, 02.09.2010 – 46344/06 (Rumpf/Deutschland), NJW 2010, 700 m.w.N.; grundlegend 08.06.2006 – 75529/01 (Sürmeli/Deutschland), NJW 2006, 2389.
65 EGMR, 29.05.2012 – 53126/07 (Taron/Deutschland) Rn 39, AuR 2012, 363 »die Konventionskriterien so anwenden [...] wie es der Rechtsprechung des Gerichtshofs entspricht«.

nie eine Unangemessenheit der Verfahrensdauer anzunehmen wäre. Vielmehr ist im Entschädigungsprozess im Einzelfall zu bewerten, ob die Verfahrensdauer in einem angemessenen Verhältnis zum Gegenstand des Prozesses steht.[66] Dabei können zunächst eingetretene Verzögerungen durch besonders zügige weitere Bearbeitung kompensiert werden.[67] Die Auffassungen des BSG und des BFH zu gewissen Regelfristen in der Sozial- und Finanzgerichtsbarkeit können m.E. auf Verfahren der Arbeitsgerichtsbarkeit schon wegen deren Vielgestaltigkeit nicht übertragen werden.[68] Für ein Verfahren im einstweiligen Rechtsschutz ist naturgemäß eine deutlich kürzere Verfahrensdauer angemessen als für das entsprechende Hauptsacheverfahren. Generell gilt, dass das Gericht bei zunehmender Verfahrensdauer nachhaltig auf eine Beschleunigung hinwirken muss.[69] Geringfügige Verzögerungen in einzelnen Verfahrensabschnitten, die gegenüber der (angemessenen) Gesamtverfahrensdauer nicht entscheidend ins Gewicht fallen, mögen zwar vom Leitbild der optimalen Prozessführung abweichen, können aber keine Ansprüche nach §§ 198 ff. GVG begründen.[70]

Als Beispiele, die bei der Wertung regelmäßig (»insbesondere«) zu berücksichtigen sind, benennt das Gesetz in Abs. 1 Satz 2 die **Schwierigkeit und Bedeutung** des Verfahrens und das Verhalten der Verfahrensbeteiligten und Dritter. Dabei handelt es sich um keine abschließende Aufzählung.[71] Dass die Schwierigkeit und Komplexität von Rechtsstreitigkeiten deren Dauer beeinflusst, liegt auf der Hand. Gleiches gilt für den Umfang der Verfahren. Ebenso kann die Anzahl der Beteiligten eine Rolle spielen und dessen Komplexität erhöhen *(z.B. im Verfahren nach § 97 oder § 98)*. Die Bedeutung des Rechtsstreits kann sich dabei sowohl auf die Parteien beziehen *(z.B. die wirtschaftlichen Auswirkungen für ein Unternehmen oder den betroffenen Arbeitnehmer)* als auch auf die Allgemeinheit *(»Musterprozess«)*.[72] Im letztgenannten Fall wird eine längere Verfahrensdauer eher hinzunehmen sein als im erstgenannten. In jedem Fall muss das **allgemeine Beschleunigungsgebot** nach § 9 Abs. 1[73] und in Bestandsstreitigkeiten das **besondere Beschleunigungsgebot** nach § 61a bei der Wertung der Angemessenheit berücksichtigt werden.

Bei der Bewertung des **Verhaltens der Verfahrensbeteiligten** geht es darum, einen eventuellen eigenen Beitrag desjenigen, der eine Entschädigung begehrt, an der Verzögerung festzustellen. Dies können eine Vielzahl von Terminsverlegungs- oder Fristverlängerungsanträgen ebenso sein, wie die Nutzung prozessualer Mittel zu verfahrensfremden Zwecken *(z.B. mehrfache querulatorische Ablehnungsanträge)*. Allerdings ist zu beachten, dass die Partei das ihr von der Prozessordnung zur Verfügung gestellte Instrumentarium grundsätzlich in ihrem Interesse nutzen darf. Es ist daher Zurückhaltung geboten, ihr ein solches Verhalten zur Last zu legen. Immer muss gleichzeitig die **Rolle des Gerichts** beleuchtet werden, insbesondere ob es in Bezug auf eine zügige Prozessführung sachgerecht reagiert hat. Dabei muss dem Gericht aber trotz der ex-post-Betrachtung im Hinblick auf die durch Art. 97 Abs. 1 GG garantierte Unabhängigkeit ein Spielraum zugebilligt werden.[74] Es geht nicht um die Überprüfung der Verfahrenshandlungen auf Richtigkeit, sondern nur auf Vertretbarkeit im Hinblick auf eine Durchführung

---

66 BGH, 05.12.2013 – III ZR 73/13, NJW 2014, 789; BVerwG, 11.07.2013 – 5 C 23/12 D, Rn 30 ff, NJW 2014, 96.
67 EGMR, 04.02.2010 – 13791/06; BGH, 05.12.2013 – III ZR 73/13, Rn 41, NJW 2014, 789; Heine MDR 2012, 327, 328.
68 BSG, 03.09.2014 – B 10 ÜG 2/13, Rn 45 f., SGb 2015, 298; BFH, 07.11.2013 – X K 13/12, Rn 56 ff., DB 2013, 2906; insgesamt gegen feste Fristen für ihren Zuständigkeitsbereich: BGH, 05.12.2013 – III ZR 73/13, NJW 2014, 789; BVerwG, 11.07.2013 – 5 C 23/12 D, Rn 30 ff, NJW 2014, 96.
69 StRspr, z.B. BVerfG 3. Kammer des Ersten Senats, 20.09.2007 – 1 BvR 775/07, NJW 2008, 503.
70 BGH, 10.04.2014 – III ZR 335/13, Rn 37, NJW 2014, 1967.
71 BT-Drs. 17/3802 S. 18.
72 BT-Drs. 17/3802 S. 18.
73 Auch der EGMR geht von einem generellen Beschleunigungsgebot (»besondere Eile«) bei arbeitsrechtlichen Streitigkeiten aus: EGMR, 18.10.2001 – 42505/98, AuR 2002, 428.
74 BVerwG, 11.07.2013 – 5 C 27/12 D, Rn 34, BayVBl 2014, 149.

des Rechtsstreits in angemessener Zeit.[75] Ähnliche Grundsätze gelten bei der Berücksichtigung des **Verhaltens Dritter**, wie z.B. Zeugen oder Sachverständige. Deren Verhalten liegt solange außerhalb des Verantwortungsbereichs des Gerichts, solange es nicht mit zulässigen prozessualen Mitteln Einfluss nehmen kann. Von diesen Mitteln muss das Gericht bei drohenden Verzögerungen aber Gebrauch machen *(z.B. die Vorführung eines Zeugen anordnen oder auf eine zeitnahe Erstattung des Gutachtens hinwirken*[76]*)*.

Benennt das Gesetz – wie z.B. in § 100 Abs. 1 Satz 6 (Einigungsstelleneinsetzungsverfahren) – Zeiträume, in denen bestimmte Verfahrensstadien abgeschlossen sein sollen, so liegt bei einer erheblichen Abweichung hiervon eine Unangemessenheit der Verfahrensdauer nahe.

Auf ein Verschulden der beteiligten Richter an der Verzögerung kommt es nicht an, insbesondere ist dies nicht Voraussetzung für die Annahme einer unangemessenen Verfahrensdauer. Allerdings wird ein entsprechendes Fehlverhalten *(z.B. die schlichte Nichtterminierung ohne sachlichen Grund)* die Annahme einer Unangemessenheit nahelegen. Eine Überlastung des Gerichts und/oder eine ungenügende Personal- und Sachausstattung kann grundsätzlich nicht entlastend berücksichtigt werden. Es ist Aufgabe des Staates, insoweit für Abhilfe zu sorgen; er kann sich deshalb nicht auf Umstände berufen, die in seinem Verantwortungsbereich liegen.[77] Dabei sind eine unerwartete Klagewelle oder ein zeitweiliger Rückstand anders zu bewerten als eine dauerhafte Überlastung.[78]

Nicht einzurechnen in die Verfahrensdauer ist die Zeit der Bearbeitungsdauer einer Vorlage nach Art. 267 AEUV beim EuGH, da dessen Verfahrensdauer vom deutschen Gericht nicht beeinflusst werden kann. Gleiches gilt bei einer Vorlage nach Art. 100 GG zum BVerfGG, da dieses nach §§ 97a ff. BVerfGG selbst die Angemessenheit seiner Verfahrensdauer prüft.[79] Auch die Dauer von vorgelagerten Schiedsverfahren nach § 101 ArbGG oder zwischengeschalteten Mediationsverfahren können keine Berücksichtigung finden, da diese außerhalb des Verantwortungsbereiches des Staates liegen.

Eine Verfahrensdauer im zweistelligen Jahresbereich, wie sie teilweise den Entscheidungen des EGMR und des BVerfG zugrunde lagen,[80] sind aus der **Arbeitsgerichtsbarkeit** kaum bekannt. Trotzdem gibt es aus den letzten Jahren Beispiele für **Verurteilungen**: So hat der EGMR eine Gesamtdauer von neun Jahren und acht Monaten in einem als komplex bewerteten Fall, betreffend Zuwendungen an Balletttänzer aus der ehemaligen DDR, als unangemessen lang angesehen. Dabei waren eine Verweisung vom Sozialgericht und eine spätere Verfassungsbeschwerde ebenso beinhaltet wie das **Abwarten von Parallelverfahren**.[81] Allerdings setzt u.a. hier die Kritik des EGMR an. Zwar hält er eine solche Vorgehensweise grundsätzlich für zulässig, moniert aber beispielsweise, dass die Zustellung des landesarbeitsgerichtlichen Urteils *(erst)* 7 Monate nach Vorliegen der Leitentscheidung des BAG erfolgte.[82] Die erste Verurteilung Deutschlands wegen eines arbeitsgerichtlichen Verfahrens betraf einen Kündigungsschutzprozess mit Auflösungsantrag, der *(einschließlich zweier Revisionsverfahren)* mehr als elf Jahre dauerte. Die aus Sicht des Gerichtshofes wesentlichsten Verzögerungen waren dabei ein Zeitraum von mehr als zwölf Monaten bis zur Absetzung eines Urteils und ein Zeitraum von fast drei Jahren zwischen mündlicher Verhandlung

---

75 BGH, 05.12.2013 – III ZR 73/13, Rn 44 ff, NJW 2014, 789; BFH, 07.05.2014 – X K 11/13, Rn 41, HFR 2014, 1005.
76 Vgl. zu den Pflichten gegenüber Sachverständigen: BVerfG 3. Kammer des Ersten Senats, 02.12.2011 – 1 BvR 314/11, WM 2012, 76 = ZIP 2012, 177.
77 BT-Drs. 17/3802 S. 19; BVerfG, 14.12.2010 – 1 BvR 404/10, zu III 2 der Gründe, SozR 4–1110 Art. 19 Nr. 10; 29.03.2005 – 2 BvR 1610/03, NJW 2005, 3488; EGMR, 25.02.2000 – 29357/95, NJW 2001, 211; BVerwG, 27.02.2014 – 5 C 1/13 D, Rn 28, NVwZ 2014, 1523.
78 EGMR, 27.07.2000 – 33379/96, NJW 2001, 213.
79 Vgl. zu beiden Konstellationen BT-Drs. 17/3802 S. 22.
80 Vgl. die Nachweise zur Zivilgerichtsbarkeit bei Althammer/Schäuble NJW 2012, 1, 2.
81 Dazu zB BGH, 12.02.2015 – III ZR 141/14, NJW 2015, 1312.
82 EGMR, 15.02.2007 – 19124/02, Rn 44, NJ 2007, 406 = DVBl 2007, 1161.

vor dem LAG und Bestimmung eines Verkündungstermins.[83] Auch der Folgeprozess zwischen den Parteien über Annahmeverzugsansprüche führte wegen einer Verfahrensdauer von zwölf Jahren zu einer Verurteilung. Dabei lag das Hauptproblem aus Sicht des Gerichtshofs in der mehr als zehnjährigen Aussetzung wegen des *(unangemessen lang dauernden)* Kündigungsschutzprozesses. Diese Beispiele sollen allerdings nicht den Blick dafür verstellen, dass ein Anspruch nach § 198 GVG auch bei absolut deutlich kürzeren Verfahren ohne Weiteres in Betracht kommt. Der »kritische Bereich« beginnt m.E., wenn die übliche Verfahrensdauer, wie sie auch aus der Statistik über die Tätigkeit der Arbeitsgerichte[84] entnommen werden kann, deutlich überschritten wird. Letztlich kommt es aber – dies muss noch einmal betont werden – nicht auf einen statistischen Wert, sondern auf die Umstände des Einzelfalls an. Auch nach Inkrafttreten der §§ 198 ff. GVG sind aus der Arbeitsgerichtsbarkeit so gut wie keine Fälle bekannt.[85] (Veröffentlichte) Entscheidungen der LAG gibt es daher bisher keine;[86] ebenso wenig eine Entscheidung des BAG über Entschädigungsansprüche.

e) Verzögerungsrüge

Tatbestandliche Voraussetzung für einen Entschädigungsanspruch ist die Erhebung einer **Verzögerungsrüge** (Abs. 3 Satz 1). Fehlt es daran, ist die Klage als unbegründet, nicht als unzulässig abzuweisen.[87] Die Verzögerungsrüge ist weder Rechtsmittel noch Rechtsbehelf im prozessualen Sinn, sondern eine **Obliegenheit** des Verfahrensbeteiligten. Sie hat nach der Gesetzesbegründung eine Doppelfunktion: Zum einen soll sie im Rahmen der Präventionsfunktion den bearbeitenden Richter vorwarnen und das befasste Gericht im Fall der tatsächlich eingetretenen Verzögerung zu einer früheren Entscheidungsfindung veranlassen. Diese Funktion wird sie allerdings dann nicht erfüllen, wenn die Verzögerung einer mangelhaften Personal- oder Sachausstattung der Gerichte geschuldet ist. Zum anderen soll sie einen Missbrauch im Sinne eines »Dulde und Liquidiere« verhindern.[88] Die Rüge kann erst erhoben werden, wenn tatsächlich die Gefahr besteht, dass eine Verzögerung eintritt (Abs. 3 Satz 2). Eine vorher ohne entsprechende Anhaltspunkte erhobene Rüge geht ins Leere und kann einen Entschädigungsanspruch nicht begründen. Andererseits gibt es innerhalb einer Instanz keine feste Frist und keinen festen Zeitpunkt, zu dem die Rüge erhoben sein muss. Geduld eines Verfahrensbeteiligten soll nicht bestraft werden.[89] Allerdings darf die Rüge nicht so spät erhoben werden, dass das Gericht keine Reaktionsmöglichkeiten mehr hat und das Verhalten des Verfahrensbeteiligten letztlich doch auf eine bloße Duldung der Verzögerung hinausliefe.

An die Rüge sind **keine hohen inhaltlichen Anforderungen** zu stellen;[90] sie muss insbesondere keinen Antrag enthalten und bedarf keiner Begründung. Der Verfahrensbeteiligte muss allerdings hinreichend klar erkennbar machen, dass er Bedenken gegen die Dauer des Verfahrens hat. Sind dabei Umstände relevant, die noch nicht in das Verfahren eingeführt sind und damit dem Gericht nicht bekannt sein können, müssen diese mit der Rüge vorgebracht werden (Abs. 3 Satz 4). Andernfalls sind solche Umstände für ein späteres Entschädigungsverfahren präkludiert.[91] Eine wirksame Erhebung der Rüge ist vor den Landesarbeitsgerichten und dem BAG nach § 11 Abs. 4 nur durch einen nach dieser Vorschrift Vertretungsberechtigten möglich *(Vertretungszwang)*.[92]

---

83 EGMR, 18.10.2001 – 42505/98 (Mianowicz/Deutschland), AuR 2002, 428 mit Anm. Rowan.
84 Zuletzt Statistisches Bundesamt, Fachserie 10, Reihe 2.8, 2010.
85 Vgl. zu den Ergebnissen einer ersten Evaluation für den Zeitraum bis 31.12.2013: BT-Drs. 18/2590, S. 23 f.: 60 Verzögerungsrügen in den Ländern, 1 beim BAG.
86 Nach den Angaben im Evalutionsbericht (BT-Drs. 18/2590, S. 23) soll es bis Ende 2013 eine erfolgreiche Klage gegeben haben.
87 BGH, 17.07.2014 – III ZR 228/13, Rn 14, NJW 2014, 2588.
88 BT-Drs. 17/3802 S. 20.
89 BT-Drs. 17/3820 S. 21.
90 BVerfG, 17.12.2015 – 1 BvR 3164/13, Rn 29 ff., AnwBl 2016, 362.
91 BFH, 17.06.2014 – X K 7/13, Rn 38, AnwBl 2015, 101.
92 BT-Drs. 17/3802 S. 20; Althammer/Schäuble NJW 2012, 1, 3.

Es besteht **keine Pflicht zur förmlichen Bescheidung** durch das Gericht, die ggf. zu weiteren Verzögerungen führen würde. Entsprechende Forderungen, die insbesondere aus der Anwaltschaft erhoben wurden,[93] sind nicht Gesetz geworden. Es handelt sich nicht um eine Untätigkeitsbeschwerde. Dementsprechend gibt es auch **keinen Rechtsbehelf** gegen die (Nicht-) Reaktion des Gerichts auf die Verzögerungsrüge, sofern nicht darauf ggf. folgende prozessleitende Verfügungen aus anderen Gründen der Anfechtung unterliegen. Es kann aber im Rahmen einer transparenten Prozessführung Sinn machen, den Parteien gegenüber zu den Gründen einer etwaigen Verzögerung Stellung zu nehmen. Dies erleichtert auch dem Entschädigungsgericht die Beurteilung der Angemessenheit der Verfahrensdauer. Eine Verpflichtung hierzu besteht aber nicht. Auch wird die Wirksamkeit der Verzögerungsrüge erst im Entschädigungsprozess geprüft, sodass sich Stellungnahmen hierzu verbieten. Bei offensichtlich unbegründeten oder gar querulatorischen Rügen sollte keine Reaktion erfolgen, um nicht weiteren Schriftwechsel hervorzurufen. Viel wichtiger ist demgegenüber, bei tatsächlich eingetretenen Verzögerungen im Rahmen der Möglichkeiten das Verfahren zu beschleunigen und entsprechende prozessleitende Verfügungen zu treffen.

Die Rüge ist für **jede Instanz** gesondert zu erheben, wenn es zu einer erneuten Verzögerung kommt (Abs. 3 Satz 5); im Fall der Zurückverweisung kann dies auch dasselbe Gericht mehrfach sein. Innerhalb einer Instanz genügt grundsätzlich die einmalige Rüge; etwas anderes kann beispielsweise nach einem Richterwechsel gelten.[94] Eine erneute Rüge ist – von Ausnahmefällen abgesehen – zur Vermeidung von »Kettenrügen« gem. Abs. 3 Satz 2 erst nach sechs Monaten möglich.

f) Angemessene Entschädigung

38 Hat ein Verfahren unangemessen lang gedauert, ist eine **angemessene Entschädigung** für erlittene Nachteile zu leisten (Abs. 1 Satz 1) und ggf. durch das Entschädigungsgericht die Feststellung der überlangen Verfahrensdauer nach Abs. 4 auszusprechen. Der Entschädigungsanspruch beinhaltet den Ausgleich der materiellen und immateriellen Nachteile (Abs. 2, 4). Anders als noch im Gesetzentwurf der Bundesregierung vorgesehen,[95] handelt es sich nicht um einen vollen Schadensersatzanspruch i.S.d. §§ 249 ff. BGB. Vielmehr soll lediglich der »Substanzverlust« ausgeglichen werden und der Entschädigungsanspruch damit in das bestehende System staatlicher Ersatzleistungen eingepasst werden. Ein voller Schadensersatzanspruch einschließlich des Ersatzes entgangenen Gewinn ist damit nur im Rahmen des verschuldensabhängigen Amtshaftungsanspruchs nach § 839 BGB i.V.m. Art. 34 zu erlangen.[96]

Kausal durch die unangemessene Verfahrensdauer verursachte **materielle Nachteile** sind angemessen zu entschädigen. Darlegungs- und beweisbelastet für das Bestehen solcher Nachteile ist nach allgemeinen Regeln der Kläger.[97] Die meisten Schwierigkeiten macht in diesem Zusammenhang die Bestimmung, was noch einen **angemessenen Ausgleich** darstellt. Im Hinblick an die begriffliche Anlehnung an § 906 Abs. 2 Satz 2 BGB[98] kann auf die zu dieser Norm ergangene Rechtsprechung im Ansatz zurückgegriffen werden. Nach der insoweit eindeutigen Gesetzesbegründung soll der Ausgleich entgangenen Gewinns nach § 252 BGB jedenfalls ausscheiden.[99] Mindestens müssen m.E. die Nachteile ausgeglichen werden, die unmittelbar durch die Verzögerung verursacht werden. Nur so wird der Erforderlichkeit einer ausreichenden Sanktion Rechnung getragen. Eine angemessene Entschädigung muss im Einzelfall auch nicht zwingend hinter einem vergleichbaren Scha-

---

93 Vgl. z.B. BRAK-Mittlg 2010, 149.
94 BT-Drs. 17/3802 S. 21.
95 BT-Drs. 17/3802 S. 7, 15, 19: In Abs. 1 Satz 1 fehlte das Wort »angemessen«; ersetzt werden sollten alle Vermögensnachteile; kritisch zur Beschränkung Magnus ZZP 2012, 75, 84 ff.
96 BT-Drs. 17/3802 S. 34 (Stellungnahme des Bundesrates); BT-Drs. 17/7217 S. 3, 27 (Beschlussempfehlung des Rechtsausschusses); vgl. dazu Remus NJW 2012, 1403 ff.
97 BGH, 23.01.2014 – III ZR 37/13, Rn 25 f., NJW 2014, 939.
98 BT-Drs. 17/3802 S. 34; BVerwG, 27.02.2014 – 5 C 1/13 D, Rn 41, NVwZ 2014, 1523.
99 BT-Drs. 17/7217 S. 3.

densersatzanspruch zurückbleiben.[100] Eine maßgebliche Rolle wird bei der Bestimmung der Angemessenheit neben der Höhe des Schadens spielen, welches Maß an Verzögerung eingetreten ist und ob es sich um unmittelbare oder mittelbare Schäden handelt. Auch das Verhalten des Verfahrensbeteiligten selbst und etwa unterlassene schadensmindernde Maßnahmen sind zu berücksichtigen. Keine Berücksichtigung zugunsten des Entschädigungsklägers können nach Absatz 3 Sätze 3 und 4 Umstände finden, die nicht in das Verfahren eingeführt waren und auf die in der Verzögerungsrüge nicht hingewiesen wurde. Ist die Verzögerungsrüge aber nach Absatz 3 materiell wirksam erhoben worden, so sind jeweils instanzbezogen auch die Nachteile für die Zeit vor der Rüge auszugleichen.

Soweit durch eine Verurteilung in einem Amtshaftungsprozess dieselben Nachteile ausgeglichen werden, sind bereits zugesprochene Leistungen bei der Bestimmung des Entschädigungsanspruchs zu berücksichtigen.[101]

Immaterielle Nachteile sind ebenfalls auszugleichen. Nach § 198 Abs. 2 Satz 1 GVG wird **widerlegbar vermutet**,[102] dass bei einer unangemessenen Verfahrensdauer von einem solchen Nachteil auszugehen ist.[103] Ein solcher Nachteil wird regelmäßig die psychische Belastung durch das Verfahren selbst sein;[104] denkbar ist beispielsweise auch die Rufschädigung durch einen lange schwebenden Kündigungsschutzprozess mit dem Vorwurf einer Straftat oder durch einen Entschädigungsprozess mit dem Vorwurf einer diskriminierenden Behandlung. Nach Abs. 2 Satz 2 besteht ein Entschädigungsanspruch nur, soweit nicht ein Ausgleich auf andere Weise nach Absatz 4 ausreicht. Dabei nennt die Norm insbesondere die **Feststellung der Unangemessenheit der Verfahrensdauer** durch das Entschädigungsgericht. Die nach der Gesetzesbegründung grundsätzlich möglichen anderweitigen Formen einer Wiedergutmachung beziehen sich hingegen vor allem auf das Strafverfahren.[105] Eine solche Feststellung reicht als Sanktion i.S.d. Rechtsprechung des EGMR trotz des vom Gesetz formulierten Regel-Ausnahme-Verhältnisses aber nur aus, wenn das Verfahren keine besondere Bedeutung für den Verfahrensbeteiligten hat, die Überlänge selbst der einzige Nachteil ist oder er selbst erheblich zur Verzögerung beigetragen hat.[106] Maßgeblich sind wiederum die Umstände des Einzelfalls; das Entschädigungsgericht hat dies entsprechend zu begründen. Der Anspruch auf Ersatz des immateriellen Schadens ist nicht auf natürliche Personen beschränkt.[107] Bei Betriebsräten oder anderen nicht vermögensfähigen Mitbestimmungsorganen dürfte hingegen nur eine entsprechende Feststellung in Betracht kommen. Besteht ein **Entschädigungsanspruch** nach Absatz 2, so ist dieser nach Satz 3 für jedes Jahr der Verzögerung mit 1.200 Euro bewertet.[108] Durch diese an der Praxis des EGMR orientierte **Pauschalierung** sollen die Gerichte entlastet und eine zügige Erledigung der Entschädigungsverfahren sichergestellt werden.[109] Ist diese Summe im Hinblick auf die Umstände des Einzelfalls erheblich zu niedrig oder zu hoch (*»unbillig«*), kann das Gericht einen anderen Betrag festsetzen (Abs. 2 Satz 4).

Die **Feststellung der unangemessenen Verfahrensdauer** kommt jedoch nicht nur als »Minus« im Verhältnis zum Entschädigungsanspruch in Betracht, sondern in schwerwiegenden Fällen nach Absatz 4 auch neben einem solchen Anspruch. In Abweichung von § 308 ZPO bedarf es in beiden

---

100 Ähnlich BSG, 12.02.2015 – B 10 ÜG 11/13 R, Rn 37, SozR 4–1720 § 198 Nr. 9: Keine Begrenzung auf den Streitwert.
101 Althammer/Schäuble NJW 2012, 1, 5.
102 BT-Drs. 17/3802 S, 19; die vom Bundesrat angestrebte Streichung dieser Vermutung ist nicht erfolgt (BT-Drs. 17/3802 S. 35, 40).
103 Vgl. zB BVerwG, 27.02.2014 – 5 C 1/13 D, Rn 32 ff., NVwZ 2014, 1523.
104 Althammer/Schäuble NJW 2012, 1, 4.
105 BT-Drs. 17/2802 S. 16, 19 f.
106 So die Beispiele aus der Gesetzesbegründung: BT-Drs. 17/3802 S. 20.
107 BT-Drs. 17/3802 S. 40 unter Hinweis auf Rechtsprechung des EGMR.
108 Zur Möglichkeit der Zwölftelung: BFH, 04.06.2014 – X K 5/13 Rn 44, HFR 2015, 268; BSG, 21.02.2013 – B 10 ÜG 1/12 KL Rn 49 f., NJW 2014, 248.
109 BT-Drs. 17/3802 S. 20.

Fällen keines entsprechenden Antrags; das Gericht hat dies von Amts wegen zu prüfen.[110] Gleiches gilt, wenn ein Entschädigungsanspruch nur an einer fehlenden oder mangelhaften Verzögerungsrüge scheitert.

g) Wartefrist und Klagefrist

39 Die Entschädigungsklage kann nach Abs. 5 Satz 1 frühestens sechs Monate nach Erhebung der Verzögerungsrüge erhoben werden. Dies gilt unabhängig davon, ob der Ausgangsprozess noch läuft. Der Vorschlag des Bundesrates,[111] eine Klageerhebung erst nach dessen Abschluss zuzulassen, ist nicht Gesetz geworden. Mit dieser **Wartefrist** soll dem Gericht Gelegenheit gegeben werden, auf die Verzögerungsrüge sachgemäß zu reagieren und das Verfahren zu fördern.[112] Eine verfrüht erhobene Klage ist als unzulässig abzuweisen.[113] Der Mangel ist nicht heilbar, eine solche Klage wird auch nach Fristablauf nicht zulässig.[114] Eine Ausnahme gilt nach dem Sinn der Norm lediglich dann, wenn das Verfahren bereits vollständig abgeschlossen ist.[115] Die Gesetzesbegründung verweist in diesem Zusammenhang im Übrigen ausdrücklich darauf, dass der Anspruch nach allgemeinen Grundsätzen gegenüber dem haftenden Rechtsträger geltend gemacht und außergerichtlich befriedigt werden kann. Dabei darf eine **außergerichtliche Einigung** selbstverständlich nicht in die sachliche Unabhängigkeit des Richters nach Art. 97 Abs. 1 GG eingreifen.[116]

Spätestens sechs Monate nach Eintritt der Rechtskraft einer Entscheidung oder nach einer anderen Erledigung des Verfahrens (z.B. Klagerücknahme, Vergleichsschluss) muss eine Entschädigungsklage erhoben werden. Die Länge der **Klagefrist** orientiert sich an Art. 35 Abs. 1 EMRK.[117] Sie soll in angemessener Zeit Klarheit schaffen, ob Entschädigungspflichten drohen. Es handelt sich um eine gesetzliche Ausschlussfrist mit materiell-rechtlicher Wirkung. Ihre Nichteinhaltung führt zur Unbegründetheit, nicht zur Unzulässigkeit der Klage.[118] Sie ist damit der Klagefrist nach § 61b Abs. 1 vergleichbar[119] und von Amts wegen zu beachten. Die Frist wird im Regelfall durch Eingang der Klage gewahrt, § 167 ZPO findet insoweit Anwendung.[120] Mit ihrem Ablauf erlischt ein möglicher Anspruch; eine Wiedereinsetzung oder eine Anwendung des § 5 KSchG scheidet mangels entsprechender Regelung aus. Auf die Kenntnis des Anspruchsinhabers kommt es ebenfalls nicht an. Allerdings soll nach der Gesetzesbegründung die Anwendung einzelner Verjährungsvorschriften in Betracht kommen;[121] diskutiert wird eine Ablaufhemmung nach § 213 BGB bei Erhebung einer Amtshaftungsklage.[122]

40 Bis zu einer rechtskräftigen Entscheidung über die Entschädigungsklage ist der entsprechende Anspruch nicht übertragbar (Abs. 5 Satz 3). Mit diesem gesetzlichen **Abtretungsverbot** soll »ein der Rechtspflege abträglicher Handel mit dem Anspruch« verhindert werden.[123]

---

110 BVerwG, 11.07.2013 – 5 C 23/12 D, Rn 66 ff., NJW 2014, 96.
111 BT-Drs. 17/3802, S. 35 und S. 41 (Gegenäußerung der Bundesregierung).
112 BT-Drs. 17/3802, S. 22.
113 BFH, 09.06.2015 – X K 11/14; Heine MDR 2012, 327.
114 BSG, 03.09.2014 – B 10 ÜG 2/14 R, Rn 19 f., SozR 4–1720 § 198 Nr. 5; BGH 17.07.2014 – III ZR 228/13, Rn 17 f., NJW 2014, 2588.
115 BGH, 21.05.2014 – III ZR 355/13, Rn 17, NJW 2014, 2443; zum Vertrauensschutz in sozialgerichtlichen Verfahren bis 31.12.2014 vgl. BSG, 03.09.2014 – B 10 ÜG 2/14 R, Rn 22, SozR 4–1720 § 198 Nr. 5.
116 BT-Drs. 17/3802, S. 22.
117 BT-Drs. 17/3802, S. 22.
118 BT-Drs. 17/3802 S. 41; a.A. Kissel/Mayer § 198 GVG Rn 43.
119 Vgl. dazu § 61b Rdn. 9 ff.
120 Nicht aber zum Nachteil des Klägers bezogen auf die »Abstandsfrist« nach § 198 Abs. 5 Satz 1 GVG: BGH, 17.07.2014 – III ZR 228/13, Rn 21, NJW 2014, 2588.
121 BT-Drs. 17/3802 S. 22.
122 Althammer/Schäuble NJW 2012, 1, 6 m.w.N.
123 BT-Drs. 17/3802 S. 36, 42.

§ 199 GVG [Vorschrift betrifft Strafverfahren]

§ 200 GVG

Für Nachteile, die auf Grund von Verzögerungen bei Gerichten eines Landes eingetreten sind, haftet das Land. Für Nachteile, die auf Grund von Verzögerungen bei Gerichten des Bundes eingetreten sind, haftet der Bund. Für Staatsanwaltschaften und Finanzbehörden in Fällen des § 386 Absatz 2 der Abgabenordnung gelten die Sätze 1 und 2 entsprechend.

Die Norm regelt, welche Körperschaft materiell für eingetretene Verzögerungen haftet und damit passivlegitimiert ist. Sie korrespondiert mit der Zuständigkeitsregelung in § 201 GVG. Für Nachteile aufgrund von Verzögerungen, die bei Arbeitsgerichten oder Landesarbeitsgerichten eingetreten sind, haftet nach Satz 1 dasjenige Land, dessen Gerichtsbarkeit sie angehören. Tritt der Nachteil hingegen aufgrund einer Verzögerung beim BAG ein, so haftet der Bund (Satz 2). Diese **Aufteilung nach Haftungsbereichen**[124] hat zur Folge, dass ein Ausgangsprozess zu Klagen bei unterschiedlichen Gerichten gegen Bund und Land führen kann, wenn Verzögerungen sowohl beim ArbG bzw. LAG als auch beim BAG geltend gemacht werden.

41

§ 201 GVG

(1) Zuständig für die Klage auf Entschädigung gegen ein Land ist das Oberlandesgericht, in dessen Bezirk das streitgegenständliche Verfahren durchgeführt wurde. Zuständig für die Klage auf Entschädigung gegen den Bund ist der Bundesgerichtshof. Diese Zuständigkeiten sind ausschließliche.

(2) Die Vorschriften der Zivilprozessordnung über das Verfahren vor den Landgerichten im ersten Rechtszug sind entsprechend anzuwenden. Eine Entscheidung durch den Einzelrichter ist ausgeschlossen. Gegen die Entscheidung des Oberlandesgerichts findet die Revision nach Maßgabe des § 543 der Zivilprozessordnung statt; § 544 der Zivilprozessordnung ist entsprechend anzuwenden.

(3) Das Entschädigungsgericht kann das Verfahren aussetzen, wenn das Gerichtsverfahren, von dessen Dauer ein Anspruch nach § 198 abhängt, noch andauert. [Satz 2 betrifft Strafverfahren]

(4) Besteht ein Entschädigungsanspruch nicht oder nicht in der geltend gemachten Höhe, wird aber eine unangemessene Verfahrensdauer festgestellt, entscheidet das Gericht über die Kosten nach billigem Ermessen.

h) Zuständigkeit

Die Norm enthält Regelungen über die sachliche Zuständigkeit für Klagen auf Entschädigung und das anwendbare Prozessrecht, eine Sonderregelung über die Aussetzung eines solchen Verfahrens, solange der Ausgangsprozess noch andauert und eine von § 91 ZPO abweichende Kostenverteilung in bestimmten Fällen.

42

In Abweichung von § 201 Abs. 1 GVG bestimmt § 9 Abs. 2 Satz 2 ArbGG, dass die **sachliche Zuständigkeit** für Entschädigungsklagen aus dem Bereich der Arbeitsgerichtsbarkeit bei dieser liegt. Gleiches gilt für die anderen Fachgerichtsbarkeiten. Dadurch soll nach Auffassung des Gesetzgebers sichergestellt werden, dass über die Angemessenheit der Verfahrensdauer sachkundig, d.h. in Kenntnis der Gegebenheiten der Gerichtsbarkeit, geurteilt wird.[125] Die im Referentenentwurf vom 15.03.2010 noch vorgesehene alleinige Zuständigkeit der ordentlichen Gerichtsbarkeit hat sich im Gesetzgebungsverfahren nicht durchgesetzt.[126] Für Entschädigungsklagen gegen ein Land

---

124 BT-Drs. 17/3802 S. 25.
125 BT-Drs. 17/3802 S. 25.
126 Vgl. die Anregung des Bundesrates BT-Drs. 17/3802 S. 38 f.

ist das **LAG** sachlich und örtlich zuständig, in dessen Bezirk das Ausgangsverfahren durchgeführt wurde.[127] Für Klagen gegen den Bund ist das **BAG** zuständig.

Es handelt sich um eine **ausschließliche Zuständigkeit** i.S.v. § 40 Abs. 2 Nr. 2 ZPO, sodass eine Gerichtsstandsvereinbarung unzulässig ist. Ebenso scheidet eine Zuständigkeitsbegründung durch rügelose Einlassung (§ 40 Abs. 2 Satz 2 ZPO) aus. Wird der Rechtsstreit beim unzuständigen Gericht einer anderen Gerichtsbarkeit eingereicht, so gelten die **§§ 17 ff. GVG**. Im Fall der Einreichung bei einem **örtlich unzuständigen LAG** hat dieses den Rechtsstreit von Amts wegen durch gem. § 48 Abs. 1 Nr. 1 unanfechtbaren Beschluss an das örtlich zuständige LAG zu verweisen. Dies folgt aus dem Umstand, dass das LAG insoweit als erstinstanzliches Gericht tätig wird. Wird eine Entschädigungsklage zwar innerhalb der Arbeitsgerichtsbarkeit, aber beim **sachlich unzuständigen Gericht** erhoben *(also z.B. beim ArbG, beim LAG statt beim BAG oder umgekehrt)*, so hat m.E. in entsprechender Anwendung der §§ 17 ff. GVG nach Anhörung der Parteien ebenfalls eine Verweisung an das zuständige Gericht zu erfolgen. Dies kann durch die Aufteilung nach Haftungsbereichen (§ 200 GVG) auch einen Teil des Streitgegenstands betreffen. Ein **Rechtsmittel** gegen eine entsprechende Entscheidung des BAG ist nicht gegeben; gegen eine Entscheidung des LAG nur dann, wenn dieses die Rechtsbeschwerde gem. §§ 78 Satz 2, 72 Abs. 2 zugelassen hat. Trifft hingegen das Arbeitsgericht eine Verweisungsentscheidung, so unterliegt diese in entsprechender Anwendung der §§ 48 ArbGG, 17a Abs. 4 GVG der sofortigen Beschwerde.

Welcher Spruchkörper innerhalb der Gerichte zuständig ist, bestimmt der jeweilige Geschäftsverteilungsplan.[128] Die in der ursprünglich verabschiedeten Gesetzesfassung in Abs. 1 Satz 4 enthaltene Regelung, wonach die Präsidenten der Gerichte und deren Stellvertreter bei Entscheidungen nach § 198 nicht mitwirken, ist auf Betreiben des Bundesrates mit Wirkung ab 01.01.2012 ersatzlos gestrichen worden.[129] Ein Richter, der in einem Rechtszug mitgewirkt hat, auf dessen (überlange) Dauer der Entschädigungsanspruch gestützt wird, ist nach dem neu hinzugefügten § 41 Nr. 7 ZPO[130] kraft Gesetzes von einer Mitwirkung ausgeschlossen.

i) **Verfahren**

43 Nach § 9 Absatz 2 Satz 2 sollen anstelle der Vorschriften der Zivilprozessordnung die **Regelungen des ArbGG** gelten. Die Regelung ist nicht sehr klar und die Gesetzesbegründung wenig ergiebig. Ein entsprechender Hinweis des Bundesrates hatte keine Folgen.[131] Zum einen kann dies nur insoweit gelten, als das ArbGG nicht seinerseits zivilprozessuale Normen in Bezug nimmt. Deren Ausschluss war sicher nicht beabsichtigt. Zum anderen wird nicht deutlich, welche Verfahrensregelungen die Landesarbeitsgerichte und das BAG anwenden sollen, wenn sie als **erstinstanzliches Gericht für Entschädigungsklagen** tätig werden. Eine Anwendung der jeweiligen Vorschriften für das Berufungs- oder Revisionsverfahren kann wegen des anderen Zuschnitts jedenfalls nicht erfolgen. Vielmehr finden – ähnlich wie beispielsweise im Fall der erstinstanzlichen Zuständigkeit des BAG nach § 158 Nr. 5 SGB IX[132] – grundsätzlich die für das **erstinstanzliche Urteilsverfahren** geltenden Vorschriften Anwendung. Dies entspricht der Regelung für die ordentliche Gerichtsbarkeit

---

127 Die zunächst bestimmte Zuständigkeit nach dem Sitz der Landesregierung wurde durch Art. 1 Nr. 6 a) des Gesetzes v. 06.12.2012 (BGBl. I, S. 2554) mit Wirkung vom 01.01.2012 beseitigt und durch die nunmehrige Regelung ersetzt (vgl. die Begründung in BT-Drs. 17/7669 S. 8).
128 So ist z.B. nach dem Geschäftsverteilungsplan des BAG für das Jahr 2016 der Fünfte Senat zuständig, soweit die Verfahren gegen den Bund gerichtet sind. Ist ein Verfahren vor dem Fünften Senat betroffen, so liegt die Zuständigkeit beim Ersten Senat. Die Zuständigkeit in allen sonstigen Fällen (d.h. vor allem Revisionen aus Verfahren gegen ein Land) liegt beim Neunten Senat.
129 Durch Art. 1 Nr. 6 b) des Gesetzes v. 06.12.2012 (BGBl. I, S. 2554); vgl. zur Begründung der beiden Vorschläge einerseits BT-Drs. 17/3802 S. 25 (Vermeidung der Verflechtung mit der Dienstaufsicht) und andererseits BT-Drs. 17/3802 S. 36 (kein Bedarf für eine solche Regelung).
130 Art. 5 des Gesetzes v. 24.11.2011 (BGBl. I, S. 2302).
131 Vgl. BT-Drs. 17/3802 S. 16 f., 38 f., 43.
132 Vgl. GMPMG/Müller-Glöge § 72 Rn 57.

nach § 201 Abs. 2 Satz 1 GVG, wonach die Vorschriften über das Verfahren vor den LGen entsprechend anzuwenden sind. Nichts anderes gilt, soweit das Ausgangsverfahren ein Beschlussverfahren war, da nunmehr ein Anspruch gegen den Staat als Haftungsträger für die Gerichtsbarkeit geltend gemacht wird. Die erstinstanzlichen Vorschriften bedürfen allerdings teilweise der Anpassung, so beispielsweise im Hinblick auf das Senatsprinzip beim BAG.

Auch bei Entschädigungsklagen ist nach § 54 ein Güteverfahren durchzuführen, eine gütliche Einigung kommt ebenso in Betracht wie bei anderen arbeitsgerichtlichen Streitigkeiten. Beim LAG findet die Güteverhandlung vor dem Vorsitzenden der Kammer statt, beim BAG vor dem Vorsitzenden des Senats. Für die weitere Vorbereitung der Verhandlung und deren Durchführung gelten grundsätzlich die §§ 56 ff. Eine Sachentscheidung durch den Vorsitzenden *(oder die berufsrichterlichen Mitglieder des Senats)* dürfte trotz § 58 Abs. 3 auch bei Zustimmung der Parteien wegen der Wertung des § 201 Abs. 2 Satz 1 GVG ausscheiden. Die Gesetzesbegründung betont insoweit die qualitätssichernde Wirkung des Kollegialspruchkörpers.[133] Dies gilt auch im Hinblick auf die Beteiligung der ehrenamtlichen Richter. Vor den Landesarbeitsgerichten und dem BAG gilt der **Vertretungszwang** nach § 11 Abs. 4; die funktionale Zuständigkeit als erste Instanz ändert daran nichts. Ebenso wenig findet § 12a Anwendung, sondern es findet eine Kostenerstattung nach allgemeinen Regeln statt. Nach § 11 Satz 3 GKG gelten für Entschädigungsklagen ausnahmsweise im arbeitsgerichtlichen Verfahren die Regelungen über die **Kostenvorschusspflicht** (§§ 10 ff. GKG). Eine Zustellung der Klage setzt die Zahlung eines Kostenvorschusses in Höhe einer Verfahrensgebühr (Anl. 1 zum GKG, Nr. 8212 – 8215: LAG 4,0, BAG 5,0) voraus.[134]

Da es sich um ein Urteilsverfahren handelt, gilt der **Beibringungsgrundsatz**. Der Kläger muss sowohl die Tatsachen vortragen und ggf. beweisen, die eine unangemessene Dauer des Ausgangsverfahrens begründen, als auch die Erfüllung der sonstigen Voraussetzungen für seinen Anspruch, insbesondere die Erhebung einer Verzögerungsrüge nach § 198 Abs. 3 GVG.[135] Allerdings muss sich das beklagte Land oder der Bund zu Umständen, die den internen Justizbereich betreffen und dem Einblick des Klägers entzogen sind, substanziiert nach § 138 ZPO erklären.[136]

Keine Schwierigkeiten wirft die Frage auf, welche **Rechtsmittel oder Rechtsbehelfe** gegen Entscheidungen der Landesarbeitsgerichte bestehen. Nach § 201 Abs. 2 Satz 3 i.V.m. § 9 Abs. 2 Satz 2 gilt § 72 entsprechend hinsichtlich der Voraussetzungen für die Zulässigkeit der **Revision**. Gleiches gilt hinsichtlich der Möglichkeit der Einlegung der **Nichtzulassungsbeschwerde** nach § 72a. Auch eine sofortige Beschwerde wegen verspäteter Absetzung des Berufungsurteils (§ 72b) ist statthaft. Eine **Anhörungsrüge** nach § 78a gegen Entscheidungen der Landesarbeitsgerichte scheidet hingegen wegen § 72a Abs. 3 Nr. 3 ArbGG auch dann aus, wenn die Revision nicht zugelassen wurde.[137] Gegen Entscheidungen des BAG ist – abgesehen von der Anhörungsrüge nach § 78a – kein Rechtsmittel oder Rechtsbehelf gegeben.

44

Das Entschädigungsgericht kann sein Verfahren aussetzen, wenn das Ausgangsverfahren noch nicht abgeschlossen ist. Es handelt sich nicht um einen Fall von Vorgreiflichkeit i.S.v. § 148 ZPO, sondern um einen eigenen Aussetzungsgrund. Dem Gericht ist dabei ein Entscheidungsspielraum eingeräumt, den es nach billigem Ermessen auszufüllen hat. Insoweit kann auf die Rechtsprechung zu § 148 ZPO zurückgegriffen werden.[138] Vielfach dürfte eine **Aussetzung** naheliegen, da erst nach rechtskräftigem Abschluss des Ausgangsrechtsstreits abgeschätzt werden kann, welche Nachteile die Partei durch die Verzögerung erleidet. Auch praktische Gründe, wie z.B. der Zugriff auf die Akten,

45

---

133 BT-Drs. 17/3802 S. 25; ebenso die Stellungnahme des Rechtsausschusses für andere Verfahrensordnungen: BT-Drs. 17/7217 S. 28.
134 Vgl. auch Tiedemann ArbRB 2011, 382, 384.
135 BGH, 23.01.2014 – III ZR 37/13, NJW 2014, 939.
136 BT-Drs. 17/3802 S. 25.
137 LAG Bremen, 11.06.2008 – 3 Sa 110/07, NZA 2008, 968.
138 Vgl. z.B. BAG, 27.04.2006 – 2 AZR 360/05, zu II der Gründe, BAGE 118, 95; BGH, 28.09.2011 – X ZR 68/10, GRUR 2012, 93.

können für eine Aussetzung sprechen, da das Ausgangsverfahren durch das Entschädigungsverfahren nicht noch weiter verzögert werden soll. Andererseits ist die gesetzgeberische Wertung zu berücksichtigen, wonach das Entschädigungsverfahren – unter anderem wegen der Präventionsfunktion – bereits während der Rechtshängigkeit des Ausgangsprozesses eingeleitet werden kann. Der entgegenstehende Vorschlag des Bundesrates[139] ist nicht Gesetz geworden. Auch sollte die Aussetzung nicht dazu führen, dass an ein bereits verzögertes Verfahren ein weiterer Rechtsstreit zeitlich angehängt wird und die Partei entsprechend länger *(emotional und zeitlich)* belastet wird. Je nach den Umständen des Einzelfalls kann darüber hinaus ein schneller Ausgleich materieller Schäden geboten sein.

46 Absatz 4 bestimmt abweichend von §§ 91 ff. ZPO, dass die **Kosten nach billigem Ermessen** zu verteilen sind, wenn zwar ein Entschädigungsanspruch nicht oder nicht in geltend gemachter Höhe besteht, aber das Gericht eine unangemessene Verfahrensdauer feststellt. Dies gilt auch, wenn ein Entschädigungsanspruch beispielsweise wegen der fehlenden Erhebung einer Verzögerungsrüge ausscheidet. Bei der Kostenverteilung nach billigem Ermessen sind alle Umstände des Einzelfalls zu berücksichtigen. Dies kann zulasten des Klägers gehen, wenn beispielsweise ein unangemessen hoher Entschädigungsanspruch geltend gemacht wurde.[140]

Art. 23 ÜberlGVf-RSchG Übergangsvorschrift

Dieses Gesetz gilt auch für Verfahren, die bei seinem Inkrafttreten bereits anhängig waren, sowie für abgeschlossene Verfahren, deren Dauer bei seinem Inkrafttreten Gegenstand von anhängigen Beschwerden beim Europäischen Gerichtshof für Menschenrechte ist oder noch werden kann. Für anhängige Verfahren, die bei seinem Inkrafttreten schon verzögert sind, gilt § 198 Absatz 3 des Gerichtsverfassungsgesetzes mit der Maßgabe, dass die Verzögerungsrüge unverzüglich nach Inkrafttreten erhoben werden muss. In diesem Fall wahrt die Verzögerungsrüge einen Anspruch nach § 198 des Gerichtsverfassungsgesetzes auch für den vorausgehenden Zeitraum. Ist bei einem anhängigen Verfahren die Verzögerung in einer schon abgeschlossenen Instanz erfolgt, bedarf es keiner Verzögerungsrüge. Auf abgeschlossene Verfahren gemäß Satz 1 ist § 198 Absatz 3 und 5 des Gerichtsverfassungsgesetzes nicht anzuwenden. Die Klage zur Durchsetzung eines Anspruchs nach § 198 Absatz 1 des Gerichtsverfassungsgesetzes kann bei abgeschlossenen Verfahren sofort erhoben werden und muss spätestens am 3. Juni 2012 erhoben werden.

j) **Übergangsrecht**

47 Nach der Übergangsvorschrift gilt die Neuregelung auch für anhängige Verfahren und in bestimmten Fällen sogar für bei Inkrafttreten bereits abgeschlossene Rechtsstreite.

Für **anhängige Verfahren** gelten die §§ 198 bis 201 GVG im Grundsatz vollständig. Angepasst sind lediglich die Vorschriften über die Verzögerungsrüge. Drei Fälle sind zu unterscheiden: War eine Verzögerung in einer vor dem 03.12.2011 bereits abgeschlossenen Instanz eingetreten, so bedarf es keiner nachträglichen Rüge hinsichtlich dieser Verzögerung (Satz 4). Eine solche Rüge wäre wegen des Abschlusses der Instanz und der fehlenden Präventivwirkung sinnlos oder sogar kontraproduktiv. Ist die Verzögerung zwar schon eingetreten, befand sich das Verfahren am 03.12.2011 aber noch in der Instanz, in der es zur Verzögerung kam, so war unverzüglich, d.h. ohne schuldhaftes Zögern, Verzögerungsrüge zu erheben (Satz 2). Die Rspr. sieht insoweit einen Zeitraum von bis zu 3 Monaten nach Inkrafttreten des Gesetzes als noch unverzüglich an.[141] Nur in diesem Fall sind frühere Verzögerungen in dieser Instanz so umfasst, als wenn gem. § 198 Abs. 3 Satz 2 GVG rechtzeitig gerügt worden wäre (Satz 3).[142] Dies muss auch hinsichtlich der Mitteilung besonderer Umstände

---

139 BT-Drs. 17/3802 S. 35 und S. 41 (Gegenäußerung der Bundesregierung).
140 BT-Drs. 17/3802, S. 26.
141 BSG, 26.10.2015 – B 10 ÜG 13/15 B, Rn 6; BGH, 17.07.2014 – III ZR 228/13, Rn 22 m.w.N., NJW 2014, 2588; BFH, 20.08.2014 – X K 9/13, Rn 23, DStR 2014, 2022.
142 BGH, 10.04.2014 – III ZR 335/13, Rn 29, NJW 2014, 1967.

i.S.v. § 198 Abs. 3 Satz 3 GVG gelten, da eine frühere Geltendmachung solcher Umstände nicht möglich war. Tritt die Verzögerung in einem anhängigen Verfahren erst nach dem Inkrafttreten des Gesetzes ein, so gelten dessen Regelungen ohne Besonderheiten.

Für **abgeschlossene Verfahren** gelten die Neuregelungen nur, wenn diese entweder Gegenstand einer (zulässigen).[143] Beschwerde beim EGMR sind – wobei es sich nach Sinn und Zweck jedenfalls auch um eine Beschwerde wegen überlanger Verfahrensdauer handeln muss – oder noch Gegenstand einer solchen Beschwerde werden können. Das Gesetz verlangt im letztgenannten Fall nicht, dass tatsächlich eine entsprechende Beschwerde erhoben wird. Durch diese Regelung sollen weitere Verurteilungen verhindert und der EGMR entlastet werden.[144] Maßgeblich für die Möglichkeit, noch Beschwerde einlegen zu können, ist Art. 35 EMRK[145] und die Rechtsprechung des EGMR dazu. Danach kann eine solche Beschwerde nur nach Ausschöpfung aller innerstaatlichen Rechtsbehelfe innerhalb von sechs Monaten nach der endgültigen innerstaatlichen Entscheidung eingelegt werden. Die Erhebung einer Verfassungsbeschwerde gehört dazu nicht,[146] wohl aber die Einlegung der Nichtzulassungsbeschwerde.[147] Dies bedeutet, dass das deutsche Verfahren nicht länger als sechs Monate vor Inkrafttreten des Gesetzes endgültig abgeschlossen worden sein darf. Für Verfahren, die nach diesen Grundsätzen vor dem 03.06.2011 abgeschlossen wurden, scheidet ein Anspruch nach § 198 GVG aus.[148]

Unterfällt ein abgeschlossenes Verfahren dem Anwendungsbereich der §§ 198 ff. GVG, so bedarf es keiner Verzögerungsrüge mehr; § 198 Abs. 3 und 5 GVG finden keine Anwendung (Satz 5). Vielmehr bestimmt Satz 6 für diese Verfahren, dass – unabhängig von einer eventuellen Beschwerde beim EGMR – die Klage zur Durchsetzung des Entschädigungsanspruchs sofort erhoben werden kann, aber bis spätestens 03.06.2012 erhoben werden muss. Auch für diese Verfahren sollte damit eine einheitliche Überlegungsfrist von sechs Monaten geschaffen werden.[149]

IV. Rechtspfleger (Abs. 3)

Nach § 9 Abs. 3 Satz 1 gelten in allen Rechtszügen die Vorschriften über die Wahrnehmung der Geschäfte bei den ordentlichen Gerichten durch Rechtspfleger entsprechend. Die Vorschriften des Rechtspflegergesetzes sind auf die Verhältnisse der Arbeitsgerichtsbarkeit angepasst anzuwenden. Es dürfen nur Beamte, die die Rechtspflegerprüfung oder die Prüfung für den gehobenen Dienst bei der Arbeitsgerichtsbarkeit bestanden haben, zu Rechtspflegern bestellt werden (Abs. 3 Satz 2). Nach § 2 Abs. 3 RPflG kann auf seinen Antrag mit Rechtspflegeraufgaben auch betraut werden, wer die Befähigung zum Richteramt besitzt.[150] Die Geschäfte eines Rechtspflegers können gem. § 2 Abs. 5 RPflG zeitweilig Referendaren übertragen werden.

48

Nach seiner gesetzlichen Stellung ist der **Rechtspfleger sachlich unabhängig** und nur an Recht und Gesetz gebunden (§ 9 RPflG). Über die Ablehnung eines Rechtspflegers entscheidet der Richter.[151]

49

Die Rechtspfleger haben in der Arbeitsgerichtsbarkeit die in § 3 Nr. 3 und 4 RPflG aufgeführten Geschäfte zu bearbeiten. Diese ergeben sich im Einzelnen auf der Grundlage der §§ 20 ff. RPflG. Der Rechtspfleger wird danach insbesondere tätig bei

50

---

143 Dazu BGH, 11.07.2013 – III ZR 361/12, Rn 14 ff., NJW 2014, 218: Einhaltung der Frist des Art. 35 Abs. 1 EMRK.
144 BT-Drs. 17/3802, S. 31.
145 I.d.F. der Bekanntmachung v. 22.10.2010 (BGBl. II, S. 1198).
146 EGMR v. 11.06.2009 – 71972/01 (Mianowicz/Deutschland) Rn 36.
147 Meyer-Ladewig EMRK, Baden-Baden, 2011 Art. 35 Rn 19.
148 Sächsisches LAG, 07.06.2012 – 1 Oa 2/12.
149 BT-Drs. 17/7217, S. 30.
150 GK-ArbGG/Bader, § 9 Rn 65.
151 § 10 RPflG i.V.m. § 49; Schwab/Weth/Liebscher § 7 Rn 23.

- **Mahnverfahren und Europäischen Mahnverfahren** einschließlich der Bewilligung der PKH[152]
- Verfahren der **PKH**:[153]
    a) Maßnahmen nach § 118 Abs. 2 ZPO
    b) die Bestimmung des Zeitpunktes für die Einstellung und Wiederaufnahme der Zahlungen nach § 120 Abs. 3 ZPO
    c) die Änderung und Aufhebung der Bewilligung der PKH nach §§ 120a, 124 Abs. 1 Nr. 2 bis 5 ZPO
- Bewilligung der PKH außerhalb oder nach Abschluss eines gerichtlichen Verfahrens, wenn die Bewilligung der PKH lediglich für die **Zwangsvollstreckung** beantragt wird[154]
- Verfahren über die **grenzüberschreitende Prozesskostenhilfe**[155]
- Beurkundungen von Vergleichen, wenn der Vorsitzende den Rechtspfleger mit prozessleitender Verfügung damit beauftragt
- Erteilung **vollstreckbarer Ausfertigungen**, z.B. §§ 726 Abs. 1 (einschl. Widerrufsvergleiche), 727 bis 729, 733 ZPO[156]
- Entscheidung über Anträge auf **Aufhebung eines vollzogenen Arrestes** gegen Hinterlegung des im Arrestbefehl festgelegten Geldbetrages[157]
- **Pfändung von Forderungen** aus einem Arrestbefehl, soweit der Arrestbefehl nicht zugleich den Pfändungsbeschluss oder die Anordnung der Pfändung enthält
- **Kostenfestsetzungsverfahren** nach §§ 103 ff. ZPO,[158] **Vergütung der RA** nach § 11 RVG mit Ausnahme von Kosten der Zwangsvollstreckung wegen Geldleistungen[159]
- Vollstreckung von **Ordnungs- und Zwangsmitteln**.[160]

Ein Teil dieses Aufgabenkatalogs kann durch Rechtsverordnung der Landesregierungen gem. § 36b RPflG **auf Urkundsbeamte** übertragen werden *(z.B. Mahnverfahren, Erteilung vollstreckbarer Ausfertigungen)*. Versieht der Urkundsbeamte ansonsten Aufgaben, die dem Rechtspfleger vorbehalten sind, ist das Geschäft rechtsunwirksam.[161] Gleiches gilt im Verhältnis zwischen Rechtspfleger und Richter (§ 8 Abs. 4 RPflG). Übernimmt hingegen der Rechtspfleger mit oder ohne Übertragung nach § 27 Abs. 1 RPflG Aufgaben des Urkundsbeamten, so wird deren Wirksamkeit nicht berührt (§ 8 Abs. 5 RPflG). Gleiches gilt, wenn der Richter Geschäfte des Rechtspflegers ausführt (§ 8 Abs. 1 RPflG). Nach § 20 Abs. 2 Satz 1 können die Landesregierungen durch Rechtsverordnung u.a. bestimmen, dass die Prüfung der persönlichen und wirtschaftlichen Verhältnisse dem Rechtspfleger durch den Vorsitzenden übertragen werden kann.

51 Die nach wie vor für die Arbeitsgerichtsbarkeit bedeutsame Tätigkeit der Rechtspfleger ergibt sich aus der Aufnahme von **Klagen, Klageerwiderungen**, Anträgen und Erklärungen zu **Rechtsbehelfen** in der **Rechtsantragsstelle** (§ 24 Abs. 1 und Abs. 2 RPflG). Bestimmte einfachere Erklärungen können auch auf der Geschäftsstelle des ArbG gegenüber dem dort beschäftigten **Urkundsbeamten** abgegeben werden.[162] Der Rechtspfleger darf bei seiner Tätigkeit in der Rechtsantragsstelle **keine Rechtsberatung** vornehmen, muss jedoch darauf hinwirken, dass die antragstellende Partei sich über alle erheblichen Tatsachen vollständig erklärt. U.U. hat der Rechtspfleger durch entsprechende

---

152 § 20 Nr. 1 und 7 RPflG, § 46a i.V.m. dem Siebenten Buch der ZPO.
153 § 20 Nr. 4 RPflG.
154 § 20 Nr. 5 RPflG.
155 § 20 Nr. 6 RPflG.
156 § 20 Nr. 12 RPflG; zum Widerrufsvergleich: BAG, 05.11.2003 – 10 AZB 38/03, NJW 2004, 701 = NZA 2004, 117.
157 § 934 Abs. 1 ZPO.
158 LAG Köln, 24.09.1999 – 10 Ta 142/99.
159 Rechtspfleger des AG: Hess. LAG, 04.05.1999 – 9 Ta 106/99, LAGE § 788 ZPO Nr. 2.
160 § 178 GVG wegen Ungebühr vor Gericht; § 380 ZPO wegen Ausbleibens des Zeugen; § 141 ZPO wegen Ausbleiben der Partei; Zwangsgelder nach § 890 ZPO.
161 Schwab/Weth-Liebscher § 7 Rn 27.
162 Vgl. § 7 Rdn. 7 f.

Fragen den entscheidungserheblichen Lebenssachverhalt zu erforschen, um einen sachdienlichen Klageantrag formulieren zu können. Die aufzunehmenden Anträge und Erklärungen beschränken sich nicht auf das arbeitsgerichtliche **Urteilsverfahren**. Es können auch Anträge zum **Beschlussverfahren** *(z.B. zur Einleitung des Verfahrens, zur Anfechtung der Betriebsratswahl)* beim Rechtspfleger gestellt werden.

Daneben können dem Rechtspfleger nach § 27 Abs. 1 RPflG als Beamten des gehobenen Dienstes andere Geschäfte im Justizdienst übertragen werden, die seinem Amt angemessen sind. Die **Aufgabenzuweisung** des Rechtspflegers erfolgt durch den Präsidenten oder den Direktor des Gerichts im Rahmen der Befugnisse nach § 15.[163]

Der Rechtspfleger ist bei seinen Entscheidungen nur dem Gesetz unterworfen. Er ist gem. § 9 RPflG sachlich unabhängig und entscheidet selbstständig. Im **Aufgabenkonflikt** zwischen Richter und Rechtspfleger ist der Rechtspfleger an die Sachzuweisung des Richters und an dessen mitgeteilte Rechtsauffassung gem. § 5 Abs. 3 RPflG gebunden.

Die Rechtsbehelfe gegen Entscheidungen des Rechtspflegers bestimmen sich nach § 11 RPflG i.V.m. den allgemeinen verfahrensrechtlichen Vorschriften:

§ 11 RPflG Rechtsbehelfe

(1) Gegen die Entscheidungen des Rechtspflegers ist das Rechtsmittel gegeben, das nach den allgemeinen verfahrensrechtlichen Vorschriften zulässig ist.

(2) Kann gegen die Entscheidung nach den allgemeinen verfahrensrechtlichen Vorschriften ein Rechtsmittel nicht eingelegt werden, so findet die Erinnerung statt, die innerhalb einer Frist von zwei Wochen einzulegen ist. Hat der Erinnerungsführer die Frist ohne sein Verschulden nicht eingehalten, ist ihm auf Antrag Wiedereinsetzung in den vorigen Stand zu gewähren, wenn er die Erinnerung binnen zwei Wochen nach der Beseitigung des Hindernisses einlegt und die Tatsachen, welche die Wiedereinsetzung begründen, glaubhaft macht. Ein Fehlen des Verschuldens wird vermutet, wenn eine Rechtsbehelfsbelehrung unterblieben oder fehlerhaft ist. Die Wiedereinsetzung kann nach Ablauf eines Jahres, von dem Ende der versäumten Frist an gerechnet, nicht mehr beantragt werden. Der Rechtspfleger kann der Erinnerung abhelfen. Erinnerungen, denen er nicht abhilft, legt er dem Richter zur Entscheidung vor. Auf die Erinnerung sind im Übrigen die Vorschriften über die sofortige Beschwerde sinngemäß anzuwenden.

(3) [...]

(4) Das Erinnerungsverfahren ist gerichtsgebührenfrei.

Ist in den Fällen des § 11 Abs. 1 RPflG gegen eine Entscheidung des Rechtspflegers nach den allgemeinen Vorschriften die sofortige Beschwerde gegeben, so ist zunächst gem. §§ 78 Satz 1 ArbGG, 572 Abs. 1 Satz 1 ZPO eine Abhilfeentscheidung zu treffen. Hilft der Rechtspfleger nicht ab, so ist die Beschwerde dem **LAG** als **Beschwerdegericht** vorzulegen (§ 78 Satz 3 ArbGG). In den Fällen, in denen nach den allgemeinen Vorschriften kein Rechtsmittel gegeben ist, ist – soweit für das arbeitsgerichtliche Verfahren relevant – die **Erinnerung statthaft**. Hilft der Rechtspfleger dieser nicht ab, hat er sie dem Richter des Arbeitsgerichts vorzulegen. Dieser entscheidet abschließend.[164]

V. Zeugen- und Sachverständigenentschädigung (Abs. 4)

Die Entschädigung von Zeugen, Sachverständigen und Dolmetschern bestimmt sich gem. § 9 Abs. 4 nach dem **Justizvergütungs- und -entschädigungsgesetz**.[165] Entschädigungsansprüche gibt es nur, soweit sie dort ausdrücklich vorgesehen sind.

---

163 Ausführlich hierzu § 15 Rdn. 2 ff.
164 Anschaulich am Beispiel der Kostenfestsetzung: Zöller/Herget § 104 ZPO Rn 10.
165 Vom 01.07.2004 (BGBl. I 2004, S. 718, 776) zuletzt geändert durch Art. 4 Gesetz v. 10.12.2015 (BGBl. I, S. 2218).

VI. Rechtsmittelbelehrung (Abs. 5)

1. Belehrungspflichtige Entscheidungen

56 Nach **Abs. 5 Satz 1** müssen alle mit einem **befristeten Rechtsmittel** anfechtbaren Entscheidungen eine Belehrung über das Rechtsmittel enthalten. Insoweit unterscheidet sich das arbeitsgerichtliche Verfahren von den Verfahren vor den Zivilgerichten. Seit 01.01.2014 ist allerdings gem. § 232 ZPO außerhalb von Anwaltsprozessen ebenfalls entsprechend zu belehren.[166] Die Belehrung ist darauf gerichtet, ob in vollem Umfang oder teilweise ein Rechtsmittel gegen die ergangene Entscheidung gegeben ist oder ob die Entscheidung ganz oder teilweise unanfechtbar ist. Die Regelung soll verhindern, dass eine Partei eine als falsch empfundene Entscheidung allein aus Unsicherheit und Unkenntnis über mögliche Rechtsmittel nicht zur Überprüfung stellt. Dabei spielt es für die Belehrungspflicht keine Rolle, ob die Partei durch einen Prozessbevollmächtigten vertreten wird.[167]

57 Rechtsmittel unterscheiden sich von den bloßen Rechtsbehelfen dadurch, dass ihnen **Devolutiv- und Suspensiveffekt** zukommt. Durch das Rechtsmittel geht die Sache zur Verhandlung und Entscheidung in der Sache auf die höhere Instanz über und der Eintritt der formellen Rechtskraft wird aufgeschoben. **Rechtsmittel** sind:
– Berufung (§ 64),
– Beschwerde im Beschlussverfahren (§ 87),
– Sofortige Beschwerde (§ 78 i.V.m. § 567 ZPO),
– Sonstige befristete Beschwerde (z.B. § 33 Abs. 3 RVG),
– Revisionsbeschwerde (§ 77),
– Revision (§ 72),
– Rechtsbeschwerde im Beschlussverfahren (§ 92),
– Rechtsbeschwerde (§ 78 Satz 2 i.V.m. §§ 574 ff. ZPO).

58 Zu den Rechtsmitteln im engeren Sinn zählen auch die **Sprungrevision** (§ 76) und die **Sprungrechtsbeschwerde** (§ 96a). Über diese Rechtsmittel muss daher belehrt werden, wenn sie im konkreten Fall in Betracht kommen. Dies ist nur der Fall, wenn sie im Urteil oder im Beschluss selbst zugelassen worden sind oder durch gesonderten Beschluss nachträglich zugelassen werden.[168] Im letztgenannten Fall ist diesem Beschluss die entsprechende, auf die Hauptsachentscheidung bezogene Rechtsmittelbelehrung beizufügen.[169]

59 Unabhängig davon, ob man **Anschlussberufung** (§ 64 i.V.m. § 524 ZPO) und **Anschlussrevision** (§ 72 Abs. 5 i.V.m. § 554 ZPO) als Rechtsmittel ansieht, bedarf es darüber nach allgemeiner Auffassung keiner gesonderten Belehrung.[170]

60 Nicht anwendbar ist § 9 Abs. 5 kraft ausdrücklicher gesetzlicher Regelung auf die **sofortige Beschwerde wegen verspäteter Absetzung** einer Berufungs- oder Beschwerdeentscheidung (§§ 72b Abs. 2 Satz 3, 92b Satz 2).

Ebenso wenig bedarf es einer Belehrung bei **Rechtsbehelfen**, denen es am Devolutiveffekt mangelt, wie beispielsweise der Anhörungsrüge nach § 78a.[171]

---

[166] Eingefügt durch Gesetz v. 05.12.2012, BGBl. I S. 2418, vgl. dazu Zöller/Greger § 232 ZPO.
[167] Schwab/Weth-Weth § 9 Rn 10.
[168] GK-ArbGG/Bader § 9 Rn 91; GMPMG/Prütting § 9 Rn 28 »wenn sie im konkreten Fall in Betracht kommen«; ebenso ErfK/Koch § 9 Rn 6; weiter gehend: Schwab/Weth-Weth § 9 Rn 13.
[169] GMPMG/Müller-Glöge § 76 Rn 14.
[170] BAG, 20.02.1997 – 8 AZR 15/96, zu I 1 b der Gründe, NZA 1997, 901; LAG Köln, 22.05.2003 – 10 Sa 970/02, zu III der Gründe, ZInsO 2005, 333; GMPMG/Prütting § 9 Rn 29; Schwab/Weth-Weth § 9 Rn 13.
[171] BAG, 22.07.2008 – 3 AZN 584/08 (F), Rn 17 ff., NJW 2009, 541 = NZA 2009, 1054.

Auch besteht keine Belehrungspflicht über **außerordentliche Rechtsbehelfe**, wie das Wiederaufnahmeverfahren (§ 79), die Wiedereinsetzung in den vorigen Stand (§ 233 ff. ZPO), die Abänderungsklage (§ 323 ZPO) und die Vollstreckungsgegenklage (§ 767 ZPO).

Der **Einspruch** gegen ein echtes Versäumnisurteil gem. § 59 ist kein Rechtsmittel, sondern ein besonderer **Rechtsbehelf** der säumigen Partei.[172] Über die Möglichkeit des Einspruchs muss jedoch nach § 59 Satz 3 belehrt werden.[173] Unterbleibt die Belehrung, so beginnt die Einspruchsfrist nicht zu laufen.[174] Das dürfte wegen der Gleichstellung mit einem Versäumnisurteil (§ 700 Abs. 1 ZPO) in entsprechender Anwendung des § 59 Satz 3 auch hinsichtlich des Einspruchs gegen den **Vollstreckungsbescheid** gelten (str.).[175]

61

Die **Nichtzulassungsbeschwerde** stellt nach ständiger – allerdings umstrittener – Rechtsprechung des BAG kein Rechtsmittel dar, über das das LAG zu belehren hätte.[176] Deshalb bedarf es auch keines einfachen Hinweises auf die Möglichkeit der Einlegung der Nichtzulassungsbeschwerde. Dieser wird allerdings regelmäßig von den Landesarbeitsgerichten gegeben. Die Kritiker halten dem vor allem entgegen, dass die Nichtzulassungsbeschwerde zwar nicht den gesamten Rechtsstreit, jedoch die Entscheidung des Landesarbeitsgerichts über die Zulassung der Revision dem BAG zufallen lässt, also auch der **Devolutiveffekt** gegeben ist.[177]

62

Die Pflicht, eine Rechtsmittelbelehrung zu erteilen, gilt für alle **selbstständig** anfechtbaren Entscheidungen im Urteils- und Beschlussverfahren. Sie ist geboten bei Endurteilen (§ 300 ZPO), Teilurteilen (§ 301 ZPO), Vorbehaltsurteilen (§ 302 ZPO) und Beschlüssen (§§ 84, 91). Bei **Zwischenurteilen** nach **§ 303 ZPO** und über den **Grund** gem. §§ 61 Abs. 3, 304 Abs. 1 ZPO muss eine Belehrung dahin gehend erfolgen, dass sie nicht selbstständig, sondern nur zusammen mit dem Endurteil anfechtbar sind.[178] Eine Rechtsmittelbelehrung ist auch geboten bei allen sonstigen mit einem befristeten Rechtsmittel angreifbaren Beschlüssen, beispielsweise im Zwangsvollstreckungsverfahren. Über **unbefristete Rechtsmittel** muss hingegen nicht belehrt werden.

63

Kraft ausdrücklicher gesetzlicher Regelung gilt § 9 Abs. 5 entsprechend für Entscheidungen der **Schlichtungsausschüsse für Ausbildungsstreitigkeiten** (§ 111 Abs. 2 Satz 4).[179]

2. Form der Belehrung

Nach Abs. 5 Satz 1 ist die Rechtsmittelbelehrung **Bestandteil des Urteils**. Daraus folgt, dass sie – wie das Urteil nebst Tatbestand und Entscheidungsgründen – so **unterschrieben** sein muss, wie dies für die entsprechende Entscheidung gilt.[180] Durch eine Unterschrift soll dokumentiert werden, dass der Aussteller die Verantwortung für den darüber stehenden Text übernimmt; die Unterschrift muss daher den zu unterzeichnenden Text abschließen.[181] Enthält ein Urteil vor der Unterschrift

64

---

172 Zöller/Herget § 338 ZPO Rn 1.
173 Zu den Anforderungen vgl. die Erl. zu § 59 Rdn. 37 f.; LAG Nürnberg, 10.05.1988 – 7 Sa 16/88, LAGE § 59 ArbGG 1979 Nr. 1.
174 GK-ArbGG/Schütz § 59 Rn 57.
175 GK-ArbGG/Bader § 46a Rn 74 m.w.N.; a.A. LAG Köln, 07.08.1998 – 11 Sa 1218/97, AP ArbGG 1979 § 9 Nr. 19.
176 BAG, 22.07.2008 – 3 AZN 584/08 (F), Rn. 17 ff., NJW 2009, 541 = NZA 2009, 1054; 08.07.2008 – 3 AZB 31/08, Rn 9, NZA-RR 2008, 540; 09.07.2003 – 5 AZN 316/03, zu II 1 der Gründe, NZA-RR 2004, 42; den Charakter als Rechtsmittel oder Rechtsbehelf offen lassend: BVerfG 2. Kammer des Ersten Senats 26.03.2001 – 1 BvR 383/00 zu B I 2 c aa der Gründe, NJW 2001, 2161 = NZA 2001, 982.
177 GMPMG/Prütting § 9 Rn 25 f.; GK-ArbGG/Bader § 9 Rn 88; Grunsky/Waas § 9 Rn. 24; Schwab/Weth-Weth § 9 Rn 16.
178 GMPMG/Prütting § 9 Rn 34.
179 BAG, 30.09.1998 – 5 AZR 690/97, zu I der Gründe, NJW 1999, 1205 = NZA 1999, 265.
180 § 60 Abs. 4 Satz 1; § 69 Abs. 1 Satz 1.
181 BAG, 30.09.1998 – 5 AZR 690/97, zu I der Gründe, NJW 1999, 1205 = NZA 1999, 265.

des Vorsitzenden lediglich einen Hinweis auf die auf der Rückseite stehende Rechtsmittelbelehrung und die Erklärung, dass die Rechtsmittelbelehrung Bestandteil des Urteils ist, liegt darin keine ordnungsgemäße Rechtsmittelbelehrung i.S.d. Abs. 5.[182]

3. Inhalt der Belehrung

65 Die Rechtsmittelbelehrung muss der Partei mit der gebotenen Eindeutigkeit Antwort auf die Frage geben, ob ein Rechtsmittel eingelegt werden kann oder nicht. Die rechtsunkundige Partei soll durch sie ohne Weiteres in die Lage versetzt werden, die für die Wahrnehmung und eventuelle Weiterverfolgung ihrer Rechte erforderlichen Schritte zu unternehmen.[183] Dieser Zweck erfordert, dass sich die unterlegene Partei allein aus der Belehrung Kenntnis über das für sie gegebene Rechtsmittel verschaffen kann. In der Rechtsmittelbelehrung muss **das oder die konkret in der jeweiligen Situation in Betracht kommenden Rechtsmittel** bezeichnet werden.[184] Eine nur abstrakt erteilte Rechtsmittelbelehrung genügt den Anforderungen des § 9 Abs. 5 Satz 3 regelmäßig nicht. Deshalb bestehen Bedenken gegen die bloße Wiedergabe der gesetzlichen Vorschriften.[185] Umstritten ist, ob eine individuell auf jede Partei abgestimmte Belehrung über das für sie eröffnete Rechtsmittel erforderlich ist.[186] Ich halte dies für zutreffend, da nur so die Partei für sich ohne weitere Schritte erkennen kann, ob ein Rechtsmittel gegeben ist. Dadurch wird die Rechtsmittelbelehrung auch knapper und übersichtlicher.[187]

66 Abs. 5 Satz 3 sieht vor, dass sich die Belehrung auf das **zulässige Rechtsmittel**, die **Angabe des Gerichts**, bei dem das Rechtsmittel einzulegen ist, und die einzuhaltende **Frist** und **Form** beziehen muss. Die Rechtsmittelbelehrung muss die vollständige postalische Anschrift des Gerichts enthalten.[188] Zur Belehrung über die Form des Rechtsmittels gehört die Belehrung über die **Schriftform**, ggf. die Wahlmöglichkeiten zwischen Schriftform, elektronischer Form (§ 46c) oder Erklärung zu Protokoll der Geschäftsstelle und der Hinweis auf die **Notwendigkeit, sich** vor einem Gericht des höheren Rechtszuges **vertreten zu lassen**. Dagegen muss über die **Notwendigkeit einer Begründung und die Frist**, innerhalb derer die Begründung erfolgen muss, **nicht belehrt werden**.[189] Bei einem **zweiten Versäumnisurteil** ist gem. § 64 Abs. 2 Buchst. d darauf hinzuweisen, dass die Berufung nur darauf gestützt werden kann, dass ein Fall der schuldhaften Säumnis nicht vorgelegen habe. Unerlässlich ist die Angabe der **zur Rechtsmitteleinlegung befugten Personen** (*Vertretungszwang*). Die Neufassung des § 11 hat daher zwangsläufig zu einer Ausweitung des Umfangs der Rechtsmittelbelehrungen geführt.

67 Zu belehren sind regelmäßig die **Parteien oder die Beteiligten des Beschlussverfahrens**, aber auch **sonstige** am Verfahren **Beteiligte**, die die konkrete Entscheidung betrifft (Abs. 5 Satz 3). Dies können Streithelfer oder Nebenintervenienten ebenso sein wie Zeugen.

---

182 BAG, 01.03.1994 – 10 AZR 50/93, zu II 1 a der Gründe, NZA 1994, 1053; LAG Berlin, 18.06.2002 – 2 Ta 945/02, LAGE § 118 ZPO 2002 Nr. 1.
183 BAG, 13.04.2005 – 5 AZB 76/04, Rn 13 m.w.N., NJW 2005, 2251 = NZA 2005, 836.
184 BAG, 20.02.1997 – 8 AZR 15/96, zu B I 1 b der Gründe, NZA 1997, 901.
185 Differenzierend dazu LAG Bremen, 24.07.2002 – 2 Sa 57/02, NZA-RR 2003, 265.
186 Verneinend BAG, 20.02.1997 – 8 AZR 15/96; ErfK/Koch § 9 Rn 8; a.A. GMPMG/Prütting § 9 Rn 38 ff.; Bedenken äußert BAG, 01.03.1994 – 10 AZR 50/93, zu II 1 b der Gründe, NZA 1994, 1053.
187 Zu diesem Aspekt: Schwab/Weth-Weth § 9 Rn 19.
188 BAG, 06.03.1980 – 3 AZR 7/80, NJW 1980, 1871.
189 BAG, 04.06.2003 – 10 AZR 586/02, zu I 2 der Gründe, NZA 2003, 1087; BVerwG, 17.04.2013 – 6 P 9/12, Rn 8, NJW 2013, 1617; LAG Rheinland-Pfalz, 02.07.2002 – 5 Sa 359/02, LAGE § 233 ZPO 2002 Nr. 1; GMPMG/Prütting § 9 Rn 43; Schwab/Weth-Weth § 9 Rn 24; a.A. GK-ArbGG/Bader § 9 Rn 89a f.

4. Folgen fehlender oder unrichtiger Belehrung

a) Fehlende oder unrichtige Belehrung

Grundsätzlich beginnt die **Rechtsmittelfrist nicht zu laufen**, wenn die Rechtsmittelbelehrung fehlt, unvollständig oder unrichtig ist. Das folgt aus Abs. 5 Satz 3, der den Beginn der Rechtsmittelfrist von der ordnungsgemäßen schriftlichen Belehrung abhängig macht. Die Regelung erfasst dabei auch offenbare Unrichtigkeiten i.S.v. § 319 ZPO. Damit kann die Rechtsmittelfrist bei fehlerhafter Rechtsmittelbelehrung – anders als in anderen Fällen der offenbaren Unrichtigkeit – durch Zustellung des nicht berichtigten Urteils nicht zu laufen beginnen.[190] Trotz unterbliebener oder fehlerhafter Rechtsmittelbelehrung kann das Rechtsmittel aber nicht unbefristet eingelegt werden. Die wichtigste Ausnahme stellen die **Fristen** für die Einlegung der **Berufung** (§ 66 Abs. 1 Satz 2) und der **Revision** (§ 74 Abs. 1 Satz 2) dar. Darüber hinaus begrenzt Abs. 5 Satz 4 die **Einlegungsfrist** grds. auf **ein Jahr** seit Zustellung der Entscheidung. 68

Nach der zutreffenden Auffassung des BAG führt § 9 Abs. 5 auch im Fall der fehlerhaften oder unterbliebenen Rechtsmittelbelehrung nicht zu einer Verlängerung der **Berufungs- und Revisionsfrist** über sechs Monate seit Verkündung der angegriffenen Entscheidung hinaus. Vielmehr finden die Fristen des § 66 Abs. 1 Satz 2 und des § 74 Abs. 1 Satz 2 vorrangig Anwendung. Es handelt sich um im Beschleunigungsinteresse erlassene Spezialregelungen.[191] Die Fristen zur Einlegung von Berufung und Revision beginnen damit spätestens mit Ablauf von fünf Monaten nach Verkündung der Entscheidung und enden mit Ablauf von sechs Monaten nach diesem Zeitpunkt. **Gleiches** muss wegen den Verweisungen auf die Vorschriften für Berufung und Revision in § 87 Abs. 2 und § 92 Abs. 2 für die Fristen zur Einlegung der Beschwerde und der Rechtsbeschwerde im **Beschlussverfahren** gelten. Schließlich kennt auch § 569 Abs. 1 Satz 2 ZPO bei verkündeten Beschlüssen für die **sofortige Beschwerde** mit gewissen Einschränkungen eine vergleichbare Fünf-Monats-Frist, sodass auch insoweit die Bedeutung der Jahresfrist nach § 9 Abs. 5 Satz 4 gemindert sein dürfte.[192] 69

Soweit keine gesonderten Fristen eingreifen, bleibt die Jahresfrist des Abs. 5 Satz 3 maßgeblich. Sie ist keine Rechtsmittelfrist, sondern eine **Ausschlussfrist**. Sie soll im Interesse der **Rechtssicherheit** verhindern, dass bei einer Verletzung der Belehrungspflicht Rechtsmittel zeitlich unbegrenzt möglich bleiben. **Ausnahmen** von der Ausschlussfrist sind nach Abs. 5 Satz 4 grds. auf den Fall einer Fristversäumnis infolge höherer Gewalt sowie einer Belehrung, dass ein Rechtsmittel nicht gegeben sei, beschränkt. Ob der Begriff der **höheren Gewalt** enger ist als der Begriff »ohne Verschulden« in § 233 ZPO ist umstritten. Höhere Gewalt liegt vor bei außergewöhnlichen Ereignissen, die nach den Umständen des Falles auch durch die größte, nach den Umständen des gegebenen Falles vernünftigerweise von den Betroffenen unter Anlegung subjektiver Maßstäbe – unter Berücksichtigung seiner Lage, Erfahrung und Bildung – zu erwartende und zumutbare Sorgfalt weder abgewehrt noch in ihren schädlichen Folgen verhindert werden könnten. Ebenso ist streitig, ob im Fall der Fristversäumung infolge **höherer Gewalt** ein **Wiedereinsetzungsantrag** erforderlich oder die **Einlegung des Rechtsmittels** ausreichend ist. In jedem Fall muss das Rechtsmittel innerhalb einer 2-wöchigen Frist nach Wegfall der höheren Gewalt eingelegt und diejenigen Tatsachen dargelegt und glaubhaft gemacht werden, die die betreffende Partei daran gehindert haben, das Rechtsmittel innerhalb der Jahresfrist einzulegen.[193] 70

Wird in der Rechtsmittelbelehrung eine **längere** als die **gesetzlich vorgeschriebene Frist** angegeben, läuft die Rechtsmittelfrist grundsätzlich nicht vor dem angegebenen Zeitpunkt ab. Die Partei darf 71

---

190 BAG, 13.04.2005 – 5 AZB 76/04, Rn. 17, NJW 2005, 2251 = NZA 2005, 836.
191 BAG, 16.01.2008 – 7 AZR 1090/06, Rn. 9; 24.10.2006 – 9 AZR 709/05, Rn. 12, NJW 2007, 862 = NZA 2007, 228; 06.07.2005 – 4 AZR 35/04 zu I 1 der Gründe; 23.06.2005 – 2 AZR 423/04, zu I der Gründe, NJW 2005, 3084 = NZA 2005, 1135; 28.10.2004 – 8 AZR 492/03, zu IV der Gründe; kritisch Schwab/Weth-Weth § 9 Rn 33.
192 ErfK/Koch § 9 ArbGG Rn 9.
193 Zum Meinungsstand: GK-ArbGG/Bader § 9 Rn 110; Schwab/Weth-Weth § 9 Rn 30 f.; GMPMG/ Prütting § 9 Rn 50 ff.

sich auf die unrichtige Belehrung verlassen.[194] Da die Partei ansonsten aber nicht beschwert ist, führt eine solche Fehlerhaftigkeit der Rechtsmittelbelehrung nicht zur Anwendung der Jahresfrist gem. § 9 Abs. 5 Satz 4.[195] Die absolute Grenze bildet in den in Rdn. 69 aufgeführten Fällen stets die 6-Monats-Frist.

72 Ist die Rechtsmittelbelehrung **nur einer Partei gegenüber fehlerhaft**, so treten nur ihr gegenüber die genannten Rechtsfolgen ein. Ist eine Partei durch die fehlerhafte Rechtsmittelbelehrung nicht beschwert, wird der Lauf der gesetzlichen Frist für sie nicht berührt.[196]

Eine falsche Rechtsmittelbelehrung, die ein nicht statthaftes Rechtsmittel benennt, ersetzt nicht die nach §§ 64 Abs. 2, 72, 92 erforderliche **Zulassung des Rechtsmittels**. Die Anfechtbarkeit der Entscheidung wird dadurch nicht begründet.[197] Ebenso sind keine Rechtsfolgen an das Unterlassen der Belehrung über die Unanfechtbarkeit der Entscheidung (§ 9 Abs. 5 Satz 2) geknüpft. **Kosten**, die bei fehlerhafter Rechtsmittelbelehrung durch Einlegung des Rechtsmittels entstehen, dürfen infolge unrichtiger Sachbehandlung i.S.v. § 21 Abs. 1 Satz 1 GKG allerdings nicht erhoben werden.

b) Fehlende Zustellung der Entscheidung

73 Der Fall einer **fehlenden Urteilszustellung** kann **nicht anders** behandelt werden **als die Zustellung eines Urteils ohne Rechtsmittelbelehrung** innerhalb der 5-Monats-Frist. Für die Berufung und die Beschwerde, die Revision und die Rechtsbeschwerde finden sich nunmehr **eigenständige Regelungen**, die die **Frist** für die Einlegung des Rechtsmittels spätestens mit Ablauf von **fünf Monaten nach Verkündung** der Entscheidung in Lauf setzen.

74 Ihre Bedeutung behält die Jahresfrist nach § 9 Abs. 5 Satz 4 deshalb nur noch für **Beschwerden gegen nicht verkündete Beschlüsse** und **Rechtsbeschwerden** i.S.v. § 78.[198] Ausdrücklich davon **ausgenommen** ist wiederum die **sofortige Beschwerde wegen verspäteter Absetzung des Berufungsurteils** bzw. der Beschwerdeentscheidung im Beschlussverfahren (§§ 72b Abs. 2 Satz 3, 92b Satz 2).

c) Berichtigung oder Nachholung

75 Die Rechtsmittelbelehrung ist Bestandteil des Urteils. Deshalb ist ein isoliertes Nachschieben der Rechtsmittelbelehrung nicht möglich. Das Urteil kann aber auch im Hinblick auf die Rechtsmittelbelehrung nach § 319 ZPO **berichtigt** werden.[199] Dies gilt unabhängig davon, ob die Rechtsmittelbelehrung ganz unterblieben ist oder fehlerhaft war. Im ersten Fall ist sie nachzuholen, im zweiten Fall zu korrigieren. Mit der Zustellung des Urteils mit der berichtigten oder nachgeholten Rechtsmittelbelehrung beginnt die Rechtsmittelfrist zu laufen.[200] Die Fristen für die Einlegung der Berufung, der Beschwerde, der Revision und der Rechtsbeschwerde enden aber in jedem Fall gem. § 66 Abs. 1 Satz 2, 87 Abs. 2, 74 Abs. 1 Satz 2 und 92 Abs. 2 spätestens sechs Monate nach Verkündung des Urteils oder des Beschlusses.[201]

Eine **Heilung** tritt ferner ein, wenn die Partei trotz mangelhafter Belehrung rechtzeitig das Rechtsmittel einlegt.

---

194 BAG, 17.09.2014 – 10 AZB 43/14, Rn 10 f., NZA 2014, 1293: Grund für Wiedereinsetzung.
195 BAG, 23.11.1994 – 4 AZR 743/93, NZA 1995, 654; LAG Niedersachsen, 24.05.1993 – 1 TaBV 28/93, LAGE § 9 ArbGG 1979 Nr. 3; LAG Nürnberg, 28.10.2002 – 2 SHa 5/02, LAGE § 66 ArbGG 1979 Nr. 18; Schwab/Weth-Weth § 9 Rn 29; a.A. GK-ArbGG/Bader § 9 Rn 100.
196 BAG, 02.06.1986 – 6 AZB 2/86.
197 StRspr, z.B. BAG, 20.09.2000 – 2 AZR 345/00, NJW 2001, 244 = NZA 2001, 52.
198 BAG, 08.05.2003 – 2 AZB 56/02; BAG, 26.09.2002 – 5 AZB 15/02.
199 BAG, 13.04.2005 – 5 AZR 76/04, Rn 15, NJW 2005, 2251 = NZA 2005, 836.
200 BAG, 08.06.2000 – 2 AZR 584/99 zu II 2 der Gründe, NJW 2000, 3515 = NZA 2001, 343.
201 BAG, 24.10.2006 – 9 AZR 709/05, Rn 12, NJW 2007, 862 = NZA 2007, 228 (Berufungsfrist); BAG, 16.01.2008 – 7 AZR 1090/06, Rn 9 (Revisionsfrist).

§ 10 Parteifähigkeit

¹Parteifähig im arbeitsgerichtlichen Verfahren sind auch Gewerkschaften und Vereinigungen von Arbeitgebern sowie Zusammenschlüsse solcher Verbände; in den Fällen des § 2a Abs. 1 Nr. 1 bis 3f sind auch die nach dem Betriebsverfassungsgesetz, dem Sprecherausschussgesetz, dem Mitbestimmungsgesetz, dem Mitbestimmungsergänzungsgesetz, dem Drittelbeteiligungsgesetz, dem § 139 des Neunten Buches Sozialgesetzbuch, dem § 51 des Berufsbildungsgesetzes und den zu diesen Gesetzen ergangenen Rechtsverordnungen sowie die nach dem Gesetz über Europäische Betriebsräte, dem SE-Beteiligungsgesetz, dem SCE-Beteiligungsgesetz und dem Gesetz über die Mitbestimmung der Arbeitnehmer bei einer grenzüberschreitenden Verschmelzung beteiligten Personen und Stellen Beteiligte. ²Parteifähig im arbeitsgerichtlichen Verfahren sind in den Fällen des § 2a Abs. 1 Nr. 4 auch die beteiligten Vereinigungen von Arbeitnehmern und Arbeitgebern sowie die oberste Arbeitsbehörde des Bundes oder derjenigen Länder, auf deren Bereich sich die Tätigkeit der Vereinigung erstreckt. ³Parteifähig im arbeitsgerichtlichen Verfahren sind in den Fällen des § 2a Absatz 1 Nummer 5 auch die oberste Arbeitsbehörde des Bundes oder die oberste Arbeitsbehörde eines Landes, soweit ihr nach § 5 Absatz 6 des Tarifvertragsgesetzes Rechte übertragen sind.

Übersicht	Rdn.		Rdn.
I. Allgemeines	1	3. Beteiligtenfähige Stellen	16
II. Parteifähigkeit nach § 50 ZPO	2	a) Beteiligtenfähige Stellen nach dem BetrVG, SprAuG, MitbestG und MitbestErgG	17
1. Grundsatz	2		
2. Personengesellschaften	3		
3. Kapitalgesellschaften	4	b) Beteiligtenfähige Stelle nach § 139 SGB IX	19
4. Ausländische juristische Personen	5		
III. Parteifähigkeit nach Halbs. 1	6	c) Beteiligtenfähige Stellen nach dem EBRG	20
1. Gewerkschaften	6		
2. Vereinigungen von Arbeitgebern	10	4. Beteiligtenfähige Vereinigungen	21
3. Spitzenorganisationen	11	5. Beteiligtenfähige Behörden	22
IV. Beteiligtenfähigkeit im Beschlussverfahren (Halbs. 2)	12	V. Rechtsfolgen mangelnder Partei- bzw. Beteiligtenfähigkeit	24
1. Beteiligtenfähigkeit	12	VI. Prozessfähigkeit	25
2. Beteiligtenfähige Personen	15		

I. Allgemeines

Das ArbGG enthält keine in sich geschlossene Regelung über die Parteifähigkeit im Arbeitsgerichtsverfahren. § 10 Satz 1 Halbs. 1 knüpft an § 50 ZPO an und erweitert die **Partei-** bzw. die **Beteiligtenfähigkeit** über die für den Zivilprozess geltenden Bestimmungen hinaus.[1] In § 10 Satz 2 Halbs. 2 wird sodann für das Beschlussverfahren in unterschiedlichem Umfang nochmals der Kreis derer erweitert, die befähigt sind, sich an einem solchen Verfahren aktiv zu beteiligen.[2] 1

II. Parteifähigkeit nach § 50 ZPO

1. Grundsatz

Nach § 50 Abs. 1 ZPO ist nur **parteifähig, wer rechtsfähig** ist. Parteifähigkeit ist die Fähigkeit, Subjekt eines Prozesses zu sein, also die Fähigkeit, im Urteilsverfahren Kläger, Beklagter oder Nebenintervenient sein zu können. Wer rechtsfähig ist, bestimmt sich nach **materiellem Recht**. 2

---

1 BAG, 29.11.1989 – 7 ABR 64/87, NZA 1990, 615, Rn 23.
2 BAG, 29.11.1989 – 7 ABR 64/87, NZA 1990, 615, Rn 23.

2. Personengesellschaften

3   Nach § 124 Abs. 1, § 161 Abs. 2 HGB sind auch die OHG und KG parteifähig. Dasselbe gilt für Partnerschaftsgesellschaften freier Berufe[3] und auch für die GbR, soweit sie durch Teilnahme am Rechtsverkehr eigene Rechte und Pflichten begründet.[4] Ein nicht rechtsfähiger Verein ist nach § 50 Abs. 2 ZPO in der seit dem 30.09.2009 geltenden Fassung aktiv und passiv parteifähig. Der bis dahin ausgefochtene Meinungsstreit zur aktiven Parteifähigkeit des nichtrechtsfähigen Vereins hat sich durch die Gesetzesänderung erledigt.

3. Kapitalgesellschaften

4   Parteifähig sind auch die Vorgesellschaften der juristischen Personen. Die Parteifähigkeit bleibt bis zum vollständigen Abschluss der Abwicklung erhalten,[5] da die Löschung im Handelsregister nur deklaratorische Bedeutung hat. Die Parteifähigkeit besteht daher fort, wenn noch verteilbares Vermögen vorhanden ist oder Entsprechendes behauptet wird.[6] Wird eine beklagte GmbH während des Rechtsstreites aufgelöst, nach Anmeldung der Beendigung der Liquidation im Handelsregister gelöscht und ist außerdem kein verteilbares Vermögen mehr vorhanden, verliert sie auch dann nicht ihre Parteifähigkeit in einem Rechtsstreit, wenn Ansprüche geltend gemacht werden, die kein Aktivvermögen voraussetzen.[7] Eine wegen Vermögenslosigkeit gelöschte GmbH kann regelmäßig keine Ansprüche als Prozessstandschafter verfolgen.[8] Ist eine Kapitalgesellschaft nicht mehr parteifähig, so wird der Rechtsstreit gemäß § 241 Abs. 1 ZPO unterbrochen. Dadurch wird der Gegenpartei effektiver Rechtsschutz jedoch nicht verweigert, denn ihr bleibt die Möglichkeit, auf die Bestellung eines Prozesspflegers hinzuwirken.[9]

4. Ausländische juristische Personen

5   Die Parteifähigkeit ausländischer, natürlicher oder juristischer Personen richtet sich nach Art. 7 EGBGB und § 55 ZPO. Für die Beurteilung der Rechtsfähigkeit einer ausländischen juristischen Person ist grds. das Recht des Staates maßgeblich, in dem die juristische Person ihren tatsächlichen Verwaltungssitz hat. Bei einer Sitzverlagerung setzt sich die Rechtsfähigkeit nach dem ausländischen Recht nur fort, wenn die Gesellschaft nach dem Recht des Gründungsstaates fortbesteht und nach deutschem Recht rechtsfähig[10] *bzw.* zum selbstständigen Abschluss von Rechtsgeschäften befugt ist.[11] Von den Regeln des deutschen internationalen Gesellschaftsrechts kann aber durch Staatsverträge abgewichen werden. Nach Ansicht des EuGH muss eine in einem Mitgliedstaat gegründete, dort zunächst ansässige und nach dem Recht des Mitgliedstaats rechtsfähige Gesellschaft, in einem anderen Mitgliedstaat die Rechtsfähigkeit und Parteifähigkeit besitzen, die diese Gesellschaft nach dem Recht ihres Gründungsstaats besitzt.[12]

---

3   § 7 PartGG, § 124 HGB.
4   BAG, 01.12.2004 – 5 AZR 597/03, NZA 2005, 318 = NJW 2005, 1004; BGH, 29.01.2001 – II ZR 331/00, NJW 2001, 1056; a.A. noch BAG, 06.07.1989 – 6 AZR 771/87, NZA 1989, 961 = NJW 1989, 3034.
5   Vgl. BAG, 22.03.1988 – 3 AZR 350/86, NZA 1988, 841.
6   BAG, 22.03.1988 – 3 AZR 350/86, NZA 1988, 841.
7   BAG, 09.07.1981 – 2 AZR 329/79, NJW 1982, 1831 [Kündigungsrechtsstreit]; LAG Frankfurt, 07.09.1998 – 16 Sa 189/98 [Auskunftsanspruch].
8   BAG, 19.03.2002 – 9 AZR 752/00, NZA 2003, 59.
9   BAG, 19.09.2007 – 3 AZB 11/07, NZA 2008, 1030.
10 BGH, 29.01.2003 – VIII ZR 155/02, NJW 2003, 1607.
11 BAG, 11.06.2002 – 1 ABR 43/01, NZA 2003, 226.
12 EuGH, 05.11.2002 – Rs. C-208/00; nachfolgend BGH, 13.03.2003 – VII ZR 370/98, NJW 2003, 1461.

III. Parteifähigkeit nach Halbs. 1

1. Gewerkschaften

Satz 1 Halbs. 1 erstreckt den Kreis der Parteifähigen auf **Gewerkschaften** und deren Zusammenschlüsse. Die Vorschrift war notwendig, weil die Gewerkschaften aus historischen Gründen i.d.R. als nichtrechtsfähige Vereine organisiert waren und § 50 Abs. 2 ZPO in der bis zum 30.09.2009 geltenden Fassung nur die passive Parteifähigkeit der nichtrechtsfähigen Vereine regelte.[13] Für den Zivilprozess ist die aktive Parteifähigkeit der Gewerkschaften unbeschadet ihrer Rechtsform allgemein anerkannt.[14] Die Parteifähigkeit der Gewerkschaften im arbeitsgerichtlichen Verfahren ist unabhängig von der Parteistellung im Prozess, gilt also auch, soweit eine Gewerkschaft als Arbeitgeber in Anspruch genommen wird.[15]

6

Der Begriff »**Gewerkschaft**« wird weder im ArbGG noch in anderen Gesetzen definiert. In der arbeitsrechtlichen Gesetzgebung ist der Gewerkschaftsbegriff einheitlich zu verstehen.[16] Es ist dabei von den Mindestanforderungen auszugehen, die an die **Tariffähigkeit** einer Arbeitnehmervereinigung und damit an eine Gewerkschaft i.S.v. § 2 Abs. 1 TVG zu stellen sind. Die Arbeitnehmervereinigung muss sich als satzungsgemäße Aufgabe die Wahrnehmung der Interessen ihrer Mitglieder in ihrer Eigenschaft als Arbeitnehmer gesetzt haben und willens sein, Tarifverträge abzuschließen. Sie muss frei gebildet, gegnerfrei, unabhängig und auf überbetrieblicher Grundlage organisiert sein.[17] Die Tariffähigkeit setzt weiter voraus, dass die Arbeitnehmervereinigung ihre Aufgaben als Tarifpartner sinnvoll erfüllen kann. Dazu gehört einmal eine Durchsetzungskraft ggü. dem sozialen Gegenspieler, zum anderen aber auch eine gewisse Leistungsfähigkeit der Organisation.[18] Auch ist die Bereitschaft zum Abschluss von Tarifverträgen erforderlich.[19]

7

Auch **Unterorganisationen** einer Gewerkschaft können den Gewerkschaftsbegriff erfüllen und damit im arbeitsgerichtlichen Verfahren parteifähig sein. Sie müssen körperschaftlich organisiert, ggü. der Gesamtorganisation weitgehend selbstständig und selbst tariffähig sein.[20]

8

Endet die Tariffähigkeit der Gewerkschaft im Laufe des Rechtsstreits, entfiel stets nach altem Recht auch ihre Partei- und Beteiligtenfähigkeit. Das muss nach der Neufassung des § 50 Abs. 2 ZPO zum 20.09.2009[21] nicht mehr der Fall sein; denn seitdem können auch nichtrechtsfähig organisierte Arbeitnehmervereinigungen, die keine tariffähigen Gewerkschaften sind, partei- und beteiligtenfähig sein.[22] Auf die Einordnung einer Arbeitnehmervereinigung als tariffähige Gewerkschaft kommt es deshalb nicht zwingend mehr an. Die Tariffähigkeit hat nur noch Bedeutung für die Rechtswegzuständigkeit nach § 2 Abs. 1 Nr. 2 ArbGG und § 2a Abs. 1 Nr. 4 ArbGG.

9

2. Vereinigungen von Arbeitgebern

Nach Halbs. 1 sind auch **Vereinigungen von Arbeitgebern** parteifähig. Arbeitgebervereinigungen sind regelmäßig als eingetragene Vereine organisiert. § 10 ist nur dann von Bedeutung, wenn die Vereinigung nicht rechtsfähig und damit nicht parteifähig ist.[23] Ist das nicht der Fall, müssen sie wie die Gewerkschaften die Voraussetzungen des arbeitsrechtlichen Koalitionsbegriffs erfüllen und

10

---

13 GMPMG/Matthes/Schlewing § 10 Rn 7.
14 Vgl. Zöller/Vollkommer § 50 Rn 23a m.w.N.
15 BAG, 22.12.1960 – 2 AZR 140/58.
16 BAG, 15.03.1977 – 1 ABR 16/75, NJW 1977, 1551.
17 BAG, 05.10.2010 – 1 ABR 88/09; BAG, 28.03.2006 – 1 ABR 58/04, NZA 2006, 1112.
18 BAG, 05.10.2010 – 1 ABR 88/09; BAG, 28.03.2006 – 1 ABR 58/04, NZA 2006, 1112.
19 BAG, 05.10.2010 – 1 ABR 88/09; BAG, 28.03.2006 – 1 ABR 58/04, NZA 2006, 1112.
20 BAG, 22.12.1960 – 2 AZR 140/58; BAG, 19.11.1985 – 1 ABR 37/85.
21 Gesetz zur Erleichterung elektronischer Anmeldungen zum Vereinsregister und anderer vereinsrechtlicher Änderungen vom 24.09.2009, BGBl. I, S. 3145.
22 Wiedemann/Oetker TVG, 7. Aufl. § 2 Rn 264; weiterführend: Plum ZTR 2012, 377, 379, 380.
23 § 50 Abs. 1 ZPO.

tariffähig sein. Voraussetzung für die Tariffähigkeit eines Arbeitgebers oder eines Arbeitgeberverbandes ist nicht, dass sie eine bestimmte Durchsetzungskraft (Mächtigkeit) haben.[24]

3. Spitzenorganisationen

11 Parteifähig sind schließlich die **Spitzenorganisationen** von Gewerkschaften und Arbeitgebervereinigungen, auch wenn sie selbst nicht tariffähig sind. Der Abschluss von Tarifverträgen muss zu deren satzungsmäßigen Aufgaben nicht gehören.[25]

IV. Beteiligtenfähigkeit im Beschlussverfahren (Halbs. 2)

1. Beteiligtenfähigkeit

12 Satz 1 Halbs. 2 bestimmt, wer über § 50 Abs. 1 ZPO, § 10 Satz 1 Halbs. 1 hinaus fähig ist, **Beteiligter** eines **arbeitsgerichtlichen Beschlussverfahrens** zu sein. Die Beteiligtenfähigkeit im Beschlussverfahren entspricht der Parteifähigkeit im Urteilsverfahren.[26] Dieser Schluss ergibt sich aus § 10 selbst, wo von Beteiligten im Beschlussverfahren nur im Zusammenhang mit der Parteifähigkeit im arbeitsgerichtlichen Verfahren gesprochen wird. Daraus folgt, dass im Beschlussverfahren alle natürlichen und juristischen Personen beteiligtenfähig sind, die im Urteilsverfahren parteifähig sind.[27]

13 Darüber hinaus sind die in Halbs. 2 genannten Personen, Stellen, Vereinigungen und Behörden beteiligtenfähig. In Halbs. 2 ist dagegen nicht geregelt, wer außer dem Antragsteller im arbeitsgerichtlichen Beschlussverfahren zu »beteiligen« ist. Das ergibt sich vielmehr aus § 83 Abs. 3.[28] **Beteiligtenfähigkeit** einerseits und **Beteiligungsbefugnis** andererseits müssen also **streng getrennt werden**.

14 Ein nichtrechtsfähiger Verein, der keine Gewerkschaft, Arbeitgebervereinigung oder ein Zusammenschluss solcher Vereinigungen ist, sollte nach früherer Rechtsprechung nicht fähig sein, als Antragsteller in einem arbeitsgerichtlichen Beschlussverfahren aufzutreten.[29] Diese Ansicht ist überholt, seit § 50 Abs. 2 ZPO in der seit dem 30.09.2009 geltenden Fassung dem nichtrechtsfähigen Verein auch die aktive Parteifähigkeit zuerkennt.

2. Beteiligtenfähige Personen

15 Nach Halbs. 2 sind auch »**Personen**« beteiligtenfähig. Die Regelung erscheint überflüssig, da natürliche und juristische Personen nach § 50 ZPO parteifähig und damit auch beteiligtenfähig sind.[30] Durch die Erwähnung in § 10 soll zum Ausdruck gebracht werden, dass diese Personen die Möglichkeit haben sollen, die Befugnisse, die ihnen das BetrVG bzw. das MitbestG einräumt, auch **verfahrensrechtlich** geltend zu machen.[31] Zu den danach beteiligtenfähigen Personen zählen: Die Vertrauensperson der schwerbehinderten Menschen, Beauftragte der Gewerkschaften und Arbeitgebervereinigungen, Betriebsrats- oder Aufsichtsratsmitglieder, Sicherheitsbeauftragte.[32]

3. Beteiligtenfähige Stellen

16 § 10 Satz 1 Halbs. 2 erkennt den im BetrVG (1952 und 1972), SprAuG, MitbestG, MitbestErgG, § 139 SGB IX und den zu diesen Gesetzen ergangenen Rechtsverordnungen sowie den im EBRG genannten Stellen die Beteiligtenfähigkeit zu. Diese Stellen sind im allgemeinen Rechtsverkehr

---

24 BAG, 20.11.1990 – 1 R 62/89, NZA 1991, 428.
25 GMPMG/Matthes/Schlewing § 10 Rn 13; a.A. Grunsky § 10 Rn 20.
26 BAG, 29.11.1989 – 7 AZR 64/87, NZA 1990, 615.
27 § 50 ZPO, § 10 Satz 1 Halbs. 1.
28 BAG, 29.11.1989 – 7 AZR 64/87, NZA 1990, 615.
29 BAG, 29.11.1989 – 1 ABR 32/89, NZA 1990, 314.
30 GMPMG/Matthes/Schlewing § 10 Rn 17.
31 GMPMG/Matthes/Schlewing § 10 Rn 17.
32 Dazu § 83 Rdn. 34.

nicht rechtsfähig und nicht parteifähig. § 10 verleiht ihnen erst die Beteiligtenfähigkeit im arbeitsgerichtlichen Beschlussverfahren. Die beteiligten Stellen sind selbst Verfahrenssubjekte, nicht dagegen ihre einzelnen Mitglieder.[33] Diese können daher nur als Zeugen und nicht etwa als Partei vernommen werden. Für die Beteiligtenfähigkeit einer Stelle ist es ohne Bedeutung, wenn sich ihre Zusammensetzung durch Tod oder Ausschluss eines Mitglieds oder durch Nachrücken eines Ersatzmitglieds ändert. Soweit Arbeitnehmer nur in bestimmter Anzahl (Quorum) Anträge stellen dürfen,[34] ist nur eine notwendige Streitgenossenschaft gefordert, nicht aber dieser Personenmehrheit als »Stelle« die Beteiligtenfähigkeit zuerkannt.[35] Hier sind die einzelnen Arbeitnehmer nur als einzelne Personen beteiligtenfähig.

a) **Beteiligtenfähige Stellen nach dem BetrVG, SprAuG, MitbestG und MitbestErgG**

Beteiligtenfähige **Stellen** nach dem BetrVG sind solche, die nur aufgrund des BetrVG bestehen bzw. eingerichtet werden und ohne diese Rechtsgrundlage nicht bestünden. Solche Stellen sind z.B. der **Betriebsrat**, der **Wirtschaftsausschuss** und der **Wahlvorstand**. Nicht zu diesen Stellen zählen Arbeitgeber und Arbeitnehmer. Deren Existenz wird vielmehr vom BetrVG vorausgesetzt und nicht erst durch das BetrVG begründet.[36] Auch solche Stellen, die nach den Vorschriften des BetrVG aufgrund eines Tarifvertrages gebildet wurden,[37] sind beteiligtenfähig i.S.d. § 10.[38] Beteiligtenfähige Stellen nach dem BetrVG sind: Betriebsrat, Gesamtbetriebsrat, Konzernbetriebsrat, Jugend- und Auszubildendenvertretung (JAV), Gesamt-JAV, Konzern-JAV, Arbeitsgruppen, Bordvertretung, Seebetriebsrat, Wirtschaftsausschuss, Betriebsausschuss, Wahlvorstand, Einigungsstelle sowie tarifliche Schlichtungsstelle.[39] An beteiligtenfähigen Stellen nach dem SprAuG sind zu erwähnen der Sprecherausschuss, der Gesamtsprecherausschuss, der Konzernsprecherausschuss und der Wahlvorstand. Bei Angelegenheiten aus dem MitbestG kommen als Beteiligte insb. der Aufsichtsrat, der Betriebsrat sowie der Gesamt- und Konzernbetriebsrat in Betracht. **Paritätische Kommissionen**, die aufgrund von Entgeltrahmentarifverträgen gebildet werden, sind nicht beteiligtenfähig, weil sie nur Instrumente der Konfliktlösung sind, ihnen jedoch keine eigenen betriebsverfassungsrechtlichen Rechte zugewiesen wurden.[40]

17

Verliert eine betriebsverfassungsrechtliche Stelle ihre **Funktion** während eines schwebenden Beschlussverfahrens (z.B. der Betriebsrat durch Beendigung der Arbeitsverhältnisse aller Betriebsratsmitglieder bei Betriebsstilllegung), ohne dass die Funktion auf eine neue Stelle übergegangen ist, besteht die Beteiligtenfähigkeit bis zum rechtskräftigen Abschluss des Verfahrens fort, wenn die Entscheidung des anhängigen Verfahrens noch Auswirkungen auf die Beteiligten haben kann.[41] Ob die Stelle nach Beendigung ihrer Funktion aufgrund eines Übergangs- oder Restmandates[42] im Beschlussverfahren noch Rechte geltend machen kann, ist keine Frage ihrer Beteiligtenfähigkeit.[43] Wird eine betriebsverfassungsrechtliche Stelle durch ihren **Funktionsnachfolger** (z.B. den neu gewählten Betriebsrat) ersetzt, hat dies auf die Beteiligtenfähigkeit keinen Einfluss, weil von der Identität der betriebsverfassungsrechtlichen Stelle auszugehen ist.[44] Ein **Sozialplan** kann vom Betriebsrat auch noch **nach der Stilllegung** des Betriebs und der Beendigung aller Arbeitsverhält-

18

---

33 GMPMG/Matthes/Schlewing § 10 Rn 21.
34 Z.B. §§ 19 Abs. 2, 23 Abs. 1 BetrVG.
35 Stein/Jonas/Bork § 50 Rn 58.
36 BAG, 29.11.1989 – 7 ABR 64/87, NZA 1990, 615.
37 Vgl. § 117 Abs. 2, 3 Abs. 1 BetrVG.
38 BAG, 05.11.1985 – 1 ABR 56/83, EzA § 117 BetrVG 1972 Nr. 2.
39 Vgl. § 98 Rdn. 2.
40 BAG, 16.08.2011 – 1 ABR 30/10, EzA-SD 2011, Nr. 26, 14.
41 BAG, 17.07.1964 – 1 ABR 3/64, NJW 1965, 320.
42 §§ 21a, 21b BetrVG.
43 BAG, 28.10.1992 – 10 ABR 75/91, NZA 1993, 420.
44 BAG, 27.01.1981 – 6 ABR 68/79, NJW 1981, 2271.

nisse verlangt werden.[45] In einem darüber geführten arbeitsgerichtlichen Beschlussverfahren kann der Betriebsrat Beteiligter, insbesondere Antragsteller, sein.[46]

b) Beteiligtenfähige Stelle nach § 139 SGB IX

19 Nach den §§ 2a Nr. 3a, 10 sind die Werkstattvertretungen[47] in einem Beschlussverfahren ausdrücklich als beteiligtenfähig anerkannt.

c) Beteiligtenfähige Stellen nach dem EBRG

20 Bei Angelegenheiten aus dem EBRG kommen als Beteiligte das besondere Verhandlungsgremium,[48] der Europäische Betriebsrat kraft Gesetzes oder Vereinbarung,[49] die Arbeitnehmervertretung nach § 19 sowie der engere Ausschluss nach § 26 in Betracht.

4. Beteiligtenfähige Vereinigungen

21 Nach Satz 1 Halbs. 1 sind Gewerkschaften und Vereinigungen von Arbeitgebern sowie Spitzenorganisationen parteifähig und damit im arbeitsgerichtlichen Beschlussverfahren beteiligtenfähig. Satz 1 Halbs. 2 bestimmt darüber hinaus, dass in dem Verfahren nach § 2a Abs. 1 Nr. 4 zur Entscheidung über die Tariffähigkeit oder die Tarifzuständigkeit einer Vereinigung auch die Vereinigungen von Arbeitnehmern oder von Arbeitgebern beteiligtenfähig sind. Die Regelung ist notwendig, da im Urteilsverfahren oder im Beschlussverfahren nach § 2a Abs. 1 Nr. 1 bis 3 die Partei- und Beteiligtenfähigkeit einer Vereinigung deren Tariffähigkeit voraussetzt.[50] Durch die Erweiterung soll eine Sachentscheidung mit Rechtskraftwirkung über die Tariffähigkeit ermöglicht werden.[51]

5. Beteiligtenfähige Behörden

22 Die Beteiligtenfähigkeit ist auf die **oberste Arbeitsbehörde des Bundes, also das Bundesministerium für Arbeit und Soziales**, und derjenigen **Länder** erweitert, auf deren Bereich sich die Tätigkeit der Vereinigung erstreckt. Die oberste Arbeitsbehörde des Bundes ist – nur – dann zu beteiligen, wenn sich die Zuständigkeit der Vereinigung, deren Tariffähigkeit umstritten ist, auf das Gebiet mehrerer Bundesländer erstreckt.[52]

23 Satz 3 wurde eingefügt, weil § 98 es nunmehr ermöglicht, die Wirksamkeit einer Allgemeinverbindlicherklärung oder einer Rechtsverordnung nach §§ 7, 7a AEntG bzw. nach § 3a AÜG unmittelbar zu überprüfen. Nach § 98 Abs. 3 Satz 3 ist die Behörde Beteiligte, die den Tarifvertrag für allgemeinverbindlich erklärt oder die Rechtsverordnung erlassen hat. Es ist die »Behörde« zu beteiligen, also nicht die sie tragende Körperschaft (Bund oder Land), sondern das Ministerium, das die Allgemeinverbindlicherklärung vorgenommen oder die Rechtsverordnung erlassen hat.[53] Weil diese Behörden nicht mit eigener Rechtsfähigkeit ausgestattet sind, war die Neuregelung erforderlich.

V. Rechtsfolgen mangelnder Partei- bzw. Beteiligtenfähigkeit

24 Die Partei-, Beteiligten- und Prozessfähigkeit ist vom Gericht in jeder Lage des Verfahrens von Amts wegen zu prüfen; dies gilt auch noch in der Revisionsinstanz.[54] Die Parteien bzw. Beteilig-

---

45 BAG, 05.10.2000 – 1 AZR 48/00, NZA 2001, 849.
46 BAG, 26.05.2009 – 1 ABR 12/08, DB 2009, 2331.
47 § 139 SGB IX.
48 § 8.
49 §§ 18, 21.
50 GK-ArbGG/Schleusener § 10 Rn 46.
51 GMPMG/Matthes/Schlewing § 10 Rn 29.
52 BAG, 05.10.2010 – 1 ABR 88/09; BAG, 28.03.2006 – 1 ABR 58/04, NZA 2006, 1112.
53 GK-ArbGG/Schleusener § 10 Rn 47a.
54 § 56 Abs. 1 ZPO; vgl. BGH, 21.11.1996 – IX ZR 148/95, BGHZ 134, 118.

ten tragen grds. das Risiko der Nichterweislichkeit ihrer Prozessvoraussetzungen. Jedoch ist das Gericht verpflichtet, von Amts wegen alle infrage kommenden Beweise, insb. durch Einholung von Sachverständigengutachten, zu erheben, um Zweifel an der Prozessfähigkeit nach Möglichkeit aufzuklären. Nur wenn dies nicht möglich ist, gehen verbleibende Zweifel zulasten der jeweiligen Partei.[55] Lässt sich nach Erschöpfung der zur Verfügung stehenden Erkenntnisquellen die Prozessfähigkeit nicht feststellen, ist die Klage als unzulässig abzuweisen, unabhängig davon, ob die Prozessfähigkeit beim Kläger, der beklagten Partei oder einem Beteiligten gefehlt hat. Ergeht dennoch eine Entscheidung, kann gegen diese Nichtigkeitsklage erhoben werden. Bei einem Streit über das Bestehen der Prozessvoraussetzungen ist die Partei insoweit zuzulassen; sie kann auch Rechtsmittel einlegen.[56] Über das Vorliegen der Prozessvoraussetzungen kann durch Zwischenurteil nach § 303 ZPO entschieden werden. Der Mangel der Prozessvoraussetzungen kann geheilt werden, wenn die zuständige Partei die Prozessführung genehmigt.[57] Wird in einem Verfahren über die Partei- oder Beteiligtenfähigkeit gestritten, ist der Betreffende für dieses Verfahren als partei- bzw. beteiligtenfähig zu behandeln, weil der Streit sonst nicht ausgetragen werden könnte.[58] Liegt eine solche »Doppelrelevanz« nicht vor, verliert z.B. ein Betriebsrat mit seinem Amt auch seine Beteiligtenfähigkeit für Beschlussverfahren.[59]

VI. Prozessfähigkeit

Das ArbGG enthält keine ausdrückliche Regelung über die Prozessfähigkeit. Es sind daher sowohl im arbeitsgerichtlichen Urteilsverfahren[60] als auch im arbeitsgerichtlichen Beschlussverfahren[61] die §§ 51 ff. ZPO anwendbar.[62]

Prozessfähigkeit ist die Fähigkeit, Prozesshandlungen selbst oder durch selbst bestellte Vertreter wirksam vorzunehmen oder entgegenzunehmen. Der Mangel der Prozessfähigkeit ist vom Gericht in jeder Lage des Verfahrens, auch noch in der Revisionsinstanz, von Amts wegen zu beachten.[63] Die Prozessfähigkeit ist von der Prozessführungsbefugnis und der Sachlegitimation zu unterscheiden, außerdem von der Postulationsfähigkeit, d.h. der Fähigkeit, Prozesshandlungen selbst vorzunehmen.

Minderjährige, die nach den §§ 112, 113 BGB zum selbstständigen Betrieb eines Erwerbsgeschäftes oder zur Eingehung eines Arbeitsverhältnisses ermächtigt sind, sind für daraus entstehende Rechtsstreitigkeiten auch voll **prozessfähig**; diese Ermächtigung bezieht sich jedoch nicht auf **Berufsausbildungsverhältnisse**.[64] Die Ermächtigung zum selbstständigen Betrieb eines Erwerbsgeschäfts oder zur Eingehung eines Arbeitsverhältnisses erfasst auch Rechtsstreitigkeiten aus dem BetrVG.[65] Die Geltendmachung des Weiterbeschäftigungsverlangens nach § 78a Abs. 2 BetrVG bedarf hingegen der Genehmigung oder Ermächtigung des gesetzlichen Vertreters, weil es sich dabei letztlich um die Begründung eines Arbeitsverhältnisses, nicht aber um die Wahrnehmung und Verfolgung betriebsverfassungsrechtlicher Rechte handelt.[66]

---

55 BAG, 20.01.2000 – 2 AZR 733/98, NZA 2000, 613.
56 BAG, 22.03.1988 – 3 AZR 250/86, NZA 1988, 841; BAG, 19.11.1985 – 1 ABR 37/83, NZA 1986, 480 = NJW 1987, 514.
57 BAG, 30.09.1970 – 1 AZR 495/69, BB 1970, 1435.
58 BAG, 19.09.2006 – 1 ABR 53/05, NZA 2007, 518; GK-ArbGG/Schleusener § 10 Rn 49 f.
59 LAG Schleswig-Holstein, 27.03.2012 – 1 TaBV 12 b/11, EzA-SD 2012, Nr. 10, 13.
60 Gem. § 46 Abs. 2.
61 Gem. §§ 80 Abs. 2, 46 Abs. 2.
62 Grunsky § 10 Rn 30.
63 Zöller/Vollkommer, § 56 Rn 2; BGH, 21.11.1996 – IX ZR 148/95, BGHZ 134, 118.
64 GMPMG/Matthes/Schlewing § 10 Rn 35.
65 GMPMG/Matthes/Schlewing § 10 Rn 35.
66 GMPMG/Matthes/Schlewing § 10 Rn 38.

§ 11 Prozessvertretung

(1) ¹Die Parteien können vor dem Arbeitsgericht den Rechtsstreit selbst führen. ²Parteien, die eine fremde oder ihnen zum Zweck der Einziehung auf fremde Rechnung abgetretene Geldforderung geltend machen, müssen sich durch einen Rechtsanwalt als Bevollmächtigten vertreten lassen, soweit sie nicht nach Maßgabe des Absatzes 2 zur Vertretung des Gläubigers befugt wären oder eine Forderung einziehen, deren ursprünglicher Gläubiger sie sind.

(2) ¹Die Parteien können sich durch einen Rechtsanwalt als Bevollmächtigten vertreten lassen. ²Darüber hinaus sind als Bevollmächtigte vor dem Arbeitsgericht vertretungsbefugt nur
1. Beschäftigte der Partei oder eines mit ihr verbundenen Unternehmens (§ 15 des Aktiengesetzes); Behörden und juristische Personen des öffentlichen Rechts einschließlich der von ihnen zur Erfüllung ihrer öffentlichen Aufgaben gebildeten Zusammenschlüsse können sich auch durch Beschäftigte anderer Behörden oder juristischer Personen des öffentlichen Rechts einschließlich der von ihnen zur Erfüllung ihrer öffentlichen Aufgaben gebildeten Zusammenschlüsse vertreten lassen,
2. volljährige Familienangehörige (§ 15 der Abgabenordnung, § 11 des Lebenspartnerschaftsgesetzes), Personen mit Befähigung zum Richteramt und Streitgenossen, wenn die Vertretung nicht im Zusammenhang mit einer entgeltlichen Tätigkeit steht,
3. selbstständige Vereinigungen von Arbeitnehmern mit sozial- oder berufspolitischer Zwecksetzung für ihre Mitglieder,
4. Gewerkschaften und Vereinigungen von Arbeitgebern sowie Zusammenschlüsse solcher Verbände für ihre Mitglieder oder für andere Verbände oder Zusammenschlüsse mit vergleichbarer Ausrichtung und deren Mitglieder,
5. juristische Personen, deren Anteile sämtlich im wirtschaftlichen Eigentum einer der in Nummer 4 bezeichneten Organisationen stehen, wenn die juristische Person ausschließlich die Rechtsberatung und Prozessvertretung dieser Organisation und ihrer Mitglieder oder anderer Verbände oder Zusammenschlüsse mit vergleichbarer Ausrichtung und deren Mitglieder entsprechend deren Satzung durchführt, und wenn die Organisation für die Tätigkeit der Bevollmächtigten haftet.

³Bevollmächtigte, die keine natürlichen Personen sind, handeln durch ihre Organe und mit der Prozessvertretung beauftragten Vertreter.

(3) ¹Das Gericht weist Bevollmächtigte, die nicht nach Maßgabe des Absatzes 2 vertretungsbefugt sind, durch unanfechtbaren Beschluss zurück. ²Prozesshandlungen eines nicht vertretungsbefugten Bevollmächtigten und Zustellungen oder Mitteilungen an diesen Bevollmächtigten sind bis zu seiner Zurückweisung wirksam. ³Das Gericht kann den in Absatz 2 Satz 2 Nr. 1 bis 3 bezeichneten Bevollmächtigten durch unanfechtbaren Beschluss die weitere Vertretung untersagen, wenn sie nicht in der Lage sind, das Sach- und Streitverhältnis sachgerecht darzustellen.

(4) ¹Vor dem Bundesarbeitsgericht und dem Landesarbeitsgericht müssen sich die Parteien, außer im Verfahren vor einem beauftragten oder ersuchten Richter und bei Prozesshandlungen, die vor dem Urkundsbeamten der Geschäftsstelle vorgenommen werden können, durch Prozessbevollmächtigte vertreten lassen. ²Als Bevollmächtigte sind außer Rechtsanwälten nur die in Absatz 2 Satz 2 Nr. 4 und 5 bezeichneten Organisationen zugelassen. ³Diese müssen in Verfahren vor dem Bundesarbeitsgericht durch Personen mit Befähigung zum Richteramt handeln. Eine Partei, die nach Maßgabe des Satzes 2 zur Vertretung berechtigt ist, kann sich selbst vertreten; Satz 3 bleibt unberührt.

(5) ¹Richter dürfen nicht als Bevollmächtigte vor dem Gericht auftreten, dem sie angehören. ²Ehrenamtliche Richter dürfen, außer in den Fällen des Absatzes 2 Satz 2 Nr. 1, nicht vor einem Spruchkörper auftreten, dem sie angehören. ³Absatz 3 Satz 1 und 2 gilt entsprechend.

(6) ¹In der Verhandlung können die Parteien mit Beiständen erscheinen. ²Beistand kann sein, wer in Verfahren, in denen die Parteien den Rechtsstreit selbst führen können, als Bevollmächtigter

zur Vertretung in der Verhandlung befugt ist. ³Das Gericht kann andere Personen als Beistand zulassen, wenn dies sachdienlich ist und hierfür nach den Umständen des Einzelfalls ein Bedürfnis besteht. ⁴Absatz 3 Satz 1 und 3 und Absatz 5 gelten entsprechend. ⁵Das von dem Beistand Vorgetragene gilt als von der Partei vorgebracht, soweit es nicht von dieser sofort widerrufen oder berichtigt wird.

Übersicht	Rdn.		Rdn.
I. Prozessvertretung vor dem Arbeitsgericht	1	f) Zurückweisung eines Bevollmächtigten und Untersagung der weiteren Prozessvertretung (Abs. 3)	26
1. Durch die Parteien selbst	2		
2. Durch Bevollmächtigte	6	g) Bevollmächtigung des Prozessvertreters	28
a) Rechtsanwälte (Abs. 2 Satz 1)	7		
b) Beschäftigte (Abs. 2 Satz 1 Nr. 1)	12	II. Prozessvertretung vor dem LAG (Abs. 4)	31
c) Volljährige Familienangehörige, Personen mit Befähigung zum Richteramt und Streitgenossen (Abs. 2 Satz 2 Nr. 2)	14	III. Prozessvertretung vor dem BAG (Abs. 4)	33
d) Verbände (Abs. 2 Satz 2 Nr. 3 – 5)	18	IV. Besonderheiten beim Beschlussverfahren	35
e) Berufsrichter und ehrenamtliche Richter (Abs. 5)	23	V. Beistände (Abs. 6)	40
		VI. Allgemeine Bedingungen für die Rechtsschutzversicherung (ARB 2015)	41

I. Prozessvertretung vor dem Arbeitsgericht

§ 11 regelt die Prozessvertretung vor den Gerichten für Arbeitssachen. Bis auf ihren Abs. 4 gilt die Vorschrift für die Prozessvertretung vor dem ArbG, der ersten Instanz im arbeitsgerichtlichen Verfahren. Dort gilt der Grundsatz, dass ein Rechtsstreit durch die Partei selbst oder durch einen Bevollmächtigten geführt werden kann. 1

1. Durch die Parteien selbst

Um einen Rechtsstreit selbst führen zu können (vgl. Abs. 1 Satz 1), muss die betreffende Partei **prozessfähig** sein. Dies ist bei natürlichen Personen dann der Fall, wenn sie sich durch Verträge verpflichten kann.¹ Demgemäß sind geschäftsunfähige² und beschränkt geschäftsfähige³ Personen nicht prozessfähig; für sie kann nur der gesetzliche Vertreter einen Prozess führen. Sind beschränkt Geschäftsfähige gem. § 112 BGB zum selbstständigen Betrieb eines Erwerbsgeschäftes oder gem. § 113 BGB zum Eintritt in Dienst oder Arbeit ermächtigt, so sind diese insoweit unbeschränkt geschäftsfähig *(sog. Teilgeschäftsfähigkeit)*, mithin prozessfähig. Nicht von der Ermächtigung des § 113 BGB erfasst ist das Eingehen eines Berufsausbildungsverhältnisses nach dem Berufsbildungsgesetz *(BBiG)* mit der Folge, dass eine Prozessfähigkeit für Rechtsstreitigkeiten aus dem Berufsausbildungsverhältnis ausscheidet.⁴ 2

Ausländer sind prozessfähig, sofern ihnen diese Fähigkeit nach dem Recht ihres Landes zukommt oder ihnen die Prozessfähigkeit nach dem Recht des Prozessgerichts zusteht.⁵ 3

Nicht prozessfähig sind juristische Personen, da sie nur durch ihre gesetzlichen Vertreter handeln können.⁶ Der Fiskus wird durch die zuständige Behörde vertreten, für die deren Leiter handelt. Bei 4

---

1 Vgl. § 52 Abs. 1 ZPO.
2 Vgl. § 104 BGB.
3 Vgl. § 106 BGB.
4 H.M.; vgl. GMPMG/Germelmann § 11 Rn 12; GK-ArbGG/Bader § 11 Rn 23; Hauck/Helml/Biebl § 11 Rn 4.
5 Vgl. Art. 7 EGBGB, § 55 ZPO.
6 S.a. LAG Hamm, 24.09.2009 – 8 Sa 658/09.

den Trägern der Sozialversicherung richtet sich die Vertretungsbefugnis nach § 71 Abs. 3 SGG; für diese handeln die gesetzlichen Vertreter, Vorstände oder besonders Beauftragte.[7]

5 Eine **Einschränkung** erfährt der in Abs. 1 Satz 1 zum Ausdruck gebrachte Grundsatz durch den nachfolgenden Satz 2. Danach müssen sich Parteien, die eine fremde oder ihnen zum Zwecke der Einziehung auf fremde Rechnung abgetretene Geldforderung geltend machen, durch einen Rechtsanwalt als Bevollmächtigten vertreten lassen, soweit sie nicht nach Maßgabe des Abs. 2 zur Vertretung des Gläubigers befugt wären oder eine Forderung einziehen, deren ursprünglicher Gläubiger sie sind. Erfasst werden von der Regelung nur die **Geltendmachung fremder Forderungen** im Wege der gewillkürten Prozessstandschaft sowie die Geltendmachung von Forderungen, die zum Zwecke der Einziehung auf fremde Rechnung abgetreten sind. Nicht unter die Vorschrift des Abs. 1 Satz 2 fallen hingegen **Vollabtretungen** und **Sicherungsabtretungen** sowie der **Forderungskauf durch Inkassounternehmen**.[8]

2. Durch Bevollmächtigte

6 Sofern eine Partei ihren Rechtsstreit – aus welchen Gründen auch immer – nicht selbst führen möchte, kann sie dessen Führung auf einen dazu Bevollmächtigten übertragen. Wer dies sein kann, bestimmt Abs. 2 – und zwar abschließend.[9] Andere als in Abs. 2 genannte Personen können mithin nicht als Prozessvertreter auftreten. In Ergänzung zu Abs. 2 regelt Abs. 3 die Zurückweisung eines Bevollmächtigten und die Untersagung der weiteren Prozessvertretung. Der Abs. 5 enthält eine Sonderregelung für berufliche und ehrenamtliche Richter.

a) Rechtsanwälte (Abs. 2 Satz 1)

7 Gem. Abs. 2 Satz 1 kann sich jede Partei vor dem ArbG von einem Rechtsanwalt vertreten lassen. Hierzu ist jeder in der Bundesrepublik Deutschland zugelassene Rechtsanwalt befugt.[10] Dies gilt unabhängig davon, ob er sich als »Fachanwalt für Arbeitsrecht« bezeichnen darf.[11] Gleiches gilt für Rechtsanwaltsgesellschaften, die durch ihre Organe und durch die mit der Prozessvertretung beauftragten Vertreter handeln.[12] Auftreten können weiter Syndikus-Anwälte, die zur Rechtsanwaltschaft zugelassen sind, sowie Angestellte von Arbeitgebern, sofern sie über eine Anwaltszulassung verfügen.[13] Hierbei ist zu beachten, dass sie gem. § 46 BRAO nicht in ihrer Eigenschaft als Rechtsanwälte auftreten dürfen. Dem Rechtsanwalt gleichgestellt sind gemäß § 3 Abs. 1 Nr. 3 RDGEG Kammerrechtsbeistände i.S.d. § 209 Abs. 1 BRAO[14] sowie registrierte Erlaubnisinhaber i.R.d. § 3 Abs. 2 RDGEG.[15]

8 Die Beauftragung eines Rechtsanwaltes erfolgt oftmals unter Hinweis auf eine bestehende Rechtsschutzversicherung. Ob und ggf. bis zu welcher Höhe eine solche die für die Interessenwahrnehmung erforderlichen Kosten trägt, ist im Einzelfall anhand der im konkreten Fall geltenden Allgemeinen Bedingungen für die Rechtsschutzversicherung *(ARB)* sorgfältig zu prüfen. Insb. sind hierbei die Erfüllung der Wartezeit, die Höhe der Selbstbeteiligung sowie der Umfang der Versicherungsleistungen zu beachten. Die ARB 2015, wie sie bei der HUK-COBURG-Rechtsschutzversicherung AG seit dem 01.10.2015 zur Anwendung gelangen, sind in der Rdn. 41 dokumentiert.[16]

---

7 GMPMG/Germelmann § 11 Rn 17; Hauck/Helml/Biebl § 11 Rn 28.
8 Vgl. BCF/Bader § 11 Rn 10; Natter/Gross § 11 Rn 3.
9 BCF/Bader § 11 Rn 11; s.a. LAG Hamm, 08.08.2011 – 1 Ta 374/11.
10 GK-ArbGG/Bader § 11 Rn 64.
11 S.a. GK-ArbGG/Bader § 11 Rn 64.
12 GK-ArbGG/Bader § 11 Rn 64; BCF/Bader § 11 Rn 12.
13 Vgl. GMPMG/Germelmann § 11 Rn 29; Natter/Gross § 11 Rn 5.
14 S.a. LAG Baden-Württemberg, 18.11.2013 – 1 Sa 12/13, mit dem Hinweis, dass dies nur für die Prozessvertretung vor dem ArbG gilt.
15 S.a. BCF/Bader § 11 Rn 13; Natter/Gross § 11 Rn 6.
16 S.a. www.huk-coburg.de. Dort finden sich die »Allgemeine Bedingungen für die Rechtsschutzversicherung (ARB 2015)«, Stand 01.10.2015.

Im Rahmen seiner Prozessvollmacht kann der Rechtsanwalt seinerseits eine Person mit der Prozessvertretung betrauen, dieser insoweit eine **Untervollmacht** erteilen. Hierzu kommen in erster Linie andere Rechtsanwälte in Betracht. Weiter kommen Verbandsvertreter in Betracht, sofern diese nach Abs. 2 Satz 2 postulationsfähig sind (vgl. Rdn. 18 ff.).[17] Gem. § 157 ZPO kann ein Rechtsanwalt in einem Verfahren, in denen die Parteien den Rechtsstreit selber führen können, zur Vertretung in der mündlichen Verhandlung einen Referendar bevollmächtigen, der im Rahmen dessen Vorbereitungsdienstes bei dem Rechtsanwalt beschäftigt ist. Dem Wortlaut der Vorschrift folgend ist es demnach dem Rechtsreferendar verwehrt, in Untervollmacht vor dem LAG sowie vor dem BAG aufzutreten, sofern § 11 Abs. 5 den Parteien nicht die Befugnis einräumt, Prozesshandlungen selbst vornehmen zu können.[18] Die Möglichkeit der Bevollmächtigung eines Referendars, der außerhalb seines Vorbereitungsdienstes bei einem Rechtsanwalt nebenberuflich tätig ist, schließt § 157 ZPO ebenfalls aus.[19]

9

Selbst wenn eine Vertretung durch einen Rechtsanwalt nicht geboten ist, kann einer sonstigen Person (z.B. Bürovorsteher, Sekretärin, angestellter Assessor) keine Untervollmacht erteilt werden. Dies ist seit dem 01.07.2008 nicht mehr statthaft.[20]

Ausländische Rechtsanwälte aus einem Mitgliedstaat der Europäischen Union sowie aus den anderen Vertragsstaaten des Abkommens über den Europäischen Wirtschaftsraum (Island, Liechtenstein, Norwegen) und der Schweiz dürfen ohne Einschränkung vor den Gerichten für Arbeitssachen auftreten, soweit sie in Deutschland niedergelassen sind (sog. niedergelassener europäischer Rechtsanwalt; vgl. § 2 Abs. 1 EuRAG). Insoweit sind sie einem deutschen Rechtsanwalt gleichgestellt. Sofern diese Voraussetzung nicht gegeben ist, kann der europäische Anwalt als sog. dienstleistender europäischer Rechtsanwalt (vgl. § 25 Abs. 1 EuRAG) ohne besondere Zulassung vor dem ArbG auftreten. Vor dem LAG und vor dem BAG kann er hingegen nur im Einvernehmen mit einem deutschen Rechtsanwalt handeln (sog. Einvernehmensanwalt; vgl. § 28 Abs. 1 EuRAG).[21]

10

Gundsätzlich ausgeschlossen sind von der Befugnis, vor dem ArbG aufzutreten, lediglich die beim BGH zugelassenen Rechtsanwälte,[22] Rechtsanwälte, gegen die ein Vertretungsverbot in Arbeitssachen verhängt ist,[23] aus der Rechtsanwaltschaft ausgeschlossene Rechtsanwälte[24] sowie Rechtsanwälte, deren Zulassung zurückgenommen oder widerrufen worden ist.[25]

11

b) Beschäftigte (Abs. 2 Satz 1 Nr. 1)

Vertretungsbefugt sind nach Abs. 2 Satz 2 Nr. 1 Halbs. 1 Beschäftigte der Partei oder eines mit ihr verbundenen Unternehmens. Der Begriff der Beschäftigten ist weit auszulegen, sodass alle öffentlichrechtlichen sowie privatrechtlichen Beschäftigungsverhältnisse darunter fallen. Während vornehmlich **Beamte** und **Arbeitnehmer** von der Vorschrift erfasst werden, gilt dies nicht für Werkvertragnehmer sowie entliehene Leiharbeitnehmer.[26] Hinsichtlich des mit der Partei verbundenen Unternehmens verweist Abs. 2 Satz 2 Nr. 1 auf § 15 AktG. **Verbundene Unternehmen** sind nach dieser Vorschrift rechtlich selbstständige Unternehmen, im Verhältnis zueinander in Mehrheitsbesitz stehende Unternehmen und mit Mehrheit beteiligte Unternehmen (§ 16 AktG), abhängige und herrschende Unternehmen (§ 17 AktG), Konzernunternehmen (§ 18 AktG), wechselseitig beteiligte Unternehmen (§ 19 AktG) sowie Vertragsteile eines Unternehmensvertrags (§§ 291, 292 AktG).

12

---

17 LAG Hamm, 08.08.2011 – 1 Ta 374/11.
18 NK-GA/Wolmerath § 11 ArbGG Rn 11; BCF/Bader § 11 Rn 12.
19 S.a. Natter/Gross § 11 Rn 5; GMPMG/Germelmann § 11 Rn 33; a.A. Hauck/Helml/Biebl § 11 Rn 8.
20 NK-GA/Wolmerath § 11 ArbGG Rn 11; Natter/Gross § 11 Rn 5; BCF/Bader § 11 Rn 12.
21 Vgl. NK-GA/Wolmerath § 11 ArbGG Rn 12 m.w.N.
22 Vgl. § 172 Abs. 1 Satz 1 BRAO.
23 Vgl. §§ 114 Abs. 1 Nr. 4, 114a Abs. 1 BRAO; s.a. BAG, 16.08.1991 – 2 AZR 519/90.
24 Vgl. §§ 13, 114 Abs. 1 Nr. 5 BRAO.
25 Vgl. § 14 BRAO.
26 BCF/Bader § 11 Rn 15.

13 Gemäß Abs. 2 Satz 2 Nr. 1 Halbs. 2 können sich Behörden und juristische Personen des öffentlichen Rechts einschließlich der von ihnen zur Erfüllung ihrer öffentlichen Aufgaben gebildeten Zusammenschlüsse auch durch Beschäftigte anderer Behörden oder juristischer Personen des öffentlichen Rechts einschließlich der von ihnen zur Erfüllung ihrer öffentlichen Aufgaben gebildeten Zusammenschlüsse vertreten lassen. Damit werden für Behörden und juristische Personen des öffentlichen Rechts **zusätzliche Vertretungsmöglichkeiten** eröffnet. Entsprechend der in Halbs. 1 thematisierten Konzernvertretung ist Halbs. 2 dahin gehend zu begrenzen, dass die Behörde oder juristische Person oder der Zusammenschluss, die bzw. der den vertretenden Beschäftigten entsendet, in einem Unter- oder Überordnungsverhältnis zu der vertretenen Behörde oder juristischen Person oder dem vertretenen Zusammenschluss steht.[27]

c) Volljährige Familienangehörige, Personen mit Befähigung zum Richteramt und Streitgenossen (Abs. 2 Satz 2 Nr. 2)

14 Unter der Voraussetzung, dass die Vertretung nicht im Zusammenhang mit einer entgeltlichen Tätigkeit steht – sprich **unentgeltlich** erfolgt[28] –, kommen als Bevollmächtigte gemäß Abs. 2 Satz 2 Nr. 2 volljährige Familienangehörige, Personen mit der Befähigung zum Richteramt sowie Streitgenossen in Betracht. Der Entgeltlichkeit steht nicht entgegen, wenn ein bloßer Auslagenersatz (z.B. Porto, Reisekosten) erfolgt sowie der Prozessvertreter für sein Tätigwerden ein Geschenk im Rahmen des Üblichen erhält.[29]

15 Sofern es die Familienangehörigen betrifft, müssen diese volljährig sein, mithin das 18. Lebensjahr vollendet haben (vgl. § 2 BGB). Wer zu dem **Kreis der Familienangehörigen** zu zählen ist, ergibt sich gemäß Abs. 2 Satz 2 Nr. 2 aus § 15 AO sowie § 11 LPartG. Dieses sind: Verlobte (auch i.S.d. LPartG), Ehegatten oder Lebenspartner, Verwandte und Verschwägerte gerader Linie, Geschwister und deren Kinder, Ehegatten oder Lebenspartner der Geschwister sowie Geschwister der Ehegatten oder Lebenspartner, Geschwister der Eltern, Pflegeeltern und Pflegekinder. Dabei ist zu beachten, dass die Auflösung einer Ehe oder Partnerschaft, das Erlöschung einer Verwandtschaft oder Schwägerschaft (s.a. § 11 Abs. 2 Satz 3 LPartG) sowie die Beendigung der häuslichen Gemeinschaft in einzelnen Fällen unschädlich ist (vgl. § 15 Abs. 2 AO).

16 Die **Befähigung zum Richteramt** erwirbt nach § 5 Abs. 1 DRiG, wer ein rechtswissenschaftliches Studium an einer Universität mit der ersten Prüfung und einen anschließenden Vorbereitungsdienst mit der zweiten Staatsprüfung abschließt. Damit dürfen all jene Personen vor dem Arbeitsgericht als Prozessvertreter auftreten, die über das **zweite juristische Staatsexamen** verfügen; mithin vor allem auch Berufsrichter, für die allerdings die einschränkende Vorschrift des Abs. 5 gilt. Ihnen gleichgestellt sind **Diplomjuristen aus den sog. neuen Bundesländern**, die nach dem 03.10.1990 zu Richtern, Staatsanwälten oder Notaren ernannt, im höheren Verwaltungsdienst beschäftigt oder als Rechtsanwalt zugelassen wurden (vgl. § 5 Nr. 4 RDGEG).

17 Die Regelungen über die **Streitgenossenschaft** finden sich in der ZPO. Gemäß § 59 ZPO können mehrere Personen als Streitgenossen gemeinschaftlich klagen oder verklagt werden, wenn sie hinsichtlich des Streitgegenstandes in Rechtsgemeinschaft stehen oder wenn sie aus demselben tatsächlichen und rechtlichen Grund berechtigt oder verpflichtet sind. Mehrere Personen können nach § 60 ZPO auch dann als Streitgenossen gemeinschaftlich klagen oder verklagt werden, wenn gleichartige und auf einem im Wesentlichen gleichartigen tatsächlichen und rechtlichen Grund beruhende Ansprüche oder Verpflichtungen den Gegenstand des Rechtsstreits bilden. Von einer notwendigen Streitgenossenschaft spricht man gemäß § 62 ZPO, wenn das streitige Rechtsverhältnis allen Streitgenossen gegenüber nur einheitlich festgestellt werden kann. Die Wirkung einer Streitgenossenschaft ist laut § 61 ZPO, dass die Streitgenossen, soweit sich aus den Vorschriften

---

27 BCF/Bader § 11 Rn 16.
28 Vgl. BCF/Bader § 11 Rn 21.
29 Vgl. BCF/Bader § 11 Rn 21; Schwab/Weth-Weth § 11 Rn 9.

des bürgerlichen Rechts oder der ZPO nicht ein anderes ergibt, dem Gegner dergestalt als Einzelne gegenüberstehen, dass die Handlungen des einen Streitgenossen dem anderen weder zum Vorteil noch zum Nachteil gereichen.

d) Verbände (Abs. 2 Satz 2 Nr. 3 – 5)

Die Führung eines Rechtsstreits durch Verbände und durch von ihnen beauftragte Verbandsvertreter ist im Rahmen des Abs. 2 Satz 2 Nr. 3 – 5 zulässig, wodurch ihnen für das arbeitsgerichtliche Verfahren eine den Rechtsanwälten ähnliche Rechtsstellung zugestanden und dadurch eingeräumt wird, dass sie zu einer interessen- und sachgerechten Vertretung der Verbandsmitglieder in der Lage sind.[30] Hiernach können 18

– **selbstständige Vereinigungen von AN mit sozial- oder berufspolitischer Zielsetzung** (z.B. KAB, DAV[31])
– **Gewerkschaften** (z.B. ver.di, IG Metall, IG BCE, IG BAU, NGG, GEW, EVG, GDL; zum Gewerkschaftsbegriff vgl. § 10 Rdn. 7),[32]
– Zusammenschlüsse von Gewerkschaften (z.B. DGB),
– **AG-Vereinigungen** (z.B. Innung,[33] Kreishandwerkerschaft dagegen nicht,[34] es sei denn, dass die Geschäfte der Innung durch die Kreishandwerkerschaft geführt werden;[35] IHK sowie die Handwerkskammern sind nicht vertretungsbefugt;[36] zum Begriff der AG-Vereinigung vgl. § 10 Rdn. 10),
– Zusammenschlüsse von AG-Vereinigungen (z.B. BDA, BDI) und
– **juristische Personen**, deren Anteile sämtlich im wirtschaftlichen Eigentum einer der in Nr. 4 bezeichneten Organisationen stehen, wenn die juristische Person ausschließlich die Rechtsberatung und Prozessvertretung dieser Organisation und ihrer Mitglieder oder anderer Verbände oder Zusammenschlüsse mit vergleichbarer Ausrichtung und deren Mitglieder entsprechend deren Satzung durchführt, und wenn die Organisation für die Tätigkeit der Bevollmächtigten haftet,

mit der Führung des Rechtsstreits beauftragt werden. Während sich die Prozessvertretung bei selbstständigen Vereinigungen von Arbeitnehmer mit sozial- oder berufspolitischer Zwecksetzung auf ihre **Mitglieder** beschränkt, dürfen die Gewerkschaften und Arbeitgeberverbände und deren Zusammenschlüsse auch für andere Verbände oder Zusammenschlüsse mit vergleichbarer Ausrichtung und deren Mitglieder auftreten (vgl. Abs. 2 Satz 2 Nr. 3, 4). Keine Vertretungsbefugnis steht einem Gewerkschaftsvertreter allerdings für eine Partei zu, die weder eine Gewerkschaft noch ein Zusammenschluss von Gewerkschaften noch deren Mitglied ist.[37]

Zu beachten ist, dass Abs. 2 Satz 2 Nr. 4 die Prozessvertretung **nur im Rahmen der satzungsmäßigen Bestimmungen** der jeweiligen Organisation gewährt. Der Grundsatz, dass Verbandsvertreter nur solche Personen vertreten dürfen, die Mitglied des betreffenden Verbandes sind,[38] wurde bereits im Jahr 1998 mit der Einführung des damaligen Abs. 1 Satz 5 aufgegeben. Seither können sich Mitglieder der in Abs. 2 Satz 2 Nr. 4 genannten Verbände durch einen anderen Verband oder Zusammenschluss mit vergleichbarer Ausrichtung vertreten lassen. Was unter dem Begriff der vergleich- 19

---
30 Vgl. NK-GA/Wolmerath § 11 ArbGG Rn 20 m.w.N.
31 Vgl. LAG Hamm, 15.05.1997 – 16 Sa 1235/96, NZA 1998, 502; s.a. Natter/Gross § 11 Rn 18.
32 S.a. LAG Hamm, 20.05.2015 – 6 SaGa 10/15, wonach der Zusammenschluss der Arbeit mit Namen »Berufsgenosse-Bürschenchenbüro Stabsstelle« weder eine Gewerkschaft noch eine juristische Person im Sinne von § 11 Abs. 2 Satz 2 Nr. 4 und Nr. 5 ist.
33 Vgl. BAG, 27.01.1961 – 1 AZR 311/59, AP § 11 ArbGG 1953 Nr. 26; GMPMG/Germelmann § 11 Rn 65; Natter/Gross § 11 Rn 20.
34 BAG, 10.12.1960 – 2 AZR 490/59, BAGE 10, 242.
35 Vgl. BAG, 27.01.1960 – 1 AZR 311/59, AP § 11 ArbGG 1953 Nr. 26.
36 Vgl. GMPMG/Germelmann § 11 Rn 66; Natter/Gross § 11 Rn 20.
37 LAG München, 17.07.2008 – 4 TaBV 20/08.
38 Vgl. LAG Hamm 22.11.1996 – 10 Sa 776/96, LAGE § 11 ArbGG 1979 Nr. 12.

baren Ausrichtung zu verstehen ist, lässt sich dem Gesetz nicht entnehmen. Man wird insoweit auf den verbandspolitischen Zweck sowie auf die verbandspolitische Zielsetzung abstellen müssen. Entscheidend ist letztendlich die Zuordnung des Verbandes zur Arbeitnehmer- bzw. Arbeitgeberseite.[39] Besteht zum Beispiel die Mitgliedschaft in der Gewerkschaft ver.di, dann ist hiernach eine Prozessvertretung etwa durch die IG Metall oder IG BCE statthaft.[40]

20 Die Befugnis zur Prozessvertretung beginnt, sobald die zu vertretende Person Gewerkschaftsmitglied (geworden) ist. Ob satzungsgemäße Mitgliedsbeiträge entrichtet werden und eine ggf. zu beachtende Wartezeit erfüllt ist, betrifft lediglich das Innenverhältnis zwischen der Gewerkschaft und der zu vertretenden Person, sodass insoweit Satzungsverstöße für die Befugnis zur Prozessvertretung ohne Belang sind.[41] Allerdings kann die Prozessvertretung abgelehnt werden, wenn die satzungsmäßigen Voraussetzungen für die Übernahme der Prozessvertretung – und damit auch der Kosten – nicht erfüllt sind bzw. die Gewährung von Rechtsschutz von der Erfüllung der satzungsmäßigen Voraussetzungen abhängig gemacht werden (z.B. Nachzahlung von säumigen Mitgliedsbeiträgen). Die Befugnis zur Prozessvertretung endet mit dem Ausscheiden aus der Gewerkschaft, nicht bereits mit der Kündigung der Mitgliedschaft.

21 Gem. Abs. 2 Satz 2 Nr. 5 sind juristische Personen, deren Anteile sämtlich im wirtschaftlichen Eigentum einer der in Nr. 4 genannten Organisationen stehen, zur Prozessvertretung befugt, wenn die juristische Person ausschließlich die Rechtsberatung und Prozessvertretung dieser Organisation und ihrer Mitglieder oder anderer Verbände oder Zusammenschlüsse mit vergleichbarer Ausrichtung und deren Mitglieder entsprechend deren Satzung durchführt. Zweck dieser Vorschrift ist es, unter anderem für die **DGB Rechtsschutz GmbH** eine Befugnis zur Prozessvertretung zu eröffnen.[42] Da sich die Nr. 5 ausschließlich auf die in Nr. 4 aufgeführten Organisationen bezieht, kommt den in Nr. 3 genannten selbstständigen Vereinigungen von Arbeitnehmern mit sozial- oder berufspolitischer Zwecksetzung eine vergleichbare Gestaltungsmöglichkeit nicht zu.[43]

22 Da die in Abs. 2 Satz 2 Nr. 3 – 5 genannten Vereinigungen, Verbände, Zusammenschlüsse und Einrichtungen keine natürlichen Personen sind, handeln diese durch ihre Organe und durch mit der Prozessvertretung beauftragte Vertreter (Abs. 2 Satz 3). Die **Rechtsstellung der Verbandsvertreter** entspricht dabei im Grundsatz der Rechtsstellung der Rechtsanwälte, auch wenn für erstere das Standesrecht der Rechtsanwälte nicht gilt und sie auf die Vertretung von Verbandsmitgliedern beschränkt sind.[44] Zu beachten ist, dass auch Rechtsanwälte, Rechtsreferendare sowie Verbandssyndici zu Verbandsvertretern bestellt werden und sodann in dieser Funktion auftreten können.[45]

e) Berufsrichter und ehrenamtliche Richter (Abs. 5)

23 Zur Wahrung der Unabhängigkeit der Gerichte und zur Vermeidung jeder Art der Befangenheit bestimmt Abs. 5 Satz 1, dass **Berufsrichter** nicht als Bevollmächtigte vor dem Gericht auftreten dürfen, dem sie selbst angehören. Durch die Verweisung in Abs. 6 Satz 4 ist es ihnen zudem verwehrt, als Beistand zu erscheinen.

24 Nicht ganz so streng verhält es sich mit den **ehrenamtlichen Richtern**. Diese dürfen nach Abs. 5 Satz 2 grundsätzlich nicht vor einem Spruchkörper auftreten, dem sie angehören. Ihnen ist es hiernach lediglich verwehrt, vor der Kammer oder dem Senat aufzutreten, dem sie zugeteilt sind. Infolgedessen dürfen sie vor jeder anderen Kammer bzw. jedem anderen Senat des Gerichts, dem sie

---

39 So i.E. auch GMPMG/Germelmann § 11 Rn 70 ff.; BCF/Bader § 11 Rn 26.
40 S.a. LAG Rheinland-Pfalz, 21.10.2003 – 2 Sa 613/03, jurisPR-ArbR 31/2004.
41 S.a. BAG, 28.04.2004 – 10 AZR 469/03, AuR 2004, 318; LAG Rheinland-Pfalz, 21.10.2003 – 2 Sa 613/03, jurisPR-ArbR 31/2004.
42 S.a. LAG Rheinland-Pfalz, 21.10.2003 – 2 Sa 613/03, jurisPR-ArbR 31/2004 zur alten Gesetzeslage.
43 GMPMG/Germelmann § 11 Rn 79.
44 Vgl. GMPMG/Germelmann § 11 Rn 77 f.
45 Vgl. Natter/Gross § 11 Rn 19.

angehören, als Bevollmächtigte auftreten. Eine Ausnahme von dem Vertretungsverbot macht Abs. 5 Satz 2, sofern es sich bei dem ehrenamtlichen Richter um einen Beschäftigten handelt, der seinen Arbeitgeber gemäß Abs. 2 Satz 2 Nr. 1 vertritt.

Sofern ein Berufsrichter oder ein ehrenamtlicher Richter entgegen dem sich aus Abs. 5 Satz 1, 2 ergebenden Vertretungsverbot als Bevollmächtigter auftritt, kann ihn das Gericht nach Abs. 5 Satz 3 i.V.m. Abs. 3 Satz 1 durch unanfechtbaren Beschluss **zurückweisen**. Prozesshandlungen, Zustellungen sowie Mitteilungen bleiben bis zur Zurückweisung wirksam (vgl. Abs. 5 Satz 3 i.V.m. Abs. 3 Satz 2). 25

f) Zurückweisung eines Bevollmächtigten und Untersagung der weiteren Prozessvertretung (Abs. 3)

Zum Zwecke der Gewährleistung einer ordnungsgemäßen Prozessvertretung bestimmt Abs. 3 Satz 1, dass das Gericht Bevollmächtigte durch Beschluss **zurückweisen** kann, sofern diese nicht nach Maßgabe des Abs. 2 zur Prozessvertretung befugt sind.[46] Der Beschluss ist unanfechtbar. Er wirkt rechtsgestaltend ex nunc für die Zukunft, sodass seine Prozesshandlungen sowie Zustellungen und Mitteilungen an diesen bis zu seiner Zurückweisung wirksam bleiben (Abs. 3 Satz 2).[47] Einem in Abs. 2 Satz. 2 Nr. 1 – 3 bezeichneten Bevollmächtigten kann das Gericht nach Abs. 3 Satz 3 mittels unanfechtbaren Beschluss die **weitere Prozessvertretung** untersagen, sofern dieser nicht in der Lage ist, das Sach- und Streitverhältnis sachgerecht darzulegen. Dies kann im konkreten Einzelfall vor allem bei Vorliegen einer Suchtmittelerkrankung sowie bei Personen mit soziopathischen Auffälligkeiten (z.B. Choleriker) gegeben sein. Nicht verwechselt werden darf dies hingegen mit fehlender Wortgewandtheit, juristischer Laienhaftigkeit sowie Verständigungsschwierigkeiten mit einem Fremdsprachler.[48] 26

Der die Zurückweisung oder Untersagung aussprechende Beschluss ergeht nach § 55 Abs. 1 Nr. 11 außerhalb der streitigen Verhandlung unter Ausschluss der ehrenamtlichen Richter. Der betroffenen Person ist zuvor **rechtliches Gehör** zu gewähren, sodass bei einem Verstoß eine Rüge nach § 78a erhoben werden kann.[49] 27

g) Bevollmächtigung des Prozessvertreters

Das ArbGG regelt in seinem § 11 lediglich die Befähigung zur Prozessvertretung. Vorschriften über die Erteilung einer Vollmacht zur Prozessvertretung enthält das ArbGG hingegen keine. Vielmehr verweist es in §§ 46 Abs. 2 Satz 1, 80 Abs. 2 auf die diesbezüglichen Bestimmungen in der ZPO. Die Beauftragung des Verbandsvertreters erfolgt durch die Erteilung einer **Prozessvollmacht**, unter der die dem Prozessbevollmächtigten rechtsgeschäftlich eingeräumte Vertretungsmacht im Prozess zu verstehen ist.[50] Die Prozessvollmacht – die formlos sowohl mündlich als auch schriftlich erteilt werden kann, jedoch vom Prozessbevollmächtigten schriftlich nachzuweisen und zu den Gerichtsakten zu reichen ist (vgl. § 80 Satz 1 ZPO) – ermächtigt den Prozessbevollmächtigten zu allen den Rechtsstreit betreffenden Prozesshandlungen (vgl. § 81 ZPO) und bewirkt, dass die von dem Bevollmächtigten vorgenommenen Prozesshandlungen in gleicher Art verpflichtend sind, als wenn sie von der Partei selbst vorgenommen wären (vgl. § 85 Abs. 1 ZPO).[51] So kann unter Umständen das Verhalten des Prozessbevollmächtigten eines Arbeitnehmers im Kündigungsschutzprozess die Auflösung des Arbeitsverhältnisses nach §§ 9, 10 KSchG bedingen. Dies gilt für vom Arbeitnehmer nicht veranlasste Erklärungen des Prozessbevollmächtigten jedenfalls dann, wenn 28

---

46 S.a. LAG Hamm, 08.08.2011 – 1 Ta 374/11.
47 GMPMG/Germelmann § 11 Rn 110; BCF/Bader § 11 Rn 30.
48 Vgl. GMPMG/Germelmann § 11 Rn 111.
49 Vgl. GMPMG/Germelmann § 11 Rn 109; BCF/Bader § 11 Rn 29.
50 Vgl. NK-GA/Wolmerath § 11 ArbGG Rn 32 ff. m.w.N.
51 Vgl. § 85 ZPO; zu den Einzelheiten vgl. Thomas/Putzo § 85 Rn 1 ff.

er sich diese zu eigen macht und sich auch nachträglich nicht von ihnen distanziert.[52] Ist der Prozessbevollmächtigte unvorhergesehen erkrankt und eine anwaltliche Vertretung in der mündlichen Verhandlung nicht gewährleistet, dann gebietet der Anspruch auf rechtliches Gehör eine Verlegung des gerichtlich anberaumten Termins zur mündlichen Verhandlung.[53]

29 Der Bevollmächtigte kann seinerseits einer Person Vollmacht erteilen *(sog. **Untervollmacht**)*, die von dem Hauptbevollmächtigten unterschrieben und ggü. dem Gericht ebenfalls schriftlich nachgewiesen werden muss. Voraussetzung ist dabei, dass die Person, der eine Untervollmacht erteilt werden soll, i.R.d. § 11 zur Prozessvertretung befugt ist.[54]

30 Eine erteilte Vollmacht erlischt, wenn diese vom Bevollmächtigten widerrufen oder wenn das der Vollmachtserteilung zugrunde liegende Auftragsverhältnis gekündigt wird. Prozessuale Wirkung entfalten diese Handlungen jedoch erst, wenn sie dem Prozessgegner oder dem Prozessgericht durch eine entsprechende Mitteilung zur Kenntnis gelangt sind (vgl. § 87 ZPO).

II. Prozessvertretung vor dem LAG (Abs. 4)

31 Gem. Abs. 4 Satz 1 müssen sich die Parteien vor dem LAG durch Prozessbevollmächtigte vertreten lassen.[55] Insoweit besteht ein Vertretungszwang mit der Folge, dass die Rechtsmittel- sowie die Rechtsbehelfsbegründungsschriften die Unterschriften des in Abs. 4 Satz 2 genannten Prozessbevollmächtigten enthalten müssen.[56] Etwas anders gilt nach Abs. 4 Satz 1 nur in Verfahren vor einem beauftragten oder ersuchten Richter und bei Prozesshandlungen, die vor dem Urkundsbeamten der Geschäftsstelle vorgenommen werden können (z.B. Einlegung und Zurücknahme einer sofortigen Beschwerde, Einspruch gegen ein Versäumnisurteil).[57] Der Vertretungszwang gilt ferner für den Abschluss eines gerichtlichen Vergleichs.[58]

32 **Zur Prozessvertretung vor dem LAG befugt** sind nach Abs. 4 Satz 2 Rechtsanwälte (vgl. Rdn. 7 ff.) sowie die in Abs. 2 Satz 2 Nr. 4 und 5 bezeichneten Organisationen (Gewerkschaften und Arbeitgebervereinigungen sowie deren Zusammenschlüsse und ihre Rechtsberatungs- sowie Prozessvertretungsorganisationen; vgl. Rdn. 18 ff.). Zu beachten ist, dass ein bei einem deutschen Gericht zugelassener Rechtsanwalt berechtigt ist, sich in einem Berufungsverfahren vor dem LAG selbst zu vertreten.[59] Hingegen ist der Kammerrechtsbeistand i.S.d. § 209 Abs. 1 BRAO mangels gesetzlicher Grundlage nicht zur Prozessvertretung vor dem LAG befugt.[60]

▶ Hinweise für die Praxis:

1. Eine auf dem Briefbogen der Arbeitgeberin eingelegte Beschwerde, die von einem Rechtsanwalt unterschrieben ist, der einen Anstellungsvertrag als Personalreferent Arbeitsrecht bei einer Servicegesellschaft der Unternehmensgruppe hat bzw. hatte, ist unzulässig, da hierdurch nicht erkennbar ist, dass die Beschwerdeschrift durch einen freien und unabhängigen Rechtsanwalt i.S.v. § 11 Abs. 4 Satz 2 ArbGG eingelegt worden ist.[61]

---

52 Vgl. BAG, 09.09.2010 – 2 AZR 482/09; BAG, 10.06.2010 – 2 AZR 297/09.
53 Hess. LAG, 28.01.2010 – 4 Ta 24/10.
54 GK-ArbGG/Bader § 11 Rn 149; s.a. LAG Hamm, 08.08.2011 – 1 Ta 374/11.
55 S.a. Hess. LAG, 24.10.2013 – 5 Sa 914/13, mit dem Hinweis, dass die erkennende Kammer nicht befugt ist, eine Ausnahme von dem gesetzlichen Erfordernis zu machen.
56 BAG, 20.09.2011 – 9 AZN 582/11, mit dem Hinweis, dass sich der Prozessbevollmächtigte den Inhalt der Begründungsschrift zu eigen machen und die Verantwortung dafür übernehmen muss – wozu die Unterschrift des Prozessbevollmächtigten in der Regel genügt. S.a. LAG Hamm, 08.06.2015 – 17 SaGa 9/17.
57 S.a. BCF/Bader § 11 Rn 33; GMPMG/Germelmann § 11 Rn 117 f.
58 Grunsk/Waas § 11 Rn 33.
59 Vgl. Hess. LAG, 16.10.2007 – 4/18 Sa 574/07.
60 BAG, 18.06.2015 – 2 AZR 58/14, im Anschluss an LAG Baden-Württemberg, 18.11.2013 – 1 Sa 12/13.
61 Vgl. Hess. LAG, 28.05.2009 – 9 TaBV 35/09.

2. Eine Berufung ist als unzulässig zu verwerfen, wenn eine AG, die ausweislich ihres Briefkopfes angestellte Rechtsanwälte beschäftigt und »Rechtsvertretung« betreibt, als klagende Partei Berufung einlegt und sich im Rubrum der Berufungsschrift ohne weitere Zusätze selbst als Prozessbevollmächtigte bezeichnet.[62]

3. Eine mangels Postulationsfähigkeit unwirksame Prozesshandlung (hier: Einlegung der Berufung) kann regelmäßig durch einen postulationsfähigen Prozessbevollmächtigten genehmigt werden. Bei fristgebundenen Prozesshandlungen bedarf es dazu die Wahrung der zu beachtenden Frist. Grundsätzlich ausgeschlossen ist eine rückwirkende Heilung nach Fristablauf.[63]

III. Prozessvertretung vor dem BAG (Abs. 4)

Die in Abs. 4 geregelte Prozessvertretung vor dem BAG entspricht der Prozessvertretung vor dem LAG, sodass insoweit zunächst auf die vorstehende Rdn. 31 f. verwiesen werden kann. Postulationsfähig ist jeder **Rechtsanwalt** einschließlich der bei dem BGH zugelassenen Rechtsanwälte (vgl. § 172 Abs. 1 BRAO). Rechtsanwälte aus einem Mitgliedstaat der **Europäischen Union** können vor dem BAG auftreten, soweit dies im Einvernehmen mit einem beim BAG zugelassenen Rechtsanwalt erfolgt (vgl. § 28 Abs. 1 EuRAG; s.a. Rdn. 10). Hinsichtlich der in Abs. 2 Satz 2 Nr. 4 und 5 bezeichneten Organisationen (Gewerkschaften und Arbeitgebervereinigungen sowie deren Zusammenschlüsse und ihre Rechtsberatungs- sowie Prozessvertretungsorganisationen; vgl. Rdn. 18 ff.) ist gemäß Abs. 4 Satz 3 zu beachten, dass diese in Verfahren vor dem BAG durch Personen handeln müssen, die über die Befähigung zum Richteramt verfügen (vgl. dazu Rdn. 16). Ihnen gleichgestellt sind nach § 5 Nr. 5 RDGEG solche **Diplom-Juristen** aus den sog. neuen Bundesländern, die nach dem 03.10.1990 zu Richtern, Staatsanwälten, Notaren ernannt, im höheren Verwaltungsdienst beschäftigt oder als Rechtsanwalt zugelassen worden sind. Eine Partei, die nach Maßgabe des Abs. 4 Satz 2 zur Vertretung berechtigt ist, kann sich selbst vertreten, wobei Abs. 4 Satz 3 unberührt bleibt (vgl. Abs. 4 Satz 4). 33

Abgesehen von den Verfahren vor einem beauftragten oder ersuchten Richter können die Parteien selbst Prozesshandlungen nur insoweit wirksam vornehmen, als diese zu Protokoll der Geschäftsstelle erklärt werden können (z.B. Beantragung von PKH für die dritte Instanz, vgl. § 117 Abs. 1 Satz 1 ZPO; Gesuch auf Ablehnung eines Richters wegen Besorgnis der Befangenheit, vgl. § 44 Abs. 1 ZPO).[64] 34

IV. Besonderheiten beim Beschlussverfahren

Gem. §§ 80 Abs. 2 Satz 1 findet der § 11 auf das Beschlussverfahren eine entsprechende Anwendung. Die Beteiligten des Beschlussverfahrens können sich daher vor dem ArbG selbst vertreten, soweit sie partei- und prozessfähig sind, oder sich von einer zur Prozessvertretung befugten Person vertreten lassen. Weiter können sie sich eines Beistands (vgl. Abs. 6) bedienen. Soweit ein vertretungsbefugter Gewerkschaftssekretär die Prozessvertretung übernehmen soll, ist erforderlich, dass zumindest ein Mitglied des Betriebsrats, des Gesamtbetriebsrats bzw. des Konzernbetriebsrats Mitglied einer Gewerkschaft ist. Soll die Prozessvertretung durch einen Rechtssekretär der DGB-Rechtsschutz GmbH erfolgen, dann muss mindestens ein Mitglied der betreffenden Interessenvertretung einer DGB-Gewerkschaft angehören.[65] Schließlich findet Abs. 2 Satz 2 Nr. 3 – 5 auch auf das Beschlussverfahren Anwendung. 35

Für den Betriebsrat, Gesamtbetriebsrat bzw. Konzernbetriebsrat handelt grds. der Vorsitzende und im Fall seiner Verhinderung sein Stellvertreter i.R.d. von dem Gremium gefassten Beschlüsse.[66] 36

---

62 LAG Hamm, 02.09.2011 – 7 Sa 521/11.
63 BAG, 17.09.2013 – 9 AZR 75/12.
64 S.a. BAG, 17.11.2004 – 9 AZN 789/04 (A), AP § 11 ArbGG 1979 Prozessvertreter Nr. 19.
65 S.a. LAG München, 17.07.2008 – 4 TaBV 20/08.
66 H.M., vgl. Düwell-Blanke/Wolmerath § 26 Rn 13; Fitting/Engels/Schmidt/Trebinger/Linsenmaier § 26 Rn 22 ff.; BAG, 17.02.1981 – 1 AZR 290/78.

37 Für die Vertretung der Beteiligten in einem Beschwerdeverfahren vor dem **LAG** gelten gem. § 87 Abs. 2 Satz 2 die Regelungen des § 11 Abs. 1 – 3 und 5 entsprechend. Insoweit kann auf die vorstehenden allgemeinen Ausführungen verwiesen werden. Mithin können sich die Beteiligten eines Beschlussverfahrens auch in der Beschwerdeinstanz selbst vertreten.[67] Soweit es die Einlegung und Begründung der Beschwerde betrifft, schreibt § 89 Abs. 1 eine entsprechende Anwendung des § 11 Abs. 4 und 5 vor. Demgemäß muss die Einlegung und Begründung der Beschwerde von einem Rechtsanwalt oder einem Vertreter eines Verbandes i.S.d. Abs. 2 Satz 2 Nr. 4, 5 unterzeichnet sein.[68]

38 Gemäß § 92 Abs. 2 Satz 2 gilt § 11 Abs. 1 – 3 und 5 für die Vertretung der Beteiligten in einem Rechtsbeschwerdeverfahren vor dem **BAG** ebenfalls entsprechend. Insoweit gilt auch hier, dass sich die Beteiligten auch im Rechtsbeschwerdeverfahren selbst vertreten können.[69] § 94 Abs. 1 erklärt § 11 Abs. 4 und 5 für die Einlegung und für die Begründung der Rechtsbeschwerde für entsprechend anwendbar, sodass beides von einem Rechtsanwalt oder von einem Vertreter einer in Abs. 2 Satz 2 Nr. 4, 5 bezeichneten Organisation unterzeichnet sein muss, wobei Letzterer nach Abs. 4 Satz 3 über die Befähigung zum Richteramt (vgl. Rdn. 16) zu verfügen hat. Etwas anders gilt für die Nichtzulassungsbeschwerde. Infolge der Verweisung in § 92a Satz 2 auf § 72a Abs. 2–7 gelten für die Nichtzulassungsbeschwerde im Beschlussverfahren dieselben Regelungen wie für die Nichtzulassungsbeschwerde im Urteilsverfahren – mithin auch der Vertretungszwang bei der Einlegung und Begründung der Nichtzulassungsbeschwerde.[70]

39 Soweit eine Prozessvertretung des Betriebsrats, des Gesamtbetriebsrats bzw. des Konzernbetriebsrats durch einen Rechtsanwalt erfolgt, hat der Arbeitgeber die hierdurch entstehenden **Kosten i.R.d. § 40 Abs. 1 BetrVG** zu tragen.[71] Eine Kostentragungspflicht besteht allerdings dann nicht, wenn die Einleitung des gerichtlichen Verfahrens mutwillig erfolgt oder die Rechtsverfolgung offensichtlich aussichtslos ist.[72]

▶ **Hinweis für die Praxis:**

Für die Einleitung eines Beschlussverfahrens bedarf es eines wirksamen Betriebsratsbeschlusses. Gleiches gilt für die Beauftragung eines Prozessbevollmächtigten hinsichtlich der Prozessvertretung. Sofern es daran mangelt, ist eine ordnungsgemäße Prozessvertretung nicht gegeben, so dass der Antrag des Betriebsrats als unzulässig abzuweisen ist. Dieser Mangel kann bis zum Ergehen einer Prozessentscheidung geheilt werden, wozu es eines entsprechenden wirksamen Betriebsratsbeschlusses bedarf. Ein diesbezüglicher Nachweis kann auch im Rechtsmittelverfahren erbracht werden.[73]

V. Beistände (Abs. 6)

40 Abs. 6 Satz 1 räumt den Parteien die Möglichkeit ein, in der mündlichen Verhandlung mit einem Beistand zu erscheinen. Das ist selbst dann möglich, wenn die betreffende Partei über einen Prozessbevollmächtigten verfügt.[74] Das wiederum spricht dafür, den Beistand auch in Verfahren vor dem

---

67 H.M.; vgl. GK-ArbGG/Bader § 11 Rn 133; Schwab/Weth-Weth § 11 Rn 51; Natter/Gross § 11 Rn 32; Hauck/Helml/Biebl § 11 Rn 36; a.A. Düwell S. 17 f.; GMPMG/Germelmann § 11 Rn 120.
68 S.a. GK-ArbGG/Bader § 11 Rn 133.
69 Wohl h.M.; vgl. BAG, 18.08.2015 – 7 ABN 32/15; BAG, 18.03.2015 – 7 ABR 6/13; Hauck/Helml/Biebl § 11 Rn 37; GK-ArbGG/Bader § 11 Rn 134; Natter/Gross § 11 Rn 32; Schwab/Weth-Weth § 11 Rn 55; a.A. Düwell, S. 17 f.; GMPMG/Germelmann § 11 Rn 120.
70 BAG, 18.08.2015 – 7 ABN 32/15.
71 Zu den Einzelheiten der Kostentragungspflicht des Arbeitgebers vgl. Düwell-Wolmerath § 40 Rn 6; Fitting/Engels/Schmidt/Trebinger/Linsenmaier § 40 Rn 21 ff.
72 Düwell-Wolmerath § 40 Rn 6.
73 Vgl. LAG Düsseldorf, 27.02.2013 – 4 TaBV 99/12.
74 BCF/Bader § 11 Rn 41; Hauck/Helml/Biebl § 11 Rn 42.

LAG sowie BAG zuzulassen, zumal ihm keine eigenständige prozessuale Funktion zukommt.[75] Der Beistand tritt neben der anwesenden Partei oder neben deren anwesenden gesetzlichen Vertreter auf, wobei es keiner Vollmacht bedarf.[76] Beistand kann dabei nach Abs. 6 Satz 2 sein, wer in Verfahren, in denen die Parteien den Rechtsstreit selber führen können, als Bevollmächtigter zur Vertretung in der Verhandlung befugt ist. Andere Personen können gem. Abs. 6 Satz 3 von dem Arbeitsgericht als Beistand zugelassen werden, sofern dies sachdienlich ist und dafür nach den Umständen des Einzelfalls ein Bedürfnis besteht. Dies ist etwa denkbar bei einem schwerbehinderten Arbeitnehmer, der den Beistand durch die Vertrauensperson der Schwerbehinderten begehrt, damit dieser ihn bei einer Klage auf Zuweisung eines behinderungsgerechten Arbeitsplatzes unterstützt.[77] Nach § 23 Abs. 2 Satz 1 AGG sind Antidiskriminierungsverbände befugt, im Rahmen ihres Satzungszwecks als Beistände aufzutreten. Abs. 6 Satz 4 erklärt die Abs. 3 Satz 1 und 3, Abs. 5 für entsprechend anwendbar. Nach Abs. 6 Satz 5 gilt das von dem Beistand Vorgetragene als von der Partei vorgebracht, soweit es nicht von dieser sofort widerrufen oder berichtigt wird.

VI. Allgemeine Bedingungen für die Rechtsschutzversicherung (ARB 2015)

Nachfolgend werden die Allgemeinen Bedingungen für die Rechtsschutzversicherung in der ab dem 01.10.2015 geltenden Fassung *(ARB 2015)* dokumentiert, wie sie bei der HUK-COBURG-Rechtsschutzversicherung AG zur Anwendung gelangen.[78]   41

1. Was ist Rechtsschutz?

§ 1 Welche Aufgaben hat die Rechtsschutzversicherung?

Sie möchten Ihre rechtlichen Interessen oder im Vorfeld einer rechtlichen Auseinandersetzung die Möglichkeiten einer außergerichtlichen Konfliktbeilegung (zum Beispiel eine Mediation) wahrnehmen. Der Umfang unserer Leistungen, mit denen wir Sie hierbei unterstützen, ist im Versicherungsantrag, im Versicherungsschein und in diesen Versicherungsbedingungen beschrieben.

§ 2 Für welche Rechtsangelegenheiten gibt es Rechtsschutz?

Je nach Vereinbarung (vergleichen Sie hierzu die §§ 21 bis 31) umfasst der Versicherungsschutz folgende Leistungsarten:
a) *Schadenersatz-Rechtsschutz*
 für die Geltendmachung Ihrer Schadenersatzansprüche.
 Solche Schadenersatzansprüche dürfen allerdings nicht auch auf einer Vertragsverletzung oder einer Verletzung eines dinglichen Rechts an Grundstücken, Gebäuden oder Gebäudeteilen beruhen. (Dingliche Rechte sind Rechte, die gegenüber jedermann wirken und von jedem respektiert werden müssen, zum Beispiel Eigentum.)
 (Das bedeutet zum Beispiel:
 – *Wir decken Schadenersatzansprüche wegen der Beschädigung eines Fernsehers gegen den Schädiger ab. Wir decken aber nicht Ansprüche bei einer mangelhaften Fernseherreparatur.*
 – *Wir decken Schadenersatzansprüche wegen eines Autounfalls gegen den Unfallgegner ab. Wir decken aber nicht Ansprüche bei einer mangelhaften Handwerkerleistung – wie aus einer Autoreparatur.*
 Diese können Sie über den Rechtsschutz im Vertrags- und Sachenrecht nach § 2d) versichern.);

---

75 Vgl. GK-ArbGG/Bader § 11 Rn 137; a.A. Hauck/Helml/Biebl § 11 Rn 42; GMPMG/Germelmann § 11 Rn 133; Natter/Gross § 11 Rn 36.
76 BCF/Bader § 11 Rn 41; s.a. Schwab/Weth-Weth § 11 Rn 36.
77 Düwell S. 17.
78 Vgl. www.huk-coburg.de.

b) *Arbeits-Rechtsschutz*
   um Ihre rechtlichen Interessen wahrzunehmen, aus
   – *Arbeitsverhältnissen,*
   – *öffentlich-rechtlichen Dienstverhältnissen hinsichtlich dienstrechtlicher und versorgungsrechtlicher Ansprüche;*
c) *Wohnungs- und Grundstücks-Rechtsschutz*
   um Ihre rechtlichen Interessen wahrzunehmen, aus
   – *Miet- und Pachtverhältnissen (Beispiel: Streitigkeiten wegen Mieterhöhung),*
   – *sonstigen Nutzungsverhältnissen (Beispiel: Streitigkeit um ein Wohnrecht),*
   – *dinglichen Rechten. (Dingliche Rechte sind Rechte, die gegenüber jedermann wirken und von jedem respektiert werden müssen, zum Beispiel Eigentum).*
   Dies gilt nur dann, wenn Ihre Interessenwahrnehmung Grundstücke, Gebäude oder Gebäudeteile betrifft. (Beispiel: Streitigkeit um den Verlauf der Grundstücksgrenze);
d) *Rechtsschutz im Vertrags- und Sachenrecht*
   um Ihre rechtlichen Interessen wahrzunehmen, aus privatrechtlichen Schuldverhältnissen und dinglichen Rechten. (»Ein Schuldverhältnis« besteht zum Beispiel zwischen Käufer und Verkäufer. Ein Streit über ein dingliches Recht kann zum Beispiel zwischen dem Eigentümer und dem Besitzer auf Herausgabe einer Sache bestehen.)
   Dieser Versicherungsschutz gilt nicht, soweit es sich um eine Angelegenheit aus folgenden Bereichen handelt:
   – *Schadenersatz-Rechtsschutz (siehe § 2 a),*
   – *Arbeits-Rechtsschutz (siehe § 2 b) oder*
   – *Wohnungs- oder Grundstücks-Rechtsschutz (siehe § 2 c);*
e) *Steuer-Rechtsschutz*
   um Ihre rechtlichen Interessen im Zusammenhang mit Steuern und Abgaben vor deutschen Finanz- und Verwaltungsgerichten wahrzunehmen, aber erst ab dem gerichtlichen Verfahren.
   Der Steuer-Rechtsschutz gilt nur für den privaten nichtselbstständigen Bereich, den Verkehrs-Rechtsschutz sowie für den Wohnungs- und Grundstücks-Rechtsschutz.
   Im Verkehrs-Rechtsschutz umfasst der Versicherungsschutz auch das steuerrechtliche Verwaltungsverfahren;
f) *Sozialgerichts-Rechtsschutz*
   um Ihre rechtlichen Interessen vor deutschen Sozialgerichten wahrzunehmen, aber erst ab dem gerichtlichen Verfahren;
g) *Verwaltungs-Rechtsschutz im Verkehrsrechtsachen*
   um Ihre rechtlichen Interessen in verkehrsrechtlichen Angelegenheiten vor Verwaltungsbehörden und Verwaltungsgerichten wahrzunehmen;
h) *Disziplinar- und Standes-Rechtsschutz*
   für die Verteidigung in Disziplinar- und Standesrechtsverfahren. (Im Disziplinarrecht geht es um Dienstvergehen, zum Beispiel von Beamten oder Soldaten.; Iim Standesrecht geht es um berufsrechtliche Belange von freien Berufen, zum Beispiel von angestellten Ärzten oder angestellten Rechtsanwälten.);
i) *Straf-Rechtsschutz*
   aa) *für die Verteidigung, wenn Ihnen ein verkehrsrechtliches Vergehen vorgeworfen wird. (Ein verkehrsrechtliches Vergehen ist eine Straftat, die die Verletzung der Sicherheit und Ordnung im Straßenverkehr unter Strafe stellt und im Mindestmaß mit einer Freiheitsstrafe von unter einem Jahr oder Geldstrafe bedroht ist.)*
   Ausnahme: Ein Gericht stellt rechtskräftig fest, dass Sie das Vergehen vorsätzlich begangen haben. In diesem Fall sind Sie verpflichtet, uns die entstandenen Kosten zu erstatten.
   Sie haben keinen Versicherungsschutz, wenn Ihnen ein Verbrechen vorgeworfen wird. (Ein Verbrechen ist eine Straftat, die im Mindestmaß mit einer Freiheitsstrafe von einem Jahr bedroht ist.)
   bb) *für die Verteidigung, wenn Ihnen ein sonstiges, das heißt nicht verkehrsrechtliches, Vergehen vorgeworfen wird. (Vergehen sind Straftaten, die im Mindestmaß mit einer Freiheitsstrafe von unter einem Jahr oder Geldstrafe bedroht sind).*

Sie haben Versicherungsschutz unter folgenden Voraussetzungen:
- das Vergehen ist vorsätzlich und fahrlässig nach dem Gesetz strafbar
- und Ihnen wird ein fahrlässiges Verhalten vorgeworfen.

Wird Ihnen jedoch ein vorsätzliches Verhalten vorgeworfen, erhalten Sie zunächst keinen Versicherungsschutz. Wenn Sie nicht wegen vorsätzlichen Verhaltens verurteilt werden, erhalten Sie rückwirkend Versicherungsschutz. Ändert sich der Vorwurf während des Verfahrens auf fahrlässiges Verhalten, besteht ab diesem Zeitpunkt Versicherungsschutz.

In folgenden Fällen haben Sie also keinen Versicherungsschutz:
- Ihnen wird ein Verbrechen vorgeworfen. (Ein Verbrechen ist eine Straftat, die im Mindestmaß mit einer Freiheitsstrafe von einem Jahr bedroht ist. Verbrechen sind zum Beispiel Totschlag, Raub, sexuelle Nötigung, Vergewaltigung oder Brandstiftung.)
- Ihnen wird ein Vergehen vorgeworfen, das nur vorsätzlich begangen werden kann. (Vergehen sind Straftaten, die im Mindestmaß mit einer Freiheitsstrafe von unter einem Jahr oder Geldstrafe bedroht sind. Nur vorsätzlich begehbare Vergehen sind zum Beispiel Beleidigung, Diebstahl und Betrug).

Dabei ist es egal, ob der Vorwurf berechtigt ist oder wie das Strafverfahren ausgeht.

j) Ordnungswidrigkeiten-Rechtsschutz
für Ihre Verteidigung, wenn Ihnen eine Ordnungswidrigkeit vorgeworfen wird. (Beispiel: Sie verstoßen gegen die Gurtpflicht oder verursachen unzulässigen Lärm);

k) Beratungs-Rechtsschutz im Familien-, Lebenspartnerschafts- und Erbrecht
für einen Rat oder eine Auskunft eines in Deutschland zugelassenen Rechtsanwalts in Familien-, Lebenspartnerschafts- und erbrechtlichen Angelegenheiten. In diesem Fall übernehmen wir die Beratungskosten ohne Abzug der Selbstbeteiligung. Wird der Rechtsanwalt darüber hinaus tätig, erstatten wir nur die durch den Rat oder die Auskunft entstandenen Kosten. Die Kostenerstattung ist auf die dafür vorgesehenen gesetzlichen Gebühren begrenzt (siehe § 5 Absatz 1 a) Satz 4);

l) Opfer-Rechtsschutz
als Nebenkläger für eine erhobene öffentliche Klage vor einem deutschen Strafgericht. Voraussetzung ist, dass Sie oder eine mitversicherte Person als Opfer einer Gewalttat verletzt wurden.
Eine Gewalttat liegt vor bei Verletzung der sexuellen Selbstbestimmung, schwerer Verletzung der körperlichen Unversehrtheit (letztere nach §§ 224, 225, oder 226 Strafgesetzbuch, eventuell als Körperverletzung im Amt auch in Verbindung mit § 340 Strafgesetzbuch) und der persönlichen Freiheit sowie bei Mord und Totschlag.
Sie haben daneben Versicherungsschutz für die Beistandsleistung eines Rechtsanwalts:
- im Ermittlungsverfahren vor einer deutschen Behörde,
- im Strafverfahren vor einem deutschen Gericht,
- für den Antrag nach § 1 Gewaltschutzgesetz,
- für den so genannten Täter-Opfer-Ausgleich nach § 46 a Ziffer 1 Strafgesetzbuch in nicht vermögensrechtlichen Angelegenheiten.

Sie haben zusätzlich Versicherungsschutz für die außergerichtliche Durchsetzung von Ansprüchen nach dem Sozialgesetzbuch und dem Opferentschädigungsgesetz unter folgenden Voraussetzungen:
- Sie sind nebenklageberechtigt,
- Sie wurden durch eine der oben genannten Straftaten verletzt und
- es sind dadurch dauerhafte Körperschäden eingetreten.

Ausnahme: Wenn Sie die kostenlose Beiordnung eines Rechtsanwalts als Beistand im Sinne der Strafprozessordnung in Anspruch nehmen. In diesem Fall besteht auch bei Vorliegen der genannten Voraussetzungen kein Versicherungsschutz.

§ 3 Welche Rechtsangelegenheiten umfasst der Rechtsschutz nicht?

In folgenden Fällen haben Sie keinen Versicherungsschutz:
(1) Jede Interessenwahrnehmung in ursächlichem Zusammenhang mit
a) Krieg (Ausnahme: Schäden infolge der Explosion eines Bombenblindgängers aus dem 2. Weltkrieg bleiben im Rahmen vereinbarter Leistungsarten versichert), feindseligen Handlungen, Aufruhr, inneren Unruhen, Streik, Aussperrung oder Erdbeben;

b) Nuklear- und genetischen Schäden. (Ausnahme: Nuklear- und genetische Schäden, die in ursächlichem Zusammenhang mit einer medizinischen Behandlung stehen, bleiben versichert);
c) Bergbauschäden und Beeinträchtigungen auf Grund von bergbaubedingten Immissionen an Grundstücken, Gebäuden oder Gebäudeteilen. (Solche Einwirkungen sind zum Beispiel Erschütterungen.);
d) Jede Interessenwahrnehmung in ursächlichem Zusammenhang mit
   aa) dem Kauf oder Verkauf
       – eines Grundstücks, das bebaut werden soll.
       – eines von Ihnen bzw. einer mitversicherten Person nicht selbst zu Wohnzwecken genutzten Gebäudes oder Gebäudeteils;
   bb) der Planung oder Errichtung eines Gebäudes oder Gebäudeteils, das sich in Ihrem Eigentum oder Besitz befindet oder das Sie erwerben oder in Besitz nehmen möchten;
   cc) der genehmigungs-/anzeigepflichtigen baulichen Veränderung eines Grundstücks, Gebäudes oder Gebäudeteils. Dieses Grundstück, Gebäude oder Gebäudeteil befindet sich in Ihrem Eigentum oder Besitz oder Sie möchten es erwerben oder in Besitz nehmen.
       Auch bei der Finanzierung eines der unter d) genannten Vorhaben haben Sie keinen Versicherungsschutz.
a) Sie wollen Schadenersatzansprüche abwehren. (Beispiel: Sie haben einen Verkehrsunfall und der Gegner will Schadenersatz von Ihnen. Dies ist nicht durch die Rechtsschutzversicherung, sondern im Rahmen der Haftpflichtversicherung versichert.)
   Ausnahme: Der Schadenersatzanspruch beruht auf einer Vertragsverletzung. (Beispiel: Der Vermieter des Mietfahrzeugs verlangt Schadenersatz wegen verspäteter Rückgabe. Dies ist auf Grund des Mietvertrags über den Rechtsschutz im Vertrags- und Sachenrecht versichert.);
b) Streitigkeiten aus kollektivem Arbeits- oder Dienstrecht (Beispiel: das Mitbestimmungsrecht in Unternehmen und Betrieben);
c) Streitigkeiten aus dem Recht der Handelsgesellschaften oder aus Anstellungsverhältnissen gesetzlicher Vertreter juristischer Personen (Beispiel: Geschäftsführer einer GmbH oder Vorstände einer Aktiengesellschaft);
d) Streitigkeiten in ursächlichem Zusammenhang mit Patent-, Urheber-, Marken-, Geschmacksmuster-/Gebrauchsmusterrechten oder sonstigen Rechten aus geistigem Eigentum;
e) Streitigkeiten aus dem Kartell- oder sonstigem Wettbewerbsrecht;
f) Streitigkeiten in ursächlichem Zusammenhang mit
   aa) Spiel- oder Wettverträgen, Gewinnzusagen, Termin- oder vergleichbaren Spekulationsgeschäften;
   bb) dem Ankauf, dem Abschluss, der Veräußerung, der Verwaltung oder der Finanzierung von
       – Wertpapieren (zum Beispiel Aktien, Rentenwerte, Fondsanteile), Wertrechten, die Wertpapieren gleichstehen, Beteiligungen (zum Beispiel an Kapitalanlagemodellen, stillen Gesellschaften, Genossenschaften),
       – Geld- und Vermögensanlagen (zum Beispiel Lebens- und Rentenversicherungen, Sparverträge und vermögenswirksame Leistungen);
g) Streitigkeiten aus dem Bereich des Familien-, Lebenspartnerschafts- und Erbrechts.
   Ausnahme: Sie haben Beratungs-Rechtsschutz im Familien-, Lebenspartnerschafts- und Erbrecht vereinbart (siehe § 2 k);
h) Sie wollen aus dem Rechtsschutzversicherungsvertrag gegen unser Unternehmen oder das für unser Unternehmen tätige Schadenabwicklungsunternehmen vorgehen;
i) Streitigkeiten wegen
   – der steuerlichen Bewertung von Grundstücken, Gebäuden oder Gebäudeteilen,
   – Erschließungs- und sonstiger Anliegerabgaben.
   Ausnahme: Es handelt sich um laufend erhobene Gebühren für die Grundstücksversorgung;
j) Sie wollen Interessen wahrnehmen im Zusammenhang mit dem Erwerb oder der Veräußerung von Teilzeitnutzungsrechten (Timesharing) an:
   – Grundstücken,
   – Gebäuden,
   – Gebäudeteilen;

k) *Streitigkeiten im Zusammenhang mit der Anschaffung, der Installation und dem Betrieb einer Photovoltaikanlage;*
l) *Streitigkeiten, die in ursächlichem Zusammenhang mit rassistischen, extremistischen, pornografischen oder sonst sittenwidrigen Angeboten, Äußerungen oder Darstellungen stehen. Dies gilt nur, soweit diese durch Sie vorgenommen oder veranlasst wurden beziehungsweise vorgenommen oder veranlasst sein sollen.*
a) *Sie nehmen Ihre rechtlichen Interessen vor Verfassungsgerichten wahr;*
b) *Sie nehmen Ihre Interessen vor internationalen oder supranationalen Gerichtshöfen (Beispiel: Europäischer Gerichtshof) wahr.*
Ausnahme: Sie nehmen Ihre rechtlichen Interessen wahr als Bediensteter internationaler oder supranationaler Organisationen aus Arbeitsverhältnissen oder öffentlich-rechtlichen Dienstverhältnissen;
c) *Jede Interessenwahrnehmung in ursächlichem Zusammenhang mit einem Insolvenzverfahren, das über Ihr Vermögen eröffnet wurde oder eröffnet werden soll. (Beispiel: Zwangsversteigerung des Fahrzeugs infolge Ihres Insolvenzantrags);*
d) *Streitigkeiten*
   – *in Enteignungs-, Planfeststellungs-, Flurbereinigungs-Angelegenheiten,*
   – *in Angelegenheiten, die im Baugesetzbuch geregelt sind;*
e) *Sie nehmen Ihre rechtlichen Interessen im Rahmen eines Ordnungswidrigkeiten- bzw. Verwaltungsverfahrens wegen eines Halt- oder Parkverstoßes wahr;*
f) *Sie nehmen Ihre rechtlichen Interessen im Rahmen eines Asyl- und/oder Ausländerrechtsverfahrens wahr;*
g) *Streitigkeiten in ursächlichem Zusammenhang mit der Vergabe von Studienplätzen;*
h) *Streitigkeiten in Verwaltungsverfahren, die dem Schutz der Umwelt (vor allem von Boden, Luft und Wasser) dienen oder den Erhalt von Subventionen zum Gegenstand haben.*
a) *Sie nehmen Ihre rechtlichen Interessen wahr bei Streitigkeiten zwischen Ihnen und weiteren Versicherungsnehmern desselben Versicherungsvertrags.*
Ebenfalls nicht versichert sind Streitigkeiten von Mitversicherten untereinander bzw. gegen Sie;
b) *Streitigkeiten nicht ehelicher und nicht eingetragener Lebenspartner gleich welchen Geschlechts untereinander, wenn diese Streitigkeiten in ursächlichem Zusammenhang mit der Partnerschaft stehen. Dies gilt auch, wenn die Partnerschaft beendet ist;*
c) *Ansprüche oder Verbindlichkeiten werden auf Sie übertragen oder sind auf Sie übergegangen, nachdem ein Rechtsschutzfall bereits eingetreten ist. (Beispiel: Ihr Arbeitskollege hat einen Verkehrsunfall und überträgt seine Schadenersatzansprüche auf Sie. Diese wollen Sie gegenüber dem Unfallgegner geltend machen. Dies ist nicht versichert.);*
d) *Sie wollen die Ansprüche eines anderen geltend machen. (Beispiel: Sie lassen sich die Schadenersatzansprüche eines Freundes gegen einen Dritten abtreten, um diese geltend zu machen. Dies ist nicht versichert.);*
e) *Sie sollen für Verbindlichkeiten eines anderen einstehen. (Beispiel: Ihr Arbeitskollege kauft ein Fahrzeug. Sie bürgen für den Darlehensvertrag mit dem Autoverkäufer. Streitigkeiten aus dem Bürgschaftsvertrag sind nicht versichert.)*
(5) *Es besteht in den Leistungsarten nach § 2 a) bis h) ein ursächlicher Zusammenhang mit einer von Ihnen vorsätzlich begangenen Straftat.*
Wird dies erst später bekannt, sind Sie verpflichtet, die von uns erbrachten Leistungen zurückzuzahlen.

§ 3a In welchen Fällen kann Ihr Rechtsanwalt entscheiden, ob die Ablehnung des Rechtsschutzes berechtigt ist?
(1) *Wir können den Versicherungsschutz ablehnen, wenn unserer Auffassung nach*
a) *die Wahrnehmung Ihrer rechtlichen Interessen nach § 2 a) bis g) keine hinreichende Aussicht auf Erfolg hat*
   oder
b) *Sie Ihre rechtlichen Interessen mutwillig wahrnehmen wollen. (Mutwilligkeit liegt dann vor, wenn die voraussichtlich entstehenden Kosten in einem groben Missverhältnis zum angestrebten Erfolg*

stehen.) In diesem Fall lehnen wir Ihren Antrag auf Versicherungsschutz ab, weil die berechtigten Interessen der Versichertengemeinschaft beeinträchtigt würden.
Die Ablehnung müssen wir Ihnen in diesen beiden Fällen unverzüglich schriftlich mitteilen, und zwar mit Begründung. (»Unverzüglich« heißt nicht unbedingt »sofort«, sondern »ohne schuldhaftes Zögern beziehungsweise so schnell wie eben möglich«.)
(2) Was geschieht, wenn wir eine Leistungspflicht nach § 3a ablehnen und Sie damit nicht einverstanden sind?
In diesem Fall können Sie den für Sie tätigen oder noch zu beauftragenden Rechtsanwalt veranlassen, eine begründete Stellungnahme abzugeben, und zwar zu folgenden Fragen:
– Besteht eine hinreichende Aussicht auf Erfolg und
– steht die Durchsetzung Ihrer rechtlichen Interessen in einem angemessenen Verhältnis zum angestrebten Erfolg?
Die Kosten für diese Stellungnahme übernehmen wir.
Die Entscheidung des Rechtsanwalts (»Stichentscheid«) ist für Sie und uns bindend. Dies gilt jedoch nicht, wenn die Entscheidung offenbar von der tatsächlichen Sach- oder Rechtslage erheblich abweicht.
(3) Für die Stellungnahme können wir Ihnen eine Frist von mindestens einem Monat setzen. Damit der Rechtsanwalt die Stellungnahme abgeben kann, müssen Sie ihn vollständig und wahrheitsgemäß über die Sachlage unterrichten. Außerdem müssen Sie die Beweismittel angeben. Kommen Sie diesen Verpflichtungen nicht rechtzeitig nach, entfällt Ihr Versicherungsschutz.
Wir sind verpflichtet, Sie auf diese mit dem Fristablauf verbundenen Rechtsfolgen (Verlust des Versicherungsschutzes) hinzuweisen.

§ 4 Wann entsteht der Anspruch auf eine Rechtsschutzleistung?

(1) Sie haben Anspruch auf Versicherungsschutz, wenn ein Rechtsschutzfall eingetreten ist. Diesen Anspruch haben Sie aber nur, wenn der Rechtsschutzfall nach Beginn des Versicherungsschutzes (siehe § 7) und vor dessen Ende eingetreten ist.
Der Rechtsschutzfall tritt ein:
a) im Schadenersatz-Rechtsschutz nach § 2 a) von dem Schadenereignis an, das dem Anspruch zu Grunde liegt;
b) im Beratungs-Rechtsschutz für Familien-, Lebenspartnerschafts- und Erbrecht nach § 2 k) von dem Ereignis an, das die Änderung Ihrer Rechtslage oder die Änderung der Rechtslage einer mitversicherten Person zur Folge hat;
c) in allen anderen Fällen von dem Zeitpunkt an, in dem Sie oder ein anderer einen Verstoß gegen Rechtspflichten oder Rechtsvorschriften begangen hat oder begangen haben soll;
d) im Arbeits-Rechtsschutz ergänzend zu § 4 Absatz 1 c) auch durch das Angebot eines Aufhebungsvertrags durch den Arbeitgeber.
Für die Leistungsarten nach § 2 b) bis d) und f) besteht Versicherungsschutz jedoch erst nach Ablauf von drei Monaten nach Versicherungsbeginn (Wartezeit).
Ausnahme: Sie nehmen rechtliche Interessen im Zusammenhang mit den Leistungen im Verkehrs-Rechtsschutz wahr. In diesem Falle besteht keine Wartezeit.
(2) Ist ein Rechtsschutzfall vor Beginn des Versicherungsschutzes nach § 7 oder während der Wartezeit eingetreten, besteht dennoch Rechtsschutz, wenn das betroffene Risiko seit mindestens fünf Jahren ununterbrochen bei uns versichert ist und der Vertrag bis zur Meldung des Rechtsschutzfalls ohne Schadenaufwendungen verlaufen ist.
(3) Beginnt der Versicherungsschutz nach § 7 innerhalb von einer Woche nach Zulassung eines Motorfahrzeugs zu Lande, so besteht abweichend von Absatz 1 im Rahmen des Verkehrs-Rechtsschutzes auch Versicherungsschutz für Rechtsschutzfälle, die in unmittelbarem Zusammenhang mit dem Vertrag über den Erwerb des Fahrzeugs stehen.
(4) Erstreckt sich der Rechtsschutzfall über einen Zeitraum, ist dessen Beginn maßgeblich. Sind für die Wahrnehmung rechtlicher Interessen mehrere Rechtsschutzfälle ursächlich, ist der erste entscheidend. Dabei bleibt jedoch jeder Rechtsschutzfall außer Betracht, der länger als ein Jahr vor Beginn des Versicherungsschutzes für den betroffenen Gegenstand der Versicherung eingetreten oder, soweit sich der Rechtsschutzfall über einen Zeitraum erstreckt, beendet ist.

(5) In folgenden Fällen besteht kein Rechtsschutz:
— eine Willenserklärung oder Rechtshandlung, die Sie vor Beginn des Versicherungsschutzes vorgenommen haben, löst den Verstoß nach Absatz 1 c) oder das Angebot nach Absatz 1 d) aus.
— Sie machen den Anspruch auf Rechtsschutz erstmals später als drei Jahre nach Beendigung des Versicherungsschutzes für den betroffenen Gegenstand der Versicherung geltend.

(6) Im Steuer-Rechtsschutz (siehe § 2 e) besteht kein Rechtsschutz, wenn die tatsächlichen oder behaupteten Voraussetzungen für die der Angelegenheit zu Grunde liegende Steuer- oder Abgabefestsetzung vor dem im Versicherungsschein bezeichneten Versicherungsbeginn eingetreten sind oder eingetreten sein sollen.

§ 4a Was gilt bei einem Versichererwechsel?

Damit Sie bei einem Versichererwechsel möglichst keine Nachteile haben, haben Sie uns gegenüber Anspruch auf Versicherungsschutz in folgenden Fällen (dies gilt abweichend von den Regelungen § 4 Absatz 5 und 6):

— *Der Rechtsschutzfall ist in unserer Vertragslaufzeit eingetreten. Der Versicherungsschutz gilt auch dann, wenn die Willenserklärung oder Rechtshandlung, die den Rechtsschutzfall ausgelöst hat, in die Vertragslaufzeit des Vorversicherers fällt.*
— *Der Rechtsschutzfall liegt zwar in der Vertragslaufzeit des Vorversicherers, der Anspruch wird aber erstmals später als drei Jahre nach Beendigung der Vorversicherung geltend gemacht. Die Meldung beim Vorversicherer darf jedoch nicht vorsätzlich oder grob fahrlässig versäumt worden sein. (Beispiel für »grob fahrlässiges Verhalten«: Jemand verletzt die im Verkehr erforderliche Sorgfalt in ungewöhnlich hohem Maße.)*
— *Der Rechtsschutzfall im Steuer-Rechtsschutz (Beispiel: Steuerbescheid) fällt in unsere Vertragslaufzeit, die Grundlagen für Ihre Steuer- oder Abgabenfestsetzung sind aber in der Vertragslaufzeit des Vorversicherers eingetreten. (Beispiel: Sie erhalten in unserer Vertragslaufzeit einen Steuerbescheid, der ein Steuerjahr in der Vertragszeit des Vorversicherers betrifft.)*

Voraussetzung für Versicherungsschutz ist in allen eben genannten Fällen, dass
— *Sie bei uns gegen dieses Risiko versichert sind,*
— *Sie bei Ihrer vorherigen Versicherung gegen dieses Risiko versichert waren und*
— *der Wechsel zu uns lückenlos erfolgt ist.*

§ 5 Welche Kosten übernehmen wir?

(1) Tritt der Rechtsschutzfall ein, erbringen und vermitteln wir Dienstleistungen, damit Sie Ihre Interessen im nachfolgend erläuterten Umfang wahrnehmen können.

a) *Bei einem Rechtsschutzfall im Inland tragen wir die Vergütung eines für Sie tätigen Rechtsanwalts. Wir erstatten maximal die gesetzliche Vergütung eines Rechtsanwalts, der am Ort des zuständigen Gerichts ansässig ist oder wäre. Die gesetzliche Vergütung richtet sich nach dem Rechtsanwaltsvergütungsgesetz.*

Wenn sich die Tätigkeit Ihres Rechtsanwalts auf die folgenden Leistungen beschränkt, dann tragen wir je Rechtsschutzfall Kosten in den für die Beratung eines Verbrauchers geltenden Obergrenzen in der zur Zeit des Eintritts des Rechtsschutzfalls gültigen Fassung des Rechtsanwaltsvergütungsgesetzes (derzeit: § 34 Absatz 1 Satz 3 RVG):
— *Ihr Rechtsanwalt erteilt Ihnen einen mündlichen oder schriftlichen Rat,*
— *er gibt Ihnen eine Auskunft oder*
— *er erarbeitet für Sie ein Gutachten.*

Wir tragen nach Eintritt eines Rechtsschutzfalls auf Ihren Wunsch zusätzlich die Kosten einer von uns vermittelten telefonischen anwaltlichen Erstberatung. Die Beratung erstreckt sich auf den jeweils versicherten Deckungsumfang des Vertrags und setzt den Eintritt eines Rechtsschutzfalls (siehe § 4) voraus.

Darüber hinaus übernehmen wir in folgenden Fällen die Vergütung eines weiteren Rechtsanwalts:
— *Der erste Rechtsanwalt wurde von uns empfohlen und Ihr Rechtsanwaltswechsel erfolgt spätestens nach der Erstberatung (Zufriedenheitsgarantie).*

– Das ursprüngliche Rechtsanwaltsmandat endete auf Grund Kanzleischließung, Verlust der Rechtsanwaltszulassung oder Tod des Rechtsanwalts. Ausnahme: Das Mandat kann innerhalb der betroffenen Kanzlei oder von deren Abwickler fortgeführt werden.
– Sie wohnen mehr als 100 km Luftlinie vom zuständigen Gericht entfernt. In diesem Fall gilt Folgendes:

Dann übernehmen wir bei Ihrer gerichtlichen Streitigkeit in den Leistungsarten § 2 a) bis g) weitere anwaltliche Kosten. Diese übernehmen wir bis zur Höhe der gesetzlichen Vergütung eines anderen Rechtsanwalts, der nur den Schriftverkehr mit dem Rechtsanwalt am Ort des zuständigen Gerichts führt (sogenannter Verkehrsanwalt). Dies gilt allerdings nur für die erste Instanz;

b) Bei einem Rechtsschutzfall im Ausland tragen wir die Kosten für einen für Sie tätigen Rechtsanwalt. Dies kann sein:
– ein am Ort des zuständigen Gerichts ansässiger, ausländischer Rechtsanwalt oder
– ein Rechtsanwalt in Deutschland.

Den Rechtsanwalt in Deutschland vergüten wir so, als wäre der Rechtsstreit am Ort seines Rechtsanwaltsbüros in Deutschland gerichtlich geltend zu machen.
Diese Vergütung ist begrenzt auf die gesetzliche Vergütung.
Ist ein ausländischer Rechtsanwalt für Sie tätig und wohnen Sie mehr als 100 km Luftlinie vom zuständigen Gericht (im Ausland) entfernt?
Dann übernehmen wir zusätzlich die Kosten eines Rechtsanwalts an Ihrem Wohnort. Diesen Rechtsanwalt bezahlen wir bis zur Höhe der gesetzlichen Vergütung eines Rechtsanwalts, der den Schriftverkehr mit dem Rechtsanwalt am Ort des zuständigen Gerichts führt (sogenannter Verkehrsanwalt).
Dies gilt nur für die erste Instanz.
Ist der Rechtsschutzfall durch einen Kraftfahrtunfall mit einem Fahrzeug aus einem EU-Staat im europäischen Ausland eingetreten? Dann tragen wir zusätzlich die Kosten eines inländischen Rechtsanwalts bei der Regulierung mit dem Schadenregulierungsbeauftragten beziehungsweise der Entschädigungsstelle im Inland für dessen Tätigkeit im Rahmen der gesetzlichen Gebühren;

c) Wir übernehmen die Gerichtskosten einschließlich der Entschädigung für Zeugen und Sachverständige, die vom Gericht herangezogen werden. Zudem übernehmen wir die Kosten des Gerichtsvollziehers;

d) Die Übernahme der Gebühren für ein außergerichtliches Konfliktbeilegungsverfahren richtet sich ausschließlich nach § 5a. (Außergerichtliche Konfliktbeilegungsverfahren sind zum Beispiel Schieds-, Schlichtungsverfahren oder Mediation.);

e) Wir übernehmen die Kosten in Verfahren vor Verwaltungsbehörden einschließlich der Entschädigung für Zeugen und Sachverständige, die von der Verwaltungsbehörde herangezogen werden. Zudem übernehmen wir die Kosten der Vollstreckung im Verwaltungswege;

f) Wir tragen die übliche Vergütung
aa) für einen öffentlich bestellten, technischen Sachverständigen oder eine rechtsfähige, technische Sachverständigenorganisation (Beispiel: TÜV oder Dekra) in folgenden Fällen:
– Bei der Verteidigung in einem verkehrsrechtlichen Straf- und Ordnungswidrigkeitenverfahren.
– Sie nehmen Ihre rechtlichen Interessen aus Kauf- und Reparaturverträgen von Kraftfahrzeugen und Anhängern wahr;
bb) darüber hinaus für einen im Ausland ansässigen Sachverständigen, wenn Sie Ersatzansprüche wegen einer im Ausland eingetretenen Beschädigung eines Kraftfahrzeugs oder eines Anhängers geltend machen wollen;

g) Wir tragen Ihre tatsächlich entstandenen Kosten für eine Reise zu einem ausländischen Gericht, wenn:
– Sie dort als Beschuldigter oder Prozesspartei erscheinen müssen und
– Sie Rechtsnachteile nur durch Ihr persönliches Erscheinen vermeiden können.
Wir übernehmen die tatsächlich entstehenden Kosten bis zur Höhe der für Geschäftsreisen von deutschen Rechtsanwälten geltenden Sätze;

h) Wir tragen die dem Gegner durch die Wahrnehmung seiner rechtlichen Interessen entstandenen Kosten, soweit Sie zu deren Erstattung verpflichtet sind.

a) Wir erstatten die von uns zu tragenden Kosten, wenn Sie nachweisen, dass Sie
   - zu deren Zahlung verpflichtet sind oder
   - diese Kosten bereits gezahlt haben;
b) Haben Sie diese Kosten in fremder Währung bezahlt, erstatten wir Ihnen diese in Euro. Als Abrechnungsgrundlage benutzen wir den Wechselkurs des Tages, an dem Sie die Kosten vorgestreckt haben.

(3) Einschränkung unserer Leistungspflicht
Folgende Kosten erstatten wir nicht:
a) Kosten, die Sie übernommen haben, ohne rechtlich dazu verpflichtet zu sein;
b) Kosten, die bei einer gütlichen Einigung entstanden sind und die nicht dem Verhältnis des von Ihnen angestrebten Ergebnisses zum erzielten Ergebnis entsprechen. (Beispiel: Sie fordern Schadenersatz in Höhe von 1.000 Euro (= 100 %). Sie einigen sich mit dem Gegner und erhalten einen Betrag in Höhe von 800 Euro (= 80 %). In diesem Fall übernehmen wir 20 % der entstandenen Kosten - nämlich für den Teil, den Sie nicht durchsetzen konnten).
Dies gilt nicht, wenn eine hiervon abweichende Kostenverteilung gesetzlich vorgeschrieben ist;
c) Von den von uns zu tragenden Kosten ziehen wir die nach dem Schadenfreiheitssystem mit variabler Selbstbeteiligung (siehe § 5b) vereinbarte Selbstbeteiligung ab.
Ausnahmen:
   – Der Rechtsschutzfall wird mit einer Erstberatung oder einer außergerichtlichen Konfliktbeilegung durch einen von uns vorgeschlagenen Dienstleister/Mediator nach § 5a erledigt. In diesem Fall übernehmen wir die hierbei entstehenden Kosten ohne Abzug der Selbstbeteiligung.
   – Mehrere Rechtsschutzfälle hängen zeitlich und ursächlich zusammen. In diesem Fall ziehen wir zu Ihren Gunsten die Selbstbeteiligung nur einmal ab;
d) Kosten, die auf Grund der vierten oder jeder weiteren Zwangsvollstreckungsmaßnahme je Vollstreckungstitel entstehen (»Vollstreckungstitel« sind zum Beispiel ein Vollstreckungsbescheid oder ein Urteil);
e) Kosten auf Grund von Zwangsvollstreckungsmaßnahmen, die später als fünf Jahre nach Rechtskraft des Vollstreckungstitels eingeleitet werden (»Vollstreckungstitel« sind zum Beispiel ein Vollstreckungsbescheid oder ein Urteil);
f) Kosten für Strafvollstreckungsverfahren jeder Art nach Rechtskraft einer Geldstrafe oder -buße unter 250 €;
g) Kosten, zu deren Übernahme ein anderer verpflichtet wäre, wenn der Rechtsschutzversicherungsvertrag nicht bestünde;
h) Sie einigen sich auch über unstrittige oder nicht versicherte Ansprüche.

(4) Wir zahlen in jedem Rechtsschutzfall höchstens die vereinbarte Versicherungssumme. Zahlungen für Sie und mitversicherte Personen auf Grund desselben Rechtsschutzfalls rechnen wir hierbei zusammen. Dies gilt auch für Zahlungen auf Grund mehrerer Rechtsschutzfälle, die zeitlich und ursächlich zusammenhängen.

(5) Wir sorgen für
a) die Übersetzung der Unterlagen, wenn dies notwendig ist, um Ihre rechtlichen Interessen im Ausland wahrzunehmen. Wir übernehmen dabei auch die Kosten, die für die Übersetzung anfallen;
b) die Zahlung eines zinslosen Darlehens bis zu der vereinbarten Höhe für eine Kaution, die gestellt werden muss, um Sie einstweilen von Strafverfolgungsmaßnahmen zu verschonen.

(6) Alle Bestimmungen, die den Rechtsanwalt betreffen, gelten entsprechend
a) in Angelegenheiten der freiwilligen Gerichtsbarkeit und im Beratungs-Rechtsschutz im Familien-, Lebenspartnerschafts- und Erbrecht (siehe § 2 k) für Notare;
b) im Steuer-Rechtsschutz (siehe § 2 e) für Angehörige der steuerberatenden Berufe;
c) bei Wahrnehmung rechtlicher Interessen im Ausland für dort ansässige rechts- und sachkundige Bevollmächtigte;
d) im Sozialgerichts-Rechtsschutz (siehe § 2 f) für Rentenberater.

§ 5a Welche Kosten für außergerichtliche Konfliktbeilegungen (z.B. Mediation) übernehmen wir?
(1) Möchten Sie nach Eintritt des Rechtsschutzfalls (siehe § 4) im Vorfeld einer rechtlichen Interessenwahrnehmung in Deutschland eine außergerichtliche Konfliktbeilegung versuchen? Wir unterstützen Sie auf Ihren Wunsch bei der Beantwortung der Frage, ob Ihr konkretes Anliegen ein sinnvolles außergerichtliches Konfliktbeilegungspotential aufweist. Eine wichtige Voraussetzung ist, dass sich die außergerichtliche Konfliktbeilegung auf eine im Rechtsschutzvertrag vereinbarte Leistungsart bezieht.
(2) In nach Absatz 1 geeigneten Fällen
   – unterstützen wir Sie auf Ihren Wunsch bei Ihrer Auswahl eines Verfahrens der außergerichtlichen Konfliktbeilegung, das Ihrem konkreten Anliegen am besten gerecht wird (ergleiche hierzu nachfolgend unter Absatz 3),
   – schlagen wir Ihnen auf Ihren Wunsch hin einen geeigneten Dienstleister (Zum Beispiel Schlichter, Schiedsperson, Mediator) vor
und
übernehmen dessen auf Sie persönlich entfallende Kosten in voller Höhe.
Ausnahme: Sie und die andere Partei haben sich bereits auf einen anderen Dienstleister geeinigt. (Ein solcher Dienstleister ist zum Beispiel ein Schlichter, eine Schiedsperson oder ein Mediator.) Dann tragen wir die auf Sie persönlich entfallenden Kosten. Diese tragen wir bis zur Höhe der Gebühren, die im Falle der Anrufung eines zuständigen staatlichen Gerichts erster Instanz entstehen. Sind an der Konfliktbeilegung auch nicht versicherte Personen beteiligt? Dann übernehmen wir die Kosten anteilig im Verhältnis von Ihnen zu den nicht versicherten Personen.
(3) Es gibt eine Vielzahl von Verfahren zur außergerichtlichen Konfliktbeilegung (Solche Verfahren sind zum Beispiel Schieds- oder Schlichtungsverfahren, alternative Konfliktlösungsunterstützung, außergerichtliche oder gerichtsnahe Mediation.) Die Mediation zum Beispiel ist ein Verfahren zur freiwilligen, außergerichtlichen Konfliktbeilegung. Hierbei erarbeiten die Parteien mit Hilfe der Moderation eines neutralen Dritten, des Mediators, eine eigenverantwortliche Problemlösung. Allen Verfahren zur außergerichtlichen Konfliktbeilegung können nur freiwillig erfolgen. Das heißt, es müssen alle Parteien, also sowohl Sie als auch Ihr Konfliktpartner, mit dem vorgeschlagenen Verfahren und dem vorgeschlagenen Dienstleister/Mediator einverstanden sein.
(4) Wir schlagen Ihnen ausschließlich Dienstleister/Mediatoren vor, die die jeweils aktuellen gesetzlichen Anforderungen erfüllen und ausreichend Erfahrung in dem konkret ausgewählten Verfahren der außergerichtlichen Konfliktbeilegung vorweisen können.
(5) Der Dienstleister/Mediator ist im Rahmen der außergerichtlichen Konfliktbeilegung aus rechtlichen Gründen gehindert, Sie in derselben Angelegenheit auch rechtlich zu beraten. Aus diesem Grund bleibt Ihnen die rechtliche Begleitung der außergerichtlichen Konfliktbeilegung durch einen Parteianwalt Ihrer Wahl, den wir Ihnen auf Ihren Wunsch auch gerne empfehlen, unbenommen. Das Gleiche gilt, falls während der Konfliktbeilegung eine (weitere) rechtliche Beratung erforderlich wird. In beiden Fällen tragen wir die Kosten für den beratenden Rechtsanwalt im Rahmen der gesetzlichen Gebühren.
Wir tragen während einer außergerichtlichen Konfliktbeilegung auf Ihren Wunsch zusätzlich die Kosten einer von uns vermittelten telefonischen anwaltlichen Beratung.
(6) Versicherungsschutz für die außergerichtliche Konfliktbeilegung (Zum Beispiel Mediation) besteht bei Rechtsschutzfällen im Ausland nicht.
Ausnahme: Sie und Ihr Konfliktpartner sind in Deutschland wohnhaft und das Verfahren der außergerichtlichen Konfliktbeilegung findet in Deutschland nach deutschem Recht statt.
(7) Für die Tätigkeit des Dienstleisters/Mediators sind wir nicht verantwortlich. Dies bedeutet, dass dieser Ihnen gegenüber selbst und unmittelbar haftet.

§ 5b Wie wirkt sich Schadenfreiheit auf Ihre Selbstbeteiligung aus?
(1) *Einstufung in Schadenfreiheitsklassen (SF-Klassen)*
Die Einstufung des Vertrags und die sich daraus ergebende Selbstbeteiligung richten sich nach dem Schadenverlauf. Siehe dazu die Tabellen in Absatz 6.
(2) *Einstufung bei Vertragsbeginn*
   a) Ersteinstufung in SF-Klasse 0:

Wir stufen den Versicherungsvertrag in die SF-Klasse 0 ein, wenn Sie das Schadenfreiheitssystem mit variabler Selbstbeteiligung erstmalig mit uns vereinbaren;
b) *Anrechnung des Schadenverlaufs aus Vorverträgen:*
Wir rechnen den Schadenverlauf aus Vorverträgen bei anderen Versicherern oder aus Vorverträgen ohne Schadenfreiheitssystem, die bei uns bestanden haben, nicht an;
c) *Anrechnung des Schadenverlaufs nach Vertragsunterbrechung bei uns:*
Liegt zwischen Beendigung und Neuabschluss des Versicherungsvertrags ein Zeitraum von höchstens vier Jahren, stufen wir den Versicherungsvertrag in die SF-Klasse ein, die zum Zeitpunkt der Beendigung maßgeblich war.
Bei einem Zeitraum von mehr als vier Jahren stufen wir den Vertrag in SF-Klasse 0 ein.
(3) Besserstufung bei schadenfreiem Verlauf
a) *Jährliche Besserstufung:*
Ist der Vertrag während eines Versicherungsjahres schadenfrei verlaufen und hat der Versicherungsschutz während dieser Zeit ununterbrochen bestanden, stufen wir den Vertrag in die nächst bessere SF-Klasse nach der Tabelle in Absatz 6 a) ein;
b) *Wirksamwerden:*
Die Besserstufung gilt ab Beginn des neuen Versicherungsjahres.
(4) Rückstufung bei schadenbelastetem Verlauf
a) *Laufende Verträge:*
Wird der Vertrag schadenbelastet, stufen wir ihn zum Tag der Deckungszusage nach der Tabelle in Absatz 6 b) zurück.
Die neue Selbstbeteiligung gilt für den nächsten gemeldeten Rechtsschutzfall;
b) *Beendete Verträge:*
Für Rechtsschutzfälle, für die wir nach Vertragsbeendigung eine Deckungszusage erteilen, ist die zum Zeitpunkt der Abrechnung bestehende Einstufung maßgeblich. Eine Rückstufung erfolgt nicht.
(5) Schadenfreier oder schadenbelasteter Verlauf im Sinne des Schadenfreiheitssystems
a) *Schadenfreier Verlauf:*
  aa) *Ein schadenfreier Verlauf des Vertrags liegt vor, wenn der Versicherungsschutz von Anfang bis Ende eines Versicherungsjahres bestanden hat und wir*
   – *im außergerichtlichen Verfahren keine Zahlung geleistet haben oder*
   – *für gerichtliche Verfahren keine Deckungszusage erteilt haben und keine Maßnahmen eingeleitet sind, die ein Kostenrisiko gemäß § 5 auslösen. (Solche Maßnahmen sind zum Beispiel Beauftragung eines Rechtsanwalts oder die Einreichung einer Klage);*
  bb) *Der Vertrag gilt auch in folgenden Fällen als schadenfrei:*
   – *Der Rechtsschutzfall ist durch eine Erstberatung abgeschlossen.*
   – *Der Rechtsschutzfall ist in geeigneten Fällen (das heißt regelmäßig in den unter § 2 a) bis d) genannten Leistungsarten) mithilfe einer außergerichtlichen Konfliktbeilegung durch einen von uns vorgeschlagenen Dienstleister/Mediator nach § 5a erledigt.*
b) *Schadenbelasteter Verlauf:*
  aa) *Ein schaden belasteter Verlauf des Vertrags liegt vor, wenn wir während eines Versicherungsjahres für einen Rechtsschutzfall*
   – *im außergerichtlichen Verfahren Zahlung geleistet haben oder*
   – *für gerichtliche Verfahren eine Deckungszusage erteilt haben und Maßnahmen eingeleitet sind, die ein Kostenrisiko gemäß § 5 auslösen. (Solche Maßnahmen sind zum Beispiel die Beauftragung eines Rechtsanwalts oder die Einreichung einer Klage.)*
  Die Meldung mehrerer Rechtsschutzfälle in einem Versicherungsjahr, die zu einem schadenbelasteten Verlauf führen, löst eine mehrfache Vertragsbelastung sowie mehrfache Rückstufungen nach der Tabelle in Absatz 6 b) aus;
  bb) *Ein schadenbelasteter Verlauf des Vertrags liegt in folgenden Fällen nicht vor:*
   – *Der Rechtsschutzfall ist durch eine Erstberatung abgeschlossen.*
   – *Der Rechtsschutzfall ist in geeigneten Fällen (das heißt regelmäßig in den unter § 2 a) bis d) genannten Leistungsarten) mithilfe einer außergerichtlichen Konfliktbeilegung durch einen von uns vorgeschlagenen Dienstleister/Mediator nach § 5a erledigt.*

c) Kündigungsrechte bleiben von der Schadenfreiheit und Schadenbelastung unberührt.
(6) Tabellen zum Schadenfreiheitssystem mit variabler Selbstbeteiligung
a) Einstufung und Selbstbeteiligung:

Dauer des schadenfreien ununterbrochenen Verlaufs			
Versicherungsjahre		SF-Klasse	Selbstbeteiligung €
		Start 250 €	Start 150 €
10	10	0	0
9	9	50	0
8	8	50	50
7	7	100	50
6	6	100	50
5	5	150	100
4	4	150	100
3	3	200	100
2	2	200	100
1	1	250	150
	0	250	150
	M0	300	300
	M1	350	350
	M2	400	400
	M3	450	450
	M4	500	500

b) Rückstufung im Rechtsschutzfall:

aus SF-Klasse	nach SF-Klasse
10	0
9	M0
8	M0
7	M0
6	M0
5	M0
4	M0
3	M0
2	M0
1	M0
0	M0
M0	M4
M1	M4
M2	M4
M3	M4
M4	M4

§ 6 Wo gilt die Rechtsschutzversicherung?
(1) Hier haben Sie Versicherungsschutz:
Sie haben Versicherungsschutz, wenn ein Gericht oder eine Behörde in folgenden Gebieten gesetzlich zuständig ist oder wäre und Sie Ihre Rechtsinteressen dort verfolgen:
– *in Europa,*
– *in den Anliegerstaaten des Mittelmeers,*
– *auf den Kanarischen Inseln,*
– *auf Madeira,*
– *auf den Azoren.*
Ausnahme: Haben Sie Steuer-, Sozialgerichts-, Opfer- oder Verwaltungs-Rechtsschutz (siehe § 2 e), § 2f), § 21) und § 31 Absatz 1 d) versichert, gilt dieser nur vor deutschen Gerichten. Haben Sie Beratungs-Rechtsschutz im Familien-, Lebenspartnerschafts- und Erbrecht beziehungsweise Erweiterten Beratungs-Rechtsschutz (siehe § 2 k) und § 31 Absatz 1 e) versichert, können Sie sich nur von einem in Deutschland zugelassenen Rechtsanwalt beraten lassen.
(2) Hier haben Sie Versicherungsschutz mit Einschränkungen:
Für die Wahrnehmung Ihrer rechtlichen Interessen außerhalb des Geltungsbereichs nach § 6 Absatz 1 tragen wir im Rahmen der vereinbarten Leistungsarten die Vergütung des von Ihnen beauftragten ausländischen Rechtsanwalts bis zum dreifachen Betrag, wie er sich bei entsprechender Anwendung des Rechtsanwaltsvergütungsgesetzes (RVG) ergeben würde, höchstens jedoch 300.000 €.
Dies tun wir unter folgenden Voraussetzungen:
– *Ihr Rechtsschutzfall muss dort während eines höchstens sechsmonatigen Aufenthalts eingetreten sein.*
– *Der Versicherungsschutz darf nicht auf deutsche Gerichte beschränkt sein (siehe Ausnahme zu § 6 Absatz 1).*

2. Nach welchen Regeln richtet sich das Vertragsverhältnis zwischen Ihnen und uns?

§ 7 Wann beginnt der Versicherungsschutz?
Der Versicherungsschutz beginnt zu dem im Versicherungsschein angegebenen Zeitpunkt. Voraussetzung für den Versicherungsschutz ist, dass Sie den ersten Beitrag unverzüglich nach Ablauf von 14 Tagen nach Zugang des Versicherungsscheins zahlen. (»Unverzüglich« heißt nicht unbedingt »sofort«, sondern »ohne schuldhaftes Zögern beziehungsweise so schnell wie eben möglich«.)
Eine vereinbarte Wartezeit bleibt unberührt. (das heißt: Sie gilt in jedem Fall.)

§ 8 Für welche Dauer ist der Vertrag abgeschlossen?
(1) Vertragsdauer:
Der Vertrag ist für die Dauer von einem Jahr abgeschlossen.
(2) Stillschweigende Verlängerung:
Der Vertrag verlängert sich um jeweils ein Jahr, wenn nicht Sie oder wir den Vertrag kündigen.
(3) Ordentliche Kündigung:
Bei einer Vertragsdauer von weniger als einem Jahr endet der Vertrag, ohne dass es einer Kündigung bedarf, zum vorgesehenen Zeitpunkt.
Kündigen Sie den Versicherungsvertrag, muss uns die Kündigung spätestens einen Monat vor dem Ablauf des jeweiligen Versicherungsjahres zugegangen sein.
Kündigen wir den Versicherungsvertrag, muss Ihnen die Kündigung spätestens drei Monate vor dem Ablauf des jeweiligen Versicherungsjahres zugegangen sein.

§ 9 Was ist bei der Zahlung des Beitrags zu beachten?
A. Versicherungsteuer und Zahlungsperiode
(1) Der Versicherungsbeitrag enthält die Versicherungsteuer, die Sie in der jeweils vom Gesetz bestimmten Höhe zu entrichten haben.
(2) Die Beiträge für Ihre Versicherung müssen Sie entsprechend der vereinbarten Zahlungsperiode (= Versicherungsperiode) bezahlen. Die Zahlungsperiode beträgt je nach Vereinbarung 1 Jahr, 6 Monate oder 3

Monate. Ob Sie mit uns jährliche, 6-monatige oder 3-monatige Zahlung vereinbart haben, können Sie Ihrem Versicherungsschein entnehmen.
B. Zahlung und Folgen verspäteter Zahlung/erster Beitrag
(1) Fälligkeit der Zahlung:
Wenn Sie den Versicherungsschein von uns erhalten, müssen Sie den ersten Beitrag unverzüglich nach Ablauf von 14 Tagen bezahlen. (»Unverzüglich« heißt nicht unbedingt »sofort«, sondern »ohne schuldhaftes Zögern beziehungsweise so schnell wie eben möglich«.)
(2) Späterer Beginn des Versicherungsschutzes:
Wenn Sie den ersten Beitrag zu einem späteren Zeitpunkt bezahlen, beginnt der Versicherungsschutz erst ab diesem späteren Zeitpunkt. Auf diese Folge einer verspäteten Zahlung müssen wir Sie allerdings aufmerksam gemacht haben, und zwar in Textform (zum Beispiel Brief, E-Mail) oder durch einen auffallenden Hinweis im Versicherungsschein.
Wenn Sie uns nachweisen, dass Sie die verspätete Zahlung nicht verschuldet haben, beginnt der Versicherungsschutz zum vereinbarten Zeitpunkt.
(3) Rücktritt:
Wenn Sie den ersten Beitrag nicht rechtzeitig bezahlen, können wir vom Vertrag zurücktreten, solange der Beitrag nicht bezahlt ist. Wir können nicht zurücktreten, wenn Sie nachweisen, dass Sie die verspätete Zahlung nicht verschuldet haben.
C. *Zahlung und Folgen verspäteter Zahlung/Folgebeitrag*
(1) Die Folgebeiträge werden zu dem jeweils vereinbarten Zeitpunkt fällig.
(2) Verzug:
Wenn Sie einen Folgebeitrag nicht rechtzeitig bezahlen, geraten Sie in Verzug, auch ohne dass Sie eine Mahnung von uns erhalten haben. Wir sind dann berechtigt, Ersatz für den Schaden zu verlangen, der uns durch den Verzug entstanden ist.
Sie geraten nicht in Verzug, wenn Sie die verspätete Zahlung nicht verschuldet haben.
(3) Zahlungsaufforderung:
Wenn Sie einen Folgebeitrag nicht rechtzeitig bezahlen, können wir Ihnen eine Zahlungsfrist einräumen. Das geschieht in Textform (zum Beispiel Brief, Fax, E-Mail) und auf Ihre Kosten. Diese Zahlungsfrist muss mindestens zwei Wochen betragen.
Unsere Zahlungsaufforderung ist nur wirksam, wenn sie folgende Informationen enthält:
– Die offenen Beträge, die Zinsen und die Kosten müssen im Einzelnen beziffert sein und
– die Rechtsfolgen müssen angegeben sein, die nach Absatz 4 mit der Fristüberschreitung verbunden sind.
(4) Fristüberschreitung:
– Verlust des Versicherungsschutzes:
– Haben Sie nach Ablauf der Zahlungsfrist immer noch nicht bezahlt, haben Sie ab diesem Zeitpunkt bis zur Zahlung keinen Versicherungsschutz. Allerdings müssen wir Sie bei unserer Zahlungsaufforderung nach Absatz 3 auf den Verlust des Versicherungsschutzes hingewiesen haben.
– Kündigung des Versicherungsvertrags:
– Haben Sie nach Ablauf der Zahlungsfrist immer noch nicht bezahlt, können wir den Vertrag kündigen, ohne eine Frist einzuhalten. Allerdings müssen wir Sie bei unserer Zahlungsaufforderung nach Absatz 3 auf die fristlose Kündigungsmöglichkeit hingewiesen haben.
– Haben wir Ihren Vertrag gekündigt und Sie bezahlen danach innerhalb eines Monats den angemahnten Betrag, besteht der Vertrag fort. Dann aber haben Sie für Rechtsschutzfälle, die zwischen dem Ablauf der Zahlungsfrist und Ihrer Zahlung eingetreten sind, keinen Versicherungsschutz.
D. Rechtzeitigkeit der Zahlung bei Lastschriftverfahren (SEPA-Lastschriftmandat)
(1) Haben Sie mit uns die Einziehung des Beitrags von einem Konto vereinbart, gilt die Zahlung als rechtzeitig, wenn
– der Beitrag zu dem Fälligkeitstag eingezogen werden kann
– und
– Sie der Einziehung nicht widersprechen.
Was geschieht, wenn der fällige Beitrag ohne Ihr Verschulden nicht eingezogen werden kann? In diesem Fall ist die Zahlung auch dann noch rechtzeitig, wenn Sie nach einer Aufforderung in Textform (zum

Beispiel Brief, Fax, E-Mail) unverzüglich zahlen. (»Unverzüglich« heißt nicht unbedingt »sofort«, sondern »ohne schuldhaftes Zögern beziehungsweise so schnell wie eben möglich«.)
(2) Beendigung des Lastschriftverfahrens:
Wenn Sie dafür verantwortlich sind, dass der fällige Beitrag nicht eingezogen werden kann, sind wir berechtigt, künftig Zahlungs außerhalb des Lastschriftverfahrens zu verlangen. Sie müssen allerdings erst dann zahlen, wenn wir Sie hierzu in Textform (zum Beispiel Brief, Fax, E-Mail) aufgefordert haben.
E. Beitrag bei vorzeitiger Vertragsbeendigung
In diesem Fall haben wir nur Anspruch auf den Teil des Beitrags, der dem Zeitraum des Versicherungsschutzes entspricht. Das gilt, soweit nicht etwas anderes bestimmt ist.

§ 10 Welche Entwicklungen können zu einer Anpassung des Beitrags führen?
(1) Bei bestehenden Versicherungsverträgen sind wir mindestens einmal im Kalenderjahr berechtigt und verpflichtet, die Beiträge dahingehend zu überprüfen, ob sie beibehalten werden können oder ob eine Anpassung vorgenommen werden muss. (Eine Anpassung führt zu einer Erhöhung oder Absenkung der Beiträge.)
Zweck der Überprüfung ist es Folgendes sicher zu stellen:
a) die dauerhafte Erfüllbarkeit unserer Verpflichtungen aus den Versicherungsverträgen,
b) die sachgemäße Berechnung der Beiträge (Tarifierung) und
c) das bei Vertragsschluss bestehende Gleichgewicht von Leistung (Versicherungsschutz bieten) und Gegenleistung (Versicherungsbeitrag zahlen).
Bei der Überprüfung wenden wir die anerkannten Grundsätze der Versicherungsmathematik und Versicherungstechnik an.
Versicherungsverträge, die nach versicherungsmathematischen Grundsätzen einen gleichartigen Risikoverlauf erwarten lassen, werden bei der Überprüfung zusammengefasst.
(2) Wir sind nur berechtigt, Veränderungen der seit der letzten Festsetzung der Beiträge tatsächlich eingetretenen und der danach bis zur nächsten Überprüfung erwarteten Entwicklung der Schadenkosten (einschließlich Schadenregulierungskosten) zu berücksichtigen. Der Ansatz für Gewinn sowie individuelle Beitragszuschläge und -abschlage bleiben unverändert.
(3) Ergibt die Überprüfung höhere Beiträge als die bisherigen, sind wir berechtigt, sie um die Differenz anzuheben.
Ergibt die Überprüfung niedrigere Beiträge als die bisherigen, sind wir verpflichtet, sie um die Differenz abzusenken.
(4) Sind die ermittelten Beiträge für bestehende Verträge höher als die Beiträge für neu abzuschließende Verträge und enthalten die Tarife für die bestehenden und für die neu abzuschließenden Verträge die gleichen Tarifmerkmale, die gleichen Angaben zu Tarifmerkmalen und den gleichen Versicherungsumfang, können wir auch für die bestehenden Verträge nur die Beiträge für neu abzuschließende Verträge verlangen.
(5) Die Beitragsänderung wird mit Beginn des nächsten Versicherungsjahres wirksam.
(6) Besteht die Anpassung in einer Erhöhung des bisherigen Beitrags, so wird sie nur wirksam, wenn wir Ihnen die Erhöhung mindestens einen Monat vor deren Wirksamwerden in Textform (zum Beispiel Brief, Fax, E-Mail) mitteilen. Die Mitteilung muss den Unterschied zwischen dem bisherigen und dem erhöhten Beitrag aufzeigen. Sie können das Versicherungsverhältnis innerhalb eines Monats nach Zugang der Mitteilung zu dem Zeitpunkt kündigen, in dem die Erhöhung wirksam werden sollte (siehe Absatz 5). Wir haben Sie in der Mitteilung auf das Kündigungsrecht hinzuweisen. Eine Erhöhung der Versicherungsteuer begründet kein Kündigungsrecht.

§ 11 Wie wirkt sich eine wesentliche Veränderung Ihrer persönlichen oder sachlichen Verhältnisse auf den Beitrag aus?
(1) Tritt nach Vertragsabschluss ein Umstand ein, der nach unserem Tarif einen höheren als den vereinbarten Beitrag rechtfertigt? In diesem Fall können wir vom Eintritt dieses Umstands an für die hierdurch entstandene höhere Gefahr den höheren Beitrag verlangen. Wird die höhere Gefahr nach unserem Tarif auch gegen einen höheren Beitrag nicht übernommen, können wir die Absicherung der höheren Gefahr ausschließen.

In folgenden Fällen können Sie den Versicherungsvertrag kündigen:
– Ihr Beitrag erhöht sich um mehr als 10 Prozent oder
– wir lehnen die Absicherung der höheren Gefahr ab.
Sie können den Vertrag innerhalb eines Monats nach Zugang unserer Mitteilung ohne Einhaltung einer Frist kündigen. In der Mitteilung haben wir Sie auf dieses Kündigungsrecht hinzuweisen. Wir können unsere Rechte nur innerhalb eines Monats nach Kenntnis ausüben.
(2) Tritt nach Vertragsabschluss ein Umstand ein, der nach unserem Tarif einen geringeren als den vereinbarten Beitrag rechtfertigt? In diesem Fall können wir vom Eintritt dieses Umstands an nur noch den geringeren Beitrag verlangen. Zeigen Sie uns diesen Umstand später als zwei Monate nach dessen Eintritt an, setzen wird den Beitrag erst vom Eingang der Anzeige an herab.
(3) Sie müssen uns innerhalb eines Monats nach Zugang einer Aufforderung die zur Berechnung des Beitrags erforderlichen Angaben machen. Verletzen Sie diese Pflicht, können wir den Vertrag unter Einhaltung einer Frist von einem Monat kündigen, wenn Ihre Pflichtverletzung vorsätzlich oder grob fahrlässig war. Das Nichtvorliegen der groben Fahrlässigkeit müssen Sie beweisen. Machen Sie bis zum Fristablauf diese Angaben vorsätzlich unrichtig oder unterlassen Sie die erforderlichen Angaben vorsätzlich und tritt der Rechtsschutzfall später als einen Monat nach dem Zeitpunkt ein, in dem uns die Angaben hätten zugehen müssen, so haben Sie keinen Versicherungsschutz. Dies gilt nicht, wenn uns der Eintritt des Umstands zu diesem Zeitpunkt bekannt war. Beruht das Unterlassen der erforderlichen Angaben oder die unrichtige Angabe auf grober Fahrlässigkeit, können wir den Umfang des Versicherungsschutzes in einem der Schwere Ihres Verschuldens entsprechenden Verhältnis kürzen. Das Nichtvorliegen einer groben Fahrlässigkeit müssen Sie beweisen. Sie haben gleichwohl Versicherungsschutz, wenn zum Zeitpunkt des Rechtsschutzfalls die Frist für unsere Kündigung abgelaufen war und wir nicht gekündigt haben. Gleiches gilt, wenn Sie nachweisen, dass die Gefahr weder für den Eintritt des Rechtsschutzfalls noch den Umfang unserer Leistung ursächlich war.
(4) Die vorstehenden Regelungen finden keine Anwendung, wenn sich die Gefahr nur unerheblich erhöht hat. Gleiches gilt, wenn nach den Umständen als vereinbart anzusehen ist, dass die Gefahrerhöhung mitversichert sein soll.

§ 12 Was geschieht, wenn das versicherte Interesse wegfällt?
(1) Ist der Versicherungsschutz nicht mehr nötig, weil sich die äußeren Umstände geändert haben? (Beispiel: Sie teilen uns mit, dass Sie kein Auto mehr haben.) Dann gilt Folgendes (sofern nichts anderes vereinbart ist):
Der Vertrag endet, sobald wir erfahren haben, dass sich die äußeren Umstände geändert haben.
Beiträge stehen uns nur anteilig bis zu diesem Zeitpunkt zu.
(2) Der Versicherungsschutz besteht über Ihren Tod hinaus bis zum Ende der Versicherungsperiode, wenn der Beitrag am Todestag gezahlt war und die Versicherung nicht aus sonstigen Gründen beendet oder ein Wegfall des Gegenstands der Versicherung gegeben ist. Wenn der nächste fällige Beitrag bezahlt wird, bleibt der Versicherungsschutz in dem am Todestag bestehenden Umfang bestehen.
Derjenige, der den Beitrag gezahlt hat oder für den gezahlt wurde, wird anstelle des Verstorbenen Versicherungsnehmer. Er kann innerhalb eines Jahres nach dem Todestag verlangen, dass der Versicherungsvertrag vom Todestag an beendet wird.

§ 13 In welchen Fällen kann der Vertrag vorzeitig gekündigt werden?
(1) Nach jedem Eintritt eines Rechtsschutzfalls haben Sie im Nachgang zu unserer Rechtsschutzentscheidung das Recht, den Vertrag vorzeitig zu kündigen. Die Kündigung muss uns innerhalb eines Monats zugehen.
(2) Sind mindestens zwei Rechtsschutzfälle innerhalb von zwölf Monaten eingetreten und besteht für diese Versicherungsschutz? In diesem Fall können auch wir den Vertrag vorzeitig kündigen.
Wann müssen wir kündigen? Die Kündigung muss Ihnen innerhalb eines Monats zugehen, nachdem wir unsere Leistungspflicht für den zweiten oder einen weiteren Rechtsschutzfall bestätigt haben. Die Kündigung muss schriftlich erfolgen.

(3) Wenn Sie kündigen, wird Ihre Kündigung wirksam, sobald sie uns zugeht. Sie können jedoch bestimmen, dass die Kündigung zu einem späteren Zeitpunkt wirksam wird; spätestens jedoch am Ende des Versicherungsjahres.
Unsere Kündigung wird einen Monat, nachdem Sie sie erhalten haben, wirksam.

§ 14 Wann verjähren die Ansprüche aus dem Versicherungsvertrag?
(1) Gesetzliche Verjährung:
Die Ansprüche aus dem Versicherungsvertrag verjähren in drei Jahren. Die Fristberechnung richtet sich nach den allgemeinen Vorschriften des Bürgerlichen Gesetzbuchs.
(2) Die Verjährung wird ausgesetzt (»gehemmt«):
Wenn Sie einen Anspruch aus Ihrem Versicherungsvertrag bei uns angemeldet haben, ist die Verjährung ausgesetzt. Die Aussetzung wirkt von der Anmeldung bis zu dem Zeitpunkt, zu dem Ihnen unsere Entscheidung in Textform (zum Beispiel Brief, Fax, E-Mail) zugeht. (Das heißt: Bei der Berechnung der Verjährungsfrist berücksichtigen wir zu Ihren Gunsten den Zeitraum von der Meldung bis zum Eintreffen unserer Entscheidung bei Ihnen nicht.)

§ 15 Welche Rechtsstellung haben mitversicherte Personen?
(1) Versicherungsschutz besteht für Sie und im jeweils bestimmten Umfang für die in § 21 bis § 28, §§ 30, 31 oder im Versicherungsschein genannten sonstigen Personen.
Außerdem besteht Versicherungsschutz für Ansprüche, die natürlichen Personen kraft Gesetzes dann zustehen, wenn Sie oder eine mitversicherte Person verletzt oder getötet wurden. (Eine »natürliche Person« ist ein Mensch, im Gegensatz zur »juristischen Person«. Das ist zum Beispiel eine GmbH, eine AG oder ein eingetragener Verein.)
Sind Sie oder eine mitversicherte Person durch eine Straftat nach § 2 l) getötet worden, besteht Rechtsschutz für die Beteiligung als Nebenkläger gemäß § 2 l) für den jeweiligen Ehegatten/eingetragenen Lebenspartner oder eine andere Person aus dem Kreis der jeweiligen Kinder, Eltern und Geschwister.
(2) Mitversicherte Lebenspartner sind der:
a) eheliche oder eingetragene Lebenspartner
b) nicht eheliche oder nicht eingetragene Lebenspartner.
Die Mitversicherung des nicht ehelichen oder nicht eingetragenen Lebenspartners setzt voraus, dass eine häusliche Lebensgemeinschaft besteht und weder Sie noch Ihr Lebenspartner anderweitig verheiratet sind oder für sie eine andere eingetragene Lebenspartnerschaft besteht.
(3) Für mitversicherte Personen gelten die Sie betreffenden Bestimmungen sinngemäß. Sie können jedoch widersprechen, wenn eine andere mitversicherte Person als Ihr ehelicher/eingetragener Lebenspartner Rechtsschutz verlangt.

§ 16 Was Ist bei Anzeigen und Erklärungen uns gegenüber zu beachten?
(1) Alle für uns bestimmten Anzeigen und Erklärungen sind in Textform (zum Beispiel Brief, Fax, E-Mail) abzugeben. Sie sollen an die Hauptverwaltung oder an die im Versicherungsschein oder in dessen Nachträgen als zuständig bezeichnete Geschäftsstelle gerichtet werden.
(2) Haben Sie uns eine Änderung Ihrer Anschrift nicht mitgeteilt, genügt für eine Willenserklärung, die Ihnen gegenüber abzugeben ist, die Absendung eines eingeschriebenen Briefs an die letzte uns bekannte Anschrift. Die Erklärung wird zu dem Zeitpunkt wirksam, in dem sie Ihnen ohne die Anschriftenänderung bei regelmäßiger Beförderung zugegangen sein würde.

3. Was ist im Rechtsschutzfall zu beachten?

§ 17 Welche Rechte und Pflichten bestehen nach Eintritt eines Rechtsschutzfalles?
Obliegenheiten bezeichnen sämtliche Verhaltensregeln, die Sie und die versicherten Personen beachten müssen, um den Anspruch auf Versicherungsschutz zu erhalten.

§ 11 ArbGG Prozessvertretung

(1) Was müssen Sie tun, wenn ein Rechtsschutzfall eintritt und Sie Versicherungsschutz brauchen?
a) Sie beziehungsweise der von Ihnen beauftragte Rechtsanwalt müssen uns den Rechtsschutzfall unverzüglich mitteilen, gegebenenfalls auch telefonisch. (»Unverzüglich« heißt nicht unbedingt »sofort«, sondern 2 ohne schuldhaftes Zögern bzw. so schnell wie eben möglich«.);
b) Sie beziehungsweise der von Ihnen beauftragte Rechtsanwalt müssen uns
 – vollständig und wahrheitsgemäß über sämtliche Umstände des Rechtsschutzfalls unterrichten,
 – alle Beweismittel angeben und
 – uns Unterlagen auf Verlangen zur Verfügung stellen.
 Sämtliche von Ihnen eingereichte Unterlagen werden mit der Übersendung gleichzeitig in unser Eigentum übertragen;
c) Kosten verursachende Maßnahmen müssen Sie nach Möglichkeit mit uns abstimmen, soweit dies für Sie zumutbar ist. (Kosten verursachende Maßnahmen sind zum Beispiel die Erhebung einer Klage oder die Einlegung eines Rechtsmittels.);
d) (entfällt)
(2) Wir bestätigen Ihnen den Umfang des Versicherungsschutzes, der für den konkreten Rechtsschutzfall besteht.
Ergreifen Sie jedoch Maßnahmen zur Durchsetzung Ihrer rechtlichen Interessen,
– bevor wir den Umfang des Versicherungsschutzes bestätigt haben und
– entstehen durch solche Maßnahmen Kosten?
Dann tragen wir nur die Kosten, die wir bei einer Bestätigung des Versicherungsschutzes vor Einleitung dieser Maßnahmen zu tragen gehabt hätten.
(3) Sie haben das Recht auf freie Rechtsanwaltswahl. Das heißt den Rechtsanwalt können Sie aus dem Kreis der Rechtsanwälte auswählen, deren Vergütung wir nach § 5 Absatz 1 a) und b) tragen. An eine Empfehlung durch uns sind Sie nicht gebunden.
Haben Sie Ihren Rechtsanwalt noch nicht beauftragt, können wir dies in Ihrem Namen tun.
(4) Wir wählen den Rechtsanwalt aus,
– wenn Sie das verlangen oder
– wenn Sie keinen Rechtsanwalt benennen und uns die umgehende Beauftragung eines Rechtsanwalts notwendig erscheint.
Wenn wir den Rechtsanwalt auswählen, beauftragen wir ihn in Ihrem Namen. Für die Tätigkeit des Rechtsanwalts sind wir nicht verantwortlich.
(5) Sie müssen nach der Beauftragung des Rechtsanwalts Folgendes tun: Ihren Rechtsanwalt
– vollständig und wahrheitsgemäß unterrichten,
– die Beweismittel angeben,
– die möglichen Auskünfte erteilen,
– die notwendigen Unterlagen beschaffen und
– uns auf Verlangen Auskunft über den Stand Ihrer Angelegenheit geben.
(6) Wenn Sie eine der in den Absätzen 1 bis 5 genannten Obliegenheiten vorsätzlich verletzen, verlieren Sie Ihren Versicherungsschutz.
Bei grob fahrlässiger Verletzung einer Obliegenheit sind wir berechtigt, unsere Leistung zu kürzen, und zwar in einem der Schwere Ihres Verschuldens entsprechenden Verhältnis. (Beispiel für »grob fahrlässiges Verhalten«: Jemand verletzt die erforderliche Sorgfalt in ungewöhnlich hohem Maße.)
Wenn Sie eine Auskunfts- oder Aufklärungsobliegenheit nach Eintritt des Rechtsschutzfalls verletzen, kann auch dies zum vollständigen oder teilweisen Wegfall des Versicherungsschutzes führen. Dies setzt jedoch voraus, dass wir Sie vorher durch gesonderte Mitteilung in Textform (zum Beispiel Brief, Fax, E-Mail) über diese Pflichten informiert haben.
Der Versicherungsschutz bleibt bestehen, wenn Sie nachweisen, dass Sie die Obliegenheiten nicht grob fahrlässig verletzt haben.
Der Versicherungsschutz bleibt auch in folgendem Fall bestehen:
Sie weisen nach, dass die Obliegenheitsverletzung nicht die Ursache war
– für den Eintritt des Rechtsschutzfalls,
– für die Feststellung des Rechtsschutzfalls oder

– *für die Feststellung oder den Umfang unserer Leistung. (Beispiel: Sie haben die Einlegung des Rechtsmittels mit uns nicht abgestimmt. Bei nachträglicher Prüfung hätten wir jedoch auch bei rechtzeitiger Abstimmung die Kostenübernahme bestätigt.)*
Der Versicherungsschutz bleibt nicht bestehen, wenn Sie Ihre Obliegenheit arglistig verletzt haben.
(7) Ihre Ansprüche auf Versicherungsleistungen können Sie nur mit unserem schriftlichen Einverständnis abtreten. (»Abtreten« heißt: Sie übertragen Ihre Ansprüche auf Versicherungsleistung, die Sie uns gegenüber haben, auf Ihren Rechtsanwalt oder eine andere Person.)
(8) Wenn ein anderer (Beispiel: Ihr Prozessgegner) Ihnen Kosten der Rechtsverfolgung erstatten muss, dann geht dieser Anspruch auf uns über, soweit wir diese Kosten bereits beglichen haben.
Sie müssen uns die Unterlagen aushändigen, die wir brauchen, um diesen Anspruch durchzusetzen. Bei der Durchsetzung des Anspruchs müssen Sie auch mitwirken, wenn wir das verlangen.
Wenn Sie diese Pflicht vorsätzlich verletzen und wir deshalb diese Kosten von den anderen nicht erstattet bekommen, dann müssen wir über die geleisteten Kosten hinaus keine weiteren Kosten mehr erstatten. Wenn Sie grob fahrlässig gehandelt haben, sind wir berechtigt, die Kosten in einem der Schwere Ihres Verschuldens entsprechenden Verhältnis zu kürzen. Sie müssen beweisen, dass Sie nicht grob fahrlässig gehandelt haben. (Beispiel für »grob fahrlässiges Verhalten«: Jemand verletzt die im Verkehr erforderliche Sorgfalt in ungewöhnlich hohem Maße).
In manchen Fällen kann es nach Abschluss eines Rechtsschutzfalls auch zu Rückzahlungen kommen, die ganz oder teilweise uns zustehen könnten und daher an uns zurückgezahlt werden müssen. Bitte setzen Sie sich daher bei einem Geldeingang unverzüglich mit uns in Verbindung. Wir klären dann gemeinsam ab, wem der Betrag zusteht, und vermeiden so spätere Rückforderungen. (»Unverzüglich« heißt nicht unbedingt »sofort«, sondern »ohne schuldhaftes Zögern beziehungsweise so schnell wie eben möglich«.)

§ 18 (entfällt)

§ 19 (entfällt)

§ 20 Welches Gericht ist für Klagen aus dem Versicherungsvertrag zuständig und welches Recht ist anzuwenden?
(1) Anzuwendendes Recht:
Für diesen Versicherungsvertrag gilt deutsches Recht.
(2) Klagen gegen das Versicherungsunternehmen:
Wenn Sie uns verklagen wollen, können Sie die Klage an folgenden Orten einreichen:
– *Am Sitz unseres Versicherungsunternehmens oder am Sitz der für Ihren Vertrag zuständigen Niederlassung,*
– *oder*
– *wenn Sie eine natürliche Person sind, auch am Gericht Ihres Wohnsitzes. (Eine »natürliche Person« ist ein Mensch, im Gegensatz zur »juristischen Person«. Das ist zum Beispiel eine GmbH, eine AG oder ein eingetragener Verein). Haben Sie keinen Wohnsitz, können Sie die Klage am Gericht Ihres gewöhnlichen Aufenthalts einreichen.*
(3) Klagen gegen den Versicherungsnehmer:
Wenn wir Sie verklagen müssen, können wir die Klage an folgenden Orten einreichen:
– *Wenn Sie eine natürliche Person sind, am Gericht Ihres Wohnsitzes. (Eine »natürliche Person« ist ein Mensch, im Gegensatz zur »juristischen Person«. Das ist zum Beispiel eine GmbH, eine AG oder ein eingetragener Verein). Haben Sie keinen Wohnsitz, können wir die Klage am Gericht Ihres gewöhnlichen Aufenthalts einreichen.*
– *Wenn Ihr Wohnsitz oder Ihr gewöhnlicher Aufenthalt zum Zeitpunkt der Klageerhebung nicht bekannt ist, am Sitz unseres Versicherungsunternehmens oder am Sitz der für Ihren Vertrag zuständigen Niederlassung.*
– *Wenn Sie eine juristische Person sind oder eine Offene Handelsgesellschaft, Kommanditgesellschaft, Gesellschaft bürgerlichen Rechts oder eine eingetragene Partnerschaftsgesellschaft, ist das Gericht an Ihrem Sitz oder Ihrer Niederlassung zuständig.*

4. In welchen Formen wird der Rechtsschutz angeboten?

§ 21 Verkehrs-Rechtsschutz

(1) Versicherungsschutz besteht für Sie in Ihrer Eigenschaft als Eigentümer oder Halter jedes bei Vertragsabschluss oder während der Vertragsdauer auf Sie zugelassenen oder auf Ihren Namen mit einem Versicherungskennzeichen versehen oder als Mieter jedes von Ihnen als Selbstfahrer-Vermietfahrzeug zum vorübergehenden Gebrauch gemieteten Motorfahrzeugs zu Lande sowie Anhängers. Der Versicherungsschutz erstreckt sich auf alle Personen in ihrer Eigenschaft als berechtigte Fahrer oder berechtigte Insassen dieser Motorfahrzeuge. (Berechtigt ist jede Person, die das Kraftfahrzeug mit Ihrem Einverständnis führt oder nutzt.)

(2) Der Versicherungsschutz kann auf gleichartige Motorfahrzeuge nach Absatz 1 beschränkt werden. Als gleichartig gelten jeweils Krafträder, Personenkraft- und Kombiwagen, Lastkraft- und sonstige Nutzfahrzeuge, Omnibusse sowie Anhänger.

(3) Abweichend von Absatz 1 kann vereinbart werden, dass der Versicherungsschutz für ein oder mehrere im Versicherungsschein bezeichnete Motorfahrzeuge zu Lande, zu Wasser oder in der Luft sowie Anhänger (Fahrzeug) besteht, auch wenn diese nicht auf Sie zugelassen oder nicht auf Ihren Namen mit einem Versicherungskennzeichen versehen sind.

(4) Der Versicherungsschutz umfasst:

  – Schadenersatz-Rechtsschutz (§ 2 a)
  – Rechtsschutz im Vertrags- und Sachenrecht (§ 2 d)
  – Steuer-Rechtsschutz (§ 2 e)
  – Verwaltungs-Rechtsschutz in Verkehrssachen (§ 2 g)
  – Straf-Rechtsschutz (§ 2 i)
  – Ordnungswidrigkeiten-Rechtsschutz (§ 2 j)
  – Opfer-Rechtsschutz (§ 2 l)

(5) Der Rechtsschutz im Vertrags- und Sachenrecht kann ausgeschlossen werden.

(6) Der Rechtsschutz im Vertrags- und Sachenrecht besteht in den Fällen der Absätze 1 und 2 auch für Verträge, mit denen der Erwerb von Motorfahrzeugen zu Lande sowie Anhängern zum nicht nur vorübergehenden Eigengebrauch bezweckt wird, auch wenn diese Fahrzeuge nicht auf Sie zugelassen oder nicht auf Ihren Namen mit einem Versicherungskennzeichen versehen werden.

(7) Versicherungsschutz besteht mit Ausnahme des Rechtsschutzes im Vertrags- und Sachenrecht für Sie auch bei der Teilnahme am öffentlichen Verkehr in Ihrer Eigenschaft als

a) Fahrer jedes Fahrzeugs, das weder Ihnen gehört noch auf Sie zugelassen oder auf Ihren Namen mit einem Versicherungskennzeichen versehen ist,
b) Fahrgast,
c) Fußgänger, Rollstuhlfahrer, Rollschuh-, Skateboard-, Kickboardfahrer und Inlineskater sowie
d) Radfahrer.

(8) Der Fahrer muss bei Eintritt des Rechtsschutzfalls die vorgeschriebene Fahrerlaubnis haben, zum Führen des Fahrzeugs berechtigt sein und das Fahrzeug muss zugelassen oder mit einem Versicherungskennzeichen versehen sein. Bei Verstoß gegen diese Obliegenheit besteht Rechtsschutz nur für diejenigen Personen, die von diesem Verstoß keine Kenntnis hatten (Verzicht auf Einwand grob fahrlässiger Unkenntnis).
Der Versicherungsschutz bleibt auch bestehen, wenn die versicherte Person oder der Fahrer nachweist, dass die Verletzung der Obliegenheit weder für den Eintritt oder die Feststellung des Rechtsschutzfalls noch für die Feststellung oder den Umfang der uns obliegenden Leistung ursächlich war.

(9) Ist in den Fällen der Absätze 1 und 2 seit mindestens sechs Monaten kein Fahrzeug mehr auf Sie zugelassen oder nicht mehr auf Ihren Namen mit einem Versicherungskennzeichen versehen, können Sie unbeschadet Ihres Rechts auf Herabsetzung des Beitrags nach § 11 Absatz 2 die Aufhebung des Versicherungsvertrags mit sofortiger Wirkung verlangen.

(10) Wird ein nach Absatz 3 versichertes Fahrzeug veräußert oder fällt es auf sonstige Weise weg, besteht Versicherungsschutz für das Fahrzeug, das an die Stelle des bisher versicherten Fahrzeugs tritt (Folgefahrzeug). Der Rechtsschutz im Vertrags- und Sachenrecht erstreckt sich in diesen Fällen auf den Vertrag, der dem tatsächlichen oder beabsichtigten Erwerb des Folgefahrzeugs zu Grunde liegt.

Die Veräußerung oder den sonstigen Wegfall des Fahrzeugs müssen Sie uns innerhalb von zwei Monaten anzeigen und das Folgefahrzeug bezeichnen. Bei Verstoß gegen diese Obliegenheiten besteht Rechtsschutz nur, wenn Sie die Anzeige- und Bezeichnungspflicht nicht vorsätzlich versäumt haben (Verzicht auf Einwand grob fahrlässiger Verletzung der Anzeige- und Bezeichnungspflicht).
Der Versicherungsschutz bleibt auch bestehen, wenn Sie nachweisen, dass die Verletzung der Obliegenheit weder für den Eintritt oder die Feststellung des Rechtsschutzfalls noch für die Feststellung oder den Umfang der uns obliegenden Leistung ursächlich war.
Wird das Folgefahrzeug bereits vor Veräußerung des versicherten Fahrzeugs erworben, bleibt dieses bis zu seiner Veräußerung, längstens jedoch bis zu einem Monat nach dem Erwerb des Folgefahrzeugs ohne zusätzlichen Beitrag mitversichert. Bei Erwerb eines Fahrzeugs innerhalb eines Monats vor oder innerhalb eines Monats nach der Veräußerung des versicherten Fahrzeugs wird vermutet, dass es sich um ein Folgefahrzeug handelt.
(11) Abweichend von Absatz 1 Satz 1 kann vereinbart werden, dass Versicherungsschutz besteht für alle auf Sie und Ihren gemäß § 15 Absatz 2 mitversicherten Lebenspartner zugelassenen oder mit einem <CL>Versicherungskennzeichen versehenen Motorfahrzeug zu Lande bzw. Anhänger. Das Gleiche gilt auch für Fahrzeuge, die auf die minderjährigen Kinder sowie die unverheirateten, auch nicht in einer eingetragenen Lebenspartnerschaft lebenden volljährigen Kinder zugelassen sind, sofern letztere noch keine auf Dauer angelegte berufliche Tätigkeit ausüben und hierfür ein leistungsbezogenes Entgelt erhalten.
Absatz 7 gilt für die mitversicherten Personen entsprechend.

§ 22 Fahrer-Rechtsschutz
(1) Versicherungsschutz besteht für die im Versicherungsschein genannte Person bei der Teilnahme am öffentlichen Verkehr in ihrer Eigenschaft als Fahrer jedes Motorfahrzeugs zu Lande, zu Wasser oder in der Luft sowie Anhängers (Fahrzeug), das weder ihr gehört noch auf sie zugelassen oder auf ihren Namen mit einem Versicherungskennzeichen versehen ist. Der Versicherungsschutz besteht auch bei der Teilnahme am öffentlichen Verkehr als
– Fahrgast,
– Fußgänger, Rollstuhlfahrer, Rollschuh-, Skateboard-, Kickboardfahrer und Inlineskater sowie
– Radfahrer.
(2) Unternehmen können den Versicherungsschutz nach Absatz 1 für alle Kraftfahrer in Ausübung ihrer beruflichen Tätigkeit für das Unternehmen vereinbaren. Diese Vereinbarung können auch Betriebe des Kraftfahrzeughandels und -handwerks, Fahrschulen und Tankstellen für alle Betriebsangehörigen treffen.
(3) Der Versicherungsschutz umfasst:

– Schadenersatz-Rechtsschutz	(§ 2 a)
– Steuer-Rechtsschutz	(§ 2 e)
– Verwaltungs-Rechtsschutz in Verkehrssachen	(§ 2 g)
– Straf-Rechtsschutz	(§ 2 i)
– Ordnungswidrigkeiten-Rechtsschutz	(§ 2 j)
– Opfer-Rechtsschutz	(§ 2 l)

(4) Wird in den Fällen des Absatzes 1 ein Motorfahrzeug zu Lande auf die im Versicherungsschein genannte Person zugelassen oder auf ihren Namen mit einem Versicherungskennzeichen versehen, wandelt sich der Versicherungsschutz in einen solchen nach § 21 Absätze 3, 4, 7, 8 und 10 um. Die Wahrnehmung rechtlicher Interessen im Zusammenhang mit dem Erwerb dieses Motorfahrzeugs zu Lande ist eingeschlossen.
(5) Der Fahrer muss bei Eintritt des Rechtsschutzfalls die vorgeschriebene Fahrerlaubnis haben, zum Führen des Fahrzeugs berechtigt sein und das Fahrzeug muss zugelassen oder mit einem Versicherungskennzeichen versehen sein. Bei Verstoß gegen diese Obliegenheit besteht Rechtsschutz nur, wenn der Fahrer von diesem Verstoß keine Kenntnis hatte (Verzicht auf Einwand grob fahrlässiger Unkenntnis).
Der Versicherungsschutz bleibt auch bestehen, wenn der Fahrer nachweist, dass die Verletzung der Obliegenheit weder für den Eintritt oder die Feststellung des Rechtsschutzfalls noch für die Feststellung oder den Umfang der uns obliegenden Leistung ursächlich war.

(6) Hat in den Fällen des Absatzes 1 die im Versicherungsschein genannte Person länger als sechs Monate keine Fahrerlaubnis mehr, endet der Versicherungsvertrag. Zeigen Sie das Fehlen der Fahrerlaubnis spätestens innerhalb von zwei Monaten nach Ablauf der Sechsmonatsfrist an, endet der Versicherungsvertrag mit Ablauf der Sechsmonatsfrist. Geht die Anzeige später bei uns ein, endet der Versicherungsvertrag mit Eingang der Anzeige.

§ 23 Privat-Rechtsschutz für Selbstständige

wird nicht angeboten

§ 24 Berufs-Rechtsschutz für Selbstständige, Rechtsschutz für Firmen und Vereine

wird nicht angeboten.

§ 25 Privat- und Berufs-Rechtsschutz

(1) Für den privaten und den nichtselbstständigen beruflichen Bereich besteht Versicherungsschutz für Sie und Ihren gemäß § 15 Absatz 2 mitversicherten Lebenspartner.
Kein Versicherungsschutz besteht für die Wahrnehmung rechtlicher Interessen im Zusammenhang mit einer gewerblichen, freiberuflichen oder sonstigen selbstständigen Tätigkeit.
(2) Mitversichert sind:
a) die minderjährigen Kinder;
b) die unverheirateten, auch nicht in einer eingetragenen Lebenspartnerschaft lebenden volljährigen Kinder, jedoch längstens bis zu dem Zeitpunkt, in dem sie erstmalig eine auf Dauer angelegte berufliche Tätigkeit ausüben und hierfür ein leistungsbezogenes Entgelt erhalten.
(3) Der Versicherungsschutz umfasst:

- Schadenersatz-Rechtsschutz (§ 2 a)
- Arbeits-Rechtsschutz, auch als Arbeitgeber aus hauswirtschaftlichen (§ 2 b)
  Beschäftigungs- und Pflegeverhältnissen
- Rechtsschutz im Vertrags- und Sachenrecht (§ 2 d)
- Steuer-Rechtsschutz (§ 2 e)
- Sozialgerichts-Rechtsschutz (§ 2 f)
- Disziplinar- und Standes-Rechtsschutz (§ 2 h)
- Straf-Rechtsschutz (§ 2 i)
- Ordnungswidrigkeiten-Rechtsschutz (§ 2 j)
- Beratungs-Rechtsschutz im Familien-, Lebenspartnerschafts- und Erbrecht (§ 2 k)
- Opfer-Rechtsschutz (§ 2 l)
- HUK-COBURG Rechtsberatung (§ 30)

(4) Der Versicherungsschutz umfasst nicht die Wahrnehmung rechtlicher Interessen als Eigentümer, Halter, Erwerber, Vermieter, Mieter, Leasingnehmer und Fahrer eines Motorfahrzeugs zu Lande, zu Wasser oder in der Luft sowie Anhängers.
(5) (entfällt)
(6) Rechtsschutz60 (Privat-Rechtsschutz):
Abweichend von den Absätzen 1 bis 4 kann vereinbart werden, dass sich der Versicherungsschutz im Arbeits-Rechtsschutz (siehe § 2 b) ausschließlich auf die Wahrnehmung rechtlicher Interessen aus einer betrieblichen Altersversorgung sowie hinsichtlich der Ruhestandsbezüge und beihilferechtlichen Ansprüchen aus einem öffentlich-rechtlichen Dienstverhältnis bezieht.
Voraussetzung hierfür ist, dass Sie Ihr 60. Lebensjahr vollendet haben.
Die Wahrnehmung rechtlicher Interessen aus bestehenden Arbeits-/Dienstverhältnissen - auch bei mitversicherten Personen - ist nicht versichert.

§ 26 Privat-, Berufs- und Verkehrs-Rechtsschutz

(1) Für den privaten und den nichtselbstständigen beruflichen Bereich besteht für Sie und Ihren nach § 15 Absatz 2 mitversicherten Lebenspartner Versicherungsschutz.
Mit Ausnahme des Verkehrsbereichs besteht kein Versicherungsschutz für die Wahrnehmung rechtlicher Interessen im Zusammenhang mit einer gewerblichen, freiberuflichen oder sonstigen selbstständigen Tätigkeit.

(2) Mitversichert sind:
a) die minderjährigen Kinder;
b) die unverheirateten, auch nicht in einer eingetragenen Lebenspartnerschaft lebenden volljährigen Kinder, jedoch längstens bis zu dem Zeitpunkt, in dem sie erstmalig eine auf Dauer angelegte berufliche Tätigkeit ausüben und hierfür ein leistungsbezogenes Entgelt erhalten;
c) alle Personen in ihrer Eigenschaft als berechtigte Fahrer und berechtigte Insassen jedes bei Vertragsabschluss oder während der Vertragsdauer auf Sie, Ihren mitversicherten Lebenspartner oder die mitversicherten Kinder zugelassenen oder auf ihren Namen mit einem Versicherungskennzeichen versehen oder von diesem Personenkreis als Selbstfahrer-Vermietfahrzeug zum vorübergehenden Gebrauch gemieteten Motorfahrzeugs zu Landes sowie Anhängers.

(3) Der Versicherungsschutz umfasst:

– Schadenersatz-Rechtsschutz	(§ 2 a)
– Arbeits-Rechtsschutz, auch als Arbeitgeber aus hauswirtschaftlichen Beschäftigungs- und Pflegeverhältnissen	(§ 2 b)
– Rechtsschutz im Vertrags- und Sachenrecht	(§ 2 d)
– Steuer-Rechtsschutz	(§ 2 e)
– Sozialgerichts-Rechtsschutz	(§ 2 f)
– Verwaltungs-Rechtsschutz in Verkehrssachen	(§ 2 g)
– Disziplinar- und Standes-Rechtsschutz	(§ 2 h)
– Straf-Rechtsschutz	(§ 2 i)
– Ordnungswidrigkeiten-Rechtsschutz	(§ 2 j)
– Beratungs-Rechtsschutz im Familien-, Lebenspartnerschafts- und Erbrecht	(§ 2 k)
– Opfer-Rechtsschutz	(§ 2 l)
– HUK-COBURG Rechtsberatung	(§ 30)

(4) Es besteht kein Rechtsschutz für die Wahrnehmung rechtlicher Interessen als Eigentümer, Halter, Erwerber, Vermieter, Mieter und Leasingnehmer eines Motorfahrzeugs zu Wasser oder in der Luft.

(5) Der Fahrer muss bei Eintritt des Rechtsschutzfalls die vorgeschriebene Fahrerlaubnis haben, zum Führen des Fahrzeugs berechtigt sein und das Fahrzeug muss zugelassen oder mit einem Versicherungskennzeichen versehen sein. Bei Verstoß gegen diese Obliegenheit besteht Rechtsschutz nur für diejenigen Personen, die von diesem Verstoß keine Kenntnis hatten (Verzicht auf Einwand grob fahrlässiger Unkenntnis).
Der Versicherungsschutz bleibt auch bestehen, wenn die versicherte Person oder der Fahrer nachweist, dass die Verletzung der Obliegenheit weder für den Eintritt oder die Feststellung des Rechtsschutzfalls noch für die Feststellung oder den Umfang der uns obliegenden Leistung ursächlich war.

(6) (entfällt)

(7) Ist seit mindestens sechs Monaten kein Motorfahrzeug zu Lande und kein Anhänger mehr auf Sie, Ihren mitversicherten Lebenspartner oder die mitversicherten Kinder zugelassen oder auf deren Namen mit einem Versicherungskennzeichen versehen, können Sie verlangen, dass der Versicherungsschutz in einen solchen nach § 25 umgewandelt wird. Eine solche Umwandlung tritt automatisch ein, wenn die gleichen Voraussetzungen vorliegen und Sie, Ihr mitversicherter Lebenspartner und die mitversicherten Kinder zusätzlich keine Fahrerlaubnis mehr haben. Werden uns die für die Umwandlung des Versicherungsschutzes ursächlichen Tatsachen später als zwei Monate nach ihrem Eintritt angezeigt, erfolgt die Umwandlung des Versicherungsschutzes erst ab Eingang der Anzeige.

(8) Rechtsschutz60 (Privat- und Verkehrs-Rechtsschutz):
Abweichend von den Absätzen 1 bis 7 kann vereinbart werden, dass sich der Versicherungsschutz im Arbeits-Rechtsschutz (siehe § 2 b) ausschließlich auf die Wahrnehmung rechtlicher Interessen aus einer betrieblichen Altersversorgung sowie hinsichtlich der Ruhestandsbezüge und beihilferechtlichen Ansprüchen aus einem öffentlich-rechtlichen Dienstverhältnis bezieht.
Voraussetzung hierfür ist, dass Sie Ihr 60. Lebensjahr vollendet haben.
Die Wahrnehmung rechtlicher Interessen aus bestehenden Arbeits-/Dienstverhältnissen - auch bei mitversicherten Personen - ist nicht versichert.
(9) Single Privat-, Berufs- und Verkehrs-Rechtsschutz:
Abweichend von den Absätzen 1 und 2 kann auf Ihren Wunsch hin vereinbart werden, dass sich der Versicherungsschutz ausschließlich auf Sie bezieht, es sei denn, Sie möchten den Rechtsschutz60 (Privat- und Verkehrs-Rechtsschutz) abschließen.
Voraussetzung hierfür ist, dass Sie
– unverheiratet sind,
– keinen eingetragenen oder nicht ehelichen Lebenspartner haben und
– keine Kinder haben, die noch mitversichert wären.
Ändern sich Ihre Lebensumstände dahingehend, dass eine dieser Voraussetzungen auf Sie nicht mehr zutrifft, wandelt sich Ihr Versicherungsschutz in den Privat-, Berufs- und Verkehrs-Rechtsschutz um. Die Einschränkung des Versicherungsschutzes auf Sie entfällt. Den Beitrag erheben wir rückwirkend zum Zeitpunkt Ihrer veränderten Lebenssituation.

§ 27 Landwirtschafts- und Verkehrs-Rechtsschutz

wird nicht angeboten

§ 28 Privat-, Berufs- und Verkehrs-Rechtsschutz für Selbstständige

wird nicht angeboten

§ 29 Rechtsschutz für Eigentümer und Mieter von Wohnungen und Grundstücken

(1) Versicherungsschutz besteht
a) bei selbst genutzten Wohneinheiten
   für alle selbst, ausschließlich zu Wohnzwecken genutzten, das heißt nicht einer freiberuflichen, gewerblichen oder sonstigen selbstständigen Tätigkeit dienenden Wohneinheiten im Inland. Versichert sind Rechtsschutzfälle, die im Zusammenhang mit der Eigennutzung stehen. Dies gilt auch, soweit sie erst nach dem Auszug aus einem versicherten Objekt eintreten. Das Gleiche gilt für Rechtsschutzfälle, die sich auf ein neues Objekt beziehen und vor dessen geplantem oder tatsächlichem Bezug eintreten. Einer Wohneinheit zuzurechnende Garagen oder Kraftfahrzeug-Abstellplätze sind eingeschlossen. Streitigkeiten unter Miteigentümern bzw. Mitmietern desselben versicherten Objekts sind ausgeschlossen. Eine teilweise gewerblich genutzte Wohneinheit wird dem gleichgestellt, wenn die gewerbliche Nutzung weniger als 20% beträgt. Die Wahrnehmung Ihrer rechtlichen Interessen im Zusammenhang mit einer teilweisen gewerblichen Nutzung ist in diesen Fällen vom Versicherungsschutz ausgeschlossen.
b) bei nicht selbst genutzten Wohneinheiten, gewerblichen Einheiten und Grundstücken für Sie als
   – Eigentümer,
   – Vermieter,
   – Verpächter,
   – Mieter,
   – Pächter,
   – Nutzungsberechtigter
von Grundstücken, Gebäuden oder Gebäudeteilen, die im Versicherungsschein bezeichnet sind. Einer Wohneinheit zuzurechnende Garagen oder Kraftfahrzeug-Abstellplätze sind eingeschlossen. Streitigkeiten unter Miteigentümern als Vermieter bzw. Mitmietern desselben versicherten Objekts sind ausgeschlossen.

(2) Der Versicherungsschutz umfasst:
- Wohnungs- und Grundstücks-Rechtsschutz (§ 2 c)
- Steuer-Rechtsschutz (§ 2 e)

(3) Soweit der Beitrag für vermietete Objekte auf der Grundlage des Bruttojahresmietwertes berechnet wird, erhöht oder vermindert sich der maßgebliche Bruttojahresmietwert entsprechend dem Prozentsatz, zu dem sich der Preisindex für Wohnungsmieten des Statistischen Bundesamts für den Monat Juni eines jeden Jahrs im Vergleich zum entsprechenden Vorjahreswert verändert.
Die Anpassung wird wirksam mit Beginn der nächsten Versicherungsperiode.
Sie können innerhalb eines Monats nach Zugang der Mitteilung durch schriftliche Erklärung der Anpassung widersprechen. Wir sind dann berechtigt, die Leistungen nur insoweit zu erbringen, als es dem Verhältnis des vereinbarten Beitrags zu dem Beitrag entspricht, der sich aus der tatsächlichen Bruttojahresmiete zum Zeitpunkt des Rechtsschutzfalls ergibt.

§ 30 HUK-COBURG Rechtsberatung

(1) Der Versicherungsschutz umfasst telefonische anwaltliche Erstberatungsgespräche. Die Kosten je Beratung bestimmen sich nach der zur Zeit des Eintritts des Rechtsschutzfalls gültigen Fassung des Rechtsanwaltsvergütungsgesetzes (RVG) und sind begrenzt durch die für die Beratung eines Verbrauchers geltende Obergrenze (derzeit: § 34 Absatz 1 Satz 3, 3. Halbsatz RVG). In diesem Fall gilt keine Selbstbeteiligung.
(2) Versicherungsschutz besteht für Sie und Ihren nach § 15 Absatz 2 mitversicherten Lebenspartner
a) für den privaten Bereich,
b) für den beruflichen Bereich in Ausübung einer nichtselbstständigen Tätigkeit.
(3) Mitversichert sind:
a) die minderjährigen Kinder;
b) die unverheirateten, auch nicht in einer eingetragenen Lebenspartnerschaft lebenden volljährigen Kinder, jedoch längstens bis zu dem Zeitpunkt, in dem sie erstmalig eine auf Dauer angelegte berufliche Tätigkeit ausüben und hierfür ein leistungsbezogenes Entgelt erhalten.
(4) Anspruch auf Rechtsschutz besteht bei Vorliegen eines Beratungsbedarfs in eigenen Angelegenheiten. Das gilt auch, wenn keine veränderte Rechtslage oder ein Verstoß gegen Rechtspflichten oder Rechtsvorschriften (siehe § 4) vorliegt.
§ 3 findet keine Anwendung.
(5) Ergibt sich im Rahmen der HUK-COBURG Rechtsberatung ein Bedarf an Formularen oder Mustertexten, sorgen wir für die Bereitstellung.
(6) Die Voraussetzungen für die telefonische Erstberatung werden nach Ihrer telefonischen Anfrage geprüft. Auf Ihren Wunsch hin verbinden wir Sie auf unsere Kosten mit einer unabhängigen Rechtsanwaltskanzlei. Für die Tätigkeit des Rechtsanwalts sind wir nicht verantwortlich.

§ 31 Rechtsschutz PLUS für §§ 25 und 26

Der Versicherungsschutz des Privat- und Berufs-Rechtsschutzes (siehe § 25) und des Privat-, Berufs- und Verkehrs-Rechtsschutzes (siehe § 26) kann wie folgt erweitert werden:
(1) Der Versicherungsschutz umfasst zusätzlich:

Rechtsschutz im Vertrags- und Sachenrecht (§ 2 d)

    aa) abweichend von § 3 Absatz 2 f) bb) besteht Versicherungsschutz auch für die Wahrnehmung rechtlicher Interessen aus den dort aufgeführten Kapitalanlagegeschäften sowie Geld- und Vermögensanlagen;
    bb) abweichend von § 3 Absatz 2 j) besteht Versicherungsschutz für die Wahrnehmung rechtlicher Interessen im ursächlichen Zusammenhang mit dem Erwerb oder der Veräußerung von Teilzeitnutzungsrechten (Time-Sharing) an Grundstücken, Gebäuden oder Gebäudeteilen.
a) Die Kostenerstattung für diese Rechtsschutzfälle nach Absatz 1 a) ist auf 10.000 € je Rechtsschutzfall beschränkt. Zahlungen für Sie und mitversicherte Personen auf Grund desselben Rechtsschutzfalls rechnen wir hierbei zusammen;

Steuer-Rechtsschutz (§ 2 e)

b) abweichend von § 2 e) besteht Versicherungsschutz im privaten nicht selbstständigen Bereich für die Wahrnehmung rechtlicher Interessen in dem der Klage vorgeschalteten Einspruchsverfahren;

Sozialgerichts-Rechtsschutz (§ 2 f)

c) abweichend von § 2 f) besteht Versicherungsschutz auch für die Wahrnehmung rechtlicher Interessen in dem der Klage vorgeschalteten Widerspruchsverfahren;

Verwaltungs-Rechtsschutz (§ 2 g)

d) abweichend von § 2 g) besteht Versicherungsschutz für die Wahrnehmung rechtlicher Interessen in nichtverkehrsrechtlichen Angelegenheiten vor deutschen Verwaltungsgerichten und in Widerspruchsverfahren, die diesen Gerichtsverfahren vorangehen. Dies gilt nur, soweit der Versicherungsschutz nicht bereits in den Leistungsarten nach § 2 Absätze b), c), e) oder h) enthalten ist. Versicherungsschutz besteht jedoch erst nach Ablauf von drei Monaten nach Versicherungsbeginn (Wartezeit);

e) Erweiterter Beratungs-Rechtsschutz

   aa) wird der Rechtsanwalt in Angelegenheiten des § 2 k) über die Beratung hinaus außergerichtlich tätig, besteht auch Versicherungsschutz für die außergerichtliche Interessenwahrnehmung. Dies gilt jedoch nicht in Trennungs- und Trennungsfolgeangelegenheiten bzw. Scheidungs- und Scheidungsfolgeangelegenheiten sowie Aufhebung der Lebenspartnerschaft. Die Kostenerstattung ist auf 1.000 € je Rechtsschutzfall begrenzt.

   bb) für ein Beratungsgespräch mit einem in Deutschland zugelassenen Rechtsanwalt zur Erstellung oder Änderung einer Patientenverfügung einschließlich Vorsorgevollmacht oder der Erstellung eines Testaments oder Betreuungsverfügung. Die Kostenerstattung ist auf 250 € pro Versicherungsjahr beschränkt. In diesem Fall ziehen wir die mit Ihnen vereinbarte Selbstbeteiligung nicht ab.

   Ein Anspruch auf diese Leistung besteht bei Vorliegen eines Beratungsbedarfs in eigenen Angelegenheiten;

f) Rechtsschutz in Betreuungsverfahren

   für die Wahrnehmung rechtlicher Interessen in unmittelbarem Zusammenhang mit Betreuungsanordnungen nach §§ 1896 ff. BGB gegen Sie oder eine mitversicherte Person. Die Kostenerstattung ist auf 1.000 € je Rechtsschutzfall begrenzt.
   Sie haben Anspruch auf diese Leistung mit Einleitung des Betreuungsverfahrens;

g) Rechtsschutz für außergerichtliche Konfliktbeilegung in Bausachen

   abweichend von § 3 Absatz 1 d) besteht für die dort aufgeführten Angelegenheiten Versicherungsschutz für eine von uns vermittelte außergerichtliche Konfliktbeilegung (zum Beispiel Mediation) nach § 5a je Bausache;

h) Rechtsschutz für Photovoltaikanlagen

   abweichend von § 3 Absatz 1 d), § 3 Absatz 2 k), besteht für die Wahrnehmung rechtlicher Interessen in Zusammenhang mit der Anschaffung, der Installation und dem Betrieb einer Photovoltaikanlage zur privaten und gewerblichen Nutzung Versicherungsschutz. Dies gilt jedoch nur, wenn die Anlage
   – nach der jeweils einschlägigen Landesbauordnung genehmigungs- bzw. verfahrensfrei ist und
   – sich auf der Dachfläche eines in Ihrem Eigentum und/oder in Eigentum der mitversicherten Personen stehenden Objekts befindet;

i) Rechtsschutz für außergerichtliche Konfliktbeilegung im Familien-, Lebenspartnerschafts- und Erbrecht

   abweichend von § 3 Absatz 2 g) besteht für Angelegenheiten des Familien-, Lebenspartnerschafts- und Erbrechts Versicherungsschutz für ein außergerichtliches Konfliktbeilegungsverfahren (zum Beispiel Mediation) gemäß § 5a je Rechtsschutzfall.
   In Angelegenheiten des Familien- und Lebenspartnerschaftsrechts können Sie für Rechtsschutzfälle in ursächlichem Zusammenhang mit einer Ehe oder Partnerschaft, auch nach deren Beendigung, nur

einmalig ein außergerichtliches Konfliktbeilegungsverfahren (zum Beispiel Mediation) gemäß § 5a in Anspruch nehmen.
In Trennungs- und Trennungsfolgeangelegenheiten bzw. Scheidungs- und Scheidungsfolgeangelegenheiten besteht Versicherungsschutz erst für Rechtsschutzfälle, die nach Ablauf einer Wartezeit von drei Monaten ab Versicherungsbeginn eingetreten sind.

j) Beratungs-Rechtsschutz bei privaten Urheberrechtsverstößen im Internet
abweichend von § 3 Absatz 2 d) besteht bei Streitigkeiten in ursächlichem Zusammenhang mit Urheberrechten Versicherungsschutz für ein Erstberatungsgespräch mit einem in Deutschland zugelassenen Rechtsanwalt. Dies setzt voraus, dass Ihnen oder einer mitversicherten Person als Privatperson ein Urheberrechtsverstoß im Internet vorgeworfen wird. In diesem Fall ziehen wir die mit Ihnen vereinbarte Selbstbeteiligung nicht ab. Wird der Rechtsanwalt darüber hinaus tätig, erstatten wir nur die durch die Erstberatung entstandenen Kosten im Rahmen der dafür vorgesehenen gesetzlichen Gebühren (siehe § 5 Absatz 1 a) Satz 4). Die Kostenerstattung ist auf 1.000 € pro Versicherungsjahr begrenzt;

k) Erweiterter Straf-Rechtsschutz (§ 2 i)
abweichend von § 2 i) besteht im privaten und nichtselbstständigen beruflichen Bereich sowie bei der Ausübung einer ehrenamtlichen unentgeltlichen Tätigkeit Versicherungsschutz auch für die Verteidigung gegen den Vorwurf eines nur vorsätzlich begehbaren Vergehens. (Vergehen sind Straftaten, die im Mindestmaß mit einer Freiheitsstrafe von unter einem Jahr oder Geldstrafe bedroht sind. Nur vorsätzlich begehbare Vergehen sind zum Beispiel Beleidigung, Diebstahl und Betrug.)
Sie haben Versicherungsschutz, solange Sie nicht wegen einer Vorsatztat rechtskräftig verurteilt werden. Steht rechtskräftig fest, dass Sie eine Straftat vorsätzlich begangen haben, entfällt rückwirkend der Versicherungsschutz. In diesem Fall sind Sie verpflichtet, uns die Kosten zu erstatten, die wir für die Verteidigung wegen des Vorwurfs eines vorsätzlichen Verhaltens getragen haben.
Sie haben keinen Versicherungsschutz, wenn Ihnen ein Verbrechen vorgeworfen wird. (Ein Verbrechen ist eine Straftat, die im Mindestmaß mit einer Freiheitsstrafe von einem Jahr bedroht ist. Verbrechen sind zum Beispiel Totschlag, Raub, sexuelle Nötigung, Vergewaltigung oder Brandstiftung.)

(2) Mitversichert sind

a) Ihre mit Ihnen in häuslicher Gemeinschaft lebenden, dort gemeldeten und im Ruhestand befindlichen Eltern und Großeltern. Unter den gleichen Voraussetzungen gilt dies auch für die Eltern und Großeltern Ihres nach § 15 Absatz 2 mitversicherten Lebenspartners;

b) Ihre unverheirateten, auch nicht in einer eingetragenen Lebensgemeinschaft lebenden Enkel, die mit Ihnen in häuslicher Gemeinschaft leben und dort gemeldet sind. Die Mitversicherung gilt jedoch längstens bis zu dem Zeitpunkt, in dem sie erstmalig eine auf Dauer angelegte berufliche Tätigkeit ausüben und hierfür ein leistungsbezogenes Entgelt erhalten. Unter den gleichen Voraussetzungen gilt dies auch für die Enkel Ihres nach § 15 Absatz 2 mitversicherten Lebenspartners.
Dies gilt nicht, wenn Sie nach § 26 Absatz 9 Single-Rechtsschutz vereinbart haben.

(3) Erweiterte weltweite Deckung
Abweichend von § 6 Absatz 2 besteht Versicherungsschutz, wenn Ihr Rechtsschutz dort während eines höchstens 12-monatigen Aufenthalts eingetreten ist

§ 11a Beiordnung eines Rechtsanwalts, Prozesskostenhilfe

(1) Die Vorschriften der Zivilprozessordnung über die Prozesskostenhilfe und über die grenzüberschreitende Prozesskostenhilfe innerhalb der Europäischen Union nach der Richtlinie 2003/8/EG gelten in Verfahren vor den Gerichten für Arbeitssachen entsprechend.

(2) Das Bundesministerium für Arbeit und Soziales wird ermächtigt, zur Vereinfachung und Vereinheitlichung des Verfahrens durch Rechtsverordnung mit Zustimmung des Bundesrates Formulare für die Erklärung der Partei über ihre persönlichen und wirtschaftlichen Verhältnisse (§ 117 Abs. 2 der Zivilprozessordnung) einzuführen.

§ 11a ArbGG Beiordnung eines Rechtsanwalts, Prozesskostenhilfe

Übersicht

	Rdn.		Rdn.
I. Allgemeines	1	d) Keine mutwillige Rechtsverfolgung bzw. Rechtsverteidigung	14
II. Prozesskostenhilfe (Abs. 1)	2	e) Stellung eines Antrags	16
1. Voraussetzungen	3	2. Verfahren	17
a) Wirtschaftliche Voraussetzungen	4	3. Folgen der Bewilligung von Prozesskostenhilfe	22
aa) Einsatz des Einkommens	5		
bb) Einsatz des Vermögens	9	4. Änderung und Aufhebung der Bewilligung	25
b) Persönliche Voraussetzungen	12		
c) Hinreichende Aussicht auf Erfolg	13	III. Verwendung von Formularen (Abs. 2)	31

I. Allgemeines

1 § 11a hat durch das Gesetz zur Änderung des Prozesskostenhilfe- und Beratungshilfegesetzes vom 31.08.2013[1] weitreichende Änderungen erfahren. So wurden die bisherigen Abs. 1 und 2 ersatzlos aufgehoben, welche die Beiordnung eines Rechtsanwalts im Arbeitsgerichtsprozess zum Gegenstand hatten. Weiter wurde der Abs. 2a aufgehoben, der die vorgenannten Absätze auf die grenzüberschreitende PKH innerhalb der EU nach der Richtlinie 2008/8/EG des Rates vom 27.01.2003 zur Verbesserung des Zugangs zum Recht bei Streitsachen mit grenzüberschreitendem Bezug durch Festlegung gemeinsamer Mindestvorschriften für die PKH in derartigen Streitsachen für anwendbar erklärt hatte. Mit Wirkung seit dem 01.01.2014[2] hat der § 11a nur noch die PKH zum Inhalt, auch wenn die Überschrift zu der Vorschrift nicht angepasst wurde, sondern unverändert geblieben ist.[3]

II. Prozesskostenhilfe (Abs. 1)

2 Abs. 1 erklärt die Vorschriften der ZPO über die PKH und über die grenzüberschreitende PKH innerhalb der EU nach der Richtlinie 2003/8/EG für das Verfahren vor den Gerichten für Arbeitssachen für entsprechend anwendbar. Demgemäß kann sowohl für das Verfahren vor dem ArbG als auch für die Verfahren vor dem LAG und dem BAG PKH analog §§ 114 ff. ZPO beantragt sowie gewährt werden, wobei dies sowohl für das Beschluss- als auch für das Urteilsverfahren gilt.[4]

▶ **Praxistipp:**

Sofern sich ein Gewerkschaftsmitglied an einen RA wendet und um eine Prozessvertretung nachsucht, ist bereits in der anwaltlichen Erstberatung zu beachten, dass Gewerkschaftsmitglieder grds. von der Inanspruchnahme von PKH ausgeschlossen sind. Gewerkschaftsmitglieder sind insoweit gehalten, von der für sie kostenlosen Vertretung etwa durch einen Gewerkschaftssekretär bzw. einen Prozessbevollmächtigten der DGB Rechtsschutz GmbH Gebrauch zu machen. Hierbei haben sie ggf. Umstände zu beseitigen, die einer Rechtsschutzgefährdung entgegenstehen. Diesbezüglich ist u.a. an eine Nachzahlung ausstehender Gewerkschaftsbeiträge zu denken. Auch sind sie unter Umständen gehalten, bei ihrer Gewerkschaft auf einer Änderung der Entscheidung auf Versagung gewerkschaftlichen Rechtsschutzes hinzuwirken, sofern die Gewährung von Rechtsschutz ohne sachliche Begründung versagt worden ist.[5] Etwas anderes soll nach einer Entscheidung des Hessischen LAG allerdings dann gelten, wenn ein AN von seinem nach Art. 9 Abs. 3 Satz 1 GG verbrieften Recht Gebrauch macht und aus der Gewerkschaft austritt. In so einem Fall kann dem AN für die Zeit nach der Beendigung der Mitgliedschaft

---

1 BGBl. I 2013, S. 3533.
2 Vgl. Art. 20 des Gesetzes zur Änderung des Prozesskostenhilfe- und Beratungshilferechts vom 31.08.2013, BGBl. I 2013, S. 3533.
3 Zur zahlreichen, berechtigten Kritik an der Änderung des § 11a vgl. NK-GA/Wolmerath § 11a Rn 3.
4 S.a. Schwab/Weth-Liebscher § 11a Rn 6.
5 LAG Kiel, 15.12.2006 – 1 Ta 187/06, jurisPR-ArbR 11/2007 Anm. 5.

in der Gewerkschaft PKH bewilligt werden.⁶ Die Bewilligung von PKH kann ferner in Betracht kommen, falls dem Gewerkschaftsmitglied die Inanspruchnahme des gewerkschaftlichen Rechtsschutzes wegen einer erheblichen Störung des Vertrauensverhältnisses zwischen der Gewerkschaft und ihrem Mitglied nicht zuzumuten ist.⁷

1. Voraussetzungen

Die Voraussetzungen für die Gewährung von PKH sind in § 114 Abs. 1 Satz 1 ZPO niedergelegt. 3
Danach erhält PKH, wer nach seinen persönlichen und wirtschaftlichen Verhältnissen die Kosten der Prozessführung nicht, nur zum Teil oder nur in Raten aufbringen kann, sofern die beabsichtigte Rechtsverfolgung oder Rechtsverteidigung hinreichende Aussicht auf Erfolg bietet und nicht mutwillig erscheint. Um in den Genuss von PKH gelangen zu können, bedarf es eines entsprechenden Antrags. Soweit es die grenzüberschreitende PKH innerhalb der EU betrifft, sind laut § 114 Abs. 1 Satz 2 ergänzend die »§§ 1076–1089 ZPO« zu beachten.

a) Wirtschaftliche Voraussetzungen

Ob die wirtschaftlichen Voraussetzungen für die Gewährung von PKH erfüllt sind, bestimmt sich 4
nach § 115 ZPO, der in seinem Abs. 1 Satz 1 dem Grundsatz folgt, dass die Partei⁸ zur Führung eines Rechtsstreits ihr Einkommen einzusetzen hat. Das Einkommen ist dabei sozialversicherungsrechtlich zu verstehen, so dass eine steuerrechtliche Betrachtungsweise ausscheidet.⁹ Um zu gewährleisten, dass das Existenzminimum einer bedürftigen Partei nicht mit den Kosten einer Prozessführung belastet wird,¹⁰ sind nach § 115 Abs. 1 Satz 3 ZPO Abzüge vorzunehmen. In vergleichbarer Weise hat die Partei gem. § 115 Abs. 3 Satz 1 ZPO ihr Vermögen einzusetzen, soweit es ihr zumutbar ist. Nicht verwertbar ist insoweit gem. § 115 Abs. 3 Satz 2 ZPO das Vermögen, das unter den Katalog des § 90 Abs. 2 SGB XII fällt und/oder von Abs. 3 der Vorschrift erfasst wird.

aa) Einsatz des Einkommens

Zum **Einkommen** einer Partei gehören gem. § 115 Abs. 1 Satz 2 ZPO alle Einkünfte in Geld oder 5
Geldeswert, also:
– Einkünfte aus selbstständiger oder nichtselbstständiger Arbeit *(z.B. monatliche Bruttoeinkünfte)*, auch wenn diese erst zu einem späteren Zeitpunkt ausgezahlt werden (Stichwort: nachgezahlte Vergütung),¹¹
– Einkünfte aus Vermietung und Verpachtung,¹²
– Lohnersatzleistungen (z.B. Arbeitslosengeld, Krankengeld,¹³ Insolvenzgeld, Kurzarbeitergeld),¹⁴
– Pensionen, Renten,¹⁵
– persönliche Leistungen, die nicht der Lebensführung zugeführt werden können *(z.B. Geschenke aus besonderem Anlass)*,
– Zulagen (z.B. Erschwerniszulagen, Mehrarbeitszuschläge),¹⁶

---

6 Hess. LAG, 21.05.2008 – 16 Ta 195/08.
7 BAG, 05.11.2012 – 3 AZB 23/12; LAG Rheinland-Pfalz, 16.09.2013 – 6 Sa 54/13.
8 S.a. LAG Berlin-Brandenburg, 20.06.2014 – 21 Ta 1011/14.
9 Schwab/Weth-Liebscher § 11a Rn 46.
10 Vgl. GMPMG/Germelmann § 11a Rn 16.
11 LAG Schleswig-Holstein, 01.09.2006 – 1 Ta 75/06, NZA-RR 2007, 156.
12 BCF/Bader § 11a Rn 20; Schwab/Weth-Liebscher § 11a Rn 58.
13 Das BAG differenziert danach, ob das Krankengeld anstelle von Arbeitsentgelt oder während der Arbeitslosigkeit gezahlt wird. Im ersten Fall betrachtet es das Krankengeld als Erwerbseinkommen, im zweiten Fall hingegen nicht; vgl. BAG, 22.04.2009 – 3 AZB 90/08.
14 Vgl. Natter/Gross § 11a Rn 56; GMPMG/Germelmann § 11a Rn 32.
15 Christl S. 787; s.a. Schwab/Weth-Liebscher § 11a Rn 56.
16 Vgl. Christl S. 787.

- Sachbezüge (z.B. Deputate, Gewährung von freier Kost und Logis),[17]
- Naturalleistungen, die durch einen Unterhaltspflichtigen erbracht werden,[18]
- ausgezahlte Essenszuschüsse,[19]
- Freistellung von privaten Aufwendungen (z.B. Spesen),[20]
- Urlaubsgeld,[21]
- Weihnachtsgeld,[22]
- Leistungen nach dem SGB II,[23]
- Pflegegeld gem. § 39 SGB VIII, soweit es die Kosten der Erziehung betrifft,[24]
- Leistungen nach dem SGB XII,[25]
- Wohngeld,[26]
- geldwerter Vorteil für einen unentgeltlich überlassenen Wohnraum,[27]
- geldwerter Vorteil für einen unentgeltlich überlassenen Pkw,
- darlehensweise gezahltes Unterhaltsgeld,[28]
- Kindergeld, sofern es das Kind selbst betrifft.[29]
- Ausbildungsförderung,[30]
- Einkünfte aus Kapitalvermögen,[31]
- Steuererstattungen.[32]

6 Zum **Einkommen** gehören dagegen **nicht**:
- ungenutzte Verdienstmöglichkeiten,[33]
- vermögenswirksame Leistungen[34]
- Arbeitnehmersparzulage,[35]
- Essenszuschüsse, die nicht ausgezahlt werden,[36]
- Abfindungen gem. §§ 9, 10 KSchG,[37]
- Kindergeld, sofern es an den betreuenden Elternteil ausgezahlt wird,[38]

---

17 Vgl. Schwab/Weth-Liebscher § 11a Rn 51.
18 LAG Baden-Württemberg, 19.09.1984 – 7 Ta 17/84.
19 S.a. Schwab/Weth-Liebscher § 11a Rn 50.
20 Vgl. Christl S. 787.
21 Vgl. Christl S. 787; Baumbach/Lauterbach/Albers/Hartmann § 115 Rn 37.
22 Vgl. Christl S. 787; Baumbach/Lauterbach/Albers/Hartmann § 115 Rn 37.
23 Str.; vgl. Schwab/Weth-Liebscher § 11a Rn 60; so LAG Rheinland-Pfalz, 27.11.2007 – 3 Ta 247/07; a.A. Thomas/Putzo § 115 Rn 2a; einschränkend Baumbach/Lauterbach/Albers/Hartmann § 115 Rn 34.
24 Thomas/Putzo, § 115 Rn 3; Baumbach/Lauterbach/Albers/Hartmann § 115 Rn 32.
25 Baumbach/Lauterbach/Albers/Hartmann § 115 Rn 34; BCF/Bader § 11a Rn 20.
26 LAG Freiburg, 05.11.1981 – 8 Ta 18/81, NJW 1982, 847; a.A. BCF/Bader § 11a Rn 20.
27 A.A. Schwab/Weth-Liebscher § 11a Rn 59.
28 LAG Bremen, 08.01.1988 – 1 Ta 1/88.
29 Vgl. LAG Berlin-Brandenburg, 29.09.2014 – 3 Ta 1494/14, dass das Kindergeld unter Verweis auf § 1612b BGB dem Einkommen des Kindes zurechnet; s.a. BVerfG, 14.07.2011 – 1 BvR 932/10.
30 LAG Bremen, 08.01.1988 – 1 Ta 1/88, JurionRS 1988, 10308.
31 Vgl. Schwab/Weth-Liebscher § 11a Rn 58; BCF/Bader § 11a Rn 20.
32 OLG Bremen, 18.03.1998 – 4 WF 16/98, JurionRS 1998, 32391.
33 GMPMG/Germelmann § 11a Rn 34; Christl S. 786; Schwab/Weth-Liebscher § 11a Rn 52.
34 Schwab/Weth-Liebscher § 11a Rn 49; BCF/Bader § 11a Rn 20.
35 Christl S. 787; a.A. Thomas/Putzo § 115 Rn 2.
36 Vgl. Schwab/Weth-Vollstädt § 11a Rn 42; BCF/Bader § 11a Rn 20.
37 Str.; vgl. LAG Bremen, 16.08.1982 – 4 Ta 38/82, JurionRS 1982, 10294; LAG Bremen, 20.07.1988 – 1 Ta 38/88, JurionRS 1988, 14802; a.A. LAG Baden-Württemberg, 04.01.2011 – 18 Ta 8/10, JurionRS 2011, 13911; LAG Köln, 07.03.1995 – 7 Ta 22/95; s.a. Rdn. 5 mit Verweis auf die Rechtsprechung, welche diese Abfindung dem Vermögen zurechnet; s.a. Schwab/Weth-Liebscher § 11a Rn 53.
38 Vgl. LAG Berlin-Brandenburg, 29.09.2014 – 3 Ta 1494/14, welches das Kindergeld ansonsten unter Verweis auf § 1612b BGB dem Einkommen des Kindes zurechnet; s.a. BVerfG, 14.07.2011 – 1 BvR 932/10.

- Kindergeldzuschuss, der neben einer Rente gezahlt wird,[39]
- Unterhaltsleistungen,[40]
- freiwillige Unterstützungszahlungen,[41]
- Familiengeld,[42]
- Kindererziehungsleistungen gem. §§ 294 ff. SGB VI,[43]
- Erziehungsgeld nach dem BErzGG[44] bzw. Elterngeld nach dem BEEG,[45]
- Sozialhilfe,[46]
- Pflegegeld gem. § 37 SGB XI.[47]

Gem. § 115 Abs. 1 Satz 3 ZPO sind vom Einkommen **abzusetzen:** 7
1. die in § 82 Abs. 2 SGB XII bezeichneten Beträge (vgl. § 115 Abs. 1 Satz 3 Nr. 1a ZPO): auf das Einkommen entrichtete Steuern (Einkommen-, Lohn-, Kirchen- und Kapitalertragsteuer);[48] Pflichtbeiträge zur Sozialversicherung (Kranken-, Renten-, Pflege- und Unfallversicherung)[49] einschließlich der Beiträge zur Arbeitsförderung; Beiträge zu öffentlichen oder privaten Versicherungen oder ähnlichen Einrichtungen, soweit diese Beiträge gesetzlich vorgeschrieben (z.B. Beiträge freiwilliger Mitglieder zur gesetzlichen Kranken- und Rentenversicherung; Kfz-Haftpflichtversicherung, wenn das Kfz zu einem sozialhilferechtlich anerkennenswerten Zweck gehalten wird)[50] oder nach Grund und Höhe angemessen sind, sowie geförderte Altersvorsorgebeiträge nach § 82 EStG, soweit sie den Mindestbetrag nach § 86 EStG nicht überschreiten (sog. Riester-Rente);[51] die mit der Erzielung des Einkommens verbundenen notwendigen Ausgaben (z.B. Kinderbetreuungskosten, Fahrtkosten zur Arbeitsstätte, Beiträge zu Berufsverbänden, notwendige Mehraufwendungen für die Führung eines doppelten Haushalts);[52] das Arbeitsförderungsgeld und Erhöhungsbeträge des Arbeitsentgelts i.S.v. § 43 Satz 4 SGB IX;
2. bei Parteien, die ein Einkommen aus Erwerbstätigkeit erzielen, ein Betrag i.H.v. 50 % des höchsten Regelsatzes, der für den alleinstehenden oder alleinerziehenden Leistungsberechtigten gemäß der Regelbedarfsstufe 1 nach der Anlage zu § 28 SGB XII festgesetzt oder fortgeschrieben worden ist (vgl. § 115 Abs. 1 Satz 3 Nr. 1b ZPO);[53]
3. für die Partei und ihren Ehegatten oder ihren Lebenspartner jeweils ein Betrag i.H.d. um 10 % erhöhten höchsten Regelsatzes, der für den alleinstehenden oder alleinerziehenden Leistungsberechtigten gemäß der Regelbedarfsstufe 1 nach der Anlage zu § 28 SGB XII festgesetzt oder fortgeschrieben worden ist (vgl. § 115 Abs. 1 Satz 3 Nr. 2a ZPO);

---

39 LAG Düsseldorf, 11.04.1985 – 7 Ta 125/85.
40 Vgl. Christl S. 787; s.a. Hess. LAG, 17.10.2001 – 2 Ta 328/01, das zwischen Unterhaltsleistungen eines Ehegatten für seine Kinder und für den anderen Ehegatten unterscheidet.
41 Vgl. Christl S. 787.
42 Vgl. Thomas/Putzo § 115 Rn 3.
43 Vgl. Thomas/Putzo § 115 Rn 3; BCF/Bader § 11a Rn 20; Schwab/Weth-Liebscher § 11a Rn 61.
44 OLG Koblenz, 06.12.2000 – 13 WF 698/00; s.a. Schwab/Weth-Liebscher § 11a Rn 61.
45 Vgl. Natter/Gross § 11a Rn 57; Schwab/Weth-Liebscher § 11a Rn 61; BCF/Bader § 11a Rn 20, der diesbezüglich eine Grenze bei 300 € je Kind zieht.
46 Str.; OLG Köln, 30.03.1993 – 25 WF 35/93 m.w.N; Thomas/Putzo § 115 Rn 3.
47 OLG Köln, 02.12.2011 – 4 WF 190/11; Thomas/Putzo § 115 Rn 3 m.w.N.
48 S.a. NK-GA/Wolmerath § 11a ArbGG Rn 13 Fn. 53.
49 S.a. NK-GA/Wolmerath § 11a ArbGG Rn 13 Fn. 54.
50 S.a. NK-GA/Wolmerath § 11a ArbGG Rn 13 Fn. 55.
51 S.a. NK-GA/Wolmerath § 11a ArbGG Rn 13 Fn. 56.
52 S.a. NK-GA/Wolmerath § 11a ArbGG Rn 13 Fn. 57.
53 S.a. LAG Rheinland-Pfalz, 28.07.2008 – 9 Ta 118/08, für den Fall, dass ein Arbeitnehmer bis zum Ablauf der ordentlichen Kündigungsfrist unter Fortzahlung der Bezüge von der Arbeitsleistung freigestellt wird. Bei einem Erhalt von Krankengeld, das sich gemäß § 47 SGB V anteilig nach dem letzten erzielten Arbeitseinkommen berechnet, scheidet ein Abzug nach § 115 Abs. 1 Satz 3 Nr. 1b ZPO aus, sofern das Arbeitsverhältnis beendet und ein neues nicht begründet worden ist; so: LAG Köln, 20.10.2014 – 1 Ta 324/14 im Anschluss an LAG Düsseldorf, 21.10.2009 – 3 Ta 653/09.

4. bei weiteren Unterhaltsleistungen aufgrund gesetzlicher Unterhaltspflicht für jede unterhaltsberechtigte Person jeweils ein Betrag i.H.d. um 10 % erhöhten höchsten Regelsatzes, der für eine Person ihres Alters gemäß den Regelbedarfsstufen 3 bis 6 nach der Anlage zu § 28 SGB XII festgesetzt oder fortgeschrieben worden ist (vgl. § 115 Abs. 1 Satz 3 Nr. 2b ZPO);
5. die Kosten der Unterkunft und Heizung (z.B. Mietzins, Mietnebenkosten), soweit sie nicht in einem auffälligen Missverhältnis zu den Lebensverhältnissen der Parteien stehen (vgl. § 115 Abs. 1 Satz 3 Nr. 3 ZPO);
6. Mehrbedarfe nach § 21 SGB II und nach § 30 SGB XII (vgl. § 115 Abs. 1 Nr. 4 ZPO);
7. weitere Beträge, soweit dies mit Rücksicht auf besondere Belastungen angemessen ist; § 1610a BGB gilt entsprechend (vgl. § 115 Abs. 1 Satz 3 Nr. 5 ZPO).[54]

8 Die Bedarfssätze zu § 115 Abs. 1 Satz 3 Nr. 1b und Nr. 2 ZPO werden im Bundesgesetzblatt bekannt gegeben. Die seit dem 01.01.2016 geltenden Sätze betragen:[55]
– 213 € für Parteien, die ein Einkommen aus Erwerbstätigkeit erzielen (§ 115 Abs. 1 Satz 3 Nr. 1b ZPO);
– 468 € für die Partei und ihren Ehegatten oder ihren Lebenspartner (§ 115 Abs. 1 Satz 3 Nr. 2a ZPO);
– für jede weitere Person, der die Partei aufgrund gesetzlicher Unterhaltspflicht Unterhalt leistet, in Abhängigkeit von ihrem Alter (§ 115 Abs. 1 Satz 3 Nr. 2b ZPO):
  – Erwachsene 374 €,
  – Jugendliche von Beginn des 15. bis zur Vollendung des 18. Lebensjahres 353 €,
  – Kinder von Beginn des 7. bis zur Vollendung des 14. Lebensjahres 309 €,
  – Kinder bis zur Vollendung des 6. Lebensjahres 272 €.

bb) Einsatz des Vermögens

9 Gem. § 115 Abs. 3 Satz 1 ZPO hat die Partei ihr Vermögen einzusetzen, soweit dies zumutbar ist. Vermögen in diesem Sinne sind gespartes Geld,[56] geldwerte Sachen, Rechte und Forderungen,

---

54 Vgl. LAG Köln, 09.12.2010 – 1 Ta 341/10, wonach an einen Treuhänder zum Zwecke der Restschuldbefreiung gemäß § 287 Abs. 2 Satz 1 InsO abgetretene Bezüge die finanzielle Leistungsfähigkeit mindern, sodass die abgeführten Beträge gemäß § 115 Abs. 1 Satz 3 Nr. 5 ZPO vom Einkommen abziehbar sind, sofern nicht besondere Umstände dem entgegenstehen. Abzugsfähig sind weiter notwendige und angemessene krankheitsbedingte Aufwendungen, die nicht von der Krankenkasse getragen werden. Dies trifft nach Ansicht des LAG Köln jedoch nicht zu für eine monatliche Ratenzahlung i.H.v. 600 € für ein Darlehen zur Begleichung einer Zahnarztrechnung. Nach einer Entscheidung des LAG Köln vom 26.11.2010 sollen monatliche Kosten für Darlehenstilgungen i.R.d. § 115 Abs. 1 Satz 3 Nr. 5 ZPO vom Einkommen abzugsfähig sein, wenn die zugrunde liegende Kreditaufnahme vor Prozessbeginn erfolgt ist oder die Darlehensschulden zur Finanzierung lebenswichtiger Anschaffungen gedient haben und die Höhe der Zins- und Tilgungsraten angemessen ist. Raten aus einem anderen PKH-Verfahren können laut LAG Köln, 11.07.2014 – 1 Ta 102/14, ebenfalls abzugsfähig sein. Eine besondere Belastung i.S.d. § 115 Abs. 1 Satz 3 Nr. 5 ZPO kann sich bisweilen aus der Anwendung von § 30 Abs. 3 Nr. 1 SGB XII (Mehrbedarf für alleinerziehende Elternteile mit einem Kind unter sieben Jahren) ergeben; so: LAG Sachsen-Anhalt, 23.06.2010 – 2 Ta 80/10. Gemäß LAG Köln, 12.05.2011 – 7 Ta 318/10 können Darlehensschulden, welche die Partei in Kenntnis bereits entstandener oder unmittelbar bevorstehender Gerichtsverfahrenskosten eingeht, grundsätzlich nicht als angemessen i.S.v. § 115 Abs. 1 Satz 2 Nr. 5 ZPO anerkannt werden. Hiervon seien Ausnahmen zuzulassen, etwa wenn es sich um ein Darlehen handelt, das sich auf die Kosten einer soeben vollzogenen Eheschließung bezieht. Nach einem Beschluss des LAG Berlin-Brandenburg vom 20.06.2014 – 21 Ta 1011/14 gilt, »dass, wenn eine Partei mit Personen, denen sie nicht gesetzlich zum Unterhalt verpflichtet ist, in einer Bedarfsgemeinschaft lebt und deshalb Teile ihres Einkommens auf den Bedarf der übrigen Mitglieder der Bedarfsgemeinschaft angerechnet werden, diese vom Einkommen – jedenfalls bis zur Höhe der sich aus § 115 Abs. 1 Satz 3 Nr. 2 Buchst. a und b ZPO ergebenden Freibeträge – als besondere Belastung nach § 115 Abs. 1 Satz 3 Nr. 5 ZPO abzusetzen sind.«
55 BGBl. I 2015, S. 2357.
56 Vgl. LAG Köln, 31.05.2007 – 11 Ta 82/07, zu einem Sparvertrag, der mit einer Frist von drei Monaten gekündigt werden kann.

soweit diese in geeigneter Weise durch Verwertung in Geld alsbald realisiert werden können.[57] Ob ein einzusetzendes Vermögen vorhanden ist, ist durch eine Gegenüberstellung von Plus- und Minuspositionen zu ermitteln. Übersteigen die Schulden die verwertbaren Vermögenswerte, so ist zu differenzieren. Sofern die Schulden in langfristigen Raten zu tilgen sind, darf die Partei diese nicht vorzeitig tilgen, sondern muss mit dem vorhandenen Geld die Prozesskosten begleichen. Werden fällige Schulden bezahlt, so muss das Geld nicht zur Begleichung der Prozesskosten verwendet werden.[58] Eingesetzt werden muss jedoch das Bausparguthaben eines noch nicht zuteilungsreifen Bausparvertrags.[59] Ist ein Bausparvertrag angespart, um damit ein Darlehen abzulösen, das der Zwischenfinanzierung gedient hat, so ist ein Rückgriff auf das Bausparguthaben gleichwohl dann nicht zumutbar, wenn dieses zur alsbaldigen Ablösung des Darlehens bestimmt ist.[60] Einzusetzen ist ferner eine auf die Heirat eines Kindes abgeschlossene Kapitallebensversicherung.[61] Als unzumutbar soll die Veräußerung eines Mehrfamilienhauses mit fünf Wohnungen sein, in dem die Partei gemeinsam mit ihrem Kind eine Wohnung als Ferienwohnung nutzt.[62]

Zum Vermögen zählen u.a. 10
– Unterhaltsansprüche gegenüber dem Ehepartner, sofern kein regelmäßiger Barunterhalt geleistet wird (hier: Anspruch auf Prozesskostenvorschuss gem. § 1360a Abs. 4 BGB),[63]
– Abfindungen für den Verlust des Arbeitsplatzes,[64] wobei wegen der dem Arbeitnehmer durch den Arbeitsplatzverlust typischerweise entstehenden Kosten ein Betrag in Höhe des Schonbetrags für Ledige nach der Durchführungsverordnung zu § 90 Abs. 2 Nr. 9 SGB XII in Abzug zu bringen ist,[65]
– Versicherungsschutz aufgrund einer existierenden Rechtsschutzversicherung,[66]

---

57 Vgl. Thomas/Putzo § 115 Rn 17; Baumbach/Lauterbach/Albers/Hartmann § 115 ZPO Rn 55; Schwab/Weth-Liebscher § 11a Rn 72.
58 LAG Köln, 24.08.2011 – 1 Ta 101/11, LAG Hamm, 04.04.2005 – 18 Ta 90/05, LAGReport 2005, 318; LAG Köln, 31.05.2007 – 11 Ta 82/07.
59 BAG, 26.04.2006 – 3 AZB 54/04, MDR 2007, 95; LAG Berlin-Brandenburg, 10.02.2012 – 26 Ta 45/12.
60 LAG Hamm, 02.09.2004 – 4 Ta 827/03, NZA-RR 2005, 327.
61 BAG, 05.05.2006 – 3 AZB 62/04, FamRZ 2006, 1445.
62 LAG Köln, 08.10.2013 – 1 Ta 154/13.
63 BAG, 29.10.2007 – 3 AZB 25/07, NZA 2008, 967; BAG, 05.04.2006 – 3 AZB 61/04, NZA 2006, 694.
64 S.a. Rdn 6; vgl. LAG Köln, 08.06.2012 – 5 Ta 103/12; LAG Köln, 24.08.2011 – 1 Ta 101/11; LAG Köln, 24.10.2007 – 11 Ta 313/07, NZA-RR 2008, 322; LAG Köln, 28.06.2007 – 14 Ta 122/07; LAG Hamm, 18.09.2006 – 18 Ta 539/06; LAG Hamm, 20.06.2006 – 5 Ta 159/06; LAG Hamm, 04.04.2005 – 18 Ta 90/05, LAGReport 2005, 318; LAG Hamm, 07.03.2003 – 4 Ta 35/03; LAG Köln, 30.09.2003 – 13 Ta 291/03, NZA-RR 2004, 662; LAG Köln, 30.01.2002 – 7 Ta 220/01, AE 2/2002, 77; LAG Hamm, 01.02.2002 – 4 Ta 769/91, AE 2/2002, 79; LAG Nürnberg, 27.01.2000 – 3 Sa 140/99, MDR 2000, 588; LAG Schleswig-Holstein, 24.06.1987 – 5 Ta 91/87, EzA § 115 ZPO Nr. 19; LAG Berlin, 18.08.1981 – 12 Sa 63/81, DB 1981, 2388; LAG Berlin, 11.02.1983 – 9 Sa 126/82, EzA § 115 ZPO Nr. 6; LAG Bremen, 16.08.1982 – 4 Ta 38/82, AP § 115 ZPO Nr. 1; LAG Bremen, 20.07.1988 – 1 Ta 38/88, EzA § 115 ZPO Nr. 23; LAG Köln, 07.03.1995 – 7 Ta 22/95, LAGE § 115 ZPO Nr. 49; LAG Rheinland-Pfalz, 06.03.1995 – 4 Ta 14/95, LAGE § 115 ZPO Nr. 51; Hess. LAG, 07.04.1988 – 13 Ta 28/88, LAGE § 115 ZPO Nr. 28; LAG Köln, 07.06.1988 – 4 Ta 271/87, LAGE § 115 ZPO Nr. 30; OLG Naumburg, 30.10.2002 – 4 W 60/02; a.A LAG Baden-Württemberg, 04.01.2011 – 18 Ta 8/10, das die Abfindung als Einkommen betrachtet.
65 BAG, 24.04.2006 – 3 AZB 12/05, NZA 2006, 751; LAG Sachsen-Anhalt, 21.09.2009 – 2 Ta 103/09; LAG Rheinland-Pfalz, 16.01.2008 – 7 Ta 4/08; LAG Köln, 24.08.2011 – 1 Ta 101/11.
66 Vgl. LAG Berlin-Brandenburg, 25.04.2014 – 21 Ta 881/14, mit dem Hinweis, dass eine PKH insoweit in Betracht kommen kann, als Kosten der Rechtsverfolgung nicht von der Rechtsschutzversicherung gedeckt sind; s.a. LAG Rheinland-Pfalz, 18.08.2004 – 2 Ta 187/04, AuR 2005, 166; LAG Düsseldorf, 12.11.1981 – 7 Ta 153/81, EzA § 115 ZPO Nr. 1; LAG Köln, 16.02.1983 – 5 Ta 185/82, EzA § 115 ZPO Nr. 7; LAG Rheinland-Pfalz, 28.04.1988 – 1 Ta 76/88, LAGE § 115 ZPO Nr. 31; LAG Berlin, 05.04.1989 – 9 Ta 6/89; LAG Nürnberg, 24.08.1989 – 4 Ta 39/89, LAGE § 115 ZPO Nr. 40.

– Anspruch auf Gewährung gewerkschaftlichen Rechtsschutzes,[67]
– Anspruch auf Erstattung bzw. Freistellung der Kosten des Betriebsrats für eine Prozessführung gegen den Arbeitgeber gemäß § 40 Abs. 1 BetrVG, soweit dieser Anspruch realisiert werden kann.[68] Ist der Arbeitgeber vermögenslos oder aufgrund der Eröffnung eines Insolvenzverfahrens nicht in der Lage, den Betriebsrat von Prozesskosten freizustellen, ist ein einsetzbares Vermögen i.S.d. § 115 Abs. 3 Satz 1 ZPO nicht vorhanden mit der Folge, dass die wirtschaftlichen Voraussetzungen für die Beiordnung eines RA erfüllt sind.[69]

11 Nicht einsetzbar bzw. verwertbar ist das Vermögen, das unter den Katalog des § 90 Abs. 2 Nr. 1 bis 9 SGB XII fällt oder dessen Verwertung gemäß § 90 Abs. 3 Satz 1 SGB XII für die Partei und für seine unterhaltsberechtigten Angehörigen eine Härte bedeuten würde. Gemäß § 90 Abs. 2 SGB XII ist der Einsatz oder die Verwertung ausgeschlossen:

»1. eines Vermögens, das aus öffentlichen Mitteln zum Aufbau oder zur Sicherung einer Lebensgrundlage oder zur Gründung eines Hausstandes gewährt wird,

2. eines Kapitals einschließlich seiner Erträge, das der zusätzlichen Altersvorsorge im Sinne des § 10a oder des Abschnitts XI des Einkommensteuergesetzes dient und dessen Ansammlung staatlich gefördert wurde,

3. eines sonstigen Vermögens, solange es nachweislich zur baldigen Beschaffung oder Erhaltung eines Hausgrundstücks im Sinne der Nummer 8 bestimmt ist, soweit dieses Wohnzwecken behinderter (§ 53 Abs. 1 Satz 1 und § 72) oder pflegebedürftiger Menschen (§ 61) dient oder dienen soll und dieser Zweck durch den Einsatz oder die Verwertung des Vermögens gefährdet würde,

4. eines angemessenen Hausrats; dabei sind die bisherigen Lebensverhältnisse der nachfragenden Person zu berücksichtigen,

5. von Gegenständen, die zur Aufnahme oder Fortsetzung der Berufsausbildung oder der Erwerbstätigkeit unentbehrlich sind,

6. von Familien- und Erbstücken, deren Veräußerung für die nachfragende Person oder ihre Familie eine besondere Härte bedeuten würde,

7. von Gegenständen, die zur Befriedigung geistiger, besonders wissenschaftlicher oder künstlerischer Bedürfnisse dienen und deren Besitz nicht Luxus ist,

8. eines angemessenen Hausgrundstücks, das von der nachfragenden Person oder einer anderen in den § 19 Abs. 1 bis 3 genannten Person allein oder zusammen mit Angehörigen ganz oder teilweise bewohnt wird und nach ihrem Tod von ihren Angehörigen bewohnt werden soll. Die Angemessenheit bestimmt sich nach der Zahl der Bewohner, dem Wohnbedarf (zum Beispiel behinderter, blinder oder pflegebedürftiger Menschen), der Grundstücksgröße, der Hausgröße,

---

[67] H.M.; vgl. BAG, 18.11.2013 – 10 AZB 38/13; BAG, 05.11.2012 – 3 AZB 23/12; LAG Rheinland-Pfalz, 16.09.2013 – 6 Sa 54/13; LAG Kiel, 04.06.2009 – 1 Ta 107/09; LAG Hamm, 30.01.2006 – 4 Ta 675/05; LAG Kiel, 15.12.2006 – 1 Ta 187/06; LAG Hamm, 29.12.2004 – 18 Ta 718/04; LAG Rheinland-Pfalz, 18.08.2004 – 2 Ta 187/04, AuR 2005, 166; LAG Köln, 04.03.2004 – 10 Ta 401/03; LAG Kiel, 24.10.2003 – 2 Ta 215/03; LAG Kiel, 08.06.1983 – 4 Ta 80/83, NJW 1984, 830; LAG Köln, 16.02.1983 – 5 Ta 185/82, EzA § 115 ZPO Nr. 7; LAG Düsseldorf, 25.03.1983 – 7 Ta 79/83, EzA § 115 ZPO Nr. 8; Hess. LAG, 21.04.1986 – 13 Ta 104/105/86, EzA § 115 ZPO Nr. 17; LAG Berlin, 10.03.1989 – 9 Ta 4/89, MDR 1989, 572; LAG Bremen, 08.11.1994 – 4 Sa 260 und 267/94, LAGE § 115 ZPO Nr. 48; LAG Düsseldorf, 02.01.1986 – 7 Ta 424/85, EzA § 115 ZPO Nr. 18; s.a. Hess. LAG, 21.05.2008 – 16 Ta 195/08, wonach der Vermögenswert des Anspruchs auf kostenlosen Rechtsschutz infolge des nach Art. 9 Abs. 3 Satz 1 GG jederzeit statthaften Austritts aus der Gewerkschaft mit dem Austritt aus dieser verloren geht. S.a. BAG, 05.11.2012 – 3 AZB 23/12, wonach die Bewilligung von PKH erfolgen kann, sofern dem Gewerkschaftsmitglied die Inanspruchnahme gewerkschaftlichen Rechtsschutzes wegen einer erheblichen Störung des Vertrauensverhältnisses zwischen ihm und der Gewerkschaft nicht zugemutet werden kann. S.a. Husemann S. 59.
[68] LAG Hamm, 13.02.1990 – 7 TaBV 9/90, LAGE § 115 ZPO Nr. 42.
[69] ArbG München, 24.06.1996 – 19 BV 74/96.

dem Zuschnitt und der Ausstattung des Wohngebäudes sowie dem Wert des Grundstücks einschließlich des Wohngebäudes,[70]

9. *kleinerer Barbeträge oder sonstiger Geldwerte; dabei ist eine besondere Notlage der nachfragenden Person zu berücksichtigen.«*

Unter Berücksichtigung der bislang ergangenen Rechtsprechung ist beispielsweise die Lebensversicherung auf den Heiratsfall eines Kindes kein Kapital, das der zusätzlichen Altersvorsorge i.S.d. § 90 Abs. 2 Nr. 2 SGB XII dient.[71] Hingegen ist der Einsatz eines Hausgrundstücks wegen besonderer Härte gem. § 90 Abs. 3 SGB XII dann nicht zu verlangen, wenn die voraussichtlichen Gerichts- und Anwaltskosten verhältnismäßig gering sind oder der Einsatz des Hausgrundstücks voraussichtlich zu Einbußen führen würde, welche die Kosten um ein Vielfaches übersteigen.[72] Zu beachten ist, dass das Verneinen einer Härte i.S.d. § 90 Abs. 3 Satz 1 SGB XII nicht ausschließt, dass die Verwertung des Vermögens nach § 115 Abs. 3 Satz 1 ZPO unzumutbar ist.[73]

b) Persönliche Voraussetzungen

Von den wirtschaftlichen Verhältnissen können die persönlichen Verhältnisse nur schwer getrennt werden, die sich aus den individuellen Besonderheiten der Partei und ihrer Lebensumstände ergeben. So kann die Gewährung von PKH gerechtfertigt sein, wenn die Partei zwar noch über Vermögen verfügt,[74] jedoch abzusehen ist, dass dieses etwa infolge langfristiger Erkrankung alsbald aufgebraucht sein wird.[75]   12

c) Hinreichende Aussicht auf Erfolg

Weite Voraussetzung für die Gewährung von PKH ist gemäß § 114 Abs. 1 Satz 1 ZPO, dass die Rechtsverfolgung bzw. Rechtsverteidigung **hinreichende Aussicht auf Erfolg** hat.[76] Dies ist unter Beachtung objektiver Maßstäbe danach zu beurteilen, ob die betreffende Partei den Rechtsstreit auch im Fall ausreichender Geldmittel führen würde. Der Parteivortrag muss als vertretbar bezeichnet werden können, wobei die Anforderungen an die tatsächlichen und rechtlichen Voraussetzungen nicht überspannt werden dürfen.[77] Aus dem Vorbringen der Partei muss sich zumindest ergeben, dass der Anspruch bestehen kann. Pauschale Behauptungen genügen hierfür nicht.[78] Für eine gewisse Erfolgsaussicht sprechen die Erforderlichkeit einer Beweisaufnahme zur Sachverhaltsermittlung[79] sowie die Zulassung eines Rechtsmittels durch das erkennende Gericht. Eine Erfolgsaussicht ist hingegen zu verneinen, wenn der Klägervortrag unschlüssig bzw. das Beklagtenvorbringen unerheblich ist.[80] Gleiches gilt, wenn die Klageforderung vor der Zustellung der Klageschrift erfüllt   13

---

70 Vgl. LAG Rheinland-Pfalz, 01.10.2014 – 5 Ta 192/14. Nach dieser Entscheidung ist es regelmäßig als angemessen i.S.d. Vorschrift zu betrachten, wenn eine selbstgenutzte Eigentumswohnung bei einer Belegung mit nur einer Person eine Wohnfläche von nicht mehr als 80 qm hat.
71 BAG, 05.05.2006 – 3 AZB 62/04, AP § 115 ZPO Nr. 6; s.a. OLG Stuttgart, 08.04.2008 – 17 WF 66/08, hinsichtlich der Kapitallebensversicherung, die nicht im Rahmen eines staatlich geförderten Sparplans zum Aufbau einer zusätzlichen Altersversorgung angespart wird; vgl. dazu auch LAG Berlin-Brandenburg, 04.01.2007 – 2 Ta 2161/06.
72 LAG Nürnberg, 09.12.2004 – 2 Ta 218/04, MDR 2005, 419 = NZA-RR 2005, 497.
73 BAG, 05.05.2006 – 3 AZB 62/04, AP § 115 ZPO Nr. 6.
74 S.a. § 115 Abs. 3 ZPO.
75 Vgl. GMPMG/Germelmann § 11a Rn 106, 22.
76 Vgl. LAG Hamm 01.08.2014 – 14 Ta 344/14, zu einer Ausschlussfrist, die in einem Arbeitsvertrag als AGB enthalten ist.
77 Vgl. LAG Köln, 02.09.2014 – 4 Ta 230/04; s.a. Schwab/Weth-Liebscher § 11a Rn 87.
78 Hess. LAG, 25.06.2013 – 12 Ta 335/12; s.a. Hess. LAG, 02.05.2013 – 12 Ta 333/12; LAG Berlin-Brandenburg, 20.06.2013 – 10 Ta 964/12.
79 S.a. LAG Rheinland-Pfalz, 12.03.2007 – 6 Ta 54/07.
80 Vgl. Hauck/Helml/Biebl § 11a Rn 14; GMPMG/Germelmann § 11a Rn 108.

wird[81] oder der geltend gemachte Anspruch auf einen Sozialleistungsträger unstreitig übergegangen ist.[82] Maßgeblich für die Beurteilung der hinreichenden Erfolgsaussichten ist der Zeitpunkt, in dem das Gericht über den PKH-Antrag entscheidet.[83]

d) Keine mutwillige Rechtsverfolgung bzw. Rechtsverteidigung

14 Schlussendlich darf die Rechtsverfolgung bzw. Rechtsverteidigung gemäß § 114 Abs. 1 Satz 2 ZPO nicht mutwillig sein. Dies bestimmt sich nach § 114 Abs. 2 ZPO, der mit Wirkung zum 01.01.2014 eingefügt wurde. Von Mutwilligkeit ist danach zu sprechen, wenn eine Partei, die keine PKH beansprucht, bei Verständiger Würdigung aller Umstände von der Rechtsverfolgung oder Rechtsverteidigung absehen würde, obwohl eine hinreichende Aussicht auf Erfolg besteht. Maßstab für die Beurteilung der Mutwilligkeit soll das hypothetische Verhalten einer selbstzahlenden Partei in der Situation des PKH-Begehrenden sein.[84] Schrader und Siebert sprechen sich dafür aus, von einer mutwilligen Rechtsverfolgung dann zu sprechen, sofern die damit einhergehenden Kosten höher sind als der Wert des Streitgegenstandes.[85]

15 **Unter Bezugnahme auf die auch vor dem 01.01.2014 ergangene Rechtsprechung** ist eine Rechtsverfolgung bzw. Rechtsverteidigung mutwillig, wenn die Partei in ihrem prozessualen Verhalten von demjenigen abweicht, das eine verständige und ausreichend bemittelte Partei in der gleichen Prozesssituation an den Tag legen würde.[86] Dies ist etwa dann der Fall, wenn eine Klage auf Erteilung eines Arbeitszeugnisses erhoben wird, ohne zuvor außergerichtlich erfolglos den Anspruch geltend gemacht zu haben und keine Anhaltspunkte dafür bestehen, dass der Arbeitgeber den Anspruch nicht erfüllen will.[87] Auch handelt mutwillig, wer trotz eines zugestandenen Diebstahls eine Kündigungsschutzklage erheben will.[88] Gleiches gilt, wenn eine streitige Schadensersatzforderung vor Stellung des PKH-Antrags durch einen Vergleich in einem anderen Prozess erledigt wurde.[89] Weiter ist von einer Mutwilligkeit zu sprechen, wenn von zwei gleichwertigen prozessualen Wegen der kostspieligere beschritten wird;[90] etwa die ohne sachlichen Grund erfolgende Erhebung einer neuen Klage statt der Erweiterung einer bereits anhängigen Klage.[91] Schlussendlich handelt mutwillig, wer eine Vielzahl von Klagen auf Zahlung von Schadensersatz und Entschädigung wegen behaupteter Diskriminierung bei Stellenausschreibungen erhebt, ohne sich ernsthaft auf eine der ausgeschriebenen Stellen beworben zu haben.[92] Gleiches soll grundsätzlich dann der Fall sein, wenn Annahmeverzugsansprüche[93] oder ein Weiterbeschäftigungsanspruch[94] neben einem Kündigungsschutzantrag geltend gemacht werden

---

81 LAG Berlin-Brandenburg, 22.11.2010 – 7 Ta 2084/10.
82 LAG Berlin-Brandenburg, 14.08.2012 – 26 Ta 1230/12.
83 LAG Schleswig-Holstein, 05.11.2003 – 1 Ta 169/03, NZA-RR 2004, 434; s.a. Schwab/Weth-Liebscher § 11a Rn 92.
84 Nickel, S. 890.
85 Schrader/Siebert, S. 348.
86 Vgl. LAG Kiel, 08.06.1983 – 4 Ta 80/83, NJW 1984, 830; GMPMG/Germelmann § 11a Rn 109; s.a. LAG Köln, 11.07.2008 – 11 Ta 185/08; LAG Köln, 09.11.2005 – 4 Ta 346/05; Hess. LAG, 14.11.2011 – 4 Ta 443/11.
87 LAG Berlin, 19.06.2002 – 3 Ta 1034/02; s.a. LAG Köln, 16.05.2013 – 7 Ta 98/13; LAG München, 15.03.2013 – 10 Ta 50/13.
88 LAG Rheinland-Pfalz, 15.08.2008 – 11 Ta 124/08.
89 LAG Köln, 18.12.2006 – 4 Ta 449/06.
90 LAG Köln, 11.07.2008 – 11 Ta 185/08.
91 BAG, 08.09.2011 – 3 AZB 46/10; s.a. BAG, 17.02.2011 – 6 AZB 3/11.
92 LAG Hamburg, 12.01.2009 – 3 Ta 26/08; LAG Hamburg 19.11.2008 – 3 Ta 19/08.
93 LAG Berlin-Brandenburg, 20.04.2012 – 26 Ta 525/12; LAG Nürnberg, 15.08.2011 – 4 Ta 112/11; LAG Hamburg, 30.06.2011 – 8 Ta 4/11, JurionRS 2011, 19227; a.A. Hessisches LAG, 16.02.2005 – 16 Ta 13/05, JurionRS 2005, 17535. S.a. LAG Hamm, 15.01.2013 – 14 Ta 320/12, JurionRS 2013, 36124 in sehr differenzierender Form hinsichtlich der Geltendmachung von Zahlungsansprüchen, die von dem Ausgang eines Kündigungsschutzprozesses abhängen.
94 Hessisches LAG, 14.05.2015 – 2 Ta 22/15, JurionRS 2005, 17535.

bzw. wird. Nach einer Entscheidung des LAG Niedersachsen[95] ist es eine Frage des Einzelfalls, ob die Erhebung einer Zahlungsklage bei unstreitigen Vergütungsansprüchen ohne Durchführung des kostengünstigeren Mahnverfahrens mutwillig ist. Jedenfalls bei einer drohenden Verzögerungsabsicht des Schuldners könne sogleich eine Zahlungsklage erhoben werden. Gleiches soll bei einer drohenden Zahlungsunfähigkeit oder Insolvenz des Schuldners gelten.[96] Für die Beurteilung der Frage der Mutwilligkeit kommt es auf den Zeitpunkt der Entscheidung über den PKH-Antrag an.[97]

e) Stellung eines Antrags

§ 114 Abs. 1 Satz 1 ZPO bestimmt schlussendlich, dass nur derjenige PKH erhalten darf, der einen entsprechenden Antrag gestellt hat. Dies kann auch konkludent erfolgen,[98] indem die betreffende Partei beispielsweise eine Erklärung über die persönlichen und wirtschaftlichen Verhältnisse unter Nennung des Aktenzeichens des anhängigen Verfahrens einreicht.[99] Was bei einer Antragstellung zu beachten ist, das kann dem § 117 ZPO entnommen werden: Der Antrag ist bei dem Prozessgericht zu stellen. Dies kann mittels einer entsprechenden Erklärung zu Protokoll der Geschäftsstelle erfolgen.[100] In dem Antrag ist das Streitverhältnis unter Angabe der Beweismittel darzustellen.[101] Dem Antrag sind eine Erklärung der Partei über die persönlichen und wirtschaftlichen Verhältnisse (Familienname, Beruf, Vermögen, Einkommen und Lasten) sowie entsprechende Belege beizufügen.[102] Die Erklärung sowie die Belege dürfen dem Prozessgegner grundsätzlich nur mit Zustimmung der den Antrag stellenden Partei zugänglich gemacht werden.[103] Schlussendlich ist der Antrag von dem Antragsteller selbst oder von seinem i.R.d. § 11 vertretungsbefugten Prozessbevollmächtigten zu unterschreiben.[104] In zeitlicher Hinsicht kann der Antrag bis zur Beendigung der Instanz gestellt werden.[105] Wurde die PKH nach § 124 Nr. 4 ZPO aufgehoben, so kann in derselben Instanz kein weiterer, erneuter Antrag gestellt werden. Etwas anderes gilt ausnahmsweise dann, wenn sich die persönlichen sowie wirtschaftlichen Verhältnisse der Partei in der Zwischenzeit geändert haben.[106]

16

2. Verfahren

Das Verfahren auf Bewilligung von PKH wird eingeleitet durch die Stellung eines diesbezüglichen Antrags (vgl. Rdn. 16). Die Grundsätze, die für das Bewilligungsverfahren zu beachten sind, finden sich in § 118 ZPO. So ist der gegnerischen Partei grundsätzlich die Möglichkeit zur Stellungnahme, ob sie die Voraussetzungen für eine Bewilligung von PKH für gegeben hält, einzuräumen.[107] Eine Anhörung darf nur dann unterbleiben, wenn dies aus besonderen Gründen als nicht zweckmäßig erscheint – etwa bei eilbedürftigen Angelegenheiten wie Arresten und einstweiligen Verfügungen.[108] Unterbleibt eine Anhörung, so darf dieser Umstand nicht zu Lasten des Antragstellers gehen. Dies gilt vor allem für die Entscheidungsreife des gestellten Antrags.[109]

17

---

95 LAG Niedersachsen, 23.03.2009 – 9 Ta 9/09.
96 Vgl. LAG Schleswig-Holstein, 06.07.2009 – 5 Ta 124/09, für den Fall der Geltendmachung von Verzugslohnansprüchen des Arbeitnehmers, obwohl der in einem Kündigungsschutzrechtsstreit erstinstanzlich unterlegene Arbeitgeber Berufung eingelegt hat.
97 LAG Köln, 18.12.2006 – 4 Ta 449/06, JurionRS 2006, 32513; s.a. LAG Köln, 27.09.2006 – 2 Ta 383/06, JurionRS 2006, 28929.
98 H.M.; vgl. LAG Köln, 23.07.2012 – 1 Ta 153/12, JurionRS 2012, 22652.
99 Vgl. LAG München, 15.03.2013 – 10 Ta 50/13, JurionRS 2013, 40225.
100 Vgl. § 117 Abs. 1 Satz 1 ZPO.
101 Vgl. § 117 Abs. 1 Satz 2 ZPO.
102 Vgl. § 117 Abs. 2 Satz 1 ZPO.
103 Vgl. § 117 Abs. 2 Satz 2 ZPO.
104 S.a. Natter/Gross § 11a Rn 96.
105 LAG Nürnberg, 25.02.2013 – 2 Ta 24/13, JurionRS 2013, 61722.
106 LAG Hamm, 12.05.2003 – 18 Ta 240/03, JurionRS 2003, 10471.
107 Vgl. § 118 Abs. 1 Satz 1 ZPO.
108 S.a. Schwab/Weth-Liebscher § 11a Rn 112.
109 LAG Hamm, 22.07.2013 – 14 Ta 138/13, JurionRS 2013, 45296.

§ 11a ArbGG Beiordnung eines Rechtsanwalts, Prozesskostenhilfe

18 Zu beachten ist, dass sich ein im PKH-Verfahren ergangener Verweisungsbeschluss nur auf das PKH-Verfahren, nicht jedoch auch auf das Hauptsacheverfahren erstreckt. Das kann im konkreten Fall dazu führen, dass über den PKH-Antrag sowie im Hauptsacheverfahren Gerichte unterschiedlicher Rechtswege entscheiden.[110] Ist der PKH-Beschluss mit Einschränkungen versehen, so steht dem beigeordneten Rechtsanwalt das Recht der sofortigen Beschwerde nach § 127 Abs. 2, 3 ZPO zu, da der Umfang der Beiordnung für die Höhe des Vergütungsanspruchs des Rechtsanwalts ist.[111]

19 Die **verfahrenswidrige Verzögerung** der gerichtlichen Entscheidung über einen PKH-Antrag ist einer ablehnenden Entscheidung gleichzusetzen mit der Folge, dass der Antragsteller die **sofortige Beschwerde** analog § 127 Abs. 2 Satz 2 ZPO einlegen kann.[112]

20 Sofern es die **grenzüberschreitende PKH** betrifft, finden gemäß § 114 Abs. 1 Satz 2 ZPO die §§ 1076 bis 1078 ZPO Anwendung. § 1076 ZPO erklärt die §§ 114 bis 127a ZPO für anwendbar, soweit in den §§ 1077, 1078 ZPO nicht Abweichendes bestimmt ist. § 1077 ZPO betrifft das ausgehende Ersuchen auf grenzüberschreitende PKH, § 1078 ZPO das eingehende Ersuchen auf grenzüberschreitende PKH.

21 Immer wieder haben sich die ArbG mit der Frage zu befassen, unter welchen Voraussetzungen im Rahmen der PKH ein nicht im Bezirk des Prozessgerichts niedergelassener RA (»**auswärtiger Rechtsanwalt**«) beigeordnet werden kann.[113] Dies ist gemäß § 121 Abs. 3 ZPO möglich, sofern dadurch keine weiteren Kosten entstehen. Gemäß einer Entscheidung des LAG Sachsen-Anhalt[114] entstehen weitere Kosten i.S.v. § 121 Abs. 3 ZPO grundsätzlich dann nicht, wenn die Entfernung seines Kanzleisitzes zum angerufenen ArbG oder – im Fall eines Gerichtstages zum Sitz des Gerichtstages – kürzer ist als die größtmögliche Strecke eines Ortes innerhalb des Bezirkes des angerufenen ArbG zum Sitz des Gerichts oder – im Fall eines Gerichtstages zum Sitz dieses Gerichtstages. Darüber hinaus kann – so das LAG Sachsen-Anhalt[115] – eine Erstattung von Fahrtkosten eines nicht im Bezirk des angerufenen ArbG niedergelassenen RA im Rahmen der Gewährung von PKH begrenzt auf die fiktiven Kosten für einen Verkehrsanwalt erfolgen, wenn die Voraussetzungen für die Gestellung eines Verkehrsanwaltes i.S.v. § 121 Abs. 4 ZPO gegeben sind. Bei der Wahl des Verkehrsmittels ist der RA frei, auch wenn diese Kosten in unterschiedlicher Höhe verursachen.[116]

▶ Hinweis:

> Der Beiordnungsantrag eines nicht im Bezirk des ArbG niedergelassenen RA enthält nach einer Entscheidung des LAG Düsseldorf vom 13.07.2010[117] in Ermangelung entgegenstehender Anhaltspunkte regelmäßig ein konkludentes Einverständnis mit einer dem Mehrkostenverbot des § 121 Abs. 3 ZPO entsprechenden Einschränkung der Beiordnung. Es besteht in diesem Fall kein Anlass, eine gesonderte Einwilligung zu verlangen.

---

110 Vgl. BAG, 27.10.1992 – 5 Sa 5/92.
111 Hess. LAG, 06.12.2006 – 2 Ta 584/06, JurionRS 2006, 31691.
112 Vgl. LAG Hamm, 30.10.2006 – 18 (7) Ta 249/06; LAG Köln, 09.06.2004 – 3 Ta 185/04.
113 Vgl. Hess. LAG, 12.01.2010 – 15 Ta 197/09; LAG Sachsen-Anhalt, 29.12.2009 – 2 Ta 145/09; LAG Sachsen-Anhalt, 14.10.2009 – 2 Ta 114/09; s.a. LAG München, 07.09.2009 – 8 Ta 272/09, das sich mit der Beiordnung eines nicht am Ort, aber im Bezirk des Prozessgerichts niedergelassenen RA befasst.
114 LAG Sachsen-Anhalt, 29.04.2011 – 2 Ta 50/11; s.a. LAG Sachsen-Anhalt, 21.12.2010 – 2 Ta 184/10; LAG Sachsen-Anhalt, 06.10.2010 – 2 Ta 138/10; LAG Sachsen-Anhalt 13.04.2010 – 2 Ta 21/10.
115 LAG Sachsen-Anhalt, 21.12.2010 – 2 Ta 184/10.
116 Vgl. LAG Niedersachsen, 17.06.2011 – 17 Ta 520/10, JurionRS 2011, 21961.
117 LAG Düsseldorf, 13.07.2010 – 3 Ta 382/10, JurionRS 2010, 21848; s.a. LAG Düsseldorf, 01.07.2010 – 3 Ta 359/10, JurionRS 2010, 21017.

3. Folgen der Bewilligung von Prozesskostenhilfe

Die Bewilligung von PKH hat zur Folge, dass die Partei nicht nur von den Gebühren und Auslagen ihres RA, sondern ferner von den Gerichts- sowie Gerichtsvollzieherkosten befreit wird. Lediglich die Kosten, die der gegnerischen Partei ggf. zu erstatten sind, hat die Partei zu tragen.[118]

Maßgeblicher Zeitpunkt für die Bewilligung von PKH ist die ordnungsgemäße Antragstellung. Mithin kann PKH frühestens zu diesem Zeitpunkt bewilligt werden. Eine rückwirkende Bewilligung auf diesen Zeitpunkt ist ausgeschlossen.[119]

Mit der Bewilligung von PKH hat das Gericht gemäß § 120 Abs. 1 Satz 1 ZPO die – Höhe und nicht die Zahl – zu zahlenden Monatsraten und die aus dem Vermögen zu zahlenden Beträge festzusetzen. Davon ist eine Ausnahme zu machen, wenn wegen erheblicher Bedürftigkeit weder die Zahlung von Raten noch die Leistung von Beiträgen aus dem Vermögen des Antragstellers in Betracht kommt.[120] In einem solchen Fall kann eine uneingeschränkte Bewilligung erfolgen.[121] Maßgeblich dafür ist der Zeitpunkt der Entscheidung, wobei das Gericht pflichtgemäßes Ermessen zu walten lassen hat.[122]

4. Änderung und Aufhebung der Bewilligung

Gemäß § 120a Abs. 1 Satz 1 ZPO soll das Gericht die Entscheidung über die zu leistenden Zahlungen ändern, sofern sich die für die PKH maßgebenden persönlichen oder wirtschaftlichen Verhältnisse wesentlich verändert haben. Hierbei ist nach § 120a Abs. 1 Satz 2 ZPO eine Änderung der nach § 115 Abs. 1 Satz 3 Nr. 1b und Nr. 2 ZPO maßgebenden Beträge nur auf Antrag und nur dann zu berücksichtigen, wenn sie dazu führt, dass keine Monatsrate zu zahlen ist. Auf Verlangen des Gerichts muss die Partei laut § 120a Abs. 1 Satz 3 ZPO auf eine entsprechende Aufforderung jederzeit erklären, ob eine Veränderung der Verhältnisse eingetreten ist. Eine Änderung zum Nachteil der Partei ist ausgeschlossen, wenn seit der rechtskräftigen Entscheidung oder der sonstigen Beendigung des Verfahrens vier Jahre vergangen sind.[123] Verbessern sich hingegen vor diesem Zeitpunkt die wirtschaftlichen Verhältnisse der Partei wesentlich oder ändert sich ihre Anschrift, so hat sie dies dem Gericht unverzüglich mitzuteilen.[124] Einer dahin gehenden Aufforderung durch das Gericht bedarf es insoweit nicht.[125] Bei einer ein laufendes monatliches Einkommen erzielenden Partei ist eine Einkommensverbesserung nur wesentlich, wenn die Differenz zu dem bisher zu Grunde gelegten Bruttoeinkommen[126] nicht nur einmalig 110 € übersteigt.[127] Gleiches gilt, sofern abzugsfähige Belastungen entfallen.[128] Hierüber und über die Folgen eines Verstoßes ist die Partei nach § 120a Abs. 2 Satz 4 ZPO bereits bei der Antragstellung zu belehren. In der anwaltlichen Praxis dürfte es sich regelmäßig empfehlen, den Mandanten in entsprechender Weise zu informieren und dies – etwa mittels Unterschrift des Mandanten – zu dokumentieren.[129]

---

118 Vgl. §§ 122, 123 ZPO; s.a. § 12a Abs. 1 Satz 1, wonach im Urteilsverfahren des ersten Rechtszugs kein Anspruch der obsiegenden Partei auf Entschädigung wegen Zeitversäumnis und auf Erstattung der Kosten für die Zuziehung eines Prozessbevollmächtigten oder Beistands besteht; Keil S. 487; LAG Bremen, 20.12.1989 – 4 Ta 82/89.
119 Hess. LAG, 21.07.2006 – 12 Ta 1198/06.
120 Baumbach/Lauterbach/Albers/Hartmann § 120 Rn 4.
121 Baumbach/Lauterbach/Albers/Hartmann § 120 Rn 4.
122 Baumbach/Lauterbach/Albers/Hartmann § 120 Rn 6.
123 Vgl. § 120a Abs. 1 Satz 4 ZPO.
124 Vgl. § 120a Abs. 2 Satz 1 ZPO.
125 Nickel, S. 892.
126 S.a. Nickel S. 892 f., der hingegen auf den Nettobetrag abstellt.
127 Vgl. § 120a Abs. 2 Satz 2 ZPO.
128 Vgl. § 120a Abs. 2 Satz 3 ZPO.
129 Vgl. Nickel S. 893.

26 Gem. § 120a Abs. 3 Satz 1 ZPO kann eine wesentliche Verbesserung der wirtschaftlichen Verhältnisse insbesondere dadurch eintreten, dass die Partei durch die Rechtsverfolgung oder Rechtsverteidigung etwas erlangt hat. Vor diesem Hintergrund soll das Gericht nach dem Eintritt der Rechtskraft der Entscheidung oder der sonstigen Beendigung des Verfahrens prüfen, ob eine Änderung der Entscheidung über die zu leistenden Zahlungen mit Rücksicht auf das durch die Rechtsverfolgung oder Rechtsverteidigung Erlangte geboten ist.[130] Eine Änderung der Entscheidung ist nach § 120a Abs. 3 Satz 3 ZPO ausgeschlossen, soweit die Partei bei rechtzeitiger Leistung des durch die Rechtsverfolgung oder Rechtsverteidigung Erlangten eine ratenfreie PKH erhalten hätte.

27 Nach § 120a Abs. 2 Satz 1 Halbs. 2 ZPO sind Änderungen der Anschrift unverzüglich dem Gericht mitzuteilen. Sofern ein solches unterbleibt, droht eine Aufhebung der Bewilligung der PKH nach § 124 Abs. 1 Nr. 4 Halbs. 2 ZPO.[131] Von einer groben Nachlässigkeit i.S.d. Vorschrift kann dann gesprochen werden, wenn eine Prozesspartei ihre prozessualen Pflichten in besonders schwerwiegender Weise verletzt und dabei dasjenige unbeachtet gelassen hat, was unmittelbar hätte einleuchten müssen.[132] Dies hat das Gericht festzustellen.[133] Nach Ansicht des LAG Berlin-Brandenburg[134] ist § 120a Abs. 2 Satz 1 Halbs. 2 ZPO im Wege einer teleologischen Reduktion dahin einschränkend auszulegen, dass die Verpflichtung zur unverzüglichen Mitteilung einer Anschriftenänderung nur für die nicht anwaltlich vertretene PKH-Partei gilt. Soweit eine anwaltliche Vertretung vorliegt, hat die PKH-Partei ihren Rechtsanwalt über eine Anschriftenänderung zu informieren, damit dieser diesen Umstand dem Gericht mitteilen kann.[135]

28 Das Gericht soll[136] die Bewilligung der PKH gem. § 124 Abs. 1 ZPO aufheben, wenn:
1. die Partei durch unrichtige Darstellung des Streitverhältnisses die für die Bewilligung der PKH maßgebenden Voraussetzungen vorgetäuscht hat;
2. die Partei absichtlich oder aus grober Nachlässigkeit unrichtige Angaben über die persönlichen oder wirtschaftlichen Verhältnisse gemacht oder eine Erklärung nach § 120a Abs. 1 Satz 3 ZPO nicht abgegeben hat;
3. die persönlichen oder wirtschaftlichen Voraussetzungen für die PKH nicht vorgelegen haben; in diesem Fall ist die Aufhebung ausgeschlossen, wenn seit der rechtskräftigen Entscheidung oder sonstigen Beendigung des Verfahrens vier Jahre vergangen sind;
4. die Partei entgegen § 120a Abs. 2 Sätze 1 bis 3 dem Gericht wesentliche Verbesserungen ihrer Einkommens- und Vermögensverhältnisse oder Änderungen ihrer Anschrift absichtlich oder aus grober Nachlässigkeit unrichtig oder nicht unverzüglich mitgeteilt hat;
5. die Partei länger als drei Monate mit der Zahlung einer Monatsrate oder mit der Zahlung eines sonstigen Betrages in Rückstand ist.[137]

29 Der Tatbestand des § 124 Nr. 1 ZPO ist bspw. dann erfüllt, wenn die Partei wesentliche Punkte für die Beurteilung des Sachverhalts durch Verschweigen nicht dargelegt hat und das Gericht aufgrund der gelieferten Angaben im Bewilligungszeitpunkt zunächst eine umfassende Einschätzung des Sachverhalts nicht vornehmen konnte.[138] In dem zu entscheidenden Fall hatte sich ein Student

---

130 Vgl. § 120a Abs. 2 Satz 4 ZPO. S.a. LAG Köln, 08.07.2013 – 1 Ta 153/12, zur Rechtslage vor dem 01.01.2014, wonach bei einer nicht nennenswerten Veränderung der wirtschaftlichen Verhältnisse eine Änderung auch dann nicht erfolgen können soll, sofern die Ausgangsentscheidung fehlerhaft ergangen ist.
131 Vgl. Rdn. 28.
132 LAG Köln, 22.09.2015 – 1 Ta 294/15, JurionRS 2015, 27797.
133 Vgl. LAG Köln, 22.09.2015 – 1 Ta 294/15, JurionRS 2015, 27797; s.a. LAG Berlin-Brandenburg, 05.01.2016 – 6 Ta 2302/15, JurionRS 2016, 10538.
134 LAG Berlin-Brandenburg, 20.07.2015 – 21 Ta 975/15, JurionRS 2015, 21496.
135 S.a. LAG Schleswig-Holstein, 02.09.2015 – 5 Ta 147/15, JurionRS 2015, 27851.
136 S.a. LAG Schleswig-Holstein, 04.01.2016 – 1 Ta 177/15, JurionRS 2016, 11086.
137 S.a. LAG Sachsen-Anhalt, 08.06.2009 – 2 Ta 55/09.
138 LAG Rheinland-Pfalz, 16.08.1996 – 4 Ta 162/96, NZA 1997, 115.

auf eine Männer benachteiligende Stelle vergebens beworben und daraufhin von dem Arbeitgeber Schadensersatz wegen geschlechtsbezogener Benachteiligung gefordert. Erst im Laufe des Rechtsstreits wurde bekannt, dass sich der Student, der offensichtlich nicht die ausgeschriebene Stelle erlangen wollte, auf mehr als 100 nicht geschlechtsneutral ausgeschriebene Stellen beworben hatte, um jeweils Schadensersatz zu erhalten.

Soweit eine Aufhebung nach § 124 Abs. 1 Nr. 5 ZPO wegen Zahlungsverzugs erfolgen soll, ist erforderlich, dass die Nichtzahlung der Raten auf einem Verschulden des PKH-Empfängers beruht.[139] Wird die Zahlung rückständiger Raten im Beschwerdeverfahren nachgeholt, so hat eine Aufhebung der PKH zu unterbleiben.[140] Sofern die vorgenannten Voraussetzungen erfüllt sind, kann statt einer vollständigen Aufhebung eine Änderung der Bewilligung in Betracht kommen.[141]

III. Verwendung von Formularen (Abs. 2)

Gemäß Abs. 2 ist das Bundesministerium für Arbeit und Soziales ermächtigt, zur Vereinfachung und Vereinheitlichung des Verfahrens Formulare für die Erklärung der Partei über ihre persönlichen und wirtschaftlichen Verhältnisse[142] einzuführen. Dem Gesetzgeber ist bei der Neufassung des § 11a insoweit ein Fehler unterlaufen, als sich die Ermächtigung nicht in § 117 Abs. 2 ZPO, sondern in § 117 Abs. 3 ZPO befindet. Seit dem 22.01.2014 ist die PKHFV[143] zu beachten, dessen Formular zwingend zu verwenden ist. Sofern dies trotz eines entsprechenden Hinweises des Gerichts unterbleibt, besteht die Gefahr, dass der Antrag abgelehnt wird.[144] Jedenfalls kann eine Bewilligung erst ab dem Eingang der vollständig ausgefüllten Erklärung erfolgen.[145]

Für die Erklärung über ihre persönlichen und wirtschaftlichen Verhältnisse ist derzeit der durch Prozesskostenhilfeformularverordnung vom 06.01.2014 (PKHFV)[146] eingeführte Vordruck zu verwenden. Sofern dies trotz eines entsprechenden Hinweises des Gerichts unterbleibt, besteht die Gefahr, dass der Antrag abgelehnt wird.[147] Jedenfalls kann eine Bewilligung erst ab Eingang der vollständig ausgefüllten Erklärung erfolgen.[148]

Mit der Verordnung zur Einführung eines Vordrucks für die Erklärung über die persönlichen und wirtschaftlichen Verhältnisse bei PKH sowie eines Vordrucks für die Übermittlung der Anträge auf Bewilligung von PKH im grenzüberschreitenden Verkehr vom 21.12.2004 (EG-PKHVV) wurden für die Erklärung sowie für die Übermittlung derartiger Anträge entsprechende Vordrucke eingeführt, die seit dem 23.12.2004 gelten.[149]

---

139 H.M.; vgl. LAG Köln, 15.09.2014 – 1 Ta 176/14; LAG Köln, 10.09.2013 – 1 Ta 147/13; LAG Köln, 10.09.2013 – 1 Ta 191/13.
140 LAG Köln, 10.09.2013 – 1 Ta 39/13; LAG Hamm, 11.04.2012 – 4 Ta 32/12; LAG Rheinland/Pfalz, 23.04.2012 – 10 Ta 18/12.
141 S.a. Thomas/Putzo § 124 Rn 1.
142 § 117 Abs. 2 ZPO.
143 BGBl. I, S. 34.
144 LAG Hamm, 13.08.1991 – 1 Ta 121/81 für den Fall, dass der Vordruck nicht vollständig ausgefüllt, die wirtschaftlichen Verhältnisse aber in einer beigefügten Erklärung dargelegt und ihre Richtigkeit am Ende an Eides statt versichert wurde. S.a. LAG Köln, 10.12.2013 – 4 Ta 326/13, das eine Fristsetzung durch das Gericht voraussetzt.
145 LAG Hamm. 20.11.2002 – 4 Ta 96/02.
146 BGBl. I, 2014, 34.
147 Vgl. § 117 Abs. 2, 4 ZPO; LAG Hamm, 13.08.1981 – 1 Ta 121/81, für den Fall, dass der Vordruck nicht vollständig ausgefüllt, die wirtschaftlichen Verhältnisse aber in einer beigefügten Erklärung dargelegt und ihre Richtigkeit an Eides statt versichert wurde.
148 LAG Hamm, 20.11.2002 – 4 Ta 96/02, NZA 2003, 4565.
149 Vgl. BGBl. I, S. 3538.

> **Hinweis:**
> Die Eröffnung des Insolvenzverfahrens über das Vermögen einer PKH beantragenden Partei wirkt sich nicht auf das PKH-Verfahren aus. Gleiches gilt für das Verfahren bezüglich der Beiordnung eines RA.[150]

§ 12 Kosten

¹Das Justizverwaltungskostengesetz und die Justizbeitreibungsordnung gelten entsprechend, soweit sie nicht unmittelbar Anwendung finden. ²Bei Einziehung der Gerichts- und Verwaltungskosten leisten die Vollstreckungsbehörden der Justizverwaltung oder die sonst nach Landesrecht zuständigen Stellen den Gerichten für Arbeitssachen Amtshilfe, soweit sie diese Aufgaben nicht als eigene wahrnehmen. ³Vollstreckungsbehörde ist für die Ansprüche, die beim Bundesarbeitsgericht entstehen, die Justizbeitreibungsstelle des Bundesarbeitsgerichts.

Übersicht	Rdn.		Rdn.
I. Allgemeines	1	III. Kosten und Streitwert	3
II. Einziehung der Kosten	2		

I. Allgemeines

1 § 12 enthielt in der bis zum 30.06.2004 geltenden Fassung Sonderregelungen über die Erhebung und Berechnung der Gerichtskosten im arbeitsgerichtlichen Verfahren sowie für die Wertberechnung als Grundlage der Kostenberechnung. Nur soweit Sonderregelungen fehlten, fanden die Bestimmungen des Gerichtskostengesetzes Anwendung, § 1 Abs. 4 GKG a.F. Mit dem Gesetz zur Modernisierung des Kostenrechts (Kostenrechtsmodernisierungsgesetz – KostRMoG) vom 05.05.2004,[1] in Kraft getreten am 01.07.2004, wurden die arbeitsgerichtlichen Wert- und Kostenvorschriften in das Gerichtskostengesetz eingestellt. Um die Gebührenvorschriften in die Struktur des GKG einzupassen, wurde die bisherige Gebührentabelle der Anlage 2[2] zum Arbeitsgerichtsgesetz mit den hierauf abgestimmten Gebührensätzen in Anlage 1[3] nicht übernommen.

II. Einziehung der Kosten

2 Die Gerichtskosten einschließlich der Justizverwaltungskosten sind öffentliche Abgaben. Sie unterliegen wie alle öffentlichen Abgaben nicht der Beitreibung im zivilprozessualen Vollstreckungsverfahren, sondern dem Verwaltungszwangsverfahren. Dieses Verfahren richtet sich nach der **Justizbeitreibungsordnung** *(JBeitrO)*. Für die Einziehung der Kosten im arbeitsgerichtlichen Verfahren findet die Justizbeitreibungsordnung entsprechende Anwendung *(Satz 1)*.[4] Die Vollstreckungsorgane der Justizverwaltung oder die sonstigen nach dem Landesrecht zuständigen Stellen leisten den Gerichten für Arbeitssachen Amtshilfe, soweit sie diese Aufgaben nicht als eigene wahrnehmen *(Satz 2)*. Vollstreckungsbehörde beim BAG ist die dort gebildete Justizbeitreibungsstelle *(Satz 3)*. Die **Justizverwaltungskosten** fallen weder unter das GKG noch unter die KostO. Sie sind vielmehr durch das Justizverwaltungskostengesetz einheitlich geregelt, das nach § 12 entsprechende Anwendung findet.

---

150 BAG, 03.08.2011 – 3 AZB 8/11.
1 BGBl. I, S. 718.
2 Zu § 12 Abs. 2 ArbGG a.F.
3 Gebührenverzeichnis zu § 12 Abs. 1 a.F.
4 § 12 Abs. 6 a.F.

III. Kosten und Streitwert

Da sich das Kostenrecht für das arbeitsgerichtliche Verfahren nunmehr im **GKG** findet, werden dessen einschlägige Vorschriften gesondert kommentiert. Ferner wird auf die **Streitwerttabelle** verwiesen.   3

§ 12a Kostentragungspflicht

(1) ¹In Urteilsverfahren des ersten Rechtszugs besteht kein Anspruch der obsiegenden Partei auf Entschädigung wegen Zeitversäumnis und auf Erstattung der Kosten für die Zuziehung eines Prozessbevollmächtigten oder Beistandes. ²Vor Abschluss der Vereinbarung über die Vertretung ist auf den Ausschluss der Kostenerstattung nach Satz 1 hinzuweisen. ³Satz 1 gilt nicht für Kosten, die dem Beklagten dadurch entstanden sind, dass der Kläger ein Gericht der ordentlichen Gerichtsbarkeit, der allgemeinen Verwaltungsgerichtsbarkeit, der Finanz- oder Sozialgerichtsbarkeit angerufen und dieses den Rechtsstreit an das Arbeitsgericht verwiesen hat.

(2) ¹Werden im Urteilsverfahren des zweiten und dritten Rechtszugs die Kosten nach § 92 Abs. 1 der Zivilprozessordnung verhältnismäßig geteilt und ist die eine Partei durch einen Rechtsanwalt, die andere Partei durch einen Verbandsvertreter nach § 11 Abs. 2 Satz 2 Nr. 4 und 5 vertreten, so ist diese Partei hinsichtlich der außergerichtlichen Kosten so zu stellen, als wenn sie durch einen Rechtsanwalt vertreten worden wäre. ²Ansprüche auf Erstattung stehen ihr jedoch nur insoweit zu, als ihr Kosten im Einzelfall tatsächlich erwachsen sind.

Übersicht

	Rdn.			Rdn.
I. Allgemeines	1		3. Belehrung	8
II. Ausschluss der Kostenerstattung erster Instanz	2		4. Verweisung	9
1. Grundsatz	2	III.	Rechtsmittelverfahren	10
2. Umfang	3	IV.	Weitere Einzelfälle (alphabetisch)	12

I. Allgemeines

Die Vorschrift ist durch die Beschleunigungsnovelle zum Arbeitsgerichtsgesetz vom 21.05.1979 in das Gesetz eingefügt worden. Abs. 1 Satz 1 hat ohne inhaltliche Änderung den früheren § 61 Abs. 1 Satz 2 ArbGG 1953 übernommen. Diese Bestimmung wiederum entsprach wortgleich der Regelung des ArbGG 1926. Der Normzweck des Abs. 1 liegt darin, beide Parteien im arbeitsgerichtlichen Verfahren durch Freistellung von Kosten der Prozessbevollmächtigten in der ersten Instanz vor überhöhten Kostenrisiken zu bewahren.[1] Die Parteien können im Fall des Obsiegens nicht mit der Erstattung der eigenen Kosten rechnen, brauchen aber umgekehrt im Fall des Unterliegens auch nicht die gegnerischen Kosten zu erstatten. Dieser Gesetzeszweck erschließt sich nicht nur aus der Entstehungsgeschichte, sondern zugleich aus Abs. 1 Satz 2. Die Statuierung einer **Belehrungspflicht** im Gesetz verdeutlicht die grundlegende Abweichung von den Regeln des Zivilprozessrechts.[2]   1

II. Ausschluss der Kostenerstattung erster Instanz

1. Grundsatz

Der Umfang der zu ersetzenden Kosten bestimmt sich grds. nach § 91 ZPO. Danach sind die dem Gegner erwachsenen Kosten zu erstatten, soweit sie zur zweckentsprechenden Rechtsverfolgung oder Rechtsverteidigung erforderlich waren. Abs. 1 Satz 1 modifiziert die Regelung des § 91 Abs. 1 ZPO über den Umfang der zu ersetzenden Prozesskosten in zweierlei Hinsicht. Zum   2

---

[1] BAG, 27.10.2014 – 10 AZB 93/14, NZA 2015, 182.
[2] BAG, 30.04.1992 – 8 AZR 288/91, NZA 1992, 1101.

einen hat die obsiegende Partei keinen Anspruch auf Entschädigung wegen **Zeitversäumnis**;[3] zum anderen werden ihr die Kosten für die **Zuziehung eines Prozessbevollmächtigten** oder **Beistands** nicht erstattet. Auch die Erstattung vorgerichtlicher Anwaltskosten ist ausgeschlossen.[4] Werden jedoch einer Partei, der Prozesskostenhilfe bewilligt worden ist und die im Rechtsstreit obsiegt hat, Fahrtkosten zur Wahrnehmung eines Termins, zu dem sie persönlich geladen worden ist, nicht aus der Staatskasse erstattet, soll sie diese Kosten gegenüber dem unterlegenen Prozessgegner gem. §§ 103 ff. ZPO festsetzen lassen können.[5] Die Regelungen des Abs. 1 gelten nur in erster Instanz, und zwar auch im **Mahnverfahren**, im **selbstständigen Beweisverfahren** und für den **einstweiligen Rechtsschutz** erster Instanz; in Berufungs- und Revisionsverfahren gilt § 91 ZPO dagegen uneingeschränkt.

2. Umfang

3 Ausgeschlossen ist zunächst eine Entschädigung wegen **Zeitversäumnis**; dies gilt sowohl für die Partei als auch für deren Bedienstete.[6] Daraus folgt, dass die obsiegende Partei einen erlittenen Verdienstausfall von der unterlegenen Partei nicht erstattet verlangen kann. Das rechtfertigt sich daraus, dass der Verdienstausfall unmittelbar durch die Zeitversäumnis bedingt und von ihr nicht zu trennen ist. Dem Ausschluss unterliegt der Verdienstausfall, der durch die Anfertigung von Schriftsätzen, das Aufsuchen des Gerichts anlässlich der Klagerhebung bzw. die Abgabe von Erklärungen zu Protokoll der Geschäftsstelle oder durch Besprechungen mit dem Prozessbevollmächtigten entsteht. Eine Ausnahme ist selbst für den Fall der Anordnung des persönlichen Erscheinens der Partei nicht vorgesehen und lässt sich auch angesichts des klaren Gesetzeswortlauts nicht im Wege einer einschränkenden Auslegung rechtfertigen.[7] Der durch die Benutzung eines Flugzeugs für die Wahrnehmung eines Termins entstandene höhere Kostenaufwand kann ebenfalls nicht mit der Begründung der Zeitersparnis erstattet werden.[8] Erstattungsfähig sind dagegen Aufwendungen, die durch die Terminswahrnehmung entstehen, insb. Fahrt-, Verpflegungs- und Übernachtungskosten.[9] Die Erstattungsfähigkeit der geltend gemachten Beträge richtet sich nach dem JVEG.[10] Reisekosten aus Anlass der Wahrnehmung eines Gerichtstermins sind ohne Rücksicht darauf erstattungsfähig, ob die Partei in dem Termin anwaltlich vertreten war. Da die Kosten für die Zuziehung eines Prozessbevollmächtigten nach Abs. 1 Satz 1 nicht erstattungsfähig sind, kann der Prozessgegner nicht einwenden, dass statt der persönlichen Terminswahrnehmung die anwaltliche Vertretung genügt hätte.[11] Aus demselben Grund kann die Partei die Erstattung der vollen Reisekosten auch dann verlangen, wenn ihr durch die Bestellung eines Prozessbevollmächtigten nur geringere Kosten entstanden wären.[12]

4 Nicht erstattungsfähig sind weiter die Kosten für die **Zuziehung eines Prozessbevollmächtigten** oder **Beistandes**. Dies gilt auch für Vertretungskosten, die einem Nebenintervenienten oder Streitverkündeten erwachsen.[13] Der Erstattungsausschluss umfasst die Vergütung und die Auslagen nach dem RVG sowie vorprozessuale Anwaltskosten, also z.B. die Mahnkosten, die Erstellung eines Gut-

---

3 Anders: § 91 Abs. 1 Satz 2 ZPO.
4 LAG Niedersachsen, 15.05.2007 – 13 Sa 108/07, AGS 2007, 431; LAG Hamm, 12.07.2006 – 10 Sa 89/06.
5 LAG Nürnberg, 12.11.2010, NZA-RR 2011, 101.
6 Hess. LAG, 05.12.2001 – 2 Ta 463/01, BRAGOReport 2002, 30.
7 LAG Düsseldorf, 03.07.1963 – 8 Ta 17/63, AP Nr. 29 zu § 91 ZPO.
8 LAG Frankfurt, 06.09.1965 – 1 Ta 36/65, AP Nr. 9 zu § 61 ArbGG 1953 Kosten; GMPMG/Germelmann § 12a Rn 16.
9 GMPMG/Germelmann § 12a Rn 21.
10 Vgl. § 91 Abs. 1 Satz 2 ZPO.
11 GK-ArbGG/Schleusener § 12a Rn 20.
12 LAG Frankfurt, 06.09.1965 – 1 Ta 36/65, AP Nr. 9 zu § 61 ArbGG 1953 Kosten; LAG Hamburg, 13.08.1992 – 2 Ta 8/92, LAGE § 12a ArbGG 1979 Nr. 18.
13 LAG Baden-Württemberg, 27.09.1982 – 1 Ta 182/82, AP ArbGG 1979 § 12a Nr. 2.

achtens für die Erfolgsaussichten einer Klage oder die Erstellung einer Schutzschrift im Verfahren des einstweiligen Rechtsschutzes. Trotz des Ausschlusses der Kostenerstattung sind die Kosten eines beauftragten RA i.H.d. ersparten Reisekosten der Partei erstattungsfähig; Abs. 1 Satz 1 will nur eine Verteuerung des Prozesses verhindern, nicht aber der unterlegenen Partei einen ungerechtfertigten Kostenvorteil verschaffen.

Abs. 1 Satz 1 erfasst nicht nur den prozessualen Kostenerstattungsanspruch aus § 91 ZPO, sondern entfaltet vielmehr auch materiell-rechtliche Wirkung.[14] Bereits aus dem Wortlaut ergibt sich, dass jeder Kostenerstattungsanspruch unabhängig von seiner Anspruchsgrundlage dem Ausschluss unterliegt.[15] Dass die Bestimmung des Abs. 1 nicht durch Rückgriff auf Schadensersatzansprüche unterlaufen werden darf, dürfte unstreitig sein. Insb. darf nicht jeder auf § 823 Abs. 2 oder § 826 BGB gestützte Schadensersatzanspruch von Abs. 1 Satz 1 ausgenommen werden. Eine Ausnahme besteht, wenn der Rechtsstreit in der Absicht geführt wurde, dem Gegner Kosten aufzubürden.[16] Zu einer solchen *vorsätzlichen sittenwidrigen Schädigung* vgl. auch Rdn. 19. Verletzt ein Arbeitgeber als Drittschuldner die ihm nach § 840 Abs. 1 ZPO obliegende Erklärungspflicht, umfasst der Anspruch des Pfändungsgläubigers auf Schadensersatz auch die Kosten für die Hinzuziehung eines Prozessbevollmächtigten zur Eintreibung der gepfändeten Forderung;[17] Abs. 1 Satz 1 steht dem nicht entgegen. Im Gegensatz zur Regelung in dieser Vorschrift geht es nicht um die Kostenerstattung der »obsiegenden« Partei, sondern um die bis zur Klageänderung vergeblich aufgewandten Prozesskosten im Einziehungsrechtsstreit der ansonsten unterlegenen Partei. Allerdings kann über den Anspruch aus § 840 Abs. 1 ZPO nicht im Kostenfestsetzungsverfahren entschieden werden, weil es sich um eine materiell-rechtliche Frage außerhalb des Kostenrechts handelt.[18]

Der gesetzliche Ausschluss der Erstattungsfähigkeit aufgewandter Anwaltskosten steht der Wirksamkeit einer vertraglichen Zusicherung der Kostenübernahme nicht entgegen. Die Prozesspartei wird durch die gesetzliche Sondervorschrift nicht daran gehindert, die Verpflichtung zur Erstattung gegnerischer Anwaltskosten anzuerkennen oder in einem gerichtlichen oder außergerichtlichen Vergleich zu übernehmen.[19] Erfolgt die Übernahme der Vertretungskosten in einem Prozessvergleich, kann nach überwiegender Auffassung eine Kostenfestsetzung nach §§ 103 ff. ZPO nicht erfolgen.[20] Ein durch Vereinbarung der Parteien begründeter Erstattungsanspruch stellt keinen Erstattungsanspruch i.S.d. §§ 91, 103 ZPO dar. Das Kostenfestsetzungsverfahren nach §§ 103 ff. ZPO steht in engem Zusammenhang mit der grundsätzlichen Kostenregelung des § 91 ZPO. Es betrifft nur die Prozesskosten im eigentlichen Sinne, d.h. die Kosten, die nach §§ 91 ff. ZPO mit den Abweichungen des § 12a Abs. 1 Satz 1 zu den erstattungsfähigen Kosten gehören. Soweit Kosten des erstinstanzlichen Urteilsverfahrens in Abs. 1 Satz 1 als nicht erstattungsfähig bezeichnet sind, besteht ein striktes öffentlich-rechtliches **Festsetzungsverbot**. Es empfiehlt sich deshalb, die Verpflichtung zur Kostenbeteiligung im Vergleich beziffert zu regeln, um einen Zah-

---

14 BAG, 30.04.1992 – 8 AZR 288/91, NZA 1992, 1101; BAG, 30.06.1993 – 7 ABR 45/92, NZA 1994, 284; LAG Niedersachsen, 15.05.2007 – 13 Sa 108/07, AGS 2007, 431.
15 BAG, 11.03.2008 – 3 AZN 1311/07, RVGreport 2009, 192.
16 BAG, 30.04.1992 – 8 AZR 288/91; BAG, 30.06.1993 – 7 ABR 45/92; Hess. LAG, 18.09.2006 – 18/10 Sa 1725/05, AE 2007, 53; vgl. auch OLG Hamm, 13.05.2005 – 9 U 18/05, OLGR Hamm 2006, 410.
17 BAG, 16.05.1990 – 4 AZR 56/90, NJW 1990, 2641; LAG Düsseldorf, 14.02.1995 – 16 Sa 1996/94, MDR 1995, 1044.
18 BAG, 16.11.1005 – 3 AZB 45/05, NZA 2009, 343 = NJW 2006, 717.
19 BAG, 20.01.2010 – 7 ABR 68/08, NZA 2010, 777 = NJW 2010, 2077; Sächs. LAG, 10.12.2010 – 3 Sa 473/10; LAG Hamm, 26.02.1991 – 8 Sa 1497/90, MDR 1992, 62; LAG Rheinland-Pfalz, 28.08.1990 – 9 Ta 186/90, NZA 1992, 141.
20 LAG Düsseldorf, 01.04.1986 – 7 Ta 93/86, LAGE § 12a ArbGG 1979 Nr. 9; LAG Rheinland-Pfalz, 28.08.1990 – 9 Ta 186/90, NZA 1992, 141; LAG Nürnberg, 08.02.1999 – 4 Ta 13/99, JurBüro 1999, 366; LAG Nürnberg, 02.08.2000 – 1 Ta 198/00, MDR 2000, 1340; Hess. LAG, 04.08.1999 – 9 Ta 570/99, NZA-RR 2000, 500; a.A. ArbG Berlin, 05.07.1993 – 46 AR 31/93, AnwBl. 1994, 95.

lungstitel zu erwirken. Ein außergerichtlicher Vergleich ist kein zur Festsetzung geeigneter Titel i.S.d. § 103 ZPO.

7 Die Beschränkung der Kostenerstattung nach Abs. 1 Satz 1 gilt für das erstinstanzliche Erkenntnisverfahren vor den Arbeitsgerichten. Dazu zählen neben dem Urteilsverfahren nach §§ 46 ff. das **Mahnverfahren**, das **selbstständige Beweisverfahren** sowie das Verfahren über **Arrest** und **einstweilige Verfügung**.[21] Wird der Erlass einer Eilentscheidung beim Berufungsgericht als Gericht der Hauptsache[22] beantragt, so richtet sich die Kostenerstattung nach den für das zweitinstanzliche Verfahren geltenden Bestimmungen.[23] Die Einschränkung der Kostenerstattungspflicht gilt nicht für das Vollstreckungsverfahren; dies selbst dann nicht, wenn das ArbG als Prozessgericht Vollstreckungsgericht ist. Die Vollstreckungsgegenklage als prozessuale Gestaltungsklage ist Bestandteil des Erkenntnisverfahrens und unterliegt daher dem Ausschluss der Kostenerstattung.[24] Abs. 1 Satz 1 gilt nach seinem eindeutigen Wortlaut nur für das Urteilsverfahren. Der Begriff des Urteilsverfahrens dient nach der Systematik des Arbeitsgerichtsgesetzes der Abgrenzung der Verfahren gem. § 2 von den im Beschlussverfahren zu entscheidenden Angelegenheiten nach § 2a. Auf das Beschlussverfahren ist die Sonderregelung weder unmittelbar noch analog anwendbar.[25] Ebenso wenig findet Abs. 1 Satz 1 ArbGG im Beschwerdeverfahren nach § 78 ArbGG Anwendung. Der Wortlaut erwähnt das Beschwerdeverfahren nicht. Dieses ist auch nicht Teil des erstinstanzlichen Urteilsverfahrens, sondern findet nach Durchführung des Abhilfeverfahrens vor dem Beschwerdegericht statt.[26]

3. Belehrung

8 Vor Abschluss einer Vereinbarung über die Prozessvertretung ist auf den Ausschluss der Kostenerstattung nach Abs. 1 Satz 2 hinzuweisen; dabei sind der Prozesspartei die voraussichtlichen Kosten auf ihr Verlangen mitzuteilen.[27] Die Regelung hat nur klarstellende Bedeutung, da sich die Hinweispflicht schon aus dem anwaltlichen Berufsrecht ergibt.[28] Der Zweck der **Belehrungspflicht** besteht darin, der Partei die Risiken und Kosten der beabsichtigten Rechtsverfolgung oder Rechtsverteidigung zu verdeutlichen. Die Belehrung muss den Hinweis erhalten, dass die Partei die Kosten des Anwalts bzw. Verbandsvertreters auch im Fall ihres Obsiegens selbst zu tragen hat und sie keine Entschädigung wegen Zeitversäumnis erhält. Die schuldhafte Verletzung der Hinweispflicht löst einen auf das negative Interesse gerichteten Schadensersatzanspruch der betroffenen Partei aus; der Vergütungsanspruch des Anwalts kann infolge Aufrechnung entfallen. Die Vorlage einer **Rechtsschutzversicherungspolice** entbindet den Prozessvertreter nicht von der Hinweispflicht; etwas anderes gilt dann, wenn bereits eine Deckungszusage erteilt worden ist. Die mögliche Bewilligung von **PKH** schließt ebenfalls die Belehrungspflicht nicht aus. War der Partei der Ausschluss der Kostenerstattung bekannt oder hätte sie den Auftrag auch bei rechtzeitiger Belehrung auf jeden Fall erteilt, bleibt der Vergütungsanspruch unabhängig vom Ausgang des Verfahrens uneingeschränkt bestehen.[29] Der Hinweis selbst löst keinen Vergütungsanspruch aus.

4. Verweisung

9 Erstattungsfähig sind die Kosten, die dem Beklagten dadurch entstanden sind, dass der Kläger ein Gericht der ordentlichen Gerichtsbarkeit, der allgemeinen Verwaltungsgerichtsbarkeit, der Finanz-

---

21 LAG Baden-Württemberg, 07.11.1988 – 1 Ta 78/88, LAGE § 12a ArbGG 1979 Nr. 12.
22 Vgl. § 62 Rdn. 60.
23 LAG Baden-Württemberg, 08.08.1980, AnwBl. 1981, 35.
24 Vgl. § 62 Rdn. 40.
25 BAG, 27.07.1994 – 7 ABR 10/93, NZA 1995, 545.
26 BAG, 27.10.2014 – 10 AZB 93/14, NZA 2015, 182.
27 Hauck/Helml § 12a Rn 3.
28 GMPMG/Germelmann § 12a Rn 31.
29 Grunsky § 12a Rn 11.

oder Sozialgerichtsbarkeit angerufen und dieses den Rechtsstreit an das ArbG verwiesen hat, Abs. 1 Satz 3. Dies bedeutet nach überwiegender Auffassung, dass die dem Beklagten in dem unzulässigen Rechtsweg entstandenen Kosten voll zu erstatten sind.[30] Eine a.A. sieht dagegen nur die sog. Mehrkosten als erstattungsfähig an, d.h. die Differenzkosten zwischen den tatsächlich entstandenen Kosten und denjenigen Kosten, die entstanden wären, wenn der Rechtsstreit sofort beim zuständigen Gericht anhängig gemacht worden wäre.[31] Für die erste Sichtweise spricht bereits der Wortlaut des Abs. 1 Satz 3, der nicht von »Mehrkosten«, sondern von »entstandenen« Kosten spricht. Zudem verfolgte der Gesetzgeber mit der Neuregelung i.R.d. Arbeitsgerichtsnovelle 1979 die Absicht, die bis dahin unterschiedlichen Auffassungen über die Erstattungsfähigkeit von Anwaltskosten bei Verweisungen von den ordentlichen Gerichten an die ArbG i.S.d. herrschenden Meinung zu klären und festzuschreiben.[32] § 17 Abs. 2 Satz 2 GVG kann für die gegenteilige Ansicht nicht herangezogen werden. Abs. 1 Satz 3 enthält für die Verweisung an die Gerichte für Arbeitssachen eine Spezialregelung, die vom Gesetzgeber bei der Neuregelung der Verweisungsvorschriften in §§ 17 ff. GVG unangetastet geblieben ist. Nicht zu erstatten sind Kosten einer Widerklage, die der Beklagte beim unzuständigen Gericht erhoben hat.[33] Bei der **Verweisung** des Rechtsstreits vom ArbG an ein ordentliches Gericht sind die Anwaltskosten nur dann erstattungsfähig, wenn vor dem ordentlichen Gericht ein neuer Gebührentatbestand verwirklicht wird.[34]

III. Rechtsmittelverfahren

Die Beschränkung der Kostenerstattungspflicht gilt nur für das Urteilsverfahren des ersten Rechtszuges. Im Berufungs- und Revisionsrechtszug gilt § 91 ZPO uneingeschränkt, da es insoweit an einer Bezugnahme in §§ 64 Abs. 7, 72 Abs. 6 auf § 12a fehlt. Bei der Prozessvertretung durch einen **Verbandsvertreter** ist zu differenzieren: Gewährt der Verband seinen Mitgliedern satzungsgemäß in der Weise Rechtsschutz, dass er sich für die Vertretung in der einzelnen Sache eine Vergütung zahlen lässt, so ist diese insoweit erstattungsfähig, als sie tatsächlich gezahlt ist und den Betrag der Kosten, die bei Vertretung durch einen RA entstanden wären, nicht übersteigt.[35] Die Berechtigung zur Prozessvertretung von Verbandsmitgliedern umschließt nicht die Befugnis der berufsständischen Vereinigung oder Stelle zur Gebührenerhebung nach Maßgabe des RVG. Da eine derartige verbandsinterne Gebührenregelung keine Rechtswirksamkeit entfalten kann, braucht der im Prozess unterlegene Gegner die vom Verband in Ansatz gebrachte Anwaltsvergütung nicht zu erstatten.[36] Der obsiegenden Partei sind im Berufungsverfahren die Anwaltskosten auch dann zu ersetzen, wenn ein Verband bereit gewesen wäre, die Vertretung unentgeltlich zu übernehmen.[37] Für eine Regelung mit dem Inhalt, dass die Partei an den Verbandsvertreter eine Gebühr zu zahlen hat, ist kein Raum, denn ein unmittelbares Dienstverhältnis zwischen der Partei und dem Verbandsvertreter besteht nicht und

10

---

30 BAG, 19.02.2013 – 10 AZB 2/13, NZA 2013, 395; BAG, 01.11.2004 – 3 AZB 10/04, NZA 2005, 429 = NJW 2005, 1301; LAG Köln, 11.05.2011 – 7 Ta 323/10, AE 2012, 73; LAG Köln, 28.07.2010 – 12 Ta 183/10; LAG Düsseldorf, 15.08.2006 – 16 Ta 392/06, NZA-RR 2006, 658; LAG Schleswig-Holstein, 07.09.1988 – 5 Ta 134/88, LAGE § 12a ArbGG 1979 Nr. 11; LAG Niedersachsen, 21.12.1990 – 8 Ta 312/90, RPfleger 1991, 218; Hess. LAG, 08.03.1999 – 9/6 Ta 651/98, NZA-RR 1999, 498; LAG Baden-Württemberg, 24.01.2000 – 5 Ta 44/99, AGS 2000, 67; LAG Thüringen, 14.08.2000 – 8 Ta 87/2000, NZA-RR 2001, 106.
31 LAG Bremen, 20.02.1986 – 2 Ta 9/85, BB 1986, 671; LAG Bremen, 05.07.1996 – 2 Ta 30/96, NZA-RR 1997, 26; ArbG Siegen, 26.02.1998 – 1 Ca 396/97, NZA 1999, 213.
32 BT-Drs. 8/2535, S. 35.
33 LAG Baden-Württemberg, 09.08.1984 – 1 Ta 134/84, NZA 1985, 132.
34 LAG Schleswig-Holstein, 27.03.2003 – 2 Ta 31/03, JurBüro 2004, 142; OLG München, 15.01.1988 – 11 W 629/88, AnwBl. 1989, 108; OLG Karlsruhe, 15.12.1989 – 13 W 209/89, JurBüro 1990, 1154; OLG Karlsruhe, 01.08.1991 – 3 W 56/91, JurBüro 1991, 1637; Brandenburgisches OLG, 09.03.2000 – 8 W 246/99, MDR 2000, 788.
35 Grunsky § 12a Rn 13.
36 LAG Hamm, 18.11.1993 – 8 Ta 61/93, MDR 1994, 416.
37 LAG Düsseldorf, 08.01.1987 – 7 Ta 379/86, LAGE § 91 ZPO Nr. 13.

kann i.d.R. auch nicht begründet werden, da es auf ein unzulässiges entgeltliches Rechtskonsulentenverhältnis hinauslaufen würde. Ist der Verbandsvertreter RA und tritt in dieser Eigenschaft auf, dann sind die Anwaltskosten auch dann zu erstatten, wenn im Unterliegensfall der Verband die Kosten des RA tragen würde.[38]

11 Abs. 2 Satz 1 enthält eine Sonderregelung für den Fall, dass im zweiten Rechtszug eine Kostenteilung gem. § 92 ZPO erfolgt und eine Partei durch einen RA, die andere durch einen Verbandsvertreter vertreten wird. Um Benachteiligungen wegen der i.d.R. kostenlosen Verbandsvertretung zu vermeiden, ist die Partei, die durch den Verbandsvertreter vertreten wird, im Kostenausgleichungsverfahren[39] so zu stellen, als ob sie durch einen RA vertreten worden wäre. Einer Anmeldung dieser fiktiven Kosten bedarf es nicht, soweit es sich um die nach dem Vergütungssystem des RVG zu bemessende Anwaltsvergütung handelt, die ohne Weiteres nach dem Verfahrensablauf ermittelt werden kann. Individuelle Kosten – wie Reisekosten des Verbandsvertreters – bedürfen jedoch der Geltendmachung im Kostenfestsetzungsverfahren; anderenfalls bleiben sie unberücksichtigt.[40] Die Einsetzung fiktiver Anwaltskosten dient nur der Abwehr gegnerischer Erstattungsansprüche. Ansprüche auf Kostenerstattung können deshalb nach Abs. 2 nur geltend gemacht werden, wenn die Kosten im Einzelfall auch tatsächlich entstanden sind.

IV. Weitere Einzelfälle (alphabetisch)

12 **Behörde:** Einer Behörde, die an ihrem allgemeinen Gerichtsstand oder am Erfüllungsort verklagt wird, aber aus Zweckmäßigkeitsgesichtspunkten die Prozesse zentral durch eine Behörde an einem anderen Ort bearbeiten lässt, sind Reisekosten eines Beamten der Zentralbehörde zu dem Termin nicht zu erstatten.[41] Entsprechendes gilt bei Rechtsstreitigkeiten der Bundesrepublik Deutschland in Prozessstandschaft für Entsendestaaten gem. dem Zusatzabkommen zum NATO-Truppenstatut, wenn die Prozessvertretung einer zentralen oder doch vom Gerichtsort entfernten Behörde übertragen ist, obwohl näher gelegene Unterbehörden verfügbar sind.[42] Die Einräumung eines Sonderstatus bei der Erstattung von Reisekosten liefe dem Grundgedanken des Abs. 1 Satz 1 zuwider. Entscheidendes Kriterium ist deshalb auch hier, ob die Terminswahrnehmung durch Bedienstete am Ort des Prozessgerichts die Gewährleistung einer ordentlichen Prozessführung ausschließen würde. Nicht anders verhält es sich bei Rechtsstreitigkeiten im Bereich der Privatwirtschaft. Einer Partei, die Rechtsstreitigkeiten an verschiedenen Orten von einer Zentrale aus führt, anstatt die Nebenstelle, Filiale oder Zweigniederlassung tätig werden zu lassen, sind dadurch anfallende Mehrkosten nicht zu erstatten. Eine solche Zentralisierung ist eine betriebsinterne Angelegenheit, die nicht auf Kosten des Gegners mitfinanziert werden kann.[43]

13 **Detektivkosten:** Detektivkosten sind im Rahmen eines prozessualen Kostenerstattungsanspruchs erstattungsfähig, wenn und soweit die Aufwendungen prozessbezogene, notwendige und verhältnismäßige Parteikosten darstellen. Eine Prozessbezogenheit liegt vor, wenn die Kosten in einem unmittelbaren Zusammenhang mit dem Prozess stehen, in dem ihre Erstattung verlangt wird. Das ist stets der Fall, wenn sie von vornherein gerade für die Rechtsverfolgung oder Rechtsverteidigung im Rahmen eines bestimmten Prozesses aufgewendet worden sind.[44]

---

38 GMPMG/Germelmann § 12a Rn 41.
39 § 106 ZPO.
40 LAG Hamm, 28.02.1980 – 8 Ta 25/80.
41 LAG Köln, 09.06.1983 – 10 Ta 65/83; LAG Berlin, 06.07.1994 – 2 Ta 44/94; ArbG Gießen, 14.01.1985 – 3 Ca 428/80.
42 LAG Niedersachsen, 11.12.1989 – 14 Ta 235/87.
43 LAG Rheinland-Pfalz, 15.01.1991 – 9 Ta 246/90; LAG Düsseldorf, 15.05.1991 – 7 Ta 141/91; LAG Nürnberg, 23.11.1992 – 7 Ta 154/92.
44 LAG Düsseldorf, 13.07.1989 – 7 Ta 151/89, JurBüro 1989, 1702; LAG Düsseldorf, 04.04.1995 – 7 Ta 243/94, JurBüro 1995, 477; LAG Hamm, 28.08.1991 – 15 Sa 437/91, DB 1992, 431; LAG Köln, 23.02.1993 – 12 Ta 22/93.

Die Grenze der Ersatzpflicht richtet sich nach dem, was ein vernünftiger, wirtschaftlich denkender Mensch nach den Umständen des Falles zur Beseitigung der Störung oder zur Schadensverhütung nicht nur als zweckmäßig, sondern als erforderlich getan haben würde. Es stellt ein sozialadäquates Verhalten dar, wenn ein Arbeitgeber, der von Unkorrektheiten seines Arbeitnehmers erfahren hat, diesen von einer in der Ermittlungstätigkeit erfahrenen Person überwachen und überführen lässt.[45] Grundsätzlich kommt eine Erstattungspflicht hinsichtlich der Detektivkosten auch dann in Betracht, wenn die ermittelten Tatsachen zu einem so schwerwiegenden Verdacht einer vorsätzlichen Vertragspflichtverletzung führen, dass eine deswegen ausgesprochene Kündigung i.S. einer Verdachtskündigung als begründet angesehen werden muss.[46] Die rechtskräftige Abweisung eines materiell-rechtlichen Anspruchs auf Ersatz von Detektivkosten steht der Berücksichtigung dieser Kosten im Kostenfestsetzungsverfahren nicht entgegen.[47] Das Rechtsschutzbedürfnis für eine auf Erstattung von Detektivkosten gerichtete Klage kann nicht mit dem Argument verneint werden, diese Kosten seien zunächst im Festsetzungsverfahren nach §§ 103 ff. ZPO geltend zu machen.[48]

Klagerücknahme, Kostenentscheidung: Abs. 1 Satz 1 schließt nicht jegliche Erstattungsfähigkeit von Kosten aus, die durch die Zuziehung eines Prozessbevollmächtigten entstanden sind. Deshalb kann im arbeitsgerichtlichen Verfahren erster Instanz das Rechtsschutzbedürfnis für den Antrag auf Kostenentscheidung gem. § 269 Abs. 4 ZPO nicht unter Hinweis auf Abs. 1 Satz 1 verneint werden.[49] 14

Klauselerinnerungsverfahren: Der in Abs. 1 Satz 1 enthaltene Ausschluss der Erstattungspflicht von Rechtsanwaltskosten gilt auch im Klauselerinnerungsverfahren nach § 732 ZPO.[50] 15

Reisekosten, auswärtiger Anwalt im Rechtsmittelverfahren: Reisekosten eines nicht in Erfurt ansässigen RA sind im Revisionsverfahren mit der Einschränkung erstattungsfähig, dass sie dem Umfang und der Höhe nach auf die Reisekosten zu beschränken sind, die entstanden wären, wenn die Partei einen an ihrem Wohnsitz oder im Bezirk des erst- oder zweitinstanzlichen Gerichts ansässigen RA beauftragt hätte.[51] Mit dem Sinn des § 11 Abs. 2 ist es nicht zu vereinbaren, die Parteien aus kostenrechtlichen Erwägungen zu zwingen, nur in Erfurt ansässige Anwälte zu wählen und diese mit allen Revisionen zu belasten. Diese besondere Lage und die Beachtung der Interessen der Rechtspflege rechtfertigen es, ohne Rücksicht auf die Qualifikation des Anwalts, die Schwierigkeiten oder Bedeutungen einer Sache und etwa entstehende Mehrkosten, die Wahl eines Anwalts als notwendig anzuerkennen, der am Wohnsitz der Partei oder im Bezirk des Gerichts erster oder zweiter Instanz ansässig ist.[52] Entsprechendes gilt für das Berufungsverfahren.[53] Die Beauftragung eines auswärtigen Anwalts ist dann zur zweckentsprechenden Rechtsverfolgung i.S.d. § 91 ZPO notwendig, wenn die besondere Vertrautheit mit einer umfangreichen Spezialmaterie die Zuziehung erfordert oder besondere Sachkenntnis erforderlich ist, über die kein ortsansässiger Anwalt 16

---

45 BAG, 26.09.2013 – 8 AZR 1026/12, NZA 2014, 301; BAG, 28.05.2009 – 8 AZR 226/08, NZA 2009, 1300.
46 BAG, 26.09.2013 – 8 AZR 1026/12, NZA 2014, 301.
47 LAG Berlin, 20.09.2001 – 17 Ta 6117/01, NZA-RR 2002, 98.
48 BAG, 28.05.2009 – 8 AZR 226/08, NZA 2009, 1300.
49 LAG Berlin, 18.12.1992 – 3 Ta 20/92, LAGE § 269 ZPO Nr. 1.
50 LAG Rheinland-Pfalz, 08.04.1991 – 9 Ta 57/91, LAGE § 12a ArbGG 1979 Nr. 17.
51 BAG, 12.10.1962 – 5 AZR 268/60, NJW 1963, 1027; LAG Köln, 18.03.1997 – 13 (2) Ta 38/97, LAGE § 91 ZPO Nr. 29.
52 Stein/Jonas/Bork § 91 Abs. 8 Satz 2.
53 LAG Düsseldorf, 24.04.1986 – 7 Ta 113/86, LAGE § 91 ZPO Nr. 10; LAG Düsseldorf, 11.03.1992 – 7 Ta 40/92, LAGE § 91 ZPO Nr. 19; a.A. Sächs. LAG, 07.02.1997 – 10 Ta 39/96, LAGE § 91 ZPO Nr. 28.

verfügt.⁵⁴ Sie sind ferner zu erstatten, wenn sie anderenfalls für Informationsreisen der Partei zu einem Prozessbevollmächtigten am Sitz des LAG oder BAG angefallen wären. Ein Anwaltswechsel aus Kostenersparnisgründen ist einer Partei regelmäßig nicht zuzumuten.⁵⁵

17 **Reisekosten, fiktive Anwaltskosten:** Die Partei kann die Erstattung der vollen Reisekosten auch dann verlangen, wenn ihr bei Vertretung durch einen RA nur geringere Kosten entstanden wären.⁵⁶

18 **Reisekosten, hypothetische:** Werden durch die Beauftragung eines RA erstattungsfähige Kosten einer Partei eingespart, so ist die Rechtsanwaltsvergütung einschließlich der Auslagen bis zur Höhe der ersparten erstattungsfähigen Kosten zu ersetzen.⁵⁷ Dies folgt aus dem vom Gesetz verfolgten Zweck, die durch die Zuziehung eines Prozessbevollmächtigten eintretende Verteuerung des Prozesses zu verhindern. Der zur Kostenerstattung verpflichteten Partei soll aus dieser Regelung jedoch kein ungerechtfertigter Vorteil zufließen. Gehen die hypothetischen Reisekosten über die Anwaltskosten hinaus, so bleibt es bei der Erstattung der Anwaltskosten.⁵⁸ Der Regelung des Abs. 1 Satz 1 kann nicht entnommen werden, dass die im allgemeinen Zivilprozess anerkannte Pflicht, die Prozesskosten gering zu halten, im erstinstanzlichen arbeitsgerichtlichen Verfahren generell keine Anwendung findet. Bei der hypothetischen Kostenberechnung sind nicht nur die reinen Fahrtkosten, sondern auch der Aufwand und die Übernachtungskosten zu berücksichtigen.⁵⁹ Dies gilt jedoch dann nicht, wenn die Partei mit Sicherheit nicht zum Gericht angereist wäre.⁶⁰ Wird die Klage bereits vor dem Termin zurückgenommen, so erwachsen i.d.R. keine erstattungsfähigen Anwaltskosten, da Reisekosten nicht eingespart wurden. Etwas anderes gilt dann, wenn die Klage in einem Zeitpunkt zurückgenommen wird, in dem die hypothetischen Reisekosten schon angefallen wären.

19 **Sittenwidrige Schädigung:** Wer eine Prozesspartei, etwa durch Falschaussage bei Anfechtung eines Prozessvergleichs, vorsätzlich sittenwidrig schädigt, indem er weitere Rechtsanwaltskosten verursacht, kann sich auf den Ausschluss der Kostenerstattung nach Abs. 1 Satz 1 nicht berufen.⁶¹ Führt eine Partei ein offensichtlich aussichtsloses Verfahren in dem Bewusstsein, dass dem Gegner hierdurch Anwaltskosten entstehen, steht Abs. 1 Satz 1 der Ersatzpflicht aus § 826 BGB nicht entgegen.⁶² Die bloße Einnahme eines fehlerhaften Rechtsstandpunktes lässt aber noch nicht die Annahme zu, dies geschehe allein im Hinblick auf die dem Gegner entstehenden Kosten.⁶³

20 **Überlange Gerichtsverfahren:** Für den Rechtsschutz bei überlangen Gerichtsverfahren (§§ 198 ff. GVG) sind die Landesarbeitsgerichte oder das Bundesarbeitsgericht zuständig, je nachdem ob sich der Anspruch gegen das Land oder den Bund richtet, § 9 Abs. 2 Satz 2 ArbGG. Obwohl es sich um erstinstanzliche Verfahren handelt, ist § 12a Abs. 1 nach Sinn und Zweck der Norm nicht anzuwenden. Zum einen sind die sozialpolitischen Gründe, die gegen eine Erstattungspflicht spre-

---

54 LAG Schleswig-Holstein, 21.09.1988 – 5 Ta 126/88, LAGE § 91 ZPO Nr. 14; LAG Schleswig-Holstein, 10.09.1993 – 3 Ta 101/93, LAGE § 91 ZPO Nr. 22; LAG Köln, 04.03.1985 – 5/3 Ta 11/85, AnwBl. 1985, 274; LAG Frankfurt, 27.10.1985 – 6 Ta 279/85.
55 LAG Köln, 04.03.1985 – 5/3 Ta 11/85, AnwBl. 1985, 274.
56 LAG Hamburg, 13.08.1992 – 2 Ta 8/92, LAGE § 12a ArbGG 1979 Nr. 18.
57 LAG Schleswig-Holstein, 11.03.2009 – 6 Ta 33/09; Hess. LAG, 03.01.2008 – 13 Ta 483/07; LAG Berlin, 12.05.2006 – 17 Ta (Kost) 6006/06, NZA-RR 2006, 538; LAG München, 27.06.2001 – 1 Ta 44/01, NZA-RR 2002, 161.
58 LAG Berlin/Brandenburg, 22.02.2012 – 17 Ta (Kost) 6010/12.
59 LAG Düsseldorf, 10.04.1986 – 7 Ta 390/85, LAGE § 12a ArbGG 1979 Nr. 6.
60 LAG Baden-Württemberg, 10.04.1985 – 1 Ta 42/85, AnwBl. 86, 160.
61 OLG Hamm, 13.05.2005 – 9 U 18/05, OLGR Hamm 2006, 410.
62 Sächs. LAG, 16.11.2007 – 2 Sa 24/07, LAGE § 826 BGB 2002 Nr. 2.
63 LAG Baden-Württemberg, 04.07.2012 – 13 TaBV 4/12.
64 Germelmann Jahrbuch des Arbeitsrechts 2012 Band 49, S. 41; GK-ArbGG/Schleusener § 12a Rn 17.

chen, bei diesen Verfahren nicht gegeben; zum anderen besteht anders als vor den erstinstanzlichen Arbeitsgerichten Vertretungszwang.[64]

Vollstreckungsgegenklage: Auch die Vollstreckungsgegenklage nach § 767 ZPO vor dem Arbeitsgericht ist ein Urteilsverfahren i.S.v. Abs. 1 Satz 1; auch hier besteht folglich kein Anspruch auf Erstattung der Anwaltskosten.[65] 21

§ 13 Rechtshilfe

(1) [1]Die Arbeitsgerichte leisten den Gerichten für Arbeitssachen Rechtshilfe. [2]Ist die Amtshandlung außerhalb des Sitzes eines Arbeitsgerichts vorzunehmen, so leistet das Amtsgericht Rechtshilfe.

(2) Die Vorschriften des Gerichtsverfassungsgesetzes über Rechtshilfe und des Einführungsgesetzes zum Gerichtsverfassungsgesetz über verfahrensübergreifende Mitteilungen von Amts wegen finden entsprechende Anwendung.

Übersicht	Rdn.		Rdn.
I. Allgemeines	1	IV. Übermittlung personenbezogener	
II. Rechtshilfe im Inland	2	Daten	7
III. Rechtshilfe im Ausland	6		

I. Allgemeines

Die Vorschrift regelt die Rechtshilfe, die die ArbG leisten und die ihnen von den Amtsgerichten zu 1 leisten ist. Sie befasst sich nur mit der Rechtshilfe im Inland. Verfassungsrechtliche Grundlage ist Art. 35 Abs. 1 GG: Alle Behörden des Bundes und der Länder leisten sich gegenseitig Rechts- und Amtshilfe. **Rechtshilfe** liegt vor, wenn die ersuchende Behörde die Amtshandlung ihrer sachlichen Zuständigkeit nach selbst vornehmen könnte und nur die Zweckmäßigkeit für die Vornahme durch die ersuchte Behörde spricht. Es muss sich um eine richterliche Handlung handeln. **Amtshilfe** liegt vor, wenn der ersuchenden Behörde die Befugnis zur Vornahme der Amtshandlung fehlt, um die nachgesucht wird, oder wenn andere als die den Gerichten vorbehaltenen Handlungen infrage stehen.[1] Nach Abs. 2 sind für die Rechtshilfe innerhalb der Arbeitsgerichtsbarkeit oder der AG ggü. einem Gericht für Arbeitssachen die Vorschriften des GVG[2] entsprechend anzuwenden.

II. Rechtshilfe im Inland

Innerhalb der Arbeitsgerichtsbarkeit ist die Rechtshilfe von den Arbeitsgerichten zu leisten. Eine 2 Ausnahme von diesem Grundsatz macht Abs. 1 Satz 2, der das AG für zuständig erklärt, wenn die Amtshandlung außerhalb des Sitzes eines ArbG vorzunehmen ist. Zweck der Vorschrift ist es, wegen der ggü. den Bezirken der ArbG meist geringeren Größe der Amtsgerichtsbezirke eine größere Ortsnähe des Rechtshilfegerichts zu erreichen.[3] Streitig ist allerdings, ob sich das ersuchende Gericht an das AG wenden muss[4] oder ob es in seinem Ermessen liegt, entweder das ArbG oder das AG zu beauftragen.[5] Ein Rechtshilfeersuchen ist nur zulässig, wenn die Amtshandlung außerhalb des Gerichtsbezirks des ersuchenden ArbG vorzunehmen ist. Die an der Gerichtsstelle mögliche Beweisaufnahme findet vor der Kammer statt;[6] i.Ü. kann sie dem Vorsitzenden übertragen werden.[7]

---

65 LAG Düsseldorf, 09.06.2005 – 16 Ta 299/05, LAGE § 12a ArbGG 1979 Nr. 23.
1 Zöller/Lückemann § 156 GVG, Rn 2, 3.
2 §§ 156 bis 168.
3 Grunsky § 13 Rn 3.
4 So Grunsky § 13 Rn 3.
5 GMPMG/Germelmann § 13 Rn 8.
6 § 58 Abs. 1 Satz 1.
7 § 58 Abs. 1 Satz 2.

Nach Abs. 2 i.V.m. § 166 GVG kann das Gericht auch Amtshandlungen außerhalb des Bezirks wahrnehmen.

3 Das Rechtshilfeersuchen ist an das ArbG zu richten, in dessen Bezirk die Amtshandlung vorgenommen werden soll, Abs. 2 i.V.m. § 157 GVG. Das Ersuchen erfolgt durch eine Prozess leitende Verfügung; ihre Bezeichnung als Beschluss ist unschädlich. Gem. § 158 Abs. 1 GVG darf das ersuchte Gericht ein Rechtshilfeersuchen nicht ablehnen. Eine Ablehnung eines nicht im Rechtszuge vorgesetzten Gerichts ist ausnahmsweise dann statthaft, wenn die vorzunehmende Amtshandlung nach dem Recht des ersuchten Gerichts verboten ist, d.h. gegen Bundes- oder Landesrecht verstößt.[8] Diese Ausnahmevorschrift ist nach einhelliger Meinung in Literatur und Rechtsprechung eng auszulegen.[9] Insb. schließt der Wortlaut des § 158 Abs. 2 Satz 1 GVG es aus, dass das ersuchte Gericht die Durchführung der Beweisaufnahme ablehnen könnte, weil es sie für überflüssig, unrechtmäßig, oder wenig Erfolg versprechend hält.[10] Eine von dem ersuchten Gericht vorzunehmende Handlung ist vielmehr nur dann verboten, wenn sie schlechthin unzulässig ist, d.h. dass sie ohne Rücksicht auf die konkrete prozessuale Situation *(abstrakt)* rechtlich unzulässig sein muss.[11] Ein Ersuchen um Rechtshilfe darf vom ersuchten Gericht daher nicht mit der Begründung abgelehnt werden, das Prozessgericht habe die Voraussetzungen für eine Beweisaufnahme nach § 375 Abs. 1 Nr. 3 ZPO verkannt.[12] Als verbotene Handlungen i.S.v. § 158 Abs. 2 Satz 2 GVG kommen bspw. die Vernehmung der Partei oder des gesetzlichen Vertreters als Zeugen oder die eidliche Vernehmung zur Herbeiführung einer wahrheitsgemäßen Aussage in Betracht. Ebenso kann ein Ersuchen um wiederholte Vernehmung eines Zeugen abgelehnt werden, wenn ein offensichtlicher Missbrauch des Zeugniszwangs vorliegt.[13] Ob ein Vernehmungsersuchen bei fehlendem Einverständnis des Beweisgegners mit der ausforschenden Befragung abgelehnt werden kann, weil es sich um einen **Ausforschungsbeweis** handele, ist streitig.[14] Die Ablehnung wird nur zulässig sein, wenn der Ausforschungszweck offensichtlich ist.[15] Das Gesuch kann ferner dann abgelehnt werden, wenn es nicht aus sich heraus verständlich ist, d.h. wenn das ersuchte Gericht nicht in der Lage ist, allein aufgrund des Beweisbeschlusses den Beweis zu erheben: Der Beweisbeschluss darf nicht so abgefasst sein, dass sich der ersuchte Richter die Beweisfragen erst aus den Akten zusammensuchen muss.[16] Bei örtlicher Unzuständigkeit des ersuchten Gerichts hat dieses das Ersuchen an das zuständige Gericht weiterzugeben.[17]

4 Die Ablehnung ergeht durch Beschluss, der zu begründen ist. Bei förmlicher Ablehnung der Rechtshilfe oder bei unzulässiger Rechtshilfehandlung[18] ist die Beschwerde an das für das Rechtshilfegericht zuständige LAG zulässig.[19] Beschwerdeberechtigt sind nach § 159 Abs. 2 GVG das ersuchende Gericht, die Parteien und die vom ersuchten Gericht zu vernehmenden Personen. Die Beschwerde ist nicht fristgebunden; sie ist schriftlich oder zu Protokoll bei dem Rechtshilfegericht oder bei dem zuständigen LAG einzulegen. Dessen Entscheidung ergeht durch Beschluss ohne mündliche Verhandlung; den Beteiligten ist rechtliches Gehör zu gewähren. Die weitere Beschwerde zum BAG

---

8 BAG, 23.01.2001 – 10 AS 1/01, NZA 2001, 743 = NJW 2001, 2196.
9 BAG, 23.01.2001 – 10 AS 1/01, NZA 2001, 743 = NJW 2001, 2196.
10 BAG, 26.10.1999 – 10 AS 5/99, NZA 2000, 791.
11 BGH, 31.05.1990 – III ZB 52/89, NJW 1990, 2936; LAG Schleswig-Holstein, 06.06.1995 – AR 42/95.
12 BAG, 23.01.2001 – 10 AS 1/01, NZA 2001, 743 = NJW 2001, 2196.
13 Gift/Baur E Rn 1251.
14 Ablehnend BAG, 26.10.1999 – 10 AS 5/99, NZA 2000, 791; LAG Nürnberg, 28.10.1985 – 6 Ta 18/85, AMBl. BY 1986, C 19.
15 Zöller/Lückemann § 158 GVG, Rn 4; GMPMG/Germelmann § 13 Rn 5.
16 BAG, 26.10.1999 – 10 AS 5/99, NZA 2000, 791.
17 § 158 Abs. 2 Satz 2 GVG.
18 § 158 Abs. 2 GVG.
19 § 159 Abs. 1 GVG.

ist nur statthaft, wenn das LAG die Rechtshilfe für unzulässig erklärt hat und sich das ersuchende Gericht in einem anderen LAG-Bezirk befindet.[20]

Über das Rechtshilfeersuchen entscheidet nach § 53 Abs. 1 Satz 2 der Vorsitzende ohne Hinzuziehung der ehrenamtlichen Richter. Der ersuchte Richter bestimmt den Termin[21] und benachrichtigt die Parteien von Amts wegen. Die Beweisaufnahme vor dem ersuchten Richter ist parteiöffentlich,[22] nicht jedoch allgemeinöffentlich, weil der ersuchte Richter nicht das erkennende Gericht ist.[23] Zur Beeidigung ist der ersuchte Richter ohne entsprechende Anweisung des Prozessgerichts im Rechtshilfeersuchen nicht berechtigt. Der ersuchte Richter hat die Beweisverhandlungen in Urschrift der Geschäftsstelle des Prozessgerichts zu übersenden, § 362 Abs. 2 ZPO. Erst diese benachrichtigt die Parteien formlos vom Eingang. Nach Eingang der Akten hat der Vorsitzende Termin zu Fortsetzung der mündlichen Verhandlung zu bestimmen. In diesem Termin ist das Beweisergebnis nach § 285 Abs. 2 ZPO vorzutragen. Dabei genügt eine, auch stillschweigende, Bezugnahme auf das Protokoll des ersuchten Gerichts, § 137 Abs. 3 ZPO. Kosten und Auslagen der Rechtshilfe werden von der ersuchenden Behörde nicht erstattet, § 164 Abs. 1 GVG. Der Betrag dieser Auslagen wird der ersuchenden Behörde mitgeteilt, die sie von dem Kostenschuldner einzuziehen hat.[24]

III. Rechtshilfe im Ausland

Für die Rechtshilfeersuchen der ArbG in das Ausland gelten über § 46 Abs. 2 §§ 183 f., 363 f., 369 ZPO und die zwischenstaatlichen Rechtshilfeabkommen.[25] Das Ersuchen erfolgt entweder über die diplomatische oder konsularische Vertretung der Bundesrepublik Deutschland oder – in Ausnahmefällen – direkt durch Ersuchen an die zuständige ausländische Behörde. Die Durchführung richtet sich nach der Rechtshilfeordnung für Zivilsachen (ZRHO) vom 28.10.2011.[26] Die ZRHO ist eine vom Bund und den Ländern erlassene Verwaltungsvorschrift. Sie ist für die Abwicklung des Rechtshilfeverkehrs bindend. Nach § 2 Abs. 1 ZRHO ist Rechtshilfe jede gerichtliche oder behördliche Hilfe in einer bürgerlichen Rechtsangelegenheit, die entweder zur Förderung eines inländischen Verfahrens im Ausland oder zur Förderung eines ausländischen Verfahrens im Inland geleistet wird. Hierzu zählen auch Ersuchen, die die Erteilung von Auskünften über ausländisches Recht zum Gegenstand haben. Rechtshilfe kann auch durch Zustellung von Schriftstücken geleistet werden, die nicht oder noch nicht im Zusammenhang mit einem Verfahren stehen. Nach Ziffer 2. der Allgemeinen Einführung in die ZRHO ist die Arbeitsgerichtsbarkeit von der Rechtshilfe in Zivilsachen mitumfasst. Die ZRHO legt in bindender Weise das Verfahren fest. Prüfungsstellen, denen gemäß § 9 Abs. 1 ZRHO die verwaltungsmäßige Prüfung übertragen ist, ob ausgehende Ersuchen um Rechtshilfe zur Weiterleitung geeignet sind und ob bei eingehenden Ersuchen Rechtshilfe zu leisten ist, sind im Bereich der Arbeitsgerichte die Präsidenten der jeweiligen Landesarbeitsgerichte.[27]

IV. Übermittlung personenbezogener Daten

Abs. 2 ist durch das Justizmitteilungsgesetz und das Gesetz zur Änderung kostenrechtlicher Vorschriften und anderer Gesetze (JuMiG) vom 18.06.1997[28] geändert worden. Inhalt der Änderung ist die Bezugnahme auf die Vorschriften der §§ 12 ff. EGGVG über die Übermittlung

---

20 Abs. 2 i.V.m. § 159 Abs. 1 Satz 2, 3 GVG.
21 § 216 ZPO.
22 § 357 Abs. 2 ZPO.
23 Umkehrschluss aus § 169 Abs. 1 GVG.
24 Zöller/Lückemann § 164 GVG, Rn 1.
25 Übersicht bei Baumbach/Lauterbach/Albers/Hartmann Anhang nach § 363 ZPO.
26 BAnz. 2012 Nr. 38a.
27 Gemeinsame Anordnung über den Rechtshilfeverkehr mit dem Ausland auf dem Gebiet der Arbeitsgerichtsbarkeit i.d.F. v. 01.02.2013.
28 BGBl. I, S. 1430.

personenbezogener Daten vom Amts wegen. Die früheren verfahrensübergreifenden Mitteilungen auf der Grundlage einfacher Verwaltungsvorschriften. wurden aus Datenschutzgründen durch die Bezugnahme auf das EGGVG ersetzt. Bedeutung erlangen die Neuregelungen insb. für den Austausch von personenbezogenen Daten[29] im Verhältnis zu den Trägern der Sozialversicherung und der Sozialhilfe. Bei der Übermittlung nach § 13 EGGVG hat das Gericht eine Interessenabwägung mit den schutzwürdigen Belangen des Betroffenen vorzunehmen. Nach § 17 EGGVG besteht ein Mitteilungsrecht des Gerichts insb. bei der Verfolgung von Straftaten oder Ordnungswidrigkeiten *(Nr. 1), zur* Abwehr einer schwerwiegenden Beeinträchtigung der Rechte einer anderen Person *(Nr. 4)* sowie – insb. bei Verfahren mit Auszubildenden – zur Abwehr einer erheblichen Gefährdung Minderjähriger *(Nr. 5).* Zuständig für Entscheidungen nach § 13 – soweit sie außerhalb der mündlichen Verhandlung ergehen – ist der Vorsitzende, ansonsten die Kammer.

§ 13a Internationale Verfahren

Die Vorschriften des Buches 11 der Zivilprozessordnung über die justizielle Zusammenarbeit in der Europäischen Union finden in Verfahren vor den Gerichten für Arbeitssachen Anwendung, soweit dieses Gesetz nichts anderes bestimmt.

Übersicht

	Rdn.		Rdn.
I. Allgemeines	1	4. Vollstreckungstitel für unbestrittene Forderungen, EuVTVO	5
II. In Bezug genommene europäische Normen	2	5. Europäisches Mahnverfahren, EuMahnVO	9
1. Zustellung nach der EuZustVO	2	6. Verfahren für geringfügige Forderungen, EuBagatellVO	10
2. Beweisaufnahme nach der EuBO	3		
3. PKH-Richtlinie	4		

I. Allgemeines

1   Die Norm ist durch Art. 2 Abs. 2 des EG-Vollstreckungstitel-Durchführungsgesetzes[1] eingefügt worden und gilt seit dem 21.10.2005. Die Norm stellt generell klar, dass die Vorschriften des Buches 11 der ZPO (§§ 1067 ff. ZPO) über die justizielle Zusammenarbeit in der EU auch im arbeitsgerichtlichen Verfahren Anwendung finden. Das neu geschaffene Buch 11 der ZPO enthält die erforderlichen Durchführungsvorschriften zu folgenden europarechtlichen Normen:

II. In Bezug genommene europäische Normen

1. Zustellung nach der EuZustVO

2   §§ 1067 bis 1069 ZPO regeln die **Zustellung**. Grundlage ist die Verordnung (EG) Nr. 1393/2007 über die Zustellung gerichtlicher und außergerichtlicher Schriftstücke in Zivil- und Handelssachen vom 13.11.2008, in Kraft getreten am 13.11.2008.[2] Die Verordnung soll die Zustellung in den Mitgliedstaaten beschleunigen, indem z.B. das Vollstreckbarerklärungsverfahren abgeschafft wird (Art. 5) und Zustellungen durch **Einschreiben gegen Rückschein** erfolgen können (Art. 14 i.V.m. § 1068 ZPO). Die Zustellung erfolgt gemäß § 1069 ZPO durch die Gerichte als Übermittlungsstellen.

---

29 § 3 BDSG.
1 18.08.2005, BGBl. I, S. 2477.
2 ABl. L 324 v. 10.12.2007, S. 79.

2. Beweisaufnahme nach der EuBO

§§ 1072 bis 1075 ZPO regeln die Zusammenarbeit bei der Beweisaufnahme auf der Grundlage der Verordnung (EG) Nr. 1206/2001 über die Zusammenarbeit zwischen den Gerichten der Mitgliedstaaten auf dem Gebiet der **Beweisaufnahme** in Zivil- oder Handelssachen vom 28.05.2001.[3] In allen Mitgliedstaaten mit Ausnahme Dänemarks wird es den Gerichten ermöglicht, unmittelbar das zuständige Gericht des Mitgliedstaates um die Durchführung der Beweisaufnahme zu ersuchen (§ 1072 Nr. 1 ZPO).

3

3. PKH-Richtlinie

§§ 1076 bis 1078 ZPO setzen die Richtlinie 2003/8/EG vom 27.01.2003[4] in nationales Recht um. Dadurch ist sichergestellt, dass **Prozesskostenhilfe** auch in Rechtsstreitigkeiten mit grenzüberschreitendem Bezug zu bewilligen ist. § 1076 ZPO nimmt §§ 114 bis 127a ZPO in Bezug. Die Einzelheiten für eingehende und ausgehende Ersuchen sind in §§ 1077 f. ZPO geregelt.

4

4. Vollstreckungstitel für unbestrittene Forderungen, EuVTVO

Die Verordnung (EG) Nr. 805/2004 des Europäischen Parlaments und des Rates zur Einführung eines Europäischen Vollstreckungstitels für unbestrittene Forderungen[5] führt einen Europäischen Vollstreckungstitel für unbestrittene Geldforderungen in Zivil- und Handelssachen ein. Dieser **Europäische Vollstreckungstitel** ermöglicht dem Gläubiger eine effizientere grenzüberschreitende Vollstreckung. Für bestimmte Titel (Vollstreckungsbescheide, Anerkenntnis- und Versäumnisurteile sowie Prozessvergleiche) entfällt zwischen den EU-Mitgliedstaaten – mit Ausnahme Dänemarks – das Vollstreckbarerklärungsverfahren, das bisher der Vollstreckung aus ausländischen Titeln vorgeschaltet war.

5

Die EG-Verordnung sieht bestimmte Mindestvorschriften für Verfahren über unbestrittene Forderungen vor, die eine ordnungsgemäße Unterrichtung des Schuldners über das gegen ihn eingeleitete Verfahren, die verfahrensrechtlichen Erfordernisse für das Bestreiten der Forderung und die Konsequenzen des Nichtbestreitens oder des Nichterscheinens sicherstellen sollen. Die Verordnung begründet zwar keine Verpflichtung für die Mitgliedstaaten, ihr innerstaatliches Recht diesen Mindeststandards anzupassen. Jedoch setzt die Bestätigung als Europäischer Vollstreckungstitel (§§ 1079, 1080 ZPO) voraus, dass die Mindeststandards im Erkenntnisverfahren beachtet wurden. Die Vorschriften der ZPO und des ArbGG entsprachen im Wesentlichen bereits den verfahrensrechtlichen Vorschriften der jetzigen EG-Verordnung. Zu erweitern waren jedoch die Vorschriften über die Belehrung des Schuldners. Art. 17 der EG-Verordnung sieht eine ordnungsgemäße Unterrichtung des Schuldners über die Verfahrensschritte zum Bestreiten der Forderung vor.

6

Nach bisher geltendem Recht enthielt die **Ladung** zur mündlichen Verhandlung keinerlei Hinweis auf die Folgen einer Terminsversäumung. § 215 ZPO n.F. sorgt für Abhilfe, indem nunmehr der Hinweis auf die Möglichkeit einer Entscheidung nach den §§ 330 bis 331a ZPO einschließlich der kosten- und vollstreckungsrechtlichen Folgen in jede Ladung aufzunehmen ist. Fehlt dieser Hinweis, so ist die Partei nicht ordnungsgemäß geladen, sodass eine **Versäumnisentscheidung** unzulässig ist (§ 335 Abs. 1 Nr. 2 ZPO). Um eine Mehrarbeit zu vermeiden, ist es sinnvoll, den Hinweis auf die Folgen einer Terminsversäumung in die Vordrucke für die Ladung einzustellen. Die Belehrung könnte bspw. wie folgt lauten:

7

---

[3] ABl. L 174 v. 27.06.2001, S. 1.
[4] ABl. L 26 v. 31.01.2003, S. 41.
[5] ABl. L 143 v. 30.04.2004, S. 15.

§ 13a ArbGG   Internationale Verfahren

7   »Die Parteien werden darauf hingewiesen, dass das Nichterscheinen im Termin zu einem Verlust des Prozesses führen kann. Gegen die nicht erschienene Partei kann auf Antrag des Gegners ein Versäumnisurteil erlassen oder eine Entscheidung nach Aktenlage getroffen werden (§§ 330 bis 331a ZPO); in diesem Fall hat die säumige Partei auch die Gerichtskosten und die notwendigen Kosten der Gegenseite zu tragen (§ 91 ZPO). Aus dem Versäumnisurteil oder dem Urteil nach Lage der Akten kann der Gegner der säumigen Partei gegen diese die Zwangsvollstreckung betreiben (§ 62 ArbGG).«

8   Art. 17 Buchstabe a der neuen EG-Verordnung sieht eine Belehrung des Schuldners über die zum Bestreiten erforderlichen Verfahrensschritte vor. So muss in dem verfahrenseinleitenden Schriftstück, einem gleichwertigen Schriftstück oder einer Ladung zu einer Gerichtsverhandlung u.a. die Information darüber enthalten sein, ob die Vertretung durch einen Rechtsanwalt vorgeschrieben ist. Aus der Verwendung »ob« folgt dabei, dass sowohl eine diese Frage bejahende (Anwaltsprozess) als auch eine sie verneinende (Parteiprozess) Belehrung erforderlich ist. § 499 Abs. 1 ZPO n.F., der nach § 46 Abs. 2 Satz 1 ArbGG auf das Urteilsverfahren des ersten Rechtszuges Anwendung findet, ergänzt die Bestimmung in § 215 Abs. 2 ZPO, die Belehrungspflichten lediglich im Hinblick auf den Anwaltsprozess vorsieht. Nunmehr ist auch im Parteiprozess eine Belehrung erforderlich; diese hat zum frühestmöglichen Zeitpunkt, nämlich zugleich mit der Zustellung der Klageschrift bzw. des Protokolls über die Klage (§ 498 ZPO), zu ergehen. Die Belehrung sollte zur Vermeidung von Mehrarbeit in die maßgeblichen Vordrucke eingestellt werden. Sie ist dahingehend zu formulieren, dass eine Vertretung durch Anwälte nicht vorgeschrieben ist.

5. Europäisches Mahnverfahren, EuMahnVO

9   §§ 1087 bis 1096 ZPO haben die Umsetzung der Verordnung (EG) Nr. 1896/2006 zur Einführung eines **Europäischen Mahnverfahrens** vom 12.12.2006[6] zum Inhalt. Die ausschließliche Zuständigkeit des Amtsgericht Berlin-Wedding für den Erlass und die Überprüfung eines **Europäischen Zahlungsbefehls** sowie für die Vollstreckbarerklärung (§ 1087 ZPO) gilt nicht für das arbeitsgerichtliche Mahnverfahren: Gemäß § 46b Abs. 2 ist das Arbeitsgericht zuständig, das für die im Urteilsverfahren erhobene Klage zuständig sein würde.

6. Verfahren für geringfügige Forderungen, EuBagatellVO

10   Die Verordnung (EG) Nr. 861/2007 zur Einführung eines europäischen Verfahrens für **geringfügige Forderungen** vom 11.07.2007[7] findet gemäß ihrem Art. 2 Abs. 2 Buchst. f) keine Anwendung auf das Arbeitsrecht. Gleiches gilt daher für §§ 1097 bis 1109 ZPO, mit denen die VO umgesetzt wird.

---

6   ABl. L 399 v. 30.12.2006, S. 1.
7   ABl. L 199 v. 31.07.2007, S. 1.

Zweiter Teil Aufbau der Gerichte für Arbeitssachen

Erster Abschnitt Arbeitsgerichte

§ 14 Errichtung und Organisation

(1) In den Ländern werden Arbeitsgerichte errichtet.

(2) Durch Gesetz werden angeordnet
1. die Errichtung und Aufhebung eines Arbeitsgerichts;
2. die Verlegung eines Gerichtssitzes;
3. Änderungen in der Abgrenzung der Gerichtsbezirke;
4. die Zuweisung einzelner Sachgebiete an ein Arbeitsgericht für die Bezirke mehrerer Arbeitsgerichte;
5. die Errichtung von Kammern des Arbeitsgerichts an anderen Orten;
6. der Übergang anhängiger Verfahren auf ein anderes Gericht bei Maßnahmen nach den Nummern 1, 3 und 4, wenn sich die Zuständigkeit nicht nach den bisher geltenden Vorschriften richten soll.

(3) Mehrere Länder können die Errichtung eines gemeinsamen Arbeitsgerichts oder gemeinsamer Kammern eines Arbeitsgerichts oder die Ausdehnung von Gerichtsbezirken über die Landesgrenzen hinaus, auch für einzelne Sachgebiete, vereinbaren.

(4) [1]Die zuständige oberste Landesbehörde kann anordnen, dass außerhalb des Sitzes des Arbeitsgerichts Gerichtstage abgehalten werden. [2]Die Landesregierung kann ferner durch Rechtsverordnung bestimmen, dass Gerichtstage außerhalb des Sitzes des Arbeitsgerichts abgehalten werden. [3]Die Landesregierung kann die Ermächtigung nach Satz 2 durch Rechtsverordnung auf die zuständige oberste Landesbehörde übertragen.

(5) Bei der Vorbereitung gesetzlicher Regelungen nach Absatz 2 Nr. 1 bis 5 und Absatz 3 sind die Gewerkschaften und Vereinigungen von Arbeitgebern, die für das Arbeitsleben im Landesgebiet wesentliche Bedeutung haben, zu hören.

Übersicht	Rdn.		Rdn.
I. Allgemeines	1	IV. Abhaltung von Gerichtstagen	12
II. Historische Entwicklung	3	V. Anhörung der Verbände	16
III. Länderübergreifende Gerichte	11		

I. Allgemeines

Die Errichtung der Arbeitsgerichte des ersten[1] und des zweiten[2] Rechtszuges ist Sache der Länder. Zum BAG als dem obersten Gerichtshof des Bundes vgl. Erl. zu § 40. 1

Anders als zur Abhaltung von Gerichtstagen ist für **wesentliche Organisationsakte** nach **Abs. 2** eine gesetzliche Regelung durch die Länder erforderlich.[3] Für die in Abs. 2 aufgelisteten wesentlichen organisatorischen Maßnahmen gilt der **Vorbehalt des Gesetzes**.[4] Die Länder haben diesem Erfordernis durch Ausführungsgesetze zum Arbeitsgerichtsgesetz genügt oder in Justizgesetzen den Aufbau und die Organisation ihrer Gerichte festgelegt (z.B. JustG NRW vom 26.01.2010, in Kraft 2

---

1 § 8 Abs. 1.
2 § 33.
3 BVerfGE 2, 316.
4 GMPMG/Prütting § 14 Rn 6; Hako-Natter § 14 Rn 8.

getreten am 01.01.2011, GV.NRW 2010, 30; NJG Nds. vom 16.11.2014, geändert durch Art. 2 § 4 des Gesetzes vom 12.11.2015, Nds. GVBl. S. 307).

II. Historische Entwicklung

3 Die gesetzlich 1890 bzw. 1904 eingerichteten Gewerbe- und Kaufmannsgerichte gelten als Vorläufer der heutigen Gerichte für Arbeitssachen. Zuvor gab es bereits auf regionaler und kommunaler Ebene Fabrikgerichte, die nach dem Vorbild der napoleonischen »conseil de prud'hommes« Anfang des 19. Jahrhunderts entstanden. Die Gewerbe- und Kaufmannsgerichte sind mit der Inkraftsetzung des Arbeitsgerichtsgesetzes vom 23.12.1926[5] durch die ArbGe ersetzt worden. Von nun an oblag die Gerichtsbarkeit in Arbeitssachen den Arbeitsgerichtsbehörden.[6] Während die ArbGe erster Instanz »selbstständig« waren, wurden die Aufgaben des Berufungs- und Revisionsgerichts durch die Landgerichte bzw. einen besonders besetzten Senat des Reichsgerichts (*Reichsarbeitsgericht*) erfüllt.

4 Durch das Gesetz zur Ordnung der nationalen Arbeit vom 23.01.1934[7] wurde der Aufgabenbereich der Arbeitsgerichtsbarkeit erheblich zurückgeschnitten. So fiel dem Ziel der Gleichschaltung die Zuständigkeit für kollektive Streitigkeiten im Beschlussverfahren zum Opfer.

5 Nach dem Ende des Dritten Reichs wurden die ArbGe als »Sondergerichte« durch den Kontrollrat aufgehoben. Mit Kontrollratsgesetz Nr. 21 vom 30.03.1946[8] wurde die Arbeitsgerichtsbarkeit in erster und zweiter Instanz auf der Grundlage des Arbeitsgerichtsgesetzes von 1926 wieder hergestellt. Anders als nach der Rechtslage des Arbeitsgerichtsgesetzes von 1926 wurden die Geschäfte der Verwaltung und Dienstaufsicht nicht mehr der Landesjustizverwaltung im Einvernehmen mit der obersten Landesbehörde für die Sozialverwaltung übertragen. Es wurde vielmehr angeordnet, dass die deutschen ArbGe lediglich in ihrer Verwaltung den deutschen Provinz- oder Landesbehörden unterstanden. Damit sollte sichergestellt werden, dass die Verwaltung keinen Einfluss auf die Entscheidungen der ArbGe nehmen kann.

6 Mit dem **Arbeitsgerichtsgesetz von 1953** wurde die 1949 im Grundgesetz getroffene verfassungsrechtliche Entscheidung für ein Rechtssystem mit mehreren selbstständigen Zweigen der Gerichtsbarkeit für die nunmehr eigenständige Arbeitsgerichtsbarkeit in die Tat umgesetzt. Abweichend von dem als Vorlage geltenden Arbeitsgerichtsgesetz von 1926 schuf der Gesetzgeber für Arbeitssachen **einen eigenen Instanzenzug mit ArbG, LAG und BAG.** Für die Einrichtung der ArbG war nunmehr jeweils die **oberste Arbeitsbehörde** des Landes bzw. des Bundes im Einvernehmen mit der Justizverwaltung zuständig.

7 Die heute maßgebliche Fassung des § 14 stammt aus dem Jahr 2000.[9] Zum eigenständigen Rechtsweg vgl. Erl. zu § 1. Eine **Auflistung der Arbeitsgerichte** und **Landesarbeitsgerichte** befindet sich im **Anhang 4**.

8 Neu aufgenommen wurde der **Gesetzesvorbehalt** für die Errichtung von Gerichten und **wesentlichen Organisationsänderungen** (vgl. Rdn. 2). Die früher möglichen Rechtsverordnungen im Organisationsbereich[10] sind daher nicht mehr statthaft. Es steht den Ländern durch die offene Formulierung in Abs. 4 Satz 1 frei, ob sie die Arbeitsgerichtsbarkeit in der **Dienstaufsicht** dem Arbeits-, Wirtschafts- und Sozial- oder dem Justizminister unterstellen.[11] Die Entscheidungen

---

5 RGBl. I, S. 507; zur Entwicklung allgemein Leinemann NZA 1991, 961; Linsenmaier NZA 2004, 401; Düwell RdA 2010, 129.
6 Vgl. § 1 ArbGG 1926.
7 RGBl. I, S. 45.
8 Amtsblatt des Kontrollrats in Deutschland 1946, S. 124.
9 Gesetz zur Vereinfachung und Beschleunigung des arbeitsgerichtlichen Verfahrens v. 30.03.2000 – Arbeitsgerichtsbeschleunigungsgesetz – BGBl. I, S. 330.
10 Gesetz vom 01.07.1960, BGBl. I, S. 481.
11 GK-ArbGG/Dörner § 14 Rn 5 f.

in Organisations- und Personalfragen liegen **dann allein in der Hand der zuständigen obersten Landesbehörde**.[12] Allein in Bayern und in Berlin-Brandenburg ressortiert in den Bundesländern die Arbeitsgerichtsbarkeit noch – wie früher üblich – noch beim Arbeits- und Sozialministerium. Näher dazu s. Erl. § 15 Rdn. 1.

Die seit 2003 unter dem Begriff »**Große Justizreform**« angestellten Erwägungen der **Zusammenlegung von Gerichtsbarkeiten**, so beispielsweise der Arbeits- mit der Zivilgerichtsbarkeit,[13] werden nicht weiterverfolgt. Dafür wurden Synergieeffekte, flexibler Personaleinsatz und ein übersichtliches Rechtswegesystem als Argumente ins Feld geführt.[14] Effektiver und vor allem schneller Rechtsschutz bedürfen indessen der **Spezialisierung** wie auch die Entwicklung in der Rechtsanwaltschaft zeigt. Flexibler Personaleinsatz über die Grenzen der Gerichtsbarkeiten hinaus lässt sich mit dienstrechtlichen Mitteln (beispielsweise Abordnungen im Einvernehmen) erreichen, ohne dass die Gefahr einer Verletzung der richterlichen Unabhängigkeit (Art. 97 GG) entsteht. Dies ist in der Praxis der Unterstützung der zeitweise hochbelasteten Sozialgerichtsbarkeit mit Erfolg »gelebt« worden. Immerhin ist auf Bundesebene in **Art. 95 GG** die Aufgliederung der fünf Gerichtsbarkeiten vorgezeichnet. 9

Ebenso wenig ist eine **Vereinheitlichung der Prozessordnungen**, die ebenfalls ein Anliegen der »Großen Justizreform« war, vorangebracht worden. Die dort insbesondere verfolgte »**funktionale Zweigliedrigkeit**« sah nach dem Modell des verwaltungsgerichtlichen Verfahrens vor, grundsätzlich nur noch ein Rechtsmittel nach gesonderter Zulassung gegen erstinstanzliche Entscheidungen zu erlauben. Beibringungsgrundsatz und Verfahrensbeschleunigung in der Arbeitsgerichtsbarkeit standen diesem Vorhaben entgegen.[15] 10

III. Länderübergreifende Gerichte

Von der Möglichkeit des **Abs. 3**, länderübergreifende Gerichtsbezirke oder gemeinsame ArbGe durch **Staatsvertrag** zu schaffen, ist bislang – anders als beispielsweise auf der Ebene der Landesarbeitsgerichte (Gemeinsames LAG Berlin-Brandenburg oder in der Sozialgerichtsbarkeit (Gemeinsames LSG Bremen-Niedersachsen) – kein Gebrauch gemacht worden. Ansätze zur Verwaltungsreform und zur Neugliederung des Bundesgebietes könnten insoweit aber zu einem Umdenken führen. Ansatzweise waren derartige Zusammenlegungen zwischen den Ländern Thüringen, Sachsen und Sachsen-Anhalt aus Kostengründen im Gespräch. Zu überlegen wäre auch, eine **sachgebietsbezogene Konzentration** gerichtsbezirksübergreifend einzuführen *(z.B. Seearbeitsrecht für alle norddeutschen Länder)*. Gerichtsbezirksübergreifende Zuständigkeiten sind bislang nur durch **tarifvertragliche Regelungen** erfolgt. Voraussetzung für eine abweichende tarifvertragliche Zuständigkeitsregelung ist indessen, dass sich das Arbeitsverhältnis infolge Tarifbindung, Allgemeinverbindlichkeitserklärung oder vertraglicher Bezugnahme nach dem Tarifvertrag richtet. Vgl. im Weiteren Erl. zu § 48 Rdn. 1. 11

IV. Abhaltung von Gerichtstagen

Außerhalb des Gerichtssitzes kann jedes Gericht ohne weitere formelle Voraussetzungen nach § 219 ZPO »Gerichtstag« halten. Dabei handelt es sich im rechtstechnischen Sinne um einen sog. »**Lokaltermin**«, der nur im Einzelfall außerhalb des Gerichtssitzes stattfinden darf.[16] 12

---

12 Justiz-, Sozial- oder Wirtschaftsminister.
13 Beschlüsse Justizministerkonferenz vom 06.11.2003; Koalitionsvertrag CDU/CSU/FDP vom 24.10.2009; der nur noch eine Option für die Zusammenlegung von Sozial- und Verwaltungsgerichten enthält.
14 Aust-Dodenhoff NZA 2004, 24; Hanau FS Bartenbach S. 647; Düwell BB 2003,2745; Weth NZA 2006, 182; GK-ArbGG/Dörner § 14 Rn. 6b m.w.N.
15 Beschlüsse der Justizministerkonferenz vom 30.06.2005 und 02.06.2006; dagegen Weth ZRP 2005, 119; Hako-Natter § 14 Rn 6 m.w.N.; Gemeinsame Presseverlautbarung der BAG Präsidentin und der LAG Präsidenten vom 23.06.2005.
16 Zutreffend Schwab/Weth-Liebscher § 14 Rn 21.

§ 219 ZPO Terminsort

(1) Die Termine werden an der Gerichtsstelle abgehalten, sofern nicht die Einnahme eines Augenscheins an Ort und Stelle, die Verhandlung mit einer am Erscheinen vor Gericht verhinderten Person oder eine sonstige Handlung erforderlich ist, die an der Gerichtsstelle nicht vorgenommen werden kann.

(2) ...

Ist durch Gesetz eine **auswärtige Kammer** *(Abs. 2 Nr. 5)* geschaffen worden, so handelt es sich nicht um einen Gerichtstag i.S.v. Abs. 4. Außenkammern kennen die Länder Baden-Württemberg, Bayern, Rheinland-Pfalz, Sachsen und Thüringen. **Fristen** können sowohl durch Eingang am Standort des Stammsitzes als auch am Sitz der Außenkammer gewahrt werden.[17]

13 **Abs. 4** eröffnet der obersten Landesbehörde oder der Landesregierung die Möglichkeit, die **Abhaltung ständiger auswärtiger Gerichtstage** an einem anderen Ort als dem Gerichtssitz zu bestimmen. Handelt die zuständige oberste Landesbehörde, so bedarf die behördliche Anordnung *(Erlass)* je nach Ressortierung der Arbeitsgerichtsbarkeit seit der Neuregelung im Arbeitsgerichtsbeschleunigungsgesetz[18] nicht mehr des Einvernehmens der Landesjustizverwaltung oder der obersten Arbeitsbehörde des Landes. Die Sätze 2 und 5 des § 14 Abs. 4 a.F. sind zum 01.05.2000 insoweit außer Kraft gesetzt worden. Handelt die Landesregierung, kann sie durch **Rechtsverordnung** festlegen, wo Gerichtstage außerhalb des Sitzes des ArbG stattzufinden haben. Im Wege einer Rechtsverordnung kann die Landesregierung diese Ermächtigung auf die zuständige oberste Landesbehörde übertragen.

14 Die Abhaltung von Gerichtstagen ist z.B. in Nordrhein-Westfalen durch die Verordnung über die Abhaltung von Gerichtstagen der ArbG vom 15.12.1981[19] bestimmt worden. In Niedersachsen sind durch Runderlass des Sozialministers sämtliche 43 Gerichtstage erster und zweiter Instanz mit Wirkung zum 01.01.1996 aufgehoben worden.[20] Inzwischen haben auch das Land Hessen zum 01.01.2005 und das Land Mecklenburg-Vorpommern zum 06.10.2014 die Gerichtstage in der Arbeitsgerichtsbarkeit abgeschafft.[21] Im Saarland, in Sachsen-Anhalt und in den Stadtstaaten sind Gerichtstage nicht eingerichtet. Zur Sinnhaftigkeit von Gerichtstagen vgl. § 33 Rdn. 4. Die Reisekosten eines Rechtsanwalts zu einem auswärtigen Gerichtstag sind erstattungsfähig.[22]

15 Die ArbGe können außerhalb des Gerichtstages dem Gerichtstag zugehörende Sachen auch am Hauptsitz des Gerichts verhandeln, soweit sie die für den Gerichtstag bestehende gesonderte Liste ehrenamtlicher Richter berücksichtigen.[23]

V. Anhörung der Verbände

16 Das Gesetz sieht in **Abs. 5** ein Anhörungsrecht der Gewerkschaften und Vereinigungen von Arbeitgebern bei Organisationsakten nach Abs. 2 Nr. 1 bis 5 und Abs. 3 vor. Voraussetzung für das Anhörungsrecht ist, dass die Gewerkschaften und Arbeitgeberverenigungen für das Arbeitsleben im Landesgebiet »wesentliche Bedeutung« haben. Diese gesetzliche Beschränkung auf **Organisationen von wesentlicher Bedeutung** ist verfassungsrechtlich nicht zu beanstanden.[24] Den Verbänden steht indessen kein Anhörungsrecht zu, soweit es um die Einrichtung oder Abschaffung von auswärtigen Gerichtstagen geht;[25] Abs. 5 nimmt nur auf die **Organisationsmaßnahmen** in Abs. 2

---

17 BAG, 04.03.2004 – 2 AZR 305/03, EzA § 794 ZPO 2002 Nr. 1.
18 Vgl. hierzu § 7 Rdn. 2.
19 GVBl. 1981, 729.
20 RdErl. d. MS v. 19.05.1995, Nds. MBl. Nr. 24/1995, S. 731.
21 Gesetz vom 20.12.2004, GVBl. I Nr. 24 v. 27.12.2004 S. 506–529; Gerichtsstrukturgesetz, zuletzt geändert durch Art. 1 des Gesetzes vom 11.11.2013, GVOBL.MV S. 609.
22 LAG Niedersachsen, 05.06.1990 – 2 Ta 99/90, NdsRpfl 1990, 258.
23 LAG München, 01.04.1980 – 7 Ta 23/80; **a.A.** Schwab/Weth-Liebscher § 14 Rn 21.
24 Vgl. BVerfG, 22.10.1985 – 2 BvL 44/83, NJW 1986, 1093, 1095.
25 § 14 Abs. 4.

Nr. 1 bis 5 und Abs. 3 Bezug. Bei **versäumter Anhörung** ist zwar der Organisationsakt unwirksam; das Gericht ist aber dadurch nicht fehlerhaft besetzt und es berechtigt nicht zur Erhebung einer Nichtigkeitsklage.[26]

§ 15 Verwaltung und Dienstaufsicht

(1) ¹Die Geschäfte der Verwaltung und Dienstaufsicht führt die zuständige oberste Landesbehörde. ²Vor Erlass allgemeiner Anordnungen, die die Verwaltung und Dienstaufsicht betreffen, soweit sie nicht rein technischer Art sind, sind die in § 14 Abs. 5 genannten Verbände zu hören.

(2) ¹Die Landesregierung kann durch Rechtsverordnung Geschäfte der Verwaltung und Dienstaufsicht dem Präsidenten des Landesarbeitsgerichts oder dem Vorsitzenden des Arbeitsgerichts oder, wenn mehrere Vorsitzende vorhanden sind, einem von ihnen übertragen. ²Die Landesregierung kann die Ermächtigung nach Satz 1 durch Rechtsverordnung auf die zuständige oberste Landesbehörde übertragen.

Übersicht	Rdn.		Rdn.
I. Allgemeines	1	III. Anhörung der Verbände	7
II. Verwaltung	2	IV. Übertragung von Befugnissen	8

I. Allgemeines

Abs. 1 Satz 1 überträgt die Geschäfte der Verwaltung der zuständigen obersten Landesbehörde. Die **1** Arbeitsgerichtsbarkeit ressortiert nicht mehr wie früher beim Arbeits- und Sozialminister.[1] Aus dem ArbGG-Änderungsgesetz vom 26.06.1990[2] ergibt sich, dass es den Ländern überlassen bleibt, die **zuständige oberste Landesbehörde** zu bestimmen. In den Ländern Baden-Württemberg, Brandenburg, Bremen, Hamburg, Hessen, Mecklenburg-Vorpommern, Niedersachsen, Nordrhein-Westfalen, Rheinland-Pfalz, Saarland, Sachsen, Sachsen-Anhalt, Schleswig-Holstein und Thüringen sind die Belange nach § 15 den Justiz- oder Rechtspflegeministern übertragen worden. In den Ländern Bayern und Berlin ressortieren die ArbG beim Sozial- oder Wirtschafts- und Arbeitsminister.[3] Die zutreffende Ressortierung war rechtspolitisch stark umstritten.[4] Ein Doppelministerium **Innen und Justiz** ist dagegen verfassungsrechtlich schon aus Gründen der **Gewaltenteilung** und wegen der besonderen Stellung der Justiz unzulässig.[5]

II. Verwaltung

»Verwaltung« ist nach herrschender Ansicht die Gerichts- und die Justizverwaltung. Unter **2** »Gerichtsverwaltung« ist die gesamte verwaltende Tätigkeit des Gerichts zu verstehen, die mit den Rechtsprechungsaufgaben nichts zu tun hat, aber dafür die unerlässlichen materiellen und personellen Voraussetzungen schaffen muss.[6] Hierzu gehören z.B. das Bereitstellen der erforderlichen Gebäude *(landeseigene oder angemietete)* und die Zuweisung personeller und sachlicher Mittel für alle Aufgabenbereiche *(Stellen für Richter und Rechtspfleger, Beamte, Angestellte und Arbeiter, Post- und Telefongebühren, Diktiergeräte, PC und Software, Internetzugang, Möbel, Bücher und Zeitschriften)*. Im **Personalverwaltungsbereich** sind die Beteiligungsrechte der Präsidial-, Richter- und Personalräte zu beachten, die auf Länderebene sehr unterschiedlich ausgestaltet sind.

---

26 Schwab/Weth-Liebscher § 14 Rn 28; BCF/Bader § 14 Rn 7; GK-ArbGG/Dörner § 14 Rn 11.
1 Vgl. § 14 Rdn. 8.
2 BGBl. I, S. 1206.
3 Übersicht bei Schwab/Weth-Liebscher § 15 Rn 4; GK-ArbGG/Dörner § 15 Rn 3.
4 Vgl. Hanau FS Bartenbach (2005), S. 647; Kalb FS Hanau (1999), S. 19; Kraushaar BB 1987, 2309; Plathe ZRP 1983, 238; Müller AuR 1978, 129.
5 VerfGH NRW, 09.02.1999 – 11/98, NJW 1999, 1243.
6 GK-ArbGG/Dörner § 15 Rn 6, 7.

3   Es müssen Anordnungen erfolgen, aus denen sich ergibt, welche für die Verwaltung bereits bestehenden Bestimmungen des Haushalts-, Kassen- und Rechnungswesens anzuwenden sind. Aus Gesetzen und Tarifverträgen ergibt sich unmittelbar, was die Gerichtsverwaltung zu beachten hat *(z.B. Richtergesetze, Beamten- und Besoldungsgesetze, Personalvertretungsgesetze, TVöD; TVL)*. Das Erlassen einer **Aktenordnung und einer Geschäftsverteilung des nichtrichterlichen Dienstes** ist unerlässlich. Ob die von Richtern in Anspruch genommene (gerichtsexterne) **Mediation** der Gerichtsverwaltung zuzuordnen ist, ist umstritten,[7] dürfte aber zu bejahen sein (z.B. Vorhalten von Mediationszimmern).

4   Digitale Formen der Verwaltungserledigung im Kassen- und Personalwesen verdrängen zunehmend die herkömmliche Bearbeitung in Papierform. In Zukunft werden das Versenden elektronischer Dokumente und der E-Mail-Verkehr die Verwaltungsarbeit prägen. **Neuere Steuerungsmodelle** aus der Privatwirtschaft wie »Kosten- und Leistungsrechnung (KLR), Benchmarking und Controlling« sind für die Dritte Gewalt nur eingeschränkt geeignet, da ein Einfluss auf die richterliche Tätigkeit unter dem Stichwort »Ökonomisierung« zu befürchten ist.[8] Allerdings verdrängen neue Formen der Personalbewirtschaftung wie »Budgetierung« und »Beschäftigungsvolumina« die herkömmliche Haushaltsfinanzierung anhand von Stellenplänen.

5   »**Justizverwaltung**« ist Verwaltungstätigkeit mit unmittelbarer **Außenwirkung** gegenüber Bürgern außerhalb eines anhängigen gerichtlichen Verfahrens.[9] Hierzu gehören u.a. die Aufnahme von Klagen auf der Rechtsantragsstelle (vgl. § 7 Rdn. 11), Akteneinsicht durch Dritte nach § 299 ZPO, die Veröffentlichung von Gerichtsentscheidungen in der Fachpresse unter Einhaltung des Gleichbehandlungsgrundsatzes,[10] die Bearbeitung von Dienstaufsichtsbeschwerden, die Berechnung von Gerichtskosten, Gebühren und Auslagen des gerichtlichen Verfahrens nach § 12 i.V.m. dem GKG und die Herausgabe von Presseinformationen.[11] Maßnahmen der Justizverwaltung sind rechtlich überprüfbar. Im Streitfall ist bei **Justizverwaltungsakten** der Arbeitsgerichtsbarkeit nicht der **Rechtsweg** nach § 23 EGGVG zu den ordentlichen Gerichten, sondern nach § 40 Abs. 1 VwGO **zu den Verwaltungsgerichten** eröffnet.[12] Die Zuständigkeit innerhalb der Justizverwaltung hat keine gesetzliche Ausgestaltung erfahren. Eine Ausnahme macht die Akteneinsicht nach § 299 ZPO:

§ 299 ZPO Akteneinsicht; Abschriften

(1) Die Parteien können die Prozessakten einsehen und sich aus ihnen durch die Geschäftsstelle Ausfertigungen, Auszüge und Abschriften erteilen lassen.

(2) Dritten Personen kann der Vorstand des Gerichts ohne Einwilligung der Parteien die Einsicht der Akten nur gestatten, wenn ein rechtliches Interesse glaubhaft gemacht wird.

(3) Werden die Prozessakten elektronisch geführt, gewährt die Geschäftsstelle Akteneinsicht durch Erteilung eines Aktenausdrucks, durch Wiedergabe auf einem Bildschirm oder Übermittlung von elektronischen Dokumenten. Nach dem Ermessen des Vorsitzenden kann Bevollmächtigten, die Mitglied einer Rechtsanwaltskammer sind, der elektronische Zugriff auf den Inhalt der Akten gestattet werden. Bei einem elektronischen Zugriff auf den Inhalt der Akten ist sicherzustellen, dass der Zugriff nur durch den Bevollmächtigten erfolgt. Für die Übermittlung ist die Gesamtheit der Dokumente mit einer qualifizierten elektronischen Signatur zu versehen und gegen unbefugte Kenntnisnahme zu schützen.

---

7   Francken NJW 2006, 1103; ders. NZA 2011, 1001 und NZA 2012, 249; Henssler/Deckenbrock DB 2012, 159; näher dazu Erl. unter §§ 54, 54a zum Mediationsgesetz.
8   Zutreffend Hako-Natter § 15 Rn 9.
9   Schwab/Weth-Liebscher § 15 Rn 16.
10 Vgl. BVerwG, 01.12.1992 – 7 B 170/92, NJW 1993, 675 einerseits; Nds. OVG, 19.12.1995 – 10 L 5059/93 andererseits.
11 Hauck/Helml § 15 Rn 5; BCF/Bader § 15 Rn 2.
12 BGH, 16.07.2003 – IV AR (VZ) 1/03, NJW 2003, 2989.

(4) Die Entwürfe zu Urteilen, Beschlüssen und Verfügungen, die zu ihrer Vorbereitung gelieferten Arbeiten sowie die Schriftstücke, die Abstimmungen betreffen, werden weder vorgelegt noch abschriftlich mitgeteilt.

Unter Umständen können Ausfertigungen, Auszüge und Abschriften auch von einem Bild- oder Datenträger erteilt werden (§ 299a ZPO). Dagegen gewährt § 117 Abs. 2 Satz 2 ZPO dem Gegner eines Antrags auf **Prozess- oder Verfahrenskostenhilfe** kein subjektives Recht auf Akteneinsicht in die Erklärung über die persönlichen und wirtschaftlichen Verhältnisse des Antragstellers.[13] Vorgaben zur Gerichtsverwaltung erfolgen im Verordnungs- oder Erlasswege. Den Rahmen hierfür setzen die Justizgesetze der Länder.[14]

Eine besondere Bedeutung kommt der vom zuständigen Minister, Präsidenten oder von Direktoren auszuübenden **Dienstaufsicht** zu, die eine ordnungsgemäße Ausführung der Dienstaufgaben aller Gerichtsbediensteten zum Gegenstand hat. Das zuständige Ministerium ist deshalb ohne Vorlage des Dienstaufsicht führenden LAG-Präsidenten nicht berechtigt von sich aus ein Disziplinarverfahren gegen einen Arbeitsrichter anzustrengen.[15] Die Delegation oder Einschränkung der Dienstaufsicht bedarf in jedem Fall einer Rechtsverordnung.[16] Für den richterlichen Bereich gelten dabei Einschränkungen, die der richterlichen Unabhängigkeit[17] geschuldet sind. Aufgrund der **sachlichen Unabhängigkeit** soll der Richter seine richterliche Tätigkeit frei von Weisungen und anderen Einflussnahmen ausüben. Er ist ausschließlich an das Gesetz gebunden, diesem aber auch im Blick auf die ordnungsgemäße Amtsführung verpflichtet. Die Rechtsprechung der Dienstgerichtshöfe für Richter zieht deshalb **enge Schranken für das Handeln der Dienstaufsicht**.[18] Hierzu bestimmt § 26 DRiG allgemein: 6

§ 26 DRiG Dienstaufsicht

(1) Der Richter untersteht einer Dienstaufsicht nur, soweit nicht seine Unabhängigkeit beeinträchtigt wird.

(2) Die Dienstaufsicht umfasst vorbehaltlich des Absatzes 1 auch die Befugnis, die ordnungswidrige Art der Ausführung eines Amtsgeschäfts vorzuhalten und zu ordnungsgemäßer, unverzögerter Erledigung der Amtsgeschäfte zu ermahnen.

(3) Behauptet der Richter, dass eine Maßnahme der Dienstaufsicht seine Unabhängigkeit beeinträchtige, so entscheidet auf Antrag des Richters ein Gericht nach Maßgabe dieses Gesetzes.

III. Anhörung der Verbände

Nach **Abs. 1 Satz 2** sind vor Erlass allgemeiner Anordnungen, die die Verwaltung und Dienstaufsicht betreffen, soweit sie nicht rein technischer Art sind, die Gewerkschaften und Vereinigungen von Arbeitgebern, die für das **Arbeitsleben im Landesgebiet besondere Bedeutung** haben, zu hören. Das eingeschränkte Anhörungsrecht ist gegeben, wenn durch die allgemeinen Regelungen (*z.B. Aktenordnung, Richtlinien*) Interessen der Verbände am reibungslosen Ablauf der auch von 7

---

13 BGH, 29.04.2015 – XII ZB 214/14, NJW 2015, 1827.
14 Vgl. Erl. zu § 14.
15 BGH Dienstgericht des Bundes, 18.02.2016 – RiSt (R) 1/15, Rn 28 ff., MDR 2016, 555.
16 BVerfG, 22.10.1974 – 2 BvR 147/70, BVerfGE 38, 139 ff.; Hako-Natter § 15 Rn 19; Schwab/Weth-Liebscher § 15 Rn 39; in der Praxis werden Zuständigkeiten zur Dienstaufsicht zunehmend in den Länderjustizgesetzen verankert, z.B. in §§ 4, 8 JustG NRW, GV.NRW. 2010, 30 und §§ 3, 29 SächsJG, SächsGVBl. 2000, 482.
17 Art. 97 Abs. 1 GG.
18 Dienstgerichtshof Dresden, 06.07.2007 – DGH 4/06, NJW-RR 2008, 936 zur verspäteten Absetzung von Entscheidungen; BGH Dienstgericht des Bundes, 03.12.2009 – Ri(Z) 1/09; BGH 16.09.1987 – RiZ (R) 4/87, NJW 1988, 419; Dienstgerichtshof Dresden 03.04.2012 – 66 DG 20/09, zu Formulierungen in der richterlichen Beurteilung.

ihnen mitgetragenen Arbeitsgerichtsbarkeit berührt sind.[19] Zu denken ist ferner an Rechtsverordnungen oder an allgemeine Dienstanweisungen. Unterbleibt die nach Abs. 1 Satz 2 notwendige Anhörung der Verbände, so ist die Maßnahme unwirksam.[20]

IV. Übertragung von Befugnissen

8 Mit dem **Arbeitsgerichtsbeschleunigungsgesetz** vom 30.03.2000[21] kann ab dem 01.05.2000 die Übertragung der Geschäfte der Verwaltung und der Dienstaufsicht nur noch durch Rechtsverordnung erfolgen. Nach **Art. 80 Abs. 1 Satz 1 GG** können durch Bundesgesetz nur die Landesregierungen, nicht aber die zuständigen obersten Landesbehörden zum Erlass einer Rechtsverordnung ermächtigt werden.[22] Zur Verwaltungsvereinfachung ist es geboten, die Ermächtigung zum **Erlass der Rechtsverordnung** auch auf die von der Landesregierung bestimmte **oberste Landesbehörde** zu übertragen.[23]

9 Es wird hier zu **Abs. 2 Satz 1** die Auffassung vertreten, dass bei mehreren vorhandenen Vorsitzenden eines ArbG ein beliebiger Richter ausgewählt werden kann, dem die Dienstaufsicht übertragen wird.[24] Dieser Ansicht haben Dörner[25] und Hauck[26] widersprochen. Sie meinen, dass die **Verwaltungs- und Dienstaufsicht** dem Direktor oder aufsichtsführenden Richter übertragen werden müsse. In der Praxis wird hierbei eine Rolle spielen, ob es sich bei der »Wahrnehmung der Geschäfte« um eine dauerhafte, eine vorübergehende oder um eine Übertragung zur Probe *(ein Vorsitzender soll erprobt werden, ob er als Direktor oder Aufsichtsrichter geeignet ist)* handelt. In diesen Fällen muss nicht immer der Richter mit dem höchsten Dienstalter bestimmt werden. Schließlich gibt es Richter, die weder an einer Übernahme der Verwaltungs- und Dienstaufsicht interessiert noch dafür geeignet sind. Für die Dienstaufsicht kann unter den »vorhandenen« Richtern eine **Auswahl** getroffen werden. Es können danach – anders als nach § 22 Abs. 3 Satz 2 GVG – nicht nur an diesem ArbG planmäßig bestellte, sondern auch dahin abgeordnete Richter mit der Wahrnehmung der Dienstaufsicht betraut werden.[27] § 6a verweist in diesem Zusammenhang nur auf den Zweiten, nicht aber den Dritten Titel des GVG. Die **Anhörung der Verbände** ist nicht erforderlich, da Abs. 2 sich insoweit von Abs. 1 unterscheidet und auch nicht auf § 14 Abs. 5 verweist. Die zuständige oberste Landesbehörde hat für die Übertragung der Dienstaufsicht ab 01.05.2000 nicht mehr das Einvernehmen mit dem Justiz- oder Sozialminister herzustellen. Vgl. § 14 Rdn. 12.

10 Zu beachten sind jedoch die Vorschriften der §§ 72 bis 75 DRiG und die hierzu einschlägigen **Vorschriften der Länder**, die in ihrer Reichweite sehr **unterschiedlich** ausgestaltet sind. Sind der **Richterrat** oder der **Präsidialrat** nicht entsprechend beteiligt worden, ist die Aufgabenübertragung (z.B. zum Präsidialrichter, Bibliotheksrichter oder Gruppenrichter zur Anleitung der Serviceeinheiten) rechtswidrig.[28]

---

19 Hauck/Helml § 15 Rn 7; GMPMG/Prütting § 15 Rn 19.
20 BVerfG, 17.11.1959 – 2 BvR 76/58, NJW 1960, 1291; GK-ArbGG/Dörner § 15 Rn 14.
21 BGBl. I, S. 333.
22 BVerfGE 11, 84 ff.; 15, 271 f.
23 BT-Drs. 14/626, S. 8.
24 GMPMG/Prütting § 15 Rn 25; Schwab/Weth-Liebscher § 15 Rn 41.
25 GK-ArbGG/Dörner § 15 Rn 17.
26 Hauck/Helml § 15 Rn 8.
27 Ebenso Schwab/Weth-Liebscher § 15 Rn 41; Hako-Natter § 15 Rn 20.
28 Schwab/Weth-Liebscher § 6 Rn 43 f.; Grunsky § 15 Rn 5.

§ 16 Zusammensetzung

(1) ¹Das Arbeitsgericht besteht aus der erforderlichen Zahl von Vorsitzenden und ehrenamtlichen Richtern. ²Die ehrenamtlichen Richter werden je zur Hälfte aus den Kreisen der Arbeitnehmer und der Arbeitgeber entnommen.

(2) Jede Kammer des Arbeitsgerichts wird in der Besetzung mit einem Vorsitzenden und je einem ehrenamtlichen Richter aus Kreisen der Arbeitnehmer und der Arbeitgeber tätig.

Übersicht	Rdn.
I. Zur Geschichte der ehrenamtlichen Richter	1
II. Zur Notwendigkeit der Mitwirkung ehrenamtlicher Richter	4
III. Zusammensetzung des Arbeitsgerichts (Abs. 1)	5
IV. Zusammensetzung der einzelnen Kammer (Abs. 2)	7
1. Grundsatz	7
2. Fehlerhafte Kammerbesetzung	8
3. Alleinentscheidung durch den Vorsitzenden Richter	11

I. Zur Geschichte der ehrenamtlichen Richter

Der Gedanke, ehrenamtliche Richter in der Arbeitsgerichtsbarkeit mitwirken zu lassen, geht auf das 19. Jahrhundert zurück. Im Jahr 1806 wurde in Frankreich von Napoleon I. ein Sondergericht – Rat der Gewerbeverständigen genannt – zur Entscheidung von Streitigkeiten zwischen Arbeitern und Fabrikanten geschaffen, das mit fünf Fabrikanten und vier Werkmeistern besetzt war. Übernommen wurde diese Neuerung zunächst im französisch besetzten linksrheinischen Deutschland. Unter der Bezeichnung »Fabrikgericht« fand sie später ihre weitere Verbreitung in Preußen. 1

Das Gewerbegerichtsgesetz von 1890 bildete die Rechtsgrundlage für die Errichtung von Gewerbegerichten, denen – paritätisch besetzt – Beisitzer der Arbeitgeber- und Arbeitnehmerseite angehörten. Das Beisitzeramt war eine reine Honoratiorentätigkeit. Dementsprechend vollzog es sich in aller Stille. 2

Mit Inkrafttreten des Arbeitsgerichtsgesetzes vom 23.12.1926 erfuhren die Beisitzer eine Aufwertung ihres Ehrenamtes. Sie waren nunmehr »echte« Richter mit allen sich hieraus ergebenden Konsequenzen. Hieran hat sich bis heute nichts geändert.[1] 3

II. Zur Notwendigkeit der Mitwirkung ehrenamtlicher Richter

Die Beteiligung der ehrenamtlichen Richter an den arbeitsgerichtlichen Verfahren beruht unter anderem auf der Erkenntnis, dass der rein juristisch vorgebildete Richter häufig nicht ausreichend in der Lage ist, die Belange des Betriebes sowie des Arbeitslebens richtig zu erfassen.[2] Um dieses bei Berufsrichtern insb. bei Beginn ihrer Tätigkeit oftmals festzustellende Defizit ausgleichen zu können, benötigt der Berufsrichter daher zwingend einer Unterstützung durch ehrenamtliche Richter, denen die tatsächlichen Verhältnisse in der Arbeitswelt bestens vertraut sind. Wer anders als die direkt Beteiligten und konkret Betroffenen kennt besser die betrieblichen Zusammenhänge, deren Konflikte und ihre sachgerechte Beurteilung.[3] Zahlreiche Probleme im Arbeitsleben, über die die Gerichte für Arbeitssachen zu entscheiden haben, lassen sich nicht allein am »grünen Tisch« lösen.[4] Die Mitwirkung der ehrenamtlichen Richter ist eine unerlässliche Voraussetzung für die Akzeptanz 4

---

1 Zu alledem s. Wolmerath S. 13 m.w.N.; Bader/Hohmann/Klein S. 3 f. sowie Ide S. 253 f.; s.a. Kissel S. 1485; Müller S. 792; Wenzel S. 697 ff. u. 749; GMPMG/Prütting Einleitung Rn 1 ff.; Stahlhacke/Weiss/Mayer-Maly/Müller/Schwedes, in: Die Arbeitsgerichtsbarkeit, Festschrift zum 100-jährigen Bestehen des Deutschen Arbeitsgerichtsverbandes, S. 59 ff.; Richter S. 137 ff.
2 Neumann S. 195.
3 Gürth S. 154.
4 Richter S. 140.

arbeitsgerichtlicher Entscheidungen in der Bevölkerung.[5] Ihr Zweck besteht in der Verwertung der Anschauungen des Arbeitslebens bei der Rechtsfindung.[6] Ohne den Sachverstand der ehrenamtlichen Richter könnten viele Probleme des Arbeitslebens vor den Arbeitsgerichten nicht sachgerecht gelöst werden. Aus diesem Grund werden die ehrenamtlichen Richter zu Recht als eine wichtige Stütze der Arbeitsgerichtsbarkeit bezeichnet.[7] Den immer wieder aufkommenden Versuchen im rechtspolitischen Raum, die Mitwirkung der ehrenamtlichen Richter aus Gründen einer vermeintlichen Effizienzsteigerung, der Verfahrensbeschleunigung sowie der Einsparung von Kosten zurückzudrängen oder sogar abzuschaffen, ist deshalb in der gleichen Weise eine unmissverständliche Absage zu erteilen[8] wie etwaigen Überlegungen, die Eigenständigkeit der Arbeitsgerichtsbarkeit aufzuheben und die Arbeitsgerichtsbarkeit in die ordentliche Gerichtsbarkeit zu integrieren.[9] Dies käme einem Rückschritt in die 20er Jahre des letzten Jahrhunderts gleich.[10]

III. Zusammensetzung des Arbeitsgerichts (Abs. 1)

5 **Abs. 1**, der sich auf die Zusammensetzung des Gerichts als Ganzes bezieht, bestimmt, dass das ArbG aus der erforderlichen Zahl von Vorsitzenden und ehrenamtlichen Richtern besteht *(Satz 1)*, wobei die ehrenamtlichen Richter je zur Hälfte aus den Kreisen der Arbeitnehmer und der Arbeitgeber entnommen werden *(Satz 2)*. Das ArbGG sagt nichts darüber aus, welche Anzahl von Vorsitzenden und ehrenamtlichen Richtern als erforderlich i.S.d. Gesetzes anzusehen ist. Ihre Zahl hängt von der Anzahl der Kammern ab, welche die zuständige oberste Landesbehörde nach Anhörung der in § 14 Abs. 5 genannten Verbände bestimmt.[11]

6 **Vorsitzender** kann nur sein, wer Berufsrichter ist.[12] Seine Ernennung richtet sich nach § 18. **Ehrenamtlicher Richter** kann nur sein, wer in dieses Richteramt berufen worden ist.[13]

IV. Zusammensetzung der einzelnen Kammer (Abs. 2)

1. Grundsatz

7 Gem. **Abs. 2** muss jede Kammer des ArbG, um tätig werden zu können, zwingend mit einem Vorsitzenden und je einem ehrenamtlichen Richter aus Kreisen der Arbeitnehmer und der Arbeitgeber besetzt sein.[14] In dieser Besetzung werden grds. alle Entscheidungen getroffen (zu den Ausnahmen vgl. Rdn. 11) – wobei es nicht darauf ankommt, ob die Entscheidung im Urteils- (vgl. § 2) oder im Beschlussverfahren (vgl. § 2a) zu ergehen hat.[15]

2. Fehlerhafte Kammerbesetzung

8 Wird bei den ehrenamtlichen Richtern gegen den Grundsatz der paritätischen Besetzung der Kammer mit je einem ehrenamtlichen Richter aus Kreisen der Arbeitnehmer sowie der Arbeitgeber verstoßen *(Beispiel: Die Kammer ist neben dem Vorsitzenden nur mit ehrenamtlichen Richtern aus Kreisen der Arbeitgeber besetzt)*, so stellt dies eine fehlerhafte Besetzung der Kammer dar.[16] Entschei-

---

5 S.a. Düwell in Lieber/Sens S. 148.
6 Richter S. 140.
7 Vgl. Wolmerath S. 16; Ide S. 254; Bader/Hohmann/Klein S. 3.
8 Bader/Hohmann/Klein S. 2.
9 So zuletzt Windel in: Menssler/Joussen/Maties/Preis S. 679 ff.
10 So Lipke, dokumentiert in dem Bericht über das 6. Symposium der Deutsch-Japanischen Gesellschaft für Arbeitsrecht, AuR 2007, 380.
11 Vgl. § 17 Abs. 1.
12 Vgl. §§ 6, 6a Nr. 5.
13 Zu den Voraussetzungen sowie dem Verfahren vgl. §§ 20 ff.
14 S.a. GMPMG/Prütting § 16 Rn 4.
15 S.a. GMPMG/Prütting § 16 Rn 11.
16 S.a. BAG, 19.08.2004 – 1 AS 6/03, für den Fall, dass ein ehrenamtlicher Richter während seiner Amtszeit von der Arbeitnehmer- auf die Arbeitgeberseite wechselt.

det die Kammer, obwohl der Vorsitzende aufgrund einer gesetzlichen Regelung ausdrücklich zur Alleinentscheidung berufen ist, so ist dies rechtsfolgenlos.[17] Entscheidet der Vorsitzende hingegen unbefugterweise allein, so hat das Gericht in falscher Besetzung entschieden.[18]

Fehlerhaft besetzt ist eine Kammer weiter dann, wenn die Kammer bewusst – Irrtümer sind hingegen unbeachtlich – unter Mitwirkung solcher ehrenamtlichen Richter tätig wird, die nach der Geschäftsverteilung nicht zum Sitzungsdienst hätten herangezogen werden dürfen.[19] Werden die richtigen Richter tätig, nehmen sie aber ihre Aufgaben nicht (voll) wahr (*z.B. Ein ehrenamtlicher Richter ist während der mündlichen Verhandlung, die der Entscheidungsfindung unmittelbar vorausgeht, zeitweilig abwesend*), so liegt ebenfalls eine unrichtige Kammerbesetzung vor.[20]

9

Die fehlerhafte Besetzung der Kammer stellt gem. § 547 Nr. 1 ZPO einen absoluten Revisionsgrund dar. Ferner findet die Nichtigkeitsklage gem. § 579 Abs. 1 Nr. 1 ZPO statt. Die fehlerhafte Besetzung beinhaltet zugleich einen Entzug des gesetzlichen Richters i.S.d. Art. 101 Abs. 1 Satz 2 GG, was mit einer Verfassungsbeschwerde gem. Art. 93 Abs. 1 Nr. 4a GG gerügt werden kann.[21] Ist die aufgrund der fehlerhaften Besetzung ergangene Entscheidung noch nicht in Rechtskraft erwachsen, so kann das statthafte Rechtsmittel eingelegt werden.[22] Zu beachten ist, dass die fehlerhafte Besetzung der Kammer nur auf eine ausdrückliche Rüge hin berücksichtigt wird. Insoweit findet eine Prüfung von Amts wegen nicht statt.[23]

10

▶ Praxistipp:
Die fehlerhafte Besetzung der Kammer kann auch dann gerügt werden, wenn die betreffende Partei ihr Einverständnis bezüglich der Besetzung der Richterbank erklärt hat.[24] Insoweit kann auf eine Rüge bezüglich der ordnungsgemäßen Besetzung der Kammer nicht verzichtet werden.[25]

3. Alleinentscheidung durch den Vorsitzenden Richter

Grds. entscheidet die Kammer in ihrer vollständigen Besetzung. Nur in den folgenden gesetzlich zugelassenen Ausnahmefällen ist der Vorsitzende befugt, allein tätig zu werden: Anordnung des persönlichen Erscheinens der Parteien;[26] Ablehnung der Zulassung eines Prozessbevollmächtigten;[27] Beschlüsse und Verfügungen, die nicht aufgrund einer mündlichen Verhandlung erlassen werden;[28] Amtshandlungen aufgrund eines Rechtshilfeersuchens;[29] Güteverhandlung;[30] Verweis der Parteien an den Güterichter;[31] Klagerücknahme;[32] Verzicht auf den geltend gemachten Anspruch;[33] Anerkenntnis des geltend gemachten Anspruchs;[34] Säumnis einer Partei;[35] Verwerfung des Einspruchs

11

---

17 Grunsky/Waas § 16 Rn 13; GMPMG/Prütting § 16 Rn 10.
18 Grunsky/Waas § 16 Rn 10; GMPMG/Prütting § 16 Rn 10.
19 GMPMG/Prütting § 16 Rn 13; BAG, 23.03.2010 – 9 AZN 1030/09; BAG, 26.09.1996 – 8 AZR 126/95.
20 GMPMG/Prütting § 16 Rn 14 mit Verweis auf BAG, 31.01.1958 – 1 AZR 477/57.
21 Vgl. Grunsky/Waas § 16 Rn 11; Hauck/Helml/Biebl § 16 Rn 7; Natter/Gross § 16 Rn 14.
22 Hauck/Helml/Biebl § 16 Rn 8.
23 Vgl. Hauck/Helml/Biebl § 16 Rn 8; Schwab/Weth-Liebscher § 16 Rn 65.
24 BAG, 26.09.2007 – 10 AZR 35/07.
25 Natter/Gross § 16 Rn 12.
26 § 51 Abs. 1 Satz 1.
27 § 51 Abs. 2 Satz 1.
28 § 53 Abs. 1 Satz 1.
29 § 53 Abs. 1 Satz 2.
30 § 54 Abs. 1 Satz 1.
31 § 54 Abs. 6 Satz 1.
32 § 55 Abs. 1 Nr. 1.
33 § 55 Abs. 1 Nr. 2.
34 § 55 Abs. 1 Nr. 3.
35 § 55 Abs. 1 Nr. 4.

gegen ein Versäumnisurteil oder einen Vollstreckungsbescheid als unzulässig;[36] Säumnis beider Parteien;[37] einstweilige Einstellung der Zwangsvollstreckung;[38] örtliche Zuständigkeit;[39] Aussetzung und Anordnung des Ruhens des Verfahrens;[40] Entscheidung über die Kosten;[41] Entscheidung über eine Berichtigung des Tatbestandes, soweit nicht eine Partei eine mündliche Verhandlung hierüber beantragt;[42] Zurückweisung eines Bevollmächtigten oder Untersagung der weiteren Vertretung gemäß § 11 Abs. 3;[43] beantragte Entscheidung durch den Vorsitzenden gem. § 55 Abs. 3; Anordnung eines Beweisbeschlusses nach § 55 Abs. 4; Vorbereitung der streitigen Verhandlung;[44] Übertragung der Beweisaufnahme;[45] Urteilsverkündung[46] bzw. Verkündung des Beschlusses;[47] Verlängerung der Fristen zur Begründung der Berufung und zur Berufungsbeantwortung i.R.d. § 66 Abs. 1 Satz 5; Abfassen und Unterschreiben des Urteils[48] bzw. des Beschlusses;[49] Entscheidung über die Besetzung der Einigungsstelle.[50]

§ 17 Bildung von Kammern

(1) Die zuständige oberste Landesbehörde bestimmt die Zahl der Kammern nach Anhörung der in § 14 Abs. 5 genannten Verbände.

(2) ¹Soweit ein Bedürfnis besteht, kann die Landesregierung durch Rechtsverordnung für die Streitigkeiten bestimmter Berufe und Gewerbe und bestimmter Gruppen von Arbeitnehmern Fachkammern bilden. ²Die Zuständigkeit einer Fachkammer kann durch Rechtsverordnung auf die Bezirke anderer Arbeitsgerichte oder Teile von ihnen erstreckt werden, sofern die Erstreckung für eine sachdienliche Förderung oder schnellere Erledigung der Verfahren zweckmäßig ist. ³Die Rechtsverordnungen auf Grund der Sätze 1 und 2 treffen Regelungen zum Übergang anhängiger Verfahren auf ein anderes Gericht, sofern die Regelungen zur sachdienlichen Erledigung der Verfahren zweckmäßig sind und sich die Zuständigkeit nicht nach den bisher geltenden Vorschriften richten soll. § 14 Abs. 5 ist entsprechend anzuwenden.

(3) Die Landesregierung kann die Ermächtigung nach Absatz 2 durch Rechtsverordnung auf die zuständige oberste Landesbehörde übertragen.

Übersicht	Rdn.			Rdn.
I. Zahl der Kammern	1	IV.	Ehrenamtliche Richter	7
II. Fachkammern	3	V.	Rechtsschutz	8
III. Hilfskammern	6			

---

36 § 55 Abs. 1 Nr. 4a.
37 § 55 Abs. 1 Nr. 5.
38 § 55 Abs. 1 Nr. 6.
39 § 55 Abs. 1 Nr. 7.
40 § 55 Abs. 1 Nr. 8.
41 § 55 Abs. 1 Nr. 9.
42 § 55 Abs. 1 Nr. 10.
43 § 55 Abs. 1 Nr. 11.
44 § 56 Abs. 1 Satz 1.
45 § 58 Abs. 1 Satz 2.
46 §§ 60 Abs. 3, 75 Abs. 1.
47 § 84 Satz 3 i.V.m. § 60 Abs. 3, § 91 i.V.m. § 87 Abs. 2.
48 § 60 Abs. 4.
49 § 84 Satz 2, Satz 3 i.V.m. § 60 Abs. 4.
50 § 100 Abs. 1 Satz 1.

I. Zahl der Kammern

(**Abs. 1**) Die zuständige oberste Landesbehörde[1] bestimmt die Anzahl der zu errichtenden Kammern eines ArbG.[2] Die Bestimmung als solche ist ein **Akt der Gerichtsverwaltung** und kann deshalb von niemand angegriffen werden (kein Verwaltungsakt).[3] Die Gewerkschaften und Arbeitgebervereinigungen, die für das Arbeitsleben im Landesgebiet wesentliche Bedeutung haben, sind zu hören.[4] Dies gilt auch, wenn bei einem bestehenden ArbG die **Zahl** der Kammern **erhöht oder verringert** werden soll. Zusätzlich ist der für das betroffene Gericht gebildete **Ausschuss der ehrenamtlichen Richter**[5] zu hören.[6] Unterbleibt die Anhörung der Verbände, so ist sie als Maßnahme der Gerichtsverwaltung nichtig, was jedermann geltend machen kann.[7] Das früher bei diesen Organisationsmaßnahmen herzustellende Einvernehmen mit dem Justiz- oder Arbeitsminister ist seit Inkrafttreten des **Arbeitsgerichtsbeschleunigungsgesetzes** zum 01.05.2000 nicht mehr erforderlich. Vgl. § 7 Rdn. 2. 1

Die Zahl der zu errichtenden Kammern ist gesetzlich nicht vorgeschrieben. Die oberste Arbeitsbehörde hat jedoch im Hinblick auf den **Justizgewährungsanspruch** des Bürgers die Zahl der Kammern nach den vorhandenen und zu erwartenden Eingängen zu bestimmen.[8] Haushaltsrechtliche Erwägungen dürfen hierbei nicht den Ausschlag geben. Eine unverbindliche Orientierung zum Personalbedarf im richterlichen wie im nichtrichterlichen Dienst ergibt sich aus Berechnungssystem PEBB§Y.[9] Die zu treffende Entscheidung hat nicht Verwaltungsaktqualität.[10] Eine Änderung der Kammerzahl kann daher nicht vor dem VG durch Klage erfochten werden.[11] Die fehlerhafte personelle Besetzung einer Kammer hat keinen Einfluss auf ihre ordnungsgemäße Einrichtung.[12] 2

II. Fachkammern

(**Abs. 2**) Die Landesregierung kann durch Rechtsverordnung für die Streitigkeiten bestimmter Berufe und Gewerbe und bestimmter Gruppen von Arbeitnehmern Fachkammern bilden, soweit ein Bedürfnis besteht (**Satz 1**). Sie kann auch durch Rechtsverordnung die Zuständigkeit einer **Fachkammer** auf die Bezirke anderer ArbGe oder Teile von ihnen erstrecken, sofern die Erstreckung für eine sachdienliche Förderung oder schnellere Erledigung der Verfahren zweckmäßig ist (**Satz 2**). Richtig ist, dass die Regelung des Satzes 2 im Widerspruch zu § 14 Abs. 2 Nr. 4 und 6 steht, weil danach Änderungen von Gerichtsbezirken nur durch Gesetz und nicht durch Verordnung erfolgen dürfen.[13] **§ 17 Abs. 2 Satz 2** ist deshalb wegen des **Gesetzesvorbehalts** in § 14 Abs. 2 Nr. 4 und 6 **gegenstandslos**.[14] Eine Ausnahme hierzu bilden die durch **Tarifvertrag** nach § 48 Abs. 2 vereinbarten Gerichtsstände. Die Ermächtigung nach Abs. 2 kann durch Rechtsverordnung auf die zuständige oberste Landesbehörde übertragen werden (**Abs. 3**). 3

---

1 Vgl. § 14 Rdn. 12, § 15 Rdn. 1.
2 Ide RdA 1979, 228.
3 GMPMG/Prütting § 17 Rn 7; Hauck/Helml § 17 Rn 2; vgl. auch BCF/Bader § 17 Rn 3; Schwab/Weth-Liebscher § 17 Rn 5.
4 § 17 Abs. 1 i.V.m. § 14 Abs. 5.
5 § 29 Abs. 2.
6 Hauck/Helml § 17 Rn 1; GK-ArbGG/Dörner § 17 Rn 1; MünchArbR/Brehm § 377 Rn 15.
7 GMPMG/Prütting § 17 Rn 8; Schwab/Weth-Liebscher § 17 Rn 5; Hauck/Helml § 17 Rn 2; GK-ArbGG/Dörner § 17 Rn 2.
8 Vgl. Gift/Baur B Rn 25; Hauck/Helml § 17 Rn 2, Ide RdA 1979, 228; Hako-Natter § 17 Rn 4.
9 Schwab/Weth-Liebscher § 17 Rn 6 und § 7 Rn 15.
10 A.A. Grunsky § 17 Rn 1.
11 GMPMG/Prütting § 17 Rn 7; BCF/Bader § 17 Rn 3; Schwab/Weth-Liebscher § 17 Rn 5.
12 BAG 13.10.2010 – 5 AZN 861/10, EzA § 547 ZPO 2002 Nr. 4.
13 GMPMG/Prütting § 17 Rn 16; GK-ArbGG/Dörner § 17 Rn 7, verfassungsrechtlich bedenklich; a.A. wohl Schwab/Weth-Liebscher § 17 Rn 11 f.
14 Hauck/Helml § 17 Rn 7; BCF/Bader § 17 Rn 6.

4 Für bestimmte Streitgegenstände *(z.B. Eingruppierungsstreitigkeiten des öffentlichen Dienstes)* können nach Abs. 2 Satz 1 Fachkammern nicht gebildet werden. Zulässig ist dagegen die Errichtung einer Fachkammer für Streitigkeiten aus dem **öffentlichen Dienst** bei einem ArbG **für mehrere Arbeitsgerichtsbezirke**.[15] Von der Möglichkeit, Fachkammern einzurichten, ist sehr unterschiedlich Gebrauch gemacht worden.[16] Neben dem **öffentlichen Dienst** bieten sich insb. Fachkammern für das **Bauhandwerk** und die **Schifffahrt** an. Es steht zu erwarten, dass angesichts der erdrückenden Verfahrensflut die Einrichtung von Fachkammern zunimmt. Die Gelegenheit, in **Fachkammern spezielles Wissen** zu bestimmten Berufen oder Berufsgruppen **zu bündeln**, kann helfen, bestimmte Verfahren wirtschaftlicher und schneller durchzuführen. Sobald diese für **mehrere Gerichtsbezirke** gebildet werden, ist aber eine **gesetzliche Regelung** nach § 14 Abs. 2 Nr. 4 erforderlich.

5 Unabhängig von Abs. 2 kann das **Präsidium des jeweiligen Gerichts** eine Aufteilung der Eingänge nach dem **Fachkammerprinzip** im **Geschäftsverteilungsplan** vornehmen, da es sich auch hier um allgemeine, abstrakte und sachlich-objektive Merkmale handelt, die der verfassungsrechtlichen Gewährleistung nach Art. 101 Abs. 1 GG genügen.[17] Da die Geschäftsverteilung für jedes Geschäftsjahr neu festzulegen ist, handelt es sich nicht um eine »verdeckte«, die Zuständigkeiten des Abs. 2 unterlaufende dauerhafte Einrichtung von Fachkammern. Die Geschäftsverteilung ermöglicht sogar, die Eingänge nicht nur nach Berufs- oder Gewerbegruppen von Arbeitnehmern *(z.B. öffentlicher Dienst, Schifffahrt oder Handwerker)*, sondern weiter gehend nach **Sachgebieten** oder Streitgegenständen *(z.B. Eingruppierung öffentlicher Dienst)* den Kammern zuzuweisen.[18]

III. Hilfskammern

6 Stellt sich eine **vorübergehende Überlastung** eines ArbG ein, gelten die Vorschriften des Zweiten Teils des Gerichtsverfassungsgesetzes i.V.m. § 6a. Es ist dann nicht Angelegenheit der Verwaltung, sondern **Aufgabe des Präsidiums** des Gerichts, eine Hilfskammer zu errichten.[19] Ist ein Richter bei dem Gericht nicht vorhanden, dem man den Vorsitz der Hilfskammer zusätzlich übertragen kann, muss die oberste Landesbehörde eingeschaltet werden. Ansonsten ist die Schaffung einer Hilfskammer ein **Akt richterlicher Selbstverwaltung**.[20] Bei der Umverteilung bereits anhängiger Verfahren auf die Hilfskammer sind eine Dokumentation der Gründe und die Unterrichtung der Verfahrensbeteiligten geboten.[21]

IV. Ehrenamtliche Richter

7 Die Besetzung der Fachkammern mit ehrenamtlichen Richtern ergibt sich aus § 30. Vgl. die dortigen Erläuterungen. Gegen eine unterjährige Zuweisung der ehrenamtlichen Richter anderer Kammern an die Hilfskammer bestehen keine verfassungsrechtlichen Bedenken nach Art. 101 GG.[22]

V. Rechtsschutz

8 Ist eine Rechtsstreitigkeit fehlerhaft einer Fachkammer oder einer allgemeinen Kammer zugewiesen worden, ist das Verfahren an die jeweilige Kammer von Amts wegen abzugeben. Bei Zuständigkeitsstreit hat das Präsidium zu entscheiden. Hat der unzuständige Spruchkörper bereits durch erkannt, handelt es sich um eine fehlerhafte Besetzung des Gerichts unter **Verstoß gegen Art. 101 GG** *(gesetzlicher Richter)*. Es besteht dann die Möglichkeit einer **Nichtigkeitsklage** nach

---

15 MünchArbR/Brehm § 377 Rn 17; GMPMG/Prütting § 17 Rn 16; Grunsky § 17 Rn 5.
16 Nachweise bei GMPMG/Prütting § 17 Rn 11; GK-ArbGG/Dörner § 17 Rn 4; Schwab/Weth-Liebscher § 17 Rn 16.
17 § 6a i.V.m. § 21e Abs. 1 Satz 1 GVG; Kissel/Mayer § 21e Rn 152.
18 Ebenso Schwab/Weth-Liebscher § 17 Rn 16.
19 GK-ArbGG/Schleusener § 6a Rn 133.
20 GK-ArbGG/Dörner § 17 Rn 3.
21 BVerfG 10.02.2005 – 2 BvR 581/03, Rn 19, NJW 2005, 2689.
22 BAG, 24.03.1998 – 9 AZR 172/97, NZA 1999, 110.

§ 79²³ oder u.U. einer **Verfassungsbeschwerde** jedenfalls bei **willkürlich** fehlerhafter Zuteilung eines Rechtsstreits.²⁴ Eine Zurückverweisung von der zweiten in die erste Instanz wegen dieses Mangels verbietet sich nach § 68.²⁵ Vgl. auch § 16 Rdn. 9 f. Außerdem wird durch eine Neuverhandlung vor dem Berufungsgericht der Zuständigkeitsfehler regelmäßig »geheilt«.²⁶ Erfolgt die Zuteilung eines Verfahrens an eine Kammer in Abhängigkeit von der Zuteilung von Rechtsstreitigkeiten an eine andere Kammer, so wird eine dem Geschäftsverteilungsplan entsprechende Zuteilung nicht dadurch unwirksam, dass die andere Kammer trotz ordnungsgemäßer Einrichtung fehlerhaft besetzt ist.²⁷

§ 18 Ernennung der Vorsitzenden

(1) Die Vorsitzenden werden auf Vorschlag der zuständigen obersten Landesbehörde nach Beratung mit einem Ausschuss entsprechend den landesrechtlichen Vorschriften bestellt.

(2) ¹Der Ausschuss ist von der zuständigen obersten Landesbehörde zu errichten. ²Ihm müssen in gleichem Verhältnis Vertreter der in § 14 Abs. 5 genannten Gewerkschaften und Vereinigungen von Arbeitgebern sowie der Arbeitsgerichtsbarkeit angehören.

(3) Einem Vorsitzenden kann zugleich ein weiteres Richteramt bei einem anderen Arbeitsgericht übertragen werden.

(4) – (6) (weggefallen)

(7) Bei den Arbeitsgerichten können Richter auf Probe und Richter kraft Auftrags verwendet werden.

Übersicht	Rdn.		Rdn.
I. Bestellung des Vorsitzenden	1	III. Ernennung und Richteramt	5
II. Persönliche Voraussetzungen	3		

I. Bestellung des Vorsitzenden

Die Vorsitzenden der ArbGe werden auf Vorschlag der zuständigen obersten Landesbehörde nach Beratung mit einem Ausschuss¹ nach den landesrechtlichen Vorschriften bestellt *(Abs. 1 Satz 1)*. Ein Benehmen mit dem Justizminister oder dem Sozialminister ist zur Ernennung des Richters nicht mehr erforderlich.² Bei dem Ausschuss nach **Abs. 2** handelt es sich **nicht** um einen **Richterwahlausschuss**, sondern um einen **beratenden Ausschuss**.³ Die in Baden-Württemberg, Berlin-Brandenburg, Bremen, Hamburg, Hessen, Rheinland-Pfalz, Schleswig-Holstein und Thüringen nach Art. 98 Abs. 4 GG eingerichteten Richterwahlausschüsse müssen zusätzlich *(zeitlich später)* am Verfahren beteiligt werden.⁴ Die Beteiligung des beratenden Ausschusses wird von Land zu Land zu unterschiedlichen Zeitpunkten (Einstellung oder Lebenszeiternennung) vorgenommen. Eine Einbeziehung der Verbände bei der Personalauswahl macht indessen nur bei der Einstellung Sinn, wofür auch der Wortlaut der Norm (Bestellung) spricht. Zum Zeitpunkt der Lebenszeiternennung nach 3–5 Jahren Probezeit (§§ 10, 12 Abs. 2 DRiG) ist eine Einflussnahme der Verbände auf

---

23 § 579 ZPO.
24 BAG, 23.03.2010 – 9 AZN 1030/09, NJW 2010, 2298.
25 Hauck/Helml § 17 Rn 11; Schwab/Weth-Liebscher § 17 Rn 19.
26 GK-ArbGG/Dörner § 17 Rn 11.
27 BAG, 13.10.2010 – 5 AZN 861/10, EzA § 547 ZPO 2002 Nr. 4, bei einer zeitlich bedenklichen Verwendung eines Richters zur Erprobung beim Landesarbeitsgericht.
1 Vgl. Abs. 2.
2 Vgl. § 7 Rdn. 2.
3 GMPMG/Prütting § 18 Rn 3.
4 GK-ArbGG/Dörner § 18 Rn 6; Schwab/Weth-Liebscher § 18 Rn 16 und § 6 Rn 8.

die endgültige richterrechtliche »Verbeamtung« schon wegen der strengen Voraussetzungen einer Entlassung aus dem Probeverhältnis (§ 22 Abs. 1 und 2 DRiG) schwer möglich. Die **verfassungsrechtliche Rolle** der sehr verschieden strukturierten **Richterwahlausschüsse** auf Bundes- und Landesebene wird **sehr unterschiedlich bewertet** und wirft Fragen auf, inwieweit die Erste Gewalt die Dritte Gewalt in ihrer Zusammensetzung beeinflussen darf.[5]

2 Dem nach Abs. 2 Satz 1 von der zuständigen obersten Landesbehörde errichteten **18-Ausschuss** müssen im gleichen Verhältnis Vertreter der in § 14 Abs. 5 genannten Gewerkschaften und Vereinigungen von Arbeitgebern sowie der Arbeitsgerichtsbarkeit angehören *(Abs. 2 Satz 2)*. Die »**Drittelparität**« der genannten Personenkreise erlaubt keine Berücksichtigung weiterer Personengruppen *(z.B. Rechtsanwälte)*. Mit ihm sind die **Ernennungsvorschläge zu beraten und Bedenken von Ausschussmitgliedern zu erörtern**. Er kann aber die Ernennung eines Richters weder verhindern noch durchsetzen.[6] Die Beteiligung des beratenden Ausschusses ist verfassungsrechtlich unbedenklich.[7] Die verfassungsrechtlich verbürgte richterliche Unabhängigkeit[8] wird dadurch nicht beeinträchtigt. Die fehlerhafte Beteiligung des Ausschusses (z.B. im Umlaufverfahren)[9] macht die Ernennung eines Richters nicht unwirksam.[10] Die Nichtigkeit einer Ernennung setzt nach § 18 DRiG voraus, dass der Ernannte nicht Deutscher i.S.v. Art. 116 GG ist, öffentliche Ämter nicht bekleiden darf oder die Ernennung von einer sachlich unzuständigen Behörde vorgenommen wurde.[11] Eine Rücknahme der Ernennung ist aber geboten, wenn der für das Land gebildete **Richterwahlausschuss** den Richter nicht vorher gewählt hat.[12] Je nach **Landesrecht** ist auch der **Präsidialrat** unter bestimmten Voraussetzungen zu beteiligen, nicht dagegen der Richterrat.

§ 18 DRiG Nichtigkeit der Ernennung

(1) Eine Ernennung ist nichtig, wenn sie von einer sachlich unzuständigen Behörde ausgesprochen wurde. Die Ernennung kann nicht rückwirkend bestätigt werden.

(2) Eine Ernennung ist ferner nichtig, wenn der Ernannte im Zeitpunkt der Ernennung
1. nicht Deutscher im Sinne des Artikels 116 des Grundgesetzes war oder
2. (weggefallen)
3. nicht die Fähigkeit zur Bekleidung öffentlicher Ämter hatte.

(3) Die Nichtigkeit einer Ernennung zum Richter auf Lebenszeit oder zum Richter auf Zeit kann erst geltend gemacht werden, nachdem ein Gericht sie rechtskräftig festgestellt hat.

II. Persönliche Voraussetzungen

3 Nach § 6a Nr. 5 führen die **Berufsrichter** den Vorsitz in den Kammern. Die Befähigung zum Richteramt wird durch ein Studium der Rechtswissenschaften, erfolgreiches Ablegen der ersten juristischen Staatsprüfung und einen anschließenden Vorbereitungsdienst mit Bestehen der zweiten juristischen Staatsprüfung erworben.[13] Weitere Einzelheiten ergeben sich aus dem Deutschen Richtergesetz *(DRiG)*. Der Bewerber muss nach § 9 DRiG Deutscher i.S.d. Art. 116 GG sein sowie die Gewähr dafür bieten, dass er jederzeit für die freiheitliche Grundordnung eintritt. Seit dem 03.10.1990 gilt das DRiG auch in den neuen Bundesländern und dem früheren Ostberlin für

---

5 Gärditz ZBR 2011, 109, Wittreck ZRP 2013, 72, Wagner Das Prinzip der Bestenauslese im öffentlichen Dienst, Diss. 2009, S. 109 ff., Mahrenholz NdsVBl 2003, 225, jeweils m.w.N.
6 MünchArbR/Brehm § 377 Rn 39; Hauck/Helml § 18 Rn 5.
7 BAG, 20.04.1961 – 2 AZR 71/60, AP Nr. 1 zu § 41 ZPO; Hanau DRiZ 1992, 422.
8 Art. 97 Abs. 1 GG.
9 BCF/Bader § 18 Rn 5; GK-ArbGG/Dörner § 18 Rn 9.
10 Hauck/Helml § 18 Rn 4.
11 Schwab/Weth-Liebscher § 18 Rn 17 f.; vgl. auch § 22 Abs. 2 Nr. 2 DRiG.
12 GK-ArbGG/Dörner § 18 Rn 13.
13 §§ 5, 5a, 5b DRiG.

Diplomjuristen.[14] Für die Berufung in ein Richteramt in den neuen Bundesländern genügte danach übergangsweise der Abschluss als Diplomjurist.

§ 9 DRiG Voraussetzungen für die Berufungen

In das Richterverhältnis darf nur berufen werden, wer
1. *Deutscher im Sinne des Artikels 116 des Grundgesetzes ist,*
2. *die Gewähr dafür bietet, dass er jederzeit für die freiheitliche demokratische Grundordnung im Sinne des Grundgesetzes eintritt,*
3. *die Befähigung zum Richteramt besitzt (§§ 5 bis 7) und*
4. *über die erforderliche soziale Kompetenz verfügt.*

Besondere **Kenntnisse auf dem Gebiet des Arbeitsrechts** und aus dem Arbeitsleben werden gesetzlich – anders als noch in § 18 Abs. 3 ArbGG 1953 – nicht mehr zur Vorbedingung für einen Berufsrichter der Arbeitsgerichtsbarkeit gemacht. In der Ernennungspraxis sind jedoch neben guten Examensnoten weiterhin praktische Erfahrungen im Berufsleben und angesammeltes Fachwissen im Arbeitsrecht von großem Gewicht.[15] Die **Auswahl** unter den Bewerbern findet regelmäßig auf der Ebene der zuständigen Ministerien oder unter Beteiligung eines Ministerialbeamten bei den Landesarbeitsgerichten statt. Bei sog. **strukturierten Interviews** sind zumeist auch ein Vertreter des Präsidialrats (z.B. § 45 Abs. 2 Satz 2 NRiG vom 21.01.2010, Nds.GVBl. 2010, 16) und die Gleichstellungsbeauftragte zugegen. Die Ausgestaltung der Personalfindung variiert von Land zu Land. 4

III. Ernennung und Richteramt

Die Ernennung zum Richter auf Probe *(Amtsbezeichnung: »Richter«)*, auf Lebenszeit, auf Zeit oder kraft Auftrags *(Amtsbezeichnung: »Richter am Arbeitsgericht«)* erfolgt auf Vorschlag der zuständigen obersten Landesbehörde an die Ernennungsbehörde nach landesrechtlichen Vorschriften. Dem Richter wird **ein Richteramt an einem bestimmten ArbG** und/oder ein **zweites Richteramt** an einem **anderen ArbG** übertragen.[16] Die spätere Übertragung eines zweiten Richteramtes auf einen **Richter auf Lebenszeit** bedarf im Blick auf seine richterliche **Unversetzbarkeit**[17] seiner Zustimmung.[18] Davon wird Gebrauch gemacht, wenn der volle Einsatz eines Richters an einem Gericht nach dem Arbeitsaufkommen nicht gerechtfertigt ist. Dieser Fall kann insb. bei der Verstärkung kleinerer ArbGe auftreten. Der Richter ist dann Vorsitzender je einer Kammer an zwei Arbeitsgerichten. Mitunter ist die Aufteilung des Richteramts auch aus haushaltsrechtlichen Gründen erforderlich, z.B. bei Rückkehr aus der Elternzeit und der Fortsetzung der Richtertätigkeit mit halber Stelle. 5

§ 28 DRiG Besetzung der Gerichte mit Richtern auf Lebenszeit

(1) Als Richter dürfen bei einem Gericht nur Richter auf Lebenszeit tätig werden, soweit nicht ein Bundesgesetz etwas anderes bestimmt.

(2) Vorsitzender eines Gerichts darf nur ein Richter sein. Wird ein Gericht in einer Besetzung mit mehreren Richtern tätig, so muß ein Richter auf Lebenszeit den Vorsitz führen.

Nach § 28 Abs. 2 Satz 1 DRiG darf an einem Gericht in einer Besetzung mit mehreren Richtern nur ein **Richter auf Lebenszeit den Vorsitz** führen. § 29 Satz 1 DRiG bestimmt zwar, dass bei einer gerichtlichen Entscheidung nicht mehr als ein Richter auf Probe, ein Richter kraft Auftrags oder 6

---

14 Einigungsvertrag Anlage I Kap. III Sachgebiet A Abschnitt III Nr. 8; Baumbach/Lauterbach/Albers/Hartmann DRiG Einleitung Rn 5.
15 GK-ArbGG/Dörner § 18 Rn 5; Schwab/Weth-Liebscher § 18 Rn 6; Weigand NZA 1996, 366.
16 GK-ArbGG/Dörner § 18 Rn 12; Hauck/Helml § 18 Rn 6.
17 Art. 97 Abs. 2 Satz 1 GG.
18 Schwab/Weth-Liebscher § 18 Rn 26.

ein Richter in Abordnung mitwirken darf. Richter, denen die durch Art. 97 Abs. 2 und 92 GG gebotene vollständige persönliche Unabhängigkeit fehlt, dürfen nur aus zwingenden Gründen herangezogen werden.[19] Davon abweichend lässt **Abs. 7** die Verwendung von **Richtern auf Probe und kraft Auftrags** an den Arbeitsgerichten zu. Damit wird den **besonderen Besetzungsregeln** für die **ArbG**[20] Rechnung getragen und eine nach § 28 Abs. 1 DRiG erlaubte Ausnahmeregelung getroffen, die es ermöglicht, auch dem noch nicht auf Lebenszeit ernannten Richter den Kammervorsitz zu übertragen.

7 Von der Ernennung und der Übertragung eines weiteren Richteramtes zu trennen sind **zeitlich beschränkte Abordnungen** von Richtern auf Probe und (mit deren Zustimmung jenseits der Dreimonatsfrist des § 37 Abs. 2 DRiG) Richtern auf Lebenszeit an ein anderes Arbeitsgericht zur Unterstützung oder Vertretung, an das Landesarbeitsgericht zur Erprobung, an das Bundesarbeitsgericht als wissenschaftlicher Mitarbeiter oder in ein Bundes- oder Landesministerium. Neuerdings werden Richter mit ihrer Zustimmung und unter Beteiligung des Richterrats auch zeitweise zur Aushilfe in eine andere überlastete Gerichtsbarkeit abgeordnet.[21]

§ 37 DRiG Abordnung

(1) Ein Richter auf Lebenszeit oder ein Richter auf Zeit darf nur mit seiner Zustimmung abgeordnet werden.

(2) Die Abordnung ist auf eine bestimmte Zeit auszusprechen.

(3) Zur Vertretung eines Richters darf ein Richter auf Lebenszeit oder ein Richter auf Zeit ohne seine Zustimmung längstens für zusammen drei Monate innerhalb eines Geschäftsjahres an andere Gerichte desselben Gerichtszweigs abgeordnet werden.

§ 19 Ständige Vertretung

(1) Ist ein Arbeitsgericht nur mit einem Vorsitzenden besetzt, so beauftragt das Präsidium des Landesarbeitsgerichts einen Richter seines Bezirks mit der ständigen Vertretung des Vorsitzenden.

(2) ¹Wird an einem Arbeitsgericht die vorübergehende Vertretung durch einen Richter eines anderen Gerichts nötig, so beauftragt das Präsidium des Landesarbeitsgerichts einen Richter seines Bezirks längstens für zwei Monate mit der Vertretung. ²In Eilfällen kann an Stelle des Präsidiums der Präsident des Landesarbeitsgerichts einen zeitweiligen Vertreter bestellen. ³Die Gründe für die getroffene Anordnung sind schriftlich niederzulegen.

Übersicht	Rdn.		Rdn.
I. Allgemeines	1	III. Vorübergehende Verhinderung (Abs. 2)	3
II. Ständige Vertretung (Abs. 1)	2	IV. Rechtsschutz	6

I. Allgemeines

1 Die Vorschrift des Abs. 1 erklärt sich aus der **historischen Entwicklung** der Arbeitsgerichtsbarkeit nach dem Zweiten Weltkrieg. In den Flächenstaaten wie Bayern, Niedersachsen oder Nordrhein-Westfalen waren die ArbG zu Beginn nicht selten nur mit einem Vorsitzenden besetzt. In den letzten Jahren sind diese kleinen ArbG vergrößert worden und haben nunmehr zwei oder drei Vorsitzende. Außerdem sind kleinere Einheiten durch Zusammenlegung von Gerichtsbezirken auf-

---

19 BVerwG, 23.08.1996 – 8 C 19/95, NJW 1997, 674; Lippold NJW 1991, 2385.
20 § 6.
21 Roller/Stadler DRiZ 2009, 223.

gelöst worden (z.B. in Hessen und Sachsen Anhalt). Seitdem ist Abs. 1 weitgehend bedeutungslos, weil eine Vertretung durch einen Richter desselben Gerichts erfolgen kann.[1]

II. Ständige Vertretung (Abs. 1)

Nach **Abs. 1** ist die **ständige Vertretung** des Vorsitzenden, wenn kein weiterer Vorsitzender vorhanden ist, vom **Präsidium des zuständigen Landesarbeitsgerichts** zu regeln. Zum Vertreter kann jeder Richter des LAG-Bezirkes nach vorheriger Anhörung bestimmt werden.[2] Dem vorgesehenen Vertreter ist Gelegenheit zu einer Äußerung zu geben.[3] Die Vertretungsregelung wird **vor Beginn des Vertretungsjahres** bestimmt. Die Anordnung nach Abs. 1 verwirklicht die grundgesetzliche Forderung nach dem gesetzlichen Richter gem. Art. 101 Abs. 1 Satz 2 GG.[4] Weder die zuständige oberste Landesbehörde noch der Präsident[5] können anstelle des Präsidiums die Beauftragung aussprechen.[6]

III. Vorübergehende Verhinderung (Abs. 2)

Abs. 2 Satz 1 überträgt dem **Präsidium des Landesarbeitsgerichts** die Befugnis, einen Richter des Bezirkes **längstens für zwei Monate** mit der Vertretung an einem anderen ArbG zu beauftragen, wenn eine **vorübergehende Vertretung** durch einen Richter eines anderen Gerichtes notwendig ist. Vgl. dazu auch § 18 Rdn. 7 und § 37 Abs. 3 DRiG. Davon ist auszugehen, wenn eine gerichtsinterne Vertretung aus schwerwiegenden Gründen ausscheidet, d.h. die Verhinderung mehrerer Richter *(z.B. bei Krankheit oder Urlaubsüberschneidung)* eine Vertretungslösung im betroffenen Gericht nicht zulässt. Hierzu zählt auch eine gerichtsbezogene **Arbeitsüberlastung** infolge hoher Eingangszahlen, die eine vorübergehende Vertretung zwingend erforderlich macht. Die **Voraussetzungen** für **eine Notwendigkeit** zur vorübergehenden Vertretung sind streitig. Für eine großzügige Handhabung der Bestimmung tritt die herrschende Meinung ein.[7]

Dem Richter, dem die Vertretung übertragen werden soll, ist nach § 21e GVG **Gelegenheit zur Äußerung** zu geben. Die Dauer der Vertretung ist auf zwei Monate begrenzt. Die Frage einer **Wiederholung** ist umstritten.[8] Der Wortlaut der Bestimmung *(»längstens«)* spricht für eine **Höchstbegrenzung von zwei Monaten**. Im Anschluss daran hat die zuständige oberste Landesbehörde im Wege der Abordnung nach § 37 DRiG tätig zu werden, da es sich dann nicht mehr um einen vorübergehenden Zustand handelt. Denkbar ist auch, nach § 18 Abs. 3 zu verfahren. Ist von vornherein erkennbar, dass eine **ständige Vertretung erforderlich** ist, darf nicht nach Abs. 2 vorübergehend vertreten werden.

Die dem Präsidium durch Abs. 2 Satz 1 übertragene Befugnis kann in **Eilfällen** durch den **Präsidenten** des Landesarbeitsgerichts ausgeübt werden *(Abs. 2 Satz 2)*. Dies ist der Fall, wenn die Voraussetzungen des § 21i Abs. 2 GVG vorliegen, z.B. die Entscheidung des Präsidiums wegen plötzlich eintretender Erkrankung und fehlender Vertretung eines Richters nicht rechtzeitig erge-

---

1 GK-ArbGG/Dörner § 19 Rn 1; BCF/Bader § 19 Rn 1; Schwab/Weth-Liebscher § 19 Rn 5.
2 Auch ein Richter des LAG, vgl. Kissel/Mayer § 22b GVG Rn 3.
3 § 21e Abs. 5 GVG.
4 GK-ArbGG/Dörner § 19 Rn 2.
5 § 21i GVG.
6 Hauck/Helml § 19 Rn 2.
7 GMPMG/Prütting § 19 Rn 6 ff.; Hauck/Helml § 19 Rn 3; GK-ArbGG/Dörner § 19 Rn 4; Hako-Natter § 19 Rn 5; Schwab/Weth-Liebscher § 19 Rn 7; Zöller/Lückemann § 22b GVG Rn 2; a.A. Kissel/Mayer § 22b GVG Rn 5; Baumbach/Lauterbach/Albers/Hartmann § 22b GVG Rn 4, die höhere Anforderungen stellen.
8 Nicht wiederholbar GMPMG/Prütting § 19 Rn 9; Hauck/Helml § 19 Rn 5; GK-ArbGG/Dörner § 19 Rn 5; Schwab/Weth-Liebscher § 19 Rn 8; wiederholbar: Grunsky Rn 2; Kissel/Mayer § 22b GVG Rn 5; Hako-Natter § 19 Rn 6.

hen kann.⁹ Die **Gründe** für die Vertretung und die Eilentscheidung sind durch den Präsidenten **schriftlich niederzulegen**.¹⁰ Das Präsidium kann diese Entscheidung später ändern oder bestätigen. Abweichend von § 21i Abs. 2 GVG ist der Präsident indessen nicht verpflichtet eine Entscheidung des Präsidiums unverzüglich einzuholen.¹¹

IV. Rechtsschutz

6 Den **Parteien** steht gegen die beschlossene Vertretungsanordnung kein Rechtsmittel zu. Sie können nur im Sachverfahren mit einem zulässigen Rechtsmittel die fehlerhafte Besetzung des Gerichtes rügen.¹² Der von der Vertretungsanordnung **betroffene Richter** kann eine Feststellungsklage erheben,¹³ die gegen das Präsidium zu richten ist. Es erscheint aber sehr fragwürdig, ob Art. 19 Abs. 4 GG erfordert Richter zum Schutz gegen Richter anzurufen, wenn die angefochtene Maßnahme in richterlicher Unabhängigkeit und unter Wahrung des rechtlichen Gehörs getroffen worden ist.¹⁴ Es geht schließlich um den **Erhalt** einer funktionierenden **Rechtsschutzgewährung zu Gunsten der rechtsuchenden Parteien** und nicht um einen dauerhaften Eingriff in die persönliche Unabhängigkeit des Richters.¹⁵ Einstweiliger Rechtsschutz ist möglich,¹⁶ allerdings nur in Ausnahmefällen erfolgversprechend, da für den betroffenen Richter nur grobe sachwidrige oder willkürliche Entscheidungen des Präsidiums anfechtbar sind.¹⁷

§ 20   Berufung der ehrenamtlichen Richter

(1) ¹Die ehrenamtlichen Richter werden von der zuständigen obersten Landesbehörde oder von der von der Landesregierung durch Rechtsverordnung beauftragten Stelle auf die Dauer von fünf Jahren berufen. ²Die Landesregierung kann die Ermächtigung nach Satz 1 durch Rechtsverordnung auf die zuständige oberste Landesbehörde übertragen.

(2) Die ehrenamtlichen Richter sind in angemessenem Verhältnis unter billiger Berücksichtigung der Minderheiten aus den Vorschlagslisten zu entnehmen, die der zuständigen Stelle von den im Land bestehenden Gewerkschaften, selbstständigen Vereinigungen von Arbeitnehmern mit sozial- oder berufspolitischer Zwecksetzung und Vereinigungen von Arbeitgebern sowie von den in § 22 Abs. 2 Nr. 3 bezeichneten Körperschaften oder deren Arbeitgebervereinigungen eingereicht werden.

Übersicht	Rdn.		Rdn.
I. Zuständige Behörde bzw. Stelle	1	III. Form der Berufung	12
II. Auswahl der ehrenamtlichen Richter	2	IV. Dauer des ehrenamtlichen	
1. Vorschlagsberechtigung	3	Richteramtes	13
2. Vorschlagsverfahren	5	V. Vereidigung	15
3. Auswahlverfahren	9		

---

9 Kissel/Mayer § 22b GVG Rn 7; GMPMG/Prütting § 19 Rn 11.
10 Vgl. Abs. 2 Satz 3; GK-ArbGG/Dörner § 19 Rn 6.
11 Kissel/Mayer § 22b GVG Rn 7.
12 Vgl. aber § 68; Hauck/Helml § 19 Rn 6; GK-ArbGG/Dörner § 19 Rn 8.
13 BVerwG, 28.11.1975 – VII C 47/73, NJW 1976, 1224, 1226; BGH, 31.01.1984 – RiZ [R] 3/83; VGH Mannheim 27.10.2005 – 4 S 1830/05, NJW 2006, 2424; Hako-Natter § 19 Rn 10; Schwab/Weth-Liebscher § 19 Rn 12.
14 Ebenso Kissel/Mayer § 21e GVG Rn 121; Grunsky § 19 Rn 3; zweifelnd auch GMPMG/Prütting § 19 Rn 13 ff.
15 Art. 97 Abs. 1 GG.
16 VGH Baden-Württemberg, 17.01.2011 – 4 S 1/11, DRiZ 2011, 141; OVG Hamburg, 10.09.1986 – Bs V 144/86, NJW 1987, 1215.
17 BVerfG, 28.11.2007 – 2 BvR 1431/07, NJW 2008, 909.

I. Zuständige Behörde bzw. Stelle

Gem. Abs. 1 werden die ehrenamtlichen Richter von der **zuständigen obersten Landesbehörde** 1
oder von der von der Landesregierung **durch Rechtsverordnung beauftragten Stelle** berufen. Wer die oberste Landesbehörde ist, regelt sich nach dem Organisationsgesetz des jeweiligen Bundeslandes. Teilweise ist dies das Arbeitsministerium, in anderen Fällen das Justizministerium. Bei der von der Landesregierung durch Rechtsverordnung beauftragten Stelle handelt es sich vielfach um das Landesarbeitsgericht,[1] wie es etwa in Baden-Württemberg, Berlin,[2] Brandenburg,[3] Mecklenburg-Vorpommern, Niedersachsen, Nordrhein-Westfalen,[4] Sachsen, Sachsen-Anhalt, Schleswig-Holstein und Thüringen der Fall ist.[5] Gem. Abs. 1 Satz 2 ist es möglich, die Ermächtigung nach Satz 1 durch Rechtsverordnung der Landesregierung auf die zuständige oberste Landesbehörde zu übertragen.

II. Auswahl der ehrenamtlichen Richter

Bei der Auswahl der ehrenamtlichen Richter nach Abs. 2 ist die zuständige oberste Landesbehörde 2
bzw. die von der Landesregierung beauftragte Stelle an die ihr von den vorschlagsberechtigten Gewerkschaften und Institutionen vorgelegten Vorschlagslisten (Rdn. 5 ff.) gebunden. Demgemäß dürfen ausschließlich solche Personen in das ehrenamtliche Richteramt berufen werden, die in den Vorschlagslisten namentlich genannt sind.[6]

1. Vorschlagsberechtigung

Vorschlagsberechtigt sind gem. **Abs. 2** die in dem Bundesland bestehenden Gewerkschaften,[7] 3
selbstständige Vereinigungen von Arbeitnehmern mit sozial- oder berufspolitischer Zwecksetzung, Vereinigungen von Arbeitgebern sowie die in § 22 Abs. 2 Nr. 3 bezeichneten Körperschaften oder deren Arbeitgebervereinigungen. Listen von anderen Institutionen finden bei der Berufung keine Berücksichtigung.[8]

Die angesprochenen Gewerkschaften und Vereinigungen »**bestehen**« in einem Bundesland, wenn 4
sie dort Mitglieder haben. Auf den Sitz der Gewerkschaft bzw. der Vereinigung kommt es nicht an.[9] **Selbstständige Vereinigungen von Arbeitnehmern mit sozial- oder berufspolitischer Zwecksetzung** i.S.d. Vorschrift sind nur solche, deren überwiegender Zweck in der sozial- oder berufspolitischen Tätigkeit besteht. Wird der sozial- oder berufspolitische Zweck durch religiöse, kulturelle oder allgemeinpolitische Zielsetzungen überlagert, dann ist diese Vereinigung keine solche i.S.d. Abs. 2 und somit nicht vorschlagsberechtigt.[10]

---

1 Vgl. BT-Drs. 14/626, S. 8; s.a. Hohmann S. 651, der sich gegen eine Delegation der Berufung der ehrenamtlichen Richter auf die Landesarbeitsgerichte ausspricht.
2 Da Berlin und Brandenburg ein gemeinsames Landesarbeitsgericht haben, ist die Zuständigkeit des Landesarbeitsgerichts Berlin-Brandenburg beschränkt auf die Berufung der ehrenamtlichen Richter an dieses Gericht. Die Berufung der ehrenamtlichen Richter an das Arbeitsgericht Berlin obliegt der Berliner Senatsverwaltung für Arbeit, Integration und Frauen.
3 Da Brandenburg und Berlin ein gemeinsames Landesarbeitsgericht haben, ist die Zuständigkeit des Landesarbeitsgerichts Berlin-Brandenburg beschränkt auf die Berufung der ehrenamtlichen Richter an dieses Gericht. Die Berufung der ehrenamtlichen Richter an die Arbeitsgerichte obliegt dem Justizministerium des Landes Brandenburg.
4 In Nordrhein-Westfalen ist die Zuständigkeit auf die drei Landesarbeitsgerichte Düsseldorf, Hamm und Köln verteilt.
5 Vgl. Bader/Hohmann/Klein S. 38.
6 H.M.; vgl. Natter/Gross § 20 Rn 4; GMPMG/Prütting § 20 Rn 14; Grunsky/Waas § 20 Rn 6; GK-ArbGG/Dörner § 20 Rn 12; Wolmerath S. 27.
7 Zum Gewerkschaftsbegriff vgl. § 10 Rdn. 7.
8 Vgl. GMPMG/Prütting § 20 Rn 16 m.w.N.
9 Vgl. GMPMG/Prütting § 20 Rn 16; Grunsky/Waas § 20 Rn 7; GK-ArbGG/Dörner § 20 Rn 7.
10 BVerfG, 26.01.1995 – 1 BvR 2071/94.

2. Vorschlagsverfahren

5 Die Vorschläge für eine Berufung können von den vorschlagsberechtigten Gewerkschaften und Vereinigungen (Rdn. 3 f.) sowohl auf **eigene Initiative** als auch nach erfolgter **Aufforderung** durch die zuständige oberste Landesbehörde bzw. beauftragte Stelle eingereicht werden. Eine Verpflichtung zum Einreichen einer Vorschlagsliste besteht nicht. Wird von der Möglichkeit der Einreichung einer Vorschlagsliste kein Gebrauch gemacht, so kann eine Berücksichtigung der betreffenden Gewerkschaft bzw. Vereinigung bei der anstehenden Berufung nicht erfolgen.[11]

6 Für jeden einzelnen Gerichtsbezirk ist eine **eigenständige Vorschlagsliste** einzureichen. Sie muss sich auf das Gericht als Ganzes beziehen. Nur soweit eine Berufung an eine Fachkammer[12] erfolgen soll, ist die Einreichung einer **kammerbezogenen Vorschlagsliste** zulässig, aber auch erforderlich.[13]

7 Hinsichtlich der Personen, die in die Vorschlagsliste aufgenommen werden sollen, ist die vorschlagsberechtigte Gewerkschaft bzw. Vereinigung frei. Es können sowohl Mitglieder als auch Nicht-Mitglieder benannt werden. Das **Einverständnis** der Person, die in der Vorschlagsliste berücksichtigt werden soll, ist sinnvollerweise einzuholen, um eine Ablehnung des Richteramtes gem. § 24 ausschließen zu können. Zwingend erforderlich ist dies jedoch nicht.[14] Die Platzierung der vorgeschlagenen Personen auf der Vorschlagsliste ist für das Auswahlverfahren von Bedeutung (vgl. Rdn. 10). Aus diesem Grunde sollten so viele Personen vorgeschlagen werden, wie insgesamt ehrenamtliche Richter zu berufen sind.

8 Über **Form** und **Inhalt** der Vorschlagslisten enthält das ArbGG keine Angaben. Damit die zuständige oberste Landesbehörde bzw. die beauftragte Stelle eine Berufung – unter Beachtung der sich aus §§ 21 ff. ergebenden Voraussetzungen – als ehrenamtlicher Richter vornehmen kann, sollte die Vorschlagsliste folgende Angaben enthalten: vollständiger Name, ggf. Geburtsname, Geburtsdatum oder Alter, Hinweis auf die deutsche Staatsangehörigkeit, Privatanschrift, Dienstanschrift, berufliche Tätigkeit, Ort der beruflichen Tätigkeit, evtl. Hinweis auf zurückliegende Amtszeiten als ehrenamtlicher Richter mit Angabe des Gerichts, evtl. Mitgliedschaft in der Gewerkschaft bzw. in der Vereinigung.[15] Bei selten vorkommenden Vornahmen kann auch ein Hinweis auf das Geschlecht angebracht sein.[16]

> ▶ **Praxistipp:**
>
> Wer sich für das ehrenamtliche Richteramt interessiert, der sollte sich an eine vorschlagsberechtigte Organisation i.S.d. § 20 Abs. 1 wenden. Es versteht sich von selbst, dass es von Vorteil ist, wenn man ihr als Mitglied angehört und sich in dieser aktiv einbringt.
>
> Als ehrenamtliche Richter können auch Rechtsanwälte und Notare sowie Mitglieder des Deutschen Bundestags, des Landtags sowie eines kommunalen Vertretungsorgans (z.B. Stadtrat) berufen werden. Gegebenenfalls ist § 11 Abs. 5 Satz 2 zu beachten.[17]

3. Auswahlverfahren

9 Das Auswahlverfahren, das die zuständige oberste Landesbehörde bzw. die beauftragte Stelle durchzuführen hat, muss gem. Abs. 2 »in angemessenem Verhältnis unter billiger Berücksichtigung der Minderheiten aus den Vorschlagslisten« erfolgen. Hierbei bezieht sich das »**angemessene Verhältnis**« innerhalb des Arbeitnehmer- bzw. Arbeitgeberkreises sowohl auf die verschiedenen Listen

---

11 GMPMG/Prütting § 20 Rn 17; Grunsky/Waas § 20 Rn 8; s.a. GK-ArbGG/Dörner § 20 Rn 6.
12 Vgl. §§ 17 Abs. 2, 30.
13 Grunsky/Waas § 20 Rn 9; Wolmerath S. 26.
14 Wolmerath S. 26.
15 S.a. GMPMG/Prütting § 20 Rn 23; Natter/Gross § 20 Rn 20; GK-ArbGG/Dörner § 20 Rn 9; Bader/Hohmann, S. 324.
16 S.a. Bader/Hohmann, S. 324.
17 Vgl. NK-GA/Wolmerath § 11 ArbGG Rn 26.

untereinander als auch innerhalb der verschiedenen soziologischen Gruppen einer jeden Liste.[18] Gem. § 44 Abs. 1a DRiG sollen Frauen und Männer angemessen berücksichtigt werden. Die »billige Berücksichtigung der Minderheiten« kann die Berücksichtigung einer Vereinigung bedingen, die allein von ihrer Mitgliederzahl her keine Berücksichtigung finden würde. Soweit es sich bei der Vereinigung um eine solche von Arbeitgebern handelt, ist der Umsatz der verbandsangehörenden Arbeitgeber ebenso zu beachten wie die Zahl der bei ihnen beschäftigten Arbeitnehmer.[19]

Soweit die vorgenannten Kriterien (Rdn. 3 bis 8) erfüllt sind, hat die oberste Landesbehörde bzw. die beauftragte Stelle die Auswahl der ehrenamtlichen Richter in der Reihenfolge der jeweiligen Vorschlagsliste vorzunehmen.[20] Andernfalls könnte die Gefahr bestehen, dass die oberste Landesbehörde bzw. die beauftragte Stelle solche Personen aussortiert, die sie nicht in das ehrenamtliche Richteramt berufen möchte, weil sie etwa als ein unbequemer Querdenker oder kritischer Nachfrager angesehen wird.[21] Nur wenn eine vorgeschlagene Person die Voraussetzungen für eine Berufung als ehrenamtlicher Richter[22] nicht erfüllt oder Hindernisse für eine Berufung als ehrenamtlicher Richter i.S.d. § 44a DRiG vorliegen, besteht keine Bindung an die Reihenfolge innerhalb der betreffenden Vorschlagsliste. In einem solchen Fall darf auf den Nächstplatzierten zurückgegriffen werden. Insoweit hat die oberste Landesbehörde bzw. die beauftragte Stelle ein Prüfungsrecht dahin gehend, ob und inwieweit eine vorgeschlagene Person die an sie gestellten Voraussetzungen für eine Berufung erfüllt.[23] 10

Die Möglichkeit, dass eine vorgeschlagene Person die Übernahme des Richteramtes ablehnt, rechtfertigt nicht das Übergehen ihrer Person, da es nur ihr zusteht zu entscheiden, ob die Übernahme des ehrenamtlichen Richteramtes verweigert werden soll.[24] 11

III. Form der Berufung

Bei der Berufung zum ehrenamtlichen Richter handelt es sich um einen **Verwaltungsakt**, der nach Maßgabe der Verwaltungsverfahrensgesetze der Länder bzw. des Bundes verwaltungsgerichtlich überprüft werden kann.[25] Soweit die Rechtswidrigkeit einer Berufung darauf gestützt wird, dass die Voraussetzungen für eine Berufung als ehrenamtlicher Richter nicht erfüllt sind, verdrängen die §§ 21 Abs. 5, 27 als speziellere Regelungen die verwaltungsverfahrensgesetzlichen Vorschriften über den Widerruf bzw. die Rücknahme eines Verwaltungsaktes. Die Berufung kann daher nicht gem. den allgemeinen Vorschriften der Verwaltungsverfahrensgesetze[26] zurückgenommen werden.[27] Die Berufung als solche ist mit der **Zustellung des Berufungsschreibens** abgeschlossen, auch wenn der ehrenamtliche Richter vor seiner ersten Amtshandlung zu Beginn der ersten Sitzung vereidigt[28] und ihm in einigen Bundesländern zudem eine Ernennungsurkunde ausgehändigt wird.[29] 12

---

18 Grunsky/Waas § 20 Rn 12; Wolmerath S. 27.
19 Vgl. Grunsky/Waas § 20 Rn 13; GK-ArbGG/Dörner § 20 Rn 15.
20 A.A. offensichtlich nur Bader/Hohmann/Klein, S. 41 ff. sowie Bader/Hohmann, S. 324, die der zuständigen Stelle eine Entscheidung in eigenständiger Kompetenz zusprechen.
21 Vgl. dazu BVerfG, 26.08.2013 – 2 BvR 225/13, jurisPR-ArbR 13/2014 Anm. 1.
22 §§ 21 ff.
23 H.M.; vgl. GMPMG/Prütting § 20 Rn 27 ff.; GK-ArbGG/Dörner § 20 Rn 11a; Hauck/Helml/Biebl § 20 Rn 7; Schwab/Weth-Liebscher § 20 Rn 13; Wolmerath S. 27; a.A. Bader/Hohmann/Klein S. 41 ff.; Bader/Hohmann, S. 324; s.a. Natter/Gross § 20 Rn 21 ff., der sich dafür ausspricht, von einer Berufung dann Abstand nehmen zu dürfen, wenn es der vorgeschlagenen Person an der persönlichen Eignung fehlt, etwa weil diese wegen Tätlichkeiten am Arbeitsplatz zu einer Geld- oder Freiheitsstrafe verurteilt worden ist.
24 Wolmerath S. 27.
25 Wolmerath S. 24 m.w.N.
26 Vgl. §§ 48, 49 VwVfG.
27 Vgl. Grunsky/Waas § 20 Rn 4; GMPMG/Prütting § 20 Rn 8.
28 § 45 Abs. 2 Satz 1 DRiG.
29 Wolmerath S. 24; s.a. Bader/Hohmann/Klein S. 48.

IV. Dauer des ehrenamtlichen Richteramtes

13 Die Berufung der ehrenamtlichen Richter erfolgt für **fünf Jahre** *(vgl. Abs. 1 Satz 1)*. Eine hiervon abweichende *(kürzere bzw. längere)* Berufungszeit ist nicht zulässig. Allerdings kann das ehrenamtliche Richteramt vor Ablauf der Fünf-Jahres-Frist unter bestimmten Voraussetzungen niedergelegt[30] sowie im Wege der Amtsentbindung[31] oder Amtsenthebung[32] verlustig werden.[33] Statthaft ist die erneute Berufung nach Ablauf der Amtszeit.

14 Eine kürzere Berufung als für fünf Jahre beinhaltet die »**Ergänzungsberufung**«, die erforderlich wird, sobald die Zahl der vorhandenen ehrenamtlichen Richter nicht mehr zur ordnungsgemäßen Wahrnehmung der Rechtsprechungsaufgaben ausreicht. Ursachen für eine vorzunehmende Ergänzungsberufung können das übermäßige Ausscheiden aus dem ehrenamtlichen Richteramt sein wie auch die Errichtung einer neuen Kammer, was notwendigerweise den Bedarf an ehrenamtlichen Richtern erhöht. Die Amtszeit eines Ergänzungsrichters endet mit dem Ablauf der fünf Jahre, für die der zunächst ernannte und später ausgeschiedene ehrenamtliche Richter ernannt war.[34]

V. Vereidigung

15 Der ehrenamtliche Richter ist vor seiner ersten Dienstleistung zu Beginn der ersten Sitzung, an welcher er teilnimmt, unter Wahrung der Öffentlichkeit durch den Vorsitzenden zu vereidigen.[35] Diesem Erfordernis ist genüge getan, wenn der ehrenamtliche Richter vor der Stellung der Sachanträge, mit denen nach § 137 Abs. 1 ZPO die mündliche Verhandlung eingeleitet wird, vereidigt wird.[36] Die Vereidigung gilt für die Dauer des Amtes,[37] sodass sie bei einer sich unmittelbar anschließenden erneuten Berufung an demselben Gericht nicht wiederholt werden muss.[38] Eine erneute Vereidigung an demselben Gericht ist somit ausschließlich dann erforderlich, wenn zwischen zwei Amtszeiten eine zeitliche Lücke liegt, deren Dauer aber unerheblich ist.[39] Weiter hat eine erneute Vereidigung zu erfolgen, wenn der ehrenamtliche Richter an ein anderes Gericht berufen wird.[40]

16 Die Eidesleistung durch den ehrenamtlichen Richter – ihre Form richtet sich nach § 45 Abs. 3 bis 5 und 7 DRiG – stellt eine Amtspflicht[41] dar. Wird diese verweigert, ist der ehrenamtliche Richter seines Amtes gem. § 27 zu entheben.[42]

---

30 Vgl. § 24.
31 Vgl. § 21 Abs. 5.
32 Vgl. § 27.
33 Wolmerath S. 24 m.w.N.
34 Wohl h.M.; vgl. Wolmerath S. 25; GMPMG/Prütting § 20 Rn 12 f.; Grunsky/Waas § 20 Rn 18; GK-ArbGG/Dörner § 20 Rn 16; Hauck/Helml/Biebl § 20 Rn 4; a.A. Bader/Hohmann/Klein S. 50; BCF/Bader § 20 Rn 5; Natter/Gross § 20 Rn 8, der insoweit auf praktische Gründe verweist.
35 § 45 Abs. 2 Satz 1 DRiG.
36 BAG, 17.03.2010 – 5 AZN 1042/09.
37 § 45 Abs. 2 Satz 2 DRiG.
38 So auch: Schwab/Weth-Liebscher § 20 Rn 24; GMPMG/Prütting § 20 Rn 10; Natter/Gross § 20 Rn 12.
39 Vgl. Wolmerath S. 45; Natter/Gross § 20 Rn 12.
40 Natter/Gross § 20 Rn 12; Schwab/Weth-Liebscher § 20 Rn 24.
41 Vgl. § 45 Abs. 2 Satz 1 DRiG.
42 Wolmerath S. 45.

§ 21 Voraussetzungen für die Berufung als ehrenamtlicher Richter

(1) Als ehrenamtliche Richter sind Arbeitnehmer und Arbeitgeber zu berufen, die das 25. Lebensjahr vollendet haben und im Bezirk des Arbeitsgerichts tätig sind oder wohnen.

(2) ¹Vom Amt des ehrenamtlichen Richters ist ausgeschlossen,
1. wer infolge Richterspruchs die Fähigkeit zur Bekleidung öffentlicher Ämter nicht besitzt oder wegen einer vorsätzlichen Tat zu einer Freiheitsstrafe von mehr als sechs Monaten verurteilt worden ist;
2. wer wegen einer Tat angeklagt ist, die den Verlust der Fähigkeit zur Bekleidung öffentlicher Ämter zur Folge haben kann;
3. wer das Wahlrecht zum Deutschen Bundestag nicht besitzt.

²Personen, die in Vermögensverfall geraten sind, sollen nicht als ehrenamtliche Richter berufen werden.

(3) Beamte und Angestellte eines Gerichts für Arbeitssachen dürfen nicht als ehrenamtliche Richter berufen werden.

(4) ¹Das Amt des ehrenamtlichen Richters, der zum ehrenamtlichen Richter in einem höheren Rechtszug berufen wird, endet mit Beginn der Amtszeit im höheren Rechtszug. ²Niemand darf gleichzeitig ehrenamtlicher Richter der Arbeitnehmerseite und der Arbeitgeberseite sein oder als ehrenamtlicher Richter bei mehr als einem Gericht für Arbeitssachen berufen werden.

(5) ¹Wird das Fehlen einer Voraussetzung für die Berufung nachträglich bekannt oder fällt eine Voraussetzung nachträglich fort, so ist der ehrenamtliche Richter auf Antrag der zuständigen Stelle (§ 20) oder auf eigenen Antrag von seinem Amt zu entbinden. ²Über den Antrag entscheidet die vom Präsidium für jedes Geschäftsjahr im Voraus bestimmte Kammer des Landesarbeitsgerichts. ³Vor der Entscheidung ist der ehrenamtliche Richter zu hören. ⁴Die Entscheidung ist unanfechtbar. ⁵Die nach Satz 2 zuständige Kammer kann anordnen, dass der ehrenamtliche Richter bis zu der Entscheidung über die Entbindung vom Amt nicht heranzuziehen ist.

(6) Verliert der ehrenamtliche Richter seine Eigenschaft als Arbeitnehmer oder Arbeitgeber wegen Erreichens der Altersgrenze, findet Absatz 5 mit der Maßgabe Anwendung, dass die Entbindung vom Amt nur auf Antrag des ehrenamtlichen Richters zulässig ist.

Übersicht	Rdn.		Rdn.
I. Berufungsvoraussetzungen (Abs. 1 bis 4)	1	9. Kein Vermögensverfall	12
1. Arbeitnehmer oder Arbeitgeber	2	10. Nicht Beamter oder Angestellter eines Gerichts für Arbeitssachen	14
2. Vollendung des 25. Lebensjahres	3	11. Nicht gleichzeitig ehrenamtlicher Richter der Arbeitnehmer- und der Arbeitgeberseite	15
3. Tätigkeit im Gerichtsbezirk	5		
4. Wohnsitz im Gerichtsbezirk	6		
5. Fähigkeit zur Bekleidung öffentlicher Ämter	7	12. Nicht bereits ehrenamtlicher Richter bei einem Gericht für Arbeitssachen	16
6. Keine Verurteilung zu einer Freiheitsstrafe von mehr als sechs Monaten	8	II. Amtsentbindung (Abs. 5)	17
		1. Voraussetzungen	17
7. Keine Anklage wegen einer Tat, die den Verlust der Fähigkeit zur Bekleidung öffentlicher Ämter zur Folge haben kann	9	2. Verfahren	20
		3. Folgen der Amtsentbindung	23
		III. Verstoß gegen Grundsätze der Menschlichkeit oder Rechtsstaatlichkeit sowie Tätigkeit für die Stasi	24
8. Wahlrecht zum Deutschen Bundestag	10		

§ 21 ArbGG Voraussetzungen für die Berufung als ehrenamtlicher Richter

I. Berufungsvoraussetzungen (Abs. 1 bis 4)

1 § 21 enthält die **persönlichen** Voraussetzungen, die für eine Berufung als ehrenamtlicher Richter an das ArbG zwingend erfüllt sein müssen.[1] Ergänzt wird § 21 durch die §§ 22 und 23. Wird eine dieser Voraussetzungen nicht erfüllt, so hat eine Berufung zwingend zu unterbleiben. Fällt eine Voraussetzung erst nach erfolgter Berufung weg, ist die betreffende Person ihres Amtes zu entbinden (vgl. Rdn. 17 ff.).

1. Arbeitnehmer oder Arbeitgeber

2 Erste Voraussetzung für die Berufung als ehrenamtlicher Richter ist gemäß Abs. 1, dass die betreffende Person Arbeitnehmer (vgl. § 5 Rdn. 1 ff.) oder Arbeitgeber ist. Wer dieses Erfordernis nicht erfüllt und nicht unter die Sondertatbestände der §§ 22, 23 fällt, der kann mithin nicht in das ehrenamtliche Richteramt berufen werden. So können **Bahnbeamte** nicht als ehrenamtliche Richter an das ArbG berufen werden, da sich ihr Status durch die Privatisierung der Bundesbahn nicht so geändert hat, dass sie für die Zwecke der Berufung als Arbeitnehmer zu behandeln wären.[2] Etwas anderes gilt allerdings dann, wenn ein Beamter von der Möglichkeit einer »In-Sich-Beurlaubung« Gebrauch gemacht hat, wie sie in den Überleitungsgesetzen aus Anlass der Privatisierung von Post und Bahn zu finden sind.[3] Bei Arbeitnehmern, die unter das **Altersteilzeitgesetz** fallen, ist zu differenzieren. Soweit sich diese in der **Ansparphase** befinden, arbeiten sie wie jeder andere Arbeitnehmer für ihren Arbeitgeber in dem Unternehmen. Sie erfüllen damit die Berufungsvoraussetzung des Abs. 1. Sobald sie jedoch in die **Freistellungsphase** wechseln, sind sie nicht mehr in dem Unternehmen tätig. Mithin können solche Personen auch nicht mehr als ehrenamtliche Richter berufen werden.[4]

2. Vollendung des 25. Lebensjahres

3 Gem. **Abs. 1** dürfen als ehrenamtliche Richter weiter nur solche Personen berufen werden, die das **25. Lebensjahr vollendet** haben. Diese Voraussetzung muss am Tag der Zustellung des Berufungsschreibens erfüllt sein. Wird das 25. Lebensjahr erst zu einem späteren Zeitpunkt, aber noch vor der erstmaligen Heranziehung zum Sitzungsdienst vollendet, ist die zunächst fehlende Berufungsvoraussetzung als nachträglich geheilt anzusehen, sodass eine Amtsentbindung gem. Abs. 5 nicht mehr in Betracht kommt.[5] Wird ein Amtsentbindungsverfahren wegen Unterschreitung der Mindestaltersgrenze eingeleitet, so ist dem Amtsentbindungsantrag nicht stattzugeben, wenn das 25. Lebensjahr spätestens in dem Augenblick vollendet wird, in dem über den Antrag entschieden wird.[6]

4 Eine Altersgrenze nach oben kennt das ArbGG bei der Berufung in das ehrenamtliche Richteramt nicht. Insoweit stellt das Erreichen der Regelaltersgrenze i.S.d. SGB VI (vgl. §§ 35, 235 SGB VI) keinen Hinderungsgrund für die Berufung in das ehrenamtliche Richteramt dar. Davon zu trennen ist lediglich die Möglichkeit gemäß § 24 Abs. 1 Nr. 1, das Amt des ehrenamtlichen Richters abzulehnen oder niederzulegen, sofern die rentenrechtliche Regelaltersgrenze erreicht worden ist.

3. Tätigkeit im Gerichtsbezirk

5 Berufungsvoraussetzung ist weiter gem. **Abs. 1**, dass die zu berufende Person **im Gerichtsbezirk** tätig ist. Auf die Dauer der Tätigkeit kommt es nicht an. Auch kann die betreffende Person in mehreren Gerichtsbezirken tätig sein, sofern die Tätigkeit in dem Gerichtsbezirk, für den die Berufung

---

[1] Zu den sachlichen Voraussetzungen vgl. § 20 Rdn. 2 ff.
[2] LAG Schleswig-Holstein, 14.03.1996 – AR 14/96, LAGE § 21 ArbGG 1979 Nr. 9.
[3] Natter/Gross § 21 Rn 4.
[4] Vgl. Andelewski NZA 2002, 655 ff.; GMPMG/Prütting § 21 Rn 9; Natter/Gross § 21 Rn 14; s.a. Bayerischer VGH, 26.02.2015 – 17 S 15.451, JurionRS 2015, 13291.
[5] Vgl. Wolmerath S. 28.
[6] Vgl. Grunsky/Waas § 22 Rn 21.

erfolgen soll, nicht von völlig untergeordneter Bedeutung ist.[7] Es ist ausreichend, wenn die Tätigkeit als Arbeitnehmer oder Arbeitgeber auch in dem maßgeblichen Gerichtsbezirk ausgeübt wird.[8]

4. Wohnsitz im Gerichtsbezirk

Seit dem 01.04.2008[9] können auch solche Arbeitnehmer und Arbeitgeber (vgl. Rdn. 2) in das ehrenamtliche Richteramt berufen werden, die in dem Gerichtsbezirk zwar wohnen, hier allerdings keiner beruflichem Tätigkeit nachgehen. Das Gesetz stellt insoweit auf den **Wohnsitz** ab, ohne diesen zu definieren. Es kann daher auf die Begriffsbestimmung in § 7 Abs. 1 BGB abgestellt werden,[10] wonach derjenige Ort den Wohnsitz begründet, an dem man sich ständig niederlässt. Da ein Wohnsitz nach § 7 Abs. 2 BGB gleichzeitig an mehreren Orten bestehen kann, genügt es für eine Berufung in das ehrenamtliche Richteramt, wenn die betreffende Person sich in dem Gerichtsbezirk »auch« niedergelassen hat, wie es etwa bei einem **Zweitwohnsitz** der Fall sein kann. Andernfalls würde man bei dem Wohnsitz strengere Anforderungen stellen, als sie bei der Tätigkeit im Gerichtsbezirk erfüllt sein müssen. Denn hier genügt es, wenn eine Tätigkeit auch im Gerichtsbezirk erfolgt (vgl. Rdn. 5). Die Neuregelung hat vor allem zur Folge, dass ein ehrenamtlicher Richter bei einem Arbeitsplatzwechsel an einem Ort außerhalb des Gerichtsbezirks in seinem Amt verbleiben kann, sofern er seinen Wohnsitz im Gerichtsbezirk beibehält.[11]

5. Fähigkeit zur Bekleidung öffentlicher Ämter

Als negative Berufungsvoraussetzung ausformuliert bestimmt **Abs. 2 Satz 1 Nr. 1, 1. Alt.**, dass in das ehrenamtliche Richteramt nicht berufen werden darf, wer infolge Richterspruchs die Fähigkeit zur Bekleidung öffentlicher Ämter nicht besitzt. Die Fähigkeit zur Bekleidung öffentlicher Ämter verliert für fünf Jahre, wer wegen eines Verbrechens zu einer Freiheitsstrafe von mindestens einem Jahr verurteilt wird.[12] Bei einer Verurteilung wegen eines Vergehens tritt der Verlust der Fähigkeit zur Bekleidung öffentlicher Ämter für die Dauer von zwei bis zu fünf Jahren nur ein, wenn dies im Gesetz (vgl. §§ 92a, 101, 102 Abs. 2, 108c, 109i, 358 StGB) ausdrücklich vorgesehen ist und das Gericht von der Möglichkeit der Aberkennung Gebrauch gemacht hat.[13]

6. Keine Verurteilung zu einer Freiheitsstrafe von mehr als sechs Monaten

Gem. **Abs. 2 Satz 1 Nr. 1, 2. Alt.** ist vom ehrenamtlichen Richteramt ausgeschlossen, wer wegen einer vorsätzlichen Tat *(Verbrechen oder Vergehen)* zu einer Freiheitsstrafe von mehr als sechs Monaten verurteilt worden ist. Die Verurteilung muss rechtskräftig sein. Auch bei einer Strafaussetzung zur Bewährung ist die Berufung ausgeschlossen, da der Wortlaut der Vorschrift allein auf die Verurteilung – und nicht auf die Verbüßung der Strafe – abstellt.[14] Sobald die Strafe im Bundeszentralregister gem. §§ 45 ff. BZRG getilgt ist, steht diese einer Berufung in das ehrenamtliche Richteramt nicht mehr im Wege.[15]

---

7 So im Ergebnis auch: Natter/Gross § 21 Rn 12.
8 LAG Schleswig-Holstein, 11.01.1996 – AR 4/96, NZA 1996, 504; LAG Hamm, 13.06.1991 – 8 AR 17/91, NZA 1991, 822.
9 Gesetz zur Änderung des Sozialgerichtsgesetzes und des Arbeitsgerichtsgesetzes vom 26.03.2008, BGBl. I, S. 444 (447).
10 So auch BCF/Bader § 21 Rn 5a; Natter/Gross § 21 Rn 15.
11 Francken/Natter/Rieker S. 378.
12 § 45 Abs. 1 StGB.
13 § 45 Abs. 2 StGB.
14 H.M., vgl. GMPMG/Prütting § 21 Rn 14 m.w.N.; Hauck/Helml/Biebl § 21 Rn 6; Schwab/Weth-Liebscher § 21 Rn 21; s.a. GK-ArbGG/Dörner § 21 Rn 10; Natter/Gross § 21 Rn 18.
15 Vgl. Wolmerath S. 31; GMPMG/Prütting § 21 Rn 15; Schwab/Weth-Liebscher § 21 Rn 22.

7. Keine Anklage wegen einer Tat, die den Verlust der Fähigkeit zur Bekleidung öffentlicher Ämter zur Folge haben kann

9 Wer wegen einer Tat angeklagt ist, die den Verlust der Fähigkeit zur Bekleidung öffentlicher Ämter zur Folge haben kann, ist laut Abs. 2 Satz 1 Nr. 2 ebenfalls vom ehrenamtlichen Richteramt ausgeschlossen. Nach dem Wortlaut dieser Vorschrift kommt es für den Ausschluss vom Richteramt lediglich darauf an, dass jemand wegen einer Tat angeklagt ist, die von § 45 Abs. 1, 2 StGB erfasst wird. Maßgebend ist hierfür die Einreichung einer Anklageschrift bei dem zuständigen Gericht (vgl. § 170 Abs. 1 StPO).[16] Hingegen ist es nicht von Bedeutung, ob in dem konkreten Einzelfall auch in tatsächlicher Hinsicht mit einer Aberkennung des Rechtes zur Bekleidung öffentlicher Ämter zu rechnen ist bzw. es dazu kommt.[17] Ist ein ehrenamtlicher Richter infolge Anklage gem. § 21 Abs. 5 seines Amtes enthoben worden, so hat dieser Umstand keine negativen Auswirkungen auf ein späteres Berufungsverfahren, falls er der Tat freigesprochen wird bzw. trotz Verurteilung die Fähigkeit zur Bekleidung öffentlicher Ämter behält. Allerdings besteht für die betroffene Person kein Anspruch auf eine unmittelbare Wiederberufung in das ehrenamtliche Richteramt.[18]

8. Wahlrecht zum Deutschen Bundestag

10 Nach **Abs. 2 Satz 1 Nr. 3** darf nur ehrenamtlicher Richter sein, wer das Wahlrecht zum Deutschen Bundestag besitzt, mithin Deutscher i.S.d. Art. 116 GG ist, nicht vom Wahlrecht ausgeschlossen ist *(z.B. unter Betreuung gestellte Person, Aufenthalt in einem psychiatrischen Krankenhaus aufgrund einer Anordnung, Aberkennung des Wahlrechts)* und seit mindestens drei Monaten in der Bundesrepublik Deutschland wohnt oder hier seinen dauernden Aufenthaltsort hat.[19]

11 Die durch die Regelung des Abs. 2 Satz 1 Nr. 3 normierte Voraussetzung, dass nur derjenige Arbeitnehmer und Arbeitgeber ehrenamtlicher Richter am ArbG werden darf, der das Wahlrecht zum Deutschen Bundestag besitzt, besagt in ihrer Konsequenz, dass vor allem die in der Bundesrepublik Deutschland erwerbstätigen Arbeitnehmer und Arbeitgeber von dem ehrenamtlichen Richteramt ausgeschlossen sind, die nicht zumindest auch über die Deutsche Staatsbürgerschaft verfügen. Der Ausschluss in der Bundesrepublik Deutschland lebender Arbeitnehmer und ansässiger Arbeitgeber ausländischer Nationalität von dem ehrenamtlichen Richteramt ist zu kritisieren. In einer Zeit, in welcher nicht nur die Wirtschaft, sondern auch die Menschen aufgrund der allgegenwärtigen Globalisierung immer mehr zusammenwachsen, ist für ein ehrenamtliches Richteramt an den Gerichten für Arbeitssachen, welches nur deutschen Staatsbürgern offen steht, kein Raum mehr. Sie ist durch die ökonomische, soziale und gesellschaftspolitische Entwicklung in der Bundesrepublik Deutschland überholt. Es ist nicht nachvollziehbar, weshalb nicht solche ausländischen Arbeitnehmer und Arbeitgeber in das ehrenamtliche Richteramt berufen werden können, die ihren Lebensmittelpunkt in Deutschland haben, hier ihrer Erwerbstätigkeit nachgehen und der deutschen Sprache ausreichend mächtig sind, um das ehrenamtliche Richteramt in dem ihm zugedachten Sinne ausüben zu können.[20]

9. Kein Vermögensverfall

12 Gem. Abs. 2 Satz 2 sollen Personen, die in Vermögensverfall geraten sind, nicht als ehrenamtliche Richter berufen werden. Von dieser Vorschrift werden – neben den Fällen der Insolvenz – auch solche Personen erfasst, die in das Schuldnerverzeichnis eingetragen sind. Es handelt sich bei dieser Regelung um eine Ermessensvorschrift, welche die zuständige oberste Landesbehörde bzw. die

---

16 Vgl. Hauck/Helml/Biebl § 21 Rn 7; Natter/Gross § 21 Rn 22; Grunsky/Waas § 21 Rn 7; Schwab/Weth-Liebscher § 21 Rn 24.
17 Vgl. Hauck/Helml/Biebl § 21 Rn 7; Natter/Gross § 21 Rn 22; Grunsky/Waas § 21 Rn 7.
18 Vgl. Wolmerath S. 32 m.w.N.; s.a. Grunsky/Waas § 21 Rn 7.
19 Vgl. §§ 12, 13 BWG; s.a. GMPMG/Prütting § 21 Rn 20; Grunsky/Waas § 22 Rn 12; Wolmerath S. 32.
20 Wolmerath S. 32 m.w.N.; s.a. Schwab/Weth-Liebscher § 21 Rn 28.

von der Landesregierung beauftragte Stelle verpflichtet, über die Bestellung einer in Vermögensverfall geratenen Person nach pflichtgemäßem Ermessen unter Berücksichtigung der besonderen Umstände des konkreten Einzelfalls zu entscheiden, ob eine Berufung in das ehrenamtliche Richteramt vorgenommen werden soll. Dabei bringt die Formulierung des Abs. 2 Satz 2 unmissverständlich zum Ausdruck, dass das Absehen von einer Berufung die Regel und die Berufung in das ehrenamtliche Richteramt die Ausnahme sein soll.[21]

Die Bestellung eines Betreuers nach § 1896 BGB führt nicht zum Ausschluss von dem ehrenamtlichen Richteramt, weil sie keinen Einfluss auf die Verfügungsbefugnis sowie auf die Geschäftsfähigkeit des Betroffenen hat. Etwas anderes gilt nur im Fall einer Geschäftsunfähigkeit nach § 104 Nr. 2 BGB, eines Einwilligungsvorbehaltes gem. § 1903 BGB sowie einer Totalbetreuung wegen § 13 Nr. 2 BWG.[22]

10. Nicht Beamter oder Angestellter eines Gerichts für Arbeitssachen

Beamte und Angestellte eines Gerichts für Arbeitssachen dürfen gem. **Abs. 3** nicht als ehrenamtliche Richter berufen werden – gleichgültig, ob sie bei demselben oder einem anderen Gericht für Arbeitssachen tätig sind. Dagegen dürfen nach dem Wortlaut der Vorschrift Arbeiter eines Gerichts für Arbeitssachen sowie Beamte, Angestellte und Arbeiter einer anderen Gerichtsbarkeit *(z.B. Finanzgerichtsbarkeit)* in das Richteramt berufen werden.[23]

11. Nicht gleichzeitig ehrenamtlicher Richter der Arbeitnehmer- und der Arbeitgeberseite

Um Interessenkonflikten vorzubeugen bestimmt **Abs. 4 Satz 2 Halbs. 1**, dass niemand zur gleichen Zeit ehrenamtlicher Richter der Arbeitnehmerseite und der Arbeitgeberseite sein darf. Damit wird dem Grundsatz der paritätischen Besetzung der Gerichte für Arbeitssachen mit ehrenamtlichen Richtern aus Kreisen der Arbeitnehmer und der Arbeitgeber Rechnung getragen.[24] Sowohl von der Arbeitgeber- als auch von der Arbeitnehmerseite vorgeschlagene Personen müssen sich daher für die eine oder für die andere Seite entscheiden. Zulässig ist es hingegen, als ehrenamtlicher Richter zunächst der einen und im Anschluss daran der anderen Seite tätig zu werden.[25]

12. Nicht bereits ehrenamtlicher Richter bei einem Gericht für Arbeitssachen

Abs. 4 Satz 2 Halbs. 2 verbietet eine gleichzeitige Amtsausübung bei mehr als einem Gericht für Arbeitssachen. Dieses Verbot gilt sowohl in horizontaler als auch in vertikaler Hinsicht. Ein ehrenamtlicher Richter darf hiernach gleichzeitig weder bei mehreren Gerichten des gleichen Instanzenzuges noch bei Gerichten verschiedener Instanzen tätig werden. Zulässig ist hingegen, zusätzlich als ehrenamtlicher Richter in einer anderen Gerichtsbarkeit oder zeitlich nacheinander an verschiedenen Gerichten für Arbeitssachen, gleich welcher Instanz, tätig zu sein. Erfolgt eine Berufung in einen höheren Instanzenzug, so endet das bisherige Richteramt gem. **Abs. 4 Satz 1** automatisch kraft Gesetzes mit dem Beginn der Amtszeit im höheren Rechtszug. Dagegen darf eine Berufung an ein Gericht desselben oder eines niedrigeren Instanzenzuges solange nicht erfolgen, wie die betreffende Person noch ehrenamtlicher Richter an einem Gericht für Arbeitssachen ist.[26]

---

21 GK-ArbGG/Dörner § 21 Rn 11a; Wolmerath S. 33 m.w.N.; Natter/Gross § 21 Rn 24.
22 Wolmerath S. 33; GMPMG/Prütting § 21 Rn 17.
23 Wolmerath S. 33.
24 Vgl. § 16; s.a. BAG, 21.09.1999 – 1 AS 6/99, AuR 2000, 311.
25 Wolmerath S. 34.
26 Grunsky/Waas § 21 Rn 15.

II. Amtsentbindung (Abs. 5)

1. Voraussetzungen

17 Wird das Fehlen einer persönlichen Voraussetzung für die Berufung als ehrenamtlicher Richter (vgl. Rdn. 1 bis 16) nachträglich bekannt oder fällt eine zunächst erfüllte Mussvoraussetzung nachträglich weg, so ist der ehrenamtliche Richter gem. **Abs. 5 Satz 1** von seinem Amt zu entbinden. Entsprechendes gilt, wenn die zuständige oberste Landesbehörde bzw. die beauftragte Stelle[27] nachträglich erkennt, dass sie bei der Berufung das Fehlen einer Voraussetzung übersehen hat, weil sie aus den ihr bekannten Tatsachen nicht die richtigen rechtlichen Schlussfolgerungen gezogen hat.[28] Die Amtsentbindung ist zwingend vorgeschrieben. Nur dann, wenn eine Mussvoraussetzung nur vorübergehend für einen zeitlich begrenzten Zeitraum nicht erfüllt wird, ohne dass ein Grund zur Niederlegung des Amtes gem. § 24 vorliegt *(z.B. vorübergehende Auslandsmontage, Mutterschutz, Elternzeit)*, ist eine die Amtsentbindung ausschließende Beurlaubung des ehrenamtlichen Richters – unter der eine zeitlich begrenzte Entbindung von der Heranziehung zum Sitzungsdienst zu verstehen ist – in analoger Anwendung des Abs. 5 möglich.[29] Hierzu bedarf es eines entsprechenden Antrags des ehrenamtlichen Richters oder der zuständigen Stelle[30] (vgl. § 31 Rdn. 8). Eine vorläufige Entbindung von der Heranziehung zum Sitzungsdienst ist auszusprechen, wenn einem ehrenamtlichen Richter auf der Arbeitgeberseite fristlos gekündigt wurde und er gegen seinen Arbeitgeber Kündigungsschutzklage erhoben hat. Schließlich hängt die Ausübung der Arbeitgeberfunktion, die Voraussetzung für seine Berufung war,[31] von dem Ausgang des Kündigungsschutzprozesses ab.[32]

18 Die in §§ 21 bis 23 vorgenommene Aufzählung der persönlichen Mussvoraussetzungen ist **abschließend**. Weitere Amtsentbindungsgründe sind nicht anzuerkennen.[33]

19 **Wechselt ein ehrenamtlicher Richter** während seiner Amtszeit von der Arbeitnehmer – auf die **Arbeitgeberseite** bzw. von der Arbeitgeber – auf die **Arbeitnehmerseite**, so ist die Fortführung seines Richteramtes mit dem Grundsatz der paritätischen Besetzung der Gerichte für Arbeitssachen unvereinbar; er ist daher seines Amtes zu entbinden.[34] Gibt ein ehrenamtlicher Richter aus Kreisen der Arbeitgeber seine Tätigkeit im Gerichtsbezirk auf, so ist er seines Amtes auch dann zu entbinden, wenn er an seinem neuen Dienstsitz Leitungsbefugnisse ausübt, die in den Gerichtsbezirk hineinwirken.[35] Ebenfalls ist ein ehrenamtlicher Richter aus Kreisen der Arbeitgeber von seinem Amt zu entbinden, wenn er aus dem Betrieb, in dem er eine Arbeitgeberfunktion innehat, ausscheidet und nicht im unmittelbaren Anschluss eine erneute Arbeitgeberfunktion *(z.B. durch Eintritt in einen anderen Betrieb mit gleicher Funktion)* ausübt.[36] Fällt bei Beamten und Angestellten des öffentlichen Dienstes eine in der näheren Anordnung der zuständigen obersten Bundes- oder Landesbehörde aufgestellte Berufungsvoraussetzung nachträglich weg, so hat eine Amtsentbindung zu erfolgen.[37] Entsprechendes gilt, wenn die Eigenschaft als Arbeitnehmer bzw. Arbeitgeber verloren geht.[38] Ist dies wegen **Erreichens der Altersgrenze** der Fall, kann eine Amtsentbindung gem. Abs. 6 i.V.m. Abs. 5 nur erfolgen, wenn der ehrenamtliche Richter einen diesbezüglichen Antrag

---

27 Vgl. § 20 Abs. 1.
28 LAG Schleswig-Holstein, 11.01.1996 – AR 5/96.
29 So auch: LAG Hamm, 17.02.1982 – 2 Ta 3/82, BB 1982, 741; Schwab/Weth-Liebscher § 21 Rn 56; GMPMG/Prütting § 21 Rn 35; Grunsky/Waas § 21 Rn 19; a.A. GK-ArbGG/Dörner § 21 Rn 22; Natter/Gross § 21 Rn 47.
30 Vgl. § 20 Abs. 1.
31 Vgl. § 22 Abs. 2.
32 LAG Bremen, 06.01.1995 – AR 27/94.
33 Vgl. LAG Hamm, 26.11.1992 – 8 AR 26/92.
34 BAG, 19.08.2004 – 1 AS 6/03; BAG, 21.09.1999 – 1 AS 6/99, AuR 2000, 311.
35 LAG Hamm, 13.06.1991 – 8 AR 17/91, NZA 1991, 822.
36 Vgl. LAG Bremen, 06.01.1995 – AR 27/94.
37 LAG Hamm, 13.06.1991 – 8 AR 17/91, NZA 1991, 822.
38 Z.B. um sich ausschließlich einem Studium zu widmen; vgl. LAG Bremen, 22.09.1995 – AR 26/95.

stellt. Entsprechendes gilt, wenn jemand vor Erreichen der Altersgrenze in den Ruhestand tritt; in diesem Fall ist Abs. 6 analog anzuwenden.[39] Gleiches gilt, wenn ein Arbeitnehmer gem. der nach dem AltersteilzeitG getroffenen Vereinbarung in die Freistellungsphase eintritt.[40] Tritt zu der Arbeitnehmer- bzw. Arbeitgebereigenschaft die jeweils andere hinzu, ist dies für das Richteramt unschädlich.[41] Wird ein Arbeitnehmer leitender Angestellter, so rechtfertigt dies keine Amtsentbindung, da auch leitende Angestellte Arbeitnehmer sind.[42] Etwas anderes gilt allerdings dann, wenn der ehrenamtliche Richter während seiner Amtszeit von der Arbeitnehmer- auf die Arbeitgeberseite wechselt. In einem solchen Fall würde die Fortführung des ehrenamtlichen Richteramtes dem Grundsatz der paritätischen Besetzung der Gerichte für Arbeitssachen mit ehrenamtlichen Richtern aus Kreisen der Arbeitnehmer sowie der Arbeitgeber widersprechen.[43] Dabei ist es ohne Bedeutung, wenn sich der ehrenamtliche Richter nach wie vor der Arbeitnehmerseite verbunden fühlt.[44]

2. Verfahren

Eingeleitet wird das Amtsentbindungsverfahren gem. **Abs. 5 Satz 1** auf Antrag der zuständigen obersten Landesbehörde bzw. der beauftragten Stelle[45] oder auf Antrag des betroffenen ehrenamtlichen Richters. Einen Antrag Dritter lässt das Gesetz nicht zu. Ferner ist eine Entscheidung von Amts wegen nicht zulässig. **20**

Bis zu einer Entscheidung bleibt der betroffene Richter im Amt. Allerdings kann gem. **Abs. 5 Satz 5** angeordnet werden, dass bis zur Entscheidung über die Amtsentbindung eine Heranziehung zum Sitzungsdienst unterbleibt.[46] Diese Anordnung kann auf Antrag, nach Einleitung des Amtsentbindungsantrags auch von Amts wegen getroffen werden.[47] **21**

Über den Amtsentbindungsantrag entscheidet gem. **Abs. 5 Satz 2 und 3** die vom Präsidium für jedes Geschäftsjahr im Voraus bestimmte Kammer des LAG nach Anhörung des ehrenamtlichen Richters. Obwohl die Kammer bei ihrer Entscheidung kein Ermessen hat,[48] kann sie bei zeitlich begrenztem Fehlen einzelner Voraussetzungen eine zeitlich begrenzte Amtsentbindung aussprechen.[49] Maßgebender Zeitpunkt für das Vorliegen einer Mussvoraussetzung ist der Augenblick, in dem über den Amtsentbindungsantrag entschieden wird. Liegt eine fehlende Voraussetzung zu diesem Zeitpunkt vor, ist dem Antrag nicht stattzugeben. Andernfalls ist eine Amtsentbindung auszusprechen. Diese Entscheidung ist unanfechtbar.[50] Rechtsschutz kann der entbundene ehrenamtliche Richter allenfalls wegen der Verletzung rechtlichen Gehörs mittels einer Verfassungsbeschwerde nach Art. 93 Abs. 1 Nr. 4a GG erhalten.[51] **22**

---

39 GMPMG/Prütting § 21 Rn 32.
40 Andelewski S. 660; GMPMG/Prütting § 21 Rn 32.
41 Grunsky/Waas § 21 Rn 19; a.A. LAG Baden-Württemberg, 17.06.2013 – 1 SHa 17/13, das die Möglichkeit einer Berufung in das ehrenamtliche Richteramt für diesen Personenkreis insgesamt verneint.
42 So auch: LAG Berlin-Brandenburg, 23.04.2010 – 6 SHa-EhRi 7006/10, JurionRS 2010, 16202; A.A. LAG Bremen, 25.04.1997 – AR 22/96, NZA 1998, 448, wonach ein ehrenamtlicher Richter der Arbeitnehmerseite, dem die Befugnis zur Personaleinstellung erteilt worden ist und der den Personalleiter in dessen Abwesenheit vertritt, seines Amtes zu entheben ist.
43 LAG Berlin-Brandenburg, 23.04.2010 – 6 SHa-EhRi 7006/10, JurionRS 2010, 16202; so auch: LAG Baden-Württemberg, 17.12.2014 – 1 SHa 34/14, JurionRS 2014, 28364.
44 LAG Baden-Württemberg, 17.12.2014 – 1 SHa 34/14, JurionRS 2014, 28364.
45 Vgl. § 20 Abs. 1.
46 LAG Baden-Württemberg, 16.11.2007 – 1 SHa 47/07, JurionRS 2008, 10710.
47 LAG Hamm, 28.01.1993 – 8 AR 44/92, NZA 1993, 479.
48 Vgl. LAG Hamm, 13.06.1991 – 8 AR 17/91, NZA 1991, 822.
49 Sog. Beurlaubung; zu den Einzelheiten vgl. Rdn. 17 und § 31 Rdn. 8.
50 Abs. 5 Satz 4.
51 Vgl. Schwab/Weth-Liebscher § 21 Rn 53; GMPMG/Prütting § 21 Rn 33; Natter/Gross § 21 Rn 48.

3. Folgen der Amtsentbindung

23 Die Entscheidungen, an denen der amtsentbundene Richter mitgewirkt hat, sind wirksam und können nicht angefochten werden.[52] Ein Anspruch auf eine erneute Berufung als ehrenamtlicher Richter entsteht nicht, wenn die fehlende Mussvoraussetzung nach Ausspruch der Amtsentbindung erfüllt wird.[53]

III. Verstoß gegen Grundsätze der Menschlichkeit oder Rechtsstaatlichkeit sowie Tätigkeit für die Stasi

24 Mit Wirkung vom 25.04.2006 sind die §§ 44a, 44b DRiG an die Stelle der bis dahin geltenden §§ 9, 10 des Gesetzes zur Prüfung von Rechtsanwaltszulassungen, Notarbestellungen und Berufungen ehrenamtlicher Richter vom 24.07.1992[54] getreten. In der gleichen Weise, wie es bei den Vorgängervorschriften der Fall gewesen ist, ergänzen die inhaltsgleichen Regelungen der §§ 44a, 44b DRiG den § 21. Von Bedeutung ist, dass diese Normen nicht auf das Gebiet der ehemaligen DDR beschränkt sind, sondern **im gesamten Bundesgebiet gelten**.[55]

25 Gem. § 44a Abs. 1 DRiG soll nicht als ehrenamtlicher Richter berufen werden, wer gegen die **Grundsätze der Menschlichkeit** oder der **Rechtsstaatlichkeit** verstoßen hat oder wegen einer Tätigkeit als hauptamtlicher oder inoffizieller **Mitarbeiter des Staatssicherheitsdienstes der ehemaligen DDR** i.S.d. § 6 Abs. 4 des Stasi-Unterlagen-Gesetzes[56] oder als diesen Mitarbeitern nach § 6 Abs. 5 des Stasi-Unterlagen-Gesetzes gleichgestellte Person für das Amt eines ehrenamtlichen Richters nicht geeignet ist. Zu diesem Zweck kann die oberste Landesbehörde bzw. die von der Landesregierung beauftragte Stelle von dem für das ehrenamtliche Richteramt Vorgeschlagenen gemäß § 44a Abs. 2 DRiG eine schriftliche Erklärung dahin gehend verlangen, dass bei ihm die vorgenannten Voraussetzungen nicht vorliegen.

26 Werden die vorgenannten Umstände nach einer erfolgten Berufung in das ehrenamtliche Richteramt bekannt, so ist der ehrenamtliche Richter gemäß § 44b Abs. 1, 2 DRiG i.V.m. § 21 Abs. 5 ArbGG von seinem Amt zu entbinden. Bis zu einer Entscheidung über die Amtsentbindung kann gemäß § 44b Abs. 3 Satz 1 DRiG angeordnet werden, dass das Richteramt nicht ausgeübt werden darf. Diese Anordnung ist gemäß § 44b Abs. 3 Satz 2 DRiG ebenso unanfechtbar wie die Entscheidung über die Amtsentbindung (§ 44b Abs. 4 Satz 1 DRiG). Binnen eines Jahres nach Wirksamwerden der Entscheidung kann der des Amtes Entbundene laut § 44b Abs. 4 Satz 2 DRiG beantragen, dass die Voraussetzungen für eine Amtsentbindung nicht vorgelegen haben. Über diesen Antrag entscheidet gemäß § 44b Abs. 4 Satz 3 DRiG eine andere als die mit der Amtsentbindung befasste Kammer des LAG.

§ 22 Ehrenamtlicher Richter aus Kreisen der Arbeitgeber

(1) Ehrenamtlicher Richter aus Kreisen der Arbeitgeber kann auch sein, wer vorübergehend oder regelmäßig zu gewissen Zeiten des Jahres keine Arbeitnehmer beschäftigt.

(2) Zu ehrenamtlichen Richtern aus Kreisen der Arbeitgeber können auch berufen werden
1. **bei Betrieben einer juristischen Person oder einer Personengesamtheit Personen, die kraft Gesetzes, Satzung oder Gesellschaftsvertrag allein oder als Mitglieder des Vertretungsorgans zur Vertretung der juristischen Person oder der Personengesamtheit berufen sind;**

---

52 Vgl. § 65; s.a. BAG, 15.05.2012 – 7 AZN 423/12, wonach das Revisionsgericht nicht prüft, ob bei der Berufung zum ehrenamtlichen Richter Verfahrensmängel unterlaufen sind oder Umstände vorgelegen haben, die die Berufung eines ehrenamtlichen Richters von seinem Amt ausschließen.
53 Grunsky/Waas § 21 Rn 21.
54 BGBl. I, S. 1386.
55 S.a. GMPMG/Prütting § 21 Rn 24 ff. zu der bis zum 24.04.2006 geltenden Regelung.
56 Vgl. BGBl. I, S. 2272.

2. Geschäftsführer, Betriebsleiter oder Personalleiter, soweit sie zur Einstellung von Arbeitnehmern in den Betrieb berechtigt sind, oder Personen, denen Prokura oder Generalvollmacht erteilt ist;
3. bei dem Bunde, den Ländern, den Gemeinden, den Gemeindeverbänden und anderen Körperschaften, Anstalten und Stiftungen des öffentlichen Rechts Beamte und Angestellte nach näherer Anordnung der zuständigen obersten Bundes- oder Landesbehörde;
4. Mitglieder und Angestellte von Vereinigungen von Arbeitgebern sowie Vorstandsmitglieder und Angestellte von Zusammenschlüssen solcher Vereinigungen, wenn diese Personen kraft Satzung oder Vollmacht zur Vertretung befugt sind.

Übersicht	Rdn.		Rdn.
I. Arbeitnehmerlose Arbeitgeber (Abs. 1) ...	1	II. Gleichgestellte Personen (Abs. 2)	2

I. Arbeitnehmerlose Arbeitgeber (Abs. 1)

Abs. 1 erfasst Personen, deren Tätigkeit grds. die Beschäftigung von Arbeitnehmern mit sich bringt, die aber aus bestimmten Gründen zu einer gewissen Zeit keine Arbeitnehmer beschäftigen. Soweit **vorübergehend** keine Arbeitnehmer beschäftigt werden *(Abs. 1, 1. Alt.)*, ist erforderlich, dass der ernsthafte Wille besteht, in Zukunft wieder Arbeitnehmer zu beschäftigen. Wann dies der Fall sein wird, ist insoweit unerheblich.[1] Beschäftigt ein Arbeitgeber Arbeitnehmer **regelmäßig zu gewissen Zeiten des Jahres** nicht,[2] so steht dieser Umstand einer Berufung als ehrenamtlicher Richter aus Kreisen der Arbeitgeber gem. Abs. 1, 2. Alt. ebenfalls nicht im Weg. Erforderlich ist insoweit lediglich die Absicht zur Beschäftigung von Arbeitnehmern mit Saisonbeginn, auch wenn der Betrieb eine oder mehrere Saisons lang geschlossen bleibt.[3]

1

II. Gleichgestellte Personen (Abs. 2)

Für die Berufung als ehrenamtlicher Richter stellt **Abs. 2** bestimmte Personen dem Arbeitgeber gleich, denen regelmäßig die Arbeitgebereigenschaft fehlt:
– **Nr. 1** betrifft vertretungsberechtigte Organe sowie Organmitglieder einer juristischen Person oder Personengesamtheit. Die Vorschrift entspricht § 5 Abs. 1 Satz 3.
– **Nr. 2** erfasst Geschäftsführer, Betriebsleiter und Personalleiter, soweit sie zur Einstellung von Arbeitnehmern berechtigt sind, sowie Personen, denen Prokura oder Generalvollmacht erteilt ist. Ob sich die Berechtigung zur Einstellung von Arbeitnehmern nur auf Personalleiter oder auch auf Geschäftsführer und Betriebsleiter beziehen muss, ist streitig.[4] Ohne selbst leitender Angestellter sein zu müssen, haben sie jedoch arbeitgeberähnliche Funktionen auszuüben. Hinsichtlich der Einstellungsbefugnis ist ausreichend, wenn sie diese nur gemeinsam mit einem zeichnungsberechtigten Vertreter des Arbeitgebers wahrnehmen können.[5]
– Gem. **Nr. 3** können auch Beamte und Angestellte *(nicht: Arbeiter!)*, die bei einer juristischen Person des öffentlichen Rechts beschäftigt sind, nach näherer Anordnung der zuständigen obersten Bundes- oder Landesbehörde als ehrenamtliche Richter aus Kreisen der Arbeitgeber berufen werden, soweit sie in leitender Stellung tätig sind.[6] Fallen die in der Anordnung der zuständi-

2

---

1 Vgl. GMPMG/Prütting § 22 Rn 8; Grunsky/Waas § 22 Rn 5 f.; Hauck/Helml/Biebl § 22 Rn 3; s.a. Natter/Gross § 22 Rn 5, der sich dafür ausspricht, dass es spätestens nach einem sechsmonatigen Verlust der Arbeitgeberfunktion konkrete Anhaltspunkte für die Übernahme einer Arbeitgeberstellung geben muss.
2 Z.B. in Saison- oder Kampagnebetrieben.
3 Z.B. wegen langdauernder Renovierung; vgl. Grunsky/Waas § 22 Rn 4.
4 Verneinend Grunsky/Waas § 22 Rn 8; bejahend die wohl h.M. GK-ArbGG/Dörner § 22 Rn 5; GMPMG/Prütting § 22 Rn 13; Schwab/Weth-Liebscher § 22 Rn 12; Natter/Gross § 22 Rn 11.
5 Vgl. GMPMG/Prütting § 22 Rn 12; Grunsky/Waas § 22 Rn 8.
6 H.M., vgl. GMPMG/Prütting § 22 Rn 16 f.; Schwab/Weth-Liebscher § 22 Rn 15; Grunsky/Waas § 22 Rn 11.

– Als entgegengesetzte Regelung zu § 23 Abs. 2 bestimmt **Nr. 4**, dass Mitglieder und Angestellte von Vereinigungen von Arbeitgebern sowie Vorstandsmitglieder und Angestellte von Zusammenschlüssen solcher Vereinigungen zu ehrenamtlichen Richtern aus Kreisen der Arbeitgeber berufen werden dürfen, wenn diese kraft Satzung oder Vollmacht zur Vertretung befugt sind.

▶ Hinweis:

In der Praxis kann sich die Frage stellen, ob ein leitender Angestellter i.S.d. § 5 Abs. 3 BetrVG ehrenamtlicher Richter aus Kreisen der Arbeitgeber nach § 22 Abs. 2 Nr. 2 sein kann. Dies ist in jedem Einzelfall zu prüfen, da nicht jeder leitende Angestellte i.S.d. § 5 Abs. 3 BetrVG die Voraussetzungen des § 22 Abs. 2 Nr. 2 erfüllen wird.[8]

§ 23 Ehrenamtlicher Richter aus Kreisen der Arbeitnehmer

(1) Ehrenamtlicher Richter aus Kreisen der Arbeitnehmer kann auch sein, wer arbeitslos ist.

(2) ¹Den Arbeitnehmern stehen für die Berufung als ehrenamtliche Richter Mitglieder und Angestellte von Gewerkschaften, von selbstständigen Vereinigungen von Arbeitnehmern mit sozial- oder berufspolitischer Zwecksetzung sowie Vorstandsmitglieder und Angestellte von Zusammenschlüssen von Gewerkschaften gleich, wenn diese Personen kraft Satzung oder Vollmacht zur Vertretung befugt sind. ²Gleiches gilt für Bevollmächtigte, die als Angestellte juristischer Personen, deren Anteile sämtlich im wirtschaftlichen Eigentum einer der in Satz 1 genannten Organisationen stehen, handeln und wenn die juristische Person ausschließlich die Rechtsberatung und Prozessvertretung der Mitglieder der Organisation entsprechend deren Satzung durchführt.

Übersicht	Rdn.		Rdn.
I. Arbeitslose (Abs. 1)	1	III. Gleichgestellte Personen (Abs. 2)	3
II. Arbeitnehmerähnliche Personen	2		

I. Arbeitslose (Abs. 1)

1 Abs. 1 beinhaltet die entgegengesetzte Regelung zu der Vorschrift des § 22 Abs. 1, wonach ehrenamtlicher Richter aus Kreisen der Arbeitgeber auch sein kann, wer vorübergehend oder regelmäßig zu gewissen Zeiten des Jahres keine Arbeitnehmer beschäftigt.[1] Die Vorschrift ermöglicht es einem Arbeitslosen, ehrenamtlicher Richter aus Kreisen der Arbeitnehmer zu sein. Ob jemand **arbeitslos** ist, bestimmt sich in Ermangelung einer eigenen Definition im ArbGG nach dem SGB III.[2] Maßgebend ist allein die Tatsache der Arbeitslosigkeit sowie die Bereitschaft und Fähigkeit, wieder als Arbeitnehmer – in welcher Form auch immer – erwerbstätig zu werden. Die Ursache für die Arbeitslosigkeit, die Erfüllung der Anwartschaftszeit gem. § 142 SGB III und/oder die Dauer der Arbeitslosigkeit sind daher unerheblich.[3] Auch ist ohne Belang, ob die betreffende Person Arbeitslosengeld oder Arbeitslosengeld II *(früher: Arbeitslosenhilfe)* erhält.[4] Eine Jurastudentin, die ihr Arbeitsverhältnis beendet hat und sich nunmehr ausschließlich ihrem Studium widmet, ist nicht

---

[7] LAG Hamm, 13.06.1991 – 8 AR 8/91, JurionRS 1991, 10393.
[8] Vgl. NK-GA/Wolmerath § 22 Rn 5.
[1] Vgl. § 22 Rdn. 1.
[2] Vgl. § 138 SGB III; s.a. LAG Bremen, 22.09.1995 – AR 26/95, JurionRS 1995, 17159.
[3] Vgl. GK-ArbGG/Dörner § 23 Rn 3.
[4] GK-ArbGG/Dörner § 23 Rn 3; Grunsky/Waas § 23 Rn 5.

arbeitslos i.S.d. § 23 Abs. 1.[5] Allenfalls sog. Werkstudenten können als Arbeitslose i.S.d. Vorschrift in Betracht kommen.[6] Nicht arbeitslos sind ferner die Bezieher einer Erwerbsminderungsrente, selbst wenn diese nur für eine bestimmte Zeit gewährt wird,[7] sowie solche Arbeitnehmer, die sich in der Freistellungsphase eines Altersteilzeitblockmodells befinden oder von der Regelung des § 428 SGB III Gebrauch gemacht haben.[8]

II. Arbeitnehmerähnliche Personen

Abs. 1 ist auf **arbeitnehmerähnliche Personen** insoweit anzuwenden, als es bei diesen auf das vorübergehende Ausbleiben von Aufträgen ankommt.[9] **2**

III. Gleichgestellte Personen (Abs. 2)

Als entgegengesetzte Regelung zu § 22 Abs. 2 Nr. 4 bestimmt **Abs. 2 Satz 1**, dass Mitglieder und Angestellte von Gewerkschaften, von selbstständigen Vereinigungen von Arbeitnehmern mit sozial- oder berufspolitischer Zwecksetzung sowie Vorstandsmitglieder und Angestellte von Zusammenschlüssen von Gewerkschaften für die Berufung als ehrenamtliche Richter als Arbeitnehmer gelten, sofern diese Kraft Satzung oder Vollmacht zur Vertretung befugt ist. Gleiches soll mit Blick auf die Vorstandsmitglieder der Gewerkschaften auch für die bei den Gewerkschaften mit Personalverantwortung ausgestatteten Führungskräfte gelten (z.B. Bezirksleiter).[10] Abs. 2 Satz 1 hat nur insoweit praktische Bedeutung, als nicht *(mehr)* berufstätige Mitglieder bzw. Vorstandsmitglieder in das ehrenamtliche Richteramt berufen werden können – sofern diese Kraft Satzung oder Vollmacht zur Vertretung befugt ist. Die bloße Mitgliedschaft in einer Gewerkschaft genügt indes nicht.[11] **3**

Gleiches gilt nach Abs. 2 Satz 2 für Bevollmächtigte, die als Angestellte juristischer Personen, deren Anteile sämtlich im wirtschaftlichen Eigentum einer der in Abs. 2 Satz 1 genannten Organisationen stehen, handeln, sofern die juristische Person ausschließlich die Rechtsberatung und Prozessvertretung der Mitglieder der Organisation entsprechend deren Satzung durchführt. Diese Regelung erfasst v.a. die bei der **DGB-Rechtsschutz GmbH** beschäftigten Rechtssekretäre, die dem DGB angehörende Gewerkschaftsmitglieder satzungsgemäß schwerpunktmäßig in arbeitsrechtlichen Angelegenheiten beraten sowie vor den Gerichten (vgl. § 11) vertreten. Hingegen findet sie auf die Europäische Akademie der Arbeit und ihrem Direktor und Leiter keine Anwendung, da es sich hierbei nicht um eine »ausgelagerte« Einrichtung des DGB oder einer Gewerkschaft handelt.[12] Von praktischer Bedeutung ist die Vorschrift des Abs. 2 Satz 2 nicht. Schließlich besteht die in dieser Vorschrift genannte Personengruppe ausnahmslos aus Arbeitnehmern i.S.d. § 21 Abs. 1, die auch ohne die besondere Regelung des Satzes 2 als ehrenamtliche Richter berufen werden können.[13] **4**

§ 24 Ablehnung und Niederlegung des ehrenamtlichen Richteramts

(1) Das Amt des ehrenamtlichen Richters kann ablehnen oder niederlegen,
1. wer die Regelaltersgrenze nach dem Sechsten Buch Sozialgesetzbuch erreicht hat;
2. wer aus gesundheitlichen Gründen daran gehindert ist, das Amt ordnungsgemäß auszuüben;
3. wer durch ehrenamtliche Tätigkeit für die Allgemeinheit so in Anspruch genommen ist, dass ihm die Übernahme des Amtes nicht zugemutet werden kann;

---

5 LAG Bremen, 22.09.1995 – AR 26/95, JurionRS 1995, 17159; s.a. Schwab/Weth-Liebscher § 23 Rn 9.
6 LAG Bremen, 22.09.1995 – AR 26/95, JurionRS 1995, 17159.
7 GK-ArbGG/Dörner § 23 Rn 3; Natter/Gross § 23 Rn 3.
8 Natter/Gross § 23 Rn 3.
9 Grunsky/Waas § 23 Rn 5.
10 LAG Baden-Württemberg, 17.12.2014 – 1 SHa 34/14, JurionRS 2014, 28364.
11 Schwab/Weth-Liebscher § 23 Rn 10; s.a. Natter/Gross § 23 Rn 6.
12 LAG Baden-Württemberg, 17.12.2014 – 1 SHa 34/14, JurionRS 2014, 28364.
13 Wolmerath S. 30; s.a. GK-ArbGG/Dörner § 23 Rn 5; BCF/Bader § 23 Rn 2.

§ 24 ArbGG Ablehnung und Niederlegung des ehrenamtlichen Richteramts

4. wer in den zehn der Berufung vorhergehenden Jahren als ehrenamtlicher Richter bei einem Gericht für Arbeitssachen tätig gewesen ist;
5. wer glaubhaft macht, dass ihm wichtige Gründe, insbesondere die Fürsorge für seine Familie, die Ausübung des Amtes in besonderem Maße erschweren.

(2) ¹Über die Berechtigung zur Ablehnung oder Niederlegung entscheidet die zuständige Stelle (§ 20). ²Die Entscheidung ist endgültig.

Übersicht

	Rdn.		Rdn.
I. Ablehnung des ehrenamtlichen Richteramtes	1	2. Gesundheitliche Gründe (Nr. 2)	6
II. Niederlegung des ehrenamtlichen Richteramtes	3	3. Mangelnde Zumutbarkeit (Nr. 3)	7
III. Ablehnungs- und Niederlegungsgründe (Abs. 1)	4	4. Vorausgegangenes ehrenamtliches Richteramt (Nr. 4)	8
1. Erreichen der Regelaltersgrenze (Nr. 1)	5	5. Wichtige Gründe (Nr. 5)	9
		IV. Ablehnungs- und Niederlegungsverfahren (Abs. 2)	10

I. Ablehnung des ehrenamtlichen Richteramtes

1 Wird jemand entgegen oder ohne seinen Willen in das ehrenamtliche Richteramt berufen, so hat er der Berufung dennoch grds. Folge zu leisten. Dem liegt der Gedanke zugrunde, dass die Amtsübernahme Ausdruck allgemeiner staatsbürgerlicher Pflichten und Rechte ist.[1] Sofern der Berufung nicht gefolgt wird, besteht die Gefahr der Verhängung eines Ordnungsgeldes[2] gegen den Berufenen. Ggf. droht sogar die Einleitung eines Amtsenthebungsverfahrens gem. § 27. Nur unter den in Abs. 1 aufgezählten Gründen kann das ehrenamtliche Richteramt **abgelehnt** werden. Daneben wird man über den Wortlaut des Abs. 1 hinaus denjenigen das Recht auf Ablehnung des Richteramtes zubilligen müssen, welche zumindest eine Voraussetzung für die Berufung in das Richteramt gem. § 21 nicht erfüllen.[3]

2 Jedermann steht es frei, ob von einem bestehenden Ablehnungsrecht Gebrauch gemacht oder das ehrenamtliche Richteramt dennoch angenommen wird. Wird es angenommen, so kann es später nur niedergelegt werden, soweit die Voraussetzungen hierfür gegeben sind. Dies gilt allerdings nur für solche Gründe, die erst nach der Amtsannahme entstanden sind.[4]

II. Niederlegung des ehrenamtlichen Richteramtes

3 Nach der Annahme des ehrenamtlichen Richteramtes kann dieses **niedergelegt** werden, sofern einer der in Abs. 1 abschließend aufgezählten Gründe erfüllt ist. Darüber hinaus ist die Niederlegung des Richteramtes möglich, wenn eine der in § 21 genannten Ausschließungsgründe nach der Amtsübernahme eintritt.[5] Eine Pflicht zur Niederlegung des Richteramtes besteht nicht. Die Niederlegung des Richteramtes gilt für die Dauer der Amtszeit, in welche die Amtsniederlegung fällt. Die erneute Berufung als ehrenamtlicher Richter in der laufenden Amtszeit ist ebenso ausgeschlossen wie das Wiederaufleben des Amtes nach Fortfall des Niederlegungsgrundes.[6]

---

1 S.a. GMPMG/Prütting § 24 Rn 5; Schwab/Weth-Liebscher § 24 Rn 1.
2 § 28.
3 H.M.; vgl. Grunsky/Waas § 24 Rn 2; GMPMG/Prütting § 24 Rn 6.
4 Vgl. Grunsky/Waas § 24 Rn 2; Wolmerath S. 74.
5 GMPMG/Prütting § 24 Rn 6, 14.
6 Vgl. Grunsky/Waas § 24 Rn 9.

III. Ablehnungs- und Niederlegungsgründe (Abs. 1)

Abs. 1 nennt **fünf Gründe**, bei deren Vorliegen ein Ablehnungs- bzw. Niederlegungsrecht des ehrenamtlichen Richters besteht. Die in dieser Vorschrift aufgezählten Gründe sind insoweit abschließend, als eine Amtsablehnung weiter nur dann zulässig ist, wenn es an einer Berufungsvoraussetzung ermangelt und eine Amtsniederlegung über § 24 hinaus nur dann erfolgen kann, wenn einer der in § 21 genannten Ausschließungsgründe nach der Amtsübernahme eintritt (vgl. Rdn. 2, 3). In beiden Fällen kommt die Ablehnung bzw. die Niederlegung einem anderenfalls einzuleitenden Amtsenthebungsverfahren nach § 21 Abs. 5 zuvor. 4

1. Erreichen der Regelaltersgrenze (Nr. 1)

Gem. Nr. 1 kann das ehrenamtliche Richteramt ablehnen bzw. niederlegen, wer die Regelaltersgrenze nach dem SGB VI erreicht hat. Dies ist laut § 35 Satz 2 SGB VI der Fall, wenn die betreffende Person das 67. Lebensjahr erreicht hat. Sofern der Geburtstermin vor dem 01.01.1964 liegt, wird die Regelaltersgrenze frühestens mit Vollendung des 65. Lebensjahres erreicht (§ 235 Abs. 1 SGB VI). Bei vor dem 01.01.1947 geborenen Personen ist die Vollendung des 65. Lebensjahres maßgeblich, für nach dem 31.12.1946 Geborene richtet sich die Regelaltersgrenze nach den Staffelwerten gem. § 235 Abs. 2 SGB VI. Sie beträgt abhängig vom Geburtsjahr (1947 bis 1963) zwischen 65 Jahre 1 Monat und 66 Jahre 10 Monate. Vollendet ist das betreffende Lebensjahr an dem Tag, an dem die betreffende Person die in Betracht kommende Jahreszahl alt wird. So wird bspw. das 65. Lebensjahr an dem Tag vollendet, an dem die Person 65 Jahre alt wird.[7] 5

2. Gesundheitliche Gründe (Nr. 2)

Gem. Nr. 2 kann das ehrenamtliche Richteramt ablehnen bzw. niederlegen, wer aus gesundheitlichen Gründen gehindert ist, das Amt ordnungsgemäß auszuüben. Ausreichend ist hierfür das Vorliegen eines Leidens, das den ehrenamtlichen Richter im konkreten Fall bei der Ausübung des Richteramtes behindert *(z.B. starke Schwerhörigkeit, stark eingeschränktes Sehvermögen)*. Dieses ist notfalls durch ein ärztliches Attest glaubhaft zu machen.[8] 6

3. Mangelnde Zumutbarkeit (Nr. 3)

Zur Ablehnung bzw. Niederlegung des ehrenamtlichen Richteramtes ist gem. Nr. 3 befugt, wer durch ehrenamtliche Tätigkeit für die Allgemeinheit so in Anspruch genommen ist, dass ihm die Übernahme des Amtes nicht zugemutet werden kann. Infrage kommt jedes Ehrenamt im öffentlichen und/oder privaten Bereich, soweit dieses der Allgemeinheit unmittelbar zugutekommt. In jedem Einzelfall ist zu ermitteln, inwieweit das Amt die betreffende Person so in Anspruch nimmt, dass ihr die Ausübung des ehrenamtlichen Richteramtes nicht zugemutet werden kann.[9] 7

4. Vorausgegangenes ehrenamtliches Richteramt (Nr. 4)

Ablehnungs- bzw. niederlegungsbefugt ist gem. Nr. 4, wer in den zehn der Berufung vorhergehenden Jahren als ehrenamtlicher Richter bei einem Gericht für Arbeitssachen tätig gewesen ist. Die in dieser Vorschrift angesprochenen zehn Jahre entsprechen zwei Amtszeiten.[10] Gemäß dem Wortlaut der Nr. 4 ist die Tätigkeit als ehrenamtlicher Richter an einem Gericht einer anderen Gerichtsbarkeit nicht geeignet, die Ablehnung bzw. Niederlegung nach dieser Norm zu rechtfertigen. Insoweit kommt nur eine Ablehnung bzw. Niederlegung nach Nr. 3 in Betracht.[11] Weiter ergibt sich aus 8

---

7 Vgl. GMPMG/Prütting § 24 Rn 7 mit Verweis auf § 187 Abs. 2 Satz 2 BGB; s.a. Natter/Gross § 24 Rn 5.
8 Wolmerath S. 42 Fn. 3; s.a. Natter/Gross § 24 Rn 7.
9 Vgl. GMPMG/Prütting § 24 Rn 10.
10 Vgl. § 20 Abs. 1 Satz 1.
11 Vgl. Wolmerath S. 42.

dem Wortlaut der Nr. 4, dass das vorausgegangene Richteramt in den letzten zehn Jahren ohne Unterbrechung bestanden haben muss.[12]

5. Wichtige Gründe (Nr. 5)

9 Nr. 5 enthält einen **Auffangtatbestand** (»wer glaubhaft macht, dass ihm wichtige Gründe, insbesondere die Fürsorge für seine Familie, die Ausübung des Amtes in besonderem Maße erschweren«), der es ermöglicht, von einer abschließenden Ausformulierung aller in Betracht kommenden Ablehnungs- bzw. Niederlegungsgründe abzusehen. Demgemäß kann das ehrenamtliche Richteramt ablehnen bzw. niederlegen, wer glaubhaft macht, dass ihm die Amtsausübung durch wichtige Gründe in besonderem Maße erschwert ist, sich im konkreten Einzelfall nicht mehr zumutbare Belastungen ergeben.[13]

IV. Ablehnungs- und Niederlegungsverfahren (Abs. 2)

10 Das Ablehnungs- bzw. Niederlegungsverfahren wird durch eine formlose mündliche oder schriftliche Erklärung der betreffenden Person ggü. der zuständigen obersten Landesbehörde bzw. beauftragten Stelle[14] eingeleitet. Hierzu ist eine Frist nicht zu beachten.[15] In der Erklärung muss klar und unmissverständlich zum Ausdruck kommen, dass das Richteramt abgelehnt bzw. niedergelegt werden soll.[16]

11 Über die Berechtigung zur Ablehnung bzw. Niederlegung entscheidet gem. **Abs. 2 Satz 1** die zuständige oberste Landesbehörde bzw. beauftragte Stelle.[17]

12 Bis zu dem Zeitpunkt, in welchem die Entscheidung ergeht, besteht für die betroffene Person die Pflicht zur Ausübung des ehrenamtlichen Richteramtes.[18]

13 Die Entscheidung der zuständigen obersten Landesbehörde bzw. beauftragten Stelle ist gem. **Abs. 2 Satz 2** endgültig. Gemäß der überwiegend im Schrifttum vertretenen Auffassung soll die Entscheidung mithin unanfechtbar sein. Germelmann/Matthes/Prütting/Müller-Glöge[19] halten diese Norm richtigerweise für verfassungswidrig, da sie den Rechtsweg gegen einen Verwaltungsakt ausschließt.[20]

§ 25

(weggefallen)

§ 26 Schutz der ehrenamtlichen Richter

(1) Niemand darf in der Übernahme oder Ausübung des Amtes als ehrenamtlicher Richter beschränkt oder wegen der Übernahme oder Ausübung des Amtes benachteiligt werden.

(2) Wer einen anderen in der Übernahme oder Ausübung seines Amtes als ehrenamtlicher Richter beschränkt oder wegen der Übernahme oder Ausübung des Amtes benachteiligt, wird mit Freiheitsstrafe bis zu einem Jahr oder mit Geldstrafe bestraft.

---

12 Vgl. Wolmerath S. 42 Fn. 5; so auch Schwab/Weth-Liebscher § 24 Rn 13; Grunsky/Waas § 24 Rn 7.
13 Z.B. übermäßige berufliche Beanspruchung; h.M., vgl. GMPMG/Prütting § 24 Rn 12; Wolmerath S. 43; Natter/Gross § 24 Rn 11; Grunsky/Waas § 24 Rn 8; a.A. GK-ArbGG/Dörner § 24 Rn 6; BCF/Bader § 24 Rn 4.
14 Vgl. § 20 Abs. 1.
15 S.a. Bader/Hohmann/Klein S. 144; BCF/Bader § 24 Rn 5.
16 Wolmerath S. 43, 75.
17 Vgl. § 20 Abs. 1.
18 Vgl. Wolmerath S. 43, 75.
19 § 24 Rn 18.
20 S.a. Wolmerath S. 44; so im Ergebnis auch Schwab/Weth-Liebscher § 24 Rn 24; Natter/Gross § 24 Rn 12 f.

Übersicht	Rdn.		Rdn.
I. Beschränkungs- und Benachteiligungsverbot	1	4. Zeitliche Dauer des Schutzes	6
1. Geschützter Personenkreis	3	II. Rechtsfolgen unzulässiger Beschränkung bzw. Benachteiligung	7
2. Verpflichteter Personenkreis	4	1. Zivilrechtliche Konsequenzen	8
3. Umfang des Schutzes	5	2. Strafrechtliche Konsequenzen	9

I. Beschränkungs- und Benachteiligungsverbot

§ 26 bezweckt den Schutz der ehrenamtlichen Richter vor Beschränkungen in der Übernahme oder Ausübung sowie vor Benachteiligungen wegen der Übernahme oder Ausübung des Richteramtes. 1

Unter der **Beschränkung** i.S.d. Vorschrift ist jede Handlung zu verstehen, durch die ein ehrenamtlicher Richter bei der Wahrnehmung der ihm durch Gesetz zugewiesenen Aufgaben in beliebiger Form behindert wird. Als **Benachteiligung** gilt hingegen jede behindernde Handlung durch einen anderen, welcher der ehrenamtliche Richter in seinem gewöhnlichen Tätigkeitsbereich (z.B. Beruf, Verbandstätigkeit) ausgesetzt ist.[1] 2

1. Geschützter Personenkreis

§ 26 bezweckt in erster Linie den Schutz der ehrenamtlichen Richter aus Kreisen der Arbeitnehmer vor Benachteiligungen durch deren Arbeitgeber. Gleichwohl gilt der Schutz auch für ehrenamtliche Richter aus Kreisen der Arbeitgeber.[2] Der Schutz gilt unabhängig davon, ob der ehrenamtliche Richter zum Zeitpunkt der Beschränkung bzw. Benachteiligung sämtliche Berufungsvoraussetzungen[3] erfüllt. Andernfalls könnte eine den Tatbestand des Abs. 2 verwirklichende Person nur deswegen straflos ausgehen, weil im strafgerichtlichen Verfahren zufällig bekannt wird, dass der ehrenamtliche Richter – was ihm sowie der Berufungsbehörde verborgen geblieben ist – eine Berufungsvoraussetzung nicht erfüllt hatte bzw. eine solche nachträglich entfallen ist.[4] 3

2. Verpflichteter Personenkreis

Das Beschränkungs- und Benachteiligungsverbot gilt für jedermann (z.B. Arbeitgeber, Vorgesetzte, Arbeitskollegen, Betriebsrat, Vertrauensleute, Gewerkschaften, Arbeitgeberverbände, Politiker, Presse).[5] 4

3. Umfang des Schutzes

Geschützt wird durch § 26 jede Tätigkeit des ehrenamtlichen Richters, die mit der Übernahme oder Ausübung des ehrenamtlichen Richteramtes in der Arbeitsgerichtsbarkeit verbunden ist (*z.B. Teilnahme an einer Schulungsmaßnahme, Teilnahme an einer Sitzung des Ausschusses der ehrenamtlichen Richter i.S.d. § 29*).[6] Unzulässig ist bspw.:[7] 5
– die Androhung einer Kündigung des Arbeitsverhältnisses für den Fall der Übernahme des ehrenamtlichen Richteramtes;
– die Kündigung eines Arbeitsverhältnisses wegen der Übernahme und/oder Ausübung des ehrenamtlichen Richteramtes. Die Kündigung aus anderen Gründen ist hingegen zulässig. Soweit es die Kündigung eines Arbeitsverhältnisses wegen der Übernahme des ehrenamtlichen Richteramts betrifft, hat dieses Verbot eine ausdrückliche gesetzliche Regelung in § 45 Abs. 1a Satz 3 DRiG

---

1 GMPMG/Prütting § 26 Rn 10, 15.
2 Vgl. Wolmerath S. 63; GK-ArbGG/Dörner § 26 Rn 2.
3 Vgl. §§ 21 ff.
4 A.A. GMPMG/Prütting § 26 Rn 7.
5 S.a. Wolmerath S. 63; GK-ArbGG/Dörner § 26 Rn 4.
6 Vgl. Grunsky/Waas § 26 Rn 2; Wolmerath S. 64; s.a. BAG, 25.08.1982 – 4 AZR 1147/79, JurionRS 1982, 13189.
7 Vgl. Wolmerath S. 64; s.a. GMPMG/Prütting § 26 Rn 9 ff.; GK-ArbGG/Dörner § 26 Rn 6.

erfahren. Weitergehende landesrechtliche Regelungen lassen dieses Verbot gem. § 45 Abs. 1a Satz 4 DRiG unberührt, wie es in Brandenburg der Fall ist. Art. 110 Abs. 1 Satz 2 der Verfassung des Landes Brandenburg sieht einen erweiterten Kündigungsschutz für ehrenamtliche Richter vor. Danach ist eine Kündigung oder Entlassung während der Amtszeit nur zulässig, wenn Tatsachen vorliegen, die den Arbeitgeber oder Dienstherrn zur fristlosen Kündigung berechtigen. Das ArbG Frankfurt (Oder) spricht sich insoweit für ein absolutes Verbot ordentlicher Kündigungen aus,[8] während Postier/Lieber[9] sowie das BVerfG[10] nur solche Kündigungen ausgeschlossen sehen wollen, die mit dem ehrenamtlichen Richteramt in Verbindung gebracht werden können.[11]

▶ **Praxistipp:**

Wird einem ehrenamtlichen Richter unter Verstoß gegen § 26 ArbGG, § 45 Abs. 1a Satz 3 DRiG gekündigt, so kann er vor dem örtlich zuständigen Arbeitsgericht eine Klage auf Feststellung der Unwirksamkeit der Kündigung erheben. Hierbei hat er die Dreiwochenfrist des § 4 Satz 1 KSchG zu wahren. Andernfalls tritt die Wirksamkeit der Kündigung gemäß § 7 KSchG ein.[12]

– die Versetzung an einen anderen Arbeitsplatz wegen der Übernahme und/oder Ausübung des ehrenamtlichen Richteramtes;
– der Ausschluss von Beförderungen wegen der Übernahme und/oder Ausübung des ehrenamtlichen Richteramtes;
– der Lohnabzug wegen der Übernahme und/oder der Ausübung des ehrenamtlichen Richteramtes;
– der Abzug von Zeiten bei der Gewährung von anwesenheitsabhängigen betrieblichen Leistungen *(z.B. Prämien, Gratifikationen)*, die für die Ausübung des Richteramtes aufgewendet wurden;
– die Weigerung des Arbeitgebers, einen Arbeitnehmer für die Ausübung des ehrenamtlichen Richteramtes freizustellen. Dieses Benachteiligungsverbot ist mit Wirkung seit dem 01.01.2005 in § 45 Abs. 1a Satz 2 DRiG ausdrücklich festgeschrieben;
– die Aufforderung des AG, für die Ausübung des ehrenamtlichen Richteramts Gleitzeit zu verwenden;[13]
– der Boykott eines ehrenamtlichen Richters wegen seines Verhaltens vor Gericht;
– der Entzug von Aufgaben, Posten usw. etwa durch die Gewerkschaft oder den Arbeitgeberverband wegen eines bestimmten Verhaltens als ehrenamtlicher Richter vor Gericht.

4. Zeitliche Dauer des Schutzes

6   In zeitlicher Hinsicht beginnt der Schutz des § 26, wenn sich jemand bemüht, in die Vorschlagsliste einer vorschlagsberechtigten Gewerkschaft bzw. Vereinigung[14] aufgenommen zu werden.[15] Dies gilt auch dann, wenn eine Berufung in das ehrenamtliche Richteramt nicht erfolgt. Der Schutz endet

---

8   ArbG Frankfurt (Oder), 10.10.2002 – 5 Ca 1702/02, JurionRS 2002, 18587.
9   § 19 Rdn 22.
10 BVerfG, 11.04.2000 – 1 BvL 2/00, JurionRS 2000, 17244.
11 S.a. Wolmerath S. 65; zur Frage der Verfassungsmäßigkeit des Art. 110 Abs. 1 Satz 2 vgl. Postier/Lieber § 19 Rn 21 f.; ArbG Neuruppin, 01.06.1994 – 2 Ca 3918/93; BbgVerfG, 20.02.1997 – VfGBbg 30/96; BVerfG, 11.04.2000 – 1 BvL 2/00, JurionRS 2000, 17244.
12 Vgl. Natter/Gross § 26 Rn 15.
13 Vgl. Wolmerath jurisPR-ArbR 2/2006, Anm. 3; so im Ergebnis auch Natter, AuR 2006, 266 f; s.a. OVG Koblenz, 19.06.2009 – 10 A 10171/09, sowie LAG Berlin-Brandenburg, 06.09.2007 – 26 Sa 577/07, jurisPR-ArbR 37/2008 m. Anm. Wolmerath; a.A. BAG, 22.01.2009 – 6 AZR 78/08, JurionRS 2009, 45929; s.a. insgesamt zu der Problematik Lieber RohR 4/2013, 129 f.
14 Vgl. § 20.
15 H.M.; vgl. BCF/Bader § 26 Rn 2; GMPMG/Prütting § 26 Rn 11; Schwab/Weth-Liebscher § 26 Rn 7; Natter/Gross § 26 Rn 2; Grunsky/Waas § 26 Rn 2; a.A. GK-ArbGG/Dörner § 26 Rn 3; Hauck/Helml/Biebl § 26 Rn 2.

mit der Beendigung des Richteramtes. Allerdings gilt er über den Beendigungszeitpunkt fort, soweit eine Benachteiligung wegen der früheren Richtertätigkeit erfolgt.[16]

II. Rechtsfolgen unzulässiger Beschränkung bzw. Benachteiligung

Eine unzulässige Beschränkung bzw. Benachteiligung des ehrenamtlichen Richters kann zivilrechtliche sowie strafrechtliche Konsequenzen nach sich ziehen. 7

1. Zivilrechtliche Konsequenzen

Der Schutz des § 26 hat in zivilrechtlicher Hinsicht zur Folge, dass jede Abrede gem. § 134 BGB i.V.m. § 26 nichtig ist, in der sich ein ehrenamtlicher Richter im Hinblick auf sein Richteramt mit der Zufügung von Nachteilen oder mit einer Kündigung seines Arbeitsverhältnisses oder der Versetzung an einen anderen Arbeitsplatz einverstanden erklärt.[17] Der von einer Beschränkung bzw. Benachteiligung Betroffene kann einen hierdurch entstandenen Schaden nach § 823 Abs. 2 BGB i.V.m. § 26 geltend machen. Drohen weitere Beschränkungen bzw. Benachteiligungen, kann ein Unterlassungsanspruch gem. § 823 Abs. 2 BGB i.V.m. § 1004 BGB, § 26 bestehen.[18] In besonders schweren Fällen ist einem betroffenen Arbeitnehmer das Recht zur außerordentlichen *(fristlosen)* Kündigung seines Arbeitsverhältnisses zuzubilligen.[19] 8

2. Strafrechtliche Konsequenzen

In strafrechtlicher Hinsicht wird die Beschränkung bzw. Benachteiligung gem. **Abs. 2** mit Freiheitsstrafe bis zu einem Jahr oder mit Geldstrafe bestraft. Die Straftat ist durch die StA von Amts wegen zu verfolgen; eines Strafantrags des ehrenamtlichen Richters bedarf es daher nicht. Erforderlich ist Vorsatz. Eine fahrlässige Tatbegehung ist ebenso straflos wie der Versuch einer Beschränkung bzw. Benachteiligung.[20] 9

§ 27 Amtsenthebung der ehrenamtlichen Richter

¹Ein ehrenamtlicher Richter ist auf Antrag der zuständigen Stelle (§ 20) seines Amtes zu entheben, wenn er seine Amtspflicht grob verletzt. ²§ 21 Abs. 5 Satz 2 bis 5 ist entsprechend anzuwenden.

Übersicht	Rdn.		Rdn.
I. Disziplinarmaßnahmen gegen ehrenamtliche Richter	1	III. Antrag auf Amtsenthebung	4
II. Grobe Amtspflichtverletzung als Voraussetzung für eine Amtsenthebung	2	IV. Amtsenthebungsverfahren	5
		V. Folgen einer Amtsenthebung	7

I. Disziplinarmaßnahmen gegen ehrenamtliche Richter

Das ArbGG kennt zwei Disziplinarmaßnahmen gegen ehrenamtliche Richter: Die Amtsenthebung gemäß § 27 sowie die Verhängung von Ordnungsgeldern nach § 28. Weitere Disziplinarmaßnahmen kennt das ArbGG nicht. Die Amtsenthebung ist für Pflichtverletzungen vorgesehen, die so 1

---

16 H.M.; vgl. Wolmerath S. 64; Hauck/Helml/Biebl § 26 Rn 5; Natter/Gross § 26 Rn 2; Grunsky/Waas § 26 Rn 2; GK-ArbGG/Dörner § 26 Rn 3; GMPMG/Prütting § 26 Rn 19; a.A. Schwab/Weth-Liebscher § 26 Rn 9.
17 GMPMG/Prütting § 26 Rn 20.
18 Vgl. GMPMG/Prütting § 26 Rn 21 f.; Grunsky/Waas § 26 Rn 12; Wolmerath S. 65; GK-ArbGG/Dörner § 26 Rn 12.
19 Grunsky/Waas § 26 Rn 13; Wolmerath S. 65; Schwab/Weth-Liebscher § 26 Rn 19.
20 Vgl. §§ 15, 23 Abs. 1 StGB; s.a. Grunsky/Waas § 26 Rn 14 f.; GMPMG/Prütting § 26 Rn 23; GK-ArbGG/Dörner § 26 Rn 13; Schwab/Weth-Liebscher § 26 Rn 15 f.

schwerwiegend sind, dass sie nicht mehr mit der Verhängung eines Ordnungsgeldes sanktioniert werden können.[1] Bei dem § 27 handelt es sich um die Ausformung des in Art. 97 Abs. 2 Satz 1 GG niedergelegten und in § 44 Abs. 2 DRiG noch einmal besonders hervorgehobenen Grundsatz, nach dem ein ehrenamtlicher Richter vor dem Ablauf seiner Amtszeit gegen seinen Willen nur kraft richterlicher Entscheidung und nur unter den im Gesetz vorgesehenen Voraussetzungen seines Amtes enthoben werden kann.[2]

II. Grobe Amtspflichtverletzung als Voraussetzung für eine Amtsenthebung

2 Um einen ehrenamtlichen Richter seines Amtes entheben zu können, bedarf es gem. **Satz 1** einer groben Amtspflichtverletzung. Ob eine Amtspflichtverletzung **grob** i.S.d. Vorschrift ist, beurteilt sich sowohl in objektiver als auch in subjektiver Hinsicht. In objektiver Hinsicht liegt eine grobe Pflichtverletzung vor, wenn es sich im konkreten Fall um einen schwerwiegenden Verstoß gegen eine Amtspflicht handelt, der es zur Wahrung des Ansehens der Rechtspflege erforderlich macht, den Richter seines Amtes zu entheben.[3] Bzgl. des betreffenden Richters verlangt Waas ein Verhalten, durch das eine bewusste Missachtung der zu beachtenden Amtspflicht zutage tritt (subjektives Merkmal).[4] Das bloße Vertreten einer – wenn auch möglicherweise unzutreffenden – Rechtsansicht durch den ehrenamtlichen Richter kann eine Enthebung aus dem ehrenamtlichen Richteramt nicht rechtfertigen, da es insoweit an einer groben Amtspflichtverletzung ermangelt.[5] Dörner lässt ein leichtsinniges Handeln genügen.[6] Prütting[7] erachten eine leichte Fahrlässigkeit für ausreichend. Für Liebscher[8] und Natter[9] kommt es auf den Grad des Verschuldens nicht an. Kann dem ehrenamtlichen Richter der erforderliche Vorwurf in subjektiver Hinsicht nicht gemacht werden *(z.B. der Richter irrt sich über die von ihm zu beachtenden Amtspflichten)* oder mangelt es an einer besonders schwerwiegenden Pflichtverletzung, scheidet eine Amtsenthebung aus. Insoweit kann nur die Verhängung eines Ordnungsgeldes gem. § 28 in Betracht kommen.

3 Eine Amtsenthebung wegen der Verletzung sonstiger Pflichten, die keine **Amtspflichten** darstellen, ist grds. ausgeschlossen. Lediglich dann, wenn eine sonstige Pflichtverletzung so gravierend ist, dass hierdurch das Vertrauen in die Objektivität des ehrenamtlichen Richters gefährdet ist *(z.B. aufgrund eines ungebührlichen Verhaltens in der Öffentlichkeit)*, kann eine Amtsenthebung erforderlich sein. Gewerkschaftliche, politische, religiöse oder kulturelle Anschauungen sowie Betätigungen sind als solche grds. nicht geeignet, eine Amtsenthebung zu rechtfertigen. Hinzukommen müssen Verhaltensweisen, die einer objektiven Amtsausübung widersprechen. Danach reicht weder die passive noch die aktive Mitgliedschaft in einer verfassungsfeindlichen Partei alleine aus, eine Amtsenthebung zu rechtfertigen.[10] Treten jedoch weitere Umstände hinzu, wie etwa die bewusste Ausnutzung des Amtsbonus, um für die eigene politische Auffassung zu werben und ihre besondere Qualität damit zu unterstreichen,[11] oder trägt der ehrenamtliche Richter die (Mit-) Verantwortung für demokratiefeindliche sowie rassistische Verlautbarungen seiner Partei,[12] so kann das außerdienstliche Verhalten zu einer Amtsenthebung führen.[13] Gleiches gilt, wenn der ehrenamtliche Richter Mitglied einer Neonazi-Rockband ist, die sich gegen die bestehende Verfassung der Bundesrepu-

---

1 Vgl. § 28 Rdn. 1 ff.
2 Vgl. BVerfG, 26.08.2013 – 2 BvR 225/13, JurionRS 2013, 47016.
3 GMPMG/Prütting § 27 Rn 8.
4 Vgl. Grunsky/Waas § 27 Rn 5.
5 BVerfG, 26.08.2013 – 2 BvR 225/13, jurisPR-ArbR 13/2014 mit Anm. Wolmerath.
6 GK-ArbGG/Dörner § 27 Rn 6.
7 GMPMG/Prütting § 27 Rn 9.
8 Schwab/Weth-Liebscher § 27 Rn 14.
9 Natter/Gross § 27 Rn 9.
10 Vgl. LAG Hamm, 26.11.1992 – 8 AR 26/92; s.a. Frehse S. 919.
11 Vgl. Frehse S. 919.
12 Vgl. LAG Hamm, 25.08.1993 – 8 AR 44/92, NZA 1993, 479.
13 Zustimmend GMPMG/Prütting § 27 Rn 7; s.a. Schwab/Weth-Liebscher § 27 Rn 10.

blik Deutschland stellt.[14] Eine grobe Pflichtverletzung liegt vor, wenn der ehrenamtliche Richter zur Beseitigung der freiheitlich demokratischen Grundordnung aufruft.[15] Ehrenamtliche Richter unterliegen wie die hauptberuflichen Richter einer besonderen Verfassungstreue, nach der sie Gewähr dafür zu bieten haben, dass sie die ihnen von Verfassung und Gesetzes wegen obliegenden und durch Eid bekräftigten richterlichen Pflichten jederzeit uneingeschränkt erfüllen.[16]

III. Antrag auf Amtsenthebung

Eingeleitet wird das Amtsenthebungsverfahren gem. **Satz 1** durch einen Antrag der zuständigen obersten Landesbehörde bzw. der beauftragten Stelle.[17] Diese ist – ggf. nach vorheriger Aufklärung der Sachlage – zur Antragstellung verpflichtet, sobald sie von dem Vorliegen einer groben Amtspflichtverletzung ausgeht; insoweit steht ihr ein Ermessensspielraum nicht zu.[18]

4

IV. Amtsenthebungsverfahren

Gem. **Satz 2** gilt für das Amtsenthebungsverfahren § 21 Abs. 5 Satz 2 bis 5 entsprechend. Nach erfolgter mündlicher oder schriftlicher Anhörung des ehrenamtlichen Richters entscheidet das LAG in nicht öffentlicher Sitzung über den Antrag der zuständigen obersten Landesbehörde bzw. der beauftragten Stelle[19] bindend und unanfechtbar. Lediglich die Verfassungsbeschwerde nach § 93 Abs. 1 Nr. 4a GG kann der vom ehrenamtlichen Richteramt entbundenen Person Rechtsschutz wegen der Verletzung rechtlichen Gehörs bieten.[20] Da die gerichtliche Entscheidung in Rechtskraft erwächst, steht sie einem weiteren Amtsenthebungsverfahren entgegen, soweit es auf denselben Grund gestützt wird.[21] Die Durchführung eines Amtsenthebungsverfahrens kann von dem ehrenamtlichen Richter verhindert werden, indem er sein Amt niederlegt.[22] Die stattgebende Amtsniederlegung schließt eine Amtsenthebung aus. Ein bereits eingeleitetes Amtsenthebungsverfahren ist einzustellen.[23] Wird dem Amtsenthebungsantrag nicht stattgegeben, bleibt der ehrenamtliche Richter im Amt. Der Amtsenthebungsantrag sowie der Vorwurf einer Amtspflichtverletzung gelten nicht als erhoben.[24]

5

Sofern der ehrenamtliche Richter sein Amt ungeachtet des dringenden Verdachts einer groben Amtspflichtverletzung i.S.d. Satz 1 weiterhin ausüben will, kann das LAG anordnen, dass der ehrenamtliche Richter bis zur Entscheidung über den Antrag auf Amtsenthebung nicht zum Sitzungsdienst heranzuziehen ist. Eine solche einstweilige Anordnung kann in einem solchen Fall selbst dann ergehen, wenn der ehrenamtliche Richter bis zum Zeitpunkt der Entscheidung voraussichtlich an nur einem Sitzungstag zum Einsatz kommen wird.[25]

6

---

14 Vgl. BVerfG, 06.05.2008 – 2 BvR 337/08, NZA 2008, 962; LAG Baden-Württemberg, 11.01.2008 – 1 SHa 47/07, AuR 2008, 114 = JurionRS 2008, 10710.
15 LAG Baden-Württemberg, 16.11.2007 – 1 SHa 47/07.
16 BVerfG, 06.05.2008 – 2 BvR 337/08, NZA 2008, 962; s.a. LAG Baden-Württemberg, 11.01.2008 – 1 SHa 47/07, AuR 2008, 114 = JurionRS 2008, 10710.
17 Vgl. § 20 Abs. 1.
18 Vgl. Grunsky/Waas § 27 Rn 7; GMPMG/Prütting § 27 Rn 11; GK-ArbGG/Dörner § 27 Rn 7; Hauck/Helml/Biebl § 27 Rn 4.
19 § 20 Abs. 1.
20 Schwab/Weth-Liebscher § 27 Rn 20.
21 Vgl. Wolmerath S. 78.
22 Zur Amtsniederlegung vgl. § 24 Rdn. 3 ff.; s.a. Grunsky/Waas § 27 Rn 13.
23 Wolmerath S. 78.
24 Vgl. Wolmerath S. 78.
25 LAG Baden-Württemberg, 16.11.2007 – 1 SHa 47/07.

V. Folgen einer Amtsenthebung

7 Wird dem Antrag auf Amtsenthebung stattgegeben, so verliert der betroffene Richter sein Amt mit der Verkündung bzw. Zustellung des gerichtlichen Beschlusses. Da diese Entscheidung ausschließlich Wirkung für die Zukunft entfaltet, bleiben alle bis dahin ausgeübten Amtshandlungen gültig. Mithin können die Entscheidungen, an denen der ehrenamtliche Richter mitgewirkt hat, nicht wegen der Amtsenthebung angefochten werden.[26] Die Amtsenthebung schließt die Möglichkeit einer erneuten späteren Berufung als ehrenamtlicher Richter in der Arbeitsgerichtsbarkeit aus.[27]

§ 28 Ordnungsgeld gegen ehrenamtliche Richter

[1]Die vom Präsidium für jedes Geschäftsjahr im Voraus bestimmte Kammer des Landesarbeitsgerichts kann auf Antrag des Vorsitzenden des Arbeitsgerichts gegen einen ehrenamtlichen Richter, der sich der Erfüllung seiner Pflichten entzieht, insbesondere ohne genügende Entschuldigung nicht oder nicht rechtzeitig zu den Sitzungen erscheint, ein Ordnungsgeld festsetzen. [2]Vor dem Antrag hat der Vorsitzende des Arbeitsgerichts den ehrenamtlichen Richter zu hören. [3]Die Entscheidung ist endgültig.

Übersicht

	Rdn.		Rdn.
I. Disziplinarmaßnahmen sowie zivil- und strafrechtliche Haftung	1	2. Subjektive Tatbestandsvoraussetzungen	4
II. Voraussetzungen für die Festsetzung eines Ordnungsgeldes	3	3. Verfahren	5
1. Objektive Tatbestandsvoraussetzungen	3	4. Höhe des Ordnungsgeldes	7

I. Disziplinarmaßnahmen sowie zivil- und strafrechtliche Haftung

1 Hinsichtlich der Verhängung von Disziplinarmaßnahmen kommen bei den ehrenamtlichen Richtern nach dem ArbGG nur das Ordnungsgeld gemäß § 28 und die Amtsenthebung nach § 27 in Betracht. Daneben können sie ggf. zivilrechtlich in Haftung und/oder strafrechtlich sanktioniert werden. Ehrenamtliche Richter[1] können wegen Vorteilsannahme,[2] Bestechlichkeit[3] und Rechtsbeugung[4] bestraft werden. In zivilrechtlicher Hinsicht kommt eine Haftung des ehrenamtlichen Richters kaum in Betracht. Eine Haftung gem. § 839 Abs. 1 BGB scheidet aus, da der ehrenamtliche Richter nicht Beamter i.S.d. Vorschrift ist. Mithin kann ein ehrenamtlicher Richter lediglich gem. § 823 BGB auf Schadensersatz in Anspruch genommen werden. Eine Haftung des Staats nach Art. 34 GG i.V.m. § 839 Abs. 2 BGB kommt wegen des Spruchrichterprivilegs grds. nicht in Betracht.[5] Lediglich bei einer pflichtwidrigen Verweigerung oder Verzögerung der Amtsausübung kann es zu einer Staatshaftung – verbunden mit einem Rückgriff des Staates auf den ehrenamtlichen Richter – kommen.[6]

2 Die Verhängung von Ordnungsgeld gemäß § 28 kommt bei Amtspflichtverletzungen sowie bei der Verletzung der Pflicht zu korrektem außerdienstlichem Verhalten in Betracht, die nicht so schwerwiegend sind, dass sie eine Amtsenthebung rechtfertigen.[7] Zweck des Ordnungsgeldes ist es, den

---

26 H.M.; vgl. Wolmerath S. 78; Schwab/Weth-Liebscher § 27 Rn 21; GMPMG/Prütting § 27 Rn 14.
27 H.M.; vgl. GMPMG/Prütting § 27 Rn 15; GK-ArbGG/Dörner § 27 Rn 9; BCF/Bader § 27 Rn 8; Schwab/Weth/Liebscher § 27 Rn 22.
1 Vgl. § 11 Abs. 1 Nr. 3 StGB.
2 Vgl. § 331 StGB.
3 Vgl. § 332 StGB.
4 Vgl. § 339 StGB.
5 Vgl. GMPMG/Prütting § 27 Rn 17 ff.; Schwab/Weth-Liebscher § 27 Rn 27.
6 Vgl. GMPMG/Prütting § 27 Rn 20; Schwab/Weth-Liebscher § 27 Rn 27; Wolmerath S. 67.
7 § 27 Rdn. 1; vgl. Wolmerath S. 65.

ehrenamtlichen Richter zur ordnungsgemäßen Erfüllung seiner Pflichten anzuhalten.[8] Ist allerdings damit zu rechnen, dass der ehrenamtliche Richter sein pflichtwidriges Verhalten nicht abstellt, so ist ein Amtsenthebungsverfahren nach § 27 einzuleiten.[9]

II. Voraussetzungen für die Festsetzung eines Ordnungsgeldes

1. Objektive Tatbestandsvoraussetzungen

Satz 1 setzt voraus, dass sich der ehrenamtliche Richter der Erfüllung seiner Pflichten entzieht. Beispielhaft zählt die Vorschrift das unentschuldigte Fernbleiben bzw. verspätete Erscheinen zu einer Sitzung des ArbG auf. Als weitere Pflichtverletzungen kommen in Betracht:[10]
– das unentschuldigte Nichterscheinen zu einer Sitzung;
– das unentschuldigte nicht rechtzeitige Erscheinen zu einer Sitzung;
– das unentschuldigte vorzeitige Entfernen aus einer Sitzung;
– die *(einmalige)* Abstimmungsverweigerung;
– die *(einmalige)* Weigerung der Unterzeichnung der Urteilsformel bzw. des Urteils;
– die fortgesetzte Störung der Sitzungsleitung des Vorsitzenden;
– die Verletzung der Amtsverschwiegenheitspflicht.

2. Subjektive Tatbestandsvoraussetzungen

In subjektiver Hinsicht wird eine vorsätzliche Pflichtverletzung verlangt, so dass insoweit eine fahrlässige Pflichtverletzung nicht genügt.[11]

3. Verfahren

Das Ordnungsgeldfestsetzungsverfahren erfordert einen **Antrag** des Vorsitzenden der Kammer, dem der betreffende ehrenamtliche Richter angehört, an die sich aus dem Geschäftsverteilungsplan des LAG ergebende zuständige Kammer dieses Gerichts. Gem. **Satz 2** ist der ehrenamtliche Richter vor der Antragstellung zu hören; diesem ist mithin die Möglichkeit zur mündlichen oder schriftlichen Stellungnahme einzuräumen. Hält der Vorsitzende an seiner Entscheidung fest, gegen den ehrenamtlichen Richter ein Ordnungsgeld festsetzen zu lassen, so legt er seinen Antrag der zuständigen Kammer des LAG zur Entscheidung vor. Diese entscheidet nach erneuter Anhörung des ehrenamtlichen Richters durch Beschluss, der gemäß Satz 3 endgültig ist. Rechtsmittel können hiergegen nicht eingelegt werden.[12] Nach Natter sollen allenfalls die Anhörungsrüge nach § 78a sowie die Verfassungsbeschwerde in Betracht kommen können.[13] Die Verhängung eines Ordnungsgeldes bewirkt, dass auf die geahndete Pflichtverletzung weder ein neuer Ordnungsgeldantrag noch ein Amtsenthebungsverfahren gestützt werden kann.[14]

Stellt sich während der Verhandlung vor dem LAG heraus, dass die Pflichtverletzung so schwerwiegend ist, dass sie eine Amtsenthebung nach § 27 rechtfertigen kann, so ist das Verfahren auszusetzen und der obersten Landesbehörde bzw. der beauftragten Stelle[15] Gelegenheit zu geben, ein Amtsenthebungsverfahren gem. § 27 einzuleiten. Sofern hiervon Gebrauch gemacht wird, ent-

---

8 GMPMG/Prütting § 28 Rn 1; Natter/Gross § 28 Rn 1; BCF/Bader § 27 Rn 1.
9 Vgl. Hauck/Helml/Biebl § 28 Rn 2; BCF/Bader § 28 Rn 1.
10 Vgl. Wolmerath S. 66.
11 H.M.; vgl. GK-ArbGG/Dörner § 28 Rn 4; Schwab/Weth-Liebscher § 28 Rn 5; Grunsky § 28 Rn 2; Hauck/Helml/Biebl § 28 Rn 3; BCF/Bader § 28 Rn 3; a.A. Grunsky/Waas § 28 Rn 3; GMPMG/Prütting § 28 Rn 7; Natter-Gross § 28 Rn 6.
12 Vgl. GMPMG/Prütting § 28 Rn 11.; Grunsky § 28 Rn 4 ff.; Wolmerath S. 66; GK-ArbGG/Dörner § 28 Rn 8; BCF/Bader § 28 Rn 7; Grunsky/Waas § 28 Rn 7.
13 Vgl. Natter/Gross § 28 Rn 7.
14 GMPMG/Prütting § 28 Rn 12; Grunsky/Waas § 28 Rn 6; BCF/Bader § 28 Rn 7; Wolmerath S. 66.
15 Vgl. § 20 Abs. 1.

scheidet das LAG nunmehr über die Amtsenthebung; das Ordnungsgeldverfahren wird dann nicht weiter betrieben. Andernfalls ist mangels Antrag lediglich die Verhängung eines Ordnungsgeldes möglich.[16]

4. Höhe des Ordnungsgeldes

7   Mangels eigenständiger Regelung im ArbGG gelten die allgemeinen Bestimmungen über die Höhe des zu verhängenden Ordnungsgeldes. Nach Art. 6 Abs. 1 Satz 1 EGStGB beträgt das Ordnungsgeld mindestens 5,00 € höchstens 1.000,00 €. Die Festsetzung des Ordnungsgeldes hat entsprechend der Schwere der Pflichtverletzung im konkreten Fall zu erfolgen.[17]

§ 29 Ausschuss der ehrenamtlichen Richter

(1) [1]Bei jedem Arbeitsgericht mit mehr als einer Kammer wird ein Ausschuss der ehrenamtlichen Richter gebildet. [2]Er besteht aus mindestens je drei ehrenamtlichen Richtern aus den Kreisen der Arbeitnehmer und der Arbeitgeber in gleicher Zahl, die von den ehrenamtlichen Richtern aus den Kreisen der Arbeitnehmer und der Arbeitgeber in getrennter Wahl gewählt werden. [3]Der Ausschuss tagt unter der Leitung des aufsichtführenden oder, wenn ein solcher nicht vorhanden oder verhindert ist, des dienstältesten Vorsitzenden des Arbeitsgerichts.

(2) [1]Der Ausschuss ist vor der Bildung von Kammern, vor der Geschäftsverteilung, vor der Verteilung der ehrenamtlichen Richter auf die Kammern und vor der Aufstellung der Listen über die Heranziehung der ehrenamtlichen Richter zu den Sitzungen mündlich oder schriftlich zu hören. [2]Er kann den Vorsitzenden des Arbeitsgerichts und den die Verwaltung und Dienstaufsicht führenden Stellen (§ 15) Wünsche der ehrenamtlichen Richter übermitteln.

Übersicht

		Rdn.			Rdn.
I.	Funktion des Ausschusses	1	III.	Tagung des Ausschusses	6
II.	Bildung des Ausschusses	2	IV.	Aufgaben des Ausschusses	10
	1. Zwingende und freiwillige Bildung	2		1. Anhörung des Ausschusses	11
	2. Zusammensetzung	4		2. Übermittlung von Wünschen	12
	3. Wahl der Ausschussmitglieder	5	V.	Amtszeit	13

I. Funktion des Ausschusses

1   Um den ehrenamtlichen Richtern einen gewissen Einfluss auf die Verwaltung des Gerichts zu ermöglichen, sieht § 29 die Bildung eines Ausschusses der ehrenamtlichen Richter vor, dem die Wahrnehmung der Interessen der ehrenamtlichen Richter obliegt.[1] Hierbei handelt es sich um ein Selbstverwaltungsorgan der ehrenamtlichen Richter, das ein wichtiges Bindeglied zur Leitung des Gerichts darstellt.[2]

II. Bildung des Ausschusses

1. Zwingende und freiwillige Bildung

2   **Abs. 1 Satz 1** sieht die zwingende Bildung eines Ausschusses der ehrenamtlichen Richter vor, sofern das betreffende ArbG über **mindestens zwei Kammern** verfügt. Hinsichtlich der Anzahl der zu berücksichtigenden Kammern ist es unerheblich, ob es sich um eine allgemeine Kammer oder

---

16 Vgl. GMPMG/Prütting § 28 Rn 10; Wolmerath S. 66.
17 Vgl. Wolmerath S. 66; GMPMG/Prütting § 28 Rn 14; Grunsky/Waas § 28 Rn 7.
 1 S.a. Grunsky/Waas § 29 Rn 1.
 2 Natter/Gross § 29 Rn 1; s.a. GK-ArbGG/Dörner § 29 Rn 1 sowie BCF/Bader § 29 Rn 1, die von einem Selbstverwaltungsorgan eigener Art sprechen.

um eine Fachkammer i.S.d. § 17 Abs. 2 handelt.[3] Sofern ein ArbG nur über eine Kammer verfügt, besteht eine zwingende Bildung des Ausschusses der ehrenamtlichen Richter bereits nach dem Wortlaut des Abs. 1 Satz 1 nicht. Allerdings verbietet der Wortlaut auch nicht die freiwillige Bildung eines solchen Ausschusses, sodass ein solcher auf Initiative der ehrenamtlichen Richter auch dann gebildet werden kann, wenn das ArbG nur über eine Kammer verfügt.[4]

Um einen Ausschuss überhaupt bilden zu können, muss das ArbG gem. **Abs. 1 Satz 2** über mindestens je drei ehrenamtliche Richter aus den Kreisen der Arbeitnehmer und der Arbeitgeber verfügen. Dies gilt sowohl für die zwingend vorgeschriebene als auch für die freiwillige Ausschussbildung.[5]

3

2. Zusammensetzung

Gem. **Abs. 1 Satz 2** ist der Ausschuss **paritätisch** zu besetzen. Er besteht aus mindestens je drei ehrenamtlichen Richtern aus den Kreisen der Arbeitnehmer und Arbeitgeber. Soweit landesrechtliche Vorschriften die Ausschussgröße nicht anordnen, können die ehrenamtlichen Richter diese selbst festlegen.[6]

4

3. Wahl der Ausschussmitglieder

Besondere Vorschriften über das Wahlverfahren können dem ArbGG nicht entnommen werden. Soweit es landesrechtliche Vorschriften hinsichtlich der Wahl der Ausschussmitglieder nicht gibt, haben die ehrenamtlichen Richter im Einvernehmen mit dem Aufsicht führenden bzw. dem dienstältesten Vorsitzenden in eigener Verantwortung selbst die für die Durchführung der Wahl erforderlichen Verfahrensgrundsätze aufzustellen. Sie sind sowohl in der Gestaltung als auch in der Durchführung der Wahlen frei, soweit diese ordnungsgemäßen demokratischen Grundsätzen entsprechen. So bedarf es zwingend der Bestellung eines Wahlvorstandes. Ob die Wahlen geheim oder öffentlich, schriftlich oder mündlich, ob sie nach dem Verhältniswahl- oder dem Mehrheitswahlsystem erfolgen, ist in das Belieben der ehrenamtlichen Richter gestellt.[7] Um jederzeit die paritätische Besetzung des Ausschusses sowie seine Beschlussfähigkeit gewährleisten zu können, ist es sinnvoll, neben den ordentlichen Ausschussmitgliedern eine genügend große Zahl von Ersatzmitgliedern zu wählen.[8] Sowohl die Mitglieder als auch die Ersatzmitglieder werden getrennt nach Gruppen zum einen für die ehrenamtlichen Richter aus Kreisen der Arbeitnehmer und zum anderen für die ehrenamtlichen Richter aus Kreisen der Arbeitgeber gewählt.[9] Die ehrenamtlichen Richter sind nicht verpflichtet, an den Wahlen teilzunehmen, die ihre Gruppe betreffen.[10] Das passive und aktive Wahlrecht besitzen alle Personen, die zum Zeitpunkt der Wahl in das ehrenamtliche Richteramt berufen sind. Auf die zurückgelegte Dauer ihres Ehrenamtes und die damit gesammelten Erfahrungen bzw. den verbleibenden Zeitraum bis zum Ausscheiden aus dem ehrenamtlichen Richteramt kommt es nicht an.

5

III. Tagung des Ausschusses

Gem. **Abs. 1 Satz 3** tagt der Ausschuss unter der Leitung des aufsichtführenden oder, wenn ein solcher nicht vorhanden oder verhindert ist, des dienstältesten Vorsitzenden des ArbG. Dieser, der selbst nicht dem Ausschuss angehört[11] und daher auch nicht stimmberechtigt ist, beruft den Aus-

6

---

3 Vgl. Grunsky/Waas § 29 Rn 4.
4 Vgl. GMPMG/Prütting § 29 Rn 6; Grunsky/Waas § 29 Rn 5; a.A. GK-ArbGG/Dörner § 29 Rn 3.
5 Vgl. GMPMG/Prütting § 29 Rn 7.
6 Grunsky/Waas § 29 Rn 6; s.a. GMPMG/Prütting § 29 Rn 9a; Natter/Gross § 29 Rn 2.
7 Vgl. Wolmerath S. 79; Natter/Gross § 29 Rn 4; s.a. Ide S. 261 und GMPMG/Prütting § 29 Rn 9.
8 Vgl. Wolmerath S. 80.
9 Vgl. GMPMG/Prütting § 29 Rn 11; Schwab/Weth-Liebscher § 29 Rn 7.
10 GMPMG/Prütting § 29 Rn 11.
11 H.M. vgl. Natter/Gross § 29 Rn 9; GMPMG/Prütting § 29 Rn 14; Schwab/Weth-Liebscher § 29 Rn 25; Grunsky/Waas § 29 Rn 10; a.A. GK-ArbGG/Dörner § 29 Rn 5.

schuss in den Fällen des Abs. 2 Satz 1 von Amts wegen, ansonsten auf eigenen bzw. auf Wunsch der Ausschussmitglieder zu den Tagungen ein.[12] Ein Selbstversammlungsrecht bzw. Selbsteinberufungsrecht besteht für die ehrenamtlichen Richter hingegen nicht.[13]

7 Die Sitzung des Ausschusses ist nicht öffentlich. Sie erfolgt unter Beachtung einer Geschäftsordnung, soweit sich der Ausschuss eine solche gegeben hat. Die einzelnen Tagesordnungspunkte sind im erforderlichen Umfang abzuhandeln, wobei jedem Ausschussmitglied Gelegenheit zur Aussprache bzw. Stellungnahme einzuräumen ist. Beschlussfassungen erfolgen mit einfacher Stimmenmehrheit. Der Vorsitzende hat sich der Stimmabgabe zu enthalten. Über den Gang der Tagung ist eine Niederschrift anzufertigen. Diese ist allen Ausschussmitgliedern auszuhändigen.[14]

8 Die Ausschussmitglieder sind verpflichtet, an den Tagungen des Ausschusses teilzunehmen. Ist ein Ausschussmitglied verhindert, an einer einzelnen Tagung teilzunehmen, so ist für diesen – soweit vorhanden – ein Ersatzmitglied (vgl. Rdn. 5) zu der Tagung hinzuzuziehen, um eine paritätische Besetzung sowie Beschlussfähigkeit des Ausschusses sicherstellen zu können. Sofern ein ordentliches Mitglied aus dem Ausschuss ausscheidet, rückt für ihn – soweit vorhanden – ein Ersatzmitglied (vgl. Rdn. 5) nach. Die Pflicht zur Teilnahme an den Ausschusssitzungen ist eine Amtspflicht i.S.d. §§ 27, 28, sodass bei einem unentschuldigten Fernbleiben ein Ordnungsgeld gegen den betreffenden ehrenamtlichen Richter verhängt werden kann. Bei wiederholten Amtspflichtverletzungen ist zudem eine Amtsenthebung möglich.[15]

9 Für ihre Ausschusstätigkeit sind die ehrenamtlichen Richter von ihren Arbeitgebern von der Arbeitsleistung freizustellen.[16] Auch genießen sie den Schutz vor Benachteiligungen.[17] Für ihre Tätigkeit in dem Ausschuss erhalten die Ausschussmitglieder eine Entschädigung, die sich nach dem Justizvergütungs- und -entschädigungsgesetz richtet.[18]

IV. Aufgaben des Ausschusses

10 Die Aufgaben des Ausschusses lassen sich in zwei Kategorien einteilen. Zum einen ist der Ausschuss vor der Bildung von Kammern, vor der Geschäftsverteilung, vor der Verteilung der ehrenamtlichen Richter auf die Kammern und vor der Aufstellung der Listen über die Heranziehung der ehrenamtlichen Richter zu den Sitzungen zwingend zu hören *(Abs. 2 Satz 1)*. Daneben hat er die Interessen der ehrenamtlichen Richter insoweit wahrzunehmen bzw. zu vertreten, als er deren Wünsche dem Vorsitzenden des ArbG und den die Verwaltung und Dienstaufsicht führenden Stellen[19] zu übermitteln hat *(Abs. 2 Satz 2)*.

1. Anhörung des Ausschusses

11 Soweit **Abs. 2 Satz 1** eine zwingende Anhörung des Ausschusses vorschreibt, hat diese mündlich oder schriftlich zu erfolgen, wobei dem Ausschuss eine angemessene Äußerungsfrist einzuräumen ist. Auf das Anhörungsrecht kann der Ausschuss nicht verzichten, wohl aber auf dessen Ausübung. Auch ist er nicht verpflichtet, von seinem Äußerungsrecht Gebrauch zu machen und zu einer Anhörung Stellung zu nehmen.[20] Der Anhörung kommt lediglich eine beratende Funktion zu. Ein

---

12 Vgl. GMPMG/Prütting § 29 Rn 13; Grunsky/Waas § 29 Rn 10; GK-ArbGG/Dörner § 2 Rn 9.
13 Wohl h.M.; vgl. BCF/Bader § 29 Rn 4; GK-ArbGG/Dörner § 29 Rn 9; GMPMG/Prütting § 29 Rn 13.
14 Vgl. GMPMG/Prütting § 29 Rn 14 ff.; Wolmerath S. 81; BCF/Bader § 29 Rn 4.
15 Vgl. Wolmerath S. 81.
16 Vgl. § 45 Abs. 1a Satz 2 DRiG.
17 Vgl. § 26 sowie § 45 Abs. 1a Satz 1 DRiG.
18 Zu den Einzelheiten vgl. § 31 Rdn. 21 ff.
19 Vgl. § 15.
20 Vgl. Wolmerath S. 80.

Mitentscheidungsrecht besteht nicht. Verstöße gegen das Anhörungsrecht bleiben in rechtlicher Hinsicht folgenlos, sodass sich der Ausschuss bei Missachtung bzw. Nichtbeachtung seiner Rechte nur bei dem Präsidenten des betreffenden LAG oder bei der zuständigen obersten Landesbehörde über diesen Umstand beschweren kann.[21]

2. Übermittlung von Wünschen

Soweit sich der Ausschuss mit der Wahrnehmung und Vertretung der Interessen der ehrenamtlichen Richter befasst, ist ihm ein weites Betätigungsfeld eröffnet. Die Übermittlung der Wünsche der ehrenamtlichen Richter gem. **Abs. 2 Satz 2** beinhaltet etwa den Hinweis auf die Vorstellungen der ehrenamtlichen Richter über Umfang und Dauer der Sitzungen sowie die Art und Weise der Information der ehrenamtlichen Richter über die in der Sitzung zu verhandelnden Verfahren. Da es sich hierbei lediglich um die Übermittlung von Anregungen, Verbesserungsvorschlägen und dergleichen handelt, besteht kein Anspruch auf Durchführung bzw. Erfüllung der Vorlagen.[22] Die Reichweite der Interessenwahrnehmung überschreitet der Ausschuss jedoch dann, wenn er den ehrenamtlichen Richtern des betreffenden Gerichts empfiehlt, ihr Amt so lange ruhen zu lassen, wie ein bestimmter *(ehrenamtlicher)* Richter sein Amt ausübt. Eine solche Empfehlung ist geeignet, den Gerichtsbetrieb schwer zu behindern, und kann die ehrenamtlichen Richter nicht von ihren Amtspflichten entbinden.[23]

12

V. Amtszeit

Da gem. Abs. 1 Ausschussmitglied nur sein kann, wer ehrenamtlicher Richter ist, ist die Mitgliedschaft in dem Ausschuss an die Amtszeit des ehrenamtlichen Richters geknüpft. Mit dem Ablauf der Amtszeit als ehrenamtlicher Richter – gleich aus welchem Grund – erlischt automatisch die Mitgliedschaft im Ausschuss. Daneben kann die Mitgliedschaft im Ausschuss jederzeit niedergelegt bzw. der Austritt aus dem Ausschuss ggü. dem Ausschussvorsitzenden erklärt werden.[24]

13

Die Amtszeit des Ausschusses ist zweckmäßigerweise auf fünf Jahre zu begrenzen, um zu vermeiden, dass vorgezogene Neuwahlen wegen des Ausscheidens sämtlicher Ausschussmitglieder sowie Ersatzmitglieder aus dem Richteramt erforderlich werden.[25]

14

§ 30 Besetzung der Fachkammern

¹Die ehrenamtlichen Richter einer Fachkammer sollen aus den Kreisen der Arbeitnehmer und der Arbeitgeber entnommen werden, für die die Fachkammer gebildet ist Werden für Streitigkeiten der in § 22 Abs. 2 Nr. 2 bezeichneten Angestellten Fachkammern gebildet, so dürfen ihnen diese Angestellten nicht als ehrenamtliche Richter aus Kreisen der Arbeitgeber angehören. ²Wird die Zuständigkeit einer Fachkammer gemäß § 17 Abs. 2 erstreckt, so sollen die ehrenamtlichen Richter dieser Kammer aus den Bezirken derjenigen Arbeitsgerichte berufen werden, für deren Bezirke die Fachkammer zuständig ist.

Übersicht	Rdn.		Rdn.
I. Grundsatz	1	III. Erweiterte Zuständigkeit der	
II. Leitende Angestellte.............	4	Fachkammer	6

---

21 Vgl. GMPMG/Prütting § 29 Rn 19; Wolmerath S. 80; Natter/Gross § 29 Rn 14.
22 Vgl. GMPMG/Prütting § 29 Rn 20; Grunsky/Waas, § 29 Rn 13; Wolmerath Rn 80.
23 LAG Hamm, 04.08.1992 – 8 AR 26/92.
24 Vgl. Wolmerath S. 79.
25 Vgl. Ide S. 261; Wolmerath S. 79.

§ 30 ArbGG Besetzung der Fachkammern

I. Grundsatz

1 Sofern eine Landesregierung für die Streitigkeiten bestimmter Berufe und Gewerbe und bestimmter Gruppen von Arbeitnehmern Fachkammern bildet,[1] sollen die ehrenamtlichen Richter einer Fachkammer aus den Kreisen der Arbeitnehmer und der Arbeitgeber entnommen werden, für die die Fachkammer gebildet ist. Bei **Satz 1** handelt es sich um eine **Soll-Vorschrift**, deren Nichtbeachtung keine Auswirkungen auf die vorschriftsmäßige Besetzung des Gerichts hat.[2]

2 Wird etwa eine Fachkammer für technische Angestellte gebildet, so sind – soweit vorhanden – nur solche ehrenamtlichen Richter aus Kreisen der Arbeitnehmer bei der Besetzung der Kammer zu berücksichtigen, die über die besonderen Fachkenntnisse verfügen. Ehrenamtlicher Richter aus Kreisen der Arbeitgeber kann hingegen jeder sein, weil die Fachkammer für eine besondere Arbeitnehmergruppe gebildet wurde. Soweit es nicht genügend spezialisierte ehrenamtliche Richter aus Kreisen der Arbeitnehmer gibt, ist die Fachkammer mit anderen Richtern zu besetzen.[3] Ein Anspruch auf Zuweisung zu einer Fachkammer existiert nicht.[4]

3 Mit einem Berufswechsel gehen grds. die Voraussetzungen für eine Berufung an eine Fachkammer verloren, sodass die betroffene Person im laufenden Geschäftsjahr nicht mehr zu den Sitzungen der Fachkammer herangezogen werden darf. Eine Amtsentbindung ist ebenso ausgeschlossen wie die Versetzung an eine andere Kammer.[5]

II. Leitende Angestellte

4 Werden für Geschäftsführer, Betriebsleiter oder Personalleiter, soweit sie zur Einstellung von Arbeitnehmern in den Betrieb berechtigt sind, oder Personen, denen Prokura oder Generalvollmacht erteilt ist, Fachkammern gebildet, so dürfen ihnen diese Personen nicht als ehrenamtliche Richter aus Kreisen der Arbeitgeber angehören *(Satz 2)*. Würde es die Regelung des Satzes 2 nicht geben, könnte die Fachkammer im Einzelfall ausschließlich mit ehrenamtlichen Richtern besetzt sein, die über eine Arbeitnehmereigenschaft verfügen. Dies würde eine unzulässige Durchbrechung des Grundsatzes der paritätischen Besetzung der ehrenamtlichen Richterbank beinhalten. Gegen einen solchen Verfahrensfehler stehen die allgemeinen Rechtsmittel zur Verfügung. Da die Vorschrift die Sicherstellung der Objektivität des Gerichts bezweckt, führt der Verstoß gegen Satz 2 zu einer vorschriftswidrigen Besetzung der Fachkammer,[6] die einen absoluten Revisionsgrund[7] darstellt. Ferner findet die Nichtigkeitsklage gem. § 579 Abs. 1 Nr. 1 ZPO statt.[8] Nach der Erschöpfung des Rechtsweges kann die fehlerhafte Besetzung der Fachkammer notfalls mit einer Verfassungsbeschwerde gem. Art. 93 Abs. 1 Nr. 4a GG gerügt werden.[9]

5 Eine Heranziehung zu den Sitzungen der Fachkammer ist nicht mehr statthaft, wenn ein ehrenamtlicher Richter aus Kreisen der Arbeitgeber erst nach der Zuweisung in die Fachkammer die Voraussetzungen des Satzes 2 erfüllt (z.B. ein bisher selbstständiger Unternehmer wird Geschäftsführer in einem anderen Unternehmen).[10]

---

1 Vgl. § 17 Abs. 2 Satz 1.
2 So die h.M.; vgl. GMPMG/Prütting § 30 Rn 4, 9; Grunsky/Waas § 30 Rn 2; Schwab/Weth-Liebscher § 30 Rn 6; BCF/Bader § 30 Rn 1; einschränkend: Natter/Gross § 30 Rn 13.
3 Vgl. GMPMG/Prütting § 30 Rn 3 f.; Grunsky/Waas § 30 Rn 2; einschränkend: BCF/Bader § 30 Rn 1; Schwab/Weth-Liebscher § 30 Rn 5; Natter/Gross § 30 Rn 5.
4 GMPMG/Prütting § 30 Rn 4; Natter/Gross § 30 Rn 6; Grunsky/Waas § 30 Rn 3.
5 Vgl. GMPMG/Prütting § 30 Rn 4; Grunsky/Waas § 30 Rn 2; a.A. Natter/Gross § 30 Rn 7, der sich für eine weitere Hinzuziehung zum Sitzungsdienst ausspricht; so auch BCF/Bader § 30 Rn 2.
6 Vgl. BCF/Bader § 30 Rn 3.
7 Vgl. § 547 Nr. 1 ZPO.
8 Vgl. GMPMG/Prütting § 30 Rn 10; Grunsky/Waas § 30 Rn 7.
9 Schwab/Weth-Liebscher § 30 Rn 10.
10 Vgl. Grunsky/Waas § 30 Rn 4.

III. Erweiterte Zuständigkeit der Fachkammer

Wird die Zuständigkeit einer Fachkammer gemäß § 17 Abs. 2 für die Streitigkeiten bestimmter 6
Berufe und Gewerbe und bestimmter Gruppen von Arbeitnehmern durch Rechtsverordnung der
Landesregierung auf die Bezirke anderer ArbG oder Teile von ihnen erstreckt, so sollen laut Satz 3
die ehrenamtlichen Richter dieser Kammer aus den Bezirken derjenigen ArbG berufen werden,
für deren Bezirke die Fachkammer zuständig ist. Da die ehrenamtlichen Richter aus allen Bezirken
berufen werden sollen, hebt Satz 3 für die Besetzung der Fachkammer die Berufungsvoraussetzung
des § 21 Abs. 1 (»... im Bezirk des Arbeitsgerichts tätig sind oder wohnen«) insoweit auf. Die ehrenamtlichen Richter der auswärtigen Bezirke werden ausschließlich in der erweiterten Fachkammer
tätig; bei der Verteilung auf eine normale Kammer dürfen sie keine Berücksichtigung finden. Sie
haben dieselben Rechte und Pflichten wie die übrigen ehrenamtlichen Richter.[11]

§ 31 Heranziehung der ehrenamtlichen Richter

(1) Die ehrenamtlichen Richter sollen zu den Sitzungen nach der Reihenfolge einer Liste herangezogen werden, die der Vorsitzende vor Beginn des Geschäftsjahres oder vor Beginn der Amtszeit
neu berufener ehrenamtlicher Richter gemäß § 29 Abs. 2 aufstellt.

(2) Für die Heranziehung von Vertretern bei unvorhergesehener Verhinderung kann eine Hilfsliste von ehrenamtlichen Richtern aufgestellt werden, die am Gerichtssitz oder in der Nähe wohnen oder ihren Dienstsitz haben.

Übersicht

		Rdn.
I.	Aufstellung der Sitzungsliste	1
II.	Heranziehung zu den Sitzungen (Abs. 1)	5
	1. Begriff der Sitzung	5
	2. Bindung an die Liste	6
	3. Sitzungsverhinderung und Beurlaubung	7
	4. Vorbereitung auf die Sitzungen	9
	5. Mitwirkung der ehrenamtlichen Richter und Entscheidungsfindung	11
	6. Ausschluss und Ablehnung des ehrenamtlichen Richters	16
	7. Entschädigung der ehrenamtlichen Richter	21
	a) Fahrtkostenersatz	23
	b) Entschädigung für Aufwand	24
	c) Entschädigung für sonstige Aufwendungen	25

		Rdn.
	d) Entschädigung für Zeitversäumnis	27
	e) Entschädigung für Nachteile bei der Haushaltsführung	28
	f) Entschädigung für Verdienstausfall	29
	g) Entschädigungsverfahren	32
	h) Steuerrechtliche Aspekte	43
	8. Sozialversicherungsrechtliche Auswirkungen	44
	a) Gesetzliche Unfallversicherung	44
	b) Gesetzliche Krankenversicherung	45
	c) Soziale Pflegeversicherung	46
	d) Gesetzliche Rentenversicherung	47
	9. Vermögensbildungsrechtliche Auswirkungen	48
III.	Aufstellung der Hilfsliste (Abs. 2)	49

I. Aufstellung der Sitzungsliste

Vor Beginn eines jeden Geschäftsjahres oder vor Beginn der Amtszeit neu berufener ehrenamt- 1
licher Richter hat der Vorsitzende einer jeden Kammer gemäß Abs. 1 nach erfolgter Verteilung
der ehrenamtlichen Richter auf die einzelnen Kammern und nach Anhörung des Ausschusses der
ehrenamtlichen Richter gem. § 29 Abs. 2[1] eine Liste aufzustellen, welche die Heranziehung der

---

11 Vgl. GMPMG/Prütting § 30 Rn 8; Grunsky/Waas § 30 Rn 7; Natter/Gross § 30 Rn 11, 15; GK-ArbGG § 30 Rn 7.
1 Zum Ausschuss der ehrenamtlichen Richter im Einzelnen vgl. § 29 Rdn. 1 ff.

ehrenamtlichen Richter zu den Sitzungen der jeweiligen Kammer regelt.[2] Von einer eigenen Aufstellung der Liste kann der Vorsitzende absehen, indem er eine vom Präsidium des ArbG i.R.d. Geschäftsverteilung[3] aufgestellte Liste stillschweigend billigt oder auf eine für sämtliche Kammern angefertigte Liste zurückgreift.[4]

2 Die Aufstellung einer **Sitzungsliste**, die getrennt nach Arbeitnehmer- und Arbeitgeberseite zu erfolgen hat, ist **zwingend** vorgeschrieben. Sie bezweckt, dass die Heranziehung der ehrenamtlichen Richter zu den Sitzungen nicht willkürlich, sondern unbeeinflussbar nach einer im Voraus festgelegten Reihenfolge erfolgt. Ferner gewährleistet sie den gesetzlichen Richter i.S.d. Art. 101 Abs. 1 Satz 2 GG. Eine Verletzung des Art. 101 Abs. 1 Satz 2 GG liegt allerdings nur dann vor, wenn der Vorsitzende die Liste bei der Heranziehung der ehrenamtlichen Richter zu den Sitzungen vorsätzlich und willkürlich missachtet; das irrtümliche Übergehen eines ehrenamtlichen Richters stellt hingegen keine Grundrechtsverletzung dar.[5]

3 Bei der Aufstellung der Liste kann der Vorsitzende evtl. auftretenden Prozesslagen Rechnung tragen. So ist eine abstrakt-generelle Regelung möglich, nach der die Kammer bei Vertagungen in derselben Zusammensetzung tagt, um zu verhindern, dass ein Fall mehrfach mit unterschiedlicher Kammerbesetzung verhandelt werden muss.[6]

4 Bei der Erstellung der Liste hat der Vorsitzende einen Ermessensspielraum. Ausreichend ist die Aufstellung von allgemeinen Regeln, die es ermöglichen, in jedem einzelnen Fall vorab festlegen zu können, welcher ehrenamtliche Richter aus Kreisen der Arbeitnehmer sowie der Arbeitgeber – in zeitlich gleichmäßigen Abständen – zu der nächsten Sitzung heranzuziehen ist.[7] Im Laufe des Geschäftsjahres darf die jeweilige Arbeitnehmer- bzw. Arbeitgeberliste nur insoweit geändert werden, als ausscheidende Richter gestrichen und neu berufene Richter der Liste in der Reihenfolge ihrer Berufung angefügt werden.[8] Wird im Laufe des Geschäftsjahres eine Hilfskammer eingerichtet, so ist auch für diese eine Sitzungsliste zu erstellen, die zur Zuweisung von bereits zum LAG berufenen und anderen Kammern zugewiesenen ehrenamtlichen Richtern berechtigt.[9]

II. Heranziehung zu den Sitzungen (Abs. 1)

1. Begriff der Sitzung

5 Soweit in **Abs. 1 der Begriff der Sitzung** verwendet wird, ist darunter der einzelne Sitzungstag zu verstehen,[10] an dem vor der jeweiligen Kammer verhandelt wird. Güteverhandlungen i.S.d. § 54 zählen nicht hierzu, da sie unter Ausschluss der ehrenamtlichen Richter erfolgen.[11] Gleiches gilt für eine Zusammenkunft der Parteien vor dem Güterichter nach § 54 Abs. 6, da dies in vergleichbarer Weise ohne Beteiligung der ehrenamtlichen Richter erfolgt. Das bedeutet, dass der herangezogene

---

2 S.a. Wolmerath S. 46.
3 Vgl. § 6a Rdn. 28 ff.
4 Vgl. Wolmerath S. 48; GK-ArbGG/Dörner § 31 Rn 4; GMPMG/Prütting § 31 Rn 7; BCF/Bader § 31 Rn 2; Natter/Gross § 31 Rn 7.
5 Vgl. Wolmerath S. 47 m.w.N; Natter/Gross § 31 Rn 11.
6 Str.; vgl. Wolmerath S. 47 m.w.N.; BAG, 02.12.1999 – 2 AZR 843/98, JurionRS 1999, 10066; BAG, 16.11.1995 – 8 AZR 864/93, JurionRS 1995, 10146; BAG, 24.01.1996 – 7 AZR 602/95, JurionRS 1996, 10154; BAG, 26.09.1996 – 8 AZR 126/95, NJW 1997, 2133 = NZA 1997, 333; s.a. Grunsky § 31 Rn 4 ff.; Ide S. 261; GK-ArbGG/Dörner § 31 Rn 10 f.; Natter/Gross § 31 Rn 15 ff.; GMPMG/Prütting § 31 Rn 13 ff.; Grunsky/Waas § 31 Rn 6 f.; Schwab/Weth-Liebscher § 31 Rn 23 ff.
7 Vgl. GMPMG/Prütting § 31 Rn 8; Grunsky/Waas § 31 Rn 3; GK-ArbGG/Dörner § 31 Rn 6; Wolmerath S. 48.
8 Ide S. 262.
9 BAG, 24.03.1998 – 9 AZR 172/97, JurionRS 1998, 10265.
10 Vgl. BVerfG, 06.02.1998 – 1 BvR 1788/97, NZA 1998, 445.
11 Vgl. Wolmerath S. 48.

ehrenamtliche Richter grds. an allen Verhandlungen teilnimmt, die für den betreffenden Sitzungstag anberaumt worden sind.[12]

2. Bindung an die Liste

Die gem. Abs. 1 aufgestellte Liste **bindet** den Vorsitzenden. Er darf bei der Heranziehung der ehrenamtlichen Richter grds. nicht von der Reihenfolge der Liste abweichen. Die willkürliche und vorsätzliche Nichtbeachtung der Liste stellt einen Verstoß gegen Art. 101 Abs. 1 Satz 2 GG dar.[13] Ein Abweichen von der sich aus der Liste ergebenden Reihenfolge ist nur dann statthaft, wenn es aus sachlichen Erwägungen geboten ist *(z.B. bei der Vertagung einer komplizierten Sache oder wegen umfangreicher Beweiserhebungen)* und die Abweichung auf Beschluss des erkennenden Gerichts erfolgt.[14] Nach der neueren Rechtsprechung des BAG soll kein Spruchkörper befugt sein, eine Vertagung bei noch nicht abgeschlossener Beweisaufnahme oder zur Durchführung eines Beweisbeschlusses unter Beibehaltung derselben Besetzung zu beschließen. Soll die Besetzung des Gerichts im Fall einer Vertagung beibehalten werden, bedarf es hierzu einer für das laufende Geschäftsjahr aufgestellten abstrakt-generellen Regelung. Nur soweit eine solche abstrakt-generelle Regelung existiert, darf von der Reihenfolge der Liste abgewichen werden.[15]

6

3. Sitzungsverhinderung und Beurlaubung

Grds. hat der geladene Richter der Ladung Folge zu leisten. Soweit ein ehrenamtlicher Richter verhindert ist, den Sitzungsdienst zu verrichten, hat er dies dem Gericht unverzüglich mitzuteilen, um zu verhindern, dass gegen ihn nach § 28 wegen unentschuldigten Fernbleibens ein Ordnungsgeld verhängt wird. Soweit ein ehrenamtlicher Richter »in letzter Minute« *(z.B. infolge Verkehrsunfall, defekter Pkw)* ausfällt, ist auf die **Hilfsliste** (vgl. Rdn. 49) zurückzugreifen. Steht die Verhinderung des ehrenamtlichen Richters bereits seit längerer Zeit fest *(z.B. Urlaub, Kur)*, so ist auf die normale Liste zurückzugreifen und der auf der Liste nächstplatzierte Richter zum Sitzungsdienst heranzuziehen. Schließlich betrifft die Hilfsliste lediglich den Fall der **unvorhergesehenen Verhinderung**.[16]

7

Die **Beurlaubung** vom Richteramt, unter der eine zeitlich begrenzte Entbindung von der Heranziehung zum Sitzungsdienst zu verstehen ist, ist in analoger Anwendung des § 21 Abs. 5 möglich, soweit der die Beurlaubung begehrende Richter für einen begrenzten Zeitraum an der Amtsausübung gehindert ist, ohne dass ein Grund zur Amtsniederlegung gem. § 24 vorliegt *(z.B. vorübergehende Auslandsmontage, Mutterschutz, Elternzeit)*. Die Beurlaubung bedarf eines diesbezüglichen Antrags, der an den Vorsitzenden oder an die zuständige oberste Landesbehörde bzw. beauftragte Stelle[17] zu richten ist. Antrag und Bewilligung bzw. Ablehnung sind aktenkundig zu machen.[18]

8

4. Vorbereitung auf die Sitzungen

Ausgehend von der grundsätzlichen Gleichstellung der ehrenamtlichen Richter mit den Berufsrichtern haben die ehrenamtlichen Richter einen Anspruch darauf, hinsichtlich der in der Sitzung zu verhandelnden Streitfälle denselben Sachstand zu haben wie der Vorsitzende Richter. Um dies zu erreichen, müsste den ehrenamtlichen Richtern der vollständige Akteninhalt zur Kenntnis gebracht werden. Regelmäßig wird den ehrenamtlichen Richtern der Akteninhalt jedoch erst am Sitzungstag

9

---

12 H.M., vgl. GMPMG/Prütting § 31 Rn 10; Wolmerath S. 48; Schwab/Weth-Liebscher § 31 Rn 23; GK-ArbGG/Dörner § 31 Rn 7.
13 S.a. BAG, 23.03.2010 – 9 AZN 1030/09, JurionRS 2010, 13927.
14 Vgl. Ide S. 261 und Wolmerath S. 47; s.a. GMPMG/Prütting § 31 Rn 12 ff.
15 BAG, 02.12.1999 – 2 AZR 843/98; BAG, 26.09.1996 – 8 AZR 126/95, NJW 1997, 2133 = NZA 1997, 333; s.a. BAG, 16.11.1995 – 8 AZR 864/93; BAG, 24.01.1996 – 7 AZR 602/95.
16 Vgl. Wolmerath S. 50.
17 Vgl. § 20 Abs. 1.
18 Vgl. LAG Hamm, 17.02.1982 – 2 Ta 3/82; s.a. Wolmerath S. 78; a.A. Keil S. 913 ff.; Bader/Hohmann/Klein S. 150.

unmittelbar vor Sitzungsbeginn oder zwischen zwei Verhandlungen durch einen kurzen und mehr oder weniger umfangreichen und gut vorbereiteten Vortrag des Vorsitzenden zugänglich gemacht. Eher selten wird den ehrenamtlichen Richtern die vollständige Akte oder zumindest ein Aktenauszug zur Sitzungsvorbereitung übersandt.[19]

10 Ihr **Recht auf Akteneinsicht** vor Verhandlungsbeginn können die ehrenamtlichen Richter in der Weise ausüben, dass sie sich zum ArbG begeben und dort Einblick in die Prozessakten nehmen. Für den sich hieraus ggf. ergebenden Verdienstausfall haben sie gegen ihren Arbeitgeber regelmäßig einen Anspruch auf Entgeltfortzahlung gem. § 616 Abs. 1 Satz 1 BGB.[20] Ein Anspruch auf Arbeitsbefreiung besteht nicht, soweit die Akteneinsicht bei gleitender Arbeitszeit in die Gleitzeit fällt.[21] Streitig ist, ob der Arbeitgeber von dem ehrenamtlichen Richter verlangen kann, den Zeitpunkt der Akteneinsicht in die Gleitzeit zu legen. Dagegen spricht, dass der Arbeitgeber auf diese Weise seiner Entgeltfortzahlungspflicht entgeht, was eine unzulässige Benachteiligung i.S.d. § 26 Abs. 1 darstellt.[22] Ein Anspruch auf Entschädigung nach dem Justizvergütungs- und Entschädigungsgesetz Gesetz (*JVEG*) ist grds. ausgeschlossen, soweit die Akteneinsicht auf Initiative des ehrenamtlichen Richters erfolgt. Ein Entschädigungsanspruch besteht ausschließlich dann, wenn der Vorsitzende die Akteneinsicht angeordnet hat.[23]

5. Mitwirkung der ehrenamtlichen Richter und Entscheidungsfindung

11 In der mündlichen Verhandlung hat der ehrenamtliche Richter zahlreiche nicht zu unterschätzende Mitwirkungsmöglichkeiten, auch wenn dem Vorsitzenden Richter eine nicht zu verkennende Dominanz zukommt. Auf sein Verlangen hin ist dem ehrenamtlichen Richter in der Verhandlung das Wort zu erteilen. Er kann und sollte bei Bedarf Fragen an die Verfahrensbeteiligten stellen. Auf seinen Wunsch ist die mündliche Verhandlung bzw. die Sitzung zu unterbrechen. Dies ist insb. dann angebracht, wenn sich der Einzelne im erforderlichen Maße nicht mehr konzentrieren kann und daher einer Ruhepause bedarf.

12 Bei Zeugenvernehmungen, Augenscheinseinnahme sowie der Erstattung eines Sachverständigengutachtens hat der ehrenamtliche Richter aufgrund seiner besonderen Sachkunde, Berufserfahrung, Erfahrungen in der Arbeitswelt sowie Menschenkenntnis die Möglichkeit, fehlerhafte Entscheidungen zu vermeiden.

13 Die Entscheidung, ob ein Rechtsstreit erschöpfend verhandelt worden ist und die Verhandlung zum Zwecke der abschließenden Entscheidungsfindung geschlossen werden kann, fällt die Kammer als Gremium. Ist die Verhandlung ohne oder sogar gegen den ausdrücklichen Willen der ehrenamtlichen Richter geschlossen worden, so können sie von dem Vorsitzenden den Wiedereintritt in die mündliche Verhandlung verlangen.

14 Nach erfolgter Schließung der mündlichen Verhandlung zieht sich die Kammer zur – nicht öffentlichen – Beratung und Abstimmung[24] zurück. Denn gemäß § 193 Abs. 1 GVG dürfen hieran grundsätzlich nur die zur Entscheidung berufenen Richter teilnehmen. Eine Ausnahme von diesem

---

19 Vgl. Wolmerath S. 50; s.a. BAG, 13.05.1981 – 4 AZR 1080/78, NJW 1982, 302; zum Umfang der Information der ehrenamtlichen Richter beim BAG vgl. § 9 Abs. 3 der Geschäftsordnung des BAG, dokumentiert unter § 44 Rdn. 31.
20 H.M., vgl. LAG Berlin-Brandenburg, 06.09.2007 – 26 Sa 577/07, JurionRS 2007, 53439; LAG Bremen, 14.06.1990 – 3 Sa 132/84.
21 Vgl. BAG, 16.12.1993 – 6 AZR 236/93; s.a. LAG Baden-Württemberg, 07.03.2005 – 3 Ta 31/05, JurionRS 2005, 11032.
22 So: BAG, 22.01.2009 – 6 AZR 78/08, JurionRS 2009, 45929; a.A. LAG Berlin-Brandenburg, 06.09.2007 – 26 Sa 577/07, JurionRS 2007, 53439.
23 Vgl. LAG Hamm, 23.03.1993 – 8 Ta 294/91, NZA 1993, 864, m.w.N. zu dem bis zum 30.06.2004 geltenden Gesetz über die Entschädigung ehrenamtlicher Richter.
24 S.a. § 9 Rdn. 25 ff., wo auch der Wortlaut der §§ 193 ff. GVG dokumentiert ist.

Grundsatz lässt § 193 Abs. 1 GVG insoweit zu, als der Vorsitzende die Anwesenheit solchen Personen gestattet, die bei demselben Gericht zu ihrer juristischen Ausbildung oder als wissenschaftliche Hilfskräfte beschäftigt sind. Soweit es ausländische Berufsrichter – ausländische ehrenamtliche Richter sind insoweit ausgeschlossen –, Staatsanwälte und Anwälte betrifft, kann ihnen der Vorsitzende nach § 193 Abs. 2 Satz 1 GVG die Anwesenheit bei der Beratung sowie bei der Abstimmung erlauben, wenn sie bei dem Gericht zur Ableistung eines Studienaufenthaltes zugewiesen und gemäß § 193 Abs. 3, 4 GVG zur Geheimhaltung besonders verpflichtet worden sind. Nach § 193 Abs. 2 Satz 2 GVG gilt Entsprechendes für ausländische Juristen, die in dem Entsendestaat in einem Ausbildungsverhältnis stehen.

Über den Hergang sowohl der Beratung als auch der Abstimmung haben die beteiligten ehrenamtlichen Richter gemäß § 45 Abs. 1 Satz 2 i.V.m. § 43 DRiG zu schweigen – auch über den Zeitpunkt der Beendigung des Richteramtes hinaus. Der Verstoß gegen die Schweigepflicht stellt eine Amtspflichtverletzung dar, die mit der Verhängung eines Ordnungsgeldes nach § 28, im Wiederholungsfall mit der Amtsenthebung gemäß § 27 sanktioniert werden kann.

Die besondere Bedeutung, die den ehrenamtlichen Richtern bei den Gerichten für Arbeitssachen zukommt, äußert sich bei der Abstimmung. Hier gilt, dass sie das gleiche Stimmrecht haben. Dies wiederum kann dazu führen, dass die ehrenamtlichen Richter den Vorsitzenden überstimmen. Denn gemäß § 196 Abs. 1 GVG entscheidet das Gericht grundsätzlich mit der Mehrheit der Stimmen. Diese Voraussetzung ist beim ArbG sowie beim LAG erfüllt, wenn sich zwei Stimmen vereinen. Beim BAG ist das der Fall, wenn es drei Stimmen sind. Stimmenthaltungen sind nach § 195 GVG nicht statthaft, da ein solches Verhalten nicht mit dem Richteramt zu vereinbaren wäre und im schlimmsten Fall eine Entscheidungsfindung unmöglich machen könnte. Insoweit handelt es sich bei der Teilnahme an der Abstimmung sowie bei der einzelnen Abstimmung um eine Amtspflicht des ehrenamtlichen Richters, die einer Sanktion nach § 28 (Verhängung von Ordnungsgeld) bzw. § 27 (Amtsenthebung) zugänglich ist.

Die Reihenfolge, in der die Stimmen abzugeben sind, richtet sich nach § 197 GVG. Danach gilt für das ArbG sowie für das LAG: Der altersmäßig jüngere ehrenamtliche Richter gibt als Erstes seine Stimme ab. Sodann folgt der altersmäßig ältere ehrenamtliche Richter. Zuletzt gibt der Vorsitzende seine Stimme ab. Beim BAG gilt die Folge: altersmäßig jüngerer ehrenamtlicher Richter, altersmäßig älterer ehrenamtlicher Richter, Berichterstatter, weiterer Berufsrichter, Vorsitzender des Senats.

6. Ausschluss und Ablehnung des ehrenamtlichen Richters

Ehrenamtliche Richter können in demselben Maß wie die Berufsrichter von der Ausübung ihres Amtes ausgeschlossen sein sowie von den Verfahrensbeteiligten abgelehnt werden. Ausschluss[25] und Ablehnung[26] unterscheiden sich dadurch, dass der **Ausschluss** automatisch kraft Gesetzes eintritt, ohne dass es hierbei auf die Kenntnis des ausgeschlossenen Richters ankommt. Dagegen bedingt die **Ablehnung** die Beachtung eines bestimmten Verfahrens. Letztendlich kann ein ehrenamtlicher Richter von einem Umstand Anzeige machen, der seine Ablehnung rechtfertigen könnte.[27]

Der Ruf nach dem Ausschluss eines ehrenamtlichen Richters kann vor allem dann laut werden, wenn dieser von einer der Parteien beschäftigt wird. Gleiches ist denkbar, wenn ein ehrenamtlicher Richter Mitglied einer an dem Gerichtsverfahren beteiligten Gewerkschaft bzw. Vereinigung von AG ist. Demzufolge ist verständlich, dass sich die Arbeitsgerichtsbarkeit bereits mehrfach mit

---

25 Vgl. § 41 ZPO.
26 Vgl. § 42 ZPO.
27 Sog. Selbstablehnung, vgl. § 48 1. Alt. ZPO.

dem Ausschluss von ehrenamtlichen Richtern befassen musste. Die Rspr. hierzu lässt sich wie folgt skizzieren:[28]

- Der einer Gewerkschaft angehörende ehrenamtliche Richter ist in einem arbeitsgerichtlichen Verfahren des DGB nicht kraft Gesetzes ausgeschlossen, da er selbst weder Verfahrensbeteiligter ist noch zum DGB im Verhältnis eines Mitberechtigten, Mitverpflichteten oder Regressverpflichteten steht.[29] Entsprechendes gilt für die Vereinigungen der AG.[30]
- Die Mitgliedschaft in dem Vorstand einer regionalen Unterorganisation der an einem Beschlussverfahren beteiligten Gewerkschaft führt nicht zum Ausschluss des ehrenamtlichen Richters, da diese Vorstandsmitgliedschaft noch nicht zu einer Identifikation des betreffenden ehrenamtlichen Richters mit den einschlägigen Vorstellungen des Verbandes führt.[31]
- Ausgeschlossen ist ferner nicht der ehrenamtliche Richter, der (lediglich) in einem öffentlich-rechtlichen oder privatrechtlichen Anstellungsverhältnis zu einer verfahrensbeteiligten Gebietskörperschaft steht.[32]
- Allein die Tatsache, dass ein ehrenamtlicher Richter als Rechtssekretär bei einer juristischen Person nach § 11 Abs. 2 Satz 2 Nr. 5 ArbGG angestellt ist oder war, reicht nicht aus, dass dieser nach dem Zweck des § 41 Nr. 4 ZPO als Prozessbevollmächtigter einer Partei anzusehen ist, sofern die juristische Person als Prozessbevollmächtigter beauftragt wurde. Es genügt nicht, dass die mit der Prozessvertretung beauftragte juristische Person rechtlich in der Lage gewesen wäre, den ehrenamtlichen Richter mit ihrer Vertretung zu betrauen und er mithin für sie hätte handeln können. Ebenfalls ist eine Tätigkeit in einem Parallelverfahren unzureichend.[33]
- Nicht kraft Gesetzes vom Richteramt ausgeschlossen ist gem. § 41 Nr. 6 ZPO ein ehrenamtlicher Richter, der als Vorsitzender des Widerspruchsausschusses beim Integrationsamt mit dem Widerspruch des Klägers gegen den Zustimmungsbescheid des Integrationsamtes zu einer streitbefangenen Kündigung befasst war.[34]
- Kraft Gesetz ausgeschlossen ist der ehrenamtliche Richter, der in seiner Funktion als Gewerkschaftssekretär in dem betreffenden arbeitsgerichtlichen Verfahren mit der Prozessführung einer der Parteien beauftragt war – nicht jedoch der Gewerkschaftssekretär, der die zum Prozess führende Angelegenheit an die zuständige Rechtsabteilung abgegeben hat, ohne im prozessualen Stadium mithin für das verfahrensbeteiligte Gewerkschaftsmitglied tätig gewesen zu sein.[35] Gleiches gilt für den ehrenamtlichen Richter, der zugleich zur Vertretung der verfahrensbeteiligten Kommune bevollmächtigt ist.[36]

18 Soweit ein ehrenamtlicher Richter ausgeschlossen ist, hat er sich in dem betreffenden Verfahren jeder Amtshandlung zu enthalten. Anderenfalls begründet er durch seine Mitwirkung einen absoluten Revisionsgrund (§ 547 Nr. 2 ZPO) oder die Voraussetzung für die Betreibung einer Nichtigkeitsklage (§ 579 Abs. 1 Nr. 2 ZPO), welche die Wiederaufnahme eines bereits abgeschlossenen Verfahrens zum Ziel hat. Zu beachten ist, dass sich der Ausschluss vom Richteramt ausschließlich auf das betreffende Verfahren bezieht. Soweit ein ehrenamtlicher Richter ausgeschlossen ist, wird für ihn ein anderer ehrenamtlicher Richter herangezogen. Hierbei ist auf die Liste für die Heranziehung der ehrenamtlichen Richter zurückzugreifen.

19 Von dem Ausschluss vom Richteramt unterscheidet sich die Ablehnung eines ehrenamtlichen Richters v.a. dadurch, dass sie nicht automatisch kraft Gesetz erfolgt. Vielmehr bedingt die Richterab-

---

28 Vgl. NK-GA/Wolmerath § 31 ArbGG Rn 22.
29 BAG, 20.04.1961 – 2 AZR 71/60, AP § 41 ZPO Nr. 1; s.a. BAG, 14.07.1961 – 1 AZR 291/60, AP § 322 ZPO Nr. 6.
30 Wolmerath S. 69 Fn 2.
31 BAG, 18.10.1977 – 1 ABR 2/75, AP § 42 ZPO Nr. 3; s.a. Bengelsdorf DB Beilage 8/87, S. 15 ff.
32 BAG, 18.07.1963 – 2 AZR 436/62, AP § 59 MTL Nr. 1.
33 BAG, 07.11.2012 – 7 AZR 646/10 (A).
34 LAG München, 15.03.2005 – 8 Sa 914/04, jurisPR-ArbR 27/2005.
35 ArbG Münster, 21.08.1978 – 2 Ca 1096/77, AP § 42 ZPO Nr. 5.
36 Berger-Delhey BB 1988, 1665.

lehnung die Beachtung eines bestimmten Verfahrens, dessen Voraussetzungen sich aus §§ 42 ff. ZPO und § 49 für das Urteilsverfahren sowie aus §§ 42 ff. ZPO und § 80 Abs. 2 i.V.m. § 49 für das Beschlussverfahren ergeben. Die zur Ablehnung eines ehrenamtlichen Richters ergangene Rspr. lässt sich im Wesentlichen wie folgt zusammenfassen:[37]

- Ein ehrenamtlicher Richter in der Arbeitsgerichtsbarkeit kann nicht allein deshalb nach § 42 ZPO abgelehnt werden, weil er Mitglied einer Vereinigung von AN oder AG ist[38] oder eine Verbindung zu einer in § 11 Abs. 2 Satz 2 Nr. 5 genannten zur Prozessvertretung berechtigten juristischen Person aufweist.[39]
- Ein ehrenamtlicher Richter, der Mitglied des Vorstands einer regionalen Unterorganisation einer Gewerkschaft ist, kann aus diesem Grunde in der Rechtsbeschwerdeinstanz eines Beschlussverfahrens nicht wegen Besorgnis der Befangenheit abgelehnt werden, wenn die Gesamtgewerkschaft Beteiligte ist.[40]
- Ein ehrenamtlicher Richter ist nicht schon deshalb als befangen anzusehen, weil er in einer Sache, in der er mitzuentscheiden hat, als Gewerkschaftssekretär vor Prozessbeginn tätig geworden ist.[41]
- Wenn eine Partei einen ehrenamtlichen Richter deshalb als befangen ablehnt, weil er im vorprozessualen Stadium für den Gegner tätig war, kann sie aus der bloßen kollegialen Zugehörigkeit des so abgelehnten ehrenamtlichen Richters nicht eine Ablehnung der übrigen Richter des Spruchkörpers wegen Befangenheit herleiten.[42]
- Ein Mandats- und Bekanntschaftsverhältnis zwischen dem ehrenamtlichen Richter und dem Prozessbevollmächtigten einer der Prozessparteien kann eine Ablehnung des ehrenamtlichen Richters nicht rechtfertigen, sofern nicht irgendwie fassbare Anzeichen vorliegen, dass dieses Mandats- und Bekanntschaftsverhältnis die Unvoreingenommenheit des ehrenamtlichen Richters gegenüber der betreffenden Partei berühren könnte.[43]
- Die Besorgnis der Befangenheit kann bei einem ehrenamtlichen Richter bestehen, der im Rahmen der Prozessvertretung für die Partei eines anderen Verfahrens gehandelt hat, das nach wesentlichen Gesichtspunkten nicht nur hinsichtlich der Rechtslage, sondern auch hinsichtlich der konkreten Ausgestaltung der Fälle vergleichbar ist.[44]

Losgelöst von der Mitgliedschaft in einem AG-Verband oder einer Gewerkschaft bzw. AN-Vereinigung besteht die Besorgnis der Befangenheit lediglich dann, wenn der ehrenamtliche Richter unmissverständlich zu erkennen gibt, dass er sich bei der Entscheidung des konkreten Einzelfalls ggf. von Gesichtspunkten seiner Vereinigung bzw. Gewerkschaft leiten lässt.[45]

7. Entschädigung der ehrenamtlichen Richter

Für ihre richterliche Tätigkeit erhalten die ehrenamtlichen Richter eine Entschädigung für alle Aufwendungen, die durch die richterliche Tätigkeit bedingt sind. Gesetzliche Grundlage hierfür ist das Justizvergütungs- und -entschädigungsgesetz *(JVEG)*, welches mit Wirkung zum 01.07.2004 das bis dahin geltende Gesetz über die Entschädigung der ehrenamtlichen Richter *(EhrRiEG)* ersetzt hat.

---

37 Vgl. NK-GA/Wolmerath § 31 ArbGG Rn 24; s.a. Brill DB Beilage 4/70, S. 3 f.; Bengelsdorf DB Beilage 8/87, S. 12 ff.
38 BAG, 31.01.1968 – 1 ABR 2/67, BAGE 20, 271.
39 BAG, 07.11.2012 – 7 AZR 646/10 (A).
40 BAG, 18.10.1977 – 1 ABR 2/75, AP § 42 ZPO Nr. 3.
41 ArbG Münster, 21.08.1978 – 2 Ca 1096/77, AP § 42 ZPO Nr. 5.
42 ArbG Münster, 27.06.1978 – 2 Ca 1096/78, AP § 42 ZPO Nr. 4.
43 BAG, 26.03.2009 – 2 AZR 953/07.
44 BAG, 07.11.2012 – 7 AZR 646/10 (A), JurionRS 2012, 35786.
45 Grunsky/Benecke § 49 Rn 9.

§ 31 ArbGG   Heranziehung der ehrenamtlichen Richter

Justizvergütungs- und -entschädigungsgesetz (JVEG)

vom 05.05.2004,[46] zuletzt geändert durch Gesetz vom 10.12.2015[47]

Abschnitt 1

Allgemeine Vorschriften

§ 1 Geltungsbereich und Anspruchsberechtigte

§ 2 Geltendmachung und Erlöschen des Anspruchs, Verjährung

§ 3 Vorschuss

§ 4 Gerichtliche Festsetzung und Beschwerde

§ 4a Abhilfe bei Verletzung des Anspruchs auf rechtliches Gehör

§ 4b Elektronische Akte, elektronisches Dokument

Abschnitt 2

Gemeinsame Vorschriften

§ 5 Fahrtkostenersatz

§ 6 Entschädigung für Aufwand

§ 7 Ersatz für sonstige Aufwendungen

Abschnitt 4

Entschädigung von ehrenamtlichen Richtern

§ 15 Grundsatz der Entschädigung

§ 16 Entschädigung für Zeitversäumnis

§ 17 Entschädigung für Nachteile bei der Haushaltsführung

§ 18 Entschädigung für Verdienstausfall

Abschnitt 6

Schlussvorschriften

§ 24 Übergangsvorschrift

§ 25 Übergangsvorschrift aus Anlass des Inkrafttretens dieses Gesetzes

Abschnitt 1 Allgemeine Vorschriften

§ 1 JVEG   Geltungsbereich und Anspruchsberechtigte

(1) Dieses Gesetz regelt
1. die Vergütung der Sachverständigen, Dolmetscherinnen, Dolmetscher, Übersetzerinnen und Übersetzer, die von dem Gericht, der Staatsanwaltschaft, der Finanzbehörde in den Fällen, in denen diese das Ermittlungsverfahren selbstständig durchführt, der Verwaltungsbehörde im Verfahren nach dem Gesetz über Ordnungswidrigkeiten oder dem Gerichtsvollzieher herangezogen werden;
2. die Entschädigung der ehrenamtlichen Richterinnen und Richter bei den ordentlichen Gerichten und den Gerichten für Arbeitssachen sowie bei den Gerichten der Verwaltungs-, der Finanz- und der Sozialgerichtsbarkeit mit Ausnahme der ehrenamtlichen Richterinnen und Richter in Handelssachen, in berufsgerichtlichen Verfahren oder bei Dienstgerichten sowie

---

46 BGBl. I, S. 718, 776.
47 BGBl. I, S. 2218.

3. die Entschädigung der Zeuginnen, Zeugen und Dritten (§ 23), die von den in Nummer 1 genannten Stellen herangezogen werden.

Eine Vergütung oder Entschädigung wird nur nach diesem Gesetz gewährt. Der Anspruch auf Vergütung nach Satz 1 Nr. 1 steht demjenigen zu, der beauftragt worden ist; dies gilt auch, wenn der Mitarbeiter einer Unternehmung die Leistung erbringt, der Auftrag jedoch der Unternehmung erteilt worden ist

(2) Dieses Gesetz gilt auch, wenn Behörden oder sonstige öffentliche Stellen von den in Absatz 1 Satz 7 Nr. 7 genannten Stellen zu Sachverständigenleistungen herangezogen werden. Für Angehörige einer Behörde oder einer sonstigen öffentlichen Stelle, die weder Ehrenbeamte noch ehrenamtlich tätig sind, gilt dieses Gesetz nicht, wenn sie ein Gutachten in Erfüllung ihrer Dienstaufgaben erstatten, vertreten oder erläutern.

(3) Einer Heranziehung durch die Staatsanwaltschaft oder durch die Finanzbehörde in den Fällen des Absatzes 1 Satz 1 Nr. 1 steht eine Heranziehung durch die Polizei oder eine andere Strafverfolgungsbehörde im Auftrag oder mit vorheriger Billigung der Staatsanwaltschaft oder der Finanzbehörde gleich. Satz 1 gilt im Verfahren der Verwaltungsbehörde nach dem Gesetz über Ordnungswidrigkeiten entsprechend.

(4) Die Vertrauenspersonen in den Ausschüssen zur Wahl der Schöffen und die Vertrauensleute in den Ausschüssen zur Wahl der ehrenamtlichen Richter bei den Gerichten der Verwaltungs- und der Finanzgerichtsbarkeit werden wie ehrenamtliche Richter entschädigt.

§ 2 JVEG Geltendmachung und Erlöschen des Anspruchs, Verjährung

(1) Der Anspruch auf Vergütung oder Entschädigung erlischt, wenn er nicht binnen drei Monaten bei der Stelle, die den Berechtigten herangezogen oder beauftragt hat, geltend gemacht wird. Die Frist beginnt
1. im Fall der schriftlichen Begutachtung oder der Anfertigung einer Übersetzung mit Eingang des Gutachtens oder der Übersetzung bei der Stelle, die den Berechtigten beauftragt hat,
2. im Fall der Vernehmung als Sachverständiger oder Zeuge oder der Zuziehung als Dolmetscher mit Beendigung der Vernehmung oder Zuziehung,
3. in den Fällen des § 23 mit Beendigung der Maßnahme und
4. im Fall der Dienstleistung als ehrenamtlicher Richter oder Mitglied eines Ausschusses im Sinne des § 1 Abs. 4 mit Beendigung der Amtsperiode.

Die Frist kann auf begründeten Antrag von der in Satz 1 genannten Stelle verlängert werden; lehnt sie eine Verlängerung ab, hat sie den Antrag unverzüglich dem nach § 4 Abs. 7 für die Festsetzung der Vergütung oder Entschädigung zuständigen Gericht vorzulegen, das durch unanfechtbaren Beschluss entscheidet. Weist das Gericht den Antrag zurück, erlischt der Anspruch, wenn die Frist nach Satz 1 abgelaufen und der Anspruch nicht binnen zwei Wochen ab Bekanntgabe der Entscheidung bei der in Satz 1 genannten Stelle geltend gemacht worden ist.

(2) War der Berechtigte ohne sein Verschulden an der Einhaltung einer Frist nach Absatz 1 gehindert, gewährt ihm das Gericht auf Antrag Wiedereinsetzung in den vorigen Stand, wenn er innerhalb von zwei Wochen nach Beseitigung des Hindernisses den Anspruch beziffert und die Tatsachen glaubhaft macht, welche die Wiedereinsetzung begründen. Nach Ablauf eines Jahres, von dem Ende der versäumten Frist an gerechnet kann die Wiedereinsetzung nicht mehr beantragt werden. Gegen die Ablehnung der Wiedereinsetzung findet die Beschwerde statt. Sie ist nur zulässig, wenn sie innerhalb von zwei Wochen eingelegt wird. Die Frist beginnt mit der Zustellung der Entscheidung. § 4 Abs. 4 Satz 1 bis 3 und Abs. 6 bis 8 ist entsprechend anzuwenden.

(3) Der Anspruch auf Vergütung oder Entschädigung verjährt in drei Jahren nach Ablauf des Kalenderjahrs, in dem der nach Absatz 1 Satz 2 Nr. 1 bis 4 maßgebliche Zeitpunkt eingetreten ist. Auf die Verjährung sind die Vorschriften des Bürgerlichen Gesetzbuchs anzuwenden. Durch den Antrag auf gerichtliche Festsetzung (§ 4) wird die Verjährung wie durch Klageerhebung gehemmt. Die Verjährung wird nicht von Amts wegen berücksichtigt.

(4) Der Anspruch auf Erstattung zu viel gezahlter Vergütung oder Entschädigung verjährt in drei Jahren nach Ablauf des Kalenderjahrs, in dem die Zahlung erfolgt ist § 5 Abs. 3 des Gerichtskostengesetzes gilt entsprechend.

§ 3 JVEG Vorschuss

Auf Antrag ist ein angemessener Vorschuss zu bewilligen, wenn dem Berechtigten erhebliche Fahrtkosten oder sonstige Aufwendungen entstanden sind oder voraussichtlich entstehen werden oder wenn die zu erwartende Vergütung für bereits erbrachte Teilleistungen einen Betrag von 2000 Euro übersteigt.

§ 4 JVEG Gerichtliche Festsetzung und Beschwerde

(1) Die Festsetzung der Vergütung, der Entschädigung oder des Vorschusses erfolgt durch gerichtlichen Beschluss, wenn der Berechtigte oder die Staatskasse die gerichtliche Festsetzung beantragt oder das Gericht sie für angemessen hält. Zuständig ist
1. *das Gericht, von dem der Berechtigte herangezogen worden ist, bei dem er als ehrenamtlicher Richter mitgewirkt hat oder bei dem der Ausschuss im Sinne des § 1 Abs. 4 gebildet ist;*
2. *das Gericht, bei dem die Staatsanwaltschaft besteht, wenn die Heranziehung durch die Staatsanwaltschaft oder in deren Auftrag oder mit deren vorheriger Billigung durch die Polizei oder eine andere Strafverfolgungsbehörde erfolgt ist, nach Erhebung der öffentlichen Klage jedoch das für die Durchführung des Verfahrens zuständige Gericht;*
3. *das Landgericht, bei dem die Staatsanwaltschaft besteht, die für das Ermittlungsverfahren zuständig wäre, wenn die Heranziehung in den Fällen des § 1 Abs. 1 Satz 1 Nr. 1 durch die Finanzbehörde oder in deren Auftrag oder mit deren vorheriger Billigung durch die Polizei oder eine andere Strafverfolgungsbehörde erfolgt ist, nach Erhebung der öffentlichen Klage jedoch das für die Durchführung des Verfahrens zuständige Gericht;*
4. *das Amtsgericht, in dessen Bezirk der Gerichtsvollzieher seinen Amtssitz hat, wenn die Heranziehung durch den Gerichtsvollzieher erfolgt ist, abweichend davon im Verfahren der Zwangsvollstreckung das Vollstreckungsgericht.*

(2) Ist die Heranziehung durch die Verwaltungsbehörde im Bußgeldverfahren erfolgt, werden die zu gewährende Vergütung oder Entschädigung und der Vorschuss durch gerichtlichen Beschluss festgesetzt, wenn der Berechtigte gerichtliche Entscheidung gegen die Festsetzung durch die Verwaltungsbehörde beantragt. Für das Verfahren gilt § 62 des Gesetzes über Ordnungswidrigkeiten.

(3) Gegen den Beschluss nach Absatz 1 können der Berechtige und die Staatskasse Beschwerde einlegen, wenn der Wert des Beschwerdegegenstands 200 Euro übersteigt oder wenn sie das Gericht, das die angefochtene Entscheidung erlassen hat, wegen der grundsätzlichen Bedeutung der zur Entscheidung stehenden Frage in dem Beschluss zulässt.

(4) Soweit das Gericht die Beschwerde für zulässig und begründet hält, hat es ihr abzuhelfen; im Übrigen ist die Beschwerde unverzüglich dem Beschwerdegericht vorzulegen. Beschwerdegericht ist das nächsthöhere Gericht. Eine Beschwerde an einen obersten Gerichtshof des Bundes findet nicht statt. Das Beschwerdegericht ist an die Zulassung der Beschwerde gebunden; die Nichtzulassung ist unanfechtbar.

(5) Die weitere Beschwerde ist nur zulässig, wenn das Landgericht als Beschwerdegericht entschieden und sie wegen der grundsätzlichen Bedeutung der zur Entscheidung stehenden Frage in dem Beschluss zugelassen hat. Sie kann nur darauf gestützt werden, dass die Entscheidung auf einer Verletzung des Rechts beruht; die §§ 546 und 547 der Zivilprozessordnung gelten entsprechend. Über die weitere Beschwerde entscheidet das Oberlandesgericht. Absatz 4 Satz 1 und 4 gilt entsprechend.

(6) Anträge und Erklärungen können ohne Mitwirkung eines Bevollmächtigten schriftlich eingereicht oder zu Protokoll der Geschäftsstelle abgegeben werden; § 129a der Zivilprozessordnung gilt entsprechend. Für die Bevollmächtigung gelten die Regelungen der für das zugrunde liegende Verfahren geltenden Verfahrensordnung entsprechend. Die Beschwerde ist bei dem Gericht einzulegen, dessen Entscheidung angefochten wird.

(7) Das Gericht entscheidet über den Antrag durch eines seiner Mitglieder als Einzelrichter; dies gilt auch für die Beschwerde, wenn die angefochtene Entscheidung von einem Einzelrichter oder einem Rechtspfleger erlassen wurde. Der Einzelrichter überträgt das Verfahren der Kammer oder dem Senat, wenn die Sache besondere Schwierigkeiten tatsächlicher oder rechtlicher Art aufweist oder die Rechtssache grundsätzliche Bedeutung hat. Das Gericht entscheidet jedoch immer ohne Mitwirkung ehrenamtlicher Richter. Auf eine erfolgte oder unterlassene Übertragung kann ein Rechtsmittel nicht gestützt werden.

(8) Die Verfahren sind gebührenfrei. Kosten werden nicht erstattet.

(9) Die Beschlüsse nach den Absätzen 1, 2, 4 und 5 wirken nicht zu Lasten des Kostenschuldners.

§ 4a JVEG Abhilfe bei Verletzung des Anspruchs auf rechtliches Gehör

(1) Auf die Rüge eines durch die Entscheidung nach diesem Gesetz beschwerten Beteiligten ist das Verfahren fortzuführen, wenn
1. *ein Rechtsmittel oder ein anderer Rechtsbehelf gegen die Entscheidung nicht gegeben ist und*
2. *das Gericht den Anspruch dieses Beteiligten auf rechtliches Gehör in entscheidungserheblicher Weise verletzt hat.*

(2) Die Rüge ist innerhalb von zwei Wochen nach Kenntnis von der Verletzung des rechtlichen Gehörs zu erheben; der Zeitpunkt der Kenntniserlangung ist glaubhaft zu machen. Nach Ablauf eines Jahres seit Bekanntmachung der angegriffenen Entscheidung kann die Rüge nicht mehr erhoben werden. Formlos mitgeteilte Entscheidungen gelten mit dem dritten Tage nach Aufgabe zur Post als bekannt gemacht. Die Rüge ist bei dem Gericht zu erheben, dessen Entscheidung angegriffen wird; § 4 Abs. 6 Satz 1 und 2 gilt entsprechend. Die Rüge muss die angegriffene Entscheidung bezeichnen und das Vorliegen der in Absatz 1 Nr. 2 genannten Voraussetzungen darlegen.

(3) Den übrigen Beteiligten ist, soweit erforderlich, Gelegenheit zur Stellungnahme zu geben.

(4) Das Gericht hat von Amts wegen zu prüfen, ob die Rüge an sich statthaft und ob sie in der gesetzlichen Form und Frist erhoben ist. Mangelt es an einem dieser Erfordernisse, so ist die Rüge als unzulässig zu verwerfen. Ist die Rüge unbegründet, weist das Gericht sie zurück. Die Entscheidung ergeht durch unanfechtbaren Beschluss. Der Beschluss soll kurz begründet werden.

(5) Ist die Rüge begründet, so hilft ihr das Gericht ab, indem es das Verfahren fortführt, soweit dies aufgrund der Rüge geboten ist.

(6) Kosten werden nicht erstattet.

Abschnitt 2 Gemeinsame Vorschriften

§ 5 JVEG Fahrtkostenersatz

(1) Bei Benutzung von öffentlichen, regelmäßig verkehrenden Beförderungsmitteln werden die tatsächlich entstandenen Auslagen bis zur Höhe der entsprechenden Kosten für die Benutzung der ersten Wagenklasse der Bahn einschließlich der Auslagen für Platzreservierung und Beförderung des notwendigen Gepäcks ersetzt.

(2) Bei Benutzung eines eigenen oder unentgeltlich zur Nutzung überlassenen Kraftfahrzeugs werden
1. *dem Zeugen oder dem Dritten (§ 23) zur Abgeltung der Betriebskosten sowie zur Abgeltung der Abnutzung des Kraftfahrzeugs 0,25 Euro,*
2. *den in § 1 Abs. 1 Satz 1 Nr. 1 und 2 genannten Anspruchsberechtigten zur Abgeltung der Anschaffungs-, Unterhaltungs- und Betriebskosten sowie zur Abgeltung der Abnutzung des Kraftfahrzeugs 0,30 Euro*

für jeden gefahrenen Kilometer ersetzt zuzüglich der durch die Benutzung des Kraftfahrzeugs aus Anlass der Reise regelmäßig anfallenden baren Auslagen, insbesondere der Parkentgelte. Bei der Benutzung durch mehrere Personen kann die Pauschale nur einmal geltend gemacht werden. Bei der Benutzung eines Kraftfahrzeugs, das nicht zu den Fahrzeugen nach Absatz 1 oder Satz 1 zählt, werden die tatsäch-

lich entstandenen Auslagen bis zur Höhe der in Satz 1 genannten Fahrtkosten ersetzt; zusätzlich werden die durch die Benutzung des Kraftfahrzeugs aus Anlass der Reise angefallenen regelmäßigen baren Auslagen, insbesondere die Parkentgelte, ersetzt, soweit sie der Berechtigte zu tragen hat.

(3) Höhere als die in Absatz 1 oder Absatz 2 bezeichneten Fahrtkosten werden ersetzt, soweit dadurch Mehrbeträge an Vergütung oder Entschädigung erspart werden oder höhere Fahrtkosten wegen besonderer Umstände notwendig sind.

(4) Für Reisen während der Terminsdauer werden die Fahrtkosten nur insoweit ersetzt, als dadurch Mehrbeträge an Vergütung oder Entschädigung erspart werden, die beim Verbleiben an der Terminsstelle gewährt werden müssten.

(5) Wird die Reise zum Ort des Termins von einem anderen als dem in der Ladung oder Terminsmitteilung bezeichneten oder der zuständigen Stelle unverzüglich angezeigten Ort angetreten oder wird zu einem anderen als zu diesem Ort zurückgefahren, werden Mehrkosten nach billigem Ermessen nur dann ersetzt, wenn der Berechtigte zu diesen Fahrten durch besondere Umstände genötigt war.

§ 6 JVEG Entschädigung für Aufwand

(1) Wer innerhalb der Gemeinde, in der der Termin stattfindet, weder wohnt noch berufstätig ist, erhält für die Zeit, während der er aus Anlass der Wahrnehmung des Termins von seiner Wohnung und seinem Tätigkeitsmittelpunkt abwesend sein muss, ein Tagegeld, dessen Höhe sich nach der Verpflegungspauschale zur Abgeltung tatsächlich entstandener, beruflich veranlasster Mehraufwendungen im Inland nach dem Einkommensteuergesetz bemisst.

(2) Ist eine auswärtige Übernachtung notwendig, wird ein Übernachtungsgeld nach den Bestimmungen des Bundesreisekostengesetzes gewährt.

§ 7 JVEG Ersatz für sonstige Aufwendungen

(1) Auch die in den §§ 5, 6 und 12 nicht besonders genannten baren Auslagen werden ersetzt, soweit sie notwendig sind. Dies gilt insbesondere für die Kosten notwendiger Vertretungen und notwendiger Begleitpersonen.

(2) Für die Anfertigung von Ablichtungen und Ausdrucken werden 0,50 Euro je Seite für die ersten 50 Seiten und 0,15 Euro für jede weitere Seite, für die Anfertigung von Farbkopien oder Farbausdrucken 2 Euro je Seite ersetzt. Die Höhe der Pauschale ist in derselben Angelegenheit einheitlich zu berechnen. Die Pauschale wird für Ablichtungen und Ausdrucke aus Behörden- und Gerichtsakten gewährt, soweit deren Herstellung zur sachgemäßen Vorbereitung oder Bearbeitung der Angelegenheit geboten war, sowie für Ablichtungen und zusätzliche Ausdrucke, die nach Aufforderung durch die heranziehende Stelle angefertigt worden sind.

(3) Für die Überlassung von elektronisch gespeicherten Dateien anstelle der in Absatz 2 genannten Ablichtungen und Ausdrucke werden 2,50 Euro je Datei ersetzt.

Abschnitt 4 Entschädigung von ehrenamtlichen Richtern

§ 15 JVEG Grundsatz der Entschädigung

(1) Ehrenamtliche Richter erhalten als Entschädigung
1. Fahrtkostenersatz (§ 5),
2. Entschädigung für Aufwand (§ 6),
3. Ersatz für sonstige Aufwendungen (§ 7),
4. Entschädigung für Zeitversäumnis (§ 16),
5. Entschädigung für Nachteile bei der Haushaltsführung (§ 17) sowie
6. Entschädigung für Verdienstausfall (§ 18).

(2) Soweit die Entschädigung nach Stunden bemessen ist, wird sie für die gesamte Dauer der Heranziehung einschließlich notwendiger Reise- und Wartezeiten, jedoch für nicht mehr als zehn Stunden je Tag, gewährt. Die letzte bereits begonnene Stunde wird voll gerechnet.

(3) Die Entschädigung wird auch gewährt,
1. wenn ehrenamtliche Richter von der zuständigen staatlichen Stelle zu Einführungs- und Fortbildungstagungen herangezogen werden,
2. wenn ehrenamtliche Richter bei den Gerichten der Arbeits- und der Sozialgerichtsbarkeit in dieser Eigenschaft an der Wahl von gesetzlich für sie vorgesehenen Ausschüssen oder an den Sitzungen solcher Ausschüsse teilnehmen (§§ 29, 38 des Arbeitsgerichtsgesetzes, §§ 23, 35 Abs. 1, § 47 des Sozialgerichtsgesetzes).

§ 16 JVEG Entschädigung für Zeitversäumnis

Die Entschädigung für Zeitversäumnis beträgt 5 Euro je Stunde.

§ 17 JVEG Entschädigung für Nachteile bei der Haushaltsführung

Ehrenamtliche Richter, die einen eigenen Haushalt für mehrere Personen führen, erhalten neben der Entschädigung nach § 16 eine zusätzliche Entschädigung für Nachteile bei der Haushaltsführung von 12 Euro je Stunde, wenn sie nicht erwerbstätig sind oder wenn sie teilzeitbeschäftigt sind und außerhalb ihrer vereinbarten regelmäßigen täglichen Arbeitszeit herangezogen werden. Die Entschädigung von Teilzeitbeschäftigten wird für höchstens zehn Stunden je Tag gewährt abzüglich der Zahl an Stunden, die der vereinbarten regelmäßigen täglichen Arbeitszeit entspricht. Die Entschädigung wird nicht gewährt, soweit Kosten einer notwendigen Vertretung erstattet werden.

§ 18 JVEG Entschädigung für Verdienstausfall

Für den Verdienstausfall wird neben der Entschädigung nach § 16 eine zusätzliche Entschädigung gewährt, die sich nach dem regelmäßigen Bruttoverdienst einschließlich der vom Arbeitgeber zu tragenden Sozialversicherungsbeiträge richtet, jedoch höchstens 20 Euro je Stunde beträgt. Die Entschädigung beträgt bis zu 39 Euro je Stunde für ehrenamtliche Richter, die in demselben Verfahren an mehr als 20 Tagen herangezogen oder innerhalb eines Zeitraums von 30 Tagen an mindestens sechs Tagen ihrer regelmäßigen Erwerbstätigkeit entzogen werden. Sie beträgt bis zu 51 Euro je Stunde für ehrenamtliche Richter, die in demselben Verfahren an mehr als 50 Tagen herangezogen werden.

Abschnitt 6 Schlussvorschriften

§ 24 JVEG Übergangsvorschrift

Die Vergütung und die Entschädigung sind nach bisherigem Recht zu berechnen, wenn der Auftrag an den Sachverständigen, Dolmetscher oder Übersetzer vor dem Inkrafttreten einer Gesetzesänderung erteilt oder der Berechtigte vor diesem Zeitpunkt herangezogen worden ist. Dies gilt auch, wenn Vorschriften geändert werden, auf die dieses Gesetz verweist.

§ 25 JVEG Übergangsvorschrift aus Anlass des Inkrafttretens dieses Gesetzes

Das Gesetz über die Entschädigung der ehrenamtlichen Richter in der Fassung der Bekanntmachung vom 1. Oktober 1969 (BGBl. I, S. 1753), zuletzt geändert durch Art. 1 Abs. 4 des Gesetzes vom 22. Februar 2002 (BGBl. I, S. 981), und das Gesetz über die Entschädigung von Zeugen und Sachverständigen in der Fassung der Bekanntmachung vom 1. Oktober 1969 (BGBl. I, S. 1756), zuletzt geändert durch Art. 1 Abs. 5 des Gesetzes vom 22. Februar 2002 (BGBl. I, S. 981), sowie Verweisungen auf diese Gesetze sind weiter anzuwenden, wenn der Auftrag an den Sachverständigen, Dolmetscher oder Übersetzer vor dem 1. Juli 2004 erteilt oder der Berechtigte vor diesem Zeitpunkt herangezogen worden ist. Satz 1 gilt für Heranziehungen vor dem 1. Juli 2004 auch dann, wenn der Berechtigte in derselben Rechtssache auch nach dem 1. Juli 2004 herangezogen worden ist.

22 § 15 JVEG enthält den Grundsatz für die Entschädigung ehrenamtlicher Richter. Nach seinem Abs. 1 erhalten sie als Entschädigung
- Fahrtkostenersatz,[48]
- Entschädigung für Aufwand,[49]
- Ersatz für sonstige Aufwendungen,[50]
- Entschädigung für Zeitversäumnis,[51]
- Entschädigung für Nachteile bei der Haushaltsführung,[52]
- Entschädigung für Verdienstausfall.[53]

Soweit die Entschädigung nach Stunden bemessen ist, wird sie gem. § 15 Abs. 2 Satz 1 JVEG für die gesamte Dauer der Heranziehung einschließlich notwendiger Reise- und Wartezeiten, jedoch **nicht mehr als 10 Std. je Tag**, gewährt. Laut 15 Abs. 2 Satz 2 JVEG wird die letzte bereits begonnene Stunde voll gerechnet.

Entschädigt wird zunächst die **Teilnahme an den Sitzungen**. Nach § 15 Abs. 3 Nr. 1 JVEG gilt dies auch für **Einführungs- und Fortbildungsveranstaltungen**, soweit die ehrenamtlichen Richter zu diesen von der zuständigen staatlichen Stelle herangezogen werden. Im Bereich der Arbeitsgerichtsbarkeit ist dies die zuständige oberste Landesbehörde bzw. die von der Landesregierung durch Rechtsverordnung beauftragte Stelle[54] bzw. das Bundesministerium für Arbeit und Soziales.[55] Weiter erfolgt gem. § 15 Abs. 3 Nr. 2 JVEG eine Entschädigung, wenn die ehrenamtlichen Richter an der Wahl sowie an den Sitzungen des Ausschusses der ehrenamtlichen Richter[56] teilnehmen. Nicht entschädigt wird hingegen die **Vorbereitung auf die Sitzungen**;[57] es sei denn, dass diese – was insb. für die Akteneinsicht gilt – vom Vorsitzenden angeordnet worden ist. Schließlich sprechen § 15 Abs. 2 Satz 1 und Abs. 3 Nr. 1 JVEG von der **Heranziehung** des ehrenamtlichen Richters, und nicht von einer **Tätigkeit des ehrenamtlichen Richters**. Während die Tätigkeit in einem weiten Sinne zu verstehen ist, kann von einer Heranziehung nur gesprochen werden, wenn das Gericht den ehrenamtlichen Richter zu einer Ausübung seines Richteramtes auffordert. Andernfalls müsste auch die Teilnahme an solchen Einführungs- und Fortbildungsveranstaltungen für ehrenamtliche Richter entschädigt werden, zu der er zwar von der zuständigen staatlichen Stelle nicht herangezogen wurde, an der er aber gleichwohl teilgenommen hat. Zu denken wäre hier v.a. an entsprechende Veranstaltungen des Deutschen Arbeitsgerichtsverbandes sowie der Gewerkschaften und Arbeitgeberverbände.

Soweit eine Entschädigung nach dem JVEG ausscheidet bzw. den Lohnausfall des Arbeitnehmers nicht vollständig abdeckt, ergibt sich eine **Entgeltfortzahlungspflicht des Arbeitgebers aus § 616 Abs. 1 BGB**,[58] sofern dem nicht eine zur Anwendung gelangende Gleitzeitregelung entgegensteht.[59]

---

48 Vgl. § 5 JVEG.
49 Vgl. § 6 JVEG.
50 Vgl. § 7 JVEG.
51 Vgl. § 16 JVEG.
52 Vgl. § 17 JVEG.
53 Vgl. § 18 JVEG.
54 Vgl. §§ 20 Abs. 1, 37 Abs. 2 ArbGG.
55 Vgl. § 43 Abs. 1 ArbGG.
56 Vgl. §§ 29, 38 ArbGG.
57 A.A. Bader/Hohmann/Klein S. 128, die einen solchen Ausschluss als Verstoß gegen § 26 Abs. 2 ArbGG betrachten; s.a. BCF/Bader § 6 Rn 8 f.
58 H.M.; vgl. LAG Berlin-Brandenburg, 06.09.2007 – 26 Sa 577/07; LAG Bremen, 14.06.1990 – 3 Sa 132/89; GMPMG/Prütting § 26 Rn 17; s.a. BCF/Bader § 6 Rn 9; Bader/Hohmann/Klein S. 129.
59 Vgl. BAG, 22.01.2009 – 6 AZR 78/08.

a) Fahrtkostenersatz

Die Entschädigung für Fahrtkosten ist in § 5 JVEG geregelt. Dabei gilt, dass nur solche Fahrtkosten erstattet werden, die auch tatsächlich angefallen sind,[60] wobei es im Belieben des ehrenamtlichen Richters liegt, welches Beförderungsmittel er wählt.[61] Im Übrigen gelten die folgenden Grundsätze:

— Bei der Benutzung von **öffentlichen, regelmäßig verkehrenden Beförderungsmitteln** werden die tatsächlich entstandenen Auslagen bis zur Höhe der entsprechenden Kosten für die Benutzung der ersten Wagenklasse der Bahn einschließlich der Auslagen für Platzreservierung und Beförderung des notwendigen Gepäcks ersetzt.[62] Wird zu diesem Zweck eine **BahnCard** angeschafft, so sind auch die hierdurch entstehenden Kosten zu erstatten.[63]
— Soweit ein eigenes oder ein von Dritten unentgeltlich überlassenes **Kfz** benutzt wird, erfolgt eine Vergütung i.H.v. 0,30 € für jeden gefahrenen Kilometer.[64] Mit der Zahlung dieses Betrages sind die Anschaffungs-, Unterhaltungs- und Betriebskosten sowie die Abnutzung des Kfz abgegolten. Hinzu kommen die durch die Benutzung des Fahrzeugs aus Anlass der Reise anfallenden baren Auslagen, insb. **Parkentgelte**. Weitere Auslagen in diesem Sinne sind Maut sowie der Fährpreis bei einer erforderlichen Schiffspassage.[65] Auch wenn das Kfz **von mehreren Personen benutzt** wird, so kann diese Fahrtkostenerstattung nur einmal geltend gemacht werden.[66]
— Wird ein Fahrzeug eingesetzt, das nicht unter den vorgenannten Punkt fällt *(z.B. Taxi, Mietwagen)*, so erfolgt eine Erstattung der tatsächlich entstandenen Auslagen bis zur Höhe der in dem vorgenannten Punkt aufgeführten Kosten. Hinzu kommen anfallende regelmäßige bare Auslagen, soweit sie dem ehrenamtlichen Richter entstanden sind. Dazu gehören insb. Parkentgelte.[67]
— Höhere als die in den Ziffern 1 bis 3 bezeichneten Fahrtkosten *(z.B. Benutzung eines **Flugzeugs**, Fahrt mit dem **Taxi**)* werden nur ersetzt, soweit dadurch Mehrbeträge an Vergütung oder Entschädigung erspart werden oder höhere Fahrtkosten wegen besonderer Umstände notwendig sind.[68]
— Wird am Sitzungstag eine **Heimfahrt** unternommen, um dort ein Mittagessen einnehmen zu können, so werden die hierdurch bedingten zusätzlichen Fahrtkosten nur insoweit ersetzt, als Mehrbeträge an Vergütung oder Entschädigung erspart werden, die bei einem Verbleiben am Sitzungsort gewährt werden müssten. Dieser Grundsatz gilt auch für **alle** anderen **Reisen**, wie während der Termindauer unternommen werden.[69]
— Während der Sitzung anfallende Fahrkosten werden nach den oben genannten Grundsätzen erstattet, soweit sie infolge der Ausübung des Richteramtes anfallen (z.B. *Ortsbesichtigung*).[70]
— Wird die Reise zum Sitzungsort von einem anderen als dem Wohnort *(z.B. Arbeitsplatz, Arzt, Urlaubsort)* angetreten oder fährt der ehrenamtliche Richter nach Sitzungsende zu einem anderen Ort als seinem Wohnort *(s.o.)*, so werden die Mehrkosten nach billigem Ermessen nur dann ersetzt, wenn der ehrenamtliche Richter zu diesen Fahrten durch besondere Umstände genötigt war *(z.B. Montagetätigkeit, Einsatz auf einer Baustelle im Ausland)*.[71]

---

60 Vgl. Lieber S. 53.
61 Bader/Hohmann/Klein S. 132.
62 Vgl. § 5 Abs. 1 JVEG.
63 Lieber S. 54.
64 S.a. Bader/Hohmann/Klein S. 133.
65 S.a. Bader/Hohmann/Klein, S. 129.
66 Vgl. § 5 Abs. 2 Satz 2 JVEG.
67 Vgl. § 5 Abs. 2 Satz 3 JVEG.
68 Vgl. § 5 Abs. 3 JVEG.
69 Vgl. § 5 Abs. 4 JVEG.
70 Vgl. NK-GA/Wolmerath § 31 Rn 31.
71 Vgl. § 5 Abs. 5 JVEG; s.a. NK-GA/Wolmerath § 31 Rn 31.

Die **Wahl des Beförderungsmittels** obliegt dem ehrenamtlichen Richter. Keinen Fahrtkostenersatz erhält der ehrenamtliche Richter, der ein **Fahrrad** benutzt. Eine derartige Entschädigung sieht das JVEG nicht vor.[72]

b) Entschädigung für Aufwand

24 Die Entschädigung für Aufwand ist in § 6 JVEG geregelt. Sie ist eine Entschädigung für den mit ihrer Dienstleistung verbundenen Aufwand. Es handelt sich hierbei um eine auf die notwendige Anwesenheit der ehrenamtlichen Richter ausgerichtete **Zeitentschädigung**, die nach festen Gebührensätzen gezahlt wird.[73] Zu unterscheiden ist zwischen dem Tagegeld[74] und dem Übernachtungsgeld.[75]

Das **Tagegeld** beträgt gem. § 6 Abs. 1 JVEG i.V.m. §§ 4 Abs. 5 Satz 1 Nr. 5 Satz 2, 9 Abs. 4a Satz 3 EStG bei einem Richter, der innerhalb der Gemeinde, in der die Sitzung stattfindet, weder wohnt noch arbeitet:

Dauer der Abwesenheit	Höhe des Tagesgeldes
bis zu 8 Std.	–
mehr als 8 Std.	12,00 €
für den An- und Abreisetag, wenn der Arbeitnehmer an diesem, einem anschließenden oder vorhergehenden Tag außerhalb seiner Wohnung übernachtet.	12,00 €
24 Std.	24,00 €

Für die **Berechnung der Dauer der Abwesenheit** ist maßgebend, wie lange der ehrenamtliche Richter von seinem Wohnort bzw. Arbeitsplatz abwesend ist. Das Tagegeld wird für jeden Tag berechnet, an dem Abwesenheitszeiten angefallen sind.[76]

Ehrenamtliche Richter, die innerhalb der Gemeinde, in der die Sitzung stattfindet, wohnen und/oder berufstätig sind, erhalten gem. dem Wortlaut des § 6 Abs. 1 JVEG keine Entschädigung für Aufwand.

Sofern eine auswärtige Übernachtung notwendig ist, wird gem. § 6 Abs. 2 JVEG i.V.m. § 7 Abs. 1 Satz 1 BRKG ein pauschaliertes **Übernachtungsgeld** i.H.v. 20,00 € gewährt. Höhere Übernachtungskosten werden laut § 7 Abs. 1 Satz 2 BRKG erstattet, soweit sie notwendig sind. Soweit höhere Übernachtungskosten anfallen, müssen diese nachgewiesen werden.[77]

c) Entschädigung für sonstige Aufwendungen

25 § 7 JVEG regelt die Entschädigung des ehrenamtlichen Richters für sonstige Aufwendungen. Sonstige in §§ 5, 6 JVEG nicht besonders genannte notwendige bare Auslagen werden gem. § 7 Abs. 1 Satz 1 JVEG erstattet, sofern sie **notwendig** sind. Dies sind laut § 7 Abs. 1 Satz 2 JVEG insbesondere Kosten für eine notwendige Vertretung *(z.B. Betreuung eines Kindes)* sowie für eine notwendige Begleitperson (z.B. bei einem schwerbehinderten ehrenamtlichen Richter).[78] Soweit es die Kosten einer notwendigen Begleitperson betrifft, bestehen sie oftmals in der Erstattung des Bruttoverdienstausfalls einschließlich der vom Arbeitgeber zu tragenden Sozialversicherungsbeiträge.[79]

---

72 S.a. Bader/Hohmann/Klein S. 132.
73 S.a. Bader/Hohmann/Klein S. 134.
74 § 6 Abs. 1 JVEG.
75 § 6 Abs. 2 JVEG.
76 Bader/Hohmann/Klein S. 135.
77 Vgl. NK-GA/Wolmerath § 31 ArbGG Rn 36.
78 S.a. Bader/Hohmann/Klein S. 135.
79 Bader/Hohmann/Klein S. 135.

Die Regelungen der Abs. 2 und 3 des § 7 JVEG dürften in der Praxis der ehrenamtlichen Richter nur von untergeordneter Bedeutung sein. Abs. 2 betrifft die Anfertigung von **Ablichtungen (Kopien)**, Abs. 3 die **Überlassung elektronisch gespeicherter Daten**. 26

d) Entschädigung für Zeitversäumnis

Die Entschädigung für Zeitversäumnis richtet sich nach § 16 JVEG und umfasst die notwendige Zeit, die durch die richterliche Tätigkeit entsteht. Entschädigt werden neben dem Sitzungsdienst Pausen, Wege-, Warte- und ggf. auch Umkleidezeiten.[80] Die Entschädigung für Zeitversäumnis beträgt gem. § 16 JVEG 6,00 € je Stunde, wobei die letzte bereits begonnene Stunde laut § 15 Abs. 2 Satz 2 JVEG voll gerechnet wird. Gemäß § 15 Abs. 2 Satz 1 JVEG gilt hierbei eine Obergrenze von zehn Stunden, die entschädigt werden. 27

e) Entschädigung für Nachteile bei der Haushaltsführung

Die Entschädigung des ehrenamtlichen Richters für Nachteile bei der Führung des eigenen Haushalts wird in § 17 JVEG geregelt. Sofern dieser für mehrere (d.h. mindestens zwei)[81] Personen geführt wird, wird neben der Entschädigung nach § 16 JVEG eine zusätzliche Entschädigung für Nachteile bei der Haushaltsführung i.H.v. **14,00 € je Stunde** gemäß § 17 Satz 1 JVEG gewährt, sofern der ehrenamtliche Richter 28

– nicht erwerbstätig ist, oder
– teilzeitbeschäftigt ist und die Heranziehung außerhalb der regelmäßigen täglichen Arbeitszeit erfolgt.

§ 17 Satz 2 JVEG bestimmt, dass ehrenamtliche Richter, die ein Erwerbsersatzeinkommen beziehen, erwerbstätigen ehrenamtlichen Richtern gleichstehen. Die Entschädigung von Teilzeitbeschäftigten wird laut § 17 Satz 3 JVEG **höchstens für zehn Stunden je Tag** gewährt abzgl. der Stunden, die der vereinbarten regelmäßigen täglichen Arbeitszeit entsprechen. Die Entschädigung wird gemäß § 17 Satz 4 JVEG nicht gewährt, soweit Kosten einer notwendigen Vertretung erstattet werden.

f) Entschädigung für Verdienstausfall

§ 18 JVEG bestimmt, wie der Verdienstausfall eines ehrenamtlichen Richters zu entschädigen ist. Dabei ist § 19 Abs. 2 JVEG zu beachten, wonach die Entschädigung für höchstens zehn Stunden je Tag gewährt wird, wobei die letzte bereits begonnene Stunde als eine volle Stunde zu berücksichtigen ist, sofern mehr als 30 Minuten auf die Heranziehung entfallen. Wird diese Zeitvorgabe unterschritten, so beträgt die Entschädigung die Hälfte des sich für eine volle Stunde ergebenden Betrags. Gem. § 18 Satz 1 tritt die Entschädigung für Verdienstausfall neben die für Zeitversäumnis nach § 16 JVEG. Maßgebend für die Entschädigung für Verdienstausfall ist **bei Arbeitnehmern** der **regelmäßige Bruttoverdienst** einschließlich der vom Arbeitgeber zu tragenden **Sozialversicherungsbeiträge**. Sie beträgt gemäß § 18 Satz 1 JVEG höchstens 24 €/Stunde. Der Zeitraum, der zu entschädigen ist, ist nicht auf die Dauer des Sitzungsdienstes beschränkt. Er umfasst auch die **Anreise und Abreise** zu dem Ort der Sitzung. Ist es dem ehrenamtlichen Richter nicht mehr möglich oder nicht mehr zumutbar, nach Sitzungsende seine **Arbeit aufzunehmen**, so ist der hierdurch entstehende Verdienstausfall ebenfalls nach § 18 JVEG zu entschädigen. Vergleichbares gilt, wenn der ehrenamtliche Richter seine Arbeit vorzeitig beenden muss, um sein Ehrenamt ausgeruht ausüben zu können.[82] Dies kann im Einzelfall insb. auf Fernpendler, Kraftfahrer im Güterfernverkehr sowie auf Beschäftigte im Schichtdienst zutreffen.[83] In diesem Zusammenhang ist zu beachten, dass das ArbZG auch die ehrenamtliche Richtertätigkeit erfasst. Insoweit ist diese hinsichtlich der 29

---

80 Vgl. Wolmerath S. 58; Bader/Hohmann/Klein S. 129.
81 Lieber S. 92.
82 Vgl. Lieber S. 103.
83 Vgl. Bader/Hohmann/Klein S. 130; *Lieber* S. 113.

Einhaltung arbeitszeitrechtlicher Vorgaben (werktägliche Begrenzung der Arbeitszeit gemäß § 3 ArbZG sowie Ruhezeit nach § 5 ArbZG) zu berücksichtigen.[84]

30 Nach einem Urteil des BAG vom 22.01.2009[85] hat ein Arbeitnehmer des öffentlichen Dienstes, soweit ihm dies aufgrund einer Gleitzeitvereinbarung möglich ist, für die Ausübung seines ehrenamtlichen Richteramtes gemäß § 29 Abs. 2 Satz 1 TVöD Gleitzeit zu nehmen. Eine solche Meinung sowie die damit einhergehende Bewertung der Gleitzeit ist abzulehnen, da sie der Benachteiligung ehrenamtlicher Richter Tür und Tor öffnet und dem Schutzgedanken des § 26 widerspricht.[86] Schließlich muss der betreffende ehrenamtliche Richter die infolge des Sitzungsdienstes ausgefallene Arbeitszeit entweder vor- oder nacharbeiten, will er keinen Abzug auf seinem Arbeitszeitkonto erhalten. Ihm wird insoweit ein Freizeitopfer auferlegt.

31 Den **Nachweis** über die Höhe des Verdienstausfalls können **Arbeitnehmer** entweder durch Vorlage einer aktuellen Entgeltabrechnung oder durch Vorlage einer entsprechenden Bescheinigung des Arbeitgebers *(Verdienstbescheinigung)* erbringen. Bei **Selbständigen** kann der Stundensatz, der den Kunden, Mandanten etc. in Rechnung gestellt wird, eine Orientierung sein. Dieser dürfte i.d.R. dazu führen, dass der Höchstbetrag von 24 €/Stunde gem. § 18 Satz 1 JVEG in Ansatz zu bringen ist.[87] § 18 Sätze 2, 3 JVEG sehen eine über Satz 1 hinausgehende Verdienstausfallentschädigung vor, die allerdings für ehrenamtliche Richter in der Arbeitsgerichtsbarkeit nicht von praktischer Bedeutung ist:[88] Wenn ein ehrenamtlicher Richter in demselben Verfahren an mehr als 20 Tagen herangezogen oder innerhalb eines Zeitraums von 30 Tagen an mindestens sechs Tagen seiner regelmäßigen Erwerbstätigkeit entzogen wird, beträgt die Entschädigung bis zu 46 €. Bis zu 61 € beträgt sie, wenn der ehrenamtliche Richter in demselben Verfahren an mehr als 50 Tagen herangezogen wird.

g) Entschädigungsverfahren

32 Das Entschädigungsverfahren ist in §§ 2 bis 4a JVEG geregelt. Gem. § 3 JVEG ist dem ehrenamtlichen Richter auf seinem Antrag hin ein **angemessener Vorschuss** zu bewilligen, wenn ihm
– erhebliche Fahrtkosten oder
– sonstige Aufwendungen
entstanden sind oder voraussichtlich entstehen werden.

33 Der Entschädigungsanspruch des ehrenamtlichen Richters erlischt laut § 2 Abs. 1 Satz 1 JVEG, wenn er nicht binnen einer **Frist von drei Monaten** bei dem Gericht geltend gemacht wird, bei dem er sein Richteramt ausübt. Hierüber und über den Beginn der Frist ist der ehrenamtliche Richter zu belehren.[89] Die Frist beginnt gem. § 2 Abs. 1 Satz 2 Nr. 5 JVEG mit dem Ende der Amtszeit des ehrenamtlichen Richters. Auf begründeten Antrag des ehrenamtlichen Richters kann die Geltendmachungsfrist verlängert werden. Sofern dem Antrag nicht entsprochen wird, hat hierüber ein Bescheid des ArbG zu ergehen. Wird der Antrag abgelehnt, erlischt der Anspruch, wenn die Geltendmachungsfrist abgelaufen ist und er nicht binnen zwei Wochen ab Bekanntgabe der Entscheidung bei dem ArbG geltend gemacht wird.[90]

34 Auf Antrag des ehrenamtlichen Richters hat ihm das ArbG gemäß § 2 Abs. 2 Satz 1 JVEG die **Wiedereinsetzung in den vorigen Stand** zu gewähren, wenn er ohne Verschulden an der Einhal-

---

84 Lieber 2011, S. 17.
85 6 AZR 78/08; s.a. jurisPR-ArbR 22/2009 mit Anm. Wolmerath. So im Ergebnis auch LAG Baden-Württemberg, 07.03.2005 – 3 Ta 31/05, AuR 2006, 286.
86 Vgl. LAG Berlin-Brandenburg, 06.09.2007 – 26 Sa 577/07, jurisPR-ArbR 37/2008 mit Anm. Wolmerath; Natter AuR 2006, 264; Lieber 2011 S. 17 f.; s.a. BVerwG, 28.07.2011 – 2 C 45/09 für einen ehrenamtlichen Richter, der Beamter ist.
87 So im Ergebnis auch Bader/Hohmann/Klein S. 131.
88 So auch: Bader/Hohmann/Klein S. 130.
89 Vgl. § 2 Abs. 1 Satz 1 a.E. JVEG.
90 Vgl. § 2 Abs. 1 Sätze 4 bis 5 JVEG.

tung der Geltungsmachungsfrist gehindert war und er innerhalb von zwei Wochen nach Beseitigung des Hindernisses den Anspruch beziffert, sowie die Tatsachen glaubhaft macht, welche die Wiedereinsetzung begründen. Ein Fehlen des Verschuldens wird gem. § 2 Abs. 2 Satz 2 JVEG vermutet, wenn die in § 2 Abs. 1 Satz 1 JVEG vorgeschriebene Belehrung unterblieben oder fehlerhaft ist. Die Wiedereinsetzung in den vorigen Stand kann nach dieser Vorschrift dann nicht mehr beantragt werden, wenn von dem Ende der versäumten Frist an gerechnet ein Jahr vergangen ist. Gegen die Ablehnung der Wiedereinsetzung in den vorigen Stand findet die Beschwerde statt, die innerhalb einer Frist von zwei Wochen eingelegt werden muss. Die Frist hierfür beginnt mit der Zustellung der Entscheidung. § 4 Abs. 4 Sätze 1 bis 3 und Abs. 6 bis 8 JVEG sind entsprechend anzuwenden.[91]

Gem. § 2 Abs. 3 Satz 1 JVEG **verjährt der Entschädigungsanspruch** des ehrenamtlichen Richters in **drei Jahren** nach Ablauf des Kalenderjahres, in dem der nach Abs. 1 Satz 2 Nr. 1 bis Nr. 4 der Vorschrift maßgebliche Zeitpunkt eingetreten ist. Hierbei ist zu beachten, dass auf die Verjährung die §§ 194 bis 225 BGB Anwendung finden, die Verjährung durch den Antrag auf gerichtliche Festsetzung[92] wie durch Klageerhebung gehemmt und die Verjährung nicht von Amts wegen berücksichtigt wird.[93] 35

Der **Anspruch gegen den ehrenamtlichen Richter** auf Erstattung zu viel gezahlter Entschädigung verjährt laut § 2 Abs. 4 Satz 1 JVEG in drei Jahren nach Ablauf des Kalenderjahres, in dem die Zahlung erfolgt ist. § 5 Abs. 3 GKG findet gem. § 2 Abs. 4 Satz 2 JVEG eine entsprechende Anwendung. 36

Die Festsetzung der Entschädigung erfolgt gem. § 4 Abs. 1 Satz 1 JVEG durch gerichtlichen Beschluss, sofern der ehrenamtliche Richter oder die Staatskasse diese beantragt oder das Gericht sie für angemessen hält. Zuständig ist hierfür nach § 4 Abs. 1 Satz 1 Nr. 1 JVEG das Gericht, bei dem der ehrenamtliche Richter sein Richteramt ausübt. Ansonsten setzt der Urkundsbeamte der Geschäftsstelle von Amts wegen die Entschädigung fest.[94] 37

Gegen den Beschluss können gemäß § 4 Abs. 3 JVEG der ehrenamtliche Richter sowie die Staatskasse **Beschwerde** einlegen, sofern der **Beschwerdegegenstandswert 200 € übersteigt** oder wenn sie das Gericht, das die angefochtene Entscheidung erlassen hat, wegen der grundsätzlichen Bedeutung der zur Entscheidung stehenden Frage in dem Beschluss **zulässt**. Der Wert des Beschwerdegegenstandes wird durch die Höhe des im Streit stehenden Geldbetrages bestimmt. Die Einlegung der Beschwerde ist nicht fristgebunden.[95] 38

Soweit das Gericht die Beschwerde für zulässig und begründet hält, hat es ihr abzuhelfen. Ansonsten ist diese unverzüglich dem Beschwerdegericht vorzulegen. **Beschwerdegericht** ist das nächsthöhere Gericht, mithin das LAG. Eine Beschwerde an das BAG findet nicht statt.[96] Das Beschwerdegericht ist an die Zulassung der Beschwerde gebunden. Die Nichtzulassung ist unanfechtbar. 39

Anträge und Erklärungen kann der ehrenamtliche Richter **mündlich zu Protokoll der Geschäftsstelle** oder schriftlich einreichen. § 129a ZPO gilt entsprechend. Die Beschwerde ist bei dem Gericht einzulegen, dessen Entscheidung angefochten wird.[97] 40

Über den Antrag entscheidet das ArbG gem. § 4 Abs. 7 JVEG immer **ohne Mitwirkung der ehrenamtlichen Richter**, sodass hierzu der Vorsitzende Richter berufen ist. Nach § 4 Abs. 8 JVEG sind die Verfahren gebührenfrei; Kosten werden nicht erstattet. 41

---

91 Vgl. § 2 Abs. 2 Sätze 4 bis 7 JVEG.
92 Vgl. § 4 JVEG.
93 Vgl. § 2 Abs. 3 Sätze 2 bis 4 JVEG.
94 Bader/Hohmann/Klein S. 136; Lieber S. 36.
95 Vgl. Bader/Hohmann/Klein S. 136.
96 S.a. Bader/Hohmann/Klein S. 136.
97 Vgl. § 4 Abs. 6 JVEG.

42 Gem. § 4a Abs. 1 JVEG ist das Verfahren auf die Rüge eines durch die Entscheidung nach dem JVEG beschwerten Beteiligten fortzuführen, wenn
1. ein Rechtsmittel oder ein anderer Rechtsbehelf gegen die Entscheidung nicht gegeben ist und
2. das Gericht den Anspruch dieses Beteiligten **auf rechtliches Gehör** in entscheidungserheblicher Weise **verletzt hat**.

Diese Rüge ist gem. § 4a Abs. 2 JVEG innerhalb von zwei Wochen nach Kenntnis der Verletzung des rechtlichen Gehörs bei dem Gericht zu erheben, dessen Entscheidung angegriffen wird. Die Erhebung der Rüge ist ausgeschlossen, wenn seit Bekanntmachung der angegriffenen Entscheidung ein Jahr vergangen ist. Sofern die Rüge begründet ist, wird das Verfahren fortgeführt, soweit es aufgrund der Rüge geboten ist. Andernfalls wird die Rüge zurückgewiesen.[98]

h) Steuerrechtliche Aspekte

43 Die Entschädigungen nach dem JVEG unterfallen zwar dem Einkommensteuergesetz, scheinen allerdings in der steuerrechtlichen Praxis nicht von Bedeutung zu sein. So lassen sich keine einschlägigen Gerichtsentscheidungen finden. Zudem scheinen die Entschädigungen im Hinblick auf ihre recht geringe Höhe keine steuerrechtlichen Fragen aufzuwerfen. Soweit eine Entschädigung nicht gemäß § 3 EStG als steuerfrei bezeichnet ist, unterfällt sie damit der Steuerpflicht. Allerdings können zu Gunsten des ehrenamtlichen Richters Freibeträge zum Tragen kommen, die eine Steuerpflicht mindern oder sogar gänzlich ausschließen. So handelt es sich bei der ehrenamtlichen Richtertätigkeit um eine begünstigte Tätigkeit nach § 3 Nr. 26 Satz 1 EStG. Mithin sind Einnahmen bis zu 2.400 €/Jahr steuerfrei. Davon erfasst werden die Entschädigungen für Zeitversäumnis, für Nachteile bei der Haushaltsführung und für Verdienstausfall nach §§ 16–18 JVEG. Werbungskosten können gemäß § 3 Nr. 26 Satz 2 EStG nur insoweit geltend gemacht werden, als sie den Betrag der steuerfreien Einnahmen übersteigen. Steuerfrei sind nach § 3 Nr. 13 EStG gezahlte Reisekostenvergütungen, worunter der Fahrtkostenersatz nach § 5 JVEG, die Entschädigung für Aufwand gemäß § 6 JVEG sowie der Ersatz für sonstige Aufwendungen nach § 7 JVEG fallen.[99]

8. Sozialversicherungsrechtliche Auswirkungen

a) Gesetzliche Unfallversicherung

44 Gem. § 2 Abs. 1 Nr. 10 SGB VII unterliegen ehrenamtliche Richter der gesetzlichen Unfallversicherung. Dieser Versicherungsschutz bezieht sich auf alle Tätigkeiten, die der ehrenamtliche Richter in der Ausübung seines Amtes vornimmt. Sofern der ehrenamtliche Richter einen Unfall *(insb. Wegeunfall)* erleidet, ist dieser zur Vermeidung von Nachteilen unverzüglich dem Gericht, bei dem der Richter berufen ist, anzuzeigen.[100]

b) Gesetzliche Krankenversicherung

45 Da ehrenamtliche Richter regelmäßig nur zu einzelnen Sitzungstagen herangezogen werden, zwischen denen ein kürzerer oder längerer Zeitraum liegt, an denen einer Erwerbstätigkeit nachgegangen werden kann, bringt das Richteramt grds. keine Nachteile für die gesetzliche Krankenversicherung mit sich. Auf versicherungspflichtige ehrenamtliche Richter findet die Regelung des § 190 Abs. 2 SGB V Anwendung, wonach die Mitgliedschaft versicherungspflichtiger Beschäftigter mit dem Ablauf des Tages endet, an dem das Beschäftigungsverhältnis gegen Arbeitsentgelt endet. Da das Beschäftigungsverhältnis des ehrenamtlichen Richters infolge der Ausübung des ehrenamtlichen Richteramtes lediglich unterbrochen wird in der Weise, dass die gegenseitigen Pflichten aus dem Beschäftigungsverhältnis suspendiert werden, kommt eine Beendigung der Mitgliedschaft gem. § 190 Abs. 2 SGB V nicht in Betracht. Beiträge müssen mithin zur Aufrechterhaltung des Versiche-

---

98 Vgl. § 4a Abs. 4, 5 JVEG.
99 S.a. Bader/Hohmann/Klein S. 137.
100 Vgl. Wolmerath S. 82.

rungsschutzes nicht entrichtet werden.[101] **Freiwillig** in der gesetzlichen Krankenversicherung **versicherte ehrenamtliche Richter** müssen ihre Versicherungsbeiträge hingegen fortzahlen, sofern dies im Einzelfall zur Aufrechterhaltung des Versicherungsschutzes erforderlich ist. Sofern der Arbeitgeberzuschuss zur Krankenversicherung nicht gezahlt wird, müssen die Beiträge bei Bedarf aus eigenen Mitteln bestritten werden; sie werden durch die Entschädigung nach dem JVEG mit abgegolten.[102]

c) Soziale Pflegeversicherung

In der sozialen Pflegeversicherung versicherte Personen[103] haben infolge der Ausübung des ehrenamtlichen Richteramts keine Nachteile zu befürchten. Da das Beschäftigungsverhältnis des ehrenamtlichen Richters infolge der Ausübung des ehrenamtlichen Richteramts lediglich suspendiert wird,[104] scheidet eine Beendigung der Mitgliedschaft in der sozialen Pflegeversicherung gem. § 49 SGB XI aus. 46

d) Gesetzliche Rentenversicherung

Im Einzelfall kann die ehrenamtliche Richtertätigkeit Nachteile bei der gesetzlichen Rentenversicherung mit sich bringen. Gem. § 163 Abs. 3 SGB VI gilt bei einer Minderung des Arbeitsentgeltes aufgrund der Richtertätigkeit der Betrag zwischen dem tatsächlich erzielten Arbeitsentgelt und dem Arbeitsentgelt, das ohne die ehrenamtliche Richtertätigkeit erzielt worden wäre, höchstens bis zur Beitragsbemessungsgrenze als Arbeitsentgelt *(Unterschiedsbetrag)*, wenn der Arbeitnehmer dies beim Arbeitgeber für laufende und/oder künftige Entgeltabrechnungszeiträume beantragt. Die aufgrund des Antrags zu entrichtenden Beiträge hat der ehrenamtliche Richter gem. § 168 Abs. 1 Nr. 5 SGB VI selbst zu tragen; sie werden ihm regelmäßig vom Entgelt einbehalten. Dabei ist zu bedenken, dass die Entschädigung für Verdienstausfall nach § 18 Satz 1 JVEG sowohl die von dem ehrenamtlichen Richter als auch die vom Arbeitgeber zu tragenden Sozialversicherungsbeiträge umfasst. 47

9. Vermögensbildungsrechtliche Auswirkungen

Sofern sich durch die ehrenamtliche Richtertätigkeit die zusätzlichen **vermögenswirksamen Leistungen** des Arbeitgebers verringern, besteht die Möglichkeit, den Fehlbetrag dem Arbeitslohn zu entnehmen und der vermögenswirksamen Anlage zuzuführen. Hierdurch wird ein Verlust bei der Arbeitnehmersparzulage vermieden.[105] 48

III. Aufstellung der Hilfsliste (Abs. 2)

Gem. Abs. 2 kann für den Fall der unvorhergesehenen Verhinderung eine **Hilfsliste** von ehrenamtlichen Richtern aufgestellt werden, die am Gerichtssitz oder in der Nähe wohnen oder ihren Dienstsitz haben. Für ihre Aufstellung sowie für die Heranziehung der ehrenamtlichen Richter nach dieser Liste gelten die gleichen Grundsätze wie nach Abs. 1 (vgl. Rdn. 1 ff.). Allerdings dürfen die auf der Hilfsliste aufgezählten Richter nur im Fall einer **unvorhergesehenen Verhinderung** (vgl. Rdn. 7) zum Sitzungsdienst herangezogen werden.[106] 49

§ 32

(weggefallen)

---

101 So auch: Bader/Hohmann/Klein (12. Aufl. 2006) S. 112.
102 Bader/Hohmann/Klein (12. Aufl. 2006) S. 113.
103 Vgl. §§ 20, 21 SGB XI.
104 Vgl. Rdn. 45.
105 Zu den Einzelheiten vgl. § 11 5. Vermögensbildungsgesetz; s.a. Bader/Hohmann/Klein S. 138.
106 Vgl. GMPMG/Prütting § 31 Rn 19; BCF/Bader § 31 Rn 5; Wolmerath S. 50.

Zweiter Abschnitt Landesarbeitsgerichte

§ 33 Errichtung und Organisation

In den Ländern werden Landesarbeitsgerichte errichtet. § 14 Abs. 2 bis 5 ist entsprechend anzuwenden.

Übersicht

	Rdn.		Rdn.
I. Gesetzliche Grundlagen............	1	III. Anhörung der Verbände............	6
II. Gerichtstage.....................	4		

I. Gesetzliche Grundlagen

1 In den Ländern sind gem. **Satz 1 Landesarbeitsgerichte** zu errichten. **Satz 2** verweist i.Ü. auf die Bestimmungen zur Errichtung der ArbGe.[1] Folgende **Organisationsentscheidungen** sind daher **durch Gesetz** zu treffen:[2] Errichtung und Aufhebung eines Landesarbeitsgerichts; Verlegung eines Gerichtssitzes; Änderung in der Abgrenzung der Gerichtsbezirke; Zuweisung einzelner Sachgebiete für mehrere Bezirke an ein LAG *(wenn mehrere Landesarbeitsgerichte im Land errichtet sind)*; Errichtung von auswärtigen Kammern des Landesarbeitsgerichts *(Baden-Württemberg: Außenkammern in Freiburg und Mannheim)*; Übergang anhängiger Verfahren auf ein anderes LAG bei Errichtung oder Aufhebung eines Landesarbeitsgerichts *(Zusammenlegung LAG Berlin mit dem LAG Brandenburg)*; Änderung der Gerichtsbezirke oder Zuweisung einzelner Sachgebiete an ein LAG bei Ländern mit mehreren Landesarbeitsgerichten *(Nordrhein-Westfalen: drei Landesarbeitsgerichte; Bayern: zwei Landesarbeitsgerichte)*. Derzeit sind auf dem Gebiet der BRD insgesamt 18 Landesarbeitsgerichte erichtet.[3]

2 Ein **Staatsvertrag** ist erforderlich, wenn mehrere Länder **gemeinsame Landesarbeitsgerichte** oder gemeinsame Kammern über die Landesgrenzen hinaus vereinbaren.[4] Aufgrund der angespannten Haushaltslage in den Ländern steht zu erwarten, dass Länder hierzu auch in Zukunft Staatsverträge schließen *(Berlin/Brandenburg für ein gemeinsames Landesarbeitsgericht; Bremen/Niedersachsen haben ein gemeinsames Landessozialgericht)* und gesetzliche Regelungen i.S.v. § 14 Abs. 3 treffen. Derartige Maßnahmen sind ebenfalls im Rahmen einer Neugliederung der Länder denkbar.

3 **Rechtsmittel** können fristwahrend sowohl bei einer auswärtigen Kammer als auch am Stammsitz des LAG oder bei einem anderen LAG des Landes eingelegt werden.[5]

II. Gerichtstage

4 Die nach § 33 Satz 2 i.V.m. § 14 Abs. 4 zulässige **Abhaltung von Gerichtstagen** der Landesarbeitsgerichte wird unterschiedlich beurteilt. Fortschreitende Möglichkeiten der Telekommunikation und der Mobilität von Parteien und Verfahrensbevollmächtigten *(öffentliche und private Verkehrsmittel)* lassen die Abhaltung von Sitzungen eines *(dem OLG gleichrangigen)* Berufungsgerichts in Arbeitssachen vor Ort nicht mehr zeitgemäß erscheinen. Im Bezirk des Landesarbeitsgerichts Niedersachsen sind daher die Gerichtstage Braunschweig und Oldenburg des Landesarbeitsgerichts

---

1 § 14 Abs. 2 bis 5.
2 § 33 Satz 2 i.V.m. § 14 Abs. 2.
3 Vgl. Übersicht im Anhang 4.
4 § 33 Satz 2 i.V.m. § 14 Abs. 3; GK-ArbGG/Bader § 33 Rn 12; Schwab/Weth-Liebscher § 33 Rn 9; z.B. Staatsvertrag Berlin-Brandenburg über die Errichtung gemeinsamer Fachobergerichte per 01.01.2007 vom 26.04.2004 (GBl. Berlin S. 380; GBl. I Brandenburg S. 281).
5 BAG, 23.09.1981 – 5 AZR 603/79, NJW 1982, 1118; BAG 12.12.1968 – 1 AZB 35/68, AP Nr. 26 zu § 64 ArbGG 1953.

und aller Arbeitsgerichte aufgehoben worden.[6] Soweit Gerichtstage an den anderen 17 Landesarbeitsgerichten abgehalten werden (z.B. Gerichtstag des LAG Rheinland-Pfalz in Trier), bedarf es einer **Anordnung der zuständigen obersten Landesbehörde**, die den Sitz, den Zuständigkeitsbereich und den zeitlichen Turnus festlegt.

Die Landesregierung kann ferner nach § 33 Satz 2 i.V.m. § 14 Abs. 4 Satz 2 und 3 durch **Rechtsverordnung** bestimmen, dass Gerichtstage außerhalb des Sitzes des Landesarbeitsgerichts abgehalten werden können. Die Landesregierung kann nach § 14 Abs. 4 Satz 3 die zuständige oberste Landesbehörde zum Erlass einer Rechtsverordnung hierzu ermächtigen.[7]   5

III. Anhörung der Verbände

Bei der Vorbereitung der gesetzlichen Organisationsregelungen nach § 14 Abs. 2 Nr. 1 bis 5 sind die Gewerkschaften und die Vereinigungen der Arbeitgeber zu hören.[8] Ihre **Anhörung** ist bei der Errichtung und Schaffung von Gerichtstagen nicht erforderlich.[9] Hierzu wird auf die Erläuterungen zu § 14 verwiesen.   6

§ 34 Verwaltung und Dienstaufsicht

(1) ¹Die Geschäfte der Verwaltung und Dienstaufsicht führt die zuständige oberste Landesbehörde. ²§ 15 Abs. 1 Satz 2 gilt entsprechend.

(2) ¹Die Landesregierung kann durch Rechtsverordnung Geschäfte der Verwaltung und Dienstaufsicht dem Präsidenten des Landesarbeitsgerichts übertragen. ²Die Landesregierung kann die Ermächtigung nach Satz 1 durch Rechtsverordnung auf die zuständige oberste Landesbehörde übertragen.

Aus **Abs. 1 Satz 1** ergibt sich, dass die zuständige oberste Landesbehörde die Geschäfte der Verwaltung und Dienstaufsicht führt. Inhaltlich geht es um die gesamte behördliche verwaltende Tätigkeit, um die personellen und sachlichen Grundlagen zur Erfüllung der Rechtsprechungsaufgaben zu schaffen. Da **Abs. 1 Satz 2** auf **§ 15 Abs. 1 Satz 2** verweist, gelten die für die ArbGe getroffenen Bestimmungen im Hinblick auf die Organisation der Gerichte und Anhörung der Verbände bei der Vorbereitung entsprechender gesetzlicher Maßnahmen.[1]   1

Die zuständige oberste Landesbehörde kann gem. **Abs. 2** Geschäfte der **Verwaltung und Dienstaufsicht** dem **Präsidenten** des Landesarbeitsgerichts **übertragen**, wobei seit dem Inkrafttreten des **Arbeitsgerichtsbeschleunigungsgesetzes** zum 01.05.2000 nicht mehr das Einvernehmen der beiden obersten Landesbehörden (Justiz- und Arbeitsminister) herzustellen ist. Vgl. § 14 Rdn. 13. Die Übertragung erfolgt ohne Anhörung der Verbände;[2] die Übertragung kann sich auch auf Teilbereiche beziehen. Die dann erforderlichen Anhörungen, z.B. beim Erlass allgemeiner Anordnungen, sind dann vom Präsidenten durchzuführen.[3] Die Möglichkeit der **Delegation** auf den Präsidenten des Landesarbeitsgerichts gewinnt im Zuge der Verwaltungsreformen zunehmend an Bedeutung. So hat beispielsweise die Landesregierung in Niedersachsen vor kurzem gem. § 20 Abs. 1 Satz 2 die **Berufung der ehrenamtlichen Richter** auf das Landesarbeitsgericht übertragen. Näher hierzu vgl. Erl. zu §§ 14, 15, 20.   2

---

6 Vgl. dazu § 14 Rdn. 13; ebenso in Hessen zum 01.01.2005, dazu GK-ArbGG/Bader § 33 Rn 13.
7 GK-ArbGG/Bader § 33 Rn 17.
8 § 33 Satz 2 i.V.m. § 14 Abs. 5.
9 GMPMG/Prütting § 14 Rn 17; Schwab/Weth-Liebscher § 33 Rn 14.
1 MünchArbR/Brehm § 377 Rn 11; Schwab/Weth-Liebscher § 34 Rn 2; vgl. näher dazu Erl. zu § 15.
2 GMPMG/Prütting § 15 Rn 26.
3 Hauck/Helml § 34 Rn 2.

§ 35 Zusammensetzung, Bildung von Kammern

(1) ¹Das Landesarbeitsgericht besteht aus dem Präsidenten, der erforderlichen Zahl von weiteren Vorsitzenden und von ehrenamtlichen Richtern. ²Die ehrenamtlichen Richter werden je zur Hälfte aus den Kreisen der Arbeitnehmer und der Arbeitgeber entnommen.

(2) Jede Kammer des Landesarbeitsgerichts wird in der Besetzung mit einem Vorsitzenden und je einem ehrenamtlichen Richter aus den Kreisen der Arbeitnehmer und der Arbeitgeber tätig.

(3) ¹Die zuständige oberste Landesbehörde bestimmt die Zahl der Kammern. ²§ 17 gilt entsprechend.

Übersicht	Rdn.		Rdn.
I. Zusammensetzung...............	1	III. Zahl der Kammern	5
II. Kammerbesetzung...............	2		

I. Zusammensetzung

1 Nach **Abs. 1** besteht das LAG aus dem Präsidenten, der erforderlichen Zahl von weiteren Vorsitzenden und von ehrenamtlichen Richtern, die je zur Hälfte aus den Kreisen der Arbeitnehmer und der Arbeitgeber entnommen werden. Die **Zahl der Kammern** wird gem. **Abs. 3 Satz 1** von der zuständigen obersten Landesbehörde bestimmt. Sie soll sich am Arbeitsaufkommen orientieren und kann höher als die Zahl der planmäßigen Vorsitzenden Richter sein.[1] § 17, der die Bildung von Kammern an den Arbeitsgerichten behandelt, gilt entsprechend *(Abs. 3 Satz 2)*. Die Heranziehung nicht planmäßig am LAG ernannter Richter ist nur verfassungsgemäß, wenn sie **Erprobungs- oder vorübergehenden Entlastungszwecken** dient.[2] Eine **Abordnung** darf von der Justizverwaltung **nicht dazu genutzt** werden, **Einsparungen** vorzunehmen. Deshalb führen auch Erprobung, Krankheitsvertretung und Entlastungsabordnung zu einer **verfassungswidrigen Gerichtsbesetzung**, wenn die Arbeitslast des Gerichts deshalb nicht bewältigt werden kann, weil es unzureichend mit Planstellen ausgestattet ist oder weil die Justizverwaltung es verabsäumt hat, offene Planstellen binnen angemessener Frist zu besetzen. Dementsprechend muss sich eine Abordnung in zeitlichen und sachlichen Grenzen halten (ein Jahr).[3]

II. Kammerbesetzung

2 **Abs. 2** schreibt vor, dass jede Kammer des Landesarbeitsgerichts in der Besetzung mit einem Vorsitzenden und paritätisch mit einem ehrenamtlichen Richter aus den Kreisen der Arbeitnehmer und der Arbeitgeber tätig wird. Die **Kammerverfassung** ist rechtspolitisch umstritten.[4] Die Bedeutung der beim LAG zu treffenden Entscheidungen und die eingeschränkte Zulassung der Revision und Rechtsbeschwerde sprechen eher für die Einrichtung einer »langen« **Richterbank** mit drei Berufsrichtern und zwei ehrenamtlichen Richtern. Die Umbenennung der Spruchkörper am LAG in »Senate« ist abgelehnt worden,[5] obgleich es im Zuge der deutschen Vereinigung übergangsweise Senate für Arbeitssachen an den Bezirksgerichten der neuen Länder gab.

3 Aufgrund der schwerwiegenden Auswirkungen von Entscheidungen im **Arbeitskampfrecht** (§ 2 Abs. 1 Nr. 2 ArbGG) und bei den Feststellungen über die **Tariffähigkeit oder Tarifzuständigkeit** einer Vereinigung (§ 97) oder über die Wirksamkeit einer **Allgemeinverbindlicherklärung oder**

---

[1] Schwab/Weth-Liebscher § 35 Rn 2, 3.
[2] BVerfG, 03.07.1963 – 2 BvR 628/60, NJW 1962, 1495; BAG, 06.06.2007 – 4 AZR 411/06, NZA 2008, 1086; LAG Köln, 29.06.2012 – 10 Ta 364/11, Rn 5.
[3] BAG, 23.07.2014 –. 7 ABR 23/12, EzA § 94 SGB IX Nr. 8, Rn 27; BAG, 13.10.2010 – 5 AZN 861/10, Rn 9, EzA § 547 ZPO 2002 Nr. 4.
[4] Vgl. dazu MünchArbR/Brehm § 377 Rn 26; GK-ArbGG/Bader § 35 Rn 5; Isenhardt FS 100 jähriges Bestehen des Arbeitsgerichtsverbandes 1994, S. 343, 345; GMPMG/Prütting § 35 Rn 2 f. m.w.N.
[5] Hako-Natter § 35 Rn 5, 6; GK-ArbGG/Bader § 35 Rn 5.

Rechtsverordnung (§ 98) ist **de lege ferenda** zu erwägen, ob in diesen Fällen nicht durch Geschäftsverteilungsplan am LAG eine zuständige »**Große Kammer**« mit drei Berufsrichtern und zwei ehrenamtlichen Richtern zu bilden ist. Das würde einer besser verantworteten Entscheidungsfindung dienlich sein, zumal wichtige Entscheidungen im Arbeitskampfrecht vornehmlich im Wege **einstweiligen Rechtsschutzes** getroffen werden, die dann einer Revision oder Rechtsbeschwerde nicht mehr zugänglich sind. Vgl. dazu Erl. § 72 Rdn. 11 f. und § 92 Rdn. 7. Nach der in § 4a TVG getroffenen Regelung zur »**Tarifeinheit im Betrieb**«[6] wäre es von Vorteil gewesen auch diese bedeutsame Entscheidung ebenfalls erstinstanzlich beim LAG anzusiedeln und außerdem einem vergrößerten Spruchkörper anzuvertrauen. Das hat der Gesetzgeber in § 99 n.F. versäumt und es hier bei dem herkömmlichen dreizügigen Verfahren belassen, obwohl er ansonsten die Normen der §§ 97, 98 in den Abs. 2 bis 4 übernommen hat.

Die **Befugnisse des Vorsitzenden** nach §§ 53, 55 zum Erlass von Urteilen, Beschlüssen und Verfügungen ohne Hinzuziehung der ehrenamtlichen Richter sind nach § 64 Abs. 7 auch beim LAG anzuwenden, wenn nichts anderes bestimmt ist (vgl. dazu § 64 Rdn. 70 ff.). § 66 Abs. 2 Satz 2 erlaubt nach Gewährung rechtlichen Gehörs eine **Entscheidung des Vorsitzenden allein** bei **Verwerfung der Berufung** ohne mündliche Verhandlung.[7] Hat der Vorsitzende bei **Erlass eines Versäumnisurteils** die Entscheidung allein zu treffen[8] und beteiligt er gleichwohl die ehrenamtlichen Richter, so soll dies im Ergebnis mit Blick auf § 10 ZPO unschädlich sein.[9] Dem ist nicht zu folgen (vgl. hierzu § 41 Rdn. 5 f.). Ist eine Entscheidung der Kammer gesetzlich vorgesehen und entscheidet gleichwohl der Vorsitzende allein, handelt es sich um einen **Fall der fehlerhaften Besetzung**, der nach § 547 Nr. 1 ZPO einen absoluten Revisionsgrund darstellt.[10] Mit dem **SGGArbGG-Änderungsgesetz**[11] ist mit Wirkung zum 01.04.2008 das Problem entschärft worden (Einfügung: »außerhalb der streitigen Verhandlung« im Eingangssatz zu § 55).[12] Sind die ehrenamtlichen Richter anwesend, dürfen sie mitentscheiden.[12] Vgl. Erl. zu § 55 Rdn. 2, § 73 Rdn. 50 ff. Im Übrigen ist § 295 ZPO nicht anwendbar, da auf die ordnungsgemäße Besetzung der Richterbank nicht verzichtet werden kann.[13]

III. Zahl der Kammern

Die zuständige oberste Landesbehörde bestimmt gem. **Abs. 3 Satz 1** die Zahl der Kammern. § 17 gilt entsprechend *(Abs. 3 Satz 2)*; es wird insoweit auf die Ausführungen zu § 17 verwiesen. Die Bildung von **Fachkammern***(z.B. öffentlicher Dienst; Bühnenstreitigkeiten)* ist zulässig und teilweise geboten.[14] Hierzu zählen aber nicht Kammern, denen über die jährliche **Geschäftsverteilung** spezielle Sachgebiete zugewiesen werden, z.B. Eingruppierung öffentlicher Dienst, Betriebsrenten, Entgeltfortzahlung im Krankheitsfalle, Beschwerden nach § 78 usw.[15]

Die Bildung von **Hilfskammern** am LAG ist bei Überlastung der (Regel-) Kammern durch Beschluss des Präsidiums möglich.[16] Das BAG hat entschieden, dass sich Abs. 3 nur auf die Errichtung von (Regel-) Kammern bezieht.[17] Die Entscheidung, eine Hilfskammer zu errichten, ist nach § 6a i.V.m. § 21e GVG durch das Präsidium zu treffen.

---

6 Art. 1 und 2 des Gesetzes zur Tarifeinheit vom 03.07.2015, BGBl. I, S. 1130.
7 HWK-Kalb § 66 Rn 21; ErfK/Koch § 66 Rn 23.
8 §§ 64 Abs. 7, 55 Abs. 1 Nr. 4.
9 GMPMG/Prütting § 16 Rn 10.
10 Hauck/Helml § 35 Rn 4; GK-ArbGG/Bader § 35 Rn 8.
11 SGGArbGG-Änderungsgesetz vom 26.03.2008, BGBl. I, S. 444.
12 GK-ArbGG/Bader § 35 Rn 8.
13 BGH, 19.10.1992 – II ZR 171/91, NJW 1993, 600.
14 Diller FA 2009, 167 unter Verweisung auf BAG, 18.11.2008 – 3 AZR 417/07, Rn 16 ff., EzA § 7 BetrAVG Nr. 74.
15 GK-ArbGG/Bader § 35 Rn 13; Hako-Natter § 35 Rn 8.
16 MünchArbR/Brehm § 377 Rn 20; GK-ArbGG/Bader § 35 Rn 14; Schwab/Weth-Liebscher § 35 Rn 21.
17 BAG, 27.04.1972 – 5 AZR 404/71, AP Nr. 1 zu § 35 ArbGG 1953; BAG, 24.03.1998 – 9 AZR 172/97, NZA 1999, 107.

§ 36 Vorsitzende

Der Präsident und die weiteren Vorsitzenden werden auf Vorschlag der zuständigen obersten Landesbehörde nach Anhörung der in § 14 Abs. 5 genannten Gewerkschaften und Vereinigungen von Arbeitgebern als Richter auf Lebenszeit entsprechend den landesrechtlichen Vorschriften bestellt.

1 Der **Präsident** und die weiteren **Vorsitzenden** werden auf Vorschlag der obersten Landesbehörde nach Anhörung der in § 14 Abs. 5 genannten Gewerkschaften und Vereinigungen von Arbeitgebern als Richter auf Lebenszeit bestellt. Ein Benehmen mit dem Justizminister oder dem Arbeitsminister ist nicht mehr herzustellen (vgl. § 7 Rdn. 2). Im Unterschied zu § 18 ist hier ein **Ausschuss** (*Vertreter der Verbände und der Arbeitsgerichtsbarkeit*) **nicht im Wege der Beratung zu beteiligen**.[1] Die landesrechtlichen Vorschriften können zusätzlich die Wahl durch einen **Richterwahlausschuss** vorsehen.[2] Hinzu kommen die Beteiligungen der **Präsidialräte** nach den Richtergesetzen der Länder. Die Entscheidung über die Besetzung trifft in aller Regel das Landeskabinett.

2 Am LAG können nur Richter auf Lebenszeit zu Vorsitzenden ernannt werden. Zur **Vertretung** oder **Erprobung** können auch Lebenszeitrichter auf Zeit aus der ersten Instanz an das LAG abgeordnet und mit dem Vorsitz einer Kammer betraut werden (vgl. § 35 Rdn. 1).[3] Maßgeblich sind hier neben den §§ 29, 37 und 59 DRiG die Bestimmungen der **Richtergesetze** in den **Bundesländern**. Es ist zulässig, einem Vorsitzenden des Landesarbeitsgerichts ein weiteres Richteramt an einem anderen LAG des Landes zu übertragen, wenn auch anders als in § 18 Abs. 3 eine entsprechende Bestimmung in § 36 nicht aufgenommen worden ist.[4] Vom **Status** her entspricht die Stellung des Vorsitzenden Richters am LAG der eines Vorsitzenden Richters am OLG, OVG oder LSG.[5] Nach § 19a DRiG führen sie die Amtsbezeichnung »Vorsitzender Richter/Vorsitzende Richterin am Landesarbeitsgericht«.

§ 37 Ehrenamtliche Richter

(1) Die ehrenamtlichen Richter müssen das dreißigste Lebensjahr vollendet haben und sollen mindestens fünf Jahre ehrenamtliche Richter eines Gerichts für Arbeitssachen gewesen sein.

(2) Im Übrigen gelten für die Berufung und Stellung der ehrenamtlichen Richter sowie für die Amtsenthebung und die Amtsentbindung die §§ 20 bis 28 entsprechend.

Übersicht	Rdn.		Rdn.
I. Berufung und Stellung der ehrenamtlichen Richter	1	2. Besondere Voraussetzungen	4
II. Berufungsvoraussetzungen	2	a) Vollendung des 30. Lebensjahres	5
1. Allgemeine Voraussetzungen	3	b) Zurückliegende Tätigkeit als ehrenamtlicher Richter	6

I. Berufung und Stellung der ehrenamtlichen Richter

1 Gem. Abs. 2 gelten für die Berufung und Stellung der ehrenamtlichen Richter sowie für die Amtsenthebung und die Amtsentbindung die §§ 20 bis 28 entsprechend, sofern es nicht die in Abs. 1 aufgezählten besonderen Voraussetzungen für eine Berufung als ehrenamtlicher Richter an das LAG betrifft.[1]

---

1 MünchArbR/Brehm § 377 Rn 40; Hauck/Helml § 36 Rn 1; Hako-Natter § 36 Rn 4.
2 Schwab/Weth-Liebscher § 36 Rn 11, 12; GK-ArbGG/Bader § 36 Rn 3, 4.
3 BAG 12.12.1989 – 8 AZR 349/88.
4 GK-ArbGG/Bader § 36 Rn 2; Hauck/Helml § 36 Rn 3.
5 Schwab/Weth-Liebscher § 36 Rn 3, 8; vgl. auch BVerfG 04.02.1981 – 2 BvR 270/76 u.a., BVerfGE 56, 146.
1 Vgl. die Erläuterungen zu §§ 20 bis 28.

II. Berufungsvoraussetzungen

Hinsichtlich der Voraussetzungen für eine Berufung als ehrenamtlicher Richter an das LAG ist zwischen den sachlichen, den allgemeinen persönlichen sowie den besonderen persönlichen Voraussetzungen zu unterscheiden.

1. Allgemeine Voraussetzungen

Für die sachlichen sowie die allgemeinen persönlichen Voraussetzungen sind die §§ 20 und 21 wegen der Verweisung in Abs. 2 entsprechend anzuwenden. Voraussetzungen für eine Berufung sind insoweit:
– Aufnahme in die Vorschlagsliste;[2]
– Entnahme aus der Vorschlagsliste;[3]
– Arbeitnehmer oder Arbeitgeber;[4]
– Tätigkeit im Bezirk des LAG;[5]
– Wohnsitz im Bezirk des LAG;[6]
– Fähigkeit zur Bekleidung öffentlicher Ämter;[7]
– keine Verurteilung wegen einer vorsätzlichen Tat zu einer Freiheitsstrafe von mehr als sechs Monaten;[8]
– keine Anklage wegen einer Tat, die den Verlust der Fähigkeit zur Bekleidung öffentlicher Ämter zur Folge haben kann;[9]
– Wahlrecht zum Deutschen Bundestag;[10]
– kein Vermögensverfall;[11]
– kein Beamter oder Angestellter eines Gerichts für Arbeitssachen;[12]
– nicht gleichzeitig ehrenamtlicher Richter der Arbeitnehmer- und der Arbeitgeberseite;[13]
– keine Berufung als ehrenamtlicher Richter bei mehr als einem Gericht für Arbeitssachen.[14]

2. Besondere Voraussetzungen

Besondere persönliche Voraussetzungen für eine Berufung als ehrenamtlicher Richter an das LAG sind gem. **Abs. 1**:
– Vollendung des 30. Lebensjahres und
– eine zurückliegende Tätigkeit als ehrenamtlicher Richter eines Gerichts für Arbeitssachen über einen Zeitraum von mindestens fünf Jahren.

a) Vollendung des 30. Lebensjahres

Maßgebend für das Erfüllen dieser Berufungsvoraussetzung (Vollendung des 30. Lebensjahres) ist der Tag der Zustellung des Berufungsschreibens der zuständigen obersten Landesbehörde. Vollendet die in das Richteramt berufene Person das 30. Lebensjahr erst nach der Zustellung des Beru-

---

2 § 37 Abs. 2 i.V.m. § 20; vgl. § 20 Rdn. 7 f.
3 § 37 Abs. 2 i.V.m. § 20; vgl. § 20 Rdn. 9 ff.
4 § 37 Abs. 2 i.V.m. §§ 21 Abs. 1, 22, 23; vgl. § 21 Rdn. 2, § 22 Rdn. 1, § 23 Rdn. 1.
5 § 37 Abs. 2 i.V.m. § 21 Abs. 1; vgl. § 21 Rdn. 5.
6 § 37 Abs. 2 i.V.m. § 21 Abs. 1; vgl. § 21 Rdn. 6.
7 § 37 Abs. 2 i.V.m. § 21 Abs. 2 Satz 1 Nr. 1; vgl. § 21 Rdn. 7.
8 § 37 Abs. 2 i.V.m. § 21 Abs. 2 Satz 1 Nr. 1; vgl. § 21 Rdn. 8.
9 § 37 Abs. 2 i.V.m. § 21 Abs. 2 Satz 1 Nr. 2; vgl. § 21 Rdn. 9.
10 § 37 Abs. 2 i.V.m. § 21 Abs. 2 Satz 1 Nr. 3; vgl. § 21 Rdn. 10 f.
11 § 37 Abs. 2 i.V.m. § 21 Abs. 2 Satz 2; vgl. § 21 Rdn. 12 f.
12 § 37 Abs. 2 i.V.m. § 21 Abs. 3; vgl. § 21 Rdn. 14.
13 § 37 Abs. 2 i.V.m. § 21 Abs. 4 Satz 2; vgl. § 21 Rdn. 15.
14 § 37 Abs. 2 i.V.m. § 21 Abs. 4 Satz 2; vgl. § 21 Rdn. 16.

fungsschreibens aber noch vor der erstmaligen Heranziehung zu einer Sitzung des LAG, so ist die zunächst fehlende Berufungsvoraussetzung als nachträglich erfüllt anzusehen, sodass eine Amtsentbindung gem. § 37 Abs. 2 i.V.m. §§ 37 Abs. 1, 21 Abs. 5 insoweit ausgeschlossen ist.[15] Wird wegen des Fehlens dieser Berufungsvoraussetzung ein Amtsentbindungsverfahren gem. § 37 Abs. 2 i.V.m. §§ 37 Abs. 1, 21 Abs. 5 eingeleitet, so darf dem Amtsentbindungsbegehren nicht stattgegeben werden, wenn die betreffende Person das 30. Lebensjahr spätestens in dem Augenblick vollendet, in dem über den Amtsentbindungsantrag entschieden wird.[16]

b) Zurückliegende Tätigkeit als ehrenamtlicher Richter

6   Gem. Abs. 1 sollen die ehrenamtlichen Richter mindestens fünf Jahre ehrenamtliche Richter eines Gerichts für Arbeitssachen gewesen sein. Zwingend ist dies nach dem Wortlaut der Vorschrift (»soll«) nicht.[17] Vielmehr ist zu differenzieren: Verfügt eine Person einerseits über eine ausgeprägte juristische Vor- oder Ausbildung und andererseits über überdurchschnittliche Erfahrungswerte auf dem Gebiet des Arbeitslebens *(z.B. langjähriger Betriebsratsvorsitzender, mehrjähriger Personalleiter, Gewerkschaftssekretär, Verbandsvertreter)*, so besitzt sie bereits das Wissen, das normalerweise erst durch eine 5-jährige Amtszeit an einem Gericht für Arbeitssachen erworben werden muss. Insoweit würde es einen bloßen Formalismus darstellen, von jedermann – unbeachtet seiner persönlichen Erfahrungen – eine zurückliegende Tätigkeit als ehrenamtlicher Richter zu fordern. Soweit es an überdurchschnittlichen Erfahrungen fehlt, ist eine zurückliegende Tätigkeit von mindestens fünf Jahren als ehrenamtlicher Richter eines Gerichts für Arbeitssachen zu fordern. An welchen Gerichten für Arbeitssachen die notwendigen Kenntnisse erworben wurden, ist ohne Belang.[18]

7   Die in Abs. 1 angesprochenen fünf Jahre, die einer Amtszeit entsprechen,[19] müssen nicht zusammenhängend und unmittelbar vor der anstehenden Berufung liegen. Es genügt, wenn mehrere einzelne Amtszeiten zusammen einen Zeitraum von insgesamt fünf Amtsjahren ergeben.[20]

§ 38 Ausschuss der ehrenamtlichen Richter

[1]**Bei jedem Landesarbeitsgericht wird ein Ausschuss der ehrenamtlichen Richter gebildet.** [2]**Die Vorschriften des § 29 Abs. 1 Satz 2 und 3 und Abs. 2 gelten entsprechend.**

1   Bei jedem LAG ist – unabhängig von der Zahl der eingerichteten Kammern – ein Ausschuss der ehrenamtlichen Richter zwingend zu bilden. Wegen der Verweisung in Satz 2 auf § 29 Abs. 1 Satz 2 und 3 sowie Abs. 2 gelten für die Bildung, die Zusammensetzung und die Aufgaben des Ausschusses dieselben Grundsätze wie für den beim ArbG gebildeten Ausschuss der ehrenamtlichen Richter.[1] Den Vorsitz in dem Ausschuss der ehrenamtlichen Richter führt die Präsidentin bzw. der Präsident des LAG, im Fall ihrer bzw. seiner Verhinderung die dienstälteste Vorsitzende Richterin bzw. der dienstälteste Vorsitzende Richter.[2]

---

15 Vgl. Wolmerath S. 36.
16 Vgl. Grunsky/Waas § 21 Rn 21; GK-ArbGG/Bader § 37 Rn 5.
17 H.M.; vgl. Natter/Gross § 37 Rn 3; GK-ArbGG/Bader § 37 Rn 6; Schwab/Weth-Liebscher § 37 Rn 3; Grunsky/Waas § 37 Rn 3; so wohl auch: GMPMG/Prütting § 37 Rn 4 sowie Hauck/Helml/Biebl § 37 Rn 2.
18 Wolmerath S. 37; GK-ArbGG/Bader § 37 Rn 6; Grunsky/Waas § 37 Rn 3; a.A. GMPMG/Prütting § 37 Rn 4; BCF/Bader § 37 Rn 2; Hauck/Helml/Biebl § 37 Rn 2; die alle eine Tätigkeit am Arbeitsgericht fordern.
19 Vgl. § 20 Abs. 1 Satz 1.
20 H.M.; vgl. GK-ArbGG/Bader § 37 Rn 6; GMPMG/Prütting § 37 Rn 4; Grunsky/Waas § 37 Rn 3; Wolmerath S. 37; Schwab/Weth-Liebscher § 37 Rn 3; Natter/Gross § 37 Rn 3; BCF/Bader § 37 Rn 2.
1   Zu den Einzelheiten vgl. § 29 Rdn. 1 ff.
2   Natter/Gross § 38 Rn 4; GK-ArbGG/Bader § 38 Rn 4; a.A. Schwab/Weth-Liebscher § 38 Rn 11.

§ 39 Heranziehung der ehrenamtlichen Richter

¹Die ehrenamtlichen Richter sollen zu den Sitzungen nach der Reihenfolge einer Liste herangezogen werden, die der Vorsitzende vor Beginn des Geschäftsjahres oder vor Beginn der Amtszeit neu berufener ehrenamtlicher Richter gemäß § 38 Satz 2 aufstellt. ²§ 31 Abs. 2 ist entsprechend anzuwenden.

Satz 1 regelt die Heranziehung der ehrenamtlichen Richter zu den Sitzungen des LAG. Diese Vorschrift entspricht der Regelung des § 31, sodass insoweit auf die Ausführungen zu § 31 (§ 31 Rdn. 5 ff.) verwiesen werden kann. Gem. **Satz 2** kann auch beim LAG eine Hilfsliste von ehrenamtlichen Richtern aufgestellt werden.[1]   1

Dritter Abschnitt Bundesarbeitsgericht

§ 40 Errichtung

(1) Das Bundesarbeitsgericht hat seinen Sitz in Erfurt.

(2) ¹Die Geschäfte der Verwaltung und Dienstaufsicht führt das Bundesministerium für Arbeit und Soziales im Einvernehmen mit dem Bundesministerium der Justiz und für Verbraucherschutz. ²Das Bundesministerium für Arbeit und Soziales kann im Einvernehmen mit dem Bundesministerium der Justiz und für Verbraucherschutz Geschäfte der Verwaltung und Dienstaufsicht auf den Präsidenten des Bundesarbeitsgerichts übertragen.

Übersicht	Rdn.		Rdn.
I. Allgemeines	1	III. Dienstaufsicht und Verwaltung	7
II. Sitz des Bundesarbeitsgerichts	4		

I. Allgemeines

Das **BAG** ist für das Gebiet der Arbeitsgerichtsbarkeit dritte Instanz und zugleich **oberster Gerichtshof des Bundes** i.S.d. Art. 95 Abs. 1 GG. Aufgrund des zum 01.10.1953 in Kraft getretenen Arbeitsgerichtsgesetzes 1953[1] ist erstmalig in Deutschland ein völlig eigenständiges Revisionsgericht geschaffen worden.[2] Als solches prüft das BAG die Entscheidungen der Vorinstanzen nur in rechtlicher, nicht aber in tatsächlicher Hinsicht. In diesem Rahmen ist das BAG in Urteilsverfahren nach §§ 8 Abs. 3, 72 Abs. 1 **Revisionsgericht** und in Beschlussverfahren nach §§ 8 Abs. 5, 92 **Rechtsbeschwerdegericht**.[3] Daneben hat es über Sprungrevisionen,[4] Beschwerden über die Nichtzulassung der Revision oder Rechtsbeschwerde,[5] sofortige Beschwerden wegen verspäteter Absetzung des Berufungsurteils,[6] Revisionsbeschwerden,[7] Sprungrechtsbeschwerden[8] und Rechtsbeschwerden[9] zu entscheiden. Nach Inkrafttreten des **Anhörungsrügengesetzes** zum 01.01.2005[10] kann die Nicht-   1

---

1 Zur Hilfsliste vgl. § 31 Rdn. 49.
1 BGBl. 1953 I, S. 1267.
2 Vgl. § 14 Rdn. 3 bis 6.
3 Übersicht über die Zuständigkeiten bei Schwab/Weth-Liebscher § 40 Rn 10.
4 § 76.
5 §§ 72a, 92a.
6 § 72b.
7 § 77.
8 § 96a.
9 Früher: weitere Beschwerde; § 78.
10 § 72a Abs. 3 Nr. 3; Gesetz über die Rechtsbehelfe bei Verletzung des Anspruchs auf rechtliches Gehör vom 09.12.2004, BGBl. I, S. 3220; vgl. auch Erl. zu § 1 Rdn. 3.

zulassungsbeschwerde nunmehr auch wegen entscheidungserheblicher Verletzung des Anspruchs auf rechtliches Gehör eingelegt werden. Näher dazu vgl. Erl. zu den genannten Bestimmungen.

2 Als **erstinstanzliches Gericht** wird das BAG nach §§ 158 Nr. 5 SGB IX *(Sonderregelung für den Bundesnachrichtendienst)* tätig,[11] ebenso bei Nichtigkeitsklagen gegen in der Revisionsinstanz erlassene Urteile.[12] In Beschlussverfahren nach **§§ 122 Abs. 3 Satz 2, 126 InsO**[13] entscheidet das BAG in **zweiter und letzter Instanz** über **eine erstinstanzliche Entscheidung des Arbeitsgerichts.**[14] Gegen die **erstinstanzliche Entscheidung des LAG** zur Feststellung der Tariffähigkeit oder der Tarifzuständigkeit einer Vereinigung nach **§§ 97 Abs. 2, 2a Abs. 1 Nr. 4 ArbGG** hat das BAG **in zweiter und letzter Instanz** über eine Rechtsbeschwerde nach §§ 97 Abs. 2a, 92 bis 96 ArbGG zu befinden. Zu den Besonderheiten der Rechtskraft vgl. Erl. zu § 97.[15] Von diesen Ausnahmen abgesehen, obliegt es dem BAG vor allem im **Interesse der Rechtssicherheit die Einheitlichkeit der Rechtsprechung**[16] zu wahren. Darüber hinaus hat es die Aufgabe **Rechtsfortbildung** in Bereichen zu betreiben, die der Gesetzgeber bewusst oder unbewusst nicht abschließend geregelt hat.

3 Die Beschwerde nach § 17a Abs. 4 Satz 4 GVG ist seit Inkrafttreten des ZPO-RG ab 1. Januar 2002 eine Rechtsbeschwerde i.S.v. §§ 574 ff. ZPO n.F.[17]

§ 17a GVG

(1) Hat ein Gericht den zu ihm bestrittenen Rechtsweg rechtskräftig für zulässig erklärt, sind andere Gerichte an diese Entscheidung gebunden.

(2) Ist der beschrittene Rechtsweg unzulässig, spricht das Gericht dies nach Anhörung der Parteien von Amts wegen aus und verweist den Rechtsstreit zugleich an das zuständige Gericht des zulässigen Rechtsweges. Sind mehrere Gerichte zuständig, wird an das vom Kläger oder Antragsteller auszuwählende Gericht verwiesen oder, wenn die Wahl unterbleibt, an das vom Gericht bestimmte. Der Beschluss ist für das Gericht, an das der Rechtsstreit verwiesen worden ist, hinsichtlich des Rechtsweges bindend.

(3) Ist der beschrittene Rechtsweg zulässig, kann das Gericht dies vorab aussprechen. Es hat vorab zu entscheiden, wenn eine Partei die Zulässigkeit des Rechtsweges rügt.

(4) Der Beschluss nach den Absätzen 2 und 3 kann ohne mündliche Verhandlung ergehen. Er ist zu begründen. Gegen den Beschluss ist die sofortige Beschwerde nach den Vorschriften der jeweils anzuwendenden Verfahrensordnung gegeben. Den Beteiligten steht die Beschwerde gegen einen Beschluss des oberen Landesgerichts an den obersten Gerichtshof des Bundes nur zu, wenn sie in dem Beschluss zugelassen worden ist. Die Beschwerde ist zuzulassen, wenn die Rechtsfrage grundsätzliche Bedeutung hat oder wenn das Gericht von der Entscheidung eines obersten Gerichtshofes des Bundes oder des Gemeinsamen Senats der obersten Gerichtshöfe des Bundes abweicht. Der oberste Gerichtshof des Bundes ist an die Zulassung der Beschwerde gebunden.

(5) Das Gericht, das über ein Rechtsmittel gegen eine Entscheidung in der Hauptsache entscheidet, prüft nicht, ob der beschrittene Rechtsweg zulässig ist.

(6) Die Absätze 1 bis 5 gelten für die in bürgerlichen Rechtsstreitigkeiten, Familiensachen und Angelegenheiten der freiwilligen Gerichtsbarkeit zuständigen Spruchkörper in ihrem Verhältnis zueinander entsprechend.

---

[11] GK-ArbGG/Dörner § 40 Rn 4; BCF/Friedrich § 40 Rn 3.
[12] §§ 584 Abs. 1, 579 ZPO; BAG, 20.08.2002 – 3 AZR 133/02, NZA 2003, 453.
[13] Arbeitsrechtliches Beschäftigungsförderungsgesetz 1996, BGBl. I, S. 1476.
[14] Schrader NZA 1997, 70; BCF/Friedrich § 40 Rn 3.
[15] ErfK/Koch § 97 Rn 5; Schwab/Weth-Walker § 97 Rn 29, 34; BAG, 23.05.2012 – 1 AZB 58/11, Rn 8, EzA § 97 ArbGG 1979 Nr. 10.
[16] Kissel/Mayer RdA 1999, 57; Schwab/Weth-Liebscher § 40 Rn 2.
[17] BAG, 26.09.2003 – 5 AZB 19/01, NJW 2003, 161.

Dagegen ist eine für die Praxis wünschenswerte Rechtsbeschwerde im Bereich der **Streitwertfestsetzung** nicht eröffnet.[18] Vgl. hierzu Erl. zu § 12 und zur Streitwerttabelle im Anhang 2.

II. Sitz des Bundesarbeitsgerichts

Bei seiner Errichtung hatte das BAG seinen Sitz in Kassel.[19] Art. 4 des Gesetzes zur Änderung des Beratungshilfegesetzes und anderer Gesetze vom 14.09.1994 hat dann ab dem 23.09.1994 die Regelung in Abs. 1 dahingehend erweitert, dass auch Sitzungen in Erfurt abgehalten werden durften, da diese Praxis streitig geworden war.[20]

Durch das Gesetz zur **Verlegung** des Sitzes **des BAG** von Kassel nach Erfurt vom 11.03.1996[21] ist in **Abs. 1** als **Gerichtssitz Erfurt** bestimmt worden. Abs. 1 Satz 2 a.F., wonach die Senate auch in Erfurt verhandeln konnten *(Änderung vom 14.09.1994)*, ist weggefallen. Der danach neu eingefügte **Abs. 1a** ermächtigte in seinem **Satz 1** das Bundesministerium für Arbeit und Sozialordnung, den Zeitpunkt der Verlegung des Sitzes des BAG von Kassel nach Erfurt durch Rechtsverordnung ohne Zustimmung des Bundesrates zu bestimmen, sobald die Voraussetzungen für die Funktionsfähigkeit des BAG in Erfurt vorliegen. Davon ist mit Verordnung vom 08.10.1999 Gebrauch gemacht worden.[22] Nach **Satz 2** des Abs. 1a gestattete der Gesetzgeber für den Übergangszeitraum den Senaten die Abhaltung von Sitzungen in Erfurt.

Der Umzug des BAG erfolgte am 21./22.11.1999. Seit dem 22.11.1999 **ist Erfurt Sitz des BAG**. Die Bestimmung des Abs. 1a war daher gegenstandslos und ist durch das ZPO-RG vom 27.07.2001[23] gestrichen worden.

III. Dienstaufsicht und Verwaltung

Abs. 2 Satz 1 regelt, dass die Geschäfte der Verwaltung und **Dienstaufsicht** das **Bundesministerium für Arbeit und Soziales (BMAS)** im Einvernehmen mit dem Bundesministerium der Justiz (BMJ) führt. Kommt es bei Streitfragen zu keiner Einigung, ist nach § 117 zu verfahren.[24] Die Zuordnung des BAG zum Ressort des BMAS ist – anders als in den Ländern – festgelegt.[25]

Eine Anhörung der Verbände[26] vor Erlass allgemeiner Anordnungen für die Verwaltung[27] ist nicht erforderlich. Das **Bundesministerium für Arbeit und Soziales (BMAS) kann** im Einvernehmen mit dem Bundesministerium der Justiz Geschäfte der Verwaltung und Dienstaufsicht ganz oder teilweise auf den Präsidenten des BAG übertragen.

Abs. 2 Satz 2 entspricht der Regelung in § 15 Abs. 2 Satz 1. Nach der ab 01.06.2003 geltenden **Geschäftsordnung des BAG** vom 11.04.2003[28] obliegen dem Präsidenten/der Präsidentin, neben seinen/ihren richterlichen Amtsgeschäften, die Leitung und die Beaufsichtigung des ganzen Geschäftsganges. Dazu zählen die Verteilung der Geschäfte des nichtrichterlichen Dienstes und der Geschäftsräume. Soweit nicht anderweitig geregelt, erlässt er/sie Bestimmungen über die zu führenden Geschäftsbücher, Kalender, Register und Listen.[29] Der **Präsident/die Präsidentin** hat

---

18 BAG, 17.03.2003 – 2 AZB 21/02, NZA 2003, 682.
19 § 40 Abs. 1 a.F.
20 BAG, 04.02.1993 – 4 AZR 541/92, NZA 1993, 237; a.A. Walker NZA 1993, 491.
21 BGBl. I, S. 454.
22 BGBl. I, S. 1954.
23 BGBl. I, S. 1887.
24 GK-ArbGG/Dörner § 40 Rn 6; GMPMG/Prütting § 40 Rn 10, 11.
25 Hauck/Helml Rn 3.
26 Vgl. § 14 Abs. 5.
27 Hauck/Helml § 40 Rn 3.
28 Abgedruckt bei § 44 Rdn. 29 ff.
29 Schwab/Weth-Liebscher § 40 Rn 19; BCF/Friedrich § 40 Rn 6.

die Verfügungsgewalt in allen wichtigen Verwaltungsangelegenheiten.[30] Er/Sie ist Dienstvorgesetzter aller richterlichen und nichtrichterlichen Bediensteten am BAG. Zum Präsidium und seiner Zusammensetzung vgl. Erl. zu § 6a.

§ 41 Zusammensetzung, Senate

(1) [1]Das Bundesarbeitsgericht besteht aus dem Präsidenten, der erforderlichen Zahl von Vorsitzenden Richtern, von berufsrichterlichen Beisitzern sowie ehrenamtlichen Richtern. [2]Die ehrenamtlichen Richter werden je zur Hälfte aus den Kreisen der Arbeitnehmer und der Arbeitgeber entnommen.

(2) Jeder Senat wird in der Besetzung mit einem Vorsitzenden, zwei berufsrichterlichen Beisitzern und je einem ehrenamtlichen Richter aus den Kreisen der Arbeitnehmer und der Arbeitgeber tätig.

(3) Die Zahl der Senate bestimmt das Bundesministerium für Arbeit und Soziales im Einvernehmen mit dem Bundesministerium der Justiz und für Verbraucherschutz.

Übersicht	Rdn.		Rdn.
I. Besetzung	1	III. Zuständigkeit der Senate	7
II. Fehlerhafte Besetzung	5		

I. Besetzung

1 Das BAG setzt sich aus dem Präsidenten, der erforderlichen Zahl von Vorsitzenden Richtern, von berufsrichterlichen Beisitzern sowie ehrenamtlichen Richtern zusammen *(Abs. 1 Satz 1)*. Jeder Senat wird nach Abs. 2 in der Besetzung mit einem Vorsitzenden, zwei berufsrichterlichen Beisitzern und je einem ehrenamtlichen Richter aus den Kreisen der Arbeitgeber und der Arbeitnehmer tätig. Die Senate können indessen auch mit mehr als nur zwei berufsrichterlichen Beisitzern ausgestattet sein. Im Fall der **Überbesetzung des Senats** ist eine den Anforderungen des Art. 101 Abs. 1 Satz 2 GG gem. **senatsinterne Geschäftsverteilung** nach abstrakten, nachvollziehbaren Merkmalen sicherzustellen.[1] Diese dem Vorsitzenden Richter zufallende Aufgabe ist nunmehr durch § 21g GVG i.d.F. des Gesetzes zur Stärkung der Unabhängigkeit der Richter und Gerichte vom 22.12.1996[2] neu geregelt. Danach ist von allen dem Senat angehörenden Berufsrichtern vor Beginn des Geschäftsjahres die vorgesehene Mitwirkung der Senatsmitglieder an den Verfahren mehrheitlich zu beschließen.

§ 21g GVG

(1) Innerhalb des mit mehreren Richtern besetzten Spruchkörpers werden die Geschäfte durch Beschluss aller dem Spruchkörper angehörenden Berufsrichter auf die Mitglieder verteilt. Bei Stimmengleichheit entscheidet das Präsidium.

(2) Der Beschluss bestimmt vor Beginn des Geschäftsjahres für dessen Dauer, nach welchen Grundsätzen die Mitglieder an den Verfahren mitwirken; er kann nur geändert werden, wenn es wegen Überlastung, ungenügender Auslastung, Wechsels oder dauernder Verhinderung einzelner Mitglieder des Spruchkörpers nötig wird.

(3) Absatz 2 gilt entsprechend, soweit nach den Vorschriften der Prozessordnungen die Verfahren durch den Spruchkörper einem seiner Mitglieder zur Entscheidung als Einzelrichter übertragen werden können.

---

30 Z.B. Haushaltswesen und Öffentlichkeitsarbeit; vgl. dazu im Internet www.bundesarbeitsgericht.de.
1 BGH, 30.03.1993 – X ZR 51/92, NJW 1995, 332.
2 BGBl. I 1999, S. 2598; Schwab/Weth-Liebscher § 41 Rn 19 f.

(4) Ist ein Berufsrichter an der Beschlussfassung verhindert, tritt der durch den Geschäftsverteilungsplan bestimmte Vertreter an seine Stelle.

(5) § 21i Abs. 2 findet mit der Maßgabe entsprechende Anwendung, dass die Bestimmung durch den Vorsitzenden getroffen wird.

(6) Vor der Beschlussfassung ist den Berufsrichtern, die von dem Beschluss betroffen werden, Gelegenheit zur Äußerung zu geben.

(7) § 21e Abs. 9 findet entsprechende Anwendung.

Der Bundesminister für Arbeit und Soziales (BMAS) bestimmt im Einvernehmen mit dem Bundesminister der Justiz (BMJ) die **Zahl der Senate** *(Abs. 3).* Die Verbände werden nicht beteiligt. Es handelt sich hier um eine **Maßnahme der Gerichtsverwaltung**,[3] die nicht anfechtbar ist.[4] Zurzeit bestehen am BAG 10 Senate; daneben ist nach § 45 ein **Großer Senat** zu bilden, der nur in bestimmten Fällen tätig wird. 2

Das ArbGG sieht Fälle vor, in denen der Senat **ohne** Zuziehung der **ehrenamtlichen Richter** entscheidet.[5] Dazu zählen Entscheidungen gem. § 72b Abs. 4 *(Aufhebung bei verspäteter Absetzung des Berufungsurteils),* § 74 Abs. 2 Satz 2 *(Verwerfung der Revision als unzulässig),* § 72a Abs. 5 Satz 3 *(Verwerfung der Nichtzulassungsbeschwerde als unzulässig),* § 77 Satz 2 *(Entscheidung über die Revisionsbeschwerde),* § 94 Abs. 2 Satz 3 i.V.m. § 74 Abs. 2 Satz 3 *(Verwerfung der Rechtsbeschwerde als unzulässig)* und § 91a ZPO *(Kosten bei Erledigung der Hauptsache).*[6] Der **Vorsitzende Richter am BAG** darf – mit Ausnahme der Terminierung anders als Vorsitzende in erster und zweiter Instanz – allein keine Beschlüsse erlassen,[7] da nach § 72 Abs. 6 zwar hinsichtlich der Befugnisse § 53, nicht aber § 55 zum **Alleinentscheidungsrecht** des Vorsitzenden zur Anwendung kommt. 3

Die Befugnis, über eine Nichtzulassungsbeschwerde im Fall ihrer Verwerfung **ohne die ehrenamtlichen Richter** zu entscheiden, beschränkt sich nach §§ 72a Abs. 3 Satz 2, 72 Abs. 2 Nr. 1 ausschließlich auf den Fall der **unzulässigen Nichtzulassungsbeschwerde**. Die Anforderungen an deren Zulässigkeit bei Darlegung einer Divergenz dürfen deshalb nicht überspannt werden, da eine Entscheidung der Berufsrichter ansonsten die verfassungsrechtliche Gewährleistung des gesetzlichen Richters[8] verletzt. Eine **Einbeziehung der ehrenamtlichen Richter** ist daher erforderlich, wenn nicht nur über die Zulässigkeit, sondern zugleich über die **Begründetheit einer Nichtzulassungsbeschwerde** zu befinden ist.[9] Näheres Erl. zu § 72a. 4

II. Fehlerhafte Besetzung

Erkennt der Senat mit drei Berufsrichtern anstatt wie vorgesehen mit drei Berufsrichtern und zwei ehrenamtlichen Richtern, hat das Gericht in falscher Besetzung entschieden, mit der Folge, dass eine **Wiederaufnahme des Verfahrens** gem. § 79 i.V.m. § 579 Nr. 1 ZPO zulässig ist.[10] 5

---

3 Schwab/Weth-Liebscher § 41 Rn 3.
4 GMPMG/Prütting § 41 Rn 11; GK-ArbGG/Dörner § 41 Rn 5.
5 Kleiner Senat; Hauck/Helml § 41 Rn 7; GMPMG/Prütting § 41 Rn 9; BCF/Friedrich § 41 Rn 2a; Hako-Zimmermann § 41 Rn 5; GK-ArbGG/Dörner § 41 Rn 2.
6 Kostenbeschluss nach übereinstimmender Erledigungserklärung ohne mündliche Verhandlung, BAG, 23.08.1999 – 4 AZR 686/98, NZA 2000, 279, **anders** bei einseitiger Erledigungserklärung im Beschlussverfahren, BAG, 03.06.2015 – 2 AZB 116/14, Rn 17, EzA § 103 BetrVG 2001 Nr. 9; BAG, 23.01.2008 – 1 ABR 64/06, Rn 9, EzA § 83a ArbGG 1979 Nr. 8, dann nur unter Beteiligung der ehrenamtlichen Richter.
7 GK-ArbGG/Dörner § 41 Rn 3; GMPMG/Prütting § 41 Rn 10.
8 Art. 101 Abs. 1 Satz 2 GG.
9 BVerfG, 2. Kammer, 23.08.1995 – 1 BVR 568/93, NZA 1996, 616.
10 GMPMG/Prütting § 41 Rn 8; Hako-Zimmermann § 41 Rn 6; vgl. Erl. zu § 79.

6 Entscheidet der Senat dagegen in voller Besetzung, obwohl der »kleine Senat« (vgl. Rdn. 3) ausreichend gewesen wäre, ist nach Art. 101 Abs. 1 Satz 2 GG das **Prinzip des gesetzlichen Richters** verletzt.[11] Die fehlerhafte Besetzung des Gerichts kann mit der Verfassungsbeschwerde gerügt werden. Dagegen wird der Grundgedanke des § 10 ZPO angeführt, wonach im Rahmen der funktionellen Zuständigkeit kein Rechtsmittel gegeben sein soll, wenn die fehlerhafte Verfahrensgestaltung die Parteien begünstigt.[12] Dem ist entgegenzuhalten, dass es hierbei nicht um einen Verstoß gegen die sachliche Zuständigkeit geht, der nach § 10 ZPO im Verhältnis von Land- und Amtsgericht unschädlich ist. Auch die **Zusammensetzung des Richterkollegiums** ist und bleibt eine **Frage des gesetzlichen Richters**, was an Mehrheitsentscheidungen mit unterschiedlichem Ergebnis deutlich wird.[13]

III. Zuständigkeit der Senate

7 Fachsenate werden beim BAG nicht gebildet. Die Zuteilung der Rechtsstreitigkeiten erfolgt jährlich entsprechend § 6a i.V.m. §§ 21a und 21i GVG durch **Geschäftsverteilungsplan**, der veröffentlicht wird. Da die Geschäftsverteilung **nach den zu entscheidenden Rechtsfragen** vorgenommen wird, hat sich mit der Zeit eine **fachliche Spezialisierung einzelner Senate** herausgebildet *(z.B. der 2. Senat für Fragen des Kündigungsschutzes; 3. Senat für Fragen der betrieblichen Altersversorgung; 7. Senat für Fragen des Befristungsrechts)*. Die aktuelle Geschäftsverteilung ist im Internet unter www.bundesarbeitsgericht.de abrufbar. Zuständigkeitsstreitigkeiten sind durch Präsidiumsbeschluss zu regeln. Die Geschäftsverteilung am BAG sieht eine Auffangzuständigkeit vor *(derzeit 8. Senat)*.

§ 42 Bundesrichter

(1) ¹Für die Berufung der Bundesrichter (Präsident, Vorsitzende Richter und berufsrichterliche Beisitzer nach § 41 Abs. 1 Satz 1) gelten die Vorschriften des Richterwahlgesetzes. ²Zuständiges Ministerium im Sinne des § 1 Abs. 1 des Richterwahlgesetzes ist das Bundesministerium für Arbeit und Soziales; es entscheidet im Benehmen mit dem Bundesministerium der Justiz und für Verbraucherschutz.

(2) Die zu berufenden Personen müssen das fünfunddreißigste Lebensjahr vollendet haben.

Übersicht	Rdn.		Rdn.
I. Persönliche Voraussetzungen	1	II. Wahlverfahren	3

I. Persönliche Voraussetzungen

1 Für die Wahl zum **Berufsrichter** am BAG muss der Bewerber die Befähigung zum Richteramt nach §§ 5 ff. DRiG erworben haben oder ordentlicher Professor der Rechte an einer Universität im Geltungsbereich des DRiG sein.

2 Daneben müssen die **Voraussetzungen nach § 9 DRiG** vorliegen. Der Bewerber muss **Deutscher i.S.d. Art. 116 GG** sein und die Gewähr dafür bieten, dass er jederzeit für die freiheitliche demokratische Grundordnung i.S.d. Grundgesetzes eintritt. **Abs. 2** verlangt von den zu berufenden Personen die **Vollendung des 35. Lebensjahres**. Besondere Kenntnisse und Erfahrungen auf dem Gebiete des Arbeitsrechts und des Arbeitslebens sind nicht mehr erforderlich.[1] Der künftige Bundesrichter

---

11 Hauck/Helml § 41 Rn 9.
12 Es entscheidet ein größeres Richterkollegium als vorgesehen, GMPMG/Prütting § 41 Rn 8.
13 Ebenso die h.M. Schwab/Weth-Liebscher § 41 Rn 17 m.w.N.
1 MünchArbR/Brehm § 377 Rn 35.

muss nicht zuvor richterlich tätig gewesen sein. Für die Berufung der **ehrenamtlichen Richter** gilt § 43. Vgl. die Erl. dort.

II. Wahlverfahren

Die Wahl der berufsrichterlichen Mitglieder des BAG *(Präsident, Vizepräsident, Vorsitzender Richter und Richter am BAG)* wird nach den Vorschriften des **Richterwahlgesetzes***(RiWahlG)* vom 25.08.1950, zuletzt geändert durch Gesetz vom 22.09.2009[2] durchgeführt. Es entscheidet der für das jeweilige Sachgebiet zuständige Bundesminister zusammen mit einem **Richterwahlausschuss**.[3] Dieser bildet sich aus den für das jeweilige Sachgebiet zuständigen Ministern der Länder und einer gleichen Anzahl von Mitgliedern, die vom Bundestag gewählt werden, und entscheidet in geheimer Abstimmung.[4]

3

§ 1 RiWahlG

(1) Die Richter der obersten Gerichtshöfe des Bundes werden von dem zuständigen Bundesminister gemeinsam mit dem Richterwahlausschuß berufen und vom Bundespräsidenten ernannt.

(2) Bei der Berufung eines Richters an einen obersten Gerichtshof wirkt der für das jeweilige Sachgebiet zuständige Bundesminister mit.

(3) Die von der Bundesregierung nach Artikel 253 des Vertrags über die Arbeitsweise der Europäischen Union (Gesetz vom 8. Oktober 2008 zum Vertrag von Lissabon vom 13. Dezember 2007, BGBl. 2008 II S. 1038) zur Ernennung zu Richtern und Generalanwälten des Gerichtshofs vorzuschlagenden Persönlichkeiten und die von der Bundesregierung nach Artikel 254 des Vertrags über die Arbeitsweise der Europäischen Union zur Ernennung zu Mitgliedern des Gerichts vorzuschlagenden Persönlichkeiten werden von der Bundesregierung im Einvernehmen mit dem Richterwahlausschuss benannt.

§ 2 RiWahlG

Der Richterwahlausschuß besteht aus den Mitgliedern kraft Amtes und einer gleichen Zahl von Mitgliedern kraft Wahl.

§ 3 RiWahlG

(1) Mitglieder kraft Amtes im Ausschuß, der die Richter eines obersten Gerichtshofs wählt, sind die Landesminister, zu deren Geschäftsbereich die diesem obersten Gerichtshof im Instanzenzug untergeordneten Gerichte des Landes gehören.

(2) Sie können sich nur nach den gleichen Regeln vertreten lassen, die für ihre Vertretung in der Landesregierung gelten.

(3) Für das Verfahren nach § 1 Absatz 3 regeln die Länder, welcher Landesminister Mitglied kraft Amtes ist.

§ 4 RiWahlG

(1) Die Mitglieder kraft Wahl müssen zum Bundestag wählbar und im Rechtsleben erfahren sein.

(2) Verändert sich die Zahl der Mitglieder kraft Amtes, so verändert sich die Zahl der Mitglieder kraft Wahl entsprechend. Ihre Neuwahl ist notwendig.

(3) Jedes dieser Mitglieder kann sich durch seinen Stellvertreter vertreten lassen.

---

2 BGBl. 1950 I, S. 368, zuletzt geändert BGBl. 2009 I, S. 3022.
3 Ascheid B Rn 130.
4 GK-ArbGG/Dörner Rn 2.

§ 5 RiWahlG

(1) Die Mitglieder kraft Wahl und ihre Stellvertreter beruft der Bundestag nach den Regeln der Verhältniswahl.

(2) Jede Fraktion kann einen Vorschlag einbringen. Aus den Summen der für jeden Vorschlag abgegebenen Stimmen wird nach dem Höchstzahlverfahren (d'Hondt) die Zahl der auf jeden Vorschlag gewählten Mitglieder errechnet. Gewählt sind die Mitglieder und ihre Stellvertreter in der Reihenfolge, in der ihr Name auf dem Vorschlag erscheint.

(3) Scheidet ein Mitglied aus, so wird sein Stellvertreter Mitglied. Scheidet ein Stellvertreter aus, so wird er durch den nächsten aus der Reihe der nicht mehr Gewählten ersetzt.

(4) Mitgliedschaft und Stellvertretung enden durch Neuwahl oder durch Verzicht, der schriftlich dem Bundesminister der Justiz zu erklären ist.

(5) Jeder neu gewählte Bundestag nimmt eine Neuwahl vor.

§ 6 RiWahlG

(1) Der Bundesminister der Justiz verpflichtet die Mitglieder des Richterwahlausschusses und ihre Stellvertreter durch Handschlag auf gewissenhafte Pflichterfüllung.

(2) Die Mitglieder sind zur Verschwiegenheit verpflichtet. Die Genehmigung zur Aussage in gerichtlichen Verfahren erteilt der Bundesminister der Justiz.

§ 7 RiWahlG

Ein Mitglied des Richterwahlausschusses ist von der Mitwirkung bei der Wahl eines Richters ausgeschlossen, wenn die Voraussetzungen des § 41 Nr. 3 der Zivilprozeßordnung vorliegen.

§ 8 RiWahlG

(1) Der Bundesminister der Justiz beruft den Richterwahlausschuß ein.

(2) Die Einladung muß die Tagesordnung für die Sitzung des Richterwahlausschusses enthalten und den Mitgliedern mindestens eine Woche vor der Sitzung zugehen.

§ 9 RiWahlG

(1) Der zuständige Bundesminister oder sein Vertreter in der Bundesregierung führt den Vorsitz. Er hat kein Stimmrecht.

(2) Die Sitzungen sind nicht öffentlich.

(3) Über jede Sitzung wird eine Niederschrift gefertigt.

§ 10 RiWahlG

(1) Der zuständige Bundesminister und die Mitglieder des Richterwahlausschusses können vorschlagen, wer zum Bundesrichter zu berufen ist. Der Bundesminister der Justiz und die Mitglieder des Richterwahlausschusses können vorschlagen, wer im Verfahren nach § 1 Absatz 3 von der Bundesregierung nach Artikel 253 des Vertrags über die Arbeitsweise der Europäischen Union zum Richter oder Generalanwalt des Gerichtshofs benannt werden soll und wer im Verfahren nach § 1 Absatz 3 von der Bundesregierung nach Artikel 254 des Vertrags über die Arbeitsweise der Europäischen Union zum Mitglied des Gerichts benannt werden soll.

(2) Der zuständige Bundesminister legt dem Richterwahlausschuß die Personalakten der für ein Richteramt Vorgeschlagenen vor.

(3) Zur Vorbereitung der Entscheidung bestellt der Richterwahlausschuß zwei seiner Mitglieder als Berichterstatter.

§ 11 RiWahlG

Der Richterwahlausschuß prüft, ob der für ein Richteramt Vorgeschlagene die sachlichen und persönlichen Voraussetzungen für dieses Amt besitzt.

§ 12 RiWahlG

(1) Der Richterwahlausschuß entscheidet in geheimer Abstimmung mit der Mehrheit der abgegebenen Stimmen.

(2) Der Richterwahlausschuß ist beschlußfähig, wenn die Mehrzahl sowohl der Mitglieder kraft Amtes als auch der Mitglieder kraft Wahl anwesend ist.

§ 13 RiWahlG

Stimmt der zuständige Bundesminister zu, so hat er die Ernennung des Gewählten beim Bundespräsidenten zu beantragen.

[...]

Rechtsgrundlage ist insoweit Art. 95 Abs. 2 GG. Anders als auf Länderebene[5] ist die Beteiligung des Richterwahlausschusses zur Bestellung der Bundesrichter zwingend.   4

Artikel 95 GG

[...]

(2) Über die Berufung der Richter dieser Gerichte entscheidet der für das jeweilige Sachgebiet zuständige Bundesminister gemeinsam mit einem Richterwahlausschuß, der aus den für das jeweilige Sachgebiet zuständigen Ministern der Länder und einer gleichen Anzahl von Mitgliedern besteht, die vom Bundestage gewählt werden.

(2) [...]

Der **Präsidialrat** des BAG ist vor der Wahl der Bundesrichter nach §§ 55 bis 57 DRiG zu beteiligen.   5

§ 55 Aufgabe des Präsidialrats

Vor jeder Ernennung oder Wahl eines Richters ist der Präsidialrat des Gerichts, bei dem der Richter verwendet werden soll, zu beteiligen. Das gleiche gilt, wenn einem Richter ein Richteramt an einem Gericht eines anderen Gerichtszweigs übertragen werden soll.

§ 56 Einleitung der Beteiligung

(1) Die oberste Dienstbehörde beantragt die Stellungnahme des Präsidialrats. Dem Antrag sind die Bewerbungsunterlagen und die Personal- und Befähigungsnachweise beizufügen. Personalakten dürfen mit Zustimmung des Bewerbers oder Richters vorgelegt werden.

---

5 Art. 98 Abs. 4 GG.

(2) Auf Ersuchen eines Mitglieds eines Richterauswahlausschusses hat die oberste Dienstbehörde die Stellungnahme zu beantragen.

§ 57 DRiG Stellungnahme des Präsidialrats

(1) Der Präsidialrat gibt eine schriftlich begründete Stellungnahme ab über die persönliche und fachliche Eignung des Bewerbers oder Richters. Die Stellungnahme ist zu den Personalakten zu nehmen.

(2) Der Präsidialrat hat seine Stellungnahme binnen eines Monats abzugeben.

(3) Ein Richter darf erst ernannt oder gewählt werden, wenn die Stellungnahme des Präsidialrats vorliegt oder die Frist des Absatzes 2 verstrichen ist.

Dem **Präsidialrat** steht – was zu bedauern ist – **kein Vetorecht** zu wie dem zuständigen Bundesminister für Arbeit und Soziales.[6] Er kann dem vom Bundesminister oder aus den Reihen der übrigen Richterwahlausschussmitglieder vorgeschlagenen Bewerber nur die persönliche oder fachliche Eignung absprechen. Der Vorschlag an den Bundespräsidenten zur Ernennung der Richter am BAG erfolgt durch den Bundesminister für Arbeit und Soziales im Benehmen mit dem Bundesminister der Justiz. Der **Bundespräsident** überprüft die Formalien und ernennt den Bewerber.[7] Aufgrund der wachsenden Kritik an der Praxis im Richterwahlausschuss steht eine **Überarbeitung der maßgeblichen Bestimmungen zur Wahl der Bundesrichter** an.

6 Die Wahl durch den Richterwahlausschuss ist immer erforderlich, wenn der Bewerber noch nicht zum BAG gewählt worden ist; dies gilt für den Präsidenten, Vorsitzenden Richter und berufsrichterliche Beisitzer.[8] Ist eine Wahl bereits erfolgt und ist der Gewählte später außerhalb des BAG tätig, sind **Rückberufungen** an das BAG ohne erneute Wahl möglich.

7 Über die **Beförderung** von Richtern am BAG **zu Vorsitzenden Richtern, zum Präsidenten oder Vizepräsidenten** entscheidet allein der **Bundesminister für Arbeit und Soziales (BMAS)** ohne Beteiligung des Richterwahlausschusses.[9] Die Ernennung erfolgt durch den Bundespräsidenten.[10]

8 Die **Rechtsstellung der Bundesrichter** bestimmt sich nach den §§ 46 ff. DRiG. Neben den dortigen Sonderbestimmungen gelten die **Vorschriften für Bundesbeamte entsprechend**. Mit Vollendung des 65. Lebensjahres treten die Bundesrichter in den Ruhestand. Ab dem Geburtsjahr 1947 verlängert sich die Dienstzeit von Jahr zu Jahr (Geburtsjahr 1963), um jeweils einen Monat bis die neue Regelaltersgrenze des vollendeten 67. Lebensjahres erreicht ist.[11] Die frühere Lebensaltersgrenze von 68 Jahren und die dazu bestehende Übergangsregelung sind ausgelaufen.

§ 43 Ehrenamtliche Richter

(1) ¹Die ehrenamtlichen Richter werden vom Bundesministerium für Arbeit und Soziales für die Dauer von fünf Jahren berufen. ²Sie sind im angemessenen Verhältnis unter billiger Berücksichtigung der Minderheiten aus den Vorschlagslisten zu entnehmen, die von den Gewerkschaften, den selbstständigen Vereinigungen von Arbeitnehmern mit sozial- oder berufspolitischer Zwecksetzung und Vereinigungen von Arbeitgebern, die für das Arbeitsleben des Bundesgebietes wesentliche Bedeutung haben, sowie von den in § 22 Abs. 2 Nr. 3 bezeichneten Körperschaften eingereicht worden sind.

---

6 BCF/Friedrich § 42 Rn 2; a.A. GK-ArbGG/Dörner § 42 Rn 8.
7 § 1 RiWahlG.
8 BCF/Friedrich § 42 Rn 5; GK-ArbGG/Dörner § 42 Rn 10.
9 GMPMG/Prütting § 42 Rn 5 unter Hinweis auf Schmidt-Räntsch § 10 RiWahlG Rn 1; Hako-Zimmermann § 42 Rn 6.
10 §§ 13 Abs. 1 und 17 Abs. 1 DRiG; Hako-Zimmermann § 42 Rn 5; GK-ArbGG/Dörner Rn 10.
11 § 48 DRiG.

(2) ¹Die ehrenamtlichen Richter müssen das fünfunddreißigste Lebensjahr vollendet haben, besondere Kenntnisse und Erfahrungen auf dem Gebiet des Arbeitsrechts und des Arbeitslebens besitzen und sollen mindestens fünf Jahre ehrenamtliche Richter eines Gerichts für Arbeitssachen gewesen sein. ²Sie sollen längere Zeit in Deutschland als Arbeitnehmer oder als Arbeitgeber tätig gewesen sein.

(3) Für die Berufung, Stellung und Heranziehung der ehrenamtlichen Richter sowie für die Amtsenthebung und die Amtsentbindung sind im Übrigen die Vorschriften der §§ 21 bis 28 und des § 31 entsprechend anzuwenden mit der Maßgabe, dass die in § 21 Abs. 5, § 27 Satz 2 und § 28 Satz 1 bezeichneten Entscheidungen durch den vom Präsidium für jedes Geschäftsjahr im Voraus bestimmten Senat des Bundesarbeitsgerichts getroffen werden.

Übersicht	Rdn.		Rdn.
I. Berufung der ehrenamtlichen Richter und Berufungsverfahren (Abs. 1)	1	3. Vorherige Tätigkeit als ehrenamtlicher Richter	6
II. Persönliche Voraussetzungen für eine Berufung an das BAG (Abs. 2)	3	4. Tätigkeit als Arbeitnehmer oder Arbeitgeber	7
1. Lebensalter	4	III. Rechtliche Stellung der ehrenamtlichen Richter und Ausübung des Richteramtes (Abs. 3)	9
2. Besondere Kenntnisse und Erfahrungen	5		

I. Berufung der ehrenamtlichen Richter und Berufungsverfahren (Abs. 1)

Gem. **Abs. 1 Satz 1** werden die ehrenamtlichen Richter am BAG vom Bundesministerium für Arbeit und Soziales für die Dauer von fünf Jahren berufen.[1] Auf sie findet das Richterwahlgesetz *(RiWahlG)* keine Anwendung. Sie sind keine Bundesrichter i.S.d. Art. 95 Abs. 2 GG.[2] 1

Das Berufungsverfahren ist dem Berufungsverfahren an das ArbG nachgebildet. Insoweit kann auf die Ausführungen zu § 20[3] verwiesen werden. Die dort dargelegten Grundsätze gelten entsprechend. Vorschlagsberechtigt sind gem. **Abs. 1 Satz 2** allerdings nur Gewerkschaften, selbstständige Vereinigungen von Arbeitnehmern mit sozial- oder berufspolitischer Zwecksetzung und Vereinigungen von Arbeitgebern, soweit sie für das Arbeitsleben des Bundesgebiets wesentliche Bedeutung haben, sowie die in § 22 Abs. 2 Nr. 3 bezeichneten Körperschaften. 2

II. Persönliche Voraussetzungen für eine Berufung an das BAG (Abs. 2)

Während sich die sachlichen Voraussetzungen *(Aufnahme in die Vorschlagsliste, Auswahl aus der Vorschlagsliste)* aus Abs. 1 und die allgemeinen persönlichen Voraussetzungen gem. der Verweisung in Abs. 3 aus §§ 21 bis 23 (zu den allgemeinen persönlichen Voraussetzungen vgl. § 21 Rdn. 1 ff. sowie die Ausführungen zu §§ 22, 23) ergeben, enthält **Abs. 2** eine Reihe von besonderen persönlichen Voraussetzungen für eine Berufung als ehrenamtlicher Richter an das BAG. 3

1. Lebensalter

Gem. Abs. 2 Satz 1 darf als ehrenamtlicher Richter an das BAG nur berufen werden, wer das **35. Lebensjahr** vollendet hat. Auch hier ist für das Erreichen der Mindestaltersgrenze – eine Altersobergrenze gibt es hingegen nicht – der Tag der Zustellung des Berufungsschreibens des Bundesministeriums für Arbeit und Soziales maßgebend.[4] Wird das 35. Lebensjahr erst nach der Zustellung des Berufungsschreibens, aber noch vor der erstmaligen Heranziehung zu einer Sitzung des BAG 4

---

1 Zum Einklang der gesetzlichen Grundlagen und des Berufungsverfahrens mit dem Grundgesetz vgl. BAG, 28.08.1985 – 5 AZR 616/84 und BAG, 29.08.1985 – 6 ABR 63/82, NZA 1986, 400.
2 Grunsky/Waas § 43 Rn 2.
3 Vgl. § 20 Rdn. 2 ff.
4 Vgl. § 37 Rdn. 5.

vollendet, so ist der zunächst bestehende Berufungsmangel geheilt worden, sodass eine Amtsenthebung gem. § 43 Abs. 3 i.V.m. §§ 43 Abs. 2 Satz 1, 21 Abs. 5 insoweit ausgeschlossen ist.[5] Ein wegen der Nichtvollendung des 35. Lebensjahres eingeleitetes Amtsenthebungsverfahren ist einzustellen, wenn das 35. Lebensjahr spätestens in dem Augenblick vollendet wird, in dem der zuständige Senat des BAG über den Amtsenthebungsantrag entscheidet.[6]

2. Besondere Kenntnisse und Erfahrungen

5   Abs. 2 Satz 1 bedingt ferner, dass nur in das Richteramt berufen werden darf, wer **besondere Kenntnisse und Erfahrungen** auf dem Gebiet des Arbeitsrechts und des Arbeitslebens besitzt. Zu der Frage, was in diesem Sinne unter den besonderen Kenntnissen und Erfahrungen zu verstehen ist, schweigt das ArbGG. Werden diese als solche gewertet, die über denjenigen der ehrenamtlichen Richter an den ArbG und LAG liegen, so kommen für eine Berufung an das BAG nur solche Personen in Betracht, die sich sowohl mit dem Arbeitsrecht als auch mit dem Arbeitsleben über einen relativ langen Zeitraum beschäftigt und auseinandergesetzt haben. Dies sind vor allem erfahrene Personalleiter und Betriebsratsmitglieder, erfahrene Gewerkschafts- und Verbandsjuristen sowie mehrjährig Beschäftigte der Gewerkschaften und Arbeitgebervereinigungen.[7] In welcher Funktion bzw. auf welcher Seite die besonderen Kenntnisse und Erfahrungen erworben worden sind, spielt für die Berufung keine Rolle.[8] Soweit eine in das Richteramt berufene Person über die erforderlichen besonderen Kenntnisse und Erfahrungen nicht verfügt, ist sie gem. § 43 Abs. 2 Satz 1 i.V.m. §§ 43 Abs. 3, 21 Abs. 5 des Amtes zu entheben.[9]

3. Vorherige Tätigkeit als ehrenamtlicher Richter

6   Gem. Abs. 2 Satz 1 soll die zu berufende Person **mindestens fünf Jahre** ehrenamtlicher Richter eines Gerichts für Arbeitssachen gewesen sein. Diese Vorschrift ist dem § 37 Abs. 1 Halbs. 2 nachgebildet, der das entsprechende Erfordernis für eine Berufung an das LAG enthält. Demgemäß kann auf die Ausführungen zu § 37 Rdn. 6 f. verwiesen werden.

4. Tätigkeit als Arbeitnehmer oder Arbeitgeber

7   Gem. Abs. 2 Satz 2 sollen die ehrenamtlichen Richter vor ihrer Berufung längere Zeit in Deutschland[10] als Arbeitnehmer oder Arbeitgeber tätig gewesen sein. Nicht erforderlich ist, dass die Tätigkeit unmittelbar vor der Berufung an das BAG ausgeübt worden ist. Über die Dauer der Tätigkeit enthält das ArbGG keinerlei Bestimmungen. Auf die Art der Tätigkeit kommt es nur insoweit an, als es sich um eine erlaubte handeln muss.[11]

8   Ein Abweichen von dem Sollerfordernis ist nur dann sachgerecht, wenn den speziellen Belangen der am Verfahren beteiligten Kreise Rechnung geschenkt wird. Dies dürfte jedoch äußerst selten der Fall sein, da die Mitwirkung eines ehrenamtlichen Richters, der diese für die richterliche Tätigkeit notwendigen Erfahrungen nicht besitzt, der sachgerechten Beteiligung der Sozialpartner in der Arbeitsgerichtsbarkeit zuwiderläuft. Deshalb hat bei einem gänzlichen Fehlen entsprechender Erfahrungswerte als Arbeitnehmer oder Arbeitgeber ein Amtsenthebungsverfahren nach § 43 Abs. 3 i.V.m. § 21 Abs. 5 ArbGG zu erfolgen.[12]

---

5   Vgl. Wolmerath S. 38.
6   Vgl. § 37 Rdn. 5 mit Verweis auf Grunsky/Waas § 21 Rn 21.
7   Vgl. Wolmerath S. 39.
8   Vgl. Grunsky/Waas § 43 Rn 6; Schwab/Weth-Liebscher § 43 Rn 8.
9   Vgl. GMPMG/Prütting § 43 Rn 7; Grunsky/Waas § 43 Rn 6.
10 Nach allgemeiner Ansicht ist damit die Bundesrepublik Deutschland gemeint, so dass eine Tätigkeit in der ehemaligen DDR keine Berücksichtigung findet. Vgl. GK-ArbGG/Dörner § 43 Rn 7; Natter/Gross § 43 Rn 4; GMPMG/Prütting § 43 Rn 11; Grunsky/Waas § 43 Rn 8.
11 Vgl. Wolmerath S. 40; Grunsky/Waas § 43 Rn 8; GMPMG/Prütting § 43 Rn 9.
12 Wolmerath S. 40; GMPMG/Prütting § 43 Rn 10; s.a. Schwab/Weth-Liebscher § 43 Rn 9.

III. Rechtliche Stellung der ehrenamtlichen Richter und Ausübung des Richteramtes (Abs. 3)

Hinsichtlich der rechtlichen Stellung der ehrenamtlichen Richter beim BAG und der Ausübung 9
ihres Richteramtes erklärt Abs. 3 die §§ 21 bis 28 sowie § 31 für entsprechend anwendbar. Insoweit
wird auf die dortige Kommentierung verwiesen. Über die Amtsentbindung, die Amtsenthebung
sowie die Verhängung von Ordnungsgeld entscheidet gem. Abs. 3 der vom Präsidium für jedes
Geschäftsjahr im Voraus bestimmte Senat des BAG. Dies ist traditionell der Erste Senat.[13]

§ 44 Anhörung der ehrenamtlichen Richter, Geschäftsordnung

(1) Bevor zu Beginn des Geschäftsjahres die Geschäfte verteilt sowie die berufsrichterlichen Beisitzer und die ehrenamtlichen Richter den einzelnen Senaten und dem Großen Senat zugeteilt werden, sind je die beiden lebensältesten ehrenamtlichen Richter aus den Kreisen der Arbeitnehmer und der Arbeitgeber zu hören.

(2) ¹Der Geschäftsgang wird durch eine Geschäftsordnung geregelt, die das Präsidium beschließt. ²Absatz 1 gilt entsprechend.

Übersicht	Rdn.
I. Geschäftsverteilung und Zuteilung der Richter	1
1. Geschäftsverteilungsplan	1
2. Geschäftsverteilung und Kompetenzkonflikte	4
3. Doppelvorsitz	17
4. Bestimmung des Berichterstatters	19
5. Rechtsschutz für Richter	22
6. Rechtsschutz für Rechtsuchende	25
II. Mitwirkungsregeln für überbesetzte Senate	26
III. Anhörung der ehrenamtlichen Richter	28
IV. Geschäftsordnung des BAG	29
1. Rechtsgrundlage	29
2. Inhalt der GO	31
3. Erläuterungen	32

I. Geschäftsverteilung und Zuteilung der Richter

1. Geschäftsverteilungsplan

Für die Geschäftsverteilung sowie die Zuteilung der berufsrichterlichen Beisitzer und ehrenamt- 1
lichen Richter zu den einzelnen Senaten sowie dem Großen Senat gelten dieselben Grundsätze
wie bei den ArbG und LAG.[1] Der Geschäftsverteilungsplan (GVP) des BAG wird entsprechend
§ 21e Abs. 1 GVG jährlich neu vom Präsidium des BAG aufgestellt. Nach § 21e Abs. 7 GVG muss
der GVP mit Stimmenmehrheit auf einer Sitzung in Anwesenheit von wenigstens der Hälfte der
gewählten Mitglieder (§ 21i Abs. 1 GVG) beschlossen worden sein. Zur Vermeidung von Besetzungsrügen, die auf einen fehlerhaften GVP gestützt werden, halten sorgfältig erstellte GVP vorsorglich die Zahl der zur Sitzung erschienenen Mitglieder des Präsidiums sowie das bei der Aufstellung des Plans erzielte Abstimmungsverhältnis fest.[2]

§ 21e Abs. 9 GVG sichert jedermann das Recht zur Einsichtnahme des GVP. Diesem Anspruch
trägt das BAG in besonderer Weise Rechnung. Der GVP wird in der jeweils aktuellen Fassung in
einer überblicksartigen Kurz- und einer dem Original entsprechenden Langfassung im Internet
veröffentlicht.[3] Diese Art der Veröffentlichung entspricht den Informationsbedürfnissen der heutigen Zeit. Sie geht über die gesetzliche Verpflichtung hinaus. Nach § 21e Abs. 9 GVG genügt es,
den Geschäftsverteilungsplan in der von der Präsidentin bestimmten Geschäftsstelle des Gerichts

---

13 Der aktuell gültige Geschäftsverteilungsplan des Bundesarbeitsgerichts findet sich im Internet unter www.bundesarbeitsgericht.de unter »Geschäftsverteilung«.
1 Vgl. § 31 Rdn. 1 ff.
2 Vgl. Bergmann in AnwaltKommentar StPO, § 21e GVG Rn 21, Meyer-Goßner § 21e GVG Rn 21; LR/Breidling StPO, 25. Aufl., § 21e GVG Rn 74.
3 www.bundesarbeitsgericht.de.

zur Einsichtnahme auszulegen. Die Bestimmung der Geschäftsstelle, auf der der GVP zur Einsichtnahme ausliegt, ist bekanntzumachen. Da die vollständige Veröffentlichung im Internet erfolgt, kann ein Antragsteller der Auskunft begehrt, auf diese Veröffentlichung verwiesen werden. Nur wenn der Antragsteller nicht über einen Internetzugang verfügt und eine Einsichtnahme auf der von der Präsidentin bestimmten Geschäftsstelle ihm nicht zuzumuten ist, besteht ein Anspruch auf Auskunft.

2 Das Präsidium bestimmt nach § 21e GVG die Besetzung der Spruchkörper, regelt die Vertretung und verteilt die Geschäfte. Eine privilegierte Stellung hat dabei nach § 21a Abs. 1 Satz 3 GVG die Präsidentin des BAG. Sie ist berechtigt, selbst zu bestimmen, welche richterlichen Aufgaben sie wahrnimmt. Das Präsidium trifft unter Berücksichtigung des Bestimmungsrechts der Präsidentin die zur Geschäftsverteilung notwendigen Anordnungen in einem Geschäftsverteilungsplan vor dem Beginn eines jeden Geschäftsjahres für dessen Dauer. Hierbei ist das Abstraktionsprinzip zu beachten. Der jeweilige Geschäftsverteilungsplan muss die Aufgaben nach allgemeinen, abstrakten und objektiven Merkmalen (d.h. nicht speziell, sondern generell) verteilen.[4] Sowohl die Verletzung dieser Grundsätze bei der Aufstellung des Geschäftsverteilungsplans als auch die Verletzung der im Geschäftsverteilungsplan aufgestellten abstrakt-generellen Zuteilungskriterien kann sich als Verletzung des verfassungsrechtlichen Anspruchs auf den gesetzlichen Richter (Art. 101 Abs. 1 Satz 2 GG) darstellen.[5]

3 Der Geschäftsverteilungsplan 2012 ist wie seine Vorgänger alphabetisch nach besonderen Teilen aufgegliedert. Diese enthalten:
– unter B die Festlegung der Zuständigkeitskataloge für die zehn Fachsenate,
– unter C die Besetzung der zehn Senate mit der Zuteilung und Funktion der Berufsrichter geordnet nach Vorsitz, regelmäßigen Vertretung des Vorsitzenden und Beisitzer sowie Bestimmung der Vertretungen bei Verhinderung der Berufsrichter, die Besetzung des Großen Senats sowie die Zuteilung der ehrenamtlichen Richter an die zehn Senate und den Großen Senat,
– unter D die Bestimmung der Mitglieder des Gerichts, die zu dem Gemeinsamen Senat der obersten Gerichtshöfe des Bundes entsandt werden,
– unter E die Festlegung der regelmäßigen Sitzungstage und die Aufteilung der Sitzungssäle auf die zehn Senate und
– unter F die aktuelle Wiedergabe der durch Wahl und Amt sich ergebende Zusammensetzung des Präsidiums.

2. Geschäftsverteilung und Kompetenzkonflikte

4 In den Vorbemerkungen (Teil A) zum Geschäftsverteilungsplan (GVP) ist das Fachsenatssystem als Regelungskonzept für die Zuteilung der Sachen an die Senate verankert: Dort wird die Vorgehensweise bei der Zuweisung der Sachen an die zehn Fachsenate und das zur Klärung von Meinungsverschiedenheiten bei Kompetenzkonflikten zwischen den Senaten einzuhaltende Verfahren sowie die Befugnis des Präsidiums geregelt, abweichend von der ursprünglichen Zuteilung die Zuständigkeit eines anderen Senats zu bestimmen. Dieser Teil des GVP 2012 hat folgenden Wortlaut:

4 »A. Vorbemerkungen

1. Die Zuständigkeit der Senate richtet sich – soweit nicht der Geschäftsverteilungsplan auf den Streitgegenstand abstellt – nach den zu entscheidenden Rechtsfragen. Fallen die Streitgegenstände und/oder die Rechtsfragen in die Zuständigkeit verschiedener Senate, so ist für das Verfahren derjenige Senat zuständig, bei dem der rechtliche Schwerpunkt liegt. Maßgebend ist die angefochtene Entscheidung. Sind mehrere Senate gleichgewichtig betroffen, so ist der beteiligte Senat mit der niedrigsten Ordnungszahl zuständig. Prozessuale Fragen sowie Ausschluss- und Verjährungsfristen bleiben außer Betracht.

---
4 BFH, 23.11.2011 – IV B 30/10, BFH/NV 2012, 431.
5 BFH, 23.11.2011 – IV B 30/10, BFH/NV 2012, 431.

2. Ergeben sich Zweifel über die Senatszuständigkeit, sind die in Betracht kommenden Senate zu unterrichten. Sie entscheiden jeweils mit Mehrheit der Berufsrichter; bei überbesetzten Senaten richtet sich die Heranziehung nach dem Dienstalter, bei gleichem Dienstalter nach dem Lebensalter. Stimmen die Senate nicht überein, entscheidet das Präsidium.

3. Solange die Senatszuständigkeit nicht feststeht, übernehmen die Bearbeitung

3.1 im Urteilsverfahren der Vierte Senat,

3.2 im Beschlussverfahren der Siebte Senat.

4. Nach Ablauf von sechs Monaten seit Eingang der Antrags-, Rechtsmittel- oder Rechtsbehelfsbegründung oder bei terminierten Verfahren bedarf es zur Änderung der Senatszuständigkeit eines Beschlusses des Präsidiums. Ab Beginn der mündlichen Verhandlung/Anhörung ist eine Abgabe ausgeschlossen.

5. Bei einer Änderung der Geschäftsverteilung bleibt die Zuständigkeit für bereits terminierte Sachen oder nach Nr. 9 zugeteilte Verfahren erhalten.

6. Ist in einem Verfahren, das bereits rechtskräftig erledigt oder weggelegt wurde, noch etwas zu entscheiden (z.B. Anfragen, Anträge oder Beschwerden), bleibt es bei der früheren Senatszuständigkeit.

7. Wird das Bundesarbeitsgericht nach § 82 Abs. 4 Satz 2 BVerfGG ersucht, seine Erwägungen zu einer für die Entscheidung des Bundesverfassungsgerichts erheblichen Rechtsfrage darzulegen, sind diejenigen Senate zur Stellungnahme berufen, deren im Geschäftsverteilungsplan ausgewiesener Zuständigkeitsbereich durch die Rechtsfrage berührt wird. Ergibt sich nach dem Geschäftsverteilungsplan keine besondere Zuständigkeit, sind alle Senate zur Stellungnahme berufen.

8. Rückzahlungsansprüche erledigt der Senat, der für die entsprechenden Leistungsansprüche zuständig wäre.

9. Abweichend von Nr. 1 werden Nichtzulassungsbeschwerden, welche die in Abschnitt B Nr. 2 aufgeführten Gegenstände betreffen, beginnend mit dem (15.) Eingang des jeweiligen Kalendermonats nach ihrer zeitlichen Reihenfolge auf den Vierten, den Achten, den Neunten und den Zweiten Senat einzeln in der vorstehenden Folge gleichmäßig verteilt. Spätere Abgaben erfolgen an den Zweiten Senat und lassen die Verteilung der übrigen Verfahren unberührt.

10. Anhörungsrügen (§ 78a ArbGG) bearbeitet der Senat, dessen Entscheidung gerügt wird.«

Das Verfahren der Zuteilung der eingehenden Sachen auf die Senate ist in § 15 Abs. 3 der vom Bundesrat genehmigten Geschäftsordnung des BAG (deren Text siehe Rdn. 31) geregelt. Danach »bereitet« die Geschäftsstelle die Zuteilung der Rechtssachen gemäß den im GVP festgelegten Kriterien »vor«. Unklar bleibt sowohl nach der Geschäftsordnung als auch nach dem GVP, was unter »bereitet vor« zu verstehen ist. Nach dem allgemeinen Sprachgebrauch müsste die von der Geschäftsstelle vorbereitete Zuteilung noch eine andere Stelle durchführen. Nach der langjährigen Handhabung bereitet die Leiterin der Geschäftsstelle nicht nur vor, sondern teilt tatsächlich zu. Da nach § 2 Abs. 2 der Geschäftsordnung die Präsidentin des BAG »Vorgesetzte und Dienstvorgesetzte der nichtrichterlichen Beschäftigten« ist, kann sie die Leiterin der Geschäftsstelle anweisen oder einen Richter beauftragen, die Leiterin der Geschäftsstelle anzuweisen, für eine nach ihrer Auslegung des GVP vorzunehmende Zuteilung der eingehenden Sachen an die Senate zu sorgen. Für diese Befugnis spricht auch die in § 15 Abs. 3 der Geschäftsordnung enthaltene Beschränkung auf die Vorbereitung der Zuteilung. Eine derartige Aufgabenverteilung begegnet im Hinblick auf die mit ihr verbundene Möglichkeit zur Bestimmung des gesetzlichen Richters verfassungsrechtlichen Bedenken. Andere Gerichte haben diesem Gesichtspunkt frühzeitig Rechnung getragen. Sie haben seit Langem in ihren richterlichen GVP bestimmt, dass die Zuteilung durch einen im GVP benannten Richter im Rahmen richterlicher Unabhängigkeit vorzunehmen ist.

Maßgebend für die von der Geschäftsstelle nach § 15 Abs. 3 der Geschäftsordnung des BAG (vgl. Rdn. 31) vorzunehmende Zuteilung sind die im Abs. 1 der Vorbemerkungen (Teil A) GVP 2012 geregelten Grundsätze: »Die Zuständigkeit der Senate richtet sich – soweit nicht der Geschäftsverteilungsplan auf den Streitgegenstand abstellt – nach den zu entscheidenden Rechtsfragen. Fallen die Streitgegenstände und/oder die Rechtsfragen in die Zuständigkeit verschiedener Senate, so ist für das Verfahren derjenige Senat zuständig, bei dem der rechtliche Schwerpunkt liegt. Maßgebend ist die angefochtene Entscheidung. Sind mehrere Senate gleichgewichtig betroffen, so ist der beteiligte Senat mit der niedrigsten Ordnungszahl zuständig. Prozessuale Fragen sowie Ausschluss- und Verjährungsfristen bleiben außer Betracht.« Problematisch an dieser Regelung ist vor allem, dass offen gelassen wird, wann auf den Streitgegenstand und wann auf die Rechtsfrage abgestellt wird. Hier wird unnötig ein subjektiver Zuordnungsspielraum eröffnet. Das kollidiert mit dem Gebot des BVerfG, dass die Zuordnungsmerkmale im Voraus generell-abstrakt die Zuständigkeit der Spruchkörper regeln müssen, damit die einzelne Sache »blindlings«[6] an den berufenen Richter gelangt.

7   Nach Abs. 2 Satz 1 der Vorbemerkung A des GVP sind, wenn sich Zweifel über die Senatszuständigkeit ergeben, die in Betracht kommenden Senate zu unterrichten. Zu unterscheiden sind drei Situationen:
   1. Hat die Geschäftsstelle Zweifel, welchem Senat sie eine Sache zuteilen soll, unterrichtet sie über diese Zweifel die für die Zuteilung nach dem Teil B des GVP in Betracht kommenden Senate. Kommt es zu einer übereinstimmenden Beurteilung der Zuständigkeit durch diese Senate in der Weise, dass ein bestimmter Senat zuständig ist, so hat die Geschäftsstelle die Sache entsprechend zuzuteilen. Kommt es zu unterschiedlichen Beurteilungen, weil sich mehrere Senate für zuständig erklären, so entscheidet über den positiven Kompetenzkonflikt das Präsidium. Ebenso ist die Sache zur Zuteilung dem Präsidium vorzulegen, wenn die übereinstimmende Beurteilung daran scheitert, dass der von den anderen Senaten als zuständig bezeichnete Senat seine Zuständigkeit verneint (negativer Kompetenzkonflikt). Die Leiterin der Geschäftsstelle vermerkt ihre Zuteilungsentscheidung auf dem Eingangsblatt des Rechtsmittels unter Angabe des Zuteilungskriteriums nach Teil B des GVP. Ebenso müssen alle weiteren Vorgänge, die zu einer Änderung der Zuteilung führen, in der Gerichtsakte nachvollziehbar dokumentiert werden, damit die Parteien erkennen können, wie der gesetzliche Richter bestimmt worden ist. Fehlt es daran, so bestehen begründete Zweifel an der Einhaltung des Gebots des gesetzlichen Richters.
   2. Bei dem Senat, dem die Sache von der Geschäftsstelle zugeteilt worden ist, bestehen bereits bei Eingang der Zuteilungsentscheidung Zweifel an der eigenen Zuständigkeit oder diese entstehen nach Eingang einer den Schwerpunkt der Rechtsfragen verlagernden Rechtsmittelbegründung. Dann hat dieser Senat über seine »Zweifel« die für eine Zuständigkeit anhand der Zuteilungskriterien im Teil B des GVP in Betracht kommenden Senate zu unterrichten. Kommt es zu einer übereinstimmenden Beurteilung der Unzuständigkeit des über seine Zweifel an seiner Zuständigkeit unterrichtenden Senats, so darf dieser an einen sich für allein zuständig erklärenden Senat »abgeben«. Erklären sich alle in Betracht kommenden Senate für unzuständig, so ist zur Entscheidung dieses negativen Kompetenzkonflikts das Präsidium anzurufen. Erklären sich mehrere der in Betracht kommenden Senate für zuständig, so kann ebenfalls nicht an einen bestimmten Senat abgegeben werden, sodass der sich für unzuständig erklärende Senat zur Auflösung dieses nur noch positiven Kompetenzkonflikts das Präsidium anzurufen hat. Problematisch ist, dass im Teil A Vorbemerkung Abs. 2 Satz 1 GVP nicht die Art der Beschlussfassung der Senate im negativen Kompetenzkonflikt geregelt ist. Das verleitet zu inoffiziellen Klärungen zwischen den Senaten, die für die Parteien mangels Dokumentation nicht nachvollziehbar sind. Geboten ist hier eine verfassungsrechtsfreundliche Auslegung. Diese verlangt folgende zu dokumentierende Verfahrensweise: Kommen in einer Sache, die dem Senat zugeteilt ist, einem Senatsmitglied Bedenken an der Zuständigkeit, so sind diese aktenkundig zu machen. Der Vorsitzende hat dann eine Beschlussfassung darüber herbeizuführen, ob hinreichende Zweifel an der Senatszuständigkeit bestehen. Kommt ein entsprechender Mehrheitsbeschluss zustande,

---

6 BVerfG, 18.03.2009 – 2 BvR 229/09, NJW 2009, 1734, Entscheidungsname beim BVerfG: »gerichtlicher Geschäftsverteilungsplan Änderung, Änderung des gerichtlichen Geschäftsverteilungsplans«.

sind die anstelle des Senats in Betracht kommenden Senate zu unterrichten. Diese beschließen ihrerseits mit Mehrheit, ob sie sich für zuständig halten. Erklärt sich einer der in Betracht kommenden Senate für allein zuständig, so hat der anfragende Senat unter Berücksichtigung der Stellungnahmen der anderen Senate förmlich darüber zu beschließen, ob er seine Unzuständigkeit erklärt und die Sache abgibt. Eine Abgabe ist nicht möglich, wenn sich entweder kein anderer Senat für zuständig oder mehrere andere Senate für zuständig erklären. Dann ist die Sache zur endgültigen Zuteilung dem Präsidium vorzulegen.

3. Probleme bereiten die Fälle, in denen vor der Zuteilung keine Zweifel bestanden und nach erfolgter Zuteilung ein anderer Senat die Zuständigkeit beansprucht, obwohl der Senat, dem zugeteilt ist, keine Zweifel an seiner eigenen Zuständigkeit hat. Beispiel: Einem Senat ist die Sache als Fachsenat für Bestandsschutz zugeteilt. Der Fachsenat für Arbeitskampfrecht entdeckt eine ihn interessierende Fragestellung und äußert kurz vor der mündlichen Verhandlung Zweifel an der Zuständigkeit des Bestandsschutzsenats. Nach dem Inhalt des Abs. 2 der Vorbemerkung des GVP ist nur die Möglichkeit vorgesehen, wegen eigener Zweifel an der Zuständigkeit ein Klärungsverfahren mit dem Ziel einzuleiten, an einen anderen Senat abzugeben. Einem Drittsenat steht es zwar frei, Zweifel an der Richtigkeit der Zuteilung mitzuteilen, aber er kann nicht das Präsidium anrufen und sich vom Präsidium die Sache in Änderung der Zuteilung zuweisen lassen. Weder besteht insoweit eine dienstaufsichtsrechtliche Befugnis der Präsidentin, den im Beispielsfall uneinsichtigen Bestandsschutzsenat zur Anrufung des Präsidiums aufzufordern, noch nach § 21e GVG eine Anordnungskompetenz des Präsidiums, eine erfolgte Zuteilung als authentischer Interpret der selbst aufstellten Geschäftsverteilung zu ändern. Vielmehr gehört es zum Kernbereich der richterlichen Unabhängigkeit, dass der Senat, dem die Sache in Anwendung des GVP zugeteilt ist, selbst über Zweifel befindet, die zur Änderung der Zuteilung führen. Sonst kann die Mehrheit im Präsidium zur Abwehr einer nicht gewünschten Rechtsprechung genutzt werden. Zur Vermeidung unzulässiger Einwirkungen in die richterliche Unabhängigkeit bedarf es deshalb – wie unter der Fallvariante 2 oben dargestellt – klarer Verfahrensregeln für die Beschlussfassung über auftretende Zuständigkeitszweifel und einer transparenten zeitnahen Dokumentation, in die auch aufzunehmen ist, von wem gegebenenfalls die »Anregung« zur Überprüfung der Zuständigkeit ausgegangen ist.

Jeder Senat hat nach den Vorbemerkungen Abs. 2 GVP jeweils mit Mehrheit der Berufsrichter darüber zu beschließen, ob er sich für zuständig erklärt; bei überbesetzten Senaten werden nur drei Berufsrichter an dieser Entscheidung beteiligt. Hier soll nach dem GVP noch das sonst als überholt geltende Senioritätsprinzip zur Anwendung gelangen. Die Heranziehung richtet sich nämlich »nach dem Dienstalter, bei gleichem Dienstalter nach dem Lebensalter«, d.h. der mit der kürzesten Dienstzugehörigkeit bzw. der Lebensjüngste wird ausgeschlossen. Das steht im Gegensatz zu dem in § 21g Abs. 1 GVG niedergelegten allgemeinen Grundsatz, nach dem alle berufsrichterlichen Mitglieder eines Spruchkörpers an Entscheidungen über Geschäftsverteilungsfragen zu beteiligen sind. Das Senioritätsprinzip kann auch nicht zur Rechtfertigung herangezogen werden, denn es wird zur Auflösung von Pattsituationen in überbesetzten Senaten keine Begrenzung auf die ungerade Stimmzahl drei benötigt, wenn – wie bei einigen Senaten des BAG – eine Besetzung mit vier Berufsrichtern vorliegt. Kommt es bei Zweifeln der zuteilenden Geschäftsstelle zu einer Zuständigkeitsanfrage bei den »in Betracht kommenden Senaten« senatsintern zur Stimmengleichheit (2:2), so ist das unerheblich, denn es fehlt die für eine positive Zuständigkeitserklärung erforderliche »Mehrheit der Berufsrichter«. Das hat zur Folge, dass der betreffende Senat bei der Zuteilung als »unzuständig« zu behandeln ist. Das Gleiche gilt für den Fall des negativen Kompetenzkonflikts. Gibt es nach den Beschlüssen der Senate keine einheitliche Beurteilung der Zuständigkeit (»Stimmen die Senate nicht überein«), so entscheidet das Präsidium. Nach Abs. 4. der Vorbemerkungen können die Senate, wenn Zweifel an der Zuständigkeit bestehen, die Abgabe und Zuteilung einvernehmlich untereinander regeln, soweit sie mit der »Mehrheit der Berufsrichter« übereinstimmende Beschlüsse fassen. Nach Ablauf von sechs Monaten seit Eingang der Antrags-, Rechtsmittel- oder Rechtsbehelfsbegründung oder mit der Terminierung der Sache endet diese

§ 44 ArbGG   Anhörung der ehrenamtlichen Richter, Geschäftsordnung

einvernehmliche Abgabebefugnis. Abs. 4 Satz 2 Teil A GVP stellt, um überraschende Zuständigkeitsklärungen in der Verhandlung zu vermeiden, klar: »Ab Beginn der mündlichen Verhandlung/ Anhörung ist eine Abgabe ausgeschlossen.« Es bedarf bei länger als sechs Monaten anliegenden oder bereits terminierten Verfahren zur Änderung der Senatszuständigkeit einer Anrufung des Präsidiums. Das beschließt dann endgültig. Treten Zweifel erst nach Beginn der Verhandlung oder Anhörung im Rechtsmittelverfahren auf, so haben diese zu schweigen; denn nach Abs. 4 Satz 2 Vorbemerkung Teil A GVP kann in diesem Fall auch nicht die Anrufung des Präsidiums zu einer Änderung der Zuteilung führen.

9 Mit der Regelung in Abs. 2 und 4 der Vorbemerkungen ist vor allem die Beseitigung von Zweifeln geregelt, die die Geschäftsstelle bei ihrer Zuweisung nach Eingang der Sache befällt. Auch dann, wenn die Geschäftsstelle keine Zweifel bei der Zuweisung hat, kann sich die Zuweisung als zweifelhaft erweisen. Das gilt für den Fall der Subsumtion unter die nicht eindeutigen Zuweisungskriterien, die in den Zuständigkeitskatalogen der Senate enthalten und die nicht immer klar voneinander abgegrenzt sind. Besondere Bedeutung hat der Fall, dass sich erst nach Eingang der Rechtsmittelbegründung der rechtliche Schwerpunkt verschiebt. Für diese Fälle fehlt eine effektiv wirkende Verfahrensregelung. Die als Präsidentin oder Vizepräsident tätigen Vorsitzenden können sich von Amts wegen mit der Zuweisung der Sachen durch die Geschäftsstelle befassen. Demgegenüber erfahren die anderen Vorsitzenden entweder durch Zufall oder zu spät von zweifelhaften Zuweisungen der Geschäftsstelle an andere Senate. So kann es geschehen, dass erst bei dem Blick auf die Terminsrolle oder beim Lesen einer Pressemitteilung von der zweifelhaften Zuweisung einer Sache der objektiv zuständige Senat Kenntnis erhält. Das ist kein System, das geeignet ist, das Vertrauen der Rechtsuchenden und der Öffentlichkeit darauf sicherzustellen, dass möglichst frei von subjektiven Erwägungen der gesetzliche Richter nach generell-abstrakten Kriterien »blindlings« im Voraus bestimmt wird.

10 Die vom BVerfG aufgestellten Rechtssätze[7] bei der Geschäftsverteilung sind zu beachten. Danach ist der Gefahr vorzubeugen, dass die Spruchkörper sachfremden Einflüssen ausgesetzt werden und durch die auf den Einzelfall bezogene Auswahl der zur Entscheidung berufenen Richter das Ergebnis der Entscheidung beeinflusst werden kann. Deshalb muss es einen Bestand an abstrakt-generellen Regelungen geben, die für jeden Streitfall den Richter bezeichnen, der für die Entscheidung zuständig ist. Zwar darf der Gesetzgeber die Festlegung der Zuständigkeiten der jeweiligen Spruchkörper den GVP der Gerichte überlassen. Da aber erst durch diese Regelungen der gesetzliche Richter genau bestimmt wird, unterliegen die jeweiligen Fachgerichte bei der Festlegung der konkreten Geschäftsverteilung ebenfalls den Bindungen aus Art. 101 Abs. 1 Satz 2 GG. Insbesondere muss sich die aus dem Grundsatz des gesetzlichen Richters ergebende abstrakt-generelle Vorausbestimmung bis auf die letzte Regelungsstufe erstrecken, auf der es um die Person des konkreten Richters geht. Dazu gehört die Bestimmung des zuständigen Senats und wenn dieser überbesetzt ist, dass auch der zuständige Senat die Zuständigkeit des jeweiligen Spruchkörpers senatsintern in einem Mitwirkungsplan genau festlegt, welche Berufsrichter bei der Entscheidung welcher Verfahren mitwirken. Notwendig ist damit, dass die in dem GVP zur Festlegung getroffenen Regelungen über den gesetzlichen Richter hinreichend bestimmt sein müssen. Das BVerfG stellt die Forderung auf »nach einer möglichst präzisen Vorherbestimmung«.[8] Das bedeutet: In die abstrakt-generelle Geschäftsverteilung dürfen keine vermeidbaren Auslegungs- oder Beurteilungsspielräume aufgenommen werden. Das Gebot des gesetzlichen Richters wird nämlich nicht erst durch eine willkürliche Heranziehung im Einzelfall verletzt. Unzulässig ist vielmehr auch schon das Fehlen einer abstrakt-generellen und hinreichend klaren Regelung, aus der sich der im Einzelfall zur Entscheidung berufene Richter möglichst eindeutig ablesen lässt. Ein solcher Mangel kann nicht dadurch geheilt werden, dass im Einzelfall sachgerechte Erwägungen für die Heranziehung des einen Senats und den Ausschluss des anderen Senats maßgebend waren. Der Verfassungsverstoß

---

7 BVerfG, 08.04.1997 – 1 PBvU 1/95 – »Spruchgruppen«, EzA Art. 101 GG Nr. 2.
8 BVerfG, 08.04.1997 – 1 PBvU 1/95 – »Spruchgruppen«, EzA Art. 101 GG Nr. 2.

liegt nicht erst in der normativ nicht genügend vorherbestimmten Einzelfallentscheidung, sondern schon in der unzulänglichen Regelung von Geschäftsverteilung und Richtermitwirkung, die eine derartige Einzelfallentscheidung unnötigerweise erforderlich gemacht hat.[9] Ob die Aufstellung des GVP des BAG und dessen Anwendungspraxis diesen Ansprüchen genügt, ist kritisch im Hinblick auf die Prinzipien der Vollständigkeit, der Bestimmtheit und der Vorauswirkung[10] zu überprüfen. Dazu hätte nach der »Spruchgruppenentscheidung« des BVerfG Anlass bestanden, denn in dieser Entscheidung hat das BVerfG von den obersten Gerichtshöfen eine derartige Prüfung verlangt. Gerichtliche Mitwirkungsregeln, die den in dieser Entscheidung herausgearbeiteten verschärften Anforderungen an die Vorausbestimmung des zuständigen Richters anhand abstrakter Merkmale nicht entsprechen, sollten bis zum 01.07.1997 ersetzt werden.[11]

Von erheblicher Bedeutung für die Wahrung des Grundsatzes des gesetzlichen Richters ist die nicht im GVG ausdrücklich geregelte, aber im Teil A des Geschäftsverteilungsplan in Anspruch genommene Kompetenz des Präsidiums, in den Fällen, in denen bei der Anwendung der Zuteilungskriterien des GVP Unklarheiten oder Kompetenzkonflikten zwischen den in Betracht kommenden Senaten auftreten, durch Mehrheitsentscheidung verbindlich den zuständigen Senat zu bestimmen. 11

Gegen die Einhaltung der Prinzipien der Vollständigkeit, der Bestimmtheit und der Vorauswirkung[12] im GVP 2012 des BAG (und seinen inhaltsgleich aufgebauten Vorgängern) sind aus vier Gründen Bedenken angebracht: 12

1. Es ist das Prinzip der Vollständigkeit und Vorauswirkung berührt. Es ist nicht durch Regelungen im GVP sichergestellt, dass ein am Kompetenzkonflikt beteiligter Senat, der nicht durch ein Mitglied im Präsidium vertreten ist, mit beratender Stimme an der Willensbildung des Präsidiums beteiligt wird. Diese Konstellation kommt deshalb zustande, weil wegen der gesetzlich vorgenommen Verringerung der Anzahl der Sitze im Präsidium nicht mehr alle Senate mit einem Mitglied vertreten sein können. Die 35 wahlberechtigten Richterinnen und Richter des BAG sind zehn Senaten zugeteilt. Wählbar sind jedoch nach § 21a Abs. 2 Nr. 3 GVG nur sechs Mitglieder. Qua Amt gehören ferner die Präsidentin und der Vizepräsident als geborene Mitglieder dem Präsidium an, davon nach § 21b Abs. 2 GVG die Präsidentin mit Stimmrecht und der Vizepräsident nach § 21c Abs. 1 Satz 2 GVG mit Beratungsrecht, aber ohne Stimmrecht. Die Senate, denen es nicht gelingt, bei der Wahl des Präsidiums ein Mitglied zu entsenden, können zwar – soweit das Präsidium nach § 21a Abs. 8 GVG die Öffentlichkeit zeitweise zulässt – als Teil der zugelassenen Richteröffentlichkeit die Beratung des Präsidiums beobachtend verfolgen, haben jedoch kein Recht, sich an der Erörterung zu beteiligen. Da nicht alle Senate gleichermaßen an der Auflösung von Zuständigkeitskonflikten beteiligt sind, kann bei den Rechtsuchenden die Besorgnis entstehen, dass durch die im Teil B des Geschäftsverteilungsplan angelegten Überschneidungen von Zuständigkeiten sich das Präsidium die Kompetenz vorbehält, in den Schnittstellenfällen den der Mehrheit des Präsidiums im Einzelfall passenden Senat als gesetzlichen Richter zu bestimmen. 13

2. Gegen die erforderliche Vorauswirkung spricht auch, dass sowohl ein transparentes Verfahren der Entscheidungsvorbereitung als auch jede nachvollziehbare Entscheidungsbegründung fehlen. Die Entscheidung des Präsidiums wird durch einen von der Präsidentin bestimmten Berichterstatter vorbereitet. Gewöhnlich wird dem Votum des Berichterstatters gefolgt. Dabei kann im Votum oder in der Beratung des Präsidiums auch auf nicht verschriftlichte Überlegungen Bezug genommen werden, die bei der Vorbereitung des GVP von den maßgeblichen Mitgliedern des Präsidiums als Entwurfsverfassern angestellt wurden. Weder das Votum noch der Gang der Entscheidungsfindung wird den beteiligten Senaten zur Kenntnis gebracht. Es wird nur das Ergebnis der Entscheidung 14

---

9 So schon BVerfG, 02.06.1964 – 2 BvR 498/62, AP Nr. 29 zu Art. 101 GG.
10 BFH, 12.11.2009 – IV B 29/08, BFH/NV 2010, 669.
11 BVerfG, 08.04.1997 – 1 PBvU 1/95 – »Spruchgruppen«, EzA Art. 101 GG Nr. 2.
12 BFH, 12.11.2009 – IV B 29/08, BFH/NV 2010, 669.

ohne Angabe von Gründen mitgeteilt. Bei diesem Verfahren sind die Kriterien, die zur Behebung der Zuständigkeitszweifel im Einzelfall angewandt wurden, wenigstens für nicht durch ein Mitglied im Präsidium vertretene Senate nicht erkennbar. Umso mehr gilt das für die von der Präsidiumsentscheidung betroffenen Parteien, für die auf nicht nachvollziehbare Weise über den gesetzlichen Richter ihres Rechtsstreits entschieden wird.

15 3. Es bestehen auch Bedenken, ob die Art der praktizierten Geschäftsverteilung den gesetzlichen Richter nach im Voraus erkennbaren abstrakt-generellen Merkmalen hinreichend bestimmt. Dazu hat das BVerfG vorgegeben, dass überall dort, wo es ohne Beeinträchtigung der Effektivität der Rechtsprechungstätigkeit möglich ist, die Bestimmung des gesetzlichen Richters anhand von Kriterien zu erfolgen hat, die subjektive Wertungen weitgehend ausschließen.[13] Ob der GVP 2012 dem genügt, ist schon deswegen zweifelhaft, weil die Zuständigkeit der Senate sich wahlweise entweder nach dem Streitgegenstand oder nach den zu entscheidenden Rechtsfragen richten sollen. Da in den Zuweisungen der Materien an die zehn Fachsenate im Teil B der Geschäftsverteilung nicht definiert ist, ob es sich jeweils um eine Bezeichnung als Streitgegenstand oder um eine Kennzeichnung der Rechtsmaterie handelt, der die Rechtsfrage zuzuordnen ist, kann jeder Senat bei Prüfung seiner Zuständigkeit nach Erhalt der von der Geschäftsstelle zugeteilten Sache, seine eigene subjektive Auslegung vornehmen. Kommt es zum Kompetenzkonflikt, so kann dann das Präsidium, ohne seine Auslegung offen legen zu müssen, über jeden Einzelfall mit Mehrheit mal so und mal so wählen, ob der Streitgegenstand oder die Rechtsfrage maßgebend sind. Das ist umso schwerwiegender als bei der Klärung von objektiven Zuständigkeitskonflikten sich voluntative Erwägungen von Mitgliedern des Präsidiums, deren Senate von dem Kompetenzkonflikt betroffen sind, niemals ausschließen lassen. Für die Senate, die im Präsidium besonders stark vertreten sind, eröffnet somit der GVP eine starke subjektive Einflussmöglichkeit, im jeweiligen Einzelfall eine Zuweisung zu erreichen, sobald sie Zweifel äußern und der ursprünglich befasste Senat angehalten wird, das Präsidium zur Klärung anzurufen. Da das Präsidium beschließt, ohne die Entscheidung zu begründen, ist noch nicht einmal sichergestellt, dass die im jeweiligen Einzelfall angewandten Kriterien verallgemeinerungsfähig sind. Sie können sich vielmehr widersprüchlich zu Vorentscheidungen oder späteren Kompetenzkonflikten verhalten.

16 4. Verschärft wird die mangelnde Voraussehbarkeit der Bestimmung des gesetzlichen Richters noch dadurch, dass in Teil A Abs. 1 Satz 1 des GVP (seit 2010) auf die »**zu entscheidenden Rechtsfragen**« abgestellt wird. In Abkehr von früheren GVP sind nicht mehr die in der angefochtenen Entscheidung **aufgeworfenen Rechtsfragen** maßgebend. Diese konnten bereits bei Eingang der Vorentscheidung von der Geschäftsstelle durch Lesen der Gründe der angefochtenen Entscheidung identifiziert werden. Dagegen sind die vom Rechtsmittelgericht zu entscheidenden Rechtsfragen erst feststellbar, wenn der entscheidende Senat in eine Sachprüfung eingetreten ist, bisweilen jedoch erst, wenn die Rechtsmittelentscheidung abgesetzt worden ist. Dabei ist es durchaus möglich, dass ein anderer Senat, würde er mit der Sache befasst, andere entscheidungserheblichen Rechtsfragen entdeckte oder zumindest den Schwerpunkt der entscheidungserheblichen Rechtsfragen anders setzte. Im Ergebnis hängt der gesetzliche Richter danach von einem Merkmal ab, das erst im Lichte der abgesetzten Entscheidungsgründe sicher beantwortet werden kann. Bis dahin kann nur auf Prognosen abgestellt werden. Zuerst prognostiziert die Geschäftsstelle, welche Rechtsfragen der von ihr als zuständig ins Auge gefasste Senat wohl als entscheidungserheblich ansehen wird und wem diese Rechtsfragen im Teil B des GVP den Senaten zugewiesen sind. Eine Korrektur kann nach Absatz 2 des Teil A des GVP erfolgen, soweit den Senat, dem die Sache von der Geschäftsstelle zugeteilt wurde, Zweifel über die für die Zuteilung maßgeblichen entscheidungserheblichen Rechtsfragen befallen. Dann findet ein senatsübergreifendes Clearing-Verfahren statt (vgl. dazu Rdn. 7). Annähernd sichere Erkenntnisse über die entscheidungserheblichen Rechtsfragen lassen sich erst bei der Erstellung des Gutachtens des Berichterstatters gewinnen. Zeigt sich dann, dass sich andere entscheidungserhebliche Rechtsfragen als bei der Zuteilung stellen und werden infolge dessen Zweifel

---

13 BVerfG, 08.04.1997 – 1 PBvU 1/95 – »Spruchgruppen«, EzA Art. 101 GG Nr. 2.

an der Zuständigkeit geweckt, so führt das wegen der regelmäßig abgelaufenen Sechsmonatsfrist zur Pflichtanrufung des Präsidiums entsprechend Abs. 4 Satz 1 der Vorbemerkungen zu Teil A des GVP. Entdeckt der Senat erst nach Beginn der mündlichen Verhandlung entscheidungserhebliche Rechtsfragen, die objektiv eine andere Zuständigkeit begründen, so ist nach Abs. 4 Satz 2 der Vorbemerkungen (Teil A) des GVP eine Abgabe an den an sich als gesetzlichen Richter zuständigen Senat ausgeschlossen. Das Abstellen auf die »zu entscheidenden Rechtsfragen«, ist nicht notwendig, um das Regelungskonzept einer Fachsenatszuständigkeit zu verwirklichen. Es bringt unnötige Einbußen an der vom BVerfG geforderten »Bestimmtheit und Eindeutigkeit der Zuständigkeitsregelung«[14] mit sich.

3. Doppelvorsitz

Umstritten ist, ob bei Ausscheiden eines Vorsitzenden und der nicht rechtzeitigen Wiederbesetzung der Stelle, das Präsidium befugt ist, einem Senatsvorsitzenden auch den verwaisten Vorsitz zu übertragen. Auch beim BAG ist diese Verfahrensweise üblich. 17

Ein Teil der Richterschaft des BGH vertritt die Auffassung, diese sog. Übertragung eines Doppelvorsitzes sei mit der materiell-rechtlichen Gewährleistung des Art. 101 Abs. 1 Satz 2 GG nicht in Einklang zu bringen. So wenig ein Richter durch Maßnahmen der Geschäftsverteilung aus seinem Amt verdrängt werden darf, indem ihm durch den GVP praktisch kaum noch Aufgaben zugewiesen werden, so wenig dürfe er mit unerfüllbaren Aufgaben beauftragt werden, indem ihm ein Pensum auferlegt wird, das sich in sachgerechter Weise nicht mehr erledigen lässt. Eine sichere oder auch nur in Kauf genommene dauerhafte Überlastung eines Richters mit der Übertragung des Doppelvorsitzes beeinträchtige ohne Weiteres die gleichmäßige Verwirklichung des Justizgewährungsanspruchs der Rechtsuchenden und stellt damit die Unabhängigkeit des Richters bei der Erledigung der ihm übertragenen Aufgaben infrage.[15] Allerdings können die nach ihrer Auffassung in einer verfassungswidrigen Besetzung des Spruchköpers tätig werdenden Richter nur auf die Rechtslage hinweisen. Die von der Verletzung des Gebots des gesetzmäßigen Richters betroffenen Parteien müssen ihre verletzten Rechte durch Einlegung der Verfassungsbeschwerde geltend machen.[16] 18

4. Bestimmung des Berichterstatters

Die Bestimmung des Berichterstatters nach § 7 der GO hat auf das Ergebnis einer Entscheidung einen großen, bisweilen einen entscheidungserheblichen Einfluss, denn der Berichterstatter arbeitet sich intensiv in den Fall ein und unterbreitet zunächst dem Vorsitzenden ein ausführliches Votum mit einem Entscheidungsvorschlag. Dieses schriftliche Votum ist nach § 7 Satz 2 der Geschäftsordnung (GO siehe Rdn. 31) in der Regel zwei Wochen, spätestens eine Woche vor dem Termin dem Vorsitzenden zuzuleiten. Der Vorsitzende entscheidet dann, ob das Votum geeignet ist, die mündliche Revisionsverhandlung oder die mündliche Anhörung im Rechtsbeschwerdeverfahren vorzubereiten. Ist das der Fall, so wird das Votum den übrigen berufsrichterlichen und ehrenamtlichen Richtern des Spruchkörpers mit den ergänzenden Hinweisen des Vorsitzenden zugeleitet. Hält der Vorsitzende das Votum für ungeeignet, so kann der Vorsitzende nach § 7 Satz 2 GO einen Zweitberichterstatter ernennen, der ein weiteres Votum erstellt. Dann sind sowohl das Erst- als auch das Zweitvotum den Mitgliedern des Spruchkörpers zuzuleiten. Im Übrigen ist es üblich, dass entweder der Berichterstatter oder der Vorsitzende in der mündlichen Verhandlung oder in der mündlichen Anhörung in den Sach- und Streitstand einführt. 19

---

14 BVerfG, 08.04.1997 – 1 PBvU 1/95 – »Spruchgruppen«, EzA Art. 101 GG Nr. 2.
15 BGH, 11.01.2012 – 2 StR 346/11, NJW-Spezial 2012, 121, in Anschluss an BVerwG 29.10.1987 – 2 C 57/86, BVerwGE 78, 211.
16 BGH, 08.02.2012 – 2 StR 346/11, Rn 18.

20 Noch erheblich größerer Bedeutung kommt der Rolle des Berichterstatters in den Verfahren der Nichtzulassungsbeschwerde zu. Hier ist es Praxis, dass der Berichterstatter nur einen Beschlussentwurf dem Vorsitzenden vorlegt. Stimmt der Vorsitzende nicht mit dem Entwurf überein, so hat er Bedenken zu erheben oder einen Alternativentwurf zu erstellen. Beseitigt der Entwurfsverfasser nicht die Bedenken oder schließt er sich nicht dem Änderungsvorschlag an, so hat der Vorsitzende einen Beschluss über die endgültige zur Abstimmung mit den ehrenamtlichen Richtern vorzulegende Fassung herbeizuführen. Das gleiche Verfahren gilt nach § 12 GO (vgl. Rdn. 31) für die Abfassung von Tatbestand und Gründen der Revisionsurteile oder Beschlüsse im Rechtsbeschwerdeverfahren.

21 Trotz seiner wichtigen Funktion, wird die Bestimmung des Berichterstatters nicht als eine Frage des gesetzlichen Richters angesehen.[17] Diese Rechtsfrage kann jedoch offenbleiben; denn auch bei den nicht überbesetzten Senaten des BAG ist es üblich, die Bestimmung des Erstberichterstatters nicht entsprechend § 6 der GO (vgl. Rdn. 31) dem Vorsitzenden zu überlassen, sondern in dem Beschluss über die Verteilung der Geschäfte auf die Senatsmitglieder nach § 21g GVG (sog. Mitwirkungsplan) auch die Berichterstattung nach abstrakt-generellen Regeln zu bestimmen.

5. Rechtsschutz für Richter

22 Die die Geschäftsverteilung ändernden oder konkretisierenden Beschlüsse des Präsidiums greifen nicht in die richterliche Unabhängigkeit in der Weise ein, dass sie als verbindliche Weisungen hinzunehmen sind. Vielmehr müssen sowohl die einzelnen Richter als auch der Spruchkörper bei auftretenden Bedenken die Rechtmäßigkeit der Beschlüsse von Amts wegen prüfen.[18] Die aus Art. 97 Abs. 1 GG abgeleitete richterliche Unabhängigkeit muss jedoch partiell zurückstehen, wenn die Sachlage nicht alsbald geklärt werden kann und so das rechtsstaatliche Beschleunigungsgebot und das verfassungsrechtliche Gebot der Rechtsschutzgewährung verletzt werden würden.[19]

23 Einem Richter, der geltend macht, in seinen Rechten durch die Zuteilung zu einem Spruchkörper verletzt zu werden, steht nach einhelliger Ansicht der Rechtsweg zu den Verwaltungsgerichten in Form der Feststellungsklage zur Verfügung.[20] So kann ein Richter im Verfahren nach VwGO § 123 feststellen lassen, dass er der seiner Ansicht nach rechtswidrigen Regelung einstweilen nicht nachzukommen braucht.[21]

24 Die Vorschrift des § 21e Abs. 3 GVG erlaubt eine Änderung der Zuweisung eines Richters zu einem Spruchkörper im laufenden Geschäftsjahr nur, wenn dies wegen Überlastung oder ungenügender Auslastung oder infolge des Wechsels oder dauernder Verhinderung einzelner Richter nötig wird. Die Erlaubnis gilt nicht für andere Fälle.

▶ Beispiel:

§ 21a Abs. 3 GVG erlaubt nicht die Änderung, wenn die kollegiale Zusammenarbeit dadurch belastet wird, dass disziplinarische Vorermittlungen gegen den Richter eingeleitet worden sind, im Rahmen derer die übrigen Mitglieder des Spruchkörpers als Zeugen in Betracht kommen. Allerdings wird durch eine gegen das Prinzip des gesetzlichen Richters verstoßende Änderung der Zuweisung eines Richters zu einem Spruchkörper der betroffene Richter grundsätzlich noch nicht in eigenen Rechten verletzt.[22]

---

17 BVerfG, 08.04.1997 – 1 PBvU 1/95 – »Spruchgruppen«, EzA Art. 101 GG Nr. 2, unter C.I.4.a der Gründe.
18 BGH, 08.02.2012 — 2 StR 346/11.
19 BGH, 08.02.2012 – 2 StR 346/11.
20 Hessischer StGH, 05.08.1992 – P.St. 1132; Hessischer StGH, 07.05.1990 und 19.11.1990 – P.St. 1096; BVerwG, 28.11.1975 – VII C 47.73, BVerwGE 50, 11 ff.; BGH, 31.01.1984 – RiZ (R) 3/83, BGHZ 90, 41, 48; BGH, 04.12.1989 – RiZ (R) 5/89, DRiZ 1991, 99 f.; BVerfG, 03.12.1990 – 2 BvR 785/90, 2 BvR 1536/90, DRiZ 1991, 100.
21 Hamburgisches OVG, 19.09.1986 – Bs V 144/86, NJW 1987, 1215.
22 Hamburgisches OVG, 19.09.1986 – Bs V 144/86, NJW 1987, 1215.

Diese Grundsätze gelten auch für die Änderungen der Senatszuteilungen beim BAG. Da mit Ablauf des Geschäftsjahres die richterliche Geschäftsverteilung abläuft, ist gegen die Zuweisung eines Richters an einen anderen Spruchkörper während des Geschäftsjahres auch der Antrag auf eine einstweilige Anordnung geboten. Deren Erlass ist auch zulässig.[23]

6. Rechtsschutz für Rechtsuchende

Weder handelt es sich bei dem für die Regelung der Geschäftsverteilung zuständigen Präsidium (§ 21e Abs. 1 Satz 1 GVG) um eine Justizbehörde noch stellt der Geschäftsverteilungsplan einen Justizverwaltungsakt dar. Deshalb ist der Rechtsweg nach §§ 23 ff. EGGVG nicht eröffnet. Für den Rechtsuchenden erfolgt die Prüfung daher nur im Rahmen der Rechtsmittel gegen die Entscheidung inzidenter im Einzelfall. Folglich kann mit der gegen das Urteil gerichteten Verfassungsbeschwerde die beim BAG unterlegene Partei rügen, der den drei Prinzipien des BVerfG (Vollständigkeit, Bestimmtheit und Vorauswirkung) nicht genügende GVP habe zu einem Verstoß gegen Art. 101 Abs. 1 Satz 2 GG geführt. Deshalb sei er in seinem Recht auf den gesetzlichen Richter aus Art. 101 Abs. 1 Satz 2 GG verletzt. Wird die Verfassungsmäßigkeit der Regelung im GVP selbst gerügt, die der Rechtsanwendung zugrunde lag, so geht der Kontrollmaßstab des BVerfG über eine reine Willkürprüfung hinaus und erfasst jede Rechtswidrigkeit.[24] Anders ist es bei der Auslegung und Anwendung der Zuständigkeitsbestimmungen, die im GVP enthalten sind. Das BVerfG beanstandet die Auslegung und Anwendung von Bestimmungen des GVP nur, wenn sie nicht der Willkürkontrolle standhalten. Das ist dann der Fall, wenn Auslegung und Anwendung bei verständiger Würdigung der das Grundgesetz bestimmenden Gedanken nicht mehr verständlich erscheinen und offensichtlich unhaltbar sind.[25] Einzelheiten zu Frist und Förmlichkeiten der Verfassungsbeschwerde siehe § 75 Rdn. 78.

25

II. Mitwirkungsregeln für überbesetzte Senate

Die lange Zeit vom Zweiten Senat des BVerfG geduldete Praxis, nach der es ausreichend war, wenn das zuständige Gericht und der innerhalb des Gerichts zuständige Spruchkörper, nicht hingegen die konkreten Richterpersonen im Voraus festlegt wurden,[26] ist seit dem 01.07.1997 nicht mehr verfassungskonform.[27] Das beruht auf einer Plenumsentscheidung des BVerfG. Das Plenum des Gerichts hat mit einer Fortbildung des Art. 101 Abs. 1 Satz 2 GG der Tatsache Rechnung getragen, dass sich die Vorstellungen von den Anforderungen an den »gesetzlichen Richter« im Laufe der Zeit allmählich verfeinert haben und im Zuge dieser Entwicklung die Forderung nach einer möglichst präzisen Vorherbestimmung auch der im Einzelfall an der gerichtlichen Entscheidung mitwirkenden Richter zunehmend stärkeres Gewicht gewonnen hat. Für einen überbesetzten Spruchkörper muss deshalb in einem Mitwirkungsplan geregelt werden, welche Berufsrichter bei der Entscheidung welcher Verfahren mitwirken.[28] Die fünf mit je vier Richtern des BAG überbesetzten Senate haben in Befolgung der Spruchgruppenentscheidung des BVerfG die drei Spruchgruppen A, B und C gebildet, sodass der Vorsitzende jeweils mit wechselnden berufsrichterlichen Beisitzern den Spruchkörper bildet.

26

---

23 BVerwG, 14.04.1986 – 2 CB 54/84, DÖD 1986, 218, 219; OVG Hamburg, 19.09.1986 – Bs V 144/86, NJW 1987, 1215; VGH München, 19.12.1977 – 241 III 77, BayVBl. 1978, 337 f.; BVerfG, 03.12.1990 – 2 BvR 785/90, 2 BvR 1536/90, DRiZ 1991, 100.
24 BVerfG, 16.02.2005 – 2 BvR 581/03, Rn 22, NJW 2005, 2689, Sicherungsverwahrung, unter Bezug auf: BVerwG, 29.06.1984 – 6 C 35.83, NJW 1984, 2961; entgegen BVerwG, 18.10.1990 – 3 C 19/88, NJW 1991, 1370, 1371.
25 BVerfG, 16.02.2005 – 2 BvR 581/03, Rn 22, NJW 2005, 2689.
26 BVerfG, 03.02.1965 – 2 BvR 166/64, BVerfGE 18, 344 und 15.01.1985 – 2 BvR 128/84, BVerfGE 69, 112.
27 BVerfG, 08.04.1997 – 1 PBvU 1/95 – »Spruchgruppen«, EzA Art. 101 GG Nr. 2.
28 BVerfG, 08.04.1997 – 1 PBvU 1/95 – »Spruchgruppen«, EzA Art. 101 GG Nr. 2.

27 Die Einzelheiten der senatsinternen Geschäftsverteilung müssen nach abstrakt-generellen Merkmalen bestimmt werden. Nach § 21g Abs. 1 Satz 1 GVG geschieht das durch Beschluss aller dem Senat angehörenden berufsrichterlichen Mitglieder. Der Beschluss muss vor Beginn des Geschäftsjahres getroffen werden (§ 21g Abs. 2 GVG). Nach § 21g Abs. 7 i.V.m. § 21e Abs. 9 GVG ist der Beschluss über die Geschäftsverteilung im Spruchkörper (sog. Mitwirkungsplan) in der von der Präsidentin bestimmten Geschäftsstelle zur Einsichtnahme auszulegen.

III. Anhörung der ehrenamtlichen Richter

28 Anders als bei den ArbG und LAG[29] existiert ein Ausschuss der ehrenamtlichen Richter beim BAG nicht. Hier werden die entsprechenden Aufgaben von den **beiden lebensältesten ehrenamtlichen Richtern** aus den Kreisen der Arbeitnehmer und der Arbeitgeber wahrgenommen. Gem. **Abs. 1** sind diese vor der Aufstellung des GVP[30] sowie des Zuteilungsplans zu **hören**. Gleiches gilt für die Aufstellung einer Liste für die Heranziehung der ehrenamtlichen Richter zu den Sitzungen gem. § 43 Abs. 3 i.V.m. §§ 31, 29 Abs. 2. Eine Bindung des Präsidiums an Vorschläge oder Stellungnahmen der ehrenamtlichen Richter besteht nicht.[31]

IV. Geschäftsordnung des BAG

1. Rechtsgrundlage

29 Nach **Abs. 2** wird der Geschäftsgang des BAG durch eine Geschäftsordnung (GO) geregelt. Diese hat das Präsidium zu beschließen. Vor dem Präsidiumsbeschluss sind die beiden lebensältesten ehrenamtlichen Richter aus den Kreisen der Arbeitnehmer und der Arbeitgeber anzuhören. Die GO bedarf weiterhin der Bestätigung durch den Bundesrat.

30 Die derzeit geltende GO ist am 11.04.2003 vom Bundesrat bestätigt worden. Sie ist am 01.06.2003 in Kraft getreten.[32]

2. Inhalt der GO

31 Die GO hat folgenden Wortlaut:

31 *»Geschäftsordnung des Bundesarbeitsgerichts[33]*

§ 1 Senate

(1) Die Senate führen die Bezeichnung »Erster Senat«, »Zweiter Senat« usw.

(2) Jeder Berufsrichter[34] gehört mindestens einem Senat als ständiges Mitglied an. Jeder Senat besteht einschließlich des Vorsitzenden aus mindestens drei Berufsrichtern.

§ 2 Präsident

(1) Der Präsident des Bundesarbeitsgerichts leitet und beaufsichtigt den Geschäftsgang des Gerichts. Er regelt insbesondere die Verteilung der Geschäfte auf die nichtrichterlichen Beschäftigten des Gerichts.

(2) Der Präsident ist im Sinne der richter- und beamtenrechtlichen Vorschriften Vorgesetzter und Dienstvorgesetzter der nichtrichterlichen Beschäftigten und Dienstvorgesetzter der Richter.

---

29 Vgl. §§ 29, 38.
30 Vgl. § 6a.
31 H.M.; vgl. GMPMG/Müller-Glöge § 44 Rn 7; GK-ArbGG/Dörner § 44 Rn 2; Schwab/Weth-Liebscher § 44 Rn 12; Grunsky/Waas § 44 Rn 3.
32 BAnz. vom 16.07.2003 Nr. 219. S. 15401.
33 In der vom Bundesrat am 11.04.2003 bestätigten und seit dem 01.06.2003 in Kraft getretenen Fassung.
34 Soweit in dieser GO Personen oder Personengruppen in männlicher Form bezeichnet sind, geschieht dies ausschließlich aus Gründen der besseren Lesbarkeit. Gemeint sind jeweils beide Geschlechter.

(3) Soweit nicht gesetzliche Vorschriften oder solche Vorschriften gelten, die das zuständige Bundesministerium auf Grund von Gesetzen erlassen hat, erlässt der Präsident die Bestimmungen über die zu führenden Geschäftsbücher, Kalender, Register, Listen und Dateien.

§ 3 Vertretung des Präsidenten

(1) In Angelegenheiten, in denen die Vertretung des Präsidenten nicht gesetzlich oder durch den Geschäftsverteilungsplan geregelt ist, vertritt ihn der Vizepräsident.

(2) Ist auch dieser verhindert, so wird er nach der Reihenfolge des Dienstalters durch einen Vorsitzenden Richter oder bei Verhinderung aller Vorsitzenden Richter durch einen Richter am Bundesarbeitsgericht vertreten. Bei gleichem Dienstalter entscheidet das Lebensalter.

§ 4 Richterversammlung

(1) Der Präsident kann eine Versammlung der Richter einberufen. Auf Antrag des Präsidiums oder eines Drittels der Richter ist er hierzu verpflichtet.

(2) Die Einberufungsfrist beträgt in der Regel zwei Wochen. Bei der Einberufung ist die Tagesordnung mitzuteilen.

§ 5 Sitzungen

(1) Die Sitzungen der Senate sowie die Sitzungen des Großen Senats werden von den Vorsitzenden einberufen.

(2) Sitzungen der Senate finden an den vom Präsidenten festgelegten Wochentagen statt, soweit die Umstände des Einzelfalls nicht Abweichungen erfordern.

§ 6 Geschäftsgang im Senat

Der Vorsitzende des Senats regelt den Geschäftsgang im Senat, soweit nicht gesetzlich oder auf Grund dieser Geschäftsordnung etwas anderes bestimmt ist.

§ 7 Berichterstattung

Für jede Sache wird ein Berufsrichter des Senats zum Berichterstatter bestellt. Es kann ein Zweitberichterstatter bestellt werden. Der Berichterstatter leitet dem Vorsitzenden im Regelfall zwei Wochen, spätestens jedoch eine Woche vor dem Termin eine schriftliche Bearbeitung der Sache mit den Akten zu.

§ 8 Großer Senat

(1) Der Senat, der eine Entscheidung des Großen Senats einholen will, stellt die zu entscheidenden Rechtsfragen in einem Beschluss fest und übersendet mit dem Beschluss auch die Akten der Rechtssache dem Vorsitzenden des Großen Senats.

(2) Es werden zwei Berufsrichter zu Berichterstattern bestellt. Alle Mitglieder des Großen Senats erhalten vor der Sitzung je einen Abdruck der schriftlichen Bearbeitungen der Sache.

(3) Der Große Senat entscheidet durch einen mit Gründen versehenen Beschluss.

§ 9 Ehrenamtliche Richter

(1) Die ehrenamtlichen Richter sollen spätestens zwei Wochen vor der Sitzung geladen werden. Die Geschäftsstelle führt die Ladung aus.

(2) Ist ein ehrenamtlicher Richter an der Teilnahme verhindert, so soll er dies sofort dem Bundesarbeitsgericht mitteilen, damit an seiner Stelle ein anderer ehrenamtlicher Richter geladen werden kann.

(3) Abschriften der angefochtenen Entscheidung, der Schriftsätze und der schriftlichen Bearbeitung der Sache werden den ehrenamtlichen Richtern zur Vorbereitung der Beratung zur Verfügung gestellt. Sie sind vertraulich zu behandeln.

§ 10 Beratung und Abstimmung

Der Gang der Beratung, die Stimmabgaben der einzelnen Mitglieder und die von ihnen geltend gemachten Gründe werden nicht aufgezeichnet. Jedes Mitglied ist jedoch berechtigt, seine von der gefassten Entscheidung abweichende Ansicht mit kurzer Begründung in den Senatsakten (§ 16) niederzulegen; die abweichenden Äußerungen sind in einem verschlossenen Umschlag ohne Namensangabe zusammen mit den Senatsakten aufzubewahren.

§ 11 Form der Entscheidungen

Soweit nicht gesetzlich geregelt bestimmt der Präsident die formale Gestaltung der Entscheidungen. Beim Bundesarbeitsgericht wird ein Standardisierungskatalog geführt.

§ 12 Tatbestand und Entscheidungsgründe

Der Berichterstatter oder im Falle seiner Verhinderung der Vorsitzende oder der andere berufsrichterliche Beisitzer fertigt einen schriftlichen Entwurf des Tatbestands und der Entscheidungsgründe. Erhebt der Vorsitzende oder ein anderer Richter, der an der Entscheidung mitgewirkt hat, Bedenken und beseitigt sie der Verfasser nicht durch eine Änderung des Entwurfs, so stellt ein Senatsbeschluss die Fassung fest.

§ 13 Leitsätze

Die Berufsrichter des Senats beschließen, welchen Entscheidungen Leitsätze vorangestellt werden, und formulieren den Wortlaut.

§ 14 Siegel

Das Bundesarbeitsgericht führt zwei Siegel:

1. *ein großes Bundessiegel, das nur bei förmlichen Ausfertigungen, insbesondere bei den Ausfertigungen der Urteile und der Beschlüsse im Beschlussverfahren gebraucht wird;*
2. *ein kleines Bundessiegel.*

§ 15 Geschäftsstelle

(1) Beim Bundesarbeitsgericht ist eine Geschäftsstelle eingerichtet. Diese ist in Senatsgeschäftsstellen gegliedert.

(2) Der Präsident bestimmt eine der Senatsgeschäftsstellen als Geschäftsstelle des Großen Senats sowie für Angelegenheiten des Gemeinsamen Senats der obersten Gerichtshöfe des Bundes.

(3) Die Geschäftsstelle bereitet die Zuteilung der Rechtssachen gemäß dem Geschäftsverteilungsplan vor.

(4) Zu den Aufgaben der Senatsgeschäftsstellen gehört es, die Senatsentscheidungen auf Rechtschreibung und sonstige formale Richtigkeit sowie auf die Berücksichtigung des Standardisierungskatalogs hin zu überprüfen. In Zweifelsfällen ist Rücksprache mit den Berufsrichtern des Senats zu nehmen.

§ 16 Akten

Die in Verfahren vor dem Bundesarbeitsgericht entstehenden Akten verbleiben, soweit sie Voten enthalten, 40 Jahre, im Übrigen 10 Jahre beim Bundesarbeitsgericht. Akten des Großen Senats werden dauernd aufbewahrt. Nähere Bestimmungen über die Aufbewahrung der Akten und sonstiger Unterlagen und die weitere Behandlung nach Ablauf der Aufbewahrungsfristen trifft der Präsident.

§ 17 Bibliothek

Die Bibliothek des Bundesarbeitsgerichts beschafft, erschließt und verwaltet die benötigten fachlichen Informationen.

§ 18 Dokumentationsstelle

Die Dokumentationsstelle des Bundesarbeitsgerichts erfasst und erschließt die für das Arbeitsrecht und die Arbeitsgerichtsbarkeit bedeutsamen gerichtlichen Entscheidungen, das Schrifttum und wesentliche sonstige Dokumente.

§ 19 Inkrafttreten

(1) Diese Geschäftsordnung tritt mit Beginn des zweiten auf die Bestätigung durch den Bundesrat folgenden Kalendermonats in Kraft. Zugleich tritt die Geschäftsordnung vom 9. November 1984 außer Kraft.

(2) Die Geschäftsordnung wird im Bundesanzeiger bekanntgemacht.«

3. Erläuterungen

Die GO regelt vor allem den inneren Dienstbetrieb. Sie **bindet** die Angehörigen des BAG und die ehrenamtlichen Richter. Werden die Bestimmungen der GO von diesen verletzt, kann dies disziplinarisch geahndet werden. So sind nach § 9 Abs. 3 Satz 2 GO von den ehrenamtlichen Richtern alle ihnen zur Vorbereitung der Entscheidung übersandten Abschriften von Schriftsätzen, Urteilen, Beschlüssen und Voten vertraulich zu behandeln. Nach § 43 Abs. 3, § 27 Satz 1 können die ehrenamtlichen Richter, die diese Bestimmung grob verletzen, von dem im GVP bestimmten Senat des BAG ihres Amtes enthoben werden. Die an den vor dem BAG anfallenden Verfahren Beteiligten können Verstöße gegen die GO nur rügen, soweit den Bestimmungen der GO eine Außenwirkung zukommt und sie durch die Verstöße in ihren Rechten beeinträchtigt werden. 32

Ein Verstoß mit Außenwirkung kommt insbesondere bei der Verletzung der für die ordnungsgemäße Vertretung der Präsidentin oder des Vizepräsidenten in § 3 GO aufgestellten Bestimmungen in Betracht. Dabei ist zu beachten, dass der Leiterin der Verwaltung des BAG nur im Verhältnis zu den Beamten und Angestellten nicht aber gegenüber der Richterschaft ein Weisungsrecht zukommt. Es fehlt ihr auch die Befugnis zur Vertretung der Präsidentin gegenüber Richterschaft und Rechtsuchenden. Die nähere Ausgestaltung der Rechtsstellung der Verwaltungsleiterin und der einzuhaltenden Geschäftsgänge ist in der Geschäftsanweisung des BAG geregelt. 33

Das in § 12 GO beschriebene Verfahren ist auch einzuhalten, wenn ehrenamtliche Richter Bedenken gegen die von den drei Berufsrichtern erstellte und ihnen übersandte Fassung von Tatbestand und Entscheidungsgründen erheben. Kommt es zu keiner Verständigung, so hat der Vorsitzende einen Beschluss über die Endfassung herbeizuführen. Abstimmungsberechtigt sind alle Berufs- und ehrenamtlichen Richter des Spruchkörpers, die an der Entscheidung mitgewirkt haben. 34

Die in § 13 GO genannten Leitsätze werden von den Berufsrichtern beschlossen. Diese Tätigkeit dient dazu, auf die nach Auffassung des BAG für Gesetzgebung, Lehre, Verbände und Ministerialverwaltung besonders bedeutsamen Rechtssätze des BAG hinzuweisen. Diese Leitsätze werden zusammen mit den grundlegenden Entscheidungen jährlich in der Entscheidungssammlung des BAG, die die Bezeichnung BAGE führt, veröffentlicht. Ferner werden in einer vom BMAS genehmigten Nebentätigkeit zusätzliche Orientierungssätze erstellt. Diese dienen der praxisgerechten Darstellung wichtiger Entscheidungen. Sie werden von der Arbeitsgemeinschaft der Richterinnen und Richter des BAG herausgegeben und zumeist von Praktikerzeitschriften abgedruckt. Weder Leit- noch Orientierungssätze stellen Bestandteile der Entscheidungen dar. Sie können deshalb nicht im Nichtzulassungsbeschwerdeverfahren als Rechtssätze zum Beleg für Divergenzen herangezogen werden. 35

§ 45 Großer Senat

(1) Bei dem Bundesarbeitsgericht wird ein Großer Senat gebildet.

(2) Der Große Senat entscheidet, wenn ein Senat in einer Rechtsfrage von der Entscheidung eines anderen Senats oder des Großen Senats abweichen will.

(3) ¹Eine Vorlage an den Großen Senat ist nur zulässig, wenn der Senat, von dessen Entscheidung abgewichen werden soll, auf Anfrage des erkennenden Senats erklärt hat, dass er an seiner Rechtsauffassung festhält. ²Kann der Senat, von dessen Entscheidung abgewichen werden soll, wegen einer Änderung des Geschäftsverteilungsplanes mit der Rechtsfrage nicht mehr befasst werden, tritt der Senat an seine Stelle, der nach dem Geschäftsverteilungsplan für den Fall, in dem abweichend entschieden wurde, nunmehr zuständig wäre. ³Über die Anfrage und die Antwort entscheidet der jeweilige Senat durch Beschluss in der für Urteile erforderlichen Besetzung.

(4) Der erkennende Senat kann eine Frage von grundsätzlicher Bedeutung dem Großen Senat zur Entscheidung vorlegen, wenn das nach seiner Auffassung zur Fortbildung des Rechts oder zur Sicherung einer einheitlichen Rechtsprechung erforderlich ist.

(5) ¹Der Große Senat besteht aus dem Präsidenten, je einem Berufsrichter der Senate, in denen der Präsident nicht den Vorsitz führt, und je drei ehrenamtlichen Richtern aus den Kreisen der Arbeitnehmer und Arbeitgeber. ²Bei einer Verhinderung des Präsidenten tritt ein Berufsrichter des Senats, dem er angehört, an seine Stelle.

(6) ¹Die Mitglieder und die Vertreter werden durch das Präsidium für ein Geschäftsjahr bestellt. ²Den Vorsitz im Großen Senat führt der Präsident, bei Verhinderung das dienstälteste Mitglied. ³Bei Stimmengleichheit gibt die Stimme des Vorsitzenden den Ausschlag.

(7) ¹Der Große Senat entscheidet nur über die Rechtsfrage. ²Er kann ohne mündliche Verhandlung entscheiden. ³Seine Entscheidung ist in der vorliegenden Sache für den erkennenden Senat bindend.

Übersicht

		Rdn.				Rdn.
I.	Inhalt und Zweck der Norm	1		4.	Vorlagebeschluss	31
II.	Divergenzvorlage (Abs. 2)	7		5.	Vorlage als Ausnahmefall	32
	1. Abweichung in entscheidungserheblicher Rechtsfrage	7	IV.	Verfahren des Großen Senats		33
				1. Zusammensetzung		33
	2. Identität der Rechtsfrage	10		2. Zuständigkeit		38
	3. Anderer Senat	11		3. Entscheidung		39
	4. Anfrage vor Vorlage	14		4. Verfahrensgang		40
	5. Erledigung des Vorlageverfahrens	21		5. Fortsetzung des Ausgangsrechtsstreits		44
III.	Grundsatzvorlage (Abs. 4)	22		6. Kosten		45
	1. Verfassungsrechtliche Bedenken	22	V.	Gemeinsamer Senat der Obersten Gerichtshöfe des Bundes		46
	2. Grundsätzliche Bedeutung	24				
	3. Auffangtatbestand	30	VI.	Folgen unterlassener Vorlagen		48

I. Inhalt und Zweck der Norm

1 Nach Abs. 1 wird beim BAG ein Großer Senat gebildet. Er dient dazu, innerhalb der Arbeitsgerichtsbarkeit die **Rechtseinheit** zu **wahren**. Ist die Einheit der Rechtsprechung außerhalb des Rechtswegs zu den Gerichten für Arbeitssachen betroffen, so ist für die Entscheidung nach § 2 Abs. 1 des Gesetzes zur Wahrung der Einheitlichkeit der Rechtsprechung der obersten Gerichtshöfe des Bundes (**RsprEinhG**) vom 19.06.1968[1] der Gemeinsame Senat der obersten Gerichtshöfe des Bundes zuständig.

---

[1] BGBl. I, S. 661.

Die Einrichtung des Großen Senats geht auf das Reichsgesetz vom 28.06.1935[2] zurück. Der Gedanke der Rechtsvereinheitlichung war mit einer nationalsozialistischen Zielsetzung verbunden. In Art. 2 des Gesetzes vom 28.06.1935 wurde dem Großen Senat die Vereinheitlichungsaufgabe mit der Maßgabe zuwiesen, »darauf hinzuwirken, dass bei der Auslegung des Gesetzes dem durch die Staatserneuerung eingetretenen Wandel der Lebens- und Rechtsanschauung Rechnung getragen wird«.[3] Die heutige Fassung von § 45 geht auf das ArbGG 1953 zurück. Diese ist durch das Rechtspflege-Vereinfachungsgesetz vom 17.12.1990[4] geändert worden.

Der Große Senat entscheidet in den Fällen der Divergenz *(Abs. 2)* sowie dann, wenn ihm eine Frage von grundsätzlicher Bedeutung vorgelegt wird, die zur Fortbildung des Rechts oder zur Sicherung einer einheitlichen Rechtsprechung erforderlich ist *(Abs. 4)*. Damit ist die **Zuständigkeit des Großen Senats abschließend** geregelt. Problematisch ist die zweite Zuständigkeitsvariante, weil seit Langem in den Geschäftsverteilungsplänen des BAG von einem Fachsenatsprinzip ausgegangen wird. Soweit das Fachsenatsprinzip im richterlichen Geschäftsverteilungsplan in der Weise umgesetzt ist, dass eine Alleinzuständigkeit durch die Zuteilung der Rechtsmaterie begründet ist, kann jeder Senat seine Rechtsprechung ändern, ohne die für Rechtsfragen aus anderen Materien zuständigen Fachsenate fragen zu müssen.

Mit der ausdrücklichen Kompetenzzuweisung zur Fortbildung des Rechts gibt der Gesetzgeber einen wichtigen Hinweis auf die Zulässigkeit der Rechtsfortbildung.[5] Daraus darf jedoch nicht abgeleitet werden, die Kompetenz zur richterlichen Rechtsfortbildung sei allein dem Großen Senat im Rahmen von Vorlagen zur grundsätzlichen Bedeutung von Rechtsfragen zugewiesen. Vielmehr sind alle Senate des BAG zur Beantwortung von Rechtsfragen berufen, die grundsätzliche Bedeutung haben. Dafür spricht schon, dass die Revision ausdrücklich wegen grundsätzlicher Bedeutung (§§ 72 Abs. 2, 72a Abs. 3) zugelassen werden kann und nicht jede so zugelassene Revision zur Anrufung des Großen Senats führen soll. Stellt sich somit allen Spruchkörpern die Aufgabe, Rechtsfragen grundsätzlicher Art zu beantworten, so kann nicht danach differenziert werden, ob es eine Frage der Gesetzesauslegung oder der richterlichen Rechtsfortbildung ist.

Die Formulierung in Abs. 2 »Der Große Senat entscheidet, wenn ...« ist missverständlich. Der Große Senat entscheidet nämlich nur, wenn er zuvor von einem Senat des BAG angerufen worden ist. Angerufen werden muss der Große Senat im Fall der Divergenz (**Mussvorlagefall** nach Abs. 2). Nimmt ein Senat an, es solle eine Rechtsfrage von so grundsätzlicher Bedeutung beantwortet werden, dass der Große Senat entscheiden soll, so darf und muss er von dieser Befugnis nach pflichtgemäßem Ermessen Gebrauch machen (**Kannvorlagefall** nach Abs. 4). Die Zulässigkeit dieser Kannvorlage[6] setzt stets voraus, dass eine Entscheidung des Großen Senats zur Fortbildung des Rechts oder zur Sicherung einer einheitlichen Rechtsprechung erforderlich ist. Die Regelung des Verfahrens der Vorlage und der vorhergehenden Anfrage ist in Abs. 3 enthalten.[7]

Die Zahl der Entscheidungen des Großen Senats ist gering. So sind von 1994 bis 2015 nur zwei Entscheidungen des Großen Senats ergangen.[8] Diese restriktive Tendenz war schon zu Zeiten des

---

2 RGBl. I, S. 844.
3 Zur historischen Entwicklung NK-GA/Düwell § 45 ArbGG Rn 5 ff.; vertiefend Hanack S. 7 ff.
4 BGBl. I, S. 2847.
5 GMPMG/Prütting § 45 Rn 2.
6 Kissel/Mayer § 132 GVG Rn 38; a.A. GMPMG/Prütting § 45 Rn 34, der von einer verfassungskonformen Auslegung des Wortes »kann« ausgeht, nach der Senat »die Rechtsmacht« zur Vorlage hat, jedoch keinen Ermessensspielraum in Anspruch nehmen darf.
7 BAnz. Nr.129 v. 16.07.2003, S. 15401.
8 BAG, 07.03.2001 – GS 1/00, BAGE 97, 150: »Der Arbeitnehmer kann die Verzugszinsen nach § 288 Abs. 1 Satz 1 BGB aus der in Geld geschuldeten Bruttovergütung verlangen«; BAG 27.09.1994 – GS 1/89 (A), BAGE 78, 56: »Die Grundsätze über die Beschränkung der Arbeitnehmer-Haftung gelten für alle Arbeiten, die durch den Betrieb veranlasst sind und aufgrund eines Arbeitsverhältnisses geleistet werden, auch wenn diese Arbeiten nicht gefahrgeneigt sind«.

Reichsgerichts angelegt. Zur Kennzeichnung des Trends wird allgemein vom »horror pleni« gesprochen.[9] Ein Teil des Schrifttums nimmt daran Anstoß.[10] Zum einen blenden diese Kritiker jedoch aus, dass es kein spezifisches arbeitsgerichtliches Phänomen ist; denn die mengenmäßig ungleich stärker belastete Zivilgerichtsbarkeit hat im selben Zeitraum auch nur fünf Entscheidungen des Großen Senats des BGH in Zivilsachen hervorgebracht. Zum anderen werden die Auswirkungen des im Geschäftsverteilungsplan angelegten Fachsenatsprinzips nicht immer richtig gewürdigt. Schließlich ist auch das mit dem Rechtspflegevereinfachungsgesetz gesetzlich ausgeformte System der Anrufung nach Abs. 3 zu beachten; denn es macht in vielen Fällen eine Entscheidung des Großen Senats entbehrlich, weil der angefragte Senat sich der beabsichtigten Rechtsprechung des anfragenden Senats anschließt. Das Unbehagen der Kritiker ist dennoch nicht völlig unberechtigt. Bisweilen gibt es Anhaltspunkte dafür, dass Entscheidungsgründe divergenzverdeckend formuliert oder vom Geschäftsverteilungsplan nicht abgedeckte Alleinzuständigkeiten für die Aufgabe einer Rechtsprechung in Anspruch genommen werden, um eine Anrufung anderer Senate zu vermeiden.[11] Die Kritik sollte sich auf den Nachweis dieser Praktiken konzentrieren.

II. Divergenzvorlage (Abs. 2)

1. Abweichung in entscheidungserheblicher Rechtsfrage

7   Nach **Abs. 2** entscheidet der Große Senat, wenn ein Senat in einer bestimmten Rechtsfrage von der Entscheidung eines anderen Senats oder des Großen Senats abweichen will. Das ist so zu verstehen, dass eine entscheidungserhebliche Abweichung zu der identischen Rechtsfrage vorliegen muss und diese Voraussetzung sowohl für die zu treffende Entscheidung als auch für die vorhergehende Entscheidung, von der abgewichen werden soll, erfüllt ist.[12] Hinzukommen muss als weitere Voraussetzung eine zeitlich vorausgehende abweichende Entscheidung eines anderen Senats des BAG oder des Großen Senats. Unerheblich ist, in welcher Form die frühere Entscheidung ergangen ist. Sie muss allerdings das Verfahren beendet haben und einen Rechtssatz aufgestellt haben, der für diese Entscheidung tragend gewesen ist. Keine divergenzfähige Entscheidung sind deshalb Vorlagebeschlüsse eines Senats an den Großen Senat, des Großen Senats an den Gemeinsamen Senat oder Vorabentscheidungsersuchen an den EuGH sowie Vorlagebeschlüsse an das BVerfG.[13]

8   Die Divergenz muss eine **klärungsfähige** und **klärungsbedürftige Rechtsfrage** betreffen, die **für die frühere Entscheidung tragend** gewesen ist. Ein bloßer Hinweis des Senats in der Entscheidung, der für die konkrete Entscheidung nicht erheblich war *(sog. obiter dictum)*, ist deshalb keine Grundlage für eine Divergenzvorlage.[14] Ausgeschlossen ist weiter eine Divergenzvorlage, wenn die Rechtsauffassung des früheren Senats, von der abgewichen werden soll, nur eine Hilfs- oder Alternativbegründung war, oder wenn die Rechtsprechung, von der abgewichen werden soll, vom zuständigen Senat mittlerweile aufgegeben worden ist[15] oder auf die Anfrage des erkennenden Senats nach § 45 Abs. 3 Satz 1 aufgeben will. Ist eine Rechtsprechung überholt, bleibt jedoch noch zu prüfen, ob wegen der grundsätzlichen Bedeutung der angesprochenen Rechtsfrage nach Abs. 4 vorzulegen ist.[16] In diese Prüfung ist zu Recht der Vierte Senat eingetreten, nachdem der Zehnte Senat in der

---

9   GMPMG/Prütting § 45 Rn 4.
10 Krit dazu Bauer, J.-H. NJW 2011, Nr. 28, Editorial; Dütz NJW 1986, 1781 f.; Rüthers/Bakker ZfA 1992, 199 ff.
11 Vgl. dazu Dörner in: FS Bepler, S. 101, 104. ff.
12 BAG, 22.07.2010 – 6 AZR 847/07, Rn 37 ff. m.w.N., EzA § 611 BGB 2002 Kirchliche Arbeitnehmer Nr. 15; BAG, 23.10.1996 – 1 AZR 299/96, zu II 3 a der Gründe, EzA § 87 BetrVG 1972 Betriebliche Lohngestaltung Nr. 59; BGH Vereinigte Große Senate, 05.05.1994 – VGS 1-4/93, BGHZ 126, 63, 71.
13 BAG, 20.08.1986; a.A. MünchKomm-ZPO/Wolf, § 132 GVG Rn 10.
14 BAG, 16.01.1991 – 4 AZR 341/90, NJW 1991, 2100.
15 So zur vergleichsweisen Problematik bei der Divergenzbeschwerde BAG, 09.12.1980 – 7 AZN 374/80 – und BAG, 27.10.1998 – 9 AZN 575/98, NJW 1999, 1419 = NZA 1999, 222; a.A. Grunsky § 72 Rn 37.
16 Vgl. GMPMG/Prütting § 45 Rn 22.

Frage der Tarifeinheit erklärt hatte, an seiner, der Auffassung des Vierten Senats zur Tarifpluralität entgegenstehenden Rechtsprechung nicht mehr festzuhalten.[17]

Bei Mehrfachbegründungen ist stets zu prüfen, ob die Entscheidung dann, wenn ohne das Begründungselement, von dem abgewichen werden soll, anders hätte ausfallen können.[18] Nur dann liegt der Divergenzfall vor. Abs. 2 kann auf zwei Arten umgangen werden. Zum einen durch konstruierte Divergenzen, zum anderen durch Leugnung von Divergenzen. Beide Umgehungsstrategien verstoßen gegen das Gebot des gesetzlichen Richters (Art. 101 Abs. 1 Satz 2 GG). 9

2. Identität der Rechtsfrage

Der Zweck, die Rechtseinheit zu sichern (Rdn. 1), gebietet nur eine Vorlage bei der Abweichung von derselben Rechtsfrage. **Dieselbe Rechtsfrage** ist dann zu beurteilen, wenn es um die Auslegung derselben Rechtsnorm geht. Allerdings ist auch hier zu berücksichtigen, dass von derselben Rechtsnorm zwei verschiedene Streitgegenstände, wie z.B. die entgeltfortzahlungsrechtliche und urlaubsrechtliche Vergütung, betroffen sein können.[19] Dieselbe Rechtsfrage kann auch betroffen sein, wenn die zu treffende Entscheidung auf zwei verschiedenen Rechtsnormen beruht.[20] Das entspricht der Rechtsprechung des Gemeinsamen Senats der Obersten Gerichtshöfe des Bundes,[21] die zum Begriff der Rechtsfrage in § 2 des Gesetzes zur Wahrung der Einheitlichkeit der Rechtsprechung der Obersten Gerichtshöfe des Bundes vom 19.06.1968 ergangen ist. Voraussetzung ist jedoch, dass die verschiedenen Rechtsnormen in Wortlaut und Regelungsgehalt übereinstimmen. Eine Vergleichbarkeit genügt nicht.[22] Wenn in zwei verschiedenen Normen, wie z.B. im BetrVG und im BPersVG, die Frage der Zugehörigkeit der Arbeitnehmer zur Belegschaft mit weitgehend identischem Wortlaut geregelt worden ist, folgt daraus noch nicht zwangsläufig eine Identität der Rechtsfrage. Bei der Beurteilung der Identität muss neben dem Wortlaut auch der Gesamtzusammenhang der jeweiligen Normenkomplexe einbezogen werden.[23] 10

3. Anderer Senat

Die Vorlage ist nur zulässig, wenn ein Senat mit einer **anderen Ordnungsnummer** die Rechtsprechung ändern will. Ein Senat kann von der eigenen Rechtsprechung abweichen, ohne zuvor den Großen Senat wegen Divergenz anrufen zu müssen. Das gilt unabhängig von der personellen Kontinuität.[24] 11

Auch wenn ein Senat mit einer anderen Ordnungsnummer von einer früheren Entscheidung abweichen will, muss er nicht den Großen Senat anrufen, wenn er aufgrund eines Wechsels in der Geschäftsverteilung allein zuständig für die zu entscheidende Rechtsfrage geworden ist. Das folgt mittelbar aus Abs. 2 Satz 2.[25] 12

Nach Auffassung des Vierten Senats des BAG bedarf es zur Vermeidung divergierender Entscheidungen dann keiner Vorlage an den Großen Senat, wenn ein Fachsenat von der Entscheidung eines für diese Rechtsfrage unzuständigen Senats abweicht, sofern der unzuständige Senat diese Entschei- 13

---

17 BAG, 27.01.2010 – 4 AZR 549/08 (A), Rn 115, AP TVG § 3 Nr. 46.
18 Dörner, in: FS Bepler, S. 101, 107.
19 Vgl. zur entgeltfortzahlungsrechtlichen Vergütung BAG, 15.05.1991 – 5 AZR 440/90; zur urlaubsrechtlichen Vergütung im sog. Freischichtenmodell nach § 16 MTV-Metall-NRW vgl. BAG, 08.11.1994 – 9 AZR 477/91.
20 GK-ArbGG/Dörner § 45 Stand 01.06.2015 Rn 21.
21 GmS OBG, 06.02.1973 – GmS OBG 1/72.
22 BAG, 08.12.1994 – 9 AZN 849/94, NZA 1995, 447.
23 BVerwG, 27.07.1990 – 6 TB 12.89.
24 So auch Schwab/Weth-Liebscher § 45 Rn 19.
25 Vgl. GK-Arbb/Dörner § 45 Rn 29.

dung nur »beiläufig« getroffen habe.[26] Ist kein »obiter dictum«, sondern ein tragender Rechtssatz aufgestellt, kann die Vorlagepflicht nicht schon deshalb entfallen, weil der nach dem Geschäftsverteilungsplan zuständige Fachsenat die abweichende Auffassung vertritt.[27] I.Ü. ist die Vorrangstellung des »Fachsenats« nicht unproblematisch, weil der nach der Zuweisung der Geschäfte zuständige Fachsenat keine ausschließliche Zuständigkeit hat. Nach den Vorbemerkungen des jeweiligen Geschäftsverteilungsplans des BAG richtet sich die Fachzuständigkeit bei mehreren Rechtsfragen nach derjenigen, die als Schwerpunkt in der angefochtenen Entscheidung und der Rechtsmittelbegründung anzusehen ist. Somit sind, wenn mehre Rechtsfragen anfallen, auch »fachfremde« Senate zur Entscheidung über Rechtsfragen, die außerhalb ihrer Fachzuständigkeit liegen, berechtigt und verpflichtet.

4. Anfrage vor Vorlage

14 Die Übung, vor einer Divergenzvorlage den Senat zu befragen, von dessen Rechtsauffassung abgewichen werden soll, ob er seine Rechtsprechung aufgeben wolle, ist durch das am 01.01.1992 in Kraft getretene Rechtspflege-Vereinfachungsgesetz vom 17.12.1990[28] legalisiert worden.[29] Nach **Abs. 3** ist die **Vorlage** nur **zulässig**, wenn der Senat, von dessen Entscheidung abgewichen werden soll, auf Anfrage des erkennenden Senats erklärt hat, dass er an seiner Rechtsauffassung festhalte. Die daran geübte Kritik[30] ist unberechtigt.[31]

15 Die Anfrage ergeht in der Form eines Beschlusses. Der **Beschluss** muss nach § 329 Abs. 1 ZPO verkündet werden, wenn er aufgrund einer mündlichen Verhandlung ergeht. Ergeht der Beschluss ohne mündliche Verhandlung, so ist er nach § 329 Abs. 2 ZPO den Parteien formlos mitzuteilen.

16 Über die **Anfrage** entscheidet der jeweilige Senat nach **Abs. 3 Satz 3** in der für ein Revisionsurteil erforderlichen Besetzung. Nach § 75 Abs. 1 sind die ehrenamtlichen Richter hinzuzuziehen. In entsprechender Anwendung von § 75 Abs. 2 ist der Anfragebeschluss von sämtlichen Mitgliedern des erkennenden Senats zu unterschreiben.

17 Die **Beantwortung** der Anfrage entscheidet gem. **Abs. 3 Satz 3** der jeweils angerufene Senat ebenfalls in der für Urteile erforderlichen Besetzung durch Beschluss (vgl. Rdn. 16).

18 Ausnahmsweise kann der anrufende Senat ohne mündliche Verhandlung und ohne Hinzuziehung der ehrenamtlichen Richter entscheiden. Das ist dann der Fall, wenn im Ausgangsverfahren über eine sofortige Beschwerde zu entscheiden ist. Dann schreibt § 77 Satz 2 vor, dass in der Sache ohne Zuziehung der ehrenamtlichen Richter zu entscheiden ist. Für den Fall des Anrufungsbeschlusses, der nur eine Zwischenentscheidung darstellt, kann nichts anderes gelten. Aus der amtlichen Begründung zu Abs. 3 Satz 3 ergibt sich, dass die Formulierung »in der für Urteile erforderlichen Besetzung« nur für den Normalfall der Entscheidung nach mündlicher Verhandlung gilt. Sie sollte sicherstellen, dass über den Zwischenbeschluss der Anrufung in derselben Besetzung entschieden wird wie in der Endentscheidung.[32] Daraus folgt: Auch bei einer Anrufung wegen Rechtsfragen hinsichtlich der (Un-) Zulässigkeit der Revision oder der Rechtsbeschwerde entscheidet der Senat nur in der berufsrichterlichen Besetzung. Denn eine Verwerfung der Revision erginge nach § 74 Abs. 2 Satz 2, 3 i.V.m. § 554a ZPO ohne mündliche Verhandlung und ohne Zuziehung der ehrenamtlichen Richter.

19 Ergibt die Beantwortung, dass der angefragte Senat an der bisherigen Auffassung nicht mehr festhält, so hat sich das Vorlageverfahren erledigt. Ansonsten ist die Sache dem Großen Senat zur

---

26 BAG, 16.01.1991 – 4 AZR 341/90, NJW 1991, 2100.
27 GK-ArbGG/Dörner § 45 Rn 30.
28 BGBl. I, S. 2847.
29 Vgl. Kissel NJW 1991, 945, 951.
30 Bakker, Die Kollegialkontrolle der Rechtsfortbildung, 1995, S. 214.
31 Vgl. GK-ArbGG/Dörner § 45 Rn 31; Schwab/Weth-Liebscher § 45 Rn 16.
32 So zutreffend BAG, 19.06.1998 – 6 AZB 48/97 [A].

Entscheidung vorzulegen. In Abs. 3 Satz 1 ist nicht näher ausgeführt, ob sich der angefragte Senat ausdrücklich der Auffassung des anfragenden Senats anschließen muss. Ein Aufgeben der eigenen Rechtsprechung muss nicht zwingend zum Anschließen an die Meinung des anfragenden Senats führen; denn nicht immer sehen sich Antworten auf eine Rechtsfrage im Modus des gegenseitigen Ausschließens gegenüber. Gibt der angefragte Senat zwar seine Rechtsprechung auf, schließt er sich aber nicht der vom anfragenden Senat vertretenen Auffassung an, sondern erklärt er, dass er eine andere Rechtsauffassung vertritt, muss das bei Entscheidungserheblichkeit zur Vorlage an den Großen Senat führen. Das ist nach Sinn und Zweck der Norm notwendig; denn dem Großen Senat ist die Klärung aller entscheidungserheblichen divergierenden Rechtsauffassungen übertragen, die nicht in die Alleinzuständigkeit eines Senats fallen. Gleiches muss auch für die Fälle gelten, in denen sich der angefragte Senat nur unter Vorbehalten anschließt oder seine Antwort mehrdeutig ausfällt. Dafür spricht auch die seit dem 01.06.2003 geltende Fassung der Geschäftsordnung des BAG. Diese regelt in ihrem § 8, dass der Senat, der die Entscheidung des Großen Senats einholen will, die zu entscheidenden Rechtsfragen in einem Beschluss festzustellen hat. Es bleibt danach dem erkennenden Senat überlassen, die Erklärung des angefragten Senats darauf zu untersuchen, ob dessen Antwort ausreicht, um zu den entscheidungserheblichen Rechtsfragen nicht divergierende Rechtssätze aufzustellen. Kommt der erkennende Senat zu dem Schluss, dass eine Divergenz zu besorgen ist, muss er durch Beschluss feststellen, welche zu entscheidenden Rechtsfragen sich im Ausgangsverfahren stellen, bei deren Beantwortung sich trotz Durchführung des Anfrageverfahrens entscheidungserhebliche Abweichungen in den Auffassungen der beteiligten Senate vorliegen. Mit diesem Beschluss sind nach der Geschäftsordnung die Akten der Rechtssache der Vorsitzenden des Großen Senats zu übersenden.

▶ **Beispiele für Erledigung eines Vorlageverfahrens:** 20

Der Neunte Senat hat mit Beschl. v. 09.09.2003[33] beim Zehnten Senat gem. § 45 Abs. 3 Satz 3 ArbGG angefragt, ob der Zehnte Senat an seiner Rechtsprechung zum Vorrang eines spezielleren Tarifvertrages ggü. dem für allgemein verbindlich erklärten Tarifvertrag über das Sozialkassenverfahren im Baugewerbe (VTV) in Fällen der Tarifpluralität festhält. Dazu hat der Zehnte Senat am 13.05.2004[34] als Antwort beschlossen: »Der Zehnte Senat schließt sich der Auffassung des Neunten Senats an, dass nach § 1 Abs. 3 AEntG ein inländischer Arbeitgeber, der vom betrieblichen Geltungsbereich eines für allgemeinverbindlich erklärten Verfahrenstarifvertrages i.S.d. § 1 Abs. 1 Satz 1 AEntG erfasst wird, im Zusammenhang mit der Gewährung von Urlaubsansprüchen zur Abführung von Beiträgen an eine Urlaubskasse als gemeinsame Einrichtung der Tarifvertragsparteien gesetzlich verpflichtet ist und diese gesetzliche Bindung durch einen für den Betrieb an sich tarifrechtlich geltenden sachnäheren Tarifvertrag nicht verdrängt wird.«

5. Erledigung des Vorlageverfahrens

Der anfragende Senat kann bis zur Entscheidung des Großen Senats das Vorlageverfahren beenden. Das wird insb. dann zweckmäßig sein, wenn durch eine Prozesshandlung *(z.B. ein Anerkenntnis)* der Umfang der Sachprüfung eingeschränkt wird, sodass es auf die Vorlagefrage nicht mehr ankommt.[35] Die Zuständigkeit des Großen Senats erschöpft sich nämlich in der Entscheidung über die vorgelegte Rechtsfrage, während die Zuständigkeit des erkennenden Senats zur abschließenden Sachentscheidung unberührt bleibt. 21

---

33 9 AZR 478/02 (A).
34 10 AS 6/04.
35 Vgl. BAG, 04.09.1987 – 8 AZR 487/80, NJW 1988, 990.

III. Grundsatzvorlage (Abs. 4)

1. Verfassungsrechtliche Bedenken

22 Das BAG ist bisher ohne Weiteres davon ausgegangen, dass die **Grundsatzvorlage nach Abs. 4** verfassungsgemäß sei. Das ist im Hinblick auf das Gebot des gesetzlichen Richters, auf die Gebote von Rechtsklarheit und hinreichender Bestimmtheit zweifelhaft.[36] Anders als bei der Divergenzvorlage wird der Große Senat bei der Grundsatzvorlage nicht als gesetzlicher Richter zur Verhinderung von abweichender Rechtsprechung benötigt. Durch den Großen Senat wird vielmehr der als gesetzlicher Richter i.S.v. Art. 101 Abs. 1 Satz 2 GG nach dem Geschäftsverteilungsplan zuständige Fachsenat verdrängt.

23 Nach dem Wortlaut des Abs. 4 kann eine Frage von grundsätzlicher Bedeutung dem Großen Senat zur Entscheidung vorgelegt werden. Daraus kann der Schluss gezogen werden, dass ein Freiraum besteht, ob die Rechtsfortbildung vom Fachsenat vorgenommen oder dem Großen Senat überlassen werden soll. Auch wenn ein Teil des Schrifttums die Entscheidung in das pflichtgemäße Ermessen stellt, bleibt unklar, wann die Kompetenz des Fachsenats endet und die des Großen Senats beginnt.[37] Diese daraus für das Gebot des gesetzlichen Richters entspringenden Bedenken werden verstärkt durch die Entstehungsgeschichte: Die Zuständigkeit des Großen Senats für Grundsatzfragen ist von den Nationalsozialisten 1935 in das GVG eingefügt worden, um die Einflussnahme auf die Rechtsprechung zu verstärken.[38]

2. Grundsätzliche Bedeutung

24 Es wird die Auffassung vertreten, der Begriff der **grundsätzlichen Bedeutung** in § 45 sei mit dem bei der Zulassung der Revision in § 72 verwandten Begriff deckungsgleich.[39] Das ist nicht der Fall. Ansonsten müsste, soweit das LAG wegen grundsätzlicher Bedeutung der Rechtsfrage die Revision zugelassen hat, stets vom Fachsenat der Große Senat angerufen werden. Entsprechend dem Stufenaufbau der Gerichtsbarkeit ist zu differenzieren.[40] Als zusätzliches Kriterium für die Vorlagepflicht wird angesehen: **Aufdeckung einer noch nicht richterrechtlich geschlossenen Gesetzeslücke**, z.B. die Fortbildung des Arbeitnehmerhaftungsrechts.[41] Das Erfordernis der Fortbildung des Rechts oder der Sicherung einer einheitlichen Rechtsprechung reicht nicht aus.[42]

25 Der Begriff der grundsätzlichen Bedeutung ist in § 72 Abs. 2 Nr. 1 auch für die Zulassung der Revision maßgebend. In Auslegung dieses Begriffs hat das BAG zwar angenommen, die grundsätzliche Bedeutung einer Rechtsfrage könne sich auch aus der Anzahl der von einer Rechtsfrage betroffenen Rechtsverhältnisse ergeben.[43] Diese Annahme kann aber nicht gleichermaßen auf die Voraussetzungen für eine Grundsatzvorlage übertragen werden; denn die erkenntnisleitenden Fragestellungen sind unterschiedlich. In § 72 Abs. 2 Nr. 1 ArbGG stellt sich die Frage, ob eine einheitliche Beantwortung der Rechtsfrage durch einen nach der Geschäftsverteilung zuständigen Senat des BAG herbeizuführen ist. In § 45 Abs. 4 lautet dagegen die Fragestellung, ob eine Beantwortung einer Rechtsfrage durch den nach der Geschäftsverteilung zuständigen Senat der Bedeutung der

---

36 Vgl. GK-ArbGG/Dörner § 45 Rn 37 bis 48.
37 Vgl. GK-ArbGG/Dörner § 45 Rn 42.
38 Vgl. GK-ArbGG/Dörner § 45 Rn 46 f.
39 So Grunsky § 45 Rn 6.
40 GMPMG/Prütting § 45 Rn 29.
41 Vgl. BAG, 12.06.1992 – GS 1/89, NJW 1993, 1732 = NZA 1993, 547.
42 GK-ArbGG/Dörner § 45 Rn 55; GMPMG/Prütting/Müller-Glöge § 45 Rn 31.
43 BAG, 26.09.2000 – 3 AZN 181/00, BAGE 95, 372 = AP ArbGG 1979 § 72a Grundsatz Nr. 61; modifiziert durch BAG, 28.06.2011 – 3 AZN 146/11, BAGE 138, 180.

Rechtsfrage nicht gerecht wird und deshalb eine Klärung durch den Großen Senat herbeigeführt werden soll.[44]

Problematisch ist die Annahme, es bestünde ein eindeutig geregeltes Fachsenatsprinzip. Diese Auffassung beinhaltet, dass dem Senat, dem die Sache nach den Maßgaben der Vorbemerkungen des Geschäftsverteilungsplans[45] zugeteilt ist, eine »ausschließliche Zuständigkeit«[46] zukommt.[47] Gäbe es eine klare, ausschließlich nach fachlichen Kriterien abzugrenzende Zuständigkeitsverteilung, so wäre bei überlappenden Zuständigkeiten der zuständige Senat gegebenenfalls durch das Präsidium zu bestimmen[48] und dann im Grundsatz dieser Senat allein für die Beantwortung der Rechtsfrage zuständig. Mit der Anrufung des Großen Senats träte dann ein ausschließlich allein zuständiger Senat die Flucht aus der Verantwortung an, um sich der Autorität des Plenums zu versichern. Das wäre jedenfalls dann, wenn die Anrufung in ein Ermessen gestellt wäre, wegen der Gewährleistung des gesetzlichen Richters verfassungsrechtlich bedenklich.[49] Ein allein zuständiger Spruchkörper darf nämlich nicht aus subjektiven Erwägungen die Zuständigkeit verschieben.

In Wirklichkeit legt der Geschäftsverteilungsplan des BAG noch nicht einmal ein eindeutiges System der Zuteilung fest; denn er enthält in den Vorbemerkungen Einschränkungen für bestimmte Rechtsfragen sowie in den nachfolgenden Kriterienkatalogen Lücken und Unklarheiten.[50] Im Übrigen muss zwischen Zuständigkeit für das Ausgangsverfahren und Zuständigkeit für Beantwortung von Rechtsfragen unterschieden werden. Darauf hat schon Dörner[51] hingewiesen.

So kann z.B. der Zweite Senat, der nach dem Zuteilungsverfahren im Teil B 2.1 des Geschäftsverteilungsplans für den Streitgegenstand »Beendigung oder Änderung des Arbeitsverhältnisses durch Kündigung« zuständig ist, in der Revisionsverhandlung feststellen, dass sich bei der Anwendung der tariflichen Kündigungsbestimmung eine noch nicht in der Rechtsprechung des BAG geklärte Rechtsfrage aus dem Tarifrecht stellt. Für derartige Fallkonstellationen ist der Große Senat objektiv zuständig. Hier zeigt sich die grundsätzliche Bedeutung darin, dass es sich um eine Rechtsfrage handelt, die sich für die Rechtsprechung anderer Senate des BAG in gleicher Weise stellt oder stellen wird.[52] Obwohl der Vierte Senat diesen Rechtssatz in seinem Divergenzanfragebeschluss zur Tarifpluralität selbst aufgestellt hat, ist ihm keine überzeugende Ablehnung der Grundsatzvorlage gelungen; denn seine Lösung: »Stellt die Rechtsfrage nach dem Fortbestand oder der Aufgabe des Grundsatzes der Tarifeinheit den rechtlichen Schwerpunkt eines Rechtsstreits dar, ist hierfür stets der Vierte Senat zuständig (Geschäftsverteilungsplan des Bundesarbeitsgerichts für das Geschäftsjahr 2010 A. 1)«[53] verkennt das unter Rdn. 27 dargestellte Problem des möglichen Auseinanderfallens von Zuteilungs- und Entscheidungszuständigkeit.[54]

Die Verfasser des Geschäftsverteilungsplans haben sich bemüht, das Auseinanderfallen von Zuteilungs- und Entscheidungszuständigkeit zu vermeiden. Der Geschäftsverteilungsplan stellt dazu seit 2010 für die Zuteilung auf »die zu entscheidenden Rechtsfragen« ab (Teil A Abs. 1 Satz 1 des

---

44 So im Ansatz auch: BAG, 27.01.2010 – 4 AZR 549/08 (A) – Rn 117, NZA 2010, 645, im Anschluss an BAG 28.07. 2009 – 3 AZR 250/07 – Rn 24, NZA 2010, 356; zust.: GMPMG/Prütting § 45 Rn 29 m.w.N.; a.A. Grunsky ArbGG § 45 Rn 6.
45 Vgl. dazu § 44 Rdn. 4 ff.
46 So beispielhaft: BAG, 06.4.2011 – 7AZR 716/09 – Rn 40, NZA 2011, 985.
47 Zu recht kritisch dazu: Dörner, in Festschrift für Bepler (München 2012), S. 100, 104 ff.
48 Vgl. § 44 Rdn. 4 ff.
49 Dazu ausführlich GK-ArbGG/Dörner Stand 01.06.2015 § 45 Rn 36 ff. m.w.N.
50 Vgl. dazu § 44 Rdn. 4 ff.
51 Dörner, in Festschrift für Bepler (München 2012), S. 100, 105.
52 BAG, 27.01.2010 – 4 AZR 549/08 (A) – Rn 117, NZA 2010, 645; ebenso GK-ArbGG/Dörner § 45 Rn 54 mwN; Schwab/Weth/Liebscher ArbGG 3. Aufl. § 45 Rn. 34; zu § 132 Abs. 4 GVG; MünchKomm-ZPO/Zimmermann Bd. 3 § 132 GVG Rn 23; Prütting/Gehrlein/Arenhövel ZPO, § 132 GVG Rn 12.
53 BAG, 27.01.2010 – 4 AZR 549/08 (A) – Rn 117, NZA 2010, 645.
54 Dörner, in Festschrift für Bepler (München 2012), S. 100, 108: »Totschlagargument«.

Geschäftsverteilungsplans). Das war eine bewusste Abkehr von der Vorgängerregelung, die auf die in der Rechtsmittelbegründung aufgeworfenen Rechtsfragen abstellte. Das sollte die Einheit von Zuteilung und Entscheidung sicherstellen. Das ist jedoch nicht gelungen; denn es kann schon deshalb nicht die ausschließliche Zuständigkeit (»stets«)[55] begründet werden, weil erstens die Zuordnung nach Streitgegenständen und Rechtsfragen eine Mehrfachzuständigkeit per se nicht ausschließen und zweitens sich eine Entscheidungszuständigkeit eines an sich fachfremden anderen Senats ergeben kann, weil die zu entscheidende Rechtsfrage erst nach Beginn der mündlichen Verhandlung/Anhörung entdeckt wird und dann nach Teil A Abs. 4 des Geschäftsverteilungsplans eine Abgabe an einen anderen Senat ausgeschlossen ist.

3. Auffangtatbestand

30 Die Divergenz ist ein gesetzlich besonders hervorgehobener Fall der grundsätzlichen Bedeutung. Deshalb kann die Vorlage sowohl auf Divergenz als auch auf sonstige **grundsätzliche Bedeutung** gestützt werden. Der grundsätzlichen Bedeutung zur Sicherung der einheitlichen Rechtsprechung kommt deshalb eine **Auffangfunktion** zu.[56]

▶ **Beispiel:**

Will ein Fachsenat von einem noch nicht überholten Rechtssatz aus der Rechtsprechung des Reichsarbeitsgerichts abweichen, so liegt keine Divergenz i.S.v. § 45 Abs. 2 vor. Es kann jedoch eine Grundsatzvorlage nach § 45 Abs. 4 in Betracht kommen.

4. Vorlagebeschluss

31 Welche Rechtsfragen wegen der grundsätzlichen Bedeutung für die Rechtsfortbildung oder für die Wahrung der Rechtseinheit dem Großen Senat vorgelegt werden, ist von dem anrufenden Senat durch Beschluss zu klären. Eine vorherige Anfrage ist im Unterschied zur Divergenzvorlage nicht vorgesehen.

Nach § 7 Abs. 5 Satz 1 der Geschäftsordnung des BAG[57] ist der Beschluss mit den Akten der Rechtssache dem Vorsitzenden des Großen Senats zuzustellen. Gemeint ist keine förmliche Zustellung, sondern die formlose Zuleitung.

5. Vorlage als Ausnahmefall

32 Zuletzt war auf Vorlage des Neunten Senats beim Großen Senat die Rechtsfrage anhängig, ob Bemessungsgrundlage für die gesetzlichen Verzugszinsen das Arbeitsentgelt ohne Abzüge für Steuern und Sozialversicherungsbeiträge ist.[58] Das Vorlageverfahren ist mit der Antwort des Großen Senats im März 2001[59] abgeschlossen worden. Danach kann der Arbeitnehmer Verzugszinsen nach § 288 Abs. 1 Satz 1 BGB aus der in Geld geschuldeten Bruttovergütung verlangen. Mit Anerkenntnisurteil ist darauf das Ausgangsverfahren entschieden worden.[60]

Sei 2001 war der Große Senat nicht mehr befasst. Das zeigt, wie wenig praktische Bedeutung dem Großen Senat zukommt. Zugrunde liegt zum einen der »horror pleni« und zum anderen, dass nach dem beim BAG durch die Geschäftsverteilung geregelten Fachsenatsprinzip die Fälle grundsätzlicher Bedeutung zumeist nur bei einem Fachsenat anfallen und damit diesem auch die Rechtsfortbildung als Aufgabe zufällt. Nur soweit wie durch gemeinsame Schnittmengen in der Zuständigkeit Divergenzen auftreten, hat in der Praxis das Verfahren nach § 45 eine Clearingfunktion.

---

55 BAG, 27.01.2010 – 4 AZR 549/08 (A) – Rn 117, NZA 2010, 645.
56 GMPMG/Prütting § 45 Rn 33.
57 Abgedruckt bei § 44 Rdn. 31.
58 BAG, 18.01.2000 – 9 AZR 122/95 (B), EzA § 288 BGB Nr. 2.
59 BAG, 07.03.2001 – GS 1/00, NJW 2001, 3570.
60 BAG, 11.12.2001 – 9 AZR 122/95, AuB 2002, 60.

Beispiel: Die Aufgabe der alten Rechtsprechung zur Tarifeinheit im Betrieb[61] zugunsten der Tarifpluralität durch den Vierten Senat des BAG[62] ist nicht über eine Vorlage an den Großen Senat erfolgt. Da nach § 45 Abs. 3 Satz 1 vor einer Divergenzvorlage an den Große Senats die Senate angerufen werden müssen, von deren Rechtsprechung abgewichen werden soll, hat der Vierte Senat in zwei Sachen mit Anfragebeschlüssen vom 27.01.2010[63] beim 10. Senat angefragt. Dieser hat am 23.06.2010 seine entgegenstehende Rechtsprechung aufgegeben und sich der Auffassung des Vierten Senats angeschlossen.[64] Darauf konnte am 07.07.2010 der Vierte Senat seine alte Rechtsprechung zur Tarifeinheit aufgeben.

Nicht alle wichtigen Rechtsmaterien sind innerhalb des Fachsenatssystem verteilt. Das gilt insbesondere für das AGB-Recht. Hier haben vor allem der Dritte, Vierte, Fünfte, Sechste, Neunte und Zehnte Senat grundlegende Rechtssätze aufgestellt. Bisher ist es gelungen, offene Divergenzen zu vermeiden. Das wird auf Dauer jedoch nicht gelingen; denn es bestehen gravierende Unterschiede zu der Rechtsprechung des Fünften und Vierten Senats, die Vertrauensschutz für Altvertragsklauseln ohne jede zeitliche Beschränkung gewähren, während der Neunte und Fünfte Senat die vom Gesetzgeber vom 01.01.2002 bis 31.12.2002 eingeräumte Übergangsfrist nach Art. 229 § 5 EGBGB als Frist verstehen, innerhalb derer der Verwender der Altklausel eine Anpassung an das neue AGB Recht vorzunehmen hatte. Der Fünfte Senat hat zur Vermeidung einer Divergenz dazu ausgeführt:[65] Er weiche nicht von der Rechtsprechung des Zehnten Senats ab, denn der Zehnte Senat[66] habe es letztlich offen gelassen, ob ein unterlassener Anpassungsversuch einer ergänzenden Vertragsauslegung in Altfällen entgegenstehe. Der Neunte Senat[67] habe die entgegenstehenden Rechtssätze nicht in einer entscheidungserheblichen Weise aufgestellt, denn sein jeweils ausführlich begründeter Hinweis auf die einjährige Übergangsfrist mit der Anpassungsobliegenheit stellte lediglich ein weiteres Begründungselement innerhalb der bei der ergänzenden Vertragsauslegung anzustellenden Gesamtinteressenabwägung dar.

IV. Verfahren des Großen Senats

1. Zusammensetzung

Der Große Senat setzt sich aus dem Präsidenten als geborenem Mitglied und je einem Berufsrichter derjenigen Senate zusammen, in denen der Präsident nicht den Vorsitz führt. Hinzukommen je drei ehrenamtliche Richter aus den Kreisen der Arbeitnehmer und der Arbeitgeber (**Abs. 5 Satz 1**). 33

Da das BAG derzeit zehn Senate hat, besteht der **Große Senat** aus **16 Mitgliedern**. 34

Nach **Abs. 6 Satz 1** werden die Mitglieder des Großen Senats durch das Präsidium i.R.d. Geschäftsverteilung für ein Geschäftsjahr bestellt. 35

---

61 BAG, 20.03.1991 – 4 AZR 455/90, BAGE 67, 330.
62 BAG, 07.07.2010 – 4 AZR 549/08, NZA 2010, 1068.
63 BAG, 27.01.2010 – 4 AZR 549/08 (A), EzTöD 650 § 1 Abs 1 TV-Ärzte/VKA Nr. 1 und BAG, 27.01.2010 – 4 AZR 537/08 (A).
64 BAG, 23.06.2010 – 10 AS 3/10, EzTöD 650 § 1 Abs 1 TV-Ärzte/VKA Nr. 2; BAG, 23.06.2010 – 10 AS 2/10, NZA 2010, 778.
65 BAG, 20.04.2011 – 5 AZR 191/10, EzA § 308 BGB 2002 Nr. 12.
66 BAG, 24.10.2007 – 10 AZR 825/06, Rn 33, BAGE 124, 259; BAG, 10.12.2008 – 10 AZR 1/08, Rn 19, EzA § 307 BGB 2002 Nr. 40; BAG, 11.02.2009 – 10 AZR 222/08, Rn 36, EzA § 308 BGB 2002 Nr. 9.
67 BAG, 19.12.2006 – 9 AZR 294/06, EzA § 307 BGB 2002 Nr. 17; BAG, 11.04.2006 – 9 AZR 610/05, BAGE 118, 36.

Für 2016 sind neben der Präsidentin des BAG als geborenem Mitglied dem Großen Senat als berufsrichterliche Mitglieder zugeteilt:

Prof. Dr. Koch seit der Wirksamkeit seiner Ernennung zum Vorsitzenden Richter am Bundesarbeitsgericht am 01.02.2016 (2. Senat)

Richter am Bundesarbeitsgericht Dr. Spinner (3. Senat)

Richter am Bundesarbeitsgericht Creutzfeldt (4. Senat)

Vizepräsident des Bundesarbeitsgerichts Dr. Müller-Glöge (5. Senat)

Richterin am Bundesarbeitsgericht Spelge (6. Senat)

Vorsitzende Richterin am Bundesarbeitsgericht Gräfl (7. Senat)

Vorsitzende Richterin am Bundesarbeitsgericht Prof. Dr. Schlewing (8. Senat)

Vorsitzender Richter am Bundesarbeitsgericht Dr. Brühler (9. Senat)

Vorsitzender Richter am Bundesarbeitsgericht Dr. Linck (10. Senat)

Als ehrenamtliche Richter sind aus den Kreisen der Arbeitnehmer zugeteilt:

Dr. Klebe, Thomas

Nielebock, Helga

Platow, Helmut

Als ehrenamtliche Richter sind aus den Kreisen der Arbeitgeber zugeteilt:

Brossardt, Bertram

Wisskirchen, Alfred

Dr. Umfug, Peter.

36 Die Reihenfolge der Vertreter im Großen Senat ist nach Teil C Nr. 3. 3 des Geschäftsverteilungsplans so bestimmt: Die Vorsitzenden Richter, einschließlich Präsident und Vizepräsident, werden nach der Regelung der Stellvertretung des Vorsitzenden im jeweiligen Senat vertreten. Die Richter werden zunächst durch den jeweiligen Vorsitzenden ihres Senats und sodann durch den stellvertretenden Vorsitzenden und den ihnen nachfolgenden weiteren Richtern ihres jeweiligen Senats vertreten, bei zwei nachfolgenden Richtern durch den im Dienstalter älteren Richter.

37 Ist die Präsidentin verhindert, tritt an ihre Stelle nach der gesetzlichen Regelung ein Berufsrichter des Senats, dem die Präsidentin angehört (**Abs. 5 Satz 2**). Den Vorsitz im Großen Senat führt der Präsident, bei Verhinderung das dienstälteste Mitglied des Großen Senats (**Abs. 6 Satz 2**).

2. Zuständigkeit

38 Der Große Senat hat nicht nur die ihm vorgelegte Rechtsfrage zu beurteilen, sondern entscheidet auch über die **Zulässigkeit** der Vorlage; darüber kann in entsprechender Anwendung von § 303 ZPO vorab entschieden werden,[68] insb. ob ein **Vorlagegrund** i.S.v. § 45 Abs. 2 oder Abs. 4 besteht. Dabei unterliegt es der Prüfung des Großen Senats nicht, ob die vorgelegte Frage für die Entscheidung im Ausgangsstreit tragend ist. Der Große Senat ist daran gebunden, was der Fachsenat für entscheidungserheblich hält.[69] Insoweit gibt es eine weitgehende Übereinstimmung mit der Rechtsprechung des BGH. Danach legt dort der Große Senat regelmäßig die rechtliche Wertung des

---

68 BAG, 02.11.1983 – GS 1/82, BAGE 53, 42.
69 BAG, 03.12.1991 – GS 2/90, BAGE 69, 134.

Sachverhalts durch den vorlegenden Senat zu Grunde, wenn diese nicht unvertretbar ist.[70] Dabei wird die Prüfung am Maßstab der Vertretbarkeit nicht nur auf die rechtliche Bewertung durch den vorlegenden Senat beschränkt, sondern auch auf dessen Würdigung des dem Ausgangsverfahren zu Grunde liegenden Sachverhalts.[71] Dabei ist offen geblieben, ob und gegebenenfalls in welchem Umfang der Große Senat an die Bewertung des festgestellten Sachverhalts im Vorlegungsbeschluss gebunden ist. Diese Frage hat noch keine abschließende Klärung gefunden. Denn dann kommt eine Entscheidung über die Vorlegungsfrage nicht in Betracht, wenn der Vorlagebeschluss keine Auseinandersetzung mit einem sich aufdrängenden anderen Sachverhaltsverständnis erkennen lässt, dessen Berücksichtigung die angenommene Divergenz beseitigt.[72]

3. Entscheidung

Der Große Senat entscheidet durch Beschluss, der zu begründen ist.[73] Ist die Vorlage unzulässig, lautet üblicherweise der Beschluss, die Entscheidung der Rechtsfrage sei mangels der Voraussetzungen des § 45 Abs. 2 oder Abs. 4 unzulässig. Der Große Senat ist nicht auf eine Antwort i.S.v. Ja oder Nein beschränkt. Er ist befugt, eine eigenständige und differenzierte Antwort auf die Vorlagefragen zu geben.[74]

39

4. Verfahrensgang

Die Vorsitzende des Großen Senats bestimmt sowohl bei der Divergenzvorlage als auch bei der Grundsatzvorlage zwei Berichterstatter, von denen einer dem vorlegenden Senat angehören soll.[75] Diese haben schriftliche Berichte zu fertigen.[76] Nach § 7 Abs. 4 Satz 2 der Geschäftsordnung des BAG ist jedem zur Mitwirkung an der Entscheidung des Großen Senats berufenen Mitglied eine Abschrift der gutachterlichen Berichte auszuhändigen. Ob die Bestimmung des Berichterstatters durch die Präsidentin rechtlich zulässig ist, ist unklar. Nach § 21g GVG ist die Verteilung der Geschäfte Sache des Spruchkörpers.

40

Der Große Senat entscheidet nicht im Umlaufverfahren, sondern in einer von der Vorsitzenden anberaumten Sitzung. Eine mündliche Verhandlung mit den Parteien ist nicht zwingend vorgeschrieben. Nach **Abs. 7 Satz 2** kann der Senat ohne mündliche Verhandlung entscheiden.

41

Während des Verfahrens vor dem Großen Senat können die Parteien weiterhin über den Streitgegenstand verfügen. Deshalb bleibt ihr Recht, den Rechtsstreit z.B. durch Klagerücknahme oder Rechtsmittelverzicht zu beenden, unberührt. Das ist auch schon mehrfach geschehen. So ist der Vorlagebeschluss des Dritten Senats zur Arbeitnehmerhaftung vom 12.02.1985 hinfällig geworden.[77] Deshalb wird von Stimmen in der Literatur die Einschränkung der Dispositionsfreiheit der Parteien für wünschenswert gehalten.[78]

42

Den Vorsitz im Großen Senat führt die Präsidentin des BAG, bei deren Verhinderung das dienstälteste Mitglied (**Abs. 6 Satz 2**). Bei der Abstimmung gibt im Fall der Stimmgleichheit die Stimme der Vorsitzenden den Ausschlag (**Abs. 6 Satz 3**).

43

---

70 BGH, 17.03. 2015 – GSSt 1/14, NJW 2015, 3800; BGH, 13.05.1996 – GSSt 1/96, BGHSt 42, 139, 144.
71 BGH, 15.10.1956 – GSSt 2/56, BGHSt 9, 390, 392; BGH, 05.11.1991 – 4 StR 350/91, BGHSt 38, 106, 108 f.
72 BGH, 15.10.1956 – GSSt 2/56 – Rn 16, BGHSt 9, 390, 392; im Anschluss an BGH, 11.07.1990 – VIII ARZ 1/90, NJW 1990, 3142.
73 § 8 Abs. 3 der Geschäftsordnung des BAG; abgedruckt bei § 44 Rdn. 31.
74 BAG, 21.04.1971 – GS 1/68.
75 § 7 Abs. 3 Geschäftsordnung des BAG.
76 § 7 Abs. 4 Geschäftsordnung des BAG.
77 Vgl. BAG, 04.09.1987 – 8 AZR 487/80, NJW 1988, 990.
78 Vgl. GK-ArbGG/Dörner § 45 Rn 61.

5. Fortsetzung des Ausgangsrechtsstreits

44 Nach **Abs. 7 Satz 2** ist die Entscheidung des Großen Senats für den erkennenden Senat bei der Fortsetzung des Ausgangsrechtsstreits bindend. Eine weitere Vorlage an den Großen Senat kommt nur dann in Betracht, wenn weitere entscheidungserhebliche Rechtsfragen grundsätzlicher Bedeutung auftreten oder zwischenzeitlich in die Voraussetzungen einer Divergenz eintreten. In der gerichtlichen Praxis ist eine erneute Vorlage bisher noch nicht vorgekommen. Zumeist wird nach Entscheidung des Großen Senats das Ausgangsverfahren gütlich erledigt oder es ergeht ein Anerkenntnisurteil. Nur in wenigen Fällen kommt es dann noch zu einer streitigen Entscheidung.

6. Kosten

45 Die Kosten des Vorlageverfahrens gehören zu den Kosten dritter Instanz. Zusätzliche Gebühren entstehen durch das Verfahren beim Großen Senat nicht.

V. Gemeinsamer Senat der Obersten Gerichtshöfe des Bundes

46 Zur Wahrung der Einheit der Rechtsprechung der verschiedenen Fachgerichtsbarkeiten hat das Grundgesetz in Art. 95 Abs. 3 die Bildung eines Gemeinsamen Senats der obersten Gerichtshöfe des Bundes vorgesehen. Mit dem **Gesetz zur Wahrung der Einheitlichkeit der Rechtsprechung der Obersten Gerichtshöfe des Bundes (RsprEinhG)** vom 19.06.1968[79] sind die erforderlichen gesetzlichen Grundlagen geschaffen worden. Danach wird das Verfahren durch den Vorlagebeschluss des erkennenden Senats eingeleitet.[80] Der Gemeinsame Senat entscheidet, wenn ein oberster Gerichtshof des Bundes in einer Rechtsfrage von der Entscheidung eines anderen obersten Gerichtshofs oder des Gemeinsamen Senats abweichen will.[81] Die Entscheidung des Gemeinsamen Senats ist für den vorlegenden Senat bindend.[82]

47 Soweit nicht nur von der Rechtsprechung eines anderen obersten Gerichtshofs, sondern auch von der Rechtsprechung eines anderen Senats des BAG abgewichen wird, muss zunächst die Wahrung der Rechtseinheit in eigenen Hause durch den Großen Senat erfolgen; denn § 2 Abs. 2 RsprEinhG bestimmt: Ist nach § 45 ArbGG der Große Senat eines obersten Gerichtshofs anzurufen, so entscheidet der Gemeinsame Senat erst, wenn der Große Senat von der Entscheidung eines anderen obersten Gerichtshofs oder des Gemeinsamen Senats abweichen will. Folglich muss zunächst der Große Senat angerufen werden. Dieser hat dann ggf. über eine Weitervorlage an den Gemeinsamen Senat zu befinden.

VI. Folgen unterlassener Vorlagen

48 Ist unter Verletzung des § 45 der Große Senat nicht angerufen worden, so bleibt davon die Wirksamkeit der Senatsentscheidung zunächst unberührt. Die beschwerte Partei kann dann nach Art. 93 Abs. 1 Nr. 4a GG Verfassungsbeschwerde erheben. Erfolg hat die Beschwerde allerdings nur, wenn sie geltend machen kann, der Senat habe »willkürlich« die Vorlagepflicht verletzt oder grundlegend verkannt und ihr so den gesetzlichen Richter[83] entzogen.[84]

---

79 BGBl. I, S. 661.
80 § 1 Abs. 1 RsprEinhG.
81 § 2 Abs. 1 RsprEinhG.
82 § 16 RsprEinhG.
83 Art. 101 Abs. 1 Satz 2 GG.
84 BVerfG, 10.12.2003 – 1 BvR 2480/03.

Dritter Teil Verfahren vor den Gerichten für Arbeitssachen

Erster Abschnitt Urteilsverfahren

Erster Unterabschnitt Erster Rechtszug

§ 46 Grundsatz

(1) Das Urteilsverfahren findet in den in § 2 Abs. 1 bis 4 bezeichneten bürgerlichen Rechtsstreitigkeiten Anwendung.

(2) [1]Für das Urteilsverfahren des ersten Rechtszugs gelten die Vorschriften der Zivilprozessordnung über das Verfahren vor den Amtsgerichten entsprechend, so- weit dieses Gesetz nichts anderes bestimmt. [2]Die Vorschriften über den frühen ersten Termin zur mündlichen Verhandlung und das schriftliche Vorverfahren (§§ 275 bis 277 der Zivilprozessordnung), über das vereinfachte Verfahren (§ 495a der Zivilprozessordnung), über den Urkunden- und Wechselprozess (§§ 592 bis 605a der Zivilprozessordnung), über die Entscheidung ohne mündliche Verhandlung (§ 128 Abs. 2 der Zivilprozessordnung) und über die Verlegung von Terminen in der Zeit vom 1. Juli bis 31. August (§ 227 Abs. 3 Satz 1 der Zivilprozessordnung) finden keine Anwendung. [3]§ 127 Abs. 2 der Zivilprozessordnung findet mit der Maßgabe Anwendung, dass die sofortige Beschwerde bei Bestandsschutzstreitigkeiten unabhängig von dem Streitwert zulässig ist.

Übersicht	Rdn.
A. Allgemeines	1
B. Urteilsverfahren	2
C. Verfahrensgrundsätze des arbeitsgerichtlichen Verfahrens	3
I. Dispositionsgrundsatz	4
II. Verhandlungsgrundsatz	6
1. Verhandlungs-, Kooperations- oder Untersuchungsgrundsatz	6
2. Kooperation bei der gerichtlichen Tatsachenfeststellung	10
3. Gegenstände der richterlichen Prozessförderungspflicht	17
a) Zulässigkeitszweifel	17
b) Antragsmängel	18
c) Darlegungslücken	20
d) Aufklärungsdefizite	21
e) Gerichtliche Prozessförderung bei fachkundiger Prozessvertretung	22
III. Grundsatz der Mündlichkeit	23
IV. Grundsatz der Unmittelbarkeit	26
V. Grundsatz der Öffentlichkeit	27
VI. Konzentrationsgrundsatz	28
VII. Grundsatz der Wahrung rechtlichen Gehörs	29
VIII. Beschleunigungsgrundsatz	36
D. Anzuwendende Vorschriften (§ 46 Abs. 2)	41
I. Arbeitsgerichtliche Sonderregelungen	42
II. Vorschriften der ZPO	43
1. Amtsgerichtliche Vorschriften	43
2. Landgerichtliche Vorschriften	45
3. Ausdrücklich ausgenommene Vorschriften (Abs. 2 Satz 2)	46
a) Früher erster Termin	46
b) Verfahren nach billigem Ermessen (§ 495a ZPO)	52
c) Entscheidung ohne mündliche Verhandlung	53
d) Urkunden- und Wechselprozess	59
e) Terminsverlegung	60
E. Klage im arbeitsgerichtlichen Urteilsverfahren	61
I. Klage	62
1. Klageerhebung	63
2. Klageschrift	69
a) Bezeichnung der Parteien und des Gerichts	70
b) Bestimmte Angabe des Gegenstandes und des Grundes des erhobenen Anspruchs sowie ein bestimmter Antrag	78
c) Bestimmter Antrag	82
d) Unterschrift	84
e) Hinweis zum Mediationsverfahren	92
3. Wirkung der Klageerhebung	93
4. Mehrheit von Klagen	94
a) Subjektive Klagenhäufung	94
b) Objektive Klagenhäufung	99
II. Sachurteilsvoraussetzungen	101
III. Klagearten	129
1. Leistungsklage	129

2.	Feststellungsklage	130
	a) Besondere Prozessvoraussetzungen	131
	b) (Nicht-) Bestehen eines Rechtsverhältnisses	132
	c) Feststellungsinteresse	135
	d) Zwischenfeststellungsklage	137
3.	Gestaltungsklage	140

F. Ausgewählte Streitgegenstände im Urteilsverfahren 141

- I. Änderungsschutz 141
- II. Arbeitsvergütung 144
  1. Auskunftsklage/Überstundenklage ... 144
  2. Brutto-/Netto-Klage 152
     - a) Bruttolohnklage 152
     - b) Nettolohnklage 156
     - c) Vergütungsforderung nach Anspruchsübergängen 162
       - aa) Bruttoforderung nach Krankengeldbezug? 162
       - bb) Bruttoforderung nach Arbeitslosengeldbezug? 163
       - cc) Bruttoforderung nach ALG II-Bezug? 164
       - dd) Bruttoforderung nach Bezug von Insolvenzgeld? 165
     - d) Berechnung der Forderung nach Bezug von Sozialleistungen 166
     - e) Darlegungs- und Beweislast bei Forderung des Bruttobetrages 168
  3. Vergütungs-Feststellungsklage 169
  4. Klage auf künftige Leistung 172
  5. Zinsen auf Brutto-/Nettovergütung .. 174
  6. Teil-Vergütung 179
  7. Klage auf vermögenswirksame Leistung 181
- III. Bestandsschutz 182
  1. Grundsätzliches 182
  2. Kündigungsschutz 185
     - a) Kündigungsschutz bei ordentlicher Kündigung 185
       - aa) Kündigungsschutzantrag 185
       - bb) Kombination des Kündigungsschutzantrages mit dem allgemeinen Feststellungsantrag 188
       - cc) Besonderes Feststellungsinteresse 192
       - dd) Formulierung des kombinierten Antrags 194
       - ee) Einführung weiterer Beendigungstatbestände in das Bestandsschutzverfahren 201
       - ff) Rechtsprechung zum Kündigungsschutzantrag 205
     - b) Kündigungsschutz bei außerordentlicher Kündigung 207
     - c) Bestandsschutz außerhalb des KSchG 211
  3. Bestandsschutz bei Betriebsübergang 213
     - a) Variante 1: Kündigung – Rechtshängigkeit – Betriebsübergang 214
     - b) Variante 2: Kündigung – Betriebsübergang – Rechtshängigkeit 221
     - c) Variante 3: Klage nur wegen § 613a Abs. 4 BGB 224
     - d) Variante 4: Betriebsübergang – Kündigung durch Veräußerer 225
     - e) Variante 5: Kündigung durch Erwerber – Betriebsübergang 226
     - f) Auflösungsantrag nach Betriebsübergang 227
     - g) Klageanträge bei Betriebsübergängen 228
  4. Befristungskontrolle 236
  5. Klagefristen bei Bestandsschutzverfahren 238
     - a) Klagefrist bei Beendigungskündigungen 238
       - aa) Ausschlussfrist, § 4 Satz 1 KSchG 238
       - bb) Berechnung der Ausschlussfrist 250
       - cc) Fristbeginn in besonders geregelten Ausnahmefällen, § 4 Satz 4 KSchG 251
         - (1) Schwerbehindertenrecht . 256
         - (2) § 9 MuSchG 259
         - (3) Wehrdienst/Zivildienst .. 260
         - (4) Schifffahrt/Luftverkehr .. 261
       - dd) Sonderfall: Kündigung eines Auszubildenden 262
     - b) Rechtsunwirksamkeit von Änderungskündigungen 263
     - c) Rechtsunwirksamkeit von Befristungs- und Bedingungsabreden 265
     - d) Rechtsfolge verspäteter Klagen 266
  6. Nachträgliche Klagezulassung (§ 5 KSchG) 269
     - a) Gründe für die nachträgliche Zulassung 270
     - b) Formelle Voraussetzungen des Antrags 272
     - c) Gerichtliche Entscheidung 273
     - d) Rechtsmittel 278
  7. Prozessverwirkung 279
     - a) Voraussetzungen 280
     - b) Rechtsprechungsbeispiele 282
- IV. Beschäftigungsklage 283
  1. Beschäftigungs- und Weiterbeschäftigungsanspruch 283
  2. Beschäftigungsantrag 292
  3. Weiterbeschäftigungsantrag 296

V. Betriebliche Altersversorgung 301
    1. Auskunft über Anwartschaft 301
    2. Leistung der Altersversorgung 303
    3. Verschaffung einer Versorgung 306
    4. Anpassung der Altersversorgung 310
VI. Drittschuldnerklage 312
    1. Auskunft 313
    2. Einziehungsklage 317
    3. Schadensersatz 326
VII. Eingruppierung/Rückgruppierung 328
VIII. Statusprozesse/Vertragsinhalt 344
    1. Vergangenheitsbezogene Feststellung des Arbeitsverhältnisses 344
    2. Gegenwartsbezogene Feststellung des Arbeitsverhältnisses 348
    3. Feststellung der auf das Arbeitsverhältnis anwendbaren Rechtsordnungen ... 350
    4. Feststellung der Betriebszugehörigkeit 351
IX. Teilzeit 354
X. Urlaub 365
    1. Grundsätzliches 365
    2. Leistungsklage auf Urlaubsgewährung für einen bestimmten Zeitraum 366
    3. Leistungsklage auf Urlaubsgewährung für einen unbestimmten Zeitraum ... 368
    4. Klage auf Feststellung des Umfangs eines Urlaubsanspruchs 369
    5. Klage auf künftige Urlaubsgewährung 373
XI. Wiedereinstellung 374
XII. Zeugnis 375

A. Allgemeines

Abs. 1 wiederholt die Regelung des § 2 Abs. 5, wonach in den Rechtsstreitigkeiten des § 2 Abs. 1 bis 4 das Urteilsverfahren stattfindet. Abs. 2 ordnet an, welche Verfahrensvorschriften für das arbeitsgerichtliche Urteilsverfahren des ersten Rechtszugs gelten. Für die weiteren Rechtszüge finden sich ähnliche Regelungen in § 64 Abs. 6 und 7 *(Berufungsverfahren)* bzw. § 72 Abs. 5 *(Revisionsverfahren)*.   **1**

B. Urteilsverfahren

Der Begriff des **Urteilsverfahrens** wird vom Gesetz vorausgesetzt. Das Urteilsverfahren ist das dem üblichen Zivilprozess der ZPO angeglichene gerichtliche Verfahren, für das der Grundsatz der Mündlichkeit, der Verhandlungsgrundsatz/Kooperationsgrundsatz, die Dispositionsmaxime, der Grundsatz der Unmittelbarkeit, der Grundsatz der Öffentlichkeit und der Beschleunigungsgrundsatz gelten und das der Rechtsverwirklichung in Form der individuellen Rechtsdurchsetzung *(Klägerperspektive)* bzw. Rechtsabwehr *(Beklagtenperspektive)* unter Wahrung der Parteiautonomie dient. In Abgrenzung wird im **Beschlussverfahren** auf Antrag eines Beteiligten über betriebsverfassungsrechtliche oder sonstige kollektivrechtliche Fragen i.S.v. § 2a Abs. 1 entschieden. Die Wahl der Verfahrensart steht nicht zur Disposition der Parteien bzw. Beteiligten.[1]   **2**

C. Verfahrensgrundsätze des arbeitsgerichtlichen Verfahrens

Das Zivilverfahrensrecht baut auf bestimmten Verfahrensgrundsätzen *(Prozessmaximen)* auf, die die wichtigen Entscheidungen für die Gestaltung des Verfahrens enthalten. Diese gelten mit Modifikationen auch im Arbeitsgerichtsverfahren. Sie konkretisieren sich in zahlreichen Einzelbestimmungen, sind aber darüber hinaus in einschlägigen Zweifelsfragen als Wertentscheidung des Gesetzgebers zu berücksichtigen. Als wichtige **Verfahrensgrundsätze** sind der Dispositionsgrundsatz (Rdn. 4 f.), der Verhandlungsgrundsatz/Kooperationsgrundsatz (Rdn. 6 bis 9), der Grundsatz der Mündlichkeit (Rdn. 23 bis 25), der Unmittelbarkeit (Rdn. 26) und der Öffentlichkeit (Rdn. 27), der Konzentrationsgrundsatz (Rdn. 28) und der Grundsatz der freien richterlichen Beweiswürdigung (§ 58 Rdn. 89) zu nennen; als verfassungsrechtlich gebotene Prozessmaxime tritt dazu der Grundsatz der Wahrung rechtlichen Gehörs (Rdn. 29 f.).   **3**

I. Dispositionsgrundsatz

Der **Dispositionsgrundsatz** beschreibt das Bestimmungsrecht der Parteien über den Streitgegenstand. In ihm setzt sich die Verfügungsfreiheit über das materielle Recht fort. Die Dispositions-   **4**

---

1 GMPMG/Germelmann § 46 Rn 3; GK-ArbGG/Schütz § 46 Rn 4.

maxime stellt die prozessuale Ergänzung der Privatautonomie dar.[2] Sie umfasst die private Kompetenz, über Einleitung, Reichweite, Fortführung und regulären oder vorzeitigen Abschluss eines Rechtsstreits zu befinden. Ausprägung ist z.B. die Bindung der Gerichte an den seitens der Parteien vorgegebenen Streitgegenstand und das Verbot, etwas anderes als das Begehrte zuzusprechen.[3] Im Gegensatz dazu dient die **Offizialmaxime** der von Amts wegen initiierten Realisierung öffentlicher Interessen, mithin solcher Rechtspositionen, über die privatim nicht verfügt werden kann. Zwischen Dispositions- und Offizialmaxime ist die Klagebefugnis der Länder nach § 25 HAG anzusiedeln, für die zwar die prozessualen Dispositionsbefugnisse gelten, die jedoch von Amts wegen von den Ländern als Prozessstandschafter wahrgenommen werden.

5 Zu den **Dispositionsbefugnissen** gehören die Entscheidung über die Klageeinreichung und Rechtsmittelanbringung sowie deren Zurücknahme, über Klageanerkenntnis oder -verzicht, über die Erledigung der Hauptsache oder einen Prozessvergleich; mittelbar auch der Entschluss, sich nicht verteidigen zu wollen bzw. säumig zu bleiben. Alle diese Gestaltungsvarianten, die sich auch noch in der freien Wahl der Klageart sowie des Streitgegenstandes und dessen Umfangs *(Voll- oder Teilklage)* niederschlagen, korrespondieren mit der Befugnis des privaten Rechtinhabers, seine Rechte durchzusetzen oder darauf zu verzichten, seines Gegners, sich zu verteidigen oder es bleiben zu lassen, und beider gemeinsam zur übereinstimmenden Abänderung der sie betreffenden Rechtsverhältnisse. Daraus folgt, dass jede materiell-rechtliche Einschränkung solcher privatautonomen Dispositionsfreiheit ihr prozessuales Pendant hat. Gesetzes- oder sittenwidrige Absprachen dürfen nicht mithilfe des Prozessrechts aufrechterhalten werden. Dem entgegenstehende Prozessvergleiche sind nicht zu Protokoll zu nehmen, andernfalls sind sie ihrerseits nichtig.[4] Verbotene Rechtszustände, perpetuierende Verzichts- oder Anerkenntnisurteile müssen unterbleiben.[5]

II. Verhandlungsgrundsatz

1. Verhandlungs-, Kooperations- oder Untersuchungsgrundsatz

6 Der **Verhandlungsgrundsatz** *(Beibringungsgrundsatz)* besagt, dass das Gericht ausschließlich an den Sachvortrag der Parteien gebunden ist und von sich aus keine zusätzlichen Informationen einholen und keinen Zweifeln nachgehen darf, solange und soweit die Parteien übereinstimmend oder auch nur qua Nichtbestreiten von einem bestimmten Geschehensablauf ausgehen. Im Vorfeld dazu wird eine Behauptungslast anerkannt, die den Kläger hinsichtlich sämtlicher Klage begründenden Tatsachen trifft und den Beklagten bzgl. der den Klageanspruch ggf. zu Fall bringenden Tatsachen. Gegenbegriff des Verhandlungsgrundsatzes ist die **Untersuchungsmaxime** *(Inquisitionsmaxime)*, die dem Gericht die Ermittlung des entscheidungserheblichen Sachverhalts aufgibt. Diese gilt modifiziert im Beschlussverfahren.[6]

7 Die Verhandlungsmaxime wird als prozessuale Ausprägung und Ergänzung des Grundsatzes der Privatautonomie verstanden, indem sie nicht dem Gericht, sondern den Parteien die Verantwortung für die tatsächlichen Urteilsgrundlagen überträgt.[7] Die Bindung der Verhandlungsmaxime an die Privatautonomie ist indes fragwürdig. Letztere ist eine rechtsgeschäftliche Kategorie, die nicht ohne Weiteres den Zugriff auf die zugrunde liegenden Fakten legitimiert. Ein privates Interesse an hoheitlicher Spruchtätigkeit auf der Grundlage manipulierter Sachverhalte verdient keine Aner-

---

2 Schilken Rn 339.
3 BAG, 25.04.2013 – 6 AZR 800/11, Rn 12; BAG, 14.10.2003 – 9 AZR 636/02, Rn 28.
4 Z.B. sozialrechtswidrige Vergleiche/Abwicklungsvereinbarungen – vgl. dazu Schwerdtner, Probleme des Abwicklungsvertrags, S. 268, in: Brennpunkte des Arbeitsrechts 1996.
5 AK-ZPO/E. Schmidt Einl. Rn 38.
6 § 83 Abs. 1 Satz 1.
7 Schilken Rn 345.

kennung. Solche Spruchtätigkeit liefe auf eine im geltenden Rechtsschutzsystem nicht zugelassene gerichtliche Stellungnahme zu rein fiktiven oder lediglich hypothetischen Rechtsfragen hinaus.[8]

Das Postulat der allgemeinen Geltung des Verhandlungsgrundsatzes[9] für das arbeitsgerichtliche Verfahren[10] bildet das geltende Prozessrecht nicht hinreichend ab und stellt bei Auslegungsfragen im Hinblick auf eine korrigierende und kompensatorische Funktion der Justiz die Weichen falsch. Es gilt vielmehr ein »Mischprinzip«, das von E. Schmidt[11] anschaulich »**Kooperationsprinzip**« genannt wird. Zunächst sind die Parteien zu rechtzeitigem Vortrag einschließlich der Beweisführung[12] verpflichtet. Aus dem Nichtbestreiten von Tatsachenbehauptungen wird i.d.R. deren fehlende Beweisbedürftigkeit gefolgert,[13] womit das dergestalt Unstreitige zur gemeinhin zureichenden Entscheidungsgrundlage erhoben wird. Eine erste Einschränkung bringt das Wahrhaftigkeitsgebot des § 138 Abs. 1 ZPO. Dieses wird ergänzt durch die richterliche Prozessförderungspflicht nach § 139 ZPO, die Möglichkeit der Anordnung des persönlichen Erscheinens der Parteien sowie die Möglichkeit, die der ZPO geläufigen Beweise von Amts wegen einzuholen *(Ausnahme: Zeugenbeweis)*. Schließlich ist das Gericht nach § 286 ZPO zur freien Würdigung des ihm vorliegenden Streitstoffes befugt.[14] Das fragliche Informationsgewicht verschiebt sich umso mehr auf den Richter, wo statt subjektiver Rechtsverfolgung andere Verfahrenszwecke in den Vordergrund treten. Im arbeitsgerichtlichen Verfahren ist dies für das Beschlussverfahren ausdrücklich mit Einführung der Untersuchungsmaxime[15] anerkannt. Einschränkungen des Verhandlungsgrundsatzes erscheinen aber auch im Hinblick auf Klagen nach § 9 TVG angebracht. Auf gleicher Linie liegt die Forderung, für die Sammlung und Feststellung von Rechtsfortbildungstatsachen die Geltung des Untersuchungsgrundsatzes anzunehmen.

Bedeutung kommt dem Verhandlungsgrundsatz nur für den Tatsachenvortrag der Parteien zu. Das Gericht ist nicht an eine übereinstimmende Rechtsansicht der Parteien gebunden. Es hat das Recht von Amts wegen zu kennen und anzuwenden.

2. Kooperation bei der gerichtlichen Tatsachenfeststellung

Der allgemeine Verhaltensrahmen für die Prozessteilnehmer *(Parteien und Gericht)* im Hinblick auf die Sachverhaltsfeststellung wird durch die §§ 138, 139 ZPO geregelt.

Nach § **138 Abs. 1 ZPO** haben die Parteien ihre Erklärungen über tatsächliche Umstände vollständig und der Wahrheit gem. abzugeben *(Wahrheitspflicht)*, und nach § **138 Abs. 2 ZPO** hat jede Partei sich über die von dem Gegner behaupteten Tatsachen zu erklären *(Aufklärungspflicht)*. Damit beschreibt § 138 ZPO zwei einander ergänzende Pflichtenkreise: nämlich zum einen das Verbot, den Erkenntnisgang durch wahrheitswidriges bzw. unvollständiges Vorbringen zu stören; zum anderen das Gebot, in zumutbarer Weise aktiv an der Sachverhaltsfeststellung mitzuwirken. Jenes Verbot erstreckt die für sonstige Aussagepersonen *(Zeugen, Sachverständige)* selbstverständliche Verpflichtung zur Wahrhaftigkeit auch auf die Parteien und deren Prozessvertreter. Demgegenüber stellt sich die Aufklärungspflicht als Ausprägung der allgemeinen Pflicht zur Prozessförderung[16] dar, die sich an die Parteien richtet, um diese zu veranlassen, sich über die bereits eingeführten Informationen hinaus um weitere für die Streitschlichtung benötigte Daten zu küm-

---

8 AK-ZPO/E. Schmidt Einl. Rn 46; ArbG Berlin, 28.11.2011 – 55 Ca 5022/11, AiB 2012, 135, Berufung eingelegt zum LAG Berlin-Brandenburg unter dem Aktenzeichen 8 Sa 359/12, mit Anmerkung Nielebock AiB 2012, 136.
9 Ggf. mit Modifikationen.
10 Hauck § 46 Rn 10; GMPMG/Germelmann § 46 Rn 36 f.
11 AK-ZPO/E. Schmidt Einl. Rn 53 ff.
12 § 282 ZPO.
13 §§ 138 Abs. 3, 288, 331 Abs. 1 ZPO.
14 AK-ZPO/E. Schmidt Einl. Rn 50.
15 § 83 Abs. 1 Satz 1.
16 §§ 277 Abs. 1 Satz 1, 282 Abs. 1.

mern. Da die beweisbelasteten Parteien schon im eigenen Interesse das ihnen Mögliche tun werden, um die entscheidungserheblichen Tatsachen beizubringen, richtet sich die Aufklärungspflicht in erster Linie an den Gegner, dem es unter dem Aspekt sozialer Justizgewährung nicht gestattet sein darf, sich ggü. einer plausiblen Rechtsbehauptung der risikobehafteten Partei auf schlichtes Bestreiten zurückzuziehen.[17]

12 In § 139 ZPO ist die **richterliche Prozessförderungspflicht** normiert. Nach § 139 Abs. 1 Satz 2 ZPO hat der Vorsitzende darauf hinzuwirken, dass die Parteien sich über alle erheblichen Tatsachen vollständig erklären und die sachdienlichen Anträge stellen, insb. auch ungenügende Angaben der geltend gemachten Tatsachen ergänzen und die Beweismittel bezeichnen. Er hat nach § 139 Abs. 1 Satz 1 ZPO zu diesem Zweck, soweit erforderlich, das Sach- und Streitverhältnis mit den Parteien nach der tatsächlichen und der rechtlichen Seite zu erörtern und Fragen zu stellen. § 139 Abs. 1 ZPO verlangt dazu das **offene Gespräch** mit den Parteien zur Erörterung der entscheidungserheblichen rechtlichen und tatsächlichen Gesichtspunkte, und zwar – wie sich aus der Klarstellung in § 279 Abs. 3 ZPO ergibt – auch im Anschluss an eine Beweisaufnahme. Der Vorsitzende hat auf die Bedenken aufmerksam zu machen, die in Ansehung der von Amts wegen zu berücksichtigenden Punkte bestehen.[18] **Überraschungsentscheidungen** sind unzulässig. Das Gericht darf daher seine Entscheidung – soweit nicht nur eine Nebenentscheidung betroffen ist – auf einen Gesichtspunkt, den eine Partei erkennbar übersehen oder für unerheblich gehalten hat, nur stützen, wenn es vorher darauf hingewiesen und Gelegenheit zur Äußerung gegeben hat, § 139 Abs. 2 ZPO. § 139 Abs. 2 Satz 2 stellt klar, dass ein Hinweis auch erforderlich ist, wenn das Gericht von der übereinstimmenden Auffassung beider Parteien abweichen will.

Aus der systematischen Stellung des § 139 ZPO unmittelbar im Anschluss an den die Erklärungspflichten der Parteien umreißenden § 138 ZPO (Rdn. 11) wird deutlich, dass die gerichtliche Prozessförderungspflicht das Ziel hat, Vollzugsdefiziten der Parteien bei Wahrnehmung ihrer Erklärungspflichten entgegenzuwirken. Das Gericht hat eine umfassende Sachverhaltsrekonstruktion anzustreben.

Da § 139 auf eine Komplettierung des im Parteivorbringen bereits angelegten Streitstands abstellt und § 138 Abs. 1 gezielte Lücken untersagt, würde ein angeblich verbindlicher Parteivorbehalt i.S.e. reinen Verhandlungsgrundsatzes den eindeutigen Gesetzeswillen unterlaufen. Auf unbeabsichtigte Unvollständigkeiten, die ja den Regelfall ausmachen, passt ein streng der Privatautonomie verpflichtetes Konzept nicht, müsste es doch ein gleichsam vorweggenommenes Einverständnis mit aus ihnen resultierenden Nachteilen unterstellen und hierfür eine dem Privatrecht nicht bekannte Selbstbindungskategorie reklamieren. Vielmehr ist die richterliche Prozessförderungspflicht nicht an irgendwelchen Mitentscheidungen der Parteien zu messen, sondern ausschließlich an der in §§ 139, 279 Abs. 3 ZPO hinreichend zum Ausdruck kommenden Absicht des Gesetzgebers, den Konflikt ebenso umfassend wie zweckdienlich zum Abschluss zu bringen.[19]

13 Diese Hinweispflichten des Gerichts setzen aber voraus, dass sich aus dem bisherigen Vorbringen der Parteien zumindest **andeutungsweise** eine Grundlage hierfür ergibt. Das Gericht ist auch nicht verpflichtet, auf die Geltendmachung der **Einrede der Verjährung** hinzuwirken, wenn sie eine Partei nicht von sich aus in den Prozess einführt. Zu beachten ist aber, dass es dem Gericht – auch wenn eine Hinweispflicht nicht besteht – nicht untersagt ist, z.B. im Rahmen von **Vergleichsverhandlungen** auf die Möglichkeit der Einrede der Verjährung hinzuweisen.[20]

14 Einigkeit besteht, dass die »**richterliche Frage- und Aufklärungspflicht**« ein unverzichtbares Mittel zur Sicherung des verfassungsrechtlich garantierten[21] Anspruchs der Parteien auf rechtliches Gehör

---

17 AK-ZPO/E. Schmidt § 138 Rn 5.
18 § 139 Abs. 3 ZPO.
19 AK-ZPO/E. Schmidt § 139 Rn 4 und 9.
20 BGH, 12.11.1997 – IV ZR 214/96, NJW 1998, 612.
21 Art. 103 Abs. 1 GG.

(s.a. Rdn. 29) ist und zugleich einen Ausgleich unterschiedlicher Kenntnisse und Erfahrungen der Parteien *(Waffengleichheit)* sichert.[22] Das BVerfG[23] bejaht außerdem eine Verletzung des Willkürverbots (Grundrecht auf willkürfreie Rechtsanwendung aus Art. 3 Abs. 1 GG) an, wenn im konkreten Fall ein einfachrechtlich gebotener und für den Betroffenen besonders wichtiger Hinweis unterblieben ist und das Unterbleiben des Hinweises bei verständiger Würdigung der das Grundgesetz beherrschenden Gedanken sachlich nicht mehr verständlich ist.

§ 139 Abs. 4 ZPO verlangt, dass das Gericht gerichtliche Hinweise **aktenkundig** macht. Das entspricht auch unabhängig von dieser Vorschrift dem Gebot sachgerechten richterlichen Handelns, stellt doch die Hinweiserteilung einen wesentlichen Vorgang der mündlichen Verhandlung dar, der nach § 160 Abs. 2 ZPO in das Protokoll aufzunehmen ist. § 139 Abs. 4 ZPO sieht für die Aktenkundigmachung **keine besondere Form** vor. Sie kann auch durch einen **Aktenvermerk** erfolgen. In diesem Fall ist nicht der Wortlaut, sondern nur die Tatsache des Hinweises zu dokumentieren. Die Dokumentation ist notfalls auch noch im **Tatbestand des Urteils** möglich. Wichtig ist die **Beweisregel** des § 139 Abs. 4 Satz 2 ZPO. Ergibt sich die Erteilung des Hinweises nicht aus den Akten, ist der Beweis erbracht, dass der Hinweis nicht erteilt worden ist. Als Gegenbeweis ist nur der Nachweis der Fälschung der Akten zugelassen. Der Gesetzgeber wollte damit im Rechtsmittelzug Beweiserhebungen zu der Frage vermeiden, ob der Hinweis erteilt wurde oder nicht. Die Vernehmung der Mitglieder des erstinstanzlichen Gerichts oder die Einholung dienstlicher Äußerungen zur Frage der Erteilung eines Hinweises soll nicht zulässig sein.[24] **Bedeutung** gewinnt das nicht nur bei der Frage, inwieweit Vorbringen in der Berufungsinstanz zuzulassen ist. Insoweit gibt es allerdings für das arbeitsgerichtliche Verfahren von der ZPO abweichende Grundsätze. Von Bedeutung sind die Hinweise der ersten Instanz im Berufungsverfahren jedenfalls immer, wenn es um die **Rechtsmittelkosten** geht. Nach § 97 Abs. 2 ZPO sind die Kosten des Rechtsmittelverfahrens nämlich ausnahmsweise der **obsiegenden Partei aufzuerlegen**, wenn sie aufgrund eines neuen Vorbringens obsiegt, das sie in einem früheren Rechtszug geltend zu machen imstande war. Ist also ein rechtlicher Hinweis erteilt worden und obsiegt die bisher unterlegene Partei aufgrund eines Vortrags in der Rechtsmittelinstanz, der schon in der Vorinstanz angesichts des richterlichen Hinweises möglich gewesen wäre, trägt sie die Kosten des Rechtsmittelverfahrens. Die Nichtbeachtung eines Hinweises in erster Instanz kann also noch in der Rechtsmittelinstanz sehr teuer werden.

§ 139 Abs. 5 ZPO sieht vor, dass einer Partei, der eine sofortige Erklärung zu einem gerichtlichen Hinweis nicht möglich ist, eine **Schriftsatzfrist** einzuräumen ist. Abweichend von § 283 Satz 1 ZPO, § 57 Abs. 1 Satz 2 ist danach die Bestimmung eines **Verkündungstermins nicht zwingend**. Das Gericht kann auch sofort einen neuen Verhandlungstermin anberaumen, wenn es dies für zweckmäßig hält.

3. Gegenstände der richterlichen Prozessförderungspflicht

a) Zulässigkeitszweifel

Um Zulässigkeitszweifel des Gerichts geht es, wenn § 139 Abs. 3 ZPO das Gericht anhält, die Parteien auf Bedenken aufmerksam zu machen, die in Ansehung der »von Amts wegen zu berücksichtigenden Punkte« bestehen.[25] Sie können den eingeschlagenen Rechtsweg, die gewählte Verfahrensart, die örtliche Zuständigkeit, die Statthaftigkeit des gewählten Rechtsmittels, die Partei-, Prozess- und die Postulationsfähigkeit, die Ordnungsgemäßheit der Klageerhebung u.a.m. betreffen.

---

22 Schilken Rn 354.
23 BVerfG, 26.10.2011 – 2 BvR 1856/10, NJW-RR 2012, 302, Rn 22.
24 BGH, 30.06.2011 – IX ZR 35/10, NJW-RR 2011, 1556, Rn 5; BT-Drs. 14/4722, S. 78.
25 BGH, 10.03.2016 – VII ZR 47/13, Rn. 11.

b) Antragsmängel

18 Durch § 139 Abs. 1 Satz 2 ZPO wird das Gericht verpflichtet, auf die Stellung »**sachdienlicher Anträge**« hinzuwirken. Vorsitzende haben auf das Stellen solcher Anträge zu drängen, die sich zur Durchsetzung des konkreten Begehrens eignen und die dies ausschöpfen. Dies kann bis hin zur Anregung völlig neuer Anträge reichen, sofern mit ihrer Hilfe der Streit endgültig ausgeräumt werden kann.[26] Eine richterliche Antragshilfe kollidiert nicht mit dem Gebot der richterlichen Objektivität. Eine rechtlich unerfahrene bzw. schlecht vertretene Partei verdient geeignete Informationshilfen und unterliegt nicht einem durch Passivität des Gerichts noch zu fördernden Anspruch des Gegners auf Beibehaltung ihrer Unwissenheit oder Fehlberatung. Hingegen sind keine Anträge anzuregen, die im bisher vom Kläger formulierten Prozessziel keinerlei Grundlage haben.[27]

Sonst gebotene Hinweise des Gerichts können entfallen, wenn die betroffene Partei von der Gegenseite die nötige Unterrichtung erhalten. Dies gilt aber nicht ohne Weiteres für die gerichtliche Pflicht, auf sachdienliche Klaganträge hinzuwirken. Begründeten Anlass zur Änderung ihres Sachantrags hat eine Partei z.B. nicht schon dann, wenn die Gegenseite in der Berufungsinstanz das erstrittene Sachurteil wegen seines angeblich unbestimmten Ausspruchs angreift. Denn dieser Angriff wiegt nicht schwerer als das ergangene günstige Sachurteil. Prozessuale Obliegenheiten des Berufungsbeklagten erwachsen deshalb allein aus der gegnerischen Bestimmtheitsrüge im Hinblick auf eine nachträgliche Konkretisierung des Sachantrags noch nicht. Solche Konsequenzen muss der Berufungsbeklagte erst dann erwägen, wenn er durch das Berufungsgericht selbst erfährt, dass es den für ihn günstigen Standpunkt der Vorinstanz insoweit nicht teilt.[28]

19 Die richterliche Antragshilfe zielt auf die Präzisierung unklarer oder unbestimmter Anträge, auf das Ausfüllen von Antragslücken, die Homogenisierung von Anträgen und Darlegungen, auf die Änderung sachlich falscher Anträge sowie auf die Anpassung der Anträge an eine veränderte Prozesslage. In Betracht kommen kann auch die Anregung eines gleichwertigen Hilfsantrags sowie gar einer Klageänderung. Selbst eine Klageerweiterung kann unter bestimmten Umständen angesprochen werden.

c) Darlegungslücken

20 Das Gericht hat nach § 139 Abs. 1 Satz 2 ZPO dahin zu wirken, dass die Parteien über »**alle erheblichen Tatsachen**« sich »vollständig« erklären und insb. »ungenügende Angaben der geltend gemachten Tatsachen ergänzen«. Es muss daher auf die Beseitigung von Sachverhaltslücken sowie auf Substantiierung ungenügender Angaben drängen und seine Schlüssigkeits- und Erheblichkeitsbedenken umfassend offenbaren. Dies folgt auch aus § 139 Abs. 1 Satz 1 ZPO, wonach das Gericht, soweit erforderlich, das Sach- und Streitverhältnis mit den Parteien nach der tatsächlichen und der rechtlichen Seite zu erörtern hat.

d) Aufklärungsdefizite

21 Aufklärungsdefiziten muss das Gericht entgegenwirken, indem es die Parteien zu einer Benennung der Beweismittel und Präzisierung der Beweisthemen anhält. In § 139 Abs. 1 Satz 2 ZPO ist insoweit vom Hinwirken auf die Bezeichnung der Beweismittel die Rede. Das Gericht erfüllt seine Hinweispflicht nur dann, wenn es die Parteien auf den noch fehlenden Sachvortrag, den es als entscheidungserheblich ansieht, unmissverständlich hinweist und den Parteien die Möglichkeit eröffnet, ihren Vortrag sachdienlich zu ergänzen. Will das Gericht von seiner in einer gerichtlichen Verfügung geäußerten Auffassung später abweichen oder hat die Partei einen nicht hinreichend eindeutigen Hinweis falsch aufgenommen, muss das Gericht diesen präzisieren und der Partei erneut

---

26 Schneider MDR 1977, 969, 972 f.
27 AK-ZPO/E. Schmidt § 139 Rn 23.
28 BGH, 23.04.2009 – IX ZR 95/06, NJW-RR 2010, 70, Rn 6.

Gelegenheit geben, dazu Stellung zu nehmen.[29] Mit Ausnahme des Zeugenbeweises erhebt das Gericht die Beweise *(Sachverständigengutachten, Augenschein, Parteivernehmung und Urkundeneinsicht)* von Amts wegen. Auch amtliche Auskünfte werden von Amts wegen eingeholt.

e) Gerichtliche Prozessförderung bei fachkundiger Prozessvertretung

Die gerichtliche Prozessförderungspflicht erfährt keine Einschränkung bei Vertretung der Parteien durch RA oder Verbandsvertreter.[30] § 139 ZPO differenziert nicht hinsichtlich der Prozessförderung zwischen persönlicher Parteibeteiligung und anwaltlicher bzw. verbandlicher Prozessvertretung. Der Umstand, dass eine Partei durch einen Prozessbevollmächtigten vertreten ist, führt insb. dann nicht zu einer Einschränkung der Hinweispflicht des Gerichts, wenn der Prozessbevollmächtigte die Rechtslage ersichtlich falsch beurteilt.[31]   22

III. Grundsatz der Mündlichkeit

Der Grundsatz der Mündlichkeit behandelt die Form der Prozesshandlungen des Gerichts und der Parteien. Hierzu ordnet § 128 Abs. 1 ZPO ausdrücklich an, dass die Parteien über den Rechtsstreit vor dem erkennenden Gericht mündlich verhandeln. Mündlichkeit steht dabei im Gegensatz zur Schriftlichkeit eines Verfahrens, bei deren Geltung nur schriftlich Niedergelegtes in der gerichtlichen Entscheidung verwertet werden darf. Selbst das in der ZPO in § 276 zugelassene schriftliche Vorverfahren ist im erstinstanzlichen arbeitsgerichtlichen Verfahren weitgehend ausgeschlossen.[32] Eine Ausnahme sieht § 128 Abs. 3 ZPO, der durch Abs. 2 Satz 2 nicht ausgeschlossen wird, nur für **Kostenschlussurteile** (s. dazu im Einzelnen Rdn. 54 ff.) vor. Entscheidungen, die **nicht Urteile** sind, können allerdings auch im arbeitsgerichtlichen Urteilsverfahren ohne mündliche Verhandlung ergehen, § 128 Abs. 4 ZPO. Die Geltung des Mündlichkeitsgrundsatzes beschränkt sich auf die Verhandlung des Rechtsstreits vor dem erkennenden Gericht. Der Grundsatz gilt nicht für Verhandlungen vor dem ersuchten Richter. Im arbeitsgerichtlichen Verfahren kommen dem Verhandlungsgrundsatz und dem Mündlichkeitsgrundsatz besondere Bedeutung zu. So geht das BAG von der Möglichkeit und den Folgen rügelosen Einlassens – z.B. zur internationalen Zuständigkeit – erst im Kammertermin aus.[33]   23

Der Grundsatz der Mündlichkeit besagt, dass ohne mündliche Verhandlung nicht entschieden werden darf und dass der Entscheidung nur diejenigen Anträge und Tatsachen zugrunde liegen dürfen, die Gegenstand der mündlichen Verhandlung waren. Hierbei reichen Bezugnahmen auf vorbereitende Schriftsätze nach § 137 Abs. 3 Satz 1 ZPO und auf die Anträge nach § 297 Abs. 2 ZPO regelmäßig aus.   24

Auch im arbeitsgerichtlichen Verfahren gilt das Prinzip der **Einheit der mündlichen Verhandlung**. Danach bilden mehrere Verhandlungstermine, die sich trotz § 57 Abs. 1 Satz 1 als notwendig erweisen, eine Einheit. Ihre Gesamtheit bildet die mündliche Verhandlung als Grundlage der gerichtlichen Entscheidung. Zwar folgt hieraus die Gleichwertigkeit des Vorbringens in mehreren Verhandlungen. Weil jedoch das Urteil nach § 309 ZPO nur von denjenigen Richtern gefällt wird, die der letzten mündlichen Verhandlung beigewohnt haben, wird in einem solchen Fall bei einem Richterwechsel früheres Vorbringen wiederholt werden müssen, um zur Entscheidungsgrundlage zu werden.[34] Bei einem Wechsel der Kammerbesetzung ist eine **Wiederholung der Anträge** erforderlich.[35] Wegen der Einheit der mündlichen Verhandlung können die Parteien bis zum Schluss   25

---

29 BGH, 16.04.2008 – XII ZB 192/06, NJW 2008, 2036, Rn 10.
30 BGH, 02.02.1993 – XI ZR 58/92, NJW-RR 1993, 569; Schilken Rn 359.
31 BGH, 16.04.2008 – XII ZB 192/06, NJW 2008, 2036, Rn 10.
32 § 46 Abs. 2 Satz 2.
33 Vgl. BAG, 02.07.2008 – 10 AZR 355/07, Rn 24; anders BGH, 19.05.2015 – XI ZR 27/14, Rn 19: rügelose Einlassung in der Klageerwiderung reicht.
34 Schilken Rn 366.
35 BAG, 16.12.1970 – 4 AZR 98/70, NJW 1971, 1332.

IV. Grundsatz der Unmittelbarkeit

26 Mit dem Unmittelbarkeitsgrundsatz ist gemeint, dass Verhandlungen und Beweisaufnahme **vor dem erkennenden Gericht** stattfinden, § 128 Abs. 1 ZPO. Auch in § 52 Satz 1 ist von den »Verhandlungen vor dem erkennenden Gericht« die Rede. Für die Beweisaufnahme ordnet § 58 Abs. 1 an, dass sie vor der Kammer zu erfolgen habe. Eine Einschränkung des Grundsatzes der Unmittelbarkeit findet sich in § 309 ZPO, wonach das Urteil von denjenigen Richtern gefällt wird, welche der dem Urteil zugrunde liegenden Verhandlung – aber nicht notwendig den vorherigen – beigewohnt haben. Bei einem Richterwechsel, der bei Vertagungen im arbeitsgerichtlichen Verfahren aufseiten der ehrenamtlichen Richter der Normalfall ist, kann der Prozessstoff aus den früheren mündlichen Verhandlungen aus dem Akteninhalt zur Kenntnis der neuen Richter gelangen. Das gilt auch für das Ergebnis früher durchgeführter Beweisaufnahmen.

Ein Grundsatz der »materiellen« Unmittelbarkeit (wonach nur diejenigen Beweismittel zulässig sind, die ihrem Inhalt nach der erheblichen Tatsache am nächsten stehen) ist weder dem Arbeitsgerichtsgesetz noch der Zivilprozessordnung zu entnehmen. Es steht den Parteien frei, auch bei vorhandenen unmittelbaren Beweismitteln sich auf die Benennung mittelbarer Beweismittel zu beschränken. Ein ggf. geringerer Beweiswert mittelbarer Beweismittel ist im Rahmen der Beweiswürdigung zu berücksichtigen.[36]

V. Grundsatz der Öffentlichkeit

27 Der Öffentlichkeitsgrundsatz betrifft die äußeren Umstände der gerichtlichen Tätigkeit, nämlich die Zugänglichkeit der Gerichtsverhandlungen für am Verfahren nicht beteiligte Personen. § 52 Satz 1 ordnet an, dass die Verhandlungen vor dem erkennenden Gericht einschließlich der Beweisaufnahme und die Verkündung der Entscheidung öffentlich sind.

VI. Konzentrationsgrundsatz

28 Der Konzentrationsgrundsatz hat seine Normierung in § 57 Abs. 1 erfahren. Danach ist die Verhandlung möglichst in einem Termin zu Ende zu führen. Um dies zu ermöglichen, trifft die Parteien eine Prozessförderungspflicht. Sie bezieht sich auf die mündliche Verhandlung, ergreift aber notwendig deren Vorbereitung. Für die mündliche Verhandlung ergibt sich die Prozessförderungspflicht aus § 282 Abs. 1 ZPO. Dort ist geregelt, dass jede Partei in der mündlichen Verhandlung ihre Angriffs- und Verteidigungsmittel, insb. Behauptungen, Bestreiten, Einwendungen, Einreden, Beweismittel und Beweiseinreden, so zeitig vorzubringen hat, wie es nach der Prozesslage einer sorgfältigen und auf Förderung des Verfahrens bedachten Prozessführung entspricht. In § 282 Abs. 2, 3 ZPO ist Entsprechendes für die Vorbereitung der mündlichen Verhandlung geregelt. Danach sind Anträge sowie Angriffs- und Verteidigungsmittel, auf die der Gegner voraussichtlich ohne vorhergehende Erkundigungen keine Erklärung abgeben kann, vor der mündlichen Verhandlung durch vorbereitenden Schriftsatz so zeitig mitzuteilen, dass der Gegner die erforderliche Erkundigung noch einzuziehen vermag. Die Verletzung der Prozessförderungspflicht kann die Präklusion verspäteten Vorbringens[37] nach sich ziehen oder nach §§ 95, 97 Abs. 2 ZPO, § 238 Abs. 4 ZPO oder § 344 ZPO zu Kostennachteilen führen. Die Parteien können jedoch in die Säumnis oder in die Berufung flüchten.[38]

---

36 LAG Berlin-Brandenburg, 20.07.2011 – 26 Sa 1269/10, Rn 125; Stein/Jonas-Berger § 355 Rn 29.
37 § 56 Abs. 2, § 61a Abs. 5, § 67.
38 Schilken Rn 391.

VII. Grundsatz der Wahrung rechtlichen Gehörs

Nach Art. 103 Abs. 1 GG hat jedermann vor Gericht Anspruch auf rechtliches Gehör. Die Verfassungsbestimmung enthält eine wesentliche **Konkretisierung des Rechtsstaatsprinzips**.[39] Art. 103 Abs. 1 GG zielt auf einen angemessenen Ablauf des Verfahrens: Wer bei Gericht formell ankommt, soll auch substanziell ankommen, also wirklich gehört werden.

Mit dem Anspruch auf rechtliches Gehör wird die Möglichkeit gewährleistet, sich in tatsächlicher und rechtlicher Hinsicht zur Sache zu äußern und Anträge zu stellen.[40] Es wird im Zivilprozess durch das **Gebot der Waffengleichheit** ergänzt. Träger des Rechts ist jeder, der an einem gerichtlichen Verfahren beteiligt ist. Der Inhaber des Rechts hat Anspruch auf vollständige Information über den gesamten Verfahrensstoff und auf Einsicht in die Gerichtsakten.[41] Das Gericht muss sich ausreichend Zeit nehmen, um rechtzeitig eingegangene Schriftsätze zu prüfen.[42] Eine Präklusion eines Verfahrensbeteiligten nach prozessualen Vorschriften ist nur zulässig, wenn für ihn ausreichend Gelegenheit bestand, sich zu allen wichtigen Punkten zur Sache zu äußern. Von einem Recht auf vorherige Anhörung kann abgesehen werden, wenn sie unmöglich ist oder den Zweck der Maßnahme gefährden würde. In diesen Fällen ist das rechtliche Gehör unverzüglich nachzuholen. Das Gericht darf seiner Entscheidung nur Tatsachen, Beweisergebnisse und Äußerungen zugrunde legen, zu denen die Verfahrensbeteiligten Stellung nehmen konnten. Es muss das Vorbringen der Beteiligten einschließlich der Beweisanträge i.R.d. Prozessrechts zur Kenntnis nehmen und in Erwägung ziehen.[43] Es muss nicht das gesamte Vorbringen der Parteien bescheiden.[44] Die wesentlichen der Rechtsverteidigung dienenden Tatsachen- und Rechtsausführungen müssen jedoch in den Entscheidungsgründen verarbeitet werden.[45]

Wenn ein Gericht im Verfahren einen Gehörsverstoß begeht, vereitelt es die Möglichkeit, eine Rechtsverletzung vor Gericht effektiv geltend zu machen. Ist noch ein **Rechtsmittel** gegen die gerichtliche Entscheidung gegeben, das auch zur Überprüfung der behaupteten Verletzung des Verfahrensgrundrechts führen kann, ist dem Anliegen der Justizgewährung hinreichend Rechnung getragen. Die Verletzung des Anspruchs auf rechtliches Gehör kann in der Rechtsmittelinstanz geheilt werden.

Erfolgt die behauptete Verletzung des Verfahrensgrundrechts in der letzten in der Prozessordnung vorgesehenen Instanz und ist der Fehler entscheidungserheblich, muss die Verfahrensordnung eine eigenständige gerichtliche Abhilfemöglichkeit vorsehen.[46] Insoweit sind besondere zur Überprüfung geeignete Rechtsbehelfe geschaffen worden, etwa befristete Anhörungsrügen.[47]

Um Lücken **im bisherigen Rechtsschutzsystem** zu schließen, waren von der Rechtsprechung teilweise außerhalb des geschriebenen Rechts außerordentliche Rechtsbehelfe geschaffen worden. Außerordentliche Rechtsbehelfe, wie die Beschwerde wegen greifbarer Gesetzwidrigkeit genügen den verfassungsrechtlichen Anforderungen an die Rechtsmittelklarheit jedoch nicht. Die Rechtsbehelfe müssen in der geschriebenen Rechtsordnung geregelt und in ihren Voraussetzungen für die Bürger erkennbar sein. Das Grundgesetz hat die rechtsprechende Gewalt in erster Linie den Fachgerichten anvertraut. Bei entscheidungserheblichen Verstößen gegen Art. 103 Abs. 1 GG muss

---

39 Blank/Fangmann/Hammer Grundgesetz, Art. 103 Rn 1.
40 BVerfG, 13.05.1980 – 2 BvR 705/79, BVerfGE 54, 140.
41 BVerfG, 22.01.1983 – 2 BvR 864/81, NJW 1983, 1043; vgl. § 299 Abs. 1 ZPO.
42 BVerfG, 01.05.1995 – 1 BvR 217/94.
43 BVerfG, 08.10.1985 – 1 BvR 33/83, BVerfGE 70, 288; BVerfG, 30.10.1990 – 2 BvR 562/88, NJW 1991, 1283.
44 BVerfG, 12.06.1990 – 1 BvR 355/86, NJW 1990, 2306.
45 BVerfG, 19.05.1992 – 1 BvR 986/91, NJW 1992, 2877.
46 BVerfG, 30.04.2003 – 1 PBvU 1/02, NJW 2003, 1924.
47 Vgl. § 321a ZPO; § 78a ArbGG.

die gebotene Abhilfemöglichkeit daher grds. bei den Fachgerichten eingerichtet werden, auch wenn zusätzlich eine Rechtsverfolgung mithilfe der Verfassungsbeschwerde möglich ist.[48]

34 Das BVerfG hatte dem Gesetzgeber in der Entscheidung vom 30.04.2003 aufgegeben, **bis zum 31.12.2004** eine Lösung zu finden, d.h. entsprechende Rechtsbehelfe zu schaffen. Diese Entscheidung des BVerfG hat den Gesetzgeber dazu veranlasst, zum 01.01.2005 durch das Gesetz über die Rechtsbehelfe bei Verletzung des Anspruchs auf rechtliches Gehör[49] in die verschiedensten Verfahrensregelungen Regeln über die fachgerichtliche Abhilfe bei gerichtlichen Verletzungen des Anspruchs auf rechtliches Gehör einzufügen. Während die Änderungen in den übrigen Verfahrensordnungen sich im Wesentlichen am Vorbild des § 321a ZPO orientieren, gehen die verändernden Eingriffe in das Arbeitsgerichtsgesetz deutlich weiter: Die wesentlichen Neuerungen finden sich in § 72 bis § 73 ArbGG zum Revisionszugang sowie im eingefügten § 78a ArbGG zur Gehörsrüge. Parallelregelungen hierzu für das arbeitsgerichtliche Beschlussverfahren sind durch Änderungen des § 92a und des § 93 Abs. 1 ArbGG geschaffen worden sowie durch die Einfügung des neuen § 92b ArbGG. Infolge der inhaltlichen Neuregelungen war § 55 Abs. 1 ArbGG redaktionell anzupassen. Der Plenarbeschluss des BVerfG vom 30.04.2003 war auch Veranlassung dafür, sich einer Neuregelung des Rechts des Revisionszugangs im arbeitsgerichtlichen Verfahren durch die §§ 72, 72a zuzuwenden (*s. die Kommentierungen zu den jeweiligen Vorschriften*).

35 Die schon bisher in **§ 321a ZPO** gesetzlich geregelte Möglichkeit der Abhilfe bei einer Verletzung des Anspruchs auf rechtliches Gehör setzt voraus, dass eine Berufung wegen Nichterreichens der Berufungsbeschwer unzulässig ist und bei Wahrung des rechtlichen Gehörs eine andere Entscheidung zu erwarten gewesen wäre. Die Rüge muss durch einen bestimmenden Schriftsatz innerhalb einer Notfrist von zwei Wochen erhoben werden. Ist die Rüge begründet, so hilft das Gericht ab, indem es den Prozess fortführt. Bereits durch das Erste Gesetz zur Modernisierung der Justiz vom 24.08.2004[50] war durch eine Neufassung des § 321a Abs. 5 ZPO insoweit sichergestellt worden, dass das Verfahren im Fall einer erfolgreichen Gehörsrüge nicht im Ganzen wiederholt werden muss, sondern nur, soweit dies aufgrund der Rüge geboten ist. § 78a Abs. 6 ArbGG, der teilweise an die Stelle des nunmehr aufgehobenen § 55 Abs. 1 Nr. 9 ArbGG getreten ist, bestimmt, dass die Entscheidung über die Gehörsrüge grds. unter Hinzuziehung der ehrenamtlichen Richter zu erfolgen hat. Sie wirken jedoch nicht mit, wenn die Rüge als unzulässig verworfen wird oder sich gegen eine Entscheidung richtet, die ohne Hinzuziehung der ehrenamtlichen Richter erlassen wurde. Soweit noch eine Möglichkeit der Abhilfe über § 321a ZPO möglich ist, ist eine Verfassungsbeschwerde (*Subsidiaritätsprinzip*) unzulässig.[51]

VIII. Beschleunigungsgrundsatz

36 Der arbeitsgerichtliche Beschleunigungsgrundsatz findet in verschiedenen Normen eine Grundlage. Er richtet sich an das Gericht und mittelbar auch an die Parteien. Nach § 9 Abs. 1 ist das arbeitsgerichtliche Verfahren in allen Rechtszügen zu beschleunigen. Die Vorschrift über die vereinfachte Verlegung von Terminen nach § 227 Abs. 3 Satz 1 ZPO findet im arbeitsgerichtlichen Verfahren keine Anwendung.[52] Durch § 47 Abs. 1 wird die zweiwöchige Einlassungsfrist des § 274 Abs. 3 Satz 1 ZPO auf eine Woche abgekürzt. Bei Auslandszustellungen bleibt es aber bei § 274 Abs. 3 Satz 2 ZPO, wonach der Vorsitzende bei der Festsetzung des Termins die Einlassungsfrist bestimmt. Der § 49 Abs. 3 sieht in Abweichung von § 46 Abs. 2 ZPO kein Rechtsmittel gegen den die Richterablehnung zurückweisenden Beschluss vor. In Abweichung zu § 317 Abs. 1 Satz 3 ZPO sieht § 50 Abs. 1 Satz 1 die Zustellung der Urteile binnen drei Wochen seit Übergabe an die Geschäftsstelle vor.

---

48 BVerfG, 30.04.2003 – 1 PBvU 1/02, NJW 2003, 1924.
49 Anhörungsrügengesetz, BGBl. I, S. 3220.
50 1. Justizmodernisierungsgesetz, BGBl. I, S. 2198.
51 BVerfG, 10.02.2003 – 1 BvR 131/03, NJW 2004, 1.
52 § 46 Abs. 2.

§ 51 sieht die Möglichkeit des Ausschlusses unzureichend vorbereiteter oder nicht mit ausreichender Vollmacht versehener Prozessbevollmächtigter, deren Partei ungeachtet der Anordnung des persönlichen Erscheinens zum Termin nicht erschienen ist, vor. §§ 53 und 55 ermöglichen **Alleinentscheidungen des Vorsitzenden** bei Beschlüssen und Verfügungen ohne mündliche Verhandlung und Amtshandlungen im Rahmen von Rechtshilfeersuchen,[53] Verzicht, Anerkenntnis, Säumnis, einstweilige Einstellung der Zwangsvollstreckung, Klagerücknahme, Verweisung bei örtlicher Unzuständigkeit, Aussetzung sowie bei Rügen nach § 321a ZPO, wenn die Rüge als unzulässig verworfen wird oder sie sich gegen eine Alleinentscheidung des Vorsitzenden richtet.[54]

Durch § 59 Satz 1 wird die zweiwöchige Einspruchsfrist des § 339 Abs. 1 ZPO für arbeitsgerichtliche Versäumnisurteile auf eine Woche abgekürzt. Ein besonderer Verkündungstermin ist nach § 60 Abs. 1 – entgegen § 310 Abs. 1 ZPO – nur aus besonderen Gründen zulässig. Eine selbstständige Anfechtbarkeit eines vorab über den Grund entscheidenden arbeitsgerichtlichen Zwischenurteils ist in Abweichung von § 304 Abs. 2 ZPO durch § 61 Abs. 3 ausgeschlossen.

§ 61a Abs. 1 schreibt die vorrangige Erledigung der Bestandsstreitigkeiten vor. § 66 Abs. 1 Satz 5 lässt entgegen § 520 Abs. 2 Sätze 2 und 3 ZPO nur die einmalige Verlängerung der Berufungsbegründungsfrist zu.

§ 68 schließt in Abweichung von § 538 ZPO eine Zurückverweisung an das erstinstanzliche Gericht wegen Verfahrensmangels aus. § 74 Abs. 1 lässt entgegen § 551 Abs. 2 Satz 5 ZPO nur die einmalige Verlängerung der Revisionsbegründungsfrist, und zwar längstens um einen Monat, zu. Die Güteverhandlung soll in Bestandsstreitigkeiten innerhalb von zwei Wochen nach Klageerhebung stattfinden.[55]

D. Anzuwendende Vorschriften (§ 46 Abs. 2)

Für das arbeitsgerichtliche Urteilsverfahren des ersten Rechtszugs gelten mit Vorrang die Normen des ArbGG. Soweit das ArbGG keine Regelung trifft, gelten nach § 46 Abs. 2 die Vorschriften der ZPO über das Verfahren vor den Amtsgerichten[56] entsprechend. Für das Verfahren vor den Amtsgerichten gelten nach § 495 ZPO die Vorschriften über das Verfahren vor den Landgerichten,[57] soweit nicht aus den allgemeinen Vorschriften des Ersten Buches der ZPO[58] und aus den §§ 495 bis 510b ZPO sich Abweichungen ergeben.

I. Arbeitsgerichtliche Sonderregelungen

Arbeitsgerichtliche Sonderregelungen finden sich u.a. in:
— § 9 Abs. 1 über den Beschleunigungsgrundsatz
— § 11 über die Prozessvertretung
— § 12 über die Kosten, mit Wirkung vom 01.07.2004 aufgrund des Kostenrechtsmodernisierungsgesetzes in das GKG überführt[59]
— § 13 über die Rechtshilfe
— § 46a zum Mahnverfahren
— § 47 über die Einlassungsfrist und Stellungnahme des Beklagten vor dem Gütetermin
— § 48 zur Entscheidung über die Zulässigkeit des Rechtswegs und der Verfahrensart
— § 49 über die Ablehnung von Gerichtspersonen
— § 50 über die Zustellung im Amtsbetrieb

---

53 § 53 Abs. 1.
54 § 55.
55 § 61a Abs. 2.
56 §§ 495 bis 510b ZPO.
57 §§ 253 bis 494a ZPO.
58 §§ 1 bis 252 ZPO.
59 S. dazu die Kommentierung zu § 12.

- § 51 über die Anordnung des persönlichen Erscheinens
- § 52 über die Öffentlichkeit
- §§ 53, 55 über die Befugnisse des Vorsitzenden und der ehrenamtlichen Richter
- § 54 über das Güteverfahren
- § 56 über die Vorbereitung der streitigen Verhandlung und die Präklusion von Vorbringen
- § 57 über die Verhandlung vor der Kammer
- § 58 über die Beweisaufnahme
- § 59 über den Einspruch gegen ein arbeitsgerichtliches Versäumnisurteil
- § 60 über die Verkündung und das Absetzen des Urteils
- § 61, § 9 Abs. 5 über den Inhalt des Urteils und seine Wirkungen
- § 61a Abs. 2, Gütetermin bei Bestandsstreitigkeiten bereits innerhalb von zwei Wochen nach Klageerhebung
- § 62 über die Zwangsvollstreckung (einschl. Ausschluss und Einstellung) aus arbeitsgerichtlichen Urteilen
- § 63 über die Pflicht zum Übersenden von Urteilen in Tarifvertragssachen
- §§ 64 ff. und §§ 72 ff., von der ZPO abweichende Rechtsmittelregelungen.

II. Vorschriften der ZPO

1. Amtsgerichtliche Vorschriften

43 Von den für das amtsgerichtliche Verfahren geltenden Vorschriften der ZPO sind entsprechend anwendbar im arbeitsgerichtlichen Verfahren:
- § 496 ZPO, wonach die Klage, die Klageerwiderung sowie sonstige Anträge und Erklärungen einer Partei, die zugestellt werden sollen, bei dem ArbG schriftlich einzureichen oder mündlich zum Protokoll der Geschäftsstelle anzubringen sind.
- § 497 Abs. 1 ZPO, wonach die Ladung der Klägerin zu dem auf die Klage bestimmten Termin ohne besondere Form mitzuteilen ist, sofern nicht das Gericht die Zustellung anordnet. Nach § 270 Satz 2 ZPO gilt die Mitteilung bei Übersendung durch die Post, wenn die Wohnung der Partei im Bereich des Ortsbestellverkehrs liegt, an dem folgenden, i.Ü. an dem zweiten Werktage nach der Aufgabe zur Post als bewirkt, sofern nicht die Partei glaubhaft macht, dass ihr die Mitteilung nicht oder erst in einem späteren Zeitpunkt zugegangen ist.
- § 497 Abs. 2 ZPO, wonach die Ladung einer Partei nicht erforderlich ist, wenn der Termin der Partei bei Einreichung oder Anbringung der Klage oder des Antrags, aufgrund dessen die Terminsbestimmung stattfindet, mitgeteilt worden ist.
- § 498 ZPO, der vorsieht, dass anstelle der Klageschrift das Protokoll zugestellt wird, wenn die Klage zum Protokoll der Geschäftsstelle angebracht worden ist.
- § 504 ZPO, der das Gericht für den Fall der örtlichen Unzuständigkeit verpflichtet, den Beklagten vor der Verhandlung zur Hauptsache darauf und auf die Folgen einer rügelosen Einlassung zur Hauptsache[60] hinzuweisen. Da § 39 ZPO entsprechend für die internationale Zuständigkeit gilt,[61] wird auch insoweit ein gerichtlicher Hinweis entsprechend § 504 ZPO zu verlangen sein.
- § 510 ZPO, wonach[62] eine Urkunde wegen unterbliebener Erklärung nur dann als anerkannt anzusehen ist, wenn die Partei durch das Gericht zur Erklärung über die Echtheit der Urkunde aufgefordert worden ist.
- § 510a ZPO, wonach andere Erklärungen einer Partei als Geständnisse und Erklärungen über einen Antrag auf Parteivernehmung im Protokoll festzustellen sind, soweit das Gericht es für erforderlich hält (wobei das Gericht nach pflichtgemäßem Ermessen entscheidet).

---

60 § 39 ZPO.
61 BGH, 26.01.1979 – V ZR 75/76, NJW 1979, 1784.
62 In Abweichung von § 439 Abs. 3 ZPO.

Keine Anwendung finden folgende ZPO-Vorschriften, die nur für das amtsgerichtliche Verfahren gelten: 44
– § 495a ZPO *(vereinfachtes Verfahren)* aufgrund des ausdrücklichen Ausschlusses in § 46 Abs. 2 Satz 2.
– § 499 ZPO *(Belehrung über schriftliches Anerkenntnis)*, denn § 46 Abs. 2 Satz 2 schließt auch das schriftliche Vorverfahren nach §§ 275 bis 277 ZPO aus.
– § 506 ZPO *(nachträgliche sachliche Unzuständigkeit)*, weil das arbeitsgerichtliche Verfahren nur ein Eingangsgericht kennt.
– § 510b ZPO *(Urteil auf Vornahme einer Handlung)*, der von § 61 Abs. 2 verdrängt wird.

2. Landgerichtliche Vorschriften

Über § 495 Abs. 1 ZPO finden ergänzend die Vorschriften über das Verfahren vor den Landgerichten entsprechende Anwendung. Von Bedeutung sind hier insb. die folgenden Vorschriften: 45
– § 253 ZPO über die Klageschrift (einschließlich der Neufassung des Abs. 3, wonach die Klageschrift die Angabe enthalten soll, ob der Klageerhebung der Versuch einer Mediation oder eines anderen Verfahrens der außergerichtlichen Konfliktbeilegung vorausgegangen ist, sowie eine Äußerung dazu, ob einem solchen Verfahren Gründe entgegenstehen)
– § 254 ZPO über die Stufenklage
– § 255 ZPO über die Fristbestimmung im Urteil für den Fall der Nichterfüllung[63]
– § 256 ZPO über die Feststellungsklage
– § 257 ZPO über die Klage auf künftige Leistung
– § 258 ZPO über die Klage auf wiederkehrende Leistungen
– § 259 ZPO über die Klage wegen Besorgnis der Nichterfüllung
– § 260 ZPO über die Anspruchshäufung *(objektive Klagenhäufung)*
– §§ 261, 262 ZPO über die Rechtshängigkeit und ihre Folgen
– §§ 263, 264, 267, 269 ZPO über die Klageänderung und die vermutete Einwilligung des Beklagten
– § 265 ZPO über die Möglichkeit und die Folgen der Veräußerung der Streitsache
– § 269 ZPO über die Klagerücknahme
– § 270 ZPO über die Zustellungen von Amts wegen und den Zugangszeitpunkt
– § 271 Abs. 1 ZPO über die unverzügliche Zustellung der Klageschrift
– § 274 Abs. 1 ZPO über die Ladung der Parteien durch die Geschäftsstelle
– § 274 Abs. 3 Satz 2 ZPO über die Bestimmung der Einlassungsfrist bei Auslandszustellungen
– § 278 Abs. 6 ZPO über die Möglichkeit, schriftlich einen Vergleich vorzuschlagen, der durch gerichtlichen Beschluss tituliert werden kann
– § 280 ZPO über die abgesonderte Verhandlung über die Zulässigkeit der Klage
– § 282 ZPO über die Prozessförderungspflicht der Parteien
– § 283 ZPO über nachgereichte Schriftsätze
– § 284 ZPO über die Beweisaufnahme
– § 285 ZPO über die Verhandlung nach Beweisaufnahme
– § 286 ZPO über die freie Beweiswürdigung
– § 287 ZPO über die Ermittlung streitigen Schadens
– §§ 288, 289, 290 ZPO über das gerichtliche Geständnis und den Widerruf
– § 291 ZPO über offenkundige Tatsachen
– § 292 ZPO über die Beweisführung bei gesetzlichen Vermutungen
– § 292a ZPO über den Anscheinsbeweis bei qualifizierter elektronischer Signatur
– § 293 ZPO über die Feststellung fremden Rechts, Gewohnheitsrechts und von Satzungen
– § 294 ZPO über die Glaubhaftmachung
– § 295 ZPO über den richtigen Zeitpunkt für Verfahrensrügen

---

[63] Vgl. auch § 61 Abs. 2.

§ 46 ArbGG Grundsatz

- § 296 Abs. 2 ZPO über die Präklusion verspätet vorgebrachter Angriffs- und Verteidigungsmittel
- § 296a ZPO über Angriffs- und Verteidigungsmittel nach Schluss der mündlichen Verhandlung
- § 297 ZPO über die Antragstellung
- § 299 ZPO über die Akteneinsicht
- §§ 300, 301, 302, 303 und 304 ZPO über Endurteil, Teilurteil, Vorbehaltsurteil, Zwischenurteil, Zwischenurteil über den Grund
- §§ 306, 307 ZPO über Verzicht und Anerkenntnis mit der Maßgabe, dass ein Verzicht nicht schriftlich erfolgen kann, da die Vorschriften über das schriftliche Verfahren in § 46 Abs. 2 ausgenommen sind
- § 308 ZPO über Bindung des Gerichts an die Parteianträge
- § 309 ZPO über die erkennenden Richter
- §§ 313 bis 313b ZPO[64] über den Inhalt des Urteils und abgekürzte Urteile
- § 314 ZPO über die Beweiskraft des Tatbestandes
- § 318 ZPO über die Bindung des Gerichts an seine Entscheidungen
- §§ 319, 320 ZPO über die Berichtigung des Urteils bzw. des Tatbestandes
- § 321 ZPO über die Ergänzung des Urteils bei unvollständiger Entscheidung
- § 321a ZPO über das Verfahren bei Verletzung des Anspruchs auf rechtliches Gehör
- § 322 ZPO über die materielle Rechtskraft
- § 325 ZPO über Rechtskraft und Rechtsnachfolge
- §§ 330 bis 347 ZPO über Versäumnisurteile[65]
- §§ 355 bis 494b ZPO über das Beweisverfahren.[66]

3. Ausdrücklich ausgenommene Vorschriften (Abs. 2 Satz 2)

a) Früher erster Termin[67]

46 Die Vorschriften über den frühen ersten Termin zur mündlichen Verhandlung und das schriftliche Vorverfahren[68] finden nach § 46 Abs. 2 Satz 2 keine Anwendung. Aufgrund der Vorschriften zum Güteverfahren,[69] zur Vorbereitung der streitigen Verhandlung[70] und zur besonderen Prozessförderung in Kündigungsverfahren besteht hierfür auch kein Bedarf. Ein schriftliches Vorverfahren widerspräche auch der besonderen Betonung des Mündlichkeitsprinzips in §§ 54, 47 Abs. 2.[71]

47 § 278 ZPO, der seit dem 01.01.2002 die **Güteverhandlung** in den Verfahren vor den Amts- und Landgerichten regelt, ist allerdings nicht ausgenommen. Die Abs. 1 bis 5 der Vorschrift werden durch die abschließende Regelung in § 54 ArbGG verdrängt. Zu § 278 **Abs. 6 ZPO** findet sich in § 54 ArbGG keine vergleichbare Regelung. Er betrifft auch nicht die Güteverhandlung, sondern eine Möglichkeit der Streitschlichtung außerhalb der Güteverhandlung. § 278 Abs. 6 ZPO ist daher nach inzwischen einhelliger Auffassung auch im arbeitsgerichtlichen Verfahren anwendbar.[72] Danach kann ein durch das Gericht vorgeschlagener Vergleich durch feststellenden Beschluss zum gerichtlichen Vergleich *(Vollstreckungstitel)* gemacht werden. Voraussetzung ist eine Annahme des Vorschlags durch alle Parteien per Schriftsatz ggü. dem Gericht.

48 Das am 01.09.2004 in Kraft getretene 1. Justizmodernisierungsgesetz[73] erweitert diese Möglichkeit noch. Danach kann ein gerichtlicher Vergleich auch dadurch geschlossen werden, dass die Parteien

---

64 I.V.m. § 61.
65 Ausnahme § 339 Abs. 1 ZPO, vgl. dazu § 59.
66 Unter Berücksichtigung von § 58.
67 §§ 275 bis 277 ZPO.
68 §§ 275 bis 277 ZPO.
69 § 54.
70 § 56.
71 GMPMG/Germelmann § 46 Rn 26.
72 Schwab/Wildschütz/Heege NZA 2003, 999, 1001, m.w.N. zur Gesetzesgeschichte.
73 BGBl. I, S. 2198.

dem Gericht einen schriftlichen Vergleichsvorschlag selbst unterbreiten. Die Initiative kann also auch von den Parteien ausgehen, was bereits zuvor gängige Praxis war. Allerdings bedarf es nun in diesen Fällen nicht noch eines entsprechenden Vorschlags durch das Gericht. Das Gericht überprüft den Inhalt auf seine Gesetzmäßigkeit. Sodann erlässt das Gericht einen feststellenden Beschluss. Zu beachten ist allerdings, dass z.T. nur ein gerichtlicher Vergleich erforderlich ist (z.B. im Rahmen des § 14 Abs. 1 S. 2 Nr. 8 TzBfG), sodass zwar ein Vergleich nach § 278 Abs. 6 ZPO ausreicht,[74] aber nur ein gerichtlicher – d.h. ein **gerichtlich vorgeschlagener**. Für § 14 Abs. 1 S. 2 Nr. 8 TzBfG stellt nur ein solcher einen sachlichen Grund für eine Befristung dar.[75]

Der nach § 278 Abs. 6 ZPO zustande gekommene Vergleich genügt den Schriftformanforderungen anderer Bestimmungen (etwa § 623 BGB oder § 14 Abs. 4 TzBfG). Dem Schutzgedanken der Schriftform ist ausreichend Rechnung dadurch getragen, dass das Gericht auf rechtliche Bedenken hinweisen muss.[76]   49

Eine **Zustellung** ist nicht erforderlich. Zwar schreibt § 329 Abs. 3 ZPO die Verpflichtung zur Zustellung von Entscheidungen vor, die einen Vollstreckungstitel bilden. Vollstreckungstitel ist hier aber nicht der Beschluss, sondern der Vergleich. Der Beschluss dient lediglich der Beurkundung. Gegen den Beschluss gibt es **kein Rechtsmittel**. Die Voraussetzungen des § 567 Abs. 1 ZPO liegen nicht vor. Unrichtigkeiten sind nach § 278 Abs. 6 Satz 3 i.V.m. § 164 ZPO zu berichtigen.   50

Aufgrund des **Kostenrechtsmodernisierungsgesetzes** trat am 01.07.2004 auch das Rechtsanwaltsvergütungsgesetzes *(RVG)* in Kraft. Es löste die BRAGO ab und sieht eine **Terminsgebühr auch bei außergerichtlicher Streitbeilegung** vor, wenn diese hilft, eine gerichtliche Verhandlung zu vermeiden. Bisher setzten eine Erörterungs- oder Verhandlungsgebühr die Anwesenheit der RA in einer Verhandlung voraus. Durch den terminsunabhängigen Anfall der Terminsgebühr wird einerseits ein weiterer Anreiz zur außergerichtlichen Streitbeilegung geschaffen. Andererseits wird dann natürlich auch das Interesse daran steigen, einen gerichtlichen Vergleich *(Titel)* ohne Verhandlung zu erhalten. Von Bedeutung ist das z.B. auch im Hinblick auf § 14 Abs. 1 Satz 2 Nr. 8 TzBfG, wonach ein gerichtlicher Vergleich einen sachlichen Grund für eine Befristung darstellt.   51

b) Verfahren nach billigem Ermessen (§ 495a ZPO)

Keine Anwendung findet wegen § 46 Abs. 2 Satz 2 das Verfahren nach billigem Ermessen.[77] Nach dieser Vorschrift kann das AG sein Verfahren nach billigem Ermessen bestimmen, wenn der Streitwert 600,00 € nicht übersteigt. Nur auf Antrag muss mündlich verhandelt werden.   52

c) Entscheidung ohne mündliche Verhandlung

§ 46 Abs. 2 Satz 2 ordnet des Weiteren den Ausschluss der Entscheidung ohne mündliche Verhandlung nach § 128 Abs. 2 ZPO an und betont auch auf diese Weise den besonderen Stellenwert des Mündlichkeitsprinzips im arbeitsgerichtlichen Verfahren. Der Ausschluss des schriftlichen Verfahrens betrifft aber nur das erstinstanzliche Verfahren. In der Berufungs- und ebenfalls in der Revisionsinstanz ist das schriftliche Verfahren mangels Bezugnahme auf § 46 Abs. 2 in § 64 Abs. 7 bzw. § 72 Abs. 6 zulässig.   53

Ausnahmsweise kommt allerdings auch im erstinstanzlichen Urteilsverfahren eine Entscheidung ohne mündliche Verhandlung in Betracht. § 46 Abs. 2 Satz 2 verweist nämlich nicht auf § 128 Abs. 3 und 4 ZPO. Nach § 128 Abs. 3 ZPO kann eine Entscheidung ohne mündliche Verhandlung   54

---

74 Zur Wahrung des Schriftformerfordernisses in diesem Fall s. BAG, 23.11.2006 – 6 AZR 394/06, NZA 2007, 466.
75 BAG, 15.02.2012 – 7 AZR 734/10, NJW 2012, 3117.
76 BAG, 23.11.2006 – 6 AZR 394/06, NJW 2007, 1831 = NZA 2007, 466; GMPMG/Germelmann § 46 Rn 18.
77 § 495a ZPO.

immer dann ergehen, wenn nur noch über die Kosten zu entscheiden ist. Das ist bei **Kostenschlussurteilen** der Fall. Sie sind erforderlich, wenn bereits über einen Teil des Rechtsstreits durch Teilurteil entschieden worden ist und der Streit über die restliche Hauptsache z.B. wegen Klagerücknahme oder wegen Erledigungserklärung gegenstandslos wird. Offen ist in dieser prozessualen Situation nur noch die Entscheidung über die Kosten.

55 Die Entscheidung muss dann durch ein Urteil ergehen. Daher sind die **ehrenamtlichen Richter** zu beteiligen. Ein Fall des § 55 ArbGG liegt nicht vor. § 53 ArbGG ermöglicht eine Entscheidung durch den Vorsitzenden allein nur bei Beschlüssen. Eine analoge Anwendung scheidet mangels analogiefähiger Regelungslücke aus.[78]

56 **Rechtsmittel** gegen ein solches Kostenschlussurteil ist die Berufung, wenn und soweit die Kostenentscheidung hinsichtlich des Teilurteils angefochten wird. Voraussetzung ist dann allerdings, dass auch gegen das Teilurteil Berufung eingelegt worden ist. Eine Ausnahme besteht nur dann, wenn es sich bei dem Teilurteil um ein Anerkenntnisurteil handelte. Dann ist insoweit wegen § 99 Abs. 2 ZPO die sofortige Beschwerde gegen die Kostenentscheidung zulässig, und zwar ohne dass das Teilurteil wegen der Hauptsache angefochten worden sein muss. Erfolgt wegen des nach dem Teilanerkenntnisurteil verbliebenen Streitgegenstandes übereinstimmende Erledigungserklärung oder Klagerücknahme, ist das Kostenschlussurteil insgesamt mit der sofortigen Beschwerde anfechtbar.[79] Mit der sofortigen Beschwerde anfechtbar ist das Kostenschlussurteil auch, wenn die Parteien für einen der mehreren Klageansprüche die Hauptsache für erledigt erklärt haben und über die restlichen Ansprüche Anerkenntnisurteil ergeht.[80]

57 Soll die Kostenentscheidung nach einem streitigen Teilurteil und anschließender Erledigungserklärung oder Klagerücknahme nur wegen der Kostenentscheidung bzgl. des zurückgenommenen oder des für erledigt erklärten Teils angefochten werden, so ist statthaftes Rechtsmittel nur die sofortige Beschwerde.[81]

58 Da durch ein Kostenschlussurteil sowohl die klagende als auch die beklagte Partei belastet sein können, kann es dazu kommen, dass die eine Partei das Kostenschlussurteil mit der Berufung, die andere mit der sofortigen Beschwerde anfechten muss. Dieses Ergebnis wird durch den BGH[82] ausdrücklich hingenommen. Die Situation sei durch die Rspr. zu bewältigen und auszugleichen. Das kann auf verschiedene Weise geschehen, durch gleichzeitige Entscheidung, durch Aussetzung eines Teils oder auch durch Umdeutung der Beschwerde in eine Anschlussberufung.[83] Probleme ergeben sich auch dann, wenn aus der Kostenentscheidung nicht deutlich wird, wie konkret ein u.U. nicht angefochtener Teil (z.B. das erste Teilurteil) berücksichtigt worden ist. Denn dieses Sachurteil und die darauf beruhende Kostenentscheidung darf das Berufungsgericht, wenn es nicht angefochten worden ist, nicht nachprüfen. Das Rechtsmittelgericht wird aber stets in der Lage sein, jene Quote wenigstens ungefähr zu ermitteln.[84]

d) Urkunden- und Wechselprozess

59 Auch finden nach § 46 Abs. 2 Satz 2 die Vorschriften über den Urkunden- und Wechselprozess[85] keine Anwendung. § 46 Abs. 2 Satz 2 enthält keine Rechtswegregelung für den Urkunden- und

---

78 Holthaus/Koch RdA 2002, 140, 141; Schwab/Wildschütz/Heege NZA 2003, 999.
79 Brandenburgisches OLG, 10.11.1997 – 1 W 24/97, OLGR Brandenburg 1998, 68.
80 BGH, 04.01.1963 – V ZB 19/62, NJW 1963, 583.
81 BGH, 18.11.1963 – VII ZR 182/62, NJW 1964, 660, zu Rechtsmitteln gegen Kostenentscheidungen bei Mischentscheidungen.
82 BGH, 18.11.1963 – VII ZR 182/62, NJW 1964, 660.
83 Siehe auch BGH, 28.02.2007 – XII ZB 165/06, NJW-RR 2007, 1586 zur isolierten Anfechtbarkeit einer gemischten Kostenentscheidung, soweit sie sich auf den durch Erledigungserklärung oder Klagerücknahme erledigten Teil des Rechtsstreits bezieht.
84 BGH 18.11.1963 – VII ZR 182/62, NJW 1964, 660.
85 §§ 592 bis 605a ZPO.

Wechselprozess, sondern er schließt diese Verfahrensart lediglich für Rechtsstreitigkeiten vor den Gerichten für Arbeitssachen aus. Dabei setzt § 46 Abs. 2 voraus, dass der Rechtsweg zu den Gerichten für Arbeitssachen eröffnet ist. Aus der Vorschrift lässt sich nicht folgern, dass wegen des Ausschlusses der Verfahrensart der Rechtsweg zu solchen, insb. zu den ordentlichen Gerichten eröffnet sei oder sein müsse, vor denen Urkunden- und Wechselprozesse geführt werden können. Vielmehr macht der Zusammenhang zwischen der Rechtswegregelung in § 2 Abs. 1 Nr. 4a und dem Ausschluss lediglich bestimmter Verfahrensarten deutlich, dass zwar der Rechtsweg zu den Gerichten für Arbeitssachen auch dann eröffnet ist, wenn zwischen Arbeitnehmern oder deren Hinterbliebenen und Arbeitgebern über abstrakte Rechtsgeschäfte gestritten wird, die im rechtlichen oder unmittelbaren wirtschaftlichen Zusammenhang mit dem Arbeitsverhältnis stehen, dass dort aber die nur zunächst schnelle, dann aber durch das mögliche Nachverfahren nicht mehr raschere Verfahrensart des Urkunden- und Wechselprozesses nicht zur Verfügung steht.[86]

e) Terminsverlegung

Schließlich findet die Regelung aus § 227 Abs. 3 Satz 1 ZPO zur erleichterten Möglichkeit der Terminsverlegung in der Zeit vom 1. Juli bis 31. August keine Anwendung. Für die Terminsverlegung bedarf es daher durchgehend eines erheblichen Grundes nach § 227 Abs. 1 Satz 1 ZPO. 60

E. Klage im arbeitsgerichtlichen Urteilsverfahren

Das arbeitsgerichtliche Urteilsverfahren wird durch die Klage, durch Mahnantrag oder durch Antrag im Verfahren des Arrestes oder der einstweiligen Verfügung eingeleitet. 61

I. Klage

Die Klage leitet ohne Rücksicht auf Zulässigkeit und Begründetheit das Urteilsverfahren ein. Sie begründet das Prozessrechtsverhältnis zwischen den Parteien und zwischen den Parteien und dem Gericht. Sie enthält das Gesuch an das Gericht, durch Urteil Rechtsschutz zu gewähren, und legt dessen Art *(Leistungs-, Feststellungs- oder Gestaltungsurteil)* und Umfang[87] fest.[88] 62

1. Klageerhebung

Die Klageerhebung vollzieht sich in zwei Akten, nämlich durch Einreichung der Klageschrift bzw. des Klageprotokolls und durch Zustellung dieser Schriftstücke an den Gegner. Die Klage ist beim ArbG schriftlich einzureichen[89] oder mündlich zu Protokoll der Geschäftsstelle anzubringen.[90] Das Einreichen der Klageschrift kann auch per Fernschreiben, Telegramm, Telefax oder in Form eines elektronischen Dokuments[91] erfolgen. Letzteres ist allerdings erst möglich, wenn es dazu im jeweiligen Bundesland eine Freigabe durch eine Rechtsverordnung gibt, § 46c Abs. 2. 63

Mit dem Eingang beim ArbG ist die Sache anhängig. Soll durch die Klageerhebung eine Frist gewahrt oder die Verjährung unterbrochen werden, so tritt die Wirkung, sofern die Zustellung »demnächst« erfolgt, bereits mit der Einreichung oder Anbringung des Antrags ein.[92] »**Demnächst**« bedeutet in angemessener Frist. Die Frist gilt nur dann als gewahrt, wenn die Zustellung in einem den Umständen nach angemessenen Zeitraum nach Eingang des Schriftsatzes erfolgt. Die den Schriftsatz einreichende Partei muss nicht nur Verzögerungen vermeiden, sondern ihrerseits alles ihr zumutbare tun, damit die Zustellung demnächst erfolgen kann. Die Verzögerung darf also nicht 64

---

86 BAG, 01.11.1996 – 5 AZB 19/96, NZA 1997, 228.
87 § 308 ZPO.
88 Thomas/Putzo Vorbem. § 253 Rn 1.
89 Mit der für ihre Zustellung erforderlichen Anzahl von Abschriften, § 253 Abs. 5 ZPO.
90 § 496 ZPO.
91 § 46b Abs. 1.
92 § 167 ZPO.

schuldhaft herbeigeführt worden sein. In arbeitsgerichtlichen Verfahren ist das nicht nur bei Verjährungsfragen, sondern v.a. bei der Erhebung der Kündigungsschutzklage zur Wahrung der Frist des § 4 KSchG von Bedeutung. Wird z.B. in der Klageschrift im Passivrubrum eine falsche Adresse angegeben, kann das zu einer verschuldeten Verzögerung führen. Davon ist jedenfalls dann auszugehen, wenn die klagende Partei es entgegen einem richterlichen Hinweis auf einen missglückten Zustellungsversuch unterlässt, die richtige Anschrift mitzuteilen. Voraussetzung ist allerdings auch insoweit, dass die Unkenntnis verschuldet ist. Das ist nicht der Fall, wenn der Arbeitgeber – ohne sich umzumelden – seinen Betriebssitz verlegt hat. Auch bei **mehrstufigen Ausschlussfristen**, die in der zweiten Stufe die Erhebung der Klage verlangen, sind diese Fragen von Bedeutung.[93]

65 Das BAG[94] hat demgegenüber § 167 ZPO (früher § 270 Abs. 3 ZPO) nicht auf tarifvertragliche Ausschlussfristen angewandt, mit denen die erste Stufe einer tariflichen Ausschlussfirst (schriftliche Geltendmachung) gewahrt werden soll. Der BGH[95] hat seine entsprechende Rechtsprechung inzwischen aufgegeben. Dem haben sich inzwischen mehrere Landesarbeitsgerichte angeschlossen bzw. geöffnet.[96] Bedeutung kommt der Beantwortung dieser Frage u.a. auch bei den Fristen des § 15 Abs. 4 AGG zu. Nach der Rechtsprechung des BAG[97] kann die nach § 15 Abs. 4 Satz 1 AGG erforderliche Schriftform zur Geltendmachung von Schadensersatz- und Entschädigungsansprüchen (§ 15 Abs. 1 und Abs. 2 AGG) auch durch eine Klage gewahrt werden. Dabei findet § 167 ZPO Anwendung. Nicht anwendbar sein soll § 167 ZPO hingegen auf die Rügefrist nach § 16 BetrAVG.[98] Das BAG[99] hat in seiner Entscheidung vom 16. März 2016 seine bisherige Rechtsprechung zu § 167 ZPO für einfache tarifliche Ausschlussfristen bestätigt. Danach findet § 167 ZPO für die Wahrung einer einfachen tariflichen Ausschlussfrist weiterhin keine Anwendung.

66 Die Zustellung einer Klage ist jedenfalls dann noch demnächst erfolgt, wenn die durch die Klägerin zu vertretende Verzögerung der Zustellung den Zeitraum von 14 Tagen nicht überschreitet. Bei der Berechnung der Zeitdauer der Verzögerung ist auf die Zeitspanne abzustellen, um die sich der ohnehin erforderliche Zeitraum für die Zustellung der Klage als Folge der Nachlässigkeit der Klägerin verzögert.[100] § 167 ZPO will die Klägerin vor Nachteilen bewahren, die ohne ihr Zutun eintreten. Soweit es sich um außerhalb der Einflusssphäre der Klägerin liegende Verzögerungen handelt, muss der Begriff »demnächst« weiter ausgelegt werden. Die Klageschrift ist unverzüglich von Amts wegen dem Gegner zuzustellen.[101] Erst damit ist die Klage nach § 253 Abs. 1 ZPO erhoben. Durch die Erhebung der Klage wird die **Rechtshängigkeit** der Streitsache begründet.[102] Die Rechtshängigkeit eines erst im Laufe des Prozesses erhobenen Anspruchs tritt mit dem Zeitpunkt ein, in dem der Anspruch in der mündlichen Verhandlung geltend gemacht oder ein den Erfordernissen des § 253 Abs. 2 Nr. 2 ZPO entsprechender Schriftsatz (*»bestimmte Angabe des Gegenstandes und des Grundes des erhobenen Anspruchs, sowie einen bestimmten Antrag«*) zugestellt wird. § 167 ZPO erfasst auch die erst durch eine (insgesamt noch »demnächst« erfolgende) Heilung wirksam gewordene Zustellung, da die Fiktion des § 189 ZPO sämtliche Rechtsfolgen einer wirksamen Zustellung herbeiführt.[103]

---

93 Zur Wahrung einer Ausschlussfrist in AGB durch Erhebung der Kündigungsschutzklage siehe BAG, 19.03.2008 – 5 AZR 429/07, NZA 2008, 757; beachte hingegen für tarifliche Ausschlussfristen BAG, 17.11.2009 – 9 AZR 745/08, AP Nr. 194 zu § 4 TVG Ausschlussfristen.
94 BAG, 25.09.1996 – 10 AZR 678/95, Rn 39, m.w.N.
95 BGH, 17.07.2008 – I ZR 109/05, NJW 2009, 765 mit Anm. Kloppenburg in: jurisPR-ArbR 7/2009 Anm. 5.
96 LAG Hamm, 10.05.2011 – 14 Ta 106/11, ArbR 2011, 572.
97 BAG, 22.05.2014 – 8 AZR 662/13, EzA § 15 AGG Nr. 25 = NZA 2014, 924, Rn 9.
98 BAG, 21.10.2014 – 3 AZR 937/12, Rn 42.
99 BAG, 16.03.2016 – 4 AZR 421/15.
100 BGH, 10.02.2011 – VII ZR 185/07, NJW 2011, 1227, Rn 8.
101 § 253 Abs. 1, § 166 Abs. 2 ZPO.
102 § 261 Abs. 1 ZPO.
103 BGH, 12.03.2015 – III ZR 207/14, NJW 2015, 1760, Rn 19.

Die Klage ist als Prozesshandlung **bedingungsfeindlich**, soweit ihre Wirksamkeit von einem außerprozessualen Ereignis abhängig gemacht wird, weil die Gestaltungswirkung auf den Prozess nicht ungewiss sein darf. Zulässig ist dagegen, Prozesshandlungen von innerprozessualen Bedingungen abhängig zu machen, also vom Erfolg oder Misserfolg einer eigenen Prozesshandlung oder einer solchen Handlung des Gegners. Daher sind Hilfsklagen, Hilfsanträge, Eventual-Widerklage, der bedingte Prozessvergleich und die Hilfsaufrechnung zulässig. 67

Unzulässig ist aber die bedingte Klageerhebung, weil eine innerprozessuale Bedingung nur vorliegen kann, wo ein Prozessrechtsverhältnis bereits unbedingt besteht.[104] Eine **eventuelle subjektive Klagehäufung** ist unzulässig.[105] Sie kann allerdings dann zulässig werden, wenn rechtskräftig über den Hauptantrag ablehnend entschieden worden ist.[106] Auch die unzulässige Eventualklage **wahrt aber die Frist**[107] für eine Klageerhebung. 68

2. Klageschrift

Nach § 253 Abs. 2 ZPO muss die Klageschrift enthalten: 69

a) Bezeichnung der Parteien und des Gerichts

Nach § 253 Abs. 4 i.V.m. § 130 Nr. 1 ZPO zählen hierzu die Bezeichnungen der Parteien und ihrer gesetzlichen Vertreter nach Namen, Stand oder Gewerbe, Wohnort und Parteistellung. Nötig ist bei der Bezeichnung der Parteien eine Festlegung der Identität, sodass daran keine Zweifel bestehen und sich die betroffene Partei für jeden Dritten ermitteln lässt.[108] Es ist zunächst ausreichend, wenn sich aus den Umständen entnehmen lässt, wer die Klage erhebt und gegen wen sie sich richtet. Die Angabe des richtigen gesetzlichen Vertreters ist dafür nicht erforderlich, aber nachzuholen.[109] Die korrekte Bezeichnung des gesetzlichen Vertreters nach § 253 Abs. 4 i.V.m. § 130 Nr. 1 ZPO ist nur notwendig, soweit andernfalls keine Zustellung der Klage erfolgen kann.[110] § 130 Nr. 1 ZPO enthält eine Soll-Vorschrift, die die Zulässigkeit der Klage nicht berührt. Insbesondere bei juristischen Personen des öffentlichen Rechts ist die jeweilige Vertretungsbefugnis im Einzelfall oft schwierig festzustellen;[111] die falsche Bezeichnung des gesetzlichen Vertreters schadet hier nicht. Das Rubrum ist entsprechend der zutreffenden Vertretung zu fassen. Probleme können entstehen, wenn eine Partei im Prozess aufgrund einer fehlerhaften Angabe in der Klageschrift durch das falsche Organ vertreten wird (z.B. Vorstand statt Aufsichtsrat) und das zuständige Organ später die Prozesshandlungen nicht genehmigt.[112] Es ist also durchaus nicht ganz unwichtig, sich über die Frage der richtigen gesetzlichen Vertretung bei dem Abfassen der Klageschrift Gedanken zu machen. 70

Ist die Bezeichnung nicht eindeutig, so ist die Partei durch **Auslegung** zu ermitteln. Für die Parteistellung im Prozess ist nicht allein die Bezeichnung der Partei in der Klageschrift maßgeblich. Ergibt sich in einem Kündigungsrechtsstreit etwa aus dem der Klageschrift beigefügten Kündigungsschreiben, wer als beklagte Partei gemeint ist, so ist eine Berichtigung des Rubrums möglich, auch wenn der Kläger im Rubrum der Klageschrift irrtümlich z.B. nicht seinen Arbeitgeber, sondern dessen Bevollmächtigten als Beklagten benannt hat.[113] Es kommt darauf an, welcher Sinn der von der klagenden Partei in der Klageschrift gewählten Parteibezeichnung bei objektiver Würdi- 71

---

104 Zöller/Greger Vor § 128 Rn 20.
105 BAG, 11.12.1997 – 8 AZR 729/96, NZA 1998, 534.
106 BAG, 12.11.1998 – 8 AZR 265/97, NZA 1999, 311 = NJW 1999, 1132.
107 Z.B. des § 4 KSchG.
108 BGH, 12.05.1977 – VII ZR 167/76, NJW 1977, 1686.
109 BFH, 01.08.2014 – I B 129/13, Rn 8.
110 BAG, 29.09.2004 – 10 AZR 88/04, Rn 25.
111 Vgl. dazu BVerwG, 16.3.2010 – 2 B 3/10, Rn 6.
112 BGH, 16.02.2009 – II ZR 282/07, Rn. 2.
113 St. Rspr., z.B. BAG, 27.03.2003 – 2 AZR 272/02, NZA 2003, 1391.

72 Die Rubrumsberichtigung beruht auf Auslegung, erfolgt daher von Amts wegen und bedarf keines Antrags oder einer »Umstellung der Klage«.[115] Die Rubrumsberichtigung ist nicht fristgebunden.[116] Sie bedarf keines Beschlusses.[117]

73 ▶ **Beispiele:**

74 1) **Natürliche** Personen
- soweit prozessfähig: Vorname, Name, Anschrift;
- soweit prozessunfähig: Vorname, Name, gesetzlich vertreten durch – **bei Minderjährigen** – die Eltern, entweder gemeinsam, § 1629 Abs. 1 Satz 2 BGB, oder durch ein Elternteil, z.B. §§ 1629 Abs. 1 Satz 3, 1628, 1680 BGB – bei nicht miteinander verheirateten Eltern i.d.R. die Mutter, § 1626a BGB, ansonsten den Vormund §§ 1773, 1793 BGB, ggf. den Pfleger, §§ 1795 ff., 1909 BGB, und – **bei Volljährigen** – den Betreuer, § 1902 BGB.

75 2) **Juristische** Personen des **Privatrechts**
- Verein, vertreten durch den Vorstand,[118]
- AG, vertreten durch den Vorstand,[119]
- GmbH, vertreten durch den/die Geschäftsführerin,[120] u.U. die Gesellschafter[121] oder den Aufsichtsrat,[122]
- KGaA, vertreten durch die persönlich haftenden Gesellschafter,[123]
- eGen, vertreten durch den Vorstand[124]

76 3) **Juristische** Personen des **öffentlichen Rechts** (Körperschaften, Anstalten, Stiftungen)
- Körperschaften, z.B.: Land Brandenburg, vertreten durch das Ministerium für Arbeit, Soziales, Frauen und Familie, dieses vertreten durch... oder – in der Praxis üblich – endvertreten durch den Präsidenten des Landesamtes für Soziales und Versorgung, Anschrift,
- Anstalten, z.B.: BfA, endvertreten durch...,
- Stiftungen, z.B.: Familie in Not, vertreten durch..., Anschrift.

77 4) **Personengesellschaften**
- OHG, vertreten durch die (nach dem Gesellschaftsvertrag erforderliche Anzahl der) vertretungsberechtigten Gesellschafter,[125]
- KG, vertreten durch die persönlich haftenden Gesellschafter,[126]
- Partnerschaft, vertreten durch die (nach dem Gesellschaftsvertrag erforderliche Anzahl der) vertretungsberechtigten Gesellschafter,[127]

---

114 BAG, 21.02.2002 – 2 AZR 55/01, EzA § 4 n.F. KSchG Nr. 63; BGH, 16.05.1983 – VIII ZR 34/82, NJW 1983, 2448.
115 A.A. wohl LAG Hamm, 25.10.2000 – 4 Sa 1132/00.
116 LAG Köln, 12.08.1999 – 10 Sa 1304/98, NZA-RR 2000, 658.
117 LAG Berlin, 13.10.1998 – 3 Ta 16/98 u. 17/98.
118 § 26 Abs. 2 BGB.
119 § 78 AktG; ggf. nach § 85 AktG bestellter Notvorstand.
120 § 35 GmbHG.
121 § 46 Nr. 6 GmbHG.
122 § 52 Abs. 1 GmbHG i.V.m. § 112 AktG.
123 § 278 AktG.
124 §§ 24, 26 Abs. 2 GenG; u.U. mit dem Aufsichtsrat, § 51 Abs. 3 GenG.
125 § 125 HGB.
126 §§ 161 Abs. 1, 2, 170 HGB.
127 § 7 Abs. 2 PartGG i.V.m. § 125 HGB.

– Außen-GbR:[128] Name der Gesellschaft, vertreten durch die (vertretungsberechtigten) Gesellschafter, oder: GbR, bestehend aus den (namentlich bezeichneten) Gesellschaftern, ladungsfähige Anschrift der Gesellschaft oder eines vertretungsberechtigten Gesellschafters.[129]

b) Bestimmte Angabe des Gegenstandes und des Grundes des erhobenen Anspruchs sowie ein bestimmter Antrag

Dies ist erforderlich, weil hierdurch der Streitgegenstand bestimmt und die Entscheidungsbefugnis des Gerichts[130] abgegrenzt wird.[131] Die ungenügende Bestimmtheit des Klageantrags ist von Amts wegen zu beachten und führt zur Abweisung der Klage als unzulässig.[132] 78

Mit dem »Gegenstand« des »erhobenen Anspruchs« geht es um die Spezifizierung des Inhalts des Rechtsschutzbegehrens, wobei der Gegenstand bereits in dem notwendigen bestimmten Antrag bezeichnet ist.[133] Mit dem »erhobenen Anspruch« wird nicht der materiell-rechtliche Anspruch, sondern der prozessuale Anspruch, das mit der Klage geltend gemachte Rechtsschutzbegehren, angesprochen. Der »Grund« des erhobenen Anspruchs ist der tatsächliche Lebenssachverhalt, auf den der Kläger seinen prozessualen Anspruch gründet. Der Kläger muss einen den erhobenen Klageanspruch individualisierenden Sachverhalt angeben, der die Unterscheidung dieses Anspruchs von anderen ermöglicht. 79

Das Vorbringen in der Klageschrift muss nicht schlüssig sein, d.h., die vorgetragenen Tatsachen müssen nicht schon den Schluss auf die rechtliche Begründetheit des Anspruchs rechtfertigen. Wird mit der Klage ein **Teilbetrag** aus mehreren selbstständigen Zahlungsansprüchen begehrt, so erfordert die bestimmte Angabe des Gegenstands des erhobenen Anspruchs, dass entweder für alle Einzelansprüche die Teilbeträge genannt werden, die zusammen den Betrag des Klageantrages ausmachen, oder dass die einzelnen Ansprüche ebenfalls unter Bezifferung des aus jedem von ihnen geforderten Betrages in das Verhältnis von Haupt- und Hilfsanspruch *(bei mehreren Hilfsansprüchen unter Angabe der Reihenfolge)* gebracht werden. 80

Werden daher z.B. von mehreren Monatslöhnen oder Gehältern eines längeren Zeitraumes Teilbeträge eingeklagt, so muss die Klagesumme wegen des erläuterten Erfordernisses der bestimmten Angabe des Klagegegenstandes mit bestimmten Beträgen auf bestimmte Monate aufgeteilt werden,[134] es sei denn, es werden alle in Betracht kommenden restlichen Forderungen unter dem Gesichtspunkt der abschließenden Gesamtklage geltend gemacht.[135] 81

c) Bestimmter Antrag[136]

Der Klageantrag muss *(ggf. durch Auslegung anhand der Klagebegründung)* die Art der Klage und den Umfang des Rechtsschutzbegehrens erkennen lassen.[137] Er muss aus sich heraus oder durch Bezugnahme auf eine Anlage verständlich und so gefasst sein, dass er[138] vollstreckt werden kann. 82

---

128 Zur Parteifähigkeit: BGH, 29.01.2001 – II ZR 331/00, NJW 2001, 1056; BVerfG, 02.09.2002 – 1 BvR 1103/02, NJW 2002, 3533; BAG, 01.12.2004 – 5 AZR 597/03, NJW 2005, 1004 = NZA 2005, 318.
129 Wieser MDR 2001, 421 ff.; Wertenbruch NJW 2002, 324, 326; Müther MDR 2002, 987, 988; Kemke NJW 2002, 2218.
130 § 308 ZPO.
131 BAG, 17.05.2000 – 5 AZR 727/98.
132 BAG, 02.11.1961 – 5 AZR 148/60, AP Nr. 8 zu § 253 ZPO.
133 Schilken Rn 207.
134 BAG, 09.10.2002 – 5 AZR 160/01, EzA § 253 ZPO Nr. 23; BAG, 20.01.1960 – 4 AZR 501/57, AP Nr. 56 zu § 3 TOA; BAG, 08.07.1967 – 3 AZR 271/66, AP Nr. 5 zu § 529 ZPO.
135 BAG, 09.10.2002 – 5 AZR 160/01, EzA § 253 ZPO Nr. 23.
136 Einzelbeispiele unter Rdn. 141 ff.
137 Thomas/Putzo § 253 Rn 11.
138 Auch nach § 894 ZPO.

Inhalt und Umfang eines beantragten Unterlassungsgebots müssen eindeutig feststehen,[139] ebenso der Inhalt einer Willenserklärung.[140]

83 Zahlungsklagen sind zu beziffern. Ein unbezifferter Zahlungsantrag ist zulässig, wenn dem Kläger die Ermittlung der Höhe seines Anspruchs unmöglich oder unzumutbar ist. Dies ist der Fall, wenn der Betrag vom Gericht rechtsgestaltend zu bestimmen ist,[141] durch Beweisaufnahme oder durch gerichtliche Schätzung[142] oder nach billigem Ermessen[143] zu ermitteln ist.[144] Für die Zulässigkeit der Klage ist in allen diesen Fällen erforderlich, dass der Kläger dem Gericht durch Darlegung des anspruchsbegründenden Sachverhaltes die geeigneten tatsächlichen Unterlagen für die Bezifferung und die ungefähre Größenordnung des geltend gemachten Anspruchs evtl. unter Nennung eines Mindestbetrages auch außerhalb des Klageantrages angibt.

d) Unterschrift

84 Als bestimmender Schriftsatz muss die Klageschrift **eigenhändig** unterschrieben sein. Eine fehlende Unterzeichnung kann – im Hinblick auf die Klagefrist mit ex-nunc-Wirkung – nach § 295 Abs. 1 ZPO geheilt werden.[145] Die Unterschrift muss ein Schriftbild aufweisen, das individuell und einmalig ist, entsprechende charakteristische Merkmale hat und sich so als eine die Identität des Unterzeichnenden ausreichend kennzeichnende Unterschrift des Namens darstellen, die von Dritten nicht ohne Weiteres nachgeahmt werden kann. Hierbei ist nicht erforderlich, dass die Unterschrift lesbar ist oder auch nur einzelne Buchstaben zweifelsfrei erkennbar sind. Es genügt vielmehr, dass ein Dritter, der den Namen des Unterzeichnenden kennt, diesen Namen aus dem Schriftzug noch herauslesen kann.

85 Dabei dürfen an das Schriftbild keine überhöhten Anforderungen gestellt werden. Vereinfachungen, Undeutlichkeiten und Verstümmelungen schaden nicht, auch nicht Verschiedenartigkeit der Unterschriften, die natürlich ist.[146] Es muss sich aber vom äußeren Erscheinungsbild her um einen Schriftzug handeln, der erkennen lässt, dass der Unterzeichner seinen vollen Namen und nicht nur eine Abkürzung hat niederschreiben wollen. Die Unterschrift muss also sichtbar werden lassen, dass es sich um eine endgültige Erklärung und nicht nur um die Abzeichnung eines Entwurfs mit einer Paraphe handelt.[147] Eine Unterschrift setzt danach einen individuellen Schriftzug voraus, der sich – ohne lesbar sein zu müssen – als Wiedergabe eines Namens darstellt und die Absicht einer vollen Unterschriftsleistung erkennen lässt. Ein Schriftzug, der als bewusste und gewollte Namenskürzung erscheint (Handzeichen, Paraphe), stellt demgegenüber keine formgültige Unterschrift dar. Ob ein Schriftzug eine Unterschrift oder lediglich eine Abkürzung darstellt, beurteilt sich dabei nach dem äußeren Erscheinungsbild. In Anbetracht der Variationsbreite, die selbst Unterschriften ein und derselben Person aufweisen, ist insoweit ein großzügiger Maßstab anzulegen, wenn die Autorenschaft gesichert ist.[148]

86 In diesem Zusammenhang ist immer der **Grundsatz des fairen Verfahrens** zu beachten. Dieser wird als »allgemeines Prozessgrundrecht« aus Art. 2 Abs. 1 GG i.V.m. dem Rechtsstaatsprinzip abgeleitet. Daraus ergibt sich, dass ein Gericht seine bisherige, jahrelang geübte Beurteilung der in

---

139 BGH, 11.10.1990 – I ZR 35/89, NJW 1991, 1114.
140 BGH, 17.06.1994 – V ZR 34/92, NJW-RR 1994, 1272.
141 Z.B. § 315 Abs. 3 Satz 2 BGB, § 9 Abs. 1 Satz 1 und 2 KSchG.
142 § 287 ZPO.
143 § 847 BGB.
144 Thomas/Putzo § 253 Rn 12.
145 BAG, 26.06.1986 – 2 AZR 358/85, NJW 1986, 3224; bestätigt durch BAG, 06.06.1987 – 2 AZR 553/86, zu II 2 d und e der Gründe; offengelassen von BAG, 18.01.2012 – 7 AZR 211/09, Rn. 15, 20; BAG, 25.04.2013 – 6 AZR 49/12, Rn 80.
146 BGH, 24.07.2001 – VIII ZR 58/01, NJW 2001, 2888.
147 BAG, 27.03.1996 – 5 AZR 576/94, NZA 1996, 1115.
148 BAG 13.2.2008 – 2 AZR 864/06, NZA 2008, 1055 = EzA § 4 n.F. KSchG Nr. 83.

gleicher Weise geleisteten Unterschriften eines Prozessbevollmächtigten nicht abrupt ändern darf. Andernfalls bestünde für diesen keine Möglichkeit, sich auf die neue Verfahrenspraxis rechtzeitig einzustellen. Die Pflicht zur rechtsstaatlichen Verfahrensgestaltung fordert zwar grds. nicht, Parteien auf eine beabsichtigte Änderung der Rechtsprechung hinzuweisen. Es mangelt aber an gegenseitiger Rücksichtnahme, wenn das Gericht die Ordnungsmäßigkeit einer Unterschrift jahrelang positiv beurteilt, sodass der Anwalt auf ihre Wirksamkeit vertrauen kann, später aber dieser Boden der Gemeinsamkeit vom Gericht ohne jede Warnung verlassen wird. Dies gilt insb. dann, wenn die Änderung der Verfahrenspraxis zu dem Verlust eines Rechtsmittels führt.[149]

Das Unterschriftserfordernis gilt auch bei Einreichung der Klageschrift per **Telefax**.[150] Bei Einreichung von Schriftsätzen per Telefax oder **Telebrief** muss die Partei das tun, was technisch möglich ist, um die Anforderungen der eigenhändigen Unterschrift zu erfüllen. Der als Vorlage für die Telekopie dienende Schriftsatz muss die eigenhändige Unterschrift einer postulationsfähigen Person tragen. Diese muss auf der bei Gericht eingehenden Kopie wiedergegeben sein. Eine Paraphe genügt nicht. Die eigenhändige Unterschrift soll dem Nachweis dienen, dass der Schriftsatz von einer Person, die nach der maßgeblichen Prozessordnung befähigt und befugt ist, Prozesshandlungen vorzunehmen, in eigener Verantwortung vorgetragen wird. 87

Ein Telefax ist bei Gericht eingegangen, sobald die **Empfangssignale** vom Telefaxgerät des Gerichts **vollständig aufgezeichnet** worden sind,[151] wenn also auch die letzte Seite mit der Unterschrift noch bis 24 Uhr übermittelt worden ist. Ist die Klage danach um 24 Uhr nicht vollständig eingegangen, ist sie ggf. wie eine Klage ohne Unterschrift zu werten, bei der die Unterschrift nach Fristablauf nachgeholt worden ist *(zur Heilungsmöglichkeit in diesem Fall vgl. BAG, 06.08.1987 – 2 AZR 553/86, n.v.)*. 88

Achtung: Die Aufzeichnung der Empfangssignale ist nicht erst erfolgt, wenn die empfangene Datei ausgedruckt worden ist. Das wird häufig übersehen. Es kommt darauf an, wann die Datei *(Empfangssignale)* im Empfangsgerät des Gerichts eingegangen ist. Es kann also nicht darauf abgestellt werden, wann die letzte Seite ausgedruckt worden ist, auf der die Unterschrift steht. I.d.R. wird die die letzte Seite beinhaltende Datei zu einem wesentlich früheren Zeitpunkt am Empfangsgerät angekommen sein. Wenn das BAG[152] z.B. darauf abstellt, dass zum Zeitpunkt des Fristablaufs um Null Uhr erst 66 von 100 Seiten der Berufungsbegründung *(und damit nicht die Unterschrift)* ausgedruckt gewesen seien, kann es hierauf nur angekommen sein, wenn nicht bereits die Datei mit sämtlichen Seiten im Empfangsgerät des Gerichts eingegangen war. 89

Ein bestimmender Schriftsatz kann auch durch elektronische Übertragung einer Textdatei auf ein Faxgerät des Gerichts *(sog. Computerfax)* eingereicht werden. In diesem Fall reicht es i.d.R. aus, wenn die Datei mit einer eingescannten Unterschrift versehen ist.[153] Auch bei der von der Rechtsprechung gebilligten und zum Gewohnheitsrecht erstarkten Übung der telefonischen Telegrammaufgabe existiert keine vom Absender unterschriebene Urschrift. Maßgeblich für die Beurteilung der Wirksamkeit des elektronisch übermittelten Schriftsatzes ist nicht eine etwa beim Absender vorhandene Kopiervorlage oder eine nur im Textverarbeitungs-PC befindliche Datei, sondern allein die auf seine Veranlassung am Empfangsort *(Gericht)* erstellte körperliche Urkunde. 90

Zu weitergehenden Möglichkeiten der Einreichung **elektronischer Dokumente** bei bestehendem Schriftformerfordernis s. **§ 46c**. 91

---

149 BVerfG, 07.10.1996 – 1 BvR 1183/95; BAG, 18.06.1997 – 4 AZR 710/95, NZA 1997, 1234.
150 BAG, 27.03.1996 – 5 AZR 675/94, NZA 1996, 1115 – entgegen den Bedenken des BFH, 29.11.1995 – X B 56/95, NJW 1996, 1432.
151 BAG, 19.01.1999 – 9 AZR 679/97; BVerfG, 01.08.1996 – 1 BvR 121/95, NJW 1996, 2857 = NZA 1996, 1173.
152 BAG, 27.06.2002 – 2 AZR 427/01, NZA 2003, 573.
153 GmSOGB, 05.04.2000 – GmS OGB 1/98, NZA 2000, 959.

e) Hinweis zum Mediationsverfahren

92 § 253 Abs. 3 ZPO sieht nun unter Nr. 1 auch vor, dass die Klageschrift die Angabe enthalten soll, ob der Klageerhebung der Versuch einer Mediation oder eines anderen Verfahrens der außergerichtlichen Konfliktbeilegung vorausgegangen ist, sowie eine Äußerung dazu, ob einem solchen Verfahren Gründe entgegenstehen (s. dazu die Kommentierung zu §§ 54 Abs. 6, 54a ArbGG). Das Unterbleiben einer solchen Angabe führt nicht zur Unwirksamkeit der Klage. Sie ist – anders als z.B. bei fehlender Unterschrift – auch ohne einen solchen Hinweis zuzustellen. Es handelt sich um einen erwünschten Inhalt der Klageschrift. Zum Teil wird die Ansicht vertreten, dass sich die fehlende Angabe auf die Vorwirkung des § 167 ZPO auswirken soll. Auch dafür ergeben sich aus dem Gesetz aber keinerlei Anhaltspunkte. Daher ist z.B. die Frist des § 4 KSchG unabhängig von der Angabe zum vorgerichtlichen Versuch einer außergerichtlichen Konfliktbeilegung gewahrt.

3. Wirkung der Klageerhebung

93 Durch die Erhebung der Klage wird nach § 261 Abs. 1 ZPO die **Rechtshängigkeit** begründet. Die Rechtshängigkeit eines erst im Laufe des Prozesses erhobenen Anspruchs tritt mit dem Zeitpunkt ein, in dem der Anspruch in der mündlichen Verhandlung geltend gemacht oder ein den Erfordernissen des § 253 Abs. 2 Nr. 2 ZPO entsprechender Schriftsatz zugestellt wird. Mit der Rechtshängigkeit sind folgende Wirkungen verbunden:
– Während der Dauer der Rechtshängigkeit kann die Streitsache von keiner Partei anderweitig anhängig gemacht werden.[154]
– Die Zuständigkeit des Prozessgerichts wird durch eine Veränderung der sie begründenden Umstände nicht berührt.[155]
– Die Rechtshängigkeit schließt das Recht der einen oder der anderen Partei nicht aus, die in Streit befangene Sache zu veräußern oder den geltend gemachten Anspruch abzutreten.[156] Die Veräußerung oder Abtretung hat auf den Prozess keinen Einfluss.[157]
– Eine Klageänderung ist nur zulässig, wenn der Beklagte einwilligt oder das Gericht sie für sachdienlich erachtet.[158]

4. Mehrheit von Klagen

a) Subjektive Klagenhäufung

94 Treten in einem Rechtsstreit entweder mehr als ein Kläger oder mehr als ein Beklagter auf, so liegt eine **Streitgenossenschaft** *(subjektive Klagenhäufung)* vor. Es bestehen dann mehrere Prozessrechtsverhältnisse und Prozesse, die in einem Verfahren zu gemeinsamer Verhandlung, Beweisaufnahme und Entscheidung verbunden sind.[159]

95 Mehrere Personen können als Streitgenossen gemeinschaftlich klagen oder verklagt werden, wenn
– sie hinsichtlich des Streitgegenstandes in Rechtsgemeinschaft stehen oder wenn sie aus demselben tatsächlichen oder rechtlichen Grunde berechtigt oder verpflichtet sind,[160] oder
– gleichartige und auf einem im Wesentlichen gleichartigen tatsächlichen und rechtlichen Grunde beruhende Ansprüche oder Verpflichtungen den Gegenstand des Rechtsstreits bilden.[161]

96 Die **Zulässigkeit der Streitgenossenschaft** ist zu trennen von der Zulässigkeit der Klage. Die Sachurteilsvoraussetzungen müssen hinsichtlich eines jeden Prozessrechtsverhältnisses vorliegen. Fehlt

---

154 § 261 Abs. 3 Nr. 1 ZPO.
155 § 261 Abs. 3 Nr. 2 ZPO.
156 § 265 Abs. 1 ZPO.
157 § 265 Abs. 2 Satz 1 ZPO.
158 § 263 ZPO.
159 Thomas/Putzo Vorbem. § 59 Rn 1.
160 § 59 ZPO.
161 § 60 ZPO.

es daran, ist die Klage insoweit als unzulässig abzuweisen.[162] Streitgenossen stehen, soweit nicht aus den Vorschriften des bürgerlichen Rechts oder der ZPO sich ein anderes ergibt, dem Gegner dergestalt als einzelne ggü., dass die Handlungen des einen Streitgenossen dem anderen weder zum Vorteil noch zum Nachteil gereichen.[163] Daher wirken Prozesshandlungen nur für den Prozess, in dem sie erklärt werden, nicht im Prozess des anderen Streitgenossen. Sind sie vom Gegner erklärt, wirken sie im Zweifel aber für alle verbundenen Prozesse. Zeuge kann ein Streitgenosse nur für Tatsachen sein, die nicht seinen eigenen Prozess, sondern ausschließlich den eines Streitgenossen betreffen.[164] Tatsachenvorbringen eines Streitgenossen gilt grds. auch in den Prozessen der anderen, sofern nicht der vortragende oder der betroffene Streitgenosse die Geltung ausdrücklich verneint. Jeder Streitgenosse kann vom anderen im Tatsachenvortrag abweichen.[165]

Die **subjektive Klagenhäufung** kann im Arbeitsrecht beim sog. **einheitlichen Arbeitsverhältnis** geboten sein.[166] Beim **einheitlichen Betrieb** mehrerer Unternehmen besteht hingegen das Arbeitsverhältnis i.d.R. nur zu einem Arbeitgeber. 97

Eine **eventuelle** subjektive Klagenhäufung ist unzulässig, wenngleich die Frist nach §§ 4 Satz 1, 13 Abs. 1 Satz 2 KSchG auch durch eine hilfsweise gegen den richtigen Arbeitgeber erhobene Kündigungsschutzklage gewahrt wird.[167] 98

b) Objektive Klagenhäufung

Unter einer **Anspruchshäufung** *(objektive Klagenhäufung)* wird die Geltendmachung mehrerer prozessualer Ansprüche zwischen den nämlichen Parteien in einem Verfahren, also die Mehrheit von Streitgegenständen bei Einheit des Verfahrens, verstanden. Mehrere Ansprüche des Klägers gegen denselben Beklagten können, auch wenn sie auf verschiedenen Gründen beruhen, in einer Klage verbunden werden, wenn für sämtliche Ansprüche das Prozessgericht zuständig und dieselbe Prozessart zulässig ist.[168] Mehrere Klagebegehren können gleichberechtigt nebeneinanderstehen *(z.B. Urlaubsgeld und Monatslohn)*, sie können aber auch in einem Verhältnis von Haupt- und Hilfsantrag stehen. 99

Die **Stufenklage**[169] ist ein Sonderfall der objektiven Klagenhäufung. Bei ihr wird die Klage auf Rechnungslegung oder auf Abgabe einer eidesstattlichen Versicherung verbunden mit der Klage auf Herausgabe bzw. Zahlung desjenigen, was der Beklagte aus dem zugrunde liegenden Rechtsverhältnis schuldet. Bei der Stufenklage kann nach § 254 ZPO mit der bestimmten Angabe der Leistung gewartet werden, bis die Rechnung mitgeteilt oder die eidesstattliche Versicherung abgegeben ist. Ist die Klage unzulässig oder unbegründet, kann sie in vollem Umfang *(auch der noch unbezifferte Zahlungsanspruch)* abgewiesen werden. Andernfalls ist sukzessiv über jede Stufe zu verhandeln. Die sachliche Entscheidung über eine spätere Stufe, auch dem Grunde nach und auch bei Säumnis des Beklagten, ist grds. unzulässig, solange nicht die vorhergehende Stufe – meist durch Teilurteil – erledigt ist.[170] 100

---

162 Ascheid Rn 792.
163 § 61 ZPO.
164 Thomas/Putzo § 61 Rn 7.
165 Thomas/Putzo § 61 Rn 11.
166 BAG, 27.03.1981 – 7 AZR 523/78, NJW 1984, 1703; offen gelassen in BAG, 21.01.1999 – 2 AZR 648/97, NZA 1999, 539; ablehnend Schwerdtner ZIP 1982, 900.
167 BAG, 31.03.1993 – 2 AZR 467/92, NZA 1994, 237 = NJW 1994, 1084.
168 § 260 ZPO.
169 § 254 ZPO.
170 Thomas/Putzo § 254 Rn 5 f.

II. Sachurteilsvoraussetzungen

101 Sachurteilsvoraussetzungen sind diejenigen Bedingungen, die in sachlicher, persönlicher und formeller Hinsicht erfüllt sein müssen, damit das Gericht sachlich über das Klagebegehren verhandeln und entscheiden kann. Sie sind in jeder Lage des Verfahrens von Amts wegen zu prüfen; für den Erlass des Sachurteils kommt es auf ihr Vorliegen z.Zt. des **Schlusses der mündlichen Verhandlung** an. Dazu sind dem Gericht durch den Kläger die erforderlichen Tatsachen darzulegen und ggf. zu beweisen.[171] Bei Fehlen einer Voraussetzung ist die Klage ohne Rücksicht auf ihre sachliche Begründetheit durch Prozessurteil als unzulässig abzuweisen; hierbei erwächst das abweisende **Prozessurteil** nicht auch hinsichtlich des Streitgegenstandes in Rechtskraft.

102 Nach herrschender Meinung hat die Prüfung der Sachurteilsvoraussetzungen Vorrang vor der Prüfung der Begründetheit, während nach anderer Ansicht die Sachurteilsvoraussetzungen nur gleichwertige Teilbereiche der »Klageerfolgsvoraussetzungen« sind und deshalb eine Feststellung der Sachurteilsvoraussetzungen dort entbehrlich ist, wo die sachliche Aussichtslosigkeit eines Klagebegehrens oder eines Rechtsmittels offensichtlich ist.[172] Zumindest im Hinblick auf die Rechtswegzuständigkeit hat das BAG für sog. sic-non-Fälle[173] unmittelbar eine abweisende Sachentscheidung zugelassen,[174] die bei Berücksichtigung des Vorrangs der Rechtswegprüfung[175] nicht zulässig gewesen wäre. Die Rechtsprechung geht schon wegen der Auswirkungen auf die Rechtskraft von einem absoluten Vorrang der Zulässigkeits- vor der Begründetheitsprüfung aus.[176] Von dieser prozessual vorrangigen Feststellung kann auch bei der gewillkürten Prozessstandschaft nicht aus Gründen der Verfahrensökonomie abgesehen werden.[177]

103 Zu den **Sachurteilsvoraussetzungen** werden gezählt:
– Ordnungsgemäßheit der Klageerhebung;
– Wirksamkeit der Klageerhebung;[178]

104 – **deutsche Gerichtsbarkeit**:[179] Nach dem **Territorialitätsgrundsatz** sind alle Personen auf deutschem Staatsgebiet der deutschen Gerichtsbarkeit unterworfen, also Inländer wie Ausländer in gleicher Weise. Die §§ 18 bis 20 GVG regeln personelle und sachbezogene Ausnahmen, die sich aus dem Völkerrecht ergeben. Nach § 18 GVG sind die Mitglieder der im Geltungsbereich des Gesetzes errichteten diplomatischen Missionen, ihre Familienmitglieder und ihre privaten Hausangestellten nach Maßgabe des Wiener Übereinkommens über diplomatische Beziehungen – WÜD – vom 18. April 1961 (BGBl. 1964 II S. 957 ff.) von der deutschen Gerichtsbarkeit befreit.[180] Für manche Personen bestehen also aufgrund völkerrechtlicher Regeln Ausnahmen von der deutschen Gerichtsbarkeit, sog. **Exemtionen**, namentlich nach §§ 18, 19 GVG i.V.m. dem Wiener Übereinkommen über **diplomatische Beziehungen** vom 18.04.1961[181] bzw. dem

---

171 BAG, 12.12.2002 – 8 AZR 94/02, NZA 2003, 968 und BAG, 12.12.2002 – 8 AZR 497/01, EzBAT § 8 BAT Fürsorgepflicht Nr. 41.
172 Vgl. zum Streitstand Zöller/Greger Vor § 253 Rn 10.
173 Vgl. § 2 Rdn. 9.
174 BAG, 24.04.1996 – 5 AZB 25/95, NJW 1996, 2948 = NZA 1996, 1005; BAG, 09.10.1996 – 5 AZB 18/96, NJW 1997, 542 = NZA 1997, 175; aber nicht betreffend Rechtswegzuständigkeit für Streitgegenstände einer Zusammenhangsklage; BVerfG, 31.08.1999 – 1 BvR 1389/97, NZA 1999, 1234.
175 So noch BAG, 30.08.1993 – 2 AZB 6/93, NJW 1994, 604 = NZA 1994, 141; BAG, 28.10.1993 – 2 AZB 12/93, NZA 1994, 234.
176 BGH, 19.06.2000 – II ZR 319/98, Rn 21; zur Prozessfähigkeit BAG, 26.08.1988 – 7 AZR 746/87, Rn 25.
177 BGH, 10.11.1999 – VIII ZR 78/98, Rn 19.
178 Gewillkürte Bevollmächtigung nach §§ 78 ff. ZPO i.V.m. § 11; Postulationsfähigkeit nach § 11 Abs. 2 und 3.
179 §§ 18 bis 20 GVG.
180 BAG, 22.08.2012 – 5 AZR 949/11, Rn. 8.
181 BGBl. 1964 II, S. 957 ff.

Wiener Übereinkommen über **konsularische Beziehungen** vom 24.04.1963.[182] Diese Regelungen sind inzwischen nicht mehr unumstritten.[183] Für die nach Art. 56 Abs. 8 NATO-Zusatzabkommen gegen die BRD als Prozessstandschafterin des Entsendestaates erhobene Klage ist die deutsche Gerichtsbarkeit gegeben. Dies ist nicht der Fall bei Streitigkeiten aus Beschäftigungsverhältnissen, die durch einseitigen Hoheitsakt nach dem Dienstrecht des Entsendestaates begründet worden sind.[184] Nach § 20 Abs. 2 GVG i.V.m. dem Allgemeinen Völkergewohnheitsrecht als Bestandteil des Bundesrechts (Art. 25 GG) sind Staaten der Gerichtsbarkeit anderer Staaten insoweit nicht unterworfen, wie ihre hoheitliche Tätigkeit von einem Rechtsstreit betroffen ist. Es ist mit dem Prinzip der souveränen Gleichheit von Staaten und dem daraus abgeleiteten Rechtsprinzip, dass Staaten nicht übereinander zu Gericht sitzen, nicht zu vereinbaren, dass ein deutsches Gericht hoheitliches Handeln eines anderen Staates rechtlich überprüft.[185]

– Zulässigkeit des Rechtswegs;[186]
– örtliche Zuständigkeit;[187]
– **internationale Zuständigkeit:** Eine ausdrückliche Regelung der internationalen Zuständigkeit enthält die ZPO nicht. Ist ein deutsches Gericht jedoch nach §§ 12 ff. ZPO örtlich zuständig, so ist es im Regelfall auch international im Verhältnis zu den ausländischen Gerichten zuständig.[188] Die internationale Zuständigkeit richtet sich im Übrigen nach der Verordnung (EG) Nr. 44/2001 des Rates vom 22. Dezember 2000 über die gerichtliche Zuständigkeit und die Anerkennung und Vollstreckung von Entscheidungen in Zivil- und Handelssachen (EuGVVO). Nach Art. 19 Nr. 1 EuGVVO kann ein Arbeitgeber vom Arbeitnehmer vor den Gerichten des Mitgliedstaats verklagt werden, in dem der Arbeitgeber seinen Wohnsitz hat. Gesellschaften und juristische Personen haben ihren Wohnsitz an dem Ort, an dem sich ihr satzungsmäßiger Sitz, ihre Hauptverwaltung oder ihre Hauptniederlassung befindet (Art. 60 Abs. 1 EuGVVO). Hat der Arbeitgeber im Hoheitsgebiet eines Mitgliedstaats keinen Wohnsitz, besitzt er aber in einem Mitgliedstaat etwa eine Niederlassung, so wird er für Streitigkeiten aus ihrem Betrieb so behandelt, wie wenn er seinen Wohnsitz im Hoheitsgebiet dieses Mitgliedstaats hätte (Art. 18 Abs. 2 EuGVVO). Streiten die Parteien eines Rechtsstreits über einen Arbeitsvertrag, den die Botschaft im Namen des Entsendestaats geschlossen hat, handelt es sich bei der Botschaft um eine »Niederlassung« i.S.v. Art. 18 Abs. 2 EuGVVO, wenn die vom Arbeitnehmer verrichteten Aufgaben nicht unter die Ausübung hoheitlicher Befugnisse fallen.[189] Eine Gerichtsstandsvereinbarung ist an Art. 23 Abs. 5 EuGVVO zu messen. Eine Gerichtsstandsvereinbarung läuft i.S.v. Art. 23 Abs. 5 EuGVVO den Regelungen in Art. 21 EuGVVO zuwider, wenn sie von Vorschriften des 5. Abschnitts der EuGVVO abweicht und nicht nach Entstehung des Rechtsstreits getroffen worden ist (Art. 21 Nr. 1 EuGVVO) oder nicht die Befugnis einräumt, andere als im 5. Abschnitt angeführte Gerichte anzurufen (Art. 21 Nr. 2 EuGVVO). Diese Befugnis ist dahin zu verstehen, dass sie Gerichtsstände begründen muss, die zu den in Art. 18 und Art. 19 der EuGVVO vorgesehenen Gerichtsständen noch hinzukommen. Eine vor Entstehung der Streitigkeit getroffene Gerichtsstandsvereinbarung darf für einen Arbeitnehmer nicht den

---

182 BGBl. 1969 II, S. 1585 ff.
183 Ausführlich zum Problemkreis unter Darstellung der Rspr. insbes. des BVerfG: LAG Berlin-Brandenburg, 09.11.2011 – 17 Sa 1468/11, im Ergebnis bestätigt durch BAG, 22.08. 2012 – 5 AZR 949/11, Rn. 8, zu einem Diplomaten, der eine Mitarbeiterin in ausbeuterischer Weise beschäftigt, körperlich misshandelt und erniedrigt haben soll (u.a. durfte sie den Haushalt angeblich nicht verlassen und soll zur Arbeitsleistung an sieben Tagen in der Woche mit Arbeitszeiten von bis zu zwanzig Stunden am Tag angehalten worden sein).
184 BAG, 30.11.1984 – 7 AZR 499/83, AP Nr. 6 zu Art. 56 ZA-NATO-Truppenstatut; KR/Weigand Art. 56 NATO-Zusatzabkommen Rn 48 f.
185 BAG, 25. 04.2013 – 2 AZR 960/11, Rn. 13.
186 §§ 2, 3, 48 i.V.m. §§ 17 bis 17b GVG.
187 §§ 12 ff. ZPO, § 48 Abs. 2.
188 BAG, 26.02.1985 – 3 AZR 1/83, NJW 1985, 2910 = NZA 1985, 635.
189 EuGH, 19.07. 2012 – C-154/11 – [Mahamdia]; BAG 10. April 2014 – 2 AZR 741/13, Rn. 24.

Ausschluss der in der EuGVVO vorgesehenen Gerichtsstände bewirken, sondern kann lediglich die Befugnis begründen oder erweitern, unter mehreren zuständigen Gerichten zu wählen.[190] Wegen der weiteren Einzelheiten s. § 48 sowie KR/Weigand, Internationales Arbeitsrecht, Rn 130 bis 142, und zu der Frage, welche Normen im Falle der internationalen Zuständigkeit deutscher Gerichte Anwendung finden, siehe den Vorlagebeschluss des BAG vom 25. Februar 2015 (– 5 AZR 962/13 [A], Rn 2).

106 – **Parteifähigkeit:**[191] Parteifähig ist zunächst, wer rechtsfähig ist, § 50 ZPO. Rechtsfähig sind insb. natürliche und juristische Personen des Privatrechts *(AG, GmbH, eingetragene Vereine, Stiftungen, eingetragene Genossenschaften)* wie des öffentlichen Rechts *(Körperschaften, Stiftungen, Anstalten)*, aber auch die Vor-GmbH als Vorform einer juristischen Person.[192] Parteifähig sind auch Personengesellschaften, wenn das Gesetz dieses ausdrücklich anordnet, wie z.B. bei der OHG in § 124 Abs. 1 HGB.

107 Auch die **GbR** ist rechts- und parteifähig, soweit sie als Teilnehmerin am Rechtsverkehr eigene vertragliche Rechte und Pflichten begründet.[193] Insoweit kann sie also klagen und verklagt werden. Es ist nicht erforderlich, die einzelnen Gesellschafter zu verklagen. Bei Zahlungsklagen führt das dazu, dass mit einem Titel gegen die GbR in das Gesellschaftsvermögen vollstreckt werden kann. Soll in das Vermögen der daneben i.d.R. unbeschränkt haftenden Gesellschafter vollstreckt werden, reicht der Titel gegen die Gesellschaft nicht aus. Um eine Vollstreckung in das Privatvermögen der Gesellschafter durchführen zu können, müssen daher weiterhin die Gesellschafter verklagt werden. Es ist also zu empfehlen, sowohl die Gesellschaft als auch die Gesellschafter zu verklagen, wenn Zweifel an der Liquidität der Gesellschaft bestehen. Das ist zudem deshalb zu empfehlen, weil der BGH[194] § 736 ZPO auch weiterhin so versteht, dass aus einem Titel gegen alle Gesellschafter in das Gesellschaftsvermögen vollstreckt werden kann.

108 Ein **Rechtsschutzbedürfnis** für die Klage gegen die GbR wird man aber wohl noch damit begründen können, dass zwischenzeitlich ein Gesellschafterwechsel eintritt, eine Vollstreckung in das Gesellschaftsvermögen dann aber einen Titel gegen alle Gesellschafter verlangt. Kündigungsschutzklagen müssen nun nicht mehr gegen alle Gesellschafter erhoben werden. Eine Klage gegen die Gesellschaft ist ausreichend. Auch die Gesellschafter sind im Fall einer späteren Zahlungsklage wegen Verzugslohns an die Entscheidung gebunden. Bei Klagen gegen die Gesellschaft kann an einen geschäftsführenden Gesellschafter zugestellt werden. Ungeklärt ist die Frage, wie konkret sich aus der Firma ergeben muss, wer Gesellschafter ist. Parteifähig ist auch der nicht rechtsfähige Verein, soweit er verklagt wird, § 50 Abs. 2 ZPO.

109 Für das arbeitsgerichtliche Verfahren erstreckt § 10 ArbGG die Parteifähigkeit außerdem auf:
– **Gewerkschaften** und deren selbstständige tariffähige Ortsvereine,
– **Vereinigungen von** Hausgewerbetreibenden,
– **Vereinigungen von Arbeitgebern**, die sich zur Wahrung und Förderung der Arbeits- und Wirtschaftsbedingungen gebildet haben,
– **Spitzenverbände,**
– die **oberste Arbeitsbehörde des Bundes oder eines Landes** in Verfahren, in den über die Tariffähigkeit und die Tarifzuständigkeit einer Vereinigung oder über die Wirksamkeit einer Allgemeinverbindlicherklärung nach § 5 des Tarifvertragsgesetzes, einer Rechtsverordnung nach § 7 oder § 7a des Arbeitnehmer-Entsendegesetzes und einer Rechtsverordnung nach § 3a des Arbeitnehmerüberlassungsgesetzes gestritten wird.

---

190 EuGH, 19.07.2012 – C-154/11, [Mahamdia] Rn 62; BAG, 10.04.2014 – 2 AZR 741/13, Rn 28.
191 §§ 50, 56 ZPO.
192 BGH, 28.11.1997 – V ZR 178/96, NJW 1998, 1079.
193 BGH, 29.01.2001 – II ZR 331/00, NJW 2001, 1056 und Urteilsanmerkung von K. Schmidt in NJW 2001, 993; weitere Nachweise s. unter Rdn. 77.
194 BGH, 29.01.2001 – II ZR 331/00, NJW 2001, 1056.

Betriebsräte sind demgegenüber im Urteilsverfahren **nicht** parteifähig, wie sich aus einem Umkehrschluss aus § 10 ArbGG ergibt.

110

Die Parteifähigkeit **natürlicher Personen** entsteht i.d.R. mit ihrer **Geburt** und endet mit ihrem **Tod**. Die Parteifähigkeit **juristischer Personen** entfällt grds. mit deren **endgültiger Beendigung**. Diese tritt nicht bereits mit der Auflösung ein und auch nicht mit der Vermögenslosigkeit der Gesellschaft, sondern erst nach deren Löschung.[195] Es gibt einige **Besonderheiten**: Die Parteifähigkeit einer beklagten juristischen Person, die während des Rechtsstreits liquidiert worden, vermögenslos und im Handelsregister gelöscht worden ist, dauert bis zum Ende des Prozesses fort, in dem nicht Zahlung verlangt wird, sondern ein Klagebegehren vorliegt, für das ein schutzwertes Interesse auch dann besteht, wenn davon ausgegangen wird, dass die juristische Person vermögenslos ist. Das gilt z.B. für Zeugnisanspruch und Kündigungsschutzklage.[196]

111

Für den Streit um die Frage, ob eine juristische Person partei- und prozessfähig ist, wird sie als parteifähig behandelt.[197]

Die **Partnerschaftsgesellschaft** nach dem Partnerschaftsgesellschaftsgesetz (Gesetz über Partnerschaftsgesellschaften Angehöriger Freier Berufe vom 25.07.1994 – BGBl I 1994, S. 1744) ist parteifähig. Sie kann unter ihrem Namen vor Gericht klagen und verklagt werden (§ 7 Abs. 2 PartGG i.V.m. § 124 HGB). Richtige Partei für eine Kündigungsschutzklage gegen eine Partnerschaftsgesellschaft ist deshalb die Gesellschaft selbst und sind nicht deren Gesellschafter. Wie etwa bei der GbR[198] ist bei einer Klage gegen eine Partnerschaftsgesellschaft nach dem Partnerschaftsgesellschaftsgesetz stets vorrangig zu prüfen, ob eine Klage gegen die Gesellschafter nicht in Wahrheit gegen die Gesellschaft selbst gerichtet sein soll.[199]

Nimmt ein Gläubiger einer juristischen Person an, dass noch Vermögen vorhanden ist, kann er die Löschung im Handelsregister durch einen **Löschungswiderspruch** zunächst verhindern, der beim zuständigen Registergericht einzureichen ist. Der Verlust der Parteifähigkeit während des Verfahrens führt zu dessen Unterbrechung, § 239 ZPO.

112

– **Prozessfähigkeit**:[200] Prozessfähig ist, wer sich durch Verträge verpflichten kann, § 52 ZPO. Prozessunfähig sind z.B. alle juristischen Personen und parteifähige Personengesamtheiten. Nur Prozessfähige können wirksam Prozesshandlungen vornehmen. Prozessunfähige müssen sich durch ihren **gesetzlichen Vertreter** vertreten lassen. **Betreute** werden hinsichtlich des Aufgabenkreises, für den die Betreuung angeordnet worden ist, durch den Betreuer gesetzlich vertreten, § 1902 BGB. Bei einer Person im geschäftsfähigen Alter ist von Prozessfähigkeit auszugehen, solange dieser Anschein nicht erschüttert ist. Für den Streit über die Prozessfähigkeit ist die Partei als prozessfähig zu behandeln.

113

Prozessführungsbefugnis: Prozessführungsbefugnis ist die Befugnis, über das behauptete Recht einen Prozess als die richtige Partei im eigenen Namen zu führen, ohne dass eine eigene materiell-rechtliche Beziehung zum Streitgegenstand vorzuliegen braucht. Problematisch wird das immer dann, wenn fremde Rechte im eigenen Namen eingeklagt werden. Im arbeitsgerichtlichen Verfahren ist das i.d.R. bei Ansprüchen der Fall, die auf einen Sozialversicherungsträger *(SV)* nach § 115 SGB X übergegangen sind. Geschieht dies während des Verfahrens, kann der Prozess in Prozessstandschaft fortgeführt werden, § 265 Abs. 2 ZPO, es muss aber der Antrag auf Leistung an die BA bzw. den SV umgestellt werden. Nicht selten fordern Arbeitsagenturen Arbeitnehmer auf, die aufgrund des Antrags auf Insolvenzausfallgeld auf die BA übergegangenen Ansprüche

114

---

195 Str.; bejahend: BAG, 22.03.1988 – 3 AZR 350/86, NZA 1988, 841, auch zum Streitstand zur Möglichkeit des Wegfalls der Parteifähigkeit während eines Rechtsstreits.
196 BAG, 09.07.1981 – 2 AZR 329/79, NJW 1982, 1831.
197 BAG, 22.03.1988 – 3 AZR 350/86, NZA 1988, 841.
198 Vgl. dazu BGH, 15.01.2003 – XII ZR 300/99, BB 2003, 438.
199 BAG, 01.03.2007 – 2 AZR 525/05, AP § 4 KSchG 1969 Nr. 60 = NZA 2007, 1013 = NJW 2007, 2877.
200 §§ 51 bis 56 ZPO.

gerichtlich geltend zu machen. Voraussetzung für eine gewillkürte Prozessstandschaft ist aber neben der Ermächtigung durch die BA regelmäßig ein **eigenes schutzwürdiges rechtliches Interesse** des Arbeitnehmers, das Recht der BA geltend zu machen. Ein solches Interesse kann nicht durchgängig mit der Begründung bejaht werden, es handele sich um die ursprünglich eigenen Ansprüche des Arbeitnehmers. Nachdem das Insolvenzausfallgeld gezahlt worden ist und eine Rückerstattungspflicht nicht besteht, berührt es seine Interessen z.B. nicht mehr, ob und ggf. inwieweit die auf den Leistungsträger übergegangenen Ansprüche geltend gemacht werden.[201] In der zitierten Entscheidung hat der BGH mit vergleichbaren und weiteren Argumenten ein schutzwürdiges Interesse für den Fall abgelehnt, dass ein Sozialhilfeträger auf ihn übergegangene Unterhaltsansprüche durch die Sozialhilfeempfänger einziehen lässt. Unproblematisch ist auch eine **Inkassozession** nicht, bei der der Arbeitnehmer Inhaber des Vollrechts werden soll. Für den Fall der vorgesehenen Rückübertragung übergegangener Unterhaltsansprüche hat der BGH die Wirksamkeit einer solchen Abtretung u.a. im Hinblick auf die sich daraus für den Hilfeempfänger ergebenden Risiken und die Übertragung der Kostenlast abgelehnt.[202]

115 Ein eigenes schutzwürdiges rechtliches Interesse hat das BAG[203] aber bejaht im Fall der sog. **Gleichwohlgewährung von Arbeitslosengeld**. Das erforderliche schutzwürdige Interesse der AN wird damit begründet, dass sie aufgrund der Erstattung an die Bundesagentur länger oder eher wieder Arbeitslosengeld beziehen können. Der Bezug von Arbeitslosengeld nach § 143 Abs. 3 Satz 1 SGB III mindert nach § 128 Abs. 1 Nr. 1 SGB III die Anspruchsdauer des insgesamt zu gewährenden Arbeitslosengeldes, weil der Anspruch insoweit erfüllt worden ist. Die Nachzahlung des AG wirkt nicht auf den Zahlungszeitpunkt der Gleichwohlgewährung zurück. Die Minderung entfällt aber aus Billigkeitsgründen in dem Umfang, in dem die Bundesagentur für Arbeit Zahlungen des AG erhält. Die Bundesagentur ist jedoch nicht verpflichtet, die nach § 115 Abs. 1 SGB X übergegangene Vergütungsforderung gegenüber dem AG geltend zu machen.

116 Mit **Eröffnung des Insolvenzverfahrens** verliert der Schuldner grds. auch die Prozessführungsbefugnis in Bezug auf das insolvenzbefangene Vermögen. Nach § 80 Abs. 1 InsO geht durch die Eröffnung des Insolvenzverfahrens das **Recht des Insolvenzschuldners**, das zur Insolvenzmasse gehörende Vermögen zu verwalten und über es zu verfügen, auf den Insolvenzverwalter über. Der Insolvenzschuldner bleibt aber im Fall eines gegen § 240 ZPO verstoßenden Urteils noch prozessführungsbefugt und berechtigt, das gegen § 240 ZPO verstoßende Urteil zu beseitigen. Er hat – ebenso wie der Insolvenzverwalter nach § 80 Abs. 1 InsO – auch das Recht, einen Anwalt mit der Rechtsmitteleinlegung zu beauftragen und diesem eine entsprechende Prozessvollmacht zu erteilen.[204] In der **Verbraucherinsolvenz** verbleibt die Entscheidung über eine Klage gegen eine Arbeitgeberkündigung und die Prozessführungsbefugnis beim Insolvenzschuldner.[205] Alleine dieser ist berechtigt, darüber zu entscheiden, ob und unter welchen Bedingungen er sein Arbeitsverhältnis nach einer Kündigung im Wege des Vergleichs endet. Eine Zustimmung des Treuhänders ist – auch wenn er die Funktion des Insolvenzverwalters nach § 313 Abs. 1 InsO in der bis 30. Juni 2014 geltenden Fassung innehatte – zu einem solchen Vergleichsschluss für die Wirksamkeit des Vergleichs nicht erforderlich.[206]

117 – **Postulationsfähigkeit**: Siehe dazu die Kommentierung zu § 11 ArbGG und den Überblick zur Neuregelung seit dem 1. August 2008 bei Düwell in jurisPR ArbR 25/2008 Anm. 6.

118 Die **Parteien** können vor dem LAG ausnahmsweise solche Prozesshandlungen **selbst vornehmen**, die zu Protokoll der Geschäftsstelle erklärt werden können. Das sind z.B.:
– Ablehnungsgesuche wegen **Befangenheit**, § 44 Abs. 1 ZPO,
– Anträge auf Bewilligung von PKH für die zweite Instanz,

---

201 BGH, 03.07.1996 – XII ZK 99/95, NJW 1996, 3273, zu einer ähnlichen Fallkonstellation.
202 BGH, 03.07.1996 – XII ZR 99/95, NJW 1996, 3273.
203 BAG, 19.03.2008 – 5 AZR 432/07, NZA 2008, 900 = NJW 2008, 2204.
204 BAG, 26.06.2008 – 6 AZR 478/07, NZA 2008, 1204.
205 Vgl. dazu: BAG, 20.06.2013 – 6 AZR 789/11, Rn. 15 ff. m.w.N.
206 BAG, 12.08.2014 – 10 AZB 8/14, Rn 14.

- Anträge auf Erlass einer einstweiligen **Verfügung**,
- Einspruch gegen ein Versäumnisurteil,[207]
- zum Beschwerdeverfahren s. § 569 Abs. 3 ZPO.

Zur Postulationsfähigkeit vor dem BAG siehe ebenfalls § 11 und die Kommentierung dazu.
- keine **anderweitige Rechtshängigkeit**;[208] 119
- **Rechtsschutzbedürfnis**: Dieses liegt vor, wenn die klagende Partei ein berechtigtes Interesse 120
daran hat, zur Erreichung des begehrten Rechtsschutzes ein Gericht in Anspruch zu nehmen.[209] Das Rechtsschutzinteresse für eine Leistungsklage folgt regelmäßig schon aus der Nichterfüllung des behaupteten materiellen Anspruchs.[210] Das Erfordernis des Rechtsschutzbedürfnisses soll verhindern, dass Rechtsstreitigkeiten in das Stadium der Begründetheitsprüfung gelangen, die ersichtlich des Rechtsschutzes durch eine solche Prüfung nicht bedürften.[211]

Bei **Leistungsklagen** ergibt sich ein Rechtsschutzbedürfnis regelmäßig schon aus der Nichterfüllung 121
des behaupteten materiellen Anspruchs, dessen Vorliegen für die Prüfung des Interesses an seiner gerichtlichen Durchsetzung zu unterstellen ist. Nur ausnahmsweise können besondere Umstände das Verlangen der klagenden Partei, **in die mate**riell-rechtliche Prüfung des Anspruchs einzutreten, als nicht schutzwürdig erscheinen lassen,[212] nämlich wenn die klagende Partei kein Urteil braucht, weil sie alle erforderlichen Rechtsschutzziele ebenso sicher oder wirkungsvoll auf schnellerem und billigerem Wege erreichen kann.[213] Bei der Prüfung der Frage, ob ein Mittel des Rechtsschutzes das berechtigte Interesse für ein anderes ausschließt, ist aber die Zweckmäßigkeit beider prozessualer Wege umfassend zu vergleichen. Auf einen verfahrensmäßig unsicheren Weg darf die rechtsuchende Partei nicht verwiesen werden. Ein schnelleres und billigeres Mittel des Rechtsschutzes lässt das berechtigte Interesse für eine Klage nur entfallen, sofern es wenigstens vergleichbar sicher oder wirkungsvoll alle erforderlichen Rechtsschutzziele herbeiführen kann.[214] Hat z.B. der Insolvenzverwalter die Masseunzulänglichkeit gem. § 208 Abs. 1 InsO angezeigt, so können Forderungen i.S.d. § 209 Abs. 1 Nr. 3 InsO nicht mehr mit der Leistungsklage verfolgt werden.[215] Das Rechtsschutzbedürfnis ist Sachurteilsvoraussetzung, weshalb ein Fehlen zur Klageabweisung als unzulässig führt.[216]

Nur auf Rüge sind zu beachten: 122
- Einrede des **Schiedsvertrags**;[217]
- Verweigerung der Einlassung wegen **fehlender Ausländersicherheit**:[218] Nach § 110 Abs. 1 ZPO 123
hat ein Kläger, der seinen gewöhnlichen Aufenthalt nicht in einem Mitgliedstaat der EU oder einem Vertragsstaat des Abkommens über den Europäischen Wirtschaftsraum hat, **Prozesskostensicherheit** zu leisten, wenn der deutsche Beklagte dies verlangt. Davon ausgenommen sind nach § 110 Abs. 2 Nr. 1 ZPO die Fälle, in denen die Gegenseitigkeit nach dem Recht des Staates des Klägers verbürgt ist. § 110 ZPO gilt auch im arbeitsgerichtlichen Verfahren.[219]

---

207 BAG, Großer Senat, 10.07.1957 – GS 1/57, AP Nr. 5 zu § 64 ArbGG 1953.
208 § 261 ZPO.
209 BGH, 14.12.1988 – VIII ZR 31/88, NJW-RR 1989, 263.
210 BAG, 11.12.2001 – 9 AZR 459/00, NZA 2002, 975; BAG, 14.09.1994 – 5 AZR 632/93, NZA 1995, 220 = NJW 1995, 1236; BGH, 22.09.1972 – I ZR 19/72, MDR 1973, 30.
211 BAG, 11.12.2001 – 9 AZR 459/00, NZA 2002, 975; BGH, 09.04.1987 – I ZR 44/85, NJW 1987, 3138.
212 BGH, 04.03.1993 – I ZR 65/91.
213 BGH, 24.02.1994 – IX ZR 120/93, NJW 1994, 1351.
214 BGH, 24.02.1994 – IX ZR 120/93, NJW 1994, 1351.
215 BAG, 11.12.2001 – 9 AZR 459/00, NZA 2002, 975.
216 Siehe dazu auch Rdn. 101 ff. und zur Zulässigkeit der Sachabweisung bei fehlendem Rechtsschutzbedürfnis s. Thomas/Putzo Vorbem. § 253 Rn 4 und 26.
217 § 102.
218 §§ 110 bis 113 ZPO.
219 GMPMG/Germelmann Einleitung Rn 286.

124 – **Verweigerung der Einlassung wegen fehlender Kostenerstattung**:[220] Bei erneuter Erhebung einer zuvor zurückgenommenen Klage kann der Beklagte die Einlassung verweigern, bis die Kosten der zurückgenommenen Klage[221] erstattet wurden.

125 – **Klagerücknahmevereinbarung** *(Prozessvereinbarung)*: Die Parteien können sich durch Prozessvereinbarung zu einem bestimmten Verhalten verpflichten. Treffen sie eine Abrede über die Klagerücknahme, kann der Beklagte diese einredeweise geltend machen.[222]

126 Daneben müssen ggf. **besondere Prozessvoraussetzungen** vorliegen:
 – **Klageänderung**:[223] Nach dem Eintritt der Rechtshängigkeit ist eine Änderung der Klage zulässig, wenn der Beklagte einwilligt oder das Gericht sie für sachdienlich erachtet.[224]

127 – **Klage auf künftige Leistung**:[225] Ist die Geltendmachung einer nicht von einer Gegenleistung abhängigen Geldforderung an den Eintritt eines Kalendertages geknüpft, so kann Klage auf künftige Zahlung erhoben werden.[226] Bei wiederkehrenden Leistungen kann auch wegen der erst nach Erlass des Urteils fällig werdenden Leistungen Klage auf künftige Entrichtung erhoben werden.[227] Klage auf künftige Leistung kann daneben auch erhoben werden, wenn den Umständen nach die Besorgnis gerechtfertigt ist, dass der Schuldner sich der rechtzeitigen Leistung entziehen werde.[228]

128 Zu den künftigen Leistungen i.S.v. § 259 ZPO sollten grds. auch zukünftige Vergütungsansprüche von Arbeitnehmern gehören.[229] Die Vergütungsansprüche müssen allerdings bezifferbar sein.[230] Es wurden besondere Anforderungen an den Klageantrag gestellt[231] (dazu s. Rdn. 173). Bei Streit über den Fortbestand eines Arbeitsverhältnisses, sollte künftig fälliges Arbeitsentgelt unter Berufung auf § 259 ZPO nur bis zum rechtskräftigen Abschluss der Bestandsschutzstreitigkeit verlangt werden können, weil fortbestehender Leistungswille nicht für die Zeit nach der letzten mündlichen Verhandlung festgestellt werden könne.[232] Eine Ausnahme sollte nur gelten, wenn der Arbeitgeber erkennen lässt, dass er auch bei rechtskräftiger Klärung des Fortbestands des Arbeitsverhältnisses keine Arbeitsvergütung zahlen werde.[233] Der Fünfte Senat hat seine Rechtsprechung grundlegend geändert. Voraussetzung einer Verurteilung zu einer künftigen Leistung sei, dass der geltend gemachte Anspruch bereits entstanden sei (ausführlich s. Rdn. 172).[234] Vergütungsansprüche aus dem Arbeitsverhältnis entstünden aber erst mit Erbringung der Arbeitsleistung, weil der Vertrag durch Kündigung beendet werden könne oder der Arbeitnehmer die ihm obliegende Leistung, ohne Vorliegen der Voraussetzungen, unter denen ein Anspruch auf Vergütung ohne Arbeitsleistung gegeben wäre, verweigern könne.[235] Außerdem reiche das Bestreiten der vom Arbeitnehmer beanspruchten Forderungen durch den Arbeitgeber für die nach § 259 ZPO erforderliche Besorg-

---

220 § 269 Abs. 6 ZPO.
221 § 269 Abs. 3 Satz 2 ZPO.
222 BGH, 14.05.1986 – IVa ZR 146/85, NJW-RR 1987, 307; Zöller/Greger Vor § 128 Rn 32 und § 269 Rn 3.
223 §§ 263 f. ZPO.
224 Zu den strengeren Voraussetzungen in der Berufungsinstanz s. § 533 ZPO.
225 §§ 257 bis 259 ZPO.
226 § 257 ZPO.
227 § 258 ZPO.
228 § 259 ZPO.
229 BAG, 26.06.1959 – 2 AZR 25/57, DB 1959, 892; BAG, 29.07.1960 – 5 AZR 532/59, DB 1960, 1072; BAG, 23.02.1983 – 4 AZR 508/81, EzA § 850c ZPO Nr. 3; BAG, 14.05.1997 – 7 AZR 471/96, ZUM 1998, 84; BAG, 13.03.2002 – 5 AZR 755/00, EzA § 259 ZPO Nr. 1; restriktiv BAG, 18.12.1974 – 5 AZR 66/74, NJW 1975, 1336; zum Ganzen überzeugend Vossen DB 1985, 385 ff., 439 ff.
230 BAG, 31.08.1983 – 4 AZR 67/81.
231 BAG, 28.01.2009 – 4 AZR 904/07, NZA 2009, 444.
232 BAG, 18.12.1974 – 5 AZR 66/74, AP Nr. 30 zu § 615 BGB.
233 Vossen DB 1985, 385, 387.
234 BAG, 22.10.2014 – 5 AZR 731/12, Rn 40; ausführlich s. Rdn. 172.
235 BAG, 22.10.2014 – 5 AZR 731/12, Rn 42.

nis der Nichtleistung allein nicht aus. Damit stellt der Fünfte Senat sich gegen die bisher durch andere Senate, aber auch durch ihn selbst vertretene Auffassung. Oft wird die Klage z.T. noch zu retten sein. Maßgeblicher Zeitpunkt für die Beurteilung der Zulässigkeit der Klage durch das Berufungsgericht ist der der letzten mündlichen Verhandlung vor dem Landesarbeitsgericht. Soweit der Klageantrag zu diesem Zeitpunkt fällige Ansprüche umfasst, kommt es auf die Erfüllung der Voraussetzungen nach § 259 ZPO nicht an. Eine Sachentscheidung über diese Forderungen ist möglich, ohne dass es einer Antragsänderung bedarf.[236]
– Feststellungsklage:[237] vgl. Rdn. 130 ff.

III. Klagearten

1. Leistungsklage

Leistungsklagen dienen der Durchsetzung eines vom Kläger behaupteten Anspruchs zum Zwecke der Befriedigung. Der Anspruch kann gerichtet sein auf ein positives Tun, ein Unterlassen[238] oder ein Dulden. Das stattgebende Urteil enthält die rechtsbezeugende *(deklaratorische)*, rechtskraftfähige Feststellung, dass der Anspruch besteht und den Leistungsbefehl an den Beklagten als Grundlage für die Zwangsvollstreckung.[239]

129

2. Feststellungsklage

Feststellungsklagen[240] zielen auf die Feststellung, dass zwischen den Parteien ein Rechtsverhältnis besteht *(positive Feststellungsklage)* oder nicht besteht *(negative Feststellungsklage)*. Sie können auch der Feststellung dienen, ob eine Urkunde echt oder unecht ist. Dabei beschränken sie sich auf die rechtsbezeugende *(deklaratorische)*, rechtskraftfähige Feststellung; das Urteil enthält keinen vollstreckungsfähigen Leistungsbefehl. Ihr Ziel reicht nicht so weit wie bei den Leistungsklagen, ihr Gegenstand ist dagegen umfassender, sie kann Rechte und Rechtsverhältnisse jeder Art betreffen, nicht nur Ansprüche wie bei den Leistungsklagen. Feststellungsurteile sind auch die Klage abweisenden Urteile und die Zwischenurteile.[241]

130

a) Besondere Prozessvoraussetzungen

Die Feststellungsklage hat zwei besondere Prozessvoraussetzungen: Zum einen muss ihr als Streitgegenstand die Behauptung des Bestehens oder Nichtbestehens eines Rechtsverhältnisses zugrunde liegen, zum anderen muss der Feststellungskläger ein rechtliches Interesse an alsbaldiger Feststellung haben. Fehlt eine der beiden Voraussetzungen, ist die Feststellungsklage unzulässig. Gleichwohl lässt die Rechtsprechung bei fehlendem Feststellungsinteresse ein Klage abweisendes Sachurteil zu, weil das Fehlen des Feststellungsinteresses nicht ein Sachurteil überhaupt, sondern nur ein dem Kläger günstiges verhindere.[242]

131

b) (Nicht-) Bestehen eines Rechtsverhältnisses

Rechtsverhältnis ist eine aus dem vorgetragenen Sachverhalt abgeleitete Beziehung von Personen untereinander oder zu einem Gegenstand.[243] Es muss **hinreichend konkret**, d.h. seinen wesentlichen Tatumständen nach eingrenzbar sein. Die Feststellung kann auch auf einzelne Folgen der

132

---

236 BAG, 22.10.2014 – 5 AZR 731/12, Rn 15.
237 § 256 ZPO.
238 §§ 241, 194 Abs. 1 BGB.
239 Thomas/Putzo Vorbem. § 253 Rn 3.
240 § 256 ZPO.
241 Thomas/Putzo Vorbem. § 253 Rn 4.
242 BAG, 03.05.1994 – 9 AZR 606/92, NZA 1995, 72; BGH, 14.03.1978 – VI ZR 68/76, NJW 1978, 2031; a.A. Hauck § 46 Rn 36.
243 BGH, 15.10.1956 – III ZR 226/55, NJW 1957, 21.

Rechtsbeziehungen zielen, z.B. auf Feststellung eines einzelnen Anspruchs. Es kann auch um eine negative Feststellung gehen, dass kein Anspruch aus einer bestimmten selbstständigen Anspruchsgrundlage besteht, wenn nach dem Sachverhalt andere, konkurrierende Anspruchsgrundlagen in Betracht kommen.[244]

133 Das Rechtsverhältnis muss des Weiteren **gegenwärtig** sein. Es darf nicht erst künftig sein, kann aber noch bedingt oder betagt sein.[245] Dass es bereits vergangen ist, schadet nicht, wenn der Kläger daraus noch Wirkungen herleiten kann.[246]

134 **Kein Rechtsverhältnis** sind bloße, auch rechtserhebliche Tatsachen, ferner einzelner Elemente oder Vorfragen eines Rechtsverhältnisses[247] oder auch abstrakte Rechtsfragen ohne Bezug auf ein konkretes Rechtsverhältnis. Hierzu gehören auch Rechtsfragen, die erst für die künftige Entstehung von Rechtsverhältnissen Bedeutung haben.

c) Feststellungsinteresse

135 Das rechtliche Interesse an alsbaldiger Feststellung nach § 256 Abs. 1 ZPO ist eine besondere Ausprägung des Rechtsschutzinteresses als Sachurteilsvoraussetzung. Dabei muss es sich um ein eigenes,[248] **nicht ausschließlich wirtschaftliches oder persönliches Interesse** handeln. Anstelle des Feststellungsinteresses tritt bei der Zwischenfeststellungsklage nach § 256 Abs. 2 ZPO *(dazu unter d)* die Vorgreiflichkeit. Fehlt in einem Rechtsstreit das Feststellungsinteresse, ist daher stets zu prüfen, ob nicht **Vorgreiflichkeit** i.S.v. § 256 Abs. 2 ZPO vorliegt. Das Rechtsverhältnis muss durch eine **tatsächliche Unsicherheit** gefährdet sein. Dies ist der Fall, wenn Streit zwischen den Parteien über Art und Umfang eines Anspruchs besteht, wenn der Beklagte Rechten des Klägers zuwider handelt oder sie ernstlich bestreitet,[249] wenn sich eine Partei eines Rechts gegen die andere berühmt.[250] Das Feststellungsinteresse entfällt, sobald der Beklagte seinen bisherigen Standpunkt als Irrtum erkennt und endgültig aufgibt.

Das angestrebte Feststellungsurteil muss geeignet sein, die Unsicherheit zu beseitigen.[251]

»**Alsbald**« i.S.v. § 256 Abs. 1 ZPO bedeutet, dass das Bedürfnis auf Feststellung wenigstens in nicht ferner Zukunft besteht.[252]

136 Das **Feststellungsinteresse fehlt**, wenn dem Kläger ein einfacherer Weg zur Verfügung steht, um sein Ziel zu erreichen. Dies trifft insb. in den Fällen zu, in denen eine Klage auf fällige Leistung möglich ist, ausgenommen die Feststellungsklage führt im Einzelfall unter dem Gesichtspunkt der Prozesswirtschaftlichkeit zu einer sinnvollen und sachgemäßen Erledigung der aufgetretenen Streitpunkte.[253] Für die negative Feststellungsklage entfällt das Feststellungsinteresse grds., sobald die positive Feststellungsklage erhoben wird und einseitig nicht mehr zurückgenommen werden kann,[254] außer wenn zu diesem Zeitpunkt die negative Feststellungsklage aus der Sicht der letz-

---

244 BGH, 03.05.1983 – VI ZR 79/80, NJW 1984, 1556.
245 BGH, 10.10.1991 – IX ZR 38/91, NJW 1992, 436.
246 BAG, 21.03.1993 – 9 AZR 580/90, NZA 1994, 859 = NJW 1994, 1751.
247 BGH, 01.01.1994 – III ZR 137/93, MDR 1995, 105, Wiedergabe gesetzlichen Verbotstatbestands im Antrag.
248 BGH, 06.07.1989 – IX ZR 280/88, NJW-RR 1990, 318.
249 BGH, 01.02.1986 – V ZR 201/84, NJW 1986, 2507.
250 BGH, 29.11.1990 – IX ZR 265/89, NJW 1991, 1061.
251 BGH, 22.06.1977 – VIII ZR 5/76, NJW 1977, 1881.
252 Thomas/Putzo § 256 Rn 17.
253 BGH, 09.06.1983 – III ZR 74/82, NJW 1984, 1118.
254 BGH, 28.06.1973 – VII ZR 200/72, NJW 1973, 1500.

ten mündlichen Verhandlung entscheidungsreif ist.[255] Entsprechendes gilt für die positive Feststellungsklage, wenn später Leistungsklage mit gleichem Streitstoff erhoben wird.[256]

d) Zwischenfeststellungsklage[257]

Die Rechtskraftwirkung eines Urteils bezieht sich nur auf die Entscheidung über den prozessualen Anspruch selbst. Mit der Zwischenfeststellungsklage wird die Ausdehnung der Rechtskraft auf das ein Leistungsurteil bedingende Rechtsverhältnis und die tragenden Entscheidungsgründe bezweckt. Erhoben werden kann sie nur vom Kläger zusammen mit der Leistungsklage oder nachträglich[258] oder vom Beklagten als Widerklage.[259] Eine zunächst allein erhobene selbstständige Feststellungsklage wird zur Zwischenfeststellungsklage, wenn eine Leistungsklage oder Widerklage erst im Verlauf des Rechtsstreits nachgeschoben wird.[260]

Das Rechtsschutzbedürfnis liegt in der *Vorgreiflichkeit*. Diese ist gegeben, wenn das inzident zu klärende Rechtsverhältnis zwischen den Parteien noch über den Streitgegenstand hinaus Bedeutung gewinnen kann.[261] Sie fehlt, wenn das Rechtsverhältnis keine weiteren Folgen zeitigen, kann als die mit der Hauptklage zur Entscheidung gestellten, diese Entscheidung also die Rechtsbeziehungen mit Rechtskraftwirkung erschöpfend klarstellt.

Ein arbeitsrechtlicher Anwendungsfall für die Zwischenfeststellungsklage findet sich im Eingruppierungsprozess. Es kann zugleich auf Feststellung geklagt werden, dass der Arbeitgeber verpflichtet ist, der Arbeitnehmerin nach einer bestimmten Vergütungsgruppe Vergütung zu zahlen, und auf Zahlung eines Betrages für einen bestimmten Zeitraum.

3. Gestaltungsklage

Gestaltungsklagen dienen der Durchsetzung eines vom Kläger behaupteten privatrechtlichen Rechts auf Begründung, Änderung oder Aufhebung eines Rechtsverhältnisses. Der Gestaltungsklage liegt kein Anspruch zugrunde. Sie ist vielmehr darauf gerichtet, durch ein rechtsänderndes *(konstitutives Urteil)* eine bisher nicht vorhandene Rechtsfolge zu schaffen, die mit der formellen Rechtskraft des stattgegebenen Urteils eintritt.[262] Anwendbar ist die Gestaltungsklage überall dort, wo das Gesetz für die Ausübung des Gestaltungsrechts Klage und Urteil voraussetzt.[263]

F. Ausgewählte Streitgegenstände im Urteilsverfahren

I. Änderungsschutz

Soll die Unwirksamkeit einer **Änderungskündigung** geltend gemacht werden, ist hinsichtlich der Antragstellung danach zu unterscheiden, ob das Änderungsangebot unter Vorbehalt angenommen worden ist oder nicht. Ist es nicht angenommen worden, geht es um den Bestand des Arbeitsverhältnisses insgesamt. Der Kündigungsschutzantrag entspricht dem bei der Beendigungskündigung. Ist von der sich aus § 2 KSchG ergebenden Möglichkeit Gebrauch gemacht worden, das Änderungsangebot unter Vorbehalt anzunehmen, ergibt sich die Formulierung des Antrags aus § 4

---

255 BGH, 22.01.1987 – I ZR 230/85, NJW 1987, 2680.
256 BGH, 21.12.1989 – IX ZR 234/88, NJW-RR 1990, 1532.
257 § 256 Abs. 2 ZPO.
258 Objektive Klagenhäufung, § 260 ZPO.
259 Thomas/Putzo § 256 Rn 26.
260 BGH, 06.01.1989 – IX ZR 280/88, NJW-RR 1990, 318; BGH, 04.05.1994 – XII ZR 24/93, NJW 1994, 2759.
261 BAG, 03.03.1999 – 5 AZR 363/98, NZA 1999, 884; BGH, 17.05.1977 – VI ZR 174/74, NJW 1977, 1637; BGH, 04.05.1994 – XII ZR 24/93, NJW 1994, 2759.
262 Thomas/Putzo Vorbem. § 253 Rn 5.
263 Z.B. bei §§ 9, 10 KSchG; § 78a Abs. 4 Nr. 2 BetrVG.

Satz 2 KSchG in der seit dem 01.01.2004 gültigen Fassung. Danach ist der Antrag wie folgt zu formulieren:

> *»... beantragt festzustellen, dass die Änderung der Arbeitsbedingungen durch die Kündigung vom ... rechtsunwirksam ist.«*[264]

Der durch das Arbeitsmarktreformgesetz vom 24.12.2003 mit Wirkung vom 01.01.2004 hinzugekommene Zusatz *»... oder aus anderen Gründen rechtsunwirksam ist ...«* soll der zeitgleichen Änderung des § 4 Satz 1 KSchG Rechnung tragen, wonach jetzt auch dann innerhalb von drei Wochen nach Zugang der Kündigung Klage zu erheben ist, wenn andere Gründe als die soziale Ungerechtfertigkeit der Kündigung geltend gemacht werden. Es ist aber unschädlich, wenn zunächst innerhalb der Frist des § 4 Satz 1 KSchG nur die fehlende soziale Rechtfertigung geltend gemacht worden ist. Nach § 6 KSchG können noch bis zum Schluss der mündlichen Verhandlung erster Instanz andere Unwirksamkeitsgründe nachgeschoben werden und umgekehrt.

142 Weder die bisherige noch die neue Formulierung sind dogmatisch richtig. Bei der »Unwirksamkeit« einer Kündigung handelt es sich nicht um ein feststellungsfähiges Rechtsverhältnis. Ein Rechtsverhältnis ist sowohl die vertragliche oder gesetzliche Rechtsbeziehung insgesamt als auch jede Rechtsfolge, jedes Recht und jede Verpflichtung aus dieser Beziehung, nicht aber eine abstrakte Rechtsfrage oder einzelne Voraussetzungen eines Rechtsverhältnisses.[265] Die Unwirksamkeit der Kündigung ist nur eine Voraussetzung für die sich daraus ergebende Rechtsfolge der unveränderten Arbeitsbedingungen. **Richtig wäre** danach der Antrag:

> *»... wird beantragt festzustellen, dass die Arbeitsbedingungen durch die Kündigung vom ... nicht geändert worden sind.«*

Auch bei einer Beendigungskündigung wird der Antrag ja nicht darauf gerichtet festzustellen, dass die Kündigung unwirksam ist, sondern darauf, dass das Arbeitsverhältnis durch sie nicht aufgelöst worden ist oder wird. Allerdings werden die Arbeitsbedingungen verändert, aber aufgrund der auflösend bedingten Annahme des Änderungsangebots, nicht aufgrund einer unwirksamen Kündigung. Wird rechtskräftig festgestellt, dass durch die Kündigung die Arbeitsbedingungen nicht verändert worden sind, entfällt rückwirkend zugleich die Vereinbarung über die Änderung der Arbeitsbedingungen, § 8 KSchG. § 8 KSchG hat die Funktion, die Rückwirkung des Bedingungseintritts zu sichern.[266] Es soll jeder Zweifel ausgeräumt werden, dass der Arbeitnehmer ungeachtet der Annahme des Änderungsangebots unter Vorbehalt im Fall der Unwirksamkeit der Kündigung so zu stellen ist, als habe er das Angebot nicht angenommen. Da die Arbeitsbedingungen aber jedenfalls bis zum rechtskräftigen Abschluss des Verfahrens zunächst geändert sind, kann in dieser Zeit eine Weiterbeschäftigung zu den bisherigen Bedingungen nicht auf der Grundlage des allgemeinen Weiterbeschäftigungsanspruchs (dazu Rdn. 284) verlangt werden.

143 Eine Änderungsschutzklage ist trotz des zwischenzeitlichen Ausscheidens des Arbeitnehmers zulässig. Das Rechtsschutzinteresse entfällt nicht, weil die Änderungskündigung nach § 8 KSchG »als von Anfang an als rechtsunwirksam gelten kann« mit der Folge, dass für die geleistete Arbeit andere Vergütungsbedingungen einschlägig sind.[267]

Ein Änderungsschutzantrag kann unter der auflösenden Bedingung gestellt werden, dass das Gericht im Zusammenhang mit dem (Haupt-)Antrag gegen eine auf dasselbe Ziel gerichtete einseitige Versetzung zu der Rechtsauffassung gelangt, die angestrebte Versetzung habe keiner Vertragsänderung bedurft. Es verbleibt ein unbedingter Hauptantrag, und der Änderungsschutzantrag ist nur unter eine innerprozessuale auflösende Bedingung gestellt.[268]

---

264 BAG, 17.02.2016 – 2 AZR 613/14.
265 BAG, 16.04.1997 – 4 AZR 270/96, NZA-RR 1998, 283.
266 KR/Rost § 8 Rn 4.
267 BAG, 26.01.1995 – 2 AZR 371/94, NZA 1995, 626.
268 BAG, 17.12.2015 – 2 AZR 304/15, Rn. 24.

II. Arbeitsvergütung

1. Auskunftsklage/Überstundenklage

Ist dem Arbeitnehmer die **Höhe** der konkret verdienten Arbeitsvergütung **unbekannt**, kommt die Erhebung einer Auskunftsklage[269] in Betracht. Im Arbeitsverhältnis besteht nach § 242 BGB ein Auskunftsanspruch, soweit der Anspruchsberechtigte in entschuldbarer Weise über Bestehen und Umfang seines Rechts im Ungewissen ist, während der Verpflichtete unschwer Auskunft erteilen kann.[270] Der Ausgleich gestörter Vertragsparität gehört zu den Hauptaufgaben des Zivilrechts.[271] Ein Ungleichgewicht kann etwa aus einer wirtschaftlichen Übermacht oder aus einem erheblichen Informationsgefälle resultieren. Eine solche Situation kann es erfordern, Auskunftsansprüche zu statuieren, die eine Vertragspartei zur Wahrnehmung ihrer materiellen Rechte aus dem Vertrag benötigt. Im Regelfall setzt das einen dem Grunde nach feststehenden Leistungsanspruch voraus. Innerhalb vertraglicher Beziehungen, insb. bei Dauerschuldverhältnissen kann der Auskunftsanspruch darüber hinaus die Funktion haben, der Berechtigten Informationen auch schon über das Bestehen des Anspruchs dem Grunde nach zu verschaffen.[272] Zur Durchsetzung eines Gleichbehandlungsanspruchs kann daher Auskunft über Gehaltserhöhungen in dem Unternehmen des Arbeitgebers verlangt werden.[273] Häufig wird auf Abrechnung geklagt. Dabei handelt es sich um eine besondere Auskunftsklage. Der Auskunftsanspruch kann ergänzt werden durch einen Anspruch auf Abgabe einer eidesstattlichen Versicherung, ggf. in entsprechender Anwendung der §§ 259 Abs. 2, 260 Abs. 2 BGB.[274]

144

Nach § 108 GewO ist dem Arbeitnehmer bei Zahlung des Arbeitsentgelts eine **Abrechnung in Textform**[275] zu erteilen. Es sind der Abrechnungszeitraum und die Zusammensetzung des Arbeitsentgelts anzugeben. Danach sind u.a. Angaben über Art und Höhe der Zuschläge, Zulagen und sonstige Vergütungen sowie Art und Höhe der Abzüge, Abschlagszahlungen sowie sonstige Vorschüsse erforderlich. Damit war an sich eine restriktive Rechtsprechung des BAG **überholt**, wonach ein Abrechnungs- bzw. Auskunftsanspruch als Nebenfolge der Vergütungszahlungspflicht nur dann anerkannt wurde, wenn der Arbeitnehmer in entschuldbarer Weise über Bestehen und Umfang seiner Ansprüche im Ungewissen war, der Arbeitgeber aber unschwer Auskunft erteilen konnte. Einige Mühe und komplizierte Tarifregelungen sollten insoweit nicht ausreichen,[276] aber ein kompliziertes Berechnungsverfahren.[277] **Anders das BAG:** Nach seiner Auffassung regelt auch § 108 GewO keinen selbstständigen Abrechnungsanspruch zur Vorbereitung eines Zahlungsanspruchs.[278] Das wird bei der Erhebung einer **Stufenklage** zu beachten sein. Nach § 254 ZPO kann zwar mit der Klage auf Abrechnungserteilung ein unbezifferter Zahlungsantrag verbunden werden, wenn die Abrechnung der Bezifferung des Zahlungsantrags dient. Die begehrte Abrechnung muss aber – folgt man der BAG-Auffassung – zur Erhebung eines bestimmten Antrags erforderlich sein. Das ist bei leicht zu berechnenden Ansprüchen nicht der Fall. In einem solchen Fall ist die Stufenklage wohl weiterhin unzulässig. Die Rspr. prüft dann die beiden Anträge der Stufenklage einzeln. Der Abrechnungsantrag ist danach in solchen Fällen regelmäßig unbegründet, da § 108 GewO keinen

145

---

269 Ggf. als Teil einer Stufenklage, vgl. Rdn. 86, bei der der Arbeitnehmer von der Bezifferungspflicht des § 253 Abs. 2 Nr. 2 ZPO befreit ist.
270 BAG, 01.12.2004 – 5 AZR 664/03, NZA 2005, 289; BAG, 07.09.1995 – 8 AZR 828/93, NZA 1996, 637; BAG, 23.01.1992 – 6 AZR 110/90, ZTR 1993, 66; BAG, 18.01.1996 – 6 AZR 314/95, 6 AZR 314/95.
271 BVerfG, 19.10.1993 – 1 BvR 567/89, NJW 1994, 36 = BVerfGE 89, 214.
272 BAG, 01.12.2004 – 5 AZR 664/03, NZA 2005, 289.
273 BAG, 01.12.2004 – 5 AZR 664/03, NZA 2005, 289.
274 BAG, 19.04.2005 – 9 AZR 188/04, NZA 2005, 983.
275 § 126b BGB.
276 BAG, 15.06.1972 – 5 AZR 32/72, DB 1972, 1780, mit krit. Anm. Herschel; krit. auch Schaub, Arbeitsrechts-Handbuch, § 72 Abs. 1 Satz 3.
277 BAG, 13.02.1996 – 9 AZR 798/93, NZA 1996, 1046.
278 BAG, 10.01.2007 – 5 AZR 665/06, NZA 2007, 679 = NJW 2007, 1378; BAG, 12.07.2006 – 5 AZR 646/05, NZA 2006, 1294.

selbstständigen Abrechnungsanspruch zur Vorbereitung eines Zahlungsanspruchs regle, sondern nur der Information über die erfolgte Zahlung diene. Der unbezifferte Zahlungsantrag (zweite Stufe) ist in solchen Fällen nicht hinreichend bestimmt i.S.v. § 253 Abs. 2 Nr. 2 ZPO und damit unzulässig.

146 Nach § 9 HAG haben außerdem Heimarbeiter Anspruch auf die Aushändigung von Entgeltbüchern. § 82 Abs. 2 BetrVG gewährt allen Arbeitnehmern einen Anspruch auf *(mündliche)* Erläuterung der Berechnung und Zusammensetzung des Arbeitsentgelts. Abrechnungsverpflichtungen finden sich ferner häufig in Tarifverträgen. Vom BAG ist auch ein Anspruch auf Auskunft bzw. Rechnungslegung im Hinblick auf einen dem Arbeitnehmer eingeräumten Umsatz- oder Gewinnbeteiligungsanspruch anerkannt.[279]

147 Schwierig ist die prozessuale Lage des Arbeitnehmers bei der Geltendmachung von Arbeitsvergütung für **Überstunden**. Ist zwischen den Arbeitsvertragsparteien die Bezahlung von Überstunden streitig, hat der Arbeitnehmer die Ableistung der Überstunden wie auch deren Anordnung oder Duldung in Kenntnis der Ableistung darzulegen und im Fall des Bestreitens zu beweisen.[280] Der Arbeitnehmer muss die Ableistung im Einzelnen darlegen, um dem Arbeitgeber zu ermöglichen, die Behauptungen nachzuprüfen und dazu Stellung zu nehmen.[281] Konkret hat der Arbeitnehmer:
– die regelmäßige Arbeitszeit – einschließlich Pausen – anzugeben,
– die tatsächliche Arbeitszeit nach Tag und Uhrzeit aufzuschlüsseln,[282]
– anzuführen, welche Tätigkeit er ausgeübt hat[283] und
– die tatsächlich eingehaltenen Pausen mitzuteilen,[284]
– vorzutragen, dass die Überstunden angeordnet wurden oder zur Erledigung der vom Arbeitgeber übertragenen Arbeiten notwendig waren und vom Arbeitgeber in Kenntnis der Ableistung[285] gebilligt oder geduldet wurden.[286] Dies ist insb. der Fall, wenn der Arbeitgeber bestimmte Arbeiten überträgt, die der Arbeitnehmer innerhalb einer bestimmten Zeit – ohne Rücksicht auf die regelmäßige Arbeitszeit – durchführen soll.

Je nach der Einlassung des Arbeitgebers besteht eine abgestufte Darlegungs- und Beweislast.[287] Ihrer Darlegungslast genügen weder Arbeitnehmer noch Arbeitgeber durch die bloße Bezugnahme auf die den Schriftsätzen als Anlagen beigefügten Stundenaufstellungen oder sonstigen Aufzeichnungen. Anlagen können lediglich zur Erläuterung des schriftsätzlichen Vortrags dienen, diesen aber nicht ersetzen.[288] Die Darlegung der einzelnen Zeiträume, für die Überstundenvergütung oder Zuschläge verlangt werden, hat vielmehr entsprechend § 130 Nr. 3 und Nr. 4 ZPO schriftsätzlich zu erfolgen. Beigefügte Anlagen können den schriftsätzlichen Vortrag erläutern oder belegen, verpflichten das Gericht aber nicht, sich die unstreitigen oder streitigen Arbeitszeiten aus den Anlagen selbst zusammenzusuchen.[289]

---

279 BAG, 07.07.1960 – 5 AZR 61/59, DB 1960, 1043.
280 BAG, 04.05.1994 – 4 AZR 445/93, NZA 1994, 1035.
281 BAG, 15.06.1961 – 2 AZR 436/60, DB 1961, 1168; BAG, 25.11.1993 – 2 AZR 517/93, NZA 1994, 837; BAG, 04.05.1994 – 4 AZR 445/93, NZA 1994, 1035.
282 BAG, 28.01.2004 – 5 AZR 530/02, NZA 2004, 656 = EzA § 611 BGB 2002 Arbeitsbereitschaft Nr. 2, Rn. 34.
283 BAG, 28.01.2004 – 5 AZR 530/02, NZA 2004, 656 = EzA § 611 BGB 2002 Arbeitsbereitschaft Nr. 2, Rn. 34.
284 ArbG Regensburg, 25.01.1989 – 6 Ca 2439/88.
285 BAG, 20.07.1989 – 6 AZR 774/87.
286 BAG, 29.01.1992 – 4 AZR 294/91; BAG, 04.05.1994 – 4 AZR 445/93.
287 BAG, 29.05.2002 – 5 AZR 370/01, EzA § 611 BGB Mehrarbeit Nr. 10; 24.10.2001 – 5 AZR 245/00, EzA § 2 EntgeltfortzG Nr. 3.
288 BAG, 16.05.2012 – 5 AZR 347/11, NZA 2012, 939; BGH, 02.07.2007 – II ZR 111/05, NJW 2008, 69 Rn 25 m.w.N.; vgl. auch BVerfG, 30.06.1994 – 1 BvR 2112/93, NJW 1994, 2683.
289 BAG, 19.9.2012 – 5 AZR 628/11, NZA 2013, 330.

Es soll keinen Anspruch des Arbeitnehmers auf **Auskunft über geleistete Überstunden** geben. Der Arbeitgeber sei nicht verpflichtet, den Arbeitnehmer über den Umfang seiner Ansprüche aufzuklären.[290] Dies überzeugt nicht, wenn der Arbeitnehmer **Arbeitszeitbelege** für die Vergütungsabrechnung beim Arbeitgeber eingereicht hat.[291]

148

So hat auch das BAG[292] den Vortrag eines Kraftfahrers ausreichen lassen, er habe auf den Fahrten nach Italien und Spanien stets entweder selbst das Fahrzeug gesteuert oder sich neben dem Fahrer oder in der Kabine ausgeruht, also Arbeitsbereitschaft gehabt. Weitere Angaben seien dem Kläger nicht zuzumuten und ihm nach seinem eigenen Vortrag nicht möglich. Das Tatsachengericht sei anhand der Angaben des Klägers und der von ihm benannten Beweismittel in der Lage, seinen Vortrag zu überprüfen. Es könne der Arbeitgeberin nach Maßgabe der §§ 421 ff. ZPO die Vorlage der vom Kläger bezeichneten Urkunden aufgeben, wobei sich die Vorlegungspflicht der Beklagten dem Rechtsgedanken des § 810 BGB entnehmen lasse. Mit dem Fahrtschreiber hätten sowohl der Halter als auch der Fahrer eines Lastkraftwagens den zuständigen Behörden gegenüber Fahrzeiten, Geschwindigkeiten und Ruhepausen nachzuweisen. Sie ermöglichen eine lückenlose Überprüfung der Fahrzeiten und Pausen. Mit dem im konkreten Fall verwendeten fahrerbezogenen Kontrollgerät sei sogar feststellbar, welche Strecken und Zeiten ein Fahrer als Fahrzeuglenker und welche er als Beifahrer abgeleistet habe. Weitere Detailangaben als die, die vom Fahrtschreiber ohnehin aufgezeichnet seien, vom Kläger zu fordern, hieße ihn zu veranlassen, diese Angaben ggf. zu erfinden und damit gegen seine prozessuale Wahrheitspflicht zu verstoßen.

Unabhängig davon, ob materiell-rechtlich ein Auskunftsanspruch besteht, ist eine Stufenklage und damit die einstweilige Befreiung von der Bezifferungspflicht des § 253 Abs. 2 Nr. 2 ZPO nur zulässig, wo die Auskunft der Aufklärung des Leistungsanspruchs, nicht aber wo sie lediglich der Erleichterung seiner Durchsetzung dient.[293] Der Auskunftsanspruch ist grds. unbegründet, wo die Auskunft lediglich unzulänglich erteilt wurde; hier besteht nur ein Anspruch auf eidesstattliche Versicherung.[294]

149

Evtl. ist der Arbeitgeber aber zur Vorlage entsprechender Unterlagen im Prozess verpflichtet. Eine solche Verpflichtung folgt dann zwar regelmäßig nicht aus §§ 422, 423 ZPO. Die Vorschriften setzten nämlich wieder einen entsprechenden Anspruch voraus.[295] Auch aus den Grundsätzen der sekundären Behauptungslast soll sich i.d.R. eine Vorlagepflicht nicht ergeben. Der BGH[296] leitet jetzt aber eine Verpflichtung aus **§ 142 Abs. 1 ZPO** ab, der auch anwendbar sei, wenn sich der beweisbelastete Prozessgegner auf die Urkunde bezogen habe, die sich im Besitz der nicht beweisbelasteten Partei befinde. Das Gericht kann die **Urkundenvorlegung** nach § 142 Abs. 1 ZPO im Rahmen seines Ermessens anordnen.

150

Das BAG **erleichtert aber die Darlegungs- und Beweislast** zugunsten der Arbeitnehmer in bestimmten Konstellationen: Stehe fest (§ 286 ZPO), dass Überstunden auf Veranlassung des Arbeitgebers geleistet worden sind, kann aber der Arbeitnehmer seiner Darlegungs- oder Beweislast für jede einzelne Überstunde nicht in jeder Hinsicht genügen, **darf das Gericht den Umfang geleisteter Überstunden** nach § 287 Abs. 2 i.V.m. Abs. 1 Satz 1 und Satz 2 ZPO schätzen.[297] Danach kommt eine »Überstundenschätzung« in Betracht, wenn aufgrund unstreitigen Parteivorbringens, eigenem Sachvortrag des Arbeitgebers oder dem vom Tatrichter nach § 286 Abs. 1 ZPO für wahr erach-

151

---

290 LAG Hamm, 15.09.1967 – 5 Sa 298/67.
291 Arg. § 810 BGB für Einsichtsrecht in Arbeitszeitbelege, Fahrtenschreiberscheiben u.a., dazu BAG, 11.03.1981 – 5 AZR 878/78, Rn 48.
292 BAG, 11.03.1981 – 5 AZR 878/78, Rn 48.
293 Zöller/Greger § 254 Rn 1a.
294 Zöller/Greger § 254 Rn 3.
295 Zu Ausnahmekonstellationen vgl. BAG, 11.03.1981 – 5 AZR 878/78, Rn 48 und oben Rn 140.
296 BGH, 26.06.2007 – XI ZR 277/05, NJW 2007, 2989.
297 BAG, 25.03.2015 – 5 AZR 602/13, Rn. 18; siehe auch BAG, 21.05.1980 – 5 AZR 194/78, zu 4 a der Gründe.

teten Sachvortrag des Arbeitnehmers feststeht, dass Überstunden geleistet wurden, weil die dem Arbeitnehmer vom Arbeitgeber zugewiesene Arbeit generell oder zumindest im Streitzeitraum nicht ohne die Leistung von Überstunden zu erbringen war. Kann in einem solchen Falle der Arbeitnehmer nicht jede einzelne Überstunde belegen (etwa weil zeitnahe Arbeitszeitaufschriebe fehlen, überhaupt der Arbeitgeber das zeitliche Maß der Arbeit nicht kontrolliert hat oder Zeugen nicht zur Verfügung stehen), kann und muss der Tatrichter nach pflichtgemäßen Ermessen das Mindestmaß geleisteter Überstunden schätzen, sofern dafür ausreichende Anknüpfungstatsachen vorliegen. Jedenfalls ist es nicht gerechtfertigt, dem aufgrund des vom Arbeitgeber zugewiesenen Umfangs der Arbeit im Grundsatz berechtigten Arbeitnehmer jede Überstundenvergütung zu versagen.[298]

2. Brutto-/Netto-Klage

a) Bruttolohnklage

152 Bei der Geltendmachung von Ansprüchen auf Arbeitsvergütung ist regelmäßig eine Zahlungsklage zu erheben. Unter besonderen Voraussetzungen ist auch eine Feststellungsklage zulässig.

153 Da der Arbeitgeber, soweit nichts anderes vereinbart wurde, den Bruttolohn schuldet, ist die Klage auf den **Bruttobetrag** zu richten.[299] Wird die Lohnsteuer vom Arbeitgeber nicht abgeführt, etwa aufgrund falscher Berechnung der Steuer, darf der Arbeitgeber diesen Betrag nicht etwa einbehalten, sondern hat ihn an den Arbeitnehmer auszuzahlen.[300] Wie sich aus § 244 Abs. 1 BGB ergibt, kann eine im Inland zahlbare Geldschuld auch in ausländischer Währung ausgedrückt sein. Das deutsche Zivilrecht und das Zivilprozessrecht lassen Klagen und Urteile, die auf Zahlung in fremder Währung lauten, zu.[301] Hat der Arbeitgeber bereits eine Teilleistung erbracht, kann der Arbeitnehmer auf den Bruttobetrag abzgl. des erhaltenen Nettobetrages klagen. Der in Abzug zu bringende Betrag muss summenmäßig bezeichnet sein.[302] Unzulässig ist ein Klageantrag auf Zahlung eines bestimmten Bruttobetrages abzgl. eines unbezifferten Nettobetrages; eine entsprechende Feststellungsklage kann aber zulässig sein.[303]

154 Nach der Rechtsprechung des Dritten Senats des BAG ist in dem Tenor der Entscheidung regelmäßig nicht darauf zu erkennen, ob es sich um eine Brutto- oder Nettoforderung handelt. Im Urteilsausspruch ist lediglich klarzustellen, worum es bei dem ausgeurteilten Betrag geht *(Arbeitsvergütung, Auslösung usw.)*. Die Zusätze »brutto« oder »netto« seien wegzulassen. Die Gerichte für Arbeitssachen könnten nämlich nicht mit Bindung für Steuerbehörden und Krankenversicherungen festlegen, ob ein Betrag abgabepflichtig ist oder nicht.[304] Eine Verurteilung zu einem Nettobetrag kann nur dann erfolgen, wenn der Arbeitgeber aus arbeitsrechtlichen Gründen gehalten ist, etwa anfallende Abgaben für eine von ihm geschuldete Geldleistung in jedem Fall zu übernehmen.[305] Diese Entscheidungen sind von den übrigen Senaten des BAG und der Rechtsprechung der Arbeits- und Landesarbeitsgerichte kaum beachtet worden.

155 Die verbreitete arbeitsgerichtliche Praxis, auf die Zahlung eines Brutto- oder Nettobetrages zu erkennen, verwischt die Grenzen zwischen Leistungs- und Feststellungsurteil. Ein auf Erfüllung einer Geldschuld zielendes Leistungsurteil hat die Zahlung eines nach Höhe und Währung konkret

---

[298] BAG, 21.05.1980 – 5 AZR 194/78, zu 4 a der Gründe; BGH, 17.12.2014 – VIII ZR 88/13, Rn. 46; 25.03.2015 – 5 AZR 602/13, Rn. 21.
[299] BAG, 14.01.1964 – 3 AZR 55/63, MDR 1964, 625; BGH, 21.04.1966 – VII ZB 3/66, AP Nr. 13 zu § 611 BGB Lohnanspruch.
[300] BAG, 11.02.1998 – 5 AZR 159/97, NZA 1998, 710.
[301] BAG, 26.07.1995 – 5 AZR 216/94, NZA 1996, 30 = NJW 1996, 741.
[302] § 253 Abs. 2 Nr. 2 ZPO.
[303] BAG, 15.11.1978 – 5 AZR 199/77, NJW 1979, 2634 betreffend »abzüglich erhaltenen Arbeitslosengeldes«.
[304] BFH, 18.06.1993 – VI R 67/90, EzA § 611 BGB Nettolohn, Lohnsteuer Nr. 9.
[305] BAG, 26.05.1998 – 3 AZR 171/97, EzA § 4 TVG Bauindustrie Nr. 89; BAG, 26.05.1998 – 3 AZR 96/97, EzA § 4 TVG Bauindustrie Nr. 90.

bezeichneten Geldbetrages auszusprechen. Dem gerichtlichen Leistungsbefehl sind an sich keine Begriffe wie brutto oder netto beizufügen, weil diese nicht den Inhalt der Wertverschaffungsschuld, wie er bei der Zwangsvollstreckung zu beachten ist, kennzeichnen, sondern in feststellender Weise Aussagen zur Steuer- und sozialversicherungsrechtlichen Behandlung der Geldschuld treffen, für die die Gerichte für Arbeitssachen schon vom Rechtsweg her nicht zuständig sind, sofern sie die zugrunde liegenden Fragen überhaupt unter Berücksichtigung der Einbehaltungsverbote aus § 28g Satz 2 SGB IV und § 41c EStG prüfen.[306] Gegen die ganz überwiegende Praxis ist aber dann **nichts einzuwenden, wenn ein Betrag als Bruttobetrag geltend gemacht** wird. Die Bezeichnung als Bruttoforderung stellt dann nur klar, dass Abzüge noch nicht vorgenommen worden sind.

b) Nettolohnklage

Auch die **Nettolohnklage** ist grds. zulässig.[307] Umstritten ist, ob Arbeitnehmer bei einer Nettolohnvereinbarung auch den Bruttobetrag einklagen können.[308] Die Nettoklage muss schon deshalb zulässig sein, weil es ja möglich ist, dass die Abgaben unstreitig abgeführt worden sind. Dann hat der Arbeitgeber insoweit bereits erfüllt. Der Arbeitgeber erfüllt seine Verpflichtung zur Zahlung des Bruttobetrages, indem er die Abgaben abführt und den Nettobetrag auszahlt. Wird unabhängig davon ein Nettobetrag eingeklagt, müssen sich aus der Klageschrift alle für die Berechnung des Nettobetrages erforderlichen Angaben ergeben, wie Steuerklasse zum Zeitpunkt des Zuflusses,[309] Sozialversicherungssätze usw. und eine nachvollziehbare Abrechnung. Das Gericht prüft dann die steuerrechtlichen und die sozialrechtlichen Aspekte als Vorfragen.[310] Da dieser Weg für alle Beteiligten sehr umständlich ist, ist davon abzuraten, solange die Abgaben nicht abgeführt worden sind.

156

Die Nettolohnklage ist aus Arbeitnehmersicht auch riskant. Durch das Nettolohnurteil wird der Arbeitgeber nicht verpflichtet, die auf den ausgeurteilten Lohn entfallenden Sozialversicherungsbeiträge und die darauf entfallende Lohnsteuer abzuführen. Die der klagenden Partei aufgrund des Nettolohnurteils zufließenden Beträge sind dann aber der der Besteuerung unterliegende Bruttoarbeitslohn,[311] von dem im Zeitpunkt des Zuflusses beim Kläger die darauf entfallende Lohnsteuer entstand.[312]

157

Eine Ausnahme gib es insoweit bei **Nettolohnvereinbarungen**. Nach einer solchen Vereinbarung übernimmt der Arbeitgeber vertraglich das Abführen der nach dem Bruttolohn bemessenen Lohnsteuer. Auch Tarifverträge oder Betriebsvereinbarungen können Vereinbarungen enthalten, die dem Arbeitgeber die für bestimmte Zahlungen zu entrichtenden Steuern und Sozialversicherungsbeiträge auferlegen. Es muss aber ausreichend erkennbar sein, dass ausnahmsweise eine abweichende Regelung gewollt war.[313] In diesem Fall gilt die Lohnsteuer steuerrechtlich als einbehalten, sodass es ausreichend ist, den Nettobetrag einzuklagen, ohne dass steuerliche Nachteile drohen. Zurückzuführen ist das auf folgende **steuerrechtliche Lage:** Nach § 36 Abs. 2 Nr. 2 EStG wird die durch Steuerabzug erhobene ESt auf die Jahreseinkommensteuer angerechnet, soweit sie auf die bei der Veranlagung erfassten Einkünfte entfällt. Erhoben i.S.d. § 36 Abs. 2 Nr. 2 EStG ist eine Abzugssteuer nur dann, wenn sie vom abzugspflichtigen Arbeitgeber einbehalten worden ist. Erfüllt er – bewusst oder aus Unkenntnis – seine Abzugspflicht nicht, entfällt i.d.R. die Anrechnung. Lohnsteuer ist immer dann anzurechnen, wenn sie vom Arbeitgeber entrichtet worden ist oder als entrichtet gilt, weil sie aus seiner Sicht vorschriftsmäßig einbehalten worden ist. Voraussetzung

158

---

306 Ziemann MDR 13/1999, R 1.
307 BAG, 26.02.2003 – 5 AZR 223/02, NZA 2003, 922; BAG, 29.08.1984 – 7 AZR 34/83, NZA 1985, 58; Lepke AR-Blattei [D] Zinsen Rn 148 m.w.N.; Berkowsky/Drews DB 1985, 2099.
308 Müller DB 1978, 935; dagegen Berkowsky BB 1982, 1120, 1121 ff.
309 BAG, 26.02.2003 – 5 AZR 223/02, NZA 2003, 922.
310 BAG, 23.08.1990 – 2 AZR 156/90, DB 1991, 445.
311 Vgl. dazu auch BAG, 26.02.2003 – 5 AZR 223/02, NZA 2003, 922, m. Anm. von Ziemann.
312 § 38 Abs. 2 Satz 2 EStG.
313 BAG, 27.04.2000 – 6 AZR 754/98.

hierfür ist, dass entweder der Arbeitgeber die Lohnsteuer bei Auszahlung des dem Arbeitnehmer zustehenden Lohnes tatsächlich und vorschriftsmäßig einbehalten oder sie im Rahmen einer sog. Nettolohnvereinbarung übernommen hat.[314]

159 **Ausnahmsweise** besteht selbst bei einer Bruttolohnvereinbarung und Ausurteilung eines Nettobetrages i.R.d. Einkommensteuerveranlagung die Möglichkeit der Anrechnung von als einbehalten geltender Lohnsteuer der klagenden Partei. Das ist dann der Fall, wenn der Arbeitgeber freiwillig bereit gewesen ist, der klagenden Partei anstatt der in den Entscheidungsgründen des arbeitsgerichtlichen Urteils als netto bezeichneten Beträge den ursprünglich vereinbarten Bruttolohn laut Arbeitsvertrag zu zahlen. Voraussetzung dafür ist zum einen, dass der Arbeitgeber im Zusammenhang mit der – freiwilligen oder zwangsweisen – Zahlung der ausgeurteilten Nettobeträge die nach dem entsprechenden Bruttolohn laut Arbeitsvertrag berechnete Lohnsteuer im Lohnkonto vermerkt. Darüber hinaus ist erforderlich, dass der Arbeitgeber hinreichend die Bereitschaft dokumentiert, diese Lohnsteuer der klagenden Partei noch zusätzlich zu dem geflossenen Nettobetrag zuzuwenden.[315]

160 Ähnliche Konsequenzen hat eine **pauschale Lohnsteuer**.[316] Nach § 40a Abs. 2 und Abs. 2a EStG in der seit dem 01.04.2003 geltenden Fassung kann der Arbeitgeber unter Verzicht auf die Vorlage einer Lohnsteuerkarte die Lohnsteuer mit einem Pauschsteuersatz erheben. In diesem Fall ist – wie bei der Nettolohnvereinbarung – steuerrechtlich der Arbeitgeber Schuldner der pauschalen Lohnsteuer. Sie hat bei der Veranlagung der ESt im Lohnsteuerjahresausgleich außer Ansatz zu bleiben.[317] Wählt der Arbeitgeber nicht die Pauschalierung, verbleibt es bei den allgemeinen Grundsätzen der §§ 38 bis 39d EStG. Danach wird die Lohnsteuer dadurch erhoben, dass der Arbeitgeber sie vom Arbeitslohn abzieht und an das FA abführt. In diesem Fall ist steuerrechtlich wieder der Arbeitnehmer Schuldner der Lohnsteuer.[318] Der Arbeitgeber ist lediglich Mithaftender[319] mit der Folge, dass steuerrechtlich Arbeitnehmer und Arbeitgeber insoweit Gesamtschuldner werden.[320]

161 Ist zwischen den Parteien nur der **Teil einer Zulage** streitig, so ist folgender Antrag vom BAG[321] als zulässig angesehen worden:

»... beantragt, an den Kläger ab ... eine Leistungszulage in Höhe von weiteren ... Euro zuzüglich zu dem unstreitigen Betrag von ... Euro zu zahlen.«

c) Vergütungsforderung nach Anspruchsübergängen

aa) Bruttoforderung nach Krankengeldbezug?

162 Der Forderungsübergang nach § 115 SGB X umfasst nach der Rechtsprechung des BAG[322] nicht die seitens der Krankenkasse abgeführten Beiträge zur Sozialversicherung. Die Vergütungsforderung muss also nicht um sie reduziert werden. Die Krankenkasse – so das BAG – führe die Sozialversicherungsbeiträge aufgrund einer eigenen gesetzlichen Verpflichtung ab. Sie zählten nicht zur Krankengeldleistung selbst (§§ 44 ff. SGB V) und seien deshalb keine Sozialleistung an den Arbeitnehmer i.S.d. § 115 SGB X, sondern eine zusätzliche Aufwendung der Krankenkasse. Ob und inwieweit die Krankenkasse gegen den Arbeitgeber einen Anspruch auf Erstattung der Sozialversicherungsbeiträge hat, musste das BAG bisher nicht entscheiden. Es ergeben sich insoweit durch

---

314 BFH, 18.06.1993 – VI R 67/90, EzA § 611 BGB Nettolohn, Lohnsteuer Nr. 9.
315 BFH, 18.06.1993 – VI R 67/90, EzA § 611 BGB Nettolohn, Lohnsteuer Nr. 9.
316 Vgl. dazu BAG, 24.06.2003 – 9 AZR 302/02, NJW 2003, 3725 = NZA 2003, 1145.
317 § 40a Abs. 5 i.V.m. § 40 Abs. 3 EStG.
318 § 38 Abs. 2 Satz 1 EStG.
319 § 42d Abs. 1 Nr. 1 EStG.
320 § 42d Abs. 3 Satz 1 EStG.
321 BAG, 09.07.1996 – 1 AZR 690/95, NZA 1997, 277.
322 BAG, 19.09.2012 – 5 AZR 924/11, NZA 2013, 330.

die Argumentation des BAG nicht ganz einfach zu lösende Probleme. Der durch das BAG zitierte § 335 Abs. 3 SGB[323] gilt bei Zahlung von Krankengeld nicht.

bb) Bruttoforderung nach Arbeitslosengeldbezug?

Nach dem Bezug von Arbeitslosengeld hat der Arbeitnehmer von seiner Forderung das erhaltene Arbeitslosengeld (»Nettobetrag«) abzuziehen. Dies ist die ihm infolge Arbeitslosigkeit gezahlte öffentlich-rechtliche Leistung (§ 11 Nr. 3 KSchG). Der Arbeitgeber hat die von der Bundesanstalt geleisteten Beiträge ggf. aus dem Bruttobetrag zu erstatten (§ 335 Abs. 3 SGB III). Insoweit ist die Entscheidung des Bundesarbeitsgerichts vom 9. April 1981[324] durch das Inkrafttreten von § 335 Abs. 3 und 4 SGB III überholt. Dementsprechend hat der Siebte Senat des Bundesarbeitsgerichts Bruttokrankenbezüge abzüglich des ausgezahlten Nettokrankengeldes zugesprochen und angenommen, der Bruttovergütungsanspruch sei hinsichtlich der daraus zu leistenden Sozialversicherungsbeiträge auch nicht in der Höhe auf die Krankenkasse übergegangen, in der diese Beiträge geleistet habe. Der Anspruchsübergang nach § 115 Abs. 1 SGB X führe nicht zu einer Entlastung des Arbeitgebers von den Beiträgen, die er aus dem geschuldeten Bruttoentgelt zu entrichten habe.[325]

163

cc) Bruttoforderung nach ALG II-Bezug?

Soweit Sozialleistungen selbst dann gewährt werden müssen, wenn der Arbeitgeber seiner Vergütungspflicht rechtzeitig und vollständig nachkommt, findet ein Anspruchsübergang nicht statt. Die Höhe des Anspruchsübergangs hängt deshalb zunächst davon ab, in welchem Umfang Einkommen des Arbeitnehmers nicht auf die gewährten Sozialleistungen anzurechnen ist. Kausal für den Bezug von Arbeitslosengeld II und damit übergangsbegründend kann nur solches Arbeitseinkommen sein, das im Falle pünktlicher Zahlung auf die SGB II-Leistungen Anrechnung gefunden hätte. Beträge, die auch bei rechtzeitiger Leistung des Arbeitgebers vom Einkommen des Arbeitnehmers hätten abgesetzt werden müssen, stehen einem Anspruchsübergang in dieser Höhe entgegen. Die Absetzungsbeträge nach § 11b SGB II – insbesondere die Arbeitnehmer-Freibeträge – verringern deshalb den auf den Leistungsträger übergehenden Entgeltteil.[326] Andernfalls würde der mit dem Arbeitnehmerfreibetrag bezweckte Erwerbsanreiz[327] unterlaufen.[328]

164

dd) Bruttoforderung nach Bezug von Insolvenzgeld?

Ansprüche auf Arbeitsentgelt, die einen Anspruch auf Insolvenzgeld begründen, gehen mit dem Antrag auf Insolvenzgeld auf die Bundesagentur für Arbeit über (§ 169 SGB III). Das Insolvenzgeld wird für rückständige Ansprüche auf Arbeitsentgelt gezahlt, die im Insolvenzgeldzeitraum – die letzten drei dem Insolvenzereignis vorausgehenden Monate des Arbeitsverhältnisses – entstanden sind.

165

▶ **Achtung:**
Der Übergang erfasst die Bruttoforderung insgesamt. § 115 SGB X findet keine Anwendung.[329]

d) Berechnung der Forderung nach Bezug von Sozialleistungen

Der anderweitige Verdienst, den der Kläger während des Anrechnungszeitraums erzielt hat, ist **nicht pro-rata-temporis**, sondern auf die Gesamtvergütung für die Dauer des (beendeten) Annahmever-

166

---

323 Dazu auch BSG, 29.01.2008 – B 7/7a AL 58/06 R, SozR 4-4300 § 128 Nr. 2.
324 BAG, 09.04.1981 – 6 AZR 787/78, BAGE 35, 200 = AP KSchG 1969 § 11 Nr. 1 = EzA § 11 KSchG Nr. 3.
325 Zum Ganzen siehe BAG, 24.09.2003 – 5 AZR 282/02, NZA 2003, 1332.
326 Maul-Sartori BB 2010, 3021, 3024.
327 Dazu BT-Drucks.15/1516 S. 59.
328 BAG, 21.03.2012 – 5 AZR 61/11, NZA 2012, 729.
329 BAG, 22.08.2012 – 5 AZR 526/11, NZA 2013, 376; auch BSG, 21.02.2013 – B 10 EG 12/12 R, SozR 4-7837 § 2 Nr. 19.

zugs anzurechnen. Zum Zwecke der dafür erforderlichen Vergleichsberechnung (Gesamtberechnung) ist zunächst die Vergütung für die infolge des Verzugs nicht geleisteten Dienste zu ermitteln. Dieser Gesamtvergütung ist das gegenüberzustellen, was der Arbeitnehmer in der betreffenden Zeit anderweitig verdient hat.[330] Aufgrund der im Zivilprozess geltenden Dispositionsmaxime bestimmen die Parteien mit ihren Anträgen und Einwendungen den der Gesamtberechnung zugrunde zu legenden Zeitraum.[331]

167 Bezüglich der **Verzinsung** gilt Folgendes: Der Arbeitnehmer hat im Hinblick auf den Verzug des Arbeitgebers Anspruch auf Zinsen auf die Differenzvergütung nach § 288 Abs. 1, § 286 Abs. 2 Nr. 1 BGB. Trotz der Gesamtberechnung entstehen die Annahmeverzugsansprüche nicht erst am Ende des Annahmeverzugs, sondern sukzessive während des Annahmeverzugs und werden mit dem jeweiligen Abrechnungszeitraum fällig. Der Arbeitnehmer ist grundsätzlich nicht gehindert, sie ratierlich geltend zu machen. Der Arbeitnehmer kann Prozess- oder Verzugszinsen fordern. Doch hat er die von dritter Seite bezogenen Bruttovergütungen taggenau abzusetzen, wie dies für anzurechnende öffentlich-rechtliche Leistungen bereits entschieden ist.[332]

e) Darlegungs- und Beweislast bei Forderung des Bruttobetrages

168 Zur Darlegungs- und Beweislast siehe § 58 Rdn. 120 ff.

3. Vergütungs-Feststellungsklage

169 Eine Klage auf Feststellung, dass die beklagte Partei verpflichtet ist, der klagenden Partei einen bestimmten Vergütungsbestandteil **monatlich ab einem bestimmten Zeitpunkt** zu zahlen, ist zulässig. Nach der Rechtsprechung des BAG gilt dies dann, wenn die Leistungsklage nur in Form einer Klage auf zukünftige Leistung nach **§ 259 ZPO** möglich wäre.[333] Der Antrag, festzustellen, dass eine »Teilkündigung« unwirksam ist, ist dahin ausgelegt worden, dass die klagende Partei die Feststellung begehrt, ihr stehe auch nach Wegfall einer bestimmten Tarifgruppe eine nicht aufzehrbare, an Tariferhöhungen teilnehmende Zulage in bestimmter Höhe zu.[334]

170 Zulässig ist auch eine Feststellungsklage, wenn Entgeltansprüche oder sonstige Ansprüche **sowohl für die Zukunft als auch für die Vergangenheit** geltend gemacht werden.[335] Die Rechtsprechung ist vom **Vorrang der Leistungsklage** abgegangen, soweit erst im Laufe des Rechtsstreits die Bezifferung einer Forderung möglich geworden ist. Die im Rechtsmittelverfahren eintretende Möglichkeit der Bezifferung nötigt nicht dazu, zur Leistungsklage überzugehen.[336]

171 Ggü. einem **Arbeitgeber des Öffentlichen Dienstes** können Zahlungsansprüche grds. durch Feststellungsklage geltend gemacht werden, weil davon ausgegangen werden kann, dass dieser Arbeitgeber einem entsprechenden Feststellungsurteil nachkommt, sodass sich eine Zwangsvollstreckung aus einem Leistungsurteil erübrigt. Das gilt auch dann, wenn es sich um Zahlungsansprüche für die Vergangenheit handelt, die an sich beziffert werden könnten. Entscheidend ist allein, ob der Streit der Parteien über die Voraussetzungen eines geltend gemachten Anspruchs durch die gerichtliche Feststellung beseitigt wird, sodass die Berechnung des festgestellten Anspruchs ggf. unter

---

[330] BAG, 12.12.2006 – 1 AZR 96/06, Rn 33; BAG, 22.11.2005 – 1 AZR 407/04, Rn 22 m.w.N.; BAG, 19.02.1997 – 5 AZR 379/94, zu 2 der Gründe.
[331] BAG, 16.05.2012 – 5 AZR 251/11, NJW 2012, 2905.
[332] BAG, 19.03.2008 – 5 AZR 429/07, ZIP 2008, 1246 Rn 16; BAG, 16.05.2012 – 5 AZR 251/11, NJW 2012, 2905.
[333] BAG, 07.09.1994 – 10 AZR 716/93, NZA 1995, 430; Grunsky § 46 Rn 24.
[334] BAG, 22.01.1997 – 5 AZR 658/95, NZA 1997, 711.
[335] BAG, 18.01.1966 – 1 AZR 158/65, DB 1966, 583; BAG, 01.09.1994 – 10 AZR 716/93, NZA 1995, 430; im Ergebnis auch BAG, 30.05.1996 – 6 AZR 649/95, NZA 1996, 1217.
[336] BAG, 18.03.1997 – 9 AZR 84/96, NZA 1997, 1168.

Berücksichtigung bereits erfolgter Zahlungen ohne Weiteres möglich ist.[337] Während der Dauer des Rechtsstreits kann der Kläger aber nicht ein für ihn günstiges Instanzurteil vollstrecken, weil es insoweit an einem Leistungsbefehl in der feststellenden Entscheidung fehlt.[338]

4. Klage auf künftige Leistung

Die Klage kann auch auf künftige Leistung gerichtet sein. Zu den künftigen Leistungen i.S.v. § 259 ZPO gehören grds. auch künftige Vergütungsansprüche von Arbeitnehmern.[339] Die Vergütungsansprüche müssen allerdings bezifferbar sein.[340] Besteht Streit über den Fortbestand eines Arbeitsverhältnisses, kann künftig fälliges Arbeitsentgelt unter Berufung auf § 259 ZPO nur bis zum rechtskräftigen Abschluss der **Bestandsschutzstreitigkeit** verlangt werden, weil fortbestehender Leistungswille nicht für Zeit nach der letzten mündlichen Verhandlung festgestellt werden kann.[341] Eine Ausnahme gibt es nur dann, wenn der Arbeitgeber erkennen lässt, dass er auch bei rechtskräftiger Klärung des Fortbestands des Arbeitsverhältnisses keine Arbeitsvergütung zahlen werde.[342] Der Fünfte Senat des BAG hält die **Klage auf künftige Leistung bei Vergütungsansprüchen seit seiner Entscheidung vom 22.10.2014**[343] **nicht mehr für möglich.** Die Besorgnis der Leistungsverweigerung könne sich auf einen bedingten Anspruch beziehen, sofern abgesehen vom Eintritt der Bedingung die Verpflichtung des Schuldners zur Erbringung der künftigen Leistung in ihrem Bestand gewiss sei. § 259 ZPO ermögliche aber nicht die Verfolgung eines erst in der Zukunft entstehenden Anspruchs. Er setze vielmehr voraus, dass der geltend gemachte Anspruch bereits entstanden sei.[344] Vergütungsansprüche aus dem Arbeitsverhältnis entstünden aber erst mit Erbringung der Arbeitsleistung, weil der Vertrag durch Kündigung beendet werden könne oder der Arbeitnehmer die ihm obliegende Leistung, ohne Vorliegen der Voraussetzungen, unter denen ein Anspruch auf Vergütung ohne Arbeitsleistung gegeben wäre, verweigern könne.[345] Damit stellt der Fünfte Senat sich allerdings gegen die bisher durch andere Senate, aber auch durch ihn selbst vertretene Auffassung. Außerdem reiche das Bestreiten der vom Arbeitnehmer beanspruchten Forderungen durch den Arbeitgeber für die nach § 259 ZPO erforderliche Besorgnis der Nichtleistung allein nicht aus. Oft wird die Klage z.T. noch zu retten sein. Maßgeblicher Zeitpunkt für die Beurteilung der Zulässigkeit der Klage durch das Berufungsgericht ist der der letzten mündlichen Verhandlung vor dem Landesarbeitsgericht. Soweit der Klageantrag zu diesem Zeitpunkt fällige Ansprüche umfasst, kommt es auf die Erfüllung der Voraussetzungen nach § 259 ZPO nicht an. Eine Sachentscheidung über diese Forderungen ist möglich, ohne dass es einer Antragsänderung bedarf.[346] Auch steht § 559 Abs. 1 ZPO einer Umstellung der Anträge in der Revisionsinstanz nicht entgegen, wenn zum Zeitpunkt der letzten mündlichen Verhandlung vor dem Landesarbeitsgericht die Zahlungsansprüche bereits fällig waren. Soweit die Ansprüche zu diesem Zeitpunkt noch nicht fällig waren, ist eine Klageänderung ausnahmsweise in den Fällen des § 264 Nr. 2 ZPO zulässig, wenn sich der geänderte Sachantrag auf einen in der Berufungsinstanz festgestellten oder von den Parteien übereinstimmend vorgetragenen Sachverhalt stützen kann, sich das rechtliche Prüfprogramm nicht wesentlich ändert und die Verfahrensrechte der anderen Partei durch eine Sachentscheidung nicht verkürzt werden.[347]

172

---

337 BAG, 05.06.1996 – 10 AZR 610/95, NZA 1997, 214.
338 Anders beim Leistungsurteil, vgl. § 62 Abs. 1 Satz 1.
339 BAG, 13.03.2002 – 5 AZR 755/00, EzA § 259 ZPO Nr. 1; restriktiv BAG, 18.12.1974 – 5 AZR 66/74, EzA § 615 BGB Nr. 27; zum Ganzen überzeugend Vossen DB 1985, 385 ff., 439 ff.
340 BAG, 31.08.1983 – 4 AZR 67/81.
341 BAG, 18.12.1974 – 5 AZR 66/74, NJW 1975, 1336.
342 Vossen DB 1985, 385, 387.
343 BAG, 22.10.2014 – 5 AZR 731/12, NJW 2015, 1773.
344 BAG, 22.10.2014 – 5 AZR 731/12, NJW 2015, 1773 Rn 40.
345 BAG, 22.10.2014 – 5 AZR 731/12, NJW 2015, 1773 Rn 42.
346 BAG, 22.10.2014 – 5 AZR 731/12, NJW 2015, 1773 Rn 15.
347 BAG, 22.10.2014 – 5 AZR 731/12, NJW 2015, 1773 Rn 36.

173   An die Formulierung des Antrags stellen die Senate des BAG unterschiedlich hohe Anforderungen. Der **Fünfte Senat** verlangt die Aufnahme der für den Vergütungsanspruch maßgeblichen Bedingungen **in den Antrag**. Begründet wird das damit, dass künftige Vergütungsansprüche u.a. dann entfallen, wenn das Arbeitsverhältnis beendet wird, die geschuldete Arbeitsleistung ausbleibt oder die Vergütung nicht fortzuzahlen ist, wie z.B. bei längerer Krankheit, unbezahltem Urlaub, unentschuldigten Fehlzeiten usw. Nur das Unerwartete könne unberücksichtigt bleiben. Hierzu gehöre die Beendigung des Arbeitsverhältnisses nicht. Im Rahmen der Zwangsvollstreckung sei dann nach § 726 Abs. 1 ZPO vor Erteilung der Vollstreckungsklausel zu prüfen, ob die für die künftigen Vergütungsansprüche maßgeblichen Bedingungen vorlägen.[348] Der **Zweite und der Vierte Senat** sahen das anders. Eine Begrenzung des Klageantrags sei wohl zweckmäßig und geeignet, jedoch **nicht zwingend** geboten.[349] Wegen etwaiger Einwendungen wird auf § 775 ZPO und §§ 767, 769 ZPO verwiesen. Der Vierte Senat[350] hat in der Entscheidung vom 09.04.2008 seine **bisherige Rechtsprechung aufgegeben**. Wolle ein AN die Gegenleistung für noch nicht erbrachte, aber nach § 614 BGB allgemein vorzuleistende komplexe Eigenleistungen bereits für Jahre im Vorhinein titulieren lassen, müsse er die (weiteren) Voraussetzungen, unter denen im Normalfall der Anspruch jeweils nach Ablauf des Zeitabschnittes entsteht, im Antrag benennen und ihren Eintritt vor der Vollstreckung für jeden Einzelfall nachweisen. Nur das Unerwartete könne unberücksichtigt bleiben. Unerwartet in diesem Sinne sei bezogen auf die unbefristete Verurteilung zu künftiger Leistung jedenfalls nicht der Wegfall des Anspruchs auf Arbeitsvergütung durch die Beendigung des Arbeitsverhältnisses oder – bei Fortbestand des Arbeitsverhältnisses – durch die Nichterbringung der Arbeitsleistung durch den Arbeitnehmer.[351] Die Entscheidung vom 9. April 2008 ist auch deshalb von besonderer Bedeutung, weil das BAG darin erwogen hat, eine Klage auf künftige Vergütung nach § 259 ZPO mit der in der Sache ausschließlich die Vergütungspflicht entsprechend einer bestimmten **tariflichen Vergütungsgruppe** geltend gemacht werde, grds. – mit der Ausnahme vorsätzlicher Verweigerung unzweifelhaft geschuldeter Vergütung – als unzulässig anzusehen. Hierfür spreche, dass das Rechtsschutzinteresse des AN auf einen solchen Leistungstitel deswegen i.d.R. nicht gegeben sei, weil die Gerichte nicht zur Erlangung eines Titels bemüht werden dürften, der im Regelfall nicht vollstreckt werden könne und dies bei einer Klage auf künftige Vergütungsleistung in vergleichbarer Weise gegeben sei.

Der Fünfte Senat hat mit Blick auf die Rechtsprechung des Vierten Senats dahinstehen lassen, ob bei der Drittschuldnerklage geringere Anforderungen gestellt werden dürfen.[352]

5. Zinsen auf Brutto-/Nettovergütung

174   Es war lange umstritten, ob Zinsen nur auf die Nettovergütung oder auf die Bruttovergütung zu zahlen sind.[353] **Der Große Senat des BAG** hat über diese Frage mit **Beschl. v. 07.03.2001**[354] entschieden. Danach können Arbeitnehmer die Verzugszinsen nach § 288 Abs. 1 BGB aus der in Geld geschuldeten Bruttovergütung verlangen. Die Arbeitnehmerin hat einen Anspruch gegen die Arbeitgeberin auf die Bruttovergütung. Arbeitsentgelt bezeichnet nämlich grds. den Bruttobetrag. Der Umstand, dass der Arbeitgeber an sich verpflichtet ist, die Abgaben abzuführen, diese also nicht an die Arbeitnehmerin auszuzahlen sind, steht dem nicht entgegen. Der Arbeitgeber kommt nach § 286 BGB mit der gesamten Bruttovergütung in Verzug, wenn er nach dem Eintritt der Fälligkeit nicht leistet. Es ist dann auch unerheblich, dass der Arbeitgeber dem FA die insgesamt

---

348 BAG, 13.03.2002 – 5 AZR 755/00, EzA § 259 ZPO Nr. 1.
349 BAG, 26.06.1959 – 2 AZR 25/57, DB 1959, 892; BAG, 23.02.1983 – 4 AZR 508/81, EzA § 850c ZPO Nr. 3; ebenso Vossen DB 1985, 386.
350 BAG, 09.04.2008 – 4 AZR 104/07, NZA-RR 2009, 79; bestätigt durch BAG, 28.01.2009 – 4 AZR 904/07, NZA 2009, 444.
351 BAG, 28.01.2009 – 4 AZR 904/07, NZA 2009, 444.
352 Ergänzende Hinweise bei Heimann AuR 2002, 441; Vossen DB 1985, 385, 439.
353 Ausführlich zum Rechtsstreit die 2. Auflage unter Rn 114 ff.
354 BAG GS, 07.03.2001 – GS 1/00, AP Nr. 4 zu § 288 BGB.

einbehaltene Lohnsteuer nach Maßgabe des § 41a Abs. 1 EStG erst am zehnten Tag nach Ablauf eines jeden Lohnsteueranmeldezeitraums anzugeben und die einbehaltene Lohnsteuer abzuführen hat. Die Fälligkeit des Gesamtsozialversicherungsbeitrags tritt spätestens am 15. bzw. am 25. des auf den Beschäftigungsmonat folgenden Monats unabhängig von dem Zeitpunkt der Fälligkeit der Vergütung ein, § 23 Abs. 1 SGB IV. Auf diese Vereinfachungsbestimmungen kann der Arbeitgeber sich nur berufen, wenn er den Lohn gezahlt hat. Ist das unterblieben, kommt er auch mit dem Teil des Lohns, der abzuführen ist, schon zum Zeitpunkt der Fälligkeit der Vergütung in Verzug.[355]

Zahlt der Arbeitgeber hingegen den Nettobetrag aus, ohne zum steuer- und sozialrechtlichen Fälligkeitszeitpunkt die Abgaben abzuführen, kommt er hinsichtlich der nicht abgeführten Beträge zu den jeweiligen sozial- bzw. steuerrechtlichen Fälligkeitszeitpunkten in Verzug. 175

Der **gesetzliche Zinssatz** beträgt nach § 288 Abs. 1 Satz 2 BGB fünf Prozentpunkte über dem Basiszinssatz des § 247 BGB. Der höhere Zinssatz des § 288 Abs. 2 BGB *(8 %)* gilt für Rechtsgeschäfte, an denen kein Verbraucher beteiligt ist. Nach fast einhelliger Auffassung in der Literatur[356] und der Rechtsprechung des BAG[357] findet § 288 Abs. 2 BGB auf Zinsen wegen Verzuges des Arbeitgebers mit der Arbeitsvergütung keine Anwendung. 176

Nach § 288 Abs. 3 BGB kann aber ein höherer Zinssatz geltend gemacht werden, wenn der Arbeitnehmer aus einem anderen Rechtsgrund *(z.B. Arbeits- oder Tarifvertrag)* höhere Zinsen verlangen kann. Auch unter dem Gesichtspunkt des Schadensersatzes kann ein höherer Zinssatz in Betracht kommen, § 288 Abs. 4 BGB. Dieser ist dann aber zu begründen, etwa mit folgender Formulierung: »Die Klägerin nimmt jedenfalls seit dem ... Bankkredit in einer die Klageforderung übersteigenden Höhe in Anspruch und wird dies auch weiterhin tun.« Hierfür ist Beweis anzutreten und im Fall des Bestreitens Beweis durch Vorlage einer entsprechenden Bankbescheinigung anzubieten. 177

Der Antrag nebst Zinsantrag ist darauf zu richten, »den Beklagten zu verurteilen, an die Klägerin 2000 Euro brutto nebst Zinsen in Höhe von fünf Prozentpunkten über dem Basiszinssatz seit dem ... zu zahlen«. 178

6. Teil-Vergütung

Bei einer Klage auf Vergütung müssen die Zeiträume, für die die Vergütung gefordert wird, **kalendermäßig** bezeichnet werden. Andernfalls ist der Gegenstand des erhobenen Anspruchs nicht ausreichend bezeichnet.[358] Verlangt der Kläger für einzelne Tage ein Urlaubsentgelt oder ein restliches Urlaubsgeld, muss er die Tage bezeichnen, für die er diese Ansprüche erhebt. Dasselbe gilt auch für die durch Krankheit ausgefallenen Arbeitsstunden oder Arbeitstage. Diese Angaben sind erforderlich, um den Umfang der Rechtskraft ermitteln zu können. Stünde nicht fest, für welche Zeiträume der Anspruch besteht oder versagt wird, wäre das Urteil einer materiellen Rechtskraft nicht fähig.[359] Wird im Tarifvertrag für bestimmte Vergütungsbestandteile auf die monatliche Arbeitszeit abgestellt, genügt die Bezeichnung der Monate, für die jene Vergütungsbestandteile geltend gemacht werden.[360] 179

Macht der Kläger einen **Teilbetrag aus mehreren selbstständigen Ansprüchen** geltend, so bedarf es einer Abgrenzung der verschiedenen Ansprüche. Diese kann entweder dadurch erfolgen, dass der Kläger Teilbeträge der einzelnen Ansprüche bezeichnet, die zusammen den Betrag des Klageantrags ausmachen, oder indem er die einzelnen Ansprüche unter Bezifferung eines jeden derart in ein 180

---

355 BAG GS, 07.03.2001 – GS 1/00, NZA 2001, 1195 = NJW 2001, 3570.
356 Boemke BB 2002, 96; Däubler NZA 2001, 1329, 2333; Gotthardt Rn 12; Palandt/Heinrichs § 288 Rn 9; Reinecke DB 2002, 583, 587; Bauer/Kock DB 2002, 42, 46; Berkowsky AuA 2002, 11, 15; Henssler RdA 2002, 129, 135; Staudinger/Löwisch Vorbem. zu §§ 284 bis 292 Rn 4a f.
357 BAG, 23.02.2005 – 10 AZR 602/03, NZA 2005, 694.
358 § 253 Abs. 2 Nr. 2 ZPO.
359 § 322 Abs. 1 ZPO.
360 BAG, 05.09.1995 – 3 AZR 58/95, NZA 1996, 266.

Abhängigkeitsverhältnis zueinander bringt, dass der eine Anspruch als Hauptanspruch und die übrigen in genau anzugebender Reihenfolge als Hilfsansprüche geltend gemacht werden.[361]

7. Klage auf vermögenswirksame Leistung

181 Hat der Arbeitgeber ohne Zuzahlung eines von ihm selbst geschuldeten Zuschusses lediglich aus der abgerechneten Nettovergütung des Klägers die Beiträge auf das Bausparkonto abgeführt, kann der Kläger noch Zahlung des Arbeitgeberzuschusses an sich selbst verlangen. In diesem Fall hat der Arbeitgeber eine entsprechende tarifliche Verpflichtung nicht erfüllt, während der Kläger von seiner eigenen Zahlungsverpflichtung aus dem Bausparvertrag frei geworden ist. Der Zuschuss des Arbeitgebers wird nur als Bruttobetrag geschuldet. Vermögenswirksame Leistungen sind Geldleistungen, die der Arbeitgeber für den Arbeitnehmer anlegt. Sie sind insgesamt, d.h. auch soweit sie auf einem vom Arbeitgeber zusätzlich zum Lohn gezahlten Zuschuss beruhen, arbeitsrechtlich Bestandteil der Vergütung, sie gehören i.S.d. Sozialversicherung zum Arbeitsentgelt und steuerrechtlich zu den Einkünften aus nichtselbständiger Arbeit.[362] Hat der Arbeitgeber für die streitgegenständlichen Monate keine Zahlungen an die Bausparkasse erbracht, kann der Kläger keine Zahlung an sich, sondern nur auf das vermögenswirksame Konto verlangen.[363]

> ▶ Hat der Arbeitgeber aus dem Nettoeinkommen einen Betrag als vermögenswirksame Leistung auf z.B. ein Bausparkonto überwiesen, ohne dies dem Bruttobetrag zuvor hinzuzurechnen, kann die Arbeitnehmerin Zahlung des Bruttobetrages abzüglich des ausgezahlten und des auf das Bausparkonto überwiesenen Betrages beantragen.
>
> Hat der Arbeitgeber die vermögenswirksame Leistung nicht abgeführt, sondern einbehalten, kann nur auf Zahlung des Betrages auf das Konto der Bausparkasse beantragt werden.

III. Bestandsschutz

1. Grundsätzliches

182 Gegenstand von Bestandsschutzstreitigkeiten ist regelmäßig die Frage, ob das Arbeitsverhältnis besteht bzw. über einen bestimmten Zeitpunkt hinaus fortbesteht. Es kann darüber gestritten werden, **ob überhaupt** ein Arbeitsverhältnis bestanden hat *(z.B. Abgrenzung zum freien Mitarbeiter)*, ob es **wirksam befristet** ist oder ob es aufgrund eines **Aufhebungsvertrages** oder eines **Gestaltungsrechts** *(Kündigung, Anfechtung)* wirksam beendet worden ist. Abhängig vom jeweiligen Streitgegenstand sehen die gesetzlichen Bestimmungen Kündigungsschutz-[364] und Änderungsschutzanträge[365] sowie den allgemeinen Feststellungsantrag nach § 256 Abs. 1 ZPO vor. Die Anträge können – dem Klagebegehren entsprechend – kombiniert werden und sich gegen ein oder mehrere *(evtl. bisherige)* Arbeitgeber richten.

183 Der nach § 256 Abs. 1 ZPO zulässige **allgemeine Feststellungsantrag** lautet, sofern sich aus den folgenden Ausführungen nichts anderes ergibt:

> »*Die klagende Partei beantragt festzustellen, dass das Arbeitsverhältnis zwischen den Parteien über den ... (streitigen Beendigungszeitpunkt) fortbesteht.*«

Dieser Antrag ist auch zu wählen, wenn von der klagenden Partei der Ausspruch einer Kündigung durch die beklagte Partei bestritten wird. Stellt nämlich eine Erklärung nach ihrem objektiven

---

361 BAG, 11.08.1987 – 8 AZR 609/84, NZA 1988, 200.
362 BFH, 22.09.2011 – III R 57/09, BFH/NV 2012, 562; BAG, 15.08.1984 – 5 AZR 47/83, BAGE 46, 174.
363 BAG, 19.09.2012 – 5 AZR 628/11, NZA 2013, 330.
364 § 4 Satz 1 KSchG.
365 § 4 Satz 2 KSchG.

Erklärungswert keine Kündigung dar, so fehlt es von vornherein an dem in § 4 KSchG vorausgesetzten rechtlichen Interesse an der Erhebung der Kündigungsschutzklage.[366]

Auf die Rechtsunwirksamkeit eines Aufhebungsvertrags oder einer Anfechtungserklärung gerichtete Feststellungsanträge sind unzulässig *(bleiben jedoch häufig in der arbeitsgerichtlichen Praxis ungerügt)*, denn sie zielen nicht auf die Feststellung des Bestehens oder Nichtbestehens eines Rechtsverhältnisses, sondern auf die Klärung einer Rechtsfrage. Auch bei streitiger Rechtswirkung von Aufhebungsverträgen und Anfechtungserklärungen ist der in Rdn. 183 formulierte Feststellungsantrag nach § 256 Abs. 1 ZPO zu stellen. 184

2. Kündigungsschutz

a) Kündigungsschutz bei ordentlicher Kündigung

aa) Kündigungsschutzantrag

Im Fall der ordentlichen Kündigung lautet der Antrag nach § 4 Satz 1 KSchG: 185

»Die (klagende Partei) beantragt festzustellen, dass das Arbeitsverhältnis der Parteien durch die Kündigung vom ... nicht aufgelöst worden ist/wird.«

Dabei ist **Gegenstand einer Kündigungsschutzklage** mit diesem Antrag die Beendigung des Arbeitsverhältnisses durch eine konkrete, mit der Klage angegriffene Kündigung zu dem in ihr vorgesehenen Termin.[367] Streitgegenstand einer Kündigungsschutzklage ist aber nicht nur die Wirksamkeit der angegriffenen Kündigung, sondern auch die Frage, ob überhaupt ein durch die Kündigung auflösbares Arbeitsverhältnis bestanden hat, und zwar sowohl zum Zeitpunkt des Zugangs der Kündigung[368] als auch zum Zeitpunkt des Wirksamwerdens,[369] also bei Ablauf der Kündigungsfrist. Ein Kündigungsschutzantrag beinhaltet auch die Frage, ob das Arbeitsverhältnis der Parteien nicht schon durch andere Auflösungstatbestände aufgelöst worden ist.[370]

Nach rechtskräftigem Abschluss des Kündigungsschutzverfahrens kann sich der Arbeitgeber also im Nachhinein in einem weiteren Prozess nicht mehr darauf berufen, es habe gar kein Arbeitsverhältnis bestanden. Streitgegenstand ist aber **nicht** die Frage, ob auch noch zum **Zeitpunkt der letzten mündlichen Verhandlung** ein Arbeitsverhältnis bestanden hat. Insoweit besteht die Möglichkeit, den Streitgegenstand durch einen allgemeinen Feststellungsantrag nach § 256 ZPO auf den Zeitraum bis zum Schluss der letzten mündlichen Verhandlung auszudehnen (dazu unten Rdn. 188). 186

Seit Inkrafttreten des **Arbeitsmarktreformgesetzes** vom 24.12.2003 am 01.01.2004 müssen **sämtliche Unwirksamkeitsgründe** innerhalb von drei Wochen seit Zugang der Kündigung mit dem Kündigungsschutzantrag nach § 4 KSchG angefochten werden. Zuvor galt das nur für die Fälle, in denen das Fehlen einer sozialen Rechtfertigung geltend gemacht werden sollte. Allerdings waren nach der Rechtsprechung des BAG vom Kündigungsschutzantrag auch schon vor der Gesetzesänderung sämtliche Unwirksamkeitsgründe erfasst.[371] Sollte die Kündigung aber nur wegen anderer Unwirksamkeitsgründe als wegen einer fehlenden sozialen Rechtfertigung i.S.d. § 1 Abs. 2 KSchG angefochten werden, war ein allgemeiner Feststellungsantrag zu stellen.[372] Diese Frage ist auch heute 187

---

366 BAG, 22.05.1980 – 2 AZR 613/78, n.v.
367 Sog. punktueller Streitgegenstandsbegriff, vgl. BAG, 27.01.1994 – 2 AZR 484/93, NZA 1994, 812 = NJW 1994, 2780.
368 BAG, 26.05.1999 – 5 AZR 664/98, NJW 1999, 3733; BAG, 18.03.1999 – 8 AZR 306/98, NZA 1999, 706.
369 BAG, 21.01.1999 – 2 AZR 648/97, NZA 1999, 539; BAG, 18.03.1999 – 8 AZR 306/98, NZA 1999, 706; BAG, 18.04.2002 – 8 AZR 347/01, ZInsO 2002, 1198.
370 BAG, 21.01.1999 – 2 AZR 648/97, NZA 1999, 539; BAG, 18.03.1999 – 8 AZR 306/98, NZA 1999, 706; BAG, 18.04.2002 – 8 AZR 347/01, ZInsO 2002, 1198.
371 BAG, 18.04.2002 – 8 AZR 346/01, NZA 2002, 1207.
372 BAG, 21.06.2000 – 4 AZR 379/99, NZA 2001, 271.

noch von Bedeutung, wenn eine Kündigung nur wegen des **Nichteinhaltens der Kündigungsfrist** angefochten wird.[373] **Insoweit ist aber zu beachten, dass auch die** Nichteinhaltung der Kündigungsfrist innerhalb der Klagefrist des § 4 Satz 1 KSchG und mit dem Kündigungsschutzantrag geltend gemacht werden muss, wenn sich nicht durch **Auslegung** ermitteln lässt, dass eine die Kündigungsfrist wahrende Kündigung ausgesprochen werden sollte.[374] Ist eine ordentliche Kündigung ohne weiteren Zusatz zu einem bestimmten Datum erklärt worden, steht das Bestimmtheitsgebot der Auslegung der Kündigungserklärung als eine Kündigung zu einem anderen Termin entgegen. Es sei nicht die Aufgabe des Arbeitnehmers – so der Fünfte Senat in der zitierten Entscheidung vom 01.09.2010 –, darüber zu rätseln, zu welchem anderen als in der Kündigungserklärung angegebenen Termin der Arbeitgeber die Kündigung gewollt haben könnte. Der Zweite Senat hatte diese Möglichkeit in seiner Entscheidung vom 15.12.2005[375] als Ausnahmefall bereits in seiner Entscheidung genannt. Der Kündigungstermin sei dann ausnahmsweise integraler Bestandteil der Willenserklärung und müsse innerhalb der Klagefrist des § 4 Satz 1 KSchG angegriffen werden. Zugleich scheide aber auch eine Umdeutung aus, da ein derart klar artikulierter Wille des Arbeitgebers nicht den Schluss auf einen mutmaßlichen Willen, wie ihn § 140 BGB erfordert, zulasse. Eine unterschiedliche Wertung der Senate ist nicht zu übersehen.[376]

Der tarifvertragliche oder arbeitsvertragliche Ausschluss der ordentlichen Kündigung zählt zu den Unwirksamkeitsgründen einer vom Arbeitgeber ausgesprochenen ordentlichen Kündigung, die gemäß §§ 4, 6 n.F. KSchG rechtzeitig prozessual geltend gemacht werden müssen.[377]

bb) Kombination des Kündigungsschutzantrages mit dem allgemeinen Feststellungsantrag

188 Soll Streitgegenstand auch die Frage sein, ob das Arbeitsverhältnis der Parteien nicht durch **weitere Beendigungstatbestände** innerhalb des Zeitraums zwischen Kündigungstermin und letzter mündlicher Verhandlung aufgelöst worden ist, kann neben dem Kündigungsschutzantrag nach § 4 KSchG ein allgemeiner Feststellungsantrag nach § 256 ZPO gestellt werden. Diese Anträge können nach § 260 ZPO zulässig in einer Klage verbunden werden.[378]

189 Bei einer zulässigen allgemeinen Feststellungsklage nach § 256 ZPO wird der Fortbestand des Arbeitsverhältnisses geprüft; es sind deshalb alle nach dem Vortrag der Parteien in Betracht kommenden Beendigungsgesichtspunkte zu erörtern.

190 Die Rechtskraft eines positiven Feststellungsurteils erfasst alle diese Beendigungsgründe.[379] Folgekündigungen werden aber nicht ohne Weiteres bereits mit ihrem Zugang Gegenstand des Rechtsstreits. Ein allgemeiner Feststellungsantrag erfasst nicht ungeachtet des Prozessverhaltens des Arbeitnehmers stets und unter allen Umständen jede während der Prozessdauer ausgesprochene Kündigung.[380] Will ein Kläger weitere Beendigungstatbestände zum Gegenstand seines allgemeinen Feststellungsantrags machen, so muss er sie in den Rechtsstreit zumindest durch ergänzenden Tatsachenvortrag einführen. Ist eine weitere Kündigung in den Prozess eingeführt worden, kommt es allerdings nicht darauf an, wann dies geschehen ist.[381]

---

373 BAG, 15.12.2005 – 2 AZR 148/05, NZA 2006, 791, Rn 28.
374 BAG, 01.09.2010 – 5 AZR 700/09, NZA 2010, 1409 = NJW 2010, 3740 = EzA § 4 nF KSchG Nr. 90, Rn 27.
375 BAG, 15.12.2005 – 2 AZR 148/05, NZA 2006, 791, Rn 28.
376 Ausführlich dazu Kloppenburg in Düwell, Das reformierte Arbeitsrecht, § 4 Rn 25.
377 BAG, 08.11.2007 – 2 AZR 314/06, NZA 2008, 936 = NJW 2008, 1336.
378 BAG, 21.01.1988 – 2 AZR 581/86, NZA 1988, 651 = NJW 1988, 2691; BAG, 27.01.1994 – 2 AZR 484/93, NZA 1994, 812 = NJW 1994, 2780; BAG, 16.03.1994 – 3 AZR 97/93, NZA 1994, 860.
379 BAG, 10.10.2002 – 2 AZR 622/01, NZA 2003, 684.
380 BAG, 10.10.2002 – 2 AZR 622/01, NZA 2003, 684.
381 BAG, 13.03.1997 – 2 AZR 512/96, NZA 1997, 844 = NJW 1998, 698.

Folgekündigungen müssen nicht im selben Rechtsstreit angefochten werden. Wird gegen eine spätere Kündigung in einem weiteren Rechtsstreit gesondert Klage erhoben, ist aber eine danach vorgenommene Klageerweiterung *(allgemeiner Feststellungsantrag)* in dem ersten Verfahren wegen anderweitiger Rechtshängigkeit unzulässig.[382] Die Aussetzung, ein Nichtbetreiben oder eine Unterbrechung eines Verfahrens ändern daran nichts.[383] Der Streitgegenstand der (späteren) Kündigungsschutzklage und damit der Umfang der Rechtskraft eines ihr stattgebenden Urteils kann auf die (streitige) Auflösung des Arbeitsverhältnisses **durch die konkret angegriffene Kündigung beschränkt** werden.[384] Eine solche Einschränkung des Umfangs der Rechtskraft bedarf deutlicher Anhaltspunkte, die sich aus der Entscheidung selbst ergeben müssen. Das schließt es nicht aus, für die Bestimmung des Umfangs der Rechtskraft im Einzelfall Umstände heranzuziehen, die schon mit der Entscheidungsfindung zusammenhängen.[385] Bei einem solchen Vorgehen kann über eine Kündigung losgelöst von einem anderen Verfahren über eine weitere Kündigung entschieden werden, welche das Arbeitsverhältnis zu einem früheren Zeitpunkt auflösen soll. In diesem Fall wird dann aber auch die Argumentation gegenstandslos, die im Rahmen einer **Aussetzungsentscheidung** die Vorgreiflichkeit der Entscheidung über die Kündigung mit einem früheren Auflösungszeitpunkt rechtfertigen sollte. Diese knüpft gerade daran an, dass mit der Rechtskraft des der Klage stattgebenden Urteils feststehe, dass jedenfalls im Zeitpunkt des Zugangs der (Folge-)Kündigung, welche das Arbeitsverhältnis erst zu einem späteren Zeitpunkt auflösen soll, zwischen den streitenden Parteien ein Arbeitsverhältnis bestanden hat.[386]

191

cc) **Besonderes Feststellungsinteresse**

Für den Kündigungsschutzantrag nach § 4 Satz 1 KSchG besteht das Feststellungsinteresse schon deswegen, weil die Klageerhebung notwendig ist, um das Wirksamwerden der Kündigung nach § 7 KSchG zu verhindern.[387] Die allgemeine Feststellungsklage nach § 256 ZPO setzt demgegenüber auch im Kündigungsschutzprozess ein besonderes Feststellungsinteresse voraus. Dies besteht nicht schon deshalb, weil eine konkret bezeichnete Kündigung ausgesprochen worden und wegen dieser ein Kündigungsschutzrechtsstreit anhängig ist. Es ist vielmehr erforderlich, dass der klagende Arbeitnehmer durch Tatsachenvortrag **weitere streitige Beendigungstatbestände** in den Prozess einführt oder wenigstens deren Möglichkeit darstellt und damit belegt, warum dieser die Klage nach § 4 KSchG erweiternde Antrag zulässig sein, d.h. warum an der – noch dazu alsbaldigen – Feststellung ein rechtliches Interesse bestehen soll.[388] Das BAG hat es insoweit früher ausreichen lassen, dass die Arbeitnehmerin im Zeitpunkt der letzten mündlichen Verhandlung die Geltendmachung weiterer Auflösungsgründe durch den Arbeitgeber nicht ausschließen konnte.[389] Nunmehr verlangt das BAG den **konkreten Vortrag der Möglichkeit weiterer Beendigungstatbestände**.[390] Bei einer verhaltensbedingten Kündigung soll die Tatsache weiterer verhaltensbedingter Kündigungen und einer Abmahnung nach Zugang der ersten Kündigung das Feststellungsinteresse für den Fortbestandsantrag begründen.[391] Bei betriebsbedingten und personenbedingten Kündigungen wird der Fortbestandsantrag regelmäßig als überflüssig erachtet,[392] wenn weitere Kündigungen nicht erfolgt oder angekündigt sind.

192

---

382 BAG, 10.10.2002 – 2 AZR 622/01, NZA 2003, 684.
383 BAG, 12.12.2000 – 9 AZR 1/00, NZA 2001, 1082.
384 BAG, 22.11.2012 – 2 AZR 732/11, NZA 2013, 665 Rn 20.
385 BAG, 22.11.2012 – 2 AZR 732/11, NZA 2013, 665 Rn 20; LAG Berlin-Brandenburg, 30.04.2015 – 26 Ta 625/15, Rn 17.
386 LAG Berlin-Brandenburg, 30.04.2015 – 26 Ta 625/15, Rn 17.
387 BAG, 11.02.1981 – 7 AZR 12/79, EzA § 4 n.F. KSchG Nr. 20.
388 BAG, 27.01.1994 – 2 AZR 484/93, NZA 1994, 812 = NJW 1994, 2780; BAG, 16.03.1994 – 8 AZR 97/93, NZA 1994, 860; BAG, 13.03.1997 – 2 AZR 512/96, NZA 1997, 844 = NJW 1998, 698.
389 BAG, 01.12.1989 – 2 AZR 225/89, EzA § 1 KSchG Krankheit Nr. 30.
390 BAG, 13.03.1997 – 2 AZR 512/96, NZA 1997, 844 = NJW 1998, 698.
391 BAG, 13.03.1997 – 2 AZR 512/96, NZA 1997, 844 = NJW 1998, 698.
392 Bitter DB 1997, 1407, 1409.

193 Ein solcher Sachvortrag zum Feststellungsinteresse des allgemeinen Feststellungsantrages (vgl. Rdn. 193) ist im Fall einer ursprünglich mangels konkreter Begründung **unzulässigen Klage** allerdings auch nach Ablauf der Drei-Wochen-Frist nachholbar und ergänzbar, wobei eine Hinweispflicht der Gerichte gem. § 139 ZPO besteht. Ist der Sachvortrag schlüssig, bleibt er aber streitig, muss er aufgeklärt werden. Bestreitet der Arbeitgeber den schlüssigen Sachvortrag des Arbeitnehmers nicht, ist die Klage zulässig; ihre Begründetheit ist von den in den Prozess eingeführten Beendigungsgründen abhängig.[393]

dd) Formulierung des kombinierten Antrags

194 In der Praxis sind zahlreiche Formulierungen anzutreffen. Besondere Probleme bereitet der Zusatz zum Kündigungsschutzantrag »**sondern fortbesteht**«. Er ist nur historisch zu verstehen. Der Zweite Senat legte ihn in seiner Entscheidung vom 21.01.1988[394] als allgemeinen Feststellungsantrag nach § 256 ZPO aus und rettete damit im konkreten Fall die Kündigungsfrist des § 4 KSchG. In dieser grundlegenden Entscheidung ließ es das BAG nämlich auf diese Weise zur Wahrung der Drei-Wochen-Frist ausreichend, dass zu Beginn des Verfahrens neben dem Kündigungsschutzantrag dieser Fortsatz »sondern fortbesteht« hinzugefügt wurde. Das führte dazu, dass schon zur Vermeidung von Regressfällen allgemein angeraten wurde, den Kündigungsschutzantrag mit diesem Fortsatz zu versehen. Allerdings kannte und kennt heute nicht jeder den Hintergrund dieser Formulierung. Daher wurde und wird der inzwischen als sog. »Wurmfortsatz« bekannte Zusatz häufig verwandt, obwohl gar kein allgemeiner Feststellungsantrag gestellt werden soll. Deshalb kommt es immer wieder zu **Auslegungsproblemen**.

195 Ob im Zeitpunkt des Ablaufs der Klagefrist ein Feststellungsantrag gemäß § 256 ZPO vorliegt, mit dem das Fortbestehen des Arbeitsverhältnisses geltend gemacht und damit jeglicher Auflösungstatbestand negiert wird, ist im Zweifelsfall durch Auslegung zu ermitteln.[395] Bei der Feststellung, welches Rechtsschutzbegehren aufgrund welchen Lebenssachverhalts verfolgt wird und damit welchen Streitgegenstand die Klagepartei dem Gericht unterbreitet hat, sind die für die Auslegung von Willenserklärungen im Prozessrecht maßgeblichen Grundsätze anzuwenden. Prozesserklärungen sind danach im Zweifel so auszulegen, dass dasjenige gewollt ist, was aus der Sicht der Prozessparteien nach den Maßstäben der Rechtsordnung vernünftig ist und der recht verstandenen Interessenlage entspricht. Jedoch sind auch die schutzwürdigen Belange des Erklärungsadressaten zu berücksichtigen. Das verbietet es auch, eindeutigen Erklärungen nachträglich einen Sinn zu geben, der dem Interesse des Erklärenden am besten dient.[396]

196 Dabei kommt es auf den gestellten Antrag und/oder darauf an, was der Kläger erkennbar gewollt hat.[397] Es ist entscheidend zu berücksichtigen, ob für den Arbeitgeber hinreichend erkennbar wird, dass der Arbeitnehmer jenen angreifen will. Durch die Frist des § 4 KSchG soll sichergestellt werden, dass der Arbeitgeber, wenn er nicht alsbald nach Ablauf von drei Wochen nach Zugang der Kündigung eine gegen diese Kündigung gerichtete Klage erhält, auf die Rechtfertigung der Kündigung im Umfang der Fiktionswirkung des § 7 KSchG vertrauen kann. Ist durch eine Klageerhebung sichergestellt, dass der Arbeitgeber unter Wahrung der Frist des § 4 KSchG gewarnt ist, so ist die Funktion der Norm erfüllt. Es kommt dann nicht darauf an, welche Formulierung der Arbeitnehmer seinem Klageantrag gegeben hat.[398]

197 Nicht als ausreichend wird insoweit die Formulierung »sondern fortbesteht« angesehen, wenn es an einer Begründung in der Klageschrift fehlt. Dies folge aus dem Umstand, dass die Klagebe-

---

393 BAG, 13.03.1997 – 2 AZR 512/96, NZA 1997, 844 = NJW 1998, 698.
394 BAG, 21.01.1988 – 2 AZR 581/86, NZA 1988, 651 = NJW 1988, 2691.
395 BAG, 16.03.1994 – 8 AZR 97/93; BAG, 07.12.1995 – 2 AZR 772/94, Rn 31.
396 BAG, 10.12.2014 – 7 AZR 1009/12, Rn 17.
397 BAG, 12.05.2005 – 2 AZR 426/04, Rn 24.
398 BAG, 12.05.2005 – 2 AZR 426/04, Rn 27.

gründung nicht erkennen lasse, ob der Kläger befürchtet, der Arbeitgeber werde weitere Beendigungsgründe geltend machen. Der Zusatz stellt danach lediglich ein unselbständiges Anhängsel zum Kündigungsschutzantrag dar, solange weitere Ausführungen zum Fortbestand eines Arbeitsverhältnisses in der Klageschrift fehlen.[399] Befasst sich die Begründung bei dieser Formulierung ausschließlich mit der Frage, ob eine vom Arbeitgeber ausgesprochene bestimmt bezeichnete Kündigung wirksam ist, so liegt regelmäßig kein über die Kündigungsschutzklage nach § 4 KSchG hinaus erweiterter Streitgegenstand vor.[400] Bringt der Kläger zum Ausdruck, er wolle nur den Inhalt des Antrages nach § 4 KSchG etwa dahin verdeutlichen, wenn die angegriffene Kündigung unwirksam sei, bestehe das Arbeitsverhältnis eben fort, so hat der Zusatz – so jedenfalls das Bundesarbeitsgericht – **als völlig überflüssig (sog. unselbständiges Anhängsel) wegzubleiben.** Er hat keine eigene prozessrechtliche Bedeutung.[401] Nicht ausreichen lassen hat das BAG in der Entscheidung vom 16. März 1994 (– 8 AZR 97/93) ohne weitere Begründung auch einen innerhalb der Frist des § 4 KSchG angekündigten Antrag, der auf die Feststellung gerichtet war, dass »das Arbeitsverhältnis der Parteien weder durch die Kündigung vom ... noch durch sonstige Beendigungstatbestände aufgelöst« sei.

Ist nur eine Kündigung im Streit, nicht aber der Bestand des Arbeitsverhältnisses aus anderen Gründen umstritten (z.B. *hinsichtlich seines Zustandekommens oder durch weitere Kündigungen*), so ist nach dem Achten Senat des BAG in aller Regel davon auszugehen, dass Streitgegenstand des Prozesses nur der Kündigungsschutzantrag sei und der weiteren Formulierung des Antrags, wonach das Arbeitsverhältnis über den Kündigungszeitpunkt hinaus ungekündigt fortbestehen soll, keine rechtlich selbstständige Bedeutung zukomme. Wolle ein Arbeitnehmer nämlich neben einer Kündigungsschutzklage nach § 4 KSchG eine **selbstständige allgemeine Feststellungsklage** nach § 256 Abs. 1 ZPO erheben, so genüge hierfür nicht schon, dass er neben dem Antrag nach § 4 KSchG begehre, den Fortbestand des Arbeitsverhältnisses festzustellen. Vielmehr bedürfe es auch einer entsprechenden Begründung. Befasse sich die Begründung ausschließlich mit der Frage, ob eine vom Arbeitgeber ausgesprochene bestimmt bezeichnete Kündigung wirksam sei, so liege regelmäßig kein über die Kündigungsschutzklage nach § 4 KSchG erweiterter Streitgegenstand vor.[402] Der Zweite Senat des BAG[403] hat es dahin stehen lassen, ob schon der bloße Zusatz »... sondern fortbesteht.« zum Kündigungsschutzantrag gem. § 4 KSchG regelmäßig als Antrag gem. § 256 ZPO auszulegen sei, weil er oft von Anwälten und Rechtssekretären in Kenntnis des Urteils vom 21.01.1988[404] zur Vermeidung eines möglichen Rechtsverlustes durchaus bewusst und von daher ernst gemeint angefügt werde.

198

Als allgemeiner Feststellungsantrag ist der Fortsatz jedenfalls nur auszulegen, wenn sich aus den Schriftsätzen des Klägers eine **entsprechende Begründung** ergibt. Andernfalls wird er als eine unbedeutende Ergänzung des Kündigungsschutzantrags angesehen. Dessen muss man sich bei dem Stellen eines solchen Antrags bewusst sein. Folge eines unbegründeten »Wurmfortsatzes« *(und damit fehlenden allgemeinen Feststellungsantrages)* ist es, dass jede weitere Kündigung innerhalb der Drei-Wochen-Frist des § 4 Satz 1 KSchG durch Klageerhebung besonders angefochten werden muss. Dies kann allerdings durch Klageerweiterungen geschehen.

199

Um erst gar keine Zweifel und Auslegungsprobleme aufkommen zu lassen, sollte der **kombinierte Kündigungsschutzantrag** wie folgt formuliert werden:

200

---

399 BAG, 15.03.2001 – 2 AZR 141/00, zu B II 3 der Gründe; BAG, 16.05.2002 – 8 AZR 320/01, Rn 52.
400 BAG, 16.03.1994 – 8 AZR 97/93; auch schon BAG, 27.01.1994 – 2 AZR 484/93; BAG, 28.02.1995 – 5 AZB 24/94.
401 BAG, 27.01.1994 – 2 AZR 484/93, Rn 29.
402 BAG, 16.03.1994 – 8 AZR 97/93, NZA 1994, 860; BAG, 27.01.1994 – 2 AZR 484/93, NZA 1994, 812 = NJW 1994, 2780; BAG, 26.01.1995 – 2 AZR 649/94, NZA 1995, 517; BAG, 29.08.1996 – 8 AZR 35/95, NZA 1997, 604 [ohne Stellungnahme zu BAG, 07.12.1995 – 2 AZR 772/94, NZA 1996, 334].
403 BAG, 07.12.1995 – 2 AZR 772/94, NZA 1996, 334.
404 BAG, 21.01.1988 – 2 AZR 581/86, NZA 1988, 651 = NJW 1988, 2691.

»Die Klägerin beantragt festzustellen, dass
1. das Arbeitsverhältnis der Parteien durch die Kündigung vom ... nicht aufgelöst worden ist/wird,
2. das Arbeitsverhältnis der Parteien über den Kündigungstermin hinaus unverändert fortbesteht.«

ee) Einführung weiterer Beendigungstatbestände in das Bestandsschutzverfahren

201 Wird durch eine zulässige allgemeine Feststellungsklage auf Fortbestand des Arbeitsverhältnisses nach § 256 ZPO eine **evtl. später ausgesprochene Kündigung mit erfasst**, ist der beklagte Arbeitgeber gehalten, den ihm günstigen Beendigungstatbestand in den Prozess einzubringen, weil er sich auf diesen nach rechtskräftiger antragsgemäßer Feststellung nicht mehr berufen könnte.[405] Der Arbeitnehmer muss seinerseits nach Kenntnis von einer weiteren Kündigung diese in den Prozess einführen und unter teilweiser Einschränkung des Feststellungsantrages[406] eine dem Wortlaut des § 4 KSchG angepasste Antragstellung vornehmen.[407] Auf eine sachdienliche Antragstellung muss das ArbG gem. § 139 ZPO hinwirken.

202 Wird eine weitere Kündigung *(oder ein sonstiger Beendigungstatbestand)* in den Prozess eingeführt, kommt es nicht darauf an, wann dies geschieht. Hat der Arbeitnehmer nämlich eine Feststellungsklage nach § 256 ZPO erhoben, ist der Arbeitgeber nach Sinn und Zweck des § 4 KSchG hinreichend gewarnt, dass der Arbeitnehmer sich gegen alle weiteren *(evtl. vorsorglichen)* Kündigungen wenden will, sodass die Einhaltung der Drei-Wochen-Frist für die Einführung der konkreten *(weiteren)* Kündigung in den Prozess reine Förmelei wäre. Für die rechtzeitige Anrufung des ArbG reicht nach ständiger Rechtsprechung des BAG auch eine unzulässige Klage *(zunächst)* aus.[408] Die Erweiterung der Klage kann noch bis zum Schluss der mündlichen Verhandlung in der Berufungsinstanz erfolgen; das BAG wendet insofern den Grundgedanken des § 6 KSchG entsprechend an. Denn die tragende Erwägung, dass der Arbeitnehmer mit der Erhebung einer Feststellungsklage nach § 256 ZPO dem Arbeitgeber deutlich gemacht habe, er wolle am Bestand des Arbeitsverhältnisses ungeachtet aller Kündigungs- bzw. Beendigungstatbestände festhalten, gilt während der Prozessdauer so lange fort, als neue Tatsachen in den Prozess eingeführt werden können. Insb. kann es zwischen den Instanzen, d.h. nach Verkündung eines erstinstanzlichen Urteils und vor der Bestellung eines Prozessbevollmächtigten für den klagenden Arbeitnehmer in der Berufungsinstanz,[409] zu Arbeitgeberkündigungen kommen, hinsichtlich derer das Bedürfnis an Klärung und Verhinderung der Wirkung des § 7 KSchG fortbesteht.

203 Geht ein Kläger vom erweiterten Streitgegenstand der Fortbestandsklage zu dem engeren und spezielleren Streitgegenstand der Kündigungsschutzklage über, was nicht zuletzt im Hinblick auf einen Antrag nach §§ 9, 10 KSchG geboten sein kann, so ist damit eine Einschränkung des Streitgegenstandes verbunden. In der nachträglichen Erhebung des Kündigungsschutzantrages i.S.v. § 4 KSchG liegt nämlich grds. zugleich eine – gem. § 264 Nr. 2 ZPO stets zulässige – Änderung des Feststellungsantrages. Die Einschränkung betrifft den Zeitraum vor dem mit der nun speziell angegriffenen Kündigung vorgesehenen Auflösungszeitpunkt. Die nunmehr konkret nach § 4 Satz 1 KSchG angegriffene Kündigung wird von der allgemeinen Feststellungsklage nicht mehr erfasst. Sind sonstige Beendigungsgründe *(z.B. angebliche Eigenkündigung des Arbeitnehmers, Aufhebungsvertrag, Anfechtung)* in den Prozess eingeführt, geht der allgemeine Feststellungsantrag i.d.R. dahin, bis zum Zeitpunkt der letzten mündlichen Verhandlung der Tatsacheninstanz bestehe das Arbeitsverhältnis fort; für einen weiter in die Zukunft reichenden Feststellungsantrag dürfte im anhängigen

---

[405] BAG, 21.01.1988 – 2 AZR 581/86, NZA 1988, 651 = NJW 1988, 2691.
[406] § 264 Nr. 2 ZPO.
[407] BAG, 30.11.1961 – 2 AZR 295/61, NJW 1962, 1587; BAG, 07.12.1995 – 2 AZR 772/94, NZA 1996, 334.
[408] BAG, 16.04.1959 – 2 AZR 227/58, NJW 1959, 1512; BAG, 24.09.1970 – 5 AZR 54/70, NJW 1971, 213; BAG, 10.12.1970 – 2 AZR 82/70, EzA § 3 KSchG Nr. 3.
[409] § 11 Abs. 2 ArbGG.

Prozess regelmäßig kein Rechtsschutzinteresse bestehen.⁴¹⁰ Wird also der allgemeine Feststellungsantrag gem. § 256 ZPO aufrechterhalten, bezieht er sich nunmehr auf die Zeit nach Zugang der letztangegriffenen Kündigung und gewöhnlich bis zum Schluss der mündlichen Verhandlung.⁴¹¹

Spätestens zum letztgenannten Zeitpunkt muss für den weiterhin gestellten allgemeinen Feststellungsantrag allerdings ein nicht mehr aus den speziell angegriffenen Kündigungen herleitbares Rechtsschutzinteresse an alsbaldiger Feststellung gem. § 256 Abs. 1 ZPO vorliegen (dazu Rdn. 193), soweit sich die Zulässigkeit nicht ausnahmsweise aus § 256 Abs. 2 ZPO ergibt; andernfalls ist die Klage teilweise abzuweisen.⁴¹² **204**

ff) Rechtsprechung zum Kündigungsschutzantrag

An **Inhalt und Form der Kündigungsschutzklage** sind keine hohen Anforderungen zu stellen. Zur **Wahrung der Klagefrist** genügt es, wenn aus der Klageschrift der Arbeitgeber, das Datum der Kündigung und der Wille, die Unwirksamkeit dieser Kündigung gerichtlich feststellen zu lassen, zu ersehen ist. Will man nicht entgegen Sinn und Zweck des § 4 KSchG den Kündigungsschutz der Arbeitnehmer an formalen Gründen scheitern lassen, so verbietet es sich, entscheidend darauf abzustellen, wie der Arbeitnehmer – u.U. unzutreffend – die ausgesprochene Kündigung in seiner Kündigungsschutzklage bezeichnet.⁴¹³ **205**

Wenn ein Arbeitgeber bei mündlicher Erklärung einer Kündigung ausdrücklich ein entsprechendes Kündigungsschreiben ankündigt, so kann damit zum Ausdruck kommen, dass es dem Arbeitgeber mit Rücksicht auf das Schriftformerfordernis auf den Zugang des Kündigungsschreibens ankommt, weshalb die Kündigung erst mit Zugang der schriftlichen Kündigung endgültig erklärt sein soll. Die Klagefrist nach § 4 KSchG läuft in jedem Fall erst ab Zugang der schriftlichen Kündigungserklärung, § 623 BGB. Die mündliche und die schriftliche Kündigungserklärung bilden dann aber eine einheitliche Kündigungserklärung.⁴¹⁴ Auch die Klage gegen eine als sicher in Aussicht gestellte Kündigung reicht aus, wenn der Arbeitnehmer es später versäumt, innerhalb der Drei-Wochen-Frist den Feststellungsantrag auf die später tatsächlich ausgesprochene Kündigung umzustellen.⁴¹⁵ Ebenso hat es die Rechtsprechung als unschädlich angesehen, wenn der Arbeitnehmer ausweislich der Klagebegründung in der Übersendung der Arbeitspapiere eine fristlose Kündigung gesehen und diese angegriffen hat, aus dem Zusammenhang aber ersichtlich ist, dass er sich gegen eine zuvor ausgesprochene fristgerechte Kündigung zur Wehr setzen will.⁴¹⁶ **206**

b) Kündigungsschutz bei außerordentlicher Kündigung

Nach § 13 Abs. 1 Satz 2 KSchG ist die Rechtsunwirksamkeit einer außerordentlichen Kündigung nach Maßgabe des § 4 Satz 1 KSchG geltend zu machen. Der Antrag lautet: **207**

»*Die (klagende Partei) beantragt festzustellen, dass das Arbeitsverhältnis der Parteien durch die außerordentliche Kündigung vom … (Datum der Kündigung) nicht aufgelöst worden ist.*«

Will der Arbeitnehmer die außerordentliche Kündigung als ordentliche Kündigung oder als außerordentliche Kündigung zu einem bestimmten Beendigungszeitpunkt gegen sich gelten lassen, so wird z.T. folgender Antrag vorgeschlagen.⁴¹⁷ **208**

---

410 BAG, 13.03.1997 – 2 AZR 512/96, NZA 1997, 844 = NJW 1998, 698.
411 BAG, 07.12.1995 – 2 AZR 772/94, NZA 1996, 334.
412 BAG, 27.01.1994 – 2 AZR 484/93, NZA 1994, 812 = NJW 1994, 2780; BAG, 07.12.1995 – 2 AZR 772/94, NZA 1996, 334.
413 BAG, 14.09.1994 – 2 AZR 182/94, NZA 1995, 417 = NJW 1995, 1173.
414 BAG, 25.04.1996 – 2 AZR 13/95, NZA 1996, 1227.
415 BAG, 04.03.1980 – 1 AZR 125/78, NJW 1980, 2211.
416 BAG, 21.05.1981 – 2 AZR 133/79, NJW 1982, 1174.
417 KR/Friedrich/Rinck § 13 KSchG Rn 45.

»*Die (klagende Partei) beantragt festzustellen, dass das Arbeitsverhältnis zwischen den Parteien durch die fristlose Kündigung vom ... (Datum der Kündigung) nicht zum ... (Datum) aufgelöst wurde, sondern erst mit Ablauf der Kündigungsfrist am ... (Datum) endet.«*

209 Für diese Formulierung spricht zwar die eindeutige Begrenzung des Streitgegenstandes. Da für die Feststellung, dass das Arbeitsverhältnis zu einem bestimmten Zeitpunkt endet, aber regelmäßig das Feststellungsinteresse fehlt, ist **folgende Formulierung richtiger:**

»*Die (klagende Partei) beantragt festzustellen, dass das Arbeitsverhältnis zwischen den Parteien durch die fristlose Kündigung vom ... (Datum der Kündigung) nicht vor Ablauf des ... (Datum) aufgelöst worden ist/wird.«*

Hier bleibt allerdings der Zeitpunkt der Beendigung des Arbeitsverhältnisses offen. Dieser ergibt sich jedoch aus §§ 4, 7 KSchG, wenn die Kündigung als ordentliche Kündigung nicht angegriffen worden ist.

210 Ist dem Arbeitnehmer zugleich außerordentlich und hilfsweise ordentlich gekündigt worden, muss er Feststellungsanträge gegen beide Kündigungen stellen,[418] allerdings kann der Antrag gegen die hilfsweise erklärte ordentliche Kündigung nach § 6 KSchG bis zum Schluss der mündlichen Verhandlung nachgeholt werden.[419]

c) Bestandsschutz außerhalb des KSchG

211 Seit Inkrafttreten des Arbeitsmarktreformgesetzes vom 24.12.2003 am 01.01.2004 gelten die unter 2a) und 2b) genannten Grundsätze und Antragsformulierungen auch dann, wenn Unwirksamkeitsgründe außerhalb des KSchG geltend gemacht werden sollen. Das ergibt sich jetzt aus § 4 Satz 1 KSchG. Danach muss ein Arbeitnehmer der geltend machen will, dass eine Kündigung sozial ungerechtfertigt **oder aus anderen Gründen rechtsunwirksam ist**, innerhalb von drei Wochen nach Zugang der schriftlichen Kündigung Klage auf Feststellung erheben, dass das Arbeitsverhältnis durch die Kündigung nicht aufgelöst ist. Allerdings waren nach der Rechtsprechung des BAG vom Kündigungsschutzantrag auch schon vor der Gesetzesänderung sämtliche Unwirksamkeitsgründe erfasst.[420] Sollte die Kündigung aber nur wegen anderer Unwirksamkeitsgründe als wegen einer fehlenden sozialen Rechtfertigung i.S.d. § 1 KSchG angefochten werden, war ein allgemeiner Feststellungsantrag zu stellen,[421] wobei der Antrag nach § 4 KSchG durch Auslegung als ein solcher nach § 256 ZPO verstanden wurde.[422] Geht es um die Wirksamkeit eines **Aufhebungsvertrages**, bedarf es weiterhin des allgemeinen Feststellungsantrags. Ist ein punktueller Antrag gestellt, ist dieser dahin auszulegen, dass nach § 256 ZPO die zulässige Feststellung begehrt wird, »das Arbeitsverhältnis habe über den ... hinaus fortbestanden«[423].

212 Unter den Voraussetzungen des § 256 ZPO kann auch der Arbeitgeber die gerichtliche Feststellung beantragen, dass trotz einer Kündigung des Arbeitnehmers das Arbeitsverhältnis fortbesteht.[424] Das Interesse an alsbaldiger Feststellung kann bestehen, weil der Arbeitgeber aufgrund eines eventuellen Vertragsbruchs des Arbeitnehmers hieraus Rechtsansprüche vielfältiger Art ableiten kann, so u.a. das Recht auf Erfüllung des Arbeitsvertrages oder den Anspruch auf Schadensersatz wegen Nichter-

---

418 BAG, 13.01.1982 – 7 AZR 757/79, NJW 1983, 303.
419 Hauck § 46 Rn 40.
420 BAG, 18.04.2002 – 8 AZR 346/01, NZA 2002, 1207.
421 BAG, 21.06.2000 – 4 AZR 379/99, NZA 2001, 271.
422 BAG, 05.12.1985 – 2 AZR 3/85, NZA 1986, 522 = NJW 1986, 2008; Ascheid, Kündigungsschutzrecht, Rn 739.
423 BAG, 10.11.2011 – 6 AZR 357/10, Rn 13.
424 BAG, 24.10.1996 – 2 AZR 845/95, NZA 1997, 370, wobei der Antrag nach § 4 KSchG durch Auslegung als ein solcher nach § 256 ZPO verstanden wurde.

füllung.[425] Schließlich geht es um weitere Folgen aus dem Arbeitsverhältnis *(z. B. für die Ausfüllung der Arbeitspapiere, das Erstellen eines Zeugnisses)*, weswegen die weitergehende Feststellungsklage prozessual sinnvoll ist.

3. Bestandsschutz bei Betriebsübergang

Wird eine Kündigung im zeitlichen Zusammenhang mit einem Betriebsübergang ausgesprochen, hängt die prozessuale Vorgehensweise von der **konkreten Sachverhaltskonstellation** ab. Maßgeblich ist der zeitliche Zusammenhang. Es kommt auf die Zeitpunkte des Zugangs der Kündigung, der Rechtshängigkeit und des Betriebsübergangs an. 213

a) Variante 1: Kündigung – Rechtshängigkeit – Betriebsübergang

Ist einer Arbeitnehmerin vor dem Betriebsübergang durch den Veräußerer gekündigt worden, so ist nach der Rechtsprechung des BAG[426] bis zum Betriebsübergang der Arbeitgeber, der gekündigt hat, passiv legitimiert. Diese Frage kann nach dem BAG nur in einem Rechtsstreit zwischen Arbeitnehmer und bisherigem Arbeitgeber geklärt werden.[427] Das Arbeitsverhältnis geht so auf den Erwerber über, wie es im Zeitpunkt des Betriebsübergangs bestanden hat. Ist die Kündigung des Veräußerers unwirksam gewesen, geht das Arbeitsverhältnis nicht rechtswirksam gekündigt auf den Erwerber über. 214

Der im Verlaufe des Rechtsstreits eintretende Betriebsübergang hat keinen Einfluss auf die Prozessführungsbefugnis des bisherigen Arbeitgebers. Die Kündigungsschutzklage wird mit Wirkung für und gegen den neuen Arbeitgeber fortgesetzt. Der alte Arbeitgeber bleibt nach § 265 Abs. 2 ZPO *(analog)* prozessführungsbefugt.[428] Der Betriebserwerber hat aber die Möglichkeit, den Prozess entsprechend § 265 Abs. 2 Satz 2 ZPO mit Zustimmung des Arbeitnehmers anstelle des Veräußerers zu übernehmen. Die Rechtskraft des Urteils gegen und für den alten Arbeitgeber wirkt ansonsten nach § 325 ZPO auch für und gegen den neuen Arbeitgeber.[429] 215

Das obsiegende Urteil im Kündigungsschutzprozess entfaltet jedoch keine den Erwerber bindende Wirkung hinsichtlich der Frage des Betriebsübergangs (beachte aber Rdn. 218). Auch die Möglichkeit der **Titelumschreibung** hilft dem Arbeitnehmer meist nicht weiter. Die Titelumschreibung nach § 727 ZPO erfordert Offenkundigkeit bzw. öffentliche Urkunden, die die Rechtsnachfolge nachweisen. Die Klage nach § 731 ZPO setzt den Nachweis des Betriebsübergangs durch den Arbeitnehmer voraus. Aus diesem Grunde sollte der Arbeitnehmer die Kündigungsschutzklage gegen den kündigenden Betriebsveräußerer mit einer Klage auf Feststellung des Bestehens des Arbeitsverhältnisses ggü. dem Betriebserwerber verbinden. 216

Eine Besonderheit besteht insoweit jedoch dann, wenn die Klage gegen den Veräußerer **vor dem Betriebsübergang rechtshängig** war, der nach der Kündigung vorgesehene Zeitpunkt der Beendi- 217

---

425 Zu Vertragsstrafen im Arbeitsvertrag nach der Schuldrechtsreform s. BAG, 04.03.2004 – 8 AZR 196/03, NZA 2004, 727.
426 BAG, 18.04.2002 – 8 AZR 347/01, ZInsO 2002, 1198; BAG, 16.05.2002 – 8 AZR 320/01, AP Nr. 9 zu § 113 InsO.
427 BAG, 26.05.1983 – 2 AZR 477/81, NJW 1984, 627; BAG, 14.02.1978 – 1 AZR 154/76, NJW 1979, 233; BAG, 27.09.1984 – 2 AZR 309/83, NZA 1985, 493 = NJW 1986, 91; BAG, 20.03.1997 – 8 AZR 769/95, NZA 1997, 937; BAG, 09.10.1997 – 2 AZR 586/96, n.v.
428 BAG, 16.05.2002 – 8 AZR 320/01, AP Nr. 9 zu § 113 InsO; bestätigt durch BAG, 23.07.2014 – 7 AZR 853/12, Rn 24, auch für den Fall einer Überprüfung der Wirksamkeit einer Befristung.
429 BAG, 18.05.2010 – 1 AZR 864/08, NZA 2010, 1198 = NJW 2010, 2909, Rn 17; BAG, 15.12.1976 – 5 AZR 600/75; BAG, 20.03.1997 – 8 AZR 769/95, NZA 1997, 937; BAG, 18.02.1999 – 8 AZR 485/97, NZA 1999, 648; interessant: Leipold, Anm. zu BAG AP Nr. 1 zu § 325 ZPO, der die Möglichkeit eines Parteiwechsels oder Parteibeitritts erörtert, weil der gewillkürte Parteiwechsel sowohl die Prozesswirtschaftlichkeit als auch die bessere Wahrung des Anspruchs auf rechtliches Gehör gem. Art. 103 Abs. 1 GG für sich in Anspruch nehmen dürfe.

gung des Arbeitsverhältnisses aber danach liegt, weil die **Kündigungsfrist erst nach dem Betriebsübergang abläuft**. Streitgegenstand einer Kündigungsschutzklage ist nämlich nicht nur die negative Feststellung, dass das Arbeitsverhältnis durch eine bestimmte Kündigung zu dem von ihr gewollten Termin nicht aufgelöst ist, sondern auch die positive Feststellung, dass bei Zugang der Kündigung und im Kündigungstermin ein Arbeitsverhältnis zwischen den Parteien bestand.[430] Im Fall eines Betriebsübergangs besteht bei Ablauf der Kündigungsfrist nach dem Betriebsübergang zu dem Veräußerer aber gerade kein auflösbares Arbeitsverhältnis mehr.

218 Das muss im **Urteilstenor** zum Ausdruck kommen.[431] Das BAG schlägt in der zitierten Entscheidung folgende **Tenorierung** vor:

> »*Es wird festgestellt, dass das von der ... auf die ... übergegangene Arbeitsverhältnis des Klägers durch die vom Beklagten am ... erklärte Kündigung nicht zum ... aufgelöst worden ist*«.

Darauf sollte schon bei der Antragstellung geachtet werden. Die Konsequenz dieser Überlegung ist allerdings nicht so gravierend, wie es im ersten Augenblick scheint. Wegen § 325 ZPO könnte sich der Erwerber zwar – ebenso wie der Veräußerer – später weder darauf berufen, ein Arbeitsverhältnis sei nicht begründet worden, noch darauf, dass es zu ihm zum Zeitpunkt des Ablaufs der Kündigungsfrist nicht bestanden habe. Zunächst müssen aber durch die Arbeitnehmerin die **Voraussetzungen des § 325 ZPO** nachgewiesen werden. Insoweit entstehen dieselben Probleme wie oben unter Rdn. 217 dargestellt.

219 Klagt ein Arbeitnehmer in subjektiver Klagenhäufung gegen den bisherigen Arbeitgeber und Betriebsinhaber auf Feststellung, dass das Arbeitsverhältnis durch eine von diesem ausgesprochene Kündigung nicht aufgelöst worden ist, und zugleich gegen den – angeblichen – Betriebsübernehmer auf Feststellung, dass mit ihm das Arbeitsverhältnis fortbesteht, dann entsteht zwischen den beklagten Arbeitgebern **keine notwendige Streitgenossenschaft** nach § 62 ZPO. Gibt das ArbG beiden Feststellungsklagen statt und legt nur der neue Arbeitgeber insoweit Berufung ein, als er als Hauptpartei unterlegen ist, so wird die Kündigungsschutzklage nicht Gegenstand des Berufungsverfahrens.[432] Wird in dem Kündigungsschutzprozess gegen den Veräußerer positiv festgestellt, dass im Kündigungstermin ein Arbeitsverhältnis besteht *(was regelmäßig bei Tenorierung nach dem Kündigungsschutzantrag der Fall ist)*, muss dies auch im Verhältnis zum Erwerber bejaht werden.

220 Hat der Arbeitnehmer nach dem Betriebsübergang in einem Rechtsstreit mit dem früheren Arbeitgeber einen Vergleich geschlossen, nach dem das Arbeitsverhältnis beendet worden ist, so ist er hieran in entsprechender Anwendung des § 265 Abs. 2 ZPO auch im Hinblick auf den Rechtsnachfolger gebunden.[433]

b) Variante 2: Kündigung – Betriebsübergang – Rechtshängigkeit

221 Auch für den Fall der Kündigung durch den Veräußerer, die – innerhalb der Frist des § 4 Satz 1 KSchG – nach dem zwischenzeitlich erfolgten Betriebsübergang gerichtlich angefochten wird, sieht das BAG den Veräußerer weiterhin als passivlegitimiert an.[434]

---

430 Sog. erweiterter punktueller Streitgegenstandsbegriff, st. Rspr., z.B. BAG, 12.01.1977 – 5 AZR 593/75; s.a. HaKo-KSchG/Gallner § 4 Rn 153 m.w.N. zum Streitstand.
431 BAG, 18.03.1999 – 8 AZR 306/98, NZA 1999, 706.
432 BAG, 04.03.1993 – 2 AZR 507/92, NZA 1994, 260.
433 LAG Köln, 19.10.1989 – 8 Sa 802/89, LAGE § 613a BGB Nr. 17.
434 BAG, 26.05.1982 – 2 AZR 477/81, NJW 1984, 627; a.A. Kreitner FA 1998, 3; Löwisch/Neumann DB 1996, 474, die sich für eine Klage allein gegen den Erwerber aussprechen. Sie berufen sich dabei u.a. auf die Möglichkeit der Auflösung des Arbeitsverhältnisses gegen Zahlung einer Abfindung nach § 9 KSchG. Wenn das Arbeitsverhältnis nach Betriebsübergang aufgelöst werden müsse, sei der Erwerber zur Zahlung einer Abfindung zu verurteilen, obwohl er an dem Prozess nicht beteiligt gewesen sei, während der am Prozess beteiligte Veräußerer frei ausgehe. Auch wenn der Arbeitnehmer die Kündigungsschutzklage bereits vor Betriebsübergang erhoben habe, soll nach Ansicht von Löwisch/Neumann

Wird die Klage gegen die vom Veräußerer erklärte Kündigung erst nach erfolgtem Betriebsübergang erhoben, tritt eine **Rechtskrafterstreckung nach § 325 ZPO nicht ein.**[435] In diesem Fall ist es sinnvoll, gegen den Betriebserwerber eine allgemeine Feststellungsklage auf Bestand eines Arbeitsverhältnisses ab dem Zeitpunkt des Betriebsübergangs zu erheben. Betriebsveräußerer und Betriebserwerber können in demselben Rechtsstreit als Arbeitgeber verklagt werden. Das ist i.d.R. zweckmäßig. Die Entscheidungen für oder gegen den einen oder anderen Streitgenossen können aber unterschiedlich ausgehen, solange sie nicht notwendige Streitgenossen sind (vgl. dazu Rdn. 220). 222

Haben Betriebsveräußerer und Betriebserwerber **verschiedene allgemeine Gerichtsstände**, so ist das zuständige Gericht nach § 36 Abs. 1 Nr. 3 ZPO zu bestimmen.[436] 223

c) Variante 3: Klage nur wegen § 613a Abs. 4 BGB

Eine Arbeitnehmerin, die sich nur auf den Unwirksamkeitsgrund des § 613a BGB berufen wollte, konnte sich nach der Rechtsprechung des BAG[437] zur Rechtslage bis zum 31.12.2003 darauf beschränken, gegen den Betriebserwerber mit der **allgemeinen Feststellungsklage** nach § 256 ZPO auf die Feststellung des Bestehens eines Arbeitsverhältnisses zu klagen. Inzident wurde dann geprüft, ob das Arbeitsverhältnis nicht aufgrund einer Kündigung des Veräußerers beendet worden ist. Das ist für seit dem 01.01.2004 zugegangene Kündigungen nicht mehr erforderlich, aber auch nicht mehr möglich. Seither muss auch eine nur auf den Unwirksamkeitsgrund des § 613a BGB gestützte Klage innerhalb von drei Wochen mit einem Kündigungsschutzantrag angegriffen werden. Die Klage ist gegen den Veräußerer zu richten (vgl. Rdn. 221). Das ist nun schon zur Vermeidung von Prozessrisiken notwendig. Stellt sich nämlich später heraus, dass ein Betriebsübergang nicht vorgelegen hat, wäre die Kündigung des vermeintlichen Veräußerers schon wegen § 7 KSchG wirksam. Ein besonderes Feststellungsinteresse ist i.R.d. Kündigungsschutzantrages nun nicht mehr erforderlich (vgl. dazu auch Rdn. 192). 224

d) Variante 4: Betriebsübergang – Kündigung durch Veräußerer

Spricht der bisherige Arbeitgeber nach einem Betriebsübergang eine Kündigung aus, ist die Kündigungsschutzklage gegen den Veräußerer unbegründet. Eine Voraussetzung für die Schlüssigkeit der Klage ist nämlich der Bestand des Arbeitsverhältnisses zum Zeitpunkt des Zugangs der Kündigung.[438] Das ist Folge des erweiterten punktuellen Streitgegenstandsbegriffs (dazu Rdn. 218). Eine Ausnahme besteht im Fall einer Kündigung durch den bisherigen Arbeitgeber nach einem Betriebsübergang aber dann, wenn die Arbeitnehmerin vorträgt, sie habe dem Übergang ihres Arbeitsverhältnisses auf den Erwerber **widersprochen**. Dann behauptet sie zugleich den Bestand des Arbeitsverhältnisses im Kündigungszeitpunkt, wodurch die Klage schlüssig wird.[439] 225

e) Variante 5: Kündigung durch Erwerber – Betriebsübergang

Kündigt auch der »Erwerber« zur Vermeidung von Risiken und liegt tatsächlich kein oder noch kein Betriebsübergang vor, gelten die Ausführungen unter d) entsprechend. Auch insoweit fehlt es zum 226

---

die Sachbefugnis des Veräußerers mit dem Betriebsübergang wegfallen. Hier soll jedoch der Veräußerer in entsprechender Anwendung des § 265 Abs. 2 Satz 1 ZPO als gesetzlicher Prozessstandschafter des Erwerbers prozessführungsbefugt bleiben mit der sich aus § 325 Abs. 2 ZPO ergebenden Rechtsfolge für den Erwerber. Die Prozessführungsbefugnis des Veräußerers soll sich dann aber nicht auf den Streit über die Auflösung des Arbeitsverhältnisses nach § 9 KSchG beziehen dürfen. Die Auseinandersetzung darüber müsse der Erwerber selbst führen können, indem er dem Kündigungsschutzprozess als Partei beitrete.

435 BAG, 18.03.1999 – 8 AZR 306/98, NZA 1999, 706; BAG, 18.02.1999 – 8 AZR 485/97, NZA 1999, 648.
436 BAG, 25.04.1996 – 5 AS 1/96, NZA 1996, 1062.
437 BAG, 16.03.1989 – 2 AZR 726/87, n.v.
438 BAG, 20.03.2003 – 8 AZR 312/02, NJW 2003, 3581 = NZA 2003, 1338.
439 BAG, 09.10.1997 – 2 AZR 586/96, n.v.

Zeitpunkt des Zugangs der Kündigung an einem auflösbaren Arbeitsverhältnis, weswegen die Klage gegen den vermeintlichen Erwerber unbegründet wäre.

f) Auflösungsantrag nach Betriebsübergang

227 Der Auflösungsantrag des Arbeitnehmers nach § 9 KSchG richtet sich grds. gegen den Arbeitgeber, der die Kündigung ausgesprochen hat. Nach einem Betriebsübergang ist der frühere Betriebsinhaber aber nicht mehr passivlegitimiert. Es soll das Arbeitsverhältnis zu dem neuen Arbeitgeber aufgelöst werden.[440] Ungeklärt ist, ob die §§ 265, 325 ZPO auf den vor Betriebsübergang gestellten Auflösungsantrag entsprechend anwendbar sind, wobei das BAG aber eine allgemeine Prozessstandschaft des bisherigen Arbeitgebers für mit der Kündigung zusammenhängende Ansprüche nicht anerkennt.[441] Das BAG[442] lässt einen Auflösungsantrag des AN bei einem Betriebsübergang vor dem Auflösungszeitpunkt grds. nur gegen den Betriebserwerber zu. Der Arbeitnehmer kann danach den Betriebserwerber in den Kündigungsschutzprozess einbeziehen oder dem Betriebsübergang widersprechen. Der Widerspruch des Arbeitnehmers gegen den Übergang des Arbeitsverhältnisses kann den Fortbestand des Arbeitsverhältnisses zum bisherigen Arbeitgeber und den Erhalt der Rechte aus § 9 KSchG bewirken. Er kann noch nach dem Betriebsübergang ausgeübt werden, wenn der Arbeitnehmer über den bevorstehenden Betriebsübergang nicht rechtzeitig unterrichtet worden war.[443] Der **Betriebsveräußerer** bleibt befugt, den Auflösungsantrag zu stellen, wenn der Betriebsübergang nach dem Kündigungszeitpunkt liegt.[444]

g) Klageanträge bei Betriebsübergängen

228 Die Anträge richten sich nach den oben dargestellten Fallkonstellationen. Bei den **Varianten 1 bis 3** ist die Kündigung ggü. dem Kündigenden mit dem Kündigungsschutzantrag anzugreifen. Sind außerdem der Betriebsübergang oder sein Zeitpunkt streitig, empfiehlt es sich, im Wege der subjektiven Klagehäufung zusätzlich gegen den neuen Betriebsinhaber vorzugehen. Die Anträge sollten dann lauten:

> »Der Kläger beantragt festzustellen,
> 1. dass das Arbeitsverhältnis durch die Kündigung der Beklagten zu 1) vom ... nicht aufgelöst worden ist/wird (so bei Ablauf der Kündigungsfrist vor dem Betriebsübergang), bzw. (bei Ablauf der Kündigungsfrist nach dem Betriebsübergang)
> dass das von der (Beklagten zu 1) auf die (Beklagte zu 2) übergegangene Arbeitsverhältnis des Klägers durch die vom Beklagten am ... erklärte Kündigung nicht zum Ablauf des ... aufgelöst worden ist (dazu Rn y),
> 2. dass das bis zum ... mit der Beklagten zu 1) bestehende Arbeitsverhältnis ab/seit dem ... zwischen dem Kläger und der Beklagten zu 2) fortbesteht.«

229 Bei den **Varianten 4 und 5** ist abzuwägen, ob Klage erhoben wird. Ist unsicher, ob und ggf. wann ein Betriebsübergang stattgefunden hat, trägt der Arbeitnehmer ein erhöhtes Kostenrisiko, wenn er Veräußerer und Erwerber verklagt. Eine eventuelle subjektive Klagehäufung wird als unzulässig angesehen,[445] weil nicht für eine Partei während des gesamten Prozesses Ungewissheit über die Einbeziehung in den Prozess bestehen soll. Es kann also nicht mit dem Hauptantrag gegen den Veräußerer und mit einem Hilfsantrag gegen den Erwerber geklagt werden. Allerdings wahrt auch eine unzulässige Klage die Frist des § 4 Satz 1 KSchG. Die Klage kann ausnahmsweise auch ein-

---

440 BAG, 20.03.1997 – 8 AZR 769/95, NZA 1997, 937.
441 BAG, 20.03.1997 – 8 AZR 769/95, NZA 1997, 937.
442 BAG, 24.05.2005 – 8 AZR 246/04, NZA 2005, 1178.
443 BAG, 20.03.1997 – 8 AZR 769/95, NZA 1997, 937.
444 BAG 24.05.2005 – 8 AZR 246/04, NZA 2005, 1178.
445 BAG, 11.12.1997 – 8 AZR 729/96, NZA 1998, 534.

mal nachträglich zulässig werden, nämlich wenn rechtskräftig über den Hauptantrag entschieden worden ist.[446]

Der Achte Senat des BAG[447] schlägt im Anschluss an Müller-Glöge[448] vor, »bei unklarer Sach- und Rechtslage ... grundsätzlich ausdrücklich auf Feststellung des ungekündigt bestehenden Arbeitsverhältnisses und lediglich hilfsweise mit dem Kündigungsschutzantrag gegen den Veräußerer« zu klagen. Der Achte Senat wird missverstanden, wenn diese – allerdings etwas unglückliche – Formulierung dahin ausgelegt wird, es solle mit dem allgemeinen Feststellungsantrag gegen den Erwerber und hilfsweise mit dem Kündigungsschutzantrag gegen den Veräußerer geklagt werden.[449] Aus dem Kontext der Entscheidung ergibt sich etwas anderes. Es geht in der Entscheidung des BAG um die Frage, ob ein Kündigungsschutzantrag gegen den Veräußerer *(wie das LAG Hamm einmal angenommen hat)* regelmäßig in einer vergleichbaren Situation so zu verstehen sei, dass ein Arbeitnehmer mit einer Kündigungsschutzklage gegen den Veräußerer nach Betriebsübergang zwei Ziele verfolge, nämlich zum einen die Feststellung, dass im Kündigungszeitpunkt kein Arbeitsverhältnis mehr bestanden habe und deshalb keine Kündigungsbefugnis des Veräußerers vorlag und zum anderen, dass die Kündigung sachlich nicht gerechtfertigt sei, was der Achte Senat allerdings verneinte.[450] **Daraus ergibt sich** jedoch, dass es dem Achten Senat um Anträge gegen den Veräußerer *(negativer Feststellungsantrag hinsichtlich des Nichtbestehens eines Arbeitsverhältnisses und hilfsweise – im Wege der eventuellen objektiven Klagehäufung – der Kündigungsschutzantrag)*, **nicht aber** um solche gegen den Veräußerer und *(im Wege einer – zudem unzulässigen – subjektiven eventuellen Klagehäufung)* gegen den Erwerber geht. Der so verstandene Vorschlag ist gangbar. Das Feststellungsinteresse ergibt sich daraus, dass sich der Veräußerer durch die Kündigung des Bestehens eines Arbeitsverhältnisses berühmt.

230

Das hat das BAG nun in den Entscheidungen vom 21. Februar 2013 (Achter Senat) und vom 24. September 2015 (Zweiter Senat) bestätigt. Der Zweite Senat geht aber einen Schritt weiter. Zwar – so der Zweite Senat – habe der Auslegungsvorschlag des Achten Senats vieles für sich. Die »Vorschaltung« des negativen Feststellungsantrags beeinträchtige nicht das durch § 4 Satz 1 KSchG i.V.m. § 61a ArbGG anerkannte dringende Entscheidungsinteresse des kündigenden Arbeitgebers. Es werde eine »Vorfrage« des Antrags nach § 4 Satz 1 KSchG – das Bestehen des Arbeitsverhältnisses bei Zugang der Kündigung – innerhalb des »richtigen« Prozessrechtsverhältnisses beantwortet und damit das Prüfprogramm des Kündigungsschutzantrags – so er anfallen sollte – verringert. Es verbleibe aber die Gefahr widersprüchlicher Entscheidungen. Das beruhe darauf, dass die Klageanträge, die nach §§ 59, 60 ZPO in selbstständigen, bloß äußerlich zu einem Rechtsstreit verbundenen Prozessrechtsverhältnissen gestellt werden, während des Verfahrens »auseinanderlaufen« könnten. Gäbe das Arbeitsgericht nämlich beiden allgemeinen Feststellungsklagen (negativer gegen den Veräußerer und positiver gegen den Erwerber) statt, weil es einen Übergang des Arbeitsverhältnisses annehme, würde dann aber auf die – alleinige – Berufung des vermeintlichen Erwerbers die gegen ihn gerichtete Klage abgewiesen, stünde der Arbeitnehmer »ohne Arbeitsverhältnis« da. Wegen der Präjudizialität der Entscheidung über seine negative Feststellungsklage könnte er nicht einmal eine Erfolg versprechende – neue – Kündigungsschutzklage gegen den »Veräußerer« erheben. Das ist zutreffend, insbesondere wenn man berücksichtigt, dass der Veräußerer einfach anerkennen könnte.

231

Der Zweite Senat erwägt dann in der Entscheidung vom 24. September 2015 einen **neuen Weg.** Das Problem lasse sich vermeiden, wenn man eine »**Betriebsübergangs-Feststellungsklage**« nach § 256 ZPO für zulässig hielte und insofern eine notwendige Streitgenossenschaft i.S.v. § 62 ZPO zwischen den beklagten »Arbeitgebern« annähme. Die Entscheidung – so der Zweite Senat – über den zwingend gegen beide »Arbeitgeber« gemeinsam zu richtenden **Antrag**

232

---

446 BAG, 12.11.1998 – 8 AZR 265/97, NZA 1999, 311 = NJW 1999, 1132.
447 18.04.2002 – 8 AZR 346/01, NZA 2002, 1207.
448 NZA 1999, 449, 556.
449 So aber HaKo-KSchG/Mestwerdt § 613a BGB Rn 193.
450 Andere Auslegung: BAG, 20.03.2003 – 8 AZR 312/02, NJW 2003, 3581 = NZA 2003, 1338.

»*festzustellen, dass das Arbeitsverhältnis vor Zugang der Kündigung von der Beklagten zu 1) auf die Beklagte zu 2) übergegangen ist*«,

dürfte auch aus Gründen des materiellen Rechts nur einheitlich gegenüber beiden Beklagten ergehen. Bei dem Übergang eines Arbeitsverhältnisses nach § 613a BGB falle der »Beendigungstatbestand« gegenüber dem Veräußerer mit dem »Begründungstatbestand« gegenüber dem Erwerber zusammen. Fehle es an dem einen, mangele es auch an dem anderen. Der Antrag wäre auch dann insgesamt abzuweisen, wenn das Gericht annehmen sollte, das Arbeitsverhältnis sei zwar übergegangen, dies jedoch auf einen anderen Arbeitgeber als den Zweitbeklagten. Würde dem Antrag stattgegeben, stünde zweierlei fest: Die Kündigung des Veräußerers ging »ins Leere« und das Arbeitsverhältnis des Klägers bestand für eine juristische Sekunde zum Erwerber. Hingegen wäre die Klage insoweit allein gegen den Erwerber gerichtet, wenn auch der Fortbestand des Arbeitsverhältnisses mit ihm festgestellt werden solle.

233 Problematisch ist daran, dass ein Klageantrag an sich auf eine Rechtsfolge gerichtet sein muss. Der Betriebsübergang als solcher ist lediglich Vorfrage. Diese ist nicht mit Rechtskraftwirkung feststellbar, ebenso wenig wie das Eingruppiertsein in eine bestimmte Entgeltgruppe. Es ist davon auszugehen, dass sich Literatur und Rechtsprechung in den nächsten Jahren mit dem Antrag befassen werden. Er könnte künftig als Hauptantrag gestellt werden. Vorsorglich sollten aber die üblichen Anträge als Hilfsanträge nachgeschoben werden.

234 Friedrich[451] empfiehlt die Klage gegen den Veräußerer und eine **Streitverkündung** gegen den Erwerber. Wird in einem Kündigungsschutzprozess zwischen einem Arbeitnehmer und dem früheren Betriebsinhaber dem jetzigen Betriebsinhaber im Hinblick auf einen möglicherweise bereits vor der Kündigung stattgefundenen Übergang des Arbeitsverhältnisses nach § 613a BGB der Streit verkündet, kann sich der dem Rechtsstreit nicht beigetretene jetzige Betriebsinhaber in einem später gegen ihn geführten Verfahren auf Feststellung des Bestehens eines Arbeitsverhältnisses nicht mehr darauf berufen, der Arbeitnehmer habe einem Übergang des Arbeitsverhältnisses widersprochen. Diese Streithilfewirkung greift auch dann ein, wenn die Streitverkündung nicht im Kündigungsschutzrechtsstreit erfolgte, sondern in einem zugleich geführten Rechtsstreit auf Zahlung von Arbeitsentgelt für Zeiträume nach der streitigen Kündigung.[452]

235 Kündigt der **Erwerber nach dem Betriebsübergang**, ist die Klage mit dem Kündigungsschutzantrag gegen ihn zu richten.

4. Befristungskontrolle

236 Ist die Wirksamkeit einer Befristung umstritten, muss die Arbeitnehmerin nach § 17 TzBfG innerhalb von drei Wochen nach dem vereinbarten Ende des befristeten Arbeitsvertrages Klage beim ArbG erheben. Gleiches gilt wegen der Verweisung in § 21 auf § 17 TzBfG auch für auflösende Bedingungen. Der am Wortlaut des Gesetzes orientierte Antrag lautet:

»... *beantragt festzustellen, dass das Arbeitsverhältnis zwischen den Parteien nicht aufgrund der Befristung zum ... (Datum) beendet ist.*«

237 Die Befristungskontrolle kann durch einen Feststellungsantrag auch geltend gemacht werden, wenn der Arbeitnehmer eine anderweitige Beschäftigung gefunden hat und eine Rückkehr an den früheren Arbeitsplatz nicht mehr anstrebt. Das lässt das Interesse an der begehrten Feststellung nicht entfallen. Denn eine vergangenheitsbezogene Feststellungsklage ist zulässig, wenn sich aus dem Klageziel noch Rechtsfolgen für die Gegenwart oder Zukunft ergeben können.[453]

---

451 KR/Friedrich/Klose § 4 Rn 126.
452 LAG Frankfurt, 17.12.1987 – 9/13 Sa 333/87, LAGE § 613a BGB Nr. 12.
453 BAG, 12.10.1994 – 7 AZR 745/93; BAG, 24.04.1996 – 7 AZR 428/95.

5. Klagefristen bei Bestandsschutzverfahren

a) Klagefrist bei Beendigungskündigungen

aa) Ausschlussfrist, § 4 Satz 1 KSchG

Will ein Arbeitnehmer geltend machen, dass eine Kündigung unwirksam ist, muss er nach § 4 Satz 1 KSchG **innerhalb von drei Wochen nach Zugang** der Kündigung die Kündigungsschutzklage erheben. Wird die Rechtsunwirksamkeit einer Kündigung nicht rechtzeitig geltend gemacht, so gilt die Kündigung als von Anfang an rechtswirksam, ein vom Arbeitnehmer bei einer Änderungskündigung nach § 2 KSchG erklärter Vorbehalt der Annahme des Änderungsangebots unter dem Vorbehalt der sozialen Rechtfertigung erlischt. 238

§§ 4, 13 KSchG sind mit Wirkung vom 01.01.2004 durch das Gesetz zu Reformen am Arbeitsmarkt vom 24.12.2003[454] grundlegend geändert worden. Die Vorschrift regelt nun einheitlich die Anfechtungsfrist für alle Kündigungen, ordentliche wie außerordentliche. Die Frist gilt für die Geltendmachung sämtlicher Kündigungsgründe. Sie betrifft jetzt Kündigungen in allen Betrieben, auch in Kleinbetrieben. Von der Neuregelung werden **Kündigungen erfasst, die seit dem 01.01.2004 zugegangen** sind.[455] Auch nach § 4 KSchG n.F. ist maßgeblicher Anknüpfungspunkt für den Fristlauf der Zeitpunkt des Zugangs der Kündigung.[456] 239

Bisher mussten nur Klagen, mit denen ordentliche Kündigungen **wegen ihrer Sozialwidrigkeit** angefochten werden sollten, **innerhalb von drei Wochen** nach dem Zugang der Kündigung bei Gericht eingegangen sein, § 4 Satz 1 KSchG a.F. Das galt nach § 4 Satz 2 KSchG a.F. auch für **Änderungskündigungen**. Die Rechtsunwirksamkeit einer **außerordentlichen Kündigung** musste ebenfalls nur unter den Voraussetzungen des § 13 KSchG a.F. innerhalb von drei Wochen gerichtlich geltend gemacht werden. Aufgrund des Arbeitsmarktreformgesetzes vom 24.12.2003 ist nun seit dem 01.01.2004 auch dann innerhalb von drei Wochen Klage beim ArbG zu erheben, wenn andere Unwirksamkeitsgründe geltend gemacht werden sollen, etwa eine fehlerhafte Betriebs- oder Personalratsanhörung oder eine Unwirksamkeit nach § 613a BGB. Die Frist gilt jetzt auch für Kündigungen in Kleinbetrieben und während der ersten sechs Monate des Bestandes des Arbeitsverhältnisses. 240

Während andere Unwirksamkeitsgründe gem. § 13 Abs. 3 KSchG a.F. bisher grds. auch noch nach Ablauf der Drei-Wochen-Frist geltend gemacht werden konnten, galt im **Insolvenzverfahren** nach § 113 Abs. 2 InsO a.F. schon vor dem 01.01.2004 die Drei-Wochen-Frist für alle Unwirksamkeitsgründe. Der Insolvenzverwalter sollte nach drei Wochen Klarheit haben. Da diese Ausnahme nun zum Prinzip erhoben worden ist, konnte § 113 Abs. 2 InsO durch Art. 4 des Arbeitsmarktreformgesetzes vom 24.12.2003 mit Wirkung vom 01.01.2004 aufgehoben werden. 241

Grds. ist die Klage zur Wahrung der Frist nach **Zugang weiterer Kündigungen** jeweils innerhalb der Drei-Wochen-Frist zu erweitern oder eine neue Klage zu erheben. Es ist aber ausreichend, wenn mit dem Kündigungsschutzantrag ein allgemeiner Feststellungsantrag verbunden wird. Dieser muss nicht bereits bei Erhebung der Klage zulässig sein. Es reicht aus, wenn er am Schluss der letzten mündlichen Verhandlung zulässig ist. Das Feststellungsinteresse kann insb. auch **nach Ablauf der Drei-Wochen-Frist** dargelegt werden.[457] 242

Ein innerhalb von drei Wochen nach Zugang einer Kündigung erhobener Antrag i.S.v. § 256 Abs. 1 ZPO, mit dem der Arbeitnehmer die Wirksamkeit jeglichen Auflösungstatbestands negiert, wahrt auch nach neuer Rechtslage in entsprechender Anwendung von § 6 KSchG jedenfalls dann die 243

---

454 Arbeitsmarktreformgesetz – BGBl. I, S. 3002.
455 Zutreffend: HaKo-KSchG/Fiebig § 4 Rn 2.
456 A.A. Bader NZA 2004, 65, 68, mit wenig überzeugenden Argumenten unter Hinweis auf eine nicht einschlägige Entscheidung des BAG, 20.01.1999 – 7 AZR 715/97, NZA 1999, 671.
457 Im Einzelnen Rdn. 188, 201 sowie BAG, 13.03.1997 – 2 AZR 512/96, NZA 1997, 844 = NJW 1998, 698.

Frist des § 4 Satz 1 KSchG für eine erst nach deren Ablauf in den Prozess eingeführte Kündigung, wenn sich der Arbeitnehmer auf die Unwirksamkeit der weiteren Kündigung noch vor Schluss der mündlichen Verhandlung in erster Instanz berufen und einen auf sie bezogenen, dem Wortlaut des § 4 Satz 1 KSchG angepassten Antrag gestellt hat.[458]

244 § 6 KSchG zielt auch in seiner neuen Fassung darauf ab, den Arbeitnehmer davor zu bewahren, seinen Kündigungsschutz aus formalen Gründen zu verlieren. Die Frist des § 4 Satz 1 KSchG soll nicht nur durch eine punktuelle Feststellungsklage innerhalb von drei Wochen nach Zugang der Kündigungserklärung, sondern auch dadurch eingehalten werden können, dass der Arbeitnehmer innerhalb der Frist auf anderem Wege geltend macht, eine wirksame Kündigung liege nicht vor. Eine entsprechende Anwendung von § 6 KSchG kommt deshalb in Betracht, wenn etwa der Arbeitnehmer mit einer **Leistungsklage Lohnansprüche** oder **Weiterbeschäftigung** für die Zeit nach Zugang der Kündigung bzw. Ablauf der Kündigungsfrist innerhalb von drei Wochen gerichtlich geltend gemacht hat.[459]

245 Weiterhin **nicht innerhalb von drei Wochen** müssen angefochten werden:

246 – eine Erklärung des Arbeitgebers, durch die ein **faktisches Arbeitsverhältnis** für beendet erklärt werden soll,

247 – die Nichtbeachtung der gesetzlichen oder tariflichen **Kündigungsfrist**, da es sich hierbei nach der Rechtsprechung des BAG nicht um einen Unwirksamkeitsgrund handelt,[460] (zu den Ausnahmen siehe Rdn. 187),

248 – die Nichtbeachtung eines **Schriftformerfordernisses**, da die dreiwöchige Klagefrist erst beginnt, wenn dem Arbeitnehmer die Kündigung in schriftlicher Form zugegangen ist, § 4 Satz 1 KSchG; damit sollte verhindert werden, dass ein Arbeitnehmer, dem vom Arbeitgeber nur mündlich oder in Textform gekündigt worden ist, Kündigungsschutzklage erheben muss, um zu verhindern, dass eine solche mangels Schriftform unwirksame Kündigung aufgrund der Fiktionswirkung des § 7 KSchG dennoch Rechtswirksamkeit erlangt.[461]

249 **Umstritten** wird das Erfordernis der Einhaltung der Klagefrist bei einer **Anfechtung** des Arbeitsvertrages bleiben.[462] Der Gesetzeswortlaut bezieht sich eindeutig nur auf Kündigungen. Auch § 13 Abs. 3 KSchG n.F. erwähnt ausdrücklich nur Kündigungen und keine anderen Beendigungsgründe. Es bleibt für die Anfechtung daher bei den zur Prozessverwirkung entwickelten Grundsätzen (s. Rdn. 279).

bb) Berechnung der Ausschlussfrist

250 Die Klagefrist läuft i.d.R. ab dem Zugang der schriftlichen Kündigung.[463] Bei der Berechnung der Frist wird der Tag des Zugangs nicht mitgerechnet.[464] Die Klagefrist endet mit dem Ablauf desjenigen Tages der dritten Woche, welcher durch seine Benennung dem Tage entspricht, an dem die Kündigung zuging.[465] Fällt der letzte Tag der Klagefrist auf einen Sonnabend, Sonntag oder auf einen am Gerichtsort staatlich anerkannten allgemeinen Feiertag, so endet die Frist am folgenden Werktag.[466] Der Lauf der Frist ist durch das Arbeitsmarktreformgesetz vom 24.12.2003 mit Wirkung vom 01.01.2004 davon abhängig, dass die Kündigung schriftlich erfolgt, § 4 Satz 1 KSchG.

---

458 BAG, 26.09.2013 – 2 AZR 682/12, Rn 34.
459 BAG, 15.05.2012 – 7 AZR 6/11, Rn 23; BAG, 23.04.2008 – 2 AZR 699/06, Rn 23; 26.09.2013 – 2 AZR 682/12, Rn 35.
460 BAG, 16.06.1999 – 4 AZR 191/98, NZA 1999, 1331 und 4 AZR 69/98, n.v., zu § 113 InsO, allerdings war die Frist des § 113 Abs. 2 InsO in dem Fall gewahrt.
461 BT-Drs. 15/1587, S. 27.
462 Offen BAG, 14.12.1979 – 7 AZR 38/78; bejahend KR/Friedrich/Klose § 4 KSchG Rn 27.
463 Zu den Sonderfällen des § 4 Abs. 4 KSchG s. Rdn. 251 ff.
464 § 187 Abs. 1 BGB.
465 § 188 Abs. 2 BGB.
466 § 193 BGB.

cc) Fristbeginn in besonders geregelten Ausnahmefällen, § 4 Satz 4 KSchG

Ausnahmsweise ist der Fristbeginn herausgeschoben, wenn für die Kündigung die **nachträgliche Zustimmung einer Behörde erforderlich** ist oder die Zustimmung nachträglich erfolgt. Das ergibt sich aus § 4 Satz 4 KSchG, an dem sich durch das Arbeitsmarktreformgesetz vom 24.12.2003 nichts geändert hat. 251

So ist die **Kündigung von religiös, rassisch oder politisch Verfolgten** nach Landesrecht nur mit einer Zustimmung zulässig, die auch im **Nachhinein** erteilt werden kann.[467] Ähnliches gilt in einigen Bundesländern auch für Bergmannsversorgungsscheininhaber, vgl. z.B. Gesetz über einen Bergmannsversorgungsschein im Land NRW vom 20.12.1983.[468] Die Frist des § 4 Satz 1 KSchG beginnt dann erst zum Zeitpunkt des Eingangs der Kündigung bei der Arbeitnehmerin. 252

Die Vorschrift des § 4 Satz 4 KSchG kann darüber hinaus für die Fälle von Bedeutung sein, in denen eine Erlaubnis[469] oder eine vorherige Zustimmung[470] erforderlich sind. Zwar sind **Erlaubnis und vorherige Zustimmung** in diesen Fällen Wirksamkeitsvoraussetzungen für die Kündigung. Es kommt aber vor, dass dem Arbeitgeber der Bescheid bereits zugegangen ist, mit der Folge, dass er die Kündigung nun aussprechen darf. Die Arbeitnehmerin hat einen entsprechenden Bescheid aber auch zum Zeitpunkt des Zugangs der Kündigung noch nicht erhalten. In diesem Fall beginnt die Drei-Wochen-Frist, **erst nach dem Zugang des Bescheides bei der Arbeitnehmerin** zu laufen.[471] Teilt der Arbeitgeber im Kündigungsschreiben oder auch auf andere Weise dem Arbeitnehmer mit, dass die zuständige Behörde der Kündigung zugestimmt habe, so kann dies nicht dazu führen, dass damit die dreiwöchige Klagefrist bereits mit Zugang der Kündigung oder dem Zugang der gesonderten Mitteilung in Lauf gesetzt wird.[472] Auf die Bestandskraft des Bescheides kommt es allerdings insoweit nicht an. 253

Die Frist beginnt wegen § 4 Satz 4 KSchG auch dann nicht zu laufen, wenn die Zustimmung der Behörde **überhaupt nicht eingeholt** worden ist.[473] Das hat das BAG zu einer Kündigung durch den Insolvenzverwalter entschieden, für die der umfassende Anwendungsbereich der Klagefrist wegen § 113 Abs. 2 InsO schon vor dem 01.01.2004 maßgeblich war. Die Vorschrift ist jetzt in § 4 KSchG aufgegangen. 254

Einzelfälle: 255

(1) Schwerbehindertenrecht

Das hat im Bereich des **Schwerbehindertenrechts** weitere Fragen aufgeworfen. Früher ließ es das BAG[474] nämlich ausreichen, wenn der Arbeitnehmer den Arbeitgeber **innerhalb eines Monats nach Zugang der Kündigung** über seine Schwerbehinderung informierte. Das BAG hat diese Frist inzwischen der Frist für die Klageerhebung angepasst. Sie soll drei Wochen ab Zugang der Kündigung betragen.[475] Allerdings sollte die Mitteilung in der Klageschrift ausreichen, auch wenn die Klage später als drei Wochen zugestellt wird.[476] Eine Einschränkung der Möglichkeit des Arbeit- 256

---

467 Vgl. im Einzelnen KR/Friedrich/Klose § 4 KSchG Rn 253.
468 GVBl. S. 635.
469 Vgl. § 9 Abs. 3 MuSchG, § 18 BErzGG.
470 § 85 SGB IX.
471 BAG, 03.07.2003 – 2 AZR 487/02, NJW 2004, 244; BAG, 17.02.1982 – 7 AZR 846/79, NJW 1982, 2630.
472 BAG, 17.02.1982 – 7 AZR 846/79, NJW 1982, 2630.
473 BAG, 03.07.2003 – 2 AZR 487/02, NJW 2004, 244 und BAG, 27.03.2003 – 2 AZR 272/02, NZA 2003, 1391.
474 BAG, 16.01.1985 – 7 AZR 373/83, NZA 1986, 31.
475 BAG, 12.01.2006 – 2 AZR 539/05, NZA 2006, 1035.
476 So jetzt auch BAG, Urt. v. 23.02.2010 – 2 AZR 659/08, NZA 2011, 411.

nehmers, sich auf den Kündigungsschutz als schwerbehinderter Mensch zu berufen, ist aber nur gerechtfertigt, wenn der Arbeitgeber tatsächlich schutzbedürftig ist. Das ist nicht der Fall, wenn der Arbeitgeber die Schwerbehinderung oder den Antrag vor Ausspruch der Kündigung kannte und deshalb damit rechnen musste, dass die Kündigung der Zustimmung des Integrationsamts bedarf. Die Arbeitnehmerin ist dann nicht verpflichtet, das Datum der Antragstellung mitzuteilen oder ihre Schwerbehinderung innerhalb von drei Wochen nach Zugang der Kündigung durch Vorlage des Feststellungsbescheids nachzuweisen.[477]

257 Außerdem stellte sich die Frage, ob wegen § 4 Satz 4 KSchG auch in dieser Konstellation die Dreiwochenfrist des § 4 KSchG nicht zu laufen beginnt. Das BAG[478] hat das inzwischen auch für die Neuregelung abgelehnt. § 4 Satz 4 KSchG kommt danach in dieser Konstellation nicht zur Anwendung. Die Arbeitnehmerin kann sich zwar auf den Sonderkündigungsschutz berufen. Sie muss aber die Klagefrist des § 4 Satz 1 KSchG einhalten. Grund ist die fehlende Kenntnis des Arbeitgebers vom Sonderkündigungsschutz zum Zeitpunkt des Zugangs der Kündigung. Er konnte eine Zustimmung gar nicht beantragen.

258 Die Rechtslage hat sich zudem durch das am 01.05.2004 in Kraft getretene Gesetz zur Förderung der Ausbildung und Beschäftigung schwerbehinderter Menschen vom 23.04.2004[479] etwas verändert.[480] Nach dem neu eingefügten § 90 Abs. 2a SGB IX ist die Zustimmung jetzt nicht mehr erforderlich, »wenn zum Zeitpunkt der Kündigung die Eigenschaft als schwerbehinderter Mensch nicht nachgewiesen ist oder das Versorgungsamt nach Ablauf der Frist des § 69 Abs. 1 Satz 1 eine Feststellung wegen fehlender Mitwirkung nicht treffen konnte.« Das Zustimmungserfordernis besteht also jetzt nach der 1. Alt. des § 90 Abs. 2a SGB IX nur noch, wenn die Eigenschaft als schwerbehinderter Mensch **nachgewiesen** ist. Zwar wird nach § 69 Abs. 5 SGB IX unter Nachweis der Schwerbehindertenausweis verstanden. Der behördliche Kündigungsschutz soll aber schon vor der Ausstellung des Ausweises beginnen. Der Nachweis soll nach der Gesetzesbegründung »durch einen Feststellungsbescheid nach § 69 Abs. 1 erbracht« werden können und »diesem Bescheid stehen Feststellungen nach § 69 Abs. 2 gleich«.[481] Zu berücksichtigen ist aber, dass nach der 2. Alt. des § 90 Abs. 2a SGB IX einem redlichen Antragsteller für die Dauer des Feststellungsverfahrens beim Versorgungsamt der besondere Kündigungsschutz nicht entzogen werden soll. Ziel der Gesetzesänderung ist nur der Ausschluss des Falles, »in dem ein in der Regel aussichtsloses Anerkennungsverfahren betrieben wird«.[482] Der Arbeitgeber, der sich auf die in § 92 Abs. 2a SGB IX geregelte Ausnahme vom Kündigungsverbot des § 85 SGB IX beruft, muss in dem vom Arbeitnehmer nach § 4 KSchG anhängig gemachten arbeitsgerichtlichen Verfahren darlegen, dass bei Zugang der Kündigung das beim Versorgungsamt laufende Feststellungsverfahren deshalb noch nicht beendet war, weil der Arbeitnehmer seine Mitwirkungspflicht schuldhaft verletzt hatte. Wegen des Beschleunigungsgrundsatzes des § 69 Abs. 1 SGB IX muss allerdings der Arbeitnehmer, um den Sonderkündigungsschutz geltend machen zu können, darlegen und beweisen, dass er den Antrag so rechtzeitig vor dem Zugang der Kündigung beim Versorgungsamt gestellt und mit vollständigen Angaben versehen hat, dass ohne Gutachten innerhalb von drei Wochen und – bei Erforderlichkeit – mit Gutachten innerhalb von sieben Wochen vor Zugang der Kündigung die beantragte Feststellung des Vorliegens der Schwerbehinderung hätte getroffen werden können.[483] § 92 Abs. 2a SGB IX gilt aber nicht für das Gleichstellungsverfahren. Für noch nicht abgeschlossene Antragsverfahren nimmt das Gesetz ausdrücklich nur auf den Ablauf des Verfahrens vor dem Versorgungsamt nach § 69 Abs. 1 Satz 2 SGB IX Bezug.

---

477 BAG, 09.06.2011 – 2 AZR 703/09, NZA-RR 2011, 516.
478 BAG, 13.02.2008 – 2 AZR 864/06, NZA 2008, 1055.
479 BGBl. I, S. 606.
480 Vgl. dazu Düwell, Das Gesetz zur Förderung der Ausbildung und Beschäftigung schwerbehinderter Menschen vom 23.04.2004, FA 2004, 200.
481 BT-Drs. 15/2357, S. 24.
482 BT-Drs. 15/2357, S. 24.
483 BAG, 29.11.2007 – 2 AZR 613/06, NZA 2008, 361 = EzA § 90 SGB IX Nr. 3, Rn 20.

Entbehrlich ist die behördliche Feststellung der Schwerbehinderteneigenschaft und ihres Grades nach der Rechtsprechung des BAG allerdings bei Offenkundigkeit, wie z.B. Blindheit, Kleinwuchs oder Verlust von Gliedmaßen.[484] An dieser Rechtsprechung hat das Gesetz vom 23.04.2004 nichts geändert. Bei Offenkundigkeit hat der Arbeitgeber also die Zustimmung ohne vorherige Mitteilung durch die Arbeitnehmerin einzuholen. Damit läuft auch die Frist des § 4 Satz 1 in diesen Fällen nur unter den Voraussetzungen des § 4 Satz 4 KSchG.

Bedarf die ordentliche Kündigung eines schwerbehinderten Menschen außer der Zustimmung des Integrationsamts einer Zulässigkeitserklärung nach § 18 Abs. 1 Satz 2 BEEG und hat der Arbeitgeber diese vor dem Ablauf der Monatsfrist des § 88 Abs. 3 SGB IX beantragt, kann die Kündigung noch nach Fristablauf wirksam ausgesprochen werden. Das gilt jedenfalls dann, wenn der Arbeitgeber die Kündigung unverzüglich erklärt, nachdem die Zulässigkeitserklärung nach § 18 BEEG vorliegt.[485]

(2) § 9 MuSchG

Bei § 9 MuSchG geht der Gesetzgeber davon aus, dass die Drei-Wochen-Frist auch zu laufen beginnen kann, wenn eine Zustimmung der zuständigen Landesbehörde nicht vorliegt und die Arbeitnehmerin ihre Schwangerschaft erst nach Zugang der Kündigung mitteilt. Andernfalls hätte es einer ausdrücklichen Regelung über die Möglichkeit der nachträglichen Zulassung durch § 5 Abs. 1 Satz 2 KSchG n.F. für diesen Fall nicht bedurft. Das kann aber nur gelten, wenn der Arbeitgeber zum Zeitpunkt des Zugangs der Kündigung keine Kenntnis von der Schwangerschaft und damit von dem Zustimmungserfordernis hat.[486] Spricht er die Kündigung trotz Kenntnis der Schwangerschaft ohne die Zustimmung aus, läuft die Frist des § 4 Satz 1 KSchG wegen § 4 Satz 4 KSchG nicht (s.a. Rdn. 253). 259

(3) Wehrdienst/Zivildienst

Die Frist des § 4 Satz 1 KSchG beginnt bei einer Kündigung nach **der Einberufung oder während des Wehrdienstes** erst zwei Wochen nach dem Ende des Wehrdienstes, vgl. § 2 Abs. 4 ArbPlSchG, bzw. nach einer freiwilligen Wehrübung, vgl. § 10 ArbPlSchG. Wird der Wehrpflichtige zu einer **Wehrübung** aufgrund freiwilliger Verpflichtung einberufen, so gilt Entsprechendes, soweit diese Wehrübung allein oder zusammen mit anderen freiwilligen Wehrübungen im Kalenderjahr nicht länger als sechs Wochen dauert.[487] In diesen Fällen beginnt die Klagefrist erst zwei Wochen nach Ende der letzten Wehrübung. 260

(4) Schifffahrt/Luftverkehr

Eine weitere Ausnahme gibt es für Arbeitnehmerinnen und Arbeitnehmer der **Schifffahrt und des Luftverkehrs**. Bei der Kündigung von Arbeitsverhältnissen der Besatzungen von Seeschiffen, Binnenschiffen und Luftfahrzeugen ist die Klage erst binnen drei Wochen, nachdem das Besatzungsmitglied zum Sitz des Betriebes zurückgekehrt ist, zu erheben. Nach § 24 Abs. 3 KSchG verlängert sich die Frist auf **sechs Wochen**, wenn Besatzungsmitglieder an einen anderen Ort im Inland zurückkehren. Wird die Kündigung während der Fahrt des Schiffes oder des Luftfahrzeuges ausgesprochen, so beginnt die sechswöchige Frist nicht vor dem Tage, an dem das Schiff oder das Luftfahrzeug einen deutschen Hafen oder Liegeplatz erreicht.[488] 261

---

484 BAG, 28.06.1995 – 7 AZR 555/94, NZA 1996, 374.
485 BAG, 24.11.2011 – 2 AZR 429/10, Rn 35.
486 BAG, 19.02.2009 – 2 AZR 286/07, NZA 2009, 980.
487 § 10 ArbPlSchG.
488 § 24 Abs. 3 KSchG.

dd) Sonderfall: Kündigung eines Auszubildenden

262 Bei der Kündigung eines Berufsausbildungsverhältnisses während der höchstens drei Monate dauernden Probezeit kam wegen Nichterreichens der Wartezeit des § 1 Abs. 1 KSchG eine Anwendung der §§ 4 Satz 1, 13 Abs. 1 Satz 2 KSchG a.F. bisher nicht in Betracht. Die Frist des § 4 Satz 1 KSchG war aber ansonsten schon nach der bisherigen Regelung auch im Fall der Kündigung eines **Ausbildungsverhältnisses** einzuhalten[489] wenn kein Schlichtungsausschuss i.S.d. § 111 Abs. 2 ArbGG eingerichtet war. Existierte ein **Schlichtungsausschuss**, musste die Frist von drei Wochen nach der Rechtsprechung des BAG[490] **nicht eingehalten** werden. Der Klageerhebung konnte danach nur der Einwand der Prozessverwirkung entgegengehalten werden.[491] Nach dem Spruch des Schlichtungsausschusses sollte dann aber für die Erhebung einer Klage die **Zwei-Wochen-Frist** des § 111 Abs. 2 Satz 3 ArbGG zu beachten sein. Hieran ändert sich durch die **Neuregelung des § 4 KSchG** nur insoweit etwas, als nun die Frist des § 4 Satz 1 KSchG auch für Kündigungen während der ersten drei Monate des Bestandes des Ausbildungsverhältnisses gilt. § 111 Abs. 2 Satz 3 ArbGG wurde schon bisher als lex specialis ggü. § 4 KSchG angesehen. Der Umstand, dass der Gesetzgeber in Kenntnis dieser Rechtsprechung zu dieser Frage nicht Stellung genommen hat, spricht für die bisherige Auslegung.[492]

b) Rechtsunwirksamkeit von Änderungskündigungen

263 Die Klagefrist gilt auch für die ordentliche und selbst für die außerordentliche Änderungskündigung. Nimmt der Arbeitnehmer nach § 2 KSchG das Änderungsangebot einer ordentlichen Änderungskündigung unter dem Vorbehalt an, dass die Änderung der Arbeitsbedingungen nicht sozial ungerechtfertigt ist, so hat er nach § 4 Satz 2 KSchG die Änderungsschutzklage innerhalb von drei Wochen zu erheben (Einzelheiten zur Änderungskündigung und zum Klageantrag s. Rdn. 141 f.). Entsprechendes gilt für die außerordentliche Änderungskündigung.[493] Die Vorbehaltsannahme stellt keinen Verzicht auf die Geltendmachung sonstiger Unwirksamkeitsgründe und die Nichteinhaltung der Kündigungsfrist dar.[494]

264 Im Fall der Nichtannahme des Änderungsangebots bei einer ordentlichen Änderungskündigung liegt eine § 4 Satz 1 KSchG unterfallende Beendigungskündigung vor. Entsprechendes gilt bei der außerordentlichen Änderungskündigung.[495]

c) Rechtsunwirksamkeit von Befristungs- und Bedingungsabreden

265 Will eine Arbeitnehmerin geltend machen, dass die Befristung eines Arbeitsvertrages rechtsunwirksam ist, muss sie nach § 17 TzBfG innerhalb von drei Wochen nach dem vereinbarten Ende des befristeten Arbeitsvertrages Klage beim ArbG auf Feststellung erheben, dass das Arbeitsverhältnis aufgrund der Befristung nicht beendet ist. Wird die Klagefrist versäumt, gilt die Befristungsabrede entsprechend § 7 KSchG als sachlich gerechtfertigt.[496]

Für Vereinbarungen über auflösende Bedingungen gilt § 17 TzBfG über die Verweisungsnorm des § 21 TzBfG.

d) Rechtsfolge verspäteter Klagen

266 Ist die Klagefrist des § 4 KSchG nicht eingehalten, gilt die Kündigung als von Anfang an rechtswirksam, § 7 KSchG. Eine nach Ablauf der Klagefrist erhobene Kündigungsschutzklage ist unbe-

---

[489] BAG, 05.07.1990 – 2 AZR 53/90.
[490] BAG, 13.04.1989 – 2 AZR 441/88; bestätigt durch Urt. v. 26.01.1999 – 2 AZR 134/98.
[491] Zum Streitstand vgl. § 111; zu den Voraussetzung der Prozessverwirkung s. Rdn. 279.
[492] Wegen der weiteren Einzelheiten s. § 111 Rdn. 42.
[493] BAG, 21.03.1987 – 7 AZR 790/85, NZA 1988, 737.
[494] BAG, 28.05.1998 – 2 AZR 615/97, NZA 1998, 1167.
[495] § 13 Abs. 1 Satz 2 KSchG.
[496] Keine Umgehung von § 1 KSchG.

gründet. Die Kündigung gilt in **jeder Hinsicht als voll wirksam**. Bei den gesetzlichen Klagefristen handelt es sich um **prozessuale Klageerhebungsfristen**.[497] Dem Arbeitnehmer ist durch die gesetzlichen Klagefristen nur befristet die Möglichkeit eröffnet, Rechtsschutz wegen der offenen materiellen Rechtslage zu begehren. Die Versäumung der Frist hat somit unmittelbar den **Verlust des Klagerechts** zur Folge, das materielle Recht wird des Rechtsschutzes beraubt. Sie ist somit eine prozessuale Frist. Gleichwohl führt die Versäumung der Klageerhebungsfrist zur Abweisung der Klage als unbegründet. Das ArbG entscheidet nämlich dann nicht, indem es Folgerungen aus § 4 KSchG herleitet, sondern indem es in seiner Entscheidung über den fortbestehend gleichen Streitgegenstand die positivrechtliche Regelung des § 7 KSchG zugrunde legt. Das ändert nichts daran, dass die Drei-Wochen-Frist eine Klagefrist ist und die Frage der Ordnungsmäßigkeit der insoweit notwendigen Klage nach dem Prozessrecht zu bestimmen ist. Geht innerhalb der Frist des § 4 KSchG beim ArbG ein nicht unterzeichneter, jedoch i.Ü. den Erfordernissen einer Klageschrift entsprechender Schriftsatz ein, so kann der Mangel der Nichtunterzeichnung daher fristwahrend nach § 295 ZPO geheilt werden.[498]

Die Einhaltung der Klagefrist prüft das ArbG von Amts wegen.[499] Insoweit bedarf es keiner Rüge der beklagten Partei. Die Klageerhebungsfrist ist zwingend. Verlängerungs- oder Verkürzungsvereinbarungen der Parteien oder entsprechende Regelungen in Betriebsvereinbarungen oder Tarifverträgen sind rechtsunwirksam.[500] Die Klagefrist ist gewahrt, wenn die Klage innerhalb von drei Wochen beim ArbG eingegangen ist und die Klage demnächst dem Arbeitgeber zugestellt wird.[501] Die Zustellung ist dann als »**demnächst**« erfolgt anzusehen, wenn die Klage in einer den Umständen nach angemessenen Frist ohne besondere von der Partei oder ihrem Vertreter zu vertretende Verzögerung zugestellt wird. Nach dem Sinn und Zweck der in § 167 ZPO getroffenen Regelung soll die Partei nach Einführung der Amtszustellung vor Nachteilen durch Zustellungsverzögerungen innerhalb des gerichtlichen Geschäftsbetriebes bewahrt werden, weil derartige Verzögerungen außerhalb ihres Einflussbereichs liegen. Hingegen sind der Partei Verzögerungen zuzurechnen, die sie oder ihr Prozessbevollmächtigter bei gewissenhafter Prozessführung hätten vermeiden können. Daher ist eine Klage dann i.S.d. § 167 ZPO »demnächst« zugestellt, wenn die Partei – und ggf. ihr Prozessbevollmächtigter – unter Berücksichtigung der Gesamtumstände alles Zumutbare für die alsbaldige Zustellung getan haben. Dies ist jedoch nicht der Fall, wenn die Partei, der die Fristwahrung obliegt, oder ihr Prozessbevollmächtigter durch nachlässiges, wenn auch nur leicht fahrlässiges Verhalten zu einer nicht bloß geringfügigen Zustellungsverzögerung beigetragen haben. Als »geringfügig« in diesem Sinne sind i.d.R. Zustellungsverzögerungen von bis zu 14 Tagen anzusehen. Eine Zeitspanne von mehr als zwei Wochen, um die sich die Klagezustellung durch leichte Fahrlässigkeit der klagenden Partei oder ihres Prozessbevollmächtigten verzögert, wird hingegen nicht mehr als »geringfügig« und damit unschädlich behandelt.[502]

Die Bestandsschutzklage ist beim örtlich zuständigen ArbG zu erheben. Die örtliche Zuständigkeit folgt aus §§ 12 bis 37 ZPO. Die Drei-Wochen-Frist wird aber auch durch Erhebung der Klage beim **örtlich unzuständigen ArbG** gewahrt.[503] Nimmt jedoch der Rechtspfleger des örtlich unzuständigen ArbG die Klage nur im Wege der Rechtshilfe auf und wird sie sodann an das örtlich zuständige ArbG geschickt, wird die Klagefrist nur gewahrt, wenn sie dort innerhalb der Drei-Wochen-Frist eingeht.[504] Selbst die Erhebung der Klage im unzulässigen Rechtsweg (*z.B. vor dem ordentlichen*

---

497 Für die Klagefrist nach § 4 KSchG vgl. BAG, 26.06.1986 – 2 AZR 358/85, NJW 1986, 3224.
498 BAG, 26.06.1986 – 2 AZR 358/85, NJW 1986, 3224; BAG, 13.04.1989 – 2 AZR 441/88, NZA 1990, 395.
499 BAG, 26.06.1986 – 2 AZR 358/85, NJW 1986, 3224.
500 KR/Friedrich/Klose § 4 KSchG Rn 182.
501 § 167 ZPO.
502 BGH, 09.11.1994 – VIII ZR 327/93, NJW-RR 1995, 254, sowie die Einzelheiten unter Rdn. 64 f.
503 KR/Friedrich/Klose § 4 KSchG Rn 285.
504 KR/Friedrich/Klose § 4 KSchG Rn 290.

Gericht) kann die Klagefrist wahren, denn bei der erforderlichen Verweisung bleiben nach § 17b Abs. 1 Satz 2 GVG die Wirkungen der Rechtshängigkeit bestehen.[505]

6. Nachträgliche Klagezulassung (§ 5 KSchG)

269 War ein Arbeitnehmer nach erfolgter Kündigung trotz Anwendung aller ihm nach Lage der Umstände zuzumutenden Sorgfalt verhindert, die Klage innerhalb von drei Wochen nach Zugang der Kündigung zu erheben, so ist auf seinen Antrag die Klage nachträglich zuzulassen.[506] Entsprechendes gilt bei Versäumung der Frist für Befristungskontrollklagen.[507] Voraussetzungen und Rechtskraftwirkung der Entscheidungen nach § 5 KSchG werden obergerichtlich höchst kontrovers beurteilt.[508] § 5 KSchG ist durch das Arbeitsmarktreformgesetz vom 24.12.2003 mit Wirkung vom 01.01.2004 geändert worden. Der Anwendungsbereich der Vorschrift ist wegen der zeitgleichen Änderung des § 4 KSchG erheblich ausgedehnt worden. Danach müssen die ArbG jetzt wegen eines jeden Unwirksamkeitsgrundes innerhalb der Drei-Wochen-Frist angerufen werden. Das gilt jetzt auch für Kündigungen in Kleinbetrieben und für Kündigungen während der ersten sechs Monate des Bestandes des Arbeitsverhältnisses. Zunächst ist in Abs. 1 der Vorschrift klargestellt worden, dass eine nachträgliche Zulassung der Klage nur erforderlich ist, wenn überhaupt eine **schriftliche** Kündigung vorliegt. Andernfalls beginnt schon die Frist des § 4 Satz 1 KSchG nicht zu laufen. Außerdem ist durch das Arbeitsmarktreformgesetz nach § 5 Abs. 1 Satz 1 KSchG ein Satz 2 angefügt worden. Danach ist die Klage auch dann nachträglich zuzulassen, wenn eine Frau von ihrer **Schwangerschaft** aus einem von ihr nicht zu vertretenden Grund erst nach Ablauf der Drei-Wochen-Frist des § 4 KSchG Kenntnis erlangt hat.[509] Der Antrag auf nachträgliche Zulassung kann **bis zum Ablauf von sechs Monaten** gestellt werden. Die **Frist beginnt** mit Ablauf der versäumten Klagefrist.

Durch Art. 3 des am 01.04.2008 in Kraft getretenen Gesetzes zur Änderung des Sozialgerichtsgesetzes und des Arbeitsgerichtsgesetzes vom 26.03.2008[510] hat die Vorschrift eine weitere – nun sehr grundlegende – Änderung erfahren. § 5 Abs. 4 KSchG ist inhaltlich verändert und danach ist ein Abs. 5 neu eingefügt worden. Die Gesetzesänderung soll der **Beschleunigung, Straffung** und besonderen **Prozessförderung** dienen. Dazu ist das Verfahren über die nachträgliche Klagezulassung mit dem Verfahren über die Klage **verbunden** worden. Künftig muss über die nachträgliche Klagezulassung also nicht mehr gesondert entschieden werden. § 5 Abs. 4 KSchG n.F. ermöglicht aber weiterhin eine gesonderte Entscheidung, jetzt allerdings durch **Zwischenurteil**. Diese Möglichkeit ist – so die Gesetzesbegründung[511] – für die Fälle geschaffen worden, in denen bei einer Zulassung schwierige tatsächliche oder rechtliche Fragen zu klären sind. Nach Abs. 2 Satz 1 Halbs. 1 ist mit dem Antrag die **Kündigungsschutzklage** zu **verbinden**. Falls sie bereits eingereicht ist, ist auf sie im Antrag Bezug zu nehmen. Entgegen dem Wortlaut des Gesetzes kann die Klage innerhalb der Zwei-Wochen-Frist auch nach Stellung des Zulassungsantrages nachgeholt werden. Nach Sinn und Zweck der Vorschrift reicht es aus, wenn innerhalb der Frist die Kündigungsschutzklage und der Antrag auf nachträgliche Zulassung dem Gericht vorliegen.[512] Auch die Bezugnahme auf die bereits erhobene Kündigungsschutzklage kann nach Antragstellung – allerdings wiederum nur innerhalb der Zwei-Wochen-Frist – erfolgen.[513]

---

505 LAG Sachsen-Anhalt, 23.02.1995 – 3 Ta 162/94, LAGE § 4 KSchG Nr. 26; KR/Friedrich/Klose § 4 KSchG Rn 291 f.
506 § 5 Abs. 1 KSchG.
507 § 17 Satz 2 TzBfG.
508 Berkowsky NZA 1997, 352.
509 Dazu und zu Sonderproblemen im Zusammenhang mit § 4 Satz 4 KSchG s. Rdn. 251 ff.
510 SGGArbGG-Änderungsgesetz – BGBl. I 2008, 444, 448.
511 BT-Drs 16/7716, S. 25.
512 Wenzel, AR-Blattei SD Zulassung verspäteter Klagen Rn 55.
513 Wenzel, AR-Blattei SD Zulassung verspäteter Klagen Rn 55.

a) Gründe für die nachträgliche Zulassung

Die klagende Partei muss an der rechtzeitigen Erhebung der Klage trotz Anwendung aller ihr nach Lage der Umstände zuzumutenden Sorgfalt verhindert gewesen sein.[514] Dabei ist auf die der konkret antragstellenden Partei zumutbare Sorgfalt abzustellen *(subjektiver Maßstab)*. Insoweit kommt es auf die Umstände des Einzelfalles an. Maßgebend ist, was von der Arbeitnehmerin, die den Zulassungsantrag gestellt hat, **in ihrer konkreten Situation in ihrem konkreten Fall** an Sorgfalt gefordert werden konnte. Es ist auf die **persönlichen Verhältnisse** der Arbeitnehmerin abzustellen.[515]

270

Als Zulassungsgründe wurden nicht anerkannt:
– Unkenntnis der Klagefrist bei der klagenden Partei,
– Unkenntnis der Klagefrist bei einem ausländischen Arbeitnehmer,
– falsche Auskunft von inkompetenter Stelle,
– Irrtum über Erfolgsaussichten einer Kündigungsschutzklage,
– Verschulden eines mit der Klageerhebung beauftragten Bevollmächtigten.

271

Demgegenüber wurden als Zulassungsgründe anerkannt:
– verspätete Kenntniserlangung aufgrund urlaubsbedingter Ortsabwesenheit,
– Überschreitung der amtlichen Brieflaufzeiten,
– falsche Auskunft einer zuverlässigen Stelle *(gewerkschaftlicher Rechtsschutz, Rechtsantragsstelle des ArbG)*,
– arglistiges Abhalten von der Klageerhebung durch den Arbeitgeber.

b) Formelle Voraussetzungen des Antrags

Folgende formelle Voraussetzungen müssen für eine nachträgliche Zulassung der Bestandsschutzklage vorliegen, wobei darauf zu achten ist, dass bei Versäumung der Antragsfrist keine Wiedereinsetzung nach § 233 ZPO möglich ist:

272

1. Eingang des Antrags bei Gericht innerhalb von zwei Wochen nach Wegfall des die rechtzeitige Klage hindernden Umstands,[516] jedoch vor Ablauf von sechs Monaten, vom Ende der versäumten Frist an gerechnet;[517]
2. Verbindung der Klageerhebung mit dem Antrag bzw. bei bereits eingereichter Klage Bezugnahme auf die Klage im Antrag,[518] wobei die Klageschrift noch innerhalb der Zwei-Wochen-Frist nachgereicht werden kann oder auf eine bereits eingegangene Klageschrift Bezug genommen werden kann;
3. Angabe der die nachträgliche Zulassung begründenden Tatsachen;[519]
4. Angabe der Mittel für die Glaubhaftmachung der die nachträgliche Zulassung begründenden Tatsachen.[520]

c) Gerichtliche Entscheidung

Nach der seit dem 01.04.2008 geltenden Neuregelung des Zulassungsverfahrens ist das Verfahren über die nachträgliche Zulassung mit dem Verfahren über die Klage zu **verbinden**. § 5 Abs. 4 KSchG ermöglicht darüber hinaus weiterhin eine gesonderte Entscheidung. Dabei wird es sich künftig um die Ausnahme handeln. Die Entscheidung über die nachträgliche Zulassung ergeht also jetzt i.d.R. zusammen mit der Entscheidung in der Sache durch Endurteil. Auch ohne entsprechende Formulierung des Antrags behandelt ihn das ArbG stets als Hilfsantrag für den Fall der

273

---

514 § 5 Abs. 1 KSchG.
515 KR-Friedrich/Bader § 5 KSchG Rn 14 f.
516 § 5 Abs. 3 Satz 1 KSchG.
517 § 5 Abs. 3 Satz 2 KSchG.
518 § 5 Abs. 2 Satz 1 KSchG.
519 § 5 Abs. 2 Satz 2 KSchG.
520 § 5 Abs. 2 Satz 2 KSchG.

verspäteten Klageerhebung.[521] Das ArbG entscheidet in voll besetzter Kammer, also mit ehrenamtlichen Richtern, durch Urteil, Abs. 4 Satz 1. Anders als bisher ist eine **mündliche Verhandlung** jetzt auch im Fall des Zwischenurteils über den Zulassungsantrag zwingend erforderlich.

274 Umstritten ist, ob das ArbG Voraussetzungen wie Vorliegen einer Kündigung, Anwendbarkeit des Kündigungsschutzgesetzes und tatsächliche Versäumung der Klagefrist zu prüfen hat und inwieweit diese Vorfragen an der Rechtskraft der Zulassungsentscheidung teilnehmen.

275 Nach § 46 Abs. 2 ArbGG i.V.m. § 318 ZPO ist das Gericht an die Entscheidung, die in dem von ihm erlassenen Zwischenurteil enthalten ist, gebunden. Hinsichtlich ihres Umfangs entspricht diese Bindungswirkung der materiellen Rechtskraft.[522] Der Umfang der Bindungswirkung richtet sich daher danach, worüber entschieden worden ist. Jedoch bestimmt nicht das gesamte Urteil, sondern nur der Tenor die Bindungswirkung, also die ausgesprochene Rechtsfolge.[523] Tatbestand und Entscheidungsgründe sind allerdings zur Feststellung von deren Tragweite heranzuziehen. Zu der zur bis zum 31.03.2008 maßgeblichen Fassung des § 5 hat das BAG[524] insoweit unter entsprechender Anwendung des § 318 ZPO die bis heute umstrittene und durch die LAG, aber auch die Lit. weitgehend nicht geteilte Auffassung vertreten, dass sich die Bindungswirkung nicht nur auf die Frage des Verschuldens, sondern auch auf die der Verspätung selbst erstrecke, nicht aber auf andere Vorfragen, mit denen sich das Gericht im Rahmen des Verfahrens über den Antrag auf nachträgliche Zulassung befasse. Zu den nicht von der Bindungswirkung erfassten Vorfragen zähle insb. die Frage der Anwendbarkeit des KSchG.[525] Hierbei handele es sich um einen Gegenstand des Hauptverfahrens, nicht des Verfahrens der nachträglichen Zulassung. Die Anwendbarkeit des KSchG ist heute angesichts der Erstreckung des § 4 auf alle Unwirksamkeitsgründe ohne Bedeutung.

276 Diese Entscheidungen des BAG wurden von Rechtsprechung und Literatur[526] zuletzt mit Recht weitgehend abgelehnt. Allerdings hat das BAG auf seine bisherige Rechtsprechung, ohne sich mit der Kritik auseinanderzusetzen, in seiner Entscheidung vom 28.05.2009[527] wieder Bezug genommen. Bei der Frage der Verspätung handelt es sich um eine nicht der Bindungswirkung unterliegende Vorfrage, nicht um die im Rahmen des Zwischenurteils entschiedene Rechtsfolge. Sie ist nicht Gegenstand, sondern Voraussetzung des Zulassungsverfahrens. Das LAG Rheinland-Pfalz[528] vertritt allerdings für die Neuregelung des § 5 KSchG nun, dass es dem damit verbundenen Ziel einer weiteren Straffung des Kündigungsschutzverfahrens zuwiderliefe, wenn bei isolierter Ent-

---

521 BAG, 05.04.1984 – 2 AZR 67/83, NZA 1984, 124; Bader/Bram/Dörner/Kriebel § 5 Rn 16; Schwab/Weth-Zimmerling § 46 Rn 112.
522 BGH, 21.02.1994 – II ZB 13/93, NJW 1994, 1222 f.
523 BGH, 04.05.2005 – VIII ZR 123/04, NJW-RR 2005, 1157.
524 BAG, 28.04.1983 – 2 AZR 438/81, EzA § 5 KSchG Nr. 20; BAG, 05.04.1984 – 2 AZR 67/83, NZA 1984, 124; am Rande auch BAG, 27.11.2003 – 2 AZR 692/02.
525 BAG, 05.04.1984 – 2 AZR 67/83, NZA 1984, 124.
526 HaKo-KSchR/Gallner § 5 Rn 7–12 (3. Aufl.), in der 4. Auflage (dort Rn 9) resignierend, ohne umzufallen; KR/Friedrich § 5 KSchG (8. Aufl.) Rn 134, 154, 158; Göhle-Sander, jurisPR-ArbR 41/2005 Anm. 6; DKZ/Zwanziger § 5 KSchG Rn 41; ErfK/Kiel § 5 KSchG Rn 29, der zur Neuregelung davon ausgeht, dass die Frage sich relationstechnisch nicht mehr stelle, da eine Teilentscheidung zur nachträglichen Zulassung durch Zwischenurteil die Feststellung des Arbeitsgerichts voraussetze, dass die Klage verspätet ist; von Hoyningen-Huene/Linck § 5 KSchG Rn 65; DHHW/Schmitt § 5 Rn 57; Berkowsky NZA 1997, 352, 356; HWK/Quecke, § 5 KSchG Rn 19; DFL/Bröhl, 2. Aufl. § 5 KSchG Rn 14; Kloppenburg jurisPR-ArbR 34/2009 Anm. 2; a.A. noch MünchKomm-BGB/Hergenröder § 5 KSchG Rn 30; APS/Ascheid/Hesse Rn 129 bzw. KR/Friedrich § 5 KSchG (9. Aufl.) Rn 197.
527 BAG, 28.05.2009 – 2 AZR 732/08, NZA 2009, 1229 in der es hierauf allerdings nicht ankam und in der zugleich darauf hingewiesen worden ist, dass es sich bei dem Zulassungsverfahren auch nach dem 31.03.2008 um ein isoliertes Verfahren handelt, was in sich widersprüchlich ist, weil es sich – jedenfalls im Zusammenhang mit der Argumentation des BAG in dem konkreten Fall – nicht auf die Verspätung erstreckt.
528 LAG Rheinland-Pfalz, 27.03.2009 – 9 Sa 737/08, Revision eingelegt unter 2 AZR 352/09, erledigt durch Vergleich.

scheidung über die nachträgliche Zulassung durch Zwischenurteil verbindlich nur über die Frage eines Verschuldens, nicht aber über die Frage, ob überhaupt eine verspätete Klageerhebung vorlag, entschieden würde.

Dem steht entgegen, dass der Gesetzgeber das Verfahren gerade dadurch gestrafft hat, dass er ein gesondertes Verfahren über die nachträgliche Klagezulassung nur noch als Ausnahme normiert hat. Außerdem ist eine Zurückverweisung durch das LAG ausgeschlossen. Soweit aber das Verfahren über die nachträgliche Zulassung der Klage weiterhin in Betracht kommt, soll es auch beschleunigt durchgeführt werden können. Aus diesem Grund sieht das Gesetz weiterhin Verfahrenserleichterungen vor. Eine wesentliche Vereinfachung besteht in der Beweiserleichterung durch Glaubhaftmachung für die Frage, ob eine Verspätung verschuldet ist. Wäre die Frage der Verspätung ebenfalls Gegenstand des Verfahrens, müsste im Rahmen des beschleunigten Verfahrens u.U. sogar das LAG noch eine Beweisaufnahme hierzu durchführen. Die Fälle, in denen schon nach dem unstreitigen Vortrag der Parteien entgegen der Auffassung des ArbG keine Verspätung vorliegt, sind in der Praxis kaum anzutreffen. Da nun sogar ein dreistufiges Verfahren ermöglicht worden ist, wäre die Vorfrage der Verspätung u.U. sogar durch das BAG zu prüfen. Demnach wäre den Parteien eine drittinstanzliche Entscheidung zwar zur Frage der Verspätung nicht mehr abgeschnitten. Während im Rahmen der Überprüfung der Frage des Verschuldens angesichts der erleichterten Beweisführung durch Glaubhaftmachung aber regelmäßig eine Zurückverweisung an das LAG nicht erforderlich wird, wäre das hinsichtlich der Frage der Verspätung nicht auszuschließen. Verzögerungen wollte der Gesetzgeber aber gerade durch die Beweiserleichterung und die Neuregelung vermeiden. Entgegen der nun durch das LAG Rheinland-Pfalz vertretenen Ansicht führte eine Erweiterung des Streitgegenstandes auf die Frage der Verspätung also zu einer deutlichen Verfahrensverzögerung, nicht zu der durch den Gesetzgeber nach wie vor beabsichtigten Beschleunigung.

Im Rahmen des Zwischenurteils wird nach der hier mit der ganz überwiegenden Auffassung in Rechtsprechung und Literatur vertretenen Auffassung weiterhin nicht verbindlich über die Frage entschieden, ob ein Fall der Verspätung vorliegt.529 Sie kann also bei Fortsetzung des Verfahrens nach einer Entscheidung der Rechtsmittelinstanz über das Zwischenurteil durch das ArbG anders beurteilt werden. Die »Teil«-Entscheidung betrifft wohl weiterhin nur die Frage des Verschuldens, nicht einen Abschnitt des Kündigungsschutzverfahrens mit dem Inhalt, ob die Klagefrist eingehalten oder entschuldbar nicht eingehalten worden ist. Eine solche Rechtsfolge ist nicht Gegenstand des Zulassungsverfahrens und damit des Zwischenurteils, sodass der Umstand, dass das ArbG die Verspätung prüft, gerade nicht zur Bindung nach § 318 ZPO führt, da – auch nach der Rspr. des BAG – nicht alle geprüften Vorfragen zugleich der Bindung unterliegen. Daraus resultiert zugleich, dass auch die später für das Hauptverfahren zuständigen Rechtsmittelgerichte nicht an die Einschätzung des ArbG zur Frage der Verspätung gebunden sind. Diese Frage ist im Hauptverfahren unabhängig vom Zulassungsverfahren zu prüfen. 277

d) Rechtsmittel

Seit dem 01.04.2008 ist richtiges Rechtsmittel immer die **Berufung**. Nach § 5 Abs. 4 Satz 3 n.F. kann das Zwischenurteil wie ein Endurteil angefochten werden. Hat das ArbG durch Endurteil entschieden, ist ebenfalls – wie üblich – die Berufung das richtige Rechtsmittel. Bis zum 31.03.2008 war gegen den Beschluss des ArbG das Rechtsmittel der **sofortigen Beschwerde** gegeben, § 5 Abs. 4 Satz 2 a.F. Vertretungszwang bestand nicht. Ein bestimmter Antrag war nicht erforderlich; das LAG hatte den angegriffenen Beschluss – wie jede andere sofortige Beschwerde – auch ohne eine Begründung seitens des Beschwerdeführers aufgrund dessen erstinstanzlichen Vorbringens zu überprüfen.530 Eine Rechtsbeschwerde war nicht statthaft, und zwar auch dann nicht, wenn sie durch das LAG fehlerhaft zugelassen worden war.531 278

---

529 RGKU/Kerwer § 5 KSchG, Rn 66.
530 BAG, 16.01.1991 – 4 AS 7/90, EzA § 13 ArbGG 1979 Nr. 1.
531 BAG 15.09.2005 – 3 AZB 48/05, NZA-RR 2006, 211.

7. Prozessverwirkung

279 Die Frage der Prozessverwirkung wird angesichts der Neuregelung des § 4 KSchG und der damit einhergehenden Ausdehnung des Anwendungsbereichs der Drei-Wochen-Frist des § 4 Satz 1 KSchG nach einem Übergangszeitraum in Zukunft nur noch eine untergeordnete Rolle spielen. Die Grundsätze finden aber weiterhin Anwendung, soweit es um nicht mit einer Frist anzufechtende Beendigungstatbestände geht.

a) Voraussetzungen

280 Das BAG ist in ständiger Rechtsprechung davon ausgegangen, das Recht, eine Klage zu erheben, könne verwirkt werden.[532] Das Klagebegehren ist danach verwirkt, wenn der Anspruchsteller die Klage erst nach Ablauf eines längeren Zeitraumes erhebt *(Zeitmoment)* und dadurch ein Vertrauenstatbestand beim Anspruchsgegner geschaffen wird, er werde nicht mehr gerichtlich belangt. Hierbei muss das Erfordernis des Vertrauensschutzes das Interesse des Berechtigten an einer sachlichen Prüfung des von ihm behaupteten Anspruchs derart überwiegen, dass dem Gegner die Einlassung auf die nicht mehr innerhalb angemessener Frist erhobene Klage nicht zuzumuten ist.[533] Der Verwirkungstatbestand ist als außerordentlicher Rechtsbehelf ein Fall der unzulässigen Rechtsausübung. In der illoyal verspäteten Geltendmachung eines Rechts liegt ein Verstoß gegen Treu und Glauben. Die Frage des Rechtsmissbrauchs lässt sich nur für den Einzelfall klären. Eine schematisierende Betrachtungsweise wird dem nicht gerecht.[534] Das BAG hat angenommen, zur Konkretisierung des **Zeitmomentes** könne auf die Drei-Wochen-Frist des § 4 KSchG zurückgegriffen werden. Bei Beendigung des Arbeitsverhältnisses seien im Interesse der Rechtssicherheit und der Rechtsklarheit der Zeitspanne, innerhalb der der Vertrauenstatbestand für die Nichterhebung der Kündigungsschutzklage geschaffen werde, enge Grenzen zu setzen.[535]

281 Der Zeitablauf (vgl. Rdn. 280) und die Untätigkeit des Anspruchsberechtigten reichen allerdings für sich allein noch nicht aus, das Umstandsmoment auszufüllen.[536] Dies gebietet schon die Verfassung. Art. 19 Abs. 4 Satz 2 GG gewährleistet den ordentlichen Rechtsweg. Eine »Abschneidung der Klagebefugnis unter dem Gesichtspunkt der Verwirkung« stößt nur dann nicht unter verfassungsrechtlichen Gesichtspunkten auf Bedenken, wenn der Weg zu den Gerichten nicht in unzumutbarer, aus Sachgründen nicht mehr zu rechtfertigender Weise erschwert wird. Das BAG fordert deshalb neben dem Zeitablauf, der zudem nicht zu kurz bemessen sein darf, dass durch das Verhalten des Berechtigten eine Situation geschaffen wird, auf die der Gegner vertrauen, sich einstellen und einrichten darf.[537]

b) Rechtsprechungsbeispiele

282 Bei der Prüfung, ob eine Prozessverwirkung vorliegt, hat das BAG jeweils die besonderen Umstände des Einzelfalls geprüft. Differenziert hat es dabei im Hinblick auf folgende Beendigungstatbestände:
– Befristungsabrede: BAG, 11.11.1982 – 2 AZR 552/81; BAG, 13.06.1985 – 2 AZR 410/84; BAG, 04.12.1991 – 7 AZR 307/90; BAG, 20.01.1999 – 7 AZR 715/97;
– Sonderkündigungsschutz schwerbehinderter Menschen: BAG, 05.01.1990 – 2 AZR 8/90;
– Sonderkündigungsschutz Auszubildender: BAG, 13.04.1989 – 2 AZR 441/88;
– Kündigung wegen Betriebsübergangs: BAG, 31.01.1985 – 2 AZR 530/83; BAG, 20.05.1988 – 2 AZR 711/87;
– vereitelter Kündigungszugang: BAG, 25.04.1996 – 2 AZR 13/95;

---

[532] BAG, 11.11.1982 – 2 AZR 552/81, NJW 1983, 1443; BAG, 20.05.1988 – 2 AZR 711/87, NZA 1989, 16.
[533] BAG, 09.01.1987 – 2 AZR 37/86, n.v.
[534] BAG, 20.05.1988 – 2 AZR 711/87, NZA 1989, 16.
[535] BAG, 20.05.1988 – 2 AZR 711/87, NZA 1989, 16, mit umfassender Darstellung des Zeitmomentes bei unterschiedlichen Beendigungstatbeständen.
[536] BAG, 09.01.1987 – 2 AZR 37/86, n.v.
[537] BAG, 20.05.1988 – 2 AZR 711/87, NZA 1989, 16.

- Beendigung des Rechtsverhältnisses einer arbeitnehmerähnlichen Person: BAG, 27.10.1998 – 9 AZR 726/97;
- Leistungsansprüche: BAG, 18.05.1999 – 9 AZR 682/98.

IV. Beschäftigungsklage

1. Beschäftigungs- und Weiterbeschäftigungsanspruch

Der Arbeitgeber muss den Arbeitnehmer während des bestehenden Arbeitsverhältnisses tatsächlich beschäftigen *(Beschäftigungsanspruch)*. Den **Anspruch auf Beschäftigung** stützt das BAG[538] auf §§ 611, 613 i.V.m. § 242 BGB, bei dessen Auslegung die Wertentscheidungen des Grundgesetzes zu berücksichtigen sind. Zu diesem gehört der Schutz der Persönlichkeit des Arbeitnehmers. Dagegen verstößt der Arbeitgeber, wenn er dem Arbeitnehmer gegen seinen Willen für längere Zeit ohne besondere schutzwürdige Interessen des Arbeitgebers an der Freistellung zumutet, im Arbeitsverhältnis nur seine Vergütung entgegenzunehmen, ohne sich in seinem Beruf betätigen zu können. Streit um die Beschäftigungspflicht kann entstehen, wenn der Arbeitnehmerin Aufgaben übertragen werden sollen, zu denen sie nach dem Arbeitsvertrag nicht verpflichtet ist oder ihr die vertraglich vorgesehenen Aufgaben schlicht entzogen werden, wie das im Rahmen von Mobbing-Handlungen regelmäßig vorkommt.

283

Überwiegend entsteht Streit über die (Weiter-) Beschäftigungspflicht im Zusammenhang mit Bestandsschutzstreitigkeiten, also nach Ablauf einer Kündigungsfrist oder Auslaufen eines befristeten Arbeitsverhältnisses. Nach § 102 Abs. 5 BetrVG kann ein Arbeitnehmer einen Anspruch auf tatsächliche Beschäftigung nach ordentlicher Kündigung des Arbeitsverhältnisses geltend machen (*betriebsverfassungsrechtlicher Weiterbeschäftigungsanspruch*). Davon kann der Arbeitgeber sich nur unter den Voraussetzungen des § 102 Abs. 5 Satz 2 BetrVG im Rahmen eines Verfahrens auf Erlass einer einstweiligen Verfügung entbinden lassen. Liegen die Voraussetzungen des § 102 Abs. 5 Satz 1 BetrVG vor, besteht das bisherige Arbeitsverhältnis kraft Gesetzes fort und ist nur auflösend bedingt durch die rechtskräftige Abweisung der Kündigungsschutzklage. Der Arbeitgeber hat den Arbeitnehmer daher grundsätzlich bei unveränderten Arbeitsbedingungen, d.h. mit seiner bisherigen Tätigkeit weiterzubeschäftigen. Nach Sinn und Zweck des § 102 Abs. 5 BetrVG ist aber der Bestand des Arbeitsverhältnisses (BT-Drs. VI/1806; BT-Drs. VI/2729) geschützt, nicht der konkrete Arbeitsplatz. Der Arbeitgeber kann den nach § 102 Abs. 5 BetrVG weiterbeschäftigten bzw. weiterzubeschäftigenden Arbeitnehmer im Rahmen seines **Direktionsrechtes** – wie einen Arbeitnehmer im ungekündigten Arbeitsverhältnis auch – folglich auf einen anderen gleichwertigen Arbeitsplatz um- bzw. versetzen.[539]

284

Da der Anspruch auf tatsächliche Beschäftigung nicht weiter geht als im ungekündigten Arbeitsverhältnis, kann der Beschäftigungsanspruch – unter Fortbestehen des Lohnanspruchs – ausnahmsweise entfallen, wenn der Weiterbeschäftigung zwingende betriebliche oder persönliche Gründe entgegenstehen und der Arbeitnehmer demgegenüber kein besonderes, vorrangig berechtigtes Interesse an der tatsächlichen Weiterbeschäftigung hat. Der Arbeitgeber ist daher berechtigt, den Arbeitnehmer zu suspendieren, wenn er hierfür ein überwiegendes, schutzwürdiges Interesse geltend machen kann. Diese Voraussetzung ist erfüllt, wenn die Weiterbeschäftigung, ggf. auf einem anderen gleichwertigen Arbeitsplatz, für den Arbeitgeber zumindest unter zumutbaren Bedingungen unmöglich ist. Bei der mit einer der ordentlichen Kündigung entsprechenden Auslauffrist erklärten außerordentlichen Kündigung gegenüber einem ordentlich unkündbaren Arbeitnehmer – insoweit sind die Regelungen des § 102 Abs. 3–5 BetrVG entsprechend anzuwenden – ist in diesem Zusammenhang allerdings zu berücksichtigen, dass der Arbeitgeber verpflichtet ist, mit allen zumutbaren Mitteln, ggf. nach einer entsprechenden Umorganisation, eine Weiterbeschäftigung des Arbeitnehmers im Betrieb bzw. im Unternehmen zu versuchen.[540]

285

---

538 BAG, 13.06.1985 – 2 AZR 410/84, NZA 1986, 562.
539 BAG, 15.03.2001 – 2 AZR 141/00, NZA 2001, 1267 = NJW 2002, 459.
540 BAG, 15.03.2001 – 2 AZR 141/00, NZA 2001, 1267 = NJW 2002, 459.

§ 46 ArbGG Grundsatz

286 Im Rahmen des **Vollstreckungsverfahrens** können Gründe, die bereits Gegenstand des Erkenntnisverfahrens bis zum Erlass des Titels waren, nicht herangezogen werden. Etwas anderes widerspräche der Aufteilung der Funktionen von Erkenntnis- und Vollstreckungsverfahren. Welche Verpflichtungen bestehen, ist unter Berücksichtigung des einschlägigen Sachvortrags im Erkenntnisverfahren festzustellen, im Vollstreckungsverfahren geht es nur noch um die Feststellung, welche Verpflichtungen tatsächlich tituliert wurden.[541]

287 Der Große Senat des BAG hat auch außerhalb von § 102 Abs. 5 BetrVG einen sog. **allgemeinen Weiterbeschäftigungsanspruch** während des Kündigungsschutzverfahrens anerkannt,[542] der jedoch an zusätzliche Voraussetzungen geknüpft ist. Ein Anspruch auf Weiterbeschäftigung wird vom BAG auch bei Streit um die Wirksamkeit einer Befristung oder einer auflösenden Bedingung bejaht.[543] Ein **allgemeiner Weiterbeschäftigungsanspruch** kommt für die Zeit nach Ablauf der Kündigungsfrist oder bei einer fristlosen Kündigung über deren Zugang hinaus nur in zwei Ausnahmefällen in Betracht:
– bei **offensichtlicher Unwirksamkeit** der Kündigung: Diese ist anzunehmen, wenn sich die Unwirksamkeit bereits nach dem eigenen Vortrag des Arbeitgebers ohne Beweiserhebung und ohne jeglichen Beurteilungsspielraum geradezu aufdrängt. Es darf an dem Ergebnis kein vernünftiger Zweifel in rechtlicher und tatsächlicher Hinsicht zutage treten *(z.B. Verstöße gegen absolute Kündigungsverbote oder Kündigung ohne die erforderliche Betriebsratsanhörung)*;
– wenn **nicht** überwiegende schutzwerte **Interessen des Arbeitgebers entgegenstehen**. Das trifft bei einem streitigen Ende des Arbeitsverhältnisses jedenfalls so lange zu, wie der Ausgang des Streits über den Bestand des Arbeitsverhältnisses ungewiss ist. Bei der gebotenen Interessenabwägung ist das Risiko des ungewissen Prozessausgangs zugunsten des Arbeitgebers zu berücksichtigen. Das Prozessrisiko ändert sich aber, wenn der Arbeitnehmer im Kündigungsprozess ein **obsiegendes Urteil** erstreitet. In diesem Fall kann die Ungewissheit über den endgültigen Prozessausgang für sich allein ein überwiegendes Interesse des Arbeitgebers an der Nichtbeschäftigung des Arbeitnehmers nicht mehr begründen. Vielmehr muss der Arbeitgeber für diesen Fall zusätzliche Umstände anführen, aus denen sich sein überwiegendes Interesse an der Nichtbeschäftigung ergibt.[544] Ein **besonderes Beschäftigungsinteresse** des Arbeitnehmers kann vorliegen, wenn die Beschäftigung zur Ausbildung oder zum Erhalt bestimmter Fertigkeiten erforderlich ist.

288 Hat der Arbeitnehmer ein **erstinstanzlich obsiegendes Kündigungsschutzurteil** erstritten, besteht grds. ein Anspruch auf Weiterbeschäftigung. Der Arbeitgeber kann einen Weiterbeschäftigungsanspruch nur abwehren, wenn er Umstände vorträgt, die das Überwiegen seines Interesses an der Nichtbeschäftigung des Arbeitnehmers belegen. Der Arbeitnehmer kann seinen Weiterbeschäftigungsanspruch in **zweiter Instanz** durchsetzen, wenn das Berufungsgericht der Kündigungsschutzklage stattgibt. Eine Ausnahme von der Weiterbeschäftigungspflicht besteht ebenfalls nur dann, wenn das Interesse des Arbeitgebers an der Nichtbeschäftigung überwiegt. Wird die Kündigungsschutzklage in zweiter Instanz abgewiesen, ist eine *(weitere)* Durchsetzung des bereits erstrittenen Weiterbeschäftigungstitels ausgeschlossen. Hebt das BAG die abweisende Entscheidung des Landesarbeitsgerichts auf, kehrt der Arbeitnehmer an seinen Arbeitsplatz zurück. Bei einer **erneuten Kündigung** *(Wiederholungskündigung)* vor rechtskräftiger Entscheidung über die vorherige Kündigung kann das ArbG nicht ohne Weiteres auf Weiterbeschäftigung erkennen, es sei denn, die weitere Kündigung ist offensichtlich unwirksam oder auf dieselben Gründe gestützt.[545]

---

541 BAG, 15.04.2009 – 3 AZB 93/08, NZA 2009, 917.
542 BAG GS, 27.02.1985 – GS 1/84, NJW 1985, 2968.
543 BAG, 13.06.1985 – 2 AZR 410/84, NZA 1986, 562.
544 BAG, 27.02.1985 – GS 1/84, NJW 1985, 2968.
545 BAG, 19.12.1985 – 2 AZR 190/85, NZA 1986, 566 = NJW 1986, 2965.

Streitgegenstand des Anspruchs nach § 102 Abs. 5 BetrVG und des allgemeinen Weiterbeschäftigungsanspruchs ist die Beschäftigung während des Kündigungsschutzverfahrens nach Ablauf der Kündigungsfrist **bis zum rechtskräftigen Abschluss** des Kündigungsschutzprozesses.[546] 289

Folge: Hat der Betriebsrat einer Kündigung ordnungsgemäß widersprochen, so bleibt der Arbeitgeber zur entsprechenden **Vergütungszahlung** auch für die Zeit verpflichtet, während derer er den Arbeitnehmer tatsächlich nicht weiterbeschäftigt hat und für die sich später aufgrund der rechtskräftigen Entscheidung im Kündigungsschutzprozess herausstellt, dass tatsächlich kein Arbeitsverhältnis mehr bestand.[547] Der Arbeitgeber, der einen titulierten allgemeinen Weiterbeschäftigungsanspruch nicht erfüllt und den Arbeitnehmer nicht weiterbeschäftigt, hat für die Zeit nach Beendigung des Arbeitsverhältnisses dem Arbeitnehmer seine Vergütung demgegenüber nicht nachzuzahlen. Da hier nach rechtskräftiger Abweisung der Kündigungsschutzklage eine Rückabwicklung einer eventuellen Weiterbeschäftigung nach den Grundsätzen des Bereicherungsrechts zu erfolgen hat, hat der Arbeitgeber nach Ablehnung der Weiterbeschäftigung nach der Rechtsprechung des BAG keine Vergütung nach den Grundsätzen des Annahmeverzuges zu zahlen.[548] Das soll auch dann gelten, wenn eine einstweilige Verfügung mit der Verpflichtung zur Weiterbeschäftigung ergangen ist, solange diese nicht mit einem Anspruch nach § 102 Abs. 5 BetrVG begründet worden ist.[549] 290

Streiten die Parteien im Rahmen einer Änderungsschutzklage (s. dazu Rdn. 141 und 263) nach §§ 2, 4 Satz 2 KSchG um die soziale Rechtfertigung der geänderten Arbeitsbedingungen nach einem vom Arbeitnehmer erklärten Vorbehalt, kann keine Verurteilung zur Weiterbeschäftigung zu den früheren Arbeitsbedingungen vor einer stattgebenden Änderungsschutzentscheidung ergehen.[550] Der Arbeitnehmer ist bei rechtzeitigem Vorbehalt gehalten, bis zur rechtskräftigen Feststellung der Unwirksamkeit der Änderungskündigung zu den geänderten Arbeitsbedingungen weiterzuarbeiten. Er kann nicht verlangen, bereits bei einem der Änderungsschutzklage stattgebenden Urteil des ArbG zu den alten Vertragsbedingungen weiterbeschäftigt zu werden, wenn der Arbeitgeber Rechtsmittel einlegt.[551] 291

2. Beschäftigungsantrag

Der Beschäftigungsanspruch wird mit folgendem Antrag geltend gemacht: 292

> »Es wird beantragt, die beklagte Partei zu verurteilen, die klagende Partei als ... (konkret zu bezeichnende Arbeitsbedingungen, z.B. als Werkstattleiter) zu den bisherigen Bedingungen zu beschäftigen.«

Hierbei handelt es sich um eine auf Vornahme einer unvertretbaren Handlung – Zuweisung der vertragsgemäßen Arbeit – gerichtete Klage.[552] Im Anschluss an die Formulierung des Gesetzgebers in § 102 Abs. 5 BetrVG wird in der Praxis häufig die Beschäftigung zu »unveränderten Arbeitsbedingungen« oder auch »zu den bisherigen Arbeitsbedingungen« beantragt.[553] Dies kann im Hinblick auf das Bestimmtheitsgebot problematisch sein.[554] Art, Zeit und Ort der Leistungsverpflichtung müssen sich aus dem Antrag entnehmen lassen, wenn insoweit Streit besteht. Die Übernahme der genannten Formulierung in den Tenor wird teilweise als nicht vollstreckbar angesehen. Im Vollstreckungsverfahren ist der Titel aber auszulegen; dazu können auch Tatbestand und Entscheidungsgründe herangezogen werden. Insoweit genügt es, wenn sich die »unveränderten Arbeitsbe-

---

546 BAG, 02.04.1987 – 2 AZR 418/86, NZA 1987, 808.
547 BAG, 07.12.2000 – 2 AZR 585/99, n.v., Rn 24.
548 BAG, 07.12.2000 – 2 AZR 585/99, n.v., Rn 23.
549 BAG, 07.12.2000 – 2 AZR 585/99, n.v., Rn 26.
550 BAG, 28.03.1985 – 2 AZR 548/83, NZA 1985, 709; 28.05.2009 – 2 AZR 844/07, NZA 2009, 954.
551 BAG, 27.03.1987 – 7 AZR 790/85, NZA 1988, 737; BAG, 18.01.1990 – 2 AZR 183/89, NZA 1990, 734.
552 GMPMG/Germelmann § 46 Rn 64.
553 So auch der Antrag in BAG, 13.06.1985 – 2 AZR 410/84, NZA 1986, 562.
554 Zur gebotenen Auslegung vgl. BAG, 15.03.2001 – 2 AZR 141/00, NZA 2001, 1267 = NJW 2002, 459.

§ 46 ArbGG Grundsatz

dingungen« aus dem Tatbestand und/oder den Entscheidungsgründen ergeben.[555] Der auf Beschäftigung zu »unveränderten Arbeitsbedingungen« gerichtete Antrag wird als zulässig angesehen, solange zwischen den Parteien kein Streit über den Inhalt der Beschäftigungspflicht besteht.[556] Das BAG[557] lässt es bei feststehendem Inhalt der begehrten Tätigkeit ausreichen, wenn diese ansatzweise im Antrag beschrieben wird (*»Der Kläger beantragt, ihn als Bearbeiter für Arbeitslosengeld, Arbeitslosenhilfe, Fortbildung und Umschulung zu beschäftigen«*).

293 Die Verurteilung zur tatsächlichen Beschäftigung kann während des unangefochten bestehenden Arbeitsverhältnisses erforderlich werden. Im Rahmen eines Kündigungsschutzprozesses erfasst sie nicht den Zeitraum bis zur Rechtskraft der Entscheidung. Insoweit kann der Weiterbeschäftigungsanspruch bestehen. Der Beschäftigungsanspruch kann aber wieder für die Zeit ab der rechtskräftigen Entscheidung über den Fortbestand des Arbeitsverhältnisses geltend gemacht werden, weil dann wieder ein unangefochtenes Arbeitsverhältnis besteht. Der Beschäftigungsanspruch wird nach **§ 259 ZPO** verfolgt. Sofern der Arbeitgeber während eines Kündigungsschutzverfahrens nicht erklärt, den Arbeitnehmer zumindest im Fall einer für ihn günstigen rechtskräftigen Entscheidung wieder zu beschäftigen, besteht die **Besorgnis**, dass der Arbeitgeber auch nach Rechtskraft der Entscheidung über den Fortbestand des Arbeitsverhältnisses die Beschäftigungspflicht nicht erfüllen wird.[558]

294 Auch die auf Feststellung der Pflicht zur Beschäftigung eines Arbeitnehmers zu den Bedingungen eines bestimmten Tarifvertrages gerichtete Klage ist als zulässig erachtet worden.[559]

295 **Beim teilweisen Entzug von Arbeitsaufgaben kann beantragt werden:**

»Es wird beantragt, den Arbeitgeber zu verurteilen, den Arbeitnehmer an einer bestimmten Anzahl von Tagen als ... (konkrete Berufs-/Tätigkeitsbezeichnung) in ... (Abteilung o.a.) zu beschäftigen.«

Kann dieser Einsatz des Arbeitnehmers nicht auf Dauer festgeschrieben werden, erschöpft sich die Verurteilung im Ergebnis in einer Feststellung der gerade geltenden Rechtslage. Sie hindert den Arbeitgeber nicht, den Einsatz des Arbeitnehmers i.R.d. **Direktionsrechts** neu zu regeln.[560] Sollte darüber Streit entstehen, wäre über die Wirksamkeit der Maßnahme in einem neuen Verfahren zu entscheiden. Hingegen wäre eine Vollstreckung des ausgeurteilten Anspruchs bei dieser Sachlage nicht möglich, da es nicht Aufgabe des Vollstreckungsgerichts sein kann, darüber zu befinden, ob die erneute Zuweisung eines anderen Arbeitsbereichs bzw. ob die Änderung einzelner Arbeitsbedingungen rechtswirksam erfolgte.[561]

In diesem Zusammenhang hat der Dritte Senat des BAG[562] allerdings entschieden, dass der Titel aus materiell-rechtlichen Gründen gar nicht so genau sein könne, dass er auf eine ganz bestimmte im Einzelnen beschriebene Tätigkeit oder Stelle zugeschnitten ist. Darauf habe der Arbeitnehmer nämlich regelmäßig keinen Anspruch, weil dem Arbeitgeber das Weisungsrecht nach § 106 GewO zustehe. Soweit nicht die Ausübung dieses Weisungsrechts im Einzelfall Gegenstand des Erkenntnisverfahrens sei, gebe es deshalb keine rechtliche Handhabe, den Arbeitgeber durch einen Beschäftigungstitel zur Beschäftigung des Arbeitnehmers in einer bestimmten, eng begrenzten Weise zu verpflichten. Im Ergebnis könnte danach dann allerdings z.B. im öffentlichen Dienst nicht mehr

---

555 LAG Frankfurt, 27.11.1992 – 9 Ta 376/92; LAG Rheinland-Pfalz, 07.01.1986 – 1 Ta 302/85, NZA 1986, 196; sehr eng LAG Schleswig-Holstein, 06.01.1987 – 6 Ta 157/86, NZA 1987, 322.
556 GMPMG/Germelmann § 46 Rn 64; LAG Schleswig-Holstein, 06.01.1987 – 6 Ta 157/86, NZA 1987, 322; LAG Köln, 07.07.1987 – 9 Ta 128/87, LAGE § 888 ZPO Nr. 15; weitergehend LAG Rheinland-Pfalz, 07.01.1986 – 1 Ta 302/85, NZA 1986, 196.
557 Z.B. BAG, 26.03.1997 – 4 AZR 604/95, ZTR 1997, 413.
558 BAG, 13.06.1985 – 2 AZR 410/84, NZA 1986, 562; BAG, 21.03.1996 – 2 AZR 543/95, NZA 1996, 1030 = NJW 1997, 676.
559 BAG, 08.08.1996 – 6 AZR 771/93, NZA 1997, 434 = NJW 1997, 2195.
560 BAG, 15.03.2001 – 2 AZR 141/00, NZA 2001, 1267 = NJW 2002, 459.
561 BAG, 02.04.1996 – 1 AZR 743/95, NZA 1997, 112.
562 BAG, 15.04.2009 – 3 AZB 93/08, NZA 2009, 917.

die Beschäftigung mit einer bestimmten Tätigkeit, sondern nur noch mit Aufgaben einer vertraglich vereinbarten Entgeltgruppe begehrt werden. Ob das dann mit den ansonsten gestellten Bestimmtheitsanforderungen in Einklang zu bringen ist, erscheint fraglich. Richtig ist wohl, dass ein **Anspruch auf Zuweisung derjenigen Tätigkeiten besteht und auch tituliert werden kann, die im Wege des Direktionsrechts wirksam übertragen** worden sind. Das hindert den Arbeitgeber dann allerdings nicht, dem Arbeitnehmer Tätigkeiten zuzuweisen, die ihm im Rahmen des Direktionsrechts übertragen werden können. Dem BAG ging es in der zitierten Entscheidung auch eigentlich wohl eher darum aufzuzeigen, dass die Tätigkeit nicht ganz genau angegeben werden muss und es ausreicht, wenn sie allgemein umschrieben ist.

3. Weiterbeschäftigungsantrag

Der Weiterbeschäftigungsantrag entspricht im Wesentlichen dem Beschäftigungsantrag (vgl. Rdn. 292). Er ist im Hinblick auf seinen eingeschränkten Streitgegenstand auf die Zeit bis zum rechtskräftigen Abschluss des Kündigungsschutzprozesses bzw. des Entfristungsprozesses zu begrenzen: 296

> »Es wird beantragt, die ... (beklagte Partei) zu verurteilen, die ... (klagende Partei) als ... (konkret zu bezeichnende Arbeitsbedingungen, z.B. als Friseurin) zu den bisherigen Arbeitsbedingungen bis zum rechtskräftigen Abschluss des Verfahrens weiter zu beschäftigen.«

Für die Zeit nach rechtskräftigem Abschluss des Verfahrens kann wieder der allgemeine Beschäftigungsanspruch über § 259 ZPO geltend gemacht werden (s. dazu Rdn. 293). Erfolgreich kann dieser nur bei der Besorgnis sein, dass der Arbeitgeber auch nach Rechtskraft der Entscheidung über den Fortbestand des Arbeitsverhältnisses die Beschäftigungspflicht nicht erfüllen wird (s. hierzu im Einzelnen Rdn. 293 mit Rechtsprechungsnachweisen). Das mit dem Antrag verfolgte Ziel ist durch das Gericht zu ermitteln. Wird ein zeitlich uneingeschränkter Antrag gestellt, muss das Gericht nach § 139 ZPO auf die Rechtslage hinweisen und den Parteien die Möglichkeit geben, sich hierzu zu erklären. 297

Der Weiterbeschäftigungsantrag kann im Kündigungsrechtsstreit im Wege der objektiven Klagehäufung[563] geltend gemacht werden. Er kann aber auch nur für den Fall gestellt werden, dass der Kündigungsschutzklage stattgegeben wird.[564] 298

Da seit dem 01.01.2004 sämtliche Unwirksamkeitsgründe – unabhängig von der Anwendbarkeit des KSchG – mit einem Kündigungsschutzantrag geltend gemacht werden müssen, kommt ein isolierter Weiterbeschäftigungsantrag – außer in einem gesonderten Verfahren bei parallelem Kündigungsschutzprozess – regelmäßig nicht mehr in Betracht. Gleiches gilt wegen § 17 TzBfG bei Entfristungsklagen. Streiten die Parteien hingegen darüber, ob das Arbeitsverhältnis durch einen Aufhebungsvertrag beendet worden ist, kann unmittelbar auf Beschäftigung geklagt werden.[565] Die Frage der Wirksamkeit des Aufhebungsvertrages wird dann als Vorfrage geprüft. 299

Beschäftigungs- und Weiterbeschäftigungsanspruch können nur für die Zukunft geltend gemacht werden. Die Verurteilung des Arbeitgebers zur Weiterbeschäftigung für einen zurückliegenden Zeitraum ist unzulässig, denn sie ist auf etwas Unmögliches gerichtet. Der Arbeitnehmer kann in diesem Fall – auch noch in der Revisionsinstanz – vom Leistungsantrag zum Feststellungsantrag übergehen. Da der Klageanspruch derselbe geblieben ist, liegt ein Fall der Klageeinschränkung i.S.d. § 264 Nr. 2 ZPO vor. Der Arbeitnehmer hat im Hinblick auf die personenrechtliche Natur des Beschäftigungsanspruchs ein rechtliches Interesse an der Feststellung, dass in dem zurückliegenden Zeitraum eine Beschäftigungspflicht des Arbeitgebers bestand.[566] 300

---

563 § 260 ZPO.
564 Unechte eventuelle Klagehäufung; BAG, 08.04.1988 – 2 AZR 777/87, NZA 1988, 741.
565 BAG, 16.01.1992 – 2 AZR 412/91, NZA 1992, 1023.
566 BAG, 13.06.1985 – 2 AZR 410/84, NZA 1986, 562; BAG, 08.04.1988 – 2 AZR 777/87, NZA 1988, 741; BAG, 21.03.1996 – 2 AZR 543/95, NZA 1996, 1030 = NJW 1997, 676.

V. Betriebliche Altersversorgung

1. Auskunft über Anwartschaft

301 Nach § 2 Abs. 6 BetrAVG ist der Arbeitgeber oder der sonstige Versorgungsträger verpflichtet, dem Arbeitnehmer Auskunft darüber zu erteilen, ob für ihn die Voraussetzungen einer unverfallbaren betrieblichen Altersversorgung erfüllt sind und in welcher Höhe er Versorgungsleistungen bei Erreichen der in der Versorgungsregelung vorgesehenen Altersgrenze verlangen kann. Verweigert der Arbeitgeber die Auskunft, so kann der Arbeitnehmer ihn auf Erteilung der Auskunft verklagen.[567] Der Klageantrag auf Dokumentation einer Ruhegeldanwartschaft lautet:[568]

> *»Die klagende Partei beantragt, die beklagte Partei zu verurteilen, ihr eine Bescheinigung zu erteilen, in welcher Höhe ein Anspruch auf Versorgungsleistungen bei Erreichen der in der Versorgungsordnung der Beklagten vom ... vorgesehenen Altersgrenze besteht.«*

302 Streiten die Parteien darüber, ob die Auskunft zur Höhe der künftigen Versorgungsleistung richtig oder vollständig ist, kann der Arbeitnehmer ihre Feststellung im Klagewege verlangen.[569] Der Dritte Senat des BAG legt bei der Beurteilung des Feststellungsinteresses einen großzügigen Maßstab an. Der Versorgungsberechtigte ist häufig nicht in der Lage, seine Ansprüche zu beziffern, selbst wenn dies objektiv möglich wäre. Außerdem muss der Arbeitnehmer auch schon vor Eintritt in den Ruhestand Streitfragen gerichtlich klären lassen können. Daher ist das Feststellungsinteresse regelmäßig zu bejahen, wenn ein Versorgungsanwärter eine Feststellungsklage über das Bestehen und die Höhe seiner Anwartschaft erhebt. Der Arbeitnehmer braucht nicht abzuwarten, bis der Ruhestand eintritt oder kurz bevorsteht. Er muss seine Versorgung im Alter frühzeitig planen können und kann daher einen Rechtsstreit über seine Anwartschaft, auch über eine Anwartschaftsauskunft des Arbeitgebers, sogleich führen.[570]

2. Leistung der Altersversorgung

303 Ist der Versorgungsfall eingetreten, geht auch im Ruhegeldrecht die Leistungsklage der Feststellungsklage vor. Das Feststellungsinteresse für eine Feststellungsklage ist aber nur dann zu verneinen, wenn die Leistungsklage den Streit prozessökonomisch sinnvoller erledigt als die Feststellungsklage. Klagt der Versorgungsberechtigte nur auf rückständige Rentenraten, ist die Leistungs- und nicht die Feststellungsklage zu wählen.[571] Nach Eintritt des Versorgungsfalles kann die Berechnung der Versorgung außerordentlich schwierig sein, etwa weil das betreffende Versorgungswerk komplizierte und unübersichtliche Regelungen enthält oder seinerseits auf andere Regelwerke, etwa auf das Beamtenrecht oder auf Tarifrecht oder die Satzung eines öffentlich-rechtlichen Versorgungsträgers, verweist. In solchen Fällen kommt auch eine Feststellungsklage in Betracht.[572] Ausnahmsweise kann selbst eine sog. Elementenklage zulässig sein, wenn nämlich unter den Parteien nur über ein einzelnes Element des Zahlungsanspruchs gestritten wird, z.B. über die Frage, ob die vom Arbeitgeber angerechnete Vordienstzeit bei der Berechnung der Rentenhöhe zu berücksichtigen ist. So sieht das BAG[573] z.B. den Antrag *»festzustellen, dass bei der Berechnung seiner Versorgungsansprüche als Datum der letzten Einstellung der 02.01.1970 zugrunde zu legen sei«*, als zulässig an. Es wäre prozesswirtschaftlich wenig sinnvoll, bei schwierigen Rentenberechnungen den Rechtsstreit mit einem zusätzlichen Zahlenwerk zu belasten, an dessen gerichtlicher Feststellung die Parteien nicht

---

567 Griebeling Betriebliche Altersversorgung, Rn 421.
568 Schaub Formularsammlung, § 3118.
569 LAG Hamm, 01.03.1989 – 6 Sa 270/88.
570 BAG, 07.03.1995 – 3 AZR 282/94; BAG, 27.02.1996 – 3 AZR 886/94; Griebeling Betriebliche Altersversorgung, Rn 906.
571 Griebeling Betriebliche Altersversorgung, Rn 907.
572 Griebeling Betriebliche Altersversorgung, Rn 906.
573 BAG, 18.02.2003 – 3 AZR 46/02.

interessiert sind. In solchen Fällen hält das BAG die Feststellungsklage für zulässig, weil sie zu einer abschließenden Klärung führt und der einfachere und der sachgerechtere Weg dahin ist.[574]

Gegen den Pensions-Sicherungs-Verein *(PSV)* lässt das BAG deshalb die Feststellungsklagen zu, weil der PSV ein mit öffentlichen Aufgaben und hoheitlichen Befugnissen beliehenes Unternehmen ist. Der PSV muss bereits aufgrund eines Feststellungsurteils leisten. Ein vollstreckungsfähiger Titel ist nicht erforderlich.[575] 304

Streiten die Parteien darüber, wer wegen eines angeblichen **Betriebsübergangs** Versorgungsschuldner ist, lässt das BAG[576] folgenden Antrag zu: 305

> »Es wird beantragt festzustellen, dass die Beklagte verpflichtet ist, an den Kläger betriebliche Altersversorgung nach der Pensionsordnung der ... AG zu leisten.«

Zwar können nach § 256 Abs. 1 ZPO nur Rechtsverhältnisse Gegenstand einer Feststellungsklage sein, nicht hingegen bloße Elemente oder Vorfragen eines Rechtsverhältnisses. Eine Feststellungsklage muss sich jedoch nicht notwendig auf ein Rechtsverhältnis insgesamt erstrecken. Sie kann sich vielmehr auf einzelne Beziehungen oder Folgen aus einem Rechtsverhältnis, auf bestimmte Ansprüche oder Verpflichtungen oder auf den Umfang einer Leistungspflicht beschränken.[577] Unter den Begriff des Rechtsverhältnisses fallen auch einzelne Rechte, Pflichten oder Folgen einer solchen Rechtsbeziehung. Hierzu gehört auch die Frage der **Passivlegitimation**. Mit dem dargestellten Antrag wird die Klärung eines bestimmten Rechtsverhältnisses zur Beklagten begehrt und nicht die Feststellung einer Rechtsfolge.[578]

3. Verschaffung einer Versorgung

Besonderheiten ergeben sich, wenn Arbeitnehmer unter Verstoß gegen den Gleichbehandlungsgrundsatz, den Gleichheitssatz[579] oder den Grundsatz gleichen Entgelts für Männer und Frauen keinen Anspruch auf Altersversorgung oder Zusatzversorgung erworben haben. In diesen Fällen hat der Arbeitgeber den Arbeitnehmern die Versorgungsleistungen zu verschaffen, die ihnen zustünden, wenn sie während der Dauer des Arbeitsverhältnisses bei den Versorgungswerken versichert gewesen wären. Der übliche Antrag lautet:[580] 306

> »Die klagende Partei beantragt festzustellen, dass die beklagte Partei verpflichtet ist, der klagenden Partei die Versorgungsleistungen zu verschaffen, die ihr zustünden, wenn sie in der Zeit vom ... bis zum ... bei der Versorgungsanstalt ... versichert gewesen wäre.«

Der Antrag ist hinreichend bestimmt,[581] wenn die für den Anspruch maßgeblichen Umstände, nämlich der Zeitraum sowie Art und Umfang der Tätigkeit, für die eine Altersversorgung beansprucht wird, angegeben werden.[582] Für den Feststellungsantrag besteht regelmäßig ein Feststellungsinteresse. Bei bestrittenem Verschaffungsanspruch ist die Rechtslage für den Arbeitnehmer unsicher geworden. Es besteht für ihn ein Bedürfnis, die Rechtslage alsbald zu klären. Es ist für ihn schon vor dem Eintritt des Versorgungsfalles wichtig zu wissen, welche Versorgungsansprüche ihm später zustehen werden. Vom Umfang seiner Versorgungsansprüche hängt es ab, inwieweit 307

---

574 BAG, 08.05.1984 – 3 AZR 68/82.
575 BAG, 22.09.1987 – 3 AZR 662/85; BAG, 20.11.1990 – 3 AZR 573/89; Griebeling Betriebliche Altersversorgung, Rn 909.
576 BAG, 23.02.2003 – 8 AZR 102/02.
577 BAG, 19.06.1985 – 5 AZR 57/84; BAG, 21.05.1992 – 6 AZR 19/91, n.v.; BAG, 25.10.2001 – 6 AZR 718/00, NZA 2002, 1052.
578 BAG, 13.02.2003 – 8 AZR 102/02.
579 Art. 3 Abs. 1 GG.
580 BAG, 16.01.1996 – 3 AZR 767/94; ähnlich BAG, 13.05.1997 – 3 AZR 66/96.
581 § 253 Abs. 2 Nr. 2 ZPO.
582 Zum seltenen bezifferten Verschaffungsantrag vgl. BAG, 14.10.1998 – 3 AZR 385/97.

Versorgungslücken entstehen werden, die möglicherweise auch durch private Vorsorgemaßnahmen geschlossen werden müssen.[583]

308 Es besteht auch ein Feststellungsinteresse, selbst wenn der Versorgungsfall bereits eingetreten ist. In Fällen eines Verschaffungsanspruchs erfordert die Bezifferung der Versorgungsleistungen zum einen die Aufklärung länger zurückliegender Sachverhalte und zum anderen aufwendige, schwierige Berechnungen, die wegen des differenzierten Systems der Versorgungskassen und der zahlreich erfolgten Satzungsänderungen nur von besonders geschulten Personen zuverlässig durchgeführt werden können. Beiden Parteien kann dieser Aufwand erst zugemutet werden, wenn feststeht, dass die beklagte Partei verpflichtet ist, der klagenden Partei eine Versorgung zu verschaffen.[584]

309 Geht es um die Klärung eines Verrechnungsrechtes (z.B. Minderung der Altersversorgung durch Berücksichtigung der auf Kindererziehungszeiten zurückgehenden Erhöhung der gesetzlichen Rente), kann die Zulässigkeit eines Feststellungsantrags aus § 256 Abs. 2 ZPO folgen, wenn es sich bei dem Verrechnungsrecht um eine für die Entscheidung über einen zugleich anhängig gemachten Zahlungsantrag vorgreifliche Rechtsbeziehung handelt.[585]

4. Anpassung der Altersversorgung

310 Nach § 16 Abs. 1 BetrAVG hat der Arbeitgeber alle drei Jahre eine Anpassung der laufenden Leistungen der betrieblichen Altersversorgung zu prüfen und hierüber nach billigem Ermessen zu entscheiden. § 16 BetrAVG räumt dem Arbeitgeber ein **Leistungsbestimmungsrecht** ein. Der Versorgungsempfänger kann die Anpassungsentscheidung des Arbeitgebers in entsprechender Anwendung des § 315 Abs. 3 Satz 2 BGB durch die Gerichte überprüfen lassen. Hierzu ist kein bezifferter Leistungsantrag nötig, wenn das Gericht den zu zahlenden Betrag nach § 313 Abs. 3 Satz 2 BGB rechtsgestaltend bestimmt. Mit der Angabe des anspruchsbegründenden Sachverhalts und eines Mindestbetrages kommt die klagende Partei dem Bestimmtheitsgebot des § 253 Abs. 2 Nr. 2 ZPO nach. Der nach Ansicht des BAG zulässige Antrag lautet:[586]

> »Die klagende Partei beantragt, die beklagte Partei zu verurteilen, an sie ab dem ... (Anpassungszeitpunkt) eine Betriebsrente zu zahlen, die im Verhältnis zu der derzeitig gezahlten monatlichen Betriebsrente in Höhe von ... Euro angemessen erhöht ist, wobei der Erhöhungsbetrag in das Ermessen des Gerichts gestellt wird.«

311 Gegenstand des Rechtsstreits ist in einem solchen Fall der Anspruch der klagenden Partei auf eine höhere Betriebsrente ab dem genannten Anpassungszeitpunkt. Auf diese Anpassung ist die Leistungsklage dann aber beschränkt. Erhöhungen zu späteren Anpassungsstichtagen sind mit diesem Antrag nicht eingeklagt worden. Wenn in den laufenden Anpassungsrechtsstreit weitere Anpassungen einbezogen werden sollen, ist die Klage dementsprechend zu erweitern.[587]

VI. Drittschuldnerklage

312 Mit der Drittschuldnerklage macht die Gläubigerin gepfändete Ansprüche des Schuldners *(Arbeitnehmers)* gegen den Drittschuldner *(Arbeitgeber)* geltend. Zunächst ist zu beachten, dass sich aus § 841 ZPO die Verpflichtung des Gläubigers ergibt, dem Schuldner den **Streit zu verkünden**. Der Klage ist hierzu eine Streitverkündungsschrift beizufügen, die das Gericht mit einer Terminsmitteilung an den Schuldner weiterleitet. Unterbleibt die Streitverkündung, sind Regressansprüche des Schuldners zu befürchten, vgl. § 842 ZPO.

---

583 BAG, 13.05.1997 – 3 AZR 66/96.
584 BAG, 07.03.1995 – 3 AZR 282/94; BAG, 16.01.1996 – 3 AZR 767/94; BAG, 12.03.1996 – 3 AZR 993/94; BAG, 17.10.2000 – 3 AZR 69/99, NZA 2001, 203; zur Unzulässigkeit eines unbestimmten, vergangenheitsbezogenen Verschaffungsantrags vgl. BAG, 25.02.1999 – 3 AZR 113/97.
585 BAG, 05.12.1995 – 3 AZR 942/94.
586 BAG, 17.10.1995 – 3 AZR 881/94.
587 BAG, 17.10.1995 – 3 AZR 881/94.

1. Auskunft

Eine Einziehungsklage ist als Leistungsklage genau zu beziffern. Häufig fehlen dem Gläubiger aber die zur Bezifferung erforderlichen Kenntnisse des monatlichen Einkommens des Schuldners. Er bedarf daher weiterer Informationen. Einschlägig ist[588] der Auskunftsanspruch nach § 836 Abs. 3 Satz 1 ZPO. Hiernach ist der Schuldner verpflichtet, dem Gläubiger die zur Geltendmachung der Forderung nötige Auskunft zu erteilen und ihm die über die Forderung vorhandenen Urkunden herauszugeben. Diese Norm entspricht § 402 BGB. Die Pflicht zur Herausgabe der erforderlichen Unterlagen bezieht sich auch auf Arbeitsvergütungsabrechnungen und ggf. die Lohnsteuerkarte. 313

Bei Weigerung ist aber eine Klage auf Auskunftserteilung vor den ordentlichen Gerichten notwendig. Dies ist problematisch. Der Gläubiger ist gehalten, die ihm zur Einziehung überwiesene Forderung alsbald zu realisieren. Verzögert er die Beitreibung, macht er sich nach § 842 ZPO schadensersatzpflichtig. Zu denken ist an den Verfall des gepfändeten Entgelts aufgrund tariflicher Verfallklauseln. Des Weiteren kommt die Erklärungspflicht des Drittschuldners nach § 840 Abs. 1 ZPO in Betracht. Der Drittschuldner hat die **Fragen** zu beantworten, 314
– ob und inwieweit er die gepfändete Forderung anerkennt und Zahlung zu leisten bereit ist,[589]
– ob und welche Ansprüche andere Personen an die Forderung erheben und
– ob und wegen welcher Ansprüche die Forderung bereits für andere Gläubiger gepfändet ist.

Infolge der **begrenzten Auskunftspflicht** erweist sich dieses Auskunftsverfahren als ungenügend. Der Zweck, dem Vollstreckungsgläubiger eine korrekte Vollstreckung zu ermöglichen, wird nur dann erreicht, wenn der Arbeitgeber als Drittschuldner den pfändbaren Betrag auch richtig errechnet und die dafür erforderlichen Angaben mitteilt. Deshalb wird empfohlen, dass der Gläubiger dem Drittschuldner weitere genaue Fragen nach Bruttolohn und sich daraus ergebendem Nettolohn, nach bestehenden Unterhaltspflichten, nach vorhandenen Unterhaltstiteln und der tatsächlichen Erfüllung von Unterhaltspflichten sowie nach dem unpfändbaren Betrag des Nettolohnes zur exakten Aufklärung stellt. Diese Angaben können indessen nur auf freiwilliger Basis erlangt werden. 315

Der Weg über § 840 Abs. 1 ZPO ist aus einem weiteren Grund problematisch. Nach der höchstrichterlichen Rechtsprechung ist die Erklärungspflicht des § 840 Abs. 1 ZPO eine außerhalb des Arbeitsverhältnisses liegende, vom Arbeitgeber als Drittschuldner dem Pfändungsgläubiger selbst geschuldete Obliegenheit, deren Verletzung das Gesetz mit einem Schadensersatzanspruch des Pfändungsgläubigers sanktioniert. Erfüllt der Drittschuldner seine Erklärungspflicht nicht, bleibt dem Pfändungsgläubiger nichts anderes übrig, als die gepfändete Forderung einzuklagen, weil es einen einklagbaren Anspruch auf Auskunft nicht gibt, der Pfändungsgläubiger vielmehr von der Beitreibbarkeit der gepfändeten Forderung ausgehen kann.[590] Des Weiteren sind für die Geltendmachung von Ansprüchen des Lohnpfändungsgläubigers gegen den Drittschuldner auf Auskunftserteilung nach § 840 ZPO nicht die ArbG, sondern die allgemeinen Zivilgerichte zuständig.[591] 316

2. Einziehungsklage

Für die Klage auf pfändbare Arbeitsvergütungsanteile sind die ArbG nach § 2 Abs. 1 Nr. 3 Buchst. a) i.V.m. § 3 ArbGG zuständig. Rechtsnachfolger ist auch der Pfändungsgläubiger eines Anspruchs, 317

---

588 Neben familienrechtlichen Auskunftsansprüchen wie § 1605 Abs. 1 BGB.
589 Dieser Teil der Auskunftspflicht umfasst Angaben zum Bestand, zur Art und zur Höhe der Forderung, soweit sie beschlagnahmt ist; die Erklärung bedarf keiner näheren Begründung und keiner Aufschlüsselung hinsichtlich evtl. nur teilweise anerkannter Ansprüche; ebenso ergibt sich aus § 840 Abs. 1 ZPO nicht die Pflicht zur Vorlage von Belegen, BGH, 01.12.1982 – VIII ZR 279/81.
590 BGH, 17.04.1984 – IX ZR 153/83; BAG, 16.05.1990 – 4 AZR 56/90, NJW 1990, 2641; vgl. aber den sehr interessanten Vorschlag von Staab NZA 1993, 443 zu einer Drittschuldnerklage auf Auskunft und Zahlung.
591 BAG, 31.10.1984 – 4 AZR 535/82, NZA 1985, 289.

der, würde er vom Pfändungsschuldner geltend gemacht, in die Zuständigkeit der ArbG fiele.[592] Der Schadensersatzanspruch nach § 840 Abs. 2 Satz 2 ZPO kann im Wege der Klageänderung i.R.d. anhängigen Drittschuldnerprozesses geltend gemacht werden (dazu näher Rdn. 326).

318 Erforderlich ist ein bestimmter Klageantrag. Da der Pfändungs- und Überweisungsbeschluss sich regelmäßig auch auf künftiges Arbeitseinkommen bezieht, kann die Gläubigerin neben den aufgelaufenen Beträgen auch künftig fällig werdende Leistungen einklagen. § 253 Abs. 2 Nr. 2 ZPO lässt nicht den gelegentlich vorkommenden Antrag zu, den Drittschuldner »zur Abführung der gepfändeten Beträge zu verurteilen«. Der Leistungsantrag ist vielmehr nach Maßgabe des angenommenen Erfolgs der Arbeitsvergütungpfändung zu beziffern. Die seit der Zustellung des Pfändungs- und Überweisungsbeschlusses gepfändeten Arbeitsvergütungsanteile sind für die jeweilige Arbeitsvergütungsperiode *(Tag, Woche, Monat)* zu berechnen[593] und im Klageantrag zu summieren *(Nettobeträge!)*. Die nach Klageerhebung fällig werdenden Beträge können nach § 259 ZPO zugleich verfolgt werden.[594]

319 Oft macht der Gläubiger einfach den der Pfändung zugrunde liegenden Anspruch nebst Kosten und Zinsen in einer Summe als Schadensersatz aus § 840 Abs. 2 Satz 2 ZPO geltend.[595] Nach § 840 Abs. 2 Satz 2 ZPO haftet der Drittschuldner jedoch nur für den aus **Nichterfüllung seiner Auskunftsverpflichtung** entstehenden Schaden *(regelmäßig bei unbegründeter Einziehungsklage wegen bestehender Vorpfändungen)*. Zudem sind grds. für diesen Schadensersatzanspruch die ordentlichen Gerichte zuständig (s. aber Rdn. 326).

320 Der Gläubiger kommt also nicht umhin, in die Klagebegründung eine **schlüssige Berechnung** der gepfändeten Arbeitsvergütung aufzunehmen. Die sorgfältige Klagebegründung bewährt sich in vielen Fällen schon im Gütetermin. Der Drittschuldner lässt es erfahrungsgemäß oft auf eine Versäumnisentscheidung ankommen. Bei unzulänglicher Klagebegründung kann sie nicht ergehen. Die Arbeitsvergütung nach dem einschlägigen Tarifvertrag kann wohl immer noch als die übliche Vergütung gelten, auf die sich der Gläubiger unter Wahrung der Wahrheitspflicht nach § 138 Abs. 1 ZPO berufen kann. Wird die gepfändete Arbeitsvergütung auf dieser Grundlage errechnet, so hat der Drittschuldner etwaige Abweichungen nach § 138 Abs. 2 ZPO darzulegen.[596] Seit Inkrafttreten des **Mindestlohn**gesetzes kann zumindest der **Mindestlohn** beansprucht werden. Achtung **Verfallklauseln**: Diese hat auch der pfändende Gläubiger zu beachten, sofern kraft Verbandszugehörigkeit beider Arbeitsvertragsparteien oder Allgemeinverbindlicherklärung Tarifbindung besteht oder die Arbeitsvertragsparteien die Anwendung der einschlägigen tariflichen Vorschriften vereinbart haben, wie dies oft in vorformulierten Arbeitsbedingungen der Fall ist.

321 Ist das Arbeitseinkommen des Arbeitnehmers gepfändet und einem Gläubiger zur Einziehung überwiesen, erfasst der Pfändungs- und Überweisungsbeschluss auch einen **Schadensersatzanspruch** des Arbeitnehmers gegen seinen Arbeitgeber, wenn dieser seine Nachweispflicht verletzt hat, Vergütungsansprüche des Arbeitnehmers deshalb aufgrund einer tariflichen Ausschlussfrist verfallen sind und der Arbeitgeber dem Arbeitnehmer Schadensersatz in Höhe der verfallenen Vergütungsansprüche zu leisten hat.[597] Bestehen begründete, objektiv verständliche Zweifel, ob ein Pfändungs- und Überweisungsbeschluss die Schadensersatzforderung des Schuldners gegen den Drittschuldner erfasst oder nicht, kann der Drittschuldner zur Vermeidung des Risikos einer doppelten Inanspruchnahme den vom Gläubiger und vom Schuldner beanspruchten Betrag nach § 372 Satz 2 BGB **hinterlegen**.[598] In der Rechtsprechung des Bundesarbeitsgerichts ist im Übrigen anerkannt, dass zum Arbeitseinkommen i.S.v. § 850 Abs. 4 ZPO nicht nur Vergütungen zählen, die vom

---

592 GMPMG/Germelmann § 3 Rn 9.
593 BAG, 07.07.2015 – 10 AZR 416/14, Rn. 15, MDR 2015, 1374.
594 Wenzel MDR 1966, 971, 972 li. Sp.
595 Krit. bereits Wenzel MDR 1966, 971, 972 li. Sp.
596 Wenzel MDR 1966, 971, 972 re. Sp.
597 BAG, 06.05.2005 – 10 AZR 834/08, NJW 2009, 2324 = NZA 2009, 805, Rn 20.
598 BAG, 06.05.2005 – 10 AZR 834/08, NJW 2009, 2324 = NZA 2009, 805, Rn 26.

Arbeitgeber gemäß § 611 Abs. 1 BGB als Gegenleistung für vom Arbeitnehmer geleistete Dienste zu zahlen sind. In einer Entscheidung vom 13. Juli 1959[599] hat der Zweite Senat angenommen, »Arbeitseinkommen« sei nicht nur der reine Arbeitslohn, die Zivilprozessordnung verstehe unter Arbeitseinkommen auch alle sonstigen sich aus dem Arbeitsverhältnis ergebenden Ansprüche des Arbeitnehmers. Der Vierte Senat hat in seinem Urteil vom 12. September 1979[600] eine Abfindung nach den §§ 9, 10 KSchG unter den Begriff des »Arbeitseinkommens« subsumiert und als Begründung u.a. angeführt, Sinn und Zweck der Pfändungsschutzvorschriften, die Sicherung des Lebensunterhalts des Arbeitnehmers zu gewährleisten, erforderten, eine Abfindung den Pfändungsschutzvorschriften zu unterwerfen. Mit seinen Urteilen vom 13. November 1991[601] hat der Vierte Senat seine Rechtsprechung bestätigt und auf Sozialplanabfindungen erstreckt.[602] Nach der Rechtsprechung des Neunten Senats[603] ist nicht nur Urlaubsentgelt, sondern auch Urlaubsabgeltung nach § 7 Abs. 4 BUrlG Arbeitseinkommen. Damit hat der Neunte Senat Ansprüche, die als Surrogat an die Stelle von Primäransprüchen treten, diesen hinsichtlich ihrer Pfändbarkeit gleichgestellt.

Im Ergebnis müssen also dargelegt werden: 322
- Vollstreckungstitel mit Hauptsumme, Zinsen und Kosten,
- dass wegen dieser titulierten Forderung die Bezüge des Arbeitnehmers beim Arbeitgeber gepfändet und dem Kläger zur Einziehung überwiesen wurden,
- dass der Pfändungs- und Überweisungsbeschluss dem Drittschuldner zugestellt wurde,
- in welchem Arbeitsverhältnis der Schuldner steht, unter Angabe der Art der ausgeübten Tätigkeit und den Angaben aus der Auskunft nach § 840 ZPO,
- das Nettoeinkommen des Schuldners,
- inwieweit das Nettoeinkommen der Pfändung unterliegt,
- keine Zahlung trotz Pfändung und Überweisung der Forderung erfolgt ist.

Auch in Fällen der **Lohnverschleierung** nach § 850h ZPO genügen keine unsubstantiierten Ausführungen. Es bedarf zur Darlegung des für richtig gehaltenen fiktiven Einkommens des Schuldners einer näheren Darlegung der Aufgabenstellung des Schuldners im Betrieb.[604] Die wirtschaftliche Lage des Unternehmens muss wenigstens in Umrissen hervortreten. Erst bei solcher durch Beweisantritt zu erhärtenden Darstellung kann der Drittschuldner dazu angehalten sein, sich i.S.d. § 138 Abs. 2 ZPO vollständig unter Vorlage von Unterlagen zu erklären. Den Tarifsätzen kommt auch hier erhebliche Bedeutung zu. Sie bieten den Vergleichsmaßstab dafür, ob eine »unverhältnismäßig geringe« Vergütung gewährt wird.[605] 77 % der Tarifvergütung hat das BAG insoweit also im Regelfall als unverhältnismäßig angesehen. Zugleich hat es das BAG in der zitierten Entscheidung abgelehnt, generell 75 % der üblichen Vergütung als verhältnismäßig anzusehen. Bei einer Vergütung angestellter Lehrkräfte, die 75 % der Vergütung der im Land Brandenburg im öffentlichen Dienst stehenden Lehrkräfte unterschreitet, hatte das BAG[606] bereits Sittenwidrigkeit i.S.v. § 138 BGB bejaht. Auch insoweit kann jedenfalls der **Mindestlohn** beansprucht werden. 323

Die Pfändung verschleierter Arbeitsvergütung wirkt **nicht für die Vergangenheit** und erfasst daher nicht fiktiv aufgelaufene Lohn- oder Gehaltsrückstände.[607]

Im Fall eines **Insolvenzverfahrens** gilt Folgendes: Auch verschleiertes Arbeitseinkommen i.S.v. § 850h Abs. 2 ZPO gehört in Höhe des pfändbaren Teils der angemessenen Vergütung zur Insolvenzmasse. Gemäß § 36 Abs. 1 Satz 2 InsO ist u.a. § 850h Abs. 2 ZPO entsprechend anwendbar. Damit 324

---

599 2 AZR 398/58 – AP ZPO § 850 Nr. 1.
600 4 AZR 420/77 – BAGE 32, 96.
601 4 AZR 39/91 – RzK I 11c Nr. 8.
602 4 AZR 20/91 – BAGE 69, 29.
603 28.08.2001 – 9 AZR 611/99, BAGE 99, 5.
604 So BAG, 22.10.2008 – 10 AZR 703/07.
605 Wenzel MDR 1966, 971, 973 re. Sp.
606 BAG, 26.4.2006 – 5 AZR 549/05, NZA 2006, 1354.
607 BAG, 12.03.2008 – 10 AZR 148/07, NZA 2008, 779.

wird die Masse zugunsten der Gesamtheit der Gläubiger um den pfändbaren Teil des verschleierten Arbeitseinkommens erweitert. Das verschleierte Arbeitseinkommen soll insoweit der Gesamtheit der Gläubiger und nicht nur dem Gläubiger, der das Einkommen gepfändet hat, zugutekommen. Um diese Gleichbehandlung sicherzustellen, wird die zukünftige Wirkung vollstreckungsmäßiger Verfügungen über die Bezüge aus einem Dienstverhältnis für die Zwecke und die Dauer des Insolvenzverfahrens von § 114 Abs. 3 InsO durchbrochen.[608] Abweichend von § 91 InsO lässt § 114 Abs. 3 InsO zwar die Einziehung des verschleierten Arbeitseinkommens durch den Lohnpfändungsgläubiger noch für den Monat zu, in dem das Insolvenzverfahren eröffnet ist, bzw. – bei Eröffnung nach dem 15. eines Monats – auch noch für den Folgemonat. Insoweit privilegiert diese Bestimmung die durch den Pfändungs- und Überweisungsbeschluss erreichte Sicherung. Nach Ablauf dieses Zeitraums verliert aber die Pfändung des Arbeitseinkommens und damit auch die des pfändbaren Teils des verschleierten Arbeitseinkommens ihre Wirkung. Den pfändbaren Teil der angemessenen Vergütung kann nunmehr nur noch der Insolvenzverwalter bzw. Treuhänder vom Arbeitgeber beanspruchen.[609]

325 Die Klage ist unbegründet, soweit der Zinsanspruch aus dem der Pfändung zugrunde liegenden Titel in den Antrag des Einziehungsverfahrens übernommen wird. Dem Schuldtitel wird auf diese Weise eine Wirkung beigemessen, die ihm nicht zukommt. **Zinsen** kann der Gläubiger allenfalls aus einem neuen Rechtsgrund verlangen, etwa Prozesszinsen nach § 291 ZPO. Er kann auch Verzugszinsen beanspruchen. Stets bedarf der Zinsanspruch, der nur aus der verzögerlichen Abführung gepfändeter Beträge hergeleitet werden kann, einer eigenständigen Begründung. Es kann nicht kurzerhand auf den Schuldtitel zurückgegriffen werden. Stattdessen sind die auch sonst bei der Geltendmachung erhöhter Zinssätze erforderlichen Nachweise *(Inanspruchnahme von Bankkredit usw.)* erforderlich.[610]

3. Schadensersatz

326 Nach § 840 Abs. 2 Satz 2 ZPO haftet der Drittschuldner dem Gläubiger für den aus der Nichterfüllung seiner Verpflichtung nach § 840 Abs. 1 ZPO entstehenden Schaden. Der Drittschuldner haftet damit für den Schaden des Gläubigers, der durch dessen Entschluss verursacht ist, die gepfändete Forderung geltend zu machen.[611] Dazu gehören auch die Kosten eines nutzlos geführten Prozesses einschließlich der *(bis zur verspäteten Auskunftserteilung)* angefallenen **Anwaltskosten**. § 12a Abs. 1 Satz 1 schließt einen Anspruch auf Ersatz der Anwaltskosten, die in dem arbeitsgerichtlichen Verfahren auf Zahlung des gepfändeten Gehalts entstanden sind, nicht aus. Der Schadensersatzanspruch nach § 840 Abs. 2 Satz 2 ZPO hat mit einem prozessualen Kostenerstattungsanspruch überhaupt nichts zu tun, sodass auch die Begrenzung für prozessuale Kostenerstattungsansprüche nach § 12a Abs. 1 Satz 1 nicht eingreifen kann.[612]

327 Bei der Bestimmung des **Rechtsweges** ist Folgendes zu beachten: Die Auskunftspflicht ergibt sich nicht aus dem Arbeitsverhältnis mit dem Schuldner, sondern aus dem durch die Pfändung begründeten Vollstreckungsverhältnis. Die Verletzung dieser Auskunftspflicht wiederum sanktioniert § 840 Abs. 2 Satz 2 ZPO mit einer materiell-rechtlichen – aber nicht arbeitsrechtlichen – Schadensersatzpflicht.[613] Damit sind die Zuständigkeitsnormen der §§ 2, 3 nicht einschlägig.[614] Für den selbstständig geltend gemachten Schadensersatzanspruch nach § 840 Abs. 2 Satz 2 ZPO besteht deshalb eine Zuständigkeit der ordentlichen Gerichte. Etwas anderes gilt, wenn der Schadensersatzanspruch im Wege der Klageänderung bei zunächst erhobener Entgeltklage vor dem ArbG geltend gemacht wird. Dann besteht eine erweiterte Rechtswegzuständigkeit des ArbG nach § 2 Abs. 3 ZPO.

---

608 BGH, 24.03.2011 – IX ZB 217/08, Rn 11.
609 BAG, 16.05.2013 – 6 AZR 556/11, Rn 40.
610 Wenzel MDR 1966, 971, 973 re. Sp.
611 BGH, 25.09.1986 – IX ZR 46/86.
612 BAG, 16.05.1990 – 4 AZR 56/90, NJW 1990, 2641.
613 Schilken Anm. zu BAG EzA § 840 ZPO Nr. 3.
614 Grunsky Anm. zu AP Nr. 4 zu § 840 ZPO.

VII. Eingruppierung/Rückgruppierung

Mit der Eingruppierungsklage strebt die Arbeitnehmerin des öffentlichen Dienstes, aber auch der Privatwirtschaft die Zahlung einer tarifgerechten Arbeitsvergütung an. Üblich ist eine **Eingruppierungsfeststellungsklage**. Zu verklagen ist die Arbeitsvertragspartei, nicht die Beschäftigungsbehörde.[615]

328

Der Antrag der üblichen Eingruppierungsfeststellungsklage lautet:

329

»... beantragt festzustellen, dass die ... (beklagte Partei) verpflichtet ist, der ... (klagende Partei) ab/seit dem ... (genaues Datum) Vergütung nach Vergütungsgruppe/Entgeltgruppe ... zu zahlen.«

Es sollte ein **Hilfsantrag** hinsichtlich der nächstniedrigeren Vergütungsgruppe hinzugefügt werden, wenn die begehrte Vergütungsgruppendifferenz **mehrere Vergütungsgruppen** ausmacht. Das gilt jedenfalls, soweit das BAG an seiner bisherigen Auffassung festhält, wonach mit dem Antrag auf Vergütung nach einer bestimmten Vergütungsgruppe nicht zugleich auch Vergütung nach der nächstniedrigeren Vergütungsgruppe begehrt wird (dazu unter Rdn. 337). Außerdem ist ein auf die Verzinsung der Vergütungsdifferenz sei Rechtshängigkeit gerichteter Feststellungsantrag zulässig (dazu Rdn. 336).

Ein Antrag, der darauf gerichtet ist festzustellen, dass »*die Klägerin seit dem ... in Vergütungsgruppe ... eingruppiert ist*«, ist unzulässig. Bei dem »**Eingruppiertsein**« in eine bestimmte Vergütungsgruppe handelt es sich nicht um ein feststellungsfähiges Rechtsverhältnis. Ein Rechtsverhältnis ist sowohl die vertragliche oder gesetzliche Rechtsbeziehung insgesamt als auch jede Rechtsfolge, jedes Recht und jede Verpflichtung aus dieser Beziehung, nicht aber eine abstrakte Rechtsfrage oder einzelne Voraussetzungen eines Rechtsverhältnisses, wie das Eingruppiertsein, aus dem sich Rechtsfolgen ergeben können, was aber eine konkrete Verpflichtung des Beklagten nicht auslöst.[616] Das ArbG wird die Parteien hierauf bei Aufnahme der Anträge hinweisen. Zur Not ist der Antrag entsprechend dem Willen der Parteien auszulegen.[617] Hierauf ist dann aber bei der Tenorierung zu achten.

330

Gegen die Zulässigkeit der Eingruppierungsfeststellungsklage bestehen nach gefestigter Rechtsprechung keine Bedenken, soweit es um den öffentlichen Dienst geht.[618] Die Eingruppierungsfeststellungsklage begegnet nach der ständigen Rechtsprechung aber auch außerhalb des öffentlichen Dienstes – also im Bereich der Privatwirtschaft – regelmäßig keinen prozessrechtlichen Bedenken.[619]

331

Die auf Feststellung der Verpflichtung zur Zahlung von Vergütung nach einer bestimmten Vergütungsstufe gerichtete Klage ist zulässig, weil sich die Höhe der Vergütung der Klägerin in Zukunft ändern kann.[620] In den Antrag ist nicht die **Fallgruppe** der beanspruchten Vergütungsgruppe aufzunehmen. Nach der ständige Rechtsprechung des BAG ist eine Klage unzulässig, wenn eine Fallgruppenfeststellung verlangt wird, weil der BAT die Mindestvergütung der Angestellten nicht von Fallgruppen oder deren Erfüllung abhängig macht und damit die Gerichte für Arbeitssachen aufgefordert werden, rechtsgutachterlich tätig zu werden. Daran hat sich durch die Einführung des TVöD nichts geändert.[621] Das gilt insb. auch, wenn der aufgrund **Bewährungsaufstiegs** z.B. in

332

---

615 BAG, 29.08.1979 – 4 AZR 840/77.
616 BAG, 16.04.1997 – 4 AZR 270/96.
617 BAG, 16.04.1997 – 4 AZR 270/96.
618 BAG, 30.10.2003 – 8 AZR 494/02.
619 BAG, 20.06.1984 – 4 AZR 208/82; BAG, 15.03.1989 – 4 AZR 627/88; BAG, 25.09.1991 – 4 AZR 87/91; BAG, 11.11.1992 – 4 AZR 117/92, n.v.; BAG, 26.05.1993 – 4 AZR 358/92; BAG, 28.09.1994 – 4 AZR 727/93; BAG, 26.10.1994 – 4 AZR 734/93; BAG, 30.11.1994 – 4 AZR 901/93; BAG, 01.03.1996 – 4 AZR 985/93; BAG, 17.01.1996 – 4 AZR 602/94; BAG, 20.03.1996 – 4 AZR 967/94; BAG, 12.06.1996 – 4 AZR 71/95; BAG, 04.09.1996 – 4 AZR 168/95.
620 BAG, 15.06.1994 – 4 AZR 821/93, NZA 1995, 653; BAG, 08.09.1994 – 6 AZR 272/94, NZA 1995, 1004.
621 BAG, 07.05.2008 – 4 AZR 303/07.

Vergütungsgruppe Vb BAT tätige Arbeitnehmer begehrt, originär in Vergütungsgruppe Vb BAT eingruppiert zu sein, um so im Wege der Bewährung in Vergütungsgruppe IVb *(Fallgr 2)* aufsteigen zu können. Er verlangt der Sache nach eine Fallgruppenfeststellung. Er will festgestellt wissen, in der Vergütungsgruppe Vb eingruppiert zu sein, weil er die Voraussetzungen der Fallgr. 1a der Vergütungsgruppe Vb des Allgemeinen Teils der Anl. 1a zum BAT erfüllt und nicht nur die der Fallgr. 1c.[622]

333 Ein Antrag auf Vornahme einer »**Höhergruppierung**« durch die beklagte Partei ist unzulässig, wobei aber eine Umdeutung in eine zulässige Eingruppierungsfeststellungsklage möglich ist.[623] Eine Klage auf Vornahme einer Eingruppierung ist ebenfalls unzulässig.[624] Auch eine Klage auf Feststellung, dass für eine bestimmte Zeit die Bewährung erfüllt wäre, ist unzulässig.[625]

334 **Feststellungswiderklagen** mit dem Antrag festzustellen, dass der Arbeitgeber verpflichtet ist, Vergütung nach einer bestimmten Vergütungsgruppe zu zahlen, sind zulässig.[626] Eine Nebenintervention *(z.B. bei einer Klage gegen einen Landkreis durch die staatliche Kommunalaufsicht)* ist auch bei Eingruppierungsprozessen zulässig.[627]

335 Mit der zulässigen Feststellungsklage kann auch eine **Zinsforderung** erhoben werden.[628] Dies ergibt sich daraus, dass die im Verhältnis zur Hauptschuld akzessorische Zinsforderung auch in prozessualer Hinsicht das rechtliche Schicksal der Hauptforderung teilen soll. Der Zinsantrag zielt darauf, die sich aus der Einreihung in eine höhere Vergütungsgruppe ergebenden Nachzahlungen zu verzinsen.[629] Zu beachten ist, dass in Eingruppierungsstreitigkeiten die Zinsen auf nachzuzahlende Differenzbeträge entgegen der früheren Rechtsprechung des BAG[630] nicht mehr erst **ab Rechtshängigkeit** zu zahlen sind. Das BAG hat die dahingehende bisherige Rechtsprechung in seiner Entscheidung vom 26. Januar 2011[631] aufgegeben. § 286 Abs. 4 BGB sei eindeutig. Der Schuldner einer Leistung kommt nicht in Verzug, solange die Leistung infolge eines Umstands unterbleibt, den er nicht zu vertreten hat. Daraus ergibt sich, dass der Verzug ein Verschulden des Schuldners voraussetzt. Insoweit kommt grundsätzlich auch ein Rechtsirrtum als verschuldensausschließend in Betracht. Hieran werden jedoch strenge Anforderungen gestellt. Dies geht auf die Überlegung zurück, dass derjenige schuldhaft handelt, der seine Interessen trotz zweifelhafter Rechtslage auf Kosten fremder Rechte wahrnimmt. Gleichwohl bleibt dem Schuldner vorbehalten, sich nach Maßgabe dieser materiell-rechtlichen Vorgaben zu entlasten. Dies ist auch dem öffentlichen Arbeitgeber in Eingruppierungsrechtsstreitigkeiten möglich. Davon zu unterscheiden ist die Frage der Darlegungs- und Beweislast für das (fehlende) Verschulden. Das Gesetz weist diese dem Schuldner zu. Er ist gehalten, im Einzelnen darzulegen und ggf. zu beweisen, dass die geschuldete Leistung zum Fälligkeitszeitpunkt unterblieben ist, ohne dass ihn ein Verschulden trifft. Dass der Arbeitgeber diesen Beweis in Eingruppierungsprozessen deshalb aber gar nicht erst zu führen braucht, sondern im Gegenteil die Darlegung und der Beweis eines Verschuldens entgegen dem Gesetzeswortlaut dem fehlerhaft eingruppierten Arbeitnehmer obliegen soll, ist mit der Häufigkeit unbestimmter Rechtsbegriffe und der daraus erwachsenden Schwierigkeit einer Prognose der Rechtsprechung nicht zu begründen.[632] Das für die begehrten Verzugszinsen erforderliche Verschulden des Arbeit-

---

[622] BAG, 19.03.2003 – 4 AZR 391/02.
[623] BAG, 07.12.1977 – 4 AZR 399/76; BAG, 23.11.1994 – 4 AZR 885/93.
[624] BAG, 14.12.1994 – 4 AZR 950/93; der »doppelte Feststellungsantrag« auf Eingruppierung und Entlohnung kann i.S.e. Eingruppierungsfeststellungsklage ausgelegt werden, BAG, 04.09.1996 – 4 AZR 168/95.
[625] BAG, 14.11.1979 – 4 AZR 1099/79.
[626] BAG, 06.12.1978 – 4 AZR 321/77.
[627] BAG, 31.01.1979 – 4 AZR 372/77.
[628] St. Rspr., z.B. BAG, 30.10.2003 – 8 AZR 494/02.
[629] BAG, 06.03.1996 – 4 AZR 771/94.
[630] BAG, 11.06.1997 – 10 AZR 613/96.
[631] 4 AZR 167/09, NZA-RR 2011, 531, Rn 46.
[632] 4 AZR 167/09, NZA-RR 2011, 531, Rn 50.

gebers ergibt sich regelmäßig daraus, dass dieser trotz Fälligkeit nicht geleistet hat. Die erforderliche Auslegung von Tarifnormen begründet ein normales Prozessrisiko, das den Arbeitgeber nicht entlastet.[633] Die Gerichte geben dem Arbeitgeber Gelegenheit, zur Frage eines möglicherweise fehlenden Verschuldens Stellung zu nehmen.

Der **Zinsantrag** sollte in Kombination mit dem Vergütungsantrag wie folgt formuliert werden:[634]   **336**

> »Die Klägerin beantragt festzustellen, dass ... verpflichtet ist, ihr seit dem ... Vergütung nach Vergütungsgruppe ... zu zahlen nebst Zinsen in Höhe von fünf Prozentpunkten über dem Basiszinssatz auf die jeweiligen Bruttodifferenzbeträge zwischen den Entgeltgruppen ... und ..., beginnend mit dem ..., jeweils ab dem ... (Tag, der dem Fälligkeitstermin folgt) des jeweiligen Folgemonats.«

Ist die Eingruppierungsklage im Hinblick auf eine bestimmte Vergütungsgruppe unbegründet, prüft das BAG bei einer Vergütungsdifferenz über mehrere Vergütungsgruppen die Eingruppierung in die nächstniedrigere Vergütungsgruppe nur auf einen **Hilfsantrag** der Klägerin.[635] Das BAG kommt zu diesem Ergebnis, weil es davon ausgeht, dass es sich bei der Geltendmachung verschiedener Vergütungsgruppen um unterschiedliche Streitgegenstände handelt. Bei Vorliegen von **Aufbaufallgruppen** macht das BAG hiervon **Ausnahmen**. Wird im Rahmen einer Klage im Hauptantrag die Feststellung der Vergütungsverpflichtung nach einer höheren Vergütungsgruppe gestellt und ist die niedrigere Vergütungsgruppe als Weniger im gestellten Hauptantrag notwendigerweise enthalten, ist die Stellung eines Hilfsantrags nicht geboten.[636] Er ist gegenstandslos. Entscheidet das Gericht in einem solchen Fall abschließend über den »Hauptantrag«, hat es kein Teilurteil, sondern ein Endurteil erlassen. Das wird durch das BAG jetzt bei Aufbaufallgruppen bejaht, auch wenn es sich nicht um sog. echte Aufbaufallgruppen handelt, z.B. weil der Unterschied der mit dem Hilfsantrag geltend gemachten Vergütungsgruppe lediglich den zeitlichen Umfang betrifft (Hälfte statt Drittel).[637] Es spricht viel dafür, im Gegensatz dazu im Zweifel den Eingruppierungsfeststellungsantrag immer dahin gehend **auszulegen**, dass hilfsweise Vergütung nach der nächstniedrigeren Vergütungsgruppe begehrt werde. Arbeitnehmern geht es in einem Prozess regelmäßig darum, das für sie günstigste Ergebnis zu erzielen. Es ist daher kaum anzunehmen, dass mit einer Klage auf eine bestimmte Vergütungsgruppe nicht zumindest Vergütung nach der nächstniedrigeren Vergütungsgruppe begehrt wird. Für diese Auslegung sprechen auch Prozessökonomie und Kostenfolge. I.d.R. kann es einer Arbeitnehmerin nicht unterstellt werden, über Jahre gegen den Arbeitgeber zu prozessieren, um dann u.U. durch das BAG zu erfahren, dass wohl die Voraussetzungen für eine Zwischenvergütungsgruppe vorliegen, dies aber mangels eines ausdrücklichen Antrags nicht festgestellt werden könne. Außerdem ist nicht anzunehmen, dass es dem Willen der klagenden Partei entspricht, die gesamten Kosten eines Prozesses tragen zu müssen, obwohl ihr ein nicht unbeträchtlicher Teil der begehrten Vergütung tatsächlich zusteht. Es spricht daher einiges dafür, den Antrag dahin gehend auszulegen, dass regelmäßig die Feststellung begehrt wird, dass der Arbeitgeber verpflichtet ist, Vergütung i.H.d. **Vergütungsdifferenz** zwischen gezahlter und begehrter Vergütung zu zahlen, und zwar auch dann, wenn der Antrag nur auf die Zahlung einer Vergütung nach der höheren Vergütungsgruppe gerichtet ist.[638] Zur Vermeidung von Unsicherheiten empfiehlt es sich bei einer begehrten Vergütungsdifferenz von mehr als einer Vergütungsgruppe, den **Antrag** von vornherein ausdrücklich auf die **Feststellung der Verpflichtung zur Zahlung der Vergütungsdifferenz zu richten**, was auch bisher schon teilweise geschieht.   **337**

---

633 BAG, 18.03.2010 – 6 AZR 156/09, Rn 59; BAG, 08.12.2011 – 6 AZR 350/10, Rn 25.
634 Nach BAG, 18.10.2000 – 10 AZR 568/99; BAG, 06.08.2003 – 4 AZR 443/02.
635 BAG, 30.05.1990 – 4 AZR 40/90; BAG, 20.09.1995 – 4 AZR 450/94, NZA-RR 1996, 380; BAG, 25.09.1996 – 4 AZR 195/95 – betreffend. Zulage; a.A. Friedrich/Kloppenburg, Folgen rechtskräftiger Eingruppierungsentscheidungen, ZTR 2003, 314, 319 f.
636 BAG, 09.04.2008 – 4 AZR 124/07.
637 BAG, 06.06.2007 – 4 AZR 505/06, NZA-RR 2008, 189.
638 Friedrich/Kloppenburg, Folgen rechtskräftiger Eingruppierungsentscheidungen, ZTR 2003, 324, 319 f.

338 Jedenfalls ist es **Aufgabe des Gerichts**, in den Fällen, in denen zwischen gezahlter und begehrter Vergütung mehrere Vergütungsgruppen liegen, durch die Parteien klarstellen zu lassen, ob der Antrag dahin gehend auszulegen ist, dass in jedem Fall eine höhere als die gezahlte Vergütung begehrt werde. In der Praxis wird dann der Antrag regelmäßig ergänzt bzw. auf die Vergütungsdifferenz umgestellt.

339 Die Eingruppierungsfeststellungsklage kann auch auf **Zulagen** erstreckt werden. Insb. mit Rücksicht auf die rechnerischen Schwierigkeiten, die mit der Bezifferung eines Zahlungsantrags für einen mehrjährigen Anspruchszeitraum bei wechselnder Lohnhöhe verbunden wären, hat das BAG Klagen auf Feststellung von Ansprüchen auf Zulagen als zulässig angesehen.[639]

340 Der **Streitgegenstand** einer Eingruppierungsklage ist regelmäßig nicht nur vergangenheits- und gegenwarts-, sondern auch **zukunftsbezogen**. Sie erfasst auch die Zeit nach dem Schluss der letzten mündlichen Verhandlung. Das führt dazu, dass auch für einen Zeitraum nach der letzten mündlichen Verhandlung eine erneute Beurteilung durch ein Gericht nicht möglich ist. Voraussetzung ist allerdings, dass sich nach der rechtskräftigen Entscheidung in dem Eingruppierungsprozess weder Sach- noch Rechtslage geändert haben. Eine Arbeitnehmerin ist aber nicht gehindert, nach einer rechtskräftigen stattgebenden Entscheidung im Vorprozess in einem Folgeprozess eine höhere Vergütung zu verlangen. Das gilt auch dann, wenn während des Vorprozesses bereits die Voraussetzungen für die höhere Vergütung vorlagen. Auch eine rechtskräftige Klage abweisende Entscheidung hindert die Geltendmachung einer »noch« höheren Vergütung nicht, weil es sich um eine Teilklage handelt. U.U. kann auch nach einer Klage abweisenden Entscheidung noch Vergütung nach einer niedrigeren Vergütungsgruppe eingeklagt werden (*Rechtsprechungsnachweise und Einzelheiten zum Streitgegenstand und Rechtskraftprobleme nach Eingruppierungsprozessen bei: Friedrich/Kloppenburg, Folgen rechtskräftiger Eingruppierungsprozesse, ZTR 2003, 314*).

341 Die Eingruppierungsfeststellungsklage kann auch auf einen in der **Vergangenheit** liegenden Zeitraum beschränkt werden. Mit dem so angestrebten Feststellungsurteil wird nämlich für die Vergangenheit der Status der klagenden Partei bestimmt, der über die für den streitbefangenen Zeitraum zu leistende Vergütung hinaus auch für die Zukunft Bedeutung haben kann, etwa bei der Anrechnung von Beschäftigungszeiten, bei der Berechnung des Übergangsgeldes usw.[640] Die Eingruppierungsfeststellungsklage kann sich auch auf in der Vergangenheit liegende Zeiträume erstrecken, wenn zugleich für den vergangenen Zeitraum eine Leistungsklage auf Nachzahlung der Differenz zum Tarifgehalt erhoben wird. Insoweit ist die Feststellungsklage als Inzidentfeststellungsklage nach § 256 Abs. 2 ZPO zulässig, da aus dem Rechtsverhältnis, dessen Feststellung begehrt wird, noch für die Folgezeit der Anspruch auf die höhere Eingruppierung erwächst.[641] Das gilt auch, soweit die klagende Partei diese Feststellung wegen eines nach ihrer Ansicht bestehenden Annahmeverzugs der beklagten Partei begehrt.[642] Das BAG[643] verlangt aber bei **zeitlichen Überschneidungen** von Leistungs- und Feststellungsanträgen auch bei Zwischenfeststellungklagen nach § 256 Abs. 2 ZPO, dass die Frage nach dem Bestehen des Rechtsverhältnisses im Rahmen des Feststellungsantrags für andere denkbare Folgestreitigkeiten Bedeutung haben kann.

342 Für die Eingruppierung in eine Vergütungsgruppe kann die Dauer der Beschäftigungszeit eine Rolle spielen (s. dazu Rdn. 351).

---

639 BAG, 16.07.1975 – 4 AZR 433/74; BAG, 13.11.1994 – 4 AZR 879/93; BAG, 05.04.1995 – 4 AZR 154/94; BAG, 25.09.1996 – 4 AZR 195/95.
640 BAG, 19.03.1986 – 4 AZR 470/84; BAG, 10.03.1993 – 4 AZR 204/92; BAG, 24.11.1993 – 4 AZR 16/93; BAG, 12.06.1996 – 4 AZR 71/95; BAG, 12.02.1997 – 4 AZR 330/95.
641 BAG, 28.05.1997 – 10 AZR 580/96; zur Rechtskraftwirkung der Zwischenfeststellung: BAG, 21.10.2015 – 4 AZR 663/14, Rn. 19.
642 BAG, 30.11.1994 – 4 AZR 899/93.
643 BAG, 15.06.2011 – 4 AZR 782/09, KHE 2011/122, Rn 19 m.w.N.

Für den sog. Rückgruppierungsprozess bestehen – was die Antragstellung angeht – keine Besonderheiten. Das liegt daran, dass Arbeitgeber, wenn sie von einer bisher fehlerhaften Eingruppierung ausgehen, regelmäßig die *(höhere)* Vergütung einstellen und die Arbeitnehmer auf Feststellung der Verpflichtung zur Zahlung der bisherigen Vergütung klagen müssen. Es gibt insoweit aber Sonderregelungen hinsichtlich der Darlegungs- und Beweislast.[644]

343

VIII. Statusprozesse/Vertragsinhalt

1. Vergangenheitsbezogene Feststellung des Arbeitsverhältnisses

Feststellungsanträge, die ausschließlich darauf gerichtet sind, dass in der Vergangenheit zwischen den Parteien ein Arbeitsverhältnis bestand, müssen besonders gerechtfertigt werden. Bei Klagen auf Feststellung eines bereits beendeten Rechtsverhältnisses bedarf das Feststellungsinteresse einer besonderen Begründung. Es ist nur dann zu bejahen, wenn sich aus der begehrten Feststellung **Folgen für die Gegenwart oder Zukunft** ergeben.[645] Die bloße Möglichkeit des Eintritts solcher Folgen reicht nicht aus. Mit der Feststellung des Arbeitsverhältnisses muss vielmehr zugleich feststehen, dass eigene Ansprüche des Klägers gerade aus dem Arbeitsverhältnis zumindest dem Grunde nach noch bestehen oder gegnerische Ansprüche zumindest im bestimmten Umfange nicht mehr gegeben sind.[646] Andernfalls könnte die Feststellungsklage weder dem Rechtsfrieden noch der Prozessökonomie dienen. Das besondere Feststellungsinteresse des § 256 Abs. 1 ZPO muss als Sachurteilsvoraussetzung in jeder Lage des Verfahrens, auch noch in der Revisionsinstanz, gegeben sein. Sein Vorliegen ist von Amts wegen zu prüfen. Dabei hat das Gericht den Sachverhalt nicht selbstständig zu untersuchen, vielmehr hat der Kläger die erforderlichen Tatsachen darzulegen und ggf. zu beweisen.[647]

344

Bei beendeten Vertragsverhältnissen ist in aller Regel klar erkennbar, welche Ansprüche noch im Raum sind.[648] Daher wird das Feststellungsinteresse in diesen Fällen regelmäßig nicht vorliegen.

345

Ein besonderes **Feststellungsinteresse** für eine Statusklage wird danach **verneint**, wenn aus einem beendeten Vertragsverhältnis nur noch einzelne Leistungsansprüche zwischen den Parteien strittig sind. Insb. reicht es nicht aus, wenn zwischen den Parteien nur noch strittig ist, ob der eine Vertragspartner wegen der Nichtabführung von Sozialversicherungsbeiträgen dem anderen Schadensersatz für eine eingetretene Rentenverkürzung schuldet.[649] Nicht ausreichend ist auch die Erklärung eines Sozialversicherungsträgers, er werde das Ergebnis der arbeitsgerichtlichen Entscheidung bei der Prüfung der sozialrechtlichen Versicherungspflicht übernehmen. Sozialversicherungsträger sind i.d.R. rechtlich nicht nur nicht verpflichtet, Entscheidungen der ArbG zur alleinigen Grundlage eigener Entscheidungen zu machen. Sie sind dazu auch nicht berechtigt.[650] Die pauschale Behauptung, die Feststellung führe zu einer höheren Betriebsrente, genügt regelmäßig nicht.[651] Erforderlich ist ein Vortrag, aufgrund welcher Tatsachen gegen die beklagte Partei überhaupt ein Anspruch auf betriebliche Altersversorgung möglich sein soll.[652] Ebenso wenig reicht die bloße Möglichkeit betriebsrentenrechtlicher Folgen einer vergangenheitsbezogenen Statusentscheidung aus.[653]

346

---

644 Dazu § 58 Rdn. 169 sowie Friedrich/Kloppenburg, Vergütungskorrektur und Nachweisrecht, RdA 2001, 293.
645 BAG, 18.02.2003 – 3 AZR 46/02.
646 BAG, 15.12.1999 – 5 AZR 457/98, NZA 2000, 775.
647 BAG, 21.06.2000 – 5 AZR 782/98, NZA 2002, 164.
648 BAG, 06.11.2002 – 5 AZR 364/01.
649 LAG Köln, 30.06.1995 – 4 Sa 63/95.
650 BAG, 21.06.2000 – 5 AZR 782/98, NZA 2002, 164; anders noch BAG, 10.05.1974 – 3 AZR 523/731; dahinstehen lassen in BAG, 23.04.1997 – 5 AZR 727/95.
651 BAG, 23.04.1997 – 5 AZR 727/95.
652 BAG, 23.04.1997 – 5 AZR 727/95.
653 BAG, 03.03.1999 – 5 AZR 275/98.

347 Ist eine Klage auf Feststellung, dass ein Arbeitsverhältnis während eines bestimmten Zeitraumes in der Vergangenheit bestand, danach ausnahmsweise zulässig, lautet der **Antrag**:

> *»… beantragt festzustellen, dass in der Zeit vom … bis einschließlich … ein Arbeitsverhältnis bestand.«*

Der Feststellungsantrag ist i.S.v. § 253 Abs. 2 Nr. 2 ZPO hinreichend bestimmt, auch wenn die klagende Partei davon absieht, einzelne Vertragsinhalte in den Antrag aufzunehmen. Voraussetzung ist allerdings, dass nichts dafür spricht, dass nach einer Entscheidung über die begehrte Feststellung ein weiterer Streit über sonstige Vertragsinhalte entsteht.[654]

2. Gegenwartsbezogene Feststellung des Arbeitsverhältnisses

348 Im bestehenden Vertragsverhältnis hat die Beschäftigte jederzeit ein rechtliches Interesse daran, dass ihre Rechtsstellung als Arbeitnehmerin alsbald festgestellt wird.[655] Das ergibt sich bei gegenwartsbezogenen Statusklagen regelmäßig bereits daraus, dass bei Erfolg der Klage unmittelbar die zwingenden arbeitsrechtlichen Vorschriften auf das Vertragsverhältnis anzuwenden sind[656]

> *Der Antrag lautet: »Die klagende Partei beantragt festzustellen, dass sie bei der beklagten Partei in einem Arbeitsverhältnis als … (Berufsbezeichnung) in … (Abteilung o.Ä.) mit den Tätigkeitsbereichen … (Bezeichnung der konkreten Tätigkeitsbereiche) steht.«*

349 Streiten die Parteien über die **Arbeitnehmereigenschaft** ab Beginn des Beschäftigungsverhältnisses, so kann durch Auslegung des nur gegenwartsbezogen formulierten Antrags davon ausgegangen werden, dass für die gesamte Dauer des Beschäftigungsverhältnisses die Feststellung eines Arbeitsverhältnisses angestrebt wird.[657] Jedenfalls dann, wenn sich die gegenwärtigen tatsächlichen Umstände seit Vertragsbeginn nicht geändert haben, bedarf es auch keines gesonderten Feststellungsinteresses für einen bis dahin zurückreichenden Klageantrag.[658] Diese Konstellation ist aber abzugrenzen von den Fällen, in denen beantragt wird festzustellen, dass in einem in der Vergangenheit liegenden Zeitraum bereits ein – noch fortbestehendes – Arbeitsverhältnis bestanden habe. Das Feststellungsinteresse für derartige Klagen ist nach den Grundsätzen der vergangenheitsbezogenen Statusklagen (dazu s. Rdn. 346 ff.) zu beurteilen, wenn nur hinsichtlich eines in der Vergangenheit liegenden Zeitraums Streit über den Status besteht.[659]

3. Feststellung der auf das Arbeitsverhältnis anwendbaren Rechtsordnungen

350 Für eine Feststellungsklage, mit der geklärt werden soll, welcher **Tarifvertrag** auf das Arbeitsverhältnis Anwendung findet, ist das Feststellungsinteresse gegeben, wenn hiervon die Entscheidung über mehrere Forderungen aus dem Arbeitsverhältnis abhängt. Zwar soll nach einem solchen Klagebegehren über eine abstrakte Rechtsfrage entschieden werden, was normalerweise im Zivilprozess nicht zulässig ist. Die zur Entscheidung gestellte Frage der Geltung bestimmter Tarifverträge ist jedoch für viele Rechtsansprüche aus diesen Tarifverträgen – deren Geltung vorausgesetzt – bedeutsam, und damit letztlich für viele oder alle Rechte und Pflichten eines Arbeitnehmers aus dem Arbeitsverhältnis. Damit ist das Feststellungsinteresse gegeben ähnlich wie bei einer Statusklage.[660] Die Feststellung der Anwendbarkeit einer **Betriebsvereinbarung** auf das Arbeitsverhältnis kann zudem nach § 256 Abs. 2 ZPO als Inzidentfeststellungsklage zulässig sein und im Wege der objektiven Klagehäufung neben Zahlungsansprüchen geltend gemacht werden.[661] Auch die auf Feststellung

---

654 BAG, 29.07.1976 – 3 AZR 7/75; BAG, 12.10.1979 – 7 AZR 960/77; BAG, 12.10.1994 – 7 AZR 745/93.
655 BAG, 21.06.2000 – 5 AZR 782/98, NZA 2002, 164.
656 BAG, 06.11.2002 – 5 AZR 364/01.
657 BAG, 12.09.1996 – 5 AZR 1066/94.
658 BAG, 15.12.1999 – 5 AZR 457/98, NZA 2000, 775.
659 BAG, 06.11.2002 – 5 AZR 364/01.
660 BAG, 28.05.1997 – 4 AZR 663/95; ohne nähere Begründung BAG, 18.06.1997 – 4 AZR 699/95.
661 BAG, 05.03.1997 – 4 AZR 532/95.

der Pflicht zur Beschäftigung eines Arbeitnehmers zu den Bedingungen eines bestimmten Tarifvertrages gerichtete Klage ist als zulässig erachtet worden.[662] Sie ist als sog. Elementenfeststellungsklage zulässig.[663] Das Feststellungsinteresse entfällt nicht allein deshalb, weil das Arbeitsverhältnis im Verlauf des Verfahrens nach § 613a Abs. 1 S. 1 BGB auf einen Erwerber übergeht.[664]

4. Feststellung der Betriebszugehörigkeit

Ein rechtlich anzuerkennendes Interesse an der abstrakten Feststellung des durch die Betriebszugehörigkeit vermittelten Sozialstatus erkennt das BAG regelmäßig nicht an.[665] Das arbeitsgerichtliche Urteilsverfahren sieht insoweit keinen »Statusprozess« vor. 351

Ein alsbaldiges Feststellungsinteresse kann ausnahmsweise angenommen werden, wenn zwischen den Parteien streitig ist, ob der Beklagte in ein bestehendes Arbeitsverhältnis eingetreten ist, das sich in jeder Hinsicht nach den **Bestimmungen des alten Arbeitsvertrags** richtet, oder ob sich der Arbeitnehmer darauf verweisen lassen muss, dass zu geänderten Arbeitsbedingungen ein neues Arbeitsverhältnis abgeschlossen wird.[666] Ein solcher Fall liegt nicht vor, wenn lediglich die Feststellung der Anrechnung von Vordienstzeiten bei anderen Unternehmen begehrt wird, nicht aber die Anwendung der dort vereinbarten arbeitsvertraglichen Bestimmungen.[667] 352

Ein Feststellungsinteresse kann sich weiter dann ergeben, wenn nach den für das Arbeitsverhältnis einschlägigen tariflichen oder sonstigen Arbeitsvertragsbedingungen die **Beschäftigungszeit von besonderer Bedeutung** ist.[668] Das ist nach den Tarifverträgen des öffentlichen Dienstes der Fall, in denen die Beschäftigungszeit ausdrücklich definiert ist und nach denen sie den Status des Arbeitnehmers insgesamt prägt.[669] Voraussetzung ist dann aber, dass die auf das Arbeitsverhältnis anzuwendenden gesetzlichen und tariflichen Bestimmungen einen umfassenden »Sozialstatus« gewähren, der das Arbeitsverhältnis prägt.[670] 353

IX. Teilzeit

Der Anspruch auf Teilzeit kann sich aus § 8 TzBfG und aus § 15 BEEG ergeben oder aus einer tariflichen Regelung. Die mit der Durchsetzung des Anspruchs verbundenen prozessualen Fragen sind vergleichbar. 354

Nach § 8 Abs. 4 Satz 1 Halbs. 1 TzBfG hat der Arbeitgeber dem Verringerungsverlangen des Arbeitnehmers unter den dort näher bestimmten Voraussetzungen »zuzustimmen«. Die Arbeitszeit wird also nicht automatisch verringert, sofern der Arbeitgeber dem Verringerungsverlangen des Arbeitnehmers keine betrieblichen Gründe entgegenhalten kann. Es bedarf vielmehr der vorherigen Vertragsänderung; für die Durchsetzung des Teilzeitanspruchs gilt die sog. **Vertragslösung**.[671] Können sich Arbeitgeber und Arbeitnehmer über die Verringerung der Arbeitszeit oder deren Verteilung nicht einigen, schuldet der Arbeitnehmer grds. bis zur Rechtskraft eines obsiegenden Urteils[672] seine Arbeitsleistung i.R.d. bisherigen Arbeitszeitregelung.[673] Damit wird die in § 62 Abs. 1 ArbGG angeordnete sofortige Vollstreckung eines noch nicht rechtskräftigen Urteils ausgeschlossen. Soweit 355

---

662 BAG, 08.08.1996 – 6 AZR 771/93, NZA 1997, 434 = NJW 1997, 2195; BAG, 19.11.2014 – 4 AZR 761/12, Rn 21.
663 BAG, 16.05.2012 – 4 AZR 290/10, Rn 14.
664 BAG, 19. 11.2014 – 4 AZR 761/12, Rn 22.
665 BAG, 06.11.2002 – 5 AZR 364/01.
666 Dazu BAG, 02.12.1999 – 8 AZR 796/98, NZA 2000, 369.
667 BAG, 19.08.2003 – 9 AZR 641/02, NZA 2004, 285.
668 BAG, 06.11.2002 – 5 AZR 364/01.
669 Dazu BAG, 25.10.2001 – 6 AZR 718/00, NZA 2002, 1052.
670 BAG, 19.08.2003 – 9 AZR 641/02, NZA 2004, 285.
671 Vgl. BAG, 18.02.2003 – 9 AZR 164/02, NZA 2003, 1392.
672 § 894 ZPO.
673 BAG, 19.08.2003 – 9 AZR 542/02.

der Arbeitgeber nicht durch einstweilige Verfügung dazu angehalten wird, braucht er die Lage der verringerten Arbeitszeit erst dann festzulegen, wenn feststeht, dass die Arbeitszeit tatsächlich zu ändern ist.

356 Ein Verringerungsangebot muss so formuliert sein, dass es durch ein schlichtes »Ja« angenommen werden kann. Dies folgt für § 8 TzBfG schon aus der Fiktion des § 8 Abs. 5 Satz 2 und Satz 3 TzBfG. Danach gelten die gewünschte Verringerung und Verteilung der Arbeitszeit als festgelegt, wenn der Arbeitgeber diese Angebote nicht spätestens einen Monat vor dem gewünschten Beginn der Vertragsänderung abgelehnt hat. Der Inhalt des Angebots auf Vertragsänderung muss deshalb so bestimmt sein, dass keine Unklarheiten über den Inhalt des geänderten Vertrags bestehen.[674] In diesem Zusammenhang ist darauf zu achten, dass ein bei Gericht gestellter **Sachantrag** regelmäßig **kein neuerliches rechtsgeschäftliches Vertragsangebot** enthält.[675] Bei Unsicherheiten sollte daher das Angebot ausdrücklich wiederholt und der Klageantrag darauf gestützt werden.

357 Der Arbeitnehmer kann seinen Wunsch nach einer bestimmten Verteilung der zu verringernden Arbeitszeit nicht mehr ändern, nachdem der Arbeitgeber sein Angebot auf Verringerung und Verteilung der Arbeitszeit abgelehnt hat (§ 8 Abs. 5 Satz 1 TzBfG). Der geänderte Verteilungswunsch ist nur durch neuerliche Geltendmachung von Verringerung und Verteilung unter den Voraussetzungen des § 8 Abs. 6 TzBfG durchsetzbar.[676]

358 Der zutreffende **Antrag** richtet sich danach, wie der Arbeitgeber auf das Verlangen der Reduzierung der Arbeitszeit und der begehrten Änderung der Lage der Arbeitszeit reagiert hat. Hat er zugestimmt und setzt er den Arbeitnehmer nicht entsprechend ein, ist der Antrag auf »*Beschäftigung zu den vereinbarten Bedingungen*«, zu richten. Gleiches gilt, wenn der Arbeitgeber die Monatsfrist des § 8 Abs. 5 Sätze 2 und 3 TzBfG verstreichen lassen hat. Dann gilt die Zustimmung als fingiert und es ist ein Vertrag zu geänderten Bedingungen zustande gekommen. Hat der Arbeitgeber dem Teilzeitwunsch entweder vollständig oder nur hinsichtlich der Lage der Arbeitszeit widersprochen, ist der Antrag auf Abgabe einer Willenserklärung *(entsprechend dem ggü. dem Arbeitgeber zuvor außergerichtlich gestellten Antrag)* zu richten. Die Klägerin kann dabei die **rückwirkende Änderung** des Arbeitsverhältnisses verlangen. Seit Inkrafttreten des § 311a Abs. 1 BGB i.d.F. des Gesetzes zur Modernisierung des Schuldrechts vom 26. November 2001 (BGBl. I S. 3138) kommt die Verurteilung zur Abgabe einer Willenserklärung mit Rückwirkung in Betracht. Ein Vertragsangebot kann auch dann angenommen werden, wenn es auf eine Vertragsänderung zu einem in der Vergangenheit liegenden Zeitpunkt gerichtet ist. Dies gilt selbst in den Fällen, in denen der Vertrag hinsichtlich der Vergangenheit **tatsächlich nicht durchgeführt werden** kann,[677] und auch in den Fällen, in denen der gesamte Zeitraum, für den die Vertragsänderung erstrebt wird, in der Vergangenheit liegt.[678] Das Bundesarbeitsgericht überträgt die Rechtsprechung zur Zulässigkeit einer vergangenheitsbezogenen Feststellungsklage nicht auf eine Leistungsklage. Das Rechtsschutzbedürfnis für eine Leistungsklage folgt grundsätzlich aus der Nichterfüllung des materiell-rechtlichen Anspruchs. Hierfür genügt regelmäßig die Behauptung der klagenden Partei, der von ihr verfolgte Anspruch bestehe. Ob ein solcher Anspruch gegeben ist, ist eine Frage seiner materiell-rechtlichen Begründetheit.[679]

Der Antrag kann dann lauten:

»Die Klägerin beantragt, die Beklagte zu verurteilen, der Verringerung ihrer Arbeitszeit von 38,5 Stunden auf 28,5 Stunden pro Woche zuzustimmen, mit nachstehender arbeitstäglicher Verteilung: ...: montags: 8.15 Uhr bis 13.00 Uhr, dienstags: 8.15 Uhr bis 13.00 Uhr, mittwochs: 8.15 Uhr bis 16.45 Uhr, donnerstags: 8.15 Uhr bis 13.00 Uhr, freitags: 8.15 Uhr bis 13.00 Uhr.«

---

674 BAG, 15.11.2011 – 9 AZR 729/07, Rn 25.
675 BAG, 15.11.2011 – 9 AZR 729/07, Rn 27.
676 BAG, 24.06.2008 – 9 AZR 514/07, NZA 2008, 1289, Rn 22, 23.
677 BAG, 20.01.2015 – 9 AZR 735/13, Rn 15.
678 BAG, 16.12.2014 – 9 AZR 915/13, Rn 14.
679 BAG, 16.12.2014 – 9 AZR 915/13, Rn 14.

Will die Arbeitnehmerin sich in erster Linie darauf berufen, die Zustimmung sei fingiert, und den 359
Arbeitgeber nur hilfsweise auf Zustimmung verklagen, sind die Anträge in ein Alternativverhältnis
zu stellen. Der Antrag kann dann lauten:

»*Die Klägerin beantragt, 1. die Beklagte zu verurteilen, ihre Arbeitszeit auf 28,5 Stunden wöchentlich zu verringern und die Arbeitszeit wie folgt festzulegen: ..., 2. hilfsweise die Beklagte zu verurteilen, der Verringerung ihrer Arbeitszeit von 38,5 Stunden auf 28,5 Stunden pro Woche zuzustimmen, mit nachstehender arbeitstäglicher Verteilung: ...*«.

Außerdem ist bei der Antragstellung zu berücksichtigen, ob die Reduzierung der Arbeitszeit abhängig 360
oder unabhängig von der durch die Arbeitnehmerin gewünschten **Lage der Arbeitszeit** erfolgen soll. Die Auslegung eines **kombinierten Klageantrags** führt regelmäßig dazu, dass der Kläger
sowohl die Verringerung seiner Arbeitszeit als auch deren Neuverteilung begehrt. Nach Wortlaut
und Ziel eines solchen Antrags will er beides miteinander verbinden. Die Aufspaltung dieses einheitlichen Klageantrags in zwei prozessuale Ansprüche verstieße gegen § 308 ZPO.[680] Verbindet der
Arbeitnehmer sein Angebot über die Verringerung der Arbeitszeit mit einem vertraglichen Angebot
hinsichtlich ihrer Verteilung, führt dieses Angebot nur zu einem Vertragsabschluss, wenn es unverändert angenommen wird.[681] Der Arbeitgeber kann nicht nur den Teil des Angebots annehmen, der
sich auf die Verringerung der Arbeitszeit bezieht.[682] Wenn ein Arbeitnehmer sowohl einen Verringerungs- als auch einen Verteilungswunsch nach § 8 TzBfG geltend macht, hängt erfahrungsgemäß
beides voneinander ab. Üblicherweise ist der Teilzeitwunsch eines Arbeitnehmers nämlich Ergebnis
von Planungen, für die auch die Verteilung der Arbeitszeit von Bedeutung ist.[683] Über den geltend gemachten Anspruch kann also bei dem so kombinierten Antrag nur einheitlich entschieden
werden. Ist eine Arbeitszeitverringerung auf jeden Fall – unabhängig von der zeitlichen Lage der
Arbeitszeit – gewollt, ist das im Verringerungsgesuch ggü. dem Arbeitgeber und im Antrag ggü.
dem Gericht zum Ausdruck zu bringen. Das Gericht hat nach § 139 Abs. 1 Satz 2 ZPO auf sachdienliche Anträge hinzuwirken. Besteht ein unmittelbarer Zusammenhang i.S.v. § 8 Abs. 3 Satz 1
und 2 sowie Abs. 4 Satz 1 TzBfG, darf der Arbeitnehmer auch eine **isolierte Klage auf Neuverteilung** der Arbeitszeit erheben. Der Arbeitgeber kann dem Neuverteilungswunsch nicht erfolgreich
entgegenhalten, dass die Parteien im Arbeitsvertrag ein bestimmtes Modell der Arbeitszeitverteilung
vereinbart haben. Der Arbeitnehmer ist nicht auf das vertraglich vereinbarte Modell der Arbeitszeitverteilung beschränkt, sondern hat Anspruch auf Vertragsänderung.[684]

Der Klageantrag ist auch dann hinreichend bestimmt i.S.v. § 253 Abs. 2 Nr. 2 ZPO, wenn die 361
Arbeitnehmerin hinsichtlich der Arbeitszeitverteilung lediglich einen bestimmten **Rahmen festgelegt** wissen will.[685] Das BAG hat insoweit folgenden Antrag (als zulässig, im konkreten Fall allerdings als unbegründet) akzeptiert:

»*... die Beklagte zu verurteilen, ihre Zustimmung dazu zu erteilen, dass für sie in der Zeit vom
1. November 2012 bis zum 31. Oktober 2014 eine regelmäßige wöchentliche Arbeitszeit von 30
Stunden mit einer Verteilung auf die Zeit außerhalb von Samstagen, Sonntagen und Feiertagen
jeweils von 8:00 Uhr bis 15:00 Uhr gilt.*«

Der Anspruch besteht auf eine **unbefristete Herabsetzung** der Arbeitszeit.[686] Das **Gericht prüft** – 362
je nach Konstellation – zunächst, ob die Vertragsänderung bereits vollzogen ist und – wenn das

---

680 BAG, 18.02.2003 – 9 AZR 164/03.
681 § 150 Abs. 2 BGB.
682 BAG, 18.02.2003 – 9 AZR 356/02, NZA 2003, 911.
683 BAG, 18.02.2003 – 9 AZR 164/02, NZA 2003, 1392.
684 BAG, 16.12.2008 – 9 AZR 893/07, NZA 2009, 565 = NJW 2009, 1527, Rn 29, auch zu den Beschränkungen, denen der Arbeitgeber bei Vorliegen einer kollektiven Regelung zur Verteilung der Arbeitszeit
   unterliegt.
685 BAG, 16.12.2014 – 9 AZR 915/13, Rn 13.
686 BAG, 18.03.2003 – 9 AZR 126/02.

nicht der Fall ist –, ob dem Begehren des Arbeitnehmers ein betrieblicher Grund entgegensteht. Nach der Rechtsprechung des BAG berechtigt nicht schon jeder rationale, nachvollziehbare Grund zur Ablehnung; er muss auch hinreichend gewichtig sein.[687] An das objektive Gewicht der Ablehnungsgründe nach § 15 Abs. 7 Satz 1 Nr. 4 BEEG, für den das gleiche Prüfschema gilt wie für § 8 TzBfG, sind erhebliche Anforderungen zu stellen.[688] Die entgegenstehenden betrieblichen Interessen müssen zwingende Hindernisse für die beantragte Verkürzung der Arbeitszeit sein. Ob diese Voraussetzungen erfüllt sind, ist regelmäßig in drei Stufen zu prüfen.[689]

a) Zunächst ist das vom Arbeitgeber aufgestellte und durchgeführte Organisationskonzept festzustellen, das der vom Arbeitgeber als betrieblich erforderlich angesehenen Arbeitszeitregelung zugrunde liegt.
b) Dann ist zu überprüfen, ob die vom Organisationskonzept bedingte Arbeitszeitregelung tatsächlich der gewünschten Änderung der Arbeitszeit entgegensteht.
c) Abschließend ist zu prüfen, ob das Gewicht der entgegenstehenden betrieblichen Gründe so erheblich ist, dass die Erfüllung des Arbeitszeitwunsches des Arbeitnehmers zu einer wesentlichen Beeinträchtigung der Arbeitsorganisation, des Arbeitsablaufs, der Sicherung des Betriebs oder zu einer unverhältnismäßigen wirtschaftlichen Belastung des Betriebs führen würde.

363 **Maßgeblicher Zeitpunkt** für die Beurteilung des Teilzeitbegehrens ist nicht etwa der Schluss der mündlichen Verhandlung, sondern der Zeitpunkt der Ablehnung des Arbeitszeitwunsches durch den Arbeitgeber.[690]

364 (*Einzelfragen: BAG, 14.10.2003 – 9 AZR 636/02 – Anspruch auf Teilzeitarbeit und Einstellung einer Ersatzkraft; BAG, 16.03.2003 – 9 AZR 323/02 – Anspruch auf Verteilung der Verringerung der Arbeitszeit bei Betriebsvereinbarung zur Arbeitszeit; BAG, 09.12.2003 – 9 AZR 16/03 – Teilzeitanspruch und Überstunden; BAG, 30.09.2003 – 9 AZR 665/03 – keine Beeinträchtigung der Servicefreundlichkeit durch Teilzeit; BAG, 18.03.2003 – 9 AZR 126/02 – Teilzeitanspruch auch für Teilzeitbeschäftigte; BAG, 18.02.2003 – 9 AZR 356/02 – Antragstellung/Nachschieben von Veränderungen durch Arbeitgeber; BAG, 23.11.2004 – 9 AZR 644/03 – Letzter Zeitpunkt für Angaben zur Lage der Arbeitszeit; BAG, 20.07.2004 – 9 AZR 626/03 – verspätetes Teilzeitverlangen/Auslegung; BAG, 18.05.2004 – 9 AZR 319/03 – Teilzeitanspruch – Kirche; BAG, 16.12.2014 – 9 AZR 915/13, zu § 11 Abs. 1 TVöD-B. unbefristeten Teilzeitarbeitsverhältnisses BAG, 10.12.2014 – 7 AZR 1009/12, Rn 23 – Antrag auf Feststellung eines unbefristeten Teilzeitarbeitsverhältnisses, Inhaltskontrolle [§ 307 BGB]; BAG, 10.12.2014 – 7 AZR 1009/12, Rn 23 – Rechtsmissbrauch*).

X. Urlaub

1. Grundsätzliches

365 Nach ständiger Rechtsprechung des BAG ist der Urlaubsanspruch nach § 1 BUrlG ein gesetzlich bedingter Anspruch des Arbeitnehmers gegen den Arbeitgeber auf Freistellung von den nach dem Arbeitsverhältnis bestehenden Arbeitspflichten. Die Pflicht des Arbeitgebers, den gesetzlichen Urlaub zu erteilen, ist eine arbeitsvertragliche Nebenpflicht. Sie ist darauf gerichtet, die Hauptpflicht des Arbeitnehmers aus dem Arbeitsverhältnis – die Arbeitspflicht – für die Zeit des Urlaubs zu beseitigen.[691] Der Urlaubsentgeltanspruch hat die Erfüllung der Hauptpflicht des Arbeitgebers – die Vergütungspflicht – zum Gegenstand. Deren Bestehen wird rechtlich durch die Urlaubsgewäh-

---

[687] BAG, 18.02.2003 – 9 AZR 164/02, NZA 2003, 1392.
[688] BAG, 15.12.2009 – 9 AZR 72/09, NZA 2010, 447, Rn 45; BAG, 13.10.2009 – 9 AZR 910/08, NZA 2010, 339, Rn 20.
[689] Dazu BAG, 19.08.2003 – 9 AZR 542/02.
[690] BAG, 18.02.2003 – 9 AZR 356/02, NZA 2003, 911.
[691] BAG, 28.01.1982 – 6 AZR 571/79; BAG, 13.05.1982 – 6 AZR 360/80; BAG, 08.03.1984 – 6 AZR 600/82.

rung nicht berührt, sie ist also trotz Nichtleistung der Arbeit zu erfüllen.[692] Zum Urlaubsabgeltungsanspruch bei Altersteilzeitblockbefreiung: BAG, 15.03.2005 – 9 AZR 143/04.

2. Leistungsklage auf Urlaubsgewährung für einen bestimmten Zeitraum

Das BAG lässt eine Leistungsklage auf Urlaubsgewährung für einen **bestimmten Zeitraum** zu.[693] Der Antrag lautet:

366

> »Die klagende Partei beantragt, die beklagte Partei zu verurteilen, ihr ... Tage Urlaub vom ... (Datum) bis einschließlich ... (Datum) zu gewähren.«

Es ist dann Sache des Arbeitgebers, das Leistungsverweigerungsrecht nach § 7 Abs. 1 BUrlG geltend zu machen und dessen Voraussetzungen darzulegen und zu beweisen. Nach Ansicht des BAG soll, wenn das Leistungsverweigerungsrecht erst nach der Verurteilung des Arbeitgebers entsteht, dies auch im Zwangsvollstreckungsverfahren noch zu beachten sein.[694]

Die **Vollstreckung** des stattgebenden Urteils erfolgt nach **§ 894 ZPO**. Nach Rechtskraft des Urteils gilt die Erklärung des Arbeitgebers als abgegeben, und erst dann ist die klagende Partei berechtigt, den Urlaub anzutreten. Ist aber der in dem Klageantrag genannte Zeitraum zum Zeitpunkt der letzten mündlichen Verhandlung verstrichen, so ist das erforderliche Rechtsschutzbedürfnis nicht mehr gegeben, sodass die Klage unzulässig wird.[695]

367

3. Leistungsklage auf Urlaubsgewährung für einen unbestimmten Zeitraum

Daneben ist nach der Rechtsprechung des BAG eine Leistungsklage auf Urlaubsgewährung **ohne zeitliche Festlegung** des Urlaubszeitpunktes zulässig. Bei einem solchen, zeitlich nicht festgelegten Klageantrag erlischt das Rechtsschutzbedürfnis durch Zeitablauf dann nicht, wenn der Arbeitgeber sich mit der Erfüllung des Urlaubsanspruchs in Verzug befindet und deshalb an die Stelle des Urlaubsanspruchs als zu ersetzendem Verzugsschaden ein Ersatzurlaubsanspruch getreten ist.[696] Der Klageantrag lautet in diesen Fällen:

368

> »Die klagende Partei beantragt, die beklagte Partei zu verurteilen, ihr ... Werktage/Arbeitstage Urlaub zu gewähren.«

Gegen einen solchen Antrag werden in der Literatur Bedenken angemeldet, da der Antrag keinen vollstreckungsfähigen Inhalt habe.[697]

4. Klage auf Feststellung des Umfangs eines Urlaubsanspruchs

Nach Ansicht des BAG besteht auch die Möglichkeit einer Feststellungsklage, wenn die Arbeitnehmerin den streitigen **Umfang** des Urlaubsanspruchs klären lassen will; dies gilt zumindest, wenn der Arbeitgeber erklärt, einem stattgebenden Feststellungsurteil nachkommen zu wollen.[698] Dann lautet der Antrag:

369

> »Die klagende Partei beantragt festzustellen, dass ihr für das Urlaubsjahr ... noch ... Werktage/Arbeitstage Erholungsurlaub zustehen.«

---

692 MünchArbR/Leinemann § 87 Rn 8.
693 BAG, 18.12.1986 – 8 AZR 502/84.
694 BAG, 18.12.1986 – 8 AZR 502/84.
695 BAG, 18.12.1986 – 8 AZR 502/84; für Unbegründetheit der Klage Leipold, Anm. zu AP Nr. 10 zu § 7 BUrlG.
696 BAG, 25.11.1982 – 6 AZR 1254/79; BAG, 25.08.1987 – 8 AZR 331/85; BAG, 26.05.1988 – 8 AZR 774/85; BAG, 05.09.1995 – 3 AZR 216/95, betreffend tariflichen Freischichtenanspruch.
697 GK-BUrlG/Bachmann § 7 Rn 62.
698 BAG, 23.07.1987 – 8 AZR 20/86; BAG, 09.05.1995 – 9 AZR 552/93; GK-BUrlG/Bachmann § 7 Rn 68.

370 Streiten die Parteien darüber, ob mit einer in der Vergangenheit gewährten Freistellung der Urlaubsanspruch des Arbeitnehmers oder ein anderer Freistellungsanspruch erfüllt wurde, ist eine Feststellungsklage mit dem Antrag *»... festzustellen, dass die für einen bestimmten Zeitraum erteilte Freistellung ohne Anrechnung auf den Jahresurlaub erfolgte«*, regelmäßig nicht zulässig. Der Antrag bezieht sich auf einen in der Vergangenheit abgeschlossenen Vorgang, weshalb das nach § 256 Abs. 1 ZPO erforderliche Feststellungsinteresse regelmäßig fehlt. Feststellungsklagen auf das Bestehen eines vergangenen Rechtsverhältnisses sind nur zulässig, wenn sich daraus Rechtsfolgen für die Gegenwart oder Zukunft ergeben (vgl. Rdn. 344). Urlaubsrechtliche Auswirkungen folgen aber nicht notwendig daraus, dass der Arbeitnehmer, wenn die Anrechnung auf den Urlaub nicht zulässig ist, derzeit noch einen höheren Urlaubsanspruch hat. Wegen der Befristung des Urlaubsanspruchs kann ein Urlaubsanspruch zum Zeitpunkt der Entscheidung bereits erloschen sein. Nur unter der Voraussetzung, dass dem Arbeitnehmer ein Ersatzurlaubsanspruch als Schadensersatz zusteht, können sich urlaubsrechtliche Auswirkungen für die Gegenwart ergeben. In diesen Fällen ist aber die Leistungsklage die zutreffende Klageart.[699]

371 Einen Antrag auf Feststellung, dass der klagenden Partei eine bestimmte Anzahl Urlaubstage in einem vergangenen Jahr zustanden, hat das BAG jedoch als zulässige Zwischenfeststellungsklage nach § 256 Abs. 2 ZPO gewertet.[700]

372 Insb. im Hinblick auf den **Bildungsurlaub** ist häufig streitig, ob der Arbeitgeber verpflichtet ist, für eine bestimmte Veranstaltung Urlaub zu gewähren. Eine rechtskräftige Klärung vor Durchführung der Bildungsmaßnahme ist regelmäßig nicht möglich. Um eine Belastung des Arbeitsverhältnisses zu vermeiden, einigen sich die Parteien deshalb manchmal, dass bei rechtskräftiger Klärung des Bildungsurlaubsanspruchs die aufgrund der Teilnahme an der Bildungsveranstaltung entgangene Vergütung gezahlt werde. Im Hinblick auf diese Fallgestaltung ist bei Darlegung eines gegenwärtigen Interesses folgender Antrag als zulässig angesehen worden:[701]

> *»Die klagende Partei beantragt festzustellen, dass die beklagte Partei verpflichtet war, sie am ... (Datum) nach Maßgabe des Bildungsfreistellungsgesetzes ... unter Fortzahlung der Vergütung freizustellen.«*

Der Feststellungsantrag ist zwar dann auf einen in der Vergangenheit liegenden abgeschlossenen Sachverhalt gerichtet. Er ist dennoch zulässig, sofern sich Rechtsfolgen für die Gegenwart oder Zukunft ergeben.[702] **Einfacher** ist es jedoch, unmittelbar auf die Entgeltfortzahlung für die Dauer der nach Maßgabe einer besonderen Freistellungsvereinbarung besuchten Bildungsveranstaltung oder bei verweigerter Freistellung auf Feststellung des Ersatzanspruchs zu klagen.

5. Klage auf künftige Urlaubsgewährung

373 Eine Klage auf künftige Urlaubsgewährung ist nach **§ 258 ZPO** statthaft, wenn die Möglichkeit eines Anspruchs in künftigen Urlaubsjahren besteht. Regelmäßig besteht aber keine Rechtsgrundlage für einen Anspruch auf künftigen Urlaub. Nach § 258 ZPO kann der Schuldner bei sog. Wiederkehrschuldverhältnissen schon vor Fälligkeit des Anspruchs zur Leistung verurteilt werden, ohne dass die Klage als zurzeit unbegründet abgewiesen werden muss. Dies gilt nach den §§ 258, 323 ZPO jedoch nur für einseitige Verpflichtungen, die sich in ihrer Gesamtheit als Folge ein und desselben Rechtsverhältnisses ergeben, sodass die einzelne Leistung nach der Lage z.Zt. des Urteils mit einiger Gewissheit nur noch vom Zeitablauf abhängig ist. Der Urlaubsanspruch ist jedoch regelmäßig nicht ausschließlich vom Zeitablauf, d.h. Beginn des Urlaubsjahres bei weiterbestehendem Arbeitsverhältnis, abhängig. Die Verpflichtung des Arbeitgebers zur künftigen Gewäh-

---

[699] BAG, 08.12.1992 – 9 AZR 113/92, NZA 1993, 475.
[700] BAG, 05.09.1995 – 9 AZR 481/94, NZA 1996, 546.
[701] BAG, 15.06.1993 – 9 AZR 261/90; BAG, 21.10.1997 – 9 AZR 510/96; BAG, 17.02.1998 – 9 AZR 100/97; BAG, 17.11.1998 – 9 AZR 503/97; BAG, 09.06.1998 – 9 AZR 466/97, NZA 1999, 219.
[702] BAG, 15.06.1993 – 9 AZR 466/97, NZA 1999, 219.

rung des Urlaubs setzt voraus, dass der Urlaub im laufenden Urlaubsjahr oder im Übertragungsfall innerhalb der Übertragungsfrist rechtzeitig und ordnungsgemäß geltend gemacht wird. Ohne Geltendmachung gerät der Arbeitgeber nicht in Verzug. Ferner muss für die geltend gemachte Dauer des Urlaubs Arbeitsfähigkeit gegeben sein. Ansonsten ist der Urlaubsanspruch als Freistellungsanspruch vom Arbeitgeber nicht erfüllbar.[703]

XI. Wiedereinstellung

Im Zusammenhang mit einer sozial gerechtfertigten Kündigung oder einem Betriebsübergang kann dem Arbeitnehmer aufgrund veränderter Umstände ein Anspruch auf Wiedereinstellung bzw. auf Fortsetzung des Arbeitsverhältnisses zustehen.[704] Unklar ist nach der Rechtsprechung des BAG, ob der Anspruch auf die Fortsetzung des rechtswirksam beendeten Arbeitsverhältnisses oder auf Begründung eines neuen Arbeitsverhältnisses zu den bisherigen oder angepassten Bedingungen geht.[705] Der Antrag zur Durchsetzung des Fortsetzungsanspruchs lautet: 374

»*Die Klägerin beantragt, die Beklagte zu verurteilen, ihr Angebot auf Fortsetzung des Arbeitsverhältnisses über den ... hinaus anzunehmen.*«

Der Antrag auf Wiedereinstellung ist dagegen, wie folgt zu formulieren:

»*Die Klägerin beantragt, die Beklagte zu verurteilen, ihr Angebot auf Abschluss eines Arbeitsvertrages zu den Bedingungen des Arbeitsvertrages vom ... (ansonsten: zu den am ... [letzter Tag des beendeten Arbeitsverhältnisses] ... geltenden Arbeitsbedingungen des früheren Arbeitsverhältnisses der Parteien) unter Anrechnung der bisher erworbenen Dauer der Betriebszugehörigkeit anzunehmen.*«

XII. Zeugnis

Nach § 109 Abs. 1 Satz 1, 2 GewO kann die Arbeitnehmerin bei der Beendigung eines dauernden Arbeitsverhältnisses vom Arbeitgeber ein schriftliches Zeugnis über Art und Dauer der Tätigkeit (*sog. einfaches Zeugnis*) fordern. Das Zeugnis ist nach § 109 Abs. 1 Satz 3 GewO auf Verlangen des Arbeitnehmers auf die Leistungen und das Verhalten im Arbeitsverhältnis (*sog. qualifiziertes Zeugnis*) zu erstrecken. Die Neuregelung gilt für alle Arbeitnehmer.[706] § 16 BBiG sieht für Auszubildende eine Spezialregelung vor. Sonderregelungen gibt es auch in Tarifverträgen. Vor Ablauf der Kündigungsfrist bzw. vor dem tatsächlichen Ausscheiden soll der Arbeitgeber im gekündigten Arbeitsverhältnis die Möglichkeit der Erteilung eines »**vorläufigen Zeugnisses**« haben, welches bei Ausscheiden des Arbeitnehmers gegen ein »endgültiges« auszutauschen ist.[707] Ferner soll bei Vorliegen eines besonderen Grundes im ungekündigten Arbeitsverhältnis ein Anspruch auf ein »**Zwischenzeugnis**« bestehen.[708] Der Zeugnisanspruch richtet sich auf Erteilung eines Zeugnisses, das nach Form und Inhalt den gesetzlichen Bestimmungen entspricht. Erteilt der Arbeitgeber ein Zeugnis, welches den Anforderungen nicht genügt, liegt keine ordnungsgemäße Erfüllung vor.[709] Bei 375

---

703 BAG, 21.03.1995 – 9 AZR 596/93, NZA 1995, 1109, offengelassen, ob die Ungewissheit über die genannten Voraussetzungen für die Gewährung von Urlaub einer Verurteilung zur künftigen Leistung entgegensteht.
704 BAG, 27.02.1997 – 2 AZR 160/96; BAG, 04.12.1997 – 2 AZR 140/97; BAG, 06.08.1997 – 7 AZR 557/96; BAG, 13.11.1997 – 8 AZR 295/95; BAG, 12.11.1998 – 8 AZR 265/97, NZA 1999, 311 = NJW 1999, 1132.
705 Ziemann MDR 1999, 716 f.
706 § 630 Satz 4 BGB.
707 Haupt, HzA Gruppe l Teilbereich 6 Rn 2108.
708 BAG, 21.01.1993 – 6 AZR 171/92.
709 Zum Inhalt s. § 109 Abs. 2 GewO und BAG, 20.02.2001 – 9 AZR 44/00, NZA 2001, 843, zur Form BAG, 21.09.1999 – 9 AZR 893/98, NZA 2000, 257 und zur Darlegungslast BAG, 14.10.2003 – 9 AZR 12/03, NZA 2004, 843.

dem Änderungsverlangen des Arbeitnehmers handelt es sich dann um die Geltendmachung des noch nicht erloschenen Erfüllungsanspruchs.[710]

376 Der Arbeitnehmer kann **wahlweise** auf Erteilung eines **einfachen** oder **qualifizierten Zeugnisses** klagen. Die Anträge lauten (*krit. im Hinblick auf den Bestimmtheitsgrundsatz wegen Wiedergabe des Gesetzeswortlauts Gift/Baur, E Rn 310*):

> »Die Klägerin beantragt, die Beklagte zu verurteilen, ihr ein Zeugnis über Art und Dauer der Tätigkeit bei der Beklagten in der Zeit vom ... bis zum ... zu erteilen.«

oder

> »Die Klägerin beantragt, die Beklagte zu verurteilen, ihr ein Zeugnis über Art und Dauer der Tätigkeit bei der Beklagten in der Zeit vom ... bis zum ... zu erteilen und dieses auf die Leistungen und das Verhalten im Arbeitsverhältnis zu erstrecken.«

377 Die mit Erteilung des Zeugnisses umschriebene Leistungsverpflichtung hat das **Fertigen** und die **Herausgabe** des gefertigten Zeugnisses zum Inhalt. Das Fertigen des Zeugnisses wird nach § 888 Abs. 1 ZPO vollstreckt, weil die Handlung durch einen Dritten nicht vorgenommen werden kann. Dagegen wird die Herausgabe des gefertigten Zeugnisses nach § 883 ZPO vollstreckt. Für die übrigen Arbeitspapiere ist dies anerkannt.[711]

378 Ist das erteilte Zeugnis **unvollständig oder teilweise fehlerhaft**, so kann der Arbeitnehmer auf Ergänzung bzw. Berichtigung klagen. Um dem Bestimmtheitsgebot des § 253 Abs. 2 Nr. 2 ZPO zu genügen, muss im Klageantrag genau die angestrebte Ergänzung und/oder Berichtigung aufgeführt werden. Der Arbeitnehmer muss also beim Berichtigungs- bzw. Ergänzungsverlangen Teile des Zeugnisses bzw. das ganze Zeugnis selbst formulieren.[712] Der Antrag lautet in diesem Fall:

> »Die Klägerin beantragt, die Beklagte zu verurteilen, ihr ein Zeugnis entsprechend dem unter dem ... (Datum) erstellten Zeugnis zu erteilen, jedoch mit folgender Ergänzung: ... (konkrete Ergänzungsformulierung) und mit folgender Berichtigung: ... (konkrete Berichtigungsformulierung).«

379 Ist **noch kein Zeugnis erteilt** und verlangt eine Arbeitnehmerin nicht nur ein einfaches oder qualifiziertes Zeugnis, sondern außerdem auch einen **bestimmten** Zeugnisinhalt, so hat sie im Klageantrag genau zu bezeichnen, was in welcher Form das Zeugnis enthalten soll. Nur wenn der Entscheidungsausspruch bereits die dem Gericht zutreffend erscheinende Zeugnisformulierung enthält, wird verhindert, dass sich der Streit über den Inhalt des Zeugnisses vom Erkenntnis in das Vollstreckungsverfahren verlagert.[713] Es ist nicht Aufgabe des Vollstreckungsorgans festzustellen, ob eine von der Beklagten gewählte Formulierung den ausgeurteilten Anspruch erfüllt.

§ 46a Mahnverfahren

(1) ¹Für das Mahnverfahren vor den Gerichten für Arbeitssachen gelten die Vorschriften der Zivilprozessordnung über das Mahnverfahren einschließlich der maschinellen Bearbeitung entsprechend, soweit dieses Gesetz nichts anderes bestimmt. ²§ 690 Abs. 3 Satz 2 der Zivilprozessordnung ist nicht anzuwenden.

(2) ¹Zuständig für die Durchführung des Mahnverfahrens ist das Arbeitsgericht, das für die im Urteilsverfahren erhobene Klage zuständig sein würde. ²Die Landesregierungen werden ermächtigt, einem Arbeitsgericht durch Rechtsverordnung Mahnverfahren für die Bezirke mehrerer Arbeitsgerichte zuzuweisen. ³Die Zuweisung kann auf Mahnverfahren beschränkt werden, die maschinell bearbeitet werden. ⁴Die Landesregierungen können die Ermächtigung durch Rechts-

---

710 BAG, 26.06.2001 – 9 AZR 392/00, NZA 2002, 33.
711 Gift/Baur, E Rn 1753, 1762.
712 Schaub, Arbeitsrechts-Handbuch, § 146 Abs. 4 Satz 2.
713 BAG, 14.03.2000 – 9 AZR 246/99.

verordnung auf die jeweils zuständige oberste Landesbehörde übertragen. ⁵Mehrere Länder können die Zuständigkeit eines Arbeitsgerichts über die Landesgrenzen hinaus vereinbaren.

(3) Die in den Mahnbescheid nach § 692 Abs. 1 Nr. 3 der Zivilprozessordnung aufzunehmende Frist beträgt eine Woche.

(4) ¹Wird rechtzeitig Widerspruch erhoben und beantragt eine Partei die Durchführung der mündlichen Verhandlung, so gibt das Gericht, das den Mahnbescheid erlassen hat, den Rechtsstreit von Amts wegen an das Gericht ab, das in dem Mahnbescheid gemäß § 692 Absatz 1 Nummer 1 der Zivilprozessordnung bezeichnet worden ist. ²Verlangen die Parteien übereinstimmend die Abgabe an ein anderes als das im Mahnbescheid bezeichnete Gericht, erfolgt die Abgabe dorthin. ³Die Geschäftsstelle hat dem Antragsteller unverzüglich aufzugeben, seinen Anspruch binnen zwei Wochen schriftlich zu begründen.

(5) Die Streitsache gilt als mit Zustellung des Mahnbescheids rechtshängig geworden, wenn alsbald nach Erhebung des Widerspruchs Termin zur mündlichen Verhandlung bestimmt wird.

(6) ¹Im Fall des Einspruchs hat das Gericht von Amts wegen zu prüfen, ob der Einspruch an sich statthaft und ob er in der gesetzlichen Form und Frist eingelegt ist. ²Fehlt es an einem dieser Erfordernisse, so ist der Einspruch als unzulässig zu verwerfen. ³Ist der Einspruch zulässig, hat die Geschäftsstelle dem Antragsteller unverzüglich aufzugeben, seinen Anspruch binnen zwei Wochen schriftlich zu begründen. ⁴Nach Ablauf der Begründungsfrist bestimmt der Vorsitzende unverzüglich Termin zur mündlichen Verhandlung.

(7) Das Bundesministerium für Arbeit und Soziales wird ermächtigt, durch Rechtsverordnung mit Zustimmung des Bundesrates den Verfahrensablauf zu regeln, soweit dies für eine einheitliche maschinelle Bearbeitung der Mahnverfahren erforderlich ist (Verfahrensablaufplan).

(8) ¹Das Bundesministerium für Arbeit und Soziales wird ermächtigt, durch Rechtsverordnung mit Zustimmung des Bundesrates zur Vereinfachung des Mahnverfahrens und zum Schutze der in Anspruch genommenen Partei Formulare einzuführen. ²Dabei können für Mahnverfahren bei Gerichten, die die Verfahren maschinell bearbeiten, und für Mahnverfahren bei Gerichten, die die Verfahren nicht maschinell bearbeiten, unterschiedliche Formulare eingeführt werden. ³Die Rechtsverordnung kann ein elektronisches Formular vorsehen; § 130c Satz 2 bis 4 der Zivilprozessordnung gilt entsprechend.

Übersicht	Rdn.		Rdn.
I. Allgemeines	1	b) Inhalt	15
II. Zulässigkeit des Mahnverfahrens	2	2. Entscheidung	17
1. Allgemeine Verfahrensvoraussetzungen	2	a) Zurückweisung	18
2. Örtliche Zuständigkeit	3	b) Erlass des Mahnbescheids	23
3. Zahlungsanspruch	4	3. Widerspruch	26
4. Erbrachte Gegenleistung	7	4. Vollstreckungsbescheid	33
5. Keine öffentliche Bekanntmachung	8	5. Einspruch	36
III. Durchführung des Mahnverfahrens	9	6. Kosten	39
1. Antrag	9	7. Prozesskostenhilfe	40
a) Form	9	IV. Automatisiertes Mahnverfahren	41

I. Allgemeines

Für das Mahnverfahren vor den Gerichten für Arbeitssachen gelten die §§ 688 bis 703d ZPO, soweit nicht in § 46a Abs. 2 bis 8 anderes bestimmt ist *(Abs. 1)*. Für das arbeitsgerichtliche Verfahren bestehen hauptsächlich **Besonderheiten** im Hinblick auf die örtliche Zuständigkeit *(Abs. 2)*, die Widerspruchsfrist *(Abs. 3)* und den Ausschluss des Urkunden- und Wechselverfahrens.[1] Eine Auto- 1

---

1 § 46 Abs. 2.

matisierung des Mahnverfahrens[2] war für das arbeitsgerichtliche Verfahren zunächst nicht vorgesehen. Durch Gesetz vom 29.06.1998[3] hat der Gesetzgeber jedoch diese Möglichkeit für das Mahnverfahren vor den Arbeitsgerichten eröffnet *(Abs. 1, 7 und 8).* Das SGGArbGG-Änderungsgesetz hat Abs. 6 geändert. Dort ist jetzt ausdrücklich geregelt, wie nach Einspruchseinlegung konkret zu verfahren ist. Dies war bisher unklar und umstritten (**zur Neuregelung** im Einzelnen siehe Rdn. 37 f.). Für das Verfahren mit grenzüberschreitendem Rechtsverkehr ist durch das am 12.12.2008 in Kraft getretene Gesetz zur Verbesserung der grenzüberschreitenden Forderungsdurchsetzung und Zustellung vom 30.10.2008[4] § 46b eingefügt worden. Durch das Gesetz zur Förderung des elektronischen Rechtsverkehrs mit den Gerichten vom 10. Oktober 2013 (BGBl. I 2013, S. 3786 – GFeRmG) ist für die Zeit ab dem 1. Juli 2014 § 46a Abs. 2 um die Sätze 2 bis 4 ergänzt worden. An die Stelle des bisherigen § 46a Abs. 4 Satz 1 sind die jetzigen Sätze 1 und 2 des Absatzes getreten. Aus dem bisherigen Absatz 4 Satz 2 ist nun Abs. 4 Satz 3 geworden.

II. Zulässigkeit des Mahnverfahrens

1. Allgemeine Verfahrensvoraussetzungen

2 Für das arbeitsgerichtliche Mahnverfahren müssen die allgemeinen Prozessvoraussetzungen des arbeitsgerichtlichen Urteilsverfahrens vorliegen, nämlich der Rechtsweg zu den Gerichten für Arbeitssachen,[5] Parteifähigkeit,[6] Prozessfähigkeit,[7] Prozessführungsbefugnis,[8] gesetzliche Vertretung, Rechtsschutzbedürfnis[9] und örtliche Zuständigkeit.[10] Das Vorliegen dieser Voraussetzungen hat der Rechtspfleger trotz Wegfalls der Schlüssigkeitsprüfung im Rahmen seines begrenzten Prüfungsrechts[11] zu prüfen. Insb. Rechtswegerschleichungen wird er jedoch im Regelfall nicht begegnen können.

2. Örtliche Zuständigkeit

3 In Abweichung von § 689 Abs. 2 ZPO richtet sich die örtliche Zuständigkeit nach Abs. 2. Danach ist für die Durchführung des Mahnverfahrens das ArbG zuständig, welches für die im Urteilsverfahren erhobene Klage zuständig wäre. Damit richtet sich die örtliche Zuständigkeit nach den §§ 12 bis 37 ZPO und nicht – wie im zivilprozessualen Verfahren – nach dem Wohnsitz oder Sitz des Antragstellers. Wirksame Gerichtsstandsvereinbarungen nach § 38 Abs. 3 ZPO gelten auch im Mahnverfahren.[12] Für die Zeit ab dem 1. Juli 2014 haben die Landesregierungen jetzt die Möglichkeit, durch Verordnung einzelne Arbeitsgerichte eines Landes zu Mahngerichten zu bestimmen, was in der ordentlichen Gerichtsbarkeit schon länger praktiziert wird. Darüber hinaus ist die Möglichkeit geschaffen worden, auch länderübergreifend Arbeitsgerichte für die Durchführung der Mahnverfahren zu bestimmen. Nach § 690 Abs. 1 Nr. 2 ZPO muss der Antragsteller in seinem Antrag auf Erlass des Mahnbescheids das Gericht bezeichnen, das für ein streitiges Verfahren zuständig ist. Durch die Bezeichnung des zuständigen ArbG übt der Antragsteller zugleich sein Wahlrecht nach § 35 ZPO aus. Dies ist allerdings nun nicht mehr bindend. Der mit Wirkung vom 1. Juli 2014 neu eingefügte Abs. 4 Satz 2 lässt jetzt auch eine von der ursprünglichen Angabe im Mahnbescheid abweichende Wahl zu. Geht das Mahnverfahren in das Hauptverfahren über, bleibt

---

2 § 703b ZPO.
3 BGBl. I, S. 1694.
4 BGBl. I, S. 2122.
5 Dazu § 48.
6 Dazu § 46 Rdn. 106.
7 Dazu § 46 Rdn. 113.
8 Dazu § 46 Rdn. 114.
9 Dazu § 46 Rdn. 120.
10 Dazu § 48.
11 Zöller/Vollkommer § 691 Rn 1.
12 GMPMG/Germelmann § 46a Rn 15.

es bei der bestehenden örtlichen Zuständigkeit. Voraussetzung ist aber, dass das zuständige Gericht angerufen worden ist (s. dazu Rdn. 22).

3. Zahlungsanspruch

Im Mahnverfahren kann nach § 688 Abs. 1 ZPO regelmäßig nur die Zahlung einer bestimmten Geldsumme in Euro geltend gemacht werden. Ausnahmsweise kann der Mahnbescheid auch auf eine bestimmte Geldsumme in ausländischer Währung lauten. Dies ist nach § 688 Abs. 3 ZPO der Fall, wenn das Anerkennungs- und Vollstreckungsausführungsgesetz vom 19.02.2001[13] dies vorsieht.

4

Das arbeitsgerichtliche Mahnverfahren ist dabei nur für Zahlungsansprüche zulässig, die im Urteilsverfahren geltend gemacht werden können.[14] Soweit Zahlungsansprüche im Beschlussverfahren durchzusetzen sind, können sie nicht im arbeitsgerichtlichen Mahnverfahren verfolgt werden.[15]

5

Mehrere Zahlungsansprüche können in einem Mahnantrag verbunden werden, wenn für jeden Zahlungsanspruch die allgemeinen und besonderen Verfahrensvoraussetzungen vorliegen.[16] Die gerichtliche Verbindung von Mahnbescheiden[17] scheidet aus.[18] Bei Streitgenossen nach § 59 ZPO ergehen für und gegen jeden getrennte, teilweise inhaltlich gleich lautende, voneinander abhängige Mahnbescheide.[19]

6

4. Erbrachte Gegenleistung

Das Mahnverfahren findet nach § 688 Abs. 2 Nr. 2 ZPO nicht statt, wenn die Geltendmachung des Anspruchs von einer noch nicht erbrachten Gegenleistung abhängig ist. Die Forderung muss im Zeitpunkt des Mahnbescheiderlasses fällig und unbedingt sein.[20] Ausgeschlossen sind künftige Ansprüche auf Arbeitsvergütung oder sonstige arbeitsvertragliche Geldleistungen, die ihren Rechtsgrund im Austauschverhältnis haben. Die §§ 257 bis 259 ZPO *(Klage auf künftige Leistung, Klage auf wiederkehrende Leistung, Klage wegen Besorgnis der Nichterfüllung)* finden im Mahnverfahren keine entsprechende Anwendung.[21]

7

5. Keine öffentliche Bekanntmachung

Nach § 688 Abs. 2 Nr. 3 ZPO findet das Mahnverfahren nicht statt, wenn die Zustellung des Mahnbescheids durch öffentliche Bekanntmachung i.S.v. §§ 185 ff. ZPO erfolgen müsste. Stellt sich erst im Laufe des Mahnverfahrens heraus, dass eine Zustellung nur durch öffentliche Bekanntmachung möglich wäre, ist der Antrag auf Erlass eines Mahnbescheids zurückzuweisen.[22] Der Antragsteller ist vorab zu hören.[23] Eine Abgabe entsprechend § 696 ZPO in das streitige Verfahren ist nicht möglich.[24] Der Antragsteller muss vielmehr Klage erheben.

8

---

13 BGBl. I, S. 288.
14 Arg. § 46a Abs. 2.
15 GK-ArbGG/Bader § 46a Rn 5.
16 Entspr. § 260 ZPO.
17 Entspr. § 147 ZPO.
18 GMPMG/Germelmann § 46a Rn 6.
19 GK-ArbGG/Bader § 46a Rn 10.
20 Hauck § 46a Rn 5.
21 GMPMG/Germelmann § 46a Rn 5.
22 § 691 Abs. 1 Satz 1 Nr. 1 ZPO.
23 § 691 Abs. 1 Satz 2 ZPO.
24 GK-ArbGG/Bader § 46a Rn 23; GMPMG/Germelmann § 46a Rn 10.

III. Durchführung des Mahnverfahrens

1. Antrag

a) Form

9 Das Mahnverfahren wird auf Antrag durchgeführt.[25] Der Antragsteller muss dafür das **amtlich vorgeschriebene Formular** benutzen.[26] Nach § 1 Abs. 1 Satz 2 der Verordnung gilt dies nicht für Mahnverfahren, in denen der Antragsteller das Mahnverfahren maschinell betreibt und in denen der Mahnbescheid im Ausland oder nach Art. 32 des Zusatzabkommens zum NATO-Truppenstatut vom 03.08.1959 zuzustellen ist.

10 Der Antrag bedarf nach § 690 Abs. 2 ZPO der **handschriftlichen Unterzeichnung**. Hier gelten die gleichen Anforderungen wie für die Unterzeichnung eines bestimmenden Schriftsatzes.[27] Die Einreichung des Antrags per Telefax wird als zulässig erachtet.[28] Der telegrafischen Einreichung steht der Vordruckzwang entgegen. Zur Einreichung elektronischer Dokumente s. § 46c.

11 Durch das Zweite Gesetz zur Modernisierung der Justiz (2. JuMoG) vom 22.12.2006 ist in Abs. 1 der Satz 2 eingefügt worden. Danach findet **§ 690 Abs. 3 S. 2 ZPO keine** Anwendung. Die ZPO-Vorschrift ist am 01.12.2008 in Kraft getreten. § 690 Abs. 3 ZPO lautet jetzt:

> »Der Antrag kann in einer nur maschinell lesbaren Form übermittelt werden, wenn diese dem Gericht für seine maschinelle Bearbeitung geeignet erscheint. Wird der Antrag von einem Rechtsanwalt oder einer registrierten Person nach § 10 Abs. 1 Satz 1 Nr. 1 des Rechtsdienstleistungsgesetzes gestellt, ist nur diese Form der Antragstellung zulässig. Der handschriftlichen Unterzeichnung bedarf es nicht, wenn in anderer Weise gewährleistet ist, dass der Antrag nicht ohne den Willen des Antragstellers übermittelt wird.«

Nach Satz 2 wird nun aufgrund des Gesetzes zur Förderung des elektronischen Rechtsverkehrs mit den Gerichten vom 10. Oktober 2013 (BGBl. I, 2013 Nr. 62, S. 3786 – GFeRmG) mit Wirkung vom 1. Januar 2018 noch folgender Satz eingefügt:

> »Der Antrag kann unter Nutzung des elektronischen Identitätsnachweises nach § 18 des Personalausweisgesetzes oder § 78 Absatz 5 des Aufenthaltsgesetzes gestellt werden.«

Im arbeitsgerichtlichen Verfahren kann der Antrag durch den Anwalt also weiterhin anders als vor den ordentlichen Gerichten – in nicht maschinell lesbarer Form eingereicht werden. Ein Widerspruch kann sich durch den durch das Gesetz zur Förderung des elektronischen Rechtsverkehrs mit den Gerichten vom 10. Oktober 2013 (BGBl. I 2013, S. 3786 – GFeRmG) mit Wirkung vom 1. Juli 2014 neu angefügten Satz 3 zu Abs. 8 ergeben. Die dort vorgesehene Rechtsverordnung kann danach ein elektronisches Formular vorsehen. § 130c Satz 2 bis 4 der Zivilprozessordnung, gemeint wohl § 46f Satz 2 bis 4 ArbGG (dazu s. Rdn. 33), soll entsprechend gelten. Nach § 46f Satz 2 kann die Rechtsverordnung bestimmen, dass die in den Formularen enthaltenen Angaben ganz oder teilweise in strukturierter maschinenlesbarer Form zu übermitteln sind. Dabei scheint § 46a Abs. 1 Satz 2 übersehen worden zu sein. Deshalb wird man Abs. 8 Satz 3 nicht einfach als eine Art Öffnungsklausel verstehen können.

12 Im Mahnverfahren bedarf es des Nachweises einer **Vollmacht** nicht. Wer als Bevollmächtigter einen Antrag einreicht oder einen Rechtsbehelf einlegt, hat seine ordnungsgemäße Bevollmächtigung zu versichern.[29]

---

25 § 688 Abs. 1 ZPO.
26 §§ 703c Abs. 2, 702 Abs. 1 Satz 2 ZPO, 46a Abs. 7 i.V.m. der VO zur Einführung von Vordrucken für das arbeitsgerichtliche Mahnverfahren vom 15.12.1977, abgedruckt in GK-ArbGG/Bader § 46a Anhang 1.
27 Vgl. zum automatisierten Mahnverfahren Rdn. 41.
28 Hauck, § 46a Rn 7; GK-ArbGG/Bader Rn 25.
29 § 703 ZPO.

Die Anträge und Erklärungen im Mahnverfahren können vor dem **Urkundsbeamten** der Geschäftsstelle abgegeben werden. Dabei werden die amtlichen Vordrucke ausgefüllt. Der Urkundsbeamte vermerkt unter Angabe des Gerichts und des Datums, dass er den Antrag oder die Erklärung aufgenommen hat.[30]

13

Der Antrag auf Erlass eines Mahnbescheids oder eines Vollstreckungsbescheids wird dem **Antragsgegner nicht mitgeteilt**.[31]

14

b) Inhalt

Der Mahnantrag muss entsprechend § 690 Abs. 1 Nr. 1 bis 4 ZPO enthalten:
- Nr. 1: die Bezeichnung der Parteien, ihrer gesetzlichen Vertreter und der Prozessbevollmächtigten;
- Nr. 2: die Bezeichnung des Gerichts, bei dem der Antrag gestellt wird;
- Nr. 3: die Bezeichnung des Anspruchs unter bestimmter Angabe der verlangten Leistung; Haupt- und Nebenforderungen sind gesondert und einzeln zu bezeichnen;
- Nr. 4: die Erklärung, dass der Anspruch nicht von einer Gegenleistung abhängt oder dass die Gegenleistung erbracht ist;

15

Die Bezeichnung des Gerichts, das für ein streitiges Verfahren zuständig ist,[32] ist entbehrlich, weil eine **Abgabe** nach § 696 Abs. 1 Satz 1 ZPO wegen § 46a Abs. 2 **nicht stattfindet**.

Nach § 690 Abs. 1 Nr. 3 ZPO ist nicht nur die Bezifferung jedes einzelnen Zahlungsanspruchs erforderlich, sondern es müssen auch Angaben zur zeitlichen Abgrenzung gemacht werden, da andernfalls der Umfang der Rechtskraft nicht feststellbar ist. Daneben ist im Hinblick auf jede Einzelforderung anzugeben, ob es sich z.B. um Arbeitsvergütung, Vergütungsfortzahlung, Überstundenvergütung oder Urlaubsgeld handelt.[33] Nebenforderungen sind in Einzelforderungen aufzuschlüsseln (*z.B. Auslagen, vorprozessuale Kosten*). Durch diese Angaben, die keine substantiierte Anspruchsbegründung enthalten müssen, wird der Anspruch individualisiert und damit unterscheidbar gemacht.[34] Voraussetzung für die verjährungshemmende Wirkung ist nicht, dass aus dem Mahnbescheid für einen außenstehenden Dritten ersichtlich ist, welche konkreten Ansprüche mit dem Mahnbescheid geltend gemacht werden; es reicht aus, dass dies für den Antragsgegner erkennbar ist. So kann im Mahnbescheid zur Bezeichnung des geltend gemachten Anspruchs auf Rechnungen oder andere Unterlagen Bezug genommen werden; wenn ein solches Schriftstück dem Antragsgegner bereits bekannt ist, braucht es dem Mahnbescheid nicht in Abschrift beigefügt zu werden. Den in § 690 Abs. 1 Nr. 3 ZPO aufgestellten Anforderungen an eine Individualisierung des im Mahnbescheid bezeichneten Anspruchs kann aber unter bestimmten Umständen auch dann genügt sein, wenn zwar eine im Mahnbescheid in Bezug genommene Anlage weder diesem beigefügt noch dem Schuldner zuvor zugänglich gemacht worden ist, jedoch die übrigen Angaben im Mahnbescheid eine Kennzeichnung des Anspruchs ermöglichen.[35] Die im Antrag auf Erlass eines Mahnbescheids enthaltene **Falschangabe des Datums eines vorprozessualen Anspruchsschreibens**, auf das der Antragsteller, ohne es dem Antrag beizufügen, zur Individualisierung seines Anspruchs Bezug nimmt, ist unschädlich, wenn für den Antragsgegner ohne weiteres ersichtlich ist, um welches Schreiben es sich handelt.[36] Wird ein **einheitlicher Anspruch** geltend gemacht, der sich aus mehreren Rechnungsposten zusammensetzt, hemmt die Zustellung eines Mahnbescheides die Verjährung, auch wenn die Rechnungsposten im Mahnbescheid **nicht aufgeschlüsselt** werden. Die entsprechend notwendige Substantiierung kann im Laufe des Rechtsstreits beim Übergang in das

16

---

30 § 702 Abs. 1 ZPO.
31 § 702 Abs. 2 ZPO.
32 § 690 Abs. 1 Nr. 5 ZPO.
33 GK-ArbGG/Bader § 46a Rn 30.
34 GK-ArbGG/Bader § 46a Rn 30.
35 BGH, 17.11.2010 – VIII ZR 211/09, NJW 2011, 613, Rn 11.
36 BGH, 14.07.2010 – VIII ZR 229/09, NJW-RR 2010, 1455.

streitige Verfahren nachgeholt werden.³⁷ Umfasst der im Mahnbescheid geltend gemachte Betrag dagegen **mehrere, nicht auf einem einheitlichen Anspruch beruhende** und deshalb selbständige Einzelforderungen, so bedarf es bereits einer Aufschlüsselung im Mahnbescheid, gegebenenfalls unter Bezugnahme auf Rechnungen und sonstige Urkunden. In diesen Fällen kann eine Individualisierung nach Ablauf der Verjährungsfrist im anschließenden Streitverfahren nicht nachgeholt werden.³⁸

2. Entscheidung

17 **Zuständig** für die Entscheidung über den Antrag auf Erlass eines Mahnbescheids ist der **Rechtspfleger**.³⁹ Dieser hat von Amts wegen zu prüfen, ob die allgemeinen Verfahrensvoraussetzungen und die besonderen Voraussetzungen für das Mahnverfahren vorliegen und ob der Antrag nach Form und Inhalt den gesetzlichen Anforderungen genügt. Der Gesetzgeber hat auf eine Schlüssigkeitsprüfung durch den Rechtspfleger verzichtet. Dies kann zu einem Missbrauch des Mahnverfahrens führen. Der Vollstreckung eines Vollstreckungsbescheids ist mit § 826 BGB zu begegnen, wenn die Wahl des Mahnverfahrens durch den Gläubiger als missbräuchliche Umgehung der im Klageverfahren stattfindenden Schlüssigkeitsprüfung bewertet werden kann.⁴⁰

a) Zurückweisung

18 Der Mahnantrag wird entsprechend § 691 Abs. 1 Satz 1 Nr. 1 ZPO zurückgewiesen, wenn:
– das Mahnverfahren nicht stattfindet;
– das angegangene ArbG nicht zuständig ist;
– der Mahnantrag von Form und Inhalt nicht den gesetzlichen Anforderungen genügt;
– nicht der amtlich vorgeschriebene Vordruck für den Mahnantrag verwendet wird;
– der Mahnbescheid nur wegen eines Teiles des Anspruchs nicht erlassen werden kann.⁴¹

19 Vor der Zurückweisung ist nach § 691 Abs. 1 Satz 2 ZPO der Antragsteller zu **hören**. Dadurch erhält der Antragsteller die Gelegenheit, Mängel zu beheben, den Mahnbescheid zu beschränken oder zurückzunehmen. Handelt es sich um behebbare Mängel, hat der Rechtspfleger auf diese hinzuweisen und eine angemessene Frist zur Beseitigung zu setzen, verbunden mit dem Hinweis, dass bei fruchtlosem Fristablauf die Zurückweisung erfolgen wird.⁴²

20 Die Zurückweisung erfolgt durch **Beschluss des Rechtspflegers**. Der Beschluss ist zu begründen. Die Kosten hat entsprechend § 91 Abs. 1 ZPO der Antragsteller zu tragen. Der Beschluss ist zuzustellen.⁴³ Gegen den Zurückweisungsbeschluss des Rechtspflegers ist nach § 11 Abs. 2 Satz 1 RPflG i.V.m. § 569 Abs. 1 ZPO die **sofortige Erinnerung** innerhalb von zwei Wochen möglich.⁴⁴ Der Rechtspfleger kann der Erinnerung abhelfen.⁴⁵ Über die Erinnerung entscheidet der Richter.⁴⁶ Der Richter kann die Erinnerung zurückweisen oder aber den Rechtspfleger anweisen, den Mahnbescheid zu erlassen. Der Beschluss ist nicht anfechtbar.⁴⁷ Da dem zurückweisenden Beschluss keine

---

37 BGH, 10.10.2013 – VII ZR 155/11, NJW 2013, 3509; für Sozialkassenbeiträge nach dem VTV-Bau siehe LAG Berlin-Brandenburg, 14.02.2012 – 7 Sa 1947/11.
38 BGH, 26.02.2015 – III ZR 53/14, Rn. 4; 17.11.2010 – VIII ZR 211/09, NJW 2011, 613.
39 § 9 Abs. 3 Satz 1 ArbGG i.V.m. § 20 Nr. 1 RPflG.
40 Zöller/Vollkommer Vor § 688 Rn 6a.
41 Keine Anspruchsteile sind mehrere Ansprüche; hier kann der Mahnantrag wegen der unbedenklichen Ansprüche erlassen und im Übrigen zurückgewiesen werden; Zöller/Vollkommer § 692 Rn 2.
42 BGH, 29.09.1983 – VII ZR 31/83.
43 § 329 Abs. 3 ZPO/§ 691 Abs. 2 ZPO – GK-ArbGG/Bader § 46a Rn 39.
44 Zu den Rechtsbehelfen gegen Entscheidungen der Rechtspfleger vgl. Baumbach u.a./Hartmann § 104 ZPO Rn 41.
45 § 11 Abs. 2 Satz 2 RPflG.
46 § 11 Abs. 2 Satz 3 RPflG.
47 § 691 Abs. 3 Satz 2 ZPO.

materielle Rechtskraft zukommt, kann der Antragsteller seinen Anspruch erneut im Mahnverfahren geltend machen.[48] Er kann aber auch Klage im Urteilsverfahren erheben.

Sollte durch die Zustellung des Mahnbescheids eine Frist gewahrt werden oder die **Verjährung** neu beginnen oder nach § 204 BGB gehemmt werden, so tritt die Wirkung mit der Einreichung oder Anbringung des Antrags auf Erlass des Mahnbescheids ein, wenn innerhalb eines Monats seit der Zustellung der Zurückweisung des Antrags Klage eingereicht und diese demnächst zugestellt wird.[49]

Bei **fehlender Rechtswegzuständigkeit** kommt keine Abgabe in die Gerichtsbarkeit des zuständigen Rechtswegs in Betracht, weil dem Rechtspfleger keine Kammerentscheidung nach § 48 Abs. 1 Nr. 2 möglich ist. Nach § 48 Abs. 1 Nr. 1 kann der Rechtspfleger jedoch bei fehlender örtlicher Zuständigkeit nach vorheriger Anhörung allein des Antragstellers *(vor rechtswirksamer Zustellung des Mahnbescheids)* das Mahnverfahren an das örtlich zuständige ArbG abgeben.[50] Sofern mehrere andere Gerichte örtlich zuständig sind, wird an das vom Antragsteller auszuwählende Gericht abgegeben, ansonsten nach Bestimmung durch den Rechtspfleger.[51] Der Beschluss des Rechtspflegers ist für das Gericht, an das abgegeben wird, bindend,[52] wobei die Bindungswirkung auf das Mahnverfahren beschränkt bleibt.[53] Teilweise[54] wird gegen die Möglichkeit der Abgabe angeführt, der Antragsteller habe seine Wahlmöglichkeit nach § 35 ZPO mit der Antragstellung bei einem bestimmten Gericht bereits **verbraucht**. Das widerspricht Sinn und Zweck des § 35 ZPO. Ein solcher Verbrauch tritt nämlich nur ein, wenn der Antrag bei einem zuständigen ArbG eingegangen ist.[55]

b) Erlass des Mahnbescheids

Liegen die allgemeinen Verfahrensvoraussetzungen (Rdn. 2) und die besonderen für das Mahnverfahren (Rdn. 3 bis 8) vor und genügt der Antrag nach Form und Inhalt den gesetzlichen Anforderungen (Rdn. 9 bis 16), so erlässt der Rechtspfleger den Mahnbescheid. Der Mahnbescheid enthält nach § 692 Abs. 1 Nr. 1 bis 5 ZPO i.V.m. § 46a Abs. 3 folgende Angaben:
– die bereits bezeichneten Erfordernisse des Antrags;[56]
– den Hinweis, dass das Gericht nicht geprüft hat, ob dem Antragsteller der geltend gemachte Anspruch zusteht;
– die Aufforderung, innerhalb von einer Woche[57] seit der Zustellung des Mahnbescheids, soweit der geltend gemachte Anspruch als begründet angesehen wird, die behauptete Schuld nebst den geforderten Zinsen und den dem Betrage nach bezeichneten Kosten zu begleichen oder dem Gericht mitzuteilen, ob und in welchem Umfang dem geltend gemachten Anspruch widersprochen wird;
– den Hinweis, dass ein dem Mahnbescheid entsprechender Vollstreckungsbescheid ergehen kann, aus dem der Antragsteller die Zwangsvollstreckung betreiben kann, falls der Antragsgegner nicht bis zum Fristablauf Widerspruch erhoben hat;
– den Hinweis, dass der Widerspruch mit einem Vordruck der beigefügten Art erhoben werden soll, der auch bei jedem ArbG erhältlich ist und ausgefüllt werden kann.

---

48 GMPMG/Germelmann § 46a Rn 19.
49 § 691 Abs. 2 ZPO.
50 GK-ArbGG/Bader § 46a Rn 17; ähnlich zur alten Rechtslage BAG, 28.12.1981 – 5 AR 201/81, NJW 1982, 2792; a.A. GMPMG/Germelmann § 46a Rn 16.
51 § 17a Abs. 2 Satz 2 GVG.
52 § 17a Abs. 2 Satz 3 GVG.
53 BAG, 28.12.1981 – 5 AZR 201/81, NJW 1982, 2792.
54 GMPMG/Germelmann § 46a Rn 16.
55 BGH, 09.10.2002 – X ARZ 217/02, NJW 2002, 3634.
56 § 690 Abs. 1 Nr. 1 bis 4 ZPO.
57 Vgl. § 46a Abs. 3.

24 Der Mahnbescheid muss **unterschrieben** werden. Anstelle einer handschriftlichen Unterzeichnung genügt ein entsprechender Stempelabdruck.[58]

25 Der Mahnbescheid wird dem Antragsgegner von Amts wegen **zugestellt**.[59] Die Geschäftsstelle des ArbG setzt den Antragsteller von der Zustellung des Mahnbescheids in Kenntnis.[60] Soll durch die Zustellung eine Frist gewahrt oder die Verjährung unterbrochen werden, so tritt die Wirkung, wenn die Zustellung **demnächst** erfolgt, bereits mit der Einreichung oder Anbringung des Antrags auf Erlass des Mahnbescheids ein.[61] Dabei wird die Verjährung auch gehemmt,[62] wenn ein Mahnbescheid rechtzeitig beim unzuständigen ArbG eingeht und antragsgemäß an das zuständige ArbG abgegeben wird, welches dann – demnächst – den Mahnbescheid nach Ablauf der Verjährungsfrist zustellt.[63]

3. Widerspruch

26 Der Antragsgegner kann gegen den Anspruch oder einen Teil des Anspruchs bei dem ArbG, das den Mahnbescheid erlassen hat, schriftlich Widerspruch erheben.[64] Hierzu kann er sich des Urkundsbeamten der Geschäftsstelle des ArbG bedienen.[65] Der Widerspruch soll **innerhalb einer Woche** erfolgen.[66] Dabei handelt es sich um keine verbindliche Ausschluss- oder Rechtsbehelfsfrist. Der Widerspruch kann vielmehr solange erhoben werden, wie der Vollstreckungsbescheid noch nicht verfügt ist.[67] »Verfügt« ist der Vollstreckungsbescheid, wenn er vom Rechtspfleger in den Geschäftsgang gegeben worden ist. Im Fall der Auslandszustellung beträgt die Widerspruchsfrist einen Monat.[68]

27 Ein **verspäteter Widerspruch**, der eingeht, nachdem der Vollstreckungsbescheid schon verfügt (Rdn. 26) ist, wird als Einspruch behandelt.[69] Dies ist dem Antragsgegner, der den Widerspruch erhoben hat, mitzuteilen.[70]

28 Der Widerspruch ist **schriftlich** zu erheben.[71] Aufgrund der Ermächtigung in Abs. 8 Satz 1 ist mit VO vom 15.12.1977[72] ein Vordruck für den Widerspruch eingeführt worden. Insoweit besteht aber kein Vordruckzwang für die Einlegung des Widerspruchs. In § 692 Abs. 1 Nr. 5 ZPO ist lediglich davon die Rede, dass der Widerspruch mit einem Vordruck der beigefügten Art erhoben werden soll. Daher reicht jeglicher schriftlicher Widerspruch, der auch durch **Telefax oder Telegramm** eingereicht werden kann. Der Antragsgegner soll mit dem Widerspruch die erforderliche Anzahl von Abschriften einreichen.[73]

29 Der Widerspruch muss nicht begründet werden. Ist der Widerspruch vor Verfügung (vgl. Rdn. 26) des Vollstreckungsbescheids eingelegt, wird das Mahnverfahren verlassen. Der Erlass eines Vollstreckungsbescheids ist unzulässig. Der Widerspruch kann auf einen der geltend gemachten Ansprüche oder einen abtrennbaren Anspruchsteil beschränkt werden. Dann kann wegen der Ansprüche oder der Anspruchsteile, die von dem Widerspruch nicht erfasst werden, ein Vollstreckungsbescheid ergehen. Ergibt der Teilwiderspruch gegen einen Mahnbescheid nicht eindeutig, gegen welche Teile des im

---

58 § 692 Abs. 2 ZPO.
59 § 693 Abs. 1 ZPO.
60 § 693 Abs. 2 ZPO.
61 § 167 ZPO.
62 § 204 Abs. 1 Nr. 3 ZPO.
63 BAG, 13.05.1987 – 5 AZR 106/86.
64 § 694 Abs. 1 ZPO.
65 § 702 Abs. 1 Satz 1 ZPO.
66 § 46a Abs. 3.
67 § 694 Abs. 1 ZPO.
68 § 34 Abs. 3 Satz 1 AVAG.
69 § 694 Abs. 2 Satz 1 ZPO.
70 § 694 Abs. 2 Satz 2 ZPO.
71 § 694 Abs. 1 ZPO.
72 BGBl. I, S. 2625.
73 § 695 Satz 2 ZPO.

Mahnbescheid bezeichneten Anspruchs er sich richtet, ist dem Antragsgegner Gelegenheit zur Klarstellung zu geben; bis zur Klarstellung ist der Widerspruch als unbeschränkt eingelegt zu behandeln.[74]

Das Gericht hat den Antragsteller von dem Widerspruch und dem Zeitpunkt seiner Erhebung in Kenntnis zu setzen.[75] Beantragt nun eine Partei die Durchführung der mündlichen Verhandlung, so gibt das Gericht, das den Mahnbescheid erlassen hat, den Rechtsstreit – nach dem mit Wirkung vom 1. Juli 2014 neu gefassten Satz 1 – von Amts wegen an das Gericht ab, das in dem Mahnbescheid nach § 692 Abs. 1 Nr. 1 ZPO bezeichnet worden ist. Verlangen die Parteien übereinstimmend die Abgabe an ein anderes als das im Mahnbescheid bezeichnete Gericht, erfolgt die Abgabe dorthin, so jetzt Satz 3 n.F. Die Parteien sind also nicht an die in dem Antrag genannten Angaben gebunden. Mit der Änderung von Abs. 4 Satz 1 wird – so die Gesetzesbegründung – klargestellt, dass die nach rechtzeitig erhobenem Widerspruch durchzuführende mündliche Verhandlung vor dem im Mahnbescheid bezeichneten Gericht oder bei einem Gericht erfolgt, an das die Parteien übereinstimmend eine Abgabe verlangen. Die Konzentrationsmöglichkeit auf ein gemeinsames Gericht betreffe allein das Mahnverfahren. Hinsichtlich der örtlichen Zuständigkeit für das sich gegebenenfalls anschließende streitige Verfahren sollen (weiterhin) die allgemeinen Vorschriften gelten. Die Geschäftsstelle hat dem Antragsteller im Übrigen – wie bisher – unverzüglich aufzugeben, seinen Anspruch binnen zwei Wochen schriftlich zu begründen.[76] Der Antrag auf Durchführung der mündlichen Verhandlung kann bereits vom Antragsteller im Mahnantrag bzw. vom Antragsgegner im Widerspruch oder getrennt davon von einer der Parteien im Laufe des Verfahrens gestellt werden. Der Vorsitzende bestimmt unverzüglich nach Eingang der Anspruchsbegründung Termin zur mündlichen Verhandlung.[77] Dabei handelt es sich um einen Gütetermin. Geht die Anspruchsbegründung nicht rechtzeitig ein, so wird nach § 46a Abs. 4 Satz 4 bis zu ihrem Eingang der Termin **nur auf Antrag** des Antragsgegners bestimmt.

Ein besonderes Belehrungserfordernis sieht § 215 Abs. 1 ZPO vor. Die Bestimmung wurde – neben weiteren Vorschriften – durch das Gesetz zur Durchführung der Verordnung (EG) Nr. 805/2004 über einen Europäischen Vollstreckungstitel für unbestrittene Forderungen vom 18. August 2005[78] neu in die Zivilprozessordnung eingefügt. Der deutsche Gesetzgeber war bestrebt zu gewährleisten, dass möglichst viele deutsche Titel als Europäische Vollstreckungstitel bestätigt werden können.[79] Mit der nunmehr in § 215 Abs. 1 ZPO vorgesehenen Belehrungspflicht sollen diejenigen verfahrensrechtlichen Voraussetzungen für eine ordnungsgemäße Unterrichtung eines Schuldners über die Folgen eines Fernbleibens vom Verhandlungstermin geschaffen werden, die Art. 17 Buchst. b der Verordnung (EG) Nr. 805/2004 des Europäischen Parlaments und des Rates vom 21. April 2004 zur Einführung eines europäischen Vollstreckungstitels für unbestrittene Forderungen[80] für einen europäischen Vollstreckungstitel verlangt.[81] Art. 17 Buchst. b VO (EG) Nr. 805/2004 legt den Mitgliedstaaten die Verpflichtung auf, einen Schuldner bei der Ladung zu einer Gerichtsverhandlung auf die Konsequenzen des Nichterscheinens in der mündlichen Verhandlung, insbesondere über die etwaige Möglichkeit einer Entscheidung oder ihrer Vollstreckung gegen den Schuldner und der Verpflichtung zum Kostenersatz hinzuweisen. Um diesen europarechtlichen Vorgaben zu genügen, hielt der Gesetzgeber eine inhaltlich begrenzte Erweiterung der bisherigen Belehrungspflichten im Zivilprozess für geboten.

Die Streitsache gilt nur dann als mit Zustellung des Mahnbescheids rechtshängig geworden, wenn alsbald nach Erhebung des Widerspruchs Termin zur mündlichen Verhandlung bestimmt wird.[82]

---

74 BGH, 24.11.1982 – VIII ZR 286/81.
75 § 695 Satz 1 ZPO.
76 § 46a Abs. 4 Satz 2.
77 Vgl. § 46a Abs. 4 Satz 3.
78 EG-Vollstreckungstitel-Durchführungsgesetz – BGBl. I, S. 2477.
79 BT-Drs. 15/5222, S. 9 f.
80 ABl. EG Nr. L 143 S. 15 – im Folgenden: VO (EG) Nr. 805/2004.
81 Vgl. BT-Drs. 15/5222, S. 10, 11.
82 § 46a Abs. 5.

4. Vollstreckungsbescheid

33 Auf der Grundlage des Mahnbescheids erlässt das Gericht auf Antrag einen Vollstreckungsbescheid, wenn der Antragsgegner nicht rechtzeitig Widerspruch erhoben[83] oder den Widerspruch zurückgenommen hat.[84] Der Antrag kann nicht – auch nicht vorsorglich – vor Ablauf der Widerspruchsfrist des § 46a Abs. 3 von einer Woche gestellt werden; er hat die Erklärung zu enthalten, ob und welche Zahlungen auf den Mahnbescheid geleistet worden sind.[85] Für den Antrag ist ein Vordruck zu verwenden.[86] Die maßgebliche Rechtsverordnung kann nach dem mit Wirkung vom 1. Juli 2014 neu eingefügten Abs. 8 Satz 3 nun auch ein elektronisches Formular vorsehen. Soweit dann § 130c Satz 2 bis 4 ZPO für entsprechend anwendbar erklärt worden ist, hat der Gesetzgeber übersehen, dass die für das Arbeitsgerichtsgesetz maßgebliche Regelung in § 46f Satz 2 bis 4 zu finden sein wird. Zurückzuführen ist das vermutlich darauf, dass § 46f erst aufgrund einer Intervention des Rechtsausschusses vom 12. Juni 2013 in das Gesetzgebungsverfahren eingeführt worden ist. Ist Widerspruch nicht erhoben und beantragt der Antragsteller den Erlass des Vollstreckungsbescheids nicht binnen einer sechsmonatigen Frist, die mit der Zustellung des Mahnbescheids beginnt, so fällt die Wirkung des Mahnbescheids weg.[87] Dasselbe gilt, wenn der Vollstreckungsbescheid rechtzeitig beantragt ist, der Antrag aber zurückgewiesen wird.[88] Der Antrag auf Erlass eines Vollstreckungsbescheids wird dem Antragsgegner nicht mitgeteilt.[89]

34 Der Vollstreckungsbescheid wird durch den Rechtspfleger erteilt[90] und dem Antragsgegner von Amts wegen zugestellt, wenn nicht der Antragsteller die Übergabe an sich zur Zustellung im Parteibetrieb beantragt hat.[91]

35 Der Vollstreckungsbescheid steht einem Versäumnisurteil gleich.[92] Die Streitsache gilt als mit der Zustellung des Mahnbescheids rechtshängig geworden.[93]

5. Einspruch

36 Der Vollstreckungsbescheid steht nach § 700 Abs. 1 ZPO einem **Versäumnisurteil gleich**. Gegen den Vollstreckungsbescheid kann daher entsprechend § 59 Einspruch eingelegt werden. Bei fehlender Rechtsbehelfsbelehrung verlängert sich die Einspruchsfrist nicht nach § 9 Abs. 5 Satz 4.[94] Die Einspruchsschrift muss die Bezeichnung des Vollstreckungsbescheids, gegen den der Einspruch gerichtet wird, und die Erklärung enthalten, dass gegen diesen Vollstreckungsbescheid Einspruch eingelegt wird.[95] Eine Begründung des Einspruchs kann[96] nicht erwartet werden, weil für den Mahn- und auch für den Vollstreckungsbescheid bereits die Begründung fehlt.[97]

37 Das weitere Verfahren nach Eingang eines Einspruchs ist in **Abs. 6** (konkretisiert durch das SGGArbGG-Änderungsgesetz **per 01.04.2008**) konkret geregelt. Danach prüft das Gericht zunächst von Amts wegen, ob der Einspruch an sich statthaft und ob er in der gesetzlichen Form

---

83 § 699 Abs. 1 Satz 1 ZPO.
84 § 697 Abs. 4 Satz 1 ZPO.
85 § 699 Abs. 1 Satz 2 ZPO.
86 § 46a Abs. 8.
87 § 701 Abs. 1 Satz 1 ZPO.
88 § 701 Abs. 1 Satz 2 ZPO.
89 § 702 Abs. 2 ZPO.
90 § 20 Nr. 1 RPflG.
91 § 699 Abs. 4 Satz 1 ZPO.
92 § 700 Abs. 1 ZPO.
93 § 700 Abs. 2 ZPO.
94 LAG Köln, 07.08.1998 – 11 Sa 1218/97; GMPMG/Germelmann § 59 Rn 20; a.A. GMPMG/Germelmann § 46a Rn 31.
95 Entspr. § 340 Abs. 2 ZPO.
96 Entgegen § 340 Abs. 3 ZPO, der keine Anwendung finden kann.
97 GMPMG/Germelmann § 46a Rn 34.

und Frist eingelegt ist. Insoweit hat sich also gegenüber der bisherigen Rechtslage nichts geändert. Ist der Einspruch danach bereits **unzulässig**, wird er nach Abs. 6 Satz 2 als unzulässig verworfen. Die Entscheidung ergeht durch ein Urteil.[98] Eine mündliche Verhandlung ist nicht erforderlich, §§ 700 Abs. 1 i.V.m. § 341 Abs. 2 ZPO. Es gelten die gleichen Grundsätze wie bei einem unzulässigen Einspruch gegen ein Versäumnisurteil. Auch insoweit ist durch die Neuregelung keine Änderung eingetreten. Zuständig für eine Entscheidung über den unzulässigen Einspruch ist die **Vorsitzende allein**, nicht die Kammer.[99] Dies hat der Gesetzgeber jetzt ausdrücklich durch die Einfügung von § 55 Abs. 1 Nr. 4a ArbGG klargestellt (siehe dort).

Bei **zulässigem Einspruch**, gibt die Geschäftsstelle dem Antragsteller nach Abs. 6 Satz 3 zunächst auf, den Einspruch innerhalb von zwei Wochen zu begründen. Nach Ablauf dieser Frist wird Termin zur mündlichen Verhandlung anberaumt. Der Gesetzgeber legt wieder nicht ausdrücklich fest, ob es sich dabei um einen Gütetermin oder um eine Kammerverhandlung handelt. Da die mündliche Verhandlung aber nach § 54 Abs. 1 Satz 1 mit einer Verhandlung vor dem Vorsitzenden zum Zwecke der gütlichen Beilegung der Parteien beginnt, ist ein Gütetermin anzuberaumen. Auch aus der Gesetzesbegründung[100] ergibt sich nun eindeutig, dass der Gesetzgeber die Regelung i.d.S. versteht. Dort heißt es:

»*Darüber hinaus wird zugleich geklärt, dass nach dem Übergang aus dem Mahnverfahren in das streitige Verfahren wie im Zivilprozess zunächst eine Güteverhandlung stattzufinden hat. Eine Verhandlung über den Einspruch und die Hauptsache im Gütetermin ermöglicht eine zeitnahe Erörterung des Streitstands und eine schnelle Beilegung des Rechtsstreits.*«[101]

Im Gegensatz dazu war nach der bisherigen Regelung ein **Kammertermin** zu bestimmen und den Parteien bekannt zu machen, die Anberaumung eines Gütetermins war nicht möglich. § 215 ZPO[102] verlangt nach der Rechtsprechung des BGH[103] im Rahmen der Ladung keine Unterrichtung der Parteien über besondere Fallgestaltungen der Säumnis, etwa eines zweiten Versäumnisurteils nach §§ 345, 700 Abs. 6 ZPO.

6. Kosten

Die Kosten des Mahnverfahrens richten sich aufgrund des am 01.07.2004 in Kraft getretenen Kostenrechtsmodernisierungsgesetzes nach Nr. 8 des **Gebührenverzeichnisses zum GKG**.[104] In erster Instanz bestehen im Mahnverfahren wie im Urteilsverfahren kein Kostenerstattungsanspruch und keine Vorschusspflicht. Die Erstattung außergerichtlicher Kosten richtet sich nach § 12a.

7. Prozesskostenhilfe

PKH kann auch für das Mahnverfahren bewilligt werden,[105] und zwar durch den Rechtspfleger.[106] Die Bewilligung erfasst nicht das sich ggf. anschließende Streitverfahren. Für eine Beiordnung eines RA fehlt es regelmäßig an der Vertretung der Gegenseite durch einen Anwalt.[107] Von der Bewilligung ist das sich ggf. anschließende Streitverfahren nicht erfasst. Der BGH[108] hält im Mahnverfahren die Beiordnung eines Verfahrensbevollmächtigten in der Regel auch dann nicht für geboten, wenn der Gegner anwaltlich vertreten ist.

---

98 LAG Rheinland-Pfalz, 21.07.2005 – 11 Ta 165/05.
99 Zur Begründung und zum Streitstand: § 55 Rdn. 13.
100 BT-Drs. 16/7716 S. 23.
101 A.A. (entgegen der Gesetzesbegründung): GMPMG/Germelmann § 46a Rn 32.
102 S. dazu Rdn. 31.
103 BGH, 22.09.2010 – VIII ZR 182/09, MDR 2010, 1340, Rn 12.
104 S. Anhang 1 und § 12 Rn 14, bis zum 30.06.2004 nach Anlage 1 zu § 12 Abs. 1.
105 S. dazu § 11a Rn 31.
106 GK-ArbGG/Bader, § 46a Rn 90.
107 GK-ArbGG/Bader, § 46a Rn 91; GMPMG/Germelmann § 46a Rn 38.
108 BGH, 11.02.10 – IX ZB 175/07, MDR 2010, 585.

IV. Automatisiertes Mahnverfahren

41 Das Gesetz sah zunächst in Abweichung zu § 703b ZPO keine Regelung für die Automatisierung des Mahnverfahrens im arbeitsgerichtlichen Verfahren vor. Durch Gesetz vom 29.06.1998[109] hat der Gesetzgeber jedoch diese Möglichkeit auch für das Mahnverfahren vor den Arbeitsgerichten eröffnet (s. Abs. 1, 7 und 8). Rechtsverordnungen nach Abs. 7 und Abs. 8 Satz 2 wurden bislang nicht erlassen. Bedeutung erlangen könnte die Automatisierung des Mahnverfahrens bei den Arbeitsgerichten in Berlin und Wiesbaden, bei denen nach § 48 Abs. 2 Satz 1 Nr. 2 die Beitragsklageverfahren der Zusatzversorgungskasse für das Baugewerbe durchgeführt werden.[110]

§ 46b Europäisches Mahnverfahren nach der Verordnung (EG) Nr. 1896/2006

(1) Für das Europäische Mahnverfahren nach der Verordnung (EG) Nr. 1896/2006 des Europäischen Parlaments und des Rates vom 12. Dezember 2006 zur Einführung eines Europäischen Mahnverfahrens (ABl. EU Nr. L 399 S. 1) gelten die Vorschriften des Abschnitts 5 des Buchs 11 der Zivilprozessordnung entsprechend, soweit dieses Gesetz nichts anderes bestimmt.

(2) Für die Bearbeitung von Anträgen auf Erlass und Überprüfung sowie die Vollstreckbarerklärung eines Europäischen Zahlungsbefehls nach der Verordnung (EG) Nr. 1896/2006 ist das Arbeitsgericht zuständig, das für die im Urteilsverfahren erhobene Klage zuständig sein würde.

(3) [1]Im Fall des Artikels 17 Abs. 1 der Verordnung (EG) Nr. 1896/2006 ist § 46a Abs. 4 und 5 entsprechend anzuwenden. [2]Der Antrag auf Durchführung der mündlichen Verhandlung gilt als vom Antragsteller gestellt.

Übersicht

		Rdn.			Rdn.
I.	Allgemeines	1	III.	EuMVVO	4
II.	Abschnitt 5 des Elften Buches der ZPO (Abs. 1)	2	IV.	Zuständigkeit (Abs. 2)	4
			V.	Verfahren nach Einspruch (Abs. 3)	5

I. Allgemeines

1 Die Vorschrift ist durch Art. 4 des am 12.12.2008 in Kraft getretenen Gesetzes zur Verbesserung der grenzüberschreitenden Forderungsdurchsetzung und Zustellung vom 30.10.2008 eingefügt worden.[1] Das Gesetz diente der Umsetzung der Verordnung (EG) 1896/2006 vom 30.12.2006 (EuMVVO).[2] Sie betrifft das Mahnverfahren und ist daher systematisch an § 46a angehängt worden. Geregelt wird der grenzüberschreitende Rechtsverkehr. In diesem Zuge ist der frühere § 46b zu § 46c geworden. § 46b sieht für das Mahnverfahren eine Bezugnahme auf den Fünften Abschnitt des Elften Buches der ZPO vor (und wiederholt damit an sich nur die Vorschrift des § 13a ArbGG), soweit das ArbGG nichts anderes bestimmt. Von der ZPO abweichende Regelungen finden sich in Abs. 2 und 3. Nach der Systematik der Verordnung Nr. 1896/2006 soll durch sie ein Europäisches Mahnverfahren eingeführt werden, das eine zusätzliche und fakultative Alternative für den Antragsteller darstellt, ohne die nach nationalem Recht vorgesehenen Mechanismen zur Beitreibung unbestrittener Forderungen zu ersetzen oder zu harmonisieren. Mit der Verordnung Nr. 1896/2006 wird ein einheitliches Beitreibungsinstrument geschaffen, das für Gläubiger und Schuldner in der gesamten Europäischen Union gleiche Bedingungen gewährleistet, wobei zugleich vorgesehen ist, dass für sämtliche verfahrensrechtlichen Fragen, die in der Verordnung nicht ausdrücklich geregelt sind, das Verfahrensrecht der Mitgliedstaaten gilt.[3]

---

109 BGBl. I, S. 1694.
110 GK-ArbGG/Bader § 46a Rn 3; GMPMG/Germelmann § 46a Rn 13.
1 BGBl. I, S. 2122, abgedruckt unter Rdn. 2.
2 ABl. L 399, 1, abgedruckt unter Rdn. 3.
3 EuGH, 10.03.2016 – C-94/14 [Flight Refund./.Deutsche Lufthansa] Rn 53.

II. Abschnitt 5 des Elften Buches der ZPO (Abs. 1)

Titel 1 – Allgemeine Vorschriften 2

§ 1087 ZPO Zuständigkeit

Für die Bearbeitung von Anträgen auf Erlass und Überprüfung sowie die Vollstreckbarerklärung eines Europäischen Zahlungsbefehls nach der Verordnung (EG) Nr. 1896/2006 des Europäischen Parlaments und des Rates vom 12. Dezember 2006 zur Einführung eines Europäischen Mahnverfahrens (ABl EU Nr. L 399 S. 1) ist das Amtsgericht Wedding in Berlin ausschließlich zuständig.

§ 1088 ZPO Maschinelle Bearbeitung

(1) Der Antrag auf Erlass des Europäischen Zahlungsbefehls und der Einspruch können in einer nur maschinell lesbaren Form bei Gericht eingereicht werden, wenn diese dem Gericht für seine maschinelle Bearbeitung geeignet erscheint. § 130a Abs. 3 gilt entsprechend.

(2) Der Senat des Landes Berlin bestimmt durch Rechtsverordnung, die nicht der Zustimmung des Bundesrates bedarf, den Zeitpunkt, in dem beim Amtsgericht Wedding die maschinelle Bearbeitung der Mahnverfahren eingeführt wird; er kann die Ermächtigung durch Rechtsverordnung auf die Senatsverwaltung für Justiz des Landes Berlin übertragen.

§ 1089 ZPO Zustellung

(1) Ist der Europäische Zahlungsbefehl im Inland zuzustellen, gelten die Vorschriften über das Verfahren bei Zustellungen von Amts wegen entsprechend.

Die §§ 185 bis 188 sind nicht anzuwenden.

(2) Ist der Europäische Zahlungsbefehl in einem anderen Mitgliedstaat der Europäischen Union zuzustellen, gelten die Vorschriften der Verordnung (EG) Nr. 1393/2007 sowie für die Durchführung § 1068 Abs. 1 und § 1069 Abs. 1 entsprechend.

Titel 2 – Einspruch gegen den Europäischen Zahlungsbefehl

§ 1090 ZPO Verfahren nach Einspruch

(1) Im Fall des Artikels 17 Abs. 1 der Verordnung (EG) Nr. 1896/2006 fordert das Gericht den Antragsteller mit der Mitteilung nach Artikel 17 Abs. 3 der Verordnung (EG) Nr. 1896/2006 auf, das Gericht zu bezeichnen, das für die Durchführung des streitigen Verfahrens zuständig ist. Das Gericht setzt dem Antragsteller hierfür eine nach den Umständen angemessene Frist und weist ihn darauf hin, dass dem für die Durchführung des streitigen Verfahrens bezeichneten Gericht die Prüfung seiner Zuständigkeit vorbehalten bleibt. Die Aufforderung ist dem Antragsgegner mitzuteilen.

(2) Nach Eingang der Mitteilung des Antragstellers nach Absatz 1 Satz 1 gibt das Gericht, das den Europäischen Zahlungsbefehl erlassen hat, das Verfahren von Amts wegen an das vom Antragsteller bezeichnete Gericht ab. § 696 Abs. 1 Satz 3 bis 5, Abs. 2, 4 und 5 sowie § 698 gelten entsprechend.

(3) Die Streitsache gilt als mit Zustellung des Europäischen Zahlungsbefehls rechtshängig geworden, wenn sie nach Übersendung der Aufforderung nach Absatz 1 Satz 1 und unter Berücksichtigung der Frist nach Absatz 1 Satz 2 alsbald abgegeben wird.

§ 1091 ZPO Einleitung des Streitverfahrens

§ 697 Abs. 1 bis 3 gilt entsprechend.

Titel 3 – Überprüfung des Europäischen Zahlungsbefehls in Ausnahmefällen Titel 3 – Überprüfung des Europäischen Zahlungsbefehls in Ausnahmefällen

§ 1092 ZPO Verfahren

(1) Die Entscheidung über einen Antrag auf Überprüfung des Europäischen Zahlungsbefehls nach Artikel 20 Abs. 1 oder Abs. 2 der Verordnung (EG) Nr. 1896/2006 ergeht durch Beschluss. Der Beschluss ist unanfechtbar.

(2) Der Antragsgegner hat die Tatsachen, die eine Aufhebung des Europäischen Zahlungsbefehls begründen, glaubhaft zu machen.

(3) Erklärt das Gericht den Europäischen Zahlungsbefehl für nichtig, endet das Verfahren nach der Verordnung (EG) Nr. 1896/2006.

(4) Eine Wiedereinsetzung in die Frist nach Artikel 16 Abs. 2 der Verordnung (EG) Nr. 1896/2006 findet nicht statt.

Titel 4 – Zwangsvollstreckung aus dem Europäischen Zahlungsbefehl

§ 1093 ZPO Vollstreckungsklausel

Aus einem nach der Verordnung (EG) Nr. 1896/2006 erlassenen und für vollstreckbar erklärten Europäischen Zahlungsbefehl findet die Zwangsvollstreckung im Inland statt, ohne dass es einer Vollstreckungsklausel bedarf.

§ 1094 ZPO Übersetzung

Hat der Gläubiger nach Artikel 21 Abs. 2 Buchstabe b der Verordnung (EG) Nr. 1896/2006 eine Übersetzung vorzulegen, so ist diese in deutscher Sprache zu verfassen und von einer in einem der Mitgliedstaaten der Europäischen Union hierzu befugten Person zu beglaubigen.

§ 1095 ZPO Vollstreckungsschutz und Vollstreckungsabwehrklage gegen den im Inland erlassenen Europäischen Zahlungsbefehl

(1) Wird die Überprüfung eines im Inland erlassenen Europäischen Zahlungsbefehls nach Artikel 20 der Verordnung (EG) Nr. 1896/2006 beantragt, gilt § 707 entsprechend. Für die Entscheidung über den Antrag nach § 707 ist das Gericht zuständig, das über den Antrag nach Artikel 20 der Verordnung (EG) Nr. 1896/2006 entscheidet.

(2) Einwendungen, die den Anspruch selbst betreffen, sind nur insoweit zulässig, als die Gründe, auf denen sie beruhen, nach Zustellung des Europäischen Zahlungsbefehls entstanden sind und durch Einspruch nach Artikel 16 der Verordnung (EG) Nr. 1896/2006 nicht mehr geltend gemacht werden können.

§ 1096 ZPO Anträge nach den Artikeln 22 und 23 der Verordnung (EG) Nr. 1896/2006; Vollstreckungsabwehrklage

(1) Für Anträge auf Verweigerung der Zwangsvollstreckung nach Artikel 22 Abs. 1 der Verordnung (EG) Nr. 1896/2006 gilt § 1084 Abs. 1 und 2 entsprechend. Für Anträge auf Aussetzung oder Beschränkung der Zwangsvollstreckung nach Artikel 23 der Verordnung (EG) Nr. 1896/2006 ist § 1084 Abs. 1 und 3 entsprechend anzuwenden.

(2) Für Anträge auf Verweigerung der Zwangsvollstreckung nach Artikel 22 Abs. 2 der Verordnung (EG) Nr. 1896/2006 gilt § 1086 Abs. 1 entsprechend. Für Klagen nach § 767 sind § 1086 Abs. 1 und § 1095 Abs. 2 entsprechend anzuwenden.

III. EuMVVO

Artikel 1 EuMVVO Gegenstand

(1) Diese Verordnung hat Folgendes zum Ziel:
a) Vereinfachung und Beschleunigung der grenzüberschreitenden Verfahren im Zusammenhang mit unbestrittenen Geldforderungen und Verringerung der Verfahrenskosten durch Einführung eines Europäischen Mahnverfahrens,
und
b) Ermöglichung des freien Verkehrs Europäischer Zahlungsbefehle in den Mitgliedstaaten durch Festlegung von Mindestvorschriften, bei deren Einhaltung die Zwischenverfahren im Vollstreckungsmitgliedstaat, die bisher für die Anerkennung und Vollstreckung erforderlich waren, entfallen.

(2) Diese Verordnung stellt es dem Antragsteller frei, eine Forderung im Sinne von Artikel 4 im Wege eines anderen Verfahrens nach dem Recht eines Mitgliedstaats oder nach Gemeinschaftsrecht durchzusetzen.

Artikel 2 EuMVVO Anwendungsbereich

(1) Diese Verordnung ist in grenzüberschreitenden Rechtssachen in Zivil- und Handelssachen anzuwenden, ohne dass es auf die Art der Gerichtsbarkeit ankommt. Sie erfasst insbesondere nicht Steuer- und Zollsachen, verwaltungsrechtliche Angelegenheiten sowie die Haftung des Staates für Handlungen oder Unterlassungen im Rahmen der Ausübung hoheitlicher Rechte (»acta jure imperii«).

(2) Diese Verordnung ist nicht anzuwenden auf
a) die ehelichen Güterstände, das Gebiet des Erbrechts einschließlich des Testamentsrechts,
b) Konkurse, Verfahren im Zusammenhang mit dem Abwickeln zahlungsunfähiger Unternehmen oder anderer juristischer Personen, gerichtliche Vergleiche, Vergleiche und ähnliche Verfahren,
c) die soziale Sicherheit,
d) Ansprüche aus außervertraglichen Schuldverhältnissen, soweit
  i) diese nicht Gegenstand einer Vereinbarung zwischen den Parteien oder eines Schuldanerkenntnisses sind,
  oder
  ii) diese sich nicht auf bezifferte Schuldbeträge beziehen, die sich aus gemeinsamem Eigentum an unbeweglichen Sachen ergeben.

(3) In dieser Verordnung bedeutet der Begriff »Mitgliedstaat« die Mitgliedstaaten mit Ausnahme Dänemarks.

Artikel 3 EuMVVO Grenzüberschreitende Rechtssachen

(1) Eine grenzüberschreitende Rechtssache im Sinne dieser Verordnung liegt vor, wenn mindestens eine der Parteien ihren Wohnsitz oder gewöhnlichen Aufenthalt in einem anderen Mitgliedstaat als dem des befassten Gerichts hat.

(2) Der Wohnsitz wird nach den Artikeln 59 und 60 der Verordnung (EG) Nr. 44/2001 des Rates vom 22. Dezember 2000 über die gerichtliche Zuständigkeit und die Anerkennung und Vollstreckung von Entscheidungen in Zivil- und Handelssachen bestimmt.

(3) Der maßgebliche Augenblick zur Feststellung, ob eine grenzüberschreitende Rechtssache vorliegt, ist der Zeitpunkt, zu dem der Antrag auf Erlass eines Europäischen Zahlungsbefehls nach dieser Verordnung eingereicht wird.

Artikel 4 EuMVVO Europäisches Mahnverfahren

Das Europäische Mahnverfahren gilt für die Beitreibung bezifferter Geldforderungen, die zum Zeitpunkt der Einreichung des Antrags auf Erlass eines Europäischen Zahlungsbefehls fällig sind.

Artikel 5 EuMVVO Begriffsbestimmungen

Im Sinne dieser Verordnung bezeichnet der Ausdruck
1. »Ursprungsmitgliedstaat« den Mitgliedstaat, in dem ein Europäischer Zahlungsbefehl erlassen wird,
2. »Vollstreckungsmitgliedstaat« den Mitgliedstaat, in dem die Vollstreckung eines Europäischen Zahlungsbefehls betrieben wird,
3. »Gericht« alle Behörden der Mitgliedstaaten, die für einen Europäischen Zahlungsbefehl oder jede andere damit zusammenhängende Angelegenheit zuständig sind,
4. »Ursprungsgericht« das Gericht, das einen Europäischen Zahlungsbefehl erlässt.

Artikel 6 EuMVVO Zuständigkeit

(1) Für die Zwecke der Anwendung dieser Verordnung wird die Zuständigkeit nach den hierfür geltenden Vorschriften des Gemeinschaftsrechts bestimmt, insbesondere der Verordnung (EG) Nr. 44/2001.

(2) Betrifft die Forderung jedoch einen Vertrag, den eine Person, der Verbraucher, zu einem Zweck geschlossen hat, der nicht der beruflichen oder gewerblichen Tätigkeit dieser Person zugerechnet werden kann, und ist der Verbraucher Antragsgegner, so sind nur die Gerichte des Mitgliedstaats zuständig, in welchem der Antragsgegner seinen Wohnsitz im Sinne des Artikels 59 der Verordnung (EG) Nr. 44/2001 hat.

Artikel 7 EuMVVO Antrag auf Erlass eines Europäischen Zahlungsbefehls

(1) Der Antrag auf Erlass eines Europäischen Zahlungsbefehls ist unter Verwendung des Formblatts A gemäß Anhang I zu stellen.

(2) Der Antrag muss Folgendes beinhalten:
a) die Namen und Anschriften der Verfahrensbeteiligten und gegebenenfalls ihrer Vertreter sowie des Gerichts, bei dem der Antrag eingereicht wird;
b) die Höhe der Forderung einschließlich der Hauptforderung und gegebenenfalls der Zinsen, Vertragsstrafen und Kosten;
c) bei Geltendmachung von Zinsen der Zinssatz und der Zeitraum, für den Zinsen verlangt werden, es sei denn, gesetzliche Zinsen werden nach dem Recht des Ursprungsmitgliedstaats automatisch zur Hauptforderung hinzugerechnet;
d) den Streitgegenstand einschließlich einer Beschreibung des Sachverhalts, der der Hauptforderung und gegebenenfalls der Zinsforderung zugrunde liegt;
e) eine Bezeichnung der Beweise, die zur Begründung der Forderung herangezogen werden;
f) die Gründe für die Zuständigkeit, und
g) den grenzüberschreitenden Charakter der Rechtssache im Sinne von Artikel 3.

(3) In dem Antrag hat der Antragsteller zu erklären, dass er die Angaben nach bestem Wissen und Gewissen gemacht hat, und anerkannt, dass jede vorsätzliche falsche Auskunft angemessene Sanktionen nach dem Recht des Ursprungsmitgliedstaats nach sich ziehen kann.

(4) Der Antragsteller kann in einer Anlage zu dem Antrag dem Gericht gegenüber erklären, dass er die Überleitung in ein ordentliches Verfahren im Sinne des Artikels 17 für den Fall ablehnt, dass der Antragsgegner Einspruch einlegt. Dies hindert den Antragsteller nicht daran, das Gericht zu einem späteren Zeitpunkt, in jedem Fall aber vor Erlass des Zahlungsbefehls, hierüber zu informieren.

(5) Die Einreichung des Antrags erfolgt in Papierform oder durch andere – auch elektronische – Kommunikationsmittel, die im Ursprungsmitgliedstaat zulässig sind und dem Ursprungsgericht zur Verfügung stehen.

(6) Der Antrag ist vom Antragsteller oder gegebenenfalls von seinem Vertreter zu unterzeichnen. Wird der Antrag gemäß Absatz 5 auf elektronischem Weg eingereicht, so ist er nach Artikel 2 Nummer 2 der Richtlinie 1999/93/EG des Europäischen Parlaments und des Rates vom 13. Dezember 1999 über

gemeinschaftliche Rahmenbedingungen für elektronische Signaturen zu unterzeichnen. Diese Signatur wird im Ursprungsmitgliedstaat anerkannt, ohne dass weitere Bedingungen festgelegt werden können.

Eine solche elektronische Signatur ist jedoch nicht erforderlich, wenn und insoweit es bei den Gerichten des Ursprungsmitgliedstaats ein alternatives elektronisches Kommunikationssystem gibt, das einer bestimmten Gruppe von vorab registrierten und authentifizierten Nutzern zur Verfügung steht und die sichere Identifizierung dieser Nutzer ermöglicht. Die Mitgliedstaaten unterrichten die Kommission über derartige Kommunikationssysteme.

Artikel 8 EuMVVO Prüfung des Antrags

Das mit einem Antrag auf Erlass eines Europäischen Zahlungsbefehls befasste Gericht prüft so bald wie möglich anhand des Antragsformulars, ob die in den Artikeln 2, 3, 4, 6 und 7 genannten Voraussetzungen erfüllt sind und ob die Forderung begründet erscheint. Diese Prüfung kann im Rahmen eines automatisierten Verfahrens erfolgen.

Artikel 9 EuMVVO Vervollständigung und Berichtigung des Antrags

(1) Das Gericht räumt dem Antragsteller die Möglichkeit ein, den Antrag zu vervollständigen oder zu berichtigen, wenn die in Artikel 7 genannten Voraussetzungen nicht erfüllt sind und die Forderung nicht offensichtlich unbegründet oder der Antrag unzulässig ist. Das Gericht verwendet dazu das Formblatt B gemäß Anhang II.

(2) Fordert das Gericht den Antragsteller auf, den Antrag zu vervollständigen oder zu berichtigen, so legt es dafür eine Frist fest, die ihm den Umständen nach angemessen erscheint. Das Gericht kann diese Frist nach eigenem Ermessen verlängern.

Artikel 10 EuMVVO Änderung des Antrags

(1) Sind die in Artikel 8 genannten Voraussetzungen nur für einen Teil der Forderung erfüllt, so unterrichtet das Gericht den Antragsteller hiervon unter Verwendung des Formblatts C gemäß Anhang III. Der Antragsteller wird aufgefordert, den Europäischen Zahlungsbefehl über den von dem Gericht angegebenen Betrag anzunehmen oder abzulehnen; er wird zugleich über die Folgen seiner Entscheidung belehrt. Die Antwort des Antragstellers erfolgt durch Rücksendung des von dem Gericht übermittelten Formblatts C innerhalb der von dem Gericht gemäß Artikel 9 Absatz 2 festgelegten Frist.

(2) Nimmt der Antragsteller den Vorschlag des Gerichts an, so erlässt das Gericht gemäß Artikel 12 einen Europäischen Zahlungsbefehl für den Teil der Forderung, dem der Antragsteller zugestimmt hat. Die Folgen hinsichtlich des verbleibenden Teils der ursprünglichen Forderung unterliegen nationalem Recht.

(3) Antwortet der Antragsteller nicht innerhalb der von dem Gericht festgelegten Frist oder lehnt er den Vorschlag des Gerichts ab, so weist das Gericht den Antrag auf Erlass eines Europäischen Zahlungsbefehls insgesamt zurück.

Artikel 11 EuMVVO Zurückweisung des Antrags

(1) Das Gericht weist den Antrag zurück,
a) *wenn die in den Artikeln 2, 3, 4, 6 und 7 genannten Voraussetzungen nicht erfüllt sind, oder*
b) *wenn die Forderung offensichtlich unbegründet ist, oder*
c) *wenn der Antragsteller nicht innerhalb der von dem Gericht gemäß Artikel 9 Absatz 2 gesetzten Frist seine Antwort übermittelt, oder*
d) *wenn der Antragsteller gemäß Artikel 10 nicht innerhalb der von dem Gericht gesetzten Frist antwortet oder den Vorschlag des Gerichts ablehnt.*

Der Antragsteller wird anhand des Formblatts D gemäß Anhang IV von den Gründen der Zurückweisung in Kenntnis gesetzt.

(2) Gegen die Zurückweisung des Antrags kann kein Rechtsmittel eingelegt werden.

(3) Die Zurückweisung des Antrags hindert den Antragsteller nicht, die Forderung mittels eines neuen Antrags auf Erlass eines Europäischen Zahlungsbefehls oder eines anderen Verfahrens nach dem Recht eines Mitgliedstaats geltend zu machen.

Artikel 12 EuMVVO Erlass eines Europäischen Zahlungsbefehls

(1) Sind die in Artikel 8 genannten Voraussetzungen erfüllt, so erlässt das Gericht so bald wie möglich und in der Regel binnen 30 Tagen nach Einreichung eines entsprechenden Antrags einen Europäischen Zahlungsbefehl unter Verwendung des Formblatts E gemäß Anhang V.

Bei der Berechnung der 30-tägigen Frist wird die Zeit, die der Antragsteller zur Vervollständigung, Berichtigung oder Änderung des Antrags benötigt, nicht berücksichtigt.

(2) Der Europäische Zahlungsbefehl wird zusammen mit einer Abschrift des Antragsformulars ausgestellt. Er enthält nicht die vom Antragsteller in den Anlagen 1 und 2 des Formblatts A gemachten Angaben.

(3) In dem Europäischen Zahlungsbefehl wird der Antragsgegner davon in Kenntnis gesetzt, dass er
a) entweder den im Zahlungsbefehl aufgeführten Betrag an den Antragsteller zahlen kann, oder
b) gegen den Europäischen Zahlungsbefehl bei dem Ursprungsgericht Einspruch einlegen kann, indem er innerhalb von 30 Tagen ab dem Zeitpunkt der Zustellung des Zahlungsbefehls an ihn seinen Einspruch versendet.

(4) In dem Europäischen Zahlungsbefehl wird der Antragsgegner davon unterrichtet, dass
a) der Zahlungsbefehl ausschließlich auf der Grundlage der Angaben des Antragstellers erlassen und vom Gericht nicht nachgeprüft wurde,
b) der Zahlungsbefehl vollstreckbar wird, wenn nicht bei dem Gericht nach Artikel 16 Einspruch eingelegt wird,
c) im Falle eines Einspruchs das Verfahren von den zuständigen Gerichten des Ursprungsmitgliedstaats gemäß den Regeln eines ordentlichen Zivilprozesses weitergeführt wird, es sei denn, der Antragsteller hat ausdrücklich beantragt, das Verfahren in diesem Fall zu beenden.

(5) Das Gericht stellt sicher, dass der Zahlungsbefehl dem Antragsgegner gemäß den nationalen Rechtsvorschriften in einer Weise zugestellt wird, die den Mindestvorschriften der Artikel 13, 14 und 15 genügen muss.

Artikel 13 EuMVVO Zustellung mit Nachweis des Empfangs durch den Antragsgegner

Der Europäische Zahlungsbefehl kann nach dem Recht des Staats, in dem die Zustellung erfolgen soll, dem Antragsgegner in einer der folgenden Formen zugestellt werden:
a) durch persönliche Zustellung, bei der der Antragsgegner eine Empfangsbestätigung unter Angabe des Empfangsdatums unterzeichnet,
b) durch persönliche Zustellung, bei der die zuständige Person, die die Zustellung vorgenommen hat, ein Dokument unterzeichnet, in dem angegeben ist, dass der Antragsgegner das Schriftstück erhalten hat oder dessen Annahme unberechtigt verweigert hat und an welchem Datum die Zustellung erfolgt ist,
c) durch postalische Zustellung, bei der der Antragsgegner die Empfangsbestätigung unter Angabe des Empfangsdatums unterzeichnet und zurückschickt,
d) durch elektronische Zustellung wie beispielsweise per Fax oder E-Mail, bei der der Antragsgegner eine Empfangsbestätigung unter Angabe des Empfangsdatums unterzeichnet und zurückschickt.

Artikel 14 EuMVVO Zustellung ohne Nachweis des Empfangs durch den Antragsgegner

(1) Der Europäische Zahlungsbefehl kann nach dem Recht des Staats, in dem die Zustellung erfolgen soll, dem Antragsgegner auch in einer der folgenden Formen zugestellt werden:
a) *persönliche Zustellung unter der Privatanschrift des Antragsgegners an eine in derselben Wohnung wie der Antragsgegner lebende Person oder an eine dort beschäftigte Person;*
b) *wenn der Antragsgegner Selbstständiger oder eine juristische Person ist, persönliche Zustellung in den Geschäftsräumen des Antragsgegners an eine Person, die vom Antragsgegner beschäftigt wird;*
c) *Hinterlegung des Zahlungsbefehls im Briefkasten des Antragsgegners;*
d) *Hinterlegung des Zahlungsbefehls beim Postamt oder bei den zuständigen Behörden mit entsprechender schriftlicher Benachrichtigung im Briefkasten des Antragsgegners, sofern in der schriftlichen Benachrichtigung das Schriftstück eindeutig als gerichtliches Schriftstück bezeichnet oder darauf hingewiesen wird, dass die Zustellung durch die Benachrichtigung als erfolgt gilt und damit Fristen zu laufen beginnen;*
e) *postalisch ohne Nachweis gemäß Absatz 3, wenn der Antragsgegner seine Anschrift im Ursprungsmitgliedstaat hat;*
f) *elektronisch, mit automatisch erstellter Sendebestätigung, sofern sich der Antragsgegner vorab ausdrücklich mit dieser Art der Zustellung einverstanden erklärt hat.*

(2) Für die Zwecke dieser Verordnung ist eine Zustellung nach Absatz 1 nicht zulässig, wenn die Anschrift des Antragsgegners nicht mit Sicherheit ermittelt werden kann.

(3) Die Zustellung nach Absatz 1 Buchstaben a, b, c und d wird bescheinigt durch
a) *ein von der zuständigen Person, die die Zustellung vorgenommen hat, unterzeichnetes Schriftstück mit den folgenden Angaben:*
  i) *die gewählte Form der Zustellung, und*
  ii) *das Datum der Zustellung sowie, und*
  iii) *falls der Zahlungsbefehl einer anderen Person als dem Antragsgegner zugestellt wurde, der Name dieser Person und die Angabe ihres Verhältnisses zum Antragsgegner,*
  oder
b) *eine Empfangsbestätigung der Person, der der Zahlungsbefehl zugestellt wurde, für die Zwecke von Absatz 1 Buchstaben a und b.*

Artikel 15 EuMVVO Zustellung an einen Vertreter

Die Zustellung nach den Artikeln 13 oder 14 kann auch an den Vertreter des Antragsgegners bewirkt werden.

Artikel 16 EuMVVO Einspruch gegen den Europäischen Zahlungsbefehl

(1) Der Antragsgegner kann beim Ursprungsgericht Einspruch gegen den Europäischen Zahlungsbefehl unter Verwendung des Formblatts F gemäß Anhang VI einlegen, das dem Antragsgegner zusammen mit dem Europäischen Zahlungsbefehl zugestellt wird.

(2) Der Einspruch muss innerhalb von 30 Tagen ab dem Tag der Zustellung des Zahlungsbefehls an den Antragsgegner versandt werden.

(3) Der Antragsgegner gibt in dem Einspruch an, dass er die Forderung bestreitet, ohne dass er dafür eine Begründung liefern muss.

(4) Der Einspruch ist in Papierform oder durch andere – auch elektronische – Kommunikationsmittel, die im Ursprungsmitgliedstaat zulässig sind und dem Ursprungsgericht zur Verfügung stehen, einzulegen.

(5) Der Einspruch ist vom Antragsgegner oder gegebenenfalls von seinem Vertreter zu unterzeichnen. Wird der Einspruch gemäß Absatz 4 auf elektronischem Weg eingelegt, so ist er nach Artikel 2 Num-

mer 2 der Richtlinie 1999/93/EG zu unterzeichnen. Diese Signatur wird im Ursprungsmitgliedstaat anerkannt, ohne dass weitere Bedingungen festgelegt werden können.

Eine solche elektronische Signatur ist jedoch nicht erforderlich, wenn und insoweit es bei den Gerichten des Ursprungsmitgliedstaats ein alternatives elektronisches Kommunikationssystem gibt, das einer bestimmten Gruppe von vorab registrierten und authentifizierten Nutzern zur Verfügung steht und die sichere Identifizierung dieser Nutzer ermöglicht. Die Mitgliedstaaten unterrichten die Kommission über derartige Kommunikationssysteme.

Artikel 17 EuMVVO Wirkungen der Einlegung eines Einspruchs

(1) Wird innerhalb der in Artikel 16 Absatz 2 genannten Frist Einspruch eingelegt, so wird das Verfahren vor den zuständigen Gerichten des Ursprungsmitgliedstaats gemäß den Regeln eines ordentlichen Zivilprozesses weitergeführt, es sei denn, der Antragsteller hat ausdrücklich beantragt, das Verfahren in einem solchen Fall zu beenden.

Hat der Antragsteller seine Forderung im Wege des Europäischen Mahnverfahrens geltend gemacht, so wird seine Stellung in nachfolgenden ordentlichen Zivilprozessen durch keine Maßnahme nach nationalem Recht präjudiziert.

(2) Die Überleitung in ein ordentliches Zivilverfahren im Sinne des Absatzes 1 erfolgt nach dem Recht des Ursprungsmitgliedstaats.

(3) Dem Antragsteller wird mitgeteilt, ob der Antragsgegner Einspruch eingelegt hat und ob das Verfahren als ordentlicher Zivilprozess weitergeführt wird.

Artikel 18 EuMVVO Vollstreckbarkeit

(1) Wurde innerhalb der Frist des Artikels 16 Absatz 2 unter Berücksichtigung eines angemessenen Zeitraums für die Übermittlung kein Einspruch beim Ursprungsgericht eingelegt, so erklärt das Gericht den Europäischen Zahlungsbefehl unter Verwendung des Formblatts G gemäß Anhang VII unverzüglich für vollstreckbar. Das Ursprungsgericht überprüft das Zustellungsdatum des Europäischen Zahlungsbefehls.

(2) Unbeschadet des Absatzes 1 richten sich die Voraussetzungen der Zwangsvollstreckung für die Vollstreckbarkeit nach den Rechtsvorschriften des Ursprungsmitgliedstaats.

(3) Das Gericht übersendet dem Antragsteller den vollstreckbaren Europäischen Zahlungsbefehl.

Artikel 19 EuMVVO Abschaffung des Exequaturverfahrens

Der im Ursprungsmitgliedstaat vollstreckbar gewordene Europäische Zahlungsbefehl wird in den anderen Mitgliedstaaten anerkannt und vollstreckt, ohne dass es einer Vollstreckbarerklärung bedarf und ohne dass seine Anerkennung angefochten werden kann.

Artikel 20 EuMVVO Überprüfung in Ausnahmefällen

(1) Nach Ablauf der in Artikel 16 Absatz 2 genannten Frist ist der Antragsgegner berechtigt, bei dem zuständigen Gericht des Ursprungsmitgliedstaats eine Überprüfung des Europäischen Zahlungsbefehls zu beantragen, falls
a) i) der Zahlungsbefehl in einer der in Artikel 14 genannten Formen zugestellt wurde, und
ii) die Zustellung ohne Verschulden des Antragsgegners nicht so rechtzeitig erfolgt ist, dass er Vorkehrungen für seine Verteidigung hätte treffen können, oder
b) der Antragsgegner aufgrund höherer Gewalt oder aufgrund außergewöhnlicher Umstände ohne eigenes Verschulden keinen Einspruch gegen die Forderung einlegen konnte,

wobei in beiden Fällen vorausgesetzt wird, dass er unverzüglich tätig wird.

(2) Ferner ist der Antragsgegner nach Ablauf der in Artikel 16 Absatz 2 genannten Frist berechtigt, bei dem zuständigen Gericht des Ursprungsmitgliedstaats eine Überprüfung des Europäischen Zahlungsbefehls zu beantragen, falls der Europäische Zahlungsbefehl gemessen an den in dieser Verordnung festgelegten Voraussetzungen oder aufgrund von anderen außergewöhnlichen Umständen offensichtlich zu Unrecht erlassen worden ist.

(3) Weist das Gericht den Antrag des Antragsgegners mit der Begründung zurück, dass keine der Voraussetzungen für die Überprüfung nach den Absätzen 1 und 2 gegeben ist, bleibt der Europäische Zahlungsbefehl in Kraft.

Entscheidet das Gericht, dass die Überprüfung aus einem der in den Absätzen 1 und 2 genannten Gründe gerechtfertigt ist, wird der Europäische Zahlungsbefehl für nichtig erklärt.

Artikel 21 EuMVVO Vollstreckung

(1) Unbeschadet der Bestimmungen dieser Verordnung gilt für das Vollstreckungsverfahren das Recht des Vollstreckungsmitgliedstaats.

Ein vollstreckbar gewordener Europäischer Zahlungsbefehl wird unter den gleichen Bedingungen vollstreckt wie eine im Vollstreckungsmitgliedstaat vollstreckbar gewordene Entscheidung.

(2) Zur Vollstreckung in einem anderen Mitgliedstaat legt der Antragsteller den zuständigen Vollstreckungsbehörden dieses Mitgliedstaats folgende Dokumente vor:
a) *eine Ausfertigung des von dem Ursprungsgericht für vollstreckbar erklärten Europäischen Zahlungsbefehls, die die für seine Beweiskraft erforderlichen Voraussetzungen erfüllt, und*
b) *gegebenenfalls eine Übersetzung des Europäischen Zahlungsbefehls in die Amtssprache des Vollstreckungsmitgliedstaats oder – falls es in diesem Mitgliedstaat mehrere Amtssprachen gibt – nach Maßgabe der Rechtsvorschriften dieses Mitgliedstaats in die Verfahrenssprache oder eine der Verfahrenssprachen des Ortes, an dem die Vollstreckung betrieben wird, oder in eine sonstige Sprache, die der Vollstreckungsmitgliedstaat zulässt. Jeder Mitgliedstaat kann angeben, welche Amtssprache oder Amtssprachen der Organe der Europäischen Union er neben seiner oder seinen eigenen für den Europäischen Zahlungsbefehl zulässt. Die Übersetzung ist von einer hierzu in einem der Mitgliedstaaten befugten Person zu beglaubigen.*

(3) Einem Antragsteller, der in einem Mitgliedstaat die Vollstreckung eines in einem anderen Mitgliedstaat erlassenen Europäischen Zahlungsbefehls beantragt, darf wegen seiner Eigenschaft als Ausländer oder wegen Fehlens eines inländischen Wohnsitzes oder Aufenthaltsorts im Vollstreckungsmitgliedstaat eine Sicherheitsleistung oder Hinterlegung, unter welcher Bezeichnung es auch sei, nicht auferlegt werden.

Artikel 22 EuMVVO Verweigerung der Vollstreckung

(1) Auf Antrag des Antragsgegners wird die Vollstreckung vom zuständigen Gericht im Vollstreckungsmitgliedstaat verweigert, wenn der Europäische Zahlungsbefehl mit einer früheren Entscheidung oder einem früheren Zahlungsbefehl unvereinbar ist, die bzw. der in einem Mitgliedstaat oder einem Drittland ergangen ist, sofern
a) *die frühere Entscheidung oder der frühere Zahlungsbefehl zwischen denselben Parteien wegen desselben Streitgegenstands ergangen ist, und*
b) *die frühere Entscheidung oder der frühere Zahlungsbefehl die notwendigen Voraussetzungen für die Anerkennung im Vollstreckungsmitgliedstaat erfüllt, und*
c) *die Unvereinbarkeit im gerichtlichen Verfahren des Ursprungsmitgliedstaats nicht geltend gemacht werden konnte.*

(2) Auf Antrag wird die Vollstreckung ebenfalls verweigert, sofern und insoweit der Antragsgegner den Betrag, der dem Antragsteller in einem Europäischen Zahlungsbefehl zuerkannt worden ist, an diesen entrichtet hat.

(3) Ein Europäischer Zahlungsbefehl darf im Vollstreckungsmitgliedstaat in der Sache selbst nicht nachgeprüft werden.

Artikel 23 EuMVVO Aussetzung oder Beschränkung der Vollstreckung

Hat der Antragsgegner eine Überprüfung nach Artikel 20 beantragt, so kann das zuständige Gericht im Vollstreckungsmitgliedstaat auf Antrag des Antragsgegners
a) *das Vollstreckungsverfahren auf Sicherungsmaßnahmen beschränken, oder*
b) *die Vollstreckung von der Leistung einer von dem Gericht zu bestimmenden Sicherheit abhängig machen, oder*
c) *unter außergewöhnlichen Umständen das Vollstreckungsverfahren aussetzen.*

Artikel 24 EuMVVO Rechtliche Vertretung

Die Vertretung durch einen Rechtsanwalt oder sonstigen Rechtsbeistand ist nicht zwingend
a) *für den Antragsteller im Hinblick auf die Beantragung eines Europäischen Zahlungsbefehls,*
b) *für den Antragsgegner bei Einlegung des Einspruchs gegen einen Europäischen Zahlungsbefehl.*

Artikel 25 EuMVVO Gerichtsgebühren

(1) Die Gerichtsgebühren eines Europäischen Mahnverfahrens und eines ordentlichen Zivilprozesses, der sich an die Einlegung eines Einspruchs gegen den Europäischen Zahlungsbefehl in einem Mitgliedstaat anschließt, dürfen insgesamt nicht höher sein als die Gerichtsgebühren eines ordentlichen Zivilprozesses ohne vorausgehendes Europäisches Mahnverfahren in diesem Mitgliedstaat.

(2) Für die Zwecke dieser Verordnung umfassen die Gerichtsgebühren die dem Gericht zu entrichtenden Gebühren und Abgaben, deren Höhe nach dem nationalen Recht festgelegt wird.

Artikel 26 EuMVVO Verhältnis zum nationalen Prozessrecht

Sämtliche verfahrensrechtlichen Fragen, die in dieser Verordnung nicht ausdrücklich geregelt sind, richten sich nach den nationalen Rechtsvorschriften.

Artikel 27 EuMVVO Verhältnis zur Verordnung (EG) Nr. 1348/2000

Diese Verordnung berührt nicht die Anwendung der Verordnung (EG) Nr. 1348/2000 des Rates vom 29. Mai 2000 über die Zustellung gerichtlicher und außergerichtlicher Schriftstücke in Zivil- und Handelssachen in den Mitgliedstaaten.

Artikel 28 EuMVVO Informationen zu den Zustellungskosten und zur Vollstreckung

Die Mitgliedstaaten arbeiten zusammen, um der Öffentlichkeit und den Fachkreisen folgende Informationen zur Verfügung zu stellen:
a) *Informationen zu den Zustellungskosten, und*
b) *Information darüber, welche Behörden im Zusammenhang mit der Vollstreckung für die Anwendung der Artikel 21, 22 und 23 zuständig sind,*

insbesondere über das mit der Entscheidung 2001/470/EG des Rates eingerichtete Europäische Justizielle Netz für Zivil- und Handelssachen.

Artikel 29 EuMVVO Angaben zu den zuständigen Gerichten, den Überprüfungsverfahren, den Kommunikationsmitteln und den Sprachen

(1) Die Mitgliedstaaten teilen der Kommission bis zum 12. Juni 2008 Folgendes mit:
a) die Gerichte, die dafür zuständig sind, einen Europäischen Zahlungsbefehl zu erlassen;
b) Informationen über das Überprüfungsverfahren und die für die Anwendung des Artikels 20 zuständigen Gerichte;
c) die Kommunikationsmittel, die im Hinblick auf das Europäische Mahnverfahren zulässig sind und den Gerichten zur Verfügung stehen;
d) die nach Artikel 21 Absatz 2 Buchstabe b zulässigen Sprachen.

Die Mitgliedstaaten unterrichten die Kommission über alle späteren Änderungen dieser Angaben.

(2) Die Kommission macht die nach Absatz 1 mitgeteilten Angaben durch Veröffentlichung im Amtsblatt der Europäischen Union und durch andere geeignete Mittel öffentlich zugänglich.

Artikel 30 EuMVVO Änderung der Anhänge

Die Formblätter in den Anhängen werden nach dem in Artikel 31 Absatz 2 vorgesehenen Verfahren aktualisiert oder in technischer Hinsicht angepasst; solche Änderungen müssen den Vorschriften dieser Verordnung vollständig entsprechen.

Artikel 31 EuMVVO Ausschuss

(1) Die Kommission wird von dem nach Artikel 75 der Verordnung (EG) Nr. 44/2001 eingesetzten Ausschuss unterstützt.

(2) Wird auf diesen Absatz Bezug genommen, so gelten Artikel 5a Absätze 1 bis 4 und Artikel 7 des Beschlusses 1999/468/EG, unter Beachtung von dessen Artikel 8.

(3) Der Ausschuss gibt sich eine Geschäftsordnung.

Artikel 32 EuMVVO Überprüfung

Die Kommission legt dem Europäischen Parlament, dem Rat und dem Europäischen Wirtschafts- und Sozialausschuss bis zum 12. Dezember 2013 einen detaillierten Bericht über die Überprüfung des Funktionierens des Europäischen Mahnverfahrens vor. Dieser Bericht enthält eine Bewertung des Funktionierens des Verfahrens und eine erweiterte Folgenabschätzung für jeden Mitgliedstaat.

Zu diesem Zweck und damit gewährleistet ist, dass die vorbildliche Praxis in der Europäischen Union gebührend berücksichtigt wird und die Grundsätze der besseren Rechtsetzung zum Tragen kommen, stellen die Mitgliedstaaten der Kommission Angaben zum grenzüberschreitenden Funktionieren des Europäischen Zahlungsbefehls zur Verfügung. Diese Angaben beziehen sich auf die Gerichtsgebühren, die Schnelligkeit des Verfahrens, die Effizienz, die Benutzerfreundlichkeit und die internen Mahnverfahren der Mitgliedstaaten.

Dem Bericht der Kommission werden gegebenenfalls Vorschläge zur Anpassung der Verordnung beigefügt.

Artikel 33 EuMVVO Inkrafttreten

Diese Verordnung tritt am Tag nach ihrer Veröffentlichung im Amtsblatt der Europäischen Union in Kraft.

Sie gilt ab dem 12. Dezember 2008 mit Ausnahme der Artikel 28, 29, 30 und 31, die ab dem 12. Juni 2008 gelten.

IV. Zuständigkeit (Abs. 2)

4 § 46b Abs. 2 regelt die Zuständigkeit abweichend von § 1087 ZPO (abgedr. unter Rdn. 2). Anders als nach § 1087 ZPO ist für die Bearbeitung von Anträgen auf Erlass und Überprüfung sowie die Vollstreckbarerklärung eines Europäischen Zahlungsbefehls nicht das Amtsgericht Wedding, sondern das Arbeitsgericht zuständig, das für die im Urteilsverfahren erhobene Klage zuständig wäre. § 46b enthält eine abschließende Regelung, neben der § 1087 ZPO keine Anwendung findet. Zu beachten sind die Regelungen der Verordnung (EG) Nr. 44/2001 sowie ergänzend die Vorschriften der Zivilprozessordnung, gegebenenfalls auch eine wirksame Gerichtsstandsvereinbarung. Die Arbeitsgerichte sollten allerdings auf die Erfahrungen des AG Wedding – auch in technischer Hinsicht – zurückgreifen, zumal die Europäische Kommission dem beim AG Wedding durchgeführten Europäischen Mahnverfahren den European eGovernment Awards 2009 verliehen hat. Im Hinblick auf die funktionelle Zuständigkeit ergeben sich keine Besonderheiten gegenüber dem Verfahren vor den ordentlichen Gerichten. Über § 9 Abs. 3 gilt auch für das Verfahren vor den Arbeitsgerichten der neue § 20 Nr. 7 RPflG.

V. Verfahren nach Einspruch (Abs. 3)

5 Abweichend von § 1090 ZPO gelten für das arbeitsgerichtliche Verfahren die Abs. 4 und 5 des § 46a. Der Unterschied betrifft die Regelungen für die Überleitung des Mahnverfahrens in das streitige Verfahren vor den Arbeitsgerichten. Das Mahnverfahren ist angesichts der Regelung in Abs. 2 bereits vor dem für das streitige Verfahren zuständigen Gericht anhängig. Anders als nach § 46a bedarf es seitens des Antragstellers nach Eingang des Einspruchs **keines Antrags auf Durchführung der mündlichen Verhandlung.** Der Einspruch kann nach Art. 17 Abs. 1 i.V.m. Art. 16 Abs. 2 EuMVVO innerhalb von 30 Tagen nach Zustellung eingelegt werden. Dem Antragsteller ist ohne weitere Zwischenschritte die Begründung des geltend gemachten Anspruchs aufzugeben. Hintergrund ist die Regelung in der Verordnung (EG) Nr. 1896/2006, wonach es für die Verhinderung der Überleitung des Europäischen Mahnverfahrens in das streitige Verfahren eines Antrags des Antragstellers bedarf, das Verfahren im Fall des Einspruchs des Antragsgegners zu beenden. Gibt der Antragsteller keine entsprechende Erklärung nach Art. 7 Abs. 4 der VO ab, ist ihm die Begründung des Anspruchs aufzugeben. Reicht der Antragsteller die Anspruchsbegründung nicht fristgerecht bei Gericht ein, tritt die Rückwirkung der Rechtshängigkeit nach § 46a Abs. 5 nicht ein. Ein Termin zur mündlichen Verhandlung wird dann nur auf Antrag des Antragsgegners anberaumt. Geht auch ein solcher Antrag nicht ein, wird das Verfahren nicht weiter betrieben und die Gerichtsakte nach sechs Monaten entsprechend der Aktenordnung weggelegt. In diesem Fall gilt die Streitsache nicht als mit Zustellung des Europäischen Zahlungsbefehls anhängig geworden. Diese Wirkung tritt nur ein, wenn alsbald nach Erhebung des Einspruchs Termin anberaumt wird. Wird der Antrag hingegen begründet, folgt die mündliche Verhandlung, die mit der Güteverhandlung nach § 54 beginnt.

6 Wem ein Europäischer Zahlungsbefehl nicht ordnungsgemäß zugestellt worden ist, für den bereits die Vollstreckbarerklärung erteilt wurde, steht analog §§ 11 Abs. 1 RPflG, 732 ZPO das Rechtsmittel der Klauselerinnerung zur Verfügung.[4] Die Verordnung (EG) Nr. 1896/2006 des Europäischen Parlaments und des Rates vom 12. Dezember 2006 zur Einführung eines Europäischen Mahnverfahrens ist dahin auszulegen, dass die Verfahren nach Art. 16 bis 20 dieser Verordnung keine Anwendung finden, wenn sich herausstellt, dass ein Europäischer Zahlungsbefehl nicht in einer Weise zugestellt wurde, die den Mindestvorschriften der Art. 13 bis 15 der Verordnung genügt. Zeigt sich ein solcher Fehler erst nach der Vollstreckbarerklärung eines Europäischen Zahlungsbefehls, muss der Antragsgegner die Möglichkeit haben, diesen Fehler zu beanstanden, der, sofern er ordnungsgemäß nachgewiesen ist, die Ungültigkeit der Vollstreckbarerklärung zur Folge haben muss.[5]

---

[4] AG Wedding, 22.10.2014 – 70b C 17/14.
[5] EuGH, 04.09.2014 – C-119/13 und C-120/13, Rpfleger 2015, 155.

Im Falle einer als Europäischer Vollstreckungstitel bestätigten Entscheidung eröffnet Art. 21 EuVTVO für die Gerichte des Vollstreckungsstaats dann nur noch die Möglichkeit, unter Geltung der Verordnung die Zwangsvollstreckung dauerhaft zu verweigern, wenn die als Europäischer Vollstreckungstitel bestätigte Entscheidung mit einer früheren Entscheidung unvereinbar ist.[6] Die Verordnung lässt eine ordre public-Prüfung durch die Gerichte im Vollstreckungsstaat nicht zu. Zum ordre public gehört einerseits der materiellrechtliche ordre public, der Verstöße gegen das materielle Recht und das Kollisionsrecht erfasst, und andererseits der verfahrensrechtliche ordre public.[7] Zum verfahrensrechtlichen ordre public gehören unter anderem der Grundsatz des rechtlichen Gehörs und der Anspruch auf ein faires Verfahren aus Art. 6 Abs. 1 Europäische Menschenrechtskonvention und Art. 47 der Charta der Grundrechte der Europäischen Union. Mit der Verordnung hat der EU-Verordnungsgeber für Titel, die in den Anwendungsbereich der Verordnung fallen, das Erfordernis der Anerkennung und das Vollstreckbarerklärungsverfahren sowie die Möglichkeit der ordre public-Kontrolle ersatzlos abgeschafft.[8]

7

§ 46c Einreichung elektronischer Dokumente

(1) [1]Soweit für vorbereitende Schriftsätze und deren Anlagen, für Anträge und Erklärungen der Parteien sowie für Auskünfte, Aussagen, Gutachten und Erklärungen Dritter die Schriftform vorgesehen ist, genügt dieser Form die Aufzeichnung als elektronisches Dokument, wenn dieses für die Bearbeitung durch das Gericht geeignet ist. [2]Die verantwortende Person soll das Dokument mit einer qualifizierten elektronischen Signatur nach dem Signaturgesetz versehen. [3]Ist ein übermitteltes elektronisches Dokument für das Gericht zur Bearbeitung nicht geeignet, ist dies dem Absender unter Angabe der geltenden technischen Rahmenbedingungen unverzüglich mitzuteilen.

(2) [1]Die Bundesregierung und die Landesregierungen bestimmen für ihren Bereich durch Rechtsverordnung den Zeitpunkt, von dem an elektronische Dokumente bei den Gerichten eingereicht werden können, sowie die für die Bearbeitung der Dokumente geeignete Form. [2]Die Landesregierungen können die Ermächtigung durch Rechtsverordnung auf die jeweils zuständige oberste Landesbehörde übertragen. [3]Die Zulassung der elektronischen Form kann auf einzelne Gerichte oder Verfahren beschränkt werden.

(3) Ein elektronisches Dokument ist eingereicht, sobald die für den Empfang bestimmte Einrichtung des Gerichts es aufgezeichnet hat.

Ab dem 01.01.2018 wird § 46c wie folgt gefasst:[1]

»*§ 46c Elektronisches Dokument*

(1) Vorbereitende Schriftsätze und deren Anlagen, schriftlich einzureichende Anträge und Erklärungen der Parteien sowie schriftlich einzureichende Auskünfte, Aussagen, Gutachten, Übersetzungen und Erklärungen Dritter können nach Maßgabe der folgenden Absätze als elektronisches Dokument bei Gericht eingereicht werden.

(2) [1]Das elektronische Dokument muss für die Bearbeitung durch das Gericht geeignet sein. [2]Die Bundesregierung bestimmt durch Rechtsverordnung mit Zustimmung des Bundesrates die für die Übermittlung und Bearbeitung geeigneten technischen Rahmenbedingungen.

---

1 BGH, 24.04.2014 – VII ZB 28/13, Rn 12.
7 Kropholler/von Hein, Europäisches Zivilprozessrecht, 9. Aufl., Art. 34 EuGVVO Rn 12.
8 BGH, 24.04.2014 – VII ZB 28/13, Rn 14.
1 Art. 3 des Gesetzes zur Förderung des elektronischen Rechtsverkehrs mit den Gerichten v. 10.10.2013 BGBl. I, S. 3786, 3790.

(3) Das elektronische Dokument muss mit einer qualifizierten elektronischen Signatur der verantwortenden Person versehen sein oder von der verantwortenden Person signiert und auf einem sicheren Übermittlungsweg eingereicht werden.

(4) Sichere Übermittlungswege sind
1. der Postfach- und Versanddienst eines De-Mail-Kontos, wenn der Absender bei Versand der Nachricht sicher im Sinne des § 4 Absatz 1 Satz 2 des De-Mail-Gesetzes angemeldet ist und er sich die sichere Anmeldung gemäß § 5 Absatz 5 des De-Mail-Gesetzes bestätigen lässt,
2. der Übermittlungsweg zwischen dem besonderen elektronischen Anwaltspostfach nach § 31a der Bundesrechtsanwaltsordnung oder einem entsprechenden, auf gesetzlicher Grundlage errichteten elektronischen Postfach und der elektronischen Poststelle des Gerichts,
3. der Übermittlungsweg zwischen einem nach Durchführung eines Identifizierungsverfahrens eingerichteten Postfach einer Behörde oder einer juristischen Person des öffentlichen Rechts und der elektronischen Poststelle des Gerichts; das Nähere regelt die Verordnung nach Absatz 2 Satz 2,
4. sonstige bundeseinheitliche Übermittlungswege, die durch Rechtsverordnung der Bundesregierung mit Zustimmung des Bundesrates festgelegt werden, bei denen die Authentizität und Integrität der Daten sowie die Barrierefreiheit gewährleistet sind.

(5) [1]Ein elektronisches Dokument ist eingegangen, sobald es auf der für den Empfang bestimmten Einrichtung des Gerichts gespeichert ist. [2]Dem Absender ist eine automatisierte Bestätigung über den Zeitpunkt des Eingangs zu erteilen.

(6) [1]Ist ein elektronisches Dokument für das Gericht zur Bearbeitung nicht geeignet, ist dies dem Absender unter Hinweis auf die Unwirksamkeit des Eingangs und die geltenden technischen Rahmenbedingungen unverzüglich mitzuteilen. [2]Das Dokument gilt als zum Zeitpunkt der früheren Einreichung eingegangen, sofern der Absender es unverzüglich in einer für das Gericht zur Bearbeitung geeigneten Form nachreicht und glaubhaft macht, dass es mit dem zuerst eingereichten Dokument inhaltlich übereinstimmt.«

Übersicht

	Rdn.
I. Allgemeines	1
II. Anwendungsbereich (Abs. 1 Satz 1)	2
III. Elektronisches Dokument	6
1. Begriff	6
2. Eignung für die Bearbeitung	15
3. Elektronische Signatur (Abs. 1 Satz 2)	16
a) Legaldefinition	16
b) Sollvorschrift	17
c) Vornahme der Signatur durch verantwortende Person	23
IV. Zeitpunkt des Eingangs bei Gericht (Abs. 3)	24
V. Ermächtigende Rechtsverordnung (Abs. 2)	27
VI. Fassung ab dem 1. Januar 2018: die wesentlichen Änderungen	30
1. Absatz 1 (ab 01.01.2018)	32
2. Absatz 2 (ab 01.01.2018)	33
3. Absatz 3 (ab 01.01.2018)	35
4. Absatz 4 (ab 01.01.2018)	38
5. Absatz 5 (ab 01.01.2018)	44
6. Absatz 6 (ab 01.01.2018)	45

I. Allgemeines

1 Durch Art. 4 des am 12.12.2008 in Kraft getretenen Gesetzes zur Verbesserung der grenzüberschreitenden Forderungsdurchsetzung und Zustellung vom 30.10.2008[2] ist ein neuer § 46b eingefügt worden, der das Mahnverfahren betrifft und daher systematisch an § 46a angehängt worden ist. **Aus dem bisherigen § 46b ist § 46c geworden.** Inhaltlich hat sich nichts geändert. Durch die Vorschrift wird eine **zusätzliche** Möglichkeit der Einreichung von Dokumenten geschaffen, die neben den anderen Möglichkeiten *(z.B. Schriftsatz, Fax, Telegramm)* steht.[3] Diese Möglichkeit

---

[2] BGBl. I, S. 2122.
[3] GK-ArbGG/Schütz § 46c Rn 19; GMPMG/Germelmann § 46c Rn 5.

besteht aber nur, wenn sie durch eine Rechtsverordnung des Landes oder des Bundes ausdrücklich zugelassen worden ist. Außerdem muss das Gericht über die technischen Voraussetzungen verfügen, um die Dokumente entgegenzunehmen und verarbeiten zu können. Für die Zeit ab dem 1. Januar 2018 ist die Vorschrift durch das Gesetz zur Förderung des elektronischen Rechtsverkehrs mit den Gerichten vom 10. Oktober 2013 (BGBl. I 2013, Nr. 62, S. 3786 – GFeRmG) grundlegend überarbeitet und neu gefasst worden (dazu s. Rdn. 30 ff. sowie die allgemeinen Ausführungen Vorbem. zu §§ 46c–f/g Rdn. 2 ff.).

II. Anwendungsbereich (Abs. 1 Satz 1)

Elektronische Dokumente sollen dem **Schriftformerfordernis** genügen, soweit dieses für das gerichtliche Verfahren gilt. Der Anwendungsbereich der Vorschrift ist in Abs. 1 Satz 1 konkretisiert. 2

Der elektronische Schriftverkehr wird dadurch für sämtliche vorbereitenden Schriftsätze i.S.d. § 130 ZPO ermöglicht, die ansonsten zu unterschreiben wären. 3

Daneben sieht das Gesetz auch für Anträge und Erklärungen der Parteien sowie für Auskünfte, Aussagen, Gutachten und Erklärungen Dritter die Schriftform vor. Auch in diesen Fällen genügt ein elektronisches Dokument. 4

In allen anderen Fällen ist die Kommunikation mit dem Gericht ebenfalls per elektronischem Dokument zulässig. Denn § 46c soll den Anwendungsbereich für eine Kommunikation mit elektronischen Dokumenten nicht einschränken. Vielmehr soll die Vorschrift eine **Erweiterung** für die Eingaben schaffen, die nach dem Gesetz dem Schriftformerfordernis unterliegen. Allerdings muss das elektronische Dokument auch in diesen Fällen für die Bearbeitung durch das Gericht geeignet sein. Außerdem müssen die Voraussetzungen des Abs. 2 erfüllt sein. 5

III. Elektronisches Dokument

1. Begriff

Für den Begriff des elektronischen Dokuments i.S.d. Vorschrift gibt es bisher keine Legaldefinition. Ein elektronisches Dokument kann an sich fast alles sein, was in einem elektronischen System verarbeitet wird. Ein **elektronisches Dokument** i.S.d. § 46b ist im Hinblick auf Sinn und Zweck der Norm jede nicht anhand eines papierenen Dokuments erstellte elektronische Darstellung von Text und/oder Grafik, die über Rechnernetze übertragen und in digitaler Form auf einem Datenträger gespeichert werden kann. 6

Denkbar ist, dass darunter auch ein **Computerfax** fällt (vgl. dazu Rdn. 10). Die Entscheidung des Gemeinsamen Senats der Obersten Bundesgerichte vom 05.04.2000 *(GmS-OBG 1/98)* zum Schriftformerfordernis bei Computerfaxen[4] ist daher an sich durch § 46c überholt, sobald Schriftsätze aufgrund entsprechender Verordnungen durch elektronische Dokumente eingereicht werden können. 7

Die Bundesgerichte differenzieren inzwischen aber deutlich zwischen der **elektronischen und der schriftlichen** Form. Das Computerfax erfüllt danach weiterhin die Schriftform, ohne dass es einer Unterschrift bedarf. Hingegen ist bei der Einreichung per **Telefax** die Unterschrift erforderlich.[5] Durch § 46c soll die Wahrung der Schriftform überall dort ohne Unterschrift ausreichend sein, wo die Unterschriftsleistung mangels eines unterschreibbaren Papiers nicht mehr möglich ist. An ihre Stelle tritt i.d.R. die qualifizierte elektronische Signatur (s. dazu Rdn. 16). Aus demselben Grund ist schon bisher bei der telefonischen Telegrammaufgabe keine vom Absender unterschriebene Urschrift verlangt worden. Wird ein Schriftsatz per **Computerfax** eingereicht, fehlt es gerade an der Möglichkeit, den Schriftsatz vor Absendung zu unterzeichnen. Es kommt also nicht etwa darauf an, ob 8

---

[4] S. dazu § 46 Rdn. 88.
[5] BFH, 10.07.2002 – VII B 6/02; GMPMG/Germelmann § 46c Rn 5; GK-ArbGG/Schütz § 46c Rn 15.

das Schriftstück im Gericht durch ein Telefaxgerät ausgedruckt wird.[6] Auch per E-Mail eingehende Schriftsätze werden z.Zt. noch – genau wie ein Computerfax – ausgedruckt und zur Akte genommen. Sowohl Computerfax als auch E-Mails werden wegen der heute weitgehend üblichen Multifunktionsgeräte *(Scanner, Drucker, Fax, Kopierer)* durch dasselbe Gerät ausgedruckt. I.Ü. ist es nicht ausgeschlossen, Computerfaxe auf einem Computer wie eine E-Mail zu empfangen und ebenso wie eine E-Mail auszudrucken. Technisch gibt es praktisch keinen Unterschied. Bei der Einreichung von Schriftsätzen per **Telefax** muss die Partei hingegen das tun, was technisch möglich ist, um die Anforderungen der eigenhändigen Unterschrift zu erfüllen. Der als Vorlage für das Telefax dienende Schriftsatz kann und muss daher die eigenhändige Unterschrift einer postulationsfähigen Person tragen.[7] Diese muss auf der bei Gericht eingehenden Kopie wiedergegeben sein. Gleiches gilt, wenn ein Schriftsatz zunächst eingescannt und in eine **pdf-Datei** umgewandelt wird. Diese pdf-Datei kann dann per E-Mail versandt werden. Technisch ist das mit den heute bereits vielfach verwendeten Multifunktionsgeräten *(Scanner, Drucker, Fax, Kopierer)* problemlos möglich. Auch hier dient als Vorlage ein papierener Schriftsatz, der nur in elektronische Form umgewandelt wird. Er muss daher vor dem Scannen unterzeichnet werden.[8] Als schriftliche Übertragung hat es der BGH[9] daher auch ausreichen lassen, dass ein unterschriebener Schriftsatz als **PDF-Datei** im Einvernehmen mit der Geschäftsstelle **per E-Mail** an das Gericht geschickt und dort ausgedruckt wurde.[10] Ein Faksimilestempel reicht nicht.[11] Das BAG[12] verlangt – wie auch der BGH[13] –, dass in einem solchen Fall die E-Mail, soll eine Frist gewahrt werden, vor Fristablauf ausgedruckt ist. Eine E-Mail (der keine PdF-Datei angehängt ist) ist aber als elektronisches Dokument nicht an § 130 ZPO zu messen, sondern fällt in den Anwendungsbereich des § 130a ZPO bzw. des § 46c ArbGG. Wegen der Flüchtigkeit und der Gefahr einer möglichen, später nicht mehr nachvollziehbaren Manipulation eines elektronischen Dokuments habe der Gesetzgeber – so der BGH – die qualifizierte elektronische Signatur des Absenders vorgeschrieben (§ 130a Abs. 1 Satz 2 ZPO), um so dem Dokument eine dem Papierdokument vergleichbare dauerhafte Fassung zu verleihen. Eine E-Mail, die keine qualifizierte elektronische Signatur aufweise, sei daher nicht geeignet, die gesetzliche Frist für einen bestimmten Schriftsatz zu wahren.[14] Jedenfalls fehlt es bei einer E-Mail, mit der nicht nur eine PdF-Datei übermittelt, sondern das Rechtsmittel eingelegt werden soll, an der erforderlichen Unterschrift. Nach der Begründung des Gesetzentwurfs der Bundesregierung[15] soll die Wiedergabe der Unterschrift in einer Telekopie hingegen unabhängig davon ausreichen, ob das Telefax bei Gericht unmittelbar eingeht oder diesem durch einen Boten überbracht wird. Als schriftliche Übertragung kommt auch die Echtzeitübertragung von Faxnachrichten über IP-Netze mittels des von der International Telecommunication Union (ITU) definierten Standards T.38 (»**Fax over IP**« – **FoIP**) in Betracht. Auch solche Fernkopien fallen in den Anwendungsbereich des § 130 Nr. 6 ZPO, weil die Übermittlung an den Empfänger über das Telefonnetz erfolgt. Der BGH[16] verweist im Übrigen ausdrücklich auf die Möglichkeit, ein Telefax aus dem Internet zu versenden. Darüber hinaus liegt eine schriftliche Übertragung auch vor, wenn ein Prozessbevollmächtigter einen Berufungsschriftsatz eigenhändig unterschrieben hat, dieser aber entgegen der Anweisung des Prozessbevollmächtigten nicht auf »normalem« Weg gefaxt, sondern direkt als **Computerfax mit eingescannter Unterschrift** elektronisch an das Berufungsgericht übermittelt

---

6 So aber GK-ArbGG/Schütz § 46c Rn 15.
7 BFH, 10.07.2002 – VII B 6/02, BFH/NV 2002, 1597; GMPMG/Germelmann § 46c Rn 5; GK-ArbGG/Schütz § 46c Rn 15.
8 BGH, 15.07.2008 – X ZB 8/08, NJW 2008, 2649.
9 BGH, 15.07.2008 – X ZB 8/08, NJW 2008, 2649.
10 BGH, 15.07.2008 – X ZB 8/08, NJW 2008, 2649; bestätigt durch BGH, 18.03.2015 – XII ZB 424/14, Rn 10, für den Fall, dass das ausgedruckte Rechtsmittel zur Akte gelangt war.
11 LAG München, 12.08.2008 – 8 Sa 151/08 – (Revision eingelegt unter 10 AZR 692/08).
12 BAG, 13.07.2013 – 2 AZB 6/13, NZA 2013, 983.
13 BGH, 04.12.2008 – IX ZB 41/08, NJW-RR 2009, 357.
14 BGH, 11.06.2015 – I ZB 64/14, Rn 13.
15 BT-Drs. 14/4987, S. 24.
16 BGH, 15.07.2008 – X ZB 8/08, NJW 2008, 2649.

wird. Dies stellt eine lediglich äußerliche (technische, nicht aber inhaltliche) Veränderung des von dem Prozessbevollmächtigten durch seine eigenhändige Unterschrift autorisierten bestimmenden Schriftsatzes dar.[17] Eine eingescannte Unterschrift des Prozessbevollmächtigten in einem bestimmenden Schriftsatz genügt aber nach der Rechtsprechung des BGH dann nicht den Formerfordernissen des § 130 Nr. 6 ZPO, wenn der Schriftsatz nicht unmittelbar aus dem Computer, sondern mithilfe eines normalen Faxgeräts versandt wird.[18]

Abgrenzungsschwierigkeiten ergeben sich aus dem Umstand, dass danach bereits bisher auf elektronischem Wege Schriftsätze eingereicht werden konnten und im Fall ihrer Verkörperung durch den Ausdruck bei Gericht den Anforderungen an die Schriftform genügten (siehe Rdn. 8). Das **BVerwG**[19] unterscheidet daher elektronische Dokumente i.w.S., zu denen z.B. auch das Computerfax gehöre, von denen i.e.S., bei denen eine Verkörperung nicht mehr erforderlich sei, die die Schriftform also auch wahren, wenn sie als Datei auf dem Computer des Gerichts verbleiben. Der **BGH**[20] argumentiert ähnlich, wenn er den Anwendungsbereich des – mit § 46c wortgleichen – § 130a ZPO auf solche auf elektronischem Wege eingegangenen »Schriftstücke« beschränkt, die nicht bisher schon die Schriftform erfüllt haben, wie Telefax, Computerfax, aber auch PDF-Dateien, die per E-Mail eingehen, aber bereits den Anforderungen an eine schriftliche Übertragung genügen (zur Unterscheidung der Übertragung in Schriftform und in elektronischer Form siehe Rdn. 8). Im Ergebnis sollen die auf elektronischem Wege eingehenden Dokumente, die bereits bisher die Anforderungen an die Schriftform erfüllten (nach der Terminologie des BVerwG elektronische Dokumente i.e.S.) nicht den zusätzlichen Anforderungen (Verarbeitungsmöglichkeit durch das Gericht und elektronische Signatur sowie ErmächtigungsVO) unterworfen werden. 9

Dabei ist aber zu beachten, dass **auch ein Computerfax** den Anforderungen an ein **elektronisches Dokument** »i.e.S.« genügen kann, wenn es nämlich den Voraussetzungen des § 46c gerecht wird und mit einer elektronischen Signatur versehen ist. Es muss dann nicht mehr verkörpert, also ausgedruckt werden, um der Schriftform »zu genügen«. Wird es ausgedruckt, ist die notwendige Form doppelt erfüllt. Gleiches wird für eine per E-Mail eingereichte PDF-Datei gelten müssen, die einen unterschriebenen Schriftsatz enthält, aber zusätzlich mit einer elektronischen Signatur versehen ist. Alles andere führte künftig ohne Not zu kaum überbrückbaren Abgrenzungsproblemen.[21] 10

Angesichts der unterschiedlichen Anforderungen ist auch in Zukunft die **saubere Trennung** zwischen der Übermittlung eines Schriftsatzes in schriftlicher Form und in elektronischer Form erforderlich. Während die schriftliche Form durch die vom Aussteller unterzeichnete Urkunde gekennzeichnet wird (§ 126 Abs. 1 BGB), besteht das **elektronische Dokument** aus der in einer elektronischen Datei enthaltenen Datenfolge selbst; an die Stelle der Unterschrift tritt die (qualifizierte) elektronische Signatur, § 126a Abs. 1 BGB, § 46c Abs. 1 Satz 2 (siehe auch Rdn. 16). § 46c Abs. 3 bestimmt demgemäß, dass ein elektronisches Dokument eingereicht ist, sobald die für den Empfang bestimmte Einrichtung des Gerichts es aufgezeichnet hat. Eine Ausgabe ist also insoweit nicht erforderlich und ja auch langfristig gar nicht mehr angestrebt. Maßgeblich für die Wirksamkeit eines auf **schriftlichem Wege** übermittelten Schriftsatzes ist demgegenüber allein die auf Veranlassung des Absenders am Empfangsort (Gericht) erstellte körperliche Urkunde.[22] Auch wenn ein Telefax (welches als Telekopie nach dem Gesetz ein schriftliches Dokument ist, § 130 Nr. 6 ZPO) zunächst im Empfangsgerät des Gerichts elektronisch gespeichert wird, tritt die Speicherung der Nachricht noch nicht an die Stelle der Schriftform.[23] § 130 Nr. 6 ZPO lässt aber die Wiedergabe der Unterschrift in der bei Gericht erstellten Kopie genügen. Es ist also der Ausdruck der auf 11

---

17 BGH, 14.01.2008 – II ZR 85/07, NJW-RR 2008, 1119, MDR 2008, 868.
18 BGH, 10.10.2006 – XI ZB 40/05, NJW 2006, 3784.
19 BVerwG, 30.03.2006 – 8 B 8/06, NJW 2006, 1989.
20 BGH, 15.07.2008 – X ZB 8/08, NJW 2008, 2649.
21 A.A. GMPMG/Germelmann § 46c Rn 5.
22 GmS-OGB, BGHZ 144, 160, 165.
23 BGH, 25.04.2006 – IV ZB 20/05, NJW 2006, 2263 = BB 2006, 1654.

elektronischem Wege übermittelten Datei, der die Schriftform erfüllt. Demgegenüber genügt das **elektronische Dokument** der Schriftform bereits in seiner elektronischen »Konsistenz«.[24]

12 Für die **Fristwahrung** kommt es allerdings in jedem Fall allein darauf an, ob die gesendeten Signale noch vor Ablauf des letzten Tages der Frist vom Empfangsgerät des Gerichts vollständig empfangen (gespeichert) worden sind. Damit wird dem Umstand Rechnung getragen, dass es der Absender nicht in der Hand hat, wann der Ausdruck eines empfangenen Telefaxes erfolgt und die Gerichte zum Teil dazu übergegangen sind, außerhalb der Dienstzeiten eingehende Faxsendungen erst am nächsten Arbeitstag auszudrucken.[25]

13 Sobald flächendeckend die Möglichkeit besteht, Schriftsätze durch mit elektronischer Signatur versehenes elektronisches Dokument einzureichen, stellt sich jedoch die Frage, ob der Gesichtspunkt, der die Zulassung des **Computerfaxes** einmal gerechtfertigt hat, nicht überholt ist.[26] Das gilt insbesondere auch für sog. **Funkfaxe**, die das BVerwG für den Bereich der Verwaltungsgerichtsbarkeit ausreichen lässt.[27]

14 Die **konkrete Übertragungsform** wird durch das Gesetz nicht näher bestimmt. In Betracht kommen sowohl der Austausch von Datenträgern *(CD, DVD, andere Speichermedien)* als auch die elektronische Fernübermittlung.[28] Die Vorschrift zielt aber **nur** auf die **elektronische Übermittlung** ab. Das zeigt schon § 46b Abs. 3, wonach für den Zeitpunkt des Einreichens allein auf den Zeitpunkt der Aufzeichnung des elektronischen Dokuments abgestellt wird. Es ist zu erwarten, dass nur die Form der elektronischen Übermittlung durch die nach § 46b Abs. 2 gebotenen Rechtsverordnungen festgelegt wird.

2. Eignung für die Bearbeitung

15 Das angerufene Gericht muss über die **technischen Möglichkeiten** verfügen, eingehende elektronische Dokumente zu bearbeiten. Insoweit ist es nicht ausreichend, wenn das Gericht über eine E-Mail-Adresse verfügt. Es muss auch sichergestellt sein, dass die weitere **Verarbeitung** eingehender Dokumente möglich ist.[29] Es ist durch Rechtsverordnung festzulegen, ab wann das der Fall ist.

3. Elektronische Signatur (Abs. 1 Satz 2)

a) Legaldefinition

16 Im Gegensatz zum Begriff »elektronisches Dokument« ist der Begriff der **elektronischen Signatur** in § 2 SigG legal definiert.

> *»§ 2 SigG Signaturgesetz*
>
> *Im Sinne dieses Gesetzes sind*
> 1. *»elektronische Signaturen« Daten in elektronischer Form, die anderen elektronischen Daten beigefügt oder logisch mit ihnen verknüpft sind und die zur Authentifizierung dienen,*
> 2. *»fortgeschrittene elektronische Signaturen« elektronische Signaturen nach Nummer 1, die*
>   a) *ausschließlich dem Signaturschlüssel-Inhaber zugeordnet sind,*
>   b) *die Identifizierung des Signaturschlüssel-Inhabers ermöglichen,*
>   c) *mit Mitteln erzeugt werden, die der Signaturschlüssel-Inhaber unter seiner alleinigen Kontrolle halten kann, und*
>   d) *mit den Daten, auf die sie sich beziehen, so verknüpft sind, dass eine nachträgliche Veränderung der Daten erkannt werden kann,*

---

24 Dazu auch: BGH, 14.10.2014 – XI ZB 13/13, FamRZ 2015, 253.
25 BGH, 25.04.2006 – IV ZB 20/05, NJW 2006, 2263 = BB 2006, 1654.
26 Derzeit noch anders: BGH, 15.07.2008 – X ZB 8/08, NJW 2008, 2649.
27 BVerwG, 30.03.2006 – 8 B 8/06, NJW 2006, 1989.
28 GMPMG/Germelmann § 46b Rn 9.
29 GMPMG/Germelmann § 46c Rn 8.

3. »qualifizierte elektronische Signaturen« elektronische Signaturen nach Nummer 2, die
   a) auf einem zum Zeitpunkt ihrer Erzeugung gültigen qualifizierten Zertifikat beruhen und
   b) mit einer sicheren Signaturerstellungseinheit erzeugt werden, ...«

Die Überprüfung, ob die Anforderungen des § 2 SigG erfüllt sind, ist kompliziert.[30] Die monetäre Beschränkung einer qualifizierten elektronischen Signatur ist unbeachtlich, wenn es um die Übertragung eines bestimmenden Schriftsatzes an das Gericht geht.[31]

Bei elektronisch übermittelten Dokumenten, die einem schriftlich zu unterzeichnenden Schriftstück gleichstehen, tritt die qualifizierte elektronische Signatur an die Stelle der, Unterschrift. Die Signatur soll die Authentizität und die Integrität des übermittelten elektronischen Dokuments sicherstellen. Sie soll Gewähr dafür bieten, dass das anstelle eines Schriftstücks eingereichte Dokument von einem bestimmten Verfasser stammt und mit seinem Willen übermittelt worden ist. Daher reicht es bei Übermittlung des **Dokuments als Anlage einer Datei** aus, dass diese in einer Weise signiert ist, die keinen Zweifel an dem Verfasser des Dokuments zulässt. Es ist dann nicht erforderlich, dass er das Dokument gesondert signiert.[32]

Die im EGVP-Verfahren eingesetzte **qualifizierte Container-Signatur** genügt den Anforderungen des § 46c ZPO.[33]

b) Sollvorschrift

Abs. 1 Satz 2 sieht vor, dass die »verantwortende Person« das Dokument mit einer qualifizierten elektronischen Signatur nach dem Signaturgesetz versehen soll. Es ist umstritten, ob trotz der Fassung als Sollvorschrift davon auszugehen ist, dass elektronisch übermittelte Dokumente eine Signatur tragen müssen.[34]

17

Schon bisher sind unter Hinweis auf den Sinn und Zweck des Schriftlichkeitserfordernisses i.R.d. Prozessrechts in erheblichem Umfang Ausnahmen vom Unterschriftserfordernis zugelassen worden.[35] Berücksichtigt man die dort genannten Gesichtspunkte,[36] sollte die Signatur nur von Parteien oder deren Prozessbevollmächtigten verlangt werden, bei denen dafür die **technischen Voraussetzungen** nach § 2 Nr. 3 SigG vorliegen. Die Erfüllung des Signaturerfordernisses darf nicht zur unzumutbaren Belastung des Rechtsuchenden führen.[37]

18

Der alleinige Zweck der Signatur, die Rechtssicherheit und insb. die Verlässlichkeit der Eingabe zu gewährleisten, kann auch im Fall einer derartigen elektronischen Übermittlung gewahrt werden. Entspricht ein elektronisches Dokument inhaltlich den prozessualen Anforderungen eines bestimmenden Schriftsatzes, so ist die Person des Erklärenden i.d.R. dadurch eindeutig bestimmt, dass in dem elektronischen Dokument der unmissverständliche Hinweis angebracht ist, dass die benannte

19

---

30 Dazu im Einzelnen Hartmann NJW 2001, 2557.
31 BFH, 18.10.2006 – XI R 22/06, BB 2007, 144, mit eingehender Erläuterung zu den damit im Zusammenhang stehenden Fragen; zur Frage, ob eine digitale Signatur ausreicht, die unter Verwendung eines Signaturschlüssels erstellt wurde, der nicht mit einer Anwendungsbeschränkung i.S.d. § 7 Abs. 1 Nr. 7 SigG, die seine Nutzung im konkreten Verwendungsfall ausschließt, versehen ist: BFH, 22.01.2007 – IV R 97/06.
32 Dazu eingehend BVerwG, 04.11.2010 – 2 C 16/09, NJW 2011, 695, Rn. 15.
33 BGH, 14.05.2013 – VI ZB 7/13, NJW 2013, 2034.
34 Zum Streitstand: BGH, 14.01.2010 – VII ZB 112/08, NJW 2010, 2134, Rn. 14; für Signaturzwang: z.B. GMPMG/Germelmann § 46 Rn 12, der jedoch Ausnahmen für die Fälle zulässt, dass sich aus anderen Umständen eine Gewähr für die Urheberschaft und den Willen ergibt, den Schriftsatz in den Rechtsverkehr zu bringen; GK-ArbGG/Schütz § 46b Rn 13; LSG Rheinland-Pfalz, 10.09.2007 – L 4 R 447/06, MMR 2008, 253; gegen Signaturzwang: Zöller/Greger § 130 Rn 21 f. und § 130a Rn 4.
35 Vgl. dazu GmSOGB, 05.04.2000 – GmS-OGB 1/98, NZA 2000, 959.
36 Siehe dazu auch den Überblick bei BVerwG, 22.06.2010 – VIII R 38/08, NJW 2011, 478, Rn 23; gegen BGH, 10.10.2006 – XI ZB 40/05, NJW 2006, 3784.
37 BVerfG, 04.07.2002 – 2 BvR 2168/00, betr. per Computerfax eingelegtes Rechtsmittel.

Urheberin wegen der gewählten Übertragungsform nicht signieren kann. Auch der Wille, ein solches Dokument dem Gericht zuzuleiten, kann in aller Regel nicht ernsthaft bezweifelt werden. Ist die verantwortende Person i.S.v. § 46c Abs. 1 Satz 2 jedoch zur Abgabe einer qualifizierten Signatur in der Lage, muss sie diese Möglichkeit auch nutzen.

20 Der **BGH**[38] hat sich demgegenüber der Auffassung angeschlossen, wonach der Absender bei bestimmenden Schriftsätzen das elektronische Dokument grundsätzlich mit einer qualifizierten elektronischen Signatur versehen muss. Dafür spreche schon der erforderliche Gleichklang mit § 130 Nr. 6 ZPO und der Wille des Gesetzgebers, wie ihn der Vermittlungsausschuss festgehalten habe. Darauf wird die Praxis sich einzurichten haben. Mit der **entgegengesetzten Auffassung des BFH**[39] zur gleichen Formulierung in § 77a FGO setzt der BGH sich nicht auseinander. Nach Ansicht des BFH folgt aus der Formulierung »soll«, dass die Verwendung einer solchen Signatur kein zwingendes Erfordernis elektronischer Erklärungen darstelle; bei § 77a Abs. 1 Satz 2 FGO handele es sich daher um eine bloße Ordnungsvorschrift.[40]

21 Die Ansicht des BGH entspricht nicht dem erklärten Willen des Gesetzgebers. Nach der **Gesetzesbegründung**[41] zu dem Gesetz zur Förderung des elektronischen Rechtsverkehrs mit den Gerichten vom 10. Oktober 2013 (BGBl. I 2013, S. 3786 – GFeRmG[42]) ist trotz Fehlens der qualifizierten elektronischen Signatur eine formwirksame Einreichung des Dokuments anzunehmen, da es sich bei § 46c insoweit nur um eine Soll-Vorschrift handele. Das BAG[43] hat sich inzwischen dennoch der Rechtsprechung des BGH angeschlossen, allerdings – aus welchen Gründen ist nicht ersichtlich – unter Anwendung des § 130a ZPO, nicht des § 46c ArbGG. Auch das BVerwG[44] kommt inzwischen zu diesem Ergebnis.

22 Um den Aussteller des Dokuments identifizieren zu können, ist es aber zumindest – auch wenn man dem BGH nicht folgt – erforderlich, dass der Rechtsuchende dem Dokument neben seinem Namen seine Anschrift beifügt.[45]

c) Vornahme der Signatur durch verantwortende Person

23 Nach § 46c Abs. 1 Satz 2 ArbGG hat die das Dokument zu verantwortende Person die elektronische Signatur vorzunehmen. Diese muss, um einer eigenhändigen Unterzeichnung gleichwertig zu sein, von demjenigen vorgenommen werden, dessen Unterschrift dem Formerfordernis genügen würde.[46] Daran fehlt es, wenn einen Schriftsatz ein RA hätte unterzeichnen müssen (wie z.B. die Berufungsbegründung), die Signatur aber nicht von diesem, sondern von einer Rechtsanwaltsgehilfin unter Verwendung der Signaturkarte des RA vorgenommen worden ist.[47] Als Ersatz für die bei elektronischer Übermittlung technisch nicht mögliche Unterzeichnung erlaubt § 46c ArbGG die Verwendung einer qualifizierten elektronischen Signatur.

IV. Zeitpunkt des Eingangs bei Gericht (Abs. 3)

24 Nach § 46c Abs. 3 ist ein elektronisches Dokument eingereicht, sobald die für den Empfang bestimmte Einrichtung des Gerichts es aufgezeichnet hat.

---

38 BGH, 14.01.2010 – VII ZB 112/08, NJW 2010, 2134, Rn 14.
39 BVerwG, 30.03.2009 – II B 168/08, NJW 2009, 1903, Rn 12.
40 Siehe jetzt aber auch BFH, 26.07.2011 – VII R 30/10, NJW 2012, 334, Rn 28.
41 BT-Drs. 17/12634, S. 25, rechte Spalte.
42 Siehe dazu Rdn. 36.
43 BAG, 13.07.2013 – 2 AZB 6/13, NZA 2013, 983.
44 BVerwG, 17.06.2011 – 7 B 79/10, Buchholz 406.254 URG Nr. 3.
45 BSG, 18.11.2003 – B 1 KR 1/02.
46 BVerwG, 14.09.2010 – 7 B 15/10, Rn. 24.
47 BGH, 21.12.2010 – VI ZB 28/10, FamRZ 2011, 558, Rn 8.

Bei Fristversäumnis aufgrund technischer Mängel kann ein Antrag auf Wiedereinsetzung oder nachträgliche Zulassung[48] erfolgreich sein. Die Risiken der Übermittlung können der verantwortenden Person nur in dem Umfang zugeschrieben werden, wie das auch bei anderen Übertragungsformen üblich ist. Sobald die Einreichung elektronischer Dokumente durch Rechtsverordnung eröffnet ist, dürfen die aus den technischen Gegebenheiten dieses Kommunikationsmittels herrührenden besonderen Risiken nicht auf den Nutzer dieses Mediums abgewälzt werden.[49] Dies gilt besonders für Störungen der Empfangseinrichtung im Gericht. In diesem Fall liegt die entscheidende Ursache für eine Fristsäumnis in der Sphäre des Gerichts. Aber auch Störungen der Übermittlungsleitungen sind dem gewählten Übermittlungsmedium immanent, sofern ein elektronisches Dokument über sie zum Empfangsgerät gelangt. Auch bei einer Leitungsstörung versagt daher die von der Justiz angebotene Zugangseinrichtung. Der Nutzer hat mit der Wahl eines anerkannten Übermittlungsmediums, der ordnungsgemäßen Nutzung eines funktionsfähigen Sendegeräts und der korrekten Eingabe der Empfängerangaben das seinerseits zur Fristwahrung Erforderliche getan, wenn er so rechtzeitig mit der Übermittlung beginnt, dass unter normalen Umständen mit ihrem Abschluss bis zum Ablauf der Frist zu rechnen ist.[50]   25

Die **Ergänzung** der Vorschrift durch das Justizkommunikationsgesetz (»*Ist ein übermitteltes elektronisches Dokument für das Gericht zur Bearbeitung nicht geeignet, ist dies dem Absender unter Angabe der geltenden technischen Rahmenbedingungen unverzüglich mitzuteilen.*«) dient der frühzeitigen Unterrichtung des Absenders bei fehlgeschlagener Übermittlung. Er soll frühzeitig darüber unterrichtet werden, dass ein übermitteltes Dokument nicht zur Bearbeitung durch das Gericht geeignet ist. Zum einen besteht dann bei noch laufender Frist die Möglichkeit, das Dokument nochmals zu übermitteln. Zum anderen kann darauf u.U. ein Antrag auf Wiedereinsetzung in den vorigen Stand gestützt werden. Jedenfalls wird durch die Mitteilung die Frist für den Antrag in Gang gesetzt.   26

V. Ermächtigende Rechtsverordnung (Abs. 2)

Nach § 46b Abs. 2 können die Bundesregierung und die Landesregierungen für ihren Bereich durch Rechtsverordnung den **Zeitpunkt** bestimmen, von dem an elektronische Dokumente bei den Gerichten eingereicht werden können, sowie die für die Bearbeitung der Dokumente geeignete Form. Die Landesregierungen wiederum können die Ermächtigung durch Rechtsverordnung auf die jeweils zuständige oberste Landesbehörde übertragen.[51] Der aktuelle Stand kann über das elektronische Gerichts- und Verwaltungspostfach[52] abgefragt werden. Hinweise finden sich auch auf der Homepage des BAG.[53]   27

Die Zulassung der elektronischen Form kann in der Rechtsverordnung auf einzelne Gerichte oder Verfahren beschränkt werden. Die Möglichkeit zur Einreichung elektronischer Dokumente muss daher **nicht flächendeckend** erfolgen, sondern kann zunächst für bestimmte Gerichte ermöglicht werden. Die Zulassung kann entsprechend der sukzessiv vorgenommenen technischen Ausrüstung der ArbG erfolgen.   28

Die Länder haben gemeinsam detaillierte **organisatorisch-technische Leitlinien** entwickelt, die technische Standards und Formate für den elektronischen Rechtsverkehr mit den Gerichten festlegen. Diese sollen die **Grundlage für die Rechtsverordnungen der Länder** werden, mit denen die elektronische Kommunikation eingeführt wird. Nach der **Gesetzesbegründung** erstreckt sich die Regelungsbefugnis allerdings nur auf solche elektronischen Dokumente, deren Empfang und weitere Bearbeitung besondere technische und organisatorische Vorbereitungen bei den Gerich-   29

---

48 § 5 KSchG.
49 A.A. GMPMG/Germelmann § 46c Rn 23; GK-ArbGG/Schütz § 46b Rn 17.
50 BVerfG, 21.06.2001 – 1 BvR 436/01, betr. Faxübermittlung.
51 Zu Modellversuchen in anderen Gerichtsbarkeiten s. Vorbem. vor § 46c ff. Rdn. 16 f. und GK-ArbGG/ Schütz § 46b Rn 9.
52 www.egvp.de.
53 www.bundesarbeitsgericht.de.

ten erfordert. Dies sei typischerweise bei elektronischen Dokumenten der Fall, die mit einer elektronischen Signatur versehen seien, nicht aber bei anderen, auf elektronischem Wege übermittelten Dokumenten wie dem Telefax oder dem Computer-Fax. Diese Übermittlungsformen würden durch den Zulässigkeitsvorbehalt in § 46c und § 130a ZPO nicht erfasst. Diese Stellungnahme bestätigt, dass die Vorschriften nur die Einreichung von (zur Bearbeitung durch das Gericht geeigneten) Dateien als elektronische Dokumente regeln sollen, die die Bundesregierung den Verfahrensbeteiligten nach der Begründung ihres Gesetzentwurfs als zusätzliche Möglichkeit zur Verfügung stellen wollte[54] (siehe auch Rdn. 9 ff.).

VI. Fassung ab dem 1. Januar 2018: die wesentlichen Änderungen

30   Die am 1. Januar 2018 aufgrund Art. 26 Abs. 1 des Gesetzes zur Förderung des elektronischen Rechtsverkehrs mit den Gerichten vom 10. Oktober 2013[55] in Kraft tretende Neuregelung soll nach der Gesetzesbegründung den elektronischen Zugang zu den Gerichten erweitern und vereinfachen, weil Bürger und Justiz sowie Rechtsanwälte und Justiz noch fast ausschließlich in Papierform kommunizieren. Der Grund wird zum einen darin gesehen, dass die bisher für die formgerechte Einreichung elektronischer Dokumente notwendige qualifizierte elektronische Signatur nach dem Signaturgesetz zu wenig verbreitet ist. Zum anderen reichten auch die von den Landesjustizverwaltungen eröffneten Möglichkeiten, elektronische Dokumente bei Gericht einzureichen, nicht aus. In den meisten Ländern sei eine elektronische Einreichung von Dokumenten bei den Zivilgerichten nicht zulässig, da die entsprechende Verordnungsermächtigung des geltenden Rechts in § 130a Abs. 2 nicht genutzt werde. Nur in vier Ländern ist der elektronische Zugang zu den Zivilgerichten flächendeckend eröffnet. Deshalb soll Abs. 3 es nun bundeseinheitlich ermöglichen, elektronisch auf einem sicheren Übermittlungsweg i.S.d. Abs. 4 formgerecht Dokumente einzureichen. Den Vorgaben der Signaturrichtlinie entsprechend wird es daneben weiterhin möglich sein, elektronische Dokumente, die mit einer qualifizierten elektronischen Signatur versehen wurden, einzureichen.

31   Die bisher vorgesehene Ermächtigung für die Bundesregierung und die Landesregierungen, den Zeitpunkt zu bestimmen, von dem an elektronische Dokumente bei den Gerichten eingereicht werden können, entfällt künftig. Sie wird ersetzt durch eine bundeseinheitliche Öffnung aller Gerichte für elektronische Eingänge.

Die Gesetzesänderungen sind im Wesentlichen wie folgt begründet:

1. Absatz 1 (ab 01.01.2018)

32   Die Vorschrift erfasst wie im geltenden Recht die vorbereitenden Schriftsätze der Parteien nebst Anlagen, schriftlich einzureichende Anträge und Erklärungen der Parteien sowie Auskünfte, Gutachten, Aussagen und Erklärungen Dritter. Ausdrücklich werden nunmehr auch die nach § 142 Abs. 3 beizubringenden Übersetzungen erwähnt. Die Vorschrift ist über die Verweisungsnormen auch auf bestimmende Schriftsätze (Klage, Berufung, Revision) anzuwenden. Soweit es materiell-rechtliche, weitergehende Formerfordernisse gibt, bleiben diese unberührt.

2. Absatz 2 (ab 01.01.2018)

33   Satz 1 verlangt wie das bisherige Recht, dass das elektronische Dokument für das Gericht lesbar und bearbeitungsfähig ist. Das ist von den technischen Rahmenbedingungen abhängig, die für den elektronischen Rechtsverkehr mit den Gerichten gelten. Diese Rahmenbedingungen betreffen die Übermittlung von elektronischen Dokumenten an das Gericht und die zugelassenen Dateiformate, gegebenenfalls auch die weiteren Dateieigenschaften und andere technische Parameter.

---

54 BT-Drs. 14/4987, S. 24; so auch: BGH, 15.07.2008 – X ZB 8/08, NJW 2008, 2649.
55 BGBl. I, S. 3786.

Satz 2 ermöglicht für die Übermittlung und Bearbeitung der elektronischen Dokumente bundeseinheitliche und verbindliche Festlegungen, die die elektronische Kommunikation mit der Justiz rechtssicher machen sollen. Die Rahmenbedingungen sollen nun durch Rechtsverordnung der Bundesregierung mit Zustimmung des Bundesrates bestimmt werden. Hierbei hat der Verordnungsgeber nach der Gesetzesbegründung die Beschlüsse des IT-Planungsrates und des e-Justice-Rates zu berücksichtigen. Der IT-Planungsrat handelt auf der Grundlage des Staatsvertrages über die Errichtung des IT-Planungsrats und über die Grundlagen der Zusammenarbeit beim Einsatz der Informationstechnologie in den Verwaltungen von Bund und Ländern – Vertrag zur Ausführung von Art. 91c des Grundgesetzes (GG). Eine seiner Aufgaben liegt in der Festlegung von Standards für die auszutauschenden Datenobjekte, Datenformate und Standards für Verfahren, die zur Datenübertragung erforderlich sind. Seine Beschlüsse haben jedoch lediglich Binnenwirkung innerhalb der Verwaltung, so dass sie nicht ohne Weiteres im elektronischen Rechtsverkehr der Verfahrensbeteiligten mit der Justiz gelten. Die für den internen Datenaustausch zulässigen technischen Rahmenbedingungen bieten aber – wie auch die Beschlüsse des e-Justice-Rates – Anhaltspunkte für die im gerichtlichen Verfahren zu wählenden technischen Rahmenbedingungen. Die Verordnung wird insb. zulässige Übermittlungswege für elektronische Dokumente mit qualifizierter elektronischer Signatur vorzusehen haben. Außerdem sind ergänzende Regelungen zu den sicheren Übermittlungswegen nach Abs. 4 Nr. 1 und 2 zu treffen sowie Maßgaben zu den zulässigen Dateiformaten, weiteren Dateieigenschaften und anderen technischen Parametern.

3. Absatz 3 (ab 01.01.2018)

Abs. 3 beschreibt die Anforderungen an die das Dokument verantwortende Person. Sie muss das elektronische Dokument mit einer qualifizierten elektronischen Signatur nach dem Signaturgesetz versehen oder einen sicheren Übermittlungsweg nutzen. Abschließend muss sie das elektronische Dokument signieren und damit die inhaltliche Verantwortung für das Dokument übernehmen. Als Dokument kommen – so die Gesetzesbegründung – sowohl die elektronische Mail selbst als auch eine angehängte Datei in Betracht. Zu signieren ist dann das Dokument, das die prozessrelevanten Erklärungen enthält. Das geschieht durch eine einfache Signatur nach dem Signaturgesetz. Sie kann durch Einfügen der Unterschrift in das Dokument erfolgen. Das entspricht den Anforderungen für die Telekopie in § 130 Nr. 6 ZPO. Mit der Signatur des Dokuments wird dieses abgeschlossen. Die Signatur dokumentiert auch, dass die vom sicheren Übermittlungsweg als Absender ausgewiesene Person mit der das elektronische Dokument verantwortenden Person identisch ist. Ist diese Identität nicht feststellbar, ist das elektronische Dokument nicht wirksam eingereicht.

Wird das elektronische Dokument weder qualifiziert elektronisch signiert noch auf einem sicheren Übermittlungsweg eingereicht, ist eine prozessual geforderte Schriftform nicht gewahrt. Nach bisherigem Recht sei es möglich, trotz Fehlens der qualifizierten elektronischen Signatur eine formwirksame Einreichung anzunehmen, weil die Pflicht zur Verwendung der qualifizierten elektronischen Signatur als Soll-Vorschrift ausgestaltet sei, so der Gesetzentwurf gegen die Rechtsprechung des BGH, aber mit der des BFH (dazu s. Rdn. 20 f.). Künftig wird die formwirksame Einreichung eines elektronischen Dokuments auch ohne qualifizierte elektronische Signatur nach dem Signaturgesetz möglich sein, allerdings nur, wenn ein anderer sicherer Übermittlungsweg genutzt wird.

Die Nutzung des sicheren Kommunikationswegs wird bei konventioneller Aktenführung nach § 298 Abs. 1 ZPO durch den Aktenausdruck dokumentiert. Dabei ist es ausreichend, wenn der Übermittlungsweg und das Übermittlungsdatum auf dem Ausdruck vermerkt werden. Alternativ kann bei Übermittlung in Dateiform nicht nur die Datei, sondern auch die elektronische Nachricht, mit der sie an das Gericht übermittelt wurde, für die Akten ausgedruckt werden. Der Nachricht lässt sich entnehmen, welcher sichere Übermittlungsweg genutzt wurde.

4. Absatz 4 (ab 01.01.2018)

Die Vorschrift definiert in Nr. 1, 2 und 3 drei sichere Übermittlungswege und lässt in Nr. 4 die Etablierung weiterer sicherer Übermittlungswege durch Rechtsverordnung zu.

39 Mit der in Nummer 1 genannten De-Mail steht nach Ansicht des Gesetzgebers seit dem Jahr 2012 ein Kommunikationsweg zur Verfügung, der bei sicherer Anmeldung einen für den Zivilprozess hinreichenden Grad an Authentizität der Teilnehmer sicherstellt. Denn die sichere Anmeldung i.S.d. § 4 Abs. 1 Satz 2 des De-Mail-Gesetzes setzt voraus, dass der Nutzer zwei geeignete und voneinander unabhängige Sicherungsmittel, z.B. eine Kombination aus Besitz und Wissen, einsetzt. Bestätigt der akkreditierte Diensteanbieter die sichere Anmeldung nach § 5 Abs. 5 Satz 2 De-Mail-Gesetz, muss er die gesamte Nachricht einschließlich eventueller Dateianhänge nach § 5 Abs. 5 Satz 3 De-Mail-Gesetz (i.d.F. des Entwurfs eines E-Government-Gesetzes) mit einer qualifizierten elektronischen Signatur versehen.

40 Nicht nur natürliche Personen, sondern auch juristische Personen sind berechtigt, Schriftsätze über De-Mail prozessual wirksam einzureichen. Ist eine juristische Person Nutzer i.S.d. De-Mail-Gesetzes, so muss diese gewährleisten, dass die Möglichkeit einer sicheren Anmeldung nur für befugte Personen besteht. Die juristische Person kann sich nicht nachträglich darauf berufen, die für sie sicher angemeldete Person sei nicht handlungsbefugt.

41 Die Regelung in Nr. 2 erfasst das bereits seit Jahren von allen Gerichten genutzte, bundesweit verfügbare Elektronische Gerichts- und Verwaltungspostfach (EGVP), wenn die Authentizität der Teilnehmer an diesem Übermittlungsweg durch einen sicheren Verzeichnisdienst hinreichend sichergestellt ist. Diese Bedingung wird erfüllt, wenn das elektronische Dokument von einem besonderen elektronischen Anwaltspostfach an die an das EGVP angeschlossene elektronische Poststelle des Gerichts übermittelt wird. Die rechtliche Grundlage für diesen bei der Bundesrechtsanwaltskammer geführten Verzeichnisdienst wird durch eine Änderung der Bundesrechtsanwaltsordnung in Art. 7 des Gesetzes zur Förderung des elektronischen Rechtsverkehrs mit den Gerichten vom 10. Oktober 2013[56] geschaffen. Für § 31a BRAO ist vorgesehen, dass die Bundesrechtsanwaltskammer für jeden Rechtsanwalt ein besonderes elektronisches Anwaltspostfach errichtet und führt. Die erforderliche Authentifizierung wird dadurch gewährleistet, dass die Postfachadresse und die Zugangsberechtigung von der Rechtsanwaltskammer erst nach Überprüfung der Zulassung vergeben werden. Der Übermittlungsweg nach Nummer 2 kann darüber hinaus auch von anderen Personen genutzt werden, wenn für sie ein entsprechender, auf gesetzlicher Grundlage errichteter Verzeichnisdienst besteht.

42 Die Nr. 3 ist durch eine Beschlussempfehlung des Rechtsausschusses vom 12. Juni 2013 eingebracht worden, um den Anliegen des Bundesrats Rechnung zu tragen. Ohne diese Regelung stünde für Behörden und juristische Personen des öffentlichen Rechts nur die Übermittlung per De-Mail zur Verfügung, jedenfalls solange die Rechtsverordnung nach Nr. 3 nicht erlassen ist. Ein sicherer Übermittlungsweg unter Verwendung des Elektronischen Gerichts- und Verwaltungspostfachs (EGVP) ist nach Nr. 2 nur bei Nutzung des besonderen elektronischen Anwaltspostfachs vorgesehen. Von Behörden wird das EGVP jedoch bereits in großem Umfang verwendet und ist in die bestehende IT-Landschaft integriert. Durch Nr. 3 soll daher ein sicheres Postfach für Behörden und juristische Personen des öffentlichen Rechts vorgesehen werden, das nach Durchführung eines Identifizierungsverfahrens eingerichtet worden sein muss. Im Freischaltverfahren ist der Nachweis der Identität der Zugangsberechtigten bei der Stelle, die das Postfach verwaltet, zu hinterlegen. Ein Behördenpostfach erfüllt die Voraussetzungen für einen sicheren Übermittlungsweg, wenn die Authentizität des übermittelten Dokuments durch wirksame Zugangskontrollen sichergestellt wird. Es bietet sich hierbei – so die Ausschussbegründung – an, das Authentifizierungsverfahren über einen sicheren Verzeichnisdienst zu regeln. Der Zugangsberechtigte kann sich dann darüber sicher anmelden. Eine Übermittlung aus diesem Postfach an die elektronische Poststelle des Gerichts soll ebenfalls einen sicheren Übermittlungsweg begründen. Auf eine nähere gesetzliche Ausgestaltung des sicheren Verzeichnisdienstes wie in den §§ 31a, 31b BRAO könne bei dem sicheren Postfach für Behörden und juristische Personen des öffentlichen Rechts verzichtet werden, um die elektronische Kommunikation zwischen Gerichten und Behörden über EGVP, die sich bereits etabliert hat, nicht

---

56 BGBl. I, S. 3786.

durch bürokratische Hemmnisse zu belasten. Die Einzelheiten des Behördenpostfachs werden – so auch die Begründung des Ausschusses – in der Rechtsverordnung für Formate und Übermittlungswege bestimmt. Zum Erlass dieser Verordnung ist die Bundesregierung nach Abs. 2 ermächtigt. Die technische und organisatorische Ausgestaltung dieses Verzeichnisdienstes kann sich an dem Verzeichnisdienst des besonderen elektronischen Anwaltspostfachs orientieren.

Nr. 4 erlaubt es technologieoffen, die elektronische Kommunikation durch Rechtsverordnung mit Zustimmung des Bundesrates zukünftigen technischen Entwicklungen auf dem Gebiet der Übermittlungswege zeitnah anzupassen. 43

5. Absatz 5 (ab 01.01.2018)

Satz 1 entspricht dem Regelungsgehalt des bisherigen Absatzes 3. Satz 2 sieht vor, dass dem Absender zum Nachweis des Zugangs eine automatisierte Eingangsbestätigung zu erteilen ist. Diese ist auch durch § 5 Abs. 8 Satz 1 De-Mail-Gesetz in der De-Mail-Infrastruktur vorgesehen. Hierdurch soll der Absender unmittelbar und ohne weiteres Eingreifen eines Justizbediensteten Gewissheit erlangen, ob eine Übermittlung an das Gericht erfolgreich war oder ob weitere Bemühungen zur erfolgreichen Übermittlung des elektronischen Dokuments erforderlich sind. 44

6. Absatz 6 (ab 01.01.2018)

Satz 1 dieses Absatzes greift den Regelungsgehalt des bisherigen Abs. 1 Satz 3 auf, um ihn zu präzisieren. Jetzt wird ausdrücklich angeordnet, dass die Fehlermeldung über ein falsches Dateiformat unverzüglich zugehen muss, damit der Absender das Dokument ohne Zeitverzögerung auf ein zugelassenes Dateiformat umstellen kann. Die in Satz 1 genannten technischen Rahmenbedingungen können im Hinblick auf die Dateiformate aus der Verordnung des Bundes mit Zustimmung des Bundesrates nach Abs. 2 Satz 2 entnommen werden. Zur Stärkung des Nutzervertrauens ordnet Satz 2 an, dass ein elektronisches Dokument, das nicht den technischen Rahmenbedingungen entspricht, gleichwohl fristwahrend eingegangen ist, wenn der Absender nach Erhalt der Fehlermeldung nach Satz 1 unverzüglich ein technisch lesbares Dokument einreicht und glaubhaft macht, dass das bearbeitungsfähige Dokument und das zuerst eingereichte Dokument inhaltlich übereinstimmen. Gerade bei falscher Formatwahl wird i.d.R. ein Verschulden des Absenders vorliegen, weshalb eine Wiedereinsetzung regelmäßig nicht in Betracht käme. Durch Satz 2 soll der Rechtsprechung des BVerfG[57] Rechnung getragen werden, wonach der Zugang zu den Gerichten durch Anforderungen des formellen Rechts, wie etwa Formatvorgaben, nicht in unverhältnismäßiger Weise erschwert werden darf. Daher – so die Gesetzesbegründung – dürfe ein Formatfehler, wenn er unverzüglich korrigiert werde, nicht zum Rechtsverlust einer Partei führen, sofern diese durch Vorlage eines Papierausdrucks den Inhalt des nicht bearbeitungsfähigen Dokuments und die Übereinstimmung mit dem nachträglich in richtigem Format eingereichten Dokument glaubhaft mache. Die Fiktion des früheren Eingangs soll auch für die Rechtswirkungen des Eingangs in § 167 ZPO gelten. 45

Wird die elektronische Kommunikation mit dem Gericht durch einen Defekt auf Seiten des Gerichts gestört, ist eine darauf zurückzuführende Unlesbarkeit des Dokuments unschädlich, sofern der Inhalt des Dokuments nachträglich einwandfrei feststellbar ist. Insoweit kann die zur Faxübermittlung ergangene Rechtsprechung herangezogen werden. Ist wegen einer technischen Störung auf Seiten der Justiz gar keine Kommunikation mit dem Gericht möglich, besteht wegen einer darauf beruhenden Fristversäumnis ein Wiedereinsetzungsgrund.[58] Der Absender muss dann auch keine andere Art der Einreichung wählen. 46

Satz 2 bezieht sich nur auf elektronische Dokumente, die die unmittelbar im Gesetz vorgesehenen Formvoraussetzungen erfüllen, also entweder mit qualifizierter Signatur oder auf einem sicheren Übermittlungsweg eingereicht wurden. Nicht erfasst sind elektronische Dokumente ohne 47

---

57 Vgl. Kammerbeschluss v. 22.10.2004 – 1 BvR 894/04, NJW 2005, 814.
58 BVerfG, 01.08.1996 – 1 BvR 121/95, NJW 1996, 2857.

qualifizierte elektronische Signatur, die per einfacher E-Mail oder per De-Mail ohne eine sichere Anmeldung des Absenders an das Gericht gesandt worden sind. Die Vorschrift soll nach der Gesetzesbegründung eng ausgelegt werden und nur den Irrtum über die in der Verordnung in Abs. 2 niedergelegten technischen Rahmenbedingungen erfassen, nicht jedoch den Verstoß gegen die Mindestanforderungen in Abs. 3, da eine Heilung nicht möglich sei, wenn Authentizität und Integrität des elektronischen Dokuments nicht hinreichend gesichert seien. In einem solchen Fall wird das Gericht – wie bei einer fehlenden Unterschrift unter einem Schriftsatz in Papierform – dem Absender regelmäßig unverzüglich einen Hinweis erteilen, damit dieser den Mangel im eigenen Interesse einer Fristwahrung noch beheben kann. Eine Pflicht des Gerichtes, wie für andere Fälle in Abs. 6 besonders angeordnet, soll aber insoweit nicht bestehen.

Vorbemerkungen zu §§ 46c–f

Übersicht

		Rdn.
I.	Allgemeines	1
II.	Änderungen aufgrund des Justizkommunikationsgesetzes	11
	1. Allgemeines	11
	2. Die wesentlichen Änderungen im arbeitsgerichtlichen Verfahren im Überblick	19
III.	Anwendbarkeit von ZPO-Vorschriften aufgrund der Verweisung durch § 46 Abs. 2	19
IV.	Elektronische Bearbeitung von Schriftsätzen in der Praxis	20

I. Allgemeines

1 Durch Art. 4 des am 12.12.2008 in Kraft getretenen Gesetzes zur Verbesserung der grenzüberschreitenden Forderungsdurchsetzung und Zustellung vom 30.10.2008[1] sind aus den §§ 46b bis 46 d die §§ 46c bis 46e geworden. Inhaltlich hat sich an diesen Vorschriften nichts geändert. Es ist ein neuer § 46b eingefügt worden, der das Mahnverfahren betrifft und daher systematisch an § 46a angehängt worden ist. § 46c (bis zum 11.12.2008 § 46b) sowie die aufgrund des Justizkommunikationsgesetzes vom 22.03.2005[2] am 01.04.2005 in Kraft getretenen §§ 46d und 46e (bisher § 46c und § 46d) sollen den elektronischen Rechtsverkehr mit den Gerichten und die Verarbeitung innerhalb der Gerichte der Arbeitsgerichtsbarkeit ermöglichen. Während sich aus § 46c die Anforderungen bei der **Einreichung** elektronischer Dokumente ergeben, regelt § 46d das Formerfordernis bei **gerichtsinternen elektronischen Dokumenten** und § 46e die Einführung der **elektronischen Akte**.

2 Durch das Gesetz zur Förderung des elektronischen Rechtsverkehrs mit den Gerichten vom 10. Oktober 2013 (BGBl. I 2013, S. 3786 – GFeRmG) wird § 46c für die Zeit ab dem 1. Januar 2018 vollständig neu gefasst. Die Änderung des § 46c entspricht der neuen Fassung des § 130a ZPO. An die Stelle der Abs. 2 und 3 des § 46e tritt ebenfalls am 1. Januar 2018 ein inhaltlich veränderter Abs. 2. Bereits am 1. Juli 2014 ist ein § 46f angefügt worden. Er ermöglicht die Einführung elektronischer Formulare durch das BMAS. Neu eingefügt wird per 1. Januar 2022 ein § 46g, der eine Nutzungspflicht für Rechtsanwälte, Behörden und vertretungsberechtigte Personen vorsieht.

3 Für die Zeitpunkte des Inkrafttretens der jeweiligen Bestimmungen und Verordnungsermächtigungen sehen Art. 24 und 25 des Gesetzes noch Abweichungen vor. So können die Landesregierungen u.a. bestimmen, dass die Nutzungspflicht nach § 46g bereits ab dem 1. Januar 2020 beginnt. Sie können also die Einführung von § 46g, aber auch von anderen Vorschriften um zwei Jahre vorziehen. Das Inkrafttreten anderer Vorschriften kann bis zum 31. Dezember 2019 hinausgeschoben werden, z.B. § 46c n.F.

---

[1] BGBl. I, S. 2122.
[2] BGBl. I, S. 837.

Die gesetzliche Neuregelung ist Konsequenz aus der Feststellung, dass die Nutzung des elektronischen Rechtsverkehrs mit den Gerichten in Deutschland bisher in den zehn Jahren seit der Einführung weit hinter den Erwartungen zurückgeblieben ist.[3] Verantwortlich sein soll das fehlende Nutzervertrauen in die tatsächlichen und rechtlichen Rahmenbedingungen der elektronischen Kommunikation mit den Gerichten. Zum einen beruhe dies auf der mangelnden Akzeptanz der – für die formgerechte Einreichung notwendigen – qualifizierten elektronischen Signatur. Zum anderen reichten auch die tatsächlichen und rechtlichen Möglichkeiten der Einreichung elektronischer Dokumente nicht aus. Der elektronische Zugang zur Justiz soll durch entsprechende bundeseinheitliche Regelungen in der Zivilprozessordnung (ZPO) und den anderen Verfahrensordnungen erweitert werden. Dazu soll nun eine technologieneutrale Regelung geschaffen werden, die eine anwenderfreundliche Kommunikation sowohl per De-Mail als auch über das EGVP oder andere genauso sichere elektronische Kommunikationswege ohne qualifizierte elektronische Signatur ermöglicht. 4

Auch wenn die Neuregelungen z.T. erst 2018 bzw. 2022 in Kraft treten, sind sie zum Teil bereits mitkommentiert. Rechtsanwender müssen sich – insbesondere technisch – rechtzeitig darauf vorbereiten. 5

Durch das Gesetz zur Förderung des elektronischen Rechtsverkehrs mit den Gerichten vom 10. Oktober 2013 (BGBl. I 2013, S. 3786 – GFeRmG) sind im Übrigen eine Vielzahl weiterer Vorschriften geändert worden oder werden in den nächsten Jahren geändert, z.B. auch §§ 46a, 62, 85 ArbGG, 169, 174, 182, 195, 298, 298a, 317, 329, 371a, 371b, 416a, 555, 565, 593, 689, 690,697, 699, 829a ZPO. Hinsichtlich der Einreichung von Schutzschriften werden ein § 945a und ein § 945b ZPO eingefügt. Auf die einzelnen Änderungen wird im Rahmen der jeweiligen Kommentierung eingegangen. 6

§ 46c ist (ursprünglich als § 46b) durch das »Gesetz zur Anpassung der Formvorschriften des Privatrechts und anderer Vorschriften an den modernen Rechtsverkehr – Form-VAnpG« vom 13.07.2001[4] mit Wirkung vom 01.08.2001 in das ArbGG eingefügt worden. Durch dieses Gesetz sind die EG-Richtlinie 1999/93/EG vom 13.12.1999 über die gemeinschaftlichen Rahmenbedingungen für elektronische Signaturen[5] sowie die Richtlinie 2000/31/EG vom 08.06.2000 über den elektronischen Geschäftsverkehr[6] umgesetzt worden. Die **elektronische Signatur** soll die Unterschrift ersetzen. Die elektronische Übertragung wird zu Beweiszwecken zugelassen. 7

Die Regelung steht im Zusammenhang mit der Umsetzung zweier weiterer Richtlinien[7] durch das »Gesetz über Rahmenbedingungen für elektronische Signaturen und zur Änderung weiterer Vorschriften – SigG« vom 16.05.2001.[8] Dort sind die wesentlichen Begriffe definiert. 8

§ 46c ist **wortgleich** mit § 130a ZPO; wegen § 46 Abs. 2 wäre eine Aufnahme in das ArbGG nicht erforderlich gewesen. Eine Sondervorschrift für Mahnanträge in »maschinell lesbarer Form« stellt § 690 Abs. 3 ZPO dar. 9

Elektronische Dokumente werden außerdem in § 292a, § 299 Abs. 3, § 299a und in § 371 Satz 1 ZPO behandelt, die ebenfalls durch das **FormVAnpG** vom 13.07.2001 mit Wirkung vom 01.08.2001 in Kraft getreten sind und über § 46 Abs. 2 auch für das arbeitsgerichtliche Verfahren gelten: 10
– § 292a ZPO: Danach kann der Anschein der Echtheit einer in elektronischer Form[9] vorliegenden Willenserklärung, der sich aufgrund der Prüfung nach dem Signaturgesetz ergibt, nur durch Tatsachen erschüttert werden, die ernstliche Zweifel daran begründen, dass die Erklärung mit dem Willen des Signaturschlüssel-Inhabers abgegeben worden ist.

---

3 So der Gesetzentwurf der Bundesregierung vom 06.03.2013 in BT-Drs. 17/12634, S. 1.
4 BGBl. I, 1542.
5 ABl. EG Nr. L 13, S. 12.
6 ABl. EG Nr. L 178, S. 1.
7 98/48/EG vom 20.07.1998 und 98/34/EG vom 22.06.1998.
8 BGBl. I, S. 876.
9 § 126a BGB.

Kloppenburg

- § 299 Abs. 3 ZPO: Soweit die Prozessakten als elektronische Dokumente vorliegen, ist die Akteneinsicht auf Ausdrucke beschränkt. Die Ausdrucke sind von der Geschäftsstelle zu fertigen.
- § 299a ZPO: Sind die Prozessakten nach ordnungsgemäßen Grundsätzen zur Ersetzung der Urschrift auf einen Bild- oder anderen Datenträger übertragen worden und liegt der schriftliche Nachweis darüber vor, dass die Wiedergabe mit der Urschrift übereinstimmt, so können Ausfertigungen, Auszüge und Abschriften von dem Bild- oder dem Datenträger erteilt werden. Auf der Urschrift anzubringende Vermerke werden in diesem Fall bei dem Nachweis angebracht.
- § 371 Abs. 1 Satz 2 ZPO: Ist ein elektronisches Dokument Gegenstand des Beweises, wird der Beweis durch Vorlegung oder Übermittlung der Datei angetreten.

II. Änderungen aufgrund des Justizkommunikationsgesetzes

1. Allgemeines

11 Ziel des Gesetzes war es, den elektronischen Rechtsverkehr und v.a. auch den technischen Einsatz innerhalb der Gerichte zu ermöglichen/erleichtern. Kernpunkte sind daher u.a. die **Einführung der elektronischen Akte** und die Überarbeitung der Vorschriften zur elektronischen Kommunikation in den Verfahrensordnungen.

12 In der Zivilprozessordnung sowie in den weiteren Verfahrensordnungen sind Anpassungen an die Erfordernisse einer elektronischen Aktenbearbeitung vorgenommen worden. Dazu ist das **gerichtliche** elektronische Dokument als Äquivalent zu der Papierform in die Verfahrensordnungen eingeführt und im Hinblick auf Signaturerfordernis und Beweiskraft ausgestaltet worden. Elektronische Parallelformen für das Anbringen von Vermerken oder für eine Verbindung von Dokumenten sollen normiert werden.

13 Durch die §§ 46d und 46e soll **zusätzlich** zu der bereits auf der Grundlage des geltenden Rechts möglichen elektronischen Kommunikation zwischen Gericht und Verfahrensbeteiligten die **elektronische Aktenführung** ermöglicht werden. Mit dem Justizkommunikationsgesetz werden die folgenden Ziele verfolgt:
- Die Kommunikation zwischen dem Gericht und den Verfahrensbeteiligten wird beschleunigt.
- Der Akten- und Dokumententransfer wird beschleunigt.
- Die Akten sind kontinuierlich verfügbar.
- Verschiedene Bearbeiter können gleichzeitig zugreifen.
- Eine örtlich unabhängige Aktenbearbeitung wird ermöglicht.
- Der Akteninhalt kann besser ausgewertet, dargestellt und verarbeitet werden.
- Die elektronische Akte bietet einfache, komfortable und schnelle Suchmöglichkeiten.
- Redundante Daten werden vermieden.
- Statistik und Verwaltung von Daten werden vereinfacht und beschleunigt.

14 Die vorherigen Formerfordernisse sollten – sofern dies möglich ist – durch die Anforderungen, die für die Nutzung eines elektronischen Übertragungswegs aufgestellt worden sind, qualitativ unverändert bleiben. Das Gesetz differenziert zwischen einfacher und qualifizierter elektronischer Signatur, die auf einem dauerhaft überprüfbaren Zertifikat beruht. Dadurch werden die Unterschiede des früheren Rechts auf die elektronische Arbeit übertragen.

15 Eine qualifizierte elektronische Signatur wird von akkreditierten Zertifizierungsdienstleistern angeboten. Eine **einfache Signatur** *(z.B. der Namenszusatz)* soll dann ausreichen, wenn das Gesetz bisher bereits keine besondere Form vorschreibt und keine Gewähr für die Identität des Signierenden oder die Authentizität des Inhalts erforderlich ist. Die **qualifizierte elektronische Signatur** verlangt einen öffentlichen und einen persönlichen Signaturschlüssel. Diese Schlüssel werden von einer Zertifizierungsstelle ausgegeben. Der Inhaber dieser Schlüssel erhält eine Smartcard, welche beide Schlüssel enthält und mit einer persönlichen PIN nur durch den Inhaber berechtigt verwendet werden kann. Dadurch werden beim Signieren die Identität des Adressaten und die Authentizität des Inhalts des Dokumentes sichergestellt.

Die Einführung von Regelungen für den Umgang mit elektronischen Dokumenten als Beweismittel hat zu einer **Anpassung an die Rechtssysteme einiger europäischer Nachbarländer geführt**, allerdings noch nicht zu einer Vereinheitlichung. Sie setzt für den Bereich der gerichtlichen Verfahren die Vorgabe des Art. 5 der Richtlinie 1999/93/EG des Europäischen Parlaments und des Rates vom 13.12.1999 über gemeinschaftliche Rahmenbedingungen für elektronische Signaturen[10] um.

2. Die wesentlichen Änderungen im arbeitsgerichtlichen Verfahren im Überblick

a) Regelungen, deren Wortlaut eng mit der Papierform verknüpft ist, werden sprachlich angepasst. Der Begriff »Vordruck« wird deshalb durch »Formular« ersetzt, der Begriff »Schriftstück« durch »Dokument«, die Begriffe »Übergabe« und »Übersendung« durch »Übermittlung«.

b) Soweit die ZPO die Schriftform und die handschriftliche Unterzeichnung vorsieht, genügt dieser Form bei elektronischer Aufzeichnung die Hinzufügung des Namens sowie eine qualifiziert elektronische Signatur.

c) An verschiedenen Stellen sieht die ZPO die Anbringung eines gesonderten Vermerks *(Berichtigungsvermerk, Ausfertigungsvermerk, Verkündungsvermerk etc.)* vor. Der Gesetzentwurf geht davon aus, dass ein qualifiziert signiertes Dokument nicht mehr inhaltlich verändert werden kann, ohne die Signatur zu zerstören. Aus diesem Grunde werden Ergänzungen sowie Berichtigungen in einem gesonderten Dokument festgehalten und dieses mit dem Ursprungsdokument untrennbar verbunden.

d) Um ein effizientes elektronisches Arbeiten und eine elektronische Aktenführung zu ermöglichen, werden Vorschriften eingefügt, welche das Führen einer elektronischen Akte und gleichzeitig den Transfer von Papierform in elektronische Form und umgekehrt ermöglichen.

e) Die Zivilprozessordnung lässt an verschiedenen Stellen[11] die formlose Mitteilung genügen. Von der Rechtsprechung ist anerkannt, dass eine formlose Mitteilung auch die fernmündliche Mitteilung gerichtlicher Beschlüsse und Verfügungen zulässt. Die genannten Vorschriften sollen nun auch die Mitteilung gerichtlicher Beschlüsse und Verfügungen, die ihrerseits dem Signaturzwang unterliegen, durch unsignierte E-Mails erlauben.

f) Das elektronische Dokument unterfällt dem Beweis durch Augenschein. Ein in Papierform vorliegendes Schriftstück ist dem Beweis durch Urkunden zugänglich. Durch das Formvorschriftenanpassungsgesetz vom 13.07.2001[12] wurde im Zivilrecht die Möglichkeit geschaffen, Verträge in elektronischer Form abzuschließen. Zukünftig wird daher verstärkt mit elektronischen Beweismitteln oder mit Ausdrucken von elektronischen Dokumenten zu rechnen sein. Daraus ergeben sich verschiedene Probleme:
– die Beweiskraft elektronischer Dokumente
– die Behandlung der Ausdrucke von privaten elektronischen Dokumenten.
Das Justizkommunikationsgesetz sieht zur Lösung dieser Problembereiche vor, dass auf öffentliche und private elektronische Dokumente[13] die Vorschriften über die Beweiskraft der jeweiligen Urkundsart entsprechend angewendet werden.

g) Für das **arbeitsgerichtliche Verfahren** bewirkte das Justizkommunikationsgesetz neben einer Änderung des § 46b (jetzt § 46c) und der Einfügung der §§ 46c, 46d (jetzt §§ 46d und 46e) konkret insb., dass
– in § 11a Abs. 4 und § 46a Abs. 8 Satz 1 und 2 das Wort »Vordrucke« jeweils durch das Wort »Formulare« ersetzt wurde,
– die Wörter »Übergabe« bzw. »Übersendung« durch das Wort **»Übermittlung«** ersetzt wurden in § 50 Abs. 1 Satz 1, § 60 Abs. 4 Satz 3 und Satz 4, § 63,
– in § 63 Satz 2 nach dem Wort »Urteilsabschriften« die Wörter »oder das **Urteil in elektronischer Form**« eingefügt worden sind.

---

10 ABl. EG Nr. L 013, S. 12.
11 Z.B. § 104 Abs. 1 Satz 4, § 251a Abs. 2 Satz 3, § 270, § 329 Abs. 2 Satz 1, § 497 Abs. 1 Satz 1.
12 BGBl. I, S. 1542.
13 §§ 371a Abs. 1 und 2, 416a ZPO.

III. Anwendbarkeit von ZPO-Vorschriften aufgrund der Verweisung durch § 46 Abs. 2

19 Soweit §§ 46c bis 46e keine Sonderregelungen enthalten, finden die aufgrund des Justizkommunikationsgesetzes eingefügten Vorschriften der ZPO ergänzend Anwendung.

IV. Elektronische Bearbeitung von Schriftsätzen in der Praxis

20 Beim **BAG** können bereits seit dem 01.04.2006 rechtswirksam elektronische Dokumente eingereicht werden. Schriftsätze und Dokumente können über eine gesicherte Verbindung direkt in ein elektronisches Postfach eingelegt werden. Verfahrensbeteiligte können sich für den Empfang von elektronischen Dokumenten ein **Postfach** einrichten. Mit dem elektronischen Gerichts- und Verwaltungspostfach können elektronische Dokumente zwischen den Verfahrensbeteiligten und dem BAG ausgetauscht werden. Die notwendige **Software** kann kostenlos mit allen Zusatzprogrammen über die Internetseite des BAG heruntergeladen werden. Dort finden sich auch weitere Informationen zum elektronischen Rechtsverkehr.[14] Auch förmliche Zustellungen, z.B. an den Anwalt des Prozessgegners, erfolgen inzwischen auf diesem Wege, vorausgesetzt, der Empfänger nimmt am elektronischen Rechtsverkehr teil. Die elektronisch eingegangenen Schriftsätze können auch intern an die zuständigen Richterinnen und Richter weitergeleitet werden. Diese können Anordnungen und Verfügungen ebenfalls in elektronischer Form direkt am Bildschirm erstellen und von der Geschäftsstelle elektronisch zustellen lassen.

21 Inzwischen verfügen zahlreiche Gerichte über diese Möglichkeiten. Einen genauen Überblick finden Sie auf der Homepage des BAG.[15] Dabei halfen die Vorarbeiten zu BundOnline 2005: Die virtuelle Poststelle als zentrale Komponente von BundOnline ist an die Bedürfnisse der jeweiligen Gerichte angepasst und dadurch fortentwickelt worden. Dennoch haben sich die Umsetzungserwartungen nicht erfüllt. Das hat zu der gesetzlichen Neuregelung durch das Gesetz zur Förderung des elektronischen Rechtsverkehrs mit den Gerichten vom 10. Oktober 2013 (BGBl. I 2013, S. 3786 – GFeRmG) geführt, die unter Rdn. 2 ff. beschrieben ist.

§ 46d Gerichtliches elektronisches Dokument

Soweit dieses Gesetz dem Richter, dem Rechtspfleger, dem Urkundsbeamten der Geschäftsstelle oder dem Gerichtsvollzieher die handschriftliche Unterzeichnung vorschreibt, genügt dieser Form die Aufzeichnung als elektronisches Dokument, wenn die verantwortenden Personen am Ende des Dokuments ihren Namen hinzufügen und das Dokument mit einer qualifizierten elektronischen Signatur versehen.

1 Durch Art. 4 des am 12.12.2008 in Kraft getretenen Gesetzes zur Verbesserung der grenzüberschreitenden Forderungsdurchsetzung und Zustellung vom 30.10.2008[1] ist ein neuer § 46b eingefügt worden, der das Mahnverfahren betrifft und daher systematisch an § 46a angehängt worden ist. **Aus dem bisherigen § 46c ist § 46d geworden.** Inhaltlich hat sich nichts geändert. Auch eine in elektronischer Form geführte Akte muss bestimmten **Formerfordernissen** genügen. Diese werden durch die Vorschrift an die neuen technischen Gegebenheiten angepasst. Durch das SGGArbGG-Änderungsgesetz[2] ist die Regelung mit Wirkung vom 01.04.2008 auf **Gerichtsvollzieher** ausgedehnt und auch im Übrigen der Formulierung des § 130b ZPO angeglichen worden. Dabei ist **wohl übersehen** worden, dass die Gerichtsvollzieher bewusst in der Vorschrift nicht erwähnt worden waren. Das ArbGG schreibt den Gerichtsvollziehern nämlich an keiner Stelle die handschriftliche Unterzeichnung vor. Durch das Gesetz zur Förderung des elektronischen Rechtsverkehrs mit den Gerichten vom 10. Oktober 2013 (BGBl. I 2013 Nr. 62, S. 3786 – GFeRmG) wird sich die

---

14 S. dazu auch: Düwell FA 2006, 172.
15 Www.bundesarbeitsgericht.de sowie unter www.egvp.de.
1 BGBl. I, S. 2122.
2 BGBl. I, S. 444.

Vorschrift nicht ändern. Es wird wohl davon ausgegangen, dass die durch die Neuregelung vorgesehenen Vereinfachungen für den Datenaustausch zwischen Dritten und der Justiz innerhalb der Gerichte nicht erforderlich sind.

Das Gesetz schreibt nicht nur den Parteien,[3] sondern auch den **Richtern, Rechtspflegerinnen und Urkundsbeamten der Geschäftsstelle**[4] die handschriftliche Unterzeichnung vor. Die Vorschrift bestimmt, dass diese Form die Aufzeichnung als elektronisches Dokument genügt, wenn die verantwortenden Personen am Ende des Dokuments ihren Namen hinzufügen und das Dokument jeweils mit einer qualifizierten elektronischen Signatur nach dem Signaturgesetz versehen. 2

Die handschriftliche Unterzeichnung wird also durch eine qualifizierte elektronische Signatur der Richterin, des Rechtspflegers, Urkundsbeamten der Geschäftsstelle oder der Gerichtsvollzieherin ersetzt. Ggf. sind Mehrfachsignierungen erforderlich. Zudem haben die Signierenden ihren **Namen am Ende des Dokuments** anzugeben, damit für die Leserin nachvollziehbar ist, wer das Dokument verantwortet. Stimmen Namensangabe und Signaturinhaber nicht überein, ist das elektronische Dokument mit einem Formmangel behaftet. Dasselbe gilt, wenn es gar nicht mit einer oder nicht mit einer signaturgesetzkonformen Signatur versehen worden ist. 3

Die Rechtsfolgen dieser Mängel der elektronischen Form sind – wie die entsprechenden Mängel der Schriftform – nicht ausdrücklich gesetzlich geregelt. Es ist zu entscheiden wie bei einer fehlenden Unterschrift.[5] Die Wirksamkeit formvorschriftswidriger elektronischer Dokumente richtet sich nach denselben Maßstäben. 4

§ 46e Elektronische Akte

(1) ¹Die Prozessakten können elektronisch geführt werden. ²Die Bundesregierung und die Landesregierungen bestimmen für ihren Bereich durch Rechtsverordnung den Zeitpunkt, von dem an elektronische Akten geführt werden sowie die hierfür geltenden organisatorisch-technischen Rahmenbedingungen für die Bildung, Führung und Aufbewahrung der elektronischen Akten. ³Die Landesregierungen können die Ermächtigung durch Rechtsverordnung auf die jeweils zuständige oberste Landesbehörde übertragen. ⁴Die Zulassung der elektronischen Akte kann auf einzelne Gerichte oder Verfahren beschränkt werden.

(2) ¹In Papierform eingereichte Schriftstücke und sonstige Unterlagen sollen zur Ersetzung der Urschrift in ein elektronisches Dokument übertragen werden. ²Die Unterlagen sind, sofern sie in Papierform weiter benötigt werden, mindestens bis zum rechtskräftigen Abschluss des Verfahrens aufzubewahren.

(3) Das elektronische Dokument muss den Vermerk enthalten, wann und durch wen die Unterlagen in ein elektronisches Dokument übertragen worden sind.

Ab dem 01.01.2018 wird § 46e wie folgt gefasst:

»§ 46e Elektronische Akte

(1) ¹Die Prozessakten können elektronisch geführt werden. ²Die Bundesregierung und die Landesregierungen bestimmen für ihren Bereich durch Rechtsverordnung den Zeitpunkt, von dem an elektronische Akten geführt werden sowie die hierfür geltenden organisatorisch-technischen Rahmenbedingungen für die Bildung, Führung und Aufbewahrung der elektronischen Akten. ³Die Landesregierungen können

---

[3] Dazu § 46b.
[4] Z.B. für Urteil, Beschluss, Protokoll.
[5] Vgl. dazu Zöller/Vollkommer ZPO, § 315 Rn 2 f.

die Ermächtigung durch Rechtsverordnung auf die jeweils zuständige oberste Landesbehörde übertragen. ⁴Die Zulassung der elektronischen Akte kann auf einzelne Gerichte oder Verfahren beschränkt werden.

(2) ¹In Papierform eingereichte Schriftstücke und sonstige Unterlagen sollen nach dem Stand der Technik in ein elektronisches Dokument übertragen werden. ²Es ist sicherzustellen, dass das elektronische Dokument mit den eingereichten Schriftstücken und sonstigen Unterlagen bildlich und inhaltlich übereinstimmt. ³Die in Papierform eingereichten Schriftstücke und sonstigen Unterlagen können sechs Monate nach der Übertragung vernichtet werden, sofern sie nicht rückgabepflichtig sind.«

Übersicht	Rdn.		Rdn.
I. Einführung der elektronischen Akte (Abs. 1)	1	III. Übertragung der Papierform in elektronische Dokumente (Abs. 2) i.d.F. ab dem 1. Januar 2018	6
II. Übertragung der Papierform in elektronische Dokumente (Abs. 2 und 3)	4		

I. Einführung der elektronischen Akte (Abs. 1)

1   Durch Art. 4 des am 12.12.2008 in Kraft getretenen Gesetzes zur Verbesserung der grenzüberschreitenden Forderungsdurchsetzung und Zustellung vom 30.10.2008[1] ist ein neuer § 46b eingefügt worden, der das Mahnverfahren betrifft und daher systematisch an § 46a angehängt worden ist. **Aus dem bisherigen § 46d ist § 46e geworden.** Inhaltlich hat sich nichts geändert. § 46e soll die Möglichkeit schaffen, Prozessakten elektronisch zu führen, d.h. das gesamte Schreibwerk eines Verfahrens in elektronischer Form anzulegen und zu bearbeiten. Die Norm ist durch das SGGArbGG-Änderungsgesetz[2] zum 01.04.2008 geringfügig geändert worden. Die Streichung des Wortes »können« in Abs. 1 Satz 2 und das Einfügen des Wortes »mindestens« in Abs. 2 Satz 2 gleicht die Regelung an den nunmehr wortgleichen § 298a ZPO an. Ab dem von der Bundesregierung und den Landesregierungen bestimmten Zeitpunkt, ab dem elektronische Akten geführt werden, ist das Führen der elektronischen Akten obligatorisch. In Papierform eingereichte Schriftstücke und Unterlagen müssen, sofern sie in Papierform weiter benötigt werden, mindestens bis zum rechtskräftigen Abschluss des Verfahrens aufbewahrt werden.[3] Durch das Gesetz zur Förderung des elektronischen Rechtsverkehrs mit den Gerichten vom 10. Oktober 2013 (BGBl. I 2013 Nr. 62, S. 3786 – GFeRmG) tritt an die Stelle der Abs. 2 und 3 am 1. Januar 2018 ein inhaltlich veränderter Abs. 2.

2   Wie bei § 46c bedarf es besonderer **Rechtsverordnungen** des Bundes und der Länder, die den konkreten Zeitpunkt bestimmen, von dem an elektronische Akten geführt werden können. Zeitgleich müssen die organisatorischen Rahmenbedingungen für die Bildung, Führung und Aufbewahrung der elektronischen Akten festgelegt werden.

3   Abs. 1 Satz 3 sieht eine Subdelegationsbefugnis auf die jeweils zuständigen obersten Landesbehörden vor. Es bietet sich an, einheitliche Verordnungen für § 46c bis § 46e zu schaffen. Es ist möglich, die Zulassung der elektronischen Akte auf einzelne Gerichte oder Verfahren zu beschränken. Wie bei § 46c können also Testphasen an **Pilotgerichten** durchgeführt werden. Der Begriff »Verfahren« ist allerdings undeutlich und sollte konkretisiert werden. Die Regelung wird u.a. durch § 298 ZPO (Ausdruck eines elektronischen Dokuments) und § 299 Abs. 3 ZPO (Einsichtnahme) ergänzt.

II. Übertragung der Papierform in elektronische Dokumente (Abs. 2 und 3)

4   Abs. 2 der Vorschrift entspricht der Fassung des § 298a Abs. 2 ZPO, die dieser durch das Justizkommunikationsgesetz erhalten hat. Sie regelt die Verfahrensweise für einen **Medientransfer** von der Papierform zu einem elektronischen Dokument, falls die Akten elektronisch geführt werden.

---

[1] BGBl. I, S. 2122.
[2] BGBl. I, S. 444.
[3] So die Gesetzesbegründung BT-Drs. 16/7716, S. 23.

Auch nach einer Umstellung auf elektronische Aktenführung muss noch für einen unabsehbaren Zeitraum mit Eingängen in Papierform gerechnet werden. Es wird die Möglichkeit geschaffen, solche Schriftsätze in die elektronische Akte zu integrieren. Bis zum rechtskräftigen Abschluss des Verfahrens sind die in Papierform eingegangenen Unterlagen **aufzubewahren**. Das kann erforderlich sein, weil z.B. die von einer eingereichten Urkunde mittels Scannens erstellte Bilddatei nicht denselben Beweiswert hat wie das Papieroriginal. Nach rechtskräftigem Abschluss des Verfahrens können die eingereichten Unterlagen an die Partei zurückgereicht werden. Soweit landesrechtliche Regelungen längere Fristen vorsehen, sind diese maßgeblich. Das ergibt sich aus der Formulierung »mindestens«, die durch das SGGArbGG-Änderungsgesetz nun mit Wirkung vom 01.04.2008 auch in Abs. 2 Satz 2 aufgenommen worden ist.

Abs. 3 verlangt einen **Übertragungsvermerk**. Aus ihm muss sich ergeben, wann und durch wen die Unterlagen in ein elektronisches Dokument übertragen worden sind. Angesichts der fehlenden unmittelbaren Außenwirkung genügt die geringere Formstrenge. Das Gesetz sieht allerdings keine Konsequenzen im Fall einer Nichtbeachtung vor. 5

III. Übertragung der Papierform in elektronische Dokumente (Abs. 2) i.d.F. ab dem 1. Januar 2018

Die Ersetzung der Abs. 2 und 3 ist durch den Rechtsausschuss mit der Beschlussempfehlung vom 12. Juni 2013 (BT-Drs. 17/13948) in das Gesetzgebungsverfahren eingebracht worden. In dem Referentenentwurf der Bundesregierung war diese Änderung zunächst nicht vorgesehen. Hintergrund war eine Prüfbitte des Bundesrates. Dem Regelungsanliegen des Bundesrates hat die Bundesregierung in ihrer Gegenäußerung teilweise zugestimmt. Die Änderungen entsprechen denen an der Vorschrift des § 298a ZPO über die Übertragung eines in Papierform eingereichten Schriftstücks in ein elektronisches Dokument. 6

Abs. 2 Satz 1 stellt klar, dass die Übertragung des Papierdokuments in das elektronische Dokument nach dem Stand der Technik vorgenommen werden muss. In Abs. 2 Satz 2 wird nunmehr gesetzlich vorgeschrieben, dass Papierdokument und elektronisches Dokument bildlich und inhaltlich übereinstimmen müssen. Geringfügige technisch bedingte Abweichungen in Größe und Farbe sollen nach der Gesetzesbegründung dabei hinzunehmen sein, soweit sie den Inhalt des Papierdokuments nicht beeinträchtigen. 7

Abs. 2 Satz 3 sieht für Papierunterlagen, die in ein elektronisches Dokument übertragen werden, eine Beschränkung der Aufbewahrungsfrist auf sechs Monate nach der Übertragung vor. Die bisher vorgesehene Aufbewahrung (mindestens bis zur Rechtskraft des Verfahrens) habe sich – so die Gesetzesbegründung – in der gerichtlichen Praxis als hinderlich erwiesen. Die Begründung dürfte nicht der arbeitsgerichtlichen Praxis entnommen sein, da hier die meisten Verfahren innerhalb von sechs Monaten abgeschlossen sind. Auch sei sie zum Schutz der Parteien nicht notwendig. Nach Ablauf der Aufbewahrungsfrist können die eingescannten Papierunterlagen vernichtet werden. Ausgenommen sind Dokumente, bei denen eine Rückgabepflicht – etwa für Behörden- oder Notarakten oder für die nach den §§ 142, 420 ZPO vorgelegten Urkunden – besteht. 8

Zur Vereinfachung gerichtlicher Arbeitsabläufe entfällt der bisher in Abs. 3 vorgesehene Vermerk, wann und durch wen ein Schriftstück in ein elektronisches Dokument übertragen worden ist. Angesichts automatisierter Scanprozesse ist eine personelle Zuordnung des Übertragungsvorgangs häufig nicht mehr möglich. Das Datum des Übertragungsvorgangs muss künftig daher nicht in einem gesonderten Vermerk in den Akten festgehalten werden. Es bedarf lediglich der automatisierten Wiedergabe des Übertragungszeitpunkts auf dem gescannten Dokument, um festzuhalten, wann die Aufbewahrungsfrist zu laufen beginnt. Ein solcher Zeitstempel muss nicht gesetzlich geregelt werden. 9

Die bisher in Abs. 3 vorgesehene Bestätigung der Übereinstimmung bei jeder einzelnen Übertragung entfällt damit künftig im Interesse einer Vereinfachung gerichtlicher Arbeitsabläufe. Ein Beweisverlust gehe damit – so die Gesetzesbegründung – nicht einher, weil Papierdokumente nach 10 der Neufassung des § 131 ZPO nicht mehr in Urschrift, sondern nur noch in Abschrift eingereicht werden. Wird die Urschrift oder die Ausfertigung einer Urkunde nach § 420 ZPO im Rahmen einer Beweisaufnahme oder aufgrund einer gerichtlichen Anordnung nach den §§ 142, 273 Abs. 2 Nr. 5 ZPO vorgelegt, findet zwar ebenfalls eine Übertragung in ein elektronisches Dokument statt, um die elektronische Akte vollständig zu halten. In dem Fall ist das Papierdokument aber Beweismittel, welches erhalten bleiben muss.

§ 46f Formulare; Verordnungsermächtigung

^{1}Das Bundesministerium für Arbeit und Soziales kann durch Rechtsverordnung mit Zustimmung des Bundesrates elektronische Formulare einführen. ^{2}Die Rechtsverordnung kann bestimmen, dass die in den Formularen enthaltenen Angaben ganz oder teilweise in strukturierter maschinenlesbarer Form zu übermitteln sind. ^{3}Die Formulare sind auf einer in der Rechtsverordnung zu bestimmenden Kommunikationsplattform im Internet zur Nutzung bereitzustellen. ^{4}Die Rechtsverordnung kann bestimmen, dass eine Identifikation des Formularverwenders abweichend von § 46c Absatz 3 auch durch Nutzung des elektronischen Identitätsnachweises nach § 18 des Personalausweisgesetzes oder § 78 Absatz 5 des Aufenthaltsgesetzes erfolgen kann.

Übersicht	Rdn.		Rdn.
I. Allgemeines	1	IV. Satz 3.	4
II. Satz 1.	2	V. Satz 4.	5
III. Satz 2.	3		

I. Allgemeines

1 § 46f ist durch das Gesetz zur Förderung des elektronischen Rechtsverkehrs mit den Gerichten vom 10. Oktober 2013 (BGBl. I 2013 Nr. 62, S. 3786 – GFeRmG) mit Wirkung vom 1. Juli 2014 neu eingefügt worden. Die Vorschrift ermöglicht die Einführung elektronischer Formulare durch das BMAS. Sie ist durch den Rechtsausschuss am 12. Juni 2013[1] in das Gesetzgebungsverfahren eingebracht worden, nachdem festgestellt worden war, dass die Einfügung des § 130c ZPO für die Arbeitsgerichtsbarkeit noch nicht nachvollzogen war.

II. Satz 1

2 Zur Vereinfachung und Standardisierung der gerichtlichen Verfahrensabläufe sieht die Regelung die Möglichkeit vor, dass das BMAS durch Verordnung mit Zustimmung des Bundesrates elektronische Formulare für das gerichtliche Verfahren einführt. Insoweit gibt es die Besonderheit, dass – abweichend von § 130c ZPO – nicht die Bundesregierung, sondern ein einzelnes Ministerium zuständig ist. Es kann aber davon ausgegangen werden, dass ungeachtet der unterschiedlichen Zuständigkeiten eine Ressortabstimmung erfolgen wird.

III. Satz 2

3 Die Verordnung kann eine Einreichung von Angaben in strukturierter maschinenlesbarer Form vorschreiben. Die Vorschrift lehnt sich damit an die Verordnungsermächtigung des § 135 Abs. 1 Satz 2 Nr. 4 Buchst. b GBO für die Grundbuchordnung an. Die Formulare sollen für jedermann kostenlos auf einer in der Rechtsverordnung zu bestimmenden Kommunikationsplattform verfügbar sein. Durch die Übermittlung von Strukturdaten soll eine IT-gestützte Vorgangsbearbeitung ohne Medienbruch bei den Gerichten erleichtert werden. Damit sollen dann nach der Intention des Gesetzgebers[2] zahlreiche gerichtliche Verfahrensabläufe effizienter gestaltet werden. Als Beispiele

---

1 BT-Drs. 17/13948, S. 13.
2 BT-Drs. 17/12634, S. 27.

werden der Kostenfestsetzungsantrag, die Anzeige von Veränderungen der persönlichen und wirtschaftlichen Verhältnisse im PKH-Verfahren oder der Einspruch gegen ein Versäumnisurteil oder einen Vollstreckungsbescheid angeführt.

IV. Satz 3

Die Rechtsverordnung muss darüber hinaus bestimmen, wo die Formulare im Internet zur Verfügung gestellt werden. 4

V. Satz 4

Satz 4 ermöglicht eine Vereinfachung gegenüber den in § 46c Abs. 3 und Abs. 4 n.F. der Vorschrift vorgesehenen Formvoraussetzungen. Nach § 46c Abs. 3 n.F. muss ein einzureichendes elektronisches Dokument nämlich unter den dort genannten Voraussetzungen an sich mit einer qualifizierten elektronischen Signatur der verantwortenden Person versehen sein oder von der verantwortenden Person signiert und auf einem sicheren Übermittlungsweg nach Abs. 4 eingereicht werden. Abweichend davon soll nach Satz 4 die Rechtsverordnung eine Verwendung des elektronischen Identitätsnachweises nach § 18 des Personalausweisgesetzes oder § 78 Abs. 5 des Aufenthaltsgesetzes ausreichen lassen können. Derzeit, d.h. bis zum 31. Dezember 2017, sind die ab dem 1. Januar 2018 nach § 46c Abs. 3 n.F. maßgeblichen Anforderungen allerdings noch in § 46c Abs. 1 geregelt. Art. 26 Abs. 4 GFeRmG differenziert hinsichtlich des Inkrafttretens jedoch nicht nach einzelnen Sätzen des § 46f. Das BMAS wird sich also mit der Frage beschäftigen müssen, ob das **Redaktionsversehen** darin besteht, dass § 46f bereits am 1. Juli 2014 vollständig in Kraft getreten ist, oder darin, dass nicht in Satz 4 für die Zeit bis zum 31. Dezember 2017 auf den derzeitigen § 46c Abs. 1 Bezug genommen worden ist. 5

»**§ 46g   Nutzungspflicht für Rechtsanwälte, Behörden und vertretungsberechtigte Personen**

Ab dem 01.01.2022 wird § 46g wie folgt eingefügt:

[1]*Vorbereitende Schriftsätze und deren Anlagen sowie schriftlich einzureichende Anträge und Erklärungen, die durch einen Rechtsanwalt, durch eine Behörde oder durch eine juristische Person des öffentlichen Rechts einschließlich der von ihr zur Erfüllung ihrer öffentlichen Aufgaben gebildeten Zusammenschlüsse eingereicht werden, sind als elektronisches Dokument zu übermitteln.* [2]*Gleiches gilt für die nach diesem Gesetz vertretungsberechtigten Personen, für die ein sicherer Übermittlungsweg nach § 46c Absatz 4 Nummer 2 zur Verfügung steht.* [3]*Ist eine Übermittlung aus technischen Gründen vorübergehend nicht möglich, bleibt die Übermittlung nach den allgemeinen Vorschriften zulässig.* [4]*Die vorübergehende Unmöglichkeit ist bei der Ersatzeinreichung oder unverzüglich danach glaubhaft zu machen; auf Anforderung ist ein elektronisches Dokument nachzureichen.*«

§ 47   Sondervorschriften über Ladung und Einlassung[1]

(1) **Die Klageschrift muss mindestens eine Woche vor dem Termin zugestellt sein.**

(2) Eine Aufforderung an den Beklagten, sich auf die Klage schriftlich zu äußern, erfolgt in der Regel nicht.

---

1 Die Worte: »Ladung und« sind gegenstandslos.

§ 47 ArbGG — Sondervorschriften über Ladung und Einlassung

Übersicht

		Rdn.				Rdn.
I.	Allgemeines	1		4.	Fristabkürzung	9
II.	Einlassungsfrist (Abs. 1)	2		5.	Folgen bei Nichteinhaltung	10
	1. Anwendungsbereich	3	III.	Ladungsfrist		11
	2. Dauer und Fristberechnung	5	IV.	Ausschluss des schriftlichen		
	3. Auslandszustellung	8		Vorverfahrens (Abs. 2)		13

I. Allgemeines

1 Die Vorschrift regelt in Abs. 1 nur noch die Einlassungsfrist für das arbeitsgerichtliche Verfahren. Die Bestimmung über die Ladungsfrist wurde durch die Beschleunigungsnovelle 1979[2] aufgehoben. Die Worte »Ladung und« in der Überschrift sind dadurch gegenstandslos geworden. Die Abkürzung der in der ordentlichen Gerichtsbarkeit geltenden Einlassungsfrist von zwei Wochen[3] auf eine Woche dient der besonderen Beschleunigung des arbeitsgerichtlichen Verfahrens.

II. Einlassungsfrist (Abs. 1)

2 Mit »Einlassungsfrist« wird der Zeitraum bezeichnet, welcher der beklagten Partei zwischen der Zustellung der Klage und dem ersten Termin, i.d.R. dem Gütetermin, mindestens verbleiben muss, um sich auf die Klage einlassen, d.h. zu ihr Stellung nehmen zu können.[4] Die Einlassungsfrist ist eine Schutzfrist für die beklagte Partei; sie gewährleistet ihren Anspruch auf rechtliches Gehör.[5]

1. Anwendungsbereich

3 Für die Dauer der Einlassungsfrist enthält Abs. 1 – abgesehen von dem Fall, dass die beklagte Partei im Ausland wohnt – eine abschließende Regelung, die einem Rückgriff über § 46 Abs. 2 auf § 274 Abs. 3 Satz 1 ZPO entgegensteht. Dabei wird nicht danach unterschieden, ob die beklagte Partei im Bezirk des ArbG oder außerhalb des Bezirks im Inland wohnt. Die Einlassungsfrist gilt nicht nur bei der Zustellung der Klage, sondern auch bei der Zustellung von objektiven und subjektiven Klageerweiterungen und von Widerklagen.[6] Nach Eingang eines Widerspruchs im Mahnverfahren oder eines Einspruchs gegen einen Vollstreckungsbescheid ist ebenfalls die Einlassungsfrist zu beachten. Diese beginnt mit Zustellung des Schriftsatzes, mit dem der im Mahnbeschied geltend gemachte Anspruch begründet wird.

4 Die **Einlassungsfrist** gilt nicht in **Arrestverfahren und einstweiligen Verfügungsverfahren**. Abs. 1 ist nicht anwendbar, da er mit der dort regelmäßig vorliegenden Eilbedürftigkeit nicht vereinbar ist.[7]

2. Dauer und Fristberechnung

5 Die **Einlassungsfrist** beträgt – unabhängig vom inländischen Wohnort der beklagten Partei – **eine Woche**. Sie wird mit der Zustellung der Klage, Klageerweiterung oder Widerklage *(jeweils und insoweit)* in Lauf gesetzt. Unbeachtlich für den Beginn der Einlassungsfrist ist der ggf. vom Zugang der Klage abweichende Zeitpunkt des Zugangs der Ladung.

6 Die **Berechnung der Frist** richtet sich nach § 46 Abs. 2 i.V.m. § 222 ZPO. Nach § 222 Abs. 1 ZPO gelten für die Berechnung der Frist die Vorschriften des BGB, damit die §§ 187 bis 193 BGB. Bei Bestimmung des Fristbeginns ist der Tag der Zustellung nach § 187 Abs. 1 BGB nicht mitzurech-

---

2 BGBl. I, S. 545.
3 § 274 Abs. 3 Satz 1 ZPO.
4 § 274 Abs. 3 Satz 1 ZPO.
5 Art. 103 Abs. 1 GG.
6 Schwab/Weth/Berscheid-Weth § 47 Rn 5; unentschieden: Hauck/Helml § 47 Rn 6; a.A. GMPMG/Germelmann § 47 Rn 2.
7 GMPMG/Germelmann § 47 Rn 6; GK-ArbGG/Bader § 47 Rn 30.

nen. Die Einlassungsfrist endet nach § 188 Abs. 2 BGB mit dem Ablauf des siebten Tages. Fällt der letzte Tag der Einlassungsfrist auf einen Sonntag, einen am Zustellungsort staatlich anerkannten allgemeinen Feiertag oder einen Sonnabend, so tritt an die Stelle eines solchen Tages der nächste Werktag.[8]

Ist der **Aufenthaltsort** der beklagten Partei **unbekannt**, so kann die Zustellung der Klage und der Ladung durch öffentliche Bekanntmachung *(öffentliche Zustellung)* erfolgen.[9] Zur öffentlichen Zustellung werden ein Auszug des zuzustellenden Schriftstücks und eine Benachrichtigung darüber, wo das Schriftstück eingesehen werden kann, an der Gerichtstafel angeheftet.[10] Enthält das zuzustellende Schriftstück eine Ladung, so muss die Benachrichtigung einen entsprechenden Hinweis enthalten, mit dem Zusatz, dass die Versäumung des Termins Rechtsnachteile zur Folge haben kann.[11] Das Prozessgericht kann nach § 187 ZPO zusätzlich anordnen, dass die Benachrichtigung einmal oder mehrfach im Bundesanzeiger oder in anderen Blättern zu veröffentlichen ist. Das Schriftstück gilt als zugestellt, wenn seit dem Aushang der Benachrichtigung ein Monat vergangen ist, wobei das Prozessgericht eine längere Frist bestimmen kann.[12] Auch im Fall der öffentlichen Zustellung im Inland gilt die Einlassungsfrist von **einer Woche**, die ab dem Zeitpunkt beginnt, zu dem die Klage nach § 188 Satz 2 ZPO als zugestellt gilt. Einzelheiten zur öffentlichen Zustellung unter § 50 Rdn. 24 ff. 7

3. Auslandszustellung

Der spezielle Fall der Auslandszustellung ist in § 47 nicht berücksichtigt. Insoweit findet nach § 46 Abs. 2 die Regelung in § 274 Abs. 3 Satz 3 ZPO Anwendung. Danach hat die Vorsitzende bei der Festsetzung des Termins die **Einlassungsfrist zu bestimmen**, wenn die Zustellung im Ausland vorzunehmen ist. Diese muss **mindestens eine Woche** betragen, wird jedoch zur Gewährleistung des rechtlichen Gehörs diese Mindestfrist im Regelfall deutlich überschreiten müssen. 8

4. Fristabkürzung

Nach § 226 Abs. 1 ZPO kann die **Einlassungsfrist** auf Antrag einer Partei **abgekürzt** werden. Die Abkürzung der Einlassungsfrist wird nicht dadurch ausgeschlossen, dass infolge der Abkürzung die mündliche Verhandlung nicht durch Schriftsätze vorbereitet werden kann.[13] Im arbeitsgerichtlichen Verfahren ist die schriftsätzliche Vorbereitung des Gütetermins im Regelfall nicht vorgesehen *(Abs. 2)*. Der **Abkürzungsantrag** kann formlos gestellt werden; er bedarf der Begründung. Eine Glaubhaftmachung ist nicht vorgesehen. Der Gegner ist nicht zu dem Abkürzungsantrag anzuhören. Der Anspruch des Gegners auf rechtliches Gehör ist aber zu beachten. Der Vorsitzende entscheidet über den Antrag im Zusammenhang mit der Terminsbestimmung. Die Entscheidung ist kurz zu begründen und im Fall der ablehnenden Entscheidung mit der sofortigen Beschwerde nach § 78 Abs. 1 Satz 1 i.V.m. § 567 Abs. 1 Nr. 2 ZPO anfechtbar. 9

5. Folgen bei Nichteinhaltung

Bei Nichteinhaltung der Einlassungsfrist ist der Erlass eines Versäumnisurteils gegen die beklagte Partei unzulässig.[14] Die Partei kann im Termin eine Einlassung verweigern.[15] Verhandelt die beklagte Partei, so kann sie nach § 295 ZPO die Nichteinhaltung nicht mehr rügen. 10

---

8 § 222 Abs. 2 ZPO.
9 § 185 ZPO.
10 § 186 Abs. 2 ZPO.
11 § 186 Abs. 2 ZPO.
12 § 188 Satz 2 ZPO.
13 § 226 Abs. 2 ZPO.
14 § 335 Abs. 1 Nr. 3 ZPO.
15 Zöller/Greger § 274 Rn 6.

III. Ladungsfrist

11 Die Ladung erfolgt aufgrund einer **Terminsbestimmung** nach § 216 ZPO. Die Terminsbestimmung kann durch Verfügung des Richters erfolgen, setzt aber ebenso wie zusätzliche Auflagen die volle Unterschrift voraus. Die Ladung ist sodann von Amts wegen durchzuführen, § 214 ZPO. Zuständig ist regelmäßig die Urkundsbeamtin der Geschäftsstelle. »Ladungsfrist« ist die Frist, die in einer anhängigen Sache zwischen der Zustellung der Ladung und dem Terminstag liegen soll. Sie ist bei der Terminsbestimmung zu beachten. Sie dient der zeitlichen Vorbereitung des Termins, insb. der Freihaltung des Terminstages. Sie beträgt im erstinstanzlichen Verfahren nach § 46 Abs. 2 Satz 1 i.V.m. § 217 ZPO **mindestens drei Tage**. Die Fristberechnung richtet sich wie bei der Einlassungsfrist nach § 46 Abs. 2 i.V.m. § 222 ZPO (vgl. Rdn. 6). Die Ladungsfrist ist **bei jeder Terminsanberaumung**, bei Vertagungen[16] und Verlegungen zu beachten, und zwar unabhängig davon, ob sich die Partei im Inland oder Ausland aufhält. Sie soll nicht bei der Änderung der Terminsstunde gelten,[17] was aber im Hinblick auf den Zweck, den Parteien eine Terminsplanung zu ermöglichen, wenig überzeugt. Die Ladungsfrist ist nicht einzuhalten bei Anberaumung eines **Verkündungstermins**.

12 Für die Berechnung und Abkürzung der Ladungsfrist und für die Folgen von deren Nichteinhaltung gelten die gleichen Grundsätze wie für die Einlassungsfrist.[18] In dem Antrag auf Einleitung eines Arrest- oder einstweiligen Verfügungsverfahrens wird regelmäßig ein Antrag auf Abkürzung der Ladungsfrist enthalten sein.[19] Gegen die Terminsbestimmung und die Wahl des Zeitpunktes ist im arbeitsgerichtlichen Verfahren die sofortige Beschwerde nicht statthaft.[20]

IV. Ausschluss des schriftlichen Vorverfahrens (Abs. 2)

13 Nach Abs. 2 soll eine Aufforderung an die beklagte Partei, sich auf die Klage schriftlich zu äußern, i.d.R. nicht erfolgen. Richtig ist das sicher in den Fällen, in denen der Gütetermin – wie § 61a Abs. 2 vorschreibt – innerhalb von zwei Wochen anberaumt werden kann. Angesichts der außerordentlichen Belastung der ArbG kann diese Frist oft nicht eingehalten werden. Liegen aus diesem Grund der Zeitpunkt des Klageeingangs und der des Gütetermins deutlich länger als zwei Wochen auseinander, spricht der Beschleunigungsgrundsatz jedenfalls bei Bestandsschutzstreitigkeiten eher für eine Aufforderung zur schriftsätzlichen Vorbereitung des Gütetermins.

§ 48 Rechtsweg und Zuständigkeit

(1) Für die Zulässigkeit des Rechtsweges und der Verfahrensart sowie für die sachliche und örtliche Zuständigkeit gelten die §§ 17 bis 17b des Gerichtsverfassungsgesetzes mit folgender Maßgabe entsprechend:
1. Beschlüsse entsprechend § 17a Abs. 2 und 3 des Gerichtsverfassungsgesetzes über die örtliche Zuständigkeit sind unanfechtbar.
2. Der Beschluss nach § 17a Abs. 4 des Gerichtsverfassungsgesetzes ergeht, sofern er nicht lediglich die örtliche Zuständigkeit zum Gegenstand hat, auch außerhalb der mündlichen Verhandlung stets durch die Kammer.

(1a) ¹Für Streitigkeiten nach § 2 Abs. 1 Nr. 3, 4a, 7, 8 und 10 sowie Abs. 2 ist auch das Arbeitsgericht zuständig, in dessen Bezirk der Arbeitnehmer gewöhnlich seine Arbeit verrichtet oder zuletzt gewöhnlich verrichtet hat. ²Ist ein gewöhnlicher Arbeitsort im Sinne des Satzes 1 nicht

---

16 Zöller/Stöber § 217 Rn 1.
17 GMPMG/Germelmann § 47 Rn 21.
18 Vgl. Rdn. 6, 9, 10.
19 GMPMG/Germelmann § 47 Rn 23.
20 LAG Rheinland-Pfalz, 13.06.2005 – 8 Ta 114/05.

feststellbar, ist das Arbeitsgericht örtlich zuständig, von dessen Bezirk aus der Arbeitnehmer gewöhnlich seine Arbeit verrichtet oder zuletzt gewöhnlich verrichtet hat.
(2) ¹Die Tarifvertragsparteien können im Tarifvertrag die Zuständigkeit eines an sich örtlich unzuständigen Arbeitsgerichts festlegen für
1. bürgerliche Rechtsstreitigkeiten zwischen Arbeitnehmern und Arbeitgebern aus einem Arbeitsverhältnis und aus Verhandlungen über die Eingehung eines Arbeitsverhältnisses, das sich nach einem Tarifvertrag bestimmt,
2. bürgerliche Rechtsstreitigkeiten aus dem Verhältnis einer gemeinsamen Einrichtung der Tarifvertragsparteien zu den Arbeitnehmern oder Arbeitgebern.

²Im Geltungsbereich eines Tarifvertrags nach Satz 1 Nr. 1 gelten die tarifvertraglichen Bestimmungen über das örtlich zuständige Arbeitsgericht zwischen nicht tarifgebundenen Arbeitgebern und Arbeitnehmern, wenn die Anwendung des gesamten Tarifvertrags zwischen ihnen vereinbart ist. ³Die in § 38 Abs. 2 und 3 der Zivilprozessordnung vorgesehenen Beschränkungen finden keine Anwendung.

Übersicht	Rdn.		Rdn.
I. Allgemeines	1	3. Mahnverfahren	5
II. Anwendungsbereich	2	4. Prozesskostenhilfeverfahren	6
1. Urteilsverfahren	3	5. Arrest und einstweilige Verfügung	7
2. Beschlussverfahren	4	III. Bindungswirkung	8

I. Allgemeines

Aufgrund des 4. Gesetzes zur Änderung der VwGO vom 17.12.1990,¹ in Kraft seit dem 01.01.1991 hat der Gesetzgeber durch Änderungen des § 48 und der §§ 17 bis 17b GVG eine für alle Gerichtszweige einheitliche Rechtswegregelung getroffen. Ziel der Änderungen war v.a. eine Vereinfachung, Vereinheitlichung und Beschleunigung des Verfahrens. Für die anderen Gerichtszweige finden sich entsprechende Regelungen in § 173 VWGO, § 155 FGO und § 203 SGG. Die Arbeitsgerichtsbarkeit ist im Verhältnis zur ordentlichen Gerichtsbarkeit als eigenständiger Rechtsweg ausgestaltet worden. Soweit § 48 in Abs. 1 die sachliche Zuständigkeit anstelle des Rechtswegs erwähnt, handelt es sich um ein redaktionelles Versehen.² I.Ü. regelt § 48 nicht nur die Verweisung in die anderen Rechtswege, sondern auch die Verweisung in eine andere Verfahrensart, insb. vom Urteils- in das Beschlussverfahren sowie umgekehrt und die örtliche Zuständigkeit. Die Neuregelung der Rechtswegzuständigkeit führt auch zur Notwegzuständigkeit der ArbG im einstweiligen Verfügungsverfahren.

1

II. Anwendungsbereich

§ 48 regelt neben der Zulässigkeit des Rechtsweges ausdrücklich die Verfahrensart. Danach gelten die §§ 17 bis 17b GVG auch für die Frage, ob die Gerichte für Arbeitssachen im Urteilsverfahren nach §§ 2 i.V.m. 46 Abs. 1 oder im Beschlussverfahren nach §§ 2a, 80 Abs. 1 zu entscheiden haben. Es handelt sich damit auch für die Feststellung der zutreffenden Verfahrensart um eine von Amts wegen zu prüfende Prozessvoraussetzung.³ Die Zulässigkeit des Rechtswegs im Urteilsverfahren richtet sich nach den Zuständigkeitsbestimmungen im Urteilsverfahren in den §§ 2, 3, 4 und 5.

2

1. Urteilsverfahren

Die örtliche Zuständigkeit der Gerichte für Arbeitssachen im Urteilsverfahren bestimmt sich mit Ausnahme der besonderen tarifvertraglichen Prorogationsregelung in § 48 Abs. 2 gem. § 46 Abs. 2 nach den Gerichtsständen der ZPO.

3

---

1 BGBl. I, S. 2809.
2 BAG, 04.01.1993 – 5 AS 12/92, NZA 1993, 1878 = AP Nr. 43 zu § 36 ZPO.
3 Schwab NZA 1991, 663.

2. Beschlussverfahren

4 Die Rechtswegzuständigkeit der ArbG im Beschlussverfahren richtet sich nach den §§ 2a, 80 Abs. 1. § 2a bestimmt die Tatbestände, in denen der Rechtsweg zu den Arbeitsgerichten im Beschlussverfahren gegeben ist. Die örtliche Zuständigkeit der ArbG im Beschlussverfahren richtet sich nach § 82. Danach ist das ArbG zuständig, in dessen Bezirk der Betrieb liegt. Für die weiteren überbetrieblichen betriebsverfassungsrechtlichen Organe ist nach § 82 Abs. 1 Satz 2 und Satz 3 das Gericht zuständig, in dessen Bezirk das Unternehmen seinen Sitz hat.

3. Mahnverfahren

5 Nach § 46a Abs. 2 kommt das arbeitsgerichtliche Mahnverfahren nur für das Urteilsverfahren in Betracht. Der Rechtsweg und die örtliche Zuständigkeit richten sich nach den für das Urteilsverfahren geltenden Regeln. Es findet daher die Zuständigkeitsregel des § 2 Anwendung. Es gilt allerdings nicht § 281 ZPO. Über § 46a Abs. 1 gelten die Vorschriften der Zivilprozessordnung über das Mahnverfahren entsprechend. Wird daher ein Mahnantrag bei einem für den Rechtsweg unzuständigen Gericht erhoben, kann keine Verweisung von Amts wegen an das zuständige Gericht erfolgen. Dies ergibt sich aus § 691 Abs. 1 Nr. 1 ZPO, wonach der Mahnantrag zurückzuweisen ist, wenn er der Regelung des § 689 ZPO nicht entspricht. § 689 ZPO verlangt die Zuständigkeit des mit dem Mahnbescheid angerufenen Gerichts. Nach Zurückweisung kann der Antragsteller allerdings einen erneuten Mahnbescheid bei dem zuständigen Gericht beantragen.

4. Prozesskostenhilfeverfahren

6 Wird ein Antrag auf Bewilligung von PKH oder Beiordnung nach § 11a ohne gleichzeitige Klageerhebung gestellt, ist eine Anwendung des § 48 ausgeschlossen. Es liegt keine Rechtshängigkeit vor. Der Antragsteller kann daher nach Hinweis des für den Rechtsweg unzuständigen Gerichts die formlose Abgabe des Prozesskostenhilfeantrags an das zuständige Gericht beantragen. Ergeht dennoch unzutreffenderweise ein Verweisungsbeschluss im PKH-Bewilligungsverfahren entfaltet er für das Gericht, an welches verwiesen wird, Bindungswirkung. Hier wirkt sich der Grundsatz aus, dass fehlerhafte Verweisungsbeschlüsse bindend sind, es sei denn, es liegt eine offensichtliche Gesetzwidrigkeit vor. Das Gericht, an welches verwiesen wurde, darf die Erfolgsaussichten der beabsichtigten Klage nicht mit der Begründung verneinen, der Rechtsweg sei nicht gegeben. Die Bindungswirkung der Verweisung im PKH-Bewilligungsverfahren gilt jedoch nicht für das noch anhängig zu machende Hauptsacheverfahren.[4]

Wird in einem bereits anhängigen Rechtsstreit der Antrag auf Bewilligung von PKH oder die Beiordnung gem. § 11a beantragt, ist § 48 im Hauptsacheverfahren anzuwenden. Bei einer Verweisung des Hauptsacheverfahrens folgt das Prozesskostenhilfebewilligungsverfahren. Es ist dann von dem Gericht, an das verwiesen wurde auch über die PKH zu entscheiden. Eine bereits klar erkennbare Unschlüssigkeit des Antragsbegehrens zwingt zur Abweisung des PKH-Gesuchs. Eine hinreichende Erfolgsaussicht liegt auch bei eindeutiger (örtlicher oder sachlicher) Unzuständigkeit des Arbeitsgerichts nicht vor. Ist für die Hauptsache der Rechtsweg nicht zulässig, besteht schon aus diesem Grund keine Erfolgsaussicht der Klage. Bei schon im PKH-Verfahren festgestellter offensichtlicher Unzuständigkeit der Arbeitsgerichte bleibt auch ein Hilfsantrag auf Verweisung ohne Erfolg. Die §§ 17 bis 17b GVG finden im PKH-Prüfungsverfahren keine Anwendung. Eine auf das PKH-Verfahren beschränkte Verweisung scheidet aus.[5]

5. Arrest und einstweilige Verfügung

7 Grds. finden die allgemeinen Regeln des Prozessrechtes auch für die Verfahren des vorläufigen Rechtsschutzes Anwendung, soweit die Eigenheiten des vorläufigen Verfahrens dem nicht entge-

---

[4] BAG, 27.10.1992 – 5 AS 5/92, NZA 1993, 285.
[5] LAG Rheinland-Pfalz, 16.07.2009 – 3 Ta 164/09.

genstehen.⁶ Für den Rechtsweg im Urteilsverfahren gilt daher die Zuständigkeitsregelung des § 2, für das Beschlussverfahren § 2a. Die örtliche Zuständigkeit bestimmt sich im Urteilsverfahren nach den Regelungen der ZPO im Beschlussverfahren nach § 82. Wegen der besonderen Eilbedürftigkeit kann jedoch die nach § 17a Abs. 2 GVG erforderliche vorherige Anhörung des Antragsgegners entbehrlich sein. Sie hat nach den Grundsätzen des vorläufigen Verfahrens allerdings nur zu unterbleiben, wenn ansonsten die Gefahr besteht, dass die hierdurch verursachte Verzögerung den Zweck des vorläufigen Verfahrens vereiteln würde. Abweichend von § 48 Abs. 1 Satz 2 darf die Verweisung des Verfahrens nach den §§ 921 Abs. 1 und 937 Abs. 2 ZPO wegen der Dringlichkeit ohne mündliche Verhandlung getroffen werden. Die Entscheidung kann allein durch den Vorsitzenden der Kammer ergehen, ist aber gem. § 17a Abs. 4 Satz 1 und 2 GVG zu begründen.⁷

Für eine Verweisung aufgrund mündlicher Verhandlung gelten allerdings, wie außerhalb des vorläufigen Rechtsschutzes, die Bestimmungen des § 48. Es hat eine Anhörung der Verfahrensbeteiligten zu erfolgen. Die Entscheidung muss durch die Kammer ergehen.

In beiden Fällen *(Entscheidung ohne oder nach mündlicher Verhandlung)* ist der Beschluss unanfechtbar. Eine Beschwerde über die Rechtswegzuständigkeit würde das Verfahren unnötig verzögern.⁸

III. Bindungswirkung

Rechtskräftige Verweisungsbeschlüsse sind für das Gericht, an das der Rechtsstreit verwiesen worden ist, bindend. Dies folgt aus § 48 Abs. 1 Nr. 1 ArbGG i.V.m. § 17a Abs. 2 Satz 3 GVG und betrifft auch die örtliche Zuständigkeit. Nur bei krassen Rechtsverletzungen kommt eine Durchbrechung der gesetzlichen Bindungswirkung ausnahmsweise in Betracht. Eine solche Rechtsverletzung ist gegeben, wenn der Verweisungsbeschluss entgegen § 17a Abs. 4 Satz 2 GVG nicht mit einer Begründung versehen wurde. Zur Begründung reicht es nicht, wenn die Gründe des Beschlusses sich auf die Angabe der §§ 13, 17a Abs. 2 GVG beschränken.⁹ In entsprechender Anwendung von § 36 Abs. 1 Nr. 6 ZPO hat die Bestimmung des zuständigen Gerichts zu erfolgen, wenn dies zur Wahrung einer funktionierenden Rechtspflege und der Rechtssicherheit notwendig ist.

8

In negativen Kompetenzkonflikten zwischen Gerichten verschiedener Gerichtsbarkeiten sind die obersten Gerichtshöfe des Bundes zur Bestimmung des zuständigen Gerichts berufen. Zuständig ist der Gerichtshof des Bundes, der zuerst darum angegangen wird. Handelt es sich um einen Streit über die örtliche Zuständigkeit innerhalb des beschrittenen Rechtswegs, ist im arbeitsgerichtlichen Verfahren nach § 36 Abs. 2 ZPO das Landesarbeitsgericht zuständig, zu dessen Bezirk das zuerst mit der Sache befasste Gericht gehört.¹⁰

9

§ 48a

(weggefallen)

§ 49 Ablehnung von Gerichtspersonen

(1) Über die Ablehnung von Gerichtspersonen entscheidet die Kammer des Arbeitsgerichts.

(2) Wird sie durch das Ausscheiden des abgelehnten Mitgliedes beschlussunfähig, so entscheidet das Landesarbeitsgericht.

(3) Gegen den Beschluss findet kein Rechtsmittel statt.

---

6 Zwanziger DB 1991, 2239 f.
7 Zwanziger DB 1991, 2239 f.
8 GK-ArbGG/Bader § 48 Rn 34; anderer Auffassung Zwanziger DB 1991, 2239 f.
9 BAG, 16.06.2015 – 10 AS 2/15, EzA § 17a GVG Nr. 21.
10 BAG, 02.07.2014 – 10 AS 3/14, EzA § 17a GVG Nr. 20.

§ 49 ArbGG Ablehnung von Gerichtspersonen

Übersicht

		Rdn.
A.	Allgemeines	1
B.	Ausschließung	4
I.	Betroffener Personenkreis	4
II.	Ausschließungsgründe	5
	1. Partei-/Beteiligteneigenschaft	6
	2. Ehe/Lebenspartnerschaft	7
	3. Verwandtschaft	8
	4. Partei- und Beteiligtenvertreter	9
	5. Zeugen- oder Sachverständigeneigenschaft	10
	6. Ausschließende Vorbefassung	11
III.	Ausschließungsverfahren	16
C.	Ablehnung	18
I.	Ablehnungsrecht	19
II.	Ablehnungsgründe	22
	1. Gesetzlicher Ausschluss	23
	2. Besorgnis der Befangenheit	24
	3. Einzelfälle für Besorgnis der Befangenheit	26
	a) Mittelbare Beteiligung des Richters am Rechtsstreit und eigenes Interesse am Verfahrensausgang	26
	b) Nahe persönliche Beziehung zu einer Partei/einem Beteiligten	27
	c) Nahe persönliche Beziehung zur Prozess- bzw. Verfahrensvertretung einer Partei/eines Beteiligten	28
	d) Interessenwahrnehmung für eine Partei/einen Beteiligten	29
	e) Vor- und Parallelbefassung	30
	f) Verstöße gegen die Pflicht zu unvoreingenommener und neutraler Amtsführung	31
	g) Eigenes Verhalten der Partei/des Beteiligten	35
	h) Politische Einstellung/Betätigung einer Gerichtsperson	36
III.	Verlust des Ablehnungsrechts	39
	1. Rügelose Einlassung	39
	2. Rechtsmissbrauch	41
IV.	Ablehnungsverfahren	42
	1. Ablehnungsgesuch der Parteien/Beteiligten	42
	2. Selbstablehnungsanzeige der Gerichtsperson	47
	3. Entscheidung über das Ablehnungsgesuch	49
	a) Zuständiger Spruchkörper	49
	b) Form	57
	c) Verfahren nach der Ablehnung	58
	d) Rechtsmittel	62

A. Allgemeines

1 Ausschließung und Ablehnung dienen der Sicherung der Unparteilichkeit der Rechtsprechung im konkreten Rechtsstreit und damit zugleich der Gewährleistung des gesetzlichen Richters.[1] Das Gesetz unterscheidet zwischen Gründen, die der Gerichtsperson die Befugnis entziehen, in einem Verfahren ihr Amt auszuüben (Ausschließungsgründe; Rdn. 5 bis 13), und Gründen, die der Partei/den Beteiligten das Recht geben, sie abzulehnen (Ablehnungsgründe; Rdn. 22 bis 38).

2 § 49 enthält ggü. §§ 41 bis 49 ZPO vorgehende Sonderregelungen zum Verfahren bei Ausschließung und Ablehnung von Gerichtspersonen. Die materiellen Ausschließungs- und Ablehnungsgründe richten sich allein nach §§ 41, 42 ZPO:

§ 41 ZPO Ausschluss von der Ausübung des Richteramtes

Ein Richter ist von der Ausübung des Richteramtes kraft Gesetzes ausgeschlossen:
1. *in Sachen, in denen er selbst Partei ist oder bei denen er zu einer Partei in dem Verhältnis eines Mitberechtigten, Mitverpflichteten oder Regresspflichtigen steht;*
2. *in Sachen seines Ehegatten, auch wenn die Ehe nicht mehr besteht;*
2a. *in Sachen seines Lebenspartners, auch wenn die Lebenspartnerschaft nicht mehr besteht;*
3. *in Sachen einer Person, mit der er in gerader Linie verwandt oder verschwägert, in der Seitenlinie bis zum dritten Grad verwandt oder bis zum zweiten Grad verschwägert ist oder war;*
4. *in Sachen, in denen er als Prozessbevollmächtigter oder Beistand einer Partei bestellt oder als gesetzlicher Vertreter einer Person aufzutreten berechtigt ist oder gewesen ist;*
5. *in Sachen, in denen er als Zeuge oder Sachverständiger vernommen ist;*

---

[1] Art. 101 Abs. 1 Satz 2 GG.

6. in Sachen, in denen er in einem früheren Rechtszuge oder im schiedsrichterlichen Verfahren bei dem Erlass der angefochtenen Entscheidung mitgewirkt hat, sofern es sich nicht um die Tätigkeit eines beauftragten oder ersuchten Richters handelt,
7. in Sachen wegen überlanger Gerichtsverfahren, wenn er in dem beanstandeten Verfahren in einem Rechtszug mitgewirkt hat, auf dessen Dauer der Entschädigungsanspruch gestützt wird;
8. in Sachen, in denen er an einem Mediationsverfahren oder einem anderen Verfahren der außergerichtlichen Konfliktbeilegung mitgewirkt hat.

§ 42 ZPO

(1) Ein Richter kann sowohl in den Fällen, in denen er von der Ausübung des Richteramts kraft Gesetzes ausgeschlossen ist, als auch wegen Besorgnis der Befangenheit abgelehnt werden.

(2) Wegen Besorgnis der Befangenheit findet die Ablehnung statt, wenn ein Grund vorliegt, der geeignet ist, Misstrauen gegen die Unparteilichkeit eines Richters zu rechtfertigen.

(3) Das Ablehnungsrecht steht in jedem Falle beiden Parteien zu.

Die Vorschrift des § 49 gilt für das erstinstanzliche Urteils- und Beschlussverfahren.[2] Für das zweitinstanzliche Verfahren gelten lediglich die Abs. 1 und 3.[3] Im Revisions- und Rechtsbeschwerdeverfahren findet allein § 49 Abs. 1 sinngemäß Anwendung.[4] Auf das Einigungsstellenverfahren findet § 49 keine, auch keine entsprechende Anwendung. Grund hierfür ist der Umstand, dass das Einigungsstellenverfahren keine Ersatzbestellung des Einigungsstellenvorsitzenden vorsieht.[5] Vielmehr finden insoweit § 1036 Abs. 2, § 1037 Abs. 3 Satz 1, § 1062 Abs. 1 Nr. 1 Var. 2, § 1065 Abs. 1 Satz 2 ZPO nach der Rechtsprechung des BAG[6] entsprechende Anwendung. Dadurch sollen systematische Unstimmigkeiten vermieden werden. Es soll dem Beschleunigungsgrundsatz genügt und dafür gesorgt werden, dass das Arbeitsgericht sowohl über die Anfechtung des Einigungsstellenspruchs als auch über die Ablehnung des Einigungsstellenvorsitzenden zu entscheiden hat. Das Arbeitsgericht ist in erster und letzter Instanz entsprechend § 1037 Abs. 3 Satz 1, § 1062 Abs. 1 Nr. 1 Var. 2, § 1065 Abs. 1 Satz 2 ZPO in der vollen Kammerbesetzung der §§ 2a, 80 ff. ArbGG für die Entscheidung über das Ablehnungsgesuch zuständig. Die Beschränkung auf die eine Instanz des Arbeitsgerichts entspreche dem allgemeinen Rechtsgedanken eines beschleunigten Verfahrens in Befangenheitsangelegenheiten, wie er bspw. in § 49 Abs. 3 und § 103 Abs. 3 Satz 5 ArbGG zum Ausdruck komme.

3

B. Ausschließung

I. Betroffener Personenkreis

»Ausschließung« ist die kraft Gesetzes eintretende und in jedem Stadium des Verfahrens von Amts wegen zu berücksichtigende Unfähigkeit von Gerichtspersonen zur Ausübung ihres Amtes in einem bestimmten Rechtsstreit. Dies betrifft Berufsrichter und ehrenamtliche Richter, nach § 10 Satz 1 RPflG die Rechtspfleger sowie die Urkundsbeamten der Geschäftsstelle.[7] Nicht zu den Gerichtspersonen i.S.d. Vorschrift zählen die sonstigen Bediensteten des ArbG *(z.B. Wachtmeister, Mitglieder der gerichtlichen Serviceeinheiten)*. Für Sachverständige,[8] Dolmetscher[9] und Gerichtsvollzieher[10] gibt

4

---

2 § 80 Abs. 2.
3 § 64 Abs. 7, § 87 Abs. 2.
4 GK-ArbGG/Schütz § 49 Rn 4.
5 BAG, 11.09.2001 – 1 ABR 5/01, NZA 2002, 572.
6 BAG, 17.11.2010 – 7 ABR 100/09, NZA 2011, 940.
7 GMPMG/Germelmann § 49 Rn 3.
8 § 406 ZPO.
9 § 191 GVG.
10 § 155 GVG.

es Sonderregelungen. Allerdings verweisen § 406 ZPO und § 191 GVG im Wesentlichen auf die für Richter geltenden Bestimmungen.

II. Ausschließungsgründe

5 Die materiellen Ausschließungsgründe des § 41 Nr. 1 bis 8 ZPO gelten über die Verweisungsnorm des § 46 Abs. 2 auch im arbeitsgerichtlichen Verfahren. Die Aufzählung dort ist erschöpfend. Den Ausschließungsgründen ähnliche Fallgestaltungen sind jedoch stets als Ablehnungsgründe i.S.v. § 42 ZPO zu würdigen.[11] Die Vorschrift ist durch Gesetz über den Rechtsschutz bei überlangen Gerichtsverfahren und strafrechtlichen Ermittlungsverfahren vom 24. November 2011 (BGBl. I, S. 2302) und das Gesetz zur Förderung der Mediation und anderer Verfahren der außergerichtlichen Konfliktbeilegung vom 21. Juli 2012 (BGBl. I, S. 1577) ergänzt worden. Durch die Gesetzesänderungen sind weitere Ausschlusstatbestände in § 41 ZPO eingefügt worden. Keine Ausschließungsgründe sind Hinderungsgründe, die der Ausübung richterlicher Tätigkeit überhaupt entgegenstehen, wie fehlende Richteramtsbefähigung, bestimmte körperliche und geistige Gebrechen oder Unzuständigkeit nach Geschäftsverteilungsplan. Liegen Hinderungsgründe vor, ist das Gericht nicht ordnungsgemäß besetzt. Dies kann nach § 68 i.V.m. § 547 Nr. 1 bis 3 ZPO *(ohne Zurückverweisungsmöglichkeit)*, nach § 551 Nr. 1 ZPO und u.U. nach §§ 42 und 48 ZPO entsprechend geltend gemacht werden.[12]

1. Partei-/Beteiligteneigenschaft

6 Nach § 41 Nr. 1 ZPO ist eine Gerichtsperson ausgeschlossen in Sachen, in denen sie selbst Partei *(Urteilsverfahren)*/Beteiligte *(Beschlussverfahren)* ist oder bei denen sie zu einer Partei/einem Beteiligten in dem Verhältnis eines Mitberechtigten, Mitverpflichteten oder Regresspflichtigen steht. Partei ist im weitesten Sinne zu verstehen; dazu zählen auch der Streitgenosse,[13] der Nebenintervenient,[14] der Dritte im Prätendentenstreit[15] und auch der dem Rechtsstreit beigetretene Streitverkündete.[16] Entscheidend ist der Umfang der Rechtskraftwirkung oder -erstreckung.[17] Mitberechtigung, Mitverpflichtung oder Regresspflicht werden angenommen bei Zugehörigkeit zu einer Gläubiger- oder einer Schuldnermehrheit nach §§ 421 ff. BGB, einer Gesellschaft oder bei Haftung als Bürge. Mitverpflichtet ist auch eine Gerichtsperson, die Mitglied des verklagten, nicht rechtsfähigen Vereins ist; haftet das Mitglied aber persönlich nicht über den Anteil am Vereinsvermögen und Beitrag hinaus, so ist es nicht ausgeschlossen, wenn ihn diese Haftung nicht wirtschaftlich belastet, so bspw. bei Zugehörigkeit eines ehrenamtlichen Richters oder eines Berufsrichters zu einer Gewerkschaft, die Partei/Beteiligte ist.[18] Im Beschlussverfahren ist das Mitglied eines am Verfahren beteiligten Betriebsrats ausgeschlossen, nicht jedoch das nicht herangezogene Ersatzmitglied.[19]

2. Ehe/Lebenspartnerschaft

7 Der Ausschließungsgrund nach § 41 Nr. 2 ZPO betrifft die Amtsführung von Gerichtspersonen bei Sachen des Ehegatten,[20] auch wenn die Ehe nicht mehr besteht. Sonstige nahe persönliche Beziehungen zu Parteien/Beteiligten können der Vorschrift des § 42 ZPO *(Befangenheit der Gerichtsperson)* unterfallen. Entsprechendes gilt nach § 42 Nr. 2a ZPO für die Sachen eines Lebenspartners.

---

11 Zöller/Vollkommer § 41 Rn 1.
12 Zöller/Vollkommer § 41 Rn 2.
13 §§ 59, 60 ZPO.
14 §§ 66 f. ZPO.
15 § 75 ZPO.
16 §§ 72 f. ZPO.
17 §§ 265, 325, 727 ZPO.
18 Vgl. Zöller/Vollkommer § 41 Rn 7.
19 GK-ArbGG/Schütz § 49 Rn 8.
20 Entsprechend § 41 Nr. 1 ZPO, abgestellt auf den Ehegatten.

3. Verwandtschaft

Weiterhin sind nach § 41 Nr. 3 ZPO Gerichtspersonen ausgeschlossen, wenn es um Sachen einer Person[21] geht, mit der sie in gerader Linie verwandt oder verschwägert, in der Seitenlinie bis zum dritten Grad verwandt oder bis zum zweiten Grad verschwägert sind oder waren. Kein Ausschließungsgrund ist Verwandtschaft mit dem Prozess-/Verfahrensbevollmächtigten, Beistand oder gesetzlichen Vertreter der Partei/des Beteiligten.[22] Bei Parteien kraft Amtes (z.B. *Insolvenzverwalter*) schließt sowohl die Beziehung zu ihr als auch zu der Person, deren Sache geführt wird, die Amtsführung aus.

8

4. Partei- und Beteiligtenvertreter

§ 41 Nr. 4 ZPO regelt den Ausschluss von Gerichtspersonen in Sachen *(gleicher Streitgegenstand)*, in denen sie als Prozessbevollmächtigte oder Beistand einer Partei/eines Beteiligten bestellt oder als gesetzlicher Vertreter einer Partei/eines Beteiligten aufzutreten berechtigt sind oder gewesen sind *(z.B. Gewerkschaftssekretäre oder Mitarbeiter des Arbeitgeberverbandes)*. Der Ausschließungsgrund umfasst jeden Fall einer Prozess-/Verfahrensvertretung nach § 11,[23] wobei genügt, dass jemandem die Vertretereigenschaft zukommt, ohne dass die Person das Vertretungsrecht wahrgenommen hat. Nicht ausgeschlossen sind aber ehrenamtliche Richter, die **Geschäftsführer eines Arbeitgeberverbandes** sind, dem der Beklagte angehört.[24] Nach dem engen Wortlaut sind auch nicht die Gerichtspersonen ausgeschlossen,[25] die eine Partei vorprozessual beraten haben, ohne Prozessvollmacht erlangt zu haben;[26] insoweit kommt aber ein Ablehnungsgrund wegen Besorgnis der Befangenheit in Betracht.[27] Allein die Tatsache, dass ein Richter als Rechtssekretär bei einer juristischen Person nach § 11 Abs. 2 Satz 2 Nr. 5 ArbGG angestellt ist oder war, reicht nicht aus, dass dieser nach dem Zweck des § 41 Nr. 4 ZPO als Prozessbevollmächtigter einer Partei anzusehen ist, wenn die juristische Person als Prozessbevollmächtigter beauftragt ist. Es reicht daher nicht aus, dass die mit der Prozessvertretung beauftragte juristische Person rechtlich in der Lage gewesen wäre, den Richter mit ihrer Vertretung zu betrauen und er daher für sie hätte handeln können.[28]

9

5. Zeugen- oder Sachverständigeneigenschaft

In Sachen, in denen eine Gerichtsperson als Zeuge oder Sachverständiger vernommen worden ist, ordnet § 41 Nr. 5 ZPO den Ausschluss der Gerichtsperson an. Die Benennung als Zeuge oder Sachverständiger in einem **Schriftsatz** oder in einem **Beweisbeschluss** genügt nicht. Die Vernehmung muss nicht in dem Verfahren stattgefunden haben, an dem die Gerichtsperson mitzuwirken hat; es genügt, wenn es um den gleichen Sachverhalt ging, der jetzt den Gegenstand des Verfahrens bildet.[29] Eine dienstliche Äußerung begründet keinen Ausschluss.

10

6. Ausschließende Vorbefassung

Schließlich sind nach § 41 Nr. 6 ZPO Gerichtspersonen ausgeschlossen in Sachen, in denen sie in einem **früheren Rechtszuge** oder im schiedsrichterlichen Verfahren bei dem Erlass der angefochtenen Entscheidung mitgewirkt haben, sofern es sich nicht um Tätigkeiten beauftragter oder ersuchter Richter handelt. Gerade das konkrete Streitverhältnis muss von der Gerichtsperson mitent-

11

---

21 Entsprechend § 41 Nr. 1 ZPO, abgestellt auf die Person.
22 Ggf. kommt aber eine Ablehnung nach § 42 ZPO in Betracht.
23 RA, Unterbevollmächtigte nach § 53 BRAO, Verbandsvertreter, Beistände und gesetzliche Vertreter.
24 BAG, 06.08.1997 – 4 AZR 789/95, NZA 1998, 332 = EzA § 49 ArbGG 1979 Nr. 5.
25 Aber evtl. Ablehnungsgrund nach § 42 ZPO.
26 GK-ArbGG/Schütz § 49 Rn 9.
27 GK-ArbGG/Schütz § 49 Rn 9.
28 BAG, 07.11.2012 – 7 AZR 646/10 (A), NZA 2013, 582 = NJW 2013, 1180.
29 BGH, 29.04.1983 – 2 StR 709/82.

schieden worden sein. Erforderlich ist die Mitwirkung beim Erlass[30] der mit einem Rechtsmittel angefochtenen Entscheidung. In Erweiterung des Wortlauts der Nr. 6 wird ein Ausschluss auch dann angenommen, wenn die Gerichtsperson an einer den angefochtenen Entscheidung vorausgehenden und von dieser bestätigten Entscheidung mitgewirkt hat, so für das nach § 343 ZPO bestätigte Versäumnisurteil[31] oder für die auf Widerspruch aufrechterhaltene einstweilige Verfügung. Etwas anderes gilt, wenn es sich lediglich um ein echtes Versäumnisurteil gegen den Kläger gehandelt hat, bei dem keine Schlüssigkeitsprüfung erforderlich war.[32]

12 Keine Ausschlussfälle stellen dar: Richter, die eine Entscheidung **lediglich verkündet** oder an einem **Vorlagenbeschluss** an das BVerfG oder an den Europäischen Gerichtshof mitgewirkt haben; der erkennende Richter des ArbG kann im Berufungsverfahren **beauftragter** oder **ersuchter** Richter sein, wie auch der beauftragte oder ersuchte Arbeitsrichter als Berufungsrichter tätig sein kann;[33] nach Rückverweisung durch ein Rechtsmittelgericht.

13 § 41 Nr. 6 ZPO gilt auch für Vorbefassungen im **schiedsrichterlichen Verfahren**.[34] Ausgeschlossen sind Gerichtspersonen, die an einem Schiedsspruch mitgewirkt haben, um dessen Überprüfung es geht. Daneben betrifft diese Vorschrift *(analog)* auch die Mitwirkung einer Gerichtsperson in einem **Einigungsstellenverfahren**, sofern es zur Überprüfung des Einigungsstellenspruchs kommt. Kein Ausschluss[35] findet statt, wenn aus einem nicht angefochtenen Einigungsstellenspruch einzelne Arbeitnehmer Rechte herleiten.[36] Wirkt nur der Ehegatte an der zu überprüfenden Entscheidung mit, findet die Vorschrift keine entsprechende Anwendung.[37]

14 Der mit Wirkung vom 3. Dezember 2011 neu eingefügte § 41 Nr. 7 ZPO sieht einen Ausschluss in Sachen wegen **überlanger Gerichtsverfahren** für die Richter vor, die in dem beanstandeten Verfahren in einem Rechtszug mitgewirkt haben, auf dessen Dauer der Entschädigungsanspruch gestützt wird.

15 Einen Fall der ausschließenden Vorbefassung sieht auch die durch das Mediationsgesetz eingefügte Nr. 8 vor. Eine Mitwirkung an einem **außergerichtlichen Konfliktbeilegungsverfahren** stellt danach einen weiteren Ausschlusstatbestand dar. Dies ist auch im Rahmen von Geschäftsverteilungsplänen von Bedeutung, die hierfür Regelungen vorsehen müssen.

III. Ausschließungsverfahren

16 Liegt ein Ausschließungsgrund (Rdn. 6 bis 13) vor, so ist die Gerichtsperson kraft Gesetzes von der Ausübung des Amtes ausgeschlossen. An die Stelle der ausgeschlossenen Gerichtsperson tritt die nach dem Geschäftsverteilungsplan bestimmte Vertretung. Hat die Gerichtsperson Zweifel an der Ausschließung, kann sie eine Entscheidung von Amts wegen herbeiführen;[38] hält die Gerichtsperson einen Ausschließungsgrund nicht für gegeben, kann ihn jede Partei/jeder Beteiligte in Form eines Ablehnungsgesuchs geltend machen.[39] In beiden Fällen findet gegen den Beschluss kein Rechtsmittel statt.[40]

---

30 § 309 ZPO; nicht Verkündung.
31 BAG, 07.02.1968 – 5 AR 43/68, NJW 1968, 814.
32 GMPMG/Germelmann § 49 Rn 12.
33 Zöller/Vollkommer § 41 Rn 14.
34 §§ 101 bis 110.
35 Aber ggf. Ablehnung/Selbstablehnung nach § 42 ZPO.
36 GMPMG/Germelmann § 49 Rn 13.
37 BGH, 17.03.2008 – II ZR 313/06, NJW 2008, 999.
38 § 48 ZPO.
39 § 42 Abs. 1 ZPO.
40 § 49 Abs. 3.

Hat die ausgeschlossene Gerichtsperson bei einer Entscheidung **mitgewirkt**, führt dies nicht zur 17
Nichtigkeit, jedoch zur **Anfechtbarkeit** der Entscheidung.[41] Liegt nur eine Mitwirkung bei gerichtlichen Prozesshandlungen vor, so sind auch diese nicht nichtig; sie müssen während der Instanz in ordnungsgemäßer Besetzung wiederholt oder zurückgenommen werden. Die Unkenntnis der Gerichtsperson vom Ausschließungsgrund ist belanglos. § 295 ZPO *(rügelose Einlassung)* gilt nicht.[42]

C. Ablehnung

Die Ablehnung einer Gerichtsperson wegen Besorgnis der Befangenheit bedarf stets besonderer 18
Geltendmachung durch die Partei/den Beteiligten *(Ablehnungsgesuch)* oder durch die Gerichtsperson *(Ablehnungsanzeige)* und führt nur bei einer entsprechenden gerichtlichen Entscheidung zum Ausscheiden der Gerichtsperson aus dem Prozess. Ausschließungsgründe sind stets *(auch)* absolute Ablehnungsgründe. Das Ablehnungsverfahren richtet sich vorrangig nach § 49 und i.Ü. nach §§ 42 bis 49 ZPO; die Ablehnungsgründe folgen ausschließlich aus § 42 Abs. 1 ZPO.

I. Ablehnungsrecht

Das Ablehnungsrecht besteht ggü. und für Gerichtspersonen, für die auch eine Ausschließung in 19
Betracht kommt (vgl. Rdn. 4). Betroffen sind Arbeitsrichter einschließlich der ehrenamtlichen Richter, Rechtspfleger und die Urkundsbeamten der Geschäftsstelle, nicht jedoch die sonstigen Bediensteten des ArbG, Sachverständigen,[43] Dolmetscher und Gerichtsvollzieher.

Das Ablehnungsrecht steht allen Parteien/Beteiligten zu, auch den **Streitgehilfen**;[44] dies gilt selbst 20
dann, wenn der Befangenheitsgrund nicht alle betrifft. Die Prozess- bzw. Verfahrensbevollmächtigten haben kein selbstständiges Ablehnungsrecht aus eigener Person.

Ablehnbar sind einzelne Gerichtspersonen. Nicht ablehnbar sind das Gericht oder ein ganzer 21
Spruchkörper, auch nicht eine einzelne Gerichtsperson allein wegen ihrer Zugehörigkeit zu einem Gericht oder Spruchkörper, es sei denn, der Ablehnungsgrund besteht gerade in der Mitwirkung an einer Kollegialentscheidung. Im Einzelfall kann die Ablehnung eines Spruchkörpers als Ablehnung bestimmter Mitglieder zu verstehen sein.

II. Ablehnungsgründe

Die Ablehnung von Gerichtspersonen kann nach § 42 Abs. 1 ZPO auf zwei Gründe gestützt wer- 22
den: a) Vorliegen eines gesetzlichen Ausschließungsgrundes und b) Besorgnis der Befangenheit.

1. Gesetzlicher Ausschluss

Für den Ablehnungsgrund »Ausschluss kraft Gesetzes« gelten die materiellen Grundsätze zum Aus- 23
schluss von Gerichtspersonen nach § 41 ZPO (ausführlich hierzu Rdn. 6 bis 13). Die gerichtliche Entscheidung auf ein Ablehnungsgesuch hat nur feststellenden Charakter, weil die Gerichtsperson bereits kraft Gesetzes ausgeschlossen ist.

2. Besorgnis der Befangenheit

Nach § 42 Abs. 2 ZPO setzt die Ablehnung wegen Besorgnis der Befangenheit einen Grund voraus, 24
der geeignet ist, Misstrauen gegen die Unparteilichkeit eines Richters zu rechtfertigen. Gründe für ein solches Misstrauen sind gegeben, wenn ein Beteiligter von seinem Standpunkt aus bei vernünftiger, **objektiver Betrachtung** davon ausgehen kann, dass der Richter nicht unvoreingenommen ent-

---

41 § 547 Nr. 2 ZPO.
42 Zöller/Vollkommer § 41 Rn 16.
43 BAG, 22.07.2008 – 3 AZB 26/08, NZA 2009, 453 = NJW 2009, 935 = EzA § 49 ArbGG 1979 Nr. 9.
44 § 67 ZPO.

scheide werde. Bei Anlegung dieses objektiven Maßstabes kommt es entscheidend darauf an, ob die Prozesspartei, die das Ablehnungsgesuch angebracht hat, von ihrem Standpunkt aus Anlass hat, Voreingenommenheit zu befürchten. Es muss also die Befürchtung bestehen, dass der abgelehnte Richter in die Verhandlung und Entscheidung des gerade anstehenden Falles sachfremde, unsachliche Momente mit einfließen lassen könnte und den ihm unterbreiteten Fall nicht ohne Ansehen der Person nur aufgrund der sachlichen Gegebenheiten des Falles und allein nach Recht und Gesetz entscheidet. Damit ist unter »Befangenheit« ein Zustand zu verstehen, der eine vollkommen gerechte, von jeder falschen Rücksicht freie Einstellung zur Sache beeinträchtigt. Die bereits erfolgte Bildung einer bestimmten Meinung *(z.B. zur Rechtslage oder zur Beurteilung des Sachverhalts)* genügt danach nicht, wenn nicht der Verdacht der Unsachlichkeit bei Bildung oder Beibehaltung der Meinung besteht. Das Ablehnungsverfahren nach § 42 Abs. 2 ZPO dient dementsprechend allein dazu, die Beteiligten vor der Unsachlichkeit des Richters aus einem in seiner Person liegenden Grund zu bewahren. Eine den Beteiligten ungünstige und möglicherweise auch unrichtige Rechtsauffassung als Ursache für die Parteilichkeit des Richters kommt als Ursache nicht in Betracht, es sei denn, die mögliche Fehlerhaftigkeit beruhte auf einer unsachlichen Einstellung des Richters oder auf Willkür.[45] Nicht erforderlich ist, dass die Gerichtsperson tatsächlich befangen ist; unerheblich ist, ob sie sich für befangen hält.[46] Der Umstand, dass die Partei, die nach der Sachlage an sich in erster Hinsicht eine Befangenheit des Richters zu befürchten hätte, nicht von einer Befangenheit ausgeht, ist – wie sich aus § 42 Abs. 3 ZPO ergibt – unerheblich.[47] Ablehnungsgründe sind vom Gericht in ihrer Gesamtheit zu würdigen; dabei ist auch eine bestehende Prozessvertretung der Partei/Beteiligten zu berücksichtigen. In Zweifelsfällen soll i.S.e. Stattgabe des Ablehnungsgesuchs und nicht im Sinne seiner Zurückweisung zu entscheiden sein.[48]

25 Das entspricht den Vorgaben des Art. 6 Abs. 1 EMRK. Danach hat jede Person u.a. ein Recht darauf, dass in zivilrechtlichen Streitigkeiten von einem unabhängigen und unparteiischen Gericht verhandelt wird. Das richtet sich nach subjektiven und objektiven Kriterien. Nach den subjektiven Kriterien ist zu prüfen, ob ein Richter eine persönliche Überzeugung oder ein persönliches Interesse bezogen auf einen bestimmten Fall hat. Objektiv kommt es darauf an, ob ausreichende Sicherheit besteht, dass legitime Zweifel in dieser Hinsicht ausscheiden. Maßgeblich ist, ob Tatsachen feststellbar sind, die unabhängig vom persönlichen Verhalten Zweifel an der Unabhängigkeit aufkommen lassen. Dabei kann schon der Schein von einiger Bedeutung sein. Der Standpunkt der Partei, die die Befangenheit geltend macht, ist dabei wichtig, aber nicht entscheidend. Maßgeblich ist, ob die Besorgnis der Befangenheit objektiv gerechtfertigt ist.[49]

3. Einzelfälle für Besorgnis der Befangenheit

a) Mittelbare Beteiligung des Richters am Rechtsstreit und eigenes Interesse am Verfahrensausgang

26 Die Besorgnis der Befangenheit ist i.d.R. begründet, wenn die Gerichtsperson **Mitglied einer juristischen Person** *(insb. in einem Vertretungsorgan)* ist, die Partei/Beteiligte ist; etwas anderes gilt aber bei lange zurückliegender Zugehörigkeit.[50] Ein die Besorgnis der Befangenheit begründendes Eigeninteresse wird bejaht bei Interessenkollision oder wenn echte wirtschaftliche Belange für die Gerichtsperson auf dem Spiel stehen; anders bei bloßer Verbands- oder Vereinsmitgliedschaft bei größerer Mitgliederzahl[51] oder bei Mitgliedschaft in einer Massenorganisation.[52]

---

45 BAG, 10.07.1996 – 4 AZR 759/94 [A].
46 BVerfG, 04.06.1986 – 1 BvR 1046/85, NJW 1987, 431; BVerfG, 12.07.1986 – 1 BvR 713/83, NJW 1987, 430.
47 BGH, 05.03.2001 – I ZR 58/00.
48 Zöller/Vollkommer § 42 Rn 10.
49 EGMR, 03.07.2012 – 66484/09, [Mariusz Lewandowski./. Polen] m.w.N.
50 BGH, 25.02.1988 – III ZR 196/87, NJW-RR 1988, 766.
51 BGH, 29.01.2003 – IX ZR 137/00.
52 Zöller/Vollkommer § 42 Rn 11.

b) Nahe persönliche Beziehung zu einer Partei/einem Beteiligten

Hierzu werden als **Ablehnungsgründe** gerechnet: früheres oder gegenwärtiges Verlöbnis, Ehe mit Mitglied des Vertretungsorgans einer Partei/eines Beteiligten, enge Freundschaft oder Feindschaft. **Nicht** dazu wird gezählt eine frühere enge Bekanntschaft, Sympathie oder Antipathie[53] oder bloß allgemeine geschäftliche Beziehungen. Genügt danach zwar eine private Bekanntschaft zwischen dem Richter und einer Partei zur Selbstablehnung allgemein nicht, kann jedoch eine persönliche, in das familiäre Umfeld des Richters reichende Verbundenheit zur Prozesspartei Anlass zur Besorgnis der Befangenheit sein.[54] Ist ein Verlag Partei, begründet die Fertigung von Zeitschriftenbeiträgen allein noch keinen berechtigten Zweifel an der Unbefangenheit eines Richters.[55] In der ordentlichen Gerichtsbarkeit wird die Zugehörigkeit zum selben Spruchkörper *(Kammer für Handelssachen)* als ausreichender Ablehnungsgrund angesehen. Für die Gerichte für Arbeitssachen ist dies im Hinblick auf die verhältnismäßig große Anzahl von ehrenamtlichen Richtern anders zu sehen. Der BGH[56] hat allerdings die Selbstablehnung einer zur Mitwirkung bei einer über die Entscheidung über eine sofortige Beschwerde berufenen Rechtsanwältin beim BGH für begründet erklärt, die darauf gestützt war, sie habe den Antragsteller vor fünf Jahren in einem Rechtsbeschwerdeverfahren vor dem BGH vertreten. Diese Problematik kann sich im arbeitsgerichtlichen Verfahren in Ausnahmefällen bei Verbandsvertretern ergeben.

27

c) Nahe persönliche Beziehung zur Prozess- bzw. Verfahrensvertretung einer Partei/eines Beteiligten

Inwieweit nahe Verwandtschaft, Ehe, Verlöbnis oder Freundschaft/Feindschaft mit der Prozess- bzw. Verfahrensvertretung die Besorgnis der Befangenheit rechtfertigen kann, ist umstritten.[57] Ein Richter kann nach der Rechtsprechung des BGH[58] jedenfalls dann erfolgreich wegen Besorgnis der Befangenheit abgelehnt werden, wenn seine Ehefrau als Rechtsanwältin in der Kanzlei tätig ist, die den Gegner vor diesem Richter vertritt. Auch starke Spannungen zwischen der Gerichtsperson und der Prozess- bzw. Verfahrensvertretung können u.U. einen Ablehnungsgrund bilden, wenn die ablehnende Einstellung des Richters in dem konkreten Verfahren in Erscheinung getreten ist; jedoch genügen sachlich ausgetragene Differenzen zwischen der Gerichtsperson und der Prozess-/Verfahrensvertretung regelmäßig nicht. Die persönliche Beziehung eines Richters zu einem Mitglied einer Anwaltssozietät soll hingegen nicht seine Ablehnung wegen Besorgnis der Befangenheit rechtfertigen, wenn das Sozietätsmitglied am Verfahren nicht beteiligt ist und auch nicht als Prozessbevollmächtigter in den Vorinstanzen tätig war.[59] Auch der Umstand, dass Mitglieder dieser Anwaltssozietät an Verfahren beteiligt sind, in denen dieselben Rechtsfragen wie in der Streitsache zu entscheiden sind, soll jedenfalls dann keinen Anlass sein, an der Unvoreingenommenheit und objektiven Einstellung des Richters zu zweifeln, wenn diesem die fraglichen Verfahren nicht bekannt waren.

28

d) Interessenwahrnehmung für eine Partei/einen Beteiligten

Vor- oder außergerichtliche Ratserteilung und Rechtsauskunft, die auf den konkreten Fall eingeht und die nicht im Hinweis auf eine allgemeine Rechtslage und in der Auskunft über bestehende Rechtsprechung und Literaturansichten verharrt, rechtfertigt die Besorgnis der Befangenheit.

29

---

53 BVerfG, 12.07.1986 – 1 BvR 713/83, NJW 1987, 430.
54 BGH, 20.02.2012 – KZR 23/11, für private Bekanntschaft mit Mitglied des Vorstands einer Partei, wobei die Familien seit Jahren einen freundschaftlichen Umgang pflegten.
55 BGH, 05.03.2001 – I ZR 58/00.
56 BGH, 25.08.2008 – AnwZ (B) 38/07.
57 BGH, 15.03.2012 – V ZB 102/11, ZInsO 2012, 897, Rn 4 ff.
58 BGH, 15.03.2012 – V ZB 102/11, ZInsO 2012, 897, Rn 9.
59 BGH, 15.03.2011 – II ZR 244/09, NJW-RR 2011, 648, Rn 4.

e) Vor- und Parallelbefassung

30 Grds. genügt als Ablehnungsgrund nicht die Mitwirkung der Gerichtsperson an einem früheren Verfahren *(Prozesskostenhilfe-, Urteils- oder Beschlussverfahren, einstweiliges Verfügungs- und Hauptsacheverfahren)*, auch über den gleichen Sachverhalt (mit Ausnahme der ausschließenden Vorbefassung, dazu Rdn. 11), das zu einer für die Partei/Beteiligte ungünstigen Entscheidung führte.[60] Gegenteiliges gilt, wenn die Gerichtsperson **von vornherein** zu erkennen gibt, dass sie nicht bereit ist, ihre frühere Entscheidung oder Meinungsäußerung kritisch zu überprüfen,[61] oder wenn sie nach Zurückverweisung des Rechtsstreits an der vom Rechtsmittelgericht verworfenen Rechtsauffassung festhält. Inwieweit sich ein in einem Verfahren gegebener Ablehnungsgrund auch auf die anderen auswirkt *(sog. übergreifender Ablehnungsgrund)*, ist Frage des Einzelfalls und hängt vom konkreten Ablehnungsgrund ab. War die erfolgreiche Ablehnung auf Voreingenommenheit gegen die Person des Ablehnenden gestützt, greift der Ablehnungsgrund auch in den anderen Verfahren durch. Eine Besorgnis der Befangenheit hat das BAG in seiner Entscheidung vom 7. November 2012[62] hingegen für den Fall bejaht, dass ein ehrenamtlicher Richter **zuvor als Rechtssekretär** in Verfahren tätig war, in denen es nicht nur um im abstrakten Sinne gleiche oder ähnliche Rechtsfragen, sondern um den gleichen Sachkomplex, der auch Gegenstand des vorliegenden Verfahrens war. An den Verfahren war die Beklagte als Partei beteiligt. Der ehrenamtliche Richter hatte also für Kläger in Verfahren gehandelt, die nach wesentlichen Gesichtspunkten nicht nur hinsichtlich der Rechtslage, sondern auch hinsichtlich der konkreten Ausgestaltung der Fälle vergleichbar gelagert waren. Angesichts dessen konnte die Beklagte objektiv die Besorgnis haben, der ehrenamtliche Richter werde auch in dem dem BAG vorliegenden Fall nicht allein nach fachlichen Gesichtspunkten entscheiden.

f) Verstöße gegen die Pflicht zu unvoreingenommener und neutraler Amtsführung

31 Als **Ablehnungsgründe** werden angesehen: Das prozessuale Vorgehen der Gerichtsperson entbehrt einer ausreichenden gesetzlichen Grundlage und entfernt sich so sehr von dem normalerweise geübten Verfahren, dass sich für die dadurch betroffene Partei/Beteiligten der Eindruck einer sachwidrigen, auf Voreingenommenheit beruhenden Benachteiligung aufdrängt; Versehen der Schriftsätze einer Partei/eines Beteiligten mit unsachlichen Randbemerkungen; kränkendes Verhalten ggü. einer Partei/einem Beteiligten durch unsachliche Äußerungen in der mündlichen Verhandlung/ im Sitzungsprotokoll/in den Entscheidungsgründen; schroffer und ungehöriger Ton im Schriftverkehr, wie z.B. allgemein eine abfällige, höhnische, kränkende oder beleidigende Wortwahl oder unangebracht bissige Ironie ggü. der Partei/dem Beteiligten oder der Prozess-/Verfahrensvertretung; unangemessene Mimik und Gestik während des Partei-/Beteiligtenvortrags; übermäßige Unmutsäußerungen ggü. einem RA; Ablehnung der Protokollierung eines schriftsätzlich angekündigten Antrags; mangelnde Bereitschaft zur Kenntnisnahme und rechtlichen Würdigung des vollständigen Vorbringens einer Partei/eines Beteiligten;[63] vorsätzliche Nichtweiterleitung eines eingereichten Schriftsatzes an die Gegenseite; wiederholtes Unterbrechen der Partei und Wortentzug wegen Kenntnis vom Vorbringen; Zurückweisen von berechtigten Fragen an Zeugen und Sachverständige; rücksichtsloses Übergehen eines berechtigten Terminwunsches von auswärtiger Partei; Ausübung

---

60 BAG, 29.10.1992 – 5 AZR 377/92, NZA 1993, 238; BGH, 26.07.2000 – III ZR 157/99, betr. PKH; BGH, 14.05.2002 – XI ZR 14/02, betr. geäußerte ungünstige Rechtsauffassung durch Richter in einem anderen Verfahren oder im Rahmen einer Vortragstätigkeit; BGH, 13.01.2003 – XI ZR 322/01, betr. Tätigkeit als Seminarreferent; BGH, 13.01.2003 – XI ZR 357/01, betr. bisherige Spruchtätigkeit und Einnahme eines Rechtsstandpunkts im Rahmen einer wissenschaftlichen Erörterung; BGH, 14.05.2002 – XI ZR 388/01, NJW 2002, 2396, Tätigkeit im Redaktionsbeirat einer Fachzeitschrift; BGH, 27.12.2011 – V ZB 175/11, Vorbefassung in Parallelverfahren.
61 BAG, 29.10.1992 – 5 AZR 377/92, NZA 1993, 238; BAG, 14.05.2002 – XI ZR 388/01, NJW 2002, 2396.
62 BAG, 07.11.2012 – 7 AZR 646/10 (A), NZA 2013, 582 = NJW 2013, 1180.
63 LAG München 25.04.1972 – 2 Sa 968/71.

unangemessenen Vergleichsdrucks;⁶⁴ einseitige Kontaktaufnahme zu einer Partei/einem Beteiligten oder einer Beweisperson hinter dem Rücken der anderen; vorzeitige Festlegung auf eine bestimmte Meinung; Mitteilung nur ggü. einer Partei, dass der Kammer vorgeschlagen werden solle, das von der gegnerischen Partei eingelegte Rechtsmittel als unzulässig zu verwerfen.⁶⁵ **Freimütige oder saloppe Formulierungen** geben grundsätzlich noch keinen Anlass zur Besorgnis der Befangenheit. Evident **unsachliche oder unangemessene sowie herabsetzende und beleidigende Äußerungen** des Richters können aber die Besorgnis der Befangenheit rechtfertigen, wenn sie den nötigen Abstand zwischen Person und Sache vermissen lassen.⁶⁶

Nicht als Ablehnungsgründe wurden bewertet: die Erstattung von **Strafanzeige** wegen Prozessbetruges oder Steuerdeliktes bzw. Zuleitung der Akten an die StA; die Ankündigung einer Einschaltung der StA im Zusammenhang mit der Wahrheitsermahnung der Partei/des Beteiligten; frühere **Publikationen** der Gerichtsperson i.S.e. Festlegung, da Gerichtspersonen von Amts wegen gezwungen sind, sich zu Rechtsfragen laufend eine Meinung zu bilden und stets für neue und bessere Argumente offenzubleiben; überhaupt die **Äußerung von Rechtsansichten**, zumal der Richter diese zu erkennen geben soll, damit die Parteien sich darauf einstellen könne. Ausnahmsweise können **wissenschaftliche Äußerungen** zu einer für das Verfahren bedeutsamen Rechtsfrage ein Befangenheitsgesuch rechtfertigen, wenn die Nähe der Äußerungen zu der von einem Beteiligten vertretenen Rechtsauffassung nicht zu übersehen ist und die wissenschaftliche Tätigkeit des Richters vom Standpunkt anderer Beteiligter aus die Unterstützung dieses Beteiligten bezweckt,⁶⁷ Anlass zu Zweifeln an der richterlichen Unvoreingenommenheit bestehen. Hat sich ein Richter, der Berichterstatter des Spruchkörpers in einem Rechtsstreit ist, der ausgesetzt wurde, um eine Vorabentscheidung des Europäischen Gerichtshofs zu einer Frage der Richtlinienauslegung einzuholen, anlässlich einer Fachtagung öffentlich zu dem Fall und zu der Vorlageentscheidung geäußert, begründet dies nicht die Besorgnis der Befangenheit. Die Teilnahme eines Richters an Seminaren zu aktuellen Rechtsfragen stellt keinen Befangenheitsgrund dar. Die Teilnahme von Richtern an wissenschaftlichen Veranstaltungen ist üblich und allgemein bekannt. Sie dient der Darstellung und Vermittlung der Rechtsprechung der Gerichte und dem Austausch von Meinungen, auch in Bezug auf sich neu stellende Probleme und deren wissenschaftlichen Hintergrund.⁶⁸ Ausreichend ist auch nicht generell die Mitwirkung eines **Ehegatten** des Rechtsmittelrichters an der angefochtenen Kollegialentscheidung, solange nicht besondere Gesichtspunkte dafür sprechen, der Rechtsmittelrichter könnte geneigt sein, die Entscheidung aus sachfremden Erwägungen zu bestätigen oder zu ändern.⁶⁹ Nicht als ausreichend wird es auch angesehen, wenn der **Vater** eines Richters im Briefkopf des früheren Prozessbevollmächtigten einer Partei als Mitglied der Kanzlei aufgeführt ist, wenn dieser nicht mit der Sache befasst war.⁷⁰

Ein i.R.d. richterlichen **Aufklärungspflicht**⁷¹ gebotenes richterliches Verhalten begründet keinen Ablehnungsgrund,⁷² selbst wenn sich dadurch die Prozesschancen einer Partei/eines Beteiligten verändern. Bei der Bestimmung der Grenze von prozessrechtlich gebotener Aufklärung und Belehrung einer Partei einerseits und Neutralitätspflicht andererseits ist zu berücksichtigen, dass die Vereinfachungsnovelle vom 03.12.1976⁷³ und das Gesetz zur Reform des Zivilprozesses vom 27.07.2001⁷⁴ die richterliche Aufklärungs-, Hinweis- und Fürsorgepflicht wesentlich verstärkt haben und das

---

64 Zöller/Vollkommer § 42 Rn 23.
65 LAG Berlin, 18.12.1996 – 18 Sa 97/96.
66 BFH, 10.03.2015 – V B 108/14, Rn 10.
67 BVerfG, 19.04.2010 – 1 BvR 626/10, NJW-RR 2010, 1150, Rn. 8.
68 BGH, 13.01.2016 – VII ZR 36/14, Rn 11.
69 BGH, 17.03.2008 – II ZR 313/06, NJW 2008, 1672; 20.10.2003 – II ZB 31/02, NJW 2004, 163.
70 BGH, 14.06.2006 – IV ZR 219/04, BGHReport 2006, 1437.
71 §§ 139, 273, 278 Abs. 2 ZPO.
72 BVerwG, 08.09.2010 – 8 B 54/10, 8 B 54/10 (8 PKH 4/10), Rn 4.
73 BGBl. I, S. 3281.
74 BGBl. I, S. 1887.

Gericht zu einer umfassenden Erörterung des Rechtsstreits in tatsächlicher und rechtlicher Hinsicht verpflichtet ist.[75] Keinen Ablehnungsgrund bilden daher auch: die **vorläufige Meinungsäußerung** *(ohne Festlegung)* einer Gerichtsperson; Äußerungen zur Erfolgsaussicht eines Antrages; richterliche Initiativen im Zusammenhang mit der **umfassenden Erörterung** des Rechtsstreits, wie z.B. solche die Entschließungsfreiheit nicht beeinträchtigenden Anregungen, Belehrungen, Ratschläge und Empfehlungen an eine Partei/einen Beteiligten; Anregungen zur Formulierung, Stellung oder Rücknahme auch neuer Anträge oder zu zulässigen und allgemein bekannten Gegenstrategien bei drohender Präklusion. Kein Ablehnungsgrund ist der Hinweis auf bestehende Einreden und Gegenrechte wie **Verjährung** im Rahmen von Vergleichsverhandlungen,[76] Aufrechnung und Zurückbehaltungsrechte.[77] Anders kann es zu werten sein, wenn der Beklagte nach Widerspruch gegen den Mahnbescheid mit richterlicher Verfügung auf die Verjährung hingewiesen wird.[78] Auch Äußerungen über den **Wert von Beweismitteln** sind zulässig.[79]

34 **Fehlerhafte Entscheidungen**, Überschreitungen der Befugnisse nach § 139 ZPO und Verfahrensverstöße i.R.d. Prozessleitung sind keine Ablehnungsgründe, solange keine Gründe vorliegen, die dafür sprechen, dass die Fehlerhaftigkeit auf einer unsachlichen Einstellung der Gerichtsperson ggü. der ablehnenden Partei/Beteiligten oder auf Willkür beruht. Folgt die Gerichtsperson bei ihren Handlungen einer vertretbaren Rechtsansicht, lässt dies im Regelfall keine Befangenheit befürchten. Im Ablehnungsverfahren sind richterliche Entscheidungen nicht auf ihre Richtigkeit zu prüfen, denn es ist kein gesondertes Rechtsmittel- oder Rechtsüberprüfungsverfahren.

g) Eigenes Verhalten der Partei/des Beteiligten

35 Das eigene Verhalten einer Partei/eines Beteiligten begründet keinen Ablehnungsgrund.[80] Durch **Angriffe auf eine Gerichtsperson**,[81] Anträge auf Disziplinarmaßnahmen, Häufung erfolgloser Ablehnungsgesuche im konkreten oder in früheren Verfahren kann eine Partei/ein Beteiligter eine ihr unbequeme Gerichtsperson nicht ausschalten.

h) Politische Einstellung/Betätigung einer Gerichtsperson

36 Keine Ablehnungsgründe sind grds. die Mitgliedschaft einer Gerichtsperson in einer **politischen Partei** oder rechtspolitischen Vereinigung[82] sowie die Zugehörigkeit zu einer bestimmten **Religion- bzw. Konfession**[83] **oder Weltanschauung** und politische Äußerungen. Es ist aber im Einzelfall abzuwägen.[84]

37 Nach den Regelungen des ArbGG gehört es zu den tragenden Grundsätzen des Arbeitsgerichtsverfahrens und der Bildung der Richterbank im Arbeitsgerichtsprozess, dass an der Entscheidung der Gerichte für Arbeitssachen in allen Instanzen grds. ehrenamtliche Richter aus Kreisen der Arbeitnehmer und der Arbeitgeber mitwirken[85] und dass diese Richter auf Vorschlag insb. von Gewerkschaften und Arbeitgebervereinigungen berufen werden, wobei sie den vorschlagenden Vereinigungen häufig als Mitglieder angehören oder zumindest nahe stehen. Nach der ständige Rechtsprechung

---

75 Zöller/Vollkommer § 42 Rn 26; GMPMG/Germelmann § 49 Rn 19.
76 BGH, 12.11.1997 – IV ZR 214/96, NJW 1998, 612.
77 Sehr str., vgl. Zöller/Vollkommer § 42 Rn 27 m.w.N. zum Streitstand.
78 BGH, 02.10.2003 – V ZB 22/03, NJW 2004, 164; GMPMG/Germelmann § 49 Rn 21 allerdings ohne Differenzierung.
79 GMPMG/Germelmann § 49 Rn 28.
80 BAG, 30.05.1972 – 1 AZR 11/72.
81 Wie Dienstaufsichtsbeschwerden, Strafanzeigen wegen Rechtsbeugung oder Vorlage entsprechender Rechtsgutachten, vgl. Strecker, ZRP 1984, 123.
82 BVerfG, 02.12.1992 – 2 BvF 2/90, NJW 1993, 2230.
83 BVerfG, 03.07.2013 – 1 BvR 782/12.
84 BVerfG, 11.10.2011 – 2 BvR 1010/10, 2 BvR 1219/10, NJW 2011, 3637 [Di Fabio].
85 §§ 16, 35, 41.

des BAG[86] ergibt sich hieraus, dass der Gesetzgeber davon ausgeht, die so vorgeschlagenen Richter aus Arbeitnehmer- und Arbeitgeberkreisen würden ungeachtet ihrer Stellung im Sozialleben und ihrer Mitgliedschaft zu den vorschlagenden Verbänden und Vereinigungen die ihnen übertragenen Amtspflichten gewissenhaft und ohne Rücksicht auf Belange der vorschlagenden Vereinigungen und Verbände erfüllen. Damit hat im Arbeitsgerichtsverfahren der ehrenamtliche Arbeitsrichter die Funktion, in der Richterbank dafür Sorge zu tragen, dass bei der Verhandlung, Beratung und Entscheidung eines Falles gerade auch die Standes- und berufsspezifischen Belange seiner Seite zur Geltung gebracht und mitberücksichtigt werden, wobei die paritätische Besetzung der Richterbank mit Vertretern aus den betroffenen sozialen Gruppen mit ihren typischerweise polaren Interessen die besondere Vertrautheit der Beisitzer mit den jeweiligen Lebensverhältnissen und damit eine entsprechende Sachkunde gewährleisten soll.[87] Selbst wenn man hierin eine einseitige Ausrichtung der Interessen sehen wollte, fehlt es jedoch regelmäßig an der besonderen Einstellung des ehrenamtlichen Richters gerade zu dem konkreten Fall, was jedoch wesentliche Voraussetzung für die Besorgnis der Befangenheit ist. Daher rechtfertigt der Umstand, dass ein ehrenamtlicher Richter ein mit der Prozessführung nicht befasster Geschäftsführer des Arbeitgeberverbandes ist, dem die Beklagte angehört, nicht seine Ablehnung wegen Besorgnis der Befangenheit.[88]

Auch die **Gewerkschaftsmitgliedschaft** eines Berufsrichters in der Arbeitsgerichtsbarkeit bildet keinen Ablehnungsgrund,[89] sofern der Richter die ihm für jegliche politische/gewerkschaftspolitische Betätigung gezogenen Grenzen beachtet und nicht durch eine besonders hervorgehobene Stellung in der Gewerkschaft die konkrete Sache mit beeinflussen kann.[90] Bei der ihm als Staatsbürger frei stehenden politischen/gewerkschaftlichen Betätigung sind dem Richter durch die Pflicht zur Wahrung seiner Unabhängigkeit[91] und die Notwendigkeit der Erhaltung einer funktionsfähigen Rechtspflege Grenzen gezogen. Nicht jede Verletzung des richterlichen Mäßigungsgebots rechtfertigt aber die Besorgnis der Befangenheit. Ein Befangenheitsgrund liegt regelmäßig nicht vor bei *(öffentlichen)* **politischen Stellungnahmen** des Richters, selbst wenn im Einzelfall das Mäßigungsverbot verletzt wurde und der Prozessgegenstand eine gewisse Nähe zu dem politischen Auftreten aufweist. Nicht ausreichend ist auch ein gemeinsames politisches/gewerkschaftliches Engagement mit bestimmten Prozess- bzw. Verfahrensvertretungen.[92] Ein Ablehnungsgrund wird jedoch bejaht bei »ausgeprägter politischer Gegnerschaft«[93] oder bei Bestehen eines inneren Zusammenhangs zwischen den öffentlichen politischen/gewerkschaftlichen Aktivitäten und einem konkreten Verfahren.[94] Unbedenklich ist die Mitarbeit eines Berufsrichters in einem **gewerkschaftlichen Arbeitskreis** »Arbeitsrecht«[95] oder bei der **gewerkschaftsorientierten Schulung von Betriebsräten**, solange kein konkreter Bezug hergestellt wird zu noch zu entscheidenden Fällen des Berufsrichters. Der EGMR[96] hat allerdings schon eine **Nähe zu einem für den Rechtsstreit bedeutsamen Kollektivvertrag** ausreichen lassen.

38

---

86 Z.B. BAG, 10.07.1996 – 4 AZR 759/94 [A].
87 Däubler ArbuR 1976, 369 ff.
88 BAG, 06.08.1997 – 4 AZR 789/95 [A].
89 BVerfG, 15.03.1984 – 1 BvR 200/84, NJW 1984, 1974; Dieterich RdA 1986, 6; krit. Rüthers DB 1984, 1620 ff.; Hanau ZIP 1984, 1165; Dütz JuS 1985, 753; Kempten ArbuR 1985, 1 ff.; Zachert ArbuR 1985, 14 ff.
90 GMPMG/Germelmann § 49 Rn 25.
91 § 39 DRiG.
92 ArbG Frankfurt, 11.05.1982 – 12 Ca 31/82.
93 Moll ZRP 1985, 245.
94 Zöller/Vollkommer § 42 Rn 31.
95 BVerfG, 15.03.1984 – 1 BvR 200/84, NJW 1984, 1974, mit ausf. Anm. Vollkommer.
96 EGMR, 23.09.2010 – 18283/06, [Fragner./. Österreich] mit ausführlichen Nachweisen.

III. Verlust des Ablehnungsrechts

1. Rügelose Einlassung

39 Nach § 43 ZPO, der über § 46 Abs. 2 anwendbar ist, kann eine Partei/ein Beteiligter eine Gerichtsperson wegen der Besorgnis der Befangenheit nicht mehr ablehnen, wenn sie sich bei ihr, ohne den ihr bekannten Ablehnungsgrund geltend zu machen, in eine Verhandlung eingelassen oder Anträge gestellt hat. Tritt der Ablehnungsgrund, auf den sich die Partei beruft, erst in der mündlichen Verhandlung zutage, so muss das Ablehnungsgesuch spätestens bis zum Schluss der mündlichen Verhandlung gestellt werden.[97] Der BGH hat es in der zitierten Entscheidung für einen nach Schluss der mündlichen Verhandlung eingegangenen Antrag nicht beanstandet, dass das OLG den Befangenheitsantrag als **unzulässig** verworfen hat.

§ 43 ZPO Verlust des Ablehnungsrechts

Eine Partei kann einen Richter wegen Besorgnis der Befangenheit nicht mehr ablehnen, wenn sie sich bei ihm, ohne den ihr bekannten Ablehnungsgrund geltend zu machen, in eine Verhandlung eingelassen oder Anträge gestellt hat.

40 Der Ablehnungsgrund muss der Partei/dem Beteiligten **bekannt** sein, Kenntnis der Prozess-/Verfahrensvertretung wird zugerechnet; Kennenmüssen des Ablehnungsgrundes reicht nicht. Als »Einlassen« in eine Verhandlung genügt jedes prozessuale und der Erledigung eines Streitpunktes dienende Handeln der Parteien/Beteiligten unter Mitwirkung der Gerichtsperson, z.B. Besprechung der Sach- und Rechtslage, Vergleichsverhandlungen, Einlegung der Beschwerde, aktive Teilnahme an einer Beweisaufnahme. Dies gilt auch für den Gütetermin. Entsteht ein Ablehnungsgrund, nachdem ein Urteil gefällt, abgefasst und unterzeichnet ist, steht das Ablehnungsgesuch der **Verkündung** des Urteils nicht entgegen. Die Verkündung begründet in diesem Fall auch keinen absoluten Revisionsgrund i.S.d. § 547 Nr. 3 ZPO vor.[98] Nach abschließender Entscheidung über den Rechtsstreit ist ein Ablehnungsgesuch unzulässig.[99] Nach dem Eintritt der **Rechtskraft** kann die Besorgnis der Befangenheit eines Richters grundsätzlich nur noch unter den Voraussetzungen einer **Nichtigkeitsklage** nach § 579 Abs. 1 Nr. 3 ZPO geltend gemacht werden.[100]

2. Rechtsmissbrauch

41 Rechtsmissbräuchlich und damit unzulässig sind Ablehnungsgesuche, die nur der **Verschleppung** des Prozesses dienen sollen oder die exzessiv zur Verfahrenskomplikation eingesetzt werden, die sich lediglich in der Wiederholung eines abgelehnten Gesuchs ohne neue Begründung erschöpfen[101] oder die nur **Beleidigungen und Beschimpfungen** der Gerichtsperson enthalten,[102] insbesondere wenn das Gericht darüber bereits durch unanfechtbaren Beschluss entschieden hat.[103] Gleiches gilt, wenn sich das Gesuch in der Wiederholung eines abgelehnten Gesuchs erschöpft.[104] Das Gericht ist in der Besetzung mit dem abgelehnten Richter zur Entscheidung über ein Ablehnungsgesuch befugt, wenn das Gesuch nur mit Umständen begründet wird, die eine Befangenheit unter keinem denkbaren Gesichtspunkt rechtfertigen können.[105] Die Entscheidung über ein **rechtsmiss-**

---

97 BGH 05.02.2008 – VIII ZB 56/07, NJW-RR 2008, 800 mit eingehender Begründung.
98 BGH, 08.02.2001 – III ZR 45/00, NJW 2001, 1502.
99 BGH, 04.01.2001 – X ZR 208/99.
100 BGH, 25.09.2014 – V ZR 8/10.
101 BVerwG, 22.03.2011 – 4 B 34/10, Rn. 4.
102 BGH, 17.09.2008 – V ZB 117/08.
103 BGH, 28.07.2008 – AnwZ (B) 79/06.
104 BVerwG, 22.03.2011 – 4 B 34/10.
105 BGH, 25.07.2008 – XI ZB 18/08, für den Fall, dass ein Vorsitzender Richter am BGH in seiner bisherigen Spruchtätigkeit bzw. im Rahmen wissenschaftlicher Erörterungen einen Rechtsstandpunkt eingenommen hatte, der der ablehnenden Partei ungünstig war, und der Richter außerdem seine Rechtsauffassung auf Veranstaltungen geäußert hatte, die von bestimmten Interessengruppen organisiert worden

bräuchliches Gesuch kann daher unter Mitwirkung des abgelehnten Richters erfolgen.[106] Bei der Prüfung, ob ein Ablehnungsgesuch als unzulässig verworfen werden kann, ist das Gericht aber **in besonderem Maße verpflichtet**, das Ablehnungsgesuch seinem Inhalt nach vollständig zu erfassen und gegebenenfalls wohlwollend auszulegen,[107] da das Gericht andernfalls leicht dem Vorwurf ausgesetzt sein kann, tatsächlich im Gewande der Zulässigkeitsprüfung in eine Begründetheitsprüfung einzutreten, und sich zu Unrecht zum Richter in eigener Sache zu machen. Überschreitet das Gericht bei dieser Prüfung die ihm gezogenen Grenzen, so kann dies seinerseits die Besorgnis der Befangenheit begründen.[108] Ein vereinfachtes Ablehnungsverfahren darf nur echte Formalentscheidungen ermöglichen oder offensichtlichen Missbrauch des Ablehnungsrechts verhindern, was eine enge Auslegung der Voraussetzungen gebietet. **Völlige Ungeeignetheit** ist anzunehmen, wenn für eine Verwerfung als unzulässig jedes Eingehen auf den Gegenstand des Verfahrens entbehrlich ist. Ist hingegen ein – wenn auch nur geringfügiges – Eingehen auf den Verfahrensgegenstand erforderlich, scheidet eine Ablehnung als unzulässig aus. Eine gleichwohl erfolgende Entscheidung ist dann willkürlich. Über eine bloß formale Prüfung hinaus darf sich der abgelehnte Richter nicht durch Mitwirkung an einer näheren inhaltlichen Prüfung der Ablehnungsgründe zum Richter in eigener Sache machen. Überschreitet das Gericht bei der Anwendung dieses Prüfungsmaßstabs die ihm gezogenen Grenzen, kann dies seinerseits die Besorgnis der Befangenheit begründen.[109]

IV. Ablehnungsverfahren

1. Ablehnungsgesuch der Parteien/Beteiligten

§ 44 ZPO, der über § 46 Abs. 2 Anwendung findet, regelt Form und Inhalt des Ablehnungsgesuchs. 42

§ 44 ZPO Ablehnungsgesuch

(1) Das Ablehnungsgesuch ist bei dem Gericht, dem der Richter angehört, anzubringen; es kann vor der Geschäftsstelle zu Protokoll erklärt werden.

(2) Der Ablehnungsgrund ist glaubhaft zu machen; zur Versicherung an Eides Statt darf die Partei nicht zugelassen werden. Zur Glaubhaftmachung kann auf das Zeugnis des abgelehnten Richters Bezug genommen werden.

(3) Der abgelehnte Richter hat sich über den Ablehnungsgrund dienstlich zu äußern.

(4) Wird ein Richter, bei dem die Partei sich in eine Verhandlung eingelassen oder Anträge gestellt hat, wegen Besorgnis der Befangenheit abgelehnt, so ist glaubhaft zu machen, dass der Ablehnungsgrund erst später entstanden oder der Partei bekannt geworden sei.

Das Ablehnungsgesuch ist nach § 44 Abs. 1 ZPO bei dem Gericht, dem die Gerichtsperson angehört, anzubringen; es kann vor der Geschäftsstelle zu Protokoll erklärt werden. Eine besondere **Form** oder ein Vertretungszwang sind nicht vorgeschrieben. Es kann mündlich oder schriftlich – auch von der Partei/dem Beteiligten selbst – beim ArbG, LAG oder BAG angebracht und bis zur Entscheidung zurückgenommen werden. Aus dem Gesuch muss sich ergeben, welche Gerichtsperson(en) abgelehnt werden soll(en). In dem Gesuch sind die Tatsachen konkret anzugeben, die die Ablehnung rechtfertigen sollen.[110] Sie sind – bis zur Entscheidung über das Gesuch – nach § 44 Abs. 2 Satz 1 ZPO glaubhaft zu machen, wobei die Partei/Beteiligte zur **Versicherung an Eides statt** nicht zugelassen werden darf. Eine eidesstattliche Versicherung und eine **anwaltliche Versicherung** 43

---

waren; BVerfG, 01.04.2015 – 2 BvR 3058/14, Rn 15 (Vertretung einer Rechtsauffassung durch einen Verfassungsrichter in seiner Dissertation aus dem Jahr 1989).
106 BGH, 28.07.2008 – AnwZ (B) 79/06; BGH, 14.04.2008 – V ZB 7/05, NJW-RR, 1226, 1227.
107 BVerfG, 15.06.2015 – 1 BvR 1288/14, Rn 23.
108 BVerfG, 20.07.2007 – 1 BvR 2228/06, NJW 2007, 3771, Rn 27.
109 BVerfG, 15.06.2015 – 1 BvR 1288/14, Rn 17.
110 BGH, 13.02.2002 – XII ZB 179/01.

reichen nicht zur Glaubhaftmachung der Befangenheitsbesorgnis bei entgegenstehender dienstlicher Äußerung der abgelehnten Richterin.[111] Zur Glaubhaftmachung kann auf das Zeugnis des abgelehnten Richters Bezug genommen werden;[112] die ablehnende Person kann sich aller sonstigen Beweismittel bedienen.[113]

44 Die abgelehnte Gerichtsperson hat sich nach § 44 Abs. 3 ZPO über den Ablehnungsgrund dienstlich zu äußern; diese Äußerung ist der ablehnenden Person und den übrigen Parteien/Beteiligten zur Kenntnis und Stellungnahme zu geben. Einer dienstlichen Äußerung bedarf es nicht bei offensichtlich querulatorischen Gesuchen.[114] Die Einholung **dienstlicher Stellungnahmen** ist auch dann nicht erforderlich, wenn sich die geltend gemachten Ablehnungsgründe sämtlich auf aktenkundige Vorgänge beziehen. Unter solchen Umständen könnte eine dienstliche Erklärung zur Sachaufklärung nichts beitragen und ist daher entbehrlich.[115] Gleiches gilt im Falle der Vorbefassung, wenn die Beteiligung der abgelehnten Richter an dem anderen Verfahren aktenkundig feststeht.[116]

45 Die **dienstliche Äußerung** nach § 44 Abs. 3 ZPO dient der Tatsachenfeststellung.[117] Die dienstliche Äußerung des abgelehnten Richters ist dessen Zeugnis, auf das sich der Ablehnende gemäß § 44 Abs. 2 Satz 2 ZPO zur Glaubhaftmachung des von ihm behaupteten Ablehnungsgrundes beziehen darf. Die dienstliche Äußerung des Richters muss sich daher nicht auf Vorbringen erstrecken, das keiner Glaubhaftmachung bedarf.[118] Ebenso muss sich der abgelehnte Richter nicht einer Ausforschung solcher Umstände stellen, bezüglich derer ein substantiierter Ablehnungsgrund nicht dargetan ist.[119] Ausführungen zur Begründetheit des Ablehnungsgesuchs sollen unterbleiben. Von einer Würdigung des Ablehnungsgesuchs soll der abgelehnte Richter Abstand nehmen.[120]

46 Erweist sich der von ihm behauptete Geschehensablauf nicht als überwiegend wahrscheinlich, ist das Ablehnungsgesuch zurückzuweisen. Eine solche Konstellation liegt vor, wenn das Gericht den widerstreitenden Mitteln der Glaubhaftmachung exakt den gleichen Beweiswert zumisst.[121]

2. Selbstablehnungsanzeige der Gerichtsperson

47 Das Ablehnungsverfahren kann nach § 48 ZPO auch von einer Gerichtsperson eingeleitet werden. § 48 ZPO findet gem. § 46 Abs. 2 im arbeitsgerichtlichen Verfahren Anwendung.

§ 48 ZPO Selbstablehnung; Ablehnung von Amts wegen

Das für die Erledigung eines Ablehnungsgesuchs zuständige Gericht hat auch dann zu entscheiden, wenn ein solches Gesuch nicht angebracht ist, ein Richter aber von einem Verhältnis Anzeige macht, das seine Ablehnung rechtfertigen könnte, oder wenn aus anderer Veranlassung Zweifel darüber entstehen, ob ein Richter kraft Gesetzes ausgeschlossen sei.

48 Die Selbstablehnung der Gerichtsperson geschieht durch **Anzeige von einem Verhältnis**, das ihre Ablehnung rechtfertigen könnte, oder wenn aus anderer Veranlassung Zweifel darüber entstehen, ob die Gerichtsperson kraft Gesetzes ausgeschlossen ist. In der Anzeige sind die eine Selbstablehnung oder Ausschließung begründenden Tatsachen mitzuteilen, ohne dass es aber einer Glaubhaft-

---

111 BGH, 13.01.2003 – XI ZR 322/01.
112 § 44 Abs. 2 Satz 2 ZPO.
113 § 294 Abs. 1 ZPO.
114 GMPMG/Germelmann § 49 Rn 32.
115 BGH, 07.03.2012 – AnwZ (B) 13/10, Rn 19.
116 BGH, 27.12.2011 – V ZB 175/11, MDR 2012, 363.
117 BGH, 12.10.2011 – V ZR 8/10, NJW-RR 2012, 61, Rn 11.
118 BGH, 21.02.2012 – II ZB 2/10, NJW 2011, 1358.
119 BGH, 21.02.2012 – II ZB 2/10, NJW 2011, 1358, Rn 17.
120 BGH, 12.10.2011 – V ZR 8/10, NJW-RR 2012, 61, Rn 11.
121 BGH, 21.10.2010 – V ZB 210/09, NJW-RR 2011, 136, Rn 11 ff.

machung bedarf. Vor der Entscheidung über die Anzeige ist eine **Anhörung** der Parteien/Beteiligten erforderlich.[122]

3. Entscheidung über das Ablehnungsgesuch

a) Zuständiger Spruchkörper

Über die Ablehnung in erster Instanz entscheidet nach § 49 Abs. 1 die Kammer des ArbG, der diese Gerichtsperson angehört, und zwar unabhängig davon, ob aufgrund mündlicher Verhandlung oder ohne mündliche Verhandlung entschieden wird, unter Beteiligung der **ehrenamtlichen Richter**. Bei Ablehnung eines Kammermitgliedes ist dieses (aber auch nur dieses) – vorbehaltlich einer nach herrschender Meinung zulässigen abweichenden Regelung im Geschäftsverteilungsplan – durch die (»normale«) geschäftsplanmäßige Vertretung zu ersetzen.[123] 49

Wird das Ablehnungsgesuch **im Laufe einer mündlichen Verhandlung** gestellt, so tritt zur Entscheidung über den Befangenheitsantrag an die Stelle des abgelehnten Berufsrichters dessen geschäftsplanmäßige Vertretung bzw. für die ehrenamtliche Richterin die nach der Liste nächstberufene Richterin aus dem betroffenen Kreis der Arbeitnehmer oder der Arbeitgeber. § 47 Abs. 2 ZPO ermöglicht die Fortsetzung der mündlichen Verhandlung mit dem abgelehnten Richter (s. dazu Rdn. 59). Nach der Entscheidung über das Ablehnungsgesuch muss in dem ersten dann stattfindenden Termin das Gericht grds. in der Besetzung tätig werden, in der es z.Zt. der Ablehnung tätig war; nur für den abgelehnten Richter tritt dann, wenn die Ablehnung für begründet erklärt worden ist, ein anderer Richter ein.[124] Ist die Verhandlung aber **nach § 47 Abs. 2 ZPO fortgesetzt** worden (siehe unten Rdn. 59), treten in der nächsten Verhandlung die geschäftsplanmäßig vorgesehenen Richter zusammen, i.d.R. gehören dazu andere ehrenamtliche Richter. Ist nach einer fortgesetzten Verhandlung noch eine Entscheidung zu treffen, wird regelmäßig ein Verkündungstermin anzuberaumen sein. In der Zwischenzeit ist das Ablehnungsverfahren durchzuführen. Die Entscheidung wird in dem dann anzuberaumenden Beratungstermin durch die Richter (auch ehrenamtlichen) getroffen, die auch für die vorangegangene Verhandlung zuständig waren, ausgenommen ggf. ein mit Erfolg abgelehnter Richter. Das Ablehnungsverfahren erledigt sich nicht dadurch, dass nach § 39 der abgelehnte ehrenamtliche Richter ohnehin nicht zur weiteren Verhandlung hinzuzuziehen wäre. 50

Bei einem Ablehnungsgesuch außerhalb der mündlichen Verhandlung sind die nach dem Geschäftsverteilungsplan nächstberufenen ehrenamtlichen Richter zuständig, auch wenn der Ablehnungsgrund aus Ereignissen in einer vorangegangenen mündlichen Verhandlung hergeleitet wird.[125] Das gilt sowohl für die Entscheidung über das Ablehnungsgesuch als auch für die weitere Verhandlung. 51

Werden alle drei Richter einer Kammerbesetzung abgelehnt, so tritt an die Stelle des Vorsitzenden der geschäftsplanmäßig berufene Vertreter, für die ehrenamtlichen Richter sind die nach der Liste nächstberufenen heranzuziehen.[126] 52

Wird »die Kammer des ArbG« durch Ausscheiden des abgelehnten Mitglieds **beschlussunfähig**, so entscheidet nach § 49 Abs. 2 das LAG, und zwar ebenfalls in voller Besetzung.[127] 53

Die gleichen Grundsätze (vgl. Rdn. 49 bis 53) gelten bei Ablehnung von Gerichtspersonen in der zweiten und dritten Instanz. Wird das LAG durch die Ablehnung beschlussunfähig, so muss das BAG über das Ablehnungsgesuch entscheiden.[128] 54

---

122 BVerfG, 08.06.1993 – 1 BvR 878/90, NJW 1993, 2229.
123 BGH, 05.03.2001 – I ZR 58/00.
124 BAG, 25.01.1963 – 1 AZR 527/61.
125 GMPMG/Germelmann § 49 Rn 44.
126 GMPMG/Germelmann § 49 Rn 44.
127 BAG, 30.05.1972 – 1 AZR 11/72.
128 BAG, 01.02.1968 – 5 AR 43/68, NJW 1968, 814.

55 Über die **Selbstablehnungsanzeige** entscheidet das Gericht durch Beschluss in der gleichen Besetzung wie über ein Ablehnungsgesuch.

56 Die Entscheidung über ein **rechtsmissbräuchliches Gesuch** (dazu auch Rdn. 41) kann unter Mitwirkung des abgelehnten Richters erfolgen.[129] Über offensichtlich unzulässige und rechtsmissbräuchliche Ablehnungsgesuche können die Gerichte für Arbeitssachen unter Beteiligung der abgelehnten Richter entscheiden. Die Ausnahme vom Verbot der Selbstentscheidung (§ 45 Abs. 1 ZPO) gilt insbesondere dann, wenn zur Entscheidung über die Unzulässigkeit des Gesuchs schon deswegen nicht in eine Sachprüfung einzutreten ist, weil nicht erkennbar ist, dass das Gesuch überhaupt auf einen Grund gestützt werden soll, der die Besorgnis der Befangenheit auslösen oder einen Ausschlussgrund darstellen könnte.[130]

b) Form

57 Die Entscheidung über das Ablehnungsgesuch bzw. über die Selbstablehnung ergeht durch Beschluss, der nach § 9 Abs. 5 Satz 2 eine Rechtsmittelbelehrung enthalten muss. Der Beschluss über das Ablehnungsgesuch ist zu begründen. Der Beschluss über eine Selbstablehnung soll dagegen keiner eingehenden Begründung bedürfen.[131] Ist das Ablehnungsgesuch rechtsmissbräuchlich und deshalb offensichtlich unzulässig, entscheidet das Gericht darüber in der nach dem Geschäftsverteilungsplan vorgesehenen Besetzung, ohne dass es einer vorherigen dienstlichen Äußerung der abgelehnten Richter nach § 44 Abs. 3 ZPO bedarf. In diesem Fall ist es auch nicht notwendig, über den Antrag in einem besonderen Beschluss zu entscheiden, sondern es kann im Urteil darüber mitentschieden werden.[132]

c) Verfahren nach der Ablehnung

58 Ein abgelehnter Berufsrichter hat vor Erledigung des Ablehnungsgesuchs nur solche Handlungen vorzunehmen, die **keinen Aufschub** gestatten.[133] Die Akte ist dem geschäftsplanmäßigen Vertreter vorzulegen.

59 § 47 Abs. 2 ermöglicht es bei einer Ablehnung eines Richters während der mündlichen Verhandlung, den Termin unter Mitwirkung des abgelehnten Richters fortzuführen. Eine Überprüfung findet dann anschließend statt. Das soll im Fall einer Zurückweisung des Ablehnungsantrages einen ansonsten regelmäßig erforderlich werdenden neuen Termin ersparen. Außerdem soll einer Prozessverschleppung entgegengewirkt werden.

60 Bei einer Fortführung der Verhandlung darf keine instanzbeendende Entscheidung verkündet werden. Das ergibt sich aus Sinn und Zweck der Regelung.[134] Eine Entscheidung kann regelmäßig auch noch später getroffen und verkündet werden. Der mit einer Vertagung der Verhandlung verbundene zusätzliche Aufwand und die Möglichkeit einer Prozessverschleppung entstehen dann gerade nicht. Allerdings gibt es im arbeitsgerichtlichen Verfahren die Besonderheit, dass nach § 60 Abs. 1 die Anberaumung eines Verkündungstermins die Ausnahme darstellt. Sie ist nur zulässig, wenn besondere Gründe dies rechtfertigen. Solche besonderen Gründe liegen im Fall einer Ablehnung jedoch vor.

61 Die abgelehnte Gerichtsperson hat sich nach § 44 Abs. 3 ZPO über den Ablehnungsgrund dienstlich zu äußern; diese Äußerung ist der ablehnenden Person und den übrigen Parteien/Beteiligten zur Kenntnis und Stellungnahme zu geben. Die dienstliche Äußerung des abgelehnten Richters

---

129 BGH, 28.07.2008 – AnwZ (B) 79/06; BGH, 14.04.2008 – V ZB 7/05, NJW-RR, 1226, 1227.
130 BAG, 07.02.2012 – 8 AZA 20/11, NZA 2012, 526 = NJW 2012, 1531, Rn 6.
131 GMPMG/Germelmann § 49 Rn 39.
132 BFH, 10.03.2015 – V B 108/14, Rn 15.
133 § 46 Abs. 2 i.V.m. § 47 ZPO.
134 So inzwischen auch BGH, 21.06.2007 – V ZB 3/07, NJW-RR 2008, 216; a.A. Stein/Jonas/Bork § 47 Rn 2a.

muss sich nicht zu dem gesamten Ablehnungsvorbringen verhalten. Wie sich aus § 44 Abs. 2 ZPO ergibt, hat sich diese dienstliche Äußerung auf die Tatsachen zu beziehen, die der Antragsteller zur Begründung seines Ablehnungsgesuchs vorgetragen hat.[135] Soweit das Vorbringen des Antragstellers eine Bewertung oder Schlussfolgerungen enthält, ist eine Stellungnahme nicht veranlasst. Der abgelehnte Richter muss in seiner dienstlichen Äußerung daher nicht zu jeder Einzelheit des Vorbringens des Antragstellers Stellung nehmen.[136] Einer dienstlichen Äußerung des abgelehnten Richters bedarf es nicht bei offensichtlich querulatorischen Gesuchen,[137] bzw. bei offensichtlicher Unzulässigkeit.[138]

d) Rechtsmittel

Nach § 49 Abs. 3 findet gegen den stattgebenden oder auch zurückweisenden Beschluss über ein Ablehnungsgesuch **kein Rechtsmittel** statt. Dies ist verfassungsrechtlich unbedenklich.[139] Auch die Entscheidung des Gerichts zur Sache kann später nicht mit der Begründung angefochten werden, einer der mitwirkenden Richter habe wegen Besorgnis der Befangenheit abgelehnt werden müssen.[140] Insoweit ist auch eine inzidente Überprüfung der Entscheidung der Vorinstanz über ein Ablehnungsgesuch im Rahmen eines Rechtsmittels gegen die unter Mitwirkung des erfolglos abgelehnten Richters getroffene Hauptentscheidung ausgeschlossen.[141] In der Entscheidung vom 20.01.2009[142] hat es das BAG allerdings unter Hinweis auf entsprechende höchstrichterliche Rechtsprechung offen gelassen, ob hiervon eine Ausnahme zu machen ist, wenn die Zurückweisung des Ablehnungsgesuchs auf einer Verletzung des Anspruchs auf rechtliches Gehör oder auf willkürlichen oder manipulativen Erwägungen beruht. 62

Der Rechtsmittelausschluss gilt auch für den Fall der unter Mitwirkung des abgelehnten Richters erfolgten Verwerfung des Gesuchs als **rechtsmissbräuchlich**.[143] Auch die Partei, deren Befangenheitsantrag abgelehnt worden ist, hat jetzt die Möglichkeit, **Anhörungsrüge** nach § 78a zu erheben.[144] Dem steht § 78a Abs. 1 Satz 2 nicht entgegen. Die Vorschrift ist **verfassungskonform dahin auszulegen**, dass Entscheidungen, die ein selbstständiges Zwischenverfahren abschließen und im Hinblick auf mögliche Gehörsverletzungen im weiteren gerichtlichen Fachverfahren nicht mehr überprüft und korrigiert werden können, mit der Anhörungsrüge angegriffen werden können.[145] Wirklich erforderlich ist die Anhörungsrüge aber immer nur dann, wenn gegen die Entscheidung in der Hauptsache ein Rechtsmittel nicht statthaft ist.[146] Die ablehnende Partei wird nämlich ohnehin, wenn sie die Entscheidung des abgelehnten Richters nicht hinnehmen will, in der Hauptsache ein Rechtsmittel einlegen. 63

Ein Ablehnungsgesuch ist nicht erledigt, solange eine zulässige Anhörungsrüge gegen seine Zurückweisung nicht beschieden ist.[147] Eine offene Frist für die Erhebung einer Anhörungsrüge steht der Erledigung des Ablehnungsgesuchs i.S.v. § 47 Abs. 1 ZPO aber nicht entgegen.[148] 64

---

135 BGH, 21.2.2011 – II ZB 2/10, NJW 2011, 1358.
136 BGH, 24.04.2013 – RiZ 4/12.
137 GMPMG/Germelmann § 49 Rn 32.
138 BVerfG, 3.7.2013 – 1 BvR 782/12.
139 BAG, 14.02.2002 – 9 AZB 2/02; BAG, 27.07.1998 – 9 AZB 5/98, NJW 1999, 84.
140 BAG, 11.06.1963 – 2 AZR 418/62; BAG, 18.03.1984 – 4 AZR 63/63.
141 BAG, 23.09.2008 – 6 AZN 84/08, NZA 2009, 396 = NJW 2009, 1693; BAG, 20.01.2009 – 1 ABR 78/07.
142 BAG, 20.01.2009 – 1 ABR 78/07.
143 LAG Rheinland-Pfalz, 10.03.1982 – 1 Ta 18/82; GK-ArbGG/Schütz § Rn 52.
144 BAG, 23.09.2008 – 6 AZN 84/08, NZA 2009, 396 = NJW 2009, 1693; a.A. noch BAG, 14.02.2007 – 5 AZA 15/06, NZA 2007, 528 = NJW 2007, 1379; a.A. GMPMG/Germelmann § 49 Rn 51.
145 BVerfG, 31.07.2008 – 1 BvR 416/08; 23.10.2007 – 1 BvR 782/07, MDR 2008, 223.
146 BGH, 18.10.2006 – XII ZB 244/04, NJW-RR 2007, 411.
147 BGH, 15.06.2010 – XI ZB 33/09, NJW-RR 2011, 427, Rn 17.
148 BGH, 07.03.2012 – AnwZ (B) 13/10, Rn 11.

§ 50 Zustellung

(1) ¹Die Urteile werden von Amts wegen binnen drei Wochen seit Übermittlung an die Geschäftsstelle zugestellt. ²§ 317 Abs. 1 Satz 3 der Zivilprozessordnung ist nicht anzuwenden.

(2) Die §§ 174, 178 Abs. 1 Nr. 2 der Zivilprozessordnung sind auf die nach § 11 zur Prozessvertretung zugelassenen Personen entsprechend anzuwenden.

Übersicht

	Rdn.
I. Allgemeines	1
II. Zustellung gerichtlicher Schriftstücke	3
1. Zustellung von Urteilen und Beschlüssen	3
2. Zustellung sonstiger Entscheidungen	7
3. Zustellung sonstiger Schriftstücke	9
III. Zustellungsverfahren	10
1. Funktionelle Zuständigkeit	10
2. Zustellung an die Partei/den Beteiligten	12
3. Ersatzzustellung	15
a) Zustellung an Ersatzperson	15
b) Zustellung durch Einlegung in den Briefkasten	18
c) Zustellung durch Niederlegung	22
4. Öffentliche Zustellung	24
5. Zustellung im Ausland	30
6. Zustellung an Prozess-/Verfahrensbevollmächtigte	35
a) Bestellung eines Prozessbevollmächtigten	35
b) Zustellung an Verbandsvertreter	41
7. Zustellung gegen Empfangsbekenntnis an Personen mit erhöhter Zuverlässigkeit	42
8. Zustellung von Anwalt zu Anwalt	47
9. Parteizustellung	49
10. Zustellung eines elektronischen Dokuments	50
11. Beurkundung der Zustellung	51
12. Zustellungsfrist für Urteile und Beschlüsse	52
13. Heilung von Zustellungsmängeln	55
14. Fristwahrende Wirkung der Zustellung	60

I. Allgemeines

1 Im arbeitsgerichtlichen Verfahren finden über § 46 Abs. 2 die Vorschriften der ZPO über Zustellungen Anwendung. Besonderheiten sieht § 50 im Hinblick auf die Frist für die Urteilszustellung, die Möglichkeit zur Vereinbarung des Hinausschiebens der Urteilszustellung und die Zustellung an Verbandsvertreter vor.

2 Eine **Definition** des Begriffs enthält § 166 Abs. 1 ZPO. Zustellung ist danach die Bekanntgabe eines Schriftstückes an eine Person in der in den §§ 166 bis 195 ZPO bestimmten Form. Ihr Zweck besteht darin, dem Zustellungsadressaten zu gewährleisten, dass er Kenntnis von dem zuzustellenden Schriftstück nehmen kann,[1] und darüber hinaus darin, dem Veranlasser den Nachweis von Tatsache, Art und Zeit der Bekanntgabe urkundlich zu sichern. Geboten ist die Zustellung, wo an die Bekanntgabe einer Entscheidung oder eines Schriftstücks prozessuale Wirkungen geknüpft sind,[2] für die Verwirklichung des rechtlichen Gehörs sowie dann, wenn eine Frist in Lauf zu setzen ist. Nur formlose Mitteilung erfolgt, wenn es auf die Information des Adressaten ankommt, ohne dass damit unmittelbar Rechte, Pflichten oder prozessuale Wirkungen für ihn begründet werden. Die Zustellung kann von Amts wegen[3] oder auf Betreiben einer Partei/eines Beteiligten[4] erfolgen. In beiden Fällen ist Zustellungsadressat die Person an die zuzustellen ist,[5] und Zustellungsempfänger die Person, der das zuzustellende Schriftstück übergeben wird.[6] Zustellung von Amts wegen anstelle

---

[1] BVerfG, 26.10.1987 – 1 BvR 198/87, NJW 1988, 2361.
[2] Z.B. Rechtshängigkeit nach §§ 253 Abs. 1, 261 Abs. 1 ZPO.
[3] §§ 166 bis 190 ZPO – Regelfall.
[4] §§ 191 bis 195.
[5] § 182 Abs. 2 Nr. 1 ZPO.
[6] § 182 Abs. 2 Nr. 2 ZPO.

einer Zustellung im Parteibetrieb ist ebenso unwirksam wie umgekehrt Zustellung im Parteibetrieb statt von Amts wegen.[7]

II. Zustellung gerichtlicher Schriftstücke

1. Zustellung von Urteilen und Beschlüssen

Urteile der Gerichte für Arbeitssachen sind ausnahmslos nach § 50 Abs. 1 Satz 1 von Amts wegen zuzustellen. Dabei verbleibt das Original des Urteils in der Gerichtsakte, während eine Ausfertigung an die Parteien zugestellt wird. Zwischen Ausfertigung und Urschrift muss Übereinstimmung bestehen.[8] Die nach § 166 Abs. 2 ZPO von Amts wegen zuzustellenden Dokumente können grundsätzlich in Urschrift, Ausfertigung oder (beglaubigter) Abschrift zugestellt werden. Dabei ist die Zustellung einer beglaubigten Abschrift stets dann ausreichend, wenn das Gesetz keine andere Regelung vorsieht. Denn eine besondere Form der Zustellung hat der Gesetzgeber ausdrücklich speziellen materiell- oder prozessrechtlichen Vorschriften vorbehalten.[9] Eine solche spezielle Vorschrift enthielt das Gesetz in § 317 ZPO bis zum 30. Juni 2014 für die Zustellung von Urteilen. Die Übersendung einer beglaubigten Abschrift war bei Urteilen nicht ausreichend.[10] Für die Zustellung als Voraussetzung für den Beginn der Rechtsmittelfrist kam es entscheidend auf äußere Form und Inhalt der zur Zustellung verwendeten Ausfertigung an; bei Abweichungen zwischen Urschrift und Ausfertigung war allein die Ausfertigung maßgeblich, weil allein sie nach außen in Erscheinung trat und die Beschwerdepartei ihre Rechte nur anhand der Ausfertigung wahrnehmen konnte und musste.

3

Das ist durch das Gesetz zur Förderung des elektronischen Rechtsverkehrs mit den Gerichten vom 10. Oktober 2013 (BGBl. I 2013 Nr. 62, S. 3786 – GFeRmG) für die Zeit ab dem 1. Juli 2014 grundlegend geändert worden Nach dem geänderten § 317 Abs. 1 Satz 1 ZPO n.F. werden den Parteien die Urteile nur noch in Abschrift zugestellt. § 317 Abs. 2 Satz 1 ZPO n.F. sieht nun vor, dass Ausfertigungen nur noch auf Antrag und auch nur noch in Papierform zu erteilen sind. Mit Einführung der Übersendung einer beglaubigten Abschrift als Regelform der Urteilszustellung kann der Beginn der Fristen zur Einlegung (§ 517 ZPO) und zur Begründung einer Berufung nicht mehr an die Zustellung einer Ausfertigung des Urteils angeknüpft werden. Voraussetzung für den Beginn der genannten Rechtsmittelfristen ist eine Zustellung des in vollständiger Form abgefassten Urteils von Amts wegen in der in den §§ 169 ff. ZPO bestimmten Form. Die nach § 166 Abs. 2 ZPO von Amts wegen zuzustellenden Dokumente können grundsätzlich in Urschrift, Ausfertigung oder (beglaubigter) Abschrift zugestellt werden, sofern nicht in speziellen materiell- oder prozessrechtlichen Vorschriften eine besondere Form der Zustellung vorgesehen ist. Eine solche besondere Vorschrift enthält § 317 Abs. 1 Satz 1 ZPO in der seit dem 1. Juli 2014 geltenden Fassung, indem er die Übermittlung einer beglaubigten Abschrift als ausreichende Form der Amtszustellung von Urteilen vorsieht.[11]

4

Zeitgleich ist § 169 ZPO grundlegend geändert worden. Der neue § 169 Abs. 3 eröffnet die Möglichkeit der maschinellen Beglaubigung von zuzustellenden Schriftstücken. Der Gesetzgeber hat sich dabei an § 703b Abs. 1 ZPO orientiert. Als Authentizitätsnachweis ist das Gerichtssiegel ausreichend; einer Unterschrift des Urkundsbeamten der Geschäftsstelle bedarf es nicht mehr. Dadurch sollen die gerichtlichen Geschäftsabläufe vereinfacht werden, indem eine zentrale maschinelle Fertigung beglaubigter Abschriften ermöglicht wird. Soll die beglaubigte Abschrift per Telekopie (Telefax) zugestellt werden, gelten dieselben formalen Anforderungen. Gegenüber dem bis zum 30. Juni 2014 geltenden Recht wird die Zustellung per Fax dadurch vereinfacht. Bisher war nach § 317 Abs. 5 Satz 2 neben dem Gerichtssiegel auch die Unterschrift des Urkundsbeamten der Geschäfts-

---

7 Ausnahme: Zustellung von Anwalt zu Anwalt, s. § 195 ZPO.
8 BAG, 02.08.1976 – 5 AZR 298/76.
9 BT-Drs. 14/4554, S. 15.
10 BGH, 09.06.2010 – XII ZB 132/09, NJW 2010, 2519.
11 BGH, 27.01.2016 – XII ZB 684/14, Rn 16; a.A. Musielak/Voit/Ball ZPO 12. Aufl. § 517 Rn 5; BeckOK ZPO/Wulf [1. Juni 2015] § 517 Rn 8; Thomas/Putzo/Reichold ZPO, 36. Aufl., § 517 Rn 2; Hk-ZPO/Saenger 6. Aufl., § 317 Rn 2.

stelle erforderlich. § 169 Abs. 3 hindert die Gerichte aber nicht daran, weiterhin Schriftstücke auch auf herkömmliche Weise, also mit einem vom Urkundsbeamten unterzeichneten Vermerk der Geschäftsstelle zu beglaubigen. § 169 Abs. 4 ZPO n.F. erlaubt die Zustellung einer beglaubigten elektronischen Abschrift von einem in Papierform vorliegenden Original. Diese Möglichkeit war bereits nach dem bis zum 30. Juni 2014 geltenden Recht nach § 317 Abs. 5 Satz 3 für Urteile und nach § 329 Abs. 1 Satz 2 für gerichtliche Beschlüsse und Verfügungen der Vorsitzenden gegeben. Sie ist per 1. Juli 2014 auf sämtliche zuzustellende Schriftstücke erweitert worden. Auf die qualifizierte elektronische Signatur des Urkundsbeamten der Geschäftsstelle ist wegen des notwendigen Integritätsschutzes für das zuzustellende gerichtliche Dokument nicht verzichtet worden. Nach der Begründung des Rechtsausschusses, der die Änderung am 12. Juni 2013 in das Gesetzgebungsverfahren eingebracht hat, bleibt aber gleichwohl die Möglichkeit einer zentralen elektronischen Beglaubigungsstelle. Wegen § 153 Abs. 1 GVG könne in der als Einheit zu sehenden Geschäftsstelle des Gerichts durch entsprechende Organisationsakte seitens der Gerichtsverwaltung ein Urkundsbeamter die qualifizierte elektronische Signatur für sämtliche elektronischen Beglaubigungen unabhängig davon übernehmen, ob er dem Spruchkörper zugeordnet ist, der die Beglaubigung veranlasst hat. Somit muss die qualifizierte elektronische Signatur für elektronische beglaubigte Abschriften nur einem Urkundsbeamten pro Gericht zugeordnet werden. Sie erfüllt damit die Funktion einer Organisationssignatur. Dies kann die gerichtlichen Verfahrensabläufe bei der elektronischen Zustellung vereinfachen, von der die Praxis bisher kaum Gebrauch macht.

5 § 169 Abs. 5 ZPO n.F., der ebenfalls zum 1. Juli 2014 in Kraft getreten ist, ist insb. im Hinblick auf § 317 Abs. 1 ZPO eingefügt worden, wonach Urteile ja nun »in Abschrift« zuzustellen sind. Da die Herstellung einer elektronisch beglaubigten Abschrift zum Zweck der Zustellung unnötiger Mehraufwand wäre, wenn das zuzustellende Dokument ohnehin bereits originär elektronisch in der Form des § 130b ZPO vorliegt, kann das nach § 130b ZPO errichtete Dokument als solches elektronisch zugestellt werden (d.h. versehen mit der qualifizierten elektronischen Signatur des Urhebers), ohne dass es noch einer Beglaubigung bedarf.

6 Die Amtszustellung ist Voraussetzung für die Zwangsvollstreckung. § 50 Abs. 1 geht insoweit der Bestimmung in § 750 Abs. 1 Satz 2 ZPO vor.[12] Entsprechendes gilt für einen Vollstreckungsbescheid; hier geht § 50 Abs. 1 dem § 699 Abs. 4 Satz 2 ZPO vor.[13] Nach § 80 Abs. 2 gilt für die Zustellung von Beschlüssen im Beschlussverfahren ebenfalls, dass diese nach § 50 Abs. 1 von Amts wegen zu erfolgen hat. Arreste und einstweilige Verfügungen, die durch Beschluss ergehen, sind nach §§ 62 Abs. 2 i.V.m. §§ 922 Abs. 2, 936 ZPO im Parteibetrieb zuzustellen. § 50 Abs. 1 sieht insoweit keine Zustellung von Amts wegen vor.

2. Zustellung sonstiger Entscheidungen

7 Für die Zustellung gerichtlicher Verfügungen und sonstiger Beschlüsse gilt § 329 ZPO. Danach sind **nicht verkündete** Beschlüsse und Verfügungen des Gerichts bzw. des Vorsitzenden oder eines beauftragten oder ersuchten Richters den Parteien/Beteiligten **formlos** mitzuteilen.[14] Hierzu genügt die Übersendung durch die Post, der Einwurf in den Wohnungsbriefkasten oder das gerichtliche Abholfach; selbst die fernmündliche Mitteilung kann ausreichen,[15] sogar ohne einen entsprechenden Aktenvermerk. Enthält die Entscheidung jedoch eine Terminsbestimmung oder setzt sie eine Frist in Lauf, so ist sie von Amts wegen zuzustellen.[16] Eine den Fristbeginn auslösende Zustellung erfolgt nicht dadurch, dass die Entscheidung der Partei oder ihrem Prozessbevollmächtigten formlos zugeht. Der formlose Zugang steht einer förmlichen Zustellung nicht gleich. Insbesondere ist § 189 ZPO nicht anwendbar. Hier geht es um eine vom Gericht unterlassene Zustellung. Es liegt schon kein

---

12 LAG Frankfurt, 29.08.1985 – 3 Ta 188/85; GMPMG/Germelmann § 50 Rn 7.
13 GMPMG/Germelmann § 50 Rn 8; a.A. GK-ArbGG/Dörner § 50 Rn 22.
14 § 329 Abs. 2 Satz 1 ZPO.
15 BAG, 20.03.1974 – 5 AZB 3/74, NJW 1974, 1350.
16 § 329 Abs. 2 Satz 2 ZPO.

Zustellauftrag (§ 176 ZPO) vor. Auf derartige Fallgestaltungen ist § 189 ZPO nicht anwendbar. Er gilt nur, wenn das Gericht mit Zustellungswillen gehandelt hat.[17] Die Zustellung einer bloßen Mitteilung der Geschäftsstelle über die vom Vorsitzenden der Berufungskammer gesetzte Frist zur Beschlusserwiderung löst nicht die Frist für die Einlegung der Anschlussbeschwerde aus; es bedarf auch insoweit der Zustellung einer beglaubigten Abschrift der richterlichen Verfügung gemäß § 329 Abs. 2 Satz 2 ZPO.[18] Durch die Bezugnahme auf § 317 Abs. 2 Satz 1 ZPO in § 329 Abs. 1 Satz 2 ZPO soll sichergestellt werden, dass auch Ausfertigungen von Beschlüssen des Gerichts, Verfügungen des Vorsitzenden sowie eines beauftragten oder ersuchten Richters nur auf Antrag zu erstellen sind.

Eine Ausnahme bildet § 497 Abs. 1 Satz 1 ZPO,[19] wonach die Ladung des Klägers zu dem auf die Klage bestimmten Termin, sofern nicht das Gericht die Zustellung anordnet, ohne besondere Form mitzuteilen ist. Nach § 497 Abs. 1 Satz 2 i.V.m. § 270 Satz 2 ZPO greift nach ein bzw. zwei Tagen die Zustellfiktion. Unabhängig von dem Erfordernis einer Zustellung sind Beschlüsse aber von dem Augenblick an in der Welt, in dem sie formlos mitgeteilt werden.[20] Bei der Fristverlängerung bedarf es für die Aufhebung des ursprünglichen Fristendes keiner Zustellung, wohl aber für die Festsetzung eines neuen Endtermins.[21] Unabhängig von dem Erfordernis einer Zustellung sind Beschlüsse aber von dem Augenblick an in der Welt, in dem sie formlos mitgeteilt werden.[22] **8**

3. Zustellung sonstiger Schriftstücke

Ladungen *(Aufforderungen, zum Termin zu erscheinen)* werden von Amts wegen veranlasst[23] und durch Zustellung[24] bekannt gemacht. Die Klageschrift[25] und Schriftsätze, die Sachanträge oder eine Zurücknahme der Klage (nur bei notwendiger Einwilligung des Beklagten, § 269 Abs. 2 Satz 3 ZPO) enthalten, sind ebenfalls von Amts wegen zuzustellen,[26] während die übrigen Schriftsätze und sonstigen Erklärungen der Parteien, sofern nicht das Gericht die Zustellung anordnet, ohne besondere Form mitzuteilen sind.[27] Sachanträge sind solche, die sich auf den Inhalt der gewünschten Entscheidung beziehen; sonstige nur den Verfahrensablauf betreffende Prozessanträge sowie die bloßen Verteidigungsanträge des Beklagten bedürfen keiner förmlichen Zustellung.[28] **Prozessvergleiche** unterfallen nicht § 50 Abs. 1. Sie stellen nach § 794 Abs. 1 Nr. 1 ZPO einen Vollstreckungstitel dar und sind nach § 795 ZPO i.V.m. § 750 Abs. 1 ZPO im Wege des Parteibetriebs zuzustellen.[29] Das gilt auch für den Feststellungsbeschluss nach § 278 Abs. 6 ZPO. Er dient nur der Beurkundung (§ 46 Rdn. 50). **9**

III. Zustellungsverfahren

1. Funktionelle Zuständigkeit

Die Zustellung nach §§ 173 bis 175 ZPO ist Aufgabe der Geschäftsstelle, § 168 Abs. 1 ZPO. Zuständig ist dort nach § 153 GVG die Urkundsbeamtin der Geschäftsstelle. Sie hat eigenverantwortlich die Zustellungsbedürftigkeit zu prüfen, die Initiative zur Vornahme erforderlicher Zustellungen zu ergreifen und deren Durchführung zu überwachen. Die Zustellung erfolgt durch Aushändigung an **10**

---

17 BAG, 18.05.2010 – 3 AZB 9/10, NJW 2010, 2748, Rn 10.
18 BGH, 23.09.2008 – VIII ZR 85/08, NJW 2009, 515, Rn 5.
19 I.V.m. § 46 Abs. 2.
20 BGH, 25.11.2008 – 3 AZB 55/08, NZA-RR 2009, 158.
21 BGH, 05.01.1989 – IVa ZB 1/89.
22 BGH, 25.11.2008 – 3 AZB 55/08, NZA-RR 2009, 158.
23 § 214 ZPO.
24 § 329 Abs. 2 Satz 2 ZPO.
25 § 271 Abs. 1 ZPO.
26 § 270 Satz 1 ZPO.
27 § 270 Satz 1 ZPO.
28 Zöller/Greger, § 270 Rn 4.
29 Nach GMPMG/Germelmann § 50 Rn 11, »kann« die Zustellung im Parteibetrieb erfolgen.

der Amtsstelle,³⁰ die Zustellung gegen Empfangsbekenntnis³¹ oder die Zustellung durch Einschreiben mit Rückschein.³² Die Zustellung gegen Empfangsbekenntnis an Personen mit erhöhter Zuverlässigkeit kann durch Telekopie, § 174 Abs. 2 Satz 1 ZPO, durch Dokument mit elektronischer Signatur und seit dem 3. Mai 2011 auch über De-Mail-Dienste nach § 1 De-Mail-Gesetz erfolgen, § 174 Abs. 3 Satz 3 und 4 ZPO. Die Geschäftsstelle kann einen nach § 33 Abs. 1 PostG beliehenen Unternehmer *(Post)* oder einen Justizbediensteten mit der Ausführung der Zustellung beauftragen.³³ Den Auftrag an die Post erteilt die Geschäftsstelle auf dem dafür vorgesehenen Vordruck.³⁴ Die Ausführung der Zustellung erfolgt dann nach den §§ 177 bis 181 ZPO.³⁵

11 Der Vorsitzende des Prozessgerichts oder ein von ihm bestimmtes Mitglied können einen Gerichtsvollzieher oder eine andere Behörde mit der Ausführung der Zustellung beauftragen, wenn eine der genannten Zustellungen keinen Erfolg verspricht.³⁶ Wird der Post, einem Justizbeamten oder einem Gerichtsvollzieher ein Zustellungsauftrag erteilt oder wird eine andere Behörde um die Ausführung der Zustellung ersucht, übergibt die Geschäftsstelle nach § 176 Abs. 1 ZPO das zuzustellende Schriftstück in einem verschlossenen Umschlag und einen vorbereiteten Vordruck einer Zustellungsurkunde. Die Ausführung der Zustellung erfolgt nach den §§ 177 bis 181 ZPO durch Zustellung beim Zustellungsadressaten³⁷ oder durch Ersatzzustellung.³⁸

2. Zustellung an die Partei/den Beteiligten

12 Die Zustellung erfolgt an den in der Zustellungsurkunde³⁹ genannten Zustellungsadressaten (vgl. Rdn. 1). Bei Streitgenossen ist das Schriftstück jedem einzelnen zuzustellen, sofern sie nicht einen gemeinsamen Bevollmächtigten haben.⁴⁰ Ein Umlaufverfahren ist selbst bei Ehegatten unwirksam. An den einfachen Nebenintervenienten ist allerdings eine förmliche Zustellung nicht erforderlich.⁴¹ Die Zustellung kann nach § 177 ZPO an jedem Ort erfolgen, an dem die Person, der zugestellt werden soll, angetroffen wird. Wird die Annahme der Zustellung ohne gesetzlichen Grund verweigert, so ist das zu übergebende Schriftstück am Ort der Zustellung zurück zu lassen.⁴² Das Schriftstück gilt als zugestellt. Sind weder Wohnung noch Geschäftsraum vorhanden, ist das zuzustellende Schriftstück zurückzusenden.

13 Bei nicht prozessfähigen Personen erfolgt die Zustellung an den gesetzlichen Vertreter.⁴³ Das gilt sowohl bei natürlichen Personen als auch für juristische Personen, rechtsfähige Personengesellschaften, Behörden oder Zweckvermögen. Die Zustellung kann in diesem Fall nach § 170 Abs. 2 ZPO auch an den »Leiter« erfolgen. Leiter ist eine Person, die – ohne notwendig gesetzlicher Vertreter zu sein – aufgrund ihrer Stellung zum Handeln für die nicht natürliche Person berufen und damit dazu bestellt ist, die nicht natürliche Person nach außen hin zu repräsentieren.⁴⁴ Bei mehreren gesetzlichen Vertretern oder Leitern genügt die Zustellung an einen von ihnen,⁴⁵ und zwar auch dann, wenn ein für eine Gesamtvertretung erforderlicher Vertreter tatsächlich nicht vorhanden

---

30 § 173 ZPO.
31 § 174 ZPO.
32 § 175 ZPO.
33 § 168 Abs. 1 Satz 2 ZPO.
34 § 168 Abs. 1 Satz 3 ZPO.
35 § 176 Abs. 2 ZPO.
36 § 168 Abs. 2 ZPO.
37 § 177 ZPO.
38 §§ 178 bis 181 ZPO.
39 § 182 ZPO.
40 BAG, 26.06.1975 – 5 AZR 72/75.
41 BAG, 04.10.1973 – 5 AZR 123/73.
42 § 179 ZPO.
43 § 170 Abs. 1 Satz 2 ZPO.
44 Zöller/Stöber § 170 Rn 4.
45 § 170 Abs. 3 ZPO.

ist.⁴⁶ Die Zustellung an eine **GbR** kann nach § 170 Abs. 1 ZPO an deren Geschäftsführer erfolgen.⁴⁷ Die Zustellung an eine – aus dem zuzustellenden Titel nicht erkennbar – **geschäftsunfähige Partei** ist wirksam.⁴⁸

In Beschlussverfahren erfolgen Zustellungen an den Betriebsrat an dessen Vorsitzenden oder im Fall seiner Verhinderung an seinen Stellvertreter.⁴⁹ Bedient sich der Betriebsrat stets der beim Arbeitgeber bestehenden Posteingangsstelle, kann eine Zustellung auch über diese erfolgen. Die Zustellung kann in diesem Fall durch Aushändigung des Schriftstücks an einen in der Posteingangsstelle tätigen Arbeitnehmer vorgenommen werden, wenn dieser vom Betriebsrat mit der Annahme seiner Post betraut ist.⁵⁰ 14

3. Ersatzzustellung

a) Zustellung an Ersatzperson

Wird die Person, an die zugestellt werden soll (vgl. Rdn. 1), in ihrer Wohnung, dem Geschäftsraum oder einer Gemeinschaftseinrichtung, in der sie wohnt, nicht angetroffen, so kann die Zustellung nach § 178 Abs. 1 ZPO durchgeführt werden, d.h. 15
1. in der Wohnung durch Aushändigung des Schriftstücks an einen erwachsenen Familienangehörigen, einer in der Familie beschäftigten Person oder einem erwachsenen ständigen Mitbewohner,
2. in Geschäftsräumen einer dort beschäftigten Person,
3. in Gemeinschaftseinrichtungen dem Leiter der Einrichtung oder einem dazu ermächtigten Vertreter.

Die Zustellung an eine der genannten Personen ist unwirksam, wenn diese an dem Rechtsstreit als Gegner der Person, der zugestellt werden soll, beteiligt ist.⁵¹ Entsprechendes gilt für Arbeitnehmer des Gegners⁵² oder wenn der Schuldner für den Drittschuldner einen zuzustellenden Pfändungs- und Überweisungsbeschluss in Empfang nehmen will.⁵³ 16

Das Vorhandensein eines **Geschäftsraums** setzt einen Raum voraus, der – und sei er auch nur zeitweilig besetzt – geschäftlicher Tätigkeit dient und damit z.B. die GmbH dort erreichbar ist.⁵⁴ Im Fall der Zustellung an einen **gesetzlichen Vertreter** sind Geschäftsräume die Räume, von denen aus er der Erwerbstätigkeit für die vertretene nicht prozessfähige Person nachgeht.⁵⁵ Ein solcher Geschäftsraum liegt nicht mehr vor, wenn der vormalige Inhaber die Räumlichkeiten nicht mehr für seine Geschäftszwecke nutzt und Aufgabewille und Aufgabeakt erkennbar sind. Bei einer tatsächlichen, nach außen erkennbaren Aufgabe des Geschäftsraums muss der Geschäftsinhaber nicht zusätzliche Vorsorge dafür treffen, dass Sendungen nicht gleichwohl in den Briefkasten oder Briefschlitz eingeworfen werden. Ebenso wenig besteht eine Verpflichtung, ein Schild anzubringen, auf dem ausdrücklich darauf hingewiesen wird, dass die Geschäftsräume aufgegeben sind.⁵⁶ Damit würde dem Empfänger das Risiko der Wirksamkeit zweifelhafter Ersatzzustellungen auferlegt. Dies sieht § 180 ZPO nicht vor. Die **Inhaftierung eines Geschäftsführers** allein kann indes eine Ver- 17

---

46 Zöller/Stöber § 170 Rn 6.
47 BGH, 07.12.2006 – V ZB 166/05, NJW 2007, 995.
48 BGH, 19.03.2008 – VIII ZR 68/07, NJW 2008, 2125.
49 § 26 Abs. 3 Satz 2 BetrVG; BAG, 20.01.1976 – 1 ABR 48/75 betr. Gesamtbetriebsrat.
50 BAG, 20.01.1976 – 1 ABR 48/75.
51 § 178 Abs. 2 ZPO.
52 BAG, 15.07.1974 – 5 AZR 482/73.
53 BAG, 15.10.1980 – 4 AZR 662/78.
54 BGH, 02.07.2008 – IV ZB 5/08, ZIP 2008, 1747.
55 Hessisches LAG, 06.10.2006 – 4 Ta 435/06, NZA-RR 2007, 266; Zöller/Stöber § 178 Rn 16.
56 BGH, 22.10.2009 – IX ZB 248/08, NJW-RR 2010, 489, Rn 21.

lagerung des Geschäftsorts seiner Gesellschaft nicht bewirken.[57] In der widerspruchslosen Entgegennahme des zustellenden Schriftstücks durch eine in den Geschäftsräumen beschäftigte Person (§ 178 Abs. 1 Nr. 2 ZPO) liegt zugleich die (konkludente) Erklärung, dass der Zustellungsadressat abwesend beziehungsweise an der Entgegennahme der Zustellung verhindert ist. Weitere Nachforschungen des Zustellers sind dann regelmäßig nicht veranlasst.[58]

b) Zustellung durch Einlegung in den Briefkasten

18 Wird in den **Wohn- oder Geschäftsräumen** keine der in § 178 Abs. 1 Nr. 1 und 2 genannten Personen angetroffen, so kann die Ersatzzustellung durch Einlegung des Schriftstücks in den Briefkasten oder eine ähnliche Vorrichtung erfolgen.[59] Mit der Einlegung gilt das Schriftstück nach § 180 Satz 2 ZPO als zugestellt. Für die Wirksamkeit der Zustellung kommt es also nicht darauf an, ob und wann der Betroffene von dem zugestellten Schriftstück tatsächlich Kenntnis erlangt.[60] Das Datum der Zustellung wird auf dem Umschlag des zuzustellenden Schriftstücks vermerkt.

19 Handelt es sich um den **Briefkasten von Geschäftsräumen**, kommt es nicht darauf an, ob diese außerhalb der Geschäftszeiten aufgesucht werden. Ausreichend ist, dass sie nicht geöffnet haben.[61] Es spielt auch unter Berücksichtigung der liberalisierten Öffnungs- und Arbeitszeiten sowohl der Zustelldienste als auch der Zustellungsempfänger keine Rolle, ob das Geschäft noch oder schon geschlossen ist.

20 Eine **Ersatzzustellung durch Einlegen in den Briefkasten nach § 180 Satz 1 ZPO** setzt allerdings voraus, dass der Zustellungsempfänger die Wohnung, in der der Zustellungsversuch unternommen wird, tatsächlich innehat, also dort seinen **Lebensmittelpunkt** hat.[62] Dieses ist von Amts wegen zu prüfen.[63] Dabei ist das Gericht nicht von einem Beweisantritt der Parteien abhängig und nicht auf die gesetzlichen Beweismittel beschränkt.[64] Zu beachten ist, dass ein mehrmonatiger **Haftantritt** die Wohnanschrift aufhebt und eine Zustellung nach § 180 Abs. 1 ZPO daher nicht mehr in Betracht kommt.[65] Eine andere Beurteilung kann dann geboten sein, wenn dem Inhaftierten über Angehörige (z.B. die Ehefrau) noch Bindungen zur Wohnung bleiben. Bei mehrjähriger Haftdauer ist allerdings regelmäßig von einer Aufhebung der Wohnanschrift auszugehen.[66]

21 In **Gemeinschaftseinrichtungen** ist eine Ersatzzustellung durch Einlegen in den Briefkasten nach dem Wortlaut des § 180 Satz 1 ZPO an sich nicht vorgesehen. Dies kann aber dann nicht gelten, wenn der Adressat in der Gemeinschaftseinrichtung einen eigenen Briefkasten hat.[67]

c) Zustellung durch Niederlegung

22 Ist die Zustellung in **Gemeinschaftseinrichtungen** nicht ausführbar, kann das zuzustellende Schriftstück nach § 181 Abs. 1 ZPO niedergelegt werden, und zwar
   1. auf der Geschäftsstelle des AG, in dessen Bezirk der Ort der Zustellung liegt, oder
   2. an diesem Ort bei einer von der Post dafür bestimmten Stelle, wenn die Post mit der Ausführung der Zustellung beauftragt ist.

---

57 BGH, 02.07.2008 – IV ZB 5/08, ZIP 2008, 1747.
58 BGH, 04.02.2015 – III ZR 513/13, Rn 10.
59 § 180 Abs. 1 ZPO.
60 BGH, 24.04.2007 – AnwZ (B) 93/06, NJW 2007, 2186; BSG 27.05.2008 – B 2 U 5/07 R, SozR 4–0000; BVerwG, 02.08.2007 – 2 B 20/07, NJW 2007, 3222.
61 BGH, 24.04.2007 – AnwZ (B) 93/06, NJW 2007, 2186; BVerwG, 02.08.2007 – 2 B 20/07, NJW 2007, 3222.
62 BGH, 11.10.2007 – VII ZB 31/07, WuM 2007, 712.
63 BGH, 07.12.1999 – VI ZB 30/99, NJW 2000, 814.
64 BGH, 16.01.2007 – VIII ZB 75/06 – NJW 2007, 1457.
65 Hessisches LAG, 15.02.2007 – 11 Sa 429/06, m.w.N.
66 BGH, 24.11.1977 – III ZR 1/76, NJW 1978, 1858.
67 BFH, 17.06.2009 – II B 33/08, ZEV 2010, 158, Rn 7.

Über die Niederlegung ist eine schriftliche **Mitteilung auf dem vorgesehenen** Vordruck unter der   23
Anschrift der Person, der zugestellt werden soll, in der bei gewöhnlichen Briefen üblicherweise
abzugeben oder, wenn das nicht möglich ist, an der Tür der Wohnung, des Geschäftsraums oder der
Gemeinschaftseinrichtung anzuheften. Das Schriftstück gilt mit der Abgabe der schriftlichen Mitteilung als zugestellt. Der Zusteller vermerkt auf dem Umschlag des zuzustellenden Schriftstücks
das Datum der Zustellung. Das niedergelegte Schriftstück ist drei Monate zur Abholung bereitzuhalten. Nicht abgeholte Schriftstücke sind danach an den Absender zurückzusenden.[68]

4. Öffentliche Zustellung

Die Zustellung kann nach § 185 ZPO durch öffentliche Bekanntmachung *(öffentliche Zustellung)*   24
erfolgen, wenn
– der Aufenthaltsort einer Person unbekannt und eine Zustellung an einen Vertreter oder Zustellungsbevollmächtigten nicht möglich ist,
– eine Zustellung im Ausland nicht möglich ist oder keinen Erfolg verspricht oder
– die Zustellung nicht erfolgen kann, weil der Ort der Zustellung die Wohnung einer Person ist, die nach den §§ 18 bis 20 des Gerichtsverfassungsgesetzes der Gerichtsbarkeit nicht unterliegt.

Die öffentliche Zustellung einer Klage an einen **ausländischen Beklagten**, dessen ladungsfähige   25
Anschrift bekannt ist, kann nur dann bewilligt werden, wenn die Zustellung im Wege der Rechtshilfe einen derart langen Zeitraum in Anspruch nehmen würde, dass ein Zuwarten der betreibenden Partei billigerweise nicht zugemutet werden kann. Dies ist nicht schon deshalb anzunehmen, weil die Dauer der Zustellung im Wege der Rechtshilfe möglicherweise einen Zeitraum von sechs bis neun Monaten überschreiten wird.[69] Im Erkenntnisverfahren darf eine öffentliche Zustellung nur angeordnet werden, wenn die begünstigte Partei alle der Sache nach geeigneten und ihr zumutbaren Nachforschungen angestellt hat, um eine öffentliche Zustellung zu vermeiden, und ihre ergebnislosen Bemühungen gegenüber dem Gericht dargelegt hat.[70]

Das Verfahren der öffentlichen Zustellung richtet sich nach §§ 186 bis 188 ZPO. Für die Bewilligung der öffentlichen Zustellung ist **funktionell** die Richterin zuständig. Die Geschäftsstelle veranlasst dann den Aushang einer Benachrichtigung an der **Gerichtstafel**. Aufgrund einer Änderung des § 186 Abs. 2 ZPO durch das Justizkommunikationsgesetz vom 22.03.2005[71] genügt die Einstellung in ein **elektronisches Informationssystem**, das im Gericht öffentlich zugänglich ist. Der erforderliche Inhalt ist in § 186 Abs. 2 ZPO näher umschrieben. Es können *(müssen aber nicht)* zusätzliche Veröffentlichungen im Bundesanzeiger oder in anderen Blättern angeordnet werden. Die Benachrichtigung kann jetzt auch zusätzlich in einem von dem Gericht für Bekanntmachungen bestimmten elektronischen Informations- und Kommunikationssystem veröffentlicht werden.[72] Die Anordnung erfolgt ggf. i.R.d. Bewilligung durch die Richterin. Eine solche Anordnung ist regelmäßig kosten- und zeitintensiv und sollte daher nur erfolgen, wenn damit zu rechnen ist, dass die Betroffenen hiervon Kenntnis nehmen werden.   26

Aufgrund einer Änderung des § 186 Abs. 2 ZPO durch das Justizkommunikationsgesetz vom   27
22.03.2005[73] genügt die Einstellung in ein elektronisches Informationssystem, das im Gericht
öffentlich zugänglich ist. Der erforderliche Inhalt ist in § 186 Abs. 2 ZPO näher umschrieben. Es
können (müssen aber nicht) zusätzliche Veröffentlichungen im Bundesanzeiger oder in anderen
Blättern angeordnet werden. Die Benachrichtigung kann jetzt auch zusätzlich in einem von dem

---

68 § 181 Abs. 2 ZPO.
69 BGH, 20.01.2009 – VIII ZB 47/08, NJW-RR 2009, 855.
70 BGH, 06.12.2012 – VII ZR 74/12, NJW-RR 2013, 307.
71 BGBl. I, S. 837.
72 § 186 Abs. 2 Satz 2 ZPO n.F.
73 BGBl. I, S. 837.

Gericht für Bekanntmachungen bestimmten elektronischen Informations- und Kommunikationssystem veröffentlicht werden.[74]

28 Das Schriftstück gilt nach § 188 ZPO als zugestellt, wenn seit dem Aushang der Benachrichtigung ein Monat vergangen ist. Das Gericht kann eine längere Frist bestimmen. Auch dies erfolgt dann durch die Richterin bereits i.R.d. Bewilligung.

29 Haben die Voraussetzungen für eine öffentliche Bekanntmachung nicht vorgelegen, ist die **öffentliche Zustellung unwirksam**, wenn das die öffentliche Zustellung bewilligende Gericht dies hätte erkennen können.[75] Ist die öffentliche Zustellung gemessen an den Voraussetzungen des § 185 ZPO unwirksam, ist es dem von der Unwirksamkeit Begünstigten ausnahmsweise verwehrt, sich auf diese zu berufen, wenn er zielgerichtet versucht hat, eine Zustellung, mit der er sicher rechnen musste, zu verhindern. In einem solchen Fall ist das Berufen auf die Unwirksamkeit **rechtsmissbräuchlich** und damit unbeachtlich.[76]

5. Zustellung im Ausland

30 Eine Zustellung im Ausland erfolgt nach § 183 ZPO
1. durch Einschreiben mit Rückschein, soweit aufgrund völkerrechtlicher Vereinbarungen Schriftstücke unmittelbar durch die Post übersandt werden dürfen,
2. auf Ersuchen des Vorsitzenden des Prozessgerichts durch die Behörden des fremden Staates oder durch die diplomatische oder konsularische Vertretung des Bundes, die in diesem Staat residiert, oder
3. auf Ersuchen des Vorsitzenden des Prozessgerichts durch das Auswärtige Amt an einen Deutschen, der das Recht der Immunität genießt und zu einer Vertretung der BRD im Ausland gehört,
4. unter den Voraussetzungen des § 183 Abs. 5 nach § 1068 Abs. 1 und § 1069 Abs. 1.

31 Der Nachweis der Zustellung erfolgt im Fall des § 183 Abs. 1 Nr. 1 ZPO durch den Rückschein, in den übrigen Fällen durch ein Zeugnis der ersuchten Behörde. Ein Überblick über die genannten völkerrechtlichen Vereinbarungen ist z.B. bei Baumbach/Lauterbach/Albers/Hartmann im Anhang zu § 183 ZPO zu finden.[77]

32 In den Fällen des § 183 Abs. 1 Nr. 2 und 3 ZPO kann bei der Zustellung angeordnet werden, dass die Partei innerhalb einer angemessenen Frist einen Zustellbevollmächtigten benennt, der im Inland wohnt oder eine Adresse hat. Das ermöglicht es, spätere Zustellungen durch Aufgabe der Schriftstücke zur Post vorzunehmen, wenn ein Zustellbevollmächtigter nicht benannt wird. Voraussetzung ist aber, dass die erste Zustellung mit der Aufforderung tatsächlich ordnungsgemäß erfolgt ist. Das Schriftstück gilt dann zwei Wochen nach Aufgabe zur Post als zugestellt, wenn das Gericht keine längere Frist bestimmt hat.[78] In der Anordnung muss auf diese Rechtsfolge in der Landessprache des Empfängers hingewiesen worden sein. Ansonsten kommt eine Zustellung durch Aufgabe zur Post nicht in Betracht.

33 Die in § 184 ZPO geregelte Befugnis des Gerichts, bei einer Zustellung im Ausland nach § 183 ZPO anzuordnen, dass bei fehlender Bestellung eines Prozessbevollmächtigten ein inländischer Zustellungsbevollmächtigter zu benennen ist und andernfalls spätere Zustellungen durch Aufgabe zur Post bewirkt werden können, erstreckt sich aber nur auf diejenigen Zustellungen im Ausland, die gemäß § 183 Abs. 1 bis 4 ZPO nach **den bestehenden völkerrechtlichen Vereinbarungen** vorzunehmen sind. Dagegen gilt diese Anordnungsbefugnis nicht für Auslandszustellungen, die nach

---

74 § 186 Abs. 2 Satz 2 ZPO n.F.
75 BAG, 11.03.2008 – AnwZ (B) 55/07, BRAK-Mitt 2008, 170.
76 BGH, 28.04.2008 – II ZR 61/07, NJW-RR 2008, 1310.
77 Eingehend auch: Sharma, Zustellungen im Europäischen Binnenmarkt, S. 106 ff.
78 § 184 Abs. 2 Satz 1 und 2.

den gemäß § 183 Abs. 5 ZPO unberührt bleibenden Bestimmungen der **EuZVO** vorgenommen werden.[79] Die Regelung des § 184 Abs. 1 Satz 2 ZPO, die eine Zustellung durch Aufgabe zur Post unter der Anschrift des außerhalb des Bundesgebiets und außerhalb des Anwendungsbereichs der EuZVO ansässigen Zustellungsadressaten erlaubt, ist weder durch völkerrechtliche Vereinbarungen ausgeschlossen noch verletzt sie Verfahrensgrundrechte des Beklagten oder verstößt gegen Art. 6 Abs. 1 EMRK.[80]

Ist zu erwarten, dass ein Urteil im Ausland geltend gemacht wird, ist zu beachten, dass auch Versäumnis-, Anerkenntnis- und Verzichtsurteile mit Tatbestand und Entscheidungsgründen zu versehen sind.[81] Auch ein Weglassen des Tatbestands und der Entscheidungsgründe nach § 313a ZPO kommt in den dort genannten Fällen nach § 313a Abs. 4 Nr. 5 ZPO nicht in Betracht. 34

6. Zustellung an Prozess-/Verfahrensbevollmächtigte

a) Bestellung eines Prozessbevollmächtigten

Ist in einem anhängigen Verfahren eine Prozessbevollmächtigte *(i.d.R. RAin oder Verbandsvertreterin)* bestellt, so müssen alle Zustellungen an sie erfolgen.[82] Das gilt insb. auch für alle Prozesshandlungen, die das Verfahren vor diesem Gericht infolge eines Einspruchs, einer Aufhebung des Urteils dieses Gerichts, einer Wiederaufnahme des Verfahrens oder eines neuen Vorbringens in dem Verfahren der Zwangsvollstreckung betreffen.[83] Prozessbevollmächtigter ist, wem Prozessvollmacht[84] erteilt wurde. Das sind nicht der Verkehrsanwalt,[85] Unterbevollmächtigte[86] und Terminsvertreter. In einer Anwaltssozietät ist grds. jeder Anwalt empfangsberechtigt, im Zweifel auch ein später erst eintretendes Sozietätsmitglied. Bestellt ist der Prozessbevollmächtigte, wenn er oder seine Mandantin dem Gericht die Prozessvollmacht zur Kenntnis bringt. Dies kann schon vorprozessual *(formlos)* durch Bestellungsanzeige, Schutzschrift, Schriftsatz oder Auftreten im Termin[87] geschehen.[88] Ist die Bestellung entsprechend erfolgt, ist § 172 ZPO ohne Rücksicht darauf zu beachten, ob die Prozessvollmacht tatsächlich erteilt war, denn die Prüfung der Vollmacht des RA wird nur auf eine Rüge des Gegners vorgenommen.[89] Umstritten ist, ob die **Bestellungsanzeige durch den Gegner** *(z.B. durch Bezeichnung eines Beklagtenvertreters in der Klageschrift)* genügt.[90] Das ist weitgehend abgelehnt worden, da eine Bestellung durch den Prozessgegner nicht erfolgen könne. Der BGH hat am 06.04.2011[91] unter Aufgabe seiner früheren Rechtsprechung entschieden, dass in den Fällen, in denen der Kläger im Rubrum der Klageschrift einen RA als Prozessbevollmächtigten des Beklagten angebe, dieser als für den Rechtszug bestellter Prozessbevollmächtigter gemäß § 172 Abs. 1 Satz 1 ZPO anzusehen sei und die Zustellung an ihn zu erfolgen habe. Das Risiko, dass der vom Kläger als Prozessbevollmächtigter des Beklagten bezeichnete Anwalt keine Prozessvollmacht besitzt und die an diesen bewirkte Zustellung deshalb unwirksam sei, trage der Kläger. Schon bisher war allerdings vertreten worden, dass es eine ordnungsgemäße Bearbeitung der Streitsache gebiete, die Anwälte 35

---

79 BGH, 02.02.2011 – VIII ZR 190/10, EuZW 2011, 276.
80 BGH, 17.07.2012 – VI ZR 288/11.
81 § 313b Abs. 3 ZPO.
82 § 172 ZPO.
83 § 172 Abs. 1 Satz 2 ZPO.
84 §§ 80 ff. ZPO.
85 BGH, 05.02.1992 – XII ZB 6/92, NJW-RR 1992, 699.
86 BAG, 12.03.1964 – 1 AZB 5/64.
87 BGH, 05.02.1992 – XII ZB 6/92, NJW-RR 1992, 699.
88 BGH, 07.12.2010 – VI ZR 48/10, NJW-RR 2011, 417, Rn 10, 11.
89 § 88 ZPO.
90 Vgl. dazu Zöller/Stöber § 176 Rn 6.
91 BGH, 06.04.2011 – VIII ZR 22/10, NSW ZPO § 172; dazu auch BVerfG, 07.08.2007 – 1 BvR 685/07, NJW 2007, 3486, 3488.

von der Tatsache der Klageerhebung zu unterrichten und sich durch Rückfrage bei ihnen oder der beklagten Partei zu vergewissern, ob ein Vertretungsverhältnis besteht.[92]

36 Ist eine **Mandatsniederlegung angezeigt**, müssen Zustellungen im Parteiprozess nicht mehr gem. § 172 ZPO an den (bisherigen) Prozessbevollmächtigten bewirkt werden. Dieser ist aber im Rahmen des § 87 Abs. 2 ZPO weiterhin berechtigt, Zustellungen für die Partei entgegenzunehmen. Macht er hiervon Gebrauch, ist die an ihn erfolgte Zustellung wirksam.[93] Besonderheiten gelten insoweit in der **Berufungsinstanz** (siehe Rdn. 39)

37 Die Zustellung muss an den für den **Rechtszug** bestellten Prozessbevollmächtigten erfolgen.[94] Das Verfahren vor dem Vollstreckungsgericht gehört zum ersten Rechtszug.[95]

38 Hat der öffentliche Dienstherr genau bestimmten **Dienststellenangehörigen** zur Führung von Arbeitsgerichtsprozessen Generalvollmacht erteilt, so können wirksame Zustellungen nur an diese Prozessbevollmächtigten erfolgen; eine Ersatzzustellung an sonstige Behördenangestellte[96] ist nicht wirksam.[97]

39 Ein Schriftsatz, durch den ein Rechtsmittel eingelegt wird, ist grds. dem Prozessbevollmächtigten des Rechtszuges zuzustellen, dessen Entscheidung angefochten wird.[98] Ist aber bereits ein Prozessbevollmächtigter für den höheren Rechtszug bestellt, ist der Schriftsatz diesem zuzustellen,[99] im Fall einer Kündigung der Vollmacht auch weitere Schriftsätze, bis ein neuer RA bestellt ist.[100] War noch kein Prozessbevollmächtigter bestellt, ist die **Rechtsmittelschrift** der Partei selbst zuzustellen.

40 Ein Verstoß gegen § 172 ZPO führt zur Unwirksamkeit der Zustellung. Heilungsmöglichkeiten sehen die §§ 189, 295 ZPO vor (s. dazu Rdn. 55).

b) Zustellung an Verbandsvertreter

41 Durch Abs. 2 werden die nach § 11 Abs. 2 zur Prozessvertretung zugelassenen Personen im Hinblick auf von Amts wegen vorzunehmende Zustellungen den RA gleichgestellt. Nach der mit Wirkung vom 01.07.2008 in Kraft getretenen Neuregelung des § 11 betrifft das nicht mehr nur Verbandsvertreter und gleichgestellte Bevollmächtigte, sondern auch eine Reihe anderer Personen (siehe die Kommentierung zu § 11).[101] Die Sonderregelung für die Verbandsvertreter gilt nach § 80 Abs. 2 auch im Beschlussverfahren. Zustellungen an Verbandsvertreter können nach § 174 ZPO gegen Empfangsbekenntnis (s. Rdn. 42) erfolgen. § 195 ZPO *(Zustellung von Anwalt zu Anwalt)* findet auf Verbandsvertreter keine Anwendung.

7. Zustellung gegen Empfangsbekenntnis an Personen mit erhöhter Zuverlässigkeit

42 Ein Schriftstück kann nach § 174 Abs. 1 ZPO an einen Anwalt, einen Notar, einen Gerichtsvollzieher, einen Steuerberater oder an eine sonstige Person, bei der aufgrund ihres Berufes von einer erhöhten Zuverlässigkeit ausgegangen werden kann, eine Behörde, eine Körperschaft oder eine Anstalt des öffentlichen Rechts gegen **Empfangsbekenntnis** zugestellt werden. Ohne Bedeutung ist, ob den Genannten in eigener Sache oder als Prozessbevollmächtigte bzw. Vertreter eines Beteiligten,

---

92 BVerfG, 14.04.1987 – 1 BvR 162/84, NJW 1987, 2003 = MDR 1987, 814.
93 BGH, 19.09.2007 – VIII ZB 44/07, NJW 2008, 234.
94 § 172 Abs. 1 Satz 1 ZPO.
95 § 173 Abs. 1 Satz 3 ZPO.
96 §§ 183, 184 ZPO.
97 BAG, 13.06.1996 – 2 AZR 483/95.
98 § 172 Abs. 2 Satz 1 ZPO.
99 § 172 Abs. 2 Satz 1 ZPO.
100 Einzelheiten: BGH, 25.04.2007 – XII ZR 58/06, NJW 2007, 2124.
101 Zum Ganzen: Düwell FA 2008, 200.

als Insolvenzverwalter, Testamentsvollstrecker, Zwangsverwalter oder auch als gesetzlicher Vertreter oder organschaftlicher Vertreter einer Partei oder eines Beteiligten zugestellt wird.[102]

Ein Schriftstück kann dann auch durch **Telekopie** zugestellt werden. Die Übermittlung soll mit dem Hinweis »Zustellung gegen Empfangsbekenntnis« eingeleitet werden und die absendende Stelle, den Namen und die Anschrift des Zustellungsadressaten sowie den Namen des Justizbediensteten erkennen lassen, der das Schriftstück zur Übermittlung aufgegeben hat.[103] An die unter Rdn. 3 genannten Personen kann ferner ein **elektronisches Dokument**[104] zugestellt werden. Für die Übermittlung ist das Dokument mit einer elektronischen Signatur[105] zu versehen und gegen unbefugte Kenntnisnahme Dritter zu schützen.[106] 43

Zum Nachweis der Zustellung genügt das mit Datum und Unterschrift des Adressaten versehene Empfangsbekenntnis, das an das Gericht zurückzusenden ist. Das Empfangsbekenntnis kann schriftlich, durch Telekopie oder als elektronisches Dokument[107] zurückgesandt werden. Wird es als elektronisches Dokument erteilt, soll es mit einer qualifizierten elektronischen Signatur nach dem Signaturgesetz versehen werden.[108] Die Kosten für die Rücksendung des Empfangsbekenntnisses trägt der Prozessbevollmächtigte.[109] 44

Es schadet auch nicht, wenn das Empfangsbekenntnis nicht unmittelbar bei der Empfangnahme des Schriftstücks ausgestellt wird. Ein später ausgestelltes Empfangsbekenntnis wirkt auf den Zeitpunkt zurück, in dem der Empfänger das Schriftstück als zugestellt entgegengenommen hat.[110] Die Zustellung ist aber auch nach dem neuen Zustellrecht erst erfolgt, wenn die **Bevollmächtigte das Schriftstück entgegengenommen** und ihren Willen dahin gebildet hat, die Übersendung gelten zu lassen.[111] Wird das Schriftstück, das zur Zustellung übersandt war, nicht zurückgeschickt und wird auch sonst nicht zum Ausdruck gebracht, dass der Prozessbevollmächtigte die Zustellung nicht als vollzogen ansehen will, so spricht eine Vermutung für den Willen des Prozessbevollmächtigten, das ihm vorgelegte Schriftstück als zugestellt anzunehmen. Diese Vermutung muss die Partei widerlegen, die Rechte aus dem Fehlen eines solchen Willens herleiten will.[112] 45

Das ausgefüllte Empfangsbekenntnis erbringt nach ständiger Rechtsprechung grundsätzlich den **vollen Beweis** dafür, dass das Schriftstück an dem vom Empfänger angegebenen Tag tatsächlich zugestellt wurde. Der Gegenbeweis der Unrichtigkeit des Datums ist zwar zulässig, er ist allerdings nicht schon dann erbracht, wenn lediglich die Möglichkeit der Unrichtigkeit besteht. Vielmehr sind an einem solchen Gegenbeweis in dem Sinne »strenge Anforderungen« zu stellen, dass zur Überzeugung des Gerichts die Beweiswirkung des Empfangsbekenntnisses vollständig entkräftet und damit jede Möglichkeit seiner Richtigkeit ausgeschlossen sein muss.[113] 46

8. Zustellung von Anwalt zu Anwalt

Sind die Parteien durch Anwälte vertreten, so kann nach § 195 Abs. 1 ZPO ein Schriftstück auch dadurch zugestellt werden, dass der zustellende Anwalt das zu übergebende Schriftstück dem anderen Anwalt übermittelt *(Zustellung von Anwalt zu Anwalt)*. Auch Schriftsätze, die nach der ZPO von 47

---

102 Zöller/Stöber § 174 Rn 2.
103 § 174 Abs. 2 ZPO.
104 S. dazu § 46b Rdn. 6 ff.
105 S. § 46c Rdn. 16 ff.
106 § 174 Abs. 3 ZPO.
107 § 130a ZPO.
108 § 130a ZPO.
109 GMPMG/Germelmann § 50 Rn 26; Zöller/Stöber § 174 Rn 16.
110 BAG, 27.05.1971 – 5 AZR 31/71; BAG, 02.12.1994 – 4 AZB 17/94; BAG, 11.01.1995 – 4 AS 24/94, NZA 1995, 550.
111 BFH, 21.02.2007 – VII B 84/06, BFH/NV 2007, 1035.
112 BAG, 03.11.1970 – 1 AZR 206/70.
113 BFH, 01.02.2008 – IV B 68/07.

Amts wegen zugestellt werden, können stattdessen von Anwalt zu Anwalt zugestellt werden, wenn nicht gleichzeitig dem Gegner eine gerichtliche Anordnung mitzuteilen ist. In dem Schriftsatz soll die Erklärung enthalten sein, dass von Anwalt zu Anwalt zugestellt werde. Die Zustellung ist dem Gericht, sofern dies für die zu treffende Entscheidung erforderlich ist, nachzuweisen.

48 Für die Zustellung an einen Anwalt gilt § 174 Abs. 2 Satz 1 ZPO *(Zustellung durch **Telekopie**)* und Abs. 3 Satz 1, 3 ZPO *(Zustellung von **elektronischem Dokument** mit Signatur)* entsprechend. Zum Nachweis der Zustellung genügt bei der Zustellung von Anwalt zu Anwalt nach § 195 Abs. 2 ZPO das mit Datum und Unterschrift versehene schriftliche Empfangsbekenntnis des Anwalts, dem zugestellt worden ist. § 174 Abs. 4 Satz 2, 3 ZPO gilt entsprechend, sodass ein Empfangsbekenntnis schriftlich, durch Telekopie oder als elektronisches Dokument[114] mit qualifizierter elektronischer Signatur zurückgesandt werden kann. Der Anwalt, der zustellt, hat dem anderen Anwalt auf Verlangen eine Bescheinigung über die Zustellung zu erteilen.

9. Parteizustellung

49 Der Parteizustellung[115] kommt im arbeitsgerichtlichen Verfahren Bedeutung zu im Bereich der **Zwangsvollstreckung.**[116] Der Prozessvergleich ist im Parteibetrieb zuzustellen, wenn aus ihm die Zwangsvollstreckung betrieben werden soll.[117] Ferner folgt aus § 62 Abs. 2 i.V.m. §§ 922 Abs. 2, 936 ZPO, dass Beschlüsse[118] über Gesuche auf Arrest oder einstweilige Verfügung im Wege der Parteizustellung übermittelt werden. Für die Parteizustellung gelten grds. die Bestimmungen über die Zustellung von Amts wegen. Für die Zustellung auf Betreiben der Parteien sehen die §§ 192 bis 194 ZPO aber **Sonderregelungen** vor. So erfolgt die Parteizustellung durch den Gerichtsvollzieher.[119]

10. Zustellung eines elektronischen Dokuments

50 § 174 Abs. 3 ZPO ermöglicht die Zustellung eines elektronischen Dokuments. Diese Möglichkeit ist zunächst für die in § 174 Abs. 1 ZPO genannten Personen mit erhöhter Zuverlässigkeit vorgesehen (dazu Rdn. 42). Darüber hinaus soll nach § 174 Abs. 3 Satz 2 ZPO die Zustellung aber auch an all die Verfahrensbeteiligten durch ein elektronisches Dokument erfolgen können, die der Übermittlung elektronischer Dokumente ausdrücklich zugestimmt haben. § 174 Abs. 3 Satz 2 ZPO verlangt insoweit nicht ausdrücklich, dass es sich bei den anderen Verfahrensbeteiligten um mit den unter § 174 Abs. 1 ZPO genannten vergleichbar vertrauenswürdige Personen handelt. Gemeint sind aber wohl die in § 174 Abs. 1 ZPO erwähnten »sonstigen« zuverlässigen Personen. § 174 ZPO regelt nämlich gerade die Zustellung gegen Empfangsbekenntnis. Diese ist aber nur an die unter § 174 Abs. 1 ZPO genannten *(einschließlich der sonstigen)* Personen möglich. Im Ergebnis bedeutet das, dass an Personen mit den in § 174 Abs. 1 ZPO ausdrücklich erwähnten Berufen ein elektronisches Dokument auch ohne, an sonstige vertrauenswürdige Personen nur mit deren ausdrücklicher Zustimmung zugestellt werden kann. Das Dokument muss aber in jedem Fall mit einer elektronischen Signatur versehen und gegen unbefugte Kenntnisnahme Dritter geschützt werden.[120] In der Praxis sollten die Parteien in einem frühen Verfahrensstadium befragt werden, ob sie mit der Übermittlung elektronischer Dokumente einverstanden sind. Dazu bietet sich die Güteverhandlung an.

---

114 § 130a ZPO.
115 § 191 ZPO.
116 § 62 Abs. 2.
117 §§ 794 Abs. 1 Nr. 1, 795, 750 Abs. 1 ZPO.
118 Für Urteile gilt § 50 Abs. 1 Satz 1 – Amtszustellung.
119 § 192 Abs. 1 ZPO.
120 § 174 Abs. 3 Satz 3 ZPO.

11. Beurkundung der Zustellung

Soweit nicht die vereinfachte Zustellung (dazu Rdn. 42) möglich ist, ist über die Zustellung eine Urkunde auf dem hierfür vorgesehenen Vordruck zu fertigen.[121] Die Zustellungsurkunde muss die in § 182 Abs. 2 ZPO aufgezählten Angaben zu den wesentlichen Umständen enthalten, u.a. Ort und Datum der Zustellung, Bezeichnung des Zustellungsadressaten und des Zustellungsempfängers, Grund der Ersatzzustellung und Formalien der Niederlegung und ggf. die Tatsache der Annahmeverweigerung. Dieser Beurkundungszwang steht der Zustellung per Telefax im Regelfall entgegen.[122] Bei einer Zustellung mit Postzustellungsurkunde ist eine über das Aktenzeichen hinausgehende Bezeichnung des zuzustellenden Schriftstücks auf der Sendung nicht mehr erforderlich.[123] Eine Ersatzzustellung nach § 180 Satz 3 ZPO ist auch ohne die Unterschrift des Zustellers auf dem Umschlag, auf dem das Datum der Zustellung zu vermerken ist, wirksam.[124] Fehlt auf einer Zustellungsurkunde die nach § 182 Abs. 2 Nr. 8 ZPO erforderliche Unterschrift des Zustellers (z.B. statt Unterschrift nur Paraphe), ist die Zustellung zwar nicht unwirksam. Die fehlende Unterschrift kann nachgeholt werden. Eine entsprechend ergänzte Zustellungsurkunde hat aber nicht die Beweiskraft des § 418 ZPO, sondern ist nach § 419 ZPO frei zu würdigen.[125] Bei der Zustellungsurkunde handelt es sich um eine öffentliche Urkunde nach § 418 ZPO. Die Zustellungsurkunde ist der Geschäftsstelle unverzüglich zuzuleiten.[126]

51

12. Zustellungsfrist für Urteile und Beschlüsse

Die Urteile werden von Amts wegen binnen drei Wochen seit Übergabe an die Geschäftsstelle zugestellt *(Abs. 1 Satz 1)*. Entgegen § 317 Abs. 1 Satz 3 ZPO kann der Vorsitzende die Zustellung verkündeter Urteile nicht auf übereinstimmenden Antrag der Parteien bis zum Ablauf von fünf Monaten nach der Verkündung hinausschieben.[127]

52

Das Urteil ist der Geschäftsstelle erst dann übergeben, wenn es in vollständiger Form abgefasst und von dem Vorsitzenden erster Instanz bzw. den Kammer- oder Senatsmitgliedern zweiter und dritter Instanz unterzeichnet ist. Entsprechendes gilt nach §§ 80 Abs. 2, 50 Abs. 1 für die Zustellung von Beschlüssen im Beschlussverfahren. Die Zustellung hat an alle Beteiligten zu erfolgen, gleichgültig ob sie sich zum Verfahren geäußert haben oder zum Anhörungstermin erschienen sind oder nicht.[128] Enthält der Beschluss eine Entscheidung dahin, dass eine zunächst beteiligte Person oder Stelle nach rechtlicher Maßgabe nicht Beteiligte des Verfahrens ist, so ist die Entscheidung auch dieser Person oder Stelle zuzustellen, damit auch dieser ggü. die Rechtsmittelfrist in Lauf gesetzt wird.[129]

53

Die Verletzung des § 50 Abs. 1 Satz 1 hat keine prozessualen Folgen.

54

13. Heilung von Zustellungsmängeln

Lässt sich eine formgerechte Zustellung eines Schriftstücks nicht nachweisen oder ist das Schriftstück unter Verletzung zwingender Zustellungsvorschriften zugegangen, so gilt es nach § 189 ZPO in dem Zeitpunkt als zugestellt, in dem das Schriftstück der Person, an die die Zustellung dem Gesetz gem. gerichtet war oder gerichtet werden konnte, tatsächlich zugegangen ist. Das setzt aber

55

---

121 § 182 ZPO.
122 GMPMG/Germelmann § 50 Rn 19; GK-ArbGG/Dörner § 50 Rn 9.
123 BFH, 04.07.2008 – IV R 78/05.
124 BFH, 04.07.2008 – IV R 78/05.
125 BGH, 19.07.2007 – I ZR 136/05, NJW-RR 2008, 218.
126 § 182 Abs. 3 ZPO.
127 Vgl. Abs. 1 Satz 2.
128 BAG, 06.10.1978 – 1 ABR 75/76.
129 GMPMG/Germelmann § 84 Rn 19.

voraus, dass das Gericht überhaupt mit Zustellwillen gehandelt hat.[130] Der Achte Senat des BFH hat dem Großen Senat des BFH mit Beschluss vom 7. Februar 2013[131] in diesem Zusammenhang die Frage vorgelegt, ob im Fall einer zulässigen Ersatzzustellung durch Einlegen in den Briefkasten, die gegen zwingende Zustellungsvorschriften verstößt, weil der Zusteller entgegen § 180 Satz 3 ZPO auf dem Umschlag des zuzustellenden Schriftstücks das Datum der Zustellung nicht vermerkt hat, das zuzustellende Schriftstück i.S.v. § 189 ZPO bereits in dem Zeitpunkt dem Empfänger tatsächlich zugegangen ist und deshalb als zugestellt gilt, in dem nach dem gewöhnlichen Geschehensablauf mit einer Entnahme des Schriftstücks aus dem Briefkasten und der Kenntnisnahme gerechnet werden kann, auch wenn der Empfänger das Schriftstück erst später in die Hand bekommt? Der Große Senat des BFH hat mit ausführlicher Begründung im Beschluss vom 6. Mai 2014[132] entschieden, dass ein Dokument ist i.S.d. § 189 ZPO in dem Zeitpunkt tatsächlich zugegangen ist, in dem der Adressat das Dokument »in den Händen hält«. Er hat damit nicht die Auffassung des vorlegenden Senats geteilt, es sei auf den Zeitpunkt abzustellen, in dem eine Willenserklärung i.S.d. § 130 Abs. 1 Satz 1 BGB als zugegangen gilt. Bei der durch die Geschäftsstelle veranlassten Zustellung einer einfachen statt einer beglaubigten Abschrift der Klageschrift handelt es sich um eine Verletzung zwingender Zustellungsvorschriften, die nach § 189 ZPO geheilt werden kann.[133]

56 Die Heilungsmöglichkeit nach § 169 ZPO besteht auch im Falle der Zustellung an eine **prozessunfähig Person**, wenn das zuzustellende Schriftstück dem gesetzlichen Vertreter (z.B. dem Betreuer) tatsächlich zugeht.[134]

57 Bei einer **Zustellung an einen Prozessbevollmächtigten** kann die für die Zustellung nach § 174 ZPO erforderliche Empfangsbereitschaft nicht allein durch den bloßen Nachweis des tatsächlichen Zugangs i.S.v. § 189 ZPO ersetzt werden, sondern es muss noch die zumindest konkludente Äußerung des Willens hinzukommen, das zur Empfangnahme angebotene Schriftstück dem Angebot entsprechend als zugestellt entgegen zu nehmen.[135] Die Tatsache, dass der Prozessbevollmächtigte die erfolgte Urteilszustellung ungeachtet der unterlassenen Rücksendung des Empfangsbekenntnisses zur Grundlage seines weiteren Vorgehens macht und dem Mandanten die Einlegung der Berufung empfiehlt, lässt sicher darauf schließen, dass er die Zustellung gegen sich gelten lassen will und seine Empfangsbereitschaft nicht anzweifelt.[136]

58 Eine Heilung nach § 169 ZPO kommt auch im Falle der unwirksamen Zustellung während des **Insolvenzverfahrens** in Betracht. Zwar umfasst die einem Rechtsanwalt nach § 81 ZPO erteilte Prozessvollmacht regelmäßig die Entgegennahme der im jeweiligen Instanzenzug ergehenden gerichtlichen Entscheidungen. Jedoch erlischt nach § 117 Abs. 1 InsO mit Eröffnung des Insolvenzverfahrens wegen des damit verbundenen Fortfalls der Prozessführungsbefugnis des Schuldners (§ 80 Abs. 1 InsO) eine von diesem gegebene Prozessvollmacht.[137] Mit der Beendigung des Insolvenzverfahrens ist der Grund für die Unterbrechung des Verfahrens entfallen. Eine zwischenzeitlich erfolgte Zustellung wird geheilt. Der Lauf von Rechtsmittelfristen beginnt.[138]

59 Eine rückwirkende Heilung kann durch Rügeverzicht nach § 295 ZPO erfolgen. Zu beachten ist, dass eine Heilung eines Zustellungsmangels nach § 189 ZPO nicht in Betracht kommt, wenn ein von Amts wegen förmlich zuzustellendes Dokument im Parteibetrieb zugestellt wird.[139]

---

130 BAG, 28.02.2008 – 3 AZB 56/07, NZA 2008, 660 = NJW 2008, 1610.
131 VIII R 2/09, BStBl II 2013, S. 823.
132 GrS 2/13, Rn. 65.
133 BGH, 22.12. 2015 – VI ZR 79/15, Rn. 15.
134 BGH, 12.03.2015 – III ZR 207/14, Rn 12.
135 BGH, 22.11.1988 – VI ZR 226/87, WM 1989, 238.
136 BGH, 13.01.2015 – VIII ZB 55/14, Rn 13.
137 BAG, 28.11.2013 – 5 AZN 426/13 (F), Rn 9.
138 BAG, 05.05.2015 – 1 AZR 763/13, Rn 23.
139 BGH, 19.05.2010 – IV ZR 14/08, FamRZ 2010, 1328.

14. Fristwahrende Wirkung der Zustellung

Unter den Voraussetzungen des § 167 ZPO treten die fristwahrenden Wirkungen der Zustellung bereits mit Eingang des Antrags oder der Erklärung ein. Die Bestimmung des § 167 ZPO ist nach der neueren Rechtsprechung des BGH[140] grundsätzlich auch in den Fällen anwendbar, in denen durch die Zustellung eine Frist gewahrt werden soll, die auch durch **außergerichtliche Geltendmachung** gewahrt werden kann. Das ist im Arbeitsrecht, insbesondere für die Wahrung von Ausschlussfristen, von Bedeutung. Soll durch eine Klageerhebung zugleich eine **Ausschlussfrist** gewahrt werden, für die die außergerichtliche Geltendmachung ausreicht, träte die Wirkung nicht erst mit der Zustellung der Klage, sondern bereits mit deren Eingang bei Gericht ein. Das hatten der BGH, aber auch das BAG[141] einmal anders gesehen.[142] Inzwischen hat das BAG entschieden, dass § 167 ZPO auf § 15 Abs. 4 AGG findet.[143] Unter den verschiedenen Möglichkeiten für den Zugang einer Willenserklärung lasse § 132 Abs. 1 Satz 1 BGB – anstelle des Zugangs – die Zustellung einer Willenserklärung durch Vermittlung eines Gerichtsvollziehers zu. Sie entfaltet Rückwirkung. Es sei – so das BAG – nicht gerechtfertigt, einer Zustellung durch Vermittlung des Gerichts in gleichartigen Fällen die Rückwirkung zu versagen. Nur in Sonderfällen, die dies nach dem besonderen Sinn und Zweck der Fristbestimmung erfordern, komme die Rückwirkungsregelung ausnahmsweise nicht zur Anwendung. Der Dritte Senat hat demgegenüber § 167 ZPO auf die Rügefrist nach § 16 BetrAVG nicht angewandt. Die Frist zur Rüge, mit der die Unrichtigkeit einer früheren Anpassungsentscheidung nach § 16 BetrAVG geltend gemacht wird, laufe mit dem Ablauf des Tages ab, der dem maßgeblichen folgenden Anpassungsstichtag vorausgehe. Bis dahin müsse die Rüge der Anpassungsentscheidung dem Versorgungsschuldner zugegangen sein. Vielmehr ist § 167 ZPO aus gesetzessystematischen Gründen dahin auszulegen, dass eine Rückwirkung der Zustellung in den Fällen ausscheiden muss, in denen das Gesetz selbst an anderer Stelle – jedenfalls in Form eines Bundesgesetzes – eine entgegenstehende wertende Entscheidung getroffen hat.[144] Bei der Rügefrist nach § 16 BetrAVG habe der Gesetzgeber dem Interesse des Schuldners an Rechts- und Planungssicherheit gegenüber dem Interesse des Gläubigers an der Durchsetzung seiner Rechte den Vorrang eingeräumt, so der Senat, allerdings ohne dies weiter zu begründen. Die lange offene Frage, ob das BAG § 167 ZPO nun auch auf tarifliche Ausschlussfristen anwendet, hat der Vierte Senat am 16. März 2016[145] entschieden und verneint. Damit bleibt es insoweit bei der bisherigen Rechtsprechung.

60

§ 51 Persönliches Erscheinen der Parteien

(1) ¹Der Vorsitzende kann das persönliche Erscheinen der Parteien in jeder Lage des Rechtsstreits anordnen. ²Im Übrigen finden die Vorschriften des § 141 Abs. 2 und 3 der Zivilprozessordnung entsprechende Anwendung.

(2) ¹Der Vorsitzende kann die Zulassung eines Prozessbevollmächtigten ablehnen, wenn die Partei trotz Anordnung ihres persönlichen Erscheinens unbegründet ausgeblieben ist und hierdurch der Zweck der Anordnung vereitelt wird. ²§ 141 Abs. 3 Satz 2 und 3 der Zivilprozessordnung findet entsprechende Anwendung.

---

140 BGH, 17.07.2008 – I ZR 109/05, WRP 2008, 1371.
141 BAG, 25.09.1996 – 10 AZR 678/95.
142 Zum Ganzen: Kloppenburg, jurisPR-ArbR 7/2009 Anm. 5 = jurisPR extra 2009, 86.
143 BAG, 22.05.2014 – 8 AZR 662/13, NZA-RR 2014, 667 Rn 9, unter Aufgabe von BAG, 21.06.2012 – 8 AZR 188/11, BAGE 142, 143 Rn 27.
144 BAG 21.10.2014 – 3 AZR 937/12, Rn. 39, ZIP 2015, 798.
145 BAG, 16.03.2016 – 4 AZR 421/15.

§ 51 ArbGG   Persönliches Erscheinen der Parteien

Übersicht

	Rdn.		Rdn.
I. Allgemeines	1	IV. Folgen des Ausbleibens der Partei	15
II. Anordnung des persönlichen Erscheinens	4	1. Entschuldigtes Ausbleiben	15
1. Anordnungsgrund	4	2. Entsendung eines Vertreters	19
2. Anordnungsentscheidung	8	3. Ordnungsgeld	21
III. Wirkung der Parteierklärungen	14	4. Ausschließung des Prozessbevollmächtigten	24

I. Allgemeines

1 Die Möglichkeit zur Anordnung des persönlichen Erscheinens ist Ausprägung des Unmittelbarkeitsgrundsatzes[1] im arbeitsgerichtlichen Verfahren, demzufolge mündliche Verhandlung und Beweisaufnahme unmittelbar vor dem erkennenden Gericht stattfinden müssen. Sie dient zugleich dem Beschleunigungsgrundsatz,[2] indem in geeigneten Fällen verbesserte Bedingungen für eine Sachverhaltsaufklärung und vergleichsweise Beilegung des Rechtsstreits geschaffen werden können.

2 Die Vorschrift modifiziert die Regelungen in § 141 ZPO und geht daher § 141 Abs. 1 Satz 1 ZPO und § 278 Abs. 3 ZPO vor.[3] Eine weitere Möglichkeit zur Anordnung des persönlichen Erscheinens findet sich in § 56 Abs. 1 Nr. 3, wo es um die Vorbereitung der streitigen Verhandlung geht. I.Ü. finden §§ 141 Abs. 2 und 3, 380, 381 ZPO Anwendung.

§ 141 ZPO Anordnung des persönlichen Erscheinens

(1) Das Gericht soll das persönliche Erscheinen beider Parteien anordnen, wenn dies zur Aufklärung des Sachverhalts geboten erscheint. Ist einer Partei wegen großer Entfernung oder aus sonstigem wichtigen Grund die persönliche Wahrnehmung des Termins nicht zuzumuten, so sieht das Gericht von der Anordnung ihres Erscheinens ab.

(2) Wird das Erscheinen angeordnet, so ist die Partei von Amts wegen zu laden. Die Ladung ist der Partei selbst mitzuteilen, auch wenn sie einen Prozessbevollmächtigten bestellt hat; der Zustellung bedarf die Ladung nicht.

(3) Bleibt die Partei im Termin aus, so kann gegen sie Ordnungsgeld wie gegen einen im Vernehmungstermin nicht erschienenen Zeugen festgesetzt werden. Dies gilt nicht, wenn die Partei zur Verhandlung einen Vertreter entsendet, der zur Aufklärung des Tatbestandes in der Lage und zur Abgabe der gebotenen Erklärungen, insbesondere zu einem Vergleichsabschluss, ermächtigt ist. Die Partei ist auf die Folgen ihres Ausbleibens in der Ladung hinzuweisen.

§ 380 ZPO Folgen des Ausbleibens des Zeugen

(1) Einem ordnungsgemäß geladenen Zeugen, der nicht erscheint, werden, ohne dass es eines Antrages bedarf, die durch das Ausbleiben verursachten Kosten auferlegt. Zugleich wird gegen ihn ein Ordnungsgeld und für den Fall, dass dieses nicht beigetrieben werden kann, Ordnungshaft festgesetzt.

(2) Im Falle wiederholten Ausbleibens wird das Ordnungsmittel noch einmal festgesetzt; auch kann die zwangsweise Vorführung des Zeugen angeordnet werden.

(3) Gegen diese Beschlüsse findet die sofortige Beschwerde statt.

3 Nach § 64 Abs. 7 gilt nur § 51 Abs. 1 in der Berufungsinstanz. Ausgeschlossen ist für die zweite Instanz die Ablehnung der Zulassung eines Prozessbevollmächtigten nach § 51 Abs. 2, da dies dem Vertretungszwang nach § 11 Abs. 2 widersprechen würde. In der Revisionsinstanz ist § 51 nicht

---

1 Vgl. § 46 Rdn. 26.
2 Vgl. § 46 Rdn. 36.
3 GK-ArbGG/Schütz § 51 Rn 3.

anwendbar, denn dort handelt es sich nicht um eine Tatsacheninstanz. Die Vorschrift des § 51 ist schließlich entsprechend anwendbar im Beschlussverfahren.[4]

II. Anordnung des persönlichen Erscheinens

1. Anordnungsgrund

Im Unterschied zu § 141 Abs. 1 Satz 1 ZPO ist die Anordnung des persönlichen Erscheinens an keine gesetzlich geregelten Voraussetzungen gebunden. Die Anordnung steht allein im pflichtgemäßen Ermessen des Vorsitzenden. Hierbei hat der Vorsitzende die Interessen der Parteien und diejenigen des Gerichts abzuwägen. Für die Anordnung muss immer ein im Verfahren liegender sachlicher Grund vorhanden sein.[5] Eine Anordnung ist regelmäßig gerechtfertigt, wenn sie zur Aufklärung des Sachverhalts[6] geboten erscheint. Die Anhörung der Parteien ist dann keine Beweisaufnahme i.S.e. Parteivernehmung;[7] sie dient der Feststellung und Aufklärung des Sach- und Streitstandes i.R.d. § 54 Abs. 1 Satz 2[8] bzw. i.R.d. § 139 Abs. 1, 2 ZPO. Die Anordnung ist grds. auch gerechtfertigt, wenn sie zur gütlichen Beilegung des Rechtsstreits geboten erscheint. Hat jedoch eine Partei oder deren Prozessbevollmächtigter nach Kenntnisnahme aller erörterungsfähigen Gesichtspunkte eine vergleichsweise Beilegung abgelehnt, so kommt eine Anordnung zum Zwecke der gütlichen Beilegung des Rechtsstreits regelmäßig nicht in Betracht. Die Androhung und Festsetzung von Ordnungsgeld nach § 51 Abs. 1 Satz 2 ArbGG darf nicht dazu verwendet werden, einen Vergleichsabschluss zu erzwingen.[9] Auch dann, wenn eine Partei eindeutig zu erkennen gibt, dass sie jede Einlassung verweigern wolle, hat die Anordnung zu unterbleiben, weil keine Partei gezwungen werden darf, prozessuale Erklärungen abzugeben.[10]

4

Nach § 141 Abs. 1 Satz 2 ZPO sieht das Gericht von einer Anordnung ab, wenn der Partei wegen großer Entfernung oder aus sonstigen wichtigen Gründen die persönliche Wahrnehmung nicht zuzumuten ist. Diese gesetzliche Wertung wird der Vorsitzende bei Ausübung seines pflichtgemäßen Ermessens zu beachten haben. Bei Arbeitgebern mit Sitz weit entfernt vom Bezirk des erkennenden Gerichts ist zu berücksichtigen, dass diesen häufig die Entsendung eines sachkundigen Vertreters vom Ort eines näheren Betriebs möglich und zumutbar ist. Ist eine Partei an der weiteren Aufklärung des Sachverhalts gehindert, weil sie selbst nicht informiert ist, steht dies der Anordnung nicht entgegen, weil die Partei einen informierten Vertreter nach § 141 Abs. 3 Satz 2 ZPO zur Verhandlung entsenden kann.[11]

5

Die Anordnung kann in jeder Lage des Verfahrens, damit also für den Gütetermin, den Kammertermin und ggf. für einen Termin vor dem ersuchten Richter, erfolgen.

6

Der Vorsitzende kann nach pflichtgemäßem Ermessen sowohl das persönliche Erscheinen einer bestimmten als auch aller Parteien anordnen.[12] Die Anordnung richtet sich an eine Partei i.S.v. § 50 ZPO i.V.m. § 10. Zu den Parteien zählen auch der Insolvenzverwalter, der streitgenössische Streithelfer,[13] nicht jedoch der Nebenintervenient.[14] Bei einer juristischen Person und einer Handelsge-

7

---

4 § 80 Abs. 2; Einzelheiten unter § 80.
5 GMPMG/Germelmann § 51 Rn 7.
6 So bereits § 141 Abs. 1 Satz 1 ZPO.
7 § 448 ZPO.
8 Im Gütetermin.
9 BAG, 01.10.2014 – 10 AZB 24/14, Rn 18, NZA 2014, 1421, BGH, 22.06.2011 – I ZB 77/10, Rn 17, NJW-RR 2011, 1363.
10 GK-ArbGG/Schütz § 51 Rn 11.
11 GMPMG/Germelmann § 51 Rn 7.
12 GK-ArbGG/Schütz § 51 Rn 18.
13 § 69 ZPO.
14 § 66 ZPO.

sellschaft ist nach ganz überwiegend vertretener Auffassung ein gesetzlicher Vertreter zu laden,[15] und *(im Fall mehrerer Vertreter)* namentlich in der gerichtlichen Anordnung zu bestimmen.[16] Es könne auch nicht den die Ladung ausführenden Gerichtsangestellten überlassen bleiben, welchen der gesetzlichen Vertreter sie zum Termin laden.[17] Dem ist Vonderau[18] entgegen getreten. Zwar sei die Ladung der Partei über den gesetzlichen Vertreter zuzustellen,[19] wobei bei mehreren Vertretern die Zustellung an einen von ihnen genüge.[20] Die Anordnung des persönlichen Erscheinens richte sich jedoch allein an die Partei i.S.v. § 50 ZPO i.V.m. § 11 ArbGG, die der Verpflichtung durch Erscheinen eines ihrer Organe *(nach ihrer Wahl)* oder eines von dem Organ nach § 141 Abs. 3 Satz 2 ZPO Bevollmächtigten nachkomme. Jedenfalls kann das Ordnungsgeld im Fall des Nichterscheinens nach § 51 Abs. 1 Satz 2 i.V.m. §§ 143 Abs. 3, 380 ZPO nur gegen die Partei, nicht jedoch gegen deren gesetzlichen Vertreter festgesetzt werden.[21] In der Praxis empfiehlt es sich, bei der Anordnung des persönlichen Erscheinens eines größeren Unternehmens darauf hinzuweisen, dass das Erscheinen eines informierten Entscheidungsträgers *(Personalleiter, Betriebsleiter)* und weniger eines *(uninformierten)* Organs erwünscht ist.[22]

2. Anordnungsentscheidung

8   Die Anordnung erfolgt durch Verfügung oder Beschluss der Vorsitzenden. Die nicht verkündete Anordnungs**verfügung** bedarf der Unterschrift der Vorsitzenden. Die Paraphe genügt nicht.[23] Gegen die Entscheidung ist kein Rechtsmittel gegeben.[24] Umstritten ist, ob im Zusammenhang mit der Vertagung eines Termins die Anordnungsentscheidung durch die Kammer erfolgen muss oder zumindest kann.[25] Der Wortlaut von § 51 Abs. 1 Satz 1 spricht für ein Alleinentscheidungsrecht des Vorsitzenden, weil diesem das Anordnungsrecht »in jeder Lage des Rechtsstreits« und damit auch für den Termin zur mündlichen Verhandlung zugesprochen wird. Zudem ist von dem Anordnungsrecht des Vorsitzenden die Rede, während nach – den im arbeitsgerichtlich Verfahren insoweit nicht anwendbaren – §§ 141 Abs. 1, 273 Abs. 1 ZPO das Anordnungsrecht beim »Gericht« liegt. Andererseits obliegt die sofort zu verkündende Vertagungsentscheidung nach § 57 Abs. 1 Satz 2 der Kammer. Auf diese gehen die Befugnisse des Vorsitzenden nach § 56 Abs. 1 über, damit auch die Kompetenz zur Anordnung des persönlichen Erscheinens nach § 56 Abs. 1 Nr. 3.

9   Zum Erfordernis der Begründung einer Anordnungsentscheidung wird vertreten, diese sei zweckmäßig,[26] wobei spätestens bei Verhängung des Ordnungsgeldes der Grund der Anordnung angegeben und die darauf bezogene Ausübung des pflichtgemäßen Ermessens begründet werden müssten. Das Gesetz sieht aber keine Pflicht zur ausführlichen Begründungspflicht, sondern lediglich eine Belehrungspflicht[27] vor.[28] Eine **Kurzbegründung** *(z.B. »zur Aufklärung des Sachverhalts«; »zu Ver-*

---

15 LAG Köln, 15.03.1996 – 11 [13] Sa 1221/95; LAG Rheinland-Pfalz, 22.11.1984 – 2 Ta 243/84; LAG Hamm, 25.01.1999 – 1 Ta 727/98; GMPMG/Germelmann § 51 Rn 12; ErfK-Koch § 51 Rn 2; GK-ArbGG/Schütz § 51 Rn 13; Stein/Jonas/Leipold ZPO, § 141 Rn 7.
16 LAG Frankfurt, 04.07.1985 – 3 Ta 109/85.
17 LAG Düsseldorf, 06.01.1995 – 7 Ta 212/94.
18 NZA 1991, 336.
19 § 170 Abs. 1 Satz 1 ZPO.
20 § 170 Abs. 3 ZPO.
21 LAG Hamm, 25.01.1999 – 1 Ta 727/98; LAG Rheinland-Pfalz, 16.03.2012 – 6 Ta 43/12, Rn 14.
22 Ebenso GK-ArbGG/Schütz § 51 Rn 20.
23 LAG Hamm, 11.03.1982 – 8 Ta 32/82; LAG Rheinland-Pfalz, 19.11.1993 – 6 Ta 242/93.
24 § 567 Abs. 1 Nr. 1 ZPO.
25 Dagegen GK-ArbGG/Schütz § 51 Rn 14.
26 GMPMG/Germelmann § 51 Rn 11; GK-ArbGG/Schütz § 51 Rn 12.
27 § 51 Abs. 2 Satz 2 i.V.m. § 141 Abs. 3 Satz 3 ZPO.
28 LAG Nürnberg, 25.11.1988 – 4 Ta 93/88; a.A. wohl LAG Bremen, 24.01.2002 – 3 Sa 16/02, NZA-RR 2003, 158.

gleichszwecken«) wird der Partei hinreichend die Entscheidung ermöglichen, ob ein Entsenden eines Vertreters oder ein persönliches Erscheinen geboten ist. Die Kurzbegründung ist aber erforderlich.

Nach § 51 Abs. 1 Satz 2 i.V.m. § 141 Abs. 2 ZPO ist die Partei *(bzw. deren gesetzliche Vertretung)*, deren Erscheinen angeordnet worden ist, von Amts wegen zu laden. Die Ladung ist der Partei selbst mitzuteilen, auch wenn sie einen Prozessbevollmächtigten bestellt hat. Die Prozessbevollmächtigten sind über die Anordnung zu unterrichten. Der Zustellung bedarf die Ladung nicht, die Mitteilung der Ladung kann also formlos erfolgen. Der Vorsitzende kann aber die förmliche Zustellung anordnen, was sich auch zum Nachweis des Zugangs empfiehlt.[29] 10

Die Partei *(bzw. ihre gesetzliche Vertretung)* ist auf die Folgen ihres Ausbleibens in der Ladung hinzuweisen.[30] Der Hinweis muss die Möglichkeit sowohl der Verhängung eines Ordnungsgeldes nach § 51 Abs. 1 Satz 2 i.V.m. § 141 Abs. 3 Satz 1 ZPO als auch der Ablehnung des Prozessbevollmächtigten nach § 51 Abs. 2 Satz 1 erwähnen. Fehlt der Hinweis, können Ordnungsmittel nicht ergriffen werden.[31] 11

Die Ladungsfrist nach § 217 ZPO oder eine sonstige Ladungsfrist sollen nicht gelten. Allerdings soll bei der Entscheidung über die Ordnungsmittel geprüft werden, ob der Partei unter Abwägung der Umstände des Einzelfalles die Wahrnehmung des Termins möglich war.[32] 12

Die Anordnungsentscheidung ist nicht anfechtbar.[33] 13

III. Wirkung der Parteierklärungen

Kommt die Partei der Anordnung nach und wird sie vom Vorsitzenden befragt, liegt darin keine Parteivernehmung i.S.v. § 448 ZPO. Den tatsächlichen Erklärungen ihres Prozessbevollmächtigten kann sie widersprechen. Dann gilt nur die Parteierklärung. Widerspricht die Partei in zweiter Instanz den tatsächlichen Erklärungen ihres Prozessbevollmächtigten, dann muss das Gericht nach § 286 ZPO abwägen.[34] Beweiswirkung hat die Erklärung der Partei insoweit, als sie Inhalt der Verhandlung i.S.v. § 286 ZPO ist; auch die Nichtabgabe einer Erklärung kann hier frei gewürdigt werden. 14

IV. Folgen des Ausbleibens der Partei

1. Entschuldigtes Ausbleiben

Die Partei, deren persönliches Erscheinen angeordnet und die ordnungsgemäß geladen wurde, ist zum Erscheinen in der mündlichen Verhandlung verpflichtet. Keineswegs ist sie jedoch verpflichtet, sich zur Sache einzulassen, wenngleich ihre Weigerung u.U. nach § 286 ZPO gewürdigt werden kann. 15

Die Partei braucht der Anordnung des persönlichen Erscheinens nicht nachzukommen, wenn ein hinreichender Grund für das Nichterscheinen (vgl. Rdn. 17) vorliegt, sie sich vor dem Termin entschuldigt hat und daraufhin die Anordnung aufgehoben wurde.[35] Insoweit findet § 381 ZPO entsprechende Anwendung (Rdn. 23). Die Entscheidung nach § 51 Abs. 2 Satz 1 über eine Ablehnung der Zulassung des Prozessbevollmächtigten kann nicht nachträglich aufgehoben werden. Ist es infolge des Ausschlusses des Prozessbevollmächtigten zu einem *(ersten)* Versäumnisurteil gekommen, bleibt nur der Rechtsbehelf des Einspruchs. 16

---

29 GK-ArbGG/Schütz § 51 Rn 16.
30 § 51 Abs. 2 Satz 2 i.V.m. § 141 Abs. 3 Satz 3 ZPO.
31 GK-ArbGG/Schütz § 51 Rn 17.
32 GMPMG/Germelmann § 51 Rn 15.
33 § 567 Abs. 1 Nr. 1 ZPO; GMPMG/Germelmann § 51 Rn 11; GK-ArbGG/Schütz § 51 Rn 40.
34 Zöller/Vollkommer § 85 Rn 7 f.
35 GMPMG/Germelmann § 51 Rn 19; GK-ArbGG/Schütz § 51 Rn 23.

17 Entschuldigungsgründe können sein: eine an der Terminswahrnehmung hindernde Krankheit;[36] schwere Erkrankung oder Tod eines nächsten Angehörigen; unaufschiebbares und persönlich wahrzunehmendes Geschäft oder auch anderweitiger Gerichtstermin; urlaubsbedingte Abwesenheit; unzumutbare wirtschaftliche Belastung durch Anreise zum Gerichtsort. Ob sich die Partei auf eine Auskunft ihres Prozessbevollmächtigten verlassen darf und sie deshalb als genügend entschuldigt gelten kann, hängt von den Fähigkeiten der Partei ab. Sie muss in der Lage sein zu erkennen, dass nur das Gericht über die Erscheinenspflicht und eine Befreiung von dieser befinden und verbindlich Auskunft geben kann.[37] Die bloße Mitteilung der Prozessbevollmächtigten an seine Partei, sie brauche den Termin nicht wahrzunehmen, entschuldigt das Fernbleiben regelmäßig ebenso wenig[38] wie eine entsprechende Auskunft einer Kanzleiangestellten.[39] Die Berufung auf ein Vergessen des Termins genügt ebenfalls nicht.[40] Nicht genügend entschuldigt ist die ausgebliebene Partei auch dann, wenn das Gericht über das bevorstehende Ausbleiben ohne ersichtlichen Grund derart knapp vor dem Termin informiert wird, dass das Gericht den Termin nicht mehr absetzen und die Beteiligten nicht rechtzeitig abladen kann.[41] Die Entschuldigung muss hinreichend substantiiert sein. Pauschales Vorbringen reicht nicht.[42]

18 Die Entscheidung, ob ein ausreichender Entschuldigungsgrund vorliegt und ggf. ob dieser glaubhaft gemacht worden ist, trifft der Vorsitzende. Erst durch eine Aufhebung der Anordnung des persönlichen Erscheinens entfällt die Verpflichtung zum Erscheinen.[43]

2. Entsendung eines Vertreters

19 Die Partei kann nach § 51 Abs. 1 Satz 2 i.V.m. § 141 Abs. 3 Satz 2 ZPO zur mündlichen Verhandlung einen Vertreter entsenden, sofern dieser zur Aufklärung des Sachverhalts in der Lage und zur Abgabe der gebotenen Erklärungen, insb. zu einem Vergleichsabschluss, ermächtigt ist. Die Sachkunde des Vertreters muss nicht notwendig auf eigenen unmittelbaren Wahrnehmungen beruhen; die gründliche Information durch die Partei kann genügen.[44] Daher kann die Vertretung auch durch einen Prozessbevollmächtigten erfolgen, wenn er für den Prozess umfassende Informationen erhalten hat.[45] Insoweit reicht jedoch die bloße Kenntnis der Schriftsätze nicht aus.[46] Er muss in gleicher Weise Auskunft erteilen und Entscheidungen treffen können wie die Partei selbst.[47] Der Vertreter muss ferner zur Abgabe prozessual gebotener Erklärungen *(z.B. Anerkenntnis, Erledigungserklärung)* und zum Vergleichsabschluss bevollmächtigt sein, wobei die Vollmacht nur zu einem Widerrufsvergleich nicht ausreicht.[48] Gleichwohl kann die eigenständige Entscheidung des Vertreters, nur einen Widerrufsvergleich abschließen zu wollen, sachgerecht sein, z.B. wenn sozialrechtliche Konsequenzen zu bedenken und abzuklären sind.[49] Keinesfalls darf die Androhung und Festsetzung von Ordnungsgeld nach § 51 Abs. 1 Satz 2 ArbGG dazu verwendet werden, einen Vergleichsabschluss

---

36 Hier genügt allerdings nicht jede Arbeitsunfähigkeit, vgl. LAG Köln, 15.03.1996 – 11 [13] Sa 1221/95, erforderlich ist Verhandlungsunfähigkeit.
37 LAG Frankfurt, 30.11.1995 – 4 Ta 292/95.
38 LAG Köln, 14.11.1994 – 5 [4] Ta 159/94; LAG Rheinland-Pfalz, 22.11.1984 – 1 Ta 243/84.
39 LAG Frankfurt, 17.07.1986 – 3 Ta 152/86, NZA 1987, 284.
40 LAG Düsseldorf, 01.03.1993 – 7 Ta 142/92.
41 LAG Köln, 15.03.1996 – II (13) Sa 1221/95.
42 GK-ArbGG/Schütz § 51 Rn 21.
43 GMPMG/Germelmann § 51 Rn 19.
44 GK-ArbGG/Schütz § 51 Rn 24.
45 LAG Frankfurt, 23.11.1964 – 1 Ta 69/64, NJW 1965, 1042; GK-ArbGG/Schütz § 51 Rn 25; GMPMG/Germelmann § 51 Rn 20.
46 GK-ArbGG/Schütz § 51 Rn 25.
47 LAG Rheinland-Pfalz 19.04.1985 – 1 Ta 70/85; GMPMG/Germelmann § 51 Rn 20.
48 GMPMG/Germelmann § 51 Rn 21.
49 GK-ArbGG/Schütz § 51 Rn 25.

zu erzwingen.⁵⁰ Dass jemand zugleich als Zeuge bestimmt ist, steht einem Auftreten als Vertreter nach § 141 Abs. 3 ZPO nicht entgegen. § 394 Abs. 1 ZPO schließt die Anwesenheit eines Zeugen, der noch nicht gehört wurde, nur während der Vernehmung anderer Zeugen aus.⁵¹

Kann die zur Vertretung entsandte Person keine genügende Aufklärung geben oder hat ihr die Partei nicht eine ausreichende Vollmacht erteilt, so gilt die Partei als nicht erschienen. Eine besondere Zurückweisung der Vertreterin ist nicht erforderlich. Vom Gegner kann beim Vorliegen der sonstigen Voraussetzungen ein Versäumnisurteil beantragt werden. Das Gericht kann Zwangsmaßnahmen nach § 141 Abs. 3 Satz 1 ZPO bzw. § 51 Abs. 2 Satz 1 ergreifen. 20

3. Ordnungsgeld

Bleibt die Partei im Termin aus, so kann gegen sie nach § 51 Abs. 1 Satz 2 i.V.m. §§ 141 Abs. 3 Satz 1, 380 Abs. 1 Satz 2 ZPO ein Ordnungsgeld wie gegen einen im Vernehmungstermin nicht erschienenen Zeugen festgesetzt werden. Die Regelung ist verfassungskonform.⁵² Die Pflicht zur Zahlung des Ordnungsgeldes trifft auch dann die Partei, wenn aufgrund der Anordnung ihre gesetzliche Vertretung zu erscheinen hatte (siehe auch Rdn. 7).⁵³ Die Verhängung des Ordnungsgeldes steht im Ermessen des Gerichts. Die Rechtfertigung für ein Verhängen des Ordnungsgeldes liegt nicht in der Tatsache einer Missachtung des Gerichts, sondern nach § 51 Abs. 2 in der Vereitelung des Zwecks der Anordnung des persönlichen Erscheinens.⁵⁴ Kommt es trotz Nichterscheinens der Partei zur sachgerechten Aufklärung des Sachverhalts bzw. zur gütlichen Beilegung des Rechtsstreits, so kann ein Ordnungsgeld nicht verhängt werden.⁵⁵ In einem solchen Fall hat das Ausbleiben der persönlich geladenen Partei die Sachverhaltsaufklärung weder erschwert noch verzögert.⁵⁶ Die Festsetzung von Ordnungsgeld nach § 51 Abs. 1 Satz 2 ArbGG, § 141 Abs. 3 ZPO gegen die im Termin ausgebliebene Partei kommt also nicht in Betracht, wenn der Rechtsstreit zu diesem Zeitpunkt entscheidungsreif ist. Zweck der Anordnung des persönlichen Erscheinens nach § 141 Abs. 1 ZPO ist allein, die Aufklärung des Sachverhalts zu fördern. Ordnungsgeld kann daher nur festgesetzt werden, wenn das unentschuldigte Ausbleiben der Partei die Sachaufklärung erschwert und dadurch der Prozess verzögert wird.⁵⁷ Das Ordnungsgeld kann allein oder kumulativ neben der Ablehnung des Bevollmächtigten verhängt werden.⁵⁸ Ist eine Partei, deren persönliches Erscheinen zum Güte- oder Kammertermin angeordnet ist, am Erscheinen mit ausreichendem Entschuldigungsgrund gehindert, kann gegen sie kein Ordnungsgeld verhängt werden, weil sie zum Termin einen Vertreter entsendet, der die Voraussetzungen des § 141 Abs. 3 Satz 2 ZPO nicht erfüllt.⁵⁹ 21

---

50 BAG, 01.10.2014 – 10 AZB 24/14, Rn. 18, NZA 2014, 1421.
51 GK-ArbGG/Schütz § 51 Rn 24.
52 BVerfG, 10.01.1997 – 2 BvR 429/97, NJW 1998, 892.
53 LAG Hamm, 25.01.1999 – 1 Ta 727/98.
54 LAG Niedersachsen, 07.08.2002 – 101a 306/02; LAG Düsseldorf, 01.08.1985 – 7 Ta 264/85; LAG Rheinland-Pfalz, 05.08.1987 – 41a 147/87.
55 LAG Niedersachsen, 07.08.2002 – 10 Ta 306/02; LAG Schleswig-Holstein, 16.01.2003 – 5 Ta 218/02, NZA-RR 2003, 215; LAG Sachsen-Anhalt, 24.02.1995 – 3 Ta 22/95; LAG Düsseldorf, 21.02.1994 – 7 Ta 5/94; LAG Baden-Württemberg, 03.08.1987 – 13 Ta 6/87, NZA 1987, 827; LAG Düsseldorf, 01.08.1985 – 7 Ta 264/85.
56 BAG, 20.08.2007 – 3 AZB 50/05, NZA 2008, 1151 = NJW 2008, 252; BGH, 12.06.2007 – VI ZB 4/07, NJW-RR 2007, 1364; krit.: Hessisches LAG, 15.02.2008 – 4 Ta 39/08; das BVerfG sah in seiner Entscheidung vom 10.11.1997 (2 BvR 429/97, NJW 1998, 892) allerdings auch eine andere verfassungsrechtlich unbedenkliche Auslegung der Vorschrift als möglich an.
57 BAG, 01.10.2014 – 10 AZB 24/14, Rn 18, NZA 2014, 1421.
58 LAG Schleswig-Holstein, 24.11.2003 – 2 Ta 250/03, NZA-RR 2004, 153; GMPMG/Germelmann § 51 Rn 26; GK-ArbGG/Schütz, § 51 Rn 34.
59 LAG Hamm, 01.07.2013 – 1 Ta 232/13, NZA-RR 2013, 491.

22 Das Mindestmaß für das Ordnungsgeld beträgt 5,00 € und das Höchstmaß 1.000,00 €.[60] Weitere in § 380 ZPO angesprochene Ordnungsmittel bzw. Sanktionen *(Auferlegung der durch Ausbleiben verursachten Kosten; Ordnungshaft)* können nicht verhängt werden,[61] ggf. aber eine Verzögerungsgebühr nach § 38 Abs. 1 GKG.

23 Die Entscheidung über die Verhängung des Ordnungsgeldes ergeht nach §§ 51 Abs. 1 Satz 2, 53 Abs. 1 Satz 1 i.V.m. § 141 Abs. 3 ZPO in der mündlichen Verhandlung durch die Kammer und außerhalb der mündlichen Verhandlung durch den Vorsitzenden.[62] Da das Gericht der nicht erschienenen Partei regelmäßig zunächst rechtliches Gehör gewährt, ergeht die Entscheidung meist erst nach der mündlichen Verhandlung. Der Beschluss ist zu begründen und als Vollstreckungstitel förmlich zuzustellen.[63] Er unterliegt der sofortigen Beschwerde nach § 51 Abs. 1 Satz 2 i.V.m. §§ 141 Abs. 3 Satz 1, 380 Abs. 3 ZPO. Nach § 51 Abs. 2 i.V.m. §§ 141 Abs. 3 Satz 1, 381 Abs. 1 ZPO unterbleibt die Festsetzung des Ordnungsgeldes, wenn die nicht erschienene Partei glaubhaft macht, dass ihr die Ladung nicht rechtzeitig zugegangen ist, oder wenn sie ihr Ausbleiben genügend entschuldigt. Erfolgt die Glaubhaftmachung oder die genügende Entschuldigung nachträglich, so wird die Ordnungsgeldanordnung wieder aufgehoben. Die nicht erschienene Partei muss vortragen und ggf. glaubhaft machen, dass sie ohne ihr Verschulden an der Terminswahrnehmung gehindert war und dass es ihr nicht möglich war, den Hinderungsgrund bereits vor dem Termin dem Gericht mitzuteilen. Insoweit ist ihr das Verschulden des Prozessbevollmächtigten nicht nach § 85 Abs. 2 ZPO zuzurechnen.[64] Vielmehr ist darauf abzustellen, inwieweit die Partei auf Angaben des Prozessbevollmächtigten vertrauen durfte.[65] Kosten einer erfolgreichen Beschwerde gegen die Verhängung eines Ordnungsgeldes wegen ihres Ausbleibens im Termin gehen zulasten der letztlich kostenpflichtigen Partei.[66]

4. Ausschließung des Prozessbevollmächtigten

24 Neben der Verhängung eines Ordnungsgeldes (Rdn. 21 bis 23) kann der Vorsitzende den Prozessbevollmächtigten der nicht erschienenen Partei von der weiteren Verhandlung in dem konkreten Termin ausschließen, wenn die Partei trotz Anordnung des persönlichen Erscheinens unbegründet ausgeblieben ist und hierdurch der Zweck der Anordnung vereitelt wird.[67] Diese Möglichkeit besteht aber nur in erster Instanz. Die Gesetzesformulierung »die Zulassung eines Prozessbevollmächtigten ablehnen« geht zurück auf die Fassung des § 11 Abs. 1 Satz 3 ArbGG 1953, wonach der Vorsitzende über die Zulassung eines RA im erstinstanzlichen Urteilsverfahren zu entscheiden hatte. Für die Ausschließungsentscheidung müssen folgende Voraussetzungen kumulativ vorliegen:[68]
– Das persönliche Erscheinen der Parteien muss zum konkreten Termin ordnungsgemäß durch den Vorsitzenden angeordnet sein,
– die Partei muss ordnungsgemäß mit Belehrung über die Folgen des Ausbleibens geladen sein,
– die persönlich geladene Partei darf sich nicht entschuldigt oder nur unzureichend entschuldigt haben;
– durch das Ausbleiben der Partei muss der vorher mitgeteilte Zweck der Anordnung vereitelt worden sein,

---

60 Art. 6 Abs. 1 Satz 1 EGStGB.
61 LAG Berlin, 17.11.1988 – 9 Ta 7/77; GMPMG/Germelmann § 51 Rn 23.
62 LAG Schleswig-Holstein, 16.01.2003 – 5 Ta 218/02, NZA-RR 2003, 215; LAG Bremen, 04.08.1993 – 1 Ta 34/93; GMPMG/Germelmann § 51 Rn 24; a.A. GK-ArbGG/Schütz § 51 Rn 34.
63 § 329 Abs. 3 ZPO.
64 LAG Köln, 27.07.1987 – 3 Ta 162/87; LAG Köln, 14.11.1994 – 5 [4] Ta 159/94; a.A. LAG Rheinland-Pfalz, 22.11.1984 – 1 Ta 243/84; LAG Rheinland-Pfalz, 19.04.1985 – 1 Ta 70/85.
65 GMPMG/Germelmann § 51 Rn 25; GK-ArbGG/Schütz § 51 Rn 36.
66 BAG, 20.08.2007 – 3 AZB 50/05, NZA 2008, 1151 = NJW 2008, 252.
67 § 51 Abs. 2 Satz 1.
68 LAG Bremen, 24.01.2002 – 3 Sa 16/02, NZA-RR 2003, 158; LAG Brandenburg, 23.05.2000 – 3 Sa 83/00; GK-ArbGG/Schütz § 51 Rn 26.

– es darf kein Vertreter entsandt sein, der zur Aufklärung des Sachverhalts und zur Abgabe der gebotenen Erklärungen in der Lage sowie zum Abschluss eines Vergleichs ermächtigt ist.

Der Ausschluss ist grds. in jeder Lage des Verfahrens möglich, auch in der Güteverhandlung.[69] § 51 Abs. 2 Satz 1 enthält keine Beschränkung auf Kammertermine. Diese folgt auch nicht aus teleologischen Erwägungen. Im Gütetermin ist sowohl eine Aufklärung des Sachverhalts als auch eine gütliche Beilegung des Rechtsstreits anzustreben,[70] wenngleich eine streitige Entscheidung ohne den Willen beider Parteien regelmäßig nicht ergehen kann.

25

Die Zurückweisung des Prozessbevollmächtigten erfolgt nach dem klaren Wortlaut des § 51 Abs. 2 Satz 1 – auch im Kammertermin – durch Beschluss des Vorsitzenden,[71] der zu begründen ist.[72] Ausgeschlossen werden kann jeder Prozessbevollmächtigte der nicht erschienenen Partei, also ein RA, ein Verbandsvertreter oder auch ein sonstiger Prozessbevollmächtigter nach § 11 Abs. 2. Wurde der Prozessbevollmächtigte ausgeschlossen, kann vom Gegner bei Vorliegen der sonstigen Voraussetzungen (*erstes oder zweites*) Versäumnisurteil beantragt werden. Hiergegen kann die nicht erschienene Partei Einspruch bzw. Berufung einlegen, wobei die Berufung nur darauf gestützt werden kann, dass ein Fall der schuldhaften Versäumung nicht vorgelegen habe, weil der Ausschluss zu Unrecht erfolgt sei.[73]

26

Allein gegen den Zurückweisungsbeschluss ist keine sofortige Beschwerde gegeben. Die Voraussetzungen des § 567 Abs. 1 Nr. 1 ZPO liegen nicht vor. In § 51 Abs. 2 Satz 2 ist ein Verweis auf § 380 Abs. 3 ZPO gerade ausgenommen, weshalb nicht von einer Lücke im Gesetz ausgegangen werden kann.[74]

27

§ 52 Öffentlichkeit

¹Die Verhandlungen vor dem erkennenden Gericht einschließlich der Beweisaufnahme und der Verkündung der Entscheidung ist öffentlich. ²Das Arbeitsgericht kann die Öffentlichkeit für die Verhandlung oder für einen Teil der Verhandlung ausschließen, wenn durch die Öffentlichkeit eine Gefährdung der öffentlichen Ordnung, insbesondere der Staatssicherheit, oder eine Gefährdung der Sittlichkeit zu besorgen ist oder wenn eine Partei den Ausschluss der Öffentlichkeit beantragt, weil Betriebs-, Geschäfts- oder Erfindungsgeheimnisse zum Gegenstand der Verhandlung oder der Beweisaufnahme gemacht werden; außerdem ist § 171b des Gerichtsverfassungsgesetzes entsprechend anzuwenden. ³Im Güteverfahren kann es die Öffentlichkeit auch aus Zweckmäßigkeitsgründen ausschließen. ⁴§ 169 Satz 2 sowie die §§ 173 bis 175 des Gerichtsverfassungsgesetzes sind entsprechend anzuwenden.

Beabsichtigte Neufassung des Satzes 4 nach einem Referentenentwurf des BMJV zu einem Gesetz über die Erweiterung der Medienöffentlichkeit – EMöGG (Stand 25. April 2016):

»*§ 169 Absatz 1 Satz 2 bis 5, Absatz 2 und 3 sowie die §§ 173 bis 175 des Gerichtsverfassungsgesetzes sind entsprechend anzuwenden.*«

---

69 § GK-ArbGG/Schütz § 51 Rn 30; GMPMG/Germelmann § 51 Rn 28, der einen Ausschluss jedoch für wenig sinnvoll hält; Vonderau NZA 1991, 336, 340; a.A. LAG Hamm, 22.12.1994 – 4 Sa 1125/94.
70 § 54 Abs. 1 Satz 2, 3.
71 LAG Brandenburg, 23.05.2000 – 3 Sa 83/02, NZA 2001, 173; GK-ArbGG/Schütz § 51 Rn 31; GMPMG/Germelmann § 51 Rn 30.
72 LAG Brandenburg, 23.05.2000 – 3 Sa 83/00, NZA 2001, 173.
73 § 64 Abs. 2 Buchst. d.
74 LAG Hamm, 20.04.1972 – 8 Ta 35/72; LAG Rheinland-Pfalz, 24.09.1981 – 1 Ta 132/81; LAG München, 20.10.1981 – 61a 89/81; LAG Rheinland-Pfalz, 11.11.1981 – 1 Ta 158/81; LAG Düsseldorf, 04.10.1984 – 7 Ta 227/84; LAG Schleswig-Holstein, 15.10.1987 – 6 Ta 181/87; GMPMG/Germelmann § 51 Rn 31; § GK-ArbGG/Schütz § 51 Rn 42.

§ 52 ArbGG Öffentlichkeit

Übersicht

		Rdn.
I.	Allgemeines	1
II.	Öffentlichkeit der Verhandlung	2
	1. Jedermann-Zugänglichkeit	2
	2. Öffentliche Verhandlung	5
	3. Verbot von Ton- und Filmaufnahmen	7
III.	Ausschließung der Öffentlichkeit	12
	1. Ausschließungsgründe	12
	2. Ausschließung von Amts wegen	13
	a) Gefährdung der öffentlichen Ordnung/Staatssicherheit	14
	b) Gefährdung der Sittlichkeit	16
	c) Zweckmäßigkeitsgründe	17
	3. Ausschließung auf Antrag	18
	a) Geschäfts- und Betriebsgeheimnis	19
	b) Erfindungsgeheimnis	20
	c) Steuergeheimnis	21
	d) Schutz der Privatsphäre	22
	e) Ausschlussverfahren	24
	f) Inhalt der Entscheidung	28
	g) Rechtsmittel	30
IV.	Rechtsfolgen bei Verletzung des Öffentlichkeitsgebots	31

I. Allgemeines

1 Der Grundsatz der Öffentlichkeit gehört zu den Prinzipien einer demokratischen Rechtspflege. Es ist zwar kein Verfassungsgrundsatz, aber ein auch in Art. 6 Abs. 1 Satz 1 MRK verankerter Leitgedanke der Prozessgesetze. Durch die Öffentlichkeit des Verfahrens soll das Vertrauen in die Rechtspflege gestärkt und eine öffentliche Kontrolle der rechtsprechenden Gewalt ermöglicht werden. Durch § 52 wird für das arbeitsgerichtliche Verfahren der in §§ 169 bis 175 GVG normierte Grundsatz der Öffentlichkeit modifiziert. § 169 GVG soll nun geändert werden. Das seit 1964 bestehende strikte Verbot von Übertragungen aus Gerichtssälen soll nach einem Referentenentwurf des BMJV vom 25. April 2016 gelockert werden. Außerdem sollen Urteilsverkündungen der obersten Bundesgerichte künftig in Bild und Ton übertragen werden dürfen, wenn die Vorsitzende Richterin es zulässt. Der Entwurf sieht außerdem vor, dass besondere Prozesse von zeitgeschichtlicher Bedeutung künftig aufgezeichnet werden können. Zudem sollen Tonübertragungen in separate Arbeitsräume für Journalisten zugelassen werden (näher zur beabsichtigten Neuregelung siehe Rdn. 9). Zudem dient der Entwurf dazu, Verbesserungen für hör- und sprachbehinderte Personen bei der Inanspruchnahme von Gebärdensprachdolmetschern in gerichtlichen Verfahren gesetzlich zu verankern.

§ 169 GVG

Die Verhandlung vor dem erkennenden Gericht einschließlich der Verkündung der Urteile und Beschlüsse ist öffentlich. Ton- und Fernseh-Rundfunkaufnahmen sowie Ton- und Filmaufnahmen zum Zwecke der öffentlichen Vorführung oder Veröffentlichung ihres Inhalts sind unzulässig.

Beabsichtigte Neufassung nach einem Referentenentwurf des BMJV zu einem Gesetz über die Erweiterung der Medienöffentlichkeit – EMöGG (Stand 25. April 2016):

»(1) Die Verhandlung vor dem erkennenden Gericht einschließlich der Verkündung der Urteile und Beschlüsse ist öffentlich. Ton- und Fernseh- Rundfunkaufnahmen sowie Ton- und Filmaufnahmen zum Zwecke der öffentlichen Vorführung oder Veröffentlichung ihres Inhalts sind unzulässig. Die Tonübertragung in einen Nebenraum für Personen, die für Presse, Rundfunk, Fernsehen oder für andere Medien berichten, kann durch Anordnung des Vorsitzenden zugelassen werden. Die Entscheidung ist unanfechtbar. Im Übrigen gilt für Tonübertragungen in den Nebenraum Satz 2 entsprechend.

(2) Ton- und Filmaufnahmen der Verhandlung vor dem erkennenden Gericht einschließlich der Verkündung der Urteile und Beschlüsse können zu wissenschaftlichen und historischen Zwecken durch Anordnung des Vorsitzenden zugelassen werden, wenn es sich um ein Verfahren von herausragender zeitgeschichtlicher Bedeutung handelt. Die Entscheidung ist unanfechtbar. Zur Wahrung schutzwürdiger Interessen der Beteiligten oder Dritter sowie zur Wahrung eines ordnungsgemäßen Ablaufs des Verfahrens können die Aufnahmen teilweise ausgeschlossen werden. Die Aufnahmen sind nicht zur Akte zu nehmen. Sie sind vom Gericht demjenigen zuständigen Bundes- oder Landesarchiv zur Übernahme anzubieten, das nach dem Bundesarchivgesetz oder einem Landesarchivgesetz festzustellen hat, ob den Aufnahmen ein bleibender Wert zukommt. Nimmt das Bundesarchiv oder das jeweilige Landesarchiv die Aufnahmen nicht an, sind die Aufnahmen vom Gericht zu löschen.

(3) Abweichend von Absatz 1 Satz 2 können Ton- und Fernseh- Rundfunkaufnahmen sowie Ton- und Filmaufnahmen zum Zweck der öffentlichen Vorführung oder der Veröffentlichung ihres Inhalts bei der Verkündung von Entscheidungen des Bundesgerichtshofs durch Anordnung des Vorsitzenden zugelassen werden. Zur Wahrung schutzwürdiger Interessen der Beteiligten oder Dritter sowie eines ordnungsgemäßen Ablaufs des Verfahrens können die Aufnahmen oder deren Übertragung von der Einhaltung von Auflagen abhängig gemacht werden. Die Entscheidung ist unanfechtbar.«

§ 171b GVG

(1) Die Öffentlichkeit kann ausgeschlossen werden, soweit Umstände aus dem persönlichen Lebensbereich eines Prozessbeteiligten, eines Zeugen oder eines durch eine rechtswidrige Tat (§ 11 Absatz 1 Nummer 5 des Strafgesetzbuchs) Verletzten zur Sprache kommen, deren öffentliche Erörterung schutzwürdige Interessen verletzen würde. Das gilt nicht, soweit das Interesse an der öffentlichen Erörterung dieser Umstände überwiegt. Die besonderen Belastungen, die für Kinder und Jugendliche mit einer öffentlichen Hauptverhandlung verbunden sein können, sind dabei zu berücksichtigen. Entsprechendes gilt bei volljährigen Personen, die als Kinder oder Jugendliche durch die Straftat verletzt worden sind.

(2) Die Öffentlichkeit soll ausgeschlossen werden, soweit in Verfahren wegen Straftaten gegen die sexuelle Selbstbestimmung (§§ 174 bis 184h des Strafgesetzbuchs) oder gegen das Leben (§§ 211 bis 222 des Strafgesetzbuchs), wegen Misshandlung von Schutzbefohlenen (§ 225 des Strafgesetzbuchs) oder wegen Straftaten gegen die persönliche Freiheit nach den §§ 232 bis 233a des Strafgesetzbuchs ein Zeuge unter 18 Jahren vernommen wird. Absatz 1 Satz 3 gilt entsprechend.

(3) Die Öffentlichkeit ist auszuschließen, wenn die Voraussetzungen der Absätze 1 oder 2 vorliegen und der Ausschluss von der Person, deren Lebensbereich betroffen ist, beantragt wird. Für die Schlussanträge in Verfahren wegen der in Absatz 2 genannten Straftaten ist die Öffentlichkeit auszuschließen, ohne dass es eines hierauf gerichteten Antrags bedarf, wenn die Verhandlung unter den Voraussetzungen der Absätze 1 oder 2 oder des § 172 Nummer 4 ganz oder zum Teil unter Ausschluss der Öffentlichkeit stattgefunden hat.

(4) Abweichend von den Absätzen 1 und 2 darf die Öffentlichkeit nicht ausgeschlossen werden, soweit die Personen, deren Lebensbereiche betroffen sind, dem Ausschluss der Öffentlichkeit widersprechen.

(5) Die Entscheidungen nach den Absätzen 1 bis 4 sind unanfechtbar.

§ 173 GVG

(1) Die Verkündung des Urteils sowie der Endentscheidung in Ehesachen und Familienstreitsachen erfolgt in jedem Falle öffentlich.

(2) Durch einen besonderen Beschluß des Gerichts kann unter den Voraussetzungen der §§ 171b und 172 auch für die Verkündung der Entscheidungsgründe oder eines Teiles davon die Öffentlichkeit ausgeschlossen werden.

§ 174 GVG

(1) Über die Ausschließung der Öffentlichkeit ist in nicht öffentlicher Sitzung zu verhandeln, wenn ein Beteiligter es beantragt oder das Gericht es für angemessen erachtet. Der Beschluß, der die Öffentlichkeit ausschließt, muß öffentlich verkündet werden; er kann in nicht öffentlicher Sitzung verkündet werden, wenn zu befürchten ist, daß seine öffentliche Verkündung eine erhebliche Störung der Ordnung in der Sitzung zur Folge haben würde. Bei der Verkündung ist in den Fällen der §§ 171b, 172 und 173 anzugeben, aus welchem Grund die Öffentlichkeit ausgeschlossen worden ist.

(2) Soweit die Öffentlichkeit wegen Gefährdung der Staatssicherheit ausgeschlossen wird, dürfen Presse, Rundfunk und Fernsehen keine Berichte über die Verhandlung und den Inhalt eines die Sache betreffenden amtlichen Schriftstücks veröffentlichen.

(3) Ist die Öffentlichkeit wegen Gefährdung der Staatssicherheit oder aus den in §§ 171b und 172 Nr. 2 und 3 bezeichneten Gründen ausgeschlossen, so kann das Gericht den anwesenden Personen die Geheimhaltung von Tatsachen, die durch die Verhandlung oder durch ein die Sache betreffendes amtliches Schriftstück zu ihrer Kenntnis gelangen, zur Pflicht machen. Der Beschluß ist in das Sitzungsprotokoll aufzunehmen. Er ist anfechtbar. Die Beschwerde hat keine aufschiebende Wirkung.

§ 175 GVG

(1) Der Zutritt zu öffentlichen Verhandlungen kann unerwachsenen und solchen Personen versagt werden, die in einer der Würde des Gerichts nicht entsprechenden Weise erscheinen.

(2) Zu nicht öffentlichen Verhandlungen kann der Zutritt einzelnen Personen vom Gericht gestattet werden. In Strafsachen soll dem Verletzten der Zutritt gestattet werden. Einer Anhörung der Beteiligten bedarf es nicht.

(3) Die Ausschließung der Öffentlichkeit steht der Anwesenheit der die Dienstaufsicht führenden Beamten der Justizverwaltung bei den Verhandlungen vor dem erkennenden Gericht nicht entgegen.

II. Öffentlichkeit der Verhandlung

1. Jedermann-Zugänglichkeit

2 Nach **Satz 1** der Vorschrift sind die Verhandlungen vor dem erkennenden Gericht einschließlich der Beweisaufnahme und der Verkündung der Entscheidung **öffentlich**. Dem wird genügt, wenn die Verhandlungstermine bekannt gemacht und die Verhandlungen für jedermann zugänglich sind. Zur **Bekanntmachung** der Termine genügt ein im Gericht frei einsehbarer Terminsaushang, auf dem für einen bestimmten Terminstag für jeden stattfindenden Rechtsstreit die Parteien in Kurzbezeichnung, die Terminsstunde und der Sitzungsraum verzeichnet sind. Kurzfristige räumliche oder zeitliche Veränderungen sind in gleicher Weise bekannt zu machen. Eine Verhandlung ist »öffentlich«, wenn sie in Räumen stattfindet, die während der Dauer der Verhandlung grundsätzlich jedermann zugänglich sind; ausnahmsweise kann es nicht erforderlich sein, dass die mündliche Verhandlung durch Aushang bekannt gemacht werden muss. Ein solcher Aushang ist z.B. dann nicht erforderlich, wenn die mündliche Verhandlung außerhalb des Gerichtsgebäudes stattfindet.[1] Zudem muss zum Gerichtsgebäude und zum Sitzungsraum **freier Zugang** gewährleistet sein. Die Öffentlichkeit der Verhandlung ist jedoch auch dann gewahrt, wenn zwar die Eingangstür zum Gerichtsgebäude geschlossen ist, Zuhörer sich aber mithilfe einer **Klingel** Einlass verschaffen können.[2] Nicht erforderlich ist, dass sämtliche Zuhörer an der Verhandlung teilnehmen können. Allerdings darf der Raum nicht so eingeschränkt werden, dass praktisch die Teilnahme beliebiger Personen an der Verhandlung nicht mehr möglich ist.[3] Bei großem Andrang ist die Vergabe von Platzkarten nach einer allgemeinen Regel (*z.B. Reihenfolge des Erscheinens, Pressekontingent*) zulässig. Grundsätzlich ist bei sitzungspolizeilichen Entscheidungen, die das subjektive Recht der Medienvertreter auf gleiche Teilhabe an den Berichterstattungsmöglichkeiten (Gleichbehandlung im publizistischen Wettbewerb gemäß Art. 3 Abs. 1 GG i.V.m. Art. 5 Abs. 1 Satz 2 GG) der Rückgriff auf das Prioritätsprinzip möglich. Sie müssen jedoch – jedenfalls in Berücksichtigung des grundsätzlichen Anspruchs der Presse auf Zugang für eine freie Berichterstattung – sachlich ausgestaltet sein, die Chancengleichheit realitätsnah gewährleisten und bei der verfahrensrechtlichen Umsetzung die tatsächliche Situation der vorhersehbar Interessierten hinreichend berücksichtigen.[4] Der Zugang darf nicht selektiv auf bestimmte Personen oder Gruppen beschränkt werden. Bei der Verteilung knapper Sitzplätze hat der Vorsitzende des jeweiligen Spruchkörpers einen erheblichen Ermessens-

---

[1] BVerwG, 15.03.2012 – 4 B 11/12, Rn 3.
[2] BAG, 19.02.2008 – 9 AZN 777/07, AP Nr. 59 zu § 72a ArbGG 1979.
[3] GMPMG/Germelmann § 52 Rn 3.
[4] BVerfG, 12.04.2013 – 1 BvR 990/13, NJW 2013, 1293.

spielraum. Das Bundesverfassungsgericht überprüft ggf. eine Verteilungsentscheidung des Vorsitzenden nicht umfassend und im Einzelnen darauf, ob die beste Verteilmodalität gewählt worden ist. Ein Anspruch auf Bild- und Tonübertragung der Verhandlung in einen anderen Saal des Gerichts lässt sich aus Art. 5 Abs. 1 Satz 2 GG nicht herleiten.[5] Es verstößt nicht gegen die Vorschriften über die Öffentlichkeit der Verhandlung, wenn der Vorsitzende einen von einer Partei benannten **anwesenden Zeugen**, über dessen Vernehmung noch zu entscheiden ist, unmittelbar nach Eröffnung der Verhandlung veranlasst oder auffordert, den Sitzungssaal bis zur Zeugenvernehmung zu verlassen.[6]

Ein **Hinweis auf die Nichtöffentlichkeit** einer Sitzung, etwa durch die Einblendung der Anzeige »nicht öffentliche Sitzung« auf der vor dem Sitzungssaal befindlichen elektronischen Anzeigetafel, ist geeignet, das interessierte Publikum von einem Betreten des Sitzungssaales abzuhalten. Eine Verletzung des § 169 GVG setzt aber voraus, dass der Ausschluss der Öffentlichkeit **in Kenntnis oder in verschuldeter Unkenntnis des Gerichts** geschieht.[7]

Der Zutritt zu öffentlichen Verhandlungen kann **unerwachsenen** und solchen Personen **versagt** werden, die in einer der **Würde des Gerichts** nicht entsprechenden Weise erscheinen.[8] In einer offenen Gesellschaft mit unterschiedlichen Kulturen muss hier ein großzügiger Maßstab gelten, soweit es um Äußerlichkeiten wie Kleidung, Schmuck und Frisur geht. Der Würde des Gerichts widerspricht aber z.B. die Anwesenheit Betrunkener, regelmäßig jedoch nicht eines Arbeitnehmers oder Arbeitgebers in Arbeitskleidung. Das BVerfG[9] hat eine Anordnung des Gerichtspräsidenten akzeptiert, die das Tragen von Kutten untersagte, die die Zugehörigkeit zu einem Motorradclub demonstrieren.

2. Öffentliche Verhandlung

Der Grundsatz der Öffentlichkeit gilt für jede Verhandlung, also für Gütetermin und Kammertermin einschließlich der von dem erkennenden Gericht in oder außerhalb des Gerichtsgebäudes durchgeführten Beweisaufnahme. Auch die dem Vorsitzenden nach § 58 Abs. 1 Satz 2 übertragene Beweisaufnahme ist öffentlich durchzuführen. Dagegen gilt nicht als Verhandlung i.S.v. § 52 Satz 1 die im Wege der Rechtshilfe[10] erfolgende Beweisaufnahme, weshalb diese vom ersuchten Richter nicht öffentlich, jedoch parteiöffentlich[11] durchzuführen ist. Die Beweisführung mit einer notariellen Erklärung (*z.B. über die Anzahl der im Betrieb beschäftigten Gewerkschaftsmitglieder*) verletzt nicht die Grundsätze der Unmittelbarkeit, der Öffentlichkeit und der Parteiöffentlichkeit der Beweisaufnahme.[12]

Auch die Verkündung von Entscheidungen hat öffentlich zu erfolgen, unabhängig davon, ob sie in dem Termin, aufgrund dessen sie erlassen wird, oder in einem besonderen Termin geschieht.

3. Verbot von Ton- und Filmaufnahmen

Ton- und Fernseh-Rundfunkaufnahmen sowie Ton- und Filmaufnahmen zum Zwecke der öffentlichen Vorführung oder Veröffentlichung ihres Inhalts sind während der Verhandlung[13] unzulässig.[14] Damit wird die mittelbare Öffentlichkeit (*Möglichkeit, die Allgemeinheit über die Vorgänge in der*

---

5 BVerfG, 01.05.2013 – 1 BvQ 13/13, BayVBl. 2013, 498.
6 BAG, 21.01.1988 – 2 AZR 449/87, AP Nr. 1 zu § 394 ZPO.
7 BFH, 30.11.2009 – I B 111/09, BFH/NV 2010, 1102 Rn. 6.
8 § 52 Satz 4 i.V.m. § 175 Abs. 1 GVG.
9 BVerfG, 14.03.2012 – 2 BvR 2405/11, NJW-Spezial 2012, 344, Rn 7.
10 § 13.
11 § 357 ZPO.
12 BAG, 25.03.1992 – 7 ABR 65/90, NZA 1993, 154; a.A. Prütting/Weth DB 1989, 2273.
13 BVerfG, 15.03.2007 – 1 BvR 620/07, DVBl 2007, 496, m. Anm. von Coelln in juris PR-ITR 5/2007 Anm. 4.
14 § 52 Satz 4 i.V.m. § 169 Satz 2 GVG.

gerichtlichen Verhandlung zu unterrichten) eingeschränkt. § 169 Satz 2 GVG ist verfassungskonform. Der Gesetzgeber durfte auch davon absehen, Ausnahmemöglichkeiten für Einzelfälle zu schaffen. Die Durchführung eines Gerichtsverfahrens stellt erhebliche Anforderungen an das Gericht, insb. die Vorsitzenden. Der Gesetzgeber durfte die Gerichte im Interesse einer möglichst ungestörten Wahrheits- und Rechtsfindung von solchen zusätzlichen Belastungen durch ein ausnahmsloses Verbot freistellen. Das gilt nicht nur für die Verhandlung, sondern auch für die Verkündung der Entscheidung.[15] Die Berichterstattung in Wort und Schrift über die Verhandlungen ist aber, vom Ausnahmefall des § 174 Abs. 2 GVG *(Ausschluss der Berichterstattung wegen Gefährdung der Staatssicherheit)* abgesehen, frei.[16]

8   Unzulässig sind sowohl **Direktübertragungen** als auch **Aufzeichnungen** der Verhandlungen, wenn die Aufnahme nachträglich öffentlich vorgeführt oder ihr Inhalt sonst der Öffentlichkeit bekannt gemacht werden soll. Vom Vorsitzenden als Inhaber der sitzungspolizeilichen Gewalt[17] bzw. von der Justizverwaltung als Inhaberin des Hausrechts können solche Aufnahmen nur für Zeiten vor Beginn in den Sitzungspausen und nach Ende der Verhandlung zugelassen werden.[18] **Nicht unter die Vorschrift fallen** Ton- und Filmaufnahmen für Zwecke des Gerichts, für die aber grds. eine Einwilligung der Beteiligten erforderlich ist. Ebenfalls von der Vorschrift nicht erfasst werden einfache Bildaufnahmen. Vom Vorsitzenden wird deshalb bestimmt, ob während der Verhandlung fotografiert werden darf. Ein Verbot von Ton- und Rundfunkaufnahmen ist auch dann nicht erforderlich, wenn dem Schutz kollidierender Belange bereits durch eine **beschränkende Anordnung** Rechnung getragen werden kann, insbesondere durch das Erfordernis einer mittels geeigneter technischer Maßnahmen erfolgenden Anonymisierung der Bildaufnahme solcher Personen, die Anspruch auf besonderen Schutz haben. Personen, die im Gerichtsverfahren infolge ihres öffentlichen Amtes oder in anderer Position als Organ der Rechtspflege im Blickpunkt der Öffentlichkeit stehen, haben nicht in gleichem Ausmaße einen Anspruch auf Schutz ihrer Persönlichkeitsrechte wie eine von dem Verfahren betroffene Privatperson oder anwesende Zuhörer. Aber auch den als Richterinnen, Staatsanwälten, Rechtsanwältinnen oder Justizbediensteten am Verfahren Mitwirkenden steht ein Anspruch auf Schutz zu, der das Veröffentlichungsinteresse überwiegen kann, etwa wenn Veröffentlichungen von Abbildungen eine erhebliche Belästigung oder eine Gefährdung ihrer Sicherheit durch Übergriffe Dritter bewirken können.[19]

9   § 169 GVG ist also so zu verstehen, dass die **unmittelbare Öffentlichkeit**, die aus den im Sitzungssaal anwesenden Zuschauern besteht, stets zu gewährleisten ist, während die **mittelbare Öffentlichkeit**, also Personen, die mittels technischer Möglichkeiten, aber ohne eigene körperliche Anwesenheit das Geschehen im Gerichtssaal verfolgen können, nicht zuzulassen ist.[20] Dazu zählte bisher insbesondere auch die Lautsprecherübertragung aus dem Gerichtssaal auf die umliegenden Flure. Zur Begründung wurde unter anderem ausgeführt, dass solche Öffentlichkeitserweiterungen über den Gerichtssaal hinaus den Angeklagten/die Parteien zum Schauobjekt degradieren könnten, was seiner Menschenwürde und auch dem Grundsatz des fairen Verfahrens zuwiderliefe. Auch werde dem Gericht dadurch die Kontrolle insoweit entzogen, dass es das Geschehen im Umfeld des Sitzungsverlaufs nicht mehr überwachen könne.[21] Das soll nun geändert werden.

---

15 BVerfG, 24.01.2001 – 1 BvR 2623/95.
16 Zöller/Gummer § 169 GVG Rn 16.
17 § 176 GVG.
18 BVerfG, 19.12.2007 – 1 BvR 620/07, NJW 2008, 977; BVerfG, 03.04.2009 – 1 BvR 654/09, NJW 2009, 280, (Koma-Sauf-Prozess) mit eingehender Abwägung von Persönlichkeitsschutz und Interesse an der Berichterstattung.
19 BVerfG, 19.12.2007 – 1 BvR 620/07, NJW 2008, 977.
20 Kissel/Mayer, GVG, 7. Aufl., § 169 Rn 3.
21 Kissel/Mayer, GVG, 7. Aufl., § 169 Rn 27; Meyer-Goßner, Strafprozessordnung (StPO), 55. Aufl., § 169 GVG Rn 5; KK-Diemer, StPO, 6. Aufl., § 169 GVG Rn 8; MüKo-Zimmermann, ZPO, 3. Aufl.age, § 169 GVG Rn. 33).

Die Änderung des § 169 Abs. 1 GVG soll ermöglichen, den **Ton** der mündlichen Verhandlung 10
in einen Nebenraum zu übertragen, der **allein Journalisten zugänglich** ist (Medienarbeitsraum).
Die Entscheidung liegt beim Vorsitzenden, der durch Anordnung den Medienarbeitsraum zulassen
kann. Es handelt sich um eine Ermessensentscheidung. Ein Anspruch auf Zulassung der Ton-Übertragung in einen Nebenraum besteht nicht. Bei Kapazitätsengpässen innerhalb des Verhandlungssaales kann so den Journalisten die Möglichkeit eingeräumt werden, in dem einzurichtenden
Medienarbeitsraum den Gang der mündlichen Verhandlung anzuhören.

§ 169 Abs. 2 GVG-E lässt Ton- und Filmaufnahmen von Gerichtsverhandlungen einschließlich
der Verkündung der Urteile und Beschlüsse für wissenschaftliche und historische Zwecke zu. Diese
Abweichung von dem Verbot des § 169 Abs. 1 Satz 2 muss durch eine Anordnung des Vorsitzenden
herbeigeführt werden. Ein Anspruch auf Zulassung von Film- und Tonaufnahmen zu wissenschaftlichen und historischen Zwecken soll nicht bestehen.

Die Verbotsvorschrift in § 169 Satz 2 GVG wurde durch Art. 11 Nr. 5 des Gesetzes zur Änderung 11
der Strafprozessordnung und des Gerichtsverfassungsgesetzes (StPÄG) vom 19. Dezember 1964
angefügt (BGBl. I, 1067). Das Bundesverfassungsgericht hat die Verfassungsmäßigkeit der Norm
in der sog. »Honecker-Entscheidung« vom 11. November 1992[22] und der »n-tv-Entscheidung«[23]
bestätigt. Sie soll nun »moderat geändert werden«, so der **Referentenentwurf des BMJV in der
Fassung vom 25. April 2016**. Vorangegangen waren umfangreiche Gutachten und Ausarbeitungen
einer Bund-Länder-Gruppe.[24]

Die **beabsichtigte Neuregelung** wird im Gesetzentwurf u.a. damit begründet, dass Bilder fiktiver
Prozesse im Fernsehen teilweise die Vorstellung der Bevölkerung über die Justiz prägten. Diesen für
die deutsche Situation nicht passenden falschen Bildern, die vielfach von amerikanischen Geschworenenprozessen geprägt würden, könne man möglicherweise durch eine realistische, bildliche Darstellung der hiesigen Gerichte entgegenwirken.[25] Die Justiz müsse für die Bürger erfahrbar sein, um
in der Breite akzeptiert zu werden.

Diese Überlegung sind im Zusammenhang mit spektakulären Strafverfahren entwickelt worden. In
der Arbeitsgerichtsbarkeit gibt es ebenfalls nicht selten Prozesse, die in der Öffentlichkeit besondere
Aufmerksamkeit erzeugen. Von der verfassungsrechtlich beabsichtigten und für einen Rechtsstaat
wichtigen Transparenz ist die in der Praxis häufig anzutreffende **reine Befriedigung von Schaulust**
zu unterscheiden. Das abzuwägen wird nach der gesetzlichen Neuregelung in besonderem Maße
Aufgabe der Vorsitzenden sein. Der Gesetzgeber sollte allerdings die Überlegungen berücksichtigen,
die zur Einführung des § 169 GVG in seiner bisherigen Fassung geführt haben, nämlich die fehlenden Kontrollmöglichkeiten in anderen Räumen durch die dafür an sich zuständigen Vorsitzenden.
Insoweit könnten technische Einrichtungen helfen. Das gilt im Übrigen auch für die Überwachung
der Einhaltung gesetzlicher Vorgaben und richterlicher Auflagen im Sitzungssaal.

Wichtig ist für das arbeitsgerichtliche Verfahren, dass die hier in besonderem Maße geltenden
Grundsätze der Streitbeilegung durch Einigung nicht zu sehr behindert werden. Erfahrungsgemäß
ist das damit verbundene notwendige Nachgeben und das Zeigen von Emotionen in einem einigermaßen geschützten Raum eher möglich. Allerdings ermöglicht das Gesetz ja heute die »Flucht in
das Güterichterverfahren«, welches nichtöffentlich durchgeführt wird. Im Übrigen ist es allerdings
sicher nicht von Nachteil, wenn die durch die Arbeitsgerichte praktizierte Art der Streitbeilegung in

---

22 1 BvR 1595/92, 1 BvR 1606/92, BVerfGE, 87, 331, 334; bestätigt ua. durch Beschluss vom 1.5.2013 –
1 BvQ 13/13.
23 BVerfG, 24. Januar 2001 – 1 BvR 2623/95, 1 BvR 622/99, BVerfGE 103, 44.
24 http://www.bmjv.de/SharedDocs/Downloads/DE/PDF/Zwischenbericht_Bund_Laender_Arbeitsgruppe_169GVG.pdf?__blob=publicationFile&v=1. Ein Gutachten des Deutschen Richterbundes zu diesem Thema findet sich unter http://www.bmjv.de/SharedDocs/Downloads/DE/StudienUntersuchungenFachbuecher/Gutachten_StrafrechtskommissionRichterbund_%C2%A7169.pdf?__blob=publicationFile&v=3.
25 Voßkuhle, in Festschrift für Karl-Dieter Möller, 2010, S. 10, 13.

der Öffentlichkeit noch bekannter wird. Etwas unverständlich ist die Gesetzesbegründung insoweit, als sie darauf abstellt, dass die Bildberichterstattung hilfreich für die Sichtweise der Bevölkerung sein soll, wenn nur eine Tonübertragung vorgesehen ist. Oder bereitet der Gesetzgeber bereits eine Ausdehnung der Möglichkeit der Berichterstattung vor?

III. Ausschließung der Öffentlichkeit

1. Ausschließungsgründe

12 Das ArbG kann nach § 52 **Satz 2** die Öffentlichkeit für die Verhandlung oder für einen Teil der Verhandlung ausschließen,
- wenn durch die Öffentlichkeit eine Gefährdung der öffentlichen Ordnung, insb. der Staatssicherheit, zu besorgen ist, oder
- wenn eine Gefährdung der Sittlichkeit zu besorgen ist oder
- wenn eine Partei den Ausschluss der Öffentlichkeit beantragt, weil Betriebs-, Geschäfts- oder Erfindungsgeheimnisse zum Gegenstand der Verhandlung oder der Beweisaufnahme gemacht werden,
- soweit Umstände aus dem persönlichen Lebensbereich eines Prozessbeteiligten, Zeugen oder durch eine rechtswidrige Tat[26] Verletzten zur Sprache kommen, deren öffentliche Erörterung schutzwürdige Interessen verletzen würde, soweit nicht das Interesse an der öffentlichen Erörterung dieser Umstände überwiegt.[27]

2. Ausschließung von Amts wegen

13 Die Ausschließungsgründe der Gefährdung der öffentlichen Ordnung/Staatssicherheit (Rdn. 14 f.) und der Gefährdung der Sittlichkeit (Rdn. 16) entsprechen denen in § 172 Nr. 1 GVG. Für die Ausschließung bedarf es keines Antrags. Das Gericht entscheidet von Amts wegen. Trotz der Formulierung der Vorschrift als Kann-Bestimmung ist der Ausschluss beim Vorliegen eines der Ausschließungsgründe vorzunehmen.

a) Gefährdung der öffentlichen Ordnung/Staatssicherheit

14 Es genügt eine nach objektiven Maßstäben begründete Befürchtung, dass eine Gefährdung eintreten würde. Dem Gericht steht bei der Wertung ein Beurteilungsspielraum zu.[28]

15 Eine Gefährdung der **öffentlichen Ordnung** ist zu besorgen, wenn aus der Zuhörerschaft eine fortgesetzte Störung der Verhandlungen durch Kundgebungen zu befürchten ist, sofern wegen der unbestimmten Vielzahl von Störern Maßnahmen nach §§ 176, 177 GVG nicht ausreichen.[29] Um eine Gefährdung der Staatssicherheit geht es bei Bestrebungen nach § 92 Abs. 3 Nr. 2 StGB, also bei Bestrebungen, deren Träger darauf hinarbeiten, die äußere oder innere Sicherheit der BRD zu beeinträchtigen. Es muss die konkrete Gefahr bestehen, dass durch den Inhalt der Verhandlung die Allgemeinheit Kenntnis von Informationen erhält, deren Bekanntwerden die innere oder äußere Sicherheit der BRD gefährden würde. Dabei muss es sich nicht notwendig um Amtsgeheimnisse handeln. Nach Art. 38 ZA-NATO-Truppenstatut gilt dies auch, wenn Amtsgeheimnisse des Entsende- oder Aufnahmestaates oder für deren Sicherheit wichtige Informationen zur Sprache kommen.[30]

---

26 § 11 Abs. 1 Nr. 5 StGB.
27 § 52 Satz 2 i.V.m. § 171b Abs. 1 GVG.
28 BGH, 19.03.1992 – 4 StR 73/92, NJW 1992, 2436.
29 Zöller/Gummer § 172 GVG Rn 4; GK-ArbGG/Schütz § 52 Rn 10.
30 GK-ArbGG/Schütz § 52 Rn 11.

b) Gefährdung der Sittlichkeit

Der Ausschließungsgrund der Gefährdung der **Sittlichkeit** liegt vor, wenn in der Verhandlung sexuelle Vorgänge erörtert werden müssen, die geeignet sind, das Scham- und Sittlichkeitsgefühl Unbeteiligter erheblich zu verletzen. Dabei ist auf das sittliche Empfinden eines aufgeschlossenen Durchschnittsbürgers abzustellen. Gesichtspunkten des Jugendschutzes kann regelmäßig durch Ausschließung unerwachsener Personen nach § 52 Satz 4 i.V.m. § 175 Abs. 1 GVG Rechnung getragen werden. **16**

c) Zweckmäßigkeitsgründe

Im Gütetermin kann das Gericht die Öffentlichkeit bereits aus Zweckmäßigkeitsgründen ausschließen,[31] insb. um Vergleichsgespräche zu erleichtern. Schließt sich die weitere Verhandlung unmittelbar an,[32] so ist die Öffentlichkeit wiederherzustellen. Sodann kann beim Vorliegen der Voraussetzungen nach § 52 Satz 2 vorgegangen werden. **17**

3. Ausschließung auf Antrag

Der Schutz überwiegender Individualinteressen durch Ausschluss der Öffentlichkeit erfolgt grds. nur auf Antrag *(Ausnahme: Schutz der Privatsphäre)*. Die Ausschließung, weil Betriebs-, Geschäfts- oder Erfindungsgeheimnisse zum Gegenstand der Verhandlung oder der Beweisaufnahme gemacht werden, findet eine Entsprechung in § 172 Nr. 2 GVG, der jedoch auf wichtige Geheimnisse abhebt, durch deren öffentliche Erörterung überwiegende schutzwerte Interessen verletzt würden. Für den Ausschluss der Öffentlichkeit zum Schutze der Privatsphäre verweist § 52 Satz 2 Halbs. 2 auf § 171b GVG. **18**

a) Geschäfts- und Betriebsgeheimnis

Betriebs- oder Geschäftsgeheimnisse sind Tatsachen, die im Zusammenhang mit einem Geschäftsbetrieb stehen, nur einem eng begrenzten Personenkreis bekannt sind und nach dem bekundeten Willen des Betriebsinhabers geheim zu halten sind.[33] **Betriebsgeheimnisse** beziehen sich auf den technischen Betriebsablauf, insb. Herstellung und Herstellungsverfahren; **Geschäftsgeheimnisse** betreffen den allgemeinen Geschäftsverkehr des Unternehmens. Zu den Betriebsgeheimnissen können z.B. Kalkulationen, Marktstrategien und Kundenlisten zählen. Auch nicht patentfähiges technisches Know-how, Warenbezugsquellen, Kunden- und Preislisten, Inventuren, betriebswirtschaftliche Kennziffern zur Kreditwürdigkeit, i.R.d. Arbeitsverhältnisses gemachte Erfindungen eines Arbeitnehmers und Wettbewerbsverstöße des Arbeitgebers werden als schutzwürdig angesehen.[34] Bilanzen werden ebenfalls als schutzwürdig angesehen.[35] Dem kann nicht gefolgt werden, soweit die Unternehmen u.a. nach § 325 HGB weitgehend zur Offenlegung der Bilanzen verpflichtet sind. Maßgeblich ist für den Ausschlussgrund der Geschäfts- und Betriebsgeheimnisse allein, dass ein **berechtigtes Interesse** an der Geheimhaltung besteht. Ein Ausschluss der Öffentlichkeit ist nicht nur in besonderen Ausnahmefällen zulässig, sondern bereits dann, wenn durch die öffentliche Erörterung überwiegende schutzwürdige Interessen eines Beteiligten verletzt würden.[36] Können Parteien, die es als unzumutbar bezeichnet haben, in einer öffentlichen Verhandlung Angaben über die Finanzlage ihres Unternehmens zu machen, ihrer Darlegungslast nur genügen, indem sie Betriebs- oder Geschäftsgeheimnisse offenbaren, muss das Gericht sie mit den Mitteln des Prozessrechts schützen.[37] Ist der Vortrag von Tatsachen unumgänglich, die als Verschlusssachen der Ver- **19**

---

31 § 52 Satz 2.
32 § 54 Abs. 4.
33 BAG, 15.12.1987 – 3 AZR 474/86.
34 GK-ArbGG/Schütz § 52 Rn 12.
35 GK-ArbGG/Schütz § 52 Rn 13.
36 BAG, 23.04.1985 – 3 AZR 548/82.
37 BAG, 21.11.1991 – 6 AZR 544/89; BAG, 23.04.1985 – 3 AZR 548/82.

schwiegenheitspflicht unterliegen, so ist die darlegungspflichtige Partei auf Antrag ihrem Prozessbevollmächtigten und dem Gericht ggü. insoweit von der Verschwiegenheitspflicht zu entbinden.[38] In Betracht kommen in beiden Fällen der zeitweise Ausschluss der Öffentlichkeit und strafbewehrte Schweigegebote (Rdn. 29). Im Bereich der Verbände können Arbeitskampfstrategien schutzwürdig sein,[39] jedoch kaum Strategien der Mitgliedergewinnung und -betreuung.[40]

b) Erfindungsgeheimnis

20 Zum Schutzbereich der Erfindungsgeheimnisse werden die eine *(auch nicht geschützte)* Erfindung betreffenden Umstände gerechnet, an deren Geheimhaltung ein berechtigtes Interesse besteht.[41] Dadurch wird nicht nur die Erfindung geschützt, sondern jede Aktivität, die auf eine Erfindung abzielt und diese vorbereiten soll, wenn an der Geheimhaltung ein berechtigtes Interesse besteht.[42]

c) Steuergeheimnis

21 Dem Amtsermittlungsgrundsatz[43] und den weitgehenden Mitwirkungspflichten des Steuerpflichtigen im Besteuerungsverfahren entspricht die Verpflichtung des FA, die ihm bekannt gewordenen Besteuerungsgrundlagen *(das sind die tatsächlichen und rechtlichen Verhältnisse, die für die Steuerpflicht und die Bemessung der Steuer maßgebend sind)* ggü. der Kenntnisnahme Dritter zu schützen.[44] Die dem FA und den Steuerprüfern im Rahmen ihrer Tätigkeit bekannt gewordenen Daten und Verhältnisse der Arbeitnehmer und der Arbeitgeber sind durch das strafbewehrte Steuergeheimnis geschützt.[45] Im arbeitsgerichtlichen Verfahren ist das Steuergeheimnis mittelbar betroffen, wenn Steuerunterlagen in das Verfahren eingeführt, Auskünfte vom FA eingeholt oder die Steuerpflicht der Arbeitsvertragsparteien betreffende Umstände erörtert werden, weil der Arbeitnehmer mit Steuerangelegenheiten des Arbeitgebers oder der Arbeitgeber als Einziehungsstelle mit denen des Arbeitnehmers befasst war. Die Wahrung des Steuergeheimnisses kann damit im schutzwerten Interesse beider Arbeitsvertragsparteien stehen.[46] In Abweichung zu § 172 Nr. 2 GVG wird das Steuergeheimnis in § 52 zwar nicht besonders erwähnt, insoweit erscheint ein Rückgriff auf § 172 Nr. 2 GVG aber geboten.[47]

d) Schutz der Privatsphäre

22 Die Öffentlichkeit kann nach § 52 Satz 2 i.V.m. § 171b Abs. 1 Satz 1 GVG auch ausgeschlossen werden, soweit Umstände aus dem persönlichen Lebensbereich eines Prozessbeteiligten, Zeugen oder durch eine rechtswidrige Tat[48] Verletzten zur Sprache kommen, deren öffentliche Erörterung schutzwürdige Interessen verletzen würde, soweit nicht das Interesse an der öffentlichen Erörterung dieser Umstände überwiegt. Diese Regelung räumt dem Schutz des Intimbereichs des Einzelnen grds. den Vorrang vor dem Öffentlichkeitsgrundsatz ein. Sie gibt dem Betroffenen unmittelbare Einflussmöglichkeiten darauf, ob seine Privatsphäre betreffende Umstände in öffentlicher Verhandlung erörtert werden oder nicht.[49] Umstände aus dem persönlichen Lebensbereich sind v.a. solche gesundheitlicher, familiärer oder sexueller Art, soweit sie aufgrund ihres Bezugs zur Privatsphäre unbeteiligten Dritten nicht ohne Weiteres zugänglich sind und nach ihrem Inhalt in allgemeiner

---

38 BAG, 25.08.1966 – 5 AZR 525/65, NZA 1967, 125; LAG Nürnberg, 30.09.1986 – 2 Sa 125/84.
39 GK-ArbGG/Schütz § 52 Rn 14.
40 A.A. GMPMG/Germelmann § 52 Rn 22; GK-ArbGG/Schütz § 52 Rn 14.
41 Baumbach/Lauterbach/Albers/Hartmann-Albers § 172 GVG Rn 3.
42 GMPMG/Germelmann § 52 Rn 23.
43 § 88 AO.
44 Küttner Personalbuch, Datenschutz Rn 35.
45 § 30 AO, § 355 StGB.
46 A.A. GMPMG/Germelmann § 52 Rn 24, wonach i.R.d. Geschäftsgeheimnisses nur das Interesse des Arbeitgebers betroffen sei.
47 Im Ergebnis wohl BAG, 23.04.1985 – 3 AZR 548/82.
48 § 11 Abs. 1 Nr. 5 StGB.
49 Zöller/Gummer § 171b GVG Rn 1.

Anschauung Schutz vor Einblick Außenstehender verdienen. Im arbeitsgerichtlichen Verfahren kann der Schutz der Privatsphäre z.B. betroffen sein bei der Erörterung medizinischer Diagnosen des Arbeitnehmers oder sexueller Belästigungen am Arbeitsplatz.[50]

Der Schutz der Privatsphäre durch Ausschluss der Öffentlichkeit kann von Amts wegen nach pflichtgemäßer Abwägung der Interessen angeordnet werden. Dies gilt nicht, soweit die Personen, deren Lebensbereiche betroffen sind, in der mündlichen Verhandlung dem Ausschluss der Öffentlichkeit widersprechen. Die Öffentlichkeit ist aber auszuschließen, wenn das Interesse eines Prozessbeteiligten hieran überwiegt und der Ausschluss von der Person, deren Lebensbereich betroffen ist, beantragt wird.[51]

e) Ausschlussverfahren

Der Ausschluss der Öffentlichkeit zum Schutz überwiegender Individualinteressen erfolgt i.Ü. nur auf Antrag.[52] Auf die Möglichkeit des Antrags hat das Gericht ggf. nach § 139 ZPO hinzuweisen.[53] **Antragsbefugt** ist allein die Partei, deren schutzwürdige Verhältnisse betroffen sind.[54] Insoweit enthalten die Regelungen in § 171b Abs. 1 Satz 2, Abs. 2 GVG einen allgemeinen Rechtsgedanken. Der Antrag kann jederzeit zurückgenommen werden. In dem Fall ist die Öffentlichkeit sofort wiederherzustellen, ohne dass aber die unter Ausschluss der Öffentlichkeit vorgenommenen Prozesshandlungen zu wiederholen sind.[55]

Das **Verfahren** zur Entscheidung über den Ausschluss der Öffentlichkeit richtet sich nach § 52 Satz 2 i.V.m. §§ 173 und 174 GVG. Der Antrag auf Ausschluss der Öffentlichkeit wird in öffentlicher Verhandlung gestellt. Über die Ausschließung ist nur dann nach § 174 Abs. 1 Satz 1 GVG in nicht öffentlicher Sitzung zu verhandeln, wenn ein Beteiligter es beantragt oder das Gericht es für angemessen erachtet.[56]

Der Beschluss, der die Öffentlichkeit ausschließt, muss öffentlich verkündet werden; er kann in nicht öffentlicher Sitzung verkündet werden, wenn zu befürchten ist, dass seine öffentliche Verkündung eine erhebliche Störung der Ordnung in der Sitzung zur Folge haben würde.[57] Bei der Verkündung ist anzugeben, aus welchem Grund die Öffentlichkeit ausgeschlossen worden ist.[58]

Die Verkündung des Urteils erfolgt in jedem Fall öffentlich.[59] Durch einen besonderen Beschluss kann, wenn der Schutz der Individualinteressen dies erfordert, auch für die Verkündung der Urteilsgründe oder eines Teiles davon die Öffentlichkeit ausgeschlossen werden.[60]

f) Inhalt der Entscheidung

Der Ausschluss der Öffentlichkeit muss **nicht die gesamte** mündliche Verhandlung erfassen. Der Ausschluss erfolgt nur in dem durch den Ausschlussgrund gebotenen Umfang.[61] Hierüber entscheidet das Gericht nach pflichtgemäßem Ermessen. Ein Beschluss, der die Ausschließung der Öffentlichkeit für die **Dauer der Vernehmung eines Zeugen** anordnet, gilt grundsätzlich bis zur

---

50 GK-ArbGG/Schütz § 52 Rn 17.
51 § 52 Satz 2 i.V.m. § 171b Abs. 2 GVG.
52 § 52 Satz 2; § 171b Abs. 2 GVG.
53 GK-ArbGG/Schütz § 52 Rn 20.
54 GK-ArbGG/Schütz § 52 Rn 20; a.A. GMPMG/Germelmann § 52 Rn 16.
55 GK-ArbGG/Schütz § 52 Rn 21.
56 GK-ArbGG/Schütz § 52 Rn 28; a.A. GMPMG/Germelmann § 52 Rn 29, wonach regelmäßig in nichtöffentlicher Sitzung zu verhandeln sei.
57 § 174 Abs. 1 Satz 2 GVG.
58 § 174 Abs. 1 Satz 3 GVG.
59 § 173 Abs. 1 GVG.
60 § 173 Abs. 2 GVG.
61 § 52 Satz 2.

Beendigung des Verfahrens und deckt auch den Öffentlichkeitsausschluss, wenn eine Vernehmung unterbrochen und an einem anderen Verhandlungstag fortgesetzt wird. Etwas anderes gilt dann, wenn die Zeugin im Anschluss an ihre Vernehmung im Einvernehmen sämtlicher Verfahrensbeteiligter entlassen worden ist. Damit ist die Vernehmung abgeschlossen und eine weitere Vernehmung am darauffolgenden Sitzungstag in nicht öffentlicher Sitzung erfordert einen neuen Gerichtsbeschluss gemäß § 174 Abs. 1 Satz 2 GVG.[62]

29 Sofern der Schutz der Individualinteressen dies erfordert, kann das Gericht neben dem Ausschluss der Öffentlichkeit ggü. den anwesenden Personen die Geheimhaltung von Tatsachen, die durch die Verhandlung oder durch ein die Sache betreffendes amtliches Schriftstück zu ihrer Kenntnis gelangen, zur Pflicht machen.[63] Dieser Beschluss ist anfechtbar, wobei der Beschwerde keine aufschiebende Wirkung zukommt.[64] Die Verhängung eines Schweigegebots ist auch ggü. Verbandsvertretern möglich.[65]

g) Rechtsmittel

30 Die Entscheidung über den Ausschluss der Öffentlichkeit ist unanfechtbar.[66] Ausdrücklich geregelt ist dies nur im Hinblick auf den Ausschluss zum Schutz der Privatsphäre.[67] Mit der Verkündung des Beschlusses über den Ausschluss der Öffentlichkeit ist die Verhandlung nichtöffentlich. Die Erhebung von Gegenvorstellungen setzt das Verfahren nicht in den Stand vor diesem Beschluss zurück. Deshalb kann hierüber in nichtöffentlicher Sitzung verhandelt und entschieden werden. Der Öffentlichkeitsgrundsatz wird dadurch nicht verletzt.[68]

IV. Rechtsfolgen bei Verletzung des Öffentlichkeitsgebots

31 Wurde vom ArbG die Öffentlichkeit ausgeschlossen, ohne dass hierfür ein hinreichender Ausschlussgrund (Rdn. 12 bis 23) vorlag, so liegt ein schwerer Verfahrensverstoß vor, der aber wegen § 68 keine Zurückverweisung durch das LAG rechtfertigt. Bei einem entsprechenden Verfahrensverstoß durch das LAG liegt ein absoluter Revisionsgrund nach § 551 Nr. 6 ZPO vor,[69] ohne dass die Revision deswegen auch statthaft sein muss. Die Vorschriften über die Öffentlichkeit der Verhandlung sind aber nur verletzt, wenn die Ausschließung oder Beschränkung der Öffentlichkeit entweder auf einer Anordnung des Gerichts beruht oder wenn eine tatsächlich eingetretene Beschränkung des Zugangs zum Sitzungssaal vom Gericht nicht sofort beseitigt wird, obwohl es die Beschränkung bemerkt hat oder bei Anwendung der gebotenen Aufmerksamkeit jedenfalls hätte bemerken müssen.[70] Eine Verletzung des § 169 Satz 1 GVG liegt also nur vor, wenn die Beschränkung oder der Ausschluss der Öffentlichkeit mit Wissen und Wollen des Vorsitzenden oder des Gerichts erfolgt.[71]

§ 53 Befugnisse des Vorsitzenden und der ehrenamtlichen Richter

(1) ¹Die nicht auf Grund einer mündlichen Verhandlung ergehenden Beschlüsse und Verfügungen erlässt, soweit nichts anderes bestimmt ist, der Vorsitzende allein. ²Entsprechendes gilt für Amtshandlungen auf Grund eines Rechtshilfeersuchens.

(2) Im Übrigen gelten für die Befugnisse des Vorsitzenden und der ehrenamtlichen Richter die Vorschriften der Zivilprozessordnung über das landgerichtliche Verfahren entsprechend.

---

62 BGH, 03.03.2009 – 3 StR 584/08, NStZ-RR 2009, 213, Rn. 6.
63 § 174 Abs. 3 Satz 1 GVG.
64 § 174 Abs. 3 Satz 3 und 4 GVG.
65 BAG, 23.04.1985 – 3 AZR 548/82.
66 Baumbach/Lauterbach/Albers/Hartmann-Albers § 174 GVG Rn 2; GK-ArbGG/Schütz § 52 Rn 33.
67 § 171b Abs. 3 GVG.
68 BGH, 25.11.2014 – 3 StR 257/14.
69 GMPMG/Germelmann § 52 Rn 35; GK-ArbGG/Schütz § 52 Rn 33.
70 BAG, 12.04.1973 – 2 AZR 291/72.
71 BSG, 29.12.2010 – B 11 AL 82/10 B, Rn 7, m.w.N.

Übersicht	Rdn.		Rdn.
I. Allgemeines	1	2. Sonstige Befugnisse	17
II. Befugnisse des Vorsitzenden	3	III. Befugnisse der ehrenamtlichen Richter	18
1. Befugnis zur Alleinentscheidung außerhalb der mündlichen Verhandlung	3		

I. Allgemeines

Bei den Gerichten für Arbeitssachen handelt es sich in allen Instanzen um **Kollegialgerichte**.[1] Da die ehrenamtlichen Richterinnen nicht ständige Mitglieder der Spruchkörper sind, sondern zu den jeweiligen Sitzungen herangezogen werden,[2] besteht ein praktisches Bedürfnis, die berufsrichterlichen Vorsitzenden mit prozessvorbereitenden und prozessleitenden Befugnissen auszustatten. Grds. werden daher den Vorsitzenden in verschiedenen Vorschriften Kompetenzen für die Prozessvorbereitung und Prozessleitung und der Kammer Kompetenzen für die eine Erledigung der Hauptsache betreffenden Entscheidungen zugewiesen. Kompetenzregelungen für die Vorsitzenden finden sich in § 9 Abs. 2 i.V.m. §§ 176 bis 179, 180 GVG *(sitzungspolizeiliche Befugnisse)*, § 9 Abs. 2 i.V.m. § 194 Abs. 1 GVG *(Leitung der Beratung und Abstimmung)*, § 56 *(Vorbereitung der streitigen Verhandlung)* und § 55 *(Alleinentscheidung außerhalb und in streitiger Verhandlung u.a.)*. Diese Vorschriften modifizieren die allgemeine Kompetenzregelung in § 53. Die Kompetenzvorschriften sind nicht parteidispositiv.[3] Im Berufungsverfahren gilt die Vorschrift des § 53 entsprechend.[4] 1

Auch im Revisionsverfahren ist die Vorschrift des § 53 entsprechend anzuwenden,[5] wobei jedoch anstelle des Senatsvorsitzenden der gesamte Senat ohne Hinzuziehung der ehrenamtlichen Richter *(sog. **Kleiner Senat**)* entscheidet.[6] Die Vorschrift des § 53 ist des Weiteren entsprechend in den drei Instanzen des Beschlussverfahrens anzuwenden.[7] 2

II. Befugnisse des Vorsitzenden

1. Befugnis zur Alleinentscheidung außerhalb der mündlichen Verhandlung

Ausnahmen vom Grundsatz des Alleinentscheidungsrechts der Vorsitzenden bei Entscheidungen ohne mündliche Verhandlung sieht das Gesetz z.B. in folgenden Fällen vor: 3
– Beschlüsse nach § 48 Abs. 1 Nr. 2 über die **Rechtsweg**zuständigkeit,
– Beschlüsse über die **Ablehnung** von Gerichtspersonen nach § 49 Abs. 1,
– Verwerfung der Revision – durch den sog. Kleinen Senat – nach § 74 Abs. 2 Satz 3,
– Verwerfung der Rechtsbeschwerde im Beschlussverfahren nach § 92 Abs. 2 Satz 1,
– Entscheidung über den Antrag auf Tatbestandsberichtigung, § 320 Abs. 4 Satz 2 ZPO, wenn es um eine Entscheidung der Kammer geht und eine Partei eine mündliche Verhandlung beantragt, § 55 Abs. 1 Nr. 10,
– Entscheidung über eine Anhörungsrüge nach § 78a, wenn es um eine Entscheidung der Kammer geht und die Rüge nicht unzulässig ist, § 78a Abs. 6,[8]
– Antrag auf Urteilsergänzung nach § 64 Abs. 3a Satz 3 ArbGG, Entscheidung unter Beteiligung derselben Richter, die das Urteil gefällt haben.[9]

Ferner scheidet das Alleinentscheidungsrecht aus für **Beschlüsse, die nur aufgrund mündlicher Verhandlung** ergehen dürfen. 4

---

1 §§ 16 Abs. 2, 35 Abs. 2, 41 Abs. 2.
2 §§ 31, 39, 43.
3 Ausnahme aufgrund »Öffnungsklausel« in § 55 Abs. 3.
4 § 64 Abs. 7.
5 § 72 Abs. 6.
6 GMPMG/Germelmann § 53 Rn 3.
7 §§ 80 Abs. 2, 87 Abs. 2 Satz 1, 92 Abs. 2 Satz 1.
8 BAG, 22.07.2008 – 3 AZN 584/08 (F), NZA 2009, 1054 = NJW 2009, 541.
9 BAG, 23.08.2011 – 3 AZR 650/09, NZA 2012, 37, Rn 26.

§ 53 ArbGG — Befugnisse des Vorsitzenden und der ehrenamtlichen Richter

5 Schließlich entfällt das Alleinentscheidungsrecht des Vorsitzenden in den Fällen, in denen eine **mündliche Verhandlung** nicht vorgeschrieben ist, jedoch **aufgrund der Entscheidung des Vorsitzenden** durchgeführt wurde; ob eine mündliche Verhandlung stattfindet, entscheidet dann der Vorsitzende nach pflichtgemäßem Ermessen.

6 **Der Vorsitzende** entscheidet – bei **Absehen von der** *(an sich möglichen)* mündlichen Verhandlung in folgenden Fällen allein:
– Festsetzung des Gerichtsgebührenstreitwerts nach § 63 Abs. 2 GKG,[10]
– Festsetzung des Rechtsanwaltsgebührenstreitwerts nach § 11 RVG,
– Bestimmung des zuständigen Gerichts nach § 37 Abs. 1 ZPO,
– Kostenentscheidung nach § 91a Abs. 1 Satz 2 ZPO,
– Entscheidung über PKH[11] und Beiordnung nach § 11a ArbGG,
– Entscheidung im Zusammenhang mit der Bewilligung der öffentlichen Zustellung,[12]
– Friständerungen nach § 225 Abs. 1 ZPO,
– Abkürzung von Zwischenfristen nach § 226 Abs. 3 ZPO,
– Aufhebung oder Verlegung eines Termins nach § 227 Abs. 4 Satz 2 ZPO,
– Entscheidung wegen Klagerücknahme nach § 269 Abs. 4 ZPO,
– Berichtigung des Urteils nach § 319 Abs. 2 ZPO, auch bei unterbliebener Kostenentscheidung,[13]
– Bemessung der Einspruchsfrist gegen ein Versäumnisurteil bei Zustellung im Ausland nach § 339 Abs. 2 ZPO,
– Bestimmung einer Beibringungsfrist nach § 356 ZPO,
– Änderung eines Beweisbeschlusses nach § 360 Satz 2 ZPO,
– Ersuchen um Beweisaufnahme im Ausland nach § 363 Abs. 1 ZPO,
– Ablehnung eines Sachverständigen nach § 406 Abs. 4 ZPO,
– Bestimmung der Vorlegungsfrist bei Vorlegung durch Dritte nach § 431 Abs. 1 ZPO,
– Entscheidung über Beweissicherungsverfahren nach § 490 Abs. 1 ZPO,
– Beschluss über Folgen der Zurücknahme der Berufung nach § 516 Abs. 3 Satz 2 ZPO,
– z.T. Abhilfe und Vorlageentscheidungen im Zusammenhang mit sofortiger Beschwerde,[14]
– einstweilige Einstellung der Zwangsvollstreckung bei Wiedereinsetzungs- und Wiederaufnahmeantrag nach § 707 Abs. 2 Satz 1 ZPO,
– einstweilige Einstellung der Zwangsvollstreckung bei Rechtsmittel oder Einspruch nach § 719 Abs. 3 ZPO,
– Entscheidung über die Erinnerung gegen die Erteilung der Vollstreckungsklausel nach § 732 Abs. 1 Satz 2 ZPO,
– einstweilige Anordnungen bei Vollstreckungsabwehrklage,[15] Klage gegen Vollstreckungsklausel[16] und Drittwiderspruchsklage[17] nach §§ 769 Abs. 3, 771 Abs. 3 ZPO,
– Anordnungen im Zusammenhang mit der Zwangsvollstreckung von vertretbaren Handlungen,[18] unvertretbaren Handlungen[19] und zur Erzwingung von Unterlassungen und Duldungen[20] nach § 891 Satz 1 ZPO,

---

10 Auch bei Entscheidung im Gütetermin, vgl. Creutzfeldt NZA 1996, 956, 959.
11 § 127 Abs. 1 ZPO.
12 §§ 186 bis 188 ZPO.
13 LAG Köln, 16.03.2012 – 9 Ta 80/12, Rn 5 m.w.N.
14 § 572 ZPO.
15 § 767 ZPO.
16 § 768 ZPO.
17 § 771 ZPO.
18 § 887 ZPO.
19 § 888 ZPO.
20 § 890 ZPO.

– Entscheidungen über Gesuche auf einstweiligen Rechtsschutz im Urteilsverfahren können in dringenden Fällen ohne mündliche Verhandlung ergehen, wobei § 53 die Vorschrift des § 944 ZPO verdrängt.[21] Dabei kann es sich auch um eine abweisende Entscheidung handeln,[22]
– Erklärung der Vollstreckbarkeit eines Schiedsspruchs nach § 109 Abs. 2 *(auch bei Anhörung in der mündlichen Verhandlung).*

Nach § 341 Abs. 2 Satz 1 ZPO in der bis zum 31.12.2001 maßgeblichen Fassung konnte auch bei **unzulässigem Einspruch** durch Beschluss ohne mündliche Verhandlung entschieden werden. Daher ergab sich das Alleinentscheidungsrecht der Vorsitzenden aus § 53. Seit dem 01.01.2002 sieht § 341 Abs. 2 ZPO nur noch eine Entscheidung durch Urteil vor. Ein Alleinentscheidungsrecht ergibt sich aber aus § 55 Abs. 1 Nr. 4 ZPO, für den es jedoch nach der Einfügung der Wörter »**außerhalb der streitigen Verhandlung**« in § 55 Abs. 1 kaum noch einen Anwendungsbereich geben dürfte.[23]

7

Bei **Kostenschlussurteilen** sind die ehrenamtlichen Richter jetzt schon nach § 55 Abs.1 Nr. 9 nicht zu beteiligen. Auch die Entscheidung über die **Wiedereröffnung der Verhandlung** nach § 156 ZPO kann ohne mündliche Verhandlung durch Beschluss ergehen.[24] Dennoch ist für die Entscheidung die **Kammer** zuständig.

8

Das Gericht kann nach § 156 Abs. 1 ZPO die Wiedereröffnung einer Verhandlung, die geschlossen war, anordnen. Es hat nach § 156 Abs. 2 ZPO u.a. die Wiedereröffnung anzuordnen, wenn es einen entscheidungserheblichen und rügbaren Verfahrensfehler,[25] insb. eine Verletzung der Hinweis- und Aufklärungspflicht[26] oder eine Verletzung des Anspruchs auf rechtliches Gehör feststellt. Dagegen ist die Wiedereröffnung nicht zwingend geboten, wenn die mündliche Verhandlung ohne Verfahrensfehler geschlossen worden ist und eine Partei entgegen § 296a ZPO (selbst aufklärungsbedürftige) neue Angriffs- oder Verteidigungsmittel nachreicht. Eine Verpflichtung zur Wiedereröffnung scheidet insbesondere aus, wenn zum Zeitpunkt des Schließens der mündlichen Verhandlung keine Veranlassung zur Ausübung des Fragerechts bestand.[27] Reicht aber eine Partei aufgrund eines nicht rechtzeitig erteilten Hinweises des Gerichts einen nicht nachgelassenen Schriftsatz ein, so muss das Gericht den darin enthaltenen neuen Sachvortrag berücksichtigen und die mündliche Verhandlung wiedereröffnen, wenn sich der Parteivortrag als entscheidungserheblich darstellt. Anderenfalls liegt ein Verstoß gegen den Grundsatz des rechtlichen Gehörs vor. Dies **gilt auch dann, wenn die Partei auf den erst in der mündlichen Verhandlung erteilten Hinweis nicht in der angemessenen Weise reagiert, dass sie nach § 139 Abs. 5 ZPO eine Schriftsatzfrist beantragt**, weil ihr eine sofortige Erklärung zu dem gerichtlichen Hinweis nicht möglich ist.[28] Die durch § 139 Abs. 5 ZPO eröffnete Befugnis der von einem verspäteten Hinweis des Gerichts überraschten Partei, sich weiteren Vortrag vorzubehalten, führt nicht dazu, dass eine Verletzung des Verfahrensgrundrechts nach Art. 103 Abs. 1 GG zu verneinen wäre.

9

Die Frage der Wiedereröffnung kann sich in **unterschiedlichen Verfahrensabschnitten** stellen, also wenn zum Zeitpunkt des Bekanntwerdens des Wiedereröffnungsgrundes
1. die mündliche Verhandlung geschlossen, aber noch keine Entscheidung getroffen worden ist, oder
2. ein Urteil bereits gefällt, dieses aber noch nicht verkündet ist.

10

---

21 Walker Rn 736; GK-ArbGG/Schütz § 53 Rn 10; GMPMG/Germelmann § 53 Rn 12; a.A. LAG Nürnberg, 10.04.1999 – 6 Ta 6/99.
22 § 62 Abs. 2 Satz 2.
23 Zu den Einzelheiten s. § 55 Rdn. 14 ff.
24 § 128 Abs. 4 ZPO.
25 § 295 ZPO.
26 § 139 ZPO.
27 BAG, 06.09.2007 – 2 AZR 264/06, AP Nr. 208 zu § 626 BGB = NZA 2008, 636 = NJW 2008, 1097.
28 BGH, 04.07.2013 – V ZR 151/12.

11 **Zu 1):** Ist über das Urteil zu dem Zeitpunkt, in dem sich das Gericht mit dem Vorbringen aus dem nachgereichten Schriftsatz befasst oder bei ordnungsgemäßem Verfahrensgang zu befassen hätte, **noch nicht abschließend beraten und abgestimmt**, das Urteil also noch nicht i.S.d. § 309 ZPO gefällt, ergibt sich unmittelbar aus der genannten Vorschrift, dass auch an der Entscheidung über die Frage einer Wiedereröffnung nur die Richter mitwirken dürfen, die an der vorangegangen letzten mündlichen Verhandlung beteiligt waren.[29] § 309 ZPO ist aus dem Grundsatz der Mündlichkeit und Unmittelbarkeit der Verhandlung zu verstehen und legt fest, dass nur die Richter, die an der für das Urteil allein maßgeblichen mündlichen Verhandlung teilgenommen haben, die Sachentscheidung treffen dürfen.[30] Nur diese Richter können daher an der Beratung, die der Verhandlung nachfolgt, beteiligt sein und in deren Rahmen über die Vorfrage befinden, ob die mündliche Verhandlung wiedereröffnet und damit überhaupt über ein Urteil beraten und abgestimmt werden soll.[31]

12 **Zu 2):** Ist das Urteil nach Beratung und Abstimmung bereits beschlossen, aber noch nicht verkündet, obliegt es dem Gericht weiterhin, eingehende Schriftsätze zur Kenntnis zu nehmen und eine Wiedereröffnung der mündlichen Verhandlung zu prüfen.[32] In diesem Verfahrensstadium ist das Gericht noch nicht an das Urteil gebunden. Damit ist aber noch keine Aussage über die Besetzung getroffen, in der das Gericht, wenn das Urteil bereits i.S.d. § 309 ZPO gefällt ist, über eine etwaige Wiedereröffnung zu befinden hat. Auch § 309 ZPO ist hierfür keine Regelung zu entnehmen. Zwar folgt aus dieser Vorschrift, dass nur die Richter, die bereits an der mündlichen Verhandlung teilgenommen haben, befugt sind, das bereits beschlossene, jedoch noch nicht verkündete Urteil abzuändern.[33] Darum geht es hier aber nicht. Unterbleibt eine Wiedereröffnung, so wird über das Rechtsschutzgesuch der Klägerseite ohne Veränderung entschieden. Selbst im Fall eines Wiedereintritts in die mündliche Verhandlung wird kein in dieser Hinsicht verändertes Urteil erlassen. Vielmehr ergeht auf der Grundlage einer erneuten mündlichen Verhandlung ein Urteil durch die dann nach § 309 ZPO zur Entscheidung berufenen Richter. Mündlichkeit und Unmittelbarkeit sind auf diese Weise selbst dann gewahrt, wenn die neue Richterbank von der früheren Besetzung abweicht. Die Besetzung des Gerichts kann sich hiernach nur aus den allgemeinen Vorschriften ergeben.

Nimmt aber allein der Berufsrichter von nachgereichten Schriftsätzen Kenntnis, wird der Prozesspartei, die diesen Schriftsatz verfasst hat, nicht nur der gesetzliche Richter entzogen, sondern auch rechtliches Gehör versagt. Denn das Gebot zur Gewährung rechtlichen Gehörs *(Art. 103 Abs. 1 GG)* verpflichtet das Gericht, d.h. die an der Entscheidung des Rechtsstreits beteiligten Richter, die Ausführungen der Prozessparteien zur Kenntnis zu nehmen und in Erwägung zu ziehen. Hierdurch soll sichergestellt werden, dass die erlassene Entscheidung frei von Verfahrensfehlern ergeht, welche ihren Grund in unterlassener Kenntnisnahme und Nichtberücksichtigung des Sachvortrags der Parteien haben. Dem steht nicht ohne Weiteres entgegen, dass die Pflicht des Gerichts, Anträge und Ausführungen der Verfahrensbeteiligten bei seiner Entscheidung in Erwägung zu ziehen, nicht besteht, soweit Vorbringen nach den Prozessvorschriften ausnahmsweise unberücksichtigt bleiben muss oder kann. In diesen Fällen liegt ein Verstoß gegen das Gebot zur Gewährung rechtlichen Gehörs vor, wenn das Gericht aus Gründen von der Wiedereröffnung der mündlichen Verhandlung abgesehen hat, die bei verständiger Würdigung der das Grundgesetz beherrschenden Gedanken nicht mehr verständlich sind.[34] Nur die an der Verhandlung und der nachfolgenden Beratung beteiligten Richter wissen, was von den Parteien vorgetragen und vom Gericht erörtert wurde. Nur ihnen ist ferner bekannt, welches tatsächliche Vorbringen und welche rechtlichen Gesichtspunkte im konkreten Fall Entscheidungserheblichkeit erlangen sollen. Sie allein können mithin einschät-

---

29 BGH, 01.02.2002 – V ZR 357/00, NJW 2002, 1426; BAG, 18.12.2008 – 6 AZN 646/08, NZA 2009, 334 = NJW 2009, 1163 = EzA § 72a ArbGG 1979 Nr. 120 Rn 4 ff.
30 BGH, 08.02.2001 – III ZR 45/00, NJW 2001, 1502.
31 BGH, 01.02.2002 – V ZR 357/00, NJW 2002, 1426.
32 Vgl. § 296a Satz 2 ZPO.
33 BGH, 08.11.1973 – V II ZR 86/73.
34 BAG, 18.12.2008 – 6 AZN 646/08, NZA 2009, 334 = NJW 2009, 1163 = EzA § 72a ArbGG 1979 Nr. 120 Rn 7, m.w.N.

zen, ob das rechtliche Gehör verletzt, Hinweispflichten missachtet, Verfahrensfehler unterlaufen sind oder neues erhebliches Vorbringen erfolgt ist. Dies sind aber die Umstände, die für eine fehlerfreie und sachgerechte Ermessensausübung – auch im Hinblick auf eine zwingende Wiedereröffnung wegen eines Verfahrensfehlers[35] – maßgeblich sind.

Danach hat das Gericht über die Frage der Wiedereröffnung der mündlichen Verhandlung in **derselben Besetzung** wie in der letzten mündlichen Verhandlung zu entscheiden.[36] Tritt nach Schluss der mündlichen Verhandlung und vor Fällung des Urteils (abschließende Beratung und Abstimmung) aufgrund einer Änderung des Geschäftsverteilungsplans ein **Richterwechsel** ein, so ist das erkennende Gericht nicht ordnungsgemäß besetzt, wenn entgegen § 156 Abs. 2 Nr. 3 ZPO nicht die mündliche Verhandlung wieder eröffnet, sondern ein Urteil verkündet wird, das (auch) von dem mittlerweile **ausgeschiedenen Richter** unterschrieben worden ist.[37] Demgegenüber hat der BGH[38] für den Fall, dass ein Richter nach Urteilsfällung, aber vor seiner Verkündung ausscheidet, § 320 Abs. 4 Sätze 2 und 3 ZPO entsprechend herangezogen und vertreten, dass über die Wiederaufnahme in der »verbleibenden Besetzung« zu entscheiden sei. 13

Lehnt das Gericht in der Besetzung der letzten mündlichen Verhandlung die Wiedereröffnung der Verhandlung **ab**, kann das ursprünglich gefällte Urteil verkündet werden. Die Verkündung kann durch andere Richter erfolgen.[39] 14

Beschließt jedoch das Gericht in der Besetzung der letzten mündlichen Verhandlung die **Wiedereröffnung** der Verhandlung, so ist ein neuer Termin zur mündlichen Verhandlung zu bestimmen. Zu der Verhandlung sind die für diesen Termin geschäftsplanmäßig zuständigen Richter zu laden.[40] Die Wiedereröffnung der mündlichen Verhandlung aufgrund neuen, nicht nachgelassenen Vorbringens ist dabei, von dem Sonderfall eines Wiederaufnahmegrundes abgesehen, nur dann geboten, wenn dieses Vorbringen ergibt, dass es aufgrund eines nicht prozessordnungsmäßigen Verhaltens des Gerichts, insb. einer Verletzung der richterlichen Aufklärungspflicht[41] oder des Anspruchs auf rechtliches Gehör, nicht rechtzeitig in den Rechtsstreit eingeführt worden ist.[42] I.Ü. steht der Wiedereintritt in die mündliche Verhandlung im freien Ermessen des Gerichts.[43] 15

Nicht zu beteiligen sind die ehrenamtlichen Richter aber i.R.d. Erledigung von **Rechtshilfeersuchen** nach § 13.[44] 16

2. Sonstige Befugnisse

I.Ü. gelten für die Befugnisse des Vorsitzenden und der ehrenamtlichen Richter die Vorschriften der Zivilprozessordnung über das landgerichtliche Verfahren entsprechend.[45] Zu den wesentlichen Befugnissen des Vorsitzenden zählen insoweit 17
– Terminsbestimmung nach § 216 Abs. 2 ZPO,
– Eröffnung und Leitung der mündlichen Verhandlung nach § 136 Abs. 1 ZPO einschließlich Erteilung bzw. Entzug des Wortes,[46] Hinwirken auf eine erschöpfende Erörterung der Sache,[47]

---

35 § 156 Abs. 2 Nr. 1 ZPO.
36 BAG, 25.01.2012 – 4 AZR 185/10, Rn 15, 17.
37 BGH, 01.03.2012 – III ZR 84/11, NJW-RR 2012, 508.
38 BGH, 01.02.2002 – V ZR 357/00, NJW 2002, 1426.
39 BGH, 08.11.1973 – VII ZR 86/73, NJW 1974, 143.
40 BAG, 16.05.2002 – 8 AZR 412/01.
41 § 139 ZPO.
42 BGH, 28.10.1999 – IX ZR 341/98, NJW 2000, 142.
43 BGH, 21.02.1986 – V ZR 246/84, NJW 1986, 1867.
44 § 53 Abs. 1 Satz 2.
45 § 51 Abs. 2.
46 § 136 Abs. 2 ZPO.
47 § 136 Abs. 3 ZPO.

Wahrnehmung der sitzungspolizeilichen Befugnisse,[48] Schließung der mündlichen Verhandlung *(nach entsprechender Entscheidung der Kammer)* nach § 136 Abs. 4 ZPO, Leitung der Beratung und Abstimmung,[49]
– Wahrnehmung der Aufklärungspflicht nach § 139 ZPO,
– Entscheidung über das Absehen von einer Hinzuziehung eines Urkundsbeamten der Geschäftsstelle,[50] wobei durch das 1. Justizmodernisierungsgesetz *(JuMoG)* vom 24.08.2004[51] eine Änderung des Regel-Ausnahme-Verhältnisses erfolgt ist,
– Unterzeichnung und Berichtigung des Protokolls nach §§ 163 f. ZPO.

III. Befugnisse der ehrenamtlichen Richter

18   Für die ehrenamtlichen Richter besteht – außerhalb der Beratungs- und Entscheidungskompetenzen und unter Respektierung der Verhandlungsleitung durch die Vorsitzenden – ein jederzeitiges Fragerecht während der mündlichen Verhandlung. Nach § 136 Abs. 2 Satz 2 ZPO ist ihnen auf Verlangen von dem Vorsitzenden das Stellen von Fragen zu gestatten. Der Vorsitzende hat grds. kein Recht, eine Frage des Beisitzers als ungehörig oder als zur Unzeit gestellt zurückzuweisen.[52] Er kann die Frage aber ggf. bei Störung ihrer Verhandlungsleitung für eine angemessene Zeit zurückstellen.

19   Im landgerichtlichen Verfahren ist anerkannt, dass der Vorsitzende einzelne Aufgaben der sachlichen Prozessleitung *(z.B. Vernehmung eines Zeugen)* unter Beibehaltung seines Vorsitzes einer Beisitzerin übertragen kann.[53] Für das arbeitsgerichtliche Verfahren wird dies abgelehnt, weil anders als beim LG *(dort gibt es aber ehrenamtliche Beisitzer nur der Kammer für Handelssachen)* keine berufsrichterlichen Beisitzer vorhanden seien.[54] Dies überzeugt nicht. Es sind durchaus Situationen denkbar, in denen die Übertragung einer einzelnen Aufgabe (z.B. *Vernehmung eines sachverständigen Zeugen, für dessen Befragung sich der von Berufs wegen gleich oder ähnlich kompetente Beisitzer anbietet)* gerade wegen der besonderen Kenntnisse der aus diesem Grund zur Mitentscheidung berufenen ehrenamtlichen Richter sachgerecht ist, zumal der Vorsitzende ja die formelle Prozessleitung behält und die sachliche Prozessleitung jederzeit an sich ziehen kann. Eine Anwendung von § 21f Abs. 2 GVG bei Verhinderung des Vorsitzenden oder gar eine Übertragung des Rechtsstreits auf ehrenamtliche Richter zur Entscheidung nach §§ 348 ff. ZPO kommt nicht in Betracht.[55]

20   Erstinstanzliche Urteile werden durch die ehrenamtlichen Richter nicht unterschrieben. Sie sind aber bei der Entscheidungsfindung angemessen zu beteiligen, insbesondere wenn nach einer mündlichen Verhandlung noch Schriftsätze eingehen und gemeinsam über eine Wiedereröffnung der mündlichen Verhandlung zu entscheiden ist. Dies ist zu dokumentieren. Das gilt insbesondere dann, wenn von der sich aus § 194 GVG ergebenden Möglichkeit Gebrauch gemacht wird.[56] I.d.R. sollte ein Beratungstermin angesetzt werden. Eine ersthafte gemeinsame Befassung mit der Sache ist regelmäßig nur bei Anwesenheit aller Beteiligten möglich.

---

48   § 9 Abs. 2 i.V.m. §§ 176 bis 179, 180 GVG.
49   § 9 Abs. 2 i.V.m. § 194 Abs. 1 GVG.
50   § 159 Abs. 1 Satz 2 ZPO.
51   BGBl. I, S. 2198.
52   Baumbach/Lauterbach/Albers/Hartmann § 136 Rn 20; GMPMG/Germelmann § 53 Rn 21, der in § 140 ZPO – Kammerentscheidung bei Beanstandung der Prozessleitung des Vorsitzenden – eine Sonderregelung sieht.
53   Baumbach/Lauterbach/Albers/Hartmann § 136 Rn 5.
54   GMPMG/Germelmann § 53 Rn 22 f.
55   GMPMG/Germelmann § 53 Rn 22; GK-ArbGG/Schütz § 53 Rn 21.
56   BGH, 20.04.2012 – LwZR 5/11, Rn 10 f.

§ 54 Güteverfahren

(1) ¹Die mündliche Verhandlung beginnt mit einer Verhandlung vor dem Vorsitzenden zum Zwecke der gütlichen Einigung der Parteien (Güteverhandlung). ²Der Vorsitzende hat zu diesem Zwecke das gesamte Streitverhältnis mit den Parteien unter freier Würdigung aller Umstände zu erörtern. ³Zur Aufklärung des Sachverhalts kann er alle Handlungen vornehmen, die sofort erfolgen können. ⁴Eidliche Vernehmungen sind jedoch ausgeschlossen. ⁵Der Vorsitzende kann die Güteverhandlung mit Zustimmung der Parteien in einem weiteren Termin, der alsbald stattzufinden hat, fortsetzen.

(2) ¹Die Klage kann bis zum Stellen der Anträge ohne Einwilligung des Beklagten zurückgenommen werden. ²In der Güteverhandlung erklärte gerichtliche Geständnisse nach § 288 der Zivilprozessordnung haben nur dann bindende Wirkung, wenn sie zu Protokoll erklärt worden sind. ³§ 39 Satz 1 und § 282 Abs. 3 Satz 1 der Zivilprozessordnung sind nicht anzuwenden.

(3) Das Ergebnis der Güteverhandlung, insbesondere der Abschluss eines Vergleichs, ist in die Niederschrift aufzunehmen.

(4) Erscheint eine Partei in der Güteverhandlung nicht oder ist die Güteverhandlung erfolglos, schließt sich die weitere Verhandlung unmittelbar an oder es ist, falls der weiteren Verhandlung Hinderungsgründe entgegenstehen, Termin zur streitigen Verhandlung zu bestimmen; diese hat alsbald stattzufinden.

(5) ¹Erscheinen oder verhandeln beide Parteien in der Güteverhandlung nicht, ist das Ruhen des Verfahrens anzuordnen. ²Auf Antrag einer Partei ist Termin zur streitigen Verhandlung zu bestimmen. ³Dieser Antrag kann nur innerhalb von sechs Monaten nach der Güteverhandlung gestellt werden. ⁴Nach Ablauf der Frist ist § 269 Abs. 3 bis 5 der Zivilprozessordnung entsprechend anzuwenden.

(6) ¹Der Vorsitzende kann die Parteien für die Güteverhandlung sowie deren Fortsetzung vor einen hierfür bestimmten und nicht entscheidungsbefugten Richter (Güterichter) verweisen. ²Der Güterichter kann alle Methoden der Konfliktbeilegung einschließlich der Mediation einsetzen.

Übersicht

		Rdn.
I.	Allgemeines	1
II.	Verfahrensgrundsätze der Güteverhandlung	4
	1. Mündliche Verhandlung	4
	2. Verhandlung vor dem Vorsitzenden	5
	3. Obligatorisches Verfahren	6
	4. Weitere Güteverhandlung	15
	5. Vorbereitung der Güteverhandlung	20
III.	Ablauf der Güteverhandlung	22
	1. Erörterung	22
	2. Aufklärung des Sachverhalts	25
	3. Antragstellung	26
	4. Vorbringen von Angriffs- und Verteidigungsmitteln	27
IV.	Dispositionsmöglichkeiten der Parteien	28
	1. Prozessvergleich	29
	2. Klagerücknahme	33
	3. Verzicht und Anerkenntnis	35
	4. Übereinstimmende Erledigungserklärungen	38
V.	Ergebnis der Güteverhandlung	40
VI.	Säumnis	41
	1. Säumnis einer Partei	41
	2. Säumnis beider Parteien	46
VII.	Verfahren nach erfolgloser Güteverhandlung	54
VIII.	Verweisung vor einen Güterichter	58
	1. Entstehungsgeschichte	58
	a) Die Mediationsrichtlinie	58
	b) Modellprojekte	60
	c) Das Gesetzgebungsverfahren	62
	2. Organisatorische Umsetzung	67
	3. Voraussetzungen der Verweisung vor den Güterichter	70
	a) Allgemeines	70
	b) Ermessen und Einverständnis der Parteien	72
	c) Eignung der Verfahren	74
	d) Zeitpunkt	77
	e) Alternativen zur Verweisung vor den Güterichter	82
	4. Der Verweisungsbeschluss	85
	5. Das Verfahren vor dem Güterichter	88
	a) Stellung und Befugnisse des Güterichters	89
	b) Nichtöffentlichkeit und Schutz der Vertraulichkeit	92
	c) Verfahren	94
	6. Abschluss des Güterichterverfahrens	101

§ 54 ArbGG Güteverfahren

I. Allgemeines

1 Die Güteverhandlung ist ein besonderer Verfahrensabschnitt im arbeitsgerichtlichen Urteilsverfahren erster Instanz. Sie ist Teil der mündlichen Verhandlung.[1] Sie dient zwei Zwecken. Zum einen soll sie eine **gütliche Erledigung des Rechtsstreits fördern** *(Abs. 1 Satz 1)*. Insoweit verstärkt sie den Grundsatz aus § 57 Abs. 2. Mit Unterstützung der Vorsitzenden sollen die Parteien das Streitverhältnis unbefangen und ohne Präjudiz für den eventuellen streitigen Prozess erörtern, ihre Meinungsverschiedenheiten offen und ohne Rücksicht auf prozessuale Vorschriften darlegen und in jeder Hinsicht »frei reden können«.[2] Zum anderen zielt die Güteverhandlung für den Fall der Nichterledigung des Rechtsstreits im Gütetermin auf eine **Vorbereitung der streitigen Verhandlung**.

2 Die Vorschrift des § 54 verdrängt zusammen mit §§ 51 Abs. 1, 57 Abs. 2 als Sonderregelungen die §§ 278 Abs. 1 bis 5 und 279 ZPO. Die Güteverhandlung findet nur im erstinstanzlichen Urteilsverfahren und im erstinstanzlichen Beschlussverfahren[3] statt.

3 Die Vorschrift eröffnet die Möglichkeit, »Rechtspflege als Konfliktmanagement«[4] zu betreiben. Die herkömmliche Verfahrenslehre verengt die Sicht auf den juristischen Streitgegenstand. Arbeitsgerichtliche Rechtspflege ist aber nach dieser Vorschrift nicht nur auf richterliche Streitentscheidung ausgerichtet, sondern lässt eine umfassende Streitbehandlung zu und kann sich so als Dienstleistung in Konfliktbehandlung darstellen. Ins Auge gefasst werden müssen dann nicht nur die rechtlichen Aspekte einer Entscheidung über den arbeitsrechtlichen Konflikt, sondern auch Aspekte, die über das Recht hinausgehen; diese Sicht wird mit dem Begriff »**Streitbehandlungsgegenstand**« umschrieben. Dieser Streitbehandlungsgegenstand hält den Konflikt für Lösungen offen, welche die Interessen der Beteiligten berücksichtigen, und bedeutet den Abschied von der reinen Streitentscheidungslehre. Er eröffnet das Tor zu einer noch zu entfaltenden Streitbehandlungslehre als einer »erweiterten Verfahrenslehre« und damit zum Konfliktmanagement. Erst diese erweiterte Perspektive lässt das arbeitsgerichtliche Verfahren nicht als bloßen Lieferanten von Rechtsentscheidungen, sondern als einen Modus von Konfliktbehandlungen verstehen,[5] für die in dieser Vorschrift ein – verbesserungsbedürftiges, aber ausfüllungsfähiges – Verfahrensdesign angeboten wird. Ein Ansatz ist die Verlegung der Screening-Conference eines **Multi-Door-Courthous-Systems** in die Güteverhandlung.[6] Ergebnis soll ein zweigeteiltes System sein, bestehend aus Eingangs- und Verweisungsverfahren (Screening-Conference) mit verschiedenen Streitbeilegungsmechanismen. Erste Erfahrungen sind danach bisher in Frankreich, England, Wales, Österreich, Niederlande, den USA und teilweise auch in Deutschland gesammelt worden. Der Gesetzgeber hat nun mit dem Mediationsgesetz (dazu siehe Rdn. 58) einen anderen Weg eingeschlagen.

II. Verfahrensgrundsätze der Güteverhandlung

1. Mündliche Verhandlung

4 Nach Abs. 1 Satz 1 der Vorschrift beginnt die mündliche Verhandlung mit der Güteverhandlung. Die **Güteverhandlung** stellt sich damit als ein besonderer Verfahrensabschnitt in der einheitlichen Verhandlung vor dem ArbG dar. Während dieses Verfahrensabschnittes gilt das Gebot der Öffentlichkeit nach § 52 Satz 1, jedoch mit der nach § 52 Satz 3 erleichterten Möglichkeit eines Ausschlusses der Öffentlichkeit.

---

[1] GMPMG/Germelmann § 54 Rn 11; GK-ArbGG/Schütz § 54 Rn 3 u. 5.
[2] LAG München, 24.01.1989 – 2 Sa 1042/88.
[3] § 80 Abs. 2 Satz 2.
[4] Gottwald »Betrifft JUSTIZ« 1996, S. 312, m.w.N. zur Mediationsdebatte.
[5] Gottwald »Betrifft JUSTIZ« 1996, S. 313.
[6] Francken, Das ArbG als Multi-Door Courthouse, NJW 2006, 1103; erweiterte richterliche Dienstaufgaben im arbeitsgerichtlichen Multi-Door Courthouse in: FS für Manfred Löwisch zum 70. Geburtstag 2007, S. 129.

2. Verhandlung vor dem Vorsitzenden

Die Güteverhandlung findet **vor der Vorsitzenden** statt *(Abs. 1 Satz 1)*. Eine Heranziehung der ehrenamtlichen Richter ist für diesen Verfahrensabschnitt nicht zulässig. Auch die passive Teilnahme der ehrenamtlichen Richter an der Güteverhandlung ist unzulässig, rechtfertigt jedoch keine Zurückverweisung nach § 68.[7] Das Recht des Vorsitzenden, ihm zur Ausbildung zugewiesene Referendarinnen an der Güteverhandlung teilnehmen und ggf. die Güteverhandlung *(unter Aufsicht des Vorsitzenden)* leiten zu lassen, folgt aus § 9 Abs. 2 i.V.m. § 10 Satz 1 GVG.

3. Obligatorisches Verfahren

Die Durchführung der Güteverhandlung ist obligatorisch. Weder können die Parteien darauf verzichten,[8] noch kann der Vorsitzende von ihrer Durchführung wegen offenkundiger Aussichtslosigkeit absehen. Dies gilt sowohl für Streitigkeiten aus dem Arbeitsvertrag als auch für kollektivrechtliche Auseinandersetzungen zwischen Tarifvertragsparteien.

Auch im Fall des **Widerspruchs gegen einen Mahnbescheid** ist – nach Eingang einer Anspruchsbegründung oder auf Antrag des Beklagten[9] – zunächst Termin zur Güteverhandlung zu bestimmen.[10] Nach Einspruch gegen einen Vollstreckungsbescheid ist jetzt ebenfalls nach § 46a Abs. 6 i.V.m. § 341a ZPO Termin zur Verhandlung über den Einspruch und die Hauptsache im Rahmen einer Güteverhandlung anzuberaumen.[11]

Wird der Rechtsstreit von einem anderen ArbG wegen **örtlicher Unzuständigkeit** verwiesen, so ist eine Güteverhandlung beim Adressatengericht nur dann durchzuführen, wenn das abgebende Gericht noch keine Güteverhandlung durchgeführt hat. Bei Verweisung des Rechtsstreits aus einer anderen Gerichtsbarkeit an ein ArbG wegen unzulässigen Rechtswegs ist die Durchführung der Güteverhandlung obligatorisch, selbst wenn in der anderen Gerichtsbarkeit umfangreiche Verhandlungen durchgeführt wurden. Entsprechendes gilt bei Verweisungen eines Beschluss- in ein Urteilsverfahren,[12] sofern bislang kein Gütetermin nach § 80 Abs. 2 Satz 2 durchgeführt wurde.

Kommt es nach erfolgloser Durchführung der Güteverhandlung zu **Veränderungen der Streitgegenstände** zwischen denselben Parteien *(Klageerweiterung, Widerklage)*, so ist kein weiterer Gütetermin anzuberaumen. Wird jedoch durch das Gericht angeordnet, dass nach der Güteverhandlung erhobene Ansprüche in getrennten Prozessen verhandelt werden *(Prozesstrennung nach § 145 ZPO)*, so ist wegen der später erhobenen und getrennt zu verhandelnden Ansprüche *(ggf. jeweils)* eine Güteverhandlung durchzuführen.[13] Entsprechend ist bei einer nach der Güteverhandlung eingetretenen subjektiven Klagehäufung zu verfahren. Die Zwecke der Güteverhandlung (vgl. Rdn. 1) erfordern regelmäßig für die später begründeten Prozessrechtsverhältnisse eine – für diese Parteien erstmalige – Durchführung einer Güteverhandlung.

Bei gewillkürtem Parteiwechsel nach der Güteverhandlung soll, weil dieser entsprechend einer Klageänderung zu behandeln sei, keine erneute Güteverhandlung erforderlich sein.[14] Dem kann nur gefolgt werden, wenn der neue Beklagte in die Übernahme des bisherigen Prozessergebnisses einwilligt. Ist dies nicht der Fall, ist für das neu begründete Prozessverhältnis die Durchführung der Güteverhandlung obligatorisch. Insoweit greift nicht die Regelung für den weiteren Gütetermin nach § 54 Abs. 1 Satz 5, weil in dem Prozessverhältnis nach dem gewillkürten Parteiwechsel noch keine Güteverhandlung stattfand.

---

7 GMPMG/Germelmann § 54 Rn 9.
8 Gift/Baur E Rn 553; a.A. van Venrooy ZfA 1984, 342 ff.; Wieser Rn 143.
9 § 46a Abs. 4 Sätze 2 und 3.
10 Gift/Baur E Rn 43, 556.
11 Gift/Baur E Rn 60, 556.
12 Gift/Baur E Rn 557 f.
13 Gift/Baur E Rn 560, 562.
14 Gift/Baur E Rn 561.

11 Kommt es wegen Streits über die Nichtigkeit oder Beseitigung eines Prozessvergleichs zur Fortsetzung des für beendet gehaltenen Rechtsstreits,[15] so ist keine weitere Güteverhandlung durchzuführen.[16]

12 Schließlich ist eine Güteverhandlung auch in folgenden Fällen obligatorisch: Vollstreckungsabwehrklage nach § 767 ZPO, Klage auf Zulässigkeit der Vollstreckungsklausel nach § 768 ZPO, Klauselerteilungsklage nach § 731 ZPO, rechtskraftdurchbrechende Klage nach § 826 BGB, Wiederaufnahmeverfahren nach § 79 ArbGG i.V.m. §§ 578 ff. ZPO.[17]

13 Das Gesetz sah in § 111 Abs. 2 Satz 8 a.F. von dem grds. obligatorischen Güteverfahren ausdrücklich eine Ausnahme vor, nämlich wenn zur Beilegung von Streitigkeiten zwischen Auszubildenden und Ausbildenden aus einem bestehenden Berufsausbildungsverhältnis ein Schlichtungsverfahren nach § 111 Abs. 2 einzuleiten war. Dies wurde mit Wirkung vom 01.05.2000 dahin geändert, dass nun auch in solchen Streitigkeiten die Durchführung des Gütetermins obligatorisch ist.

14 Eine Ausnahme gilt für den **einstweiligen Rechtsschutz im Urteilsverfahren**. Eine obligatorische Güteverhandlung im Verfahren des einstweiligen Rechtsschutzes führte zu Verzögerungen, weil im Regelfall das Scheitern der Güteverhandlung wegen der dann sich ergebenden Notwendigkeit der Heranziehung der ehrenamtlichen Richter zu einer Anberaumung eines weiteren Termins führte. Diese Verzögerung ist mit dem Beschleunigungszweck des Eilverfahrens nicht vereinbar. Hinter dem verfassungsrechtlichen Gebot, einen schnellen gerichtlichen Rechtsschutz zu ermöglichen, müssen daher die beiden Ziele der Güteverhandlung, die Parteien schon vor einem aufwendigen Verfahren zu einigen und eine eventuelle streitige Verhandlung vorzubereiten (vgl. Rdn. 1), zurückstehen. Die mündliche Verhandlung im arbeitsgerichtlichen Eilverfahren beginnt deshalb sogleich mit der Verhandlung vor der Kammer.[18]

4. Weitere Güteverhandlung

15 In einer Reihe von Fällen sind die Prozessparteien aufgrund des Ergebnisses der Güteverhandlung und der dabei erörterten Rechtsfragen bereit, noch einmal über eine gütliche Beilegung des Rechtsstreits nachzudenken. Prozessual kann dem Rechnung getragen werden, wenn dem Vorsitzenden das Recht eingeräumt wird, die Güteverhandlung in einem weiteren Termin fortzusetzen. Die Durchführung eines weiteren »zeitnahen« Termins anstelle einer langfristig terminierten Kammersitzung kann in diesen Fällen zu einer schnelleren Beendigung des Rechtsstreits führen.

16 § 54 Abs. 1 Satz 5 ermöglicht daher bei Zustimmung der Parteien eine **Vertagung** der Güteverhandlung i.S.v. § 227 Abs. 1 ZPO, wobei der Vorsitzende bei der Entscheidung über die Vertagung nicht an die Gründe des § 227 Abs. 1 Satz 2 ZPO gebunden ist, sondern hierüber nach pflichtgemäßem Ermessen zu entscheiden hat. Einer Anberaumung eines weiteren Gütetermins nach Abschluss der Güteverhandlung im vorherigen Gütetermin steht Abs. 4 entgegen, wonach bei erfolgloser Güteverhandlung und fehlender Möglichkeit der Durchführung des weiteren Termins ein Termin zur streitigen Verhandlung anzuberaumen ist. Die Regelung in Abs. 1 Satz 5 gehört rechtssystematisch zu Abs. 4, der die Möglichkeiten des Fortgangs des Verfahrens bei erfolgloser Güteverhandlung regelt.

17 Für die Vertagung muss wegen des **Beschleunigungsgrundsatzes** nach § 9 Abs. 1 und wegen Abs. 4 ein in dem Verfahren liegender dringender sachlicher Grund vorhanden sein. Zu den erheblichen Gründen zählen u.a. die unmittelbar bevorstehende Klärung von streitentscheidenden Rechts- und Sachfragen *(angekündigte höchstrichterliche Entscheidung; bevorstehende Gesundheitsuntersuchung; Abschluss der Verhandlungen über Betriebserwerb)* und die direkt im Anschluss an den ersten Gütetermin stattfindenden außergerichtlichen Aufklärungs- und Vergleichsbemühungen der Parteien.

---

15 BAG, 05.08.1982 – 2 AZR 199/80.
16 Gift/Baur E Rn 565; GMPMG/Germelmann § 54 Rn 7; GK-ArbGG/Schütz § 54 Rn 10.
17 Gift/Baur E Rn 563 f., 566.
18 Walker Rn 739; a.A. Grunsky § 54 Rn 1.

Kein dringender sachlicher Grund liegt jedoch vor, wenn die Vertagung vom Vorsitzenden als Druck- und Verzögerungsinstrument eingesetzt wird, um eine vergleichsweise Erledigung des Rechtsstreits nicht nur anzuregen, sondern faktisch zu erzwingen.

Die Vertagung ist nur zulässig, wenn der weitere Termin zur Güteverhandlung **alsbald** stattfindet. Nach der Gesetzesbegründung[19] soll es sich um einen »zeitnahen« Termin handeln. Nach Abs. 4 hat aber auch der Termin zur streitigen Verhandlung alsbald stattzufinden. Trotz des gleichen Gesetzeswortlauts wird bei Bemessung des zulässigen Zeitraums zwischen den Terminen zu unterscheiden sein. Der alsbald stattfindende Güte- und auch der entsprechende Kammertermin müssen unter Berücksichtigung des jeweiligen Terminsstandes bei den Güte- bzw. Kammerterminen der betroffenen Kammer so schnell wie nur möglich durchgeführt werden. Fallen die Zeiträume zwischen Terminsanberaumung und den stattfindenden Terminen bei Güte- und Kammerterminen nicht oder unwesentlich auseinander, wird unter Beachtung des Beschleunigungsgrundsatzes die Vertagung der Güteverhandlung unzulässig sein. Für Bestandsschutzstreitigkeiten wird der alsbald stattfindende Gütetermin nicht die Frist von zwei Wochen nach § 61a Abs. 2 überschreiten dürfen. Der Wortlaut von Abs. 1 Satz 4 (»*in einem weiteren Termin*«) lässt zudem nur die einmalige Vertagung der Güteverhandlung zu.

18

Die Vertagung darf nur mit **Zustimmung aller Parteien** erfolgen. Die Zustimmungserklärungen müssen ausdrücklich und eindeutig in der Güteverhandlung abgegeben werden. Sind Streitgenossen an dem Rechtsstreit beteiligt, ist auch deren Zustimmung erforderlich, nicht jedoch die von Nebenintervenienten.[20]

19

5. Vorbereitung der Güteverhandlung

§ 56 scheidet als Grundlage für die Anordnung vorbereitender Maßnahmen durch den Vorsitzenden aus, weil er nach Überschrift, Wortlaut und systematischer Stellung lediglich Vorbereitungsmaßnahmen für die streitige Verhandlung deckt.[21] Vorbereitende Maßnahmen für die Güteverhandlung können aber auf § 46 Abs. 2 Satz 1 i.V.m. § 273 ZPO[22] gestützt werden, sofern diese der Zielsetzung der Güteverhandlung dienen und soweit das Arbeitsgerichtsgesetz nichts anderes bestimmt.[23] Der Anwendbarkeit von § 273 ZPO steht § 56 nicht entgegen; § 273 ZPO wird im arbeitsgerichtlichen Urteilsverfahren nur im Anwendungsbereich von § 56 und damit allein im Hinblick auf Befugnisse für Anordnungen zur Vorbereitung der streitigen Verhandlung verdrängt.[24] Bereits der Wortlaut von § 273 Abs. 2 ZPO (»*Vorbereitung jedes Termins*«) verdeutlicht die Möglichkeit von Vorbereitungshandlungen, die natürlich dem Zweck der Güteverhandlung nicht zuwiderlaufen dürfen.[25]

20

§ 273 ZPO ist aber **nicht umfassend** anwendbar. Nach § 273 Abs. 2 Nr. 1 ZPO kann der Vorsitzende zur Vorbereitung jedes Termins den Parteien die Ergänzung oder Erläuterung ihrer vorbereitenden Schriftsätze sowie die Vorlegung von Urkunden und von anderen zur Niederlegung bei Gericht geeigneten Gegenständen aufgeben, insb. eine Frist zur Erklärung über bestimmte klärungsbedürftige Punkte setzen. Diese Vorschrift wird für das arbeitsgerichtliche Verfahren durch § 47 Abs. 2 eingeschränkt, wonach eine Aufforderung an den Beklagten, sich auf die Klage schriftlich zu äußern, i.d.R. nicht erfolgt. Anordnungen nach § 273 Abs. 2 Nr. 1 ZPO können sich daher regelmäßig nur an den Kläger richten, um diesen z.B. zur Substantiierung seiner Klagebegründung,

21

---

19 BT-Drucks. 14/626, S. 9.
20 GMPMG/Germelmann § 54 Rn 2.
21 Gift/Baur E Rn 572.
22 A.A. die h.M., so: GMPMG/Germelmann § 54 Rn 16 bis 20; GK-ArbGG/Schütz § 54 Rn 23.
23 § 46 Abs. 2 Satz 1.
24 A.A. GMPMG/Germelmann § 54 Rn 17, 18, der unter Nichtberücksichtigung von §§ 278 f. ZPO meint, § 273 ZPO gehe auch im Bereich des zivilprozessualen Verfahrens davon aus, dass eine gesonderte Güteverhandlung vor der streitigen Verhandlung nicht vorgesehen sei.
25 Zöller/Greger § 273 Rn 2.

zur Klarstellung seines Sachvortrags oder zur bestimmten Fassung seiner bislang unbestimmten Anträge anzuhalten.[26] Der Regelung in § 273 Abs. 2 Nr. 3 ZPO, welche die Anordnung des persönlichen Erscheinens der Parteien betrifft, geht § 51 Abs. 1 vor. Anordnungen nach § 273 Abs. 2 Nr. 4 ZPO *(betreffend die Zeugen- und Sachverständigenladung)* kommen nicht in Betracht, weil eine Beweisaufnahme vor dem Vorsitzenden ausscheidet; sie erfolgt nach § 58 vor der Kammer.[27] Zulässig ist jedoch die **Einholung amtlicher Auskünfte**.[28]

III. Ablauf der Güteverhandlung

1. Erörterung

22 Die Güteverhandlung wird vom Vorsitzenden eröffnet[29] und beginnt mit dem Aufruf der Sache.[30] Liegt noch **keine schriftsätzliche Stellungnahme** des Beklagten vor, kann der Vorsitzende das Klagevorbringen kurz wiedergeben und sodann den Beklagten zur Klageerwiderung auffordern.

23 Sodann hat der Vorsitzende mit den Parteien das gesamte Streitverhältnis unter freier Würdigung aller Umstände zu erörtern *(Abs. 1 Satz 2)*. Das Streitverhältnis wird nach überwiegendem Verständnis bestimmt durch den Streitgegenstand der Klage, ergänzt durch die kontradiktorische Position des Beklagten, wobei bereits eingebrachte oder beabsichtigte Angriffs- und Verteidigungsmittel *(z.B. Aufrechnung, Widerklage)* einzubeziehen sind.[31] Dieses Verständnis engt den Erörterungsgegenstand jedoch zu weit ein und verstellt ohne Not den Weg für eine an den Zielen der Effizienz, Parteiautonomie und Rechtsverwirklichung[32] orientierte Streitbeilegung. Das in der Vorschrift des Abs. 1 Satz 2 angesprochene Streitverhältnis ist der Gegenstand einer Konfliktmanagement betreibenden Arbeitsrechtspflege; er umfasst Vergangenheit und Zukunft des gestörten Rechtsverhältnisses und dessen Außenwirkungen. Die Erörterung kann daher über den prozessualen Streitgegenstand hinausgehen und sich auf die gesamten Rechtsbeziehungen der Parteien oder einer Partei zu Dritten erstrecken,[33] sofern der Konflikt entsprechend angelegt ist. Wesentliches Ziel ist eine selbstbestimmte Regelung zwischen den Parteien, die sich nicht an dem richterlichen Lösungsmuster orientieren muss. Vielmehr erweist sich das gerichtliche Lösungsmodell *(Modell des Nullsummenkonflikts statt der Interessenlösung)* häufig als konfliktverstärkend.

24 Es empfiehlt sich, dass der Vorsitzende seine Rechtsansicht offenlegt und die Erfolgschancen der Rechtsverfolgung und -verteidigung im Instanzenzug vorläufig bewertet. Die Erörterung erfolgt primär zum Zwecke der gütlichen Einigung *(vgl. Abs. 1 Satz 1)*, ohne dass jedoch Druck auf die Parteien ausgeübt und die Sach- und Rechtslage mit Manipulationsabsicht verkürzt, einseitig oder verzeichnet dargestellt wird. Allerdings sind die Grenzen zwischen unzulässigem Druck und dem gebotenen Aufzeigen der möglichen Konsequenzen einer streitigen Durchführung des Prozesses nur schwer zu bestimmen.[34]

2. Aufklärung des Sachverhalts

25 Soweit der Sachverhalt aufklärungsbedürftig ist, kann der Vorsitzende alle Handlungen vornehmen, die **sofort** erfolgen können *(Abs. 1 Satz 3)*. **Eidliche Vernehmungen** sind jedoch ausgeschlossen *(Abs. 1 Satz 4)*. Diese Regelung widerspricht der sonst vorhandenen Tendenz der Unverbindlichkeit der Güteverhandlung, soweit davon das spätere streitige Verfahren betroffen sein kann. Es können

---

26 I.E. ebenso Gift/Baur E Rn 413.
27 Gift/Baur E Rn 413.
28 § 273 Abs. 2 Nr. 2 ZPO.
29 § 53 Abs. 2, § 136 Abs. 1 ZPO.
30 § 220 Abs. 1 ZPO.
31 Van Venrooy ZfA 1984, 337, 357 ff.; Gift/Baur E Rn 605; noch enger GMPMG/Germelmann § 54 Rn 24.
32 Gottwald, »Betrifft JUSTIZ« 47, S. 314.
33 Grunsky § 54 Rn 9.
34 Grunsky § 54 Rn 10.

nur solche Handlungen von dem Vorsitzenden vorgenommen werden, die die Dispositionsbefugnisse der Parteien im weiteren Verfahren nicht beschränken.[35] In Betracht kommen insoweit z.B. die Einsichtnahme in Urkunden, die Inaugenscheinnahme von Gegenständen und die informatorische Befragung von Parteien und präsenten Zeugen oder Sachverständigen.[36] Nur eidliche Vernehmungen sind nach § 54 Abs. 1 Satz 4 ArbGG ausgeschlossen. Im Einvernehmen mit den Parteien ist auch die informatorische *(ausforschende)* Befragung von Dritten *(z.B. nicht als Zeuge benannter Sachbearbeiter, Steuerberater des Arbeitgebers oder eines Sachverständigen)* zulässig, die auch mit Zustimmung der Parteien telefonisch durchgeführt werden kann, denn in Abs. 1 Satz 3 ist nur von »Handlungen« die Rede, also nicht allein von den prozessrechtlich zugelassenen Beweismitteln nach §§ 371 ff., 373 ff., 402 ff., 415 ff. und 445 ff. ZPO. Den Ergebnissen solcher Befragungen kommt aber im streitigen Verfahren kein Beweiswert zu, weil die Feststellungen entgegen § 58 Abs. 1 Satz 1 unter Ausschluss der ehrenamtlichen Richter getroffen wurden.[37]

3. Antragstellung

Da die Güteverhandlung ein besonderer Verfahrensabschnitt im arbeitsgerichtlichen Urteilsverfahren erster Instanz und keine in § 137 Abs. 1 ZPO vorausgesetzte streitige Verhandlung ist, wie u.a. Abs. 5 Satz 2 deutlich macht, sind in der Güteverhandlung **keine Anträge** zu stellen.[38] 26

4. Vorbringen von Angriffs- und Verteidigungsmitteln

Angriffs- und Verteidigungsmittel und insb. prozesshindernde Einreden müssen nicht bereits im Gütetermin vorgebracht werden. Im zivilprozessualen Verfahren wird z.B. die örtliche Zuständigkeit eines Gerichts dadurch begründet, dass der Beklagte, ohne die Unzuständigkeit geltend zu machen, zur Hauptsache mündlich verhandelt. Nach § 46 Abs. 2 i.V.m. § 504 ZPO setzt dies jedoch die richterliche Belehrung über die Unzuständigkeit voraus. Ferner hat im zivilprozessualen Verfahren jede Partei in der mündlichen Verhandlung ihre Angriffs- und Verteidigungsmittel, insb. Behauptungen, Bestreiten, Einwendungen, Einreden, Beweismittel und Beweiseinreden, so zeitig vorzubringen, wie es nach der Prozesslage einer sorgfältigen und auf Förderung des Verfahrens bedachten Prozessführung entspricht.[39] Anträge sowie Angriffs- und Verteidigungsmittel, auf die der Gegner voraussichtlich ohne vorhergehende Erkundigungen keine Erklärung abgeben kann, sind vor der mündlichen Verhandlung durch – richterlich angeordneten – vorbereitenden Schriftsatz so zeitig mitzuteilen, dass der Gegner die erforderlichen Erkundigungen noch einzuziehen vermag.[40] Schließlich sind Rügen, die die Zulässigkeit der Klage betreffen, vom Beklagten gleichzeitig und vor seiner Verhandlung zur Hauptsache vorzubringen.[41] Diese Vorschriften werden der Güteverhandlung als besonderem Verfahrensabschnitt der mündlichen Verhandlung nicht gerecht, weshalb ihre entsprechende Anwendung abzulehnen ist.[42] Ihre Anwendung würde die vom Gesetz intendierte Herstellung einer ungezwungenen Situation zur Erörterung der Sach- und Rechtslage in der Güteverhandlung erschweren.[43] Aus diesem Grund sind materielle Einwendungen gegen den Klageanspruch vor oder in der Güteverhandlung auch noch nicht als erstes Verteidigungsvorbrin- 27

---

35 GMPMG/Germelmann § 54 Rn 24.
36 GMPMG/Germelmann § 54 Rn 26 f.
37 GK-ArbGG/Schütz § 36 bis 38.
38 LAG Berlin-Brandenburg, 10.09.2008 – 12 Ta 1606/08; LAG München, 24.01.1989 – 2 Sa 1042/88, NJW 1989, 1502 = NZA 1989, 863; Gift/Baur E Rn 594 bis 598; GMPMG/Germelmann § 54 Rn 29; GK-ArbGG/Schütz § 54 Rn 28; a.A. Grunsky § 54 Rn 4.
39 § 282 Abs. 1 ZPO.
40 § 282 Abs. 2 ZPO.
41 § 282 Abs. 3 ZPO; nach § 54 Abs. 2 Satz 3 im Güteverfahren nicht anwendbar.
42 Vgl. auch § 54 Abs. 2 Satz 3.
43 GMPMG/Germelmann § 54 Rn 14 f.

gen anzusehen, das die Zuständigkeit des angerufenen unzuständigen Arbeitsgerichts kraft rügeloser Einlassung nach Art. 24 Satz 1 EuGVVO (juris: EGV 44/2001) begründet.[44]

IV. Dispositionsmöglichkeiten der Parteien

28   Der Ausgang der Güteverhandlung wird von den Parteien bestimmt. Neben der Einigung kommen verschiedene prozessuale Möglichkeiten der Erledigung des Rechtsstreits ohne Urteil in Betracht.

1. Prozessvergleich

29   Eine Vielzahl arbeitsgerichtlicher Rechtsstreite wird durch Prozessvergleich i.S.d. § 794 Abs. 1 Nr. 1 ZPO beendet. Die Rechtsnatur des Prozessvergleichs ist umstritten. Durchgesetzt hat sich die Auffassung von der »**Doppelnatur**«. Danach ist der Prozessvergleich zugleich Prozesshandlung, deren Wirksamkeit sich nach den Grundsätzen des Prozessrechts richtet, wie auch ein privatrechtlicher Vertrag, der den Regeln des materiellen Rechts unterliegt.[45] Der Prozessvergleich muss zur Beilegung des Rechtsstreits geschlossen werden; er kann sich auf einen quantitativ abgrenzbaren, einem Teilurteil[46] zugänglichen Teil des Streitgegenstands beschränken. Zum Wesensmerkmal des Vergleichs gehört, dass ein gegenseitiges Nachgeben der Parteien vorliegt. Das Nachgeben braucht sich nicht auf die Hauptsache zu beziehen; es genügt, dass eine Partei einen Teil der Gerichtskosten übernimmt oder dass keine Regelung in dem Vergleich über die Tragung der Gerichtskosten getroffen wird, sodass sich die Kostentragung nach § 98 ZPO richtet.[47]

30   Verbreitet ist der Abschluss eines **Widerrufsvergleichs**. Dieser wird erst nach Ablauf der ungenutzten Widerrufsfrist bzw. nach Verzicht auf das Widerrufsrecht wirksam. Der Widerruf muss wirksam erklärt werden. Ist im Vergleich festgelegt, dass der Widerruf durch schriftliche Anzeige an das Gericht zu erfolgen hat, kann der Vergleichswiderruf im Zweifel nicht wirksam ggü. dem Prozessgegner ausgeübt werden.[48] Da es sich bei dem Vergleichswiderruf um einen bestimmenden Schriftsatz i.S.v. § 129 ZPO handelt, ist die eigenhändige Unterschrift erforderlich. Eine Paraphe genügt nicht.[49] Dem Frist- und Formrisiko kann dadurch begegnet werden, dass statt des Widerrufs die Vergleichsbestätigung gewählt oder die Anwendung der Wiedereinsetzungsvorschriften[50] vereinbart wird.[51]

31   Ein gerichtlicher Vergleich kann auch dadurch geschlossen werden, dass die Parteien einen schriftlichen Vergleichsvorschlag des Gerichts durch Schriftsatz ggü. dem Gericht annehmen oder dem Gericht selbst unterbreiten. Das Gericht stellt dann das Zustandekommen und den Inhalt des Vergleichs durch Beschluss fest.[52] Bei Abänderungswünschen der Parteien kann das Gericht einen diese Wünsche berücksichtigenden neuen Vorschlag unterbreiten.[53]

32   Der Prozessvergleich bedarf ansonsten der Protokollierung[54] und der Verlesung/des Abspielens der Aufzeichnung und Genehmigung.[55] Der Vergleich ist nur wirksam, wenn er ordnungsgemäß, d.h. auch formgerecht unter Beachtung der Vorschriften über das Sitzungsprotokoll (§§ 159 ff. ZPO)

---

44 BAG, 02.07.2008 – 10 AZR 355/07, NZA 2008, 1084.
45 BAG, 10.11.1977 – 2 AZR 269/77; BAG, 05.08.1982 – 2 AZR 199/80.
46 § 301 ZPO.
47 BAG, 19.09.1958 – 2 AZR 487/55.
48 BAG, 21.02.1991 – 2 AZR 458/90.
49 BAG, 31.05.1989 – 2 AZR 548/88.
50 §§ 233 ff. ZPO.
51 Thomas/Putzo § 794 Rn 23.
52 § 278 Abs. 6 ZPO; zur Anwendbarkeit im arbeitsgerichtlichen Verfahren und zu weiteren Einzelheiten s. § 46 Rdn. 47 ff. m.w.N.
53 GMPMG/Germelmann § 54 Rn 4b.
54 Vgl. § 54 Abs. 2, § 160 Abs. 3 Nr. 1 ZPO.
55 § 162 Abs. 1 ZPO.

beurkundet worden ist.⁵⁶ Dazu muss sein *gesamter Inhalt* in das Sitzungsprotokoll aufgenommen werden, § 160 Abs. 3 Nr. 1 ZPO. Im Fall einer **Bezugnahme** auf ein anderes Schriftstück (z.B. einen Zeugnisinhalt) muss es dem Vergleich als Anlage beigefügt werden, § 160 Abs. 5 ZPO. In dem Vergleich ist auf die Anlage ausdrücklich Bezug zu nehmen. Genügt ein Vergleich diesen formellen Anforderungen nicht, fehlt es an einer ordnungsgemäßen Beurkundung.⁵⁷ Darüber liegt **kein konkreter vollstreckungsfähiger Vergleichsinhalt** vor, soweit er sich aus der in Bezug genommenen Urkunde ergeben soll. Zur Feststellung des Inhalts eines Vollstreckungstitels kann grundsätzlich nur auf diesen selbst, nicht auf andere Schriftstücke zurückgegriffen werden.⁵⁸ Sonstige Schriftstücke finden auch dann keine Berücksichtigung, wenn sie sich in der Prozessakte befinden. Der ordnungsgemäßen Protokollierung kommt unter einem weiteren Gesichtspunkt besondere Bedeutung zu: Ein Prozessvergleich ist nur wirksam, wenn sowohl die materiellrechtlichen Voraussetzungen für einen Vergleich als auch die prozessualen Anforderungen erfüllt sind, die an eine wirksame Prozesshandlung zu stellen sind. Fehlt es auch nur an einer dieser Voraussetzungen, liegt ein wirksamer Prozessvergleich nicht vor; die **prozessbeendende Wirkung tritt nicht ein**.⁵⁹

2. Klagerücknahme

Der Rechtsstreit kann in der Güteverhandlung auch durch Klagerücknahme mit der Kostenfolge des § 269 Abs. 3 Satz 2 und 3 ZPO beendet werden. Während nach § 269 Abs. 1 ZPO die Klage ohne Einwilligung des Beklagten nur bis zum Beginn der mündlichen Verhandlung des Beklagten zur Hauptsache zurückgenommen werden kann, ordnet Abs. 2 Satz 1 an, dass die Klage bis zum Stellen der Anträge ohne Einwilligung des Beklagten zurückgenommen werden kann. Da in der Güteverhandlung, dem nichtstreitigen besonderen Abschnitt der mündlichen Verhandlung, keine Anträge gestellt werden, kann die Klage bis zur Antragstellung in der streitigen Verhandlung zurückgenommen werden, ohne dass es der gegnerischen Zustimmung bedarf. Die Erklärung der Klagerücknahme ist nach § 160 Abs. 3 Nr. 8 ZPO zu protokollieren und nach § 162 Abs. 1 ZPO zu genehmigen. 33

Die **Klagerücknahme** hat den Widerruf des Gesuchs auf Rechtsschutz zum Inhalt. Den mit der Klage geltend gemachten materiell-rechtlichen Anspruch lässt sie unberührt. Die Rücknahme kann den ganzen prozessualen Anspruch oder einen selbstständigen Teil davon betreffen. Als Prozesshandlung muss die Rücknahmeerklärung nicht ausdrücklich, aber eindeutig und unzweifelhaft sein und ggü. dem Prozessgericht erfolgen. Sämtliche prozessualen Wirkungen der Rechtshängigkeit⁶⁰ entfallen rückwirkend. Über die Kosten entscheidet der Vorsitzende nach § 55 Abs. 1 Nr. 1.⁶¹ 34

3. Verzicht und Anerkenntnis

Der Kläger kann des Weiteren eine prozessuale Verzichtserklärung abgeben. **Verzicht** ist die Erklärung des Klägers an das Gericht, dass der geltend gemachte prozessuale Anspruch nicht besteht. Er enthält die endgültige Zurücknahme der aufgestellten Rechtsbehauptung, führt deshalb zur sachlichen Klageabweisung.⁶² Ein **Teilverzicht** ist möglich, wenn es sich um einen abtrennbaren Teil eines mehrgliedrigen Streitgegenstandes handelt.⁶³ Liegt eine prozessuale Verzichtserklärung vor, so ist der Kläger aufgrund des Verzichts mit dem *(prozessualen)* Anspruch abzuweisen.⁶⁴ Die materielle 35

---

56 BGH, 10.03.1955 – II ZR 201/53, NJW 1955, 705.
57 OLG Hamm, 21.12.1992 – 24 U 48/99, MDR 2000, 350; OLG Sachsen-Anhalt, 28.11.2001 – 5 W 101/01, zu B der Gründe; vgl. auch Schneider, Ein missratener Prozessvergleich, MDR 1997, 1091.
58 BAG, 28.02.2003 – 1 AZB 53/02, EzA § 78 ArbGG 1979 Nr. 5 = NZA 2003, 516.
59 BGH, 30.09.2005 – V ZR 275/04, NJW 2005, 3576.
60 §§ 261 bis 266 ZPO.
61 GMPMG/Germelmann § 54 Rn 8.
62 Thomas/Putzo § 306 Rn 1.
63 BAG, 26.10.1979 – 7 AZR 752/77.
64 § 306 ZPO.

Rechtskraft des Urteils steht der Neuerhebung des gleichen Anspruchs – anders als bei der bloßen Klagerücknahme – entgegen.

36 Das prozessuale Gegenstück zum Verzicht des Klägers ist das Anerkenntnis des Beklagten. Das **Anerkenntnis** ist die Erklärung des Beklagten an das Gericht, dass der vom Kläger geltend gemachte prozessuale Anspruch besteht, die aufgestellte Rechtsbehauptung richtig ist.[65] Der Unterschied zum **Geständnis** besteht darin, dass dieses dem Gericht die Prüfung der Wahrheit einer Behauptung abnimmt, während sich das Anerkenntnis auf den prozessualen Anspruch bezieht und dem Gericht die rechtliche Prüfung abnimmt. Gegenstand des Anerkenntnisses ist damit der prozessuale Anspruch selbst, mag er auf Leistung, Feststellung oder richterliche Gestaltung gerichtet sein. Auch ein Teilanerkenntnis ist im Hinblick auf einen abtrennbaren Teil eines Streitgegenstands möglich. Liegt ein Anerkenntnis vor, so ist die anerkennende Partei dem Anerkenntnis gemäß zu verurteilen.[66]

37 Ein Verzichts- bzw. ein Anerkenntnisurteil kann nicht im Gütetermin, sondern erst in der sich unmittelbar an den Gütetermin anschließenden weiteren Verhandlung getroffen werden. Es setzt einen Verzicht in der Verhandlung voraus. Ein schriftliches Anerkenntnis ist im arbeitsgerichtlichen Verfahren jetzt aber ausreichend. Nach § 307 Satz 2 ZPO bedarf es einer mündlichen Verhandlung insoweit heute nicht mehr.

4. Übereinstimmende Erledigungserklärungen

38 Der Rechtsstreit kann von den Parteien des Weiteren dadurch beendet werden, dass sie ihn **übereinstimmend in der Hauptsache für erledigt** erklären. Für abtrennbare Teile des Streitgegenstands kann eine **Teilerledigung** erklärt werden. Durch die übereinstimmenden Erledigungserklärungen wird der Prozess in der Hauptsache beendet und bleibt nur noch hinsichtlich der Kosten rechtshängig. Über die Kosten entscheidet das Gericht von Amts wegen[67] nach § 91a Abs. 1 ZPO. Das Gericht muss nicht über die Kosten entscheiden, wenn die Parteien sich darüber vergleichen oder auf eine Kostenentscheidung verzichten.[68] Die Kostenentscheidung kann ohne mündliche Verhandlung durch den Vorsitzenden[69] oder in der sich unmittelbar an die Güteverhandlung anschließenden weiteren Verhandlung ebenfalls durch den Vorsitzenden ergehen, Letzteres aber nur, wenn die Parteien übereinstimmend eine Entscheidung durch den Vorsitzenden beantragen.[70]

39 Bei **einseitiger Erledigungserklärung** ist das Verfahren fortzusetzen. Es wird dann auf entsprechenden Antrag zunächst darüber entschieden, ob der Rechtsstreit erledigt ist. Aufgrund des 1. Justizmodernisierungsgesetzes vom 24.08.2004 kann eine Kostenentscheidung nach § 91a Abs. 1 Satz 2 ZPO auch nach einseitiger Erledigungserklärung ergehen, wenn der Beklagte der Erledigungserklärung nicht innerhalb einer Notfrist von zwei Wochen widerspricht. Darauf muss er aber hingewiesen worden sein.

V. Ergebnis der Güteverhandlung

40 Haben die Parteien von ihren Dispositionsmöglichkeiten Gebrauch gemacht, ist der Rechtsstreit (*ggf. z.T.*) beendet. Ist die Güteverhandlung erfolglos, schließt sich nach dem Wortlaut des Abs. 4 die weitere Verhandlung unmittelbar an. Hieran müssten aber die ehrenamtlichen Richter teilnehmen, die regelmäßig nicht für den Fall erfolgloser Güteverhandlungen geladen werden. Da der unmittelbaren Durchführung der weiteren Verhandlung wegen der Abwesenheit der ehrenamtlichen Richter Hinderungsgründe entgegenstehen, hat der Vorsitzende Termin zur streitigen

---

65 Thomas/Putzo § 307 Rn 1.
66 § 307 Abs. 1 ZPO.
67 § 308 Abs. 2 ZPO.
68 Thomas/Putzo § 91a Rn 25.
69 § 53 Abs. 1 Satz 1.
70 § 55 Abs. 3.

Verhandlung zu bestimmen, die alsbald stattfinden soll *(vgl. Abs. 4)*. Mit Zustimmung der Parteien kann der Vorsitzende zudem die Güteverhandlung vertagen (vgl. hierzu Rdn. 16 ff.).

VI. Säumnis

1. Säumnis einer Partei

Erscheint eine Partei in der Güteverhandlung nicht, obwohl die Ladungs- und die Einlassungsfrist gewahrt wurden, so schließt sich die weitere Verhandlung unmittelbar an *(Abs. 4)*. In dieser kann die erschienene Partei den Erlass eines Versäumnisurteils beantragen. Für die Entscheidung steht dem Vorsitzenden nach § 55 Abs. 1 Nr. 4 ein Alleinentscheidungsrecht zu. Wurde die Ladungs- oder die Einlassungsfrist nicht gewahrt, ist erneut Termin zur Güteverhandlung anzuberaumen.[71]

41

Die gesetzliche Regelung ist insoweit allerdings unklar, nachdem durch das SGGArbGG-Änderungsgesetz mit Wirkung vom 01.04.2008 in § 55 Abs. 1 die Formulierung »**außerhalb der streitigen Verhandlung**« eingefügt worden ist (siehe dazu § 55 Rdn. 2). Problematisch ist der übliche Fall, dass eine Säumnissituation vorliegt und sich die weitere Verhandlung nach § 54 Abs. 4 unmittelbar anschließt, ohne dass ehrenamtliche Richter anwesend sind. Die weitere Verhandlung ist in diesem Fall bisher – in der Abgrenzung zur Güteverhandlung – weitgehend ebenfalls als »streitiger« Teil der mündlichen Verhandlung beurteilt worden.[72] Das hat der Gesetzgeber offenbar anders gesehen. Aus der Gesetzesbegründung[73] ergibt sich nämlich, dass er unter »streitiger Verhandlung« i.S.d. Vorschrift nur eine Verhandlung unter Beteiligung der ehrenamtlichen Richter verstanden hat. Dort heißt es: »Die Alleinentscheidungsbefugnis des Vorsitzenden besteht nur außerhalb der streitigen Verhandlung. Erfolgt eine Entscheidung in Anwesenheit der ehrenamtlichen Richter, sind diese auch in den in § 55 Abs. 1 Nr. 1 bis 10 genannten Fällen zu beteiligen«.[74] Daraus ergibt sich nun allerdings das Kuriosum, dass eine Verhandlung durch die Beteiligung ehrenamtlicher Richter zur streitigen Verhandlung wird, obwohl sie der Sache nach natürlich bei einer Säumnissituation in der Kammerverhandlung nicht streitiger ist, als in der weiteren Verhandlung i.S.d. § 54 Abs. 4. Die vom LAG Hamm in der Entscheidung vom 15.12.2005[75] vertretene Auffassung, wonach eine streitige Verhandlung im Fall einer Säumnissituation nicht vorliege, führte allerdings dazu, dass die ehrenamtlichen Richter auch in der Kammerverhandlung nicht zu beteiligen wären. Das widerspräche der an sich begrüßenswerten Intention des Gesetzgebers eindeutig (siehe ausführlich unter § 55 Rdn. 2).

42

Die **Güteverhandlung endet** also spätestens mit dem Beginn der weiteren Verhandlung. Im Fall der Säumnis einer Partei erfolgt unmittelbar der Übergang in die weitere Verhandlung, § 54 Abs. 4. Eine Fortsetzung der Güteverhandlung i.S.d. § 54 Abs. 1 Satz 5 kommt daher nach Erlass eines Versäumnisurteils nicht mehr in Betracht, auch nicht mit Zustimmung der Parteien. Daher kann sich auch nicht die Frage stellen, ob in einer »**zweiten**« **Güteverhandlung** ein zweites Versäumnisurteil ergehen kann.[76]

43

Erscheint die klagende Partei nicht, so ist auf Antrag der beklagten Partei das Versäumnisurteil dahin zu erlassen, dass die Klage abgewiesen wird.[77] Erscheint hingegen die beklagte Partei nicht, so ist das tatsächliche mündliche Vorbringen der klagenden Partei als zugestanden anzunehmen, soweit es nicht das Vorbringen zur Zuständigkeit des ArbG nach § 29 Abs. 2 ZPO *(Vereinbarung über Erfüllungsort)* oder nach § 38 ZPO *(Gerichtsstandsvereinbarung)* betrifft. Soweit das Vorbringen den Klageantrag rechtfertigt, ist nach § 331 Abs. 2 Halbs. 1 ZPO nach dem Antrag zu erkennen

44

---

71 GMPMG/Germelmann § 54 Rn 49; a.A. van Venrooy ZfA 1984, 331, 378 f.
72 GMPMG/Germelmann § 54 Rn 40.
73 BT-Drucks. 16/7716, S. 24.
74 Zur Intention des Gesetzgebers auch Reinhard/Böggemann NJW 2008, 1263, 1267.
75 LAG Hamm, 15.12.2005 – 4 Sa 1613/04.
76 A.A. ArbG Hamburg 09.03.2007 – 11 Ca 422/06.
77 § 330 ZPO.

(echtes Versäumnisurteil); soweit dies nicht der Fall ist, ist gem. § 331 Abs. 2 Halbs. 2 ZPO die Klage abzuweisen *(unechtes Versäumnisurteil).* Eine Entscheidung nach Lage der Akten kommt im Anschluss an die Güteverhandlung nicht in Betracht, weil noch nicht in einem früheren Termin mündlich verhandelt wurde.[78]

45 Durch ein **weiteres erstes Versäumnisurteil** ist im Kammertermin zu entscheiden, wenn in einem **ersten Gütetermin ein erstes Versäumnisurteil** ergangen ist und in einem »**zweiten**« **Gütetermin** mündlich verhandelt wurde.[79]

2. Säumnis beider Parteien

46 Erscheinen oder verhandeln beide Parteien in der Güteverhandlung nicht, so ist nach Abs. 5 Satz 1 das Ruhen des Verfahrens anzuordnen. Diese Regelung geht dem § 251a Abs. 1 ZPO vor, wonach in einem solchen Fall eine Entscheidung nach Lage der Akten ergehen kann. Auf Antrag einer Partei, der nur innerhalb von sechs Monaten nach der Güteverhandlung gestellt werden kann *(Abs. 5 Satz 3),* ist Termin zur streitigen Verhandlung zu bestimmen *(Abs. 5 Satz 2).* Zu beachten ist, dass das PKH-Verfahren nicht beeinflusst wird. Über ein PKH-Gesuch ist auch im Falle des Nichtbetreibens zu entscheiden.

47 Im arbeitsgerichtlichen Gütetermin kann das »**Nichtverhandeln**« nicht aus einem Verzicht auf das Stellen von Anträgen gefolgert werden, weil dort Anträge i.S.v. § 137 ZPO nicht wirksam gestellt werden können.[80] Hält das Arbeitsgericht im Güteprotokoll nach dem Hinweis einer Partei auf Parallelverfahren lediglich fest, dass die Parteien »heute keine Anträge« stellen, so findet ein daraufhin verkündeter Beschluss, wonach das Verfahren ruht, seine Rechtsgrundlage nicht in § 54 Abs. 5 ArbGG.[81] Gleiches gilt, wenn die Parteien in der Güteverhandlung im Hinblick auf laufende Vergleichsverhandlungen nur die Ruhendstellung beantragen. Weitergehende Anforderungen sind nicht zu stellen. Nicht erforderlich ist es, dass die Parteien »ausreichend« verhandelt haben.[82] Umstände, aus denen sich bei Anwesenheit der Parteien das Nichtverhandeln ergeben soll, sind angesichts der weitreichenden Konsequenzen nach § 54 Abs. 3 i.V.m. §§ 160 Abs. 2, 165 ZPO in der Sitzungsniederschrift festzuhalten.[83]

48 Nach Ablauf der Frist von sechs Monaten gilt die Klage als zurückgenommen.

49 Der Rechtsstreit ist dann als nicht anhängig geworden anzusehen. Die klagende Partei ist verpflichtet, die Kosten des Rechtsstreits zu tragen. Auf Antrag der beklagten Partei ist dies durch den Vorsitzenden[84] nach Gewährung des rechtlichen Gehörs durch Beschluss auszusprechen. Der Beschluss bedarf keiner mündlichen Verhandlung. Er unterliegt der sofortigen Beschwerde.[85] Die Klage kann aber erneut erhoben werden. In dem nach Ablauf von sechs Monaten gestellten Antrag auf Bestimmung eines neuen Termins kann keine neue Klage gesehen werden.[86]

50 Ist das Verfahren aber über die Güteverhandlung hinaus gediehen und kommt es erst dann zur Ruhensanordnung, greift die Rücknahmefiktion nicht. Die Sondervorschrift des Abs. 5 Satz 4

---

78 §§ 331a, 251a Abs. 2 Satz 1 ZPO.
79 BAG, 26.06.2008 – 6 AZR 478/07.
80 BAG, 22.04.2009 – 3 AZB 97/08, NZA 2009, 804 = EzA-SD 2009, Nr. 13, mit Anm. Berzbach jurisPR-ArbR 31/2009 Anm. 6.
81 LAG Berlin-Brandenburg, 10.09.2008 – 12 Ta 1606/08; a.A. LAG Schleswig-Holstein, 09.09.2005 – 2 Ta 207/05.
82 BAG, 22.04.2009 – 3 AZB 97/08, NZA 2009, 804 = EzA-SD 2009, Nr. 13.
83 BAG, 22.04.2009 – 3 AZB 97/08, NZA 2009, 804 = EzA-SD 2009, Nr. 13.
84 § 55 Abs. 1 Nr. 1.
85 Abs. 5 Satz 4 i.V.m. § 269 Abs. 5 ZPO.
86 LAG Frankfurt, 22.08.1931 – 7 Sa 1427/90.

kommt nur zum Zuge, wenn die Ruhensanordnung im Anschluss an den Gütetermin getroffen worden ist.[87]

Die Klagerücknahmefiktion nach § 54 Abs. 5 Satz 4 ArbGG setzt voraus, dass das Gericht **ausdrücklich** das »Ruhen des Verfahrens« angeordnet hat. Es genügt nicht, dass das Gericht nach Verhandlung im Gütetermin beschlossen hat, dass »neuer Termin nur auf Antrag einer der Parteien« bestimmt werde, z.B. weil zunächst die Entwicklung eines bestimmten Lebenssachverhalts, etwa der Verlauf eines neuen Arbeitsverhältnisses abgewartet werden soll.[88] Das gilt auch für die **Kostenprivilegierung** nach Anm. 2 zu Nr. 8210 KV GKG. Wird nicht ausdrücklich das Ruhen angeordnet, werden bei einem nach § 9 Abs. 2 Nr. 3 GKG mindestens sechs Monate nicht betriebenen Verfahren Gebühren und Auslagen fällig. Hier besteht für eine Kostenprivilegierung kein Bedürfnis.[89] Das Verfahren ist nicht beendet und kann jederzeit von einer der Parteien wieder aufgegriffen werden. Das PKH-Verfahren wird nicht beeinflusst. Über ein PKH-Gesuch ist auch im Falle des Nichtbetreibens zu entscheiden.[90] 51

§ 54 Abs. 5 Satz 4 ist abdingbar. Teilen die Parteien dem Gericht vor dem Termin zur Güteverhandlung mit, dass sie das Verfahren im Hinblick auf ein Parallelverfahren ruhen lassen wollen, tritt die Klagerücknahmefiktion nicht ein.[91] Der Auffassung des LAG Berlin, wonach in der einseitigen Mitteilung einer außergerichtlichen Verständigung ein Antrag auf Ruhendstellung liege, dem die Gegenseite durch das Nichterscheinen im Termin ausdrücklich zugestimmt habe, steht schon entgegen, dass Anträge auf Ruhendstellung schriftsätzlich erfolgen müssen. 52

Gegen eine Entscheidung, durch die der Eintritt der Klagerücknahmefiktion festgestellt wird, ist in erweiternder Anwendung des § 252 ZPO die sofortige Beschwerde bzw. die Rechtsbeschwerde statthaft.[92] 53

VII. Verfahren nach erfolgloser Güteverhandlung

Ist die Güteverhandlung erfolglos, schließt sich nach Abs. 4 die weitere Verhandlung unmittelbar an. Falls der weiteren Verhandlung Hinderungsgründe entgegenstehen, ist von dem Vorsitzenden Termin zur streitigen Verhandlung zu bestimmen, wobei dieser alsbald stattzufinden hat. 54

Die streitige Verhandlung kann sich – wenn ehrenamtliche Richter, wie üblich, nicht anwesend sind – regelmäßig nur dann unmittelbar an die Güteverhandlung anschließen, wenn eine das Verfahren beendende Entscheidung ergehen kann und die Parteien übereinstimmend eine Entscheidung durch den Vorsitzenden beantragen.[93] 55

I.Ü. ist von der Vorsitzenden Termin zur streitigen Verhandlung zu bestimmen. Die ehrenamtlichen Richter, die an der Güteverhandlung nicht teilnehmen dürfen, sind regelmäßig für die anschließende Verhandlung zu laden, weil sie sich üblicherweise nicht vorsorglich für den Fall ergebnisloser Güteverhandlungen im ArbG aufhalten. Die Unmöglichkeit, die ehrenamtlichen Richter sofort heranziehen zu können, ist ein ausreichender Hinderungsgrund i.S.v. Abs. 4. 56

---

87 LAG Hamm, 21.07.1983 – 8 Ta 135/83.
88 BAG, 25.11.2010 – 2 AZR 323/09, NZA 2011, 821 = NJW 2011, 1833, Rn 17; LAG Düsseldorf, 07.05.2003 – 12 Sa 216/03; a.A. LAG Hamm, 14.04.2003 – 4 Ta 259/02.
89 LAG Köln, 22.04.2008 – 3 Ta 215/07.
90 LAG Köln, 19.08.2011 – 4 Ta 233/11.
91 LAG Saarland, 09.06.2000 – 2 Ta 2/2000, NZA-RR 2000, 546; ähnlich aber zu weitgehend LAG Berlin, 19.09.2003 – 5 Ta 1841/03, das annimmt, in der einseitigen Mitteilung einer außergerichtlichen Verständigung liege ein Antrag auf Ruhendstellung, dem die Gegenseite durch das Nichterscheinen im Termin ausdrücklich zugestimmt habe.
92 BAG, 25.11.2010 – 2 AZR 323/09, NZA 2011, 821 = NJW 2011, 1833, Rn 6 f.
93 § 55 Abs. 3.

57 Der Termin zur streitigen Verhandlung ist sofort anzusetzen und zu verkünden. Eine Ladung der Parteien ist bei verkündetem Termin nicht erforderlich.[94] Auch eine unverzügliche Terminsanberaumung nach der Güteverhandlung, regelmäßig verbunden mit einem sorgfältig abzusetzenden Auflagenbeschluss,[95] wird dem Beschleunigungsgrundsatz noch gerecht.

VIII. Verweisung vor einen Güterichter

1. Entstehungsgeschichte

a) Die Mediationsrichtlinie

58 Am 19.04.2002 legte die Europäische Kommission das Grünbuch über alternative Verfahren zur Streitbeilegung im Zivil- und Handelsrecht vor, mit dem in Beratung mit den Mitgliedstaaten und interessierten Parteien mögliche Maßnahmen zur Nutzung der Mediation eingeleitet wurden. Diese Beratungen führten zum Erlass der Richtlinie 2008/52/EG des Europäischen Parlaments und des Rates vom 21.05.2008 über bestimmte Aspekte der Mediation in Zivil- und Handelssachen (Mediations-RL).[96]

59 Das Gesetz zur Förderung der Mediation und anderer Verfahren der außergerichtlichen Konfliktbeilegung dient der Umsetzung dieser Richtlinie. Nach Art. 1 Abs. 2 der Richtlinie gilt sie zwar nur für grenzüberschreitende Streitigkeiten in Zivil- und Handelssachen. Den Mitgliedstaaten steht es aber nach Nr. 8 der Erwägungsgründe frei, diese Bestimmungen auch auf innerstaatliche Mediationsverfahren anzuwenden. Ebenso sollen sie die Inanspruchnahme alternativer Streitbeilegungsverfahren erleichtern sowie mit allen ihnen geeignet erscheinenden Mitteln die Qualität der Mediation fördern.[97] Dementsprechend soll das Gesetz neben der Umsetzung des zwingenden Regelungsteils der Mediations-RL dazu dienen, »die außergerichtliche Konfliktbeilegung und insbesondere die Mediation im Bewusstsein der Bevölkerung und der in der Rechtspflege tätigen Berufsgruppen stärker zu verankern«.[98] Kernstück des Artikelgesetzes ist das Mediationsgesetz in Art. 1. Die bezweckte häufigere Inanspruchnahme der außergerichtlichen Streitschlichtung soll den Rechtsfrieden nachhaltig fördern und so zugleich die Justiz entlasten.[99] Art. 3a der Richtlinie entsprechend war zunächst auch die Schaffung einer Rechtsgrundlage für die gerichtsinterne Mediation vorgesehen, die bis dahin nur in Modellprojekten angeboten wurde.

b) Modellprojekte

60 Ein solches Pilotprojekt hatte zunächst das Land Niedersachsen mit dem am 01.03.2002 zunächst auf drei Jahre angelegten Projekt »Gerichtsnahe Mediation in Niedersachsen« begonnen.[100] In den folgenden Jahren wurden in verschiedenen Bundesländern Modellversuche innergerichtlicher Mediation auch in der Arbeitsgerichtsbarkeit eingeführt, in denen jeweils eine konsensuale Konfliktlösung unter Zuhilfenahme eines hierfür ausgebildeten Richters als Mediator angestrebt wurde.[101]

61 Nach dem Scheitern eines Gesetzesantrags des Freistaates Bayern zur Stärkung der gütlichen Streitbeilegung im Zivilprozess im Jahr 2004[102] entwickelte dieser im Jahr 2005 parallel zu den Modellversuchen innergerichtlicher Mediation im Bereich der Zivilgerichtsbarkeit ein Güterich-

---

94 § 228 ZPO.
95 § 56 Abs. 1; § 61a Abs. 3 und 4.
96 RL 2008/52/EG vom 21.05.2008, ABl. EG 2008 L 136 vom 24.05.2008, S. 3, 4, 5.
97 Art. 1, 4, 5 RL 2008/52/EG.
98 Begr. RegE, BT-Drucks. 17/5335, S. 11.
99 Begr. RegE, BT-Drucks. 17/5335, S. 11.
100 Projektabschlussbericht, Februar 2005, S. 5 ff., http://www.mj.niedersachsen.de; Spindler AnwBl. 2007, 655.
101 Krit. Busemann AuR 2009, 115, 117.
102 Entwurf eines Gesetzes zur Stärkung der gütlichen Streitbeilegung im Zivilprozess, BR-Drucks. 747/04.

terprojekt,[103] das in Thüringen in einem zunächst auf die Jahre 2009 bis 2011 auch unter Einbeziehung der Arbeitsgerichtsbarkeit angelegten Pilotprojekt im Wesentlichen übernommen wurde. Diese Projekte hatten zwar ebenfalls das Ziel, die Methoden der Mediation in bereits bei Gericht anhängigen Streitigkeiten zu nutzen,[104] nahmen aber nicht in Anspruch, gerichtsinterne Mediation anzubieten. Dementsprechend wurde der im Rahmen des Modellprojekts mit der Güteverhandlung betraute Richter auch ausdrücklich nicht als Mediator, sondern als »qualifizierter Güterichter« bezeichnet, der nach Zustimmung der Parteien und Verweisung durch das Prozessgericht die Aufgabe wahrnehmen sollte, auf eine gütliche Beilegung des Rechtsstreits hinzuwirken.[105] In Absprache mit den Parteien konnte er dabei sowohl Vergleichsverhandlungen moderieren als auch unter Nutzung der Methoden der Mediation die Parteien darin unterstützen, Konfliktlösungen eigenständig zu erarbeiten.[106] Als rechtliche Grundlage für dieses Verfahren wurde § 278 Abs. 5 Satz 1 ZPO a.F. angesehen, der es ermögliche, die Parteien für die Güteverhandlung an einen beauftragten oder ersuchten Richter zu verweisen.[107] Ob die Norm hierfür eine ausreichende Grundlage darstellte, war allerdings ebenso umstritten[108] wie die Frage, ob sie über § 46 Abs. 2 auch im Verfahren vor den Arbeitsgerichten Anwendung finden konnte.[109]

c) Das Gesetzgebungsverfahren

Der Referentenentwurf für ein »Gesetz zur Förderung der Mediation und anderer Verfahren der außergerichtlichen Streitbeilegung« vom August 2010 hatte vor allem die Stärkung der außergerichtlichen Streitbeilegung beabsichtigt.[110] Durch die Einfügung des § 54a Abs. 2 ArbGG-E, der im Wesentlichen § 278a ZPO-E entsprach, war aber auch im arbeitsgerichtlichen Verfahren die Schaffung einer Rechtsgrundlage für die bis dahin nur in den Modellprojekten praktizierte gerichtsinterne Mediation vorgesehen. Danach sollte den Ländern auch in diesem Bereich durch die in § 15 GVG-E vorgesehene Öffnungsklausel überlassen sein, ob die gerichtsinterne Mediation landesweit oder an einzelnen Gerichten eingeführt werden sollte. Wie § 278 Abs. 5 Satz 1 ZPO sollte § 54 dagegen zunächst unverändert bleiben. 62

Der am 12.01.2011 vom Bundeskabinett verabschiedete Regierungsentwurf sah demgegenüber die Einfügung in § 278 Abs. 5 Satz 1 ZPO vor, dass das Gericht die Parteien für die Güteverhandlung vor einen »Güterichter« als beauftragten oder ersuchten Richter verweisen könne, um klarzustellen, dass das in Bayern und Thüringen angewandte Güterichterverfahren vom Mediationsgesetz unberührt bleiben sollte.[111] Aus diesem Grund sollte dem § 54 Abs. 1 der Satz angefügt werden, dass der Rechtsstreit zum Zwecke der Konfliktvermittlung einem beauftragten oder nicht entscheidungsbefugten Richter übertragen werden könne.[112] 63

Während des Gesetzgebungsverfahrens und auch bei einer öffentlichen Sachverständigenanhörung vor dem Rechtsausschuss wurde heftige Kritik an der gerichtsinternen Mediation geäußert.[113] Sie gründete sich auf die Mutmaßung, Richtermediatoren gelinge es aufgrund ihres beruflichen Rol- 64

---

103 Vgl. Greger ZRP 2006, 229, 230; ders. ZRP 2010, 209, 211; ders. Spektrum der Mediation 40/2010, 18, 19.
104 Gemählich, Spektrum der Mediation 40/2010, 37; Kotzian-Marggraf in: Mediation im Arbeitsrecht, 2009, 137, 147.
105 Greger ZRP 2010, 209, 211.
106 Gemählich, Spektrum der Mediation 40/2010, 37.
107 Greger ZRP 2010, 209, 211; ders. Spektrum der Mediation, 40/2010, 18, 19.
108 Greger ZRP 2010, 209, 211; kritisch Prütting ZZP 2011,163,165, Busemann AuR 2009, 115, 117.
109 Kotzian-Marggraf in: Mediation im Arbeitsrecht, 2009, 137, 147; Prütting in: Mediation im Arbeitsrecht, 2009, 99, 113: Busemann AuR 2009,115,118; Zöller/Greger § 278 Rn 33.
110 Vgl. Carl Spektrum der Mediation, 40/2010, 21.
111 Begr. RegE, BT-Drucks. 17/5335, S. 33; Carl ZKM 2012, 16, 17.
112 Begr. RegE, BT-Drucks. 17/5335, S. 33.
113 Http://www.bundestag.de/bundestag/ausschuesse17/a06/anhoerungen/archiv/10_Mediation/index.html; vgl. auch die ausführliche Darstellung bei Hess ZZP 2011, 137, 145 ff.; Carl ZKM 2012, 16, 17, 18.

lenverständnisses nicht, sich in die Rolle des allparteilichen Mittlers zu versetzen[114] und vor allem auf den Einwand, eine kostenfreie gerichtsinterne Mediation stelle als unentgeltliches Angebot eine staatlich subventionierte Dienstleistung dar, die wettbewerbswidrig sei.[115] Die insoweit wohl auch als unerwünschte Konkurrenz angesehene gerichtsinterne Mediation[116] stehe der beabsichtigten echten Förderung außergerichtlicher Konfliktbeilegung damit im Wege. In Folge dieser Kritik wurden auf Empfehlung des Rechtsausschusses die im Gesetzentwurf der Bundesregierung enthaltenen Bestimmungen zur gerichtsinternen Mediation trotz ihrer in den Pilotprojekten erworbenen Akzeptanz[117] gänzlich gestrichen. Von der alternativ erwogenen Einführung von Gebühren für die gerichtsinterne Mediation wurde wegen des befürchteten Aufwands einer solchen Gebührenerhebung abgesehen.[118] Die gerichtsinterne Mediation in den praktizierten unterschiedlichen Modellversuchen sollte stattdessen, auch um eine Abgrenzung der richterlichen Streitschlichtung gegenüber der Mediation zu erreichen, nunmehr in ein erheblich erweitertes Institut des Güterichters überführt und dieses wie in der ZPO auch in den Verfahrensordnungen der Arbeits-, Sozial-, Verwaltungs-, Patent-, Marken- sowie Finanzgerichte verankert werden.[119] Das in Bayern und Thüringen bereits erprobte Güterichtermodell sollte damit auch im arbeitsgerichtlichen Verfahren auf eine ausdrückliche gesetzliche Grundlage gestellt werden.[120]

65 Nachdem der Bundesrat vor allem wegen der Streichung der gerichtsinternen Mediation den Vermittlungsausschuss angerufen hatte,[121] erzielte dieser am 27.06.2012 eine Einigung zur Neufassung des § 278 Abs. 5 ZPO und des § 54 Abs. 6 ArbGG, die nunmehr eine Legaldefinition des Güterichters enthalten und jeweils klarstellen, dass sich dieser aller Methoden der Konfliktbeilegung einschließlich der Mediation bedienen darf. Damit bildet § 54 Abs. 6 ArbGG im arbeitsgerichtlichen Verfahren die Rechtsgrundlage für die Abgabe an den Güterichter.[122]

66 Mit dem im Vermittlungsausschuss erzielten Kompromiss ist zwar für richterliche Mediatoren der Verlust dieser Bezeichnung verbunden. Inhaltlich sind sie aber nicht gehindert, sich wie bislang des Verfahrens der Mediation zu bedienen. In der Zielsetzung bestanden ohnehin kaum Unterschiede zwischen dem Institut des Güterichters und den Modellen innergerichtlicher Mediation.[123] Beide wollten wie die außergerichtliche Mediation eine die Interessen der Parteien berücksichtigende Konfliktbeilegung erreichen, setzen aber mit diesem Versuch erst zu einem Zeitpunkt ein, in dem ein Konflikt bereits das Stadium gerichtlicher Auseinandersetzung erreicht hat.[124]

2. Organisatorische Umsetzung

67 Da die Verweisung an den Güterichter durch Abs. 6 vorgesehen ist, haben die Länder dafür Sorge zu tragen, dass diese Möglichkeit auch an allen Arbeitsgerichten wahrgenommen werden kann. Der Rechtsausschuss geht in seiner Begründung zur Beschlussempfehlung davon aus, die Parteien könnten künftig in allen einer gütlichen Konfliktbeilegung zugänglichen Streitigkeiten ohne nennenswerten organisatorisch-praktischen Aufwand an einen Güterichter verwiesen werden, wobei an den Gerichten besonders geschulte Koordinatoren behilflich sein könnten.[125] Dementsprechend

---

114 Trenczek/Mattioli Spektrum der Mediation, 40/2010, 4, 5.
115 Plassmann AnwBl 2011, 123, 124; vgl. auch Greger ZRP 2010, 209, 211.
116 So Henssler/Deckenbrock DB 2012, 159, 161.
117 Hess ZZP 2011, 137, 158.
118 Carl ZKM 2012, 16, 18.
119 Beschlussempfehlung und Bericht des Rechtsausschusses, BT-Drucks. 17/8058, S. 21.
120 BT-Drucks. 17/8058, S. 21.
121 BR-Drucks. 17/8680.
122 BT-Drucks. 17/8058, S. 22.
123 Carl ZKM 2012, 16, 18; Hess ZZP 2011, 137, 161.
124 Hess ZZP 2011, 137, 151; Carl ZKM 2012, 16, 18.
125 BT-Drucks. 17/8058, S. 17.

sind an allen Gerichten Richter zum Güterichter zu bestimmen.[126] Das erfordert entsprechende Zuständigkeitsregelungen in den Geschäftsverteilungsplänen.[127]

Die Begründung zum Regierungsentwurf zu § 278 Abs. 5 Nr. 2 ZPO war zwar noch davon ausgegangen, »im Gegensatz zum richterlichen Mediator gehöre ein Güterichter zwingend demselben Gericht an wie der verweisende Richter«.[128] Nach dem Hinweis des Bundesrats in seiner Stellungnahme zum Regierungsentwurf, ersuchter Richter i.S.d. § 362 ZPO könne auch ein Richter eines anderen Gerichts sein und es sei sinnvoll, Konzentrationsregelungen zu ermöglichen, wie dies zum Teil in den bestehenden Güterichtermodellen praktiziert werde,[129] hielten jedoch auch die Bundesregierung[130] und der Rechtsausschuss eine Beschränkung des Güterichtermodells auf gerichtsinterne Lösungen nicht mehr für sachdienlich.[131] Nach dem Einigungsvorschlag im Vermittlungsausschuss diente die Bezeichnung »nicht entscheidungsbefugter Richter« gerade der Klarstellung, dass der Güterichter neben dem streitentscheidenden Spruchkörper sowohl an dem selben Gericht als auch an anderen Gerichten oder in einer anderen Gerichtsbarkeit tätig sein könne.[132] Konzentrationslösungen bleiben danach möglich.[133] **68**

Zwar unterliegen Güterichter nicht den Anforderungen des Mediationsgesetzes.[134] Da ihre Tätigkeit aber nicht nur den Einsatz mediationstypischer Methoden und Kommunikationstechniken einschließen soll[135], sondern § 54 Abs. 6 Satz 2 klarstellt, dass sie Mediation als Methode der Konfliktbeilegung einsetzen können, ist eine Aus- oder Fortbildung erforderlich, die solche Fähigkeiten vermittelt oder vertieft, sofern ein Güterichter nicht ohnehin die Ausbildung zum Mediator absolviert hat.[136] Dies verpflichtet die Justizverwaltungen der Länder, entsprechende Aus- oder Fortbildungen anzubieten, die im Wesentlichen den Grundzügen einer Mediationsausbildung zu entsprechen haben.[137] **69**

3. Voraussetzungen der Verweisung vor den Güterichter

a) Allgemeines

§ 54 Abs. 6 entspricht im Wesentlichen § 278 Abs. 5 ZPO und ermöglicht es dem Vorsitzenden, die Parteien für die Güteverhandlung sowie deren Fortsetzung vor einen Güterichter zu verweisen. Anders als nach § 278 Abs. 5 ZPO ist jedoch nicht das Gericht, sondern der Vorsitzende zuständig. Abs. 6 ermöglicht die Verweisung vor einen Güterichter für die Güteverhandlung »sowie deren Fortsetzung« während § 278 Abs. 5 ZPO die Verweisung für die Güteverhandlung »sowie für weitere Güteversuche« vorsieht. **70**

Über die Verweisungsnormen der §§ 64 Abs. 7, 80 Abs. 2 Satz 2 und 87 Abs. 2 Satz 1 werden die Vorschriften über das Güterichterverfahren auch für das Berufungsverfahren und das Beschlussverfahren des ersten und zweiten Rechtszugs für anwendbar erklärt. Auch im Verfahren vor dem Landesarbeitsgericht erfolgt die Verweisung durch einen Beschluss des Vorsitzenden und nicht durch die Kammer. In der Revisions- und Rechtsbeschwerdeinstanz ist kein Güterichterverfahren vorgesehen. **71**

---

126 Greger/Unberath-Greger Teil 4 Rn 85: mindestens zwei je Gericht.
127 BT-Drucks. 17/8058, S. 21.
128 RegE, BT-Drucks. 17/5335, S.20.
129 RegE, BT-Drucks. 17/5335, S. 30, 31.
130 Gegenäußerung der Bundesregierung zur Stellungnahme des Bundesrats, BT-Drucks. 17/5496, S. 2.
131 BT-Drucks. 17/8058, S. 21.
132 Zu Art. 2 Nr. 5 (§ 278 Abs. 5 ZPO); kritisch Schwab/Weth/Nause § 54 Rn 74.
133 Greger/Unberath-Greger Teil 4 Rn 84; a.A. GMPMG/Germelmann § 54 Rn 9d; Schwab/Weth/Nause § 54 Rn 74.
134 Greger Spektrum der Mediation, 40/2010, 18, 19.
135 Vgl. Carl ZKM 2012, 16, 19.
136 Vgl. Carl ZKM 2012, 16, 20.
137 Schwab/Weth/Nause § 54 Rn.75; so auch bereits Entwurf eines Gesetzes zur Stärkung der gütlichen Streitbeilegung im Zivilprozess, BR-Drucks. 747/04, S. 2.

b) Ermessen und Einverständnis der Parteien

72 Die Verweisung liegt dem Wortlaut der Vorschrift nach zwar grundsätzlich im Ermessen des Vorsitzenden. Ob sie das Einverständnis der Parteien voraussetzt, ist jedoch umstritten. Sieht man das Verfahren vor dem Güterichter als Fortsetzung der Güteverhandlung an, erfordert bereits § 54 Abs. 1 Satz 5 ArbGG die Zustimmung der Parteien, es sei denn, die Verweisung erfolgt bereits vor der Güteverhandlung.[138] Unabhängig hiervon wird z.T. auf den Wortlaut der Vorschrift verwiesen, der das Einverständnis der Parteien gerade nicht voraussetzt,[139] während es nach überwiegender Auffassung erforderlich ist[140] wurde in der Begründung des Rechtsausschusses zur vorgeschlagenen Änderung des § 278a ZPO zutreffend darauf verwiesen, dass die Durchführung einer Güteverhandlung und weiterer Gütesuche vor dem Güterichter nur dann erfolgversprechend sind, wenn beide Parteien an einer einvernehmlichen Konfliktlösung interessiert und für die Durchführung eines solchen Verfahrens offen sind, sodass die Verweisung nur im Einvernehmen mit den Parteien erfolgen kann.

73 Stimmen die Parteien dem Vorschlag zu, erfolgt die Verweisung durch gerichtlichen Beschluss. Ersuchen die Parteien auch ohne gerichtlichen Vorschlag ihrerseits übereinstimmend um die Verweisung vor den Güterichter, hat der Vorsitzende diesem Antrag zu entsprechen. In der Sache beschränkt sich das Ermessen des Vorsitzenden damit ähnlich wie in § 54a auf die Entscheidung, ob eine entsprechende Anregung sinnvoll ist.

c) Eignung der Verfahren

74 Die Verweisung vor den Güterichter kann angezeigt sein, wenn neben den juristischen Streitpunkten emotionale Verstrickungen der Parteien, die den eigentlichen Kern der Auseinandersetzung bilden, einer gütlichen Beilegung des Rechtsstreits im Wege stehen. Die Verhandlung vor dem Güterichter stellt sich insoweit nicht als »Güteverhandlung de luxe« dar, sondern offeriert einen anderen Rahmen, der einer umfassenden Kommunikation der Parteien eher Raum bietet als die kontradiktorische Gerichtsverhandlung.

75 Sie empfiehlt sich besonders in Beendigungsstreitigkeiten, wenn eine Einigung trotz des ersichtlichen Interesses beider Parteien an einer schnellen Beendigung des Rechtsstreits wegen der divergierenden Auffassungen über die Möglichkeit zur einvernehmlichen Beendigung des Arbeitsverhältnisses und gegebenenfalls die Höhe der hierfür zu zahlenden Abfindung nicht zustande kommt oder die obligatorische Güteverhandlung wegen ihrer zeitlichen Begrenzung nicht ausreiche, um weitere Optionen für die Beendigung oder Fortführung des Arbeitsverhältnisses zu erörtern.

76 Unabhängig von diesen eher am Gegenstand des Konflikts orientierten Kriterien ergibt sich die Eignung des Verfahrens im Wesentlichen aus der Bereitschaft der Parteien zur einvernehmlichen Konfliktbeilegung. Dies setzt eine hinreichende Kenntnis über Zweck und Ablauf des Verfahrens voraus, die den Parteien erforderlichenfalls im Gütetermin vermittelt werden kann.

d) Zeitpunkt

77 Nach der Begründung des Rechtsausschusses kann der Vorsitzende wie im Zivilprozess auch im arbeitsgerichtlichen Verfahren die Parteien bereits für die obligatorische Güteverhandlung sowie deren Fortsetzung vor einen Güterichter als ersuchten Richter verweisen.[141] Es erscheint aber zweifelhaft, ob der ersuchte Güterichter die Güteverhandlung an Stelle des oder der Vorsitzenden

---

138 Schwab/Weth/Nause § 54 Rn 59 ff.
139 ArbG Hannover, Beschl. v. 01.02.2013 – 2 Ca 10/13Ö; Greger/Unberath-Greger Teil 4 Rn 122; Schwab/Weth/Nause § 54 Rn 62.
140 GMPMG/Germelmann § 54 Rn 9d; ErfK-Koch § 54 Rn 11; Francken NZA 2012, 836 f.
141 BT-Drucks. 17/8058, S. 21, 22; ebenso Francken NZA 2012, 249, 251.

durchführen kann. Die Güteverhandlung vor dem Güterichter gem. § 54 Abs. 6 ist trotz gleicher Bezeichnung nicht mit der Güteverhandlung i.S.d. § 54 Abs. 1–5 ArbGG identisch.[142]

Diese ist im erstinstanzlichen Urteilsverfahren mit Ausnahme des einstweiligen Rechtsschutzes obligatorisch[143] und ihre Durchführung liegt nur im Beschlussverfahren im Ermessen des Vorsitzenden, § 80 Abs. 2 Satz 2 ArbGG. Sie zielt zwar auch auf die gütliche Beilegung des Rechtsstreits hin. Sie dient aber zugleich der Aufklärung des Sachverhalts und, soweit keine gütliche Einigung zustande kommt, der Anberaumung und durch Erteilung fristgebundener Auflagen der Vorbereitung des Kammertermins.[144] Der Güterichter ist aber weder an einer möglichen Entscheidung beteiligt noch für deren Vorbereitung zuständig. Der Unterschied zwischen beiden Verhandlungen wird auch dadurch deutlich, dass über die Güteverhandlung gem. § 160 ZPO zwingend ein Protokoll zu erstellen ist. Hierin sind die wesentlichen Vorgänge der Verhandlung, deren Ergebnis und insbesondere der Abschluss eines Vergleichs aufzunehmen, § 54 Abs. 3. Demgegenüber sieht die Neufassung des § 159 Satz 2 ZPO ein Protokoll über eine Güteverhandlung oder weitere Güteversuche vor einem Güterichter nach § 278 Abs. 5 ZPO nur auf übereinstimmenden Antrag der Parteien vor. Diese Vorschrift findet gem. § 46 Abs. 2 auch für die Niederschrift über eine Güteverhandlung vor dem Güterichter im arbeitsgerichtlichen Verfahren Anwendung.[145] 78

Die nach dem Wortlaut des § 54 Abs. 6 mögliche Verweisung der Parteien vor einen Güterichter bereits für die obligatorische Güteverhandlung gem. § 54 Abs.1 Satz 1 wäre zudem unpraktikabel. Sie käme wegen des benötigten Einverständnisses der Parteien allenfalls in Betracht, wenn beide Parteien dies bereits vor dem Gütetermin übereinstimmend beantragen, weil eine Zustimmung vor diesem kurzfristig, in Beendigungsstreitigkeiten gem. § 61a möglichst binnen zwei Wochen nach Klageerhebung anzuberaumenden Termin in aller Regel ohne eine dem Beschleunigungsgrundsatz zuwiderlaufende Verzögerung des Verfahrens nicht eingeholt werden kann. 79

Eine Verweisung ohne einen entsprechenden Antrag beider Parteien, die die Einholung des Einverständnisses dem Güterichter auferlegen würde, ist nach dem Wortlaut der Vorschrift zwar möglich, aber ebenso wenig praktikabel. Da Klageschriften vor allem in Beendigungsstreitigkeiten häufig wenig aussagekräftig sind und eine Aufforderung an den Beklagten, sich auf die Klage schriftlich zu äußern, gem. § 47 Abs. 2 i.d.R. nicht erfolgt, ist die Eignung des Verfahrens für eine Verweisung an den Güterichter vor einer Anhörung der Parteien in der Güteverhandlung in aller Regel noch nicht zu beurteilen. Die Verweisung vor den Güterichter sollte demzufolge sinnvoll frühestens in der Güteverhandlung oder in deren Anschluss erfolgen.[146] 80

Die Verweisung ist aber auch noch im weiteren Verlauf des Verfahrens möglich. Zwar obliegt die Verweisung anders als in § 278 Abs. 5 ZPO und § 54a nicht dem Gericht, sondern dem Vorsitzenden. Hieraus folgt aber nicht, dass eine Verweisung nur vor dem Gütetermin, im Gütetermin oder im unmittelbaren Anschluss an den Gütetermin zu erfolgen hat und im Kammertermin ausgeschlossen ist, um dem Beschleunigungsgrundsatz zu entsprechen und eine weitere Verzögerung des Rechtsstreits zu vermeiden.[147] Das wird dadurch deutlich, dass die §§ 64 Abs. 7, 87 Abs. 2 Satz 2 eine Verweisung in das Güterichterverfahren auch noch im Verfahren zweiter Instanz und damit in einem wesentlich späteren Stadium des Verfahrens ermöglichen. Nach dem Schluss der mündlichen Verhandlung kommt eine Verweisung nur noch in Betracht, wenn diese wiedereröffnet wird.[148] 81

---

142 A.A. Schwab/Weth/Nause § 54 Rn 46.
143 S. Rdn. 6, 14.
144 S. Rdn. 25, 57.
145 BT-Drucks. 17/8058, S. 21.
146 Schwab/Weth/Nause § 54 Rn 48.
147 Schwab/Weth/Nause § 54 Rn 49; a.A. Francken NZA 2012, 249, 251; GMPMG/Germelmann § 54 Rn 9i.
148 Schwab/Weth/Nause § 54 Rn 50.

e) Alternativen zur Verweisung vor den Güterichter

82 Statt einer Verweisung in das Güterichterverfahren kommt auch eine Fortsetzung der Güteverhandlung durch den Vorsitzenden in einem weiteren Termin gem. § 54 Abs. 1 Satz 5 in Frage.[149] Auch § 54 Abs. 1 Satz 5 ArbGG setzt für die Fortsetzung der Güteverhandlung das ausdrücklich erklärte Einverständnis der Parteien voraus.[150]

83 Daneben kommt gem. § 54a auch der Vorschlag einer außergerichtlichen Mediation oder eines anderen Verfahrens der außergerichtlichen Streitbeilegung in Betracht, wenn eine umfassende Aufarbeitung des der gerichtlichen Auseinandersetzung zugrundeliegenden Konflikts gewünscht wird, als dies im Verfahren vor dem Güterichter geleistet werden kann. Unter Umständen empfiehlt es sich, mit den Parteien und ihren Prozessbevollmächtigten die genannten Möglichkeiten zu erörtern und sie ihnen alternativ zur Wahl zu stellen.

84 Die im Übergangszeitraum des § 9 MediationsG bestehende Möglichkeit, den Parteien auch das Angebot zur Durchführung einer gerichtsinternen Mediation zu unterbreiten,[151] hat keine praktische Bedeutung, weil es sich nach der Neufassung nur noch um eine Frage der Bezeichnung handelt. Der Einsatz der Methode der Mediation durch einen Güterichter ist auch nach Ablauf der für die gerichtsinterne Mediation vorgesehenen Übergangsfrist möglich.

4. Der Verweisungsbeschluss

85 Sind die Parteien mit einer Abgabe in das Güterichterverfahren einverstanden, erfolgt die Verweisung durch einen Beschluss des Vorsitzenden ohne Beteiligung der ehrenamtlichen Richter. Dies gilt auch in der Verhandlung vor der Kammer oder vor dem Landesarbeitsgericht. Ist jedoch durch einen Beschluss der Kammer ein Fortsetzungstermin oder ein Termin zur Verkündung einer Entscheidung anberaumt worden, kommt eine Verweisung nur in Betracht, wenn zuvor die mündliche Verhandlung durch einen Beschluss unter der Beteiligung der ehrenamtlichen Richter wieder eröffnet wurde.[152]

86 Der Beschluss ist nicht anfechtbar, § 78 Abs. 1 i.V.m. § 567 Abs. 1 Nr. 1 ZPO. Er bedarf auch keiner Begründung. Die Parteien können ihr erklärtes Einverständnis allerdings jederzeit widerrufen mit der Folge, dass das streitige Verfahren fortzusetzen ist. Anders als nach § 54a ArbGG führt die Verweisung an den Güterichter nicht zu einem Ruhen des Verfahrens.[153] Der Vorsitzende kann daher nach erfolglosem Gütetermin einen Kammertermin anberaumen und im Einvernehmen mit den Parteien die Verweisung beschließen, um ihnen die Möglichkeit zu geben, zwischenzeitlich eine einvernehmliche Konfliktlösung unter Mithilfe des Güterichters zu versuchen. Wird das Güterichterverfahren binnen kurzer Frist durchgeführt, kann so auch bei dessen Scheitern eine Verzögerung des Rechtsstreits vermieden werden.

87 Nach dem Erlass des Verweisungsbeschlusses übermittelt das Gericht dem Güterichter die Verfahrensakte. Dieser ist zur Einsicht in die Prozessakten befugt.[154]

5. Das Verfahren vor dem Güterichter

88 Der Begriff des Güterichters geht auf die Gesetzesinitiative des Freistaats Bayern zur Stärkung der gütlichen Streitbeilegung im Zivilprozess aus dem Jahr 2004 zurück[155] und wurde auch in den Pilotprojekten in Bayern und Thüringen beibehalten. Während das Mediationsgesetz den Begriff des

---

149 S. Rdn. 15–19.
150 S. Rdn. 19.
151 S. § 54a Rdn. 18.
152 Schwab/Weth/Nause § 54 Rn 53 f.
153 Begr. RegE, BT-Drucks. 17/5335, S. 20.
154 Carl ZKM 2012, 16, 19.
155 Entwurf eines Gesetzes zur Stärkung der gütlichen Streitbeilegung im Zivilprozess, BR-Drucks. 747/04.

Mediators definiert und seine Aufgaben und Befugnisse sowie das Anforderungsprofil im Einzelnen festlegt, hat der Gesetzgeber entsprechend umfassende gesetzliche Bestimmungen für den Güterichter offenbar für entbehrlich gehalten. Immerhin stellt die im Vermittlungsausschuss gefundene Fassung nunmehr klar, dass es sich bei der Tätigkeit des Güterichters um eine richterliche Tätigkeit handelt und dass der Güterichter in der Güteverhandlung alle Methoden der Konfliktbeilegung einschließlich der Mediation einsetzen kann.

a) Stellung und Befugnisse des Güterichters

Der Güterichter wird aufgrund der Verweisung durch das Prozessgericht tätig, mit dem ihm die Durchführung der Güteverhandlung übertragen wird. Er ist gesetzlicher Richter i.S.v. § 16 Satz 2 GVG.[156] Die Wahrnehmung der Aufgaben als Güterichter ist demnach richterliche Tätigkeit und gehört zu den Geschäften i.S.d. § 21e Abs. 1 Satz 1 GVG.[157] Abs. 6 Satz 1 stellt durch die Formulierung »hierfür bestimmt« ausdrücklich klar, dass ihn die Parteien anders als einen Mediator nicht unter mehreren auch als Güterichter tätigen Kollegen auswählen können, es sei denn, der Geschäftsverteilungsplan lässt dies ausdrücklich zu.[158]   89

Während die Güteverhandlung nach § 54 ArbGG durch den Vorsitzenden des Prozessgerichts durchgeführt wird, ist der Güterichter gem. § 54 Abs. 6 Satz 1 nicht entscheidungsbefugt.[159] Er kann daher auch kein Versäumnisurteil erlassen oder Auflagen für die Verhandlung vor der Kammer erteilen.[160] Ebenso wenig kann er Prozesskostenhilfe bewilligen oder den Streitwert festsetzen.[161]   90

§ 41 Nr. 8 ZPO schließt Richter von der Ausübung des Richteramtes in Sachen aus, in denen sie an einem Mediationsverfahren oder einem anderen Verfahren der außergerichtlichen Konfliktbeilegung mitgewirkt haben. Eine entsprechende Regelung für die Tätigkeit als Güterichter fehlt. Sie ist aber entbehrlich, weil sie sich aus der in Satz 1 niedergelegten fehlenden Entscheidungsbefugnis ergibt. Es empfiehlt sich allerdings zur Klarstellung eine § 41 Nr. 8 ZPO entsprechende Regelung in den Geschäftsverteilungsplan aufzunehmen.   91

b) Nichtöffentlichkeit und Schutz der Vertraulichkeit

Die Verhandlung vor dem Güterichter ist nicht öffentlich. Das Öffentlichkeitsgebot gilt nur für Verhandlungen vor dem erkennenden Gericht, §§ 52 Satz 1 ArbGG, 169 Satz 1 GVG.[162] Eine öffentliche Güteverhandlung ist nur mit Zustimmung der Parteien möglich.[163]   92

Nach der Begründung zum Regierungsentwurf gilt die in § 4 MediationsG geschützte Verschwiegenheitspflicht für den Güterichter nicht.[164] Für ihn gelten auch besondere Anzeigepflichten.[165] Der Güterichter hat aber gem. § 383 Abs. 1 ZPO grundsätzlich ein Zeugnisverweigerungsrecht über den Inhalt des Gütegesprächs, soweit ihm dort Tatsachen anvertraut worden sind, deren Geheimhaltung durch ihre Natur oder durch gesetzliche Vorschrift geboten ist.[166] Die Änderung des § 159 Abs. 2 ZPO, wonach ein Protokoll nur auf übereinstimmenden Antrag der Parteien aufgenommen wird, dient dem Schutz der Vertraulichkeit der Verhandlung vor dem Güterichter.[167] Sie verhindert   93

---

156 Begr. RegE, BT-Drucks. 17/5335, S. 20.
157 BT-Drucks. 17/8058, S. 21.
158 Zutreffend Schwab/Weth/Nause § 54 Rn 73.
159 Carl ZKM 2012, 16, 19.
160 GMPMG/Germelmann § 54 Rn 9k; so bereits der Entwurf eines Gesetzes zur Stärkung der gütlichen Streitbeilegung im Zivilprozess, BR-Drucks. 747/04, S. 4.
161 Schwab/Weth/Nause § 54 Rn 101 f.
162 Greger MDR 2014, 993 f.; Francken NZA 2015, 641, 643.
163 Henssler/Deckenbrock DB 2012, 159, 165.
164 RegE, BT-Drucks. 17/5335, S. 20; Henssler/Deckenbrock DB 2012, 159, 165.
165 Henssler/Deckenbrock DB 2012, 159, 165.
166 Natter/Gross-Görg § 54 Rn 35.
167 Vgl. BT-Drucks. 17/8058, S. 21; zur Protokollierung des Ergebnisses der Verhandlung vgl. Rdn. 101.

allerdings nicht, dass den Parteien ihre Erklärungen und ihr Verhalten in der Verhandlung vor dem Güterichter im möglicherweise fortzusetzenden streitigen Verfahren entgegengehalten werden können. Die Parteien können aber eine dies ausschließende Vereinbarung vor Beginn der Güteverhandlung treffen.

c) Verfahren

94 Nach Eingang der Verfahrensakten kann der Güterichter gemäß §§ 272, 216 ZPO den Termin zur Güteverhandlung bestimmen.[168] Um Verzögerungen durch Terminsverlegungsanträge zu vermeiden, sollte die Terminsbestimmung in Absprache mit den Parteien und ihren Prozessbevollmächtigten erfolgen.

95 Im Verfahren vor dem Güterichter besteht kein Vertretungszwang, soweit das Ausgangsverfahren nicht beim Landesarbeitsgericht anhängig ist.[169]

96 Dritte können an der Verhandlung nur im allseitigen Einverständnis teilnehmen.

97 Der Güterichter bestimmt die Methodik der Güteverhandlung im Einvernehmen mit den Parteien. Er kann alle Methoden der Konfliktbeilegung einschließlich der Mediation einsetzen.[170] Er ist jedoch nicht verpflichtet, die Verhandlung als Mediation oder nach den Grundsätzen der Mediation durchzuführen. Er kann sich auch darauf beschränken, ein Vergleichsgespräch der Parteien zu moderieren.

98 Die Begründung zum Gesetzentwurf sah einen wesentlichen Unterschied zwischen dem Güterichterverfahren und der innergerichtlichen Mediation darin, dass sich der richterliche Mediator rechtlicher Wertungen strikt zu enthalten habe, während der Güterichter nicht gehindert sei, den Fall auch rechtlich zu bewerten und eigene Lösungsmöglichkeiten vorzuschlagen oder einen eigenen Vergleichsvorschlag zu unterbreiten, falls dies gewünscht wird.[171] Die Auffassung, ein Mediator solle keine eigenen Vorschläge in das Verfahren einbringen,[172] ist allerdings durchaus nicht unumstritten.[173] Ungeachtet der gewünschten und gewählten Methode der Konfliktbeilegung empfiehlt sich daher eine Absprache mit den Parteien, ob ein Vorschlag des Güterichters gewünscht wird.

99 Gegen eine rechtliche Bewertung der Verfahrensaussichten durch den Güterichter spricht bereits, dass die Verhandlung zumeist in kurzem Abstand zur obligatorischen Güteverhandlung und damit in einem Verfahrensstadium stattfindet, in dem mangels hinreichenden schriftsätzlichen Vortrags und möglicher Beweiserhebungen im streitigen Verfahren noch keine verlässliche Prognose über den Ausgang des Verfahrens getroffen werden kann. Ungeachtet dessen gebietet es der Respekt vor der möglicherweise divergierenden Auffassung des für die Entscheidung zuständigen Spruchkörpers, rechtliche Bewertungen nach Möglichkeit zu unterlassen, zumal die Parteien eine jeweils eigene Einschätzung ihrer Prozessaussichten haben und gerade deswegen oder trotzdem eine gütliche Beilegung des Rechtsstreits anstreben. Vermittlungstätigkeit und Streitverfahren sollten daher klar getrennt bleiben.

100 Der Güterichter kann ebenso wie ein Mediator gem. § 2 Abs. 3 Satz 3 MediationsG auch Einzelgespräche mit den Parteien führen.[174] Um keine Bedenken hinsichtlich der zu wahrenden Neutralität aufkommen zu lassen, sollten sie nur im Einverständnis mit den Parteien erfolgen. In solchen vertraulichen Einzelgesprächen von einer Partei erlangte Informationen sind nur mit deren Einverständnis der anderen Partei mitzuteilen.

---

168 Begr. RegE, BT-Drucks. 17/5335, S. 32.
169 Greger/Unberath-Greger, Teil 4 Rn 126; Schwab/Weth/Nause § 54 Rn 112.
170 Greger/Unberath-Greger, Teil 4 Rn 98.
171 Greger/Unberath-Greger, Teil 4 Rn 126; Francken NZA 2012, 249, 250.
172 Schwab/Weth/Nause § 54 Rn 88.
173 Vgl. Kracht, Handbuch der Mediation, § 12 Rn 105, 106.
174 Francken NZA 2015, 641, 643; Greger MDR 2014, 994.

6. Abschluss des Güterichterverfahrens

Das Ergebnis der Verhandlung ist gemäß § 54 Abs. 3 ArbGG, der insoweit § 159 Abs. 2 Satz 2 ZPO vorgeht, zu protokollieren.[175] **101**

Finden die Parteien zu einer einverständlichen Lösung ihres Konflikts, können sie den Rechtsstreit im Rahmen der Güterichterverhandlung durch den Abschluss eines gerichtlichen Vergleichs zur Niederschrift des Güterichters nach § 54 Abs. 6 bzw. nach § 83a ArbGG beenden. Ein Vergleich ist gemäß § 794 Abs. 1 Nr. 1 ZPO vollstreckbar. Benötigen die Parteien noch Bedenkzeit, können sie dem Gericht auch einen übereinstimmenden schriftlichen Vergleichsvorschlag unterbreiten oder einen schriftlichen Vergleichsvorschlag des Gerichts durch entsprechende Erklärungen gegenüber dem Gericht annehmen. Der Güterichter oder das Prozessgericht können dann das Zustandekommen und den Inhalt des Vergleichs nach § 278 Abs. 6 ZPO feststellen.[176] **102**

Kommt es zu keiner gütlichen Einigung, gibt der Güterichter das Verfahren an das Gericht zurück, das einen Termin zur Fortsetzung des Verfahrens bestimmt, sofern ein solcher nicht bereits anberaumt ist. **103**

§ 54a Mediation, außergerichtliche Konfliktbeilegung

(1) Das Gericht kann den Parteien eine Mediation oder ein anderes Verfahren der außergerichtlichen Konfliktbeilegung vorschlagen.

(2) ¹Entscheiden sich die Parteien zur Durchführung einer Mediation oder eines anderen Verfahrens der außergerichtlichen Konfliktbeilegung, ordnet das Gericht das Ruhen des Verfahrens an. Auf Antrag einer Partei ist Termin zur mündlichen Verhandlung zu bestimmen. ²Im Übrigen nimmt das Gericht das Verfahren nach drei Monaten wieder auf, es sei denn, die Parteien legen übereinstimmend dar, dass eine Mediation oder eine außergerichtliche Konfliktbeilegung noch betrieben wird.

Übersicht	Rdn.		Rdn.
I. Zielsetzung und Anwendungsbereich	1	a) Verweisung vor den Güterichter	17
II. Gerichtlicher Vorschlag	4	b) Gerichtsinterne Mediation im Übergangszeitraum	18
1. Mediation	5	III. Ruhen des Verfahrens	19
2. Andere Verfahren der außergerichtlichen Streitbeilegung	6	IV. Fortsetzung des streitigen Verfahrens	23
3. Vorschlag	7	1. Fortsetzung auf Antrag einer der Parteien	24
a) Ermessen	11	2. Gerichtliche Wiederaufnahme	25
b) Zeitpunkt	14		
4. Alternativen	15		

I. Zielsetzung und Anwendungsbereich

Die durch Art. 4 Nr. 2 des Gesetzes zur Förderung der Mediation und anderer Verfahren der außergerichtlichen Konfliktbeilegung in das ArbGG eingefügte Vorschrift dient der Umsetzung des Art. 1 Abs. 1, Art. 3 a) der Europäischen Mediationsrichtlinie[1] und bringt ebenso wie § 278a ZPO für das zivilgerichtliche Verfahren die Absicht des Gesetzgebers zum Ausdruck, die außergerichtliche Konfliktbeilegung auch in bereits bei den Arbeitsgerichten anhängigen Verfahren zu fördern. Diese Zielsetzung kommt auch in der auf Empfehlung des Vermittlungsausschusses in Art. 7 eingefügten Änderung des Gerichtskostengesetzes zum Ausdruck. Die Verordnungsermächtigung des § 69b GKG ermöglicht den Ländern durch eine Öffnungsklausel, Gerichtsgebühren im Falle einer Mediation oder eines anderen Verfahrens der außergerichtlichen Streitbeilegung und **1**

---

175 Schwab/Weth/Nause § 54 Rn 99; Begr. RegE, BT-Drucks. 17/5335, S. 20.
176 Greger/Unberath-Greger Teil 4 Rn 136.
1 GMPMG/Prütting § 54a Rn 4.

§ 54a ArbGG   Mediation, außergerichtliche Konfliktbeilegung

einer anschließenden Klage- bzw. Antragsrücknahme zu ermäßigen oder entfallen zu lassen. § 54a Abs. 1 und Abs. 2 Satz 1 entsprechen § 278a ZPO, während Abs. 2 Satz 2 und 3 der Wahrung des arbeitsgerichtlichen Beschleunigungsgrundsatzes dienen sollen.[2] Die Vorschrift ermöglicht es dem Arbeitsgericht, den Parteien eine Mediation oder ein anderes Verfahren der außergerichtlichen Konfliktbeilegung vorzuschlagen. Ein entsprechender Vorschlag war zwar auch bislang gesetzlich nicht ausgeschlossen und wurde den Parteien in geeignet erscheinenden Fällen gelegentlich unterbreitet.[3] Die Regelung stellt die gerichtliche Anregung zum Versuch einer außergerichtlichen Konfliktbeilegung aber nunmehr auch im arbeitsgerichtlichen Verfahren auf eine ausdrückliche gesetzliche Grundlage.

2   Die ursprünglich im Regierungsentwurf in § 54a Abs. 2 Satz 2 RegE vorgesehene Möglichkeit, den Parteien, soweit auf der Grundlage des § 15 Satz 1 GVG-RegE durch Landesrecht vorgesehen, zusätzlich eine gerichtsinterne Mediation vorzuschlagen, ist auf Empfehlung des Rechtsausschusses gestrichen worden. Entsprechend der Intention des Gesetzgebers, vorrangig die außergerichtliche Konfliktbeilegung zu fördern, sollte nach dieser ursprünglichen Konzeption ohnehin ein Stufenverhältnis zwischen außergerichtlicher und gerichtsinterner Mediation bestehen.[4] Dabei wurde die gerichtsinterne Mediation offenbar als nachrangig angesehen, weil sie nur in geeigneten Fällen vorgeschlagen werden sollte, während eine solche Einschränkung für den Vorschlag einer außergerichtlichen Konfliktbeilegung nicht vorgesehen war. Eine gerichtsinterne Mediation konnte nach § 9 Abs. 1 MediationsG unter dieser Bezeichnung nur noch im Übergangszeitraum gem. § 9 Abs. 2 MediationsG durchgeführt werden.[5] Allerdings kann gem. § 54 Abs. 6 Satz 2 auch der Güterichter diese Methode der Konfliktbeilegung einsetzen.

3   § 54a findet gem. § 80 Abs. 2 Satz 1 auch im arbeitsgerichtlichen Beschlussverfahren und gem. §§ 64 Abs. 7, § 87 Abs. 2 Satz 1 auch im Verfahren zweiter Instanz Anwendung. Im Revisions- und Rechtsbeschwerdeverfahren vor dem Bundesarbeitsgericht gilt die Vorschrift nicht.

II. Gerichtlicher Vorschlag

4   Abs. 1 ermöglicht es dem Gericht, den Parteien die Durchführung einer Mediation oder eines anderen Verfahrens der außergerichtlichen Konfliktbeilegung vorzuschlagen, um es ihnen zu ermöglichen, die gerichtliche Auseinandersetzung bzw. ihren Konflikt außerhalb des Gerichts einvernehmlich beizulegen.

1. Mediation

5   Mediation ist in § 1 Abs. 1 MediationsG als vertrauliches und strukturiertes Verfahren definiert, bei dem Parteien mit Hilfe eines oder mehrerer Mediatoren freiwillig und eigenverantwortlich eine einvernehmliche Beilegung ihres Konflikts anstreben.

2. Andere Verfahren der außergerichtlichen Streitbeilegung

6   Welche anderen Verfahren der außergerichtlichen Konfliktbeilegung gemeint sein können, erschließt sich nur aus der Begründung zum Regierungsentwurf. Dort werden ohne nähere Erläuterung aber unter Hinweis auf einschlägige Literatur zur Wirtschaftsmediation[6] Schlichtungs-, Schieds- und Gütestellen, Ombudsleute, Clearingstelle, Shuttle-Schlichtung, Adjudikation, Mini-Trial, Early Neutral Evaluation und Online-Schlichtung aufgezählt.[7] Diese Verfahren sind zur Beilegung arbeitsgerichtlicher Streitigkeiten kaum geeignet und werden in der Praxis auch nicht

---

2 Fritz/Pielsticker-Fritz § 54a Rn 2; Begr. RegE, BT-Drucks. 17/5335, S. 24.
3 Horstmeier JR 2012, 1, 7.
4 Begr. RegE, BT-Drucks. 17/5335, S. 20.
5 S. Rdn. 16.
6 Risse/Wagner Handbuch der Mediation, § 23 Rn 96 ff.
7 Begr. RegE, BT-Drucks. 17/5335, S. 11.

genutzt. Ein gerichtlicher Vorschlag des Arbeitsgerichts zur außergerichtlichen Konfliktbeilegung i.S.d. Abs. 1 wird sich daher in aller Regel auf die Mediation beschränken.

3. Vorschlag

Anders als nach § 54 Abs. 6 obliegt der Vorschlag nicht dem Vorsitzenden, sondern dem Arbeitsgericht. Im Gütetermin und außerhalb der mündlichen Verhandlung ist dies der Vorsitzende und in der mündlichen Verhandlung vor der Kammer diese. 7

Der Vorschlag richtet sich an die Parteien bzw. im Beschlussverfahren, in dem die Vorschrift entsprechende Anwendung findet, an die Beteiligten einschließlich weiterer Beteiligter i.S.d. § 83 Abs. 3 ArbGG. 8

Der Vorschlag ist an keine Form gebunden und kann daher sowohl mündlich als auch schriftlich erfolgen.[8] Ein mündlicher Vorschlag sollte ebenso wie die Zustimmung oder Ablehnung der Parteien in das Protokoll aufgenommen werden. 9

Der Vorschlag beschränkt sich darauf, eine Mediation oder ein anderes Verfahren der außergerichtlichen Konfliktbeilegung durchzuführen. Eine bestimmte Person hat das Gericht auch auf Nachfrage der Parteien nicht zu benennen.[9] Es kann die Parteien aber auf Institutionen verweisen, die über entsprechende Verzeichnisse verfügen. 10

a) Ermessen

Die Entscheidung über einen Vorschlag liegt im Ermessen des Gerichts, das sich daran orientieren sollte, ob der Versuch einer außergerichtlichen Konfliktbeilegung den Parteien voraussichtlich eine größere Möglichkeit eröffnet, ihren Streit weniger belastend, zeitnäher und kostengünstiger beizulegen, als dies das gerichtliche Verfahren voraussichtlich vermag. Die Begründung zum Regierungsentwurf sieht vornehmlich Verfahren als geeignet an, in denen eine dauerhafte persönliche oder geschäftliche Beziehung der Parteien besteht, die durch das Verfahren oder sein Ergebnis beeinträchtigt werden kann.[10] Daneben bieten sich in erster Linie Verfahren an, in denen den Parteien an der durch § 4 MediationsG geschützten Vertraulichkeit gelegen ist oder in denen eine beiderseits gewünschte umfassende Konfliktbeilegung einen größeren zeitlichen Rahmen erfordert, als dies die gerichtliche Verhandlung ermöglicht. 11

Die Vorschrift ist auch im Zusammenhang mit der Neufassung des § 253 Abs. 3 ZPO zu sehen. § 253 Abs. 3 Nr. 1 gibt den Parteien auf, bereits in der Klageschrift anzugeben, ob der Klageerhebung der Versuch einer Mediation oder eines anderen Verfahrens der außergerichtlichen Konfliktbeilegung vorausgegangen ist oder ob einem solchen Versuch Gründe entgegenstehen. Auch wenn dies die bezweckte Hinwendung zur außergerichtlichen Konfliktbeilegung[11] nicht wesentlich fördern dürfte, gibt sie den Parteien und deren Prozessbevollmächtigten spätestens bei der Klageerhebung die Prüfung der Frage auf, inwiefern der der Klageerhebung zugrundeliegende Konflikt auch außergerichtlich beigelegt werden könnte.[12] In der Praxis wird die Regelung aber weitgehend unbeachtet gelassen. Sind jedoch gegen eine außergerichtliche Streitbeilegung sprechende Gründe in der Klageschrift angegeben, sollte das Gericht prüfen, ob es gleichwohl von seinem Vorschlagsrecht Gebrauch machen will. 12

Da der gerichtliche Vorschlag aber letztlich nur eine Anregung darstellt,[13] treffen die Parteien mit ihren Prozessvertretern die autonome Entscheidung, ob sie einen entsprechenden Vorschlag des Gerichts aufgreifen oder nicht. Dies hängt häufig weniger von der an abstrakten Kriterien zu orien- 13

---

8 GMPMG/Prütting § 54a Rn 9.
9 Fritz/Pielsticker-Fritz § 54a Rn 36; GMPMG/Prütting § 54a Rn 9; Schwab/Weth/Nause § 54a Rn 21.
10 Begr. RegE, BT-Drucks. 17/5335, S. 20.
11 Horstmeier JR 2012,1,7; Henssler/Deckenbrock DB 2012, 159, 162.
12 Begr. RegE, BT-Drucks. 17/5335, S. 31.
13 GMPMG/Prütting § 54a Rn 10.

tierenden objektiven Eignung eines Verfahrens für eine außergerichtliche Konfliktbeilegung ab als von der subjektiv gegebenen Bereitschaft der Parteien, sich hierauf einzulassen.[14]

b) Zeitpunkt

14 Der Vorschlag kann in jedem Stadium des Verfahrens und auch noch im Verfahren zweiter Instanz vor dem Landesarbeitsgericht bis zum Schluss der mündlichen Verhandlung, danach nur noch im Fall ihrer Wiedereröffnung erfolgen.[15] Da der Vorteil einer außergerichtlichen Konfliktbeilegung auch in der möglichen Zeit- und Kostenersparnis liegt, sollte er den Parteien aber möglichst frühzeitig unterbreitet werden.[16] Hierfür bietet sich in erster Linie die kurzfristig anzuberaumende Güteverhandlung an, sofern die Parteien nicht bereits dort eine Einigung erzielen. Zuvor fehlt es häufig bereits an ausreichenden Anhaltspunkten, um zu prüfen, ob sich das Verfahren überhaupt für die außergerichtliche Konfliktbeilegung eignet.

4. Alternativen

15 Neben dem Vorschlag zur Durchführung einen Mediation oder eines anderen Verfahrens der außergerichtlichen Konfliktbeilegung kann das Arbeitsgericht die Parteien mit deren Einvernehmen gem. § 54 Abs. 6 auch vor den Güterichter verweisen, der gem. § 54 Abs. 6 Satz 2 auch eine Mediation durchführen kann.[17]

16 Es empfiehlt sich für das Gericht, den Parteien die jeweiligen Möglichkeiten alternativ vorzustellen. Ein Stufenverhältnis zwischen außergerichtlicher Konfliktbeilegung und dem Güterichterverfahren besteht nicht.[18] Ob sich die Parteien für ein Verfahren konsensorientierter Konfliktbeilegung und gegebenenfalls für welches, ist deren autonome Entscheidung, die auch von der Beratung durch ihre Prozessbevollmächtigten und deren Erfahrungen in entsprechenden Verfahren abhängen wird. Druck auf die Parteien zu Gunsten seines Vorschlags darf das Gericht nicht ausüben.[19]

a) Verweisung vor den Güterichter

17 Die Inanspruchnahme eines Güterichters verursacht keine zusätzlichen Kosten, was vor allem für Arbeitnehmer ein wesentliches Entscheidungskriterium darstellen dürfte. Sie bietet zudem einen gegenüber der obligatorischen Güteverhandlung deutlich ausgeweiteten zeitlichen Rahmen, beansprucht aber andererseits gegenüber einer außergerichtlichen Mediation i.d.R. einen wesentlich geringeren Zeitaufwand. Der Versuch der außergerichtlichen Konfliktbeilegung bietet dagegen die Möglichkeit, einen bisweilen der gerichtlichen Auseinandersetzung zugrundeliegenden tieferen Konflikt unter größerem Zeitaufwand gründlicher zu bearbeiten.[20]

b) Gerichtsinterne Mediation im Übergangszeitraum

18 Eine gerichtsinterne Mediation an Arbeitsgerichten konnte gem. § 9 Abs. 1 MediationsG mit den Parteien unter dieser Bezeichnung nur noch im Übergangszeitraum von einem Jahr nach dem Inkrafttreten des Gesetzes durchgeführt werden, soweit ein solches Angebot bereits vor Inkrafttreten des MediationsG bestand.[21]

---

14 Steinberg DRiZ 2012, 19, 22.
15 GMPMG/Prütting § 54a Rn 9; Schwab/Weth/Nause § 54a Rn 18.
16 GMPMG/Prütting § 54a Rn 4; Fritz/Pielsticker-Fritz § 54a Rn 12.
17 Natter/Gross-Görg Rn 14; vgl. auch Begr. zur Anrufung des Vermittlungsausschusses, BT-Drucks. 17/8680, S. 2.
18 Fritz/Pielsticker-Fritz § 54a Rn 27; GMPMG/Prütting § 54a Rn 12.
19 Schwab/Weth/Nause § 54a Rn 22.
20 Francken NZA 2012, 249, 252.
21 Bericht zur Beschlussempfehlung des Rechtsausschusses, BT-Drucks. 17/8058, S. 20; kritisch Schwab/Weth/Nause § 54a Rn 15.

III. Ruhen des Verfahrens.

Nehmen die Parteien den Vorschlag des Gerichts an, eine Mediation oder ein anderes Verfahren der außergerichtlichen Streitbeilegung durchzuführen, hat das Gericht zwingend das Ruhen des Verfahrens anzuordnen (Abs. 2 Satz 1). Das gilt auch, wenn beide Parteien dem Gericht ohne entsprechenden Vorschlag aus eigener Initiative mitteilen, einen solchen außergerichtlichen Konfliktbeilegungsversuch zu unternehmen.[22] Ein Antrag der Parteien ist nicht erforderlich. 19

Die Anordnung erfolgt durch einen zu verkündenden oder formlos mitzuteilenden Beschluss des Vorsitzenden, § 54a Abs. 2 i.V.m. § 55 Abs. 1 Nr. 8. 20

Die Anordnung des Ruhens hat auf die in § 233 ZPO genannten Notfristen und Rechtsmittelbegründungsfristen keinen Einfluss, § 46 Abs. 2 i.V.m. § 251 Satz 2 ZPO. Während diese weiterlaufen, wird der Lauf aller übrigen Fristen mit der Anordnung unterbrochen.[23] 21

Wollen die Parteien in dem Kündigungsschutzgesetz unterfallenden Beendigungsstreitigkeiten eine Mediation oder ein anderes Verfahren der außergerichtlichen Konfliktbelegung durchführen, kann nach der Begründung zum Regierungsentwurf die gem. § 4 gebotene Klageerhebung mit dem Antrag verbunden werden, das Ruhen des Verfahrens anzuordnen.[24] Eine entsprechende Anordnung setzt jedoch das Einvernehmen beider Parteien voraus. 22

IV. Fortsetzung des streitigen Verfahrens

Die zusätzlichen Regelungen in § 254a Abs. 2 Satz 2 und 3 ArbGG tragen dem arbeitsgerichtlichen Beschleunigungsgrundsatz Rechnung.[25] 23

1. Fortsetzung auf Antrag einer der Parteien

Abs. 2 Satz 2 stellt es den Partei anheim, das gerichtliche Verfahren jederzeit fortzuführen. Auf einen entsprechenden schriftsätzlichen Antrag einer der Parteien, der gemäß § 250 ZPO der anderen Partei zuzustellen ist, hat der Vorsitzende einen Termin zur mündlichen Verhandlung zu bestimmen. 24

2. Gerichtliche Wiederaufnahme

Abs. 2 Satz 3 soll sicherstellen, dass Verfahren, die wegen der Durchführung einer Mediation oder eines anderen außergerichtlichen Konfliktbeilegungsversuchs ruhen, in der Hauptsache zeitnah fortgeführt werden.[26] Sind seit der Anordnung des Ruhens drei Monate vergangen, ist das Gericht auch ohne Antrag einer der Parteien verpflichtet, von sich aus das Verfahren wiederaufzunehmen, soweit die Parteien nicht übereinstimmend mitteilen, dass die Mediation oder ein anderes Verfahren der außergerichtlichen Konfliktbeilegung noch betrieben wird. Das ist ohne zeitliche Begrenzung der Fall, solange nicht eine der Parteien die außergerichtliche Konfliktbeilegung für gescheitert erklärt hat.[27] 25

Die Wiederaufnahme erfolgt, indem der Vorsitzende nach Ablauf der Frist einen Termin zur Fortsetzung der Verhandlung bestimmt.[28] Ein förmlicher Beschluss ist hierfür nicht erforderlich, da das Ruhen gem. Abs. 2 Satz 3 auf einen dreimonatigen Zeitraum befristet ist. 26

Das Gericht ist nicht verpflichtet, seinerseits bei den Parteien anzufragen, ob der außergerichtliche Konfliktbeilegungsversuch noch andauert, eine solche Nachfrage erscheint jedoch zweckmäßig. 27

---

22 Fritz/Pielsticker-Fritz § 54a Rn 48; GMPMG/Prütting § 54a Rn 11.
23 Natter/Gross-Görg § 54a Rn 16.
24 Begr. RegE BT-Drucks. 17/5335 S. 24.
25 Begr. RegE BT-Drucks. 17/5335 S. 24.
26 Begr. RegE BT-Drucks. 17/5335, S. 20.
27 Grunsky/Waas/Benecke/Greiner § 54a Rn 10.
28 Schwab/Weth/Nause § 54a Rn 30.

Von der Wiederaufnahme nach Fristablauf absehen kann das Gericht aber nur, wenn entsprechende schriftliche Mitteilungen der Parteien vorliegen.

§ 55 Alleinentscheidung durch den Vorsitzenden

(1) Der Vorsitzende entscheidet außerhalb der streitigen Verhandlung allein
1. bei Zurücknahme der Klage;
2. bei Verzicht auf den geltend gemachten Anspruch;
3. bei Anerkenntnis des geltend gemachten Anspruchs;
4. bei Säumnis einer Partei;
4a. über die Verwerfung des Einspruchs gegen ein Versäumnisurteil oder einen Vollstreckungsbescheid als unzulässig;
5. bei Säumnis beider Parteien;
6. über die einstweilige Einstellung der Zwangsvollstreckung;
7. über die örtliche Zuständigkeit;
8. über die Aussetzung und Anordnung des Ruhens des Verfahrens;
9. wenn nur noch über die Kosten zu entscheiden ist;
10. bei Entscheidungen über eine Berichtigung des Tatbestandes, soweit nicht eine Partei eine mündliche Verhandlung hierüber beantragt;
11. im Fall des § 11 Abs. 3 über die Zurückweisung des Bevollmächtigten oder die Untersagung der weiteren Vertretung.

(2) ¹Der Vorsitzende kann in den Fällen des Absatzes 1 Nr. 1, 3 und 4a bis 10 eine Entscheidung ohne mündliche Verhandlung treffen. ²Dies gilt mit Zustimmung der Parteien auch in dem Fall des Absatzes 1 Nr. 2.

(3) Der Vorsitzende entscheidet ferner allein, wenn in der Verhandlung, die sich unmittelbar an die Güteverhandlung anschließt, eine das Verfahren beendende Entscheidung ergehen kann und die Parteien übereinstimmend eine Entscheidung durch den Vorsitzenden beantragen; der Antrag ist in die Niederschrift aufzunehmen.

(4) ¹Der Vorsitzende kann vor der streitigen Verhandlung einen Beweisbeschluss erlassen, soweit er anordnet
1. eine Beweisaufnahme durch den ersuchten Richter;
2. eine schriftliche Beantwortung der Beweisfrage nach § 377 Abs. 3 der Zivilprozessordnung;
3. die Einholung amtlicher Auskünfte;
4. eine Parteivernehmung;
5. die Einholung eines schriftlichen Sachverständigengutachtens.

²Anordnungen nach den Nummern 1 bis 3 und 5 können vor der streitigen Verhandlung ausgeführt werden.

Übersicht	Rdn.		Rdn.
I. Allgemeines	1	7. Örtliche Zuständigkeit (Nr. 7)	20
II. Alleinentscheidung aufgrund gesetzlicher Ermächtigung (Abs. 1)	5	8. Aussetzung des Verfahrens und Anordnung des Ruhens (Nr. 8)	21
1. Klagerücknahme (Nr. 1)	5	9. Kostenentscheidung (Nr. 9)	33
2. Verzicht (Nr. 2)	9	10. Tatbestandsberichtigung (Nr. 10)	34
3. Anerkenntnis (Nr. 3)	11	11. Rüge Zurückweisung des Bevollmächtigten/Untersagung der Vertretung (Nr. 11)	35
4. Säumnis einer Partei (Nr. 4)	13		
4a. Säumnis beider Parteien (Nr. 4a)	15		
5. Säumnis beider Parteien (Nr. 5)	16	12. Rüge der Verletzung rechtlichen Gehörs (§ 78a Abs. 6)	36
6. Einstweilige Einstellung der Zwangsvollstreckung (Nr. 6)	19		

III.	Alleinentscheidung auf Antrag beider Parteien (Abs. 3) 37	V.	Beweisbeschluss vor streitiger Verhandlung (Abs. 4)............... 42
IV.	Folgen unzulässiger Alleinentscheidung 41		

I. Allgemeines

Die Befugnisse der Vorsitzenden werden insb. in den §§ 53, 55 und 56 geregelt. Während § 53 allein die Befugnisse der Vorsitzenden außerhalb der mündlichen Verhandlung bzw. i.R.d. Rechtshilfe regelt, wurde in § 55 das Alleinentscheidungsrecht der Vorsitzenden auch für Fälle festgelegt, in denen eine mündliche Verhandlung stattfinden muss. In § 56 wiederum sind die Befugnisse der Vorsitzenden zur Vorbereitung der streitigen Verhandlung geregelt. Durch das SGGArbGG-Änderungsgesetz waren mit Wirkung vom 01.04.2008 bereits mehrere Änderungen vorgenommen worden. So wurden in Abs. 1 die Wörter »*außerhalb der streitigen Verhandlung*« eingefügt. Außerdem sind die Nr. 4a, 9 und 10 eingefügt worden. Darüber hinaus ist durch das Gesetz über außergerichtliche Rechtsdienstleistungen vom 12.12.2007 mit Wirkung vom 01.07.2008 die Nr. 11 hinzugekommen. Durch das Gesetz zur Förderung der Mediation und anderer Verfahren der außergerichtlichen Konfliktbeilegung (s. dazu die Kommentierung zu § 54 Abs. 6 und zu § 54a) ist Nr. 8 auf die **Anordnung des Ruhens des Verfahrens** ausgedehnt worden. Gesetzestechnisch ist schon seit dem 1. April 2008 manches nicht mehr nachvollziehbar (dazu auch Rdn. 2). Für Entscheidungen außerhalb der mündlichen Verhandlung sah und sieht § 53 bereits Alleinentscheidungsmöglichkeiten vor. Das galt und gilt auch für die Ruhensanordnung. Ein praktischer Anwendungsbereich existiert für die Neuregelung durch das Mediationsgesetz also nur im Rahmen der Güteverhandlung. Dass für die Anordnung des Ruhens des Verfahrens in der Güteverhandlung ein Alleinentscheidungsrecht der Vorsitzenden besteht, ist allerdings bisher nicht bezweifelt worden. Die seitens des Gesetzgebers zur Begründung der Gesetzesänderung herangezogene Verfahrensvereinfachung wird es daher eher nicht geben. 1

Der Vorsitzende entscheidet in den in § 55 Abs. 1 genannten Fällen allein, also ohne Hinzuziehung der ehrenamtlichen Richter. Die durch das SGGArbGG-Änderungsgesetz mit Wirkung vom 01.04.2008 eingefügte Ergänzung »**außerhalb der streitigen Verhandlung**« ist nur vor dem Hintergrund der unterschiedlichen Auffassungen zu verstehen, die zu der Frage vertreten wurden, ob ehrenamtliche Richter auch dann nicht zu beteiligen seien, wenn die Entscheidung in einer Sitzung getroffen wird, in der sie anwesend sind, also in der Kammerverhandlung bzw. in den Verhandlungen der Rechtsmittelinstanzen.[1] Das Problem hat der Gesetzgeber auf die Auslegung des **Begriffs** »**streitige Verhandlung**« verlagert. So wurde bisher gerade die (einseitige) Säumnissituation begrifflich von der »streitigen« Verhandlung abgegrenzt.[2] Der Gesetzgeber hatte den Begriff der (nicht)streitigen Verhandlung in § 33 Abs. 1 Satz 1 BRAGO selbst definiert. Danach lag in der Säumnissituation eine nichtstreitige Verhandlung vor. Auch in dem Gebührenverzeichnis (Anlage 1 zu § 12 Abs. 1) hieß es unter Nr. 9112 »Beendigung des Verfahrens: ohne streitige Verhandlung außer durch Versäumnisurteil oder durch Beschluss nach § 91a ZPO«. Auch heute heißt es in der per 01.01.2008 maßgeblichen Fassung des Kostenverzeichnisses zum Gerichtskostengesetz (Anlage 1 zu § 3 Abs. 2 GKG) Teil 8 – Verfahren vor den Gerichten der Arbeitsgerichtsbarkeit – unter Nr. 8100: »Sie (die Gebühr) entfällt auch nach Übergang in das streitige Verfahren, wenn dieses ohne streitige Verhandlung endet; dies gilt nicht, wenn ein Versäumnisurteil ergeht.« Der Gesetzgeber wollte – sieht man sich die Gesetzesbegründung an – regeln, dass die ehrenamtlichen Richter immer dann, wenn anwesend, auch zu beteiligen sind. In der Begründung heißt es dazu: »Die Alleinentscheidungsbefugnis des Vorsitzenden besteht nur außerhalb der streitigen Verhandlung. Erfolgt eine Entscheidung in Anwesenheit der ehrenamtlichen Richter, sind diese auch in den in § 55 Abs. 1 Nr. 1 bis 10 genannten Fällen zu beteiligen.« Berücksichtigt man zudem den 2

---

[1] Reinhard/Böggemann NJW 2008, 1263, 1267.
[2] Z.B.: LAG Sachsen-Anhalt, 14.10.2005 – 10 Ta 139/05; KG 19.05.2003 – 1 W 136/03, KGR Berlin 2004, 421 zum Kostenrecht – § 33 BRAGO.

Umstand, dass es eigentlich nur um eine Klärung der Frage ging, ob die ehrenamtlichen Richter in der Kammerverhandlung zu beteiligen sind,[3] muss man den Begriff der »streitigen Verhandlung« wohl so verstehen, dass damit der Teil der mündlichen Verhandlung gemeint ist, an dem die ehrenamtlichen Richter beteiligt sind, unabhängig davon, ob streitig verhandelt wird oder nicht, und unabhängig von überkommenen Begrifflichkeiten, auch wenn sie durch den Gesetzgeber heute selbst in anderem Sinne verwendet werden. Dieses Ergebnis legt auch die Verwendung des Begriffs der streitigen Verhandlung in den §§ 54, 55, 56, 64, 80 und 87 nahe, wo er regelmäßig im Zusammenhang mit ihrer Anberaumung bzw. Vorbereitung gebraucht wird. Auch hier ist wohl immer der Termin gemeint, in dem den Parteien Gelegenheit zum streitigen Verhandeln gegeben werden soll, unabhängig davon, ob dann wirklich streitig verhandelt wird.

3 Nach § 64 Abs. 7 finden § 55 Abs. 1, 2 und 4 auch im **Berufungsverfahren** Anwendung. § 55 ist aber mangels Inbezugnahme im **Revisionsverfahren**[4] **nicht anwendbar**, jedoch im Beschlussverfahren.[5] Die abschließenden[6] Regelungen des § 55 schließen eine Anwendung des § 349 Abs. 2 ZPO *(Befugnisse des Vorsitzenden einer Kammer für Handelssachen)*, des § 358a ZPO *(Beweisbeschluss vor mündlicher Verhandlung im amts- und landgerichtlichen Verfahren)* und der §§ 526 f. ZPO *(Befugnisse des Einzelrichters im Berufungsverfahren bei den ordentlichen Gerichten)* aus. In den nicht in § 55 erwähnten Fällen müssen regelmäßig die ehrenamtlichen Richter beteiligt werden.

4 Soweit eine Befugnis des Vorsitzenden zur Alleinentscheidung besteht, ist die Beteiligung der ehrenamtlichen Richter an der Entscheidung unzulässig. Durch § 55 wird der gesetzliche Richter für besondere Fälle bestimmt.[7]

II. Alleinentscheidung aufgrund gesetzlicher Ermächtigung (Abs. 1)

1. Klagerücknahme (Nr. 1)

5 Die Klagerücknahme ist der **Widerruf des Gesuchs** um Rechtsschutz in diesem Prozess. Den materiell-rechtlichen Anspruch lässt sie unberührt. Die Klagerücknahme kann den ganzen prozessualen Anspruch oder einen selbstständigen Teil davon betreffen. Zeitlich ist sie möglich ab Rechtshängigkeit[8] ohne Rücksicht auf die Zulässigkeit der Klage. Als Prozesshandlung muss sie nicht ausdrücklich, aber eindeutig und unzweifelhaft sein.[9] Die Rücknahmeerklärung ist in dem zu beendenden Rechtsstreit an das Prozessgericht entweder in der mündlichen Verhandlung oder durch Einreichen eines bestimmenden Schriftsatzes zu richten.[10] Die Klagerücknahme ist **bindend**. Sie kann nicht widerrufen und nicht angefochten, jedoch mit Einverständnis der beklagten Partei rückgängig gemacht werden. Ist eine Einwilligung des Beklagten erforderlich und wird diese verweigert, darf der Kläger seinen ursprünglichen Antrag **wieder aufnehmen**.[11] Die **Einwilligung des Beklagten** zur Klagerücknahme ist nötig, sobald die Anträge gestellt wurden.[12] Die Einwilligung als Prozesshandlung unterliegt den gleichen Anforderungen wie die Klagerücknahme. Wird die Klagerücknahme

---

3 Dazu: Reinhard/Böggemann NJW 2008, 1263, 1267.
4 § 72 Abs. 6.
5 § 80 Abs. 2.
6 GMPMG/Germelmann § 55 Rn 33.
7 LAG Berlin, 14.07.1997 – 9 Sa 25/97; GMPMG/Germelmann § 55 Rn 35; GK-ArbGG/Dörner § 55 Rn 7; a.A. ArbG Bamberg, 29.10.1997 – 1 Ca 675/97, NZA 1998, 904.
8 § 261 ZPO; so OLG Brandenburg, 16.10.2000 – 9 WF 160/00, JurBüro 2001, 264; LG Münster, 19.04.2002 – 5 T 389/02, NJW-RR 2002, 1221; LG Saarbrücken, 23.07.2001 – 5 T 384/01, FamRZ 2002, 1260; a.A. KG, 31.05.1999 – 8 W 3707/99, NJW-RR 2000, 215; OLG Köln, 15.02.1994 – 22 W 5/94, MDR 1994, 618; OLG Stuttgart, 07.09.1979 – 2 W 33/79, WRP 1979, 818, die die Klageeinreichung ausreichen lassen.
9 BGH, 22.05.1989 – VII-ZR 129/88.
10 § 269 Abs. 2 Satz 2 ZPO.
11 RG, 09.02.2011 – VI 680/09, RGZ 75, 290.
12 § 54 Abs. 2 Satz 1.

durch Schriftsatz erklärt, ist dieser dem Gegner zuzustellen, wenn seine Einwilligung zur Wirksamkeit der Zurücknahme der Klage erforderlich ist. Widerspricht die beklagte Partei in diesem Fall der Zurücknahme der Klage nicht innerhalb einer Notfrist von zwei Wochen seit der Zustellung des Schriftsatzes, so gilt die Einwilligung als erteilt, wenn die beklagte Partei zuvor auf diese Folge hingewiesen worden ist.[13] Aufgrund wirksamer Klagerücknahme entfallen rückwirkend sämtliche prozessualen Wirkungen der Rechtshängigkeit[14] und die materiell-rechtlichen Wirkungen[15] nach sachlichem Recht, nicht aber die im Prozess abgegebenen privatrechtlichen Erklärungen, wie z.B. eine Aufrechnung.[16] Verlangt die **Ausschlussfrist** gerichtliche Geltendmachung des Anspruchs, so entfällt die fristwahrende Wirkung der Klageerhebung, wenn die Klage zurückgenommen wird. Wird bei einer zweistufigen tariflichen Verfallfrist eine die Verfallfrist wahrende Klage zurückgenommen, so führt eine erneute Klage nach Ablauf der Verfallfrist nicht dazu, dass die Verfallfrist als durch die erste Klage eingehalten gilt.[17] Noch nicht rechtskräftig gewordene Entscheidungen werden ohne Aufhebung wirkungslos.[18] Die klagende Partei hat die ganzen Kosten des Rechtsstreits – auch den durch Säumnis der beklagten Partei entstandenen Teil – zu tragen,[19] soweit nicht bereits rechtskräftig über sie erkannt oder sie dem Beklagten aus einem anderen Grund aufzuerlegen sind. Ist der Anlass zur Einreichung der Klage vor Rechtshängigkeit weggefallen und wird die Klage daraufhin unverzüglich zurückgenommen, so bestimmt sich die Kostentragungspflicht unter Berücksichtigung des bisherigen Sach- und Streitstandes nach billigem Ermessen.[20] Wegen des Ausschlusses der Kostenerstattung im erstinstanzlichen Verfahren[21] betrifft die **Kostentragungspflicht** allein die bei Gericht entstandenen Kosten. Dabei entfällt die einheitliche Verfahrensgebühr bei einer Klagerücknahme vor streitiger Verhandlung im vollen Umfang[22] und bei Klagerücknahme nach streitiger Verhandlung reduziert sie sich auf 0,4, wenn keine Entscheidung über die Kosten nach § 269 Abs. 3 Satz 3 ZPO ergeht oder die Entscheidung einer zuvor mitgeteilten Einigung der Parteien über die Kostentragung oder die Kostenübernahme folgt,[23] unabhängig davon, ob ein Mahnverfahren vorangegangen ist oder nicht.

Auf Antrag der beklagten Partei sind die Wirkungslosigkeit eines bereits ergangenen Urteils und die Kostentragungspflicht durch **Beschluss** auszusprechen.[24] Der Beschluss bedarf keiner mündlichen Verhandlung;[25] er unterliegt der sofortigen Beschwerde, wenn der Streitwert der Hauptsache 600,00 € übersteigt.[26] Ergeht der Beschluss außerhalb der mündlichen Verhandlung, folgt das Alleinentscheidungsrecht des Vorsitzenden aus § 53 Abs. 1; wird der Beschluss innerhalb der streitigen Verhandlung erlassen, besteht kein Alleinentscheidungsrecht mehr. 6

Wird zwischen den Parteien über die Wirksamkeit einer Klagerücknahme gestritten, besteht kein Alleinentscheidungsrecht des Vorsitzenden. Darüber ist vielmehr von der Kammer unter Beteiligung der ehrenamtlichen Richter unter Fortsetzung des bisherigen Verfahrens zu entscheiden. Bei Annahme einer wirksamen Klagerücknahme ist dies durch Endurteil festzustellen und sodann durch Beschluss über die Kosten nach § 269 Abs. 3 Satz 2 ZPO zu entscheiden. Wird eine wirk- 7

---

13 § 269 Abs. 2 Satz 3 u. 4 ZPO.
14 §§ 261 bis 266 ZPO.
15 § 262 ZPO.
16 Thomas/Putzo § 269 Rn 11.
17 BAG, 19.02.2003 – 4 AZR 168/02.
18 Vgl. § 269 Abs. 3 Satz 1 Halbs. 2 ZPO.
19 Vgl. § 269 Abs. 3 Satz 2 ZPO.
20 § 269 Abs. 3 Satz 2 u. 3 ZPO.
21 § 12a Abs. 1 Satz 1.
22 Nr. 8210 der Anlage 1 – KV zu § 3 Abs. 2 GKG.
23 Nr. 8211 der Anlage 1 – KV zu § 3 Abs. 2 GKG.
24 § 269 Abs. 4 ZPO.
25 § 55 Abs. 2 Satz 1.
26 § 269 Abs. 5 ZPO.

8   Das Alleinentscheidungsrecht nach Abs. 1 Nr. 1 besteht nicht, wenn beide Parteien den Rechtsstreit in der Hauptsache für erledigt erklären. Durch diese Prozesserklärungen wird der Rechtsstreit in der Hauptsache beendet, während er hinsichtlich der Kostentragungspflicht rechtshängig bleibt. Wegen des Ausschlusses der Kostenerstattung im erstinstanzlichen Verfahren[28] betrifft die Kostentragungspflicht – wie bei der Klagerücknahme – allein die bei Gericht entstandenen Kosten. Die Kostenentscheidung kann ohne mündliche Verhandlung und in diesem Fall nach § 53 Abs. 1 durch den Vorsitzenden allein ergehen. In der mündlichen Verhandlung entscheidet die Kammer über die Kosten.[29]

2. Verzicht (Nr. 2)

9   Verzicht[30] ist die Erklärung der klagenden Partei an das Gericht, dass der geltend gemachte prozessuale Anspruch nicht besteht. Er enthält die endgültige Zurücknahme der aufgestellten Rechtsbehauptung und führt deshalb auf Antrag zur sachlichen Klageabweisung. Die Verzichtserklärung muss nicht ausdrücklich, aber als Prozesshandlung eindeutig und bedingungslos sein. Aus § 55 Abs. 2 Satz 2 wird teilweise gefolgert, dass in Abweichung zu § 306 ZPO der Verzicht auch außerhalb der mündlichen Verhandlung erklärt werden könne.[31] Demgegenüber wird gerade im Hinblick auf den Schutzzweck des § 306 ZPO, dem im arbeitsgerichtlichen Verfahren besondere Bedeutung zukomme, weil oft prozessunerfahrene Parteien Erklärungen abgeben, eine Abweichung von § 306 ZPO abgelehnt.[32] Der Verzicht muss nicht den gesamten Klageanspruch erfassen; es genügt, wenn auf einen abtrennbaren Teil eines Anspruchs verzichtet wird.[33] Bei Teilverzicht muss wegen der dem § 301 Abs. 2 ZPO vorgehenden Regelung in § 306 ZPO ein Verzichts-Teilurteil ergehen.[34]

10 Allein die Verzichtserklärung beseitigt nicht die Rechtshängigkeit des prozessualen Anspruchs,[35] sie berechtigt die beklagte Partei jedoch zum Antrag auf Erlass eines Verzichtsurteils. Nach Abs. 1 Nr. 2 kann dieses durch den Vorsitzenden erlassen werden. Hierfür bedarf es grds. einer mündlichen Verhandlung. Mit **Zustimmung der Parteien** kann nach **Abs. 2 Satz 2** ohne mündliche Verhandlung entschieden werden.

3. Anerkenntnis (Nr. 3)

11 Anerkenntnis nach § 307 ZPO ist die Erklärung der beklagten Partei an das Gericht, dass der von der klagenden Partei geltend gemachte prozessuale Anspruch besteht. Gegenstand des Anerkenntnisses ist der prozessuale Anspruch selbst, mag er auf Leistung, Feststellung oder Gestaltung gerichtet sein. Die Erklärung muss als Prozesshandlung nicht ausdrücklich, aber eindeutig und bedingungslos sein. Aus § 55 Abs. 2 Satz 1 wurde bereits früher z.T. entnommen, dass wie im Verfahren vor den ordentlichen Gerichten[36] das Anerkenntnis auch außerhalb der mündlichen Verhandlung erklärt werden könne.[37] Dem wurde entgegengehalten, dass § 307 Abs. 2 ZPO a.F. eine Aufforderung nach § 276 ZPO verlange, die aber im arbeitsgerichtlichen Verfahren nach § 46 Abs. 2 gerade nicht möglich sei. Nach der Änderung des § 307 ZPO durch das 1. Justizmodernisierungsgesetz

---

27 GMPMG/Germelmann § 55 Rn 8.
28 § 12a Abs. 1 Satz 1.
29 Ausnahme: § 55 Abs. 3.
30 § 306 ZPO.
31 GK-ArbGG/Schütz § 55 Rn 15.
32 GMPMG/Germelmann § 55 Rn 10.
33 BAG, 26.10.1979 – 7 AZR 752/77.
34 GMPMG/Germelmann § 55 Rn 12.
35 Baumbach/Lauterbach/Albers/Hartmann § 306 Rn 3.
36 § 307 Abs. 2 ZPO a.F.
37 GK-ArbGG/Schütz § 55 Rn 15.

vom 24.08.2004[38] bedarf es einer mündlichen Verhandlung jetzt jedenfalls nicht mehr. Verwahrung gegen die Kosten schadet nicht. Teilanerkenntnis ist wie Teilverzicht[39] möglich.

Auf die Anerkenntniserklärung hin ist dem Anerkenntnis gem. zu verurteilen, ohne dass es eines Antrags auf Erlass eines Anerkenntnisurteils bedarf. Dieses kann nach Abs. 1 Nr. 3 der Vorsitzende erlassen, wozu es nach Abs. 2 Satz 1 keiner mündlichen Verhandlung bedarf. 12

4. Säumnis einer Partei (Nr. 4)

Säumnis einer Partei liegt vor, wenn sie nach Aufruf der Sache nicht erscheint[40] oder nicht verhandelt.[41] Sie muss jedoch ordnungsgemäß, insb. rechtzeitig geladen sein.[42] Ihr muss tatsächliches mündliches Vorbringen oder ein Antrag rechtzeitig mittels Schriftsatz mitgeteilt worden sein[43] und das Gericht darf nicht dafürhalten, dass die Partei ohne ihr Verschulden am Erscheinen verhindert ist.[44] 13

Im Fall der Säumnis einer Partei folgt für den Vorsitzenden aus Abs. 1 Nr. 4 ein **Alleinentscheidungsrecht für alle Entscheidungen, die auf die Säumnis zurückzuführen sind.** Der Vorsitzende ist berechtigt zum Erlass eines echten Versäumnisurteils,[45] eines sog. unechten Versäumnisurteils,[46] zur Entscheidung nach Lage der Akten,[47] zur Entscheidung über die Zurückweisung des Antrags auf Erlass des Versäumnisurteils nach § 335 ZPO oder zur Vertagung nach § 337 ZPO sowie zum Erlass des zweiten Versäumnisurteils nach § 345 ZPO.[48] Alle diese Entscheidungen bedürfen der **mündlichen Verhandlung** *(vgl. Abs. 2 Satz 1).* 14

4a. Säumnis beider Parteien (Nr. 4a)

Die Vorschrift ist durch das SGGArbGG-Änderungsgesetz mit Wirkung vom 01.04.2008 eingefügt worden und stellt nun ausdrücklich klar, dass der Vorsitzende auch im Fall der Verwerfung unzulässiger Einsprüche gegen ein Versäumnisurteil oder einen Vollstreckungsbescheid allein entscheiden kann. Wird nicht in der gesetzlichen Form und Frist Einspruch gegen das Versäumnisurteil eingelegt (§§ 338–340 ZPO), kann die Verwerfungsentscheidung nach § 341 Abs. 1 Satz 2 ZPO ohne oder aufgrund mündlicher Verhandlung durch – in jedem Fall zu verkündendes – Urteil ergehen (§ 341 Abs. 2 ZPO i.V.m. Abs. 1 Nr. 4). Bis zur Einfügung der Worte »*außerhalb der streitigen Verhandlung*« durch das SGGArbGG-Änderungsgesetz mit Wirkung vom 01.04.2008 war streitig, ob bei Anberaumung einer mündlichen Verhandlung durch den Vorsitzenden allein entschieden werden kann.[49] Dies ist nun jedenfalls nicht mehr zulässig. 15

5. Säumnis beider Parteien (Nr. 5)

Bei Säumnis beider Parteien außerhalb der streitigen Verhandlung steht der Vorsitzenden nach Abs. 1 Nr. 5 ein **Alleinentscheidungsrecht** zu. Dies umfasst nicht mehr die Kompetenz zur Ent- 16

---

38 BGBl. I, S. 2198.
39 Vgl. Rdn. 9.
40 § 330 ZPO.
41 § 333 ZPO; zu den Anforderungen: BAG, 04.12.2002 – 5 AZR 556/01, NZA 2003, 341; BAG, 25.11.2010 – 2 AZR 323/09, NZA 2011, 821 = NJW 2011, 1833; vgl. § 59 Rdn. 9 ff.
42 § 335 Abs. 1 Nr. 2 ZPO.
43 § 335 Abs. 1 Nr. 3 ZPO.
44 Vertagung von Amts wegen nach § 337 ZPO.
45 § 330 ZPO.
46 § 331 Abs. 2 ZPO, dazu z.B. Hessisches LAG, 12.02.2007 – 16 Sa 1366/06.
47 § 331a ZPO.
48 LAG Köln, 14.12.2000 – 6 Sa 1183/00; GMPMG/Germelmann § 55 Rn 17; GK-ArbGG/Schütz § 55 Rn 17.
49 Bejahend: Griebeling NZA 2002, 1073, 1075, mit Darstellung des Meinungsstandes; ablehnend: LAG Köln, 21.02.2003 – 4 Sa 1054/02, zur Entscheidung im Berufungsverfahren; LAG Düsseldorf, 25.07.2003 – 14 Sa 522/03, unter Hinweis auf § 66 Abs. 2 Satz 2 Halbs. 2.

§ 55 ArbGG   Alleinentscheidung durch den Vorsitzenden

scheidung nach Lage der Akten,[50] die im arbeitsgerichtlichen Verfahren schon im ersten Kammertermin nach dem Gütetermin möglich ist, aber nicht außerhalb der streitigen Verhandlung,[51] jedoch weiterhin eine
- Vertagung nach §§ 251a Abs. 3 ZPO i.V.m. § 227 ZPO[52] oder
- Anordnung des Ruhens des Verfahrens nach § 251a Abs. 3 ZPO.[53]

Angesicht der Begrenzung auf Entscheidungen außerhalb der streitigen Verhandlung gibt es für diese Regelung praktisch kaum noch einen Anwendungsbereich, da das Alleinentscheidungsrecht sich insoweit schon aus § 53 ergibt.

17 Die Entscheidungen können vom Vorsitzenden **auch ohne mündliche Verhandlung** getroffen werden *(vgl. Abs. 2 Satz 1)*.

18 Für die Güteverhandlung gilt für den Fall der Säumnis beider Parteien § 54 Abs. 5.

6. Einstweilige Einstellung der Zwangsvollstreckung (Nr. 6)

19 Wird ohne mündliche Verhandlung über den Antrag auf einstweilige Einstellung der Zwangsvollstreckung[54] entschieden *(vgl. Abs. 2 Satz 1)*, folgt die Befugnis der Vorsitzenden zur Alleinentscheidung aus § 53 Abs. 1. In Fällen der Entscheidung aufgrund mündlicher Verhandlung ergibt sich das Alleinentscheidungsrecht nicht mehr aus Abs. 1 Nr. 6, sodass zur Verhandlung ehrenamtliche Richter hinzugezogen werden müssen.[55] Gemeint sein kann nach der Begrenzung auf Verhandlungen außerhalb der streitigen Verhandlung also nur noch die Entscheidung innerhalb der Güteverhandlung.

7. Örtliche Zuständigkeit (Nr. 7)

20 Das Alleinentscheidungsrecht des Vorsitzenden über die örtliche Zuständigkeit nach § 48 Abs. 1 i.V.m. §§ 17 bis 17b GVG folgt aus Nr. 7. Nach der Gesetzesbegründung[56] handele es sich um eine wenig bedeutsame Verfahrensentscheidung, die nach der bisherigen Rechtslage die Kammersitzung unnötig belastet habe. Auf die Sachkunde der ehrenamtlichen Richter komme es bei dieser Entscheidung nicht an. Warum es jetzt bei einer Entscheidung aufgrund mündlicher Verhandlung anders sein soll, ist nicht recht verständlich, aber der neue Gesetzeswortlaut seit dem 01.04.2008 eindeutig.

8. Aussetzung des Verfahrens und Anordnung des Ruhens (Nr. 8)

21 Das Alleinentscheidungsrecht des Vorsitzenden über die Aussetzung des Verfahrens beruht auf Nr. 8 des Abs. 1 der Vorschrift. Der Vorsitzende kann die Aussetzung des Verfahrens anordnen, wenn die Entscheidung des Rechtsstreits ganz oder z.T. von dem Bestehen oder Nichtbestehen eines Rechtsverhältnisses abhängt, das den Gegenstand eines anderen anhängigen Rechtsstreits bildet oder von einer Verwaltungsbehörde festzustellen ist[57] oder sich im Laufe eines Rechtsstreits der Verdacht einer Straftat ergibt, deren Ermittlung auf die Entscheidung von Bedeutung ist.[58] Auch eine

---

50 § 251a Abs. 1 ZPO, schon im ersten Kammertermin nach dem Gütetermin – LAG Frankfurt, 31.10.2000 – 9 Sa 2072/99; GMPMG/Germelmann § 55 Rn 18.
51 A.A. offenbar GMPMG/Germelmann § 55 Rn 18, der sich nun zwar der Ansicht angeschlossen hat, dass die Entscheidung grds. bereits im ersten Kammertermin ergehen kann, aber scheinbar davon ausgeht, dass keine streitigen Verhandlung vorliegt, was wohl nicht richtig ist (dazu s. Rdn. 2).
52 GMPMG/Germelmann § 55 Rn 19.
53 GMPMG/Germelmann § 55 Rn 19.
54 § 62 Abs. 1 Satz 2, §§ 707 Abs. 1, 719, 769 ZPO.
55 A.A. GMPMG/Germelmann § 55 Rn 20.
56 BT-Drucks. 14/626, S. 9.
57 § 148 ZPO.
58 § 149 ZPO.

Teilaussetzung kommt in Betracht.⁵⁹ Für eine Aussetzung allein wegen Zustimmung der Parteien fehlt die Rechtsgrundlage;⁶⁰ in der Sache geht es um die Anordnung des Ruhens des Verfahrens nach § 251 ZPO.

Durch das Gesetz zur Förderung der Mediation und anderer Verfahren der außergerichtlichen Konfliktbeilegung ist Nr. 8 auf die **Anordnung des Ruhens des Verfahrens** ausgedehnt worden. Konkreter Hintergrund ist die Regelung unter § 54a Abs. 2, wonach das Gericht das Ruhen des Verfahrens anordnet, wenn sich die Parteien für eine außergerichtliche Konfliktbeilegung entscheiden. Insoweit wird auf die Kommentierung zu § 54a Abs. 2 verwiesen. Die Möglichkeit der Alleinentscheidung ist aber nicht auf diese Konstellation beschränkt worden, sondern gilt für alle Ruhensanordnungen. Die Regelung soll nach der Gesetzesbegründung der Verfahrensvereinfachung dienen. Dieses Ziel wird sie eher nicht erreichen können. Außerhalb der mündlichen Verhandlung konnte das Ruhen des Verfahrens schon bisher wegen § 53 durch die Vorsitzenden allein angeordnet werden. In der sogenannten (dazu s. Rdn. 2) streitigen Verhandlung ist die Entscheidung ohne die ehrenamtlichen Richter ohnehin nicht mehr möglich. Und dass in der Güteverhandlung bezüglich einer Anordnung des Ruhens des Verfahrens ein Alleinentscheidungsrecht besteht, ist bisher nicht bezweifelt worden.

22

Das Verfahren muss ausgesetzt werden, wenn in Fällen des Todes, des Verlustes der Prozessfähigkeit, des Wegfalls des gesetzlichen Vertreters, der Anordnung einer Nachlassverwaltung oder des Eintritts der Nacherbfolge eine Vertretung durch einen Prozessbevollmächtigten stattfand.⁶¹

23

Von der Zuständigkeit der Kammer ist bereits bisher ausgegangen worden, wenn die Verfassungswidrigkeit von Gesetzen⁶² oder europarechtliche Fragen⁶³ vorab zu klären sind. Es handele sich insoweit keineswegs um eine wenig bedeutsame Verfahrensentscheidung, die die Kammersitzung unnötig belaste und für die es auf die Sachkunde der ehrenamtlichen Richter bei dieser Entscheidung nicht ankomme.⁶⁴ Die infolge Einleitung des Vorabentscheidungsverfahrens gebotene Aussetzungsentscheidung hatte dann der Vorsitzende zu erlassen. Seit dem 01.04.2008 gilt das nur noch, wenn diese außerhalb der mündlichen Verhandlung getroffen werden. Bei einer Entscheidung in streitiger Verhandlung entscheidet die Kammer.

24

Die **Aussetzung des Verfahrens** nach §§ 148 f. ZPO ist eine prozessleitende Maßnahme, die – bei Vorliegen der Voraussetzungen für die Aussetzung – im pflichtgemäßen Ermessen des Gerichts steht und nicht der Prozessverschleppung Vorschub leisten darf.⁶⁵ Nach § 148 ZPO kann das Gericht, wenn die Entscheidung des Rechtsstreits ganz oder teilweise von dem Bestehen oder Nichtbestehen eines Rechtsverhältnisses abhängt, das den Gegenstand eines anderen anhängigen Rechtsstreits bildet, anordnen, dass die Verhandlung bis zur Erledigung des anderen Rechtsstreits auszusetzen ist. Voraussetzung einer Aussetzung nach § 148 ZPO ist die **Abhängigkeit der Entscheidung** von jener, die in einem anderen Rechtsstreit zu treffen ist; diese muss also **vorgreiflich** sein für die Entscheidung, die im auszusetzenden Verfahren ergehen soll. Dies ist nur der Fall, wenn im anderen Verfahren über ein Rechtsverhältnis entschieden wird, dessen Bestehen für den vorliegenden Rechtsstreit präjudizielle Bedeutung hat. Zu berücksichtigen ist, dass der Streitgegenstand der (späteren) Kündigungsschutzklage und damit der Umfang der Rechtskraft eines ihr stattgebenden Urteils auf die (streitige) Auflösung des Arbeitsverhältnisses durch die konkret angegriffene Kündigung beschränkt werden kann. Eine solche Einschränkung des Umfangs der Rechtskraft bedarf deutlicher Anhaltspunkte, die sich aus der Entscheidung selbst ergeben müssen. Das schließt es nicht aus, für die Bestimmung des Umfangs der Rechtskraft im Einzelfall Umstände

25

---

59 LAG Frankfurt, 17.01.2000 – 9 Ta 32/00.
60 A.A. LAG Frankfurt, 17.01.2000 – 9 Ta 32/00.
61 Auf Antrag; § 246 ZPO.
62 Art. 100 Abs. 1 GG.
63 Vorabentscheidungsverfahren nach Art. 234 Abs. 1 u. 2 EGV.
64 So die Begründung zum Alleinentscheidungsrecht, BT-Drucks. 14/626, S. 9; ebenso GMPMG/Germelmann § 55 Rn 27; GK-ArbGG/Schütz § 55 Rn 26.
65 GMPMG/Germelmann § 55 Rn 28.

heranzuziehen, die schon mit der Entscheidungsfindung zusammenhängen.[66] Danach kann über eine Kündigung losgelöst von einem anderen Verfahren über eine weitere Kündigung entschieden werden, welche das Arbeitsverhältnis zu einem früheren Zeitpunkt auflösen soll. Damit wird die Argumentation gegenstandslos, die die Vorgreiflichkeit der Entscheidung über die Kündigung mit einem früheren Auflösungszeitpunkt rechtfertigen sollte.[67] Das Gesetz stellt die Aussetzung im Übrigen in das **pflichtgemäße Ermessen** des Gerichts. Eine Aussetzung muss nur dann erfolgen, wenn sich das Ermessen des Gerichts auf Null reduziert. Gegenüber dem vorrangigen Zweck einer Aussetzung – einander widersprechende Entscheidungen zu verhindern – sind insbesondere die Nachteile einer langen Verfahrensdauer und die dabei entstehenden Folgen für die Parteien abzuwägen. Dabei ist der Beschleunigungsgrundsatz des § 9 Abs. 1 ArbGG ebenso zu berücksichtigen wie die Vorschriften zum Schutz vor überlanger Verfahrensdauer (§ 9 Abs. 2 Satz 2 ArbGG, § 198 ff. GVG).[68] Grds. ist dem Beschleunigungsgrundsatz[69] ggü. der Aussetzungsmöglichkeit nach § 148 ZPO der Vorrang einzuräumen, wenn nicht gewichtige Gründe die Aussetzung gebieten.[70] Sie muss erkennen lassen, dass das ArbG die Vor- und Nachteile gegeneinander abgewogen hat.[71] Im Rahmen der Ermessensausübung bei der Aussetzung sind mindestens zu berücksichtigen: das **Beschleunigungsgebot**, der **Stand der beiden Verfahren**, insbesondere des vorgreiflichen Rechtsstreits und dessen voraussichtliche Dauer und damit die voraussichtliche Dauer der Aussetzung, die **Gefahr sich widersprechender Entscheidungen** unter Berücksichtigung der Erfolgsaussichten der Klagepartei auch in jenem Rechtsstreit, ob **bereits ein Urteil zu ihren Gunsten ergangen** ist und wie ggf. die **Erfolgsaussichten eines Rechtsmittels** zu beurteilen sind, die **wirtschaftliche Situation beider Parteien**, die Notwendigkeit für die Klagepartei, ihre Ansprüche mit Hilfe eines gerichtlichen Titels durchsetzen zu müssen und das **Verhalten der Klagepartei**.[72] Das Gericht hat i.d.R. mehrere Möglichkeiten: Es kann den Rechtsstreit fortführen und in der Sache entscheiden oder aussetzen, es kann, falls die übrigen Voraussetzungen vorliegen, einen über die vorgreifliche Rechtsfrage anhängigen Rechtsstreit hinzuverbinden (§ 147 ZPO) oder es kann die Rechtsstreite unverbunden lassen, aber zeitnah (u.U. am selben Tag) entscheiden (§ 147 ZPO).[73] Von welcher dieser Möglichkeiten das Gericht Gebrauch macht, steht in seinem Ermessen. Das Ermessen kann jedoch eingeschränkt sein mit der Folge, dass nicht jede der an sich denkbaren Möglichkeiten, sondern nur bestimmte Möglichkeiten oder sogar nur noch eine Möglichkeit einer rechtmäßigen Ermessensausübung entsprechen.[74] Kann das ArbG, das mit verschiedenen Prozessen derselben Partei befasst ist, der Gefahr divergierender Entscheidungen in den Instanzen durch eine Verfahrensverbindung begegnen, so sollte der Verfahrensverbindung regelmäßig ggü. der Aussetzung der Vorzug gegeben werden.[75] Dies gilt auch, wenn mehrere Rechtsstreite um verschiedene Kündigungen rechtshängig sind.[76] Es ist nicht zulässig, von mehreren Parallelprozessen in einer Kammer nur einen durchzuführen und die

---

66 BAG, 22.11.2012 – 2 AZR 732/11, Rn 20.
67 LAG Berlin-Brandenburg, 30.04.2015 – 26 Ta 625/15, Rn 18.
68 BAG, 16.04.2014 – 10 AZB 6/14, Rn 5.
69 §§ 9 Abs. 1 Satz 1, 61a ArbGG.
70 BAG, 26.09.1991 – 2 AZR 132/91, NZA 1992, 1073; LAG Schleswig-Holstein, 25.09.1998 – 6 Ta 137/98; LAG München, 22.02.1989 – 7 Ta 25/89.
71 LAG Düsseldorf, 16.02.1989 – 7 Ta 56/89.
72 LAG Berlin-Brandenburg, 06.03.2008 – 15 Ta 281/08 sowie 10.10.2012 – 4 Ta 1832/12 und 30.04.2015 – 26 Ta 625/15, Rn 9; Hessisches LAG, 20.04. 2007 – 11 Ta 631/06; LAG Schleswig-Holstein, 24.11.2006 – 2 Ta 268/06.
73 BAG, 25.03.2004 – 2 AZR 399/03.
74 BAG, 27.04.2006 – 2 AZR 360/05, Rn 19.
75 LAG Hamm, 20.10.1983 – 8 Ta 291/83; LAG Schleswig-Holstein, 25.09.1998 – 6 Ta 137/98; LAG Frankfurt, 20.10.1995 – 16 Ta 414/95; LAG Sachsen-Anhalt, 22.09.1995 – 2 Ta 140/95.
76 LAG Schleswig-Holstein, 25.09.1998 – 6 Ta 137/98; LAG Frankfurt, 13.08.1999 – 5 Ta 512/99; LAG Frankfurt, 11.08.1999 – 5 Ta 513/99; a.A. LAG Frankfurt, 17.01.2000 – 9 Ta 32/00, das von dem Grundsatz der Aussetzung der Verhandlung über zeitlich später wirkende Kündigungen ausgeht.

anderen auszusetzen. Treffen die Parteien eine Musterprozessvereinbarung, kommt die Anordnung des Ruhens des Verfahrens nach § 251 ZPO in Betracht.

In der arbeitsgerichtlichen Praxis ist die Aussetzung nach § 148 ZPO wegen einer anderen Entscheidung von besonderer Bedeutung. Die Entscheidung in dem anderen Rechtsstreit oder Verwaltungsverfahren muss **vorgreiflich** sein für die Entscheidung, die in dem auszusetzenden Verfahren ergehen soll. Dies ist nur der Fall, wenn im anderen Verfahren über ein Rechtsverhältnis entschieden wird, dessen Bestehen für den vorliegenden Rechtsstreit präjudizielle Bedeutung hat. Das Rechtsverhältnis muss den Gegenstand des anderen Verfahrens bilden, darf dort nicht nur Vorfrage sein.[77] Eine Aussetzung wegen Vorgreiflichkeit darf erst dann erfolgen, wenn feststeht, dass der anstehende Rechtsstreit nicht aus anderen Gründen zu einer Entscheidung gebracht werden kann; es reicht nicht aus, wenn der anstehende Rechtsstreit möglicherweise von dem Ausgang des anderen Rechtsstreits abhängt.[78] Insoweit hat der Vorsitzende auch die Vorfrage der Vorgreiflichkeit zu entscheiden. § 55 betrifft auch die Aussetzung aufgrund anderer Vorschriften als nach § 148 ZPO. In Betracht kommt insbesondere die Aussetzung nach § 97 Abs. 5 Satz 1 (wenn die Entscheidung eines Rechtsstreits davon abhängt, ob eine Vereinigung tariffähig oder ob die Tarifzuständigkeit der Vereinigung gegeben ist). Diese Bestimmung stellt nach ihrem eindeutigen Wortlaut allerdings darauf ab, ob es auf die Frage der Tariffähigkeit tatsächlich ankommt, nicht darauf, ob es auf die Tariffähigkeit möglicherweise ankommen könnte.[79] Ein weiterer Aussetzungstatbestand findet sich seit dem 16.08.2014 in § 98 (Entscheidung über die Wirksamkeit einer Allgemeinverbindlicherklärung oder einer Rechtsverordnung).[80]

Wird ein **Entgeltprozess über kündigungsabhängige Entgeltansprüche** gesondert geführt, so braucht das ArbG im Allgemeinen weder die Rechtskraft des zugunsten des Arbeitnehmers ergangenen Urteils noch das Ergebnis des Berufungsverfahrens abzuwarten. Für eine Aussetzung des Rechtsstreits über die kündigungsabhängigen Entgeltansprüche ist regelmäßig kein Raum.[81] Der Aussetzung eines Rechtsstreits über Entgeltansprüche steht der Umstand entgegen, dass der Arbeitnehmer typischerweise auf seine Vergütung angewiesen ist und sich nicht auf die Inanspruchnahme von Sozialleistungen verweisen lassen muss, wenn ein Vergütungsanspruch gegen den Arbeitgeber besteht. Der arbeitsrechtliche Beschleunigungsgrundsatz (§ 9 Abs. 1 ArbGG) verbietet es in solchen Fällen regelmäßig, eine Aussetzung vorzunehmen.[82] Eine Aussetzung des Verfahrens über einen **Beschäftigungsanspruch** bis zum rechtskräftigen Abschluss eines anhängigen Rechtsstreits über die Wirksamkeit der Kündigung ist nicht zwingend,[83] sondern kommt nur in engen Grenzen in Betracht.[84] Ist ein **Sozialplan** wegen Wegfalls der Geschäftsgrundlage durch die Betriebsparteien anzupassen, ist ein Rechtsstreit über die Sozialplanabfindung in entsprechender Anwendung von § 148 ZPO auszusetzen.[85] Wird jedoch in einem Beschlussverfahren nach § 76 Abs. 5 Satz 4 BetrVG die Unwirksamkeit eines Sozialplans geltend gemacht, so führt das nicht zu einer Rege-

---

77 Zöller/Greger § 148 Rn 5.
78 LAG Düsseldorf, 11.03.1992 – 7 Ta 58/92; GK-ArbGG/Schütz § 55 Rn 25; LAG Berlin-Brandenburg, 09.09.2009 – 13 Ta 1695/09, Rn 5.
79 BAG, 28.01.2008 – 3 AZB 30/07, NZA 2008, 489, Rn 10.
80 Zu den Voraussetzungen der Aussetzung auch BAG, 07.01.2015 – 10 AZB 109/14, Rn 17 ff. sowie die Kommentierung zu § 98.
81 LAG Frankfurt, 03.07.2002 – 12 Ta 213/02; LAG Thüringen, 27.06.2001 – 6/9 Ta 160/00; LAG Hamm, 18.04.1985 – 8 Ta 96/85; LAG Köln, 21.11.1985 – 5 Ta 208/85; LAG Köln, 17.12.1985 – 9 Ta 230/85; LAG Nürnberg, 09.07.1986 – 3 Ta 8/86, NZA 1987, 211; LAG Düsseldorf, 23.12.1982 – 7 Ta 299/82; LAG Köln, 24.11.1997 – 4 Ta 343/97; a.A. LAG Berlin, 02.12.1993 – 9 Ta 24/93.
82 Vgl. auch BVerfG, 22.09.2008 – 1 BvR 1707/08, Rn 20.
83 BAG, 27.02.1985 – GS 1/84, NJW 1985, 2968.
84 LAG Köln, 17.05.1991 – 5 Ta 107/91, NZA 1992, 84; dazu auch LAG Berlin-Brandenburg, 30.04.2015 – 26 Ta 625/15, Rn 30 ff.
85 BAG, 28.08.1996 – 10 AZR 886/95, NZA 1997, 109.

laussetzung.[86] Der Rechtsstreit über einen **Auflösungsantrag** darf nicht ausgesetzt werden, wenn er zeitlich einer weiteren Kündigung vorgeht.[87] Ausgesetzt werden darf aber der Rechtsstreit über eine später wirksam werdende Kündigung.[88]

28 Solange die »Zweigleisigkeit« des Rechtsweges bei der Kündigung von **schwerbehinderten oder diesen gleichgestellten behinderten Menschen** besteht, muss immer mit divergierenden Entscheidungen der ArbG und der Verwaltungsgerichte gerechnet werden. Das bedingt nach Auffassung des Sechsten Senats des BAG die Notwendigkeit der Aussetzung eines Kündigungsschutzprozesses, wenn die erteilte Zustimmung des Integrationsamtes angefochten wird,[89] während es nach dem Zweiten Senat im Ermessen des Gerichts steht, ob es den von einem schwerbehinderten oder diesem gleichgestellten behinderten Menschen anhängig gemachten Kündigungsschutzprozess nach § 148 ZPO aussetzt, solange über die Anfechtung der Zustimmung des Integrationsamtes zu der Kündigung noch nicht rechtskräftig entschieden ist, wenn es die Kündigung für sozial gerechtfertigt hält.[90] Hat die Arbeitnehmerin im Kündigungsschutzprozess geltend gemacht, ein von ihr anhängig gemachtes Verfahren zur Feststellung der Schwerbehinderteneigenschaft sei noch nicht abgeschlossen, so kann eine Aussetzung erst in Betracht kommen, wenn zu überblicken ist, dass es entscheidend auf den Schwerbehindertenschutz ankommt.[91]

29 § 148 ZPO ist über seinen Wortlaut hinaus auf **vergleichbare Fallgestaltungen entsprechend** anwendbar, z.B. bei demnächst zu erwartender Klärung von Rechtsfragen durch das BAG, die für andere bei unteren Instanzengerichten anhängige Verfahren allein streitentscheidend sind.[92]

30 Eine Aussetzung nach § 149 ZPO kommt nur in Betracht, wenn das aussetzende Gericht selbst davon überzeugt ist, dass sich ein Prozessbeteiligter dem **Verdacht einer strafbaren Handlung** ausgesetzt hat.[93] Liegt dem Strafverfahren und dem Verfahren vor dem ArbG nahezu derselbe Sachverhalt zugrunde, findet eine Aussetzung nicht statt.[94] Beschränkt sich der Arbeitgeber allerdings im Rechtsstreit über eine außerordentliche Verdachtskündigung ggü. einem Angestellten darauf, den Inhalt des Haftbefehls als Tatsachengrundlage des kündigungsbegründenden Verdachts vorzutragen und dies ergänzend in das »Zeugnis« des ermittlungsführenden Staatsanwalts zu stellen, so ist eine Aussetzung des arbeitsgerichtlichen Verfahrens nicht ermessensfehlerhaft, sondern sogar angezeigt.[95]

31 Aus Gründen der Prozessökonomie kann es ausnahmsweise zulässig sein, wenn es bei der Entscheidung auf die Gültigkeit eines Gesetzes ankommt, gegen das verfassungsrechtliche Bedenken bestehen, nicht nach Art. 100 GG zu verfahren, sondern den Rechtsstreit in entsprechender Anwendung des § 148 ZPO bis zur Entscheidung des BVerfG in einem bereits anhängigen Verfahren des BVerfG nach Art. 100 GG über die Gültigkeit der anzuwendenden Vorschrift auszusetzen.[96]

---

86 LAG Berlin, 22.11.1983 – 3 Ta 11/83.
87 BAG, 27.04.2006 – 2 AZR 360/05, NZA 2007, 229 = BB 2006, 2476.
88 BAG, 26.06.2008 – 6 AZN 648/07, NZA 2008, 1145 = NJW 2008, 3235.
89 BAG, 25.11.1980 – 6 AZR 210/80.
90 BAG, 26.09.1991 – 2 AZR 132/91, NZA 1992, 1073; LAG Köln, 03.02.1997 – 5 Ta 30/97; LAG Berlin, 25.07.1996 – 10 Sa 46/96; LAG Frankfurt, 11.02.1994 – 3 Ta 465/93; LAG Frankfurt, 12.11.1993 – 15 Ta 346/93; LAG Köln, 17.03.1992 – 10 Ta 4/92; LAG Frankfurt, 15.03.1990 – 2 Ta 41/90.
91 LAG Hamm, 10.02.1983 – 8 Ta 363/82; LAG Berlin, 24.06.1991 – 9 Sa 20/91, NZA 1992, 79; LAG Köln, 21.06.1996 – 11 Sa 260/96 betr. Gleichstellungsantrag; LAG Köln, 19.12.1995 – 13 Sa 928/95 betr. Gleichstellungsantrag.
92 BAG, 12.03.1996 – 3 AZR 993/94; LAG Sachsen-Anhalt, 11.12.1997 – 4 [8] Ta 288/97.
93 LAG Frankfurt, 08.03.1988 – 13 Ta 66/88.
94 LAG Berlin, 12.10.1981 – 9 Ta 3/81.
95 LAG Frankfurt, 26.02.1991 – 12 Ta 154/91.
96 BAG, 28.01.1988 – 2 AZR 296/87, NZA 1989, 228; LAG Düsseldorf, 21.04.1994 – 7 Ta 71/94.

Vor der Aussetzung des Verfahrens ist den Parteien Gelegenheit zur Stellungnahme zu geben, wozu die Gelegenheit zur schriftsätzlichen Stellungnahme ausreicht.[97] Die Aussetzungsentscheidung erfolgt durch Beschluss, der zu begründen ist.[98] Gegen den Aussetzungsbeschluss oder die Zurückweisung des Aussetzungsantrags des ArbG ist die sofortige Beschwerde[99] gegeben. Entscheidet das LAG, ist gegen den Beschluss des LAG nur dann die Rechtsbeschwerde gegeben, wenn sie von dem LAG nach § 78 Satz 2 zugelassen wurde.[100]   32

9. Kostenentscheidung (Nr. 9)

Die Vorschrift ist durch das SGGArbGG-Änderungsgesetz mit Wirkung vom 01.04.2008 eingefügt worden. Durch sie ist eine Angleichung an § 349 Abs. 2 Nr. 12 ZPO vorgenommen worden. Betroffen sind die Fälle, in denen nicht von der Möglichkeit Gebrauch gemacht wird, ohne mündliche Verhandlung zu entscheiden. Das kann bei **Kostenschlussurteilen** in Betracht kommen. Das sind Urteile, durch die nur noch über die Kosten zu entscheiden ist, weil bereits über einen Teil des Streitgegenstandes durch Teilurteil entschieden worden ist, der verbliebene Teil aber später z.B. aufgrund Klagerücknahme entfallen ist (s. dazu ausführlich § 46 Rdn. 54 ff.). In der Praxis ist diese Frage von Bedeutung, weil Kostenschlussurteile nach § 128 Abs. 3 ZPO, der über § 46 Abs. 2 ZPO Anwendung findet, zwar wie alle Kostenentscheidungen ohne mündliche Verhandlung ergehen können. § 53 findet jedoch keine Anwendung auf Urteile.[101]   33

10. Tatbestandsberichtigung (Nr. 10)

Die durch das SGGArbGG-Änderungsgesetz mit Wirkung vom 01.04.2008 eingefügte Regelung ermöglicht eine Alleinentscheidung des Vorsitzenden über den Tatbestandsberichtigungsantrag. Diese war bisher wegen § 320 Abs. 4 Satz 2 ZPO nicht möglich. Danach wirken grundsätzlich diejenigen Richter an der Entscheidung mit, die auch bei dem zugrunde liegenden Urteil mitgewirkt haben. Voraussetzung für eine Alleinentscheidung ist aber, dass nicht eine Partei eine mündliche Verhandlung beantragt. Das bedeutet eine sinnvolle Vereinfachung und Beschleunigung.   34

11. Rüge Zurückweisung des Bevollmächtigten/Untersagung der Vertretung (Nr. 11)

§ 55 Abs. 1 Nr. 11 ist durch Art. 11 Nr. 3 des Gesetzes zur Neuregelung des Rechtsberatungsrechts v. 12.12.2007[102] m.W.v. 01.07.2008 eingefügt worden. Die Regelung ergänzt § 11 Abs. 3, wonach das Gericht Bevollmächtigte, die nicht nach Maßgabe des Abs. 2 vertretungsbefugt sind, durch unanfechtbaren Beschluss zurückweist. Außerdem kann das Gericht den in § 11 Abs. 2 Satz 2 Nr. 1 bis 3 bezeichneten Bevollmächtigten durch unanfechtbaren Beschluss die weitere Vertretung untersagen, wenn sie nicht in der Lage sind, das Sach- und Streitverhältnis sachgerecht darzustellen. In der Gesetzesbegründung[103] heißt es zur Einfügung der Nr. 11: »Ein Beschluss über den Ausschluss eines unzulässigen oder ungeeigneten Bevollmächtigten kann bereits im Güteverfahren erforderlich werden, in dem vor dem Vorsitzenden ohne ehrenamtliche Richter verhandelt wird. Durch die neue Nr. 9 entscheidet der Vorsitzende in jeder Lage des Verfahrens über den nach § 11 Abs. 3 möglichen Ausschluss eines Bevollmächtigten allein, also auch im Kammertermin und außerhalb der mündlichen Verhandlung gemäß § 53 ArbGG, da eine mündliche Verhandlung für die Entscheidung nicht vorgesehen ist.«   35

Die Angabe einer Nr. 9 und des »Kammertermins« ist dem Umstand geschuldet, dass über die Vorschrift vor dem SGGArbGG-Änderungsgesetz beschlossen worden ist. Die Alleinentscheidung kommt nur außerhalb der mündlichen Verhandlung in Betracht.

---

97 GMPMG/Germelmann § 55 Rn 31.
98 § 329 ZPO.
99 § 252 ZPO i.V.m. § 78.
100 GMPMG/Germelmann § 55 Rn 32.
101 GMPMG/Germelmann § 53 Rn 14.
102 BGBl. I, S. 2840.
103 BR-Drucks 623/06, S. 209.

12. Rüge der Verletzung rechtlichen Gehörs (§ 78a Abs. 6)

36 An die Stelle des durch das Anhörungsrügengesetz vom 09.12.2004[104] nunmehr aufgehobenen § 55 Abs. 1 Nr. 9 ArbGG ist § 78a Abs. 6 ArbGG getreten. Die Vorschrift bestimmt, dass die Entscheidung über die Gehörsrüge grds. unter Hinziehung der ehrenamtlichen Richter zu erfolgen hat.[105] Sie wirken jedoch nicht mit, wenn die Rüge als unzulässig verworfen wird oder sich gegen eine Entscheidung richtet, die ohne Hinziehung der ehrenamtlichen Richter erlassen wurde. Es ergibt sich zwar aus den Gesetzesmaterialien nicht völlig eindeutig, welche ehrenamtlichen Richter über die Rüge mitzuentscheiden haben. Zuständig ist nach der Auffassung des Dritten Senats[106] das nach dem Geschäftsverteilungsplan bestimmte Gremium.[107]

III. Alleinentscheidung auf Antrag beider Parteien (Abs. 3)

37 Die Parteien können nach **Abs. 3** durch übereinstimmenden Antrag eine Entscheidung des Vorsitzenden allein herbeiführen, wenn in der Verhandlung, die sich **unmittelbar** an die Güteverhandlung anschließt, eine das Verfahren beendende Entscheidung ergehen kann.[108] Im Gütetermin darf keine Vertagung erforderlich sein. Eine der Alleinentscheidungsbefugnis entgegenstehende Unterbrechung soll bereits vorliegen, wenn zwischen der Güteverhandlung und der streitigen Verhandlung eine andere Sache verhandelt wird.[109] Dies erscheint zu formalistisch. In der Praxis werden nicht selten während der Gütesitzung Verhandlungen unterbrochen, andere Sachen vorgezogen, außerhalb des Sitzungssaals geführte Vergleichsgespräche oder telefonische Anfragen abgewartet. Auch die Parteien können nach gescheiterter Güteverhandlung ein Interesse haben, kurzfristig zu klären, ob eine Alleinentscheidung anzustreben ist. Der Vorschrift ist genüge getan, wenn die streitige Verhandlung sich in dem Sinne unmittelbar an den Gütetermin anschließt, als sie noch am Sitzungstag vor Anberaumung eines Kammertermins erfolgt.[110]

38 In der Verhandlung muss **eine das Verfahren beendende Entscheidung** (vgl. hierzu auch Rdn. 24) ergehen können. Ist eine Beweisaufnahme erforderlich, kommt eine Alleinentscheidung in Betracht, wenn jene aufgrund präsenter Beweismittel sofort durchgeführt werden kann. Dies wird der Sitzungsplan häufig aus Zeitgründen nicht zulassen. Bei Vertagung fehlt bzw. entfällt eine Voraussetzung für die Alleinentscheidungsbefugnis. Eine durchgeführte Beweisaufnahme ist in diesem Fall – entsprechend der Situation bei einer Vertagung der Verhandlung vor der Kammer – nicht zu wiederholen.[111] Des Weiteren wirken sämtliche Prozesshandlungen der Parteien, die in der streitigen Verhandlung vorgenommen wurden *(z.B. Geständnisse, Klageänderungen, Antragstellungen)* im weiteren Verfahren fort.[112]

39 Die Befugnis des Vorsitzenden zur Alleinentscheidung besteht nur, wenn **sämtliche am Rechtsstreit beteiligten Parteien** bzw. Streitgenossen[113] **übereinstimmend** eine Entscheidung durch den Vorsitzenden beantragen. Der Antrag ist in das Protokoll aufzunehmen. Die Antragstellung erfolgt durch unwiderrufliche Prozesshandlungen und kann auf abtrennbare, teilurteilsfähige Teile des prozessualen Anspruchs beschränkt werden. Der Antrag ist für den Vorsitzenden bindend. Er allein ist gesetzlicher Richter.[114]

---

104 Gesetz über die Rechtsbehelfe bei Verletzung des Anspruchs auf rechtliches Gehör – BGBl. I, S. 3220.
105 Einzelheiten s. unter § 78a.
106 BAG, 22.07.2008 – 3 AZN 584/08, NJW 2009, 541 = NZA 2009, 1054.
107 A.A. Bepler mit überzeugender Begründung in jurisPR-ArbR 3/2005, 19.01.2005, Anm. 4.
108 Zu verfassungsrechtlichen Bedenken wegen Einfluss der Parteien auf Besetzung der Richterbank vgl. GMPMG/Germelmann § 55 Rn 40.
109 GMPMG/Germelmann § 55 Rn 41.
110 Ähnlich GK-ArbGG/Schütz § 55 Rn 61.
111 GMPMG/Germelmann § 55 Rn 42; GK-ArbGG/Schütz § 55 Rn 64.
112 GMPMG/Germelmann § 55 Rn 42.
113 GMPMG/Germelmann § 55 Rn 43.
114 I.E. GK-ArbGG/Schütz § 55 Rn 34.

Als **verfahrensbeendende Entscheidungen** kommen in Betracht: *(Teil-)* Urteil, Entscheidung nach 40
§ 5 KSchG über den Antrag auf nachträgliche Zulassung einer Kündigungsschutzklage,[115] Entscheidung nach § 17 Satz 2 TzBfG[116] über den Antrag auf nachträgliche Zulassung einer Befristungskontrollklage oder ein Verweisungsbeschluss.

IV. Folgen unzulässiger Alleinentscheidung

Entscheidet der Vorsitzende trotz fehlender Befugnis zur Alleinentscheidung, liegt die Entscheidung 41
eines nicht ordnungsgemäß besetzten Gerichts vor. Ist die Berufung statthaft, rechtfertigt der Fehler des Vorsitzenden nicht die Zurückverweisung.[117] Ist gegen die Entscheidung kein Rechtsmittel gegeben, besteht die Möglichkeit der Nichtigkeitsklage nach § 579 Abs. 1 Nr. 1 ZPO. Entsprechendes gilt für die Entscheidung des Vorsitzenden des LAG. Bei statthafter, weil zugelassener Revision, liegt der absolute Revisionsgrund des § 547 Nr. 1 ZPO vor.[118] Ansonsten bleibt der Weg über die Nichtigkeitsklage.

V. Beweisbeschluss vor streitiger Verhandlung (Abs. 4)

Unter Verdrängung von § 358a ZPO regelt **Abs. 4 Satz 1** für das arbeitsgerichtliche Verfahren 42
abschließend die Möglichkeit des Erlasses eines Beweisbeschlusses vor der streitigen Verhandlung durch den Vorsitzenden.[119]

Der Vorsitzende kann nach Nr. 2 eine **Beweisaufnahme durch den ersuchten Richter**[120] anordnen, 43
jedoch nur i.R.d. Anordnungsmöglichkeiten nach § 55 Abs. 4 Nr. 2 bis 5. Eine Augenscheineinnahme durch den ersuchten Richter kann daher vor der streitigen Verhandlung nicht angeordnet werden,[121] jedoch in der mündlichen Verhandlung durch die Kammer.[122] Die Beweisaufnahme erfolgt dann durch ein anderes Gericht im Wege der Rechtshilfe.[123] Insoweit kommen in Betracht die Anordnungen

– der Aufnahme des Zeugenbeweises nach § 375 Abs. 1 ZPO, wenn von vornherein anzunehmen ist, dass das Prozessgericht das Beweisergebnis auch ohne unmittelbaren Eindruck von dem Verlauf der Beweisaufnahme sachgemäß zu würdigen vermag, und *(1.)* wenn zur Ermittlung der Wahrheit die Vernehmung des Zeugen an Ort und Stelle dienlich erscheint oder nach gesetzlicher Vorschrift der Zeuge nicht an der Gerichtsstelle, sondern an einem anderen Ort zu vernehmen ist; *(2.)* wenn der Zeuge verhindert ist, vor dem Prozessgericht zu erscheinen; *(3.)* wenn dem Zeugen das Erscheinen vor dem Prozessgericht wegen großer Entfernung unter Berücksichtigung der Bedeutung seiner Aussage nicht zugemutet werden kann;

– der Urkundsvorlegung nach § 434 ZPO, wenn eine Urkunde bei der mündlichen Verhandlung wegen erheblicher Hindernisse nicht vorgelegt werden kann oder wenn es bedenklich erscheint, sie wegen ihrer Wichtigkeit und der Besorgnis ihres Verlustes oder ihrer Beschädigung vorzulegen;

– der Ausführung der Parteivernehmung nach § 451 ZPO i.V.m. § 375 ZPO.

Nach Nr. 2 kann der Vorsitzende eine **schriftliche Beantwortung der Beweisfrage nach § 377** 44
Abs. 3 ZPO anordnen, wenn er dies im Hinblick auf den Inhalt der Beweisfrage und die Person des Zeugen für ausreichend erachtet. Der Zeuge ist darauf hinzuweisen, dass er zur Vernehmung geladen werden kann, wobei der Vorsitzende oder aufgrund mündlicher Verhandlung die Kammer

---

115 LAG Frankfurt, 27.03.1987 – 13 Ta 74/87.
116 I.V.m. § 5 KSchG.
117 § 68.
118 BAG, 05.06.2014 – 6 AZN 267/14, Rn 22, NZA 2014, 799.
119 GK-ArbGG/Schütz § 55 Rn 66; einschränkend: GMPMG/Germelmann § 55 Rn 48.
120 § 362 ZPO.
121 GMPMG/Germelmann § 55 Rn 48; GK-ArbGG/Schütz § 55 Rn 67.
122 GMPMG/Germelmann § 55 Rn 48.
123 § 13.

die Ladung des Zeugen anordnet, wenn dies zur weiteren Klärung der Beweisfrage für notwendig erachtet wird.[124] Der Zeuge ist schriftlich zur Wahrheit zu ermahnen[125] und über das Recht zur Zeugnisverweigerung aus persönlichen Gründen zu belehren.[126] Eine eidesstattliche Versicherung ist nicht vorgesehen.[127]

45 Des Weiteren kann die Vorsitzende nach **Nr. 3** die **Einholung amtlicher Auskünfte** anordnen. Die Anordnung darf nur Beweiszwecken, nicht der Sachverhaltsermittlung dienen.[128]

46 Ferner kann der Vorsitzende nach **Nr. 4** die **Parteivernehmung** anordnen, sofern die Voraussetzungen der §§ 445 ff. ZPO vorliegen. Einem Antrag auf Vernehmung des Beweisgegners kann der Vorsitzende nach § 445 Abs. 1 ZPO nachkommen, wenn eine Partei den ihr obliegenden Beweis mit anderen Beweismitteln nicht vollständig geführt oder andere Beweismittel nicht vorgebracht hat. Der Antrag ist nicht zu berücksichtigen, wenn er Tatsachen betrifft, deren Gegenteil das Gericht für erwiesen erachtet.[129] Der Vorsitzende kann auch die Vernehmung der beweispflichtigen Partei anordnen, wenn eine Partei es beantragt und die andere damit einverstanden ist. Ohne Antrag einer Partei und ohne Rücksicht auf die Beweislast kann das Gericht die Vernehmung einer Partei oder beider Parteien anordnen, wenn das Ergebnis der bisherigen Verhandlungen und einer etwaigen Beweisaufnahme nicht ausreicht, um seine Überzeugung von der Wahrheit oder Unwahrheit einer zu erweisenden Tatsache zu begründen. Dies kommt nur zur Vorbereitung eines ggf. erforderlichen weiteren Kammertermins in Betracht.

47 Schließlich kann der Vorsitzende nach Nr. 5 die **Einholung eines schriftlichen Sachverständigengutachtens** anordnen, um die Erledigung des Rechtsstreits in möglichst einem Kammertermin zu ermöglichen.[130]

48 Der **Inhalt des Beweisbeschlusses** richtet sich nach § 359 ZPO. Der Beweisbeschluss enthält die Bezeichnung der streitigen Tatsachen, über die der Beweis zu erheben ist *(Nr. 1)*, die Bezeichnung der Beweismittel unter Benennung der zu vernehmenden Zeugen und/oder der zu vernehmenden Partei oder des Sachverständigen *(Nr. 2)* und die Bezeichnung der Partei, die sich auf das Beweismittel berufen hat *(Nr. 3)*.

49 Bis auf die Parteivernehmung *(Abs. 4 Satz 1 Nr. 4)* können die Beweisbeschlüsse vor der streitigen Verhandlung auch ausgeführt werden *(Abs. 4 Satz 2)*.

§ 56 Vorbereitung der streitigen Verhandlung

(1) ¹Der Vorsitzende hat die streitige Verhandlung so vorzubereiten, dass sie möglichst in einem Termin zu Ende geführt werden kann. ²Zu diesem Zweck soll er, soweit es sachdienlich erscheint, insbesondere
1. den Parteien die Ergänzung oder Erläuterung ihrer vorbereitenden Schriftsätze sowie die Vorlegung von Urkunden und von anderen zur Niederlegung bei Gericht geeigneten Gegenständen aufgeben, insbesondere eine Frist zur Erklärung über bestimmte klärungsbedürftige Punkte setzen;
2. Behörden oder Träger eines öffentlichen Amtes um Mitteilung von Urkunden oder um Erteilung amtlicher Auskünfte ersuchen;
3. das persönliche Erscheinen der Parteien anordnen;

---

124 § 377 Abs. 3 Satz 3 ZPO.
125 § 395 Abs. 1 ZPO.
126 § 383 Abs. 2 ZPO.
127 GMPMG/Germelmann § 55 Rn 51.
128 GMPMG/Germelmann § 55 Rn 52.
129 § 445 Abs. 2 ZPO.
130 BT-Drucks. 14/626, S. 9.

4. Zeugen, auf die sich eine Partei bezogen hat, und Sachverständige zur mündlichen Verhandlung laden sowie eine Anordnung nach § 378 der Zivilprozessordnung treffen.

³Von diesen Maßnahmen sind die Parteien zu benachrichtigen.

(2) ¹Angriffs- und Verteidigungsmittel, die erst nach Ablauf einer nach Absatz 1 Satz 2 Nr. 1 gesetzten Frist vorgebracht werden, sind nur zuzulassen, wenn nach der freien Überzeugung des Gerichts ihre Zulassung die Erledigung des Rechtsstreits nicht verzögern würde oder wenn die Partei die Verspätung genügend entschuldigt. ²Die Parteien sind über die Folgen der Versäumung der nach Absatz 1 Satz 2 Nr. 1 gesetzten Frist zu belehren.

Übersicht	Rdn.
I. Allgemeines	1
II. Vorbereitung der streitigen Verhandlung (Abs. 1)	2
1. Pflicht zur Vorbereitung	3
2. Vorbereitungsmaßnahmen	9
a) Hinweis auf Darlegungslücken und Aufklärungsdefizite (Nr. 1, 1. Alt.)	10
b) Anforderung von Urkunden und sonstigen Gegenständen (Nr. 1, 2. Alt.)	17
c) Anforderung amtlicher Auskünfte und Urkunden (Nr. 2)	31
d) Anordnung des persönlichen Erscheinens (Nr. 3)	34
e) Ladung von Zeugen und Sachverständigen (Nr. 4)	35
f) Sonstige Maßnahmen	39
g) Benachrichtigung der Parteien	41
III. Zurückverweisung verspäteten Vorbringens	42
1. Allgemeines (Abs. 2 Satz 1)	42
2. Zurückweisung nach Abs. 2	44
a) Konkrete gerichtliche Aufklärungsauflage	46
b) Angemessene Frist zum Vortrag der Angriffs- oder Verteidigungsmittel	47
c) Form und Zustellung der Auflagen- und Fristsetzungsverfügung	49
d) Belehrung über Folgen bei Fristversäumung	51
e) Verspäteter Vortrag von Angriffs- oder Verteidigungsmitteln	56
f) Verzögerung des Rechtsstreits	59
aa) Verzögerungsrelevanter Vortrag	59
bb) Kausalität	61
cc) Verzögerungsbegriff	63
dd) Keine Mitursächlichkeit des Gerichts für Verzögerung	69
g) Rechtliches Gehör wegen Vorwurfs der Verspätung	71
h) Unzureichende Entschuldigung oder Glaubhaftmachung	72
i) Zurückweisungsentscheidung	75
j) Folgen der Präklusion verspäteten Vorbringens	76
k) Sonderfall: Eilverfahren	79
3. Zurückweisung nach § 296 Abs. 1 ZPO	80
4. Zurückweisung nach §§ 296 Abs. 2, 282 Abs. 1 ZPO	81
a) Prozessförderungspflicht in mündlicher Verhandlung	82
b) Voraussetzungen für Präklusion	84
5. Zurückweisung nach §§ 296 Abs. 2, 282 Abs. 2 ZPO	85
a) Anordnung vorbereitender Schriftsätze	86
b) Verspätete Mitteilung von Angriffs- und Verteidigungsmitteln	87
c) Voraussetzungen für die Präklusion	88
6. Verhinderung der Zurückweisung	89
a) Flucht in die Säumnis	89
b) Flucht in die Berufungsinstanz	93

I. Allgemeines

Die Vorschrift bringt den **Beschleunigungs- und Konzentrationsgrundsatz** zur Geltung, wie er auch in §§ 9 Abs. 1 Satz 1, 57 Abs. 1 Satz 1 und 61a Abs. 1 zum Ausdruck kommt.[1] Entsprechend ist sie im Berufungsverfahren,[2] mangels Inbezugnahme aber nicht im Revisionsverfahren anwendbar. Im Beschlussverfahren gilt § 83 Abs. 1a.   1

---

1 GMPMG/Germelmann § 56 Rn 1.
2 § 64 Abs. 7 Satz 1.

II. Vorbereitung der streitigen Verhandlung (Abs. 1)

2   Abs. 1 betrifft, wie der Wortlaut eindeutig ausweist, nur die Vorbereitung der streitigen Verhandlung, nicht die des Gütetermins.[3] Aufgrund einer Auflage nach Abs. 1 Nr. 1, die vor der Güteverhandlung erteilt worden ist, darf daher der Parteienvortrag, der »erst« in der Güteverhandlung erfolgt, nicht ausgeschlossen werden, weil damit die durch § 54 Abs. 1 Satz 2 zwingend vorgeschriebene Verpflichtung, das »gesamte Streitverhältnis« mit den Parteien zu erörtern, unterlaufen würde.[4]

1. Pflicht zur Vorbereitung

3   In **Abs. 1 Satz 1** wird dem Vorsitzenden die Pflicht auferlegt, die streitige Verhandlung so vorzubereiten, dass sie möglichst in einem Termin zu Ende geführt werden kann. Dadurch wird die Konzentrations- und Beschleunigungspflicht des Zivilgerichts nach § 273 Abs. 1 Satz 1 ZPO konkretisiert. Dem Vorsitzenden steht kein Ermessensspielraum zu, ob er sachlich gebotene Maßnahmen nach Abs. 1 anordnet. Er hat vielmehr alle Handlungen vorzunehmen, die im Interesse der Erledigung des Rechtsstreits im ersten streitigen Termin erforderlich sind. Ein Beurteilungsspielraum wird dem Vorsitzenden insoweit zugesprochen, als er prüfen muss, ob und welche Maßnahmen notwendig sind, um das Ziel der möglichst frühzeitigen Beendigung des Rechtsstreits zu erreichen.[5]

4   Eilanordnungen werden jedoch vom Vorsitzenden nicht erwartet. Dem Gericht werden nur solche Vorbereitungsmaßnahmen zugemutet, die **im normalen Geschäftsgang noch ausführbar** sind.[6]

5   Die Vorsitzende ist auch nicht gehalten, jede denkbare Maßnahme vorsorglich anzuordnen. Sie ist nicht verpflichtet, jeden schriftlich angebotenen Beweis vor der streitigen Verhandlung vorzubereiten oder gar nach § 55 Abs. 4 zu erheben.

6   Die **Vorbereitung einer Beweiserhebung** kommt i.d.R. nur dann in Betracht, wenn durch einzelne Beweismittel bestimmte Streitpunkte in der Verhandlung geklärt werden können; ihr Zweck ist es nicht, eine umfangreiche, nicht überschaubare Beweisaufnahme in der ersten Verhandlung zu ermöglichen. Daher wird eine Pflicht zur Vorbereitung der Beweiserhebung **abgelehnt** bei beiderseits umfangreichen Beweisantritten, bei Zweifeln über Fragen der Beweislast, bei erst kurz vor dem – zeitlich ausgebuchten – Termin angebotenen Beweisen sowie bei erkennbarer Unmöglichkeit, alle notwendigen Beweise bereits im ersten Termin zu erheben. Von der vorsorglichen Ladung von Zeugen und Sachverständigen kann Abstand genommen werden, wenn noch nicht absehbar ist, welche Tatsachen streitig bleiben. Entsprechendes gilt, wenn erst ein komplizierter Streitstoff in der mündlichen Verhandlung geklärt werden soll bzw. wenn möglicherweise eine solche Beweisaufnahme überflüssig werden könnte.[7]

7   Generell wird die **Sachdienlichkeit** von kostenverursachenden Maßnahmen, wozu insb. die Zeugenladung gehört, zu verneinen sein, sofern es nicht unwahrscheinlich ist, dass sich die Maßnahmen als überflüssig erweisen.[8] Die Praxis in den Tatsacheninstanzen zeigt, dass nur in einem Bruchteil aller Rechtsstreite eine Beweisaufnahme stattzufinden braucht. Häufig ist der Rechtsstreit aus rechtlichen Gründen ohne Beweisaufnahme entscheidbar oder er wird aufgrund gütlicher Einigung[9] erledigt. Zeugenladungen auf Vorrat verzögern wegen der damit verbundenen Notwendigkeit, jeweils ausreichend Verhandlungszeit zu reservieren und entsprechend weniger Rechtsstreite am Terminstag anzusetzen, die Beschleunigung aller rechtshängigen Rechtsstreite.

---

3 GMPMG/Germelmann § 56 Rn 4; a.A. Grunsky § 56 Rn 1.
4 LAG Niedersachsen, 12.12.1989 – 6 Sa 357/89.
5 GMPMG/Germelmann § 56 Rn 6.
6 BGH, 30.05.1984 – VIII ZR 20/83.
7 BGH, 27.02.1980 – VIII ZR 54/79, NJW 1980, 1105; BGH, 13.02.1980 – VIII ZR 61/79.
8 Gift/Baur E Rn 715; a.A. GK-ArbGG/Dörner § 56 Rn 6, vor Bearbeiterwechsel.
9 § 57 Abs. 2.

Die Verletzung der gerichtlichen Konzentrations- und Beschleunigungspflicht ist **prozessrechtlich** **8** **sanktionslos.** Zu weit gehend und durch das Gesetz nicht gedeckt war der Hinweis von Dörner, die Verfahrensweise eines Vorsitzenden, der die Akte zwischen Güte- und Verhandlungstermin nur mit der Verfügung »zur Frist« oder »z.T.« fülle, ohne die Erfüllung der den Parteien unter Fristsetzung erteilten Auflagen zu kontrollieren, sei »unverzeihlich« und »der Dienstaufsicht durchaus zugänglich«.[10] In Abs. 1 Satz 2 ist die richterliche Pflicht zur Setzung von Fristen normiert, nicht jedoch eine solche zur Erinnerung der mit ordnungsgemäßer Belehrung über die Folgen der Fristversäumung ermahnten Parteien.

2. Vorbereitungsmaßnahmen

Welche Maßnahmen der Vorsitzende anordnet, ist von der jeweiligen Prozesslage, insb. von dem **9** bereits erfolgten schriftlichen Vorbringen der Parteien und dem Ergebnis der Erörterung des gesamten Streitverhältnisses mit den Parteien im Gütetermin abhängig. Die Aufzählung möglicher Maßnahmen in Abs. 1 Satz 2 ist dabei nicht abschließend.

a) Hinweis auf Darlegungslücken und Aufklärungsdefizite (Nr. 1, 1. Alt.)

Nach § 139 Abs. 1 Satz 2 ZPO hat die Vorsitzende darauf hinzuwirken, dass die Parteien sich über **10** alle erheblichen Tatsachen vollständig erklären und die sachdienlichen Anträge stellen, insb. auch ungenügende Angaben der geltend gemachten Tatsachen ergänzen und die Beweismittel bezeichnen. Sie hat nach § 139 Abs. 1 Satz 1 ZPO zu diesem Zweck, soweit erforderlich, das Sach- und Streitverhältnis mit den Parteien nach der tatsächlichen und der rechtlichen Seite zu erörtern und Fragen zu stellen. § 139 Abs. 1 ZPO verlangt dazu das **offene Gespräch** mit den Parteien zur Erörterung der entscheidungserheblichen rechtlichen und tatsächlichen Gesichtspunkte, und zwar – wie sich aus der Klarstellung in § 279 Abs. 3 ZPO ergibt – auch im Anschluss an eine Beweisaufnahme. Die Vorsitzende hat auf die Bedenken aufmerksam zu machen, die in Ansehung der von Amts wegen zu berücksichtigenden Punkte bestehen.[11] **Überraschungsentscheidungen** sind unzulässig. Das Gericht darf daher seine Entscheidung – soweit nicht nur eine Nebenentscheidung betroffen ist – auf einen Gesichtspunkt, den eine Partei erkennbar übersehen oder für unerheblich gehalten hat, nur stützen, wenn es vorher darauf hingewiesen und Gelegenheit zur Äußerung gegeben hat, § 139 Abs. 2 ZPO. § 139 Abs. 2 Satz 2 stellt klar, dass ein Hinweis auch erforderlich ist, wenn das Gericht von der übereinstimmenden Auffassung beider Parteien abweichen will.

Die gerichtliche Prozessförderungspflicht hat das Ziel, Vollzugsdefiziten der Parteien bei Wahr- **11** nehmung ihrer Erklärungspflichten entgegen zu wirken. Das Gericht hat eine umfassende Sachverhaltsrekonstruktion anzustreben. Die richterliche Prozessförderungspflicht ist dabei nicht an irgendwelchen Mitentscheidungen der Parteien zu messen, sondern ausschließlich an der in §§ 139, 279 Abs. 3 ZPO hinreichend zum Ausdruck kommenden Absicht des Gesetzgebers, den Konflikt ebenso umfassend wie zweckdienlich zum Abschluss zu bringen.[12]

Das Gericht muss daher auf die Beseitigung von Sachverhaltslücken sowie auf Substanziierung **12** ungenügender Angaben drängen und seine Schlüssigkeits- und Erheblichkeitsbedenken umfassend offenbaren. Aufklärungsdefiziten muss das Gericht entgegenwirken, indem es die Parteien bereits bei der Terminsvorbereitung zu einer Benennung der Beweismittel und Präzisierung der Beweisthemen anhält.

Sobald die Darlegungs- und Aufklärungsdefizite dem Gericht bekannt werden, begründen sie im **13** Zeitraum zwischen dem Gütetermin und den streitigen Verhandlungen die Pflicht der Vorsitzenden zu entsprechenden Hinweisen und Belehrungen, ohne dass jedoch eine Amtsermittlung betrieben oder parteilich vorgegangen werden darf. Diese Hinweispflichten des Gerichts setzen aber voraus,

---

10 So früher GK-ArbGG/Dörner § 56 Rn 6, vor Bearbeiterwechsel.
11 § 239 Abs. 3 ZPO.
12 AK-ZPO/E. Schmidt § 139 Rn 4 und 9.

dass sich aus dem bisherigen Vorbringen der Parteien zumindest **andeutungsweise** eine Grundlage hierfür ergibt. Es bedarf keines Hinweises darauf, dass die Partei ihr Klageziel auch dadurch erreichen kann, dass sie einen weiteren Lebenssachverhalt und damit zu einer **neuen Anspruchsgrundlage** vortragen kann.[13] Das Gericht ist auch nicht verpflichtet, auf die Geltendmachung der **Einrede der Verjährung** hinzuwirken, wenn sie eine Partei nicht von sich aus in den Prozess einführt. Zu beachten ist aber, dass es dem Gericht – auch wenn eine Hinweispflicht nicht besteht – nicht untersagt ist, z.B. im Rahmen von **Vergleichsverhandlungen** auf die Möglichkeit der Einrede der Verjährung hinzuweisen.[14] Hinweise sind so früh wie möglich zu erteilen.

14 Die lapidare Aufforderung, zum Vortrag des Gegners Stellung zu nehmen, ist keine Maßnahme nach § 56 Abs. 1 Nr. 1 ArbGG. Im Gegensatz zu § 56 Abs. 1 Nr. 1 ArbGG wird damit nicht die Ergänzung oder Erläuterung von vorbereitenden Schriftsätzen oder die Erklärung über bestimmte klärungsbedürftige Punkte angeordnet, sondern nur die Pflicht der Parteien zur schriftsätzlichen Vorbereitung des streitigen Termins begründet.[15] Für eine Auflage nach § 56 Abs. 1 Nr. 1 ArbGG ist unverzichtbar, dass die **klärungsbedürftigen Punkte genau bezeichnet** werden.[16] Eine allgemein gehaltene Auflage mit Fristsetzung und Belehrung nach § 56 Abs. 2 Satz 2 ArbGG genügt jedoch, wenn die einzelnen klärungsbedürftigen Punkte vorher i.R.d. Erörterung der Sach- und Rechtslage genau bezeichnet und in der Niederschrift festgehalten worden sind.[17]

15 Das Gericht darf sich nicht auf den rechtlichen Hinweis beschränken, sondern es muss der betroffenen Partei hinreichend Gelegenheit geben, die ggf. erforderlichen Tatsachen vorzutragen oder Beweise anzubieten.[18]

16 Die von der Vorsitzenden erteilten **Hinweise sind aktenkundig zu machen**.[19] Ist einer Partei eine sofortige Erklärung zu einem gerichtlichen Hinweis nicht möglich, so soll **auf Antrag** das Gericht eine Frist bestimmen, in der sie die Erklärung in einem Schriftsatz nachbringen kann.[20]

b) Anforderung von Urkunden und sonstigen Gegenständen (Nr. 1, 2. Alt.)

17 Die Vorsitzende kann den Parteien oder **auch Dritten** die Vorlegung von in ihren Händen befindlichen Urkunden und sonstigen Unterlagen aufgeben. Nach **§ 142 Abs. 1 ZPO** setzt eine solche Anordnung voraus, dass eine Partei sich auf diese Urkunden oder Unterlagen bezogen hat. Das Gericht kann hierfür eine **Frist** setzen sowie anordnen, dass die vorgelegten Unterlagen während einer von ihm zu bestimmenden Zeit auf der Geschäftsstelle verbleiben. Dritte sind zur Vorlegung nicht verpflichtet, soweit ihnen diese nicht zumutbar ist oder sie zur Zeugnisverweigerung nach §§ 383 bis 385 ZPO berechtigt sind.[21]

18 Das Gericht kann zudem nach § 142 Abs. 3 ZPO anordnen, dass von **in fremder Sprache abgefassten Urkunden** eine Übersetzung beigebracht werde, die ein nach den Richtlinien der Landesjustizverwaltung hierzu ermächtigter Übersetzer angefertigt hat. Diese Anordnung kann aber nicht ggü. Dritten ergehen.[22] Eine solche Anordnung ist regelmäßig nicht sachgerecht, wenn dadurch erhebliche Kosten entstehen und die Notwendigkeit der Übersetzung noch nicht feststeht. Vorgeschlagen wird insoweit, bei hinreichender Wahrscheinlichkeit der Entscheidungserheblichkeit zunächst die Vorlage einer privatschriftlichen Übersetzung aufzugeben, damit der Vorsitzende – eigene Fremd-

---

13 BAG, 11.04.2006 – 9 AZN 892/05, NZA 2006, 750 = NJW 2006, 2716.
14 BGH, 12.11.1997 – IV ZR 214/96, NJW 1998, 612.
15 §§ 129 Abs. 2, 282 Abs. 2 ZPO.
16 BAG, 19.06.1980 – 3 AZR 1177/79.
17 LAG Nürnberg, 18.12.1989 – 7 Sa 411/89.
18 BGH, 18.02.1992 – XI ZR 134/91.
19 § 139 Abs. 4 ZPO.
20 § 139 Abs. 5 ZPO.
21 § 142 Abs. 2 ZPO.
22 § 142 Abs. 3 Satz 2 ZPO.

sprachenkenntnisse vorausgesetzt – beurteilen kann, ob weitere Anordnungen überhaupt erforderlich sind. U.U. erübrigt sich die Anfertigung durch einen amtlichen Übersetzer auch deshalb, weil die Parteien nach Vorlage der privatschriftlichen Übersetzung den Inhalt der fremdsprachlichen Urkunde unstreitig stellen.[23]

Des Weiteren kann das Gericht nach § 144 Abs. 1 ZPO zum Zwecke der Augenscheinseinnahme oder Sachverständigenbegutachtung einer Partei oder **auch einem Dritten** die Vorlegung eines in ihrem oder seinem Besitz befindlichen **Gegenstands** aufgeben und hierfür eine Frist setzen. Es kann auch die Duldung einer Augenscheinseinnahme aufgeben, sofern nicht eine Wohnung betroffen ist.[24] Dritte sind zur Vorlegung oder Duldung nicht verpflichtet, soweit ihnen diese nicht zumutbar ist oder sie zur Zeugnisverweigerung nach §§ 383 bis 385 ZPO berechtigt sind.[25] 19

§ 142 ZPO ist trotz der unterlassenen redaktionellen Anpassung[26] von § 56 Abs. 1 ArbGG auch im arbeitsgerichtlichen Verfahren anwendbar, wie bereits die Formulierung »insbesondere« zeigt.[27] Wegen der Gefahr der **Ausforschung** des Gegners und des Eingriffs in Rechte Dritter ist jedoch sorgsam zu prüfen, ob eine gerichtliche Anordnung nach § 56 Abs. 1 i.V.m. §§ 142, 144 ZPO erfolgen soll. Es besteht nämlich die Gefahr, dass nach § 56 Abs. 1 Nr. 1 ArbGG beigezogene Geschäftsunterlagen seitens der beweispflichtigen Partei zum Zwecke eines unzulässigen Ausforschungsbeweises verwendet werden, was dann der Fall ist, wenn unsubstantiiert die Vorlage von Geschäftsunterlagen verlangt wird mit dem Ziel, erst aus den Unterlagen Stoff für weiteres substantiiertes Vorbringen oder Beweismittel zu erhalten.[28] Das Gericht ist aber bei Vorliegen der Voraussetzungen des § 142 ZPO verpflichtet, eine Anordnung der Urkundenvorlegung überhaupt in Betracht zu ziehen.[29] 20

Als Voraussetzungen für eine Vorlagepflicht von Urkunden durch Dritte werden genannt:[30] Berufung einer Partei auf die Urkunde, schlüssiger Vortrag dieser Partei, genaue Bezeichnung der Urkunde, Angabe, was sich aus der Urkunde ergeben soll, Vorlage dient der Klärung einer streitigen Tatsache, kein Zeugnisverweigerungsrecht des Dritten, keine Unzumutbarkeit der Vorlage durch den Dritten *(Kriterien: Erbringbarkeit des Beweises auf andere Weise, Umfang des Aufwandes des Dritten im Verhältnis zum Klagebegehren, berechtigtes Vertraulichkeitsinteresse des Dritten unterhalb der Schwelle des Betriebs- und Geschäftsgeheimnisses).* 21

Die Anordnung kann sich auch auf die Vorlage von **Urkundensammlungen** wie **Personalakten, Kundenakten, Projektakten u.a.** beziehen. Hier besteht besonders die Gefahr der unzulässigen Ausforschung. Zudem ersetzt die Vorlage von Urkundensammlungen keinen substantiierten Vortrag. Die globale Bezugnahme auf solche Sammlungen kann gegen den Beibringungsgrundsatz verstoßen. Die Parteien haben die Tatsachen vorzutragen, die das Gericht seiner Beurteilung zugrunde legen soll; nicht das Gericht hat sie aus irgendwelchen ihm vorgelegten Schriftstücken zu ermitteln. Die Parteien erfüllen diese Aufgabe nicht, wenn sie dem Gericht Urkunden, Blattsammlungen, Akten oder Druckschriften vorlegen, aus denen das Gericht nach eigenem Ermessen die erheblichen Tatsachen auswählen soll. Unzulässig ist es, wenn die darlegungspflichtige Partei nur Buchhaltungsunterlagen, Korrespondenzen oder andere Blattsammlungen vorlegt, aus denen das Gericht die Angaben heraussuchen müsste, die die Klage im Einzelnen begründen sollen; ebenso, wenn auf Akten anderer Verfahren – nicht nur auf einzelne Schriftsätze dort – zur Begründung Bezug genommen wird.[31] Eine **Bezugnahme** ist zudem unzulässig, soweit es um den notwendigen Inhalt eines 22

---

23 Gift/Baur E. 722.
24 § 144 Abs. 1 ZPO.
25 § 142 Abs. 2 ZPO.
26 Vgl. § 273 Abs. 1 ZPO.
27 GMPMG/Germelmann § 56 Rn 8.
28 BAG, 10.09.1975 – 4 AZR 456/74.
29 BGH, 26.06.2007 – XI ZR 277/05, NJW 2007, 2989.
30 Schmidt/Schwab/Wildschütz NZA 2001, 1163.
31 Lange NJW 1989, 438, 442 f.

bestimmenden Schriftsatzes geht. Die Klage muss u.a. die bestimmte Angabe des Gegenstandes und des Grundes des erhobenen Anspruchs enthalten.[32] Der Tatsachenkomplex, aus dem der Kläger die in Anspruch genommene Rechtsfolge herleiten will, muss soweit substantiiert werden, dass klargestellt ist, welche Ansprüche aufgrund welchen Sachverhalts rechtshängig sind. Die Klage muss wie jeder bestimmende Schriftsatz vom Verfasser unterschrieben sein. Gegenstand der Klage ist daher nur, was in den Text des Schriftsatzes aufgenommen und unterschrieben ist. Soweit der Schriftsatz nicht selbst die Anforderungen des § 253 Abs. 2 Nr. 2 ZPO erfüllt, sondern statt dessen auf andere Schriftstücke Bezug genommen wird, ist die Klage nicht wirksam erhoben und als unzulässig abzuweisen. Nur in Ausnahmefällen *(Bezugnahme auf Schriftsatz in anderem Rechtsstreit zwischen den Parteien oder aus vorangegangenem einstweiligen Verfügungsverfahren)* werden Bezugnahmen akzeptiert, wobei eine – nicht rückwirkende – Heilung durch Verzicht oder rügeloses Verhandeln nach § 295 ZPO umstritten ist.[33] Damit ist die in der arbeitsgerichtlichen Praxis anzutreffende Übung, Zahlungsklagen allein durch Bezugnahme auf beigefügte *(Kopien von)* Arbeitsvergütungsabrechnungen zu begründen, regelmäßig unzulässig.[34]

23 Die Beiziehung von **Personalakten** steht im pflichtgemäßen Ermessen des Gerichts. Die Erwägung, dass es in Eingruppierungsprozessen des öffentlichen Dienstes im Allgemeinen zweckmäßig ist, die Personalakten des jeweiligen Bediensteten beizuziehen, rechtfertigt für sich allein keine andere rechtliche Beurteilung.[35] Dabei wird bereits die Beiziehung einer Personalakte wegen des davon betroffenen Persönlichkeitsrechts von der Zustimmung des Betroffenen abhängig gemacht.[36] Die Verwertung des Inhalts der Personalakte darf nicht gegen den Willen der Parteien erfolgen.[37]

24 Es steht auch im pflichtgemäßen Ermessen der Tatsachengerichte, ob sie zur Sachaufklärung bzw. zur Unterstützung des Prozessgerichts vorbereitende Maßnahmen wie die **Beiziehung anderer Verfahrensakten** von Amts wegen einleiten. Sind jedoch Art und Ausgang eines anderweitigen Verfahrens für die den Gerichten obliegende eigene rechtliche Beurteilung von möglicher rechtlicher Bedeutung und ist zudem das diesbezügliche Parteivorbringen ungenau, widersprüchlich und möglicherweise sogar entstellend, dann kann das Tatsachengericht sogar ermessensfehlerhaft und damit pflichtwidrig handeln, wenn es die Beiziehung der Akten zur Sachaufklärung unterlässt.[38]

25 Nach § 143 ZPO kann das Gericht anordnen, dass die Parteien die in ihrem Besitz befindlichen Akten vorlegen, soweit diese aus Schriftstücken bestehen, welche die Verhandlung und Entscheidung der Sache betreffen.

26 Akten im Sinne dieser Vorschrift sind aber nur Schriftstücke, welche selbst Gegenstand der »Verhandlung und Entscheidung der Sache« wurden oder werden sollten, also Urkunden, welche Inhalt der Gerichtsakten sein sollten, jedoch dort *(evtl. durch Verlust)* fehlten.[39]

27 Das Gericht kann anordnen, dass die vorgelegten Schriftstücke während einer von ihm zu bestimmenden Zeit auf der Geschäftsstelle verbleiben.[40]

28 Daneben kann der Vorsitzende zur Erläuterung und Veranschaulichung des Vortrags auch die Vorlegung von anderen Unterlagen wie z.B. **Stammbäumen, Plänen, Rissen und sonstigen Zeichnungen** verlangen. Diese Unterlagen und wohl auch Fotos sind, soweit noch nicht vorhanden, anzufertigen.

---

32 § 253 Abs. 2 Nr. 2 ZPO.
33 Lange NJW 1989, 438, 440.
34 LAG Köln, 21.11.1997 – 11 (13) Sa 845/97, NZA-RR 1998, 394.
35 BAG, 13.02.1974 – 4 AZR 192/73.
36 GMPMG/Germelmann § 56 Rn 13.
37 BAG, 20.01.1975 – 2 AZR 534/73.
38 BAG, 10.03.1977 – 4 AZR 675/75.
39 Zöller/Greger § 142 Rn 1.
40 § 142 Abs. 2 ZPO.

Üblich ist es, dass nicht die Vorlage von Urkunden und sonstigen Unterlagen, sondern vorberei- 29
tend nur die Fertigung und Vorlage von Kopien dieser Unterlagen angeordnet wird. Regelmäßig ist
deren Übereinstimmung mit den Originalen unstreitig. Dann ist ebenfalls unstreitig, dass die aus
der Kopie *(oder auch einer nicht unterzeichneten Durchschrift)* ersichtliche oder als solche benannte
Partei die in der Kopie enthaltene Erklärung abgegeben hat. Ein Beweis ist insoweit nicht mehr
erforderlich. Die Kopie hat nur noch den Zweck, das Gericht mit dem eindeutigen Wortlaut der
Erklärung bekannt zu machen. Rechtlich zu würdigen ist nur noch deren Erklärungsinhalt.

Schließlich kann das Gericht den Parteien die **Vorlage von anderen zur Niederlegung bei Gericht** 30
geeigneten Gegenständen aufgeben. Von einem Beweisantritt oder einer Inbezugnahme durch eine
Partei ist die Anordnung ebenfalls nicht abhängig. Hierbei handelt es sich regelmäßig um Augenscheinsobjekte, wie z.B. **fehlerhafte Werkstücke** oder **beschädigte Kleidungsstücke.** Dazu gehören
auch **Ton- oder Bildaufnahmen** und andere **technische Aufzeichnungen** oder Aufzeichnungsträger
(Tonband, Festplatte, sonstige elektronische Speichermedien) ohne schriftliche Verkörperung.[41]

c) Anforderung amtlicher Auskünfte und Urkunden (Nr. 2)

Nach Nr. 2 (wortgleich mit § 273 Abs. 2 Nr. 2 ZPO) kann der Vorsitzende Behörden oder Träger 31
eines öffentlichen Amtes um Mitteilung von Urkunden oder um Erteilung amtlicher Auskünfte
ersuchen. »**Behörde**« ist ein in den allgemeinen Organismus der Anstalten und Körperschaften des
öffentlichen Rechts eingefügtes Organ der Staatsgewalt, das dazu berufen ist, unter öffentlicher
Autorität für die Erreichung der Zwecke des Staates unmittelbar oder mittelbar tätig zu sein. Als
Behörden gelten Gerichte, Bundes-, Landes- und Gemeindebehörden, amtliche Berufsvertretun-
gen, öffentlich-rechtliche Versicherungsanstalten, kirchliche Behörden, Universitäten, öffentliche
Sparkassen, die Girozentralen, Industrie- und Handelskammern, Handwerkskammern und auch
ausländische Behörden.[42] Dagegen sind **keine Behörden** juristische Personen des Privatrechts,
selbst wenn ihnen öffentliche Aufgaben übertragen sind *(z.B. TÜV, Rotes Kreuz)*. Zweifelhaft ist, ob
die Einrichtungen der ehemaligen Bundespost noch als Behörde gelten können, nachdem durch das
Poststrukturgesetz vom 08.06.1989[43] die Deutsche Bundespost in die drei Teilbereiche Postdienst,
Postbank und Telekom aufgeteilt und die privatrechtliche Ausgestaltung der bisher als hoheitlich
angesehenen Tätigkeiten geregelt wurde. Geht es um Auskünfte allein aus dem Benutzerverhältnis
zwischen den privaten Postunternehmen und privaten Dritten *(z.B. Zustellung eines Einschreibens,
Zeitpunkt von Gutschriften auf dem Postgirokonto)*, liegt keine Behördeneigenschaft mehr vor.[44]
Entsprechende Probleme ergeben sich aufgrund der zivilrechtlichen Ordnung der Bahnbenutzung
im Hinblick auf Auskünfte der jetzigen Bahn AG.

In Nr. 2 findet sich keine Ermächtigung zur Amtsermittlung, sondern nur eine Berechtigung zu 32
einer das Parteivorbringen ergänzenden Stoffsammlung.[45] Als **Urkunden** kommen z.B. Gerichtsakten und Verwaltungsakten in Betracht.

Die in Nr. 2 angesprochene, aber weder im ArbGG noch in der ZPO geregelte **amtliche Auskunft** 33
ist ein **selbstständiges Beweismittel**, also nicht nur eine Urkunde. Sie ersetzt bei einer Behörde
die Zeugen- oder Sachverständigenvernehmung.[46] Im arbeitsgerichtlichen Verfahren kann es z.B.
um die Einholung von Auskünften der AOK oder einer anderen öffentlich-rechtlich verfassten
Krankenkasse, der Bundesanstalt für Arbeit, der Industrie- und Handelskammer, der Handwerks-

---

41 Baumbach/Lauterbach/Albers/Hartmann Übers. § 371 Rn 10.
42 Baumbach/Lauterbach/Albers/Hartmann § 415 Rn 4.
43 BGBl. I, S. 1026.
44 Zöller/Greger § 273 Rn 8; zur Beweiskraft von Postzustellungsurkunden als öffentliche Urkunden vgl.
 LG Bonn, 15.12.1997 – 13 O 421/97; OLG Koblenz, 11.04.1997 – 2 U 4/96; FG Niedersachsen,
 21.11.1996 – III 360/96; a.A. VG Frankfurt, 11.09.1997 – 6 G 2031/97, NJW 1997, 3329.
45 Gift/Baur E Rn 726.
46 Baumbach/Lauterbach/Albers/Hartmann Übers. § 373 Rn 32.

kammer, nicht aber der privatrechtlich verfassten Handwerksinnungen oder der Kreishandwerkerschaft gehen.

d) Anordnung des persönlichen Erscheinens (Nr. 3)

34 In Nr. 3 ist die Anordnung des persönlichen Erscheinens der Parteien aufgeführt, die jedoch bereits in § 51 eine umfassende Regelung erfahren hat. Durch Nr. 3 wird insoweit nur verdeutlicht, dass die Anordnung des persönlichen Erscheinens der Parteien eine **regelmäßig zu erwägende Vorbereitungsmaßnahme** für eine streitige Verhandlung ist.

e) Ladung von Zeugen und Sachverständigen (Nr. 4)

35 Durch Nr. 4 wird die Vorsitzende ermächtigt, Zeugen und Sachverständige zur streitigen Verhandlung zu laden.

36 Die vorsorgliche Zeugenladung ist nur zulässig, wenn eine Partei sich **bereits auf Zeugen bezogen** hat. Sie ist nur sachdienlich, wenn die Ladung der Aufklärung eines streitigen, entscheidungserheblichen Sachverhalts dient. Nr. 4 ermächtigt aber nur zu vorbereitenden Maßnahmen, nicht zur Durchführung der Beweisaufnahme. Die schriftliche Beantwortung der Beweisfrage nach § 377 Abs. 3 ZPO kann die Vorsitzende aber nach § 55 Abs. 4 Nr. 2 anordnen.

37 Nach Nr. 4 i.V.m. § 378 Abs. 1 Satz 1, Abs. 2 ZPO kann die Vorsitzende der Zeugin aufgeben, Aufzeichnungen und andere Unterlagen einzusehen und zu dem Termin mitzubringen, soweit dies ihr die Aussage über ihre Wahrnehmungen erleichtert. Die Zeugin muss diese Unterlagen nicht selbst in Besitz haben. Befinden sie sich nicht in ihren Händen, so besteht die Pflicht, wenn ihr Einsichtnahme und Mitbringen gestattet ist. Grenze dieser Pflicht ist die Zumutbarkeit. Die Zeugin ist nicht verpflichtet, derartige Unterlagen dem Gericht oder den Parteien vorzulegen oder auszuhändigen. Die **Zeugin ist keine Urkundenlieferantin** und kann daher frei entscheiden, ob sie einem entsprechenden Ersuchen des Gerichts oder der Parteien auf Vorlage oder Aushändigung von Unterlagen oder Kopien davon entspricht.[47] Zur Vorlage ist sie nur nach Maßgabe von §§ 429, 142 Abs. 1 ZPO verpflichtet.[48] Zwangsmaßnahmen gegen die die Anordnung missachtende Zeugin nach §§ 378 Abs. 2, 390 ZPO sind nur zulässig, wenn der Zeugin die Einsichtnahme und das Mitbringen unter konkreter Bezeichnung der Unterlagen aufgegeben und sie über die Folgen eines Verstoßes belehrt wurde.

38 Des Weiteren kann die Vorsitzende nach Nr. 4 die Ladung einer **Sachverständigen** zur streitigen Verhandlung anordnen. Dies kommt nur in Betracht, wenn eine Partei sich auf ein Sachverständigengutachten bezogen hat oder wenn das Gericht sich einer Sachverständigen von Amts wegen nach § 144 ZPO bedienen will. Zu beachten ist, dass durch Nr. 4 ein **Beweisbeschluss nicht gedeckt** ist. Er kommt aber unter den Voraussetzungen des § 55 Abs. 4 in Betracht.

f) Sonstige Maßnahmen

39 Die Aufzählung der Vorbereitungsmaßnahmen in Nr. 1 bis 4 ist **nicht abschließend**, wie bereits die Formulierung »insbesondere« ausweist.[49] Der Vorsitzende kann den Parteien z.B. den Nachweis von fremdem Recht und von Statuten aufgeben.

40 Im arbeitsgerichtlichen Verfahren von besonderer Bedeutung ist die **Ermittlung des Tarifrechts**. Auf tarifliche Normen sind die Grundsätze des § 293 ZPO anzuwenden. Ergibt sich aus dem Vortrag der Parteien, dass tarifliche Normen bestehen können, die für die Entscheidung des Rechtsstreits erheblich sind, so muss das Gericht diesem Vortrag nach Maßgabe des § 293 ZPO nachge-

---

[47] Gift/Baur E Rn 732.
[48] § 378 Abs. 1 Satz 2 ZPO.
[49] GMPMG/Germelmann § 56 Rn 21.

hen.⁵⁰ Es muss diese Normen ermitteln und daraufhin prüfen, ob sie auch das der Entscheidung unterliegende Arbeitsverhältnis betreffen. Dazu gehört auch die Klärung, ab wann ein Tarifvertrag wirksam geworden ist und ab wann er somit auf das Rechtsverhältnis der Parteien einwirken konnte.⁵¹ Dabei kann das Gericht auf Tatsachen zurückgreifen, die ihm aufgrund amtlicher Tätigkeit in einem früheren Rechtsstreit zur Kenntnis gelangt und die damit bei dem Gericht »offenkundig« i.S.v. § 291 ZPO sind.⁵² Sofern keine Offenkundigkeit vorliegt, kann der Vorsitzende den Parteien die Vorlage eines Exemplars des einschlägigen Tarifvertrages aufgeben oder bei den Verbänden eine »amtliche Auskunft« einholen. Dabei sollen Gewerkschaften und Arbeitgeberverbände wie Behörden »amtliche Auskünfte« erteilen können, zumal sie sowohl im Rechtsleben als auch in der »staatlichen Gesellschaft« Behörden vergleichbare Funktionen wahrnähmen. Darüber hinaus sei es unbedenklich rechtlich möglich, derartige Auskünfte der Tarifvertragsparteien dafür zu verwenden, um nach § 293 ZPO Mittel der Rechtsanwendung und die dazu erforderlichen Erkenntnisquellen zu gewinnen. Demgemäß können **Auskünfte der Tarifvertragsparteien** darüber eingeholt werden, ob für bestimmte Berufszweige Tarifverträge bestehen, wann sie in Kraft getreten oder gekündigt worden sind, ob es zu Tarifverträgen Protokollnotizen oder vergleichbare Unterlagen gibt oder ob sich eine bestimmte tarifliche Übung mit Billigung der Tarifvertragsparteien herausgebildet hat.⁵³ Eine Tarifauskunft darf nicht darauf gerichtet sein, eine prozessentscheidende Rechtsfrage zu beantworten. Die Auslegung von Tarifverträgen und tariflichen Begriffen ist vielmehr Sache des Gerichts.⁵⁴

g) Benachrichtigung der Parteien

Von den terminsvorbereitenden Maßnahmen sind alle Parteien, nicht nur die von der Anordnung betroffene Partei, zu informieren.⁵⁵ So können die Parteien sich auf die streitige Verhandlung einstellen. Die Benachrichtigung entspricht zudem dem Gebot rechtlichen Gehörs.

41

III. Zurückverweisung verspäteten Vorbringens

1. Allgemeines (Abs. 2 Satz 1)

Die Zurückweisungsmöglichkeit nach Abs. 2 Satz 1 dient der beschleunigten und sachgerechten Abwicklung des Rechtsstreits. Der verfassungsrechtliche Grundsatz des rechtlichen Gehörs nach Art. 103 Abs. 1 GG wird durch eine Zurückweisung verspäteten Vorbringens nicht verletzt. Nach der Rechtsprechung des BVerfG bedeutet der **Anspruch auf rechtliches Gehör**, dass das entscheidende Gericht durch die mit dem Verfahren befassten Richter die Ausführungen der Prozessbeteiligten zur Kenntnis nehmen und in Erwägung ziehen muss.⁵⁶ Art. 103 GG gewährt aber keinen Schutz gegen Entscheidungen, die den – zur Kenntnis genommenen – Sachvortrag einer Partei aus Gründen des formellen oder materiellen Rechts teilweise oder ganz unberücksichtigt lassen.⁵⁷ Der Anspruch auf wirksamen Rechtsschutz, abgeleitet aus dem Rechtsstaatsprinzip,⁵⁸ bedeutet auch Rechtsschutz innerhalb angemessener Zeit.⁵⁹ Dieses soll durch Anwendung der Beschleunigungsvorschriften erreicht werden.

42

Präklusionsvorschriften finden sich für das erstinstanzliche arbeitsgerichtliche Verfahren in §§ 56 Abs. 2 Satz 1 und 61a Abs. 5 Satz 1. Soweit diese Vorschriften nicht eingreifen, kommt die Anwendung der §§ 282 und 296 ZPO in Betracht.

43

---

50 BAG, 15.04.2008 – 9 AZR 159/07.
51 BAG, 09.08.1995 – 6 AZR 1047/94.
52 BAG, 09.08.1995 – 6 AZR 1047/94.
53 BAG, 16.10.1985 – 4 AZR 149/84.
54 BAG, 31.07.2014 – 6 AZR 822/12, Rn 39, ZTR 2015, 16.
55 Abs. 1 Satz 3.
56 BVerfG, 23.11.1977 – 1 BvR 481/77, NJW 1978, 413.
57 BVerfG, 02.07.1979 – 1 BvR 1292/78; BVerfG, 13.09.1979 – 2 BvR 278/79.
58 Art. 20 Abs. 3 GG.
59 BVerfG, 03.08.1989 – 1 BvR 1178/88.

§ 282 ZPO Rechtzeitigkeit des Vorbringens

(1) Jede Partei hat in der mündlichen Verhandlung ihre Angriffs- und Verteidigungsmittel, insbesondere Behauptungen, Bestreiten, Einwendungen, Einreden, Beweismittel und Beweiseinreden, so zeitig vorzubringen, wie es nach der Prozeßlage einer sorgfältigen und auf Förderung des Verfahrens bedachten Prozeßführung entspricht.

(2) Anträge sowie Angriffs- und Verteidigungsmittel, auf die der Gegner voraussichtlich ohne vorhergehende Erkundigung keine Erklärung abgeben kann, sind vor der mündlichen Verhandlung durch vorbereitenden Schriftsatz so zeitig mitzuteilen, dass der Gegner die erforderliche Erkundigung noch einzuziehen vermag.

(3) Rügen, die die Zulässigkeit der Klage betreffen, hat der Beklagte gleichzeitig und vor seiner Verhandlung zur Hauptsache vorzubringen. Ist ihm vor der mündlichen Verhandlung eine Frist zur Klageerwiderung gesetzt, so hat er die Rügen schon innerhalb der Frist geltend zu machen.

§ 296 ZPO Zurückweisung verspäteten Vorbringens

(1) Angriffs- und Verteidigungsmittel, die erst nach Ablauf einer hierfür gesetzten Frist (§ 273 Abs. 2 Nr. 1 und, soweit die Fristsetzung gegenüber einer Partei ergeht, 5, § 275 Abs. 1 Satz 1, Abs. 3, 4, § 276 Abs. 1 Satz 2, Abs. 3, § 277) vorgebracht werden, sind nur zuzulassen, wenn nach der freien Überzeugung des Gerichts ihre Zulassung die Erledigung des Rechtsstreits nicht verzögern würde oder wenn die Partei die Verspätung genügend entschuldigt.

(2) Angriffs- und Verteidigungsmittel, die entgegen § 282 Abs. 1 nicht rechtzeitig vorgebracht oder entgegen § 282 Abs. 2 nicht rechtzeitig mitgeteilt werden, können zurückgewiesen werden, wenn ihre Zulassung nach der freien Überzeugung des Gerichts die Erledigung des Rechtsstreits verzögern würde und die Verspätung auf grober Nachlässigkeit beruht.

(3) Verspätete Rügen, die die Zulässigkeit der Klage betreffen und auf die der Beklagte verzichten kann, sind nur zuzulassen, wenn der Beklagte die Verspätung genügend entschuldigt.

(4) In den Fällen der Absätze 1 und 3 ist der Entschuldigungsgrund auf Verlangen des Gerichts glaubhaft zu machen.

§ 296a ZPO Vorbringen nach Schluss der mündlichen Verhandlung

Nach Schluss der mündlichen Verhandlung, auf die das Urteil ergeht, können Angriffs- und Verteidigungsmittel nicht mehr vorgebracht werden. § 139 Abs. 5, §§ 156, 283 bleiben unberührt.

2. Zurückweisung nach Abs. 2

44 Nach Abs. 2 Satz 2 sind Angriffs- und Verteidigungsmittel, die erst nach Ablauf einer nach Abs. 1 Satz 2 Nr. 1 gesetzten Frist vorgebracht werden, nur zuzulassen, wenn nach der freien Überzeugung des Gerichts ihre Zulassung die Erledigung des Rechtsstreits nicht verzögern würde oder wenn die Partei die Verspätung genügend entschuldigt. Die Zurückweisungsmöglichkeit besteht somit nur in Fällen einer Auflage an die Parteien mit Hinweis auf Darlegungslücken und Aufklärungsdefizite nach Abs. 1 Satz 2 Nr. 1. Der wortgleiche § 296 Abs. 1 ZPO tritt insoweit hinter der spezielleren Norm des § 56 Abs. 2 Satz 1 zurück.

45 Eine **Zurückweisung verspäteten Vorbringens** ist nur **zulässig**, wenn die folgenden Voraussetzungen sämtlich vorliegen:
– konkrete Aufklärungsauflage des Gerichts,
– ausreichende Frist für den schriftsätzlichen Vortrag,
– Unterzeichnung der Auflagen- und Fristsetzungsverfügung durch den Vorsitzenden,
– ordnungsgemäße Belehrung über Folgen der Versäumung der Frist,
– förmliche Zustellung der Aufklärungsauflage,
– Vortrag von – entscheidungserheblichen – Angriffs- oder Verteidigungsmitteln nach Fristablauf,

– kein Unterlassen zumutbarer Vorbereitungshandlungen durch das Gericht,
– Verzögerung des Verfahrens,
– Anhörung der betroffenen Partei zur Zurückweisungsabsicht des Gerichts,
– keine genügende Entschuldigung der Partei, ggf. keine ausreichende Glaubhaftmachung des Entschuldigungsgrundes durch die Partei.

a) Konkrete gerichtliche Aufklärungsauflage

Eine Zurückweisung kommt nur in Betracht, wenn die Vorsitzende die klärungsbedürftigen Punkte **genau bezeichnet**.[60] Eine allgemein gehaltene Auflage mit Fristsetzung und Belehrung nach Abs. 2 Satz 2 genügt dann, wenn die einzelnen klärungsbedürftigen Punkte vorher i.R.d. Erörterung der Sach- und Rechtslage genau bezeichnet und in der Niederschrift festgehalten worden sind.[61] Die allgemeine gerichtliche Aufforderung an eine Partei, zum Vortrag des Gegners Stellung zu nehmen, ist keine Maßnahme nach Abs. 1 Satz 2 Nr. 1. Im Gegensatz zu Nr. 1 wird damit nicht die Ergänzung oder Erläuterung von vorbereitenden Schriftsätzen oder die Erklärung über bestimmte klärungsbedürftige Punkte angeordnet, sondern nur die Pflicht der Parteien zur schriftsätzlichen Vorbereitung des streitigen Termins begründet.[62] Gegenüber einer durch einen Prozessbevollmächtigten vertretenen Partei besteht die Verpflichtung jedenfalls dann, wenn dieser die Rechtslage erkennbar falsch beurteilt.[63] Wird der richterliche *Hinweis erst in der mündlichen Verhandlung* erteilt, muss der betroffenen Partei Gelegenheit zur Reaktion gegeben werden. Kann eine sofortige Äußerung nach den konkreten Umständen und den Anforderungen des § 282 Abs. 2 ZPO nicht erwartet werden, darf die mündliche Verhandlung nicht ohne Weiteres geschlossen werden; vielmehr muss dann entweder vertagt, ins schriftliche Verfahren übergegangen oder der Partei eine Frist gesetzt werden, innerhalb der sie schriftsätzlich hierzu Stellung nehmen kann.[64]

46

b) Angemessene Frist zum Vortrag der Angriffs- oder Verteidigungsmittel

Der darlegungspflichtigen Partei muss eine ausreichende Frist[65] zur Beseitigung der Darlegungslücken und Aufklärungsdefizite eingeräumt werden. Die Länge der Frist ist abhängig vom Umfang der von der Partei zu erwartenden Darlegungen und der für sie notwendigen Nachforschungen, Rücksprachen und Berechnungen und auch davon, ob die Partei selbst oder ein beruflich belasteter Prozessbevollmächtigter den Schriftsatz zu fertigen hat. Besteht eine ausreichende Spanne bis zur streitigen Verhandlung, wird eine Frist von **mindestens zwei Wochen**, nicht jedoch weniger als eine Woche für angemessen gehalten.[66] Die richterliche Frist kann nach § 224 Abs. 2 ZPO auf Antrag beim Vorliegen erheblicher Gründe, die glaubhaft zu machen sind, verlängert werden. Der Antrag muss vor Fristablauf bei Gericht eingehen, während die Entscheidung nach Fristablauf möglich ist.

47

Hat die Vorsitzende die **Frist zu kurz** bemessen, sodass sie dem Anspruch auf rechtliches Gehör nicht genügt, ist die Frist durch Zulassung verspäteten Vorbringens zu korrigieren. Ob die Frist »angemessen« war, ist aus der Sicht im Zeitpunkt der Entscheidung über die Zulassung oder Zurückweisung des Vorbringens zu beurteilen.[67]

48

c) Form und Zustellung der Auflagen- und Fristsetzungsverfügung

Die Auflagen- und Fristsetzungsverfügung bedarf nach § 329 Abs. 1 Satz 2 ZPO i.V.m. § 317 Abs. 2 Satz 1 ZPO der vollständigen Unterschrift durch den Vorsitzenden. Eine Paraphierung

49

---

60 BAG, 19.06.1980 – 3 AZR 1177/79; GMPMG/Germelmann, § 56 Rn 26.
61 LAG Nürnberg, 18.12.1989 – 7 Sa 411/89.
62 §§ 129 Abs. 2 und 282 Abs. 2 ZPO.
63 BGH, 08.12.2005 – VII ZR 67/05, NJW-RR 2006, 524.
64 BGH, 13.03.2008 – VII ZR 204/06, NJW-RR 2008, 973.
65 Vgl. BGH, 11.11.1993 – VII ZR 54/93 zur Klageerwiderungsfrist.
66 Gift/Baur E Rn 747.
67 OLG Hamm, 22.01.1982 – 6 U 61/82.

genügt nicht.[68] Die Unterschrift muss von dem nach dem Geschäftsverteilungsplan zuständigen Richter stammen.[69]

50 Die Auflagen- und Fristsetzungsverfügung muss verkündet oder der betroffenen Partei bzw. deren Prozessbevollmächtigten[70] förmlich zugestellt werden.[71] Eine formlose Mitteilung an die betroffene Partei berechtigt im Fall verspäteten Vorbringens nicht zur Zurückweisung des Vorbringens nach Abs. 2 Satz 1. Dem Gegner kann die Verfügung formlos übermittelt werden.

d) Belehrung über Folgen bei Fristversäumung

51 Nach Abs. 2 Satz 2 ist die betroffene Partei über die Folgen der Versäumung der nach Abs. 1 Satz 2 Nr. 1 gesetzten Frist zu belehren. Dies gilt unabhängig davon, ob die Partei durch RA oder Verbandsvertreter vertreten wird oder nicht.[72]

52 Durch die Belehrung muss der betroffenen Partei vor Augen geführt werden, dass sie grds. nur innerhalb der gesetzten Frist vortragen und dass sie bei Versäumung der Frist allein deshalb im Rechtsstreit vollständig unterliegen kann.[73]

53 Die Mitteilung des Wortlauts von § 56 Abs. 2 Satz 1 genügt als Belehrung hierüber nicht, wenn die Partei nicht vertreten wird.[74] Die Fristsetzung ist dann unwirksam.[75]

54 Wird die betroffene Partei durch eine Anwältin oder einen Verbandsvertreter vertreten, so ist umstritten, ob für eine **ordnungsgemäße Belehrung** über die Folgen bei Fristversäumung ausreicht:
– der bloße Hinweis auf § 56 Abs. 2 Satz 1 ohne kommentierende Erläuterung der Gesetzesvorschrift,[76]
– die Wiederholung des Wortlautes des § 56 Abs. 2,[77]
– nur eine konkrete Erläuterung der Folgen einer Fristversäumung,[78]
– nur eine »individuell zur jeweiligen Auflage« formulierte Belehrung.[79]

55 Richtig ist, dass die Rechtsfolgenbelehrung ggü. durch RA und Verbandsvertreter vertretenen Parteien minderen Anforderungen unterliegt, weil hier die Kenntnis der einschlägigen Verfahrensvorschriften vorausgesetzt werden kann.[80] Der Umfang gerichtlicher Belehrung richtet sich nach dem beim konkreten Empfänger voraussetzbaren Rechtsverständnis. Bei den nach § 11 Abs. 2 Satz 2 Nr. 4 und 5 als rechtskundig anerkannten Personen genügt daher der Hinweis auf die einschlägige

---

68 BGH, 05.03.1990 – II ZR 109/89, NJW 1990, 2389.
69 BGH, 27.06.1991 – IX ZR 222/90, NJW 1991, 2774.
70 § 172 ZPO.
71 § 329 Abs. 2 Satz 2 ZPO; BGH, 05.03.1990 – II ZR 109/89, NJW 1990, 2389; LAG Niedersachsen, 12.12.1989 – 6 Sa 357/89; förmliche Zustellung nicht zwingend erforderlich, aber empfehlenswert GMPMG/Germelmann § 56 Rn 31.
72 BAG, 14.03.2013 – 8 AZR 153/12, Rn. 45; LAG Schleswig-Holstein, 12.01.1989 – 6 Sa 544/88, NJW-RR 1989, 441; für § 277 Abs. 2 ZPO ebenso BGH, 14.07.1983 – VII ZR 328/82, NJW 1983, 2507.
73 Gift/Baur E Rn 753.
74 GMPMG/Germelmann § 56 Rn 32.
75 BGH, 12.01.1983 – IVa ZR 135/81, NJW 1983, 822 zu § 296 Abs. 1 ZPO.
76 So OLG Oldenburg, 02.12.1998 – 2 U 210/98; LAG Schleswig-Holstein, 12.01.1989 – 6 Sa 544/88, NJW-RR 1989, 441; OLG Hamm, 16.03.1984 – 20 U 178/83 zu § 277 Abs. 2 ZPO; GMPMG/Germelmann § 56 Rn 32.
77 So BGH, 23.10.1990 – XI ZR 20/90 zu § 277 Abs. 2 ZPO in einem Fall mit einem RA als betroffener Partei.
78 So BGH, 14.07.1983 – VII ZR 328/82, NJW 1983, 2507 zu § 277 Abs. 2 ZPO; krit. gegenüber Notwendigkeit »lehrbuchartiger Darstellung« Tempel, Mustertexte zum Zivilprozess, Bd. 1, S. 14 Fn. 113.
79 So früher GK-ArbGG/Dörner § 56 Rn 30, unter Ablehnung jeglicher Belehrung durch »Merkblatt«.
80 BAG, 19.05.1998 – 9 AZR 362/97; Gift/Baur E Rn 756 f.

Präklusionsvorschrift, zumindest aber die Wiederholung des Wortlautes. Das gilt insb. dann, wenn die Partei selbst Anwältin ist.[81]

e) Verspäteter Vortrag von Angriffs- oder Verteidigungsmitteln

Sind die genannten formellen Voraussetzungen (Rdn. 45 bis 55) für eine Präklusion von Parteivortrag erfüllt, dann sind Angriffs- und Verteidigungsmittel, die nicht fristgerecht vorgebracht werden, nicht zuzulassen, wenn dadurch die Erledigung des Rechtsstreits verzögert würde oder wenn die Partei die Verspätung nicht genügend entschuldigt. Insoweit besteht eine **Zurückweisungspflicht**, die nicht zur Disposition der Parteien steht.[82] Die **Frist** ist **versäumt**, wenn die vom Gericht geforderte Erklärung nicht innerhalb der Frist bei Gericht eingeht. Die Partei darf allerdings die gesetzte Frist bis zuletzt ausschöpfen.[83] Wer ein Beweismittel aber zu einem zentralen Punkt des Rechtsstreits **bewusst zurückhält**, um erst einmal abzuwarten, zu welchem Ergebnis die Erhebung der bisher angebotenen Beweise führt, verstößt in grober Weise gegen die allgemeine Prozessförderungspflicht des Zivilprozesses. Die verspätete Benennung eines Zeugen durch den Kläger kann nicht damit entschuldigt werden, er habe nicht vorhersehen können, dass das Gericht dem benannten Zeugen nicht glaubt.[84]

56

Den Parteien können die schwerwiegenden Folgen der Versäumung richterlicher Erklärungsfristen nur dann zugemutet werden, wenn die förmlichen Voraussetzungen für eine Nichtzulassung von Angriffs- und Verteidigungsmitteln genau eingehalten werden. Deshalb ist von dem Gericht zu verlangen, dass es sich selbst bei Erlass der Verfügung an die gesetzlichen Förmlichkeiten und Zuständigkeitsregeln hält. Fehlt es an einer der genannten förmlichen Voraussetzungen (Rdn. 45 bis 55), darf verspätetes Vorbringen nicht zurückgewiesen werden. Eine Heilung nach § 295 BGB findet nicht statt.[85]

57

Zurückgewiesen werden können nur **Angriffs- und Verteidigungsmittel**. Dazu zählt jedes sachliche und prozessuale Vorbringen, das der Durchsetzung bzw. Abwehr des geltend gemachten prozessualen Anspruchs dient, z.B. Behauptungen, Bestreiten, Einwendungen, auch Aufrechnungen, Einreden einschließlich der Tatsachenbehauptungen und Beweismittel zu ihrer Rechtfertigung, Beweisanträge und Beweiseinreden. **Keine Angriffs- und Verteidigungsmittel** sind Rechtsausführungen und verfahrensbestimmende Anträge wie Klage, Klageänderung, Klageerweiterung, Parteiänderung, Widerklage und Widerklageänderung oder -erweiterung und das Vorbringen zu ihrer Begründung.[86]

58

f) Verzögerung des Rechtsstreits

aa) Verzögerungsrelevanter Vortrag

Solange nicht feststeht, dass die Gegenpartei verspätetes Vorbringen bestreitet, liegen die Voraussetzungen für ein Zurückweisen nach § 56 Abs. 2 nicht vor.[87] Vor einer Zurückweisung hat das Gericht verspätetes Vorbringen auf seine Erheblichkeit zu prüfen und, wenn es diese bejaht, den Gegner zur Stellungnahme zu veranlassen.[88] Kann sich der Prozessgegner auf ein verspätet vorgebrachtes Angriffs- oder Verteidigungsmittel im Verhandlungstermin nicht erklären, darf das Gericht

59

---

81 BGH, 23.10.1990 – XI ZR 20/90.
82 Gift/Baur E Rn 763 f.
83 BVerfG, 25.02.1993 – 2 BvR 1066/91; BAG, 04.02.1994 – 8 AZB 16/93, NZA 1994, 1357 zur Berufungsbegründungsfrist; Gift/Baur E Rn 776.
84 BGH, 13.12.2006 – IV ZR 180/04, VersR 2007, 373.
85 BGH, 21.06.1991 – IX ZR 222/90, NJW 1991, 2774 zu § 296 Abs. 1 ZPO.
86 Thomas/Putzo § 146 Rn 2.
87 OLG Naumburg, 07.01.1994 – 3 U 69/93, NJW-RR 1994, 704 zu § 296 ZPO.
88 OLG Frankfurt am Main, 08.10.1991 – 14 U 247/90, NJW-RR 1992, 1405.

dieses Vorbringen nur dann als verspätet zurückweisen, wenn der Gegner in einem nach § 283 ZPO nachgelassenen Schriftsatz den Vortrag bestreitet.[89]

60 Vor der Zurückweisung verspäteten Vortrags ist daher dem Gegner nach § 283 ZPO Gelegenheit zur **Stellungnahme durch nachgereichten Schriftsatz** zu geben. Erst danach ist über die Zurückweisung des bestrittenen und damit beweisbedürftig gebliebenen verspäteten Vorbringens zu entscheiden.[90]

bb) **Kausalität**

61 Zwischen der Verspätung des Vorbringens und der Verzögerung des Rechtsstreits muss ein **alleinursächlicher Zusammenhang** bestehen. Dieser besteht nicht, wenn es zur Verzögerung aus Gründen kommt, die dem Prozess allgemein und unabhängig davon innewohnen, ob die Partei rechtzeitig oder verspätet vorgetragen hat.[91]

62 Daher darf das **Nichterscheinen eines ordnungsgemäß geladenen Zeugen** nicht zur Benachteiligung der beweisführenden Partei verwertet werden.[92] Die durch das Ausbleiben eines Zeugen oder einer vernehmenden Partei eintretenden Verzögerungen müssen von der Rechtsordnung beim verspäteten Vorbringen ebenso wie beim rechtzeitigen Vorbringen notwendigerweise hingenommen werden.[93] Geht wegen verspäteten Beweisantritts die Ladung dem Zeugen nicht zu und erscheint er auch nicht freiwillig im Termin, steht der Annahme der Verzögerung des Rechtsstreits durch das Ausbleiben des Zeugen nicht entgegen, dass er sich der Partei ggü. zum Erscheinen bereit erklärt hatte und möglicherweise auch bei rechtzeitiger Ladung ausgeblieben wäre.[94] Es fehlt an einer Verzögerung der Erledigung des Rechtsstreits, wenn auch bei fristgerechtem Eingang des Schriftsatzes mit dem verspäteten Vorbringen ein Beweisbeschluss hätte ergehen müssen und der Rechtsstreit folglich nicht erledigt worden wäre.[95] Verspätetes Vorbringen darf in einem Termin auch dann nicht zurückgewiesen werden, wenn nach der Sach- und Rechtslage des Streitfalles eine Streiterledigung in diesem Termin von vornherein ausscheidet,[96] insb. weil keine ausreichenden Vorbereitungsmaßnahmen durch das Gericht ergriffen wurden,[97] keine genügende Zeit für die Vernehmung von Zeugen vorgesehen wurde[98] oder die richterliche Verfahrensleitung und Terminsvorbereitung erkennbar unzulänglich sind.[99]

cc) **Verzögerungsbegriff**

63 Von einer **Verzögerung** des Rechtsstreits kann die Rede sein, wenn
– die Zulassung des nach Fristablauf eingegangenen Vortrags – ohne Berücksichtigung des hypothetischen Verfahrensverlaufs bei rechtzeitigem Eingang des Vortrags – zu einer Verzögerung führte *(absoluter Verzögerungsbegriff)*,
– die Dauer des Verfahrens durch die Zulassung des verspäteten Vortrags – relativ – verlängert wird ggü. der Dauer des Verfahrens, die bei rechtzeitigem Vorbringen zu erwarten gewesen wäre.[100]

---

89 LG Berlin, 04.02.1992 – 64 S 319/91; KG, 25.10.1982 – 24 U 2582/82.
90 OLG Frankfurt am Main, 24.09.1986 – 17 U 20/85, NJW 1987, 1089.
91 BGH, 05.05.1982 – VIII ZR 152/81; BGH, 21.04.1986 – VIII ZR 125/85.
92 BGH, 23.04.1986 – VIII ZR 128/85.
93 BGH, 01.10.1986 – 1 ZR 125/84.
94 BGH, 19.10.1988 – VIII ZR 298/87, NJW 1989, 719.
95 OLG Hamm, 04.02.1994 – 9 U 192/93, NJW-RR 1995, 126.
96 BGH, 21.10.1986 – VI ZR 107/86, NJW 1987, 500.
97 OLG Hamm, 20.01.1989 – 20 U 78/88, NJW-RR 1989, 895.
98 BVerfG, 13.08.1991 – 1 BvR 72/91, NJW 1992, 299.
99 BVerfG, 22.08.1991 – 1 BvR 365/91, NJW 1992, 680; BVerfG, 20.10.1994 – 2 BvR 1506/94, NJW-RR 1995, 377.
100 Relativer oder hypothetischer Verzögerungsbegriff; LAG Berlin, 07.05.1979 – 9 Sa 106/78.

Der BGH hat sich für den **absoluten Verzögerungsbegriff** (Rdn. 63) entschieden.[101] Die Anwendung des absoluten Verzögerungsbegriffs ist grds. mit dem Anspruch auf rechtliches Gehör vereinbar. Verspätetes Vorbringen darf jedoch nicht ausgeschlossen werden, wenn offenkundig ist, dass dieselbe Verzögerung auch bei rechtzeitigem Vortrag eingetreten wäre.[102] 64

Kann sich eine Partei zu erstmals vorgebrachten neuen Tatsachen des Prozessgegners, die ihr aus eigenem Wissen nicht bekannt sind, nicht erklären, bleibt nur die Möglichkeit, die Verhandlung zu vertagen, einen Schriftsatzvorbehalt zu gewähren oder das neue Vorbringen zurückzuweisen.[103] 65

Die durch an sich verspätetes Vorbringen veranlasste Notwendigkeit, nach § 283 ZPO eine **Erklärungsfrist** zu gewähren, bedeutet für sich allein keine Verzögerung des Rechtsstreits.[104] 66

Durch die **Anberaumung eines Verkündungstermins** wird die Erledigung des Rechtsstreits nicht in erheblicher Weise verzögert.[105] 67

Ob eine Verzögerung eintritt, stellt das Gericht, bezogen auf den Zeitpunkt des Vorbringens, nach seiner freien Überzeugung fest.[106] 68

dd) Keine Mitursächlichkeit des Gerichts für Verzögerung

Beruht die Verspätung eines Vorbringens oder das Unterlassen der Entschuldigung auch auf einer Verletzung der richterlichen Fürsorgepflicht, schließt die rechtsstaatlich gebotene faire Verfahrensführung eine Präklusion nach § 56 Abs. 2 aus.[107] Ist eine Verfahrensverzögerung durch zumutbare und damit prozessrechtlich gebotene Maßnahme vermeidbar, dient die Zurückweisung verspäteten Vorbringens nicht mehr der Verhinderung von Folgen säumigen Parteiverhaltens. Sie wirkt vielmehr einer Verzögerung entgegen, die erst infolge unzureichender richterlicher Verfahrensleitung droht.[108] Im **Berufungsverfahren** darf z.B. eine in erster Instanz siegreiche Partei darauf vertrauen, von dem Berufungsgericht rechtzeitig einen Hinweis zu erhalten, wenn dieses in einem entscheidungserheblichen Punkt der Beurteilung der Vorinstanz nicht folgen will und aufgrund seiner abweichenden Ansicht eine Ergänzung des Vorbringens oder einen Beweisantritt für erforderlich hält. Dabei muss der Hinweis so rechtzeitig erfolgen, dass darauf **noch vor dem Termin** zur mündlichen Verhandlung reagiert werden kann.[109] Es ist aber zu beachten, dass eine **fachkundig vertretene Partei** eine unzureichende Information durch das Gericht nicht erfolgreich rügen kann, wenn sie oder ihr Vertreter selbst in zumutbarer Weise durch Nachfragen oder Beweisanträge die fehlende Information durch das Gericht hätte veranlassen können.[110] 69

Von der Möglichkeit des Ausschlusses von Parteivorbringen oder Beweismitteln wegen Verspätung kann kein Gebrauch gemacht werden, wenn ein Schriftsatz so rechtzeitig eingeht, dass die Ladung eines darin benannten Zeugen zu einem bereits anberaumten Termin möglich ist oder der betreffende Zeuge in dem Termin gestellt wird.[111] Mit Zeugenbeweis dem Gericht eingereichter Tatsachenvortrag kann nicht als verspätetes Vorbringen zurückgewiesen werden, wenn die Beweiserhebung dem Gericht zu dem bereits anberaumten Termin der mündlichen Verhandlung möglich wäre 70

---

101 BGH, 12.07.1979 – VII ZR 284/78; BGH, 31.01.1980 – VII ZR 96/79.
102 BVerfG, 05.05.1987 – 1 BvR 903/85, NJW 1987, 2733; dazu Leipold JZ 1988, 93 und Deubner NJW 1987, 2733.
103 OLG Koblenz, 05.02.1987 – 6 U 1319/86, NJW-RR 1987, 509.
104 BAG, 02.03.1989 – 2 AZR 275/88; BGH, 26.11.1984 – VIII ZR 217/83.
105 OLG Frankfurt am Main, 08.10.1991 – 14 U 247/90, NJW-RR 1992, 1405.
106 BGH, 12.07.1979 – VII ZR 284/78.
107 BVerfG, 14.04.1987 – 1 BvR 162/84, NJW 1987, 2003 zu § 296 Abs. 1 ZPO.
108 BVerfG, 20.10.1994 – 2 BvR 1506/94, NJW-RR 1995, 377.
109 BGH, 26.06.2008 – V ZR 225/07.
110 BAG, 20.05.2008 – 9 AZN 1258/07, NZA 2008, 839 = NJW 2008, 2364.
111 BAG, 23.11.1988 – 4 AZR 393/88.

oder bei gehöriger Terminsvorbereitung möglich gewesen wäre.[112] Die Zurückweisung des Vorbringens als verspätet verletzt daher den **Grundsatz des rechtlichen Gehörs**, wenn das Gericht entgegen seiner Prozessförderungspflicht einen Zeugen trotz ausreichender Zeit nicht lädt und dadurch die Verzögerung der Erledigung des Rechtsstreits mitverursacht.[113] Die Pflicht zur Wahrung rechtlichen Gehörs erfordert aber nicht, schon vor Eingang der Klageerwiderung aufgrund des in der Klageschrift geschilderten vorprozessualen Streitstandes die hierzu benannten Zeugen für den Kammertermin zu laden.[114] Die Nichtzulassung verspäteten Zeugenbeweises ist ermessensfehlerhaft, wenn die Verzögerung des Verfahrensabschlusses damit begründet wird, der Verhandlungstermin sei bereits durch eine Parteivernehmung zum selben Beweisthema ausgelastet.[115] Die Vernehmung eines zunächst ohne ladungsfähige Anschrift, i.Ü. aber konkret und rechtzeitig benannten Zeugen darf nur unter den Voraussetzungen des § 356 ZPO abgelehnt werden. Die Ablehnung kann nicht stattdessen – wegen verspäteten Nachreichens der ladungsfähigen Anschrift – auf § 56 Abs. 2 gestützt werden.[116] Die Erledigung des Rechtsstreits wird aber verzögert, wenn der vom Beklagten verspätet erst in der mündlichen Verhandlung benannte Zeuge zwar präsent ist und deshalb vernommen werden könnte, seine Vernehmung aber bei einer dem Kläger günstigen Aussage die Vernehmung nicht präsenter Gegenzeugen erforderlich machen würde.[117]

g) Rechtliches Gehör wegen Vorwurfs der Verspätung

71 Der betroffenen Partei ist von dem Vorsitzenden rechtliches Gehör zum Vorwurf der Verspätung des Vorbringens zu gewähren. Sie ist ausdrücklich nach möglichen Entschuldigungsgründen für die Verspätung zu befragen und ggf. zur Glaubhaftmachung der Entschuldigungsgründe aufzufordern.

h) Unzureichende Entschuldigung oder Glaubhaftmachung

72 Das Verschulden der Partei, ggf. ihres gesetzlichen Vertreters[118] oder Prozessbevollmächtigten[119] an der Fristversäumung wird vermutet. Die Partei muss sich entlasten, und zwar sofort, spätestens im folgenden Termin. Nur eine in erster Instanz schuldlos unterlassene Entschuldigung für das verspätete Vorbringen kann mit der Berufung nachgeholt werden.[120]

73 An die Sorgfaltspflichten des Anwalts oder des Verbandsvertreters werden dabei strengere Anforderungen gestellt als an die Partei selbst.[121] Soweit es um ein **Verschulden der Partei** geht, wird danach gefragt, ob die Partei nach ihren persönlichen Kenntnissen und Fähigkeiten die Verspätung hätte vermeiden können und müssen.[122] Wegen der verfassungsrechtlichen Dimension und des Gebots der zurückhaltenden Anwendung von Präklusionsvorschriften wird die Vermeidung einer kleinlichen Betrachtung und ein Abstellen auf die Umstände des Einzelfalles angeraten.[123]

74 Das Gericht darf ein verspätetes Vorbringen nicht wegen Unglaubwürdigkeit des vorgetragenen Entschuldigungsgrundes zurückweisen, ohne dass es die Partei zur Glaubhaftmachung aufgefordert und ihr dazu in angemessener Weise – regelmäßig unter Einräumung einer kurzen Frist – Gelegenheit gegeben hat.[124]

---

112 BVerfG, 10.02.1993 – 2 BvR 2218/92.
113 BVerfG, 16.06.1995 – 2 BvR 2623/93, NJW-RR 1995, 1469.
114 BGH, 30.09.1986 – X ZR 2/86.
115 BGH, 09.11.1990 – V ZR 194/89.
116 BGH, 31.03.1993 – VIII ZR 91/92 zu § 296 Abs. 2 ZPO.
117 BGH, 26.03.1982 – V ZR 149/81.
118 § 51 Abs. 2 ZPO.
119 § 85 Abs. 2 ZPO.
120 BVerfG, 14.04.1987 – 1 BvR 162/84, NJW 1987, 2003.
121 Gift/Baur E Rn 784.
122 OLG Hamm, 15.02.1991 – 12 U 143/90, NJW-RR 1992, 122.
123 Gift/Baur E Rn 785.
124 BGH, 10.03.1986 – II ZR 107/85.

i) Zurückweisungsentscheidung

Liegen sämtliche Voraussetzungen für ein Zurückweisen verspäteten Vorbringens vor, so entscheidet die Kammer über die Zurückweisung des Vorbringens inzidenter in dem Urteil zur Hauptsache.

j) Folgen der Präklusion verspäteten Vorbringens

Die Zurückweisung verspäteten Vorbringens hat die Wirkung, dass die Sachprüfung so vorzunehmen ist, als hätte die Partei das verspätete Vorbringen nicht vorgetragen.[125]

Angriffs- oder Verteidigungsmittel dürfen **nicht durch Teilurteil** als verspätet zurückgewiesen werden.[126]

Vorbringen, welches im Verfahren über einen im Wege der **Stufenklage** geltend gemachten Auskunftsanspruch ausgeschlossen worden ist, kann im Betragsverfahren erneut vorgetragen werden und dann auch nicht deshalb als verspätet zurückgewiesen werden, weil es nicht schon im Verfahren der ersten Stufe rechtzeitig und substantiiert vorgebracht worden ist.[127]

k) Sonderfall: Eilverfahren

Im **Arrestverfahren** und im **einstweiligen Verfügungsverfahren** ist es den Parteien erlaubt, im Verhandlungstermin neue Tatsachen vorzutragen. Eine Zurückweisung als verspätet kommt regelmäßig nicht in Betracht, weil grds. kein Anspruch auf Vertagung besteht und daher keine Verzögerung eintritt.[128]

3. Zurückweisung nach § 296 Abs. 1 ZPO

Ein Zurückweisen von Angriffs- und Verteidigungsmitteln nach § 296 Abs. 1 ZPO findet im arbeitsgerichtlichen Verfahren nicht statt. Die nahezu wortgleiche Vorschrift des § 56 Abs. 2 Satz 1 geht dem § 296 Abs. 1 ZPO vor. Die in § 296 Abs. 1 ZPO angesprochenen Fristen nach § 275 Abs. 1 Satz 1, Abs. 3, 4, § 276 Abs. 1 Satz 2, Abs. 3 und § 277 ZPO können zudem wegen § 46 Abs. 2 Satz 2 im arbeitsgerichtlichen Verfahren nicht gesetzt werden. Dies gilt auch für die in § 296 Abs. 1 ZPO genannte Frist nach § 273 Abs. 2 Nr. 1 ZPO, weil insoweit § 56 Abs. 1 Satz 2 Nr. 1 als speziellere Regelung vorgeht.[129]

4. Zurückweisung nach §§ 296 Abs. 2, 282 Abs. 1 ZPO

Nach § 46 Abs. 2 ArbGG i.V.m. § 296 Abs. 2 ZPO können aber Angriffs- und Verteidigungsmittel, die entgegen § 282 Abs. 1 ZPO nicht rechtzeitig vorgebracht werden, zurückgewiesen werden, wenn ihre Zulassung nach der freien Überzeugung des Gerichts die Erledigung des Rechtsstreits verzögern würde und die Verspätung auf grober Nachlässigkeit beruht.

a) Prozessförderungspflicht in mündlicher Verhandlung

Nach § 282 Abs. 1 ZPO hat jede Partei in der mündlichen Verhandlung ihre Angriffs- und Verteidigungsmittel, insb. Behauptungen, Bestreiten, Einwendungen, Einreden, Beweismittel und Beweiseinreden, so zeitig vorzubringen, wie es nach der Prozesslage einer sorgfältigen und auf Förderung des Verfahrens bedachten Prozessführung entspricht. Die Zurückweisungsmöglichkeit nach §§ 296

---

125 BGH, 17.04.1996 – XII ZB 60/95.
126 BGH, 04.02.1993 – VII ZR 39/92.
127 OLG Karlsruhe, 10.10.1984 – 6 U 81/83.
128 OLG Hamburg, 29.05.1986 – 3 U 17/86, NJW-RR 1987, 36; OLG Koblenz, 05.02.1987 – 6 U 1319/86, NJW-RR 1987, 509.
129 GMPMG/Germelmann § 56 Rn 2.

Abs. 2, 282 Abs. 1 ZPO gründet damit nicht auf der Versäumung einer vom Gericht gesetzten Frist, sondern auf der **Verletzung der allgemeinen Prozessförderungspflicht** der Parteien.

83 In der mündlichen Verhandlung haben die Parteien ihre Angriffs- und Verteidigungsmittel so frühzeitig wie möglich und vernünftig, also konzentriert und nicht tröpfchenweise, vorzubringen. Besondere Bedeutung erlangt diese Zurückweisungsmöglichkeit bei einem erstmaligen und schriftsätzlich nicht angekündigten Vortrag erst in einem späteren Termin, auf den die Verhandlung vertagt wurde.

b) Voraussetzungen für Präklusion

84 Die zu § 56 Abs. 2 aufgeführten Voraussetzungen zur Verzögerung des Rechtsstreits (vgl. Rdn. 56 bis 74) müssen auch hier vorliegen, also ein verzögerungsrelevanter Vortrag, die Kausalität, keine Mitursächlichkeit eines die Parteien nicht zum Vortrag auffordernden Gerichts und das rechtliche Gehör wegen des Vorwurfs der Verletzung der Prozessförderungspflicht. Als Verschuldensgrad nennt das Gesetz die **grobe Nachlässigkeit.** Diese liegt vor, wenn die Partei oder ihr Prozessbevollmächtigter die prozessuale Sorgfalt in ungewöhnlich großem Maße verletzt und dasjenige unbeachtet gelassen hat, was jedem, der einen Prozess führt, hätte einleuchten müssen.[130]

5. Zurückweisung nach §§ 296 Abs. 2, 282 Abs. 2 ZPO

85 Schließlich können Angriffs- und Verteidigungsmittel nach § 46 Abs. 2 i.V.m. §§ 296 Abs. 2, 282 Abs. 2 ZPO zurückgewiesen werden, die entgegen § 282 Abs. 2 ZPO nicht rechtzeitig mitgeteilt werden, wenn ihre Zulassung nach der freien Überzeugung des Gerichts die Erledigung des Rechtsstreits verzögern würde und die Verspätung auf grober Nachlässigkeit beruht.

a) Anordnung vorbereitender Schriftsätze

86 Nach § 282 Abs. 2 ZPO sind Anträge sowie Angriffs- und Verteidigungsmittel, auf die der Gegner voraussichtlich ohne vorhergehende Erkundigung keine Erklärung abgeben kann, vor der mündlichen Verhandlung durch vorbereitenden Schriftsatz so zeitig mitzuteilen, dass der Gegner die erforderliche Erkundigung noch einzuziehen vermag. Diese Pflicht trifft die Parteien im arbeitsgerichtlichen Verfahren nur, wenn ihnen nach § 129 Abs. 2 ZPO durch richterliche Anordnung aufgegeben worden ist, die mündliche Verhandlung durch Schriftsätze oder durch zu Protokoll der Geschäftsstelle abzugebende Erklärungen vorzubereiten.

b) Verspätete Mitteilung von Angriffs- und Verteidigungsmitteln

87 Angriffs- und Verteidigungsmittel können nach § 296 Abs. 2 ZPO auch dann zurückgewiesen werden, wenn sie zwar in der mündlichen Verhandlung rechtzeitig vorgebracht, entgegen § 282 Abs. 2 ZPO aber nicht rechtzeitig angekündigt waren. Voraussetzung der Zurückweisung ist demnach eine Verletzung des § 282 Abs. 2 ZPO; die bloße Nichteinhaltung der Schriftsatzfrist, also ein Verstoß gegen § 132 ZPO, genügt nach dem klaren Wortlaut des Gesetzes nicht. § 282 Abs. 2 ZPO verlangt, dass Angriffs- und Verteidigungsmittel, auf die der Gegner voraussichtlich ohne vorhergehende Erkundigung keine Erklärung abgeben kann, vor der mündlichen Verhandlung durch vorbereitenden Schriftsatz so zeitig mitzuteilen sind, dass der Gegner die erforderliche Erkundigung noch einzuziehen vermag. Diese Vorschrift hat v.a. Bedeutung für neue Tatsachenbehauptungen. Auf diese hat sich der Gegner gem. § 138 ZPO substantiiert und der Wahrheit gem. zu erklären. Hierzu wird vielfach nicht nur eine Rückfrage des Anwalts beim Mandanten, sondern auch eine Erkundigung bei Dritten erforderlich sein. Anders ist es dagegen, wenn für eine bereits früher aufgestellte und streitig gewordene Behauptung neue Beweise angeboten werden. Diese sind, soweit sie eine materiell-rechtlich erhebliche Behauptung betreffen und keine prozessualen Hindernisse entgegenstehen, auch dann zu erheben, wenn der Gegner sein Bestreiten nicht wiederholt. Aus-

---

130 BGH, 24.09.1986 – VIII ZR 255/85.

nahmen von dieser Regel sind denkbar.¹³¹ § 282 Abs. 2 ZPO verlangt nicht, neues Vorbringen so rechtzeitig schriftsätzlich anzukündigen, dass das Gericht noch vorbereitende Maßnahmen nach § 273 ZPO treffen kann. Nach der jetzigen Fassung dient die Vorschrift nicht dem Zweck, dem Richter die rechtzeitige Terminsvorbereitung zu ermöglichen. Wenn das Gericht sicherstellen will, dass die Schriftsätze der Parteien bereits in einem Zeitpunkt bei Gericht eingehen, in dem noch die Ladung von Zeugen und andere vorbereitende Maßnahmen angeordnet werden können, bleibt ihm daher nur die Möglichkeit, nach §§ 56 Abs. 2, 61a Abs. 3, 4 Fristen zu setzen.¹³²

c) Voraussetzungen für die Präklusion

Die zu §§ 296 Abs. 2, 282 Abs. 2 ZPO aufgeführten weiteren Voraussetzungen zur Zurückweisung des Parteivorbringens (s. Rdn. 56 bis 74) müssen auch hier vorliegen. Die bloße **Nichteinhaltung der Wochenfrist des § 132 Abs. 1 ZPO genügt nicht**, um Angriffsmittel nach §§ 296 Abs. 2, 282 Abs. 2 ZPO zurückzuweisen.¹³³ 88

6. Verhinderung der Zurückweisung

a) Flucht in die Säumnis

Der Zurückweisung verspäteten Vorbringens kann die betreffende Partei durch Nichtverhandeln im Termin zur mündlichen Verhandlung zu entgehen suchen.¹³⁴ Gegen das auf Antrag des Gegners ergangene Versäumnisurteil kann Einspruch eingelegt werden. Zusammen mit dem Einspruch kann die Partei die Angriffs- oder Verteidigungsmittel bei Gericht anbringen.¹³⁵ 89

Das Säumnisverfahren¹³⁶ hebt jedoch eine vorangegangene Versäumnis von Erklärungsfristen nicht auf. Die säumige Partei ist aber mit dem in der Einspruchsbegründung nachgeholten Vorbringen zur Hauptsache nicht schlechthin ausgeschlossen. Durch den zulässigen Einspruch wird der Prozess in die Lage zurückversetzt, in der er sich vor Eintritt der Versäumnis der mündlichen Verhandlung befand.¹³⁷ Damit werden alle früheren Prozesshandlungen oder Unterlassungen wieder erheblich. Das Gesetz nimmt zwar die dem Säumnisverfahren eigene Verzögerung des Rechtsstreits in Kauf, jedoch werden andere Versäumnisse durch den Einspruch nicht ausgeräumt. So sind die Rechtsfolgen einer Fristversäumung nach § 56 Abs. 2 auch allein aus der Sicht der auf den Einspruch folgenden Verhandlung zu beurteilen. Soweit eine Verzögerung in der Erledigung des Rechtsstreits durch zumutbare vorbereitende Maßnahmen für diese Verhandlung vermieden werden kann, darf das Gericht das Vorbringen auch dann nicht zurückweisen, wenn die gem. § 56 Abs. 2 gesetzte Frist versäumt worden ist.¹³⁸ 90

Nach Eingang eines zulässigen Einspruchs hat die Vorsitzende des Prozessgerichts unverzüglich Termin zur Verhandlung zu bestimmen.¹³⁹ Die Verhandlung soll so früh wie möglich stattfinden.¹⁴⁰ Damit wäre es nicht vereinbar, wenn die Vorsitzende die auf den Einspruch anzuberaumende Verhandlung so weit hinausschieben müsste, dass in diesem Termin alle nach dem verspäteten Vorbringen in Betracht kommenden Beweise erhoben werden könnten. Zwar ist bei der Terminsbestimmung nach Möglichkeit eine Zeitspanne zur Beweisaufnahme einzuplanen, welche nach dem 91

---

131 BGH, 28.09.1988 – IVa ZR 88/87, NJW 1989, 716.
132 BGH, 28.09.1988 – IVa ZR 88/87, NJW 1989, 716.
133 BGH, 30.03.2006 – VII ZR 139/05, BauR 2006, 1172, Rn 2.
134 Hessisches LAG, 24.02.2009 – 13 Ta 586/08, mit Darstellung des Streitstandes zu der Frage, ob diese auch eine Verspätungsgebühr nach § 38 GKG auslösen kann; i.Ü. siehe zu den Kosten § 95 ZPO.
135 GMPMG/Germelmann § 56 Rn 43.
136 §§ 330 ff. ZPO.
137 § 342 ZPO.
138 BGH, 23.10.1980 – VII ZR 307/79, zu § 275 ZPO.
139 §§ 216 Abs. 2, 341a ZPO.
140 § 272 Abs. 3 ZPO bzw. § 57 Abs. 1 Satz 2.

neuen Sach- und Streitstand geboten und durchführbar erscheint. Dies bedeutet jedoch nicht, dass die Vorsitzende bei der Terminsbestimmung einen freien, den Umständen nach in Betracht kommenden Termin auslassen müsste, um alle nachteiligen Folgen der Verspätung des Parteivorbringens auszuräumen. Andernfalls würde die Regelung des § 296 ZPO durch ein Säumnisverfahren unterlaufen. Eine Zurückweisung verspäteten Vorbringens käme in all jenen Fällen nicht mehr in Betracht, in denen der Verhandlungstermin erst nach Eingang des verspäteten Schriftsatzes bestimmt wird. Der **Beschleunigungszweck** der gesetzlichen Neuregelung wäre verfehlt, eine »Flucht in die Terminsversäumnis« würde sich in allzu vielen Fällen doch lohnen.[141]

92 Beruht die Verzögerung der Erledigung des Rechtsstreits allein auf der Verspätung des Sachvorbringens in der Einspruchsbegründung, so kommt eine Zurückweisung nach §§ 340 Abs. 3 Satz 3, 296 Abs. 1 ZPO in Betracht. Insoweit ist die Anwendbarkeit im arbeitsgerichtlichen Verfahren nicht ausgeschlossen.[142]

b) Flucht in die Berufungsinstanz

93 Nach Ablauf der Ausschlussfrist für schriftsätzlichen Vortrag kann die betroffene Partei den Tatsachenvortrag in erster Instanz unterlassen und in der Berufungsbegründung nachholen. I.d.R. wird ein solchermaßen verspäteter Vortrag keine Verzögerung bewirken, weshalb eine Zulassung nach § 67 Abs. 2 erfolgen kann. Es bliebe nur die Kostensanktion des § 97 Abs. 2 ZPO.[143] Die Berufung kann ggf. auch ausschließlich mit neuen Angriffs- und Verteidigungsmitteln begründet werden.[144] Nach der Rechtsprechung des BGH[145] darf im Übrigen das im Rechtszug übergeordnete Gericht die Zurückweisung verspäteten Vorbringens **nicht auf eine andere als die von der Vorinstanz angewandte Vorschrift** stützen. Ein Wechsel der Präklusionsbegründung durch das Rechtsmittelgericht kommt grundsätzlich nicht in Betracht. Dies gilt auch für das Verhältnis der Zurückweisung verspäteten Vorbringens nach § 296 Abs. 2 i.V.m. § 282 Abs. 1 ZPO und § 296 Abs. 2 i.V.m. § 282 Abs. 2 ZPO.

§ 57 Verhandlung vor der Kammer

(1) ¹Die Verhandlung ist möglichst in einem Termin zu Ende zu führen. ²Ist das nicht durchführbar, insbesondere weil eine Beweisaufnahme nicht sofort stattfinden kann, so ist der Termin zur weiteren Verhandlung, die sich alsbald anschließen soll, sofort zu verkünden.

(2) Die gütliche Erledigung des Rechtsstreits soll während des ganzen Verfahrens angestrebt werden.

Übersicht	Rdn.		Rdn.
I. Allgemeines	1	III. Erledigung im ersten Termin	10
II. Gang der mündlichen Verhandlung	2	1. Vorbereitung der mündlichen Verhandlung	11
1. Eröffnung der mündlichen Verhandlung	2	2. Prozessförderungspflicht in der mündlichen Verhandlung	16
2. Antragstellung	3	IV. Vertagung	19
3. Einführung in den Sach- und Streitstand	4	1. Vertagungsgründe	19
4. Anhörung der Parteien	5	2. Vertagungsentscheidung	22
5. Richterliche Aufklärungs- und Hinweispflichten	6	V. Gütliche Erledigung	25

---

141 BGH, 23.10.1980 – VII ZR 307/79.
142 GMPMG/Germelmann § 59 Rn 44.
143 GMPMG/Germelmann § 56 Rn 44.
144 BGH, 27.03.2007 – VIII ZB 123/06, WuM 2007, 283.
145 BGH, 25.02.2010 – I ZB 18/08, BPatGE 51, 302, Rn 18.

I. Allgemeines

Die Vorschrift bringt den **Beschleunigungs- und Konzentrationsgrundsatz** (Rdn. 10) zur Geltung, wie er auch in §§ 9 Abs. 1 Satz 1, 56 Abs. 1 Satz 1 und 61a Abs. 1 zum Ausdruck kommt. Sie ist entsprechend im Berufungsverfahren,[1] Revisionsverfahren[2] und in den drei Rechtszügen des Beschlussverfahrens[3] anwendbar. Außerdem betont die Vorschrift neben § 54 den Vorrang der gütlichen Erledigung eines Verfahrens. Über den Ablauf der streitigen mündlichen Verhandlung – nach einem gescheiterten Gütetermin – enthält das Arbeitsgerichtsgesetz keine Regelungen, weshalb nach § 46 Abs. 2 Satz 1 die Vorschriften für das amtsgerichtliche[4] und das Verfahren vor den Landgerichten Anwendung finden.

II. Gang der mündlichen Verhandlung

1. Eröffnung der mündlichen Verhandlung

Die Parteien verhandeln über den Rechtsstreit vor dem erkennenden Gericht mündlich.[5] Der Termin beginnt mit dem Aufruf der Sache[6] und der Eröffnung der mündlichen Verhandlung durch die Vorsitzende.[7] Sodann erfolgt die Protokollierung der für die Kennzeichnung der Sache und der Beteiligten erforderlichen Angaben,[8] insb. die Feststellung der Namen der erschienenen Parteien, Vertreter, Bevollmächtigten, Zeugen und Sachverständigen.[9] In bestimmten Fällen ist vorab das Vorliegen bestimmter Formalien festzustellen.[10] Werden Schriftsätze oder Telefaxschreiben unter Verstoß gegen § 132 ZPO, §§ 56, 61a erst im Termin überreicht, so muss auf jeden Fall durch Befragen, mündlichen Vortrag durch die überreichende Partei oder kurzes Überfliegen durch das Gericht, geklärt werden, ob sie neues tatsächliches Vorbringen enthalten. Bejahendenfalls ist zu prüfen, ob der Gegner sich hierauf einlässt, d.h. eine Erklärung hierzu abgeben kann *(Bestreiten, Zugestehen der neuen Tatsachen)*. Wird diese Einlassung verweigert, so hat das Gericht folgende Möglichkeiten: Weiterverhandeln bei unschlüssigem/unerheblichem neuem Vortrag, Schriftsatzvorbehalt[11] oder Vertagung.[12]

2. Antragstellung

Die mündliche Verhandlung wird dadurch eingeleitet, dass die Parteien ihre Anträge stellen.[13] Die Vorsitzende hat dahin zu wirken, dass die Parteien sachdienliche Prozess- und Sachanträge stellen;[14] sie hat die Verbesserung unzweckmäßiger Anträge und die bestimmte Formulierung unklarer Anträge anzuregen. Einen Katalog der für das arbeitsgerichtliche Verfahren wichtigsten Antragstellungen findet sich unter § 46 Rdn. 141 ff. Bei mehreren Anträgen ist zu klären, in welchem Verhältnis diese zueinander stehen sollen. Hat sich die Prozesslage geändert *(z.B. Erledigung der Hauptsache, Anspruchsübergang)*, hat die Vorsitzende auf eine Anpassung des Antrags an die veränderte Situation hinzuwirken. Nicht durch § 139 Abs. 1 ZPO gedeckt sind Anregungen des Gerichts, die auf neue, im Vortrag der Parteien nicht andeutungsweise enthaltene

---

1 § 64 Abs. 7 Satz 1.
2 § 72 Abs. 6 unter Inbezugnahme von § 57 Abs. 2.
3 §§ 80 Abs. 2, 87 Abs. 2 Satz 1, 92 Abs. 2 Satz 1.
4 §§ 495 ff. ZPO.
5 § 128 Abs. 1 ZPO.
6 § 220 Abs. 1 ZPO.
7 Vgl. § 136 Abs. 1 ZPO.
8 Vgl. § 160 Abs. 1 ZPO.
9 § 160 Abs. 1 Nr. 4 ZPO.
10 Z.B. Vollmacht des nichtanwaltlichen Vertreters – § 88 Abs. 2 ZPO.
11 § 283 ZPO.
12 § 227 Abs. 1 Nr. 2 ZPO.
13 § 137 Abs. 1 ZPO.
14 Vgl. § 139 Abs. 1 Satz 2 ZPO.

Klagegründe *(Klageerweiterung)* zielen. Soweit wegen der Antragstellung erforderlich, hat der Vorsitzende bereits jetzt das Sach- und Streitverhältnis mit den Parteien nach der tatsächlichen und der rechtlichen Seite zu erörtern[15] und zunächst in den Sach- und Streitstand einzuführen, insb. auch mit dem Ziel der gütlichen Einigung.[16] Nach § 297 ZPO erfolgt die Antragstellung entweder durch Verlesen aus den Schriftsätzen, durch Bezugnahme auf die Schriftsätze oder durch Aufnahme in das Protokoll. Die Aufnahme in das Protokoll bedarf der im pflichtgemäßen Ermessen der Vorsitzenden stehenden Gestattung,[17] die bei umfangreichen und schwierigen Formulierungen nicht erwartet werden kann.[18] Aus dem Grundsatz der Unteilbarkeit der mündlichen Verhandlung folgt, dass die einmal gestellten Anträge der Parteien in weiteren Terminen nicht wiederholt werden müssen. Etwas anderes wird für den Fall angenommen, dass ein Wechsel in der Besetzung des Gerichts[19] eintritt. In diesem Fall soll eine Wiederholung der Anträge notwendig sein.[20]

3. Einführung in den Sach- und Streitstand

4   Der Vorsitzende hat die Parteien nach der Antragstellung in den Sach- und Streitstand einzuführen, soweit dies nicht bereits vor Antragstellung geschehen ist. Den Umfang der Ausführungen bestimmt der Vorsitzende nach pflichtgemäßem Ermessen. Bei einfach gelagerten Fällen kann er sich auf wenige Sätze beschränken, in denen der Inhalt des Klagebegehrens und das Verteidigungsvorbringen des Beklagten dargestellt werden. Je nach Lage des Falles kann auf die Einführung gänzlich verzichtet werden, sofern etwaige Hinweise des Gerichts bereits i.R.d. Vorbereitung der streitigen Verhandlung erteilt worden sind und davon ausgegangen werden kann, dass der Sach- und Streitstand bekannt ist. Hauptzweck der Einführung in den Sach- und Streitstand ist, das tatsächlich oder rechtlich Erörterungsbedürftige aufzuzeigen,[21] damit die Parteien bei ihrem Vortrag nach § 137 Abs. 2 ZPO auch im Einzelnen Stellung nehmen können.

4. Anhörung der Parteien

5   Die nun folgende Anhörung der Parteien dient der Gewährung des rechtlichen Gehörs. Die Parteien haben den Prozessstoff in freier Rede vorzutragen, wobei der Vortrag das Streitverhältnis in tatsächlicher und rechtlicher Beziehung zu umfassen hat.[22] Eine Bezugnahme auf Schriftsätze ist zulässig, soweit keine der Parteien widerspricht und das Gericht sie für angemessen hält.[23] Sie ist in der Praxis üblich. Ein mündlicher Vortrag wird oft von dem Gericht verlangt, wenn ein Schriftsatz verspätet vorgelegt wird, den das Gericht oder die Gegenpartei noch nicht kennt. Die Vorlesung von Schriftstücken findet nur insoweit statt, als es auf ihren wörtlichen Inhalt ankommt.[24] Die Parteien haben ihre Erklärungen über tatsächliche Umstände vollständig und der Wahrheit gemäß abzugeben,[25] wobei jede Partei sich über die vom Gegner behaupteten Tatsachen zu erklären hat.[26] Tatsachen, die nicht ausdrücklich bestritten werden, sind als zugestanden anzusehen, wenn nicht

---

15 § 139 Abs. 1 Satz 1 ZPO.
16 § 57 Abs. 2.
17 § 297 Abs. 1 Satz 3 ZPO.
18 Baumbach/Lauterbach/Albers/Hartmann § 297 Rn 14.
19 Wie dies bei Vertagungen wegen der Heranziehung der Beisitzer nach § 31 Abs. 1 regelmäßig der Fall ist.
20 BAG, 16.12.1970 – 4 AZR 98/70, NJW 1971, 1332; a.A. GMPMG/Germelmann § 57 Rn 6.
21 Gift/Baur E Rn 880.
22 § 137 Abs. 2 ZPO.
23 § 137 Abs. 3 Satz 1 ZPO.
24 § 137 Abs. 3 Satz 2 ZPO.
25 § 138 Abs. 1 ZPO.
26 § 138 Abs. 2 ZPO.

die Absicht, sie bestreiten zu wollen, aus den übrigen Erklärungen der Partei hervorgeht.[27] Eine Erklärung mit Nichtwissen ist nur über Tatsachen zulässig, die weder eigene Handlungen der Partei noch Gegenstand ihrer eigenen Wahrnehmung gewesen sind.[28]

5. Richterliche Aufklärungs- und Hinweispflichten

Die Vorsitzende hat dahin zu wirken, dass die Parteien sich über alle erheblichen Tatsachen vollständig erklären, insb. auch ungenügende Angaben der geltend gemachten Tatsachen ergänzen und die Beweismittel bezeichnen. Auch insoweit hat die Vorsitzende, soweit erforderlich, das Sach- und Streitverhältnis mit den Parteien nach der tatsächlichen und der rechtlichen Seite zu erörtern und Fragen zu stellen.[29] Sie hat auf Bedenken aufmerksam zu machen, soweit die Prüfung von Amts wegen stattfindet.[30] Hierher gehören insb. die Tatsachen, von denen die Zulässigkeit der Klage oder des Rechtsmittels abhängt. Auch Bedenken ggü. der Schlüssigkeit bzw. Erheblichkeit des Parteienvortrags sind zu äußern. Auf einen rechtlichen Gesichtspunkt, den eine Partei erkennbar übersehen oder für unerheblich gehalten hat, darf das Gericht, soweit nicht nur eine Nebenforderung betroffen ist, seine Entscheidung nur stützen, wenn es darauf hingewiesen und Gelegenheit zur Äußerung dazugegeben hat. Dasselbe gilt für einen Gesichtspunkt, den das Gericht anders beurteilt als beide Parteien.[31]

6

Die Vorsitzende hat die Parteien zu einer vollständigen Erklärung über alle nach ihrer Beurteilung entscheidungserheblichen materiellen und prozessualen Tatsachen zu veranlassen. Wegen mangelnder Substantiierung darf eine Klage nicht abgewiesen werden, bevor nicht auf Ergänzung des Sachvortrags hingewirkt worden ist.[32] Dasselbe gilt für fehlende Schlüssigkeit.[33] Eine Differenzierung bei der Hinweispflicht nach anwaltlich vertretenen und nicht vertretenen Parteien sieht § 139 ZPO nicht vor.[34] Soweit die Bezeichnung der Beweismittel in § 139 Abs. 1 Satz 2 ZPO angesprochen wird, geht es u.a. um den Hinweis auf offenkundig versehentlich unterlassene Beweisantritte, um die Aufforderung zur Klarstellung unbestimmter Beweisthemen und um die Klärung der Zuordnung von Beweisantritten.

7

Das Gericht darf sich nicht auf den rechtlichen Hinweis beschränken, sondern es muss der betroffenen Partei hinreichend Gelegenheit geben, die ggf. erforderlichen Tatsachen vorzutragen oder Beweise anzubieten.[35]

8

Soweit die Vorsitzende den Aufklärungs- und Hinweispflichten nachkommt, hat sie den Geboten der Neutralität und Gleichbehandlung der Parteien gerecht zu werden.[36]

9

III. Erledigung im ersten Termin

Nach Abs. 1 Satz 1 ist die Verhandlung möglichst in einem Termin zu Ende zu führen. In der Beschränkung auf einen Termin kommt der Konzentrationsgrundsatz zum Ausdruck. Zugleich wird durch die Aufforderung, das Verfahren in dem Termin zu Ende zu bringen, der Beschleunigungsgrundsatz zur Geltung gebracht.

10

---

27 § 138 Abs. 3 ZPO.
28 § 138 Abs. 4 ZPO.
29 § 139 Abs. 1 ZPO.
30 § 139 Abs. 3 ZPO.
31 § 139 Abs. 2 ZPO.
32 BGH, 22.01.1987 – VII ZR 376/85, NJW-RR 1987, 797.
33 BGH, 11.07.1990 – VIII ZR 165/89.
34 Str.; zum Streitstand § 46 Rdn. 22.
35 BGH, 18.02.1992 – XI ZR 134/91.
36 § 56 Rn 10c; Gift/Baur E Rn 883.

1. Vorbereitung der mündlichen Verhandlung

11 Die Erledigung des Rechtsstreits in einem Termin ist nur zu erreichen, wenn die Parteien und auch das Gericht den Termin sorgfältig vorbereiten. Die Vorsitzende ist nach § 56 Abs. 1 Satz 1 verpflichtet, die streitige Verhandlung so vorzubereiten, dass sie möglichst in einem Termin zu Ende geführt werden kann. Als Gegenstück zur **Konzentrations- und Beschleunigungspflicht des Gerichts** (vgl. Rdn. 1, 10) trifft die Parteien eine **Prozessförderungspflicht**.

12 Regelmäßig wird der Vorsitzende nach § 129 Abs. 2 ZPO[37] den Parteien durch richterliche Anordnung aufgeben, die mündliche Verhandlung durch Schriftsätze oder zu Protokoll der Geschäftsstelle abzugebende Erklärungen vorzubereiten. Insoweit bedarf es keiner Fristsetzung durch das Gericht. Vorbereitende Schriftsätze dienen der Ankündigung des Vortrags in der Verhandlung. Prozessual wirksam wird das Vorbringen im Bereich des Mündlichkeitsgrundsatzes erst durch Vortrag in der mündlichen Verhandlung.[38]

13 Die Parteien sind bei der Vorbereitung der mündlichen Verhandlung zur Prozessförderung verpflichtet. Nach § 282 Abs. 2 ZPO sind Anträge sowie Angriffs- und Verteidigungsmittel, auf die der Gegner voraussichtlich ohne vorhergehende Erkundigungen keine Erklärung abgeben kann, vor der mündlichen Verhandlung durch vorbereitenden Schriftsatz so zeitig mitzuteilen, dass der Gegner die erforderliche Erkundigung noch einzuziehen vermag. Das neue Vorbringen hat sich auf das zu erstrecken, was nach Sach- und Rechtslage notwendig ist. Es ist so rechtzeitig schriftsätzlich anzukündigen, dass der Gegner im Termin darauf erwidern kann.[39] Das ist im Fall der Klagebegründung nach § 47 Abs. 1 eine Woche. § 282 Abs. 2 ZPO findet jedoch nur bei Anordnung der schriftsätzlichen Vorbereitung der mündlichen Verhandlung Anwendung. Die schriftliche Ankündigung des Vorbringens ist überflüssig, wenn der Gegner sich vor der Verhandlung zum einschlägigen Tatsachenstoff schon geäußert hat.[40] Die Prozessförderungspflicht erfasst nicht den Vortrag von Rechtsansichten.

14 **Verstoßen** die Parteien gegen die **Prozessförderungspflicht** durch verspätetes Einreichen von vorbereitenden Schriftsätzen, kommt eine Zurückweisung der Angriffs- oder Verteidigungsmittel nach § 292 Abs. 2 ZPO in Betracht, wenn ihre Zulassung nach der freien Überzeugung des Gerichts die Erledigung des Rechtsstreits verzögern würde und die Verspätung auf grober Nachlässigkeit beruht.[41] Wird das Vorbringen zugelassen, so hat eine unterlassene Gegenerklärung nicht die Folgen des § 138 Abs. 3 ZPO. Die verspätet vorgetragenen Tatsachen gelten nicht als zugestanden. In dieser Situation kann das Gericht zum einen auf Antrag des Gegners für diesen eine Frist bestimmen, in der dieser die Erklärung in einem Schriftsatz nachbringen kann; gleichzeitig ist ein Termin zur Verkündung einer Entscheidung anzuberaumen.[42] Eine fristgerecht eingereichte Erklärung muss, eine verspätet eingereichte Erklärung kann das Gericht bei der Entscheidung berücksichtigen.[43] Diese Verfahrensweise ist im arbeitsgerichtlichen Verfahren aufwendig, weil allein wegen der notwendigen Erörterung der Kammer über die zu verkündende Entscheidung nach Eingang des nachgelassenen Schriftsatzes eine erneute Heranziehung der ehrenamtlichen Richter erforderlich ist. Zum anderen kann das Gericht die Verhandlung vertagen.[44] Die Verletzung der Prozessförde-

---

37 Ggf. i.V.m. § 56 Abs. 1 Satz 1 bzw. § 61a Abs. 4.
38 BAG, 15.12.1987 – 3 AZR 606/87.
39 Thomas/Putzo § 282 Rn 3.
40 BGH, 29.05.1984 – IX ZR 57/83.
41 § 296 Abs. 2 ZPO.
42 § 283 Satz 1 ZPO.
43 § 283 Satz 2 ZPO.
44 § 227 Abs. 1 ZPO.

rungspflicht kann zudem eine **Verzögerungsgebühr** nach § 38 GKG[45] und eine nachteilige Kostenentscheidung nach § 95 ZPO nach sich ziehen.

Regelmäßig wird die Vorsitzende zudem zur Vorbereitung der streitigen Verhandlung von den ihr nach §§ 55 Abs. 4, 56 und 61a eingeräumten Möglichkeiten Gebrauch machen.

2. Prozessförderungspflicht in der mündlichen Verhandlung

In der mündlichen Verhandlung haben die Parteien ihre Angriffs- und Verteidigungsmittel, insb. Behauptungen, Bestreiten, Einwendungen, Einreden, Beweismittel und Beweiseinreden, so zeitig vorzubringen, wie es nach der Prozesslage einer sorgfältigen und auf Förderung des Verfahrens bedachten Prozessführung entspricht.[46]

Da der erste Termin der streitigen Verhandlung *(nicht der Gütetermin)* der frühest mögliche Zeitpunkt für das Parteivorbringen ist, wird das Vorbringen in ihm regelmäßig nicht verspätet sein.[47]

Rechtzeitig sind Angriffs- und Verteidigungsmittel vorgebracht, wenn nach Maßgabe eines objektiven *(= Prozesslage)* und subjektiven *(= sorgfältige und förderungsbedachte Prozessführung)* Tatbestands ein früheres Vorbringen nicht zuzumuten war.[48] Was noch ohne Beweisantritt behauptet wird, kann auch noch ohne Gegenbeweisantritt bestritten werden. Es besteht kein Zwang, von vornherein erschöpfend alles auch nur ganz evtl. im Prozessverlauf einmal Erhebliche vorzutragen und unter Beweis zu stellen. In den Grenzen der Wahrheits- und Lauterkeitspflicht nach § 138 ZPO ist eine **gewisse Prozesstaktik** zulässig.[49] Andererseits ist keine tröpfchenweise Information des Gerichts zulässig, um Zeit zu gewinnen. Bei einem unkomplizierten und übersichtlichen Sachverhalt ist eine alsbaldige, einigermaßen umfassende Klagebegründung oder Klageerwiderung notwendig, und zwar einschließlich aller Beweisantritte. Wenn sich auf denselben Anspruch mehrere selbstständige Angriffs- oder Verteidigungsmittel beziehen, dann darf die Partei sich grds. nicht auf das Vorbringen einzelner von ihnen beschränken, selbst wenn sie nach dem Sach- und Streitstand davon ausgehen darf, dass diese für die Rechtsverfolgung oder Rechtsverteidigung ausreichen.[50]

IV. Vertagung

1. Vertagungsgründe

Kann die Verhandlung nicht in einem Termin zu Ende geführt werden, so ist der Termin nach Abs. 1 Satz 2 zu vertagen. Als Vertagungsgrund wird im Gesetz der Fall der nicht sofort möglichen Beweisaufnahme angeführt. Hierbei handelt es sich aber um keine abschließende Regelung. Nach § 227 Abs. 1 Satz 1 ZPO kann eine Verhandlung aus »erheblichen Gründen« vertagt werden. Die erheblichen Gründe sind auf Verlangen des Gerichts glaubhaft zu machen.[51]

Als **»erhebliche Gründe«** für eine Vertagung kommen z.B. in Betracht: Verhinderung der Partei, deren persönliches Erscheinen angeordnet und unverzichtbar erscheint, oder die ihren Prozess selbst führt; Erfolg versprechende außergerichtliche Vergleichsverhandlungen; Verhinderung von Zeugen oder Sachverständigen; Verhinderung des Prozessbevollmächtigten aufgrund unverschulde-

---

45 Hessisches LAG, 24.02.2009 – 13 Ta 586/08, mit Darstellung des Streitstandes zu der Frage, ob diese auch bei einer Flucht in die Säumnis zulässig ist.
46 § 282 Abs. 1 ZPO.
47 BGH, 01.04.1992 – VIII ZR 86/91.
48 Zöller/Greger § 282 Rn 3.
49 Baumbach/Lauterbach/Albers/Hartmann § 282 Rn 8.
50 Baumbach/Lauterbach/Albers/Hartmann § 282 Rn 9.
51 § 227 Abs. 3 ZPO.

ter Anreiseschwierigkeit und ggf. bei zu berücksichtigender Terminskollision;[52] wenn neues Tatsachenvorbringen oder neue Beweismittel erforderlich werden, weil im Termin neue tatsächliche und rechtliche Erkenntnisse gewonnen wurden.

21 »**Erhebliche Gründe**« für eine Vertagung sind aber nach § 227 Abs. 1 Nr. 1 bis 3 ZPO insb. **nicht**:
– das Ausbleiben einer Partei oder die Ankündigung, nicht zu erscheinen, wenn nicht das Gericht dafürhält, dass die Partei ohne ihr Verschulden am Erscheinen verhindert ist *(Nr. 1)*;
– die mangelnde Vorbereitung einer Partei, wenn nicht die Partei dies genügend entschuldigt *(Nr. 2)*;
– das Einvernehmen der Parteien allein *(Nr. 3)*.

2. Vertagungsentscheidung

22 Über die Vertagung einer Verhandlung entscheidet die Kammer.[53] Die Entscheidung ist **sofort**, also am Schluss des mündlichen Verhandlungsteils dieses Sitzungstages *(Grundsatz der Einheit der mündlichen Verhandlung)* zu verkünden *(Abs. 1 Satz 2)*. Der verbreitete Beschluss »Neuer Termin wird von Amts wegen anberaumt« ist durch den klaren Wortlaut des Gesetzes nicht gedeckt.[54] Sofern das Gericht die weitere mündliche Verhandlung nach §§ 56, 61a ArbGG vorzubereiten hat, bleibt nur, den neuen Termin vorab festzusetzen, und i.Ü. der Vorsitzenden die weitere Vorbereitung des Termins zu überlassen. Stehen der sofortigen Bestimmung des neuen Termins jedoch objektive Hinderungsgründe entgegen, kann die Anberaumung des neuen Termins der Vorsitzenden vorbehalten werden. Solche Hinderungsgründe liegen z.B. vor, wenn nicht absehbar ist, wann ein Sachverständigengutachten vorliegt, ein Zeuge erreichbar ist[55] oder eine erkrankte Partei wieder zur Verfügung steht.

23 Die Vertagungsentscheidung ist kurz zu begründen.[56] Sie ist grds. unanfechtbar.[57] Eine Anfechtung der Vertagungsentscheidung durch Beschwerde soll zulässig sein, wenn die Vertagung in ihrer Wirkung einer Aussetzung gleichkommt[58] oder wenn eine »**greifbare Gesetzeswidrigkeit**« vorliegt.[59] Dem kann nicht mehr gefolgt werden. Vom BGH wurde in ständiger Rechtsprechung ein außerordentlicher Rechtsbehelf in besonderen Ausnahmefällen als statthaft angesehen, wenn die angefochtene Entscheidung mit der geltenden Rechtsordnung schlechthin unvereinbar ist, weil sie jeder gesetzlichen Grundlage entbehrt und dem Gesetz inhaltlich fremd ist.[60] Nach der Neuregelung des Beschwerderechts durch das Zivilprozessreformgesetz lehnt der **BGH** ein außerordentliches Rechtsmittel auch im Hinblick auf Entscheidungen ab, wenn diese »greifbar gesetzwidrig« sind. Werde ein Verfassungsverstoß nicht beseitigt, komme allein eine Verfassungsbeschwerde zum **BVerfG** in Betracht.[61] Das BVerfG hat die bei einer behaupteten Verletzung von Verfahrensgrundsätzen praktizierten ungeschriebenen außerordentlichen Rechtsbehelfe beanstandet, weil sie gegen das rechtsstaatliche Gebot der Rechtsmittelklarheit verstießen.[62]

24 Um keine Vertagung handelt es sich, wenn die Kammer einen **Verkündungstermin** anberaumt. Die Zulässigkeit dieser Verfahrensweise ist in § 60 Abs. 1 und 2 geregelt.

---

52 Baumbach/Lauterbach/Albers/Hartmann § 227 Rn 21 mit strengen Anforderungen.
53 Vgl. § 227 Abs. 4 Satz 1 Halbs. 2 ZPO.
54 GMPMG/Germelmann § 57 Rn 20.
55 Vgl. aber § 356 ZPO.
56 § 227 Abs. 4 Satz 2 ZPO.
57 § 227 Abs. 4 Satz 3 ZPO; a.A. für Kündigungsschutzverfahren LAG Rheinland-Pfalz, 02.01.1981 – 1 Ta 86/81, NJW 1981, 2272.
58 LAG München, 12.09.1977 – 7 Ta 87/77; Hauck § 57 Rn 4.
59 LAG Köln, 12.09.1995 – 6 Ta 160/95.
60 BGH, 10.05.2001 – V ZB 4/01, NJW-RR 2001, 1016; ebenso BAG, 19.06.2002 – 2 AZB 9/02.
61 BGH, 07.03.2002 – IX ZB 11/02, NJW 2002, 1577.
62 BVerfG, 30.04.2003 – 1 PBvU 1/02, NJW 2003, 1924.

V. Gütliche Erledigung

Nach **Abs.** 2 soll die gütliche Erledigung des Rechtsstreits während des ganzen Verfahrens angestrebt werden. Hierdurch wird dem Gericht, wie bereits zu § 54 Abs. 1 Satz 1 erläutert,[63] die Aufgabe der »Rechtspflege als Konfliktmanagement« zugewiesen. Die Regelung des Abs. 2 entspricht § 278 Abs. 1 ZPO. 25

Bezüglich des Mediationsverfahrens wird auf die Kommentierung zu § 54 Abs. 6 und § 54a ArbGG Bezug genommen. 26

Die Pflicht, eine gütliche Erledigung des Rechtsstreits anzustreben, betrifft nicht nur die mündliche Verhandlung. Auch außerhalb der mündlichen Verhandlung ist der Vorsitzende gehalten, auf eine gütliche Beilegung hinzuwirken. Zu diesem Zweck kann er den Parteien einen **schriftlichen Vergleichsvorschlag** unterbreiten. 27

Ein **getrenntes Telefonieren mit den Parteien** zum Zwecke der gütlichen Erledigung des Rechtsstreits gilt mangels Transparenz der jeweiligen Gesprächsinhalte für die Parteien als problematisch.[64] Zumindest ist der jeweilige Gesprächsinhalt ggü. der am Telefonat gerade nicht beteiligten Person über einen Aktenvermerk oder auch telefonisch bekannt zu geben.[65] Solange den Gerichten die Durchführung von technisch möglichen Telefonkonferenzen mit beiden Parteien nicht durch entsprechende technische Ausstattung der Richterarbeitsplätze ermöglicht wird, sollten die Vorbehalte ggü. dem telefonischen »Konfliktmanagement« nicht zur Überspannung der Anforderungen an diese schnelle, kostengünstige Verfahrenstechnik führen. Mit strengen Dokumentationsanforderungen geht der Vorteil des Einsatzes des Telefons verloren. Es sollte genügen, wenn die Parteien sich ausdrücklich mit einer telefonischen Erörterung von Vergleichsmöglichkeiten in getrennten Telefonaten einverstanden erklären, sofern sie auf eine vollständige telefonische Information über die Gespräche zwischen dem Vorsitzenden und dem Gegner vertrauen dürfen. Die im Einigungsstellenverfahren anzutreffende Entgegennahme von vertraulichen, nicht für die Gegenseite bestimmten Informationen durch den Vorsitzenden lässt diese Verfahrensweise auf keinen Fall zu. 28

§ 58 Beweisaufnahme

(1) ¹Soweit die Beweisaufnahme an der Gerichtsstelle möglich ist, erfolgt sie vor der Kammer. ²In den übrigen Fällen kann die Beweisaufnahme, unbeschadet des § 13, dem Vorsitzenden übertragen werden.

(2) ¹Zeugen und Sachverständige werden nur beeidigt, wenn die Kammer dies im Hinblick auf die Bedeutung des Zeugnisses für die Entscheidung des Rechtsstreits für notwendig erachtet. ²Im Falle des § 377 Abs. 3 der Zivilprozessordnung ist die eidesstattliche Versicherung nur erforderlich, wenn die Kammer sie aus dem gleichen Grunde für notwendig hält.

(3) Insbesondere über die Zahl der in einem Arbeitsverhältnis stehenden Mitglieder oder das Vertretensein einer Gewerkschaft in einem Betrieb kann Beweis auch durch die Vorlegung öffentlicher Urkunden angetreten werden.

---

63 § 54 Rdn. 3.
64 Ablehnend GMPMG/Germelmann § 57 Rn 23.
65 LAG Berlin, 18.12.1996 – 18 Sa 97/96.

§ 58 ArbGG Beweisaufnahme

Übersicht

		Rdn.
I.	Allgemeines	1
II.	Grundlagen des Beweisverfahrens	2
	1. Zweck des Beweisverfahrens	2
	2. Gesetzliche Grundlagen	3
	a) Normen des Arbeitsgerichtsverfahrens	3
	b) Zivilprozessuale Regelungen	4
	c) Verfassungs- und unionsrechtliche Regelungen	5
III.	Notwendigkeit des Beweisverfahrens	7
	1. Darlegungslast	8
	2. Schlüssigkeitsprüfung/Substanziierungslast	9
	3. Erheblichkeitsprüfung	14
	4. Beweiserheblichkeit	17
	5. Beweisbedürftigkeit	18
	a) Nicht bestrittene Tatsachen	19
	b) Zugestandene Tatsachen (§ 138 Abs. 3 ZPO)	21
	c) Offenkundige Tatsachen (§ 291 ZPO)	24
	d) Gesetzliche Tatsachen- oder Rechtsvermutungen	28
	6. Beweisverbote	31
	a) Erhebungsverbot	31
	aa) Gesetzliches Erhebungsverbot	31
	bb) Ausforschungsverbot	32
	b) Verwertungsverbot	33
IV.	Gegenstand des Beweises	46
	1. Tatsachen	46
	2. Rechtssätze	47
	3. Erfahrungssätze	50
V.	Arten des Beweises	52
VI.	Beweisverfahren	56
VII.	Beweismittel	58
	1. Zeuge	58
	a) Zeugnisfähigkeit	60
	b) Zeugenpflichten	61
	2. Sachverständige	66
	3. Augenschein	69
	4. Urkunde	70
	5. Parteivernehmung	72
VIII.	Einleitung der Beweiserhebung	73
	1. Beweisantritt	74
	a) Beweisantritt bei Augenschein	74
	b) Beweisantritt bei Sachverständigen	75
	c) Beweisantritt bei Urkunden	76
	d) Beweisantritt bei Parteivernehmung	77
	e) Beweisantritt bei Zeugen	78
	2. Ablehnung des Beweisantritts	80
	3. Anordnung der Beweisaufnahme	81
IX.	Durchführung der Beweisaufnahme	82
X.	Selbstständiges Beweisverfahren	88
XI.	Beweiswürdigung	89

		Rdn.
	1. Grundsatz	89
	2. Beweismaß	93
	3. Gesetzliche Beweisregeln	95
	4. Schadensschätzung	96
	5. Beweisvereitelung	98
	6. Anscheinsbeweis	100
XII.	Beweislast	105
XIII.	Darlegungs- und Beweislast in der Rechtsprechung zum Arbeitsrecht	108
	1. Abmahnung	108
	2. Altersversorgung	112
	3. Anfechtung eines Aufhebungsvertrages	113
	4. Annahmeverzug	114
	5. Arbeitskampf	118
	6. Arbeitsvergütung	120
	a) Akkord	120
	b) Anrechnung Tariflohnerhöhung	121
	c) Entgeltfortzahlung bei Arbeitsunfähigkeit	122
	d) Entgeltfortzahlung bei Feiertag	127
	e) Mutterschutzlohn	128
	f) Überstundenvergütung	134
	g) Nichterfüllung der Arbeitsleistung	135
	h) Erfüllung	136
	i) Aufrechnung	137
	j) Ausbildungsvergütung	140
	k) Annahmeverzugsvergütung	141
	l) Arbeitnehmerüberlassung	142
	7. Arbeitsvertrag	143
	8. Aufhebungsvertrag/Prozessvergleich	144
	9. Befristung	145
	10. Beschäftigungs- und Weiterbeschäftigungsanspruch	146
	11. Betriebsübergang	147
	12. Bildungsurlaub	151
	13. Diskriminierung/Gleichbehandlung	152
	14. Drittschuldnerklage	166
	15. Eingruppierung	168
	16. Haftung des Arbeitnehmers	173
	17. Kündigung	184
	a) Zugang	184
	b) Vorliegen eines Arbeitsverhältnisses	185
	c) Anwendung des KSchG	186
	d) Betriebsrats- bzw. Personalratsanhörung	189
	e) Betriebsbedingte Kündigung	192
	f) Personenbedingte Kündigung	204
	aa) Eignung	204
	bb) Krankheit	205
	cc) Wiedereinstellung	216
	g) Verhaltensbedingte Kündigung	217
	h) Druckkündigung	220
	i) Kündigung wegen Betriebsübergangs	221

j) Sonstiger Unwirksamkeitsgrund/ Kündigung im Kleinbetrieb 222
k) Wichtiger Grund (§ 626 Abs. 1 BGB) 224
l) Ausschlussfrist (§ 626 Abs. 2 BGB) 226
18. Mutterschutz 227
18a. Mobbing/Persönlichkeitsrecht 228
19. Nachweis nach dem NachwG 230
20. Persönlichkeitsrecht 232
21. Prozessfähigkeit 233
22. Rückzahlungsklauseln 234
23. Ungerechtfertigte Bereicherung/ Wegfall der Bereicherung 235
24. Urlaub 238
   a) Urlaubsabgeltung 238
   b) Urlaubsgewährung 239
25. Zeugnis/Dienstliche Beurteilung ... 240
26. ZVK/ULAK – Beitragsansprüche zur Zusatzversorgungskasse des Baugewerbes 242

I. Allgemeines

Das ArbGG enthält zum Beweisrecht nur wenige Regelungen. I.Ü. gilt aufgrund der Verweisung in § 46 Abs. 2 das Beweisrecht der ZPO. Die Vorschrift des § 58 findet im erstinstanzlichen Verfahren und nach § 64 Abs. 7 auch im zweitinstanzlichen Verfahren Anwendung. Da im Revisionsverfahren keine Tatsachenfeststellung erfolgt, sind die das Beweisverfahren betreffenden Vorschriften für dieses Verfahren ohne Bedeutung. Für das Beschlussverfahren des ersten Rechtszugs gelten nach § 80 Abs. 2 die für das Urteilsverfahren des ersten Rechtszugs maßgebenden Vorschriften über die Beweisaufnahme entsprechend, wobei das Gericht aber nach § 83 Abs. 1 Satz 1 den Sachverhalt i.R.d. gestellten Anträge von Amts wegen erforscht und die Beteiligten nach § 83 Abs. 1 Satz 2 an der Aufklärung des Sachverhalts mitzuwirken haben. Abs. 3 ist durch Art. 2 des Gesetzes zur Tarifeinheit (Tarifeinheitsgesetz) eingefügt worden (dazu Rdn. 84). **1**

II. Grundlagen des Beweisverfahrens

1. Zweck des Beweisverfahrens

Die ArbG entscheiden über den Klageanspruch unter Anwendung des Rechts auf den zugrunde liegenden tatsächlichen Sachverhalt, der allerdings i.R.d. Verhandlungsgrundsatzes[1] weitgehend durch das Vorbringen der Parteien bestimmt wird. Soweit danach der tatsächliche Lebensvorgang unstreitig ist, beschränkt sich die gerichtliche Entscheidung auf die rechtliche Beurteilung dieses Sachverhalts i.R.d. Klagebegehrens. Häufig wird aber zunächst um die tatsächlichen Grundlagen der rechtsanwendenden Entscheidung gestritten. Dann müssen vorab die für die anzuwendenden Rechtsnormen bedeutsamen Tatsachen geklärt werden. Nach § 286 Abs. 1 Satz 1 ZPO hat das Gericht unter Berücksichtigung des gesamten Inhalts der Verhandlungen und des Ergebnisses einer etwaigen Beweisaufnahme nach freier Überzeugung zu entscheiden, ob eine tatsächliche Behauptung für wahr oder für nicht wahr zu erachten ist. Der Herbeiführung einer solchen Überzeugung dient – neben den Verhandlungen – der **Beweis**. Zur Gewinnung des Beweises sieht die ZPO ein bestimmtes Verfahren, die **Beweisaufnahme**, mit speziellen Beweismitteln vor. Es müssen aber bestimmte Voraussetzungen erfüllt sein, bis es zu einem Beweisverfahren kommen kann (Rdn. 7 bis 33). Ist die Beweisaufnahme abgeschlossen, so stellt sich die Aufgabe der **Beweiswürdigung**. Gelangt das Gericht dabei nicht zu einer sicheren Überzeugung über die tatsächlichen Grundlagen, so muss es trotz dieser Beweislosigkeit über die Klage entscheiden, und zwar nach den Regeln der Beweislast.[2] **2**

2. Gesetzliche Grundlagen

a) Normen des Arbeitsgerichtsverfahrens

Zum Beweisverfahren finden sich im ArbGG die folgenden Einzelregelungen: **3**
– § 9 Abs. 4, wonach Zeugen und Sachverständige nach dem Justizvergütungs- und -entschädigungsgesetz entschädigt werden;

---

1 § 46 Rdn. 6 ff.
2 Schilken Rn 463.

- § 54 Abs. 1 Satz 3, wonach die Vorsitzende zur Aufklärung des Sachverhalts in der Güteverhandlung alle Handlungen vornehmen kann, die sofort erfolgen können;
- § 54 Abs. 1 Satz 4, der eine eidliche Vernehmung für die Güteverhandlung ausschließt;
- § 54 Abs. 2 Satz 2, der in der Güteverhandlung erklärten gerichtlichen Geständnissen nach § 288 ZPO nur dann eine bindende Wirkung zuspricht, wenn sie zu Protokoll erklärt worden sind;
- § 55 Abs. 4, wonach der Vorsitzende vor der streitigen Verhandlung einen Beweisbeschluss erlassen kann, soweit er eine Beweisaufnahme durch den ersuchten Richter, eine schriftliche Beantwortung der Beweisfrage nach § 377 Abs. 3 ZPO, die Einholung amtlicher Auskünfte, die Einholung eines schriftlichen Sachverständigengutachtens oder eine Parteivernehmung anordnet, wobei die Anordnungen *(mit Ausnahme der Parteivernehmung)* vor der streitigen Verhandlung ausgeführt werden können;
- § 58, der die Durchführung der Beweisaufnahme vor der Kammer, die Voraussetzungen für die Beeidigung von Zeugen und Sachverständigen bzw. die Abgabe der eidesstattlichen Versicherung regelt;
- § 83 Abs. 1 Satz 1, wonach das Gericht im Beschlussverfahren den Sachverhalt i.R.d. gestellten Anträge von Amts wegen erforscht;
- § 83 Abs. 1 Satz 2, der die Mitwirkung der am Beschlussverfahren Beteiligten bei der Aufklärung des Sachverhalts anordnet;
- § 83 Abs. 2, nach dem im Beschlussverfahren zur Aufklärung des Sachverhalts Urkunden eingesehen, Auskünfte eingeholt, Zeugen, Sachverständige und Beteiligte vernommen und der Augenschein eingenommen werden kann.

b) Zivilprozessuale Regelungen

4 Soweit das ArbGG keine Regelungen zum Beweisrecht enthält, richtet sich das Beweisverfahren nach den zivilprozessualen Regelungen.[3] Insoweit sind einschlägig:
- §§ 284, 355 bis 370 ZPO: allgemeine Vorschriften über die Beweisaufnahme;
- §§ 285, 279 Abs. 3 ZPO: Verhandlung nach Beweisaufnahme;
- §§ 286, 287 ZPO: freie Beweiswürdigung und Grundsätze der Schadensermittlung;
- §§ 288 bis 290 ZPO: gerichtliches Geständnis;
- § 291 ZPO: offenkundige Tatsachen;
- § 292 ZPO: gesetzliche Vermutungen;
- 292a ZPO: Anscheinsbeweis bei qualifizierter elektronischer Signatur;
- § 293 ZPO: Ermittlung von fremdem Recht, Gewohnheitsrecht und Satzungen;
- § 294 ZPO: Glaubhaftmachung;
- §§ 371 bis 372a ZPO: Beweis durch Augenschein;
- §§ 373 bis 401 ZPO: Zeugenbeweis;
- §§ 402 bis 414 ZPO: Beweis durch Sachverständige und sachverständige Zeugen;
- §§ 415 bis 444 ZPO: Urkundenbeweis;
- §§ 445 bis 455 ZPO: Beweis durch Parteivernehmung;
- §§ 478 bis 484 ZPO: Abnahme von Eiden und eidesgleichen Bekräftigungen;
- §§ 485 bis 494a ZPO: selbstständiges Beweisverfahren.

c) Verfassungs- und unionsrechtliche Regelungen

5 Das »Recht auf Beweis« der Verfahrensbeteiligten ist verfassungsrechtlich gewährleistet. Es wird zum einen aus dem Justizgewährungsanspruch und damit letztlich aus dem Rechtsstaatsprinzip[4] und zum anderen aus Art. 6 Abs. 1 EMRK hergeleitet. Inhalt des **»Rechts auf Beweis«** ist die

---

3 § 46 Abs. 2 Satz 1.
4 Art. 20 GG.

Garantie, zur Beweisführung zugelassen zu werden, am Beweisverfahren teilzunehmen, zum Beweisergebnis Stellung zu nehmen sowie das Recht auf Unmittelbarkeit der Beweisaufnahme.[5]

Der **Grundsatz der Waffengleichheit** gebietet es, dass jeder Partei eine vernünftige Möglichkeit eingeräumt werden muss, ihren Fall – einschließlich ihrer »Zeugenaussage« – vor Gericht unter Bedingungen zu präsentieren, die für die Partei keinen substanziellen Nachteil im Verhältnis zu ihrem Prozessgegner bedeuten.[6] Eine Verletzung dieses Gebots des fairen Verfahrens wird z.B. angenommen, wenn es einer juristischen Person verwehrt ist, ihr Organ als Zeugen für den Verlauf eines Gesprächs zu benennen, an dem nur der Alleingesellschafter und ein Vertreter der beklagten Partei teilgenommen haben, sofern andererseits der Gesprächsteilnehmer der beklagten Partei vom Tatgericht gehört wird.[7] Art. 6 Abs. 1 EMRK gebietet nicht die Vernehmung des heimlich mithörenden Zeugen. Das gilt jedenfalls dann, wenn die Partei, die ihn hat mithören lassen, keinen gewichtigen Grund dafür hatte, dieses heimlich zu tun.[8] Besondere Grundsätze sind inzwischen für das »**Vieraugengespräch**« entwickelt worden. Kann eine Seite auf einen ihr nahestehenden Zeugen zurückgreifen, während die andere Seite an einem Gespräch lediglich allein beteiligt war, oder hat ein Gespräch allein zwischen den Parteien stattgefunden und war deshalb kein Zeuge, auch kein »gegnerischer« Zeuge, zugegen, ist es geboten, die Partei entweder selber im Wege der Parteivernehmung nach § 448 ZPO, soweit dessen Voraussetzungen vorliegen, oder im Wege der Parteianhörung nach § 141 ZPO persönlich zu hören. Ein Beweisantrag auf Heranziehung der Partei als Beweismittel ist dann nicht unzulässig.[9] 6

III. Notwendigkeit des Beweisverfahrens

Als Tatsachen, die Gegenstand des Beweises sein können, kommen nur solche in Betracht, die für die rechtliche Begründung des Klageanspruchs bedeutsam sind. Beweise können nur erhoben werden, wenn die Parteien die maßgeblichen Tatsachen vorgetragen haben. 7

1. Darlegungslast

Welche Partei die Tatsachen in den Rechtsstreit einführen muss, richtet sich nach der **Behauptungslast** *(Darlegungslast)*. Im Grundsatz gilt, dass jede Partei diejenigen konkreten Behauptungen aufstellen muss, die die abstrakten Voraussetzungen der für sie günstigen Normen ergeben. Inhalt und Umfang der Darlegungslast ergeben sich aus der jeweils anzuwendenden Rechtsnorm i.V.m. § 138 ZPO[10] (Einzelheiten zu arbeitsgerichtlichen Fragen siehe Rdn. 108 ff.) und der Reaktion der gegnerischen Partei. Das Gericht hat selbstständig das Klagebegehren nach allen infrage kommenden rechtlichen Anspruchsgrundlagen zu prüfen. Von der klagenden Partei sind die rechtlichen Wertungen weder vorzutragen, noch kann sie bestimmen, dass das Gericht seiner Entscheidung nur bestimmte Rechtssätze zugrunde legen darf.[11] 8

2. Schlüssigkeitsprüfung/Substanziierungslast

Da i.R.d. Verhandlungsgrundsatzes von dem seitens der klagenden Partei vorgetragenen Sachverhalt auszugehen ist, muss das Gericht zunächst prüfen, ob die tatsächlichen Behauptungen der klagenden Partei – vorbehaltlich der Einwendungen der gegnerischen Partei – den Schluss auf die geltend gemachte Rechtsfolge rechtfertigen *(sog. Schlüssigkeitsprüfung)*. Ein Sachvortrag zur 9

---

5 GMPMG/Prütting § 58 Rn 3a m.w.N.
6 EGMR, 27.10.1993 – 37/1992/382/460, NJW 1995, 1413.
7 Schlosser NJW 1995, 1404; Zwanziger DB 1997, 776.
8 BAG, 29.10.1997 – 5 AZR 508/96.
9 BAG, 22.05.2007 – 3 AZN 1155/06, NZA 2007, 885 = NJW 2007, 2427, mit Anm. Henssen in jurisPR-ArbR 2/2008 Anm. 6 = jurisPR extra 2008, 65; Zwanziger DB 1997, 776; BGH, 27.09.2005 – XI ZR 216/04, NJW-RR 2006, 61.
10 Ascheid, Beweislastfragen im Kündigungsschutzprozess, S. 28.
11 BAG, 13.02.1975 – 3 AZR 211/74.

Begründung eines Klageanspruchs ist dann schlüssig, wenn die klagende Partei Tatsachen vorträgt, die i.V.m. einem Rechtssatz geeignet und erforderlich sind, das geltend gemachte Recht als in der Person der klagenden Partei entstanden erscheinen zu lassen.[12] Unerheblich ist, wie wahrscheinlich die Darstellung ist und ob sie auf eigenem Wissen oder einer Schlussfolgerung aus Indizien beruht.[13] Die Angabe näherer **Einzelheiten, die den Zeitpunkt und den Vorgang** bestimmter Ereignisse betreffen, ist nicht erforderlich, soweit diese Einzelheiten für die Rechtsfolgen nicht von Bedeutung sind.[14] Das Gericht muss nur in der Lage sein, aufgrund des tatsächlichen Vorbringens der Partei zu entscheiden, ob die gesetzlichen Voraussetzungen für das Bestehen des geltend gemachten Rechts vorliegen.[15] In diesem Zusammenhang können die »Modalitäten« bestimmter Geschehensabläufe im Einzelnen wie auch sonstige Zergliederungen der Sachdarstellung in Einzelheiten allenfalls bedeutsam werden, wenn der Gegenvortrag dazu Anlass bietet.[16] Das bedeutet aber nicht, dass derjenige, der ein Recht beansprucht, schon deshalb, weil der Gegner bestreitet, gezwungen ist, den behaupteten Sachverhalt in allen Einzelheiten wiederzugeben. Dem Grundsatz, dass der **Umfang der Darlegungslast** sich nach der Einlassung der Gegners richtet, liegt nicht etwa der Gedanke zugrunde, eine klagende Partei sei zur Förderung der Wahrheitsermittlung und zur Prozessbeschleunigung verpflichtet, den bestreitenden Gegner in die Lage zu versetzen, sich möglichst eingehend auf die Klagebehauptungen einzulassen. Der Tatsachenvortrag des Gläubigers bedarf nur dann der Präzisierung oder Ergänzung, wenn er aufgrund der Einlassungen des Schuldners nach § 138 Abs. 2 ZPO unklar wird oder nicht mehr den Schluss auf die begehrte Rechtsfolge zulässt.[17] Mit der Frage hinreichender Substanziierung hat es nichts zu tun, dass es dem Tatrichter unbenommen bleibt, bei der Beweisaufnahme die Zeugen oder die zu vernehmende Partei nach allen Einzelheiten zu fragen, die ihm für die Beurteilung der Zuverlässigkeit der Bekundung erforderlich erscheinen, insb. auch nach Ort, Zeit und Umständen der behaupteten Abreden. Er kann aber diese Einzelheiten nicht schon von der beweispflichtigen Partei verlangen und darf die Beweiserhebung hiervon nicht abhängig machen.[18]

10 Die Partei muss nicht auch noch nähere Umstände schildern, unter denen z.B. die Vereinbarung geschlossen wurde, oder angeben, woher sie ihr Wissen habe.[19] Rechtfertigen die von der klagenden Partei vorgetragenen Tatsachen nicht den Klageanspruch, ist das Klagevorbringen **unschlüssig** und die Klage als unbegründet abzuweisen. Eines Beweisverfahrens bedarf es nicht.

11 Die klagende Partei darf auch Tatsachen vortragen, die sie nicht kennt und nicht kennen kann, z.B. den künftigen Schadensverlauf, innere Vorgänge, die Ursächlichkeit oder vermutete Tatsachen. Bei Schilderung des tatsächlichen Vorgangs, der der Klage zugrunde liegt, darf sie nicht ihr bekannte Tatsachen verschweigen, weil sie ihr ungünstig sind.[20] Andererseits braucht sie Tatsachen, die eine Einwendung ausfüllen, nicht vorzutragen, sondern kann abwarten, bis die gegnerische Partei sich darauf beruft, muss sich dann aber wahrheitsgemäß dazu erklären.

12 Die darlegungspflichtige Partei kann **negative Tatsachen** häufig nur unter Schwierigkeiten oder gar nicht substanziiert vorbringen. Daraus folgt indessen keine grundsätzliche Umkehr der Darlegungslast. Auch die Partei, die das Nichtvorhandensein von Tatumständen behauptet, ist nicht von der Darlegungspflicht befreit. Ihren Schwierigkeiten wird nach dem auch das Prozessrecht beherrschenden Grundsatz von Treu und Glauben Rechnung getragen, wenn sie selbst außerhalb

---

12 BGH, 12.07.1984 – VII ZR 123/83, NJW 1984, 2888; BGH, 29.09.1992 – X ZR 84/90, NJW-RR 1993, 189.
13 BGH, 29.09.1992 – X ZR 84/90, NJW-RR 1993, 189.
14 BGH, 12.07.1984 – VII ZR 123/83, NJW 1984, 2888.
15 BGH, 12.07.1984 – VII ZR 123/83, NJW 1984, 2888.
16 BGH, 12.07.1984 – VII ZR 123/83, NJW 1984, 2888.
17 BAG, 14.02.2007 – 10 AZR 63/06, NZA-RR 2007, 300.
18 BGH, 12.07.1984 – VII ZR 123/83, NJW 1984, 2888.
19 BGH, 16.10.1985 – VII ZR 287/84; BGH, 05.11.1987 – III ZR 98/86.
20 § 138 Abs. 1 ZPO – Wahrheitspflicht.

des Geschehensablaufs steht und den Sachverhalt von sich aus nicht ermitteln kann, während die Gegenseite die wesentlichen Umstände kennt *(oder sich leicht beschaffen kann)* und es ihr zumutbar ist, dazu nähere Angaben zu machen.[21] In diesem Fall darf der Gegner sich nicht mit einfachem Bestreiten begnügen, sondern muss im Einzelnen darlegen, dass die von ihm bestrittene Behauptung unrichtig ist (sog. sekundäre Behauptungslast).[22] Es kann also Sache der Gegenpartei sein, sich i.R.d. ihr nach § 138 Abs. 2 ZPO obliegenden Erklärungspflicht zu den Behauptungen der beweispflichtigen Partei konkret zu äußern. Zugleich wird die Darlegungslast des Pflichtigen, wenn es um Geschehnisse aus dem Bereich der anderen Partei geht, durch die sich aus § 138 Abs. 1 und 2 ZPO ergebende Mitwirkungspflicht des Gegners gemindert.[23]

Widersprüche im Vorbringen verstoßen nicht ohne Weiteres gegen die Wahrheitspflicht. Die Partei darf einander ausschließende Anspruchsgrundlagen durch entsprechenden Tatsachenvortrag geltend machen, insb. wenn sie ihr Hauptvorbringen nicht beweisen kann und sich deshalb hilfsweise das mit ihrem Hauptvorbringen unvereinbare Vorbringen der Gegenpartei zu eigen machen.[24] 13

3. Erheblichkeitsprüfung

Ist das Klagevorbringen schlüssig (Rdn. 9 bis 13), stellt sich die Frage, ob das Vorbringen der beklagten Partei zur Rechtsverteidigung den Klageanspruch zu Fall bringt. Die beklagte Partei kann die tatsächlichen Grundlagen des Klageanspruchs bestreiten, rechtshindernde, rechtsvernichtende, rechtshemmende und rechtsausschließende Einreden vorbringen. Entfällt aufgrund des Vorbringens zur Rechtsverteidigung der Klageanspruch, so ist das Vorbringen der beklagten Partei erheblich *(sog. Erheblichkeitsprüfung)*. Nunmehr ist ggf. zu prüfen, ob das replizierende Vorbringen der klagenden Partei wiederum erheblich ist. Ist der Klageanspruch jedoch auch auf der Grundlage der von der beklagten Partei geltend gemachten Tatsachen gerechtfertigt, so ist das Verteidigungsvorbringen unerheblich und die Klage begründet. 14

Bestreiten darf die Partei nicht nur Tatsachenbehauptungen der gegnerischen Partei, deren Unwahrheit sie positiv kennt. Es genügen Zweifel an der Wahrheit und fehlende Kenntnis von Wahrheit oder Unwahrheit. § 138 ZPO verpflichtet die beklagte Partei nicht, sich über alle ihr vorprozessual bekannt gewordenen Umstände vollständig zu erklären; die Erklärungspflicht bezieht sich nach § 138 Abs. 2 ZPO nur auf die vom Gegner – im Prozess – behaupteten Tatsachen.[25] 15

Tragen klagende und beklagte Partei zu demselben Klageanspruch unterschiedliche Tatsachen vor, die aber beide die Klage rechtfertigen, liegt ein sog. **gleichwertiges** *(äquivalentes bzw. äquipollentes)* Parteivorbringen vor. Die Rechtsprechung verlangt insoweit regelmäßig, dass die klagende Partei sich das Vorbringen der beklagten Partei zumindest hilfsweise zu eigen machen müsse, wenn ohne Beweisverfahren der Klage stattgegeben werden soll.[26] Dies gilt zumindest dann, wenn die beklagte Partei einen neuen Klagegrund *(Streitgegenstand)* vorträgt.[27] 16

---

21 BAG, 20.11.2003 – 8 AZR 580/02, NZA 2004, 489; BGH, 03.05.2002 – V ZR 115/01, NJW-RR 2002, 1280.
22 BAG, 20.11.2003 – 8 AZR 580/02, NZA 2004, 489; BGH, 03.05.2002 – V ZR 115/01, NJW-RR 2002, 1280.
23 BAG, 20.11.2003 – 8 AZR 580/02, NZA 2004, 489.
24 BGH, 11.07.1990 – 1 ZR 75/94, MDR 1991, 240.
25 BGH, 05.05.1983 – III ZR 187/81.
26 BAG, 18.04.2002 – 8 AZR 346/01, NZA 2002, 1207, Rn 29; 07.02.2007 – 5 AZR 41/06, Rn 27; NZA 2007, 934; BGH, 14.02.2002 – II ZR 155/98, NJW 2000, 1641, Rn 8; 23.06.1989 – V ZR 125/88, NJW 1989, 2756; insoweit scheinbar großzügiger: LAG Berlin-Brandenburg, 13.07.2007 – 6 Sa 808/07, EzA-SD 2008, Nr. 1, 15; 10.10.2008 – 6 Sa 754/08, Rn 21.
27 Schilken Rn 417.

4. Beweiserheblichkeit

17 Zum Gegenstand einer Beweisaufnahme dürfen nur solche Tatsachenbehauptungen gemacht werden, die **beweiserheblich** sind. Das sind nur die Behauptungen, die das Klagevorbringen schlüssig (vgl. Rdn. 9 bis 13), das Beklagtenvorbringen erheblich (vgl. Rdn. 14 bis 16), das evtl. replizierende Vorbringen der klagenden Partei dazu wieder erheblich machen. Beweiserheblich sind mithin diejenigen tatsächlichen Behauptungen der Parteien, auf die es für die Entscheidung über die Klage ankommt, die also **entscheidungserheblich** sind.[28]

5. Beweisbedürftigkeit

18 Nicht alle beweiserheblichen (Rdn. 17) Tatsachen sind aber auch **beweisbedürftig**. Die Parteien bestimmen im Urteilsverfahren aufgrund des Verhandlungsgrundsatzes weitgehend über den Umfang der beweisbedürftigen Tatsachen, während im Beschlussverfahren das Gericht über die Beweisbedürftigkeit entscheidet.

a) Nicht bestrittene Tatsachen

19 **Nicht bestrittene Tatsachen** sind **nicht beweisbedürftig**. Ein **Bestreiten des Klagegrundes** ist jedes tatsächliche Vorbringen der beklagten Partei, mit dem sie die Richtigkeit der von der klagenden Partei behaupteten Tatsachen ganz oder teilweise infrage stellt. Als **schlichtes Bestreiten** kann sich die Verteidigung der beklagten Partei in der bloßen Erklärung erschöpfen, die von der klagenden Partei vorgebrachten Tatsachen oder bestimmte dieser Tatsachen träfen nicht zu. Zulässig ist solch ein pauschales Bestreiten, wenn auch die klagende Partei lediglich pauschale Klagebehauptungen aufgestellt hat. Trägt die klagende Partei jedoch substanziiert zur Klagebegründung vor, kann nur ein **substanziiertes Bestreiten** erheblich sein. Die erklärungsbelastete Partei hat – soll ihr Vortrag beachtlich sein – auf die Behauptungen ihres Prozessgegners grds. »**substanziiert**« *(d.h. mit näheren positiven Angaben)* zu erwidern. Dieser Grundsatz gilt aber nicht ausnahmslos. Seine Befolgung setzt vielmehr voraus, dass der erklärungsbelasteten Partei ein substanziierter Gegenvortrag möglich ist; dies ist i.d.R. dann der Fall, wenn sich die behaupteten Vorgänge in ihrem Wahrnehmungsbereich abgespielt haben. Steht die Partei den Geschehnissen aber erkennbar fern, so kann von ihr eine nähere Substanziierung ihres Bestreitens nicht verlangt werden, vielmehr genügt dann ein einfaches Bestreiten.[29]

20 Eine **Erklärung mit Nichtwissen** ist nach **§ 138 Abs. 4 ZPO** nur über Tatsachen zulässig, die weder eigene Handlungen der Partei noch Gegenstand ihrer eigenen Wahrnehmung gewesen sind. Dabei ist es einer Partei grds. gem. § 138 Abs. 4 ZPO verwehrt, eigene Handlungen und Wahrnehmungen mit Nichtwissen zu bestreiten. Nur ausnahmsweise kommt ein Bestreiten eigener Handlungen und Wahrnehmungen dann in Betracht, wenn die Partei nach der Lebenserfahrung glaubhaft macht, sich an gewisse Vorgänge nicht mehr erinnern zu können. Die bloße Behauptung, sich nicht zu erinnern, reicht indessen nicht aus. Ferner scheidet ein Bestreiten mit Nichtwissen aus, wenn eine Partei in ihrem eigenen Unternehmensbereich Erkundigungen einziehen kann.[30] Die Parteien haben eine Informationspflicht, sich das Wissen über Geschehnisse im Bereich ihrer eigenen Wahrnehmungsmöglichkeit zu beschaffen,[31] z.B. der Unternehmer über geschäftliche Vorgänge und sonstiges Geschehen im Unternehmen,[32] nicht aber der Arbeitnehmer über Handlungen und Entscheidungen des Betriebsrats. Für die Beurteilung, ob ein Bestreiten mit Nichtwissen zulässig ist, kommt es grundsätzlich auf den Zeitpunkt an, in dem sich eine Partei im Prozess zu erklären hat. Einer Partei kann nur auferlegt werden, sich darüber zu erklären, was sie zum Zeitpunkt der notwendigen Erklärung tatsächlich weiß oder unter zumutbaren Voraussetzungen durch Erkundigun-

---

28 Schilken Rn 468.
29 BGH, 11.06.1985 – VI ZR 265/83.
30 BGH, 10.10.1994 – II ZR 95/93.
31 BGH, 15.11.1989 – VIII ZR 46/89; Lange NJW 1990, 3233.
32 BGH, 10.10.1994 – II ZR 95/93.

gen feststellen kann.[33] Der Anspruch auf rechtliches Gehör nach Art. 103 GG i.V.m. Art. 2 Abs. 1 GG und dem in Art. 20 Abs. 3 GG verankerten Rechtsstaatsprinzip fordert dabei ein Ausmaß an rechtlichem Gehör, das sachgemäß ist. Es muss einer Prozesspartei möglich sein, Tatsachen, die sie zum Zeitpunkt ihres Prozessvortrages nicht mehr weiß und auch nicht zumutbar durch Nachforschungen feststellen kann, mit Nicht-mehr-wissen zu bestreiten.[34]

b) Zugestandene Tatsachen (§ 138 Abs. 3 ZPO)

Nicht beweisbedürftig sind des Weiteren zugestandene Tatsachen. Dabei gelten nach § 138 Abs. 3 ZPO Tatsachen, die nicht ausdrücklich bestritten werden, als zugestanden, wenn nicht die Absicht, sie bestreiten zu wollen, aus den übrigen Erklärungen der Partei hervorgeht. Das Gericht muss durch Fragen[35] und Auslegung ermitteln, ob sich aus anderen Erklärungen der Partei die Absicht ergibt, eine Tatsachenbehauptung zu bestreiten. 21

Ferner bedürfen die von einer Partei behaupteten Tatsachen keines Beweises, als sie im Laufe des Rechtsstreits von der gegnerischen Partei bei einer mündlichen Verhandlung oder zu Protokoll eines beauftragten oder ersuchten Richters zugestanden sind.[36] Zur Wirksamkeit des **gerichtlichen Geständnisses** ist dessen Annahme nicht erforderlich. Die Wirksamkeit des gerichtlichen Geständnisses wird dadurch nicht beeinträchtigt, dass ihm eine Behauptung hinzugefügt wird, die ein selbstständiges Angriffs- oder Verteidigungsmittel enthält.[37] 22

Das **Geständnis** ist Prozesshandlung. Es bezieht sich auf Tatsachen, präjudizielle Rechtsverhältnisse, nicht aber auf reine Werturteile, Erfahrungs- und Rechtssätze. Bloßes Schweigen auf die gegnerische Behauptung reicht nicht für ein Geständnis.[38] Die Erklärung, nicht bestreiten zu wollen, kann als Geständnis nur aufgefasst werden, wenn weitere Umstände hinzukommen, die dies nahe legen.[39] Nach § 289 Abs. 2 ZPO bestimmt sich nach der Beschaffenheit des einzelnen Falles, inwiefern eine vor Gericht erfolgte Erklärung ungeachtet anderer zusätzlicher oder einschränkender Behauptungen als Geständnis anzusehen sei. Als vorweggenommenes Geständnis hat es die Wirkung der §§ 288 ff. ZPO erst, wenn die Gegenpartei die Behauptung übernimmt und die zuerst behauptende Partei darauf nichts Abweichendes vorträgt.[40] Die zugestandene Tatsache ist nicht beweisbedürftig und vom Gericht als wahr zu berücksichtigen. Insoweit deckt sich die Wirkung mit dem Nichtbestreiten nach § 138 Abs. 3 ZPO. Darüber hinaus ist die geständige Partei aber i.R.d. § 290 ZPO gebunden. Nach § 290 ZPO hat der Widerruf auf die Wirksamkeit des gerichtlichen Geständnisses nur dann Einfluss, wenn die widerrufende Partei beweist, dass das Geständnis der Wahrheit nicht entspreche und durch einen Irrtum veranlasst sei. In diesem Fall verliert das Geständnis seine Wirksamkeit. 23

c) Offenkundige Tatsachen (§ 291 ZPO)

Tatsachen, die bei dem Gericht offenkundig sind, bedürfen ebenfalls keines Beweises.[41] Bestreiten, Geständnis und Säumnis sind ohne Bedeutung. Zu den offenkundigen Tatsachen zählen allgemeinkundige (Rdn. 25) und gerichtskundige (Rdn. 26) Tatsachen. Im Parteiprozess darf das Gericht auch ohne entsprechenden Parteivortrag Tatsachen, deren Gegenteil offenkundig ist, seinem Urteil nicht zugrunde legen.[42] 24

---

33 BAG, 13.11.2007 – 3 AZN 449/07, NZA 2008, 246 = NJW 2008, 1179.
34 BAG, 20.08.2014 – 7 AZR 924/12, Rn 32, NZA-RR 2015, 9.
35 Vgl. § 139 Abs. 1 ZPO.
36 § 288 Abs. 1 ZPO.
37 § 289 Abs. 1 ZPO.
38 BGH, 12.03.1991 – XI 85/90.
39 BGH, 07.03.1983 – VIII ZR 331/81; BGH, 01.01.1994 – IX ZR 115/93.
40 BGH, 29.09.1989 – V ZR 326/87; BGH, 15.12.1993 – VII ZR 197/92.
41 § 291 ZPO.
42 BAG, 09.12.1997 – 1 AZR 319/97, NZA 1998, 661.

25 **Allgemeinkundig** sind Tatsachen, die einer beliebig großen Anzahl von Menschen privat bekannt oder ohne Weiteres zuverlässig wahrnehmbar sind. Sie müssen zur Wahrung des rechtlichen Gehörs zum Gegenstand der Verhandlung gemacht werden.[43] **Offenkundig** ist eine Tatsache dann, wenn sie zumindest am Gerichtsort der Allgemeinheit bekannt oder ohne besondere Fachkunde – auch durch Information aus allgemein zugänglichen zuverlässigen Quellen – wahrnehmbar ist.

26 **Gerichtskundig** sind Tatsachen, die das erkennende Gericht selbst amtlich wahrgenommen hat, z.B. wenn die Richter sie aus ihrer jetzigen oder früheren amtlichen Tätigkeit kennen. Dies ist allerdings nur dann der Fall, wenn die zur Entscheidung berufenen Richter sich nicht erst durch Vorlegung von Akten u.Ä. informieren müssen.[44] Keine Gerichtskundigkeit begründet die Sachkunde, die das Gericht aus ähnlichen Verfahren gewonnen haben will.[45] Die Ergebnisse der Beweisaufnahme in einem anderen Verfahren können im Wege des Urkundenbeweises verwertet werden, wenn dies von der beweispflichtigen Partei beantragt wird. Andernfalls müssen die Zeugen erneut vernommen werden. Es verstößt gegen den zivilprozessualen Grundsatz der Unmittelbarkeit der Beweisaufnahme (§ 355 ZPO), wenn ein Gericht Aussagen, die Zeugen vor ihm in einem anderen Verfahren gemacht haben, als gerichtsbekannt verwertet.[46]

27 Offenkundige oder gerichtskundige Tatsachen sind seitens des Gerichts in die mündliche Verhandlung einzuführen, um den in Art. 103 Abs. 1 GG normierten Anspruch auf Gewährung rechtlichen Gehörs vor Gericht zu sichern. Nur solche Tatsachen, Beweisergebnisse und Äußerungen anderer dürfen zugrunde gelegt werden, zu denen die Parteien Stellung nehmen konnten.

d) Gesetzliche Tatsachen- oder Rechtsvermutungen

28 Stellt das Gesetz für das Vorhandensein einer Tatsache eine Vermutung[47] auf, so ist der Beweis des Gegenteils zulässig, sofern nicht das Gesetz ein anderes vorschreibt. Dieser Beweis kann auch durch den Antrag auf Parteivernehmung nach § 445 ZPO geführt werden.[48] Solche gesetzlichen Vermutungen können sich nicht nur auf Tatsachen, sondern auch auf einen Rechtszustand beziehen. Im Bereich des Arbeitsrechts finden sich solche gesetzlichen Vermutungen z.B. in:
– § 125 Abs. 1 Nr. 1 InsO, gerichtet auf das Vorliegen eines dringenden betrieblichen Erfordernisses;[49]
– § 128 Abs. 2 InsO, gerichtet darauf, dass Kündigung nicht wegen des Betriebsübergangs erfolgte;[50]
– § 1 Abs. 2 AÜG, gerichtet auf das Vorliegen einer Arbeitsvermittlung;
– § 7 Abs. 5 Satz 2 BetrAVG (widerlegbare Vermutung),[51] gerichtet auf das Vorliegen eines Versicherungsmissbrauchs;[52]
– § 1 Abs. 5 KSchG, gerichtet darauf, dass bei namentlicher Aufnahme eines Arbeitnehmers in einen Interessenausgleich die Kündigung durch dringende betriebliche Erfordernisse bedingt ist,[53] bezogen nicht nur auf den Wegfall von Beschäftigungsmöglichkeiten im bisherigen Arbeits-

---

43 BGH, 06.05.1993 – 1 ZR 84/91.
44 BAG, 23.08.2011 – 3 AZR 650/09, NZA 2012, 37, Rn 53.
45 BAG, 28.10.2010 – 8 AZR 546/09, NZA-RR 2011, 378 = EzA § 611 BGB 2002 Persönlichkeitsrecht Nr. 10, Rn 25.
46 BGH, 04.11.2010 – I ZR 190/08, NJW-RR 2011, 569, Rn 10.
47 Zur Abgrenzung zur gesetzlichen Fiktion vgl. BAG 29.06.2011 – 7 ABR 15/10, NZA 2012, 408 = NJW 2012, 873, Rn 15, zu § 45 WPO.
48 § 292 ZPO.
49 BAG, 26.04.2007 – 8 AZR 695/05, AP Nr. 4 zu § 125 InsO, Rn 58.
50 Dazu LAG Düsseldorf, 23.01.2003 – 11 (12) Sa 1057/02; LAG Hamm, 04.06.2002 – 4 Sa 593/02 und 4 Sa 81/02).
51 Widerlegbare Vermutung, vgl. BAG, 29.11.1988 – 3 AZR 184/87.
52 BAG, 19.02.2002 – 3 AZR 137/01, NZA 2003, 282; LAG Köln, 10.01.2001 – 3 [8] Sa 1082/00.
53 BAG, 10.06.2010 – 2 AZR 420/09, NZA 2010, 1352, Rn 14; 23.10.2008 – 2 AZR 163/07, EzA § 1 KSchG Interessenausgleich Nr. 16, Rn 37.

bereich des Arbeitnehmers, sondern auch auf das Fehlen der Möglichkeit, diesen anderweitig einzusetzen,[54]
– § 15 Abs. 5 TzBfG, gerichtet auf das die stillschweigende Verlängerung eines Arbeitsverhältnisses (unwiderlegbar, Tatbestand schlüssigen Verhaltens kraft gesetzlicher Fiktion).[55]
– § 1 Abs. 2 BetrVG, gerichtet auf die (widerlegbare) Tatsachenvermutung eines gemeinsamen Betriebes,
– § 18 Abs. 1 Satz 3, § 17 Abs. 2 AktG, (widerlegbare) Konzernvermutung,
– § 18 Abs. 1 Satz 2, (unwiderlegbare) Vermutung einer einheitlichen Leitung bei Beherrschungsvertrag oder Eingliederung.[56]

Hiervon zu trennen sind die Tatsachen- und Rechtsvermutungen, wie sie in der Rechtsprechung benutzt werden: 29
– BAG, 18.10.1984 – 2 AZR 61/83: vom Arbeitgeber auszuräumende tatsächliche Vermutung, dass eine **Auswahl**, bei der keine sozialen Gesichtspunkte, sondern ausschließlich betriebliche Belange berücksichtigt worden sind, auch im Ergebnis sozialwidrig ist;
– BAG, 31.05.2007 – 2 AZR 276/06, NZA 2008, 33 = EzA § 1 KSchG Soziale Auswahl Nr. 77, Rn 34: Ergibt sich bereits aus den Angaben des Arbeitgebers, dass das Auswahlverfahren objektiv nicht den gesetzlichen Anforderungen der sozialen Auswahl entsprochen hat (z.B. **Verkennung des auswahlrelevanten Personenkreises**), spricht eine vom Arbeitgeber auszuräumende tatsächliche Vermutung dafür, dass auch die Auswahlentscheidung objektiv fehlerhaft und damit die Kündigung sozialwidrig ist, so auch, wenn ein Gemeinschaftsbetrieb vorlag, der Arbeitgeber aber nur die Arbeitnehmer eines Betriebs in die Sozialauswahl einbezogen hat;[57]
– BAG, 21.03.1991 – 2 AZR 616/90: Vermutung bei **allgemeinen tariflichen Regelungen** für einen sachgerechten Interessenausgleich;
– BAG, 23.01.1992 – 2 AZR 389/91: **materielle Richtigkeitsgewähr** für die tariflichen Regelungen, indem sie die Vermutung für sich haben, dass sie den Interessen beider Seiten gerecht werden und keiner Seite ein unzumutbares Übergewicht vermitteln;[58] dagegen aber BAG, 28.07.1992 – 3 AZR 173/92: Für die Annahme, Tarifverträge hätten eine Vermutung der Rechtmäßigkeit oder gar des verfassungsrechtlichen Bestandsschutzes für sich, bestehen keine Anhaltspunkte;
– BAG, 14.02.1989 – 1 AZR 97/88, wonach ganz allgemein eine Vermutung dafür spreche, dass die Tarifvertragsparteien nicht hinter der jeweiligen gesetzlichen Regelung zurückbleiben wollten;
– BAG, 25.04.2002 – 2 AZR 352/01; 19.07.2007 – 6 AZR 774/06, NZA 2007, 1095 = NJW 2007, 3228 = EzA § 623 BGB 2002 Nr. 7: Vermutung der Auflösung des Arbeitsverhältnisses bei Bestellung zum Geschäftsführer;
– BAG, 09.12.1975 – 1 ABR 37/74, wonach eine tatsächliche Vermutung dafür spreche, dass die **Einstellung von Tendenzträgern** vornehmlich aus tendenzbedingten Gründen erfolgte; denn fachliche Eignung und Eignung für die geistig-ideelle Zielsetzung des Tendenzunternehmens ließen sich bei der Einstellung kaum trennen;[59] demgegenüber keine tatsächliche Vermutung, dass die Kündigung eines Tendenzträgers stets aus tendenzbezogenen Gründen erfolgt;[60]
– BAG, 05.12.1985 – 2 AZR 3/85: tatsächliche Vermutung gegen eine endgültige Stilllegungsabsicht, wenn es vor Ablauf der Kündigungsfrist zu einem rechtsgeschäftlichen Betriebsübergang kommt;

---

54 BAG, 15.12.2011 – 2 AZR 42/10 (Leiharbeitnehmer).
55 BAG, 11.07.2007 – 7 AZR 197/06, n.v., Rn 25.
56 BAG, 14.02.2007 – 7 ABR 26/06, NZA 2007, 999 = EzA § 54 BetrVG 2001 Nr. 3, Rn 44.
57 BAG, 29.11.2007 – 2 AZR 763/06, ZIP 2008, 1598 = EzA § 1 KSchG Soziale Auswahl Nr. 79, Rn 30.
58 Ebenso BAG, 16.09.1993 – 2 AZR 697/92.
59 Offen gelassen in BAG, 28.10.1986 – 1 ABR 16/85.
60 BAG, 28.08.2003 – 2 ABR 48/02, NZA 2004, 501 = EzA § 118 BetrVG 2001 Nr. 3, Rn 99.

- BAG, 13.02.2003 – 8 AZR 654/01, NZA 2003, 552 = NJW 2003, 2473 = EzA § 613a BGB 2002 Nr. 2: Bei alsbaldiger **Wiedereröffnung** des Betriebs oder bei alsbaldiger **Wiederaufnahme** der Produktion durch einen Erwerber spricht eine tatsächliche Vermutung gegen die ernsthafte Absicht, den Betrieb stillzulegen;
- LAG Brandenburg, 10.08.2001 – 4 Sa 265/01: Vermutung des »**aufklärungsrichtigen Verhaltens**«;
- BAG, 05.11.2003 – 5 AZR 676/02, NZA 2005, 64 = EzA § 2 NachwG Nr. 6, Rn 25; 21.02.2012 – 9 AZR 486/10, Rn 35: tatsächliche Vermutung, dass der Arbeitnehmer die tarifliche Ausschlussfrist beachtet hätte, wenn er auf die Geltung des Tarifvertrags nach § 2 Abs. 1 Satz 2 Nr. 10 NachwG hingewiesen worden wäre;
- BAG, 27.09.2001 – 2 AZR 246/00: Vermutung der **Unternehmerentscheidung** aus sachlichen Gründen;
- BAG, 27.03.1981 – 7 AZR 523/78: tatsächliche Vermutung für »Einheitlichkeitswillen« betreffend ein sog. **einheitliches Arbeitsverhältnis**;
- Thüringer LAG, 15.02.2001 – 5 Sa 102/00: Vermutung der Schadensverursachung bei **Mobbing**;
- BAG, 09.06.2010 – 5 AZR 122/09, n.v., Rn 13; 14.07.2015 – 3 AZR 517/13, Rn 26: tatsächliche Vermutung des Vorliegens **Allgemeiner Geschäftsbedingungen**;
- BAG, 15.11.2001 – 2 AZR 310/00, NJW 2002, 2972 = EzA § 140 BGB Nr. 24, Rn 25: Es ist von einer tatsächlichen Vermutung auszugehen, dass ein Arbeitgeber, dessen außerordentliche Kündigung von der Rechtsordnung nicht anerkannt wird, den **hypothetischen Willen zur ordentlichen Kündigung** hat und dies dem Arbeitnehmer auch erkennbar ist (Umdeutung erforderlich);
- BAG, 19.06.1973 – 1 AZR 521/72, NJW 1973, 1994 = EzA Art 9 GG Nr. 8, Rn 28: Der **Streik** um Arbeits- und Wirtschaftsbedingungen hat die rechtliche Vermutung der Rechtmäßigkeit für sich;
- BAG, 22.01.2004 – 2 AZR 111/02, EzA § 1 KSchG Interessenausgleich Nr. 11: Liegt zwischen mehreren »Wellen« von Personalabbaumaßnahmen nur ein Zeitraum von wenigen Wochen oder Monaten, so spricht eine tatsächliche Vermutung dafür, dass diese Maßnahme auf einer einheitlichen unternehmerischen Planung beruht (relevant für § 111 BetrVG);
- BAG, 12.12.2012 – 5 AZR 858/12 (F), Rn 7: tatsächliche Vermutung auf eine verwerfliche Gesinnung des durch den Vertrag Begünstigten bei einem groben Missverhältnis von Leistung und Gegenleistung.

30 Solche richterlichen Vermutungen werden bei der Auslegung von Willenserklärungen und bei der Beweiswürdigung herangezogen, dienen manchmal der Änderung der gesetzlichen Beweislastverteilung und werden auch im Zusammenhang mit der Angemessenheitskontrolle von vorformulierten Arbeitsbedingungen oder tariflichen Regelungen herangezogen.[61]

6. Beweisverbote

a) Erhebungsverbot

aa) Gesetzliches Erhebungsverbot

31 Für einzelne Fallgestaltungen werden vom Gesetz nur bestimmte Beweismittel zugelassen:
- § 80 Abs. 1 ZPO: Vollmachtsnachweis nur durch Urkunde;
- § 139 Abs. 4 ZPO: Beweis der **Hinweiserteilung** nur durch den Inhalt der Akte oder den Nachweis, dass der Inhalt der Akten gefälscht ist;
- § 165 Satz 1 ZPO: Nachweis der für die **mündliche Verhandlung** vorgeschriebenen Förmlichkeiten nur durch das Protokoll;
- § 314 Satz 2 ZPO: Entkräftung des aus dem **Tatbestand** folgenden Beweises nur durch Protokoll.

---

61 Krit. zum gesetzlich nicht geregelten Gebrauch richterlicher Vermutungen zu Recht GMPMG/Prütting § 58 Rn 88 m.w.N.

bb) Ausforschungsverbot

Die Beweisaufnahme dient nicht dazu, zugunsten einer Partei erst die für einen schlüssigen/erheblichen Vortrag notwendigen Tatsachen zu ermitteln. Der sog. **Ausforschungsbeweis** *(Beweisermittlungsantrag)* ist unzulässig. Nach dem im Zivilprozess herrschenden Verhandlungsgrundsatz kann die darlegungs- und beweispflichtige Partei eine Beweisaufnahme und damit eine Klärung der für die Entscheidung des Rechtsstreits erheblichen Tatsachen nur dann erreichen, wenn sie entsprechende bestimmte Behauptungen aufstellt. Andererseits kann es ihr aber auch nicht verwehrt werden, eine tatsächliche Aufklärung auch hinsichtlich solcher Punkte zu verlangen, über die sie kein zuverlässiges Wissen besitzt und auch nicht erlangen kann. Sie kann deshalb genötigt sein, eine von ihr nur **vermutete Tatsache** zu behaupten und unter Beweis zu stellen. Darin kann weder eine Verletzung der prozessualen Wahrheitspflicht noch ein unzulässiger Ausforschungsbeweis gesehen werden. Denn es stellt **keinen unzulässigen Ausforschungsbeweis** dar, wenn eine Partei eine Tatsache unter Beweis stellt, die sie **zwar nicht unmittelbar weiß und auch gar nicht wissen kann, aber aufgrund anderer, ihr bekannter Tatsachen vermuten darf**.[62] Nach § 373 ZPO hat die Partei, die die Vernehmung eines Zeugen beantragen will, den Zeugen zu benennen und die Tatsachen zu bezeichnen, über die dieser vernommen werden soll. Dagegen verlangt das Gesetz nicht, dass der Beweisführer sich auch darüber äußert, welche Anhaltspunkte er für die Richtigkeit der in das Wissen des Zeugen gestellten Behauptung habe. Eine *(scheinbare)* Ausnahme von diesem Grundsatz macht die Rechtsprechung lediglich dann, wenn ein Zeuge über innere **Vorgänge bei einem anderen** vernommen werden soll. Da innere Vorgänge einer direkten Wahrnehmung durch andere Personen entzogen sind, kann in einem solchen Fall der Zeuge nur äußere Umstände bekunden, die einen Rückschluss auf den zu beweisenden inneren Vorgang zulassen; es handelt sich also hierbei um einen **Indizienbeweis**. Bei dieser Beweisart muss der Beweisführer nicht nur die von ihm zu beweisende Haupttatsache, sondern auch die Hilfstatsachen bezeichnen, aus denen sich die Haupttatsache ergeben soll.[63] Daher liegt ein der Ausforschung von Zeugen dienender Beweisantrag dann vor, wenn eine Partei die zur Konkretisierung ihres Prozessvortrags benötigten Tatsachen erst durch die Beweisaufnahme in Erfahrung zu bringen sucht.[64] Kommt aber eine Prozesspartei wegen nur bei einem besonders Sachkundigen vorhandener Kenntnis von Einzeltatsachen nicht umhin, von ihr zunächst nur vermutete Tatsachen als Behauptung in einen Rechtsstreit einzuführen, so liegt keine unzulässige »Ausforschung« vor.[65] Die Ablehnung eines Beweises für beweiserhebliche Tatsachen ist nur dann zulässig, wenn die unter Beweis gestellten Tatsachen so **ungenau bezeichnet** sind, dass ihre Erheblichkeit nicht beurteilt werden kann, oder wenn sie zwar in das Gewand einer bestimmt aufgestellten Behauptung gekleidet, aber aufs Geratewohl gemacht, gleichsam »**ins Blaue**« aufgestellt, mit anderen Worten aus der Luft gegriffen sind und sich deshalb als Rechtsmissbrauch darstellen. Bei der Annahme von Willkür in diesem Sinne ist Zurückhaltung geboten; i.d.R. wird sie nur bei einem Fehlen jeglicher tatsächlicher Anhaltspunkte gerechtfertigt sein.[66] Eine Partei, die keine näheren Einblicke in dem Gegner bekannte Geschehensabläufe hat und deren Beweisführung deshalb erschwert ist, kann aber auch von ihr nur vermutete Tatsachen behaupten und unter Beweis stellen.[67] Unzulässig wird ein solches prozessuales Vorgehen aber dort, wo die Partei ohne greifbare Anhaltspunkte für das Vorliegen eines bestimmten Sachverhalts willkürlich Behauptungen aufstellt

---

62 BAG, 18.09.2008 – 2 AZR 1039/06, DB 2009, 964 = EzTöD 100 § 34 Abs 2 TVöD-AT Verhaltensbedingte Kündigung Nr. 13, Rn 33.
63 BGH, 13.07.1988 – IVa ZR 67/87, NJW-RR 1988, 1529.
64 BAG, 28.05.1998 – 6 AZR 618/96, NZA 1999, 96; BAG, 23.10.1996 – 1 AZR 269/96, NZA 1997, 397; BAG, 20.09.1989 – 4 AZR 410/89; BGH, 23.10.1986 – 1 ZR 97/84; LAG Köln, 15.05.2002 – 8 Sa 60/02; LAG Frankfurt, 09.07.1999 – 2 Sa 1720/98; LAG Berlin, 11.05.1998 – 9 Sa 14/98.
65 BGH, 10.01.1995 – VI ZR 31/94.
66 BGH, 29.09.1999 – VIII ZR 232/98, NJW-RR 2000, 273; LAG Hamburg, 13.06.2001 – 8 Sa 16/01.
67 BAG, 23.10.1996 – 1 AZR 269/96, NZA 1997, 397; BGH, 14.03.1968 – II ZR 50/65; BGH, 13.07.1988 – IVa ZR 67/87, NJW-RR 1988, 1529; BGH, 25.04.1995 – VI ZR 178/94; BGH, 11.07.1996 – IX ZR 226/94.

und sich deshalb rechtsmissbräuchlich verhält. Willkür im vorgenannten Sinne kann i.d.R. nur bei Fehlen jeglicher tatsächlicher Anhaltspunkte angenommen werden[68] oder wenn die behauptende Partei selbst nicht an die Richtigkeit ihrer Behauptung glaubt.[69]

Dagegen besteht **keine Verpflichtung** einer Prozesspartei, ihrerseits und außerhalb des Gerichts **an Zeugen heranzutreten** und sie zu ihren Rechtsverhältnissen mit der Gegenpartei zu befragen, um alsdann gegebenenfalls vorzutragen und Beweis antreten zu können.[70] Ein Sachvortrag zur Begründung eines Klageanspruchs ist dann schlüssig und erheblich, wenn der Kläger Tatsachen vorträgt, die in Verbindung mit einem Rechtssatz geeignet und erforderlich sind, das geltend gemachte Recht als in der Person des Klägers entstanden scheinen zu lassen. Dabei ist die Klagepartei nicht verpflichtet, den streitigen Lebenssachverhalt in allen Einzelheiten darzustellen; vielmehr genügt eine Prozesspartei ihrer Darlegungspflicht grundsätzlich bereits dadurch, dass sie diejenigen Umstände vorträgt, aus denen sich die gesetzlichen Voraussetzungen der begehrten Rechtsfolge ergeben.[71] Die **Angabe näherer Einzelheiten**, die den **Zeitpunkt** und den **Vorgang bestimmter Ereignisse** betreffen, ist **nicht erforderlich, soweit diese Einzelheiten für die Rechtsfolgen nicht von Bedeutung** sind. Solches kann allenfalls dann bedeutsam werden, wenn der Gegenvortrag dazu Anlass bietet. Das bedeutet aber nicht, dass derjenige, der ein Recht beansprucht, schon deshalb, weil der Gegner bestreitet, gezwungen ist, den behaupteten Sachverhalt in allen Einzelheiten wiederzugeben.[72] **Notwendiger Inhalt eines Beweisantrags** ist die spezifizierte Bezeichnung der Tatsachen, welche bewiesen werden sollen. Wie konkret die jeweiligen Tatsachenbehauptungen sein müssen, muss unter Berücksichtigung der Wahrheits- und Vollständigkeitspflicht (§ 138 Abs. 1 ZPO) anhand der Umstände des Einzelfalls, insbesondere der Einlassung des Gegners, beurteilt werden.[73] Unerheblich ist dabei, wie wahrscheinlich die Darstellung ist und ob sie auf eigenem Wissen oder einer Schlussfolgerung aus Indizien beruht. Es ist dann Sache des Tatrichters, in die Beweisaufnahme einzutreten und dabei gegebenenfalls Zeugen nach weiteren Einzelheiten zu befragen.[74] Der Pflicht zur Substantiierung ist mithin nur dann nicht genügt, wenn das Gericht aufgrund der Darstellung nicht beurteilen kann, ob die gesetzlichen Voraussetzungen der an eine Behauptung geknüpften Rechtsfolgen erfüllt sind.[75] In diesem Sinne ist wohl auch die Rechtsprechung des BAG[76] zu verstehen, wonach in einen Beweisantritt aufzunehmende Tatsachen konkrete, nach Zeit und Raum bestimmte, der Vergangenheit oder der Gegenwart angehörige Geschehnisse oder Zustände seien. Gleiches gilt wohl für die Anforderungen, die das BAG an die Darlegung bei Mobbinghandlungen (dazu im Einzelnen Rdn. 228) stellt, wonach die einzelnen Handlungen oder Maßnahmen, aus denen die klagende Partei die angeblichen Pflichtverletzungen herleitet, konkret unter Angabe deren zeitlicher Lage zu bezeichnen seien. Erforderlich sei eine genaue, auch datumsmäßig bezeichnete Darlegung der einzelnen behaupteten »Mobbing-Handlungen«. Nur dadurch würden die Tatsachengerichte in die Lage versetzt, zu überprüfen, ob die behaupteten Vorgänge für sich allein betrachtet oder in der Gesamtschau zu einer Rechtsbeeinträchtigung des Arbeitnehmers geführt haben.[77]

Es ist auch nicht erforderlich, im Einzelnen darzulegen, **woher der Zeuge die Kenntnis hat**, die in sein Wissen gestellt wird. Sollte der Zeuge nur einen äußeren Eindruck über die Einigung der Parteien wiedergeben, so wird das Gericht dies im Rahmen der Würdigung der Zeugenaussagen zu

---

68 BAG, 28.05.1998 – 6 AZR 618/96, NZA 1999, 96; BAG, 23.10.1996 – 1 AZR 269/96, NZA 1997, 397.
69 BGH, 14.03.1968 – II ZR 50/65.
70 BAG, 26.06.2008 – 2 AZR 264/07, Rn 29.
71 BAG, 03.08.2005 – 10 AZR 585/04, NZA 2006, 175 = EzA § 850h ZPO 2002 Nr. 1, Rn 12.
72 BGH, 16.11.2010 – VIII ZR 228/08, Rn 15.
73 BAG, 31.03.2004 – 10 AZR 191/03, EzA-SD 2004, Nr. 24, 12, Rn 20.
74 BGH, 01.07.2010 – 2 AZR 270/09, RIW 2011, 167, Rn 19.
75 BGH, 09.02.2010 – II ZR 77/08, NJW 2009, 2137, Rn 4.
76 BAG, 12.07.2007 – 2 AZR 722/05, EzA § 551 ZPO 2002 Nr. 6, Rn 16.
77 BGH, 24.04.2008 – 8 AZR 347/07, NZA 2009, 38 = NJW 2009, 251, Rn 42.

berücksichtigen haben.[78] Einen Grund, den Beweisantritt als Ausforschungsbeweis nicht zuzulassen, stellt dies nicht dar.

Auch im **selbstständigen Beweisverfahren** dürfen die Anforderungen nicht überspannt werden, weil die Beweiserhebung auf Kosten des Antragstellers stattfindet, der zudem meist keine oder nur eine unzureichende Vorstellung über eine Schadensursache haben wird, und weil keine streitige, der Rechtskraft fähige Sachentscheidung ergeht.[79]

b) Verwertungsverbot

Ein Verwertungsverbot besteht, wenn das Beweismittel aufgrund eines nicht gerechtfertigten **Eingriffs in das allgemeine Persönlichkeitsrecht** erlangt worden ist. Das von einer Partei rechtswidrig erlangte Beweismittel darf grds. nicht zu ihren Gunsten verwertet werden. In der gerichtlichen Verwertung von Kenntnissen und Beweismitteln, die unter Verstoß gegen das Persönlichkeitsrecht erlangt sind, liegt nämlich regelmäßig ein erneuter Eingriff in das Persönlichkeitsrecht. Es entspricht einem allgemeinen Rechtsprinzip, die Ausnutzung eines rechtswidrig herbeigeführten Zustandes zu versagen und diesen Zustand zu beseitigen.[80] Hätten die Gerichte auch unzulässig erlangte Beweismittel zu beachten, so bliebe der Eingriff in das allgemeine Persönlichkeitsrecht des heimlich abgehörten Gesprächspartners im Wesentlichen ohne rechtlichen Schutz.[81] Bei der Kollision des allgemeinen Persönlichkeitsrechts mit Interessen der Allgemeinheit oder Rechten Dritter ist durch Güterabwägung im Einzelfall zu ermitteln, ob das allgemeine Persönlichkeitsrecht den Vorrang verdient und die Verwertung des so erlangten Beweismittels unzulässig ist. 33

Das durch Art. 2 Abs. 1 i.V.m. Art. 1 Abs. 1 GG gewährleistete allgemeine Persönlichkeitsrecht umfasst das **Recht am gesprochenen Wort**, d.h. die Befugnis, selbst zu bestimmen, ob es allein dem Gesprächspartner oder auch Dritten oder sogar der Öffentlichkeit zugänglich sein soll, ferner ob es auf **Tonträger** aufgenommen werden darf.[82] Stellt die Vernehmung eines Zeugen über ein von ihm belauschtes Telefonat einen nicht gerechtfertigten Eingriff in das allgemeine Persönlichkeitsrecht eines Gesprächspartners dar, kommt eine Verwertung der Aussage als Beweismittel im zivilgerichtlichen Verfahren regelmäßig nicht in Betracht.[83] 34

Die Erhebung und Verwertung von Zeugenaussagen über den Inhalt von Telefongesprächen, die von den Zeugen über eine Mithörvorrichtung mit Wissen nur eines der Gesprächspartner mitverfolgt worden waren, stellen einen Eingriff in den Schutzbereich des Rechts am gesprochenen Wort dar. Der Schutzbereich ist allerdings nicht beeinträchtigt, wenn der andere Geschäftspartner in das Mithören der Zeugen **eingewilligt** hat. Aus dem Umstand allein, dass jemand von einer Mithörmöglichkeit Kenntnis hat, folgt aber nicht notwendig, dass er mit einem tatsächlichen Mithören auch rechnet und zugleich stillschweigend einverstanden ist. Ein Beweisverwertungsverbot soll nach der Rechtsprechung des BAG[84] auch dann nicht bestehen, wenn die Verletzung des Rechts am gesprochenen Wort **nicht zielgerichtet** erfolgt sei. **Zufällig Mitgehörtes** unterliege dem Beweisverwertungsverbot nicht. Der Gesprächspartner könne nur darauf vertrauen, dass der andere nichts aktiv unternehme, um Dritten das Mithören zu ermöglichen. Er sei aber nicht davor geschützt, dass sich aus den bestehenden äußeren Rahmenbedingungen Mithörmöglichkeiten ergäben. Auch wenn ein Telefongespräch in der Mehrzahl der Fälle nicht zufällig von Dritten mitgehört werden könne, müssten die Gesprächsteilnehmer diese Möglichkeit doch in Betracht ziehen. Die Gefahr des zufälligen Mithörens habe sich durch technische Neuerungen und geänderte Telefongewohnheiten deut- 35

---

78 BGH, 26.03.2008 – X ZR 70/06, NJW-RR 2008, 1155, Rn 21.
79 BAG, 30.09.2008 – 3 AZB 47/08, EzA § 485 ZPO 2002 Nr. 1, Rn 28.
80 §§ 12, 862, 1004 BGB analog.
81 BAG, 29.10.1997 – 5 AZR 508/96.
82 BAG, 27.03.2003 – 2 AZR 51/02, NZA 2003, 1193; BAG, 29.10.1997 – 5 AZR 508/96.
83 BGH, 18.02.2003 – XI ZR 165/02, NJW 2003, 1727.
84 BAG, 23.04.2009 – 6 AZR 189/08, NZA 2009, 974 = NJW 2010, 104 = EzA § 611 BGB 2002 Persönlichkeitsrecht Nr. 9, Rn 27 ff.

lich erhöht, insbesondere beim Telefonieren mit Mobiltelefonen an öffentlich zugänglichen Orten. Das BAG ist in seiner Entscheidung noch darüber hinausgegangen. Ein rechtswidriger Eingriff in das zivilrechtliche allgemeine Persönlichkeitsrecht und das hierdurch geschützte Recht am gesprochenen Wort liege selbst dann nicht vor, wenn zwar nicht durch aktives Handeln zielgerichtet ein Mithören ermöglicht worden, jedoch die **Mithörmöglichkeit erkannt und keine Gegenmaßnahmen ergriffen** worden sei.[85] Aufseiten der dortigen Klägerin, die keine Gegenmaßnahmen ergriffen hatte, falle ins Gewicht, dass sie mit ihrer Klage die Durchsetzung einer ebenfalls grundrechtlich geschützten Rechtsposition anstrebe, denn das Interesse an der Erhaltung des Arbeitsplatzes sei durch Art. 12 Abs. 1 GG geschützt. Aber auch aus dem Prozessrecht sei die gesetzliche Wertung abzuleiten, dass das Recht am gesprochenen Wort im Rechtsstreit nicht nur ganz ausnahmsweise hinter das Interesse an einer möglichst effektiven Ermittlung der materiellen Wahrheit zurücktreten müsse. Die Rechtsordnung im Zivilprozess verlange von dem Gesprächsteilnehmer, dessen Äußerungen von einem Dritten mitgehört wurden, unter Umständen ohnehin eine Offenlegung des Gesprächsinhalts. So könne sich jede Partei zum Beweis des Inhalts des Telefongesprächs auf das Zeugnis desjenigen Gesprächspartners berufen, dessen Gesprächsbeitrag – absichtlich oder zufällig – mitgehört worden ist. Sofern dieser Zeuge sich nicht auf ein Zeugnis- oder Aussageverweigerungsrecht berufen könne, müsse er den Gesprächsinhalt wahrheitsgemäß bei Gericht wiedergeben, andernfalls müsse er mit einer Verurteilung wegen uneidlicher Falschaussage oder gar wegen Meineides rechnen. Zum zufälligen Mithören durch Dritte bei Gesprächen unter Anwesenden hatte schon das **Bundesverfassungsgericht** in seiner Entscheidung vom 09.10.2002[86] – wenn auch nicht tragend – ausgeführt, ein Gesprächspartner habe sich das Zuhören Dritter selbst zuzuschreiben, wenn er sich so verhalte, dass seine Worte von unbestimmt vielen Menschen ohne besondere Bemühungen gehört werden können. Er sei nicht gegen deren Kommunikationsteilhabe geschützt, wenn er von ihm unerwünschte Hörer in seiner Nähe übersehen oder die Lautstärke seiner Äußerungen falsch eingeschätzt habe. Entscheidend sei, ob der Sprecher aufgrund der Rahmenbedingungen begründetermaßen erwarten dürfe, nicht von Dritten gehört zu werden.

36 Der Schutzbereich des Art. 2 GG ist auch nicht durch die Verwertung der Aussage eines Zeugen zum **Inhalt eines von ihm geführten und zugleich heimlich mitgeschnittenen Telefongesprächs** in einem arbeitsgerichtlichen Kündigungsschutzprozess tangiert. Es ist verfassungsrechtlich nämlich nicht geboten, das die Tonbandaufnahme selbst betreffende Verwertungsverbot auf die Aussage eines Zeugen zu erstrecken, der nicht über den Inhalt des Tonbands Auskunft gibt, sondern über das von ihm geführte Gespräch aussagt. Das gilt selbst dann, wenn er es in rechtswidriger Weise per Tonband aufgenommen hat und als Erinnerungsstütze nutzt.[87]

37 Darüber hinaus gewährleisten Art. 2 Abs. 1 i.V.m. Art. 1 Abs. 1 GG das **Recht am eigenen Bild**.[88] Das allgemeine Persönlichkeitsrecht schützt die Arbeitnehmer vor einer lückenlosen technischen Überwachung am Arbeitsplatz durch heimliche Videoaufnahmen. Durch eine solche Kontrolle wird nicht lediglich eine Aufsichtsperson ersetzt. Vielmehr wird der Arbeitnehmer, der davon ausgehen muss, dass der Arbeitgeber bei bestimmten Gelegenheiten zum Mittel der heimlichen Videoaufzeichnung greift, einem ständigen Überwachungsdruck ausgesetzt, dem er sich während seiner Tätigkeit nicht entziehen kann.[89]

38 Das Persönlichkeitsrecht wird **nicht schrankenlos** gewährleistet. Eingriffe in das Persönlichkeitsrecht des Arbeitnehmers können durch die Wahrnehmung überwiegender schutzwürdiger Interessen des Arbeitgebers gerechtfertigt sein. Bei einer Kollision des allgemeinen Persönlichkeitsrechts

---

85 BAG, 23.04.2009 – 6 AZR 189/08, NZA 2009, 974 = NJW 2010, 104 = EzA § 611 BGB 2002 Persönlichkeitsrecht Nr. 9, Rn 32.
86 1 BvR 1611/96, 1 BvR 805/98 – zu C II 1 a der Gründe, BVerfGE 106, 28.
87 BVerfG, 31.07.2001 – 1 BvR 304/01, NZA 2002, 284.
88 BVerfG, 09.10.2002 – 1 BvR 1611/96, NJW 2002, 3619 und 1 BvR 805/98; BGH, 25.04.1995 – VI ZR 272/94.
89 BAG, 27.03.2003 – 2 AZR 51/02, NZA 2003, 1193.

mit den Interessen des Arbeitgebers ist somit durch eine Güterabwägung im Einzelfall zu ermitteln, ob das allgemeine Persönlichkeitsrecht den Vorrang verdient.[90] I.R.d. Abwägung ist zu beachten, dass das Grundgesetz – insb. das u.a. in Art. 20 Abs. 3 GG verankerte Rechtsstaatsprinzip – dem Erfordernis einer wirksamen Rechtspflege eine besondere Bedeutung beimisst. Auch im Zivilprozess, in dem über Rechte und Rechtspositionen der Parteien innerhalb eines privatrechtlichen Rechtsverhältnisses gestritten wird, sind die Aufrechterhaltung einer funktionstüchtigen Rechtspflege und das Streben nach einer materiell richtigen Entscheidung wichtige Belange des Gemeinwohls. Um die Wahrheit zu ermitteln, sind die Gerichte deshalb grds. gehalten, von den Parteien angebotene Beweismittel zu berücksichtigen, wenn und soweit eine Tatsachenbehauptung erheblich und beweisbedürftig ist. Dies gebieten auch der in § 286 ZPO niedergelegte Grundsatz der freien Beweiswürdigung sowie das grundrechtsähnliche Recht auf rechtliches Gehör gem. Art. 103 Abs. 1 GG. Allein das allgemeine Interesse an einer funktionstüchtigen Zivilrechtspflege reicht aber nicht, um i.R.d. Abwägung stets von einem gleichen oder gar höheren Gewicht ausgehen zu können, als es dem allgemeinen Persönlichkeitsrecht zukommt. Gleiches gilt für das Interesse, sich ein Beweismittel für zivilrechtliche Ansprüche zu sichern.[91] Vielmehr müssen weitere Aspekte hinzutreten, die ergeben, dass das Interesse an der Beweiserhebung trotz der Persönlichkeitsbeeinträchtigung schutzbedürftig ist. Im Zivilprozess kann es Situationen geben, in denen dem Interesse an der Beweiserhebung besondere Bedeutung für die Rechtsverwirklichung einer Partei zukommt.[92] Dies kann etwa in Fällen gegeben sein, in denen sich der Beweisführer in einer Notwehrsituation oder einer notwehrähnlichen Lage befindet.[93]

39 Danach ist die **heimliche Videoüberwachung** eines Arbeitnehmers zulässig, wenn der konkrete Verdacht einer strafbaren Handlung oder einer anderen schweren Verfehlung zulasten des Arbeitgebers besteht, weniger einschneidende Mittel zur Aufklärung des Verdachts ausgeschöpft sind, die verdeckte Video-Überwachung praktisch das einzig verbleibende Mittel darstellt und insgesamt nicht unverhältnismäßig ist.

40 Allerdings ist die Videoüberwachung für öffentlich zugängliche Räume – zu denen auch **Verkaufsräume** zählen können – durch § 6b BDSG i.d.F. vom 18.05.2001, in Kraft seit 19.05.2001, nunmehr gesetzlich geregelt. Nach § 6b Abs. 2 BDSG ist die Beobachtung erkennbar zu machen.[94] Bei einem Verstoß gegen diese Pflicht soll dennoch nicht jedwede Videoüberwachungsmaßnahme an öffentlich zugänglichen Arbeitsplätzen per se unzulässig sein.[95]

41 Bei durch **Diebstahl oder Unterschlagung** erworbenen Beweismitteln besteht ein Verwertungsverbot i.d.R. dann, wenn damit Persönlichkeitsrechte verletzt würden. Allein der Diebstahl von Unterlagen begründet noch kein Verbot für deren Verwertung. Der Schutz des Eigentumsrechts bezweckt nicht, den Eigentümer von Urkunden vor einer Verwertung derselben als Beweismittel zu bewahren, wie sich aus § 810 BGB, §§ 422 ff. ZPO ergibt.[96]

42 Umstritten ist die Frage, ob ein **mitbestimmungswidrig erlangtes Beweismittel** ein betriebsverfassungsrechtliches Beweisverwertungsverbot für den Kündigungsschutzprozess nach sich zieht.[97] Nach der Rechtsprechung des BAG gebietet der Schutzzweck des § 87 Abs. 1 Nr. 6 BetrVG die Annahme eines solchen Verwertungsverbots jedenfalls dann nicht, wenn die Verwertung des

---

[90] BVerfG, 09.10.2002 – 1 BvR 1611/96, NJW 2002, 3619 und 1 BvR 805/98.
[91] BVerfG, 09.10.2002 – 1 BvR 1611/96, NJW 2002, 3619; BGH, 18.02.2003 – XI ZR 165/02, NJW 2003, 1727.
[92] BVerfG, 09.10.2002 – 1 BvR 1611/96, NJW 2002, 3619 und 1 BvR 805/98.
[93] BVerfG, 09.10.2002 – 1 BvR 1611/96, NJW 2002, 3619 und 1 BvR 805/98.
[94] Vgl. Däubler NZA 2001, 874, 878; Maschmann NZA 2002, 13, 17.
[95] BAG, 21.06.2012 – 2 AZR 153/11.
[96] BAG, 15.08.2002 – 2 AZR 214/01.
[97] Maschmann NZA 2002, 13, 21; Röckl/Fahl NZA 1998, 1035, 1038 ff.; Fischer BB 1999, 154 ff.; Kopke NZA 1999, 917; vgl. auch LAG Baden-Württemberg, 06.05.1999 – 12 Sa 115/97, BB 1999, 1439; offen gelassen durch BAG, 27.03.2003 – 2 AZR 51/02, NZA 2003, 1193.

Beweismittels nach allgemeinen Grundsätzen zulässig ist und der Betriebsrat der Kündigung in Kenntnis der heimlich hergestellten Videoaufzeichnungen zustimmt.[98] Insbesondere besteht aber auch kein Sachverwertungsverbot bei unstreitigem Vortrag. Ein solches lässt sich auch nicht aus der Theorie der Wirksamkeitsvoraussetzung ableiten.[99]

43 Zwar ändere das vom Betriebsrat nachträglich erteilte Einverständnis mit einer Maßnahme, die ohne das zwingend vorgeschriebene Mitbestimmungsverfahren vorgenommen wurde, nichts an der Verletzung des Mitbestimmungsrechts.[100] Die entgegen § 87 Abs. 1 Nr. 6 BetrVG unterbliebene Mitbestimmung gebe aber, was den Schutz des Persönlichkeitsrechts des Arbeitnehmers betreffe, der Beweisverwertung durch die staatlichen Gerichte keinen eigenen Unrechtsgehalt. Die unterbliebene Mitbestimmung führe für sich genommen nicht zu einem Verstoß der Beweisverwertung gegen das allgemeine Persönlichkeitsrecht.

44 Besonderheiten bestehen bei **unstreitigem Parteivortrag**. Das Zivilprozessrecht kennt grundsätzlich kein Verbot der »Verwertung« von Sachvortrag. Der beigebrachte Tatsachenstoff ist entweder unschlüssig oder unbewiesen, aber nicht »unverwertbar«. Dies gilt zumal dann, wenn der Sachverhalt unstreitig ist. Das Gericht ist an ein Nichtbestreiten (wie an ein Geständnis) grundsätzlich gebunden. Es darf für unbestrittene Tatsachen keinen Beweis verlangen und erheben. Dennoch kann rechtswidriges Verhalten einer Prozesspartei bei der Informationsgewinnung zu einem Verwertungsverbot führen. Das ist der Fall, wenn eine solche Sanktion unter Beachtung des **Schutzzwecks der verletzten Norm** zwingend geboten erscheint. In einem gerichtlichen Verfahren ist darauf Bedacht zu nehmen, dass das Gericht den Verfahrensbeteiligten in Ausübung staatlicher Hoheitsgewalt gegenüber tritt. Es ist bei der Urteilsfindung nach Art. 1 Abs. 3 GG an die Grundrechte gebunden und zu einer rechtsstaatlichen Verfahrensgestaltung verpflichtet. Aus dem Rechtsstaatsprinzip folgt seine Pflicht zu einer fairen Handhabung des Prozess- und Beweisrechts. Daraus folgt für den Zivilprozess zwar nicht, dass jede unzulässig erlangte Information prozessual unverwertbar wäre. Sie ist es im Einzelfall aber dann, wenn mit ihrer gerichtlichen Verwertung ein erneuter Eingriff in rechtlich geschützte, hochrangige Positionen der anderen Prozesspartei oder die Perpetuierung eines solchen Eingriffs verbunden wäre, und dies auch durch schutzwürdige Interessen der Gegenseite nicht gerechtfertigt werden könnte.[101] Jedenfalls kann sie nicht umgekehrt sogar verpflichtet sein, wider besseres Wissen richtigen Vortrag zu bestreiten und sich in Fällen, in denen einfaches Bestreiten nicht ausreicht, mit einem bewusst falschen Gegenvorbringen zu belasten. Sie trüge mit Blick auf mögliche Zweifel an der Zulässigkeit ihres Bestreitens das Risiko, dem Vorwurf zumindest des Versuchs eines Prozessbetrugs ausgesetzt zu sein. Dass kann die Rechtsordnung einer Partei nicht abverlangen. Hat eine Partei den Tatsachenvortrag der Gegenseite nicht bestritten, ist ihr die Möglichkeit, sich auf die Rechtswidrigkeit der ihm zugrundeliegenden Informationsbeschaffung zu berufen, nur dann genommen, wenn in ihrem Nichtbestreiten zugleich die **Einwilligung** in eine prozessuale Verwertung der fraglichen Tatsachen liegt. Dann wiederum stellt sich die Frage nach einem Verwertungsverbot nicht.[102]

45 Der Schutz des Arbeitnehmers vor einer rechtswidrigen Videoüberwachung verlangt nach der Rechtsprechung des BAG[103] hingegen nicht, auch solche unstreitigen Tatsachen außer Acht zu lassen, die dem Arbeitgeber nicht nur durch eine – unzulässige – Videoaufzeichnung, sondern ohne Rechtsverstoß **auch aus einer anderen Informationsquelle bekannt** geworden sind. Im konkreten Fall hatte der Arbeitgeber Kenntis auch durch den Kassenstreifen, die Aussage der Arbeitnehmerin und einer weiteren Mitarbeiterin. Die durch die Videoaufzeichnung gewonnen Informationen hätte er ohnehin erhalten.

---

98 BAG, 27.03.2003 – 2 AZR 51/02, NZA 2003, 1193.
99 BAG, 13.12.2007 – 2 AZR 537/06, NZA 2008, 1008 = NJW 2008, 2732.
100 BAG, 20.02.2002 – 7 AZR 707/00, NZA 2002, 811.
101 BAG, 16.12.2010 – 2 AZR 485/08, NZA 2011, 571, Rn 32.
102 BAG, 16.12.2010 – 2 AZR 485/08, NZA 2011, 571, Rn 32.
103 BAG, 16.12.2010 – 2 AZR 485/08, NZA 2011, 571, Rn 40.

IV. Gegenstand des Beweises

1. Tatsachen

Gegenstand des Beweises sind grds. **Tatsachen**, d.h. sämtliche äußeren und inneren Lebensvorgänge, die sinnlich wahrgenommen werden können.[104] Dabei kann es um innere *(Kenntnis, Vorsatz)* und äußere Tatsachen *(Sachbeschädigung, Verletzung)* gehen, aber auch um positive *(Vorliegen)* und negative *(Nichtvorliegen)* Tatsachen. Auch künftige Ereignisse und hypothetische Schlussfolgerungen über die Vergangenheit gehören hierzu.[105]

2. Rechtssätze

Für **Rechtssätze** gilt der Grundsatz, dass die Richterin das gesamte geltende Recht zu kennen und selber festzustellen hat. Das in einem anderen Staat geltende Recht, die Gewohnheitsrechte und Statuten, bedürfen aber des Beweises insofern, als sie dem Gericht unbekannt sind (§ 293 ZPO).[106] Das Gericht ist bei der Ermittlung dieser Rechtsnormen nicht allein auf die von den Parteien beigebrachten Nachweise beschränkt; es ist vielmehr befugt, auch andere Erkenntnisquellen zu benutzen und zum Zwecke einer solchen Benutzung das Erforderliche anzuordnen.[107] Die Rechtsprechung hat aus § 293 ZPO die Pflicht der Tatrichterin abgeleitet, das für die Entscheidung eines Rechtsstreits maßgebliche ausländische Recht von Amts wegen zu ermitteln. Die Parteien trifft keine (prozessuale) Beweisführungslast. Der Umfang der Ermittlungspflicht kann allerdings durch den Vortrag der Parteien beeinflusst werden.[108]

Ausländisches Recht ist das in keinem Teil Deutschlands geltende Recht, nicht aber das Recht der Europäischen Gemeinschaft und die allgemeinen Regeln des Völkerrechts. **Gewohnheitsrecht** ist das durch ständige Übung angewandte und von der Überzeugung der Rechtmäßigkeit und Notwendigkeit getragene *(nicht geschriebene, ungesetzte)* Recht.[109] Unter Statuarrecht wird schließlich das von autonomen Verbänden gesetzte Recht verstanden. Hierzu zählen Tarifverträge und Betriebsvereinbarungen.[110]

Ergibt sich aus dem Parteienvortrag, dass **tarifliche Normen** für die Entscheidung erheblich sein können, so haben die Gerichte für Arbeitssachen den Inhalt dieser Rechtsnormen nach den Grundsätzen des § 293 ZPO zu ermitteln.[111] Eine subjektive Beweislast besteht im Anwendungsbereich des § 293 ZPO nicht.[112] Dieses Gebot besteht aber nur für den Inhalt tariflicher Normen, die unmittelbar gelten,[113] nicht jedoch, wenn im Arbeitsvertrag tarifliche Regelungen in Bezug genommen wurden. Im Fall arbeitsvertraglicher Inbezugnahme tariflicher Normen obliegt es der Partei, die sich darauf beruft, den Inhalt solcher Normen vorzutragen. Die Entscheidung über die Einholung von Auskünften der Tarifvertragsparteien zum Zwecke der Tarifauslegung liegt im pflichtgemäßen Ermessen der Tatsachengerichte. Ist eine eindeutige Tarifauslegung nach dem Tarifwortlaut und dem tariflichen Gesamtzusammenhang möglich, besteht keine Veranlassung zur Einholung solcher Auskünfte.[114] Beruft sich eine Prozesspartei im Urteilsverfahren auf eine Norm aus einer Betriebsvereinbarung, muss sie deren wirksames Zustandekommen nicht darlegen. Etwas anderes

---

104 Schilken Rn 475.
105 GMPMG/Prütting § 58 Rn 10.
106 § 293 Satz 1 ZPO.
107 § 293 Satz 2 ZPO; zur Ermittlung ausländischen Rechts vgl. Zöller/Geimer § 293 Rn 20 bis 23.
108 BGH, 21.12.2011 – I ZR 144/09, TranspR 2012, 110, Rn 11.
109 Zöller/Geimer § 293 Rn 5.
110 GMPMG/Prütting § 58 Rn 14.
111 BAG, 29.03.1957 – 1 AZR 208/55.
112 BAG, 09.08.1995 – 6 AZR 1047/94.
113 §§ 4 Abs. 1 und 5 Abs. 4 TVG.
114 BAG, 25.08.1982 – 4 AZR 1064/79.

gilt nur dann, wenn Umstände vorliegen oder von der Gegenpartei behauptet werden, die Zweifel an der wirksamen Entstehung begründen.[115]

3. Erfahrungssätze

50 **Erfahrungssätze** sind von den Tatsachen (Rdn. 46) zu unterscheiden. Es handelt sich dabei um generalisierende Schlussfolgerungen, die aus tatsächlichen Vorgängen aufgrund bestimmter Erfahrungen – allgemeiner Lebenserfahrung oder besondere Sachkunde – gezogen werden. Solche Erfahrungssätze können entweder der Feststellung anderer Tatsachen oder der Subsumtion unter bestimmte Rechtsbegriffe dienen.[116] Von einem »Erfahrungssatz« kann erst dann gesprochen werden, wenn eine Erkenntnis objektiv gesichert ist.[117]

51 Erfahrungssätze können im Beweisverfahren ermittelt werden. Sie sind häufig Grundlage eines Anscheinsbeweises. Bei ihrer Feststellung ist das Gericht nicht auf Anträge der Parteien oder bestimmte Beweismittel angewiesen. Für die Feststellung von Erfahrungssätzen bedarf es keines vorherigen entsprechenden Parteivortrags; sie sind nicht geständnisfähig, aber revisibel.[118] Das Gericht kann sich zur Ermittlung der Erfahrungssätze eines Sachverständigen bedienen, aber auch Erkundigungen aller Art einziehen, da es sich nicht um ein Beweisverfahren *(sog. Freibeweis)* handelt.[119]

V. Arten des Beweises

52 Nach dem geforderten Beweismaß wird zwischen dem **Vollbeweis** *(volle Überzeugung des Gerichts)* und der **Glaubhaftmachung** *(überwiegende Wahrscheinlichkeit, vgl. auch Rdn. 94)* unterschieden.

53 Im Hinblick auf die Art der Beweisführung wird zwischen dem unmittelbaren **Beweis** *(Nachweis tatsächlicher Behauptungen, die sich unmittelbar auf ein Tatbestandsmerkmal der entscheidungserheblichen Norm beziehen)* und dem mittelbaren Beweis *(sog. Indizienbeweis: Nachweis von Behauptungen, die einen Schluss auf ein unmittelbares Tatbestandsmerkmal zulassen)* differenziert.[120]

54 Im Zusammenhang mit der Beweislast ist zwischen Haupt- und Gegenbeweis zu unterscheiden. **Hauptbeweis** ist der Beweis der beweisbelasteten Partei für die Wahrheit der von ihr behaupteten Tatsache. Demgegenüber ist Gegenbeweis die Beweisführung der nicht beweisbelasteten Partei, mit der diese die Behauptung des Gegners – einschließlich des Hauptbeweises – zu widerlegen sucht. Dabei setzt der Hauptbeweis die volle Überzeugung des Gerichts von der Wahrheit der Behauptung voraus. Der Gegenbeweis ist bereits dann geglückt, wenn die Überzeugung des Gerichts von der zu beweisenden Tatsache erschüttert wird; dass sie als unwahr erwiesen wird oder sich auch nur eine zwingende Schlussfolgerung gegen sie ergibt, ist nicht nötig.[121]

55 Vom Gegenbeweis (Rdn. 54) ist der **Beweis des Gegenteils**[122] zu unterscheiden, der Hauptbeweis (vgl. Rdn. 54) ist. Davon ist die Rede, wenn eine gesetzliche Vermutung eingreift, die die Beweislast zuungunsten der gegnerischen Partei verschiebt, indem diese die Unrichtigkeit der Vermutung voll beweisen muss.[123]

---

115 BAG, 20.02.2001 – 1 AZR 233/00, NZA 2001, 903.
116 Schilken Rn 477.
117 BAG, 24.11.1983 – 2 AZR 347/82; BAG, 25.11.1982 – 2 AZR 140/81.
118 GMPMG/Prütting § 58 Rn 17.
119 Schilken Rn 481.
120 GMPMG/Prütting § 58 Rn 6.
121 BGH, 23.03.1983 – IVa ZR 120/81.
122 § 292 Satz 1 ZPO.
123 Schilken Rn 482.

VI. Beweisverfahren

Die zivilprozessuale Beweisaufnahme erfolgt grds. im Rahmen eines förmlichen Verfahrens nach den §§ 355 ff. ZPO, im arbeitsgerichtlichen Verfahren unter Berücksichtigung von § 54 Abs. 1 und 2, § 55 Abs. 4, § 58 und § 83 und unter Beschränkung auf die dort zugelassenen fünf Beweismittel *(Zeugen, Parteivernehmung, Sachverständige, Urkunden und Augenschein)*. Andere Beweismittel sind ausgeschlossen; es gilt der sog. **Strengbeweis**.

56

Der sog. **Freibeweis** ist demgegenüber weder an die genannten Beweismittel noch an ein förmliches Verfahren gebunden; zudem kann er – wie allerdings auch die Strengbeweismittel **mit Ausnahme des Zeugenbeweises – von Amts wegen** erhoben werden. Der Freibeweis ist zulässig bei der Ermittlung fremden Rechts i.S.v. § 293 ZPO, bei der Ermittlung von Erfahrungssätzen[124] und bei den Umständen, die der Amtsprüfung unterliegen *(z.B. Prozess- und Rechtsmittelvoraussetzungen)*. Dabei gilt der sog. Freibeweis lediglich für die Beweiserhebung; dieser senkt nicht die Anforderungen an die richterliche Überzeugung, sondern stellt das Gericht – im Rahmen pflichtgemäßen Ermessens – nur freier bei der Gewinnung der Beweismittel und im Beweisverfahren.[125]

57

VII. Beweismittel

1. Zeuge

Gegenstand der Beweiserhebung durch Zeugenbeweis sind Wahrnehmungen über vergangene Tatsachen und Zustände.[126] Dazu können auch innere Tatsachen in der Person des Zeugen oder einer anderen Person gehören. Zum Bericht über Tatsachen kann auch die Aussage über Äußerungen Dritter *(sog. Zeuge vom Hörensagen)* gehören.[127] Die Vernehmung eines Zeugen, der aus eigener Kenntnis nur Bekundungen Dritter über entscheidungserhebliche Tatsachen wiedergeben kann, ist grds. zulässig. Der Zeuge vom Hörensagen bekundet ein Indiz, dem nicht in jedem Fall von vornherein jede Bedeutung für die Beweiswürdigung abgesprochen werden kann, mag sein Beweiswert i.d.R. auch geringer sein.[128] Das BVerfG hat **mittelbare Beweismittel jedenfalls dann für zulässig gehalten**, wenn der Beweis durch sachnähere Beweismittel unmöglich ist, weil diese z.B. unerreichbar sind. Wann ein grds. vorhandenes Beweismittel rechtsstaatlich unbedenklich als unerreichbar anzusehen ist, z.B. bei Fehlen einer Aussagegenehmigung, ist ebenfalls bereits verfassungsrechtlich geklärt. Der Richter muss bei der freien Beweiswürdigung dann allerdings den geringeren Beweiswert des mittelbaren Beweismittels berücksichtigen.[129] Benennt eine Partei **vorrangig einen mittelbaren Zeugen** vom Hörensagen, weil es dem unmittelbaren Zeugen die Beweisaufnahme nicht zumuten will, erwähnt sie aber auch das unmittelbare Beweismittel, ist davon auszugehen, dass sie sich für den Fall, dass dem Gericht die Aussage des Zeugen vom Hörensagen zum Nachweis nicht ausreiche, die Möglichkeit offenhalten will, den unmittelbaren Zeugen für das behauptete Geschehen zu benennen.[130] Steht dem Tatrichter das einzige unmittelbare Beweismittel nicht zur Verfügung (z.B. ein geschädigtes Kind bei sexuellen Übergriffen) und hat dieser seine Überzeu-

58

---

124 Str., vgl. Schilken Rn 481.
125 BGH, 04.06.1992 – IX ZB 10/92.
126 Vgl. § 414 ZPO.
127 GMPMG/Prütting § 58 Rn 19.
128 BVerfG, 26.05.1981 – 2 BvR 215/81; BVerfG, 21.03.1994 – 1 BvR 1485/93; BGH, 10.05.1984 – III ZR 29/83, NJW 1984, 2039; BAG, 10.05.2005 – 9 AZN 195/05, NZA 2005, 1205 = NJW 2005, 2637 = EzA § 72a ArbGG 1979 Nr. 103, Rn 10; BAG, 10.12.1980 – 5 AZR 18/79; BAG, 20.03.1980 – 3 AZR 926/77; LAG Berlin, 25.01.1988 – 9 Sa 108/87; LAG München, 02.07.1987 – 4 [5] Sa 703/86; LAG Berlin, 23.07.1984 – 12 Sa 34/84; einschränkend LAG Köln, 07.04.1995 – 13 (10) Sa 1244/94; gegen Verwertbarkeit BAG, 08.08.1968 – 2 AZR 348/67; LAG Berlin, 06.06.1977 – 9 Sa 67/76; LAG Berlin, 10.09.1975 – 4 Sa 84/75.
129 BVerfG, 21.03.1994 – 1 BvR 1485/93, für die notarielle Bestätigung der Mitgliedschaft eines Arbeitnehmers in einer Gewerkschaft.
130 BVerfG, 24.10.2007 – 1 BvR 1086/07, BVerfGK 12, 346 = FamRZ 2008, 244, Rn 22.

gung vom Tathergang (etwa sexueller Übergriff) daher nur auf die Bekundungen von Zeugen vom Hörensagen stützen können, durch die ihm frühere Angaben des Kindes vermittelt worden sind, muss der Tatrichter nach der Rechtsprechung des BGH eine besonders sorgfältige und kritische Beweiswürdigung vornehmen. Angesichts der schwierigen Beweissituation ist insbesondere die Aussageentstehung und eine mögliche Beeinflussung der Aussage des Kindes zu überprüfen.[131] Zur Möglichkeit, aus **Opferschutzgesichtspunkten** von der Vernehmung von Zeugen abzusehen und Glaubhaftigkeitsgutachten einzuholen sowie den prozessualen Voraussetzungen siehe Rdn. 82 und zu Glaubhaftigkeitsgutachten Rdn. 66.

Die Frage der Vereinbarkeit der Vernehmung eines Zeugen vom Hörensagen mit dem Grundsatz auf ein faires Verfahren stellt sich allerdings nach der Rechtsprechung des BVerfG dann nicht, wenn ein Notar die **Gewerkschaftsmitgliedschaft** eines Belegschaftsmitglieds bekundet. Ein Zeuge vom Hörensagen gebe – so das BVerfG – die Bekundungen eines dem Gericht und den Beteiligten unbekannt bleibenden Gewährsmannes wieder, ohne die Richtigkeit dieser Bekundungen prüfen zu können. Bei der Feststellung der Gewerkschaftsmitgliedschaft erstelle dagegen ein Notar über eigene, nachgeprüfte Wahrnehmungen, verbunden mit einer eidesstattlichen Versicherung, eine öffentliche Urkunde.[132]

Die Ergebnisse der Beweisaufnahme in einem anderen Verfahren können im Wege des Urkundenbeweises verwertet werden, wenn dies von der beweispflichtigen Partei beantragt wird. Andernfalls müssen die Zeugen erneut vernommen werden. Es verstößt gegen den zivilprozessualen Grundsatz der Unmittelbarkeit der Beweisaufnahme (§ 355 ZPO), wenn ein Gericht Aussagen, die Zeugen vor ihm in einem anderen Verfahren gemacht haben, als gerichtsbekannt verwertet.[133]

59 Durch die Beschränkung auf den Bericht über Tatsachen (vgl. Rdn. 46) unterscheidet sich der Zeuge vom **Sachverständigen**, der Fachwissen zur Beurteilung von Tatsachen zu vermitteln hat. Der **sachverständige Zeuge** ist echter Zeuge, der seine besondere Sachkunde zur Wahrnehmung der bekundeten Tatsachen verwendet hat.[134]

a) Zeugnisfähigkeit

60 Zeugin kann nicht sein, wer im konkreten Prozess als **Partei** zu vernehmen ist. Das Gesetz will grds. jedermanns Tatsachenkenntnis für den Rechtsstreit verwendbar machen. Es nimmt lediglich denjenigen, der z.Zt. der Einvernahme als Partei zu vernehmen ist, von der Zeugnisfähigkeit aus. Alle anderen Personen können Zeugen sein.[135]

b) Zeugenpflichten

61 Jeden Zeugen treffen die **drei Zeugenpflichten** zum *(erzwingbaren)* Erscheinen,[136] zur wahrheitsgemäßen und vollständigen Aussage sowie zur Beeidigung bzw. eidesgleichen Bekräftigung der Aussage, nicht jedoch zur Abgabe schriftlicher Erklärungen i.S.v. § 377 Abs. 3 ZPO. Es handelt sich um die öffentlich-rechtliche Pflicht zur Mitwirkung am Prozess anderer, die nicht durch privatrechtliche Vereinbarungen aufgehoben oder eingeschränkt werden kann.[137] Sie obliegt jeder der deutschen Gerichtsbarkeit unterworfenen Person.

---

131 BGH, 24.10.2007 – 5 StR 468/07, StV 2008, 236.
132 BVerfG, 21.03.1994 – 1 BvR 1485/93, NZA 1994, 891 = NJW 1994, 2347 = EzA § 2 BetrVG 1972 Nr. 14a, Rn 12.
133 BGH, 04.11.2010 – I ZR 190/08, NJW-RR 2011, 569, Rn 10.
134 Vgl. § 414 ZPO.
135 BGH, 13.04.1994 – XII ZR 168/92, NJW-RR 1994, 1143.
136 Vgl. § 380 ZPO.
137 BAG, 27.06.1980 – 7 AZR 508/78.

Ausnahmen von der Zeugnispflicht gibt es u.a. im Hinblick auf die Vernehmung von Richtern und Beamten,[138] von Ministern und Abgeordneten[139] und beim Bestehen von Zeugnisverweigerungsrechten aus persönlichen[140] und aus sachlichen Gründen.[141] 62

Ob diese umfassende Zeugenpflicht der vorkonstitutionellen Zivilprozessordnung nicht bei Kollision mit verfassungsrechtlich begründeten Positionen des Zeugen oder einer Prozesspartei bestimmter Einschränkungen bedarf – ggf. durch verfassungskonforme Auslegung der das Zeugnisverweigerungsrecht betreffenden Normen – ist höchstrichterlich noch nicht abschließend geklärt. Zweifelhaft erscheint insoweit, ob Zeugen *(Gewerkschaftssekretär, Arbeitnehmer, Betriebsratsmitglied)* zur Offenlegung ihrer oder der Gewerkschaftsmitgliedschaft bestimmter Arbeitnehmer verpflichtet sind. Dies kann u.a. bei der Frage des Zugangsrechts der Gewerkschaft zum Betrieb[142] oder der Kostentragungspflicht für Schulungen durch »gewerkschaftsnahe« gemeinnützige Einrichtungen[143] eine Rolle spielen. An verfassungsrechtlichen Positionen kommen in Betracht die Koalitionsfreiheit[144] und das Persönlichkeitsrecht des Arbeitnehmers, aber auch die über den grundrechtlich geschützten Anspruch auf rechtliches Gehör begründete Pflicht zur Erschöpfung der Beweisaufnahme. Entsprechend den Voraussetzungen für ein Beweisverwertungsverbot ist über die **Frage der Verwertbarkeit** stets aufgrund einer Interessen- und Güterabwägung nach den im Einzelfall gegebenen Umständen zu entscheiden,[145] wobei auch die Gewerkschaft im Einzelfall ein Interesse an der Offenlegung der Mitgliedschaft in einer »gegnerischen« Organisation haben kann.[146] 63

Im Zivilprozess trifft den Zeugen die Pflicht zur Eidesleistung bzw. eidesgleichen Bekräftigung.[147] Die Regelungen werden modifiziert durch **§ 58 Abs. 2 Satz 1**, wonach Zeugen und Sachverständige nur beeidigt werden, wenn die Kammer dies im Hinblick auf die Bedeutung des Zeugnisses für die Entscheidung des Rechtsstreits für notwendig erachtet. Im arbeitsgerichtlichen Verfahren ist die Beeidigung zur Herbeiführung einer wahrheitsgemäßen Aussage unzulässig.[148] Verzichten die Parteien auf eine Vereidigung, ist das Gericht hieran gebunden.[149] Eidliche Vernehmungen in der Güteverhandlung sind ausgeschlossen.[150] 64

Nach **§ 58 Abs. 2 Satz 2** ist bei der Anordnung einer schriftlichen Beantwortung der Beweisfrage die eidesstattliche Versicherung ebenfalls nur erforderlich, wenn die Kammer sie für die Entscheidung des Rechtsstreits für notwendig hält. 65

2. Sachverständige

Der **Sachverständige** unterstützt das Gericht bei der Auswertung vorgegebener Tatsachen, indem er aufgrund seines Fachwissens subjektive Wertungen, Schlussfolgerungen und Hypothesen bekundet. Die Feststellung der Tatsachen *(sog. **Anschlusstatsachen**)* obliegt wegen des **Grundsatzes der** 66

---

138 § 376 ZPO.
139 § 382 ZPO.
140 § 383 ZPO.
141 § 384 ZPO.
142 BAG, 25.03.1992 – 7 ABR 65/90, NZA 1993, 154; für das einstweilige Verfügungsverfahren LAG Düsseldorf, 05.12.1988 – 4 TaBV 140/88, NZA 1989, 236.
143 LAG Düsseldorf, 24.01.1997 – 10 TaBV 82/96, n.v., jetzt BAG, 17.06.1998 – 7 ABR 20/97, NZA 1999, 220.
144 BAG, 25.03.1992 – 7 ABR 65/90, NZA 1993, 154: »Die Gewerkschaft muss nicht zur Durchsetzung ihrer Betätigungsrechte im Betrieb ihr dort beschäftigtes Mitglied Risiken in seinem Arbeitsverhältnis aussetzen und dadurch die Koalitionsfreiheit gefährden, obwohl diese zur Wahrheitsfindung nicht erforderlich erscheint.«.
145 Teske Anm. EzA § 2 BetrVG 1972 Nr. 14.
146 BGH, 04.03.1991 – II ZR 90/90.
147 § 390 Abs. 1 ZPO i.V.m. §§ 391, 392, 393, 478 bis 484 ZPO.
148 BAG, 05.11.1992 – 2 AZR 147/92.
149 § 391 ZPO.
150 § 54 Abs. 1 Satz 4.

Beweisunmittelbarkeit[151] dem ArbG. Ausnahmsweise darf das Gericht dem Sachverständigen die Feststellung streitiger Anschlusstatsachen allein überlassen, wenn bereits hierfür die dem Gericht fehlende besondere Sachkunde des Sachverständigen in Anspruch genommen werden muss.[152]

Dem Sachverständigen ist es erlaubt, tatsächliche **Angaben zu sammeln**, soweit er diese als Material für sein Gutachten für erforderlich hält. Er darf insoweit u.a. Urkunden einsehen und Personen befragen.[153] Der Grundsatz der Unmittelbarkeit steht solchen Ermittlungen des Sachverständigen nicht entgegen, weil es sich nicht um eine gerichtliche Beweisaufnahme und auch nicht um einen Ersatz dafür handelt.[154] Erst aus der Sachkunde des Sachverständigen und aus seinen Überlegungen ergibt sich regelmäßig, auf welche Umstände es ankommt. Dadurch dürfen die prozessualen Rechte der Parteien nicht beschnitten werden. Stützt der Sachverständige seine Feststellungen auf auch dem Laien mögliche Feststellungen und bestreitet eine Partei deren Richtigkeit, steht es ihr frei, darüber eine Beweisaufnahme zu beantragen.[155] Bestreiten reicht nicht, wenn nicht zugleich die Vernehmung von Zeugen usw. beantragt wird.[156]

Die Anforderungen an ein **Glaubhaftigkeitsgutachten**, die der BGH insbesondere in seiner Entscheidung vom 30. Juli 1999[157] zusammengefasst hat, finden auch im arbeitsgerichtlichen Verfahren uneingeschränkt Anwendung.

67 Der **sachverständige Zeuge** ist dagegen echter Zeuge, der lediglich die zu bekundenden Tatsachen erst aufgrund seiner besonderen Sachkunde ohne gerichtlichen Auftrag hierzu festgestellt hat. Zum Sachverständigen wird er aber, wenn er aus den derart festgestellten Tatsachen auch noch Wertungen ableitet.

68 Ein **Privatgutachten** ist urkundlich belegter Parteivortrag; seine Verwertung als Sachverständigengutachten ist nur mit Zustimmung beider Parteien zulässig.[158]

3. Augenschein

69 Der Beweis durch **Augenschein** soll dem Gericht die Überzeugung von der Richtigkeit streitiger Behauptungen durch eigene gegenständliche Wahrnehmung vermitteln. **Objekt des Augenscheins** können Personen und Sachen hinsichtlich ihrer Existenz und Substanz sowie hinsichtlich der durch sie ausgelösten Vorgänge sein. Ob die gegenständliche Wahrnehmung ausschließlich optisch oder auch durch Betasten, Beriechen, Anhören oder genussmäßiges Kosten erfolgt, bleibt gleich.[159] Objekte des Augenscheins sind auch Tonbänder, Schallplatten, Datenträger jeglicher Art. Eine dem Gericht vorgelegte Fotografie kann den gegenständlichen Augenschein entbehrlich machen, wenn keine Partei deren Unzulänglichkeit als Beweismittel konkret darlegt.[160]

4. Urkunde

70 **Urkunden** sind die durch Schriftzeichen verkörperten Gedankenäußerungen, die dem Rechtsverkehr zu dienen geeignet sind und den Aussteller erkennen lassen.[161] Die Ablichtung einer Urkunde ist als solche keine Urkunde i.S.d. §§ 415 ff. ZPO. Der Urkundenbeweis kann bei einer Privatur-

---

151 § 58 Abs. 1 Satz 1.
152 BAG, 21.10.1998 – 4 AZR 629/97, NZA 1999, 324; Zöller/Greger § 402 Rn 5.
153 Stein/Jonas/Leipold vor § 402 Rn 18; LAG Berlin-Brandenburg, 20.07.2011 – 26 Sa 1269/10, Rn 78, mit Anmerkung Zimmerling öAT 2012, 18.
154 LAG Berlin-Brandenburg, 20.07.2011 – 26 Sa 1269/10, Rn 78, mit Anm. Zimmerling öAT 2012, 18.
155 Stein/Jonas/Leipold vor § 402 Rn 18.
156 BGH 30.01.1957 – V ZR 186/55, BGHZ 23, 207.
157 1 StR 618/98 – NJW 1999, 2746.
158 BGH, 29.09.1993 – VIII ZR 62/92, NJW-RR 1994, 255.
159 Zöller/Greger § 371 Rn 1.
160 BGH, 23.06.1987 – VI ZR 296/86.
161 GMPMG/Prütting § 58 Rn 28.

kunde ausschließlich durch Vorlegung der Urschrift nach § 420 ZPO angetreten werden.[162] Ein Telefax ist die mittels Datenfernübertragung hergestellte Kopie einer Urkunde *(beim herkömmlichen Faxgerät)* bzw. der Ausdruck einer EDV-Datei *(bei Übermittlung eines Faxes vom Computer durch ein Modem)*; in beiden Fällen liegt keine Urkunde vor.[163] Auch **ausgedruckte EDV-Dateien** sind keine Urkunden, sondern Augenscheinsobjekte, denn hierdurch wird keine originäre menschliche Gedankenäußerung bekundet, sondern nur die Tatsache der Eingabe und Programmierung von Daten.[164] Die Ergebnisse der **Beweisaufnahme in einem anderen Verfahren** können im Wege des Urkundenbeweises verwertet werden, wenn dies von der beweispflichtigen Partei beantragt wird.[165]

Die ZPO unterscheidet zwischen **zwei Arten von Urkunden**, denen eine unterschiedliche formelle Beweiskraft zugeordnet wird: 71
– Öffentliche Urkunden[166] über private oder öffentlich-rechtliche Erklärungen, über behördliche Erklärungen und Entscheidungen und über Vorgänge;
– Privaturkunden.[167]

5. Parteivernehmung

Die **Parteivernehmung**, bei der der Beweisgegenstand der gleiche ist wie beim Zeugenbeweis (vgl. Rdn. 58), ist ein **subsidiäres Beweismittel**, das von der Anhörung der Parteien in der mündlichen Verhandlung zu unterscheiden ist. Die Anhörung der Parteien dient der Beseitigung von Lücken und Unklarheiten im Vortrag. Insoweit handelt es sich lediglich um Prozesserklärungen der Parteien. Erklärungen, die eine Partei abgibt, ohne ausdrücklich als Partei vernommen zu sein,[168] dürfen zwar nicht als Beweismittel verwertet werden. Der Tatrichter ist jedoch nicht gehindert, sie i.R.d. Beweiswürdigung zu verwerten.[169] Die Rechtsprechung des Europäischen Gerichtshofs für Menschenrechte zur Waffengleichheit im Zivilprozess[170] soll für die Rechtsprechung Anlass sein, von § 448 ZPO großzügiger Gebrauch zu machen.[171] Von Bedeutung ist das besonders im Hinblick auf Vier-Augen-Gespräche (dazu auch oben Rdn. 6), bei denen der einen Partei ein Zeuge in der Person des Mitarbeiters zur Seite steht, während die Gegenseite, die selbst die Verhandlungen geführt hat, sich auf keinen Zeugen stützen kann. Dies stellt in einem späteren Gerichtsverfahren eine Benachteiligung dar, die i.R.d. Ermessensentscheidung nach § 448 ZPO berücksichtigt werden kann.[172] Deswegen muss das Gericht aber nicht unbedingt einer Anregung zur Parteivernehmung nachkommen. Denn dem Grundsatz der Waffengleichheit kann auch dadurch genügt werden, dass die durch ihre prozessuale Stellung bei der Aufklärung des Vieraugengesprächs benachteiligte Partei nach § 141 ZPO persönlich angehört wird.[173] Das Gericht ist nicht gehindert, i.R.d. Würdigung des gesamten Inhalts der Verhandlungen und des Ergebnisses der Beweisaufnahme einer Parteierklärung, auch wenn sie außerhalb einer förmlichen Parteivernehmung erfolgt ist, den Vorzug vor 72

---

162 BGH, 21.01.1992 – XI ZR 71/91, NJW 1992, 829.
163 A.A. OLG Köln, 09.01.1991 – 2 U 99/90, NJW 1991, 1774; GMPMG/Prütting § 58 Rn 28.
164 Zöller/Geimer Vor § 415 Rn 2.
165 BGH, 04.11.2010 – I ZR 190/08, NJW-RR 2011, 569, Rn 10.
166 §§ 415, 417, 418 ZPO.
167 § 416 ZPO.
168 §§ 445 ff. ZPO.
169 BGH, 03.12.1991 – VI ZR 48/91.
170 EGMR, 27.10.1993 – 37/1992/382/460, NJW 1995, 1413.
171 Schlosser NJW 1995, 1404; Zwanziger DB 1997, 776.
172 BGH, 16.07.1998 – 1 ZR 32/96; BGH, 19.06.1980 – IVa ZR 11/80, NJW 1999, 363; BGH, 09.10.1997 – IX ZR 269/96, NJW 1998, 306.
173 BGH, 16.07.1998 – I ZR 32/96, NJW 1999, 363; Schöpflin NJW 1996, 2134, 2135 ff.; Wittschier DRiZ 1997, 247, 249.

den Bekundungen eines Zeugen zu geben.[174] Dies folgt aus dem Grundsatz der freien Beweiswürdigung nach § 286 Abs. 1 Satz 1 ZPO.[175]

VIII. Einleitung der Beweiserhebung

73 Die Beweisführung vollzieht sich in zwei Stufen. Im Urteilsverfahren, also im Geltungsbereich des Verhandlungsgrundsatzes, wird ein Beweismittel für eine bestimmte Behauptung *(Beweisthema)* durch Beweisantritt geltend gemacht. Bei ordnungsgemäßem Beweisantritt erfolgt dann für beweisbedürftige Tatsachen die Einleitung der Beweiserhebung durch förmliche *(Beweisbeschluss)* oder formlose gerichtliche Anordnung. Es folgt die **Beweisaufnahme**[176] und deren Auswertung durch die **Beweiswürdigung**.[177]

1. Beweisantritt

a) Beweisantritt bei Augenschein

74 Der Beweis durch Augenschein wird durch die Bezeichnung des Gegenstandes des Augenscheins und durch die Angabe der zu beweisenden Tatsachen angetreten.[178] Ist ein elektronisches Dokument Gegenstand des Beweises, wird der Beweis durch Vorlegen oder Übermitteln der Datei angetreten.[179] Die Einnahme des Augenscheins steht im pflichtgebundenen Ermessen des Gerichts; maßgeblich ist, ob diese Beweiserhebung zur Wahrheitsermittlung erforderlich ist.[180] Die Einnahme des Augenscheins kann von Amts wegen[181] oder auf Antrag erfolgen. Der Beweisantritt setzt voraus, dass die Wahrnehmung ermöglicht wird. Befindet sich der Gegenstand nach der Behauptung des Beweisführers im Besitz eines Dritten, so wird der Beweis außerdem durch den Antrag angetreten, zur Herbeiführung des Gegenstands eine Frist zu setzen oder nach § 144 Abs. 1 Satz 3 ZPO die Vorlegung des Gegenstands anzuordnen.[182]

b) Beweisantritt bei Sachverständigen

75 Beim Sachverständigenbeweis wird der Beweis durch die Bezeichnung der zu begutachtenden Punkte angetreten.[183] Es geht um die Vermittlung von Fachwissen zur Beurteilung von Tatsachen. Das ist eine typische Sachverständigenaufgabe, die von Zeugen grds. nicht bewältigt werden kann.[184] Eigene Sachkunde des Gerichts macht die Einholung eines Sachverständigengutachtens entbehrlich. Ob das Gericht die eigene Sachkunde für ausreichend erachtet, ist seinem Ermessen überlassen, aber im Urteil zu begründen.

c) Beweisantritt bei Urkunden

76 Der Beweis bei Urkunden wird durch die Vorlegung der Urkunde angetreten.[185] Der schriftliche oder mündliche Hinweis auf den Inhalt einer Urkunde ist noch kein Beweisantritt. Die Ablichtung einer Urkunde ist als solche keine Urkunde i.S.d. §§ 415 ff. ZPO. Der Urkundenbeweis kann bei einer Privaturkunde ausschließlich durch Vorlegung der Urschrift nach § 420 ZPO angetreten

---

174 BGH, 08.11.1989 – I ZR 14/88.
175 BGH, 16.07.1998 – I ZR 32/96, NJW 1999, 363; LAG Köln, 16.03.1999 – 13 Sa 1392/98; GMPMG/Prütting § 58 Rn 31.
176 §§ 355 bis 455 ZPO.
177 §§ 286 f. ZPO; Rn 69 bis 77.
178 § 371 Abs. 1 Satz 1 ZPO.
179 § 371 Abs. 1 Satz 2 ZPO.
180 Zöller/Greger § 371 Rn 1.
181 § 144 ZPO.
182 §§ 371 Abs. 2, 144 Abs. 1 Satz 2 ZPO.
183 § 403 ZPO.
184 BGH, 18.03.1993 – IX ZR 198/92, NJW 1993, 1796.
185 § 420 ZPO.

werden.¹⁸⁶ Befindet sich die Urkunde nach der Behauptung des Beweisführers in den Händen des Gegners, so wird der Beweis durch den Antrag angetreten, dem Gegner die Vorlegung der Urkunde aufzugeben.¹⁸⁷ Dabei ist der Gegner zur Vorlegung verpflichtet, wenn der Beweisführer nach den Vorschriften des bürgerlichen Rechts die Herausgabe oder die Vorlegung der Urkunde verlangen kann¹⁸⁸ oder wenn er im Prozess zur Beweisführung auf die Urkunde Bezug genommen hat.¹⁸⁹ Vorlegungsantrag und -anordnung richten sich nach §§ 424, 425 ZPO.

d) Beweisantritt bei Parteivernehmung

Auf Antrag ist die Parteivernehmung nach §§ 445, 447 ZPO zulässig. Die Parteivernehmung ist des Weiteren von Amts wegen nach §§ 287, 448 ZPO anzuordnen *(wegen der gebotenen großzügigen Handhabung vgl. Rdn. 72)*. Der Beweisantritt erfolgt durch Antrag auf Vernehmung des Gegners. 77

e) Beweisantritt bei Zeugen

Der Zeugenbeweis wird nach § 373 ZPO durch die Benennung der Zeugen und die Bezeichnung der Tatsachen, über welche die Vernehmung der Zeugen stattfinden soll, angetreten. Notwendiger Inhalt eines Beweisantrags ist die spezifizierte Bezeichnung der Tatsachen, welche bewiesen werden sollen, wobei als Tatsachen konkrete, nach Zeit und Raum bestimmte, der Vergangenheit oder Gegenwart angehörige Geschehnisse oder Zustände anzusehen sind.¹⁹⁰ Wie konkret die jeweiligen Tatsachenbehauptungen sein müssen, muss unter Berücksichtigung der Wahrheits- und Vollständigkeitspflicht¹⁹¹ anhand der Umstände des Einzelfalls, insb. der Einlassung des Gegners, beurteilt werden. Ein Beweisantritt, dem die ausreichende Bestimmtheit der zu ermittelnden Tatsachen fehlt, ist abzulehnen.¹⁹² Eine Beweisaufnahme zu einem bestrittenen erheblichen Vorbringen darf nicht abgelehnt werden, wenn die Behauptung konkret genug ist, um eine Stellungnahme des Gegners zu ermöglichen und die Erheblichkeit des Vorbringens zu beurteilen.¹⁹³ Die **Angabe näherer Einzelheiten**, die den **Zeitpunkt** und den **Vorgang bestimmter Ereignisse** betreffen, ist **nicht erforderlich, soweit diese Einzelheiten für die Rechtsfolgen nicht von Bedeutung** sind. Solches kann allenfalls dann bedeutsam werden, wenn der Gegenvortrag dazu Anlass bietet. Das bedeutet aber nicht, dass derjenige, der ein Recht beansprucht, schon deshalb, weil der Gegner bestreitet, gezwungen ist, den behaupteten Sachverhalt in allen Einzelheiten wiederzugeben.¹⁹⁴ Zu den **Einzelheiten und zur Abgrenzung zum Ausforschungsbeweis** vgl. Rdn. 32. 78

Der Beweisführer braucht aber in seinen Beweisantritten nicht konkret anzugeben, weshalb die benannten Zeugen in der Lage sein sollen, die in ihr Wissen gestellten Tatsachen zu bekunden. Angaben darüber, wie ein Zeuge die unter Beweis gestellte Tatsache erfahren hat, können grds. nicht verlangt werden, es sei denn, es handelt sich um innere Tatsachen.¹⁹⁵ Aber auch bei inneren Tatsachen, die bei dem Zeugen eingetreten sind, ist dieser zu vernehmen. Für einen Beweisantrag, der innere Tatsachen betrifft, die nicht in dem benannten Zeugen eingetreten sind, genügte es jedoch nicht, ohne weitere Darlegung der Kenntniserlangung des Zeugen von den inneren Tatsachen, diese zu benennen.¹⁹⁶ Beim Indizienbeweis darf und muss der Richter vor der Beweiserhebung prüfen, ob der Beweis schlüssig ist. Hierzu bedarf es der Darlegung, aufgrund welcher Umstände der Zeuge 79

---

186 BGH, 21.01.1992 – XI ZR 71/91, NJW 1992, 829.
187 § 421 ZPO.
188 § 422 ZPO.
189 § 423 ZPO.
190 BAG, 20.09.1989 – 4 AZR 410/89.
191 § 138 Abs. 1 ZPO.
192 BGH, 01.12.1993 – VIII ZR 243/92.
193 BGH, 05.07.1995 – XII ZR 246/93, NJW 1996, 663.
194 BGH, 16.11.2010 – VIII ZR 228/08, Rn 15.
195 BGH, 18.05.1988 – IVa ZR 313/86, NJW-RR 1988, 1087.
196 § 373 ZPO.

Kenntnis von den nicht bei ihm eingetretenen inneren Tatsachen erlangt haben soll. Dieser Anforderung an die Substantiierung des Beweisthemas, wenn ein Zeuge etwas über die bei einem anderen eingetretene innere Tatsache aussagen soll, widerspricht es nicht, dass grds. keine Angabe darüber verlangt werden kann, wie der Zeuge die Tatsache erfahren hat, die in sein Wissen gestellt wird.[197]

2. Ablehnung des Beweisantritts

80 Die **Ablehnung eines Beweisantritts** kommt aus folgenden Gründen in Betracht:[198]
– fehlende Beweisbedürftigkeit;
– verspäteter Beweisantritt;[199]
– berechtigt geltend gemachte Zeugnisverweigerung;[200]
– gesetzliches Beweiserhebungsverbot;
– Ausforschungsverbot;
– Beweisverwertungsverbot;
– vertraglicher Beweismittelausschluss;
– langfristige Unerreichbarkeit des Beweismittels;[201]
– völlige Ungeeignetheit des Beweismittels;[202]
– Beweisaufnahme im Ermessen des Gerichts;[203]
– unzureichender Indizienbeweis.[204]

3. Anordnung der Beweisaufnahme

81 Die Beweisanordnung geschieht formlos in der mündlichen Verhandlung, soweit nicht ein Beweisbeschluss ergehen muss oder kann.[205]

IX. Durchführung der Beweisaufnahme

82 In § 58 Abs. 1 Satz 1 kommt der **Grundsatz der Unmittelbarkeit der Beweisaufnahme** (auch § 355 ZPO) zum Ausdruck. Danach erfolgt die Beweisaufnahme vor der Kammer, soweit sie an Gerichtsstelle möglich ist. Ist dies nicht möglich, kann die Beweisaufnahme dem Vorsitzenden übertragen werden[206] oder im Wege der Rechtshilfe[207] erfolgen. Den Parteien ist gestattet, der Beweisaufnahme beizuwohnen.[208] Dieser Grundsatz wird nicht verletzt durch Vorlage einer beim Notar abgegebenen und urkundlich verwerteten Aussage als Nachweis über das Vertretensein einer Gewerkschaft im Betrieb.[209] Es ist zwar ein das rechtsstaatliche Verfahren beherrschender Grundsatz, dass der Prozessgegner die Möglichkeit haben muss, Kenntnis von allen entscheidungserheblichen Tatsachen zu nehmen und die Angaben der darlegungs- und beweisbelasteten Partei selbst nachzuprüfen. Die Grundsätze des deutschen Zivilverfahrensrechts lassen es i.d.R. nicht zu, die von einer Partei geheim gehaltenen Tatsachen zu deren Gunsten zu verwerten.[210] Eine davon abweichende Beurteilung kann aber ausnahmsweise gerechtfertigt sein, wenn die darlegungs- und beweisbelastete Partei

---

197 BGH, 04.05.1983 – VIII ZR 94/82.
198 Thomas/Putzo § 284 Rn 4 bis 9.
199 §§ 56 Abs. 2, 61a Abs. 5, 67 Abs. 1, § 296 ZPO.
200 §§ 383 bis 384 ZPO.
201 BGH, 29.01.1992 – VIII ZR 202/90.
202 BGH, 12.01.1994 – XII ZR 155/92.
203 § 287 Abs. 1 Satz 2 ZPO.
204 BGH, 10.02.1993 – XII ZR 241/91.
205 § 55 Abs. 4; §§ 358 ff. ZPO.
206 § 58 Abs. 1 Satz 2.
207 § 13.
208 § 357 ZPO.
209 BAG, 25.03.1992 – 7 ABR 65/90, NZA 1993, 154; bestätigt durch BVerfG, 21.03.1994 – 1 BvR 1485/93.
210 BGH, 15.04.1994 – V ZR 286/92.

ein erhebliches rechtliches Interesse an der Geheimhaltung bestimmter innerbetrieblicher Informationen hat und dem Prozessgegner aus der Verwertung der geheim gehaltenen Tatsachen keine unzumutbaren Nachteile erwachsen.[211] Der in § 355 Abs. 1 ZPO normierte Grundsatz besagt, dass die Beweisaufnahme vor dem Prozessgericht zu erfolgen hat und – von den gesetzlich bestimmten Fällen abgesehen – nicht einem Mitglied des Prozessgerichts oder einem anderen Gericht übertragen werden darf. Auch muss das Gericht, soweit es auf die Glaubwürdigkeit eines Zeugen ankommt, in seiner Spruchbesetzung einen persönlichen Eindruck von dem Zeugen gewonnen haben oder auf eine aktenkundige oder der Stellungnahme durch die Parteien zugängliche Beurteilung zurückgreifen. Ein **Verbot indirekter Beweismittel oder ein Gebot der Heranziehung des sachnächsten Beweismittels folgt dagegen aus § 355 Abs. 1 ZPO nicht.** Die beweisbelastete Partei kann den ihr obliegenden Beweis grundsätzlich mit allen in der ZPO vorgesehenen Beweismitteln führen, soweit sie geeignet sind, zur tatrichterlichen Überzeugungsbildung beizutragen. Dazu zählt u.a. die Beibringung einer Privaturkunde.[212]

Ein Grundsatz der »**materiellen**« **Unmittelbarkeit** (wonach nur diejenigen Beweismittel zulässig sind, die ihrem Inhalt nach der erheblichen Tatsache am nächsten stehen) ist weder dem Arbeitsgerichtsgesetz noch der Zivilprozessordnung zu entnehmen.[213] Es steht den Parteien frei, auch bei vorhandenen unmittelbaren Beweismitteln sich auf die Benennung mittelbarer Beweismittel zu beschränken. Ein ggf. geringerer Beweiswert mittelbarer Beweismittel ist im Rahmen der Beweiswürdigung zu berücksichtigen. Der Arbeitgeber kann sich insbesondere aus **Opferschutzgesichtspunkten** (insbesondere bei Sexualdelikten) auf mittelbare Beweismittel beschränken, ggf. auch nur für den Fall, dass das Gericht bereits aufgrund dieser Beweismittel zu dem Ergebnis gelangt, dass seine Behauptungen bewiesen sind.[214] Bei der Vernehmung von Kindern kann mittelbaren Beweismitteln (wie Urkunden und Glaubhaftigkeitsgutachten) ausnahmsweise sogar ein höherer Beweiswert zukommen. Es entspricht heute anerkannten Grundsätzen, dass der Beweiswert kindlicher Aussagen mit der steigenden Anzahl der anwesenden Personen eher abnimmt. Für den Beweiswert kindlicher Vernehmungen ist die Anwesenheit der Eltern, aber auch sonstiger Prozessbeteiligter (des Gerichts, der Prozessvertreter) eher abträglich. Dadurch dürfen die prozessualen Rechte der Parteien nicht beschnitten werden. Sie können die Vernehmung der Kinder ausdrücklich beantragen und deren Vernehmung so erzwingen.[215]

Steht dem Tatrichter das einzige unmittelbare Beweismittel nicht zur Verfügung (z.B. ein geschädigtes Kind bei sexuellen Übergriffen) und hat dieser seine Überzeugung vom Tathergang (etwa sexueller Übergriff) daher nur auf die Bekundungen von **Zeugen vom Hörensagen** stützen können, durch die ihm frühere Angaben des Kindes vermittelt worden sind, muss der Tatrichter nach der Rechtsprechung des BGH eine besonders sorgfältige und kritische Beweiswürdigung vornehmen. Angesichts der schwierigen Beweissituation sind insbesondere die Aussageentstehung und eine mögliche Beeinflussung der Aussage des Kindes zu überprüfen.[216] Die Frage der Vereinbarkeit der Vernehmung eines Zeugen vom Hörensagen mit dem Grundsatz auf ein faires Verfahren stellt sich allerdings nach der Rechtsprechung des BVerfG dann nicht, wenn ein **Notar** die **Gewerkschaftsmitgliedschaft** eines Belegschaftsmitglieds bekundet. Ein Zeuge vom Hörensagen gebe – so das BVerfG – die Bekundungen eines dem Gericht und den Beteiligten unbekannt bleibenden Gewährsmannes wieder, ohne die Richtigkeit dieser Bekundungen prüfen zu können. Bei der

83

---

211 BGH, 18.10.1995 – I ZR 126/93.
212 BAG, 12.01.2000 – 7 AZR 925/98, Rn. 30, NZA 2000, 1345.
213 LAG Berlin-Brandenburg, 20.07.2011 – 26 Sa 1269/10, Rn 125, mit Anm. Zimmerling öAT 2012, 18; Stein/Jonas/Berger § 355 Rn 29.
214 LAG Berlin-Brandenburg, 20.07.2011 – 26 Sa 1269/10, Rn 125, mit Anm. Zimmerling öAT 2012, 18.
215 BGH, 30.01.1957 – V ZR 186/55, BGHZ 23, 207; LAG Berlin-Brandenburg, 20.07.2011 – 26 Sa 1269/10, Rn 124, 78, mit Anm. Zimmerling öAT 2012, 18.
216 BGH, 24.10.2007 – 5 StR 468/07, StV 2008, 236.

Feststellung der Gewerkschaftsmitgliedschaft erstelle dagegen ein Notar über eigene, nachgeprüfte Wahrnehmungen, verbunden mit einer eidesstattlichen Versicherung, eine öffentliche Urkunde.[217]

84 Besondere Bedeutung kommt diesem Gesichtspunkt durch das nun in Kraft getretene Gesetz zur Tarifeinheit (**Tarifeinheitsgesetz**) zu. Durch Art. 2 des Tarifeinheitsgesetzes ist § 58 um Abs. 3 ergänzt worden. Hintergrund ist, dass der in das Tarifvertragsgesetz aufgrund des Tarifeinheitsgesetzes neu eingefügte § 4a TVG vorsieht, dass dann, wenn ein Arbeitgeber nach § 3 TVG an mehrere Tarifverträge unterschiedlicher Gewerkschaften gebunden ist und soweit sich die Geltungsbereiche nicht inhaltsgleicher Tarifverträge verschiedener Gewerkschaften überschneiden (kollidierende Tarifverträge), im Betrieb nur die Rechtsnormen des Tarifvertrags derjenigen Gewerkschaft anwendbar sind, die im Betrieb die meisten in einem Arbeitsverhältnis stehenden Mitglieder hat. In der Gesetzesbegründung[218] wird zutreffend darauf hingewiesen, »dass sich die Parteien bereits nach geltendem Recht – auch bei vorhandenen unmittelbaren Beweismitteln – auf die Benennung mittelbarer Beweismittel beschränken können. Der neue Absatz 3 stelle klar, dass zur Beweisführung eine notarielle Erklärung – im Wege des Urkundenbeweises nach § 415 der Zivilprozessordnung (ZPO) – verwertet werden könne. Dies sei insbesondere auch möglich zum Nachweis der Zahl der in einem Arbeitsverhältnis stehenden Mitglieder einer Gewerkschaft in einem Betrieb in Verfahren nach § 2a Absatz 1 Nummer 6 und zum Nachweis des Vertretenseins einer Gewerkschaft in einem Betrieb nach § 2 Absatz 2 BetrVG«, so der Gesetzesentwurf unter Bezugnahme auf die Entscheidungen des BAG vom 25. März 1992 (7 ABR 65/90) und des BVerfG vom 21. März 1994 (1 BvR 1485/93). Der neue Absatz 3 sei zudem ausdrücklich nicht auf Verfahren nach § 2a Abs. 1 Nr. 6 ArbGG beschränkt worden. Die Beweisführung über eine notarielle Erklärung stelle sicher, dass die Gewerkschaft die Namen ihrer im Betrieb des Arbeitgebers beschäftigten Arbeitnehmerinnen und Arbeitnehmer in diesem Rahmen nicht nennen müsse. Gewerkschaftlich organisierte Arbeitnehmerinnen und Arbeitnehmer würden damit in ihrer verfassungsrechtlich geschützten Rechtsposition aus Art. 9 Abs. 3 GG sowie ihrem Recht auf informationelle Selbstbestimmung aus Art. 1 Abs. 1, Art. 2 Abs. 1 GG geschützt. Auch der Notar habe über die Identität von Gewerkschaftsmitgliedern und Nichtgewerkschaftsmitgliedern Stillschweigen zu bewahren. Dies resultiert aus seiner in § 18 Abs. 1 BNotO normierten Verschwiegenheitspflicht. Die sonstigen Beweismittel blieben von der Neuregelung unberührt.

85 Die **Ergebnisse der Beweisaufnahme in einem anderen Verfahren** können im Wege des **Urkundenbeweises** verwertet werden, wenn dies von der beweispflichtigen Partei beantragt wird. Andernfalls müssen die Zeugen erneut vernommen werden. Es verstößt gegen den zivilprozessualen Grundsatz der Unmittelbarkeit der Beweisaufnahme (§ 355 ZPO), wenn ein Gericht Aussagen, die Zeugen vor ihm in einem anderen Verfahren gemacht haben, als gerichtsbekannt verwertet.[219]

86 Erstreckt sich eine Beweisaufnahme über mehrere Termine, ist es unschädlich, wenn ein **Wechsel auf der Richterbank** stattfindet. Dem Grundsatz der Unmittelbarkeit der Beweisaufnahme steht das grundsätzlich nicht entgegen.[220] Nach § 39 ArbGG sind im arbeitsgerichtlichen Verfahren die ehrenamtlichen Richter zu den Sitzungen nach der Reihenfolge einer Liste heranzuziehen, die der Vorsitzende vor Beginn des Geschäftsjahres oder vor Beginn der Amtszeit neu berufener ehrenamtlicher Richter gemäß § 38 Satz 2 ArbGG aufgestellt hat. Hiervon darf nach der Rechtsprechung des BAG grundsätzlich nicht abgewichen werden. Wird im Falle der Vertagung die Besetzung des Gerichts beibehalten, liegt aber eine Abweichung von der Liste vor.[221] Im **Geschäftsverteilungsplan** kann eine hiervon abweichende Regelung getroffen werden. Es kann darin z.B. vorgesehen werden, dass ehrenamtliche Richterinnen ab dem Beginn einer Beweisaufnahme an allen weiteren

---

217 BVerfG, 21.03.1994 – 1 BvR 1485/93, NZA 1994, 891 = NJW 1994, 2347 = EzA § 2 BetrVG 1972 Nr. 14a.
218 BT-Drucks. 18/4062, S. 16.
219 BGH, 04.11.2010 – I ZR 190/08, NJW-RR 2011, 569.
220 BFH, 01.04.2015 – V B 63/14, Rn 7.
221 BAG, 26.09.1996 – 8 AZR 126/95, Rn 23.

Verhandlungsterminen teilnehmen. Es kann auch vorgesehen werden, dass dann bei Verhinderung ehrenamtlicher Richter an der Wahrnehmung einer Sitzung, eines Fortsetzungstermins oder eines für diesen anberaumten Ersatztermins der festgelegten Reihenfolge nach noch nicht zu nachfolgenden Sitzungen eingeteilte ehrenamtliche Richter heranzuziehen sind. Für die Anzeige einer Verhinderung durch den ehrenamtlichen Richter oder die ehrenamtliche Richterin ist deren förmliche Ladung nicht erforderlich.[222]

Die Beurteilung des Zeugen setzt aber nach den Grundsätzen der freien Beweiswürdigung (§ 286 ZPO) und der Unmittelbarkeit der Beweisaufnahme voraus, dass sie – wenn sie nicht auf der Wahrnehmung aller an der Entscheidung beteiligten Richter beruht – **aktenkundig** ist und die Parteien sich dazu erklären konnten.[223]

87

X. Selbstständiges Beweisverfahren

Während oder außerhalb eines Streitverfahrens kann auf Antrag einer Partei die Einnahme des Augenscheins, die Vernehmung von Zeugen oder die Begutachtung durch einen Sachverständigen angeordnet werden, wenn der Gegner zustimmt oder zu besorgen ist, dass das Beweismittel verloren geht oder seine Benutzung erschwert erscheint. Das selbstständige Beweisverfahren ist in §§ 485 bis 494a ZPO geregelt. Es kann auch dem Betriebsrat im Beschlussverfahren zugutekommen.[224]

88

XI. Beweiswürdigung

1. Grundsatz

Das Gericht hat unter Berücksichtigung des gesamten Inhalts der Verhandlungen und des Ergebnisses einer etwaigen Beweisaufnahme nach freier Überzeugung zu entscheiden, ob eine tatsächliche Behauptung für wahr oder für nicht wahr zu erachten sei.[225] Grundlage der Beweiswürdigung sind damit Vorbringen, Handlungen, Unterlassungen sowie persönlicher Eindruck von den Prozessbeteiligten und ihrer Vertreter einschließlich der Beweisaufnahme. Im Urteil sind die Gründe anzugeben, die für die richterliche Überzeugung leitend gewesen sind.[226]

89

Bei der Beurteilung einer Zeugenaussage ist zwischen der auf die Sachdarstellung bezogenen **Glaubhaftigkeit** und der sich auf die Persönlichkeit des Zeugen beziehenden **Glaubwürdigkeit** zu unterscheiden.[227] Die Annahme, ein Zeuge habe aus persönlicher Verbundenheit mit der sie benennenden Partei die Unwahrheit gesagt, setzt voraus, dass sich das erkennende Gericht entweder in seiner Spruchbesetzung einen persönlichen Eindruck verschafft oder auf eine aktenkundige Beurteilung zurückgreifen kann, zu der sich die Parteien erklären konnten (ausführlich s. Rdn. 86).[228]

90

Auch die Gutachten von Sachverständigen unterliegen der freien Beweiswürdigung durch das Gericht.[229] Dieser Grundsatz wird für das Gebiet der **Schriftgutachten** durch den mit § 286 ZPO inhaltsgleichen § 442 ZPO ausdrücklich bestätigt. Das Gericht hat die Gutachten gerichtlich bestellter Sachverständiger sorgfältig und kritisch zu würdigen. Will es von einem Gutachten abweichen, muss es seine abweichende Überzeugung begründen und diese Begründung muss erkennen lassen, dass die abweichende Beurteilung nicht durch einen Mangel an Sachkunde beeinflusst ist.[230] Bei etwaigen Widersprüchen und **Diskrepanzen zwischen mehreren Gutachten** muss das Gericht von Amts wegen versuchen aufzuklären, von welchen Grundlagen und von welchen Wertungen

91

---

222 BAG, 21.09.2011 – 5 AZR 629/10, Rn 19.
223 BGH, 06.10.1994 – III ZR 86/93, Rn 17; BGH, 30.01.1990 – XI ZR 162/89, Rn 8.
224 BAG, 05.10.2000 – 1 ABR 52/99, AP § 23 BetrVG 1972 Nr. 35.
225 § 286 Abs. 1 Satz 1 ZPO.
226 § 286 Abs. 1 Satz 2 ZPO.
227 BGH, 13.03.1991 – IV ZR 74/90, NJW 1991, 3284.
228 BGH, 03.05.1995 – XI ZR 236/94, NJW-RR 1995, 1210.
229 § 286 ZPO.
230 BGH, 21.05.1982 – III ZR 201/80.

die Sachverständigen ausgehen. Nur wenn die Widersprüche sich auf diese Weise nicht aufklären lassen, ist es befugt, die widerstreitenden Gutachten im Rahmen einer Beweiswürdigung zu werten. Diese Grundsätze gelten auch bei Widersprüchen zwischen Gutachten von gerichtlich bestellten Sachverständigen und Privatgutachtern.[231]

92 Das Gericht ist grds. darin frei, welche Beweiskraft es den Indizien im Einzelnen und in einer Gesamtschau für die Überzeugungsbildung beimisst. Es hat jedoch die wesentlichen Gesichtspunkte für seine Überzeugungsbildung nachvollziehbar darzulegen. Ein Verstoß **gegen Denkgesetze** liegt u.a. vor, wenn das Gericht die Ambivalenz der Indiztatsachen nicht erkennt oder ihnen Indizwirkungen zuerkennt, die sie nicht haben können.[232]

2. Beweismaß

93 Soweit nach § 286 ZPO zu beurteilen ist, ob eine Behauptung »wahr« ist, kommt es auf die »**freie Überzeugung**« des Gerichts an. Diese Überzeugung von der Wahrheit erfordert keine absolute oder unumstößliche Gewissheit, da eine solche nicht zu erreichen ist. Das Gericht darf also nicht darauf abstellen, ob jeder Zweifel und jede Möglichkeit des Gegenteils ausgeschlossen ist. Es genügt vielmehr ein für das praktische Leben brauchbarer Grad von Gewissheit, der den Zweifeln Schweigen gebietet, ohne sie völlig auszuschließen.[233]

94 **Glaubhaftmachung** ist demgegenüber eine Beweisführung, die dem Gericht einen geringeren Grad an Wahrscheinlichkeit vermitteln soll. Wer eine tatsächliche Behauptung glaubhaft zu machen hat, kann sich aller Beweismittel bedienen und auch zur Versicherung an Eides statt zugelassen werden.[234] Eine Beweisaufnahme, die nicht sofort erfolgen kann, ist unstatthaft.[235] Glaubhaftmachung ist nur zulässig, wo das Gesetz sie anordnet.[236]

3. Gesetzliche Beweisregeln

95 An gesetzliche Beweisregeln ist das Gericht nur in den durch die ZPO bezeichneten Fällen gebunden.[237] Solche Beweisregeln finden sich in folgenden Vorschriften:
– §§ 415 bis 418 ZPO: Beweiskraft von Urkunden;
– § 165 ZPO: Beweiskraft des Protokolls;
– § 195 Abs. 2 ZPO: Nachweis der Zustellung von Anwalt zu Anwalt;
– § 183 Abs. 4 ZPO: Nachweis der Auslandszustellung;
– § 314 ZPO: Beweiskraft des Tatbestands.

4. Schadensschätzung

96 Nach § 287 Abs. 1 ZPO entscheidet das Gericht über die streitigen Fragen, ob ein Schaden entstanden sei und wie hoch sich der Schaden oder ein zu ersetzendes Interesse belaufe, unter Würdigung aller Umstände nach freier Überzeugung.[238] Ob und inwieweit eine beantragte Beweisaufnahme oder von Amts wegen die Begutachtung durch Sachverständige anzuordnen sei, bleibt dem Ermessen des Gerichts überlassen.[239] Das Gericht kann den Beweisführer über den Schaden oder das Interesse vernehmen.[240] Entsprechendes gilt für vermögensrechtliche Streitigkeiten, soweit unter

---

231 BGH, 25.03.1993 – VII ZR 280/91, NJW-RR 1993, 1022.
232 BGH, 22.01.1991 – VI ZR 97/90.
233 BGH, 14.12.1993 – VI ZR 221/92, NJW-RR 1994, 567.
234 § 294 Abs. 1 ZPO.
235 § 294 Abs. 2 ZPO.
236 Z.B. § 24 Abs. 1 Nr. 5, § 64 Abs. 5, § 67 Abs. 1 Satz 2.
237 § 286 Abs. 2 ZPO.
238 § 287 Abs. 1 Satz 1 ZPO.
239 § 287 Abs. 1 Satz 2 ZPO.
240 § 287 Abs. 1 Satz 3 ZPO.

den Parteien die Höhe einer Forderung streitig ist und die vollständige Aufklärung aller hierfür maßgebenden Umstände mit Schwierigkeiten verbunden ist, die zu der Bedeutung des streitigen Teils der Forderung in keinem Verhältnis stehen.[241]

Eine **Substantiierung** der klagebegründenden Tatsachen kann vom Beweisführer i.R.d. § 287 ZPO nicht in gleicher Weise gefordert werden wie hinsichtlich anderer tatsächlicher Fragen. Die Klage darf daher nicht wegen lückenhaften Vortrags zur Schadensentstehung und Schadenshöhe abgewiesen werden, solange greifbare Anhaltspunkte für eine Schadensschätzung vorhanden sind. Inwieweit die Schätzung eines Schadens nach **§ 287 ZPO** möglich ist, hat das Gericht nach pflichtgemäßem Ermessen zu beurteilen. Mit der Einräumung der Befugnis, die Höhe des Schadens zu schätzen, nimmt das Gesetz in Kauf, dass das Ergebnis der Abschätzung mit der Wirklichkeit vielfach nicht übereinstimmt; die Schätzung soll allerdings möglichst nahe an diese heranführen. Um der Beweisnot des Geschädigten abzuhelfen, hat das Gericht den Schaden zu schätzen, wenn und soweit die festgestellten Umstände hierfür noch eine genügende Grundlage abgeben; das Gericht muss allerdings von einer Schätzung absehen, wenn diese mangels greifbarer Anhaltspunkte völlig in der Luft hängen würde.[242] **§ 287 ZPO erleichtert** dem Geschädigten nicht nur die Beweisführung, sondern auch die **Darlegungslast**.[243] Wenn durch Schadensschätzung der Sachverhalt nicht vollen Umfangs erschöpft wird, ist zu prüfen, in welchem Umfang dieser eine hinreichende Grundlage für die Schätzung zumindest eines in jedem Fall eingetretenen **Mindestschadens** bietet.[244] Das Gericht ist bei der Schadensfeststellung freier gestellt. Im Unterschied zu den strengen Anforderungen des § 286 Abs. 1 ZPO, die für den Beweis der haftungsbegründenden Kausalität gelten, reicht bei der Entscheidung über die Schadenshöhe eine erhebliche, auf gesicherter Grundlage beruhende Wahrscheinlichkeit für die richterliche Überzeugungsbildung aus. Bei seiner Entscheidung nach § 287 Abs. 1 ZPO hat das Gericht die **Beweiserleichterung des § 252 Satz 2 BGB** zu berücksichtigen. Danach gilt als entgangen der Gewinn, welcher nach dem gewöhnlichen Lauf der Dinge oder nach den besonderen Umständen, insb. nach den getroffenen Anstalten und Vorkehrungen, mit Wahrscheinlichkeit erwartet werden konnte. Unter diesen Voraussetzungen wird vermutet, dass ein Gewinn gemacht worden wäre; eine volle Gewissheit ist nicht erforderlich. Diese Beweiserleichterung mindert auch die Darlegungslast des Geschädigten, der die Tatsachen, die seine Gewinnerwartung wahrscheinlich machen sollen, im Einzelnen vorgetragen und notfalls beweisen muss.[245] Das Gericht muss die schätzungsbegründenden Tatsachen feststellen und selbst nicht vorgetragene Tatsachen nach freiem Ermessen berücksichtigen.[246]

5. Beweisvereitelung

Die ZPO trifft keine allgemeine Regelung für Beweisvereitelungen. Es finden sich jedoch vereinzelt Normen, die einen Sachverhalt erfassen, der als Beweisvereitelung bezeichnet werden kann.[247] Auf der Grundlage dieser Einzelfallregelungen und des § 242 BGB verwenden Rechtsprechung und Literatur den **Begriff der Beweisvereitelung** allgemein in Fällen, in denen jemand seinem beweispflichtigen Gegner die Beweisführung schuldhaft unmöglich macht. Dies kann während eines Prozesses oder vorprozessual geschehen durch gezielte oder fahrlässige Handlungen, mit denen bereits vorhandene Beweismittel vernichtet oder vorenthalten werden. Weigert sich ein Prozessbeteiligter z.B. seine Ärzte von der **Schweigepflicht zu entbinden**, und macht er der beweispflichtigen Gegenpartei die Beweisführung unmöglich, kann das als Beweisvereitelung im Rahmen der Beweiswürdigung zu berücksichtigen sein.[248] Die **Entbindung von der Schweigepflicht** kann dem Zeugen, der

---

241 § 287 Abs. 2 ZPO.
242 BGH, 22.10.1987 – III ZR 197/86, NJW-RR 1988, 410.
243 BGH, 18.02.1992 – VI ZR 367/90.
244 BGH, 12.10.1993 – X ZR 65/92.
245 BGH, 09.04.1992 – IX ZR 104/91.
246 BGH, 23.10.1991 – XII ZR 144/90, NJW-RR 1992, 202.
247 Vgl. §§ 427, 441 Abs. 3 Satz 3, 444, 453 Abs. 2, 454 Abs. 1 ZPO.
248 BAG, 08.05.2014 – 2 AZR 75/13, Rn 31.

Gegenpartei oder dem Gericht gegenüber erklärt werden. Da es sich bei den Daten, die der Schweigepflicht unterliegen, um geheim zu haltende Angelegenheiten höchstpersönlicher Art handelt, muss in jedem Fall sichergestellt sein, dass die Entbindung von dem Rechtsträger selbst stammt. Das schließt nicht aus, dass die Erklärung nach außen durch einen Prozessbevollmächtigten erfolgen oder schon in der Benennung einer der in § 383 Abs. 1 Nr. 6 ZPO bezeichneten Personen als Zeuge zu sehen sein kann. In Zweifelsfällen hat das Gericht zu klären, ob die Erklärung von der Partei selbst getragen wird oder ohne entsprechendes Einverständnis abgegeben worden ist.[249] Eine Beweisvereitelung kann auch ein zumindest **fahrlässiges Unterlassen einer Aufklärung** bei bereits eingetretenem Schadensereignis sein, wenn damit Beweismittel nicht geschaffen werden, obwohl die spätere Notwendigkeit einer Beweisführung dem Aufklärungspflichtigen bereits erkennbar sein musste.[250] Trägt ein **sekundär Darlegungspflichtiger** ausreichend vor, benennt aber keine Beweismittel, so kann dies vom Tatsachengericht zwar nicht als Verletzung der sekundären Darlegungslast nach § 138 ZPO, wohl aber nach § 286 ZPO u.U. als Beweisvereitelung berücksichtigt werden. Benennt der sekundär Darlegungspflichtige dagegen Beweismittel, etwa auch Zeugen, so kann der primär Darlegungspflichtige sich der vom Gegner benannten Beweismittel bedienen. Auf diese Möglichkeit ist der primär Darlegungspflichtige nach § 139 ZPO hinzuweisen, wenn er sie erkennbar übersehen hat.[251]

99 Für Fälle solcher Beweisvereitelungen wird in der Rechtsprechung nicht eine einheitliche **Sanktion** angewandt. Teilweise findet das beweisvereitelnde Verhalten der Partei Eingang in die Beweiswürdigung, teilweise wird daran die Umkehr der Beweislast geknüpft. In Fällen einer Dokumentationspflichtverletzung lässt der BGH Beweiserleichterungen zu, die aber nur dann bis zur Umkehr der Beweislast gehen können, wenn dem Geschädigten nach tatrichterlichem Ermessen die auch nur teilweise Beweisführungslast für ein pflichtwidriges Verhalten des Gegners angesichts eines von diesem verschuldeten Aufklärungshindernisses billigerweise nicht mehr zugemutet werden kann.[252] Nur ein vorwerfbares, missbilligenswertes Verhalten vermag den mit beweisrechtlichen Nachteilen verbundenen Vorwurf der Beweisvereitelung zu tragen.[253] Eine Beweislastumkehr ist in entsprechender Anwendung des § 444 ZPO auch möglich bei nur fahrlässiger Beweisvereitelung. Voraussetzung ist nur, dass für denjenigen, der einen Gegenstand vernichtet oder vernichten lässt, der später als Beweismittel in Betracht kommt, bereits vor der Vernichtung erkennbar ist, dass dieser einmal eine Beweisfunktion haben kann.[254]

6. Anscheinsbeweis

100 Der Anscheinsbeweis ist bei typischen Geschehensabläufen anwendbar zum Nachweis des ursächlichen Zusammenhangs und des Verschuldens. Der Anscheinsbeweis führt zu einer Erleichterung der Beweisführung. Eine solche Beweiserleichterung setzt voraus, dass ein bestimmter Lebenssachverhalt besteht, der nach der allgemeinen Lebenserfahrung auf eine bestimmte Ursache oder einen bestimmten Ablauf als maßgeblich für den Eintritt eines bestimmten Erfolgs hinweist. Bei derartig typischen Geschehensabläufen kann von der feststehenden Ursache auf einen bestimmten Erfolg oder umgekehrt von einem feststehenden Erfolg auf eine bestimmte Ursache geschlossen werden.[255] Der Anscheinsbeweis erlaubt es also, in solchen Fällen aufgrund einer bestimmten Wirkung eine bestimmte Ursache und umgekehrt sowie das Verschulden beteiligter Personen als erwiesen anzusehen. Er setzt jedoch voraus, dass ein Tatbestand feststeht, bei dem der behauptete ursächliche Zusammenhang oder das behauptete Verschulden **typischerweise** gegeben ist, beruht also auf der Auswertung von Wahrscheinlichkeiten, die aufgrund der Lebenserfahrung anzunehmen sind. Es

---

249 BAG, 08.05.2014 – 2 AZR 75/13, Rn 33.
250 Für Einzelfallwürdigung GMPMG/Prütting § 58 Rn 70.
251 BAG, 26.06.2008 – 2 AZR 264/07, Rn 28.
252 BGH, 28.11.2000 – X ZR 194/97; BGH, 15.11.1984 – IX ZR 157/83.
253 BGH, 26.09.1996 – III ZR 56/96, NJW-RR 1996, 1534.
254 BGH, 01.02.1994 – VI ZR 65/93.
255 BAG, 06.06.2007 – 4 AZR 573/06, AP Nr. 37 zu § 1 TVG Tarifverträge: Lufthansa, Rn 24.

muss sich also um ein Geschehen gehandelt haben, bei dem die Regeln des Lebens und die Erfahrung des Üblichen und Gewöhnlichen dem Richter die Überzeugung[256] vermitteln, dass auch in dem von ihm zu entscheidenden Fall der Ursachenverlauf so gewesen ist wie in den vergleichbaren Fällen.[257]

Die Anwendung der **Grundsätze über den Beweis des ersten Anscheins bei der Kausalitätsfeststellung** ist immer dann geboten, wenn das Schadensereignis nach allgemeiner Lebenserfahrung eine typische Folge der Pflichtverletzung darstellt. Diese Voraussetzungen hat die Rechtsprechung i.d.R. bei der Verletzung von Schutzgesetzen i.S.d. § 823 Abs. 2 BGB bejaht. Hat der vom Verletzten in Anspruch Genommene gegen ein Schutzgesetz verstoßen, das typischen Gefährdungsmöglichkeiten entgegenwirken soll, und ist im Zusammenhang mit dem Verstoß gerade derjenige Schaden eingetreten, der mithilfe des Schutzgesetzes verhindert werden sollte, so spricht grds. der Beweis des ersten Anscheins dafür, dass der Verstoß für den Schadenseintritt ursächlich gewesen ist. Ebenso ist der Anscheinsbeweis nach ständiger Rechtsprechung bei Verstößen gegen Unfallverhütungsvorschriften gerechtfertigt, wenn sich in dem Unfall gerade die Gefahr verwirklicht hat, zu dessen Verhinderung die Vorschriften erlassen worden sind. Aus den gleichen Erwägungen ist die Anwendung des Anscheinsbeweises auch bei der Verletzung von Verkehrssicherungspflichten geboten, die wie Schutzgesetze und Unfallverhütungsvorschriften durch genaue Verhaltensanweisungen typischen Gefährdungen entgegenwirken sollen, wenn sich in dem Schadensereignis gerade diejenige Gefahr verwirklicht, der durch die Auferlegung der konkreten Verhaltenspflichten begegnet werden sollte. Denn auch solche Verkehrssicherungspflichten beruhen auf einer Erfahrenstypik, die die Feststellung rechtfertigt, dass sich die Gefahr, der sie entgegensteuern sollen, bei pflichtgemäßem Verhalten nicht verwirklicht.[258]

101

Die beweisbelastete Partei muss beim Anscheinsbeweis nur den eingetretenen Erfolg streng beweisen, der nach der Lebenserfahrung regelmäßig auf eine bestimmte *(behauptete)* Ursache hinweist. Die Gegenpartei kann die Überzeugung des Gerichts erschüttern, indem sie konkrete Tatsachen behauptet und nötigenfalls beweist, aus denen sich die ernsthafte Möglichkeit eines vom Gewöhnlichen abweichenden Verlaufs, einer anderen Ursache ergibt. Die Erschütterung des Anscheinsbeweises kann die beweisbelastete Partei ihrerseits beseitigen, indem sie für ihre Behauptung nunmehr vollen Beweis erbringt.

102

Ein Anscheinsbeweis führt nicht zur Umkehr der Darlegungs- und Beweislast, sondern nur zur **Erleichterung der Beweisführung**. Er ist nicht etwa eine andere Beweisart, sondern fällt in das Gebiet der Erfahrungssätze und der Beweiswürdigung. Der Beweispflichtige braucht beim Anscheinsbeweis nur die Tatsachen darzulegen und zu beweisen, aus denen sich nach der Lebenserfahrung die genannten Folgerungen (Rdn. 100 f.) ziehen lassen. Die Gegenseite kann den Anscheinsbeweis indessen erschüttern, indem sie Tatsachen behauptet und ggf. beweist, aus denen sich die ernsthafte Möglichkeit eines anderweitigen, nicht typischen Geschehensverlaufs ergibt. Gelingt der Gegenseite der Nachweis der ernsthaften Möglichkeit eines atypischen Geschehensablaufs, so kann sich der Beweispflichtige auf den Ablauf des Geschehens nach der Lebenserfahrung nicht mehr berufen, sondern muss nun seinerseits der ihn treffenden Darlegungs- und Beweislast vollen Umfangs nachkommen. Welche Tatsachen zur Erschütterung des typischen Geschehensablaufs genügen, ist Sache der tatrichterlichen Beweiswürdigung.[259]

103

Als **Beispiele der Rechtsprechung zum Anscheinsbeweis** lassen sich anführen:
– BAG, 16.11.1995 – 8 AZR 983/94: Es gibt keinen allgemeinen Erfahrungssatz, dass bei leitenden Angestellten allein das Fehlen eines Zeugnisses für erfolglose Bewerbungen um einen anderen Arbeitsplatz ursächlich gewesen ist.

104

---

256 § 286 ZPO.
257 BAG, 18.01.1995 – 5 AZR 817/93; BGH, 17.02.1988 – IVa ZR 277/86, NJW-RR 1988, 789.
258 BGH, 14.12.1993 – VI ZR 221/92.
259 BAG, 18.01.1995 – 5 AZR 817/93.

- OLG Köln, 17.02.1995 – 19 W 38/94: Wenn es entgegen der erklärten Absicht nicht zur Einstellung des Betriebs kommt, so spricht eine tatsächliche Vermutung dagegen, dass eine **ernsthafte und endgültige Stilllegungsabsicht** bestanden hat. Dann muss der Dienstberechtigte substanziiert darlegen, welche konkreten und schon greifbaren Planungen bestanden.
- BAG, 26.05.2009 – 3 AZR 797/07, NZA 2009, 1279 = EzTöD 100 § 25 TVöD-AT Nr. 11, Rn 29; 18.01.1995 – 5 AZR 817/93: Voraussetzungen des Anscheinsbeweises bei **Wegfall der Bereicherung** im Zusammenhang mit Entgeltüberzahlung.[260]
- BAG, 22.09.1994 – 2 AZR 31/94: Kein Anschein einer bewussten Irreführung bei **Falschinformation des Betriebsrats** durch den Arbeitgeber über Kündigungsgründe.
- BAG, 26.01.2005 – 10 AZR 215/04, EzA § 611 BGB 2002 Gratifikation, Prämie Nr. 14, Rn 17: Anschein für Vorliegen **Allgemeiner Geschäftsbedingungen** bei einem gedruckten oder sonst vervielfältigten Klauselwerk.
- BAG, 14.01.2009 – 3 AZR 71/07, EzTöD 100 § 3 TVöD-AT Schadensersatzpflicht Arbeitgeber Nr. 7 = AP Nr. 7 zu § 1 BetrAVG Auskunft, Rn 49 m.w.N.: offen gelassen, ob es sich bei der »**Vermutung**« **aufklärungsrichtigen Verhaltens** um eine Umkehr der Beweislast oder einen Beweis des ersten Anscheins handelt.
- BAG, 27.08.2008 – 4 AZR 484/07, NZA-RR 2009, 264 = ZTR 2009, 211, Rn 26: (**Eingruppierung**) Es gibt bereits keinen Ursachenzusammenhang zwischen der Ausweisung einer Stelle in einem Stellenplan und der für die Vergütung maßgeblichen tariflichen Wertigkeit der Tätigkeit. Der Inhalt eines Stellenplans ist eingruppierungsrechtlich bedeutungslos. Gleiches gilt für die Einschätzung eines Vorgesetzten des Beschäftigten.
- BAG, 16.05.2007 – 8 AZR 709/06, NZA 2007, 1154 = EzA § 611 BGB 2002 Persönlichkeitsrecht Nr. 6, Rn 95: (**Mobbing**) Treten in zeitlichem Zusammenhang mit feststehenden Persönlichkeitsrechtsverletzungen bei dem betroffenen Arbeitnehmer Erkrankungen auf, spricht jedenfalls ein starkes Indiz für die Kausalität.
- BAG, 20.04.2005 – 7 ABR 14/04, NZA 2005, 1010 = AiB 2006, 56, Rn 24: Die Größe des Betriebsrats und die Zugehörigkeit seiner Mitglieder zu verschiedenen Gremien und Ausschüssen sprechen nicht »prima facie« für die **Erforderlichkeit einer vollzeitbeschäftigten Bürokraft**.
- BAG, 21.11.2000 – 9 AZR 665/99, NZA 2001, 1093 = NJW 2001, 3804, Rn 48 (**Maßregelungsverbot**): Zwar obliegt grundsätzlich dem Arbeitnehmer die Darlegungs- und Beweislast für das Vorliegen einer Maßregelung, ihm kommt aber die Möglichkeit des Anscheinsbeweises zugute. Das ist insbesondere dann der Fall, wenn ein offensichtlicher Zusammenhang zwischen der benachteiligenden Maßnahme und der Ausübung des Rechts bestehen.
- BAG, 14.08.2002 – 5 AZR 169/01: Ebenso wie bei gewöhnlichen Briefen rechtfertigt auch bei Telefaxdokumenten die **Absendung des Telefaxes** nicht einmal einen Anscheinsbeweis für ihren Zugang, dies jedenfalls so lange nicht, wie nicht feststeht, dass die »Verlustquote« hier ins Gewicht fallend geringer ist als im Briefdienst. Solange die Möglichkeit besteht, dass die Datenübertragung trotz »OK«-Vermerks im Sendebericht infolge von Leitungsstörungen missglückt ist, vermag der Sendebericht allenfalls ein Indiz für den Zugang zu liefern, nicht aber einen Anscheinsbeweis zu rechtfertigen.
- BAG, 26.08.1993 – 8 AZR 561/92: Aus der Abgabe einer **Verpflichtungserklärung** ggü. dem Ministerium für Staatssicherheit kann jedenfalls nicht nach allgemeiner Lebenserfahrung auf ein entsprechendes späteres Tätigwerden des Erklärenden geschlossen werden.
- LAG Nürnberg, 09.04.2002 – 7 Sa 518/01: Es besteht der Erfahrungsgrundsatz, dass ein Arbeitnehmer seine **Arbeitsleistung** in dem vertraglich vereinbarten Umfang auch erbringt. Dies gilt jedenfalls dann, wenn der Arbeitnehmer während eines verhältnismäßig nicht unbedeutenden Zeitraums unstreitig seine vertragsgemäße Arbeitsleistung erbracht hat.

---

260 S.a. BAG, 23.05.2001 – 5 AZR 374/99.

XII. Beweislast

Von der Beweislast hängt ab, von welcher Partei das Gericht Aufklärung oder Bezeichnung der Beweismittel verlangt. Im Urteil gewinnt die Beweislast Bedeutung, wenn i.R.d. Beibringungsgrundsatzes[261] trotz Erschöpfung aller Aufklärung der Sachverhalt in einem wesentlichen Punkt ungewiss bleibt. Die Beweislastregeln beantworten die Frage, zu wessen Lasten die Ungewissheit geht, wer die Folge der Beweislosigkeit zu tragen hat.

105

Nach den **allgemein anerkannten Beweislastregeln** hat derjenige, der eine Rechtsfolge für sich in Anspruch nimmt, diejenigen Tatsachen zu behaupten und zu beweisen, die kraft Gesetzes den Schluss auf die begehrte Rechtsfolge zulassen.[262] Im Einzelnen geht die Rechtsprechung von folgenden Grundsätzen aus: Das Bestehen eines Rechts ist dem Beweise nicht zugänglich. Die privatrechtlichen Normen gliedern die Bedingungen, von denen die Existenz eines Rechts abhängt, in rechtsbegründende, rechtserhaltende, rechtshindernde, rechtsvernichtende und rechtshemmende Tatbestände, die jeweils nur einen Teil dieser Bedingungen umschreiben. Das Bestehen eines Rechts lässt sich nur folgern aus dem Vorliegen von Tatsachen, die nach den rechtlichen Normen rechtsbegründend und rechtserhaltend wirken, und dem Fehlen rechtshindernder, rechtsvernichtender und rechtshemmender Tatsachen. Nur diese Tatsachen können Gegenstand des Beweises sein. Um die Durchsetzung der Rechte nicht von vornherein unzumutbar zu erschweren, geht das Gesetz von einer Verteilung der Beweislast für diese Tatsachen auf die Parteien des Rechtsstreits aus. Für das Gebiet privatrechtlicher Beziehungen ist folgende Grundregel anerkannt: Wer ein Recht geltend macht, hat die tatsächlichen Voraussetzungen der rechtsbegründenden und rechtserhaltenden Tatbestandsmerkmale zu beweisen. Wer demgegenüber das Bestehen eines Rechts leugnet, trägt die Beweislast für die tatsächlichen Voraussetzungen der rechtshindernden, rechtshemmenden und rechtsvernichtenden Tatbestandsmerkmale. Diese Regel ist nicht nur anwendbar, wenn das Recht, dessen Bestehen zweifelhaft ist, unmittelbar Gegenstand des Rechtsstreits ist, sondern auch, wenn das Bestehen des Rechts zum Tatbestand einer anderen streitigen Rechtsfolge gehört.[263]

106

Nimmt jemand entgegen einer erfahrungsgemäßen Regel eine **Ausnahme** für sich in Anspruch, so hat er ihre tatbestandsmäßigen Voraussetzungen zu beweisen. Z.T. wird die Beweislast nach Gefahrenbereichen vorgenommen.[264]

107

XIII. Darlegungs- und Beweislast in der Rechtsprechung zum Arbeitsrecht

1. Abmahnung

Die Darlegungs- und Beweislast in Verfahren, in denen um die **Berechtigung** einer einem Arbeitnehmer erteilten Abmahnung gestritten wird, folgt den Grundsätzen, die das BAG für die Kündigungsschutzverfahren aufgestellt hat. Danach hat der Arbeitgeber die Darlegungs- und Beweislast für die Behauptung, es liege ein Pflichtverstoß vor. Bei angeblicher **Minderleistung** ist darauf zu achten, dass der Arbeitnehmer nicht zur Erzielung bestimmter Arbeitserfolge verpflichtet ist. Die Aufforderung in einer Abmahnung kann daher nicht dahingehen, bestimmte Erfolge zu erzielen, sondern die persönliche Leistungsfähigkeit auszuschöpfen. Die Unterdurchschnittlichkeit der bisher erzielten Ergebnisse ist lediglich ein Indiz für die Minderleistung. Der Arbeitgeber hat im Zweifel das Zahlenwerk darzulegen.[265] Macht der Arbeitnehmer Rechtfertigungsgründe geltend, muss er jedoch substanziiert die Tatsachen vortragen, aus denen sich z.B. eine Genehmigung des gerügten Verhaltens durch Vorgesetzte ergeben soll. Der Arbeitgeber muss dann beweisen, dass dieser Rechtfertigungsgrund nicht bestanden hat.[266]

108

---

[261] Vgl. § 46 Rdn. 6 ff.
[262] BAG, 26.07.1995 – 2 AZR 51/94.
[263] Präjudizielles Recht; BGH, 20.03.1986 – IX ZR 42/85, NJW 1986, 2426.
[264] BGH, 12.03.1987 – VII ZR 172/86.
[265] BAG, 27.11.2008 – 2 AZR 675/07, NZA 2009, 842 = EzA § 314 BGB 2002 Nr. 4, Rn 24, 25.
[266] LAG Bremen, 06.03.1992 – 4 Sa 295/91; a.A. LAG Köln, 28.10.1987 – 7 Sa 629/87.

109 Soweit die Arbeitnehmerin die **Entfernung** einer Abmahnung aus der Personalakte fordert, trägt der Arbeitgeber die Beweislast für die Behauptung, die der Abmahnung zugrunde liegenden Tatsachen seien richtig.

110 Fordert die Arbeitnehmerin die **Rücknahme** der Abmahnung, trägt sie die Beweislast für die Behauptung, die der Abmahnung zugrunde liegenden Tatsachen seien unrichtig, denn die Rücknahme der Abmahnung ist einem **Widerruf** gleichzusetzen, der nach der ständigen Rechtsprechung des BGH nur bei erwiesener Unwahrheit gefordert werden kann.[267]

111 **Nach Beendigung** des Arbeitsverhältnisses hat der Arbeitnehmer regelmäßig keinen Anspruch mehr auf Entfernung einer zu Unrecht erteilten Abmahnung aus der Personalakte. Ein solcher Anspruch kann aber dann gegeben sein, wenn objektive Anhaltspunkte dafür bestehen, dass die Abmahnung den Arbeitnehmer auch noch nach Beendigung des Arbeitsverhältnisses schaden kann. Dafür ist der Arbeitnehmer darlegungs- und beweispflichtig.[268]

2. Altersversorgung

112 Wird eine **Anpassung von Betriebsrenten** nach § 16 BetrAVG mit der Begründung abgelehnt, sie würde zu einer übermäßigen wirtschaftlichen Belastung führen, so trägt der Arbeitgeber insoweit die Darlegungs- und Beweislast. Die Mitteilung von Verlusten, mit denen einzelne Handelsbilanzen oder Betriebsergebnisberechnungen abgeschlossen haben, reicht als Vortrag nicht aus. Solche Ergebnisse erlauben Rückschlüsse auf die wirtschaftliche Lage eines Unternehmens i.d.R. nur i.V.m. den übrigen Bilanzdaten, also ihren Berechnungsgrundlagen. Kann der Arbeitgeber seiner Darlegungslast nicht genügen, indem er Betriebs- oder Geschäftsgeheimnisse preisgibt, muss ihn das Gericht mit den Mitteln des Prozessrechts schützen.[269] Im Übrigen ist der Arbeitgeber auch darlegungs- und beweispflichtig dafür, dass seine Anpassungsentscheidung **billigem Ermessen** entspricht und sich in den Grenzen des § 16 BetrAVG hält. Die Darlegungs- und Beweislast erstreckt sich auf alle die Anpassungsentscheidung beeinflussenden Umstände. Bei dem Anpassungskriterium »wirtschaftliche Lage« kommt hinzu, dass Sachvortrag und Beweis in der Regel von der Partei zu verlangen sind, die über die maßgeblichen Umstände Auskunft geben kann und über die entsprechenden Beweismittel verfügt. Dieser Grundsatz gilt vor allem dann, wenn es um besondere Interessen einer Partei oder deren Vermögensverhältnisse geht.[270] Da es darauf ankommt, ob das Unternehmen eine volle Anpassung der Betriebsrenten tragen kann, ist die voraussichtlich künftige Belastbarkeit des Unternehmens entscheidend. Der Arbeitgeber hat eine Prognose zu erstellen. Dabei steht ihm zwar ein Beurteilungsspielraum zu, für seine Einschätzung der künftigen Entwicklung muss aber eine durch Tatsachen gestützte Wahrscheinlichkeit sprechen.[271] Auch die wirtschaftlichen Daten aus der Zeit nach dem Anpassungsstichtag können von Bedeutung für die Prognose sein. Die tatsächliche wirtschaftliche Entwicklung nach dem Anpassungsstichtag kann eine frühere Prognose bestätigen oder entkräften. Insoweit sind diese wirtschaftlichen Daten bis zur letzten Tatsachenverhandlung zu berücksichtigen.[272] Die wirtschaftlichen Daten aus der Zeit nach dem Anpassungsstichtag können zudem die Darlegungs- und Beweislast beeinflussen. Je günstiger die weitere wirtschaftliche Entwicklung ausfällt und je schneller die Besserung eintritt, desto genauer und sorgfältiger muss der Arbeitgeber vortragen, dass seine frühere negative Einschätzung trotzdem nicht zu beanstanden ist.[273]

Die Darlegungs- und Beweislast des Arbeitgebers erstreckt sich auf **alle die Anpassungsentscheidung beeinflussenden Umstände**. Hinsichtlich des Anpassungskriteriums »wirtschaftliche Lage«

---

267 LAG München, 22.12.1982 – 9 Sa 740/81.
268 BAG, 14.09.1994 – 5 AZR 632/93.
269 BAG, 23.04.1985 – 3 AZR 548/82.
270 BAG, 11.10.2011 – 3 AZR 525/09, Rn 43.
271 BAG, 25.04.2006 – 3 AZR 50/05, EzA § 16 BetrAVG Nr. 4, Rn 54, 9.
272 BAG, 23.01.2001 – 3 AZR 287/00, EzA § 16 BetrAVG Nr. 38, zu 2 c bb der Gründe.
273 BAG, 11.10.2011 – 3 AZR 525/09, Rn 44.

folgt dies auch daraus, dass Sachvortrag und Beweis i.d.R. von der Partei zu verlangen sind, die über die maßgeblichen Umstände Auskunft geben kann und über die entsprechenden Beweismittel verfügt. Dieser Grundsatz gilt vor allem dann, wenn es auf die besonderen Interessen einer Partei und deren Vermögensverhältnisse ankommt.[274] Die **handelsrechtlichen Jahresabschlüsse** bieten den geeigneten Einstieg für die Feststellung sowohl des vorhandenen Eigenkapitals als auch der erzielten Betriebsergebnisse. Allerdings sind betriebswirtschaftlich gebotene Korrekturen vorzunehmen, wenn der Sachvortrag der Parteien hierfür ausreichende Anhaltspunkte enthält. Davon zu unterscheiden ist die Frage, ob die Jahresabschlüsse handelsrechtlich ordnungsgemäß erstellt wurden. Sofern der Versorgungsberechtigte die **Fehlerhaftigkeit testierter Jahresabschlüsse** geltend machen will, hat er die nach seiner Ansicht unterlaufenen Fehler näher zu bezeichnen. Hat er die ordnungsgemäße Erstellung der Jahresabschlüsse substanziiert bestritten, hat der Arbeitgeber vorzutragen und unter Beweis zu stellen, weshalb die Jahresabschlüsse insoweit nicht zu beanstanden sind.[275]

Die Darlegungs- und Beweislast für den **triftigen Grund zum Widerruf** der »erdienten Dynamik« trägt der Arbeitgeber; dabei bleibt es auch, wenn der Widerruf mehr als 20 Jahre zurückliegt und der frühere Arbeitnehmer sich bis zum späteren Ausscheiden und selbst nach dem Eintritt des Versorgungsfalles nicht um die Aufklärung oder den Nachweis der wirtschaftlichen Widerrufsgründe bemüht hat.[276] Macht der Träger der Insolvenzsicherung geltend, dem Versorgungsempfänger sei kein Anspruch auf Altersruhegeld entstanden, weil er innerhalb der letzten 1 1/2 Jahre mindestens 52 Wochen arbeitslos gewesen sei, so obliegt ihm für diese Voraussetzung die Beweislast.[277] Sieht eine betriebliche Versorgungsordnung den Ausschluss vom Bezug des Witwengeldes vor, »wenn der Verdacht einer **Versorgungsehe** nahe liegt«, so muss der Verdacht auf objektiven und nachprüfbaren Tatsachen beruhen. Der Verdacht kann durch ebenfalls objektive und nachprüfbare Tatsachen erschüttert werden. Die Darlegungs- und Beweislast obliegt insoweit dem Versorgungsberechtigten.[278] Für die rechtsbegründenden Voraussetzungen der Ansprüche auf Abschluss einer Vorruhestandsvereinbarung ist die Arbeitnehmerin darlegungs- und beweispflichtig.[279] Gewährt der Arbeitgeber einer Anzahl von Arbeitnehmern in Leitungsfunktionen Zusagen auf höhere betriebliche Altersrenten, als sie eine allgemeine Versorgungsordnung vorsieht, und beansprucht eine Arbeitnehmerin unter dem Gesichtspunkt der Gleichbehandlung ebenfalls die höhere Betriebsrente, so muss der Arbeitgeber darlegen, wie er den begünstigten Personenkreis abgrenzt und warum die klagende Arbeitnehmerin nicht dazu gehört.[280]

Das Bestehen eines **Beherrschungsvertrags** schafft eine Gefahrenlage für das durch § 16 Abs. 1 BetrAVG geschützte Interesse der Betriebsrentner am Werterhalt laufender Leistungen der betrieblichen Altersversorgung. Dies rechtfertigt einen Berechnungsdurchgriff auf die wirtschaftliche Lage des herrschenden Unternehmens, wenn sich die durch den Beherrschungsvertrag für die Versorgungsempfänger begründete Gefahrenlage verwirklicht hat. Im Prozess hat der Versorgungsempfänger zunächst darzulegen und ggf. zu beweisen, dass ein Beherrschungsvertrag besteht. Darüber hinaus muss er lediglich die bloße Behauptung erheben, die dem Beherrschungsvertrag eigene Gefahrenlage habe sich verwirklicht. Einer beispielhaften Darlegung von im Konzerninteresse erfolgten Weisungen bedarf es nicht. Der Arbeitgeber hat dann im Einzelnen substanziiert und unter Benennung der Beweismittel nachvollziehbar darzulegen, dass sich die im Beherrschungsvertrag angelegte Gefahrenlage nicht verwirklicht oder seine wirtschaftliche Lage nicht in einem für die Betriebsrentenanpassung maßgeblichen Umfang verschlechtert hat.[281]

---

274 BAG, 11.11.2014 – 3 AZR 116/13, Rn 46 m.w.N.
275 BAG, 14.07.2015 – 3 AZR 252/14, Rn 30.
276 LAG Köln, 16.12.1993 – 10 Sa 442/91.
277 BGH, 10.01.1991 – IX ZR 247/90.
278 BAG, 04.07.1989 – 3 AZR 772/87.
279 LAG München, 15.11.1988 – 2 Sa 705/88.
280 LAG Hamm, 13.08.1987 – 6 [7] Sa 863/86.
281 BAG, 10.03.2015 – 3 AZR 739/13, Rn 37.

3. Anfechtung eines Aufhebungsvertrages

113 Wird ein Aufhebungsvertrag wegen rechtswidriger Drohung mit einer Kündigung angefochten, trägt die anfechtende Arbeitnehmerin die Beweislast für sämtliche Voraussetzungen des Anfechtungstatbestandes. Sie hat daher die Tatsachen darzulegen und ggf. zu beweisen, die die angedrohte Kündigung als widerrechtlich erscheinen lassen.[282] Da es sich dabei um einen **Negativbeweis** handelt, genügt hierfür zunächst eine entspr. pauschale Behauptung. Wegen der Schwierigkeiten des Negativbeweises ist von dem Arbeitgeber als Anfechtungsgegner nach den Grundsätzen der **sekundären Darlegungslast** das substanziierte Bestreiten der negativen Tatsache unter Darlegung der für das Positive sprechenden Tatsachen und Umstände zu verlangen.[283] Der AG hat damit im Einzelnen darzulegen, dass er in vertretbarer Weise einen Kündigungsgrund annehmen durfte. Nur die von dem Arbeitgeber in diesem Zusammenhang vorgetragenen Umstände braucht die beweispflichtige Arbeitnehmerin dann zu widerlegen.[284] Auch für eine arglistige Täuschung anlässlich eines Betriebsübergangs trägt die Arbeitnehmerin die Darlegungslast.[285]

4. Annahmeverzug

114 Wenn sich ein Arbeitgeber ggü. dem Vergütungsanspruch nach § 615 BGB auf eine **Kündigung** des Dienstverhältnisses beruft, muss er diejenigen Umstände darlegen und beweisen, aus denen sich die Berechtigung der Kündigung ergibt.[286]

115 Die Darlegungs- und Beweislast für das **Unvermögen** der Arbeitnehmerin, im Annahmeverzugszeitraum die Arbeitsleistung zu erbringen, trägt der Arbeitgeber. Dazu reicht aus, dass er Indizien vorträgt, aus denen auf Arbeitsunfähigkeit geschlossen werden kann. In Betracht kommen insb. Krankheitszeiten vor und nach dem Verzugszeitraum. Hat der Arbeitgeber solche Indizien vorgetragen, ist es Sache der Arbeitnehmerin, die Indizwirkung zu erschüttern. Trägt sie dazu nichts vor, gilt die Behauptung des Arbeitgebers, die Arbeitnehmerin sei während des Verzugszeitraums leistungsunfähig gewesen, gem. § 138 Abs. 3 ZPO als zugestanden.[287] Kann der Arbeitnehmer die vom Arbeitgeber aufgrund seines Direktionsrechts wirksam näher bestimmte Tätigkeit aus in seiner Person liegenden Gründen nicht mehr ausüben, aber eine andere im Rahmen der arbeitsvertraglichen Vereinbarung liegende Tätigkeit verrichten, ist nach der Rechtsprechung des BAG[288] das Angebot einer anderen Tätigkeit ohne Belang, solange der Arbeitgeber nicht durch eine Neuausübung seines Direktionsrechts diese zu der i.S.v. § 294 BGB zu bewirkenden Arbeitsleistung bestimmt hat. Andernfalls könne der Arbeitnehmer den Inhalt der arbeitsvertraglich nur rahmenmäßig umschriebenen Arbeitsleistung selbst konkretisieren. Das widerspräche § 106 Satz 1 GewO. Die Konkretisierung der Arbeitspflicht sei Sache des Arbeitgebers. Der Arbeitnehmer ist auch im Umfang der gesetzlichen Mindestpausen nicht leistungsfähig.[289] Mit der bußgeld- und strafbewehrten (§ 22 Abs. 1 Nr. 2, § 23 ArbZG) Verpflichtung des Arbeitgebers, die Arbeit mindestens in dem vorgeschriebenen Umfang zu unterbrechen, entbindet die Norm gleichzeitig den Arbeitgeber von der Verpflichtung, Arbeitsleistung der Arbeitnehmer anzunehmen, und setzt zudem die Arbeitnehmer außerstande, die Arbeitsleistung zu bewirken (§ 297 BGB).

---

[282] BAG, 03.07.2003 – 2 AZR 327/02.
[283] BGH, 19.04.2005 – X ZR 15/04, NJW 2005, 2766, 2768.
[284] BAG, 28.11.2007 – 6 AZR 1108/06, NZA 2008, 348 = AP Nr. 36 zu § 620 BGB Aufhebungsvertrag.
[285] BAG, 23.11.2006 – 8 AZR 349/06, AP § 613a Wiedereinstellung Nr. 1 = BB 2007, 1054.
[286] BGH, 10.05.1988 – IX ZR 175/87.
[287] BAG, 05.11.2003 – 5 AZR 562/02.
[288] BAG, 27.05.2015 – 5 AZR 88/14, Rn 19, auch zu den Voraussetzungen eines Schadensersatzanspruchs des Arbeitnehmers nach § 280 Abs. 1 BGB bei einem unterbliebenen Angebot des Arbeitgebers und der Darlegungs- und Beweislast in diesem Fall, Rn 25.
[289] BAG, 25.02.2015 – 1 AZR 642/13, Rn 13.

Der Arbeitgeber trägt auch die Beweislast für den **fehlenden Leistungswillen** der Arbeitnehmerin.[290] **116**
Der Arbeitgeber hat darzulegen und zu beweisen, dass der Arbeitnehmer zur Leistung objektiv außerstande und subjektiv nicht zur Leistung bereit ist. Der subjektive Leistungswille des Arbeitnehmers ist eine von dem Leistungsangebot und dessen Entbehrlichkeit unabhängige Voraussetzung, die während des gesamten Verzugszeitraums vorliegen muss. Der Anwendungsbereich des § 297 BGB ist nicht auf den Fall beschränkt, in dem der Arbeitnehmer bereits vor einer Kündigung leistungsunwillig war. Die Nichtaufnahme einer vom Arbeitgeber angebotenen Beschäftigung kann nicht nur zur Anrechnung böswillig nicht erzielten Verdienstes gemäß § 615 Satz 2 BGB, § 11 Nr. 1 und Nr. 2 KSchG führen. Sie kann vielmehr den Annahmeverzug des Arbeitgebers gänzlich entfallen lassen.[291] Dass eine Partei eine innere Tatsache zu beweisen hat und die Führung dieses Beweises Schwierigkeiten bereitet, führt nicht zur Beweislastumkehr, sondern zur Modifizierung der Darlegungslast. Trägt der Arbeitgeber Indizien wie die Nichtaufnahme der Arbeit nach erfolgreichem Betreiben der Zwangsvollstreckung aus einem Weiterbeschäftigungstitel vor, ist es Sache des Arbeitnehmers, diese Indizwirkung zu erschüttern.[292] Zahlt der Arbeitgeber nach Verurteilung zur Weiterbeschäftigung der Arbeitnehmerin den Arbeitslohn, ohne sie weiterzubeschäftigen, so erfüllt er dadurch im Zweifel seine bei Unwirksamkeit der Kündigung bestehende Verpflichtung nach § 615 Satz 1 BGB. Eine Vereinbarung, nach der das gekündigte Arbeitsverhältnis auflösend bedingt durch die Abweisung der Kündigungsschutzklage oder durch eine rechtsgestaltende Entscheidung nach § 9 KSchG fortgesetzt wurde, oder eine andere Vereinbarung, kraft derer der Arbeitnehmer den nach wirksamer Beendigung des Arbeitsverhältnisses gezahlten Arbeitslohn behalten darf, hat der Arbeitnehmer darzulegen und zu beweisen.[293] Der *(teilzeitbeschäftigte)* Arbeitnehmer muss sich nicht jeden im Verzugszeitraum[294] anderweitig erzielten Verdienst anrechnen lassen, sondern nur einen solchen, der kausal durch das Freiwerden der Arbeitskraft ermöglicht worden ist. Zur Darlegungs- und Beweislast beim Nachweis der erforderlichen Kausalität zwischen Freiwerden der Arbeitskraft und dem anderweitigen Verdienst siehe BAG vom 06.09.1990.[295] Der Arbeitgeber ist darlegungs- und beweispflichtig für das Vorliegen eines **anderweitigen Erwerbs** i.S.v. § 616 Satz 2 BGB.

Für **Annahmeverzugsansprüche nach einem Betriebsübergang** gilt nach der Rechtsprechung des **117**
BAG[296] im Falle eines nach dem Betriebsübergang erklärten wirksamen Widerspruchs Folgendes: Der auf den Zeitpunkt des Betriebsübergangs zurückwirkende Widerspruch führt dazu, dass das Arbeitsverhältnis der Parteien über diesen Zeitpunkt hinaus unverändert fortbesteht. Erklärt der Arbeitgeber dem Arbeitnehmer vor dem Betriebsübergang, dass eine Weiterbeschäftigungsmöglichkeit wegen des Wegfalles seines Arbeitsplatzes nicht mehr gegeben ist, so macht er damit deutlich, der ihm obliegenden Mitwirkungshandlung nicht nachkommen zu wollen. Er gerät damit in Annahmeverzug, ohne dass es noch eines Angebotes der Arbeitsleistung von Seiten des Arbeitnehmers bedarf. Die gesetzlichen Regelungen des Annahmeverzuges gehen davon aus, dass durch die Arbeitsleistung des Arbeitnehmers bei einem anderen Arbeitgeber nicht zwangsläufig ein Unvermögen des Arbeitnehmers zur Arbeitsleistung i.S.d. § 297 BGB eintritt, welches den Annahmeverzug ausschließt. So bestimmt § 615 Satz 2 BGB, dass sich der Dienstverpflichtete den Wert desjenigen anrechnen lassen muss, was er durch anderweitige Verwendung seiner Dienste erwirbt. Diese Regelung führt auch dazu, Doppelansprüche des Arbeitnehmers gegen den Betriebsveräußerer und den Betriebserwerber, für welchen der Arbeitnehmer vorübergehend eine Arbeitsleistung erbracht hat, auszuschließen. Für die auf die Zeit ab Zugang des Widerspruchsschreibens bezogenen Zahlungsansprüche ergibt sich der Annahmeverzug des bisherigen und angesichts des Widerspruchs weiterhin maßgeblichen Arbeitgebers aus § 295 Satz 1 BGB jedenfalls dann, wenn der Arbeitnehmer

---

290 BAG, 21.03.1985 – 2 AZR 596/83.
291 BAG, 17.08.2011 – 5 AZR 251/10, DB 2012, 238, Rn 15 f.
292 BAG, 17.08.2011 – 5 AZR 251/10, DB 2012, 238, Rn 17.
293 BAG, 17.01.1991 – 8 AZR 483/89.
294 §§ 11 Nr. 1 KSchG, § 615 BGB.
295 BAG, 06.09.1990 – 2 AZR 165/90, EzA § 615 BGB Nr. 67.
296 BAG, 20.05.2010 – 8 AZR 734/08, NZA 2010, 1295, NZA 2010, 1295, Rn 32 ff.

seine Arbeitsleistung darin ausdrücklich angeboten hatte und der Arbeitgeber der ihm gemäß § 295 Satz 1 2. Alt. BGB obliegenden Mitwirkungshandlung, dem Arbeitnehmer nach Zugang seines Schreibens einen neuen Arbeitsplatz innerhalb der von ihr geleiteten Unternehmensorganisation zuzuweisen, nicht nachgekommen ist.[297]

5. Arbeitskampf

118 Für die Darlegung eines auf der Betriebsblockade beruhenden Schadens infolge **Umsatzausfalls** reicht die Benennung der Kosten des nutzlos bedruckten Papiers aus, die auch dann bleiben, wenn zugunsten der Beklagten unterstellt wird, es seien alle ausgefallenen Anzeigen später nachgeholt worden.[298] Im Streikfall hat der Arbeitgeber zu beweisen, dass sich der vor Streikbeginn erkrankte Arbeitnehmer ohne die **Erkrankung** am Arbeitskampf beteiligt hätte. Dabei kann dem Arbeitgeber – wie jeder beweisbelasteten Partei – der Anscheinsbeweis zugutekommen. Beteiligt sich eine der streikführenden Gewerkschaft angehörende Arbeitnehmerin unmittelbar im Anschluss an die Arbeitsunfähigkeit aktiv an den Streikmaßnahmen, so lässt dies mangels Darlegung gegenteiliger Anhaltspunkte durch die Arbeitnehmerin den Schluss zu, dass sie, wäre sie nicht arbeitsunfähig krank geschrieben gewesen, von Anfang an an den Arbeitskampfmaßnahmen teilgenommen hätte.[299]

119 Zur **Annahmeverzugsvergütung während eines Streiks** hat das BAG folgende Grundsätze entwickelt: Es gilt eine abgestufte Darlegungslast. Der Arbeitnehmer hat zunächst die Tätigkeiten anzuführen, mit denen er während des Arbeitskampfes hätte beschäftigt werden können. Dazu muss er auch darlegen, dass ein solcher Einsatz ohne Vertragsänderung im Rahmen des Direktionsrechts rechtlich zulässig gewesen wäre. Der Arbeitgeber darf einem arbeitswilligen Arbeitnehmer auch während eines Arbeitskampfes nur solche Tätigkeiten zuweisen, zu deren Übernahme er arbeitsvertraglich verpflichtet ist. Erst nach einer schlüssigen Darlegung einer anderweitigen Beschäftigungsmöglichkeit durch den Arbeitnehmer ist es Sache des Arbeitgebers anzugeben, aus welchem Grund ihm die aufgezeigte Beschäftigung wirtschaftlich nicht zumutbar ist.[300]

6. Arbeitsvergütung

a) Akkord

120 Werden die sachlichen Voraussetzungen bei einem Zeitakkord im Einvernehmen zwischen Arbeitgeber und Betriebsrat entsprechend den Regelungen im einschlägigen Tarifvertrag durch genaue Zeitmessung nach einem arbeitswissenschaftlichen Verfahren und aufbauend hierauf die sachlichen Vorgabezeiten für vergleichbare Arbeitsplätze ermittelt, so spricht der erste Anschein dafür, dass die beim Zeitakkord vorgegebenen Zeiten richtig sind. In diesem Fall hat der Arbeitnehmer, der diese sachlichen Vorgabezeiten nicht hinnehmen will und vor Gericht einen höheren Akkordlohn einklagt, Tatsachen darzulegen und ggf. zu beweisen, aus denen das Gericht die Rechtsfolge herleiten kann, dass die sachlichen Vorgabezeiten offenbar unrichtig festgestellt worden sind.[301]

b) Anrechnung Tariflohnerhöhung

121 Im Regelfall ergibt sich der Inhalt einer Anrechnungsentscheidung aus ihrem tatsächlichen Vollzug. Beruft sich der Arbeitgeber darauf, dass seine Entscheidung nicht ordnungsgemäß umgesetzt worden sei, so ist er hierfür darlegungs- und beweispflichtig.[302] Beruft sich der Arbeitgeber im Prozess mit dem Arbeitnehmer auf einen Tatbestand, für den ein Mitbestimmungsrecht des Betriebsrats nach § 87 BetrVG besteht, dann muss er darlegen und beweisen, dass er den Betriebsrat ordnungs-

---

297 BAG, 20.05.2010 – 8 AZR 734/08, NZA 2010, 1295, NZA 2010, 1295, Rn 37.
298 BAG, 21.06.1988 – 1 AZR 653/86.
299 LAG Berlin, 12.12.1990 – 13 Sa 84/90.
300 BAG, 13.12.2011 – 1 AZR 495/10, ZTR 2012, 276, Rn 25.
301 LAG Hamm, 08.04.1991 – 17 Sa 1564/90.
302 BAG, 31.10.1995 – 1 AZR 276/95.

gemäß beteiligt hat. Die Darlegungs- und Beweislast wird aber erst ausgelöst, wenn der Arbeitnehmer die Beteiligung des Betriebsrats bestreitet.[303]

c) Entgeltfortzahlung bei Arbeitsunfähigkeit

Mit der von einem Arzt ausgestellten Bescheinigung über eine Arbeitsunfähigkeit kann die Arbeitnehmerin grds. die Voraussetzungen für den Anspruch auf Entgeltfortzahlung nach § 3 Abs. 1 Satz 1 EFZG belegen. Der Arbeitgeber, der das Vorliegen einer durch ärztliche Bescheinigung belegten Arbeitsunfähigkeit bestreiten will, muss Umstände darlegen und ggf. beweisen, die zu ernsthaften Zweifeln an einer Arbeitsunfähigkeit Anlass geben.[304] Nach der Erschütterung des Beweiswerts einer Arbeitsunfähigkeitsbescheinigung ist es Sache der Arbeitnehmerin, neben der Art ihrer Krankheit im Einzelnen darzulegen, welche Verhaltensmaßregeln der Arzt gegeben hat und welche Medikamente z.B. bewirkt haben, dass die Arbeitnehmerin zwar immer noch nicht die geschuldete Arbeit bei ihrem Arbeitgeber verrichten konnte, wohl aber die Arbeit, die sie anderweitig tatsächlich verrichtet hat. Erst wenn die Arbeitnehmerin insoweit ihrer Substanziierungspflicht nachgekommen und den behandelnden Arzt von seiner Schweigepflicht entbunden hat, muss der Arbeitgeber aufgrund der ihm obliegenden Beweislast die behauptete Arbeitsunfähigkeit widerlegen.[305] Verweigert der Arbeitgeber einem arbeitsunfähig erkrankten Arbeitnehmer die Fortzahlung des Arbeitsentgelts mit der Begründung, dass der Arbeitnehmer bislang nicht den Sozialversicherungsausweis hinterlegt habe, so genügt es nicht, wenn der Arbeitgeber vorträgt, er habe den Arbeitnehmer hierzu aufgefordert. Bestreitet der Arbeitnehmer, eine derartige Aufforderung erhalten zu haben, so trägt der Arbeitgeber die Darlegungs- und Beweislast für die behauptete Aufforderung und für den Zugang der Erklärung.[306] Den Arbeitnehmer, der für eine weitere Bezugsdauer Krankenvergütung verlangt, trifft die Darlegungs- und Beweislast dafür, dass die vorangegangene Arbeitsunfähigkeit bereits beendet war, also ein **neuer Verhinderungsfall** eingetreten ist.[307] Ist er innerhalb der Zeiträume des § 3 Abs. 1 Satz 2 EFZG länger als sechs Wochen arbeitsunfähig, muss er darlegen, dass keine Fortsetzungserkrankung vorliegt. Wird dies vom Arbeitgeber bestritten, obliegt dem Arbeitnehmer die Darlegung der Tatsachen, die den Schluss erlauben, es habe keine Fortsetzungserkrankung vorgelegen. Die objektive Beweislast für das Vorliegen einer **Fortsetzungserkrankung** trägt hingegen der Arbeitgeber.[308]

Für den **Rückfall in den Alkoholmissbrauch** hat das BAG bisher angenommen, dass der Arbeitnehmer, der eine Entziehungskur mit anschließender Therapie durchgeführt hat, auf die Gefahren des Alkoholgenusses hingewiesen wurde, diese kennt und ermahnt worden ist, in Zukunft jeden Alkoholgenuss zu vermeiden. Werde ein solcher Arbeitnehmer nach erfolgreicher Beendigung der Kur und einer längeren Zeit der Abstinenz dennoch rückfällig, spreche die Lebenserfahrung dafür, dass er die ihm erteilten dringenden Ratschläge missachtet und sich wieder dem Alkohol zugewandt hat. Ein solches Verhalten begründe im Allgemeinen den Vorwurf eines Verschuldens gegen sich selbst.[309] In seiner Entscheidung vom 18. März 2015[310] hat das BAG diese Rechtsprechung mit Folgen für die Darlegungs- und Beweislast aufgegeben. Nach dem Stand der derzeitigen wissenschaftlichen Erkenntnisse sei nicht mehr davon auszugehen, dass bei einem Rückfall regelmäßig ein Verschulden angenommen werden könne. Allerdings könne nicht ausgeschlossen werden, dass

---

303 LAG Frankfurt, 21.01.1987 – 7 Sa 1707/86.
304 BAG, 15.07.1992 – 5 AZR 312/91; a.A. LAG München, 09.11.1988 – 5 Sa 292/88; für Bewertung eines konkreten Beweiswertes im Einzelfall GMPMG/Prütting § 58 Rn 54.
305 BAG, 01.12.1995 – 2 AZR 849/94.
306 LAG Rheinland-Pfalz, 12.12.1995 – 6 Sa 973/95.
307 LAG Berlin, 22.06.1990 – 6 Sa 34/90.
308 BAG, 13.07.2005 – 5 AZR 389/04, APG 3 EFZG Nr. 25 = DB 2005, 2354.
309 BAG, 11.11.1987 – 5 AZR 497/86, zu II 2 der Gründe; BAG, 11.05.1988 – 5 AZR 445/87, zu II der Gründe; BAG, 27.05.1992 – 5 AZR 297/91, zu II 2 und 3 der Gründe; ähnlich BVerwG, 16.02.2012 – 1 D 2.11.
310 BAG, 18.03.2015 – 10 AZR 99/14, Rn. 24.

im Einzelfall ein Verschulden i.S.d. § 3 Abs. 1 Satz 1 EFZG vorliege. Einem entsprechenden Einwand des Arbeitgebers ist deshalb nachzugehen. Behauptet deshalb der Arbeitgeber unter Vortrag entsprechender Anhaltspunkte, dass eine Arbeitsunfähigkeit auf einem verschuldeten Rückfall nach durchgeführter erfolgreicher Therapie beruht, muss sich der Arbeitnehmer nach § 138 Abs. 2 ZPO hierzu erklären. Bei entsprechendem Beweisangebot hat er sich im Rahmen seiner Mitwirkungspflicht einer ärztlichen Begutachtung zur Frage der schuldhaften Herbeiführung des Rückfalls zu unterziehen und insoweit eine Entbindung von der ärztlichen Schweigepflicht vorzunehmen. Lehnt er dies ab, gilt der Einwand des Arbeitgebers als zugestanden und es ist von einer verschuldeten Arbeitsunfähigkeit i.S.v. § 3 Abs. 1 Satz 1 EFZG auszugehen. Kennt der Arbeitgeber – wie häufig – die Ursachen der Arbeitsunfähigkeit nicht, hat sich der Arbeitnehmer auf eine entsprechende Befragung des Arbeitgebers wahrheitsgemäß auch zu der Frage zu äußern, ob ein Rückfall in die Alkoholabhängigkeit vorliegt. Hingegen besteht kein Fragerecht des Arbeitgebers nach den Gründen des Rückfalls und keine entsprechende Auskunftspflicht des Arbeitnehmers, da weder Arbeitgeber noch Gericht im Hinblick auf die Multikausalität der Rückfallursachen ohne entsprechenden medizinischen Sachverstand eine qualifizierte Aussage zum Verschulden des Arbeitnehmers treffen könnten. Hat der Arbeitgeber nach diesen Grundsätzen zum Vorliegen eines Rückfalls vorgetragen und Beweis durch Sachverständigengutachten oder ggf. Vernehmung eines sachverständigen Zeugen angeboten, ist dem nachzugehen, soweit nicht durch unstreitigen, medizinisch fundierten Tatsachenvortrag die Verschuldensfrage eindeutig geklärt ist. Bleiben nach der Begutachtung Zweifel, geht dies zulasten des Arbeitgebers.[311]

124 Hat der Arbeitnehmer längere Zeit »gebummelt« und ist er dann arbeitsunfähig krank geworden, muss er, wenn der Arbeitgeber entsprechende Zweifel darlegt, vortragen und erforderlichenfalls beweisen, dass er während der Zeit der krankheitsbedingten Arbeitsunfähigkeit arbeitswillig war.[312]

125 Zur **Berechnung** des fortzuzahlenden Arbeitsentgelts ist bei einer Stundenvergütung die Zahl der durch die Arbeitsunfähigkeit ausfallenden Arbeitsstunden *(Zeitfaktor)* mit dem hierfür jeweils geschuldeten Arbeitsentgelt *(Geldfaktor)* zu multiplizieren. Unterliegt die Arbeitszeit und damit die Entgelthöhe vereinbarungsgemäß unregelmäßigen Schwankungen und kann deshalb der Umfang der ausgefallenen Arbeit nicht exakt bestimmt werden, bedarf es der Festlegung eines Referenzzeitraums, dessen durchschnittliche Arbeitsmenge maßgebend ist. Der **Arbeitnehmer** genügt seiner **Darlegungslast** zu der für ihn maßgebenden individuellen regelmäßigen Arbeitszeit gem. § 4 Abs. 1 EFZG im Normalfall dadurch, dass er den individuellen Arbeitszeitdurchschnitt der vergangenen zwölf Monate darlegt. Geringere tarifliche oder betriebsübliche Arbeitszeiten sind nicht maßgeblich.[313] Hat das Arbeitsverhältnis bei Beginn der Arbeitsunfähigkeit weniger als ein Jahr gedauert, ist dessen gesamter Zeitraum maßgebend. Das Maß der zu fordernden Substantiierung richtet sich nach der Einlassung des Arbeitgebers.[314]

126 Zum Arbeitsentgelt gehört nicht das zusätzlich für **Überstunden** gezahlte Entgelt *(Grundvergütung sowie Zuschläge)*. Überstunden hat der **Arbeitgeber**, wenn sie sich nicht bereits aus dem Vortrag des Arbeitnehmers ergeben, entsprechend der Fassung des § 4 Abs. 1a EFZG einzuwenden. Der Arbeitgeber, der eine aus Überstunden resultierende Minderung der zu berücksichtigenden durchschnittlichen Arbeitszeit geltend macht, trägt hierfür die **Darlegungs- und Beweislast**.[315]

d) Entgeltfortzahlung bei Feiertag

127 Begehrt ein Arbeitnehmer, der **Arbeit auf Abruf** nach § 12 TzBfG zu leisten hat, Feiertagsvergütung nach § 2 Abs. 1 EFZG, hat er die tatsächlichen Umstände vorzutragen, aus denen sich eine hohe

---

311 BAG, 18.03.2015 – 10 AZR 99/14, Rn 29.
312 Vortrag von Hilfstatsachen; BAG, 20.03.1985 – 5 AZR 229/83.
313 BAG, 09.07.2003 – 5 AZR 610/01.
314 BAG, 21.11.2001 – 5 AZR 457/00.
315 BAG, 09.07.2003 – 5 AZR 610/01.

Wahrscheinlichkeit dafür ergibt, dass die Arbeit allein wegen des Feiertages ausgefallen ist. Der Arbeitgeber hat sich hierzu konkret zu erklären[316] und tatsächliche Umstände dafür darzulegen, dass der Feiertag für den Arbeitsausfall nicht ursächlich war. Gibt es für den Arbeitsausfall keine objektiven Gründe außer dem, dass an einem Wochenfeiertag nicht gearbeitet werden darf, ist aufgrund der Darlegung des Klägers davon auszugehen, dass die Arbeit wegen des Feiertages ausgefallen ist. In diesem Fall besteht ein Anspruch auf Feiertagsvergütung.[317]

e) Mutterschutzlohn

Der Anspruch auf Mutterschutzlohn nach § 11 Abs. 1 Satz 1 MuSchG besteht nur, wenn allein das mutterschutzrechtliche Beschäftigungsverbot dazu führt, dass die Schwangere mit der Arbeit aussetzt. Für die Zeit, in der die Schwangere arbeitsunfähig krank ist, ist dieser alleinige Ursachenzusammenhang nicht gegeben. Das gilt auch dann, wenn der Arbeitgeber nach Ablauf des Sechswochenzeitraums nicht mehr zur Entgeltfortzahlung im Krankheitsfalle verpflichtet ist.

128

Die Arbeitnehmerin genügt ihrer **Darlegungslast** zur Suspendierung der Arbeitspflicht und zur Begründung eines Anspruchs aus § 11 Abs. 1 MuSchG zunächst durch Vorlage der **Bescheinigung**. Der Arbeitgeber, der ein Beschäftigungsverbot nach § 3 Abs. 1 MuSchG anzweifelt, kann vom ausstellenden Arzt Auskünfte über die Gründe für das Attest verlangen, soweit diese nicht der ärztlichen Schweigepflicht unterliegen. Der Arzt hat dem Arbeitgeber mitzuteilen, von welchen tatsächlichen Arbeitsbedingungen der Arbeitnehmerin er bei Erteilung seines Zeugnisses ausgegangen ist und ob krankheitsbedingte Arbeitsunfähigkeit vorgelegen hat. Will der Arbeitgeber das Beschäftigungsverbot wegen objektiv begründbarer Zweifel nicht gegen sich gelten lassen, kann er eine weitere **ärztliche Untersuchung** der Arbeitnehmerin verlangen. Die Arbeitnehmerin hat diesem Verlangen angesichts der den Arbeitgeber treffenden Belastungen regelmäßig nachzukommen, wenn der Arbeitgeber ihr die ihn dazu bewegenden Gründe mitteilt.[318]

129

Bestehen **Zweifel** an einem Beschäftigungsverbot, ist es dem Arbeitgeber unbenommen, unabhängig von einer neuerlichen Untersuchung Umstände vorzutragen, die den Beweiswert des ärztlichen Zeugnisses **erschüttern**. Der Ausspruch des Beschäftigungsverbots stellt keine hinreichende Bedingung des Anspruchs dar, sondern dient nur als Beweismittel für das Vorliegen des Beschäftigungsverbots; als Beweismittel kann die ärztliche Bescheinigung durch anderweitige Tatsachen mehr oder weniger entwertet werden. Ein erhebliches Vorbringen des Arbeitgebers wäre etwa, die Arbeitnehmerin habe dem Arzt ihre Arbeitsbedingungen, die für den Ausspruch des Verbots ausschlaggebend gewesen seien, unzutreffend beschrieben.

130

Der Beweiswert eines zunächst nicht näher begründeten ärztlichen Beschäftigungsverbots ist ferner **erschüttert**, wenn die Arbeitnehmerin trotz Aufforderung des Arbeitgebers keine ärztliche Bescheinigung vorlegt, aus der hervorgeht, von welchen Arbeitsbedingungen der Arzt beim Ausspruch des Beschäftigungsverbots ausgegangen ist und welche Einschränkungen für die Arbeitnehmerin bestehen. Nur wenn der Arbeitgeber diese Umstände kennt, kann er prüfen, ob er der Arbeitnehmerin andere zumutbare Arbeiten zuweisen kann, die dem Beschäftigungsverbot nicht entgegenstehen.[319] Solche Angaben verletzen nicht das Persönlichkeitsrecht der Arbeitnehmerin. Vom Arzt wird nämlich nicht die Mitteilung des medizinischen Befunds verlangt, sondern die Angabe der **Verhaltensanordnungen**, die er der Arbeitnehmerin auf der Grundlage seiner Untersuchungen erteilt hat. So muss der Arzt auf Nachfrage bspw. mitteilen, ob und inwieweit die Arbeitnehmerin Arbeiten sitzend oder stehend verrichten soll und ob sie körperlich belastende Arbeiten verrichten kann. Da der Arzt im Hinblick auf die §§ 21, 24 MuSchG die Möglichkeit hat, die Beschäftigung auch dann zu verbieten, wenn krankheitsbedingte Arbeitsunfähigkeit vorliegt, ist der Beweiswert

131

---

316 § 138 Abs. 2 ZPO.
317 BAG, 24.10.2001 – 5 AZR 245/00.
318 BAG, 21.03.2002 – 5 AZR 352/99, NZA 2001, 1017 m.w.N.
319 Vgl. dazu BAG, 15.11.2000 – 5 AZR 365/99, NZA 2001, 386.

des Verbots auch dann erschüttert, wenn die entsprechende Nachfrage des Arbeitgebers unbeantwortet bleibt.³²⁰

132 Bei einem auf die **besonderen Bedingungen des Arbeitsplatzes** gestützten Beschäftigungsverbot kann der Arbeitgeber die konkrete Beschreibung der zugrunde liegenden Umstände verlangen. Unterbleibt eine entsprechende Erläuterung der tatsächlichen Voraussetzungen des Beschäftigungsverbots, ist dessen Beweiswert erschüttert. Auch genügt der Arbeitgeber, der die Berechtigung des Verbots anzweifelt, seiner Darlegungslast zunächst dadurch, dass er solche Probleme am Arbeitsplatz bestreitet. Es ist Sache der Arbeitnehmerin, sie näher zu erläutern und entsprechende Geschehnisse zu konkretisieren. Erst dann ist der Arbeitgeber gehalten, dies substanziiert zu bestreiten und seinen Vortrag zu beweisen.³²¹

133 Ist der Beweiswert des ärztlichen Zeugnisses erschüttert, steht **nicht** mehr mit der gebotenen Zuverlässigkeit fest, dass die Arbeitnehmerin i.S.v. § 11 Abs. 1 MuSchG »**wegen eines Beschäftigungsverbots**« mit der Arbeit ausgesetzt hat. Es ist dann ihre Sache, die Tatsachen darzulegen und ggf. zu beweisen, aufgrund derer ein Beschäftigungsverbot gleichwohl bestand. Diese Verteilung der Beweislast für die Voraussetzungen des Vergütungsanspruchs ergibt sich aus dem allgemeinen Grundsatz, dass jede Partei die für ihr Begehren notwendigen Tatsachen beweisen muss.³²² Zur Beweisführung kann die Arbeitnehmerin ihren behandelnden Arzt von seiner **Schweigepflicht entbinden** und ihn als sachverständigen Zeugen für die Verbotsgründe benennen. Dann kommt erst der näheren ärztlichen Begründung ggü. dem Gericht ein ausreichender Beweiswert zu, wobei das Gericht den Arzt mit den festgestellten Tatsachen konfrontieren muss. Wegen der Komplexität und Schwierigkeit der Materie wird vielfach eine schriftliche Auskunft des Arztes³²³ nicht genügen, sondern dessen persönliche Befragung durch das Gericht erforderlich sein. Befreit die Arbeitnehmerin den Arzt nicht von seiner Schweigepflicht, sind die tatsächlichen Behauptungen des Arbeitgebers der Entscheidungsfindung zugrunde zu legen.³²⁴

f) Überstundenvergütung

134 Die Arbeitnehmerin, die die Vergütung von Überstunden³²⁵ fordert, muss im Einzelnen darlegen, an welchen Tagen und zu welchen **Tageszeiten** sie über die übliche Arbeitszeit hinaus gearbeitet hat. Fehlt es an einer ausdrücklichen arbeitsvertraglichen Bestimmung des Umfangs der Arbeitszeit, darf der durchschnittliche Arbeitnehmer die Klausel, er werde »in Vollzeit« beschäftigt, so verstehen, dass die regelmäßige Dauer der Arbeitszeit 40 Wochenstunden nicht übersteigt.³²⁶ Der Anspruch auf Überstundenvergütung setzt ferner voraus, dass die Überstunden vom Arbeitgeber angeordnet, gebilligt oder geduldet wurden oder jedenfalls zur Erledigung der geschuldeten Arbeit notwendig waren.³²⁷ Für eine **ausdrückliche** Anordnung von Überstunden muss die Arbeitnehmerin vortragen, wer wann auf welche Weise wie viele Überstunden angeordnet hat.³²⁸ **Konkludent** ordnet der Arbeitgeber Überstunden an, wenn er dem Arbeitnehmer Arbeit in einem Umfang zuweist, der unter Ausschöpfung der persönlichen Leistungsfähigkeit des Arbeitnehmers nur durch die Leistung von Überstunden zu bewältigen ist. Dazu muss die Arbeitnehmerin darlegen, dass eine bestimmte angewiesene Arbeit innerhalb der Normalarbeitszeit nicht zu leisten oder ihr zur Erledigung der aufgetragenen Arbeiten ein bestimmter Zeitrahmen vorgegeben war, der nur durch die Leistung

---

320 BAG, 09.10.2002 – 5 AZR 443/01, NZA 2004, 257.
321 BAG, 09.10.2002 – 5 AZR 443/01, NZA 2004, 257.
322 BAG, 21.03.2001 – 5 AZR 352/99, NZA 2001, 1017.
323 § 377 Abs. 3 ZPO.
324 BAG, 09.10.2002 – 5 AZR 443/01, NZA 2004, 257; BAG, 31.07.1996 – 5 AZR 474/95.
325 Zur Unwirksamkeit einer Vereinbarung zur pauschalen Abgeltung im Formularvertrag vgl. BAG, 22.02.2012 – 5 AZR 765/10.
326 BAG, 25.03.2015 – 5 AZR 602/13, Rn 14.
327 BAG, 17.04.2002 – 5 AZR 644/00, m.w.N.
328 BAG, 10.04.2013 – 5 AZR 122/12, NZA 2013, 1100 = EzA § 611 BGB 2002 Mehrarbeit Nr. 7.

von Überstunden eingehalten werden konnte. Mit der Billigung von Überstunden ersetzt der Arbeitgeber gleichsam durch eine nachträgliche Genehmigung die fehlende vorherige Anordnung schon geleisteter Überstunden.[329] Die Arbeitnehmerin muss darlegen, wer wann auf welche Weise zu erkennen gegeben habe, mit der Leistung welcher Überstunden einverstanden zu sein. Die **Duldung** von Überstunden bedeutet, dass der Arbeitgeber in Kenntnis einer Überstundenleistung diese hinnimmt und keine Vorkehrungen trifft, die Leistung von Überstunden künftig zu unterbinden, er also nicht gegen die Leistung von Überstunden einschreitet, sie vielmehr weiterhin entgegennimmt. Dazu muss der Arbeitnehmer darlegen, von welchen wann geleisteten Überstunden der Arbeitgeber auf welche Weise wann Kenntnis erlangt haben soll und dass es im Anschluss daran zu einer weiteren Überstundenleistung gekommen ist. Erst wenn dieses feststeht, ist es Sache des Arbeitgebers, darzulegen, welche Maßnahmen er zur Unterbindung der von ihm nicht gewollten Überstundenleistung ergriffen hat.[330]

Zum **Umfang der Überstunden** muss die Arbeitnehmerin darlegen, von welcher **Normalarbeitszeit** sie ausgeht und dass sie tatsächlich gearbeitet hat. Insoweit ist es ausreichend vorzutragen, an welchen Tagen sie von wann bis wann Arbeit geleistet oder sich auf Weisung des Arbeitgebers zur Arbeit bereitgehalten hat.[331] Auf diesen Vortrag muss der Arbeitgeber im Rahmen einer gestuften Darlegungslast substanziiert erwidern und im Einzelnen vortragen, welche Arbeiten er zugewiesen hat und an welchen Tagen die Arbeitnehmerin von wann bis wann diesen Weisungen – nicht – nachgekommen ist.[332] Diese Grundsätze dürfen jedoch nicht schematisch angewendet werden. Erforderlich ist stets die Berücksichtigung der im jeweiligen Streitfall zu verrichtenden Tätigkeit und der konkreten betrieblichen Abläufe. Ist streitig, ob in einem Zeitraum Arbeitsleistungen erbracht wurden, trifft den Arbeitnehmer nach den allgemeinen Grundsätzen die Darlegungs- und Beweislast. Er muss darlegen, welche *(geschuldete)* **Tätigkeit** er ausgeführt hat. Das gilt auch dann, wenn streitig ist, ob Arbeitsleistung oder Bereitschaftsdienst angefallen ist.[333] Je nach der Einlassung des Arbeitgebers besteht eine **abgestufte Darlegungs- und Beweislast**.[334] Dem Arbeitgeber obliegt es, dem Vortrag substanziiert entgegenzutreten. Pauschales Bestreiten genügt nicht. Hat der Arbeitgeber z.B. Nachtarbeits- und Feiertagszuschläge auf Basis von Stundenzetteln des Arbeitnehmers abgerechnet, muss er darlegen, aufgrund welcher Umstände nunmehr eine abweichende Beurteilung erfolgt. Erst anhand des konkreten Sachvortrags des Arbeitgebers kann das Gericht feststellen, welche Tatsachen streitig sind. Anschließend ist es Sache des Arbeitnehmers, im Einzelnen Beweis für die geleisteten Stunden anzutreten.[335]

Werden aufgrund vertraglicher oder tariflicher Grundlage **Arbeitszeitkonten**[336] geführt und sind Ausgleichszeiträume vereinbart, hat der Arbeitnehmer im Einzelnen darzulegen, wann er unter Berücksichtigung des Ausgleichszeitraums über die regelmäßige durchschnittliche Arbeitszeit hinaus gearbeitet hat.[337]

Allerdings dürfen die Anforderungen nicht überspannt werden. Das BAG[338] hat z.B. in einer Entscheidung für einen **Fernfahrer**, der Fahrten nach Spanien und Italien durchzuführen hatte, auch Folgendes entschieden: Es reiche aus, wenn der Fernfahrer vortrage, auf den Fahrten nach Italien und Spanien stets entweder selbst das Fahrzeug gesteuert oder sich neben dem Fahrer oder in der Kabine ausgeruht, also Arbeitsbereitschaft gehabt zu haben. Weitere Angaben seien dem Kläger

---

329 BAG, 10.04.2013 – 5 AZR 122/12, NZA 2013, 1100 = EzA § 611 BGB 2002 Mehrarbeit Nr. 7.
330 BAG, 10.04.2013 – 5 AZR 122/12, NZA 2013, 1100 = EzA § 611 BGB 2002 Mehrarbeit Nr. 7.
331 BAG, 16.05.2012 – 5 AZR 347/11, NJW 2012, 2680 = NZA 2012, 939.
332 BAG, 16.05.2012 – 5 AZR 347/11, NJW 2012, 2680 = NZA 2012, 939.
333 BAG, 29.05.2002 – 5 AZR 370/01.
334 Vgl. auch BAG, 24.10.2001 – 5 AZR 245/00.
335 BAG, 17.04.2002 – 5 AZR 644/00.
336 Dazu allg. BAG, 21.03.2012 – 5 AZR 676/11.
337 BAG, 09.03.2005 – 5 AZR 385/02, Rn 40.
338 BAG, 11.03.1981 – 5 AZR 878/78, zu II 2 der Gründe.

nicht zuzumuten und ihm nach seinem eigenen Vortrag nicht möglich. Das Tatsachengericht sei anhand der Angaben des Klägers und der von ihm benannten Beweismittel in der Lage, seinen Vortrag zu überprüfen. Es könne dem beklagten Arbeitgeber nach Maßgabe der §§ 421 ff. ZPO die Vorlage der vom Kläger bezeichneten Urkunden aufgeben, wobei sich die Vorlegungspflicht der Beklagten dem Rechtsgedanken des § 810 BGB entnehmen lasse. Mit dem **Fahrtschreiber** habe sowohl der Halter als auch der Fahrer eines Lastkraftwagens den zuständigen Behörden gegenüber Fahrzeiten, Geschwindigkeiten und Ruhepausen nachzuweisen. Sie ermöglichen eine lückenlose Überprüfung der Fahrzeiten und Pausen. Mit dem fahrerbezogenen Kontrollgerät sei sogar feststellbar, welche Strecken und Zeiten ein Fahrer als Fahrzeuglenker und welche er als Beifahrer abgeleistet habe. Weitere Detailangaben, wie sie vom Fahrtschreiber ohnehin aufgezeichnet seien, vom Arbeitnehmer zu fordern, hieße ihn zu veranlassen, Angaben ggf. zu erfinden und damit gegen seine prozessuale Wahrheitspflicht zu verstoßen. In seiner Entscheidung vom 16. Mai 2012 hat das BAG[339] diese Rechtsprechung fortgeführt. Ein **Kraftfahrer**, dem vom Arbeitgeber bestimmte Touren zugewiesen werden, kann seiner Darlegungslast danach dadurch genügen, dass er vorträgt, an welchen Tagen er welche Tour wann begonnen und wann beendet hat. Im Rahmen der gestuften Darlegungslast ist es dann Sache des Arbeitgebers, unter Auswertung der Aufzeichnungen nach § 21a Abs. 7 Satz 1 ArbZG substanziiert darzulegen, an welchen Tagen der Arbeitnehmer aus welchen Gründen in geringerem zeitlichen Umfang als von ihm behauptet gearbeitet haben muss.[340] Die Darlegung der Leistung von Überstunden durch den Arbeitnehmer und die substanziierte Erwiderung hierauf durch den Arbeitgeber haben entsprechend § 130 Nr. 3 und Nr. 4 ZPO schriftsätzlich zu erfolgen. Beigefügte Anlagen können den schriftsätzlichen Vortrag lediglich erläutern oder belegen, verpflichten das Gericht aber nicht, sich die unstreitigen oder streitigen Arbeitszeiten aus den Anlagen selbst zusammenzusuchen.

Eine »**Überstundenschätzung**« nach § 287 Abs. 1 ZPO kommt in Betracht, wenn aufgrund unstreitigen Parteivorbringens, eigenem Sachvortrag des Arbeitgebers oder dem vom Tatrichter nach § 286 Abs. 1 ZPO für wahr erachteten Sachvortrag des Arbeitnehmers feststeht, dass Überstunden geleistet wurden, weil die dem Arbeitnehmer vom Arbeitgeber zugewiesene Arbeit generell oder zumindest im Streitzeitraum nicht ohne die Leistung von Überstunden zu erbringen war. Kann in einem solchen Falle der Arbeitnehmer nicht jede einzelne Überstunde belegen (etwa weil zeitnahe Arbeitszeitaufschriebe fehlen, überhaupt der Arbeitgeber das zeitliche Maß der Arbeit nicht kontrolliert hat oder Zeugen nicht zur Verfügung stehen), kann und muss der Tatrichter nach pflichtgemäßen Ermessen das Mindestmaß geleisteter Überstunden schätzen, sofern dafür ausreichende Anknüpfungstatsachen vorliegen. Jedenfalls ist es nicht gerechtfertigt, dem aufgrund des vom Arbeitgeber zugewiesenen Umfangs der Arbeit im Grundsatz berechtigten Arbeitnehmer jede Überstundenvergütung zu versagen.[341]

Zum Ganzen, insbesondere auch zu den **Vorlagepflichten des Arbeitgebers**, siehe auch die Kommentierung unter § 46 Rdn. 147 ff.

g) Nichterfüllung der Arbeitsleistung

135 Leugnet der Arbeitgeber ggü. der Vergütungsforderung die Vertragserfüllung *(Arbeitsleistung)*, ist er für die Nichtleistung *(der Arbeit)* beweispflichtig.[342] Ist in einem Lohnzahlungsprozess streitig, ob der Arbeitnehmer die vertraglich vereinbarte **Regelarbeitszeit** abgeleistet hat, so ist der Arbeitgeber für sein Bestreiten beweispflichtig; denn für deren Ableistung spricht die Vertragstreuevermu-

---

339 BAG, 16.05.2012 – 5 AZR 347/11, NJW 2012, 2680 = NZA 2012, 939.
340 BAG, 16.05.2012 – 5 AZR 347/11, NJW 2012, 2680 = NZA 2012, 939.
341 BAG, 25.03.2015 – 5 AZR 602/13, Rn. 21; BAG, 21.05.1980 – 5 AZR 194/78, zu 4 a der Gründe; BGH, 17.12.2014 – VIII ZR 88/13, Rn 46.
342 LAG Köln, 01.04.1995 – 13 (10) Sa 1244/94.

tung.³⁴³ Der Arbeitgeber muss im Einzelnen darlegen und beweisen, dass die Voraussetzungen für eine **Lohnminderung** erfüllt sind.³⁴⁴ Zu Minderleistungen *(low performer)* s. Rdn. 218.

h) Erfüllung

Der Arbeitgeber trägt die Darlegungs- und die Beweislast für die Erfüllung des Anspruchs auf die Vergütung. Das gilt für den **gesamten Bruttolohnanspruch**. Der Arbeitgeber hat also auch die Abführung der Sozialversicherungsabgaben und der Steuern darzulegen und zu beweisen. Erfüllung setzt voraus, dass die Beträge bei Krankenkasse und Finanzamt eingegangen sind. Insoweit ist es regelmäßig nicht ausreichend, wenn nur Anmeldung und Zahlung durch Zeugnis eines Mitarbeiters unter Beweis gestellt wird.³⁴⁵ Der Beweis wird regelmäßig durch Vorlage entsprechender Bestätigungen seitens der Krankenkasse oder des Finanzamts zu erbringen sein. Der Einbehalt auf Rechnung des Arbeitnehmers (§ 38 Abs. 3 Satz 1 EStG) dient der Vorbereitung der Abführung. Erfüllt wird erst durch die Abführung nach § 41a EStG.³⁴⁶ Ob insoweit bezüglich der Steuern etwas anderes anzunehmen ist, wenn der Arbeitgeber den Nettolohn ausgezahlt und einen Betrag in Höhe der Steuern einbehalten hat, sehen Bundesarbeitsgericht und Bundesfinanzhof wohl unterschiedlich. Das BAG³⁴⁷ steht dem eher ablehnend gegenüber. Der Arbeitgeber führt die Lohnsteuer nicht »für Rechnung des Arbeitnehmers« an das Finanzamt ab, sondern erfüllt hiermit eine ihn aus § 41a Abs. 1 Satz 1 Nr. 2 EStG treffende öffentlich-rechtliche Verpflichtung.³⁴⁸ Der Arbeitgeber führt aber jedenfalls kein Lohnabzugsverfahren durch, wenn er den Lohnanspruch leugnet und deshalb keine Vergütung leistet. Das Einbehaltungsrecht dient nicht der Vorenthaltung der geschuldeten Vergütung, sondern der im Steuer- und Sozialversicherungsrecht vorgeschriebenen Verwendung eines Teils des Arbeitsentgelts. Die Lohnabzüge bereiten die Abführung der Lohnsteuer und des Gesamtsozialversicherungsbeitrags vor und können nicht isoliert davon betrachtet werden.³⁴⁹ Macht der Arbeitgeber ggü. einer Lohnforderung die Bezahlung eines **Lohnvorschusses** geltend, so handelt es sich um die Einwendung der Erfüllung und damit um eine sog. rechtsvernichtende Einwendung, deren tatsächliche Voraussetzungen der Arbeitgeber beweisen muss. Der Arbeitgeber muss daher im Streitfall auch beweisen, dass eine unstreitige Zahlung als Lohnvorschuss geleistet worden ist, wofür keine tatsächliche Vermutung spricht.³⁵⁰ Nach herrschender Meinung trägt der Kläger die Beweislast, wenn er ggü. einer Zahlung des Beklagten geltend macht, diese sei nicht auf die eingeklagte Forderung geleistet worden, sondern auf eine andere. Diese Ansicht ist auf Arbeitsverhältnisse nicht ohne Weiteres übertragbar.³⁵¹

136

i) Aufrechnung

Rechnet der Arbeitgeber gegen Lohnansprüche eines Arbeitnehmers mit Gegenansprüchen aus vermeintlich ungerechtfertigter Bereicherung auf, so trifft den Arbeitgeber die volle Beweislast dafür, dass der Arbeitnehmer Leistungen ohne Rechtsgrund erhalten hat.³⁵²

137

Der Arbeitgeber trägt die Darlegungslast dafür, dass seine Aufrechnung gegen den gem. § 850 Abs. 1 ZPO nur nach Maßgabe des §§ 850a bis 850i ZPO **pfändbaren Anspruch** des Arbeitnehmers auf Lohn und Überstundenvergütung das Erlöschen oder den teilweisen Untergang dieser

138

---

343 LAG Köln, 22.07.1994 – 13 Sa 414/94; LAG Hamm, 31.10.2002 – 8 Sa 758/02.
344 BAG, 17.07.1970 – 3 AZR 423/69.
345 LAG Berlin-Brandenburg, 28.05.2015 – 26 Sa 353/15, Rn 29.
346 BAG, 30.04.2008 – 5 AZR 725/07, Rn 19; vgl. dazu auch BAG, 17.09.2014 – 10 AZB 4/14, Rn 20.
347 BAG, 17.09.2014 – 10 AZB 4/14, m.w.N., auch zur Rechtsprechung des BFH.
348 BAG, 17.09.2014 – 10 AZB 4/14, Rn 20.
349 BAG, 07.03.2001 – GS 1/00, Rn 24.
350 LAG München, 28.09.1989 – 4 Sa 241/89.
351 LAG Köln, 27.09.1989 – 7 Sa 470/89.
352 LAG München, 21.07.1988 – 4 Sa 1168/87.

Forderungen bewirkt hat.[353] Da z.B. nach § 850a Nr. 1 ZPO die auf die Leistung von Mehrarbeit entfallenden Teile des Arbeitseinkommens nur zur Hälfte pfändbar sind, hat der Arbeitgeber darzulegen, welcher Teil des ausgewiesenen Gesamtnettobetrags der Überstundenvergütung zuzurechnen ist. Sonst kann die Einhaltung der Pfändungsbeschränkungen nicht geprüft werden. Insoweit reicht wegen der zu berücksichtigenden Abgaben ein Abgleich mit Lohnabrechnungen ohne Überstundenvergütung nicht.[354]

139 Der Arbeitgeber kann sich nicht darauf berufen, die pfändbaren Teile des Arbeitseinkommens seien von Amts wegen zu ermitteln. Zu diesen Ermittlungen sind die Gerichte für Arbeitssachen im Urteilsverfahren, für das der Beibringungsgrundsatz gilt, nicht verpflichtet.[355] Der Sechste Senat entschied dazu am 5. Dezember 2002,[356] dass der Aufrechnende die tatsächlichen Voraussetzungen der Aufrechnungslage darzulegen habe. Der Arbeitgeber habe bei teilweiser Unpfändbarkeit vorzutragen, dass seine Aufrechnung gegen den gem. § 850 Abs. 1 ZPO nur nach Maßgabe des nach §§ 850a bis 850i ZPO pfändbaren Anspruch (dort auf Lohn und Überstundenvergütung) das Erlöschen und den teilweisen Übergang dieser Forderung bewirkt habe (§ 389 BGB). Dieser Verpflichtung sei nicht genügt, wenn der Arbeitgeber sich darauf beschränke vorzutragen, die pfändbaren Teile des Arbeitseinkommens seien von Amts wegen zu ermitteln. Zu solchen Ermittlungen seien die Gerichte für Arbeitssachen nicht verpflichtet. Der Neunte Senat hat sich in seiner Entscheidung vom 17. Februar 2009[357] der Auffassung des Sechsten Senats zur Darlegungslast angeschlossen. Demgegenüber vertrat der Dritte Senat in seiner Entscheidung vom 14. August 1990 die Auffassung, die Darlegungs- und Beweislast treffe den klagenden Arbeitnehmer.[358] Diese Rechtsprechung ist angesichts der neueren Entscheidungen überholt.

Bereits in seiner Entscheidung vom 22. März 2000[359] entschied das BAG, gegen Forderungen des Arbeitgebers – dort der Sache nach Nettobeträge – könne der Arbeitnehmer **nicht mit Bruttolohnansprüchen** wirksam aufrechnen, es sei denn, die Höhe der Abzüge sei bekannt. Das war nicht der Fall. Die Aufrechnungslage setzt gem. § 387 BGB nämlich Gegenseitigkeit und Gleichartigkeit der Forderungen im Zeitpunkt der Abgabe der Aufrechnungserklärung voraus. Daran fehle es, wenn die Forderung, gegen die mit Vergütungsdifferenzen aufgerechnet werde, auf einen Nettobetrag gerichtet sei. Die Nettoforderungen, auf deren Zahlung die dortige Klägerin beim Scheitern der Aufrechnung einen Anspruch hatte, sei mit dem Betrag der Vergütungsdifferenzen nicht deckungsgleich. Von dem zur Aufrechnung gestellten Betrag seien vielmehr kraft der auf öffentlichem Recht beruhenden Verpflichtungen der Klägerin Lohnsteuern und Sozialversicherungsbeiträge einzubehalten und unmittelbar an die öffentlichen Kassen abzuführen. Insoweit fehle es an der Gegenseitigkeit von Haupt- und Gegenforderung und damit bereits an den grundlegenden Aufrechnungsvoraussetzungen. Die Aufrechnung könne sich nur auf den Nettolohnbetrag beziehen. Die Aufrechnung sei unzulässig, wenn der Nettobetrag nicht bestimmt sei. Aufgerechnet werden könne nur mit Nettolohnforderungen des Arbeitnehmers. Andernfalls wäre nicht klar, in welcher Höhe das Gericht über die Gegenforderung entschieden habe. Nach § 322 Abs. 2 ZPO sei die Entscheidung, dass die Gegenforderung nicht bestehe, bis zur Höhe des Betrages, für den die Aufrechnung geltend gemacht worden ist, der Rechtskraft fähig. Der Umfang der Rechtskraft darf nicht unklar bleiben. Auch wenn die Klage aufgrund einer Aufrechnung abgewiesen werden soll, muss feststehen, in welcher Höhe die zur Aufrechnung gestellte Gegenforderung erloschen ist.

---

353 § 389 BGB.
354 BAG, 05.12.2002 – 6 AZR 569/01, NZA 2003, 802.
355 BAG, 05.12.2002 – 6 AZR 569/01, NZA 2003, 802.
356 BAG, 05.12.2002 – 6 AZR 569/01, mit ablehnender Anm. Corts in SAE 2004, 21.
357 BAG, 17.02.2009 – 9 AZR 676/07.
358 BAG, 14.08.1990 – 3 AZR 285/89, AP Nr. 10 zu § 1 BetrAVG Invaliditätsrente.
359 BAG, 22.03.2000 – 4 AZR 120/99.

Bei einer Aufrechnung mit Bruttolohnforderungen muss der **genaue Nettobetrag** der Lohnforderung bei Schluss der mündlichen Verhandlung feststehen.[360] Auf bestehende Bedenken hinsichtlich der Aufrechnung mit Bruttobeträgen gegen Nettobeträge **hat das Gericht hinzuweisen**.

Das BAG hat in seiner Entscheidung vom 19. Januar 2010[361] dazu erläutert, wie ein Arbeitgeber einen überzahlten Bruttobetrag zurückerhalten kann. In der Entscheidung vom 9. April 2008[362] hatte der Vierte Senat mitgeteilt, wie es nicht geht (**Rückforderung eines Bruttobetrages durch den Arbeitgeber** unbestimmt). Und in der Entscheidung vom 30. April 2008[363] hat der Fünfte Senat aufgezeigt, wo die Grenzen der Zivilgerichte liegen, wenn es um die Berechnung von Abgaben geht.

j) Ausbildungsvergütung

Der **Auszubildende** trägt als Anspruchsteller die Darlegungs- und Beweislast dafür, dass die vereinbarte Ausbildungsvergütung unangemessen ist. Er genügt seiner Darlegungslast regelmäßig dadurch, dass er sich auf die einschlägige tarifliche Vergütung stützt und vorbringt, seine Ausbildungsvergütung unterschreite diese um mehr als 20 v.H. Der Ausbildende kann sich dann nicht auf den Vortrag beschränken, die von ihm gezahlte Vergütung sei angemessen. Er hat substanziiert zu begründen, weshalb im Einzelfall ein von den genannten Grundsätzen abweichender Maßstab gelten soll.[364] Diese sekundäre Darlegungslast des Ausbildenden wird nicht erst dann ausgelöst, wenn der Auszubildende dargelegt hat, dass die geltend gemachten Tarifentgelte in dem betreffenden Wirtschaftszweig üblicherweise gezahlt werden. Auch insofern besteht ein erheblicher Unterschied zwischen der Frage der Angemessenheit der Ausbildungsvergütung und der Frage des Lohnwuchers.[365] Auch dann, wenn üblicherweise nur zwischen 80 v.H. und 100 v.H. der tariflichen Ausbildungsvergütung gezahlt werden, ist eine die Grenze zu 80 v.H. unterschreitende Ausbildungsvergütung regelmäßig nicht mehr angemessen.[366]

140

k) Annahmeverzugsvergütung

Zur Annahmeverzugsvergütung siehe oben unter Rdn. 114 ff., während des Arbeitskampfes siehe unter Rdn. 119.

141

l) Arbeitnehmerüberlassung

Der Anspruch des Leiharbeitnehmers auf gleiches Arbeitsentgelt nach § 10 Abs. 4 AÜG ist ein die vertragliche Vergütungsabrede korrigierender gesetzlicher Entgeltanspruch, der mit jeder Überlassung entsteht und jeweils für die Dauer der Überlassung besteht. Zur Ermittlung der Höhe des Anspruchs ist deshalb ein Gesamtvergleich der Entgelte im Überlassungszeitraum anzustellen.[367] Darlegungs- und beweispflichtig für die Höhe des Anspruchs ist der Leiharbeitnehmer. Seiner Darlegungslast kann der Leiharbeitnehmer zunächst dadurch genügen, dass er sich auf eine ihm nach § 13 AÜG erteilte Auskunft beruft und diese in den Prozess einführt. Denn die – ordnungsgemäße – Auskunft des Entleihers über das einem vergleichbaren Stammarbeitnehmer gewährte Arbeitsentgelt ist das gesetzlich vorgesehene Mittel, das dem Leiharbeitnehmer ermöglichen soll, die Einhaltung des Gebots der Gleichbehandlung zu überprüfen und die Höhe des Anspruchs aus § 10 Abs. 4 AÜG zu berechnen. Es obliegt dann im Rahmen einer abgestuften Darlegungslast dem Verleiher, die maßgeblichen Umstände der Auskunft in erheblicher Art und im Einzelnen

142

---

360 Dazu Mikosch AR-Blattei SD Aufrechnung im Arbeitsverhältnis Rn 69.
361 BAG, 19.01.2010 – 9 AZR 51/09, Rn 17 ff.
362 BAG, 09.04.2008 – 4 AZR 164/07, Rn 56 f.
363 BAG, 30.04.2008 – 5 AZR 725/07, Rn 20 ff.
364 BAG 19.02.2008 – 9 AZR 1091/06, NZA 2008, 828.
365 Vgl. zur Darlegungslast bei Lohnwucher BAG, 16.05.2012 – 5 AZR 268/11, Rn 32 m.w.N.
366 BAG, 29.04.2015 – 9 AZR 108/14, Rn 26.
367 BAG, 23.03.2011 – 5 AZR 7/10, Rn 35 f., BAGE 137, 249.

zu bestreiten. Trägt er nichts vor oder lässt er sich nicht substanziiert ein, gilt der Inhalt der vom Leiharbeitnehmer vorgetragenen Auskunft als zugestanden. Gelingt es dem Verleiher, die Auskunft des Entleihers zu erschüttern, bleibt es bei dem Grundsatz, dass der Anspruchsteller die anspruchsbegründenden Tatsachen darlegen und beweisen muss.[368]

7. Arbeitsvertrag

143 Über die rechtliche Einordnung eines Vertrages entscheidet der Geschäftsinhalt und nicht die von den Vertragsparteien gewünschte Rechtsfolge oder eine Bezeichnung, die dem tatsächlichen Geschäftsinhalt nicht entspricht. Der Geschäftsinhalt kann sich sowohl aus den ausdrücklichen Vereinbarungen der Vertragsparteien als auch aus der praktischen Durchführung des Vertrages ergeben. Widersprechen sich beide, so ist die tatsächliche Durchführung des Vertrages maßgebend, sofern die aufseiten der Vertragsparteien zum Vertragsabschluss berechtigten Personen die abweichende Vertragspraxis kannten und sie zumindest geduldet haben; denn aus der praktischen Handhabung der Vertragsbeziehungen lassen sich am ehesten Rückschlüsse darauf ziehen, was die Vertragsparteien wirklich gewollt haben.[369] Wer in einem schriftlichen Arbeitsvertrag ausdrücklich ein Arbeitsverhältnis vereinbart und nur die daraus sich ergebenden zwingenden Rechtsfolgen ausdrücklich abbedingt, trägt die volle Darlegungs- und Beweislast für seine Behauptung, der wirkliche Geschäftswille der Parteien beinhalte einen freien Dienstvertrag und sei so auch tatsächlich vollzogen worden.[370] Wer behauptet, sein Arbeitsverhältnis zu einem früheren Arbeitgeber sei von seinem jetzigen Arbeitgeber unverändert übernommen worden, muss dies beweisen, wenn der Arbeitgeber behauptet, bei der Übernahme seien die Arbeitsbedingungen geändert worden. Es gilt in diesem Fall nicht die Regel, dass derjenige, der eine Vertragsänderung behauptet, sie auch beweisen muss.[371]

8. Aufhebungsvertrag/Prozessvergleich

144 Die Beweislast für die **einvernehmliche Beendigung** des Arbeitsverhältnisses trägt diejenige Partei, die sich auf die Beendigung beruft.[372] Einigen sich der Geschädigte und der Schädiger in einem formularmäßigen Abfindungsvergleich dahin, dass »Ansprüche gleich welcher Art für Vergangenheit und Zukunft, auch Ansprüche Dritter, die im Wege des Regresses auf den Schädiger zukommen können«, abgefunden sein sollen, so ist danach die Geltendmachung einer weiteren Schadensposition dann noch möglich, wenn der Geschädigte nachweist, dass der Abfindungsanspruch entgegen seinem Wortlaut nur eine beschränkte Wirkung haben sollte.[373] Wird in einem Prozessvergleich zwischen Arbeitnehmer und Arbeitgeber eine **Freistellung** des Arbeitnehmers von der Arbeit vereinbart, ist davon auszugehen, dass eine Anrechnung anderweitigen Erwerbs nicht erfolgen soll; für einen gegenteiligen Vertragswillen trägt der Arbeitgeber die Darlegungs- und Beweislast.[374] Übersteigt ein in einem gerichtlichen Vergleich ausgehandelter Abfindungsbetrag die Freibetragsgrenze des § 3 Nr. 9 EStG, so kommt dem Zusatz »brutto = netto« keinerlei Bedeutung hinsichtlich der Frage zu, ob es sich um eine Netto- oder Bruttoabfindung handelt. Der Vergleich ist daher nach §§ 133, 157 BGB auszulegen, wobei dem Arbeitnehmer die **Darlegungs- und Beweislast** für die Vereinbarung einer Nettoabfindung obliegt.[375]

---

368 BAG, 25.03.2015 – 5 AZR 368/13, Rn 14.
369 BAG, 30.01.1991 – 7 AZR 497/89.
370 LAG Köln, 30.09.1996 – 10 Ta 194/96.
371 BAG, 01.02.1971 – 3 AZR 7/70.
372 LAG Sachsen-Anhalt, 09.03.1995 – 6 Sa 259/94.
373 OLG Frankfurt am Main, 01.03.1993 – 19 U 222/91.
374 LAG Köln, 21.08.1991 – 7/5 Sa 385/91, NZA 1992, 123.
375 LAG Niedersachsen, 10.12.1984 – 2 Sa 110/84.

9. Befristung

Wer die **Befristung** eines Arbeitsverhältnisses einwendet, trägt die Darlegungs- und Beweislast für die Befristungsvereinbarung.[376] Bei einem Streit über die **Dauer** eines befristeten Arbeitsverhältnisses hat derjenige die Befristungsdauer zu beweisen, der sich auf die frühere Vertragsbeendigung beruft.[377] Grds. hat der Arbeitnehmer die Darlegungs- und Beweislast dafür, dass bei Abschluss des befristeten Arbeitsvertrages **sachliche Gründe** gefehlt haben. Die Darlegungs- und Beweislast kann sich nach Lage des jeweiligen Falles dann umkehren, wenn nach dem unstreitigen Sachverhalt oder dem Vorbringen des Arbeitnehmers, das dem ersten Anschein nach zutreffend ist, die Befristung unzulässig ist.[378] Bei Befristung des Arbeitsvertrages aus sozialen Gründen, um einem Arbeitnehmer nach Abschluss seiner Ausbildung bei der Überwindung von Übergangsschwierigkeiten zu helfen, ist der Arbeitgeber für das Vorliegen der sozialen Gründe darlegungs- und beweispflichtig.[379] Wenn ein Tarifvertrag sachliche Gründe zur Wirksamkeitsvoraussetzung für Befristungen erhebt, dann trägt der Arbeitgeber die Darlegungs- und Beweislast für das Vorliegen sachlicher Gründe.[380] Die Darlegungs- und Beweislast für den sachlichen Grund einer Befristung trägt der Arbeitgeber.[381] Beruft sich eine Rundfunkanstalt auf die Zweckbefristung des Arbeitsverhältnisses mit sog. programmgestaltenden Angestellten, so trägt sie dafür die Darlegungs- und Beweislast.[382]

145

10. Beschäftigungs- und Weiterbeschäftigungsanspruch

Den Ausnahmetatbestand der **Unzumutbarkeit** oder Unmöglichkeit der Beschäftigung bis zum Ablauf der Kündigungsfrist hat der Arbeitgeber darzulegen und zu beweisen.[383]

146

11. Betriebsübergang

Legt der Arbeitnehmer, der einen Übergang seines Arbeitsverhältnisses nach § 613a BGB geltend macht, dar, dass der in Anspruch genommene Betriebserwerber die wesentlichen Betriebsmittel nach Einstellung des Geschäftsbetriebs des bisherigen Geschäftsinhabers verwendet, um einen gleichartigen Geschäftsbetrieb zu führen, so spricht der Beweis des ersten Anscheins dafür, dass dies aufgrund eines Rechtsgeschäftes i.S.v. § 613a BGB geschieht.[384] Jeder Arbeitnehmer kann nur einem Betrieb oder Betriebsteil angehören. Der Arbeitnehmer trägt die Darlegungs- und Beweislast, dass er zum »abgespaltenen« Betrieb in einem Arbeitsverhältnis steht.[385]

147

Für die Erfüllung der **Unterrichtungspflicht** nach § 615a Abs. 5 BGB sind Veräußerer und Erwerber darlegungs- und beweispflichtig.[386] Genügt die Unterrichtung zunächst formal den Anforderungen des § 613a Abs. 5 BGB und ist sie nicht offensichtlich fehlerhaft, ist es Sache des Arbeitnehmers, einen behaupteten Mangel näher darzulegen. Hierzu ist er im Rahmen einer abgestuften Darlegungslast nach § 138 Abs. 3 ZPO verpflichtet. Dem bisherigen Arbeitgeber und/oder dem neuen Inhaber – je nachdem, wer die Unterrichtung vorgenommen hat – obliegt dann die Darlegungs- und Beweislast für die ordnungsgemäße Erfüllung der Unterrichtungspflicht, indem mit entspr. Darlegungen und Beweisangeboten die Einwände des Arbeitnehmers entkräftet werden.[387] Der Kläger, der sich auf die nicht vollständige Unterrichtung beruft, kann verlangen, so gestellt zu

148

---

376 LAG Köln, 23.03.1988 – 7 Sa 1349/87; LAG Hamm, 05.03.1990 – 19 Sa 1696/89.
377 BAG, 12.10.1994 – 7 AZR 745/93.
378 BAG, 26.01.1984 – 2 AZR 606/82.
379 BAG, 03.10.1984 – 7 AZR 132/83.
380 BAG, 11.08.1983 – 9 AZR 95/88.
381 ArbG Hamburg, 11.08.1993 – 9 Ca 440/92.
382 LAG Köln, 19.12.1983 – 1/8 Sa 687/75.
383 LAG München, 19.08.1992 – 5 Ta 185/92.
384 BAG, 15.05.1985 – 5 AZR 276/84; Sächsisches LAG, 10.05.1995 – 6 Sa 1444/94.
385 LAG Nürnberg, 07.11.1990 – 3 Sa 295/90.
386 BAG, 14.12.2006 – 8 AZR 763/05, DB 2007, 975.
387 BAG, 14.12.2006 – 8 AZR 763/05, AP Nr. 318 zu § 613a BGB = EzA BGB 2002 § 613a Nr. 63 m.w.N.

werden, wie er gestanden hätte, wenn er richtig und vollständig informiert worden wäre. Dafür muss er vortragen und beweisen, dass ihm infolge der mangelhaften Unterrichtung der geltend gemachte Schaden entstanden ist.[388]

149 Der Arbeitgeber kann sich u.U. auf **Verwirkung des Widerspruchsrechts** berufen. Das Umstandsmoment ist erfüllt, wenn er aufgrund des Verhaltens des Arbeitnehmers annehmen durfte, dieser habe den Übergang seines Arbeitsverhältnisses auf den Betriebserwerber und diesen damit als seinen neuen Arbeitgeber akzeptiert. Dies ist regelmäßig gegeben, wenn der Arbeitnehmer über den Bestand seines Arbeitsverhältnisses gegenüber dem Betriebserwerber disponiert hat. Die widerspruchslose Weiterarbeit ist nicht ausreichend. Als Disposition über den Bestand des Arbeitsverhältnisses stellen sich nur solche Vereinbarungen oder Verhaltensweisen des Arbeitnehmers dar, durch welche es zu einer Beendigung des Arbeitsverhältnisses kommt, z.B. Abschluss eines Aufhebungsvertrages, oder durch welche das Arbeitsverhältnis auf eine völlig neue rechtliche Grundlage gestellt wird (z.B. die Begründung eines Altersteilzeitarbeitsverhältnisses).[389]

150 Eine Berufung des Arbeitgebers auf die Verwirkung des Widerspruchsrechts kann allerdings **ihrerseits gegen Treu und Glauben verstoßen** und damit unzulässig sein, wenn er den Arbeitnehmer treuwidrig zum Abschluss eines Aufhebungsvertrages veranlasst und damit das Umstandsmoment unter Verstoß gegen § 242 BGB herbeigeführt hat. Für das Vorliegen eines solchen Verstoßes trägt grundsätzlich der **Arbeitnehmer die Darlegungs- und Beweislast**, wenn er sich auf die Nichtverwirklichung des Umstandsmoments berufen will.

12. Bildungsurlaub

151 Die Arbeitnehmerin hat die Darlegungs- und Beweislast für die gesetzlichen Voraussetzungen des Anspruchs auf Bildungsurlaub. Sie ist verpflichtet, im Streitfall den Gerichten für Arbeitssachen den Inhalt der Bildungsveranstaltung vorzutragen.[390] Sind an einer Bildungsveranstaltung eine anerkannte Einrichtung der Weiterbildung und eine nicht anerkannte Einrichtung beteiligt, so hat die Arbeitnehmerin, die die Fortzahlung des Arbeitsentgelts begehrt, die Tatsachen darzulegen und zu beweisen, aus denen sich ergibt, dass die Bildungsveranstaltung von der anerkannten Einrichtung durchgeführt wurde.[391] Kommt es für den Anspruch auf Fortzahlung des Arbeitsentgelts darauf an, ob eine Bildungsveranstaltung für **jedermann** zugänglich durchgeführt worden ist, so hat der Arbeitnehmer die Tatsachen vorzutragen und zu beweisen, aus denen sich ergibt, dass die Veranstaltung mindestens dem Personenkreis der Arbeitnehmer und arbeitnehmerähnlichen Personen zugänglich war.[392]

13. Diskriminierung/Gleichbehandlung

152 Nach der gesetzlichen Beweislastregelung des **§ 22 AGG** genügt es, dass der Anspruchssteller Indizien vorträgt und im Streitfalle beweist, die eine Benachteiligung wegen eines in § 1 AGG genannten Grundes vermuten lassen. An diese Vermutungsvoraussetzungen ist **kein zu strenger Maßstab** anzulegen. Es ist nicht erforderlich, dass die Tatsachen einen zwingenden Indizienschluss für eine Verknüpfung der Benachteiligung mit einem Benachteiligungsmerkmal zulassen. Vielmehr reicht es aus, wenn nach allgemeiner Lebenserfahrung hierfür eine **überwiegende Wahrscheinlichkeit** besteht.[393] Werden vom Arbeitnehmer Tatsachen vorgetragen, die je für sich genommen nicht zur Begründung der Kausalität ausreichen, ist eine **Gesamtbetrachtung** vorzunehmen. Zu prüfen ist,

---

388 BAG, 31.1.2008 – 8 AZR 1116/06, AP Nr. 2 zu § 613a BGB Unterrichtung = NZA 2008, 642.
389 BAG, 11.11.2010 – 8 AZR 185/09, n.v., Rn 34.
390 BAG, 09.02.1993 – 9 AZR 203/90.
391 BAG, 16.08.1990 – 8 AZR 220/88.
392 BAG, 16.08.1990 – 8 AZR 654/88.
393 BAG, 02.07.2010 – 8 AZR 1012/08, NZA 2011, 93 = EzTöD 100 § 2 TVöD-AT Diskriminierung Geschlecht Nr. 4, Rn 64; eingehend auch BAG, 26.06.2014 – 8 AZR 547/13, Rn 31, EzA § 22 AGG Nr. 12.

ob die Hilfstatsachen, werden sie im Zusammenhang gesehen, geeignet sind, die Vermutungswirkung zu begründen.³⁹⁴ Hat die klagende Partei Tatsachen vorgetragen, die ihre Benachteiligung vermuten lassen, trägt die beklagte Partei nach § 22 AGG die Beweislast dafür, dass kein Verstoß gegen die Bestimmungen zum Schutz vor Benachteiligung vorliegt.

Eine weniger günstige Behandlung wegen des **Alters** ist z.B. bereits dann gegeben, wenn die Benachteiligung an das Alter anknüpft oder durch sie motiviert ist. Ausreichend ist, dass das Alter Bestandteil eines Motivbündels ist, das die Entscheidung beeinflusst hat. Auf ein schuldhaftes Handeln oder gar eine Benachteiligungsabsicht kommt es nicht an. Zur Widerlegung der Vermutung einer Benachteiligung wegen des Alters muss der Arbeitgeber das Gericht davon überzeugen, dass die Benachteiligung gerade nicht auf dem Alter beruht. Er muss also Tatsachen vortragen und ggf. beweisen, aus denen sich ergibt, dass es ausschließlich andere Gründe waren als das Alter, die zu der weniger günstigen Behandlung geführt haben.³⁹⁵ Die Bildung von Altersgruppen zur Erhaltung einer ausgewogenen Altersstruktur benachteiligt zwar u.U. bestimmte Belegschaftsgruppen. Das wird aber als durch legitime Zwecke gerechtfertigt angesehen.³⁹⁶ 153

Als Vermutungstatsachen für einen Zusammenhang mit der **Behinderung** kommen alle Pflichtverletzungen in Betracht, die der Arbeitgeber begeht, indem er Vorschriften nicht befolgt, die zur Förderung der Chancen der schwerbehinderten Menschen geschaffen wurden. Dazu gehört nach § 81 Abs. 1 Satz 1 SGB IX die Prüfung, ob der freie Arbeitsplatz mit schwerbehinderten Menschen besetzt werden kann, und zwar durch interne Prüfung und durch Einschaltung der Agentur für Arbeit. Außerdem ist nach § 81 Abs. 1 Satz 6 SGB IX die Schwerbehindertenvertretung zu beteiligen.³⁹⁷ Liegt eine konkrete Benachteiligung eines schwerbehinderten Menschen bei einer Einstellungsentscheidung vor, so stellte die **Nichtbeteiligung der Agentur für Arbeit** nach § 81 Abs. 1 SGB IX ein Indiz i.S.d. § 22 AGG dar, die zu einer Beweislastumkehr führte.³⁹⁸ Ob die **Verletzung einer Unterrichtungspflicht nach § 81 Abs. 1 Satz 9 SGB IX** Indizwirkung nur bei bestehendem Personalrat und/oder einer Schwerbehindertenvertretung hat oder aber eine eigenständige, von den Sätzen 4 bis 8 unabhängige Pflicht des Arbeitgebers darstellt, die auch dann besteht, wenn es keinen Betriebs-/Personalrat oder keine Schwerbehindertenvertretung gibt, konnte das BAG bisher offen lassen. Von einer Indizwirkung i.S.d. § 22 AGG sei jedenfalls nur dann auszugehen, wenn wie bei der Pflicht zur Einladung zum Vorstellungsgespräch nach § 82 Satz 2 SGB IX dem Arbeitgeber die Schwerbehinderteneigenschaft oder die Gleichstellung des Bewerbers **bekannt gewesen** sei oder er sich aufgrund der Bewerbungsunterlagen diese Kenntnis hätte verschaffen können.³⁹⁹ Andernfalls kann der Pflichtenverstoß dem Arbeitgeber nicht zugerechnet werden. Eine überwiegende Wahrscheinlichkeit für einen Kausalzusammenhang zwischen Benachteiligung und eines der in § 1 AGG genannten Merkmale kann aus einem Verfahrensverstoß nur dann abgeleitet werden, wenn der Arbeitgeber anhand der objektiv bestehenden Umstände erkannt hat oder erkennen musste, dass ihn eine entsprechende Pflicht trifft. Dies ist der Fall, wenn der Arbeitgeber positive Kenntnis von der Schwerbehinderung oder Gleichstellung oder zumindest Anlass dazu hatte, eine solche anzunehmen. Daher **obliegt es dem abgelehnten Bewerber darzulegen**, dass dem Arbeitgeber die Schwerbehinderteneigenschaft oder Gleichstellung bekannt gewesen ist oder er sich aufgrund der Bewerbungsunterlagen diese Kenntnis jedenfalls hätte verschaffen müssen.⁴⁰⁰ Andererseits hat der Arbeitgeber die Erledigung seiner Personalangelegenheiten so zu organisieren, dass er seine gesetzlichen Pflichten zur Förderung schwerbehinderter Bewerber erfüllen kann. Die für den Arbeitgeber handelnden Personen sind verpflichtet, das Bewerbungsschreiben vollständig zu lesen und zur Kenntnis zu nehmen. Ein ordnungsgemäßer Hinweis auf eine Schwerbehinderung 154

---

394 BAG, 07.07.2011 – 2 AZR 396/10, NZA 2012, 34, Rn 34.
395 BAG, 19.08.2010 – 8 AZR 530/09, NZA 2010, 1412, Rn 61.
396 BAG, 15.12.2011 – 2 AZR 42/10, Rn 59 ff.
397 BAG, 20.01.2016 – 8 AZR 194/14, Rn 39.
398 BAG, 19.08.2010 – 8 AZR 370/09, NZA 2011, 200, Rn 36.
399 BAG, 13.10.2011 – 8 AZR 608/10, Rn 37.
400 BAG, 13.10.2011 – 8 AZR 608/10, Rn 37; Düwell in: LPK-SGB IX 3. Aufl. § 82 Rn 19.

liegt vor, wenn die Mitteilung in einer Weise in den Empfangsbereich des Arbeitgebers gelangt ist, die es ihm ermöglicht, die Schwerbehinderteneigenschaft des Bewerbers zur Kenntnis zu nehmen. Zwar muss der Bewerber keinen Schwerbehindertenausweis oder seinen Gleichstellungsbescheid vorlegen, jedoch muss sein Hinweis so beschaffen sein, dass ein gewöhnlicher Leser der Bewerbung die Schwerbehinderung oder Gleichstellung zur Kenntnis nehmen kann. Ein **Verstoß des Arbeitgebers gegen seine Verpflichtung, ein ordnungsgemäßes betriebliches Eingliederungsmanagement (BEM) nach § 84 Abs. 2 SGB 9 durchzuführen**, kann nach der Rechtsprechung des Achten Senats des BAG allenfalls ein Indiz für die Vermutung darstellen, dass er sich nicht an seine gesetzlichen Verpflichtungen gegenüber Arbeitnehmern mit längeren Krankheitszeiten hält, er begründe jedoch keine Vermutung nach § 22 AGG für eine Benachteiligung des Arbeitnehmers wegen einer Behinderung.[401] Der EuGH hat zwar einen Anspruch eines abgelehnten Bewerbers auf Auskunft darüber, ob der Arbeitgeber am Ende des Einstellungsverfahrens einen anderen Bewerber eingestellt hat, abgelehnt. Es könne jedoch nicht ausgeschlossen werden, dass die **Verweigerung jedes Zugangs zu Informationen** durch einen Arbeitgeber ein Gesichtspunkt sein könne, der im Rahmen des Nachweises von Tatsachen, die das Vorliegen einer unmittelbaren oder mittelbaren Diskriminierung vermuten lassen, heranzuziehen sei.[402] Begründet ein Arbeitgeber seine Maßnahme gegenüber dem Arbeitnehmer, so muss diese Auskunft zutreffen. Ist dagegen die **Auskunft nachweislich falsch** oder steht sie im Widerspruch zum Verhalten des Arbeitgebers, so kann dies ein Indiz für eine Diskriminierung bedeuten.[403]

155 Indizien für eine **Geschlechterdiskriminierung** können sich z.B. aus **Statistiken** ergeben. Eine Begrenzung auf Fälle mittelbarer Diskriminierung ist der Gesetzesbegründung nicht zu entnehmen und auch nicht geboten. Ausreichend sind nämlich für die Vermutungswirkung des § 22 AGG solche Indizien, die aus einem regelhaft einem Merkmalsträger gegenüber geübten Verhalten auf eine solchermaßen *(mit)* motivierte Entscheidung schließen lassen. Eine Vermutung für ein derartig regelhaftes Verhalten kann sich aus statistischen Daten aber nur dann ergeben, wenn sie sich konkret auf den betreffenden Arbeitgeber beziehen und im Hinblick auf dessen Verhalten aussagekräftig sind. Allein das Verhältnis zwischen dem Frauenanteil der Gesamtbelegschaft und dem in oberen Führungspositionen lässt nach der Rechtsprechung des BAG einen Rückschluss auf die Ungleichbehandlung von Frauen beim beruflichen Aufstieg in bestimmte Hierarchieebenen eines Unternehmens nicht zu. Um beurteilen zu können, ob signifikant weniger Frauen als Männer die Hierarchiestufe oberhalb einer angenommenen »**gläsernen Decke**« erreichen, bedürfe es der Feststellung, wie viele Frauen überhaupt unterhalb dieser angekommen sind. Darüber gebe der Anteil von Frauen an der Gesamtbelegschaft keinen Aufschluss. Es genüge im Regelfall auch nicht für ein »Indiz« i.S.d. § 22 AGG, wenn lediglich »auffällige Ungleichgewichte« beim Frauenanteil in verschiedenen Hierarchieebenen eines Unternehmens von der Anspruchstellerin anhand von Statistiken bewiesen seien. Für die Annahme einer geschlechtsbezogenen Diskriminierung von Frauen bei Beförderungsentscheidungen bedürfe es über die bloße Statistik hinaus weiterer Anhaltspunkte.[404] Eine Person, die sich durch eine Benachteiligung wegen der Transsexualität für beschwert hält, genügt ihrer Darlegungslast gemäß § 22 AGG bereits dann, wenn sie Indizien vorträgt, die mit überwiegender Wahrscheinlichkeit darauf schließen lassen, dass sie als eine solche Person wahrgenommen und deshalb benachteiligt wurde. In einem solchen Fall ist die Vermutung begründet, dass der Benachteiligende die Transsexualität angenommen hat i.S.v. § 7 Abs. 1 Halbs. 2 AGG und diese Annahme mitursächlich für seine Entscheidung war.[405]

---

401 BAG, 28.04.2011 – 8 AZR 515/10, NJW 2011, 2458, Rn 42.
402 EuGH, 19.04.2012 – C-415/10 [Meister], NZA 2012, 493, Rn 47.
403 BAG, 21.06.2012 – 8 AZR 364/11.
404 BAG, 02.07.2010 – 8 AZR 1012/08, NZA 2011, 93 = EzTöD 100 § 2 TVöD-AT Diskriminierung Geschlecht Nr. 4, Rn 76.
405 BAG, 17.12.2015 – 8 AZR 421/14, Rn 32.

Hinsichtlich der **Kausalität** zwischen Nachteil und dem verpönten Merkmal ist in § 22 AGG eine Beweislastregelung getroffen, die sich auch auf die Darlegungslast auswirkt. Der Beschäftigte genügt danach seiner Darlegungslast, wenn er Indizien vorträgt, die seine Benachteiligung wegen eines verbotenen Merkmals vermuten lassen. Dies ist der Fall, wenn die vorgetragenen Tatsachen aus objektiver Sicht mit **überwiegender Wahrscheinlichkeit** darauf schließen lassen, dass die Benachteiligung wegen dieses Merkmals erfolgt ist.[406] Durch die Verwendung der Wörter »Indizien« und »vermuten« bringt das Gesetz zum Ausdruck, dass es hinsichtlich der Kausalität zwischen einem der in § 1 AGG genannten Gründe und einer ungünstigeren Behandlung genügt, Hilfstatsachen vorzutragen, die zwar nicht zwingend den Schluss auf die Kausalität zulassen, die aber die Annahme rechtfertigen, dass die Kausalität gegeben ist. Liegt eine Vermutung für die Benachteiligung vor, trägt nach § 22 AGG die andere Partei die Beweislast dafür, dass kein Verstoß gegen die Bestimmungen zum Schutz vor Benachteiligung vorgelegen hat.[407] Im Falle der Ankündigung einer **In-vitro-Fertilisation** trägt z.B. der **zeitliche Zusammenhang**, in dem sich der Ausspruch einer Kündigung anschließt, den Schluss, die Kündigung sei aufgrund der Ankündigung der Arbeitnehmerin erfolgt.[408]

156

Zur Widerlegung der Vermutung einer Benachteiligung wegen des **Alters** muss der Arbeitgeber das Gericht z.B. davon überzeugen, dass die Benachteiligung gerade nicht auf dem Alter beruht. Er muss also Tatsachen vortragen und ggf. beweisen, aus denen sich ergibt, dass es ausschließlich andere Gründe waren als das Alter, die zu der weniger günstigen Behandlung geführt haben.[409]

157

Ein Verstoß gegen die Verpflichtung, einen Arbeitsplatz nicht unter Verstoß gegen das Benachteiligungsverbot aus § 7 Abs. 1 AGG auszuschreiben, kann die Vermutung begründen, die **Benachteiligung bei der Stellenbesetzung** sei wegen des in der Ausschreibung bezeichneten Merkmals erfolgt. Zur Widerlegung der Vermutung muss der Arbeitgeber hier Tatsachen vortragen und ggf. beweisen, aus denen sich ergibt, dass es ausschließlich andere Gründe waren als das Alter, die zu der weniger günstigen Behandlung geführt haben. Ein Entschädigungsanspruch gemäß § 15 Abs. 2 Satz 1 AGG setzt dabei weder ein Verschulden des Arbeitgebers voraus noch bedarf es der gesonderten Feststellung des Eintritts eines immateriellen Schadens.

158

Das **Vorliegen einer vergleichbaren Situation** i.S.d. § 3 AGG setzt voraus, dass der Bewerber objektiv für die Stelle geeignet ist, denn vergleichbar (nicht: gleich!) ist die Auswahlsituation nur für Arbeitnehmer, die gleichermaßen die objektive Eignung für die zu besetzende Stelle aufweisen. Maßgeblich für die objektive Eignung ist dabei nicht das **formelle Anforderungsprofil**, welches der Arbeitgeber erstellt hat, sondern die Anforderungen, die an die jeweilige Tätigkeit nach der im Arbeitsleben herrschenden Verkehrsanschauung gestellt werden. Der Arbeitgeber hat über den der Stelle zugeordneten Aufgabenbereich frei zu entscheiden, wie Art. 12 Abs. 1 GG es gebietet, er kann aber nicht durch das Stellen hierfür nicht erforderlicher Anforderungen an Bewerber die Vergleichbarkeit der Situation selbst gestalten und den Schutz des AGG de facto beseitigen.[410] Die objektive Eignung ist zu trennen von der individuellen fachlichen und persönlichen Qualifikation des Bewerbers, die nur als Kriterium der Auswahlentscheidung auf der Ebene der Kausalität zwischen Benachteiligung und verbotenem Merkmal eine Rolle spielt.[411] Allerdings bedürfen auch Bewerber, welche die auf der zu besetzenden Stelle auszuübenden Tätigkeiten grundsätzlich verrichten können, ohne aber jede Voraussetzung des Anforderungsprofils zu erfüllen, des Schutzes vor Diskriminierung, weil gerade Anforderungsprofile in Stellenanzeigen häufig Qualifikationen benennen,

---

406 BAG, 26.03.2015 – 2 AZR 237/14, Rn 38.
407 BAG, 19.08.2010 – 8 AZR 530/09, NZA 2010, 1412 = EzTöD 100 § 2 TVöD-AT Diskriminierung Alter Nr. 7, Rn 55.
408 BAG, 26.03.2015 – 2 AZR 237/14, Rn 43.
409 BAG, 19.08.2010 – 8 AZR 530/09, NZA 2010, 1412 = EzTöD 100 § 2 TVöD-AT Diskriminierung Alter Nr. 7, Rn 61.
410 BAG, 19.08.2010 – 8 AZR 466/09, NZA 2011, 203, Rn 37; BAG, 07.04.2011 – 8 AZR 679/09, NZA-RR 2011, 494, 38.
411 BAG, 22.07.2010 – 8 AZR 1012/08, NZA 2011, 93.

deren Vorhandensein der Arbeitgeber sich für den Idealfall zwar wünscht, die aber keinesfalls zwingende Voraussetzung einer erfolgreichen Bewerbung sind.[412] Diese Grundsätze gelten allerdings bei der Besetzung von Stellen **öffentlicher Arbeitgeber** nur eingeschränkt. Während nämlich der private Arbeitgeber im Rahmen der oben dargelegten Grundsätze frei ist, welche Anforderungen er in seiner Stellenausschreibung an Bewerber stellt und ob er dann bei seiner Auswahlentscheidung von einzelnen dieser geforderten Qualifikationen abweicht, hat der öffentliche Arbeitgeber Art. 33 Abs. 2 GG zu beachten.[413] Für das Auswahlverfahren bleibt die Ausschreibung verbindlich. Eine nachträgliche Ergänzung oder Verschärfung sind ebenso unzulässig wie der spätere Verzicht auf einzelne Merkmale. Dem Arbeitgeber des öffentlichen Dienstes steht bei der Anwendung von Art. 33 Abs. 2 GG und damit auch bei der Festlegung des Anforderungsprofils und der Eignungsmerkmale ein von der Verfassung gewährter Beurteilungsspielraum zu, der nur eingeschränkter gerichtlicher Kontrolle unterliegt. Dieser Spielraum des Arbeitgebers des öffentlichen Dienstes besteht allerdings nur insoweit, als das Prinzip der »Bestenauslese« für die zu besetzende Stelle gewährleistet werden soll, also die Merkmale der Eignung, Befähigung und fachlichen Leistung der Auswahlentscheidung zugrunde gelegt werden. Die Festlegung des Anforderungsprofils muss deshalb im Hinblick auf die Anforderungen der zu besetzenden Stelle sachlich nachvollziehbar sein.[414]

Für das Vorliegen einer vergleichbaren Situation ist die Arbeitnehmerin darlegungs- und beweispflichtig. Im Rahmen einer abgestuften Darlegungslast hat allerdings der Arbeitgeber die **konkreten Anforderungen an die Stelle** nachvollziehbar darzulegen.

159 Wenn ein Bewerber auch bei benachteiligungsfreier Auswahl nicht eingestellt worden wäre, ist vom Tatrichter zunächst die Höhe einer angemessenen und der Höhe nach nicht begrenzten **Entschädigung** zu ermitteln und diese dann, wenn sie drei Monate übersteigen sollte, zu kappen.

160 Im Rahmen der Geltendmachung eines **Schadensersatzanspruchs** nach § 15 Abs. 1 AGG trifft den Bewerber die Darlegungs- und Beweislast dafür, dass er als der am besten geeignete Bewerber bei diskriminierungsfreier Auswahl die Stelle erhalten hätte. Diese dem Bewerber im Rahmen des § 15 Abs. 1 AGG obliegende Darlegungs- und Beweislast hinsichtlich der haftungsausfüllenden Kausalität wird nicht durch § 22 AGG abgeändert.[415]

161 Ist ein **Entschädigungsanspruch gemäß § 15 Abs. 2 Satz 1 AGG** dem Grunde nach gegeben, hat der Arbeitgeber die für ihn günstigere Tatsache zu beweisen, dass der Bewerber oder die Bewerberin auch **bei benachteiligungsfreier Auswahl nicht eingestellt** worden wäre und damit die in § 15 Abs. 2 Satz 2 AGG festgelegte **Höchstgrenze** für die Entschädigung zum Tragen kommt.[416] Durch § 15 Abs. 2 Satz 2 AGG wird von dem in § 15 Abs. 2 Satz 1 AGG aufgestellten Grundsatz, dass die Höhe der Entschädigung nur durch das Kriterium der Angemessenheit begrenzt wird, eine Ausnahme zugunsten des Arbeitgebers geschaffen. Diese Verteilung der Beweislast schließt allerdings nicht aus, dass der Bewerber im Rahmen einer **abgestuften Darlegungslast** zunächst geltend gemacht haben muss, dass er bei einer benachteiligungsfreien Auswahl eingestellt worden wäre.[417]

162 § 15 Abs. 1 AGG begründet einen Anspruch auf Ersatz des durch die verbotene Benachteiligung entstandenen materiellen **Schadens**. Für den Umstand, dass ein Bewerber die Stelle ohne die unzulässige Benachteiligung tatsächlich erhalten hätte, also für die **haftungsausfüllende Kausalität** zwischen der Benachteiligung und dem entstandenen Schaden, ist nach den allgemeinen Beweislastregeln z.B. der Bewerber darlegungs- und beweispflichtig. Eine dem § 15 Abs. 2 Satz 2 AGG

---

412 BAG, 07.04.2011 – 8 AZR 679/09, NZA-RR 2011, 494, Rn 39.
413 BAG, 07.04.2011 – 8 AZR 679/09, NZA-RR 2011, 494, Rn 39.
414 BAG, 07.04.2011 – 8 AZR 679/09, NZA-RR 2011, 494, Rn 45.
415 BAG, 19.08.2010 – 8 AZR 530/09, NZA 2010, 1412 = EzTöD 100 § 2 TVöD-AT Diskriminierung Alter Nr. 7, Rn 79.
416 EuGH, 22.04.1997 – C-180/95, [Draehmpaehl] Rn 36, Slg. 1997, I-2195.
417 BAG, 19.08.2010 – 8 AZR 530/09, NZA 2010, 1412 = EzTöD 100 § 2 TVöD-AT Diskriminierung Alter Nr. 7, Rn 67.

vergleichbare Bestimmung enthält § 15 Abs. 1 AGG nicht. Dies führt dazu, dass im Rahmen der Geltendmachung eines Schadensersatzanspruchs nach § 15 Abs. 1 AGG den Bewerber die Darlegungs- und Beweislast dafür trifft, dass er als der am besten geeignete Bewerber bei diskriminierungsfreier Auswahl die Stelle erhalten hätte. Diese dem Bewerber im Rahmen des § 15 Abs. 1 AGG obliegende Darlegungs- und Beweislast hinsichtlich der haftungsausfüllenden Kausalität wird nach der Rechtsprechung des BAG nicht durch § 22 AGG abgeändert.[418]

Nach § 15 Abs. 4 AGG muss ein Anspruch nach § 15 Abs. 1 und 2 AGG innerhalb einer Frist von zwei Monaten, beginnend mit dem **Zugang** der Ablehnung, schriftlich geltend gemacht werden,[419] es sei denn, die Tarifvertragsparteien haben etwas anderes vereinbart. Im Rahmen der Frage der fristgerechten Geltendmachung von Ansprüchen nach § 15 Abs. 1, 2 AGG hat der Arbeitgeber darzulegen und ggf. zu beweisen, dass und wann die Frist nach § 15 Abs. 4 Satz 1 AGG durch Zugang der Ablehnung beim Bewerber in Lauf gesetzt worden ist, während der Arbeitnehmer darzulegen und ggf. zu beweisen hat, wann seine schriftliche Geltendmachung dem Arbeitgeber zugegangen ist.[420]

163

Der Arbeitgeber trägt im Zusammenhang mit der Anwendung des Gleichbehandlungsgrundsatzes die Darlegungs- und Beweislast für eine **zulässige Schlechterstellung** einzelner Arbeitnehmer.[421]

164

Sowohl BAG[422] als auch das Bundesverwaltungsgericht[423] sind der Auffassung, dass ausnahmsweise nach dem Grundsatz von Treu und Glauben (§ 242 BGB) unter dem Gesichtspunkt des Rechtsmissbrauchs ein Anspruch, insbesondere wegen mangelnder Ernsthaftigkeit der Bewerbung, ausgeschlossen sein kann. Mit Rücksicht auf die Gewährleistung eines tatsächlichen und wirksamen Rechtsschutzes vor Benachteiligungen in Beschäftigung und Beruf ist an einen derartigen Anspruchsausschluss ein strenger Maßstab anzulegen. In solchen Fällen ist der Arbeitgeber für die fehlende subjektive Ernsthaftigkeit, d.h. den Rechtsmissbrauch darlegungs- und beweisbelastet.[424]

165

14. Drittschuldnerklage

Der Drittschuldner muss i.R.d. Drittschuldnerklage schlüssig darlegen und notfalls beweisen, dass und in welcher Höhe Teile des erzielten Einkommens des Schuldners **nicht der Pfändung unterliegen**. Dies gilt insb. auch hinsichtlich strittiger notwendiger Aufwendungen des Schuldners.[425] Der Kläger der Drittschuldnerklage trägt die Darlegungs- und Beweislast für **Grund und Höhe des fingierten Zahlungsanspruchs** nach § 850h Abs. 2 ZPO.[426] § 850h ZPO befreit den Pfändungsgläubiger nicht davon, den anspruchsbegründenden Tatbestand, insb. die Art und den zeitlichen Umfang der Tätigkeit des Schuldners, substanziiert darzulegen und im Streitfall zu beweisen. Der Gläubiger muss ferner mit seinem Sachvortrag dem Gericht einen Vergleich zwischen der für die behauptete Arbeitsleistung angemessenen Vergütung und der tatsächlich gezahlten Vergütung ermöglichen, um das Merkmal der Unangemessenheit des vom Drittschuldner geleisteten Entgelts zu überprüfen. Die Pfändung eines »verschleierten Arbeitseinkommens« nach § 850h Abs 2 ZPO durch den Gläubiger hat zur Voraussetzung, dass der Schuldner dem Dritten in einem ständigen Verhältnis Arbeiten oder Dienste leistet, die nach Art und Umfang üblicherweise vergütet werden,

166

---

418 BAG, 19.08.2010 – 8 AZR 530/09, NZA 2010, 1412 = EzTöD 100 § 2 TVöD-AT Diskriminierung Alter Nr. 7, Rn 79.
419 Zur Wirksamkeit der Frist BAG, 21.06.2012 – 8 AZR 188/11.
420 BAG, 19.08.2010 – 8 AZR 530/09, NZA 2010, 1412 = EzTöD 100 § 2 TVöD-AT Diskriminierung Alter Nr. 7, Rn 38.
421 LAG Bremen, 31.05.1983 – 4 Sa 286/82.
422 BAG, 13.10.2011 – 8 AZR 608/10, Rn 51 ff.
423 BVerwG, 03.03.2011 – 5 C 16.10, Rn 33.
424 BAG, EuGH-Vorlage v. 18.06.2015 – 8 AZR 848/13 (A), Rn 26.
425 LAG Hamm, 19.02.1988 – 16 Sa 561/87.
426 BAG, 03.08.2005 – 10 AZR 585/04, NZA 2006, 175 = EzA § 850h ZPO 2002 Nr. 1, Rn 13, mit Anmerkung Mestwerdt jurisPR-ArbR 48/2005 Anm. 4 = jurisPR extra 2006, 38.

insoweit aber eine Vergütung nicht oder nur in geringerem Umfang gezahlt wird.[427] Die gesetzliche Anordnung der Rücksichtnahme auf alle Umstände des Einzelfalls bei der Beurteilung, ob eine Vergütung unverhältnismäßig gering oder angemessen ist, erfordert eine einzelfallbezogene Würdigung und hindert die fallübergreifende Annahme, dass eine Vergütung nicht unverhältnismäßig gering i.S.v. § 850h Abs. 2 Satz 1 ZPO ist, wenn sie mehr als 75 % der üblichen Vergütung beträgt.[428] Die Darlegungs- und Beweislast hinsichtlich dieser Voraussetzungen obliegt der klagenden Partei. Bei Bestreiten des Umfangs der behaupteten Arbeitszeit durch den Drittschuldner kann die Erhebung eines angebotenen Zeugenbeweises nicht mit dem Argument eines »unzulässigen Ausforschungsbeweises« abgelehnt werden. Dabei sind in dem Fall, dass der Schuldner im **Familienbetrieb** zu unpfändbaren Bezügen *(weiter-)* beschäftigt wird, regelmäßig mildere Anforderungen an die Darlegungs- und Beweislast zu stellen.[429] Es besteht aber keine tatsächliche Vermutung für die vollschichtige Mitarbeit eines Ehemanns im Geschäft der Ehefrau, wenn es sich um einen Kleinbetrieb handelt und der körperlich und geistig gesunde Ehemann nachweislich keiner anderweitigen Tätigkeit nachgeht. Auch die Anwendung der Grundsätze über den Beweis des ersten Anscheins scheidet aus, weil es keinen gleichmäßigen Erfahrungssatz des Inhalts gibt, dass typischerweise ein sonst beruflich oder gewerblich tätiger Ehemann in einem kleinen Geschäft seiner Ehefrau im vollen Umfang mitarbeitet. Vielmehr sind bei der Bemessung der üblichen Vergütung nach § 850h Abs. 2 ZPO allein die gesamten Umstände des einzelnen Falles maßgebend.[430] Soweit ein Schuldner in einem Geschäftsbetrieb beschäftigt wird, der einer Beobachtung zugänglich ist, trägt in einem Drittschuldnerprozess grds. der Gläubiger die Darlegungs- und Beweislast für einen höheren als vom Drittschuldner eingeräumten Umfang der Arbeitsleistung des Schuldners.[431] Im Drittschuldnerprozess gegen den Arbeitgeber auf Auskehrung des pfändbaren Betrags **verschleierten Arbeitseinkommens** obliegt es nicht dem Gläubiger, die ausreichende wirtschaftliche Leistungsfähigkeit, sondern dem Drittschuldner, seine auf betriebsinternen Umständen beruhende mangelnde Leistungsfähigkeit zur Zahlung eines angemessenen/üblichen Gehalts – unbeschadet der Beweislastfrage – wenigstens zu belegen. Diese Abweichung von der hinsichtlich der Tatbestandsvoraussetzungen des § 850h Abs. 2 ZPO grds. bestehenden Darlegungs- und Beweislast des Gläubigers ist aus mehreren Gründen geboten. Zum einen geht es um Tatsachen, die dem internen und der Öffentlichkeit prinzipiell nicht zugänglichen Wissensbereich des Drittschuldners zuzuordnen sind. Zum anderen geht es um die Darlegung von Tatsachen, die eine **Abweichung von der Regel** belegen sollen, dass am Wirtschaftsleben beteiligte Unternehmen in der Lage sind, tariflich festgelegte oder übliche Gehälter zu zahlen.[432] Eine Drittschuldnererklärung nach § 840 Abs. 1 Nr. 1 ZPO hat rechtlich die Bedeutung einer sog. Wissenserklärung. Im Rechtsstreit des Gläubigers gegen den Drittschuldner kommt ihr jedoch insoweit rechtliche Bedeutung zu als durch Vorlage des »Anerkenntnisses« der Gläubiger seiner Darlegungs- und Beweislast genügt.[433] Beruft sich ein Pfändungsgläubiger i.R.d. Drittschuldnerklage nach § 840 ZPO darauf, dass eine der Lohnpfändung vorgehende Lohnabtretung ein Scheingeschäft[434] enthalte, so ist er hierfür darlegungs- und beweispflichtig.[435]

167 Die **Haftung des Drittschuldners** nach § 840 Abs. 2 ZPO für den dem Gläubiger durch die Nichterfüllung der Auskunftsverpflichtung entstandenen Schaden setzt Verschulden voraus. Der Dritt-

---

427 BAG, 03.08.2005 – 10 AZR 585/04, NZA 2006, 175 = EzA § 850h ZPO 2002 Nr. 1, Rn 13, mit Anmerkung Mestwerdt jurisPR-ArbR 48/2005 Anm. 4 = jurisPR extra 2006, 38.
428 BAG, 22.10.2008 – 10 AZR 703/07, NZA 2009, 163 = EzA § 850h ZPO 2002 Nr. 4, Rn 15.
429 LAG Düsseldorf, 10.03.1994 – 12 Sa 1976/93.
430 LAG Hamm, 30.10.1987 – 16 Sa 869/87, NZA 1988, 657.
431 LAG Hamm, 24.11.1992 – 2 Sa 1090/92.
432 OLG Oldenburg, 05.04.1994 – 12 U 4/94.
433 LAG Berlin, 13.08.1990 – 9 Sa 55/90.
434 § 117 BGB.
435 LAG Köln, 06.02.1985 – 5 Sa 1115/84.

schuldner hat zu beweisen, dass ihn an der Nichterfüllung seiner Auskunftsverpflichtung kein Verschulden trifft.[436]

15. Eingruppierung

Bei Eingruppierungsfeststellungsklagen gelten für deren Schlüssigkeit sowie für die Darlegungs- und Beweislast des Klägers die **allgemeinen Grundsätze** des Zivilprozessrechts. Im Hinblick auf § 22 BAT, § 12 TVöD, § 12 TV-L muss daher der Kläger einer solchen Klage die Einzelheiten seiner Tätigkeit und darüber hinaus diejenigen Tatsachen vortragen, die das Gericht kennen muss, um die »Arbeitsvorgänge« des Klägers bestimmen zu können. Außerdem hat der Kläger diejenigen Tatsachen vorzutragen und ggf. zu beweisen, aus denen der rechtliche Schluss möglich ist, dass er die im Einzelfalle in Betracht kommenden tariflichen Tätigkeitsmerkmale unter Einschluss der darin vorgesehenen Qualifizierungen erfüllt.[437] Entsprechende Rechtsausführungen sind nicht zu verlangen.[438] Ein pauschaler Vortrag reicht, wenn der Sachverhalt unstreitig ist und der Arbeitgeber die Tätigkeitsmerkmale der Vergütungsgruppe als erfüllt ansieht.[439] Wer eine höhere Eingruppierung anstrebt, hat im Prozess die Tatsachen vorzutragen und im Streitfall zu beweisen, aus denen für das Gericht der rechtliche Schluss möglich ist, dass er die tariflichen Tätigkeitsmerkmale erfüllt. Hieran ändert sich auch dann nichts, wenn der Arbeitgeber in der Beschreibung des betreffenden Arbeitsplatzes zur Kennzeichnung der dort anfallenden Tätigkeiten einen allgemeinen Tarifbegriff *(z.B. »selbständig«)* verwendet, solange er nicht zugleich konkrete Tätigkeiten aufführt, die den tariflichen Begriffsinhalt ausfüllen.[440] Für das Vorliegen tarifvertraglicher **Heraushebungsmerkmale** ist der Arbeitnehmer darlegungs- und beweispflichtig.[441] Der Tatsachenvortrag muss erkennen lassen, warum sich eine bestimmte Tätigkeit aus der in der Ausgangsfallgruppe erfassten Grundtätigkeit heraushebt und einen **wertenden Vergleich** mit diesen nicht unter das Heraushebungsmerkmal fallenden Tätigkeiten erlaubt.[442] Auch für die Voraussetzungen eines Höhergruppierungsanspruchs wegen Verstoßes einer tariflichen Vergütungsnorm gegen das gemeinschaftsrechtliche Diskriminierungsverbot ist grds. der Arbeitnehmer/die Arbeitnehmerin darlegungs- und beweispflichtig.[443] Für das tatsächliche Vorliegen der Bewährung ist im Streitfall der Angestellte darlegungs- und beweispflichtig. Macht der Arbeitgeber geltend, dass der Bewährung ausnahmsweise eine Verletzung arbeitsvertraglicher Nebenpflichten entgegenstehe, so trägt er für die tatsächlichen Voraussetzungen dieser Pflichtverletzungen die Beweislast.[444] Zur Beweislastverteilung für das Vorhandensein englischer Sprachkenntnisse s. BAG, 28.04.1993 – 4 AZR 314/92. Es gibt keine Rechtsgrundlage dafür, den Angestellten des öffentlichen Dienstes tagebuchartige oder sonstige Aufzeichnungen über die Einzelheiten ihrer Tätigkeit und deren Zeitaufwand abzuverlangen. Derartige Aufzeichnungen haben im Prozess die Bedeutung von Privaturkunden.[445]

Bei einer **korrigierenden Rückgruppierung** muss der Arbeitgeber im Streitfall darlegen, inwieweit ihm bei der ursprünglich vorgenommenen Eingruppierung ein Fehler unterlaufen ist. Dazu muss der Arbeitgeber, wenn sich der Angestellte auf die ihm vom Arbeitgeber mitgeteilte Vergütungsgruppe beruft, die objektive Fehlerhaftigkeit der mitgeteilten Vergütungsgruppe darlegen und ggf. beweisen; diese Fehlerhaftigkeit ist bereits gegeben, wenn eine der tariflichen Voraussetzungen für die Eingruppierung in die dem Arbeitnehmer mitgeteilte Vergütungsgruppe fehlt.[446] Für die Erfül-

---

436 BGH, 28.01.1981 – VIII ZR 1/80.
437 BAG, 24.10.1984 – 4 AZR 518/82; BAG, 21.10.1998 – 4 AZR 629/97, NZA 1999, 324.
438 BAG, 24.09.1980 – 4 AZR 727/78.
439 BAG, 14.04.1999 – 4 AZR 189/98.
440 BAG, 21.07.1993 – 4 AZR 486/92.
441 BAG, 15.06.1994 – 4 AZR 327/93.
442 BAG, 19.05.2010 – 4 AZR 912/08, ZTR 2010, 577, Rn 27.
443 LAG Köln, 11.01.1996 – 6 Sa 901/95.
444 BAG, 17.02.1993 – 4 AZR 196/92.
445 BAG, 24.09.1980 – 4 AZR 727/78.
446 BAG, 05.11.2003 – 5 AZR 562/02.

lung der Darlegungslast reicht es nicht aus, überhaupt einen Fehler bei der Bewertung der Tätigkeit des Angestellten darzulegen. Vielmehr ist darzustellen, dass und warum die mitgeteilte Eingruppierung fehlerhaft ist und deswegen die Bezahlung nach der mitgeteilten Vergütungsgruppe nicht tarifgerecht ist. Der Fehler muss für das Eingruppierungsergebnis erheblich sein.[447]

170 Beruft sich der Arbeitnehmer auf eine unveränderte Tätigkeit und die bisherige, auch vom Arbeitgeber für richtig gehaltene Eingruppierung, ist es Sache des Arbeitgebers, im Einzelnen vorzutragen, warum und inwieweit seine bisherige Bewertung der Tätigkeit fehlerhaft war und weshalb die Eingruppierung »korrigiert« werden muss. Ein bloßer Hinweis des Arbeitgebers auf die Überprüfung der Stellenbewertung genügt nicht.

171 Die **wiederholte korrigierende Rückgruppierung** des Arbeitnehmers bei unveränderter Tätigkeit und Tarifrechtslage ist regelmäßig treuwidrig und deshalb von Rechts wegen ausgeschlossen.[448]

172 Nach der früheren Rechtsprechung des Bundesarbeitsgerichts waren **Zinsansprüche** bei Entgeltdifferenzen wegen fehlerhafter Eingruppierung jedenfalls im öffentlichen Dienst nur als Prozesszinsen begründet. Soweit auch schon vor gerichtlicher Geltendmachung Zinsen begehrt werden, scheiterte dies nach der früheren Rechtsprechung regelmäßig daran, dass der öffentliche Arbeitgeber nicht zu vertreten habe, dass die geschuldete Leistung zum Zeitpunkt der Fälligkeit unterblieben ist (§ 285 BGB a.F.). Die Eingruppierung im öffentlichen Dienst sollte danach durch Einführung der Vergütungsordnung des BAT »außerordentlich vielfältig geworden, starken inhaltlichen Änderungen unterworfen und wegen der zahlreichen darin verwendeten unbestimmten Rechtsbegriffe und des für deren Anwendung bestehenden tatrichterlichen Beurteilungsspielraumes nicht nur schwer praktisch anwendbar, sondern auch nur mit erheblichen Schwierigkeiten tatsächlicher und rechtlicher Art judizierbar« sein.[449] Hieraus folgerte die Rechtsprechung entgegen der Beweislastregel in § 285 BGB a.F. (jetzt § 286 Abs. 4 BGB), dass der fehlerhaft eingruppierte Arbeitnehmer über die fehlerhafte Eingruppierung hinaus auch das Verschulden des öffentlichen Arbeitgebers darlegen und beweisen müsse. Diese Rechtsprechung hat das **BAG** in seiner Entscheidung vom **26. Januar 2011**[450] mit jetzt zutreffender Begründung aufgegeben, obwohl sich an der Eingruppierungssystematik auch nach Einführung des TV-L und des TVöD für den öffentlichen Dienst so grundlegend nichts geändert hat. Nach § 286 Abs. 4 BGB ist nämlich der Schuldner gehalten, im Einzelnen darzulegen und ggf. zu beweisen, dass die geschuldete Leistung zum Fälligkeitszeitpunkt unterblieben ist, ohne dass ihn ein Verschulden trifft. Diese gesetzliche Beweislastverteilungsanordnung gilt auch für den öffentlichen Arbeitgeber in Eingruppierungsrechtsstreitigkeiten. Insoweit kommt grundsätzlich auch ein Rechtsirrtum als verschuldensausschließend in Betracht. Hieran sind jedoch strenge Anforderungen zu stellen. Dies geht auf die Überlegung zurück, dass derjenige schuldhaft handelt, der seine Interessen trotz zweifelhafter Rechtslage auf Kosten fremder Rechte wahrnimmt. Gleichwohl bleibt dem Schuldner vorbehalten, sich nach Maßgabe dieser materiell-rechtlichen Vorgaben zu entlasten. Dies – so auch das BAG in der zitierten Entscheidung jetzt – ist auch dem öffentlichen Arbeitgeber in Eingruppierungsrechtsstreitigkeiten möglich. Dem Arbeitgeber ist zur Frage eines möglicherweise fehlenden Verschuldens bei der Eingruppierung Gelegenheit zu geben vorzutragen und ggf. Beweis anzutreten.[451]

---

447 BAG, 05.11.2003 – 5 AZR 562/02; zu den Einzelheiten vgl. ausführlich Friedrich/Kloppenburg, Vergütungskorrektur und Nachweisrecht, RdA 2001, 293, 299.
448 BAG, 23.09.2009 – 4 AZR 220/08, ZTR 2010, 298 = EzTöD 400 Eingruppierung BAT Ärzte VergGr Ib Nr. 2, Rn 17.
449 Grdl. BAG, 07.10.1981 – 4 AZR 225/79; bestätigt durch BAG, 11.06.1997 – 10 AZR 613/96, AP BGB § 291 Nr. 1.
450 BAG, 26.01.2011 – 4 AZR 167/09, NZA-RR 2011, 531, Rn 47 ff.
451 BAG, 26.01.2011 – 4 AZR 167/09, NZA-RR 2011, 531, Rn 52.

16. Haftung des Arbeitnehmers

Grds. ist es Aufgabe jeder Partei, die Voraussetzungen der für sie günstigen Normen darzulegen und ggf. zu beweisen. Die Haftung für **vertragliche Pflichtverletzung** ist grundlegend in **§ 280 Abs. 1 Satz 1 BGB** und die aufgrund unerlaubter Handlung in den **§§ 823 ff. BGB** geregelt. Danach muss der Arbeitgeber den Pflichtverstoß bzw. die Rechtsgutverletzung darlegen und die Kausalität, aber auch das Verschulden und den Verschuldensgrad, bezogen sowohl auf die Pflichtverletzung als auch auf den Schaden.[452] Die Darlegungs- und Beweislast hinsichtlich des Verschuldens und des Verschuldensgrades ergibt sich aus § 619a BGB, der ausdrücklich bestimmt, dass die allgemeine Beweisregel des § 280 Abs. 1 Satz 2 BGB insoweit keine Anwendung findet. § 619a BGB ist in vorformulierten Arbeitsbedingungen auch nicht abdingbar.[453] Hinsichtlich der Abgrenzung normaler zur groben Fahrlässigkeit kommt insoweit auch nicht der Beweis des ersten Anscheins in Betracht.[454]

173

Die Arbeitnehmerin hat hingegen darzulegen, dass der Schaden im Rahmen einer **betrieblichen Tätigkeit** verursacht worden ist. Nur dann greifen die für sie günstigen besonderen Regeln der Arbeitnehmerhaftung.[455] Sie trifft auch die Darlegungs- und Beweislast für etwaiges Mitverschulden.

174

Wird aus dem **Kundendienstwagen** durch unbekannte Dritte ein Gerät **entwendet**, so trägt der Arbeitgeber in einem Schadensersatzprozess die Beweislast, wenn er den zuständigen Kundendienstmonteur mit der Begründung in Anspruch nimmt, dieser habe das Fahrzeug nicht ordnungsgemäß abgeschlossen.[456]

175

Besteht der Schaden in einem **Geld- oder Warenmanko**, sind vom Arbeitgeber hinsichtlich eines Anspruchs nach §§ 280 Abs. 1, 281 BGB neben dem Schaden die schuldhafte Pflichtverletzung der Arbeitnehmerin und die den Grad des Verschuldens ausmachenden Tatsachen darzulegen *(zu bereicherungsrechtlichen Ansprüchen s. Rdn. 245 ff.)*. § 280 Abs. 1 Satz 2 BGB findet auch i.R.d. sog. **Mankohaftung** keine Anwendung.[457] § 280 Satz 2 BGB soll demjenigen, der beweisnäher ist und deshalb über ein Verschulden eher Auskunft geben kann, die Beweislast auferlegen.[458] Diesem Grundgedanken der Vorschrift steht jedoch ein weiterer Gedanke gleichwertig zur Seite: Die Bestimmung ist Ausdruck des vom Schuldner übernommenen Leistungsrisikos. Dieser Gedanke trifft auf die Arbeitnehmerhaftung nicht zu. Die Einschränkung der Arbeitnehmerhaftung beruht gerade auf der Überlegung, dass der Arbeitgeber wegen seiner Organisationsmöglichkeiten ein erhöhtes Risiko trägt. Dem widerspräche es, würde man über die Anwendung einer Beweislastregel einen Teil des Risikos wieder zurück auf den Arbeitnehmer verschieben. Deshalb darf § 280 Abs. 1 Satz 2 BGB i.R.d. Arbeitnehmerhaftung nicht angewendet werden. Die in einzelnen früheren Entscheidungen vertretene gegenteilige Ansicht hat das BAG in seiner grundlegenden Entscheidung zur Mankohaftung vom 17.09.1998[459] aufgegeben. Es verbleibt deshalb bei den allgemeinen Regeln über die Verteilung der Beweislast, wenn es um die Geltendmachung von Ansprüchen aus positiver Vertragsverletzung geht: Der Arbeitgeber trägt die Darlegungs- und Beweislast für den Verschuldensgrad des Arbeitnehmers.[460]

176

Allerdings dürfen keine zu hohen Anforderungen gestellt werden, wenn das schädigende Ereignis näher am Arbeitnehmer als am Arbeitgeber gelegen hat. Der Arbeitnehmer hat sich i.S.e. gestuften Darlegungslast substanziiert zu äußern.[461] Vom Arbeitgeber vorgetragene Indizien, die auf ein haf-

177

---

452 BAG, 18.04.2002 – 8 AZR 348/01, NZA 2003, 37.
453 § 309 Nr. 12 BGB.
454 BAG, 20.03.1973 – 1 AZR 337/72.
455 BAG, 18.04.2002 – 8 AZR 348/01, NZA 2003, 37.
456 BAG, 29.01.1985 – 3 AZR 570/82.
457 BAG, 17.09.1998 – 8 AZR 175/97, NZA 1999, 141.
458 Vgl. BAG, 30.06.1960 – 2 AZR 403/58.
459 BAG, 17.09.1998 – 8 AZR 175/97.
460 BAG, 17.09.1998 – 8 AZR 175/97, NZA 1999, 141.
461 BAG, 02.12.1999 – 8 AZR 386/98, NZA 2000, 715.

tungsbegründendes Verschulden des Arbeitnehmers hinweisen, sind sorgfältig zu würdigen. Auch die Tatsache, dass der Arbeitnehmer die alleinige Kontrolle über bestimmte Bereiche hatte, ist ein solches Indiz. Unterlässt es der Arbeitnehmer, sich zu den konkreten Umständen des Schadensfalles zu erklären, können daraus entsprechende Schlüsse gezogen werden. Bleibt streitig, ob bestimmte Indiztatsachen vorliegen oder nicht, geht dies zulasten des Arbeitgebers. Gleiches gilt für eventuelle Unklarheiten nach Abschluss der Würdigung aller Indizien und ggf. der erhobenen Beweise.

178 Hat ein Arbeitnehmer **alleinigen Zugang zur Kasse**, wofür der Arbeitgeber beweispflichtig ist, so obliegt es dem Arbeitnehmer, zumindest eine hinreichende Wahrscheinlichkeit für einen konkreten Geschehensablauf darzutun, aus dem sich ergibt, dass der Fehlbestand weder durch eine vorsätzliche noch durch eine grob fahrlässige Pflichtverletzung seinerseits entstanden ist.[462]

179 Ein Anspruch auf Schadensersatz wegen vom Schuldner zu vertretender **Unmöglichkeit** der Herausgabe[463] scheidet regelmäßig aus. Der Arbeitnehmer schuldet die Leistung der versprochenen Dienste, nicht den Erfolg der Leistung. Das Risiko der Schlechtleistung trägt grds. der Arbeitgeber.[464] Etwas anderes gilt in den Ausnahmefällen, in denen der Arbeitnehmer nach den Grundsätzen der Verwahrung oder des Auftrages zu behandeln ist. Dann gehört die Herausgabe des Erlangten zu den Leistungspflichten.[465] Dieser Fall ist nur dann anzunehmen, wenn der Arbeitgeber eine Tatsachenlage geschaffen hat, nach der er nicht mehr Besitzer der Sache ist.[466] I.d.R. ist der Arbeitnehmer nach der ausdrücklichen gesetzlichen Wertung nicht Besitzer der ihm zur Erfüllung seiner Arbeitsleistung überlassenen Sachen, sondern nur Besitzdiener.[467] Unmittelbarer Besitz des Arbeitnehmers setzt zumindest den alleinigen Zugang zu der Sache und deren selbstständige Verwaltung voraus. Dazu wird gehören, dass der Arbeitnehmer wirtschaftliche Überlegungen anzustellen und Entscheidungen über die Verwendung der Sache zu treffen hat.[468] Insoweit trägt der Arbeitgeber die Darlegungs- und Beweislast.

180 Auch wenn ein Arbeitnehmer **zusammen mit anderen Mitarbeiterinnen** des Arbeitgebers Arbeitsleistungen erbringt, trägt der Arbeitgeber die Darlegungs- und Beweislast dafür, dass Schlechtleistungen von dem betreffenden Arbeitnehmer schuldhaft verursacht worden sind.[469] Für die Darlegungs- und Beweislast bei Schlechtleistung in einer **Akkordgruppe** gilt: *(a)* Zunächst muss der geschädigte Arbeitgeber nachweisen, dass sein Schaden durch vertragswidrige Schlechtleistung der Gruppe verursacht worden ist; *(b)* hat der Arbeitgeber diesen Beweis erbracht, ist es Sache der einzelnen Gruppenmitglieder, sich zu entlasten, indem sie darlegen und beweisen, dass sie selbst einwandfreie Arbeit geleistet und auch nicht durch Verletzung vertraglicher Nebenpflichten den Schaden mitverursacht haben; *(c)* auch für die Verschuldensfrage gilt, dass das einzelne Gruppenmitglied sich entlasten muss, sofern die vertragswidrige Schlechtleistung der Gruppe feststeht.[470]

181 Die Anwendung des § 252 Satz 2 BGB und des § 287 ZPO setzt voraus, dass die Partei, die **entgangenen Gewinn** als Schadensersatz verlangt, die Tatsachen, die ihre Gewinnerwartung und die Höhe des Gewinnausfalls wahrscheinlich machen sollen, im Einzelnen darlegt und notfalls beweist.[471] Das kommt z.B. beim Unterlassen einer für die vereinbarte **Bonuszahlung** erforderlichen **Zielvereinbarung** in Betracht. Hat der AG schuldhaft kein Gespräch mit dem Arbeitnehmer über eine Zielvereinbarung geführt, ist der für den Fall der Zielerreichung zugesagte Bonus bei der abstrakten Schadensberechnung nach § 252 S. 2 BGB Grundlage für die Ermittlung des dem AN

---

462 BAG, 06.06.1984 – 7 AZR 292/81, NJW 1985, 219.
463 §§ 280 Abs. 1, 283 BGB.
464 BAG, 15.03.1960 – 1 AZR 301/57.
465 §§ 667 und 695 BGB.
466 BAG, 22.05.1997 – 8 AZR 562/95, NZA 1997, 1279.
467 § 855 BGB.
468 BAG, 02.12.1999 – 8 AZR 386/98, NZA 2000, 715.
469 LAG Berlin, 30.10.1989 – 9 Sa 66/89.
470 BAG, 24.04.1974 – 5 AZR 480/73.
471 BAG, 27.01.1972 – 2 AZR 172/71; LAG Hamm, 15.12.1989 – 18 Sa 514/89.

zu ersetzenden Schadens. Diese Bestimmung enthält für den Geschädigten eine § 287 ZPO ergänzende Beweiserleichterung. Dieser hat nur die Umstände darzulegen und in den Grenzen des § 287 ZPO zu beweisen, aus denen sich nach dem gewöhnlichen Verlauf der Dinge oder den besonderen Umständen des Falles die Wahrscheinlichkeit des Gewinneintritts ergibt.[472] Zu beachten ist aber, dass die Beweiserleichterung der §§ 252 BGB, 287 ZPO auch die Darlegungslast derjenigen Partei mindert, die Ersatz des entgangenen Gewinns verlangt. Daher dürfen insoweit keine zu strengen Anforderungen gestellt werden.

In entsprechender Anwendung des § 670 BGB muss der Arbeitgeber dem Arbeitnehmer an dessen Fahrzeug entstandene **Unfallschäden** ersetzen, wenn das Fahrzeug mit Billigung des Arbeitgebers in dessen Betätigungsbereich eingesetzt wurde. Der Arbeitnehmer darf in diesem Fall keine besondere, zur Abdeckung des Unfallschadensrisikos bestimmte Vergütung erhalten. Ein Ersatzanspruch des Arbeitnehmers ist bei grob fahrlässiger Schadensverursachung ausgeschlossen. Bei mittlerer Fahrlässigkeit ist der Schaden grundsätzlich anteilig unter Berücksichtigung der Gesamtumstände des Einzelfalls nach Billigkeitsgrundsätzen und Zumutbarkeitsgesichtspunkten zu verteilen. Ein Arbeitnehmer, der vollen Aufwendungsersatz entsprechend § 670 BGB für einen erlittenen Unfallschaden verlangt, muss darlegen und gegebenenfalls beweisen, dass er den Schaden nicht schuldhaft, d.h. vorsätzlich oder normal fahrlässig, sondern allenfalls leicht fahrlässig verursacht hat.[473]

182

Bei der **Unterrichtungspflicht nach § 613a Abs. 5 BGB** handelt es sich um eine echte Rechtspflicht, deren Verletzung einen Schadensersatzanspruch nach § 280 Abs. 1 BGB auslösen kann. Bei Verletzung der Unterrichtungspflicht wird Verschulden nach § 280 Abs. 1 S 2 BGB vermutet. Macht der Arbeitnehmer geltend, nicht oder nicht vollständig über den Betriebsübergang unterrichtet worden zu sein, ist er so zu stellen, wie er gestanden hätte, wenn er richtig und vollständig informiert gewesen wäre. Dafür trägt der Arbeitnehmer die Darlegungs- und Beweislast.[474] Die fehlerhafte Unterrichtung muss kausal für den eingetretenen Schaden sein. Dies ist nicht der Fall, wenn der Arbeitnehmer durch Ausübung seines noch bestehenden Widerspruchsrechts den Schaden in dem von ihm gewünschten Sinn vermeiden kann.

183

17. Kündigung

a) Zugang

Bestreitet eine Klägerin mit Nichtwissen, dass die Kündigung ihr vor einem bestimmten Datum zugegangen ist, hat der beklagte Arbeitgeber die volle Darlegungs- und Beweislast auch für den Zeitpunkt des Zugangs der Kündigung. Dieses Bestreiten mit Nichtwissen ist mit § 138 Abs. 1 ZPO vereinbar, wenn die Klägerin gleichzeitig erklärt, sie könne sich nicht daran erinnern, wann das Schreiben zugegangen sei. Es gibt keinen Beweis des ersten Anscheins, dass eine vom Arbeitgeber als gewöhnlicher Brief abgesandte Kündigung im Stadtgebiet einer Großstadt den Empfänger binnen drei Tagen erreicht.[475] Den Kündigenden trifft die Darlegungs- und Beweislast für alle Tatsachen, die den Einwand begründen, der Arbeitnehmer berufe sich treuwidrig auf den verspäteten Zugang der Kündigung.[476]

184

b) Vorliegen eines Arbeitsverhältnisses

Die Darlegungs- und Beweislast für das Vorliegen eines Arbeitsverhältnisses trägt derjenige, der sich auf den Schutz des KSchG beruft.[477] So ist die Arbeitnehmerin hinsichtlich des Umfangs des Spielraums bei der Arbeitszeitgestaltung darlegungs- und beweisbelastet. Entsprechendes gilt für die

185

---

472 BAG, 12.12.2007 – 10 AZR 97/07, AP Nr. 7 zu § 280 BGB = NZA 2008, 409.
473 BAG, 28.10.2010 – 8 AZR 647/09, n.v., Rn 40.
474 BAG, 24.07.2008 – 8 AZR 109/07, n.v., Rn 56.
475 LAG Bremen, 05.09.1986 – 4 Ta 47/86.
476 BAG, 03.04.1986 – 2 AZR 258/85.
477 LAG Köln, 26.01.1994 – 7 [2] Sa 738/93.

§ 58 ArbGG Beweisaufnahme

Behauptung der Arbeitnehmerin, sie sei im Betrieb des Beklagten beschäftigt.[478] Siehe dazu auch oben unter dem Stichwort »Arbeitsvertrag«.

c) Anwendung des KSchG

186 Nach der **Rechtsprechung des BAG**[479] trifft die Darlegungs- und Beweislast für das Vorliegen des **betrieblichen Geltungsbereichs** des Kündigungsschutzgesetzes grds. den Arbeitnehmer. Der Arbeitnehmer muss im Einzelnen darlegen und ggf. beweisen, in einem Betrieb tätig zu sein, in dem i.d.R. mehr als zehn Arbeitnehmer ausschließlich der zu ihrer Berufsbildung Beschäftigten tätig sind. Dabei ist aber zu beachten, dass dem objektiven Gehalt der Grundrechte – hier des Art. 12 GG – auch im Verfahrensrecht Bedeutung zukommt.[480] Nach den Grundsätzen **der abgestuften Darlegungs- und Beweislast** dürfen daher jedenfalls keine strengen Anforderungen an die Darlegungslast des Arbeitnehmers gestellt werden.[481] Dementsprechend dürfen vom Arbeitnehmer keine Darlegungen verlangt werden, die er mangels eigener Kenntnismöglichkeit nicht erbringen kann. Der Arbeitnehmer genügt deshalb regelmäßig seiner Darlegungslast, wenn er – entsprechend seiner Kenntnismöglichkeiten – die für eine entsprechende Arbeitnehmerzahl sprechenden Tatsachen und die ihm bekannten äußeren Umstände schlüssig darlegt. Einfaches Bestreiten genügt nicht, sofern nähere Angaben zumutbar sind.[482] Der Arbeitgeber muss dann nach § 138 Abs. 2 ZPO im Einzelnen erklären, welche rechtserheblichen Umstände gegen die Darlegungen des Arbeitnehmers sprechen.[483]

187 Ist im Rahmen von § 1 Abs. 1 KSchG zwischen den Parteien streitig, ob ein unstreitig begründetes, dann tatsächlich **unterbrochenes Arbeitsverhältnis** auch rechtlich unterbrochen war, so hat der Arbeitgeber darzulegen und zu beweisen, dass auch eine rechtliche Unterbrechung vorlag.[484]

188 Die Darlegungs- und Beweislast für das Vorliegen eines von mehreren Unternehmen betriebenen gemeinsamen Betriebes i.S.v. § 23 Abs. 1 KSchG trägt der Arbeitnehmer.[485]

d) Betriebsrats- bzw. Personalratsanhörung

189 Macht der Arbeitnehmer die Unwirksamkeit einer Kündigung nach § 102 Abs. 1 Satz 3 BetrVG geltend, so hat er im Streitfall zu beweisen, dass bei Zugang der Kündigung ein **Betriebsrat** vorhanden war.[486] Der Arbeitgeber muss im Kündigungsschutzprozess im Streitfall beweisen, dass vor einer von ihm ausgesprochenen Kündigung der Betriebsrat nach § 102 Abs. 1 BetrVG gehört worden ist[487] oder nicht gehört zu werden brauchte, weil es sich um die Kündigung eines leitenden Angestellten handelte.[488] Der Dienstherr trägt im Prozess die Darlegungs- und Beweislast dafür, dass die Anhörung des Personalrats ordnungsgemäß durchgeführt worden ist.[489] Die Darlegungs- und Beweislast für die Anhörung des Betriebsrats vor dem Ausspruch der Kündigung trägt der Arbeitgeber, es sei denn, vom Arbeitnehmer werden besondere Mängel des Anhörungsverfahrens geltend

---

478 LAG Bremen, 24.10.1997 – 4 Sa 71/97.
479 BAG, 15.03.2001 – 2 AZR 151/00 m.w.N.
480 BVerfG, 27.01.1998 – 1 BvL 15/87.
481 BAG, 15.03.2001 – 2 AZR 151/00.
482 BGH, 17.01.2008 – III ZR 239/06, NJW 2008, 982 »Partnervermittlung – Lockvogel Bea«; 24.11.1998 – VI ZR 388/97, NJW 1999, 714 »Aufrechnungsverbot wegen Veruntreuung«; 01.12.1982 – VIII ZR 279/81, BGHZ 86, 23 »Pfändbarkeit von Tagessalden«.
483 BAG, 23.10.2008 – 2 AZR 131/07, EzA § 23 KSchG Nr. 33, Rn 30.
484 BAG, 16.03.1989 – 2 AZR 407/88; LAG Frankfurt, 12.12.1989 – 5 Sa 185/89.
485 BAG, 23.03.1984 – 7 AZR 515/82; BAG, 29.04.1999 – 2 AZR 352/98; BAG, 12.11.1998 – 2 AZR 439/97.
486 LAG München, 22.10.1987 – 6 Sa 294/87; LAG Köln, 14.01.1987 – 5 Sa 1233/86.
487 BAG, 20.05.1999 – 2 AZR 532/98.
488 BAG, 19.08.1975 – 1 AZR 613/74.
489 LAG Berlin, 25.09.1987 – 13 Sa 48/87.

gemacht.[490] Im Kündigungsschutzprozess muss der Arbeitnehmer, der sich auf die Fehlerhaftigkeit des Beteiligungsverfahrens nach dem BPersVG beruft, das Fehlen eines Verhinderungsgrundes für den Dienststellenleiter konkret darlegen und beweisen, wenn der Personalrat die Verhandlung mit dem Vertreter nicht beanstandet hat.[491]

Besonderheiten gelten nach Verhandlungen mit dem Ergebnis eines **Interessenausgleichs mit Namensliste**.[492] Zur Darlegung einer ordnungsgemäßen Anhörung des Betriebsrats nach § 102 BetrVG kann es in diesem Fall ausreichen, wenn der Arbeitgeber zur Betriebsratsanhörung weitgehend auf den dem Betriebsrat aus den Verhandlungen über den Interessenausgleich und die Namensliste bekannten Sachverhalt Bezug nimmt. Erst wenn der Arbeitnehmer diesen Sachvortrag konkret bestreitet, muss der Arbeitgeber in diesem Punkt ggf. die Vorkenntnisse des Betriebsrats weiter substantiieren bzw. beweisen.[493] 190

Der Arbeitgeber trägt die Beweisführungslast für die nicht **bewusste Irreführung** des Betriebsrats.[494] Welche Auswahlüberlegungen angestellt und welche dem Personalrat mitgeteilt wurden bzw. bekannt waren, hat der Arbeitgeber im Prozess darzulegen und im Bestreitensfall zu beweisen.[495] 191

e) Betriebsbedingte Kündigung

Nach der abgestuften Darlegungs- und Beweislast dafür, dass eine Kündigung durch dringende betriebliche Erfordernisse bedingt und eine anderweitige Beschäftigung auf einem anderen freien Arbeitsplatz nicht möglich oder nicht zumutbar ist, trifft nach § 1 Abs. 2 Satz 4 KSchG die Beweislast den Arbeitgeber. Der Umfang der Darlegungslast des Arbeitgebers hängt im Kündigungsschutzprozess davon ab, wie sich der gekündigte Arbeitnehmer auf die Begründung der Kündigung einlässt.[496] Wenn sich der Arbeitgeber auf »Umsatzrückgang«, »Gewinnverlust« oder »einschneidende Rationalisierungsmaßnahmen« beruft, darf er sich nicht auf schlagwortartige Umschreibungen beschränken. Er muss seine tatsächlichen Angaben vielmehr so im Einzelnen darlegen (*substantiieren*), dass sie vom Arbeitnehmer mit Gegentatsachen bestritten und vom Gericht geprüft werden können. Vom Arbeitgeber ist darüber hinaus insb. darzulegen, wie sich die von ihm behaupteten Umstände unmittelbar oder mittelbar auf den Arbeitsplatz des gekündigten Arbeitnehmers auswirken. Der Vortrag des Arbeitnehmers muss erkennen lassen, ob durch eine innerbetriebliche Maßnahme oder einen außerbetrieblichen Anlass der Arbeitsplatz des gekündigten Arbeitnehmers wegfällt oder ob hierdurch unmittelbar ein anderer Arbeitnehmer betroffen wird, dieser aber aus betrieblichen oder persönlichen Gründen auf den Arbeitsplatz oder in die Abteilung des gekündigten Arbeitnehmers versetzt werden soll.[497] 192

Von den Arbeitsgerichten wird voll überprüft, ob eine unternehmerische Entscheidung tatsächlich vorliegt. Die unternehmerische Entscheidung als solche ist nicht auf ihre sachliche Rechtfertigung oder ihre Zweckmäßigkeit zu überprüfen, sondern i.d.R. nur darauf, ob sie offenbar unsachlich, unvernünftig oder willkürlich ist. Bei Vorliegen einer unternehmerischen Entscheidung wird regelmäßig vermutet, dass sie aus sachlichen Gründen erfolgt ist.[498] 193

Reduziert sich die Organisationsentscheidung zur Personalreduzierung praktisch auf die Kündigung als solche, erfolgt eine umfangreiche Prüfung der unternehmerischen Entscheidung auf ihre **Realisierbarkeit**, verbunden mit **höheren Anforderungen an die Darlegungslast** des Arbeitgebers. 194

---

490 LAG Berlin, 28.02.1983 – 9 Sa 128/82.
491 BAG, 31.03.1983 – 2 AZR 384/81.
492 § 1 Abs. 5 KSchG.
493 BAG, 17.01.2002 – 2 AZR 15/01.
494 BAG, 22.09.1994 – 2 AZR 31/94.
495 BAG, 05.10.1995 – 2 AZR 1019/94.
496 BAG, 30.10.1987 – 7 AZR 138/87.
497 BAG, 03.06.1981 – 7 AZR 1185/78.
498 BAG, 17.06.1999 – 2 AZR 456/98.

Kommt die Organisationsentscheidung dem Entschluss zur Kündigung selbst nahe, sind diese beiden Unternehmerentscheidungen ohne nähere Konkretisierung nicht voneinander zu unterscheiden. Wegen der Nähe zum bloßen Kündigungsentschluss, dessen Durchsetzung wegen § 1 Abs. 2 KSchG nicht bloß auf Unsachlichkeit oder Willkür zu überprüfen ist, sind die Anforderungen an den gem. § 1 Abs. 2 Satz 4 KSchG vom Arbeitgeber zu erbringenden Tatsachenvortrag, der die Kündigung bedingen soll, höher anzusetzen.[499] Wenn die Organisationsentscheidung des Arbeitgebers und sein Kündigungsentschluss ohne nähere Konkretisierung nicht voneinander getrennt werden können, kann auch die Vermutung, die Unternehmerentscheidung sei aus sachlichen Gründen erfolgt, nicht von vornherein greifen. In diesen Fällen muss der Arbeitgeber die organisatorische Durchführbarkeit und Dauerhaftigkeit seiner Entscheidung verdeutlichen, damit das Gericht überhaupt prüfen kann, ob sie nicht offensichtlich unsachlich, unvernünftig oder willkürlich ist. Der Arbeitgeber muss dann darlegen, in welchem Umfang die fraglichen Arbeiten künftig im Vergleich zum bisherigen Zustand anfallen, d.h. eine näher konkretisierte Prognose der Entwicklung aufgrund außerbetrieblicher Faktoren oder unternehmerischer Vorgaben darlegen *(z.B. nur noch eine geringere Zahl von Aufträgen anzunehmen)* und darstellen, wie diese Arbeiten von dem verbliebenen Personal ohne überobligatorische Leistungen erledigt werden können.[500] Unter überobligatorischer Leistung ist i.d.R. eine Leistung aufgrund einer Arbeitsintensivierung zu verstehen, die über die Leistung hinausgeht, die ein Arbeitnehmer bei angemessener Anspannung seiner individuellen Kräfte und Fähigkeiten erbringen kann, die also über das hinausgeht, wozu er nach dem Arbeitsvertrag verpflichtet ist.[501]

195 Die erhöhten Anforderungen an die Darlegungslast des Arbeitgebers in den Fällen, in denen die unternehmerische Entscheidung darin besteht, den Personalbestand auf Dauer zu reduzieren, sind darauf zurückzuführen, dass allein aus dieser Entscheidung deren Realisierbarkeit nicht abzuleiten ist.

196 Geringere Anforderungen an die Darlegungslast des Arbeitgebers ermöglicht § 1 Abs. 5 KSchG, wenn die Betriebspartner einen **Interessenausgleich mit Namensliste** abgeschlossen haben. Liegen die Voraussetzungen des § 1 Abs. 5 Satz 1 KSchG vor, muss der Kläger darlegen, dass die Beschäftigung für ihn nicht weggefallen ist. Die Vermutung der Betriebsbedingtheit der Kündigung führt nach § 46 Abs. 2 Satz 1 ArbGG zur Anwendung des § 292 ZPO. Stellt das Gesetz wie in § 1 Abs. 5 Satz 1 KSchG für das Vorhandensein einer Tatsache eine **Vermutung** auf, so ist der Beweis des Gegenteils zulässig. Deshalb ist substanziierter Tatsachenvortrag erforderlich, der den gesetzlich vermuteten Umstand nicht nur in Zweifel zieht, sondern ausschließt. Die Vermutungswirkung soll bewirken, dass der Arbeitgeber die Betriebsbedingtheit einer Kündigung nicht mehr in ihren Einzelheiten darzulegen braucht. Dementsprechend muss der Arbeitnehmer substanziiert darlegen, wieso der Arbeitsplatz trotz der Betriebsänderung noch vorhanden ist oder wo er sonst im Betrieb oder Unternehmen weiterbeschäftigt werden kann.[502] Allerdings können für den Arbeitnehmer bei der Führung des Gegenbeweises **gewisse Erleichterungen** in Betracht kommen. Handelt es sich wie hier um Geschehnisse aus dem Bereich des Arbeitgebers, so mindert sich die Darlegungslast des Arbeitnehmers durch eine sich aus § 138 Abs. 1 und 2 ZPO ergebende Mitwirkungspflicht des Arbeitgebers *(sekundäre Behauptungslast)*.[503] Die Vermutungswirkung des § 1 Abs. 5 Satz 1 KSchG erstreckt sich auch auf eine **fehlende anderweitige Beschäftigungsmöglichkeit im Betrieb**. Deshalb muss der Kläger Indiztatsachen benennen, mit denen er den ihm obliegenden Gegenbeweis führen will. Dabei reicht es zur Widerlegung der Vermutungswirkung im Rahmen eines ersten Vorbringens, wenn er greifbare Anhaltspunkte für eine derartige Beschäftigungsmöglichkeit benennt.[504]

---

499 BAG, 17.06.1999 – 2 AZR 141/99.
500 BAG, 17.06.1999 – 2 AZR 456/98.
501 KR/Griebeling/Rachor § 1 KSchG Rn 561.
502 BAG, 23.10.2008 – 2 AZR 163/07, EzA § 1 KSchG Interessenausgleich Nr. 16, Rn 54.
503 BAG, 06.09.2007 – 2 AZR 715/06, AP KSchG 1969 § 1 Betriebsbedingte Kündigung Nr. 170 = EzA § 1 KSchG Interessenausgleich Nr. 14, Rn 38.
504 BAG, 23.10.2008 – 2 AZR 163/07, EzA § 1 KSchG Interessenausgleich Nr. 16, Rn 37.

Die Vermutung der Betriebsbedingtheit der Kündigung und der geänderte Prüfungsmaßstab für die Sozialauswahl (*§ 1 Abs. 5 Satz 1 und 2 KSchG*) kommen nach § 1 Abs. 5 Satz 3 KSchG dann nicht zur Anwendung, wenn sich die Sachlage nach dem Zustandekommen des Interessenausgleichs so **wesentlich geändert** hat, dass von einem Wegfall der Geschäftsgrundlage auszugehen ist. Maßgebender Zeitpunkt für die Beurteilung der wesentlichen Änderung ist der Kündigungszeitpunkt. Wesentlich ist die Änderung dann, wenn nicht ernsthaft bezweifelt werden kann, dass beide Betriebspartner oder einer von ihnen den Interessenausgleich in Kenntnis der späteren Änderung nicht oder mit anderem Inhalt geschlossen hätten. Dies ist etwa der Fall, wenn sich nachträglich ergibt, dass nun gar keine oder eine andere Betriebsänderung durchgeführt werden soll oder wenn sich die im Interessenausgleich vorgesehene Zahl der zur Kündigung vorgesehenen Arbeitnehmer erheblich verringert hat.[505]

Im Rahmen der abgestuften Darlegungs- und Beweislast zur **anderweitigen Beschäftigungsmöglichkeit** genügt es zunächst, dass der Arbeitnehmer angibt, welche andere Beschäftigung er meint. Er muss im Allgemeinen keinen konkreten **freien Arbeitsplatz** benennen. Auf die Darlegung des Arbeitnehmers hin, wie er sich eine anderweitige Beschäftigung vorstellt, muss der Arbeitgeber eingehend erläutern, aus welchem Grund eine Beschäftigung auf einem entsprechenden Arbeitsplatz nicht möglich gewesen ist. Diesen Anforderungen kann der Arbeitgeber durch die Vorlage von Stellenbeschreibungen und Hinweisen auf die jeweiligen Qualifikationsanforderungen nachkommen, die der Arbeitnehmer nicht besitze. Darauf muss der Arbeitnehmer konkret erwidern. Ein pauschaler Vortrag, seine Qualifizierung sei mit einem zeitmäßig verhältnismäßigen Aufwand möglich gewesen, wird dieser Darlegungslast nicht gerecht, weil dadurch weder sein Kenntnisstand bei Kündigungsausspruch noch sein Schulungsbedarf nach Inhalt und zeitlichem Umfang ersichtlich werden.[506] Um einen freien Arbeitsplatz handelt es sich auch, wenn dieser **nur noch befristet zur Verfügung** steht. Das unternehmerische Konzept, einen zeitlich ungewissen Beschäftigungsbedarf mit einem Arbeitnehmer abzudecken, der wirksam befristet (weiter)beschäftigt werden kann, ist gegenüber dem nach § 1 KSchG geschützten Arbeitnehmer unbeachtlich.[507] Das Interesse des Arbeitgebers, die Stelle im Wege zulässiger Zeitbefristung bzw. deren Verlängerung nach § 14 Abs. 2 Satz 1 TzBfG ohne die mit einer Kündigung verbundenen Risiken besetzen zu können, ist im Verhältnis zum Gekündigten nicht schutzwürdig. Der Umstand, dass ungewiss ist, ob die Möglichkeit einer Beschäftigung auf einer freien anderen Stelle über einen bestimmten Zeitraum hinaus bestehen wird, ändert nichts daran, dass diese Stelle einem nach § 1 KSchG geschützten und fachlich geeigneten Arbeitnehmer zur Vermeidung einer Beendigung des Arbeitsverhältnisses angeboten werden muss.[508]

197

Auch wenn ein Arbeitnehmer in eine **Namensliste** gem. § 1 Abs. 5 KSchG aufgenommen worden ist, ist der Arbeitgeber verpflichtet, dem Arbeitnehmer auf dessen Verlangen die Gründe mitzuteilen, die zu der getroffenen sozialen Auswahl geführt haben. Insoweit besteht im Prozess eine abgestufte Darlegungslast.[509]

198

Nach § 1 Abs. 3 Satz 3 KSchG obliegt die Darlegungs- und objektive Beweislast für die Tatsachen, aus denen sich die Unrichtigkeit der **Sozialauswahl** ergibt, zunächst dem Arbeitnehmer. Nach ständiger Rechtsprechung des BAG[510] ist dabei aber von einer **abgestuften Darlegungslast** auszugehen. Es ist danach zunächst Sache des Arbeitnehmers, die Fehlerhaftigkeit der Sozialauswahl darzulegen, sofern er über die hierzu erforderlichen Informationen verfügt. Soweit der Arbeitnehmer hierzu nicht in der Lage ist und er deswegen den Arbeitgeber zur Mitteilung der Gründe auffordert, die ihn zu der Auswahl veranlasst haben, hat der Arbeitgeber als Folge seiner materiellen Auskunfts-

199

---

505 BAG, 23.10.2008 – 2 AZR 163/07, EzA § 1 KSchG Interessenausgleich Nr. 16, Rn 49.
506 BAG, 09.09.2010 – 2 AZR 936/08, n.v., Rn 42.
507 BAG, 26.03.2015 – 2 AZR 417/14, Rn 40.
508 BAG, 26.03.2015 – 2 AZR 417/14, Rn 38.
509 BAG, 21.02.2002 – 2 AZR 581/00.
510 Vgl. nur 15.06.1989 – 2 AZR 580/88.

pflicht gem. § 1 Abs. 3 Satz 1 Halbs. 2 KSchG auch im Prozess substanziiert vorzutragen. Diese sich aus der Mitteilungspflicht ergebende Vortragslast ist allerdings auf die subjektiven, vom Arbeitgeber tatsächlich angestellten Überlegungen beschränkt. Der Arbeitnehmer hat keinen Anspruch auf die vollständige Auflistung der Sozialdaten aller objektiv vergleichbaren Arbeitnehmer.[511] Gibt der Arbeitgeber keine oder keine vollständige Auskunft, so kann der Arbeitnehmer bei fehlender eigener Kenntnis seiner aus § 1 Abs. 3 KSchG i.V.m. § 138 Abs. 1 ZPO herzuleitenden Substantiierungspflicht, die Namen sozial stärkerer Arbeitnehmer zu nennen, nicht genügen. In diesen Fällen ist der der fehlenden Kenntnis des Arbeitnehmers entsprechende Vortrag, es seien sozial stärkere Arbeitnehmer als er vorhanden, schlüssig und ausreichend.[512] Gleiches gilt, wenn dem Vortrag des Arbeitgebers zu entnehmen ist, dass er die Sozialauswahl nicht unter Berücksichtigung des Vortrages des Arbeitnehmers auf aus dessen Sicht vergleichbare Arbeitnehmer erstreckt hat und wenn er es unterlässt, seinen Vortrag im Prozess zu ergänzen. Der Arbeitnehmer genügt seiner Darlegungslast aber schon dadurch, dass er ausreichende Tatsachen vorträgt, die eine fehlerhafte Sozialauswahl **vermuten** lassen, wenn der Arbeitgeber diese Vermutung nicht ausräumt.[513]

200 Demnach ist es im Prozess zunächst Sache des Arbeitnehmers, zu begründen, warum er mit Arbeitnehmern einer **bestimmten Gruppe** vergleichbar ist. Die bloße Behauptung, eine Vergleichbarkeit sei gegeben, reicht aber hierzu nicht aus. Soweit es ihm möglich ist, hat er darzulegen, welche Qualifikationsanforderungen bei der Ausübung der Tätigkeiten, für die er sich geeignet hält, zu erfüllen sind. Gleichzeitig hat er mitzuteilen, welche Fertigkeiten er wann und wie erworben hat und ob sie ihn zur Ausfüllung des von ihm angestrebten Arbeitsplatzes befähigen. Soweit er von einer gewissen Einarbeitungszeit ausgeht, hat er die von ihm angenommene Dauer anzugeben und zu begründen.[514]

201 Die Anforderungen an die Darlegungslast der Arbeitnehmerin sind umfangreicher, wenn die Voraussetzungen des § 1 Abs. 4 KSchG vorliegen, d.h. in einem Tarifvertrag, einer Betriebsvereinbarung *(Auswahlrichtlinie)* oder einer Richtlinie nach dem Personalvertretungsgesetz festgelegt ist, wie die sozialen Gesichtspunkte im Verhältnis zueinander zu bewerten sind. Die Gewichtung der Sozialkriterien kann gem. § 1 Abs. 4 KSchG nur auf grobe Fehlerhaftigkeit überprüft werden. Grob fehlerhaft ist die Sozialauswahl, wenn die Gewichtung der sozialen Kriterien Alter, Betriebszugehörigkeit und Unterhaltspflichten jede Ausgewogenheit vermissen lässt.[515] Die Arbeitnehmerin muss also diese Voraussetzungen für eine grobe Fehlerhaftigkeit darlegen und beweisen.

202 In die soziale Auswahl sind nach **§ 1 Abs. 3 Satz 2 KSchG** bestimmte Arbeitnehmer nicht einzubeziehen, deren Weiterbeschäftigung im **berechtigten betrieblichen Interesse** liegt. Die Voraussetzungen hierfür hat der Arbeitgeber darzulegen und zu beweisen. Es spricht grds. eine Vermutung dafür, dass die sozialen Gesichtspunkte bei der Auswahl der zu kündigenden Arbeitnehmer nicht ausreichend berücksichtigt worden sind, wenn der Arbeitgeber den überwiegenden Teil der Belegschaft *(z.B. 70 % der Arbeitnehmer)* aus betriebstechnischen Gründen generell von der Austauschbarkeit ausnimmt und die Sozialauswahl auf den verbliebenen Teil der Restbelegschaft beschränkt.[516] Haben die Betriebspartner einen **Interessenausgleich mit Namensliste** nach § 1 Abs. 5 abgeschossen, ist die Sozialauswahl nach § 1 Abs. 5 Satz 2 KSchG nur auf **grobe Fehlerhaftigkeit** zu überprüfen. Auch die Herausnahme ist eine Frage der »sozialen Auswahl«, auf die sich nach dem Wortlaut von § 1 Abs. 5 Satz 2 KSchG der Maßstab der groben Fehlerhaftigkeit beziehen soll. Außerdem kann die Frage, ob berechtigte betriebliche Interessen gegeben sind, sinnvoll nur dann beantwortet werden, wenn feststeht, welche Arbeitnehmer bei »normaler« Durchführung der Sozialauswahl im Betrieb

---

511 BAG, 24.03.2983 – 2 AZR 21/82; BAG, 21.12.1983 – 7 AZR 421/82.
512 BAG, 21.07.1988 – 2 AZR 75/88.
513 BAG, 17.01.2002 – 2 AZR 15/01.
514 BAG, 05.12.2002 – 2 AZR 697/01, NZA 2003, 849.
515 BAG, 05.01.2002 – 2 AZR 549/01.
516 BAG, 05.12.2002 – 2 AZR 697/01, NZA 2003, 849.

verbleiben würden. Dem entspricht es, zunächst alle vergleichbaren Arbeitnehmer einzubeziehen und anschließend zu untersuchen, ob dieses Ergebnis geändert werden muss.[517]

Bei betriebsbedingten **Änderungskündigungen**, bei denen der Arbeitgeber auch eine Vergütungsreduzierung bezweckt, ohne dass es ein konkretes Vergütungssystem gibt, die Gehälter aller vergleichbaren AN also frei ausgehandelt werden, ist nach den Grundsätzen der abgestuften Darlegungs- und Beweislast zu prüfen, ob die dem Arbeitnehmer konkret angebotene Vergütung dessen Änderungsschutz hinreichend berücksichtigt. Der Arbeitgeber ist nicht verpflichtet, dem betroffenen Arbeitnehmer im Wege der Änderungskündigung die höchste für vergleichbare Tätigkeiten gezahlte Vergütung anzubieten. Er hat vielmehr lediglich den Arbeitnehmer, dem gegenüber er eine Änderungskündigung ausspricht, unter Berücksichtigung seines Änderungsschutzes in das frei ausgehandelte Vergütungsgefüge einzuordnen. Bietet er dabei dem Arbeitnehmer eine Vergütung an, die die durchschnittlich gezahlte Vergütung merklich unterschreitet, so muss er darlegen, welche weiteren Gesichtspunkte ihn zu dieser niedrigen Vergütungsfestsetzung bewogen haben und inwiefern dabei der bestehende Änderungsschutz hinreichend berücksichtigt ist. Bewegt sich demgegenüber die angebotene Vergütung verglichen mit der der anderen Arbeitnehmer im oberen Bereich, so spricht zunächst eine Vermutung dafür, dass die angebotene Vergütung vom Arbeitnehmer billigerweise hinzunehmen ist. Dann muss der Arbeitnehmer im Rahmen der abgestuften Darlegungslast weitere Gesichtspunkte vortragen, die es gerade bei ihm unter Berücksichtigung seines Änderungsschutzes erfordern, dass seine geänderte Tätigkeit noch höher vergütet wird.[518]

f) Personenbedingte Kündigung

aa) Eignung

Bei behaupteter fehlender Eignung ist der Arbeitgeber für die Umstände, die den Schluss auf eine fehlende Eignung rechtfertigen, darlegungs- und beweispflichtig. Der Arbeitgeber muss also mangelnde berufliche Qualifikation, mangelnde Kenntnisse und Fähigkeiten oder auch eine sonstige persönliche Ungeeignetheit des Arbeitnehmers im Einzelnen darlegen sowie ggf. beweisen, wobei indes schlagwortartige Werturteile von vornherein nicht ausreichend sind.[519]

bb) Krankheit

Der Arbeitgeber hat Tatsachen vorzutragen, die den Schluss auf eine **negative Gesundheitsprognose** zulassen. Zum Zeitpunkt des Zugangs der Kündigung müssen objektive Tatsachen vorliegen, die die Besorgnis weiterer Erkrankungen im bisherigen Umfang rechtfertigen. Maßgeblich ist die voraussichtliche Entwicklung für den Fall vertragsgemäßer Weiterbeschäftigung.[520]

An einer negativen Prognose fehlt es daher schon, wenn im Rahmen eines **Betrieblichen Eingliederungsmanagements** (BEM) die Umgestaltung des Arbeitsplatzes oder eine Weiterbeschäftigung auf einem anderen – ggf. durch Umsetzungen freizumachenden – Arbeitsplatz, erkannt und entwickelt worden ist. Solange ein BEM gar nicht ordnungsgemäß unter Einbeziehung der maßgeblichen Stellen durchgeführt ist, sind die Anforderungen an die Darlegungslast des Arbeitgebers deutlich höher, wenn eine solche (negative Prognose) in diesem Fall überhaupt bejaht werden kann. Er hat vielmehr von sich aus denkbare oder vom Arbeitnehmer *(außergerichtlich)* bereits genannte Alternativen zu würdigen und im Einzelnen darzulegen, aus welchen Gründen sowohl eine Anpassung des bisherigen Arbeitsplatzes an dem Arbeitnehmer zuträgliche Arbeitsbedingungen als auch die Beschäftigung auf einem anderen – leidensgerechten – Arbeitsplatz ausscheiden. Erst dann ist es Sache des Arbeitnehmers, sich hierauf substantiiert einzulassen und darzulegen, wie er sich selbst

---

517 BAG, 10.06.2010 – 2 AZR 420/09, NZA 2010, 1352, Rn 14; 23.10.2008 – 2 AZR 163/07, EzA § 1 KSchG Interessenausgleich Nr. 16, Rn 29.
518 BAG, 03.04.2008 – 2 AZR 500/06 – NZA 2008, 812 = DB 2008, 1686.
519 LAG Frankfurt, 30.01.1991 – 2 Sa 988/90.
520 BAG, 07.11.2002 – 2 AZR 599/01, EzA § 1 KSchG Krankheit Nr. 50, Rn 46.

eine leidensgerechte Beschäftigung vorstellt. Das BEM gewinnt also nicht nur im Rahmen der Verhältnismäßigkeitsprüfung Bedeutung.[521] Dabei ist zu beachten, dass das Erfordernis eines solchen betrieblichen BEM für alle Arbeitnehmer besteht und nicht nur für die behinderten Menschen.[522] Insoweit gibt es eine Parallele zur verhaltensbedingten Kündigung, bei der das Fehlen einer Abmahnung sowohl der negativen Prognose entgegensteht als auch dem Verhältnismäßigkeitsgrundsatz. Allein durch den Hinweis darauf, dem Arbeitnehmer sei eine **Rente wegen voller Erwerbsminderung** bewilligt worden, genügt der Arbeitgeber seiner Darlegungslast im Hinblick auf das Fehlen jeglicher leidensgerechter Beschäftigungsalternativen und damit auf die objektive Nutzlosigkeit eines bEM nicht.[523]

207 **Häufige Kurzerkrankungen** in der Vergangenheit können für ein entsprechendes Erscheinungsbild in der Zukunft sprechen. Dann darf der **Arbeitgeber** sich zunächst darauf beschränken, die **Indizwirkung entfaltenden Fehlzeiten** in der Vergangenheit darzulegen. Wenn der Arbeitgeber die Krankheitsursachen nicht kennt, wird ihm die Prognose bei häufigen Kurzerkrankungen dadurch erleichtert, dass der Arbeitnehmer verpflichtet ist, zur Klärung der Frage, ob Fortsetzungserkrankungen im Sinne des EntFG vorliegen, seinen Arzt oder die Krankenkasse von der Schweigepflicht zu befreien.

208 Daraufhin muss der **Arbeitnehmer** nach § 138 Abs. 2 ZPO dartun, weshalb mit einer baldigen Genesung zu rechnen sei. Trägt er hierzu nichts vor, so gilt die Behauptung des Arbeitgebers, dass künftige Fehlzeiten in entsprechendem Umfang zu erwarten seien, gemäß § 138 Abs. 3 ZPO als zugestanden.[524] Der Umfang seiner Darlegungspflicht hängt von seinem **Kenntnisstand** ab:

209 (1) Er genügt dieser prozessualen Mitwirkungspflicht **bei unzureichender ärztlicher Aufklärung oder Kenntnis von seinem Gesundheitszustand** schon dann, wenn er die Behauptung des Arbeitgebers bestreitet und die ihn behandelnden Ärzte von der Schweigepflicht entbindet, soweit darin die durch Auslegung seines Vortrags unter Berücksichtigung von § 139 ZPO zu ermittelnde Darstellung liegt, die Ärzte hätten die künftige gesundheitliche Entwicklung ihm gegenüber positiv beurteilt. **Unsubstanziiert** ist die Einlassung des Arbeitnehmers **nur dann**, wenn die »Berufung auf die behandelnden Ärzte« erkennen lässt, dass auch er sich erst noch durch deren Zeugnis die noch fehlende Kenntnis über den weiteren Verlauf seiner Erkrankungen verschaffen will. In der Praxis ist davon auszugehen, dass ein Arbeitnehmer, der sich auf die Auskunft seines Arztes beruft, damit hinreichend das Fehlen einer eigenen Kenntnis zum Ausdruck bringt.[525] Ein »Zwischenbeweisverfahren« über die vom Arbeitnehmer behauptete Unkenntnis ist allenfalls dann zu erwägen, wenn dieser selbst Arzt ist. In allen übrigen Fällen ersetzt die Entbindung der behandelnden Ärzte von der Schweigepflicht ein substanziiertes Bestreiten der vom Arbeitgeber dargelegten negativen Prognose durch den Arbeitnehmer.[526]

210 **Zur Klärung**, ob durch diese Art des Bestreitens durch den Arbeitnehmer die sich möglicherweise aus dem schlüssigen Vortrag des Arbeitgebers zur negativen Prognose ergebende Indizwirkung erschüttert werden kann, wird es regelmäßig erforderlich sein, den **behandelnden Arzt als sachverständigen Zeugen (§ 414 ZPO) zu vernehmen**, oder von ihm nach § 377 Abs. 3 und 4 ZPO eine

---

521 Dazu siehe BAG, 10.12.2009 – 2 AZR 400/08, NZA 2010, 398 = EzA § 1 KSchG Krankheit Nr. 56, Rn 17 ff.
522 BAG, 12.07.2007 – 2 AZR 716/06, NZA 2008, 173 = EzA § 84 SGB IX Nr. 3, Rn 35.
523 BAG, 13.05.2015 – 2 AZR 565/14, Rn 29.
524 BAG, 06.09.1989 – 2 AZR 19/89, NZA 1990, 307 = NJW 1990, 2340 = EzA § 1 KSchG Krankheit Nr. 26, Rn 43.
525 BAG, 06.09.1989 – 2 AZR 19/89, NZA 1990, 307 = NJW 1990, 2340 = EzA § 1 KSchG Krankheit Nr. 26, Rn 29.
526 BAG, 06.09.1989 – 2 AZR 19/89, NZA 1990, 307 = NJW 1990, 2340 = EzA § 1 KSchG Krankheit Nr. 26, Rn 29.

schriftliche Zeugenaussage einzuholen.[527] Nur so wird zu klären sein, ob ernsthaft die Möglichkeit eines von der bisherigen Entwicklung abweichenden anderen Geschehensablaufes (geringere Krankheitsanfälligkeit) zu erwägen ist.

(2) Trägt der **Arbeitnehmer selbst konkrete Umstände für seine Beschwerden und deren Ausheilung oder Abklingen vor**, so müssen diese geeignet sein, die Indizwirkung der bisherigen Fehlzeiten zu erschüttern; er muss jedoch nicht den Gegenbeweis führen, dass nicht mit weiteren häufigen Erkrankungen zu rechnen sei. Das Gericht hat im Rahmen seines **Ermessens nach § 144 ZPO Sachverständigenbeweis** zu erheben, wenn es ohne einschlägiges Fachwissen eine medizinische Frage nicht beantworten kann.[528] Verfügt das Gericht selbst über das erforderliche Fachwissen, wird es von einer Beweisaufnahme absehen. Sind die Indizien danach durch den Vortrag des Arbeitnehmers nicht ausreichend erschüttert, ist die negative Prognose belegt. Bietet der Arbeitnehmer seinerseits Beweis nicht nur für die Ursachen der angefallenen Fehlzeiten, sondern auch dafür, dass diese Erkrankungen keine ständig wiederkehrenden Ausfallzeiten befürchten lassen, hat das Gericht den angetretenen Beweis zu erheben.[529] 211

(3) Sind die durch den Arbeitgeber vorgebrachten **Indizien** danach durch den Vortrag des Arbeitnehmers oder durch die Auskünfte der Ärzte **erschüttert**, hat der Arbeitgeber nun die negative Prognose zu beweisen. Erschüttert sind die Indizien, wenn die Auskünfte der Ärzte **jedenfalls Zweifel** an der Negativprognose ergeben.[530] Ist durch den Arbeitgeber der notwendige Beweis angetreten, ist er durch das Gericht nun zu erheben.[531] Zu beachten ist, dass die zu beweisende Haupttatsache in der Negativprognose besteht. Es ist also nicht Beweis über die Behauptung des Gegenteils – nämlich die vollständige Ausheilung der Krankheiten – zu erheben. Hieraus könnte nicht geschlossen werden, der Hauptbeweis sei erbracht. Dieser Schluss wäre unzulässig. Der Umstand, dass der Beweis des Gegenteils nicht geführt ist, ist zwar notwendige, nicht aber hinreichende Bedingung dafür, dass der Hauptbeweis als geführt angesehen werden kann. Möglich ist nämlich, dass weder der Hauptbeweis noch der Beweis des Gegenteils geführt wird und es bei einem non liquet bleibt.[532] 212

Bei einer Kündigung wegen häufiger krankheitsbedingter Fehlzeiten hat der Arbeitgeber – ebenso wie bei einer Kündigung wegen einer lang anhaltenden Arbeitsunfähigkeit – im Einzelnen darzutun, welche **unzumutbaren Betriebsbeeinträchtigungen** *(z.B. wesentliche Störungen im Arbeitsablauf, Produktionsausfall, Verlust von Kundenaufträgen, nicht beschaffbares Ersatzpersonal)* oder welche unzumutbaren wirtschaftlichen Belastungen[533] in der Vergangenheit eingetreten sind und durch zu erwartende krankheitsbedingte Fehlzeiten voraussichtlich eintreten werden.[534] Bei krankheitsbedingter dauerhafter Leistungsunfähigkeit ist in aller Regel von einer erheblichen Beeinträchtigung betrieblicher Interessen auszugehen. Der dauerhaften Leistungsunfähigkeit steht nach der Rechtsprechung des BAG[535] die Ungewissheit der Wiederherstellung der Arbeitsfähigkeit gleich, wenn in den nächsten 24 Monaten mit einer anderen Prognose nicht gerechnet werden kann. Für die Prognose komme es auf den Zeitpunkt der Kündigung an. Vor der Kündigung liegende Krankheitszeiten können danach in den Prognosezeitraum *(24 Monate)* nicht eingerechnet werden. Im Kündi- 213

---

527 BAG, 29.07.1993 – 2 AZR 155/93, NZA 1994, 67 = EzA § 1 KSchG Krankheit Nr. 40, Rn. 16, 27.
528 BAG, 06.09.1989 – 2 AZR 19/89, NZA 1990, 307 = NJW 1990, 2340 = EzA § 1 KSchG Krankheit Nr. 26, Rn 47.
529 BAG, 06.09.1989 – 2 AZR 19/89, NZA 1990, 307 = NJW 1990, 2340 = EzA § 1 KSchG Krankheit Nr. 26, Rn 46.
530 BAG, 07.11.2002 – 2 AZR 599/01, EzA § 1 KSchG Krankheit Nr. 50, Rn 41.
531 In der Regel durch Sachverständigengutachten: BAG, 19.05.1993 – 2 AZR 598/92, Rn 21.
532 BAG, 07.11.2002 – 2 AZR 599/01, EzA § 1 KSchG Krankheit Nr. 50, Rn 45.
533 Etwa durch zu erwartende, einen Zeitraum von mehr als sechs Wochen pro Jahr übersteigende Lohnfortzahlungskosten, BAG, 07.11.2002 – 2 AZR 599/01.
534 BAG, 02.11.1983 – 7 AZR 272/82.
535 12.04.2002 – 2 AZR 148/01.

gungsschutzprozess hat der Arbeitnehmer den Vorwurf, durch sein Verhalten den Heilungsprozess verzögert zu haben, unter genauer Angabe von Gründen zu bestreiten.[536]

214 I.R.d. Interessenabwägung ist von erheblicher Bedeutung, ob die Krankheit des Arbeitnehmers auf betriebliche Ursachen zurückzuführen ist. Der Arbeitgeber trägt die Darlegungs- und Beweislast dafür, dass ein solcher vom Arbeitnehmer behaupteter **ursächlicher Zusammenhang** nicht besteht. Der Arbeitgeber genügt seiner Darlegungslast zunächst, wenn er die betriebliche Tätigkeit des Arbeitnehmers vorträgt und einen ursächlichen Zusammenhang mit den Fehlzeiten bestreitet. Der Arbeitnehmer muss dann nach § 138 Abs. 2 ZPO dartun, weshalb ein ursächlicher Zusammenhang bestehen soll. Er genügt dieser prozessualen Mitwirkungspflicht, wenn er für seine Behauptung die behandelnden Ärzte von der Schweigepflicht entbindet. Dann ist es Sache des Arbeitgebers, für die fehlende Kausalität zwischen Arbeitsbedingungen und Erkrankungen Beweis anzutreten. Das Gericht muss zur Klärung dieses streitigen Sachverhalts die angebotenen Beweise erheben und ggf. Sachverständigengutachten einholen. Es darf nicht ohne weitere Aufklärung und Begründung davon ausgehen, ein ursächlicher Zusammenhang sei nicht auszuschließen und deshalb zulasten des Arbeitgebers zu berücksichtigen.[537] Nach der ständigen Rechtsprechung des Bundesarbeitsgerichts sind im Rahmen der Interessenabwägung bei einer krankheitsbedingten Kündigung die familiären Verhältnisse des Arbeitnehmers, insbesondere seine Unterhaltspflichten in die Abwägung einzubeziehen. Das gilt auch für eine Schwerbehinderteneigenschaft.[538]

215 Die **Schwerbehinderteneigenschaft** des Arbeitnehmers ist einer der wesentlichen Umstände, die bei der Interessenabwägung zu beachten sind. Das Gericht kann aus denselben Gründen, die das **Integrationsamt** zu prüfen hat, die Kündigung als sozialwidrig erachten und der Kündigungsschutzklage stattgeben. Dabei ist insbesondere an Gründe zu denken, die, wie dies bei einer krankheitsbedingten Kündigung häufig der Fall sein kann, im Zusammenhang mit der Behinderung stehen, denn der im SGB IX zum Ausdruck gelangte Schutz der behinderten Menschen hat vor allem den Zweck, ihnen den Arbeitsplatz zu erhalten und sie vor Kündigungen aus Gründen der Behinderung zu schützen. Auf diese Weise können die Gerichte für Arbeitssachen weitgehend oder sogar vollständig den Schutz gewähren, der dem Behinderten sonst im Zustimmungsverfahren des Integrationsamts zuteil wird.[539] Das ist im Rahmen des sich an das Verfahren vor dem Integrationsamt anschließenden und an sich hierfür vorgesehenen verwaltungsgerichtlichen Verfahrens oft in einem zeitlichen Zusammenhang mit dem Bestandsschutzinteresse des behinderten Menschen nicht möglich.

cc) Wiedereinstellung

216 Ein Wiedereinstellungsanspruch kommt grds. auch bei der krankheitsbedingten Kündigung in Betracht, wenn sich nachträglich herausstellt, dass die bei Ausspruch der Kündigung begründete Besorgnis lang anhaltender oder dauerhafter Arbeitsunfähigkeit nicht mehr gerechtfertigt ist und der Wiedereinstellung berechtigte Interessen des Arbeitgebers insb. wegen zwischenzeitlicher anderweiter Dispositionen nicht entgegenstehen. Nicht ausreichend kann dabei allerdings sein, wenn die Prognose lediglich zweifelhaft wird; vielmehr ist erforderlich, dass die Besorgnis der wiederholten Erkrankung ausgeräumt ist. Dafür trägt der Arbeitnehmer die Darlegungs- und Beweislast.[540]

g) Verhaltensbedingte Kündigung

217 Der Kündigende hat die **objektiven Merkmale** für einen Kündigungsgrund und die bei der Interessenabwägung für den Gekündigten ungünstigen Umstände vorzutragen und zu beweisen. Außer-

---

[536] BAG, 20.10.1983 – 2 AZR 286/82.
[537] BAG, 06.09.1989 – 2 AZR 118/89.
[538] BAG, 20.01.2000 – 2 AZR 378/99, NZA 2000, 768 = NJW 2001, 912 = EzBAT § 53 BAT Krankheit Nr. 34, Rn 28 ff.; 08.11.2007 – 2 AZR 292/06, NZA 2008, 593 = EzA § 1 KSchG Krankheit Nr. 54, Rn 16.
[539] BAG, 20.01.2000 – 2 AZR 378/99, NZA 2000, 768 = EzA § 1 KSchG Krankheit Nr. 47, Rn 34 f.
[540] So auch BAG, 27.06.2001 – 7 AZR 662/99.

dem trifft den Kündigenden die Darlegungs- und Beweislast auch für diejenigen Tatsachen, die einen vom Gekündigten behaupteten **Rechtfertigungsgrund** ausschließen.[541] In diesem Fall sind allerdings an das Bestreiten einer rechtswidrigen Vertragsverletzung hinsichtlich des Zeitpunktes, des Ortes und des Anlasses der behaupteten Vereinbarung, die das Verhalten des gekündigten Arbeitnehmers rechtfertigen und entschuldigen würde, strenge Anforderungen zu stellen.[542] Der Kündigende muss die Voraussetzungen für die Unzumutbarkeit der Weiterbeschäftigung in vollem Umfange darlegen und beweisen. Der Umfang der Darlegungs- und Beweislast richtet sich jedoch danach, wie substanziiert sich der gekündigte Arbeitnehmer auf die Kündigungsgründe einlässt. Das pauschale Bestreiten des Kündigungssachverhalts ohne nähere Substanziierung reicht nicht aus.[543] Im Kündigungsschutzprozess ist der Arbeitgeber für den einer entscheidungserheblichen **Abmahnung** zugrunde liegenden Sachverhalt darlegungs- und beweispflichtig. Diese prozessrechtliche Obliegenheit entfällt dann, wenn der Arbeitnehmer das Recht, die Richtigkeit des der Abmahnung zugrunde liegenden Sachverhalts zu bestreiten, verwirkt hat. Den **Verwirkung**statbestand hat der Arbeitgeber darzulegen und zu beweisen.[544] Auch einem sorgfältig arbeitenden Arbeitnehmer unterlaufen bei seiner vertraglich geschuldeten Tätigkeit gelegentlich Fehler, die kündigungsschutzrechtlich bis zu einer bestimmten Toleranzgrenze vom Arbeitgeber hinzunehmen sind. Zur Ermittlung dieser Grenze ist im Kündigungsschutzprozess zunächst die substanziierte Darlegung der vertraglich geschuldeten Tätigkeit des gekündigten Arbeitnehmers vom Arbeitgeber darzulegen. Ferner ist vom Arbeitgeber auch die durchschnittliche objektivierte Fehlerquote vergleichbarer Arbeitnehmer der Fehlerquote des gekündigten Arbeitnehmers gegenüberzustellen. Der Arbeitgeber trägt im Streitfall die Beweislast.[545] Der Arbeitgeber hat Verschulden bei Schlechtleistung zu beweisen; es gibt grds. keine Umkehr der Beweislast, ausgenommen die Schlechtleistung liegt im Gefahrenbereich des Arbeitnehmers.[546] Zur Beweislast bei vom Kläger ggü. dem Vorwurf der Arbeitsbummelei eingewandter depressiver Erkrankung s. BAG, 18.10.1990 – 2 AZR 204/90.

Auch auf Pflichtverletzung beruhende **Minderleistungen** des Arbeitnehmers (*»Low Performer«*) können geeignet sein, eine ordentliche Kündigung aus verhaltensbedingten Gründen zu rechtfertigen. Kennt der Arbeitgeber lediglich die objektiv messbaren Arbeitsergebnisse, so genügt er im Kündigungsschutzprozess seiner Darlegungslast, wenn er Tatsachen vorträgt, aus denen ersichtlich ist, dass die Leistungen des Arbeitnehmers deutlich hinter denen vergleichbarer Arbeitnehmer zurückbleiben, also die Durchschnittsleistung erheblich unterschreiten. Bei **quantitativen Minderleistungen** hat sich das BAG[547] an den Werten orientiert, die für die Annahme einer grundlegenden Störung des Leistungsgleichgewichts herangezogen worden sind. Alsdann ist es Sache des Arbeitnehmers, hierauf zu entgegnen, z.B. darzulegen, warum er mit seiner deutlich unterdurchschnittlichen Leistung dennoch seine persönliche Leistungsfähigkeit ausschöpft.[548] Trägt der Arbeitnehmer derartige Umstände nicht vor, gilt das schlüssige Vorbringen des Arbeitgebers als zugestanden.[549] Für den Fall **qualitativer Minderleistung** sind solche auf die bloße Fehlerhäufigkeit abstellende Grenzen, auch wenn sie für eine rechtssichere Handhabung durch die Tatsacheninstanzen wünschenswert wären, für sich nicht geeignet, die Kündigungs-Relevanz der dem Arbeitnehmer konkret vorgeworfenen Pflichtverletzungen hinreichend sicher einzugrenzen. Bei einer Kündigung wegen qualitativer Minderleistung des Arbeitnehmers ist es danach zunächst Sache des Arbeitgebers, zu den aufgetretenen Leistungsmängeln das vorzutragen, was er über die Fehlerzahl, die Art und Schwere sowie Folgen

218

---

541 BAG, 12.07.1990 – 2 AZR 19/90; BAG, 31.05.1990 – 2 AZR 535/89; BAG, 24.02.1983 – 2 AZR 327/82.
542 BAG, 24.11.1983 – 2 AZR 327/87.
543 BAG, 13.08.1987 – 2 AZR 629/86.
544 LAG Frankfurt, 31.10.1986 – 13 Sa 613/86.
545 ArbG Herne, 01.06.1994 – 1 Ca 2482/93.
546 LAG Schleswig-Holstein, 02.04.1985 – 6 Sa 553/84.
547 BAG, 11.12.2003 – 2 AZR 667/02, NZA 2004, 784 = NJW 2004, 428.
548 BAG, 11.12.2003 – 2 AZR 667/02, NJW 2004, 2545 = NZA 2004, 784.
549 § 138 Abs. 3 ZPO.

der fehlerhaften Arbeitsleistung des Arbeitnehmers wissen kann. Kann der Arbeitgeber darlegen, dass der Arbeitnehmer längerfristig die durchschnittliche Fehlerhäufigkeit aller mit vergleichbaren Arbeiten beschäftigter Arbeitnehmer erheblich überschreitet, so kann dies ein Anhaltspunkt dafür sein, dass der Arbeitnehmer vorwerfbar seine vertraglichen Pflichten verletzt. Da jedoch der Vergleich durchschnittlicher Fehlerquoten für sich noch keinen hinreichenden Aufschluss darüber gibt, ob durch die fehlerhafte Arbeit des gekündigten Arbeitnehmers das Verhältnis von Leistung und Gegenleistung stark beeinträchtigt ist, muss der Arbeitgeber hier weitere Umstände darlegen. Anhand der tatsächlichen Fehlerzahl, der Art, Schwere und Folgen der fehlerhaften Arbeitsleistung des betreffenden Arbeitnehmer ist näher darzulegen, dass die längerfristige deutliche Überschreitung der durchschnittlichen Fehlerquoten nach den Gesamtumständen darauf hinweist, dass der Arbeitnehmer vorwerfbar seine vertraglichen Pflichten verletzt. Legt der Arbeitgeber dies im Prozess dar, so muss der Arbeitnehmer erläutern, warum er trotz erheblich unterdurchschnittlicher Leistungen seine Leistungsfähigkeit ausschöpft. Hierbei ist insbes. darzulegen, welche betrieblichen Beeinträchtigungen durch die konkret darzulegenden Fehler verursacht werden und dass es sich insoweit nicht lediglich um Fehler handelt, die trotz einer gewissen Häufigkeit angesichts der konkreten Umstände der Arbeitsleistung vom Arbeitgeber hinzunehmen sind.[550]

Beschäftigt sich der Arbeitnehmer verbotswidrig ohne Kenntnis des Arbeitgebers am Arbeitsplatz mit privaten Dingen *(Internetnutzung)*, gehört es nicht zur Darlegungslast des Arbeitgebers, ob darunter auch die Arbeitsleistungen gelitten hat.[551]

219 Werden einem Lehrer fortgesetzte kontinuierliche Pflichtverstöße vorgeworfen, ist ein solcher Vortrag einlassungsfähig. Die in das Unterrichtsgeschehen eingebetteten Pflichtverletzungen müssen nicht in zeitlicher Hinsicht weiter konkretisiert werden, was gerade bei **Sexualdelikten** deliktstypisch im Nachhinein nicht mehr möglich ist. Das gilt insbesondere, wenn ein Glaubhaftigkeitsgutachten zu dem Ergebnis geführt hat, dass die betroffenen Kinder den geschilderten Sachverhalt tatsächlich erlebt haben und gar nicht die Fähigkeit besitzen, einen dem einschlägigen Muster entsprechenden Vortrag zu erfinden sowie fortzuschreiben.[552] Zum prozessualen Vorgehen im Zusammenhang mit Opferschutzgesichtspunkten vgl. unter Rdn. 58, 66 und 82.

h) Druckkündigung

220 Wird eine Druckkündigung mit Gründen im Verhalten des Arbeitnehmers oder einem in seiner Person liegenden Grund begründet, so sind – wenn der Arbeitnehmer Kündigungsschutz beanspruchen kann – an die Darlegungs- und Beweislast keine geringeren Anforderungen zu stellen als an jede andere aus verhaltens- oder personenbedingten Gründen ausgesprochene Kündigung.[553]

i) Kündigung wegen Betriebsübergangs

221 I.R.d. § 613a Abs. 4 Satz 1 BGB trifft den Arbeitnehmer die Darlegungs- und Beweislast für die **Kausalität** zwischen Betriebsübergang und Kündigung.[554] Allerdings spricht eine tatsächliche Vermutung gegen eine ernsthafte und endgültige Stilllegungsabsicht des Unternehmens im Zeitpunkt der Kündigung, wenn es noch innerhalb der Kündigungsfrist zu einem Betriebsübergang nach § 613a Abs. 1 Satz 1 BGB kommt.[555] Beruft sich der Arbeitnehmer im Rahmen eines Kündigungsschutzprozesses darauf, der Betrieb sei von dem bisherigen Arbeitgeber nicht stillgelegt, sondern an einen neuen Inhaber übertragen worden, so ist es nach § 1 Abs. 2 Satz 4 KSchG Aufgabe des Arbeitgebers, andere für die soziale Rechtfertigung der Kündigung erhebliche Gründe vorzutragen und

---

550 BAG, 17.01.2008 – 2 AZR 536/06, NZA 2008, 693 = NJW 2008, 3019.
551 BAG, 27.04.2006 – 2 AZR 386/05, NZA 2006, 977, Rn 26.
552 LAG Berlin-Brandenburg, 20.07.2011 – 26 Sa 1269/10, Rn 78, mit Anm. Zimmerling öAT 2012, 18.
553 LAG Köln, 17.01.1996 – 8 (11) Sa 768/95.
554 BAG, 05.12.1985 – 2 AZR 3/85; LAG Rostock, 16.11.1995 – 5 Sa 664/94.
555 LAG Baden-Württemberg, 22.06.1994 – 2 Sa 11/94.

nachzuweisen. Der Arbeitgeber ist somit darlegungs- und beweispflichtig dafür, dass er ernsthaft zur Betriebsstillllegung und nicht zur Betriebsübergabe entschlossen war.[556] Der Arbeitgeber hat darzulegen und zu beweisen, dass der Betrieb nicht durch Rechtsgeschäft übergegangen ist, wenn der Arbeitnehmer das Vorliegen einer Betriebsstilllegung mit dem Vortrag eines Sachverhalts bestreitet, aus dem sich schlüssig ein rechtsgeschäftlicher Betriebsübergang entnehmen lässt.[557]

j) Sonstiger Unwirksamkeitsgrund/Kündigung im Kleinbetrieb

222 Während der Probezeit oder im Kleinbetrieb kann eine Kündigung wegen Verstoßes gegen den Grundsatz von Treu und Glauben[558] unwirksam sein. Die Darlegungs- und Beweislast für das Vorliegen derjenigen Tatsachen, aus denen sich die Treuwidrigkeit ergibt, liegt beim Arbeitnehmer.[559] Allerdings ist der verfassungsrechtlich gebotene Schutz des Arbeitnehmers auch im Prozessrecht zu gewährleisten. Deshalb gelten insoweit die Grundsätze der **abgestuften Darlegungs- und Beweislast**.[560] Das gilt auch dann, wenn der Arbeitnehmer nicht oder nicht nur einen Auswahlfehler des Arbeitgebers geltend macht, sondern die Kündigung nur oder auch aus anderen Gründen für treuwidrig hält. In einem ersten Schritt muss der Arbeitnehmer, der die Gründe, die zu seiner Kündigung geführt haben, oft nicht kennt, nur einen Sachverhalt vortragen, der die Treuwidrigkeit der Kündigung nach § 242 BGB indiziert. Das ist bspw. der Fall, wenn aus dem Vorbringen des Klägers auf den ersten Blick ein schwerer Auswahlfehler erkennbar ist.[561] Die Treuwidrigkeit kann sich aber auch aus anderen Gesichtspunkten ergeben. Der Arbeitgeber muss sich nach § 138 Abs. 2 ZPO qualifiziert auf den Vortrag des Arbeitnehmers einlassen, um ihn zu entkräften. Kommt er dieser sekundären Behauptungslast nicht nach, gilt der schlüssige Sachvortrag des Arbeitnehmers gem. § 138 Abs. 3 ZPO als zugestanden.[562] Trägt der Arbeitgeber hingegen die betrieblichen, persönlichen oder sonstigen Gründe vor, die den Vorwurf der Treuwidrigkeit ausschließen, so hat der Arbeitnehmer die Tatsachen, aus denen sich die Treuwidrigkeit der Kündigung dennoch ergeben soll, zu beweisen.[563]

223 Für das Vorliegen einer nach § 612a BGB i.V.m. § 134 BGB **nichtigen Maßnahme** *(z.B. Kündigung wegen gewerkschaftlicher Betätigung im Betrieb)* trägt der Arbeitnehmer die Darlegungs- und Beweislast.[564] Eine Entlassung, mit der das Ziel verfolgt wird, den betreffenden Arbeitnehmer an der Vorbereitung einer Betriebsratswahl zu hindern, ist nichtig.[565] Ob diese Zielrichtung vorliegt, kann sich aus den Umständen ergeben. Ein zeitliches Zusammentreffen der Vorbereitungshandlungen und des Kündigungsausspruchs am gleichen Tage rechtfertigt nicht nur eine dahin gehende Vermutung *(Prima-facie-Beweis)*, sondern kann sogar zu einer Umkehr der Beweislast führen.[566]

k) Wichtiger Grund (§ 626 Abs. 1 BGB)

224 Derjenige, der eine außerordentliche Kündigung ausgesprochen hat, ist darlegungs- und beweisbelastet für alle Umstände, die als »**wichtige Gründe**« geeignet sein können. Der Kündigende muss also die Voraussetzungen für die **Unzumutbarkeit** der Weiterbeschäftigung in vollem Umfang darlegen und beweisen; die Darlegungs- und Beweislast ist nicht so aufzuteilen, dass der Kündigende nur die objektiven Merkmale für einen Kündigungsgrund und die bei der Interessenabwägung für

---

556 BAG, 31.01.1991 – 2 AZR 346/90.
557 BAG, 03.10.1985 – 2 AZR 570/84.
558 § 242 BGB.
559 BAG, 28.08.2003 – 2 AZR 333/02.
560 BAG, 21.02.2001 – 2 AZR 15/00, NZA 2001, 833.
561 BAG, 06.02.2003 – 2 AZR 672/01, NZA 2003, 717.
562 BAG, 28.06.2007 – 6 AZR 750/06, NZA 2007, 1049.
563 BAG, 21.02.2001 – 2 AZR 15/00, NZA 2001, 833.
564 LAG Hamm, 18.12.1987 – 17 Sa 1225/87.
565 § 134 BGB.
566 LAG Hamm, 27.08.1987 – 10 Sa 2412/87.

den Gekündigten ungünstigen Umstände und der Gekündigte seinerseits Rechtfertigungsgründe und für ihn entlastende Umstände vorzutragen und zu beweisen hätte. Der Umfang der Darlegungs- und Beweislast richtet sich danach, wie substanziiert sich der gekündigte Arbeitnehmer auf die Kündigungsgründe einlässt. Der Arbeitgeber braucht nicht von vornherein alle nur denkbaren **Rechtfertigungsgründe** des Arbeitnehmers zu widerlegen. Es reicht auch nicht aus, wenn der Arbeitnehmer Rechtfertigungsgründe pauschal ohne nähere Substanziierung vorbringt. Vielmehr ist er nach § 138 Abs. 2 ZPO im Rechtsstreit gehalten, die Gründe, aus denen er die Berechtigung zum Fehlen am Arbeitsplatz herleiten will, ausführlich vorzutragen. Die Verhältnisse im Kleinbetrieb rechtfertigen keine Änderung der Beweislastverteilung.[567] Auch bei einer außerordentlichen Kündigung nach § 626 BGB wegen einer **unerlaubten Konkurrenztätigkeit** trifft den Kündigenden die Darlegungs- und Beweislast für diejenigen Tatsachen, die die vom Gekündigten behauptete Rechtfertigung durch Einwilligung ausschließen. Der Arbeitnehmer hat allerdings substanziiert die Tatsachen vorzutragen, aus denen sich die behauptete und bestrittene Einwilligung des Arbeitgebers ergeben soll.[568]

225 Bei der außerordentlichen Kündigung **ordentlich unkündbarer Arbeitnehmer** gibt es Besonderheiten hinsichtlich der Darlegungs- und Beweislast. Den gesteigerten Anforderungen bei der Prüfung des wichtigen Grundes i.S.v. § 626 Abs. 1 BGB entspricht auch eine gesteigerte Darlegungs- und Beweislast des Arbeitgebers.[569] Der Arbeitgeber hat darzulegen, dass er ohne eine außerordentliche Kündigungsmöglichkeit gezwungen wäre, ein sinnloses Arbeitsverhältnis über viele Jahre hinweg allein durch Gehaltszahlungen, denen keine entsprechende Arbeitsleistung gegenübersteht, aufrechtzuerhalten, und dass auch keine andere Möglichkeit besteht, die Fortsetzung eines völlig sinnentleerten Arbeitsverhältnisses etwa durch eine anderweitige Weiterbeschäftigung ggf. nach entsprechender Umschulung zu vermeiden. Es reicht nicht aus, dass der Arbeitgeber wie bei der ordentlichen betriebsbedingten Kündigung zunächst nur darlegt, eine Weiterbeschäftigung des Arbeitnehmers sei infolge des Wegfalls seines Arbeitsplatzes nicht mehr möglich und dann die Darlegung des Arbeitnehmers abwartet, wie er sich seine Weiterbeschäftigung an anderer Stelle im Betrieb oder Unternehmen vorstellt.[570] Das Fehlen jeglicher, auch anderweitiger Beschäftigungsmöglichkeiten zählt bei einer außerordentlichen betrieblichen Kündigung schon zum wichtigen Grund i.S.v. § 626 BGB und ist deshalb vom Arbeitgeber darzulegen.

l) Ausschlussfrist (§ 626 Abs. 2 BGB)

226 Im Rechtsstreit über die Wirksamkeit der außerordentlichen Kündigung eines Arbeitsverhältnisses ist der Vertragsteil, der die Kündigung ausgesprochen hat, i.R.d. § 626 Abs. 2 BGB darlegungs- und beweispflichtig dafür, dass er von den für die Kündigung maßgebenden Tatsachen erst innerhalb der letzten zwei Wochen vor Ausspruch der Kündigung Kenntnis erlangt hat.[571] Insoweit muss der Kündigende die Umstände schildern, aus denen sich ergibt, wann und wodurch er von den maßgebenden Tatsachen erfahren hat. Um den Zeitpunkt, in dem der Wissensstand des Kündigungsberechtigten ausreicht, bestimmen zu können, und um es dem Gekündigten zu ermöglichen, die behauptete Schilderung zu überprüfen und ggf. qualifiziert zu bestreiten, muss grds. angegeben werden, wie es zu der Aufdeckung des Kündigungsgrundes gekommen sein soll. Hat der Kündigungsberechtigte noch Ermittlungen durchgeführt, muss er hierzu weiter darlegen, welche Tatsachenbehauptungen unklar und daher ermittlungsbedürftig waren, und welche – sei es auch nur aus damaliger Sicht – weiteren Ermittlungen er zur Klärung der Zweifel angestellt hat.[572]

---

567 BAG, 19.12.1991 – 2 AZR 367/91.
568 BAG, 06.08.1987 – 2 AZR 226/87.
569 BAG, 08.04.2003 – 2 AZR 355/02, NZA 2003, 856.
570 Vgl. etwa BAG, 24.03.1983 – 2 AZR 21/82.
571 BAG, 17.08.1972 – 2 AZR 359/71; BAG, 10.04.1975 – 2 AZR 113/74.
572 BAG, 01.02.2007 – 2 AZR 333/06, NZA 2007, 744.

18. Mutterschutz

Einem mutterschutzrechtlichen Beschäftigungsverbot kommt ein **hoher Beweiswert** zu. Das ärztliche Beschäftigungsverbot kann aber widerlegt werden (s. im Einzelnen auch Rdn. 128 f.). Dies kann nicht nur durch eine anderweitige ärztliche Untersuchung geschehen. Vielmehr kann der Arbeitgeber tatsächliche Umstände darlegen, die den Schluss zulassen, dass das Beschäftigungsverbot auf nicht zutreffenden Angaben der Schwangeren, auch hinsichtlich ihrer Beschwerden, beruht. Dabei trägt der Arbeitgeber das Risiko, das Gericht von der Unrichtigkeit des ärztlichen Beschäftigungsverbots überzeugen zu müssen.[573] Der Arbeitgeber, der ein Beschäftigungsverbot nach § 3 Abs. 1 MuSchG anzweifelt, kann vom ausstellenden Arzt Auskunft über die Gründe verlangen, soweit diese nicht der Schweigepflicht unterliegen. Der Arzt hat dem Arbeitgeber sodann mitzuteilen, von welchen tatsächlichen Arbeitsbedingungen der Arbeitnehmerin er bei Erteilung seines Zeugnisses ausgegangen ist und ob krankheitsbedingte Arbeitsunfähigkeit vorgelegen hat. Legt die Arbeitnehmerin trotz Aufforderung des Arbeitgebers keine entsprechende ärztliche Bescheinigung vor, ist der Beweiswert eines zunächst nicht näher begründeten ärztlichen Beschäftigungsverbots erschüttert. Dann steht nicht mehr mit der gebotenen Zuverlässigkeit fest, dass die Arbeitnehmerin i.S.v. § 11 Abs. 1 MuSchG »wegen eines Beschäftigungsverbots« mit der Arbeit ausgesetzt hat. Es ist dann ihre Sache, die Tatsachen darzulegen und ggf. zu beweisen, die das Beschäftigungsverbot rechtfertigen.[574] Zur Beweisführung kann die Arbeitnehmerin ihren behandelnden Arzt von seiner Schweigepflicht entbinden und ihn als sachverständigen Zeugen für die Verbotsgründe benennen. Dann kommt erst der näheren ärztlichen Begründung ggü. dem Gericht ein ausreichender Beweiswert zu, wobei das Gericht den Arzt mit den festgestellten Tatsachen konfrontieren muss. Wegen der Komplexität und Schwierigkeit der Materie wird vielfach eine schriftliche Auskunft des Arztes (§ 377 Abs. 3 ZPO) nicht genügen, sondern dessen persönliche Befragung durch das Gericht erforderlich sein. Das Gericht wird das nachvollziehbare fachliche Urteil des Arztes weitgehend zu respektieren haben.[575]

18a. Mobbing/Persönlichkeitsrecht

Der Arbeitnehmer, der Schadensersatzansprüche gegen seinen Arbeitgeber geltend macht, trägt nach der Rechtsprechung des BAG für das Vorliegen der behaupteten Pflichtverletzungen die **Darlegungs- und Beweislast**. Daher habe er im Rechtsstreit die einzelnen (Mobbing-) Handlungen[576] oder Maßnahmen, aus denen er die angeblichen Pflichtverletzungen herleitet, konkret unter Angabe deren zeitlicher Lage zu bezeichnen. Nur dadurch würden die Tatsachengerichte in die Lage versetzt, zu überprüfen, ob die behaupteten Vorgänge für sich allein betrachtet oder in der Gesamtschau zu einer Rechtsbeeinträchtigung des Arbeitnehmers geführt haben und dann ggf. über jeden behaupteten Vorgang Beweis zu erheben.[577] Auch im Rahmen der Haftung für Pflichtverletzungen der Erfüllungsgehilfen nach § 278 BGB trägt die **Beweislast** der Arbeitnehmer. Der **Beweisnot des Mobbingopfers** kann nach der Rspr. des BAG durch Parteianhörung nach § 141 ZPO und der Parteivernehmung nach den §§ 445, 448 ZPO sowie eine sorgfältigen Beweis- und Sachverhaltswürdigung in ausreichendem Maße Rechnung getragen werden.[578] Für die ebenfalls durch den Arbeitnehmer darzulegende und zu beweisende Kausalität spreche als starkes **Indiz**, wenn in zeitlichem Zusammenhang mit feststehenden Persönlichkeitsrechtsverletzungen bei dem betrof-

---

573 BAG, 31.07.1996 – 5 AZR 474/95.
574 BAG, 07.11.2007 – 5 AZR 883/06, AP Nr. 21 zu § 3 MuSchG 1968 = DB 2008, 303.
575 BAG, 07.11.2007 – 5 AZR 883/06, AP Nr. 21 zu § 3 MuSchG 1968 = DB 2008, 303.
576 Zum Begriff und seiner Einbindung in die Bestimmungen des AGG: BAG, 25.10.2007 – 8 AZR 593/06, NZA 2008, 223, sowie 22.07.2010 – 8 AZR 1012/08, NZA 2011, 93 = EzTöD 100 § 2 TVöD-AT Diskriminierung Geschlecht Nr. 4, Rn 90.
577 BAG, 24.04.2008 – 8 AZR 347/07, DB 2008, 2086. Rn 41.
578 BAG, 16.05.2007 – 8 AZR 709/06, AP BGB § 611 Mobbing Nr. 5 = EzA § 611 BGB 2002 Persönlichkeitsrecht Nr. 6 m.w.N., Rn 91.

fenen Arbeitnehmer Erkrankungen aufträten.[579] Besondere **Beweiserleichterung** lehnt das BAG aber ausdrücklich ab. Das gelte nicht nur für vertragliche, sondern auch für deliktische Ansprüche. Hier hält es eine Garantenpflicht des Arbeitgebers aber nicht für ausgeschlossen. Den Arbeitgeber trifft im Übrigen die (Verkehrssicherungs-) Pflicht, in seinem Betrieb Strukturen entgegenzuwirken, die Mobbing fördern. Der Geschädigte hat darzulegen und zu beweisen, dass eine **Verkehrspflicht** verletzt wurde. Steht der objektive Verstoß gegen einer Verkehrspflicht fest, so spricht der **Anscheinsbeweis für die Kausalität** zwischen der Pflichtverletzung und der eingetretenen Rechtsgutverletzung, jedenfalls dann, wenn sich die Gefahr verwirklicht hat, vor der die Erfüllung der Verkehrspflicht schützen soll.

229 Macht ein **Erbe** gegenüber dem Arbeitgeber Schadensersatzansprüche wegen eines durch eine Kündigung verursachten Selbstmordes geltend, muss er konkret darlegen, dass der Arbeitgeber bei Anwendung der erforderlichen Sorgfalt die Rechtsunwirksamkeit der Kündigung hätte erkennen können und dass der Erblasser aufgrund dieser Kündigung erkranken konnte.[580]

Bei der Prüfung der Voraussetzungen des § 193 StGB im Zusammenhang mit **ehrenrührigen Behauptungen über einen Arbeitskollegen** ist ungeachtet der Beweisregel in § 186 StGB zunächst die Wahrheit der aufgestellten Behauptung zu unterstellen.[581]

19. Nachweis nach dem NachwG

230 Der Mindestkatalog der Nachweisrichtlinie will sicherstellen, dass die Arbeitnehmerin in den dort aufgeführten Punkten bei der Durchsetzung ihrer vertraglichen Ansprüche in gerichtlichen Auseinandersetzungen nicht in Beweisnot gerät.[582] Der EuGH[583] sieht **Sinn und Zweck** der Richtlinie in der **Verbesserung der Beweislage** der Arbeitnehmer. An diese Auslegung ist die Rechtsprechung gebunden. Sinn und Zweck ist es also, den Arbeitnehmern ein Beweismittel an die Hand zu geben, welches sie ggf. im Rechtsstreit vorlegen können. Aus §§ 427, 444 ZPO wird abgeleitet, dass diejenige Partei, die dem Beweisführer ein Beweismittel – u.U. auch unverschuldet – entzieht und ihn dadurch in Beweisnot bringt, erhöhten Anforderungen an die Darlegungs- und Beweislast ausgesetzt ist, die bis zur Umkehr der Beweislast führen können. Der Arbeitgeber, der keinen schriftlichen Arbeitsvertrag abschließt und es darüber hinaus entgegen § 2 Abs. 1 NachwG unterlässt, die dort geforderte Niederschrift zu erstellen und auszuhändigen, kann also i.R.d. Beweiswürdigung so zu behandeln sein, als hätte er ein zunächst vorhandenes Beweismittel beseitigt. Das führt unter dem Gesichtspunkt der **Beweisvereitelung** zu einer erheblichen Erleichterung der Beweisführungslast zugunsten des Arbeitnehmers. Jedenfalls hat das Gericht einen solchen Umstand bei der Beweiswürdigung nach § 286 ZPO zu berücksichtigen. Dabei wird es im Ergebnis keinen großen Unterschied machen, ob es ein Arbeitgeber unterlässt, der Arbeitnehmerin entgegen einer gesetzlichen Verpflichtung ein Beweismittel an die Hand zu geben, oder ob er ihr einen zunächst existierenden Nachweis später entzieht. Fahrlässiges Handeln ist regelmäßig ausreichend.[584] Erteilt der Arbeitgeber den Nachweis nicht, trägt er daher im Streitfall die Beweislast für einen von den Angaben der Arbeitnehmerin abweichenden Vertragsinhalt.[585]

231 Der Beweis für eine streitige Lohnvereinbarung kann dann schon als geführt angesehen werden, wenn sie aufgrund von **Indizien** plausibel ist.[586] Die Unklarheit darüber, welche von mehreren, in Betriebsgemeinschaft und teilweise in **Personalunion** geführten Gesellschaften mit gleichen oder

---

579 BAG, 16.05.2007 – 8 AZR 709/06, AP BGB § 611 Mobbing Nr. 5 = EzA § 611 BGB 2002 Persönlichkeitsrecht Nr. 6 m.w.N., Rn 95.
580 BAG, 24.04.2008 – 8 AZR 347/07, DB 2008, 2086.
581 LAG Hamm, 30.11.1990 – 12 Sa 708/90, LAGE § 823 BGB Nr. 1 = ARSt 1991, 140.
582 BAG, 26.07.1995 – 2 AZR 51/94.
583 EuGH, 08.02.2001 – Rs. C-350/99, Lange/Schünemann.
584 BGH, 17.06.1997 – X ZR 119/94, NJW 1998, 79.
585 Friedrich/Kloppenburg, Vergütungskorrektur und Nachweisrecht, RdA 2001, 293, 303 f.
586 LAG Köln, 31.07.1989 – 11 Sa 1484/97.

sich ergänzenden Unternehmenszwecken Vertragspartner und damit Arbeitgeber des unstreitig eingestellten Arbeitnehmers werden sollte, ist überwiegend vom Arbeitgeber verschuldet, wenn der monatelang für die Unternehmensgruppe tätig gewordene Arbeitnehmer weder einen schriftlichen Arbeitsvertrag noch die Niederschrift des § 2 NachwG erhalten hat. Der dadurch verschuldeten Beweisnot des Arbeitnehmers ist durch erleichterte Anforderungen an seine Darlegungs- und Beweislast zur Frage der Passivlegitimation Rechnung zu tragen. Diesen genügt u.U. schon der Hinweis auf den Verfasser der ersten Lohnabrechnung. Die Indizwirkung dieses Umstandes wird nicht allein dadurch gemindert, dass spätere Monate von anderen Gesellschaften abgerechnet worden sind. Die Erleichterungen gelten auch für andere Vertragsbedingungen, die dem NachwG zuwider nicht niedergelegt worden sind. So kann z.B. der Hinweis auf den Inhalt eines letztlich nicht zustande gekommenen Vertragsentwurfs genügen.[587]

20. Persönlichkeitsrecht

Siehe Rdn. 33 ff., 228 ff. 232

21. Prozessfähigkeit

Der Kläger hat das Risiko der Nichterweislichkeit seiner Prozessfähigkeit zu tragen, da ihn insoweit 233 eine »objektive« Beweislast trifft. Jedoch ist das Gericht gehalten, von Amts wegen alle infrage kommenden Beweise, insb. durch Einholung von Sachverständigengutachten, zu erheben, um Zweifel an der Prozessfähigkeit nach Möglichkeit aufzuklären; den Kläger trifft insoweit keine »subjektive« Beweisführungslast.[588] Die Feststellung mangelnder Prozessfähigkeit setzt dabei voraus, dass alle verfügbaren Beweismittel ausgeschöpft sind.[589]

22. Rückzahlungsklauseln

Der Arbeitgeber muss die Umstände darlegen, die sein Interesse an einer Rückzahlungsverpflich- 234
tung betreffend, die Aus- und Weiterbildungskosten rechtfertigen können.[590] Die Darlegungs- und Beweislast für die Tatsachen, aus denen sich ergibt, dass der Arbeitnehmer durch die Weiterbildung einen beruflichen Vorteil erlangt hat, liegt beim Arbeitgeber. Dieser genügt seiner Darlegungslast dann, wenn er substanziiert vorträgt, dass der Arbeitnehmer durch die Weiterbildung eine anerkannte Qualifikation erworben und ihm diese innerbetriebliche Vorteile gebracht hat.[591] Beteiligt der Arbeitgeber den Arbeitnehmer an den Kosten für seine berufliche Fortbildung, so hat der Arbeitgeber darzulegen und zu beweisen, dass außerhalb seines eigenen Betriebes Bedarf nach derart ausgebildeten Arbeitskräften besteht und die beruflichen Entwicklungsmöglichkeiten sowie die Verdienstchancen für diese Arbeitnehmer durch die vom Arbeitgeber finanzierte Aus- und Fortbildung gesteigert worden sind.[592] Entfällt die Pflicht zur Rückzahlung von Ausbildungskosten bei rechtswirksamer fristloser Kündigung des Arbeitnehmers, so trägt der Arbeitgeber die Darlegungs- und Beweislast auch dafür, dass Gründe für eine berechtigte fristlose Beendigung des Arbeitsverhältnisses durch den Arbeitnehmer nicht vorgelegen haben.[593]

23. Ungerechtfertigte Bereicherung/Wegfall der Bereicherung

Nach den allgemein geltenden Regeln hat der Anspruchsteller die Beweislast für die Tatsachen, aus 235
denen er seinen Anspruch herleitet. Zu den anspruchsbegründenden Tatsachen i.S.v. § 812 Abs. 1 BGB gehört das Merkmal des **fehlenden Rechtsgrundes**. Auch dieser ist deshalb vom Gläubiger zu

---

587 LAG Köln, 09.01.1998 – 11 Sa 155/97, NZA-RR 1998, 513.
588 BAG, 20.01.2000 – 2 AZR 733/98, NZA 2000, 613; BGH, 09.01.1996 – VI ZR 94/95.
589 BVerfG, 19.08.2013 – 1 BvR 577/13, Rn 12 f.
590 BAG, 24.07.1991 – 5 AZR 420/90.
591 BAG, 16.03.1994 – 5 AZR 339/92.
592 BAG, 11.04.1990 – 5 AZR 308/89; BAG, 24.01.1991 – 5 AZR 443/90 und 5 AZR 420/90.
593 LAG Bremen, 25.02.1994 – 4 Sa 13/93.

Kloppenburg

beweisen. Das gilt grds. unabhängig davon, ob die Bereicherung des Schuldners durch eine Leistung des Gläubigers bewirkt oder ob sie in sonstiger Weise erfolgt ist.[594] Demgegenüber wird dem Bereicherungsschuldner die Beweislast für den Rechtsgrund, also das »Behaltendürfen« auferlegt, wenn sich der Mangel des rechtfertigenden Grundes aus dem Bereicherungsvorgang selbst ergibt. Das wird angenommen, wenn unstreitig feststeht oder bewiesen ist, dass der Bereicherungsschuldner etwas aus einer eindeutig dem Anspruchsteller zugewiesenen Rechtsposition erlangt hat.[595] So hat der BGH dem Besitzer eines fremden Sparbuches die Beweislast dafür auferlegt, der Inhaber sei mit den vom Schuldner getätigten Abhebungen einverstanden gewesen.[596]

236 Die **Rückabwicklung** der vom Arbeitgeber gewährten Vergütung im Zeitraum der vom Arbeitnehmer erzwungenen Weiterbeschäftigung hat nach den Grundsätzen der ungerechtfertigten Bereicherung zu erfolgen. Der Wert der Arbeitsleistung bestimmt sich nach der dafür üblichen Vergütung. Demgegenüber hat der Arbeitgeber darzulegen und zu beweisen, dass der Arbeitnehmer im Zeitraum der erzwungenen Weiterbeschäftigung eine niedriger zu bewertende Arbeitsleistung erbracht hat.[597] Rechnet der Arbeitgeber gegen Lohnansprüche eines Arbeitnehmers mit Gegenansprüchen aus vermeintlich ungerechtfertigter Bereicherung auf, so trifft den Arbeitgeber die volle Beweislast dafür, dass der Arbeitnehmer Leistungen ohne Rechtsgrund erhalten hatte.[598]

237 Wendet der Arbeitnehmer ggü. einem Anspruch auf Gehaltsüberzahlung den **Wegfall der Bereicherung** ein, so kommen Erleichterungen der Darlegungs- und Beweislast regelmäßig nur in Betracht, wenn er nicht zu den Besserverdienenden gehört.[599] Ein Arbeitnehmer, der gegen den Anspruch des Arbeitgebers auf Rückzahlung zu viel gezahlter Arbeitsvergütung[600] den Wegfall der Bereicherung geltend macht,[601] hat darzulegen und ggf. zu beweisen, dass er nicht mehr bereichert ist. Der Arbeitnehmer kann sich für den Wegfall der Bereicherung auf die Grundsätze des Anscheinsbeweises berufen. Dazu ist erforderlich: *(a)* Es muss sich um geringfügige Überzahlungen handeln. Ob eine Überzahlung »geringfügig« ist, kann nach den Richtlinien beurteilt werden, die im öffentlichen Dienst gelten; *(b)* Die Lebenssituation des Arbeitnehmers muss so sein, dass erfahrungsgemäß ein alsbaldiger Verbrauch der Überzahlung für die laufenden Kosten der Lebenshaltung anzunehmen ist. Der Arbeitnehmer hat die Tatsachen darzulegen und ggf. zu beweisen, aus denen erfahrungsgemäß auf die Verwendung zum Lebensunterhalt geschlossen werden kann. Seiner Darlegungs- und Beweislast genügt der Arbeitnehmer nicht, wenn er zu den nach Art oder dem Grund nach plausibel behaupteten anderweitigen Einkünften nicht substanziiert Stellung nimmt.[602]

24. Urlaub

a) Urlaubsabgeltung

238 Bevor das Neunte Senat des BAG[603] seine **Rechtsprechung zur Surrogatstheorie aufgegeben** hat, ging das BAG davon aus, der Arbeitgeber habe den Urlaubsabgeltungsanspruch nur zu erfüllen, wenn der Arbeitnehmer bei Fortdauer des Arbeitsverhältnisses jedenfalls für die Dauer seines Urlaubsanspruchs seine vertraglich geschuldete Leistung hätte erbringen können. Daran fehlte es, wenn der Arbeitnehmer arbeitsunfähig krank war. Der Arbeitnehmer hatte hierfür die Darlegungs- und Beweislast; er hatte insoweit Tatsachen vorzutragen, aus denen hergeleitet werden kann,

---

594 BAG, 18.05.1999 – 9 AZR 444/98.
595 BAG, 18.05.1999 – 9 AZR 444/98.
596 BGH, 05.03.1986 – IVa ZR 141/84.
597 BAG, 12.02.1992 – 5 AZR 297/90.
598 LAG München, 21.07.1988 – 4 Sa 1168/87.
599 BAG, 12.01.1994 – 5 AZR 597/92.
600 § 812 Abs. 1 BGB.
601 § 818 Abs. 3 BGB.
602 BAG, 18.01.1995 – 5 AZR 817/93; z.T. abweichend die Vorinstanz LAG Berlin, 20.09.1993 – 9 Sa 36/93.
603 Endgültig für sämtliche Konstellationen: BAG, 19.06.2012 – 9 AZR 652/10.

dass er rechtzeitig wieder arbeitsfähig geworden ist.[604] Der Arbeitgeber trug im Hinblick auf den Urlaubsabgeltungsanspruch i.S.v. § 7 Abs. 4 BUrlG die Beweislast dafür, dass dem Arbeitnehmer der Urlaub infolge seiner Arbeitsunfähigkeit nach Ausscheiden aus dem Arbeitsverhältnis bis zum Ende des Übertragungszeitraumes[605] nicht hätte gewährt werden können. Das BAG hat die **Surrogatstheorie aufgegeben** und den Urlaubsabgeltungsanspruch von der etwaigen Entwicklung des Urlaubsanspruchs abgekoppelt.[606] Der Arbeitnehmer hat nur noch darzulegen, dass und in welchem Umfang zum Zeitpunkt seines Ausscheidens ein Urlaubsanspruch bestand.

b) Urlaubsgewährung

Meldet ein Arbeitnehmer den von ihm gewünschten Urlaub rechtzeitig an, kann er von der entsprechenden Urlaubserteilung ausgehen, wenn der Arbeitgeber ihm keine ablehnende Entscheidung mitteilt. Für die Mitteilung der ablehnenden Entscheidung ist der Arbeitgeber darlegungs- und beweispflichtig.[607] Die Darlegungs- und Beweislast für den Ausnahmetatbestand, wonach die einseitige Urlaubserteilung in der Kündigungsfrist unzulässig wäre, trägt der Kläger.[608] Es spricht eine Vermutung dafür, dass ein im Laufe des Urlaubsjahres gewährter Urlaub für dieses Urlaubsjahr bestimmt ist. Wer nachträgliche oder vorzeitige Urlaubsgewährung behauptet, ist dafür beweispflichtig.[609]

239

25. Zeugnis/Dienstliche Beurteilung

Ein Arbeitnehmer hat einen **Erfüllungsanspruch** auf Erteilung eines richtigen Zeugnisses. Wenn der Arbeitgeber dagegen einwendet, das erteilte Zeugnis sei inhaltlich richtig und er habe demgemäß den Zeugnisanspruch erfüllt, so ist er als Schuldner dafür darlegungs- und beweispflichtig.[610] Bei Uneinigkeit der Parteien im deskriptiven Bereich des Zeugnisses trägt der Arbeitnehmer die Darlegungs- und Beweislast für seine Wünsche – etwa bei einem Streit darüber, ob der Arbeitnehmer während des Arbeitsverhältnisses eine bestimmte *(Teil-)* Tätigkeit verrichtet hat. Im evaluativen Teil des Zeugnisses ist zu unterscheiden: Erteilt der Arbeitgeber dem Arbeitnehmer auf seinen Wunsch ein qualifiziertes Zeugnis, so hat der Arbeitnehmer Anspruch darauf, dass seine Leistung der Wahrheit gem. beurteilt wird. Bei deren Einschätzung hat der Arbeitgeber einen Beurteilungsspielraum, der von den Gerichten für Arbeitssachen nur beschränkt überprüfbar ist. Voll überprüfbar sind dagegen die Tatsachen, die der Arbeitgeber seiner Leistungsbeurteilung zugrunde gelegt hat. Hat der Arbeitgeber dem Arbeitnehmer insgesamt eine »**durchschnittliche**« **Leistung** bescheinigt, hat der Arbeitnehmer die Tatsachen vorzutragen und zu beweisen, aus denen sich eine bessere Beurteilung ergeben soll. Hat der Arbeitgeber den Arbeitnehmer als »**unterdurchschnittlich**« beurteilt, obliegt dem Arbeitgeber, die seiner Beurteilung zugrunde liegenden Tatsachen darzulegen und zu beweisen.[611] Es liegt eine überdurchschnittliche Leistung vor, wenn sie der Schulnote »gut« oder »sehr gut« entspricht. Welche Schulnoten in den Zeugnissen einer Branche am häufigsten vergeben werden, ist ohne unmittelbaren Einfluss auf die Darlegungs- und Beweislast.[612] Wird dem Arbeitnehmer bescheinigt, er habe »zur vollen Zufriedenheit« oder »stets zur Zufriedenheit« des Arbeitgebers gearbeitet, wird das der Note »befriedigend« zugerechnet, teils einer Zwischennote »voll befriedigend« oder auch als »gutes befriedigend« oder »gehobenes befriedigend« verstanden.

240

---

604 BAG, 20.04.1989 – 8 AZR 621/87; BAG, 20.01.1998 – 9 AZR 812/96, NJW 1998, 3662.
605 § 7 Abs. 3 BUrlG.
606 BAG, 05.04.2010 – 9 AZR 183/09, NZA 2010, 1011 = NJW 2010, 3469 = EzA § 7 BUrlG Abgeltung Nr. 17, mit Anm. Kloppenburg jurisPR-ArbR 10/2011 Anm. 7; endgültig für sämtliche Konstellationen: BAG, 19.06.2012 – 9 AZR 652/10.
607 LAG Berlin, 30.07.1996 – 12 Sa 53/96.
608 LAG Köln, 25.01.1990 – 10 Sa 1176/89.
609 ArbG Wilhelmshaven, 21.05.1962 – Ca 189/62.
610 BAG, 23.06.1960 – 5 AZR 560/58; BAG, 23.09.1992 – 5 AZR 673/91.
611 BAG, 14.10.2003 – 9 AZR 12/03, NZA 2004, 843.
612 BAG, 18.11.2014 – 9 AZR 584/13, Rn 8.

In gleicher Weise werden den Graden der Zufriedenheitsskala – ausgehend von einer durchschnittlichen Leistung – Aussagen wie über – oder unterdurchschnittlich zugerechnet. Danach setzt die Endnote »gut« voraus, dass der Arbeitgeber dem Arbeitnehmer mehr als die »volle Zufriedenheit« bescheinigt. Das kann durch Berücksichtigung des für die Beurteilung besonders wichtigen Zeitmoments geschehen, mit dem der Arbeitgeber die Beständigkeit der Leistungen charakterisiert. »Gut« i.S.d. Zufriedenheitsskala ist ein Arbeitnehmer nur dann, wenn ihm bescheinigt wird, er habe »stets«, »immer« oder »durchgehend« zur vollen Zufriedenheit des Arbeitgebers gearbeitet.[613]

Die Beweislast für die Voraussetzungen des **Widerrufs eines Zwischenzeugnisses** sowie für die Richtigkeit des neuen Zeugnisses trägt der Arbeitgeber.[614]

241 Darlegungs- und Beweislast der im öffentlichen Dienst zu erstellenden **dienstlichen Beurteilungen** richten sich nach besonderen Regeln, da sie nicht der Außendarstellung, sondern lediglich dem internen Verwaltungsgebrauch zur Feststellung der Verwendungsmöglichkeiten des Angestellten einschließlich einer sachlich und rechtlich richtigen Auslese bei Beförderungsentscheidungen dient. Die für die dienstliche Beurteilung eines Beamten entwickelten Grundsätze hinsichtlich ihres Inhalts und des bei ihrer Erstellung zu beachtenden Verfahrens sind sinngemäß auch für die dienstliche Beurteilung eines Angestellten anwendbar. Ergebnis der Inanspruchnahme von Rechtsschutz gegen eine dienstliche Beurteilung ist allenfalls deren Aufhebung. Das Gericht kann die angegriffene Beurteilung regelmäßig nicht durch die eigene Beurteilung ersetzen. Eine Ausnahme kommt allenfalls bei einer Ermessensreduzierung auf Null in Betracht. Soweit in der verwaltungsrechtlichen Rspr. und Lit. vertreten wird, dass – vor dem Hintergrund des Amtsermittlungsprinzips im Verwaltungsprozess (§ 86 VwGO) – das Risiko der Nichtaufklärbarkeit von Tatsachen zulasten des Dienstherrn geht,[615] bezieht sich dies allein auf den (beamtenrechtlichen) Bestand der vom Dienstherrn abgegebenen dienstlichen Beurteilung. Gelingt dem Dienstherrn der Beweis insofern nicht, hat die dienstliche Beurteilung keinen Bestand und ist aufzuheben. Anders ist die Sachlage, wenn unmittelbar eine bessere Beurteilung angestrebt wird. Soweit dies überhaupt theoretisch denkbar ist, was jedoch bei der Änderung einer komplex zusammengesetzten Gesamtnote kaum in Betracht kommt, kann ein Anspruch verwaltungsrechtlich nur im Rahmen einer allgemeinen Leistungsklage geltend gemacht werden. Dabei ist der **Antrag** auf die konkret angestrebte Formulierung bzw. Benotung zu richten. Insoweit gelten dann die allgemeinen **Beweislastregeln**. Diese besagen auch im Verwaltungsprozess, dass die Unerweislichkeit einer Tatsache grds. zulasten des Beteiligten geht, der aus ihr eine ihm günstige Rechtsfolge herleitet. Das BAG hat es in seiner Entscheidung vom 24.01.2007[616] ausdr. offen gelassen, ob den Ausführungen des Fünften Senats im Urteil vom 28.03.1979[617] zu der Verpflichtung des öffentlichen AG zur Darlegung von Tatsachen, die einer dienstlichen Beurteilung zugrunde liegen, auch heute noch zu folgen sei.

26. ZVK/ULAK – Beitragsansprüche zur Zusatzversorgungskasse des Baugewerbes

242 Verlangt die Zusatzversorgungskasse des Baugewerbes VVaG (ZVK), tariflich vorgesehene **Auskünfte** zu erteilen und für den Fall der nicht rechtzeitigen Erteilung Entschädigung, obliegt ihr die Darlegungs- und Beweislast, dass im betroffenen Betrieb überwiegend baugewerbliche Tätigkeiten verrichtet werden. Das gilt auch wenn die Sozialkassenbeiträge unmittelbar (in der Regel in Form einer Mindestbeitragsklage) eingeklagt werden. Für den Anwendungsbereich des VTV reicht es aus, wenn in dem Betrieb arbeitszeitlich überwiegend ein oder mehrere der in den Beispielen des § 1 Abs. 2 Abschn. IV oder Abschn. V VTV genannten Tätigkeiten ausgeübt werden. Der Betrieb wird dann stets von dem betrieblichen Geltungsbereich des VTV erfasst, ohne dass die allgemei-

---

613 BAG, 18.11.2014 – 9 AZR 584/13, Rn 11.
614 LAG Hamm, 01.12.1994 – 4 Sa 1540/94.
615 So z.B. BVerwG, 26.06.1980 – BVerwG 2 C 8.78, BVerwGE 60, 245, 248; Schnellenbach, Beamtenrecht in der Praxis Rn 483.
616 BAG, 24.01.2007 – 4 AZR 629/06, EzA Art. 33 GG Nr. 31 = NZA-RR 2007, 608.
617 BAG, 28.03.1979 – 5 AZR 80/77, EzA § 611 BGB Fürsorgepflicht Nr. 24.

nen Merkmale der Abschn. I bis III VTV zusätzlich geprüft werden müssen. Nur wenn in dem Betrieb arbeitszeitlich überwiegend nicht die in Abschn. IV und Abschn. V des § 1 Abs. 2 VTV genannten Beispielstätigkeiten ausgeführt werden, muss darüber hinaus geprüft werden, ob die ausgeführten Tätigkeiten die allgemeinen Merkmale der Abschn. I bis III erfüllen.[618] Die entsprechende Darlegung hat substanziiert, schlüssig und einer Beweisaufnahme zugänglich zu geschehen. Es ist nicht erforderlich, dass die ZVK/ULAK jede Einzelheit der im Kalenderjahr als geleistet behaupteten Tätigkeiten vorträgt. Eine Partei, die – wie die ZVK/ULAK – keine näheren Einblicke in dem Gegner bekannte Geschehensabläufe hat und deren Darlegung deshalb erschwert ist, kann auch von ihr nur vermutete Tatsachen behaupten und unter Beweis stellen. **Unzulässig** ist ein derartiges prozessuales Vorgehen erst dann, wenn die Partei ohne greifbare Anhaltspunkte für das Vorliegen eines bestimmten Sachverhalts **willkürlich Behauptungen** »aufs Geratewohl« oder »ins Blaue hinein« aufstellt und sich deshalb rechtsmissbräuchlich verhält. Dies kann in der Regel nur bei Fehlen jeglicher tatsächlicher Anhaltspunkte angenommen werden oder wenn die Partei selbst nicht an die Richtigkeit ihrer Behauptungen glaubt.[619] Das Vorbringen der ZVK/ULAK wird auch nicht deshalb unschlüssig, weil die Parteien unterschiedliche Einzelheiten zu den von der ZVK/ULAK vorgebrachten Indizien und Anhaltspunkten für die Richtigkeit ihrer Behauptungen vorgetragen haben. Die ZVK/ULAK hat nicht zunächst eine Art »Vorbeweis« in der Weise zu führen, dass sie die gewonnenen Anhaltspunkte für die – gegebenenfalls vermuteten – Tatsachen zunächst zu konkretisieren und unter Beweis zu stellen hätte, worüber bei Bestreiten dann Beweis zu erheben wäre.[620]

Nicht ausreichend ist aber ein Beweisantritt, wonach die Zeugen nicht über die Art der von ihnen selbst durchgeführten Arbeiten und deren Anteil an ihrer persönlichen Gesamtarbeitszeit vernommen werden sollen, sondern darüber, wie sich die betriebliche Gesamtarbeitszeit auf bestimmte Tätigkeiten während eines bestimmten Zeitraumes verteilt habe. Ohne nähere Angaben ergibt sich nicht, wie die Hälfte der betrieblichen Gesamtarbeitszeit zu berechnen sein sollte. In diesem Fall wäre es den Zeugen ohne Hinweise und Erläuterungen nicht möglich, die Beweisfragen zu beantworten, da ihnen die dafür erforderlichen Kenntnisse über die »betriebliche Gesamtarbeitszeit« regelmäßig fehlen und sie deshalb zur Klärung der Beweisfrage objektiv ungeeignete Beweismittel sind. Denkbar ist auch, dass bestimmte Arbeitnehmer dazu benannt werden können, über die gesamte betriebliche Tätigkeit Auskunft zu geben, wenn gleichzeitig dargelegt wird, wieso sie in der Lage sein sollen, über ihre eigene Tätigkeit hinaus Wahrnehmungen über die Tätigkeiten der übrigen Arbeitnehmer gemacht zu haben. Dies kann etwa bei Vorarbeitern, Projektleitern oder ähnlichen Funktionsinhabern der Fall sein.[621] Nicht erheblich ist der Vortrag des Arbeitgebers, er habe die Tätigkeiten nicht selbst ausgeführt. Auch auf Subunternehmern übertragene Leistungen können dem Arbeitgeber zuzurechnen sein und sein Unternehmen zu einem Baubetrieb i.S.d. VTV machen. Die Tätigkeiten können dann als bauliche Leistungen im Sinne des VTV gelten, wenn dem Arbeitgeber, der die Nebenarbeiten ausführt, die baulichen Hauptleistungen zugerechnet werden müssen. Das ist z.B. dann der Fall, wenn er die Hauptleistungen einem Subunternehmen anvertraut, sie beaufsichtigt und mit den von ihm selbst erbrachten Nebenleistungen koordiniert. Werden Neben- und Bauleistungen tatsächlich in einem engen organisatorischen Zusammenhang einheitlich geleitet, so kann durch eine »nur auf dem Papier stehende«, für die Arbeitspraxis aber folgenlose Trennung der Nebenarbeiten von den Hauptarbeiten die Anwendung des VTV nicht vermieden werden.[622]

Zu diesem Vorbringen hat sich der **beklagte Arbeitgeber** zu erklären (§ 138 Abs. 2 ZPO). Dabei kann er sich nicht auf einfaches Bestreiten beschränken; er muss **zumindest das prozentuale Verhältnis der Arbeitszeit für bauliche Leistungen zu der Arbeitszeit für fachfremde Leistungen angeben**.

---

618 BAG, 14.12.2011 – 10 AZR 720/10, Rn 14.
619 BAG, 28.04.2004 – 10 AZR 370/03, NZA-RR 2004, 587, Rn 39.
620 BAG, 28.04.2004 – 10 AZR 370/03, NZA-RR 2004, 587, Rn 43, 45.
621 BAG, 28.04.2004 – 10 AZR 370/03, NZA-RR 2004, 587, Rn 44.
622 BAG, 18.01.2012 – 10 AZR 722/10, Rn 19; 14.03.2012 – 10 AZR 610/10, Rn 12.

Andernfalls ist sein Bestreiten unbeachtlich und das Tatsachengericht hat von der Richtigkeit des Vorbringens des Klägers auszugehen (§ 138 Abs. 3 ZPO).[623] Das substanziierte Bestreiten kann sich auf die Art und/oder den Umfang der verrichteten Arbeiten beziehen. Um feststellen zu können, welche Tätigkeiten in welchem Umfang ausgeübt wurden, muss der Arbeitgeber im Rahmen des substanziierten Bestreitens entsprechende Tatsachen darlegen. Dazu gehört die Darlegung der zeitlichen Anteile der verschiedenen Tätigkeiten.[624] Dem (Bau-)Arbeitgeber obliegt regelmäßig die Last des substanziierten Bestreitens, weil die ZVK außerhalb des Geschehensablaufs steht und sie keine näheren Kenntnisse der maßgebenden Tatsachen hat, während der Arbeitgeber sie kennt und ihm die entsprechenden Angaben zuzumuten sind.[625] Ein hinreichend substanziiertes Bestreiten führt dagegen bei fehlendem Beweisangebot des Klägers zur Klageabweisung. Der Vortrag des durch die ZVK beklagten Unternehmens ist nur erheblich, wenn sich die Behauptungen über die betriebliche Tätigkeit auf das gesamte Kalenderjahr (sog. Kalenderjahrrechtsprechung) beziehen und nicht nur auf den Klagezeitraum.[626] Trägt der Arbeitgeber im Hinblick auf Art und Umfang der verrichteten Arbeiten Tatsachen vor, die gegen ein arbeitszeitliches Überwiegen von baugewerblichen Tätigkeiten sprechen, wird der Vortrag der ZVK/ULAK dadurch allerdings nicht unschlüssig, unklar oder widersprüchlich. Es ist durch eine Beweisaufnahme festzustellen, ob die von der ZVK/ULAK behaupteten baugewerblichen Tätigkeiten arbeitszeitlich überwiegend erbracht wurden.[627]

245 Beruft sich ein Arbeitgeber auf eine der **Ausnahmen des § 1 Abs. 2 Abschnitt VII VTV**, so trägt er insoweit die Darlegungs- und Beweislast. Er muss dazu Tatsachen vortragen, die den Schluss zulassen, dass seine Arbeitnehmer in den jeweiligen Kalenderjahren des Klagezeitraums zu mehr als 50 % ihrer Arbeitszeit entsprechende Tätigkeiten ausgeführt haben.[628] Werden in einem Betrieb Arbeiten ausgeführt, die sowohl als gewerblich bauliche Leistungen i.S.v. § 1 Abs. 2 Abschnitt II VTV als auch als solche eines der in § 1 Abs. 2 Abschnitt VII aufgeführten Gewerke anzusehen sind, kommt es für die Zuordnung des Betriebes darauf an, ob neben diesen »**Sowohl-als-auch-Tätigkeiten**« in nicht unerheblichem Umfang (mindestens 20 % der betrieblichen Gesamtarbeitszeit) Arbeiten durchgeführt werden, die ausschließlich dem vom betrieblichen Geltungsbereich ausgenommenen Gewerk zuzuordnen sind. Dafür ist der beklagte Arbeitgeber darlegungs- und beweispflichtig.[629]

246 Die Beurteilung, ob gewerblich bauliche Leistungen i.S.v. § 1 Abs. 2 Abschnitt II VTV vorliegen, ein Ausnahmetatbestand nach § 1 Abs. 2 Abschnitt VII VTV erfüllt ist und ein Betrieb deshalb vom betrieblichen Geltungsbereich des VTV ausgenommen ist, obliegt den Gerichten für Arbeitssachen. Sie können ihre Entscheidung auch **ohne Zuziehung eines Sachverständigen** treffen.[630]

247 Die Darlegungs- und Beweislast für die Tatsachen, die zur **Einschränkung der AVE** führen, obliegt dem Arbeitgeber. Bei der AVE handelt es sich um einen Akt der Rechtsetzung eigener Art zwischen autonomer Regelung und staatlicher Rechtsetzung, der seine eigenständige Grundlage in Art. 9 Abs. 3 GG findet. Ebenso wie bei sonstigen Rechtsnormen trägt für Ausnahmeregelungen deshalb derjenige die Darlegungs- und Beweislast, der sich darauf beruft. Dies gilt nach der Rechtsprechung auch hinsichtlich der im VTV selbst vorgesehenen Ausnahmen vom betrieblichen Geltungsbereich.[631]

---

623 BAG, 25.01.2005 – 9 AZR 258/04, NZA 2005, 1130 = EzA § 1 AEntG Nr. 5, Rn 18.
624 BAG, 18.05.2011 – 10 AZR 190/10, Rn 13.
625 BAG, 14.03.2012 – 10 AZR 610/10, Rn 14.
626 BAG, 28.04.2004 – 10 AZR 370/03, NZA-RR 2004, 587, Rn 44.
627 BAG, 18.05.2011 – 10 AZR 190/10, Rn 14.
628 BAG, 20.04.2005 – 10 AZR 282/04, AP Nr. 3 zu § 1 TVG Tarifverträge: Elektrohandwerk, Rn 20; 13.05.2004 – 10 AZR 120/03, AP TVG § 1 Tarifverträge: Bau Nr. 265.
629 BAG, 20.04.2005 – 10 AZR 282/04, AP Nr. 3 zu § 1 TVG Tarifverträge: Elektrohandwerk, Rn 20, Rn 23, 24.
630 BAG, 20.04.2005 – 10 AZR 282/04, AP Nr. 3 zu § 1 TVG Tarifverträge: Elektrohandwerk, Rn 21.
631 BAG, 02.07.2008 – 10 AZR 386/07, Rn 15.

§ 59 Versäumnisverfahren

¹Gegen ein Versäumnisurteil kann eine Partei, gegen die das Urteil ergangen ist, binnen einer Notfrist von einer Woche nach seiner Zustellung Einspruch einlegen. ²Der Einspruch wird beim Arbeitsgericht schriftlich oder durch Abgabe einer Erklärung zur Niederschrift der Geschäftsstelle eingelegt. ³Hierauf ist die Partei zugleich mit der Zustellung des Urteils schriftlich hinzuweisen. ⁴§ 345 der Zivilprozessordnung bleibt unberührt.

Übersicht

	Rdn.
I. Allgemeines	1
II. Voraussetzungen für die Versäumnisentscheidung	2
1. Ordnungsgemäße Anberaumung eines Güte- oder Kammertermins	2
2. Ordnungsgemäße Ladung	3
3. Wahrung der Ladungs- und Einlassungsfrist	5
4. Ordnungsgemäßer Aufruf	6
5. Säumnis	7
a) Nichterscheinen	7
b) Kein Verhandeln zur Sache	9
6. Allgemeine Prozessvoraussetzungen	12
7. Nichtvorliegen der Hindernisse nach § 335 Abs. 1 Nr. 1 bis 3 ZPO	13
a) Behebbare Verfahrensmängel (Nr. 1)	14
b) Ladungsfehler (Nr. 2)	15
c) Rechtzeitigkeit der Anträge und des Tatsachenvortrags (Nr. 3)	16
d) Verfahren beim Vorliegen eines Hindernisses	19
e) Vertagung von Amts wegen	21
III. Entscheidung	23
1. Entscheidung durch die Vorsitzenden	23
2. Antrag	25
3. Versäumnisentscheidung bei Säumnis der klagenden Partei	26
4. Versäumnisentscheidung bei Säumnis der beklagten Partei	28
5. Entscheidung nach Lage der Akten	33
6. Rechtsbehelfsbelehrung	37
IV. Einspruch	40
1. Rechtsbehelf	40
2. Einspruchsfrist	42
3. Form	44
4. Inhalt	49
5. Wirkung des Einspruchs	51
V. Weiteres Verfahren	54
1. Zulässigkeitsprüfung	54
2. Einspruchstermin	57
a) Säumnis der einspruchsführenden Partei	58
b) Säumnis des Einspruchsgegners	62
c) Verhandeln beider Parteien im Einspruchstermin	63
VI. Kosten des Versäumnisverfahrens	64

I. Allgemeines

Das Versäumnisverfahren richtet sich grds. nach § 46 Abs. 2 Satz 1 i.V.m. §§ 330 bis 347 ZPO. In § 59 finden sich nur Regelungen zur Form und Frist des Einspruchs und zum Inhalt der Rechtsbehelfsbelehrung. Weil im arbeitsgerichtlichen Verfahren die Vorschriften über das schriftliche Vorverfahren keine Anwendung finden,[1] scheidet eine Anwendbarkeit der §§ 331 Abs. 3, 335 Abs. 1 Nr. 4 ZPO aus. Die Vorschrift des § 59 findet im Berufungsverfahren,[2] mangels Inbezugnahme in § 72 Abs. 6 ZPO jedoch nicht im Revisionsverfahren Anwendung. In der Revisionsinstanz richtet sich das Versäumnisverfahren nach §§ 330 ff. ZPO.[3] 1

II. Voraussetzungen für die Versäumnisentscheidung

1. Ordnungsgemäße Anberaumung eines Güte- oder Kammertermins

Die Terminsbestimmung[4] bedarf nach § 329 Abs. 1 Satz 2 i.V.m. § 317 Abs. 2 Satz 1 ZPO der vollständigen Unterschrift durch die Vorsitzende. Eine Paraphierung genügt nicht.[5] Die Ladung 2

---

1 Vgl. § 46 Abs. 2 Satz 2.
2 § 64 Abs. 7.
3 Hauck/Helml § 59 Rn 1.
4 § 216 Abs. 2 ZPO.
5 LAG Düsseldorf, 31.03.1982 – 7 Ta 69/82; LAG Hamm, 11.03.1982 – 8 Sa 32/82; LAG Hamm, 22.01.1982 – 8 Sa 734/82.

muss sich auf einen Gütetermin oder Kammertermin *(auch im einstweiligen Verfügungsverfahren)* beziehen. Ein Termin zur Beweisaufnahme vor dem Prozessgericht ist nach deren Erledigung Verhandlungstermin,[6] sodass dann ein Versäumnisverfahren möglich ist. Als Verhandlungstermin i.S.d. Vorschriften zum Versäumnisverfahren sind auch diejenigen Termine anzusehen, auf welche die mündliche Verhandlung vertagt ist oder die zu ihrer Fortsetzung vor oder nach dem Erlass eines Beweisbeschlusses bestimmt sind.[7] Eine Beschränkung der Verhandlung z.B. nach §§ 280 *(Verhandlung über die Zulässigkeit der Klage)* und § 47 ZPO *(Zwischenstreit)* ist jedoch zu beachten. Der Termin muss vor dem Prozessgericht bestimmt sein. Im Termin vor dem ersuchten Richter findet kein Versäumnisverfahren statt. Das Verfahren darf nicht unterbrochen oder ausgesetzt sein, denn nach § 249 Abs. 1 ZPO hat die Unterbrechung oder Aussetzung des Verfahrens die Wirkung, dass der Lauf einer jeden Frist aufhört.

2. Ordnungsgemäße Ladung

3 Die säumige Partei muss durch verkündeten Beschluss[8] oder durch förmliche Zustellung der Ladung[9] ordnungsgemäß geladen worden sein. Zustellungen, die in einem anhängigen Rechtsstreit bewirkt werden sollen, müssen an den für den Rechtszug bestellten Prozessbevollmächtigten erfolgen.[10] Bestellt ist der Prozessbevollmächtigte durch – auch formlose – Mitteilungen der Prozessvollmacht durch den Bevollmächtigten oder durch den Mandanten an das Gericht. Zur Frage, ob eine Bestellungsanzeige durch den Gegner *(z.B. durch Bezeichnung eines Beklagtenvertreters in der Klageschrift)* ausreichend ist vgl. § 50 Rdn. 35.

4 Wird das persönliche Erscheinen einer Partei, die durch einen Prozessbevollmächtigten vertreten ist, angeordnet und wegen Nichterscheinens der Partei nach § 51 Abs. 2 Satz 1 die Zulassung des Prozessbevollmächtigten abgelehnt, so kann nur dann ein Versäumnisurteil gegen die nicht erschienene Partei ergehen, wenn deren ordnungsgemäße und rechtzeitige persönliche Ladung feststellbar ist.[11] Auf die Ladung des nicht zugelassenen Prozessbevollmächtigten kann nicht abgestellt werden.[12]

3. Wahrung der Ladungs- und Einlassungsfrist

5 Im erstinstanzlichen Verfahren beträgt die Ladungsfrist mindestens drei Tage[13] und die Einlassungsfrist mindestens eine Woche.[14]

4. Ordnungsgemäßer Aufruf

6 Der Aufruf der Sache hat am richtigen Ort,[15] in richtiger Art und Weise[16] und nicht vor der festgesetzten Zeit zu erfolgen. Es entspricht einer verbreiteten gerichtlichen Praxis, den Aufruf zehn bis fünfzehn Minuten nach dem bestimmten Zeitpunkt des Termins vor Erlass eines Versäumnisurteils *(beim zweiten Versäumnisurteil regelmäßig 15 Minuten)* zu wiederholen bzw. so lange zu warten. Ein Abweichen von dieser Praxis kann zur Verletzung des rechtlichen Gehörs[17] und der Pflicht des Gerichts zur prozessualen Fairness führen.

---

6 Vgl. § 370 Abs. 1 ZPO.
7 § 332 ZPO.
8 Vgl. § 218 ZPO.
9 § 329 Abs. 2 Satz 2 ZPO.
10 § 172 ZPO.
11 § 335 Abs. 1 Nr. 2 ZPO.
12 LAG Hamm, 18.02.1981 – 12 Sa 1331/80.
13 § 46 Abs. 2 Satz 1 i.V.m. § 217 ZPO.
14 § 47 Abs. 1.
15 Vgl. § 219 Abs. 1 ZPO.
16 Vgl. § 220 Abs. 1 ZPO.
17 Art. 103 Abs. 1 GG.

5. Säumnis

a) Nichterscheinen

Ein Fall der Säumnis liegt vor, wenn eine Partei zum Termin **nicht erscheint**.[18] Im erstinstanzlichen Verfahren ist die Partei nicht erschienen, wenn weder sie persönlich noch ein ordnungsgemäß bevollmächtigter Vertreter[19] zum Termin erscheinen. Im zweitinstanzlichen Verfahren liegt eine Säumnis vor, wenn kein RA oder ein Bevollmächtigter i.S.d. § 11 Abs. 2 Satz 2 Nr. 4 und 5 für die Partei auftritt (§ 11 Abs. 4) für die Partei auftritt. Im Revisionsverfahren muss die bevollmächtigte Person darüber hinaus über die Befähigung zum Richteramt verfügen, damit kein Fall der Säumnis eintritt.

7

Dem Nichterscheinen stehen gleich die freiwillige oder sitzungspolizeiliche Entfernung[20] vor der Antragstellung. Als **erschienen** ist aber eine Partei zu behandeln, die sich vor Aufruf der Sache beim Vorsitzenden abgemeldet hat, weil ihr ein längeres Warten aus triftigem Grund nicht länger zumutbar ist. Als zumutbar wird das Warten bis zu einer Stunde angesehen.[21]

8

b) Kein Verhandeln zur Sache

Als nicht erschienen ist auch die Partei anzusehen, die in dem Termin zwar erscheint, aber nicht verhandelt.[22] Es muss ein völliges Nichtverhandeln, auch zu einem selbstständigen Teil des Anspruchs, vorliegen. Verhandeln ist jede aktive Beteiligung an der Erörterung des Rechtsstreits vor Gericht, z.B. der örtlichen Zuständigkeit.[23] Voraussetzung eines Verhandelns i.S.d. § 333 ZPO ist beim **Kläger/Rechtsmittelkläger** regelmäßig das Stellen eines Sachantrags.[24] Ausnahmsweise kann das auch durch konkludente Bezugnahme auf die schriftsätzlich angekündigten Anträge erfolgen. Das setzt aber voraus, dass der Gegenstand des Rechtsstreits fest umrissen ist und klar ist, dass die Bezugnahme auf die Schriftsätze zum Zwecke der Antragstellung und nicht nur zur Erörterung der Sach- und Rechtslage erfolgt.[25] Nicht ausreichend ist ein Antrag auf Vertagung, Aussetzung, Trennung oder Verbindung, Richterablehnung. Verhandelt die Partei nicht mehr oder tritt der Prozessbevollmächtigte für sie nicht mehr auf, nachdem im selben Termin zur Hauptsache verhandelt, die Anträge gestellt und eine Beweiserhebung durchgeführt wurden, liegt kein Fall der Säumnis vor. Entsprechendes gilt, wenn die Partei ihr Verhandeln im selben Termin »zurücknehmen« oder »widerrufen« will.[26] Umgekehrt verbleibt dem Säumigen aber bis zum Schluss des Termins die Möglichkeit, zu verhandeln und damit die Säumnis zu beenden und den Erlass eines Versäumnisurteils abzuwenden.[27] Auf der **Beklagtenseite** kann es ausreichen, wenn aufgrund der Antragstellung der anderen Partei, in der Regel der klagenden Partei, deren Prozessziel eindeutig klar ist, und die Gegenseite durch ihr Auftreten im Verhandlungstermin und ihre bisherige Beteiligung am Rechtsstreit für Gericht und Gegenpartei auch ohne Antragstellung unzweifelhaft klargestellt hat, dass sie sich gegen die beantragte Verurteilung zur Wehr setzen will. Hinzu kommt, dass durch die Negation der Streitgegenstand nicht bestimmt wird (§ 308 ZPO). Von daher genügt es, wenn sich der Wille zur Abwehr des Antrags des Gegners aus dem Vorbringen ergibt, ohne dass eine nach den Ordnungsvorschriften der §§ 137, 297 ZPO an sich gebotene Antragstellung erfolgt.[28] Es ist also

9

---

18 § 330 ZPO.
19 RA, Verbandsvertreter, sonstiger Vertreter, vgl. § 11 Abs. 1, 2, 5 ArbGG.
20 Vgl. § 158 ZPO.
21 LAG Hamm, 08.03.1973 – 8 Sa 698/72, NJW 1973, 1950.
22 § 333 ZPO.
23 BGH, 19.01.1967 – VII ZB 13/66.
24 BAG, 04.12.2002 – 5 AZR 556/01, AP § 333 ZPO Nr. 1 = NZA 2003, 341.
25 BAG, 01.12.2004 – 5 AZR 121/04, EEK 3169.
26 OLG Frankfurt am Main, 08.10.1991 – 14 U 247/90, NJW-RR 1992, 1405; GK-ArbGG/Schütz § 59 Rn 20.
27 BGH, 15.12.1992 – VI ZR 85/92, NJW 1993, 861.
28 BAG, 23.1.2007 – 9 AZR 492/06, NZA 2007, 1450.

ausreichend, wenn sich der Wille des Prozessvertreters des (Rechtsmittel-) Beklagten zur Abwehr des Sachantrags des (Rechtsmittel-) Klägers aus seinem Vorbringen in der mündlichen Verhandlung ergibt. Es liegt auch dann keine Säumnis des (Rechtsmittel-) Beklagten vor, wenn dessen Prozessbevollmächtigter erklärt, er trete nunmehr nicht mehr für den (Rechtsmittel-) Beklagten auf.[29] Das (Rechtsmittel-) Gericht ist in einem solchen Falle nicht gehindert, durch kontradiktorisches Urteil zugunsten des (Rechtsmittel-) Klägers zu entscheiden, und zwar auch dann, wenn dieser nur den Erlass eines Versäumnisurteils gegen den (Rechtsmittel-) Beklagten beantragt hatte. Zu den Anforderungen in der Güteverhandlung siehe § 54.

10 Das Stellen eines Sachantrags allein genügt hingegen nicht in jedem Fall. Ausreichend ist es aber, wenn darin zugleich – wie i.d.R. – eine tatsächliche und/oder rechtliche Stellungnahme durch stillschweigenden Bezug auf früheres mündliches und/oder schriftliches Vorbringen liegt.[30] Im Zweifelsfall muss die Vorsitzende nach § 139 Abs. 1 Satz 2 ZPO für eine Klarstellung sorgen. Für ein Verhandeln zur Sache genügt aber nicht die Antragstellung durch einen über den Gegenstand des Rechtsstreits nicht informierten RA der beklagten Partei, wenn auch eine schriftliche Klageerwiderung noch nicht eingereicht ist.

11 Wenn eine Partei in dem Termin verhandelt, sich jedoch über Tatsachen, Urkunden oder Anträge auf Parteivernehmung nicht erklärt, so sind die Vorschriften des Versäumnisverfahrens nicht anzuwenden.[31]

6. Allgemeine Prozessvoraussetzungen

12 Die allgemeinen Prozessvoraussetzungen[32] müssen auch beim Erlass eines Versäumnisurteils vorliegen. Von Bedeutung sind hier insb. die Rechtswegzuständigkeit und die Partei- und Prozessfähigkeit.

7. Nichtvorliegen der Hindernisse nach § 335 Abs. 1 Nr. 1 bis 3 ZPO

13 Der Antrag auf Erlass eines Versäumnisurteils oder einer Entscheidung nach Lage der Akten ist zurückzuweisen, wenn nicht rechtzeitig behobene Verfahrensmängel, Ladungsfehler oder verspätet angekündigte Anträge oder verspäteter Sachvortrag gegeben sind. Fehlt eine Sachurteilsvoraussetzung, kommt keine Versäumnisentscheidung, sondern allenfalls ein unechtes Versäumnisurteil in Betracht, wenn der Mangel der Sachurteilsvoraussetzungen nicht behebbar ist oder seine Behebung durch die Partei trotz Aufforderung hierzu verweigert wird. Nicht behebbare Mängel sind z.B. die fehlende Partei- oder Prozessfähigkeit, das fehlende Rechtsschutzbedürfnis *(Feststellungsinteresse)*, die anderweitige Rechtshängigkeit oder die Unzulässigkeit des Rechtsmittels.

a) Behebbare Verfahrensmängel (Nr. 1)

14 Eine Versäumnisentscheidung ist nach § 335 Abs. 1 Nr. 1 ZPO unzulässig, wenn die erschienene Partei einen Nachweis über einen Umstand nicht beibringen kann, der von Amts wegen zu berücksichtigen ist. Dies gilt für alle von Amts wegen zu beachtenden, behebbaren Verfahrensmängel, wie z.B. die fehlende Zuständigkeit nach § 331 Abs. 1 Satz 2 ZPO oder den Mangel der Vollmacht nach § 88 Abs. 2 ZPO.

b) Ladungsfehler (Nr. 2)

15 Wenn die nicht erschienene Partei nicht ordnungsgemäß, insb. nicht rechtzeitig geladen war, ist eine Versäumnisentscheidung ebenfalls unzulässig.[33] Dies gilt nur bei echter Säumnis, nicht im Fall

---

[29] BAG, 23.01.2007 – 9 AZR 492/06, AP Nr. 83 zu § 233 ZPO 1977 = NZA 2007, 1450.
[30] Krit. GMPMG/Germelmann § 59 Rn 10.
[31] § 334 ZPO.
[32] § 46 Rdn. 86 ff.
[33] § 335 Abs. 1 Nr. 2 ZPO.

des Nichtverhandelns nach § 333 ZPO. Die erschienene, aber nicht verhandelnde Partei gilt auch bei fehlerhafter oder entbehrlicher[34] Ladung als säumig.[35]

c) Rechtzeitigkeit der Anträge und des Tatsachenvortrags (Nr. 3)

Eine Versäumnisentscheidung ist schließlich unzulässig, wenn einer nicht erschienenen Partei ein tatsächliches mündliches Vorbringen oder ein Antrag nicht rechtzeitig mittels Schriftsatz mitgeteilt wurde.[36] Dies gilt nur, wenn die beklagte Partei säumig ist. Gegen die säumige klagende Partei bedarf es weder eines Sachantrags noch eines tatsächlichen Vorbringens zur Klageabweisung; es reicht ein Prozessantrag nach § 330 ZPO. 16

Nur **Sachanträge** müssen rechtzeitig angekündigt werden. Prozessanträge bedürfen keiner Ankündigung. Entbehrlich ist die Ankündigung eines i.S.v. § 264 Nr. 2 ZPO eingeschränkten Antrags (z.B. Reduzierung der Zahlungsforderung aufgrund Teilerfüllung; Feststellung statt Leistung). 17

Rechtzeitig sind Sachanträge und Tatsachenvortrag, wenn sie dem Gegner vor der ersten mündlichen Verhandlung unter Wahrung der Einlassungsfrist von mindestens einer Woche[37] und vor weiteren mündlichen Verhandlungen unter Wahrung der Wochenfrist entsprechend § 132 Abs. 1 ZPO[38] zugehen. 18

d) Verfahren beim Vorliegen eines Hindernisses

Liegt ein Hindernis nach § 335 Abs. 1 Nr. 1 bis 3 ZPO vor, ist der dennoch gestellte Antrag auf Erlass eines Versäumnisurteils vom Vorsitzenden durch Beschluss zurückzuweisen. Der antragstellenden Partei ist zuvor rechtliches Gehör zu gewähren. Der Beschluss unterliegt nach § 336 Abs. 1 Satz 1 ZPO der sofortigen Beschwerde. Wird der Beschluss aufgehoben, so ist die nicht erschienene Partei zu dem neuen Termin nicht zu laden.[39] Neben der Zurückweisung des Antrags ist ein neuer Termin zu bestimmen.[40] 19

Die Ablehnung eines Antrags auf Entscheidung nach Lage der Akten ist unanfechtbar.[41] 20

e) Vertagung von Amts wegen

Das Gericht vertagt die Verhandlung über den Antrag auf Erlass des Versäumnisurteils oder einer Entscheidung nach Lage der Akten, wenn es dafür hält, dass die von der Vorsitzenden bestimmte Einlassungs- oder Ladungsfrist zu kurz bemessen oder dass die Partei ohne ihr Verschulden am Erscheinen verhindert ist.[42] Die Pflicht zur Vertagung folgt aus dem Anspruch der unverschuldet säumigen Partei auf rechtliches Gehör; sie besteht daher nur ggü. der abwesenden, nicht auch ggü. der anwesenden Partei, die i.S.v. § 333 ZPO nicht verhandelt. Die erschienene Partei kann aber die unangemessene Kürze einer richterlich gesetzten Einlassungsfrist rügen und deswegen Vertagung beantragen.[43] Die Säumnis ist unverschuldet, wenn ein erheblicher Verhinderungsgrund entweder offenkundig[44] ist oder von der abwesenden Partei dem Gericht mitgeteilt wurde. Als erhebliche 21

---

34 § 218 ZPO betr. verkündeten Termin; § 497 Abs. 2 ZPO i.V.m. § 46 Abs. 2 betr. Ladung der klagenden Partei zu dem auf die Klage bestimmten Termin.
35 Zöller/Herget § 335 Rn 3.
36 § 335 Abs. 1 Nr. 3 ZPO.
37 § 47 Abs. 1.
38 Auch bzgl. Erklärungen zu Protokoll nach § 496 ZPO i.V.m. § 46 Abs. 2.
39 § 336 Abs. 1 Satz 2 ZPO.
40 § 216 ZPO; str. Zöller/Herget § 335 Rn 6.
41 § 336 Abs. 2 ZPO.
42 § 337 Satz 1 ZPO.
43 § 227 Abs. 1 Satz 2 Nr. 2 ZPO.
44 Vgl. § 291 ZPO.

Verhinderungsgründe sind anerkannt: unbeschiedenes Gesuch um PKH,[45] es sei denn, ein RA ist bereits bestellt;[46] erst unmittelbar vor Termin beschiedenes PKH-Gesuch;[47] unzumutbare Verzögerung des Aufrufs der Sache; Krankheit des Prozessbevollmächtigten; Unfall auf dem Weg zum Terminsort.[48] Vertrauen eines RA auf Nichtbeantragung eines Versäumnisurteils durch gegnerischen Kollegen genügt nicht.[49]

22 **Bei Vertagung** ist die nicht erschienene Partei – abweichend von § 218 ZPO – zu dem neuen Termin zu laden. In diesem Termin kann die zuvor säumige Partei zur Sache verhandeln und so die Säumnisfolgen abwenden. Gegen die Vertagungsentscheidung ist das Rechtsmittel der sofortigen Beschwerde[50] gegeben.[51]

III. Entscheidung

1. Entscheidung durch die Vorsitzenden

23 Im Fall der Säumnis einer Partei folgt für den Vorsitzenden aus § 55 Abs. 1 Nr. 4 ein **Alleinentscheidungsrecht** für alle Entscheidungen, die auf die Säumnis zurückzuführen sind. Die Berechtigung erstreckt sich auf den Erlass eines echten Versäumnisurteils,[52] eines sog. unechten Versäumnisurteils,[53] auf die Entscheidung nach Lage der Akten,[54] auf die Entscheidung über die Zurückweisung des Antrags auf Erlass des Versäumnisurteils nach § 335 Abs. 1 ZPO und auf die Vertagungsentscheidung nach § 337 Satz 1 ZPO[55] sowie auf die Entscheidung über die Verwerfung des Einspruchs gegen ein Versäumnisurteil oder einen Vollstreckungsbescheid als unzulässig (§ 55 Abs. 1 Nr. 4a).

24 Das Alleinentscheidungsrecht besteht aber seit dem 01.04.2008 (Inkrafttreten des SGGArbGG-ÄnderungsG) nur noch für Entscheidungen **außerhalb der streitigen Verhandlung**. Unklar ist nach dieser Formulierung, ob das auch für die sich unmittelbar an eine Güteverhandlung anschließende weitere Verhandlung im Sinne des § 54 Abs. 4 S. 1 ArbGG gilt. Diese ist bisher als streitige Verhandlung angesehen worden.[56] Ehrenamtliche Richter sind in der Praxis regelmäßig nicht anwesend. Ein Versäumnisurteil könnte nicht ergehen. Gemeint sind nach der Gesetzesbegründung[57] allerdings wohl all die Fälle, in denen die Kammer nicht anwesend ist.[58] Die »weitere Verhandlung« nach § 54 Abs. 4 S. 1 ist offenbar übersehen bzw. nicht als streitige Verhandlung angesehen worden (ausführlich unter § 55 Rdn. 2).

2. Antrag

25 Die Säumnisentscheidung erfolgt nicht von Amts wegen, sondern auf **Antrag der erschienenen Partei**. Dabei kann die erschienene Partei zwischen dem Antrag auf Erlass eines Versäumnisurteils oder – wenn bereits in einem früheren Termin verhandelt worden ist – einer Entscheidung nach Lage der Akten wählen. Stellt die erschienene Partei keinen Antrag auf Versäumnisentscheidung, gilt auch sie als säumig.[59] Ein Vertagungsantrag der anwesenden Partei ist kein Verhandeln und bin-

---

[45] LG Münster, 26.09.1990 – 1 S 279/90.
[46] OLG Koblenz, 15.06.1989 – 5 U 1130/88, NJW-RR 1990, 382.
[47] Zöller/Herget § 337 Rn 3.
[48] BAG, 19.10.1971 – 1 AZR 98/71.
[49] BVerfG, 14.12.1999 – 1 BvR 1327/98, NJW 2000, 347; BGH, 27.09.1990 – VII ZR 135/90.
[50] § 336 Abs. 1 Satz 1 ZPO.
[51] OLG Hamm, 14.02.1991 – 6 W 43/90, NJW-RR 1991, 703.
[52] § 330 ZPO.
[53] § 331 Abs. 2 ZPO.
[54] § 331a ZPO.
[55] Vgl. § 55 Rn 13.
[56] GMPMG/Germelmann § 54 Rn 56.
[57] BR-Drucks. 820/07, S. 32.
[58] In diesem Sinne wohl auch GK-ArbGG/Schütz § 59 Rn 38.
[59] Vgl. § 333 ZPO.

det das Gericht nicht.⁶⁰ In der weiteren Verhandlung nach der Güteverhandlung kann die erschienene Partei aber bereits den Antrag auf Anberaumung des Termins zur streitigen Verhandlung nach § 54 Abs. 5 Satz 2 stellen. Der Antrag der anwesenden beklagten Partei auf Erlass eines Versäumnisurteils soll stillschweigend im Antrag auf Klageabweisung als unbegründet liegen. Der Antrag auf Säumnisentscheidung kann auf einen i.S.v. § 301 ZPO trennbaren Teil der Klage beschränkt werden, was ein Teil-Versäumnisurteil *(genauer: Versäumnis-Teilurteil)* zur Folge hat.

3. Versäumnisentscheidung bei Säumnis der klagenden Partei

Liegen die Voraussetzungen für eine Versäumnisentscheidung vor (vgl. Rdn. 2 bis 22), ergeht gegen die nicht erschienene oder verhandelnde klagende Partei ohne sachliche Prüfung der zulässigen Klage ein die Klage abweisendes Versäumnisurteil. Dies hat die materiell-rechtliche, rechtskraftfähige Aberkennung des Klageanspruchs zur Folge. Entsprechendes gilt unter Berücksichtigung der vertauschten Parteirollen bei der Widerklage. Ist die Klage bereits **unzulässig**, ist trotz Antrags der beklagten Partei auf Erlass eines Versäumnisurteils die Klage bei nicht behebbaren Verfahrensmängeln durch **kontradiktorisches unechtes Versäumnisurteil** als unzulässig abzuweisen, denn die klagende Partei soll mit ihrer unzulässigen Klage nicht allein deshalb besser gestellt sein, weil sie auch noch säumig ist.⁶¹ 26

Das echte Versäumnisurteil ist nur der unterliegenden Partei zuzustellen.⁶² Ein unechtes Versäumnisurteil ist jedoch beiden Parteien zuzustellen.⁶³ Versäumnisurteile können verkündet werden, auch wenn die Urteilsformel noch nicht schriftlich abgefasst ist.⁶⁴ Sie bedürfen nicht des Tatbestandes und der Entscheidungsgründe⁶⁵ und sind als Versäumnisurteil zu bezeichnen,⁶⁶ wobei die fehlerhafte Bezeichnung nichts daran ändert, dass es sich um Versäumnisentscheidungen handelt. Umgekehrt bleibt das unechte Versäumnisurteil ein kontradiktorisches Urteil, selbst wenn es **falsch** als Versäumnisurteil bezeichnet wurde.⁶⁷ 27

4. Versäumnisentscheidung bei Säumnis der beklagten Partei

Erscheint lediglich die klagende Partei und liegen die Voraussetzungen für eine Versäumnisentscheidung vor (vgl. Rdn. 2 bis 22), so ergeht auf Antrag ein klagestattgebendes Versäumnisurteil, wenn die Klage schlüssig ist. 28

Dabei gilt das tatsächliche mündliche Vorbringen der klagenden Partei nach § 331 Abs. 1 Satz 1 ZPO als zugestanden. Das **als zugestanden** anzusehende tatsächliche Vorbringen muss den gestellten Sachantrag rechtfertigen. Das ist nicht der Fall, wenn die klagende Partei nicht alle anspruchsbegründenden Tatsachen behauptet. Die klagende Partei darf nicht zugleich rechtshindernde oder rechtsvernichtende Tatsachen vortragen oder dass die beklagte Partei eine rechtshemmende Einrede geltend gemacht hat, wenn sie nicht gleichzeitig rechtserhaltende Tatsachenbehauptungen dagegen setzt. Das Gericht ist nicht an Tatsachenvortrag gebunden bei offenkundiger Unwahrheit und betrügerischem Zusammenwirken der Parteien zum Nachteil Dritter, z.B. zulasten der Sozialversicherungsträger. 29

Nach § 331 Abs. 1 Satz 2 ZPO gelten diejenigen Behauptungen der klagenden Partei nicht als zugestanden, aus denen sich die sachliche, örtliche oder internationale Zuständigkeit des angegangenen Gerichts im Wege einer Vereinbarung über den Erfüllungsort oder über die Zuständigkeit ergäbe. 30

---

60 Zöller/Herget § 330 Rn 1.
61 BGH, 13.03.1986 – 1 ZR 27/84, NJW-RR 1986, 1041.
62 § 317 Abs. 1, 2. Alt. ZPO.
63 § 317 Abs. 1, 1. Alt. ZPO.
64 § 311 Abs. 2 Satz 2.
65 § 313b Abs. 1 Satz 1.
66 § 313b Abs. 1 Satz 2 ZPO.
67 BGH, 03.02.1988 – IVb ZB 4/88.

31 Soweit das Vorbringen den Klageantrag rechtfertigt, ist nach dem Antrag auf Erlass eines Versäumnisurteils zu erkennen. Soweit dies nicht der Fall ist, ist die Klage *(ggf. durch Teilurteil)* abzuweisen.[68] **Unechtes Versäumnisurteil** ist das gegen den anwesenden Kläger mangels Zulässigkeit oder Schlüssigkeit der Klage ergehende und das gegen den zwar abwesenden *(oder nicht verhandelnden)* Kläger ergehende, jedoch nicht auf die Säumnis, sondern auf unbehebbare Verfahrensmängel gestützte abweisende Prozessurteil.[69] Zulässig ist es, den begründeten Teil des Anspruchs durch **Teilversäumnisurteil** zuzusprechen und die Klage im Übrigen durch ein kontradiktorisches Schlussurteil abzuweisen.[70] Das auf Unschlüssigkeit oder sonstige Mängel der Klageerhebung gestützte unechte Versäumnisurteil gegen den anwesenden Kläger setzt voraus, dass dieser vorher vom Gericht auf diese verfahrensrechtlichen Bedenken hingewiesen wurde. *Creutzfeld*[71] hält es auch für zulässig, den begründeten Teil des Anspruchs durch Teilversäumnisurteil zuzusprechen und die Klage im Übrigen durch ein kontradiktorisches Schlussurteil abzuweisen.

32 Bei der **Stufenklage** kann diese vollständig, auch der noch unbezifferte Zahlungsantrag, als unzulässig oder unbegründet abgewiesen werden. Andernfalls ist sukzessiv über jede Stufe zu entscheiden. Eine sachliche Entscheidung über eine spätere Stufe, auch dem Grunde nach und auch bei Säumnis der beklagten Partei, ist unzulässig, solange nicht die vorhergehende Stufe – regelmäßig durch Teilurteil – erledigt ist.[72] Bei **Haupt- und Hilfsantrag** ist die Abweisung des Hauptantrags Voraussetzung einer Entscheidung über den Hilfsantrag. Zulässig wäre es daher, gleichzeitig den Hauptantrag, sofern dieser unzulässig oder unschlüssig ist, durch unechtes Versäumnisurteil abzuweisen und dem Hilfsantrag durch echtes Versäumnisurteil stattzugeben.[73] Gegen dieses Urteil kann hinsichtlich der den Hauptantrag betreffenden Entscheidung das Rechtsmittel des Einspruchs gegeben sein. Über den Grund des Anspruchs ist ein Versäumnisurteil nicht zulässig.[74]

5. Entscheidung nach Lage der Akten

33 Beim Ausbleiben einer Partei im Termin zur mündlichen Verhandlung kann der Gegner statt eines Versäumnisurteils eine Entscheidung nach Lage der Akten beantragen; dem Antrag ist zu entsprechen, wenn der Sachverhalt für eine derartige Entscheidung hinreichend geklärt erscheint.[75] Ein Urteil nach Lage der Akten darf aber grds. nur ergehen, wenn in einem früheren Kammertermin[76] mündlich verhandelt worden ist.[77] Mit dem Antrag auf Erlass einer Entscheidung nach Lage der Akten kann die erschienene Partei der Prozessverschleppung *(Flucht in das Versäumnisurteil)* begegnen.

34 Für die Entscheidung nach Lage der Akten müssen alle Voraussetzungen für den Erlass einer Versäumnisentscheidung vorliegen (vgl. Rdn. 2 bis 22). Sie bedarf eines Antrags *(Prozess- und zugleich Sachantrag)* der erschienenen Partei *(ansonsten gerichtliche Entscheidung nach §§ 333, 251a ZPO)*.

---

68 § 331 Abs. 2 ZPO.
69 BGH, 13.03.1986 – I ZR 27/84, NJW-RR 1986, 1041.
70 BCF/Creutzfeldt § 59 Rn 16; a.A. GMPMG/Germelmann § 59 Rn 14 und BAG, 03.11.1965 – 5 AZR 157/65 – AP Nr. 1 zu § 11 BUrlG = NJW 1966, 612, eine entsprechende LAG-Entscheidung zwar bemängelnd, sie im Ergebnis aber haltend, weil das Verfahren nicht das Verständnis der ergangenen Gesamtentscheidung erschwere.
71 BCF/Creutzfeldt § 59 Rn 16; a.A. GMPMG/Germelmann § 59 Rn 14 und BAG, 03.11.1965 – 5 AZR 157/65, AP Nr. 1 zu § 11 BUrlG = NJW 1966, 612, eine entsprechende LAG-Entscheidung zwar bemängelnd, sie im Ergebnis aber haltend, weil das Verfahren nicht das Verständnis der ergangenen Gesamtentscheidung erschwere.
72 BGH, 26.04.1989 – IVb ZR 48/88, NJW 1989, 2821; BAG, 16.05.1994 – II ZR 223/92, NJW-RR 1994, 1185.
73 Zöller/Herget § 331 Rn 10.
74 GMPMG/Germelmann § 59 Rn 14.
75 § 331a Satz 1 ZPO.
76 Nicht Gütetermin: GK-ArbGG/Schütz § 59 Rn 51.
77 §§ 251a Abs. 2 Satz 1, 331a Satz 2 ZPO.

Zudem muss Entscheidungsreife bestehen. Das ist eine Frage pflichtgemäßen Ermessens. An der Entscheidungsreife fehlt es, wenn sich eine Partei zu erheblichem Vorbringen der anderen Partei noch nicht erklärt hat. Früheres Bestreiten der nicht anwesenden Partei löst zudem die Beweisbedürftigkeit aus, die wiederum der Entscheidungsreife entgegensteht.[78]

Die Entscheidung darf frühestens nach zwei Wochen[79] verkündet werden. Der Verkündungstermin darf aber grds. nur dann über drei Wochen hinweg angesetzt werden, wenn wichtige Gründe, insb. der Umfang oder die Schwierigkeit der Sache, dies erfordern.[80] Das Gericht hat der nicht erschienenen Partei den Verkündungstermin formlos mitzuteilen.[81] Es bestimmt neuen Termin zur mündlichen Verhandlung, wenn die Partei dies spätestens am siebten Tage vor dem zur Verkündung bestimmten Termin beantragt und glaubhaft macht, dass sie ohne ihr Verschulden ausgeblieben ist und die Verlegung des Termins nicht rechtzeitig beantragen konnte.[82] 35

Die Anordnung, nach Aktenlage zu entscheiden *(i.d.R. konkludent durch die Aktenlageentscheidung)*, ist nicht selbstständig anfechtbar. Verfahrensfehler bei der Anwendung des § 331a ZPO können mit dem Rechtsmittel gegen die Hauptsacheentscheidung gerügt werden. Gegen die Aktenlageentscheidung finden die normalen Rechtsmittel, Berufung bzw. Revision, statt. 36

6. Rechtsbehelfsbelehrung

Die nicht erschienene Partei ist zugleich mit Zustellung des Versäumnisurteils darüber zu belehren, dass gegen die Entscheidung der Rechtsbehelf des Einspruchs gegeben ist, der beim ArbG schriftlich oder durch Abgabe einer Erklärung zur Niederschrift der Geschäftsstelle eingelegt werden kann.[83] Die Rechtsbehelfsbelehrung ist dem Versäumnisurteil beizufügen. Sie ist entgegen der Rechtsmittelbelehrung i.S.v. § 9 Abs. 5 nicht Bestandteil der Entscheidung und bedarf daher nicht der richterlichen Unterzeichnung. Beim unechten Versäumnisurteil ist hingegen eine Rechtsmittelbelehrung i.S.v. § 9 Abs. 5 erforderlich. Beim Versäumnis-Teilurteil (vgl. Rdn. 25) und zugleich unechtem Teilurteil muss sowohl eine Rechtsbehelfsbelehrung hinsichtlich der Einspruchsmöglichkeit als auch eine Rechtsmittelbelehrung hinsichtlich der Berufung erfolgen. 37

Zudem muss die Rechtsbehelfsbelehrung eine Belehrung über die Folgen einer verspäteten Begründung des Einspruchs enthalten.[84] 38

Sofern das Versäumnisurteil ohne die Rechtsbehelfsbelehrung *(oder mit unvollständiger Rechtsbehelfsbelehrung)* zugestellt wird, läuft die Einspruchsfrist nicht an. Vielmehr ist eine erneute Zustellung des Urteils mit Rechtsbehelfsbelehrung erforderlich.[85] 39

IV. Einspruch

1. Rechtsbehelf

Der Partei, gegen die ein Versäumnisurteil erlassen ist, steht gegen das Urteil der Einspruch zu.[86] Der **Einspruch** ist kein Rechtsmittel, sondern ein sonstiger Rechtsbehelf, weil er die Sache nicht in die höhere Instanz bringt *(Devolutiveffekt)* und nicht zur Nachprüfung des Versäumnisurteils, sondern zur Nachholung der versäumten Verhandlung führt. 40

---

78 GK-ArbGG/Schütz § 59 Rn 51.
79 §§ 251a Abs. 2 Satz 2, 331a Satz 2 ZPO.
80 § 60 Abs. 1 Satz 2 und 3.
81 §§ 251a Abs. 2 Satz 3, 331a Satz 2 ZPO.
82 §§ 251a Abs. 2 Satz 4, 331a Satz 2 ZPO.
83 § 59 Satz 3.
84 § 340 Abs. 3 Satz 4 ZPO.
85 GMPMG/Germelmann § 59 Rn 23; a.A. Grunsky, § 59 Rn 6.
86 § 338 ZPO.

Kloppenburg

41 Der Einspruch ist nur gegen ein **echtes Versäumnisurteil** *(auch Versäumnis-Teilurteil)* statthaft. Gegen ein unechtes Versäumnisurteil und eine Entscheidung nach Lage der Akten verbleibt es bei den normalen Rechtsmitteln. Auf den Lauf der Rechtsmittelfristen hat die Einspruchseinlegung keinen Einfluss.[87] Die Einschränkung des Einspruchs auf einen Teil des Streitgegenstands, der einer Entscheidung durch Teilurteil zugänglich wäre, ist zulässig.

2. Einspruchsfrist

42 Der Einspruch kann nur innerhalb einer **Notfrist von einer Woche** nach Zustellung des Versäumnisurteils eingelegt werden.[88] Die Einlegung des Einspruchs nach Verkündung, jedoch vor Zustellung der Versäumnisentscheidung ist zulässig.

43 Muss die Zustellung des Versäumnisurteils im Ausland oder durch öffentliche Zustellung erfolgen, so hat die Vorsitzende[89] die Einspruchsfrist im Versäumnisurteil oder nachträglich durch besonderen Beschluss, der ohne mündliche Verhandlung und damit vom Vorsitzenden erlassen werden kann, zu bestimmen.[90] Die Auslandszustellung kommt nur in Betracht, wenn entgegen § 184 ZPO kein Zustellungsbevollmächtigter benannt ist.

3. Form

44 Der Einspruch wird beim ArbG schriftlich oder durch Abgabe einer Erklärung zur Niederschrift der Geschäftsstelle eingelegt.[91] Die Einspruchsschrift muss die Bezeichnung des Urteils, gegen das der Einspruch eingelegt wird, und die Erklärung enthalten, dass gegen dieses Urteil Einspruch eingelegt werde.[92]

45 Soll das Urteil nur z.T. angefochten werden, so ist der Umfang der Anfechtung zu bezeichnen.[93]

46 Der **Einspruch** muss dabei **nicht als solcher bezeichnet** sein; es genügt, wenn erkennbar ist, dass ein bestimmtes Versäumnisurteil angegriffen wird[94] bzw. dass die Partei das Urteil nicht gelten lassen und das Verfahren fortsetzen will.[95] Dabei sind für die **Auslegung der Einspruchserklärung** mündliche Quellen unbeachtlich.[96] Auch ein Entschuldigungsschreiben wegen unterbliebener Wahrnehmung eines Termins kann als Einspruchsschrift angesehen werden, wenn aus ihm deutlich wird, dass die Partei auch etwaige nachteilige prozessuale Folgen ihrer Säumnis beseitigen wollte.[97] Eine großzügige Auslegung der Parteierklärung ist insb. dann geboten, wenn sich die Partei in dem Verfahren nicht durch einen Bevollmächtigten vertreten lässt.[98] Da der Einspruch auch mündlich zu Protokoll der Geschäftsstelle erklärt werden kann, besteht auch im Verfahren vor dem LAG entgegen § 11 Abs. 4 insoweit kein Vertretungszwang.[99]

47 Bei schriftlicher Einlegung des Einspruchs ist eine **Unterzeichnung** des Schriftsatzes erforderlich. Es genügt allerdings auch die Einlegung mittels Telegramm, Telefax oder Computerfax[100] oder elektronischen Dokuments i.S.d. § 46c ArbGG. Insoweit gelten hier die gleichen Grundsätze wie bei der

---

87 BGH, 25.06.1986 – IVb 83/85.
88 § 59 Satz 1 als Sonderregelung ggü. § 339 Abs. 1 Satz 1 ZPO.
89 GMPMG/Germelmann § 59 Rn 35.
90 § 339 Abs. 2 ZPO.
91 § 59 Satz 2.
92 § 340 Abs. 2 Satz 1 ZPO.
93 § 340 Abs. 2 Satz 2 ZPO.
94 BAG, 11.03.1971 – 5 AZR 184/70; BAG, 18.01.1974 – 3 AZR 3/73.
95 LAG Sachsen-Anhalt, 09.12.1996 – 4 Ta 102/96.
96 BGH, 09.06.1994 – IX ZR 133/93.
97 BAG, 11.03.1971 – 5 AZR 184/70.
98 GMPMG/Germelmann § 59 Rn 25.
99 BAG, 10.07.1957 – 1 AZR 434/55.
100 LAG Köln, 10.04.2001 – 6 Ta 58/01.

Einlegung von Rechtsmitteln. Wird der Einspruch von einem **vollmachtlosen Vertreter** eingelegt, gilt § 89 ZPO. Der Einspruch ist in diesem Fall nur dann fristgerecht eingelegt worden, wenn das Gericht den vollmachtlosen Vertreter einstweilen zur Prozessführung zugelassen hat.[101] Da eine stillschweigende Zulassung im schriftlichen Verfahren nicht möglich ist, bedarf es eines entsprechenden Beschlusses des Gerichts. In der bloßen Anberaumung eines Einspruchskammertermins ist eine stillschweigende einstweilige Zulassung nicht zu sehen; es ist nicht zwingend, dass das Gericht mit der Terminsanberaumung auch eine einstweilige Zulassung des vollmachtlosen Vertreters vornehmen wollte.[102] Nur im Fall der einstweiligen Zulassung kann die Partei gem. § 89 Abs. 2 ZPO im Nachhinein die Einlegung des Einspruchs genehmigen.[103] Erfolgt keine einstweilige Zulassung, ist der Einspruch unzulässig.

Die Einspruchsschrift ist der Gegenpartei zuzustellen. Dabei ist mitzuteilen, wann das Versäumnisurteil zugestellt und Einspruch eingelegt worden ist.[104] 48

4. Inhalt

Nach § 340 Abs. 3 Satz 1 ZPO hat die Partei ihre Angriffs- und Verteidigungsmittel, soweit es nach 49
der Prozesslage einer sorgfältigen und auf Förderung des Verfahrens bedachten Prozessführung entspricht, sowie Rügen, die die Zulässigkeit der Klage betreffen, in der Einspruchsschrift, zumindest in der Einspruchsfrist[105] vorzubringen. Die Vorsitzende kann auf Antrag für die Einspruchsbegründung die ansonsten für den Einspruch geltende Wochenfrist[106] verlängern, wenn nach seiner freien Überzeugung der Rechtsstreit durch die Verlängerung nicht verzögert wird oder wenn die Partei erhebliche Gründe darlegt.[107] Das Vorliegen der Gründe für die Verlängerung ist vom Vorsitzenden nach pflichtgemäßem Ermessen zu überprüfen. Dabei hat er zu berücksichtigen, dass die Partei bereits ihre Prozessförderungspflicht nach § 282 ZPO verletzte, indem sie es zu einer Versäumnisentscheidung kommen ließ.[108] Der Entschuldigungsgrund ist auf Verlangen des Vorsitzenden durch die Partei glaubhaft zu machen.[109]

Fehlt es an einer fristgerechten Begründung des Einspruchs, führt dies nicht zur Unzulässigkeit des 50
Einspruchs; die verspätete Begründung kann jedoch entsprechend § 296 Abs. 1 und 3, § 340 Abs. 3 Satz 3 ZPO zurückgewiesen werden.[110] Insoweit müssen aber die allgemeinen Voraussetzungen für ein Zurückweisen verspäteten Vorbringens[111] vorliegen.

5. Wirkung des Einspruchs

Durch den rechtzeitig eingelegten Einspruch wird der Eintritt der Rechtskraft gehemmt.[112] Ist der 51
Einspruch zulässig, so wird der Prozess, soweit der Einspruch reicht, in die Lage zurückversetzt, in der er sich vor der Säumnis befand.[113] Damit werden alle früheren Prozesshandlungen der Parteien und des Gerichts wieder erheblich. Umgekehrt entfällt die Wirkung der Prozesshandlung, die die anwesende Partei im Versäumnistermin vorgenommen hat, insb. die Einlassung zur Hauptsache, die im Antrag der beklagten Partei auf Klageabweisung aus sachlichen Gründen lag. Das innerhalb

---

101 § 89 Abs. 1 Satz 1 ZPO.
102 GMPMG/Germelmann § 59 Rn 26.
103 GMPMG/Germelmann § 89 Rn 12.
104 § 340a Satz 1 und 2 ZPO.
105 BAG, 09.11.1983 – 5 AZR 355/81.
106 Vgl. § 59 Satz 1.
107 § 340 Abs. 3 Satz 2 ZPO.
108 GMPMG/Germelmann § 59 Rn 30.
109 §§ 296 Abs. 4, 340 Abs. 3 Satz 3 ZPO.
110 BAG, 09.11.1983 – 5 AZR 355/81; GMPMG/Germelmann § 59 Rn 29.
111 § 56 Rdn. 56 bis 74.
112 § 705 Satz 2 ZPO.
113 § 342 ZPO.

der Einspruchsfrist oder einer gerichtlich verlängerten Frist erfolgte Vorbringen ist selbst dann zu berücksichtigen, wenn dieses Vorbringen in dem Versäumnistermin als verspätet hätte zurückgewiesen werden müssen.[114]

52 Trotz Einspruchs bleibt das Versäumnisurteil nach § 62 Abs. 1 Satz 1 **vorläufig vollstreckbar**. Für die einstweilige Einstellung der Zwangsvollstreckung gelten die Voraussetzungen des § 62 Abs. 1 Satz 2.[115]

53 Die Wirksamkeit eines nach Erlass des Versäumnisurteils erklärten **Verzichts auf den Einspruch** ist nicht davon abhängig, dass der Gegner die Erklärung angenommen hat.[116] Die **Zurücknahme des Einspruchs** ist ohne Einwilligung des Gegners bis zur Verkündung des Urteils möglich.[117] Die Zurücknahme des Einspruchs ist dem Gericht ggü. zu erklären. Sie erfolgt, wenn sie nicht bei der mündlichen Verhandlung erklärt wird, durch Einreichung eines Schriftsatzes.[118] Die Zurücknahme hat den Verlust des eingelegten Rechtsbehelfs und die Verpflichtung zur Folge, die durch den Rechtsbehelf entstandenen Kosten zu tragen,[119] wobei im erstinstanzlichen Verfahren der Kostentragungsregelung in § 12a Vorrang zukommt. Diese Wirkungen sind durch Beschluss auszusprechen.

V. Weiteres Verfahren

1. Zulässigkeitsprüfung

54 Das Gericht hat von Amts wegen zu prüfen, ob der Einspruch an sich statthaft und ob er in der gesetzlichen Form und Frist eingelegt ist.[120]

55 Fehlt es an einem dieser Erfordernisse, so ist der Einspruch **als unzulässig zu verwerfen**.[121] Die Verwerfungsentscheidung kann ohne oder aufgrund mündlicher Verhandlung durch – in jedem Fall zu verkündendes – Urteil ergehen. Außerhalb der streitigen Verhandlung entscheidet der Vorsitzende allein.[122] Hat das ArbG einen verspäteten Einspruch gegen ein Versäumnisurteil ohne mündliche Verhandlung entgegen § 341 Abs. 2 ZPO nicht durch ein Urteil, sondern durch Beschluss als unzulässig verworfen und zudem in der Rechtsmittelbelehrung seines Verwerfungsbeschlusses darauf hingewiesen, dass die beschwerte Partei gegen den Verwerfungsbeschluss sofortige Beschwerde einlegen kann, sind nach dem Grundsatz der Meistbegünstigung sowohl das Rechtsmittel der sofortigen Beschwerde als auch das Rechtsmittel der Berufung prozessual statthaft.[123]

56 Ist der Einspruch zulässig, so wird hierüber durch Zwischenurteil[124] oder in den Gründen des späteren Endurteils *(auch Versäumnisurteils)* entschieden.

2. Einspruchstermin

57 Termin zur mündlichen Verhandlung über den Einspruch und die Hauptsache ist vom Vorsitzenden unverzüglich[125] und so früh wie möglich[126] anzuberaumen, wenn der Einspruch nicht als

---

114 Zulässigkeit der sog. Flucht ins Versäumnisurteil, vgl. auch BGH, 27.02.1980 – VIII ZR 54/79, NJW 1980, 1105; BAG, 15.01.1981 – VII ZR 147/80, NJW 1981, 1378.
115 § 62 Abs. 1 Satz 3.
116 §§ 346, 515 ZPO.
117 §§ 346, 516 Abs. 1 ZPO.
118 §§ 346, 516 Abs. 2 ZPO.
119 §§ 346, 516 Abs. 3 Satz 1 ZPO.
120 § 341 Abs. 1 Satz 1 ZPO.
121 § 341 Abs. 1 Satz 2 ZPO.
122 § 341 Abs. 2 ZPO i.V.m. § 55 Abs. 1 Nr. 4 ArbGG.
123 LAG Hamm, 28.02.2002 – 17 Sa 187/02.
124 § 303 ZPO.
125 Vgl. § 216 Abs. 2 ZPO.
126 Vgl. § 272 Abs. 3 ZPO.

unzulässig verworfen wurde.¹²⁷ Das Gericht darf einen Termin zur mündlichen Verhandlung über den Einspruch gegen ein Versäumnisurteil aber **erst nach dem Eingang des Einspruchs bestimmen**. Vor diesem Zeitpunkt ist die Bestimmung eines Termins auch dann unzulässig, wenn sie in einer verkündeten Entscheidung »für den Fall des Einspruchs« erfolgt.¹²⁸ Die ordnungsgemäße Terminsbestimmung ist Voraussetzung für die Säumnis der im Termin nicht erschienenen Partei. Fehlt es daran, darf gegen sie kein (zweites) Versäumnisurteil ergehen.

a) Säumnis der einspruchsführenden Partei

Erscheint die Partei, die den Einspruch eingelegt hat, nicht im Einspruchstermin oder in derjenigen Sitzung, auf welche die Verhandlung vertagt ist, oder verhandelt sie nicht, so kann auf Antrag des Gegners grds. ein sog. zweites Versäumnisurteil ergehen. Dieses hat die Verwerfung des Einspruchs zum Inhalt. Ein Verhandeln der einspruchsführenden Partei nur zur Zulässigkeit des Einspruchs reicht nicht. Im Fall der Klageerweiterung nach Erlass des Versäumnisurteils kann ein **zweites Versäumnisurteil** nur bis zu dem durch das erste Versäumnisurteil zugesprochenen Teil der Klage, i.Ü. erstes Versäumnisurteil ergehen.¹²⁹   58

Der Erlass des zweiten Versäumnisurteils setzt voraus, dass bei Erlass des ersten Versäumnisurteils ein Fall der Säumnis vorlag.¹³⁰ Soll das zweite Versäumnisurteil gegen die beklagte Partei erlassen werden, muss nach der bisherigen Rechtsprechung des BAG außerdem geprüft werden, ob das erste Versäumnisurteil auch i.Ü. gesetzmäßig ergangen ist. Dabei sind die Zulässigkeit und die Schlüssigkeit der Klage zu prüfen.¹³¹ Für den Einspruch gegen einen Vollstreckungsbescheid ist die Schlüssigkeitsprüfung in § 700 Abs. 6 ZPO ausdrücklich vorgeschrieben. Gleiches soll daher gelten, wenn sich der Einspruch gegen ein erstes Versäumnisurteil richtet. Das erste Versäumnisurteil ist danach ausdrücklich aufzuheben und die Klage abzuweisen, falls die Klage unzulässig oder das Klagevorbringen unschlüssig ist *(sog. unechtes Versäumnisurteil)*. Der BGH¹³² vertritt demgegenüber die Ansicht, der Einspruch gegen ein Versäumnisurteil sei ohne Weiteres zu verwerfen, wenn die Partei, die den Einspruch eingelegt habe, in dem auf den Einspruch bestimmten Termin zur mündlichen Verhandlung wiederum nicht erscheine, nicht vertreten sei oder nicht verhandele. Wenn aufgrund mündlicher Verhandlung durch Versäumnisurteil gegen den Beklagten erkannt worden sei, seien die Zulässigkeit der Klage, ihre Schlüssigkeit und die Voraussetzungen für den Erlass eines Versäumnisurteils in dem versäumten Termin richterlich geprüft. Eine erneute Prüfung sehe § 345 ZPO i.R.d. Entscheidung über den Einspruch nicht vor. Die in § 700 Abs. 6 ZPO getroffene Regelung bedeute ansonsten die Anordnung einer Prüfung, die ohnehin vorzunehmen sei. Eine Berufung gegen ein zweites Versäumnisurteil i.S.v. § 345 ZPO ist aber auch nach der Rechtsprechung des BAG¹³³ nicht schon deswegen statthaft, weil ein Fall der Versäumung allein bei Erlass des ersten Versäumnisurteils nicht vorgelegen hat. Maßgeblich ist insoweit, ob eine Säumnis im Einspruchstermin vorgelegen hat.   59

Das zweite Versäumnisurteil ist echtes Versäumnisurteil, gegen das aber kein weiterer Einspruch,¹³⁴ sondern die Berufung nach § 64 Abs. 2 Buchst. d) statthaft ist, wenn die Berufung darauf gestützt wird, dass der Fall der schuldhaften Versäumung nicht vorgelegen habe. Die Berufung gegen ein zweites Versäumnisurteil kann nicht auf den Restitutionsgrund des nachträglichen Auffindens einer   60

---

127 § 341a ZPO.
128 BGH, 20.12.2010 – VII ZB 72/09, NJW 2011, 928, Rn 12 ff.
129 OLG Köln, 20.11.1987 – 19 U 113/87, NJW-RR 1988, 701.
130 BAG, 01.03.1994 – 10 AZR 50/93, NZA 1994, 1053.
131 BAG, 02.02.1994 – 10 AZR 113/93, NZA 1994, 1103.
132 BGH, 06.05.1999 – V ZB 1/99, NJW 1999, 2599; bestätigt durch BGH, 26.11.2015 – VI ZR 488/14, Rn 7 ff., ebenso OLG Hamm, 10.09.2001 – 8 U 180/00; KG Berlin, 18.10.1999 – 12 U 6654/98.
133 BAG, 02.02.1994 – 10 AZR 113/93, NZA 1994, 1103, Rn 21.
134 Vgl. § 345 ZPO.

Kloppenburg

Urkunde (§ 580 Nr. 7 Buchst b ZPO) gestützt werden.[135] Gegen ein Urteil des **Berufungsgerichts**, durch das nach § 341 Abs. 2 ZPO der Einspruch gegen ein Versäumnisurteil als unzulässig verworfen wird, sind die Revision und – falls diese nicht zugelassen ist – die Nichtzulassungsbeschwerde nach den allgemeinen Regeln eröffnet.[136] Ein Rechtsmittel gegen ein (zweites) Versäumnisurteil ist nach der Rechtsprechung des BGH[137] nicht statthaft, wenn es darauf gestützt wird, dass der absolute Revisionsgrund des § 547 Nr. 1 ZPO vorliege, weil die Ablehnungsgesuche der betroffenen Partei von dem Berufungsgericht zu Unrecht als unzulässig verworfen worden seien. Denn die Vorschriften der §§ 565 Satz 1, 514 Abs. 2 Satz 1 ZPO (entspricht § 64 Abs. 2 lit. d ArbGG) könnten nicht dahin ausgelegt werden, dass eine schlüssige Darlegung der fehlenden oder unverschuldeten Säumnis auch dann vorliege, wenn der in der Vorinstanz schuldhaft säumige Rechtsmittelkläger rügt, das erkennende Gericht sei bei Erlass des zweiten Versäumnisurteils **nicht vorschriftsmäßig besetzt** gewesen, weil es seine Ablehnungsgesuche zu Unrecht als unzulässig verworfen habe (§ 547 Nr. 1, § 579 Abs. 1 Nr. 1 ZPO).

61 Ausnahmsweise ist nach dem **Grundsatz der Meistbegünstigung** auch gegen das Zweite Versäumnisurteil ein Einspruch zulässig, wenn an sich gar kein Zweites Versäumnisurteil hätte ergehen dürfen, weil in einem Zwischentermin nach dem ersten Versäumnisurteil verhandelt worden war. In einem solchen Fall ergeht nämlich wieder ein erstes, das ursprüngliche erste Versäumnisurteil aufrechterhaltendes Versäumnisurteil. Ist dennoch fälschlich ein Zweites Versäumnisurteil ergangen, kann der Betroffene in einem solchen Fall das Versäumnisurteil sowohl mit dem Einspruch als auch mit der Berufung angreifen.[138]

b) Säumnis des Einspruchsgegners

62 Erscheint der Einspruchsgegner nicht zum Einspruchstermin, kann bei Vorliegen der Voraussetzungen für eine Versäumnisentscheidung erstes Versäumnisurteil oder Entscheidung nach Lage der Akten ergehen. Die Entscheidungsformel richtet sich nach § 343 ZPO.

c) Verhandeln beider Parteien im Einspruchstermin

63 Verhandeln beide Parteien im Einspruchstermin über den zulässigen Einspruch und die Hauptsache, ergeht **streitige Entscheidung**. Soweit die Entscheidung, die aufgrund der Verhandlung im Einspruchstermin zu erlassen ist, mit der in dem Versäumnisurteil übereinstimmt, ist auszusprechen, dass diese Entscheidung aufrechterhalten wird. Soweit diese Voraussetzung nicht zutrifft, wird das Versäumnisurteil in dem neuen Urteil aufgehoben.[139]

VI. Kosten des Versäumnisverfahrens

64 Die Kosten des Versäumnisverfahrens tragen die Parteien wie folgt:
– Wird der Einspruch verworfen,[140] hat die unterliegende Partei die weiteren Kosten des Rechtsstreits zu tragen.[141]
– Wenn das Versäumnisurteil aufrechterhalten wird,[142] hat ebenfalls die unterliegende Partei die weiteren Kosten des Rechtsstreits zu tragen,[143] wobei ohne Bedeutung ist, ob es in gesetzlicher Weise ergangen war.

---

135 BGH, 06.10.2011 – IX ZB 148/11, NJW-RR 2011, 1692, Rn 7.
136 BGH, 08.09.2011 – III ZR 259/10, MDR 2011, 1251, Rn 4.
137 BGH, 26.11.2015 – VI ZR 488/14, Rn 7 ff.
138 BGH, 19.12.1996 – IX ZB 108/96, NJW 1997, 1448; Sächsisches LAG, 24.11.2004 – 2 Sa 263/04, auch zum weiteren Verfahren und zur Statthaftigkeit der Berufung.
139 § 343 ZPO.
140 § 341 Abs. 1 Satz 2; § 345 ZPO.
141 § 91 ZPO.
142 § 343 Satz 1 ZPO.
143 § 91 ZPO.

- Bei Klagerücknahme nach Erlass des Versäumnisurteils ist die klagende Partei zur Kostentragung verpflichtet.[144]
- Kommt es nach Erlass des Versäumnisurteils zu einem Prozessvergleich, sind die Kosten des hierdurch erledigten Rechtsstreits als gegeneinander aufgehoben anzusehen, wenn nicht die Parteien ein anderes vereinbart haben.[145]
- Ist das Versäumnisurteil in gesetzlicher Weise ergangen, so sind die durch die Versäumnis veranlassten Kosten der säumigen Partei auch dann aufzuerlegen, wenn infolge des Einspruchs eine abändernde Entscheidung erlassen wird,[146] wenn also zugunsten des Säumigen entschieden wird.

§ 60 Verkündung des Urteils

(1) ¹Zur Verkündung des Urteils kann ein besonderer Termin nur bestimmt werden, wenn die sofortige Verkündung in dem Termin, auf Grund dessen es erlassen wird, aus besonderen Gründen nicht möglich ist, insbesondere weil die Beratung nicht mehr am Tage der Verhandlung stattfinden kann. ²Der Verkündungstermin wird nur dann über drei Wochen hinaus angesetzt, wenn wichtige Gründe, insbesondere der Umfang oder die Schwierigkeit der Sache, dies erfordern. ³Dies gilt auch dann, wenn ein Urteil nach Lage der Akten erlassen wird.

(2) ¹Bei Verkündung des Urteils ist der wesentliche Inhalt der Entscheidungsgründe mitzuteilen. ²Dies gilt nicht, wenn beide Parteien abwesend sind; in diesem Fall genügt die Bezugnahme auf die unterschriebene Urteilsformel.

(3) ¹Die Wirksamkeit der Verkündung ist von der Anwesenheit der ehrenamtlichen Richter nicht abhängig. ²Wird ein von der Kammer gefälltes Urteil ohne Zuziehung der ehrenamtlichen Richter verkündet, so ist die Urteilsformel vorher von dem Vorsitzenden und den ehrenamtlichen Richtern zu unterschreiben.

(4) ¹Das Urteil nebst Tatbestand und Entscheidungsgründen ist vom Vorsitzenden zu unterschreiben. ²Wird das Urteil nicht in dem Termin verkündet, in dem die mündliche Verhandlung geschlossen wird, so muss es bei der Verkündung in vollständiger Form abgefasst sein. ³Ein Urteil, das in dem Termin, in dem die mündliche Verhandlung geschlossen wird, verkündet wird, ist vor Ablauf von drei Wochen, vom Tage der Verkündung an gerechnet, vollständig abgefasst der Geschäftsstelle zu übermitteln; kann dies ausnahmsweise nicht geschehen, so ist innerhalb dieser Frist das von dem Vorsitzenden unterschriebene Urteil ohne Tatbestand und Entscheidungsgründe der Geschäftsstelle zu übermitteln. ⁴In diesem Fall sind Tatbestand und Entscheidungsgründe alsbald nachträglich anzufertigen, von dem Vorsitzenden besonders zu unterschreiben und der Geschäftsstelle zu übermitteln.

Übersicht

	Rdn.
I. Allgemeines	1
II. Verkündung von Urteilen und Beschlüssen	5
1. Schließung der mündlichen Verhandlung	5
2. Wiedereröffnung und nachgelassener Schriftsatz	6
3. Beratung der Kammer	7
4. Zeitpunkt der Verkündung	8
a) Sofortige Verkündung	8
b) Besonderer Verkündungstermin	9
5. Form der Verkündung	13
III. Abfassung des Urteils	16
1. Abfassung und Unterzeichnung des Urteils	16
2. Fristen für Urteilsabfassung	17
IV. Folgen gerichtlicher Fristversäumnisse	19

---

144 § 269 Abs. 3 Satz 2 ZPO.
145 § 98 ZPO.
146 § 344 ZPO.

§ 60 ArbGG Verkündung des Urteils

I. Allgemeines

1 Die Vorschrift des § 60 enthält im Hinblick auf Besonderheiten des arbeitsgerichtlichen Verfahrens (Heranziehung der ehrenamtlichen Richter nach § 31 Abs. 2) Sonderregelungen, die in ihrem Anwendungsbereich die Bestimmungen der §§ 310 und 311 ZPO verdrängen. Zugleich konkretisiert sie den Beschleunigungsgrundsatz für den Fall der Entscheidungsverkündung. Ihr Anwendungsbereich ist beschränkt auf die zu verkündenden Entscheidungen.[1]

2 Nach § 69 Abs. 1 Satz 2 findet die Vorschrift des § 60 auch im Berufungsverfahren entsprechende Anwendung, jedoch mit der Modifikation, dass die Frist für das Absetzen des Urteils auf vier Wochen verlängert wird und Tatbestand und Entscheidungsgründe von sämtlichen Mitgliedern der Kammer zu unterschreiben sind. Für eine entsprechende Anwendung in der Revisionsinstanz fehlt es in § 72 Abs. 6 an einer Verweisung.

3 Im erstinstanzlichen Beschlussverfahren ist die Vorschrift entsprechend anwendbar.[2] Die Anwendbarkeit im Beschwerdeverfahren ist wie im Urteilsverfahren geregelt.[3] Ebenso fehlt es für die Rechtsbeschwerdeinstanz an einer entsprechenden Verweisung in § 96.

4 Außer in Beschlussverfahren nach §§ 80 ff. gilt die Vorschrift nicht für Beschlüsse. Für diese findet § 329 ZPO Anwendung.

II. Verkündung von Urteilen und Beschlüssen

1. Schließung der mündlichen Verhandlung

5 Urteile sind, wie sich aus Abs. 1 ergibt, regelmäßig im letzten Termin zur mündlichen Verhandlung zu verkünden. Die Vorsitzende schließt die Verhandlung ausdrücklich oder konkludent, wenn nach Ansicht des Gerichts – nicht der Vorsitzenden – die Sache vollständig erörtert ist.[4] Dies bedingt eine Abstimmung der Vorsitzenden mit den ehrenamtlichen Richterinnen, die ohne formelle Beratung im Sitzungssaal durch Zuflüstern o.Ä. herbeigeführt werden kann.[5] Konkludente Schließung der mündlichen Verhandlung liegt in der Bestimmung eines Verkündungstermins oder im Aufruf einer anderen Sache. Eine Protokollierung der Schließung als wesentlicher Vorgang ist angezeigt.[6]

2. Wiedereröffnung und nachgelassener Schriftsatz

6 Nach Schluss der mündlichen Verhandlung können Angriffs- und Verteidigungsmittel nicht mehr vorgebracht und Sachanträge nicht mehr gestellt werden, es sei denn, das Gericht ordnet die Wiedereröffnung der Verhandlung[7] oder die Zulassung eines nachgereichten Schriftsatzes nebst Verkündungstermin an.[8] Das Gericht hat nach § 156 Abs. 2 ZPO u.a. die Wiedereröffnung anzuordnen, wenn es einen entscheidungserheblichen und rügbaren Verfahrensfehler,[9] insb. eine Verletzung der Hinweis- und Aufklärungspflicht[10] oder eine Verletzung des Anspruchs auf rechtliches Gehör feststellt. Nach § 296a Satz 1 ZPO können nach Schluss der mündlichen Verhandlung, auf die das Urteil ergeht, Angriffs- und Verteidigungsmittel nicht mehr vorgebracht werden. Nach Satz 2 dieser Bestimmung bleiben allerdings § 139 Abs. 5 und §§ 156, 283 ZPO unberührt. Aus § 296a Satz 1 ZPO folgt nicht, dass das Gericht einen nach Schluss der mündlichen Verhandlung einge-

---

1 GMPMG/Germelmann § 60 Rn 5.
2 § 84 Satz 3.
3 §§ 91 Abs. 2 Satz 2, 69 Abs. 1 Satz 2.
4 § 136 Abs. 4 ZPO.
5 Gift/Baur E Rn 1472.
6 Vgl. § 160 Abs. 2.
7 § 156 ZPO.
8 § 283 ZPO.
9 § 295 ZPO.
10 § 139 ZPO.

reichten Schriftsatz von vornherein unberücksichtigt lassen darf. Das Gericht muss das Vorbringen vielmehr in jedem Fall beachten, insbesondere auch wenn damit nur Rechtsausführungen nachgeschoben werden. Es hat darüber hinaus zu prüfen, ob Gründe für eine Wiedereröffnung der mündlichen Verhandlung nach § 156 Abs. 2 ZPO gegeben sind oder ob nach dem Ermessen des Gerichts (*§ 156 Abs. 1 ZPO*) die mündliche Verhandlung wieder zu eröffnen ist. Auch wenn der nachgereichte Schriftsatz nicht mehr bei der Entscheidung über das Urteil Beachtung finden kann, weil das Urteil nach Beratung und Abstimmung bereits gefällt (*§ 309 ZPO*), aber noch nicht verkündet ist, hat das Gericht weiterhin bis zur Urteilsverkündung eingehende Schriftsätze zur Kenntnis zu nehmen und eine Wiedereröffnung der mündlichen Verhandlung zu prüfen.[11] Die Frage der Wiedereröffnung stellt sich also auch, wenn das Gericht einen Verkündungstermin anberaumt hat und zwischen dem letzten Termin zur mündlichen Verhandlung und dem Verkündungstermin ein – ggf. nachgelassener – Schriftsatz mit neuem und erheblichem Tatsachenvortrag eingeht. Bei nicht nachgelassenem neuen Vorbringen ist das Gericht nicht zur Wiedereröffnung der mündlichen Verhandlung verpflichtet.[12] Ein Urteil ist nicht zwangsläufig erst dann i.S.d. § 309 ZPO gefällt, wenn aufgrund eines nachgereichten Schriftsatzes auch über die Wiedereröffnung der mündlichen Verhandlung beraten worden ist. Eine abschließende Beratung und Abstimmung über das Urteil selbst kann vielmehr schon zuvor erfolgt sein. Falls später die Wiedereröffnung der mündlichen Verhandlung abgelehnt wird, verbleibt es bei dem bereits gefällten Urteil.[13] Die Entscheidungen über die Wiedereröffnung trifft die Kammer.[14] Ist allerdings einer dieser Richter **verhindert**, ergeht die Entscheidung – ohne Hinzuziehung eines anderen Richters – in der verbleibenden Besetzung der Richterbank.[15] Ist einer der Richter, die an der letzten mündlichen Verhandlung teilgenommen haben, mittlerweile **ausgeschieden**, entscheiden also über die Wiedereröffnung die verbliebenen Richter allein.[16] Tritt nach Schluss der mündlichen Verhandlung ein **Richterwechsel** ein und war das Urteil zu diesem Zeitpunkt noch nicht »gefällt«, ist allerdings gemäß § 156 Abs. 2 Nr. 3 ZPO zwingend die Wiedereröffnung der mündlichen Verhandlung anzuordnen.[17]

3. Beratung der Kammer

Unmittelbar nach Schließung der mündlichen Verhandlung oder im weiteren Verlauf des Sitzungstages findet die Kammerberatung statt. Für Beratung und Abstimmung gelten nach § 9 Abs. 2 die Vorschriften der §§ 192 ff. GVG. Als Ergebnis der Beratung wird regelmäßig die Urteilsformel schriftlich niedergelegt, denn nach § 311 Abs. 2 Satz 1 ZPO wird das Urteil durch Vorlesung der Urteilsformel verkündet. Die Vorlesung der Urteilsformel kann durch die Bezugnahme auf die Urteilsformel ersetzt werden, wenn bei der Verkündung von den Parteien niemand erschienen ist.[18] Versäumnisurteile, Anerkenntnis- und Verzichturteile und Urteile infolge einer Klagerücknahme können verkündet werden, auch wenn die Urteilsformel noch nicht schriftlich abgefasst ist.[19] Falls ein von der Kammer gefälltes Urteil ohne Zuziehung der ehrenamtlichen Richter verkündet wird, ist die Urteilsformel vorher von dem Vorsitzenden und den ehrenamtlichen Richtern zu unterzeichnen *(Abs. 3 Satz 2)*. Zwar erfasst § 547 Nr. 1 ZPO u.a. diejenigen Fälle, in denen die Entscheidung durch andere als die gesetzlich berufenen Richter ergeht. Ein Urteil ergeht jedoch nicht erst durch

7

---

11 BAG, 06.05.2015 – 2 AZN 984/14, Rn 5; BAG, 18.12.2008 – 6 AZN 646/08, Rn 3, NZA 2009, 334 = NJW 2009, 1163 = EzA § 72a ArbGG 1979 Nr. 120.
12 BGH, 01.10.1992 – VIII ZR 199/91.
13 BAG, 06.05.2015 – 2 AZN 984/14, Rn. 6.
14 Vgl. § 53 Rdn. 8; BAG, 18.12.2008 – 6 AZN 646/08, Rn 4, NZA 2009, 334 = NJW 2009, 1163 = EzA § 72a ArbGG 1979 Nr. 120.
15 BAG, 18.12.2008 – 6 AZN 646/08, Rn 4, NZA 2009, 334 = NJW 2009, 1163 = EzA § 72a ArbGG 1979 Nr. 120; BGH, 01.02.2002 – V ZR 357/00, NJW 2002, 1426.
16 BGH, 01.02.2002 – V ZR 357/00, zu II 2 a und II 2 a bb (2) der Gründe.
17 BGH, 21.04.2015 – II ZR 255/13; BGH, 01.03.2012 – III ZR 84/11, Rn. 9; BAG, 06.05.2015 – 2 AZN 984/14, Rn. 5, mit Anm. Gravenhorst in jurisPR-ArbR 29/2015 Anm. 4.
18 § 311 Abs. 2 Satz 2 ZPO.
19 § 311 Abs. 2 Satz 3 ZPO.

seine Verkündung. Es wird i.S.v. § 309 ZPO bereits dann »gefällt«, wenn abschließend über den Streitgegenstand beraten und abgestimmt ist. Verkündet werden i.S.v. § 310 ZPO darf ein Urteil auch von anderen Richtern.

4. Zeitpunkt der Verkündung

a) Sofortige Verkündung

8 Abs. 1 Satz 1 geht von dem Grundsatz aus, dass die Entscheidung am Schluss der Sitzung zu verkünden ist *(sog. Stuhlurteil)*. Dem Erfordernis der sofortigen Verkündung wird auch eine Entscheidungsverkündung im Verlaufe oder am Ende des Sitzungstages, an dem mehrere Sachen verhandelt werden, gerecht.[20]

b) Besonderer Verkündungstermin

9 Nur ausnahmsweise kann ein besonderer Termin zur Verkündung des Urteils bestimmt werden, nämlich wenn aus besonderen Gründen eine sofortige Verkündung nicht möglich ist *(Abs. 1 Satz 1)*. Welche Gründe die Anberaumung eines Verkündungstermins rechtfertigen, regelt das Gesetz nicht abschließend. In Abs. 1 Satz 1 findet sich der Beispielsfall, dass die Beratung nicht mehr am Tage der Verhandlung stattfinden kann. Gründe hierfür können sein: eine besonders schwierige Sache mit weitergehendem Prüfungs-, Überlegungs- und Beratungsbedarf; die Verhinderung eines ehrenamtlichen Richters an der abschließenden Beratung; die Prüfungs- und Beratungsbedürftigkeit neuen Sachvortrags; die Erschöpfung eines Kammermitglieds nach einem umfangreichen Sitzungstag; zwischen den Parteien andauernde Vergleichsgespräche; der Lauf einer Widerrufsfrist für einen Prozessvergleich.

10 Die Anberaumung des Verkündungstermins erfolgt unmittelbar in dem Termin, in dem die Verhandlung geschlossen wird. Bei Festlegung des Termins wirken die ehrenamtlichen Richter mit; die Bestimmung des Termins kann dem Vorsitzenden überlassen werden *(Verkündungstermin wird von Amts wegen anberaumt)*, der dann hierüber und ggf. über eine Verlegung wegen Nichtvorliegens eines noch nicht abgesetzten Urteils *(Abs. 4 Satz 2)* nach § 53 Abs. 1 allein entscheidet.[21] Es ist mit Art. 101 Abs. 1 Satz 2 GG nicht vereinbar, wenn nach Ablauf der Amtsperiode eines ehrenamtlichen Richters der Verkündungstermin so lange verlegt wird, bis dieser erneut ernannt wird.[22]

11 Grds. darf die Verkündung nicht über drei Wochen nach Schließung der mündlichen Verhandlung hinausgeschoben werden *(vgl. Abs. 1 Satz 2)*. Der Verkündungstermin wird nur dann über drei Wochen hinaus angesetzt, wenn wichtige Gründe, insb. der Umfang oder die Schwierigkeit der Sache, dies erfordern *(Abs. 1 Satz 2)*. Dies gilt auch dann, wenn ein Urteil nach Lage der Akten erlassen wird *(Abs. 1 Satz 3)*. Als wichtige Gründe für die Anberaumung eines Verkündungstermins nach drei Wochen kommen neben dem gesetzlichen Beispielsfall in Betracht: länger andauernde außergerichtliche Vergleichsverhandlungen; Widerrufsvergleich mit längerer Widerrufsfrist; Hinderung des Vorsitzenden am rechtzeitigen Absetzen der zu verkündenden Entscheidung durch Krankheit oder Überlastung.

12 Ein Verstoß gegen Abs. 1 Satz 2 kann die Anfechtbarkeit des Urteils nicht begründen.[23] So hat es das BAG dahinstehen lassen, ob es mit § 60 Abs. 1 Satz 2 ArbGG i.V.m. § 84 Satz 3 ArbGG vereinbar war, dass das Arbeitsgericht seine Entscheidung erst mehr als 13 Monate nach dem Anhörungstermin verkündet hat. Bei § 60 Abs. 1 Satz 2 ArbGG handele es sich um eine Ordnungsvorschrift, deren Verletzung nicht zur Unwirksamkeit der Entscheidung führe.[24]

---

20 Gift/Baur E Rn 1606.
21 GMPMG/Germelmann § 60 Rn 14; a.A. Gift/Baur E Rn 1607.
22 BAG, 16.05.2002 – 8 AZR 412/01, Rn 35, AP Nr. 61 zu Art. 101 GG = EzA Art. 101 GG Nr. 7.
23 BAG, 21.08.1967 – 3 AZR 383/66.
24 BAG, 15.04.2008 – 1 ABR 14/07, Rn 9, NZA 2008, 1020.

5. Form der Verkündung

Das Urteil ergeht im Namen des Volkes.[25] Es wird durch Verlesung der Urteilsformel verkündet.[26] Die Vorlesung der Urteilsformel kann durch die Bezugnahme auf die Urteilsformel ersetzt werden, wenn bei der Verkündung von den Parteien niemand erschienen ist.[27] Voraussetzung ist in jedem Fall eine vorherige schriftliche Niederlegung. Fehlt es daran, so liegt keine wirksame Verkündung vor.[28] Versäumnisurteile, Anerkenntnis- und Verzichturteile und Urteile, welche die Folge eines Verzichts oder einer Klagerücknahme aussprechen, können verkündet werden, auch wenn die Urteilsformel noch nicht schriftlich abgefasst ist.[29] Die Wirksamkeit der Verkündung eines Urteils ist von der Anwesenheit der Parteien nicht abhängig. Die Verkündung gilt auch derjenigen Partei ggü. als bewirkt, die den Termin versäumt hat.[30] Von der Anwesenheit der ehrenamtlichen Richter ist die Wirksamkeit der Verkündung ebenfalls nicht abhängig *(Abs. 3 Satz 1)*. Die Verkündung kann auch in Anwesenheit anderer ehrenamtlicher Richter erfolgen als derjenigen, die bei der Urteilsfällung mitgewirkt haben.[31]

Bei Verkündung des Urteils ist der wesentliche Inhalt der Entscheidungsgründe mitzuteilen, sofern wenigstens eine Partei anwesend ist. Der Vorsitzenden steht ein Beurteilungsspielraum dahin zu, was als wesentlicher Inhalt der Entscheidungsgründe anzusehen ist. Die anwesenden Parteien können *(nur gemeinsam)* auf die Mitteilung verzichten. Die Anwesenheit von Zuhörern löst die Mitteilungspflicht nicht aus. Lediglich bei Abwesenheit »beider« *(vgl. Abs. 2 Satz 2 Halbs. 1)* – gemeint sind alle am Rechtsstreit beteiligten – Parteien genügt die Bezugnahme auf die – in diesem Fall nur von der Vorsitzenden unterzeichnete – Urteilsformel *(Abs. 2 Satz 2 Halbs. 2)*.

Tatsache und Form der Verkündung sowie die anwesenden Richter und Parteien sind im Protokoll festzustellen.[32] Die fehlende Protokollierung ist rückwirkend nachholbar.[33] Grds. erbringt die Protokollierung der Verkündung des Urteils nach § 160 Nr. 7 ZPO – die Form der Verkündung braucht nicht genannt zu sein[34] i.V.m. der nach § 160 Abs. 3 Nr. 6 ZPO vorgeschriebenen Aufnahme der Urteilsformel in das Protokoll Beweis dafür, dass das Urteil auch in diesem Sinne ordnungsgemäß, d.h. auf der Grundlage einer schriftlich fixierten und unterschriebenen Urteilsformel verkündet worden ist. Die Beweiskraft des Protokolls nach § 165 ZPO entfällt nur, wenn und soweit sie durch äußere Mängel des Protokolls i.S.v. § 419 ZPO ganz oder teilweise aufgehoben oder gemindert ist. Derartige Mängel müssen aus der Protokollurkunde selbst hervorgehen.[35] I.Ü. hilft nur der Beweis der Protokollfälschung, d.h. der wissentlich falschen Beurkundung.[36] Der Urkundsbeamte der Geschäftsstelle hat auf der Urschrift des Urteils den Tag der Verkündung zu vermerken und diesen Vermerk zu unterschreiben.[37] An die Unterschrift des Urkundsbeamten sind dieselben Anforderungen zu stellen wie an die Unterschrift des Richters, RA oder Verbandsvertreters.[38] Der Vermerk bezeugt die Übereinstimmung mit der verkündeten Formel, ersetzt jedoch nicht die Feststellung der Verkündung im Sitzungsprotokoll.[39] Ein Verstoß gegen § 315 Abs. 3 ZPO führt nicht zur Feh-

---

25 § 311 Abs. 1 ZPO.
26 § 311 Abs. 2 Satz 1 ZPO.
27 § 311 Abs. 2 Satz 2 ZPO.
28 BAG, 16.05.2002 – 8 AZR 412/01, Rn 21, AP Nr. 61 zu Art. 101 GG = EzA Art. 101 GG Nr. 7; beachte aber Rn 15.
29 § 311 Abs. 2 Satz 3 ZPO.
30 § 312 Abs. 1 ZPO.
31 BAG, 21.01.1983 – 2 AZR 188/81, NJW 1984, 1320.
32 Vgl. § 160 Abs. 3 Nr. 7 ZPO.
33 § 164 Abs. 1 ZPO.
34 BGH, 11.10.1994 – XI ZR 72/94.
35 Zum Vorstehenden BGH, 16.10.1984 – VI ZR 205/83.
36 BAG, 16.05.2002 – 8 AZR 412/01.
37 § 315 Abs. 3 ZPO.
38 BGH, 27.10.1987 – VI ZR 269/86.
39 BGH, 07.02.1990 – XII ZB 6/90.

lerhaftigkeit des Urteils.[40] Ein Urteil ergeht nicht erst durch seine Verkündung. Es wird i.S.v. § 309 ZPO bereits dann »gefällt«, wenn abschließend über den Streitgegenstand beraten und abgestimmt ist. Verkündet werden i.S.v. § 310 ZPO darf ein Urteil auch **von anderen Richtern**.[41]

III. Abfassung des Urteils

1. Abfassung und Unterzeichnung des Urteils

16 Das Urteil nebst Tatbestand und Entscheidungsgründen ist in erster Instanz *(Abs. 4 Satz 1)* vom Vorsitzenden allein, in zweiter[42] und dritter[43] Instanz von sämtlichen an der Entscheidung beteiligten Richterinnen und Richtern zu unterschreiben. Eine Paraphe genügt nicht; es muss sich um eine Unterzeichnung zumindest mit vollem Familiennamen handeln, wobei der Schriftzug individualisierbar sein muss. Eine fehlende Unterschrift kann nachgeholt werden, ggf. auch noch nach Einlegung eines Rechtsmittels. Die fehlende oder unzureichende Unterschrift hat zur Folge, dass eine wirksame Urteilszustellung nicht erfolgte und somit auch eine Rechtsmittelfrist nicht in Lauf gesetzt werden konnte.[44] Ist die Vorsitzende einer Kammer des ArbG verhindert, ihre Unterschrift beizufügen, so scheidet eine Ersetzung ihrer Unterschrift nach § 315 Abs. 1 Satz 2 ZPO aus, denn § 60 Abs. 4 Satz 1 ist lex specialis ggü. § 315 Abs. 1 ZPO.[45] Ist dagegen die Vorsitzende einer Kammer des Landesarbeitsgerichts verhindert, die Begründung eines bereits verkündeten Urteils abzusetzen, so können die beisitzenden Landesarbeitsrichter die schriftliche Begründung des Urteils fertigen oder sich einen Entwurf der Vorsitzenden zu eigen machen.[46] Die Ersetzung der Unterschrift der Vorsitzenden erfolgt dann nach § 315 Abs. 1 Satz 2 ZPO.

2. Fristen für Urteilsabfassung

17 Ein Urteil, das in dem Termin, in dem die mündliche Verhandlung geschlossen wird, verkündet wird, ist vor Ablauf von drei Wochen, vom Tage der Verkündung an gerechnet, vollständig abgefasst der Geschäftsstelle zu übergeben.[47] Vollständig abgefasst ist das Urteil, wenn es handschriftlich oder maschinenschriftlich in der endgültigen Fassung mit Unterschrift des Vorsitzenden, nicht jedoch nur als Diktat *(stenografiert oder auf Band)* bei der Geschäftsstelle vorliegt. Kann das Urteil ausnahmsweise nicht rechtzeitig der Geschäftsstelle übergeben werden, so ist innerhalb der Drei-Wochen-Frist das von dem Vorsitzenden unterschriebene Urteil ohne Tatbestand und Entscheidungsgründe der Geschäftsstelle zu übergeben *(Abs. 4 Satz 3 Halbs. 2)*. In diesem Fall sind Tatbestand und Entscheidungsgründe alsbald nachträglich anzufertigen, von dem Vorsitzenden besonders zu unterschreiben und der Geschäftsstelle zu übergeben *(Abs. 4 Satz 4)*. Ausnahmsweise kann die Drei-Wochen-Frist überschritten werden in Fällen mit komplexem und umfangreichem Sachverhalt, schwierigen Rechtsfragen, Erkrankung des Vorsitzenden oder Kapazitätsengpässen im gerichtlichen Schreibdienst. Das Urteil sollte jedoch den Parteien vor Ablauf der Frist von drei Monaten seit Verkündung des Urteils zugestellt sein, weil sie sonst der Möglichkeit eines Tatbestandsberichtigungsantrags verlustig gehen.[48] Sind die Nichteinhaltung der Urteilsabsetzungsfrist und sogar der Frist für den Tatbestandsberichtigungsantrag absehbar, so ist die Anberaumung eines Verkündungstermins dem Stuhlurteil vorzuziehen.[49]

---

40 BGH, 11.12.1986 – VIII ZB 47/86.
41 BAG, 6.05.2015 – 2 AZN 984/14, Rn 3.
42 § 69 Abs. 1 Satz 1.
43 § 75 Abs. 2.
44 LAG Köln, 23.02.1988 – 6 Ta 28/88.
45 Gift/Baur E Rn 1523; GMPMG/Germelmann § 60 Rn 37.
46 BAG, 20.12.1956 – 3 AZR 310/53; BAG, 21.08.1967 – 3 AZR 383/66; BAG, 30.04.1971 – 3 AZR 198/70.
47 Abs. 4 Satz 3 Halbs. 1.
48 Vgl. § 320 Abs. 2 Satz 3 ZPO.
49 Gift/Baur E Rn 1632.

Wird das Urteil nicht in dem Termin verkündet, in dem die mündliche Verhandlung geschlossen wird, so muss es bei der Verkündung in vollständiger Form abgefasst sein *(Abs. 4 Satz 2)*. Ansonsten ist der Verkündungstermin zu verlegen. Der Umstand, dass bei Verkündung das Urteil noch nicht vollständig abgefasst ist, stellt jedoch keinen Revisionsgrund, sondern nur eine unerhebliche Verletzung einer Ordnungsvorschrift dar.[50]

18

IV. Folgen gerichtlicher Fristversäumnisse

Bei der Drei-Wochen-Frist zur Urteilsabsetzung handelt es sich um eine Ordnungsvorschrift.[51] Die Verletzung dieser Frist durch das ArbG stellt einen Verfahrensmangel dar. Dieser rechtfertigt allerdings eine Zurückverweisung wegen § 68 ArbGG nicht.[52] Dies gilt selbst dann, wenn die Entscheidung wegen verspäteter oder unterlassener Urteilsabsetzung als nicht mit Gründen[53] versehen zu werten ist.[54] Ein Urteil, welches nicht innerhalb von fünf Monaten nach Verkündung schriftlich niedergelegt und von den Richtern unterschrieben der Geschäftsstelle übergeben worden ist, ist als nicht mit Gründen versehen anzusehen.[55] Dieser Rechtsprechung hat sich das BAG angeschlossen.[56] Ein solches Urteil kann mit der Berufung angefochten werden. Die Berufungsfrist beginnt mit Ablauf von fünf Monaten nach der Verkündung.[57] Eine landesarbeitsgerichtliche Entscheidung, in der die Revision nicht zugelassen wurde und deren vollständige Gründe erst mehr als fünf Monate nach Verkündung unterschrieben der Geschäftsstelle übergeben worden sind, kann keine geeignete Grundlage mehr für das Revisionsgericht sein, um das Vorliegen von Revisionszulassungsgründen in rechtsstaatlicher Weise zu überprüfen. Ein LAG, das ein Urteil in vollständiger Fassung erst so spät absetzt, erschwert damit für die unterlegene Partei den Zugang zu einer in der Verfahrensordnung eingeräumten Instanz in unzumutbarer, aus Sachgründen nicht mehr zu rechtfertigender Weise.[58] Das Urteil kann mit der sofortigen Beschwerde nach § 72b angefochten werden (dazu s. Rdn. 24 und § 72b).

19

Ein absoluter Revisionsgrund liegt – nach der bisherigen Rechtsprechung des BAG hingegen nicht vor, wenn das vollständige Berufungsurteil zwar später als fünf Monate nach der letzten mündlichen Verhandlung, nicht aber später als fünf Monate nach der Verkündung der Geschäftsstelle übergeben wurde.[59] Verlängert sich der Zeitraum zwischen mündlicher Verhandlung und Urteilsverkündung durch mehrmalige Verlegung des Verkündungstermins, können die Parteien sich mit der Beschwerde wehren, falls für die Terminsverlegung keine erheblichen Gründe i.S.d. § 227 ZPO vorliegen.[60] Die Entscheidung des BVerfG vom 26.03.2001 *(1 BvR 383/00)* legt aber die Wertung nahe, dass auch in diesem Fall von einem Urteil ohne Gründe auszugehen ist.

20

Eine Überschreitung der Fünf-Monats-Frist zur vollständigen Niederlegung von Tatbestand und Entscheidungsgründen liegt auch dann vor, wenn der letzte Tag der Fünf-Monats-Frist auf einen Sonnabend, Sonntag oder Feiertag fällt und das vollständig abgefasste Urteil erst am darauf folgenden Werktag von den Richtern unterschrieben der Geschäftsstelle übergeben wird.[61]

21

Ein Urteil ist auch dann unterschrieben, wenn die Unterschrift eines an der Entscheidung beteiligten Richters durch einen Verhinderungsvermerk nach § 315 Abs. 1 Satz 2 ZPO wirksam ersetzt worden ist. Ein Verhinderungsvermerk, in dem unter Angabe des Verhinderungsgrundes niederge-

22

---

50 BAG, 19.11.2014 – 4 AZR 76/13, Rn. 15.
51 BAG, 25.09.2003 – 8 AZR 472/02.
52 BAG, 24.04.1996 – 5 AZN 970/95; BAG, 24.02.1982 – 4 AZR 313/80.
53 § 547 Nr. 6 ZPO.
54 BAG, 24.04.1996 – 5 AZN 970/95.
55 GmSOBG, 27.04.1993 – GmS-OBG 1/92, NZA 1993, 1147.
56 Vgl. z.B. BAG, 17.08.1999 – 3 AZR 526/97.
57 BAG, 28.10.2004 – 8 AZR 492/03, NJW 2005, 1004 = NZA 2005, 125.
58 BVerfG, 15.09.2003 – 1 BvR 809/03, NZA 2003, 1355.
59 BAG, 16.05.2002 – 8 AZR 412/01.
60 BAG, 20.11.1997 – 6 AZR 215/96.
61 BAG, 17.02.2000 – 2 AZR 350/99.

legt ist, dass der betreffende Richter verhindert ist, ersetzt dessen Unterschrift, wenn er bei Unterschriftsreife der Entscheidung längere Zeit tatsächlich oder rechtlich gehindert war, seine Unterschrift zu leisten. Hierfür reicht es aber nicht aus, wenn er an einem Tag nicht erreichbar war.[62]

23 Ein Urteil oder ein Beschluss im Beschlussverfahren ist als eine nicht mit Gründen versehene Entscheidung i.S.v. § 547 Nr. 6 ZPO n.F.[63] anzusehen, wenn die Entscheidungsgründe nicht innerhalb der **Fünf-Monats-Frist** nach der Verkündung der Entscheidung schriftlich niedergelegt und von den Richtern unterschrieben zur Geschäftsstelle gelangt sind.[64] Die Entscheidung kann keine geeignete Grundlage mehr für das Revisionsgericht sein, um das Vorliegen von Revisionszulassungsgründen in rechtsstaatlicher Weise zu überprüfen.[65] Daraus zog der Erste Senat des BAG die Konsequenz, gegen eine verspätet abgesetzte Entscheidung des LAG sei eine Nichtzulassungsbeschwerde in keinem Fall mehr zulässig; hier bleibe nur die Verfassungsbeschwerde.[66]

24 § 72b ArbGG *(s. dort)* trägt dem Rechnung und führt eine besondere sofortige Beschwerde ein, mit der eine LAG-Entscheidung wegen verspäteter Absetzung verfolgt werden kann. Diese Rüge kann weder eine Zulassung der Revision rechtfertigen[67] noch im Rahmen einer zugelassenen Revision erhoben werden.[68]

§ 61 Inhalt des Urteils

(1) Den Wert des Streitgegenstandes setzt das Arbeitsgericht im Urteil fest.

(2) ¹Spricht das Urteil die Verpflichtung zur Vornahme einer Handlung aus, so ist der Beklagte auf Antrag des Klägers zugleich für den Fall, dass die Handlung nicht binnen einer bestimmten Frist vorgenommen ist, zur Zahlung einer vom Arbeitsgericht nach freiem Ermessen festzusetzenden Entschädigung zu verurteilen. ²Die Zwangsvollstreckung nach §§ 887 und 888 der Zivilprozessordnung ist in diesem Falle ausgeschlossen.

(3) Ein über den Grund des Anspruchs vorab entscheidendes Zwischenurteil ist wegen der Rechtsmittel nicht als Endurteil anzusehen.

Übersicht	Rdn.		Rdn.
I. Allgemeines	1	1. Anwendungsbereich	21
II. Inhalt des Urteils	3	2. Entschädigungsfestsetzung	25
III. Weglassen von Tatbestand und Entscheidungsgründen	8	a) Antrag des Klägers	25
		b) Festsetzung der Erfüllungsfrist	30
IV. Streitwertfestsetzung (Abs. 1)	11	c) Festsetzung der Entschädigung	31
1. Bedeutung der Streitwertfestsetzung	11	d) Unzulässigkeit eines Teilurteils	32
2. Streitwertberechnung	14	e) Zwangsvollstreckung	33
3. Form der Streitwertfestsetzung	15	3. Übergehen des Antrags	38
4. Folgen unterbliebener Streitwertfestsetzung	18	VII. Zwischenurteil über den Anspruchsgrund (Abs. 3)	39
V. Berufungszulassung	19	VIII. Inhalt von Beschlüssen	40
VI. Verurteilung zur Vornahme einer Handlung (Abs. 2)	20	IX. Verbindung mit einer Stufenklage	41

---

62 BAG, 17.08.1999 – 3 AZR 526/97.
63 = § 551 Nr. 7 ZPO a.F.
64 Grundlegend: GmSOBG, 27.04.1993 – GmS-OBG 1/92, NZA 1993, 1147.
65 BVerfG, 26.03.2001 – 1 BvR 383/00.
66 BAG, 01.10.2003 – 1 ABN 62/01, NZA 2003, 1356.
67 § 72b Abs. 1 Satz 2 ArbGG n.F.
68 § 73 Abs. 1 Satz 2 ArbGG n.F.

I. Allgemeines

Die Vorschrift enthält in ihrem Abs. 1 eine Regelung zum Inhalt, in Abs. 2 zu Vollstreckungsmodalitäten und in Abs. 3 zur Rechtsmittelfähigkeit arbeitsgerichtlicher Urteile. Daneben gelten die §§ 313, 313a und 313b ZPO *(betreffend Form und Inhalt des Urteils)*, § 9 Abs. 5 Satz 1 *(betreffend Rechtsmittelbelehrung)*, § 64 Abs. 3a *(betreffend Zulassung der Berufung)* bzw. § 72, 72a *(betreffend Zulassung der Revision)* entsprechend. 1

In zweiter Instanz gelten lediglich Abs. 2 und 3,[1] und in dritter Instanz gilt allein Abs. 2.[2] Im Beschlussverfahren kommt § 61 nicht zur Anwendung; dort gilt § 84. 2

II. Inhalt des Urteils

Aufgabe des Urteils ist es, die Parteien von der Richtigkeit der sich aus der Urteilsformel ergebenden Entscheidung des Gerichts zu überzeugen und dem Rechtsmittelgericht die Nachprüfung in materieller und formeller Hinsicht zu ermöglichen.[3] 3

Das Urteil enthält: 4
– die **Eingangsformel**,[4]
– die **Urteilsart** *(z.B. Versäumnisurteil, Zwischenurteil, Schlussurteil)* und das **Aktenzeichen**[5] und i.Ü. nach § 313 Abs. 1 ZPO *(bezogen auf den Zeitpunkt der Schließung der mündlichen Verhandlung)*,
– das **Gericht** und den **Spruchkörper**; die **Namen der Richter**, die bei der Entscheidung – zuletzt – mitgewirkt haben,[6]
– die Bezeichnung der **Parteien**, ihrer gesetzlichen Vertreter und der Prozessbevollmächtigten,[7]
– den Tag, an dem die mündliche Verhandlung geschlossen worden ist,[8] oder – in der Rechtsmittelinstanz – die Angabe des Tages, an dem die Beratung im schriftlichen Verfahren nach § 128 Abs. 2 ZPO stattgefunden hat,
– die **Urteilsformel**,[9] bestehend aus dem Spruch zur Hauptsache, der Kostenentscheidung, der Festsetzung des Streitwerts[10] und der Entscheidung über die Zulassung oder Nichtzulassung der Berufung[11] bzw. der Revision,[12]
– den **Tatbestand**,[13]
– die **Entscheidungsgründe**[14] und
– die **Rechtsmittelbelehrung**.[15]

Die **Urteilsformel**[16] hat in möglichst knapper und genauer Form die Entscheidung des Gerichts zu enthalten. Schon im Hinblick auf die Erteilung der abgekürzten Ausfertigung[17] muss die Formel ohne Tatbestand und Entscheidungsgründe aus sich heraus verständlich sein und die Zwangsvoll- 5

---

1 § 64 Abs. 7.
2 § 72 Abs. 6.
3 Zöller/Vollkommer § 313 Rn 2.
4 »Im Namen des Volkes«, § 311 Abs. 1 ZPO.
5 Beides nicht im Gesetz erwähnt; Ausnahme: § 313b Abs. 1 Satz 2 ZPO.
6 § 313 Abs. 1 Nr. 2 ZPO.
7 § 313 Abs. 1 Nr. 1 ZPO.
8 § 313 Abs. 1 Nr. 3 ZPO.
9 § 313 Abs. 1 Nr. 4 ZPO.
10 § 62 Abs. 1.
11 § 64 Abs. 3a Satz 1.
12 §§ 72 Abs. 1, 64 Abs. 3a.
13 §§ 313 Abs. 1 Nr. 5, 313 Abs. 2 ZPO.
14 §§ 313 Abs. 1 Nr. 6, 313 Abs. 3 ZPO.
15 § 9 Abs. 5 Satz 1 u. 2.
16 § 313 Abs. 1 Nr. 4 ZPO.
17 § 60 Abs. 4 Satz 3 Halbs. 2.

streckung ermöglichen.[18] Wird zur Unterlassung einer Handlung verurteilt, dann muss der Unterlassungstenor den Gegenstand des Verbots deutlich bezeichnen, um eine geeignete Grundlage für das Vollstreckungsverfahren bilden zu können. Die bloße Wiederholung des Gesetzeswortlauts oder die Verwendung von Bezeichnungen, deren Bedeutung zwischen den Parteien umstritten ist, genügen dem Bestimmtheitserfordernis nicht.[19]

6 Der **Tatbestand**[20] beurkundet das schriftliche und mündliche Vorbringen der Parteien. Er ist berichtigungsfähig[21] und beweiskräftig.[22] Im Tatbestand sollen die erhobenen Ansprüche und die dazu vorgetragenen Angriffs- und Verteidigungsmittel unter Hervorhebung der gestellten Anträge nur ihrem wesentlichen Inhalt nach knapp dargestellt werden. Wegen der Einzelheiten des Sach- und Streitstandes soll auf Schriftsätze, Protokolle und andere Unterlagen verwiesen werden,[23] wobei die summarische Bezugnahme genügt.[24] Fehlende Angaben im Tatbestand können in den Entscheidungsgründen nachgeholt werden.[25]

7 Die **Entscheidungsgründe**[26] enthalten nach § 313 Abs. 3 ZPO eine kurze Zusammenfassung der Erwägungen, auf denen die Entscheidung in tatsächlicher und rechtlicher Hinsicht beruht. Nicht nötig ist, dass jede Einzelheit des Parteivorbringens erörtert wird,[27] jedoch müssen die Gründe nachvollziehbar sein und eine Überprüfung der Entscheidungsgründe durch die höhere Instanz ermöglichen. Klageansprüche dürfen nicht übergangen, wesentlicher Sachvortrag muss zur Kenntnis genommen und erwogen werden[28] und Abweichungen von der herrschenden Rechtsprechung müssen begründet werden.[29] Die Bezugnahme auf ein anderes Urteil ist zulässig, wenn den Parteien dessen Gründe bekannt sind und das andere Urteil genau bezeichnet wird.[30]

III. Weglassen von Tatbestand und Entscheidungsgründen

8 Des **Tatbestandes** bedarf es nicht, wenn ein Rechtsmittel gegen das Urteil unzweifelhaft nicht eingelegt werden kann.[31] In diesem Fall bedarf es auch keiner **Entscheidungsgründe**, wenn die Parteien auf sie verzichten oder wenn ihr wesentlicher Inhalt in das Protokoll aufgenommen worden ist.[32] Verzichten beide Parteien auf Rechtsmittel gegen das Urteil, bedarf es des Tatbestands und der Entscheidungsgründe ebenfalls nicht. Ist das Urteil nur für eine Partei anfechtbar, so genügt es, wenn diese verzichtet.[33] Der Verzicht auf das Rechtsmittel und die Entscheidungsgründe kann auch schon vor der Verkündung des Urteils erklärt werden. Das Gesetz sieht hierfür eine Frist von einer Woche nach dem Schluss der mündlichen Verhandlung ggü. dem Gericht vor.[34] Es handelt sich aber um eine **Schutzfrist zugunsten des Gerichts**. Das Gericht soll alsbald Gewissheit erhalten, ob das Urteil mit Gründen abzusetzen ist. Eine Verzichtserklärung ist analog § 283 Satz 2 ZPO wirksam, wenn das Gericht sie annimmt und das Urteil abgekürzt absetzt.[35] Diese Regelungen zum

---

18 Zöller/Vollkommer § 313 Rn 8.
19 BGH, 02.04.1992 – I ZR 131/90, NJW 1992, 1691; BGH, 09.04.1992 – I ZR 171/90.
20 § 313 Abs. 1 Nr. 5 ZPO.
21 § 319 ZPO.
22 § 314 ZPO.
23 § 313 Abs. 2 ZPO.
24 BGH, 16.06.1992 – XI ZR 166/91, NJW 1992, 2148.
25 BGH, 17.01.1985 – VII 257/83, NJW 1985, 1784; BGH, 25.04.1991 – 1 ZR 232/89.
26 § 313 Abs. 1 Nr. 6 ZPO.
27 BVerfG, 03.04.1979 – 1 BvR 733/78, NJW 1980, 278.
28 BVerfG, 30.01.1985 – 1 BvR 99/84, NJW 1985, 1149.
29 BVerfG, 01.04.1992 – I BvR 1097/91, NJW 1992, 2556.
30 BGH, 08.11.1990 – I ZR 49/89.
31 § 313a Abs. 1 Satz 1 ZPO.
32 § 313a Abs. 1 Satz 2.
33 § 313a Abs. 2 ZPO.
34 § 313a Abs. 3 ZPO.
35 Zöller/Vollkommer § 313a ZPO Rn 6.

Weglassen von Tatbestand und Entscheidungsgründen gelten aber nicht im Fall der Verurteilung zu künftig fällig werdenden wiederkehrenden Leistungen.[36] Soll ein ohne Tatbestand und Entscheidungsgründe erstelltes Urteil im Ausland geltend gemacht werden, so gelten die Vorschriften über die Vervollständigung von Versäumnis- und Anerkenntnisurteilen entsprechend.[37] Auch bei **Versäumnisurteilen, Anerkenntnisurteilen und Verzichtsurteilen** bedarf es nicht des Tatbestandes und der Entscheidungsgründe,[38] sofern nicht die **Geltendmachung im Ausland** zu erwarten ist.[39] Damit bedürfen solche Urteile erster Instanz regelmäßig keines Tatbestandes und keiner Entscheidungsgründe, in denen der Wert der Beschwer des § 64 Abs. 2 Buchst. b) *(über 600,00 €)* nicht erreicht und in denen die Berufung nicht zugelassen wird. Ansonsten ist ein **Rechtsmittelverzicht** erforderlich. Von der Möglichkeit der Abkürzung des Urteils soll wegen der Rügemöglichkeiten nach **§ 78a ArbGG** und § 72b ArbGG nur zurückhaltend Gebrauch gemacht werden.[40]

Die Möglichkeit der Nichtzulassungsbeschwerde bei **Berufungsurteilen** lässt grds. die Feststellung, dass ein Rechtsmittel unzweifelhaft nicht eingelegt werden kann, nicht zu. § 313a ZPO kann hier nur angewandt werden, wenn die durch das Berufungsurteil beschwerte Partei auf die Einlegung eines Rechtsmittels verzichtet.[41] Wegen der weiteren Fragen des Inhalts und der Abkürzung des Berufungsurteils wird auf die Kommentierung zu § 69 verwiesen.

9

In der **Revisionsinstanz** kann § 313a ZPO entsprechend angewendet werden, denn gegen die Urteile des BAG findet kein Rechtsmittel statt. Bei der Verfassungsbeschwerde handelt es sich um kein Rechtsmittel i.S.v. § 313a ZPO.

10

IV. Streitwertfestsetzung (Abs. 1)

1. Bedeutung der Streitwertfestsetzung

Nach **Abs. 1** hat das ArbG den Wert des Streitgegenstandes im Urteil festzusetzen. Die Bedeutung dieser Festsetzung war lange umstritten.[42] Durchgesetzt hat sich die Ansicht, nach der die **Streitwertfestsetzung** im arbeitsgerichtlichen Urteil **nur für die Zulässigkeit der Berufung** von Bedeutung ist. Die Festsetzung des Streitwertes durch das ArbG im Urteil dient der Rechtsmittelklarheit hinsichtlich der Berufung.[43] Der Gegenauffassung,[44] die dem nach § 61 festgesetzten Streitwert nur eine »indizielle« oder »gewisse« Bedeutung beimessen will, ist das BAG nicht gefolgt. Das Berufungsgericht ist i.R.d. § 64 Abs. 2 an den vom ArbG festgesetzten Streitwert *(Obergrenze)* gebunden und hat aus diesem die Höhe der Beschwer zu ermitteln. Daraus ergibt sich, dass der Beschwerdewert im Regelfall nicht höher sein kann als der festgelegte Streitwert.[45] Dies gilt **ausnahmsweise nicht**, wenn die Festsetzung offensichtlich unrichtig ist, wenn sie nämlich in jeder Beziehung unverständlich und unter keinem vernünftigen Gesichtspunkt zu rechtfertigen ist sowie außerdem der zutreffende Streitwert auf den ersten Blick die für den Beschwerdewert maßgebende Grenze übersteigt oder unterschreitet.[46] Eine Bindung besteht auch nicht, wenn der Beschwerdewert des § 64 Abs. 2 nach anderen Kriterien als der festgesetzte Streitwert zu ermitteln ist. Das ist z.B. der Fall, wenn die Streitwertfestsetzung im erstinstanzlichen Urteil sich **allein am klägerischen Interesse** orientieren muss und das wirtschaftliche Interesse der unterlegenen Partei nach anderen

11

---

36 § 313a Abs. 4 Nr. 4 ZPO.
37 § 313a Abs. 5 ZPO.
38 § 313b Abs. 1 ZPO.
39 § 313b Abs. 3 ZPO.
40 GMPMG/Germelmann § 61 Rn 5.
41 GMPMG/Germelmann § 61 Rn 8.
42 Vgl. zum Streit GMPMG/Germelmann § 61 Rn 12 bis 13.
43 BAG, 16.05.2007 – 2 AZB 53/06, AP Nr. 15 zu § 61 ArbGG 1979 = NZA 2007, 829.
44 GMPMG/Germelmann § 61 Rn 12; BCF/Creutzfeldt § 61 Rn 20.
45 BAG, 27.05.1994 – 5 AZB 3/94, NZA 1994, 1054; gegen die Bindung des Berufungsgerichts GMPMG/Germelmann § 61 Rn 13, die ihre bis zur 5. Auflage vertretene Auffassung aufgegeben haben.
46 BAG, 22.05.1984 – 2 AZB 25/82.

Grundsätzen zu ermitteln ist. So ist die Sachlage bei der **Stufenklage**.[47] In den Fällen der Verurteilung zur **Erteilung einer Auskunft** ist für das Rechtsmittelinteresse des Verurteilten in erster Linie auf den Aufwand an Zeit und Kosten abzustellen, den die Auskunftserteilung voraussichtlich erfordern wird. Entsprechendes gilt bei der Abgabe einer **eidesstattlichen Versicherung**.[48] Ist die Auskunft mit keinem besonderen Aufwand verbunden, wird die Mindestbeschwer regelmäßig nicht erreicht.[49]

12 Der Urteilsstreitwert hat im arbeitsgerichtlichen Verfahren keine Bedeutung für den **Gerichtsgebührenstreitwert** nach § 63 Abs. 2 GKG (vgl. § 62 Satz 2 GKG) bzw. den **Rechtsanwaltsgebührenstreitwert** nach § 33 Abs. 1 JVG.[50] Vielmehr kann das ArbG – wenn es das für angemessen hält[51] – nach § 63 Abs. 2 GKG den Gerichtsgebührenstreitwert durch Beschluss festsetzen, sobald eine Entscheidung über den gesamten Streitgegenstand ergeht oder sich das Verfahren anderweitig erledigt. Andernfalls ist nach der Neufassung des GKG seit dem 01.07.2004 im arbeitsgerichtlichen Verfahren nun ein Antrag der Beteiligten oder der Staatskasse erforderlich.

13 Nach § 32 Abs. 1 JVG ist der Gerichtsgebührenstreitwert grds. auch für die Berechnung der Rechtsanwaltsgebühren verbindlich. Dies gilt aber nur, wenn sich die anwaltliche Tätigkeit mit dem für die gerichtliche Festsetzung maßgebenden Gegenstand deckt. Stimmen die gebührenauslösenden Tatbestände nicht überein, so ist die RAin befugt, den Wert des Gegenstands ihrer Tätigkeit durch gesonderten Beschluss des ArbG nach § 33 Abs. 1 JVG festsetzen zu lassen. Oft kann der im Urteil festgesetzte Rechtsmittelstreitwert der Kostenberechnung zugrunde gelegt werden. Das ist aber nicht zwingend. Maßgeblich für den Urteilsstreitwert ist der Streitgegenstand zum **Zeitpunkt der Entscheidung** (s. Rdn. 14). Für die Anwaltsgebühren können andere Zeitpunkte entscheidend sein, insb. wenn sich der Gegenstandswert zwischenzeitlich geändert hat. Die Streitwertfestsetzung im Urteil ist **unanfechtbar**.[52]

2. Streitwertberechnung

14 Da die Streitwertfestsetzung für die Rechtsmittelfähigkeit der Entscheidung Bedeutung hat (Rdn. 11), bemisst sich der Streitwert nach den letzten gestellten Anträgen.[53] **Maßgeblicher Zeitpunkt** ist mithin die letzte mündliche Verhandlung; wenn ausnahmsweise zwischen letzter mündlicher Verhandlung und einem anberaumten Verkündungstermin eine Klageteilrücknahme folgt, der schriftsätzlich vom Beklagten zugestimmt wird, sind die reduzierten Anträge maßgeblich.[54] Daraus folgt, dass z.B. eine Klageforderung, die im Laufe des Verfahrens ermäßigt worden ist oder ein durch Teilvergleich ausgeschiedener Streitgegenstand beim Urteilsstreitwert nicht zu berücksichtigen sind.[55]

3. Form der Streitwertfestsetzung

15 Die Streitwertfestsetzung hat grds. **in jedem Urteil** zu erfolgen, also auch in Teilurteilen nach § 301 ZPO, Vorbehaltsurteilen nach § 302 ZPO und Urteilen über die Zulässigkeit der Klage nach § 280 Abs. 1 ZPO. Ausnahmsweise soll keine Festsetzung erforderlich sein in Urteilen, gegen die unzweifelhaft ein beschwerabhängiges Rechtsmittel nicht statthaft ist.[56]

---

47 BAG, 27.05.1994 – 5 AZB 3/94, NZA 1994, 1054.
48 BGH, 01.04.1992 – VIII ZB 2/92.
49 BAG, 27.05.1994 – 5 AZB 3/94, NZA 1994, 1054.
50 GMPMG/Germelmann § 61 Rn 16.
51 § 63 Abs. 2 Satz 2 GKG.
52 GMPMG/Germelmann § 61 Rn 15; GK-ArbGG/Schütz § 61 Rn 28.
53 GMPMG/Germelmann § 61 Rn 17.
54 Creutzfeldt NZA 1996, 957.
55 GMPMG/Germelmann § 61 Rn 18.
56 Z.B. bei Zwischenurteilen nach § 61 Abs. 3, §§ 387, 135 und 71 ZPO; vgl. GMPMG/Germelmann § 61 Rn 14.

Da die Streitwertfestsetzung Bedeutung für die Berufungsfähigkeit des Urteils hat (vgl. Rdn. 11), sollte sie im Urteilstenor erfolgen.⁵⁷ Sie ist aber ausnahmsweise auch in den Entscheidungsgründen möglich. 16

Nach dem Wortlaut von § 61 Abs. 1 ist der Wert des Streitgegenstands »im Urteil«, und damit **nicht zwingend im Urteilstenor** festzusetzen, während die Entscheidung über die Zulassung oder Nichtzulassung der Berufung nach § 64 Abs. 3a in den Urteilstenor aufzunehmen ist. 17

4. Folgen unterbliebener Streitwertfestsetzung

Fehlt eine Streitwertfestsetzung im Tenor des Urteils und wurde sie auch nicht in das vollständig abgesetzte Urteil aufgenommen, kommt nur eine **Urteilsergänzung** entsprechend § 321 ZPO in Betracht.⁵⁸ 18

V. Berufungszulassung

Nach § 64 Abs. 2 Buchst. a kann die Berufung eingelegt werden, wenn sie im Urteil des ArbG zugelassen worden ist, sofern sie nicht bereits nach § 64 Abs. 2 Buchst. b oder c statthaft ist. Die Entscheidung des ArbG, ob die Berufung zugelassen oder nicht zugelassen wird, ist in den Urteilstenor aufzunehmen. Ist dies unterblieben, kann binnen zwei Wochen ab Verkündung des Urteils eine entsprechende Ergänzung beantragt werden.⁵⁹ 19

VI. Verurteilung zur Vornahme einer Handlung (Abs. 2)

Durch Abs. 2 werden die Regelungen in §§ 510b und 888a ZPO modifiziert und der Anwendungsbereich des § 259 ZPO dahin erweitert, dass die Verurteilung zu einer erst in Zukunft fällig werdenden Entschädigung ermöglicht wird, ohne dass die Voraussetzungen des § 259 ZPO vorliegen müssen. 20

1. Anwendungsbereich

Abs. 2 gilt nur für Verurteilungen zur Vornahme von **Handlungen, die nach §§ 887 oder 888 ZPO** zu vollstrecken sind, wobei unbeachtlich ist, ob im Einzelfall eine Vollstreckung überhaupt zulässig wäre. Damit kommt eine Entscheidung nach Abs. 2 auch im Fall der Verurteilung zur Leistung von Diensten i.S.v. § 888 Abs. 2 ZPO zur Anwendung, obwohl die Zwangsvollstreckung unzulässig wäre.⁶⁰ Die Nichtvornahme der Handlung muss lediglich Entschädigungsansprüche auslösen. Dies findet seine Berechtigung darin, dass Abs. 2 keine besondere Form der Zwangsvollstreckung regelt, sondern die Möglichkeit für eine beschleunigte Titulierung eines Schadensersatzanspruchs schafft. Die Verurteilung muss aber auf Leistung, nämlich auf Vornahme einer vertretbaren oder unvertretbaren Handlung, und darf nicht nur auf die Feststellung der Leistungsverpflichtung gerichtet sein.⁶¹ 21

Eine Anwendung von Abs. 2 kommt grds. auch im **einstweiligen Verfügungsverfahren** in Betracht. Die Vorschrift knüpft nur an den Inhalt der Verurteilung, nicht an die Verfahrensart an. Voraussetzung für eine ersatzweise Verurteilung zur Entschädigung ist dann aber, dass auch für den Entschädigungsanspruch ein Verfügungsgrund besteht, was regelmäßig nicht der Fall ist.⁶² 22

---

57 Gift/Baur E Rn 1528; GMPMG/Germelmann § 61 Rn 22.
58 GMPMG/Germelmann § 61 Rn 23.
59 § 64 Abs. 3a.
60 GMPMG/Germelmann § 61 Rn 26.
61 GK-ArbGG/Schütz § 61 Rn 36 ff.; GMPMG/Germelmann § 61 Rn 27.
62 GMPMG/Germelmann § 61 Rn 28.

23 Somit ist **Abs. 2 anwendbar** bei Verurteilungen auf:
  – Vornahme der **Arbeitsleistung**, unabhängig davon, ob es bei der geschuldeten Arbeitsleistung um eine vertretbare oder unvertretbare Handlung geht und ob die Zwangsvollstreckung nach § 888 Abs. 2 ZPO unzulässig wäre;[63]
  – Ausfüllen von **Arbeitspapieren**[64] bzw. das Erteilen/Berichtigen von Arbeitspapieren,[65] nicht jedoch die Verurteilung zur Herausgabe von Arbeitspapieren;[66]
  – **Auskunft/Abrechnung** betreffend Arbeitsvergütung, Provisionen;[67] unzulässig ist jedoch die Verbindung von Auskunftsklage, Antrag nach § 61 Abs. 2 und vom Ergebnis der Auskunft abhängiger Zahlungsklage;[68]
  – **Beschäftigung/Weiterbeschäftigung**, weil diese Ansprüche[69] nach § 888 ZPO vollstreckt werden.[70]

24 **Keine Anwendung** findet dagegen Abs. 2 bei Verurteilungen zur:
  – **Herausgabe einer Sache**,[71] weil deren Vollstreckung sich nicht nach §§ 887 und 888 ZPO, sondern nach § 883 ZPO richtet;[72]
  – Abgabe einer **Willenserklärung**, denn hier richtet sich die Vollstreckung nach § 894 ZPO;[73]
  – Unterlassung einer **Handlung** oder Duldung der Vornahme einer Handlung, da sich insoweit die Vollstreckung nach § 890 ZPO richtet.

2. Entschädigungsfestsetzung

a) Antrag des Klägers

25 Die Verurteilung zu einer Entschädigung nach Abs. 2 Satz 1 setzt einen Antrag voraus, der zu einer objektiven Klagenhäufung nach § 260 ZPO führt, wobei der Entschädigungsantrag regelmäßig als **unechter Hilfsantrag** nur für den Fall gestellt wird, dass dem Hauptantrag stattgegeben wird.[74]

26 Der Kläger muss in dem Antrag entweder selbst eine **Frist** benennen oder er muss die Festsetzung der Frist in das Ermessen des Gerichts stellen.

27 Ferner muss der Antrag **beziffert** werden, sofern nicht die allgemeinen Voraussetzungen für die Zulässigkeit eines unbezifferten Antrags vorliegen.[75] Es geht um einen normalen Schadensersatzanspruch, der grds. zu beziffern ist. Etwas anderes gilt, wenn die Klägerin die Höhe des Schadensersatzes in das Ermessen des Gerichts stellt,[76] weil ihr die Bezifferung nicht möglich bzw. aus besonderen Gründen nicht zumutbar ist. In diesem Fall müssen sich allerdings aus der Begründung des Antrags zur Höhe genügend Anhaltspunkte ergeben, die dem Gericht die Bewertung des Schadens ermöglichen.

---

63 GMPMG/Germelmann § 61 Rn 28.
64 Z.B. der Lohnsteuerkarte, der Arbeitsbescheinigung nach § 312 SGB III; Lohnnachweiskarte für Urlaub, Lohnausgleich und Zusatzversorgung im Baugewerbe.
65 Urlaubsbescheinigung nach § 6 Abs. 2 BUrlG; Zeugnis.
66 GMPMG/Germelmann § 61 Rn 28.
67 BAG, 28.07.2004 – 10 AZR 580/03, AP Nr. 268 zu § 1 TVG Tarifverträge: Bau = NZA 2005, 1188 (für Sozialkassenbeiträge in der Bauwirtschaft).
68 BAG, 24.11.2004 – 10 AZR 169/04, AP Nr. 12 zu § 61 ArbGG 1979 NZA 2005, 362; GMPMG/Germelmann § 61 Rn 28; siehe auch Rdn. 41.
69 Gerichtet auf Zuweisung von Arbeit an einem bestimmten Arbeitsplatz.
70 GMPMG/Germelmann § 61 Rn 28.
71 Arbeitspapiere, Geschäftsunterlagen, Firmenfahrzeug.
72 BAG, 23.01.1958 – 2 AZR 62/56; GMPMG/Germelmann § 61 Rn 27.
73 GMPMG/Germelmann § 61 Rn 27.
74 Gift/Baur E Rn 1653.
75 GK-ArbGG/Schütz § 61 Rn 35.
76 § 287 ZPO.

Schließlich muss die Klägerin **darlegen**, dass ihr durch die Nichtvornahme der Handlung tatsächlich ein Schaden entsteht und wie hoch dieser zu veranschlagen ist.[77] 28

Der Entschädigungsantrag kann von vornherein mit dem Leistungsantrag der Klage verbunden sein, aber auch im Laufe des Verfahrens rechtshängig gemacht werden;[78] jedoch nicht mehr nach rechtskräftiger Entscheidung über den Leistungsantrag.[79] Wird der noch nicht rechtskräftig titulierte Auskunftsanspruch in der zweiten Instanz zurückgenommen, ist die weiterverfolgte Entschädigungsklage abzuweisen, weil es jetzt an der Voraussetzung der Verurteilung zur Vornahme einer Handlung fehlt.[80] Der Entschädigungsantrag soll auch noch während des Berufungsverfahrens gestellt werden können.[81] Dies erscheint angesichts des § 533 Nr. 2 ZPO zweifelhaft, weil die Klageänderung auf Tatsachen (den künftig eintretenden Schaden) gestützt wird, die das Berufungsgericht seiner Verhandlung und Entscheidung über die Berufung nicht nach § 529 ZPO zugrunde zu legen hat. § 264 Nr. 3 ZPO hilft nicht, weil die Entschädigung nicht statt des ursprünglich geforderten Gegenstands verlangt wird und weil es nicht um eine Änderung des Anspruchsziels wegen später eingetretener Veränderung geht. 29

b) **Festsetzung der Erfüllungsfrist**

Die Bemessung der dem Schuldner für die Vornahme der Handlung einzuräumenden Frist steht im Ermessen des Gerichts. Hierbei sind nach der Rechtsprechung im Wesentlichen zu berücksichtigen, wie lange die beklagte Partei für die Vornahme der Handlung benötigen wird und die gesetzlich eingeräumte Rechtsmittelfrist von einem Monat. Unzulässig ist die Festsetzung einer diese Zeiträume verkürzenden Frist.[82] 30

c) **Festsetzung der Entschädigung**

Bei der Entscheidung über den Entschädigungsantrag muss das Gericht für den Fall der nicht rechtzeitigen Vornahme der Handlung die Höhe der zu zahlenden Entschädigung beziffern.[83] Maßgebend ist der Schaden, der durch die Nichtvornahme der Handlung entsteht. Bei der Verurteilung zu einer Auskunft darf der Entschädigungsbetrag nicht dem Betrag entsprechen, der mit dem Auskunftsantrag ermittelt wird; als Regelwert wird vielmehr der um 20 % gekürzte Betrag des zu erwartenden Zahlungsanspruchs angesehen.[84] Ist die klagende Partei bei Verurteilung zur Auskunftserteilung auch ohne Auskunft zur Bezifferung der offenen Forderungen in der Lage, soll die Entschädigung 20 % der Forderungen betragen.[85] Mit der festgesetzten Entschädigung sind i.d.R. sämtliche Schadensersatzansprüche abgegolten.[86] 31

---

77 LAG Frankfurt, 07.08.2001 – 2 Sa 106/01, NZA-RR 2002, 263; GK-ArbGG/Schütz § 61 Rn 35; GMPMG/Germelmann § 61 Rn 30.
78 Gift/Baur E Rn 1654.
79 LAG Berlin, 12.03.1999 – 2 Sa 3/98, NZA-RR 2000, 43.
80 BAG, 04.10.1989 – 4 AZR 396/89, NJW 1990, 1008.
81 Gift/Baur E Rn 1654; GMPMG/Germelmann § 61 Rn 29.
82 BAG, 05.06.1985 – 4 AZR 533/83; GMPMG/Germelmann § 61 Rn 34; krit. mit überzeugenden Gründen GK-ArbGG/Schütz § 61 Rn 43.
83 GK-ArbGG/Dörner § 61 Rn 27.
84 BAG, 28.07.2004 – 10 AZR 580/03, AP Nr. 268 zu § 1 TVG Tarifverträge: Bau = NZA 2005, 1188 (für Sozialkassenbeiträge in der Bauwirtschaft); BAG, 05.06.1985 – 4 AZR 533/83; BAG, 27.08.1986 – 4 AZR 280/85; BAG, 06.05.1987 – 4 AZR 641/87; gegen einen Regelwert (überzeugend jedenfalls für die Fälle, in denen der Schaden eindeutig niedriger ist): GMPMG/Germelmann § 61 Rn 37.
85 LAG Frankfurt, 12.02.2001 – 16 Sa 585/00.
86 BAG, 20.02.1997 – 8 AZR 121/95.

d) Unzulässigkeit eines Teilurteils

32 Über den Antrag auf Vornahme der Handlung kann nicht vorab durch Teilurteil nach § 301 ZPO entschieden werden. Dies gilt erst recht für den unechten Hilfsantrag (vgl. Rdn. 25) auf Entschädigung nach Abs. 2 Satz 1. Bereits der Wortlaut der Vorschrift lässt erkennen, dass nur »zugleich« entschieden werden kann. Bei einer Vorabentscheidung durch Teilurteil bliebe zudem unklar, ob aus dem Teilurteil später noch vollstreckt werden kann.[87]

e) Zwangsvollstreckung

33 Wird der Antrag auf Verurteilung zur Vornahme einer Handlung abgewiesen, so bedarf der unechte Hilfsantrag auf Verurteilung zur Entschädigung keiner Entscheidung. Er wäre zudem unbegründet, weil die Leistungsverurteilung Voraussetzung für die Entschädigungsverurteilung nach Abs. 2 ist.

34 Kommt es bei Verurteilung der beklagten Partei zur Vornahme einer Handlung bei Abweisung des Entschädigungsantrags, kann der zusprechende Teil des Urteils nach **§§ 887 und 888 ZPO** vollstreckt werden.

35 Gibt das Gericht sowohl dem Leistungs- als auch dem Entschädigungsantrag statt, ist nach **Abs. 2 Satz 2** die Zwangsvollstreckung des auf Vornahme einer Handlung gerichteten Titels ausgeschlossen. Es fehlt an der Vollstreckbarkeit des fortbestehenden Vornahmeanspruchs. Aus dem Ausschluss der Vollstreckbarkeit des Vornahmeanspruchs folgt nicht, dass damit der Vornahmeanspruch untergeht oder in einen Zahlungsanspruch umgewandelt wird. Der Ausschluss der Zwangsvollstreckung hat nur vollstreckungsrechtliche Bedeutung, lässt aber den Vornahmeanspruch unberührt. Daher kann der Vornahmeanspruch auch nach Fristablauf erfüllt werden.[88] Die Vollstreckung des Entschädigungstitels richtet sich nach den Vorschriften über die Zwangsvollstreckung wegen Geldforderungen.[89] Voraussetzung ist, dass die Frist zur Vornahme der Handlung, die in dem Urteil festgesetzt worden ist, abgelaufen ist.[90] Erfüllt der Schuldner den Anspruch auf Vornahme der Handlung aber noch während der gerichtlich gesetzten Frist, entfällt der Entschädigungsanspruch. Die Frist läuft mit Zustellung des den Rechtsstreit beendenden Urteils[91] an.[92] Betreibt der Gläubiger gleichwohl die Zwangsvollstreckung, kann der Schuldner Vollstreckungsklage nach § 767 ZPO erheben. Wird die Leistung aber nach Fristablauf erbracht, kann eine Vollstreckungsabwehrklage bzgl. der Entschädigungsverurteilung nur Erfolg haben, wenn der Gläubiger mit der verspäteten Leistung einverstanden war.[93]

36 Die entsprechenden Instanzurteile, gerichtet auf Vornahme und ersatzweise Entschädigung, sind jedoch vorläufig vollstreckbar.[94] Nach Ablauf der Frist *(gerechnet ab Zustellung des erst vorläufig vollstreckbaren Urteils)* zur Vornahme der geschuldeten Handlung kann der Gläubiger bereits wegen der festgesetzten Entschädigung die Zwangsvollstreckung einleiten. Ob diese vorläufige Vollstreckung endgültigen Bestand hat, hängt aber vom rechtskräftigen Abschluss des Rechtsstreits ab. Wurde die Entschädigung bereits im Wege der Zwangsvollstreckung beigetrieben, wird aber der Entschädigungstitel später aufgehoben, so erfolgt die Rückabwicklung der Vollstreckung nach § 717 Abs. 2 ZPO.[95]

37 Nimmt der Gläubiger nach Ablauf der vom Gericht bestimmten Frist dennoch die ursprünglich zu bewirkende Leistung *(Vornahme der Handlung)*, die endgültig und nicht nur zur Abwendung der

---

87 Gift/Baur E Rn 1664.
88 BAG, 04.10.1989 – 4 AZR 396/89, NJW 1990, 1008.
89 §§ 803 bis 882a ZPO.
90 § 751 Abs. 1 ZPO.
91 Ggf. erst das Revisionsurteil.
92 BAG, 11.07.1975 – 4 AZR 396/89, NJW 1990, 1008.
93 LAG Frankfurt, 30.04.1996 – 15 Sa 1521/95.
94 Vgl. § 62 Abs. 1 Satz 1.
95 BAG, 11.07.1976 – 4 AZR 396/89, NJW 1990, 1008.

Zwangsvollstreckung erbracht wird, mit dem Willen an, sie als geschuldete Leistung gelten zu lassen, dann begibt er sich des Anspruchs auf die zugesprochene Entschädigung.[96] Wird dennoch vom Gläubiger die Zwangsvollstreckung aus dem die Entschädigung betreffenden Titel betrieben, kann der Schuldner sich hiergegen mit der Vollstreckungsgegenklage nach § 767 ZPO zur Wehr setzen. Nimmt der Gläubiger die Leistung nicht an Erfüllung statt an, kann er weiterhin die Vollstreckung des Entschädigungstitels betreiben.[97]

3. Übergehen des Antrags

Hat das Gericht den **Antrag vollständig übergangen**, muss rechtzeitig **Urteilsergänzung** beantragt werden. Mit dem Ablauf der Antragsfrist des § 321 Abs. 2 ZPO entfällt ansonsten die Rechtshängigkeit der Klage, soweit sie Gegenstand des übergangenen Antrags gewesen ist.[98] Ein übergangener Antrag, dessen Rechtshängigkeit durch Ablauf der Frist nach § 321 Abs. 2 ZPO entfallen ist, kann allenfalls noch in der zweiten Instanz durch Klageerweiterung wieder in den Prozess eingeführt werden, wenn der Rechtsstreit wegen anderer Teile des Prozessstoffs (noch) in der Berufungsinstanz anhängig ist. Ist der übergangene Antrag zudem auch nicht in den Tatbestand seines unvollständigen Urteils aufgenommen, muss einer Urteilsergänzung nach § 321 ZPO eine Berichtigung des Tatbestands nach § 320 ZPO vorangehen.[99] Zur Begründung des Antrags auf Tatbestandsberichtigung kann das Sitzungsprotokoll herangezogen werden (§ 314 S. 2 ZPO). Unter Berücksichtigung des berichtigten Tatbestands muss dann innerhalb der Frist des § 321 Abs. 2 ZPO Urteilsergänzung beantragen werden. Die Zweiwochenfrist für den Antrag auf Urteilsergänzung beginnt nach der Rspr. des BGH erst mit der Zustellung des Berichtigungsbeschlusses und nicht bereits mit der Zustellung des Urteils zu laufen.[100]

38

VII. Zwischenurteil über den Anspruchsgrund (Abs. 3)

Nach § 304 Abs. 1 ZPO kann das Gericht über den Grund eines Anspruchs vorab entscheiden, wenn ein Anspruch nach Grund und Höhe streitig ist. Während das Urteil im Verfahren **vor den ordentlichen Gerichten nach § 304 Abs. 2 ZPO als Endurteil** gilt und selbstständig anfechtbar ist, ordnet **Abs. 3** an, dass ein über den Grund des Anspruchs vorab entscheidendes **Zwischenurteil wegen der Rechtsmittel nicht als Endurteil** anzusehen ist. Damit ist im arbeitsgerichtlichen Verfahren zwar ein **Grundurteil** zulässig, jedoch ist dieses nicht getrennt anfechtbar, sondern kann nur zusammen mit dem Schlussurteil rechtskräftig oder (ggf.) angefochten werden.[101] Es entfaltet aber für das erkennende Gericht nach § 318 ZPO **Bindungswirkung**. Die Anfechtbarkeit wird auch nicht durch eine falsche Rechtsmittelbelehrung,[102] durch die Bezeichnung des Zwischenurteils als Teilurteil[103] oder durch Zulassungsentscheidung des ArbG bewirkt.[104]

39

VIII. Inhalt von Beschlüssen

Für die unmittelbare Anwendung von § 61 und von §§ 313, 313a ZPO auf Beschlüsse im Urteilsverfahren fehlt eine Verweisungsnorm. Der über § 46 Abs. 2 anwendbare § 329 ZPO verweist nicht auf diese für Urteile geltenden Vorschriften.[105] Die §§ 313, 313a ZPO werden jedoch in der

40

---

96 BAG, 11.07.1975 – 5 AZR 273/74.
97 BAG, 11.07.1975 – 5 AZR 273/74.
98 BAG, 26.06.2008 – 6 AZN 1161/07, NZA 2008, 1028.
99 BGH, 16.02.2005 – VIII ZR 133/04, NJW-RR 2005, 790.
100 BGH, 18.02.1982 – VIII ZR 39/82, NJW 1982, 1821.
101 BAG, 01.12.1975 – 5 AZR 466/75, NJW 1976, 774.
102 GMPMG/Germelmann § 61 Rn 44.
103 BAG, 25.02.1999 – 3 AZR 232/97.
104 GK-ArbGG/Schütz § 61 Rn 55; GMPMG/Germelmann § 61 Rn 44.
105 GMPMG/Germelmann § 61 Rn 4.

Praxis **sinngemäß auf Beschlüsse** angewendet.[106] Nicht vorgeschrieben sind zwar volles Rubrum, Tatbestand und Entscheidungsgründe; doch müssen Beschlüsse, die einem auch nur u.U. statthaften Rechtsmittel unterliegen, begründet werden.[107] In der **Begründung** müssen die wesentlichen der Rechtsverfolgung und Rechtsverteidigung dienenden Tatsachenbehauptungen verarbeitet werden.[108] Bloße Floskeln genügen nicht; eine Ermessensausübung muss nachprüfbar sein. Die gebotene Begründung ist spätestens i.R.d. Abhilfeentscheidung nach § 572 Abs. 1 ZPO nachzuholen. Eine **Ausnahme** vom Begründungszwang besteht, wenn die Begründung unmittelbar aus dem Gesetz folgt, auf einer gefestigten Rechtsprechung beruht oder sich ohne Weiteres aus dem Streitstoff ergibt.[109]

IX. Verbindung mit einer Stufenklage

41 Zu beachten ist, dass die Verbindung einer Auskunfts- und Entschädigungsklage nach Abs. 2 mit einer **Stufenklage** nicht zu einer zulässigen Stufenklage i.S.d. § 254 ZPO, sondern zu einem mangels notwendiger, die Vollstreckung ermöglichender Bestimmtheit unzulässigen Leistungsantrag nach § 253 Abs. 2 Nr. 2 ZPO führt.[110] Der Leistungsantrag der zweiten Stufe steht unter der Bedingung, dass der Auskunftsanspruch vom Beklagten binnen einer bestimmten Frist erfüllt wird. Nach Ablauf dieser Frist soll der Stufenantrag nicht mehr beschieden werden, da dann der Entschädigungsantrag greifen soll. Prozesshandlungen vertragen aber eine solche außerprozessuale Bedingung nicht.

§ 61a Besondere Prozessförderung in Kündigungsverfahren

(1) Verfahren in Rechtsstreitigkeiten über das Bestehen, das Nichtbestehen oder die Kündigung eines Arbeitsverhältnisses sind nach Maßgabe der folgenden Vorschriften vorrangig zu erledigen.

(2) Die Güteverhandlung soll innerhalb von zwei Wochen nach Klageerhebung stattfinden.

(3) Ist die Güteverhandlung erfolglos oder wird das Verfahren nicht in einer sich unmittelbar anschließenden weiteren Verhandlung abgeschlossen, fordert der Vorsitzende den Beklagten auf, binnen einer angemessenen Frist, die mindestens zwei Wochen betragen muss, im einzelnen unter Beweisantritt schriftlich die Klage zu erwidern, wenn der Beklagte noch nicht oder nicht ausreichend auf die Klage erwidert hat.

(4) Der Vorsitzende kann dem Kläger eine angemessene Frist, die mindestens zwei Wochen betragen muss, zur schriftlichen Stellungnahme auf die Klageerwiderung setzen.

(5) Angriffs- und Verteidigungsmittel, die erst nach Ablauf der nach Absatz 3 oder 4 gesetzten Fristen vorgebracht werden, sind nur zuzulassen, wenn nach der freien Überzeugung des Gerichts ihre Zulassung die Erledigung des Rechtsstreits nicht verzögert oder wenn die Partei die Verspätung genügend entschuldigt.

(6) Die Parteien sind über die Folgen der Versäumung der nach Absatz 3 oder 4 gesetzten Fristen zu belehren.

---

106 BGH, 13.10.1982 – IVb ZB 154/82.
107 BGH, 23.03.1988 – IVb ARZ 8/88; Zöller/Vollkommer § 329 Rn 24.
108 Arg. Art. 103 Abs. 1 GG; Zöller/Vollkommer § 329 Rn 24.
109 Zöller/Vollkommer § 329 Rn 24.
110 BAG, 24.11.2004 – 10 AZR 169/04, AP Nr. 12 zu § 61 ArbGG 1979 = NZA 2005, 362 m. Anm. Düwell in BAGReport 2005, 159.

Übersicht

		Rdn.			Rdn.
I.	Allgemeines	1	a) Voraussetzung für die Aufforderung		7
II.	Besondere Beschleunigungspflicht bei Bestandsschutzverfahren	2	b) Inhalt der Aufforderung		10
	1. Allgemeines	2	c) Form der Aufforderung		11
	2. Anwendungsbereich	3	d) Belehrung über Folgen bei Fristversäumung		12
	3. Alsbaldiger Gütetermin (Abs. 2)	5	6. Aufforderung an die klagende Partei (Abs. 4)		13
	4. Alsbaldiger Kammertermin	6	III. Zurückweisung verspäteten Vorbringens (Abs. 5)		16
	5. Aufforderung zur Stellungnahme an die beklagte Partei (Abs. 3)	7			

I. Allgemeines

§ 61a zielt auf die **beschleunigte und vorrangige Erledigung von Bestandsschutzstreitigkeiten**. Die Vorschrift regelt und verschärft die Beschleunigungspflicht nach § 9 Abs. 1. Ihre gerichtspraktische Bedeutung und Einhaltung wird zu Recht bezweifelt.[1] Ob Abs. 5 die Regelung in § 56 Abs. 2 verdrängt[2] oder daneben angewandt werden kann,[3] ist umstritten und im Hinblick auf den Pflichtinhalt der gerichtlichen Aufforderung an die beklagte und ggf. auch an die klagende Partei von praktischer Bedeutung. Gleichwohl duldet das Prozessrecht auch einen längeren Schwebezustand, wenn es deshalb nicht zu einer gerichtlichen Entscheidung kommt, weil das Gericht auf Antrag oder im Einvernehmen mit den Parteien das Ruhen des Verfahrens anordnet (§ 251 ZPO) oder – was dem praktisch gleich steht – auf deren Wunsch zunächst keinen Verhandlungstermin anberaumt. Dem Interesse der Parteien, den Rechtsstreit nicht auf unabsehbare Zeit in der Schwebe zu belassen, ist dadurch Rechnung getragen, dass jede von ihnen die Möglichkeit hat, das Verfahren durch Terminsantrag wieder in Gang zu setzen und eine gerichtliche Entscheidung herbeizuführen.[4] § 61a sieht keine Sanktionen vor, wenn das Gericht seiner Verpflichtung zur beschleunigten Behandlung nicht nachkommt. Es kommt ggf. eine Verzögerungsrüge nach § 198 Abs. 3 GVG in Betracht. 1

II. Besondere Beschleunigungspflicht bei Bestandsschutzverfahren

1. Allgemeines

In **Abs. 1** wird angeordnet, dass die Bestandsschutzstreitigkeiten ggü. anderen Streitigkeiten vorrangig zu erledigen sind. Soweit der besondere Beschleunigungsgrundsatz nicht in den Abs. 2 bis 6 konkretisiert wurde, ist es Sache des Gerichts, wie es dem gesetzgeberischen Auftrag nachkommt. In Betracht kommen die Einrichtung besonderer Kündigungsschutzkammern, spezielle Bestandsschutztermine, das Freihalten oder das Verlegen von Terminen wegen anhängiger Bestandsschutzverfahren. Dabei würde Abs. 2 einen »erheblichen Grund« i.S.v. § 227 ZPO für die Verlegungsentscheidung darstellen.[5] Die besondere Beschleunigungspflicht des Abs. 1 ist zudem bei der Ausübung pflichtgemäßen Ermessens bei Aussetzungsentscheidungen nach § 148 ZPO zu beachten. 2

2. Anwendungsbereich

Die besondere Beschleunigungspflicht besteht für Verfahren in Rechtsstreiten über das Bestehen, das Nichtbestehen oder die Kündigung eines Arbeitsverhältnisses, also für Verfahren i.S.v. § 2 Abs. 1 Nr. 3 Buchst. b). Hierzu zählen Verfahren über: 3
– die Sozialwidrigkeit und/oder Rechtsunwirksamkeit einer Eigen- oder Fremdkündigung,
– die Rechtsunwirksamkeit einer Anfechtungserklärung,

---

1 GMPMG/Germelmann § 61a Rn 2.
2 GMPMG/Germelmann § 61a Rn 3.
3 Grunsky § 61a Rn 17.
4 BAG, 25.11.2010 – 2 AZR 323/09, NZA 2011, 821 = NJW 2011, 1833, Rn 27.
5 GMPMG/Germelmann § 61a Rn 8.

- die Rechtsunwirksamkeit von Befristungs- und Bedingungsabreden,
- die Rechtsunwirksamkeit eines *(ggf. angefochtenen)* Aufhebungsvertrages,
- das Bestehen oder die Auflösung eines Anschlussarbeitsverhältnisses nach § 78a BetrVG.

In allen diesen Fällen geht es um die Klärung des *(Fort-)* Bestands eines Arbeitsverhältnisses. Geht der Streit um den Inhalt des Arbeitsverhältnisses, wie bei der Änderungsschutzklage nach §§ 2, 4 Satz 2 KSchG und der Statusklage, oder streben beide Parteien die Auflösung des Arbeitsverhältnisses durch beiderseitigen Auflösungsantrag nach §§ 9, 10 KSchG an, besteht kein Anlass zur Annahme einer besonderen Beschleunigungspflicht.[6] Entsprechendes gilt, wenn nur über den Bestand des Arbeitsverhältnisses in der Vergangenheit gestritten wird.[7] Nach Sinn und Zweck der Vorschrift unterliegt auch die Klage auf Einstellung, Fortsetzung oder Wiedereinstellung der besonderen Beschleunigungspflicht. Bestandsschutzstreitigkeiten bei freien Mitarbeiterverhältnissen, Rechtsverhältnissen der arbeitnehmerähnlichen Personen u.a. unterfallen nicht dem § 61a.

4 Die besondere Beschleunigungspflicht entfällt nicht dadurch, dass eine Klagehäufung vorliegt. Über prozessuale Ansprüche, die dem Beschleunigungsgrundsatz unterliegen, kann vorab durch Teilurteil entschieden werden, sofern diese nicht abgetrennt werden.

3. Alsbaldiger Gütetermin (Abs. 2)

5 In den ein Arbeitsverhältnis betreffenden Bestandsschutzstreitigkeiten soll nach Abs. 2 die Güteverhandlung innerhalb von **zwei Wochen nach Klageerhebung** stattfinden. Die Frist beginnt mit der Zustellung der Klageschrift.[8] Zugleich ist aber die Einlassungsfrist von einer Woche nach § 47 Abs. 1 zu wahren. Entgegen der wohl verbreiteten gerichtspraktischen Handhabung wird allgemein eine Pflicht der Vorsitzenden angenommen, bei der Terminplanung eine Einhaltung dieser Vorschrift zu gewährleisten. Nur beim Vorliegen unabänderlicher Gründe[9] wird eine spätere Durchführung der Güteverhandlung für zulässig erachtet.[10]

4. Alsbaldiger Kammertermin

6 Ist die Güteverhandlung erfolglos oder wird das Verfahren nicht in einer sich unmittelbar anschließenden Verhandlung abgeschlossen, richtet sich das weitere Verfahren grds. nach § 54 Abs. 4 und 5 bzw. § 55 Abs. 3. Auch dabei ist die besondere Beschleunigungspflicht durch Einräumung eines Vorrangs der Bestandsschutzverfahren bei der Terminierung zu beachten.

5. Aufforderung zur Stellungnahme an die beklagte Partei (Abs. 3)

a) Voraussetzung für die Aufforderung

7 Wenn die beklagte Partei noch nicht oder nicht ausreichend auf die Klage erwidert hat, fordert die Vorsitzende sie auf, innerhalb einer angemessenen Frist, die mindestens zwei Wochen betragen muss, im Einzelnen unter Beweisantritt schriftlich auf die Klage zu erwidern.

8 Voraussetzung für eine solche Aufforderung durch die Vorsitzende ist also, dass die beklagte Partei **noch nicht oder nicht ausreichend** auf die Klage **erwidert** hat. Hat die beklagte Partei bereits vor der Güteverhandlung oder in ihr eine erschöpfende schriftsätzliche Klageerwiderung vorgelegt, ist für die gerichtliche Aufforderung zur Stellungnahme kein Raum. Entsprechendes gilt, wenn die

---

[6] So auch: GK-ArbGG/Schütz § 61a Rn 6; a.A. GMPMG/Germelmann § 61a Rn 5.
[7] GMPMG/Germelmann § 61a Rn 5.
[8] Vgl. § 253 Abs. 1 ZPO.
[9] Notwendigkeit öffentlicher Zustellung der Klageschrift, Terminstau nur mit Bestandsschutzverfahren, Krankheit oder Urlaub der Vorsitzenden.
[10] GK-ArbGG/Schütz § 61a Rn 12.

beklagte Partei in der Güteverhandlung erschöpfend mündlich vorgetragen hat und die sofortige Protokollierung dieses Vortrags zumutbar gewesen und daher erfolgt ist.[11]

Ferner muss es sich um eine **erwiderungsbedürftige**, also zulässige und schlüssig begründete Klage handeln. Andernfalls führte die Aufforderung zur Stellungnahme an die beklagte Partei nur zu einer überflüssigen Verzögerung der Verfahrenserledigung.[12]

b) Inhalt der Aufforderung

Inhalt der gerichtlichen Auflage an die beklagte Partei ist zum einen eine **angemessene Frist** von mindestens zwei Wochen und zum anderen die Aufforderung, im Einzelnen unter Beweisantritt schriftlich die Klage zu erwidern. Der Wortlaut von Abs. 3 weicht insoweit von § 56 Abs. 1 Satz 2 Nr. 1 ab. Deshalb finden die strengen Voraussetzungen an eine hinreichend konkrete Aufklärungsauflage nach § 56 Abs. 1 Satz 2 Nr. 1 nicht notwendig auf die Aufforderung zur Stellungnahme Anwendung.[13] Hat die beklagte Partei in der Güteverhandlung nicht oder nur pauschal zur Klage Stellung genommen, kann sich die Vorsitzende mit der nicht weiter konkretisierten Aufforderung zur Stellungnahme binnen der gesetzten Frist begnügen. Ist die dann bei Gericht eingehende Stellungnahme der beklagten Partei ergänzungs- oder erläuterungsbedürftig und ist eine weitere schriftsätzliche Vorbereitung des Kammertermins zeitlich möglich, greift die Pflicht der Vorsitzenden zur Formulierung eines konkreten Auflagenbeschlusses nach § 56 Abs. 1 Satz 2 Nr. 1. Hat die beklagte Partei jedoch vor oder in der Güteverhandlung ergänzungs- oder erläuterungsbedürftig vorgetragen, muss die Aufforderung der beklagten Partei zur Stellungnahme mit einer konkreten Auflage nach § 56 Abs. 1 Satz 2 Nr. 1 verbunden werden.[14]

c) Form der Aufforderung

Die Aufforderung zur Stellungnahme bedarf wie der Auflagenbeschluss nach § 56 der vollständigen Unterschrift durch den Vorsitzenden. Eine Paraphierung genügt nicht. Die Aufforderungsverfügung muss verkündet oder der betroffenen Partei bzw. deren Prozessbevollmächtigten[15] förmlich zugestellt werden. Eine formlose Mitteilung an die betroffene Partei berechtigt im Fall verspäteten Vorbringens nicht zur Zurückweisung des Vorbringens nach Abs. 5. Dem Gegner kann die Verfügung formlos übermittelt werden.

d) Belehrung über Folgen bei Fristversäumung

Die beklagte Partei ist über die Folgen der Fristversäumung zu belehren *(vgl. Abs. 6)*. Dies gilt unabhängig davon, ob die Partei durch eine RAin oder durch einen Verbandsvertreter vertreten wird oder nicht. Insoweit gilt das zu § 56 Abs. 2 Satz 2 Ausgeführte.[16]

6. Aufforderung an die klagende Partei (Abs. 4)

Nach Abs. 4 kann die Vorsitzende auch der klagenden Partei eine angemessene Frist, die **mindestens zwei Wochen** betragen muss, zur schriftlichen Stellungnahme auf die Klageerwiderung setzen. **Fristbeginn** ist der Zeitpunkt des Zugangs der Klageerwiderung. Die Aufforderung an die klagende Partei kann zusammen mit der an die beklagte Partei gerichteten Aufforderung nach Abs. 3, aber auch nach Eingang der Klageerwiderung erfolgen. Ob die klagende Partei zur Stellungnahme aufgefordert wird, liegt im Ermessen der Vorsitzenden. In Bestandsschutzstreitigkeiten ist die Auf-

---

11 Gift/Baur E Rn 803.
12 Gift/Baur E Rn 804.
13 Gift/Baur E Rn 805; a.A. GMPMG/Germelmann § 61a Rn 13.
14 Vgl. § 56 Rdn. 46.
15 § 172 ZPO.
16 § 56 Rdn. 51 bis 55.

forderung regelmäßig erforderlich, weil der Streitstoff erst durch die Stellungnahme der beklagten Partei erkennbar wird.[17]

14 Zum Inhalt der Aufforderung gilt das zu der Aufforderung an die beklagte Partei Ausgeführte entsprechend (vgl. Rdn. 10). Hat die beklagte Partei in der Güteverhandlung nicht oder nur pauschal zur Klage Stellung genommen und ist in der Klageschrift noch kein konkreter Vortrag zu finden, kann sich die Vorsitzende auch ggü. der klagenden Partei mit der nicht weiter konkretisierten Aufforderung zur Stellungnahme auf die zu erwartende Klageerwiderung binnen der gesetzten Frist begnügen. Ist die dann bei Gericht eingehende Stellungnahme der klagenden Partei ergänzungs- oder erläuterungsbedürftig und erfordert der Vortrag der beklagten Partei – weil erheblich – eine Erwiderung, greift ebenfalls die Pflicht der Vorsitzenden zur Formulierung eines konkreten Auflagenbeschlusses nach § 56 Abs. 1 Satz 2 Nr. 1. Voraussetzung ist allerdings in jedem Fall, dass eine weitere schriftsätzliche Vorbereitung des Kammertermins zeitlich möglich ist. Hat die klagende Partei jedoch vor oder in der Güteverhandlung ergänzungs- oder erläuterungsbedürftig vorgetragen, muss bereits die Aufforderung der klagenden Partei zur Stellungnahme mit einer konkreten Auflage wie nach § 56 Abs. 1 Satz 2 Nr. 1 verbunden werden. Das ist der Regelfall.

15 Zur Form der Aufforderung und der notwendigen Fristbelehrung nach Abs. 6 kann auf die obigen Ausführungen zur Aufforderung an die beklagte Partei verwiesen werden (Rdn. 11).

III. Zurückweisung verspäteten Vorbringens (Abs. 5)

16 Die Möglichkeit der Zurückweisung verspäteten Vorbringens in Abs. 5 entspricht hinsichtlich der Voraussetzungen und der Folgen der Vorschrift des § 56 Abs. 2. Auf die dazu gemachten Ausführungen wird verwiesen.[18]

§ 61b Klage wegen Benachteiligung

(1) Eine Klage auf Entschädigung nach § 15 des Allgemeinen Gleichbehandlungsgesetzes muss innerhalb von drei Monaten, nachdem der Anspruch schriftlich geltend gemacht worden ist, erhoben werden.

(2) ¹Machen mehrere Bewerber wegen Benachteiligung bei der Begründung eines Arbeitsverhältnisses oder beim beruflichen Aufstieg eine Entschädigung nach § 15 des Allgemeinen Gleichbehandlungsgesetzes gerichtlich geltend, so wird auf Antrag des Arbeitgebers das Arbeitsgericht, bei dem die erste Klage erhoben ist, auch für die übrigen Klagen ausschließlich zuständig. ²Die Rechtsstreitigkeiten sind von Amts wegen an dieses Arbeitsgericht zu verweisen; die Prozesse sind zur gleichzeitigen Verhandlung und Entscheidung zu verbinden.

(3) Auf Antrag des Arbeitgebers findet die mündliche Verhandlung nicht vor Ablauf von sechs Monaten seit Erhebung der ersten Klage statt.

Übersicht	Rdn.		Rdn.
I. Allgemeines	1	IV. Zeitpunkt der mündlichen Verhandlung	16
II. Klagefrist	6	V. Bekanntmachung	18
III. Örtliche Zuständigkeit	13	VI. Klageantrag	19

I. Allgemeines

1 Die Vorschrift regelt die arbeitsgerichtliche Durchsetzung des Anspruchs auf **Entschädigung nach § 15 AGG. Hintergrund war ursprünglich** die Umsetzung der Richtlinie 76/207 EWG des Rates

---

17 Gift/Baur E Rn 812.
18 § 56 Rdn. 42 bis 79.

vom 09.02.1976 zur Verwirklichung des Grundsatzes der Gleichbehandlung von Männern und Frauen hinsichtlich des Zugangs zur Beschäftigung, zur Berufsausbildung und zum beruflichen Aufstieg sowie in Bezug auf die Arbeitsbedingungen.[1] Der erste Versuch der materiell-rechtlichen Umsetzung dieser Richtlinie in nationales Recht war unzureichend.[2] Die Nachbesserung erfolgte durch das Gesetz zur Durchführung der Gleichberechtigung von Frauen und Männern.[3] Sie erwies sich ebenfalls als unzureichend.[4] In Umsetzung der Rechtsprechung des EuGH hat der Gesetzgeber § 61b neu gefasst.[5]

Zeitgleich mit dem Inkrafttreten des AGG ist die frühere Bezugnahme auf § 611a BGB durch die auf § 15 AGG ersetzt worden.[6] Das AGG diente der Umsetzung von vier EU-Richtlinien, nämlich der Richtlinie 2000/43/EG des Rates vom 29.06.2000 zur Anwendung des Gleichbehandlungsgrundsatzes ohne Unterschied der Rasse oder der ethnischen Herkunft,[7] der Richtlinie 2000/78/EG des Rates vom 27.11.2000 zur Festlegung eines allgemeinen Rahmens für die Verwirklichung der Gleichbehandlung in Beschäftigung und Beruf,[8] der Richtlinie 2002/73/EG des Europäischen Parlaments und des Rates vom 23.09.2002 zur Änderung der Richtlinie 76/207/EWG des Rates zur Verwirklichung des Grundsatzes der Gleichbehandlung von Männern und Frauen hinsichtlich des Zugangs zur Beschäftigung, zur Berufsbildung und zum beruflichen Aufstieg sowie in Bezug auf die Arbeitsbedingungen[9] und der Richtlinie 2004/113/EG des Rates vom 13.12.2004 zur Verwirklichung des Grundsatzes der Gleichbehandlung von Männern und Frauen beim Zugang zu und bei der Versorgung mit Gütern und Dienstleistungen.[10]

Der **Anwendungsbereich** der Vorschrift ist nicht mehr – wie ursprünglich – begrenzt auf Fälle der geschlechtsbedingten Diskriminierung. Durch die Bezugnahme auf § 15 AGG betrifft er alle Fälle der Benachteiligung, die durch das AGG erfasst werden. Darunter fallen Benachteiligungen aus Gründen der Rasse oder wegen der ethnischen Herkunft, des Geschlechts, der Religion oder der Weltanschauung, einer Behinderung, des Alters oder der sexuellen Identität.

Der Arbeitgeber darf einen Arbeitnehmer bei einer Vereinbarung oder einer Maßnahme, insb. bei der Begründung des Arbeitsverhältnisses, beim beruflichen Aufstieg, bei einer Weisung oder einer Kündigung, nicht benachteiligen.[11] Eine unterschiedliche Behandlung ist unter den im AGG besonders festgelegten Voraussetzungen zulässig.[12] Verstößt der Arbeitgeber gegen dieses Benachteiligungsverbot, so kann die hierdurch benachteiligte Person Ersatz des dadurch entstandenen Schadens nach § 15 Abs. 1 AGG verlangen. Wegen eines Schadens, der nicht Vermögensschaden ist, kann sie eine angemessene Entschädigung in Geld verlangen (§ 15 Abs. 2 AGG); ein Anspruch auf Begründung eines Beschäftigungsverhältnisses, Berufsausbildungsverhältnisses oder einen beruflichen Aufstieg besteht nicht.[13] Wäre der Bewerber auch bei benachteiligungsfreier Auswahl nicht eingestellt worden, so hat der Arbeitgeber eine angemessene Entschädigung i.H.v. höchstens drei Monatsverdiensten zu leisten,[14] wobei als Monatsverdienst gilt, was dem Bewerber bei regelmäßiger

---

1 ABl. EG Nr. L 039, S. 40.
2 EuGH, 10.04.1984 – Rs. C 14/83, NJW 1984, 2021.
3 2. GleiBG v. 24.06.1994, BGBl. I, S. 1406.
4 EuGH, 22.04.1997 – Rs. C 180/95, NJW 1997, 1839 = NZA 1997, 645.
5 Gesetz zur Änderung des Bürgerlichen Gesetzbuches und des Arbeitsgerichtsgesetzes vom 29.06.1998, BGBl. I, S. 1694.
6 BGBl. 2006 I, S. 1897, 1908.
7 ABl. EG Nr. L 180, S. 22.
8 ABl. EG Nr. L 303, S. 16.
9 ABl. EG Nr. L 269, S. 15.
10 ABl. EG Nr. L 373, S. 37.
11 § 7 Abs. 1 AGG.
12 Insb. §§ 8 bis 11, 20 AGG.
13 § 15 Abs. 6 AGG.
14 § 611a Abs. 3 Satz 1 BGB.

Arbeitszeit in dem Monat, in dem das Arbeitsverhältnis hätte begründet werden sollen, an Geld- und Sachbezügen zugestanden hätte.[15]

5   Die **Anforderungen an die Darlegungs- und Beweislast** sind ausführlich unter § 58 Rdn. 152 ff. dargestellt.

II. Klagefrist

6   Schadensersatzansprüche nach § 15 Abs. 1 AG und Entschädigungsansprüche nach § 15 Abs. 2 AGG müssen innerhalb von zwei Monaten schriftlich geltend gemacht werden.[16] Der **EuGH** hat in seiner Entscheidung vom 08.07.2010[17] erkannt, dass es nicht ersichtlich sei, dass die Festlegung dieser Frist auf zwei Monate die Ausübung der vom Unionsrecht verliehenen Rechte unmöglich machen oder übermäßig erschweren könnte. Zu diesem Ergebnis war auch das BAG in seiner Entscheidung vom 24.09.2009 gelangt.[18] Die Geltendmachungsfrist kann durch Erhebung der Leistungsklage gewahrt werden.[19] Für den Fristbeginn kommt es maßgeblich auf den Zeitpunkt der Benachteiligungshandlung an.[20] Die Frist beginnt im Fall einer Bewerbung oder eines beruflichen Aufstiegs mit dem Zugang der Ablehnung und in den sonstigen Fällen einer Benachteiligung zu dem Zeitpunkt, in dem die Beschäftigte von der Benachteiligung Kenntnis erlangt (§ 15 Abs. 4 Satz 2 AGG).[21] In einer derartigen Situation kann ein Arbeitnehmer innerhalb der mit der Ablehnung seiner Bewerbung beginnenden Frist von zwei Monaten, u.a. wegen des Verhaltens des Arbeitgebers, möglicherweise nicht erkennen, dass und in welchem Umfang er diskriminiert wurde, sodass ihm die in der Richtlinie vorgesehene Rechtsverfolgung unmöglich ist. Bei einer teleologischen Auslegung des § 15 Abs. 4 Satz 2 AGG, wonach die Frist mit dem Zeitpunkt beginnt, zu dem der Arbeitnehmer von der behaupteten Diskriminierung Kenntnis erlangt, ist die Vorschrift nicht geeignet, die Ausübung der vom Unionsrecht verliehenen Rechte unmöglich zu machen oder übermäßig zu erschweren.[22] Auf § 15 Abs. 4 AGG findet **§ 167 ZPO** Anwendung.[23] Daher reicht es aus, wenn die Klage demnächst zugestellt wird.

7   Nicht erfasst von dem Erfordernis der Geltendmachung innerhalb der Ausschlussfrist sind sonstige Ansprüche aus anderen Benachteiligungsverboten. Das gilt auch für Ansprüche aus dem AGG, z.B. nach § 17 Abs. 2 AGG oder nach § 12 AGG.

8   Innerhalb von – weiteren – drei Monaten, nachdem der Anspruch nach § 15 Abs. 4 AGG schriftlich geltend gemacht worden ist, muss nun nach § 61b Abs. 1 Klage erhoben werden. Die **Klagefrist** gilt **nur für Klagen auf Entschädigung** nach § 15 Abs. 2 AGG, nicht für Schadensersatzansprüche nach § 15 Abs. 1 AGG.

9   Die Fristenregelung in § 15 Abs. 4 AGG i.V.m. § 61b Abs. 1 wird als zweistufige materiellrechtliche Ausschlussfrist verstanden.[24] Dies hat Konsequenzen für die rechtlichen Folgen einer Fristversäumung. Ausschlussfristen sind von Verjährungsfristen streng zu unterscheiden. Eine

---

15 § 15 Abs. 2 Satz 2 AGG.
16 § 15 Abs. 4 Satz 2 AGG.
17 EuGH, 08.07.2010 – C-246/09 [Bulicke] Rn 39, ABl. EU 2010, Nr. C 234, 13 = NJW 2010, 2713 = NZA 2010, 869 = EzA § 15 AGG Nr. 8, mit Anm. v. Roetteken jurisPR-ArbR 1/2011 Anm. 1.
18 BAG, 24.09.2009 – 8 AZR 705/08, Rn 40, AP Nr. 2 zu § 3 AGG = EzA § 3 AGG Nr. 1 = NZA 2010, 387, für den Fall einer Belästigung; bestätigt durch BAG 24.09.2010 – 8 AZR 705/08, AP Nr. 2 zu § 3 AGG = EzA § 3 AGG Nr. 1 = NZA 2010, 387, für den Fall einer Belästigung.
19 GMPMG/Germelmann § 61b Rn 1; für tarifliche Ausschlussfristen BAG, 09.08.1990 – 2 AZR 579/89.
20 BAG, 21.07. 2009 – 9 AZR 431/08, Rn 15 m.w.N., EzA § 82 SGB IX Nr. 1.
21 GMPMG/Germelmann § 61b Rn 5 »europarechtskonforme Auslegung«.
22 EuGH, 08.07.2010 – C-246/09 [Bulicke] Rn 41, ABl. EU 2010, Nr. C 234, 13 = NJW 2010, 2713 = NZA 2010, 869 = EzA § 15 AGG Nr. 8, mit Anm. v. Roetteken jurisPR-ArbR 1/2011 Anm. 1.
23 BAG, 22.05.2014 – 8 AZR 662/13, Rn. 9, NZA 2014, 924.
24 GK-ArbGG/Schütz § 61b Rn 6; GMPMG/Germelmann § 61b Rn 9.

Ausschlussfrist zwingt den Berechtigten, sein Recht innerhalb des ihm gesetzten Zeitraums geltend zu machen; nach Ablauf der Frist wird er mit seinem Recht ausgeschlossen, und zwar regelmäßig auch dann, wenn er die betreffende Handlung innerhalb der Frist gar nicht vornehmen konnte oder wenn er über sein Recht nicht unterrichtet war. Gesetzliche Ausschlussfristen können nicht verlängert werden und gegen ihre Versäumung gibt es keine Wiedereinsetzung in den vorigen Stand.[25] Die Einhaltung der Ausschlussfristen ist Anspruchsvoraussetzung für den Entschädigungsanspruch und daher bei der Schlüssigkeitsprüfung des Klagevortrags zu beachten. Bei Nichteinhaltung der Geltendmachungs- oder der Klagefrist ist die Klage unbegründet. Die Ausschlussfristen werden nicht dadurch hinausgeschoben, dass zunächst ein Anspruch auf Abschluss des Arbeitsvertrags oder ein Auskunftsanspruch hinsichtlich der Vergütungshöhe geltend gemacht wird.[26] Gegen die Versäumung der Geltendmachungs- und der Klagefrist kann regelmäßig nicht die Einrede der Arglist erhoben werden,[27] es sei denn, der Arbeitgeber hat den Bewerber entgegen § 242 BGB von der rechtzeitigen Geltendmachung oder Klageerhebung abgehalten.[28]

10 Die Berechnung der Klagefrist richtet sich nach § 222 ZPO i.V.m. §§ 187, 188 BGB. Fristbeginn i.S.v. § 187 Abs. 1 BGB ist der Zeitpunkt der schriftlichen Geltendmachung. Maßgeblich ist der Zeitpunkt, in dem das Geltendmachungsschreiben dem Arbeitgeber zugeht. Für die Tatsache des rechtzeitigen Zugangs nach § 15 Abs. 4 Satz 1 AGG trägt die Arbeitnehmerin die Darlegungs- und Beweislast.[29]

11 Die Klagefrist endet nach § 188 Abs. 2 BGB mit Ablauf desjenigen Tages innerhalb des letzten Monats der drei Monate, welcher durch seine Zahl dem Tage entspricht, in den der Zugang des Geltendmachungsschreibens fällt. Fällt das Ende der Klagefrist auf einen Sonntag, einen allgemeinen Feiertag oder einen Sonnabend, so endet die Frist mit Ablauf des nächsten Werktages.[30]

12 Gewahrt wird die Klagefrist bei Eingang der – regelmäßig erforderlichen – Leistungsklage[31] beim ArbG innerhalb von drei Monaten, nachdem der Anspruch geltend gemacht wurde. Auch eine Feststellungsklage kann die Klagefrist wahren; sie wird jedoch regelmäßig wegen des Vorrangs der Leistungs- vor der Feststellungsklage unzulässig sein.[32] Zur Fristwahrung genügt aber, dass die Klage innerhalb der Frist vor einem örtlich unzuständigen Gericht erhoben wird, sofern der Rechtsstreit an das zuständige Gericht verwiesen wird.[33] Bei Klagerücknahme entfällt die fristwahrende Wirkung der Klageerhebung.[34]

III. Örtliche Zuständigkeit

13 Mit § 61b Abs. 2 Satz 1 wird ein **ausschließlicher Gerichtsstand** für den Fall der Häufung von Klagen wegen Benachteiligung bei der Begründung eines Arbeitsverhältnisses oder beim beruflichen Aufstieg geschaffen. Danach ist, sofern der Arbeitgeber einen entsprechenden Antrag stellt, ausschließlich das Gericht örtlich zuständig, bei dem die erste Entschädigungsklage erhoben wurde. Insoweit wird § 261 Abs. 3 Nr. 2 ZPO eingeschränkt, wonach die Rechtshängigkeit bewirkt, dass die Zuständigkeit des Prozessgerichts durch eine Veränderung der sie begründen-

---

25 MünchKomm/v. Feldmann § 194 Rn 7; GMPMG/Germelmann § 61b Rn 12; GK-ArbGG/Schütz, § 61b Rn 9.
26 GMPMG/Germelmann § 61b Rn 8.
27 GMPMG/Germelmann § 61b Rn 11.
28 GK-ArbGG/Schütz § 61b Rn 14.
29 GMPMG/Germelmann § 61b Rn 9.
30 § 222 Abs. 2 ZPO.
31 GMPMG/Germelmann § 61b Rn 13.
32 GMPMG/Germelmann § 61b Rn 13.
33 Zöller/Vollkommer § 12 Rn 17.
34 BAG, 11.07.1990 – 5 AZR 609/89.

den Umstände nicht berührt wird. Der Antrag lässt auch die Bindungswirkung eines vorherigen Verweisungsbeschlusses nach § 48 Abs. 1 i.V.m. § 17a Abs. 2 Satz 3 GVG entfallen. Der Antrag kann nur während des erstinstanzlichen Verfahrens gestellt werden,[35] und zwar nur bis zum Ende der mündlichen Verhandlung der zuerst anhängig gemachten Klage.[36] Der Arbeitgeber muss jedoch keinen Antrag stellen und kann es bei der Zuständigkeit verschiedener Gerichte belassen. Dabei geht er jedoch das Risiko ein, dass die Gerichte verschiedene Bewerber als anspruchsberechtigt nach § 15 Abs. 2 AGG ansehen.[37] Zur Begründung des Antrags muss der Arbeitgeber vortragen, dass mehrere Klagen bei bestimmten Gerichten anhängig sind und bei welchem Gericht die erste Klage erhoben wurde.[38] Es genügt die Antragstellung bei einem der befassten Gerichte.[39]

14 Die übrigen Rechtsstreite sind nach § 61b Abs. 2 Satz 2 von Amts wegen an das ArbG zu verweisen, bei dem die erste Entschädigungsklage erhoben ist, durch das also zuerst die Klage zugestellt wurde.[40] Es bedarf keines Verweisungsantrags der Parteien. Die Verweisungsbeschlüsse sind nach § 48 Abs. 1 Nr. 1 unanfechtbar.

15 Nach Verweisung sind alle Rechtsstreite von der zuständigen Kammer des nunmehr insgesamt zuständigen ArbG von Amts wegen zur gleichzeitigen Verhandlung und Entscheidung zu verbinden.[41] Insoweit steht dem ArbG kein Ermessen wie bei § 147 ZPO zu. Die Entscheidung zur Verbindung erfolgt durch Beschluss. Als prozessleitende Maßnahme bedarf der Beschluss keiner mündlichen Verhandlung. Nach § 53 Abs. 1 Satz 1 entscheidet die Vorsitzende. Entsprechendes gilt, wenn mehrere Klagen nach § 611a Abs. 2 BGB in verschiedenen Kammern desselben ArbG anhängig sind.[42]

IV. Zeitpunkt der mündlichen Verhandlung

16 In den Verfahren wegen geschlechtsbedingter Benachteiligung findet nach § 61b Abs. 3 auf Antrag des Arbeitgebers die mündliche Verhandlung nicht vor Ablauf von sechs Monaten seit Erhebung der ersten Klage statt. Da die mündliche Verhandlung nach § 54 Abs. 1 mit dem Güteverfahren beginnt, darf auch dieses erst nach Ablauf von sechs Monaten stattfinden.

17 Voraussetzung für die Durchbrechung des Beschleunigungsgrundsatzes[43] ist ein auf Hinausschieben der mündlichen Verhandlung gerichteter Antrag des Arbeitgebers. Voraussetzung für den Antrag ist, dass zumindest ein weiteres einschlägiges Verfahren anhängig ist.[44]

V. Bekanntmachung

18 § 12 Abs. 5 AGG sieht die Verpflichtung des AG vor, § 61b im Betrieb oder in der Dienststelle bekannt zu machen. Sie kann durch Aushang oder Auslegung an geeigneter Stelle oder den Einsatz der im Betrieb oder der Dienststelle üblichen Informations- und Kommunikationstechniken erfolgen.

---

35 GMPMG/Germelmann § 61b Rn 21.
36 GK-ArbGG/Schütz § 61b Rn 33.
37 GK-ArbGG/Schütz § 61b Rn 33.
38 GK-ArbGG/Schütz § 61b Rn 31.
39 GK-ArbGG/Schütz § 61b Rn 32.
40 GK-ArbGG/Schütz § 61b Rn 35.
41 § 61b Abs. 3 Satz 2 Halbs. 2.
42 GK-ArbGG/Schütz § 61b Rn 36.
43 § 9 Abs. 1 Satz 1.
44 GMPMG/Germelmann § 61b Rn 28.

VI. Klageantrag

Eine Bezifferung des **Klageantrags** ist nicht erforderlich. Die Höhe der begehrten Zahlung kann in das Ermessen des Gerichts gestellt werden.[45] Tatsachen, die das Gericht für die Schätzung heranziehen soll, müssen dargelegt werden. Auch muss die Größenordnung der geltend gemachten Forderung angegeben werden.[46] Das Gericht ist nicht an den Vorschlag gebunden. Es kann einen höheren Betrag zusprechen. Eine Entschädigung muss angemessen sein. § 15 Abs. 2 AGG entspricht § 253 BGB. Dies bedeutet, dass dem Gericht ein Beurteilungsspielraum hinsichtlich der Höhe der Entschädigung eingeräumt wird, um bei der Prüfung der Angemessenheit der Entschädigung die Besonderheiten jedes einzelnen Falles angemessen berücksichtigen zu können.[47] Bei der Festsetzung der angemessenen Entschädigung durch das Tatsachengericht sind alle Umstände des Einzelfalles zu berücksichtigen. Zu diesen zählen etwa die Art und Schwere der Benachteiligung, ihre Dauer und Folgen, der Anlass und der Beweggrund des Handelns, der Grad der Verantwortlichkeit des Arbeitgebers, etwa geleistete Wiedergutmachung oder erhaltene Genugtuung und das Vorliegen eines Wiederholungsfalles. Ferner ist der Sanktionszweck der Norm zu berücksichtigen, sodass die Höhe auch danach zu bemessen ist, was zur Erzielung einer abschreckenden Wirkung erforderlich ist. Dabei ist zu beachten, dass die Entschädigung geeignet sein muss, eine wirklich abschreckende Wirkung gegenüber dem Arbeitgeber zu entfalten und in jedem Fall in einem angemessenen Verhältnis zum erlittenen Schaden stehen.[48] Für den Fall, dass es außer einer nicht an den Kläger persönlich gerichteten Stellenanzeige, welche kraft Gesetzes die Vermutung einer Diskriminierung wegen des Alters begründet, kein zu beanstandendes Verhalten der Arbeitgeberin gab, hat das BAG ein Bruttoeinkommen der eingestellten Bewerberin ausreichen lassen.[49]

19

§ 62 Zwangsvollstreckung

(1) ¹Urteile der Arbeitsgerichte, gegen die Einspruch oder Berufung zulässig ist, sind vorläufig vollstreckbar. ²Macht der Beklagte glaubhaft, dass die Vollstreckung ihm einen nicht zu ersetzenden Nachteil bringen würde, so hat das Arbeitsgericht auf seinen Antrag die vorläufige Vollstreckbarkeit im Urteil auszuschließen. ³In den Fällen des § 707 Abs. 1 und des § 719 Abs. 1 der Zivilprozessordnung kann die Zwangsvollstreckung nur unter derselben Voraussetzung eingestellt werden. ⁴Die Einstellung der Zwangsvollstreckung nach Satz 3 erfolgt ohne Sicherheitsleistung. ⁵Die Entscheidung ergeht durch unanfechtbaren Beschluss.

(2) ¹Im Übrigen finden auf die Zwangsvollstreckung einschließlich des Arrestes und der einstweiligen Verfügung die Vorschriften des Achten Buchs der Zivilprozessordnung Anwendung. ²Die Entscheidung über den Antrag auf Erlass einer einstweiligen Verfügung kann in dringenden Fällen, auch dann, wenn der Antrag zurückzuweisen ist, ohne mündliche Verhandlung ergehen. ³Eine in das Schutzschriftenregister nach § 945a Absatz 1 der Zivilprozessordnung eingestellte Schutzschrift gilt auch als bei allen Arbeitsgerichten der Länder eingereicht.

---

45 BAG, 13.10.2011 – 8 AZR 608/10, Rn 16.
46 BAG, 05.02.2005 – 9 AZR 635/03, AP § 81 SGB IX Nr. 7 = NZA 2005, 870.
47 BAG, 19.08.2010 – 8 AZR 530/09, Rn 65, NZA 2010, 1412 = EzA-SD 2010, Nr. 24, 8.
48 BAG, 19.08.2010 – 8 AZR 530/09, Rn 69, NZA 2010, 1412 = EzA-SD 2010, Nr. 24, 8; EuGH, 22.04.1997 – Rs. C-180/95, Draehmpaehl – NZA 1997, 645; EuGH, 25.04.2013 – C-81/12, Asociatia ACCEPT; BAG, 17.12.2015 – 8 AZR 421/14, Rn 47.
49 BAG, 19.08.2010 – 8 AZR 530/09, Rn 71, NZA 2010, 1412 = EzA-SD 2010, Nr. 24, 8.

§ 62 ArbGG Zwangsvollstreckung

Übersicht

	Rdn.
A. Vorläufige Vollstreckbarkeit	1
I. Allgemeines	1
II. Vorläufige Vollstreckbarkeit kraft Gesetzes (Abs. 1 Satz 1)	2
1. Endurteile als Vollstreckungstitel	2
2. Weitere Vollstreckungstitel	3
3. Vollstreckbarer Inhalt	5
III. Ausschluss der vorläufigen Vollstreckbarkeit (Abs. 1 Satz 2)	8
1. Nicht zu ersetzender Nachteil	8
2. Einzelfälle	10
3. Antrag und Glaubhaftmachung	14
IV. Einstellung der Zwangsvollstreckung (Abs. 1 Satz 3)	17
1. Einstellungsvoraussetzungen	17
2. Entscheidung	21
3. Sonstige Fälle der einstweiligen Einstellung	24
4. Schadensersatz	25
B. Anwendung der §§ 704 bis 945 ZPO (Abs. 2 Satz 1)	26
I. Allgemeines	26
II. Verfahren der Zwangsvollstreckung	27
1. Allgemeine Voraussetzungen der Zwangsvollstreckung	27
2. Vollstreckungsorgane	29
3. Vollstreckung der verschiedenen Ansprüche	30
a) Vollstreckung wegen Geldforderungen	30
b) Herausgabe von Sachen	32
c) Vollstreckung in Forderungen	33
d) Vollstreckung vertretbarer/unvertretbarer Handlungen; Vollstreckung von Duldungs- und Unterlassungstiteln	34
4. Einzelfälle	40
5. Kosten der Zwangsvollstreckung	40
6. Rechtsbehelfe in der Zwangsvollstreckung	41
C. Arrest und einstweilige Verfügung	42
I. Allgemeines	42
II. Die einstweilige Verfügung	45
1. Der Verfügungsanspruch	46
2. Der Verfügungsgrund	47
3. Einzelfälle	51
III. Das Verfahren	60
1. Zuständigkeit	60
2. Das Verfahren im Einzelnen	62
3. Entscheidung	65
4. Rechtsmittel	70
5. Vollziehung	72
6. Schadensersatz	75
IV. Der Arrest	76

A. Vorläufige Vollstreckbarkeit

I. Allgemeines

1 Die **vorläufige Vollstreckbarkeit** eines Urteils soll dem Gläubiger die Möglichkeit geben, die Zwangsvollstreckung schon vor dem **Eintritt der Rechtskraft** zu betreiben, den Schuldner davon abhalten, ein Rechtsmittel nur zur vorläufigen Abwendung der Zwangsvollstreckung einzulegen, und ihn gleichzeitig veranlassen, seine Einwendungen gegen den Anspruch des Klägers so früh wie möglich erschöpfend vorzubringen.[1] § 62 regelt die Zulässigkeit der Zwangsvollstreckung in entscheidenden Teilen abweichend von den Bestimmungen der ZPO. Soweit § 62 keine Sonderregelungen enthält, finden die Zwangsvollstreckungsvorschriften der ZPO Anwendung.[2]

II. Vorläufige Vollstreckbarkeit kraft Gesetzes (Abs. 1 Satz 1)

1. Endurteile als Vollstreckungstitel

2 Abs. 1 Satz 1 regelt die **Vollstreckbarkeit** von Endurteilen vor Eintritt der Rechtskraft. **Endurteile** sind Urteile, die den Rechtsstreit ganz oder teilweise für die Instanz endgültig erledigen, § 300 ZPO.[3] Hierzu zählen **Teilurteile**[4] als Endurteile über einen selbständigen Teil des Streitgegenstandes und **Vorbehaltsurteile**[5] als auflösend bedingte Endurteile. Keine Endurteile sind hingegen **Zwischenurteile** nach §§ 303, 304 ZPO, weil sie nicht über einen Teil des Streitgegenstandes, sondern

---

[1] Dietz/Nikisch § 62 Rn 9.
[2] Abs. 2 Satz 1.
[3] Vgl. § 72.
[4] § 301 ZPO.
[5] § 302 ZPO.

über einen oder mehrere »Streitpunkte« entscheiden. Das Zwischenurteil über den Grund eines Anspruchs[6] ist bereits nach § 61 Abs. 3 ZPO nicht als Endurteil anzusehen. **Versäumnisurteile** der Arbeits- und Landesarbeitsgerichte sind hinsichtlich der Vollstreckbarkeit den Endurteilen gleichgestellt.[7] Für Versäumnisurteile des BAG gilt Abs. 1 Satz 1 hingegen nicht, weil in § 72 Abs. 6 eine Verweisung auf diese Vorschrift fehlt.[8] Versäumnisurteile des BAG sind daher nach den allgemeinen Vorschriften der ZPO für vorläufig vollstreckbar zu erklären. Die Endurteile und die diesen gleichgestellten Versäumnisurteile der Arbeits- und Landesarbeitsgerichte bedürfen im Gegensatz zu noch nicht vollstreckbaren Urteilen der Zivilgerichte keiner **Vollstreckbarkeitserklärung**. Die vorläufige Vollstreckbarkeit tritt vielmehr kraft Gesetzes ein und wird dementsprechend nicht im Tenor verkündet. Das gilt für jede Entscheidung, die einen vollstreckbaren Inhalt hat.

2. Weitere Vollstreckungstitel

Abs. 1 Satz 1 erklärt ausdrücklich nur **Urteile** der ArbG für vorläufig vollstreckbar; die Norm findet daher auf **andere Vollstreckungstitel** keine Anwendung. Diese sind vielmehr hinsichtlich der Vollstreckbarkeit und der Einstellung der Zwangsvollstreckung den allgemeinen Regelungen der ZPO unterworfen. Dies gilt insb. für 3

– Prozessvergleiche,[9]
– Kostenfestsetzungsbeschlüsse,[10]
– Vollstreckungsbescheide,[11]
– vollstreckbare Urkunden.[12] und
– für vollstreckbar erklärte Europäische Zahlungsbefehle.[13]

Keine Anwendung findet § 62 auf **Schiedsvergleiche**[14] und **Schiedssprüche**[15] sowie auf **Schlichtungsvergleiche** und **Schlichtungssprüche**.[16] Der Zwangsvollstreckung hat bei diesen Entscheidungen eine Vollstreckbarerklärung durch das ArbG vorauszugehen.[17] Ebenso bedürfen **Anwaltsvergleiche**[18] der Vollstreckbarerklärung. Zuständig ist das Prozessgericht, das für die gerichtliche Geltendmachung des zu vollstreckenden Anspruchs zuständig wäre, § 796b Abs. 1 ZPO. 4

3. Vollstreckbarer Inhalt

Den **vollstreckbaren Anspruch** (Art und Umfang der Handlung) muss das Urteil inhaltlich bestimmt ausweisen. Das ist der Fall, wenn der Titel aus sich heraus verständlich ist und auch für jeden Dritten erkennen lässt, was der Gläubiger vom Schuldner verlangen kann.[19] Nicht vollstreckbar ist ein Tenor, der die Verurteilung zur Erteilung einer »ordnungsgemäßen« Abrechnung ausspricht.[20] Bestimmt sein müssen auch die Nebenleistungen. Ein Urteilstenor, mit dem die Verzinsung des sich aus »x Euro ergebenden Nettobetrages« ausgesprochen wird, entspricht nicht dem 5

---

6 § 304 ZPO.
7 Abs. 1 Satz 1, § 64 Abs. 7.
8 BAG, 28.10.1981 – 4 AZR 251/79, NJW 1982, 1175.
9 § 794 Abs. 1 Nr. 1 ZPO.
10 § 794 Abs. 1 Nr. 2 ZPO.
11 § 794 Abs. 1 Nr. 4 ZPO.
12 § 794 Abs. 1 Nr. 5 ZPO.
13 § 794 Abs. 1 Nr. 6 ZPO.
14 § 107.
15 § 108.
16 § 111.
17 Vgl. dazu § 107 Rdn. 5.
18 § 796a ZPO.
19 Zöller/Stöber § 704 Rn 4.
20 BAG, 25.04.2001 – 5 AZR 395/99, NZA 2001, 1157 = NJW 2001, 3212.

Bestimmtheitsgebot des § 253 Abs. 2 Nr. 2 ZPO und ist damit nicht vollstreckbar.[21] Die Vollstreckungsorgane haben den Titel nach allgemeinen Grundsätzen auszulegen. Für die Auslegung der Urteilsformel ist die Heranziehung der Urteilsgründe statthaft und geboten.[22] Nicht aus dem Titel zu klärende Unbestimmtheiten sind nicht im Vollstreckungsverfahren aufzuklären, sondern gehören in ein Erkenntnisverfahren.

6 Urteile, in denen das Arbeitsverhältnis gem. §§ 9, 10 KSchG aufgelöst und der Arbeitgeber zur Zahlung einer **Abfindung** verurteilt worden ist, sind vorläufig vollstreckbar.[23] Die in Abs. 1 Satz 1 angeordnete vorläufige Vollstreckbarkeit gilt unabhängig davon, auf welche Leistung das Urteil gerichtet ist.

7 Wie sich aus Abs. 1 Satz 1 ergibt, finden die §§ 708 bis 715 ZPO grds. keine Anwendung. Das ArbG darf die vorläufige Vollstreckbarkeit seines Urteils nach dem im Jahr 2008 eingefügten Abs. 1 Satz 4 weder von einer **Sicherheitsleistung** des Klägers abhängig machen noch darf es dem Beklagten nach § 712 Abs. 1 Satz 1 ZPO gestatten, die Vollstreckung durch Sicherheitsleistung abzuwenden.[24] Dem liegt der Rechtsgedanke zugrunde, dass auch einer Partei, die zur Sicherheitsleistung außerstande ist, die Vollstreckung bzw. die Ausschließung der Vollstreckung ermöglicht werden soll.

III. Ausschluss der vorläufigen Vollstreckbarkeit (Abs. 1 Satz 2)

1. Nicht zu ersetzender Nachteil

8 Macht der Beklagte glaubhaft, dass die Vollstreckung ihm einen **nicht zu ersetzenden Nachteil** bringen würde, hat das Gericht auf seinen Antrag die vorläufige Vollstreckbarkeit im Urteil auszuschließen (Abs. 1 Satz 2). Den Begriff des »nicht zu ersetzenden Nachteils« hat das Arbeitsgerichtsgesetz der ZPO entnommen.[25]

9 Der besondere Schuldnerschutz des Abs. 1 Satz 2 setzt den Eintritt eines für den Schuldner unersetzbaren Nachteils bei der Durchführung der Vollstreckung voraus. Ein »**nicht zu ersetzender Nachteil**« ist dann gegeben, wenn die Vollstreckung zu nicht wiedergutzumachenden Schäden führen würde. Unersetzbar ist nur, was nicht mehr **rückgängig gemacht** oder **ausgeglichen werden kann**.[26] Der unersetzbare Nachteil muss gerade **durch die Vollstreckung** ausgelöst werden. Regelmäßig mit einer Vollstreckung eines Titels des betreffenden Inhalts verbundene Nachteile reichen nicht aus.[27] Sie sind als normale Folge des ergangenen Urteils und seiner Vollstreckbarkeit hinzunehmen.[28] Grundsätzlich sollen arbeitsgerichtliche Titel für den Gläubiger schnell und unkompliziert durchzusetzen sein, und dieser Grundsatz darf nicht dadurch aufgeweicht werden, dass die Ausnahmevorschrift des § 62 Abs. 1 Satz 2 ArbGG allzu großzügig ausgelegt wird.[29] Eine lediglich zu befürchtende **Kreditgefährdung** bedeutet keinen unersetzbaren Nachteil, ebenso wenig

---

21 BAG, 11.08.1998 – 9 AZR 122/95 (A), NZA 1999, 85; BAG, 18.01.2000 – 9 AZR 122/95 (B), NZA 2000, 414; LAG München, 18.12.1985 – 6 Sa 426/85, LAGE § 253 ZPO Nr. 1; Berkowsky DB 2000, 1710; a.A. Weber Anm. zu BAG, AP Nr. 1 zu § 288 BGB.
22 Zöller/Stöber § 704 Rn 5.
23 BAG, 09.12.1987 – 4 AZR 561/87, NZA 1988, 329; LAG Baden-Württemberg, 09.07.1986 – 7 Ta 5/86, DB 1986, 2192; Hess. LAG, 14.08.1986 – 3 Ta 178/86, NZA 1987, 211; a.A. LAG Berlin, 17.02.1986 – 9 Sa 110/85, LAGE § 9 KSchG Nr. 1 m. abl. Anm. E. Schneider.
24 BAG, 19.09.1958 – 2 AZR 430/56, NJW 1958, 1940; LAG Niedersachsen, 22.06.2012 – 8 Sa 629/12; Groeger NZA 1994, Beil. 2, 22; Schwab/Weth-Walker § 62 Rn 32, 37.
25 Vgl. §§ 707 Abs. 1 Satz 2, 712 Abs. 1 Satz 1 und 719 Abs. 2 Satz 1 ZPO.
26 OLG Rostock, 28.05.2003 – 10 UF 46/03, FamRZ 2004, 127.
27 Zöller/Herget § 707 Rn 13.
28 BGH, 20.06.2000 – X ZR 88/00, NJW 2000, 3008.
29 LAG Niedersachsen, 19.03.2009 – 10 Sa 1681/08; Schwab/Weth-Walker § 62 ArbGG Rn 13.

die Gefahr der Abgabe einer **eidesstattlichen Versicherung** durch den Schuldner[30] oder der drohende Verlust seiner Rechtsanwaltszulassung.[31]

2. Einzelfälle

Bei einer Verurteilung zur **Zahlung von Geld** oder **Erbringung von geldwerten Leistungen** entsteht nicht bereits dann ein unersetzbarer Nachteil, wenn die Rückforderung mit Schwierigkeiten verbunden ist, sondern erst dann, wenn die Wiedererlangung des beigetriebenen Betrages wegen der **Vermögenslosigkeit** des Vollstreckungsgläubigers von vornherein aussichtslos erscheint.[32] Allein die Tatsache der **Arbeitslosigkeit** bzw. der **Gewährung von PKH** reicht nicht aus, um in jedem Fall davon ausgehen zu können, dass eine Rückforderung so gut wie ausgeschlossen ist.[33] Bei **ausländischen Arbeitnehmern** genügt für die Annahme eines nicht zu ersetzenden Nachteils nicht die pauschale Behauptung, der Arbeitnehmer werde sich bei einer späteren, für ihn ungünstigen Entscheidung etwaigen Rückforderungsansprüchen des Arbeitgebers durch Rückkehr in sein Heimatland entziehen.[34] Eine Einstellung der Zwangsvollstreckung ist vielmehr nur dann möglich, wenn bei deutschen oder ausländischen Arbeitnehmern die konkrete Gefahr besteht, dass sie ihren Wohnsitz in der Bundesrepublik aufgeben und sich dadurch der Durchsetzung etwaiger Rückgriffsansprüche entziehen werden.[35] Diese Voraussetzung ist nicht erfüllt, wenn ein **EU-Bürger** als Inhaber eines vorläufig vollstreckbaren Titels sich in einem Land der EU als Arbeitnehmer betätigen und seinen Wohnsitz nach dorthin verlegen will. Das folgt aus der europarechtlich gewährleisteten Freizügigkeit der Bürger.[36] Die vorläufige Einstellung der Zwangsvollstreckung ist nicht an die Darlegung eines unersetzbaren Nachteils gebunden, wenn der Einstellungsantrag auf eine Primäraufrechnung mit einer Forderung aus vorsätzlicher unerlaubter Handlung gestützt wird.[37]

10

Bei der Verurteilung auf **Rechnungslegung** oder **Auskunft** ist ein nicht zu ersetzender Nachteil nicht schon deshalb anzunehmen, weil das Prozessergebnis als Vorstufe zur Anspruchsverwirklichung vorweggenommen wird.[38] Will der Schuldner in solchen Fällen einen Ausschluss der Vollstreckung erreichen, muss er konkret darlegen, warum ihm ein unersetzbarer Nachteil droht.[39] Die Erteilung von **Entgeltabrechnungen** ist eine unvertretbare Handlung.[40]

11

Bei **Unterlassungsansprüchen** schafft die Vollziehung des Urteils zeitweise einen Zustand, der nicht wieder aus der Welt zu schaffen ist. Das allein reicht aber nicht aus, um einem Urteil die vorläufige Vollstreckbarkeit zu nehmen. Ein unersetzbarer Nachteil i.S.d. Abs. 1 Satz 2 kann vielmehr nur ein solcher sein, der über den allein darin bestehenden Nachteil, nicht nach seinem Belieben handeln zu dürfen, hinausgeht.[41] Bei der Vollstreckung eines zeitlich beschränkten Anspruchs auf Unterlassung (z.B. nachvertragliches Wettbewerbsverbot) ist zu berücksichtigen, dass der Gläubiger bei Ausschluss der Zwangsvollstreckung seinen materiell-rechtlichen Anspruch völlig einbüßt.[42]

12

---

30 LAG Niedersachsen, 19.03.2009 – 10 Sa 1681/08.
31 LAG Niedersachsen, 16.10.2014 – 8 Sa 1116/14.
32 BGH, 29.12.1953 – II ZR 321/53, BGHZ 12, 92; Hess. LAG, 08.01.1992 – 10 Sa 1901/91, NZA 1992, 428; LAG Düsseldorf, 28.02.1992 – 12 Sa 111/92, NZA 1992, 618; LAG Berlin, 14.07.1993 – 8 Sa 79/93, LAGE § 62 ArbGG 1979 Nr. 20.
33 LAG Bremen, 30.11.1992 – 4 Sa 345/92, LAGE § 62 ArbGG 1979 Nr. 19; LAG Sachsen, 15.09.1999 – 2 Sa 799/99.
34 LAG Bremen, 25.10.1982 – 4 Sa 265/82, LAGE § 62 ArbGG 1979 Nr. 9.
35 GMPMG/Germelmann § 62 Rn 26.
36 RL (EG) 2004/38 v. 29.04.2004, ABl. L 229, S. 35; vgl. auch LAG Schleswig-Holstein, 12.06.1998 – 3 Sa 213a/98, LAGE § 62 ArbGG 1979 Nr. 25.
37 LAG Hamm, 09.08.1984 – 8 Ta 144/84, LAGE § 62 ArbGG 1979 Nr. 11.
38 LAG Niedersachsen, 21.05.2009 – 10 Ta 198/09; Zöller/Herget § 719 Rn 6.
39 Zöller/Herget § 707 Rn 13.
40 BAG, 07.09.2009 – 3 AZB 19/09, NZA 2010, 61.
41 BGH, 09.11.1960 – IV ZR 238/60, NJW 1961, 76.
42 BGH, 20.06.2000 – X ZR 88/00, NJW 2000, 3008.

13 Bei der Vollstreckung eines Anspruchs auf **Beschäftigung** bzw. **Weiterbeschäftigung** sieht die überwiegende Meinung einen unersetzbaren Nachteil nicht allein darin, dass eine bereits erfolgte Beschäftigung nicht rückgängig gemacht werden kann, weil der beschäftigende Arbeitgeber durch die Arbeit des Arbeitnehmers eine Gegenleistung erhält.[43] Vielmehr muss die Beschäftigung **objektiv unmöglich** sein[44] oder sonstige Schäden in einem solchen Ausmaß befürchten lassen, dass aller Wahrscheinlichkeit nach vom Arbeitnehmer kein Ersatz zu erlangen ist.[45]

3. Antrag und Glaubhaftmachung

14 Der Ausschluss der vorläufigen Vollstreckbarkeit im Urteil setzt einen entsprechenden **Antrag** des Beklagten voraus. Der Antrag ist vor Schluss der mündlichen Verhandlung zu stellen, auf die das Urteil ergeht.[46] Dabei sind die zur Begründung des nicht zu ersetzenden Nachteils vorgetragenen Tatsachen glaubhaft zu machen. Zur **Glaubhaftmachung** kann sich der Beklagte aller Beweismittel bedienen, darüber hinaus der Versicherung an Eides statt, § 294 Abs. 1 ZPO.[47] An die Voraussetzungen des »nicht zu ersetzenden Nachteils« können auch dann nicht geringere Anforderungen gestellt werden, wenn der Beklagte eine Sicherheitsleistung anbietet.[48] Hat der Beklagte den Nachweis erbracht, dass die Vollstreckung ihm einen nicht zu ersetzenden Nachteil bringen würde, hat das Gericht **keinen Ermessensspielraum** bei seiner Entscheidung, sondern muss die vorläufige Vollstreckbarkeit ausschließen.[49] Ein Ausschluss der Zwangsvollstreckung gegen Sicherheitsleistung kommt nicht in Betracht (arg. ex Abs. 1 Satz 4). Die vorläufige Vollstreckbarkeit kann teilweise oder in Bezug auf einzelne Vollstreckungsmaßnahmen ausgeschlossen werden.[50]

15 Der Ausschluss der vorläufigen Vollstreckbarkeit muss gem. Abs. 1 Satz 2 im Urteil ausgesprochen werden. Streitig ist, ob der Ausschluss im **Tenor** erfolgen muss oder ob es ausreicht, wenn er in den **Entscheidungsgründen** enthalten ist. Der Wortlaut des Abs. 1 Satz 2 deutet zunächst darauf hin, dass ein Ausschluss in den Gründen ausreicht.[51] Da aber die Urteilsformel Vollstreckungsgrundlage ist und arbeitsgerichtliche Urteile grds. vorläufig vollstreckbar sind (vgl. Abs. 1 Satz 1), muss der Ausschluss der vorläufigen Vollstreckbarkeit im Tenor (Wortlaut: »Die vorläufige Vollstreckbarkeit wird ausgeschlossen«) enthalten sein.[52] Die Entscheidung ist im Urteil zu begründen. Gleiches gilt für die Ablehnung des Ausschlusses der vorläufigen Vollstreckbarkeit; auch sie ist in den Tenor aufzunehmen, auch sie ist zu begründen.[53]

16 Die Entscheidung über den Ausschluss der vorläufigen Vollstreckbarkeit kann nur zusammen **mit dem Urteil angefochten** werden. Wurde die vorläufige Vollstreckbarkeit ausgeschlossen, kann der Gläubiger im Berufungsverfahren beantragen, das Urteil durch Beschluss für vorläufig vollstreckbar zu erklären, soweit es durch die Berufungsanträge nicht angefochten wird, § 537 ZPO analog. Hat das Gericht den Antrag übergangen, kommt eine **Urteilsergänzung** nach § 321 ZPO in Betracht.[54] Hat das Gericht zwar über den Antrag entschieden, dies jedoch versehentlich nicht mitverkündet, kann das Urteil nach § 319 ZPO berichtigt werden.[55]

---

43 LAG Hamm, 10.11.2008 – 14 Sa 1507/08; KR/Etzel/Rinck § 102 BetrVG Rn 400.
44 BAG, 15.04.2009 – 3 AZB 93/08, NZA 2009, 917.
45 BAG GS, 27.02.1985 – GS 1/84, NZA 1985, 702 = NJW 1985, 2968; LAG Rheinland-Pfalz, 05.01.1981 – 3 Sa 688/80, LAGE § 62 ArbGG 1979 Nr. 5.
46 § 714 ZPO analog.
47 Vgl. Rdn. 64.
48 Groeger NZA 1994, 251.
49 Schwab/Weth-Walker § 62 ArbGG Rn 23.
50 GMPMG/Germelmann § 62 Rn 38.
51 Rudolf NZA 1988, 420, 422.
52 GMPMG/Germelmann § 62 Rn 35; Schwab/Weth-Walker § 62 Rn 23; Rudolf NZA 1988, 420.
53 GMPMG/Germelmann § 62 Rn 35.
54 GMPMG/Germelmann § 62 Rn 36.
55 GMPMG/Germelmann § 62 Rn 36.

IV. Einstellung der Zwangsvollstreckung (Abs. 1 Satz 3)

1. Einstellungsvoraussetzungen

In den Fällen des **§ 707 Abs. 1 ZPO** (Antrag auf Wiedereinsetzung in den vorigen Stand oder auf Wiederaufnahme des Verfahrens, Fortsetzung des Verfahrens nach Verkündung eines Vorbehaltsurteils) und des **§ 719 Abs. 1 ZPO** (Einlegung von Einspruch oder Berufung gegen ein für vorläufig vollstreckbar erklärtes Urteil) kann die Zwangsvollstreckung ebenso nur unter der Voraussetzung eingestellt werden, dass die Vollstreckung dem Beklagten einen nicht zu ersetzenden Nachteil i.S.d. Abs. 1 Satz 2 (ausführlich Rdn. 8 bis 13) bringen würde. Der Antrag ist auch dann zulässig, wenn ein Vollstreckungsschutzantrag in der vorhergehenden Instanz nicht gestellt worden ist.[56]   17

§ 707 ZPO ist im Fall der Einlegung einer **Anhörungsrüge** nach § 78a unter der Voraussetzung entsprechend anzuwenden, dass der Beklagte glaubhaft macht, dass die Vollstreckung ihm einen nicht zu ersetzenden Nachteil bringen würde, § 78a Abs. 7. Nach bisherigem Recht hemmte die Erhebung der Anhörungsrüge des § 321a ZPO a.F. die Rechtskraft, vgl. § 705 ZPO a.F. Aus der Neufassung der Vorschrift ergibt sich, dass die Einlegung der Anhörungsrüge den Eintritt der Rechtskraft nunmehr unberührt lässt. Eine vorgenommene Änderung des § 707 ZPO ermöglicht für den Fall der Erhebung einer Anhörungsrüge die Einstellung von Zwangsvollstreckungsmaßnahmen trotz eingetretener Rechtskraft.   18

Ist ein nicht zu ersetzender Nachteil glaubhaft gemacht (vgl. Rdn. 14), steht es im **Ermessen** des Gerichts, ob es dem Einstellungsantrag stattgibt.[57] Ob **die Erfolgsaussicht eines Rechtsmittels** i.R.d. Einstellungsantrages zu prüfen ist, ist streitig.[58] Ist absehbar, dass ein Rechtsmittel keinen Erfolg haben wird, kann durch die vorläufige Vollstreckbarkeit kein unersetzbarer Nachteil erwachsen.[59] Dem Einstellungsantrag ist hingegen stattzugeben, wenn das Gericht die Erfolgsaussicht des Rechtsmittels für offensichtlich gegeben erachtet. Steht fest, dass die Entscheidung, aus der die Zwangsvollstreckung betrieben werden soll, in gesetzeswidriger Weise ergangen ist (z.B. keine ordnungsgemäße Ladung der Partei), kann einem Einstellungsantrag ohne Darlegung eines nicht zu ersetzenden Nachteils entsprochen werden. Einer Prozesspartei, die unter Verletzung von gesetzlichen Vorschriften einen Titel erwirkt, ist zuzumuten, vollstreckungsrechtlich so gestellt zu werden, als ob sie keinen vollstreckungsfähigen Titel besäße.[60]   19

Die nachträgliche Einstellung der Zwangsvollstreckung setzt einen **Antrag** des Vollstreckungsschuldners voraus (vgl. Rdn. 14). Die Einstellungsvoraussetzungen sind glaubhaft zu machen (vgl. Rdn. 14). Der Antrag kann erst gestellt werden, wenn der Rechtsbehelf oder das Rechtsmittel eingelegt[61] oder der Wiederaufnahmeantrag bzw. der Antrag auf Wiedereinsetzung in den vorigen Stand gestellt worden ist.   20

2. Entscheidung

Die Entscheidung über den Antrag erfolgt durch das **Gericht, das über den Rechtsbehelf** zu entscheiden hat. Wird ein Einspruch gegen ein Versäumnisurteil oder einen Vollstreckungsbescheid des ArbG eingelegt, entscheidet der Vorsitzende der betreffenden Kammer. Das gilt auch dann,   21

---

56 LAG Berlin-Brandenburg, 06.01.2009 – 15 Sa 2311/08, BB 2010, 52; LAG Baden-Württemberg, 26.08.2008 – 5 Sa 52/08, ArbuR 2008, 363.
57 Hess. LAG, 08.01.1992 – 10 Sa 1901/91, NZA 1992, 428.
58 Dafür BAG, 27.06.2000 – 9 AZN 525/00, NZA 2000, 1072; LAG Düsseldorf, 07.03.1980 – 8 Sa 59/80, LAGE § 62 ArbGG 1979 Nr. 2; einschränkend LAG Baden-Württemberg, 30.06.2010 – 19 Sa 22/10, LAGE § 61 ArbGG 1979 Nr. 34; LAG Niedersachsen, 19.03.2009, 10 Sa 1681/08; GMPMG/Germelmann § 62 Rn 20.
59 Schwab/Weth-Walker § 62 Rn 11.
60 LAG Düsseldorf, 31.03.1982 – 7 Ta 69/82, EzA § 62 ArbGG 1979 Nr. 6; LAG Brandenburg, 23.08.1995 – 21a 137/95; a.A. Baumbach/Lauterbach/Albers/Hartmann § 707 Rn 11 »Gerichtsfehler«.
61 Zöller/Herget § 719 Rn 10.

wenn über den Antrag aufgrund mündlicher Verhandlung entschieden wird, §§ 53 Abs. 1, 55 Abs. 1 Nr. 6, Abs. 2.[62] Das Gleiche gilt in der Berufungsinstanz aufgrund der Verweisungsnorm des § 64 Abs. 7. Wird Wiedereinsetzung in den vorigen Stand oder die Wiederaufnahme des Verfahrens beantragt, entscheidet der Vorsitzende des Gerichts, das für die Hauptsache zuständig ist. Über den Einstellungsantrag entscheidet das Gericht durch Beschluss, der zu begründen ist. Grds. ist dem Antragsgegner vor Erlass der Entscheidung **rechtliches Gehör** zu gewähren.[63] Ist die Anhörung des Antragsgegners wegen Eilbedürftigkeit unterblieben, muss das rechtliche Gehör nachgeholt und ggf. die Entscheidung über die vorläufige Einstellung abgeändert werden.[64]

22 Die Einstellung der Zwangsvollstreckung darf ebenso wie der Ausschluss der vorläufigen Vollstreckbarkeit nicht von einer **Sicherheitsleistung** des Vollstreckungsschuldners abhängig gemacht werden. Dies war früher str., ist aber nunmehr vom Gesetzgeber durch Einfügung von Abs. 1 Satz 4 durch das Gesetz vom 26.03.2008[65] klargestellt worden.

23 Der Beschluss des ArbG ist grds. unanfechtbar, Abs. 2 i.V.m. §§ 707 Abs. 2, 719 Abs. 1 Satz 1 ZPO.[66] Bis zur Reform des Zivilprozesses zum 01.01.2002[67] wurde eine **außerordentliche Beschwerde** dann für zulässig erachtet, wenn die angefochtene Entscheidung greifbar gesetzwidrig war.[68] Die Möglichkeit, eine nach geltendem Recht unanfechtbare Entscheidung gleichwohl mit einem Rechtsmittel anzugreifen, war auf Ausnahmefälle beschränkt, in denen es um die Beseitigung einer mit der Rechtsordnung schlechthin unvereinbaren Entscheidung ging.[69] Nach der Änderung der ZPO ist die außerordentliche Beschwerde gegen unanfechtbare Beschwerdeentscheidungen nicht mehr statthaft.[70] Gegen die Entscheidungen des Landesarbeitsgerichts ist ein Rechtsmittel nicht gegeben; die Zulassung der Rechtsbeschwerde kommt nicht in Betracht.[71] Das Gericht, das über den Einstellungsantrag entschieden hat, kann jedoch auf eine Gegenvorstellung hin seine Entscheidung abändern. Die Wirkung der Einstellung besteht in der Beseitigung der Vollstreckbarkeit und ist von den Vollstreckungsorganen sowie vom Drittschuldner zu beachten, der nicht mehr leisten darf. Die bereits **durchgeführten Vollstreckungsmaßnahmen** bleiben von der Einstellungsentscheidung unberührt. Ihre Aufhebung ist nur nach §§ 775 Nr. 2, 776 Satz 2 Halbs. 2 ZPO möglich. Sie kann durch das Prozessgericht zusammen mit der Einstellungsentscheidung erfolgen.

3. Sonstige Fälle der einstweiligen Einstellung

24 Die Zwangsvollstreckung kann unabhängig davon, ob die Voraussetzungen des Abs. 1 Satz 2 vorliegen, nach § 769 ZPO eingestellt werden, wenn **Vollstreckungsgegenklage**[72] oder **Klage gegen die Vollstreckungsklausel**[73] erhoben wird.[74] Das Gericht darf in diesen Fällen auch gegen Sicher-

---

62 Vgl. § 55 Rdn. 19.
63 BVerfG, 13.03.1973 – 2 BvR 484/72, BVerfGE 34, 344; Zöller/Herget § 707 Rn 18.
64 Zöller/Herget § 707 Rn 18.
65 BGBl. I, S. 444.
66 Hess. LAG, 04.03.2002 – 16 Ta 58/02, LAGE § 62 ArbGG 1979 Nr. 27.
67 Gesetz vom 27.07.2001, BGBl. I, S. 1887.
68 BAG, 21.04.1998 – 2 AZB 4/98, NZA 1998, 1357; LAG Düsseldorf, 31.03.1982 – 7 Ta 69/82, LAGE § 62 ArbGG 1979 Nr. 6; LAG Düsseldorf, 26.01.1982 – 7 Ta 201/82, LAGE § 62 ArbGG 1979 Nr. 8; LAG Thüringen, 29.12.1997 – 9 Ta 135/97, NZA 1998, 1358; LAG Thüringen, 11.12.2000 – 9 Ta 137/2000, NZA-RR 2001, 660; LAG Köln, 10.02.2000 – 4 Ta 21/00.
69 BGH, 08.10.1992 – VII ZB 3/92, NJW 1993, 135; BAG, 29.08.2001 – 5 AZB 32/00, NZA 2002, 286 = NJW 2002, 1142.
70 BGH, 07.03.2002 – IX ZB 11/02, NJW 2002, 1577; OLG Koblenz, 28.04.2003 – 11 WF 297/03, OLGR Koblenz 2003, 332; OLG Köln, 18.12.2003 – 22 W 60/03, OLGR Köln 2004, 179; OLG Saarland, 09.08.2004 – 4 W 186/04.
71 BAG, 05.11.2003 – 10 AZB 59/03, NZA 2003, 1421.
72 § 767 ZPO.
73 § 768 ZPO.
74 Hess. LAG, 07.06.1991 – 2 Ta 109/91; LAG Hamburg, 29.01.2003 – 5 Ta 21/02, LAGReport 2003, 374.

heitsleistung einstellen.⁷⁵ Dasselbe gilt in den Fällen der §§ 732, 766 Abs. 1 Satz 2 und 771 Abs. 3 ZPO. Das folgt aus dem Wortlaut des Abs. 2 Satz 1. Danach finden, soweit Abs. 1 für Fälle des § 707 Abs. 1 und des § 719 Abs. 1 ZPO keine anderweitige Regelung enthält, »im Übrigen« die Vorschriften des Achten Buchs der ZPO Anwendung.

4. Schadensersatz

Wird ein für vorläufig vollstreckbar erklärtes Urteil aufgehoben oder abgeändert, ist der Gläubiger zum **Ersatz des Schadens** verpflichtet, der dem Schuldner durch die **Vollstreckung des Urteils** oder durch eine zur **Abwendung der Vollstreckung gemachte Leistung** entstanden ist.⁷⁶ Der Anspruch auf Schadensersatz kann in dem anhängigen Rechtsstreit geltend gemacht werden.⁷⁷ Abs. 2 findet keine entsprechende Anwendung, wenn der Beklagte aufgrund eines nicht rechtskräftigen Feststellungsurteils an den Kläger geleistet hat. Dies gilt auch, wenn statt auf Feststellung auf Leistung hätte geklagt werden können.⁷⁸ Bei einer Vollstreckung eines vorläufig vollstreckbaren Endurteils eines Landesarbeitsgerichts tritt in entsprechender Anwendung von § 717 Abs. 3 ZPO nur eine Haftung des Gläubigers nach bereicherungsrechtlichen Grundsätzen ein.⁷⁹

25

B. Anwendung der §§ 704 bis 945 ZPO (Abs. 2 Satz 1)

I. Allgemeines

Nach **Abs. 2 Satz 1** finden i.Ü. auf die Zwangsvollstreckung die Vorschriften des Achten Buchs der Zivilprozessordnung⁸⁰ Anwendung. Mit Ausnahme der dargestellten Besonderheiten bei der vorläufigen Vollstreckbarkeit und der einstweiligen Einstellung der Zwangsvollstreckung⁸¹ gelten die §§ 704 bis 945 ZPO unmittelbar.⁸² Die Vorschriften der ZPO über Arrest und einstweilige Verfügung sind ebenfalls unmittelbar anzuwenden (Abs. 2 Satz 1).

26

II. Verfahren der Zwangsvollstreckung

1. Allgemeine Voraussetzungen der Zwangsvollstreckung

Jede Zwangsvollstreckung gegen einen Schuldner setzt einen **vollstreckbaren Titel**, eine **Vollstreckungsklausel** sowie die **Zustellung des Titels** voraus. Die Zwangsvollstreckung wird aufgrund einer mit der Vollstreckungsklausel versehenen Ausfertigung des Urteils (sog. vollstreckbare Ausfertigung) bzw. des sonstigen Titels durchgeführt.⁸³ Die Vollstreckungsklausel bescheinigt Bestehen und Vollstreckungsreife des Titels. Zuständig für die Erteilung der vollstreckbaren Ausfertigung ist der Urkundsbeamte der Geschäftsstelle des Gerichts des ersten Rechtszugs. Ist der Rechtsstreit in einer höheren Instanz anhängig, erteilt sie der Urkundsbeamte dieses Gerichts.⁸⁴

27

Keiner Vollstreckungsklausel bedürfen **Kostenfestsetzungsbeschlüsse**, die auf das Urteil gesetzt sind.⁸⁵ **Vollstreckungsbescheide, Arreste und einstweilige Verfügungen** bedürfen der Vollstre-

28

---

75 Str., vgl. LAG Baden-Württemberg, 22.12.1986 – 5 Ta 33/86, NZA 1988, 40; LAG Nürnberg, 07.05.1999 – 7 Ta 89/99, BB 1999, 1387; a.A. LAG Berlin, 28.04.1986 – 9 Ta 5/86, LAGE § 62 ArbGG 1979 Nr. 16; LAG Bremen, 24.06.1996 – 2 Ta 28/96, NZA 1997, 338; LAG Köln, 12.06.2002 – 4 Sa 480/02, LAGE § 62 ArbGG 1979 Nr. 28.
76 § 717 Abs. 2 Satz 1 ZPO.
77 § 717 Abs. 2 Satz 1 ZPO.
78 BAG, 04.04.1989 – 8 AZR 427/87, NZA 1989, 817 = NJW 1989, 3173.
79 BAG, 23.12.1961 – 5 AZR 53/61, NJW 1962, 1115.
80 §§ 704 bis 945 ZPO.
81 Rdn. 2 bis 24.
82 Grunsky § 62 Rn 10.
83 §§ 724, 795 ZPO.
84 § 724 Abs. 2 ZPO.
85 § 795a ZPO.

ckungsklausel nach §§ 796 Abs. 1, 929 Abs. 1 ZPO nur bei Wechsel in der Person des Gläubigers/Schuldners (Fälle der titelübertragenden Vollstreckungsklausel). Die Zwangsvollstreckung setzt ferner die vorherige oder gleichzeitige **Zustellung des Titels** voraus.[86]

2. Vollstreckungsorgane

29 Vollstreckungsorgane sind der **Gerichtsvollzieher**,[87] das **AG als Vollstreckungsgericht**[88] und das **Prozessgericht des ersten Rechtszugs**. Das AG ist für alle Vollstreckungshandlungen zuständig, die nach der ZPO zu betreiben sind, soweit nicht die ZPO selbst das Prozessgericht als Vollstreckungsorgan bestimmt. Die Zuständigkeit der Gerichte für Arbeitssachen ist begründet, wenn das Prozessgericht als Vollstreckungsorgan tätig wird[89] oder eine Klage im Zusammenhang mit der Zwangsvollstreckung beim Prozessgericht erster Instanz zu erheben ist.[90] Ihre Zuständigkeit ist ferner begründet für Forderungspfändungen, die in Vollziehung eines Arrestes durchgeführt werden, und für die Kostenfestsetzung analog §§ 104 ff. ZPO.[91]

3. Vollstreckung der verschiedenen Ansprüche

a) Vollstreckung wegen Geldforderungen

30 Die Zwangsvollstreckung wegen **Geldforderungen** richtet sich nach den §§ 803 bis 882a ZPO. Ein Urteil auf Zahlung eines Bruttobetrages ist vollstreckungsfähig.[92] Ebenso ist die Verurteilung zur Zahlung eines Bruttobetrages abzgl. eines bezifferten Nettobetrages (wegen der Differenz) vollstreckbar, nicht aber die Verurteilung zur Zahlung einer bestimmten Bruttovergütung »abzüglich des erhaltenen Arbeitslosengeldes«.[93] Hier ist das in Abzug zu bringende Arbeitslosengeld zu beziffern. Nicht vollstreckbar ist ein Urteil zur Zahlung eines Bruttobetrages mit der Maßgabe, dass der sich daraus ergebende pfändbare Nettobetrag an einen Pfändungsgläubiger zu zahlen ist.[94]

31 Bei der Vollstreckung eines **Bruttolohnbetrages** wird der volle Bruttobetrag beigetrieben. Die Einziehung des Bruttolohns verpflichtet den Arbeitnehmer zur Entrichtung des Arbeitnehmeranteils an den Sozialversicherungsträger oder zur Erstattung an den Arbeitgeber nach Beitragszahlung durch diesen.[95] Hat der Arbeitgeber Steuern oder Sozialabgaben nach Urteilserlass abgeführt, so hat er dies durch eine Quittung nach § 775 Nr. 4 ZPO dem Vollstreckungsorgan nachzuweisen, das die Zwangsvollstreckung insoweit einstellt. Zwar verlangt § 775 Nr. 4 ZPO eine Quittung des Gläubigers; ausnahmsweise genügt aber der von einem Dritten ausgestellte Beleg, wenn der Schuldner gesetzlich verpflichtet ist, an diesen zu leisten.[96] Bestreitet der Gläubiger die Leistung des Schuldners, ist das Zwangsvollstreckungsverfahren auf Antrag des Gläubigers trotz Vorlage der Quittung fortzuführen. Der Schuldner muss seine Einwendungen gegen den vollstreckbaren Anspruch mit der Vollstreckungsgegenklage[97] geltend machen.[98] Bei teilweiser Befriedigung des Gläubigers ist die Zwangsvollstreckung entsprechend zu beschränken.

---

86 § 750 Abs. 1 Satz 1 ZPO.
87 § 753 Abs. 1 ZPO.
88 § 764 ZPO.
89 §§ 887, 888, 890 ZPO.
90 §§ 731, 767, 768, 785, 786 ZPO.
91 BAG, 24.02.1983 – 5 AS 4/83, MDR 1983, 611.
92 BAG, 14.01.1964 – 3 AZR 55/63, NJW 1964, 1823; OLG Frankfurt, 29.01.1990 – 20 W 516/89, OLGZ 1990, 327.
93 BAG, 15.11.1978 – 5 AZR 199/77, NJW 1979, 2634.
94 LAG Niedersachsen, 18.02.1992 – 14 Ta 340/91, NZA 1992, 713.
95 LAG Berlin, 16.05.1990 – 13 Sa 23/90, LAGE § 28g SGB IV Nr. 1; Zöller/Stöber § 704 Rn 6.
96 BAG, 15.11.1978 – 5 AZR 199/77, NJW 1979, 2634.
97 § 767 ZPO.
98 Zöller/Stöber § 775 Rn 12.

b) Herausgabe von Sachen

Die Zwangsvollstreckung zur **Herausgabe von bestimmten beweglichen Sachen** erfolgt nach § 883 ZPO. Der Gerichtsvollzieher hat dem Vollstreckungsschuldner die herauszugebenden Sachen wegzunehmen und dem Schuldner zu übergeben. Die herauszugebende Sache (z.B. Dienstwagen) muss im Vollstreckungstitel bestimmt bezeichnet sein. 32

c) Vollstreckung in Forderungen

Die Vollstreckung in **Forderungen** (z.B. Lohn- und Gehaltsansprüche) richtet sich nach §§ 828 ff. ZPO. Zuständiges Vollstreckungsorgan ist das AG als Vollstreckungsgericht,[99] auch wenn eine einstweilige Verfügung vollzogen oder aus einem arbeitsgerichtlichen Titel vollstreckt wird. In Abweichung von § 828 Abs. 1 ZPO erfolgt die Vollziehung eines Arrestes durch Pfändung durch das Arrestgericht.[100] 33

d) Vollstreckung vertretbarer/unvertretbarer Handlungen; Vollstreckung von Duldungs- und Unterlassungstiteln

Die **Vornahme von Handlungen** wird nach § 887 ZPO (vertretbare Handlung) oder nach § 888 ZPO (unvertretbare Handlung) vollstreckt. In diesen Fällen kann die klagende Partei nach § 61 Abs. 2 jedoch auch beantragen, den Schuldner zur Zahlung einer vom ArbG nach freiem Ermessen festzusetzenden Entschädigung zu verurteilen, falls dieser die Handlung nicht binnen einer bestimmten Frist vornimmt (ausführlich hierzu § 61 Rdn. 25 ff.). In diesem Fall ist die Zwangsvollstreckung nach §§ 887 und 888 ZPO ausgeschlossen. 34

Der nach **§ 888 ZPO** zu vollstreckenden Anspruch muss zu einer Handlung verpflichten, die **durch einen Dritten nicht** vorgenommen werden kann, mithin ausschließlich vom Willen des Schuldners abhängig ist, jedoch nicht in der Abgabe einer Willenserklärung[101] besteht.[102] Bei der Zwangsvollstreckung zur Erzwingung unvertretbarer Handlungen ist die Androhung eines Zwangsmittels ausgeschlossen, § 888 Abs. 2 ZPO. Der Grund ist darin zu sehen, dass die Anhörung[103] dem Schuldner bereits Gelegenheit gegeben hat, seine Verpflichtung rechtzeitig zu erfüllen.[104] Ein (unzulässiger) Androhungsbeschluss ist mit der sofortigen Beschwerde[105] anfechtbar.[106] Zulässig ist aber eine Fristsetzung zur Vornahme der Handlung; sie kann geboten sein, wenn der Schuldner (z.B. bei einer Rechnungslegung) eine angemessene Zeit benötigt.[107] Bei juristischen Personen ist das Zwangsgeld in ihr Vermögen, die Zwangshaft gegen ihren gesetzlichen Vertreter anzuordnen.[108] 35

Die **Erfüllung** muss vom Schuldner noch vorgenommen werden können; steht die objektive Unmöglichkeit der Erfüllung fest, darf keine Zwangsmaßnahme verhängt werden.[109] Der **Erfüllungseinwand** ist im Vollstreckungsverfahren grds. unbeachtlich und mit der Vollstreckungsgegenklage gem. § 767 ZPO geltend zu machen.[110] Sind jedoch die Tatsachen, aus denen sich die Erfüllung der titulierten Forderungen ergibt, unstreitig oder vom Gläubiger selbst vorgetragen, fehlt 36

---

99 § 828 Abs. 1 i.V.m. § 764 ZPO.
100 § 930 Abs. 1 Satz 3 ZPO.
101 § 894 ZPO.
102 Zöller/Stöber § 888 Rn 2.
103 § 891 Satz 2 ZPO.
104 Zöller/Stöber § 888 Rn 16.
105 § 793 ZPO.
106 LAG Düsseldorf, 16.03.2000 – 7 Ta 9/00, LAGE § 888 ZPO Nr. 43.
107 MünchKomm-ZPO/Schilken § 888 Rn 26.
108 Zöller/Stöber § 888 Rn 8.
109 MünchKomm-ZPO/Schilken § 887 Rn 8 m.w.N.
110 Str. LAG Köln, 21.03.1996 – 11 Ta 12/96; OLG Düsseldorf, 11.12.1995 – 3 W 407/95, MDR 1996, 309; a.A. Hess. LAG, 15.01.1993 – 9 Ta 470/92, LAGE § 888 ZPO Nr. 29; Hess. LAG, 09.06.1993 – 12 Ta 82/93, NZA 1994, 288.

37 Die Vollstreckung eines **Duldungs- oder Unterlassungstitels** erfolgt nach § 890 ZPO. Die Androhung der Ordnungsmittel kann, sofern beantragt, bereits im Urteil enthalten sein.[112] Ist das nicht der Fall, ist sie nach Anhörung des Schuldners[113] durch besonderen Beschluss auszusprechen;[114] dieser ist dem Schuldner von Amts wegen zuzustellen,[115] dem Gläubiger formlos mitzuteilen.

38 Ausschließlich **zuständig** für die Zwangsvollstreckung nach §§ 887, 888 und 890 ZPO ist das **Prozessgericht des ersten Rechtszugs**, bei arbeitsgerichtlichen Streitigkeiten also das ArbG. Das gilt auch, wenn der Rechtsstreit in der höheren Instanz anhängig ist. Die Vollstreckung wird nur auf Antrag eingeleitet. Vor der Entscheidung ist dem Schuldner rechtliches Gehör zu gewähren.[116] Die Durchführung einer mündlichen Verhandlung ist nicht vorgeschrieben. Außerhalb der mündlichen Verhandlung entscheidet der Vorsitzende der Kammer allein.[117] Wird über den Antrag des Gläubigers mündlich verhandelt, entscheidet die Kammer.

4. Einzelfälle

39 — Die Vollstreckung eines titulierten Anspruchs auf **Entfernung einer Abmahnung** aus der Personalakte richtet sich nach § 888 ZPO.[118] Ob der Anspruch des Arbeitnehmers auf Entfernung der Abmahnung sich auch auf andere Akten des Arbeitgebers erstreckt, ist im Erkenntnisverfahren zu entscheiden.[119]

— Streitig ist, ob die **Pflicht zur Erbringung der Arbeitsleistung** stets unter § 888 Abs. 3 ZPO fällt oder ob im Einzelfall zu prüfen ist, ob eine vertretbare Handlung i.S.d. § 887 ZPO vorliegt oder nicht.[120] Ist es für den Arbeitgeber gleichgültig, wer die Arbeitsleistung erbringt, kommt § 887 ZPO zur Anwendung. Dies wird insb. bei einfachen Arbeitsleistungen der Fall sein. Sind hingegen besondere Kenntnisse und Fähigkeiten des Arbeitnehmers für die Erfüllung der Arbeitspflicht von nicht untergeordneter Bedeutung, ist § 888 ZPO anzuwenden. Dann kann die Arbeitspflicht nicht im Wege der Zwangsvollstreckung durchgesetzt werden, § 888 Abs. 3 ZPO. Die Pflicht zur Unterlassung anderweitiger Arbeit ist nach § 890 ZPO zu vollstrecken.

— **Das Ausfüllen der Arbeitspapiere** ist nach § 888 ZPO zu erzwingen, während auf die **Herausgabe der Arbeitspapiere** § 883 ZPO Anwendung findet.[121] Lautet der Vollstreckungstitel sowohl auf Herausgabe als auch auf Ausfüllen der Arbeitspapiere, muss zunächst die Herausgabevollstreckung nach § 883 ZPO erfolgen.[122]

— Die **Erteilung einer Auskunft** wird nach § 888 ZPO vollstreckt. Das Gleiche gilt für die Gewährung der Einsicht in Unterlagen, soweit nur der Schuldner in der Lage ist, die entsprechende Handlung vorzunehmen.[123]

---

111 H.M. LAG Köln, 29.01.1996 – 10 Ta 271/95; LAG Köln, 19.04.1996 – 6 Ta 28/96, LAGE § 888 ZPO Nr. 38.
112 § 890 Abs. 2 ZPO.
113 § 891 ZPO.
114 § 890 Abs. 2 ZPO.
115 § 329 Abs. 3 ZPO.
116 § 891 ZPO.
117 § 53 Abs. 1 Satz 1.
118 Hess. LAG, 09.06.1993 – 12 Ta 82/93, NZA 1994, 288.
119 LAG Köln, 20.03.2000 – 7 (13) Ta 384/99, NZA 2000, 960.
120 Vgl. BAG, 04.03.2004 – 8 AZR 196/03, NZA 2004, 727; zum Meinungsstand vgl. auch Schwab/Weth-Walker § 62 Rn 77.
121 LAG Hamm, 08.08.2012 – 7 Ta 173/12.
122 LAG Berlin, 07.01.1998 – 9 Ta 1/98, LAGE § 888 ZPO Nr. 40; Hess. LAG, 17.10.2001 – 15 Ta 282/01; a.A. LAG Thüringen, 23.12.2000 – 5 Ta 58/00; LAG Schleswig-Holstein, 19.07.2001 – 4 Ta 98/01; einheitliche Vollstreckung nach § 888 ZPO.
123 GMPMG/Germelmann § 62 Rn 62.

– Die **Erteilung einer Lohn- oder Provisionsabrechnung** ist grds. eine unvertretbare Handlung. Die Möglichkeit, dass ein Dritter, der Einblick in die Unterlagen des Arbeitgebers hat, möglicherweise in der Lage wäre, diese Abrechnung ebenfalls zu erstellen, ändert daran nichts. Entscheidend ist, ob ein Dritter die Handlung selbständig ohne Mitwirkung des Schuldners vornehmen kann. Das ist bei einer Abrechnung über tatsächlich vorgenommene Abzüge und Abführungen nicht der Fall.[124]

– Die Zwangsvollstreckung aus einem Urteil, das den Arbeitgeber verpflichtet, dem Arbeitnehmer für einen bestimmten Zeitraum **Urlaub zu gewähren**, richtet sich nach § 894 ZPO. Die Urlaubserteilung ist eine Willenserklärung des Arbeitgebers, mit der er den Urlaubsanspruch des Arbeitnehmers nach Maßgabe des § 7 Abs. 1 BUrlG konkretisiert.[125]

– Ein Urteil, das den Arbeitgeber zur **Weiterbeschäftigung** des Arbeitnehmers verpflichtet, ist nach § 888 ZPO zu vollstrecken, da der Arbeitgeber eine Mitwirkungshandlung[126] erbringen muss.[127] Dabei genügt es für die Bestimmtheit eines Titels, durch den der Arbeitgeber verurteilt wird, den Arbeitnehmer zu »unveränderten Arbeitsbedingungen« weiterzubeschäftigen, wenn die wesentlichen Arbeitsbedingungen aus dem Tatbestand oder den Entscheidungsgründen hervorgehen.[128] Einzelheiten hinsichtlich der Art der Beschäftigung oder sonstigen Arbeitsbedingungen muss der Titel demgegenüber nicht enthalten.[129] Erst wenn eine Auslegung nicht möglich ist, ist der Titel mangels Bestimmtheit für die Vollstreckung untauglich.[130] Aus Gründen der Bestimmtheit ist das Zwangsgeld nicht für jeden Tag der Nichterfüllung, sondern in einem einheitlichen Betrag festzusetzen.[131] Das Zwangsgeld ist in bestimmter Höhe, die Dauer der Zwangshaft im Verhältnis zur Höhe des Zwangsgeldes festzusetzen. **Unzulässig** ist die Vollstreckung, wenn dem Arbeitgeber die Beschäftigung des Gläubigers zu den ursprünglichen Arbeitsbedingungen nicht mehr **möglich** ist.[132] Das gilt jedoch dann nicht, wenn der Wegfall des Arbeitsplatzes bereits Gegenstand des Erkenntnisverfahrens war und der Arbeitgeber den Weiterbeschäftigungsanspruch zu den alten Bedingungen hat rechtskräftig werden lassen.[133] Ein Interesse des Arbeitgebers an der Nichtbeschäftigung kann sich daraus ergeben, dass er einen Auflösungsantrag nach § 9 KSchG stellt.[134] Ein erstmals in der Berufungsinstanz gestellter Auflösungsantrag kann aber nur dann zur Einstellung der Zwangsvollstreckung führen, wenn er nicht nur auf Gründe gestützt wird, die schon dem erstinstanzlichen Urteil zugrunde lagen.[135] Die Einwendungen gegen den titulierten Anspruch müssen überwiegende Aussicht auf Erfolg bieten; das ist bei einem offensichtlich unbegründeten Auflösungsantrag nicht der Fall.[136] Nach rechtskräftiger Beendigung des Kündigungsrechtsstreits ist eine **Vollstreckung aus dem »Wei-**

---

124 BAG, 07.09.2009 – 3 AZB 19/09, NZA 2010, 61.
125 BAG, 05.11.1964 – 5 AZR 405/63, NJW 1965, 787.
126 Zuweisung eines Arbeitsplatzes.
127 LAG München, 11.09.1993 – 2 Ta 214/93, LAGE § 888 ZPO Nr. 34; LAG Berlin, 14.06.2001 – 9 Ta 998/01, LAGE § 888 ZPO Nr. 46.
128 LAG Schleswig-Holstein, 06.01.1987 – 6 Ta 157/86, NZA 1987, 322; Hess. LAG, 13.07.1987 – 1 Ta 151/87, NZA 1988, 175; LAG Bremen, 18.11.1988 – 3 Ta 65/88, NZA 1989, 231; LAG Berlin, 08.01.1993 – 12 Ta 17/92, BB 1993, 732; LAG Düsseldorf, 08.10.1998 – 7 Ta 313/98.
129 BAG, 15.04.2009 – 3 AZB 93/08, NZA 2009, 917.
130 LAG Hamm, 21.11.1989 – 7 Ta 475/89, NZA 1990, 327.
131 LAG Baden-Württemberg, 19.09.2013 – 13 Ta 15/13; LAG Hamm, 22.01.1986 – 1 Ta 399/85, LAGE § 888 ZPO Nr. 4; LAG Hamm, 21.11.1989 – 7 Ta 475/89, NZA 1990, 327; LAG München, 11.09.1993 – 2 Ta 214/93, LAGE § 888 ZPO Nr. 34; LAG Köln, 24.10.1995 – 13 [5] Ta 245/95, LAGE § 888 ZPO Nr. 36; a.A. LAG Hamburg, 07.07.1988 – 4 Ta 21/88, LAGE § 888 ZPO Nr. 17.
132 LAG Hamm, 29.08.1984 – 1 Ta 207/84, LAGE § 888 ZPO Nr. 2; LAG Hamm, 15.02.1991 – 7 Ta 28/91, LAGE § 888 ZPO Nr. 22; LAG Köln, 21.08.1995 – 10 Ta 176/95; LAG Düsseldorf, 08.10.1998 – 7 Ta 313/98; LAG Berlin, 14.06.2002 – 9 Ta 998/01, LAGE § 888 ZPO Nr. 46.
133 Hess. LAG, 04.05.2012 – 12 Ta 293/11; LAG Köln, 26.10.1998 – 10 Ta 153/98, MDR 1999, 303.
134 BAG, 16.11.1995 – 8 AZR 864/93, BAGE 81, 265 = NZA 1996, 589.
135 LAG Hamm, 27.02.2015 – 13 Sa 166/15.
136 LAG München, 16.10.2013 – 11 Sa 567/13, ArbRB 2013, 366.

ter«beschäftigungsurteil** nicht mehr möglich; erforderlich ist vielmehr ein auf **Beschäftigung** gerichteter Titel.[137]
- Die Vollstreckung eines Titels auf Erteilung oder Berichtigung eines **Zeugnisses** erfolgt nach § 888 ZPO. Hat der Arbeitgeber nach dem Inhalt des Titels ein **wohlwollendes Zeugnis** zu erteilen, kann im Vollstreckungsverfahren mangels hinreichender Bestimmtheit nur überprüft werden, ob überhaupt ein Zeugnis erteilt worden ist. Der Arbeitgeber kann dann im Vollstreckungsverfahren nicht angehalten werden, dem Zeugnis einen bestimmten Inhalt zu geben.[138] Ist ein Zeugnis formal unvollständig (z.B. fehlende Unterschrift), kann seine Ergänzung im Vollstreckungsverfahren nach § 888 ZPO durchgesetzt werden.[139] Auch nach **Insolvenzeröffnung** ist ein titulierter Zeugnisanspruch weiterhin gegen den bisherigen Arbeitgeber vollstreckbar.[140] Gegen die Zwangsvollstreckung aus einem erstinstanzlich titulierten Zeugnisanspruch mit einem bestimmten Wortlaut kann der Arbeitgeber nicht mit Erfolg einwenden, ein Verstoß gegen den Grundsatz der Zeugniswahrheit bringe ihm einen nicht ersetzbaren Nachteil. Schadensersatzansprüche anderer Arbeitgeber aufgrund des unrichtigen Zeugnisses wären ein in Geld ersetzbarer Nachteil.[141]

5. Kosten der Zwangsvollstreckung

40 Die Kosten des Verfahrens über einen Antrag nach §§ 887 bis 890 ZPO treffen die in dem Zwangsverfahren unterliegende Partei, § 891 Satz 3 i.V.m. § 91 ZPO. Sie fallen damit nicht als Kosten der Zwangsvollstreckung nach § 788 ZPO dem Schuldner zur Last. Bei Rücknahme des Antrags gilt § 269 Abs. 3 Satz 2 ZPO.[142] Die Begrenzung der Erstattungspflicht in § 12a soll nur das Risiko des noch durchzuführenden Prozesses einschränken; sie findet aus diesem Grund auf das Vollstreckungsverfahren keine Anwendung.[143] Die Vollstreckungsabwehrklage nach § 767 ZPO hingegen gehört als prozessuale Gestaltungsklage zum Erkenntnisverfahren; auf sie ist daher ebenso wie auf die Drittschuldnerklage § 12a anwendbar.

6. Rechtsbehelfe in der Zwangsvollstreckung

41 Für die Rechtsbehelfe in der Zwangsvollstreckung ergeben sich keine Besonderheiten. Gläubiger und Schuldner können gegen das Verfahren der Vollstreckungsorgane **Erinnerung**[144] und gegen Entscheidungen, die im Zwangsvollstreckungsverfahren ohne mündliche Verhandlung ergehen, **sofortige Beschwerde**[145] einlegen.

C. Arrest und einstweilige Verfügung

I. Allgemeines

42 Für den **Arrest** und die **einstweilige Verfügung** enthält das Arbeitsgerichtsgesetz keine eigenständige Regelung. Nach Abs. 2 Satz 1 finden auf den Arrest und die einstweilige Verfügung die Vorschriften des Achten Buchs der Zivilprozessordnung Anwendung. Nach Satz 2, eingefügt durch das Rechtspflege-Vereinfachungsgesetz vom 17.12.1990,[146] kann die Entscheidung über den Erlass einer einstweiligen Verfügung in dringenden Fällen, auch dann, wenn der Antrag zurückzuweisen ist, ohne mündliche Verhandlung ergehen.

---

137 LAG Köln, 17.02.1988 – 5 Ta 244/87, LAGE § 888 ZPO Nr. 13; Hess. LAG, 11.03.1988 – 9 Ta 20/88, NZA 1988, 243.
138 Hess. LAG, 16.06.1989 – 7 Ta 74/98; LAG Schleswig-Holstein, 12.07.1995 – 4 Ta 78/95.
139 Hess. LAG, 27.07.1987 – 1 Sa 342/87; LAG Hamm, 28.03.2000 – 4 Sa 1588/99, PflR 2001, 359.
140 LAG Düsseldorf, 07.11.2003 – 16 Ta 571/03, NZA-RR 2004, 206.
141 LAG Rheinland-Pfalz, 22.07.2014 – 5 Sa 357/14.
142 LAG Berlin, 18.02.1999 – 10 Ta 70/99, NZA-RR 2000, 44.
143 LAG Berlin, 17.02.1986 – 9 Sa 110/85, BB 1986, 672.
144 § 766 ZPO.
145 § 793 ZPO.
146 BGBl. I, S. 2847.

Das Verfahren im Arrest- und einstweiligen Verfügungsprozess ist ein **summarisches Erkenntnis-** **43** **verfahren** eigener Art. Der **Arrest** dient der Sicherung der Zwangsvollstreckung wegen **Geldforderungen** in das bewegliche und unbewegliche Vermögen, die **einstweilige Verfügung** der Sicherung eines **Individualanspruchs** und der einstweiligen Regelung eines streitigen Rechtsverhältnisses. Die Rechtspraxis hat das Institut der einstweiligen Verfügung fortgebildet und mit der Leistungsverfügung eine Grundlage für die Zwangsvollstreckung mit dem Ziel einer vorläufigen Befriedigung des Gläubigers geschaffen.[147]

Anträge im Verfahren des einstweiligen Rechtsschutzes führen nicht zur **Rechtshängigkeit der** **44** **Hauptsache** und zwar »erst recht« nicht, wenn der Erlass einer sog. Befriedigungsverfügung beantragt wird, die auf Erfüllung gerichtet ist.[148] Hauptsache- und Eilverfahren sind im Hinblick auf die unterschiedlichen Rechtsschutzziele grds. nebeneinander zulässig. Materiell-rechtlich ist seit 01.01.2002 eine wichtige Rechtsänderung zu beachten: Die Verjährung des durch die Eilmaßnahme (Arrest, einstweilige Verfügung) gesicherten (Hauptsache-) Anspruchs wird gehemmt, sodass die Notwendigkeit der Erhebung der Hauptsacheklage neben dem Eilverfahren lediglich zur Abwendung der Verjährung[149] nicht mehr besteht.[150] Die Hemmung tritt durch Zustellung des Antrags auf Erlass der Eilmaßnahme ein, bei Zustellung »demnächst« mit Rückwirkung auf den Zeitpunkt des Antragseingangs.[151]

II. Die einstweilige Verfügung

Voraussetzung für den Erlass einer einstweiligen Verfügung ist in allen Fällen, dass der Antragsteller **45** einen zu sichernden **Verfügungsanspruch** hat und ein **Verfügungsgrund** gegeben ist.

1. Der Verfügungsanspruch

Die allgemeinen Anforderungen an den **Verfügungsanspruch** hinsichtlich des Inhalts des Anspruchs **46** unterscheiden sich nicht von denen im zivilprozessualen Erkenntnisverfahren.[152] Welchen Inhalt der Verfügungsanspruch haben kann, richtet sich nach der Verfügungsart. Grds. kommen bei allen Verfügungsarten als Verfügungsanspruch sämtliche Ansprüche in Betracht, die nicht Arrestansprüche sind. Diese Negativabgrenzung bedeutet, dass die Geldzahlungs- und die diesen gleichstehenden Haftungs- oder Duldungsansprüche ausscheiden.[153] Zu den möglichen Verfügungsansprüchen gehören Ansprüche auf Herausgabe, Ansprüche auf Handlungen oder Unterlassungen. Bei der Leistungsverfügung gilt die Besonderheit, dass ausnahmsweise auch ein Anspruch auf Geldzahlung als Verfügungsanspruch in Betracht kommt.[154]

2. Der Verfügungsgrund

Die Anforderungen, die an den **Verfügungsgrund** zu stellen sind, richten sich gem. den **47** §§ 935, 940, 940a ZPO nach dem Inhalt des begehrten Rechtsschutzes, also nach der Art der beantragten Verfügung.

Nach § 935 ZPO sind einstweilige Verfügungen in Bezug auf den Streitgegenstand zulässig, wenn **48** zu besorgen ist, dass durch eine Veränderung des bestehenden Zustandes die Verwirklichung des Rechts einer Partei vereitelt oder wesentlich erschwert werden könnte (sog. **Sicherungsverfügung**). Der Zweck der einstweiligen Verfügung besteht darin, die Verwirklichung des Anspruchs dadurch

---

147 Zöller/Vollkommer vor § 916 Rn 1.
148 Stein/Jonas/Grunsky vor § 916 Rn 9.
149 § 204 Abs. 1 Nr. 1 BGB.
150 § 204 Abs. 1 Nr. 9 BGB.
151 § 167 ZPO.
152 Walker Rn 666.
153 Walker Rn 222.
154 Walker Rn 223.

zu sichern, dass der bestehende Zustand in Bezug auf einen bestimmten Streitgegenstand erhalten bleibt. Dieser Grund für die Sicherung muss zur Abwendung einer Gefährdung der Gläubigerinteressen im Eilverfahren objektiv notwendig sein.[155]

49 Nach § 940 ZPO sind einstweilige Verfügungen auch zum Zwecke der **Regelung eines einstweiligen Zustandes** in Bezug auf ein streitiges Rechtsverhältnis zulässig, sofern diese Regelung, insb. bei dauernden Rechtsverhältnissen zur Abwendung wesentlicher Nachteile oder zur Verhinderung drohender Gewalt oder aus anderen Gründen nötig erscheint. »Nötig« i.S.v. § 940 ZPO ist die Regelung nur dann, wenn sie nicht ihrerseits gewichtigere Interessen des Schuldners verletzt.[156] Ein Verfügungsgrund fehlt, wenn der Antragsteller trotz ursprünglich bestehenden Regelungsbedürfnisses lange zugewartet hat, bevor er die einstweilige Verfügung beantragt. Durch langes Zuwarten wird insb. eine gesetzliche Dringlichkeitsvermutung widerlegt.[157]

50 Als dritte Form einer einstweiligen Verfügung, die im Gesetz nicht ausdrücklich geregelt ist, ist die sog. **Leistungs- oder Befriedigungsverfügung** anerkannt. Die Besonderheit dieser Verfügungsart liegt darin, dass sie die Durchsetzung des geltend gemachten Anspruchs nicht bis zur Entscheidung in der Hauptsache sichert, sondern schon vor dieser Entscheidung ermöglicht.[158] Wegen der Befriedigungswirkung sind an den Verfügungsgrund besonders strenge Anforderungen zu stellen. Der Antragsteller hat darzulegen und glaubhaft zu machen, dass er auf die sofortige Erfüllung dringend angewiesen ist.

3. Einzelfälle

51 Einer der im arbeitsgerichtlichen Eilverfahren am häufigsten geltend gemachten Ansprüche ist der auf **Herausgabe der Arbeitspapiere**. Für die Annahme des Verfügungsgrundes reicht es aus, wenn der Arbeitnehmer darlegt und durch eidesstattliche Versicherung glaubhaft macht, dass er die Arbeitsbescheinigung nach § 312 SGB III für seinen Antrag auf Arbeitslosengeld oder die Lohnsteuerkarte sowie andere Unterlagen für die Einstellung bei einem anderen Arbeitgeber benötigt.[159] Ggü. dem Anspruch auf Herausgabe der Arbeitspapiere gibt es kein Zurückbehaltungsrecht; der Verfügungsanspruch ist deshalb in aller Regel gegeben.

52 Hat ein **vertragsbrüchiger Arbeitnehmer** eine andere Arbeit aufgenommen, kann ihm dies grds. nicht durch einstweilige Verfügung untersagt werden, denn die Treuepflicht des Arbeitnehmers ist nur unselbständige Nebenpflicht. Etwas anderes gilt dann, wenn der Arbeitgeber ein besonderes Interesse an der Unterlassung hat, das über das Interesse, selbst die Arbeitsleistung zu erhalten, hinausgeht (z.B. **Einhaltung eines vereinbarten Wettbewerbsverbots**). Dann hat der Arbeitgeber einen klagbaren Unterlassungsanspruch, der auch im Wege der einstweiligen Verfügung durchgesetzt werden kann.[160]

53 Der **Vergütungsanspruch** kann nach herrschender Meinung trotz der befriedigenden Wirkung im Wege der einstweiligen Verfügung durchgesetzt werden.[161] Im ungekündigten Arbeitsverhältnis ergibt sich der Verfügungsanspruch aus § 611 BGB und dem Arbeitsvertrag oder aus den §§ 615 Satz 1, 293 ff. BGB. Ist das Arbeitsverhältnis gekündigt, muss der Arbeitnehmer glaubhaft machen, dass die Kündigung offensichtlich oder mit überwiegender Wahrscheinlichkeit unwirksam ist und die Voraussetzungen des Annahmeverzuges vorliegen.[162] Kann der Arbeitnehmer auf Ersparnisse,

---

155 Zöller/Vollkommer § 935 Rn 10.
156 Zöller/Vollkommer § 940 Rn 4.
157 LAG Niedersachsen, 03.10.2009 – 10 Ta 445/09; Zöller/Vollkommer § 940 Rn 4.
158 Walker Rn 84.
159 Walker Rn 674.
160 LAG Köln, 09.07.1992 – 10 Sa 224/92, EWiR 1992, 1141.
161 LAG Hamburg, 06.05.1986 – 1 Ta 7/86, DB 1986, 1629; Hess. LAG, 09.07.1995 – 13 Ta 242/95, LAGE § 935 ZPO Nr. 9; LAG Bremen, 05.12.1997 – 4 Sa 258/97, NZA 1998, 902; ArbG Frankfurt, 06.01.1999 – 2 Ga 267/98, DB 1999, 289.
162 GMPMG/Germelmann § 62 Rn 104.

auf Leistungen der ihm kraft Gesetzes Unterhaltspflichtigen oder auf verwertbares Vermögen zurückgreifen, fehlt es am dem für den Erlass einer einstweiligen Verfügung erforderlichen Verfügungsgrund.[163] Bei einem Anspruch auf Arbeitslosengeld ist der zum Unterhalt notwendige Bedarf hinreichend gesichert. Ob der Arbeitnehmer auf Hilfe zum Lebensunterhalt (Sozialhilfe) verwiesen werden kann, ist streitig. Nach richtiger Ansicht ist zu differenzieren: Bezieht der Arbeitnehmer bereits den Notbedarf deckende Sozialhilfe, liegt kein Verfügungsgrund vor.[164] Ist ein Antrag auf Sozialhilfe noch nicht gestellt, kann der Arbeitnehmer wegen des im Sozialhilferecht geltenden Subsidiaritätsgrundsatzes nicht auf die Inanspruchnahme von Sozialhilfe verwiesen werden.[165] Darauf, dass er Bankkredit in Anspruch nehmen könne, kann der Arbeitnehmer ebenfalls nicht verwiesen werden.[166] Im Wege der Befriedigungsverfügung ist nur der Teil des geschuldeten Arbeitsentgelts zuzusprechen, der zur Abwendung einer Notlage des Arbeitnehmers notwendig ist. Als Orientierungsrahmen bei der Festlegung des Höchstbetrages werden die Pfändungsfreigrenzen anzusehen sein.[167] Der Pfändungsfreibetrag berücksichtigt sowohl die konkrete Lebensstellung des Arbeitnehmers als auch das in dieser Stellung zum Lebensunterhalt dringend Benötigte. Er ist deshalb als Anknüpfungspunkt geeigneter als das Arbeitslosengeld, das nach seiner Konzeption mehr gewähren soll als zur Überbrückung einer Notlage erforderlich ist. Da hinsichtlich der Vergangenheit regelmäßig keine Notlage mehr bestehen kann, ist der Betrag grds. erst vom Tage der Entscheidung an zuzusprechen.[168] Die Zahlungspflicht ist zeitlich zu befristen.

Hinsichtlich des einstweiligen Rechtsschutzes zur Durchsetzung des **allgemeinen Beschäftigungsanspruchs** des Arbeitnehmers ist zu differenzieren, ob der Anspruch im Rahmen eines ungekündigten Arbeitsverhältnisses oder während der Dauer eines Kündigungsschutzprozesses geltend gemacht wird. Während der Dauer eines Kündigungsschutzprozesses hat der Arbeitnehmer ein Recht darauf, auch tatsächlich beschäftigt zu werden, soweit **überwiegende schützenswerte Interessen des Arbeitgebers** (z.B. Wegfall der Vertrauensgrundlage, Auftragsmangel, Wahrung von Betriebsgeheimnissen) nicht entgegenstehen.[169] Daraus folgt, dass bereits der Verfügungsanspruch von einer **Interessenabwägung** abhängig ist.[170] Der Beschäftigungsanspruch kann im Wege einer Leistungsverfügung durchgesetzt werden. Dabei ist nicht erforderlich, dass der Arbeitnehmer auf die Beschäftigung dringend angewiesen ist; es reicht aus, dass der Anspruch ohne die einstweilige Verfügung für den Zeitraum bis zum Abschluss des Hauptsacheverfahrens endgültig nicht realisierbar wäre.[171] Ein »dringendes Beschäftigungsinteresse« ist nach allgemeiner Auffassung jedenfalls dann zu bejahen, wenn der Arbeitnehmer schon durch kurzzeitige Unterbrechung seine beruflichen Fähigkeiten und Fertigkeiten einbüßt oder sich schon aus dem Inhalt des Beschäftigungsverhältnisses (z.B. Ausbildungsverhältnis) die Unaufholbarkeit des Zeitverlustes ergibt.[172] Während der Dauer eines Kündigungsschutzprozesses besteht über den Ablauf der Kündigungsfrist hinaus – vom Vorliegen einer offensichtlich unwirksamen Kündigung abgesehen – ein Weiterbeschäftigungsanspruch regelmäßig erst nach einem der Kündigungsschutzklage stattgebenden Instanzurteil. Hat der Arbeitnehmer seinen (Weiter-) Beschäftigungsanspruch im Kündigungsschutzverfahren nicht geltend gemacht, 54

---

163 ArbG Frankfurt, 06.01.1999 – 2 Ga 267/98, DB 1999, 289; Eich DB 1976, Beil. 10, S. 12.
164 Dunkl/Moeller/Baur/Feldmeier B Rn 49; a.A. Stein/Jonas/Grunsky vor § 935 Rn 39 m.w.N.
165 Stein/Jonas/Grunsky vor § 935 Rn 39.
166 ArbG Herne, 19.06.1974 – 1 Ga 10/74.
167 LAG Bremen, 05.12.1997 – 4 Sa 258/97, NZA 1998, 902.
168 Vossen RdA 1991, 223.
169 BAG GS, 27.02.1985 – GS 1/84, NZA 1985, 702 = NJW 1985, 2968.
170 Walker Rn 677.
171 LAG Hamm, 06.11.2007 – 14 SaGa 39/07, EzA-SD 2008, Nr. 4, 11–12; LAG München, 19.08.1992 – 5 Ta 185/92, NZA 1993, 1130; ArbG Leipzig, 08.08.1996 – 18 Ga 37/96, BB 1997, 366; Sächs. LAG, 14.04.2000 – 3 Sa 298/00, LAGE § 103 BetrVG 1972 Nr. 16; a.A. LAG Düsseldorf, 01.06.2005 – 12 Sa 352/05, MDR 2005, 1419; LAG Hamm, 18.02.1998 – 3 Sa 297/98, LAGE § 611 BGB Beschäftigungspflicht Nr. 41.
172 LAG Rheinland-Pfalz, 21.08.1996 – 1 Ta 140/86, LAGE § 611 BGB Beschäftigungspflicht Nr. 19; ArbG Frankfurt, 08.10.1998 – 2 Ga 214/98, ARST 1999, 43; Faecks NZA 1985, Beil. 3, S. 10.

besteht i.d.R. kein Verfügungsgrund für den Erlass einer Eilentscheidung. Der Arbeitnehmer hat insoweit die Eilbedürftigkeit selbst widerlegt.[173]

55 Der Arbeitnehmer kann seinen **Weiterbeschäftigungsanspruch** nach § 102 Abs. 5 Satz 1 BetrVG i.R.d. einstweiligen Verfügung im Urteilsverfahren geltend machen.[174] Im Rahmen dieses Verfahrens muss der Arbeitnehmer die Voraussetzungen des § 102 Abs. 5 Satz 1 BetrVG (Verfügungsanspruch) glaubhaft machen; dazu gehört auch die Glaubhaftmachung eines ordnungsgemäßen, form- und fristgerechten Widerspruchs des Betriebsrats nach § 102 Abs. 3 BetrVG. Zur Begründung der Dringlichkeit bedarf es keiner Darlegung weiterer Umstände als des drohenden Zeitablaufs.[175] Der Gesetzgeber selbst hat schon die Wertung zum Ausdruck gebracht, dass das Beschäftigungsinteresse des Arbeitnehmers im Regelfall deutlich überwiegt. Der Verfügungsgrund entfällt aber, wenn vor Erlass der einstweiligen Verfügung ein Urteil auf Weiterbeschäftigung ergeht, weil aus diesem vollstreckt werden kann.[176]

56 Die **Entbindung des Arbeitgebers von der Verpflichtung zur Weiterbeschäftigung** erfolgt unter den Voraussetzungen des § 102 Abs. 5 Satz 2 BetrVG ebenfalls durch einstweilige Verfügung im Rahmen eines Urteilsverfahrens. Der Arbeitgeber hat die Voraussetzungen des § 102 Abs. 5 Satz 2 BetrVG darzulegen und glaubhaft zu machen.[177] Liegen die Voraussetzungen des § 102 Abs. 5 Satz 2 vor, so muss das Gericht auf Antrag des Arbeitgebers die einstweilige Verfügung erlassen; es hat trotz des missverständlichen Wortlauts (»kann«) keinen Ermessensspielraum.[178] Die Eilbedürftigkeit für den Erlass einer einstweiligen Verfügung ist nicht gesondert darzulegen, da das Gesetz den Arbeitgeber ausdrücklich auf das Verfügungsverfahren verweist.[179] Der Verfügungsgrund ist auch dann zu bejahen, wenn zwar die Voraussetzungen des § 102 Abs. 5 Satz 2 BetrVG vorliegen, die Voraussetzungen des Anspruchs des Arbeitnehmers nach § 102 Abs. 5 Satz 1 BetrVG zweifelhaft sind, weil Bedenken gegen die Ordnungsgemäßheit des Widerspruchs des Betriebsrats gegen die Kündigung bestehen.[180] Dies folgt aus dem Zweck des § 102 Abs. 5 Satz 2 BetrVG, dem Arbeitgeber eine schnelle Klärung der Beschäftigungspflicht zu ermöglichen.[181]

57 Der Arbeitnehmer ist unter den besonderen Voraussetzungen der §§ 935, 940 ZPO berechtigt, einen Antrag auf Erlass einer einstweiligen Verfügung einzureichen, wenn der Arbeitgeber sich weigert, den vom Arbeitnehmer für einen bestimmten Zeitraum gewünschten **Urlaub** zu gewähren.[182] Da jedoch ein derartiger Antrag regelmäßig mit einer Befriedigungswirkung verbunden ist, gelten insoweit die

---

173 LAG Hamm, 18.02.1986 – 11 Sa 1656/85, NZA 1986, 98; LAG Rheinland-Pfalz, 21.08.1986 – 1 Ta 140/86, LAGE § 611 BGB Beschäftigungspflicht Nr. 19; LAG Düsseldorf, 06.02.1987 – 2 [4] Sa 1848/86, NZA 1987, 536; Hess. LAG, 23.03.1987 – 1 Sa 316/87; LAG Köln, 06.08.1996 – 11 Ta 151/96, LAGE § 611 BGB Beschäftigungspflicht Nr. 40; ArbG Frankfurt, 05.05.1999 – 2 Ga 73/99; LAG Köln, 18.08.2000 – 12 Ta 189/00, NZA-RR 2001, 387; a.A. ArbG Bielefeld, 31.07.1985 – 2 Ga 22/85, NZA 1986, 98.
174 LAG Nürnberg, 27.10.1992 – 6 Sa 496/92, LAGE § 102 BetrVG 1972 Beschäftigungspflicht Nr. 11; LAG Hamburg, 14.09.1992 – 2 Sa 50/92, NZA 1993, 140; LAG Hamburg, 25.01.1994 – 3 Sa 113/94.
175 LAG Köln, 02.08.1984 – 5 Ta 133/84, NZA 1984, 300; LAG Hamm, 24.01.1994 – 19 Sa 2029/93, EzA-SD 1994, Nr. 6, 17; LAG Hamburg, 25.01.1994 – a.a.O.; LAG München, 16.08.1995 – 9 Sa 543/95, LAGE § 102 BetrVG 1972 Beschäftigungspflicht Nr. 22; a.A. LAG Baden-Württemberg, 30.08.1993 – 15 Sa 35/93, NZA 1995, 683; LAG München, 10.02.1994 – 5 Sa 969/93, NZA 1994, 997.
176 Hess. LAG, 28.11.1994 – 16 SaGa 1284/94.
177 LAG Hamburg, 16.05.2001 – 4 Sa 33/01, NZA-RR 2002, 25.
178 Stein/Jonas/Grunsky vor § 935 Rn 74.
179 LAG München, 13.07.1994 – 5 Sa 408/94, LAGE § 102 BetrVG 2002 Beschäftigungspflicht Nr. 17.
180 LAG Schleswig-Holstein, 19.05.2010 – 6 SaGa 9/10; LAG München, 05.10.1994 – 5 Sa 698/94, LAGE § 102 BetrVG 1972 Beschäftigungspflicht Nr. 19.
181 Schuschke in: Schuschke/Walker Vorbemerkung zu § 935 Rn 123.
182 Hess. LAG, 07.05.2013 – 19 SaGa 461/13; LAG Berlin, 20.05.1985 – 9 Sa 38/85, LAGE § 7 BUrlG Nr. 9; LAG Hamburg, 15.09.1989 – 3 Ta 17/89, LAGE § 7 BUrlG Nr. 26; LAG Köln, 09.02.1991 – 8 Sa 94/91, NZA 1991, 396; LAG Hamm, 31.01.1995 – 11 Sa 1092/94, EzA-SD 1995, Nr. 9, 9.

oben (Rdn. 50) bezeichneten Inhaltsschranken und Grenzen der Befriedigungsverfügung in gleicher Weise. In der Literatur wird vorgeschlagen, die Vorwegnahme der Hauptsache und die im Hinblick auf § 894 ZPO bestehenden Vollziehungsschwierigkeiten durch eine Änderung des Antrags auf Gestattung des Fernbleibens von der Arbeit zu umgehen.[183] Vorgeschlagen wird zu beantragen:

Dem Antragsteller wird gestattet, vom... bis... seiner Tätigkeit bei der Antragsgegnerin fernzubleiben.

Mit dieser Antragstellung kann zum einen die Erfüllung des Urlaubsanspruchs vermieden werden, zum anderen bedarf es im Fall der gerichtlichen Gestattung keines weiteren Vollstreckungsakts. Der Eilantrag auf Urlaubsgewährung setzt als Verfügungsgrund voraus, dass der Erlass der einstweiligen Verfügung zur Abwendung wesentlicher Nachteile erforderlich ist und der Arbeitnehmer keine Möglichkeit hat, die Konkretisierung seines Urlaubsanspruchs anderweitig durchzusetzen.[184] Dass der Arbeitnehmer bereits eine Urlaubsreise gebucht hat, reicht aufgrund der Eigenmächtigkeit des Vorgehens als Verfügungsgrund nicht aus.[185] Die Entscheidung darf regelmäßig nur nach mündlicher Verhandlung ergehen; dem Arbeitgeber würde sonst unzulässigerweise die Berufung auf Leistungsverweigerungsrechte zunichtegemacht.

Die Zustimmung des Arbeitgebers zur **Verringerung der Arbeitszeit** kann der Arbeitnehmer nach § 8 Abs. 4 Satz 1 TzBfG – unter engen Voraussetzungen – im Wege einer Befriedigungsverfügung durchsetzen.[186] Die Wertung des § 894 ZPO steht der Zulassung des einstweiligen Rechtsschutzes nicht generell entgegen; dieser ist vielmehr aus Gründen des effektiven Rechtsschutzes geboten.[187] Da die Reduzierung der Arbeitszeit irreversibel ist, sind an den Verfügungsgrund strenge Anforderungen zu stellen.[188] Der Arbeitnehmer muss darlegen, dass er dringend auf die Änderung der Arbeitszeit angewiesen ist. Diese Dringlichkeit kann sich nur aus seit dem Abschluss des Arbeitsvertrages geänderten Umständen ergeben, weil der Arbeitnehmer selbst durch die Eingehung des Arbeitsvertrags zur Bindung an die Arbeitszeit beigetragen hat. Dringende Umstände können etwa familiäre Notlagen sein. Zu prüfen ist in jedem Fall, ob die einstweilige Verfügung unbefristet – bis zur Entscheidung in der Hauptsache – ergehen muss oder dem Arbeitnehmer zugemutet werden kann, innerhalb einer angemessenen Frist durch geeignete Maßnahmen die Gründe für die besondere Eilbedürftigkeit zu beseitigen. 58

Der Erlass einer einstweiligen Verfügung im **Arbeitskampf** ist grds. zulässig. Die verfassungsrechtlich garantierte Arbeitskampffreiheit schließt einstweiligen Rechtsschutz nicht aus und macht ihn auch nicht davon abhängig, dass die Kampfmaßnahme offensichtlich rechtswidrig oder existenzbedrohend ist.[189] Hinsichtlich des Verfügungsgrundes muss dargelegt und glaubhaft gemacht werden, dass die zu untersagende Arbeitskampfmaßnahme rechtswidrig ist.[190] Zentraler Beurteilungsmaßstab für die Rechtmäßigkeit eines Arbeitskampfes ist der Grundsatz der **Verhältnismäßigkeit** im weiteren Sinn.[191] Die Frage nach der Zulässigkeit einstweiliger Verfügungen im Arbeitskampf ent- 59

---

183 Corts NZA 1998, 357; GMPMG/Germelmann § 62 Rn 101.
184 LAG Köln, 09.02.1991 – 8 Sa 94/91, NZA 1991, 396.
185 LAG Hamburg, 15.09.1989 – 3 Ta 17/89, LAGE § 7 BUrlG Nr. 26.
186 LAG Berlin-Brandenburg, 14.03.2012 – 15 SaGa 2286/11.
187 Vgl. im Einzelnen Gotthardt NZA 2001, 1183; a.A. Rolfs RdA, 2002, 129.
188 LAG Berlin, 20.02.2002 – 4 Sa 2243/91; LAG Köln, 05.03.2002 – 10 Ta 50/02, MDR 2002, 1257; LAG Rheinland-Pfalz, 12.04.2002 – 3 Sa 161/02, NZA 2002, 856; LAG Hamm, 06.05.2002 – 8 Sa 641/02, NZA-RR 2002, 178; ArbG Bonn, 10.04.2002 – 4 Ga 23/02, NZA 2002, 416; Kliemt NZA 2001, 63; Diller NZA 2001, 589; Straub NZA 2001, 919; Grobys/Bram NZA 2001, 1175; Beckschulte DB 2000, 2598; Lindemann/Simon BB 2001, 146; Wisskirchen DB 2003, 277.
189 LAG Hamm, 17.03.1987 – 8 Sa 884/87; LAG Hamm, 24.03.1987 – 8 Sa 25/87, NZA 1988, Beil. Nr. 2, 27; LAG Hamm, 31.05.2000 – 18 Sa 858/00, NZA-RR 2000, 535; LAG Schleswig-Holstein, 25.03.1987 – 6 Sa 127/87; LAG Schleswig-Holstein, 10.12.1996 – 6 Sa 577/96, ArbuR 1997, 420; LAG Schleswig-Holstein, 25.11.1999 – 4 Sa 584/99, NZA-RR 2000, 143.
190 Hess. LAG, 09.08.2011 – 9 SaGa 1147/11.
191 Sächs. LAG, 02.11.2007 – 7 SaGa 19/07, NZA 2008, 59.

scheidet sich im Wesentlichen bei der Interessenabwägung i.R.d. Verfügungsgrundes, an den – wie bei allen auf vorläufige Befriedigung gerichteten Unterlassungsverfügungen – besonders strenge Anforderungen zu stellen sind.

III. Das Verfahren

1. Zuständigkeit

60 Das für den Erlass einstweiliger Verfügungen zuständige Gericht ist das **Gericht der Hauptsache**;[192] dieses ist örtlich und sachlich ausschließlich zuständig.[193] Als Gericht der Hauptsache ist dabei das Gericht des ersten Rechtszuges, und, wenn die Hauptsache in der Berufungsinstanz anhängig ist, das Berufungsgericht anzusehen.[194] »Hauptsache« ist der prozessual geltend gemachte oder zukünftig geltend zu machende Anspruch, dessen Durchsetzung das Eilverfahren sichern will.[195] Deshalb ist das ArbG als Gericht der Hauptsache auch dann für den Antrag des Arbeitgebers auf Entbindung von der Weiterbeschäftigungspflicht gem. § 102 Abs. 5 Satz 2 BetrVG zuständig, wenn der Kündigungsrechtsstreit in der Berufungsinstanz anhängig ist.[196] Im Fall der Anhängigkeit des Hauptsacheverfahrens in der Revisionsinstanz ergibt sich wieder die Zuständigkeit der ersten Instanz.

61 Als **AG der Zwangsbereitschaft** war bis zum 01.01.1991 das AG nach § 942 ZPO auch für die Streitigkeiten zuständig, die gem. §§ 2, 2a zur arbeitsgerichtlichen Zuständigkeit gehörten. Nach der Änderung des § 48 sowie des § 17a GVG durch das Vierte Gesetz zur Änderung der Verwaltungsgerichtsordnung[197] vom 17.12.1990[198] ist das Verhältnis zwischen den Gerichten für Arbeitssachen und den ordentlichen Gerichten eine Frage der Zulässigkeit des Rechtsweges.[199] Damit ist zugleich der Inanspruchnahme des AG in Angelegenheiten, die nach §§ 2, 2a in die Zuständigkeit der Gerichte für Arbeitssachen fallen, die Grundlage entzogen.[200]

2. Das Verfahren im Einzelnen

62 Das einstweilige Verfügungsverfahren ist ein **Erkenntnisverfahren besonderer Art**, das sich nach den Grundsätzen des Urteilsverfahrens richtet. Es finden daher die Vorschriften des Erkenntnisverfahrens Anwendung, soweit sich nicht aus §§ 916 bis 945 ZPO und den Besonderheiten der einstweiligen Verfügung etwas anderes ergibt. Das Gesuch, mit dem der Erlass einer einstweiligen Verfügung beantragt wird, kann schriftlich eingereicht oder zu Protokoll der Geschäftsstelle erklärt werden.[201] Die Formalerfordernisse entsprechen einer Klageschrift gem. § 253 Abs. 2 Nr. 1 ZPO. Der Antrag ist hinreichend bestimmt i.S.d. § 253 Abs. 2 Nr. 2 ZPO, wenn er zweifelsfrei erkennen lässt, welchen einstweiligen Rechtsschutz der Antragsteller begehrt. Wird der Erlass einer Sicherungs- oder Regelungsverfügung begehrt, ist diesem Erfordernis Genüge getan, wenn das Rechtsschutzziel bestimmt bezeichnet ist.[202] Das folgt aus § 938 Abs. 1 ZPO. Danach bestimmt das Gericht nach freiem Ermessen, welche Anordnung zur Erreichung des Zwecks erforderlich ist. Einer Angabe der anzuordnenden Maßnahme bedarf es nicht.[203] Erstrebt der Antragsteller den

---

192 § 937 Abs. 1 ZPO.
193 § 802 ZPO.
194 § 943 Abs. 1 ZPO.
195 Baumbach/Lauterbach/Albers/Hartmann § 919 Rn 4.
196 LAG Baden-Württemberg, 18.03.1988 – 2 SHa 1/88, LAGE § 102 BetrVG 1972 Beschäftigungspflicht Nr. 9.
197 4. VwGO-ÄndG.
198 BGBl. I, S. 2809.
199 Vgl. ausführlich § 48 Rdn. 2.
200 GMPMG/Germelmann § 62 Rn 81; Schwab/Weth-Walker § 62 Rn 100; Zöller/Vollkommer § 942 Rn 1.
201 §§ 936, 920 Abs. 3 ZPO.
202 LAG Thüringen, 10.04.2001 – 5 Sa 403/00, NZA-RR 2001, 347.
203 Zöller/Vollkommer § 938 Rn 2.

Erlass einer auf Erfüllung gerichteten einstweiligen Verfügung, muss er die begehrte Leistung genau bezeichnen.[204] Die zu zahlende Summe ist also konkret anzugeben, die zu unterlassende Handlung präzise zu umschreiben, die dem Antragsteller herauszugebende Sache mit vollstreckungsfähiger Genauigkeit zu bezeichnen. Dies findet seine Rechtfertigung darin, dass sich die Befriedigungsverfügung von der Geltendmachung durch eine Klage nur durch die Vorläufigkeit des nachgesuchten Rechtsschutzes unterscheidet und daher für eine Ermessensentscheidung, wie sie § 938 ZPO vorsieht, demzufolge kein Raum ist. An den Antrag ist das Gericht gem. § 308 ZPO gebunden; es darf keine Rechtsfolge aussprechen, die den konkreten Antrag überschreitet.[205]

Der Antragsteller muss den zu sichernden Anspruch so substantiiert **schlüssig darlegen**, dass das Gericht auf der Grundlage dieses Vortrages den Anspruch in vollem Umfang nachprüfen kann (**uneingeschränkte Schlüssigkeitsprüfung**); es darf also nicht etwa nur die Wahrscheinlichkeit, dass dem Antragsteller ein Anspruch zustehen könnte, bejahen.[206] Für die Verteilung der **Darlegungs- und Beweislast** gelten im Eilverfahren keine Besonderheiten; sie folgt bei Anhörung des Gegners den **allgemeinen Regeln**.[207] Etwas anderes gilt dann, wenn ohne mündliche Verhandlung und ohne Gelegenheit der Stellungnahme durch den Antragsgegner entschieden wird. Ergeben sich aus dem Vortrag des Antragstellers Anhaltspunkte dafür, dass dem Antragsgegner möglicherweise eine Einwendung zusteht, muss der Antragsteller darlegen und glaubhaft machen, dass der Anspruch einwendungsfrei besteht.[208]

63

Die **Beweisführung** ist durch die Zulassung der **Glaubhaftmachung** für Verfügungsanspruch und -grund erleichtert. Während der Vollbeweis die Vermittlung der richterlichen Überzeugung von der Wahrheit der streitigen Behauptung erfordert, genügt für die Glaubhaftmachung die Feststellung **überwiegender Wahrscheinlichkeit**.[209] Dieses unbestimmte Maß an Sicherheit der Beweisführung ermöglicht es dem Gericht, jeweils die Besonderheiten des Einzelfalles zu berücksichtigen: Je näher das im Eilverfahren zum Zwecke der Sicherung Begehrte der Erfüllung des Hauptsacheanspruchs kommt, desto höher muss das Maß der Wahrscheinlichkeit sein, dass die Hauptsacheklage auch Erfolg haben wird.[210] Wer eine tatsächliche Behauptung glaubhaft zu machen hat, kann sich aller Beweismittel, die auch im streitigen Verfahren gelten, und zusätzlich der Versicherung an Eides statt bedienen.[211] Die Versicherung an Eides statt muss eine eigene Darstellung der glaubhaft zu machenden Tatsachen enthalten und darf sich nicht in einer Bezugnahme auf Angaben oder Schriftsätze Dritter (z.B. des Prozessbevollmächtigten) erschöpfen oder einen Vorgang schildern, der sich der eigenen Wahrnehmung des Antragstellers entzieht.[212] Die Glaubhaftmachung kann ferner durch Verweisung auf die **Hauptsacheakten** einschließlich des angefochtenen Urteils, durch **anwaltliche Versicherung**[213] oder durch **Vorlage schriftlicher Zeugenaussagen** erfolgen.[214] Eine Einschränkung liegt darin, dass alle Beweismittel nur unter der Voraussetzung in Betracht kommen, dass eine Beweisaufnahme sofort erfolgen kann.[215] Der Antragsteller muss die Zeugen oder Sachverständigen deshalb selbst zum Termin stellen oder eidesstattliche Versicherungen, schriftliche Zeugenaussagen bzw. Gutachten vorlegen. Eine Vertagung zum Zwecke der Beweiserhebung ist unstatthaft.[216]

64

---

204 Stein/Jonas/Grunsky § 938 Rn 10.
205 Stein/Jonas/Grunsky vor § 935 Rn 11.
206 Stein/Jonas/Grunsky § 935 Rn 6.
207 LAG Köln, 14.11.1989 – 11 Sa 930/89, LAGE § 611 BGB Treuepflicht Nr. 1; LAG Niedersachsen, 18.11.1994 – 3 Sa 1679/94.
208 Stein/Jonas/Grunsky § 920 Rn 11.
209 Zöller/Greger § 294 Rn 1.
210 Zöller/Vollkommer § 935 Rn 8.
211 § 294 Abs. 1 ZPO.
212 BGH, 26.11.1997 – V ZB 14/97; BGH, 06.06.2000 – X ZB 9/00.
213 BAG, 07.05.1998 – 2 AZR 344/91.
214 Walker Rn 319.
215 § 294 Abs. 2 ZPO.
216 § 294 Abs. 2 ZPO.

3. Entscheidung

65 Im Verfahren auf Erlass einer einstweiligen Verfügung kann nur **in dringenden Fällen** eine Entscheidung **ohne mündliche Verhandlung** ergehen (Abs. 2 Satz 2). Ein »dringender Fall« liegt nur dann vor, wenn die Eilbedürftigkeit der Maßnahme über die dem einstweiligen Verfügungsverfahren ohnehin innewohnende Dringlichkeit (Verfügungsgrund) hinausgeht und selbst eine innerhalb kürzester Frist terminierte mündliche Verhandlung nicht abgewartet werden kann oder wenn der Zweck der einstweiligen Verfügung gerade den Überraschungseffekt der Beschlussverfügung erfordert.[217] Die besondere Dringlichkeit ist im Beschluss zu begründen.[218] Fehlt die besondere Dringlichkeit, muss eine mündliche Verhandlung anberaumt werden. Wird gleichwohl ohne mündliche Verhandlung entschieden, ist das LAG durch § 68 nicht gehindert, auf die sofortige Beschwerde die Sache wegen des erheblichen Verfahrensfehlers an das ArbG **zurückzuverweisen**.[219]

66 Die früher umstrittene Frage, ob ohne mündliche Verhandlung ein zurückweisender Beschluss ergehen darf, ist durch die im Jahr 1990 erfolgte Ergänzung des § 62 Abs. 2 gegenstandslos geworden.

67 Das Gericht entscheidet **ohne mündliche Verhandlung** durch **Beschluss**, den der Vorsitzende der Kammer nach § 53 Abs. 1 allein erlässt.[220] Der den Antrag auf Erlass einer einstweiligen Verfügung **zurückweisende Beschluss** ist stets zu **begründen**, um der unterlegenen Partei die ordnungsgemäße Begründung des Rechtsmittels und dem Beschwerdegericht die Überprüfung der angegriffenen Entscheidung zu ermöglichen.[221] Ein **stattgebender Beschluss** muss, wie sich aus §§ 936, 922 Abs. 1 Satz 2 ZPO ergibt, **nur begründet** werden, wenn er im **Ausland** geltend gemacht werden soll. Fehlt eine Begründung, so muss der Antragsteller dem Gegner eine Durchschrift des Antrages zustellen lassen, um diesem eine ausreichende Entscheidungsgrundlage für sein weiteres Vorgehen zu geben.[222]

68 Eine Ausfertigung der stattgebenden Beschluss Verfügung ist dem Antragsteller von Amts wegen **zuzustellen**,[223] der dann seinerseits die Zustellung an den Antragsgegner zu bewirken hat.[224] Der Beschluss, durch den das Verfügungsgesuch zurückgewiesen wird, ist dem Antragsteller wegen dessen Anfechtbarkeit durch fristgebundene sofortige Beschwerde nach § 567 ZPO **förmlich zuzustellen**,[225] dem Antragsgegner **nicht mitzuteilen**,[226] um die Interessen des Antragstellers nicht zu gefährden. Dem Antragsteller soll die Überraschungsmöglichkeit für ein neues Gesuch erhalten bleiben. Wurde der Gegner gehört, ist ihm auch der die einstweilige Verfügung zurückweisende Beschluss mitzuteilen.[227]

69 Ordnet das Gericht mündliche Verhandlung an, so gelten die allgemeinen Grundsätze der notwendigen mündlichen Verhandlung uneingeschränkt. Der Termin wird von Amts wegen bestimmt; die **Ladungsfrist** des § 217 ZPO kann auf Antrag gem. § 226 ZPO durch Beschluss des Vorsitzenden, der dem Antragsgegner zuzustellen und dem Antragsteller mitzuteilen ist, abgekürzt werden. Die Ladungsfrist kann deshalb in Ausnahmefällen auf wenige Stunden beschränkt werden, falls gleichwohl das rechtliche Gehör gewahrt und eine angemessene Vorbereitung gewährleistet ist. **Neue Angriffs- und Verteidigungsmittel** können bis zum Schluss der mündlichen Verhandlung ohne jede Einschränkung vorgebracht werden. Bleibt eine Partei im Termin zur mündlichen Verhandlung aus, kann Versäumnisurteil ergehen, gegen das der Einspruch zulässig ist. Verneint das Gericht Verfügungsanspruch oder -grund, weist es den Antrag durch Endurteil zurück. Das Urteil ist beiden Parteien gem. § 50 von

---

217 Zöller/Vollkommer § 937 Rn 2; GMPMG/Germelmann § 62 Rn 83.
218 LAG Schleswig-Holstein, 26.05.2011 – 1 Ta 76 c/11, NZA-RR 2011, 663.
219 LAG Schleswig-Holstein, 26.05.2011 – 1 Ta 76 c/11, NZA-RR 2011, 663.
220 Vgl. § 53 Rdn. 3 ff.
221 LAG Nürnberg, 23.04.1996 – 6 Sa 287/96, LAGE § 60 HGB Nr. 6; Zöller/Vollkommer § 922 Rn 10.
222 Stein/Jonas/Grunsky § 922 Rn 5; Zöller/Vollkommer § 922 Rn 10.
223 §§ 929 Abs. 2, 329 Abs. 3 ZPO.
224 § 922 Abs. 2 ZPO.
225 § 329 Abs. 3 ZPO.
226 § 922 Abs. 3 ZPO.
227 Zöller/Vollkommer § 922 Rn 1.

Amts wegen zuzustellen; gleichwohl verlangt § 929 ZPO für die Vollziehung der einstweiligen Verfügung eine eigene Tätigkeit des Gläubigers, regelmäßig die **Zustellung im Parteibetrieb** (vgl. Rdn. 73).

4. Rechtsmittel

Das zulässige Rechtsmittel ist davon abhängig, ob das Gericht ohne oder aufgrund mündlicher Verhandlung entschieden hat. Hat das Gericht die einstweilige Verfügung **ohne mündliche Verhandlung** durch Beschluss erlassen, ist der **Widerspruch** nach §§ 936, 924 ZPO statthaft, der an keine Frist gebunden ist. Der Widerspruch ist grds. bei dem Gericht einzulegen, das die Beschlussverfügung erlassen hat. Gegen das Endurteil des ArbG ist die Berufung nach §§ 64 ff. statthaft. Das gilt auch dann, wenn das Gericht nach Eingang des Verfügungsgesuchs sogleich mündliche Verhandlung angeordnet und durch Endurteil entschieden hat. Hat das Beschwerdegericht (nicht das Berufungsgericht der Hauptsache, § 943 ZPO) die Beschlussverfügung erlassen, soll nach herrschender Meinung für die Entscheidung über den Widerspruch gleichwohl das erstinstanzliche Gericht zuständig sein.[228] Obwohl die dafür vorgetragenen Argumente (Verlust einer Instanz) nicht überzeugen, wird man inzwischen davon ausgehen müssen, dass die Zuständigkeit des erstinstanzlichen Gerichts gewohnheitsrechtlich anerkannt ist.

70

Hat das ArbG den Antrag **ohne mündliche Verhandlung zurückgewiesen**, ist gegen diese Entscheidung für den Antragsteller die **sofortige Beschwerde** nach § 567 ZPO gegeben, die nicht dem Anwalts- bzw. Vertreterzwang nach § 11 Abs. 2 unterliegt.[229] Der sofortigen Beschwerde kann das ArbG nach § 572 Abs. 1 ZPO abhelfen, dazu aber nicht eine mündliche Verhandlung anordnen, weil die Entscheidung dann nach § 922 ZPO durch Endurteil ergehen müsste.[230] Hilft das ArbG der sofortigen Beschwerde nicht ab, entscheidet das LAG in diesem Fall unter den gleichen Voraussetzungen wie das ArbG entweder durch den Vorsitzenden allein ohne mündliche Verhandlung durch Beschluss oder nach mündlicher Verhandlung unter Mitwirkung der ehrenamtlichen Richter durch Endurteil.[231] § 922 ZPO genießt als speziellere Vorschrift ggü. § 78 Satz 3 Vorrang. Das nach mündlicher Verhandlung über die sofortige Beschwerde erlassene Urteil steht einem Berufungsurteil gleich; es unterliegt nicht der Revision.[232] Weist das LAG die sofortige Beschwerde ohne mündliche Verhandlung durch Beschluss zurück, ist gegen die Entscheidung ein Rechtsmittel ebenfalls nicht gegeben; die Zulassung der **Rechtsbeschwerde** an das BAG kommt nicht in Betracht, eine dennoch erfolgte Zulassung führt nicht zur Statthaftigkeit.[233] Zwar ist zuzugeben, dass der Wortlaut des § 574 ZPO insoweit keine Einschränkung enthält. Diese Einschränkung ergibt sich jedoch zwingend aus den Regelungen über das Revisionsverfahren. Nach § 72 Abs. 4[234] findet gegen Urteile, durch die über die Anordnung, Abänderung oder Aufhebung eines Arrestes oder einer einstweiligen Verfügung entschieden worden ist, die Revision nicht statt. Der Gesetzgeber hat diese Regelung wegen des provisorischen Charakters und der vorläufigen Bedeutung des Arrest- und Verfügungsverfahrens für notwendig gehalten. Diese gesetzgeberische Wertung galt nach altem Prozessrecht ohne Weiteres auch für den Fall, dass das Beschwerdegericht durch Beschluss entschied.[235] Es ergeben sich keinerlei Anhaltspunkte dafür, dass der Gesetzgeber von seiner in §§ 72 Abs. 4 ArbGG, 542 Abs. 2 ZPO aufrechterhaltenen Entscheidung, im einstweiligen Verfügungsverfahren von einer dritten Instanz abzusehen, für den Fall abrücken wollte, dass die sofortige Beschwerde durch Beschluss zurückgewiesen wird. Eine derartige Entscheidung wäre auch sachlich nicht gerechtfertigt. Denn der provisorische Charakter des Eilverfahrens ändert sich nicht dadurch,

71

---

228 Zöller/Vollkommer § 924 Rn 6 m.w.N.; a.A. LAG Schleswig-Holstein, 25.11.1999 – 4 Sa 584/99, LAGE Art. 9 GG Arbeitskampf Nr. 68a.
229 § 569 Abs. 3 ZPO i.V.m. § 78.
230 Stein/Jonas/Grunsky § 922 Rn 8.
231 GMPMG/Germelmann § 62 Rn 87.
232 § 72 Abs. 4.
233 BAG, 22.01.2003 – 9 AZB 7/03, NZA 2003, 399 = NJW 2003, 1621.
234 § 542 Abs. 2 ZPO.
235 §§ 568 Abs. 2, 567 Abs. 3 Satz 1 ZPO a.F.; §§ 70, 78 Abs. 2 ArbGG a.F.

5. Vollziehung

72 Die einstweilige Verfügung muss binnen einem Monat nach Verkündung bzw. Zustellung vollzogen werden.[236] Im Sprachgebrauch der ZPO ist »**Vollziehung**« die Bezeichnung für die Zwangsvollstreckung von Arresten und einstweiligen Verfügungen.[237] Die Vollziehungsfrist soll im Interesse des Schuldnerschutzes verhindern, dass die einstweilige Verfügung unter wesentlich veränderten Umständen vollzogen wird als unter denen, die ihrer Anordnung zugrunde gelegen haben. Bei **Urteilsverfügungen** beginnt die Vollziehungsfrist mit der **Verkündung** des Urteils, nicht erst mit der Zustellung der Urteilsausfertigung.[238] Das gilt auch dann, wenn dem Gläubiger innerhalb der Vollziehungsfrist trotz Antrags keine Urteilsausfertigung erteilt worden ist.[239] Den Interessen des Gläubigers wird in diesem Fall dadurch Rechnung getragen, dass er sogleich erneut eine einstweilige Verfügung erwirken kann.[240] Bei **Beschlussverfügungen** beginnt die Vollziehungsfrist mit der **Zustellung** der Beschlussausfertigung an den Gläubiger. Für den Fristbeginn genügt auch die formlose Aushändigung des Beschlusses, da der Gläubiger von diesem Zeitpunkt an vollziehen kann.[241] Die einstweilige Verfügung ist gem. §§ 936, 929 Abs. 1 ZPO sofort vollstreckbar und bedarf keiner Vollstreckungsklausel.

73 Die fristwahrende Vollziehung der einstweiligen Verfügung muss im Regelfall durch **Zustellung im Parteibetrieb** erfolgen. Das gilt nach herrschender Meinung sowohl für die Beschluss- als auch für die Urteilsverfügung.[242] Die jeweils vorzunehmenden Vollstreckungsakte richten sich nach dem Inhalt der einstweiligen Verfügung.[243] Bei einer nach §§ 887, 888 ZPO zu vollstreckenden Verfügung ist ebenso wie bei einer nach § 883 ZPO zu vollziehenden Verfügung neben der **Zustellung des Titels** zumindest ein rechtzeitiger **Vollstreckungsantrag** beim Vollstreckungsorgan auf Vornahme von Vollstreckungshandlungen erforderlich.[244] Auch einstweilige Verfügungen, die lediglich ein **Unterlassungsgebot** enthalten, sind vollziehbar. Zwar können sie nicht durch unmittelbaren Zwang vollstreckt werden; wohl aber kann ihre Befolgung durch die Androhung und Festsetzung von Ordnungsmitteln mittelbar erzwungen werden.[245] Für die Vollziehung einer mit einer Ordnungsmittelandrohung versehenen Unterlassungsverfügung ist es ausreichend, dass der Antragsteller sie dem Antragsgegner innerhalb der Monatsfrist des § 929 Abs. 2 ZPO zustellen lässt.[246] Allerdings ist die Parteizustellung nicht die einzig mögliche Vollziehung einer auf Unterlassung gerichteten Urteilsverfügung. Dem Sinn und Zweck der Frist des § 929 Abs. 2 ZPO – eine Vollziehung der einstweiligen Verfügung nach längerer Zeit und unter veränderten Umständen zu verhindern – ist genügt, wenn der Antragsteller innerhalb der Vollziehungsfrist die Festsetzung von Ordnungsmitteln beantragt und damit von der einstweiligen Verfügung Gebrauch macht.[247]

---

236 §§ 936, 929 Abs. 2 ZPO.
237 Zöller/Vollkommer § 928 Rn 2.
238 LAG Hamburg, 29.08.1985 – 4 TaBV 6/85.
239 LAG Bremen, 13.08.1982 – 4 Ta 44/82, AP ZPO § 929 Nr. 3.
240 BVerfG, 27.04.1988 – 1 BvR 549/87, NJW 1988, 3141; OLG Hamm, 26.02.1987 – 4 U 34/87, MDR 1988, 63.
241 Zöller/Vollkommer § 929 Rn 5.
242 LAG Schleswig-Holstein, 18.10.1991 – 6 Sa 44/91; LAG Schleswig-Holstein, 24.05.1995 – 2 Sa 244/95; BGH, 22.10.1992 – IX ZR 36/92, NJW 1993, 1077.
243 OLG Hamm, 07.01.1993 – 14 W 194/92, NJW-RR 1993, 959.
244 Schuschke in: Schuschke/Walker § 929 Rn 19.
245 BGH, 02.11.1995 – IX ZR 141/94, NJW 1996, 198.
246 Hess. LAG, 20.02.1990 – 5 TaBVGa 171/89, NZA 1991, 30; LAG Rheinland-Pfalz, 27.08.1998 – 4 Ta 147/98, BB 2000, 987; LAG Köln, 08.03.2002 – 4 TaBV 2/02, LAGReport 2002, 259; a.A. LAG Hamburg, 28.03.1995 – 3 TaBV 3/95, LAGE § 929 ZPO Nr. 3; LAG Berlin, 12.11.1997 – 3 Ta 15/97; LAG Thüringen, 10.04.2001 – 5 Sa 403/00, LAGE Art. 2 GG Persönlichkeitsrecht Nr. 2 – Zustellung von Amts wegen ausreichend.
247 BGH, 13.04.1989 – IX ZR 148/88, NJW 1990, 122.

Nach **Ablauf der Vollziehungsfrist** ist jegliche Vollstreckung aus der einstweiligen Verfügung **unzu-** 74
lässig, wenn sie nicht vorher eingeleitet wurde. Der Ablauf der Vollziehungsfrist ist **von Amts wegen**
zu beachten. Ist eine **Beschlussverfügung** nicht fristgerecht vollzogen worden, kann der Schuldner
mit dem **Widerspruch** gem. § 924 ZPO die Aufhebung des Verfügungsbeschlusses betreiben oder
den Beschluss im **Verfahren nach § 927 ZPO** wegen Ablaufs der Vollziehungsfrist aufheben lassen.
Die **Urteilsverfügung** kann entweder im **Berufungsverfahren** oder wegen veränderter Umstände
im **Verfahren nach § 927 ZPO** aufgehoben werden.[248] Nach Ablauf der Vollziehungsfrist kann
der Gläubiger sogleich eine **neue Eilverfügung** erwirken, sofern Verfügungsanspruch und -grund
erneut glaubhaft gemacht werden.[249] Die Rechtskraft der ursprünglichen Eilverfügung oder die
Rechtshängigkeit des ursprünglichen Antrags stehen dem nicht entgegen.[250] Wird die unterlassene
Vollziehung mit der Berufung gerügt, ist streitig, ob der Gläubiger sogleich den Neuerlass der einstweiligen Verfügung beantragen kann.[251] Die herrschende Meinung verneint diese Möglichkeit mit
Hinweis darauf, dass für den Neuerlass nicht das Berufungsgericht, sondern das mit der Hauptsache
befasste Gericht zuständig sei.[252] Dem ist entgegenzuhalten, dass die Zuständigkeitsregelung des
§ 919 ZPO nur die erstmalige Befassung des Gerichts mit dem Eilgesuch betrifft.[253] Die Zulassung
einer neuen einstweiligen Verfügung im Berufungsverfahren rechtfertigt sich aus dem Eilcharakter
des Verfahrens. Allerdings ist der Schuldner gehalten, Anschlussberufung einzulegen, um eine neue
Eilentscheidung zu erwirken, wenn die Berufung vom Gläubiger eingelegt worden ist.[254] Da der
Sache nach die alte Verfügungsanordnung aufgehoben und eine neue erlassen wird, sind die Kosten
entsprechend § 92 ZPO zwischen Gläubiger und Schuldner aufzuteilen.

6. Schadensersatz

Erweist sich die Anordnung der einstweiligen Verfügung als von Anfang an ungerechtfertigt oder 75
wird die angeordnete Maßnahme aufgrund des § 926 Abs. 2 ZPO oder des § 942 Abs. 3 ZPO
aufgehoben, ist der Antragsteller verpflichtet, dem Gegner den durch die **Vollziehung entstandenen
Schaden** zu ersetzen, § 945 ZPO.

IV. Der Arrest

Nach Abs. 2 Satz 1 sind auch die Vorschriften über den **Arrest unmittelbar anzuwenden**. Der 76
Arrest spielt im arbeitsgerichtlichen Verfahren nur eine untergeordnete Rolle.[255] Für das Verfahren
gelten die Vorschriften der §§ 916 ff. ZPO.

§ 63 Übermittlung von Urteilen in Tarifvertragssachen

¹Rechtskräftige Urteile, die in bürgerlichen Rechtsstreitigkeiten zwischen Tarifvertragsparteien
aus dem Tarifvertrag oder über das Bestehen oder Nichtbestehen des Tarifvertrags ergangen sind,
sind alsbald der zuständigen obersten Landesbehörde und dem Bundesministerium für Arbeit und
Soziales in vollständiger Form abschriftlich zu übersenden oder elektronisch zu übermitteln. ²Ist die
zuständige oberste Landesbehörde die Landesjustizverwaltung, so sind die Urteilsabschriften oder
das Urteil in elektronischer Form auch der obersten Arbeitsbehörde des Landes zu übermitteln.

---

248 Hess. LAG, 20.02.1990 – 5 TaBVGa 171/89, NZA 1991, 30; Hess. LAG, 10.12.1996 – 9 SaGa 1383/96;
 LAG Thüringen, 10.04.2001 – 5 Sa 403/00, LAGE Art. 2 GG Persönlichkeitsrecht Nr. 2.
249 LAG Hamm, 05.01.1995 – 16 Sa 2094/94, LAGE § 935 ZPO Nr. 8; Zöller/Vollkommer § 929 Rn 23.
250 Zöller/Vollkommer § 929 Rn 23; a.A. OLG Koblenz, 29.07.1980 – 6 U 591/80, GRUR 1980, 1022.
251 So LAG Hamm, 10.06.1998 – 14 Sa 883/98, LAGE § 611 BGB Berufssport Nr. 9; LG Wuppertal,
 02.05.1991 – 9 S 171/91, NJW-RR 1992, 319; Zöller/Vollkommer § 929 Rn 23.
252 OLG Frankfurt am Main, 28.05.1986 – 17 U 17/86, OLGZ 1986, 1427.
253 Walker Rn 599.
254 Walker Rn 601; a.A. Stein/Jonas/Grunsky Rn 18; Zöller/Vollkommer § 929 Rn 23.
255 GMPMG/Germelmann § 62 Rn 89.

§ 63 ArbGG Übermittlung von Urteilen in Tarifvertragssachen

Übersicht

I. Allgemeines ... Rdn. 1
II. Übersendungspflicht ... Rdn. 2

I. Allgemeines

1 Die Vorschrift ergänzt § 9 TVG. Nach § 9 TVG sind rechtskräftige Entscheidungen der Gerichte für Arbeitssachen, die in Rechtsstreitigkeiten zwischen Tarif Vertragsparteien aus dem Tarifvertrag oder über das Bestehen oder Nichtbestehen des Tarifvertrags ergangen sind, in Rechtsstreitigkeiten zwischen tarifgebundenen Parteien sowie zwischen diesen und Dritten für die Gerichte und Schiedsgerichte bindend. Hierdurch wird die Rechtskraft arbeitsgerichtlicher Entscheidungen über § 325 ZPO hinaus erweitert. Damit wird dem normativen Charakter tarifvertraglicher Bestimmungen Rechnung getragen. Zudem dient dies der Rechtssicherheit und Rechtsklarheit.[1] Durch die Begründung der Übersendungspflicht wird dabei sichergestellt, dass die einschlägigen Entscheidungen zugänglich sind. Aufgabe der obersten Arbeitsbehörde bzw. des Bundesarbeitsministeriums ist es, für eine geeignete Veröffentlichung Sorge zu tragen.[2]

II. Übersendungspflicht

2 Die Übersendungspflicht betrifft ausschließlich Urteile, die zwischen Tarifvertragsparteien, nicht zwischen diesen und Dritten, ergangen sind. Der Anwendungsbereich des § 63 ist nicht deckungsgleich mit der Regelung zur Rechtswegzuständigkeit in § 2 Abs. 1 Nr. 1.[3] Es muss ferner in den Rechtsstreiten um Fragen aus dem Tarifvertrag oder über das Bestehen oder Nichtbestehen des Tarifvertrags gehen. Auf die Klageart kommt es nicht an.[4] Hiervon werden insb. Rechtsstreitigkeiten über die Auslegung von Tarifverträgen erfasst.[5] Zu übersenden sind nur rechtskräftige Urteile beliebiger Instanz,[6] von denen die Bindungswirkung nach § 9 TVG ausgehen kann, also nur Urteile, die Entscheidungen zu Sachfragen enthalten.[7] Maßgeblich ist die rechtskräftig gewordene Entscheidung. Wird also ein Rechtsmittel als unzulässig verworfen, ist die dadurch rechtskräftig gewordene Sachentscheidung der Vorinstanz zu übersenden.[8] § 63 gilt entsprechend für die rechtskräftigen Beschlüsse von Gerichten für Arbeitssachen im Verfahren nach § 2a Abs. 1 Nr. 4, damit in Verfahren über die Tariffähigkeit und die Tarifzuständigkeit einer Vereinigung.

3 Die Urteile sind in vollständiger Form abschriftlich zu übersenden. Inzwischen erfolgt die die Übersendung regelmäßig in elektronischer Form, was seit dem 01.04.2005 möglich ist. Kürzungen sind unzulässig, auch wenn nur ein Teil der Entscheidung die Übersendungspflicht auslöst; eine Anonymisierung soll geboten sein.[9] Die Pflicht zur Veranlassung der Übersendung trifft den Vorsitzenden des Spruchkörpers, der die Entscheidung getroffen hat. Die Verletzung der Übersendungspflicht hat keine prozessuale Folgen, stellt aber eine Dienstpflichtverletzung dar.[10] Adressat der zu übersendenden Entscheidung ist das Bundesministerium für Arbeit und Sozialordnung. Gemeint ist das jeweils für Arbeitsordnung zuständige Bundesministerium. Weiterer Adressat ist die zuständige oberste Landesbehörde[11] des Bundeslandes, in dem das entscheidende Gericht seinen Sitz hat. Handelt es sich bei der obersten Landesbehörde um die Landesjustizverwaltung, so muss eine weitere Urteilsabschrift der obersten Arbeitsbehörde des Landes übersandt werden.

---

1 BAG, 28.09.1977 – 4 AZR 446/76.
2 GMPMG/Germelmann § 63 Rn 9; GK-ArbGG/Vossen § 63 Rn 5.
3 GMPMG/Germelmann § 63 Rn 3.
4 GK-ArbGG/Vossen § 63 Rn 7.
5 BAG, 19.02.1965 – 1 AZR 237/64.
6 Vgl. § 64 Abs. 7 u. § 72 Abs. 6 ArbGG.
7 GK-ArbGG/Vossen § 63 Rn 8.
8 GMPMG/Germelmann § 63 Rn 4.
9 GMPMG/Germelmann § 63 Rn 7.
10 GK-ArbGG/Vossen § 63 Rn 11.
11 Vgl. § 15 Abs. 1 Satz 1.

Zweiter Unterabschnitt Berufungsverfahren

§ 64 Grundsatz

(1) Gegen die Urteile der Arbeitsgerichte findet, soweit nicht nach § 78 das Rechtsmittel der sofortigen Beschwerde gegeben ist, die Berufung an die Landesarbeitsgerichte statt.

(2) Die Berufung kann nur eingelegt werden,
a) wenn sie in dem Urteil des Arbeitsgerichts zugelassen worden ist,
b) wenn der Wert des Beschwerdegegenstandes 600 Euro übersteigt,
c) in Rechtsstreitigkeiten über das Bestehen, das Nichtbestehen oder die Kündigung eines Arbeitsverhältnisses oder
d) wenn es sich um ein Versäumnisurteil handelt, gegen das der Einspruch an sich nicht statthaft ist, wenn die Berufung oder Anschlussberufung darauf gestützt wird, dass der Fall der schuldhaften Versäumung nicht vorgelegen habe.

(3) Das Arbeitsgericht hat die Berufung zuzulassen, wenn
1. die Rechtssache grundsätzliche Bedeutung hat,
2. die Rechtssache Rechtsstreitigkeiten betrifft
   a) zwischen Tarifvertragsparteien aus Tarifverträgen oder über das Bestehen oder Nichtbestehen von Tarifverträgen,
   b) über die Auslegung eines Tarifvertrags, dessen Geltungsbereich sich über den Bezirk eines Arbeitsgerichts hinaus erstreckt, oder
   c) zwischen tariffähigen Parteien oder zwischen diesen und Dritten aus unerlaubten Handlungen, soweit es sich um Maßnahmen zum Zwecke des Arbeitskampfes oder um Fragen der Vereinigungsfreiheit einschließlich des hiermit im Zusammenhang stehenden Betätigungsrechts der Vereinigungen handelt, oder
3. das Arbeitsgericht in der Auslegung einer Rechtsvorschrift von einem ihm im Verfahren vorgelegten Urteil, das für oder gegen eine Partei des Rechtsstreits ergangen ist, oder von einem Urteil des im Rechtszug übergeordneten Landesarbeitsgerichts abweicht und die Entscheidung auf dieser Abweichung beruht.

(3a) [1]Die Entscheidung des Arbeitsgerichts, ob die Berufung zugelassen oder nicht zugelassen wird, ist in den Urteilstenor aufzunehmen. [2]Ist dies unterblieben, kann binnen zwei Wochen ab Verkündung des Urteils eine entsprechende Ergänzung beantragt werden. [3]Über den Antrag kann die Kammer ohne mündliche Verhandlung entscheiden.

(4) Das Landesarbeitsgericht ist an die Zulassung gebunden.

(5) Ist die Berufung nicht zugelassen worden, hat der Berufungskläger den Wert des Beschwerdegegenstandes glaubhaft zu machen; zur Versicherung an Eides statt darf er nicht zugelassen werden.

(6) [1]Für das Verfahren vor den Landesarbeitsgerichten gelten, soweit dieses Gesetz nichts anderes bestimmt, die Vorschriften der Zivilprozessordnung über die Berufung entsprechend. [2]Die Vorschriften über das Verfahren vor dem Einzelrichter finden keine Anwendung.

(7) Die Vorschriften des § 49 Abs. 1 und 3, des § 50, des § 51 Abs. 1, der §§ 52, 53, § 55 Abs. 1 Nr. 1 bis 9, Abs. 2 und 4, des § 54 Absatz 6, des § 54a, der §§ 56 bis 59, 61 Abs. 2 und 3 und der §§ 62 und 63 über Ablehnung von Gerichtspersonen, Zustellungen, persönliches Erscheinen der Parteien, Öffentlichkeit, Befugnisse des Vorsitzenden und der ehrenamtlichen Richter, Güterichter, Mediation und außergerichtliche Konfliktbeilegung, Vorbereitung der streitigen Verhandlung, Verhandlung vor der Kammer, Beweisaufnahme, Versäumnisverfahren, Inhalt des Urteils, Zwangsvollstreckung und Übersendung von Urteilen in Tarifvertragssachen gelten entsprechend.

(8) Berufungen in Rechtsstreitigkeiten über das Bestehen, das Nichtbestehen oder die Kündigung eines Arbeitsverhältnisses sind vorrangig zu erledigen.

§ 64 ArbGG Grundsatz

Übersicht	Rdn.		Rdn.
I. Statthaftigkeit der Berufung und Beschwer	2	b) §§ 512–513, 528–529 ZPO: Prüfungsumfang	83
1. Berufungsfähige Urteilsformen	3	c) § 515: Berufungsverzicht	92
2. Beschwer	10	d) § 516: Zurücknahme der Berufung	97
3. Gerichtliche Zulassung oder Statthaftigkeit kraft Gesetz	19	e) § 517–521: Berufungsfrist, Berufungsschrift, Berufungsbegründung	103
a) Zulassung der Berufung	20	f) §§ 522–523: Zulässigkeitsprüfung, Zurückweisung, Terminsbestimmung	104
aa) die Zulassung der Berufung als Statthaftigkeitsgrund	21	g) § 524 ZPO: Anschlussberufung	105
bb) Zulassungsgründe	22	h) § 525 ZPO: Erstinstanzliche Verfahrensregeln, schriftliches Verfahren	114
cc) Zulassungsentscheidung	35	i) §§ 530–532, 534: Verspätungsfolgen	116
dd) Bindungswirkung der Zulassungsentscheidung	47	j) § 533: Klageänderung, Aufrechnungserklärung, Widerklage	117
b) Wertabhängige Berufungsfähigkeit	50	k) §§ 535–537: Gerichtliches Geständnis, Parteivernehmung, vorläufige Vollstreckbarkeit	118
c) Berufungsfähigkeit von Bestandsstreitigkeiten	61	l) § 538: Zurückverweisung in die erste Instanz	119
d) Berufungsfähigkeit von (Zweiten) Versäumnisurteilen	63	m) § 539 Versäumnisverfahren	120
II. Berufungsverfahren	68	n) §§ 540–541: Inhalt des Berufungsurteils, Prozessakten	121
1. Geltung erstinstanzlicher Verfahrensvorschriften	69	3. Beschleunigung in Bestandsschutzstreitigkeiten, Abs. 8	122
2. Geltung von ZPO-Vorschriften zur Berufung	81		
a) §§ 511, 514 ZPO: Statthaftigkeit der Berufung	82		

1 § 64 leitet den Unterabschnitt zum Berufungsverfahren ein und ist zugleich dessen zentrale Vorschrift. Abs. 1–5 treffen Regelungen im Zusammenhang mit der Statthaftigkeit der Berufung. Abs. 6–8 betreffen das vom LAG als dem Berufungsgericht zu beachtende Verfahren. Wegen der dort angeordneten Geltung von Vorschriften zum erstinstanzlichen arbeitsgerichtlichen Verfahren sowie zum Berufungsverfahren vor den allgemeinen Zivilgerichten können sich die übrigen Bestimmungen der §§ 64–69 auf die Normierung von Abweichungen beschränken.

I. Statthaftigkeit der Berufung und Beschwer

2 Die Zulässigkeit der Berufung hat verschiedene Voraussetzungen: Es muss sich bei der angegangenen Entscheidung des ArbG um eine berufungsfähige Urteilsform handeln (1) und das Urteil muss kraft gesetzlicher Anordnung oder aufgrund einer Zulassungsentscheidung des ArbG berufungsfähig sein (3). Weiter muss der Berufungsführer durch die angegriffene Verurteilung beschwert sein (2).

1. Berufungsfähige Urteilsformen

3 § 64 Abs. 1 knüpft an die Bestimmung in § 8 Abs. 2 an, wonach die sachliche Zuständigkeit für die Berufung bei den LAG liegt. Die Vorschrift regelt, hinsichtlich welcher Entscheidungen die Berufung zum LAG stattfindet. Gegenstand der Berufung sind Urteile des ArbG. Die Berufung ist aber nicht für alle Urteilsarten eröffnet. Für die in §§ 300 ff. ZPO geregelten Urteilsformen gilt Folgendes:

– **Endurteile** nach §§ 300–301 ZPO, wie sie den Rechtsstreit in der Hauptsache ganz oder hinsichtlich eines selbstständigen Teils hiervon (dann **Teilurteil** bzw. **Schlussurteil** gem. § 301 ZPO) für die Instanz endgültig entscheiden, sind grundsätzlich der Berufung zugänglich. Besonderheiten gelten bei der Anfechtung von **Kostenschlussurteilen**, also auf die Entscheidung über die Kosten beschränkten Schlussurteilen. Diese können wegen des Ausschlusses der isolierten Anfechtung der Kostenentscheidung durch § 99 Abs. 1 ZPO nur dann mit der Berufung ange-

fochten werden, wenn eine Berufung gegen das vorhergehende Teilurteil eingelegt worden und noch anhängig ist.[1]
– Für das **Vorbehaltsurteil** nach § 302 ZPO, das eine Verurteilung unter dem Vorbehalt der Entscheidung über die seitens des Beklagten erklärte **Aufrechnung** erlaubt,. bestimmt § 302 Abs. 3 ZPO, dass ein solches Urteil in Betreff der Rechtsmittel als Endurteil anzusehen ist. Das an das Vorbehaltsurteil anschließende Nachverfahren zur Begründetheit der Aufrechnung schließt ggf. mit einem Endurteil ab, wie es ebenfalls zu den berufungsfähigen Urteilsformen gehört.
– **Zwischenurteile** nach § 303 ZPO entscheiden nur über einen Zwischenstreit. Sie enthalten keine endgültige oder zumindest – wie das Vorbehaltsurteil – auflösend bedingte Entscheidung über den Streitgegenstand oder einen selbstständigen Teil davon. **Grundsätzlich sind Zwischenurteile** nicht gesondert, sondern **nur zusammen mit der Endentscheidung anfechtbar**. Hiervon gelten aber für die (arbeitsgerichtliche) Praxis bedeutende Ausnahmen etwa für das Zwischenurteil über die Zulässigkeit der Klage oder über die nachträgliche Zulassung einer Kündigungsschutz- oder Entfristungsklage (zu den Einzelheiten vgl. Rdn. 85).
– **Grundurteile** nach § 304 ZPO sind eine Sonderform des Zwischenurteils. Sie entscheiden in Streitigkeiten über Grund und Höhe eines Anspruchs vorab darüber, ob dem **Grunde nach ein Anspruch besteht**. Während sie im allgemeinen Zivilprozess nach der Regelung in § 304 Abs. 2 ZPO berufungsfähig sind, schließt das ArbGG sie für das arbeitsgerichtliche Berufungsverfahren aus dem Kreis anfechtbarer Urteile aus. Das **Grundurteil des ArbG ist nicht berufungsfähig**. Dies ergibt sich aus § 61 Abs. 3 (vgl. dazu § 61 Rdn. 39), wonach ein über den Grund des Anspruchs vorab entscheidendes Zwischenurteil wegen der Rechtsmittel nicht als Endurteil anzusehen ist. Ein Grundurteil kann nur mit der Entscheidung über die Höhe des Anspruchs im Endurteil einer Überprüfung durch das LAG zugeführt werden.[2] Dies gilt auch dann, wenn in dem Urteil die Berufung zugelassen oder über das Rechtsmittel der Berufung belehrt wird.[3]
– **Verzichtsurteil** (§ 306 ZPO) und **Anerkenntnisurteil** (§ 307 ZPO) sind beide berufungsfähig. Insbesondere mangelt es nicht an der erforderlichen Beschwer (dazu Rdn. 14). Verzicht und Anerkenntnis aus der ersten Instanz wirken aber in der Berufungsinstanz fort. Das Rechtsmittel gegen ein Verzichtsurteil hat nur dann Aussichten auf Erfolg, wenn die Wirkungen des Verzichts beseitigt werden können.[4] Ergibt die Prüfung durch das Rechtsmittelgericht, dass das Anerkenntnis wirksam ist, hat es die Berufung ohne weitere Prüfung zurückzuweisen.[5] Fehlt ein wirksames Anerkenntnis, ist – bei Vorliegen der weiteren Voraussetzungen – ausnahmsweise eine Zurückverweisung an das ArbG analog § 538 Abs. 2 Nr. 6 ZPO möglich (vgl. § 68 Rdn. 21).
– Ein **Ergänzungsurteil** kann nach § 321 ZPO ergehen, wenn das Gericht versehentlich die vollständige Bescheidung eines Klageanspruchs oder einen sonst erforderlichen Ausspruch im Urteil unterlassen hat. Es gehört zu den berufungsfähigen ArbG-Urteilen.[6] Zu den Auswirkungen eines Ergänzungsurteils auf die Berufungsfrist vgl. § 66 Rdn. 48.
– **Versäumnisurteile** nach §§ 330, 331, 345 ZPO unterliegen nur ausnahmsweise der Berufung (vgl. Rdn. 64 ff.). Vorrangig ist hier der Einspruch.

Ausgenommen von der Berufungsfähigkeit sind **Urteile, gegen die sofortige Beschwerde** nach § 78 **statthaft** ist. Dies sind **Zwischenurteile** über die Zulassung respektive Zurückweisung eines **Nebenintervenienten** nach § 71 ZPO oder über die Rechtmäßigkeit einer **Zeugnisverweigerung** nach § 387 ZPO sowie **Kostenentscheidungen** in Anerkenntnisurteilen gem. § 99 Abs. 2 ZPO.[7] Soweit

4

---

1 BGH, 13.10.1983 – VIII ZB 30/82; MünchKomm-ZPO/Schulz § 99 Rn 8.
2 GK-ArbGG/Vossen § 64 Rn 17; GWBG/Benecke § 64 Rn 3.
3 BAG, 25.02.1999 – 3 AZR 232/97; GMPMG/Germelmann § 61 Rn 44; GK-ArbGG/Schütz § 61 Rn 54a; Schwab/Weth-Berscheid § 61 Rn 62.
4 Zöller/Vollkommer § 306 Rn 12.
5 Musielak/Voit/Musielak § 307 Rn 17.
6 GK-ArbGG/Vossen § 64 Rn 17; Schwab/Weth-Schwab § 64 Rn 23.
7 Hauck/Helml/Biebl § 64 Rn 2; GMPMG/Germelmann § 64 Rn 11; Natter/Gross-Pfeiffer § 64 Rn 11; Schwab/Weth-Schwab § 64 Rn 27.

in der Hauptsache die Berufung eröffnet ist, sind zwei Rechtsbehelfe gegen Anerkenntnisurteile des ArbG gegeben: Die Berufung, wenn sich der Beklagte gegen die Verurteilung in Hauptsache und Kosten wendet, und die Beschwerde beschränkt auf die Kostenentscheidung.[8] Die Rechtsmittelbelehrung zur arbeitsgerichtlichen Entscheidung ist entsprechend anzupassen.

5 Besonderheiten gelten bei **formfehlerhaften Entscheidungen** (z.B. Entscheidung in Urteilsform anstelle eines Beschlusses). Hierzu ist anerkannt, dass den Parteien das Rechtsmittel zusteht, welches nach der Art der tatsächlich ergangenen Entscheidung statthaft ist. Zulässig ist aber auch das Rechtsmittel, das bei zutreffender Entscheidungsform gegeben wäre.[9] Es greift der **Meistbegünstigungsgrundsatz**. Den Parteien sollen durch das fehlerhafte Verfahren des Gerichts keine Nachteile erwachsen.[10] Die Partei darf aber die danach eröffneten Rechtsmittel nicht vermischen. Sie kann wählen, muss dann aber alle Anforderungen an das gewählte Rechtsmittel beachten.[11] Erteilt das ArbG die für die fehlerhaft gewählte Entscheidungsform zutreffende Rechtsmittelbelehrung, dann muss sich die Partei, will sie Vertrauensschutz genießen, hieran in vollem Umfang halten.[12]

6 Das mit dem Rechtsmittel befasste Gericht hat die Sache in die Bahn zu lenken, in die es bei zutreffender Behandlung durch die Vorinstanz und dem danach gegebenen Rechtsmittel gelangt wäre.[13] Die zutreffend in Urteilsform zu erlassende Entscheidung ist also trotz Erlass eines Beschlusses als Berufung zu behandeln und umgekehrt.

7 Bei der Anwendung des Meistbegünstigungsgrundsatzes sind Einschränkungen zu beachten. So kann die formfehlerhafte Entscheidung **keinen weiteren Instanzenzug** eröffnen, wenn gegen die formgerecht ergangene Entscheidung desselben Inhalts kein Rechtsmittel zulässig wäre.[14] Diese Beschränkung wird für das arbeitsgerichtliche Verfahren wichtig, wenn die von § 9 Abs. 5 vorgeschriebene **Rechtsmittelbelehrung fehlerhaft** auf ein nicht statthaftes Rechtsmittel hinweist. Da der Meistbegünstigungsgrundsatz auf jedes Fehlverhalten des Gerichts zu erstrecken ist, das die Parteien in Unsicherheit über die Art des zulässigen Rechtsmittels versetzt,[15] unterfällt ihm an sich auch die falsche Rechtsmittelbelehrung. Dennoch kann diese nicht den Weg zu dem ansonsten unzulässigen Rechtsmittel eröffnen. Deshalb kann ein Streitverkündeter, der dem Rechtsstreit nicht formgerecht beigetreten ist, nicht allein deshalb zulässig Rechtsmittel einlegen, weil ihm eine Belehrung über die Zulässigkeit dieses Rechtsmittels erteilt worden ist.[16] Gleiches gilt für das an eine Zulassung gebundene Rechtsmittel, wenn der Tenor keine Zulassung enthält und die Zulassung in den Gründen abgelehnt wird, gleichwohl aber eine Belehrung über die Zulässigkeit des Rechtsmittels erteilt wird.[17] Ebenso führt dessen im Tenor ausgesprochene Zulassung nicht dazu, dass ein gesetzlich nicht vorgesehenes Rechtsmittel zulässig wird.[18] Das Meistbegünstigungsprinzip greift schließlich nicht bei einem **inhaltlich falschen** Urteil, das **in der dem inhaltlichen Fehler entsprechenden Form** ergeht. Deshalb ist nur der Einspruch und nicht auch die Berufung statthaft, wenn das Erstgericht zu Unrecht einen Fall der Säumnis annimmt und deshalb ein Versäumnisurteil erlässt.[19]

---

8 Vgl. Stein/Jonas/Leipold § 307 Rn 58 f.
9 BGH, 03.11.1998 – VI ZB 29/98, NJW 1999, 583; BGH, 29.02.2012 – XII ZB 108/11, Rn 12.
10 BAG, 05.12.1984 – 5 AZR 354/84; BAG, 21.04.1993 – 5 AZR 276/92; BGH, 17.10.1986 – V ZR 169/85, NJW 1987, 442; BGH, 29.02.2012 – XII ZB 108/11, Rn 12.
11 Zöller/Heßler vor § 511 Rn 32.
12 Schwab, Die Berufung im arbeitsgerichtlichen Verfahren, S. 32.
13 BAG, 21.04.1993 – 5 AZR 276/92; Musielak/Voit/Ball vor § 511 Rn 34; Zöller/Heßler vor § 511 Rn 33.
14 BAG, 31.01.2008 – 8 AZR 10/07, Rn 44; BGH, 05.07.1990 – LwZR 7/98; BGH, 19.12.1996 – IX ZB 108/96, NJW 1997, 1448; BGH, 17.12.2008 – XII ZB 125/06, Rn 17.
15 BAG, 05.12.1984 – 5 AZR 354/84; BGH, 16.10.2002 – VIII ZB 27/02.
16 BAG, 31.01.2008 – 8 AZR 11/07, Rn 51.
17 BAG, 20.09.2000 – 2 AZR 345/00, NZA 2001, 52.
18 BAG, 18.11.2015 – 10 AZB 34/15, NZA 2016, 192, Rn 9.
19 BGH, 03.12.1993 – V ZR 275/92, NJW 1994, 665; BGH, 03.11.1998 – VI ZB 29/98, NJW 1999, 583.

Auch **Nichturteile** oder **Scheinurteile** unterliegen der Berufung. Praktisch wird dies im Fall einer unterbliebenen, wirkungslosen[20] oder nicht durch das Sitzungsprotokoll nachgewiesenen (vgl. § 165 Satz 1 ZPO) **Verkündung** der Entscheidungsformel. Solange das Urteil nicht nachweisbar verkündet ist, ist es noch nicht als Urteil existent, sondern bloß ein noch abänderbarer Entwurf.[21] Dieser kann keinerlei rechtliche Wirkungen erzeugen. Dringt die Entscheidung nach außen, etwa weil sie irrtümlich zugestellt wird, dann kann sie gleichwohl zur Beseitigung der mit ihr verbundenen Scheinwirkungen mit Rechtsmittel angefochten werden.[22] Eine solche Berufung ist auf die Beseitigung des Rechtsscheins gerichtet. Sie kann daher nicht vom Vorliegen der Zulässigkeitsvoraussetzungen des echten Rechtsmittelverfahrens abhängig gemacht werden. Liegt ein Nichturteil vor, stellt das Berufungsgericht dies klar.[23] Eine konstitutive Zurückverweisung ist nicht erforderlich,[24] weil das Nichturteil keine verfahrensbeendende Wirkung hat[25] und der Rechtsstreit deshalb noch in erster Instanz anhängig ist[26] (zu Einzelheiten und zum Streitstand vgl. § 68 Rdn. 12). 8

Abzugrenzen von den wegen unterbliebener Verkündung wirkungslosen Entscheidungen sind solche Urteile, wo nach dem Willen des Gerichts die Zustellung die Verkündung ersetzen sollte, obwohl dies nach der Prozessordnung unzulässig war. Die Verfehlung der gesetzlichen Voraussetzungen für die **Verkündungsersetzung** durch **Zustellung** stellt einen bloßen Verfahrensmangel dar, der die Entstehung eines wirksamen Urteils nicht hindert.[27] In einem solchen Fall bestimmt sich die Zulässigkeit der Berufung nach den allgemeinen Regeln. Das LAG ist wegen § 68 an einer Zurückverweisung gehindert und muss eine eigene Sachentscheidung treffen.[28] Diese Überlegungen können aber nicht auf alle Fälle nicht ordnungsgemäß verkündeter aber zugestellter Urteile übertragen werden.[29] Dort wo keine Anhaltspunkte dafür bestehen, dass das Gericht in Abweichung von dem Verkündungserfordernis aus §§ 310 Abs. 1 ZPO, 60 Abs. 1 das Urteil durch Zustellung den Anforderungen entsprechend verlautbaren wollte, fehlt es an dem Verlautbarungswillen, wie er Voraussetzung der Urteilswirksamkeit ist.[30] 9

2. Beschwer

Die Zulässigkeit eines Rechtsmittels setzt voraus, dass die angefochtene Entscheidung eine Beschwer des Rechtsmittelführers enthält und er mit seinem Rechtsmittel gerade die Beseitigung dieser Beschwer begehrt.[31] Das **Erfordernis einer Beschwer** gilt unabhängig von besonderen Vorschriften, die wie etwa § 64 Abs. 2 Buchst. b) eine bestimmte Mindestbeschwer für die Rechtsmittelzulässigkeit verlangen. Die Beschwer begründet das Rechtsschutzbedürfnis des Rechtsmittelführers.[32] 10

---

20 Zu den Mindestvoraussetzungen an eine wirksame Verkündung: BAG, 16.05.2002 – 8 AZR 412/01; BGH (GrZivSen.) 14.06.1954 – GSZ 3/54, NJW 1954, 1281; BGH, 31.05.2007 – X ZR 172/04, NJW 2007, 3210.
21 Musielak/Voit/Musielak § 310 Rn 8.
22 BGH, 16.10.1984 – VI ZB 25/83; Zöller/Vollkommer § 310 Rn 7.
23 BGH, 03.11.1994 – LwZB 5/94, NJW 1995, 404.
24 BGH, 03.11.1994 – LwZB 5/94, NJW 1995, 404; LAG Sachsen, 02.08.1994 – 9 (1) Sa 299/93.
25 Zöller/Vollkommer vor § 300 Rn 14.
26 GMPMG/Germelmann § 60 Rn 27.
27 BGH, 12.03.2004 – V ZR 37/03; Zöller/Vollkommer § 310 Rn 6.
28 LAG Hamm, 02.07.1997 – 2 Sa 2326/95.
29 A.A. Schwab/Weth-Tiedemann § 60 Rn 34.
30 BGH, 12.03.2004 – V ZR 37/03.
31 BAG, 08.12.2009 – 1 ABR 66/08, NZA 2010, 404, Rn 11; BAG, 17.04.2012 – 1 ABR 5/11, NZA 2012, 1104, Rn 19; BGH, 20.10.1982 – IVb ZR 318/81, NJW 1983, 172; 25.09.1986 – II ZR 31/86; Zöller/Heßler vor § 511 Rn 10.
32 BGH, 13.05.1974 – VIII ZB 12/74; BGH, 11.01.2007 – IX ZB 271/04, Rn 11; BGH, 01.04.2009 – XII ZB 46/08, Rn 16; vgl. Schwab/Weth-Schwab § 64 Rn 14.

Dabei darf die Beschwer nicht allein im Kostenpunkte bestehen.[33] Die isolierte Anfechtung einer Kostenentscheidung durch Berufung schließt nämlich § 99 Abs. 1 ZPO aus.

11 Die Rechtsprechung unterscheidet bei der Feststellung der erforderlichen Beschwer nach der Parteirolle. Der Kläger ist durch eine gerichtliche Entscheidung nur dann beschwert, wenn diese von dem in der unteren Instanz gestellten Antrag zu seinem Nachteil abweicht, seinem Begehren also nicht voll entsprochen worden ist (sogenannte **formelle Beschwer**).[34] Für den Beklagten liegt die Beschwer, die ihn zur Einlegung des Rechtsmittels berechtigt, hingegen in dem Betrag oder in dem Wert seiner Verurteilung (sog. **materielle Beschwer**).[35] Mit Ausnahme der Beschwer allein im Kostenpunkt ist ausreichend jeder nachteilige, der Rechtskraft fähige Entscheidungsinhalt.[36]

12 Die für den Beklagten ausreichende **materielle Beschwer** kann auch dann vorliegen, wenn das Gericht seinem Klageabweisungsantrag nachgekommen ist und eine formelle Beschwer deshalb fehlt. Ausreichend ist, wenn das angefochtene Urteil seinem Inhalt nach für den Beklagten nachteilig ist, er also mit dem Rechtsmittel eine für ihn günstigere Entscheidung anstrebt,[37] wie sie in der Klageabweisung als **unbegründet** anstelle einer im angegriffenen Urteil ausgesprochenen Abweisung als **derzeit unbegründet**[38] oder **unzulässig**[39] liegen kann.

13 Hat der Beklagte sich mit einer **Aufrechnung** verteidigt, so ist er trotz Klageabweisung beschwert, wenn die Klage wegen Durchgreifen der Aufrechnung abgewiesen wird.[40] Ergeht dagegen wegen der Gegenforderung keine rechtskraftfähige Entscheidung, folgt aus der Aufrechnung keine Beschwer des Beklagten.[41]

14 Hält man am Genügen der materiellen Beschwer für die beklagte Partei fest, so ist diese durch ein **Anerkenntnisurteil** beschwert.[42] Liegen die weiteren Voraussetzungen vor, kann sie eine zulässige Berufung einlegen, obwohl die Verurteilung auf dem von ihr in der mündlichen Verhandlung gem. § 307 ZPO abgegebenen Anerkenntnis beruht.[43] Beim **Verzichtsurteil** gem. § 306 ZPO ist der Kläger durch die Klageabweisung infolge des Verzichts beschwert.[44]

15 Maßgebender **Zeitpunkt** für das Vorliegen einer Beschwer ist der Schluss der mündlichen Verhandlung vor dem Berufungsgericht. In diesem Zeitpunkt muss der Berufungsführer die Beschwer aus dem erstinstanzlichen Urteil zumindest teilweise noch beseitigen wollen. Die Berufung ist unzulässig, wenn sie den im ersten Rechtszug erhobenen Anspruch nicht wenigstens teilweise weiter verfolgt, sondern lediglich im Wege der Klageänderung einen neuen, bisher nicht geltend gemachten Anspruch zur Entscheidung stellt. Die bloße Erweiterung oder Änderung der Klage in zweiter Instanz kann nicht alleiniges Ziel des Rechtsmittels sein. Vielmehr setzt ein derartiges Prozessziel

---

33 BAG, 23.06.1993 – 2 AZR 56/93, NZA 1994, 264; BGH, 25.09.2002 – XII ZR 55/00; BGH, 18.01.2007 – IX ZB 170/06.
34 BAG, 13.12.2012 – 6 AZR 348/11, NZA 2013, 669, Rn 29; BGH, 09.10.1990 – VI ZR 89/90, NJW 1991, 703; BGH, 02.02.1999 – VI ZR 25/98, NJW 1999, 1339; BGH, 12.03.2004 – V ZR 37/03, NJW 2004, 2019.
35 BGH, 18.01.2007 – IX ZB 170/06.
36 BAG, 13.12.2012 – 6 AZR 348/11, NZA 2013, 669, Rn 32.
37 BAG, 23.02.2010 – 2 AZR 554/08, NZA 2010, 1123, Rn 58.
38 BGH, 04.05.2000 – VII ZR 53/99, NJW 2000, 2988; Schwab/Weth-Schwab § 64 Rn 21.
39 BAG, 19.11.1985 – 1 ABR 37/83, NZA 1986, 480; BAG, 18.09.1997 – 2 ABR 15/97, NZA 1998, 189; BGH, 18.11.1958 – VIII ZR 131/57, NJW 1959, 436.
40 Zöller/Heßler vor § 511 Rn 26.
41 Vgl. BGH, 24.02.1994 – VII ZR 209/93, NJW 1994, 1538.
42 BGH, 15.01.1992 – XII ZB 135/91, NJW 1992, 1513; GMPMG/Germelmann § 64 Rn 14a; GK-ArbGG/Vossen § 64 Rn 15; Schwab/Weth-Schwab § 64 Rn 22; Zöller/Vollkommer § 307 Rn 11; a.A. LAG Berlin 05.11.1979 – 9 Sa 95/79; Lepke DB 1980, 974, 978.
43 Vgl. zum Prüfungsumfang im Berufungsverfahren Rdn. 3.
44 Zöller/Vollkommer § 306 Rn 12.

eine zulässige Berufung voraus.[45] Die Berufung mit dem alleinigen Ziel, die Klage in der Berufungsinstanz zu erweitern oder zu ändern, ist unzulässig.[46]

Fragen nach der Beschwer der Partei stellen sich im Arbeitsrecht insbesondere bei **Auflösung** des **Arbeitsverhältnisses** nach unwirksamer Kündigung durch das Gericht, §§ 9, 10 KSchG. Hier liegt eine zur Anfechtung berechtigende formelle Beschwer vor, wenn das Gericht entgegen dem Antrag der Partei das Arbeitsverhältnis nicht auflöst. Formelle Beschwer besteht auch für diejenige Partei, die sich gegen einen Auflösungsantrag gestellt hat, dem das Gericht stattgibt.[47] 16

Dagegen **fehlt** es an einer zur Anfechtung berechtigenden **Beschwer**, wenn die Berufung nach erstinstanzlichem Obsiegen mit der Kündigungsschutzklage allein mit dem Ziel eingelegt wird, nunmehr einen Auflösungsantrag zu stellen.[48] Die Beschwer fehlt ebenfalls, wenn die Berufung allein darauf zielt, einen in der ersten Instanz erfolgreichen Auflösungsantrag vor dem LAG zurückzunehmen.[49] 17

Gibt das Gericht dem Auflösungsantrag statt und setzt einen Betrag fest, so folgt eine zur Anfechtung berechtigende Beschwer nicht bereits daraus, dass das ArbG bei der Festsetzung der Abfindung unterhalb des Rahmens aus § 10 KSchG geblieben ist.[50] Die Beschwer kann sich aber aus der Verfehlung in der Antragsbegründung geäußerter Vorstellungen zur Höhe ergeben[51] oder der Berufungsführer Ermessensfehler der Vorinstanz bei der Beurteilung des unbezifferten Klageantrags geltend macht.[52] Die gleichen Grundsätze gelten bei unbezifferten Anträgen auf **Nachteilsausgleich** aus § 113 BetrVG,[53] **angemessene Entschädigung** wegen **Diskriminierung** nach § 15 Abs. 2 AGG oder auf **Schmerzensgeld** nach § 253 Abs. 2 BGB.[54] 18

3. Gerichtliche Zulassung oder Statthaftigkeit kraft Gesetz

Im arbeitsgerichtlichen Berufungsverfahren ist die Qualifizierung als eine der Berufung zugängliche Urteilsform und das Vorliegen einer Beschwer allein nicht ausreichend, damit die Berufung zulässig ist. Besondere und differenzierte Statthaftigkeitsvoraussetzungen sind in § 64 Abs. 2 aufgestellt, wonach außerhalb bestimmter Streitgegenstände oder besonderer Urteilsformen die Berufung entweder einen Mindestwert des Beschwerdegegenstandes oder eine Zulassungsentscheidung seitens des ArbG voraussetzt. Die Regelung hat eine lange Geschichte. Bereits das ArbGG 1926 kombinierte eine **streitwertabhängige Berufungsfähigkeit** mit der **Zulassungsberufung**. Eine Reihe von Reformen hat die Regelung ausdifferenziert: Bezüglich der Zulassungsberufung ergänzen Abs. 3–4 Bestimmungen zu den Zulassungsgründen, Verfahren, Entscheidungsform, Bindungswirkung. Die kraft Gesetzes bestehende Berufungsfähigkeit knüpft nicht mehr allein an die wirtschaftliche Bedeutung der Verurteilung an, sondern ist auch für **Bestandsstreitigkeiten** und – bei Vorliegen besonderer Umstände – für **(Zweite) Versäumnisurteile** gegeben.[55] Die aus der Regelung folgende 19

---

45 BAG, 10.02.2005 – 6 AZR 183/04, NZA 2005, 1884, Rn 14; Musielak/Voit/Ball Vorbemerkung vor § 511, Rn 26.
46 BAG, 19.02.2008 – 9 AZR 70/07, NZA 2008, 1016, Rn 21.
47 ErfK/Kiel § 9 KSchG Rn 31f.; KR-Spilger § 9 KSchG Rn 97.
48 BAG, 03.04.2008 – 2 AZR 720/06, NZA 2008, 1258, Rn 10; APS-Biebl § 9 KSchG Rn 102.
49 BAG, 23.06.1993 – 2 AZR 56/93, NZA 1994, 264; APS-Biebl § 9 KSchG Rn 103.
50 Schwab/Weth-Schwab § 64 Rn 19; allgemein zu unbezifferten Klageanträgen Zöller/Heßler vor § 511 Rn 17, a.A. ErfK/Kiel § 9 KSchG Rn 31; KR-Spilger § 10 KSchG Rn 69.
51 LAG Köln, 21.03.2005 – 2 Sa 1499/04; von Hoyningen-Huene/Linck § 10 KSchG Rn 28.
52 LAG Rheinland-Pfalz, 09.12.2011 – 9 Sa 557/11.
53 BAG, 10.12.1996 – 1 AZR 290/96, NZA 1997, 1899, unter B I.
54 GK-ArbGG/Vossen § 64 Rn 11; Schwab/Weth-Schwab § 64 Rn 19.
55 Die auf das Gesetz zu Beschleunigung und Bereinigung des arbeitsgerichtlichen Verfahrens vom 21.05.1979 (BGBl. I 1979, S. 545) zurückgehende Privilegierung nicht vermögensrechtlicher Streitigkeiten hat der Gesetzgeber im Arbeitsgerichtsbeschleunigungsgesetz 2000 (BGBl. I 2000, S. 333) mit Wirkung zum 01.05.2000 aufgegeben.

§ 64 ArbGG Grundsatz

Einschränkung der Berufungsmöglichkeit widerspricht nicht dem Grundgesetz. Die Garantie einer **gerichtlichen Rechtsschutzmöglichkeit**, wie sie Teil des allgemeinen **Justizgewährungsanspruchs** insbesondere aus Art. 2 Abs. 1 GG ist, eröffnet nämlich keinen unbegrenzten Rechtsweg. Die Rechtsschutzgarantie gewährleistet keinen Anspruch auf einen Instanzenzug.[56] Erforderlich aber grundsätzlich auch ausreichend ist die einmalige Möglichkeit, eine gerichtliche Entscheidung zu erlangen. Die Abwägung, ob es bei einer Instanz bleiben soll oder mehrere Instanzen bereitgestellt werden und unter welchen Voraussetzungen sie angerufen werden können, obliegt dem Gesetzgeber.[57]

a) Zulassung der Berufung

20 Eine Reihe von Regelungen aus § 64 betrifft die Zulassung der Berufung. Abs. 2 Buchst. a) reiht das Urteil mit Berufungszulassung seitens des ArbG unter die berufungsfähigen Urteile ein. Abs. 3 zählt die Umstände auf, bei deren Vorliegen das ArbG die Berufung zuzulassen hat. Abs. 3a regelt diesbezügliche Verfahrensfragen, nämlich die Aufnahme der Zulassungsentscheidung in den Urteilstenor und die Möglichkeit eines Ergänzungsurteils bei Versäumung einer solchen Entscheidung. Abs. 4 schließlich stattet den Ausspruch zur Zulassung mit Bindungswirkung gegenüber dem LAG aus.

aa) die Zulassung der Berufung als Statthaftigkeitsgrund

21 Nach Abs. 2 Buchst. a) kann Berufung eingelegt werden, wenn sie in dem Urteil des ArbG zugelassen worden ist. Die **Zulassung bewirkt** die **Statthaftigkeit der Berufung**. Damit ist sie neben der wertabhängigen Berufungsfähigkeit und der Berufungsfähigkeit von Bestandsstreitigkeiten sowie von Versäumnisurteilen ohne Einspruchsmöglichkeit einer von vier in Abs. 2 geregelten besonderen Zulässigkeitstatbeständen. Diese Tatbestände sind eigenständig. Für die Zulässigkeit der Berufung reicht es aus, wenn einer von ihnen erfüllt ist.[58]

bb) Zulassungsgründe

22 § 64 Abs. 3 normiert die Gründe, bei deren Vorliegen das ArbG verpflichtet ist, die Berufung zuzulassen. Eine ähnliche Bestimmung war bereits in § 61 Abs. 3 ArbGG 1926 enthalten. Das ArbGG-Beschleunigungsgesetz 1979[59] hat die Regelung von einer Kann- in eine Muss-Bestimmung umgewandelt. Die Zulassungsgründe grundsätzliche Bedeutung, Erforderlichkeit der Auslegung eines überbezirklichen Tarifvertrags, Divergenz zu bestimmten Urteilen hat es fortgeführt. Neu hinzu kamen damals – im Hinblick auf ihre für das Arbeitsleben wesentliche und grundsätzliche Bedeutung – Streitigkeiten über den Bestand eines Tarifvertrags und über Fragen zu Arbeitskampf und Vereinigungsfreiheit.[60]

23 Die **vier Tatbestände** sind jeweils eigenständig, gleichrangig und **unabhängig** voneinander. Ist zumindest einer von ihnen erfüllt, so ist die Berufung zuzulassen.[61] Die Vorschrift **hat zwingenden Charakter**. Dieser äußert sich darin, dass das ArbG bei Vorliegen eines Zulassungsgrundes die Berufung zulassen muss. **Ermessensspielraum besteht** insoweit **nicht**. Fehlt ein Zulassungsgrund, darf das Arbeitsgericht eine Zulassung nicht vornehmen.[62] Schwierige Rechtsfragen oder Zweifel an der Richtigkeit der Entscheidung sind keine Zulassungsgründe.[63] Allerdings hindert die Überschreitung der Zulassungsgründe nicht die Bindungswirkung der Zulassung (vgl. Rdn. 48).

---

56 BVerfG, 15.01.2009 – 2 BvR 2044/08, NJW 2009, 1469, Rn 68; BVerfG, 04.05.2015 – 2 BvR 1753/14, Rn 30.
57 BVerfG, 30.04.2003 – 1 PBvU 1/02, NJW 2003, 1924.
58 Schwab/Weth-Schwab § 64 Rn 36.
59 BGBl. I 1979, S. 545.
60 BT-Drs. 8/1567, S. 34.
61 GK-ArbGG/Vossen § 64 Rn 65; GWBG/Benecke § 64 Rn 9.
62 GK-ArbGG/Vossen § 64 Rn 65; Schwab/Weth-Schwab § 64 Rn 95.
63 GMPMG/Germelmann § 64 Rn 19.

Der Zulassungsgrund **grundsätzliche Bedeutung** in § 64 Abs. 3 Nr. 1 entspricht weitgehend der Regelung zur Revisionszulassung in § 72 Abs. 2 Nr. 1.[64] Zwar hat dort das Anhörungsrügengesetz[65] »Rechtssache« durch »entscheidungserhebliche Rechtsfrage« ersetzt. Dies hat aber in der Sache keine Änderung gebracht.[66] Auch die Berufungszulassung wegen grundsätzlicher Bedeutung setzt deshalb einen Streit um eine für die Entscheidung des Rechtsstreits erhebliche, klärungsfähige und klärungsbedürftige Rechtsfrage von grundsätzlicher Bedeutung voraus.[67] Zu beachten ist aber, dass grundsätzliche Bedeutung für den LAG-Bezirk genügt.[68] Spezifische, allein dort auftauchende Rechtsfragen können also ausreichend sein.[69] Ist eine nach Art. 267 Abs. 1 AEUV vorlagefähige europarechtliche Frage entscheidungserheblich, so hat die Rechtssache im Regelfall grundsätzliche Bedeutung[70] (vgl. Rdn. 48). 24

Die grundsätzliche Bedeutung hat im Rahmen des § 64 Abs. 2 eine **Auffangfunktion**. Dies bestätigt die Gesetzgebungsgeschichte. § 61 Abs. 3 ArbGG 1926 ging in der Art eines Regelbeispiels bei Entscheidung zu einer Tarifvertragsauslegung von der grundsätzlichen Bedeutung der Streitigkeit aus, wie sie schon damals die Zulassung begründete. Ist also einer der konkreten Zulassungsgründe von Abs. 2 Nr. 2 oder 3 nicht erfüllt, so kann die Berufung dennoch wegen grundsätzlicher Bedeutung zuzulassen sein. 25

§ 64 Abs. 3 Nr. 2 Buchst. a) – c) betreffen Streitigkeiten mit Bezug zum **kollektiven Arbeitsrecht**, nämlich zum **Tarifrecht, zur Vereinigungsfreiheit** oder zum **Arbeitskampfrecht**. Der Rechtsstreit muss seinem Gegenstand nach unter einen aufgezählten Bereich fallen. Der Bezug zum kollektiven Arbeitsrecht wird weiter in Einschränkungen hinsichtlich der zugelassenen Parteien deutlich: Zwei der Zulassungsgründe sind auf Streitigkeiten unter **Beteiligung von Koalitionen** beschränkt. 26

Eine Streitigkeit **aus Tarifverträgen** oder über **Bestehen** oder **Nichtbestehen von Tarifverträgen** i.S.v. Buchst. a) muss zwischen Tarifvertragsparteien geführt werden. **Kläger und Beklagter müssen also Tarifvertragspartei** sein. Dies ist enger als die Bestimmung aus dem Zuständigkeitskatalog für das Urteilsverfahren in § 2 Nr. 1 ArbGG, wo die Beteiligung einer Tarifvertragspartei ausreicht.[71] Das Erfordernis entspricht der Regelung in § 9 TVG zur besonderen Rechtskraft des in einer solchen Streitigkeit ergehenden Feststellungsurteils zu Wirksamkeit und Inhalt von Tarifnormen,[72] wie es über die Parteien des Rechtsstreits hinaus Gerichte in allen Rechtsstreitigkeiten unter Beteiligung tarifgebundener Parteien bindet. Diese Bindungswirkung begründet die besondere Bedeutung, die der Gesetzgeber zum Anlass für den Zulassungsgrund genommen hat.[73] Die Bedeutung solcher Entscheidungen spiegelt auch die Verpflichtung aus § 63 zur Übermittlung an bestimmte Behörden sowie deren Sprungrevisionsfähigkeit gem. § 76 Abs. 2 Nr. 1 (vgl. § 76 Rdn. 25). 27

Wer Partei eines Tarifvertrags sein kann, ist in § 2 TVG geregelt. **Tariffähigkeit** reicht allerdings nicht aus. Der Streit muss von den **Parteien** des **konkreten Tarifvertrags** geführt werden. Dies entspricht den Voraussetzungen der Bindungswirkung aus § 9 TVG.[74] Da der Zulassungsgrund zu Buchst. a) unabhängig von dem Zulassungsgrund zu Buchst. b) ist, ist eine über den Bezirk eines Landesarbeitsgerichts hinausgehende Geltung nicht erforderlich.[75] Erfasst sind Streitigkeiten, 28

---

64 GK-ArbGG/Vossen § 64 Rn 66; GMPMG/Germelmann § 64 Rn 19.
65 BGBl. I 2004, S. 3220.
66 GK-ArbGG/Mikosch § 72 Rn 17.
67 Vgl. die Kommentierung bei § 72.
68 ErfK/Koch § 64 ArbGG Rn 4; GK-ArbGG/Vossen § 64 Rn 66; GWBG/Benecke § 64 Rn 10.
69 GMPMG/Germelmann § 64 Rn 21.
70 Vgl. BVerwG, 22.10.1986 – 3 B 43/86, NJW 1988, 664; MünchKomm-ZPO/Rimmelspacher § 511 Rn 68.
71 Vgl. Schwab/Weth-Walker § 2 Rn 47.
72 Däubler/Reinecke TVG § 9 Rn 18.
73 BT-Drs. 8/1567, S. 34.
74 Däubler/Reinecke TVG, § 9 Rn 10; Wiedemann/Oetker TVG, § 9 Rn 20.
75 BAG, 17.06.1997 – 9 AZN 251/97, NZA 1998, 500; Etzel ZTR 1997, 248, 249.

die schuldrechtliche Absprachen der Tarifvertragsparteien betreffen, nicht aber ein Streit darüber, ob ein mündlicher Vorvertrag über den Abschluss eines Tarifvertrages mit schuldrechtlichem und normativem Inhalt wirksam zustande gekommen ist.[76]

29 Auch Buchst. c) setzt die Beteiligung eines kollektiven Akteurs voraus. Hier muss aber nur **eine Partei** des Rechtsstreits zu den nach § 2 TVG **tariffähigen Personen gehören**. Gegenstand der Streitigkeit müssen Fragen nach **Vereinigungsfreiheit, Betätigungsrechts der Koalitionen** oder **Arbeitskampfmaßnahmen** sein, die eine Partei als unerlaubte Handlung qualifiziert wissen will. Wiederum besteht eine Entsprechung zur Rechtswegeröffnung durch § 2 Abs. 1 Nr. 2 und zur Sprungrevisionsfähigkeit gem. § 76 Abs. 2 Nr. 3. Auf die dortigen Ausführungen kann verwiesen werden (vgl. § 76 Rdn. 27).

30 Praktisch bedeutsam ist der Zulassungsgrund aus Abs. 3 Nr. 2 Buchst. b): Rechtsstreitigkeiten über die **Auslegung** eines **Tarifvertrags**, dessen **Geltungsbereich** sich **über den Bezirk eines Arbeitsgerichts hinaus** erstreckt. Eine Entsprechung besteht hier zur Regelung der Sprungrevisionsfähigkeit in § 76 Abs. 2 Nr. 2 (vgl. § 76 Rdn. 26). Allerdings ist eine grundsätzliche Bedeutung nicht zusätzlich zu prüfen. Die Zulassungsgründe aus Abs. 2 einschließlich der grundsätzlichen Bedeutung stehen nebeneinander.

31 Der Zulassungsgrund knüpft an den Gegenstand der Streitigkeit an. Betroffen sein muss die **Auslegung** eines **Tarifvertrags**. Maßgebend ist der Wortsinn, wie er durch Art. 9 Abs. 3 GG, § 1 TVG geprägt ist.[77] Rechtsstreitigkeiten über die Auslegung anderer, auch normativ wirkender Regelungen sind ausgeschlossen. **Nicht** erfasst sind also **Betriebsvereinbarungen**[78] oder bindende Festsetzungen nach § 19 HArbG.[79] Ein Zulassungsgrund kann insoweit aber aus der grundsätzlichen Bedeutung der Sache folgen. Besondere **Voraussetzungen bezüglich der Parteien** des Rechtsstreits **bestehen nicht**. Das Erfordernis aus § 61 Abs. 3 ArbGG 1926, wonach eine Tarifvertragspartei beteiligt sein musste, hat das ArbGG-Beschleunigungsgesetz 1979[80] aufgegeben. Der Gesetzgeber wollte die einheitliche Auslegung von Tarifverträgen fördern.[81] Die Tarifgebundenheit der Parteien ist ebenso nicht erforderlich. Ausreichend ist, wenn der Tarifvertrag etwa wegen Inbezugnahme Anwendung findet.[82]

32 Der Tarifvertrag muss eine regionale Mindestbedeutsamkeit haben. Sein Geltungsbereich muss sich über den Bezirk eines Arbeitsgerichts hinaus erstrecken. Firmentarifverträge sind also nur erfasst, wenn sie etwa im Hinblick auf Betriebsstätten an unterschiedlichen Orten in mehr als einem Gerichtsbezirk Geltung beanspruchen können.[83] An dem **Erfordernis der Überbezirklichkeit** sollte auch für **große Gerichtsbezirke** festgehalten werden, etwa wenn für **Hamburg** oder **Bremen**[84] der Bezirk eines Arbeitsgerichts dem des Landesarbeitsgerichts entspricht[85] oder für das **Land Berlin**,[86] das ebenfalls einen einzigen Arbeits- und Landesarbeitsgerichtsbezirk bildet. Dem Bedürfnis nach einer einheitlichen Auslegung innerhalb solcher großen Gerichtsbezirke kann durch Rückgriff auf den Zulassungsgrund der grundsätzlichen Bedeutung Rechnung getragen werden (vgl. Rdn. 25).

---

76 Vgl. BAG, 25.08.1982 – 4 AZN 305/82.
77 NK-GA/Breinlinger § 64 ArbGG Rn 33.
78 Zu § 72a Abs. 1 Nr. 2 a.F.: BAG, 22.06.1999 – 9 AZN 289/99; NZA 1999, 1238.
79 Zu § 72a Abs. 1 Nr. 2 a.F.: BAG, 20.01.1981 – 3 AZR 302/80.
80 BGBl. I 1979, S. 545.
81 BT-Drs. 8/1567, S. 34.
82 GK-ArbGG/Vossen § 64 Rn 68; Schwab/Weth-Schwab § 64 Rn 102.
83 NK-GA/Breinlinger § 64 ArbGG Rn 34; Schwab/Weth-Schwab § 64 Rn 100.
84 Vgl. § 1 Bremisches Arbeitsgerichtsbarkeitsgesetz, § 1 Hamburgisches Ausführungsgesetz zum Arbeitsgerichtsgesetz.
85 Insoweit a.A.: GMPMG/Germelmann § 64 Rn 23; GK-ArbGG/Vossen § 64 Rn 69; Schwab/Weth-Schwab § 64 Rn 100.
86 Vgl. §§ 1, 2 Ausführungsgesetz zum Arbeitsgerichtsgesetz Berlin.

Auslegung eines Tarifvertrags bedeutet die fallübergreifende, abstrakte Interpretation tariflicher Rechtsbegriffe. Die Subsumtion des Einzelfalls unter solche Begriffe ist nicht erfasst.[87] Die Auslegungsfrage muss **klärungsbedürftig** sein. Wiederum ist die in diesem Sinn ergangene Rechtsprechung des BAG zu § 72 Abs. 2 Nr. 1 ArbGG a.F. übertragbar. Klärungsbedürftigkeit ist zu verneinen, wenn die Auslegungsfrage bereits vom BAG entschieden ist und keine neuen Gesichtspunkte vorgebracht werden. Ausreichend ist, wenn die Auslegungsfrage zu einem insoweit vergleichbaren Tarifvertrag beantwortet wurde.[88] In solchen Fällen ist dem Bedürfnis nach Rechtseinheitlichkeit durch die bereits ergangene Rechtsprechung Genüge getan. 33

Auch der Zulassungsgrund der **Divergenz** findet sich in den Vorschriften zur Berufungszulassung, allerdings in abgewandelter Form. § 64 Abs. 2 Nr. 3 ist enger als die entsprechende Regelung zur Revisionszulassung in § 72 Abs. 2 Nr. 1. Wegen Divergenz zuzulassen ist die Berufung, wenn die Entscheidung des ArbG auf der Auslegung einer Rechtsvorschrift beruht, die von einer Entscheidung des übergeordneten LAG abweicht. Die Entscheidungen anderer Gerichte und die dort vorgenommenen Auslegungen sind nur dann zu berücksichtigen, wenn sie für oder gegen zumindest eine Partei ergangen sind und das Urteil dem ArbG in dem Verfahren vorgelegt wird. Wegen der Voraussetzungen einer Divergenz soll auf die Erläuterungen zu § 72 Abs. 2 Nr. 2 (s. § 72 Rdn. 37 ff.) verwiesen werden. Wiederum ist die Auffangfunktion des Zulassungsgrundes der grundsätzlichen Bedeutung (vgl. Rdn. 25) zu beachten. Weicht das ArbG entscheidungserheblich von einer Entscheidung der in § 72 Abs. 2 Nr. 2 genannten Gerichte insbesondere des BAG oder eines LAG ab, so ist die Berufungszulassung wegen grundsätzlicher Bedeutung nach § 64 Abs. 3 Nr. 1 geboten.[89] 34

cc) Zulassungsentscheidung

§ 64 Abs. 3a verpflichtet das Arbeitsgericht dazu, im Urteilstenor eine Entscheidung über die Zulassung der Berufung zu treffen. Das Arbeitsgericht hat zu entscheiden, ob die Berufung zugelassen oder nicht zugelassen wird. Diese Entscheidung hat im **Urteilstenor** zu erfolgen.[90] Rechtssicherheit und Rechtsklarheit werden hierdurch gestärkt.[91] Die Parteien erfahren bereits im Zeitpunkt der Verkündung, ob Berufung zugelassen ist. Die wirksame Zulassung in den erst später zugestellten Urteilsgründen ist nicht mehr möglich.[92] Die ältere Rechtsprechung des BAG zur Rechtslage vor Inkrafttreten des ArbGG-Beschleunigungsgesetzes zum 01.05.2000,[93] wonach die Berufungszulassung in den Entscheidungsgründen wirksam war,[94] ist überholt. Ebenso wenig reicht ein Zulässigkeitshinweis in der Rechtsmittelbelehrung aus (vgl. Rdn. 7).[95] 35

Über die Berufungszulassung hat das Arbeitsgericht **von Amts wegen** zu entscheiden.[96] Anträge der Parteien sind nicht erforderlich. Die Partei kann die Zulassung anregen und zu den Zulassungsgründen vortragen. Für den Zulassungsgrund der Abweichung von einem Urteil zwischen den Parteien, das keine Entscheidung des übergeordneten LAG ist, ist insoweit sogar vorgeschrieben, dass die Partei dieses Urteil vorzulegen hat, § 64 Abs. 3 Nr. 3 Buchst. c). 36

---

87 BAG, 12.12.1979 – 4 AZN 43/79, NJW 1980, 1815; 24.03.1993 – 4 AZN 5/93, NZA 1993, 849.
88 BAG, 16.09.1997 – 9 AZN 133/97, NZA 1997, 1248.
89 GMPMG/Germelmann § 64 Rn 28; GK-ArbGG/Vossen § 64 Rn 72; Hauck/Helml/Biebl § 64 Rn 12; Schwab/Weth-Schwab § 64 Rn 109.
90 BAG, 23.08.2011 – 3 AZR 650/09, NZA 2012, 37, Rn 25.
91 BT-Drs. 14/626, S. 10.
92 BAG, 10.05.2005 – 9 AZR 251/04, NZA 2006, 439, Rn 17; ErfK/Koch § 64 ArbGG Rn 6; GK-ArbGG/Vossen, § 64 Rn 62a; Ostrowicz/Künzl/Scholz-Künzl Rn. 469.
93 BGBl. I 2000, S. 333.
94 BAG, 11.12.1998 – 6 AZB 48/97, NZA 1999, 333.
95 BAG, 12.06.2007 – 3 AZR 186/06, Rn 15; LAG Berlin-Brandenburg, 19.08.2010 – 25 Sa 506/10, Rn 26; GMPMG/Germelmann § 64 Rn 29.
96 LAG Köln, 16.10.2006 – 19 Sa 701/06, Rn 22.

37 Nicht abschließend geklärt ist die **Reichweite** dieser **Entscheidungspflicht**. Jedenfalls **erfasst sind Streitigkeiten**, die weder Bestandsstreitigkeiten noch ein berufungsfähiges (Zweites) Versäumnisurteil sind und wo der **Wert der Beschwer aus dem Urteil 600 EUR nicht übersteigt**. In einem solchen Fall ist nämlich eine wertabhängige Zulässigkeit ausgeschlossen, weil der Wert des Beschwerdegegenstandes die Zulässigkeitsgrenze in dieser Höhe nicht übersteigen kann.

38 Dagegen hat bei **berufungsfähigen Versäumnisurteilen**, also insbesondere einem Zweiten Versäumnisurteil, **keine Entscheidung zur Berufungszulassung** zu ergehen.[97] Hier ist die Statthaftigkeit an die spezielle Voraussetzung geknüpft, dass der Einspruch nicht statthaft ist. Der Wert des Beschwerdegegenstandes in der Berufung spielt keine Rolle (vgl. Rdn. 66). **Ebenso** ist bei **Bestandsstreitigkeiten** keine Zulassungsentscheidung erforderlich.[98] Hier ist die Berufung nach der gesetzlichen Regelung in § 64 Abs. 2 Buchst. c) stets zulässig. Anders kann dies in Grenzfällen sein, wo das Vorliegen einer Bestandsstreitigkeit i.S.v. § 64 Abs. 2 Buchst. c) zweifelhaft ist.[99]

39 Unklar ist, ob eine Zulassungsentscheidung auch bei Nichtbestandsstreitigkeiten mit einer Beschwer von über 600 EUR geboten ist. Der Gesetzgeber hat die mit dem 1. Justizmodernisierungsgesetz[100] in § 511 Abs. 4 ZPO eingefügte Klarstellung,[101] wonach die Zulassungsentscheidung seitens der ersten Instanz eine Beschwer unterhalb der Grenze zur Wertberufung voraussetzt, nicht auf das arbeitsgerichtliche Verfahren erstreckt. Die besseren Gründe sprechen hier für die Aufnahme einer Zulassungsentscheidung in den Tenor.[102] Wortlaut und Anordnung der Zulässigkeitstatbestände sprechen gegen einen Nachrang der Zulassungsberufung gegenüber der Wertberufung. Die Zulassungsentscheidung kann auch bei erstinstanzlichen Verurteilungen mit einer Beschwer über 600 EUR bedeutsam werden. Eine solche Beschwer garantiert nicht stets die Zulässigkeit der wertabhängigen Berufung. Den Wert des Beschwerdegegenstandes im Berufungsverfahren, wie er für die wertabhängige Berufung maßgebend ist, bestimmt nämlich erst der Berufungsführer, sobald er den Umfang der Anfechtung festlegt. Der Wert kann unterhalb des Streitwertes der erstinstanzlichen Entscheidung bleiben, wenn der Berufungsführer einen Teil der vom ArbG beschiedenen Streitgegenstände von der Anfechtung ausnimmt oder er sich auf die Teilanfechtung eines Streitgegenstandes beschränkt. In solchen, vom ArbG nicht vorhersehbaren Fällen kann die Berufungszulassung einen Zwang zur vollumfänglichen Anfechtung vermeiden.

40 Der Wortlaut des Abs. 3a gibt eine **Tenorierung** vor. Das ArbG soll aussprechen, ob die Berufung zugelassen oder nicht zugelassen wird. Das Gericht hat also sowohl eine **positive** als auch eine **negative Entscheidung** zur Berufungszulassung in den Urteilstenor aufzunehmen.[103] Angesichts des Zwanges auch zur negativen Bescheidung kann die zu § 511 Abs. 4 ZPO vertretene Auffassung, dass Schweigen unter Umständen Nichtzulassung bedeute und deshalb keine der Nachholung gemäß § 321 ZPO zugängliche unterbliebene Entscheidung vorliege,[104] im arbeitsgerichtlichen Verfahren nicht gelten. Die Entscheidung muss ausdrücklich und eindeutig sein.[105] Klarzustellen ist, insbesondere wenn beide Parteien durch das Urteil beschwert sind, für welche Partei die Berufung zugelassen wird. Soll sie nur einen Teil der beschiedenen Streitgegenstände oder den abtrennbaren Teil

---

97 Schwab/Weth-Schwab § 64 Rn 40.
98 Hauck/Helml/Biebl § 64 Rn 3.
99 Schwab/Weth-Schwab § 64 Rn 49.
100 BGBl. I 2004, S. 2198.
101 BT-Drs. 15/1508, S. 21.
102 GK-ArbGG/Vossen § 64 Rn 53; GMPMG/Germelmann § 64 Rn 17; GWBG/Benecke § 64 Rn 8; Natter/Gross-Pfeiffer § 64 Rn 27; Schwab/Weth-Schwab § 64 Rn 48; Schwab/Wildschütz/Hege NZA 2003, 999, 1002 f.; Stock NZA 2001, 481, 482 ff.; a.A. NK-GA/Breinlinger § 64 ArbGG Rn 27; Hauck/Helml/Biebl § 64 Rn 9; HWK/Kalb § 64 ArbGG Rn 20.
103 Ostrowicz/Künzl/Scholz-Künzl Rn 469.
104 BGH, 10.02.2011 – III ZR 338/09, NJW 2011, 926, Rn 15; Zöller/Heßler § 511 Rn 39.
105 GMPMG/Germelmann § 64 Rn 29; Schwab/Weth-Schwab § 64 Rn 42.

eines Streitgegenstandes betreffen, so ist dies eindeutig auszusprechen.[106] Eine solche Beschränkung ist geboten, wenn die Zulassungsgründe die Berufungszulassung nicht für die gesamte Streitigkeit begründen. Ein unklarer Umfang der Teilzulassung kann unter Zuhilfenahme der Entscheidungsgründe ausgelegt werden. Eine unbeschränkte Zulassung im Tenor kann aber durch Ausführungen in den Gründen nicht eingeschränkt werden.[107]

Nach alledem empfiehlt sich folgende Tenorierung der Entscheidung über die Berufungszulassung: 41

»*Die vom Wert des Beschwerdegegenstandes unabhängige Berufung wird für Kläger und Beklagten zugelassen,*« oder »*... wird nur für den Beklagten, nicht aber für den Kläger zugelassen.*«

Soll eine beschränkte Berufungszulassung zum Ausdruck gebracht werden, so kann wie folgt formuliert werden:

»*Die vom Wert des Beschwerdegegenstandes unabhängige Berufung wird für den Kläger nicht und für den Beklagten nur insoweit zugelassen, als ... Im Übrigen wird sie auch für den Beklagten nicht zugelassen.*«[108]

Die **Nachholung** einer unterbliebenen **Zulassungsentscheidung** durch das ArbG ist in § 64 Abs. 3a 42 Sätze 2 und 3 geregelt. Auf **Antrag** einer der Parteien kann eine solche Ergänzung erfolgen. Von Amts wegen ohne einen entsprechenden Parteiantrag darf dagegen die Ergänzung nicht erfolgen.[109] Der Antrag ist schriftsätzlich oder durch Erklärung zu Protokoll der Geschäftsstelle (vgl. § 496 ZPO i.V.m. § 46 Abs. 2 Satz 1) anzubringen und der Gegenseite zuzustellen. Die entsprechende Regelung zum **Ergänzungsurteil** in § 321 Abs. 2 und 3 ZPO ist hier heranzuziehen. § 64 Abs. 3a verdrängt § 321 ZPO nur insoweit, als er speziellere Regelungen enthält.

Abweichend von § 321 Abs. 2 ZPO regelt § 64a Abs. 3a, dass die **Antragsfrist** stets **mit Urteils-** 43 **verkündung** und nicht erst mit Urteilszustellung **abzulaufen beginnt**. Auch die Übersendung des Sitzungsprotokolls ist nicht Voraussetzung des Fristablaufs. Bei Versäumung der Frist ist eine **Wiedereinsetzung nicht möglich**. Die Frist zählt nicht zu den von § 233 ZPO erfassten Fristen.[110] Wird der Verkündung nicht beigewohnt, ist vor diesem Hintergrund eine genaue Erkundigung nach dem Tenor bei dem Arbeitsgericht anzuraten, ggf. ein fristwahrender vorsorglicher Ergänzungsantrag.[111]

Die Nachholung der Zulassungsentscheidung erfordert keine **zwingende mündliche Verhandlung**, 44 § 64 Abs. 3a Satz 3. Im Fall einer mündlichen Verhandlung ergeht die Entscheidung durch Urteil, ansonsten durch Beschluss.[112] Entscheidungsbefugt ist unbeschadet § 55 Abs. 3 die Kammer unter Hinzuziehung ehrenamtlicher Richter. Heranzuziehen sind die nach dem Geschäftsverteilungsplan zuständigen Richter.[113] Die jetzt auch vom BAG[114] vertretene Gegenauffassung, wonach allein die Kammermitglieder aus der letzten mündlichen Verhandlung vor der Entscheidungsverkündung entscheidungsbefugt sind,[115] überzeugt nicht. Vielmehr sind hier die Überlegungen zur entsprechenden Fragestellung beim Ergänzungsurteil übertragbar. Dort ist anerkannt, dass die Entscheidung nicht durch die gleiche Besetzung ergehen muss.[116]

---

106 GMPMG/Germelmann § 64 Rn 29.
107 Schwab/Weth-Schwab § 64 Rn 43.
108 Vgl. GMPMG/Germelmann § 64 Rn 29.
109 ErfK/Koch § 64 ArbGG Rn 6; GK-ArbGG/Vossen § 64 Rn 62; a.A. Lakies BB 2000, 667, 669.
110 ErfK/Koch § 64 ArbGG Rn 6; GMPMG/Germelmann § 64 Rn 38; GK-ArbGG/Vossen § 64 Rn 62a.
111 Schwab/Weth-Schwab § 64 Rn 50.
112 BAG, 23.08.2011 – 3 AZR 650/09, Rn 26; Schwab/Weth-Schwab § 64 Rn 57.
113 Schwab/Weth-Schwab § 64 Rn 56.
114 BAG, 23.08.2011 – 3 AZR 650/09, NZA 2012, 37, Rn 26; 14.12.2011 – 5 AZR 406/10, Rn 9.
115 BCF/Friedrich § 64 Rn 6a; ErfK/Koch § 64 ArbGG Rn 6; GMPMG/Germelmann § 64 Rn 33; GK-ArbGG/Vossen § 64 Rn 62b.
116 Musielak/Voit/Musielak § 321 Rn 11; Zöller/Vollkommer § 321 Rn 11.

45 Liegen die Voraussetzungen von § 319 ZPO vor, so kann das Urteil hinsichtlich der **Rechtmittelzulassung berichtigt** werden.[117] Verlautbarungsfehler des Gerichts auch in Bezug auf die Rechtsmittelzulassung müssen nach § 319 ZPO korrigierbar sein. Die danach erforderliche offenbare Unrichtigkeit des Urteils setzt voraus, dass die Zulassungsabsicht aus dem Zusammenhang des Urteils oder den Umständen bei Erlass oder Verkündung nach außen hervorgetreten ist. Die Unrichtigkeit muss dabei auch für einen nicht an der Verhandlung beteiligten Richter, wie er im Nachhinein für die Berichtigung zuständig werden kann, ohne Weiteres erkennbar sein.[118] Dies ist für eine Diskrepanz zwischen in der mündlichen Verhandlung mitgeteilter Zulassungsabsicht und verkündeter Entscheidung angenommen worden.[119] Die **außerhalb der Voraussetzungen des § 319 ZPO** ergehende Berichtigung der Rechtsmittelzulassung hat **keine bindende Wirkung**.[120]

46 Erfolgt eine **nachträgliche Berufungszulassung** nach § 64 Abs. 3a oder § 319 ZPO, so **wird die Berufung zulässig**. Eine gegenteilige, in einem bereits zugestellten Urteil enthaltene Rechtsmittelbelehrung wird damit unrichtig. Damit eine die Berufungsfrist auslösende Zustellung des Urteils vorliegt, muss das komplette Urteil mit **berichtigter Rechtsmittelbelehrung** neu zugestellt werden.[121] Rechtsgrundlage für die Berichtigung der Rechtsmittelbelehrung ist § 319 ZPO.[122]

dd) Bindungswirkung der Zulassungsentscheidung

47 § 64 Abs. 4 bestimmt, dass das LAG an die Zulassung gebunden ist. Die **Bindungswirkung der Berufungszulassung** besteht auch dann, wenn deren Begründung fehlerhaft ist, etwa weil sie auf einen im Gesetz nicht enthaltenen Zulassungsgrund abstellt,[123] oder eine Begründung ganz fehlt.[124] Keine Bindung tritt ein, wenn die Zulassung zu einem nicht berufungsfähigen Zwischenurteil, einer anderen nicht berufungsfähigen Urteilsform ergangen ist oder entgegen dem Berufungsausschluss im Hinblick auf den Vorrang der Beschwerde.[125] Die Bindungswirkung der gerichtlichen Entscheidung kann den ausdrücklich durch das Gesetz angeordneten Berufungsausschluss nicht übersteigen.[126]

48 Ebenso **bindet die Nichtzulassungsentscheidung Gericht und Parteien**.[127] Gegen die Nichtzulassung der Berufung im Urteil des ArbG ist **kein Rechtsmittel** gegeben.[128] Das ArbGG erlaubt die Nichtzulassungsbeschwerde nur gegen die Entscheidung des LAG, die Revision nicht zuzulassen, § 72a ArbGG. Anders als etwa VwGO oder SGG sieht es keine Anfechtungsmöglichkeit gegen die Nichtzulassung der Berufung durch das erstinstanzliche Gericht vor.[129] Der Entscheidungspflicht des ArbG entspricht somit eine die übrigen Instanzen der Arbeitsgerichtsbarkeit ausschließende **alleinige Entscheidungskompetenz des ArbG**. Berufungs- und Revisionsgericht ist demgegenüber im Gesetz eine entsprechende Prüfungs- und Entscheidungskompetenz nicht eingeräumt.[130]

---

117 BAG, 10.05.2005 – 9 AZR 251/04, NZA 2006, 439, Rn 20; GMPMG/Germelmann § 64 Rn 36; Schwab/Weth-Schwab § 64 Rn 54; zu § 511 Abs. 4 ZPO: BGH, 11.05.2004 – VI ZB 19/04, NJW 2004, 2389.
118 BGH, 08.07.1980 – VI ZR 176/78, NJW 1980, 2813; BGH, 11.05.2004 – VI ZB 19/04, NJW 2004, 2389; BGH, 29.04.2013 – VII ZB 54, NJW 2013, 2124, Rn 10.
119 BAG, 10.05.2005 – 9 AZR 251/04, NZA 2006, 439, Rn 23.
120 BGH, 11.05.2004 – VI ZB 19/04, NJW 2004, 2389; BGH, 29.04.2013 – VII ZB 54/11, NJW 2013, 2124, Rn 9.
121 Schwab/Weth-Schwab § 64 Rn 59.
122 BAG, 13.04.2005 – 5 AZR 76/04, NZA 2005, 836, Rn 15.
123 GK-ArbGG/Vossen § 64 Rn 75–76.
124 GMPMG/Germelmann § 64 Rn 47; GK-ArbGG/Vossen § 64 Rn 75/76; Schwab/Weth-Schwab § 64 Rn 111.
125 GMPMG/Germelmann § 64 Rn 47; GK-ArbGG/Vossen § 64 Rn 74.
126 Schwab/Weth-Schwab § 64 Rn 112.
127 GMPMG/Germelmann § 64 Rn 48; GK-ArbGG/Vossen § 64 Rn 73.
128 LAG Köln, 26.06.2001 – 5 Ta 158/01.
129 §§ 124a Abs. 3 VwGO, 145 SGG.
130 BAG, 09.07.2003 – 10 AZR 615/02; BAG, 23.02.2016 – 3 AZR 230/14, Rn 16.

Die **Unanfechtbarkeit** der Nichtzulassung erstreckt sich grundsätzlich auch auf die **Ablehnung** eines 49
entsprechenden **Ergänzungsantrags**. Dies gilt grundsätzlich auch bei Bescheidung ohne mündliche Verhandlung in Beschlussform. Zwar unterwirft § 78 Satz 1 i.V.m. § 578 ZPO eine solche Entscheidung der sofortigen Beschwerde. Wegen der ausdrücklich angeordneten Bindungswirkung kann die Beschwerde aber nur dann Erfolg haben, wenn das ArbG zu Unrecht keine Sachprüfung vorgenommen hat, etwa weil es den Antrag für verspätet angesehen hat. In einem solchen Fall hat das LAG die Entscheidung des ArbG aufzuheben und die Sache zur Bescheidung nach dort zurückzuverweisen. Zu einer **eigenen Sachentscheidung über die Zulassung ist** das LAG nicht befugt.[131]

Aus der Bindungswirkung der Nichtzulassung folgt, dass das ArbG letztinstanzliches Gericht 50
i.S.d. Vorlagepflicht an den EuGH sein kann, wie sie in Art. 267 Abs. 3 AEUV geregelt ist.[132] Dagegen gehört das LAG wegen der Möglichkeit, die Nichtzulassung der Revision mit der auf die grundsätzliche Bedeutung einer Frage des Unionsrechts zu stützenden Nichtzulassungsbeschwerde zur gerichtlichen Überprüfung zu bringen, nicht zum Kreis der vorlagepflichtigen Gerichte i.S.v. Art. 267 Abs. 3 AEUV.[133] Eine letztinstanzliche Entscheidung des ArbG über Zweifelsfragen des Unionsrechts birgt aber die Gefahr, dass sie auf die mit der Verletzung des Rechts auf den gesetzlichen Richter durch Unterlassen einer Vorlage an den EuGH[134] begründeten Verfassungsbeschwerde hin aufgehoben wird. Überdies dürfte bei den interessierenden Fallkonstellationen die Berufungszulassung wegen grundsätzlicher Bedeutung geboten sein.

b) Wertabhängige Berufungsfähigkeit

Kraft Gesetzes und unabhängig von einer Zulassung ist die Berufung statthaft, wenn der **Wert** des 51
Beschwerdegegenstandes 600 Euro übersteigt, Abs. 2 Buchst. c). Eine Wertgrenze von damals 1.200 DM ist durch das Arbeitsgerichtsbeschleunigungsgesetz 2000[135] eingeführt worden. Zuvor war der Grenzwert 800 DM. Das 4. Euro-Einführungsgesetz[136] hat dann die gegenwärtige Grenze von 600 EUR gezogen. Gesetzesvorschläge des Bundesrates aus der 16. und 17. Legislaturperiode, die Berufungssumme auf 1.000 EUR zu erhöhen,[137] blieben ohne Erfolg.

Die Anknüpfung an den Wert des Beschwerdegegenstandes geht auf das ArbGG-Beschleunigungs- 52
gesetz 1979[138] zurück. Zuvor war nach der Regelung in § 61 ArbGG 1926 und später § 61 ArbGG 1953 der erstinstanzliche Streitwert maßgebend. Bei Überschreitung der Wertgrenze war danach die Berufung auch dann zulässig, wenn der Berufungsführer nur einen Teil der Entscheidung zur Überprüfung durch das Berufungsgericht stellte. So konnte das LAG auch mit geringwertigen Berufungsverfahren befasst werden. Dies wollte der Gesetzgeber abstellen und zugleich eine Anpassung an die Bestimmungen für das Berufungsverfahren in der ordentlichen Gerichtsbarkeit erreichen.[139]

Seit der Reform ist die Überschreitung der Wertgrenze für die Berufungsfähigkeit nur noch nach 53
dem zur Entscheidung des Berufungsgerichts gestellten Teil der erstinstanzlichen Entscheidung zu ermitteln. Maßgebend ist der **Beschwerdegegenstand**. Dies ist der **Teil der Beschwer**, wie er **aus der erstinstanzlichen Entscheidung** entstanden ist, den der Berufungsführer durch die Anträge zum **Gegenstand im Berufungsverfahren** macht. Mit dem **Wert** des **Beschwerdegegenstands** ist

---

131 GMPMG/Germelmann § 64 Rn 45; Schwab/Weth-Schwab § 64 Rn 58.
132 ErfK/Wißmann Art. 267 AEUV Rn 28, 29; HWK/Tillmanns Art 267 AEUV Rn 12; NK-GA/Diller Art. 267 AEUV Rn 18; Schwab/Weth-Kerwer Verfahren vor BVerfG und EuGH Rn 121.
133 BAG, 08.12.2011 – 6 AZN 1371/11, NZA 2012, 286, Rn 14; ErfK/Wißmann Art. 267 AEUV Rn 28, 29; HWK/Tillmanns Art 267 AEUV Rn 12; NK-GA/Diller Art. 267 AEUV Rn 18.
134 Vgl. BVerfG, 25.02.2010 – 1 BvR 230/09, NZA 2010, 439, Rn 14 ff.; 06.07.2010 – 2 BvR 2661/06, NZA 2010, 995, Rn 88 f; 10.12.2014 – 2 BvR 1549/07, NZA 2015, 375.
135 BGBl. I 2000, S. 333.
136 BGBl. I 2000, S. 1983.
137 BT-Drs. 16/6970; BT-Drs. 17/2149.
138 BGBl. I 1979, S. 545.
139 BT-Drs. 8/1567, S. 19, 34.

der Wert der Beschwer gemeint, den der Rechtsmittelführer mit dem Ziel ihrer Beseitigung zur Entscheidung durch das Rechtsmittelgericht stellt.[140] Er kann nicht höher sein als die Beschwer aus der erstinstanzlichen Entscheidung, wohl aber hinter ihr zurückbleiben.[141] Das ist der Fall, wenn der Berufungsführer sein Begehren auf die Beseitigung eines Teils der Beschwer aus der erstinstanzlichen Entscheidung beschränkt. Hinter dem erstinstanzlichen Streitwert bleibt der Beschwerdegegenstandwert auch dann zurück, wenn die berufungsführende Partei in erster Instanz nur teilweise unterlegen ist und deshalb bereits die Beschwer geringer als der Streitwert ist.

54 § 2 ZPO bestimmt, dass für die Berechnung des Werts des Beschwerdegegenstands i.S.v. Abs. 2 Buchst. b) §§ 3–9 ZPO maßgebend sind.[142] Nach der BGH-Rechtsprechung ist es das Berufungsgericht, das in direktem Zugriff auf die ZPO-Regelungen den Wert festsetzt. Die Bewertung steht in freiem Ermessen (§ 3 ZPO) des Berufungsgerichts,[143] das nicht an eine Streitwertfestsetzung durch das erstinstanzliche Gericht gebunden ist.[144]

55 Auf das arbeitsgerichtliche Verfahren kann diese Position nicht übertragen werden. Hier schreibt § 61 Abs. 1 die **Festsetzung des Streitwerts** im **erstinstanzlichen Urteil** vor. Solange die Berufung unmittelbar vom Streitwert der ersten Instanz abhängig war, war so im Zeitpunkt der Verkündung der Entscheidung klargestellt, ob die wertabhängige Berufung zulässig ist. Diesen Vorteil bewahrt die Rechtsprechung des BAG zu § 64 Abs. 2 Buchst. b), indem sie in den Grenzen offensichtlicher Unrichtigkeit eine **bindende Wirkung** der arbeitsgerichtlichen Streitwertfestsetzung annimmt.[145] Dem ist zuzustimmen. Die Auffassung berücksichtigt Text und Tradition des ArbGG und vermeidet der Rechtsmittelklarheit abträgliche Unwägbarkeiten, wie sie aus dem Streit um die Bemessung des Beschwerdegegenstands sonst entstehen würden.

56 Bindend ist die Streitwertfestsetzung durch das erstinstanzliche Urteil insoweit, als sie die **Höhe der Beschwer begrenzt**.[146] In Rechtsstreitigkeiten, in denen eine Partei in vollem Umfang unterliegt und uneingeschränkt Berufung einlegt, ergibt sich ihre Beschwer unmittelbar aus der Streitwertfestsetzung im erstinstanzlichen Urteil.[147] Bei teilweisem Unterliegen und/oder nur eingeschränkt beabsichtigter Berufung ist der Beschwerdegegenstandswert aus Streitwert, Urteil und Anträgen zu ermitteln.[148] Auch hier entfaltet die erstinstanzliche Festsetzung bindende Wirkung.[149] Aus dem dort festgesetzten Streitwert ist entsprechend dem aus der Hauptsache-Entscheidung ersichtlichen anteiligen Unterliegen die Beschwer zu ermitteln. Ist diese durch den Berufungsantrag nur teilweise zur Überprüfung gestellt, reduziert sich der Wert des Beschwerdegegenstandes entsprechend. Verbleibt ein Wert von mindestens 600,01 EUR, ist die Berufung zulässig.[150]

57 **Offensichtlich unrichtig** und deshalb das LAG nicht bindend ist die Streitwertfestsetzung nur dann, wenn sie in jeder Beziehung unverständlich und unter keinem vernünftigen Gesichtspunkt zu

---

140 BGH, 19.03.2009 – IX ZB 152/08, Rn 5.
141 Musielak/Voit/Ball § 511 Rn 18; Zöller/Heßler § 511 Rn 13.
142 BAG, 04.06.2008 – 3 AZB 37/08, NJW 2009, 171, Rn 8.
143 BGH, 14.11.2007 – VIII ZR 340/06, NJW 2008, 218, Rn 9.
144 BGH, 09.07.2004 – V ZB 6/04; BGH, 09.02.2006 – IX ZB 310/04, Rn 5; GK-ArbGG/Vossen § 64 Rn 31.
145 BAG, 02.03.1983 – 5 AZR 594/82; 13.02.1984 – 7 AZB 22/83; BAG, 22.05.1984 – 2 AZB 25/82; BAG, 16.05.2007 – 2 AZB 53/06, NZA 2007, 829, Rn 7; BAG, 11.12.2007 – 3 AZR 280/06, Rn 16; BAG, 04.06.2008 – 3 AZB 37/08, NJW 2009, 171, Rn 10; BAG, 19.01.2011 – 3 AZR 111/09, NZA 2011, 1054, Rn 18; ErfK/Koch § 64 ArbGG Rn 9; Schwab/Weth-Schwab § 64 Rn 62; a.A. BCF/Creutzfeldt § 61 Rn 20; kritisch auch GK-ArbGG/Vossen § 64 Rn 32 ff.
146 BAG, 02.03.1983 – 5 AZR 594/82; 22.05.1984 – 2 AZB 25/82; LAG Berlin-Brandenburg, 06.03.2015 –4 Sa 258/15, Rn 6.
147 BAG, 11.06.1986 – 5 AZR 512/83; BAG, 13.01.1988 – 5 AZR 410/87, NZA 1988, 705.
148 BAG, 02.03.1983 – 5 AZR 594/82; BAG, 16.05.2007 – 2 AZB 53/06, NZA 2007, 829, Rn 6.
149 A.A. GK-ArbGG/Vossen § 64 Rn 31–41; offen gelassen in: BAG, 27.01.2004 – 1 AZR 105/03.
150 Schwab/Weth-Schwab § 64 Rn 63.

rechtfertigen ist und außerdem der zutreffende Streitwert auf den ersten Blick die für den Beschwerdewert maßgebliche Grenze unterschreitet oder übersteigt.[151] Ausreichend für eine bindende Wirkung ist die plausible Begründbarkeit und Vertretbarkeit der Auslegung der §§ 3–9 ZPO. Das Abstellen auf eine andere als die herrschende Auslegungsmeinung begründet keine offensichtliche Unrichtigkeit.[152] Die offenbar unrichtige Streitwertfestsetzung bindet das Berufungsgericht nicht. In einem solchen Fall hat das LAG in Anwendung von §§ 3–9 ZPO den Wert des Beschwerdegegenstandes zu bestimmen.[153]

Maßgeblicher **Zeitpunkt** für die Wertberechnung ist die **Berufungseinlegung**, § 4 Abs. 1 ZPO.[154] Sinkt der Wert später oder ändern sich die Umstände und bedingen sie eine Einschränkung des Antrags, ist das bedeutungslos.[155] Der Berufungsbeklagte kann die bei Berufungseinlegung überschrittene Mindestbeschwer nicht dadurch beseitigen, dass er einen Teil der Forderung erfüllt, sodass der verbleibende Teil unter die Wertgrenze fällt.[156] Die Berufung wird nicht unzulässig, wenn der Berufungskläger seine Anträge der vom Gegner geschaffenen prozessualen Lage anpasst, um eine Teilabweisung als unbegründet zu vermeiden, und der Wert nun unterhalb der Grenze liegt.[157] Gleiches gilt nach Auffassung des BAG, wenn die Beschwer durch einen Teilvergleich der Parteien oder eine ähnliche formlose Einigung der Parteien so vermindert wird, dass der Beschwerdegegenstandswert die Wertgrenze nicht mehr übersteigt.[158]

58

Anders jedoch stellt sich die Lage dar, wenn der Rechtsmittelkläger **freiwillig** und nicht durch äußere Umstände, insbesondere das Verhalten des Gegners, gezwungen seinen Antrag **unter die Wertgrenze einschränkt**.[159] In solchen Fällen kann er keine günstigere Behandlung beanspruchen, als wenn er das Rechtsmittel von vornherein in unzulässigem Umfang eingelegt haben würde. Die Berufung ist dann unzulässig.[160] Die **Unzulässigkeit** tritt in solchen Fällen auch dann ein, wenn das LAG die Teilrücknahme angeregt oder die Berufung danach für zulässig erachtet hat. Dies sind Verfahrensfehler bzw. fehlerhafte Rechtsansichten die eine sonst nicht gegebene weitere Instanz nicht eröffnen können.[161] Zulässigkeitsschädlich in Bezug auf eine Berufung des Beklagten ist weiter die endgültige und freiwillige (das heißt nicht zur Abwendung der Zwangsvollstreckung erfolgende) Teilerfüllung der Klageforderung, wenn die Antragsanpassung den Beschwerdegegenstandswert unter die Wertgrenze bringt.[162] Dagegen bleibt die Berufung zulässig, wenn der Berufungsführer den Sachantrag auch nur hilfsweise aufrecht erhält,[163] oder die Erfüllung auf der von der Gegenseite zwischenzeitlich herbeigeführten Fälligkeit beruht.[164]

59

Einzelfälle zur Berechnung des Beschwerdegegenstandswerts:

60

– **Aufrechnung:** Wird die Klageforderung nicht bestritten, geht sie nicht in die Beschwer ein. Die Gegenforderung ist berücksichtigungsfähig, soweit eine nach § 322 Abs. 2 ZPO rechtskraftfähige Entscheidung ergeht.[165]

---

151 BAG, 01.03.1983 – 5 AZR 594/82; 13.02.1984 – 7 AZB 22/83; 11.06.1986 – 5 AZR 512/83; 16.05.2007 – 2 AZB 53/06, NZA 2007, 829, Rn 7.
152 Vgl. BAG, 16.05.2007 – 2 AZB 53/06, NZA 2007, 829, Rn 12.
153 BAG, 04.06.2008 – 3 AZB 37/08, NJW 2009, 171, Rn 8.
154 GMPMG/Germelmann § 64 Rn 50; Schwab/Weth-Schwab § 64 Rn 66.
155 Musielak/Voit/Heinrich § 4 Rn 5a.
156 Schwab/Weth-Schwab § 64 Rn 67.
157 Zöller/Heßler § 511 Rn 15.
158 BAG, 27.01.2004 – 1 AZR 105/03.
159 Schwab/Weth-Schwab § 64 Rn 67.
160 BAG, 09.07.2003 – 10 AZR 615/02; BAG, 19.01.2006 – 6 AZR 259/05, Rn 18; BAG, 23.02.2016 – 3 AZR 230/14, Rn 14.
161 BAG, 19.01.2006 – 6 AZR 259/05, Rn 18, 20; a.A. ErfK/Koch § 64 Rn 10 a.E.
162 BGH, 16.01.1951 – I ZR 1/50, NJW 1951, 274; Zöller/Heßler § 511 Rn 17.
163 BGH, 23.11.1966 – VIII ZR 160/64, NJW 1967, 564.
164 BGH, 30.11.1965 – V ZR 67/63, NJW 1966, 351.
165 GMPMG/Germelmann § 64 Rn 58; GK-ArbGG/Vossen § 64 Rn 45; Schwab/Weth-Schwab § 64 Rn 76.

- **Auskunftsklage**: Der Beschwerdegegenstandswert ist unterschiedlich zu berechnen je nachdem, ob Kläger oder Beklagter die Berufung einlegt. Für den Kläger dient die Auskunft dazu, die Durchsetzung des Hauptanspruchs vorzubereiten. Dementsprechend beläuft sich die Beschwer auf einen Bruchteil des Werts der Hauptsache. Für den Beklagten dagegen bemisst sich die Beschwer nach dem Aufwand an Zeit und Kosten, den die Erfüllung erfordert, eventuell nach einem Geheimhaltungsinteresse.[166] Da sich die Streitwertfestsetzung im erstinstanzlichen Urteil am klägerischen Interesse orientieren muss, kann ihr insoweit keine bindende Wirkung hinsichtlich der Bemessung der Beschwer des zur Auskunft verurteilten Beklagten zukommen.[167]
- **Haupt- und Hilfsantrag**: Wird die Klage mit Haupt- und Hilfsantrag oder -anträgen abgewiesen, beläuft sich die Beschwer des Klägers auf die Summe aus allen Anträgen. Erfolgt Klageabweisung, aber Verurteilung auf den Hilfsantrag, richtet sich der Wert der Beschwer für den Kläger nach dem Hauptantrag, für den Beklagten nach dem Hilfsantrag.[168]
- **Streitgenossen**: Legen Streitgenossen gegen ein Urteil Berufung ein, dann kommt es nicht für jeden einzelnen auf seinen individuellen Beschwerdewert an. Vielmehr sind die einzelnen Beschwerdegegenstandswerte zusammenzurechnen.[169]
- **Widerklage**: Hier wird die Beschwer von der Summe der Anträge (Klage und Widerklage) bestimmt, über die zum Nachteil der Partei entschieden worden ist. Ausnahmsweise gilt dies nicht, wenn Klage und Widerklage wirtschaftlich identisch sind. § 5 2. Halbs. ZPO, der eine Zusammenrechnung von Klage und Widerklage ausschließt, gilt für den Zuständigkeitsstreitwert, nicht aber für die Rechtsmittelbeschwer.[170]

61 Abs. 5 schreibt dem Berufungskläger die **Glaubhaftmachung** des Werts des Beschwerdegegenstandes vor. Glaubhaftmachung verweist auf § 294 ZPO. Es sind alle **präsenten Beweismittel zulässig** mit **Ausnahme** der **eidesstattlichen Versicherung**, die Abs. 5 2. Halbs. ausdrücklich ausschließt. Greift der Berufungsführer die erstinstanzliche Entscheidung insgesamt an, kann er sich wegen deren Bindungswirkung auf den Hinweis zur erstinstanzlichen Streitwertfestsetzung beschränken. Bei teilweisem Unterliegen oder eingeschränkten Berufungsanträgen kann die Glaubhaftmachung bei der Streitwertfestsetzung durch das ArbG ansetzen. Ergänzende Darlegungen oder eine Glaubhaftmachung können aber aus den oben dargestellten Grundsätzen erforderlich werden, insbesondere wenn sich die verfolgten Ansprüche nicht auf bezifferte Forderungen beziehen.[171]

c) Berufungsfähigkeit von Bestandsstreitigkeiten

62 Nach § 64 Abs. 2 Buchst. c) kann Berufung eingelegt werden in **Rechtsstreitigkeiten** über das **Bestehen**, das **Nichtbestehen** oder die **Kündigung des Arbeitsverhältnisses**. Die Regelung geht auf das ArbGG-Beschleunigungsgesetz 2000[172] zurück. Der Gesetzgeber wollte, dass in Bestandsstreitigkeiten die Berufung in jedem Fall statthaft ist. Grund hierfür ist die große soziale Bedeutung des Arbeitsverhältnisses für den Arbeitnehmer.[173]

63 Der Tatbestand ist identisch zu §§ 61a Abs. 1, 64 Abs. 8 und § 42 Abs. 3 Satz 1 GKG und teilidentisch mit der Bestimmung zur Zuständigkeit des ArbG im Urteilsverfahren in § 2 Nr. 3 Buchst. b). Die über die zuletzt genannte Bestimmung hinausgehende ausdrückliche **Einbeziehung** der Kün-

---

166 BGH, 24.11.1994 – GSZ 1/94, NJW 195, 178; LAG Hamm, 15.04.2014- 16 Sa 199/14, Rn 21; GMPMG/Germelmann § 64 Rn 57; GK-ArbGG/Vossen § 64 Rn 49; Schwab/Weth-Schwab § 64 Rn 78f.
167 BAG, 27.05.1994 – 5 AZB 3/94, NZA 1994, 1054.
168 GMPMG/Germelmann § 64 Rn 54; GK-ArbGG/Vossen § 64 Rn 45; Schwab/Weth-Schwab § 64 Rn 74.
169 BAG, 31.01.1984 – 1 AZR 174/81, NZA 1984, 167; GMPMG/Germelmann § 64 Rn 55; GK-ArbGG/Vossen § 64 Rn 44; Schwab/Weth-Schwab § 64 Rn 82.
170 BGH, 28.09.1994 – XII ZR 50/94, NJW 1994, 3292; 30.03.2006 – V ZB 195/05; GMPMG/Germelmann § 64 Rn 50; GK-ArbGG/Vossen § 64 Rn 46.
171 Schwab/Weth-Schwab § 64 Rn 85.
172 BGBl. I 2000, S. 333.
173 BT-Drs. 14/626, S. 9.

digung in § 64 Abs. 2 hat **nur klarstellende Bedeutung**. Erfasst sind **alle Bestandsstreitigkeiten**. Das sind zunächst Streitigkeiten über die Wirksamkeit einer Kündigung oder die Berechnung der Kündigungsfrist. Hierher gehören weiter: Das Zwischenurteil nach § 5 Abs. 4 Satz 3, das über den Antrag auf Zulassung einer verspäteten Kündigungsschutzklage entscheidet;[174] Verfahren, in denen die Rechtsgültigkeit einer Anfechtung oder Befristung des Arbeitsvertrags oder von Aufhebungs- bzw. Abwicklungsverträgen im Streit steht;[175] Streitigkeiten um das Zustandekommen des Arbeitsvertrags oder die Qualifizierung eines Vertragsverhältnisses als Arbeitsverhältnis einschließlich Streitigkeiten im Zusammenhang mit den besonderen Entstehungstatbeständen im Verhältnis zwischen Entleiher und Leiharbeitnehmer aus § 10 Abs. 1 AÜG oder zwischen Auszubildendem mit betriebsverfassungsrechtlichem Mandat und Arbeitgeber aus § 78a BetrVG.[176] Nicht erfasst dagegen ist der Weiterbeschäftigungsantrag[177] sowie die Geltendmachung eines Einstellungsanspruchs[178] einschließlich der sog. Konkurrentenklagen. Hier wird aber i.d.R. die Beschwerdewertberufung zulässig sein.[179]

d) Berufungsfähigkeit von (Zweiten) Versäumnisurteilen

Der regelmäßige Rechtsbehelf gegen Versäumnisurteile ist der Einspruch, § 59. Nur bei Vorliegen besonderer Umstände unterliegen Versäumnisurteile der Berufung, § 64 Abs. 2 Buchst. d): Es darf der **Einspruch an sich nicht statthaft** sein und die Berufung muss darauf gestützt sein, dass **der Fall der schuldhaften Versäumung nicht vorgelegen** habe. Diesen besonderen Statthaftigkeitstatbestand hat das ZPO-Reformgesetz[180] ins ArbGG eingefügt. Zuvor ergab sich auch im Arbeitsgerichtsverfahren die Berufungsfähigkeit von Versäumnisurteilen aus § 513 ZPO a.F., jetzt § 514 Abs. 2 ZPO. 64

Gegen erste Versäumnisurteile, also Urteile, die auf der Grundlage von §§ 330, 331 ZPO gegen Kläger oder Beklagten ergehen, weil dieser im Termin zur mündlichen Verhandlung säumig ist, ist nach § 338 Satz 1 ZPO der Einspruch der statthafte Rechtsbehelf. Hier ist nach § 64 Abs. 2 Buchst. d) die **Berufung** wegen des statthaften Einspruchs **ausgeschlossen**. Anderes gilt für ein **Zweites Versäumnisurteil**, wie es nach § 345 ZPO gegen die einspruchsführende Partei bei Säumnis in der mündlichen Verhandlung über den Einspruch ergehen kann. Gegen ein solches Versäumnisurteil ist kein weiterer Einspruch eröffnet, § 345 ZPO a.E. Die Berufungsmöglichkeit aus § 64 Abs. 2 Buchst. d) ist insoweit nicht versperrt. Eine solche Berufung unterliegt aber besonderen Zulässigkeitsvoraussetzungen. Die **Berufungsbegründung** muss darauf gestützt werden, dass eine schuldhafte Säumnis nicht vorgelegen habe (vgl. § 66 Rdn. 34 f.). In dieser Variante dient nämlich die Berufung der Kontrolle des Verfahrens beim Erlass eines Zweiten Versäumnisurteils.[181] 65

Zur Rechtslage vor Inkrafttreten des ZPO-Reformgesetzes[182] vertrat das BAG die Auffassung, die Berufung gegen Versäumnisurteile sei zusätzlich an die Bedingungen aus § 64 Abs. 2 oder 3 a.F. geknüpft. Es musste also die Wertgrenze überschritten oder die Berufung zugelassen sein, damit die Berufung gegen ein Versäumnisurteil zulässig war.[183] Diese Rechtsprechung ist überholt. Seitdem Abs. 2 die Statthaftigkeit der Berufung gegen ein Versäumnisurteil neben den übrigen Statthaftigkeitstatbeständen regelt, muss von der **Eigenständigkeit** der **Statthaf-** 66

---

174 Roloff NZA 2009, 761, 766.
175 ErfK/Koch § 64 ArbGG Rn 11.
176 Schwab/Weth-Schwab § 64 Rn 86 ff.
177 ErfK/Koch § 64 ArbGG Rn 11; Schwab/Weth-Schwab § 64 Rn 92.
178 Schwab/Weth-Schwab § 64 Rn 89.
179 GMPMG/Germelmann § 64 Rn 61.
180 BGBl. I 2001, S. 1887.
181 Schwab, Berufung im arbeitsgerichtlichen Verfahren, S. 113 f.
182 BGBl. I 2001, S. 1887.
183 BAG, 04.04.1989 – 5 AZB 9/88, NZA 1989, 693.

tigkeitsregelung auch in Buchst. d) ausgegangen werden (vgl. Rdn. 21). **Zusätzliche Hürden** können **nicht aus** der kumulativen **Anwendung anderer Tatbestände** des Abs. 2 hergeleitet werden.[184]

67 **Nicht erfasst** sind **unechte Versäumnisurteile**. Letztere ergehen nicht wegen, sondern nur bei Säumnis einer Partei. Das unechte Versäumnisurteil gegen den Kläger weist dessen Klage ab, weil entweder mangels Zulässigkeit oder Schlüssigkeit die Voraussetzungen aus § 331 ZPO für ein Versäumnisurteil gegen die säumige beklagte Partei nicht vorliegen. Das unechte Versäumnisurteil gegen die beklagte Partei weist deren Antrag auf klageabweisendes Versäumnisurteil nach § 330 ZPO durch streitige Entscheidung zurück, weil trotz Säumnis der klagenden Partei eine solche Entscheidung wegen nicht behebbarer Verfahrensmängel nicht ergehen kann. Das unechte Versäumnisurteil ist kontradiktorisches Endurteil und unterliegt den insoweit statthaften Rechtsmitteln.[185] Bei Vorliegen der übrigen Zulässigkeitsvoraussetzungen kann das unechte Versäumnisurteil des ArbG mit der Berufung zum LAG angefochten werden.

68 Praktisch wenig bedeutsam ist eine zweite Fallgruppe der ausnahmsweisen Berufungsfähigkeit von Versäumnisurteilen: Die **Ablehnung** der **Wiedereinsetzung** durch **Versäumnisurteil**. Versäumnisurteile, durch die Wiedereinsetzung abgelehnt wird, können nicht mit dem Einspruch, sondern nur mit Berufung respektive Revision angefochten werden.[186] Der Ausschluss des Einspruchs ist in § 238 Abs. 2 Satz 2 ZPO bestimmt. Die Berufungsmöglichkeit folgt dann für das arbeitsgerichtliche Verfahren aus Abs. 2 Buchst. d).[187]

II. Berufungsverfahren

69 § 64 Abs. 6–8 betreffen das vom LAG in Berufungssachen zu beachtende Verfahren. Dort ist – vorbehaltlich spezieller Regelungen in §§ 64 ff. – die entsprechende Geltung von Bestimmung zum Berufungsverfahren aus der ZPO und zum erstinstanzlichen arbeitsgerichtlichen Verfahren sowie ein besonderer Beschleunigungsgrundsatz für Berufungsverfahren in Bestandsstreitigkeiten angeordnet. Zuerst soll die vorrangige Anwendbarkeit von Vorschriften zum erstinstanzlichen Verfahren kommentiert werden.

1. Geltung erstinstanzlicher Verfahrensvorschriften

70 § 64 Abs. 7 ordnet die Geltung einer ganzen Reihe von Vorschriften zum erstinstanzlichen Verfahren auch vor dem LAG an. Erfasst ist der überwiegende Teil der insoweit im ArbGG enthaltenen Bestimmungen. Dazu gehört auch die Befugnis zur Verweisung an den Güterichter entsprechend § 54 Absatz 6 und zur Verweisung in die außergerichtliche Konfliktbeilegung nach § 54a; denn auch im Berufungsrechtszug sollen die Möglichkeiten einer konsensualen Streitbeilegung durch Güterichter, Mediation und außergerichtliche Konfliktbeilegung genutzt werden.[188] Die in Abs. 7 in Bezug genommenen erstinstanzlichen Bestimmungen kommen zum Zug, soweit das ArbGG keine besonderen Regelungen für das Berufungsverfahren enthält. Die übrigen Bestimmungen des § 64 Abs. 1–5, 8 sowie der §§ 65–69 haben also Vorrang gegenüber der Verweisung. Dagegen geht die Verweisung auf das erstinstanzliche Verfahren ihrerseits der in Abs. 6 angeordneten entsprechenden Geltung der Vorschriften der ZPO über die Berufung vor. Die Geltung erstinstanzlicher Verfahrensvorschriften gem. Abs. 7 ist eine Bestimmung des ArbGG, die nach dem Wortlaut von Abs. 6 Vorrang genießt. Zur Ermittlung der einschlägigen Regelung für das Berufungsverfahren vor dem LAG ergibt sich hieraus folgende **Prüfungsreihenfolge**:[189]

---

184 NK-GA/Breinlinger § 64 ArbGG Rn 41; ErfK/Koch § 64 ArbGG Rn 12; GK-ArbGG/Vossen § 64 Rn 81; HWK-Kalb § 64 ArbGG Rn 15; Schwab/Weth-Schwab § 64 Rn 94.
185 Musielak/Voit/Musielak vor § 330 Rn 13; Zöller/Herget vor § 330 Rn 11.
186 Musielak/Voit/Grandel § 238 Rn 7.
187 Schwab/Weth-Schwab § 64 Rn 26.
188 Vgl. BT-Drs. 17/5335, S. 8, 24; BT-Drs. 17/8058, S. 13.
189 Schwab/Weth-Schwab § 64 Rn 114.

1. Enthalten die §§ 64–69 einschlägige besondere Verfahrensregeln?
2. Ist das Problem in den anwendbaren erstinstanzlichen Vorschriften insbesondere aus § 64 Abs. 7 geregelt?
3. Erst wenn beides nicht der Fall ist, ist auf die Regelungen der ZPO zum Berufungsverfahren zurückzugreifen.

Wegen des Inhalts der in Bezug genommenen erstinstanzlichen Verfahrensregeln ist auf die Erläuterungen zu den in § 64 Abs. 7 aufgezählten Normen zu verweisen. Die folgenden Ausführungen sollen auf **Besonderheiten** aufmerksam machen.

Über die **Ablehnung von Richtern** entscheidet in entsprechender Anwendung von § 49 Abs. 1 die Kammer des LAG. Anstelle des abgelehnten Kammermitglieds ist in Anwendung der Bestimmungen aus dem Geschäftsverteilungsplan dessen nächstberufener **Vertreter** zur Beratung und Entscheidung des Ablehnungsgesuchs heranzuziehen. Für den Fall, dass sämtliche Vorsitzende eines LAG abgelehnt werden, soll in entsprechender Anwendung von § 49 Abs. 1 und 2 der nach dessen Geschäftsverteilung berufene Senat des BAG zuständig sein.[190]

71

Das **persönliche Erscheinen** der Parteien kann der Kammervorsitzende am LAG in Anwendung von § 51 Abs. 1 anordnen. Einschlägig sind die dort in Bezug genommenen Vorschriften aus § 141 Abs. 2 und 3 ZPO bezüglich **Ladung** und **Folgen** des **Ausbleibens**.

72

Die erstinstanzlichen Bestimmungen zum Alleinentscheidungsrecht des Vorsitzenden gelten mit geringen Einschränkungen. Der Kammervorsitzenden am LAG hat die **Alleinentscheidungsbefugnisse** aus §§ 53, 55 Abs. 1 Nr. 1–9.[191] Die Erweiterung des Alleinentscheidungsrechts auf die Entscheidung über eine **Tatbestandsberichtigung** in § 55 Abs. 1 Nr. 10 hat der Gesetzgeber des SGG-Änderungsgesetzes[192] auf die erste Instanz beschränkt.[193] Wegen der Mitunterzeichnung des Urteils durch die ehrenamtlichen Richter und der besonderen Bedeutung des Tatbestands für die Revision hielt der Gesetzgeber eine Erstreckung auf die Berufungsinstanz nicht für angezeigt.[194] Für die Zurückweisung vor dem Arbeitsgericht nicht postulationsfähiger Bevollmächtigter durch Alleinentscheidung nach § 55 Abs. 1 Nr. 11 besteht wegen der vorrangigen Regelung zur Postulationsfähigkeit vor dem LAG in § 11 Abs. 4, wo eine förmliche Zurückweisung nicht vorgesehen ist, kein Bedarf.

73

Die Bezugnahme auf die Vorschriften zum Güterichter und zur außergerichtlichen Mediation in §§ 54 Abs. 6 und 54a hat das Mediationsgesetz[195] in § 64 Abs. 7 ergänzt. Auch im arbeitsgerichtlichen Berufungsverfahren kann auf die entsprechenden Möglichkeiten einer Streitschlichtung zurückgegriffen werden. Mangels Güteverhandlung vor der erkennenden Kammer des LAG ist der Verweis auf § 54 Abs. 6 dahingehend zu verstehen, dass deren Vorsitzende oder Vorsitzender bereits im Vorfeld der mündlichen Verhandlung eine entsprechende Anregung an die Parteien richten kann.[196] Für das Verfahren vor dem Güterichter des LAG gelten die Regelungen für den erstinstanzlichen Güterichter entsprechend.

74

Beweisaufnahme: Die Vorschrift zur Beweisaufnahme in § 58 ist im Berufungsverfahren anwendbar. Spezifisch ist hier die Frage, wann eine in der ersten Instanz durchgeführte Beweisaufnahme, insbesondere eine Zeugenvernehmung, im Berufungsverfahren zu wiederholen ist. Dies stellt § 398 ZPO, der über § 525 ZPO auch im Berufungsverfahren Anwendung findet,[197] in das pflichtgemäße

75

---

190 GMPMG/Germelmann § 64 Rn 122; Schwab/Weth-Schwab § 64 Rn 238.
191 GMPMG/Germelmann § 64 Rn 124 f.; Schwab/Weth-Schwab § 64 Rn 114, 240 f.
192 BGBl. I 2008, S. 444.
193 ErfK/Koch § 69 ArbGG Rn 5.
194 BR-Drucks. 820/07, S. 33.
195 BGBl. I 2012, S. 1577.
196 GMPMG/Germelmann § 64 Rn 131a.
197 BGH, 12.03.2004 – V ZR 257/03, NJW 2004, 1876; Musielak/Voit/Ball § 529 Rn 13; Saenger ZZP 2008, 139, 161; a.A. (§ 529 Abs. 1 Ziff. 1 ZPO allein maßgebend) Rimmelspacher NJW-Sonderheft 2003, 11, 16.

Ermessen des Gerichts. Nach der gesetzlichen Neuregelung durch das ZPO-Reformgesetz ist bei Zweifeln an der Richtigkeit und Vollständigkeit entscheidungserheblicher Feststellungen, die sich schon aus der Möglichkeit einer unterschiedlichen Wertung ergeben können, eine erneute Beweisaufnahme zwingend geboten.[198] Ein im ersten Rechtszug gehörter Zeuge muss erneut vernommen werden, wenn das Berufungsgericht dessen Aussage anders als die Vorinstanz versteht[199] oder dessen Glaubwürdigkeit anders, als die Vorinstanz beurteilen will[200] oder insoweit Zweifel hegt.[201] Das beabsichtigte Abweichen von der erstinstanzlichen Beweiswürdigung löst eine Hinweispflicht des Gerichts aus. Der Hinweis muss so rechtzeitig erfolgen, dass darauf noch vor dem Termin zur mündlichen Verhandlung reagiert werden kann.[202] Unterlässt das Berufungsgericht pflichtwidrig die erneute Vernehmung, so verletzt es den Anspruch der benachteiligten Partei auf rechtliches Gehör.[203] Dies kann die Aufhebung der Entscheidung auf eine Verfassungsbeschwerde der Partei hin begründen.[204] Ergeben sich keine konkreten Anhaltspunkte für eine fehlerhafte Beweisaufnahme oder -würdigung, bedarf es dagegen keiner erneuten Zeugenvernehmung.[205]

76　Das **Versäumnisverfahren** vor dem LAG ist in § 59 und in dem über die Verweisung in Abs. 6 ebenfalls entsprechend anwendbaren § 539 ZPO geregelt.

§ 539 ZPO Versäumnisverfahren

(1) Erscheint der Berufungskläger im Termin zur mündlichen Verhandlung nicht, so ist seine Berufung auf Antrag durch Versäumnisurteil zurückzuweisen.

(2) Erscheint der Berufungsbeklagte nicht und beantragt der Berufungskläger gegen ihn das Versäumnisurteil, so ist das zulässige tatsächliche Vorbringen des Berufungsklägers als zugestanden anzunehmen. Soweit es den Berufungsantrag rechtfertigt, ist nach dem Antrag zu erkennen; soweit dies nicht der Fall ist, ist die Berufung zurückzuweisen.

(3) Im Übrigen gelten die Vorschriften über das Versäumnisverfahren im ersten Rechtszug sinngemäß.

77　**Voraussetzung** für den Erlass jedweder Versäumnisentscheidung nach § 539 ZPO ist die **Zulässigkeit der Berufung**. Die unzulässige Berufung unterfällt §§ 522 ZPO, 66 Abs. 2 Satz 2. Trotz Säumnis der Partei ist sie durch kontradiktorisches Urteil zu verwerfen.[206] Ebenso muss die **Klage** im Rahmen der von Amts wegen anzustellenden Prüfung der Prozessvoraussetzungen **zulässig** sein. Ansonsten ist sie – gleichviel welche Partei säumig ist und in welcher Partei das Verfahren schwebt – durch kontradiktorisches Urteil abzuweisen.[207]

78　Sind Berufung und Klage zulässig, hat auf Antrag des Berufungsbeklagten gegen den i.S.v. §§ 539 Abs. 3 i.V.m. 330 ff. ZPO **säumigen Berufungskläger** ohne Weiteres ein die **Berufung zurückweisendes Versäumnisurteil** zu ergehen. Ist es dagegen der **Berufungsbeklagte**, der **säumig** ist, so setzt ein **Versäumnisurteil** gegen ihn neben dem Antrag des Berufungsklägers weiter die **Schlüssigkeit der Berufung voraus**. Rechtsfolge der Säumnis ist, dass das zulässige Vorbringen des Berufungsklägers zu den Tatsachen als zugestanden gilt. Soweit es seinen Berufungsantrag rechtfertigt, ist nach dem Berufungsantrag zu erkennen.[208] Umstände, die für die Unrichtigkeit des Vorbringens

---

198　BVerfG, 12.06.2003 – 1 BvR 2285/02, NJW 2003, 2524; BVerfG, 22.11.2004 – 1 BvR 1935/03, NJW 2005, 1487.
199　BGH, 21.03.2012 – XII ZR 18/11, Rn 6 f.
200　BAG, 26.09.1989 – 3 AZR 375/89, NZA 1990, 74; BGH, 12.03.2004 – V ZR 257/03, NJW 2004, 1876.
201　LAG Rheinland-Pfalz, 27.08.2009 – 11 Sa 207/09, Rn 40.
202　BVerfG, 12.06.2003 – 1 BvR 2285/02, NJW 2003, 2524.
203　BGH, 05.05.2015 – XI ZR 326/14, NJW-RR 2015, 1200.
204　BVerfG, 22.11.2004 – 1 BvR 1935/03, NJW 2005, 1487.
205　Schwab/Weth-Schwab § 64 Rn 226.
206　Musielak/Voit/Ball § 539 Rn 2; Zöller/Heßler § 539 Rn 1.
207　BGH, 13.03.1986 – I ZR 27/84; 08.12.1999 – I ZR 27/84; Zöller/Heßler § 539 Rn 7.
208　BAG, 16.01.2013 – 10 AZR 560/11, Rn 13.

des Berufungsklägers sprechen könnten, sind nicht zu berücksichtigen. Dies gilt ebenso für das Ergebnis einer Beweisaufnahme, es sei denn, der Berufungskläger macht es sich zu Eigen.[209] Soweit es an der Schlüssigkeit fehlt, ist die Berufung durch unechtes Versäumnisurteil zurückzuweisen, bei prozessualen Hindernissen zu verwerfen.[210] Unter den Voraussetzungen der §§ 331a, 251a Abs. 2 ZPO kann statt eines Versäumnisurteils eine Entscheidung nach Lage der Akten ergehen.[211]

Wegen der entsprechenden Geltung von § 59 ist der Einspruch gegen Versäumnisurteile des LAG einer **Einspruchsfrist** von nur **einer Woche** unterworfen.[212] Die Regelung in § 59, wonach die **Partei selbst wirksam Einspruch** gegen ein Versäumnisurteil einlegen kann, gilt ebenfalls für das Berufungsverfahren. Der Einspruch kann schriftlich oder durch Abgabe einer Erklärung zur Niederschrift der Geschäftsstelle erfolgen.[213] Die Vertretung durch einen vor dem LAG postulationsfähigen Bevollmächtigten ist insoweit nicht erforderlich. Für die Begründung des Einspruchs besteht dann aber wieder der Vertretungszwang aus § 11 Abs. 4.[214] 79

Die Vorschrift der §§ 61 Abs. 2 und 62 zur **Zwangsvollstreckung** ist im arbeitsgerichtlichen Berufungsverfahren anwendbar. Das noch nicht rechtskräftige Urteil des LAG ist kraft Gesetzes vorläufig vollstreckbar,[215] ohne dass es einer entsprechenden Anordnung im Urteilstenor bedarf.[216] Nach Berufungseinlegung ist das LAG für die Entscheidung über einen Antrag auf **Einstellung** der **Zwangsvollstreckung** aus dem erstinstanzlichen Urteil zuständig.[217] Die Entscheidung trifft der Kammervorsitzende allein ohne Beteiligung der ehrenamtlichen Richter, §§ 55 Abs. 1 Nr. 6, 64 Abs. 7.[218] Anwendbar ist auch § 61 Abs. 3. Daraus folgt, dass das **Grundurteil des LAG** nur **zusammen** mit dessen **Endurteil anfechtbar** ist (vgl. Rdn. 3). 80

Der Katalog einbezogener Vorschriften zum erstinstanzlichen Verfahren wird in weiteren Vorschriften des ArbG ergänzt. So findet nach § 69 Abs. 1 Satz 2 die erstinstanzliche Vorschrift in § 60 zu **Verkündung des Urteils** und **Abfassung** der **Entscheidungsgründe** mit geringen Modifikationen im Berufungsverfahren Anwendung. Erläuterungen hierzu sind bei § 69 abgedruckt. Eine weitere Ergänzung ergibt sich aus § 11a Abs. 1. Danach gelten die Bestimmungen zu **Prozesskostenhilfe** und grenzüberschreitender Prozesskostenhilfe innerhalb der Europäischen Union gem. RL 2003/8/EG im Verfahren vor den Arbeitsgerichten entsprechend. Zu den Arbeitsgerichten gehören auch die Landesarbeitsgerichte, sodass der Verweis auf § 114 ff. ZPO das arbeitsgerichtliche Berufungsverfahren erfasst. Prozesskostenhilfe muss in jedem Rechtszug – also auch für die Berufung – gesondert bewilligt werden, § 119 Abs. 1 Satz 1 ZPO. Dabei sind vor der Bewilligung von Prozesskostenhilfe für das Berufungsverfahren hinsichtlich der vor dem ArbG erfolgreichen Partei Erfolgsaussichten oder Mutwilligkeit nicht zu prüfen, § 119 Abs. 1 Satz 2 ZPO. Wegen der Möglichkeiten vor Durchführung eines Berufungsverfahrens eine Entscheidung des LAG über die Gewährung von Prozesskostenhilfe zu erhalten, vgl. § 66 Rdn. 15. Eine besondere Regelung zur Kostentragung im Berufungsverfahren bei Kostenquotelung und Vertretung einer Partei durch Rechtsanwalt und der Gegenpartei durch Verbandsvertreter ist in § 12a Abs. 2 enthalten. 81

Die Regelung in § 48 zum besonderen Verfahren zur Feststellung von **Rechtsweg, Zuständigkeit** und **Verfahrensart** nimmt Abs. 7 nicht in den Katalog der im Berufungsverfahren anwendbaren erstinstanzlichen Vorschriften auf. Dies ist darin begründet, dass diesbezügliche Streitigkeiten im 82

---

209 BAG, 18.08.2004 – 5 AZR 623/03, NZA 2004, 1294; BAG, 25.01.2006 – 10 AZR 84/05, Rn 12.
210 Schwab/Weth-Schwab § 64 Rn 244; Zöller/Heßler § 539 Rn 14.
211 Vgl. dazu: BAG, 05.06.2014 – 6 AZN 267/14, Rn 30.
212 GK-ArbGG/Vossen § 64 Rn 132; Schwab/Weth-Schwab § 64 Rn 244.
213 BAG GS, 10.07.1957 – GS 1/57, NJW 1957, 1652; ErfK/Koch § 59 ArbGG Rn 10.
214 GMPMG/Germelmann § 64 Rn 130; Schwab/Weth-Schwab § 64 Rn 244.
215 Schwab/Weth-Walker § 62 Rn 4.
216 GMPMG/Germelmann § 62 Rn 16.
217 LAG Berlin-Brandenburg, 23.08.2007 – 15 Sa 1630/07; GK-ArbGG/Vossen § 62 Rn 31; Schwab/Weth-Schwab § 64 Rn 12.
218 GMPMG/Germelmann § 62 Rn 47.

Vorabentscheidungsverfahren nach §§ 48 Abs. 1 i.V.m. § 17a GVG bereits durch das ArbG zu klären sind und § 65 eine diesbezügliche Prüfungskompetenz des LAG grundsätzlich ausschließt. Besteht aber in Ausnahme hiervon eine Prüfungskompetenz des LAG, weil ein Streitgegenstand betroffen ist, der vor dem ArbG noch nicht anhängig war (vgl. § 65 Rdn. 9), so hat das LAG die dann erforderliche eigene Prüfung an § 48 Abs. 1 i.V.m. §§ 17 ff. GVG auszurichten.[219]

2. Geltung von ZPO-Vorschriften zur Berufung

83 Abs. 6 ist **Brückennorm** zu den Vorschriften zum **Berufungsverfahren** in der ZPO. Soweit nicht das ArbGG in speziellen Regelungen zum Berufungsverfahren vor dem LAG oder in dem Verweis auf das erstinstanzliche Verfahren in Abs. 7 Regelungen zum Berufungsverfahren trifft, ist auf die entsprechenden Bestimmungen insbesondere in §§ 511 ff. ZPO zurückzugreifen. Hiervon **nimmt** Abs. 6 Satz 2 die Bestimmungen zum **Verfahren vor dem Einzelrichter aus**. §§ 523 Abs. 1 Satz 1 ZPO, 526 und 527 ZPO, wie sie Regelungen zur Übertragung auf einen entscheidungsbefugten Einzelrichter bzw. zu vorbereitenden Entscheidungskompetenzen des Einzelrichters enthalten, sind deshalb im arbeitsgerichtlichen Berufungsverfahren nicht anwendbar. Weitere Ausnahmen enthalten § 66 Abs. 2 Satz 3 und § 69 Abs. 4 Satz 1. Danach sind die Bestimmungen in § 522 Abs. 2 und 3 ZPO, wie sie die vereinfachte Zurückweisung einer Berufung ohne Erfolgsaussichten oder grundsätzliche Bedeutung erlauben, sowie die besonderen Regeln zur Form des Berufungsurteils in § 540 ZPO für die Arbeitsgerichtsbarkeit nicht anwendbar. Im Übrigen gilt Folgendes:

a) §§ 511, 514 ZPO: Statthaftigkeit der Berufung

84 Das ArbGG enthält in § 64 Abs. 1–5 eine eigene Regelung zur Statthaftigkeit der Berufung einschließlich der Berufung gegen ein Versäumnisurteil. Die Bestimmungen sind im arbeitsgerichtlichen Berufungsverfahren nicht anwendbar.

b) §§ 512–513, 528–529 ZPO: Prüfungsumfang

85 § 512 ZPO findet als spezielle Vorschrift zur Überprüfbarkeit von **Zwischenentscheidung** der Vorinstanz Anwendung.[220] Danach unterliegen grundsätzlich auch dem Endurteil vorausgegangene Entscheidungen in der Berufung gegen das Endurteil der Überprüfung durch das Berufungsgericht, sofern sie nicht kraft gesetzlicher Anordnung unanfechtbar oder mit der sofortigen Beschwerde anfechtbar sind. Über den Wortlaut der Vorschrift hinaus, sind auch solche Zwischenentscheidungen von dem Berufungsgericht nicht zu überprüfen, die selbständig mit einer Berufung anfechtbar sind. In die Prüfung im Rahmen der Berufung gegen das Endurteil eingeschlossen sind somit die im arbeitsgerichtlichen Verfahren nicht selbstständig anfechtbaren **Grundurteile**, § 61 Abs. 3, sowie **Zwischenurteile**. Dagegen ist das Zwischenurteil über die **Zulässigkeit der Klage** selbständig mit der Berufung anfechtbar, § 280 Abs. 2 Satz 1 ZPO. Dementsprechend ist es von der Überprüfung zusammen mit dem Endurteil ausgeschlossen.[221] Die selbständige Anfechtbarkeit bleibt dabei auch dann erhalten, wenn es das ArbG entgegen § 280 Abs. 1 ZPO versäumt, zuvor die abgesonderte Verhandlung über die Zulässigkeit anzuordnen.[222] Der selbständigen Berufung unterliegen weiterhin Zwischenurteile, die einen Antrag auf Wiedereinsetzung gegen eine Fristversäumung zurückweisen,[223] sowie Zwischen-

---

[219] BAG, 26.03.1992 – 2 AZR 443/91, NZA 1992, 954; GMPMG/Germelmann § 64 Rn 131.
[220] Vgl. BAG, 26.03.1987 – 6 AZR 298/85.
[221] GK-ArbGG/Vossen § 64 Rn 18.
[222] BAG, 23.11.2000 – 2 AZR 490/99, NZA 2001, 683.
[223] BGH, 15.10.1981 – III ZR 74/80, NJW 1982, 184 m.w.N.; GK-ArbGG/Vossen § 64 Rn 18.

urteile über die **nachträgliche Zulassung** von **Kündigungsschutz**-[224] und **Entfristungsklagen**,[225] § 5 Abs. 4 Satz 3 KSchG, § 17 Satz 2 TzBfG.

Ebenfalls anwendbar ist § **528 ZPO**.[226] Die Prüfungs- und Entscheidungsbefugnisse auch des LAG werden gemäß § 528 ZPO durch die **Parteianträge** im **Berufungsverfahren** begrenzt. Das erstinstanzliche Urteil darf das LAG nur insoweit abändern, als eine Abänderung von der Partei beantragt ist. Entsprechende Parteianträge sind daher **Voraussetzung** für eine **kontradiktorische Sachentscheidung** des LAG.[227] Dies ist Ausdruck von Dispositionsmaxime und Parteiherrschaft, wie sie für die erste Instanz in § 308 ZPO normiert sind. Die Vorschrift begründet **Verbesserungsverbot** und **Verschlechterungsverbot**. Das Berufungsgericht darf dem Berufungskläger nicht mehr und nicht anderes zusprechen, als er in zweiter Instanz beantragt hat. Abgesehen von den Fällen, wo der Gegner (Anschluss-) Berufung eingelegt hat (vgl. Rdn. 109), darf ihm das Berufungsgericht nichts aberkennen, was ihm das Erstgericht – sei es auch zu Unrecht – zugesprochen hat.[228] Ein **Hilfsantrag** des Klägers gelangt mit der Berufung gegen die erstinstanzliche Stattgabe bezüglich des Hauptantrags in die Berufung und fällt bei Abänderung der Entscheidung und Abweisung des Hauptantrags durch das Berufungsgericht diesem zur Entscheidung an, ohne dass hierfür eine Anschlussberufung erforderlich wäre.[229] Ein Verstoß des LAG gegen die Bindung an die Berufungsanträge ist im Revisionsverfahren von Amts wegen zu berücksichtigen.[230]

86

Innerhalb des durch die Berufungsanträge abgesteckten Rahmens ist die erstinstanzliche Entscheidung hinsichtlich Rechtsanwendung und Tatsachenfeststellung umfassend zu prüfen. Dies folgt aus §§ 513 Abs. 1 und 529 Abs. 2 Satz 2 ZPO, die auch für das arbeitsgerichtliche Verfahren Geltung beanspruchen. Die zulässige Berufung führt grundsätzlich zu einer **vollen Überprüfung** der **erstinstanzlichen Entscheidung** bei der Anwendung formellen und materiellen Rechts, ohne dass das Berufungsgericht an die geltend gemachten Berufungsgründe gebunden wäre.[231] Rügeunabhängig sind die von Amts wegen zu berücksichtigenden Verfahrensmängel sowie die Verletzung prozess- oder materiellrechtlicher Normen.[232] Abgesehen von den in § 529 Abs. 2 Satz 1 ZPO und § 65 genannten Einschränkungen unterliegt das mit einer zulässigen Berufung angefochtene Urteil der inhaltlich unbeschränkten Überprüfung auf Fehler bei der Anwendung formellen und materiellen Rechts durch das Landesarbeitsgericht. Das Berufungsgericht hat insoweit den Prozessstoff selbstständig nach allen Richtungen von Neuem zu prüfen, ohne dabei an die rechtlichen Gesichtspunkte und Beurteilungen der Parteien oder der Vorinstanz gebunden zu sein. Insbesondere hat es alle in Betracht kommenden Anspruchsgrundlagen zu prüfen.[233]

87

Trotz Annäherung des § 513 Abs. 1 ZPO an die revisionsrechtliche Vorschrift in § 545 Abs. 1 ZPO durch das ZPO-Reformgesetz[234] lehnen der BGH und das BAG im Hinblick auf die unterschiedlichen Funktionen von Berufung und Revision – Gewährleistung von Einzelfallgerechtigkeit als zweite Tatsacheninstanz gegenüber Leitbildfunktion für Klärung und Fortbildung des Rechts – dem Revisionsrecht entsprechende Beschränkungen des Berufungsgerichts bei der Überprüfung erstinstanzlicher Entscheidungen ab. Das Berufungsgericht hat die erstinstanzliche Auslegung von Individualvereinbarungen und unbestimmten Rechtsbegriffen in vollem Umfang darauf zu überprüfen,

88

---

224 APS/Hesse § 5 KSchG Rn 107; GK-ArbGG/Vossen § 64 Rn 17a; KR/Friedrich § 5 KSchG Rn 169d; Natter/Gross-Pfeiffer § 64 Rn 9.
225 Schwab/Weth-Schwab § 64 Rn 25.
226 MünchKomm-ZPO/Rimmelspacher § 528 Rn 4.
227 BAG, 01.12.2004 – 5 AZR 121/04.
228 Musielak/Voit/Ball § 528 Rn 1.
229 Natter/Gross-Pfeiffer § 66 Rn 44.
230 BAG, 22.08.2013 – 8 AZR 521/12, Rn 33.
231 Musielak/Voit/Ball § 529 Rn 24.
232 MünchKomm-ZPO/Rimmelspacher § 529 Rn 42.
233 BAG, 12.09.2013 – 6 AZR 121/12, NZA 2013, 1412, Rn 11.
234 BGBl. I 2001, S. 1887.

ob die Auslegung überzeugt.[235] Es ist nicht auf eine Vertretbarkeitskontrolle beschränkt, sondern hat selbst die Auslegung vorzunehmen, die es als Grundlage einer sachgerechten Entscheidung des Einzelfalls für geboten hält.[236] Ebenso ist die **richterlichem Ermessen** unterliegende Bestimmung eines **Schmerzensgeldes** im Berufungsverfahren in vollem Umfang überprüfbar und eine bloß vertretbare durch die überzeugende Festsetzung zu ersetzen.[237] Das LAG muss also Erklärungen oder Ermessen selbst auslegen oder ausüben.[238]

89 **Ausnahmen** von der vollen Überprüfbarkeit normieren § 65 i.V.m. § 513 Abs. 2 ZPO. Danach sind **Rechtsweg, Verfahrensart** und **Zuständigkeit** von der Überprüfung ausgenommen (vgl. Erl. zu § 65). **Prozessuale Fehler** des ArbG werden gem. § 529 Abs. 2 Satz 1 ZPO nur auf ausdrückliche Rüge berücksichtigt. Ausgenommen hiervon sind solche Verfahrensmängel, die von Amts wegen zu berücksichtigen sind. Zur Abgrenzung der Verfahrensvorschriften können die Grundsätze zur revisionsrechtlichen Vorschrift in § 551 Abs. 3 Satz 1 Nr. 2b ZPO herangezogen werden.[239] Zur Differenzierung zwischen verzichtbaren und unverzichtbaren Verfahrensmängeln gelten die entsprechenden Überlegungen zu § 295 ZPO.[240] Als nicht von Amts wegen zu berücksichtigende Verfahrensfehler sind danach rügebedürftig etwa Zustellmängel, Verletzung der Unmittelbarkeit der Beweiserhebung und von Ladungs- und Einlassungsfristen, oder das Fehlen einer Verhandlung zum Beweisergebnis entgegen § 285 Abs. 1 ZPO.

90 Welcher **Sachverhalt** in der Berufungsinstanz der Entscheidung zugrunde zu legen ist, regelt **§ 529 Abs. 1 ZPO**. Nach Ziffer 1 der Vorschrift ist von den **erstinstanzlich festgestellten Tatsachen** auszugehen, es sei denn, (1) konkrete Anhaltspunkte begründen Zweifel an der Richtigkeit oder Vollständigkeit der entscheidungserheblichen Feststellungen und machen die erneute Feststellung erforderlich oder (2) die Parteien führen neuen berücksichtigungsfähigen Streitstoff im Berufungsverfahren ein. Die Vorschrift gilt auch für das Verfahren vor dem LAG.[241] § 529 Abs. 1 Ziff. 1 ZPO bindet das LAG an von dem ArbG verfahrensfehlerfrei festgestellte Tatsachen.[242] Die Bindungswirkung an erstinstanzliche Feststellungen ist auf solche Feststellungen beschränkt, welche die erste Instanz vollständig und überzeugend getroffen hat.[243] **Anhaltspunkte für Zweifel** an Richtigkeit oder Vollständigkeit der erstinstanzlichen Feststellungen, wie sie die erneute Feststellung des Sachverhalts seitens des Berufungsgerichts gebieten, können **jeder objektivierbare rechtliche oder tatsächliche Einwand gegen die erstinstanzlichen Feststellungen** sein. Nicht ausreichend sind bloß subjektive Zweifel, lediglich abstrakte Erwägungen oder Vermutungen der Unrichtigkeit. Anhaltspunkte können sich aus gerichtsbekannten Tatsachen, aus dem Vortrag der Parteien oder aus dem angefochtenen Urteil selbst ergeben.[244] Die Fehlerhaftigkeit kann sich bereits aus der Möglichkeit unterschiedlicher Wertung ergeben.[245] Ein Verfahrensfehler der Vorinstanz ist nicht Voraussetzung. Die Revision kann nicht mit Erfolg darauf gestützt werden, dass das Berufungsgericht zu Unrecht die Voraussetzungen einer erneuten Tatsachenfeststellung angenommen hat.[246]

---

235 BAG, 12.09.2013 – 6 AZR 121/12, NZA 2013, 1412, Rn 14.
236 BGH, 14.07.2004 – VIII ZR 164/03, NJW 2004, 2751; GMPMG/Germelmann § 64 Rn 75; Schwab/Weth-Schwab § 64 Rn 228; a.A. ErfK/Koch § 66 ArbGG Rn 28.
237 BGH, 28.03.2006 – VI ZR 46/05, NJW 2006, 1589, Rn 30; a.A. Holthaus/Koch RdA 2002, 140, 154.
238 Schwab/Weth-Schwab § 64 Rn 228.
239 Schwab/Weth-Schwab § 64 Rn 149.
240 MünchKomm-ZPO/Rimmelspacher § 529 Rn 37; Zöller/Heßler § 529 Rn 13.
241 BAG, 13.08.2008 – 7 AZR 269/07, Rn 20; GMPMG/Germelmann § 64 Rn 75.
242 BAG, 20.02.2008 – 7 AZR 950/06, Rn 24; BAG, 13.08.2008 – 7 AZR 269/07, Rn 20; BAG, 20.02.2008 – 7 AZR 950/06, Rn 24; BAG, 13.08.2008 – 7 AZR 269/07, Rn 20.
243 BT-Drs. 14/4722, S. 61; BGH, 09.03.2005 – VIII ZR 266/03, NJW 2005, 1583.
244 BGH, 08.06.2004 – VI ZR 230/03, NJW 2004, 2828.
245 BVerfG, 12.06.2003 – 1 BvR 2285/02, NJW 2003, 2524; BVerfG, 22.11.2004 – 1 BvR 1935/03, NJW 2005, 1487.
246 BGH, 09.03.2005 – VIII ZR 266/03, NJW 2005, 1583.

Als **erstinstanzlich festgestellte Tatsachen** ordnet der BGH außer den vom erstinstanzlichen Gericht nach Beweiswürdigung **als wahr oder unwahr festgestellten Tatsachen** auch all die **Tatsachen** ein, die das erstinstanzliche Gericht seiner Entscheidung ohne Prüfung der Wahrheit zugrunde gelegt hat, weil sie **offenkundig** oder **gerichtsbekannt, ausdrücklich zugestanden** oder **unstreitig** waren, oder sie sich **aus gesetzlichen Vermutungen oder Beweis- und Auslegungsregeln ergeben**.[247] Darüber hinaus soll mit der zulässigen Berufung grundsätzlich der gesamte aus den Akten ersichtliche Prozessstoff erster Instanz ohne Weiteres in die Berufungsinstanz gelangen, sodass das Berufungsgericht auch schriftsätzlich angekündigtes Parteivorbringen zu berücksichtigen habe, das die Vorinstanz für unerheblich gehalten und im Urteilstatbestand nicht erwähnt hat.[248]

91

Die Überprüfung von Tatsachenfeststellungen durch das Berufungsgericht **setzt keine spezifische Berufungsrüge nach § 520 Abs. 3 Ziffer 3 ZPO voraus**. Nach § 513 ZPO ist es nämlich Aufgabe des Berufungsgerichts, das Urteil der Vorinstanz auf konkrete Anhaltspunkte für Zweifel hinsichtlich der Richtigkeit und Vollständigkeit der getroffenen Tatsachenfeststellungen zu prüfen und etwaige Fehler zu beseitigen. Die dem Berufungsgericht nach Maßgabe des § 529 Abs. 1 Nr. 1 ZPO obliegende Kontrolle der tatsächlichen Feststellungen des Erstgerichts besteht deshalb unabhängig davon, ob die Berufungsbegründung insoweit diesbezüglich einen den Anforderungen des § 520 Abs. 2 Satz 2 Nr. 3 ZPO genügenden Angriff enthält.[249] Dies gilt auch dann, wenn die Übergehung von Parteivortrag einen Verfahrensfehler begründet, wie er nach § 529 Abs. 2 Satz 1 ZPO nur auf entsprechende Rüge in der Berufungsbegründung zu überprüfen ist. Für die tatsächliche Inhaltskontrolle ist ausschließlich § 529 Abs. 1 ZPO maßgebend. Eine Vermischung mit der in § 529 Abs. 2 ZPO geregelten Rechtsfehlerkontrolle darf selbst dann nicht stattfinden, wenn die fehlerhafte Tatsachenfeststellung im erstinstanzlichen Urteil auf einem Verfahrensmangel beruht.[250]

92

Mit dieser Auslegung von § 529 Abs. 1 ZPO betont der BGH die Bedeutung der **Berufungsinstanz** als **zweite**, wenn auch eingeschränkte **Tatsacheninstanz** und die Verantwortung des Berufungsgerichts für die Verwirklichung materieller Gerechtigkeit im Einzelfall.[251] Die im Anschluss an die Neugestaltung des Berufungsverfahrens und insbesondere der Sachverhaltsfeststellung durch das ZPO-Reformgesetz geführte Debatte um deren Auswirkung auf das arbeitsgerichtliche Berufungsverfahren[252] hat durch eine solche Anwendung der neuen Vorschriften an Bedeutung verloren. Zu unterstreichen bleibt aber, dass im arbeitsgerichtlichen Verfahren neuer Tatsachenvortrag in der Berufungsinstanz in deutlich weiterem Umfang zulässig ist als im Berufungsverfahren vor den ordentlichen Gerichten (vgl. § 67 Rdn. 1). Dies ist für die Reichweite der Bindung an erstinstanzliche Feststellungen von Bedeutung, weil konkrete Anhaltspunkte für Zweifel an deren Richtigkeit und Vollständigkeit sich auch aus neuem Vortrag ergeben können, § 529 Abs. 1 Nr. 2 ZPO. Dadurch wird die Bindung des LAG an die erstinstanzlichen Feststellungen weiter abgeschwächt.

93

c) § 515: Berufungsverzicht

Den **Verzicht auf eine Berufung** regelt auch für das arbeitsgerichtliche Berufungsverfahren § 515 ZPO.

94

§ 515 ZPO Verzicht auf Berufung

Die Wirksamkeit eines Verzichts auf das Recht der Berufung ist nicht davon abhängig, dass der Gegner die Verzichtsleistung angenommen hat.

---

247 BGH, 19.03.2004 – V ZR 104/03, NJW 2004, 2152.
248 BGH, 27.09.2006 – VIII ZR 19/04, NJW 2007, 2414, Rn 16; 16.10.2008 – IX ZR 183/06, NJW 2009, 1351, Rn 30; 22.04.2010 – IX ZR 160/09, Rn 10; 13.01.2012 – V ZR 183/10.
249 BGH, 15.10.2004 – V ZR 223/03, NJW 2005, 983.
250 BGH, 12.03.2004 – V ZR 257/03, NJW 2004, 1175; Gaier NJW 2004, 110, 112; a.A. Rimmelspacher NJW-Sonderheft 2003, 11, 15.
251 BGH, 09.03.2005 – VIII ZR 266/03, NJW 2005, 1583.
252 Holthaus/Koch RdA 2002, 140, 154; Schmidt/Schwab/Wildschütz NZA 2001, 1217, 1221.

95 Seit der Neuregelung durch das ZPO-Reformgesetz[253] kann der **Berufungsverzicht** bereits vor Erlass des Urteils erklärt werden. § 313a Abs. 3 ZPO erklärt den Rechtsmittelverzicht vor Verkündung des Urteils auch für das arbeitsgerichtliche Verfahren ausdrücklich für zulässig.[254] Der Verzicht ist Prozesshandlung. Als solche unterliegt er der **Auslegung**. Hier gelten strenge Anforderungen.[255] Der Verzicht muss zwar nicht ausdrücklich als solcher bezeichnet werden, er muss in der Erklärung aber eindeutig zum Ausdruck kommen.[256] Bei Streit über den Inhalt der Erklärung ist ein Rechtsmittelverzicht nur anzunehmen, wenn in der Erklärung klar und eindeutig der Wille zum Ausdruck gebracht wird, das Urteil endgültig hinzunehmen und es nicht anfechten zu wollen. Die Auslegung unterliegt der uneingeschränkten Überprüfung in der Revision.[257]

96 Wird der **Berufungsverzicht gegenüber** dem **Gericht erklärt**, so ist er – abgesehen von Fällen, wo ein Restitutionsgrund i.S.v. § 580 ZPO vorliegt – **unwiderruflich**[258] und **nicht anfechtbar**.[259] Rechtsfolge des gegenüber dem Gericht erklärten Verzichts ist die Unzulässigkeit der Berufung, die dann in Anwendung von §§ 66 Abs. 2 Satz 2 i.V.m. 522 Abs. 1 ZPO zu verwerfen ist. Ein Rechtsmittelverzicht ist nach § 160 Abs. 1 Nr. 9 ZPO in die Sitzungsniederschrift aufzunehmen. Die ordnungsgemäße Protokollierung dient insoweit nur Beweiszwecken, ohne Wirksamkeitsvoraussetzung zu sein.[260] Wird der Berufungsverzicht im Verfahren vor dem LAG erklärt, kann er wirksam nur von einem bevollmächtigten Rechtsanwalt oder Verbandsvertreter nach § 11 Abs. 4 abgegeben werden.[261]

97 Dagegen kann **gegenüber dem Gegner** der **Berufungsverzicht** auch **von der Partei selbst oder** ihrem in der Berufungsinstanz **nicht postulationsfähigen Bevollmächtigten erklärt werden**.[262] Ein solcher Verzicht führt erst auf **entsprechende Einrede** zur Verwerfung der Berufung als unzulässig.[263] Der Gegner kann auf Erhebung der Einrede verzichten. Der Verzicht gegenüber der Partei ist mit deren Einverständnis widerruflich.[264] Unter Umständen kann der Einrede mit der Gegeneinrede der Arglist begegnet werden.[265]

98 Die Partei, die einen Berufungsverzicht erklärt, gibt das prozessuale Recht, eine ihr ungünstige Entscheidung durch die übergeordnete Instanz nachprüfen zu lassen, **endgültig** auf.[266] Die **Wirkungen** des Verzichts **erstrecken sich** daher auch **auf** die nach Zurückweisung **erneut eingelegte Berufung**. Hierin unterscheidet er sich von der Berufungsrücknahme, die einer späteren zulässigen Berufungseinlegung nicht notwendig entgegensteht. Anderes gilt nur, soweit der Gegner Berufung einlegt. Hier ist nach § 524 Abs. 2 Satz 1 ZPO die **Anschlussberufung** auch dann **statthaft, wenn** zuvor ein **Berufungsverzicht** erklärt worden war. Ist abweichend hiervon ein entsprechender Parteiwillen zum Ausdruck gebracht, schließt der Rechtsmittelverzicht ausnahmsweise auch die Anschlussberufung ein.[267]

d) § 516: Zurücknahme der Berufung

99 Auf die **Berufungsrücknahme** findet § 516 ZPO entsprechende Anwendung.

---

253 BGBl. I 2001, S. 1887.
254 BAG, 08.09.2010 – 7 ABR 73/09, NZA 2011, 934, Rn 31 f.
255 BGH, 12.03.2002 – VI ZR 379/01, NJW 2002, 2108.
256 BGH, 20.07.1999 – X ZR 175/98, NJW 1999, 3564.
257 BAG, 16.03.2004 – 9 AZR 323/03, NZA 2004, 1047.
258 BGH, 08.05.1985 – IVb ZB 56/84, NJW 1985, 2334.
259 BGH, 25.06.1986 – IVb ZB 75/85.
260 BGH, 04.07.2007 – XII ZB 14/07, Rn 6.
261 Vgl. BGH, 10.05.1951 – IV ZB 26/51, NJW 1952, 26.
262 BGH, 14.05.1997 – XII ZR 184/96.
263 BGH, 12.03.2002 – VI ZR 379/01, NJW 2002, 2108.
264 BGH, 08.05.1985 – IVb ZB 56/84.
265 BGH, 20.11.1952 – IV ZR 204/52; BGH, 14. 6. 1967 – IV ZR 21/66, NJW 1968, 794; BGH, 06.03.1985 – VIII ZR 123/84, NJW 1985, 2335; zu der Gegeneinrede vgl. auch: Schwab/Weth-Schwab § 64 Rn 221; Zöller/Heßler § 515 Rn 12.
266 BGH, 09.12.1993 – IX ZR 64/93, NJW 1994, 737.
267 Vgl. BGH, 04.07.2007 – XII ZB 14/07, Rn 10; Zöller/Heßler § 515 Rn 16.

§ 516 ZPO Zurücknahme der Berufung

(1) Der Berufungskläger kann die Berufung bis zur Verkündung des Berufungsurteils zurücknehmen.

(2) Die Zurücknahme ist dem Gericht gegenüber zu erklären. Sie erfolgt, wenn sie nicht bei der mündlichen Verhandlung erklärt wird, durch Einreichung eines Schriftsatzes.

(3) Die Zurücknahme hat den Verlust des eingelegten Rechtsmittels und die Verpflichtung zur Folge, die durch das Rechtsmittel entstandenen Kosten zu tragen. Diese Wirkungen sind durch Beschluss auszusprechen.

Wie der Berufungsverzicht so muss auch die **Berufungsrücknahme** eindeutig aber nicht ausdrücklich erklärt werden.[268] Die Rücknahme des Rechtsmittels ist bedingungsfeindlich und kann weder angefochten noch widerrufen werden. Hiervon ausgenommen sind nur solche Sachverhalte, wo ein Restitutionsgrund nach § 580 ZPO vorliegt und das die Berufung als unzulässig verwerfende Urteil der Restitutionsklage unterläge.[269] **Anfechtung** und **Widerruf** sind auch dann ausgeschlossen, wenn sie aufgrund eines für das Gericht und den Verfahrensgegner offensichtlichen Irrtums über tatsächliche oder rechtliche Umstände erklärt werden.[270] Nur ganz ausnahmsweise wird eine Berufungsrücknahme wegen Verstoß gegen Treu und Glauben unbeachtlich sein können.

100

Seit Inkrafttreten des ZPO-Reformgesetzes[271] am 01.01.2002 kann die Berufung bis zur Verkündung des Berufungsurteils **ohne Zustimmung des Berufungsbeklagten** zurückgenommen werden. Maßgebend ist hier der Beginn der Verkündung, nicht deren Ende.[272] Liegt die Zustimmung des Gegners vor, ist eine Rücknahme über die Verkündung hinaus bis zur Rechtskraft des Berufungsurteils zulässig.[273] Die Rücknahmeerklärung ist gegenüber dem Gericht abzugeben, § 516 Abs. 2 Satz 1 ZPO. Sie unterliegt dem Vertretungszwang.[274] Hat aber die nicht postulationsfähige Partei die Berufung eingelegt, so kann sie sie auch wirksam zurücknehmen.[275]

101

Die Berufungsrücknahme bewirkt den **Verlust** des eingelegten **Rechtsmittels**. Bei mehrfacher Einlegung der Berufung wirkt sie – vorbehaltlich einer Beschränkung in der Erklärung – auf alle Einlegungsakte.[276] Verlust der Berufung sowie die daraus resultierende **Kostentragungspflicht** sind durch das Gericht in einem **Beschluss** auszusprechen, § 516 Abs. 3 Satz 2 ZPO. Dies hat von Amts wegen zu erfolgen, ohne dass es eines Parteiantrags bedürfte. Mündliche Verhandlung nicht aber rechtliches Gehör ist entbehrlich, § 128 Abs. 4 ZPO.[277]

102

Anders als beim Berufungsverzicht **kann** die **Berufung** in den Zulässigkeitsgrenzen – insbesondere unter Beachtung der Berufungsfrist – **wirksam erneuert** werden.[278] Ist dagegen die Berufungsfrist abgelaufen, wird die Entscheidung des ArbG mit Berufungsrücknahme rechtskräftig.[279] Hierin liegt ein Unterschied zu der – mit Einwilligung der beklagten Partei auch in der Berufung noch möglichen – **Klagerücknahme**, die die Rechtshängigkeit ex tunc beseitigt und zur Wirkungslo-

103

---

268 BGH, 15.03.2006 – IV ZB 38/05, Rn 15.
269 BGH, 16.05.1991 – III ZB 1/91, NJW 1991, 1197.
270 BGH, 26.09.2007 – XII ZB 80/07, Rn 9 ff.; a.A. GMPMG/Germelmann § 64 Rn 111; Zöller/Heßler § 516 Rn 8.
271 BGBl. I 2001, S. 1887.
272 BGH, 30.06.2011 – III ZB 24/11, NJW 2011, 2662, Rn 8 ff.
273 BAG, 20.12.2007 – 9 AZR 1040/06, NZA 2008, 902.
274 GMPMG/Germelmann § 64 Rn 110; Schwab/Weth-Schwab § 64 Rn 212.
275 BAG, 17.11.2004 – 9 AZR 789/04 (A); Musielak/Voit/Ball § 516 Rn 6; Natter/Gross-Pfeiffer § 64 Rn 34; Schwab/Weth-Schwab § 64 Rn 209.
276 Musielak/Voit/Ball § 516 Rn 12; vgl. BAG, 18.11.2009 – 5 AZR 41/09, NZA 2010, 183, Rn 9; BGH, 30.05.2007 – XII ZB 82/06, NJW 2007, 3640, Rn 25 f.
277 Schwab/Weth-Schwab § 64 Rn 207.
278 BGH, 09.12.1993 – IX ZR 64/93, NJW 1994, 737; Musielak/Voit/Ball § 516 Rn 12; Zöller/Heßler § 516 Rn 17.
279 BAG, 03.04.2008 – 2 AZR 720/06, NZA 2008, 1258, Rn 11.

sigkeit des Urteils des ArbG führt, ohne dass es einer Aufhebung bedürfte, § 269 Abs. 3 Satz 1 ZPO.[280] Ebenfalls zu unterscheiden ist die Erklärung **des Rechtsmittels für erledigt**, wie sie in Ausnahmefällen, wenn die starre Kostenfolge der Berufungsrücknahme unbillig sein würde, zulässig ist.[281]

104 Andere Erklärungen als gegenüber dem Gericht können die **Verpflichtung zur Berufungsrücknahme** begründen. Macht die Gegenpartei eine solche Verpflichtung im Verfahren geltend, so ist das Rechtsmittel als unzulässig zu verwerfen.[282] Das **Rücknahmeversprechen** unterliegt nicht den für das Rechtsmittelverfahren bestehenden Einschränkungen der Postulationsfähigkeit.[283] Es ist also auch dann wirksam, wenn es nicht von einem Rechtsanwalt oder Verbandsvertreter nach § 11 Abs. 4 abgegeben ist.

e) § 517–521: Berufungsfrist, Berufungsschrift, Berufungsbegründung

105 § 517 ZPO ist weitestgehend durch die Regelung zur **Berufungsfrist** in § 66 Abs. 1 Satz 1–2 verdrängt. Zurückgegriffen werden kann auf § 517 ZPO, um die Einordnung der Einlegungsfrist als **Notfrist** und damit die Eröffnung der **Wiedereinsetzung** nach § 233 ZPO zu begründen. Die Regelungen in § 518 ZPO zur Berufungsfrist beim **Ergänzungsurteil** sind anwendbar. Die in Satz 1 bestimmte Erneuerung der Berufungsfrist ist bei § 66 Rdn. 48 erläutert. Satz 2 ordnet die **Verbindung** der Berufungsverfahren gegen das erstinstanzliche Urteil und die Urteilsergänzung an, wenn beide Berufungen von der gleichen Partei eingelegt sind. Auch die Vorschriften aus § 519 ZPO zur **Berufungsschrift** sind anwendbar. Hierzu ist auf § 66 Rdn. 4 ff. zu verweisen. § 520 ZPO, der die **Berufungsbegründung** regelt, gilt in Teilen. Die Vorschriften zu **Begründungszwang** und -frist werden durch § 66 Abs. 1 Satz 3 verdrängt. Abs. 3–5 zu **Begründungsform** und -inhalt sind anwendbar. Die Regelungen zur Berufungsbegründung sind insgesamt kommentiert bei § 66 Rdn. 16 ff. § 521 Abs. 1 ZPO, der die **Zustellung** von **Berufungsschrift** und **Berufungsbegründungsschrift** anordnet, ist anwendbar. Abgesehen von der Regelung zur Erwiderungsfrist auf die Berufungsbeantwortung ist § 521 Abs. 2 ZPO durch § 66 Abs. 1 Satz 4 verdrängt. Vgl. die Erläuterungen dort bei Rdn. 76 ff.

f) §§ 522–523: Zulässigkeitsprüfung, Zurückweisung, Terminsbestimmung

106 § 522 Abs. 1 ZPO zur **Zulässigkeitsprüfung** der Berufung ist anwendbar und bei § 66 Rdn. 67 ff. kommentiert. Eine Geltung der Abs. 2 und 3 zur **Zurückweisung** einer Berufung ohne Erfolgsaussichten und ohne grundsätzliche Bedeutung durch Sachentscheidung ist in § 66 Abs. 2 Satz 3 ausdrücklich ausgeschlossen. § 523 Abs. 1 Satz 2 ist verdrängt durch die Vorschrift zur Terminierung der Berufungsverhandlung in § 66 Abs. 2 Satz 1. § 523 Abs. 2 ZPO, der i.V.m. 274 Abs. 3 Satz 1 ZPO eine **Ladungsfrist zur Berufungsverhandlung** von zwei Wochen verlangt, ist anwendbar.

g) § 524 ZPO: Anschlussberufung

107 Für die Anschlussberufung im Verfahren vor dem LAG ist § 524 ZPO einschlägig.[284]

§ 524 ZPO Anschlussberufung

(1) Der Berufungsbeklagte kann sich der Berufung anschließen. Die Anschließung erfolgt durch Einreichung der Berufungsanschlussschrift bei dem Berufungsgericht.

---

280 NK-GA/Breinlinger § 64 ArbGG Rn 54.
281 BGH, 12.05.1998 – XI ZR 219/97, NJW 1998, 2453; 17.09.2008 – IV ZB 17/08, NJW 2009, 234, Rn 4; Musielak/Voit/Lackmann § 91a Rn 8.
282 Musielak/Voit/Ball § 516 Rn 21; Natter/Gross-Pfeiffer § 64 Rn 35.
283 BGH, 13.02.1989 – II ZR 110/88, Zöller/Heßler § 516 Rn 12.
284 GMPMG/Germelmann § 64 Rn 104; Schwab/Weth-Schwab § 64 Rn 187.

(2) Die Anschließung ist auch statthaft, wenn der Berufungsbeklagte auf die Berufung verzichtet hat oder die Berufungsfrist verstrichen ist. Sie ist zulässig bis zum Ablauf der dem Berufungsbeklagten gesetzten Frist zur Berufungserwiderung. Diese Frist gilt nicht, wenn die Anschließung eine Verurteilung zu künftig fällig werdenden wiederkehrenden Leistungen (§ 323) zum Gegenstand hat.

(3) Die Anschlussberufung muss in der Anschlussschrift begründet werden. Die Vorschriften des § 519 Abs. 2, 4 und des § 520 Abs. 3 sowie des § 521 gelten entsprechend.

(4) Die Anschließung verliert ihre Wirkung, wenn die Berufung zurückgenommen, verworfen oder durch Beschluss zurückgewiesen wird.

Die **Anschlussberufung** ist kein Rechtsmittel im eigentlichen Sinne, sondern **Antragstellung innerhalb** der **Berufung** des **Gegners**.[285] Statt eine eigene Berufung einzulegen, schließt sich der Berufungsbeklagte der Berufung des Berufungsklägers an, um innerhalb des fremden Rechtsmittels einen angriffsweise wirkenden Antrag vorzubringen.[286] Vorteil ist, dass die Anschlussberufung über sonst geltende Grenzen der Berufung hinaus zulässig ist. Ablauf der Berufungsfrist und Verzicht auf die Berufung machen sie nicht unzulässig, § 524 Abs. 2 Satz 1 ZPO (vgl. Rdn. 98). Ebenfalls unschädlich für die Einlegung einer Anschlussberufung ist die vorherige Rücknahme einer eigenen Berufung.[287]

108

Mit der Anschlussberufung kann der Berufungsbeklagte, der zunächst bereit war, das erstinstanzliche Urteil zu akzeptieren, noch nach Ablauf der ihm zustehenden Rechtsmittelfrist eine etwa erfolgte Teilabweisung des vor dem ArbG gestellten Antrags vom LAG überprüfen lassen oder im Berufungsverfahren den Prozessgegenstand gegenüber der ersten Instanz erweitern.[288] Mit einer Anschlussberufung verschafft der Berufungsbeklagte dem Berufungsgericht einen Spielraum, die erstinstanzliche Entscheidung zu seinen Gunsten abzuändern.[289] Es wird das Verschlechterungsverbot durchbrochen, wie es ansonsten den Berufungsführer vor einer Veränderung nicht mit der Berufung angefochtener Teile des erstinstanzlichen Urteils schützt (vgl. Rdn. 86). Eine Erweiterung ist auch dann möglich, wenn der Berufungsbeklagte im erstinstanzlichen Verfahren voll obsiegt hat. Da die Anschlussberufung nicht als Rechtsmittel angesehen wird, ist eine **Beschwer** durch die angefochtene Entscheidung **entbehrlich**.[290] Dies bedeutet zugleich, dass ein Wert des Beschwerdegegenstands von mehr als 600 €, wie er durch § 64 Abs. 2 Buchs. b zur Voraussetzung der Berufung macht, nicht Zulässigkeitsvoraussetzung für die Anschlussberufung sein kann.[291] Eine Klageerweiterung im Wege der Anschlussberufung gegen andere Personen als den Berufungskläger ist nur ganz ausnahmsweise zulässig, nämlich wenn im bestehenden Prozessrechtsverhältnis eine andere Person die Stelle des ausgeschiedenen Berufungsführers eingenommen hat oder wenn der Dritte notwendiger Streitgenosse des Berufungsklägers i.S.v. § 62 Abs. 1 ZPO ist.[292]

109

---

285 BAG, 19.10.2011 – 7 AZR 471/10, Rn 27; BGH, 14.05.1991 – XI ZB 2/91, NJW 1991, 2569; BGH, 04.10.1994 – VI ZR 223/93, NJW 1995, 198; Musielak/Voit/Ball § 524 Rn 4; Schwab, Berufung im arbeitsgerichtlichen Verfahren, S. 290 f.
286 BAG, 14.04.2014 – 8 AZR 429/12, NZA 2015, 185, Rn 39; GK-ArbGG/Vossen § 64 Rn 99; Natter/Gross-Pfeiffer § 64 Rn 45.
287 MünchKomm-ZPO/Rimmelspacher § 524 Rn 18; Musielak/Voit/Ball § 524 Rn 13.
288 BAG, 12.11.2013 – 3 AZR 92/12, Rn 67; vgl. Musielak/Voit/Ball § 524 Rn 2.
289 BAG, 19.10.2011 – 7 AZR 471/10, Rn 27.
290 BAG, 29.09.1993 – 4 AZR 693/92, NZA 1994, 761; BAG, 16.11.2011 – 7 AZR 458/10, Rn 11; BAG, 31.07.2014 – 2 AZR 407/13, NZA 2015, 621, Rn 18; BGH, 07.12.2007 – V ZR 210/06, NJW 2008, 1953, Rn. 24; GMPMG/Germelmann § 64 Rn 104; GK-ArbGG/Vossen § 64 Rn 102; Musielak/Voit/Ball § 524 Rn 10; Zöller/Heßler § 524 Rn 31.
291 Vgl. Musielak/Voit/Ball § 524 Rn 10 zur Mindestbeschwer aus § 511 Abs. 2 ZPO.
292 BAG, 19.10.2011 – 7 AZR 471/10, Rn 27.

110 Nachteil der Anschlussberufung ist ihre **Abhängigkeit** von der **Hauptberufung**. Nach § 524 Abs. 4 ZPO wird sie **wirkungslos**, wenn die Berufung zurückgenommen oder verworfen wird.[293] Die Wirkungen der Anschlussberufung entfallen ohne Weiteres.[294] Der Führer der Hauptberufung kann so durch Rücknahme des Rechtsmittels die Anschlussberufung zu Fall bringen. Dies gilt auch für Anschlussberufungen, die mit dem Ziel erhoben sind, den **Antrag** nach § 9 Abs. 1 Satz 3 KSchG, das Arbeitsverhältnis gegen Zahlung einer Abfindung **aufzulösen**, einzuführen.[295] Seitdem das ZPO-Reformgesetz[296] das **Einwilligungserfordernis** zugunsten des Berufungsbeklagten aus § 515 Abs. 1 ZPO a.F. **aufgehoben** hat, kann der Führer der Anschlussberufung die so vom Gegner herbeigeführte Wirkungslosigkeit seines Antrags nicht mehr verhindern. Der Gesetzgeber hat ein schutzwürdiges Interesse, die Anschlussberufung fortführen zu können, verneint.[297] § 524 Abs. 4 ZPO ist auch dann anzuwenden und führt zur Wirkungslosigkeit der Anschließung, wenn der Streitgegenstand, auf den sich die Anschluss bietende Berufung beschränkt, durch einen Vergleich erledigt wird, der keinen Raum mehr für eine Kostenentscheidung nach § 91a ZPO lässt.[298]

111 Ebenfalls durch das ZPO-Reformgesetz hat der Gesetzgeber die Bestimmungen zur sogenannten **selbstständigen Anschlussberufung**, also der bei offener Berufungsfrist erfolgten Anschließung (§ 522 Abs. 2 ZPO a.F.), **abgeschafft**. Da sie nach den gleichen Regeln wie die selbstständige Berufung zu behandeln war, lag hierin eine verzichtbare Doppelung der Formen.[299] Ist das erstinstanzliche Urteil für Kläger und Beklagten berufungsfähig, so können beide Parteien unabhängig voneinander Berufung einlegen. Beide Berufungen sind dann prozessual eigenständige Hauptberufungen.[300] Die **Geschäftsverteilung** kann bestimmen, dass für beide Berufungen eine Kammer zuständig ist.

112 Die Anschlussberufung wird durch **Einreichung** der **Berufungsanschlussschrift** bei dem LAG eingelegt, vgl. § 524 Abs. 1 Satz 2 ZPO. **Form** und **Inhalt** der Anschlussberufungsschrift müssen im Wesentlichen den Anforderungen an eine Berufungsschrift genügen.[301] Das Anschlussrechtsmittel muss nicht als solches bezeichnet werden. Ausreichend ist, dass schriftsätzlich klar und deutlich der Wille zum Ausdruck gebracht wird, eine Änderung des vorinstanzlichen Urteils zugunsten des Rechtsmittelbeklagten zu erreichen.[302] Die Klageerweiterung des erstinstanzlich voll obsiegenden Berufungsbeklagten kann als Anschlussberufung auszulegen sein.[303] Eine Anschlussberufung kann bei offener Berufungsfrist eingelegt werden.[304] Ist ein Begehren sowohl als Berufung als auch als Anschlussberufung zulässig, so ist durch Auslegung zu ermitteln, was davon gewollt ist.[305] Dabei ist der Auslegungsgrundsatz zu beachten, dass im Zweifel dasjenige gewollt ist, was nach den Maßstäben der Rechtsordnung vernünftig ist und der recht verstandenen Interessenlage der Partei entspricht.[306] Trotz ausdrücklicher Bezeichnung als Anschlussberufung kann daher bei hinreichenden Anhaltspunkten dafür eine selbstständige Berufung eingelegt sein.[307] Andererseits kann die

---

293 Die dritte dort genannte Variante der Berufungszurückweisung durch Beschluss hat im arbeitsgerichtlichen Verfahren mangels Anwendbarkeit der zugrunde liegenden Regelung aus § 522 Abs. 2 und 3 ZPO keine Bedeutung; Schwab/Weth-Schwab § 64 Rn 191.
294 BGH, 30.03.2006 – III ZB 123/05, NJW 2006, 2124, Rn 9.
295 BAG, 03.04.2008 – 2 AZR 720/06, NZA 2008, 1258, Rn 11.
296 BGBl. I 2001, S. 1887.
297 BT-Drs. 14/4722, S. 94.
298 BGH 22.05.1984 – III ZB 9/84; BAG 14.04.2014 – 8 AZR 429/12, NZA 2015, 185, Rn 39; Musielak/Voit/Ball § 524 Rn 29.
299 BT-Drs. 14/4722, S. 98.
300 Schwab/Weth-Schwab § 64 Rn 189.
301 Musielak/Voit/Ball § 524 Rn 17.
302 BAG, 16.11.2011 – 7 AZR 458/10, Rn 11.
303 BAG, 12.11.2013 – 3 AZR 92/12, Rn 67.
304 BGH, 30.04.2003 – V ZB 71/02, NJW 2003, 2388.
305 BGH, 23.06.2004 – IV ZB 9/04, vgl. auch zur Auslegung: Schwab/Weth-Schwab § 64 Rn 190.
306 BGH, 30.04.2003 – V ZB 71/02, NJW 2003, 2388.
307 BGH, 29.03.2011 – VIII ZB 25/10, NJW 2011, 1455, Rn 8 ff.

Hauptberufung, die nicht fristgerecht eingelegt oder begründet worden ist, in eine unselbstständige Anschließung umgedeutet werden, wenn auch der Gegner Berufung eingelegt hatte.[308] Dabei wird die Umdeutung der Regelfall sein, weil der mutmaßliche Parteiwille anzunehmen ist, die unzulässige Hauptberufung als Anschlussberufung zu führen.[309]

Für die **Einlegung** der Anschlussberufung gilt eine **Frist**. Nach § 524 Abs. 2 Satz 2 ZPO ist sie nur bis zum Ablauf der Berufungserwiderungsfrist zulässig, wie sie im arbeitsgerichtlichen Verfahren durch § 66 Abs. 1 Satz 3 auf einen Monat nach Zustellung der Berufungsbegründung festgesetzt ist.[310] Die Anschlussberufung muss gemäß § 524 Abs. 3 Satz 1 ZPO in der Anschlussberufungsschrift begründet werden. Binnen offener Frist ist die Nachreichung der Begründung zulässig.[311] Es bestehen grundsätzlich die gleichen Anforderungen wie an die Berufungsbegründung.[312] Die Anknüpfung an die Zustellung der Berufungsbegründung synchronisiert die Frist für Einlegung und Begründung der Anschlussberufung mit Verlängerungen der Berufungsbegründungsfrist.[313] Mit der nach § 66 Abs. 1 Satz 5 auf Antrag möglichen Verlängerung der Berufungsbeantwortungsfrist verlängert sich auch die Frist zur Einreichung der Anschlussberufungsschrift.[314] Der **Ablauf** dieser **für die Anschließung** vorgesehenen **Frist** bestimmt den Zeitpunkt, zu dem ein nicht mit einer Hauptberufung angegriffenes teilweises Unterliegen des Berufungsführers **rechtskräftig** wird.[315] Die danach eingelegte oder begründete Anschlussberufung ist als unzulässig nach § 522 Abs. 1 ZPO zu verwerfen.[316] Das gilt allerdings nur, wenn das LAG mit der Zustellung der Berufungsbegründung den nach § 66 Abs. 1 Satz 4 gebotenen Hinweis auf die Berufungsbeantwortungsfrist erteilt hat. Fehlt es daran, wird weder die Berufungsbeantwortungsfrist noch die Frist zur Einlegung der Anschlussberufung in Lauf gesetzt.[317] Eines ausdrücklichen Hinweises des Gerichtes auf die befristete Möglichkeit einer Anschlussberufung während des Laufes der Beantwortungsfrist bedarf es dagegen für die Fristauslösung nicht.[318] Wiedereinsetzung in den vorigen Stand vor Versäumung der Frist zur Einlegung und Begründung der Anschlussberufung ist ausgeschlossen.[319] Der Gegenseite sollte in analoger Anwendung von § 66 Abs. 1 Satz 2 i.V.m. § 521 ZPO eine Frist zur Erwiderung auf die Anschlussberufung von grundsätzlich einem Monat gesetzt werden.[320]

113

Mit Blick auf unterhaltsrechtliche Streitigkeiten hat der Gesetzgeber Verurteilungen zu regelmäßig fällig werdenden **zukünftigen Leistungen** von der Frist ausgenommen, damit auch der Führer der Anschlussberufung während des Rechtsstreits eintretende Änderungen noch im Berufungsverfahren und nicht erst mit einer Abänderungsklage geltend machen kann.[321] Für das Arbeitsrecht kann diese Ausnahme bei der Verurteilung zu künftig fällig werdenden monatlichen Entgeltansprüchen Bedeutung erlangen.[322]

114

---

308 BGH, 26.10.1999 – X ZB 15/99; GK-ArbGG/Vossen § 64 Rn 101.
309 BGH, 30.10.2008 – III ZB 41/08, NJW 2009, 442, Rn 11; BGH, 13.10.2011 – VII ZB 27/11, Rn 5.
310 BAG, 24.04.2014 – 8 AZR 492/12, Rn 36; Schwab/Weth-Schwab § 64 Rn 192.
311 Schneider, MDR 2003, 901, 903.
312 Musielak/Voit/Ball § 524 Rn 21.
313 BT-Drs. 15/3482, S. 17 f.
314 BAG, 06.09.2006 – 5 AZR 644/05, Rn 20; BCF/Friedrich § 64 Rn 11; GK-ArbGG/Vossen § 64 Rn 102; GMPMG/Germelmann § 64 Rn 106; GK-ArbGG/Vossen § 64 Rn 102; HWK/Kalb § 64 ArbGG, Rn 40.
315 BAG, 06.05.2003 – 1 ABR 13/02, NZA 2003, 1349; Schwab/Weth-Schwab § 64 Rn 192.
316 BAG 24.05.2012 – 2 AZR 124/11, Rn 12; BAG, 12.11.2013 – 3 AZR 92/12, Rn 69; 24.04.2014 – 8 AZR 429/12, NZA 2015, 185, Rn 36; GK-ArbGG/Vossen § 64 Rn 105a; GMPMG/Germelmann § 64 Rn 106; MünchKomm-ZPO/Rimmelspacher § 524 Rn 51.
317 BAG, 30.05.2006 – 1 AZR 111/05, NZA 2006, 1170, Rn 45; GK-ArbGG/Vossen § 64 Rn 105a.
318 BAG, 24.05.2012 – 2 AZR 124/11, NZA 2012, 1223, Rn 18.
319 BGH, 06.07.2005 – XII ZR 293/02, NJW 2005, 3067, Rn 14; Schwab/Weth-Schwab § 64 Rn 192.
320 Schwab/Weth-Schwab § 64 Rn 192.
321 BT-Drs. 15/3482, S. 18.
322 Schwab/Weth-Schwab § 64 Rn 192a.

115 Über die Anschlussberufung ist zusammen mit der Berufung zu entscheiden. Weder durch Teilurteil noch durch Zurückweisungsbeschluss kann gesondert vorab entschieden werden.[323] Dies folgt aus der Abhängigkeit von der Berufung, wie sie in § 524 Abs. 4 ZPO geregelt ist.[324] Sie schließt eine vorherige Verwerfung aus, da der Zulässigkeitsmangel u.U. durch wiederholte Einlegung geheilt werden kann.[325] Das Verbot der Teilbescheidung gilt aber selbst dann, wenn die Anschlussberufung unheilbar unzulässig ist.[326] Ein Teil-Urteil über die Berufung unter Ausklammerung der Anschlussberufung ist dagegen unter Beachtung der allgemeinen Grundsätze zulässig.[327]

h) § 525 ZPO: Erstinstanzliche Verfahrensregeln, schriftliches Verfahren

116 § 525 ZPO eröffnet die ergänzende Anwendung der Vorschriften zum **Verfahren vor den Landgerichten** mit Ausnahme der Bestimmungen zum Güteverfahren. Die Vorschrift ist auch für das Berufungsverfahren vor den Arbeitsgerichten zur Lückenschließung von Bedeutung. Insbesondere eröffnet Abs. 6 i.V.m. § 525 ZPO für das LAG die Möglichkeit aus § 128 Abs. 2 ZPO, in Abweichung vom Mündlichkeitsgrundsatz ausnahmsweise und bei Einverständnis der Parteien eine Entscheidung über den Rechtsstreit im **schriftlichen Verfahren** zu treffen.[328] Hierin liegt eine Besonderheit gegenüber dem erstinstanzlichen Verfahren, wo § 46 Abs. 2 eine Entscheidung ohne mündliche Verhandlung ausschließt. Dessen Sperrwirkung erstreckt sich aber nicht auf das Berufungsverfahren. § 46 Abs. 2 gehört nicht zu den in Abs. 7 in Bezug genommenen Vorschriften zum erstinstanzlichen arbeitsgerichtlichen Verfahren.

117 Für das schriftliche Verfahren gelten die Voraussetzungen aus § 128 Abs. 2 ZPO. Es müssen also die **Zustimmungen beider Parteien** vorliegen. Alsbald nach Eingang der Zustimmungen ordnet das Gericht anstelle einer Terminierung zur mündlichen Verhandlung durch Beschluss das schriftliche Verfahren an.[329] Dabei bestimmt es den Schlusstermin für die Einreichung von Schriftsätzen und den Verkündungstermin für seine Entscheidung. Die Ersetzung der Verkündung durch Zustellung ist nicht vorgesehen.[330] Der Verkündungstermin muss innerhalb der für einen gesonderten Verkündungstermin geltenden Frist auf den Einreichungsschluss folgen.[331] Diese beträgt im Berufungsverfahren vor dem LAG regelmäßig drei Wochen und darf nur bei Vorliegen wichtiger Gründe überschritten werden, §§ 69 Abs. 1 Satz 2 i.V.m. 60 Abs. 1 Satz 2. Der Verkündungstermin darf auch nicht später als drei Monate nach Eingang der letzten Zustimmung zum schriftlichen Verfahren liegen. Eine Fristüberschreitung kann aber nur dann die Revision begründen, wenn die Entscheidung des Berufungsgerichts auf diesem Fehler beruht.[332]

i) §§ 530–532, 534: Verspätungsfolgen

118 Unter welchen Voraussetzungen im Berufungsverfahren neu vorgetragene Tatsachen zu berücksichtigen sind, ist in § 67 ArbGG eigenständig geregelt. §§ 530, 531 ZPO sind insoweit verdrängt. Anwendbar bleiben §§ 532 und 534 ZPO, wie sie Rügen zur Zulässigkeit der Klage und die Fortwirkung des Verlusts des Rügerechts aus § 295 ZPO betreffen.[333]

---

323 GMPMG/Germelmann § 64 Rn 109.
324 Zöller/Heßler § 524 Rn 42.
325 MünchKomm-ZPO/Rimmelspacher § 524 Rn 52.
326 BGH, 10.05.1994 – XI ZB 2/94, NJW 1994, 2235.
327 MünchKomm-ZPO/Rimmelspacher § 524 Rn 52.
328 GK-ArbGG/Vossen § 64 Rn 131; GMPMG/Germelmann § 64 Rn 129; Schwab/Weth-Schwab § 64 Rn 236.
329 Musielak/Voit/Stadler § 128 Rn 16; Zöller/Greger § 128 Rn 9.
330 Vgl. Musielak/Voit/Musielak § 310 Rn 6; Zöller/Vollkommer § 310 Rn 6.
331 BGH, 16.02.2000 – XII ZR 279/97, NJW 2000, 1714.
332 BGH, 28.04.1992 – XI ZR 165/91, NJW 1992, 2146.
333 MünchKomm-ZPO/Rimmelspacher § 532 Rn 3 und § 534 Rn 2.

j) § 533: Klageänderung, Aufrechnungserklärung, Widerklage

Wegen des Sachzusammenhangs sind diese Vorschriften bei § 67 kommentiert. 119

k) §§ 535–537: Gerichtliches Geständnis, Parteivernehmung, vorläufige Vollstreckbarkeit

Die Vorschriften in §§ 535 und 536 zur Fortwirkung des gerichtlichen Geständnisses in der Berufungsinstanz bzw. Besonderheiten bei der Parteivernehmung sind vor dem LAG anwendbar. Angesichts der von Gesetz wegen in § 62 Abs. 1 Satz 1 angeordneten vorläufigen Vollstreckbarkeit arbeitsgerichtlicher Urteile besteht für eine Anwendung des § 537 ZPO und der dort eröffneten Möglichkeit, eine solche Vollstreckbarkeit durch das Berufungsgericht nachträglich anzuordnen, kein Bedarf. 120

l) § 538: Zurückverweisung in die erste Instanz

Die Regelung zur Zurückverweisung in die erste Instanz ist durch § 68 modifiziert. Vgl. die Erläuterungen dort. 121

m) § 539 Versäumnisverfahren

Das Versäumnisverfahren vor dem LAG ist zunächst durch den Verweis in Abs. 6 auf § 59 geregelt. Erläuterungen zur ergänzenden Anwendbarkeit von § 539 finden sich bei der Kommentierung zu Abs. 6 in Rdn. 76 ff. 122

n) §§ 540–541: Inhalt des Berufungsurteils, Prozessakten

Die Vorschrift zum Inhalt des Berufungsurteils in § 540 ZPO findet im arbeitsgerichtlichen Berufungsverfahren keine Anwendung. Dies ist in § 69 Abs. 4 Satz 1 ausdrücklich angeordnet (vgl. Kommentierung dort). Aus der entsprechenden Anwendung von § 541 ZPO folgt die Verpflichtung zur unverzüglichen Anforderung und Übersendung der Prozessakten erster Instanz an die Geschäftsstelle des LAG nach Eingang der Berufungsschrift sowie zu deren Rücksendung an die Geschäftsstelle des ArbG nach Abschluss der Berufungsinstanz. 123

3. Beschleunigung in Bestandsschutzstreitigkeiten, Abs. 8

Abs. 8 bestimmt, dass Berufungen in Rechtsstreitigkeiten über das Bestehen, das Nichtbestehen oder die Kündigung eines Arbeitsverhältnisses **vorrangig** zu **erledigen** sind. Die Bestimmung konkretisiert für **Bestandstreitigkeiten**, die in die Berufung gelangt sind, den **Grundsatz** aus § 9 Abs. 1, wonach das arbeitsgerichtliche Verfahren in allen Instanzenzügen zu **beschleunigen** ist. Die gleiche Anordnung enthält für das erstinstanzliche Verfahren § 61a Abs. 1. Anders als § 61a aber benennt § 64 Abs. 6 keine konkreten Verpflichtungen. Wie die Beschleunigung durchgeführt wird, steht im **Ermessen** des Gerichts.[334] 124

Die Vorschrift ist im Zusammenhang zum Erfordernis eines wirkungsvollen und zeitnahen Rechtsschutz aus Art. 2 Abs. 1 GG i.V.m. dem **Rechtsstaatsprinzip** aus Art. 20 Abs. 3 GG zu sehen. Strittige Rechtsverhältnisse müssen in angemessener Zeit geklärt werden.[335] Die arbeitsgerichtlichen Beschleunigungsvorschriften, insbesondere für Bestandsschutzstreitigkeiten, sprechen hier dafür, strenge Maßstäbe an die Angemessenheit der Verfahrensdauer anzulegen.[336] Gleiches gilt für den **Grundrechtsschutz** auf europäischer Ebene. Art. 6 Abs. 1 Satz 1 EMRK garantiert ein Gerichtsverfahren innerhalb angemessener Frist. In Beschwerdeverfahren, die die Verfahrensdauer von Kündigungsschutzklagen betreffen, hat der EGMR hierzu betont, dass arbeitsrechtliche Streitigkeiten im 125

---

334 GMPMG/Germelmann § 64 Rn 132.
335 BVerfG, 06.05.1997 – 1 BvR 711/96, NJW 1997, 2811; BVerfG, 23.06.2010 – 1 BvR 324/10, Rn 5; BVerfG, 17.11.2011 – 1 BvR 4155/09, Rn 7.
336 Vgl. BVerfG, 26.03.2001 – 1 BvR 383/00, NZA 2001, 982.

Hinblick auf ihre überaus große Wichtigkeit für die berufliche Situation einer Person mit besonderer Schnelligkeit erledigt werden müssen.[337]

126 **Wirkungen** entfaltet § 64 Abs. 8 insbesondere bei allen richterlichen Ermessensentscheidungen mit Auswirkung auf die Verfahrensdauer. Das Beschleunigungsgebot ist hier zu berücksichtigen. Es ist ein Gesichtspunkt, der gegen Entscheidungen mit verzögernder Wirkung spricht. Betroffen sind etwa die Aussetzung einer Bestandsschutzstreitigkeit wegen Vorgreiflichkeit eines anderen anhängigen Rechtsstreits,[338] Verlängerungen von Schriftsatzfristen und die Verlegung eines Termins zur mündlichen Verhandlung.[339]

127 Rechtsfolgen für die **Verletzung** von Abs. 8 sind im ArbGG nicht bestimmt.[340] Die Nichtbeachtung seitens des LAG begründet weder die Aufhebbarkeit seines Urteils in der Revision noch die Beschwerde gegen die Nichtzulassung der Revision.[341] Zu Anfang Dezember 2011 ist aber das »Gesetz über den Rechtsschutz bei überlangen Gerichtsverfahren und strafrechtlichen Ermittlungsverfahren«[342] in Kraft getreten. Es führt **Rechtsbehelfe** und **Entschädigungsansprüche** für **Fälle überlanger Verfahrensdauer** auch für die Arbeitsgerichtsbarkeit ein (vgl. § 9 Rdn. 33 ff.).[343] Diese Rechtsfolgen können nunmehr auch auf eine Verletzung des Beschleunigungsgebots in Bestandsstreitigkeiten Anwendung finden, wenn dadurch die angemessene Verfahrensdauer überschritten wird. Hier kann ggf. § 64 Abs. 8 ebenso wie die weiteren Normierungen des Beschleunigungsgebotes im arbeitsgerichtlichen Verfahren zur Konkretisierung der unangemessenen Verfahrensdauer als Voraussetzung einer Entschädigung herangezogen werden oder auch bei der Beantwortung der Frage, wann eine Verzögerungsrüge wirksam erhoben werden kann, weil die Besorgnis besteht, das Verfahren werde nicht in angemessener Dauer abgeschlossen werden.[344] In Extremfällen hat bisher auch der EGMR wegen Überschreitung der angemessenen Verfahrensdauer in Bestandsstreitigkeiten der betroffenen Partei eine Entschädigung zugesprochen.[345]

§ 65 Beschränkung der Berufung

Das Berufungsgericht prüft nicht, ob der beschrittene Rechtsweg und die Verfahrensart zulässig sind und ob bei der Berufung der ehrenamtlichen Richter Verfahrensmängel unterlaufen sind oder Umstände vorgelegen haben, die die Berufung eines ehrenamtlichen Richters zu seinem Amte ausschließen.

Übersicht	Rdn.		Rdn.
I. Einschränkung der Prüfungskompetenz des LAG	2	III. Ausnahmen vom Prüfungsverbot	9
II. Erfasste Punkte	5	IV. Folgen der Verletzung des Prüfungsverbots	12

1 Die Vorschrift schränkt die Prüfungskompetenz des LAG im Berufungsverfahren ein. Hinsichtlich der erfassten Punkte ist das LAG – von besonderen Fallgestaltungen abgesehen – an das Ergebnis des erstinstanzlichen Verfahrens gebunden. Die Vorschrift war lange auf die Frage der Berufung ehrenamt-

---

337 EGMR, 28.11.2000 – Leclerq/Frankreich, Beschwerde Nr. 38398/97, Rn 30; EGMR, 18.10.2001 – Mianowicz/Deutschland, Beschwerde Nr. 42505/98, Rn 55.
338 BAG, 17.06.2003 – 2 AZR 245/02, NZA 2003, 1329.
339 Schwab/Weth-Schwab § 64 Rn 245.
340 BAG, 15.08.1984 – 7 AZR 228/82, NJW 1985, 2158.
341 GMPMG/Germelmann § 64 Rn 133.
342 BGBl. I 2011, S. 2302.
343 § 198 GVG, § 9 Abs. 2 Satz 2.
344 Vom Stein/Brand NZA 2014, 113, 116.
345 EGMR, 28.11.2000 – Leclerq/Frankreich, Beschwerde Nr. 38398/97; EGMR, 18.10.2001 – Mianowicz/Deutschland, Beschwerde Nr. 42505/98.

licher Richter beschränkt. Durch das 4. VwGO-Änderungsgesetz[1] sind Rechtsweg und Verfahrensart ergänzt worden. Das ZPO-Reformgesetz[2] hat den Wortlaut gestrafft. Seitdem ist das Prüfungsverbot hinsichtlich örtlicher und sachlicher Zuständigkeit in § 513 Abs. 2 ZPO begründet. § 65 findet im Revisionsverfahren entsprechende Anwendung, ebenso im Beschlussverfahren bei Beschwerde und Rechtsbeschwerde, §§ 73 Abs. 2, 88, 93 Abs. 2. Hinsichtlich des Rechtswegs parallele Vorschrift ist § 17a Abs. 5 GVG, wonach das mit dem Rechtsmittel gegen die Hauptsacheentscheidung befasste Gericht die Zulässigkeit des beschrittenen Rechtswegs nicht prüft. Erläutert werden sollen Inhalt und Umfang des Prüfungsverbots, Ausnahmen hiervon sowie Rechtsfolgen der Missachtung.

I. Einschränkung der Prüfungskompetenz des LAG

§ 65 normiert eine Einschränkung der **Prüfungskompetenz** des LAG, die über die Bezugnahme in § 73 Abs. 2 auch für das BAG gilt. Rechtsweg, Zuständigkeit und Verfahrensart sollen grundsätzlich mit Abschluss des erstinstanzlichen Verfahrens feststehen.[3] Hierzu ist das **Vorabentscheidungsverfahren** nach §§ 17–17b GVG, 48 eingerichtet, wie es das Arbeitsgericht zur amtswegigen Prüfung der genannten Punkte verpflichtet und den Parteien Gelegenheit gibt, durch erstinstanzliche Rüge einen grundsätzlich durch das LAG überprüfbaren Beschluss des ArbG über diese Fragen herbeizuführen. Nach dem Gesetzgeberwillen zielt dieses Verfahren darauf ab, die angesprochenen Punkte bereits zu einem frühen Zeitpunkt jedenfalls bis zum Abschluss des erstinstanzlichen Verfahrens abschließend zu klären. Vermieden werden sollen Verweisungen erst in Berufungs- oder Revisionsinstanz. Gerichte des zweiten oder dritten Rechtszuges sollen nur noch durch Beschwerde oder Rechtsbeschwerde im Vorabentscheidungsverfahren mit Rechtswegs- und Zuständigkeitsproblemen befasst werden können, nicht auf Berufung oder Revision.[4]

Die Vorschrift ist Ausnahme zum **Grundsatz** der **vollen Überprüfung** erstinstanzlicher Entscheidungen im Berufungsverfahren auch in rechtlicher Hinsicht (vgl. § 64 Rdn. 87 ff.). Insoweit besteht eine Parallelität zu § 67, wie er mit den Verspätungsregelungen Ausnahmen von der vollen tatsächlichen Überprüfung normiert.[5]

Soweit die Einschränkung der Prüfungskompetenz des LAG reicht, findet im Berufungsverfahren eine **Prüfung weder von Amts wegen noch auf ausdrückliche Rüge** der Parteien hin **statt**. Das LAG ist an die diesbezüglichen Entscheidungen des ArbG gebunden, sei sie auch nur stillschweigend durch den Erlass des Urteils ergangen.[6] Die Rüge kann nicht im Berufungsverfahren nachgeholt werden.[7] So muss es das LAG etwa hinnehmen, dass das ArbG Streitgegenstände zu Unrecht aus dem Urteilsverfahren in das Beschlussverfahren übergeleitet[8] oder die Unzulässigkeit des beschrittenen Rechtswegs verkannt und die Klage einer Beamtin aus dem **beamtenrechtlichen Verhältnis** beschieden hat.[9] Ebenso wenig kann nach der erstinstanzlichen Entscheidung über die Begründetheit der Aufrechnung mit der **rechtswegsfremden Gegenforderung** das LAG noch Vorbehaltsurteil gem. § 302 ZPO erlassen und den Rechtsstreit wegen der Gegenforderung an das insoweit zuständige Gericht verweisen.[10] Die Prüfungssperre ist schließlich vorrangig vor der Zuweisung von Schadensersatzansprüchen aus **Amtspflichtverletzung** an die ordentliche Gerichtsbarkeit in § 17 Abs. 2 Satz 2 i.V.m. Art. 34 Satz 3 GG. Hat das ArbG über eine auf solche Ansprüche gestützte Klage entschieden, so hat das LAG über die Berufung unter allen in Betracht kommenden Gesichtspunkten einschließlich von

---

1 BGBl. I 1990, S. 2809.
2 BGBl. I 2001, S. 1887.
3 ErfK/Koch § 65 ArbGG Rn 1.
4 BT-Drs. 11/7030, S. 36, 38.
5 NK-GA/Breinlinger § 65 ArbGG Rn 1.
6 BAG, 21.08.1996 – 5 AZR 1011/94, NZA 1996, 1342.
7 BAG, 09.07.1996 – 5 AZB 6/96, NZA 1996, 1117.
8 LAG Schleswig-Holstein, 16.02.2012 – 4 TaBV 28/11.
9 LAG München, 06.10.2005 – 3 Sa 381/05.
10 LAG Rheinland-Pfalz, 26.01.2011 – 7 Sa 534/10, Rn 32.

Schadensersatzansprüchen aus einer Amtspflichtverletzung zu entscheiden.[11] Auf diese Weise kann § 65 mittelbar eine Erweiterung der arbeitsgerichtlichen Prüfungskompetenz bewirken.

II. Erfasste Punkte

5 Der Prüfungskompetenz des LAG grundsätzlich entzogen sind alle Punkte, wegen derer im arbeitsgerichtlichen Verfahren entsprechend der Regelung in § 48 Abs. 1 das Vorabentscheidungsverfahren nach §§ 17–17b GVG einschlägig ist. Für **Rechtsweg** und **Verfahrensart**, also die Frage, ob die Streitigkeit in das Urteils- oder das Beschlussverfahren gehört, ergibt sich dies unmittelbar aus dem Wortlaut der Vorschrift.

6 Auch die **Zuständigkeit** des ArbG ist nicht vom LAG zu überprüfen. Dies folgt aus § 513 Abs. 2 ZPO, der über § 64 Abs. 6 anwendbar ist. Die Vorschrift bestimmt, dass die Berufung nicht darauf gestützt werden kann, das erstinstanzliche Gericht habe seine Zuständigkeit zu Unrecht angenommen. Mit dem Hinweis auf § 513 Abs. 2 ZPO und eine daraus entstehende überflüssige Doppelung hat der Gesetzgeber des ZPO-Reformgesetzes die Streichung des vorher in § 65 noch enthaltenen Punkts Zuständigkeit begründet.[12] Überdies steht im Fall einer Vorabentscheidung des ArbG wegen der örtlichen Zuständigkeit auch § 48 Abs. 1 Nr. 1 und die dort angeordnete Unanfechtbarkeit eines solchen Beschlusses einer erneuten Prüfung entgegen. Neben der **örtlichen Zuständigkeit** ist die **sachliche Zuständigkeit** erfasst. Dies spielte aber im arbeitsgerichtlichen Verfahren wegen der fast ausnahmslosen[13] erstinstanzlichen Zuständigkeit der Arbeitsgerichte bisher praktisch keine Rolle.[14] Jüngst ist aber in §§ 97 f. für die besonderen Beschlussverfahren zur Entscheidung über Tariffähigkeit oder Tarifzuständigkeit bzw. über die Wirksamkeit einer Allgemeinverbindlicherklärung oder Rechtsverordnung eine erstinstanzliche Zuständigkeit der LAG eingeführt worden,[15] so dass Fragen der sachlichen Zuständigkeit an Bedeutung gewonnen haben. Bei Gerichten mit **Fachkammern** unterfallen fehlerhafte Zuweisungen an die einzelnen Spruchkörper dem Prüfungsverbot.[16] Die gegenteilige Auffassung[17] führt in der Sache zu keinem abweichenden Ergebnis, weil die fehlerhafte Zuweisung wegen des Verbots der Zurückverweisung aus § 68 nicht zur Zurückverweisung führen kann.

7 Ungeachtet des weiten Wortlautes bezieht sich § 513 Abs. 2 ZPO **nicht** auf die Frage nach der **internationalen Zuständigkeit**.[18] Die Zuständigkeitsgrenzen der deutschen Gerichtsbarkeit im Verhältnis zu den Gerichtsbarkeiten anderer Staaten müssen von Amts wegen in allen Instanzen beachtet werden.[19] Deshalb findet auch im arbeitsgerichtlichen Berufungsverfahren eine eigenstän-

---

11 BAG, 14.12.1998 – 5 AS 8/98, NZA 1999, 390; HWK/Kalb § 65 ArbGG Rn 2.
12 BT-Drs. 14/4722, S. 138.
13 Für arbeitsrechtliche Rechtsstreitigkeiten aus dem SGB IX im Geschäftsbereich des Bundesnachrichtendienstes ist nach § 158 Nr. 5 SGB IX das BAG erst- und letztinstanzlich zuständig. Weitere abweichende erstinstanzliche Zuständigkeiten hat das »Gesetz über den Rechtsschutz bei überlangen Gerichtsverfahren und strafrechtlichen Ermittlungsverfahren« (BGBl. I 2011, S. 2302) begründet. Nach § 201 Abs. 1 GVG i.V.m. § 9 Abs. 2 Satz 2 ArbGG ist das LAG zuständig für Entschädigungsklagen gegen das Land wegen überlanger Verfahrensdauer beim ArbG oder LAG. Das BAG ist zuständig für die Entschädigungsklage gegen den Bund, mit der ein Verfahrensbeteiligter Nachteile infolge der unangemessenen Dauer eines Verfahrens dort geltend macht.
14 Vgl. Schwab/Weth-Schwab § 65 Rn 19.
15 Tarifautonomiestärkungsgesetz vom 11.08.2014, BGBl. I S. 1348.
16 ErfK/Koch § 65 ArbGG Rn 1.
17 GMPMG/Germelmann § 65 Rn 7.
18 BGH, 16.12.2003 – XI ZR 474/02, NJW 2004, 1456; GK-ArbGG/Bader § 48 Rn 104; GK-ArbGG/Vossen § 66 Rn 21; Natter/Gross-Pfeiffer § 65 Rn 2; Ostrowicz/Künzl/Scholz-Künzl Rn 65; Schwab/Weth-Schwab § 65 Rn 15; Zöller/Heßler § 513 Rn 8; a.A. Schellhammer MDR 2001, 1141, 1146; differenzierend: Rimmelspacher JZ 2004, 894, 895 ff.
19 Vgl. für Revision: BAG, 26.02.1985 – 3 AZR 1/83, NJW 1985, 2910; BAG, 19.03.2014 – 5 AZR 252/12(B), Rn 11; BGH, 17.03.2015 – VI ZR 11/14, NJW-RR 2015, 941, Rn 14.

dige Überprüfung der internationalen Zuständigkeit statt.[20] Ebenfalls nicht von der Prüfungssperre erfasst sind Bestimmungen über den Vorrang einer tarifvertraglich vorgesehenen Schlichtungsstelle[21] bzw. einer nach dem Betriebsverfassungsgesetz errichteten Stelle für eine innerbetriebliche Streitschlichtung.[22]

Den bereits vor dem 4. VwGO-Änderungsgesetz vorhandenen Kernbestand des § 65 bildet die Einschränkung der Überprüfung durch das Berufungsgericht hinsichtlich bestimmter **Mängel** bei der **Berufung** der **ehrenamtlichen Richter**. Das LAG überprüft nicht, ob bei der Berufung der ehrenamtlichen Richter Verfahrensmängel unterlaufen sind oder Umstände vorgelegen haben, die die Berufung eines ehrenamtlichen Richters von seinem Amt ausschließen. Ist der ehrenamtliche Richter formell berufen, so kommt es nicht darauf an, ob er hätte berufen werden dürfen.[23] Die Prüfungssperre erfasst nur Mängel bis zum Abschluss des Verfahrens der Richterberufung. Spätere Mängel, die sich auf das konkrete Tätig werden des ehrenamtlichen Richters in dem erstinstanzlichen Verfahren beziehen, sind nicht von der Prüfung durch das LAG ausgenommen.[24] Mit der Berufung kann also geltend gemacht werden, dass der ehrenamtliche Richter entgegen § 45 Abs. 2 DRiG nicht vereidigt worden ist, oder dass er nicht zur Mitwirkung an Verhandlung und Entscheidung berufen war, weil er nach dem Turnus aus § 31 nicht zur Mitwirkung anstand oder er in der Streitigkeit wegen der Gründe aus § 41 ZPO oder nach erfolgreicher Ablehnung gemäß § 42 ZPO ausgeschlossen war. Zu beachten ist allerdings auch hier § 68, der eine Zurückverweisung an das ArbG wegen des in der Mitwirkung begründeten Verfahrensmangels ausschließt.[25] In den genannten Fällen hat also das LAG selbst das Verfahren durchzuführen. Der Verfahrensfehler wird durch die Verhandlung vor der ordnungsgemäß besetzten LAG-Kammer behoben.[26] Eine von der ersten Instanz inhaltlich abweichende Entscheidung kann nur ergehen, wenn der festzustellende Sachverhalt oder ein Rechtsanwendungsfehler eine solche Abänderung erfordern.[27]

III. Ausnahmen vom Prüfungsverbot

Von dem Prüfungsverbot bestehen **Ausnahmen**. Das LAG bleibt zu einer **Prüfung** der in Rede stehenden Punkte **verpflichtet**, wenn die erste Instanz die betroffenen Fragen überhaupt nicht klären konnte, weil die Ansprüche erst **in der Berufungsinstanz** im Wege der Klageerweiterung, -änderung oder Widerklage **anhängig gemacht worden sind**.[28] Die gegenteilige Auffassung, wonach die Bindungswirkung auch in einem solchen Fall gelten müsse,[29] vermag nicht zu überzeugen. Nach dem Willen des Gesetzgebers steht die Einschränkung der Prüfungskompetenz im Zusammenhang mit der Möglichkeit, im Vorabentscheidungsverfahren nach § 17–17b GVG die angesprochenen Fragen zu klären.[30] Wo diese Möglichkeit konkret nicht bestanden hat, fehlt der Einschränkung die Rechtfertigung. § 65 soll insbesondere nicht eine Möglichkeit eröffnen, in der Berufung etwa durch Klageerweiterung rechtswegfremde Forderungen in den Rechtsstreit einzubringen. Das LAG hat die erforderlich werdende eigene Prüfung wegen neu anhängig gemachter Ansprüche an §§ 48 Abs. 1 i.V.m. 17 ff GVG auszurichten (§ 64 Rdn. 82).

---

20 ErfK/Koch § 65 ArbGG Rn 3; GWBG/Benecke § 65 Rn 4; Natter/Gross-Pfeiffer § 65 Rn 2; Schwab/Weth-Schwab § 64 Rn 234.
21 BAG, 10.04.1996 – 10 AZR 722/95.
22 BAG, 11.02.2014 – 1 ABR 76/12, Rn 13.
23 BAG, 15.05.2012 – 7 AZN 423/12, Rn 5.
24 GK-ArbGG/Vossen § 65 Rn 16; GWBG/Benecke § 65 Rn 10; Schwab/Weth-Schwab § 65 Rn 29.
25 GK-ArbGG/Vossen § 65 Rn 19; Hauck/Helml/Biebl § 65 Rn 9.
26 Vgl. LAG Hamm, 16.11.2004 – 12 Sa 1045/04, Rn 35.
27 Schwab/Weth-Schwab § 65 Rn 28.
28 ErfK/Koch § 65 ArbGG Rn 2; GMPMG/Germelmann § 65 Rn 13; Hauck/Helml/Biebl § 65 Rn 10; Schwab/Weth-Schwab § 65 Rn 20; vgl. BAG, 16.12.2009 – 5 AZR 125/09, Rn 20 f.
29 LAG Köln, 21.04.2004 – 8 (13) Sa 136/03.
30 BT-Drs. 11/7030, S. 36.

10 Eine zweite Ausnahme von dem Prüfungsverbot greift, wenn das ArbG **trotz Rüge** einer Partei **keine Vorabentscheidung** über die Zulässigkeit des **Rechtswegs**,[31] die **Verfahrensart**[32] oder die **sachliche Zuständigkeit** erlassen hat.[33] Hat die Vorinstanz das Vorabentscheidungsverfahren nicht beachtet, fehlt wiederum die Rechtfertigung für eine Einschränkung der Prüfungskompetenz. Eine Bindung des Rechtsmittelgerichts tritt nicht ein. Die Überprüfungsmöglichkeit soll nicht durch einen Verfahrensfehler des Vordergerichts abgeschnitten sein.[34] Die fehlerhafte Entscheidung kann nach dem Grundsatz der Meistbegünstigung sowohl mit der sofortigen Beschwerde als auch mit der Berufung angefochten werden (vgl. § 64 Rdn. 5 f.). Das LAG behandelt auch die Berufung, die die Rüge aufrechterhält, als sofortige Beschwerde und hat – nachdem es dem ArbG Gelegenheit zur Abhilfe gegeben hat[35] – durch Beschluss des Vorsitzenden allein (§ 78 Satz 3 1. Halbs.) über Rechtsweg oder Verfahrensart zu befinden.[36] Gegebenenfalls ist der Rechtsstreit an das sachlich und örtlich zuständige Gericht des zulässigen Rechtswegs zu verweisen. In einem solchen Fall ist in dem Beschluss zugleich das Urteil des Arbeitsgerichts aufzuheben.[37] Lässt das LAG in dem Beschluss gem. § 17a Abs. 4 Satz 4 und 5 GVG die Rechtsbeschwerde an das BAG zu, so hat das LAG die Hauptsache gem. § 148 ZPO bis zum Eintritt der Rechtskraft auszusetzen.[38] Eine Zurückverweisung an das ArbG dagegen scheidet aus. Da § 65 eine Prüfung durch das LAG ausnahmsweise nicht ausschließt, liegt kein in der Berufungsinstanz nicht mehr behebbarer erstinstanzlicher Verfahrensfehler vor, der entgegen dem Verbot aus § 68 ArbGG eine solche Zurückverweisung rechtfertigen könnte.[39]

11 Anderes gilt, wenn das ArbG eine **Rüge** der **örtlichen Unzuständigkeit übergeht**. Eine diesbezügliche Entscheidung ist im Berufungsverfahren nicht nachzuholen. Die Prüfungssperre des § 65 ArbGG entfällt bei einem Verfahrensverstoß der Vorinstanz bezüglich der Behandlung der Rüge örtlicher Unzuständigkeit nicht.[40] Auch bei richtiger Behandlung durch das ArbG hätte die Partei gegen den Beschluss des ArbGG wegen § 48 Abs. 1 Nr. 1 keine Möglichkeit der Überprüfung im Beschwerdeweg gehabt. Wo aber der Gesetzgeber keine Überprüfungsmöglichkeit vorgesehen hat, ist keine Durchbrechung der Prüfungssperre geboten, um der Partei solche Möglichkeiten zu erhalten.

IV. Folgen der Verletzung des Prüfungsverbots

12 Missachtet das LAG die Einschränkungen der Prüfungskompetenz und überprüft es entgegen § 65 das erstinstanzliche Urteil hinsichtlich Rechtsweg, örtlicher oder sachlicher Zuständigkeit, Verfahrensart oder Berufung der ehrenamtlichen Richter, so liegt darin ein wesentlicher Verfahrensmangel. Auf eine diesbezügliche Rüge hin, ist die Entscheidung, soweit sie auf dem Verfahrensfehler beruht, in der Revision aufzuheben, §§ 562 f. ZPO.[41] Eine unter Verletzung von § 65 erfolgende Verweisung des Rechtsstreits an ein anderes Gericht ist für das aufnehmende Gericht entgegen § 17a Abs. 1 GVG nicht bindend.[42]

---

31 BAG, 26.03.1992 – 2 AZR 443/91, NZA 1992, 954; BAG, 09.07.1996 – 5 AZB 6/96, NZA 1996, 1117; BAG, 24.03.1998 – 9 AZR 172/97, NZA 1999, 107; BAG, 21.05.1999 – 5 AZB 31/98, NZA 1999, 837; LAG Berlin-Brandenburg, 22.01.2014 – 4 Sa 1731/13, Rn 19; GK-ArbGG/Vossen § 65 Rn 8; Schwab/Weth-Schwab § 65 Rn 21; Sievers jurisPR-ArbR 15/2014 Anm. 6.
32 BAG, 22.05.2012 – 1 ABR 11/11, Rn 9.
33 GMPMG/Germelmann § 65 Rn 14.
34 Vgl. BAG, 16.12.2009 – 5 AZR 125/09, Rn 20.
35 GK-ArbGG/Vossen § 65 Rn 21.
36 BAG, 28.02.1995 – 5 AZB 24/94, NZA 1995, 595; BAG, 21.05.1999 – 5 AZB 31/98, NZA 1999, 837; Natter/Gross-Pfeiffer § 65 Rn 14.
37 Natter/Gross-Pfeiffer § 65 Rn 14 f.
38 Schwab/Weth-Schwab § 65 Rn 24.
39 BAG, 26.03.1992 – 2 AZR 443/91, NZA 1992, 954.
40 BAG, 05.09.1995 – 9 AZR 533/94, NZA 1996, S. 610; GMPMG/Germelmann § 65 Rn 14; Schwab/Weth-Schwab § 65 Rn 18.
41 ErfK/Koch § 65 ArbGG Rn 5; Hauck/Helml/Biebl § 65 Rn 11.
42 NK-GA/Breinlinger § 65 ArbGG Rn 10; ErfK/Koch § 65 ArbGG Rn 5; GMPMG/Germelmann § 65 Rn 15.

§ 66 Einlegung der Berufung, Terminbestimmung

(1) ¹Die Frist für die Einlegung der Berufung beträgt einen Monat, die Frist für die Begründung der Berufung zwei Monate. ²Beide Fristen beginnen mit der Zustellung des in vollständiger Form abgefassten Urteils, spätestens aber mit Ablauf von fünf Monaten nach der Verkündung. ³Die Berufung muss innerhalb einer Frist von einem Monat nach Zustellung der Berufungsbegründung beantwortet werden. ⁴Mit der Zustellung der Berufungsbegründung ist der Berufungsbeklagte auf die Frist für die Berufungsbeantwortung hinzuweisen. ⁵Die Fristen zur Begründung der Berufung und zur Berufungsbeantwortung können vom Vorsitzenden einmal auf Antrag verlängert werden, wenn nach seiner freien Überzeugung der Rechtsstreit durch die Verlängerung nicht verzögert wird oder wenn die Partei erhebliche Gründe darlegt.

(2) ¹Die Bestimmung des Termins zur mündlichen Verhandlung muss unverzüglich erfolgen. ²§ 522 Abs. 1 der Zivilprozessordnung bleibt unberührt; die Verwerfung der Berufung ohne mündliche Verhandlung ergeht durch Beschluss des Vorsitzenden. ³§ 522 Abs. 2 und 3 der Zivilprozessordnung findet keine Anwendung.

Übersicht	Rdn.		Rdn.
I. Berufungseinlegung	2	d) Sonderfälle: Zweites Versäumnisurteil, verspätete Urteilszustellung	34
1. Berufungsgericht	3	3. Schriftform	38
2. Berufungsschrift	4	III. Einlegungs- und Begründungsfristen	40
a) Notwendiger Inhalt	5	1. Monatsfristen zur Einlegung und Begründung der Berufung	41
b) Schriftform	10		
3. Einreichung	11	2. Fristablauf	42
4. Wirkungen	14	a) Fristbeginn	43
5. Berufungseinlegung und PKH-Antrag	15	b) Fristberechnung	54
II. Berufungsbegründung	16	3. Fristverlängerung	58
1. Berufungsanträge	18	4. Fristablauf und PKH-Bewilligungsverfahren	64
2. Berufungsgründe	19		
a) § 520 Abs. 3 Nr. 2 ZPO: Rechtsverletzung	20	IV. Verwerfung der unzulässigen Berufung	67
b) § 520 Abs. 3 Nr. 3 und 4 ZPO: Abweichende Tatsachen	21	V. Berufungsbeantwortung	75
c) inhaltliche Anforderungen und Umfang	24	VI. Terminsbestimmung	80

Die Vorschrift regelt in Abs. 1 Fristen von jeweils einem Monat für Einlegung, Begründung und Beantwortung der Berufung. Gegenstand von Abs. 2 sind der Zeitpunkt der Terminierung zur mündlichen Verhandlung vor der LAG-Kammer, die Verwerfung der unzulässigen Berufung und der Ausschluss der mit § 522 Abs. 2 und 3 ZPO für die ordentliche Gerichtsbarkeit geschaffenen Möglichkeit, Berufungen ohne Erfolgsaussichten oder grundsätzliche Bedeutung durch Beschluss als unbegründet zurückzuweisen. § 66 ist durch das ZPO-Reformgesetz[1] neu gefasst. Damals ist an die Stelle der Berufungseinlegung die Zustellung des in vollständiger Form abgefassten Urteils als Beginn auch der Berufungsbegründungsfrist getreten. Das SGG- und ArbGG-Änderungsgesetz[2] hat die Kompetenz zur Verwerfung der unzulässigen Berufung durch Beschluss ohne mündliche Verhandlung von der Kammer auf den Vorsitzenden übertragen. Erläutert werden die Fristen zu Berufungseinlegung, -begründung und -beantwortung, die Folgen von Fristversäumnissen, die Verwerfungsentscheidung bei unzulässiger Berufung sowie die Bestimmung des Termins zur mündlichen Verhandlung. Zunächst aber sind die formalen und inhaltlichen Anforderungen an die jeweiligen Prozesshandlungen darzustellen. 1

---

1 BGBl. I 2001, S. 1887.
2 BGBl. I 2008, S. 444.

§ 66 ArbGG Einlegung der Berufung, Terminbestimmung

I. Berufungseinlegung

2 Gem. § 64 Abs. 6 Satz 1 ist auf die Berufungseinlegung § 519 ZPO anwendbar:

§ 519 ZPO Berufungsschrift

(1) Die Berufung wird durch Einreichung der Berufungsschrift bei dem Berufungsgericht eingelegt.

(2) Die Berufungsschrift muss enthalten:
1. die Bezeichnung des Urteils, gegen das die Berufung gerichtet wird,
2. die Erklärung, dass gegen dieses Urteil Berufung eingelegt werde.

(3) Mit der Berufungsschrift soll eine Ausfertigung oder beglaubigte Abschrift des angefochtenen Urteils vorgelegt werden.

(4) Die allgemeinen Vorschriften über die vorbereitenden Schriftsätze sind auch auf die Berufungsschrift anzuwenden.

Die Vorschrift regelt für das arbeitsgerichtliche Berufungsverfahren inhaltliche und formale Anforderungen an die Berufungsschrift, wie sie im Folgenden erläutert werden sollen, verbunden mit Einzelheiten zur Einreichung und ihren Wirkungen sowie dem Verhältnis von Berufungseinlegung und Beantragung von PKH für die Berufung. Zuerst ist aber das Berufungsgericht im arbeitsgerichtlichen Verfahren zu identifizieren.

1. Berufungsgericht

3 Im arbeitsgerichtlichen Verfahren ist **Berufungsgericht** und damit Adressat der Berufungsschrift das **LAG**, §§ 8 Abs. 2, 64 Abs. 1. Die **örtliche Zuständigkeit** folgt aus der landesgesetzlichen Anordnung zum Gerichtsbezirk, §§ 33 i.V.m. 14 Abs. 2.[3] Unterhält ein LAG Außenkammern – derzeit ist das für das LAG Baden-Württemberg der Fall – kann die Berufung unabhängig von der Zuständigkeit von Außenkammer oder Stammgericht bei der Außenkammer[4] aber auch beim Stammgericht eingelegt werden.[5]

2. Berufungsschrift

4 Die Berufungsschrift muss inhaltlichen und formalen Mindestanforderungen genügen.

a) Notwendiger Inhalt

5 Zum **notwendigen Inhalt** der **Berufungsschrift** gehört die **Bezeichnung** des **angefochtenen Urteils**, § 519 Abs. 2 Nr. 1 ZPO. Sinn der Vorschrift ist, dem Gericht und dem Rechtsmittelgegner Gewissheit zu verschaffen, welches Urteil angefochten werden soll.[6] Das Urteil, gegen das sich die Berufung richtet, muss so bestimmt bezeichnet sein, dass sich das Berufungsgericht über dessen Identität noch innerhalb der Berufungsfrist Gewissheit verschaffen kann. Das erfordert grundsätzlich die Angabe von **Berufungskläger** und **Berufungsbeklagtem**,[7] des **Gerichts**, welches das angefochtene Urteil erlassen hat, des **Verkündungsdatums** und des **Aktenzeichens**.[8]

---

3 Wegen Einzelheiten wird auf § 33 Rdn. 1 f. verwiesen.
4 BAG, 23.09.1981 – 5 AZR 603/79; Natter/Gross-Pfeiffer § 66 Rn 2.
5 ErfK/Koch § 66 ArbGG Rn 2; GK-ArbGG/Vossen § 66 Rn 62; Ostrowicz/Künzl/Scholz-Künzl Rn 482.
6 BAG, 13.10.1982 – 5 AZB 17/82; 27.07.2011 – 10 AZR 454/10, NZA 2011, 998, Rn 11.
7 BAG, 18.05.2010 – 3 AZR 373/08, NZA 2010, 935, Rn 22; BGH 24.07.2013 – XII ZB 56/13, NJW-RR 2013, 1278 Rn 8.
8 BAG, 27.08.1996 – 8 AZB 14/96, NZA 1997, 456; BGH, 21.03.1991 – IX ZB 6/91, NJW 1991, 2081; 24.04.2003 – III ZB 94/02, NJW 2003, 1950; 06.12.2006 – IV ZB 20/06, Rn 6; MünchKomm-ZPO/Rimmelspacher § 519 Rn 10; Musielak/Voit/Ball § 519 Rn 3.

Fehlerhafte oder **unvollständige Angaben** schaden dann nicht, wenn aufgrund sonstiger erkennbarer Umstände für Gericht und Prozessgegner nicht zweifelhaft bleibt, welches Urteil angefochten ist.[9] Maßgebender Zeitpunkt ist hier das Ende der Berufungsfrist. Während etwaige Zweifel des Prozessgegners noch nach Ablauf der Berufungsfrist behoben werden können, wenn dadurch seine Rechtsverteidigung nicht eingeschränkt wird,[10] muss für das Rechtsmittelgericht **bis zum Ablauf der Berufungsfrist** die **Identität der angegriffenen Entscheidung eindeutig** feststehen.[11] Ausreichend kann hier die zutreffende Angabe des Kurzrubrums und das erstinstanzliche Aktenzeichen sein.[12] Zu den Umständen, die das LAG trotz unzureichender Berufungsschrift die zweifelsfreie Identifizierung ermöglichen, können dort eingegangene Akten der Vorinstanz[13] oder ein dort unterhaltenes elektronisches Geschäftsstellenprogramm[14] zählen. Besondere Sorgfalt ist angezeigt, wenn am Verfahren erster Instanz mehr als zwei Parteien beteiligt waren. In einem solchen Fall muss aus der Berufungsschrift deutlich werden, ob die Berufung für oder gegen alle oder nur einzelne Parteien des erstinstanzlichen Verfahrens gerichtet ist.[15]   6

Sicherster Weg zur Vermeidung von Zweifeln ist die Beachtung der Soll-Vorschrift aus § 519 Abs. 3 ZPO über die Beifügung einer **Urteilskopie**.[16] Soweit nur wenigstens Deckblatt mit Rubrum und Tenor eingereicht sind, sind regelmäßig hinreichende Umstände zur Auslegung der Berufungsschrift gegeben. Die beigefügte Kopie kann sogar dann das angefochtene Urteil zweifelsfrei stellen, wenn die Berufungsschrift selbst insoweit falsche Angaben enthält.[17]   7

Notwendig ist weiter die **Erklärung der Berufungseinlegung**, § 519 Abs. 2 Nr. 2 ZPO. An eine Bedingung darf die Einlegung nicht geknüpft werden.[18] Dies folgt aus dem Grundsatz, wonach Rechtsmittel **bedingungsfeindlich** sind,[19] und ist insbesondere für die Verbindung von Berufung und PKH-Antrag von Bedeutung (dazu s. Rdn. 15). Als Prozesshandlung ist die Berufungseinlegung der **Auslegung** und ggf. auch Umdeutung zugänglich.[20] Der Gebrauch des Wortes »Berufung« ist für eine wirksame Berufungseinlegung deshalb nicht maßgebend. Aus der Erklärung muss aber die Absicht deutlich zu entnehmen sein, das angegriffene Urteil einer Nachprüfung durch das höhere Gericht zu unterstellen.[21]   8

Berufungsanträge braucht die Berufungsschrift **nicht** zu **enthalten**. Diese sind erst für die Berufungsbegründung vorgeschrieben, § 520 Abs. 3 Nr. 1 ZPO. Ebenso macht die Versäumung der Angabe einer **ladungsfähigen Anschrift** des Berufungsbeklagten bzw. seines Prozessbevollmächtigten die Berufung nicht unzulässig.[22] Gleiches gilt hinsichtlich der Anschrift des Berufungsführers.[23] Die Berufungsbegründung kann mit der Einlegung verbunden (§ 520 Abs. 3 Satz 1 ZPO) oder einem gesonderten Begründungsschriftsatz vorbehalten werden, für den Abs. 1 Satz 1 eine Zweimonatsfrist einräumt. War die Berufungseinlegung formfehlerhaft, ist aber noch vor Ablauf der   9

---

9 BGH, 11.01.2001 – III ZR 113/00, NJW 2001, 1070; BGH, 24.04.2003 – III ZB 94/02, NJW 2003, 1950; MünchKomm-ZPO/Rimmelspacher § 519 Rn 10.
10 BGH, 11.01.2006 – XII ZB 27/04, NJW 2006, 1003, Rn 10.
11 BAG, 27.07.2011 – 10 AZR 454/10, NZA 2011, 998, Rn 11; BGH, 18.04.2000 – VI ZB 1/00.
12 BGH 07.11.2012 – XII ZB 325/12, NJW-RR 2013, 121 Rn 15.
13 BGH, 24.04.2003 – III ZB 94/02, NJW 2003, 1950; BGH, 06.12.2006 – IV ZB 20/06, Rn 10.
14 BAG, 18.05.2010 – 3 AZR 373/08, NZA 2010, 935, Rn 22 ff.
15 Vgl. LAG Niedersachsen, 21.07.2009 – 9 Sa 378/08.
16 BGH, 11.01.2006 – XII ZB 27/04, NJW 2006, 1003, Rn 8; Schwab/Weth-Schwab § 64 Rn 134.
17 BVerfG, 09.08.1991 – 1 BvR 630/91, NJW 1991, 3140.
18 BGH, 20.11.1951 – IV ZB 68/51, NJW 1952, 102.
19 BAG, 13.12.1995 – 4 AZN 576/95, NZA 1996, 554.
20 MünchKomm-ZPO/Rimmelspacher § 519 Rn 18 f.
21 BGH, 25.11.1986 – VI ZB 12/86, NJW 1987, 1204; BGH, 19.11.1997 – XII ZB 157/97.
22 BAG, 16.09.1986 – GS 4/85, NZA 1987, 136.
23 Natter/Gross-Pfeiffer § 66 Rn 8.

Berufungsfrist die Berufungsbegründung beim LAG eingegangen, dann liegt in der Berufungsbegründung nochmals eine Berufungseinlegung.[24]

b) Schriftform

10 Bereits die Bezeichnung als Berufungsschrift aber auch der Verweis auf die allgemeinen Vorschriften für vorbereitende Schriftsätze machen deutlich, dass die Berufungseinlegung **schriftlich** erfolgen muss. Die Berufungsschrift muss unterzeichnet sein, § 519 Abs. 4 i.V.m. § 130 Nr. 6 ZPO. Soweit § 130 Nr. 6 ZPO keine Lockerungen bezüglich neuer Telekommunikationsmittel vorsieht, ist die handschriftliche und eigenhändige **Unterschrift** erforderlich.[25] Die eigenhändige Unterschrift soll die Identifizierung des Urhebers der schriftlichen Prozesshandlung ermöglichen und dessen unbedingten Willen zum Ausdruck bringen, die Verantwortung für den Schriftsatz zu übernehmen und diesen bei Gericht einzureichen.[26] Erforderlich ist ein individueller Schriftzug, der sich – ohne lesbar sein zu müssen – als Wiedergabe eines Namens darstellt und die Absicht einer vollen Unterschriftsleistung erkennen lässt.[27] Ein Unterschrift-Faksimilestempel ist keine eigenhändige Unterschrift.[28] Ebenso wenig genügt die aus einem anderen Schriftstück ausgeschnittene und eingeklebte Unterschrift.[29] Zu beachten ist die Regelung zur Prozessvertretung vor dem LAG in § 11 Abs. 4 ArbGG. Die Berufung kann also nicht von der Partei selbst, sondern muss von einem danach zugelassenen Prozessbevollmächtigten eingelegt und unterzeichnet sein. Als Prozessbevollmächtigte zugelassen sind die in § 11 Abs. 2 Nr. 4 bis 5 näher bezeichneten Vertreter von Gewerkschaften und Arbeitgebervereinigungen sowie Rechtsanwälte, wobei der Rechtsanwalt nicht als Angestellter der Prozesspartei[30] oder bloß im Auftrag handeln darf. Letzteres ist regelmäßig anders zu beurteilen, wenn der mit dem Zusatz im Auftrag unterzeichnende Rechtsanwalt zum Kreis der Prozessbevollmächtigten des Berufungsführers zählt.[31] Soweit eine entsprechende Verordnung mit Bedeutung für das arbeitsgerichtliche Berufungsverfahren[32] ergangen ist (vgl. § 46c Rdn. 27), ist die Einlegung mittels eines elektronischen Dokuments nach § 46c Abs. 1 zulässig. Mit In-Kraft-Treten des § 46c i.d.F. des »Gesetz zur Förderung des elektronischen Rechtsverkehrs mit den Gerichten«[33] zum Jahresbeginn 2018 werden die Möglichkeiten zur elektronischen Einreichung erweitert.[34]

3. Einreichung

11 Die **Einreichung** bei dem Berufungsgericht, wie sie für die Wahrung der Berufungsfrist maßgebend ist, ist eine einseitige Prozesshandlung des Betroffenen, die der Mitwirkung eines Gerichtsbediensteten nicht bedarf. Entscheidend ist allein, dass das Schriftstück **tatsächlich in die Verfügungsgewalt des Gerichts gelangt** ist.[35] Ein weiterer Zugriff des Absenders muss ausgeschlossen sein.[36] Verfügungsgewalt des Gerichts setzt voraus, dass das Gericht in berechtigter Weise vom Inhalt

---

24 Schwab/Weth-Schwab § 64 Rn 140.
25 Schwab/Weth-Schwab § 64 Rn 116.
26 BGH, 25.09.2012 – VIII ZB 22/12, NJW 2013, 237, Rn 9; BAG, 25.02.2015 – 5 AZR 849/13, NZA 2015, 701, Rn 22.
27 BAG, 25.02.2015 – 5 AZR 849/13, NZA 2015, 701, Rn 19; BGH, 09.07.2015 – V ZB 2013/14, NJW 2015, 3104.
28 BAG, 05.08.2009 – 10 AZR 692/08, NZA 2009, 1165, Rn 18.
29 BGH, 27.08.2015 – III ZB 60/14, NJW 2015, 3246.
30 BAG, 17.09.2013 – 9 AZR 75/12, NZA 2014, 502, Rn 10.
31 BGH 25.09.2012 – VIII ZB 22/12, NJW 2013, 237, Rn 11 f.; GK-ArbGG/Vossen § 66 Rn 94.
32 Vgl. etwa für das LAG Berlin-Brandenburg: Verordnung über den elektronischen Rechtsverkehr mit der Arbeitsgerichtsbarkeit im Land Berlin, 12.03.2010, GVBl. Berlin 2010, S. 170.
33 BGBl. I 2013, S. 3786.
34 Vgl. § 46c Rdn. 30 ff.
35 BVerfG, 03.10.1979 – 1 BvR 726/78, NJW 1980, 580; BVerfG, 09.10.2007 – 1 BVR 1784/05, NJW-RR 2008, 446, Rn 13; BGH, 23.04.2013 – VI ZB 27/12, Rn 12; BAG, 02.12.1999 – 2 AZR 275/99.
36 BAG, 29.04.1986 – 7 AZB 6/85.

des Schriftstücks Kenntnis nehmen kann. Hieran kann es bei falscher Adressierung fehlen.[37] Der bei einer gemeinsamen Einlaufstelle mehrerer Gerichte eingehende Schriftsatz einer Partei ist bei dem Gericht eingereicht, an das er adressiert ist.[38] Wird die Berufungsschrift an ein unzuständiges Gericht (etwa das ArbG) adressiert und dort eingereicht, so geht sie dem LAG erst zu, wenn es von dort weitergeleitet beim LAG tatsächlich eingeht.[39] Ein Faxschreiben ist eingereicht, wenn die gesendeten Signale vom Telefaxgerät des Gerichts vollständig empfangen (gespeichert) sind. Dies ist der für die Fristwahrung maßgebende Zeitpunkt.[40] Die Einreichung einer Berufung als elektronisches Dokument ist abgeschlossen, wenn die für den Empfang bestimmte Einrichtung des Gerichts es aufgezeichnet hat (vgl. § 46c Abs. 3 ArbGG).

Die Berufung kann ab **Verkündung** der Entscheidung auch bereits vor Zustellung der Entscheidungsgründe eingelegt werden,[41] vgl. § 312 Abs. 2 ZPO. Vor Verkündung der Entscheidung dagegen ist grundsätzlich eine wirksame Einlegung nicht möglich. Insbesondere ist keine vorsorgliche Berufungseinlegung möglich. Wegen der Bedingungsfeindlichkeit der Berufung ist die Berufung, die unter der Bedingung eines erstinstanzlichen Unterliegens eingelegt ist, unzulässig und erfasst auch nicht ein später in dem Verfahren verkündetes Urteil. Die Berufung muss dann erneut eingelegt werden.[42] Anderes gilt, wenn sich die Berufung gegen ein Scheinurteil ohne wirksame Verkündung richtet. Die dann statthafte Berufung (vgl. § 64 Rdn. 8) kann unabhängig von einer Verkündung eingelegt werden.[43] 12

Wird die Berufungsschrift vor der Entscheidung über die Berufung **mehrfach eingereicht**, ist die Berufung zulässig, wenn durch eine einzelne Rechtsmittelschrift oder aber durch mehrere zusammen die Voraussetzungen erfüllt sind.[44] Wegen des Grundsatzes der Rechtsmitteleinheit kommt auch bei mehrfacher Einlegung die Verwerfung einer einzelnen Berufung nicht in Betracht.[45] Vor dem ZPO-Reformgesetz[46] hat das BAG die mehrfache Einreichung der Berufungsschrift von der **Wiederholung** der **Berufungseinlegung** unterschieden.[47] Dies hatte zum Hintergrund, dass in Anwendung der Regelung in § 519 Abs. 2 Satz 2 ZPO a.F. jede Wiederholung eine selbstständige Frist zur Begründung auslöste und so für deren Fristgemäßheit entscheidend werden konnte.[48] Nach der Bestimmung eines von der Einlegung unabhängigen Fristbeginns durch das ZPO-Reformgesetz ist ein Interesse an einer solchen Unterscheidung nicht mehr erkennbar. Wird dagegen nach Bescheidung der Berufung erneut Berufung eingelegt, so wird damit ein zweites Berufungsverfahren eingeleitet, das eine eigene Entscheidung erfordert.[49] 13

4. Wirkungen

Die fristgerechte Einlegung der Berufung **hemmt** den Eintritt der **Rechtskraft** der angefochtenen Entscheidung, § 705 Satz 2 ZPO. Zu beachten ist, dass berufungsfähige Urteile des ArbG nach der gesetzlichen Anordnung in § 62 Abs. 1 **vorläufig vollstreckbar** sind, es sei denn, das ArbG hat die Vollstreckbarkeit ausdrücklich ausgeschlossen. Die Einlegung der Berufung schränkt die Zulässig- 14

---

37 BGH, 10.02.1994 – VII ZB 30/93, NJW 1994, 1354.
38 BAG, 29.08.2001 – 4 AZR 388/00, NZA 2002, 347.
39 ErfK/Koch § 66 ArbGG Rn 2; Schwab/Weth-Schwab § 66 Rn 37.
40 BGH, 14.05.2013 – III ZR 289/12, NJW 2013, 2514, Rn 11; BGH, 12.04.2016 – VI ZB 7/15, Rn 7.
41 BAG, 06.03.2003 – 2 AZR 596/02, NZA 2003, 814; 16.06.2004 – 5 AZR 529/03; Natter/Gross-Pfeiffer § 66 Rn 3.
42 GK-ArbGG/Vossen § 66 Rn 7; Natter/Gross-Pfeiffer § 66 Rn 4; Schwab/Weth-Schwab § 66 Rn 29.
43 GK-ArbGG/Vossen § 66 Rn 7a.
44 Zöller/Heßler § 519 Rn 3.
45 ErfK/Koch § 66 ArbG Rn 7; GMPMG/Germelmann § 64 Rn 72.
46 BGBl. I 2001, S. 1887.
47 BAG, 17.10.1995 – 3 AZR 863/94, NZA 1996, 278; 17.10.1995 – 3 AZR 863/94, NZA 1996, 278; ErfK/Koch § 66 ArbG Rn 7.
48 Vgl. etwa BAG, 26.06.1991 – 2 AZR 62/91.
49 MünchKomm-ZPO/Rimmelspacher § 519 Rn 36.

keit der Zwangsvollstreckung nicht ein. Für die Entscheidung über den gesondert erforderlichen Antrag auf **Einstellung der Zwangsvollstreckung**, wie er nach § 62 Abs. 1 i.V.m. §§ 707, 719 ZPO der Gefahr nicht zu ersetzender Nachteile durch die Zwangsvollstreckung vorbeugen kann, ist nach Berufungseinlegung das LAG zuständig (vgl. § 64 Rdn. 80).

5. Berufungseinlegung und PKH-Antrag

15 Aus der Unzulässigkeit der bedingten Berufungseinlegung leitet die Rechtsprechung ab, dass die **Einlegung einer Berufung** unter der **Bedingung** der **Gewährung von PKH unzulässig** ist.[50] Die Deutung als eine solche bedingte Einlegung kommt aber nur dann in Betracht, wenn sich dies aus den Begleitumständen mit einer jeden vernünftigen Zweifel ausschließenden Deutlichkeit ergibt. Im Zweifel ist nämlich zugunsten des Rechtsmittelführers anzunehmen, dass er eher das Kostenrisiko einer ganz oder teilweise erfolglosen Berufung auf sich nimmt, als von vornherein zu riskieren, dass seine Berufung als unzulässig verworfen wird.[51] So bringt die Formulierung, die Durchführung der Berufung werde von der PKH-Gewährung abhängig gemacht, nur den Vorbehalt der Berufungsrücknahme bei Nichtbewilligung zum Ausdruck und steht deshalb der Annahme der unbedingten Berufungseinlegung nicht entgegen. Eindeutig im Sinne einer bedingten Einlegung ist dagegen die Erklärung, Berufung werde nur für den Fall der PKH-Gewährung erhoben.[52] Ebenso kann die hinreichend deutliche Bedingung aus Formulierungen folgen wie: »Entwurf einer Berufungsschrift«, »beabsichtigte Berufung« oder wenn angekündigt wird, dass »nach Gewährung von PKH« Berufung eingelegt werde.[53] Dem **Interesse der bedürftigen Partei, vor Kostenverursachung** durch eine Berufungseinlegung **Gewissheit über die Bewilligung von PKH** für das Berufungsverfahren zu haben, trägt die Rechtsprechung mit der **Wiedereinsetzung** in den vorigen Stand vor durch das PKH-Verfahren bedingter Versäumung von Einlegungs- und ggf. Begründungsfrist Rechnung, vgl. Rdn. 64 ff. Die bedingte und daher unzulässige Berufung kann daher noch infolge PKH-Bewilligung und Wiedereinsetzung zulässig werden. Vor diesem Hintergrund darf die Berufung, die unter der Bedingung eingelegt wird, dass die zugleich beantragte Prozesskostenhilfe bewilligt wird, nicht als unzulässig verworfen werden, bevor über den Prozesskostenhilfeantrag entschieden worden ist.[54]

II. Berufungsbegründung

16 Die Berufungsbegründung ist in § 520 ZPO geregelt. Soweit nicht besondere Regelungen des ArbGG, wie die eigenständige Regelung zur Begründungsfrist und ihrer Verlängerung, entgegenstehen, findet die Vorschrift über § 64 Abs. 6 Anwendung, vgl. § 64 Rdn. 105.

§ 520 ZPO Berufungsbegründung

(1) Der Berufungskläger muss die Berufung begründen.

(2) Die Frist für die Berufungsbegründung beträgt zwei Monate und beginnt mit der Zustellung des in vollständiger Form abgefassten Urteils, spätestens aber mit Ablauf von fünf Monaten nach der Verkündung. Die Frist kann auf Antrag von dem Vorsitzenden verlängert werden, wenn der Gegner einwilligt. Ohne Einwilligung kann die Frist um bis zu einem Monat verlängert werden, wenn nach freier Überzeugung des Vorsitzenden der Rechtsstreit durch die Verlängerung nicht verzögert wird oder wenn der Berufungskläger erhebliche Gründe darlegt.

---

50 BGH, 24.05.2000 – III ZB 8/00; BGH, 05.02.2013 – VIII ZB 38/12, MDR 2013, 481, Rn 10; LAG Köln, 03.01.2012 – 4 Sa 299/11; GK-ArbGG/Vossen § 66 Rn 64; Musielak/Voit/Ball § 519 Rn 26; Zöller/Heßler § 519 Rn 1; a.A. Geisemeyer, Die Berufung der bedürftigen Partei im Zivilprozess, 115 ff.; Kornblum NJW 2006, 2888, 2889.
51 BGH, 25.09.2007 – XI ZB 6/07, Rn 7; 07.03.2012 – XII ZB 421/11, Rn 11.
52 BGH, 20.07.2005 – XII ZB 31/05, Rn 9.
53 BGH, 28.06.2007 – IX ZR 73/06, Rn 11.
54 BGH, 05.02.2013 – VIII ZB 38/12, MDR 2013, 481, Rn 11.

(3) Die Berufungsbegründung ist, sofern sie nicht bereits in der Berufungsschrift enthalten ist, in einem Schriftsatz bei dem Berufungsgericht einzureichen. Die Berufungsbegründung muss enthalten:
1. *die Erklärung, inwieweit das Urteil angefochten wird und welche Abänderungen des Urteils beantragt werden (Berufungsanträge);*
2. *die Bezeichnung der Umstände, aus denen sich die Rechtsverletzung und deren Erheblichkeit für die angefochtene Entscheidung ergibt;*
3. *die Bezeichnung konkreter Anhaltspunkte, die Zweifel an der Richtigkeit oder Vollständigkeit der Tatsachenfeststellungen im angefochtenen Urteil begründen und deshalb eine erneute Feststellung gebieten;*
4. *die Bezeichnung der neuen Angriffs- und Verteidigungsmittel sowie der Tatsachen, auf Grund derer die neuen Angriffs- und Verteidigungsmittel nach § 531 Abs. 2 zuzulassen sind.*

(4) Die Berufungsbegründung soll ferner enthalten:
1. *die Angabe des Wertes des nicht in einer bestimmten Geldsumme bestehenden Beschwerdegegenstandes, wenn von ihm die Zulässigkeit der Berufung abhängt;*
2. *eine Äußerung dazu, ob einer Entscheidung der Sache durch den Einzelrichter Gründe entgegenstehen.*

(5) Die allgemeinen Vorschriften über die vorbereitenden Schriftsätze sind auch auf die Berufungsbegründung anzuwenden.

§ 520 ZPO normiert einen Begründungszwang und stellt formale und materielle Anforderungen. Die Berufungsbegründung muss schriftlich erfolgen und einen Mindestinhalt aufweisen, nämlich Berufungsanträge und Berufungsgründe. 17

1. Berufungsanträge

Zum **notwendigen Inhalt** der Berufungsbegründung auch im arbeitsgerichtlichen Verfahren gehören **Berufungsanträge**. § 520 Abs. 3 Nr. 1 ZPO definiert sie als **Erklärung, inwieweit das Urteil angefochten und welche Abänderungen begehrt werden**. Erst mit Ankündigung der Anträge werden Inhalt und Grenzen der erneuten Prüfung und Entscheidung festgelegt. Zweckmäßig ist die Ausformulierung eines Antrags.[55] Hierbei wird regelmäßig die **Abänderung** der erstinstanzlichen Entscheidung zu beantragen sein, eine **Aufhebung** und **Zurückverweisung** kommt nur unter den engen Voraussetzungen des § 68 in Betracht. § 520 Abs. 3 Satz 2 Nr. 1 ZPO erfordert aber nicht unbedingt einen förmlichen Antrag. Vielmehr reicht es aus, wenn das fristgemäße Vorbringen seinem gesamten Inhalt nach eindeutig ergibt, in welchem Umfang und mit welchem Ziel das Urteil angefochten werden soll.[56] Hierbei ist zu berücksichtigen, dass im Zweifel die Berufung gegen die gesamte angefochtene Entscheidung gerichtet sein wird.[57] Der zunächst auf einen Teil der Beschwer beschränkte Berufungsantrag kann auch nach Ablauf der Begründungsfrist noch erweitert werden, soweit die fristgerecht vorgetragenen Berufungsgründe die Antragserweiterung decken.[58] Andernfalls kann der Berufungsangriff nach Ablauf der Begründungsfrist nicht mehr zulässigerweise erweitert werden.[59] Das LAG hat auf **sachdienliche Anträge hinzuwirken**, § 139 ZPO. Sachdienlich sind solche Anträge, die eine Übereinstimmung zwischen dem prozessualen Antrag und dem materiellen Prozessziel herstellen.[60] 18

---

55 MünchKomm-ZPO/Rimmelspacher § 520 Rn 26, 30.
56 BAG, 11.09.1974 – 4 AZR 560/73; BGH, 13.11.1991 – VIII ZB 33/91, NJW 1992, 698; 22.03.2006 – VIII ZR 212/04, NJW 2006, 2705, Rn 8; GMPMG/Germelmann § 64 Rn 78; GK-ArbGG/Vossen § 66 Rn 127; HWK/Kalb § 64 ArbGG Rn 33.
57 BGH, 29.03.2012 – V ZB 176/12, Rn 8.
58 BGH, 28.09.2000 – IX ZR 6/99, NJW 2001, 146, unter I.1; Musielak/Voit/Ball § 520 Rn 25; Zöller/Heßler § 520 Rn 31.
59 Natter/Gross-Pfeiffer § 66 Rn 21.
60 BAG, 18.02.2003 – 9 AZR 356/02, NZA 2003, 911.

2. Berufungsgründe

19 Entsprechend der Regelung in § 513 Abs. 1 ZPO kann die Berufung nur darauf gestützt werden, dass die Entscheidung auf einer Rechtsverletzung beruht oder die im Berufungsverfahren zugrunde zu legenden Tatsachen eine andere Entscheidung rechtfertigen. § 520 Abs. 2 ZPO nimmt für die Unterteilung der möglichen Berufungsgründe in der Berufungsbegründungsschrift die Unterscheidung zwischen Rechts- und Tatsachengründen auf. Der Berufungsführer kann eine erhebliche **Rechtsverletzung** durch das Vordergericht dartun (Nr. 2) oder eine **abweichende Tatsachengrundlage** geltend machen, indem er die Tatsachenfeststellung durch die Vorinstanz angreift (Nr. 3) respektive neue Angriffs- oder Verteidigungsmittel in das Verfahren einführt (Nr. 4). Die Darlegung eines solchen Berufungsgrundes ist bereits Zulässigkeitsvoraussetzung für die Berufung. Besondere Anforderungen an die Begründungsschrift gelten bei der Berufung gegen ein zweites Versäumnisurteil oder wenn das ArbG die Fünf-Monats-Frist zur schriftlichen Niederlegung und Abgabe der Urteilsgründe an die Geschäftsstelle missachtet.

a) § 520 Abs. 3 Nr. 2 ZPO: Rechtsverletzung

20 Ein möglicher Berufungsgrund ist die Darstellung eines Rechtsfehlers und seiner Erheblichkeit für die angefochtene Entscheidung. Zum Begriff der **Rechtsverletzung** enthält das Gesetz in § 546 ZPO eine Definition, die § 513 Abs. 1 ZPO für das Berufungsverfahren in Bezug nimmt. Danach ist das Recht verletzt, wenn eine **Rechtsnorm nicht oder nicht richtig angewandt** worden **ist**. Die als verletzt gerügten Rechtsnormen können dem formellen Bundes- und Landesrecht zugehören. Erfasst sind aber auch Verordnungen und Richtlinien der Europäischen Union, Völkerrecht und ausländisches Recht, ungeschriebene Rechtsgrundsätze sowie allgemeine Geschäftsbedingungen. Hinsichtlich der Auslegung von individuellen Willenserklärungen sind Überschreitungen der Auslegungsregeln aus §§ 133, 157 BGB Rechtsfehler.[61] Für das Arbeitsrecht sind als zu überprüfende Rechtsnormen von besonderer Bedeutung Tarifverträge und Betriebsvereinbarungen.[62]

b) § 520 Abs. 3 Nr. 3 und 4 ZPO: Abweichende Tatsachen

21 Nach § 529 Abs. 1 ZPO hat das Berufungsgericht seiner Entscheidung die von der ersten Instanz festgestellten Tatsachen zugrunde zu legen, es sei denn, (1) eine **erneute Feststellung** ist wegen auf konkreten Anhaltspunkten beruhender Zweifel an der Richtigkeit oder Vollständigkeit der Tatsachenfeststellung geboten oder (2) der Berufungsführer bringt **neue** noch berücksichtigungsfähige **Tatsachen** vor. § 520 Abs. 3 Nr. 3 und 4 ZPO, die im arbeitsgerichtlichen Berufungsverfahren entsprechend anwendbar sind,[63] übertragen diese Unterscheidung auf die zulässigen Berufungsgründe. Die Berufung kann danach darauf gestützt werden, dass der Entscheidung andere als die vom ArbG angenommenen Tatsachen zugrunde zu legen sind, weil die Tatsachenfeststellung im angefochten Urteil unrichtig oder unvollständig ist oder neu vorgebrachte und berücksichtigungsfähige Tatsachen eine abweichende Entscheidung rechtfertigen.

22 **Konkreter Anhaltspunkt für Zweifel** an Richtigkeit oder Vollständigkeit der erstinstanzlichen Feststellungen, wie er nach § 520 Abs. 3 Nr. 3 ZPO Berufungsgrund sein kann, kann **jeder objektivierbare rechtliche oder tatsächliche Einwand gegen die erstinstanzlichen Feststellungen** sein. Nicht ausreichend sind bloß subjektive Zweifel, lediglich abstrakte Erwägungen oder Vermutungen der Unrichtigkeit. Anhaltspunkte können sich aus gerichtsbekannten Tatsachen, aus dem Vortrag der Parteien oder aus dem angefochtenen Urteil selbst ergeben.[64] Die **Fehlerhaftigkeit der erstinstanzlichen Tatsachenfeststellung** nach § 520 Abs. 3 Nr. 3 ZPO kann sich insbesondere aus Ver-

---

61 MünchKomm-ZPO/Rimmelspacher § 513 Rn 9.
62 Schwab/Weth-Schwab § 64 Rn 149.
63 ErfK/Koch § 66 ArbGG Rn 13; GMPMG/Germelmann § 64 Rn 79.
64 BGH, 08.06.2004 – VI ZR 230/03, NJW 2004, 2828.

fahrensfehlern bei der Tatsachenfeststellung ergeben.[65] Insoweit besteht eine Überschneidung mit den Rechtsfehlern nach Nr. 2, wie sie auch in der Verletzung von Verfahrensvorschriften bestehen können.[66]

Nach 520 Abs. 3 Nr. 4 ZPO können **neue Tatsachen** die Berufung begründen. In den aus § 67 ArbGG folgenden Grenzen ist auch die ausschließliche Begründung der Berufung mit im erstinstanzlichen Verfahren nicht vorgebrachten und insoweit neuen Angriffs- und Verteidigungsmittel zulässig. In einem solchen Fall bedarf es ausnahmsweise keiner Auseinandersetzung mit den Gründen des angefochtenen Urteils.[67] 23

c) inhaltliche Anforderungen und Umfang

Aus dem Begründungszwang leitet die Rechtsprechung **inhaltliche Anforderungen** an Begründungsschrift und Darstellung von Berufungsgründen ab, wie sie eine **strenge Anwendung** bei der Prüfung der Berufungszulässigkeit finden können. Die Berufungsbegründung muss erkennen lassen, in welchen Punkten tatsächlicher oder rechtlicher Art das angefochtene Urteil nach Ansicht des Berufungsklägers unrichtig ist und auf welchen Gründen diese Ansicht im Einzelnen beruht. Die Begründung muss auf den **zur Entscheidung stehenden Fall zugeschnitten** sein und sich mit den rechtlichen oder tatsächlichen Argumenten des angefochtenen Urteils befassen. Für die erforderliche Auseinandersetzung mit den Urteilsgründen der angefochtenen Entscheidung reicht es nicht aus, die tatsächliche oder rechtliche Würdigung durch das Arbeitsgericht mit formelhaften Wendungen zu rügen und lediglich auf das erstinstanzliche Vorbringen zu verweisen oder dieses zu wiederholen.[68] Unzureichend ist der pauschale Hinweis auf die Entscheidung eines anderen Gerichts.[69] Eine schlüssige, rechtlich haltbare Begründung ist aber nicht erforderlich.[70] So soll der Begründungszwang gewährleisten, dass der Rechtsstreit für die Berufungsinstanz durch eine Zusammenfassung und Beschränkung des Rechtsstoffs ausreichend vorbereitet wird[71] und bloß formelhaften Berufungsbegründungen entgegengewirkt werden.[72] 24

Bezogen auf die unterschiedlichen Berufungsgründe bedeutet dies: Macht der Berufungsführer **Rechtsfehler** geltend, so erfordert dies eine klare Darlegung der Gründe, aus denen das angefochtene Urteil rechtsfehlerhaft sein soll.[73] Erforderlich ist eine **aus sich heraus verständliche Angabe**, welche bestimmten Punkte des angefochtenen Urteils der Berufungskläger bekämpft und welche Gründe er ihnen entgegensetzt.[74] Dabei können auch kurze Ausführungen in wenigen Sätzen genügen,[75] wenn sie eine der angegriffenen Entscheidung entgegenstehende Rechtsauffassung und ihre Erheblichkeit für das Berufungsbegehren darlegen. Die auf eine **fehlerhafte Feststellung des Sachverhalts** gestützte Berufung hat wegen der grundsätzlichen Bindung an den erstinstanzlich festgestellten Sachverhalt eine Begründung dahin zu enthalten, warum die Bindung ausnahmsweise nicht bestehen soll.[76] Substanzlose Behauptungen, die erstinstanzlichen Feststellungen seien unzutreffend, reichen nicht aus. Die Berufung muss konkrete Anhaltspunkte bezüglich deren Angreif- 25

---

65 BGH, 12.03.2004 – V ZR 257/03, NJW 2004, 1876.
66 Musielak/Voit/Ball § 520 Rn 34.
67 BGH, 27.03.2007 – VIII ZB 123/06, Rn 8; GK-ArbGG/Vossen § 66 Rn 141.
68 BAG 18.05.2011 – 4 AZR 552/09, Rn 14.
69 BAG, 19.02.2013 – 9 AZR 543/11, Rn 15.
70 BAG, 19.10.2010 – 6 AZR 120/10, Rn 7; 15.03.2011 – 9 AZR 813/09, NZA 2011, 767, Rn 11; ähnlich: BAG, 15.08.2002 – 2 AZR 473/01; 17.01.2007 – 7 AZR 20/06, NZA 2007, 566, Rn 11; 08.10.2008 – 5 AZR 526/07, NZA 2008, 1429, Rn 15; 18.05.2011 – 4 AZR 552/09, Rn 14.
71 BAG, 18.05.2011 – 4 AZR 552/09, Rn 14.
72 BAG, 15.03.2011 – 9 AZR 813/09, NZA 2011, 767, Rn 11.
73 BAG, 14.12.2004 – 1 AZR 504/03, NZA 2005, 818; 24.04.2008 – 8 AZR 268/07, NZA 2008, 1314, Rn 20.
74 BGH, 24.06.2003 – IX ZR 228/02, NJW 2003, 3345; 27.05.2008 – XI ZB 41/06, Rn 11.
75 Für ein Beispiel: BGH, 16.12.2009 – XII ZB 20/09.
76 BGH, 28.05.2003 – XII ZB 165/02, NJW 2003, 2531.

barkeit vorbringen und die Möglichkeit aufzeigen, dass bei weiteren, vollständigen und richtigen Feststellungen ein anderes Ergebnis begründet ist.[77] Ausreichend ist es, wenn der Berufungsführer substantiiert die Möglichkeit eines anderen Geschehensablaufs schildert, als ihn das erstinstanzliche Gericht angenommen hat, und für diese Schilderung Beweismittel benennt, denen nicht von vornherein die Tauglichkeit zur Beweisführung abgesprochen werden kann.[78]

26 In welcher **Anzahl Berufungsgründe** vorgebracht werden müssen, hängt von dem angegriffenen Urteil ab. Für den **einfachen Fall**, dass das Vordergericht auf der Grundlage **einer tragenden Begründung** über **einen Anspruch** zulasten des Berufungsführers entschieden hat, ist die hinreichende Darlegung **eines Berufungsgrundes** ausreichend.[79] Dann gilt: Die Berufungsbegründung genügt den gesetzlichen Anforderungen, wenn der Berufungskläger im Rahmen einer auf den Streitfall zugeschnittenen Darlegung mindestens einen der in § 520 Abs. 3 Satz 2 ZPO genannten Berufungsgründe geltend macht.[80]

27 Bei **komplexeren Fällen** können mehrere Berufungsangriffe erforderlich sein. Betrifft die ablehnende Entscheidung der ersten Instanz **mehrere selbstständige prozessuale Ansprüche** und soll die Entscheidung hinsichtlich aller Ansprüche angegriffen werden, so muss die Berufung grundsätzlich hinsichtlich **jedes Anspruchs begründet** werden.[81] Zu jedem einzelnen Anspruch ist darzulegen, weshalb die Entscheidung der Vorinstanz für unrichtig gehalten wird.[82] Fehlt die Begründung zu einem Streitgegenstand, so ist das Rechtsmittel insoweit unzulässig.[83] Dies gilt auch für Nebenforderungen wie z.B. einen höheren Zinssatz.[84]

28 Hiervon erlaubt die Rechtsprechung **Ausnahmen**. Bei **praktisch unmittelbarer Abhängigkeit** der **Begründetheit** des einen Anspruchs von der Begründetheit des anderen Anspruchs ist eine gesonderte Begründung des unmittelbar abhängigen Anspruchs entbehrlich. Angenommen wird dies für den **Weiterbeschäftigungsanspruch** während der Dauer des Rechtsstreits,[85] eine zu einem späteren Zeitpunkt als die hinreichend angegriffene Kündigung wirksam werdende **weitere Kündigung**,[86] vom Erfolg einer Kündigungsschutzklage abhängige **Verzugslohnansprüche**,[87] die hilfsweise begehrte **Eingruppierung** in die **nächstniedrigere Vergütungsgruppe**,[88] unter besonderen Umständen auch eine **Abmahnung**, wenn nämlich deren Berechtigung von dem Streit der Parteien um die zur Feststellung gestellte Reichweite von Arbeitnehmerpflichten abhängt.[89]

29 Zwar ist im Hinblick auf diese Rechtsprechung die ausschließlich wegen des vorrangigen Anspruchs begründete Berufung nicht teilweise hinsichtlich des abhängigen Anspruchs unzulässig. Dieser ist in der Sache zu prüfen. Es ist aber dennoch **dringend anzuraten**, auch bezüglich des abhängigen Anspruchs Berufungsgründe vorzubringen. So kann vermieden werden, dass von dem vorrangigen Anspruch **unabhängige Verteidigungsmittel** im Berufungsverfahren **unberücksichtigt bleiben**. Beispiele sind bezüglich der Weiterbeschäftigung ein weiterer Beendigungsgrund oder bezüglich des Verzugslohnanspruchs fehlende Leistungsbereitschaft oder -fähigkeit respektive Einwendungen wegen (böswillig unterlassenem) anderweitigen Verdienstes.

---

77 Schwab/Weth-Schwab § 64 Rn 151.
78 Ostrowicz/Künzl/Scholz Rn 488.
79 GMPMG/Germelmann § 64 Rn 79.
80 BGH, 15.10.2004 – V ZR 223/03, NJW 2005, 983; vgl. 06.12.2011 – II ZB 21/10, Rn 7.
81 BGH, 22.01.1998 – I ZR 177/95, NJW 1998, 1399.
82 BAG, 02.04.1987 – 2 AZR 418/86, NZA 1987, 808.
83 BAG, 08.05.2008 – 6 AZR 517/07, NZA 2008, 1148, Rn 28.
84 BGH, 12.04.1995 – XII ZR 104/94; Schwab/Weth-Schwab § 64 Rn 155; Zöller/Heßler § 520 Rn 38; zur Revisionsbegründung: BAG, 17.06.1997 – 9 AZR 801/95, NZA 1998, 258.
85 BAG, 02.04.1987 – 2 AZR 418/86, NZA 1987, 808.
86 BAG, 05.10.1995 – 2 AZR 909/94, NZA 1996, 651.
87 BAG, 16.06.1976 – 3 AZR 1/75; 31.03.1993 – 2 AZR 595/92.
88 BAG, 16.04.1997 – 4 AZR 653/95, NZA 1998, 45.
89 Zu § 72 Abs. 5 i.V.m. § 551 Abs. 3 ZPO: BAG, 18.10.2011 – 9 AZR 315/10 Rn 14.

In besonderen Fällen kann auch **mehr als ein Berufungsangriff** je beschiedenen Anspruch erforderlich sein. Stützt das Arbeitsgericht das Urteil auf **mehrere, voneinander unabhängige, selbstständig tragende rechtliche Erwägungen**, muss der Berufungskläger in der Berufungsbegründung für jede dieser Erwägungen darlegen, warum sie seiner Auffassung nach die angegriffene Entscheidung nicht trägt. Versäumt er dies, ist die das Rechtsmittel insgesamt unzulässig.[90] Allerdings muss das Vordergericht hinreichend deutlich zum Ausdruck bringen, dass es die Entscheidung auf eine weitere selbständig tragende rechtliche Erwägung gestützt hat.[91] Vorsicht ist angebracht. Eine weitere tragende rechtliche Erwägung kann in einem einzigen Satz des ArbG-Urteils verborgen sein.[92]   30

Nach Ablauf der Berufungsbegründungsfrist kann die Begründung nicht mehr nachgebessert werden und die Berufung durch ergänzenden Vortrag ausreichend begründet werden. Solcher Vortrag ist nicht mehr berücksichtigungsfähig.[93] Ein Hinweis des LAG auf den Begründungsmangel vor Ablauf der Begründungsfrist kann nicht erwartet werden. Nach Auffassung des Bundesarbeitsgerichts darf das LAG einen solchen Hinweis nicht erteilen, weil dies mit der gebotenen Neutralität und Äquidistanz des Richters gegenüber beiden Parteien nicht vereinbar wäre und das Gericht sich ansonsten zum Berater des Berufungsführers machen würde.[94]   31

Genügt die Berufungsbegründung dagegen den dargestellten Anforderungen und ist die Berufung zulässig, so ist das Berufungsgericht **grundsätzlich nicht** auf die **Prüfung nur der vorgebrachten Gründe beschränkt**. Dies folgt aus § 529 Abs. 2 Satz 2 ZPO, wonach das Berufungsgericht nicht an die geltend gemachten Berufungsgründe gebunden ist Eine Ausnahme besteht hier wegen § 529 Abs. 2 Satz 1 allein hinsichtlich nicht von Amts wegen zu berücksichtigender Verfahrensmängel, die nur auf ausdrückliche Rüge gemäß § 520 Abs. 3 zu prüfen sind. Ebenso wenig setzt die Überprüfung vom ArbG festgestellter Tatsachen eine spezifische Berufungsrüge voraus. Wegen der Einzelheiten zum Prüfungsumfang des Berufungsgerichts ist auf § 64 Rdn. 85 ff. zu verweisen.   32

Auch wenn somit für die Zulässigkeit der Berufung und die Eröffnung der vollen Überprüfbarkeit seitens des Berufungsgerichts ein Minimum von Berufungsangriffen ausreicht, so ist dennoch **vor** einem **Zurückhalten** von **Berufungsangriffen zu warnen**. Hieraus können nämlich wegen der **Präklusionsvorschrift** in § 67 Abs. 4 Nachteile bezüglich der Begründetheit des Rechtsmittels folgen. Nach der Vorschrift sind in der Berufung neue Angriffs- oder Verteidigungsmittel grundsätzlich nur dann zulässig, wenn sie bereits in der Berufungsbegründung vorgebracht worden sind. Verspätetes Vorbringen kann unberücksichtigt bleiben (Einzelheiten dazu § 67 Rdn. 41 ff.). Hieraus folgt eine Obliegenheit des Berufungsführers, sämtliche neuen Angriffs- oder Verteidigungsmittel bereits in der Berufungsbegründung vorzubringen, will er nicht Gefahr laufen, mit solchem Vorbringen präkludiert zu sein.   33

d) Sonderfälle: Zweites Versäumnisurteil, verspätete Urteilszustellung

Besonderheiten sind bei der Berufung gegen ein **Zweites Versäumnisurteil** zu beachten. Hier schreibt § 64 Abs. 2 Buchst. d) vor, dass sich die Berufung darauf stützen muss, ein Fall schuldhafter Versäumung habe nicht vorgelegen (vgl. § 64 Rdn. 64 ff.). Das **Fehlen** einer **Säumnis** oder die **Schuldlosigkeit** hieran müssen in der Berufungsbegründung schlüssig dargelegt werden,[95] ansons-   34

---

[90] BAG, 11.03.1998 – 2 AZR 497/97, NZA 1998, 959; 14.12.2004 – 1 AZR 504/03, NZA 2005, 818, Rn 16; 28.05.2009 – 2 AZR 223/08, Rn 14; 19.10.2010 – 6 AZR 118/10, Rn 8.
[91] BGH 30.01.2013 – III ZB 49/12, NJW-RR 2013, 545, Rn 14.
[92] BAG, 19.10.2010 – 6 AZR 118/10, NZA 2011, 62, Rn 10 mit kritischer Anm. Bertzbach, juris-PR-ArbR 8/2011 Anm. 1.
[93] BAG, 06.01.2015 – 6 AZB 105/14, NZA 2015, 474 Rn 22.
[94] BAG, 19.10.2010 – 6 AZR 118/10, NZA 2011, Rn 21; 06.01.2015 – 6 AZB 105/14, NZA 2015, 474 Rn 22.
[95] BAG, 08.04.1974 – 2 AZR 542/73; BGH, 20.12.2010 – VII ZB 72/09, NJW 2011, 928, Rn 9; MüKo-ZPO/Rimmelspacher § 520 Rn 66.

ten ist die Berufung unzulässig.[96] Der Sachverhalt, der die Zulässigkeit der Berufung rechtfertigen soll, muss vollständig in der Berufungsinstanz vorgetragen werden.[97] Einwendungen gegen die Begründetheit der Verurteilung oder auch nur gegen die Schlüssigkeit der Klage reichen als Begründung grundsätzlich nicht aus,[98] ebenso wenig neue Urkunden i.S.v. § 580 Nr. 7b ZPO, wie sie als Restitutionsgrund die Wiederaufnahme des Verfahrens begründen würden.[99] Ebenfalls unstatthaft bleibt die Berufung gegen ein zweites Versäumnisurteil mit der nur geltend gemacht wird, im ersten Termin nicht säumig gewesen zu sein, weswegen das erste Versäumnisurteil nicht hätte ergehen dürfen.[100] Misslingt der Nachweis der schlüssig dargelegten Tatsachen, weshalb eine schuldhafte Säumnis nicht vorgelegen habe, dann ist die Berufung gegen das Zweite Versäumnisurteil zulässig aber unbegründet.[101]

35 Anderes gilt nur, wenn sich die Berufung gegen die Verwerfung des Einspruchs gegen einen Vollstreckungsbescheid durch Zweites Versäumnisurteil richtet. Vor einer solchen Entscheidung ist nach § 700 Abs. 6 ZPO auch die Schlüssigkeit der Klage zu prüfen. Damit ein Gleichlauf von Prüfungsumfang und -pflicht des Einspruchsrichters einerseits und Berufungsfähigkeit eines zweiten Versäumnisurteils andererseits sichergestellt bleibt, kann die Berufung gegen ein **nach** Erlass eines **Vollstreckungsbescheids ergangenes Zweites Versäumnisurteil** auch **darauf gestützt werden**, dass die **Klage** im Zeitpunkt der Entscheidung über den Einspruch **unzulässig oder unschlüssig** gewesen sei.[102] Ein solches Vorbringen reicht dann für die Zulässigkeit aus.

36 Besonderheiten bestehen weiter, wenn die Berufung ein erstinstanzliches Urteil angreift, dass nicht binnen einer **Fünf-Monats-Frist** nach Verkündung mit vollständigem Tatbestand und Entscheidungsgründen schriftlich niedergelegt, vom Richter unterschrieben und der Geschäftsstelle zum Zwecke der Zustellung übergeben ist. Ein solches Versäumnis hindert nicht den Beginn von Einlegungs- und Begründungsfrist. § 66 Abs. 1 Satz 2 bestimmt den Ablauf von fünf Monaten nach Urteilsverkündung als spätesten Fristbeginn. Dem Versäumnis ist aber bei den Anforderungen an die Berufungsbegründung Rechnung zu tragen. Ist die erstinstanzliche Entscheidung nicht in vollständig abgefasster und unterschriebener Form innerhalb von fünf Monaten zugestellt worden, genügt für die Berufungsbegründung entweder die Auseinandersetzung mit den hypothetischen Entscheidungsgründen oder der Hinweis des Berufungsklägers, dass das arbeitsgerichtliche Urteil nicht mit Gründen versehen ist.[103] Ausreichende Berufungsbegründung ist in einem solchen Fall, dass der Berufungsführer die fehlenden Entscheidungsgründe rügt[104] oder geltend macht, es handele sich um ein Urteil ohne Gründe.[105] Es gilt nämlich die Rechtsprechung des Gemeinsamen Senats der Obersten Gerichte des Bundes, wonach bei Überschreitung der Fünf-Monats-Frist eine Maximalfrist zur Absetzung der schriftlichen Entscheidungsgründe überschritten ist und das verkündete Urteil als ein Urteil ohne Gründe anzusehen ist.[106] Da § 68 eine Zurückweisung an das

---

96 BGH, 24.01.1985 – I ZR 113/84; BGH, 06.10.2011 – IX ZB 149/11, Rn 5; LAG Köln, 29.10.1994 – 4 Sa 707/93; Musielak/Voit/Ball § 520 Rn 44; Zöller/Heßler § 514 Rn 12.
97 BGH, 22.03.2007 – IX ZR 100/06, NJW 2007, 2047, Rn 6.
98 BAG, 02.02.1994 – 10 AZR 113/93, NZA 1994, 1103.
99 BGH, 06.10.2011 – IX ZB 149/11, Rn 6 ff.
100 BAG, 02.02.1994 – 10 AZR 113/93, NZA 1994, 1103; BAG, 01.03.1994 – 10 AZR 50/93, NZA 1994, 1053; BGH, 06.10.2011 – IX ZB 149/11, Rn 10.
101 MünchKomm-ZPO/Rimmelspacher § 514 Rn 25; Musielak/Voit/Ball § 514 Rn 11.
102 BGH, 25.10.1990 – IX ZR 62/90, NJW 1991, 43; BGH, 06.10.2011 – IX ZB 149/11, Rn 11; KG Berlin, 10.03.2006 – 7 U 20/06; Musielak/Voit/Ball § 514 Rn 10; Zöller/Heßler § 514 Rn 8a; a.A. MünchKomm-ZPO/Rimmelspacher § 514 Rn 18.
103 BAG, 09.03.2011 – 7 AZR 657/09, NZA 2011, 1147, Rn 12.
104 BAG, 24.09.1996 – 9 AZR 364/95, NZA 1997, 507.
105 BAG, 16.11.2005 – 7 AZR 81/05, NZA 2006, 784, Rn 16; GK-ArbGG/Vossen § 66 Rn 134g; Ostrowicz/Künzl/Scholz-Künzl Rn 489.
106 GmS-OGB, 27.04.1993 – GmS-OGB 1/92, NZA 1993, 1147.

ArbG ausschließt (vgl. § 68 Rdn. 10), hat das LAG auf die zulässige Berufung hin die Sache zu verhandeln und eine vollständige Sachaufklärung zu betreiben.[107]

Von der Versäumung der Fünf-Monats-Frist zu unterscheiden sind die Fälle, in denen die Übergabe des vollständigen Urteils an die Geschäftsstelle binnen fünf Monaten ab Verkündung der Entscheidung erfolgt ist, die Zustellung aber erst nach Ablauf der Fünf-Monats-Frist erfolgt. Berufungs- und Berufungsbegründungsfrist beginnen dann gemäß der Regelung in § 66 Abs. 1 Satz 2 2. Halbs. mit Ablauf von fünf Monaten nach der Verkündung abzulaufen, ohne dass in diesem Zeitpunkt der beschwerten Partei ein vollständiges schriftliches Urteil vorliegen würde. Dennoch reicht in einem solchen Fall der Hinweis auf fehlende Entscheidungsgründe nicht als Berufungsbegründung aus.[108] Hat das ArbG das Urteil fristgerecht abgesetzt, enthält es trotz der verspäteten Zustellung rechtserhebliche Entscheidungsgründe, mit denen sich die Berufungsbegründung im allgemeinen Umfang auseinandersetzen muss.[109] Die Zwecke der Begründungspflicht, nämlich den Rechtsstreit für die Berufungsinstanz ausreichend vorzubereiten (vgl. Rdn. 24), greifen auch im Falle der verspäteten Zustellung von Urteilsgründen. Die gerichtsverursachten Schwierigkeiten des Berufungsführers – Überlegungs- und Begründungszeiträume zwischen Urteilszustellung und Frist zur Berufungseinlegung und Berufungsbegründung sind kürzer als die entsprechenden Zeiträume bei ordnungsgemäßer Verfahrensweise – kann auf andere Weise begegnet werden. Eine Entscheidung über die Einlegung der Berufung kann auf der Grundlage der aus der Verkündung ersichtlichen Beschwer vorbereitet und ggf. zunächst nur fristwahrend erfolgen. Dies ist zwar ein Nachteil für die beschwerte Partei, der jedoch grundsätzlich hinzunehmen ist.[110] Vor Zustellung des Urteils kann die Berufung damit begründet werden, dass der Anfechtungswille deutlich gemacht und auf die unterbliebene Zustellung hingewiesen wird.[111] Wird dann das Urteil noch vor Ablauf der Begründungsfrist zugestellt, können der bestimmte Berufungsantrag sowie eine sachliche Begründung – gegebenenfalls nach einer ohne Weiteres zu gewährenden Fristverlängerung – nachgereicht werden. Erfolgt die Zustellung erst nach Ablauf der Begründungsfrist, kann auf Antrag Wiedereinsetzung in den vorigen Stand gewährt werden.[112] Der Praxis ist anzuraten, sich in Zweifelsfällen über die Einhaltung der Fünf-Monats-Frist zur Übergabe der vollständigen Entscheidungsgründe bei der Geschäftsstelle durch Einsichtnahme in die Akte oder Einholung einer schriftlichen Auskunft zu vergewissern und ggf. rechtzeitig vor Ablauf der Begründungsfrist einen Fristverlängerungsantrag zu stellen.[113]

3. Schriftform

§ 520 Abs. 3 ZPO verlangt, dass die Begründung in einem Schriftsatz erfolgt. Die Vorschriften über vorbereitende Schriftsätze in § 130 ff. ZPO sind anwendbar. Hieraus ergeben sich die gleichen Anforderungen wie für die Berufungseinlegung (Rdn. 10). Die eigenhändige Unterzeichnung der Berufungsbegründung ist Zulässigkeitsvoraussetzung.[114] Die Unterzeichnung muss durch einen beim LAG nach § 11 Abs. 4 Satz 2 postulationsfähigen Bevollmächtigten, also Rechtsanwälte und Verbandsvertreter, erfolgen. Hinsichtlich der Möglichkeiten zur elektronischen Einreichung der Begründungsschrift bei Gericht kann ebenfalls auf die diesbezüglichen Ausführungen zur Berufungseinlegung (Rdn. 10) verwiesen werden.

---

107 BAG, 13.09.1995 – 2 AZR 855/94, NZA 1996, 446; GMPMG/Germelmann § 64 Rn 84; Schwab/Weth-Schwab § 64 Rn 170.
108 LAG Thüringen, 06.07.2015 – 6 Sa 144/15, Rn 23.
109 Schwab/Weth-Schwab § 64 Rn 175.
110 BGH, 09.07.2009 – IX ZR 197/08, Rn 13.
111 BGH, 15.10.2003 – XII ZB 102/02, NJW-RR 2004, 361.
112 BGH, 09.07.2009 – IX ZR 197/08, Rn 11.
113 Schwab/Weth-Schwab § 64 Rn 175.
114 BAG, 05.08.2009 – 10 AZR 692/08, NZA 2009, 1165, Rn 14.

39 Die Berufungsbegründung kann dadurch erfolgen, dass auf andere Schriftsätze Bezug genommen wird, wenn diese von einem postulationsfähigen Bevollmächtigten unterzeichnet sind und inhaltlich den Anforderungen an die Berufungsbegründung gerecht werden. Als Objekt einer solchen pauschalen **Bezugnahme** kommen in Betracht die Begründung des Prozesskostenhilfeantrags,[115] jedenfalls wenn sie im gleichen Verfahren vom gleichen Bevollmächtigten herrührt,[116] die Berufungsbegründung in einem parallelen einstweiligen Verfügungsverfahren[117] oder das Gesuch, die Zwangsvollstreckung aus dem angefochtenen Urteil einstweilig einzustellen.[118] Eine ausdrückliche Bezugnahme ist nicht erforderlich. Es genügt, dass sich die Bestimmung zur Berufungsbegründung aus den Begleitumständen und dem Zusammenhang ergibt.[119] Der in Bezug genommene **Schriftsatz muss** aber **zur Berufungsbegründung bestimmt** sein. Schädlich ist insoweit, wenn dort die Verlängerung der Berufungsbegründungsfrist beantragt[120] oder angekündigt wird zu prüfen, ob die Berufung durchgeführt werden soll.[121] Nicht hinreichend authentifiziert sind die begründenden Ausführungen, wenn der Prozessbevollmächtigte den in Bezug genommenen PKH-Antrag unterzeichnet, nicht aber die dort erwähnte, als Entwurf bezeichnete Berufungsbegründung.[122] Ein postulationsfähiger Bevollmächtigter muss nämlich durch Unterzeichnung des Bezugnahmeobjekts bekunden, dass er den Prozessstoff durchgearbeitet hat und die Begründung das Ergebnis seiner geistigen Arbeit ist.[123] Deshalb scheiden Bezugnahmen auf die Ausführungen anderer Personen etwa in einem Rechtsgutachten aus.[124]

III. Einlegungs- und Begründungsfristen

40 § 66 bestimmt für Einlegung und Begründung der Berufung Fristen von einem bzw. zwei Monaten. Die Frist zu Berufungsbegründung ist verlängerbar. Beide Fristen beginnen mit der Zustellung des in vollständiger Form abgefassten Urteils bzw. spätestens fünf Monate nach der Urteilsverkündung. Die Fristen gelten auch für Berufungen gegen Urteile im Arrest- oder einstweiligen Verfügungsverfahren. Der Eilbedürftigkeit kann der Berufungsführer durch möglichst frühzeitige Einlegung und Begründung der Berufung Rechnung tragen.[125]

1. Monatsfristen zur Einlegung und Begründung der Berufung

41 § 66 normiert Fristen von **einem Monat** zur **Einlegung** und **zwei Monaten** zur **Begründung** der Berufung. Dies entspricht §§ 517 Satz 1, 520 Abs. 2 Satz 1 ZPO. Die Anpassung an die allgemeine zivilprozessuale Fristenlänge hat das ArbGG-Beschleunigungsgesetz 1979[126] bewirkt. Die zuvor seit dem ArbGG 1926 auf jeweils zwei Wochen bemessene Einlegungs- und Begründungsfrist erachtete der Gesetzgeber für zu kurz, weil sie Anlass zu unüberlegter Berufungseinlegung war und einer verbesserten Vorbereitung der mündlichen Verhandlung hinderlich.[127] Die **feste Zweimonatsfrist** für die **Berufungsbegründung** geht auf das ZPO-Reformgesetz[128] zurück. Zwar räumte auch § 66 aF. Monatsfristen für Einlegung und Begründung ein. Da aber nach § 519 Abs. 2 Satz 2 ZPO aF die

---

115 BGH, 05.03.2008 – XII ZB 182/04, NJW 2008, 1740, Rn 11; Musielak/Voit/Ball § 520 Rn 18.
116 BAG, 02.02.1968 – 1 AZR 248/67, NJW 1968, 1739; GK-ArbGG/Vossen § 66 Rn 137.
117 BGH, 11.05.1954 – I ZR 178/52; GK-ArbGG/Vossen § 66 Rn 137.
118 BGH, 15.02.1995 – XII ZB 7/95, NJW 1995, 2112.
119 BGH, 05.03.2008 – XII ZB 182/04, NJW 2008, 1740, Rn 11; Musielak/Voit/Ball § 520 Rn 18.
120 BGH, 16.10.1985 – VIII ZB 15/85.
121 BGH, 14.03.2005 – II ZB 31/03, Rn 5.
122 BGH, 10.03.1998 – XI ZB 1/98, NJW 1998, 1647; anders bei Unterzeichnung eines Begründungsentwurfs in der Anlage: BGH, 16.08.2000 – ZB 65/00.
123 BGH, 14.07.1993 – IV ZB 1/93.
124 Zöller/Heßler § 520 Rn. 40.
125 Natter/Gross-Pfeiffer § 64 Rn 10.
126 BGBl. I 1979, S. 545.
127 BT-Drs. 8/1567, S. 34.
128 BGBl. I 2001, S. 1887.

Begründungsfrist mit der Einlegung der Berufung begann, konnte die Gesamtfrist zur Berufungsbegründung kürzer als zwei Monate sein. Die in Fällen frühzeitiger Berufungseinlegung resultierende Ausdehnung der Berufungsbegründungsfrist hat der Gesetzgeber im Interesse der Klarheit der Fristenberechnung hingenommen.[129]

2. Fristablauf

Die Fristen zur Einlegung und Begründung der Berufung können durch Urteilszustellung oder bei über fünf Monate nach Verkündung ausbleibender Zustellung auch durch Ablauf dieses Zeitraumes nach Verkündung ausgelöst werden. Einen Sonderfall im Zusammenhang mit der Sprungrevision regelt § 76 Abs. 3 Satz 1. Danach beginnt bei nachträglicher ablehnender Bescheidung des Antrags auf Zulassung der Sprungrevision – soweit dieser form- und fristgerecht gestellt und die Zustimmungserklärung der Gegenseite beigefügt war – die Berufungsfrist mit Zustellung dieser Entscheidung von neuem (vgl. § 76 Rdn. 36). Die Fristberechnung richtet sich nach den allgemeinen Regeln für Monatsfristen und berücksichtigt insbesondere die Verlängerung im Fall des Fristablaufs an Wochenende oder Feiertag. 42

a) Fristbeginn

Wegen des Beginns der Fristen zur Berufungseinlegung und -begründung knüpft § 66 alternativ an zwei Ereignisse an: Zustellung des in vollständiger Form abgefassten Urteils oder als Höchstfrist der Ablauf von fünf Monaten nach Verkündung der erstinstanzlichen Entscheidung. Zunächst maßgebend ist die **Zustellung des erstinstanzlichen Urteils**. Dieses muss vollständig abgefasst sein. Das ist nach der Regelung in §§ 313 ZPO, 9 Abs. 5, 60 Abs. 3 zu beurteilen. Erforderlich sind danach grundsätzlich Tatbestand, Entscheidungsgründe und Rechtsmittelbelehrung. Ohne diese Teile ist ein Urteil nicht vollständig. Die nach §§ 317 Abs. 2 Satz 2, 750 Abs. 1 Satz 2 ZPO, 60 Abs. 4 Satz 3 2. Halbs. zum Zwecke der Vollstreckung auszureichende **Kurzfassung** ohne Tatbestand und Entscheidungsgründe **löst** deshalb die **Einlegungs- und Begründungsfrist nicht aus**.[130] 43

Erforderlich ist weiterhin die in § 60 verlangte **Unterschrift des Vorsitzenden**. Dabei muss die Unterschrift die in § 9 Abs. 5 Satz 1 vorgeschriebene Rechtsmittelbelehrung umfassen. Fehlt es an einer ordnungsgemäß unterschriebenen Rechtsmittelbelehrung, löst die Zustellung nicht den Ablauf der Berufungsfrist aus.[131] Unvollständigkeiten oder Unrichtigkeiten der zugestellten Urteilsabschrift im Vergleich mit dem bei der Gerichtsakte sich befindenden Original hindern den Ablauf der Frist, wenn sie wesentlich sind.[132] Erkennbar müssen die tragenden Entscheidungsgründe[133] und insbesondere die Beschwer[134] sein. Das Fehlen der Gerichtsbezeichnung, von Landeswappen oder Gerichtssiegel dagegen lässt den Fristablauf unberührt.[135] 44

Nur die wirksame Zustellung setzt die Frist in Gang.[136] Mängel bei der Urteilszustellung können deshalb den Fristablauf hindern. Dies setzt allerdings voraus, dass sie nicht nach § 189 ZPO geheilt sind.[137] Dies gilt auch für die Berufungseinlegungsfrist als Notfrist, weil § 189 ZPO seit dem Zustellreformgesetz[138] anders als § 187 ZPO aF die Heilung bei Notfristen auslösenden Zustel- 45

---

129 BT-Drs. 14/4722, S. 95.
130 GK-ArbGG/Vossen § 66 Rn 16; Natter/Gross-Pfeiffer § 66 Rn 12; Schwab/Weth-Schwab § 66 Rn 4.
131 BAG, 06.03.1980 – 3 AZR 7/80, NJW 1980, 1871; 01.03.1994 – 10 AZR 50/93, NZA 1994, 1053; GK-ArbGG/Vossen § 66 Rn 18, 21; Schwab/Weth-Schwab § 66 Rn 19.
132 GK-ArbGG/Vossen § 66 Rn 16.
133 BGH, 23.04.1980 – VIII ZB 6/80.
134 BAG, 22.04.1997 – 1 ABR 74/96, NZA 1997, 1297.
135 BGH, 20.03.1985 – IVa ZR 162/84.
136 GMPMG/Germelmann § 66 Rn 10.
137 Schwab/Weth-Schwab § 66 Rn 15.
138 BGBl. 2001 I, S. 1206.

lungen nicht ausschließt.¹³⁹ Heilung kann insbesondere eintreten, wenn das Schriftstück trotz fehlerhafter Adressierung später den richtigen Zustellungsadressaten¹⁴⁰ etwa den Prozessbevollmächtigten erreicht.¹⁴¹ Tatsächlicher Zugang bei einer Ersatzperson im Rahmen des § 178 ZPO, also etwa einem erwachsenen Familienangehörigen in der Wohnung oder einer in dem Geschäftsraum beschäftigten Person, ist dagegen insoweit nicht ausreichend.¹⁴² Weitere die Auslösung des Fristbeginns hindernde Zustellfehler sind ein fehlender Zustellwille seitens des Gerichts¹⁴³ oder die fehlende Empfangsbereitschaft des Bevollmächtigten bei der Zustellung gegen Empfangsbekenntnis.¹⁴⁴

46 Bis zu seiner wirksamen Verkündung ist ein Urteil noch nicht existent, sondern ein bloßes **Nichturteil**, das keinerlei rechtliche Wirkungen erzeugen kann. Gleichwohl kann ein solches **Scheinurteil** aber zur Beseitigung der mit ihm verbundenen Wirkungsgefahren mit dem ordentlichen Rechtsmittel angefochten werden (vgl. § 64 Rdn. 8). Wird das nicht verkündete Urteil gleichwohl zugestellt, so kann diese Zustellung – abgesehen von Fällen, wo die Zustellung an Verkündung statt zur Verlautbarung der Entscheidung gesetzlich vorgeschrieben ist – nicht den Ablauf der Berufungsfrist auslösen.¹⁴⁵

47 Eine spätere **Urteilsberichtigung** nach § 319 ZPO lässt die fristauslösende Wirkung der Urteilszustellung grundsätzlich unberührt.¹⁴⁶ Dies gilt auch dann, wenn die Berichtigung den Urteilstenor betrifft.¹⁴⁷ Im Allgemeinen machen nämlich die nach § 319 ZPO der Berichtigung zugänglichen offenbaren Unrichtigkeiten eines Urteils die Zustellung nicht unwirksam. Die **Rechtsmittelfrist** wird **regelmäßig** durch **Zustellung** des **nicht berichtigten Urteils ausgelöst**.¹⁴⁸ **Ausnahmen** sind anzuerkennen, wenn ansonsten droht, dass der Irrtum des Gerichts die Rechtsmittelmöglichkeiten einer Partei beeinträchtigt. Dies gilt etwa, wenn erst die berichtigte Urteilsfassung zweifelsfrei erkennen lässt, gegen wen das Rechtsmittel zu richten ist,¹⁴⁹ erst aus der Berichtigung hervorgeht, dass eine Partei durch das ergangene Urteil beschwert ist¹⁵⁰ oder die zugestellte Entscheidung insgesamt nicht klar genug ist, um die Grundlage für Entschließungen und weiteres Handeln der Parteien zu bilden.¹⁵¹ **Besonderheiten** ergeben sich für das arbeitsgerichtliche Berufungsverfahren aus der **Belehrungspflicht** über **Rechtsmittel**, § 9 Abs. 5 Satz 1. Betrifft die Berichtigung die Rechtsmittelbelehrung, so löst erst die Zustellung der Entscheidung mit zutreffender Rechtsmittelbelehrung die einmonatige Berufungsfrist des § 66 Abs. 1 aus.¹⁵²

48 Die **Tatbestandsberichtigung** nach § 320 hat keinen Einfluss auf den Beginn der Berufungsfrist.¹⁵³ Anderes gilt für die **Urteilsergänzung** nach § 321 ZPO. Ein Ergänzungsurteil ergeht auf Parteian-

---

139 Stein/Jonas/Roth § 189 ZPO Rn 1.
140 Schwab/Weth-Schwab § 66 Rn 15.
141 Stein/Jonas/Roth § 189 ZPO Rn 7.
142 BGH, 20.01.2011 – IX ZB 214/09, Rn 9; Zöller/Heßler § 517 Rn 17.
143 Vgl. BAG, 18.05.2010 – 3 AZB 9/10, NJW 2010, 2748, Rn 10.
144 BGH, 07.12.2009 – II ZR 139/08; BGH, 13.01.2015 – VIII ZB 55/14, NJW-RR 2015, 953, Rn 7; Stein/Jonas/Roth § 174 ZPO Rn 11; Zöller/Stöber § 174 Rn 6.
145 BGH, 16.10.1984 – VI ZR 25/83; 03.11.1994 – LwZB 5/94, NJW 1995, 404.
146 BGH, 06.05.2009 – XII ZB 81/08, NJW-RR 2009, 1443, Rn 8; GMPMG/Germelmann § 66 Rn 11; Musielak/Voit/Musielak § 319 Rn 16; Natter/Gross-Pfeiffer § 66 Rn 12; Schwab/Weth-Schwab § 66 Rn 23; Zöller/Heßler § 518 Rn 3.
147 BGH, 24.06.2003 – VI ZB 10/03, NJW 2003, 2991; einschränkend MünchKomm-ZPO/Rimmelspacher § 527 Rn 15.
148 BAG, 15.08.2001 – 7 ABR 53/00; BGH, 06.05.2009 – XII ZB 81/08, NJW-RR 2009, 1443, Rn 8.
149 BGH, 17.01.1991 – VII ZB 13/90, NJW 1991, 1834.
150 BGH, 10.03.1981 – VI ZR 236/79.
151 BAG, 15.08.2001 – 7 ABR 53/00.
152 BAG, 08.06.2000 – 2 AZR 584/99, NZA 2001, 343; 13.04.2005 – 5 AZB 76/04, NZA 2005, 836, Rn 15.
153 GK-ArbGG/Vossen § 66 Rn 31; Musielak/Voit/Ball § 517 Rn 10; Zöller/Heßler § 517 Rn. 6; Stein/Jonas-Althammer § 517 Rn 8.

trag. Voraussetzung ist, dass die Entscheidung lückenhaft ist, weil das Gericht versehentlich einen Haupt- oder Nebenanspruch übergangen hat.[154] Hierzu bestimmt § 518 ZPO, dass das Ergehen des Ergänzungsurteils während offener Berufungsfrist die Berufungsfrist auch wegen des zuerst ergangenen Urteils neu beginnen lässt. Die Berufungsfrist beginnt auch dann für das ergänzte Urteil neu zu laufen, wenn das Ergänzungsurteil wegen Unterschreitung der Mindestbeschwer[155] für sich allein nicht anfechtbar ist.[156] Die Fristerneuerung durch das Ergänzungsurteil tritt auch dann ein, wenn dadurch nur der Gegner beschwert ist.[157] Keine Fristverlängerung tritt ein, wenn die Berufungsfrist für das ergänzte Urteil bei Erlass des Ergänzungsurteils bereits abgelaufen war.[158]

Unter Umständen kann auch die **Verkündung** des **erstinstanzlichen Urteils** für die **Fristauslösung** hinsichtlich Berufungseinlegung und -begründung **maßgebend** sein. § 66 Abs. 1 Satz 2 2. Halbs. ordnet an, dass die Fristen zur Einlegung und Begründung der Berufung spätestens mit Ablauf von fünf Monaten nach der Verkündung beginnen. Die Regelung trifft Vorsorge dagegen, dass in Fällen einer fehlerhaften Zustellung niemals formelle Rechtskraft eintreten könnte.[159] Die Fristauslösung setzt deshalb **keine mangelfreie**, sondern **lediglich** eine **wirksame Verkündung** voraus.[160] Verkündungsmängel stehendem wirksamen Erlass eines Urteils nur entgegen, wenn gegen elementare, zum Wesen der Verlautbarung gehörende Formerfordernisse verstoßen wurde, sodass von einer Verlautbarung im Rechtssinne nicht mehr gesprochen werden kann. Sind deren Mindestanforderungen hingegen gewahrt, hindern auch Verstöße gegen zwingende Formerfordernisse das Entstehen eines wirksamen Urteils nicht. An der Wirksamkeit fehlt es nur dann, wenn den an die Verlautbarung eines Urteils zu stellenden Elementaranforderungen nicht genügt ist.[161] Erforderlich ist die vorherige schriftliche Niederlegung der Urteilsformel, die zu verlesen ist bzw. bei Abwesenheit der Parteien auch bloß in Bezug genommen werden kann, vgl. §§ 60 Abs. 2, 69 Abs. 1 Satz 2 und die Erläuterungen bei § 60 Rdn 5 ff.). Voraussetzung einer wirksamen Verkündung ist daher die vorherige schriftliche Niederlegung der Urteilsformel.[162] Zu den Mindestanforderungen gehört weiter, dass die Verlautbarung von dem Gericht beabsichtigt war oder von den Parteien derart verstanden werden durfte und die Parteien von Erlass und Inhalt der Entscheidung förmlich unterrichtet wurden.[163] Verstöße gegen § 60 Abs. 4 ArbGG wie die Überschreitung der Anberaumungsfrist von drei Wochen für den gesonderten Verkündungstermin oder das Fehlen eines vollständig abgefassten Urteils in diesem Termin lassen dementsprechend die Fristauslösung unberührt.[164] Ausnahmen von der Fristauslösung durch Verkündung werden nur unter engen Voraussetzungen anerkannt. Sie setzen voraus, dass die beschwerte Partei im Termin im Verhandlungstermin nicht vertreten und zu diesem Termin auch nicht ordnungsgemäß geladen war[165] und auch keinen Anlass hatte, sich nach dem Fortgang des Verfahrens zu erkundigen.[166]

49

Zur Rechtslage vor Inkrafttreten des ZPO-Reformgesetzes hat das BAG die Auffassung vertreten, bei fehlender Zustellung des erstinstanzlichen Urteils und damit fehlender Rechtsmittelbelehrung

50

---

154 Musielak/Voit/Musielak § 321 Rn 3 ff.; Zöller/Vollkommer § 321 Rn 2.
155 Für das arbeitsgerichtliche Berufungsverfahren ein Wert des Beschwerdegegenstandes von über 600 EUR, § 64 Abs. 2 Buchst. b.
156 GK-ArbGG/Vossen § 66 Rn 32; Zöller/Heßler § 518 Rn 2.
157 RG, 12.06.1936 – V 285/35, RGZ 151, 304, 308; MünchKomm-ZPO/Rimmelspacher § 518 Rn 3; Wieczorek/Schütze/Gerken § 518 ZPO Rn 7; a.A. GK-ArbGG/Vossen § 66 Rn 32; Stein/Jonas-Althammer § 518 Rn 5.
158 MünchKomm-ZPO/Rimmelspacher § 518 Rn 4; Zöller/Heßler § 518 Rn 2.
159 Vgl. BGH, 20.01.2011 – IX ZB 214/09.
160 BGH, 29.09.1993 – XII ZB 49/93; Zöller/Heßler § 517 Rn 17.
161 BAG, 16.05.2002 – 8 AZR 412/01.
162 BAG, 16.05.2002 – 8 AZR 412/01; BGH, 21.04.2015 – VI ZR 132/13, Rn 10.
163 BGH, 08.02.2012 – XII ZB 165/11, Rn 13; BGH, 24.09.2013 – I ZR 133/12, NJW 2014, 1304, Rn 12.
164 Vgl. BGH, 29.09.1998 – KZB 11/98, NJW 1999, 143.
165 BGH, 20.04.1977 – IV ZR 68/76; 02.03.1988 – IVb ZB 10/88, NJW 1989, 1432.
166 BGH, 01.03.1994 – XI ZB 23/93.

schließe an die Fünf-Monats-Frist eine weitere Jahresfrist an, sodass die Berufung bis zum Ablauf von 17 Monaten nach Verkündung des arbeitsgerichtlichen Urteils eingelegt werden konnte. Die Frist setzte sich zusammen aus der Fünf-Monats-Frist nach Verkündung aus § 516 ZPO a.F. sowie der Jahresfrist des § 9 Abs. 5 Satz 4 ArbGG, die wegen unterbliebener Rechtsmittelbelehrung zusätzlich zugebilligt wurde.[167] Diese Rechtsprechung hat das BAG zur neuen Rechtslage aufgegeben. Nunmehr gilt: Fehlt es an der Zustellung eines vollständig abgefassten Urteils des Arbeitsgerichts, dann **endet die Berufungsfrist sechs Monate** und die **Berufungsbegründungsfrist sieben Monate nach Verkündung**. Diese Fristen verlängern sich nicht um die Jahresfrist aus § 9 Abs. 5 Satz 4.[168] Unterbleibt die Zustellung, beginnen Berufungs-[169] und Begründungsfrist[170] stets spätestens mit Ablauf von fünf Monaten nach Verkündung. Die Annahme einer Berufungsfrist von 17 Monaten bei fehlender Urteilszustellung hat mit der Neufassung des § 66 ihre Berechtigung verloren.[171] Vielmehr ist § 66 Abs. 1 Satz 2 die § 9 Abs. 5 verdrängende Spezialvorschrift.[172] Diese Auslegung berücksichtigt angemessen den Beschleunigungsgrundsatz und vermeidet einen Widerspruch zwischen Ablauf von Berufungseinlegungsfrist und Berufungsbegründungsfrist. Auf Letztere ist § 9 Abs. 5 Satz 4 nämlich nicht anwendbar.[173]

51 Die **Höchstfristen gelten** nicht nur bei Unterbleiben der Zustellung, sondern auch bei Zustellung eines Urteils **ohne zutreffende Rechtsmittelbelehrung**[174] oder **bei fehlerhafter** und deshalb **nicht fristauslösender Zustellung**. Die Gegenauffassung, wonach bei Unwirksamkeit der Zustellung unter Umständen die Regeln aus § 9 greifen sollen,[175] verkennt, dass § 66 Abs. 1 Satz 2 auch bei nicht fristauslösenden Zustellversuchen die anzuwendende Spezialvorschrift ist. Mit dem Wort spätestens bringt die Vorschrift eine Höchstfrist zum Ausdruck, die unabhängig davon gelten soll, ob die bei ordnungsgemäßem Verfahrensgang vorrangige Fristauslösung durch Zustellung überhaupt nicht versucht oder wegen gravierender Fehler, insbesondere auch einem Verstoß gegen die Rechtsmittelbelehrungspflicht, nicht greifen konnte. Im Vergleich zu der Partei, die überhaupt kein Urteil zugestellt erhält und die sich ggf. erst bei Gericht über den Inhalt der verkündeten Entscheidung erkunden muss, ist eine höhere Schutzbedürftigkeit der von einer fehlerhaften Zustellung oder einer fehlerhaften Rechtsmittelbelehrung betroffenen Partei nicht zu erkennen. Für § 9 Abs. 5 Satz 4 bleibt ein Anwendungsbereich auch bezüglich der Berufungseinlegung. Die Vorschrift ist im Fall der Zustellung einer erstinstanzlichen Entscheidung ohne hinreichende Rechtsmittelbelehrung dahin gehend modifiziert anzuwenden, dass sie zwar den Fristablauf einen Monat nach Zustellung hindert, die volle Jahresfrist aber wegen der vorrangigen Höchstfrist aus § 66 Abs. 1 Satz 2 nicht mehr zum Zuge kommen kann. Dies gilt hinsichtlich aller dort erfassten Fälle also auch bei zu Unrecht erteilter Belehrung, ein Rechtsmittel sei überhaupt nicht gegeben.[176]

52 Erfolgt die **Zustellung nach fünf Monaten** aber noch **vor** Eintritt der Rechtskraft mit **Ablauf des sechsten Monats**, so ist **Rechtsmittelbelehrung anzupassen**. Es ist darauf hinzuweisen, dass eine Berufung bis zum Ablauf des sechsten Monats nach dem Verkündungstag erfolgen muss.[177] Der

---

167 BAG, 23.11.1994 – 4 AZR 743/93, NZA 1995, 654; 08.06.2000 – 2 AZR 584/99, NZA 2001, 343.
168 BAG, 28.10.2004 – 8 AZR 492/03, NZA 2005, 125; 03.11.2004 – 4 AZR 531/03; 16.12.2004 – 2 AZR 611/03, NZA 2005, 1133; 23.06.2005 – 2 AZR 423/04, NZA 2005, 1135; 06.07.2005 – 4 AZR 35/04; 24.10.2006 – 9 AZR 709/05, NZA 2007, 228.
169 GK-ArbGG/Vossen § 66 Rn 39.
170 GMPMG/Germelmann § 66 Rn 15 f.; Schwab/Weth-Schwab § 66 Rn 5.
171 Ostrowicz/Künzl/Scholz-Künzl Rn. 486; a.A. Schwab/Weth-Weth § 9 Rn 33.
172 Künzl, ZZP 2005, 59, 73 f.
173 BAG, 28.10.2004 – 8 AZR 492/03, NZA 2005, 125; BAG, 16.12.2004 – 2 AZR 611/03, NZA 2005, 1133.
174 ErfK/Koch § 66 ArbGG Rn 12; GMPMG/Germelmann § 66 Rn 16; a.A. HWK/Kalb § 66 ArbGG Rn 11.
175 Künzl, ZZP 2005, 59, 77; Schwab/Weth-Schwab § 66 Rn 8.
176 ErfK/Koch § 66 ArbGG Rn 12; GK-ArbGG/Bader § 9 Rn 111b.
177 LAG München, 28.10.2010 – 11 Sa 852/10, Rn 29; GK-ArbGG/Vossen § 66 Rn 39a.

Ablauf der Berufungsfrist wird nicht dadurch gehindert, dass das ArbG in der Rechtsmittelbelehrung irrig eine Berufungsfrist von einem Monat nach Zustellung angibt.[178] Eine unzutreffende Belehrung vermag gesetzliche Fristen nicht zu ändern.[179] Diese stehen nicht zur Disposition. Die zur früheren Gesetzeslage ergangene, hiervon abweichende Entscheidung des BAG[180] ist nicht widerspruchsfrei von der Rechtsprechung abgrenzbar, wonach die fehlerhafte Rechtsmittelbelehrung nicht dazu führen kann, dass ein nicht vorgesehenes Rechtsmittel eröffnet wird[181] oder eine bereits abgelaufene Rechtsmittelfrist erneut beginnt.[182]

Erforderlicher Vertrauensschutz kann über **Wiedereinsetzung** in den Stand vor Versäumung der Berufungsfrist gewährleistet werden. Die unrichtige aber nicht offenkundig falsche Rechtsmittelbelehrung begründet nämlich einen entschuldbaren Rechtsirrtum des Prozessbevollmächtigten, wie er die Annahme eines fehlenden Verschuldens des Prozessbevollmächtigten an der Fristversäumnis als Voraussetzung der Wiedereinsetzung rechtfertigt.[183] Davon zu unterscheiden sind Sachverhalte, wo die Rechtsmittelbelehrung über eine an die Zustellung anknüpfende einmonatige Berufungsfrist erst nach Ablauf der Sechsmonatsfrist zugestellt wird. Hier ist Rechtskraft bereits eingetreten und kann durch die fehlerhafte Belehrung nicht beseitigt werden.[184] Ein durch die Belehrung verursachter Rechtsirrtum ist nicht kausal für die Fristversäumung. Die Voraussetzungen für eine Wiedereinsetzung sind bei einem solchen Sachverhalt nicht gegeben.[185]

53

b) Fristberechnung

Die Berechnung von Einlegungs- und Begründungsfrist richtet sich nach § 222 ZPO i.V.m. §§ 187 ff. BGB.[186] Die an die Zustellung anknüpfende Frist beginnt mit dem **Tag der wirksamen Zustellung** abzulaufen. Nach der Regelung in § 187 Abs. 1, 188 Abs. 2 BGB enden die Monats- bzw. Zweimonatsfrist mit dem Ablauf desjenigen Tages des letzten Monats, welcher durch seine Zahl dem Tag der Zustellung entspricht. Fällt die Zustellung auf einen der letzten Monatstage und fehlt dieser Tag im Monat des Fristablaufs, dann endigt die Frist am letzten Monatstag, § 188 Abs. 3 BGB.

54

Besonderheiten gelten, wenn der letzte Tag der Frist auf einen **Sonnabend, Sonntag oder allgemeinen Feiertag** fällt. Dann läuft die Frist mit dem nächsten Werktag ab, § 222 Abs. 2 ZPO. Maßgebend ist hier, ob nach dem **einschlägigen Landesrecht** der Tag am Gerichtsort, wo das Rechtsmittel einzulegen ist, ein Feiertag ist.[187] Für die obersten Bundesgerichte und das gemeinsame Landesarbeitsgericht der Länder Berlin und Brandenburg gilt deshalb die Feiertagsregelung des Bundeslandes ihres Sitzes. Prozessbevollmächtigte mit Kanzleisitz außerhalb des Bundeslandes des Gerichtsorts müssen hier besondere Vorsicht walten lassen. Der Dreikönigstag, Fronleichnam, Mariä Himmelfahrt, das Reformationsfest, Allerheiligen, Buß- und Bettag sind nicht in allen Bundesländern Feiertag.

55

§ 222 Abs. 2 ZPO ist auch **auf richterliche Fristverlängerungen anwendbar.** Fällt das Ende der verlängerten Frist auf einen Sonnabend, Sonntag oder gesetzlichen Feiertag, so endet sie erst mit

56

---

178 LAG Köln, 24.02.2005 – 10 Sa 927/04.
179 GK-ArbGG/Bader § 9 Rn 100.
180 BAG, 23.11.1994 – 4 AZR 743/93, NZA 1995, 654.
181 BAG, 24.02.1982 – 5 AZR 347/80; BAG, 20.09.2000 – 2 AZR 345/00, NZA 2001, 52.
182 BAG, 06.08.1997 – 2 AZB 17/97, NZA 1998, 54.
183 BAG, 16.12.2004 – 2 AZR 611/03, NZA 2005, 1133.
184 Künzl, ZZP 2005, 59, 77.
185 BAG, 24.10.2006 – 9 AZR 709/05, NZA 2007, 228, Rn 21 ff.
186 GMPMG/Germelmann § 66 Rn 4, 19; GK-ArbGG/Vossen § 66 Rn 5, 100–107; Schwab/Weth-Schwab § 66 Rn 12, 46.
187 BAG, 16.01.1989 – 5 AZR 579/88, NJW 1989, 1181; BAG, 24.09.1996 – 9 AZR 364/95, NZA 1997, 507; BAG, 24.08.2011 – 8 AZN 808/11, Rn 5; Schwab/Weth-Schwab § 66 Rn 13.

dem nächsten Werktag.[188] Wird die Begründungsfrist um einen bestimmten Zeitraum verlängert und fällt der letzte Tag der ursprünglichen Frist auf einen nach § 222 Abs. 2 ZPO geschützten Tag, so beginnt der verlängerte Teil der Frist erst mit dem Ablauf des nächstfolgenden Werktags.[189] Unklarheiten kann hier die datumsmäßige Festsetzung des Fristablaufs auf einen ungeschützten Tag vermeiden.[190]

57 Auf die an die Verkündung anknüpfende Frist ist der **Wochenend- und Feiertagsschutz** aus § 222 ZPO nur **auf das Ende von Einlegungs- und Begründungsfrist, nicht** auch auf die Bestimmung zu ihrem **Beginn** auf den Ablauf des fünften Monats nach Verkündung **anzuwenden**.[191] Die Fünfmonatsfrist ist eine uneigentliche Frist, die allein der Berechnung des Beginns der Fristen dient. Sie unterfällt nicht dem Zweck von § 222 Abs. 2, den Parteien ihnen zustehende Frist ungeschmälert durch allgemeine arbeitsfreie Tage zur Verfügung zu stellen.

57 ▶ **Beispiele zur Fristberechnung:**

Wird das Urteil am 12.06. zugestellt, endet die Einlegungsfrist am 12.07, die Begründungsfrist am 12.08.

Erfolgt die Zustellung am 31.01., läuft die Einlegungsfrist am 28.02. (in einem Schaltjahr am 29.02) und die Begründungsfrist am 31.03. ab.

Fällt die Zustellung auf den 31.03 und ist der 30.04. ein Sonntag, dann endet die Einlegungsfrist wegen des Mai-Feiertags am 02.05.

Wird das Urteil am 30.09. verkündet und bleibt die Urteilszustellung aus, so beginnt die Berufungsfrist im Folgejahr mit Ende des Monats Februar also mit Ablauf des 28.02. Die Einlegungsfrist endet dann mit dem 28.03. und die Begründungsfrist mit dem 28.04.[192]

3. Fristverlängerung

58 Die einmonatige Frist zur **Berufungseinlegung** kann **nicht** abgekürzt oder **verlängert** werden.[193] Die Berufungsfrist zählt zu den **Notfristen**, § 517 2. Halbs. ZPO.[194] Eine Abkürzung durch Parteivereinbarung ist deshalb nach der Regelung in § 224 Abs. 1 Satz 1 ZPO nicht möglich. Da § 66 eine Friständerung bezüglich der Einlegungsfrist nicht vorsieht, scheidet auch eine Abkürzung oder Verlängerung durch das Gericht aus, § 224 Abs. 2 ZPO.

59 Die Berufungsbegründungsfrist dagegen ist **abänderbar**. Sie ist keine Notfrist und kann deshalb nach § 224 Abs. 1 ZPO durch Parteivereinbarung abgekürzt werden. § 66 Abs. 1 Satz 5 sieht weiter ausdrücklich die Möglichkeit der einmaligen **Verlängerung** durch **Entscheidung des Gerichts** vor. Die Verlängerung erfolgt nur auf Antrag des Berufungsklägers. Der Antrag muss inhaltlich hinreichend deutlich sein.[195] Als Prozesshandlung unterliegt er aber der Auslegung, die im Zweifel vernünftig und interessenorientiert vorzunehmen ist.[196] Der Antrag unterliegt als bestimmender Schriftsatz dem Vertretungszwang. Er muss deshalb nach § 11 Abs. 4 von einem Rechtsanwalt oder einem Verbandsvertreter als Prozessbevollmächtigtem gestellt sein.[197] Der **Antrag** muss **vor Ablauf**

---

188 Zöller/Stöber § 222 Rn 1.
189 BGH, 14.12.2005 – IX ZB 198/04, NJW 2006, 700, Rn 8; BGH, 10.03.2009 – VII ZB 87/08, Rn 6.
190 Schwab/Weth-Schwab § 66 Rn 81.
191 BAG, 17.02.2000 – 2 AZR 350/99, NZA 2000, 611; GMPMG/Germelmann § 66 Rn 17; GK-ArbGG/Vossen § 66 Rn 37; Schwab/Weth-Schwab § 64 Rn 171; Zöller/Heßler § 517 Rn 18.
192 Vgl. LAG Köln, 01.09.2006 – 4 Sa 365/06.
193 GMPMG/Germelmann § 66 Rn 3; GK-ArbGG/Vossen § 66 Rn 41; Schwab/Weth-Schwab § 66 Rn 39.
194 NK-GA/Breinlinger § 66 ArbGG Rn 10.
195 Schwab/Weth-Schwab § 66 Rn 68.
196 BGH, 10.06.2003 – VIII ZB 126/02, NJW 2003, 3418.
197 ErfK/Koch § 66 ArbGG Rn 19; GMPMG/Germelmann § 66 Rn 30.

der Begründungsfrist bei dem LAG eingehen.[198] Ansonsten tritt Rechtskraft des angefochtenen Urteils ein.[199] Die Bewilligung des verspäteten Antrags ändert daran nichts.[200]

Materiell setzt die Verlängerung voraus, dass **keine Verzögerung des Rechtsstreits** droht oder erhebliche Gründe dargetan sind. Abgesehen von Fällen, wo nach dem Terminsstand der Kammer ohnehin erst eine Terminierung nach mehreren Monaten zu erwarten steht, dürfte die Verlängerung der Berufungsbegründungsfrist regelmäßig zu einer Verzögerung des Rechtsstreits führen.[201] Im Vordergrund stehen deshalb die **erheblichen Gründe** aufseiten des Berufungsklägers, die ihn an einer rechtzeitigen Begründung hindern. Diese Gründe müssen die Verzögerung des Rechtsstreits vor dem das arbeitsgerichtliche Verfahren beherrschenden Beschleunigungsgrundsatz aus § 9 Abs. 1 rechtfertigen.[202] Als erhebliche Gründe kommen in Betracht:[203] schwebende Vergleichsverhandlungen, die berufliche Überlastung bzw. besonders starke Arbeitsbelastung des Prozessbevollmächtigten,[204] Umfang oder Schwierigkeit der Sache, insbesondere wenn konkret aufwendige Vorbereitungen durchgeführt werden müssen, sowie Verzögerungen bei einer notwendigen Rücksprache mit der Partei.[205]

60

Die **Verlängerungsgründe müssen** vom Berufungskläger **dargelegt** werden. Einem Verlängerungsgesuch ohne Angabe von Gründen kann nicht stattgegeben werden.[206] Gestützt auf § 224 Abs. 2 ZPO kann auch die **Glaubhaftmachung** der Gründe verlangt werden. Vertreten wird, dass pauschale Angaben nicht ausreichen, sondern der Verlängerungsgrund konkret und substantiiert dargetan werden müsse.[207] Dieser Auffassung folgt die Rechtsprechung des BAG nicht.[208] Danach überschreitet eine Praxis, die generell die Verlängerung der Berufungsbegründungsfrist von einer Substantiierung und Glaubhaftmachung der Gründe abhängig macht, den Rahmen des eingeräumten Verlängerungsermessens. So ist es regelmäßig nicht erforderlich, die Gründe für die behauptete Belastung und ihre Auswirkungen auf das konkrete Verfahren besonders darzulegen. Erst bei Anhaltspunkten, dass die pauschal vorgebrachten Gründe nicht vorliegen, kann der Vorsitzende im Einzelfall eine Glaubhaftmachung verlangen.

61

Über den Verlängerungsantrag **entscheidet allein** der **Vorsitzende**. Bei der Ausübung des **Ermessens** hat er den Beschleunigungsgrundsatz aus § 9 Abs. 1 zu beachten.[209] Eine Anhörung des Berufungsbeklagten ist nach der Regelung in § 225 Abs. 2 ZPO entbehrlich.[210] Soll der Antrag abgelehnt werden, ist aber der Antragsteller zuvor anzuhören.[211] Zwar wird für die Verlängerung eine Regelfrist von höchstens einem Monat anzunehmen sein.[212] Dies ist aber keine absolute Höchst-

62

---

198 BAG, 08.06.1994 – 10 AZR 452/93, NJW 1995, 548.
199 Schwab/Weth-Schwab § 66 Rn 70.
200 BGH, 10.01.2000 – II ZB 14/99, NJW 2000, 1043.
201 GK-ArbGG/Vossen § 66 Rn 118.
202 GMPMG/Germelmann § 66 Rn 40.
203 Vgl. die Übersichten bei: GMPMG/Germelmann § 66 Rn 40; GK-ArbGG/Vossen § 66 Rn 119; Schwab/Weth-Schwab § 66 Rn 74.
204 BAG, 27.09.1994 – 2 AZB 18/94, NZA 1995, 189; 20.10.2004 – 5 AZB 37/04, NZA 2004, 1350, Rn 12.
205 BGH, 23.06.1994 – VII ZB 5/94, NJW 1994, 2957; 24.10.1996 – VII ZB 25/96, NJW 1997, 400.
206 LAG Rheinland-Pfalz, 11.12.1995 – 6 Sa 1187/95, NZA 1996, 1118.
207 LAG Berlin, 26.01.1990 – 6 Sa 91/89; 14.12.2000 – 16 Sa 2059/00; LAG Düsseldorf, 23.12.1993 – 12 (11) Sa 1657/93.
208 BAG, 04.02.1994 – 8 AZB 16/93, NZA 1994, 907; 27.09.1994 – 2 AZB 18/94; NZA 1995, 189; 20.10.2004 – 5 AZB 37/04, NZA 2004, 1350, Rn 12 f.
209 Schwab/Weth-Schwab § 66 Rn 81.
210 GMPMG/Germelmann § 66 Rn 35; Schwab/Weth-Schwab § 66 Rn 85; a.A. MünchKomm-ZPO/ Rimmelspacher § 520 Rn 13.
211 GMPMG/Germelmann § 66 Rn 40.
212 Holthaus/Koch RdA 2002, 140, 152; vgl. auch Schwab/Weth-Schwab § 66 Rn 81; GK-ArbGG/Vossen § 66 Rn 116a.

grenze. Anders als § 520 Abs. 2 Satz 3 ZPO sieht § 66 ArbGG **keine maximale Verlängerungsdauer** vor,[213] sodass auch eine Verlängerung über einen Monat hinaus zulässig ist.[214] Anderseits ist der Vorsitzende im Rahmen der am Einzelfall orientierten Ermessensausübung nicht verpflichtet, die Monatsfrist auszuschöpfen.[215] Zur Vermeidung von Unklarheiten ist die datumsmäßige Fixierung des Fristablaufs anzuraten. Die Frist ist nur einmal verlängerbar. Die erneute Verlängerung ist wegen Verstoß gegen § 66 Abs. 1 Satz 5 unwirksam.[216] Die gesetzliche Regelung verhindert die Entstehung eines Vertrauenstatbestands, sodass insoweit ein verschuldeter Rechtsirrtum vorliegt, wie er eine Wiedereinsetzung ausschließt.[217]

63 Die **Entscheidung** über den Verlängerungsantrag ist den Parteien **formlos mitzuteilen**. Sie ist unanfechtbar, § 225 Abs. 3.[218] Nach Ablehnung eines Antrags ist **Wiedereinsetzung** in den Stand vor Ablauf der Berufungsbegründungsfrist nur ausnahmsweise möglich. Grundsätzlich ist der Rechtmittelführer mit dem Risiko belastet, dass der Vorsitzende in Ausübung des ihm eingeräumten pflichtgemäßen Ermessens die beantragte Verlängerung versagt. Anderes gilt aber, wenn der Rechtsmittelführer mit großer Wahrscheinlichkeit mit der Bewilligung der Fristverlängerung rechnen durfte, weil dies dem normalen Lauf der Dinge entsprochen hätte.[219] Mit dieser Begründung kann der Berufungsführer auch Wiedereinsetzung in den Fällen erlangen, wo das LAG pauschal wegen fehlender Konkretisierung des Grundes die Verlängerung ablehnt, vgl. Rdn. 61. Im Hinblick auf die dort angeführte BAG-Rechtsprechung besteht nämlich ein schutzwürdiges Vertrauen des Rechtsmittelführers darauf, dass die Fristverlängerung gewährt würde.[220] Eine solche Handhabung ist auch verfassungsrechtlich zur Wahrung des Rechtstaatsprinzips und der Zugänglichkeit der Berufungsinstanz geboten.[221]

4. Fristablauf und PKH-Bewilligungsverfahren

64 Besondere Probleme entstehen für eine bedürftige Partei daraus, dass die Fristen zur Einlegung und Begründung der Berufung unabhängig von der Bescheidung eines PKH-Antrags abzulaufen beginnen und ablaufen können, bevor die Partei Gewissheit über die Gewährung von Prozesskostenhilfe hat. In einem solchen Fall hilft die Möglichkeit der Wiedereinsetzung nach §§ 233 ff. ZPO. Die bedürftige Partei kann zunächst die Bearbeitung des PKH-Antrags abwarten und einer hieraus resultierender Fristversäumung mit dem Antrag auf Wiedereinsetzung begegnen. Die **Bedürftigkeit der Partei** ist als **unverschuldete Verhinderung** an der Fristwahrung anzusehen, wenn diese innerhalb der Rechtsmittelfrist einen vollständigen Prozesskostenhilfeantrag stellt.[222] Der Partei, die wegen Mittellosigkeit nicht in der Lage war, ein Rechtsmittel, das dem Vertretungszwang unterliegt, wirksam zu erheben, ist nach § 233 ZPO Wiedereinsetzung zu gewähren, wenn sie bis zum Ablauf der Rechtsmittelfrist alle Voraussetzungen für die Bewilligung von Prozesskostenhilfe schafft.[223] Gleiches gilt, wenn der Rechtsmittelführer trotz seiner Mittellosigkeit einen Rechtsanwalt findet, der zwar bereit ist, schon vor der Bewilligung von Prozesskostenhilfe das Rechtsmittel – formular-

---

213 GWBG-Benecke § 66 Rn 9.
214 BAG, 16.07.2008 – 7 ABR 13/07, NZA 2009, 202, Rn 17; BAG, 15.10.2012 – 2 AZR 845/11, NZA 2013, 900, Rn 16; enger: GMPMG/Germelmann § 66 Rn 37.
215 BAG, 20.10.2004 – 5 AZB 37/04, NZA 2004, 1350, Rn 13.
216 BAG, 13.09.1995 – 2 AZR 855/94, NZA 1996, 446; BAG, 16.06.2004 – 5 AZR 529/03; BAG, 07.11.2012 – 7 AZR 314/12, NZA 2013, 1035, Rn 19.
217 Schwab/Weth-Schwab § 66 Rn 83.
218 Vgl. MünchKomm-ZPO/Rimmelspacher § 520 Rn 21.
219 BAG, 27.09.1994 – 2 AZB 18/94, NZA 1995, 189; 20.10.2004 – 5 AZB 37/04, NZA 2004, 1350, Rn 10.
220 BAG, 04.02.1994 – 8 AZB 16/93, NZA 1994, 907; 27.09.1994 – 2 AZB 18/94; NZA 1995, 189; 20.10.2004 – 5 AZB 37/04, NZA 2004, 1350, Rn 10.
221 BVerfG, 04.12.2000 – 1 BvR 1797/00.
222 BAG, 20.01.2010 – 5 AZR 106/09, Rn 13; 28.04.2011 – 8 AZR 769/09, Rn 22.
223 BAG, 26.01.2006 – 9 AZA 11/05, NZA 2006, 1180, Rn 14.

mäßig – einzulegen, nicht aber, auch eine Berufungsbegründung zu fertigen.[224] Die Wiedereinsetzungsmöglichkeit ist in dem verfassungsrechtlichen Gebot wirkungsvollen Rechtsschutzes aus Art. 2 Abs. 1 GG i.V.m. dem Rechtsstaatsprinzip begründet, wie es den gleichen Zugang von mittellosen und bemittelten Parteien zu Rechtsbehelfsverfahren erfordert.[225]

Die **Wiedereinsetzung** setzt voraus, dass die versäumte Prozesshandlung also Berufungseinlegung oder -begründung binnen der Wiedereinsetzungsfrist aus § 234 ZPO **nachgeholt** wird, § 236 Abs. 2 Satz 1 ZPO. Für die Berufungseinlegung beträgt diese Frist zwei Wochen, für die Berufungsbegründung vier Wochen. Die verlängerte Frist geht auf das Justizmodernisierungsgesetz[226] zurück und hat insbesondere zum Zweck, dem Rechtsmittelführer nach Bewilligung von Prozesskostenhilfe einen Monat Zeit für die Fertigung der Berufungsbegründung einzuräumen und ihn so der vermögenden Partei gleichzustellen.[227] Die Wiedereinsetzungsfrist beginnt, regelmäßig mit der Bescheidung des PKH-Antrags abzulaufen. Unter Umständen kann die Wiedereinsetzungsfrist schon früher abzulaufen beginnen, wenn nämlich die Partei etwa aufgrund von Hinweisen im Bewilligungsverfahren mit einer Verweigerung der Prozesskostenhilfe rechnen musste.[228] 65

Die Wiedereinsetzung ist binnen der Wiedereinsetzungsfrist unter Beachtung der Formalien der versäumten Prozesshandlung und Angabe sowie Glaubhaftmachung der begründenden Tatsachen zu beantragen, § 236 ZPO. Bei fristgerechter Nachholung der versäumten Prozesshandlung kann Wiedereinsetzung aber auch ohne Antrag gewährt werden, § 236 Abs. 2 Satz 2 ZPO. Die weitere Voraussetzung für eine solche Wiedereinsetzung von Amts wegen, nämlich Aktenkundigkeit der tatsächlichen Voraussetzungen für die Wiedereinsetzung,[229] ist bei im PKH-Bewilligungsverfahren bedingter Fristversäumung gegeben. Die Voraussetzungen dürften im PKH-Heft nachgewiesen sein. 66

IV. Verwerfung der unzulässigen Berufung

Verfehlt der Berufungsführer die genannten **Anforderungen an Form oder Frist** von Berufungseinlegung oder -begründung oder eine **andere Zulässigkeitsvoraussetzung**, so ist die **Berufung unzulässig**. Nach § 66 Abs. 2 i.V.m. § 522 Abs. 1 ZPO hat in einem solchen Fall das LAG die Berufung **als unzulässig zu verwerfen**. Zwar schreibt der Wortlaut von § 522 Abs. 1 ZPO nur die Prüfung von Statthaftigkeit sowie Form und Frist von Einlegung und Begründung vor. Über die genannten Punkte erstreckt sich die Prüfung aber auf alle Zulässigkeitsvoraussetzungen der Berufung.[230] 67

§ 522 Abs. 1 ZPO verpflichtet das Berufungsgericht dazu, die **Zulässigkeit von Amts wegen zu prüfen**. Wegen § 66 Abs. 2 Satz 2 1. Halbs. gilt dies auch für das LAG. Einer Rüge der gegnerischen Partei bedarf es insoweit nicht. Die Prüfungspflicht strahlt in die Revision aus. Die Zulässigkeit der Berufung ist auch vom Revisionsgericht von Amts wegen zu prüfen. Von ihr hängt nämlich die Zulässigkeit des gesamten Verfahrens nach Einlegung der Berufung ab.[231] Dies wird mit den Begriffen **Prozessvoraussetzung** oder **Prozessfortsetzungsvoraussetzung** zum Ausdruck gebracht. Eine ergangene Sachentscheidung seitens des LAG bindet das BAG nicht, die Zulässigkeit der Berufung anzunehmen.[232] Erweist sich die Berufung erst im Revisionsverfahren als unzulässig, weist das BAG 68

---

224 BGH, 08.05.2007 – VIII ZB 113/06, Rn 8; 29.11.2011 – VI ZB 33/10, Rn 13.
225 BVerfG, 11.03.2010 – 1 BvR 290/10, 1 BVR 291/10, NZA 2010, 965, Rn 14.
226 BGBl. I 2008, S. 2198.
227 BT-Drs. 15/1508, S. 17.
228 BGH, 13.01.2010 – XII ZB 108/09, Rn 5.
229 Musielak/Voit/Grandel § 236 Rn 8.
230 MünchKomm-ZPO/Rimmelspacher § 522 Rn 3; Musielak/Voit/Ball § 522 Rn 3.
231 BAG 15.08.2002 – 2 AZR 473/01; BAG, 17.01.2007 – 7 AZR 20/06, NZA 2007, 566, Rn 10; BAG, 27.07.2010 – 1 AZR 186/09, NZA 2010, 1446, Rn 17; BAG, 19.10.2010 – 6 AZR 120/10; BAG, 18.05.2011 – 4 AZR 552/09, Rn 12.
232 BAG, 06.09.1994 – 9 AZR 92/93, NZA 1995, 232; 23.03.2004 – 3 AZR 35/03; 09.07.2003 – 10 AZR 615/02.

auf die Revision des Berufungsführers hin die Revision mit der Maßgabe zurück, dass die Berufung zu verwerfen ist.²³³ Auf die Revision des Berufungsgegners hin hebt es die ergangene Sachentscheidung des LAG auf und verwirft die Berufung als unzulässig.²³⁴

69 Ist die Berufung als unzulässig zu verwerfen, erlaubt §§ 66 Abs. 2 Satz 2 i.V.m. 522 Abs. 1 Satz 3 ZPO dem LAG die Verwerfung durch **Beschluss**. Wegen der Regelung in § 128 Abs. 4 ZPO, wonach andere Gerichtsentscheidungen als Urteile auch ohne mündliche Verhandlung ergehen können, kann ein solcher Beschluss **ohne mündliche Verhandlung** ergehen. Das vor Verwerfung erforderliche rechtliche Gehör²³⁵ ist dann durch schriftliche Anhörung zu gewähren.

70 Die **Entscheidungsbefugnis** für den Verwerfungsbeschluss ist nicht der Kammer, sondern deren **Vorsitzendem allein** zugewiesen. Hierin liegt eine Abweichung zur allgemeinen zivilprozessualen Regelung. Für den Verwerfungsbeschluss nach § 522 Abs. 1 ZPO ist nämlich der vollbesetzte Spruchkörper zuständig.²³⁶ Die Alleinentscheidungsbefugnis geht auf das SGG- und ArbGG-Änderungsgesetz²³⁷ zurück. Der Gesetzgeber hielt eine Beteiligung der ehrenamtlichen Richter bei der Prüfung der Zulässigkeitsformalien nicht für geboten und wollte zur Verfahrensbeschleunigung und Rechtsmittelvereinfachung beitragen.²³⁸ Die Alleinentscheidungsbefugnis **umfasst** die **Versagung der Wiedereinsetzung** in den vorigen Stand gegen die Versäumung der Fristen zur Einlegung und Begründung der Berufung.²³⁹

71 Der Verwerfungsbeschluss ist nur dann mit der **Rechtsbeschwerde** zum BAG anfechtbar, wenn das LAG sie in dem Beschluss **zugelassen** hat, § 77 Satz 1 (vgl. § 77 Rdn. 4 ff.). Hierin liegt eine weitere Abweichung zur allgemeinen zivilprozessualen Regelung in § 522 Abs. 1 Satz 4 ZPO, wonach gegen den die Berufung als unzulässig verwerfenden Beschluss die Rechtsbeschwerde stattfindet. Der Verwerfungsbeschluss des **LAG muss** deshalb eine **Entscheidung über die Zulassung** der Rechtsbeschwerde **enthalten**. Wegen der Zulassungsgründe verweist § 77 Satz 2 auf die Regelung zu den Zulassungsgründen der Revision in § 72 Abs. 2. Eine Nichtzulassungsbeschwerde ist nicht eröffnet (vgl. § 77 Rdn. 18).²⁴⁰ Derzeit im Gesetzgebungsverfahren anhängig ist ein Entwurf, der durch eine Abänderung im § 77 ArbGG die Möglichkeit der Nichtzulassungsbeschwerde gegen den die Berufung als unzulässig verwerfenden Beschluss eröffnen will. Hierdurch soll ein Gleichklang zu den Rechtsschutzmöglichkeiten gegen das die Berufung als unzulässig verwerfende Urteil hergestellt werden, wo bereits jetzt die Möglichkeit der Nichtzulassungsbeschwerde gegeben ist.²⁴¹

72 Das LAG kann **auch** durch **Urteil** auf die **Unzulässigkeit** der Berufung erkennen.²⁴² Nach dem Wortlaut von § 522 Abs. 1 Satz 3 ZPO ist nämlich die Wahl der Beschlussform fakultativ. In den Grenzen von § 128 Abs. 2 ZPO ist für das Urteil eine mündliche Verhandlung erforderlich. Es **ergeht durch** die **Kammer**.²⁴³ Der Wortlaut von § 66 Abs. 2 Satz 2 2. Halbs. beschränkt die Alleinentscheidungskompetenz auf die Verwerfung durch Beschluss ohne mündliche Verhandlung.

---

233 BAG, 15.03.2011 – 9 AZR 813/09, NZA 2011, 767, Rn 9.
234 BAG, 18.05.2011 – 4 AZR 552/09, Rn 12; BAG, 27.07.2011 – 10 AZR 454/10, NZA 2011, 998, Rn 9.
235 BAG, 15.08.1989 – 8 AZR 557/88, NZA 1990, 537; BGH, 13.07.2005 – XII ZB 80/05, Rn 8; Germelmann/Matthes/Prütting/Müller-Glöge § 66 Rn 43; Schwab/Weth-Schwab § 66 Rn 87.
236 MünchKomm-ZPO/Rimmelspacher § 522 Rn 14; Zöller/Heßler § 522 Rn 13.
237 BGBl. I 2008, S. 444.
238 BR-Drucks. 820/07, S. 33.
239 BAG, 05.10.2010 – 5 AZB 10/10, NZA 2010, 1442, Rn 4; teilweise a.A.: GMPMG/Germelmann § 66 Rn 44a.
240 Zuletzt BAG 06.01.2015 – 6 AZB 105/14, NZA 2015, 316, Rn 4; a.A. Ulrici NZA 2014, 1245; ders. jurisPR-ArbR 7/2015, Anm. 4.
241 BT-Drs. 18/8487, S. 25 f., 60.
242 BAG, 07.11.2012 – 7 AZR 314/12, NZA 2013, 1035, Rn 13; Ostrowicz/Künzl/Schäfer-Künzl Rn. 518; Schwab/Weth-Schwab § 66 Rn 87.
243 BAG, 06.01.2015 – 6 AZB 105/14, NZA 2015, 316, Rn 12; GMPMG/Germelmann § 66 Rn 43; Schwab/Weth-Schwab § 66 Rn 87.

Hat das LAG durch Urteil die Berufung als unzulässig verworfen, gelten die Regeln über die 73 Revision und ihre Zulassung.[244] Die Nichtzulassung der Revision kann dann mit der Nichtzulassungsbeschwerde nach § 72a angefochten werden. Somit geht bei Verwerfung durch Urteil der Rechtsschutz über die Möglichkeiten bei Entscheidung in Beschlussform hinaus, weil insoweit eine Nichtzulassungsbeschwerde nicht eröffnet ist (vgl. Rdn. 71). Der Entscheidung der oder des Vorsitzenden der LAG-Kammer über die Verfahrensweise bei der Berufungsverwerfung als unzulässig kommen somit weitreichende prozessuale Konsequenzen zu.[245] Auf der einen Seite die Verwerfung durch Beschluss ohne mündliche Verhandlung, die im Falle der Nichtzulassung der Rechtsbeschwerde nicht zur Überprüfung durch das BAG gebracht werden kann. Auf der anderen Seite die Durchführung einer mündlichen Verhandlung mit anschließender Entscheidung der vollbesetzten Kammer über die Zulässigkeit und ggf. der Möglichkeit, die Nichtzulassung der Revision gegen das berufungsverwerfende Urteil mit der Nichtzulassungsbeschwerde zum BAG anzufechten. Diese weitreichenden Folgen hat die oder der Vorsitzende bei der Auswahl der Verfahrensweise zu berücksichtigen. Die Ermessensentscheidung über die Entscheidungsform hat sich an dem Zweck der Alleinentscheidungskompetenz aus § 66 Abs. 2 Satz 2 auszurichten.[246] Bei einer Zurückweisung der Berufung durch Beschluss ist zu beachten, dass die der Verfahrensbeschleunigung und Rechtsmittelvereinfachung dienenden Alleinentscheidungsbefugnis des Vorsitzenden nach der Gesetzesbegründung darauf beruht, dass für eine Kammerentscheidung kein sachliches Bedürfnis bestehe, weil nicht materielle Rechtsfragen, sondern formale Kriterien im Vordergrund stünden.[247] Kommt es für die Prüfung der Zulässigkeit der Berufung nicht auf die Erfüllung formaler Kriterien an, sondern stehen – etwa bei der eine Analyse des erstinstanzlichen Urteils erfordernden Prüfung der hinreichenden Auseinandersetzung mit der angegriffenen Entscheidung – materielle Rechtsfragen im Vordergrund, ist für die Verwerfung einer Berufung nach § 66 Abs. 2 Satz 2 ArbGG regelmäßig kein Raum.[248] In Zweifelsfragen kann die oder der Vorsitzende zu der Auffassung gelangen, dass eine mündliche Verhandlung unter Hinzuziehung der ehrenamtlichen Richter angebracht ist.[249] Anzuraten ist, durch nachvollziehbare Überlegungen die Auswahl zwischen den Entscheidungsformen zu begründen, damit ggf. im Einzelfall auf Anhörungsrüge oder Verfassungsbeschwerde hin die Wahrung des Anspruchs auf den gesetzlichen Richter bzw. des Gleichbehandlungsgebots überprüft werden kann.[250]

Das ZPO-Reformgesetz hat in § 522 Abs. 2 und 3 ZPO für die ordentliche Gerichtsbarkeit die 74 Möglichkeit eingeführt, **Berufungen ohne Erfolgsaussichten** und ohne grundsätzliche Bedeutung durch **Beschluss als unbegründet zurückzuweisen**. Diese **Möglichkeit besteht für das LAG nicht**.[251] § 66 Abs. 2 Satz 3 schließt die Anwendung der in Rede stehenden Vorschriften der ZPO aus. Der Gesetzgeber ist Forderungen, eine solche Verwerfungsmöglichkeit auch für das arbeitsgerichtliche Verfahren einzuführen,[252] wegen dessen Besonderheiten, insbesondere der Beteiligung ehrenamtlicher Richter, nicht nachgekommen.[253]

---

244 BAG, 31.07.2007 – 3 AZN 326/07, Rn 8.
245 BAG, 06.01.2015 – 6 AZB 105/14, NZA 2015, 316, Rn 12.
246 LAG Düsseldorf, 19.11.2014 – 12 Sa 981/14, Rn 10.
247 Vgl. BT-Drs. 16/7716, S. 25.
248 Staatsgerichtshof für das Land Baden-Württemberg, 03.11.2014 – 1 VB 8/14, unter B II 1a der Gründe.
249 BAG, 06.01.2015 – 6 AZB 105/14, NZA 2015, 316, Rn 13.
250 Vgl. BAG, 06.01.2015 – 6 AZB 105/14, NZA 2015, 316, Rn 8 a.E.
251 GK-ArbGG/Vossen § 66 Rn 159; Ostrowicz/Künzl/Schäfer-Künzl Rn 518; Schwab/Weth-Schwab § 66 Rn 88.
252 Beschluss der Präsidentinnen und Präsidenten der Landesarbeitsgerichte vom 30.05.2000 zum ZPO-Referentenentwurf, NZA 2000, 814, 815.
253 BT-Drs. 14/4722, S. 138.

V. Berufungsbeantwortung

75 66 Abs. 1 Sätze 3–5 enthalten Regelungen (auch) zur **Berufungsbeantwortung**. Gemäß Abs. 1 Satz 3 **muss die Berufung binnen Monatsfrist nach Zustellung der Berufungsbegründung beantwortet** werden. Die Regelung ist durch das ArbGG-Beschleunigungsgesetz 1979[254] in das ArbGG eingefügt worden. Der Berufungsbeklagte muss wie der Berufungskläger Tatsachen und Beweisangebote innerhalb einer Frist in das Verfahren einführen. Dies soll dem Gericht eine bessere Vorbereitung der mündlichen Verhandlung ermöglichen und die Möglichkeit zur Beendung des Verfahrens in einem Verhandlungstermin schaffen.[255] Die Beantwortungsfrist **dient** der **Konzentration**[256] und dadurch der **Beschleunigung** des Verfahrens.[257]

76 Parallele Vorschrift in der ZPO ist § 521. Unterschiede bestehen im Sprachgebrauch und hinsichtlich der Verbindlichkeit. Die ZPO nennt die Replik auf die Berufungsbegründung Berufungserwiderung. Ob dem Berufungsbeklagten hierzu eine Frist gesetzt wird, stellt § 521 Abs. 2 Satz 1 ZPO in das Ermessen des Berufungsgerichts bzw. dessen Vorsitzenden. Im arbeitsgerichtlichen Verfahren dagegen gilt für die Berufungsbeantwortung die durch § 66 Abs. 1 Satz 3 bestimmte gesetzliche Monatsfrist.[258] Diese Frist ist zwingend und steht nicht zur Disposition des Gerichts.[259] Anwendung kann die zivilprozessuale Vorschrift in § 521 Abs. 2 Satz 1 ZPO insoweit finden, als sie dem LAG die Setzung einer **Schriftsatzfrist** an den Berufungskläger **zur Erwiderung** auf die **Berufungsbeantwortung** erlaubt.

77 Die **Berechnung** der Berufungsbeantwortungsfrist folgt den Rdn. 54 dargestellten Grundsätzen. Nach Abs. 1 Satz 4 hat das LAG mit der Zustellung der Berufungsbegründung den Berufungsbeklagten **auf die Beantwortungsfrist hinzuweisen**. Der Hinweis muss sich **auf die verspätungsrechtlichen Rechtsfolgen** aus § 67 Abs. 4 erstrecken.[260] **Ohne einen Hinweis** auf die Beantwortungsfrist **beginnt** diese **nicht abzulaufen**[261] (zu den Auswirkungen auf Präklusion, vgl. § 67 Rdn. 46). Nach Abs. 1 Satz 5 ist die einmalige Fristverlängerung in denselben Grenzen wie bei der Berufungsbegründungsfrist möglich. Die Berufungsbeantwortung ist von einem nach § 11 Abs. 4 postulationsfähigen Bevollmächtigten zu unterzeichnen.[262]

78 Die Berufungsbeantwortung hat im Berufungsverfahren eine andere **Funktion** als die Berufungsbegründung. Das LAG ist beim Berufungsbeklagten nicht gehindert, dessen erstinstanzliches Vorbringen von Amts wegen zu berücksichtigen.[263] Ein Zwang zur Wiederholung erstinstanzlichen Vorbringens, wie er für den Berufungskläger aus der Regelung in § 520 ZPO folgen kann, besteht für den Berufungsbeklagten nicht. Ihm obliegt es nur, seine Verteidigungsmittel insoweit vorzubringen, als es nach der Prozesslage einer sorgfältigen und auf Förderung des Verfahrens bedachten Prozessführung entspricht, §§ 521 Abs. 2 Satz 2 i.V.m. 277 Abs. 1 Satz 1 ZPO. Er darf sich also in erster Linie darauf beschränken, die zu seinen Gunsten ergangene Entscheidung zu verteidigen und neue Angriffsmittel des Berufungsbeklagten abzuwehren.[264]

79 Die **Versäumung** der Berufungsbeantwortungsfrist ist **nicht** wie die Fristen zur Berufungseinlegung oder -begründung unter die strenge Sanktion der **Unzulässigkeit** gestellt.[265] **Rechtsfolgen** ergeben

---

[254] BGBl. I 1979, S. 545.
[255] BT-Drs. 8/1567, S. 20.
[256] GK-ArbGG/Vossen § 66 Rn 143.
[257] GMPMG/Germelmann § 66 Rn 24; Lepke NZA 1986, 186, 187; Schwab/Weth-Schwab § 66 Rn 58.
[258] BAG, 30. 5. 2006 – 1 AZR 111/05, NZA 2006, 1170, Rn 45.
[259] Natter/Gross-Pfeiffer § 66 Rn 37; Schwab/Weth-Schwab § 66 Rn 58.
[260] GMPMG/Germelmann § 66 Rn 26.
[261] BAG, 30.05.2006 – 1 AZR 111/05, NZA 2006, 1170, Rn 45; GK-ArbGG/Vossen § 64 Rn 105a.
[262] GK-ArbGG/Vossen § 66 Rn 145; Schwab/Weth-Schwab § 66 Rn 58.
[263] Schwab/Weth-Schwab § 66 Rn 66.
[264] BVerfG, 23.06.1999 – 2 BvR 762/98, NJW 2000, 131.
[265] BAG, 05.09.1985 – 6 AZR 216/81, NZA 1986, 472.

sich aus den **Vorschriften zur Zulassung neuer Angriffs- oder Verteidigungsmittel in § 67**.[266] Die schuldhafte Fristversäumung kann also dazu führen, dass neues Vorbringen des Berufungsbeklagten wegen **Verspätung** unberücksichtigt bleibt (vgl. § 67 Rdn. 41 ff.). Die Berufungsbeantwortungsfrist ist zugleich die **Frist** für die **Einlegung** einer **Anschlussberufung**, § 524 Abs. 2 Satz 2 ZPO. Eine nach Fristablauf eingelegte Anschlussberufung ist unzulässig (vgl. § 64 Rdn. 113).

VI. Terminsbestimmung

80 § 66 Abs. 2 Satz 1 ordnet an, dass im Berufungsverfahren der **Termin zur mündlichen Verhandlung unverzüglich** also ohne schuldhaftes Zögern zu **bestimmen** ist. § 523 Abs. 1 ZPO, wie er für das allgemeine zivilrechtliche Berufungsverfahren eine vorgelagerte Entscheidung über die Übertragung auf einen Einzelrichter vorschreibt, ist im arbeitsgerichtlichen Berufungsverfahren gegenstandslos. **Frühester** geeigneter **Zeitpunkt** zur Terminsfestlegung ist regelmäßig der **Eingang der Berufungsbegründung**.[267] Deren Vorliegen ist nämlich erforderlich für die Beurteilung der Zulässigkeit der Berufung und damit für die Entscheidung, ob überhaupt ein Termin zur mündlichen Verhandlung anberaumt werden soll oder die Berufung ohne mündliche Verhandlung durch Beschluss zu verwerfen ist.

81 Die **Berufungsbeantwortung braucht nicht abgewartet** zu werden, bevor Termin anberaumt wird. Es ist aber sicherzustellen, dass die entsprechende Frist vor dem anberaumten Termin abgelaufen ist. **Ansonsten** kann ggf. **kein Versäumnisurteil gegen den Berufungsbeklagten** ergehen.[268] Dies folgt aus §§ 539 Abs. 3 i.V.m. 335 Nr. 3 ZPO. Vor Ablauf der Erwiderungsfrist ist nämlich das tatsächliche Vorbringen nicht im Sinne der Vorschrift zur Unzulässigkeit einer Versäumnisentscheidung rechtzeitig mitgeteilt.

82 Bei der Terminierung ist die **Verpflichtung zur vorrangigen Erledigung von Bestandsstreitigkeiten** aus § 64 Abs. 8 zu berücksichtigen (vgl. § 64 Rdn. 124 ff.).[269] Zu beachten sind auch Ladungs- und allgemeine Einlassungsfrist, wie sie sich auf ein bzw. zwei Wochen belaufen, §§ 217, 523 Abs. 2 i.V.m. 274 Abs. 3 ZPO.[270]

§ 67 Zulassung neuer Angriffs- und Verteidigungsmittel

(1) Angriffs- und Verteidigungsmittel, die im ersten Rechtszug zu Recht zurückgewiesen worden sind, bleiben ausgeschlossen.

(2) ¹Neue Angriffs- und Verteidigungsmittel, die im ersten Rechtszug entgegen einer hierfür nach § 56 Abs. 1 Satz 2 Nr. 1 oder § 61a Abs. 3 oder 4 gesetzten Frist nicht vorgebracht worden sind, sind nur zuzulassen, wenn nach der freien Überzeugung des Landesarbeitsgerichts ihre Zulassung die Erledigung des Rechtsstreits nicht verzögern würde oder wenn die Partei die Verspätung genügend entschuldigt. ²Der Entschuldigungsgrund ist auf Verlangen des Landesarbeitsgerichts glaubhaft zu machen.

(3) Neue Angriffs- und Verteidigungsmittel, die im ersten Rechtszug entgegen § 282 Abs. 1 der Zivilprozessordnung nicht rechtzeitig vorgebracht oder entgegen § 282 Abs. 2 der Zivilprozessordnung nicht rechtzeitig mitgeteilt worden sind, sind nur zuzulassen, wenn ihre Zulassung nach der freien Überzeugung des Landesarbeitsgerichts die Erledigung des Rechtsstreits nicht verzögern würde oder wenn die Partei das Vorbringen im ersten Rechtszug nicht aus grober Nachlässigkeit unterlassen hatte.

---

266 LAG Berlin, 14.07.1997 – 9 Sa 52/97, NZA 1998, 168.
267 GMPMG/Germelmann § 66 Rn 47; Schwab/Weth-Schwab § 66 Rn 89.
268 GMPMG/Germelmann § 66 Rn 24; HWK/Kalb § 66 ArbGG Rn 17; MünchKomm-ZPO/Rimmelspacher § 521 Rn 10; Schwab/Weth-Schwab § 66 Rn 61.
269 Schwab/Weth-Schwab § 66 Rn 90.
270 GMPMG/Germelmann § 66 Rn 48; Schwab/Weth-Schwab § 66 Rn 91.

§ 67 ArbGG   Zulassung neuer Angriffs- und Verteidigungsmittel

(4) ¹Soweit das Vorbringen neuer Angriffs- und Verteidigungsmittel nach den Absätzen 2 und 3 zulässig ist, sind diese vom Berufungskläger in der Berufungsbegründung, vom Berufungsbeklagten in der Berufungsbeantwortung vorzubringen. ²Werden sie später vorgebracht, sind sie nur zuzulassen, wenn sie nach der Berufungsbegründung oder der Berufungsbeantwortung entstanden sind oder das verspätete Vorbringen nach der freien Überzeugung des Landesarbeitsgerichts die Erledigung des Rechtsstreits nicht verzögern würde oder nicht auf Verschulden der Partei beruht.

Übersicht	Rdn.		Rdn.
I. Grundsätze	3	2. Zurückweisung verfristeten Vorbringens durch das LAG	30
1. Begriffe: Zurückweisung, Ausschluss, Zulassung etc.	4	3. Zurückweisung nachlässig verspäteten Vorbringens	36
2. Erfasstes Vorbringen	5	III. Verletzung zweitinstanzlicher Prozessförderungspflicht	41
a) Angriffs- und Verteidigungsmittel	6	IV. Klageänderung und Widerklage im Berufungsverfahren	48
b) Neues Vorbringen	11	V. Bestandsschutzrechtliche Sonderregelungen	55
c) Streitiges Vorbringen	12		
3. Zwingende Rechtsfolge	13	1. Frist für die Stellung eines Auflösungsantrags, § 9 Abs. 1 Satz 3 KSchG	56
4. Überprüfung in der Revision	14		
5. Verspätung und Grundrecht auf rechtliches Gehör	16	2. Unwirksamkeitsgründe außerhalb der Klagefrist, § 6 KSchG, § 17 TzBfG	57
II. Verletzung erstinstanzlicher Prozessförderungspflicht	20		
1. Überprüfung erstinstanzlicher Zurückweisung	21		

1 Die Vorschrift regelt die Zurückweisung verspäteten Vorbringens im arbeitsgerichtlichen Berufungsverfahren. In ihrer jetzigen Fassung geht sie auf das ZPO-Reformgesetz vom 27.07.2001 zurück.[1] Abs. 1 und 3 hat der Gesetzgeber damals wortgleich aus § 528 Abs. 2 und 3 ZPO aF. in den Text des ArbGG ergänzt. Es sollte die damals geltende Regelung zur Zulassung neuer Angriffs- und Verteidigungsmittel im arbeitsgerichtlichen Berufungsverfahren – bis dahin von der Bezugnahme auf diese Vorschriften bestimmt – beibehalten werden.[2] § 531 ZPO und die deutlich verschärfte Neuregelung der Zurückweisung von Angriffs- und Verteidigungsmittel, die die Partei bereits in der ersten Instanz hätten geltend machen können, bleiben auf das Berufungsverfahren vor den ordentlichen Gerichten beschränkt. § 67 enthält eine inhaltlich abschließende Regelung über die Zulassung neuer Angriffs- und Verteidigungsmittel. Als Spezialregelung geht sie dem § 531 ZPO vor.[3] Ebenso ist die Regelung in § 530 ZPO zum Ausschluss von Vorbringen, das nach Berufungsbegründungsfrist bzw. Berufungsbeantwortungsfrist erfolgt, durch § 67 Abs. 4 verdrängt.[4] Die besonderen Verspätungsregelungen für das arbeitsgerichtliche Berufungsverfahren beruhen darauf, dass aus sozialpolitischen Gründen die Parteien vor dem ArbG den Rechtsstreit selbst führen können und deshalb formale prozessuale Hürden für die 2. Instanz niedrig gehalten werden sollen.[5] Anwendung finden können aber im arbeitsgerichtlichen Berufungsverfahren die besonderen Vorschriften zur Verspätung von Rügen betreffend die Zulässigkeit der Klage in § 532 ZPO sowie zur Fortwirkung des Rügerechtsverlustes wegen Verfahrensmängeln gemäß § 295 ZPO in der Berufungsinstanz in § 534 ZPO.[6]

2 Anknüpfungspunkt der Zurückweisung ist die **Verletzung von Prozessförderungspflichten**. Alle von § 67 erfassten Tatbestände verlangen eine **pflichtwidrige Verspätung von Vorbringen**, die

---

1 BGBl. I 2001, S. 1887.
2 BT-Drs. 14/4722, S. 138.
3 BAG, 15.02.2005 – 9 AZN 892/04, NZA 2005, 484, Rn 25; BAG, 25.01.2005 – 9 AZR 44/04, NZA 2005, 1365 Rn 33; GMPMG/Germelmann § 67 Rn 1; Natter/Gross-Pfeiffer § 67 Rn 1.
4 MünchKomm-ZPO/Rimmelspacher § 530 Rn 4.
5 Lipke AuR 2007, 1, 3.
6 GWBG/Benecke § 67 Rn 1; MünchKomm-ZPO/Rimmelspacher § 532 Rn 3 und § 534 Rn 2.

dadurch bedingte **Verzögerung der Rechtstreiterledigung** und **Verschulden der Partei**. Die einzelnen Absätze der Vorschrift unterscheiden sich nach der verletzten Prozessförderungspflicht und danach, ob die Verzögerung die erst- oder zweitinstanzliche Entscheidung betreffen muss. Die Verletzung erstinstanzlicher Pflichten, insbesondere die Missachtung von Schriftsatzfristen, ist Voraussetzung für eine Zurückweisung nach Abs. 1–3. Abs. 4 regelt die Zulassung von Vorbringen, das unter Missachtung von Prozessförderungspflichten im Berufungsverfahren, nämlich der Fristen zur Begründung und Beantwortung der Beantwortung, erfolgt. **Klageänderung** und **Widerklage** fallen nicht unter den Begriff der Angriffsmittel und werden deshalb grundsätzlich nicht von § 67 erfasst. Hier sowie bei dem Verteidigungsmittel der Aufrechnung sind aber die besonderen Regelungen zur Zulässigkeit im Berufungsverfahren aus § 533 ZPO zu beachten. Spezielle **bestandsschutzrechtliche Regelungen** zum letztmöglichen Zeitpunkt für die Klageerweiterung um einen Auflösungsantrag oder die Einführung weiterer Unwirksamkeitsgründe als Angriffsmittel enthalten § 9 Abs. 1 Satz 3 KSchG respektive §§ 6 Satz 1 KSchG, 17 Satz 2 TzBfG. Vor der Erläuterung von Einzelheiten zu den unterschiedlichen Zurückweisungstatbeständen sowie den genannten besonderen Regelungen sollen zunächst allgemeine Grundlagen zur Zurückweisung verspäteten Vorbringens dargestellt werden.

I. Grundsätze

Begrifflichkeiten und einige Grundsätze betreffen mehrere Verspätungstatbestände aus § 67 und sollen deshalb den Erläuterungen zu den besonderen Tatbeständen vorangestellt werden. Dies gilt für die Bestimmung des möglicherweise erfassten Vorbringens, das Fehlen eines dem LAG eingeräumten Ermessens, die Überprüfbarkeit der Zurückweisungsentscheidung des LAG in der Revision sowie das Verhältnis zwischen Verspätungsregeln und dem Grundrecht auf rechtliches Gehör. 3

1. Begriffe: Zurückweisung, Ausschluss, Zulassung etc.

§ 67 beschreibt die Unbeachtlichkeit von Parteivorbringen infolge verspäteter Geltendmachung mit unterschiedlichen Begriffen. Abs. 2–4 sprechen hier von der **Zulassung** von Angriffs- und Verteidigungsmitteln, Abs. 1 von **Zurückweisung** und **Ausschluss**.[7] Der Sache nach ist jeweils gemeint, dass ein möglicherweise erfolgversprechendes Vorbringen zu Tatsachen vom Gericht ohne abschließende Prüfung deshalb nicht der Entscheidung zugrunde gelegt wird, weil es die Partei schuldhaft verspätet in das Verfahren eingeführt hat. Zulassung und Zurückweisung oder Ausschluss meinen insofern Schritte der Entscheidungsfindung in der Hauptsache. Auszuweisen sind die maßgebenden Überlegungen hierzu in den Entscheidungsgründen des Endurteils. Die Begriffe beinhalten deshalb nicht das Erfordernis einer gesonderten Zwischenentscheidung, etwa eines Zwischenurteils.[8] Der weiter gebrauchte Begriffe **Präklusion** entspricht dem des Ausschlusses.[9] Das **Novenrecht** regelt die Möglichkeit, im Berufungsverfahren neuen Prozessstoff, der schon früher hätte eingebracht werden können, nachträglich vorzutragen.[10] 4

2. Erfasstes Vorbringen

Gegenstand des Ausschlusses wegen Verspätung können nur Angriffs- und Verteidigungsmittel sein und diese nur dann, wenn sie vor dem LAG streitig sind. Abgesehen von dem Fall der Überprüfung einer erstinstanzlichen Zurückweisungsentscheidung muss es sich um in der Berufungsinstanz neues Vorbringen handeln. 5

---

[7] Dies obwohl die zugrunde liegenden erstinstanzlichen Vorschriften in §§ 56 Abs. 2, 61 Abs. 5 ihrerseits von Zulassung sprechen.
[8] Rosenberg/Schwab/Gottwald § 138 Rn 66.
[9] Tilch/Arloth Bd. 3, S. 3328 Stichwort: Präklusion.
[10] Creifels S. 1327 Stichwort: Verteidigungsmittel.

§ 67 ArbGG   Zulassung neuer Angriffs- und Verteidigungsmittel

a) Angriffs- und Verteidigungsmittel

6 Die Verspätungstatbestände des § 67 sind anwendbar auf **Angriffs-** und **Verteidigungsmittel**. Erläutert werden die Begriffe in § 282 Abs. 1 ZPO, der eine nicht abschließende Aufzählung enthält. Danach gehören dazu: Behauptungen, Bestreiten, Einwendungen, Einreden, Beweismittel und Beweiseinreden.[11] Erfasst sind also alle zur Begründung oder zur Abwehr des Sachantrags vorgebrachten tatsächlichen Behauptungen, die hierzu zu benennenden Beweismittel sowie mit den Beweiseinreden Vorbringen, das die Ordnungsgemäßheit der Beweiserhebung betrifft.[12]

7 Die **Aufrechnung** ist ein Verteidigungsmittel i.S.d. ZPO und ihrer verspätungsrechtlichen Vorschriften[13] und damit auch des § 67.[14] Dies gilt unabhängig davon, ob der Beklagte im Übrigen das Bestehen der Klageforderung zugesteht (Primäraufrechnung) oder er sich zunächst auf andere Verteidigungsmittel stützt und die Aufrechnung nur hilfsweise berücksichtigt wissen will (Hilfsaufrechnung).[15] Die Voraussetzungen der **Gegenforderung** sind deshalb unter Beachtung der jeweiligen Prozessförderungspflichten, insbesondere innerhalb etwa gesetzter Fristen zur Klageerwiderung, vorzubringen.[16] Grundsätzlich gilt dies auch für die **Aufrechnungserklärung**. Allerdings wird diese, soweit sie im Verfahren erfolgt, unstreitig und deshalb stets berücksichtigungsfähig sein. Zu beachten sind weiter die **Sonderregelungen** aus § 533 ZPO. Die erstmalige Geltendmachung der Aufrechnung in der Berufung ist also nur dann zulässig, wenn die Gegenseite einwilligt oder Sachdienlichkeit vorliegt und die zugrunde liegenden Tatsachen zu dem in der Berufungsinstanz zu berücksichtigenden Tatsachenstoff gehören. Sachdienlichkeit wird bei der gebotenen prozesswirtschaftlichen Betrachtungsweise im Allgemeinen nur dann verneint werden können, wenn ein völlig neuer Streitstoff in den Rechtsstreit eingeführt werden soll, bei dessen Beurteilung das Ergebnis der bisherigen Prozessführung nicht verwertet werden kann. Unerheblich dagegen sind Gesichtspunkte wie: Abschneiden einer Tatsacheninstanz, Widerspruch des Gegners oder Möglichkeit erstinstanzlicher Geltendmachung (vgl. Rdn. 51).[17]

8 Die Erhebung der Einrede der **Verjährung** ist ein Verteidigungsmittel, das grundsätzlich § 67 unterfällt. Deshalb kann Vortrag zu den **tatsächlichen Voraussetzungen** des Verjährungseintritts nach den Präklusionsregeln unbeachtlich sein. Das Gleiche gilt für Vorbringen zur außerprozessualen **Erhebung der Einrede**. Dies wird aber ohne praktische Bedeutung sein, weil insoweit Fristenregelungen nicht bestehen und deshalb die Partei die Einrede im Verfahren wiederholen kann. Die vor Gericht erfolgte Erklärung ist unstreitig und kann deshalb nicht verspätet sein.[18] Eine Verpflichtung, sich grundsätzlich bereits in der ersten Instanz auf eine eingetretene Verjährung berufen zu müssen,[19] hat der Große Senat des BGH für die zivilprozessualen Verspätungsvorschriften abgelehnt.[20] Im arbeitsgerichtlichen Berufungsverfahren ist hierfür erst recht kein Raum.

9 Mit ähnlichen Einschränkungen unterfällt auch die **Anfechtung** den verspätungsrechtlichen Vorschriften. Erfolgt Sachvortrag zu den **tatbestandlichen Voraussetzungen** der Anfechtbarkeit oder zur **außerprozessualen Erklärung** der Anfechtung schuldhaft verspätet, so ist die Anfechtung in Anwendung der Präklusionsvorschriften unbeachtlich. Dies gilt auch dann, wenn die materiell-rechtliche Frist zur Anfechtungserklärung noch offen ist.[21] Dagegen kann die im Verfahren

---

11 GK-ArbGG/Vossen § 67 Rn 33; Schwab/Weth-Schwab § 67 Rn 8.
12 Vgl. Musielak/Voit/Foerste § 282 Rn 2; ähnlich: MünchKomm-ZPO/Prütting § 534 Rn 6.
13 BGH, 30.05.1984 – VIII ZR 20/83, NJW 1984, 1964; Musielak/Voit/Ball § 530 Rn 12; a.A. MünchKomm-ZPO/Rimmelspacher § 533 Rn 4.
14 GK-ArbGG/Vossen § 67 Rn 34; GMPMG/Germelmann § 67 Rn 3; a.A. Hauck/Helml/Biebl § 67 Rn 2.
15 Vgl. Schwab/Weth-Schwab § 67 Rn 12.
16 BGH, 30.05.1984 – VIII ZR 20/83, NJW 1984, 1964; GK-ArbGG/Vossen § 67 Rn 34.
17 BGH, 30.03.2011 – IV ZR 137/08, Rn 9.
18 BGH, 23.06.2008 – GSZ 1/08, NJW 2008, 3434, Rn 10.
19 BGH, 21.12.2005 – X ZR 165/04, Rn 27.
20 BGH, 23.06.2008 – GSZ 1/08, NJW 2008, 3434, Rn 9 ff.
21 So zu § 340 Abs. 3 ZPO: BAG, 09.11.1983 – 5 AZR 355/81.

erfolgte Anfechtungserklärung nach prozessrechtlichen Vorschriften nicht verspätet sein. Dies wird damit begründet, die Anfechtung sei kein Angriffs- oder Verteidigungsmittel i.S.d. Vorschrift.[22] Diese Einordnung erscheint fraglich.[23] Jedenfalls aber scheitert eine Verspätung daran, dass die im Verfahren schriftsätzlich oder zu Protokoll erfolgte Anfechtungserklärung nicht streitig werden kann und unstreitiges Vorbringen nicht der Verspätung unterliegt.

Nicht erfasst von § 67 ist die Äußerung von **Rechtsauffassungen**.[24] Die Rechtsanwendung ist Aufgabe des Gerichts, ohne dass die Partei Mitwirkungspflichten träfen. Von den Angriffs- und Verteidigungsmittel zu unterscheiden sind weiter der **Angriff** oder die **Verteidigung selbst**. Neue **Sachanträge** können niemals wegen Verspätung zurückgewiesen werden.[25] Die Neufassung eines Antrags unterfällt nicht den Angriffsmitteln, weil der Klageantrag den Angriff selbst darstellt.[26] Eine **Klageerweiterung** ist kein neues Angriffs- und Verteidigungsmittel gemäß § 67.[27] Das Gleiche gilt für eine **nachträgliche Klagehäufung**, wie sie wie eine Klageänderung zu behandeln ist.[28] Auch **Klageänderung** oder **Widerklage** stellen den Angriff selbst dar und können nicht zu den Angriffs- oder Verteidigungsmitteln zählen.[29] Als solche unterfallen sie nicht den Verspätungsvorschriften. Der sie tragende Vortrag kann in Bezug auf den neuen Angriff nicht verspätet sein.[30] Ist aber solcher Vortrag auch in Hinsicht auf bereits zuvor anhängige Ansprüche von Bedeutung, kommt insoweit Verspätung in Betracht.[31] **Sonderregelungen** zur Zulässigkeit von Klageänderung und Widerklage in der Berufung enthält der über § 64 Abs. 6 anwendbare § 533 ZPO (vgl. Rdn. 48 ff.). Vorstellbar bleibt außerdem, dass eingeführte Tatsachen auch in Bezug auf den neuen Angriff wegen Verspätung unbeachtlich sind. Dies kann etwa der Fall sein, wenn in Verletzung der Prozessförderungspflicht bezogen auf das Berufungsverfahren aus Abs. 4 ergänzendes oder berichtigendes Vorbringen zur Klageerweiterung verspätet erfolgt[32] oder eine vom LAG nach §§ 64 Abs. 7, 56 ArbGG gesetzte Schriftsatzfrist hinsichtlich Klageänderung oder Widerklage missachtet wird.

b) Neues Vorbringen

§ 67 betrifft ausweislich der Überschrift die Zulassung im Berufungsverfahren neuer Angriffs- oder Verteidigungsmittel. Im Sinne von § 67 Abs. 2–4 neu ist Vorbringen, wenn es erstmals im Berufungsverfahren vorgebracht wird. **Maßgebender Zeitpunkt** ist der Schluss der mündlichen Verhandlung erster Instanz. Soweit nicht das ArbG der vortragenden Partei einen Schriftsatznachlass nach § 283 ZPO gewährt hat, zählt danach erfolgendes Vorbringen nicht mehr in die erste Instanz.[33] Insbesondere ist Vorbringen aus einem nicht nachgelassenen erstinstanzlichen Schriftsatz neu.[34] Ob ein Vorbringen neu ist, ist anhand des arbeitsgerichtlichen Urteils, der erstinstanzlich ausgetauschten Schriftsätze und der Sitzungsniederschriften zu überprüfen.[35] Die Konkretisierung des zuvor ohne Namensnennung etwa mit der Floskel »N.N.« erfolgten Antritts eines Zeugenbe-

---

22 Lipke AuR 2007, 1, 4; GMPMG/Germelmann § 67 Rn 4; GK-ArbGG/Vossen § 67 Rn 34; Schwab/Weth-Schwab § 67 Rn 13.
23 Vgl. zu § 530 ZPO: Stein/Jonas/Althammer § 530 Rn 6.
24 Lipke AuR 2007, 1, 4; GMPMG/Germelmann § 67 Rn 3; Schwab/Weth-Schwab § 67 Rn 9.
25 BGH, 17.04.1996 – XII ZB 60/95.
26 BAG, 26.08.2009 – 4 AZR 294/08, NZA-RR 2010, 305, Rn 19.
27 BAG, 12.09.2006 – 9 AZR 271/06, NZA 2007, 269, Rn 16.
28 BAG, 11.04.2006 – 9 AZN 892/05, NZA 2006, 750, Rn 12.
29 GMPMG/Germelmann § 67 Rn 6; Schwab/Weth-Schwab § 67 Rn 10.
30 BGH, 23.04.1986 – VIII ZR 93/85, NJW 1986, 2257.
31 GK-ArbGG/Vossen § 67 Rn 36.
32 Schwab/Weth-Schwab § 67 Rn 10.
33 Schwab/Weth-Schwab § 67 Rn 15.
34 BGH, 02.04.2004 – V ZR 107/03, NJW 2004, 2382; 28.03.2006 – VI ZR 46/05, NJW 2006, 1589, Rn 26.
35 Schwab/Weth-Schwab § 67 Rn 15; NK-GA/Breinlinger § 67 ArbGG Rn 13; enger (nur Urteil) wohl: ErfK/Koch § 67 ArbGG Rn 3; GK-ArbGG/Vossen § 67 Rn 35a.

weises ist neues Vorbringen.³⁶ Neu ist auch solches Vorbringen, das die Partei im ersten Rechtszug zunächst vorgetragen, später jedoch wieder fallengelassen hat.³⁷ Die bloße Verdeutlichung erstinstanzlich bereits gehaltenen Vortrags dagegen ist kein neues Angriffsmittel.³⁸ § 67 Abs. 1 betrifft mit Vorbringen, das bereits in der ersten Instanz zurückgewiesen worden ist, kein in der zweiten Instanz neues Vorbringen.

c) Streitiges Vorbringen

12   Die Präklusionsregeln gelten nur für streitiges Vorbringen, nicht auch für unstreitige Tatsachen.³⁹ Unstreitiger Vortrag kann den Rechtsstreit unmittelbar nicht verzögern. Unstreitiges Vorbringen ist der Entscheidung zugrunde zu legen, ohne dass eine entscheidungsverzögernde Feststellung des Sachverhalts noch erforderlich sein würde. Damit fehlt es an einer Voraussetzung für die Anwendung der Präklusionsvorschriften. Das Gleiche gilt für Vortrag, der in der zweiten Instanz unstreitig wird.⁴⁰ Deshalb ist er in der Berufung auch dann zu berücksichtigen, wenn die erste Instanz den damals strittigen Vortrag zu Recht zurückgewiesen hatte (vgl. Rdn. 25). Eine mittelbare verzögernde Wirkung unstreitigen Vorbringens ist möglich, wenn im Hinblick hierauf anderer streitiger Vortrag erheblich wird. Auch dann scheidet aber die Anwendung der Verspätungsvorschriften aus.⁴¹ Ansonsten droht eine Entscheidung, die das Gericht bewusst auf eine von keiner Partei mehr vorgebrachte Tatsachengrundlage stützen muss. Dies widerspricht dem Zweck des Zivilprozesses und seiner Aufgabe, nämlich sachgerechte Entscheidungen zum Einzelfall zu treffen.

3. Zwingende Rechtsfolge

13   Alle Verspätungstatbestände des § 67 sehen die Zurückweisung von Vorbringen als zwingende Rechtsfolge vor. Dies ist im Wortlaut klar zum Ausdruck gebracht. Ein **Ermessen** ist dem LAG insoweit **nicht eingeräumt**.⁴² Zwar ist es dem LAG erlaubt, über die Erfüllung der Tatbestandsvoraussetzungen Verzögerung und Verschulden nach seiner freien Überzeugung zu entscheiden. Dies bedeutet aber nicht, dass es trotz Erfüllung der Voraussetzungen von einer Zurückweisung absehen könnte. Ein **Antrag** der Gegenseite oder deren Rüge ist nicht Voraussetzung einer Zurückweisung.⁴³ Vertreten worden ist, dass die Zurückweisung nicht gegen das Einverständnis der Gegenseite mit der Berücksichtigung des Vorbringens erfolgen könne.⁴⁴ Dem ist nicht zu folgen.⁴⁵ Die Präklusionsnormen dienen nicht nur Parteiinteressen, sondern auch dem allgemeinen Interesse an einer Verfahrensbeschleunigung und der Entlastung der Gerichte.

4. Überprüfung in der Revision

14   Die **Zurückweisung von Vorbringen** als verspätet unterliegt der revisionsrechtlichen Überprüfung.⁴⁶ Im Rahmen der Bindung an die vom LAG festgestellten Tatsachen überprüft das BAG, ob

---

36 Lipke AuR 2007, 1, 4.
37 BGH, 28.05.1998 – VII ZR 160/97, NJW 1998, 2977; NK-GA/Breinlinger § 67 ArbGG Rn 13; GK-ArbGG/Vossen § 67 Rn 35a; Schwab/Weth-Schwab § 67 Rn 15.
38 BGH, 26.04.2007 – VII ZR 123/06, Rn 5.
39 GMPMG/Germelmann § 67 Rn 3; GK-ArbGG/Vossen § 67 Rn 18, 35; Schwab/Weth-Schwab § 67 Rn 9; Natter/Gross-Pfeiffer § 67 Rn 2; zu § 528 ZPO a.F.: BGH, 31.01.1980 – VII ZR 96/79, NJW 1980, 945; zu § 531 ZPO: BGH 23.06.2008 – GSZ 1/08, NJW 2008, 3434, Rn 10.
40 BAG, 25.01.2005 – 9 AZR 44/04, NZA 2005, 1365 Rn 34.
41 Schwab/Weth-Schwab § 67 Rn 9; ebenso zu § 531 ZPO: BGH, 18.11.2004 – IX ZR 229/03, NJW 2005, 291, Rn 20; a.A: OLG Nürnberg, 07.05.2003 – 13 U 615/03.
42 Vgl. die Nachweise bei den einzelnen Tatbeständen.
43 Schwab/Weth-Schwab § 67 Rn 36.
44 Grunsky Arbeitsgerichtsgesetz, 7. Aufl. 1995, § 67 Rn 6; anders jetzt GWBG/Benecke § 67 Rn 7.
45 GK-ArbGG/Vossen § 67 Rn 56; Schwab/Weth-Schwab § 67 Rn 36.
46 Vgl. etwa BAG, 22.01.1987 – 2 AZR 63/86; BAG, 25.09.1997 – 8 AZR 480/96; BAG, 19.05.1998 – 9 AZR 362/97.

das LAG ein Parteivorbringen zu Recht nicht berücksichtigt hat.[47] Dies gilt auch für die fehlerhafte Bestätigung der erstinstanzlichen Zurückweisung auf der Grundlage von § 67 Abs. 1. Die Partei kann die fehlerhafte Nichtberücksichtigung ihres Vorbringens mit der ggf. zuzulassenden Revision geltend machen, §§ 72 Abs. 2 Nr. 3, 72a Abs. 3 Nr. 3. Die fehlerhafte Zurückweisung von Vorbringen als verspätet stellt nämlich eine **Gehörsverletzung** i.S.d. Vorschriften dar.[48] Die Zulassung ablehnende Entscheidung ist daher mit der Nichtzulassungsbeschwerde erfolgreich angreifbar, sofern der Beschwerdeführer durch die Zurückweisung des Vorbringens in seinem Grundrecht auf rechtliches Gehör verletzt worden ist.[49] Sind Revision oder Zulassungsbeschwerde nicht gegeben, so kann gegen die Gehörsverletzung mit der Anhörungsrüge gemäß § 78a ArbGG vorgegangen werden.

Die **Berücksichtigung von verspätetem Vortrag** seitens des LAG dagegen kann in der Revision nicht mit Erfolg gerügt werden.[50] Das im Rechtszug übergeordnete Gericht kann die von der Vorinstanz **unterlassene Zurückweisung** eines Parteivortrags **nicht nachholen**.[51] Die Beschleunigungswirkungen, die die Verspätungsvorschriften sichern sollen, können nicht mehr erzielt werden, sobald das Berufungsgericht dem Vortrag nachgegangen ist.[52] Ebenso wie eine Nachholung des Ausschlusses als verspätet, scheidet auch die **Ersetzung** der **Rechtsgrundlage** für eine rechtsfehlerhafte Zurückweisung durch das LAG aus.[53] Streitig ist, ob eine Bindung an die Zulassung seitens des LAG auch dann eintritt, wenn es zu Unrecht die Zurückweisung seitens des ArbG korrigiert und von diesem ausgeschlossenes Vorbringen berücksichtigt hat.[54] Vorzugswürdig erscheint die Auffassung, die eine Bindung des Revisionsgerichts an die fälschlicherweise erfolgte Berücksichtigung des Vorbringens seitens des LAG annimmt. Ein Abweichen von dem zutreffenden, wenn auch verspätet dargelegten Sachverhalt ist nicht angezeigt, weil der gewollte Beschleunigungseffekt für das Berufungsverfahren nicht mehr erreicht werden kann.

15

5. Verspätung und Grundrecht auf rechtliches Gehör

Verspätungsvorschriften stehen in einem Spannungsverhältnis zu dem Anspruch auf **rechtliches Gehör** im gerichtlichen Verfahren, wie er in Art. 103 Abs. 1 GG verbürgt ist. Dieses **Verfahrensgrundrecht** will sicherstellen, dass der Einzelne »nicht nur Objekt der richterlichen Entscheidung« ist, »sondern vor einer Entscheidung, die seine Rechte betrifft, zu Wort« kommt, »um als Subjekt Einfluss auf das Verfahren und sein Ergebnis nehmen zu können. Rechtliches Gehör sichert den Parteien ein Recht auf Information, Äußerung und Berücksichtigung mit der Folge, dass sie ihr Verhalten im Prozess eigenbestimmt und situationsspezifisch gestalten können. Insbesondere sichert es, dass sie mit Ausführungen und Anträgen gehört werden.«[55]

16

Dennoch kann die willentliche Nichtberücksichtigung von verschuldet verspätetem Vorbringen seitens des Gerichts mit dem Anspruch auf rechtliches Gehör vereinbar sein. Dies gilt unabhängig

17

---

47 Schwab/Weth-Schwab § 67 Rn 53.
48 Bepler RdA 2005, 65, 72; GK-ArbGG/Mikosch § 72a Rn 28.
49 GK-ArbGG/Vossen § 67 Rn 59.
50 BAG, 20.04.1983 – 4 AZR 497/80; 31.10.1984 – 4 AZR 604/82; 07.11.1990 – 2 AZR 225/90; GMPMG/Germelmann § 67 Rn 34.
51 BAG, 09.11.1999 – 3 AZR 432/98, NZA 2001, 221.
52 BAG, 19.02.2008 – 9 AZN 1085/07, NJW 2008, 2362, Rn 11; BAG, 25.10.2012 – 2 AZR 845/11, NZA 2013, 900, Rn 37; BAG, 23.10.2014 – 2 AZR 865/13, NZA 2015, 353, Rn 23; BAG, 17.12.2015 – 8 AZR 421/14, Rn 44; GK-ArbGG/Vossen § 67 Rn 58.
53 BGH, 04.05.2005 – XII ZR 23/03; BGH, 22.02.2006 – IV ZR 56/05, NJW 2006, 1741.
54 Für eine Bindung: GK-ArbGG/Vossen § 67 Rn 58; zu § 531 ZPO bzw. § 528 ZPO a.F.: BGH, 26.02.1991 – XI ZR 163/90, NJW 1991, 1896; MünchKomm-ZPO/Rimmelspacher § 531 Rn 33; Zöller/Heßler § 531 Rn 39; für eine Behebbarkeit des Fehlers in der Revision: NK-GA/Breinlinger § 67 ArbGG Rn 27; Natter/Gross-Pfeiffer § 67 Rn 20; Schwab/Weth-Schwab § 67 Rn 53; zu § 531 ZPO: Musielak/Voit/Ball § 531 Rn 24.
55 BVerfG, 30.04.2003 – 1 PBvU 1/02, NJW 2003, 1924.

davon, ob man insoweit wegen grundrechtsdogmatischer Besonderheiten eine Beschränkung bereits des Schutzbereiches annimmt[56] oder entsprechend allgemeinen Grundsätzen von der Möglichkeit ausgeht, einen Eingriff in den Schutzbereich im Hinblick auf das Beschleunigungsgebot zu rechtfertigen.[57] Art. 103 Abs. 1 GG hindert den Gesetzgeber nicht, durch Präklusionsbestimmungen auf eine **beschleunigte Abwicklung** des Rechtsmittelverfahrens hinzuwirken. Voraussetzung ist aber dass, die betroffene Partei ausreichend Gelegenheit hatte, sich in allen für sie wichtigen Punkten zur Sache zu äußern, dies aber aus von ihr zu vertretenden Gründen versäumt hat.[58]

18 Wegen ihrer einschneidenden Folgen für die säumige Partei haben Präklusionsvorschriften strengen **Ausnahmecharakter**.[59] Ihre verschärfende analoge Anwendung scheidet daher aus.[60] Sie setzen ein Verschulden der Partei voraus. Die Zurückweisung von Vorbringen ohne vorwerfbares Verhalten der präkludierten Partei ist mit dem Anspruch auf Gewährung rechtlichen Gehörs unvereinbar. Dabei scheidet eine Zurückweisung bereits dann aus, wenn ein gerichtliches Fehlverhalten auch nur mitsächlich für die Verspätung oder das Unterbleiben einer Entschuldigung war.[61] Waren eine **unzulängliche Verfahrensleitung** oder eine **Verletzung** der **gerichtlichen Fürsorgepflicht** mitsächlich, ist eine Präklusion mit dem Anspruch auf Gewährung rechtlichen Gehörs nicht zu vereinbaren.[62] Das Gericht hat hierbei durch zumutbare und damit prozessrechtlich gebotene Maßnahmen eine Verzögerung zu vermeiden.[63] Hierzu gehören Hinweise im Rahmen des § 139 ZPO,[64] die kurzfristige Ladung eines benannten Zeugen[65] oder eine Terminierung der Kammerverhandlung, die die Durchführung einer kurzfristig erforderlich werdenden überschaubaren Zeugeneinvernahme zulässt.[66]

19 Qualifizierte Verletzungen des Anspruchs auf rechtliches Gehör vor Gericht können mit der **Verfassungsbeschwerde** erfolgreich geltend gemacht werden. Nicht jede fehlerhafte Anwendung von Präklusionsvorschriften verletzt aber das Grundrecht. Dazu muss gerade eine verfassungsrechtlich erforderliche Anhörung unterblieben sein. Wegen der Grundrechtsrelevanz von Präklusionsvorschriften ist dabei die Schwelle der Grundrechtsverletzung eher erreicht, als dies üblicherweise bei der Anwendung einfachen Rechts der Fall ist.[67] Hinreichend qualifizierte Verletzungen liegen vor bei offensichtlich unrichtiger Gesetzesanwendung[68] oder Verkennung von Tragweite und Bedeutung des Anspruchs auf rechtliches Gehör.[69] Wegen der Subsidiarität der Verfassungsbeschwerde (§ 90 Abs. 2 Satz 1 BVerfGG) ist die Verfassungsbeschwerde erst zulässig, wenn die Gehörsverletzung erfolglos mit dem einschlägigen Rechtsmittel oder Rechtsbehelf geltend gemacht worden ist. Dies sind im arbeitsgerichtlichen Verfahren bezüglich Entscheidungen des LAG zunächst Revision oder Nichtzulassungsbeschwerde, mit der die Gehörsverletzung geltend gemacht werden kann. Im Fall einer nicht anfechtbaren Entscheidung des LAG etwa in Verfahren des einstweiligen Recht-

---

56 Höfling/Burkiczak, in Friauf/Höfling, Berliner Kommentar, Art. 103 GG Rn 25 f, 95.
57 Schmidt-Aßmann in Maunz/Dürig, GG, Art. 103 Rn 16, 18.
58 BVerfG, 10.10.1973 – 2 BvR 574/71, NJW 1974, 133; BVerfG, 30.01.1985 – 1 BvR 99/84, NJW 1985, 1149; BVerfG, 01.04.1992 – 1 BvR 1097/91, NJW 1992, 2556; BAG, 18.01.2012 – 6 AZR 407/10, Rn 20.
59 BVerfG, 30.01.1985 – 1 BvR 99/84, NJW 1985, 114; BVerfG, 28.01.1987 – 1 BvR 848/85, NJW 1987, 1621.
60 BGH, 23.04.1986 – VIII ZR 93/85, NJW 1986, 2257.
61 BVerfG, 14.04.1987 – 1 BvR 162/84, NJW 1987, 2003.
62 BVerfG, 26.10.1999 – 2 BvR 1292/96, NJW 2000, 945.
63 BVerfG, 21.02.1990 – 1 BvR 1117/89, NJW 1990, 2373.
64 GMPMG/Germelmann § 67 Rn 8.
65 BAG, 23.11.1988 – 4 AZR 393/88, NZA 1989, 436.
66 GK-ArbGG/Vossen § 67 Rn 15; Schwab/Weth-Schwab § 67 Rn 5 f.
67 BVerfG, 05.05.1987 – 1 BvR 903/85, NJW 1987, 2733.
68 BVerfG, 30.01.1985 – 1 BvR 876/84, NJW 1985, 1150.
69 BVerfG, 11.02.1987 – 1 BvR 475/85, NJW 1987, 2067.

schutzes ist regelmäßig die vorherige Einlegung einer Anhörungsrüge nach § 78a zur Ausschöpfung des Rechtswegs erforderlich.[70]

II. Verletzung erstinstanzlicher Prozessförderungspflicht

Gemeinsamkeit der Verspätungstatbestände aus Abs. 1–3 ist, dass sie die Verletzung einer erstinstanzlichen Prozessförderungspflicht voraussetzen. Vortrag, der in der ersten Instanz gehalten und vom Arbeitsgericht zu Recht als verspätet zurückgewiesen worden ist, bleibt nach Abs. 1 im Berufungsverfahren ausgeschlossen. Vortrag, der in der ersten Instanz hätte erfolgen müssen, aber erst in der Berufungsinstanz in das Verfahren eingebracht wird, kann nach Abs. 2–3 unzulässig sein. Abs. 2 stellt auf die schuldhafte Überschreitung einer vom ArbG nach §§ 56 Abs. 1 Nr. 1, 61 Abs. 3–4 gesetzten Schriftsatzfrist ab, Abs. 3 auf die grob nachlässige Verletzung anderer Prozessförderungspflichten. 20

1. Überprüfung erstinstanzlicher Zurückweisung

Gegenstand des Abs. 1 sind im Verfahren erster Instanz verspätet vorgebrachte Angriffs- oder Verteidigungsmittel, die bereits das Arbeitsgericht wegen der Verspätung ausgeschlossen hat. Vortrag, den das ArbG zu Recht als verspätet zurückgewiesen hat, bleibt auch in der Berufung ausgeschlossen. Präklusionsvorschriften erster Instanz und das berufungsrechtliche Novenrecht, also die Regelungen zur Zulässigkeit von neuem Vorbringen in der Berufungsinstanz, müssen sich entsprechen. Ansonsten droht die Aushöhlung der Vorschriften zur Zurückweisung verspäteten Vorbringens erster Instanz.[71] Wie bereits aus dem Tatbestandsmerkmal »zu Recht« folgt, hat aber das LAG die Aufgabe, die Zurückweisung in vollem Umfang auf ihre Rechtmäßigkeit zu überprüfen.[72] 21

Die Zurückweisung durch das ArbG kann sowohl auf Tatsachenvortrag als auch auf Beweisantritte bezogen sein. Zu beachten ist, dass bei Zurückweisung eines bestimmten Beweisantritts als verspätet, ein neuer anderer Beweisantritt zur gleichen streitigen Tatsache nicht nach Abs. 1 ausgeschlossen ist.[73] Die Anwendbarkeit von Abs. 1 erstreckt sich auf alle Zurückweisungsmöglichkeiten erster Instanz.[74] Am häufigsten wird die Zurückweisung in der Nichtbeachtung einer vom ArbG nach §§ 56 Abs. 1 Ziffer 1 oder 61a Abs. 3 und 4 zur Vorbereitung der streitigen Verhandlung erfolgten **Fristsetzung** begründet sein. Erfasst sind aber auch die Zurückweisung wegen **grob nachlässiger Verletzung** der **allgemeinen Prozessförderungspflicht** nach §§ 282, 296 Abs. 2 ZPO oder von Vorbringen außerhalb der **Einspruchsbegründungsfrist** nach §§ 340 Abs. 3 i.V.m. 296 Abs. 1 ZPO. Beide Verspätungstatbestände sind über § 46 Abs. 2 Satz 1 im arbeitsgerichtlichen Verfahren anwendbar.[75] 22

Nicht erfasst dagegen sind Fälle, wo das ArbG ein Vorbringen vor Schluss der mündlichen Verhandlung aus anderen Gründen als einer Verspätung nicht berücksichtigt hat.[76] Insbesondere gilt dies, wenn das erstinstanzliche Gericht ein Vorbringen als unschlüssig angesehen hat.[77] Eine Zurückweisung i.S.v. Abs. 1 liegt auch dann nicht vor, wenn das Gericht **Vorbringen** nach **Schluss** der 23

---

70 Vgl. BVerfG, 25.11.2008 – 1 BvR 848/07, NJW 2009, 829, Rn 30.
71 Vgl. BT-Drs. 7/5250, S. 5; BVerfG 14.04.1987 – 1 BvR 162/84, NJW 1987, 2003.
72 LAG Rheinland-Pfalz, 24.06.2015 – 7 Sa 559/14, Rn 41; GMPMG/Germelmann § 67 Rn 20; Schwab/Weth-Schwab § 67 Rn 16, 20.
73 BGH, 28.09.1988 – IVa ZR 88/87, NJW 1989, 716.
74 GMPMG/Germelmann § 67 Rn 18.
75 GK-ArbGG/Vossen § 67 Rn 22; Schwab/Weth-Schwab § 67 Rn 19; zu §§ 282, 296 Abs. 2 ZPO: LAG Hamm, 02.02.1995 – 4 Sa 1850/94; LAG Köln, 01.06.2011 – 3 Sa 1577/10, Rn 44; zu §§ 340 Abs. 3 i.V.m. 296 Abs. 1 ZPO: BAG, 09.11.1983 – 5 AZR 355/81, NZA 1985, 130; LAG Rheinland-Pfalz, 08.02.2006 – 10 Sa 659/05, Rn 24; LAG Köln, 23.04.2007 – 2 Sa 1404/06, Rn 11.
76 GMPMG/Germelmann § 67 Rn 18.
77 BGH, 24.04.1985 – VIII ZR 95/84, NJW 1985, 1539; GK-ArbGG/Vossen § 67 Rn 23.

mündlichen Verhandlung wegen § 296a ZPO unberücksichtigt lässt.[78] Solches Vorbringen ist, wenn es nicht nach den übrigen Tatbeständen des § 67 zurückzuweisen ist, im Berufungsverfahren zu berücksichtigen. Die Versagung der Wiedereröffnung der mündlichen Verhandlung nach § 156 ZPO[79] oder die Verweigerung einer Frist zur Stellungnahme auf einen rechtlichen Hinweis des Gerichts gem. § 139 Abs. 5 ZPO[80] – mögen solche Entscheidungen in den Gründen des ArbG auch in Begrifflichkeiten der Verspätungsvorschriften gekleidet sein – können insoweit einer Zurückweisungsentscheidung nicht gleichgestellt werden.

24 Die Unterscheidung ist von Bedeutung, weil die Zurückweisung nach den übrigen Tatbeständen des § 67 an weitere Voraussetzungen gebunden ist, insbesondere den Eintritt einer Verzögerung in der Berufungsinstanz. Für Abs. 1 dagegen ist ausreichend, wenn das ArbG zu Recht eine **Verzögerung** des **Verfahrens erster Instanz** angenommen hat. Eine **Verzögerung** auch des **Berufungsverfahrens** ist hier nicht Voraussetzung.[81] Die Zurückweisung durch das ArbG war rechtmäßig und begründet die Fortwirkung des Ausschlusses im Berufungsverfahren, wenn alle gesetzlichen Voraussetzungen für eine Zurückweisung vorgelegen haben.[82] Maßgebend für die dem LAG auferlegte Überprüfung sind dabei die Umstände, wie sie das ArbG zu beurteilen hatte, also Vorbringen und Verhandlungsergebnis zum **Schluss** der **mündlichen Verhandlung erster Instanz**. Abgesehen von den Fällen, wo die Partei erstinstanzlich keine Gelegenheit zum Vorbringen von Entschuldigungsgründen hatte (dazu Rdn. 26), ist deshalb auch die Entschuldigung verspäteter Angriffs- oder Verteidigungsmitteln nicht nachholbar. Fehlte nämlich die Entschuldigung in erster Instanz, so geschah die Nichtzulassung dort zu Recht.[83]

25 Von der Maßgeblichkeit der Entscheidungsgrundlagen erster Instanz gelten – auch verfassungsrechtlich gebotene – Ausnahmen. So ist wegen Verspätung ausgeschlossenes **Vorbringen** dann im Berufungsverfahren zu berücksichtigen, wenn es im Berufungsverfahren **unstreitig** geworden ist.[84] Die Vorschriften über die Behandlung verspäteten Vortrags betreffen nur streitiges Vorbringen. Wird streitiges Vorbringen unstreitig, liegt ein neuer Sachstand und Streitstand vor, welcher der Beurteilung des Richters erster Instanz noch nicht unterlegen hat.[85]

26 Neues Vorbringen in der Berufungsinstanz zu **Entschuldigungsgründen** ist ausnahmsweise beachtlich, wenn die Partei in der ersten Instanz keine Gelegenheit hatte, eine Entschuldigung der Verspätung vorzubringen.[86] Ansonsten würde eine Zurückweisung unverschuldet unterbliebenen Vorbringens und damit eine Verletzung des Grundrechts auf rechtliches Gehör drohen.[87] Zu beachten hat das ArbG hier die Regelung in § 139 Abs. 4 ZPO, wonach gebotene **gerichtliche Hinweise** also auch der Hinweis auf eine mögliche Präklusion verbunden mit einer Entschuldigungsgelegenheit[88] aktenkundig zu machen sind. Nach der Regelung zur Erforderlichkeit eines Protokollbeweises in

---

78 NK-GA/Breinlinger § 67 ArbGG Rn 11; GK-ArbGG/Vossen § 67 Rn 23; Schwab/Weth-Schwab § 67 Rn 19.
79 BGH, 10.07.1979 – VI ZR 223/78, NJW 1979, 2109.
80 GMPMG/Germelmann § 67 Rn 18.
81 BVerfG, 07.10.1980 – 1 BvL 50/79, 1 BvL 89/79, 1 BvR 240/79, NJW 1981, 271; BGH, 31.01.1980 – VII ZR 96/79, NJW 1980, 945; GMPMG/Germelmann § 67 Rn 17; GK-ArbGG/Vossen § 67 Rn 20; Hauck/Helml/Biebl § 67 Rn 4; Schwab/Weth-Schwab § 67 Rn 16.
82 GK-ArbGG/Vossen § 67 Rn 24; hinsichtlich der Einzelheiten ist insoweit auf die Kommentierungen zu den jeweiligen erstinstanzlichen Zurückweisungsmöglichkeiten zu verweisen.
83 OLG Frankfurt, 17.10.1978 – 5 U 74/78, NJW 1979, 375; GMPMG/Germelmann § 67 Rn 20.
84 BVerfG, 07.10.1980 – 1 BvL 50/79, 1 BvL 89/79, 1 BvR 240/79, NJW 1981, 271; BGH, 31.01.1980 – VII ZR 96/79, NJW 1980, 945; GMPMG/Germelmann § 67 Rn 19.
85 BGH, 31.01.1980 – VII ZR 96/79, NJW 1980, 945.
86 GMPMG/Germelmann § 67 Rn 20; Schwab/Weth-Schwab § 67 Rn 18.
87 BVerfG, 14.04.1987 – 1 BvR 162/84.
88 Zöller/Greger § 139 Rn 19.

§ 139 Abs. 4 Satz 2 ZPO muss andernfalls das LAG regelmäßig davon ausgehen, dass ein entsprechender Hinweis nicht erteilt wurde[89] und deshalb eine **Nachholungsmöglichkeit** einräumen.

Ist danach die Zurückweisung als verspätet durch das ArbG zu Recht erfolgt, dann muss das zurückgewiesene Vorbringen ausgeschlossen bleiben. Das LAG verfügt insoweit über **keinen Ermessensspielraum**.[90] War dagegen die Entscheidung, das Vorbringen auszuschließen, rechtswidrig, dann hat das LAG das Vorbringen zu berücksichtigen.[91] Das gilt auch dann, wenn der vom ArbG angenommene Verspätungstatbestand nicht vorlag, wohl aber eine andere Rechtsgrundlage die Zurückweisung erlaubt hätte. Ein **Wechsel** der **Präklusionsbegründung** durch das Rechtsmittelgericht kommt nicht in Betracht.[92] 27

Ebenso wenig darf das LAG die überhaupt fehlende Zurückweisung durch das ArbG ersetzen. Vielmehr ist das **LAG an** die **Berücksichtigung verspäteten Vorbringens** durch das ArbG **gebunden**.[93] Hat das erstinstanzliche Gericht das Vorbringen nicht als verspätet zurückgewiesen, darf das Berufungsgericht keine eigene Prüfung vornehmen, ob die Voraussetzungen einer Präklusion durch das ArbG vorgelegen haben. Vielmehr muss es den Vortrag verwerten. Andernfalls verstößt es gegen das Grundrecht auf rechtliches Gehör aus Art. 103 Abs. 1 GG.[94] 28

Die unterschiedlichen Voraussetzungen von Abs. 1 und 2 sind der Hintergrund dafür, dass bei schuldhafter Versäumung erstinstanzlich gesetzter Fristen die Zurückhaltung von Vortrag bis zur Berufung für die säumige Partei vorteilhaft sein kann. Ein rechtzeitig in der Berufungsbegründung oder -beantwortung erfolgendes Vorbringen wird regelmäßig die Erledigung des Berufungsverfahrens nicht verzögern, so dass eine Zurückweisung im Berufungsverfahren ausscheidet.[95] Ein erstinstanzlicher Vortrag nach Ablauf dort gesetzter Fristen begründet durchaus die Gefahr der Verzögerung der arbeitsgerichtlichen Entscheidung und damit einer Zurückweisung als verspätet. Hieraus kann die Motivation für eine »**Flucht in die Berufung**« folgen, bei der weiterer Vortrag bewusst erst im Berufungsverfahren erfolgt. Die unterschiedlichen Zurückweisungsvoraussetzungen erster und zweiter Instanz sind aber vor dem Gleichheitsgrundsatz aus Art. 3 Abs. 1 GG gerechtfertigt.[96] Die Parteien können sich in ihrem Verhalten auf die Regelung einstellen, die nicht die Grenze zur willkürlichen Rechtssetzung überschreitet. Die Beschränkung der Zurückweisung auf tatsächlich erledigungsverzögerndes Vorbringen ist im Interesse einer materiell richtigen Entscheidung sachlich gerechtfertigt. Die ihr Vorbringen bis zur Berufung zurückhaltende Partei muss aber die **Kostenfolge** aus § 97 Abs. 2 ZPO ihn Kauf nehmen.[97] Danach sind die Kosten des Rechtsmittelverfahrens der obsiegenden Partei ganz oder teilweise aufzuerlegen, wenn sie aufgrund eines neuen Vorbringens obsiegt, das sie in einem früheren Rechtszug hätte geltend machen können. 29

2. Zurückweisung verfristeten Vorbringens durch das LAG

Die Regelung in § 67 Abs. 2 geht auf das Arbeitsgerichtsbeschleunigungsgesetz 1979[98] zurück. Der Gesetzgeber wollte die Verspätungsvorschriften im Berufungsverfahren an die damals neu eingeführten Präklusionsvorschriften erster Instanz anpassen.[99] Dem entspricht der Anwendungsbereich der Vorschrift. Erforderlich ist, dass das ArbG der Partei eine **Schriftsatzfrist** gesetzt hat, sei es nach 30

---

89 Vgl. BGH, 20.06.2005 – II ZR 366/03, Rn 5.
90 GMPMG/Germelmann § 67 Rn 21; Natter/Gross-Pfeiffer § 67 Rn 5; Schwab/Weth-Schwab § 67 Rn 20.
91 GK-ArbGG/Vossen § 67 Rn 27.
92 BGH, 04.05.1999 – XI ZR 137/98, NJW 1999, 2269; 22.02.2006 – IV ZR 56/05, NJW 2006, 1741, Rn 12.
93 GMPMG/Germelmann § 67 Rn 22; Natter/Gross-Pfeiffer § 67 Rn 6; Schwab/Weth-Schwab § 67 Rn 21.
94 BVerfG, 26.01.1995 – 1 BvR 1068/93, NJW 1995, 2980.
95 Zur ausnahmsweisen Möglichkeit einer Verzögerungswirkung: GK-ArbGG/Vossen § 67 Rn 21.
96 BVerfG, 07.10.1980 – 1 BvL 50/79, 1 BvL 89/79, 1 BvR 240/79, NJW 1981, 271.
97 GK-ArbGG/Vossen § 67 Rn 21; Natter/Gross-Pfeiffer § 67 Rn 7; Schwab/Weth-Schwab § 67 Rn 2.
98 BGBl. I 1979, S. 545.
99 BT-Drs. 8/1567, S. 34.

der speziellen Vorschrift für Kündigungsverfahren in § 61a Abs. 3 oder 4, sei es nach der allgemeinen Vorschrift zur Vorbereitung der streitigen Verhandlung in § 56 Abs. 1 Satz 2 Nr. 1. Auf andere als die genannten Fristen findet Abs. 2 keine Anwendung.[100]

31 Voraussetzung einer Verspätung nach Abs. 2 ist, dass die Fristsetzung durch das ArbG wirksam erfolgt ist, insbesondere hinreichend konkret war. Insoweit gelten die zu § 56 kommentierten Grundsätze (vgl. dort Rdn. 36 ff.). Die Zurückweisung erstmalig in der Berufungsinstanz vorgebrachter Angriffs- oder Verteidigungsmittel, die von solchen Auflagen erfassten sind, setzt weiter voraus, dass ihre Berücksichtigung die Erledigung des Rechtsstreits verzögern würde. Erforderlich ist eine **Verzögerung** der Erledigung des **Berufungsverfahrens**.[101] Hierin unterscheidet sich die Zurückweisung neuen Vorbringens in der Berufung von der Überprüfung der Zurückweisung dort verspätet erfolgten Vorbringens durch die erste Instanz (vgl. Rdn. 29). Die Zurückweisung neuen Vorbringens durch das LAG trotz Fehlen einer Verzögerung im Berufungsverfahren verletzt die Prozesspartei in ihrem Grundrecht auf rechtliches Gehör und begründet die Aufhebung auf die Verfassungsbeschwerde hin.[102]

32 Eine **Verzögerung** der Erledigung tritt ein, wenn der Prozess bei Zulassung des verspäteten Vorbringens länger dauern würde als bei dessen Zurückweisung. Unerheblich ist dagegen, ob die Verfahrensdauer bei rechtzeitigem Vorbringen ebenso lange gedauert hätte.[103] Die Zurückweisung einer relativen Betrachtungsweise und das Abstellen auf eine **absolute Theorie** entsprechen der in Rechtsprechung und Lehre ganz überwiegend vertretenen Auffassung. Sie sind durch Praktikabilitätserwägungen und den Zweck der Präklusionsvorschriften begründet.[104] Zu beachten ist, dass die Verzögerung monokausal auf das Verhalten der Partei zurückzuführen sein muss. Hat auch das Gericht oder der Partei nicht zurechenbares Verhalten Dritter zur Verzögerung beigetragen, scheidet eine Zurückweisung aus (vgl. Rdn. 18).

33 Ob ein verspätet erfolgendes Vorbringen zu einer Verzögerung führt, erfordert danach eine Reihe von Feststellungen.[105] Zunächst ist der Gegenpartei Gelegenheit zur Erwiderung auf das Vorbringen zu geben.[106] Stimmt sie dem Vortrag zu oder erfolgt keine den Anforderungen aus § 138 Abs. 2–4 ZPO genügende Erwiderung, dann ist das verspätete Vorbringen unstreitig und deshalb der Entscheidung zugrunde zu legen. Erfolgt dagegen ein **hinreichendes Bestreiten** oder – im Falle des verspäteten Bestreitens einer pauschalen Behauptung – hinreichend konkreter ergänzender Vortrag,[107] so ist zu prüfen, ob die erforderlich werdende Beweiserhebung zu einer **Verzögerung** führt. Kann sich die Gegenpartei nicht rechtzeitig auf das verspätete Vorbringen erklären, so ist ihr unter den Voraussetzungen des § 283 ZPO eine **Schriftsatzfrist** für die **Erwiderung** einzuräumen. Über den Eintritt einer Verzögerung ist dann nach Ablauf der Frist unter Berücksichtigung des Vorbringens der Partei zu befinden. Aus der Notwendigkeit von Schriftsatznachlass und Verkündungstermin allein folgt noch keine Verzögerung, die die Nichtberücksichtigung des verspäteten Vorbringens rechtfertigen würde.[108] Erst unter Berücksichtigung der nachzureichenden Erklärungen der Gegenseite kann nämlich festgestellt werden, ob das verspätete Vorbringen streitig und damit einer Präklusion zugänglich ist.

---

100 GMPMG/Germelmann § 67 Rn 7; GK-ArbGG/Vossen § 67 Rn 29; Schwab/Weth-Schwab § 67 Rn 25.
101 ErfK/Koch § 67 ArbGG Rn 4; GK-ArbGG/Vossen § 67 Rn 38; Lipke AuR 2007, 1, 4; Schwab/Weth-Schwab § 67 Rn 28.
102 BVerfG, 26.01.1995 – 1 BvR 1068/93, NJW 1995, 2980.
103 BGH, 12.07.1979 – VII ZR 284/78, NJW 1979, 1988; 02.12.1982 – VII ZR 71/82, NJW 1983, 575, Schwab/Weth-Schwab § 67 Rn 29.
104 GK-ArbGG/Vossen § 67 Rn 39 f.
105 Schwab/Weth-Schwab § 67 Rn 29 ff.
106 GK-ArbGG/Vossen § 67 Rn 53.
107 Vgl. Hessisches LAG, 30.12.2013 – 17 Sa 745/13, Rn 122 ff.
108 BGH, 26.11.1984 – VIII ZR 217/83, NJW 1985, 1556; LAG Mecklenburg-Vorpommern, 12.01.2006 – 1 Sa 301/05, Rn 21; LAG Berlin-Brandenburg, 12.03.2007 – 10 Sa 2042/06, Rn 57; Hessisches LAG, 30.12.2013 – 17 Sa 745/13, Rn 132.

Diese Erfordernisse muss die mit möglicherweise verspätetem Vorbringen konfrontierte Gegenpartei beachten. Die **bloße Rüge der Verspätung** ohne Einlassung zu dem verspäteten Vorbringen **reicht für** eine **Zurückweisung als verspätet nicht aus**.[109] Kann sich die von dem neuen Vorbringen überraschte Partei nicht sogleich substantiiert erklären, so sollte sie die Bewilligung einer Erwiderungsfrist nach § 283 ZPO beantragen; andernfalls riskiert sie, dass der verspätete Vortrag der Gegenseite als zugestanden behandelt wird.[110] Durch Beschränkung auf pauschales Bestreiten[111] oder die Weigerung, einen Schriftsatznachlass zu beantragen,[112] kann die Gegenpartei nicht die Voraussetzungen für eine Zurückweisung als verspätet schaffen. Besondere Umstände, weshalb aus dem verspäteten Vorbringen eine Verzögerung droht, muss sie dartun, etwa dass sie einen Gegenbeweis nicht rechtzeitig antreten kann, sodass ein weiterer Termin erforderlich werden und damit eine Verspätung eintreten würde.[113] 34

Auch die Zurückweisung nach § 67 Abs. 2 setzt **Verschulden** voraus.[114] Sie scheidet aus, wenn die Partei die Verspätung genügend entschuldigt.[115] Nach den allgemeinen Grundsätzen ist der Partei das Verschulden ihres Prozessbevollmächtigten zuzurechnen, § 85 Abs. 2 ZPO.[116] Vor einer Zurückweisung ist der Partei insoweit rechtliches Gehör zu gewähren.[117] Die Partei muss Gelegenheit haben, die Verspätung zu entschuldigen.[118] Auf Verlangen hat die Partei die Entschuldigungsgründe glaubhaft zu machen. Sie trägt Darlegungs- und Beweislast. Misslingt es ihr, das Gericht von einer hinreichenden Wahrscheinlichkeit der Entschuldigungsgründe zu überzeugen, so ist zu ihren Lasten zu entscheiden.[119] 35

3. Zurückweisung nachlässig verspäteten Vorbringens

§ 67 Abs. 3 nimmt für das Berufungsverfahren auf die **allgemeinen Prozessförderungspflichten** der Parteien aus § 282 ZPO Bezug. Unabhängig von der Verletzung konkreter richterlicher Auflagen seitens des Arbeitsgerichts können danach bei grober Nachlässigkeit der Partei im erstinstanzlichen Verfahren Angriffs- und Verteidigungsmittel zurückzuweisen sein, die nicht zur gebotenen Zeit vorgebracht werden. Dabei gilt § 282 Abs. 1 ZPO für die Prozessförderungspflicht **in der mündlichen Verhandlung**, während Abs. 2 der Vorschrift sich auf die **schriftliche Vorbereitung** der Verhandlung bezieht.[120] Eine besondere Regelung in Bezug auf **Zulässigkeitsrügen** enthält § 282 Abs. 3 ZPO, der auf die frühe Mitteilung solcher Einwände zielt, damit gravierende Fehlakzentuierungen des Prozesses vermieden werden.[121] 36

Zur gebotenen Zeit in der mündlichen Verhandlung vorgebracht im Sinne von § 282 Abs. 1 ZPO ist ein Angriffs- oder Verteidigungsmittel, wenn der Zeitpunkt nach der Prozesslage einer sorgfältigen und auf Förderung des Verfahrens bedachten Prozessführung entspricht. Mit **Prozesslage** sind dabei insbesondere das bisherige Vorbringen des Gegners, Hinweise oder Fragen des Gerichts gemeint.[122] Es muss nicht jeder irgendwie mit der Sache zusammenhängende oder nur eventuell 37

---

109 Schwab/Weth-Schwab § 67 Rn 33.
110 LAG Berlin-Brandenburg, 12.03.2007 – 10 Sa 2042/06, Rn 57.
111 OLG Karlsruhe, 28.10.2003 – 17 U 59/02.
112 LAG Hamm, 02.02.1995 – 4 Sa 1850/94.
113 Schwab/Weth-Schwab § 67 Rn 31.
114 Schwab/Weth-Schwab § 67 Rn 34.
115 ErfK/Koch § 67 ArbGG Rn 4.
116 GK-ArbGG/Vossen § 67 Rn 54.
117 ErfK/Koch § 67 ArbGG Rn 4; Natter/Gross-Pfeiffer § 67 Rn 14.
118 GMPMG/Germelmann § 67 Rn 8; GK-ArbGG/Vossen § 67 Rn 55.
119 ErfK/Koch § 67 ArbGG Rn 4; GK-ArbGG/Vossen § 67 Rn 55.
120 Zöller/Greger § 282 Rn 1.
121 Musielak/Voit/Foerste § 282 Rn 1.
122 Musielak/Voit/Foerste § 282 Rn 3.

erheblich werdende Gesichtspunkt von vornherein in das Verfahren eingeführt werden.[123] Vielmehr kann die Partei ihr Vorbringen an dem Vorgehen von Gegner und Gericht ausrichten und auch Vorbringen aus prozesstaktischen Gründen zurückhalten, soweit es noch nicht als Erwiderung auf gegnerisches Vorbringen oder Fragen und Hinweise des Gerichts veranlasst ist.[124]

38 Zur Vermeidung einer Prozessverzögerung durch Überraschung des Gegners mit Vorbringen, auf das er ohne vorhergehende Erkundigung keine Erklärung abgeben kann, verpflichtet § 282 Abs. 2 ZPO die Partei dazu, solches Vorbringen so rechtzeitig schriftsätzlich mitzuteilen, dass der Gegner noch vor dem Verhandlungstermin die erforderlichen Erkundigungen einzuziehen vermag. Die Vorschrift knüpft an eine **Verpflichtung** zur **schriftsätzlichen Vorbereitung** des **Termins** an, wie sie im arbeitsgerichtlichen Verfahren nur auf richterlicher Anordnung beruhen kann, § 129 Abs. 2 ZPO. Der Vorschrift kommt insofern eine Auffangfunktion zu, wenn richterliche Auflagen, schriftsätzliche Erklärungen einzureichen, nicht den Anforderungen an die schriftliche Terminsvorbereitung gemäß § 56 Abs. 1 Ziffer 1 oder § 61a Abs. 3–4 genügen, wie sie im Verletzungsfall den Ausschluss nach § 67 Abs. 1 oder 2 rechtfertigen können.[125]

39 § 282 Abs. 3 ZPO, wie er die **Rechtzeitigkeit** von **Zulässigkeitsrügen** in Bezug auf die Klage betrifft, ist im arbeitsgerichtlichen Verfahren nur **eingeschränkt anwendbar**. Wegen § 54 Abs. 2 Satz 3, wonach die Verpflichtung zum frühzeitigen Vorbringen von Zulässigkeitsrügen aus § 282 Abs. 3 ZPO im arbeitsgerichtlichen Gütetermin keine Anwendung findet, müssen solche Rügen nicht vor oder im Gütetermin vorgebracht werden. Ausreichend ist ein schriftsätzliches Vorbringen vor dem Kammertermin oder – soweit dadurch nicht ein Verspätungstatbestand infolge Verletzung einer Verpflichtung zu schriftsätzlichem Vorbringen verletzt ist – zu Beginn der mündlichen Verhandlung vor der Kammer.[126] Sind diese Zeitgrenzen überschritten, ist § 67 Abs. 3 einschlägig. Die Verpflichtung zum rechtzeitigen Vorbringen von Zulässigkeitsrügen unterfällt der allgemeinen Verpflichtung zur rechtzeitigen schriftsätzlichen Terminsvorbereitung aus § 282 Abs. 2 ZPO, wie sie von § 67 Abs. 3 sanktioniert ist.[127]

40 Voraussetzung einer Zurückweisung nach § 67 Abs. 3 ist, dass die Berücksichtigung des Vorbringens zu einer **Verzögerung** des Rechtsstreits vor dem LAG führen würde und das Unterlassen entsprechenden Vorbringens vor dem Arbeitsgericht auf **grober Nachlässigkeit** der Partei beruht. Beide Voraussetzungen müssen **kumulativ** erfüllt und in den schriftlichen Urteilsgründen festgestellt sein.[128] Das Vorliegen einer Verzögerung der Erledigung des Berufungsverfahrens ist nach der absoluten Betrachtungsweise zu beurteilen. Eine Mitverursachung der Verzögerung durch das Gericht schließt die Zurückweisung aus (vgl. oben Rdn. 18). Grobe Nachlässigkeit liegt vor, wenn die Partei ihre Prozessförderungspflicht in besonders hohem Maße vernachlässigt, wenn sie also dasjenige unterlässt, was nach dem Stand des Verfahrens jeder Partei als notwendig hätte einleuchten müssen.[129] Dabei muss das Gericht die diesen Vorwurf begründenden Tatsachen in seinem Urteil feststellen.[130] Die Partei trägt die Darlegungs- und Beweislast für die entschuldigenden Tatsachen.[131] Gibt die Partei trotz Gelegenheit keine Erklärung zu den Gründen der Verspätung ab, so kann eine Entschuldigung nicht angenommen werden.[132] Liegen die Voraussetzungen vor, so muss eine Zurückweisung seitens des LAG erfolgen. Die Vorschrift räumt kein Ermessen ein. Hierin liegt ein Unterschied zu dem im

---

123 So zur gleichlautenden Regelung in § 277 Abs. 1 ZPO: BVerfG, 29.04.1980 – 2 BvR 1441/79, NJW 1980, 1737.
124 Zöller/Greger § 282 Rn 3.
125 GK-ArbGG/Vossen § 67 Rn 60; Schwab/Weth-Schwab § 67 Rn 41.
126 Schwab/Weth-Schwab § 67 Rn 42.
127 GMPMG/Germelmann § 67 Rn 13.
128 So zum gleichlautenden § 528 Abs. 2 ZPO a.F.: BVerfG, 28.01.1987 – 1 BvR 848/85, NJW 1987, 1621.
129 So zu § 296 Abs. 2 ZPO: BGH, 24.09.1986 – VIII ZR 255/85, NJW 1987, 501.
130 BGH, 15.10.2002 – X ZR 69/01, NJW 2003, 200.
131 GK-ArbGG/Vossen § 67 Rn 66.
132 LAG Köln, 04.02.1988 – 8 Sa 173/87; Schwab/Weth-Schwab § 67 Rn 45.

erstinstanzlichen Verfahren vor den Arbeitsgerichten die Zurückweisung grob nachlässig verspäteten Vorbringens regelnden § 296 Abs. 2 ZPO, der insoweit Ermessen eröffnet.[133]

III. Verletzung zweitinstanzlicher Prozessförderungspflicht

§ 67 Abs. 4 knüpft an eine Verletzung der Prozessförderungspflicht im Berufungsverfahren an. Die Vorschrift bestimmt, unter welchen Voraussetzungen ein Vorbringen deshalb unberücksichtigt bleiben kann. Satz 1 stellt die **Grundregel** auf. In der ersten Instanz nicht gehaltener Vortrag muss mit **Berufungsbegründung** oder **Berufungsbeantwortung** in das **Berufungsverfahren eingeführt** werden. Satz 2 statuiert die gebotenen **Ausnahmen**. Zu berücksichtigen ist nach Fristablauf gehaltener Vortrag, wenn die Angriffs- oder Verteidigungsmittel entweder nach Berufungsbegründung oder -beantwortung entstanden sind oder es an einer der Zurückweisungsvoraussetzungen, nämlich Erledigungsverzögerung oder Parteiverschulden, fehlt. Neben § 67 Abs. 4 Satz 1 können besondere Prozessförderungspflichten im Berufungsverfahren aus gerichtlichen Fristsetzungen durch das LAG entstehen. Im arbeitsgerichtlichen Berufungsverfahren findet über § 64 Abs. 7 die Vorschrift aus § 56 Abs. 1 Satz 2 Anwendung. Die oder der Kammervorsitzende am LAG kann also zur Vorbereitung der streitigen Verhandlung Schriftsatzfristen zur Erklärung über klärungsbedürftige Punkte setzen. Eine Zurückweisung danach verspäteten Vorbringens setzt aber die Beachtung der weiteren Voraussetzungen aus § 56 Abs. 2 voraus, insbesondere eine Belehrung über die Folgen nicht fristgemäßen Vortrags.[134]

41

§ 67 Abs. 4 ist **neben** den **übrigen Vorschriften** zur Verspätung von **Vorbringen erst im Berufungsverfahren** aus § 67 Abs. 2 und 3 **anzuwenden**.[135] Vorbringen, das außerhalb von Berufungsbegründung oder -beantwortung erfolgt, muss sowohl im Berufungsverfahren überhaupt berücksichtigungsfähig sein als auch nicht wegen Versäumung der Fristen zur Begründung oder Beantwortung der Berufung ausgeschlossen sein.[136] § 67 Abs. 4 ergänzt die in § 66 Abs. 1 geregelten Fristen zur Begründung oder Beantwortung der Berufung zu gesetzlichen Ausschlussfristen. Dies bedeutet, dass die Ausschlusswirkung der Berufungsbegründungsfrist (zur Berufungsbeantwortungsfrist s. Rdn. 46) aufgrund der im Gesetz angeordneten Fristen und damit unabhängig von gerichtlicher Fristsetzung[137] oder Belehrung über die Versäumungsfolgen eintritt.[138] Die Vorschrift gilt auch für die Anschlussberufung.[139] Missverständlich ist, dass der Wortlaut auf die Schriftsätze abstellt. Berufungsbegründung und -beantwortung können innerhalb der dafür eingeräumten Fristen ergänzt werden, ohne dass insoweit der besondere Rechtfertigungsbedarf nach Abs. 4 Satz 2 bestünde.[140] Dies gilt auch für durch das Gericht nach § 66 Abs. 1 Satz 5 verlängerte Fristen.[141]

42

Berücksichtigungsfähig bleiben Angriffs- und Verteidigungsmittel, die erst **nach Ablauf von Begründungs- oder Beantwortungsfrist entstanden** sind. Unter dieser Voraussetzung ist eine eintretende Verfahrensverzögerung unschädlich.[142] Erfasst ist auch die Ausübung von Gestaltungsrechten nach Ablauf der Fristen. Ohne Belang soll sein, ob die Partei das Gestaltungsrecht früher hätte ausüben können.[143]

43

Ebenfalls berücksichtigungsfähig ist Vorbringen, das zu keiner **Verzögerung** führt. Hier gelten die gleichen Überlegungen wie zu § 67 Abs. 2 (Rdn. 31). Allerdings wird regelmäßig der Hintergrund

44

---

133 GMPMG/Germelmann § 67 Rn 14; GK-ArbGG/Vossen § 67 Rn 62; Schwab/Weth-Schwab § 67 Rn 43.
134 BAG, 14.03.2013 – 8 AZR 153/12, Rn 45.
135 Vgl. BAG, 23.06.2005 – 2 AZR 193/04, NZA 2005, 1233, Rn 16.
136 GK-ArbGG/Vossen § 67 Rn 68; Natter/Gross-Pfeiffer § 67 Rn 17; Schwab/Weth-Schwab § 67 Rn 48.
137 ErfK/Koch § 67 ArbGG Rn 6; Natter/Gross-Pfeiffer § 67 Rn 17; vgl. BAG, 05.09.1985 – 6 AZR 216/81, NZA 1986, 472.
138 Schwab/Weth-Schwab § 67 Rn 48.
139 LAG Berlin-Brandenburg, 19.02.2009 – 26 Sa 1991/08, Rn 56.
140 Schwab/Weth-Schwab § 67 Rn 50; a.A. GMPMG/Germelmann § 67 Rn 24.
141 Ostrowicz/Künzl/Scholz-Künzl Rn 500.
142 NK-GA/Breinlinger § 67 ArbGG Rn 24.
143 ErfK/Koch § 67 ArbGG Rn 6; GK-ArbGG/Vossen § 67 Rn 71; Hauck/Helml/Biebl § 67 Rn 10.

der Prüfung ein anderer sein, weil das Verfahren bereits weiter fortgeschritten und regelmäßig der Termin zur mündlichen Verhandlung bereits bestimmt ist.[144] Vor diesem Hintergrund hat Abs. 4 in der Praxis größere Bedeutung als § 67 Abs. 2–3.[145] Besondere Relevanz erlangt Abs. 4 in solchen Berufungsverfahren, wo die Parteien erst kurz vor dem Termin zur mündlichen Verhandlung noch Schriftsätze mit neuem Sachvortrag einreichen. Eine solche Prozessführung birgt besondere Risiken, dass das Vorbringen vom Gericht zurückgewiesen wird.[146]

45 Vorbringen außerhalb der Fristen zur Berufungsbegründung und -beantwortung ist dann zu berücksichtigen, wenn die Partei an der Versäumung der entsprechenden Fristen kein **Verschulden** trifft. Anders als bei § 67 Abs. 3 ist hier aber nicht erst grobe Nachlässigkeit schädlich. Bereits **leichtes Verschulden** begründet die Zurückweisung.[147]

46 Die Versäumung der Beantwortungsfrist kann nur dann zur Zurückweisung von Vorbringen führen, wenn das LAG den in § 66 vorgeschriebenen Hinweis erteilt hat, also den Berufungsgegner mit Zustellung der Berufungsbegründung auf die einmonatige Beantwortungsfrist hingewiesen hat.[148] Dies gilt bereits deshalb, weil ohne einen entsprechenden Hinweis die Frist zur Berufungsbeantwortung überhaupt nicht abzulaufen beginnt[149] (vgl. § 66 Rdn. 77). Im Übrigen muss das Gericht die Parteien nicht über die verspätungsrechtlichen Folgen von § 67 Abs. 4 belehren.[150]

47 Erfolgt das Vorbringen nach Abs. 4 verspätet, muss das LAG den Sachvortrag zurückweisen.[151] Ein Ermessen ist dem LAG insoweit nicht eingeräumt.[152] Die in der Vorschrift vorgesehenen Ausnahmen für die Berücksichtigung von Vorbringen nach Ablauf der Begründungsfrist bewirken **keine Erweiterung** der **Berufungsbegründungsfrist** als Zulässigkeitsvoraussetzung der Berufung. Die Berücksichtigung von nach Ablauf der Berufungsbegründungsfrist erfolgendem Vorbringen nach Abs. 4 Satz 2 setzt vielmehr eine zulässige Berufung voraus.[153]

IV. Klageänderung und Widerklage im Berufungsverfahren

48 Anders als die Aufrechnung, deren Zulässigkeit bei erstmaligem Vorbringen in der Berufung bei Rdn. 7 erläutert ist, sind Klageänderung und Widerklage keine Mittel zu Angriff oder Verteidigung im Prozess, sondern ein Angriff selbst. Deshalb unterliegen sie nicht den Verspätungsvorschriften (vgl. Rdn. 10). Die ZPO enthält in § 533 aber eine eigenständige Regelung dazu, unter welchen Umständen Klageänderung oder Widerklage im Berufungsverfahren zulässig sind. Diese findet auch im arbeitsgerichtlichen Berufungsverfahren über § 64 Abs. 6 Satz 1 Anwendung.[154]

§ 533 ZPO Klageänderung; Aufrechnungserklärung; Widerklage

Klageänderung, Aufrechnungserklärung und Widerklage sind nur zulässig, wenn
1. der Gegner einwilligt oder das Gericht dies für sachdienlich hält und
2. diese auf Tatsachen gestützt werden können, die das Berufungsgericht seiner Verhandlung und Entscheidung über die Berufung ohnehin nach § 529 zugrunde zu legen hat.

---

144 Vgl. GK-ArbGG/Vossen § 67 Rn 72.
145 Lipke AuR 2007, 1, 5; Natter/Gross-Pfeiffer § 67 Rn 16.
146 Schwab/Weth-Schwab § 67 Rn 48.
147 LAG Niedersachsen, 10.09.2008 – 17 Sa 231/08, Rn 44; Hauck/Helml/Biebl § 67 Rn 10; vgl. ErfK/Koch § 67 ArbGG Rn 6.
148 GMPMG/Germelmann § 66 Rn 29; GK-ArbGG/Vossen § 66 Rn 148; Schwab/Weth-Schwab § 66 Rn 64.
149 BAG, 30.05.2006 – 1 AZR 111/05, NZA 2006, 1170, Rn 45.
150 Schwab/Weth-Schwab § 67 Rn 48.
151 BAG, 05.04.2001 – 2 AZR 159/00, NZA 2001, 954.
152 GK-ArbGG/Vossen § 67 Rn 68; GMPMG/Germelmann § 67 Rn 23; Schwab/Weth-Schwab § 67 Rn 48.
153 BAG, 25.04.2007 – 6 AZR 436/05, NZA 2007, 1387, Rn 20; LAG Berlin-Brandenburg, 04.11.2010 – 26 Sa 1438/10, Rn 27; ErfK/Koch § 67 ArbGG Rn 6; Schwab/Weth-Schwab § 67 Rn 48.
154 ErfK/Koch § 67 ArbGG Rn 7; GMPMG/Germelmann § 64 Rn 91; GK-ArbGG/Vossen § 67 Rn 78, 80.

Bei der Prüfung, ob eine Klageänderung vorliegt, ist § 264 ZPO zu beachten.[155] Danach liegt insbesondere dann keine Klageänderung vor, wenn ohne Änderung des Klagegrundes der Klageantrag in der Hauptsache oder in Bezug auf Nebenforderungen erweitert oder beschränkt wird. Fälle des § 264 unterfallen nicht einer Prüfung nach § 533, der in seiner Anwendung auf Klageänderungen auf den allgemeinen Begriff hierzu aus § 263 ZPO verweist.[156] 49

Voraussetzung einer zulässigen Klageänderung während des Berufungsverfahrens ist zunächst, dass die Berufung zulässig ist.[157] Die Änderung der Klage im Berufungsverfahren kann nicht allein das Ziel des Rechtsmittels sein, sondern setzt dessen Zulässigkeit voraus.[158] Zu beachten ist, dass die Berufung nur zulässig ist oder bleibt, wenn der Berufungsführer die Beseitigung einer Beschwer aus der erstinstanzlichen Entscheidung begehrt. Er muss also ein Begehren gerichtet zumindest auf die teilweise Abänderung der erstinstanzlichen Entscheidung aufrechterhalten. Die Berufung, deren alleiniges Ziel es ist, die Klage in der Berufungsinstanz zu erweitern, ist unzulässig[159] und kann dann auch nicht mehr als Grundlage einer Klageänderung dienen. Legt allerdings die Gegenseite Berufung ein, so kann die erstinstanzlich voll obsiegende klagende Partei im Wege der Anschlussberufung eine Klageerweiterung in das Verfahren einführen. Die Anschlussberufung setzt keine Beschwer voraus (vgl. § 64 Rdn. 109). 50

Die in § 533 Ziffer 1 ZPO vorausgesetzte **Einwilligung** der Gegenseite kann auch durch rügeloses Verhandeln erklärt werden, §§ 525, 267 ZPO.[160] Die alternativ zur Einwilligung erforderliche **Sachdienlichkeit** ist nach dem Gesichtspunkt der **Prozesswirtschaftlichkeit** zu beurteilen.[161] Maßgebend ist die objektive Beurteilung, ob und inwieweit die Zulassung der Klageänderung den sachlichen Streitstoff im Rahmen des anhängigen Rechtsstreits ausräumt und einem anderenfalls zu gewärtigenden weiteren Rechtsstreit vorbeugt. Unter dem Gesichtspunkt der Prozesswirtschaftlichkeit ist nicht die beschleunigte Erledigung des anhängigen Prozesses, sondern die Erledigung der Streitpunkte zwischen den Parteien entscheidend.[162] Sachdienlichkeit kann nur dann verneint werden, wenn ein völlig neuer Streitstoff in den Rechtsstreit eingeführt werden soll, bei dessen Beurteilung das Ergebnis der bisherigen Prozessführung nicht verwertet werden kann.[163] Sachdienlichkeit ist gegeben, wenn der bisherige Prozessstoff als Entscheidungsgrundlage verwertbar bleibt und durch die Zulassung der Klagehäufung ein neuer Prozess vermieden wird.[164] 51

Kumulativ neben Einwilligung oder Sachdienlichkeit ist die **kongruente Tatsachengrundlage** für die Zulässigkeit erforderlich. Die Klageänderung muss auf Tatsachen gestützt werden können, die das Berufungsgericht ohnehin seiner Entscheidung zugrunde zu legen hat.[165] Dies sind für das LAG die erstinstanzlich vorgetragenen Tatsachen, ohne dass erstinstanzliche Erheblichkeit oder Erwähnung im angegriffenen Urteil insoweit erforderlich wären,[166] und das nach § 67 zulässige neue Vorbringen.[167] 52

---

155 BAG, 28.10.2008 – 3 AZR 903/07, Rn 21; Schwab/Weth-Schwab § 67 Rn 10.
156 BGH, 19.03.2004 – V ZR 104/03, NJW 2004, 2152; Rn 24; BGH, 22.04.2010 – IX ZR 160/09, Rn 6.
157 MünchKomm-ZPO/Rimmelspacher § 533 Rn 9; Musielak/Voit/Ball § 533 Rn 3.
158 BGH, 06.05.1999 – IX ZR 250/98, NJW 1999, 2118.
159 BAG, 10.02.2005 – 6 AZR 183/04, NZA 2005, 1884, Rn 14; 19.02.2008 – 9 AZR 70/07, NZA 2008, 1016, Rn 21; BGH 29.09.2011 – IX ZB 106/11, NJW 2011, 3653, Rn 7; Musielak/Voit/Ball vor § 511 Rn 26.
160 BAG, 17.10.1990 – 7 AZR 614/89; Musielak/Voit/Ball § 533 Rn 4; Zöller/Heßler § 533 Rn 5.
161 GMPMG/Germelmann § 64 Rn 91; Musielak/Voit/Ball § 533 Rn 5.
162 GK-ArbGG/Vossen § 67 Rn 79a, 80.
163 BGH, 27.09.2006 – VIII ZR 19/04, NJW 2007, 2414, Rn 10.
164 BAG, 12.09.2006 – 9 AZR 271/06, NZA 2007, 269, Rn 17.
165 Musielak/Voit/Ball § 533 Rn 21.
166 Vgl. BGH, 27.09.2006 – VIII ZR 19/04, NJW 2007, 2414, Rn 16; 13.01.2012 – V ZR 183/10, Rn 10 ff.
167 LAG Hamm, 18.02.2014 – 14 Sa 806/13, Rn 117; ErfK/Koch § 67 ArbGG Rn 7; GMPMG/Germelmann § 64 Rn 91; zur Widerklage: BAG, 25.01.2005 – 9 AZR 44/04, NZA 2005, 1365, Rn 33 f.

53 Auf die **Widerklage** sind die Überlegungen zur Klageänderung zu übertragen. Sie ist an die gleichen Zulässigkeitsvoraussetzungen hinsichtlich Einwilligung oder Sachdienlichkeit bzw. kongruente Tatsachengrundlage gebunden.[168] Ebenso setzt sie eine zulässige (Anschluss-) Berufung des Beklagten voraus.[169]

54 Die Entscheidung des LAG, die in der Berufung vorgenommene Klageänderung oder Widerklage für unzulässig anzusehen, ist mit der Revision gegen das Urteil anfechtbar. Hat das LAG dagegen die Anträge **als zulässig** angesehen und **beschieden**, so ist dies **unanfechtbar**.[170] Dies folgt aus § 268 ZPO, wonach eine Anfechtung der Entscheidung, dass eine Änderung der Klage nicht vorliege oder dass die Änderung zuzulassen sei, nicht stattfindet. Die entsprechende Anwendung von § 268 ZPO ist im Zweck des § 533 ZPO begründet, das Berufungsverfahren von neuem Streitstoff zu entlasten, der nicht mehr erreicht werden kann, wenn das Berufungsgericht sachlich entschieden hat.[171] Die Prüfungssperre gilt aber dann nicht, wenn das LAG aufgrund der von ihm vorgenommenen abweichenden Auslegung des Klageantrags einen Klageantrag behandelt, der so nicht gestellt war.[172]

V. Bestandsschutzrechtliche Sonderregelungen

55 KSchG und TzBfG enthalten **besondere Vorschriften** zum letztmöglichen Zeitpunkt für die **Stellung** bestimmter **Anträge** oder die **Geltendmachung** von **Unwirksamkeitsgründen** im gerichtlichen Verfahren, nämlich §§ 9 Abs. 1 Satz 3 und 6 Satz 1 KSchG, 17 Satz 2 TzBfG.

1. Frist für die Stellung eines Auflösungsantrags, § 9 Abs. 1 Satz 3 KSchG

56 Nach § 9 Abs. 1 Satz 3 KSchG können Arbeitnehmer und Arbeitgeber den Antrag, das Arbeitsverhältnis gegen Zahlung einer Abfindung aufzulösen, bis zum **Schluss der letzten mündlichen Tatsachenverhandlung in der Berufungsinstanz** stellen. Die Vorschrift ist lex specialis gegenüber den verfahrensrechtlichen Einschränkungen der Klagerweiterung in der Berufungsinstanz aus §§ 529, 533 ZPO, 67 und verdrängt diese. Der **Auflösungsantrag**[173] und grundsätzlich auch der ihn stützende Tatsachenvortrag können nicht als verspätet zurückgewiesen werden.[174] Nur ausnahmsweise kann das einen solchen Antrag stützende Vorbringen präkludiert sein, wenn die verschuldete Verspätung von Tatsachenvorbringen die Verzögerung der Entscheidung gerade in Bezug auf diesen Antrag bewirkt.

2. Unwirksamkeitsgründe außerhalb der Klagefrist, § 6 KSchG, § 17 TzBfG

57 Der durch das Gesetz zu Reformen am Arbeitsmarkt[175] neu gefasste § 6 Satz 1 KSchG erlaubt es dem Arbeitnehmer, der eine Kündigung binnen der Drei-Wochen-Frist des § 4 Satz 1 KSchG angegriffen hat, bis zum Schluss der Tatsachenverhandlung erster Instanz, das Feststellungsbegehren zur Unwirksamkeit der Kündigung auf weitere Unwirksamkeitsgründe zu stützen. Die Vorschrift ermöglicht dem Arbeitnehmer nach fristgerechter Klageerhebung die Erweiterung der zunächst auf andere Unwirksamkeitsgründe gestützten Klage auf die Feststellung der **Sozialwidrigkeit** der **Kündigung**, wie sie Voraussetzung für den Auflösungsantrag nach § 9 KSchG ist. Die Regelung umfasst aber auch den umgekehrten Fall, dass der Arbeitnehmer form- und fristgerecht Klage gegen die von ihm als sozialwidrig angesehene Kündigung erhoben hat und nach Ablauf der Klagefrist **weitere**

---

168 Vgl. BAG, 25.01.2005 – 9 AZR 44/04, NZA 2005, 1365, Rn 30 ff.
169 MünchKomm-ZPO/Rimmelspacher § 533 Rn 37; Musielak/Voit/Ball § 533 Rn 18.
170 BAG, 21.04.2009 – 3 AZR 285/07, Rn 20; BAG, 27.05.2015 – 5 AZR 88/14, NZA 2015, 1054, Rn 24; BAG, 24.09.2015 – 2 AZR 562/14, NZA 2016, 366, Rn 23.
171 BAG, 17.05.2011 – 9 AZR 189/10, NZA 2011, 1032, Rn 34; BGH, 25.10.2007 – VII ZR 27/06, Rn 9.
172 BAG, 19.01.2011 – 3 AZR 111/09, NZA 2011, 1054, Rn 23.
173 ErfK/Kiel § 9 KSchG Rn 4; von Hoyningen-Huene/Linck KSchG, § 9 Rn 30; SPV/Vossen Rn 2094.
174 LAG Niedersachsen, 04.06.2004 – 10 Sa 198/04.
175 BGBl. I 2003, S. 3002.

Unwirksamkeitsgründe nachschieben will.[176] § 17 Satz 2 TzBfG ordnet die entsprechende Geltung von § 6 KSchG für **Befristungskontrollverfahren** an.

In dem zuletzt beschriebenen Verständnis beinhaltet § 6 KSchG eine besondere Präklusionsvorschrift.[177] Dabei entfaltet sie Wirkungen in beide Richtungen: Erstinstanzlich wird der Zeitraum für neues Vorbringen erweitert. Die Vorschrift **schränkt** die Zurückweisungsmöglichkeit aus § 61a Abs. 4–5 nach **Fristsetzung** an den Kläger zur **Stellungnahme auf die Klageerwiderung** bezüglich erst danach erhobener Unwirksamkeitsgründe und des sie stützenden Tatsachenvorbringens ein.[178] Die Einführung neuer Unwirksamkeitsgründe kann bis zum Schluss der mündlichen Tatsachenverhandlung erster Instanz nicht verspätet sein. Andere Präklusionsgründe und -wirkungen können der Berücksichtigung nicht entgegenstehen.[179] Dies wird aus der Betrachtung des konkreten Verfahrensablaufs deutlich. Nach § 6 Satz 2 KSchG hat das Arbeitsgericht die klagende Partei darauf hinzuweisen, dass sie weitere Unwirksamkeitsgründe bis zum Ende der mündlichen Verhandlung erster Instanz vorbringen kann. Eine richterliche Fristsetzung nach § 56 Abs. 1 Nr. 1, wonach bisher nicht vorgebrachte Unwirksamkeitsgründe binnen einer Schriftsatzfrist zur Vorbereitung des Kammertermins erster Instanz vorzubringen sind, würde sich in Widerspruch zu diesem Hinweis setzen. Überdies würde fraglich sein, ob eine solche Auflage hinreichend konkret ist, um eine Zurückweisung verspäteten Vorbringen zu erlauben (vgl. § 56 Rdn. 46). Die alternative Zurückweisung nach § 296 ZPO scheitert daran, dass man vor dem Hintergrund des in § 6 Satz 2 KSchG vorgegebenen Hinweises in der Geltendmachung weiterer Unwirksamkeitsgründe erst im Kammertermin keine grob nachlässige Prozessführung wird erblicken können. Hieraus ist zu folgern, dass die Vorschrift von den beiden Zielen der Regelung, nämlich frühzeitig Rechtsklarheit und -sicherheit zu schaffen aber auch den – häufig rechtsunkundigen – Arbeitnehmer vor einem unnötigen Verlust seines Kündigungsschutzes aus formalen Gründen schützen,[180] der Wahrung des Kündigungsschutzes den Vorrang vor der Beschleunigung des erstinstanzlichen Kündigungsschutzverfahrens gibt. Hat der Arbeitnehmer durch rechtzeitige Erhebung der Kündigungsschutzklage den Bestand des Arbeitsverhältnisses streitig gestellt, so muss es der Arbeitgeber nach der Regelung in § 6 KSchG hinnehmen, dass wegen der späten Einführung weiterer Unwirksamkeitsgründe die Entscheidung des Kündigungsschutzrechtsstreits sich verzögert, weil abweichend von dem Modell des § 61a ein weiterer Kammertermin erforderlich wird. Der Vorrang des § 6 KSchG vor den prozessrechtlichen Verspätungsregelungen ist bei der Überprüfung der Rechtmäßigkeit der Präklusion seitens des ArbG durch das LAG im Rahmen von § 67 Abs. 1 zu berücksichtigen.

Andererseits erweitern §§ 17 Satz 2 TzBfG und 6 Satz 1 KSchG über § 67 Abs. 2–4 hinausgehend Zurückweisungsmöglichkeiten bezüglich erst mit **Berufung**[181] oder Revision[182] **eingeführter Unwirksamkeitsgründe** respektive des sie tragenden Sachvortrags. Der Arbeitnehmer muss Unwirksamkeitsgründe spätestens binnen der verlängerten Anrufungsfrist bis zum Schluss der mündlichen Verhandlung erster Instanz geltend machen. Geschieht dies nicht, ist er – unter der Voraussetzung eines Hinweises seitens des ArbG auf die Frist entsprechend § 6 Satz 2 KSchG[183] –

---

176 BAG, 08.11.2007 – 2 AZR 314/06, NZA 2008, 936, Rn 16; Eylert NZA 2012, 9,10.
177 BAG, 18.01.2012 – 6 AZR 407/10, Rn 12; BAG, 25.10.2012 – 2 AZR 845/11, Rn 35; Eylert NZA 2012, 9,10.
178 APS-Hesse § 6 KSchG Rn 3; MünchKomm-BGB/Hergenröder § 6 KSchG Rn 2; a.A. SPV/Vossen Rn 1931.
179 Bader NZA 2004, 65, 69; a.A. Raab RdA, 2004, 321, 329; HWK/Quecke § 6 KSchG Rn 2; Zeuner, in: Festschrift für Leipold, S. 221, 231 f; offen gelassen in BAG 20.09.2012 – 6 AZR 483/11, NZA 2013, 94, Rn 34.
180 BAG, 23.04.2008 – 2 AZR 699/08, Rn 24.
181 BAG, 18.01.2012 – 6 AZR 407/10; LAG Rheinland-Pfalz, 10.02.2011 – 2 Sa 557/10; Eylert NZA 2012, 3, 9; a.A. Quecke RdA 2004, 86, 102; Zeuner, in: Festschrift für Leipold, S. 221, 231 f.
182 BAG, 08.11.2007 – 2 AZR 314/06, NZA 2008, 936, Rn 14.
183 Dazu und zu den Folgen der Versäumung des Hinweises vgl. § 68 Rdn. 13 ff.

mit dem Unwirksamkeitsgrund grundsätzlich ausgeschlossen.[184] Die sonstigen Voraussetzungen einer Zurückweisung als verspätet im Berufungsverfahren, insbesondere dessen Verzögerung, müssen nicht zusätzlich erfüllt sein. Wird dagegen der nach § 6 Satz 2 KSchG gebotene Hinweis auf das Erfordernis, sich bis zum Schluss der mündlichen Verhandlung erster Instanz auf weitere Unwirksamkeitsgründe zu berufen, durch das Arbeitsgericht nicht erteilt, bleibt die zweitinstanzliche Einführung neuer Unwirksamkeitsgründe zulässig.[185]

60 Zu Recht wird darauf hingewiesen, dass § 6 KSchG in Einklang mit allgemeinen Grundsätzen zu den Pflichten von Parteien und Gericht anzuwenden ist, insbesondere dem Grundsatz, dass das Gericht den Sachvortrag der Parteien unter allen rechtlichen Gesichtspunkten zu prüfen hat (iura novit curia).[186] § 6 KSchG verlangt keine formelhafte Litanei möglicher Unwirksamkeitsgründe in der Klageschrift.[187] Ausreichend ist weiterhin, wenn sich die tatbestandlichen Voraussetzungen eines Unwirksamkeitsgrundes aus dem erstinstanzlichen Vortrag einer der Parteien ergeben.[188] Eine Präklusion, weil der Arbeitnehmer den Unwirksamkeitsgrund nicht benannt hat, kommt hier nicht in Betracht. Auch die Hinweispflichten des Gerichts aus § 139 ZPO bleiben zu beachten. Wird im Verlaufe des erstinstanzlichen Verfahrens deutlich, dass weitere, bisher nicht von den Parteien benannte Unwirksamkeitsgründe in Betracht kommen, so hat das Gericht hierauf hinzuweisen und Gelegenheit zur Ergänzung des Sachvortrags zu geben.[189]

61 Anknüpfend an die Rechtspraxis zu § 6 KSchG aF vor der Umformulierung durch das Gesetz zu Reformen am Arbeitsmarkt[190] ist die Vorschrift analog anzuwenden, wenn der Arbeitnehmer durch allgemeine Feststellungsklage[191] oder auch Leistungsklage auf Zahlung oder Beschäftigung für Zeiten nach dem Beendigungszeitpunkt aus der Kündigung dem Arbeitgeber verdeutlicht hat, dass er an dem Bestand des Arbeitsverhältnisses über den Kündigungstermin hinaus festhält.[192] In diesem Verständnis enthält § 6 KSchG auch eine Regelung über den **letztmöglichen Zeitpunkt für eine Klageerweiterung**. In den dargestellten Fällen muss nämlich noch in der ersten Instanz ein Kündigungsschutzantrag gem. § 4 KSchG konkret gegen die anzugreifende Kündigung[193] bzw. ein Feststellungsantrag nach § 17 Satz 1 TzBfG erhoben werden.[194] § 6 KSchG hat dann zur Folge, dass eine entsprechende erweiternde Antragstellung im Berufungsverfahren unzulässig ist. Wiederum gilt dies aber nur unter der Voraussetzung, dass das ArbG einen Hinweis nach § 6 Satz 2 KSchG erteilt hat. Ist das versäumt, so kann die Klage auch in der Berufungsinstanz noch erweitert werden (vgl. § 68 Rdn. 16).

§ 67a

(weggefallen)

---

184 BAG, 18.01.2012 – 6 AZR 407/10, Rn 13; Eylert NZA 2012, 9, 10; Raab RdA 2004, 321, 329; vgl. zu § 17 TzBfG: BAG, 04.05.2011 – 7 AZR 252/10, NZA 2011, 1178, Rn 19; a.A. KR-Friedrich § 6 KSchG Rn 18a; Zeuner, in: Festschrift für Leipold, S. 221, 231 f.
185 BAG, 20.08.2014 – 7 AZR 924/12, NZA-RR 2015, 9, Rn 21; BAG, 09.09.2015 – 7 AZR 148/14, NZA 2016, 251, Rn 20.
186 BAG, 18.01.2012 – 6 AZR 407/10, Rn 24.
187 Vgl. Quecke, RdA 2004, 86, 102.
188 BAG, 18.01.2012 – 6 AZR 407/10, Rn 26.
189 BAG, 18.01.2012 – 6 AZR 407/10, Rn 25.
190 BGBl. I 2003, S. 3002.
191 BAG, 26.09.2013 – 2 AZR 682/12, NZA 2014, 441, Rn 34.
192 BAG, 23.04.2008 – 2 AZR 699/06, Rn 22 ff.; APS/Hesse § 6 KSchG Rn 11, 14; SPV/Vossen Rn 1936, 2040.
193 BAG, 13.03.1997 – 2 AZR 512/96, NZA 1997, 884.
194 APS/Backhaus § 17 TzBfG, Rn 60.

§ 68 Zurückverweisung

Wegen eines Mangels im Verfahren des Arbeitsgerichts ist die Zurückverweisung unzulässig.

Übersicht	Rdn.		Rdn.
I. Grundsatz der Selbstentscheidung	2	b) Zurückverweisung bei unterbliebener Sachprüfung durch ArbG	18
II. Voraussetzungen ausnahmsweiser Zurückverweisung	6	c) Zurückverweisung in Fällen nur teilweiser Klagebescheidung	22
1. Parteiantrag	7	III. Zurückverweisungsentscheidung	24
2. Fehlende Entscheidungsreife	8	1. Ermessen	25
3. Zurückverweisungsgründe	9	2. Tenor	26
a) Seitens des LAG nicht korrigierbarer Verfahrensmangel	10	3. Bindungswirkung	27
		4. Zurückverweisung an ArbG durch BAG	28

Ergebnis des arbeitsgerichtlichen Berufungsverfahrens kann sein, dass das LAG den Rechtsstreit an das Arbeitsgericht zurückverweist. Eine solche Verfahrensweise ist aber die Ausnahme und nur unter engen Voraussetzungen zulässig. Den Grundsatz der Selbstentscheidung und Ausnahmen hiervon regelt § 68 gemeinsam mit § 538 ZPO. **1**

§ 538 ZPO Zurückverweisung

(1) Das Berufungsgericht hat die notwendigen Beweise zu erheben und in der Sache selbst zu entscheiden.

(2) Das Berufungsgericht darf die Sache, soweit ihre weitere Verhandlung erforderlich ist, unter Aufhebung des Urteils und des Verfahrens an das Gericht des ersten Rechtszuges nur zurückverweisen,
1. *soweit das Verfahren im ersten Rechtszuge an einem wesentlichen Mangel leidet und aufgrund dieses Mangels eine umfangreiche oder aufwändige Beweisaufnahme notwendig ist,*
2. *wenn durch das angefochtene Urteil ein Einspruch als unzulässig verworfen ist,*
3. *wenn durch das angefochtene Urteil nur über die Zulässigkeit der Klage entschieden ist,*
4. *wenn im Falle eines nach Grund und Betrag streitigen Anspruchs durch das angefochtene Urteil über den Grund des Anspruchs vorab entschieden oder die Klage abgewiesen ist, es sei denn, dass der Streit über den Betrag des Anspruchs zur Entscheidung reif ist,*
5. *wenn das angefochtene Urteil im Urkunden- oder Wechselprozess unter Vorbehalt der Rechte erlassen ist,*
6. *wenn das angefochtene Urteil ein Versäumnisurteil ist oder*
7. *wenn das angefochtene Urteil ein entgegen den Voraussetzungen des § 301 erlassenes Teilurteil ist,*

und eine Partei die Zurückverweisung beantragt. Im Fall der Nummer 3 hat das Berufungsgericht sämtliche Rügen zu erledigen. Im Fall der Nummer 7 bedarf es eines Antrags nicht.

Erläutert werden der Grundsatz der Selbstentscheidung, Voraussetzungen der ausnahmsweisen Zurückverweisung und Einzelheiten zur Zurückverweisungsentscheidung.

I. Grundsatz der Selbstentscheidung

§ 68 ist die berufungsrechtliche Entsprechung zur revisionsrechtlichen Bestimmung in § 563 ZPO. Während danach das BAG immer dann in die Berufungsinstanz zurückverweisen muss, wenn der vom LAG festgestellte Sachverhalt dem Revisionsgericht eine Endentscheidung nicht erlaubt, sind die Voraussetzungen einer Zurückverweisung durch das LAG an das ArbG sehr viel enger. Grundsätzlich entscheidet das Berufungsgericht selbst den Rechtsstreit. Es erhebt hierzu notwendige Beweise, § 538 Abs. 1 ZPO. Das **LAG** ist Tatsacheninstanz. Es hat den der Entscheidung zugrunde zu legenden Sachverhalt selbst festzustellen. **2**

Das ArbGG betont den **Grundsatz der Selbstentscheidung** in der Berufungsinstanz, indem es die Zurückverweisungsmöglichkeiten über die Regeln für die ordentliche Gerichtsbarkeit hinaus weiter **3** einschränkt. § 68 normiert ein **Verbot** der **Zurückverweisung** des Rechtsstreits an das ArbG **wegen eines Verfahrensmangels erster Instanz**. Damit ist die Vorschrift strenger als der von ihr als Spezialvorschrift verdrängte § 538 Abs. 2 Nr. 1 ZPO,[1] wonach ein wesentlicher erstinstanzlicher Verfahrensmangel dann die Zurückverweisung erlaubt, wenn aufgrund dieses Mangels eine umfangreiche oder aufwendige Beweisaufnahme notwendig wird. § 68 will weitgehend eine die Verfahrensdauer verlängernde Zurückverweisung des in die Berufung gelangen Rechtsstreits verhindern. Damit ist die Vorschrift eine weitere **Ausprägung** des **Beschleunigungsgrundsatzes** aus § 9 Abs. 1,[2] wie er alle Instanzen der Arbeitsgerichtsbarkeit auf eine zügige Verfahrensführung verpflichtet.

4   Das **Zurückverweisungsverbot gilt** aber im Urteilsverfahren – anders als im arbeitsgerichtlichen Beschlussverfahren[3] – **nicht ausnahmslos**. Die zivilprozessuale Vorschrift zur Zurückverweisung in § 538 gilt wegen § 64 Abs. 6 ArbGG grundsätzlich auch im arbeitsgerichtlichen Berufungsverfahren. Die Zurückverweisungsmöglichkeiten aus § 538 Abs. 2 Nr. 2–3 und 6–7 ZPO sind daher auch im arbeitsgerichtlichen Berufungsverfahren gegeben.[4] In eng begrenzten Ausnahmesituationen sind darüber hinaus Ausnahmen vom Verbot der Zurückverweisung wegen eines Verfahrensmangels anzuerkennen.

5   § 68 ist nicht anwendbar auf **Beschlüsse**, die der sofortigen Beschwerde unterliegen.[5] Stattdessen gilt über die Verweisung in § 78 Satz 1 die Regelung in § 572 Abs. 3 ZPO. Danach kann das Beschwerdegericht bei begründeter Beschwerde, dem Ausgangsgericht die erforderlichen Anordnungen übertragen. Hiervon sollte aber im Hinblick auf das Beschleunigungsgebot nur ausnahmsweiser Gebrauch gemacht werden.[6]

II. Voraussetzungen ausnahmsweiser Zurückverweisung

6   Die Zurückverweisung an das Gericht des ersten Rechtszugs ist nur unter den abschließend in § 538 Abs. 2 ZPO geregelten Voraussetzungen zulässig.[7] Dieser Grundsatz gilt unter Beachtung der weiteren Einschränkungen aus § 68 auch für das arbeitsgerichtliche Berufungsverfahren. Die Voraussetzungen sind zu unterscheiden nach allgemeinen Erfordernissen, nämlich Parteiantrag und fehlende Entscheidungsreife, sowie den spezifischen Erfordernissen einzelner Zurückverweisungstatbestände aus § 538 Abs. 2 ZPO.

1. Parteiantrag

7   Die Zurückverweisung setzt grundsätzlich den Antrag mindestens einer Partei voraus, § 538 Abs. 2 Satz 1 a.E. ZPO. Abgesehen von der Zurückverweisung nach unzulässigem Teilurteil kommt eine Zurückverweisung nur in Betracht, wenn zumindest eine Partei einen entsprechenden Antrag stellt.[8] Das **Antragserfordernis** ist durch das Zivilprozess-Reformgesetz[9] eingeführt worden. Der Gesetzgeber wollte mit der Reform die Zurückverweisungsmöglichkeiten im Interesse der Verfahrensbeschleunigung einschränken und hat deshalb die Zurückverweisung vom Antrag einer Partei abhängig gemacht. Das Berufungsgericht soll an den Wunsch beider Parteien, eine Endentschei-

---

1   Natter/Gross-Pfeiffer § 68 Rn 1.
2   BT-Drs. 1/3516, S. 32; GK-ArbGG/Vossen § 68 Rn 3; Ostrowicz/Künzl/Scholz-Künzl Rn 505; Schwab/Weth-Schwab § 68 Rn 2.
3   Dort ist nach § 91 Abs. 1 Satz 2 die Zurückverweisung nicht zulässig.
4   ErfK/Koch § 68 ArbGG Rn 3; Ostrowicz/Künzl/Scholz-Künzl Rn 508; Schwab/Weth-Schwab § 68 Rn 4.
5   LAG Bremen, 05.01.2006 – 3 Ta 69/05; LAG Schleswig-Holstein, 26.05.2011 – 1 Ta 76 c/11, Rn 32; GK-ArbGG/Vossen § 68 Rn 29; GWBG-Benecke § 68 Rn 1; Schwab/Weth-Schwab § 68 Rn 3.
6   ErfK/Koch § 78 ArbGG Rn 7.
7   BGH, 28.02.2005 – II ZR 220/03, Rn 12.
8   ErfK/Koch § 68 Rn 4; GK-ArbGG/Vossen § 68 Rn 1; Natter/Gross-Pfeiffer § 68 Rn 9; Schwab/Weth-Schwab § 68 Rn 1; zu § 538 Abs. 2 ZPO: BGH, 22.09.2008 – II ZR 257/07, NJW 2009, 431, Rn 12.
9   BGBl. I 2001, S. 1887.

dung zu erhalten, gebunden sein.[10] Der Antrag auf Zurückverweisung kann auch als Hilfsantrag[11] und noch nach Ablauf der Berufungsbegründungsfrist erst in der mündlichen Verhandlung vor dem Berufungsgericht gestellt werden.[12] Das Berufungsgericht hat nach § 139 Abs. 1 Satz 2 ZPO darauf hinzuweisen, dass es eine Zurückverweisungslage für gegeben hält.[13] Einzige **Ausnahme** von dem Antragserfordernis ist der Fall der **Zurückverweisung nach** einem **unzulässigen Teilurteil**, § 538 Abs. 2 Satz 3 ZPO. Hier soll das Berufungsgericht auch gegen den Parteiwillen es verhindern können, dass ein an sich einheitlich zu führender Rechtsstreit gleichzeitig in zwei Instanzen geführt wird.[14]

2. Fehlende Entscheidungsreife

Voraussetzung der Zurückverweisung ist ferner, dass in der Sache eine weitere Verhandlung erforderlich ist. Daran fehlt es, wenn der Rechtsstreit zur Endentscheidung reif ist. **Spruchreife des Rechtsstreits steht der Zurückverweisung entgegen**.[15] Dies gilt auch dann, wenn das Arbeitsgericht die Klage als unzulässig abgewiesen hat, das LAG aber abweisendes Sachurteil erlassen will.[16] Darin liegt keine verbotene Schlechterstellung des Berufungsklägers, weil diesem durch die Abweisung der Klage als unzulässig keine Rechtsposition irgendwelcher Art zuerkannt worden war.[17] Gleiches gilt, wenn das Berufungsgericht die erstinstanzliche Abweisung als derzeit unbegründet durch eine endgültige Sachabweisung ersetzen will.[18]

3. Zurückverweisungsgründe

Den in § 538 Abs. 2 Ziffer 1 – 7 ZPO normierten besonderen Zurückverweisungstatbeständen kommt im arbeitsgerichtlichen Verfahren unterschiedliche Bedeutung zu. Ausgeschlossen ist die Anwendung von Ziffer 5.[19] Den dort angesprochenen Urkunden- oder Wechselprozess gibt es vor den Arbeitsgerichten nicht, § 46 Abs. 2 Satz 2. Ebenso kann die in Ziffer 4 geregelte Zurückverweisung nach einem Grundurteil keine unmittelbare Anwendung finden.[20] Im arbeitsgerichtlichen Verfahren sind Grundurteile nicht selbstständig anfechtbar, § 61 Abs. 3. Nur eingeschränkt kann Ziffer 1 zum Zuge kommen. § 68 schließt die Zurückverweisung wegen eines Verfahrensmangels aus. Ausgehend hiervon darf ein Verfahrensmangel nur ganz ausnahmsweise zur Zurückverweisung führen, nämlich wenn er seitens des LAG nicht behoben werden kann. Danach können drei Gruppen von Zurückverweisungstatbeständen unterschieden werden. Die Zurückverweisung bei Fehlen einer Sachentscheidung des ArbG, die Zurückverweisung bei nur teilweiser Bescheidung des Klagebegehrens und schließlich der in § 538 ZPO zuerst genannte Tatbestand der wesentlichen Verfahrensmängel.

a) Seitens des LAG nicht korrigierbarer Verfahrensmangel

Im Grundsatz begründet die fehlerhafte Verfahrensführung durch das ArbG nicht die Zurückverweisbarkeit des Rechtsstreits in der Berufung. Dies ist die Regel, die § 68 aufstellt. Die Vorschrift verbietet ein Abstellen auf § 538 Abs. 2 Nr. 1 ZPO, wonach die Zurückverweisung bei einem

---

10 BT-Drs. 14/4722, S. 102.
11 OLG Frankfurt am Main, 13.06.2003 – 5 U 159/02.
12 OLG Saarbrücken, 19.02.2003 – 1 U 653/02.
13 MünchKomm-ZPO/Rimmelspacher § 538 Rn 19.
14 BT-Drs. 14/4722, S. 103.
15 BGH, 28.02.2005 – II ZR 220/03, Rn 12.
16 GMPMG/Germelmann § 68 Rn 27; zum allgemeinen zivilgerichtlichen Verfahren ebenso: Zöller/Heßler § 528 Rn 32.
17 BGH, 16.06.1970 – VI ZR 98/69, NJW 1970, 1683, 1684; BGH, 21.04.1988 – VII ZR 372/86, NJW 1988, 1982.
18 Vgl. BGH, 21.04.1988 – VII ZR 372/86, NJW 1988, 1982.
19 ErfK/Koch § 68 Rn 3; GK-ArbGG/Vossen § 68 Rn 21; Schwab/Weth-Schwab § 68 Rn 9.
20 ErfK/Koch § 68 Rn 6; GK-ArbGG/Vossen § 68 Rn 21.

wesentlichen Verfahrensmangel und daraus folgender Notwendigkeit einer umfangreichen und aufwendigen Beweisaufnahme zulässig ist. Das LAG hat selbst bei **schwerwiegenden Verfahrensfehlern**[21] keine Entscheidungsfreiheit, den Rechtsstreit an das ArbG zurückzuverweisen.[22] Insoweit ist eine Zurückverweisung selbst dann ausgeschlossen, wenn das ArbG sein Urteil nicht binnen fünf Monaten nach Verkündung begründet hat[23] oder dort der Grundsatz des gesetzlichen Richters aus Art. 101 Abs. 1 Satz 2 GG verletzt worden ist.[24] Ebenso wenig begründet die verfahrensfehlerhafte Auslassung des Tatbestandes im arbeitsgerichtlichen Urteil die Zurückverweisbarkeit[25] oder die unzutreffende Auslegung des Klagantrags und eine daraus resultierende Verkennung des Streitgegenstandes.[26] Gleiches gilt für eine unzureichende Gewährung rechtlichen Gehörs durch das ArbG.[27] Eine Ausnahme von dem Zurückverweisungsverbot ist nur dann anzuerkennen, wenn das LAG – nicht die Möglichkeit hat, den Verfahrensfehler zu berichtigen. Die Zurückverweisung wegen eines Verfahrensmangels ist ausnahmsweise dann zulässig, wenn das Verfahren unter einem **Mangel** leidet, der in der **Berufungsinstanz nicht korrigiert** werden kann.[28]

11 Beispiel für die **ausnahmsweise Zulässigkeit** einer **Zurückverweisung** wegen Verfahrensmängeln ist die Missachtung der Auswirkungen von **Insolvenzverfahrenseröffnung** oder Einsetzung eines starken, also **verfügungsbefugten vorläufigen Insolvenzverwalters** auf das gerichtliche Verfahren. Nach § 240 ZPO bewirken diese Ereignisse, dass das Verfahren, soweit es die Insolvenzmasse betrifft, unterbrochen ist, bis es nach den für das Insolvenzverfahren geltenden Regeln aufgenommen oder das Insolvenzverfahren beendet wird. Findet diese Verfahrensunterbrechung keine Beachtung und fällt das Arbeitsgericht dennoch ein Urteil, so ist dies mit den statthaften Rechtsmitteln angreifbar. Ein der Verfahrensordnung entsprechendes Ergebnis, nämlich ein in der ersten Instanz anhängiges aber unterbrochenes Verfahren, kann dann nur durch die Aufhebung und Zurückverweisung erreicht werden.[29] Ein weiteres Beispiel ist das Fehlen einer Sachentscheidung zwischen den Prozessparteien, wenn das Arbeitsgericht die Klageschrift hinsichtlich des zutreffenden Beklagten falsch ausgelegt hat und deshalb die Zustellung an den von der klagenden Partei tatsächlich herangezogenen Beklagten unterblieben ist.[30]

12 Noch nicht abschließend geklärt ist die Frage nach einer Zurückverweisung bei **Nichturteilen** oder **Scheinurteilen** des ArbG, wie sie insbesondere bei versäumter Verkündung vorliegen. Solche Urteile unterliegen der Berufung, vgl. § 64 Rdn. 8. Teilweise wird hierzu vertreten, dass auch in einem solchen Falle eine Zurückverweisung ausgeschlossen sei.[31] Nach anderer Auffassung ist eine Zurückverweisbarkeit entgegen § 68 zu bejahen.[32] Zu beachten ist hier, dass Nichturteil und Scheinurteil wirkungslos sind und deshalb die erste Instanz nicht beenden können.[33] Die Sachentscheidung hat

---

21 Vgl. die Aufstellung bei Natter/Gross-Pfeiffer § 68 Rn 3.
22 BAG, 25.04.2006 – 3 AZR 78/05, Rn 41; BAG, 20.02.2014 – 2 AZR 248/13, NZA-RR 2015, 380, Rn 28; BAG, 20.02.2014 – 2 AZR 864/12, NZA 2015, 124, Rn 12; GK-ArbGG/Vossen § 68 Rn 5; HWK/Kalb § 68 ArbGG Rn 2; Schwab/Weth-Schwab § 68 Rn 33.
23 BAG, 24.04.1996 – 5 AZN 970/95, NZA 1997, 176.
24 BAG, 25.04.2006 – 3 AZR 78/05, Rn 41; LAG Berlin-Brandenburg, 29.08.2012 – 4 Sa 763/12, Rn 26.
25 BAG, 19.01.2011 – 3 AZR 111/09, NZA 2011, 1054, Rn 22.
26 BAG, 20.02.2014 – 2 AZR 248/13, NZA 2015, 124, Rn 25.
27 LAG Mecklenburg-Vorpommern, 21.04.2015 – 2 Sa 204/14, Rn 120.
28 BAG, 18.10.2006 – 2 AZR 563/05, NZA 2007, 765, Rn 33; BAG 20.06.2008 – 6 AZR 478/07, NZA 2008, 1204, Rn 20; Hauck/Helml/Biebl § 68 Rn 4; GK-ArbGG/Vossen § 68 Rn 12; Natter/Gross-Pfeiffer § 68 Rn 1; Schwab/Weth-Schwab § 68 Rn 36.
29 BAG, 20.06.2008 – 6 AZR 478/07, NZA 2008, 1204 Rn 20.
30 BAG, 20.02.2014 – 2 AZR 248/13, NZA 2015, 124, Rn 30.
31 LAG Hamm, 02.07.1997 – 2 Sa 2326/95; BCF/Creutzfeldt § 60 Rn 16.
32 LAG Hessen, 06.05.1994 – 9 Sa 1370/93; LAG Sachsen, 02.08.1994 – 9 (1) Sa 299/93; Schwab/Weth-Berscheid § 60 Rn 17 a.E.
33 Zöller/Vollkommer vor § 300 Rn 14.

also in der Tat erst noch durch das ArbG zu ergehen. Wegen der fortdauernden Anhängigkeit in der ersten Instanz bedarf es dazu letztendlich keiner konstitutiven Zurückverweisung.[34]

Ein Verfahrensfehler seitens des ArbG liegt auch dann vor, wenn es unter Missachtung von § 6 Satz 2 KSchG nicht darauf hingewiesen hat, dass der klagende Arbeitnehmer sich auf innerhalb der **Klagefrist für Kündigungsschutzklagen** von drei Wochen aus § 4 KSchG nicht geltend gemachte Unwirksamkeitsgründe nur bis zum Schluss der mündlichen Tatsachenverhandlung erster Instanz berufen kann. § 17 Satz 2 TzBfG ordnet die entsprechende Geltung der Hinweispflicht für die ebenfalls fristgebundene **Befristungskontrollklage** an. Vertreten wird, dass die Missachtung der Hinweispflicht die Aufhebung der arbeitsgerichtlichen Entscheidung und die Zurückverweisung des Rechtsstreites begründen könne.[35] Nach anderer Auffassung kann der Arbeitnehmer neue Unwirksamkeitsgründe oder den erforderlichen Feststellungsantrag auch noch im Berufungsverfahren ohne Zurückverweisungsnotwendigkeit mit Erfolg geltend machen.[36] Der Arbeitnehmer könne in der Berufungsbegründung die Versäumung des Hinweises rügen und den Vortrag zu weiteren Unwirksamkeitsgründen nachholen.[37] Das BAG hat zuletzt entschieden, dass im Bereich der unmittelbaren Anwendbarkeit von § 6 Satz 1 KSchG, also der erweiterten Geltendmachungsmöglichkeit für Unwirksamkeitsgründe, die Verletzung der Hinweispflicht eine eigene Sachentscheidungskompetenz des LAG begründet,[38] die einer Zurückverweisung entgegensteht.[39]

13

Beizutreten ist der zuletzt genannten Auffassung. § 6 Satz 1 KSchG normiert **keine ausnahmslose Einschränkung der Prüfungskompetenz** des LAG hinsichtlich erstinstanzlich nicht vorgebrachter Unwirksamkeitsgründe. Seit der Neufassung des § 6 KSchG mit Wirkung zum 01.01.2004 durch das Gesetz zu Reformen am Arbeitsmarkt[40] bestimmen §§ 4 und 6 Satz 1 KSchG Fristen, binnen derer Unwirksamkeitsgründe bezüglich einer Kündigung gerichtlich geltend gemacht werden können. § 6 Satz 2 KSchG enthält keinen Hinweis, dass das Zurückverweisungsverbot aus § 68 bei Versäumung des Hinweises nicht gelten soll. Das LAG kann den Verstoß gegen die Hinweispflicht ohne Weiteres beheben, indem es als zweite Tatsacheninstanz die notwendige ergänzende Sachaufklärung betreibt. Ein solches Verfahren entspricht dem Beschleunigungsgrundsatz.[41]

14

Das Ergebnis kann weiter aus dem Vergleich mit Präklusionsregeln begründet werden. Die Hinweispflicht aus § 6 Satz 2 KSchG ist eine die Präklusionsfrist aus Satz 1 der Vorschrift[42] flankierende Verfahrensvorschrift. Die Missachtung der dort normierten Hinweispflicht ist ein Verfahrensfehler im Sinne von § 139 Abs. 2 ZPO.[43] Entsprechend § 520 Abs. 3 Nr. 4 ZPO kann der Arbeitnehmer diesen Verfahrensmangel rügen und weitere Unwirksamkeitsgründe als neue Rüge in das Berufungsverfahren einführen. Die Verletzung der Hinweispflicht ist der Grund, weshalb die Partei den neuen Unwirksamkeitsgrund entgegen § 6 Satz 1 KSchG noch vor dem LAG einführen kann. Dies entspricht den allgemeinen Regelungen zur Präklusion. Die Zurückweisung nach § 67 als verspätet scheidet nämlich aus, wenn ein Verhalten des Gerichts mitursächlich für die Verspätung des Vortrags war (§ 67 Rdn. 18). Der Verstoß gegen die Hinweispflicht aus § 6 Satz 2 KSchG begründet eine solche Mitursächlichkeit.

15

---

34 GMPMG/Germelmann § 60 Rn 27.
35 BAG, 30.11.1961 – 2 AZR 295/61, NJW 1962, 1587; LAG Berlin-Brandenburg, 26.03.2009 – 25 Sa 148/09, Rn 41; LAG Rheinland-Pfalz, 10.02.2011 – 2 Sa 557/10, Rn 45 ff.; APS/Ascheid/Hesse § 6 KSchG Rn 28; GMPMG/Germelmann § 68 Rn 7; Ostrowicz/Künzl/Scholz-Künzl Rn 506.
36 Von Hoyningen-Huene/Linck § 6 KSchG Rn 15.
37 Bader NZA 2004, 65, 69; KR/Friedrich § 6 KSchG Rn 38.
38 BAG, 25.10.2012 – 2 AZR 845/11, NZA 2013, 900, Rn 35.
39 BAG, 04.05.2011 – 7 AZR 252/10, NZA 2011, 1178, Rn 27 ff.; BAG, 20.08.2014 – 7 AZR 924/12, NZA-RR 2015, 9, Rn 21.
40 BGBl. I 2003, S. 3002.
41 BAG, 04.05.2011 – 7 AZR 252/10, NZA 2011, 1178, Rn 28 ff.
42 BAG, 18.01.2012 – 6 AZR 407/10, Rn 12; Eylert NZA 2012, 9, 10.
43 BAG, 08.11.2007 – 2 AZR 314/06, NZA 2008, 936, Rn 21; APS/Ascheid/Hesse § 6 KSchG Rn 23.

16 Angesichts der somit bestehenden Möglichkeit, eine **Prüfungskompetenz des LAG** für **zweitinstanzlich neu** eingeführte **Unwirksamkeitsgründe** zu begründen, besteht keine Notwendigkeit für eine Zurückverweisung. Gleiches gilt für die Fälle analoger Anwendung.[44] Auch die dann erforderliche Antragserweiterung um einen **Kündigungsschutz- oder Befristungskontrollantrag** kann **noch vor dem LAG erfolgen**.

17 Seit den Rechtsänderungen bei § 5 KSchG durch das Gesetz zur Änderung des Sozialgerichtsgesetzes und des Arbeitsgerichtsgesetzes[45] mit Wirkung zum 01.04.2008 kann die **Nichtbescheidung** eines Antrags auf **nachträgliche Zulassung der Kündigungsschutzklage** nach Versäumung der Klagefrist von drei Wochen aus § 4 KSchG **keine Zurückverweisung** wegen eines Verfahrensmangels mehr begründen.[46] § 5 Abs. 5 Satz 1 KSchG bestimmt nunmehr, dass das LAG über den Antrag entscheidet, wenn das ArbG darüber nicht entschieden hat oder der Antrag erstmalig vor dem LAG gestellt wird. Mit dieser Bestimmung zur Entscheidungskompetenz der LAG wollte der Gesetzgeber das Berufungsverfahren in Kündigungsschutzsachen beschleunigen.[47] Ebenso stellt sich die Frage nach den Folgen einer Verfehlung der bis zur Reform vorgeschriebenen Beschlussform nicht mehr. Die zuvor verfahrensfehlerhafte Bescheidung eines Antrags auf nachträgliche Zulassung nicht durch Beschluss, sondern durch Urteil, ist seit dem Inkrafttreten der Gesetzesänderung die Regel.[48]

b) Zurückverweisung bei unterbliebener Sachprüfung durch ArbG

18 § 538 Abs. 2 Satz 1 ZPO enthält eine Reihe von Zurückverweisungstatbeständen, deren Gemeinsamkeit es ist, dass in der ersten Instanz eine **Sachprüfung nicht stattgefunden** hat.

19 § 538 Abs. 2 Satz 1 Nr. 2 ZPO erlaubt die Zurückverweisung, wenn durch das angefochtene erstinstanzliche Urteil der **Einspruch** gegen ein Versäumnisurteil fälschlicherweise als **unzulässig verworfen** ist.[49] Erfasst sind die Fälle, wo erst das LAG dem Einspruchsführer nach Versäumung der Einspruchsfrist Wiedereinsetzung in den vorigen Stand gewährt und der Einspruch deshalb nicht unzulässig ist.[50]

20 Ebenfalls an das Fehlen einer Sachentscheidung der ersten Instanz knüpft § 538 Abs. 2 Satz 1 Nr. 3 ZPO an. Danach ist die Zurückverweisung möglich, wenn das Arbeitsgericht die Klage zu Unrecht als **unzulässig abgewiesen** hat.[51] Ein daneben vorliegender Verfahrensmangel i.S.v. § 68 schließt die Zurückverweisung nicht aus.[52] Die Unzulässigkeit muss nicht im Tenor ausgesprochen sein. Maßgebend ist, ob das ArbG sich in den Entscheidungsgründen materiell mit der Sache befasst hat oder befassen musste.[53] Ein obiter dictum oder hilfsweise erfolgende Ausführungen zur zusätzlichen Unbegründetheit der Klage schließen die Zurückverweisung nicht aus§ 538 Abs. 2 Satz 1 Nr. 3 ZPO ist in analoger Anwendung heranzuziehen, wenn das ArbG zu Unrecht einen wirksamen verfahrensbeendenden **Prozessvergleich** bejaht hat, weil es auch in diesem Fall eine sachliche Prüfung der geltend gemachten Ansprüche nicht vorgenommen hat.[54] Dagegen kommt eine Zurückverweisung nicht in Betracht, wenn das ArbG durch **Zwischenurteil** nach § 280 ZPO die **Zulässigkeit der Klage** bejaht hat. Wird das Zwischenurteil bestätigt, ist das Verfahren vor dem

---

44 GK-ArbGG/Vossen § 68 Rn 16c.
45 BGBl. I 2008, S. 444.
46 GK-ArbGG/Vossen § 68 Rn 15; Reinhard JbArbR 46 (2009), 113, 125.
47 BT-Drs. 16/7716, S. 25.
48 Schwab/Weth-Schwab § 68 Rn 36.
49 GK-ArbGG/Vossen § 68 Rn 22; Schwab/Weth-Schwab § 68 Rn 10.
50 LAG Hamm, 14.03.2007 – 2 Sa 1284/06, Rn 17.
51 BAG, 09.10.2002 – 5 AZR 307/01, NZA 2003, 339; LAG Rheinland-Pfalz, 17.09.2009 – 2 Sa 322/09, Rn 34.
52 Sächsisches LAG, 16.08.2006 – 2 Sa 434/06, Rn 23.
53 GMPMG/Germelmann § 68 Rn 17.
54 BAG, 18.07.1969 – 2 AZR 498/68; GMPMG/Germelmann § 68 Rn 18; GK-ArbGG/Vossen § 68 Rn 24; Schwab/Weth-Schwab § 68 Rn 13.

ArbG fortzusetzen. Hält dagegen das LAG die Klage für unzulässig, so muss es selbst die Klage als unzulässig abweisen.[55]

Weitere Erscheinungsform der Zurückverweisung bei Fehlen einer Sachentscheidung seitens des ArbG ist die Zurückverweisungsmöglichkeit nach einem mit der Berufung anfechtbaren Versäumnisurteil, § 538 Abs. 2 Satz 1 Nr. 6 ZPO. Wird ein **Zweites Versäumnisurteil** nach § 64 Abs. 2 Buchst. d) mit der Berufung angefochten, so kann das LAG den Rechtsstreit zurückverweisen, wenn es die Voraussetzungen für ein zweites Versäumnisurteil nicht für gegeben erachtet, etwa weil ein Vertagungsgrund gegeben war[56] oder ein erneutes erstes Versäumnisurteil hätte ergehen müssen.[57] Entsprechende Anwendung findet Nr. 6 bei Berufung gegen ein Anerkenntnisurteil, welches das Arbeitsgericht ohne wirksames Anerkenntnis erlassen hat.[58] Ein weiterer entsprechender Anwendungsfall von Nr. 6 zusammen mit Nr. 2 liegt vor, wenn das Arbeitsgericht in einer Säumnislage ein streitiges **Urteil** nach **Lage der Akten** erlässt, ohne dass dafür die Voraussetzungen aus §§ 331a i.V.m. 251a Abs. 2 ZPO erfüllt sind, insbesondere in einem früheren Termin mündlich verhandelt worden ist.[59]

21

c) Zurückverweisung in Fällen nur teilweiser Klagebescheidung

Die Gemeinsamkeit zweier weiterer anerkannter Zurückverweisungslagen besteht darin, dass das ArbG das klägerische Begehren nur teilweise beschieden hat. Die Erste betrifft **Stufenklagen** i.S.v. § 254 ZPO. Hat bei einer Stufenklage das ArbG die Klage insgesamt abgewiesen und verurteilt das LAG entsprechend der ersten Stufe zur Auskunftserteilung, so ist es dem LAG nicht verwehrt, die Rechtssache an das ArbG zurückzuverweisen.[60] Rechtsgrundlage hierfür ist die Vorschrift zur Zurückverweisung nach Grundurteil in § 538 Abs. 2 Satz 1 Nr. 4 ZPO in analoger Anwendung. Alternativ darf das LAG im Einverständnis mit den Parteien den in der ersten Instanz verbliebenen Teil zur Entscheidung an sich ziehen.[61]

22

Schließlich kann das LAG den Rechtsstreit zurückverweisen, wenn das ArbG entgegen den Voraussetzungen aus § 301 ZPO ein **Teilurteil** erlassen hat.[62] Dabei ist zu beachten, dass ein Teilurteil nur dann erlassen werden darf, wenn die Entscheidung durch das über den Rest ergehende Schlussurteil unter keinen Umständen mehr berührt werden kann. Es muss die Gefahr widersprüchlicher Entscheidungen auch durch das Rechtsmittelgericht ausgeschlossen sein. Unzulässig ist ein Teilurteil, wenn es eine Frage entscheidet, die sich für den nicht beschiedenen Teil noch einmal als Vorfrage stellt. Gleiche Rechtsfragen, aufgeworfen von beschiedenem und nicht beschiedenem Teil, schließen dagegen ein Teilurteil nicht aus.[63] Im Fall des unzulässigen Teilurteils bedarf die Zurückverweisung keines Parteiantrags (vgl. Rdn. 7). Unzulässig sind im arbeitsgerichtlichen Verfahren beispielsweise das (streitige) Teilurteil über den Kündigungsschutzantrag, wenn vorhergehende Beendigungstatbestände unbeschieden bleiben[64] oder ein vom Arbeitgeber hilfsweise gestellter Auflösungsantrag.[65] Das LAG ist befugt, den Rechtsstreit im Übrigen an sich zu ziehen und einheitlich über das gesamte Streitverfahren zu entscheiden.[66]

23

---

55 GMPMG/Germelmann § 68 Rn 16.
56 LAG Hamburg, 24.08.2007 – 6 Sa 28/07.
57 Hessisches LAG, 12.05.2003 – 16 Sa 134/03.
58 GK-ArbGG/Vossen § 68 Rn 28; GWBG-Benecke § 68 Rn 7; Schwab/Weth-Schwab § 68 Rn 20.
59 LAG Hamm, 04.03.2011 – 18 Sa 907/01, Rn 46 ff.
60 BAG, 21.11.2000 – 9 AZR 665/99, NZA 2001, 1093; GK-ArbGG/Vossen § 68 Rn 21.
61 Schwab/Weth-Schwab § 68 Rn 18.
62 LAG Köln, 09.09.2005 – 4 Sa 325/05, Rn 25 f.
63 BAG, 23.03.2005 – 4 AZR 243/04, NZA 2006, 1062.
64 LAG Düsseldorf, 28.02.1997 – 15 Sa 1738/96; LAG Nürnberg, 17.12.2010 – 4 Sa 333/10.
65 BAG, 29.01.1981 – 2 AZR 1055/78, unter II 2 c; LAG Schleswig-Holstein, 15.01.2015 – 5 Sa 327/14.
66 HWK/Kalb § 66 ArbGG Rn 12; Schwab/Weth-Schwab § 68 Rn 24 f.; vgl. LAG Hamm, 03.01.2006 – 6 Sa 814/05; a.A. LAG Köln, 15.12.2014 – 4 Sa 574/14, Rn 36.

III. Zurückverweisungsentscheidung

24 Bei Erfüllung der formellen und materiellen Voraussetzungen steht die Entscheidung über die Zurückverweisung im Ermessen des LAG. Der Tenor zur Sache lautet ggf. auf Aufhebung der erstinstanzlichen Entscheidung und Zurückverweisung. Die diesbezügliche nicht mehr anfechtbare Entscheidung hat bindende Wirkung für das fortzusetzende Verfahren. Unter besonderen Umständen ist auch die Verweisung aus dem Revisionsverfahren an das ArbG möglich.

1. Ermessen

25 Sind die Voraussetzungen der Zurückverweisung in formeller und materieller Hinsicht erfüllt, so ist dem LAG ein **Ermessen** eröffnet, ob es zurückverweist. Entsprechend dem Grundsatz aus § 538 Abs. 1 ZPO entscheidet das LAG selbst, es sei denn, es hält eine eigene Entscheidung nicht für geboten.[67] Das Berufungsgericht muss auf die **berechtigten Parteiinteressen** Rücksicht nehmen.[68] Hier kann der Verlust einer Tatsacheninstanz gegen die durch die Zurückverweisung eintretende Verzögerung abzuwägen sein. Eine nicht mehr hinnehmbare **Verfahrensverzögerung** schließt die Zurückverweisung aus.[69] Die Frage ist mit den Parteien zu erörtern, um sachdienliche Antragstellungen zu erreichen.[70] Die Ermessensausübung ist von der Revisionsinstanz zu überprüfen. Das Berufungsgericht ist deshalb gehalten, seine Beweggründe nachprüfbar darzulegen.[71]

2. Tenor

26 Entschließt sich das LAG zur Zurückverweisung, so hat es im Tenor die **Aufhebung** der erstinstanzlichen Entscheidung und die **Zurückverweisung** an das Arbeitsgericht auszusprechen.[72] Im Fall der Aufhebung wegen eines Verfahrensmangels kann es geboten sein, analog § 562 Abs. 2 ZPO auch das vom Mangel betroffene Verfahren aufzuheben, so etwa die nach Eintritt einer Verfahrensunterbrechung durchgeführte Beweisaufnahme. Die Zurückverweisungsentscheidung ist **selbständig anfechtbares Endurteil** im Sinne der Vorschrift zur Revision gegen Urteile des LAG in § 72. In die Entscheidung ist deshalb ein Ausspruch aufzunehmen, ob die Revision zugelassen oder nicht zugelassen wird.[73] Eine Entscheidung zur Kostentragung dagegen ist nicht zu treffen, weil der Rechtsstreit noch nicht beendet, sondern in der ersten Instanz fortzusetzen ist. Klarstellend kann in den Tenor aufgenommen werden, dass das Arbeitsgericht auch über die Kosten des Berufungsverfahrens zu entscheiden haben wird. Angezeigt ist eine Entscheidung über die Niederschlagung der Gerichtskosten aus Berufungsverfahren[74] und erstinstanzlichem Urteil.[75] Rechtsgrundlage hierfür ist § 21 Abs. 1 Satz 1 GKG. Regelmäßig werden insoweit Kosten vorliegen, die bei richtiger Behandlung der Sache nicht entstanden wären.

3. Bindungswirkung

27 Entsprechend der Regelung für die Zurückverweisung durch das Revisionsgericht in § 563 Abs. 2 ZPO ist auch im Fall der Zurückverweisung durch das LAG das Arbeitsgericht an die rechtliche Beurteilung, die der Aufhebung zugrunde gelegt ist, gebunden. Dies gilt jedoch nur für die die Zurückverweisung begründende Rechtsansicht, nicht auch sonstige rechtliche Ausführungen.[76] Die

---

67 Schwab/Weth-Schwab § 68 Rn 26.
68 BGH, 08.07.2004 – VII ZR 231/03.
69 BGH, 08.07.2004 – VII ZR 231/03.
70 Zöller/Heßler § 538 Rn 7.
71 BGH, 16.12.2004 – VII ZR 270/03.
72 Schwab/Weth-Schwab § 68 Rn 5.; vgl. GWBG-Benecke § 68 Rn 10.
73 Vgl. Zöller/Heßler § 538 Rn 56.
74 Schwab/Weth-Schwab § 68 Rn 5.
75 Vgl. LAG München, 15.03.2007 – 4 Sa 54/07, Rn 20.
76 Ostrowicz/Künzl/Scholz-Künzl Rn 511.

Bindungswirkung erstreckt sich in einem nachfolgenden weiteren Berufungsverfahren auf die dann befasste Kammer des LAG[77] und unter Umständen sogar auf die Revisionsinstanz.[78]

4. Zurückverweisung an ArbG durch BAG

Unter besonderen Umständen kann die Zurückverweisung an das ArbG auch im Revisionsverfahren erfolgen. Das **BAG** kann den Rechtsstreit **ausnahmsweise an das ArbG** anstelle des LAG **zurückverweisen**, wenn das LAG die Sache seinerseits ausnahmsweise an das ArbG hätte zurückverweisen können.[79] Geboten ist ein solches Vorgehen, wenn nur dadurch der einer verfahrensordnungsgemäßen Behandlung entsprechende Verfahrensstand hergestellt werden kann. Dies ist der Fall, wenn das ArbG entgegen einer nach § 240 ZPO infolge Insolvenz eingetretenen Verfahrensunterbrechung eine Entscheidung erlassen und das LAG diesen Fehler nicht korrigiert hat[80] oder wenn die Klagezustellung an den vom Kläger gewollten Beklagten in der ersten Instanz unterblieben und deshalb eine Entscheidung zwischen den Prozessparteien nicht ergangen ist.[81] In einem solchen Fall hebt das BAG die Entscheidungen von LAG und ArbG auf.[82]

28

§ 69 Urteil

(1) ¹Das Urteil nebst Tatbestand und Entscheidungsgründen ist von sämtlichen Mitgliedern der Kammer zu unterschreiben. ²§ 60 Abs. 1 bis 3 und Abs. 4 Satz 2 bis 4 ist entsprechend mit der Maßgabe anzuwenden, dass die Frist nach Absatz 4 Satz 3 vier Wochen beträgt und im Falle des Absatzes 4 Satz 4 Tatbestand und Entscheidungsgründe von sämtlichen Mitgliedern der Kammer zu unterschreiben sind.

(2) Im Urteil kann von der Darstellung des Tatbestandes und, soweit das Berufungsgericht den Gründen der angefochtenen Entscheidung folgt und dies in seinem Urteil feststellt, auch von der Darstellung der Entscheidungsgründe abgesehen werden.

(3) ¹Ist gegen das Urteil die Revision statthaft, so soll der Tatbestand eine gedrängte Darstellung des Sach- und Streitstandes auf der Grundlage der mündlichen Vorträge der Parteien enthalten. ²Eine Bezugnahme auf das angefochtene Urteil sowie auf Schriftsätze, Protokolle und andere Unterlagen ist zulässig, soweit hierdurch die Beurteilung des Parteivorbringens durch das Revisionsgericht nicht wesentlich erschwert wird.

(4) ¹§ 540 Abs. 1 der Zivilprozessordnung findet keine Anwendung. ²§ 313a Abs. 1 Satz 2 der Zivilprozessordnung findet mit der Maßgabe entsprechende Anwendung, dass es keiner Entscheidungsgründe bedarf, wenn die Parteien auf sie verzichtet haben; im Übrigen sind die §§ 313a und 313b der Zivilprozessordnung entsprechend anwendbar.

Übersicht	Rdn.		Rdn.
I. Verkündung des Berufungsurteils	2	4. Rechtsmittelbelehrung	14
II. Urteilsinhalt	3	5. Unterschriften	15
1. Urteilseingang und Tenor	4	III. Absetzungsfrist	19
2. Tatbestand und Entscheidungsgründe	6	IV. Rechtsfolgen von Formfehlern	20
3. Entbehrlichkeit von Tatbestand und Entscheidungsgründen	9		

---

77 Schwab/Weth-Schwab § 68 Rn 3.
78 BGH, 18.09.1957 – V ZR 153/56, NJW 1958, 59.
79 BAG, 18.10.2006 – 2 AZR 563/05, NZA 2007, 765, Rn 32 ff.; BAG, 20.02.2014 – 2 AZR 248/13, NZA 2015, 124, Rn 27.
80 BAG, 18.10.2006 – 2 AZR 563/05, NZA 2007, 765, Rn 32 ff.
81 BAG, 20.02.2014 – 2 AZR 248/13, NZA 2015, 124, Rn 27.
82 GMPMG/Müller-Glöge § 74 Rn 133.

1 Gegen Ende des Unterabschnitts zum Berufungsverfahren im ArbGG regelt § 69 Einzelheiten zum LAG-Urteil. Gegenstand der Vorschrift sind dessen Verkündung, der Urteilsinhalt und die Frist zur Absetzung. Form- und Fristfehler begründen unterschiedliche Rechtsfolgen und -behelfe.

I. Verkündung des Berufungsurteils

2 Wegen der **Verkündung** des Berufungsurteils erklärt Abs. 1 Satz 2 die Regelungen zur Verkündung des erstinstanzlichen Urteils in § 60 Abs. 1 bis 3 für anwendbar. Auf die dortigen Erläuterungen (§ 60 Rdn. 5 ff.) kann verwiesen werden.

II. Urteilsinhalt

3 Erläutert werden sollen die formalen Anforderungen an das LAG-Urteil aufgegliedert nach dessen Teilen: Urteilseingang und Tenor des Urteils, Tatbestand und Entscheidungsgründe, Rechtsmittelbelehrung, Unterschriften. Darzustellen ist auch, unter welchen Voraussetzungen Tatbestand und Entscheidungsgründe ausnahmsweise entbehrlich sind.

1. Urteilseingang und Tenor

4 Die formalen Anforderungen an den **Urteilseingang** folgen aus der allgemeinen zivilprozessualen Vorschrift in § 313 Abs. 1 Nr. 1 – 3 ZPO, die über § 64 Abs. 6 Satz 1 i.V.m. § 525 ZPO Anwendung findet.[1] Das Urteil muss also enthalten: die Bezeichnung der **Parteien**, ihrer **gesetzlichen Vertreter**, der **Prozessbevollmächtigten**, des **Gerichts** einschließlich der Namen der mitwirkenden Richter und die Angabe des letzten **Verhandlungstags**.[2] Die unterbliebene Namensangabe der erkennenden Richter wird jedenfalls in den Fällen, in denen kein Zweifel daran bestehen kann, dass die Richter, die die Entscheidung unterzeichnet haben, auch an ihr mitgewirkt haben, durch die Unterschriften der Richter ersetzt.[3]

5 Auf den Urteilseingang folgt die **Urteilsformel**, auch **Tenor** genannt, § 313 Abs. 1 Nr. 4 ZPO. Dieser muss hinreichend deutlich gefasst und bestimmt sein. Der Umfang der materiellen Rechtskraft i.S.v. § 322 Abs. 1 ZPO und damit die Entscheidungswirkungen müssen festgestellt werden können. Dies ist in der Revision von Amts wegen zu prüfen.[4] Der Tenor umfasst eine Entscheidung, ob die Revision zugelassen wird, §§ 72 Abs. 1, 64 Abs. 3a Satz 1.[5] Versäumt das LAG einen Ausspruch zur **Revisionszulassung**, so kann entsprechend der Regelung in §§ 72 Abs. 1 Satz 2, 64 Abs. 3a Satz 2 die diesbezügliche Ergänzung beantragt werden (zu Einzelheiten s. § 72 Rdn. 62 ff.). Entbehrlich ist die Zulassungsentscheidung in grundsätzlich nicht revisiblen Urteilen im einstweiligen Rechtsschutz bzw. in Arrestsachen.[6] Hier kann in den Entscheidungsgründen darauf hingewiesen werden, dass ein Rechtsmittel gegen die Entscheidung nicht gegeben ist.[7] Eines Ausspruchs zur **vorläufigen Vollstreckbarkeit** bedarf es nicht, weil das Urteil des LAG wie das Urteil des ArbG aufgrund gesetzlicher Anordnung vorläufig vollstreckbar ist, § 64 Abs. 7 i.V.m. § 62 Abs. 1 Satz 1. Anders als beim Urteil erster Instanz enthält der Tenor **keine Streitwertfestsetzung**. § 61 Abs. 1 ist von der Verweisung in § 64 Abs. 7 ausgenommen.[8]

---

1 ErfK/Koch § 69 ArbGG Rn 4; Schwab/Weth-Schwab § 69 Rn 16.
2 BAG, 20.12.2006 – 5 AZB 35/06, NZA 2007, 226, Rn 4.
3 BGH, 01.03.2016 – VIII ZB 57/15, Rn 14.
4 BAG, 14.03.2012 – 7 AZR 147/11, Rn 19.
5 ErfK/Koch § 69 ArbGG Rn 4.
6 Schwab/Weth-Schwab § 69 Rn 22.
7 Ostrowicz/Künzl/Scholz-Ostrowicz Rn 544.
8 Ostrowicz/Künzl/Scholz-Künzl Rn 521; Schwab/Weth-Schwab § 69 Rn 16.

2. Tatbestand und Entscheidungsgründe

Sind die Voraussetzungen ihrer ausnahmsweisen Entbehrlichkeit nicht gegeben, muss das Urteil des LAG **Tatbestand** und **Entscheidungsgründe** enthalten. Das insoweit § 313 Abs. 1 ZPO entsprechende Urteil ist der Normalfall des Berufungsurteils im arbeitsgerichtlichen Verfahren. Die vom ZPO-Reformgesetz[9] für das Berufungsverfahren vor den allgemeinen Zivilgerichten gewollte Neugestaltung des Berufungsurteils sollte im arbeitsgerichtlichen Verfahren im Hinblick auf dessen Besonderheiten, insbesondere die Beteiligung der ehrenamtliche Richter, keine Anwendung finden.[10] Deshalb erklärt der Gesetzgeber in Abs. 4 Satz 1 die Vorschrift des § 540 ZPO, die das Berufungsurteil in der allgemeinen Zivilgerichtsbarkeit auf Ausführungen zur Übernahme oder Abänderung der erstinstanzlichen Begründung beschränkt, ohne die traditionelle Aufteilung in Tatbestand und Entscheidungsgründe zu verlangen,[11] für unanwendbar.[12]

Folgerichtig hat der Gesetzgeber des ZPO-Reformgesetzes mit Abs. 3 eine eigenständige Bestimmung zum **Tatbestand des LAG-Urteils** in das Gesetz aufgenommen, die diesen als eine **gedrängte Darstellung des Sach- und Streitstandes** auf der Grundlage der mündlichen Vorträge der Parteien beschreibt. Eine Abweichung von der allgemeinen zivilprozessualen Bestimmung zum Tatbestandsinhalt ist hieraus nicht ersichtlich. Für Inhalt und Substanz von Tatbestand und Entscheidungsgründen gelten somit die Grundsätze von § 313 Abs. 2 und 3 ZPO.[13] Der Tatbestand hat die erhobenen **Ansprüche** und die dazu vorgebrachten **Angriffs- und Verteidigungsmittel** unter Hervorhebung der gestellten **Anträge** ihrem wesentlichen Inhalt nach wiederzugeben.[14] Zum notwendigen Inhalt des Tatbestands gehören insbesondere die Berufungsanträge. Ausreichend kann es hier sein, wenn aus dem Zusammenhang der Gründe wenigstens sinngemäß deutlich wird, was der Berufungskläger mit seinem Rechtsmittel erstrebt und in welchem Umfang er die Abänderung der erstinstanzlichen Entscheidung begehrt.[15] In den **Entscheidungsgründen** sind die Erwägungen zusammenzufassen, auf denen die Entscheidung in tatsächlicher und rechtlicher Hinsicht beruht, § 313 Abs. 3 ZPO.[16] Aus den Gründen muss erkennbar werden, welche tatsächlichen Feststellungen und welche rechtlichen Erwägungen für die getroffene Entscheidung maßgeblich waren. Ist dies nicht der Fall, liegt eine Entscheidung ohne Gründe i.S.v. § 547 Nr. 6 ZPO vor,[17] was grundsätzlich zur Aufhebung und Zurückverweisung in der Revision führt (vgl. Rdn. 24), Übernahmen aus Entscheidungsgründen in Parallelstreitigkeiten sind zulässig, wenn es sich trotz der Wiederholungen aus den Gründen ergibt, dass das Berufungsgericht den Sachvortrag der Parteien in der Berufungsinstanz wahrgenommen und gewürdigt hat.[18]

Bezugnahmen sind in Tatbestand und Entscheidungsgründen zulässig. Für den **Tatbestand** folgt dies aus Abs. 3 Satz 2 bzw. § 313 Abs. 2 Satz 2 ZPO, wonach Bezugnahmen auf das angefochtene Urteil oder bestimmte andere schriftliche Unterlagen zulässig sind, soweit hierdurch die Beurteilung des Parteivorbringens nicht wesentlich erschwert wird. So kann z.B. die erforderliche Wiedergabe der Berufungsanträge auch in Form einer Bezugnahme auf das Sitzungsprotokoll erfolgen.[19] Darzustellen bleibt aber das zweitinstanzliche Vorbringen. Insoweit das **LAG** den **Entscheidungsgründen** des **ArbG** folgt, kann es dies nach Abs. 2 **feststellen** und von eigenständigen Gründen absehen.

---

9 BGBl. I 2001, S. 1887.
10 BT-Drs. 14/6036, S. 126; HWK/Kalb § 69 ArbGG Rn 1.
11 MünchKomm-ZPO/Rimmelspacher § 540 Rn 5; Zöller/Heßler § 540 Rn 3.
12 GMPMG/Germelmann § 69 Rn 14; NK-GA/Breinlinger § 69 ArbGG Rn 4.
13 Schwab/Weth-Schwab § 69 Rn 20; Natter/Gross-Pfeiffer § 69 Rn 1.
14 BAG, 20.12.2006 – 5 AZB 35/06, NZA 2007, 226, Rn 4.
15 BAG, 17.08.2010 – 9 AZR 347/09, NJW 2010, 3595, Rn 11; BGH, 26.02.2003 – VIII ZR 262/02, NJW 2003, 1743, Rn 4.
16 BAG, 23.03.2010 – 9 AZN 1030/09, NZA 2010, 779, Rn 20.
17 BAG, 11.11.2014 – 3 AZR 848/11, Rn 18; BAG, 21.04.2015 – 3 AZR 102/14, Rn 15.
18 BAG, 21.04.2015 – 3 AZR 102/14, Rn 15.
19 BAG, 17.08.2010 – 9 AZR 347/09, NJW 2010, 3595, Rn 11.

Dies gilt auch für Urteile, gegen die die Revision statthaft ist.[20] Naturgemäß kann der Verweis das im Berufungsverfahren neu gehaltene Vorbringen nicht abdecken. Die Verweismöglichkeit gilt insoweit nicht. Mit neuem Vorbringen muss sich das Berufungsgericht in den Entscheidungsgründen auseinandersetzen.[21]

3. Entbehrlichkeit von Tatbestand und Entscheidungsgründen

9 Die ausnahmsweise Entbehrlichkeit des **Tatbestands** kann für streitige Urteile aus § 69 Abs.2 und 3 folgen. Die Vorschriften erlauben ein Absehen von der Darstellung des Tatbestands, wenn das Berufungsurteil unzweifelhaft nicht der Revision unterliegt.[22] Erfasst sind die Urteile, gegen die eine Revision grundsätzlich nicht zulässig ist. Hierher zählen die Berufungsurteile in **einstweiligen Verfügungsverfahren** oder Arrestsachen, für die § 72 Abs. 4 die Revision ausschließt.[23] Erfasst sind weiter Verfahren, wo ein **Rechtsmittelverzicht**[24] der beschwerten Partei die dennoch eingelegte Berufung bzw. Nichtzulassungsbeschwerde[25] unzulässig machen würde.[26] Der Verzicht muss dabei von allen von der Entscheidung beschwerten Parteien erklärt werden.[27] Zu unterscheiden ist hier der Rechtsmittelverzicht von dem Verzicht auf die Mitteilung von Entscheidungsgründen gem. § 313a Abs. 1 Satz 2 ZPO, aus dem für sich genommen nicht die Unanfechtbarkeit der Entscheidung folgt.[28]

10 Die **Nichtzulassung** der **Revision** allein begründet nicht die Entbehrlichkeit eines Tatbestands.[29] Die in Abs. 3 vorgeschriebene gedrängte Darstellung des Sach- und Streitstandes auf der Grundlage der mündlichen Vorträge der Parteien soll die Nachprüfung durch das Revisionsgericht ermöglichen. Eine solche Darstellung ist deshalb auch dann erforderlich, wenn die Revision erst aufgrund einer Nichtzulassungsbeschwerde durch das Revisionsgericht zugelassen worden ist.[30] Die Statthaftigkeit beurteilt sich somit nach der Lage im Revisionsverfahren.[31]

11 Bei unzweifelhafter Unzulässigkeit eines Rechtsmittels kann das LAG auf **Tatbestand und Entscheidungsgründe** verzichten, wenn beide Parteien auf ihre **Mitteilung verzichten**, § 69 Abs. 4 Satz 2 Hs 1 i.V.m. § 313a Abs. 1 Satz 2 ZPO.[32] Wird das Urteil im Verhandlungstermin verkündet, so begründet der Rechtsmittelverzicht der beschwerten Partei bzw. Parteien zugleich mit der Entbehrlichkeit des Tatbestands die Entbehrlichkeit von Entscheidungsgründen, § 69 Abs. 4 Satz 2 Halbs. 2 i.V.m. § 313a Abs. 2 ZPO.[33]

12 § 313a Abs. 3 ZPO setzt für die **Erklärung des Verzichts** auf die Mitteilung von Entscheidungsgründen bzw. den begründungsverkürzenden Rechtsmittelverzicht eine **Frist** von einer Woche nach dem Schluss der mündlichen Verhandlung. Das Gericht ist aber auch bei Versäumung dieser Frist

---

20 BAG, 02.09.2014 – 3 AZR 951/12, Rn 21; GK-ArbGG/Vossen § 69 Rn 11b.
21 BAG, 02.09.2014 – 3 AZR 951/12, Rn 21.
22 BAG, 24.03.2011 – 2 AZR 170/10, NZA 2011, 993, Rn 11; ErfK/Koch § 69 ArbGG Rn 5.
23 ErfK/Koch § 69 ArbGG Rn 4; Schwab/Weth-Schwab § 69 Rn 25.
24 BAG, 18.05.2006 – 6 AZR 627/05, NZA 2006, 1037, Rn 15; BAG, 19.06.2007 – 2 AZR 599/06, Rn 12; BAG, 24.03.2011 – 2 AZR 170/01, NZA 2011, 993, Rn 11.
25 BAG, 15.03.2006 – 9 AZN 885/05, NZA 2006, 876, Rn 13.
26 ErfK/Koch § 69 ArbGG Rn 4; GMPMG/Germelmann § 69 Rn 10; GK-ArbGG/Vossen § 69 Rn 9; Schwab/Weth-Schwab § 69 Rn 33.
27 Zöller/Vollkommer § 313a Rn 5.
28 BAG, 15.03.2006 – 9 AZN 885/05, NZA 2006, 876, Rn 15.
29 BAG, 30.09.2010 – 2 AZR 160/09, NZA 2011, 349, Rn 11; BAG, 24.03.2011 – 2 AZR 170/01, NZA 2011, 993, Rn 11.
30 BAG, 18.06.2006 – 6 AZR 627/05, NZA 2006, 1037, Rn 16.
31 GK-ArbGG/Vossen § 69 Rn 11; GMPMG/Germelmann § 69 Rn 10; Schwab/Weth-Schwab § 69 Rn 27; a.A. (Zeitpunkt der Verkündung durch das LAG) Natter/Gross-Pfeiffer § 69 Rn 9, Ostrowicz/Künzl/Scholz-Künzl Rn 521.
32 Schwab/Weth-Schwab § 69 Rn 25.
33 GK-ArbGG/Vossen § 69 Rn 9; Ostrowicz/Künzl/Scholz-Künzl Rn 521.

berechtigt, von Tatbestand und Entscheidungsgründen abzusehen, wenn der Verzicht der Parteien nachträglich eingeht.[34] Aus § 69 Abs. 4 Satz 2 Halbs. 1 i.V.m. § 313a Abs. 1 Satz 2 ZPO folgt, dass **Protokollurteile** nach § 313a Abs. 1 Satz 2 Alt. 2 ZPO, bei denen die wesentlichen Entscheidungsgründe in die Sitzungsniederschrift aufgenommen werden, im arbeitsgerichtlichen Berufungsverfahren nicht zulässig sind.[35]

Im Berufungsverfahren vor dem LAG ist § 313b ZPO entsprechend anwendbar. Abgesehen von Fällen mit Auslandsbezug i.S.v. § 313b Abs. 3 ZPO bedürfen deshalb **Versäumnis-, Anerkenntnis- oder Verzichtsurteile** weder eines Tatbestands noch Entscheidungsgründe.[36] Die Urteile sind im Titel als Versäumnis-, Anerkenntnis- oder Verzichtsurteile zu bezeichnen. Die Erleichterung gilt nur für sogenannte **echte Versäumnisurteile** im Sinne von § 539 ZPO, also Urteile, die allein wegen der Säumnis ergehen. Anders sind unechte Versäumnisurteile zu behandeln, wenn also die unzulässige oder nicht schlüssige Berufung trotz Säumnis zu verwerfen oder abzuweisen oder ein Verfahrensfehler der ersten Instanz zu berichtigen ist. Solche Entscheidungen sind formal wie streitige Urteile zu behandeln und müssen Tatbestand und Entscheidungsgründe enthalten.

4. Rechtsmittelbelehrung

In den allgemeinen Verfahrensvorschriften schreibt § 9 Abs. 5 auch für das Urteil des LAG eine **Rechtsmittelbelehrung** vor.[37] Wird in dem Urteil die Revision zugelassen, hat das Urteil mit einer Belehrung über die Möglichkeit der Revision zu enden. Wird die Revision nicht zugelassen, so hat der **Hinweis** zu erfolgen, dass **kein Rechtsmittel** gegeben ist. Nach der Rechtsprechung des BAG ist nämlich die Nichtzulassungsbeschwerde kein Rechtsmittel im Sinne von § 9 Abs. 5.[38] Ein Hinweis auf die Möglichkeit der Nichtzulassungsbeschwerde ist üblich, aber nicht erforderlich.[39]

5. Unterschriften

§ 69 Abs. 1 Satz 1 bestimmt, dass das Urteil nebst Tatbestand und Entscheidungsgründen von **sämtlichen Kammermitgliedern** zu unterschreiben ist. Im Unterschied zur ersten Instanz, wo nach § 60 Abs. 4 Satz 1 allein der Vorsitzende das vollständig abgesetzte Urteil zu unterschreiben hat, ist in der Berufungsinstanz die Unterschrift aller erkennenden Mitglieder der Kammer einschließlich der ehrenamtlichen Richter erforderlich. Das Urteil ist von allen Richtern zu unterschreiben, die an der Entscheidung mitgewirkt haben, § 64 Abs. 6 i.V.m. §§ 525, 315 Abs. 1 Satz 1 ZPO.[40] In vollständiger Form abgefasst ist das Urteil nur, wenn es die erforderlichen Unterschriften aufweist.[41] Die Unterschriften müssen daher bei Verkündung im Verhandlungstermin innerhalb der Absetzungsfrist von 4 Wochen angebracht sein, bei Verkündung in einem gesonderten Verkündungstermin müssen sie vor der Verkündung geleistet sein, Abs. 1 i.V.m. § 60 Abs. 4. Der im Anschluss an die Beratung schriftlich niedergelegte Urteilstenor ist jedenfalls vom Vorsitzenden und, wenn die Ehrenamtlichen Richter bei der Verkündung nicht anwesend sind, auch von diesen zu unterzeichnen, § 69 Abs. 1 Satz 2 i.V.m. § 60 Abs. 3 Satz 2. Die Unterzeichnung der Urteilsformel durch die Ehrenamtlichen Richter sollte aber darüber hinausgehend die Regel sein, auch damit eine vollstreckbare Kurzausfertigung erteilt werden kann, vgl. § 317 Abs. 2 Satz 1 ZPO.[42]

---

34 LAG Köln, 08.04.2005 – 4 Sa 828/04; MünchKomm-ZPO/Musielak § 313a Rn 5; Ostrowicz/Künzl/Scholz-Künzl Rn 521.
35 Schwab/Weth-Schwab § 69 Rn 32.
36 GK-ArbGG/Vossen § 69 Rn 10; Natter/Gross-Pfeiffer § 69 Rn 12.
37 Natter/Gross-Pfeiffer § 69 Rn 7.
38 BAG, 22.07.2008 – 3 AZN 584/08, NJW 2009, 541, Rn 17.
39 BAG, 09.07.2003 – 5 AZN 316/03, Rn 3.
40 GK-ArbGG/Vossen § 69 Rn 5; Natter/Gross-Pfeiffer § 69 Rn 3; Schwab/Weth-Schwab § 69 Rn 7.
41 BVerfG, 07.04.2005 – 1 BvR 2674/04, NZA 2005, 781, Rn 12; GK-ArbGG/Vossen § 69 Rn 15.
42 HWK/Kalb § 69 ArbGG Rn 5; Schwab/Weth-Schwab § 69 Rn 10.

16 Zweck der Unterzeichnung ist zum einen die interne Kontrolle, ob die schriftliche Fassung des Urteils mit der von den Richtern beschlossenen Entscheidung übereinstimmt. Zum anderen wird durch die Unterschrift nach außen erkennbar gemacht, dass die von den Richtern unterschriebene Fassung mit dem von ihnen gefällten Urteil identisch ist.[43] Die Unterschrift soll also die (Mehrheits-) Entscheidung der erkennenden Kammer authentifizieren. Deshalb ist auch ein etwa überstimmter Richter zur Unterschrift verpflichtet.[44] Mit der Unterschrift unter das vollständig abgefasste Urteil übernehmen **die ehrenamtlichen Richter Mitverantwortung** für die **Begründung**. Daraus folgt, dass der Kammervorsitzende die Begründung mit den ehrenamtlichen Richtern abzustimmen und bei Differenzen eine Mehrheitsentscheidung herbeizuführen hat.[45] Die Unterschrift muss die nach § 9 Abs. 5 vorgeschriebene Rechtsmittelbelehrung umfassen. Diese ist Bestandteil des Urteils und von den dafür zuständigen Richtern zu unterschreiben.[46]

17 Die Unterschrift eines erkennenden Richters kann durch einen **Verhinderungsvermerk** zu ersetzen sein, § 64 Abs. 6 i.V.m. §§ 525, 315 Abs. 1 Satz 2 ZPO. Ist ein Kammermitglied an der Unterschriftsleistung verhindert, ist dies unter Angabe des Verhinderungsgrundes vom Vorsitzenden und bei dessen Verhinderung vom ältesten Ehrenamtlichen Richter unter dem Urteil zu vermerken. Vermerkt der Vorsitzende unter Angabe des Verhinderungsgrundes, dass der betreffende Richter verhindert ist, seine Unterschrift beizufügen, genügt das dem Unterschriftserfordernis.[47] Eine gesonderte Unterschrift des Vorsitzenden unter dem Vermerk verlangt das Gesetz nicht.[48] Eine **Verhinderung** im Sinne der Vorschrift liegt vor, wenn der Richter auf Dauer oder für eine längere Zeit **an der Unterschriftsleistung gehindert** ist. Maßgebend ist hier der Zeitraum ab Vorliegen der unterschriftsreifen Fassung.[49] **Ortsabwesenheit** von mehr als zwei Wochen reicht aus.[50] Eine kurzfristige Ortsabwesenheit reicht nicht aus, selbst wenn sie dazu führt, dass die Fünf-Monats-Frist aus § 72b nicht eingehalten werden kann.[51] Als nicht ausreichend angesehen worden sind Verhinderungen von einem Tag[52] oder einer Woche.[53] Das BAG verlangt, dass im Zeitpunkt des Vorliegens eines unterschriftsreifen Entwurfs der Hinderungsgrund voraussichtlich noch mehr als eine Woche fortbesteht.[54] Auf Dauer verhindert ist der Richter, der aus dem Richterdienst entlassen oder in den Ruhestand versetzt ist. Das Ende der Amtszeit des ehrenamtlichen Richters etwa wegen Ablauf der Berufungsdauer von fünf Jahren gemäß § 20 Abs. 1 Satz 1 steht dem gleich.[55] Der formell ordnungsgemäße Verhinderungsvermerk ist in dem Beschwerdeverfahren wegen verspäteter Absetzung nur eingeschränkt überprüfbar. Ausreichend ist regelmäßig, dass der formell ordnungsgemäße Verhinderungsvermerk einen Verhinderungsgrund enthält, der an sich geeignet ist, den Richter von der Unterschrift abzuhalten. Eine inhaltliche Überprüfung findet dann nicht statt.[56] Bei Verhinderung des Vorsitzenden kann ein Verhinderungsvermerk auch durch den ältesten Ehrenamtlichen Richter erfolgen, § 315 Abs. 1 Satz 2 ZPO. Bei Verhinderung des Vorsitzenden sind die ehrenamtlichen

---

43 BAG, 19.06.1998 – 6 AZB 48/97 (A), NZA 1998, 1076.
44 GK-ArbGG/Vossen § 69 Rn 5; Schwab/Weth-Schwab § 69 Rn 8; vgl. Zöller/Lückemann § 195 GVG Rn 1.
45 GK-ArbGG/Vossen § 69 Rn 5; GMPMG/Germelmann § 69 Rn 6; Ostrowicz/Künzl/Scholz-Künzl Rn 519.
46 BAG, 06.03.1980 – 3 AZR 7/80, NJW 1980, 1871.
47 BAG, 17.08.1999 – 3 AZR 526/97, NZA 2000, 54; 22.08.2007 – 4 AZN 1225/06, Rn 6.
48 BAG, 22.08.2007 – 4 AZN 1225/06, Rn 7.
49 BAG, 22.08.2007 – 4 AZN 1225/06, Rn 10; GK-ArbGG/Vossen § 69 Rn 6.
50 BAG, 22.08.2007 – 4 AZN 1225/06, Rn 10.
51 BAG, 03.03.2010 – 4 AZB 23/09, NZA 2010, 910, Rn 7.
52 BAG, 17.08.1999 – 3 AZR 526/97, NZA 2000, 54.
53 BVerwG, 09.07.2008 – 6 PB 17/08, NJW 2008, 3450, Rn 6.
54 BAG, 24.06.2009 – 7 ABN 12/09, NZA-RR 2009, 553, Rn 7, 10; BAG, 03.03.2010 – 4 AZB 23/09, NZA 2010, 910, Rn 7.
55 GK-ArbGG/Vossen § 69 Rn 6; vgl. LAG München, 02.02.2011 – 11 Sa 343/08.
56 Vgl. BAG, 24.06.2009 – 7 ABN 12/09, NZA-RR 2009, 553, Rn 6; Natter/Gross-Pfeiffer § 69 Rn 5.

Richter befugt, die Entscheidungsgründe zu verfassen und unter Vermerk der Verhinderung des Vorsitzenden allein zu unterzeichnen.[57]

Nachholbar ist die fehlende Unterschrift während fünf Monaten nach der Verkündung.[58] Dies entspricht der maximalen Absetzungsfrist für eine noch rechtsstaatlichen Grundsätzen genügende Begründung. Das Urteil muss aber **nach der Nachholung** der Unterschriften (erneut) **zugestellt** werden.[59] Die Zustellung vor Vorliegen aller erforderlichen Unterschriften löst nicht den Beginn der Revisionsfristen aus.[60] **18**

III. Absetzungsfrist

Hinsichtlich der **Absetzungsfrist** ist zu unterscheiden zwischen im Termin zur mündlichen Verhandlung verkündeten Urteilen und solchen, die in einem besonderen Verkündungstermin verkündet werden. Bei Verkündung im Verhandlungstermin ist nach Abs. 1 Satz 2 i.V.m. § 60 Abs. 4 Satz 2 das in vollständiger Form abgefasste Urteil einschließlich der erforderlichen Unterschriften vor Ablauf von **vier Wochen** der Geschäftsstelle zum Zwecke der Zustellung zu übergeben. Kann diese Frist nicht eingehalten werden, ist der unterschriebene Urteilstenor zur Geschäftsstelle zu geben. Tatbestand und Entscheidungsgründe sind dann alsbald nachträglich anzufertigen und von den erkennenden Richtern zu unterschreiben.[61] Bei Verkündung in einem besonderen Verkündungstermin muss das Urteil bei der Verkündung in vollständiger Form, also einschließlich der Unterschriften vorliegen, Abs. 2 Satz 2 i.V.m. § 60 Abs. 4 Satz 2. Nach Übermittlung an die Geschäftsstelle ist das Urteil binnen drei Wochen von Amts wegen an die Parteien zuzustellen, §§ 50 Abs. 1 Satz 1, 64 Abs. 7. **19**

IV. Rechtsfolgen von Formfehlern

Die Verfehlung von Absetzungsfrist oder formalen Anforderungen an den Urteilsinhalt hat unterschiedliche Rechtsfolgen und begründet unterschiedliche Rechtsbehelfe. **20**

Die **Absetzungsfrist** von **vier Wochen** ist eine **Ordnungsvorschrift**.[62] Ihre Überschreitung begründet noch keinen Rechtsbehelf.[63] Ebenso handelt es sich bei dem Erfordernis, dass das nicht im Termin zur mündlichen Verhandlung verkündete Urteil bei seiner Verkündung vollständig abgefasst vorliegt um eine Ordnungsvorschrift, die nicht dessen Aufhebbarkeit in der Revision begründet.[64] Die Verkündung ist trotz Nichtvorliegen des vollständig abgefassten Urteils wirksam.[65] **21**

Rechtsfolgen bewirkt die verspätete Absetzung, wenn das Urteil nach **Ablauf von fünf Monaten** seit der Verkündung nicht vollständig abgesetzt und mit den erforderlichen Unterschriften der Geschäftsstelle zum Zwecke der Zustellung übergeben ist. Ein solches Urteil ist, auch wenn nach Fristablauf eine Begründung noch erfolgt, als **Urteil ohne Gründe** i.S.d. absoluten Revisionsgrundes aus § 547 Nr. 6 ZPO anzusehen.[66] Für die Fristberechnung ist der Verkündungstag maßgebend, nicht der Tag der letzten mündlichen Verhandlung.[67] Eine nach Ablauf der Fünf-Monats-Frist noch erfolgende Begründung ist keine verlässliche Wiedergabe von Verhandlung und **22**

---

57 Vgl. BAG, 30.04.1971 – 3 AZR 198/70; NK-GA/Breinlinger § 69 ArbGG Rn 14.
58 BGH, 27.01.2006 – V ZR 243/04, NJW 2006, 1881, Rn 14; BGH, 16.10.2006 – II ZR 101/05, Rn 9.
59 LAG Köln, 23.02.1988 – 6 Ta 28/88; GK-ArbGG/Vossen § 69 Rn 5; Hauck/Helml/Biebl § 69 Rn 2.
60 Schwab/Weth-Schwab § 69 Rn 11.
61 Schwab/Weth-Schwab § 69 Rn 3.
62 BAG, 07.12.1983 – 4 AZR 394/81; BAG, 16.05.2002 – 8 AZR 412/01.
63 ErfK/Koch § 69 ArbGG Rn 7; Hauck/Helml/Biebl § 69 Rn 4; Schwab/Weth-Schwab § 69 Rn 3.
64 BAG, 19.11.2014 – 4 AZR 76/13, Rn 18.
65 BAG, 19.04.2007 – 2 AZR 78/06, Rn 16.
66 Gemeinsamer Senat der obersten Gerichtshöfe des Bundes, 27.04.1993 – GmS-OGB 1/92, NZA 1993, 1147.
67 BAG, 20.11.1997 – 6 AZR 215/98, NZA 1998, 415.

Beratungsergebnissen und deshalb keine rechtsstaatliche Urteilsbegründung, auf die eine Revisionsbegründung oder die Überprüfung der Nichtzulassungsentscheidung hinsichtlich der Revision gestützt werden könnten.[68] Seit Wirksamwerden des Anhörungsrügengesetzes zum 01.01.2005[69] kann die beschwerte Partei in solchen Fällen unabhängig von einer Revisionszulassung sofortige **Beschwerde wegen verspäteter Absetzung** nach § 72b zum BAG einlegen und so die Aufhebung und Zurückverweisung erreichen.[70] Die Nichtzulassungsbeschwerde ist unzulässig,[71] weil es an einer Sachentscheidung fehlt, die deren Gegenstand sein könnte.[72] Nach § 73 Abs. 1 Satz 2 kann die Revision nicht auf die verspätete Absetzung gestützt werden (vgl. § 73 Rdn. 75).

23 Kein Fall der verspäteten Absetzung im Sinne von § 72b liegt vor, wenn das innerhalb der Fünf-Monats-Frist abgesetzte Urteil zwar **lückenhaft** ist, den formalen **Mindestanforderungen** aus §§ 313 bis 313b ZPO, 69 aber entspricht. Insoweit ist die Gleichsetzung des Fehlens notwendiger Ausführungen in den Gründen etwa zu zentralen Angriffs- und Verteidigungsmitteln mit dem Fehlen von Gründen überhaupt, wie sie für den entsprechenden absoluten Revisionsgrund aus § 547 Nr. 6 ZPO anerkannt ist, nicht auf § 72b übertragbar.[73] Einschlägiger Rechtsbehelf ist insoweit – neben der Erhebung einer Verfahrensrüge innerhalb der zugelassenen Revision – die auf die Verletzung rechtlichen Gehörs gestützte **Nichtzulassungsbeschwerde** nach § 72a Abs. 3 Nr. 3 (vgl. § 72b Rdn. 6). In Fällen lückenhafter Entscheidungsgründe kommt weiter die **Tatbestandsberichtigung** nach § 320 ZPO in Betracht.

24 In der **Revision** ist das LAG-Urteil, dem ein den gesetzlichen Bestimmungen entsprechender **Tatbestand fehlt**, schon aus diesem Grund **aufzuheben**.[74] Dies gilt auch dann, wenn die Revision erst aufgrund einer Nichtzulassungsbeschwerde durch das Revisionsgericht zugelassen worden ist. Der Mangel ist von Amts wegen zu berücksichtigen.[75] Etwas anderes gilt **ausnahmsweise** dann, wenn der Zweck des Revisionsverfahrens, dem Revisionsgericht die Nachprüfung des Berufungsurteils und insbesondere dessen Rechtsanwendung auf den festgestellten Sachverhalt zu eröffnen, im Einzelfall deshalb erreicht werden kann, weil sich der Sach- und Streitstand aus den Entscheidungsgründen des angefochtenen Urteils in einem für die Beurteilung der aufgeworfenen Rechtsfragen ausreichenden Umfang ergibt.[76] Ebenfalls der Aufhebung unterliegt ein Urteil, dessen Tatbestand derart unvollständig ist, dass diese Unvollständigkeit dem Revisionsgericht eine Überprüfung der Revisionsangriffe unmöglich macht.[77]

§§ 70, 71

(weggefallen)

---

68 BVerfG, 26.03.2001 – 1 BvR 383/00, NZA 2001, 982.
69 Anhörungsrügengesetz vom 09.12.2004, BGBl. I 2004, S. 3220.
70 GK-ArbGG/Vossen § 69 Rn 16.
71 BAG, 24.02.2015 – 5 AZN 1007/14, NZA 2015, 511, Rn 3; ErfK/Koch § 69 ArbGG Rn 7.
72 BAG, 24.06.2009 – 7 ABN 12/09, Rn 11.
73 BAG, 20.12.2006 – 5 AZB 35/06, NZA 2007, 226, Rn 5.
74 BAG, 20.08.2009 – 2 AZR 165/08, NZA 2009, 1227, Rn 15.
75 BAG, 15.08.2002 – 2 AZR 386/01, Rn 5.
76 BAG, 25.04.2002 – 2 AZR 352/01, NZA 2003, 918, Rn 11; BAG, 18.05.2006 – NZA 2006, 1037, Rn 16; BAG, 30.09.2010 – 2 AZR 160/09, NZA 2011, 349, Rn 11; BAG, 24.03.2011 – 2 AZR 170/01, NZA 2011, 993, Rn 12.
77 BAG 20.08.2009 – 2 AZR 165/08, NZA 2009, 1227, Rn 17.

Dritter Unterabschnitt Revisionsverfahren

§ 72 Grundsatz

(1) ¹Gegen das Endurteil eines Landesarbeitsgerichts findet die Revision an das Bundesarbeitsgericht statt, wenn sie in dem Urteil des Landesarbeitsgerichts oder in dem Beschluss des Bundesarbeitsgerichts nach § 72a Abs. 5 Satz 2 zugelassen worden ist. ²§ 64 Abs. 3a ist entsprechend anzuwenden.

(2) Die Revision ist zuzulassen, wenn
1. eine entscheidungserhebliche Rechtsfrage grundsätzliche Bedeutung hat,
2. das Urteil von einer Entscheidung des Bundesverfassungsgerichts, von einer Entscheidung des Gemeinsamen Senats der obersten Gerichtshöfe des Bundes, von einer Entscheidung des Bundesarbeitsgerichts oder, solange eine Entscheidung des Bundesarbeitsgerichts in der Rechtsfrage nicht ergangen ist, von einer Entscheidung einer anderen Kammer desselben Landesarbeitsgerichts oder eines anderen Landesarbeitsgerichts abweicht und die Entscheidung auf dieser Abweichung beruht oder
3. ein absoluter Revisionsgrund gemäß § 547 Nr. 1 bis 5 der Zivilprozessordnung oder eine entscheidungserhebliche Verletzung des Anspruchs auf rechtliches Gehör geltend gemacht wird und vorliegt.

(3) Das Bundesarbeitsgericht ist an die Zulassung der Revision durch das Landesarbeitsgericht gebunden.

(4) Gegen Urteile, durch die über die Anordnung, Abänderung oder Aufhebung eines Arrestes oder einer einstweiligen Verfügung entschieden wird, ist die Revision nicht zulässig.

(5) Für das Verfahren vor dem Bundesarbeitsgericht gelten, soweit dieses Gesetz nichts anderes bestimmt, die Vorschriften der Zivilprozessordnung über die Revision mit Ausnahme des § 566 entsprechend.

(6) Die Vorschriften des § 49 Abs. 1, der §§ 50, 52 und 53, des § 57 Abs. 2, des § 61 Abs. 2 und des § 63 über Ablehnung von Gerichtspersonen, Zustellung, Öffentlichkeit, Befugnisse des Vorsitzenden und der ehrenamtlichen Richter, gütliche Erledigung des Rechtsstreits sowie Inhalt des Urteils und Übersendung von Urteilen in Tarifvertragssachen gelten entsprechend.

Übersicht	Rdn.
I. Die Revision im arbeitsgerichtlichen Urteilsverfahren (§§ 72 bis 77)	1
1. Stellung des BAG im Rechtsmittelsystem	1
2. Einführung und Entwicklung der Revisionszulassung	2
3. Das besondere Rechtsmittel Kassationsbeschwerde	6
4. Verschiebung des Schwerpunkts statt Entlastung	7
II. Die an sich revisionsfähigen Entscheidungen: Endurteile der Landesarbeitsgerichte (Abs. 1)	8
III. Nicht revisible Urteile (Abs. 4)	11
IV. Die Revisionszulassung durch das Landesarbeitsgericht (Abs. 2)	14
1. Prüfung von Amts wegen	14
2. Die Zulassungsgründe im Einzelnen	18
a) Grundsätzliche Bedeutung der Rechtsfrage und nicht der Rechtssache (Abs. 2 Nr. 1)	18
aa) Rechtsfrage	19
bb) Klärungsfähigkeit	20
cc) Entscheidungserheblichkeit	21
dd) Klärungsbedürfnis	22
ee) Allgemeine Bedeutung	23
b) Zulassung wegen Divergenz (Abs. 2 Nr. 2)	30
aa) Die divergenzfähigen Entscheidungen	32
bb) Abweichung im Rechtssatz	37
cc) Entscheidungserheblichkeit	40
c) Zulassung wegen Verfahrensfehler (Abs. 2 Nr. 3)	43
aa) Zulassungsgründe wegen Verfahrensmängel	43
bb) Zulassungsgrund Verletzung rechtlichen Gehörs	46
cc) Entscheidungserheblichkeit bei absoluten Revisionsgründen	49
dd) Entscheidungserheblichkeit bei Verletzung rechtlichen Gehörs	50

Düwell

§ 72 ArbGG Grundsatz

3. Die Zulassungsentscheidung des Landesarbeitsgerichts 51	d) Wirkung der Zulassungsentscheidung. 65
a) Pflichten im Zusammenhang mit der Entscheidung über die Zulassung 51	aa) Eröffnung der Revisionsinstanz 65
aa) Begründungspflicht 51	bb) Bindung des Bundesarbeitsgerichts 68
bb) Vorlagerecht und Vorlagepflicht 52	e) Haftung für rechtswidrige Zulassungsentscheidungen. 70
b) Umfang der Zulassung 53	V. Auf die Revision in Arbeitssachen anwendbare Vorschriften 71
c) Form der Zulassungsentscheidung (Abs. 1 Satz 2). 57	1. Verdrängung der Bestimmungen der ZPO. 71
aa) Vorgeschichte der Gesetzesänderung 57	2. Anwendung der Bestimmungen der ZPO. 72
bb) Die gesetzliche Klarstellung . . 60	3. Entsprechende Anwendung der Vorschriften des ArbGG 76
cc) Antrag nach Abs. 1 Satz 2 und Nichtzulassungsbeschwerde . . 63	VI. Zulassung der Revision im zweiten Berufungsurteil. 84
dd) Antrag nach Abs. 1 Satz 2 und Urteilsberichtigung (§ 319 ZPO) 64	

I. Die Revision im arbeitsgerichtlichen Urteilsverfahren (§§ 72 bis 77)

1. Stellung des BAG im Rechtsmittelsystem

1 Wie die Verfahrensordnungen der anderen Fachgerichtsbarkeiten (ZPO, VwGO, SGG und FGO) sieht auch das Arbeitsgerichtsgesetz (ArbGG) die Revision vor. Die Revision ist ein der Rechtsfehlerkontrolle dienendes Rechtsmittel. Mit ihr sind sowohl der für ein Rechtsmittel typische Suspensiv- als auch der Devolutiveffekt verbunden. Auf statthafte, insbesondere zugelassene, Revisionen werden Endurteile der LAG (§ 72 Abs. 1 ArbGG) und im Fall der Sprungrevision auch Endurteile der ArbG (§ 76 ArbGG) daraufhin überprüft, ob sie materiell- oder verfahrensrechtliche Fehler (siehe dazu § 73 Rdn. 11 ff., 42 ff.) enthalten. Mit der Einlegung dieses statthaften Rechtsmittels wird der **Eintritt der Rechtskraft** gehemmt (**Suspensiveffekt**) und die Sache zur Entscheidung in die höhere (= dritte) Instanz zum BAG (als judex ad quem) gehoben (**Devolutiveffekt**).

Revisionsgericht ist allein das BAG mit Sitz in Erfurt (§ 40 Abs. 1 ArbGG). Den als Senate bezeichneten Spruchkörpern des BAG werden nach Maßgabe der Geschäftsverteilung und der Geschäftsordnung (§ 44 ArbGG) die Revisionen zur Verhandlung und Entscheidung zugeteilt. Nach § 8 EGGVG kann zwar durch die Gesetzgebung eines Landes, in dem mehrere Oberlandesgerichte errichtet sind, die Verhandlung und Entscheidung der zur Zuständigkeit des Bundesgerichtshofes gehörenden Revisionen und Rechtsbeschwerden in bürgerlichen Rechtsstreitigkeiten einem obersten Landesgericht zugewiesen werden. Obwohl Bayern und Nordrhein-Westfalen im Rahmen ihrer Zuständigkeit nach § 33 ArbGG von Anfang an mehrere Landesarbeitsgerichte errichtet haben, besteht aber im ArbGG keine § 8 GVG entsprechende Vorschrift. Deshalb ist die Errichtung eines obersten Landesgerichts als Revisionsinstanz ausgeschlossen.

Das **BAG** hebt bei begründeter Revision ein Berufungsurteil des LAG oder bei begründeter Sprungrevision (§ 76 ArbGG) ein erstinstanzliches Urteil als **Revisionsgericht** in Anwendung des auch vor dem BGH geltenden zivilprozessualen Revisionsrechts (Verweisung in § 72 Abs. 5 ArbGG) auf (§ 562 Abs. 1 ZPO). Bei Aufhebungen bestehen zwei kassatorische Entscheidungsalternativen (siehe dazu § 75 Rdn. 12) und eine Möglichkeit der Entscheidung in der Sache (sog. Durchentscheidung siehe § 75 Rdn. 20):
1. Aufhebung und Zurückverweisung der Sache zur neuen Verhandlung und Entscheidung unter der Fortgeltung des bisherigen Verfahrens (§ 563 Abs. 1 ZPO),
2. Aufhebung und Zurückverweisung der Sache zur neuen Verhandlung und Entscheidung unter gleichzeitiger Aufhebung des bisherigen Verfahrens und von vorinstanzlichen Tatsachenfeststellungen (§ 562 Abs. 2 ZPO),

3. Aufhebung der angefochtenen Entscheidung und Ersetzung durch eine eigene Entscheidung in der Sache, wenn die Sache auf der Grundlage des festgestellten Sachverhältnisses zur Endentscheidung reif ist (§ 563 Abs. 3 ZPO).

2. Einführung und Entwicklung der Revisionszulassung

Seit Inkrafttreten des Gesetzes zur Beschleunigung und Bereinigung des arbeitsgerichtlichen Verfahrens vom 23.05.1979[1] ist sowohl die Revision im arbeitsgerichtlichen Urteilsverfahren (§§ 2, 46 ff., 72 ArbGG) als auch die Rechtsbeschwerde im Beschlussverfahren (§§ 2a, 80 ff., 92 ArbGG) als Zulassungsrechtsmittel ausgestaltet. Im Urteilsverfahren kann seitdem eine durch ein Urteil zweiter Instanz beschwerte Partei nur noch Revision einlegen, wenn dieses Rechtsmittel vom LAG in seinem Urteil oder nachträglich aufgrund einer Beschwerde nach § 72a vom BAG durch Beschluss **zugelassen** worden ist. Die bis zur gesetzlichen Neuregelung des Revisionsrechts neben der Zulassungsrevision möglichen **Divergenz-** und **Streitwertrevisionen**[2] sind **abgeschafft**. Die Zulassung der Revision ist auch dann Voraussetzung für die Statthaftigkeit, wenn absolute Revisionsgründe i.S.v. § 547 ZPO geltend gemacht werden sollen.[3] Eine unsystematische Ausnahme besteht im Hinblick auf die nach § 554 Abs. 2 ZPO durch das ZPO-RG ausdrücklich zulassungsfrei ausgestaltete Anschlussrevision (zu den Einschränkungen siehe unter § 74 Rdn. 122). Eine weitere Ausnahme von der Zulassungsrevision bildet die sofortige Beschwerde nach § 72b ArbGG. Danach kann die beim Berufungsgericht unterlegene Partei mit der sofortigen Beschwerde nach § 72b das Berufungsurteil anfechten, wenn es nicht binnen fünf Monaten nach der Verkündung vollständig abgefasst und mit den Unterschriften sämtlicher Mitglieder der Kammer versehen der Geschäftsstelle übergeben worden ist. Dieses besondere kassatorische Rechtsmittel ist ein Fremdkörper im System der Zulassungsrevision. Es ist 2005 durch das Gesetz über die Rechtsbehelfe bei Verletzung des Anspruchs auf rechtliches Gehör, kurz: Anhörungsrügengesetz, vom 09.12.2004[4] in das ArbGG eingefügt worden. Hintergrund war die Absicht, das BVerfG von Verfassungsbeschwerden zu entlasten. Ein LAG, das ein Urteil erst so spät absetzt, erschwert nämlich für die unterlegene Partei den Zugang zu einer in der Verfahrensordnung eingeräumten Instanz in unzumutbarer, aus Sachgründen nicht mehr zu rechtfertigender Weise. Es verletzt deren Recht aus Art. 2 Abs. 1 GG i.V.m. dem Rechtsstaatsprinzip (Art. 20 Abs. 3 GG).[5] Einzelheiten unter § 72b Rdn. 2.

Abs. 2 regelt **abschließend**, unter welchen rechtlichen Voraussetzungen gegen ein Urteil des Landesarbeitsgerichts Revision eingelegt werden kann.[6] Die durch die ZPO-Reform im Jahr 2001 neu eingeführten § 543 und § 544 ZPO sind auch nicht entsprechend anwendbar.

Mit dem Gesetz über die Rechtsbehelfe bei Verletzung des Anspruchs auf rechtliches Gehör *(Anhörungsrügengesetz)* vom 09.12.2004,[7] das auf den Plenarbeschluss des BVerfG vom 30.04.2003[8] zurückgeht, ist das Recht des Revisionszugangs im arbeitsgerichtlichen Verfahren wesentlich geändert worden. Der Zugang zum BAG wurde erleichtert.

In § 72 Abs. 2 Nr. 1 ArbGG ist klarstellend in den Gesetzestext aufgenommen worden, dass die erforderliche Grundsatzbedeutung keiner **Rechtssache**, sondern einer in der Entscheidung des Landesarbeitsgerichts aufgeworfenen entscheidungserheblichen **Rechtsfrage** zukommen muss. Das entsprach dem Stand der Rechtsprechung.[9] Der Gesetzgeber hat mit dieser Präzisierung verdeutlicht,

---

1 BGBl. I, S. 545.
2 Vgl. hierzu im Einzelnen GMPMG/Müller-Glöge 5. Aufl., § 72 Rn 2.
3 BAG, 20.02.2001 – 4 AZR 677/00; BAG, 08.10.2002 – 8 AZR 259/02, NZA 2003, 287.
4 BGBl. I, S. 3220, 3222.
5 BVerfG, 03.07.2002 – 1 BvR 2151/01; BVerfG, 15.11.2001 – 1 BvR 793/01; BVerfG, 15.11.2001 – 1 BvR 794/01; BVerfG, 15.11.2001 – 1 BvR 1633/01; BVerfG, 15.11.2001 – 1 BvR 1314/01; BVerfG, 15.11.2001 – 1 BvR 1198/01; BVerfG, 26.03.2001 – 1 BvR 383/00 – NZA 2001, 982.
6 BAG, 10.12.1986 – 4 AZR 384/86; GMPMG/Müller-Glöge § 72 Rn 4; Grunsky § 72 Rn 9.
7 BGBl. I, S. 3220, 3222.
8 BVerfG, 30.04.2003 – 1 PBvU 1/02, NJW 2003, 1924.
9 BAG, 16.09.1997 – 9 AZN 133/97, AP § 72a ArbGG 1979 Grundsatz Nr. 54; darauf Bezug nehmend: BR-Drucks. 663/04 S. 47.

dass es weniger um Einzelfallgerechtigkeit sondern mehr um die Wahrung der Rechtseinheit und die Fortbildung des Rechts geht.[10]

Der Zulassungsgrund der **Divergenz** ist in der Neufassung des § 72 Abs. 2 Nr. 2 ArbGG unverändert geblieben. Das ist nicht unerheblich; denn damit ist zugleich eine bewusste gesetzgeberische Entscheidung getroffen worden. Sie legitimiert die Arbeitsgerichtsbarkeit, an dem von ihrer Rechtsprechung ausgeformten »harten« Zulassungsgrund der Rechtssatzdivergenz[11] festzuhalten und steht gegen jede Harmonisierung mit den für den Zivilprozess in § 543 Abs. 2 Satz 1 Nr. 2 ZPO formulierten »weichen« Zulassungsgründen der Erforderlichkeit zur »Fortbildung des Rechts oder (zur) Sicherung einer einheitlichen Rechtsprechung«.[12] Die Rechtsprechung des BGH, nach der zur Sicherung einer einheitlichen Rechtsprechung die Revision auch dann zuzulassen ist, wenn das Berufungsurteil auf einem **Rechtsfehler** beruht, der geeignet ist, das Vertrauen in die Rechtsprechung zu beschädigen,[13] ist damit auf das arbeitsgerichtliche Zugangsrecht nicht übertragbar. Das Bundesarbeitsgericht verlangt demgegenüber zur Begründung der Divergenz:[14]

1. Aufzeigen eines **abstrakten**, d.h. subsumtionsgeeigneten **Rechtssatzes** aus der anzufechtenden Entscheidung (wörtlich!); bei selbstgebildeten Rechtssätzen muss mit größter Sorgfalt begründet werden, warum nur dieser »verdeckte Rechtssatz« und nicht ein bloßer Rechtsanwendungsfehler bestimmten Ausführungen des Landesarbeitsgerichts zugrunde liegen kann;
2. Gegenüberstellen eines davon abweichenden Rechtssatzes (wörtlich) aus einer bestimmten divergenzfähigen Entscheidung, die von einem der in § 72 Abs. 2 Nr. 2 ArbGG abschließend aufgezählten Gerichte stammt (Datum, Aktenzeichen der Entscheidung);
3. Darlegen der Möglichkeit eines anderen Ergebnisses des anzufechtenden Urteils, hätte es – in seinem Entscheidungszusammenhang – den Rechtssatz zugrunde gelegt, von dem es abgewichen ist (»**Entscheidungserheblichkeit** der Divergenz«). Redlicherweise ist anzumerken, dass der Unterschied zwischen beiden Nichtzulassungsrechtsordnungen zwischenzeitlich geringer geworden ist; denn der Bundesgerichtshof hat seine, auch den Einzelfall korrigierende Rechtsprechung dahin fortentwickelt: Ein Rechtsanwendungsfehler rechtfertigt nur noch dann die Zulassung, wenn das Berufungsurteil auf einer Verletzung des allgemeinen Gleichheitssatzes in seiner Ausprägung als Willkürverbot (Art. 3 Abs. 1 GG) oder auf einer Verletzung der Verfahrensgrundrechte des Beschwerdeführers beruht.[15] Im Übrigen verlangt auch mittlerweile der BGH für die Erforderlichkeit der Revisionszulassung zur Sicherung einer einheitlichen Rechtsprechung, dass in einem Vergleich der entscheidungstragenden Obersätze des Berufungsurteils mit der herangezogenen Rechtsprechung eine Rechtssatzabweichung dargelegt wird.[16]

Erst mit der Anfügung des § 72 Abs. 2 Nr. 3 ArbGG und korrespondierend damit in § 77 Satz 2, § 78 Satz 2, § 92 Abs. 2 Satz 2 ArbGG hat das **Anhörungsrügengesetz** neue, nach dem Wortlaut der Norm auch von den Landesarbeitsgerichten zu beachtende Zulassungsgründe eingeführt: Die entscheidungserhebliche Verletzung wesentlicher grundrechtsrelevanter Verfahrensvorschriften, die als **absolute Revisionsgründe** in § 547 Nr. 1 bis 5 ZPO genannt sind, und des grundrechtsgleichen Anspruchs auf rechtliches Gehör. Ob jemals von einem Landesarbeitsgericht aus diesen Gründen die Revision zugelassen wird, ist indes kaum vorstellbar. Das Landesarbeitsgericht müsste bei der Verkündung bereits den Verfahrensmangel kennen und später auch dessen Vorliegen in den eigenen Entscheidungsgründen niederlegen. Wenn der Mangel, insbesondere die Verletzung des Anspruchs

---

10 BR-Drucks. 663/04 S. 47; BAG, 15.02.2005 – 9 AZN 892/04, BAGE 113, 315; BAG, 15.02.2005 – 9 AZN 982/04, BAGE 113, 321.
11 Ständige Rechtsprechung BAG, 18.05.2004 – 9 AZN 653/03, AP Nr. 46 zu § 72a ArbGG 1979 Divergenz; BAG, 14.02.2001 – 9 AZN 878/00, AP ArbGG 1979 § 72a Divergenz Nr. 42; BAG, 10.12.1997 – 4 AZN 737/97, AP ArbGG 1979 § 72a Nr. 40.
12 Düwell FA 2005, 75, 76.
13 BGH, 04.07.2002 – V ZB 16/02, BGHZ 151, 221.
14 Zusammenfassend Bepler jurisPR-ArbR 33/2004 Anm. 2.
15 BGH, 27.03.2003 – V ZR 291/02, BGHZ 154, 288.
16 BGH, 23.03.2011 – IX ZR 212/08, NJW 2011, 2443.

auf rechtliches Gehör, entdeckt wird, ist das Gericht nach § 156 Abs. 2 Nr. 1 ZPO verpflichtet, die Wiedereröffnung der mündlichen Verhandlung zur Heilung des Verfahrensmangels anzuordnen. Praktische Bedeutung haben die neuen Zulassungsgründe erst für die **Nichtzulassungsbeschwerde**. Hier ist eine Anpassung an die Verfahrensordnungen anderer oberster Gerichtshöfe erfolgt. So können ausdrücklich nach § 160 Abs. 2 Nr. 3 SGG, nach § 115 Abs. 2 Nr. 3 FGO und § 132 Abs. 2 Nr. 3 VwGO in den sozial-, finanz- und verwaltungsgerichtlichen Nichtzulassungsbeschwerdeverfahren Verfahrensmängel geltend gemacht werden, auf denen die anzufechtende Entscheidung beruht. Eine arbeitsgerichtliche Besonderheit ist die Beschränkung auf fünf der sechs absoluten Revisionsgründe § 547 Nr. 1 bis 5 ZPO (§ 72 Abs. 2 Nr. 3 erste Alt. ArbGG) und die Gehörsverletzung (§ 72 Abs. 2 Nr. 3 zweite Alt. ArbGG). Aus systematischer Sicht ist hier die Grenze zum Revisionsrecht überschritten worden; denn es wird im Zulassungsverfahren schon ein Verfahrensfehler geprüft, obwohl das an sich erst Gegenstand einer zugelassenen Revision sein soll (vgl. § 74 Rdn. 78 ff.). Schätzungsweise sind seit 2005 in jeder zweiten Nichtzulassungsbeschwerde zumindest auch Verfahrensmängel geltend gemacht worden. Diese Ausweitung des Rechtsschutzes war vom Bundesverfassungsgericht dem Gesetzgeber aufgegeben worden, um dem Bundesarbeitsgericht eine einfachrechtliche Möglichkeit zur »Selbstkorrektur der Fachgerichtsbarkeit bei Verstößen gegen Verfahrensgrundrechte« zu eröffnen.[17] Im Gegenzug zu dem für das BVerfG eingetretenen geringen Entlastungseffekt ist es zu einem spürbaren Anwachsen der Belastung des BAG gekommen. Während aus Scheu vor den besonderen Anforderungen einer Verfassungsbeschwerde Anwälte nur selten den Weg nach Karlsruhe einschlagen, ist der Gang nach Erfurt inzwischen Teil des Alltagsgeschäfts.

Das arbeitsgerichtliche Nichtzulassungsbeschwerdeverfahren ist auch in anderer Hinsicht an das Nichtzulassungsverfahrensrecht der ordentlichen Gerichtsbarkeit angeglichen worden. Die Rechtsfolgen einer erfolgreichen Beschwerde entsprechen dem Revisionszulassungsrecht zum BGH (§ 544 ZPO). Nach § 72a Abs. 6 wird das erfolgreiche Beschwerdeverfahren automatisch **als Revisionsverfahren fortgesetzt**.[18] Es bedarf keiner Revisionseinlegung mehr. Es muss allerdings die Revision begründet werden. Dazu kann, insbesondere bei einer auf einen Verfahrensfehler i.S.v. Abs. 2 Nr. 3 gestützten Nichtzulassungsbeschwerde, die Bezugnahme auf die Beschwerdebegründung ausreichen (vgl. § 72a Rdn. 122).

Mit der Einfügung des Zulassungsgrundes des Verstoßes gegen den Grundsatz des rechtlichen 5 Gehörs ist der Streit um die **Behandlung** eines in zweiter Instanz ergangenen **zweiten Versäumnisurteils** in der Sache erledigt. Nach der zur alten Rechtslage vertretenen Auffassung des BAG war die Revision gegen ein zweites Versäumnisurteil in der Berufungsinstanz unstatthaft, wenn sie nicht zugelassen worden ist.[19] Das wurde kritisiert. Teile der Literatur sind dem für den Fall entgegengetreten, dass die beschwerte Partei geltend macht, sie sei in Wahrheit nicht säumig gewesen.[20] Da es sich in aller Regel um eine Verletzung rechtlichen Gehörs handelt, wenn gegen eine Partei, die in Wahrheit nicht säumig war, wegen ihrer Abwesenheit in der mündlichen Verhandlung ein zweites Versäumnisurteil ergangen ist, kann diese seit Inkrafttreten des Anhörungsrügengesetzes am 01.01.2005 über § 72 Abs. 2 Nr. 3, § 72a ihre Rechte im Nichtzulassungsbeschwerdeverfahren geltend machen. Damit ist die fachgerichtliche **Rechtsschutzlücke**, die Grund für die Kritik an der Rechtsprechung des BAG war, **entfallen**.

3. Das besondere Rechtsmittel Kassationsbeschwerde

Mit § 72b ist das besondere Rechtsmittel der Kassationsbeschwerde eingeführt worden. Dieses 6 Rechtsmittel ist eine arbeitsgerichtliche Besonderheit, die in den Verfahrensordnungen der anderen Gerichtsbarkeiten nicht vorgesehen ist. Maßgeblich war die Überlegung, dass die beschwerte Partei

---

17 BVerfG, 30.04.2003 –1 PBvU 1/02, BVerfGE 107, 395 = NJW 2003, 1924.
18 Einzelheiten und mit Kritik an den überzogenen Anforderungen der Rspr. Kornblum ZZP 2009, 327.
19 Zuletzt BAG, 22.04.2004 – 2 AZR 314/03.
20 HWK/Bepler § 72 ArbGG Rn 2; Gravenhorst NZA 2004, 1261.

das Recht haben muss, ein rechtsstaatlichen Anforderungen genügendes, auf der letzten mündlichen Verhandlung beruhendes und entsprechend begründetes Urteil zu erhalten. Daran fehlt es bei einem verspätet abgesetzten Urteil (Einzelheiten § 72b Rdn. 2). Der Gesetzgeber hätte insoweit auch diesen Verfahrensmangel unter § 72 Abs. 2 Nr. 3 als Zulassungsgrund regeln können. Wie die mögliche kassatorische Wirkung (§ 72a Abs. 7) einer Rüge der Verletzung des Anspruchs auf rechtliches Gehör zeigt, wäre die Einführung der sofortigen Beschwerde nicht erforderlich gewesen, um die angestrebte »zügige« Aufhebung zu erreichen. Die Aussparung der Bezugnahme auf § 547 Nr. 6 ZPO in § 72 Abs. 2 Nr. 3 zeigt, dass der Gesetzgeber bewusst und gewollt einen anderen Weg gegangen ist.

4. Verschiebung des Schwerpunkts statt Entlastung

7   Ob die vom Gesetzgeber 1979 mit der Einführung der Zulassungsrevision beabsichtigte Entlastungswirkung des Revisionsgerichts eingetreten ist, muss bezweifelt werden.[21] Zwar ist die Zahl der Revisionen von 1979 mit 1.282[22] bis 2010 auf 786 Eingänge gesunken. Die Zahl der Nichtzulassungsbeschwerden ist aber zeitgleich von 165[23] im Jahr 1979 auf 1.384 im Jahr 2010[24] angewachsen. Ein weiterer dramatischer Anstieg fand im Jahr 2011 auf 2.058[25] und 2012 auf 2.737 statt. Dahinter verbarg sich eine einmalige Sonderentwicklung. Diese beruhte darauf, dass sich ein amerikanisches Unternehmen entschieden hatte, in allen anfallenden Betriebsrentenverfahren in die dritte Instanz zu gehen. In den Jahren 2013 fiel die Belastung auf 1.481 und 2014 auf 1.237 Eingänge. 2015 stieg die Zahl leicht auf 1.271 Sachen.[26] Der langfristige Vergleich mit dem Ausgangsjahr 1979 zeigt eine um 740 Prozent gestiegene Mehrbelastung durch Nichtzulassungsbeschwerden auf. Deshalb ist auch die Zahl der Richterinnen und Richter des Bundesarbeitsgerichts auf 38 erhöht worden. Ein Großteil des Anwachsens ist auf das Anhörungsrügengesetz zurückzuführen. Es hat im Rahmen einer Neuverteilung der Kompetenzen zwischen Verfassungs- und Fachgerichtsbarkeit den 1979 verengten Zugang zum BAG als Revisionsgericht weiter aufgemacht. Die Reform von 1979 hat deshalb keine Arbeitsentlastung des BAG bewirkt, sondern nur einen Trend zur Verschiebung der Arbeitskapazitäten: weniger auf den Einzelfall bezogene revisionsrichterliche Fehlerkontrolle; mehr Divergenzen prüfen und Antworten auf Rechtsfragen von grundsätzlicher Bedeutung finden.

II. Die an sich revisionsfähigen Entscheidungen: Endurteile der Landesarbeitsgerichte (Abs. 1)

8   Eine Revision kommt von vornherein nur in Betracht gegen **Endurteile** des Landesarbeitsgerichts. Das sind Urteile, durch die über den Streitgegenstand oder einen Teil des Streitgegenstandes abschließend entschieden worden ist, sei es durch Sach-, sei es durch Prozessurteil. Deshalb sind auch Teilurteile sowie Ergänzungsurteile nach § 321 ZPO Endurteile, soweit mit ihnen über einen zunächst übergangenen Haupt- oder Nebenanspruch entschieden wurde. Auch Anerkenntnisurteile und Verzichtsurteile sowie unechte und zweite Versäumnisurteile sind Endurteile.

9   **Zwischenurteile** sind keine Endurteile. Sie sind nach § 280 Abs. 2 ZPO nur dann revisibel, wenn sie von Gesetzes wegen »in Betreff der Rechtsmittel als Endurteile anzusehen« sind. Das gilt für Zwischenurteile, die aufgrund abgesonderter Verhandlung über die Zulässigkeit der Klage ergehen (§ 280 Abs. 1 ZPO). Ebenso ist ein Zwischenurteil i.S.v. § 303 ZPO, in dem nicht über einen Teil des Streitgegenstandes, sondern nur über einen innerhalb des Prozesses entstandenen, den Fortgang

---

21 Einzelheiten Düwell Verengung und Ausweitung des Revisionszugangs zum BAG, in FS Bepler 2012 S. 121 ff.
22 Müller, Jahresbericht 1979 Bundesarbeitsblatt Sonderdruck 1980 S. 1.
23 Müller, Jahresbericht 1979 Bundesarbeitsblatt Sonderdruck 1980 S. 1.
24 Präsidentin des BAG, Jahresbericht 2010.
25 Präsidentin des BAG, Jahresbericht 2011.
26 Präsidentin des BAG, Jahresberichte 2012 bis 2015.

des Verfahrens betreffenden Streit entschieden wird, nicht selbstständig, sondern nur zusammen mit dem Endurteil anfechtbar.[27]

Abweichend von § 304 ZPO ist nach § 61 Abs. 3 das Zwischenurteil über den Grund des Anspruchs »wegen der Rechtsmittel« nicht als Endurteil anzusehen. Wird einheitlich sowohl über den Grund eines mit einem bestimmten Teilbetrage geltend gemachten Schadensersatzanspruchs sowie über das Feststellungsbegehren hinsichtlich des weiteren Schadens entschieden, nimmt das BAG eine erweiterte Revisibilität an.[28] Dann soll die arbeitsgerichtliche Ausnahmevorschrift nicht anwendbar sein, denn mit der Entscheidung über das Feststellungsbegehren stehe die Entscheidung über den dem Grunde nach zuerkannten Zahlungsanspruch in einem so engen Zusammenhang, dass schon aus dem Gesichtspunkt der Prozessökonomie eine Entscheidung des Revisionsgerichts ermöglicht werden müsse.

Ein Urteil, das unter Vorbehalt der Entscheidung über die Aufrechnung ergeht, ist »in Betreff der Rechtsmittel« nach § 302 Abs. 2 ZPO als Endurteil anzusehen: Es besteht somit Revisibilität.

Entscheidet das LAG in einer **unrichtigen Form**, d.h. durch Zwischenurteil anstelle des an sich gebotenen Endurteils,[29] durch Beschluss statt durch Urteil oder umgekehrt,[30] so kommt es für die Revisibilität der Entscheidung darauf an, ob die in die richtige Form gekleidete Entscheidung revisibel wäre; nur wenn dies der Fall ist und das LAG ein Rechtsmittel gegen seine Entscheidung zugelassen hat, ist die Revision ohne Weiteres statthaft. Eine Revisionszulassung erweitert allerdings nicht die Prüfungskompetenz des BAG. Kann eine Entscheidung nach dem Gesetz nicht revisibel sein, wird sie auch nicht durch eine Zulassung des LAG revisibel.[31]

10

Nach § 557 Abs. 2 ZPO unterliegen auch die Vorentscheidungen des LAG der Nachprüfung durch das BAG, soweit sie nicht unanfechtbar geworden sind. Zu beachten ist, dass das Verfahren der **nachträglichen Zulassung der Kündigungsschutzklage** seit dem Arbeitsmarktreformgesetz vom 24.12.2003[32] geändert ist. Nach § 5 Abs. 4 S. 2 KSchG kann das ArbG die Verhandlung und Entscheidung zunächst auf die nachträgliche Zulassung beschränken. Die dann in Form des Zwischenurteils ergehende Entscheidung ist nach § 5 Abs. 4 S. 3 KSchG wie ein Endurteil anfechtbar. Die Entscheidung über die nachträgliche Zulassung ergeht entweder zusammen mit der Entscheidung über die Klage durch Endurteil oder bei Beschränkung des Verfahrens auf die Zulassungsfrage durch Zwischenurteil, das wie ein Endurteil angefochten werden kann. Das gesonderte Verfahren nach § 5 KSchG a.F. sah demgegenüber keinen Zugang zum BAG vor. Das ist überholt.

III. Nicht revisible Urteile (Abs. 4)

Entsprechend der Regelung in § 542 Abs. 2 Satz 1 ZPO sind auch nach § 72 Abs. 4 im arbeitsgerichtlichen Verfahren Urteile, durch die über die Anordnung, Abänderung oder Aufhebung eines **Arrestes** oder einer **einstweiligen Verfügung** durch das Gericht zweiter Instanz entschieden worden ist, nicht revisibel.[33] Eine Zulassung der Revision in einem solchen Urteil durch das LAG ist von vornherein wirkungslos. Insoweit ist das BAG auch nicht nach Abs. 3 an eine Zulassung der Revision gebunden.[34]

11

Es geht in den Urteilen nach Abs. 4 nur darum, ob ein berechtigtes Interesse an einer vorläufigen gerichtlichen Regelung besteht. Die Einheit der Rechtsordnung wird durch die mangelnde

12

---

27 BAG, 01.12.1975 – 5 AZR 466/75, AP § 61 ArbGG 1953 Grundurteil Nr. 2 = NJW 1976, 774; ebenso: GK-ArbGG/Mikosch § 72 Rn 5 ff.; GMPMG/Müller-Glöge § 72 Rn 6.
28 BAG, 15.08.1967 – 1 AZA 11/67, NJW 1967, 2079.
29 BAG, 09.12.1955 – 2 AZR 439/54, NJW 1956, 240.
30 BAG, 05.12.1984 – 5 AZR 354/84, EzA § 72 ArbGG 1979 Nr. 6.
31 BAG, 25.10.2001 – 2 AZR 340/00, EzA § 5 KSchG Nr. 33.
32 BGBl. I 2003, S. 3002 mWv 01.01.2004.
33 BAG, 16.12.2004 – 9 AZN 969/04, AP § 72 ArbGG 1979 Nr. 50.
34 BAG, 22.01.2003 – 9 AZB 7/03, NZA 2003, 399.

Revisibilität nicht gefährdet, obwohl im **Arbeitskampf** durch einstweilige Verfügungen Regelungen von erheblicher rechtlicher, sozialer und wirtschaftlicher Bedeutung getroffen werden können. Die **Rechtsmittellücke** wird im Wesentlichen dadurch ausgeglichen, dass im Nachhinein die Rechtmäßigkeit von Arbeitskampfmaßnahmen im Streit über die eine Schadensersatzpflicht nach § 945 ZPO revisionsrechtlich geklärt werden kann.

13 Neben den in Abs. 4 genannten Fällen ist in weiteren Fällen die Revision nicht statthaft: Das gilt für solche Urteile, die mit der sofortigen Beschwerde anzufechten sind. Dazu gehören insb. die Entscheidungen gemäß § 99 Abs. 2 ZPO über die **Kosten** nach Anerkenntnis und die Zwischenurteile nach § 387 Abs. 3 ZPO über die Berechtigung einer **Zeugnisverweigerung** sowie nach § 71 Abs. 2 ZPO über den Antrag auf Zurückweisung einer Nebenintervention. Hat das LAG nicht gesondert durch Zwischenurteil erkannt, so fällt mit dem Endurteil auch die Überprüfung der Entscheidung über die Nebenintervention an. Die jedes Rechtsmittel ausschließende Rechtsprechung des BAG von 1982[35] ist zwischenzeitlich von der Gesetzgebung überholt. Nach § 574 Abs. 1 Nr. 2 ZPO kann das LAG die Rechtsbeschwerde zulassen.

IV. Die Revisionszulassung durch das Landesarbeitsgericht (Abs. 2)

1. Prüfung von Amts wegen

14 Das LAG hat vor der Verkündung jedes seiner Urteile, gegen das die Revision an sich rechtlich möglich ist, **von sich aus** zu überprüfen, ob es die Revision zuzulassen hat. Ein etwa gestellter Antrag auf Zulassung der Revision ist nur als **Anregung** an das Gericht zu werten. Er muss nicht förmlich beschieden werden. Bei seiner Zulassungsentscheidung ist das Berufungsgericht an die in Abs. 2 genannten Gründe gebunden. Diese liegen vor, wenn
- eine Rechtsfrage von grundsätzlicher Bedeutung i.S.v. Abs. 2 Nr. 1 aufgeworfen und entscheidungserheblich beantwortet ist oder
- in dem Berufungsurteil ein die Entscheidung tragender Rechtssatz aufgestellt worden ist, der von einem Rechtssatz abweicht, der zu derselben Rechtsfrage von einem der in Abs. 2 Nr. 2 genannten Gerichte angewandt worden ist, oder
- dem Berufungsgericht entscheidungserhebliche Verfahrensverstöße i.S.v. Abs. 2 Nr. 3 unterlaufen sind.

Liegen die ersten beiden Zulassungsgründe vor, muss das Berufungsgericht die Revision zulassen. Es hat **keinen Beurteilungsspielraum**. Soweit Verfahrensmängel nach § 72 Abs. 2 Nr. 3 vorliegen, ist es im Verhältnis zur Zulassung der Revision die bessere Alternative, die Verhandlung wieder zu eröffnen und die aufgetretenen Mängel zu heilen.

15 Die Zulassungsgründe Nr. 1 und Nr. 2 zeigen deutlich, welchen Zielen die Zulassungsentscheidung des LAG dienen: Entweder Fortentwicklung des Arbeitsrechts oder Erhaltung der Rechtseinheit. Die Sicherung einer einheitlichen Rechtsprechung ist anders als in anderen Prozessordnungen nicht als eigener Zulassungsgrund ausgestaltet. Dieses Ziel kann, soweit nicht eine Divergenz i.S.v. Nr. 2 vorliegt, auch mit dem Zulassungsgrund der grundsätzlichen Bedeutung der Rechtsfrage verfolgt werden. Es müssen jedoch die von der Rechtsprechung des BAG aufgestellten Anforderungen beachtet werden.[36]

16 Bis zum Anhörungsrügegesetz fehlte jeder Ansatzpunkt, im Rahmen der Überprüfung der Nichtzulassungsentscheidungen auch die **Einzelfallgerechtigkeit** zu beachten. Diesem Gesichtspunkt wird seitdem Rechnung getragen. Soweit schwere **Verfahrensmängel** vorliegen (vgl. § 72 Abs. 2 Nr. 3) findet eine stärker einzelfallbezogene Kontrolle der Nichtzulassungsentscheidungen statt.

---

35 BAG, 17.12.1987 – 6 AZR 747/85 l, EzA § 71 ZPO Nr. 1.
36 BVerfG, 30.04. 2003 – 1 PBvU 1/02, BVerfGE 107, 394, 416 f.; BAG, 12.12. 2006 – 3 AZN 625/06, BAGE 120, 322, 327 f. = AP ArbGG 1979 § 72a Grundsatz Nr. 68.

Die Anwendung der Zulassungskriterien aus § 72 Abs. 2 ist richterliche **Amtspflicht**, die auch von 17
den ehrenamtlichen Richtern zu befolgen ist. Den Tatbestand der **Rechtsbeugung** (§ 339 StGB)
begeht, wer vorsätzlich die Verfahrensvorschriften verletzt,[37] um die eigene Entscheidung der revisionsrichterlichen Nachprüfung zu entziehen. Bedenklich, wenn auch nicht strafbar, ist, dass bisweilen außergesetzliche Zulassungsgründe erfunden werden, wie z.B. die Zulassung »auf Wunsch des
Klägers«. Pflichtwidrig handelt auch, wer zur Abwälzung der Verantwortung die Revision zulässt,
ohne dass ein Zulassungsgrund vorliegt.

▶ **Beispiel:**

Das LAG legt einen nichttypischen Arbeitsvertrag aus. Diese einzelfallbezogene Auslegung
unterliegt dann nur einem eingeschränkten revisionsrechtlichen Prüfmaßstab. Sie kann keine
Zulassung rechtfertigen, es sei denn das LAG stellt einen von der bisherigen Rechtsprechung
abweichenden Auslegungsgrundsatz auf.

2. Die Zulassungsgründe im Einzelnen

a) Grundsätzliche Bedeutung der Rechtsfrage und nicht der Rechtssache (Abs. 2 Nr. 1)

Mit dem **Anhörungsrügengesetz** ist Abs. 2 **Nr. 1 umformuliert** worden. Danach kommt es nicht 18
mehr auf die grundsätzliche Bedeutung der Rechtssache an, sondern darauf, dass »eine entscheidungserhebliche Rechtsfrage grundsätzliche Bedeutung hat«. Die amtliche Gesetzesbegründung
weist aus, dass sich trotz Neufassung nichts **ändern** sollte. Es ging darum, den Zulassungsgrund
begrifflich präziser zu fassen: Damit ist klargestellt, dass Ziel der Grundsatzrevision die Wahrung
der Rechtseinheit und die Fortbildung des Rechts in einer bestimmten Rechtsfrage und nicht die
Herstellung der Einzelfallgerechtigkeit in einer Rechtssache ist.[38] Damit scheidet auch eine Zulassung wegen der wirtschaftlichen Bedeutung einer Rechtssache aus.[39] Mag auch das Interesse der
Öffentlichkeit sehr groß sein zu erfahren, ob der angestellte Devisenhändler für einen Millionenschaden haften muss, so rechtfertigt die Schadenshöhe noch keine Zulassung der Revision. Das
folgt schon aus dem Wegfall der Streitwertrevision. Maßgeblich für die Beurteilung der allgemeinen
Bedeutung sind die Aufgaben des BAG, bundesweit die Rechtseinheit im Arbeitsrecht zu erhalten
und das auf dem Gebiet der Bundesrepublik geltende Arbeitsrecht fortzubilden. Daher ist auch das
Interesse der Öffentlichkeit an der Arbeitsrechtssache eines Prominenten unerheblich. Sind die in
der zu entscheidenden Sache aufgeworfenen Rechtsfragen schon geklärt, so fehlt die für die Revisionszulassung erforderliche grundsätzliche Bedeutung. Die sprachliche Neufassung hat den Stand
der Rechtsprechung verdeutlicht.[40] Sie hat auch klargestellt, dass kein Unterschied zum Regelungsgehalt des § 543 Abs. 2 Nr. 1 ZPO besteht.[41]

▶ **Beispiel:**

Das LAG Berlin-Brandenburg hat festgestellt, dass die Tarifgemeinschaft Christlicher Gewerkschaften für Zeitarbeit und Personal-Service-Agenturen (CGZP) auch zu den Zeitpunkten
der früheren Satzungsbeschlüsse am 29.11.2004, 19.06.2006 und 09.07.2008 nicht tariffähig
war.[42] Das LAG hat seine Entscheidung auf die Grundsätze gestützt, die das BAG in seinem
Beschluss vom 14.12.2010[43] aufgestellt hat. Es hat die Revision nicht zugelassen, obwohl seiner
Entscheidung wegen der festgestellten Tarifunfähigkeit Präjudizwirkung für zahlreich erhobene

---

37 Vgl. BGH, 05.12.1996 – 1 StR 376/96, BGHSt 42, 343.
38 BR-Drucks. 663/04, S. 47 unter Bezugnahme auf BAG, 16.09.1997 – 9 AZN 133/97.
39 A.A. wohl für § 160 Abs. 2 Nr. 1 SGG: BSG, 28.04.2004 – B 6 Ka 75/93 B.
40 BAG, 16.09.1997 – 9 AZN 133/97, EzA § 72a ArbGG 1979 Nr. 82; BAG, 31.03.1993 – 7 AZN 59/93,
 AP Nr. 41 zu § 72a ArbGG 1979 Grundsatz BAG, 05.12.1977 – 4 AZN 41/79, AP Nr. 1 zu § 72a ArbGG
 1979 Grundsatz.
41 Ebenso Gravenhorst NZA 2005, 25; Bepler RdA 2005, 70; GK-ArbGG/Mikosch § 72 Rn. 18.
42 LAG Berlin-Brandenburg, 09.01.2012 – 24 TaBV 1285/11, Pressemitteilung Nr. 02/12, DB 2012, 693.
43 BAG, 14.12.2010 – 1 ABR 19/10, NZA 2011, 289.

und zigtausend mögliche Equal-Pay-Klagen zukommt. Da das LAG keine neuen Rechtsfragen aufgeworfen, sondern nur die Rechtssätze aus der Entscheidung des BAG vom 14.12.2010 angewandt hat, ist die Nichtzulassung zu Recht erfolgt. Das hat auch der mit der Nichtzulassungsbeschwerde angerufene Erste Senat des BAG so gesehen: Er hat die Beschwerde zurückgewiesen.[44]

Aus der Rechtsprechung ergeben sich folgende Merkmale eines Obersatzes: Eine Rechtsfrage hat grds. Bedeutung, wenn die Entscheidung des Rechtsstreits von ihr abhängt (siehe Rdn. 21) und sie klärungsfähig (siehe Rdn. 20) sowie klärungsbedürftig (siehe Rdn. 22) ist. Ferner muss die Klärung entweder von allg. Bedeutung (siehe Rdn. 23) für die Rechtsordnung sein oder wegen ihrer tatsächlichen Auswirkungen die Interessen der Allgemeinheit oder eines größeren Teils von ihr berühren.[45]

aa) Rechtsfrage

19 **Rechtsfrage** ist jede Frage, die den Inhalt, den Regelungsbereich oder die Wirksamkeit einer geschriebenen oder ungeschriebenen Rechtsnorm zum Gegenstand hat. Dabei kann es ebenso um die Auslegung eines Gesetzes wie die Wirksamkeit einer Tarifnorm oder den Inhalt einer Beweisregel gehen. Entscheidend ist, dass das Revisionsgericht mit einem abstrakten, fallübergreifenden Rechtssatz zu antworten haben wird. Die Frage, ob bei der Bewertung eines individuellen Lebenssachverhalts eine nach Inhalt und Geltung unbestrittene Rechtsnorm richtig angewendet worden ist, ist demgegenüber keine Rechtsfrage i.S.v. Abs. 2 Nr. 1, sondern verlangt bloße Rechtsanwendung. Nicht erfasst ist somit eine Fragestellung, deren Beantwortung von den Umständen des Einzelfalls abhängt.[46]

bb) Klärungsfähigkeit

20 Klärungsfähig ist eine Rechtsfrage, wenn sie in der Revisionsinstanz beantwortet werden kann.[47] Das setzt zunächst voraus, dass sich die Prüfungsbefugnis des Revisionsgerichts auf diese Frage erstrecken darf. Die Klärungsfähigkeit ist daher in den Bindungsfällen hinsichtlich der Richtigkeit des beschrittenen Rechtswegs und der gewählten Verfahrensart (§ 73 Abs. 2 i.V.m. § 65) zu verneinen. Ebenso fehlt die Klärungsfähigkeit, wenn sich Rechtsfragen stellen, die irrevisibles Recht wie den Inhalt nichttypischer Verträge betreffen. Revisibel und damit klärungsfähig sind insoweit nur die allgemeinen Auslegungsgrundsätze (vgl. § 73 Rdn. 20).

Es wird die Ansicht vertreten, es komme entgegen der Auffassung des BAG nicht darauf an, ob die Rechtsfrage klärungsfähig sei. Es genüge, wenn dem Revisionsgericht Gelegenheit zur Beantwortung der vom LAG gestellten Rechtsfrage gegeben werde.[48] Diese Literaturmeinung verkennt die Bedeutung des von der Rechtsprechung verwendeten Begriffs der **Klärungsfähigkeit**. Es geht hier darum, die Zulassung der Revision auszuschließen, wenn im Revisionsverfahren eine Rechtsfrage zu beantworten ist, die das Revisionsgericht nach dem ihm vorgegebenen Prüfungsmaßstab nicht beantworten soll.[49] Insoweit ist Prüttings Argumentation, das LAG brauche nicht zu prüfen, ob eine von ihm aufgeworfene Rechtsfrage revisibel sei, für die Abfassung der Entscheidungsgründe zwar zutreffend, aber für die Zulassungsentscheidung verfehlt. Für die Entscheidung, ob ein Zulassungsgrund i.S.v. § 72 Abs. 2 Nr. 1 vorliegt, muss das LAG pflichtgemäß in diese Prüfung eintreten.

Beantwortet das LAG die Rechtsfrage, ob ein Gesetz verfassungswidrig ist, mit der Verneinung der Verfassungswidrigkeit oder der verfassungskonformen Auslegung des Gesetzes, so muss es die

---

44 BAG, 22.05.2012 – 1 ABN 27/12, juris.
45 BAG, 16.09.1997 – 9 AZN 133/97, NZA 1997, 1248; BAG, 26.09.2000 – 3 AZN 181/00, BAGE 95, 372; BAG, 13.06.2006 – 9 AZN 226/06, Rn. 11, BAGE 118, 247; BAG, 15.03.2011 – 9 AZN 1232/10, NZA 2011, 997 und daran anschließend: BAG, 22.05.2012 – 1 ABN 27/12, juris.
46 BAG, 05.11.2008 – 5 AZN 842/08, EzA § 72a ArbGG 1979 Nr. 119; BAG, 23.01. 2007 – 9 AZN 792/06, BAGE 121, 52.
47 BAG 26. 06.2008 – 6 AZN 648/07, NZA 2008, 1145, 1146.
48 Prütting Die Zulassung der Revision, 1977, S. 127 f.; GMPMG/Müller-Glöge § 72 Rn 14.
49 Vgl. hierzu Etzel ZTR 1997, 248, 254; Hauck NZA 1999, 925, 926.

Revision regelmäßig nach Abs. 2 Nr. 1 zulassen. Es kann nicht wegen Klärungsunfähigkeit die grundsätzliche Bedeutung mit der Begründung verneinen, dem BAG sei dann, wenn es von der Verfassungswidrigkeit einer Rechtsnorm ausginge, die endgültige Entscheidung über die Verfassungswidrigkeit selbst nicht möglich, sondern es bedürfe dazu einer Vorlage nach Art. 100 Abs. 1 GG. Die fehlende Verwerfungsbefugnis des BAG ändert nichts daran, dass die Frage der Verfassungsmäßigkeit eines entscheidungserheblichen Gesetzes zur Prüfungsbefugnis im Revisionsverfahren gehört.[50] Wegen des Grundsatzes der Subsidiarität kann auch die Klärungsfähigkeit nicht verneint werden, weil der von der Verfassungswidrigkeit einer Norm betroffenen Partei die Möglichkeit einer Verfassungsbeschwerde offen steht.[51]

cc) Entscheidungserheblichkeit

Entscheidungserheblich ist die Rechtsfrage, wenn die Entscheidung des Landesarbeitsgerichts von ihr abhängt.[52] Das ist dann der Fall, wenn sich das LAG mit der Rechtsfrage befasst und sie auch in der Weise beantwortet hat, dass bei einer anderen Antwort eine andere Entscheidung getroffen worden wäre.[53] Zumeist wird nicht zwischen Klärungsfähigkeit und Entscheidungserheblichkeit unterschieden. Die Entscheidungserheblichkeit und die Klärungsfähigkeit einer Rechtsfrage haben zwar häufig eine gemeinsame Schnittmenge, ihr Begriffsinhalt ist jedoch nicht identisch. Bei seiner Zulassungsentscheidung hat das LAG die Entscheidungserheblichkeit in der Weise zu prüfen, ob der in Beantwortung der Rechtsfrage gebildete Rechtssatz für die eigene Begründung der Entscheidung ursächlich ist, also nicht hinweg gedacht werden kann, ohne dass das Ergebnis betroffen wäre. Das LAG ist nicht berechtigt, die Zulassung der Revision deshalb abzulehnen, weil das Revisionsgericht die Beantwortung der vom LAG aufgeworfenen Rechtsfrage aus anderen Gründen vermeiden könnte. Wirkt es durch seine eindeutige, nicht durch eine Hilfsbegründung relativierte Beantwortung der von ihm aufgeworfenen Rechtsfrage auf die Rechtsordnung ein, so muss es seinen in Beantwortung auf die aufgeworfene Rechtsfrage aufgestellten Rechtssatz revisionsrechtlich überprüfbar machen. Sonst liegt ein Verstoß gegen den gesetzlichen Richter vor.

21

Typisches Beispiel für die mangelnde Entscheidungserheblichkeit ist ein obiter dictum. Das kann auch versteckt abgegeben werden, wenn das LAG sein Berufungsurteil auf Mehrfachbegründungen stützt und der zu einer bestimmten Rechtsfrage als Antwort aufgestellte Rechtssatz nicht alle Begründungslinien trägt.

▶ **Beispiele:**
1. Es werden **mehrere** voneinander **unabhängige rechtliche Erwägungen** verwandt und nur eine von ihnen enthält einen über den Einzelfall hinausgehenden Rechtssatz.
2. Es wird bei einer an sich tragenden Begründung hilfsweise (»jedenfalls«) auf den Grundsatz von Treu und Glauben zurückgegriffen. In derartigen Fällen muss sich das Revisionsgericht schon mangels Entscheidungserheblichkeit nicht mit der betreffenden Rechtsfrage auseinandersetzen; sie ist deshalb nicht klärungsfähig.[54]

Anders ist es bei **Alternativ-** oder **Hilfsbegründungen**, wenn die nebeneinanderstehenden Begründungen **jeweils** Rechtsfragen von **grundsätzlicher Bedeutung** aufwerfen. Hier liegen mehrere entscheidungserhebliche Rechtsfragen vor.

---

50 BAG, 25.07.2006 – 3 AZN 108/06, NZA 2007, 407; BAG, 13.06.2006 – 9 AZN 226/06, Rn. 11, BAGE 118, 247.
51 BVerfG, 27.02.2009 – 1 BvR 3505/08, NZA 2009, 509.
52 BAG, 02.10.2007 – 1 AZN 793/07, EzA § 75 BetrVG 2001 Nr. 6.
53 BAG, 13.06.2006 – 9 AZN 226/06, Rn. 11, BAGE 118, 247; dem folgend: BAG, 22.05.2012 – 27/12, juris.
54 BAG, 14.04.2005 – 1 AZN 840/04, NZA 2005, 708; GK-ArbGG/Mikosch § 72 Rn 23; GMPMG/Müller-Glöge § 72 Rn 13.

dd) Klärungsbedürfnis

22 Eine Rechtsfrage hat nur grundsätzliche Bedeutung i.S.v. Abs. 2 Nr. 1, wenn sie **klärungsbedürftig** ist. Das ist der Fall, solange die Beantwortung von Rechtsfragen noch offen oder deren bisherige Beantwortung zweifelhaft oder umstritten ist. Geklärt ist die Rechtsfrage, wenn sie bereits in dem vom LAG vertretenen Sinne höchstrichterlich beantwortet ist und gegen die Richtigkeit dieser Entscheidung keine neuen Gesichtspunkte von einigem Gewicht vorgebracht worden sind.[55] Eine Rechtsfrage ist auch dann nicht klärungsbedürftig, wenn sie eindeutig und zweifelsfrei mithilfe des Gesetzes, einer anderen Norm oder in Anwendung eines richterrechtlichen Rechtssatzes eindeutig zu beantworten ist und deshalb divergierende Entscheidungen der Landesarbeitsgerichte nicht zu erwarten sind.[56] Das LAG hat in einem solchen Fall keine Veranlassung, den Weg zum BAG zu eröffnen. Weder kommt hier ein Bedürfnis nach Rechtsfortbildung noch nach Sicherung der Rechtseinheit in Betracht.[57] Die Rspr. des BSG ist noch restriktiver. Sie verneint schon dann ein Klärungsbedürfnis, wenn sich die Antwort auf die Rechtsfrage bereits anhand der zu Teilaspekten vorliegenden Rspr. ergeben kann.[58] Sieht aufgrund des Einzelfalles das LAG Veranlassung, eigene Rechtssätze für die Auslegung von Gesetzesbestimmungen aufzustellen oder mit den aufgestellten Rechtssätzen Gesetzeslücken rechtsschöpferisch auszufüllen, so liegt stets ein Klärungsbedürfnis vor.

ee) Allgemeine Bedeutung

23 Die klärungsfähige und klärungsbedürftige Rechtsfrage muss eine über den Einzelfall wesentlich hinausgehende **allgemeine Bedeutung** haben; denn die grundsätzliche Bedeutung einer Rechtsfrage ist ausgeschlossen, wenn sie lediglich einen Einzelfall betrifft.[59] Aus der Aufgabe des Revisionsgerichts, die Rechtseinheit zu erhalten und der Rechtsfortbildung zu dienen, hat die Rechtsprechung geschlossen, grundsätzliche Bedeutung könne einer Rechtsfrage nur zukommen, wenn ihre Klärung von allgemeiner Bedeutung für die Rechtsordnung ist oder wegen ihrer tatsächlichen, z.B. wirtschaftlichen Auswirkungen die Interessen der Allgemeinheit oder eines größeren Teils der Allgemeinheit eng berührt.[60]

24 Für die Anwendung dieser abstrakten Anforderung entwickelte die Rechtsprechung die »Daumenregel«, die Klärung der Rechtsfrage müsse zumindest für etwa **zwanzig** gleich oder ähnlich liegende Arbeitsverhältnisse Bedeutung haben. Teils wurde eine Mindestzahl von 20 Arbeitsverhältnissen[61] angenommen, die erreicht werden müsse, teils die Zahl 20 als Schwellenwert gesetzt, der überschritten werden müsse.[62] Diese starren Grenzwerte sind im Schrifttum kritisiert worden.[63] Die jüngere Rechtsprechung des BAG vermeidet deshalb die Angabe von Mindestzahlen. Vorbild gebend ist insoweit die Rechtsprechung des BGH, die als quantitativen Maßstab für die Anerkennung einer grundsätzlichen Bedeutung einer Rechtssache i.S.v. § 543 Abs. 2 S. 1 Nr. 1 ZPO eine **unbestimmte**

---

55 BAG, 03.11.1982 – 4 AZN 420/82; BAG, 16.09.1997 – 9 AZN 133/97; BAG, 08.09.1998 – 9 AZN 541/98, NZA 1999, 223.
56 St. Rspr. seit BAG, 22.04.1987 – 4 AZN 114/87, AP ArbGG 1979 § 72a Grundsatz Nr. 32; BAG, 25.10.1989 – 2 AZN 401/89, zu I 2 c der Gründe, EzA § 72a ArbGG 1979 Nr. 56.
57 BAG, 22.04.1987 – 4 AZN 114/87; BAG, 25.10.1989 – 2 AZN 401/89, NZA 1990, 536; Prütting Die Zulassung der Revision, 1977, S. 134 ff.; Grunsky Anm. zu AP Nr. 39 zu § 72a ArbGG 1979 Grundsatz.
58 BSG, 28.04.2004 – B 6 KA 125/03 B, RegNr. 26639 BSG-Intern (juris).
59 BAG, 09.09.1981 – 4 AZN 241/81, BAGE 36, 85.
60 St. Rspr. seit BAG, 05.12.1979 – 4 AZN 41/79, BAGE 32, 203; fortgeführt: BAG, 23.01.2007 – 9 AZN 792/06, BAGE 121, 52; BAG, 28.06.2011 – 3 AZN 146/11, EzA-SD 2011, Nr. 16, 16.
61 BAG, 15.11.1995 – 4 AZN 580/95, EzA § 72a ArbGG 1979 Nr. 72; BAG, 21.10.1998 – 10 AZN 588/98, AP ArbGG 1979 § 72a Grundsatz Nr. 55.
62 BAG, 26.09.2000 – 3 AZN 181/00, EzA § 72a ArbGG 1979 Nr. 92; vgl. BAG, 28.09.1989 – 6 AZN 303/89, BAGE 63, 58.
63 AnwK-ArbR/Düwell § 72 ArbGG Rn 18; HWK/Bepler § 72 ArbGG Rn 11; GK-ArbGG/Mikosch § 72 Rn 21; GMPMG/Müller-Glöge § 72 ArbGG Rn 17, Bepler RdA 2005, 70.

Vielzahl von Fällen verlangt.⁶⁴ Eine grundsätzliche Bedeutung der aufgeworfenen Rechtsfrage wird dem folgend nicht mehr schon dann angenommen, weil etwas mehr als 20 Arbeitsverhältnisse betroffen sein könnten.⁶⁵ Von der Vorgabe einer Mindestzahl wird abgesehen. Der Dritte Senat hat ausdrücklich seine Alte, auf die Schwellenzahl 20 abstellende Rechtsprechung aufgegeben: Die aufgeworfene Rechtsfrage muss sich in einer unbestimmten Vielzahl weiterer Fälle stellen können.⁶⁶

Rechtsfragen, deren Beantwortung sich nur auf einzelne Arbeitsverhältnisse auswirken, haben auch 25 dann keine allgemeine Bedeutung, wenn sie Grundfragen der Rechtsdogmatik betreffen.⁶⁷ Dem abstrakten Interesse der Rechtswissenschaft an der Widerspruchsfreiheit der Arbeitsrechtsdogmatik kommt für die Erfüllung der Aufgaben eines Revisionsgerichts keine ausreichende Bedeutung zu. Einer Rechtsfrage, deren Beantwortung für einen rechtsdogmatischen Streit wichtig ist, kommt deshalb erst dann eine grds. Bedeutung i.S.v. Abs. 2 Nr. 1 zu, wenn deren Lösung auch Auswirkungen auf das Arbeitsleben oder die Arbeitsverfassung hat.

▶ **Beispiel:**

Die Frage, ob im Betrieb, in dem mehrere Gewerkschaften vertreten sind, der Grundsatz der Tarifeinheit gilt, ist nicht nur von Bedeutung für die Dogmatik des Arbeitsrechts, sondern erzeugt auch für die Praxis der Arbeitsbeziehungen bedeutsame Auswirkungen auf eine unbestimmte Vielzahl von Arbeitsverhältnissen.⁶⁸

Sog. **Muster- oder Pilotprozessen**, die so geführt werden, dass nur ein Rechtsstreit bis zum BAG 26 gelangen und die Entscheidung dann für eine Vielzahl von Rechtssachen maßgebend sein soll, kommt eine grundsätzliche Bedeutung zu.⁶⁹ Gleiches gilt für Auslegungsfragen, die bundesweit geltende Tarifverträge des öffentlichen Dienstes betreffen, denn deren Beantwortung hat stets **Bedeutung für einen größeren Teil der Allgemeinheit**.⁷⁰ Nach der vor Inkrafttreten des Anhörungsrügengesetzes ergangenen ständigen Rspr. kam einer Rechtsfrage, die sich nur im Bezirk eines Landesarbeitsgerichts stellen konnte, weil es um die Anwendung von Landesgesetzen oder Tarifverträgen ging, die nur in seinem Bezirk gelten, regelmäßig keine grundsätzliche Bedeutung zu, weil insoweit eine Gefahr für die Einheit der Arbeitsrechtsordnung nicht besteht.⁷¹ Etwas anderes galt allerdings dann, wenn es um die Anwendung von Landesgesetzen oder Tarifverträgen ging, die zumindest in den umstrittenen Passagen in mehreren Bundesländern oder Tarifbezirken **gleichlautend** existierten, wie z.B. Vorschriften des Personalvertretungsrechtes oder Bestimmungen zur Alterssicherung. In diesen Fällen wurde der Beantwortung der Rechtsfrage allgemeine Bedeutung beigemessen, weil die Geltung über den Landesarbeitsgerichtsbezirk hinausging. Da mit Inkrafttreten des Anhörungsrügengesetzes die in der früheren Fassung des § 72a Abs. 1 Nr. 2 ArbGG enthaltene Einschränkung der nachträglichen Revisionszulassung auf Rechtsfragen aus überbezirklichen Tarifverträgen weggefallen ist, hat die Rspr. eine Änderung vollzogen. Es wird seitdem angenommen, dass auch in Tarifverträgen, deren Geltung auf den Bezirk eines LAG beschränkt ist, Fragen grundsätzlicher Bedeutung enthalten sein können.⁷² Bei einer **Verbandsklage nach § 9 TVG** hatte der Neunte Senat bereits vor Inkrafttreten des Anhörungsrügengesetzes die Möglichkeit der grundsätzlichen Bedeutung einer in einem Bezirkstarifvertrag enthaltenen Rechtsfrage bejaht.⁷³

---

64 Vgl. BGH, 14.12.2005 – IX ZB 207/04, NJW-RR 2006,1061; BGH, 11.05.2004, NJW 2004, 2222.
65 BAG, 28.06.2011 – 3 AZN 146/11, EzA-SD 2011, Nr. 16, 16.
66 BAG, 28.06.2011 – 3 AZN 146/11, Rn 11, EzA-SD 2011, Nr. 16, 16; unklar GK-ArbGG/Mikosch § 72 Rn 21: »Eine generell unbestimmte Vielzahl weiterer möglicher Fälle kann aber nicht gefordert werden«.
67 A.A. Düwell/Lipke-Bepler 2.Aufl. § 72 ArbGG Rn 18.
68 AnwK-ArbR/Düwell 2. Aufl. § 72 ArbGG Rn 18.
69 BAG, 26.05.1993 – 4 AZN 5/93, EzA § 72a ArbGG 1979 Nr. 62.
70 BAG, 23.01.2007 – 9 AZN 792/06, NZA 2008, 376.
71 GK-ArbGG/Mikosch § 72 Rn 24; GMPMG/Müller-Glöge § 72 Rn 17.
72 BAG, 26.09.2007 – 10 AZN 768/07, EzA § 72a ArbGG 1979 Nr. 113; zust. HWK/Bepler § 72 ArbGG Rn 6.
73 BAG, 17.06.1997 – 9 AZN 251/97, EzA § 72a ArbGG 1979 Nr. 78.

Daran ist auch festzuhalten, denn in diesem Fall tritt mit der der rechtskräftigen Entscheidung eine Bindungswirkung für die Gerichte und Schiedsgerichte ein, die regelmäßig für eine unbestimmte Vielzahl von Arbeitsverhältnissen bedeutsam ist.

27 Fragestellungen, die sich aufgrund zwischenzeitlich **geänderter Normlage** in Zukunft so nicht mehr stellen werden, kann die grundsätzliche Bedeutung abhanden kommen. Ihnen kommt daher regelmäßig keine allgemeine Bedeutung zu. Rechtsfragen, die **auslaufendes oder ausgelaufenes Recht** betreffen, kommt auch nach der st. Rspr. der anderen OGH regelmäßig keine grundsätzliche Bedeutung zu.[74] Möglich ist allerdings, dass das ausgelaufene Recht noch für einen nicht überschaubaren Personenkreis in unabsehbarer Zukunft Bedeutung haben kann, insb. weil es lediglich durch eine wort- oder doch materiell inhaltsgleiche Regelung ersetzt worden ist.[75] Nach der Rspr. des BAG kann ausgelaufenes Recht auch noch deshalb genügend bedeutsam sein, weil noch zahlreiche Auseinandersetzungen über die betreffende Rechtsnorm bei verschiedenen LAG geführt werden.[76]

28 Die **Höhe des Streitwerts** ist unerheblich. Für die Allgemeinheit hat es keine Bedeutung, ob die Rechtsfrage in einer Rechtssache aufgeworfen wird, die wirtschaftlich für eine der Parteien von besonderem Interesse ist.[77] Mit Abschaffung der Streitwertrevision und der Klarstellung des Gesetzgebers im Anhörungsrügengesetz, dass die Rechtsfrage und nicht die Rechtssache maßgeblich sein soll, müssen wirtschaftliche Interessen der Parteien unberücksichtigt bleiben.[78]

29 Als unerheblich werden auch sog. »**An-sich**« **-Begründungen** eingestuft.[79] Darunter werden Fälle verstanden, in denen das LAG ausführt, an sich sei nach der Auslegung der Norm von einer grundsätzlichen Bedeutung für die Allgemeinheit auszugehen, aber die tatsächlichen Besonderheiten des ganz konkreten Falles rechtfertigten jedoch eine hiervon abweichende Beurteilung. Eine grundsätzliche Bedeutung liegt dann nicht schon darin, dass das Urteil des LAG rechtsfehlerhaft ist. Selbst bei einem Verstoß gegen den allgemeinen Gleichheitssatz oder einer ggf. anzunehmenden objektiven Willkür hat die Rechtsprechung eine grundsätzliche Bedeutung abgelehnt.[80]

b) Zulassung wegen Divergenz (Abs. 2 Nr. 2)

30 Das LAG muss die Revision auch dann zulassen, wenn es mit einem in seinem Urteil aufgestellten entscheidungserheblichen Rechtssatz von einem **Rechtssatz abweicht**, den eines der in Abs. 2 Nr. 2 aufgezählten Gerichte aufgestellt hat.

31 Die Zulassung wegen Divergenz kann als ein **Unterfall** der Zulassung wegen grundsätzlicher Bedeutung verstanden werden; denn der Sicherung und Erhaltung der Rechtseinheit kommt im Rechtsstaat grundsätzliche Bedeutung zu.[81] Das zeigt auch der Blick in andere Prozessordnungen. So ist in § 144 Abs. 2 Nr. 1 SGG Zulassungsgrund der grundsätzlichen Bedeutung ebenfalls neben dem Zulassungsgrund der Divergenz in § 144 Abs. 2 Nr. 2 SGG für die Berufung im sozialgerichtlichen Verfahren normiert. Insoweit besteht eine Parallelität zu § 72 Abs. 2 Nr. 1 und 2 ArbGG. Dort gehen in ständiger Rechtsprechung die Landessozialgerichte für das Vorliegen der grundsätzlichen Bedeutung davon aus, dass »von der Entscheidung der Rechtssache erwartet werden kann, dass sie

---

74 Vgl. BVerwG, 09.12.1994 – 11 PKH 28.94, Buchholz 310 § 132 Abs. 2 Ziff. 1 VwGO Nr. 4; BVerwG, 20.12.2005 – 5 B 84.05, juris; BVerwG, 22.02.2008 – 5 B 209/07, juris.
75 BVerwG, 22.02.2008 – 5 B 209/07, juris.
76 BAG, 31.03.1993 – 7 AZN 59/93, AP § 72a ArbGG 1979 Grundsatz Nr. 41; BAG, 21.10.1998 – 10 AZN 588/98, AP § 72a ArbGG 1979 Grundsatz Nr. 55.
77 A.A. wohl für § 160 Abs. 2 Nr. 1 SGG: BSG 28.04.2004 – B 6 Ka 75/93 B, n.v.
78 BR-Drucks. 663/04, S. 47 unter Bezugnahme auf BAG, 16.09.1997 – 9 AZN 133/97, AP § 72a ArbGG 1979 Grundsatz Nr. 54.
79 ArbGG/Mikosch § 72 Rn. 22.
80 BAG, 12.12.2006 – 3 AZN 625/06, BAGE 120, 322, 327 = EzA § 72 ArbGG 1979 Nr. 35.
81 BVerfG, 21.01.2000 – 2 BvR 2125/97, InfAuslR 2000, 308 = DVBl 2000, 407; BVerwG, 21.02.2000 – BVerwG 9 B 57.00, juris.

zur Erhaltung und Sicherung der Rechtseinheit und zur Fortbildung des Rechts beitragen wird«.[82] In § 72 Abs. 2 Nr. 2 hat der Gesetzgeber diesen Unterfall speziell ausgestaltet, indem er nur die Entscheidungen der dort benannten Gerichte als divergenzfähig erklärt hat. Das ist von der Rechtsprechung zu respektieren. Allerdings müssen die damit verbundenen Beschränkungen der Revision ihrerseits im Lichte des verfassungsrechtlichen **Justizgewährleistungsanspruchs** ausgelegt und angewendet werden.[83] Deshalb können dem Zulassungsgrund der grundsätzlichen Bedeutung der Rechtsfrage im Interesse der Sicherung der Rechtseinheit auch Abweichungen von Entscheidungen des EuGH, des EGMR und der nicht in Abs. 2 Nr. 2 aufgeführten anderen obersten Gerichte des Bundes zugeordnet werden. Voraussetzung muss in diesen Fällen jedoch sein, dass sonst schwer erträgliche Unterschiede in der Rechtsprechung entstehen oder fortbestehen würden. Sonst ist die Zulassung nicht zur Sicherung oder Erhaltung der Rechtseinheit geboten.

aa) Die divergenzfähigen Entscheidungen

Abs. 2 Nr. 2 zählt die **Gerichte abschließend** auf, auf deren Rechtssätze es bei der Zulassung der Revision ankommen kann. Es sind dies – eingefügt durch Art. 3 des Fünften Gesetzes zur Änderung des Gesetzes über das BVerfG vom 02.08.1993[84] – das BVerfG, der Gemeinsame Senat der obersten Gerichtshöfe des Bundes und das BAG. Nur dann, wenn zu der betreffenden Rechtsfrage noch keine Entscheidung des BAG ergangen ist, kommen auch Entscheidungen einer anderen Kammer desselben Landesarbeitsgerichts – nicht: der nach ihrer Ordnungsnummer identischen Kammer[85] – oder eines anderen **Landesarbeitsgerichts** als divergenzfähig in Betracht. Sie verlieren allerdings ihre **Divergenzfähigkeit** dann, wenn sie vom BAG aufgehoben worden sind.[86] 32

Von vornherein **nicht divergenzfähig** sind Entscheidungen der **Oberlandesgerichte** oder solche des **BGH**.[87] Ebenso sind die Entscheidungen der anderen obersten Gerichtshöfe des Bundes, wie BVerwG, BSG und BFH. Ferner sind die Entscheidungen der Gerichte der EU, insbesondere die des nach Art 267 AEUV verbindlich für den nationalen Richter entscheidenden EuGH, sowie die des Europäischen Gerichtshofs für Menschenrechte (EGMR) nicht divergenzfähig. In diesen Abweichungsfällen wird regelmäßig eine für die Einheit der Rechtsordnung grundsätzliche bedeutsame Rechtsfrage berührt sein, weil die abweichende Antwort gravierende Unterschiede in der Rechtsanwendung auslösen würde (vgl. Rn. 19a). 33

▶ **Beispiel:**

Ein LAG legt im Urteilsverfahren eine Vorschrift des Personalvertretungsrechts abweichend von der im Beschlussverfahren ergangenen Rechtsprechung des BVerwG aus. Dann muss eine Zulassung nach Nr. 1 erfolgen.

Zumeist wird eine derartige Abweichung auf Unkenntnis der Rechtsprechung des BVerwG beruhen und deshalb auch keine positive Zulassungsentscheidung des LAG ergehen. Dann muss in dem Nichtzulassungsbeschwerdeverfahren nach § 72a das BAG auf eine ordnungsgemäß begründete Beschwerde hin auch prüfen, ob eine grundsätzliche Bedeutung der vom LAG aufgeworfenen und beantworteten Rechtsfrage deshalb zu bejahen ist, weil ohne die höchstrichterliche Entscheidung mit weiteren Fehlentscheidungen in gleichgelagerten Fällen gerechnet werden und so die Rechtseinheit gefährdet werden könnte.[88]

---

82 Statt aller: LSG Berlin-Brandenburg, 19.12.2014 – L 1 KR 318/14 NZB, juris.
83 Vgl. BVerfG, 27. 05. 2010 – 1 BvR 2643/07, FamRZ 2010, 1235, 1236; BVerfG, 28.04.2011 – 1 BvR 3007/07, NJW 2011, 2276; BVerfG, 21.03.2012 – 1 BvR 2365/11, Rn 18 f., NJW 2012, 1715.
84 BGBl. I, S. 1142.
85 BAG, 21.02.2002 – 2 AZN 909/01.
86 BAG, 05.12.1995 – 9 AZN 678/95, NZA 1996, 502.
87 BAG, 21.01.1986 – 1 N 33/85; GK-ArbGG/Mikosch § 72 Rn. 32.
88 Vgl. zu dieser unter dem Aspekt der Sicherung einer einheitlichen Rechtsprechung aufgestellten Voraussetzung der grundsätzlichen Bedeutung: KG, 26.07.2010 – 3 Ws (B) 306/10, NZV 2011, 314.

34 Bei den genannten Entscheidungen muss es sich um **abschließende Stellungnahmen** des betreffenden Spruchkörpers zu einer Rechtsfrage handeln. Nur Abweichungen von solchen rechtlichen Äußerungen gefährden die Einheit der Rechtsordnung. Deshalb sind **divergenzfähig**: Kammerbeschlüsse ebenso wie Plenarentscheidungen des BVerfG, Urteile des BAG im Urteilsverfahren und Beschlüsse im Beschlussverfahren sowie Beschlüsse des Großen Senats des BAG. **Nicht divergenzfähig** sind Entscheidungen, in denen das Gericht zwar seine Rechtsauffassung schriftlich niedergelegt, sie aber letztlich zur Entscheidung eines anderen Gerichts oder Spruchkörpers gestellt hat. Solche **vorläufigen Rechtsmeinungen** prägen die Rechtsordnung noch nicht. Hierzu zählen z.B. **Vorlagebeschlüsse** an den Großen Senat des BAG,[89] an das BVerfG nach Art. 100 GG oder **Vorabentscheidungsersuchen** an den Gerichtshof der Europäischen Union (EuGH) nach Art. 267 AEUV (ex-Art. 234 EG), soweit es jeweils um die Rechtsfrage geht, um derentwillen die Sache vorgelegt worden ist. Ähnlich verhält es sich bei Beschlüssen in **Prozesskostenhilfesachen**. Auch hier wird keine umfassende und abschließende Sach- und Rechtsprüfung vorgenommen; das Gericht äußert nur eine vorläufige Rechtsauffassung, die es bei seiner abschließenden materiellrechtlichen Entscheidung nicht bindet.[90]

35 Auch ein Urteil des BAG in demselben Rechtsstreit, das die Sache an das LAG zurückverwiesen hatte, ist divergenzfähig.[91]

36 Allerdings verliert eine Entscheidung des BAG seine Divergenzfähigkeit in einer bestimmten streitigen Rechtsfrage dann, wenn das BAG in einer späteren Entscheidung hiervon abgewichen ist. Bei mehreren einander widersprechenden Entscheidungen des BAG muss das LAG **nur die letzte** bei seiner **Entscheidung** berücksichtigen, ob es die Revision wegen Divergenz zulässt.[92]

bb) Abweichung im Rechtssatz

37 Die zweite Voraussetzung für eine Zulassung der Revision wegen Divergenz ist die **Abweichung in einem Rechtssatz**. Es geht nicht um eine unterschiedliche Bewertung ähnlicher Lebenssachverhalte durch verschiedene Gerichte. Entscheidend ist, ob das LAG mit einem möglicherweise auf eine Vielzahl künftiger Rechtsstreitigkeiten anwendbaren Rechtssatz über das Verständnis einer geschriebenen oder ungeschriebenen Norm, wozu auch Erfahrungssätze oder Vermutungsregeln gehören können,[93] auf die Rechtsordnung eingewirkt hat. Entscheidend ist, ob das LAG mit einem möglicherweise auf eine Vielzahl künftiger Rechtsstreitigkeiten anwendbaren Rechtssatz über das Verständnis einer geschriebenen oder ungeschriebenen Norm, wozu auch Erfahrungssätze oder Vermutungsregeln gehören können,[94] auf die Rechtsordnung eingewirkt hat.

38 Die Divergenzbeschwerde dient nicht der Auseinandersetzung mit Schrifttum und Lehre, sondern der Vereinheitlichung der Rspr.[95] Deshalb sind auch dann, wenn die Gerichte Schrifttum und Lehre zitieren, nur die aufgestellten Rechtssätze maßgeblich. Ein Rechtssatz liegt erst dann vor, wenn durch das Gericht eine Regel aufgestellt wurde, die nicht nur für den Einzelfall, sondern für eine Vielzahl von Sachverhalten Geltung beansprucht.[96] Die Regel kann selbst vom LAG entwickelt worden sein. Das LAG kann sich auch einer vom Schrifttum aufgestellten Regel angeschlossen haben, in dem es Literaturmeinungen zustimmend wiedergibt.[97] Es kann auch durch Bezugnahme einen Rechtssatz aus einem Parallelurteil übernommen haben. Ein Aufstellen eines Rechtssatzes liegt ebenso vor, wenn das LAG sich Rechtsausführungen erster Instanz nach § 543 Abs. 1 ZPO zu Eigen

---

[89] BAG, 20.08.1986 – 8 AZN 244/86, NZA 1987, 68.
[90] BAG, 18.06.1997 – 2 AZN 333/97.
[91] BAG, 24.10.1988 – 4 AZN 424/88, NZA 1989, 281.
[92] BAG, 15.07.1986 – 1 ABN 13/86, NZA 1986, 843.
[93] GMPMG/Müller-Glöge § 72 Rn 18a.
[94] GMPMG/Müller-Glöge § 72 Rn 18a.
[95] BAG, 28.04.1998 – 9 AZN 227/98, BAGE 88, 296.
[96] BAG, 18.05.2004 – 9 AZN 653/03, BAGE 110, 352 = AP § 72a ArbGG 1979 Divergenz Nr. 42.
[97] GK-ArbGG/Mikosch § 72a Rn 61.

macht.⁹⁸ Bei der Prüfung der Revisionszulassung muss ein in einem vorangegangenen Zwischen- oder Endurteil aufgestellter Rechtssatz, an den das LAG bei seiner abschließenden Entscheidung gebunden ist, wie ein Teil des Endurteils behandelt werden.⁹⁹

Für die Feststellung, ob das Urteil des Landesarbeitsgerichts mit einem dort aufgestellten Rechtssatz von einem abstrakten Rechtssatz in einer divergenzfähigen Entscheidung abweicht, ist weiter von Bedeutung, ob sich die beiden miteinander verglichenen Rechtssätze auf dieselbe geschriebene oder ungeschriebene Norm beziehen. Grds. beantwortet das LAG eine Rechtsfrage im Hinblick darauf, dass eine bestimmte Rechtsnorm auf den ihm vorgetragenen Lebenssachverhalt angewendet werden soll. Darüber, ob sich dieselbe Rechtsfrage auch bei Anwendung einer anderen Rechtsnorm in gleicher Weise stellt und auch so zu beantworten sein würde, und ob hierzu eine abweichende divergenzfähige Entscheidung vorliegt, hat das LAG bei seiner Entscheidung nicht zu befinden.¹⁰⁰ Das LAG hat bei seiner Entscheidung über die Zulassung der Revision die Aufgabe, seinen Beitrag dazu zu leisten, dass durch seine Entscheidung die Einheit der Arbeitsrechtsordnung nicht gestört und die Fortentwicklung des Arbeitsrechts sichergestellt wird. Es muss die Revision deshalb auch dann zulassen, wenn der in der divergierenden Entscheidung aufgestellte Rechtssatz zwar zu einer anderen Norm ergangen ist, die betroffenen Normen aber im Wesentlichen wortgleich sind und sich aus ihnen und dem Normzusammenhang keine Gesichtspunkte dafür erkennen lassen, dass die Normgeber unterschiedliche Regelungsabsichten hatten.¹⁰¹

39

cc) **Entscheidungserheblichkeit**

Entscheidungserheblich ist der abweichende Rechtssatz, wenn die Entscheidung des Landesarbeitsgerichts von ihr abhängt.¹⁰² Bei voneinander abweichenden abstrakten Rechtssätzen in seinem Urteil und einer divergenzfähigen Entscheidung muss das LAG die Revision zulassen, wenn **seine Entscheidung anders** ausgefallen wäre, hätte es nicht den selbst aufgestellten, sondern den **abweichenden Rechtssatz angewendet**. Die Revision muss deshalb nicht zugelassen werden, wenn die anzufechtende Entscheidung auf mehreren Begründungen beruht und nur eine der Begründungen von einem divergierenden abstrakten Rechtssatz abhängig ist.¹⁰³ Die Revision muss allerdings zugelassen werden, wenn sich in jeder der nebeneinander stehenden Begründungen divergierende Rechtssätze befinden.

40

Für die Zulassungsentscheidung kommt es demgegenüber **nicht** darauf an, **ob der Rechtssatz**, von dem das LAG abweicht, für das **divergenzfähige Urteil entscheidungserheblich** war. Der divergierende Rechtssatz kann sich dort in einer Hilfsbegründung finden, es kann sich aber auch um ein obiter dictum handeln. Entscheidend ist, dass sich aus dem Gesamtzusammenhang in der abweichenden Entscheidung entnehmen lässt, dass in dem divergenzfähigen Urteil ein abstrakter, fallübergreifender Rechtssatz aufgestellt werden sollte.¹⁰⁴

41

Der divergierende Rechtssatz muss sich in der Entscheidung selbst finden. **Amtliche Leitsätze** sind keine Bestandteile der Entscheidungen. Sie erfassen die rechtliche Problematik, wie sie in der Ent-

42

---

98 BAG, 03.02.1981 – 5 AZN 503/80, EzA § 72a ArbGG 1979 Nr. 26.
99 GK-ArbGG/Mikosch § 72 Rn 25.
100 Insoweit zutreffend GK-ArbGG/Mikosch § 72 Rn 28.
101 Ebenso BAG, 08.12.1994 – 9 AZN 849/94, BAGE 79, 3; BAG, 20.08.2002 – 9 AZN 130/02, BAGE 102, 205; GMPMG/Müller-Glöge § 72 Rn 19; a.A. GK-ArbGG/Mikosch § 72 Rn 28 m.w.N.; Hauck/Helml-Hauck § 72 Rn 10.
102 BAG, 15.03.2011 – 9 AZN 1232/10, NZA 2011, 997 und daran anschließend: BAG, 22.05.2012 – 1 ABN 27/12, juris; BAG, 18.03.2010 – 2 AZN 889/09, EzA § 72 ArbGG 1979 Nr. 41; BAG, 02.10.2007 – 1 AZN 793/07, EzA § 75 BetrVG 2001 Nr. 6; BAG, 13.06.2006 – 9 AZN 226/06, Rn. 11, BAGE 118, 247.
103 BAG, 09.12.1980 – 7 AZN 374/80; Hauck/Helml § 72 Rn 11.
104 BAG, 16.07.1980 – 5 AZN 9/80; BAG, 17.02.1981 – 1 ABN 25/80; GMPMG/Müller-Glöge § 72 Rn 21 m.w.N.

scheidung gesehen worden ist, wegen der notwendigen Verkürzung oft nur ungenau. Ein divergierender Leitsatz ist deshalb nur ein Hinweis darauf, dass die Entscheidung selbst eine zulassungsrelevante Divergenz enthält.[105]

c) Zulassung wegen Verfahrensfehler (Abs. 2 Nr. 3)

aa) Zulassungsgründe wegen Verfahrensmängel

43 Das Anhörungsrügengesetz hat in Abs. 2 Nr. 3 einen neuen Zulassungsgrund geschaffen. Wie in § 160 Abs. 2 Nr. 3 SGG, § 132 Abs. 2 Nr. 3 VwGO, § 115 Abs. 2 Nr. 3 FGO sollen besonders grobe Verfahrensmängel zur Zulassung der Revision führen. Dieser Zulassungsgrund kann an sich nur im Rahmen einer Nichtzulassungsbeschwerde praktische Bedeutung gewinnen. Das LAG muss sich bereits vor Verkündung seines Urteils darüber klar werden, ob es die Revision zuzulassen hat oder nicht;[106] es wird deshalb, wenn es einen eigenen entscheidungserheblichen Verfahrensfehler erkennt, diesen vor der Verkündung seiner Entscheidung durch Wiedereintritt in die mündliche Berufungsverhandlung heilen.

44 Das Gesetz hat unter bewusster Auslassung von § 547 Nr. 6 ZPO als mehrere eine Zulassung bedingende Verfahrensverstöße die absoluten Revisionsgründe des § 547 Nr. 1 bis 5 ZPO aufgelistet:
– die nicht vorschriftsmäßige Besetzung des erkennenden Gerichts;
– die Mitwirkung eines Richters bei der Entscheidung, der von der Ausübung des Richteramtes kraft Gesetzes ausgeschlossen war, sofern dieses Hindernis nicht mittels eines Ablehnungsgesuchs erfolglos geltend gemacht worden war;
– die Mitwirkung eines Richters trotz begründeten Ablehnungsgesuchs;
– die nicht ordnungsgemäße Vertretung einer Partei, sofern diese die Prozessführung nicht ausdrücklich oder stillschweigend genehmigt hat;
– eine Entscheidung aufgrund mündlicher Verhandlung, bei der die Vorschriften über die Öffentlichkeit des Verfahrens verletzt worden sind.

Im arbeitsgerichtlichen Urteilsverfahren sind die Verhandlungen vor dem erkennenden Gericht einschließlich der Beweisaufnahme nach § 52 Satz 1 i.V.m. § 64 Abs. 7 öffentlich, soweit das Gericht nicht unter den engen Voraussetzungen des § 52 Satz 2 ArbGG die **Öffentlichkeit** ausschließt. Bei öffentlicher Verhandlung muss das Gericht dafür sorgen, dass jedermann bei der Sitzung anwesend sein kann. Das wird regelmäßig dadurch gewährleistet, dass das Gerichtsgebäude während der Sitzungsdauer durchgehend geöffnet ist. Die Öffentlichkeit der Verhandlung ist jedoch auch dann gewahrt, wenn zwar die Eingangstür zum Gerichtsgebäude geschlossen ist, Zuhörer sich aber mithilfe einer Klingel oder Sprechanlage Einlass verschaffen können.[107]

45 Bei den für eine – nachträgliche – Zulassung der Revision tauglichen absoluten Revisionsgründen, die in keiner anderen Verfahrensordnung ausdrücklich aufgezählt werden, fällt auf, dass § 547 Nr. 6 ZPO nicht genannt wird. Die Rüge, dass eine Entscheidung entgegen den gesetzlichen Bestimmungen **nicht mit Gründen versehen** ist, kann somit nicht zur Zulassung der Revision führen. Anstelle einer auf diese Rüge gestützten Revisionszulassung ist mit § 72b ein **besonderes Rechtsmittel** geschaffen worden, das speziell für verspätet abgesetzte Urteile entwickelt worden ist.[108] Durch das neue Rechtsmittel der Kassationsbeschwerde in § 72b werden jedoch nicht alle **Urteile ohne Gründe** erfasst. Sind die Gründe des Berufungsurteils objektiv unklar oder bleibt offen, ob das Gericht in der Sache oder prozessual entschieden hat, oder fehlt jede Beweiswürdigung nach einer Beweisaufnahme, so liegt nach der Rechtsprechung des BGH auch ein Urteil ohne

---

105 BAG, 26.03.1997 – 4 AZN 1073/96, m.w.N.; GK-ArbGG/Mikosch § 72a Rn 68.
106 Abs. 1 Satz 2, vgl. dazu Kommentierung unter § 64 Rdn. 35 f.
107 BAG, 19.02.2008 – 9 AZN 777/07, Rn 8, AP Nr. 59 zu § 72a ArbGG 1979; BFH, 19.12.2002 – V B 164/01, BFH/NV 2003, 521, zu II 3 b der Gründe; BVerwG, 25.06.1998 – 7 B 120.98, DVBl. 1999, 95, zu 1 a der Gründe m.w.N.
108 Siehe dazu die Kommentierung unter § 72b Rdn. 1 ff.

Gründe vor.[109] Ein derartiges Urteil ohne Gründe ist auch dann anzunehmen, wenn zur Begründung einer Entscheidung auf ein Urteil in einer anderen Sache verwiesen wird, das nicht zwischen denselben Parteien ergangen ist und auch nicht zum Gegenstand der mündlichen Verhandlung gemacht worden war.[110] In all diesen Fällen liegt zwar ein absoluter Revisionsgrund nach § 547 Nr. 6 ZPO vor, aber kein Grund für eine – nachträgliche – Zulassung der Revision. Soweit nicht das Rechtsmittel der Kassationsbeschwerde nach § 72b greift, kann deshalb die Rüge des absoluten Revisionsgrundes nach § 547 Nr. 6 ZPO regelmäßig nur von einer zugelassenen Revision erhoben werden. Ausnahmsweise kann die Unklarheit auch von einer rechtserheblichen Verletzung des Anspruchs auf **rechtliches Gehör** ausgehen. Dann kann über diese Rüge nach § 72a Abs. 3 Satz 2 Nr. 3 die nachträgliche Zulassung der Revision erreicht werden. Dieser Verfahrensbeschwerde kann dieselbe Wirkung wie eine Kassationsbeschwerde nach § 72b haben. In § 72a Abs. 7 hat das BAG die Befugnis, das Berufungsurteil mit dem der Beschwerde stattgebenden Beschluss aufzuheben.

Ein Verfahrensmangel, den das Berufungsgericht nicht selbst beheben kann, ist die **nicht vorschriftsmäßige Besetzung**, die darauf beruht, dass mehr als sechs Monate nach dem planmäßigen Ausscheiden eines Vorsitzenden Richters aus dem richterlichen Dienst dessen Stelle noch nicht besetzt und das Präsidium entgegen § 21f Abs. 2 GVG einem Richter die Aufgabe des Vorsitzenden wegen »vorübergehender Verhinderung« übertragen hat.[111] Dieser Verfahrensfehler ist von dem Präsidium des betreffenden Gerichts zu verantworten. Die erkennende Kammer des LAG ist zur Zulassung der Revision nach Abs. 2 Nr. 3 verpflichtet, mag das auch vom Präsidium und zuständigem Ministerium als Illoyalität ausgelegt werden. Die Rücksichtnahme auf fiskalische Interessen der Justizverwaltung und Karriereaussichten entbindet nicht von der Beachtung des geltenden Rechts.

bb) Zulassungsgrund Verletzung rechtlichen Gehörs

Mit der Erweiterung der Zulassungsgründe auf eine entscheidungserhebliche Verletzung des Anspruchs auf rechtliches Gehör hat der Gesetzgeber unmittelbar auf die Vorgaben der Plenarentscheidung des BVerfG vom 30.04.2003 (– 1 PBvU 1/02) reagiert. Er eröffnete so die Möglichkeit, einen Verstoß gegen dieses Verfahrensgrundrecht durch das LAG im Wege fachgerichtlicher Kontrolle zu korrigieren. 46

Das Verfahrensgrundrecht auf rechtliches Gehör verpflichtete das Gericht dazu, die Informationen einzuholen, die es von Amts wegen einholen muss, gibt den Beteiligten ein Äußerungsrecht zu den entscheidungserheblichen Tatsachen und Rechtsfragen und verpflichtet das Gericht, das Vorbringen der Beteiligten zur Kenntnis zu nehmen. »Der Einzelne soll nicht nur Objekt der richterlichen Entscheidung sein, sondern vor einer Entscheidung, die seine Rechte betrifft, zu Wort kommen, um als Subjekt Einfluss auf das Verfahren nehmen zu können. Rechtliches Gehör sichert den Parteien ein Recht auf Information, Äußerung und Berücksichtigung mit der Folge, dass sie ihr Verhalten im Prozess eigenbestimmt und situationsspezifisch gestalten können. Insbesondere sichert es, dass sie mit Ausführungen und Anträgen gehört werden«.[112] 47

Als Verletzungen des Verfahrensgrundrechts auf rechtliches Gehör kommen in einem Verfahren zwischen formal gleich stehenden Parteien etwa in Betracht: 48
– die Zurückweisung eines Vortrags als verspätet, obwohl hierfür die gesetzlichen Voraussetzungen nicht erfüllt sind,
– eine Entscheidung vor Ablauf einer für eine Stellungnahme gesetzten Frist,
– eine Entscheidung, ohne dass die gesetzlich gebotene Ladungsfrist eingehalten wurde,[113]

---

109 Nachweise bei Baumbach/Lauterbach/Albers § 547 Rn 13 ff.
110 Düwell/Lipke-Bepler 2. Aufl. § 72 Rn 28c.
111 Vgl. BSG, 29.11.2006 – B 6 KA 34/06, juris; zustimmend: Keller jurisPR-SozR 8/2007 Anm. 6; BVerwG, 11.07.2001 – 1 DB 20/01, NJW 2001, 3493; BFH, 21.10.1999 – VII R 15/99, BFHE 190, 47, 53.
112 BVerfG, 30.04.2003 – 1 PBvU 1/02, NJW 2003, 1924; unter C II 1 der Gründe.
113 BSG, 28.04.2004 – B 11 AL 250/03 B.

- die Nichteinhaltung einer für die Einleitung einer Anhörung vorgeschriebenen Form,
- eine Säumnisentscheidung, wenn eine Partei tatsächlich nicht säumig war,
- das Übergehen eines ordnungsgemäßen Beweisantrags,
- die Entscheidung durch einen abgelehnten Richter vor Entscheidung über das Ablehnungsgesuch oder durch einen unzuständigen Richter,
- eine Entscheidung auf der Grundlage einer für die Parteien überraschenden rechtlichen oder tatsächlichen Bewertung.

Das Verfahrensgrundrecht des Art. 103 Abs. 1 GG verlangt zwar nicht, dass ein Gericht vor seiner Entscheidung stets auf eine Rechtsauffassung in Anwendung des § 139 ZPO hinweisen muss, die es seiner Entscheidung zugrunde legen will.[114] Aber dies kann im Hinblick auf Art. 103 Abs. 1 GG in besonderen Fällen geboten sein.[115] Gegen den Anspruch auf rechtliches Gehör verstößt es deshalb, wenn ein Gericht ohne vorherigen Hinweis auf einen rechtlichen Gesichtspunkt abstellt, mit dem auch ein gewissenhafter und kundiger Prozessbeteiligter nach dem bisherigen Prozessverlauf – selbst unter Berücksichtigung der Vielfalt vertretbarer Rechtsauffassungen – nicht zu rechnen brauchte.[116] Dies kann im Ergebnis der Verhinderung eines Vortrags zur Rechtslage gleich kommen.[117]

cc) Entscheidungserheblichkeit bei absoluten Revisionsgründen

49 Liegt einer der absoluten Revisionsgründe aus § 547 Nr. 1 bis 5 ZPO vor, so entfällt jede Prüfung, ob die Rechtsverletzung für das Entscheidungsergebnis kausal war. Nach dem einleitenden Halbsatz des § 547 ZPO gilt in diesen Fällen: »Eine Entscheidung ist stets als auf einer Verletzung des Rechts beruhend anzusehen«. Das hat zur Folge, dass die Kausalität der Rechtsverletzung für die angefochtene Entscheidung unwiderlegbar vermutet wird.[118]

dd) Entscheidungserheblichkeit bei Verletzung rechtlichen Gehörs

50 Die für eine Zulassung der Revision erforderliche Entscheidungserheblichkeit der Verletzung des Anspruchs auf rechtliches Gehör liegt dann vor, wenn und soweit die Entscheidungsbegründung mit einem Begründungselement oder dessen Fehlen steht und fällt, das unter Verletzung des Rechts auf rechtliches Gehör gewonnen worden ist oder dass bei Beachtung dieses rechtlichen Gebotes zu berücksichtigen gewesen wäre. Es kommt nicht darauf an, ob die **Verletzung des Anspruchs auf rechtliches Gehör** für die Entscheidung des BAG in der Streitsache erheblich wäre, sondern darauf, ob sie **für die anzufechtende Entscheidung** des Landesarbeitsgerichts **erheblich** war. Dies ist dann der Fall, wenn die bei Beseitigung des Gehörverstoßes möglichen Veränderungen in der Sachlage für das LAG im Zuge seiner Entscheidung zu einem anderen Ergebnis geführt hätten. Hinsichtlich des Prüfungsansatzes kann hier nichts anderes gelten, als für die Anforderungen an eine entscheidungserhebliche Divergenz oder die grundsätzliche Bedeutung einer klärungsfähigen Rechtsfrage. Dies ergibt sich bereits aus der **Gesetzessystematik**, die für die Zulassung der Revision grds. gleiche Maßstäbe an die Zulassungsentscheidung des Landesarbeitsgerichts wie auch an die des BAG anlegt. Da es i.R.d. Nichtzulassungsbeschwerde nur um eine Korrektur der Entscheidung des Landesarbeitsgerichts, die Revision nicht zuzulassen, geht, kann in diesem Verfahren **keine umfassende Überprüfung der Entscheidungserheblichkeit** des Verfahrensverstoßes unter anderen rechtlichen Gesichtspunkten erfolgen. Andernfalls würde eine **materielle Überprüfung** der angefochtenen Entscheidung insgesamt in das hierfür **nicht geeignete** Verfahren der Nichtzulassungsbeschwerde verlagert: So ist etwa denkbar, dass ein nach den Entscheidungsgründen des Landesarbeitsgerichts erhebliches Vorbringen des Beschwerdeführers unter Verstoß gegen Art. 103 GG unberücksichtigt geblieben ist, das im Wege der Nichtzulassungsbeschwerde angerufene BAG aber meint, die Ent-

---

114 BVerfG, 29.05.1991 – 1 BvR 1383/90, zu II 1 der Gründe, BVerfGE 84, 188.
115 BVerfG, 08.07.1997 – 1 BvR 1934/93, zu C II 3 der Gründe, BVerfGE 96, 189.
116 BVerfG, 07.10.2003 – 1 BvR 10/99, zu B I 1 der Gründe, BVerfGE 108, 341.
117 BAG, 08.12.2011 – 6 AZN 1371/11, NZA 2012, 286.
118 BGH, 15.04.2011 – LwZR 7/10, GuT 2011, 86; Musielak/Ball ZPO, 6. Aufl., § 547 Rn 2 m.w.N.

scheidung sei im Ergebnis gleichwohl richtig, weil es bei einem vom LAG übersehenen Begründungsweg nicht auf das übergangene Vorbringen ankomme. Mit dieser Begründung kann indes nicht die Entscheidungserheblichkeit einer von der beschwerten Partei gerügten Gehörsverletzung verneint werden. Andernfalls müsste man zuvor die Verfahrensbeteiligten auf diesen anderen rechtlichen Weg **hinweisen** und Beschwerdeführer wie Beschwerdegegner **Gelegenheit zu ergänzendem Vorbringen** geben. Damit würde letztlich bereits im vorgelagerten Zulassungsverfahren die materielle Richtigkeit der Sachentscheidung überprüft. Der unterschiedliche Wortlaut der verschiedenen Verfahrensordnungen[119] ist ohne Bedeutung. Es genügt daher, wenn der Schluss gerechtfertigt ist, dass das Berufungsgericht bei richtigem Verfahren möglicherweise anders entschieden hätte.[120]

Enthält die Entscheidung für ihr Ergebnis eine selbstständig tragende Zweitbegründung, für die die behauptete Verletzung des Grundsatzes des rechtlichen Gehörs keine Rolle spielt, ist die Gehörsverletzung insgesamt nicht entscheidungserheblich; eine Zulassung der Revision unter diesem rechtlichen Gesichtspunkt ist dann nicht geboten. Ist das betreffende Begründungselement nur für einen von mehreren Streitgegenständen, über die das LAG zu entscheiden hatte, von Bedeutung, muss die Revision auch nur insoweit »teil«-zugelassen werden.

Deshalb ist z.B. eine Gehörsverletzung durch Übergehung eines Beweisantritts nur dann erheblich, wenn ein Beweisergebnis nach der Behauptung des Beweisantretenden eine andere Entscheidung zur Folge gehabt hätte. Die ungerechtfertigte Zurückweisung von Vorbringen ist nur von rechtlicher Bedeutung, wenn dessen Berücksichtigung im Lösungsweg des Landesarbeitsgerichts am Ergebnis etwas geändert hätte. Auch die Unterschreitung einer gesetzlich gebotenen Ladungsfrist kann die nachträgliche Zulassung der Revision nur rechtfertigen, wenn dadurch entscheidungserheblicher Vortrag unterblieben ist.[121] Anders verhält es sich bei einer Rechtsverletzung durch eine Überraschungsentscheidung ohne ausreichende Gelegenheit zur Erörterung; hier wird regelmäßig nicht ausgeschlossen werden können, dass eine Erörterung zu einer **anderen Überzeugungsbildung** geführt hätte.

3. Die Zulassungsentscheidung des Landesarbeitsgerichts

a) Pflichten im Zusammenhang mit der Entscheidung über die Zulassung

aa) Begründungspflicht

Die positive oder negative Zulassungsentscheidung muss nach § 72 Abs. 1 Satz 2, § 64 Abs. 3a Teil des Urteilstenors sein. Die Begründung ist ein nobile officium, ohne dass eine Begründungspflicht gesetzlich vorgeschrieben ist. Bleibt die Entscheidung über die Zulassung oder Nichtzulassung unbegründet, so ist allein maßgebend, ob objektiv Zulassungsgründe i.S.v. § 72 Abs. 2 ArbGG gegeben sind.[122] Allerdings hat das BVerfG inzwischen eine Begründungsobliegenheit für den Zivilprozess aus Art. 2 Abs. 1 i.V.m. Art. 20 Abs. 3 GG entwickelt.[123] Lässt ein Fachgericht ein zulassungsbedürftiges Rechtsmittel nicht zu, so müssen dessen Entscheidungsgründe so abgefasst werden, dass dem BVerfG eine Prüfung ermöglicht wird, ob das Gericht dabei ein von der jeweiligen Rechtsordnung grundsätzlich eröffnetes Rechtsmittel ineffektiv gemacht hat. Denn ein Berufungsgericht, das die Revision nicht zulässt, entscheidet, falls die Nichtzulassungsbeschwerde nicht eröffnet ist, unanfechtbar über die Erreichbarkeit von höherinstanzlichem Rechtsschutz im konkreten Fall. Unterlässt das Fachgericht eine nachvollziehbare Begründung seiner Nichtzulassungsentscheidung und erhellt sich diese auch nicht aus dem Zusammenhang, kommt eine Aufhe-

51

---

119 FGO, VwGO, SGG: Verfahrensmangel, »auf dem die Entscheidung beruhen kann«; § 72 Abs. 2 Nr. 3: »entscheidungserhebliche Verletzung des Anspruchs auf rechtliches Gehör ... vorliegt«.
120 BAG, 23.03.2010 – 9 AZN 1030/09, Rn 20, EzA § 72a ArbGG 1979 Nr. 122; BAG, 10.05.2005 – 9 AZN 195/05, zu II 2 der Gründe, BAGE 114, 295.
121 BSG, 28.04.2004 – B 11 AL 250/03 B.
122 BAG, 11.10.2010 – 9 AZN 418/10, EzA § 72a ArbGG 1979 Nr. 125.
123 BVerfG, 03.03.2014 – 1 BvR 2534/10 – Rn 20, NJW 2014, 1796.

bung durch das BVerfG schon dann in Betracht, wenn die Zulassung des Rechtsmittels nahegelegen hätte.[124]

bb) Vorlagerecht und Vorlagepflicht

52 Das BVerfG hat die Nichteinleitung eines an sich wegen der Unklarheit des Gemeinschaftsrechts gebotenen Vorlageverfahrens nach Art. 177 Abs. 3 EWGVtr (Vorgängervorschrift zu Art. 234 EG und Art. 267 AEUV) als Verletzung des grundgesetzlich verbrieften Anspruchs auf den gesetzlichen Richter beurteilt, wenn ein letztinstanzliches Hauptsachegericht diese Zuständigkeitsregel in offensichtlich unhaltbarer Weise handhabt. Es hat eine Vorlagepflicht angenommen, wenn das LAG keine Revision zulässt, das Urteil mit keinem Rechtsmittel anfechtbar ist und auch der Rechtsbehelf der Nichtzulassungsbeschwerde »ersichtlich nicht in Betracht kommt«.[125] Nach der Neuregelung des Revisionszugangs durch das Anhörungsrügengesetz geht der Sechste Senat des BAG von einer Änderung der Rechtslage aus. Ein LAG werde, wenn es ein Endurteil erlasse, ohne die Revision zuzulassen, und es über eine unklare unionsrechtliche Rechtsfrage entscheide, dadurch noch nicht vorlagepflichtig. Da die Möglichkeit der Anfechtung der Nichtzulassungsentscheidung sowohl mit der Grundsatz- als auch der Verfahrensbeschwerde nach § 72a Abs. 3 Satz 2 Nr. 1 und 3 ArbGG bestehe, sei das die Revision nicht zulassende LAG kein Gericht i.S.v. Art. 267 Abs. 3 AEUV, »dessen Entscheidungen selbst nicht mehr mit Rechtsmitteln des innerstaatlichen Rechts angefochten werden können«.[126] Die Neuregelung habe der Auffassung aus dem Kammerbeschluss des BVerfG von 1997 die Grundlage entzogen.[127] Demgegenüber hat der Neunte Senat angenommen, eine solche Pflicht zur Einholung eines Vorabentscheidungsersuchens bestehe nach Art. 267 Abs. 3 AEUV, weil die bei Nichtzulassung der Revision mögliche Nichtzulassungsbeschwerde kein Rechtsmittel i.S.v. Art. 267 Abs. 3 AEUV sei.[128] Es handelt sich wohl um eine übersehene Divergenz. Eine nach § 45 Abs. 2 und 3 notwendige Anrufung ist unterblieben. Legt man die Sicht des BVerfG zugrunde, so ist der Auffassung des Sechsten Senats zuzustimmen. Das BVerwG hat eine im Nichtzulassungsbeschwerdeverfahren vor dem BVerwG auf die unterlassenen Vorlage an den EuGH gestützte allgemeine Verfahrensrüge gemäß § 132 Abs. 2 Nr. 3 VwGO als durchgreifend angesehen, soweit das Berufungsurteil auf der Anwendung revisiblen Rechts beruht.[129] Die gegen diese Entscheidung erhobene Verfassungsbeschwerde hat das BVerfG nicht zur Entscheidung angenommen und somit diese Auffassung gebilligt.[130] In § 72 Abs. 2 Nr. 3 ist jedoch die Statthaftigkeit der Verfahrensrüge für das arbeitsgerichtliche Nichtzulassungsbeschwerdeverfahren enger gefasst. Eine auf Art 101 Abs. 1 Satz 2 GG gestützte Verfahrensrüge ist in der dortigen Aufzählung der zur Rüge zugelassenen Verfahrensmängel nicht vorgesehen. Bevor gegen die Verletzung des grundrechtsgleichen Rechts auf den gesetzlichen Richter eine Urteilsverfassungsbeschwerde erhoben wird, sind zwei Gesichtspunkte zu beachten:

1. Nach § 90 Abs. 1 Satz 1 BVerfGG darf die Verfassungsbeschwerde grds. erst nach **Erschöpfung des Rechtswegs** erhoben werden. Zwar muss der Beschwerdeführer keine von vornherein aussichtslose Nichtzulassungsbeschwerde einlegen, aber ihn trifft insoweit ein besonderer Begründungsaufwand. Zudem hat das BVerfG jüngst erkannt, eine auf unterlassene Anrufung des EuGH gestützte Verfassungsbeschwerde gegen eine LAG-Entscheidung sei mangels Rechtswegerschöpfung nicht angenommen. Zwar habe das BAG über eine vergleichbare Fallgestaltung bereits in der Sache die umstrittene Rechtsfrage, ob der Gerichtshof um eine Vorabentscheidung zu ersuchen sei, negativ entschieden,[131] aber es bestehe noch keine gefestigte und einheit-

---

124 BVerfG, 30.08.2010 – 1 BvR 1631/08 – NJW 2011, 288.
125 BVerfG, 13.06.1997 – 1 BvR 2102/95, EzA Art. 177 EWG-Vertrag Nr. 1.
126 BAG, 08.12.2011 – 6 AZN 1371/11, NZA 2012, 286.
127 BAG, 08.12.2011 – 6 AZN 1371/11, Rn 14 unter Bezug auf ErfK/Wißmann Art. 267 AEUV Rn 28, 29.
128 BAG, 12.10.2010 – 9 AZN 653/10, n.v.
129 BVerwG, 18.08.2009 – 8 B 60/09; BVerwG, 22.07.1986 – 3 B 104/85, BayVBl 1987, 283.
130 BVerfG, 31.03.2010 – 1 BvR 2658/09, juris Hinweis zu BVerwG 18.08.2009 – 8 B 60/09.
131 BAG, 10.12.2013 – 9 AZR 51/13, EzA § 1 AÜG Nr. 18.

liche Rechtsprechung des BAG. Solange diese nicht vorliege, könne nicht von der Aussichtslosigkeit der Nichtzulassungsbeschwerde ausgegangen werden.[132] Im Übrigen hat das BVerfG bei dieser Gelegenheit sich der Ansicht des Sechsten Senats[133] angeschlossen, mit dem Inkrafttreten des Anhörungsrügengesetzes sei dem Kammerbeschluss des BVerfG von 1997, nach der eine Vorlagepflicht bei Nichtzulassung der Revision angenommen worden war,[134] die Grundlage entzogen.[135]

2. Die strengen Anforderungen, die das BVerfG an die Begründung der Rüge stellt, sind schwer zu erfüllen. Der Beschwerdeführer muss nämlich darlegen, dass den angegriffenen Entscheidungen, d.h. die Nichtzulassung des Rechtsmittels und die unterlassene Vorlage des Verfahrens an den EuGH, ihn in seinem Recht aus Art. 101 Abs. 1 Satz 2 GG in besonderer Weise verletzen. Der gerügten Verletzung muss eine **willkürliche Auslegung oder Anwendung des Prozessrechts** zugrunde liegen. Das BVerfG beanstandet die Auslegung und Anwendung von Normen, die die gerichtliche Zuständigkeitsverteilung regeln, nur dann, wenn sie bei verständiger Würdigung der das Grundgesetz bestimmenden Gedanken nicht mehr verständlich erscheinen und offensichtlich unhaltbar sind oder das Gericht Bedeutung und Tragweite von Art. 101 Abs. 1 Satz 2 GG grundlegend verkannt hat. Diese Grundsätze gelten auch für die unionsrechtliche Zuständigkeitsvorschrift des Art. 267 Abs. 3 AEUV.[136] Daher bedeutet nicht jede Verletzung der unionsrechtlichen Vorlagepflicht zugleich auch einen Verstoß gegen Art. 101 Abs. 1 Satz 2 GG.

Die für den Betroffenen optimale Lösung des Rechtsschutzproblems liegt in der Einlegung einer Grundsatzbeschwerde gegen die Nichtzulassung der Revision i.S.v. § 72a Abs. 3 Satz 2 Nr. 1. Nach der Rechtsprechung zu § 543 Abs. 2 Satz 1 Nr. 1 ZPO kommt einer Rechtssache »grundsätzliche Bedeutung« zu, wenn im künftigen Revisionsverfahren voraussichtlich ein Vorabentscheidungsersuchen an den EuGH nach Art. 267 Abs. 3 AEUV erforderlich sein wird.[137] Dieses Ersuchen ist geboten, wenn sich eine entscheidungserhebliche und der einheitlichen Auslegung bedürfende Frage des Unionsrechts stellt. Unter Rechtssache i.S.v. § 543 Abs. 2 Satz 1 Nr. 1 ZPO ist auch eine Rechtsfrage zu verstehen. Es besteht insoweit zwischen § 543 Abs. 2 Satz 1 Nr. 1 ZPO und § 72 Abs. 2 Nr. 1, § 72a Abs. 3 Satz 2 Nr. 1 ArbGG kein Unterschied.

b) Umfang der Zulassung

Lässt das LAG die Revision gegen sein Urteil ohne jede nähere Bestimmung zu, kann jede durch sein Urteil beschwerte Partei Revision einlegen. 53

Das LAG kann die Revision aber auch nur **beschränkt zulassen**, z.B. nur für **einen von mehreren Streitgegenständen** oder für einen **teilurteilsfähigen Teil** eines Streitgegenstandes.[138] Die Revisionszulassung kann deshalb auf die Entscheidung über die Klageforderung oder auch über die zur Aufrechnung gestellte Gegenforderung beschränkt werden. Es ist auch zulässig, in einem Rechtsstreit über Mehrarbeitsvergütung und Auslösungsansprüche die Revision nur wegen des Auslösungsbegehrens des Klägers zuzulassen. Geht es um die Wirksamkeit einer Kündigung und eines hilfsweise gestellten Auflösungsantrags des Arbeitgebers nach § 9 KSchG, kann die Revisionszulas- 54

---

132 BVerfG, 25.06.2015 – 1 BvR 439/14, FA 2016, 24.
133 BAG, 08.12.2011 – 6 AZN 1371/11, Rn 14 unter Bezug auf ErfK/Wißmann Art. 267 AEUV Rn 28, 29.
134 BVerfG, 13.06.1997 – 1 BvR 2102/95, EzA Art. 177 EWG-Vertrag Nr. 1.
135 BVerfG, 25.06.2015 – 1 BvR 439/14, FA 2016, 24.
136 Vgl. BVerfG, 28.01.2014 – 2 BvR 1561/12, 2 BvR 1562/12, 2 BvR 1563/12, 2 BvR 1564/12 – Rn 180, BVerfGE 135, 155.
137 BVerfG, 03.03.2014 – 1 BvR 2534/10 – Rn 24, NJW 2014, 1796; BVerfG, 01.04.2008 – 2 BvR 2680/07, BVerfGK 13, 418, 425.
138 BAG, 19.10.1982 – 4 AZR 303/82; BAG, 18.12.1984 – 3 AZR 125/84, NZA 1986, 95; GMPMG/Müller-Glöge § 72 Rn 30; GK-ArbGG/Mikosch § 72 Rn 41; zur notwendigen Form der Beschränkung der Revisionszulassung Rn 37.

sung beschränkt wegen des letztgenannten Streitgegenstandes erfolgen.[139] Es ist auch statthaft, die Revision nur wegen des Teils der Klageforderung zuzulassen, der möglicherweise verfallen ist. Entscheidend ist nur, dass es sich um einen **tatsächlich** und **rechtlich selbstständigen** und **abtrennbaren Teil** des Gesamtstreitstoffes handelt, über den **in einem besonderen Verfahrensabschnitt** hätte entschieden werden können, und dass eine solche Entscheidung selbstständig anfechtbar gewesen wäre.[140]

55 Problematisch ist die verbreitete Auffassung, die Revisionszulassung könne nicht nur auf teilurteilsfähige Streitgegenstände, sondern auch auf **Teile** des Prozessstoffes beschränkt werden, über **die durch anfechtbares Zwischenurteil** hätte entschieden werden können.[141] Soweit hiervon ausgehend eine Zulassung der Revision nur wegen des Grundes, nicht auch wegen der Höhe der Klageforderung als zulässig angesehen wird,[142] steht dem schon entgegen, dass ein Zwischenurteil über den Grund eines Anspruchs im arbeitsgerichtlichen Verfahren nach § 61 Abs. 3 nicht gesondert anfechtbar ist. Dieses Verbot kann durch eine entsprechend beschränkte Revisionszulassung nicht umgangen werden. Aber auch wegen der Teile des Streitstoffs, wegen denen ein gesondert anfechtbares Zwischenurteil an sich möglich wäre, insb. wenn es um die Zulässigkeit einer Klage geht,[143] scheidet eine beschränkte Revisionszulassung aus.[144] Ascheid weist zu Recht darauf hin, dass von einem selbstständig anfechtbaren Teil des Streitstoffs nach dem Willen des Gesetzgebers nur ausgegangen werden kann, wenn das Gericht zuvor nach § 280 ZPO verfahren ist, also eine abgesonderte Verhandlung über die Zulässigkeit der Klage angeordnet hat. Wird ohne abgetrennte Verhandlung einheitlich entschieden, fällt die Privilegierung des § 280 ZPO weg. Eine Beschränkung der Zulassungsentscheidung auf die Frage, ob die Klage zulässig ist, scheidet dann aus.[145]

56 Nach überwiegender und zutreffender Auffassung ist es **nicht statthaft**, die Revisionszulassung nur auf bestimmte **Rechtsfragen** oder einzelne von mehreren konkurrierenden **Anspruchsgrundlagen** zu beschränken.[146] Ist dies **gleichwohl** geschehen, ist nicht die Revisionszulassung, sondern nur deren Beschränkung unwirksam. Die **Revision** ist **uneingeschränkt eröffnet**.[147] Etwas anderes gilt dann, wenn die vom LAG herausgestellte **Rechtsfrage nur für** einen bestimmten teilurteilsfähigen **Teil** des Rechtsstreits von Bedeutung ist. Dann bezieht sich die Beschränkung der Zulassung hierauf und ist insoweit statthaft.

c) Form der Zulassungsentscheidung (Abs. 1 Satz 2)

aa) Vorgeschichte der Gesetzesänderung

57 Bis zur Ergänzung des Abs. 1 der Vorschrift um Satz 2 durch das Gesetz zur Vereinfachung und Beschleunigung des arbeitsgerichtlichen Verfahrens vom 30.03.2000[148] war **lange umstritten, in welcher Form** die Entscheidung über die Revisionszulassung zu treffen war. Das BAG hatte in ständiger Rechtsprechung für eine wirksame Revisionszulassung verlangt, dass sie mit dem Urteil **verkündet** worden sein müsse.[149]

---

139 GK-ArbGG/Mikosch § 72 Rn 44.
140 GK-ArbGG/Mikosch § 72 Rn 41 m.w.N.; GMPMG/Müller-Glöge § 72 Rn 32 m.w.N.
141 So GK-ArbGG/Mikosch § 72 Rn 41; GMPMG/Müller-Glöge § 72 Rn 32; Hauck/Helml § 72 Rn 15.
142 GMPMG/Müller-Glöge § 72 Rn 32; Grunsky § 72 Rn 12, jeweils unter Berufung auf BGH, 30.09.1980 – VI ZR 213/79.
143 § 280 Abs. 2 ZPO.
144 A.A. GMPMG/Müller-Glöge § 72 Rn 32; Hauck/Helml § 72 Rn 15; zweifelnd BAG, 18.02.1986 – 1 ABR 27/84, NZA 1986, 616.
145 GK-ArbGG/Mikosch § 72 Rn 46.
146 BAG, 09.03.1996 – 2 AZR 497/94; GMPMG/Müller-Glöge § 72 Rn 33; GK-ArbGG/Mikosch § 72 Rn 43; a.A. Grunsky § 72 Rn 17; Prütting Die Zulassung der Revision, 1977, S. 240.
147 BAG, 21.11.1985 – 2 AZR 21/85, NZA 1986, 713; GK-ArbGG/Mikosch § 72 Rn 48.
148 Arbeitsgerichtsbeschleunigungsgesetz; BGBl. I, S. 333.
149 Zuletzt BAG, 21.08.1990 – 3 AZR 429/89, NZA 1991, 311 m.w.N.

Fehlte es an einer Verkündung der Zulassungsentscheidung, konnte dies grds. **weder** durch ein 58
Ergänzungsurteil nach § 321 ZPO[150] **noch** mithilfe eines Berichtigungsbeschlusses nach § 319
ZPO[151] nachgeholt werden.

Das **BVerfG** hat die Rechtsprechung zum Verkündungserfordernis und dazu, dass Fehler in diesem 59
Zusammenhang im Wesentlichen irreparabel sein sollten, **kritisiert**.[152] Sie sei mit dem Gebot fairer
Prozessgestaltung nicht vereinbar. Das BAG hat seine **Rechtsprechung** daraufhin **geändert**, aber
lange keine einheitliche Linie gefunden.[153]

bb) Die gesetzliche Klarstellung

Die Rechtslage ist durch den Gesetzgeber geklärt: Um einer möglichst frühzeitigen **Klarstellung** 60
der Verfahrenssituation willen ist im Zuge einer vom Land Brandenburg entwickelten Gesetzesinitiative des Bundesrats[154] Abs. 1 um Satz 2 ergänzt worden, der auf die Grundvorschrift über die
Form der Zulassung von Rechtsmitteln in § 64 Abs. 3a ArbGG verweist. Die Entscheidung des
Landesarbeitsgerichts darüber, ob es die Revision gegen sein Urteil zulässt, ist **positiv wie negativ** in
den Urteilstenor aufzunehmen und mit ihm zu verkünden. Bei Verkündung steht damit fest, ob die
Revision statthaft ist oder nur auf dem – nach aller Erfahrung äußerst ungewissen – Weg über eine
Nichtzulassungsbeschwerde[155] eröffnet werden kann.[156]

Aus dem gesetzgeberischen Ziel, bei Verkündung des Urteils zweiter Instanz Klarheit über die Möglichkeiten der Revisionseinlegung zu schaffen, folgt zugleich, dass eine Einschränkung der Revisionszulassung nur wirksam werden kann, wenn und soweit sie im Urteilstenor des landesarbeitsgerichtlichen Urteils zweifelsfrei zum Ausdruck kommt. Erst in den Entscheidungsgründen ist eine
Einschränkung der Zulassung ebenso wenig rechtserheblich, wie eine weitere Einschränkung der
bereits eingeschränkt tenorierten Zulassung.[157] Über den Umfang der statthaften Revision entscheidet allein die in den Entscheidungsausspruch aufgenommene Zulassungsentscheidung. 61

Wie die Regelung in § 64 Abs. 3a Satz 2 zeigt, ist die Aufnahme der Entscheidung über die Zulas- 62
sung des Rechtsmittels in den Urteilstenor **konstitutiv**. **Fehlt** es hieran, ist das **Rechtsmittel nicht**
eröffnet. Die beschwerte Partei kann aber binnen zwei Wochen ab Verkündung des Urteils dessen
Ergänzung um eine Entscheidung über die Zulassung der Revision beantragen. Sie muss sich deshalb stets nach dem Verkündungstermin erkundigen, welche Entscheidung genau verkündet worden ist. Eine Revisionszulassung **allein in den Entscheidungsgründen** reicht selbst dann nicht aus,
wenn das LAG eine entsprechende Entscheidung zwar getroffen, aber versehentlich nicht verkündet
hat. Dies ist verfassungsrechtlich nicht zu beanstanden.[158] Es ist nicht geboten, einer nicht formgerechten gerichtlichen Entscheidung in jedem Fall zur Wirksamkeit zu verhelfen. Der Grundsatz
des fairen Verfahrens schützt die Prozessparteien. Ihren schützenswerten Interessen ist durch die
Möglichkeit der Antragstellung nach § 64 Abs. 3a Satz 2, § 72 Abs. 1 Satz 2 ausreichend Rechnung getragen. Dem Antrag nach Abs. 1 Satz 2 i.V.m. § 64 Abs. 3a Satz 2 muss die Kammer des
Landesarbeitsgerichts **in der Besetzung**, in der sie in **der Hauptsache** entschieden hat, entsprechen
und darüber entscheiden, ob sie die Revision zulässt oder nicht. Es dient der Beschleunigung dieses
Verfahrens, dass die Entscheidung über den Antrag – anders als in dem ansonsten strukturell vergleichbaren Verfahren nach § 321 ZPO – **ohne mündliche Verhandlung** ergehen kann. Leider ist
die **Zwei-Wochen-Frist** des § 64 Abs. 3a Satz 2 nicht als Notfrist ausgestaltet worden, sodass sich

---

150 BAG, 20.09.1980 – 7 AZR 338/80.
151 BAG, 04.06.1969 – 4 AZR 418/68, NJW 1969, 1871.
152 BVerfG, 15.01.1992 – 1 BvR 1184/86.
153 Zur Rechtsprechungsentwicklung vgl. Bepler AuR 1997, 421 m.w.N.
154 BR-Drucks. 321/98, S. 6, 20.
155 § 72a.
156 Zur leider abweichenden Praxis mancher Landesarbeitsgerichte: Gravenhorst AE 2005, 4.
157 BAG, 19.03.2003 – 5 AZN 751/02; BAG, 05.11.2003 – 4 AZR 643/02, NZA 2004, 447.
158 A.A. Lakies BB 2000, 667, 669.

die Frage stellt, wie bei einer **Versäumung** dieser Frist zu verfahren ist. Nach einer Auffassung soll in einem solchen Fall stets eine Nichtzulassungsbeschwerde möglich sein.[159] Richtigerweise sollte man aber am Vorrang des Ergänzungsverfahrens nach § 64 Abs. 3a, § 72 Abs. 1 Satz 2 grds. festhalten. Nur im Fall einer schuldlosen Versäumung der Frist für den Ergänzungsantrag sollte in verfassungskonformer[160] Erweiterung des § 72 Abs. 1 Satz 2, § 72a die Möglichkeit einer Nichtzulassungsbeschwerde unmittelbar eingeräumt werden. War die Fristversäumnis zu vertreten, ist weder ein Ergänzungsantrag, noch eine Nichtzulassungsbeschwerde oder gar eine Revision statthaft.

cc) Antrag nach Abs. 1 Satz 2 und Nichtzulassungsbeschwerde

63 Die durch das Urteil des Landesarbeitsgerichts beschwerte **Partei kann** bei einer fehlenden Entscheidung über die Zulassung der Revision auch **nicht wählen**, ob sie den Antrag nach Abs. 1 Satz 2 stellt oder unmittelbar Nichtzulassungsbeschwerde nach § 72a erhebt. Das Gesetz verlangt, dass die Partei zunächst den einfacheren Weg über den Ergänzungsantrag geht und so eine formgerechte Entscheidung über die Zulassung der Revision herbeiführt. Erst wenn eine solche Entscheidung vorliegt und die Revision nicht zugelassen worden ist, kann Nichtzulassungsbeschwerde eingelegt werden.

dd) Antrag nach Abs. 1 Satz 2 und Urteilsberichtigung (§ 319 ZPO)

64 § 319 ZPO ist im Verfahren der Revisionszulassung im Wesentlichen **unanwendbar, wenn** die **Entscheidung** hierüber im Urteil versehentlich **unterblieben** ist. Es ist in einem solchen Fall zwar offenbar, dass eine an sich gesetzlich gebotene Entscheidung fehlt. Dies rechtfertigt aber nicht die Anwendung des § 319 ZPO. Es ist nur offenbar, dass eine Entscheidung fehlt, nicht aber, welche dies ist. Es steht nach dem äußeren Erscheinungsbild des Urteils nicht einmal fest, dass es überhaupt eine Willensbildung der Kammer dazugegeben hat, ob die Revision zugelassen werden soll. Angesichts der Möglichkeit der beschwerten Partei, einen Ergänzungsantrag nach Abs. 1 Satz 2 zu stellen, besteht auch kein Anlass, § 319 ZPO im vorliegenden Zusammenhang unter dem Gesichtspunkt fairer Prozessführung erweiternd auszulegen. Dass § 319 ZPO entsprechend den allgemeinen Regeln **anwendbar** ist, falls sich das LAG **bei** der Fassung seiner **Entscheidung** nach Abs. 1 Satz 1 **verschrieben** hat, versteht sich von selbst.

d) Wirkung der Zulassungsentscheidung

aa) Eröffnung der Revisionsinstanz

65 Mit der – **nicht anfechtbaren** – **Zulassung** der Revision wird diese im Umfang der Zulassung (vgl. Rdn. 53 ff.) für die durch das Urteil zweiter Instanz beschwerte Partei statthaft. Spätere Änderungen der Rechtslage, etwa was das Klärungsbedürfnis für die Rechtsfrage angeht, wegen derer das LAG die Revision zugelassen hat, ändern hieran nichts.

66 Ist die Revisionszulassung **wirksam** auf einen Teil des Streitstoffes (Rdn. 54 bis 56, 60) **beschränkt** worden, kann wegen des von der Zulassung ausgenommenen Teils weder Revision eingelegt werden, noch nach entsprechend beschränkter Revision der ausgenommene Streitgegenstand durch **Anschlussrevision** des Revisionsgegners zur Entscheidung des BAG gestellt werden.[161] Anders ist es nur, wenn sich die sachliche Beschränkung der Revisionszulassung allein daraus ergibt, dass die Revision bei einheitlichem Streitgegenstand **persönlich beschränkt** nur für eine Partei zugelassen worden ist. Hier kann die andere Partei durch – nach § 554 ZPO n.F. nur noch unselbständig mögliche – **Anschlussrevision** den gesamten Streitgegenstand in die Revisionsinstanz bringen.[162]

---

159 GMPMG/Müller-Glöge § 72 Rn 27; Germelmann NZA 2000, 1017, 1023.
160 Art. 103 GG.
161 BAG, 19.10.1982 – 4 AZR 303/82.
162 BAG, 21.10.1982 – 2 AZR 628/80; GK-ArbGG/Mikosch § 72 Rn 56.

Die Revision wird durch die Zulassungsentscheidung des Landesarbeitsgerichts auch dann **eröff-** 67
net, wenn das LAG gegen ein an sich revisibles Urteil ein Rechtsmittel zugelassen hat, sich bei der
Bezeichnung dieses Rechtsmittels aber **vergriffen** hat.[163]

bb) Bindung des Bundesarbeitsgerichts

Die Entscheidung des Landesarbeitsgerichts, die Revision gegen sein Urteil zuzulassen, ist für das 68
Revisionsgericht **bindend** *(Abs. 3)*. Es kann insb. nicht überprüfen, ob die Voraussetzungen für eine
Zulassung nach Abs. 2 vorlagen. Die zugelassene Revision ist unabhängig von der Begründung,
die das LAG hierfür gegeben hat, in jedem Fall statthaft.[164] Das BAG ist allerdings nur gebunden,
soweit es um die Zulassung selbst geht. Eine Beschränkung der Zulassung durch das LAG kann
vom BAG auf ihre Zulässigkeit hin überprüft und ggf. kassiert werden (Rdn. 56).

Darüber hinaus setzt eine Bindung des BAG an die Zulassungsentscheidung voraus, dass die Ent- 69
scheidung, für die die Revision zugelassen worden ist, überhaupt revisibel ist.[165] Eine trotz fehlender
Revisibilität erfolgte **Zulassung** ist **unwirksam**. Wird aufgrund der unrichtigen Zulassung Revision
eingelegt, ist sie unstatthaft. Die gerichtlichen **Kosten**, die die unrichtig belehrte Partei durch ihre
Revisionseinlegung verursacht hat, sind nach **§ 8 GKG** nicht zu erheben.[166]

e) Haftung für rechtswidrige Zulassungsentscheidungen

Die Verletzung der richterlichen Amtspflicht, eine Zulassungsentscheidung nach den Regeln 70
des juristischen Handwerks zu treffen, begründet wegen des Spruchrichterprivilegs nach § 839
Abs. 2 Satz 1 BGB nur dann eine Haftung, wenn die Pflichtverletzung in einer Straftat besteht.
Die Zulassungsentscheidung ist nach § 72 Abs. 1 Satz 2, § 64 Abs. 3a Teil des Urteils und führt
somit zu dieser Haftungsprivilegierung. Da nur in besonders gravierenden Fällen die rechtswidrige
Zulassungsentscheidung eine Rechtsbeugung i.S.v. § 336 StGB darstellt, kommt eine Haftung der
objektiv ihre Amtspflicht verletzenden Richter nur selten in Betracht. Die Strafgerichte werten
nur elementare Verstöße gegen das Verfahrensrecht als strafbare Rechtsbeugung. Der Täter muss
sich bewusst und in schwerer Weise von Recht und Gesetz entfernen und durch sein Verhalten
nicht lediglich die abstrakte Gefahr einer falschen Endentscheidung, sondern die konkrete Gefahr
eines unrechtmäßigen Vor- oder Nachteils für eine Partei schaffen.[167] Dies ist der Fall, wenn der
berufsrichterliche Vorsitzende trotz klar erkannter Divergenz die Revision nicht zulässt und durch
bewusstes Verdecken seiner Obersätze im Rahmen der Subsumtion den Erfolg einer Nichtzulassungsbeschwerde vereitelt und so der bei ihm obsiegenden Partei den Vorteil verschafft, dass die
bei einer Revisionszulassung zu erwartende Kassation nicht eintritt. Die subjektive Seite dieses Vorgangs wird allerdings selten nachweisbar sein.

V. Auf die Revision in Arbeitssachen anwendbare Vorschriften

1. Verdrängung der Bestimmungen der ZPO

Nach **Abs. 5** gelten die Vorschriften der ZPO über die Revision im arbeitsgerichtlichen Revisions- 71
verfahren **subsidiär**. Sie werden durch die speziellen Vorschriften des ArbGG verdrängt, soweit diese
reichen. Somit wird die Anwendbarkeit folgender ZPO-Normen durch die des ArbGG ersetzt:
- § 543 ZPO Zulassung der Revision, stattdessen gilt § 72 ArbGG.
- § 544 ZPO Nichtzulassungsbeschwerde, stattdessen gilt § 72a ArbGG.

---

163 »Revisionsbeschwerde« statt »Revision«; BAG, 05.12.1984 – 5 AZR 354/84, NZA 1985, 436.
164 BAG, 16.04.1997 – 4 AZR 653/95, NZA 1998, 45; a.A. Grunsky § 72 Rn 25.
165 Vgl. Rdn. 8 bis 13; BAG, 14.10.1982 – 2 AZR 570/80, NZA 1983, 352.
166 BAG, 15.12.1986 – 2 AZR 289/86.
167 BGH, 05.12.1996 – 1 StR 376/96, NJW 1997, 1452.

§ 72 ArbGG Grundsatz

- § 545 ZPO Rechtsverletzung als Revisionsgrund, stattdessen. gilt § 73 ArbGG. Danach kann die Revision auf die Verletzung jeder Rechtsnorm mit Ausnahme der in § 72b ArbGG genannten Gründe gestützt werden. Wegen § 545 Abs. 2 ZPO siehe § 73.
- § 547 Nr. 6 ZPO Entscheidung ohne Gründe, stattdessen gilt § 72b ArbGG mit dem besonderen Rechtsmittel der Kassationsbeschwerde.
- § 548 ZPO Revisionsfrist. Es gilt § 74 ArbGG; vgl. im Übrigen § 74 Rdn. 20.
- § 553 ZPO Verhandlungstermin. Es gilt insoweit § 74 Abs. 2 Satz 1 ArbGG; vgl. auch § 74 Rdn. 82.
- § 560 ZPO Nicht revisible Gesetze. Es gilt § 73 ArbGG.
- § 563 Abs. 4 ZPO i.V.m. § 545 ZPO Zurückverweisung bei Anwendbarkeit nicht revisibler Gesetze.
- § 566 ZPO Sprungrevision – vgl. §§ 72 Abs. 5 und 76 Abs. 6 ArbGG. Die Sprungrevision ist in § 76 ArbGG abschließend geregelt.

2. Anwendung der Bestimmungen der ZPO

72 Die Geltung des § 566 ZPO, der die zivilrechtliche **Sprungrevision** regelt, ist ausdrücklich in Abs. 5 ausgeschlossen. Die für das arbeitsgerichtliche Urteilsverfahren vorgesehene Sprungrevision enthält deshalb in § 76 eine in sich abgeschlossene Regelung. Die übrigen in §§ 542 bis 565 ZPO geregelten zivilprozessualen Revisionsvorschriften gelten nach Abs. 5 entsprechend. Das heißt: Sie werden durch die speziellen Vorschriften des ArbGG verdrängt, soweit deren Anwendungsbereich reicht. Folglich sperren die speziellen Regelungen in §§ 72 bis 75 die Anwendung von §§ 542 bis 545, 548, 555a, 553 und 563 Abs. 4 ZPO. Damit bleiben die folgenden ZPO-Bestimmungen über die Revision anwendbar:
- § 546 ZPO Definition des Begriffs der Rechtsverletzung.
- § 547 Nr. 1 bis 5 ZPO Festlegung der absoluten Revisionsgründe.
- § 549 ZPO Revisionseinlegung mit der Modifikation in § 74 ArbGG.
- § 550 ZPO Zustellung der Revisionsschrift.
- § 551 Abs. 1 und Abs. 2 Satz 1 (ergänzend auch Satz 5 und 6) sowie Abs. 3 und 4 ZPO zu den Anforderungen an die Revisionsbegründung, ergänzt durch § 74 ArbGG und § 72a Abs. 6 Satz 3 ArbGG.
- § 552 ZPO Prüfung der Zulässigkeit, ergänzt durch § 74 Abs. 2 ArbGG.
- § 554 ZPO Anschließung.
- § 555 ZPO Allgemeine Verfahrensgrundsätze. In § 555 Abs. 3 ZPO ist zusätzlich bestimmt, dass ein Anerkenntnisurteil nur auf gesonderten Antrag des Klägers ergehen darf.
- § 556 ZPO Verlust des Rügerechts.
- § 557 ZPO Umfang der Revisionsprüfung.
- § 558 ZPO Vorläufige Vollstreckbarkeit.
- § 559 ZPO Beschränkte Nachprüfung tatsächlicher Feststellungen.
- § 561 ZPO Revisionszurückweisung.
- § 562 ZPO Aufhebung des Urteils.
- § 563 Abs. 1 bis 3 ZPO Zurückverweisung; eigene Sachentscheidung.
- § 564 ZPO Begründung bei Verfahrensrügen.
- § 565 ZPO Anzuwendende Vorschriften des Berufungsverfahrens. Dazu gehört auch die 2014 in § 565 Satz 2 ZPO getroffene Neuerung, nach der die Revision ohne Einwilligung des Revisionsbeklagten **nur bis zum Beginn der mündlichen Verhandlung** des Revisionsbeklagten zur Hauptsache zurückgenommen werden kann.

73 Noch höchstrichterlich ungeklärt ist die Anwendung der zur Entlastung des BGH geschaffenen Befugnis, durch einen **einstimmigen Zurückweisungsbeschluss** im Fall der offensichtlichen Unbegründetheit der Revision zu entscheiden (§ 552a ZPO). Da die ehrenamtlichen Richter in Ermangelung einer dem § 74 Abs. 2 Satz 3 entsprechenden Ausnahmevorschrift an der Entscheidung über

die Begründetheit der Revision stets mitwirken sollen, passt diese Vorschrift nicht zum arbeitsgerichtlichen Revisionsverfahren. Werden diese Bedenken hintangestellt, kommen vor allem (Parallel-)Fälle in Betracht, bei denen durch eine anderweitige Entscheidung des BAG die Divergenz oder grundsätzliche Bedeutung nachträglich entfällt und die Revision aussichtslos wird.[168]

Ferner gelten über § 555 ZPO die Vorschriften für das landgerichtliche Verfahren im ersten Rechtszug und damit auch die allgemeinen Vorschriften des Ersten Buchs der ZPO entsprechend. Deshalb finden in der Revisionsinstanz auch die **vollstreckungsrechtlichen Bestimmungen** aus § 717 Abs. 3 und § 719 ZPO Anwendung.[169] Der Anwendungsbereich des § 719 ZPO wird durch § 72a Abs. 4 Satz 2 auf den Fall der Nichtzulassungsbeschwerde erweitert. Die Vollstreckung beschränkende Norm des § 62 Abs. 1 ist anstelle der Vorschriften der ZPO nur anwendbar, wenn es um die Einstellung der Zwangsvollstreckung aus einem erstinstanzlichen Urteil geht. Ferner ist auch nach § 145 ZPO noch in der Revisionsinstanz die Abtrennung von in einer Klage erhobenen Ansprüchen (**Prozesstrennung**) zulässig.[170] Das Gleiche gilt für die **Beschränkung auf einzelne Angriffs- und Verteidigungsmittel** nach § 146 ZPO, für die **Prozessverbindung** nach § 147 ZPO, die **Aussetzung des Verfahrens** nach §§ 148, 149 ZPO[171] sowie für die Aufhebung der vorgenannten Anordnungen nach § 150 ZPO. Diese Entscheidungen müssen, soweit sie auf Grund einer mündlichen Verhandlung durch den Senat unter Mitwirkung der ehrenamtlichen Richter ergehen, außerhalb mündlicher Verhandlung ohne ehrenamtliche Richter getroffen werden. 74

Für das Revisionsverfahren gelten auch allgemeine zivilprozessualen Bestimmungen: So ist eine **Prozesstrennung** nach § 145 ZPO auch noch in der Revisionsinstanz zulässig.[172] Das Gleiche gilt für die **Beschränkung auf einzelne Angriffs- und Verteidigungsmittel** nach § 146 ZPO, für die **Prozessverbindung** nach § 147 ZPO, die **Aussetzung des Verfahrens** nach §§ 148, 149 ZPO[173] sowie für die Aufhebung der vorgenannten Anordnungen nach § 150 ZPO. Diese Entscheidungen müssen, soweit sie auf Grund einer mündlichen Verhandlung durch den Senat unter Mitwirkung der ehrenamtlichen Richter ergehen, außerhalb mündlicher Verhandlung wird ohne ehrenamtliche Richter entschieden. 75

3. Entsprechende Anwendung der Vorschriften des ArbGG

Nach Abs. 6 sind für das Revisionsverfahren ergänzend die dort genannten Vorschriften des arbeitsgerichtlichen Verfahrens erster Instanz »entsprechend« heranzuziehen. 76

In entsprechender Anwendung des § 49 Abs. 1 muss deshalb über die **Ablehnung eines Richters** des BAG stets der **gesamte Senat** einschließlich der ehrenamtlichen Richter – nur mit Ausnahme des abgelehnten – entscheiden.[174] Nur wenn das Ablehnungsgesuch offensichtlich unzulässig oder rechtsmissbräuchlich ist, darf der Senat unter Beteiligung der abgelehnten Richter entscheiden.[175] Wird der Senat durch Ausscheiden eines oder mehrerer Richter **beschlussunfähig**, muss das Präsidium des BAG für den erforderlichen Ersatz sorgen.[176] Dieses Verfahren ist auch anzuwenden, wenn ein Richter sich selbst ablehnt. Nach § 48 Abs. 1 ZPO hat das zuständige Gericht auch dann zu entscheiden, wenn ein Ablehnungsgesuch nicht angebracht ist, ein Richter aber von einem Verhältnis Anzeige macht, das eine Ablehnung rechtfertigen könnte, oder wenn aus anderer Veranlas- 77

---

168 GMPMG/Müller-Glöge § 74 Rn 88; Düwell FA 2004, 364; GK-ArbGG/Mikosch § 72 Rn 66.
169 Zur Bedeutung der Erfolgsaussichten der Revision i.R.d. Einstellungsentscheidung vgl. BAG, 06.01.1971 – 3 AZR 384/70, NJW 1971, 910.
170 BGH, 06.12.2006 – XII ZR 97/04, BGHZ 170, 152 = NJW 2007, 909.
171 BAG 22.01.2013 – 6 AZR 392/11 – Rn 15, EzTöD 100 § 33 TVöD-AT = NZA-RR 2013, 386.
172 BGH, 06.12. 2006 – XII ZR 97/04, BGHZ 170, 152 = NJW 2007, 909.
173 BAG, 22.01.2013 – 6 AZR 392/11, Rn. 15, EzTöD 100 § 33 TVöD-AT = NZA-RR 2013, 386.
174 BAG, 29.10.1992 – 5 AZR 377/92, NZA 1993, 238.
175 BAG, 07.02.2012 – 8 AZA 20/11, BAGE 140, 336 = EzA § 49 ArbGG 1979 Nr. 10.
176 BAG, 30.05.1972 – 1 AZR 11/72, AP ZPO § 42 Nr. 2.

78 Für die **Zustellung der Revisionsurteile** gilt § 50. Die Zustellung hat binnen drei Wochen seit Übergabe an die Geschäftsstelle zu erfolgen. Die nach § 317 Abs. 1 Satz 3 ZPO gegebene Möglichkeit, die Zustellung auf übereinstimmenden Antrag der Parteien hinauszuschieben, besteht hier nicht.

79 Für die **Öffentlichkeit** der Verhandlungen vor dem BAG gelten die Vorschriften für das Verfahren erster Instanz – § 50 und § 52 – entsprechend. Danach sind die Verhandlungen vor dem Senat und die Verkündung der Entscheidungen öffentlich. Das gilt auch für ein Beweisverfahren, das bei einem Revisionsgericht zur Feststellung prozessualer Zulässigkeitsvoraussetzungen der Revision geht sowie für Verfahren, in denen das BAG im Rahmen seiner erstinstanzlichen Zuständigkeit nach § 158 Nr. 5 SGB IX über Rechtsstreitigkeiten aus dem Bereich des Bundesnachrichtendienstes tätig wird. Liegen die Voraussetzungen des § 52 vor, kann das BAG die Öffentlichkeit ausschließen. Nach § 52 Satz 4 ist § 169 Satz 2 GVG anzuwenden. Danach **sind Ton- und Fernseh-Rundfunkaufnahmen** sowie Ton- und Filmaufnahmen zum Zwecke der öffentlichen Vorführung oder Veröffentlichung ihres Inhalts unzulässig. Ausgenommen von der Unzulässigkeit sind die Zeiten vor Beginn der Sitzung und nach Schluss der Verhandlung sowie während der Verhandlungspausen. Beschränkungen können gem. § 176 GVG angeordnet werden.[177] Das Verfahren über die Beschränkung der Öffentlichkeit ist in § 52 Satz 4 ArbGG i.V.m. §§ 173 bis 175 GVG geregelt.

80 § 53, der die Befugnisse des Vorsitzenden regelt, ist entsprechend auf den Senat und dessen Vorsitzenden anzuwenden. Wo diese Vorschrift die Befugnisse des Vorsitzenden im Verhältnis zu den ehrenamtlichen Richtern klärt, tritt für die Revisionsinstanz an die Stelle des Vorsitzenden der Kammer der **Senat mit seinen berufsrichterlichen Mitgliedern** tritt.[178] Die Vorschrift des § 53 Abs. 1 gilt ausschließlich für Beschlüsse und Verfügungen außerhalb der mündlichen Verhandlung. 72 Abs. 6 verweist nicht auf § 55. Deshalb müssen zu Verfahren, in denen Versäumnisurteile, Anerkenntnisurteile und Verzichtsurteile ergehen, auch soweit sie nicht auf Grund einer mündlichen Verhandlung i.S.v. § 307 Satz 2 ZPO ergehen, stets die **ehrenamtlichen Richter** nach § 41 Abs. 2 herangezogen werden und an der Entscheidung mitwirken.[179] Soweit auf Grund mündlicher Verhandlung entschieden wird, wirken die Richter mit, die an der Verhandlung beteiligt waren. Das gilt auch im Falle der Säumnis. Soweit es um die **Befugnisse des Senatsvorsitzenden** ggü. den übrigen berufsrichterlichen Mitgliedern des Senats geht, bestimmen sich diese über § 53 Abs. 2 nach den Vorschriften der **ZPO**. Die Vorschriften der Zivilprozessordnung, die hier entsprechend anzuwenden sind, sind nicht nur die des Zweiten Buches, Erster Abschnitt der Zivilprozessordnung, sondern auch die Bestimmungen, die das Landgericht nach den Vorschriften des Ersten Buches, Dritter Abschnitt der Zivilprozessordnung anzuwenden hat. So ist der Vorsitzende nach § 216 Abs. 2, § 272 Abs. 3 ZPO allein zuständig für die Terminierung.[180] Die Befugnis des Senatsvorsitzenden zur Verhandlungsführung bestimmt sich nach § 136 Abs. 1, § 139 Abs. 2, 3 und § 140 ZPO. Nach § 136 ZPO obliegt die Verhandlungsführung dem Vorsitzenden des Senats.[181]

81 Durch die Verweisung auf § 57 Abs. 2 macht das Gesetz deutlich, dass es unbeschadet der grundsätzlichen Aufgaben eines **Revisionsgerichts**, die Rechtseinheit zu wahren und zur Rechtsfortbildung beizutragen, auch dessen **Pflicht** ist, eine sachdienliche Erledigung des Rechtsstreits durch

---

177 Vgl. BVerfG 19.12.2007 – 1 BvR 620/07, BVerfGE 119, 309 = NJW 2008, 977.
178 BAG, 10.12.1992 – 8 AZB 6/92, NZA 1993, 619; GMPMG/Müller-Glöge § 72 Rn 47.
179 GK-ArbGG/Mikosch § 72 Rn 71; GMPMG/Müller-Glöge § 72 Rn 58 mit Hinweisen auf die nicht immer einheitliche Praxis verschiedener Senate.
180 BAG, 04.02.1993 – 4 AZR 541/92, BAGE 72, 184 = EzA § 219 ZPO Nr. 1; BAG, 10.03.1993 – 4 AZR 541/92 [B], BAGE 72, 320 = EzA § 219 ZPO Nr. 2.
181 BGH 12.10.1989 – VII ZB 4/89, BGHZ 109, 41 = NJW 1990, 840.

Vergleich anzustreben, wo dies möglich erscheint. Allerdings geschieht dies in der Revisionsinstanz nicht durch Durchführung einer Güteverhandlung i.S.v. § 54. In § 72 Abs. 6 findet sich ebenso kein Verweis auf die in § 54a geregelten Verfahren der Mediation und der sonstigen außergerichtlichen Streitbeilegung. Unter A 11 des Geschäftsverteilungsplans des BAG für 2016 ist dennoch als Güterichter »– soweit gesetzlich vorgesehen – der/die jeweils lebensälteste Berufsrichter/in des Bundesarbeitsgerichts« bestimmt.

Aufgrund der entsprechenden Anwendung des § 61 Abs. 2 hat der Kläger noch in der Revisionsinstanz das **Wahlrecht**, ob er dann, wenn ein Urteil des Revisionsgerichts die Verpflichtung zur **Vornahme einer Handlung** ausspricht, den Weg der Vollstreckung gehen oder stattdessen nach Maßgabe des § 61 Abs. 2 auf eine **Entschädigung** ausweichen will. 82

Nach entsprechender Anwendung des § 63 sind schließlich Urteile des BAG, die eine bürgerliche Rechtsstreitigkeit zwischen Tarifvertragsparteien aus dem Tarifvertrag oder über das Bestehen oder Nichtbestehen eines Tarifvertrages **abschließend** – und nicht nur durch Zurückverweisung an das LAG – entschieden haben, alsbald der zuständigen obersten Arbeitsbehörde des Landes und dem zuständigen Bundesministerium für Arbeit und Soziales in vollständiger Form abschriftlich **zu übersenden**. 83

VI. Zulassung der Revision im zweiten Berufungsurteil

Hat das BAG nach § 72 Abs. 5 i.V.m. § 563 ZPO die Sache an das LAG zur neuen Entscheidung zurückverwiesen (dazu § 75 Rdn. 12 ff.), ist für die nach neuer Verhandlung zutreffende Sachentscheidung das Berufungsgericht gem. § 563 Abs. 2 ZPO an die **rechtliche Beurteilung** gebunden, die der Aufhebung zugrunde liegt. Unabhängig davon hat das LAG auch in dem zweiten Berufungsurteil über die Zulassung der Revision nach Maßgabe des § 72 Abs. 2 zu entscheiden. Weicht das LAG von **einem nicht bindenden Rechtssatz** des zurückverweisenden BAG-Urteils ab (dazu § 75 Rdn. 25), muss es nach § 72 Abs. 2 Nr. 2 die **Revision zulassen**. Zwar ist das LAG in der Sachentscheidung an die rechtliche Beurteilung des BAG gebunden, das gilt aber nicht für die Zulassungsentscheidung. § 563 Abs. 2 ZPO entbindet weder von der Pflicht, das Vorliegen von Zulassungsgründen zu prüfen, noch schließt die in § 563 Abs. 2 ZPO geregelte Bindung die Befugnis zur positiven Zulassungsentscheidung aus.[182] Demgegenüber verneint die 17. Kammer des LAG Hamm wegen der Bindungswirkung aus § 563 Abs. 2 ZPO die Befugnis zu einer positiven Zulassungsentscheidung, wenn das Revisionsgericht von der Rechtsprechung anderer Senate abgewichen ist.[183] Dem ist nicht zuzustimmen. Zwar muss das Berufungsgericht nach § 563 Abs. 2 ZPO für die Sachentscheidung auch einer fehlerhaften Rechtsanwendung des Revisionsgerichts selbst dann folgen, wenn mit ihr eine nach § 45 Abs. 2 vorlagepflichtige Divergenz verbunden ist. Da sich aber das Berufungsgericht – wenn auch gezwungen – einen **vom Revisionsgericht aufgestellten abweichenden Rechtssatz zu eigen macht**, weicht es selbst von der Entscheidung des BAG-Senats ab, von dem in der zurückverweisenden Entscheidung abgewichen worden ist. Ist diese Abweichung entscheidungserheblich, muss das LAG nach § 72 Abs. 2 Nr. 2 die Revision zulassen. Das Ergebnis ist auch mit der ratio des § 563 Abs. 2 ZPO vereinbar. Es findet kein Hin- und Herschieben zwischen Berufungs- und Revisionsgericht in Form von widersprechenden Sachentscheidungen statt (vgl. dazu § 75 Rdn. 24). Der verdeckt divergierende Senat erhält so die Gelegenheit nach § 45 Abs. 2 den Großen Senat anzurufen. Bestätigt dieser die Rechtsprechung des Senats, von dessen Entscheidung im ersten Revisionsurteil abgewichen worden ist, liegt eine Änderung der Rechtsprechung vor, die den für die Sachentscheidung zuständigen Senat auch berechtigt, in dem zweiten Durchgang anders zu entscheiden (dazu vgl. § 75 Rdn. 31). 84

---

182 Zutreffend: Gravenhorst jM 2016, 154.
183 LAG Hamm, 22.01.2015 – 17 Sa 1617/14 – Rn 179, juris.

§ 72a Nichtzulassungsbeschwerde

(1) Die Nichtzulassung der Revision durch das Landesarbeitsgericht kann selbständig durch Beschwerde angefochten werden.

(2) ¹Die Beschwerde ist bei dem Bundesarbeitsgericht innerhalb einer Notfrist von einem Monat nach Zustellung des in vollständiger Form abgefassten Urteils schriftlich einzulegen. ²Der Beschwerdeschrift soll eine Ausfertigung oder beglaubigte Abschrift des Urteils beigefügt werden, gegen das die Revision eingelegt werden soll.

(3) ¹Die Beschwerde ist innerhalb einer Notfrist von zwei Monaten nach Zustellung des in vollständiger Form abgefassten Urteils zu begründen. ²Die Begründung muss enthalten:
1. die Darlegung der grundsätzlichen Bedeutung einer Rechtsfrage und deren Entscheidungserheblichkeit,
2. die Bezeichnung der Entscheidung, von der das Urteil des Landesarbeitsgerichts abweicht, oder
3. die Darlegung eines absoluten Revisionsgrundes nach § 547 Nr. 1 bis 5 der Zivilprozessordnung oder der Verletzung des Anspruchs auf rechtliches Gehör und der Entscheidungserheblichkeit der Verletzung.

(4) ¹Die Einlegung der Beschwerde hat aufschiebende Wirkung. ²Die Vorschriften des § 719 Abs. 2 und 3 der Zivilprozessordnung sind entsprechend anzuwenden.

(5) ¹Das Landesarbeitsgericht ist zu einer Änderung seiner Entscheidung nicht befugt. ²Das Bundesarbeitsgericht entscheidet unter Hinzuziehung der ehrenamtlichen Richter durch Beschluss, der ohne mündliche Verhandlung ergehen kann. ³Die ehrenamtlichen Richter wirken nicht mit, wenn die Nichtzulassungsbeschwerde als unzulässig verworfen wird, weil sie nicht statthaft oder nicht in der gesetzlichen Form und Frist eingelegt und begründet ist. ⁴Dem Beschluss soll eine kurze Begründung beigefügt werden. ⁵Von einer Begründung kann abgesehen werden, wenn sie nicht geeignet wäre, zur Klärung der Voraussetzungen beizutragen, unter denen eine Revision zuzulassen ist, oder wenn der Beschwerde stattgegeben wird. ⁶Mit der Ablehnung der Beschwerde durch das Bundesarbeitsgericht wird das Urteil rechtskräftig.

(6) ¹Wird der Beschwerde stattgegeben, so wird das Beschwerdeverfahren als Revisionsverfahren fortgesetzt. ²In diesem Fall gilt die form- und fristgerechte Einlegung der Nichtzulassungsbeschwerde als Einlegung der Revision. ³Mit der Zustellung der Entscheidung beginnt die Revisionsbegründungsfrist.

(7) Hat das Landesarbeitsgericht den Anspruch des Beschwerdeführers auf rechtliches Gehör in entscheidungserheblicher Weise verletzt, so kann das Bundesarbeitsgericht abweichend von Absatz 6 in dem der Beschwerde stattgebenden Beschluss das angefochtene Urteil aufheben und den Rechtsstreit zur neuen Verhandlung und Entscheidung an das Landesarbeitsgericht zurückverweisen.

Übersicht	Rdn.
I. Der Rechtsbehelf der Nichtzulassungsbeschwerde	1
1. Gegenstand, Antrag und möglicher Umfang	1
a) Nachträgliche Zulassung im System der Zulassungsrevision	1
b) Voll- und Teilzulassung	3
c) Anfechtbarkeit der Nichtzulassung bei Verwerfung	6
d) Vorverfahren zur Verfassungsbeschwerde	7
2. Rechtsbehelf oder Rechtsmittel?	8
3. Katalog der Beschwerdegründe in § 72a Abs. 3 Satz 2	9
II. Alternativen zur Nichtzulassungsbeschwerde	13
1. Antrag auf Urteilsergänzung	13
2. Zulassung aufgrund einer Anhörungsrüge	14
3. Außerordentlicher Rechtsbehelf	15
a) Gegenvorstellung beim Richter a quo	15
b) Außerordentlicher Rechtsbehelf beim Richter ad quem	16

4. Kassationsbeschwerde § 72b	17
5. Verfassungsbeschwerde	18
6. Menschenrechtsbeschwerde	19
III. Einlegung der Nichtzulassungsbeschwerde	20
1. Form und Frist (Abs. 2)	20
a) Notfrist	20
b) Wiedereinsetzung	22
c) Schriftform	23
d) Sonstige Förmlichkeiten	24
2. Wirkung (Abs. 4)	26
a) Hemmung der Rechtskraft	26
b) Einstellung der Zwangsvollstreckung	28
aa) Voraussetzungen des Einstellungsantrags	28
bb) Antragstellung vor Urteilsabsetzung	29
cc) Einstellung bei verspäteter Urteilsabsetzung	30
dd) Beschlussfassung des BAG	31
IV. Begründung der Nichtzulassungsbeschwerde	32
1. Frist und Fristversäumnis (Abs. 3 Satz 1)	32
2. Zulassungsgründe als Katalog der Anfechtungsgründe (Abs. 3 Satz 2)	36
a) Allgemeines	36
b) Mehrfachbegründung und Anspruchshäufung	38
c) Divergenzbeschwerde (Abs. 3 Satz 2 Nr. 2)	39
aa) Benennung der divergenzfähigen Entscheidung	40
bb) Divergenzfähigkeit und Entscheidungszeitpunkt des LAG	42
cc) Abweichung im Rechtssatz	43
dd) Aufzeigen eines verdeckten Rechtssatzes	45
ee) Aufzeigen des Widerspruchs der Rechtssätze	46
ff) Abweichung in der Beantwortung derselben Rechtsfrage	47
gg) Entscheidungserheblichkeit der Divergenz	48
d) Grundsatzbeschwerde (Abs. 2 Satz 2 Nr. 1)	51
aa) Allgemein	51
bb) Anforderungen der Rechtseinheit	52
cc) Anforderungen der Rechtsfortbildung	53
dd) Grundsätzliche Bedeutung	54
ee) Klärungsbedürftigkeit	55
ff) Klärungsfähigkeit	56
gg) Entscheidungserheblichkeit	57
e) Verfahrensbeschwerde (Abs. 3 Satz 2 Nr. 3)	58
aa) Unterschiede in der Darlegungslast	58
bb) Rüge eines absoluten Revisionsgrundes	60
aaa) Rüge des Entzugs des gesetzlichen Richters	61
bbb) Rüge der Mitwirkung des ausgeschlossenen Richters, § 547 Nr. 2 ZPO	62
ccc) Rüge der Mitwirkung des abgelehnten befangenen Richters, § 547 Nr. 3 ZPO	63
ddd) Rüge der mangelnden Vertretung im Prozess, § 547 Nr. 4 ZPO	64
eee) Rüge der Verletzung des Öffentlichkeitsgrundsatzes, § 547 Nr. 5 ZPO	65
cc) Rüge der Verletzung rechtlichen Gehörs	66
aaa) Allgemein	66
bbb) Hinweis- und Aufklärungspflichten	67
ccc) Umfang des Rechts zur Äußerung	68
ddd) ...Ungleichbehandlung durch den Richter	69
eee) Verfahrensgestaltung bei Prozessunfähigkeit	70
fff) Entscheidungserheblichkeit	71
dd) Rüge der richterlichen Willkür	72
3. Ordnungsgemäße Beschwerdebegründung als Zulässigkeitsvoraussetzung	73
4. Bindung an Begründung ohne Rücksicht auf Bezeichnung	79
a) Bindung an die Beschwerdebegründung	79
b) Verhältnis Divergenz- und Grundsatzbeschwerde	80
c) Verhältnis Verfahrens- und Gehörsrüge	81
V. Entscheidung des Bundesarbeitsgerichts (Abs. 5)	82
1. Besetzung der Richterbank	82
2. Form, Inhalt und Verfahren der Entscheidung	84
a) Form	84
b) Beurteilungszeitpunkt des Bundesarbeitsgerichts	88
c) Verfahren	90
3. Entscheidungsvarianten und deren Wirkungen	91
a) Verwerfung	91
b) Zurückweisung	92

c) Stattgabe und Fortsetzung als Revisionsverfahren 93	2. Volle Zurücknahme und anderweite Erledigung 108
d) Stattgabe und Zurückverweisung . 95	3. Volle Stattgabe 110
4. Rechtstatsachen zum Erfolg von Nichtzulassungsbeschwerden 97	4. Teilweise Stattgabe 111
	5. Rücknahme nach Zulassung........ 112
VI. Prozesskostenhilfe und Notanwalt 98	6. Außergerichtliche Kosten 113
1. PKH für Beschwerdeführer 98	IX. Rechtsbehelfe gegen Verwerfung oder Zurückweisung 114
2. PKH für Beschwerdegegner 101	
3. Notanwalt 102	1. Gegenvorstellung und sonstige Abhilfemöglichkeiten 114
VII. Anderweite Verfahrenserledigung...... 103	
1. Zurücknahme der Beschwerde 103	2. Anhörungsrüge................ 115
2. Erledigungserklärung 104	3. Berichtigung.................. 116
a) Erledigungserklärung der Beschwerde. 104	4. Außerordentlicher Rechtsbehelf 117
b) Erledigungserklärung in der Hauptsache.......................... 105	5. Verfassungsbeschwerde........... 118
	a) Voraussetzungen 118
aa) Überstimmende Erledigungserklärung in der Hauptsache...... 105	b) Willkürliche Verneinung grundsätzlicher Bedeutung........... 119
bb) Einseitige Erledigungserklärung in der Hauptsache 106	c) Verletzung des gesetzlichen Richters 120
VIII. Kosten...................... 107	d) Verletzung des Anspruchs auf rechtliches Gehör 121
1. Volle Zurückweisung und Verwerfung 107	6. Menschenrechtsbeschwerde 122

I. Der Rechtsbehelf der Nichtzulassungsbeschwerde

1. Gegenstand, Antrag und möglicher Umfang

a) Nachträgliche Zulassung im System der Zulassungsrevision

1 Zusammen mit der Einführung der reinen Zulassungsrevision ist im Jahre 1979 die Möglichkeit einer Nichtzulassungsbeschwerde in das Arbeitsgerichtsgesetz aufgenommen worden. Hat das LAG die Revision gegen sein Urteil nicht zugelassen, gibt die Beschwerde dem oder den in der Hauptsache Beschwerten eine letzte Möglichkeit, die Revisionsinstanz zu erreichen. Ist die Revision vom LAG zugelassen, so ist das BAG nach § 72 Abs. 3 daran gebunden. Gegen die positive Zulassungsentscheidung besteht keine Anfechtungsmöglichkeit. Allerdings gilt die Bindung nicht völlig schrankenlos. Hat das LAG auf eine Anhörungsrüge hin die Revision nachträglich zugelassen, bindet die Zulassungsentscheidung das Revisionsgericht nicht, wenn bei der vorangegangenen Entscheidung, die Revision nicht zuzulassen, ein Verstoß gegen den Anspruch auf rechtliches Gehör nicht vorgelegen hat.[1]

2 **Gegenstand** des Beschwerdeverfahrens ist allein die Frage, ob das LAG die **Revision** gegen sein Urteil **zu Unrecht nicht zugelassen** hat und deshalb das BAG – ohne eine Abhilfemöglichkeit für das LAG[2] – die Revision nachträglich zulassen muss. Auf die **materielle Richtigkeit** der **Hauptsacheentscheidung** kommt es in diesem Verfahrensabschnitt nicht an. Der **Antrag** im Verfahren der Nichtzulassungsbeschwerde muss deshalb auch nur lauten:

»Es wird beantragt, die Revision gegen das Urteil des Landesarbeitsgerichts ... vom ... Aktenzeichen ... für den Kläger zuzulassen.«

b) Voll- und Teilzulassung

3 Soweit das LAG die Revision nur für einen **Teil** des Streitstoffes **zugelassen** hat,[3] kann die in der Hauptsache beschwerte Partei – ggf. neben der im Umfang der Zulassung eingelegten Revision – wegen der **teilweisen Nichtzulassung** Beschwerde einlegen, z.B.:

---

1 Vgl. zum Zivilprozess: BGH, 16.09.2014 – VI ZR 55/14, MDR 2014, 1338.
2 § 72a Abs. 5 Satz 1.
3 § 72 Rdn. 54 ff.

»Es wird beantragt, die Revision gegen das Urteil des Landesarbeitsgerichts ... vom ... Aktenzeichen ... für den Kläger auch zuzulassen, soweit es einen Zahlungsanspruch in Höhe von 2.000 € wegen Urlaubsabgeltung zurückgewiesen hat.«

Schließlich kann – und sollte – die Nichtzulassungsbeschwerde auf einen Teil des Streitstoffs **beschränkt** werden, wenn nur für ihn ein Zulassungsgrund i.S.d. §§ 72, 72a besteht, z.B.: 4

»Es wird beantragt, die Revision gegen das Urteil des Landesarbeitsgerichts ... vom ... Aktenzeichen ... für die Beklagte zuzulassen, soweit es einen Anspruch auf Fernauslösung in Höhe von 2.000 € zuerkannt hat.«

Soweit durch das Urteil zweiter Instanz **mehrere Parteien beschwert** sind und diese auch voneinander unabhängig Nichtzulassungsbeschwerde eingelegt haben, ist jede Nichtzulassungsbeschwerde auf ihre Zulässigkeit und Begründetheit hin zu prüfen. Genügt nur eine Beschwerde den Anforderungen des Abs. 3, ist die Revision nur für diesen Beschwerdeführer zuzulassen. 5

c) Anfechtbarkeit der Nichtzulassung bei Verwerfung

Verwirft das LAG eine Berufung in einem Beschluss als unzulässig, so ist in § 77 Satz 2 zwar dem LAG aufgegeben, nach Maßgabe der Zulassungsgründe des § 72 Abs. 2 auch über die Zulassung der Revisionsbeschwerde zu entscheiden. Es fehlt jedoch die Bestimmung, dass die Beschwerde statthaft ist. § 72a Abs.1 enthält insoweit keine Regelungslücke.[4] Das Fehlen der Beschwerdemöglichkeit entspricht einer bewussten Entscheidung des Gesetzgebers.[5] Diese Differenzierung ist keine arbeitsgerichtliche Besonderheit. Sie entspricht der Regelung in § 522 Abs. 3 ZPO. Auch nach der Neufassung der Bestimmung durch das Gesetz zur Änderung des § 522 der Zivilprozessordnung vom 21. Oktober 2011[6] besteht nur ein Rechtsmittel gegen Beschlüsse, mit den Berufungen einstimmig nach § 522 Abs. 2 ZPO zurückgewiesen werden, aber nicht gegen Beschlüsse nach § 522 Abs. 1 ZPO, mit denen Berufungen als unzulässig verworfen werden. Somit sind Beschlüsse über Verwerfung einer Berufung mit der Rechtsbeschwerde unanfechtbar, während Urteile mit entsprechendem Inhalt bei Zulassung der Revision entweder mit der Revision angefochten oder bei Nichtzulassung mit der Nichtzulassungsbeschwerde nach § 543 ZPO angegriffen werden können. Diese Rechtslage besteht auch im arbeitsgerichtlichen Urteilsverfahren. Dort verweist § 77 Satz 2 für die Zulassung der Rechtsbeschwerde zwar auf die Zulassungsgründe in § 72 Abs. 2, nicht jedoch auf die in § 72a ausdrücklich geregelte Nichtzulassungsbeschwerde. Nach § 77 Satz 4 finden im Übrigen die Vorschriften der ZPO über die Rechtsbeschwerde entsprechende Anwendung (dazu s. § 77 Rdn. 2 ff. mit Hinweisen auf die Einschränkung der Berufungsverwerfung durch die Landesverfassungsgerichte). Diese in Bezug genommenen zivilprozessualen Vorschriften sehen – wie bereits dargestellt – in § 522 Abs. 3 ZPO bei Nichtzulassung der Rechtsbeschwerde die Statthaftigkeit der Nichtzulassungsbeschwerde nicht vor. Das BAG hat dieses Ergebnis bestätigt.[7] Diese Einschränkung des Rechtswegs soll nach dieser Rechtsprechung weder gegen Art. 19 Abs. 4 GG noch gegen Art. 20 Abs. 3 GG i.V.m. Art. 2 Abs. 1 GG oder gegen Art. 101 Abs. 1 S. 2 GG verstoßen.[8] 6

Es ergibt sich somit folgende differenzierte Rechtslage:
1. Hat das LAG nach mündlicher Verhandlung in einem Urteil auf Nichtzulassung der Revision erkannt, so ist die Nichtzulassungsbeschwerde nach § 72a statthaft.[9]
2. Hat das LAG ohne mündliche Verhandlung in einem Beschluss entschieden, die Revisionsbeschwerde nicht zuzulassen, so ist die Nichtzulassungsbeschwerde unstatthaft.[10]

---

4 BAG, 19.12.2002 – 5 AZB 54/02, EzA § 17a GVG Nr. 15; offen gelassen von BAG, 05.09.2007 – 3 AZB 41/06, EzA § 72a ArbGG 1979 Nr. 114.
5 Vgl. BT-Drucks. 14/4722, S. 69.
6 BGBl I, S. 2082.
7 BAG, 06.01.2015 – 6 AZB 105/14, NZA 2015, 316.
8 BAG, 06.01.2015 – 6 AZB 105/14, NZA 2015, 316; a.A. Ulrici NZA 2014, 1245.
9 BAG, 31.07.2007 – 3 AZN 326/07, EzA Art. 103 GG Nr. 9.
10 BAG, 06.01.2015 – 6 AZB 105/14, NZA 2015, 316; BAG, 19.12.2002 – 5 AZB 54/02, EzA § 17a GVG Nr. 15.

Offen ist bisher in der Rechtsprechung geblieben, ob eine Nichtzulassungsbeschwerde statthaft ist, wenn das LAG die Berufung wegen Nichteinhaltung der Berufungsbegründungsfrist mit Urteil als unzulässig verworfen und zuvor bereits durch Beschluss eine **Wiedereinsetzung in den vorigen Stand** zurückgewiesen hat.[11] Wird auf den Wortlaut von § 238 Abs. 2 ZPO abgestellt, so ist maßgebend, ob das LAG über die Verwerfung der Berufung durch Urteil oder durch Beschluss entschieden hat. Wurde die Berufung – wie hier – durch Urteil verworfen, wäre gegen den Beschluss über den Wiedereinsetzungsantrag, ebenso wie gegen das die Berufung verwerfende Urteil die Nichtzulassungsbeschwerde gegeben.[12]

d) Vorverfahren zur Verfassungsbeschwerde

7   Die Annahmevoraussetzung für eine gegen das Berufungsurteil gerichtete Verfassungsbeschwerde wird erfüllt, wenn die Verfassungsbeschwerde zur Durchsetzung eines Grundrechts angezeigt ist (§ 93a Abs. 2 BVerfGG). Das ist nicht der Fall, wenn die Möglichkeiten fachgerichtlicher Abhilfe nicht ausgeschöpft sind (Grundsatz der Subsidiarität, verankert in § 90 Abs. 2 Satz 1 BVerfGG). Das BVerfG hat in seiner jüngeren Rechtsprechung – zur eigenen Entlastung – die Funktion der Fachgerichte im Nichtzulassungsbeschwerdeverfahren noch weiter ausgebaut.[13] Dazu hat es den Rechtssatz aufgestellt, wegen des Grundsatzes der Subsidiarität obliege es nach der verfassungsrechtlichen Kompetenzverteilung zunächst den Fachgerichten, Grundrechte zu wahren und durchzusetzen. Deshalb seien verfassungsrechtliche Bedenken gegen Gesetze bereits hinreichend substantiiert in der Begründung der Nichtzulassungsbeschwerde geltend zu machen. Das Gebot der Erschöpfung des Rechtswegs nach § 90 Abs. 2 BVerfGG und der daran anknüpfende Grundsatz der materiellen Subsidiarität erforderten zwar nicht, dass ein Beschwerdeführer das fachgerichtliche Verfahren bereits als »Verfassungsprozess« führen müsse. Aber könne bei verständiger Einschätzung der Rechtslage und der jeweiligen verfahrensrechtlichen Situation ein Begehren nur dann Aussicht auf Erfolg haben, wenn verfassungsrechtliche Erwägungen in das fachgerichtliche Verfahren eingeführt werden, dann könne eine Verfassungsbeschwerde nur zur Entscheidung angenommen werden, wenn sich in der Nichtzulassungsbeschwerdebegründung substantiierte verfassungsrechtliche Erwägungen und Bedenken fänden. Diese substantiierte Darlegung verfassungsrechtlicher Bedenken innerhalb des Verfahrens der Nichtzulassungsbeschwerde sei insbesondere dann geboten, wenn der Ausgang des Rechtsstreits von der Verfassungswidrigkeit einer Vorschrift abhängt oder eine bestimmte Normauslegung angestrebt wird, die ohne verfassungsrechtliche Erwägungen nicht begründbar sei. Die hinreichende Substantiierung eines Zulassungsgrundes im Nichtzulassungsbeschwerdeverfahren bestimme grundsätzlich allein das Fachgericht auf der Grundlage des einfachen Rechts. Nur wenn das Verfahrensrecht oder dessen Auslegung die Voraussetzungen an die Substantiierung eines Zulassungsgrundes in verfassungswidriger Weise überspannen würde, dürfte dies aus verfassungsrechtlicher Sicht nicht zum Nachteil gereichen.

Diese Differenzierung erscheint sowohl rechtspolitisch als auch verfassungsrechtlich bedenklich. Nach Ansicht des BVerfG hat hier der Gesetzgeber dennoch nicht die ihm durch das verfassungsrechtliche Willkürverbot gezogene Grenze überschritten.[14]

2. Rechtsbehelf oder Rechtsmittel?

8   Bei der Nichtzulassungsbeschwerde handelt es sich um einen **Rechtsbehelf**, nicht um ein Rechtsmittel.[15] Ihre Einlegung **hemmt** zwar den Eintritt der Rechtskraft nach Abs. 4 Satz 1. Es **fehlt** ihr aber der für ein Rechtsmittel wesentliche **Devolutiveffekt**: Die Hauptsache fällt mit Einlegung der Nichtzulassungsbeschwerde zunächst noch nicht beim BAG an; erst bei Erfolg wird das Beschwer-

---

11 BAG, 05.09.2007 – 3 AZB 41/06, EzA § 72a ArbGG 1979 Nr. 114.
12 BAG, 05.09.2007 – 3 AZB 41/06, EzA § 72a ArbGG 1979 Nr. 114.
13 BVerfG, 30.03.2011 – 1 BvR 1146/08, WM 2011, 1319.
14 BVerfG, 18.06.2008 – 1 BvR 1336/08, NJW 2008, 3419.
15 BAG, 13.10.2015 – 3 AZN 915/15 (F), NZA 2016, 127.

deverfahren als Revisionsverfahren fortgesetzt (Abs. 6 Satz 1). Das BAG **prüft** auf die Beschwerde lediglich, ob das LAG in seiner Zulassungsentscheidung die in § 72 Abs. 2 Nr. 1 und 2 benannten materiellen Zulassungsgründe beachtet und die mit den Anhörungsrügengesetz in § 72 Abs. 2 Nr. 3 hinzugefügten Verfahrensmängel vermieden hat.[16] Zwar findet aufgrund des § 72 Abs. 2 Nr. 3 auch eine verfahrensrechtliche Überprüfung der Hauptsache statt, aber es handelt sich nur um einen bestimmten Teilaspekt des Verfahrensrechts. Das LAG muss deshalb in ein Urteil, gegen das es die Revision nicht zugelassen hat, **keine förmliche Rechtsmittelbelehrung** i.S.v. § 9 Abs. 5 Satz 1 über die Möglichkeiten des § 72a aufnehmen. Die Frist für die Einlegung der Nichtzulassungsbeschwerde kann mithin auch nicht nach § 9 Abs. 5 Satz 2 gehemmt werden. Soweit das BAG[17] ausgeführt hat, es genüge der **Hinweis** auf die Möglichkeit einer Nichtzulassungsbeschwerde, hat es nur eine im Interesse der Parteien gebotene **Klarstellungsobliegenheit** des Berufungsgerichts angesprochen.[18] Eine gesetzliche Hinweispflicht gibt es nicht. Die Rechtsbehelfsfristen des § 72a laufen deshalb auch dann, wenn das Berufungsgericht den entsprechenden Hinweis unterlassen hat.[19] Zum Verhältnis von Nichtzulassungsbeschwerde und Antrag auf Nachholung der unterlassenen Zulassungsentscheidung (§ 72 Abs. 1 Satz 2, § 64 Nr. 3a) vgl. § 72 Rdn. 63 f.

3. Katalog der Beschwerdegründe in § 72a Abs. 3 Satz 2

Das Gesetz über die Rechtsbehelfe bei Verletzung des Anspruchs auf rechtliches Gehör *(Anhörungsrügengesetz)* vom 09.12.2004[20] hat nichts daran geändert, dass die **Gründe**, die eine nachträgliche Zulassung der Revision gegen ein Urteil des Landesarbeitsgerichts auf Beschwerde hin rechtfertigen können, **abschließend** im Gesetz geregelt sind, diese Gründe sind indes durch § 72 Abs. 2 Nr. 3 grundlegend erweitert worden. Neben die bisher schon möglichen Formen der Nichtzulassungsbeschwerde, die **Grundsatzbeschwerde** und die **Divergenzbeschwerde**, ist mit Wirkung ab dem 01.01.2005 die **Verfahrensbeschwerde** getreten. Diese Möglichkeit, die nicht bei jedem Verfahrensverstoß, sondern **in den** in § 72 Abs. 2 **Nr. 3 aufgezählten** Fällen besteht, steht einer durch ein Berufungsurteil ohne Revisionszulassung beschwerten Partei dann zu, wenn die Frist für die Begründung ihrer Nichtzulassungsbeschwerde nach dem 31.12.2004 abgelaufen ist. Der durch das Anhörungsrügengesetz veränderte Normbefehl richtet sich, wie sich aus § 72a Abs. 3 Satz 2 ergibt, in erster Linie an den Beschwerdeführer und die von ihm zu fertigende Beschwerdebegründung. Mangels einer anderweitigen **Überleitungsregelung** ist das Anhörungsrügengesetz damit auf alle die Beschwerdebegründungen anwendbar, die unter der Geltung der gesetzlichen Neuregelung fristgerecht beim BAG eingegangen sind.

9

Mit der Einführung der **Verfahrensbeschwerde** nach § 72 Abs. 2 Nr. 3, § 72a Abs. 1 ist für Berufungsurteile, in denen die Revision nicht zugelassen worden ist, den **verfassungsrechtlichen Vorgaben** des Plenarbeschlusses des BVerfG vom 30.04.2003 (– 1 PBvU 1/02) Rechnung getragen, der aus einem verfahrensrechtlichen Subsidiaritätsgebot von Verfassungsrang abgeleitet hat, dass fachgerichtliche Verstöße gegen den verfassungsrechtlich geschützten Anspruch auf rechtliches Gehör vorrangig **innerhalb der Fachgerichtsbarkeit** korrigiert werden sollen. Dies war nach bisheriger Rechtslage nicht möglich, weil wegen des beredten Schweigens des Gesetzgebers in § 72 und § 72a eine nachträgliche Zulassung der Revision mit Verstößen gegen den Anspruch auf rechtliches Gehör nicht gerechtfertigt werden konnte.[21] Bei sonstigen arbeitsgerichtlichen Endentscheidungen,

10

---

16 Im Ergebnis ebenso zum alten Recht: § 72 Abs. 2 Nr. 1 und 2: BAG, 01.04.1980 – 4 AZN 77/80, NJW 1980, 2599; Grunsky § 72a Rn 2; zum neuen Recht: § 72 Abs. 2 Nr. 1 bis Nr. 3: BAG, 22.07.2008 – 3 AZN 584/08 (F), EzA § 78a ArbGG 1979 Nr. 6; Hauck/Helml § 72a Rn 1a, 9; GMPMG/Müller-Glöge § 72a Rn 7, 25; GK-ArbGG/Mikosch § 72a Rn 3, 38; vgl. auch § 78a Abs. 1 Nr. 1; dort ist der »andere Rechtsbehelf« nur im Hinblick auf § 72a eingefügt worden.
17 BAG, 01.04.1980 – 4 AZN 77/80, NJW 1980, 2599.
18 Zustimmend Hauck/Helml § 72a Rn 1; GK-ArbGG/Mikosch § 72a Rn 2.
19 BAG, 09.07.2003 – 5 AZN 316/03; Schäfer NZA 1986, 249; Etzel ZTR 1997, 248, 256.
20 BGBl. I, S. 3220, 3322.
21 BAG, 26.06.2001 – 9 AZN 132/01.

die nicht mehr durch Rechtsmittel angefochten werden können, gibt der mit dem Anhörungsrügegesetz eingefügte Rechtsbehelf des § 78a die gebotene Korrekturmöglichkeit innerhalb der Fachgerichtsbarkeit.[22]

11 Durchgreifende **verfassungsrechtliche Bedenken** bestehen **auch**, und zwar unter dem Gesichtspunkt des Rechtsstaatsgebots, ggü. Berufungsurteilen der Landesarbeitsgerichte, die **nicht innerhalb von fünf Monaten** nach ihrer Verkündung mit Gründen versehen und von allen Richtern unterschrieben zur Geschäftsstelle des Landesarbeitsgerichts gelangt sind.[23] Hier hat sich aber nichts daran geändert, dass gegen die Nichtzulassung der Revision in einem solchen Urteil eine **Nichtzulassungsbeschwerde nicht eröffnet ist**.[24] Dieser Verfahrensverstoß ist nicht in den Katalog des § 72 Abs. 2 Nr. 3 aufgenommen. Der Gesetzgeber des Anhörungsrügegesetzes hat aber mit § 72b ein besonderes Rechtsmittel geschaffen, mit dessen Hilfe dieser gerichtliche Verfassungsverstoß innerhalb der Fachgerichtsbarkeit korrigiert werden kann.

12 Mindestens so bedeutsam, wie die Einführung der Verfahrensbeschwerde in § 72 Abs. 2 Nr. 3 ist die durch das Anhörungsrügegesetz erfolgte **Streichung der privilegierten Verfahrensgegenstände**, die neben einer grundsätzlichen Bedeutung der Rechtsfrage vom Beschwerdeführer in der Beschwerdebegründung einer Grundsatzbeschwerde vorgetragen und vom BAG vor einer Zulassung der Revision wegen grundsätzlicher Bedeutung der Rechtssache festgestellt werden mussten. Diese kollektiv-rechtlichen Streitgegenstände finden sich heute nur noch in § 76 Abs. 2 Nr. 1 bis 3, wo sie die rechtlichen Möglichkeiten der Zulassung der **Sprungrevision** durch das ArbG beschränken. Im Bereich der Nichtzulassungsbeschwerde besteht nunmehr ein **Gleichlauf** zwischen den **Zulassungsgründen**, die in § 72 Abs. 2 für LAG und BAG abschließend aufgezählt sind, und den **Überprüfungsmöglichkeiten** des BAG i.R.d. Nichtzulassungsbeschwerde, was die Entscheidung des Landesarbeitsgerichts angeht, die Revision nicht zuzulassen. Trägt der Beschwerdeführer einer Nichtzulassungsbeschwerde nach § 72a Abs. 1 einen der Zulassungsgründe des § 72 Abs. 2 vor und liegt dieser Zulassungsgrund tatsächlich vor, ist die Nichtzulassungsbeschwerde ohne Erfüllung weiterer Voraussetzungen begründet und führt zur Zulassung der Revision für den Beschwerdeführer.

II. Alternativen zur Nichtzulassungsbeschwerde

1. Antrag auf Urteilsergänzung

13 Ist eine Entscheidung über die Zulassung der Revision im Tenor unterblieben, können die Parteien gemäß § 72 Abs. 1 Satz 2, § 64 Abs. 3a Satz 2 ArbGG binnen zwei Wochen ab Verkündung des Urteils eine entsprechende Ergänzung beantragen. Über diesen Antrag kann die Kammer nach § 64 Abs. 3a Satz 3 ArbGG ohne mündliche Verhandlung entscheiden. Bei dieser Entscheidung müssen, da es sich um eine § 320 Abs. 1 ZPO vergleichbare Auslassung in der Urteilsformel handelt, dieselben Richter wie am Urteil selbst mitwirken.[25] Ergeht die Entscheidung ohne mündliche Verhandlung, ist sie durch Beschluss zu treffen, § 53 Abs. 1 ArbGG.[26]

2. Zulassung aufgrund einer Anhörungsrüge

14 Das Berufungsgericht kann auf eine Anhörungsrüge nach § 78a hin die Revision nachträglich zulassen. Mit § 78a ist dem Richter allerdings keine umfassende Abhilfemöglichkeit eingeräumt worden, sondern nur die Möglichkeit, Verstöße gegen die grundgesetzliche Garantie des rechtli-

---

22 Vgl. auch BVerfG, 26.03.2001 – 1 BvR 383/00.
23 BVerfG, 26.03.2001 – 1 BvR 383/00, im Anschluss an Gemeinsamer Senat der Obersten Gerichtshöfe des Bundes vom 27.04.1993 – GmS 1/92.
24 So schon BAG, 01.10.2003 – 1 ABN 62/01.
25 BAG, 23.08.2011 – 3 AZR 650/09, Rn 26, NZA 2012, 37; so auch GK-ArbGG/Vossen § 64 Rn 62b; GMPMG/Germelmann § 64 Rn 33; Düwell/Lipke-Breinlinger 2. Aufl. § 64 Rn 21; Hauck/Helml/Biebl § 64 Rn 9; a.A. Schwab/Weth-Schwab § 64 Rn 56.
26 Schwab/Weth-Schwab § 64 Rn 57.

chen Gehörs zu beheben. Eine wirksame Abhilfeentscheidung kommt demnach nur in Betracht, wenn auf die Zulassungsentscheidung bezogener Vortrag der Parteien verfahrensfehlerhaft übergangen worden ist.[27] Ohne einen darauf bezogenen Gehörsverstoß festzustellen, ist das Treffen einer erneuten Zulassungsentscheidung verfahrensfehlerhaft. Eine auf diese Weise verfahrensfehlerhaft unter dem Deckmantel der Abhilfe zustande gekommene Zulassung bindet nicht.[28] Die in § 543 Abs. 2 Satz 2 ZPO bestimmte Bindungswirkung: »Das Revisionsgericht ist an die Zulassung durch das Berufungsgericht gebunden« gilt bei einer derart verfahrensfehlerhaften zweiten Zulassungsentscheidung nicht anwendbar. Sie bezieht sich ebenso wie die inhaltlich übereinstimmende Bindungsklausel in § 72 Abs. 3 nur auf die erste Zulassungsentscheidung. Im Übrigen gibt es keine arbeitsgerichtlichen Besonderheiten, die eine von der BGH-Rspr. abweichende Wertung gestatten.

Der Beschluss über die Verwerfung oder Zurückweisung der Anhörungsrüge ist nach § 321 Abs. 4 Satz 4 ZPO unanfechtbar. Damit ist auch die Gegenvorstellung ausgeschlossen.[29]

3. Außerordentlicher Rechtsbehelf

a) Gegenvorstellung beim Richter a quo

Grundsätzlich gilt über die Verweisungskette in § 64 Abs. 6 ArbGG i.V.m. § 511, § 525 auch der Grundsatz der Bindung der Gerichte an die in einem Endurteil getroffene Entscheidung (§ 318 ZPO). Dazu gehört im arbeitsgerichtlichen Berufungsverfahren nach § 64 Abs. 3a auch die in den Urteilstenor aufzunehmende Nichtzulassungsentscheidung. Deshalb kann grundsätzlich keine Abänderung der Nichtzulassungsentscheidung durch den Berufungsrichter ergehen. Eine auf falsche Rechtsanwendung des Zulassungsrechts gestützte Gegenvorstellung muss deshalb erfolglos bleiben.[30]

15

Eine ausnahmsweise Durchbrechung des § 318 ZPO ist durch die Anhörungsrüge in § 78a ArbGG inhaltlich übereinstimmend mit § 321a ZPO eingeführt worden. Danach kann bei entscheidungserheblicher Verletzung rechtlichen Gehörs die mündliche Verhandlung wieder eröffnet werden und in einem zweiten Berufungsurteil die Zulassung erfolgen.[31] Es kommt nicht auf die Bezeichnung an. Deshalb kann eine »Gegenvorstellung« als Rüge nach § 321a ZPO ausgelegt werden, soweit sie das Begehren der Partei deutlich erkennen lässt, gegen eine Verletzung des rechtlichen Gehörs vorgehen zu wollen.[32]

Im zivilprozessualen Schrifttum wurde lange Zeit eine weitere, auf Gegenvorstellung mögliche Abhilfebefugnis erörtert. Es wurde dazu eine analoge Anwendung des § 321a ZPO empfohlen, um »eine Ergebniskorrektur wegen offensichtlicher Unrichtigkeit zu ermöglichen«.[33] Dem war die Rspr. einiger Senate des BGH gefolgt. Sie ließ in Analogie zu § 321a ZPO eine weitere Abhilfemöglichkeit bei »willkürlich unterlassenen« Nichtzulassungen zu. Die Befugnis zur Durchbrechung der Bindungswirkung des § 318 ZPO wurde sowohl aus dem Gebot des gesetzlichen Richters (Art. 101

---

27 BGH, 29.01.2009 – V ZB 140/08, Rn 5, WM 2009, 756.
28 BGH, 16.09.2014 – VI ZR 55/14, Rn. 14, MDR 2014, 1338; BGH, 01.12.2011 – IX ZR 70/10, Rn 8, EBE/BGH 2012, BGH-Ls 49/12; BGH 04.03.2011 – V ZR 123/10, Rn 7, NJW 2011, 1516.
29 BGH, 10.02.2012 – V ZR 8/10, BeckRS 12, 06873.
30 BAG, 15.05.1984 – 1 N 2/84 (2), n.v.
31 BGH, 29.01.2009 – V ZB 140/08, Rn 5, WM 2009, 756.
32 BVerfG, 25.01.2014 – 1 BvR 1126/11, Rn. 23, BVerfG NJW 2014, 991.
33 Zöller/Vollkommer ZPO, 26. Aufl. 2007, § 321a Rn 11; offen gelassen: Begründung zum Regierungsentwurf BR-Drucks. 663/04, S. 33.

Abs. 1 Satz 2 GG) als auch aus dem Recht auf Gewährung effektiven Rechtsschutzes (Art. 19 Abs. 4 GG) hergeleitet.[34] Diese verfehlte Rechtsprechung ist jedoch inzwischen aufgegeben.[35]

Das Anhörungsrügengesetz hat zur Behebung der grundrechtsrelevanten Verfahrensmängel aus Art. 103 Abs. 1 GG in die Bindungswirkung des § 318 ZPO und in die Kompetenzverteilung zwischen Fach- und Verfassungsgerichtsbarkeit eingegriffen. Den Gerichten für Arbeitssachen ist nur in dem gesetzlich bestimmten Umfang eine erweiterte Kompetenz übertragen. Sonst ist insbesondere die Aufgabenverteilung zwischen Fach- und Verfassungsgericht unberührt geblieben. Verletzungen von Grundrechten und grundrechtsgleichen Rechten, die nicht von § 78a oder § 72a Abs. 3 Satz 2 Nr. 3 erfasst werden, sind deshalb nur im Wege der Verfassungsbeschwerde geltend zu machen. Raum für die damals vom BGH erwogene analoge Anwendung des Anhörungsrügenrechts besteht nicht: denn es liegt keine planwidrige Lücke vor. Allein der Wunsch des BVerfG, unter Ausschöpfung aller Möglichkeiten der verfassungskonformen Auslegung und Rechtsfortbildung entlastet zu werden, kann nicht im Wege der Analogie erfüllt werden. Weder subjektiver Entlastungswunsch noch objektiver Entlastungsbedarf zeigen Lücken im Rechtsschutz, sondern nur eine rechtspolitisch zweifelhafte Verteilung der Kompetenzen zwischen Fach- und Verfassungsgerichtsbarkeit auf. Der Appell, das Verfahren durch fachgerichtliche Abhilfebefugnisse zu beschleunigen und so das BVerfG zu entlasten, muss an den Gesetzgeber, nicht aber an die Fachgerichte gerichtet werden.

b) Außerordentlicher Rechtsbehelf beim Richter ad quem

16 Vor dem Inkrafttreten des Anhörungsrügengesetzes hat der Zweite Senat des BAG erwogen, ob die Nichtzulassung eines Rechtsmittels mit der außerordentlichen Beschwerde dann wegen greifbarer Gesetzwidrigkeit angefochten werden kann, »wenn die Entscheidung mit der geltenden Rechtsordnung schlechthin unvereinbar ist, weil sie jeder rechtlichen Grundlage entbehrt und dem Gesetz inhaltlich fremd ist«.[36] Da mit der Erweiterung der Anfechtbarkeit in § 72a Abs. 3 Satz 2 Nr. 3 und § 72b auch die Berücksichtigung der wichtigsten Verfahrensmängel ermöglicht worden ist, besteht nach der Rspr. im geltenden Recht kein Raum mehr für diesen außerordentlichen Rechtsbehelf.[37] Dem ist auch deshalb zuzustimmen, weil der von der Rspr. entwickelte außerordentliche Rechtsbehelf nicht dem Gebot der Rechtsmittelklarheit genügt.[38] Soweit eine gerichtliche Willkürentscheidung vom LAG getroffen wird, bietet nach der gegenwärtigen Kompetenzverteilung zwischen Fach- und Verfassungsgerichtsbarkeit die Verfassungsbeschwerde hinreichenden Schutz.

Andere oberste Gerichtshöfe berücksichtigen sog. qualifizierte Rechtsanwendungsfehler: Sie nehmen diese ausnahmsweise zum Anlass, die Revision zuzulassen, wenn offensichtliche materielle oder formelle Fehler im Sinne einer willkürlichen Entscheidung vorliegen.[39] Diese Konstruktion ist verfassungsrechtlich zweifelhaft, denn die Willkürkontrolle ist der Verfassungsbeschwerde an das BVerfG vorbehalten (siehe Rdn. 18). Der BGH geht davon aus, dass eine Entscheidung des Berufungsgerichts, die objektiv willkürlich ist oder Verfahrensgrundrechte einer Partei verletzt, das fachgerichtliche Eingreifen des BGH zur Sicherung einer einheitlichen Rspr. erforderlich mache.[40] Das ist zum Teil auf die abweichende Fassung der Zulassungsgründe in § 543 Abs. 2 und § 574 Abs. 2 ZPO zurückzuführen. Danach sei ein maßgebliches Allgemeininteresse an einer korrigie-

---

34 BGH, 19.05.2004 – IXa ZB 182/03, NJW 2004, 2529 f.; BGH, 04.07.2007 – VII ZB 28/07, NJW-RR 2007, 1654; BGH, 11.07.2007 – IV ZB 38/06, NJW-RR 2007, 1653 Rn 4; offen gelassen: BGH, 04.03.2011 – V ZR 123/10, NJW 2011, 1516; BGH, 19.01.2006 – I ZR 151/02, NJW 2006, 1978 Rn 6; BVerfG, 14.05.2007 – 1 BvR 730/07, NJW-RR 2008, 75, 76.
35 BGH, 16.09.2014 – VI ZR 55/14, Rn. 14, MDR 2014, 1338.
36 BAG, 14.03.2001 – 2 AZB 43/00, FA 2001, 311.
37 BAG, 25.11.2008 – 3 AZB 64/08, NJW 2009, 1161; BAG, 08.08.2005 – 5 AZB 31/05, BAGE 115, 330; ebenso für den Zivilprozess: BGH, 07.03.2002 – IX ZB 11/02, BGHZ 150, 133.
38 Vgl. dazu BAG, 25.11.2008 – 3 AZB 64/08, Rn 17, NJW 2009, 1161.
39 BFH, 17.01.2006 – VIII B 172/05, BFH/NV 2006, 799.
40 BGH, 11.05.2004 – XI ZB 39/03, NJW 2004, 2222.

renden Entscheidung des Revisionsgerichts auch dann anzunehmen, wenn das Berufungsurteil auf einem Rechtsfehler beruht, der geeignet ist, das Vertrauen in die Rspr. zu beschädigen.[41] Eine derartige Aufgabe, von Amts wegen dafür zu sorgen, dass Fehler im Interesse der Einzelfallgerechtigkeit vermieden werden, hat der Gesetzgeber 1979 bei Schaffung des § 72 Abs. 2 für das BAG nicht vorgesehen. In Kenntnis der Unterschiede hat der Gesetzgeber bei der letzten Änderung des arbeitsgerichtlichen Zulassungsrechts im Rahmen des Anhörungsrügengesetzes von einer entsprechenden Korrektur der Rspr.-Linie des BAG abgesehen. Er hat vielmehr die Ausweitung der Zulassungsgründe auf die in § 72 Abs. 2 Nr. 3 abschließend aufgeführten Verfahrensmängel beschränkt. Deshalb kann im arbeitsgerichtlichen Nichtzulassungsbeschwerdeverfahren die Fehlerhaftigkeit eines Berufungsurteils nur mit Erfolg geltend gemacht werden, soweit Mängel i.S.v. § 72 Abs. 2 Nr. 3 vorliegen (wegen des nach der früheren, aber heute aufgegebenen Rechtsprechung des BGH zum weitergehenden Rechtsschutz durch die außerordentliche Beschwerde siehe Rdn. 72).

4. Kassationsbeschwerde § 72b

Sind fünf Monate nach Verkündung vergangen und hat das LAG in dem verkündeten Tenor die Revision nicht zugelassen, so könnte theoretisch eine Nichtzulassungsbeschwerde auf Verfahrensfehler oder auf die grds. Bedeutung einer vom LAG aufgeworfenen Rechtsfrage gestützt werden. Dieser Rechtsbehelf ist jedoch, wie das Schrifttum meint, nicht nur »vorzugswürdig«,[42] sondern ausdrücklich in § 72a Abs. 1 Satz 2 ausgeschlossen. Hat das LAG keine Revision zugelassen, so ist nur die sofortige Beschwerde nach § 72b statthaft. Zur Vermeidung unnötiger, durch die Rücknahme der Beschwerde entstehender Kosten ist es ratsam, vor Einlegung der Beschwerde in die Gerichtsakte des Berufungsgerichts Einsicht zu nehmen und den Eingangsvermerk der Urkundsbeamtin über das vollständig angesetzte Berufungsurteil zu prüfen.

17

5. Verfassungsbeschwerde

Da nach der Rspr. des BAG auch gröbste Rechtsfehler im Berufungsurteil abweichend vom zivilprozessualen Zulassungsrecht keinen Grund zur Zulassung der Revision darstellen, muss der Anwalt der beschwerten Partei prüfen, ob der Rechtsfehler einen Verstoß gegen das Willkürverbot darstellt, das Inhalt des allgemeinen Gleichheitssatz (Art. 3 Abs. 1 GG) ist. Das ist dann der Fall, wenn ein fachgerichtliches Urteil auf offensichtlich sachwidrigen und objektiv willkürlichen Erwägungen beruht und unter keinem rechtlichen Gesichtspunkt vertretbar ist.[43] Der richtige Rechtsbehelf ist dann die Verfassungsbeschwerde, Art. 93 Abs. 1 Nr. 4a GG, § 90 BVerfGG. Ebenso kann Verfassungsbeschwerde einlegen, wer andere Grundrechte, insb. das Grundrecht der Berufsfreiheit aus Art. 12 GG, als verletzt ansieht.

18

Die Verfassungsbeschwerde bedarf nach § 93a BVerfGG der Annahme. Die Annahmevoraussetzung des § 93 Abs. 2b BVerfGG wird erfüllt, wenn die Verfassungsbeschwerde zur Durchsetzung eines Grundrechts angezeigt ist. Das ist nicht der Fall, wenn die Möglichkeiten fachgerichtlicher Abhilfe nicht ausgeschöpft sind (Grundsatz der Subsidiarität, verankert in § 90 Abs. 2 Satz 1 BVerfGG);[44] denn nach der Rechtsprechung des BVerfG gehört es zu den fachgerichtlichen prozessualen Möglichkeiten, die ein Beschwerdeführer aus Subsidiaritätsgründen vor Einlegung einer Verfassungsbeschwerde ausschöpfen muss, »ggf. auch, eine Nichtzulassungsbeschwerde zu erheben und diese ausreichend zu begründen«.[45] Für das verwaltungsgerichtliche Nichtzulassungsbeschwerdeverfahren, das weitergehend als das arbeitsgerichtliche Verfahren die Geltendmachung

---

41 Vgl. Begründung zum Regierungsentwurf eines Gesetzes zur Reform des Zivilprozesses, BT-Drucks. 14/4722, S. 66, 104.
42 HWK/Bepler § 92b ArbGG Rn 1.
43 BVerfG, 23.09.2005 – 2 BvR 2441/04, BVerfGK 6, 239; BVerfG, 07.04.1981 – 2 BvR 911/80, BVerfGE 57, 39, 42.
44 BVerfG, 30.04.2003 – 1 PBvU 1/02, BVerfGE 107, 395, 414.
45 Vgl. BVerfG, 23.01.1991 – 2 BvR 902/85, »Jeziden II« BVerfGE 83, 216, 228.

von Verfahrensmängeln zulässt, hat die Dritte Kammer des Zweiten Senats angenommen, ohne erfolglose Einlegung der Nichtzulassungsbeschwerde sei die Verfassungsbeschwerde stets mangels Rechtswegerschöpfung unzulässig.[46] Ohne auf die Unterschiede in der Ausgestaltung der beiden Arten von Nichtzulassungsbeschwerdeverfahren einzugehen, hat die Dritte Kammer des Ersten Senats des BVerfG diese Rechtsprechung auch auf die Verfahren in Arbeitssachen erstreckt.[47] Es wird erläuternd angeführt: »Die Anforderung des Bundesarbeitsgerichts an die Begründung einer Nichtzulassungsbeschwerde entspricht der Funktion des Revisionsverfahrens zur Klärung abstrakter Rechtsfragen.«[48] Diese Begründung ist nicht tragfähig; denn sie verkennt zum einen grundlegend die Funktion des in § 72a Abs. 1 i.V.m. § 72 Abs. 2 ArbGG geregelten Zulassungsverfahrens und zum anderen die Anforderungen an die Beschwerdebegründung, die nach der zu § 72a Abs. 3 ArbGG ergangenen Rechtsprechung des BAG aufgestellt sind. Danach ist stets das Vorliegen von Zulassungsgründen und nicht die richtige Beantwortung von abstrakten Rechtsfragen zu prüfen. Vielmehr bleibt die letztere Prüfung allein dem Revisionsverfahren vorbehalten, soweit dort ein Rechtsfehler gerügt ist.[49] Deshalb ist mit einer Nichtzulassungsbeschwerde gem. § 72 Abs. 2 Nr. 1 bis 3 ArbGG ein Zulassungsgrund so substantiiert vorzutragen, dass das BAG dadurch in die Lage versetzt wird, allein anhand der Lektüre der Beschwerdebegründung und des Berufungsurteils die Voraussetzungen für die Zulassung prüfen zu können.[50]

Die zum verwaltungsgerichtlichen Zulassungsverfahren ergangenen Entscheidungen können nicht uneingeschränkt auf das arbeitsgerichtliche Verfahren übertragen werden. Hier kann wegen der in § 72 Abs. 2, § 72a Abs. 3 Satz 2 begrenzten Anfechtungsgründe der fachgerichtliche Rechtsweg bereits früher erschöpft sein. Voraussetzung für die Rechtswegerschöpfung ist, dass der Beschwerdeführer keine Möglichkeit mehr hat, im Verfahren vor dem BAG eine Beseitigung der geltend gemachten Beschwer zu erlangen.[51] Hat das LAG eine Willkürentscheidung getroffen und das Aufstellen von Rechtssätzen vermieden, dann kann der Beschwerdeführer im Verfahren der Nichtzulassungsbeschwerde keinen Erfolg haben. Hier muss schon dann die Erschöpfung des Rechtswegs angenommen werden, weil ein Nichtzulassungsbeschwerdeverfahren angesichts der ständigen Rechtsprechung des BAG in keinem Fall erfolgreich sein kann. Ob das BVerfG das Problem bislang überhaupt erkannt hat, kann seiner bislang veröffentlichten Rechtsprechung nicht entnommen werden. Selbst wenn das BVerfG bei seiner bisherigen Rechtsprechungslinie bleibt, kommt nach § 90 Abs. 2 Satz 2 BVerfGG eine ausnahmsweise Anrufung vor Erschöpfung des Rechtswegs in Betracht, wenn die Verfassungsbeschwerde von allgemeiner Bedeutung ist oder wenn dem Beschwerdeführer ein schwerer und unabwendbarer Nachteil entstünde, falls er zunächst auf den Rechtsweg verwiesen würde. Liegt keine Unzumutbarkeit des Abwartens vor, so wird bis zur positiven verfassungsgerichtlichen Klarstellung empfohlen, stets eine Nichtzulassungsbeschwerde aus Gründen der Vorsorge einzulegen. Der Anwalt ist dazu gehalten, weil er den sicheren Weg einzuschlagen hat.

Wer die Einlegung einer Nichtzulassungsbeschwerde, die nur auf Verletzung eines Grundrechts aus Art. 12 GG gestützt werden kann, für aussichtslos hält, z.B. weil das LAG keinen fallübergreifenden Rechtssatz aufgestellt und keine Rechtsfrage von grundsätzlicher Bedeutung aufgeworfen hat, sollte ebenso vorsorglich Nichtzulassungsbeschwerde einlegen. Der Beschwerdeführer sollte innerhalb der seit Zustellung des Berufungsurteils laufenden Monatsfrist des § 93 Abs. 1 Satz 1 BVerfGG und der Beschwerdefrist nach Abs. 2 Satz 1 sowohl Nichtzulassungs- als auch Verfassungsbeschwerde einlegen. Ansonsten riskiert er, dass das BVerfG eine später eingelegte Verfassungsbeschwerde als verfristet ansehen wird, weil die eingelegte Nichtzulassungsbeschwerde offensichtlich keine Aus-

---

46 BVerfG, 04.10.2011 – 2 BvR 862/10, juris.
47 BVerfG, 28.09.2015 – 1 BvR 2656/14, juris.
48 BVerfG, 28.09.2015 – 1 BvR 2656/14 – Rn 5, juris.
49 BAG, 15.10.2012 – 5 AZN 1958/12, Rn 10, NZA 2012, 1388; grundlegend: BAG 06.12.1994 – 9 AZN 337/94, zu II 1 der Gründe, BAGE 78, 373.
50 BAG, 15.10.2012 – 5 AZN 1958/12, Rn 10, NZA 2012, 1388, in Fortführung von: BAG, 20.01.2005 – 2 AZN 941/04, BAGE 113, 195; BAG, 22.03.2005 – 1 ABN 1/05, BAGE 114, 157.
51 St. Rspr. seit BVerfG, 23.10.1958 – 1 BvR 458/58, BVerfGE 8, 222, 225 f.

sicht auf Erfolg gehabt und deshalb die Frist für die Einlegung der Verfassungsbeschwerde nicht unterbrochen hat.[52] Es empfiehlt sich, das BVerfG darauf hinzuweisen, dass vorsorglich gegen die Nichtzulassung der Revision Beschwerde eingelegt ist, der Beschwerdeführer sie jedoch nicht für aussichtsreich halte.

Zur Erfüllung des Grundsatzes der Subsidiarität der Verfassungsbeschwerde hat der Beschwerdeführer nicht nur Nichtzulassungsbeschwerde einzulegen, er muss sie auch ordnungsgemäß begründen.[53] Wird sie nämlich wegen nicht ausreichender Darlegung als unzulässig verworfen, ist der Rechtsweg nicht ausgeschöpft. Kommt der zuständige Spruchkörper des BVerfG wider Erwarten zu einer schnelleren Entscheidung als das BAG, so ergeht im ungünstigsten Fall ein Nichtannahmebeschluss: Dieser hält alles offen. Deshalb kann nach Verwerfung oder Zurückweisung der Nichtzulassungsbeschwerde der Beschwerdeführer erneut die Verfassungsbeschwerde innerhalb der Frist des § 93 Abs. 1 BVerfGG einlegen.[54]

6. Menschenrechtsbeschwerde

Nach Art. 34 der Europäischen Menschenrechtskonvention (EMRK) in der Fassung des Protokolls Nr. 11[55] kann zwar jede natürliche Person, nichtstaatliche Organisation oder Personengruppe, die behauptet, durch ein Urteil in einem der in der Konvention oder den Protokollen dazu anerkannten Rechte verletzt zu sein, den Europäischen Gerichtshof für Menschenrechte (EGMR) anrufen. Nach Artikel 35 EMRK befasst sich der Gerichtshof jedoch mit einer Angelegenheit erst nach Erschöpfung aller innerstaatlichen Rechtsbehelfe.[56] Die Nichtzulassungsbeschwerde ist ein derartiger innerstaatlicher Rechtsbehelf, dessen Ausgang zunächst abgewartet werden muss. **19**

III. Einlegung der Nichtzulassungsbeschwerde

1. Form und Frist (Abs. 2)

a) Notfrist

Die Nichtzulassungsbeschwerde muss nach **Abs. 2 Satz 1** innerhalb einer **Notfrist von einem Monat** nach Zustellung des in vollständiger Form abgefassten Urteils **beim BAG** schriftlich eingelegt werden. Wird die Beschwerde beim LAG eingereicht, wahrt dies die Frist nicht.[57] Eine Weitergabe der Beschwerdeschrift an das BAG reicht nur aus, wenn die Beschwerde dort innerhalb der Monatsfrist eingeht. **20**

Die Zustellung des in vollständiger Form abgefassten Urteils ist unabdingbare Voraussetzung für den Beginn des Laufs der Beschwerdefrist (vgl. Abs. 2 Satz 1). Ist das anzufechtende Urteil später **als fünf Monate** seit seiner Verkündung mit allen Unterschriften versehen zur Geschäftsstelle gelangt, ist jede Nichtzulassungsbeschwerde von vornherein **unzulässig**. Es besteht dann nur der Rechtsbehelf der Kassationsbeschwerde aus § 72b Abs. 1 Satz 2 (Einzelheiten dazu s. § 72b Rdn. 2 ff.). Die Fristberechnung erfolgt nach §§ 221, 222 ZPO nach den Grundsätzen der in den §§ 186 ff. BGB geregelten Zivilkomputation. Das Fristende ergibt sich demnach aus der Entsprechensregel des § 188 Abs. 2 2. Alt. BGB. Fällt das Fristende auf einen Sonntag, Sonnabend oder einen allgemeinen Feiertag, so endigt die Frist nach § 22 Abs. 2 ZPO mit Ablauf des nächsten Werktags. Maßgebend ist der am Gerichtsort des BAG in Erfurt geltende allgemeine Feiertag.[58] **21**

---

52 Vgl. BVerfG, 06.12.2001 – 1 BvR 1976/01, juris.
53 Vgl. BVerfG, 23.01.1991 – 2 BvR 902/85, 2 BvR 515/89, 2 BvR 1827/89 »Jeziden, Jeziden II« BVerfGE 83, 216.
54 So für Anhörungsrügeverfahren: BVerfG, 25.04.2005 – 1 BvR 644/05, NJW 2005, 3059.
55 Http://conventions.coe.int/Treaty/ger/Treaties/Html/005.htm Aufruf 10.02.2012.
56 Aktuelle Übersicht bei Höpfner/Richter, Wiederaufnahme des Verfahrens und Wiedereinstellungsanspruch nach Verstoß gegen die EMRK?, RdA 2016, Heft 6.
57 BAG, 04.11.1980 – 4 AZN 370/80.
58 BAG, 24.09.1996 – 9 AZR 364/95, EzA § 7 BUrlG Nr. 102.

Der Umstand, dass dem vollständig abgesetzten Berufungsurteil keine Belehrung über die Anfechtbarkeit der Nichtzulassungsentscheidung beigefügt ist, vermag nicht eine Verlängerung der Beschwerdefrist nach § 9 Abs. 5 Satz 4 um ein Jahr zu begründen; denn die Nichtzulassungsbeschwerde ist auch nach der Ausgestaltung durch das Anhörungsrügengesetz kein belehrungsbedürftiges Rechtsmittel.[59]

b) Wiedereinsetzung

22 Eine Fristverlängerung ist wegen § 224 Abs. 1 Satz 1 ZPO ausgeschlossen. Gegen die Fristversäumnis kommt nur die Wiedereinsetzung in den vorigen Stand nach Maßgabe der §§ 233 ff. ZPO in Betracht. Ein typischer Wiedereinsetzungsgrund ist gegeben, wenn eine mittellose Partei nicht in der Lage war, für die wirksame Einlegung der Nichtzulassungsbeschwerde rechtzeitig eine dazu bereite postulationsfähige Person zu finden, denn die Wiedereinsetzung setzt voraus, dass der Betreffende ohne Verschulden verhindert war, die gesetzliche Frist einzuhalten. Davon ist auszugehen, wenn er innerhalb der Rechtsmittelfrist alles in seinen Kräften Stehende und Zumutbare getan hat, um das in seiner Mittellosigkeit bestehende Hindernis zu beheben. Aus diesem Grund muss er bis zum Ablauf der Rechtsmittelfrist alle Voraussetzungen für die Bewilligung der Prozesskostenhilfe schaffen.[60] Dazu gehört insbesondere die Einreichung des PKH-Gesuchs. Die Grundsätze gelten nach § 72 Abs. 5 ArbGG i.V.m. § 555 ZPO auch für die Anfechtung der Nichtzulassung der Revision im Beschwerdeverfahren nach § 72a ArbGG.[61] Weitere Einzelheiten zur Wiedereinsetzung und PKH Rdn. 98.

Umstritten ist, ob ein Wiedereinsetzungsgrund auch der Umstand sein kann, dass der Beschwerdeführer glaubhaft macht, ohne Verschulden erst nach Ablauf der Einlegungsfrist Kenntnis von einer Divergenz erhalten zu haben.[62] Das kommt nur in Betracht, wenn der Rechtssatz, von dem das LAG abgewichen ist, erst nach der Einlegungsfrist in den Fachzeitschriften veröffentlicht wird.

c) Schriftform

23 Die Nichtzulassungsbeschwerde ist **schriftlich** einzulegen. Bei der Beschwerdeschrift handelt es sich um einen bestimmenden Schriftsatz gemäß § 130 ZPO. Dieser muss entweder nach § 11 Abs. 4 Satz 2 von einem **RA** oder nach § 11 Abs. 4 Satz 3 von einem Volljuristen, der für eine bevollmächtigte Organisation i.S.v. § 11 Abs. 2 Satz 2 Nr. 4 oder 5 handelt, **eigenhändig unterzeichnet** sein, vgl. § 11 Rdn. 33 ff. Bei Übermittlung durch einen Telefaxdienst (Telekopie) bedarf es der Wiedergabe der Unterschrift der Person, die den Schriftsatz verantwortet, in der Fernkopie. Der Gemeinsame Senat der obersten Gerichtshöfe des Bundes hat entschieden, dass in Prozessen mit Vertretungszwang bestimmende Schriftstücke formwirksam durch elektronische Übertragung einer Textdatei mit eingescannter Unterschrift auf ein Faxgerät des Gerichts übermittelt werden können.[63] Eine eingescannte Unterschrift des Prozessbevollmächtigten in einem bestimmenden Schriftsatz genügt allerdings dann nicht den Formerfordernissen des § 130 Nr. 6 ZPO, wenn der Schriftsatz mithilfe eines normalen Faxgerätes und nicht unmittelbar aus dem Computer versandt wurde; denn auf eigenhändige Unterzeichnung ist nur dann und insoweit zu verzichten, wie technische Gegebenheiten einen solchen Verzicht erforderlich machen.[64] Die in § 46c zugelassene Aufzeichnung als elektronisches Dokument erfüllt die Schriftform. Seit dem 01.04.2006 können von

---

59 BAG, 22.07.2008 – 3 AZN 584/08 (F), EzA § 78a ArbGG 1979 Nr. 6; GK-ArbGG/Mikosch § 72a Rn 38; weitere Einzelheiten Rdn. 8.
60 BAG, 19.09.1983 – 5 AZN 446/83, NJW 1984, 941.
61 BAG, 26.01.2006 – 9 AZA 11/05, EzA § 72a ArbGG 1979 Nr. 106.
62 Dafür GMPMG/Müller-Glöge § 72a Rn 25; a.A. GK-ArbGG/Mikosch § 72a Rn 86; Ostrowicz/Künzl/Schäfer Rn 552a.
63 Gemeinsamer Senat der obersten Gerichtshöfe des Bundes, 05.04.2000 – GmS-OGB 1/98, BGHZ 144, 160, 164 f.
64 BGH, 10.10.2006 – XI ZB 40/05, NJW 2006, 3784.

Inhabern einer qualifizierten elektronischen Signatur (§ 46c Abs.1 Satz 2) beim BAG elektronische Dokumente eingereicht werden. Mit der Verordnung über den elektronischen Rechtsverkehr beim Bundesarbeitsgericht vom 09.03.2006[65] hat die Bundesregierung die erforderliche Rechtsgrundlage geschaffen. Nach § 2 Abs. 2 der VO ist zur Entgegennahme der Dokumente ausschließlich der elektronische Briefkasten des BAG zugelassen. Die Zugangs- und Übertragungssoftware kann von der Internetseite www.bundesarbeitsgericht.de kostenlos heruntergeladen werden. Dass in § 72 Abs. 6 für das Revisionsverfahren nicht auf § 46b verwiesen wird, beruht auf einem Versehen.

In der älteren Rspr. ist unter Aufgabe der in der Schriftform vorgeschriebenen Wiedergabe der Unterschrift auch die telegrafische Einlegung der Nichtzulassungsbeschwerde akzeptiert worden.[66] Ob angesichts des Fortschreitens der technischen Kommunikationsmittel die Beschwerde heute noch durch Telegramm formwahrend eingelegt werden kann, erscheint zweifelhaft.[67]

d) Sonstige Förmlichkeiten

Die Beschwerdeschrift muss darüber hinaus zumindest den Anforderungen des § 569 Abs. 2 ZPO genügen. Sie muss deshalb die Entscheidung des Landesarbeitsgerichts, die angefochten werden soll, nach **Gericht, Datum und Aktenzeichen** eindeutig benennen,[68] es sei denn, diese für die weitere Behandlung der Beschwerde durch das BAG notwendigen Angaben lassen sich aus sonstigen Umständen entnehmen. Dies ist immer dann der Fall, wenn der Beschwerdeschrift eine **Ausfertigung** oder eine **beglaubigte Abschrift** des anzufechtenden Urteils beigefügt ist, wie dies § 72a Abs. 2 Satz 2 – nicht zwingend[69] (»soll«) – vorschreibt. Aus der Beschwerdeschrift oder Anlagen hierzu müssen **Beschwerdeführer** und **Beschwerdegegner zweifelsfrei erkennbar** sein; deren ladungsfähige Anschriften müssen aber nicht angegeben werden.[70] Der Schriftsatz muss nicht den Begriff »Nichtzulassungsbeschwerde« enthalten. Es muss sich aus ihm aber ergeben, dass sich der Absender gegen die Nichtzulassung der Revision durch ein Urteil zweiter Instanz wendet.

24

Die Nichtzulassungsbeschwerde kann **nicht** unter einer **Bedingung** eingelegt werden.[71] Eine Beschwerde, die nur für den Fall eingelegt wird, dass für ihre Durchführung PKH bewilligt wird, ist unzulässig.[72] Das gebotene, richtige Verfahren besteht darin, zunächst PKH zu beantragen und dann die Wiedereinsetzung in den vorherigen Stand zu beantragen (vgl. Rdn. 98 f.).

25

Ist zweifelhaft, ob die vom LAG ausgesprochene Zulassung wirksam ist, was insbesondere bei Teilzulassungen in Betracht kommt (vgl. § 72 Rdn. 54), so wird eine »hilfsweise« Einlegung erwogen, die im Schrifttum im Hinblick auf die bedingungsfeindliche Rspr. als unbedingt angesehen wird.[73] Diese Konstruktion wird zu Recht als »keine prozessökonomische Lösung« abgelehnt.[74] In diesem Fall muss die »vorsorgliche« Einlegung, weil unter einer innerprozessualen Bedingung stehend, zulässig sein.[75] Vom Gericht verursachte Unklarheiten dürfen sich prozessual nicht noch weiter zulasten der beschwerten Partei auswirken.[76] Anderenfalls würde dem vorsorglich Einlegenden das volle Kostenrisiko auferlegt. Auch im übrigen Schrifttum wird für diesen Fall ausnahmsweise eine

---

65 BGBl. I, S. 519.
66 BFH, 16.04.1996 – V B 11/96, BFH/NV 1996, 699.
67 Vgl. Düwell NZA 1999, 291, 292; GMPMG/Müller-Glöge § 72a Rn 27.
68 BAG, 27.10.1981 – 3 AZN 283/81, AP § 72a ArbGG 1979 Nr. 12.
69 GMPMG/Müller-Glöge § 72a Rn 27.
70 BAG, 27.10.1981 – 3 AZN 315/81, AP § 72a ArbGG 1979 Nr. 13.
71 BAG, 13.08.1985 – 4 AZN 212/85; GK-ArbGG/Mikosch § 72a Rn 43.
72 Ebenso Düwell/Lipke-Bepler 2. Aufl. § 72a Rn 13; ErfK/Koch § 72a ArbGG Rn 6; GK-ArbGG/Mikosch § 72a Rn 36; Schwab/Weth-Ulrich § 72a Rn 93.
73 Ostrowicz/Künzl/Schäfer Rn 552d.
74 GMPMG/Müller-Glöge § 72a Rn 29; Grunsky § 72a Rn 1.
75 GMPMG/Müller-Glöge § 72a Rn 29.
76 Zutreffend: GK-ArbGG/Mikosch § 72a Rn 36.

bedingte Beschwerdeeinlegung als zulässig angesehen.[77] Dem ist zuzustimmen. Hier wird nämlich der Grundsatz der Rechtsmittelklarheit nicht durchbrochen. Denn die hilfsweise eingelegte Nichtzulassungsbeschwerde fällt nur dann zur gerichtlichen Entscheidung an, wenn die zuvor in der Hauptsache eingelegte Revision sich mangels wirksamer Zulassung als unzulässig herausstellt. Im Ergebnis entspricht das auch der Sichtweise des Dritten Senats des BAG. Dieser hat eine hilfsweise für den Fall eingelegte Nichtzulassungsbeschwerde, dass die Beschränkung der Revisionszulassung wirksam sein sollte, nicht als unzulässig beschieden.[78]

2. Wirkung (Abs. 4)

a) Hemmung der Rechtskraft

26 Durch die Einlegung der Nichtzulassungsbeschwerde wird der **Eintritt der Rechtskraft** des anzufechtenden Urteils nach § 72a Abs. 4 gehemmt. Dies gilt **auch** dann, **wenn nur eine Partei** Nichtzulassungsbeschwerde einlegt, obwohl es um ein Berufungsurteil geht, das beide Parteien beschwert. Das ist eine Folge der Neufassung der Bestimmung über die Anschlussrevision, § 554 ZPO (vgl. § 74 Rdn. 115 ff.). Danach kann die gegnerische Partei bei Zulassung der Revision nur für die andere Partei den Teil des Streitgegenstandes, in dem sie beschwert ist, im Wege der Anschlussrevision vor das BAG bringen, ohne dass es hierfür einer gesonderten Zulassung bedarf.[79] **Anders** verhält es sich allerdings, wenn die Nichtzulassungsbeschwerde nur wegen eines **abgrenzbaren Teils** des Streitstoffes eingelegt wird und insoweit nur der Beschwerdeführer, wegen anderer Teile des Streitstoffes die gegnerische Partei beschwert ist. Hier kann nach beschränkter Zulassung der Revision auf dem Weg über die Anschlussrevision der Streitstoff des Revisionsverfahrens nicht erweitert werden.[80] Dieser Ausnahmefall beruht darauf, dass eine Zulassungsbeschränkung, die das Revisionsgericht zur Entscheidung über einzelne Entscheidungselemente nötigen soll, die nicht Gegenstand eines abtrennbaren Verfahrens oder einer selbstständigen Entscheidung sein können, rechtlich unbeachtlich ist (vgl. § 72 Rdn. 69).[81]

27 Die aufschiebende Wirkung hat folgende Konsequenzen: Hängt die materielle Rechtslage von der Rechtskraft einer Entscheidung ab, ändert sich die Rechtslage erst mit dem Ablauf der Beschwerdefrist oder der Zurückweisung der Nichtzulassungsbeschwerde. Unerheblich ist, wie aussichtsreich die eingelegte Nichtzulassungsbeschwerde ist. Soweit zur Divergenzrechtsbeschwerde das BAG im Urteil vom 25.01.1979[82] eine andere Auffassung vertreten hat, ist diese ausdrücklich aufgegeben worden.[83] Dieses Verständnis der aufschiebenden Wirkung hat erhebliche Auswirkungen für die arbeitsrechtliche Praxis.

▶ Beispiele:

1. Der Weiterbeschäftigungsanspruch nach § 102 Abs. 5 Satz 1 BetrVG besteht bis zum rechtskräftigen Abschluss des Kündigungsrechtsstreits. D.h. wenn die Frist für die Einlegung der Nichtzulassungsbeschwerde abgelaufen ist oder die eingelegte Nichtzulassungsbeschwerde des AN zurückgewiesen wird, endet der Anspruch aus § 102 Abs. 5 Satz 1 BetrVG.

2. Bei der außerordentlichen Kündigung der Arbeitsverhältnisse von BR-Mitgliedern entfällt das Kündigungsverbot aus § 103 Abs. 1 BetrVG erst, wenn das LAG die Zustimmung nach § 103 Abs. 2 BetrVG bestandskräftig ersetzt hat. D.h. erst wenn die Frist für die Einlegung

---

77 ErfK/Koch § 72a ArbGG Rn 6; Hauck/Helml § 72a Rn 9.
78 BAG, 18.12.1984 – 3 AZR 125/84, EzA § 17 BetrAVG Nr. 2.
79 GMPMG/Müller-Glöge § 72a Rn 41; GK-ArbGG/Mikosch § 72a Rn 40; Grunsky § 72a Rn 13.
80 Thomas/Putzo-Reichold ZPO, § 554 Rn 2.
81 Vgl. BAG, 28.08.2001 – 9 AZR 611/99, AP § 7 BUrlG Abgeltung Nr. 80; BAG, 06.09.1990 – 2 AZR 165/90, AP § 615 BGB Nr. 47 = EzA § 615 BGB Nr. 67.
82 BAG, 25.01.1979 – 2 AZR 983/77, BAGE 31, 253 = DB 1979, 1704.
83 BAG, 09.07.1998 – 2 AZR 142/98, BAGE 89, 220 = AP § 103 BetrVG 1972 Nr. 36; zustimmend: Kohte/Lenart SAE 2000, 195 und kritisch: Diller NZA 2004, 579.

der Nichtzulassungsbeschwerde abgelaufen ist oder die eingelegte Nichtzulassungsbeschwerde des AN zurückgewiesen wird, darf der AG die Kündigung aussprechen. Die Rspr., nach der der AG im Falle einer offensichtlich unstatthaften Divergenzbeschwerde gegen einen die Zustimmung des BR ersetzenden Beschluss des ArbG zur Wahrung der Zwei-Wochen-Frist des § 626 Abs. 2 BGB die Kündigung bereits vor Eintritt der formellen Rechtskraft dieses Beschlusses aussprechen muss,[84] ist seit Langem aufgegeben.[85]

b) Einstellung der Zwangsvollstreckung

aa) Voraussetzungen des Einstellungsantrags

Das Urteil des Landesarbeitsgerichts ist nach § 64 Abs. 7, § 62 Abs. 1 Satz 1 **vorläufig vollstreckbar.** Der Beschwerdeführer kann, solange die Rechtskraft nach Abs. 4 Satz 1 gehemmt ist, nach **Abs. 4 Satz 2** in entsprechender Anwendung von § 719 Abs. 2 und 3 ZPO die **einstweilige Einstellung der Zwangsvollstreckung** aus dem anzufechtenden Urteil beim BAG beantragen. 28

Der **Einstellungsantrag** ist begründet, wenn der Schuldner glaubhaft (§ 294 ZPO) gemacht hat, dass die Vollstreckung aus dem anzufechtenden Urteil ihm einen nicht zu ersetzenden Nachteil bringen würde (inhaltsgleich mit § 62 Abs. 1 Satz 2; siehe dazu § 62 Rdn. 17 ff.) und nicht ein überwiegendes Interesse des Gläubigers der Einstellung der Zwangsvollstreckung entgegensteht. Die Einstellung der Zwangsvollstreckung nach § 719 Abs. 2 ZPO ist in der Rspr. des BGH ein letztes Hilfsmittel des Vollstreckungsschuldners, dem regelmäßig der Erfolg zu versagen ist, wenn der Schuldner es versäumt hat, im Berufungsrechtszug einen Vollstreckungsschutzantrag (hier: Ausschluss der Zwangsvollstreckung nach § 62 Abs. 1 Satz 1) zu stellen, obwohl ihm ein solcher Antrag möglich und zumutbar gewesen wäre.[86] Das soll auch dann gelten, wenn die Vollstreckung die Gefahr des Existenzverlustes für den Vollstreckungsschuldner zur Folge haben kann.[87]

Ist das Berufungsurteil vollständig abgesetzt und zugestellt, kommt eine Einstellung der Zwangsvollstreckung nur dann in Betracht, wenn nicht auszuschließen ist, dass die Nichtzulassungsbeschwerde Aussicht auf Erfolg hat. Ist eine Erfolgsaussicht nicht zu erkennen, z.B. weil die Beschwerdebegründung trotz Vorliegens der Entscheidungsgründe keine Zulassungsgründe aufzeigt, so ist der Einstellungsantrag zurückzuweisen.[88] Das entspricht der Rechtslage zum vergleichbaren Fall der einstweiligen Einstellung der Zwangsvollstreckung bei Revisionseinlegung.[89]

Der Einstellungsantrag kann zwar schon mit der Beschwerdeeinlegung vor Abfassung der Beschwerdebegründung gestellt werden, es empfiehlt sich jedoch, die Beschwerde zugleich zu begründen, um dem Gericht eine Grundlage für die Einschätzung der Erfolgsaussichten zu geben. Im Schrifttum wird nämlich die Ansicht vertreten, wenn ein Beschwerdeführer die Einlegung der Nichtzulassungsbeschwerde mit einem Antrag auf einstweilige Einstellung der Zwangsvollstreckung verbinde, müsse er seine Beschwerde zugleich auch schon ordnungsgemäß nach Abs. 3 begründen.[90] Es ist jedoch nicht implizit die Begründetheit der Beschwerde zu prüfen, sondern nur summarisch die Erfolgsaussicht zu beurteilen. Es genügt die Möglichkeit eines Erfolgs.[91] Deshalb genügt das Maß an Darlegung eines Zulassungsgrundes, das die Prognose gestattet, es sei nicht auszuschließen, dass

---

84 BAG, 25.01.1979 – 2 AZR 983/77, BAGE 31, 253 = AP § 103 BetrVG 1972 Nr. 12.
85 BAG, 09.07.1998 – 2 AZR 142/98, BAGE 89, 220 = AP § 103 BetrVG 1972 Nr. 36.
86 BGH, 24.11.2010 – XII ZR 31/10, NJW-RR 2011, 705 Rn 7; BGH, 27.10.2010 – VIII ZR 155/10, WuM 2010, 765 Rn 3.
87 BGH, 30.08.2011 – II ZR 221/10, WuM 2011, 528.
88 BAG, 27.06.2000 – 9 AZN 525/00, AP § 72a ArbGG 1979 Nr 42; GMPMG/Müller-Glöge § 72a Rn 32 m.w.N.; Düwell/Lipke-Bepler § 72a Rn 17; GK-ArbGG/Mikosch § 72a Rn 49 m.w.N.
89 Vgl. BAG, 06.01.1971 – 3 AZR 384/70, AP § 719 ZPO Nr. 3 m. zust. Anm. Grunsky.
90 Düwell/Lipke-Bepler 2. Aufl. § 72a Rn 17.
91 Zutreffend Leipold SAE 1973, 217, der eine zu weit gehende Prüfung der Erfolgsaussicht im Urteil des BAG, 22.06.1972 – 3 AZR 263/72, SAE 1973, 216 ablehnt.

aufgrund der weiteren Ausführungen innerhalb der Beschwerdebegründungsfrist der Beschwerde stattgegeben werden könne.

bb) Antragstellung vor Urteilsabsetzung

29 Nach dem Wortlaut des § 719 Abs. 2 ZPO ist der Einstellungsantrag erst mit der Beschwerdeeinlegung zulässig. Das wird ohne nähere Begründung vom Schrifttum übernommen.[92] Zweifel sind jedoch angebracht. Wäre dem so, so entstünde eine Rechtsschutzlücke. Nach § 64 Abs. 7, § 62 Abs. 1 Satz 2 kann das LAG nämlich nur über den Ausschluss der vorläufigen Vollstreckbarkeit entscheiden. Nicht bedacht wird, dass Einstellungsgründe erst nach Verkündung des Berufungsurteils entstehen oder bekannt werden können. Hier sollte durch die entsprechende Anwendung der Einstellungsvorschrift Abhilfe geschaffen werden können. Das gilt insbesondere, wenn sich die Zustellung des vollständig abgesetzten Urteils verzögert und deshalb der Vollstreckungsschuldner noch keine Entscheidung über die Einlegung der Nichtzulassungsbeschwerde treffen kann. Es empfiehlt sich aus anwaltlicher Vorsorge, diese Rechtsfrage offen zu halten. Es bestehen dazu zwei pragmatische Möglichkeiten:
1. Der Vollstreckungsschuldner rügt entsprechend § 707 Abs. 1 Satz 1 ZPO einen Anhörungsfehler (§ 321a ZPO) und verknüpft damit den Einstellungsantrag, über den dann das LAG zu entscheiden hat.
2. Der Vollstreckungsschuldner legt bereits nach Verkündung des Berufungsurteils zeitgleich mit dem Einstellungsantrag eine Nichtzulassungsbeschwerde ein. Da der Lauf der Begründungsfrist für die Beschwerde erst nach Zustellung des vollständig abgesetzten Urteils beginnt, braucht nicht der Verlust oder eine Verkürzung der Begründungfrist befürchtet zu werden. In diesem Fall ist nach Abs. 4 Satz 2 das BAG für die Einstellung der Zwangsvollstreckung zuständig. Es kann in diesem Fall wegen des Nichtvorliegens der Entscheidungsgründe die Erfolgsaussicht von Beschwerde und Revision nicht berücksichtigen.

cc) Einstellung bei verspäteter Urteilsabsetzung

30 Zwar ist in § 72b Abs. 1 Satz 2 angeordnet: »§ 72a findet keine Anwendung«. Damit ist jedoch nicht die Anwendbarkeit des § 72a Abs. 4 Satz 2 auf den Fall der sofortigen Beschwerde nach § 72b ausgeschlossen. Der Gesetzgeber hat vielmehr bei der Neufassung des Revisionszugangsrechts durch das Anhörungsrügegesetz die Notwendigkeit übersehen, auch für den Fall der Einlegung des Rechtsmittels der Kassationsbeschwerde die Einstellung der Zwangsvollstreckung regeln zu müssen. Die planwidrige Regelungslücke ist durch eine entsprechende Anwendung des Abs. 4 Satz 2 zu schließen, denn der Gesetzgeber wollte nicht den Rechtsschutz verschlechtern sondern verbessern.

dd) Beschlussfassung des BAG

31 Das BAG kann ohne mündliche Verhandlung anordnen, dass die Zwangsvollstreckung einstweilen eingestellt wird. Es entscheidet dann nach § 72 Abs. 2 i.V.m. § 53 Abs. 1 ohne Hinzuziehung der ehrenamtlichen Richter.[93] Es kann die Einstellung auch auf die Zeit bis zum Ablauf der Beschwerdebegründungsfrist beschränken, um dann eine Prüfung der Erfolgsaussicht durchzuführen.

IV. Begründung der Nichtzulassungsbeschwerde

1. Frist und Fristversäumnis (Abs. 3 Satz 1)

32 Nach **Abs. 3 Satz 1** ist die Beschwerde innerhalb einer **Notfrist von zwei Monaten** nach Zustellung des in vollständiger Form abgefassten **Urteils** zu begründen. Die Begründungsfrist kann **nicht verlängert** werden.[94]

---

[92] GMPMG/Müller-Glöge § 72a Rn 43; GK-ArbGG/Mikosch § 72a Rn 42; Schwab/Weth-Ulrich § 72a Rn 68.
[93] BAG, 27.06.2000 – 9 AZN 525/00, AP § 72a ArbGG 1979 Nr. 42.
[94] ErfK/Koch § 72a ArbGG Rn 22; Hauck/Helml § 72a Rn 10.

Diese Fristenregelung bei der Nichtzulassungsbeschwerde war bis zur ZPO-Reform des Jahres 2001 **ungewöhnlich**, weil die Begründungsfrist nicht an die Einlegung der Beschwerde anschließt, sondern **Einlegungs- und Begründungsfrist unabhängig voneinander**, beginnend jeweils mit der Zustellung des anzufechtenden Urteils, ablaufen. Diese Fristregelung entspricht nunmehr den allgemeinen Regeln über die Rechtsmitteleinlegung und -begründung. Zur Fristberechnung siehe Rdn. 20. 33

Aufgrund der geänderten Rechtslage handelt es sich auch bei der Frist für die Begründung der Nichtzulassungsbeschwerde um eine **Routinefrist**, deren Berechnung und Überwachung ein RA seinem **geschulten Büropersonal** überlassen kann. Die Beschlüsse des BAG vom 20.06.1995 (3 AZN 261/95) und vom 27.09.1995 (4 AZN 473/95) sind damit überholt. 34

Aus der Unabhängigkeit der Begründungs- von der Einlegungsfrist (Rdn. 20) folgt nach Auffassung des BAG, dass die Begründungsfrist regelmäßig auch dann abläuft, wenn die Beschwerdefrist versäumt worden ist und über den Wiedereinsetzungsantrag noch nicht entschieden wurde.[95] Wegen der Besonderheiten bei einem Antrag auf Bewilligung von PKH für die Durchführung des Nichtzulassungsbeschwerdeverfahrens vgl. Rdn. 98 ff. 35

2. Zulassungsgründe als Katalog der Anfechtungsgründe (Abs. 3 Satz 2)

a) Allgemeines

Der Beschwerdeführer kann die Nichtzulassungsentscheidung nach Maßgabe des § 72a Abs. 1 und 3 mit der Beschwerde anfechten. Nach Abs. 3 Satz 2 kann er seine Beschwerde nur auf die abschließend in Nr. 1 bis Nr. 3 aufgeführten Gründe stützen. Daraus ergeben sich drei Gruppen von nachträglichen Zulassungsgründen: 36

– Nr. 1 die **grundsätzliche Bedeutung einer Rechtsfrage**, über die das LAG im anzufechtenden Urteil entschieden hat,
– Nr. 2 die **Divergenz** in einem vom LAG zu einer identischen Rechtsfrage aufgestellten Rechtssatz und
– Nr. 3 ein gravierender **Verfahrensmangel**, der in einem absoluten Revisionsgrund aus § 547 Nr. 1 bis 5 ZPO oder in der Verletzung des Anspruchs auf rechtliches Gehör (Art. 103 Abs. 1 GG) besteht.

Diese drei nachträglichen Zulassungsgründe können einzeln und auch kumulativ geltend gemacht werden. Maßgebend ist, welche Zulassungsgründe in den Entscheidungsgründen des Berufungsurteils objektiv enthalten sind. Unerheblich ist die Begründung, die das LAG seiner Nichtzulassungsentscheidung zugrunde gelegt hat.[96] Deshalb stellt das Fehlen einer Begründung der Nichtzulassungsentscheidung auch keinen eigenständigen Grund zur Anfechtung dar.[97]

Bei der Begründung einer Nichtzulassungsbeschwerde ist stets darauf zu achten, dass es hier nicht um die Frage geht, ob das nach erfolgreicher Zulassung anzufechtende Urteil auf Rechtsfehlern beruht. Maßgebend ist allein, ob die Revision gegen dieses Urteil aus den in Abs. 3 Satz 2 genannten Gründen **nachträglich zugelassen** werden muss. 37

b) Mehrfachbegründung und Anspruchshäufung

Bei mehreren prozessualen Ansprüchen und bei Mehrfachbegründungen muss der Beschwerdeführer jeweils einen tragenden Zulassungsgrund darlegen.[98] Das gilt: 38
1. für jeden abtrennbaren Streitgegenstand und
2. für jede die anzufechtende Entscheidung selbstständig tragende Begründung.

---

95 BAG, 01.08.1983 – 1 ABR 33/83.
96 BAG, 11.10.2010 – 9 AZN 418/10, EzA § 72a ArbGG 1979 Nr. 125.
97 BAG, 11.10.2010 – 9 AZN 418/10, EzA § 72a ArbGG 1979 Nr. 125.
98 BAG, 27.10.1998 – 9 AZN 575/98, AP § 72a ArbGG 1979 Divergenz Nr. 39 = NZA 1999, 222; BAG, 10.03.1999 – 4 AZN 857/98, BAGE 91, 93 = AP § 72a ArbGG 1979 Nr. 41.

Im Falle, dass nur für einen von **mehreren prozessualen Ansprüchen** ein Zulassungsgrund besteht, empfiehlt sich eine Beschränkung der Beschwerde.

▶ **Beispiel:**

Das LAG hat sowohl den Anspruch auf Urlaubsentgelt als auch den auf zusätzliches, von der Urlaubnahme unabhängiges, Urlaubsgeld zugesprochen. Besteht nur hinsichtlich der Abweisung des Anspruchs auf Urlaubsgeld ein Zulassungsgrund, dann ist die Beschwerde dahin zu beschränken, dass nur beantragt wird, insoweit die Revision zuzulassen. Im Fall der Mehrfachbegründung kann eine Beschwerde nur dann Erfolg haben, wenn der Beschwerdeführer darlegt, dass sowohl wegen der Haupt- als auch der Hilfsbegründungen des anzufechtenden Berufungsurteils Zulassungsgründe vorhanden sind. Dabei kann im Ausnahmefall stets ein und derselbe Zulassungsgrund gegeben sein, wenn z.B. ein absoluter Revisionsgrund das gesamte Verfahren erfasst.

c) Divergenzbeschwerde (Abs. 3 Satz 2 Nr. 2)

39 Bei der Abfassung der Begründung einer Divergenzbeschwerde wird nicht die Fehlerhaftigkeit der Nichtzulassungsentscheidung des LAG aufgezeigt, sondern der Beschwerdeführer hat nach Abs. 3 Satz 2 Nr. 2 die Divergenz i.S.v. § 72 Abs. 2 Nr. 2 (vgl. § 72 Rdn. 37) zu bezeichnen. Das drückt die Rspr. zusammenfassend aus: Zur ordnungsgemäßen Begründung einer auf Divergenz gestützten Nichtzulassungsbeschwerde gehört, dass der Beschwerdeführer einen abstrakten Rechtssatz aus der anzufechtenden Entscheidung sowie einen hiervon abweichenden abstrakten Rechtssatz aus einer Entscheidung des BAG oder eines der anderen in § 72 Abs. 2 Nr. 2 genannten Gerichte aufzeigt und darlegt, dass das anzufechtende Urteil auf dieser Abweichung beruht.[99]

aa) Benennung der divergenzfähigen Entscheidung

40 Der Beschwerdeführer muss nach **Abs. 3 Satz 2** die Entscheidung oder die Entscheidungen, von denen das Urteil des Landesarbeitsgerichts abweicht, **im Einzelnen** *(nach Datum, Aktenzeichen und – wenn möglich – Fundstelle)* bezeichnen. Daraus folgt, dass sich die Prüfung des BAG im Beschwerdeverfahren auch nur darauf beschränkt, das anzufechtende Urteil mit den vom Beschwerdeführer ausdrücklich genannten herangezogenen Entscheidungen zu vergleichen. Es ist nicht Aufgabe des BAG, wie es Aufgabe des Landesarbeitsgerichts war, zu untersuchen, ob das angefochtene Urteil in einer Rechtsfrage von irgendeiner divergenzfähigen Entscheidung, die der Beschwerdeführer nicht genannt hat, abweicht.[100]

41 Wegen der an sich divergenzfähigen Entscheidungen wird auf § 72 Rdn. 32 bis 36 verwiesen. Ausnahmsweise kann für eine Beschwerdebegründung wegen Divergenz auch einmal die Benennung eines an sich nicht mehr divergenzfähigen Urteils eines Landesarbeitsgerichts ausreichen, das durch eine Entscheidung des BAG überholt worden ist, sofern das LAG im selben Sinne wie später das BAG entschieden hatte.[101]

bb) Divergenzfähigkeit und Entscheidungszeitpunkt des LAG

42 Zur Beschwerdebegründung wegen Divergenz kann auch ein an sich nicht mehr divergenzfähiges Urteil eines LAG herangezogen werden, das durch eine spätere, nach Verkündung des Berufungsurteils bekannt gewordene Entscheidung des BAG seine Divergenzfähigkeit nach § 72 Abs. 2 Nr. 2 (»solange eine Entscheidung des BAG nicht ergangen ist«) verloren hat. Voraussetzung eines Zulassungserfolgs ist hier, dass das Berufungsgericht einen Rechtssatz aufgestellt hat, der dem später vom

---

99 BAG, 05.09.2007 – 3 AZB 41/06, EzA § 72a ArbGG 1979 Nr. 114; BAG, 22.10.2001 – 9 AZN 622/01, EzA § 72a ArbGG 1979 Nr. 95; BAG, 06.12.1994 – 9 AZN 337/94, BAGE 78, 373, 375.
100 Ebenso zu § 544 ZPO BGH, 23.07.2002 – VI ZR 91/02, NJW 2002, 3334.
101 GK-ArbGG/Mikosch § 72a Rn 61.

BAG aufgestellten Rechtssatz entspricht[102] oder – was ein seltener Glücksfall wäre – das BAG in Erwägung der Beschwerdegründe seine eben geänderte Rspr. erneut aufgeben will. Ist das LAG von einem Rechtssatz abgewichen, der zwar in einer älteren Entscheidung des BAG einmal aufgestellt worden war, aber von der jüngeren Rspr. vor der Zulassungsentscheidung des LAG wieder aufgegeben wurde, so rechtfertigt das keine Zulassung der Revision (wegen des Andauerns der Divergenzfähigkeit siehe Rdn. 88 ff.).[103]

Die Beschwerde soll nach dem Schrifttum nur vor der Verkündung des anzufechtenden Urteils ergangene divergenzfähige Entscheidungen heranziehen dürfen.[104] Nur dann beeinträchtigte die anzufechtende Entscheidung die Einheit der Rspr. Die Benennung einer Entscheidung, die erst nach der herangezogenen Entscheidung ergeht, gilt nach der Rspr. ausnahmsweise dann als zulässig, soweit diese lediglich einen schon früher von dem betreffenden Gericht aufgestellten divergierenden Rechtssatz wiederhole.[105] Schrifttum und Rspr. schränken die Möglichkeit der Divergenzbeschwerde, die Gefahr von Divergenzen zu beseitigen, hier zu sehr ein.[106] Es wird übersehen, dass das Nichtzulassungsbeschwerdeverfahren über den individuellen Streitfall hinausgehend der Wahrung der Rechtseinheit dient und der maßgebliche Zeitpunkt nicht derjenige ist, zu dem das Berufungsurteil ergangen ist, sondern der, in dem das BAG die Beschwerdeentscheidung trifft (vgl. Rdn. 88). Da es nicht darauf ankommt, ob das Berufungsgericht den Rechtssatz, von dem es abweicht, gekannt hat oder nicht, muss auch die Frage, wann die Divergenzgefahr entstanden ist, unerheblich sein. Die Zulassungsentscheidung hat konsequenterweise auch den Fall zu erfassen, dass die Divergenz auf einen Rechtssatz gestützt wird, der in einer erst nach Verkündung der anzufechtenden Entscheidung ergangenen divergenzfähigen Entscheidung enthalten ist. Dieser objektive Ansatz ist schon in der Rspr. angelegt, denn sie stellt für ein Abweichen nicht darauf ab, ob die Entscheidung, von der abgewichen wird, schon bei Verkündung des Berufungsurteils dem Berufungsgericht bekannt ist. Dieser Sicht hat sich inzwischen auch das BVerfG angeschlossen.[107]

cc) **Abweichung im Rechtssatz**

Der Beschwerdeführer genügt seiner Begründungslast aus § 72a Abs. 3 Satz 2 Nr. 2 nicht schon dadurch, dass er eine Entscheidung benennt oder wiedergibt, von der im anzufechtenden Urteil vermeintlich abgewichen wird (Einzelheiten Rdn. 44 ff.).[108] Er muss vielmehr im Einzelnen **darlegen, welchen** abstrakten, fallübergreifenden **Rechtssatz** das **anzufechtende** Urteil und welchen hiervon abweichenden Rechtssatz die **herangezogene Entscheidung** aufgestellt haben und dass die Abweichung für das Berufungsurteil tragend ist.[109] Dies sollte möglichst durch **wörtliche Gegenüberstellung** geschehen. 43

Sowohl aus der anzufechtenden als auch aus der herangezogenen Entscheidung hat der Beschwerdeführer zum Aufzeigen der Abweichung diese Rechtssätze aufzuzeigen. Ist der Rechtssatz in einer weitschweifigen, ungegliederten rechtlichen Würdigung enthalten, genügt nicht die einfache Abschrift der Entscheidungsgründe. Es bedarf dann der zielgerichteten Entnahme und ggf. auch einer Komprimierung. So hat das BAG eine 33 Zeilen umfassende Wiedergabe der Entscheidungsgründe nicht als Aufzeigen eines bestimmten Rechtssatzes angesehen, denn es ist nicht Aufgabe des 44

---

102 Düwell/Lipke-Bepler 2. Aufl. § 72a Rn 27; GK-ArbGG/Mikosch § 72a Rn 61.
103 BAG, 08.08.2000 – 9 AZN 520/00, AP § 72a ArbGG 1979 Divergenz Nr. 40.
104 Düwell/Lipke-Bepler 2. Aufl. § 72a Rn 28.
105 BAG, 21.12.1982 – 1 ABN 30/82, AP § 92a ArbGG 1979 Nr. 2; BAG, 15.11.1994 – 5 AZN 617/94, AP § 72a ArbGG 1979 Divergenz Nr. 27.
106 AnwK-ArbR/Düwell ArbGG 2. Aufl. § 72a Rn 40.
107 Vgl. zur Maßgeblichkeit des Zeitpunkts des Entstehens der Grundsatzbedeutung einer Rechtsfrage: BVerfG 1. Senat 3. Kammer, 29.09.2010 – 1 BvR 2649/06, juris Rn 24.
108 BAG, 29.12.2008 – 4 AZN 535/08, AE 2009, 145.
109 BAG, 01.09.2010 – 5 AZN 599/10, EzA § 72a ArbGG 1979 Nr. 124 unter Bezug auf: BAG, 06.12.1994 – 9 AZN 337/94, BAGE 78, 373, 375.

Beschwerdegerichts, aus den Ausführungen des LAG einen möglicherweise abweichenden Rechtssatz herauszusuchen.¹¹⁰ Der Beschwerdeführer hat somit aufzuzeigen, welchen abstrakten, fallübergreifenden Rechtssatz das anzufechtende Urteil und welchen hiervon abweichenden Rechtssatz die herangezogene Entscheidung aufgestellt haben. Dazu bedarf es der wörtlichen Gegenüberstellung der abstrakten Rechtssätze. Für die vergleichbare Divergenzbeschwerde im finanzgerichtlichen Verfahren verlangt deshalb der BFH zu Recht »die Gegenüberstellung tragender, abstrakter Rechtssätze aus dem angefochtenen (besser: anzufechtenden) Urteil des FG einerseits und aus den behaupteten Divergenzentscheidungen andererseits, um eine Abweichung erkennbar zu machen.«¹¹¹

Es kommt nicht darauf an, ob das LAG bei seiner Entscheidung einen Rechtssatz fallbezogen falsch angewendet hat. Allein entscheidend ist, ob es selbst einen bestimmten Rechtssatz aufgestellt hat, der von einem in der Arbeitsrechtsordnung bisher geltenden Rechtssatz abweicht.¹¹²

dd) Aufzeigen eines verdeckten Rechtssatzes

45 Ein abstrakter Rechtssatz, der zu einer Divergenz führt, kann in besonderen Fällen ausnahmsweise auch einmal in scheinbar nur fallbezogenen Formulierungen enthalten sein. Dann hat der Beschwerdeführer im Einzelnen darzulegen, dass das LAG bei seinen einzelfallbezogenen Ausführungen zwingend von einem bestimmten Rechtssatz ausgegangen sein muss, der im Widerspruch zu einem Rechtssatz in einer divergenzfähigen Entscheidung steht.¹¹³ Hat das LAG seiner Subsumtion keinen Obersatz vorangestellt, muss der Beschwerdeführer den sich aus den einzelfallbezogenen Ausführungen des LAG ergebenden Rechtssatz selbst formulieren.¹¹⁴ Für die Darlegung, dass das LAG von einem bestimmten, nicht ausformulierten Rechtssatz ausgegangen sein muss, können vorangegangene prozessleitende Verfügungen und Beschlüsse des LAG, die für sich nicht divergenzfähig sind, hilfreich sein.¹¹⁵ Die Rspr. des BAG erwartet die Darlegung von Umständen, die einen »zwingenden« Schluss gestatten.¹¹⁶ Allein aus dem Umstand, dass das LAG einen bestimmten Prüfungsschritt nicht vorgenommen hat, den die st. Rspr., z.B. bei der Behandlung einer verhaltensbedingten Kündigung, verlangt, kann daher nicht der Schluss gezogen werden, das Gericht habe den Rechtssatz aufgestellt, auf diesen Prüfungsschritt komme es nicht an.¹¹⁷ Mag auch eine solche Entscheidung rechtsfehlerhaft sein, sie führt dennoch nicht zur Zulassung, weil der Zulassungsgrund der Divergenz nicht erfüllt ist.

ee) Aufzeigen des Widerspruchs der Rechtssätze

46 Eine erhebliche Abweichung i.S.v. § 72 Abs. 2 Nr. 2 setzt einen Widerspruch zwischen dem vom LAG aufgestellten und dem vom Beschwerdeführer herangezogenen Rechtssatz voraus (sog. rechtserhebliche Divergenz¹¹⁸). Erst dann ist die Divergenz im Lichte des institutionellen Auftrags, die Rechtseinheit zu sichern, erheblich; denn nicht immer stehen zwei im Wortlaut voneinander abweichende Rechtssätze in einem Widerspruch. So kann das BAG in einer älteren Entscheidung eine Regel aufgestellt und in einer jüngeren Entscheidung eine bestimmte Ausnahme zugelassen haben. Dann kann dem Berufungsurteil, in dem eine weitere Ausnahme entwickelt wird, nicht die ursprüngliche BAG-Entscheidung mit der aufgestellten Regel entgegengehalten werden, denn diese

---

110 BAG, 14.02.2001 – 9 AZN 878/00, AP § 72a ArbGG 1979 Divergenz Nr. 42; ebenso: BAG, 01.09.2010 – 5 AZN 599/10, EzA § 72a ArbGG 1979 Nr. 124.
111 BFH, 26.11.2007 – VIII B 117/07, juris.
112 BAG, 16.12.1982 – 2 AZN 337/82; BAG, 22.02.1983 – 1 N 33/82; GK-ArbGG/Mikosch § 72a Rn 69.
113 BAG, 04.08.1981 – 3 AZN 107/81 – AP § 72a ArbGG 1979 Divergenz Nr. 9; BAG, 18.05.2004 – 9 AZN 653/03, BAGE 110, 352.
114 BAG, 29.12.2008 – 4 AZN 535/08, AE 2009, 145; BAG, 14.02.2001 – 9 AZN 878/00, juris.
115 Düwell/Lipke-Bepler § 72a Rn 30.
116 Vgl. z.B. BAG, 10.12.1997 – 4 AZN 737/97, AP § 72a ArbGG 1979 Nr. 40.
117 BAG, 18.05.2004 – 9 AZN 653/03, BAGE 110, 352.
118 BAG, 18.05.2004 – 9 AZN 653/03, BAGE 110, 352 = AP § 72a ArbGG 1979 Divergenz Nr. 46.

ist durch die jüngere Entscheidung für Ausnahmen gelockert. Der jüngeren BAG-Entscheidung kann nur dann ein widersprechender Rechtssatz entnommen werden, wenn dort keine Öffnung für eine unbestimmte Anzahl von Ausnahmen, sondern nur für eine einzige Ausnahme zugelassen worden ist.

ff) Abweichung in der Beantwortung derselben Rechtsfrage

Der vom Berufungsgericht aufgestellte Rechtssatz muss einem Rechtssatz widersprechen, der in einer divergenzfähigen Entscheidung von einem der in § 72 Abs. 2 Nr. 2 genannten Gerichte zu derselben Rechtsfrage mit Bezug auf dieselbe Rechtsnorm aufgestellt worden ist. Deshalb ist auch auszuführen, dass es sich im Streitfall um einen vergleichbaren Sachverhalt und um eine identische Rechtsfrage wie in der herangezogenen Entscheidung handelt.[119] 47

Eine bloße Gleichartigkeit der Rechtsfrage, die in dem Rechtssatz des Berufungsgerichts beantwortet wird, mit der, die in der herangezogenen Entscheidung behandelt wird, genügt nicht.[120] Für die Annahme einer Divergenz muss grds. auch gefordert werden, dass die Rechtsnormen, die dem Rechtssatz in der anzufechtenden und in der herangezogenen Entscheidung zugrunde liegen, identisch sind. In der Rspr. ist bislang noch ungeklärt, welches Maß an Übereinstimmung für die Annahme einer Identität erforderlich ist. Das BVerwG vertritt die Auffassung, das mit der Divergenzbeschwerde verfolgte Ziel der Vereinheitlichung der Rspr. setze voraus, dass die unterschiedlichen Rechtssätze auf der Grundlage wörtlich übereinstimmender Vorschriften mit einem identischen Regelungsgegenstand aufgestellt sein müssen.[121] Nach der Rspr. des Gemeinsamen Senats der obersten Gerichtshöfe des Bundes liegt eine rechtserhebliche Divergenz trotz eines abweichenden Wortlauts vor, wenn die Normen jedenfalls in ihrem Regelungsgehalt übereinstimmen.[122] Das BAG vertritt die Auffassung, dass eine bloße Vergleichbarkeit der Regelungsinhalte der unterschiedlichen Normen noch nicht für die Annahme einer rechtserheblichen Divergenz ausreicht.[123]

gg) Entscheidungserheblichkeit der Divergenz

Der Beschwerdeführer muss schließlich darlegen, dass die festgestellte Divergenz für die Entscheidung **insgesamt erheblich** ist. Die anzufechtende Entscheidung hätte zu einem anderen Ergebnis führen müssen, wenn das LAG statt des selbst aufgestellten Rechtssatzes den Rechtssatz aus der herangezogenen Entscheidung zugrunde gelegt hätte.[124] Hier ist bei der Beschwerdebegründung besondere Aufmerksamkeit auf eine konkrete, fallbezogene Darlegung zu richten.[125] Es ist sinnvoll, den Lösungsgang des LAG mit dem divergierenden Rechtssatz fiktiv nachzuzeichnen. 48

Hat das LAG sein Ergebnis **mehrfach begründet**, liegt eine die nachträgliche Zulassung der Revision rechtfertigende Divergenz nur dann vor, wenn sie alle Begründungen betrifft oder wenn sich in jeder der Begründungen eine das Ergebnis beeinflussende Divergenz befindet.[126] Nur dann ist die Klärung einer strittigen Rechtsfrage durch das Revisionsgericht erforderlich. 49

---

119 So ausdrücklich zur finanzgerichtlichen Nichtzulassungsbeschwerde BFH, 26.11.2007 – VIII B 117/07, juris.
120 BAG, 20.08.2002 – 9 AZN 130/02, AP § 72a ArbGG 1979 Divergenz Nr. 45; BVerwG, 29.05.2005 – 2 B 112/04, juris.
121 BVerwG, 28.03.1994 – 6 PB 22/93, AP § 92a ArbGG 1979 Nr. 8.
122 Beschl. des Gemeinsamen Senats der Obersten Gerichtshöfe des Bundes, 06.02.1973 – GmS-OGB 1/72, AP RsprEinhG § 4 Nr. 1.
123 BAG, 08.12.1994 – 9 AZN 849/94, BAGE 79, 3; 20.08.2002 – 9 AZN 130/02, BAGE 102, 205 = AP § 72a ArbGG 1979 Divergenz Nr. 45.
124 Vgl. § 72 Rdn. 40 bis 42.
125 BAG, 15.09.2004 – 4 AZN 281/04.
126 BAG, 23.07.1996 – 1 ABN 18/96, NZA 1997, 281; BAG, 27.10.1998 – 9 AZN 575/98, NJW 1999, 1419 = NZA 1999, 222; GMPMG/Müller-Glöge § 72 Rn 34; GK-ArbGG/Mikosch § 72a Rn 65 f.

50 Andererseits muss sich bei **mehreren Streitgegenständen** die Divergenz auch auf alle Streitgegenstände beziehen, soll mit ihr die Zulassung der Revision insgesamt erreicht werden. Ansonsten ist eine uneingeschränkt eingelegte Nichtzulassungsbeschwerde nur für den Teil des Rechtsstreits begründet, für den die Divergenz entscheidungserheblich ist. I.Ü. muss eine solche Beschwerde als unzulässig verworfen werden.[127]

d) Grundsatzbeschwerde (Abs. 2 Satz 2 Nr. 1)

aa) Allgemein

51 Dadurch, dass der Gesetzgeber des Anhörungsrügengesetzes **die** privilegierten **Verfahrensgegenstände** des § 72a Abs. 1 Nr. 1 bis 3 a.F., bei deren Vorliegen allein eine nachträgliche Zulassung der Revision auf Beschwerde hin in Betracht kam, **ersatzlos gestrichen** hat, hat nicht nur eine Vielzahl kleinerer Einzelprobleme seine Grundlage verloren. Es ist hiermit auch eine ganz erhebliche Erweiterung des Revisionszugangs verbunden. Man kann davon ausgehen, dass die **praktische Bedeutung** der bislang überwiegend eingelegten **Divergenzbeschwerde** erheblich **zurückgehen** wird. An deren Stelle und umfangmäßig weit darüber hinausgehend wird es zu Grundsatzbeschwerden kommen, in denen der Beschwerdeführer geltend macht, in seinem Rechtsstreit habe eine entscheidungserhebliche Rechtsfrage grundsätzliche Bedeutung.[128] Dazu ist erforderlich, dass zunächst der Beschwerdeführer **darlegt**, dass die zu seinen Lasten ergangene Entscheidung des Landesarbeitsgerichts auf der Beantwortung einer **fallübergreifend bedeutsamen abstrakten Rechtsfrage** beruht, die im Rahmen eines Revisionsverfahrens klärungsfähig ist und für die auch ein **Klärungsbedürfnis** besteht, also noch keine mit der Erkenntnis des Landesarbeitsgerichts übereinstimmende höchstrichterliche Antwort gegeben worden ist und die **Richtigkeit** der Antwort des Landesarbeitsgerichts auch **nicht so evident** ist, dass divergierende Entscheidungen anderer Landesarbeitsgerichte nicht zu erwarten sind.[129] Der Beschwerdeführer hat die Rechtsfrage von grundsätzlicher Bedeutung regelmäßig konkret zu formulieren. Die von ihm darzustellende Rechtsfrage muss mit »Ja« oder mit »Nein« beantwortet werden können.[130] Das schließt im Einzelfall eine differenzierte Formulierung nicht aus. Unzulässig ist jedoch stets eine Fragestellung, deren Beantwortung von den Umständen des Einzelfalls abhängt und damit auf die Antwort »Kann sein« oder »Kann auch nicht sein« hinausläuft.[131]

bb) Anforderungen der Rechtseinheit

52 Unter dem Gesichtspunkt der Wahrung der Rechtseinheit bedarf es – wie im Recht der Divergenzbeschwerde – des Aufzeigens eines im Berufungsurteil enthaltenen fallübergreifenden (Rechts-) Satzes, mit dem eine bestimmte Rechtsfrage von grds. Bedeutung beantwortet worden ist. Es genügt nicht, dass das LAG sich nach Auffassung des Beschwerdeführers mit der von ihm vorgebrachten Rechtsfrage hätte befassen müssen, die sich aber nach der vom Berufungsgericht gegebenen Begründung nicht stellte.[132] Der Unterschied zur Divergenzbeschwerde besteht darin, dass wegen des Fehlens von ober- und höchstrichterlichen Entscheidungen, die schon zu derselben Rechtsfrage ergangen sind, im Weiteren nicht die Abweichung im Rechtssatz, sondern die grds. Bedeutung des Rechtssatzes geprüft wird.

Eine Rechtsfrage ist eine Frage, welche die Wirksamkeit, den Geltungsbereich, die Anwendbarkeit oder den Inhalt einer Norm zum Gegenstand hat.[133] Es ist nicht erforderlich, dass eine Rechtsfrage

---

127 BAG, 06.12.1994 – 9 AZN 337/94, NZA 1995, 445.
128 Zum Inhalt des Begriffs der Rechtsfrage s. § 72 Rdn. 19.
129 BAG, 15.02.2005 – 9 AZN 982/04, BAGE 113, 321.
130 BAG, 23.01.2007 – 9 AZN 792/06, NZA 2008, 376.
131 BAG, 23.01.2007 – 9 AZN 792/06, NZA 2008, 376.
132 Vgl. BAG, 13.06.2006 – 9 AZN 226/06, NZA 2006, 100.
133 Vgl. BAG, 14.04.2005 – 1 AZN 840/04, AP § 72a ArbGG 1979 Rechtliches Gehör Nr. 4; Einzelheiten bei Düwell/Lipke-Bepler 2. Aufl. § 72 Rn 15.

mit Ja oder Nein beantwortet wird. Es gibt auch differenziertere Antworten, z.B. wenn mehrere alternative oder kumulative Voraussetzungen für einen Anspruch bestehen. Unzulässig sind danach »offene Fragen«, die nur unter Berücksichtigung der Umstände des Einzelfalles mit »Kommt darauf an« beantwortet werden können.

cc) Anforderungen der Rechtsfortbildung

Unter dem Gesichtspunkt der Rechtsfortbildung bedarf es nicht unbedingt eines im Berufungsurteil bereits enthaltenen beantwortenden Rechtssatzes zu einer Rechtsfrage von grds. Bedeutung. Es genügt, dass durch das Berufungsurteil eine Frage von grds. Bedeutung objektiv aufgeworfen wird, die das Berufungsgericht – weil nicht erkannt – nicht beantwortet hat.[134] 53

dd) Grundsätzliche Bedeutung

Die Beschwerde muss darlegen, dass die vom LAG aufgeworfene und beantwortete Rechtsfrage von grds. Bedeutung ist, weil die höchstrichterliche Klärung der Rechtsfrage entweder von allg. Bedeutung für die Rechtsordnung ist oder wegen ihrer tatsächlichen Auswirkungen die Interessen zumindest eines größeren Teils der Allgemeinheit berührt.[135] Soweit die ältere Rspr. die Anzahl von 20 betroffenen Arbeitsverhältnissen als Schwellenwert für die grundsätzliche Bedeutung betrachtet hat,[136] ist dieser starre Grenzwert aufgegeben worden (Einzelheiten § 72 Rdn. 23). Die jüngere Rechtsprechung des BAG stellt auf eine **unbestimmte Vielzahl** von Fällen ab.[137] Zur grundsätzlichen Bedeutung der aufgeworfenen Rechtsfrage muss dem folgend nicht mehr dargelegt werden, dass 20 oder mehr Arbeitsverhältnisse betroffen sein könnten.[138] Bei eine abstrakt generellen Rechtsfrage ist regelmäßig von einer unbestimmten Vielzahl möglicher Betroffener auszugehen.[139] Nur wenn aufgrund des engen Geltungsbereichs einer Norm Zweifel an der Bedeutung der Rechtsfrage für die Allgemeinheit bestehen können, bedarf es einer Darlegung der quantitativen Auswirkungen. 54

ee) Klärungsbedürftigkeit

Die Beschwerde muss darlegen, dass die Rechtsfrage höchstrichterlich noch nicht abschließend geklärt ist[140] und ihre Beantwortung nicht offenkundig ist.[141] Ihre Beantwortung muss also noch zweifelhaft sein.[142] Nicht klärungsbedürftig ist eine Rechtsfrage, die ohne vernünftigen Zweifel zu beantworten ist, sodass divergierende Entscheidungen der LAG nicht zu erwarten sind.[143] Ist eine 55

---

134 Ebenso Bader/Creutzfeldt/Friedrich-Friedrich § 72a Rn 5; GK-ArbGG/Mikosch § 72a Rn 10 unter Hinweis auf BAG, 15.02.2005 – 9 AZN 982/04, BAGE 113, 315 = AP § 72a ArbGG 1979 Divergenz Nr. 50.
135 BAG, 26.09.2000 – 3 AZN 181/00, BAGE 95, 372, 375, zu II 2 der Gründe; BAG, 15.11.1995 – 4 AZN 580/95, AP § 72a ArbGG 1979 Grundsatz Nr. 49 = EzA § 72a ArbGG 1979 Nr. 72, zu II 2 a der Gründe; BAG, 28.09.1989 – 6 AZN 303/89, BAGE 63, 58, 62, zu II 1 der Gründe.
136 BAG, 26.09.2000 – 3 AZN 181/00, EzA § 72a ArbGG 1979 Nr. 92; vgl. BAG, 28.09.1989 – 6 AZN 303/89, BAGE 63, 58.
137 Vgl. BGH, 14.12.2005 – IX ZB 207/04, NJW-RR 2006, 1061; BGH, 11.05.2004 – XI ZB 39/03, NJW 2004, 2222.
138 BAG, 28.06.2011 – 3 AZN 146/11, EzA-SD 2011, Nr. 16, 16.
139 GK-ArbGG/Mikosch § 72a Rn 11.
140 BAG. 06.09.1997 – 9 AZN 133/97, AP § 72a ArbGG 1979 Grundsatz Nr. 54 = EzA § 72a ArbGG 1979 Nr. 82, zu II 1 der Gründe m.w.N.
141 BAG, 22.03.2005 – 1 ABN 1/05, AP § 72a ArbGG 1979 Rechtliches Gehör Nr. 3, zu II 2 a der Gründe; BAG, 25.10.1989 – 2 AZN 401/89, AP § 72a ArbGG 1979 Grundsatz Nr. 39 = EzA § 72a ArbGG 1979 Nr. 56, zu I 2 c der Gründe m.w.N.
142 BSG, 15.02.2001 – B 2 U 23/01 B, HVBG-INFO 2001, 1227.
143 BAG, 15.02.2005 – 9 AZN 982/04, AP § 72a ArbGG 1979 Grundsatz Nr. 63 = EzA § 72a ArbGG 1979 Nr. 99, zu II 2 a der Gründe; BAG, 25.10.1989 – 2 AZN 401/89, AP § 72a ArbGG 1979 Grundsatz Nr. 39 = EzA § 72a ArbGG 1979 Nr. 56.

Rechtsfrage vom BAG bereits entschieden, dann besteht jedenfalls dann keine Veranlassung, den Zugang zum BAG zu eröffnen, wenn gegen die Richtigkeit der Rspr. keine neuen Gesichtspunkte von einigem Gewicht vorgebracht worden sind.[144] Allerdings kann auch trotz einer gefestigten höchstrichterlichen Rspr. vorgebracht werden, dass bisher noch keine hinreichende Auseinandersetzung mit der Rspr. des EuGH oder dem EGMR stattgefunden habe.[145]

ff) Klärungsfähigkeit

56 Der Beschwerdeführer hat darzulegen, dass das BAG auch fähig ist, die Rechtsfrage grundsätzlicher Bedeutung zu beantworten. Klärungsfähig ist eine Rechtsfrage nur dann, wenn sie auch vom Revisionsgericht beantwortet werden kann.[146] Davon kann nur dann ausgegangen werden, wenn der Beschwerdeführer die nach Abs. 3 Satz 2 Nr. 1 darzulegende entscheidungserhebliche Rechtsfrage so konkret formuliert, dass sie mit »Ja« oder mit »Nein« beantwortet werden kann. Das schließt im Sonderfall eine differenziertere Formulierung nicht aus. Nicht klärungsfähig ist jedoch eine Fragestellung, deren Beantwortung von den Umständen des Einzelfalls abhängt und damit auf die Antwort »Kann sein« hinausläuft.[147] Die Beantwortung dieser Frage ist in den Beurteilungsspielraum der Tatsachengerichte gestellt. Die Klärungsfähigkeit ist auch in anderen Bereichen von der gesetzlich beschränkten Prüfungsbefugnis des BAG abhängig. So ist das BAG gesetzlich von der Beantwortung bestimmter Rechtsfragen der Zuständigkeit in § 73 Abs. 2 i.V.m. § 65 ArbGG ausgeschlossen. Die Prüfungsbefugnis ist auch dann zu verneinen, wenn es zur Klärung weiterer tatsächlicher Feststellungen bedürfte, die in der Revisionsinstanz nicht mehr in den Rechtsstreit eingeführt werden können.[148] Klärungsfähig ist entgegen der Ansicht des Achten Senats des BAG[149] auch die Frage der Verfassungswidrigkeit einer streitentscheidenden Norm. In der Rechtsprechung der obersten Gerichtshöfe des Bundes ist die Auffassung, mit der Verfassungswidrigkeit der Norm könne eine Nichtzulassungsbeschwerde im Hinblick auf eine Rechtsfrage grundsätzlicher Bedeutung nicht begründet werden, sonst nicht vertreten worden. Die Ansicht des Achten Senats hat das BVerfG als »verfassungsrechtlich bedenklich« bezeichnet.[150] Der Achte Senat wird deshalb seine Rspr. aufgeben müssen, zumal er von der Auffassung des Dritten Senat des BAG, ohne das Verfahren nach § 45 einzuleiten, abgewichen war; denn der Dritte Senat hatte zuvor entschieden, dass die Frage, ob eine Norm verfassungsgemäß ist, eine entscheidungserhebliche Rechtsfrage grundsätzlicher Bedeutung sein kann.[151]

gg) Entscheidungserheblichkeit

57 Die Beschwerde muss darlegen, dass die Rechtsfrage für das Berufungsurteil entscheidungserheblich gewesen ist. Davon ist auszugehen, wenn **nicht ausgeschlossen werden kann**, das LAG hätte bei einer anderen Beantwortung der Rechtsfrage, der grundsätzliche Bedeutung zugemessen wird, anders entschieden. Wenn das Berufungsurteil auf mehrere voneinander unabhängige rechtliche Erwägungen gestützt worden ist und die aufgezeigte Rechtsfrage nur eine Begründung betrifft, so trägt die andere Begründung weiterhin die anzufechtende Entscheidung.[152] Es fehlt dann an der Entscheidungserheblichkeit. Deshalb hat der Beschwerdeführer zumindest auszuführen, dass

---

144 BAG, 16.09.1997 – 9 AZN 133/97, AP § 72a ArbGG 1979 Grundsatz Nr. 54.
145 Vgl. BVerfG 2. Senat 1. Kammer, 19.10.2011 – 2 BvR 754/10, juris.
146 BAG, 26.06.2008 – 6 AZN 648/07, NZA 2008, 1145, 1146 ebenso BVerfG 1. Senat 3. Kammer, 27.02.2009 – 1 BvR 3505/08, Rn 7, NZA 2009, 509; weitere Einzelheiten § 72 Rdn 16.
147 BAG, 23.01.2007 – 9 AZN 792/06, BAGE 121, 52 = AP § 72a ArbGG 1979 Nr. 66.
148 BVerfG 1. Senat 3. Kammer, 27.02.2009 – 1 BvR 3505/08, Rn 7, NZA 2009, 509.
149 BAG, 21.08.2008 – 8 AZN 360/08, juris, nachgehend: BVerfG 1. Senat 3. Kammer, 27.02.2009 – 1 BvR 3505/08, NZA 2009, 509.
150 BVerfG 1. Senat 3. Kammer, 27.02.2009 – 1 BvR 3505/08, Rn 7, NZA 2009, 509.
151 BAG, 25.07.2006 – 3 AZN 108/06, Rn 10, NZA 2007, 407.
152 BAG, 28.09.1989 – 6 AZN 303/89, BAGE 63, 58 = AP § 72a ArbGG 1979 Grundsatz Nr. 38.

im anzufechtenden Urteil keine Mehrfachbegründungen mit selbstständig tragenden Erwägungen enthalten sind.

Es kommt nicht darauf an, ob es objektiv eine Rechtsfrage von grundsätzlicher Bedeutung gibt, von der das LAG die Entscheidung des Rechtsstreits hätte abhängig machen müssen, sondern darauf, ob das LAG eine solche Rechtsfrage aufgeworfen hat und von deren Beantwortung seine Entscheidung abhängig gemacht hat[153] (vgl. auch § 72 Rdn. 21). Wollte man anders verfahren, müsste bereits im Nichtzulassungsbeschwerdeverfahren bei entsprechendem Vortrag des Beschwerdeführers im Rahmen des Abs. 3 Satz 2 eine volle materiell-rechtliche Sachprüfung erfolgen. Das stünde im Widerspruch zu dem im Gesetz angelegten Verständnis vom Beschwerdeverfahren als formellem Verfahren zur Kontrolle der Entscheidung des LAG, die Revision nicht zuzulassen. Der Gesetzgeber wollte ausweislich der amtlichen Begründung mit seiner Umformulierung des § 72 Abs. 2 Nr. 1[154] nichts am Verfahren der Grundsatzbeschwerde und dessen bisherigem Verständnis ändern. Soweit die Rspr. darauf verweist, dass die Entscheidung im Revisionsverfahren von der Klärung dieser Rechtsfrage **abhängen muss**,[155] ist das zu weitgehend. Zwar kann die Klärungsfähigkeit der Rechtsfrage schon bei einer summarischen Prüfung der Erfolgsaussichten im Revisionsverfahren entfallen, insb. wenn sich das Berufungsurteil aus anderen Gründen als zutreffend erweist (§ 571 ZPO). Es darf keine Schlüssigkeitsprüfung auf der Grundlage des vom LAG festgestellten Tatbestands stattfinden, denn mit der Revisionsbegründung kann der Revisionskläger noch Verfahrensrügen erheben, die den festgestellten Sachverhalt – ggf. nach Zurückverweisung der Sache – verändern.

e) Verfahrensbeschwerde (Abs. 3 Satz 2 Nr. 3)

aa) Unterschiede in der Darlegungslast

Die Verfahrensbeschwerde kann auf die mit dem **Anhörungsrügengesetz** eingeführten verfahrensrechtlichen Zulassungsgründe des § 72 Abs. 2 Nr. 3 gestützt werden. Sie umfassen die absoluten Revisionsgründe des § 547 Nr. 1 bis 5 ZPO und die entscheidungserhebliche Verletzung des Anspruchs auf rechtliches Gehör (Überblick in der Kommentierung zu § 72 Rdn. 44).

58

Wer auf dem Weg über die **Verfahrensbeschwerde** eine nachträgliche Zulassung der Revision durch das BAG erreichen will, hat zwei Alternativen: Entweder muss er einen absoluten Revisionsgrund i.S.v. § 547 Nr. 1 bis 5 ZPO rügen, der stets als entscheidungserheblich gilt, oder er muss die **Verletzung** des Anspruchs auf rechtliches Gehör und auch die **Entscheidungserheblichkeit** der gerichtlichen Verletzungshandlung aufzeigen. Beide Alternativen unterscheiden sich somit hinsichtlich des dem Beschwerdeführer nach Abs. 3 Satz 2 obliegenden Umfangs der Darlegungslast.

59

bb) Rüge eines absoluten Revisionsgrundes

Bei der Rüge eines der gravierenden Verfahrensmängel, die nach § 547 Nr. 1 bis 5 ZPO als absolute Revisionsgründe bezeichnet werden, bedarf es keiner Darlegung der Kausalität des Verfahrensfehlers. Dennoch erfordert die ordnungsgemäße Rüge ein gehöriges Maß an anwaltlicher Aufbereitung.

60

aaa) Rüge des Entzugs des gesetzlichen Richters

Der Beschwerdeführer, der die falsche Besetzung der Richterbank rügt, muss mehr als einen objektiven Verfahrensmangel darlegen. Das erkennende Gericht ist zwar schon dann nicht vorschriftsmäßig besetzt, wenn durch eine fehlerhafte Zuteilung des Berufungsverfahrens den Parteien der gesetzliche Richter entzogen worden ist. Abzustellen ist allerdings auf einen objektiven Willkürmaßstab, d.h. darauf, ob bei objektiver Würdigung die Zuteilung nach dem Geschäftsverteilungsplan nicht

61

---

153 Hauck/Helml § 72a Rn 2.
154 BR-Drucks. 663/04, S. 47.
155 Vgl. BAG, 26.09.2000 – 3 AZN 181/00, BAGE 95, 372 = AP § 72a ArbGG 1979 Grundsatz Nr. 61; BSG, 11.09.1998 – B 2 U 188/98 B, HVBG-INFO 1998, 3428.

mehr verständlich und offensichtlich unhaltbar erscheint.[156] Das BAG hat angenommen, im Einzelfall müsse eine fehlerhafte Anwendung einer einfachen Parallelitätsregelung in einem Geschäftsverteilungsplan nicht zwangsläufig einen willkürlichen Verstoß gegen Art. 101 GG darstellen.[157] Art. 101 Abs. 1 Satz 2 GG ist deshalb nicht schon dann verletzt, wenn das Gericht eine Bestimmung zur Heranziehung ehrenamtlicher Richter durch die Geschäftsstelle irrtümlich falsch anwendet. Die Heranziehung verstößt nur dann gegen das Gebot des gesetzlichen Richters, wenn sie von objektiv willkürlichen Erwägungen bestimmt ist.[158] Das ist anzunehmen, wenn die fehlerhafte Heranziehung aufgrund einer richterlichen Anweisung erfolgte. Es lohnt sich insoweit, Einblick in den Geschäftsverteilungsplan zu nehmen und entsprechende Auskünfte einzuholen.

Ein häufiger Verfahrensfehler wird bei nachgelassenen Schriftsätzen begangen. Es wird bewusst vernachlässigt, dass im arbeitsgerichtlichen Berufungsverfahren die ehrenamtlichen Richter auch an der Entscheidung über die Wiedereröffnung der mündlichen Verhandlung infolge eines nachgereichten Schriftsatzes mitzuwirken haben. Kann ein nachgereichter Schriftsatz nicht mehr bei der Entscheidung über das Urteil berücksichtigt werden, weil das Urteil bereits mit den ehrenamtlichen Richtern beschlossen ist, obliegt es dennoch dem Gericht, weiterhin nachgereichte Schriftsätze zur Kenntnis zu nehmen und eine Wiedereröffnung der mündlichen Verhandlung zu prüfen.[159] An der Entscheidung über die Wiedereröffnung müssen nach § 64 Abs. 7 auch die ehrenamtlichen Richter mitwirken, weil keiner der in § 53 genannten Ausnahmen vorliegt. Ist das Berufungsgericht bei der Beratung und Entscheidung über das Urteil, in welchem konkludent die Wiedereröffnung der mündlichen Verhandlung abgelehnt wird, wegen der unterlassenen Hinzuziehung der ehrenamtlichen Richter nicht ordnungsgemäß besetzt, gilt dieser Verstoß gegen Art. 101 Abs. 1 Satz 2 GG nach § 547 Nr. 1 ZPO als absoluter Revisionsgrund.[160]

Das Recht auf den gesetzlichen Richter (Art. 101 Abs. 1 Satz 2 GG) und damit auch § 547 Nr. 1 ZPO wird verletzt, wenn ein nationales Gericht seiner Pflicht zur Anrufung des Gerichtshofs der Europäischen Union im Wege des Vorabentscheidungsverfahrens nach Art. 267 AEUV (vormals Art. 234 EG) nicht nachkommt, obwohl es selbst Zweifel hinsichtlich der richtigen Beantwortung der Frage hat.[161] Jedoch werden vom Sechsten Senat des BAG die Landesarbeitsgerichte nach der Neufassung der Zulassungsgründe in § 72 Abs. 2 Nr. 1 bis 3 nicht zu den vorlagepflichtigen letztinstanzlich entscheidenden Gerichten gezählt.[162]

bbb) Rüge der Mitwirkung des ausgeschlossenen Richters, § 547 Nr. 2 ZPO

62 Voraussetzungen des § 547 Nr. 2 ZPO liegen vor, wenn an der Entscheidung des LAG ein von der Ausübung des Richteramts kraft Gesetzes ausgeschlossener Richter mitgewirkt hat, ohne dass dieses Hindernis erfolglos mit einem Ablehnungsgesuch geltend gemacht wurde. Nach § 41 Nr. 1 ZPO ist von der Ausübung des Richteramts ausgeschlossen, wer entweder selbst Partei war oder zu einer Partei in dem Verhältnis eines Mitberechtigten, Mitverpflichteten oder Regresspflichtigen stand. Partei im Sinne des entsprechend anwendbaren § 41 Nr. 1 ZPO ist auch, wer Betriebsratsmitglied bei einem als Partei beteiligten Arbeitgeber war.[163]

---

156 BAG, 09.06.2011 – 2 ABR 35/10, NJW 2011, 3053.
157 BAG, 03.09.1991 – 3 AZR 369/90, unter B der Gründe, BAGE 68, 248.
158 BAG, 23.03.2010 – 9 AZN 1030/09, EzA § 72a ArbGG 1979 Nr. 122.
159 BGH, 15.04.2011 – LwZR 7/10, GuT 2011, 86; BGH, 01.02.2002 – V ZR 357/00, NJW 2002, 1426, 1427.
160 So für das ebenfalls unter Beteiligung ehrenamtlicher Richter durchzuführende Verfahren in Landwirtschaftssachen: BGH, 15.04.2011 – LwZR 7/10, GuT 2011, 86.
161 BVerfG, 25.02.2010 – 1 BvR 230/09, NZA 2010, 439.
162 BAG, 08.12.2011 – 6 AZN 1371/11, juris.
163 BAG, 20.01.2009 – 1 ABR 78/07, EzA § 547 ZPO 2002 Nr. 2.

ccc) Rüge der Mitwirkung des abgelehnten befangenen Richters, § 547 Nr. 3 ZPO

Nach § 547 Nr. 3 ZPO liegt ein absoluter Revisionsgrund stets vor, wenn bei der Entscheidung ein Richter mitgewirkt hat, obgleich er wegen Besorgnis der Befangenheit abgelehnt und das Ablehnungsgesuch (§ 44 ZPO) nach § 49 für begründet erklärt war. 63

In der älteren Rspr. wurde davon ausgegangen, dass die entgegen § 48 ZPO unterlassene Selbstanzeige eines Umstands, der objektiv geeignet ist, die Besorgnis der Befangenheit zu begründen, nicht dem absoluten Revisionsgrund gleich gesetzt werden kann.[164] Die jüngere Rspr. wertet demgegenüber einen Verstoß gegen die Anzeigepflicht aus § 48 ZPO zu Recht anders; denn durch die Verletzung des Anzeigegebots werden die Parteien in gleicher Weise daran gehindert, von etwaigen, ihnen unbekannten Ablehnungsgründen Kenntnis zu erlangen und sich zu ihnen zu äußern.[165] Die unterlassene Selbstanzeige der Besorgnis der Befangenheit ist deshalb als absoluter Revisionsgrund anzusehen.

ddd) Rüge der mangelnden Vertretung im Prozess, § 547 Nr. 4 ZPO

Die Rüge der nicht gesetzmäßigen Vertretung einer Partei (§ 547 Nr. 4 ZPO) kann nur von der Partei geltend gemacht werden, um deren Vertretung es dabei geht.[166] 64

Der absolute Revisionsgrund des § 547 Nr. 4 ZPO liegt insbesondere vor, wenn über das Vermögen der Partei das Insolvenzverfahren eröffnet worden war und trotz der Unterbrechung des Verfahrens nach § 240 ZPO ein Berufungsurteil zuungunsten der Partei ergangen ist, die nicht nach der Vorschrift des Gesetzes vertreten war.[167] Auf eine Kenntnis des Gerichts vom Unterbrechungsgrund kommt es nicht an.[168]

Die Verletzung der Berufspflichten eines Rechtsanwalts macht die prozessualen Handlungen, die er für die von ihm vertretene Partei vorgenommen hat, nicht unwirksam. Die erteilte Prozessvollmacht hat im Hinblick auf das Abstraktionsprinzip Bestand.[169] Wenn nach dem Berufsrecht (hier: § 46 Abs. 1 BRAO) ein Rechtsanwalt für einen Auftraggeber, dem er aufgrund eines ständigen Dienstverhältnisses seine Arbeitszeit und -kraft zur Verfügung stellen muss, vor Gerichten nicht in seiner Eigenschaft als Rechtsanwalt tätig wird, so ist zwar der Geschäftsbesorgungsvertrag gemäß § 134 BGB nichtig. Das hat aber prozessrechtlich nur die Wirkung, dass der Rechtsanwalt keine Gebührenansprüche gegen seinen Auftraggeber geltend machen kann.[170] Soweit der Prozessbevollmächtigte die Prozesshandlungen nach außen erkennbar in seiner Eigenschaft als Rechtsanwalt und nicht als Angestellter einer Partei wahrgenommen hat, sind sie wirksam.[171] Folglich kann die auf § 547 Nr. 4 gestützte Rüge nicht durchdringen.[172]

Im Übrigen liegt es in der Verantwortung jedes handlungsfähigen Beteiligten, eine vertretungsberechtigte Person auszuwählen, die für ihn vor Gericht wirksam handeln kann. Besitzt der von der Partei ausgewählte Vertreter diese Fähigkeit nicht oder verliert er diese Fähigkeit, so liegt kein Fall

---

[164] BGH, 22.01.1954 – I ZR 251/52, ZZP 67 (1954), 302; BGH, 09.11.1992 – II ZR 230/91, NJW 1993, 400, 401.
[165] BGH, 15.12.1994 – I ZR 121/92, NJW 1995, 1677.
[166] BAG, 09.09.2010 – 4 AZN 354/10, EzA § 72 ArbGG 1979 Nr. 42 unter Bezug auf: Kleine-Cosack BRAO 6. Aufl. § 46 Rn 39.
[167] BAG, 06.12.2006 – 5 AZR 844/06, jurisPR extra 2007, 84.
[168] BAG, 24.01.2001 – 5 AZR 228/00, ZInsO 2001, 727, zu II und III der Gründe.
[169] BAG, 09.09.2010 – 4 AZN 354/10, EzA § 72 ArbGG 1979 Nr. 42 unter Bezug auf: Kleine-Cosack BRAO 6. Aufl. § 46 Rn 39.
[170] BGH, 25.02.1999 IX ZR 384/97, BGHZ 141, 69.
[171] BAG, 19.03.1996 – 2 AZB 36/95, BAGE 82, 239; Prütting AnwBl. 2001, 313, 318.
[172] BAG, 09.09.2010 – 4 AZN 354/10, EzA § 72 ArbGG 1979 Nr. 42.

des § 547 Nr. 4 ZPO vor; denn die Gerichtsentscheidung beruht dann nicht darauf, dass dem Beteiligten verwehrt wurde, in Bezug auf das Verfahren sein Selbstbestimmungsrecht auszuüben.[173]

eee) Rüge der Verletzung des Öffentlichkeitsgrundsatzes, § 547 Nr. 5 ZPO

65   Es genügt nicht die Behauptung, die Verhandlung, auf die das Berufungsurteil erging, sei nicht öffentlich gewesen, weil z.B. im Foyer des Gerichts ein Hinweis erteilt worden sei, es finde eine nichtöffentliche Verhandlung statt. Entscheidend ist die Darstellung im Verhandlungsprotokoll.[174] Nach § 160 Abs. 1 Nr. 5 ZPO ist im Protokoll anzugeben, dass öffentlich verhandelt oder die Öffentlichkeit ausgeschlossen wurde. Nach § 165 ZPO kann die Beachtung der für die Verhandlung vorgeschriebenen Förmlichkeiten einerseits nur durch das Protokoll bewiesen werden (Satz 1), andererseits ist gegen den diese Förmlichkeiten betreffenden Inhalt des Protokolls nur der Nachweis der Fälschung zulässig (Satz 2). Liegt ein in sich vollständiges und der Auslegung nicht fähiges Protokoll vor, das angibt, die Sitzung habe tatsächlich öffentlich stattgefunden, so ist das BAG im Nichtzulassungsbeschwerdeverfahren daran gebunden; es sei denn, es würde der Nachweis der Fälschung des Protokolls geführt.[175] Dazu muss innerhalb der Frist zur Begründung der Nichtzulassungsbeschwerde dargelegt werden, mindestens einer der Unterzeichner des Protokolls habe die Umstände, die gegen die Öffentlichkeit der Verhandlung sprechen, gekannt; denn nur die wissentliche Beurkundung der Unrichtigkeit stellt eine Protokollfälschung dar.[176] Liegen Umstände vor, die eine Verletzung des Öffentlichkeitsgrundsatzes belegen, wie z.B. falsche Ausschilderung durch Wachtmeister »nicht öffentliche Sitzung«, so empfiehlt es sich, nach § 164 ZPO einen Antrag auf Protokollberichtigung zu stellen. Mit dem auf dem Protokoll anzubringenden Berichtigungsvermerk (§ 164 Abs. 3 ZPO) kann dann auch der Nachweis der Verletzung des Grundsatzes der Öffentlichkeit geführt werden. Problematisch ist allerdings, dass angenommen wird, die Protokollberichtigung obliege der Urkundsperson allein aufgrund des von ihr durch Teilnahme an der Verhandlung erlangten eigenen Wissens.[177] Wäre diese Auffassung in dieser Allgemeinheit richtig, dann käme die Rüge aus § 547 Nr. 5 ZPO nicht für die Fälle zur Anwendung, in denen die Urkundsperson von den Umständen keine Kenntnis erlangt hat, die zur Beschneidung des öffentlichen Zugangs zu den Verhandlungsräumen geführt haben. Abweichend von der Auffassung des Dritten Senats des BAG kann die Beweiskraft des Protokolls daher nur auf die Umstände bezogen werden, die in das Wissen der Urkundsperson gestellt sind. Im Hinblick darauf hat der Neunte Senat des BAG in dem Fall des behaupteten versperrten Zugangs zum Sitzungssaal das tatsächliche Vorliegen des Verfahrensmangels geprüft und die Frage offen gelassen, welche Beweiskraft für diesen Fall das Protokoll hat.[178]

cc) Rüge der Verletzung rechtlichen Gehörs

aaa) Allgemein

66   Wer eine nachträgliche Zulassung der Revision durch das BAG nach Abs. 3 Satz 2 Nr. 3 erreichen will, muss sowohl die Verletzung des Anspruchs auf rechtliches Gehör als auch die Entscheidungserheblichkeit der gerichtlichen Verletzungshandlung im Einzelnen darlegen. Die pauschale Behauptung, das LAG habe das Recht auf rechtliches Gehör verletzt, genügt nicht. Da in den Gründen des

---

173 Zu dem Verlust der Rechtsanwaltszulassung während eines Rechtsstreits: BVerwG 10.06.2005 – 1 B 149.04, NJW 2005, 3018, 3019; zum Verzicht auf Anwaltszulassung: BAG, 18.10.1990 – 8 AS 1/90, EzA § 79 ArbGG Nr. 1.
174 BAG, 13.11.2007 – 3 AZN 414/07, EzA § 547 ZPO 2002 Nr. 1; BVerwG, 20.12.1977 – 1 C 27.77, HFR 1979 Nr. 136, zu 1 der Gründe; BGH, 12.02.1958 – V ZR 12/57, BGHZ 26, 340; OLG Köln, 07.11.1984 – 16 U 102/84, OLGZ 1985, 318, zu 1 der Gründe.
175 BAG, 13.11.2007 – 3 AZN 414/07, EzA § 547 ZPO 2002 Nr. 1.
176 BGH, 16.10.1984 – VI ZR 205/83, NJW 1985, 1782, zu B II 2 c cc der Gründe.
177 AG Wiesbaden, 19.12.2011 – 92 C 3189/10, juris, unter Bezugnahme auf: Zöller/Stöber § 164 Rn 11.
178 BAG, 19.02.2008 – 9 AZN 777/07, Rn 8, AP Nr. 59 zu § 72a ArbGG 1979.

anzufechtenden Urteils nicht jedes Vorbringen in den Gründen seiner Entscheidung ausdrücklich behandelt sein muss, kann sich der Beschwerdeführer nicht auf die fehlende Wiedergabe berufen. Er muss deshalb in der Beschwerdebegründung selbst im Einzelnen darlegen, dass und wodurch das LAG ihn nicht als Subjekt auf das seine Angelegenheiten betreffende Verfahren hat Einfluss nehmen lassen, ihm das Recht auf Information, Äußerung und Berücksichtigung genommen, ihn zu bestimmten Ausführungen und Anträgen nicht gehört hat.[179]

Unterlaufen den Gerichten Rechtsfehler, ist nicht schon aus diesem Grund der Anspruch auf rechtliches Gehör verletzt. Hinzukommen muss, dass die fehlerhafte Rechtsanwendung nicht mehr verständlich ist und sich der Schluss aufdrängt, dass sie auf sachfremden Erwägungen beruht.[180] Übergeht das Gericht einen Vortrag, auf den es aus seiner Sicht nicht ankommt, verstößt es auch dann nicht gegen Art. 103 Abs. 1 GG, wenn seine Auffassung unrichtig ist.[181] Der Anspruch auf rechtliches Gehör ist nicht schon jedes Mal dann verletzt, wenn ein Richter im Zusammenhang mit der ihm obliegenden Tätigkeit der Sammlung, Feststellung und Bewertung der von den Parteien vorgetragenen Tatsachen zu einer unrichtigen Schlussfolgerung oder Wertung gelangt. Ein Verstoß liegt nur dann vor, wenn besondere Umstände hinreichend deutlich machen, dass der Richter den Vortrag der Partei nicht zur Kenntnis nimmt oder nicht in Erwägung zieht. Art. 103 Abs. 1 GG schützt damit nicht davor, dass das Gericht dem Vortrag einer Partei nicht die aus deren Sicht richtige Bedeutung beimisst.[182]

bbb) **Hinweis- und Aufklärungspflichten**

Will der Beschwerdeführer eine Verletzung des Art. 103 GG durch Nichterfüllung der Hinweispflicht nach § 139 Abs. 2 ZPO geltend machen, muss er zum einen konkret und ausformuliert vortragen, welchen Hinweis das LAG hätte geben müssen, und zum anderen, inwiefern diese Rechtsverletzung entscheidungserheblich war. Dafür muss vorgetragen werden, dass zwischen der Gehörsverletzung und dem Ergebnis des Berufungsurteils eine Kausalität besteht. Es muss also dargelegt werden, dass das Berufungsgericht bei Beachtung seiner Hinweispflicht möglicherweise anders entschieden hätte. Dieses ist nur plausibel, wenn der Beschwerdeführer zugleich darlegt, wie er auf einen entsprechenden Hinweis des Gerichts reagiert hätte, welchen tatsächlichen Vortrag er gehalten oder welche für die Entscheidung erheblichen rechtlichen Ausführungen er gemacht hätte. Darauf aufbauend muss weiter zumindest nachvollziehbar geltend gemacht werden, dass das LAG bei Berücksichtigung dieses tatsächlichen oder rechtlichen Vorbringens möglicherweise anders als tatsächlich geschehen entschieden hätte. Die Anforderungen an die Verfahrensbeschwerde entsprechen nach alledem den Anforderungen an eine begründete Verfahrensrüge nach § 551 Abs. 3 Nr. 2b ZPO im Rahmen einer statthaften Revision.[183]

67

Der Beschwerdeführer kann geltend machen, das LAG habe den Anspruch auf rechtliches Gehör dadurch verletzt, weil es in seinem klageabweisenden Urteil einen von der Klägerin bislang noch nicht vorgetragenen Lebenssachverhalt aufgenommen hat, ohne ihr zuvor Gelegenheit zu geben, diesen neuen Lebenssachverhalt durch Tatsachenvortrag zu konkretisieren. Eine solche Verfahrensweise verstößt gegen den Grundsatz des »fairen Verfahrens«. Wenn das LAG eine Klageerweiterung in der Berufungsinstanz anregen und zulassen wollte, so hätte es der Klägerin in Anwendung des in § 139 Abs. 5 ZPO enthaltenen Rechtsgedankens die beantragte Frist zum substantiierten neuen Tatsachenvortrag für die Klageerweiterung einräumen müssen.[184]

---

179 Vgl. BVerfG, 30.04.2003 – 1 PBvU 1/02, AP Art. 103 GG Nr. 1, unter C II 1 der Gründe.
180 BVerfG, 24.04.1985 – 2 BvR 1248/82, BVerfGE 69, 248.
181 BVerfG, 26.07.2005 – 1 BvR 85/04, NJW 2005, 3345.
182 BAG, 18.11.2008 – 9 AZN 836/08, NJW 2009, 543.
183 Hierzu BAG, 06.01.2004 – 9 AZR 680/02, AP § 74 ArbGG 1979 Nr. 11; BAG, 22.03.2005 – 1 ABN 1/05, AP § 72a ArbGG 1979 Rechtliches Gehör Nr. 3; GMPMG/Müller-Glöge § 74 Rn 39; HWK/Bepler § 74 ArbGG Rn 27; Schwab/Weth-Ulrich § 74 Rn 57.
184 BAG, 11.04.2006 – 9 AZN 892/05, AP § 533 ZPO Nr. 1.

ccc) Umfang des Rechts zur Äußerung

68 Der verfassungsrechtlich durch Art. 103 Abs. 1 GG gewährleistete Anspruch auf rechtliches Gehör beinhaltet das Recht, sich zur Sache zu äußern. Daraus entspringt die Verpflichtung des Gerichts, die Ausführungen der Prozessbeteiligten zur Kenntnis zu nehmen und in Erwägung zu ziehen. Ein Verstoß ist nicht dargelegt, wenn der fachkundig vertretene Beschwerdeführer eine unzureichende Information durch das Gericht rügt, er aber selbst in zumutbarer Weise durch Nachfragen oder Beweisanträge die fehlende Information durch das Gericht hätte veranlassen können.[185]

Aus dem Recht, sich zur Sache zu äußern, folgt auch, dass einer gerichtlichen Entscheidung nur solche Tatsachen, Beweisergebnisse und Äußerungen zugrunde gelegt werden dürfen, zu denen die Verfahrensbeteiligten Stellung nehmen konnten. Hiermit korrespondiert eine entsprechende Informationspflicht des Gerichts. Sind dem Berufungsgericht, nicht aber den Verfahrensbeteiligten bestimmte und für die Entscheidung relevante Tatsachen bekannt, so sind sie rechtzeitig offen zulegen, damit die Verfahrensbeteiligten dazu Stellung beziehen können.[186]

Der Anspruch auf Gehör gebietet i.V.m. den Grundsätzen der ZPO die Berücksichtigung erheblicher Beweisanträge. Die Nichtberücksichtigung verstößt gegen Art. 103 Abs. 1 GG, wenn sie im Prozessrecht keine Stütze findet.[187] Die Ungeeignetheit eines Beweismittels kann nur ausnahmsweise bejaht werden.[188] Von mangelnder Eignung eines Beweismittels, zu dem Beweisthema sachdienliche Erkenntnisse zu erbringen, ist nur dann auszugehen, wenn sie sich auch ohne Vorwegnahme der Beweiswürdigung als zweifelsfrei darstellt.[189] Dementsprechend steht es einer Partei frei zu versuchen, den ihr obliegenden Beweis mithilfe mittelbarer Zeugen zu führen. Insb. kann daher zur Feststellung innerer Tatsachen die Vernehmung eines mittelbaren Zeugen nicht abgelehnt werden.[190]

ddd) Ungleichbehandlung durch den Richter

69 Im Rahmen des Anspruchs auf rechtliches Gehör ist auch der allgemeine Gleichheitssatz des Art. 3 Abs. 1 GG zu berücksichtigen. Er gewährleistet die Gleichwertigkeit der prozessualen Stellung der Parteien des Zivilprozesses vor dem Richter und verlangt die Gleichheit der Rechtsanwendung im Interesse materieller Gerechtigkeit. Diese verfassungsrechtliche Verpflichtung gilt auch für das Verfahrensrecht; doch nicht jeder Rechtsanwendungsfehler verletzt den allgemeinen Gleichheitssatz. Eine Verletzung des Anspruchs auf rechtliches Gehör durch Verstoß gegen den allgemeinen Gleichheitssatz kommt erst dann in Betracht, wenn dem Prozessverlauf eine zielgerichtete, auf sachfremden Überlegungen beruhende Ungleichbehandlung der Parteien, z.B. bei der Anwendung der Präklusionsvorschriften, zu entnehmen ist. Dagegen liegt noch kein Verstoß vor, wenn das LAG verspäteten Vortrag nicht zurückweist und einen neuen Termin bestimmt.[191]

---

[185] BAG, 20.05.2008 – 9 AZN 1258/07, AP § 72a ArbGG 1979 Rechtliches Gehör Nr. 12 = NZA 2008, 839; Anschluss an BFH, 20.04.2006 – VIII B 33/05, BFH/NV 2006, 1338.
[186] BAG, 20.05.2008 – 9 AZN 1258/07, AP § 72a ArbGG 1979 Rechtliches Gehör Nr. 12 = NZA 2008, 839; Anschluss an BFH, 27.04.2006 – IV B 40/05, IV B 41/05, juris; Bayerischer VGH, 18.07.2007 – 6 CS 07.1298, juris.
[187] St. Rspr., vgl. z.B. BVerfG, 30.01.1985 – 1 BvR 393/84, BVerfGE 69, 141; BVerwG, 12.04.2006 – 6 PB 1/06, NZA-RR 2006, 550.
[188] BVerfG, 28.02.1992 – 2 BvR 1179/91, NJW 1993, 254, 255; BGH, 11.04.2000 – X ZR 19/98, NJW 2000, 2812, 2813.
[189] Vgl. Zöller/Greger vor § 284 Rn 10a.
[190] BGH, 11.02.1992 – XI ZR 47/91, NJW 1992, 1899; BGH, 08.05.2002 – I ZR 28/00, MDR 2003, 78.
[191] BAG, 19.02.2008 – 9 AZN 1085/07, NJW 2008, 2362.

eee) Verfahrensgestaltung bei Prozessunfähigkeit

Ist eine Partei prozessunfähig, kann sie sich nicht eigenverantwortlich äußern. Ihr kann rechtliches Gehör wirksam deshalb nur durch die Anhörung eines gesetzlichen Vertreters gewährt werden. Die Beteiligung allein des Prozessunfähigen reicht zur Wahrung des rechtlichen Gehörs nicht aus. Art. 103 Abs. 1 GG verlangt von den Gerichten, die unterlassene Gewährung rechtlichen Gehörs nachzuholen, sofern die Auslegung des Verfahrensrechts dies ermöglicht. Kommt das LAG zu der Überzeugung, dass eine Partei nicht prozessfähig sei, muss es durch die weitere Verfahrensgestaltung dafür Sorge tragen, dass ihm das bisher fehlende rechtliche Gehör gewährt wird. Es muss den nach Auffassung des Gerichts prozessunfähigen Kläger darauf hinweisen, dass er für eine ordnungsgemäße Vertretung zu sorgen hat und sich deshalb selbst um die Bestellung eines Betreuers nach § 1896 BGB bemühen muss, der nur vom Vormundschaftsgericht, nicht aber vom Prozessgericht bestellt werden kann. Es muss ihm vor Erlass des Prozessurteils die dafür nötige Zeit einräumen. Werden diese Pflichten verletzt, liegt ein Verfahrensmangel i.S.d. von Art. 103 Abs. 1 GG vor.[192]

70

fff) Entscheidungserheblichkeit

Der Beschwerdeführer muss nach Abs. 3 Satz 2 Nr. 3 auch darlegen, inwiefern die gerügte Rechtsverletzung entscheidungserheblich war. Dafür muss vorgetragen werden, dass zwischen der **Gehörsverletzung** und dem **Ergebnis des Berufungsurteils** eine **Kausalität** besteht. Es muss also dargelegt werden, dass das Berufungsgericht bei Beachtung seiner Hinweispflicht möglicherweise anders entschieden hätte. Dieses ist nur plausibel, wenn der Beschwerdeführer zugleich darlegt, wie er auf einen entsprechenden Hinweis des Gerichts reagiert hätte, welchen tatsächlichen Vortrag er gehalten oder welche für die Entscheidung erheblichen rechtlichen Ausführungen er gemacht hätte. Darauf aufbauend muss weiter zumindest nachvollziehbar geltend gemacht werden, dass das LAG bei Berücksichtigung dieses tatsächlichen oder rechtlichen Vorbringens möglicherweise anders als tatsächlich geschehen, entschieden hätte. Die Anforderungen an die Verfahrensbeschwerde entsprechen nach alledem den Anforderungen an eine begründete Verfahrensrüge nach § 551 Abs. 3 Nr. 2b ZPO im Rahmen einer statthaften Revision.[193]

71

dd) Rüge der richterlichen Willkür

Verstöße gegen Verfahrensgrundrechte sind durch Selbstkontrolle der Fachgerichte im Instanzenzug oder eine analoge Anwendung von Prozessrechtsnormen zu beheben.[194] Im Interesse der Rechtssicherheit und des Rechtsfriedens nimmt das verfassungsrechtlich gewährleistete Rechtsschutzsystem bei der Überprüfung einer Zulassungsentscheidung allerdings ein verbleibendes Risiko falscher Rechtsanwendung durch die Gerichte in Kauf.[195] Im Plenarbeschluss vom 30.04.2003 hat das BVerfG einen Verstoß gegen das Rechtsstaatsprinzip i.V. mit Art. 103 Abs. 1 GG festgestellt, wenn eine Verfahrensordnung keine fachgerichtliche Abhilfemöglichkeit für den Fall vorsehe, dass ein Gericht in entscheidungserheblicher Weise den Anspruch auf rechtliches Gehör verletzt.[196] Da der Vorlagebeschluss des Ersten Senats des BVerfG nur auf eine behauptete Verletzung des Art. 103 Abs. 1 GG beschränkt war, folgert der BGH, die auf den Plenarbeschluss ergangene gesetzliche Ausformung der Anhörungsrüge regele nur diesen Teilaspekt. Um bei sonstigen Verfahrensmängeln Abhilfe schaffen zu können, sei zur Entlastung des BVerfG eine Ausdehnung des Geltungsbereichs des § 321a ZPO auf alle anderen wichtigen Verfahrensmängel geboten. Konsequent beschließt der BGH eine »ergänzende Zulassung analog § 321a ZPO«, wenn »durch willkürliche Nichtzulassung«

72

---

192 BAG, 28.05.2009 – 6 AZN 17/09, NJW 2009, 3051.
193 Hierzu: BAG, 06.01.2004 – 9 AZR 680/02; BAG, 22.03.2005 – 1 ABN 1/05; GMPMG/Müller-Glöge § 74 Rn 39; HWK/Bepler § 74 ArbGG Rn 27; Schwab/Weth-Ulrich § 74 Rn 57.
194 BVerfG, 30.04.2003 – 1 PBvU 1/01, BVerfGE 107, 395, 397.
195 BVerfG, 30.04.2003 – 1 PBvU 1/01, BVerfGE 107, 395, 397.
196 BVerfG, 30.04.2003 – 1 PBvU 1/01, BVerfGE 107, 395, 397.

Verfahrensgrundrechte des Beschwerdeführers verletzt worden sind.[197] Dem ist zu widersprechen. Der Gesetzgeber hat den Anwendungsbereich der Regelungen in § 321a ZPO und § 78a zur Fortführung des Verfahrens nach Urteilserlass ganz bewusst beschränkt.[198] Auf andere Rechtsverstöße können diese Normen deshalb selbst bei vergleichbarer Interessenlage nicht analog angewendet werden; denn es liegt keine planwidrige Regelungslücke vor. Die Absicht, das BVerfG zu entlasten, legitimiert nicht zur Rechtsfortbildung. Andererseits wird entgegen der Rspr. des Fünften Senats des BAG[199] durch das Anhörungsrügengesetz noch nicht die richterrechtlich gegen Willkürentscheidungen zugelassene außerordentliche Beschwerde ausgeschlossen. Allerdings ist dieses Rechtsinstitut aus anderen Gründen nicht anwendbar. Es genügt nämlich nicht dem Gebot der Rechtsmittelklarheit und ist deshalb unzulässig.[200]

3. Ordnungsgemäße Beschwerdebegründung als Zulässigkeitsvoraussetzung

73 Aus Abs. 5 Satz 3 ergibt sich, dass eine Beschwerde auch dann **unzulässig** sein kann, wenn sie nicht in der in Abs. 3 Satz 2 angesprochenen gesetzlichen Form **begründet** worden ist. Damit stellt sich die Frage, wann eine Beschwerde unzulässig, weil nicht ordnungsgemäß begründet, und wann sie unbegründet ist. Es ist auszuschließen, dass der Gesetzgeber einen Rechtsbehelf geschaffen hat, bei dem es nur die Alternative »Unzulässigkeit oder Begründetheit« gibt.

74 Nach richtiger Auffassung, die auch der gerichtlichen Praxis des BAG entspricht, ist eine Nichtzulassungsbeschwerde nur dann **zulässig**, wenn die einzelnen **Voraussetzungen** der jeweiligen Beschwerdeform im Begründungsschriftsatz **erkennbar angesprochen** worden sind. Die **Begründetheit** der Beschwerde hängt dann davon ab, ob der Beschwerdeführer die Voraussetzungen für eine nachträgliche Zulassung der Revision dargelegt hat. Zulassungsgründe, die der Beschwerdeführer nicht aufgezeigt hat, sind nicht zu berücksichtigen.[201]

75 Das bedeutet für die **Zulässigkeit einer Divergenzbeschwerde**, dass der Beschwerdeführer im Einzelnen darlegen muss,
– von welcher konkret zu benennenden divergenzfähigen Entscheidung das LAG im anzufechtenden Urteil abgewichen ist (vgl. Rdn. 43),
– in welchen einander ggü. zu stellenden abstrakten Rechtssätzen die Abweichung liegt (vgl. Rdn. 48) und
– dass das LAG, hätte es den anderen Rechtssatz zugrunde gelegt, auch anders entschieden hätte (vgl. Rdn. 52).

Ob die Abweichung tatsächlich besteht und ob sie ggf. wirklich entscheidungserheblich war, ist dann eine Frage der **Begründetheit**.

76 Damit seine **Grundsatzbeschwerde** den Anforderungen des § 72a Abs. 3 Satz 2 genügt, muss der Beschwerdeführer vortragen, dass in seinem Rechtsstreit
– eine im Einzelnen auszuformulierende abstrakte Rechtsfrage, die das LAG in bestimmter Weise beantwortet hat und
– die nach Auffassung des Beschwerdeführers in bestimmter anderer Weise hätte beantwortet werden müssen,
– entscheidungserheblich ist und
– grundsätzliche Bedeutung hat, also
– im Rahmen einer Revision klärungsfähig ist,

---

[197] BGH, 04.07.2007 – VII ZB 28/07, NJW-RR 2007, 1654; BGH, 19.05.2004 – IXa ZB 182/03, NJW 2004, 2529.
[198] BT-Drucks. 15/3706, S. 14.
[199] BAG, 08.08.2005 – 5 AZB 31/05, NZA 2005, 1318.
[200] BAG, 25.11.2008 – 3 AZB 64/08, NJW 2009, 1161.
[201] GMPMG/Müller-Glöge § 72a Rn 49; für § 544 ZPO: BGH, 23.07.2002 – VI ZR 91/02, NJW 2002, 3334.

- der höchstrichterlichen Klärung bedarf, und
- eine über den Einzelfall hinausgehende Bedeutung für die Allgemeinheit oder einen nicht unerheblichen Teil von ihr oder für die Rechtsordnung als solche hat.

Wird die Nichtzulassungsbeschwerde auf den Zulassungsgrund des § 72 Abs. 2 Nr. 3 gestützt, also eine **Verfahrensbeschwerde** eingelegt, muss im Einzelnen dargelegt werden, 77
- aufgrund welcher Tatsachen
- einer der absoluten Revisionsgründe des § 547 Nr. 1 bis 5 ZPO erfüllt ist, oder
- durch welches Verhalten oder Unterlassen des Landesarbeitsgerichts der Anspruch des Beschwerdeführers auf rechtliches Gehör verletzt worden ist und
- warum das Berufungsgericht ohne diese Verletzungshandlung auf der Grundlage seines eigenen Lösungsweges mit Wahrscheinlichkeit eine andere Entscheidung gefällt hätte.

Im letztgenannten Punkt kommt es darauf an, dass der Beschwerdeführer **im Einzelnen darlegt,** 78 **wie** sich die **rechtliche** oder **tatsächliche Situation** beim LAG dargestellt hätte, wenn das LAG seinen Rechtsanspruch auf **rechtliches Gehör nicht verletzt hätte,** ob es also bspw. erforderliche Hinweise gegeben hätte oder einem angetretenen Beweis nachgegangen wäre, wobei der übergangene Beweisantritt bereits in der Beschwerdebegründung derart konkret bezeichnet werden muss, dass er ohne Weiteres vom Revisionsgericht aufgefunden werden kann.

4. Bindung an Begründung ohne Rücksicht auf Bezeichnung

a) Bindung an die Beschwerdebegründung

Nach § 72a Abs. 3 Satz 2 ArbGG ist das BAG an die bis zum Ablauf der zweimonatigen Begründungsfrist von dem Beschwerdeführer zur Begründung der Nichtzulassungsbeschwerde dargelegten Zulassungsgründe gebunden. Selbst wenn das Beschwerdegericht auf den ersten Blick vom Beschwerdeführer übersehene Zulassungsgründe erkennt, darf es nicht die Revision nachträglich zulassen.[202] Maßgebend ist allerdings nicht die gewählte Bezeichnung der Beschwerdegründe und deren rechtliche Einordnung durch den Beschwerdeführer, sondern der objektive Inhalt der Beschwerdebegründung. 79

b) Verhältnis Divergenz- und Grundsatzbeschwerde

Erfüllen die Darlegungen zur Begründung einer Divergenzbeschwerde zugleich die Voraussetzungen einer Grundsatzbeschwerde, ist die Revision wegen grundsätzlicher Bedeutung zuzulassen.[203] Daraus folgt: Das BAG muss jede Beschwerde nicht nur unter dem vom Beschwerdeführer genannten Gesichtspunkt einer Divergenz, sondern auch unter dem Gesichtspunkt einer grundsätzlichen Bedeutung der von der Beschwerde angesprochenen Rechtsfrage prüfen. Voraussetzung für den Erfolg bleibt jedoch, dass der Beschwerdeführer auch für die Grundsatzbeschwerde die ihm obliegende Darlegungslast erfüllt hat oder die entsprechenden Zulassungsmerkmale offenkundig sind, wie z.B. bei der Auslegung des TVöD die Bedeutung der Ausschlussfrist für alle Arbeitsverhältnisse im Öffentlichen Dienst. 80

c) Verhältnis Verfahrens- und Gehörsrüge

Die Unbeachtlichkeit der Bezeichnung gilt auch für das Verhältnis der in § 72a Abs. 3 Satz 2 Nr. 3 zur Begründung der nachträglichen Zulassung bestimmten Verfahrensrügen. Erfüllen die Darlegungen zur Begründung einer Verletzung des Anspruchs auf rechtliches Gehör (Art. 103 Abs. 1 81

---

202 HWK/Bepler § 72a ArbGG Rn 30; GMPMG/Müller-Glöge § 72a Rn 49; Hauck/Helml § 72a Rn 15.
203 BAG, 28.07.2009 – 3 AZN 224/09, Rn 12, EzA § 1 KSchG Verhaltensbedingte Kündigung Nr. 74; BAG, 15.02.2005 – 9 AZN 892/04, zu II 2 b cc (1) der Gründe, BAGE 113, 315.

GG) zugleich die Voraussetzungen einer Verletzung des Anspruchs auf den gesetzlichen Richter (§ 547 Nr. 1 ZPO), so ist die Revision zuzulassen.[204]

V. Entscheidung des Bundesarbeitsgerichts (Abs. 5)

1. Besetzung der Richterbank

82 Nach **Abs. 5 Satz 2** wirken die **ehrenamtlichen Richter** bei der Entscheidung über die Nichtzulassungsbeschwerde grds. mit.

83 Eine **Ausnahme** gilt aber **immer** dann, **wenn** die Nichtzulassungsbeschwerde als **unzulässig** verworfen werden soll *(Abs. 5 Satz 3)*. Die Bestimmung zählt in der seit dem 01.01.2005 geltenden Fassung durch das **Anhörungsrügengesetz** zwar im Einzelnen auf, auf welche Verwerfungsgründe es ankommen soll, nämlich die fehlende Statthaftigkeit der Nichtzulassungsbeschwerde, die dann vorliegt, wenn sich die Beschwerde gegen die Nichtzulassung der Revision gegen eine nicht revisible Entscheidung richtet, sowie die Nichteinhaltung der gesetzlichen Form und Frist bei der Beschwerdeeinlegung und die nicht ordnungsgemäße Begründung der Nichtzulassungsbeschwerde. Hiermit sind aber alle die Fälle bereits angesprochen, aufgrund deren eine Nichtzulassungsbeschwerde unzulässig sein kann. Damit wirken die **ehrenamtlichen Richter** grds. **nicht** mehr bei der Beschlussfassung nach § 72a mit, wenn es um die **Verwerfung** der Nichtzulassungsbeschwerde geht. Damit sind die erheblichen Probleme, welche die Altfassung des Abs. 5 Satz 3 wegen seiner stärkeren Differenzierung, was den jeweils zuständigen gesetzlichen Richter angeht, bereitet hatte, entfallen.

2. Form, Inhalt und Verfahren der Entscheidung

a) Form

84 Über die Nichtzulassungsbeschwerde, die mit den Folgen der §§ 516 Abs. 3, 565 ZPO, § 72 Abs. 5 zurückgenommen oder übereinstimmend für erledigt erklärt werden kann,[205] ist durch **Beschluss** zu entscheiden, der auch **ohne mündliche Verhandlung** ergehen kann (vgl. **Abs. 5 Satz 2**) und in aller Regel auch so ergeht. Ist die Beschwerde unzulässig, ist sie zu **verwerfen**; ist sie unbegründet, wird sie **zurückgewiesen**.

85 Ist die Beschwerde begründet, hat das BAG für den Beschwerdeführer die Revision gegen das anzufechtende Urteil des Landesarbeitsgerichts **unabhängig von** ihren **Erfolgsaussichten** im Entscheidungstenor zuzulassen. Rechtfertigt die Begründung die Zulassung nur für einen Teil des Streitstoffs, ist die Revision auch nur insoweit zuzulassen und die Beschwerde i.Ü. zurückzuweisen oder zu verwerfen.[206]

86 Ascheid[207] hat zu der bis zum 31.12.2004 geltenden Fassung des ArbGG den zumindest teilweise gut nachvollziehbaren Standpunkt eingenommen, die **Entscheidung** darüber, ob eine Nichtzulassungsbeschwerde als **unzulässig** zu verwerfen sei, könne **dahinstehen**, wenn sie jedenfalls unbegründet sei. Diese Auffassung kann **nach der Neufassung** des Abs. 5 Satz 3 **nicht mehr** vertreten werden: Seit der Neuregelung hat die Verwerfung einer Nichtzulassungsbeschwerde als unzulässig stets mit der »kleinen« Richterbank zu erfolgen, während der Senat unter Hinzuziehung der ehrenamtlichen Richter über die Begründetheit der Nichtzulassungsbeschwerde zu befinden hat. Damit ist für die Verwerfung einer Nichtzulassungsbeschwerde ein **anderer gesetzlicher Richter** zuständig, als für die Feststellung von deren Unbegründetheit. Die Nichtberücksichtigung dieses Unterschiedes stellt einen Verstoß gegen den gesetzlichen Richter (Art. 101 Abs. 1 Satz 2 GG) dar.[208]

---

204 BAG, 12.10.2010 – 9 AZN 653/10, n.v.
205 § 91a ZPO; BAG, 24.06.2003 – 9 AZN 319/03.
206 BAG, 06.12.1994 – 9 AZN 337/94, NZA 1995, 445.
207 GK-ArbGG/Ascheid § 72 Rn 77.
208 Ebenso Hauck/Helml § 41 Rn 9.

Dem Beschluss, dem ein kurzer **Sachbericht** zwar nicht vorangestellt werden muss, vielfach aber vorangestellt wird, soll eine **kurze Begründung** beigegeben werden (**Abs. 5 Satz 4**). Hiervon kann abgesehen werden, wenn die Begründung für das Recht der Nichtzulassungsbeschwerde keine weiterführende Bedeutung hat, also nicht geeignet ist, zur abstrakten Klärung der Voraussetzungen des Abs. 1 und des § 72 Abs. 2 beizutragen, oder wenn der Beschwerde stattgegeben wird (**Abs. 5 Satz 5**). In den Fällen, in denen die verfassungskonforme Auslegung von Regelungen über den Zugang zur Revisionsinstanz die Prüfung der Erfolgsaussicht des Rechtsmittels erfordert (siehe dazu Rdn. 89), verlangt das BVerfG, die Vornahme dieser Prüfung in den Gründen der Entscheidung zu dokumentieren.[209]

87

b) Beurteilungszeitpunkt des Bundesarbeitsgerichts

Bei der nachträglichen Zulassung der Revision durch das BAG geht es ausschließlich um die Sicherstellung der Rechtseinheit, um die Klärung von Rechtsfragen mit grundsätzlicher Bedeutung oder um die Beseitigung elementarer Verfahrensverstöße. Deshalb kommt es für die Entscheidung des BAG nicht allein darauf an, ob das LAG die Revision hätte zulassen müssen, ob also bei Verkündung dieses Urteils die **Voraussetzungen für** eine **Revisionszulassung** vorlagen. Diese Voraussetzungen müssen auch noch **bis zum Zeitpunkt der Entscheidung über die Beschwerde** durch das BAG gegeben sein.[210] Dass eine vom LAG einmal zugelassene Revision auch dann statthaft bleibt, wenn die Zulassungsvoraussetzungen später wegfallen,[211] steht dem nicht entgegen. Auch eine nachträglich auf eine Beschwerde durch das BAG zugelassene Revision bleibt in einem solchen Fall statthaft. Beide zur Entscheidung über die Zulassung der Revision berufenen Gerichte müssen die Sach- und Rechtslage zugrunde legen, wie sie sich **zum Zeitpunkt ihrer Entscheidung** darstellt.

88

Daraus folgt für die Grundsatzbeschwerde: Auch wenn sie bei Verkündung des Urteils des LAG begründet gewesen wäre, kann sie unbegründet werden, weil bis zu einer Entscheidung über die Nichtzulassungsbeschwerde der Klärungsbedarf für die Rechtsfrage wegfällt, sei es weil das BAG insoweit inzwischen eine Entscheidung in dem vom LAG vertretenen Sinne getroffen hat, sei es dass die der Rechtsfrage zugrunde liegende Norm inzwischen ohne eine vergleichbare Nachfolgeregelung außer Kraft getreten ist und Konflikte auf der Grundlage der alten Tarifnorm nicht mehr in einem beachtlichen Umfang zu erwarten sind.[212]

89

Daraus folgt für die Divergenzbeschwerde: Sie kann insb. dadurch unbegründet werden, dass die divergierende Entscheidung bis zur Entscheidung über die Nichtzulassungsbeschwerde durch eine neue Entscheidung überholt wird, die sich der Rechtsauffassung des Landesarbeitsgerichts angeschlossen hat.

In beiden Fällen ist die einschränkende Rspr. des BVerfG[213] zu beachten. Zwar erkennt das BVerfG an, dass das Zulassungsrecht der Verfolgung von Allgemeininteressen weichenstellende Bedeutung zuweist. Aber der Wegfall von zum Zeitpunkt der Einlegung der Nichtzulassungsbeschwerde gegebenen Allgemeinbelangen darf die Durchsetzung ebenfalls gegebener Individualbelange nicht vereiteln. Danach ist der Justizgewährungsanspruch eines Beschwerdeführers verletzt, wenn seine Beschwerde nur deshalb abgewiesen wird, weil nach Einlegung seiner Beschwerde eine Entscheidung des obersten Fachgerichts in einer anderen Sache ergeht und dadurch die Klärungsbedürftigkeit der grds. Bedeutung einer Rechtsfrage entfällt.[214] Das gilt gleichermaßen auch für den Fall, dass die vom Beschwerdeführer gerügte Abweichung durch eine Änderung der Rspr. wegfällt. In diesen Fällen hält das BVerfG es für geboten, die Entscheidung über die Nichtzulassungsbeschwerde von

---

209 BVerfG, 29.09.2010 – 1 BvR 2649/06, juris Rn 25; BVerfG, 26.01.2000 – 1 BvR 12/00, juris, Rn 2 f.
210 GK-ArbGG/Mikosch § 72a Rn 15, 37; GMPMG/Müller-Glöge § 72a Rn 16, 23.
211 Siehe dazu § 72 Rdn. 65.
212 BAG, 16.09.1997 – 9 AZN 133/97, AP § 72a ArbGG 1979 Grundsatz Nr. 54.
213 BVerfG 1. Senat 1. Kammer, 25.07.2005 – 1 BvR 2419/03, 1 BvR 2420/03 – WM 2005, 2014.
214 BVerfG 1. Senat 3. Kammer, 29.09.2010 – 1 BvR 2649/06, juris; BVerfG 1. Senat 1. Kammer, 25.07.2005 – 1 BvR 2419/03, 1 BvR 2420/03, WM 2005, 2014.

einer Prüfung der Erfolgsaussicht abhängig zu machen.[215] Maßgebend soll sein, wie sich das an sich erledigende Ereignis auf die Erfolgsaussicht der zugelassenen Revision auswirkt:
1. Die Revision ist trotz zwischenzeitlichen Wegfalls der Klärungsbedürftigkeit oder der Divergenzlage zuzulassen, wenn ursprünglich Zulassungsgründe bestanden und sich der Wegfall der grundsätzlichen Bedeutung der Rechtsfrage oder des abweichenden Rechtssatzes revisionsrechtlich zugunsten des Beschwerdeführers auswirkt.
2. Die Revision ist nicht zuzulassen, wenn der Wegfall der ursprünglich vorhandenen Zulassungsgründe sich negativ auf die Erfolgsaussicht für die zuzulassende Revision auswirkt, weil die zwischenzeitliche Klärung zuungunsten des Beschwerdeführers ausgefallen ist.

Diese verfassungsrechtlichen Vorgaben hat der Dritte Senat des BAG inzwischen umgesetzt. Er hat erkannt, von dem Grundsatz, dass für die Beurteilung der Klärungsbedürftigkeit einer Rechtsfrage die Entscheidung des Bundesarbeitsgerichts über die Nichtzulassungsbeschwerde maßgeblich sei, müsse aus Gründen der Effektivität des Rechtsschutzes eine Ausnahme geboten sein, »wenn die Rechtsfrage erst nach Einlegung der Nichtzulassungsbeschwerde durch das Bundesarbeitsgericht im Sinne des Beschwerdeführers beantwortet und damit geklärt worden ist.«[216] Das bedeutet übereinstimmend mit der oben vertretenen verfassungsrechtlichen Beurteilung: Bei einer Beschwerde, auf die im Zeitpunkt ihrer Einlegung die Revision wegen grundsätzlicher Bedeutung hätte zugelassen werden müssen, bei der sich dieser Zulassungsgrund aber durch eine Entscheidung des Revisionsgerichts in anderer Sache erledigt hat, werden die Erfolgsaussichten einer möglichen Revision in vollem Umfang im Rahmen der Entscheidung über die Nichtzulassungsbeschwerde geprüft. Die Revision ist in einem solchen Fall zuzulassen, wenn sie Aussicht auf Erfolg hat. Andernfalls ist die Beschwerde zurückzuweisen.

Die maßgeblichen Erwägungen des BVerfG greifen auch dann, wenn die Grundsatzbedeutung oder Divergenz noch nicht bei der Verkündung des Berufungsurteils oder beim Eingang der Nichtzulassungsbeschwerde, sondern erst beim Ablauf der Beschwerdebegründungsfrist bestand.[217] Die maßgebliche Erwägung, dass dem Nichtzulassungsbeschwerdeführer eine verfahrensrechtliche Position zukam, die ihm im Interesse des Individualrechtsschutzes aufgrund der Abfolge von Entscheidungen nicht genommen werden kann, muss auch dann gelten. Das setzt allerdings voraus, dass der Beschwerdeführer den entscheidenden Gesichtspunkt, der die Grundsatzbedeutung oder die Abweichung ausmacht, innerhalb der Nichtzulassungsbeschwerdebegründungsfrist vorgebracht hat.[218]

c) Verfahren

90 Die zur Beurteilung eines nach Abs. 3 Satz 2 Nr. 3 gerügten Verfahrensmangels erforderlichen tatsächlichen Feststellungen werden durch das Beschwerdegericht im Wege des Freibeweises getroffen.[219]

3. Entscheidungsvarianten und deren Wirkungen

a) Verwerfung

91 Ist die Beschwerde unzulässig, wird sie verworfen. Mit der **Verwerfung** der Nichtzulassungsbeschwerde wird das Urteil des Landesarbeitsgerichts rechtskräftig (Abs. 5 Satz 6). Die **vorläufige Rechtslage**, aus der sich bis dahin auch noch materiell-rechtliche Rechtsfolgen ergeben konnten (Rdn. 26 bis 31), **endet**.

---

215 BVerfG 1. Senat 3. Kammer, 29.09.2010 – 1 BvR 2649/06, juris; BVerfG 1. Senat 1. Kammer, 25.07.2005 – 1 BvR 2419/03, 1 BvR 2420/03, WM 2005, 2014.
216 BAG, 27.03.2012 – 3 AZN 1389/11, EzA § 72 ArbGG 1979 Nr. 45.
217 BVerfG 1. Senat 3. Kammer, 29.09.2010 – 1 BvR 2649/06, juris.
218 BVerfG 1. Senat 3. Kammer, 29.09.2010 – 1 BvR 2649/06, juris.
219 BAG, 19.02.2008 – 9 AZN 777/07, AP § 72a ArbGG 1979 Nr. 59; BVerwG, 19.12.2006 – 6 PB 12/06, PersR 2007, 125.

b) Zurückweisung

Ist die Beschwerde zwar zulässig, aber unbegründet, wird sie zurückgewiesen. Mit der **Zurückweisung** der Nichtzulassungsbeschwerde wird das Urteil des Landesarbeitsgerichts rechtskräftig (Abs. 5 Satz 6). Die **vorläufige** Rechtslage, aus der sich bis dahin auch noch materiell-rechtliche Rechtsfolgen ergeben konnten (Rdn. 26 bis 31), **endet**. 92

c) Stattgabe und Fortsetzung als Revisionsverfahren

Bis zum 31.12.2004 war **bei Begründetheit** der Nichtzulassungsbeschwerde die Revision durch das BAG zuzulassen. Es war dann **Sache des Beschwerdeführers** die zugelassene Revision innerhalb der ab Verkündung der Zulassungsentscheidung laufenden Fristen **einzulegen und zu begründen**. Durch das **Anhörungsrügengesetz** ist die Rechtslage in Anpassung an § 544 Abs. 6 ZPO geändert worden. Kraft gesetzlicher Anordnung wird das **Beschwerdeverfahren** mit der Zulassung der Revision »umgewidmet« und als **Revisionsverfahren** fortgesetzt. Die im Verfahren nach § 72a form- und fristgerechte Einlegung der Nichtzulassungsbeschwerde gilt als – ordnungsgemäße – Einlegung der Revision. Mit der **Zustellung** der die Revision zulassenden **Beschwerdeentscheidung** beginnt die **Revisionsbegründungsfrist** von zwei Monaten[220] für den Beschwerdeführer, der nun automatisch Revisionsführer geworden ist, zu laufen. Angesichts dessen bedarf es im Rahmen einer der Nichtzulassungsbeschwerde stattgebenden Entscheidung des BAG **keiner Rechtsmittelbelehrung** nach § 9 Abs. 5 mehr. Das Rechtsmittel ist ja bereits eingelegt. Eine Belehrung über das Erfordernis, das Rechtsmittel zu begründen und über die Frist für diese Begründung war schon nach bisheriger Rechtslage von Gesetzes wegen nicht geboten.[221] Das Verstreichenlassen der zweimonatigen Revisionsbegründungsfrist nach Zulassung der Revision gem. § 72a führt damit zur Unzulässigkeit der Revision unabhängig davon, ob auf dieses Fristerfordernis hingewiesen worden ist oder nicht. Hier gilt nichts anderes als in dem Fall, in welchem das LAG nicht auf die Möglichkeit einer Nichtzulassungsbeschwerde hingewiesen hat.[222] Es dürfte allerdings nahe liegen, dass das BAG in einen die Revision zulassenden Beschluss einen **Hinweis auf** die sich aus **Abs. 6** ergebende Rechtsfolge aufnimmt. 93

Nach der Zulassung der Revision kann der bisherige Beschwerdeführer i.R.d. **Revisionsbegründung** seine bisherigen **Ausführungen in der Nichtzulassungsbeschwerde in Bezug** nehmen und so ganz oder teilweise die Anforderungen des § 73 erfüllen. Dies kann zwar nicht mit Abs. 6 begründet werden, weil das Gesetz lediglich bestimmt, dass das Beschwerdeverfahren als Revisionsverfahren fortgesetzt wird, wenn der Nichtzulassungsbeschwerde stattgegeben worden ist. Es wird nicht angeordnet, dass das Beschwerdeverfahren insgesamt als Revisionsverfahren zu behandeln ist. Abs. 6 Satz 2 lässt nur das Erfordernis, die Revision einzulegen, entfallen, nicht auch zugleich die Pflicht, die Revision zu begründen. Hierzu enthalten §§ 72 ff. aber auch keine speziellen Regeln, sodass über § 72 Abs. 5 die Regelung des **§ 551 Abs. 3 Satz 2 ZPO** Anwendung findet. Nach dieser Bestimmung kann zur Begründung der Revision auf die Begründung der Nichtzulassungsbeschwerde Bezug genommen werden, wenn die Revision aufgrund einer Nichtzulassungsbeschwerde zugelassen worden ist. Man konnte darüber streiten, ob diese Regelung nach der bis zum 31.12.2004 geltenden Rechtslage Anwendung fand, in welcher der Beschwerdeführer nach Zulassung der Revision ein neues Verfahren beginnen musste.[223] Nach der Übertragung der Regeln der ZPO zur Wirkung einer der Nichtzulassungsbeschwerde stattgebenden Entscheidung in das arbeitsgerichtliche Verfahren ist die Anwendbarkeit des § 551 Abs. 3 Satz 2 ZPO im arbeitsgerichtlichen Verfahren außer Streit. 94

---

220 § 74 Abs. 1 Satz 1.
221 BAG, 04.06.2003 – 10 AZR 586/02, NZA 2003, 1850; ErfK/Koch § 9 ArbGG Rn 14; HWK/Kalb § 9 ArbGG Rn 19; Schwab/Weth-Weth § 9 Rn 24.
222 Hierzu BAG, 09.07.2003 – 5 AZN 316/03.
223 Dafür: GMPMG/Müller-Glöge § 74 Rn 22; a.A. HWK/Bepler § 72a ArbGG Rn 40.

d) Stattgabe und Zurückverweisung

95 Ist die Nichtzulassungsbeschwerde **begründet**, weil das LAG den Anspruch des Beschwerdeführers auf **rechtliches Gehör** in entscheidungserheblicher Weise **verletzt** hat, eröffnet Abs. 7 für das BAG **zwei Entscheidungsalternativen**: Zum einen kann es, wie üblich, der Nichtzulassungsbeschwerde stattgeben und die Revision zulassen, sodass eine Revision anhängig ist. Es kann aber schon durch Beschluss im Nichtzulassungsbeschwerdeverfahren das angefochtene Urteil **aufheben** und den Rechtsstreit ohne Weiteres zur neuen Verhandlung und Entscheidung an das LAG **zurückverweisen**, wobei insoweit die allgemeinen Regeln gelten, d.h. es kann auch an eine andere Kammer des Landesarbeitsgerichts zurückverwiesen werden. Es spricht einiges dafür, dass es häufig zur zweiten Entscheidungsform kommen wird. Die Folgen einer Gehörsverletzung sind vielfach nur in der Berufungsinstanz als Tatsacheninstanz zu beseitigen. Eine Zulassung der Revision und nicht die Zurückverweisung des Rechtsstreits wird aber dann nahe liegen, wenn es nach Auffassung des BAG auf den gerügten Gehörsverstoß zwar im Entscheidungsgang des Landesarbeitsgerichts ankommt, weshalb die Revision zuzulassen war, nicht aber auf der Grundlage der Rechtsauffassungen des BAG zu den entscheidungserheblichen materiell-rechtlichen Fragen.

96 Die Möglichkeit einer sofortigen **Aufhebung und Zurückverweisung** durch Beschluss wird in Abs. 7 **nur** für den Fall eines **Gehörsverstoßes** vorgesehen. Es spricht aber alles dafür, dass es hierzu zu einem **Redaktionsversehen** gekommen ist, und dass **auch** dann, wenn in der Nichtzulassungsbeschwerde ein absoluter Revisionsgrund nach § 547 **Nr. 1 bis 5** ZPO geltend gemacht wird und tatsächlich vorliegt, eine sofortige Aufhebung und Zurückverweisung möglich ist. Bekanntlich führt die erfolgreiche Geltendmachung eines absoluten Revisionsgrundes im Revisionsverfahren ohne Erheblichkeitsprüfung zur sofortigen Aufhebung des angefochtenen Urteils und zur Zurückverweisung der Sache an die Vorinstanz. Es ist nicht erkennbar, warum dann, wenn der absolute Revisionsgrund im Nichtzulassungsbeschwerdeverfahren aufgedeckt wurde, zunächst der Weg über Revisionsbegründung und Termin vor dem Senat gegangen werden muss, während bei feststehender Gehörsverletzung eine sofortige Aufhebung und Zurückverweisung möglich ist.

Für ein **Redaktionsversehen** i.R.d. Abs. 7 und dafür, dass auch bei 60 einer auf einen absoluten Revisionsgrund gestützten nachträglichen Zulassung, das angefochtene Urteil sofort aufgehoben und die Sache an das LAG zurückverwiesen werden kann, spricht der Umstand, dass sich der Gesetzgeber des Anhörungsrügengesetzes bei Abs. 7 an dem gleichzeitig in das Gesetz eingefügten und im Wesentlichen wortgleichen § 544 Abs. 7 ZPO orientiert hat.[224] Dabei ist aber **offenbar übersehen** worden, dass § 543 ZPO eine **Zulassung** der Revision **wegen** des Vorliegens eines **absoluten Revisionsgrundes weder vorsieht**, noch eine nachträgliche Zulassung der Revision aus einem solchen Grund i.R.d. Neuregelung des Revisionszugangs in der ZPO erwogen worden ist.[225] Danach spricht alles dafür, dass die eigenständige arbeitsgerichtliche Regelung in § 72 Abs. 2 Nr. 3, was die Behandlung der absoluten Revisionsgründe angeht, in § 72a Abs. 7 schlicht übersehen wurde.

4. Rechtstatsachen zum Erfolg von Nichtzulassungsbeschwerden

97 Wie sich rechtstatsächlich der Zugang zur Revision entwickelt hat, zeigt der Blick auf die statistischen Angaben in den Geschäftsberichten des Bundesarbeitsgerichts[226] zu den Ergebnissen der Entscheidungen über die Anfechtungen von Nichtzulassungsentscheidungen der Landesarbeitsgerichte. Dort ist eine bemerkenswerte Erfolgsgeschichte festzustellen. Von 1999 bis 2004 schwankte die Erfolgsquote der Nichtzulassungsbeschwerden zwischen 2,4% und 3,7%. Bepler hat für 1999 bis 2004 einen Durchschnittswert von 2, 97%[227] errechnet. Nach Inkrafttreten des Anhörungsrü-

---

224 BR-Drucks. 663/04, S. 49.
225 BT-Drucks. 14/4722, S. 104.
226 Jahresberichte herausgegeben von dem jeweiligen Präsidenten oder der Präsidentin des BAG.
227 Bepler Jb ArbR Bd. 43, S. 45, 51.

gengesetzes hat sich die Erfolgsquote der beim Bundesarbeitsgericht eingelegten Nichtzulassungsbeschwerden bis heute um mehr als 300 % gesteigert. Im Einzelnen hat sich von 2004 bis 2015 die Erfolgsquote der Nichtzulassungsbeschwerden bezogen auf die im jeweiligen Jahr vom Bundesarbeitsgericht erledigten Nichtzulassungsbeschwerden wie folgt entwickelt:

- 2004: Erfolg für 27 Beschwerden mit Erfolgsquote 3,1 %,
- 2005: Erfolg für 92 Beschwerden mit Erfolgsquote 7,4 %,[228]
- 2006: Erfolg für 108 Beschwerden mit Erfolgsquote 9,0 %,
- 2007: Erfolg für 118 Beschwerden mit Erfolgsquote 8,0 %,
- 2008: Erfolg für 142 Beschwerden mit Erfolgsquote 9,2 %,
- 2009: Erfolg für 150 Beschwerden mit Erfolgsquote 11,8 %,
- 2010: Erfolg für 132 Beschwerden mit Erfolgsquote 9,4 %,
- 2011: Erfolg für 151 Beschwerden mit Erfolgsquote 8,9 %,
- 2012: Erfolg für 198 Beschwerden mit einer Erfolgsquote 8,8 %,
- 2013: Erfolg für 88 Beschwerden mit einer Erfolgsquote 5,7 %,
- 2014: Erfolg für 93 Beschwerden mit einer Erfolgsquote von 7,3 %,
- 2015: Erfolg für 77 Beschwerden mit einer Erfolgsquote von 6,1 %.

Aus dieser Beschwerden-Erfolgsquote kann nicht unmittelbar auf die für die Entscheidungen der Landesarbeitsgerichte maßgebliche Fehlerquote geschlossen werden, denn nicht jede Nichtzulassungsentscheidung der Landesarbeitsgerichte wird von der beschwerten Partei angefochten. Um wissenschaftlich exakt festzustellen, um wie viel Prozentpunkte die vom Bundesarbeitsgericht statistisch festgestellte Erfolgsquote um eine sich aus dem Dunkelfeld zu ermittelnde Dunkelziffer zu erhöhen ist, bedürfte es einer empirischen Forschungsarbeit. Aus der statistisch zu berechnenden Hellziffer und einer vorsichtigen Schätzung der Dunkelziffer ergibt sich, dass rund jede zehnte Nichtzulassungsentscheidung rechtswidrig den Zugang zum Revisionsgericht versperrt.[229]

VI. Prozesskostenhilfe und Notanwalt

1. PKH für Beschwerdeführer

Ist die durch ein Urteil des Landesarbeitsgerichts beschwerte Partei **gehindert**, das Nichtzulassungsbeschwerdeverfahren **zu betreiben**, weil sie die Kosten des Verfahrens nicht aufbringen kann, kann sie selbst oder vertreten durch ihren Anwalt oder einen sonstigen Bevollmächtigten i.S.v. § 11 Abs. 4 Satz 2 die **Bewilligung von PKH beantragen**. Ist bis zur Entscheidung über den Antrag die **Beschwerdefrist** des § 72a Abs. 2 **abgelaufen**, ist innerhalb der Zwei-Wochen-Frist des § 234 Abs. 1 ZPO seit Zustellung des Beschlusses über die Bewilligung von PKH von der durch einen RA vertretenen Partei die Nichtzulassungsbeschwerde formgerecht einzulegen, verbunden mit dem Antrag auf **Wiedereinsetzung** in den vorigen Stand wegen der Versäumung der Beschwerdefrist (§ 236 Abs. 2 ZPO). Ist auch die Begründungsfrist bereits bei PKH Bewilligung abgelaufen, so ist diese innerhalb der Monatsfrist des § 234 Abs. 1 Satz 2 ZPO nach PKH-Gewährung nachzuholen. Die mittellose Partei kann dabei so vorgehen, dass sie zunächst Prozesskostenhilfe und nach deren Bewilligung innerhalb der Frist des § 234 Abs. 1 Satz 1 ZPO Wiedereinsetzung für die Einlegung der Beschwerde sowie innerhalb der Frist gem. § 234 Abs. 1 Satz 2 ZPO Wiedereinsetzung für die Begründung der Beschwerde beantragt.[230]

98

Wird die beantragte PKH nach Ablauf der Einlegungsfrist verweigert, so bleibt der Partei nach der Bekanntgabe der Entscheidung noch eine Zeit von höchstens drei bis vier Tagen für die Überle-

---

228 Soweit Bepler Jb ArbR, Bd. 43, S. 45, 51 von 89 erfolgreichen Beschwerden und einer Erfolgsquote von 7, 26% ausgeht, beruht dies darauf, dass drei Zurückverweisungen im Verfahren nach § 72a ArbGG nicht mitgerechnet wurden. Richtigerweise sind jedoch Zurückverweisungen nach § 72 a Abs. 7 ArbGG als erfolgreiche Beschwerden zu werten, weil die Zurückverweisung eine entscheidungserhebliche Verletzung des Anspruchs auf rechtliches Gehör voraussetzt.
229 Düwell, FS Bepler 2012, 113 ff.
230 BAG, 26.01.2006 – 9 AZA 11/05, zu II 2 der Gründe, EzA § 72a ArbGG 1979 Nr. 106.

gung, ob sie das Rechtsmittel auf eigene Kosten durchführen will. Danach beginnt die zweiwöchige Frist des § 234 Abs. 1 ZPO für das Wiedereinsetzungsgesuch und die damit zu verbindende Einlegung der Nichtzulassungsbeschwerde.[231] Das gilt auch dann, wenn das Gericht nicht die Mittellosigkeit der Partei, sondern die Erfolgsaussicht der beabsichtigten Rechtsverfolgung verneint hat.[232]

99 Die **Wiedereinsetzung** wegen Mittellosigkeit ist auch dann zu gewähren, wenn bis zur Entscheidung über den Prozesskostenhilfeantrag die **Beschwerdebegründungsfrist** des § 72a Abs. 3 **versäumt** worden ist. Zwar ist die Rechtsprechung, nach der ein die Wiedereinsetzung beantragender Beschwerdeführer ab Zustellung des Beschlusses, mit dem die Wiedereinsetzung wegen der Versäumung der Beschwerdefrist bewilligt worden ist, **einen Monat Zeit hat**, die Nichtzulassungsbeschwerde zu **begründen**,[233] aufgegeben worden.[234] Von der Rechtsänderung ist aber ausdrücklich die mittellose Partei ausgenommen worden.

100 Die Begründungsfrist für die Nichtzulassungsbeschwerde beginnt nach § 72a Abs. 3 stets mit der Zustellung des vollständig abgesetzten Berufungsurteils. Das gilt auch dann, wenn der Beschwerdeführer für die Durchführung des Beschwerdeverfahrens **PKH** beantragt hat.[235] Kann wegen der Bedürftigkeit und der noch ausstehenden gerichtlichen Bewilligung die anwaltliche Begründung nicht innerhalb der Notfrist gefertigt werden, so ist Wiedereinsetzung in den vorigen Stand zu beantragen. Hat der Beschwerdeführer einen Antrag auf Wiedereinsetzung in die Frist zur Einlegung der Nichtzulassungsbeschwerde gestellt, beginnt die Frist zur Begründung der Nichtzulassungsbeschwerde nicht etwa erst nach der Entscheidung über den Antrag zu laufen. Sie beginnt vielmehr auch dann mit der Zustellung des anzufechtenden Urteils.[236] Die Begründung kann in diesem Fall jedoch gemäß § 236 Abs. 2 Satz 2, § 234 Abs. 1 Satz 2 ZPO innerhalb eines Monats nach Wegfall des Hindernisses (§ 234 Abs. 2 ZPO) nachgeholt werden, wenn der Beschwerdeführer nicht nur an der rechtzeitigen Einlegung der Beschwerde, sondern außerdem auch daran gehindert war, die Frist zur Begründung der Nichtzulassungsbeschwerde einzuhalten. So kann beispielsweise eine mittellose Partei zunächst Prozesskostenhilfe und nach deren Bewilligung innerhalb der Frist des § 234 Abs. 1 Satz 1 ZPO Wiedereinsetzung für die Einlegung der Beschwerde sowie innerhalb der Frist gem. § 234 Abs. 1 Satz 2 ZPO Wiedereinsetzung für die Begründung der Beschwerde beantragen.[237] Die Frist zur Nachholung der Beschwerdebegründung gem. § 236 Abs. 2 Satz 2 Halbs. 1 ZPO, § 234 Abs. 1 Satz 2 ZPO beginnt gem. § 234 Abs. 2 ZPO ihrerseits mit dem Wegfall des Hindernisses. Das Hindernis für die Erstellung der Beschwerdebegründung fällt nicht erst mit Zustellung des Beschlusses weg, der die Wiedereinsetzung in die Frist zur Einlegung der Beschwerde gewährt. Die Rechtsprechung nimmt an, die Frist zur Nachholung der Begründung des Rechtsmittels für eine mittellose Partei beginne nicht bereits mit der Bewilligung der Prozesskostenhilfe, sondern erst mit der Zustellung des die Wiedereinsetzung in die Frist zur Einlegung des versäumten Rechtsmittels gewährenden Beschlusses.[238] Dieser späte Fristbeginn gilt nur für hilfsbedürftige aber nicht für nicht mittellose Parteien.[239]

---

231 GK-ArbGG/Mikosch § 72a Rn 86.
232 BGH, 20.01.2009 – VIII ZA 21/08, MDR 2009, 462; BGH, 09.01.1985 – IVb ZB 142/84, VersR 1985, 271.
233 BAG, 19.09.1983 – 5 AZN 446/83; BAG, 26.01.2006 – 9 AZA 11/05, EzA § 72a ArbGG 1979 Nr. 106.
234 BAG, 07.07.2011 – 2 AZN 294/11, NJW 2011, 3468; BGH, 17.05.2010 – II ZB 12/09, zu II 3 b der Gründe, WM 2010, 1521.
235 BAG, 15.02.1997 – 5 AZN 1106/96, NZA 1997, 791.
236 BAG, 07.07.2011 – 2 AZN 294/11, EzA § 72a ArbGG Nr. 127.
237 BAG, 26.01.2006 – 9 AZA 11/05, zu II 2 der Gründe, EzA § 72a ArbGG 1979 Nr. 106.
238 So für die Zeit vor Inkrafttreten von § 234 Abs. 1 Satz 2 ZPO BAG, 19.09.1983 – 5 AZN 446/83, BAGE 43, 297; auch unter Geltung von § 234 Abs. 1 Satz 2 ZPO weiterhin BGH, 26.05.2008 – II ZB 19/07, zu II 2 d der Gründe, NJW-RR 2008, 1306; zweifelnd BGH, 11.06.2008 – XII ZB 184/05, zu II 2 b cc der Gründe, NJW-RR 2008, 1313.
239 BAG, 07.07.2011 – 2 AZN 294/11, EzA § 72a ArbGG Nr. 127; BGH, 17.05.2010 – II ZB 12/09, zu II 3 b der Gründe, WM 2010, 1521.

Die Bewilligung der PKH zugunsten des Beschwerdeführers setzt nach § 114 ZPO Aussicht auf Erfolg voraus. Nach der Rechtsprechung des BVerwG ist einem anwaltlich vertretenen Beschwerdeführer PKH für das Nichtzulassungsbeschwerdeverfahren zu versagen, wenn nicht wenigstens in groben Zügen dargelegt worden ist, welcher der im Gesetz bezeichneten Gründe für eine Zulassung der Revision mit der Beschwerde geltend gemacht werden soll.[240] Ein von der Partei selbst eingereichter Antrag sei dagegen von Amts wegen auf seine Erfolgsaussicht zu prüfen. Eine Begründung sei in diesem Falle nicht unerlässliche Voraussetzung für die Bewilligung von Prozesskostenhilfe.[241] Ob für die beabsichtigte Rechtsverfolgung im arbeitsgerichtlichen Nichtzulassungsbeschwerdeverfahren zumindest eine laienhafte Bezeichnung von möglichen Zulassungsgründen i.S.d. § 72a Abs 3 Satz 2 ArbGG erforderlich ist, hat der Neunte Senat des BAG offen gelassen. Ein von der mittellosen Partei gestellter Prozesskostenhilfeantrag für die Einlegung der Nichtzulassungsbeschwerde bietet jedenfalls dann keine hinreichende Aussicht auf Erfolg, wenn mehrere Gründe für eine Zulassung der Revision angeführt werden, diese Zulassungsgründe jedoch offensichtlich nicht gegeben sind.[242] Die öffentlich-rechtlichen Gerichtsbarkeiten prüfen, ob sich aus den Akten ein Grund ergibt, der die Zulassung der Revision rechtfertigen könnte.[243]

2. PKH für Beschwerdegegner

Die Bewilligung von **PKH für** den **Beschwerdegegner** bedarf keiner Prüfung der Erfolgsaussicht. § 119 Abs. 1 ZPO bestimmt, dass ohne weitere Prüfung PKH für den höheren Rechtszug zu bewilligen ist, wenn der Prozessgegner ein Rechtsmittel eingelegt hat. Diese **Bestimmung** wird vom BAG teleologisch reduziert: »Dem Rechtsmittelgegner ist gem. § 119 Abs. 1 Satz 2 ZPO Prozesskostenhilfe grundsätzlich erst zu gewähren, wenn das Rechtsmittel begründet worden ist und die Voraussetzungen für eine Verwerfung des Rechtsmittels nicht gegeben sind«.[244] Das wird unter Bezugnahme auf die BGH-Rspr. damit begründet, die PKH stelle als Leistung der staatlichen Daseinsfürsorge eine Einrichtung der Sozialhilfe im Bereich der Rechtspflege dar. Im Hinblick auf die Belastung der Allgemeinheit mit den Kosten sei Voraussetzung für die Bewilligung von PKH für den Gegner des Beschwerdeführers, dass sich die bedürftige Partei erst dann eines RA bedienen solle, wenn dies im Einzelfall wirklich notwendig sei. Dies sei regelmäßig erst dann der Fall, wenn die Nichtzulassungsbeschwerde begründet worden sei und eine Verwerfung nicht in Betracht komme. Dies führe nicht zu einer Benachteiligung der bedürftigen Partei, weil eine verständige, nicht hilfsbedürftige Partei auch erst dann ihre Rechte verteidigen würde. Zutreffend ist, dass bis zur Zustellung der Beschwerdebegründung keine Notwendigkeit der PKH-Bewilligung für den Beschwerdegegner besteht; denn nicht selten wird vor Ablauf der Begründungsfrist die Beschwerde zurückgenommen. Das Abwarten ist der mittellosen Partei zumutbar; denn bis dahin obliegt es dem Prozessbevollmächtigten der Berufungsinstanz im Rahmen seiner nachwirkenden Beratungspflicht, seinen Mandanten über den weiteren Verfahrensablauf aufzuklären.[245] Soweit in Übereinstimmung mit dem Fünften Senat die zusätzliche Bewilligungsvoraussetzung aufgestellt wird, notwendig sei nur Rechtsverteidigung gegenüber einer Beschwerdebegründung, die der Darlegungslast voll genüge,[246] kann dem nicht zugestimmt werden. Die Frage, ob eine Beschwerdebegründung

101

---

240 BVerwG, 13.09.1989 – 1 ER 619.89, Buchholz 310 § 166 VwGO Nr. 20.
241 BVerwG, 12.02.1965 – V ER 224.64, NJW 1965, 1293; offen gelassen in BFH, 13.07.2005 – X S 13/05 (PKH).
242 BAG, 26.01.2006 – 9 AZA 11/05, EzA § 72a ArbGG 1979 Nr. 106; die unter dem Aktenzeichen 1 BvR 1959/06 eingelegte Verfassungsbeschwerde wurde durch Beschluss vom 25.08.2006 nicht zur Entscheidung angenommen.
243 BFH, 11.05.2007 – III S 37/06 (PKH), BFH/NV 2007, 1527; BSG, 18.03.2008 – B 11a AL 30/07 BH, juris.
244 BAG, 15.02.2005 – 5 AZN 781/04 (A), juris.
245 BGH, 07.02.2001 – XII ZR 26/99, NJW-RR 2001, 1009; BGH, 21.03.1991 – IX ZR 186/90, JurBüro 1991, 1647.
246 So im Ergebnis: GK-ArbGG/Mikosch § 72a Rn 88; zweifelnd: Düwell/Lipke-Bepler 2. Aufl. § 72a Rn 64.

die Darlegungslast voll erfüllt, ist angesichts der besonderen Anforderungen, die die Rspr. zu § 72a Abs. 3 Satz 2 aufgestellt hat, nicht ohne Weiteres – erst recht nicht von einem Laien – zu beantworten. Deshalb stellt es eine Benachteiligung des bedürftigen Beschwerdegegners dar, wenn ihm die Chance vorenthalten wird, das Gericht auf Bedenken gegen die ordnungsgemäße Begründung hinzuweisen. Die mittellose Partei muss nicht blind darauf vertrauen, das Gericht werde schon richtig entscheiden.

Nach altem Recht hat der BGH im Falle der Zurücknahme der mittellosen Partei für das Verfahren über die Verlustigerklärung und die Kosten des Beschwerdeverfahrens rückwirkend PKH für den insoweit erforderlichen Antrag bewilligt.[247] Nach der geltenden Neufassung des § 516 Abs. 3 Satz 2 ZPO ergehen Verlustigerklärung und Kostenentscheidung von Amts wegen.[248] Damit ist auch das Bedürfnis für eine Bewilligung der PKH für das Verfahren der Verlustigerklärung entfallen. Etwas anderes gilt nur, soweit Streit über die Wirksamkeit der Rücknahmeerklärung entsteht.

3. Notanwalt

102 Findet die unterlegene Partei keinen zur Vertretung bereiten Rechtsanwalt für die Einlegung der Nichtzulassungsbeschwerde, so kann sie die Beiordnung eines Notanwalts für die Einlegung und Begründung einer Nichtzulassungsbeschwerde durch das BAG nach § 72 Abs. 5 ArbGG i.V.m. §§ 555, 78b ZPO beantragen. Voraussetzung ist, dass die Partei nachweist, keinen vertretungsbereiten Anwalt gefunden zu haben, und dass ein Zulassungsgrund i.S.v. § 72 Abs. 2 ArbGG in Betracht kommt.[249]

Gemäß § 78c Abs. 2 ZPO kann ein als Notanwalt beigeordneter Rechtsanwalt die Übernahme der Vertretung davon abhängig machen, dass die Partei ihm einen Vorschuss zahlt, der nach dem RVG zu bemessen ist. Gemäß § 14 Abs. 1 Satz 1 RVG bestimmt der Rechtsanwalt innerhalb der einschlägigen Rahmengebühr im Einzelfall unter Berücksichtigung aller Umstände, vor allem des Umfangs und der Schwierigkeit der anwaltlichen Tätigkeit, der Bedeutung der Angelegenheit sowie der Einkommens- und Vermögensverhältnisse des Auftraggebers seine Gebühr nach billigem Ermessen.[250] Soweit die Frist zur Begründung der Nichtzulassungsbeschwerde wegen der Weigerung der Partei, einen angemessenen anwaltlichen Vorschuss zu zahlen, versäumt wird, ist keine Wiedereinsetzung in den vorigen Stand zu gewähren. Das Parteiverhalten wird als rechtsmissbräuchlich und die Versäumnis der Frist folglich als schuldhaft gewertet.[251]

VII. Anderweite Verfahrenserledigung

1. Zurücknahme der Beschwerde

103 Die Nichtzulassungsbeschwerde kann **ohne Zustimmung** des Gegners bis zum Erlass der Entscheidung des BAG als Beschwerdegericht zurückgenommen werden. Das folgt aus der Verweisung in § 72 Abs. 5 auf die entsprechende Anwendung der §§ 565, 516 ZPO.[252]

Der **maßgebende Zeitpunkt** ist der Erlass der Entscheidung. Das bedeutet: Nur wenn dem BAG die Rücknahmeerklärung zugeht, bevor die vom Spruchkörper beschlossene Entscheidung von der Geschäftsstelle zur Post aufgegeben wird, hat sie noch eine das Verfahren beendende Wirkung. Ein späterer Eingang ist wirkungslos. Nicht zu verkündende Entscheidungen werden nämlich als »erlassen« in dem Zeitpunkt existent, in dem das Gericht sich ihrer in einer der Verkündung vergleichbaren Weise entäußert hat. Dies setzt voraus, dass der Beschluss die Geschäftsstelle mit der

---

[247] BGH, 07.02.2001 – XII ZR 26/99, NJW-RR 2001, 1009; BGH, 18.12.1986 – V ZR 141/86, NJW 1987, 1333.
[248] OLG Rostock, 30.08.2007 – 6 U 1/06, JurBüro 2008, 370.
[249] BAG, 28.12.2007 – 9 AS 5/07, EzA § 78b ZPO 2002 Nr. 1; Wolmerath jurisPR-ArbR 11/2008 Anm. 6.
[250] BSG, 03.11.2009 – B 13 R 23/09 B, RVGreport 2010, 318.
[251] BSG, 03.11.2009 – B 13 R 23/09 B, RVGreport 2010, 318.
[252] GK-ArbGG/Mikosch § 72a Rn 39.

unmittelbaren Zweckbestimmung verlassen hat, den Parteien bekannt gegeben zu werden. Dann hat die Entscheidung schon Außenwirkung, denn sie ist aus dem inneren Bereich des handelnden Organs herausgetreten.[253]

Die Rücknahmeerklärung ist eine Prozesshandlung. Daher ist sie **bedingungsfeindlich** und nach Zugang beim zuständigen Gericht nicht widerruflich. Sie muss durch einen beim zuständigen Gericht einzureichenden Schriftsatz oder eine Erklärung erfolgen, die mündlich zu Protokoll abzugeben und nach § 160 Abs. 3 Nr. 8, § 162 ZPO vorzulesen sowie zu genehmigen ist. Es ist unschädlich, wenn die Erklärung zunächst bei einem hierfür unzuständigen Gericht abgegeben worden ist, wenn dieses die Rücknahmeerklärung an das zuständige Gericht weiterleitet.[254] Sie wird erst mit Eingang der Weiterleitung beim BAG wirksam.

Besteht Unklarheit, ob ein Rechtsbehelf wirksam zurückgenommen ist, spricht das Gericht bei Wirksamkeit der Rücknahmeerklärung aus, dass der Rechtsbehelf wirksam zurückgenommen worden ist. Dies gilt ebenso im Falle der Rücknahme einer Beschwerde wegen Nichtzulassung der Revision.[255] Eine Rücknahme entfaltet auch dann Wirksamkeit, wenn der die Rücknahme erklärende Bevollmächtigte im Innenverhältnis zur Abgabe einer solchen Rücknahmeerklärung nicht befugt gewesen war.[256]

Die Rücknahme hat den Verlust des eingelegten Rechtsbehelfs und die Verpflichtung zur Folge, die Kosten des Beschwerdeverfahrens zu tragen. Diese Wirkungen sind entsprechend § 516 Abs. 3 ZPO von Amts wegen durch Beschluss auszusprechen.

Die Rücknahme wird kostenrechtlich begünstigt. Nach dem Kostenverzeichnis Anlage 1 zu § 3 Abs. 2 GKG Nr. 8613 wird die Gerichtsgebühr bei Beendigung des Verfahrens durch Rücknahme der Beschwerde auf 0,8 ermäßigt, während für die Beendigung durch Verwerfung oder Zurückweisung der Beschwerde 1,6 berechnet wird.

Für die Einlegung der Nichtzulassungsbeschwerde nach § 72a ArbGG ist die **Postulationsfähigkeit** nach § 11 Abs. 4 ArbGG Prozesshandlungsvoraussetzung. Wenn dennoch eine nicht postulationsfähige Partei eine Nichtzulassungsbeschwerde einlegt, ist diese Prozesshandlung unwirksam. Wird nach entsprechender Belehrung durch das Beschwerdegericht diese Beschwerde »zurückgezogen«, so liegt hierin eine vom Beschwerdegericht als Zurücknahme zu berücksichtigende Handlung.[257] In entsprechender Anwendung der für die Rücknahme der Beschwerde nach § 72 Abs. 5 ArbGG, § 565, § 516 Abs. 3 ZPO geltenden Bestimmungen ist die Klägerin nicht schlechter zu behandeln, als ob sie eine Beschwerde wirksam eingelegt und zurückgenommen hätte. Würde die Beschwerde als unzulässig verworfen, so entstünde nach dem unter der Nr. 8611 der Anlage 1 zu § 3 Abs. 2 GKG geregelten Gebührentatbestand eine Gerichtsgebühr in Höhe von 1,6. Bei der gebotenen entsprechenden Anwendung der Vorschriften über die Zurücknahme der Nichtzulassungsbeschwerde ist demgegenüber nach dem Gebührentatbestand Nr. 8612 der Anlage 1 zu § 3 Abs. 2 GKG nur eine Gerichtsgebühr in Höhe von 0,8 in Ansatz zu bringen.[258]

---

253 BGH, 01.04.2004 – IX ZR 117/03, MDR 2004, 1076, BGHR ZPO § 329 Existentwerden 2.
254 BGH, 23.03.2011 – AnwZ (Brfg) 6/10, juris; zur Weiterleitung einer Prozesserklärung an das zuständige Gericht vgl. Kopp/Schenke VwGO 15. Aufl. § 124a Rn 18, 44; Happ in Eyermann/Fröhler VwGO 13. Aufl. § 124a Rn 42.
255 BFH, 20.06.2007 – VI B 95/06, BFH/NV 2007, 1704, m.w.N.
256 BFH, 29.09.2010 – VI B 87/10, BFH/NV 2011, 56; BFH, 20.06.2007 – VI B 95/06, BFH/NV 2007, 1704; BFH, 30.06.2006 – IX B 11/06, juris; BGH, 02.12.1987 – IV b ZB 125/97, Zeitschrift für das gesamte Familienrecht 1988, 496.
257 BAG, 17.11.2004 – 9 AZN 789/04 (A), BAGE 112, 349, AP Nr. 19 zu § 11 ArbGG 1979 Prozessvertreter.
258 BAG, 17.11.2004 – 9 AZN 789/04 (A), BAGE 112, 349, AP Nr. 19 zu § 11 ArbGG 1979 Prozessvertreter.

2. Erledigungserklärung

a) Erledigungserklärung der Beschwerde

104 Die Beschwerde kann übereinstimmend für erledigt erklärt werden.[259] Damit wird die bei der Rücknahme der Beschwerde den Erklärenden notwendigerweise treffende Kostenlast vermieden und eine Kostenentscheidung durch das Gericht ermöglicht. Hintergrund derartiger auf die Erledigung des Beschwerdeverfahrens bezogener Erledigungserklärungen kann sein, dass die Klärungsfähigkeit oder Klärungsbedürftigkeit der Grundsatzfrage oder die Divergenzfähigkeit der herangezogenen Entscheidung nachträglich entfallen ist. Die Rspr. geht in diesen Fällen zumeist davon aus, die Beschwerde könne in diesen Fällen »keinen Erfolg« haben und weist die Beschwerde kostenpflichtig zurück. Das erscheint jedenfalls dann verfehlt, wenn der Beschwerdeführer angesichts des erledigenden Ereignisses die Nichtzulassungsbeschwerde für erledigt erklärt (zur Zulässigkeit der Erledigungserklärung in Bezug auf Rechtsmittel vgl. § 74 Rdn. 109). Dann bedarf es nach § 91a ZPO einer Kostenentscheidung.[260] Diese kann bei einer schwierigen und unklaren Rechtslage in der gegenseitigen Aufhebung der Kosten bestehen.

b) Erledigungserklärung in der Hauptsache

aa) Überstimmende Erledigungserklärung in der Hauptsache

105 Da durch die Einlegung der Nichtzulassungsbeschwerde der Eintritt der Rechtskraft nach § 72a Abs. 4 Satz 1 gehemmt ist, kann der Kläger ein die Hauptsache erledigendes Ereignis zum Anlass einer Erledigungserklärung nehmen. Widerspricht der Beklagte nicht, so ist nach § 91a ZPO eine Kostenentscheidung unter Berücksichtigung der Erfolgsaussichten sowohl im Nichtzulassungsbeschwerdeverfahren als auch in der Hauptsache zu treffen.

bb) Einseitige Erledigungserklärung in der Hauptsache

106 Bei einseitiger Erledigungserklärung des Klägers in der Zeitspanne zwischen Einlegung einer Nichtzulassungsbeschwerde durch den Gegner und deren Verbescheidung durch das Revisionsgericht ist zunächst zu prüfen, ob die Nichtzulassungsbeschwerde zulässig und begründet gewesen wäre. Erst wenn diese Frage vom Revisionsgericht bejaht wird, ist in einem zweiten Schritt zu untersuchen, ob die Klageforderung bis zu dem erledigenden Ereignis bestanden hat, die Revision also zurückzuweisen gewesen wäre.[261]

VIII. Kosten

1. Volle Zurückweisung und Verwerfung

107 Nach Nr. 8611 des Kostenverzeichnisses in der Anlage 1 zu § 3 Abs. 2 GKG wird als **Gerichtskosten** ein Satz von 16/10 der Gebühr nach § 34 GKG erhoben, wenn die Nichtzulassungsbeschwerde verworfen oder zurückgewiesen wird.

2. Volle Zurücknahme und anderweite Erledigung

108 Wird die Beschwerde **zurückgenommen** oder das Verfahren durch anderweitige Erledigung beendet, halbieren sich die Gerichtskosten auf eine 8/10-Gebühr *(Nr. 8612 des Kostenverzeichnisses)*. Dabei hat eine Rücknahme der Nichtzulassungsbeschwerde den **Verlust** des eingelegten **Rechtsbehelfs** und die Verpflichtung zur Folge, die durch den Rechtsbehelf entstandenen **Kosten** zu tragen. Beide Wirkungen sind durch **Beschluss** auszusprechen.[262]

---

259 BAG, 24.06.2003 – 9 AZN 319/03, AP Nr. 48 zu § 72a ArbGG 1979.
260 BAG, 24.06.2003 – 9 AZN 319/03, AP Nr. 48 zu § 72a ArbGG 1979.
261 BGH, 21.12.2006 – IX ZR 204/05, ZIP 2007, 696.
262 § 516 Abs. 3, § 565 ZPO, § 72 Abs. 5.

Wird übereinstimmend die Beschwerde für erledigt erklärt, so bedarf es nach § 91a ZPO einer Kostenentscheidung.[263] Wird vom Kläger die Hauptsache für erledigt erklärt und widerspricht der Beklagte nicht, so ist ebenfalls nach § 91a ZPO eine Kostenentscheidung zu treffen. Diese hat sowohl die Erfolgsaussichten im Nichtzulassungsbeschwerdeverfahren als auch in der Hauptsache zu berücksichtigen. 109

3. Volle Stattgabe

Lässt das BAG auf die Beschwerde die Revision wie beantragt **zu**, ergeht der Beschluss **ohne Kostenentscheidung**. Die Kosten des Beschwerdeverfahrens sind dann Teil der Kosten des Revisionsverfahrens.[264] Die Kosten hat die Partei zu tragen, die im Revisionsverfahren unterliegt. Gesonderte Gerichtskosten werden für die Durchführung des Nichtzulassungsbeschwerdeverfahrens nicht erhoben. Das folgt aus dem Kostenverzeichnis, das in den Nr. 8613 den Zusatz enthält: »Die Gebühr entsteht nicht, soweit die Revision zugelassen wird«. 110

4. Teilweise Stattgabe

Ist eine Nichtzulassungsbeschwerde nur teilweise begründet und wird folglich die Revision nur wegen eines **Teils** des Streitstoffes **zugelassen**, so ist die Beschwerde i.Ü. zurückzuweisen oder zu verwerfen. Die auf den erfolglosen Teil der Beschwerde entfallenden Kosten sind dem Beschwerdeführer nach § 97 Abs. 1 ZPO aufzuerlegen. Insoweit ist das Beschwerdeverfahren abgeschlossen und bildet mit der Beschwerde im Übrigen, die nach § 72a Abs. 6 ArbGG als Revisionsverfahren fortgesetzt wird, keine Einheit mehr. Es bedarf deshalb hinsichtlich der außergerichtlichen Kosten einer besonderen Entscheidung, weil nach Abschluss des Revisionsverfahrens eine Anrechnung der im Beschwerdeverfahren entstandenen außergerichtlichen Kosten, insbesondere der anwaltlichen Gebühren, auf die im Revisionsverfahren entstehenden Kosten stattfindet. Im Beschwerdeverfahren ist für den erfolglosen Teil der Beschwerde auch über die außergerichtlichen Kosten zu entscheiden. Diese sind nach dem gesamten Wert des Beschwerdegegenstands zu berechnen, jedoch nur in Höhe des erfolglosen Teils des Beschwerdeverfahrens anzusetzen.[265] Damit wird dem degressiven Anstieg der von der Höhe des Gegenstandswerts abhängigen Gebühren Rechnung getragen. Dieses Vorgehen entspricht auch der Rechtsprechung der Verwaltungsgerichtsbarkeit. Diese teilt die außergerichtlichen Kosten verhältnismäßig und zwar in der Weise auf, dass der Kläger die Kosten im Maße seines Unterliegens trägt und die Entscheidung über die restlichen Kosten, die dem Anteil der erfolgreichen Beschwerde des Klägers am gesamten Beschwerdeverfahren entsprechen, der Kostenentscheidung in der Hauptsache folgt.[266] 111

5. Rücknahme nach Zulassung

Wird die aufgrund Nichtzulassungsbeschwerde zugelassene und damit zugleich anhängige **Revision nicht begründet**, sondern zurückgenommen, oder nimmt der Prozessgegner seine Klage zurück, nachdem der Beklagte die Zulassung der Revision erreicht hat, gelten die allgemeinen Regeln über die **Gerichtskosten** der Revision. Nach Nr. 8231 des Kostenverzeichnisses fällt in einem solchen Fall ein Satz von 8/10 der Gebühr an. Wird das **Revisionsverfahren ohne streitiges Urteil** beendet, nachdem die Revision begründet wurde, reduziert sich die 40/10-Gebühr nach Nr. 8232 des Kostenverzeichnisses auf eine 24/10-Gebühr. 112

---

263 BAG, 24.06.2003 – 9 AZN 319/03, AP Nr. 48 zu § 72a ArbGG 1979.
264 BAG, 12.08.1981 – 4 AZN 166/81.
265 BAG, 23.03.2010 – 9 AZN 979/09, NZA 2010, 725; so schon BGH, 17.12.2003 – V ZR 343/02, NJW 2004, 1048.
266 BVerwG, 03.09.2010 – 6 B 30/10, Rn 14, juris; BVerwG, 03.04.2006 – 7 B 95/05, Buchholz 11 Art. 4 GG Nr. 79.

6. Außergerichtliche Kosten

113 Das Kostenverzeichnis in der Anlage 1 zu § 3 Abs. 2 GKG regelt nur die Gerichtsgebühren. Die Sondervorschriften für die Nichtzulassungsbeschwerde zum BGH sind auch für die Nichtzulassungsbeschwerde zum BAG anwendbar: Das entspricht der ganz überwiegenden Ansicht.[267] Der Rechtsanwalt erhält nach § 13 RVG i.V.m. Nr. 3506 des Vergütungsverzeichnisses (Anlage zu § 2 Abs. 2 RVG) den 1,6 –fachen Satz der Verfahrensgebühr. Diese wird auf die Verfahrensgebühr des nachfolgenden Revisionsverfahrens angerechnet. Vertritt ein Rechtsanwalt mehrere Beschwerdeführer oder Beschwerdegegner, erhöht sich diese Gebühr für jeden weiteren Beteiligten um einen Satz von 0,3 (Nr. 1008 des Vergütungsverzeichnisses).

Die Verfahrensgebühr wird nach Nr. 2507 des Vergütungsverzeichnisses auf 11/10 ermäßigt, wenn das Verfahren endet, bevor der Anwalt einen Schriftsatz bei Gericht eingereicht hat, in welchem ein Antrag gestellt oder die Beschwerde zurückgenommen wird.

Der Prozessbevollmächtigte verdient die volle Verfahrensgebühr für das Nichtzulassungsbeschwerdeverfahren auch dann, wenn die Beschwerdeerwiderungsschrift erst zu einem Zeitpunkt gefertigt und eingereicht wird, in dem das Bundesarbeitsgericht bereits über die Nichtzulassungsbeschwerde entschieden hat, dieser Beschluss jedoch noch nicht an die Parteien zugestellt worden ist. In diesem Fall tritt keine Ermäßigung auf 11/10 ein.[268]

▶ **Beispielsfall:**

Am 25.08.2010 wies das BAG die Beschwerde des Klägers gegen die Nichtzulassung zurück. In Unkenntnis des Nichtzulassungsbeschlusses sandte der Verfahrensbevollmächtigte des Beschwerdegegners unter dem 03.09.2010 die Beschwerdeerwiderung an das BAG. Erst am 09.09.2010 wurde der Beschluss des BAG vom 25.08.2010 zugestellt. Das Arbeitsgericht setzte die Verfahrensgebühr nach Nr. 3506 VV RVG fest. Das LAG Mainz entschied auf die sofortige Beschwerde, dass die Festsetzung zutreffend war. Zur Begründung führt es an, nach außen wirksam sei der BAG-Beschluss vom 25.08.2010 erst mit der Zustellung am 09.09.2010 geworden. Deshalb habe gemäß § 91 Abs. 1 Satz 1 ZPO der Prozessbevollmächtigte des Beschwerdegegners noch die Fertigung des Schriftsatzes vom 03.09.2010 zur zweckentsprechenden Rechtsverteidigung der Beklagten für erforderlich halten dürfen.[269]

Wird die Beschwerde zurückgenommen, so hat der Beschwerdeführer auch die **außergerichtlichen Kosten** zu tragen, zu denen die Anwaltskosten der Gegenseite gehören.

IX. Rechtsbehelfe gegen Verwerfung oder Zurückweisung

1. Gegenvorstellung und sonstige Abhilfemöglichkeiten

114 Gegen die Entscheidung des BAG über die Nichtzulassungsbeschwerde gibt es **kein Rechtsmittel**. Sie kann grundsätzlich auf eine **Gegenvorstellung** hin nicht abgeändert werden.[270] Das folgt aus der in § 318 ZPO angeordneten Bindungswirkung von Endurteilen, die nach § 72 Abs. 5 ArbGG i.V.m. §§ 542, 555 ZPO auch für das arbeitsgerichtliche Revisionsverfahren gilt. Inhalt dieser Bindung ist, dass das Gericht seinen eigenen Entscheidungssatz weder aufheben noch abändern darf. Es bestehen drei Durchbrechungen dieser Bindungswirkung:
1. Unter den besonderen Voraussetzungen der §§ 578 ff. ZPO kommt nach § 79 eine **Wiederaufnahme des Verfahrens** in Betracht.[271] Über den Wortlaut des § 578 Abs. 1 ZPO hinaus

---

[267] Teubel jurisPR-ArbR 43/2006 Anm. 6, m.w.N.
[268] LAG Rheinland-Pfalz, 24.03.2011 – 3 Ta 37/11, Beschwerde eingelegt unter 3 AZB 22/11.
[269] LAG Rheinland-Pfalz, 24.03.2011 – 3 Ta 37/11, zustimmend: Greif jurisPR-ArbR 31/2011 Anm. 5; Beschwerde eingelegt unter 3 AZB 22/11.
[270] BAG, 15.05.1984 – I N 2/84 (2).
[271] BAG, 11.01.1995 – 4 AS 24/94, NZA 1995, 550.

ist nämlich die Wiederaufnahme des Verfahrens statthaft, wenn die letzte Entscheidung ein Beschluss war, durch den eine Nichtzulassungsbeschwerde verworfen worden ist. Auch durch einen solchen Beschluss wird das Verfahren beendet, da nach § 72a Abs. 5 Satz 6 ArbGG mit der Ablehnung der Beschwerde durch das BAG das Urteil des LAG rechtskräftig wird. Zu entscheiden ist in diesem Fall nicht aufgrund einer »Nichtigkeitsklage«, sondern aufgrund eines Antrags durch Beschluss, der entsprechend § 72a Abs. 5 ArbGG ergehen kann.[272] In diesem Verfahren ist die mündliche Verhandlung freigestellt.[273]

2. Hat das BAG bei der Entscheidung über die Nichtzulassungsbeschwerde den Anspruch auf gesetzliches Gehör verletzt, so kann auf eine Rüge nach § 78a erneut entschieden und die Entscheidung auch abgeändert werden (siehe Rdn. 115).

3. Offenbare Unrichtigkeiten können jederzeit nach § 319 ZPO berichtigt werden. Diese Bestimmung findet nach § 72 Abs. 5 ArbGG i.V.m. §§ 542, 555 ZPO auch auf das arbeitsgerichtliche Revisionsverfahren Anwendung.

2. Anhörungsrüge

Da weder ein Rechtsmittel noch ein Rechtsbehelf gegen die Verwerfung oder Zurückweisung der Nichtzulassungsbeschwerde statthaft ist, kann bei einer entscheidungserheblichen Verletzung des rechtlichen Gehörs eine Anhörungsrüge nach § 78a gegen die Entscheidung des BAG erhoben werden. Diese Vorschrift des ArbGG ist mit § 321a ZPO inhaltsgleich. Sie gestattet dem BAG der Verletzung abzuhelfen, wenn es den Anspruch auf rechtliches Gehör entscheidungserheblich verletzt hat. Somit kommt eine »zweite« und verbessernde Entscheidung des BAG im Sinne der Zulassung in Betracht. Erst wenn das BAG nicht abhilft, ist wegen der Verletzung des Art 103 Abs. 1 GG der Weg zum BVerfG eröffnet (siehe Rdn. 116). 115

Nach § 78a ist die Anhörungsrüge binnen einer Notfrist von zwei Wochen zu erheben (Einzelheiten vgl. Kommentierung § 78 Rdn. 3). Eine Wiederholung der Begründung der Nichtzulassungsbeschwerde genügt selbst dann nicht, wenn das Revisionsgericht die Beschwerde gegen die Nichtzulassung ohne Begründung zurückgewiesen hat.[274] Eine unzureichende Rügebegründung kann innerhalb der Zweiwochenfrist des § 78a Abs. 2 Satz 1 nachgebessert werden. § 78a Abs. 2 Satz 5 erfordert es, die für die vermeintliche Gehörsverletzung relevanten Tatsachen zu schildern und sodann darzulegen, warum die Entscheidung bei Achtung des Gehörsanspruchs möglicherweise anders ausgefallen wäre. Die Anforderungen dürfen nicht überspannt werden.[275]

3. Berichtigung

Nach § 319 ZPO kann auch eine Berichtigung des Entscheidungstenors erfolgen, wenn nur infolge eines offenbaren Schreibfehlers die Beschwerde zurückgewiesen wurde. Die Entscheidungen des BAG werden im Nichtzulassungsbeschwerdeverfahren erst mit der Abgabe der schriftlich abgesetzten und von den Berufs- sowie ehrenamtlichen Richtern beschlossenen und unterschriebenen Fassung zum Zwecke der Zustellung an die Geschäftsstelle existent. Zu diesem Zeitpunkt liegen die von den Richterunterschriften abgedeckten Entscheidungsgründe vor. Angesichts eines Massengeschäfts von über 2000 Verfahren kann es infolge Unachtsamkeit zu einem offen im Widerspruch zu den Entscheidungsgründen stehenden Entscheidungsausspruch kommen. Aus dem »Zusammenhang des Beschlusses selbst« ergibt sich dann die von der Rspr.[276] für eine Berichtigung erforderliche »offenbare« Unrichtigkeit. 116

---

272 BAG, 13.10.2015 – 3 AZN 915/15 (F), NZA 2016, 127.
273 BAG, 13.10.2015 – 3 AZN 915/15 (F) – Rn. 7, NZA 2016, 127; BAG, 12.09.2012 – 5 AZN 1743/12 (F), Rn. 3; GMPMG/Müller-Glöge § 79 Rn. 1.
274 BGH, 19.03.2009 – V ZR 142/08, Rn. 4, NJW 2009, 1609.
275 BayVerfGH, 25.05.2011 – Vf. 96-VI-09, NJW-RR 2011, 1209, 1210.
276 Vgl. BGH, 24.11.2003 – II ZB 37/02, NJW 2004, 779.

4. Außerordentlicher Rechtsbehelf

117 Der BGH geht davon aus, der Gesetzgeber habe mit der Qualifikation schwerwiegender Verfahrensfehler als absolute Revisionsgründe und als Nichtigkeitsgründe deutlich gemacht, dass es nicht erträglich erscheine, der betroffenen Partei abzuverlangen, die auf der Grundlage eines solchen Verfahrensfehlers ergangene Entscheidung hinzunehmen. Es erschien ihm bedenklich, der Partei in einem solchen Fall ein Rechtsmittel zu versagen und sie auf ein Wiederaufnahmeverfahren oder auf die Verfassungsbeschwerde zu verweisen (vgl. dazu Rdn. 15). Nach seiner früheren Rechtsprechung[277] sollte deshalb auch bei greifbarer Gesetzwidrigkeit mit der außerordentlichen Beschwerde der Zugang zum BGH möglich sein. Diese Auffassung ist nach der Neuregelung des Beschwerderechts durch das Zivilprozessreformgesetz aufgegeben worden.[278] Dem ist zuzustimmen; denn der Grundsatz der Bindung an die getroffene Entscheidung (§ 318 ZPO) bindet auch das Revisionsgericht. Nur bei einem Anhörungsfehler soll nach § 321a ZPO das Gericht zur Fortführung des Verfahrens und zu einer erneuten Entscheidung berechtigt sein. Bei anderen Verfahrensmängeln kann nur die Verfassungsbeschwerde Abhilfe bringen. Das haben sowohl der BGH[279] als auch das BAG[280] für den Zugang zum Revisionsgericht klargestellt. Wird dennoch eine außerordentliche Beschwerde eingelegt, so ist zu prüfen, ob eine Umdeutung in einen Nichtigkeits- und Restitutionsantrag in Betracht kommt. Zwar setzt die Wiederaufnahme des Verfahrens durch Nichtigkeits- und Restitutionsklage nach dem Wortlaut des § 578 Abs. 1 ZPO voraus, dass das betreffende Verfahren durch rechtskräftiges Endurteil geschlossen wurde. Das Wiederaufnahmeverfahren ist aber seinem Zweck entsprechend, ausnahmsweise aus Gründen materieller Gerechtigkeit nicht mehr anfechtbare Gerichtsentscheidungen aufzuheben, auch gegen der Rechtskraft fähige verfahrensbeendende Beschlüsse statthaft.[281]

5. Verfassungsbeschwerde

a) Voraussetzungen

118 Gegen die Zurückweisung der Nichtzulassungsbeschwerde kann die beschwerte Partei nach § 90 Abs. 1 BVerfGG mit der Behauptung Beschwerde einlegen, durch die Zurückweisung in einem Grundrecht oder in einem der in Artikel 20 Abs. 4, Artikel 33, 38, 101, 103 und 104 des Grundgesetzes grundrechtsgleichen Rechte verletzt zu sein. Nach § 93a BVerfGG bedarf es einer Annahmeentscheidung des BVerfGG. Diese erfolgt nur, wenn sie zur Durchsetzung der in § 90 Abs. 1 BVerfGG genannten Rechte angezeigt ist oder ihr grundsätzliche verfassungsrechtliche Bedeutung zukommt.

b) Willkürliche Verneinung grundsätzlicher Bedeutung

119 Gegen die Zurückweisung der Nichtzulassungsbeschwerde kann geltend gemacht werden, sie verstoße gegen die Rechtsschutzgarantie aus Art. 20 Abs. 4 GG. Danach ist es untersagt, den Zugang zu einem von der betreffenden Prozessordnung eröffneten Rechtsmittel in unzumutbarer, aus Sachgründen nicht mehr zu rechtfertigender Weise zu erschweren.[282] Dies ist insbesondere dann der Fall, wenn das einschlägige Verfahrensrecht in einer den Zugang zur nächsten Instanz erschwerenden Weise ausgelegt wird, die schlechterdings nicht mehr vertretbar ist und sich danach als objektiv willkürlich erweist. Zu der mit § 72 Abs. 2 Nr. 1 inhaltsgleichen Bestimmung des § 132 Abs. 2 Nr. 1 VwGO hat das BVerfG erkannt, mangels jeglicher Auseinandersetzung mit der Rspr. des EGMR zum Anwendungsbereich des Art 6 Abs. 1 MRK sei die Verneinung der grundsätzlichen

---

277 BGH, 08.10.1992 – VII ZB 3/92, BGHZ 119, 372; BGH, 04.03.1993 – V ZB 5/93, BGHZ 121, 397; BGH, 04.11.1999 – VII ZB 79/99; BGH, 08.11.2001 – IX ZB 44/01.
278 BGH, 07.03.2002 – IX ZB 11/02 – BGHZ 150, 133.
279 BGH, 16.09.2014 – VI ZR 55/14 – Rn. 14, MDR 2014, 1338.
280 BAG, 13.10.2015 – 3 AZN 915/15 (F), NZA 2016, 127.
281 BVerwG, 17.03.2015 – 5 A 1.15, 5 PKH 15.15, juris; BVerwG, 08.04.2015 – 1 A 7/15, juris.
282 BVerfG, 25.01.2005 – 2 BvR 656/99, BVerfGE 112, 185, 207 f.

Bedeutung der im Berufungsurteil aufgeworfenen Rechtsfrage nicht mehr vertretbar und damit willkürlich.[283]

c) Verletzung des gesetzlichen Richters

Die in § 72a Abs. 3 Satz 2 an die Zulässigkeit einer Nichtzulassungsbeschwerde gestellten Anforderungen werden überdehnt, wenn die einen Beschwerdeführer treffende Begründungspflicht auf Bereiche erstreckt wird, die eigentlich zur Sachprüfung gehören. Bei einer derartigen Normauslegung werden die ehrenamtlichen Richter entgegen Art. 101 Abs. 1 GG generell von Entscheidungen über Nichtzulassungsbeschwerden ferngehalten, obwohl ihre Mitwirkung nach dem eindeutigen Wortlaut des § 72a Abs. 5 Satz 2 vorgesehen ist.[284] Nach der Rspr. des BVerfG ist es nicht zu beanstanden, dass das BAG über den Wortlaut von § 72a Abs. 3 Satz 2 Nr. 2 hinaus weitere Anforderungen an die Darlegung einer Divergenz i.S.v. § 72 Abs. 2 Nr. 2 stellt und davon die Zulässigkeit der Beschwerde abhängig macht. Die Anforderungen dürfen jedoch nicht so weit gehen, dass mit der Zulässigkeit zugleich über die Begründetheit des Rechtsmittels entschieden ist. Denn bei einer solchen Auslegung der Norm werden die ehrenamtlichen Richter generell von Entscheidungen über Nichtzulassungsbeschwerden ferngehalten, obwohl ihre Mitwirkung nach dem eindeutigen Wortlaut des § 72a Abs. 5 Satz 2 vorgesehen ist. Ein solches Ergebnis ist mit dem Grundgedanken des gesetzlichen Richters (Art. 101 Abs. 1 Satz 2 GG) unvereinbar.

120

d) Verletzung des Anspruchs auf rechtliches Gehör

Die Verwerfung oder Zurückweisung der Nichtzulassungsbeschwerde kann eine Verletzung des grundrechtlichen Rechts auf rechtliches Gehör (Art. 103 Abs. 1 GG) darstellen, wenn das Übergehen von dargelegten Zulassungsgründen gerügt wird. Es bedarf jedoch stets vorher der Erhebung der Anhörungsrüge nach § 78a gegen das BAG als Richter a quo.

121

6. Menschenrechtsbeschwerde

Gegen die Zurückweisung oder Verwerfung der Nichtzulassungsbeschwerde ist nach Art. 34 der Europäischen Menschenrechtskonvention (EMRK) in der Fassung des Protokolls Nr. 11 die Menschrechtsbeschwerde an den Europäischen Gerichtshof für Menschenrechte (EGMR) möglich. In Betracht kommt insbesondere die Geltendmachung einer überlangen und damit Art. 6 der Konvention verletzenden Verfahrensdauer.

122

§ 72b Sofortige Beschwerde wegen verspäteter Absetzung des Berufungsurteils

(1) ¹Das Endurteil eines Landesarbeitsgerichts kann durch sofortige Beschwerde angefochten werden, wenn es nicht binnen fünf Monaten nach der Verkündung vollständig abgefasst und mit den Unterschriften sämtlicher Mitglieder der Kammer versehen der Geschäftsstelle übergeben worden ist. ²§ 72a findet keine Anwendung.

(2) ¹Die sofortige Beschwerde ist innerhalb einer Notfrist von einem Monat beim Bundesarbeitsgericht einzulegen und zu begründen. ²Die Frist beginnt mit dem Ablauf von fünf Monaten nach der Verkündung des Urteils des Landesarbeitsgerichts. ³§ 9 Abs. 5 findet keine Anwendung.

(3) ¹Die sofortige Beschwerde wird durch Einreichung einer Beschwerdeschrift eingelegt. ²Die Beschwerdeschrift muss die Bezeichnung der angefochtenen Entscheidung sowie die Erklärung enthalten, dass Beschwerde gegen diese Entscheidung eingelegt werde. ³Die Beschwerde kann nur damit begründet werden, dass das Urteil des Landesarbeitsgerichts mit Ablauf von fünf Monaten nach der Verkündung noch nicht vollständig abgefasst und mit den Unterschriften sämtlicher Mitglieder der Kammer versehen der Geschäftsstelle übergeben worden ist.

---

283 BVerfG, 19.10.2011 – 2 BvR 754/10, juris.
284 BVerfG, 23.08.1995 – 1 BvR 568/93, AP § 72a ArbGG 1979 Divergenz Nr. 31.

(4) ¹Über die sofortige Beschwerde entscheidet das Bundesarbeitsgericht ohne Hinzuziehung der ehrenamtlichen Richter durch Beschluss, der ohne mündliche Verhandlung ergehen kann. ²Dem Beschluss soll eine kurze Begründung beigefügt werden.

(5) ¹Ist die sofortige Beschwerde zulässig und begründet, ist das Urteil des Landesarbeitsgerichts aufzuheben und die Sache zur neuen Verhandlung und Entscheidung an das Landesarbeitsgericht zurückzuverweisen. ²Die Zurückverweisung kann an eine andere Kammer des Landesarbeitsgerichts erfolgen.

Übersicht

	Rdn.
I. Entstehung und Hintergrund der Regelung	1
II. Rechtsnatur	4
III. Zulässigkeitsvoraussetzungen der sofortigen Beschwerde	5
1. Rüge der fehlenden, unvollständigen oder verspäteten Abfassung	5
a) Abgrenzung § 72b Abs. 1 ArbGG zu § 547 Nr. 6 ZPO	5
b) unvollständige Urteilsfassung	6
2. Frist für die Einlegung	11
3. Form der Beschwerdeschrift	12
4. Frist für die Begründung	13
5. Postulationsfähigkeit	14
6. Anschlussbeschwerde	15
IV. Entscheidung über die Beschwerde	16
1. Verwerfung der unzulässigen Beschwerde	16
2. Zurückweisung der Beschwerde	17
3. Stattgabe der Beschwerde	18
4. Form der Beschlussfassung des BAG	20
5. Begründetheitsprüfung	21
V. Verhältnis von sofortiger Beschwerde und Revision	22
1. Prozessuales Wahlrecht	22
2. Vorrang des Beschwerdeverfahrens	23
a) Pro und Contra Wahlrecht	23
b) Wahlrecht aus verfahrensrechtlichen Gründen	24
c) Ausschluss der Gegenrüge	25
3. Kumulative Rechtsmitteleinlegung	26
4. Problemfall: Verspätete Urteilszustellung	27
VI. Ausschluss der Nichtzulassungsbeschwerde	30
VII. Kosten	31
VIII. Prozesskostenhilfe	34

I. Entstehung und Hintergrund der Regelung

1 Die Regelung über die sofortige Beschwerde gegen verspätet abgesetzte Urteile des Landesarbeitsgerichts ist durch das Gesetz über die Rechtsbehelfe bei Verletzung des Anspruchs auf rechtliches Gehör *(Anhörungsrügegesetz)* vom 09.12.2004¹ mit Wirkung zum 01.01.2005 in das Gesetz eingefügt worden. Das **Anhörungsrügegesetz** hat dabei für das arbeitsgerichtliche Verfahren nicht nur mehrere Möglichkeiten eröffnet, Verletzungen des verfassungsrechtlich gesicherten Anspruchs auf rechtliches Gehör (Art. 103 GG) durch die Gerichte für Arbeitssachen einer fachgerichtlichen Kontrolle zu unterwerfen.² Es hat über seinen Anlass und über die Gesetzesbezeichnung hinausgehend den Revisionszugang zum BAG erleichtert. Es hat sich dem verfassungsrechtlich bedeutsamen Problem der **fachgerichtlichen Behandlung verspätet abgesetzter Berufungsurteile** angenommen.

2 Auslösendes Ereignis war, dass von zwei Kammern des LAG München – teilweise wegen Krankheit des Vorsitzenden – in der Zeit von 1997 bis 2000 zahlreiche Berufungsurteile verspätet, zwischen neun und 40 Monaten nach Verkündung, schriftlich abgesetzt wurden, ohne die Revision zuzulassen.³ Die unterlegenen Parteien bemühten sich zunächst, die Zulassung der Revision im Beschwerdeverfahren nach § 72a ArbGG zu erreichen. Das angerufene Bundesarbeitsgericht sah jedoch in dem Verfahrensmangel der verspäteten Absetzung keinen Zulassungsgrund. Der Neunte Senat regte das Ruhen des Verfahrens an und verwies auf die Verfassungsbeschwerde, nicht ohne

---

1 BGBl. I, S. 3220, 3222.
2 § 72 Abs. 2 Nr. 3, § 78a.
3 BVerfG, 03.07.2002 – 1 BvR 2151/01; BVerfG, 15.11.2001 – 1 BvR 793/01; BVerfG, 15.11.2001 – 1 BvR 794/01; BVerfG, 15.11.2001 – 1 BvR 1633/01; BVerfG, 15.11.2001 – 1 BvR 1314/01; BVerfG, 15.11.2001 – 1 BvR 1198/01; BVerfG, 26.03.2001 – 1 BvR 383/00, NZA 2001, 982.

auf die klare arbeitsgerichtliche Rechtsprechung hinzuweisen: »Im arbeitsgerichtlichen Nichtzulassungsbeschwerdeverfahren kann anders als in anderen Verfahrensordnungen ein Verfahrensmangel die Zulassung der Revision nicht rechtfertigen. Das gilt ausnahmslos, selbst wenn es sich um einen absoluten Revisionsgrund handelt oder der Beschwerdeführer behauptet, aus seinem in Art. 103 GG enthaltenen Recht verletzt zu sein.«[4] Andere Senate verwarfen die Nichtzulassungsbeschwerden als unzulässig.[5]

Die rechtliche Bewältigung dieses Problems begann mit dem Beschluss des Gemeinsamen Senats der Obersten Gerichtshöfe des Bundes vom 27.04.1993 (– GmS 1/92). Seit diesem Beschluss steht fest, dass ein Urteil oder ein Beschluss im Beschlussverfahren als **nicht mit Gründen versehene Entscheidung** i.S.v. § 547 Nr. 6 ZPO n.F.[6] gilt, wenn die Entscheidungsgründe nicht binnen **fünf Monaten** nach der Verkündung der Entscheidung schriftlich niedergelegt und von den Richtern unterschrieben zur Geschäftsstelle des erkennenden Spruchkörpers gelangt sind. Dabei nahm der Gemeinsame Senat an, es handele sich hierbei um einen Verfahrensmangel, der der **Rüge** bedürfe. Dies bedeutete grds. auch, dass eine entsprechende Verspätung von der beschwerten Partei nicht geltend gemacht werden musste und nach einer etwaigen Geltendmachung – notfalls in der mündlichen Verhandlung vor dem Revisionsgericht – zurückgenommen werden konnte. Die einfachgesetzliche Qualifizierung von nach Ablauf der Fünf-Monats-Frist abgesetzten Urteilen als Urteile ohne Gründe flankierte die Zweite Kammer des Ersten Senats des BVerfG durch seinen Beschl. v. 26.03.2001:[7] Eine derartige Entscheidung eines Landesarbeitsgerichts **verstoße** auch **gegen** das **Rechtsstaatsprinzip**; sie könne, auch wenn sie dann verspätet mit Gründen versehen vorliege, nicht mehr Grundlage für ein Revisionsgericht sein, das Vorliegen von Revisionszulassungsgründen in rechtsstaatlicher Weise zu überprüfen. Aus dieser verfassungsrechtlichen Entscheidung zog der Erste Senat des BAG am 01.10.2003[8] die Konsequenz und erkannte darauf, gegen eine verspätet abgesetzte Entscheidung des Landesarbeitsgerichts sei eine Nichtzulassungsbeschwerde in keinem Falle mehr zulässig; nach dem damals geltenden Verfahrensrecht bleibe nur die Verfassungsbeschwerde.

Diese Rechtslage war auf Dauer nicht hinzunehmen. Sie stand im offenkundigen Widerspruch zu dem vom BVerfG in seinem Plenarbeschluss vom 30.04.2003[9] aber auch schon früher[10] verfochtenen verfassungsrechtlichen Gebot, dass richterliche **Verstöße** gegen verfassungsrechtlich abgesicherte Verfahrensrechte in erster Linie **durch** die **Fachgerichte** selbst zu **korrigieren** seien. Dieser Vorgabe trägt § 72b Rechnung. Die sofortige Beschwerde ist der **gebotene Weg**, auf dem die **Rüge** einer Entscheidung ohne Gründe wegen deren **verspäteter Absetzung** verfolgt werden kann. 3

II. Rechtsnatur

Die in § 72b geregelte sofortige Beschwerde stellt ein Rechtsmittel[11] dar. Auch ohne ausdrückliche Regelung in § 72b ArbGG hemmt sie den Eintritt der Rechtskraft (Suspensiveffekt)[12] und bewirkt den Anfall der Sache in der höheren Instanz, also beim BAG. Es entscheidet nämlich nicht das LAG als »judex a quo«, sondern das BAG als »judex ad quem« (Devolutiveffekt). 4

---

4 BAG, 26.06.2001 – 9 AZN 132/01, NZA 2001, 1036.
5 BAG, 11.01.2000 – 8 AZN 828/99; BAG 11.10.2000 – 5 AZN 616/00.
6 = § 551 Nr. 7 ZPO a.F.
7 1 BvR 383/00, NZA 2001, 982.
8 BAG, 01.10.2003 – 1 ABN 62/01, EzA § 92a ArbGG 1979 Nr. 5.
9 BVerfG, 30.04.2003 – 1 PBvU 1/02, BVerfGE 107, 395.
10 Z.B. 26.03.2001 – 1 BvR 383/00.
11 HWK/Bepler § 72b ArbGG Rn 1; GK-ArbGG/Mikosch § 72b Rn 5; Treber NJW 2005, 97, 101; a.A. GMPMG/Müller-Glöge § 72b Rn 5 eigenständige Untätigkeitsbeschwerde.
12 GK-ArbGG/Mikosch § 72b Rn 33; ErfK/Koch § 72b ArbGG Rn 3.

III. Zulässigkeitsvoraussetzungen der sofortigen Beschwerde

1. Rüge der fehlenden, unvollständigen oder verspäteten Abfassung

a) Abgrenzung § 72b Abs. 1 ArbGG zu § 547 Nr. 6 ZPO

5 Die sofortige Beschwerde nach § 72b ist statthaft gegen überhaupt nicht, unvollständig oder gegen verspätet abgesetzte Endurteile des Landesarbeitsgerichts. Verspätet abgesetzt sind Urteile dann, wenn deren vollständige Abfassung mit den Unterschriften sämtlicher erkennenden Richter versehen nicht innerhalb einer Frist von fünf Monaten nach Verkündung der Geschäftsstelle des LAG übergeben worden ist.

Als Gegenstand dieses neuen, nur für den Geltungsbereich des ArbGG geschaffenen Rechtsmittels, wird in der Einzelbegründung des Gesetz gewordenen Regierungsentwurfs »Urteil ohne Gründe« genannt.[13] Mit dieser Kurzbezeichnung ist bereits die Konkurrenz zum absoluten Revisionsgrund des § 547 Nr. 6 ZPO, »wenn die Entscheidung entgegen den Bestimmungen dieses Gesetzes nicht mit Gründen versehen ist«, aufgezeigt. Da Entscheidungen, deren Abfassung verspätet der Geschäftsstelle übergeben werden, als »nicht mit Gründen versehen« i.S.v. § 547 Nr. 6 ZPO zu behandeln sind,[14] liegt eine gemeinsame Schnittmenge vor. Diese sofortige Beschwerde nach § 72b ist im Verhältnis zur Verfahrensrüge nach § 547 Nr. 6 ZPO spezieller. Sie erfasst die »nicht mit Gründen versehen« Endurteile der Berufungsgerichte nur, soweit deren vollständige Abfassung nicht innerhalb der Fünf-Monats-Frist unterschrieben zur Geschäftsstelle gelangt ist. Diese Abgrenzung ist auch mit der höchstrichterlichen Rechtsprechung vereinbar.

Nach Auffassung des BAG stellt § 72b ArbGG auf den formalen Mindestinhalt eines Urteils ab, während der absolute Revisionsgrund auf das Fehlen notwendiger Gründe abstellt.[15]

b) unvollständige Urteilsfassung

6 Als vollständig abgefasst gilt ein Berufungsurteil, wenn es den formalen Anforderungen der §§ 313 bis 313b ZPO, § 69 ArbGG entspricht. Das Urteil muss danach enthalten:
- die Bezeichnung der Parteien, ihrer gesetzlichen Vertreter und der Prozessbevollmächtigten,
- die Bezeichnung des Gerichts und die Namen der Richter, die bei der Entscheidung mitgewirkt haben,
- den Tag, an dem die mündliche Verhandlung geschlossen worden ist,
- die Urteilsformel,
- den Tatbestand, in dem die erhobenen Ansprüche und die dazu vorgebrachten Angriffs- und Verteidigungsmittel unter Hervorhebung der gestellten Anträge nur ihrem wesentlichen Inhalt nach knapp dargestellt werden (§ 313 Abs. 2 Satz 1 ZPO),
- die Entscheidungsgründe, die eine kurze Zusammenfassung der Erwägungen enthalten, auf denen die Entscheidung in tatsächlicher und rechtlicher Hinsicht beruht (§ 313 Abs. 3 ZPO),
- die Rechtsmittelbelehrung gem. § 9 Abs. 5 und
- die Unterschriften sämtlicher Mitglieder der Kammer, die bei der Entscheidung mitgewirkt haben (§ 69 Abs. 1 Satz 1).

Hinsichtlich der Rechtsmittelbelehrung ist in § 9 Abs. 5 Satz 4 eine besondere Rechtsfolge, nämlich die Verlängerung der Rechtsmittelfrist, angeordnet. Diese Regelung geht § 72b vor. Folglich kann ein unvollständig abgesetztes Urteil nicht allein wegen des Fehlens der Rechtsmittelbelehrung aufgehoben werden.

---

13 BR-Drucks. 636/04 S. 50.
14 BGH, 22.11.2004 – NotZ 23/04, Rn 6, NJW-RR 2005, 11; BGH, 18.06.2001 – AnwZ (B) 10/00, NJW-RR 2001, 1642; BGH, 30.09.1997 – AnwZ (B) 11/97, BRAK-Mitt 1998, 93.
15 BAG, 20.12.2006 – 5 AZB 35/06, Rn 5, EzA § 72b ArbGG 1979.

Ferner ist zu beachten, dass das LAG von der Niederlegung von Tatbestand und Entscheidungsgründen unter den Voraussetzungen des § 69 Abs. 2 und 3 absehen kann.[16] Die Überprüfung der Rechtmäßigkeit des Absehens erfolgt nur aufgrund einer ordnungsgemäßen Verfahrensrüge nach § 547 Nr. 6 ZPO im Rahmen der Revision.

Erforderlich sind die Unterschriften derjenigen Mitglieder der Kammer, die an der Entscheidung mitgewirkt haben. Ist das vollständig abgefasste Urteil ganz oder teilweise von anderen Mitgliedern der Kammer unterschrieben, ohne dass ein Verhinderungsgrund vorgelegen hätte, ist es nicht i.S.v. § 72b Abs. 1 Satz 1 ArbGG mit den Unterschriften sämtlicher Mitglieder der Kammer versehen.[17] 7

Eine erforderliche Unterschrift kann dadurch ersetzt werden, dass der Vorsitzende unter Angabe des Verhinderungsgrundes vermerkt, dass der betreffende Richter verhindert ist, seine Unterschrift beizufügen, § 315 Abs. 1 Satz 2 ZPO i.V.m. § 64 Abs. 6 Satz 1 ArbGG, § 525 ZPO. Die auf diese Weise wirksam ersetzte Unterschrift eines oder mehrerer Richter erfüllt das Unterschriftserfordernis des § 315 Abs. 1 ZPO.[18] Ein Verhinderungsvermerk ist formell ordnungsgemäß, wenn er die Tatsache der Verhinderung und deren Grund angibt, ohne dass dabei detaillierte Angaben erforderlich sind.[19] Die wirksame Ersetzung einer richterlichen Unterschrift unter einem Urteil durch einen Verhinderungsvermerk des Vorsitzenden setzt voraus, dass der Vorsitzende sich Kenntnis über diejenigen Tatsachen verschafft hat, die die Annahme einer nicht nur kurzfristigen Verhinderung des Beisitzers an der Unterschriftsleistung rechtfertigen. Maßgebend ist dabei der subjektive Kenntnisstand des Vorsitzenden. Auf den späteren tatsächlichen Gang der Ereignisse kommt es für die Ersetzungswirkung des Verhinderungsvermerks nicht an.[20] Die Kenntnis von einer kurzfristigen Ortsabwesenheit reicht nicht aus, selbst wenn das Abwarten auf die Beendigung der Ortsabwesenheit dazu führte, dass die Fünf-Monats-Frist des § 72b ArbGG nicht eingehalten werden kann.[21] Entfällt der vorübergehende Verhinderungsgrund z.B. innerhalb einer Woche, etwa wegen einer unmittelbar bevorstehenden Rückkehr des Richters aus dem Urlaub, wird von einer kurzfristigen Verhinderung ausgegangen, so dass dann die Voraussetzungen des § 315 Abs. 1 Satz 2 ZPO nicht vorliegen.[22] 8

Fehlende richterliche Unterschriften können nachgeholt werden. Nach Ablauf der für die Übergabe des von allen beteiligten Richtern unterschriebenen Urteils an die Geschäftsstelle bestehenden Frist von höchstens fünf Monaten nach der Verkündung der Entscheidung kann keine Unterschrift mehr nachgeholt werden.[23] 9

Genügt die formal vollständige Abfassung nicht den für eine revisionsrichterliche Überprüfung notwendigen inhaltlichen Mindestanforderungen, kann dieser Mangel nicht mit der sofortigen Beschwerde nach § 72b, sondern nur mit der Rüge aus § 547 Nr. 6 ZPO im Rahmen einer zugelassenen Revision geltend gemacht werden.[24] Gibt z.B. die schriftlich niedergelegte und mit den Unterschriften sämtlicher Richter versehene (im richterlichen Sprachgebrauch »abgesetzte«) Entscheidung nicht den maßgeblichen Sachverhalt wieder, über den entschieden wird, und lässt sie auch nicht die in beiden Instanzen gestellten Anträge erkennen, so liegt der absolute Revisionsgrund (§ 547 Nr. 6 ZPO) eines »nicht mit den nach dem Gesetz erforderlichen Gründen versehen(en)« Urteils vor.[25] Gleiches 10

---

16 Dazu BAG, 18.05.2006 – 6 AZR 627/05, AP § 15 KSchG 1969 Ersatzmitglied Nr. 2, zu I der Gründe.
17 BAG, 19.12.2012 – 2 AZB 45/12 – Rdn.13, NZA 2013, 1375.
18 BAG, 22.08.2007 – 4 AZN 1225/06, Rn 6, EzA § 72b ArbGG 1979 Nr. 3; BAG, 17.08.1999 – 3 AZR 526/97, zu II 1 der Gründe, EzA § 69 ArbGG 1979 Nr. 2.
19 BAG, 22.08.2007 – 4 AZN 1225/06, Rn 7, EzA § 72b ArbGG 1979 Nr. 3.
20 BAG, 03.03.2010 – 4 AZB 23/09, BAGE 133, 285 = EzA § 72b ArbGG 1979 Nr. 5.
21 BAG, 24.06.2009 – 7 ABN 12/09 – Rn 7, NZA-RR 2009, 553, 554.
22 So in den entschiedenen Fällen: BAG, 24.06.2009 – 7 ABN 12/09 – Rn 10, NZA-RR 2009, 553, 554; BVerwG, 09.07.2008 – 6 PB 17/08 – Rn 5, NZA-RR 2008, 545.
23 BAG, 19.12.2012 – 2 AZB 45/12 – Rn 7, NZA 2013, 1375.
24 BAG, 20.12.2006 – 5 AZB 35/06 – Rn 5, EzA § 72b ArbGG 1979.
25 St. Rspr., BGH, 14.06.2010 – II ZB 20/09, NJW-RR 2010, 1582; BGH, 28.04.2008, II ZB 27/07 – Rn 4 NJW-RR 2008, 1455.

Düwell

gilt für Fälle, in denen zwar Entscheidungsgründe vorhanden sind, diese aber inhaltlich unzureichend sind, insb. weil einzelne Streitgegenstände übergangen wurden. Daraus folgt: Inhaltliche Mängel der Entscheidungsgründe sind bei zugelassener Revision mit der Revisionsrüge aus § 547 Nr. 6 ZPO anzugreifen. Im Fall der fehlenden Revisionszulassung ist mit der Rüge der Verletzung des Anspruchs auf rechtliches Gehör die Zulassung über die Nichtzulassungsbeschwerde nachzuholen.[26]

2. Frist für die Einlegung

11   Die Frist für die Einlegung der Beschwerde ist eine **Notfrist**. Sie beläuft sich auf **einen Monat** (§ 72b Abs. 2 Satz 1). Der Fristablauf beginnt unabhängig davon, dass über das Rechtsmittel des § 72b nicht schriftlich belehrt worden ist; denn nach § 72b Abs. 2 Satz 3 findet die Belehrungsvorschrift des § 9 Abs. 5 hier ausdrücklich keine Anwendung. Die Erfüllung der Belehrungsfrist wäre auch schwer möglich. Gibt es keine abgesetzte Entscheidung, so kann sie auch nicht die Rechtsmittelbelehrung enthalten. Das LAG muss deshalb auch nicht von sich aus auf die Versäumung der Absetzungsfrist hinweisen. Der Prozessbevollmächtigte muss die Frist des § 72b Abs. 2 selbst kennen.

Für die **anwaltliche Fristenorganisation** ist von großer praktischer Bedeutung, dass der Lauf der Beschwerdefrist spätestens fünf Monate seit der Verkündung des Berufungsurteils beginnt (§ 72b Abs. 2 Satz 2). Angesichts dessen ist jeder **Prozessvertreter** der durch das Berufungsurteil beschwerten Partei **stets verpflichtet**, den Ablauf dieser **Frist** unmittelbar **nach Verkündung** des Berufungsurteils im **Fristenkalender** zu vermerken. Liegt ihm bei Ablauf der Fünf-Monats-Frist das Urteil nicht vollständig vor, muss er unverzüglich bei der zuständigen Geschäftsstelle des Landesarbeitsgerichts Akteneinsicht nehmen oder – falls dies zu aufwendig ist – telefonisch nachfragen, ob und wenn ja, wann das vollständige Urteil dort eingegangen ist. Ist eine sichere Auskunft nicht zu erhalten, muss vorsorglich vor Ablauf von sechs Monaten seit Verkündung der Entscheidung sofortige Beschwerde nach § 72b eingelegt werden.[27] Sonst tritt nach § 74 Abs. 1 Satz 2 wegen Ablauf der einmonatigen Revisionsfrist aus § 74 Abs. 1 Satz 1, deren Lauf spätestens nach Ablauf von fünf Monaten nach Verkündung beginnt, die Rechtskraft des Berufungsurteils ein.

Gibt das LAG entgegen § 72b Abs. 2 Satz 2 2. Halbs. eine Belehrung, die sich als unrichtig erweist, oder erteilt die Geschäftsstelle über das Datum der Übergabe der mit den Unterschriften aller Richter versehenen Entscheidungsgründe eine fehlerhafte Auskunft, so kommt eine Wiedereinsetzung in den vorigen Stand nach § 233 ZPO in Betracht.

3. Form der Beschwerdeschrift

12   Die Beschwerde ist durch Einreichung einer Beschwerdeschrift, mithin in Form eines unterschriebenen bestimmenden Schriftsatzes (§ 130 Nr. 6 ZPO) oder durch ein für die Bearbeitung durch das Beschwerdegericht geeignetes und mit einer qualifizierten elektronischen Signatur versehenes elektronisches Dokument (§ 130a ZPO) einzulegen (§ 72b Abs. 3 Satz 1 ArbGG). Da die sofortige Beschwerde als **Rechtsmittel** anzusehen ist, muss die Beschwerdeschrift den Anforderungen genügen, die von jeder **Rechtsmittelschrift** erfüllt werden müssen: Es muss die angefochtene Entscheidung zumindest nach Datum und Aktenzeichen bezeichnet (§ 72b Abs. 3 Satz 2) und weiter zum Ausdruck gebracht werden, dass gegen sie sofortige Beschwerde eingelegt wird (§ 72b Abs. 3 Satz 2). Über den Wortlaut des § 72b Abs. 3 Satz 2 hinaus ist nach allgemeinen, für alle Rechtsmittel geltenden Grundsätzen, sowohl eine Bezeichnung des Gerichts als auch der Parteien erforderlich, damit erkennbar ist, welches Gericht die angefochtene Entscheidung erlassen hat,[28] und wer als Beschwerdeführer und Beschwerdegegner[29] am Verfahren beteiligt sein soll.

---

[26] BAG, 20.12.2006 – 5 AZB 35/06, Rn 5, EzA § 72b ArbGG 1979; BAG, 15.03.2006 – 9 AZN 885/05, EzA § 72a ArbGG 1979 Nr. 107.
[27] Zutreffend: Treber NJW 2005, 97, 101.
[28] BAG, 27.08.1996 – 8 AZB 14/96, NZA 1997, 456.
[29] BAG, 23.08.2001 – 7 ABR 15/01, EzA § 518 ZPO Nr. 44.

Unschädlich ist eine falsche Bezeichnung des eingelegten Rechtsbehelfs, solange das Ziel des Beschwerdeführers noch hinreichend deutlich wird, eine Aufhebung wegen fehlender oder verspäteter Absetzung der Gründe zu erreichen.[30]

Rügt ein Beschwerdeführer im Rahmen einer Nichtzulassungsbeschwerde die verspätete Absetzung, so kommt eine Umdeutung in eine sofortige Beschwerde nach § 72b in Betracht.[31] Erfolgreich kann die umgedeutete Beschwerde jedoch nur sein, wenn die fehlende oder verspätete Absetzung innerhalb der Monatsfrist des § 72b Abs. 2 Satz 1 gerügt worden ist.[32] Das hat der Fünfte Senat jüngst bestätigt. Danach kommt eine Umdeutung nur in Betracht, wenn die Nichtzulassungsbeschwerde zugleich den Anforderungen von § 72b Abs. 2 und Abs. 3 ArbGG genügt. Somit muss die umzudeutende Beschwerde in der Beschwerdebegründung die verspätete Absetzung des anzufechtenden Urteils angesprochen haben.[33]

Zur Vermeidung unnötiger Risiken hat sich in der Praxis die gute Übung gebildet, eine Kopie des Verkündungsprotokolls der Beschwerdeschrift beizufügen. Das ist ein taugliches Mittel, Auslassungen und Schreibfehler in der Beschwerdeschrift zu bereinigen.

Bei objektiver Klagehäufung kann die Beschwerde auch beschränkt auf einen Streitgegenstand eingelegt werden. Es ist so möglich, das nicht mit Gründen versehene Berufungsurteil in Teilrechtskraft erwachsen zu lassen. Unschädlich ist, dass die unterschiedlichen Streitgegenstände möglicherweise nicht aus dem verkündeten Tenor des Berufungsurteils ersichtlich sind. Es ist zur Bestimmung der Teilrechtskraft dann das Verhandlungsprotokoll der Berufungsverhandlung mit den dort festgestellten Anträgen heranzuziehen.

4. Frist für die Begründung

Das Gesetz verlangt nicht, dass die Beschwerde zusammen mit ihrer Einlegung auch sofort begründet wird. Die **Beschwerdebegründung** muss aber innerhalb der schon für die Einlegung laufenden Frist von **einem Monat** (§ 72b Abs. 2 Satz 1) auch begründet werden. Eine völlig ausreichende **Begründung** für den denkbaren, aber nicht notwendigen **Antrag**

13

> »*das Urteil des Landesarbeitsgerichts ... vom ..., Aktenzeichen ..., aufzuheben und die Sache zur neuen Verhandlung und Entscheidung an das Landesarbeitsgericht ... (eine andere Kammer des Landesarbeitsgerichts ...) zurückzuverweisen.*«

könnte etwa lauten:

> »*Das angefochtene Urteil ist in der mündlichen Verhandlung am ... verkündet worden. Es hätte deshalb mit den vollständigen schriftlichen Entscheidungsgründen und den Unterschriften der erkennenden Richter versehen bis zum ... zur Geschäftsstelle gelangen müssen.*
>
> *Entweder: Nach der Auskunft der Geschäftsstelle des Landesarbeitsgerichts vom ... ist das bisher nicht geschehen.*
>
> *Oder: Nach der Auskunft der Geschäftsstelle des Landesarbeitsgerichts vom ... ist das mit den vollständigen schriftlichen Entscheidungsgründen abgesetzte und mit den Unterschriften der erkennenden Richter versehene Urteil erst verspätet am ... zur Geschäftsstelle gelangt.*
>
> *Beweis: Amtliche Auskunft der Geschäftsstelle der ... Kammer des Landesarbeitsgerichts ...*«

---

30 GK-ArbGG/Mikosch § 72b Rn 28.
31 BAG, 02.11.2006 – 4 AZN 716/06, EzA § 72b ArbGG 1979 Nr. 1 mit Anm. Kappelhoff ArbRB 2007, 45.
32 BAG, 02.11.2006 – 4 AZN 716/06, EzA § 72b ArbGG 1979 Nr. 1 mit Anm. Kappelhoff ArbRB 2007, 45.
33 BAG, 24.02.2015 – 5 AZN 1007/14, EzA § 72b ArbGG 1979 Nr. 6.

§ 72b ArbGG — Sofortige Beschwerde wegen verspäteter Absetzung des Berufungsurteils

5. Postulationsfähigkeit

14 Die Beschwerde ist mit Ausnahme der Fallkonstellationen aus § 11 Abs. 4 Satz 4 von einem vor dem BAG zugelassenen Bevollmächtigten einzulegen und zu begründen. Dazu gehören nach § 11 Abs. 4 Satz 2 ArbGG außer Rechtanwälten auch Gewerkschaften und Vereinigungen von Arbeitgebern sowie Zusammenschlüsse solcher Verbände und diesen wirtschaftlich zuzurechnende juristischen Personen (z.B. DGB Rechtschutz GmbH), soweit sie nach § 11 Abs. 4 Satz 3 ArbGG durch Personen mit Befähigung zum Richteramt handeln (Einzelheiten § 11 Rdn. 18 ff., 33). Die Einlegung durch nicht vertretene Parteien ist nur dann zulässig, soweit diese Parteien Gewerkschaften oder Vereinigungen von Arbeitgebern sowie Zusammenschlüsse solcher Verbände und diesen wirtschaftlich zuzurechnende juristische Personen (z.B. DGB Rechtschutz GmbH) sind und diese durch eine Person mit der Befähigung zum Richteramt handeln (§ 11 Abs. 4 Satz 4). Da eine Einlegung zu Protokoll der Geschäftsstelle des BAG nicht zugelassen ist, kann mit Ausnahme der durch § 11 Abs. 4 Satz 4 privilegierten Verbände keine andere, nicht durch Prozessbevollmächtigte vertretene Partei, wirksam eine sofortige Beschwerde nach § 72b einlegen.

6. Anschlussbeschwerde

15 Eine Möglichkeit, sich der sofortigen Beschwerde analog zur Anschlussrevision unselbstständig anzuschließen, ist nicht eröffnet.

IV. Entscheidung über die Beschwerde

1. Verwerfung der unzulässigen Beschwerde

16 Das BAG hat von Amts wegen zu prüfen, ob die Zulässigkeitsvoraussetzungen der sofortigen Beschwerde erfüllt sind. Ist das nicht der Fall, wird die Beschwerde als unzulässig verworfen. Die Entscheidung trifft der nach der Geschäftsverteilung zuständige Senat in berufsrichterlicher Besetzung – ohne Hinzuziehung der ehrenamtlichen Richter – durch Beschluss (§ 72b Abs. 4).

2. Zurückweisung der Beschwerde

17 Ist die sofortige Beschwerde ordnungsgemäß eingelegt und begründet worden, muss das BAG deren Begründetheit prüfen. Ergibt die Tatsachenermittlung, dass die Beschwerde objektiv unbegründet ist, wird sie kostenpflichtig ohne Hinzuziehung der ehrenamtlichen Richter durch Beschluss (§ 72b Abs. 4) zurückgewiesen.

3. Stattgabe der Beschwerde

18 Begründet ist die Beschwerde, wenn die Rüge des Beschwerdeführers zutrifft und das Urteil tatsächlich erst **außerhalb der Höchstfrist** von fünf Monaten nach der Verkündung vollständig abgesetzt mit den Unterschriften sämtlicher erkennenden Richter versehen bei der Geschäftsstelle des Landesarbeitsgerichts eingegangen ist. Zur Klärung dessen muss gemäß § 72b Abs. 4 Satz 1 keine mündliche Verhandlung durchgeführt werden. Die stattgebende Entscheidung ergeht ohne Hinzuziehung der ehrenamtlichen Richter durch Beschluss (§ 72b Abs. 4). Er führt zur Aufhebung und zur Zurückverweisung der Sache zur neuen Verhandlung und Entscheidung auch über Kosten der Beschwerde (§ 72b Abs. 5 Satz 1).

19 Die Zurückverweisung kann auch an eine andere Kammer erfolgen (§ 72b Abs. 5 Satz 2). Häufig wird dies mit Rücksicht auf die beschwerte Partei, die von der zuletzt erkennenden Kammer kein rechtsstaatliches Verfahren erhalten hat, sinnvoll sein.[34] Die Zurückverweisung ist jedoch nicht immer geboten. Ist zukünftig eine sachgerechte Behandlung zu erwarten, weil die Besetzung des Kammervorsitzes wechselt, dann ist eine Verweisung an eine andere Kammer überflüssig. Das gilt

---

34 Vgl. BAG, 12.12.2006 – 3 AZN 625/06, AP § 72a ArbGG 1979 Grundsatz Nr. 68.

auch, wenn der richterliche Geschäftsverteilungsplan des LAG automatisch eine andere Zuteilung für Rückläufer vorsieht. Umstritten ist, ob das BAG befugt ist, gezielt an die Präsidentenkammer zurückzuverweisen.[35] Dafür spricht: Es wird so sichergestellt, dass der für die Dienstaufsicht zuständige Richter sich mit der Sache befassen muss. Dagegen wird eingewandt, dass in die Zuständigkeit des LAG bei der Aufstellung des Geschäftsverteilungsplanes eingegriffen werde. Dieses Argument wiegt nicht so schwer, weil der Gesetzgeber in § 72b das BAG ermächtigt, in die Geschäftsverteilungsautonomie des Berufungsgerichts einzugreifen.

4. Form der Beschlussfassung des BAG

Soweit ein Beschluss des BAG nicht aufgrund einer mündlichen Verhandlung ergeht, bedarf er nach dem entsprechend anwendbaren § 329 Abs. 1 Satz 1 ZPO keiner Verkündung. Die beratene und verschriftlichte Fassung wird erst mit der Übergabe an die Geschäftsstelle zum Zweck der Zuleitung an die Beteiligten existent.[36] Bis dahin handelt es sich um Entwürfe im inneren Dienstbetrieb, die jederzeit geändert werden und durch Rücknahme und Rechtsmittelverzichte zeitlich überholt werden können. Da Verwerfungen und Zurückweisungen wegen der Kostenfolge einen Vollstreckungstitel bilden, sind derartige Beschlüsse nach § 329 Abs. 3 ZPO förmlich zuzustellen. Eine förmliche Zustellung des stattgebenden Beschlusses ist zwar aus Gründen der Dokumentation sinnvoll, jedoch nicht zwingend geboten.[37]

20

Jeder Beschluss soll nach § 72b Abs. 4 Satz 2 eine kurze Begründung enthalten. Das BAG soll analog zu § 72a Abs. 5 Satz 5 von der Begründung absehen dürfen, wenn sie nicht geeignet wäre, zur Klärung der Rechtsfragen beizutragen, die sich für die Beurteilung ergeben, ob ein Urteil abgesetzt ist.[38]

5. Begründetheitsprüfung

In aller Regel wird sich die verspätete Übergabe des vollständig abgefassten und mit den Unterschriften sämtlicher Mitglieder der Kammer versehenen Urteils bei der Geschäftsstelle aus den beigezogenen Akten der Vorinstanzen ergeben. Es ist jedoch nicht zwingend, das zuweilen zögerliche Eintreffen der Instanzakten abzuwarten, zumal die Originale der Berufungsurteile von den Präsidenten der LAG gesondert in Sammlungen aufbewahrt und nur Kopien mit Beglaubigungsvermerken zusammen mit der Originalakte versandt werden. Im Interesse einer Beschleunigung des Verfahrens genügt es, wenn das BAG die Voraussetzung für die Begründetheit der Beschwerde durch eine amtliche Auskunft des Geschäftsstellenverwalters, des Vorsitzenden der erkennenden Kammer oder des Präsidenten des LAG ermittelt. Das BAG ist insoweit befugt, eigene Tatsachenermittlungen anzustellen. Es ist weder an einen übereinstimmenden Vortrag der Parteien noch an eine erteilte Auskunft des Präsidenten des Berufungsgerichts gebunden. Es gelten die Grundsätze des Freibeweises und der freien Beweiswürdigung.[39]

21

Problematisch sind in der Praxis die Fälle, in denen wenige Tage vor Ablauf der Fünf-Monats-Frist der Kammervorsitzende ein vollständig abgefasstes Berufungsurteil der Geschäftsstelle übergibt, das den formalen Anforderungen nach § 69 ArbGG, § 315 ZPO nur aufgrund von Verhinderungsvermerken des Vorsitzenden für einen oder beide an der Unterschrift verhinderten ehrenamtliche Richter entspricht. Ist ein Richter verhindert, seine Unterschrift beizufügen, wird dies unter Angabe des Verhinderungsgrundes vom Kammervorsitzenden unter dem Urteil vermerkt, § 315 Abs. 1 Satz 2 ZPO. Als Verhinderungsgrund im Rechtssinne ist allerdings nicht jede zeitweise Unmöglich-

---

35 AnwK-ArbR/Düwell § 72b ArbGG Rn. 10.
36 GK-ArbGG/Mikosch § 72b Rn. 46 m.w.N.
37 GK-ArbGG/Mikosch § 72b Rn 46.
38 GK-ArbGG/Mikosch § 72b Rn 51.
39 BAG, 03.03.2010 – 4 AZB 23/09, EzA § 72b ArbGG 1979 Nr. 5; BAG, 24.06.2009 – 7 ABN 12/09, EzA § 72b ArbGG 1979 Nr. 4; zustimmend: GK-ArbGG/Mikosch § 72b Rn 42.

keit der Unterschriftsleistung anzusehen. So reicht eine kurzfristige Ortsabwesenheit hierfür nicht aus, selbst wenn das Abwarten auf die Beendigung der Ortsabwesenheit dazu führt, dass die Fünf-Monats-Frist des § 72b ArbGG nicht eingehalten werden kann.[40] Entfällt der vorübergehende Verhinderungsgrund z.B. innerhalb einer Woche, etwa wegen einer unmittelbar bevorstehenden Rückkehr des Richters aus dem Urlaub, liegen die Voraussetzungen des § 315 Abs. 1 Satz 2 ZPO nicht vor.[41] Ein Verhinderungsvermerk des Kammervorsitzenden entfaltet demnach nur die in § 315 Abs. 1 Satz 2 ZPO vorgesehene Wirkung, wenn auch der Vorsitzende davon ausgehen darf, dass tatsächlich ein länger andauernder Verhinderungsgrund vorliegt. Hiervon hat sich der Kammervorsitzende vor der Anbringung des Vermerks zu vergewissern. Er hat für seine Entscheidung, von der Ausnahmeregelung des § 315 Abs. 1 Satz 2 ZPO Gebrauch zu machen, sowohl die zum Zeitpunkt der Unterschriftsreife bestehende Verhinderung zu überprüfen, als auch unter Berücksichtigung der Rechtsprechung der obersten Gerichtshöfe des Bundes die Prognose der weiter andauernden Verhinderung für mindestens **eine weitere Woche** zu erstellen. Der Vierte Senat des BAG hat sich ursprünglich für einen längeren, zweiwöchigen Zeitraum ausgesprochen.[42] Mit Rücksicht auf das BVerwG[43] und den Siebten Senat des BAG,[44] die beide auf den kürzeren Einwochenzeitraum abgestellt haben, ist der längere Zweiwochenzeitraum fallen gelassen worden.[45]

Nur wenn nach dem Vorbringen des Beschwerdeführers aufgrund sonstiger Umstände des Einzelfalls davon ausgegangen werden müsste, dass der den Vermerk anbringende Berufsrichter den Rechtsbegriff der Verhinderung verkannt haben könnte, hat das Rechtsbeschwerdegericht im Wege des Freibeweises zu klären, ob der betreffende Richter tatsächlich verhindert war und daher ein Grund für die Ersetzung seiner Unterschrift vorgelegen hat.[46]

V. Verhältnis von sofortiger Beschwerde und Revision

1. Prozessuales Wahlrecht

22 Das Rechtsmittel des § 72b gilt nicht nur ggü. verspätet abgesetzten Berufungsurteilen, in denen die Revision nicht zugelassen worden ist, sondern auch ggü. Berufungsurteilen, in denen mit Verkündung die **Revision zugelassen** ist, die dann aber nicht binnen fünf Monaten mit den Entscheidungsgründen und den Unterschriften sämtlicher Richter zur Geschäftsstelle gelangt sind. Die h.M. vertritt die Auffassung, eine Revision bleibe in den Fällen der zugelassenen Revision auch bei verspäteter Absetzung des vollständigen Urteils statthaft. Sie könne wegen der Einschränkung in § 73 Abs. 1 Satz 2 nur nicht diesen Verfahrensmangel i.S.v. § 72b Abs. 1 Satz 1 geltend machen. Der Ausschluss der Rüge der verspäteten Absetzung für das Revisionsverfahren, wie er in § 73 Abs. 1 Satz 2 geregelt ist, schließe nicht aus, in Auseinandersetzung mit den verspätet abgefassten Entscheidungsgründen andere Rügen als die aus § 72b Abs.1 Satz 1 zu erheben.[47] Einer Partei, für die vom LAG die Revision zugelassen worden ist, stehe folglich ein **Wahlrecht**[48] zu:
– Entweder: Die Partei könne sich dafür entscheiden, ob sie mit der sofortigen Beschwerde nach § 72b die Aufhebung und Zurückverweisung zur neuen Berufungsverhandlung erreichen will.

---

40 BAG, 24.06.2009 – 7 ABN 12/09, Rn 7, NZA-RR 2009, 553; BAG, 22.08.2007 – 4 AZN 1225/06, Rn 10, EzA § 72b ArbGG 1979 Nr. 3; BAG, 17.08.1999 – 3 AZR 526/97, EzA § 69 ArbGG 1979 Nr. 2.
41 So die zugrunde liegenden Sachverhalte der Entscheidungen: BAG, 24.06.2009 – 7 ABN 12/09, Rn 10, NZA-RR 2009, 553; BVerwG, 09.07.2008 – 6 PB 17/08, Rn 5, NZA-RR 2008, 545.
42 BAG, 22.08.2007 – 4 AZN 1225/06, Rn 10, EzA § 72b ArbGG 1979 Nr. 3.
43 BVerwG, 09.07.2008 – 6 PB 17/08, Rn 5, NZA-RR 2008, 545.
44 BAG, 24.06.2009 – 7 ABN 12/09, Rn 10, NZA-RR 2009, 553.
45 BAG, 03.03.2010 – 4 AZB 23/09, Rn 7, EzA § 72b ArbGG 1979 Nr. 5.
46 BAG, 17.08.1999 – 3 AZR 526/97, EzA § 69 ArbGG 1979 Nr. 2.
47 ErfK/Koch § 72b ArbGG Rn 3; GK-ArbGG/Mikosch § 72b Rn 20 (nur bis zum Ablauf des sechsten Monats nach Verkündung); GMPMG/Müller-Glöge § 72b Rn 9; Schwab/Weth-Ulrich § 72b Rn 8.
48 So ausdrücklich GK-ArbGG/Mikosch § 72b Rn 21; GMPMG/Müller-Glöge § 72b Rn 9; Schwab/Weth-Ulrich § 72b Rn 8 unter Bezug auf den Regierungsentwurf des Anhörungsrügengesetzes BR-Drucks. 636/04, S. 50.

– Oder: Sie könne sich dafür entscheiden, auf der Grundlage der verspäteten Entscheidungsgründe eine Rechtsfehlerprüfung durch das BAG zu erhalten.

2. Vorrang des Beschwerdeverfahrens

a) Pro und Contra Wahlrecht

Für die vom Schrifttum entwickelte Wahltheorie findet sich in den parlamentarischen Drucksachen kein klarer Anhalt. Das Wahlrecht ergibt sich indes aus der vom Gesetzgeber gewählten Kombination: Die neue sofortige Beschwerde ist hinsichtlich der formalen Urteilsabsetzung spezieller als die Revisionsrüge aus § 547 Nr. 6 ZPO, die deshalb verdrängt wird. Die auf § 72b gestützte Rüge bleibt jedoch eingebettet in das gewachsene Prozessrecht, das keine Amtsermittlungspflicht hinsichtlich verspäteter Übergaben von Urteilsfassungen kennt. Falls keine sofortige Beschwerde eingelegt wird, kann deshalb in einem zulässigen Revisionsverfahren keine Amtsprüfung der Frage stattfinden, ob die Entscheidungsgründe verspätet abgesetzt sind. Wegen des Ausschlusses in § 73 Abs. 1 Satz 2 kann zudem weder ein Revisionskläger noch ein Revisionsbeklagter die Rüge der verspäteten Absetzung erheben.

23

Die Verfasser des insoweit unverändert übernommen Regierungsentwurfs haben entgegen der Darstellung im Schrifttum kein Wahlrecht zwischen sofortiger Beschwerde und Revision anerkannt. Sie haben es eher ausgeschlossen. In der Einzelbegründung zu Abs. 1 des § 72b haben sie ihren Standpunkt wie folgt erläutert:[49] »... wird deutlich gemacht, dass beim ›Urteil ohne Gründe‹ nur das Rechtsmittel der sofortigen Beschwerde statthaft ist. Erst wenn ein ›Urteil mit Gründen‹ vorliegt, soll die Nichtzulassungsbeschwerde in Betracht kommen, wenn das Landesarbeitsgericht die Revision nicht zugelassen hat. Die neue Beschwerde ist aber auch dann das allein statthafte Rechtsmittel, wenn das Landesarbeitsgericht die Revision zugelassen hat.« Diese Erläuterungen bauen auf den kurz zuvor im Beschluss des BAG vom 01.10.2003[50] aufgestellten Rechtssatz auf, nach dem jede materiell-rechtliche Auseinandersetzung mit den Gründen eines Berufungsurteils ausscheiden soll, wenn die Entscheidungsgründe in einem rechtsstaatlichen Anforderungen nicht genügenden Verfahren, weil verspätet, abgesetzt worden sind. Diese Beurteilung, nach der verspätet abgesetzte Entscheidungsgründe wirkungslos sind, ist später auch durch den BGH bestätigt worden. Dieser hat erkannt, dass nach der für die Einlegung des Rechtsmittels maßgebenden Frist von fünf Monaten fehlende Richterunterschriften für das bereits mit seiner Verkündung existent gewordene Urteil nicht mehr rechtswirksam nachgeholt werden können.[51] Danach erscheint es folgerichtig, auch die Statthaftigkeit der Durchführung einer Revision trotz ihrer Zulassung immer dann auszuschließen, wenn objektiv eine verspätete Urteilsabfassung vorliegt, weil sich die Revision für die Darlegung von materiellrechtlichen Rechtsverletzungen oder Verfahrensmängeln mit den zwar tatsächlich, aber rechtlich nicht existenten Entscheidungsgründen nicht auseinandersetzen könnte.

Dem Ausschluss jeder zugelassenen Revision setzen die Vertreter der Wahltheorie rechtspolitische und prozessrechtliche Argumente entgegen. Zutreffend ist, dass zum Schutz der Parteien vor der richterlichen Unsitte, Berufungsurteile verspätet abzusetzen, ein rigoroser Ausschluss der Revision nicht geboten ist.[52] Es genügt die Möglichkeit, sofortige Beschwerde einzulegen, insbesondere dann, wenn dieses Beschwerdeverfahren einfacher und schneller durchgeführt wird als eine Revision. Gegen die rigorose Einschränkung der Verfahrensautonomie werden folgende Erwägungen vorgebracht:[53] Der Umstand, dass »die Entscheidung entgegen den Bestimmungen des Gesetzes nicht mit Gründen versehen ist« (§ 547 Nr. 6 ZPO) ist auch dann nicht von Amts wegen zu

---

49 BR-Drucks. 636/04, S. 50.
50 BAG, 01.10.2003 – 1 ABN 62/01, EzA § 92a ArbGG 1979 Nr. 5.
51 BGH, 16.10.2006 – II ZR 101/05, Rn 8, NJW-RR 2007, 141; BGH, 27.01.2006 – V ZR 243/04, Rn 16, NJW 2006, 1881.
52 Düwell/Lipke-Bepler 2. Aufl. § 72b ArbGG Rn 12.
53 GK-ArbGG/Mikosch § 72b Rn 21; GMPMG/Müller-Glöge § 72b Rn 9; Schwab/Weth-Ulrich § 72b Rn 8.

berücksichtigen, wenn der rechtliche Grund für das Fehlen der Gründe auf die verspätete Absetzung zurückzuführen ist. Das hat der Gemeinsame Senat bei der Aufstellung der Fünf-Monats-Frist für die Absetzung der Berufungsurteile ausdrücklich erkannt.[54] Ferner führt selbst eine entscheidungserhebliche Verletzung des Verfahrensgrundrechts auf rechtliches Gehör nicht von Amts wegen, sondern **nur auf Rüge** zur Aufhebung der betreffenden Entscheidung.

b) Wahlrecht aus verfahrensrechtlichen Gründen

24 Das Wahlrecht ist aus zwei Gründen anzuerkennen:
1. Die Darstellung in der Gesetzesbegründung, die sofortige Beschwerde sei das allein statthafte Rechtsmittel, ist zu weitgehend.
2. Im Verfahren der sofortigen Beschwerde wird die vorgreifliche Rechtsfrage der rechtzeitigen formal vollständigen Abfassung des Berufungsurteils geklärt. Diesem nur auf eine Rüge durchzuführenden Verfahren kommt daher ein verfahrensrechtlicher Vorrang zu. Bleibt die verspätete Abfassung ungerügt, besteht kein Hinderungsgrund für die Auseinandersetzung mit den Entscheidungsgründen im Rahmen einer Revision.

Selbst die Verletzung des Rechtsstaatsprinzips durch das verspätete Absetzen nötigt nicht zu einem Verlust des Revisionszugangsrechts. Es genügt, dass die Beschwerde nach § 72b kraft Spezialität die auf formale Absetzungsmängel gestützte Revisionsrüge i.S.v. § 547 Nr. 6 ZPO verdrängt. Es ist nämlich wenig sinnvoll, die beschwerte Partei dazu zu zwingen, den nach ihrer Einschätzung nur die Verfahrensdauer verlängernden Weg der Kassation und Zurückverweisung einzuschlagen, statt die aufgeworfenen Rechtsfragen unmittelbar einer abschließenden revisionsgerichtlichen Beurteilung zuzuführen. Nur eine eindeutige gesetzgeberische Wertentscheidung wäre gegenüber diesen Erwägungen geeignet gewesen, die absolute Exklusivität der sofortigen Beschwerde gegenüber der Revision zu verankern und so ein Wahlrecht im Fall der bei der Verkündung zugelassenen Revision zu verhindern. Der Wortlaut der zu § 72b Abs. 1 verfassten ministerialen Gesetzesbegründung spricht zwar für eine weitergehende Regelungsabsicht. Dieser hat jedoch eine überschießende Tendenz. Weder wird die apodiktische Hervorhebung der sofortigen Beschwerde als »das allein statthafte Rechtsmittel« hinsichtlich der Auswirkungen auf die Verfahrensautonomie näher erläutert, noch ist aus der Implementierung der neuen Bestimmungen in das sonst unverändert gebliebene Prozessrecht ein derartiger Regelungsgehalt zu entnehmen. Im Übrigen ist die ministeriale Entwurfsbegründung widersprüchlich. In der Einzelbegründung zu § 73 Abs. 1 wird nämlich ausgeführt: »Wird das Urteil nach Ablauf von fünf Monaten nach seiner Verkündung zugestellt ..., muss sich die Partei entscheiden, ob sie eine Revision in der Sache durchführt oder die Sache wegen der nicht rechtzeitigen Absetzung ... neu verhandeln möchte«.[55] Diese Entscheidungsbefugnis setzt – anders als in der Einzelbegründung zu § 72b Abs. 1 dargestellt – voraus, dass die sofortige Beschwerde nicht stets dann das allein statthafte Rechtsmittel ist, wenn objektiv ein Fall der verspäteten Absetzung vorliegt.

Erweist sich die sofortige Beschwerde nach § 72b als das speziellere Rechtsmittel, so ist daraus ein verfahrensrechtlicher Vorrang des Beschwerdeverfahrens gegenüber der Revision abzuleiten. In dem Beschwerdeverfahren wird die für das Revisionsverfahren vorgreifliche Rechtsfrage der formal rechtzeitig abgesetzten Urteilsfassung geklärt. Wird keine sofortige Beschwerde eingelegt oder eine eingelegte Beschwerde zurückgenommen, so muss sich das auf ein laufendes Revisionsverfahren auswirken. Bereits aus § 73 Abs. 1 Satz 2 ergibt sich, dass der Revisionskläger außerhalb des Beschwerdeverfahrens die verspätete Absetzung nicht rügen kann.

---

[54] Gemeinsamer Senat der obersten Gerichtshöfe des Bundes, 27.04.1993 – GmS-OGB 1/92, NJW 1993, 2603.
[55] BR-Drucks. 636/04, S. 50.

c) Ausschluss der Gegenrüge

Aus dem Vorrang des Beschwerdeverfahrens ist ferner abzuleiten, dass auch dem Revisionsbeklagten 25 nicht gestattet sein darf, im Wege der **Gegenrüge** die Verspätung geltend zu machen. Sonst sind im Beschwerdeverfahren und Revisionsverfahren unterschiedliche Antworten auf diese Rechtsfrage denkbar. Dagegen kann nicht eingewandt werden, das BAG habe von Amts wegen die Verspätungsfrage zu untersuchen. Nach der auch das BAG bindenden Entscheidung des Gemeinsamen Senats[56] gilt, dass »nur auf eine entsprechende Rüge hin« ein Urteil, das wegen dieser Fristüberschreitung die Beurkundungsfunktion nicht mehr erfüllt und deswegen als »nicht mit Gründen versehen« gilt, aufzuheben ist. Das entspricht auch dem Stand der Rechtsprechung des BAG. Das Vorliegen eines absoluten Revisionsgrundes ist weder allgemein[57] noch im Sonderfall der verspäteten Absetzung von Entscheidungsgründen[58] eine in der Rechtsmittelinstanz von Amts wegen zu prüfende Voraussetzung für die Fortsetzung des Prozesses.

3. Kumulative Rechtsmitteleinlegung

Wird bei der Urteilsverkündung die Revision zugelassen und anschließend die Fünf-Monats-Frist 26 für die Urteilsabfassung nicht eingehalten, liegt eine komplexe Situation vor, die nicht durch Ausübung eines Wahlrechts gelöst werden kann. Das Problem beruht darauf, dass die **Frist** für die Einlegung und Begründung der Revision aufgrund der Spezialbestimmung des § 74 Abs. 1 Satz 2 2. Alt. unabhängig von der Erteilung einer Rechtsmittelbelehrung nach § 9 Abs. 5 spätestens mit Ablauf von fünf Monaten seit Verkündung des Berufungsurteils zu laufen beginnt[59] und innerhalb dieser Frist zwar das vollständig abgesetzte Urteil der Geschäftsstelle übergeben, aber noch nicht den Prozessbevollmächtigten zugestellt werden muss. Deshalb ist es möglich, dass fünf Monate nach der Verkündung zwar das abgesetzte Berufungsurteil – mit den Unterschriften sämtlicher Richter versehen – bereits der Geschäftsstelle übergeben worden ist, die Prozessbevollmächtigten aber erst Wochen oder Monate später die Ausfertigung förmlich zugestellt (§ 317 Abs. 1 ZPO) erhalten. Ursachen der Verzögerung können Versäumnisse bei der Erteilung der Urteilsausfertigung durch den Urkundsbeamten oder bei der Beauftragung der Zustellung oder bei der Erfüllung des Zustellauftrags durch die nach § 168 ZPO zuständigen Post- oder Justizbediensteten sein. Da der Lauf der Rechtsmitteleinlegungsfrist sowohl für die sofortige Beschwerde nach § 72b Abs. 2 als auch die Revision nach § 74 Abs. 1 Satz 2 2. Alt. gleichzeitig beginnt und endet, kann der Rechtsmittelführer nicht abwarten. In der durch die verspätete Zustellung entstehenden misslichen Lage hilft den beschwerten Parteien keine Auswahl zwischen der Alternative sofortige Beschwerde oder der Alternative Revision. Diese von der Gerichtsbarkeit zu vertretende Risikolage kann nur fair gelöst werden, wenn es statthaft ist, beide Rechtsmittel kumulativ einzulegen und das BAG gehalten ist, zunächst im Verfahren der sofortigen Beschwerde zu prüfen, ob die in der zugestellten Urteilsausfertigung wiedergegebenen Entscheidungsgründe wegen verspäteter Absetzung wirkungslos sind. Diesen Weg zur Problemlösung beschreiten im Schrifttum Mikosch[60] und Müller-Glöge.[61] Der Letztere hält das BAG in analoger Anwendung von § 74 Abs. 2 Satz 2 ArbGG, § 552 Abs. 1 ZPO für verpflichtet, zunächst über die sofortige Beschwerde zu befinden und sich erst nach deren Ver-

---

56 Gemeinsamer Senat der obersten Gerichtshöfe des Bundes, 27.04.1993 – GmS-OGB 1/92, NJW 1993, 2603.
57 BAG, 28.09.1961 – 2 AZR 32/60, BAGE 11, 276.
58 BAG, 25.09.2003 – 8 AZR 472/02, EzA § 69 ArbGG 1979 Nr. 3.
59 BAG, 28.10.2004 – 8 AZR 492/03, NZA 2005, 125; GMPMG/Müller-Glöge ArbGG § 74 Rn 5; Hauck/Helml § 74 Rn 6; HWK/Bepler § 74 ArbGG Rn 12.
60 GK-ArbGG/Mikosch § 72b Rn 21.
61 GMPMG/Müller-Glöge § 72b Rn 10.

werfung oder Zurückweisung mit der Revision zu befassen.⁶² Bei Erfolg der sofortigen Beschwerde sei die Revision gegenstandslos. Sie könne dann für erledigt erklärt werden.⁶³

Dem ist im Ergebnis zuzustimmen. Zur Begründung der sofortigen Beschwerde nach § 72b kann nur das Fehlen einer tatsächlich nicht bis zum Ablauf von fünf Monaten nach Verkündung abgesetzten Urteilsfassung oder die Unwirksamkeit von zwar abgesetzten, aber rechtlich nicht wirksamen Entscheidungsgründen gerügt werden. Diese Rüge betrifft einen Unterfall des absoluten Revisionsgrundes aus § 547 Nr. 6 ZPO (s. Rdn. 5 f.). Über diese Rüge soll in einem abgesonderten Verfahren »zügig«⁶⁴ sowohl ohne Hinzuziehung der ehrenamtlichen Richter als auch ohne mündliche Verhandlung (§ 72b Abs. 4) entschieden werden. Nach der von der Gesetzgebung verfolgten Absicht soll sogar im Vergleich zu dem Weg über die Nichtzulassungsbeschwerde ein einfacheres und schnelleres Verfahren eröffnet werden, um so bald wie möglich die Sache vor dem Landesarbeitsgericht neu verhandeln zu können, um eine mit Gründen versehene Entscheidung zu erhalten.⁶⁵ Über die für das Revisionsverfahren insoweit präjudizielle Rechtsfrage der verspäteten Absetzung ist zeitlich vorrangig gegenüber einem Revisionsverfahren zu entscheiden.

4. Problemfall: Verspätete Urteilszustellung

27 Die ministerialen Verfasser des Entwurfs des Anhörungsrügengesetzes haben für eine bestimmte Prozesslage anerkannt, dass die Konkurrenz von Revision und sofortiger Beschwerde Schwierigkeiten bereitet. In der Einzelbegründung zu § 73 Abs. 1⁶⁶ haben sie ausgeführt: »Wird das Urteil nach Ablauf von fünf Monaten nach seiner Verkündung, aber noch innerhalb der Beschwerdefrist des § 72b Abs. 2 Satz 1 und 2 ArbGG-E zugestellt, muss die Partei sich entscheiden, ob sie eine Revision in der Sache durchführt oder die Sache wegen nicht rechtzeitiger Absetzung des Urteils vor dem Landesarbeitsgericht neu verhandeln möchte.« Anders als die Verfasser des Regierungsentwurfs meinten, ist hier nicht die Entscheidung angesagt, welches Rechtsmittel wohl das richtige ist. Hier hilft zumeist nur, beide Rechtsmittel kumulativ einzulegen; denn der Rechtsmittelführer kann zu diesem Zeitpunkt nicht sicher wissen, ob es überhaupt formal wirksam abgesetzte Entscheidungsgründe gibt oder die Voraussetzungen für eine ordnungsgemäße Übergabe des abgesetzten Urteils (siehe dazu die Erläuterungen zur Wirksamkeit von Verhinderungsvermerken Rdn. 21) erfüllt sind. Zugleich muss vor Ablauf des sechsten Monats nach Verkündung Revision eingelegt worden sein, wenn die sofortige Beschwerde sich als unbegründet erweist. Das Dilemma wird noch dadurch verstärkt, dass rechtzeitig abgesetzte Entscheidungsgründe stets zu beachten sind, auch wenn sie verspätet zugestellt werden.⁶⁷ Sie müssen deshalb Gegenstand der Auseinandersetzung des Rechtsmittelführers sein, obwohl sich die Begründungsfrist entsprechend verkürzt. Die Begründungsfrist kann jedoch nach § 74 Abs. 1 Satz 3 verlängert werden. Erleichterung verschafft die Rechtsprechung: Ist das anzufechtende Urteil fünf Monate nach der Verkündung noch nicht zugestellt, kann die Revision zunächst allein mit der unterbliebenen Zustellung begründet werden, die revisionsrechtliche Auseinandersetzung mit den Gründen ist dann nachzuholen.⁶⁸

---

62 GMPMG/Müller-Glöge § 72b Rn 10; a.A. GK-ArbGG/Mikosch § 72b Rn 21, der diese Prüfungsreihenfolge nicht für zwingend hält.
63 GMPMG/Müller-Glöge § 72b Rn 10.
64 BR-Drucks. 636/04, S. 50.
65 So zutreffend BAG, 20.12.2006 – 5 AZB 35/06, Rn 5, EzA § 72b ArbGG 1979 unter Bezugnahme auf BR-Drucks. 663/04, S. 49.
66 BR-Drucks. 636/04, S. 50.
67 St. Rspr. des BGH, 15.10.2003 – XII ZB 102/02, NJW-RR 2004, 361; BGH, 13.04.2005 – VIII ZB 115/04, NJW-RR 2005, 1086, 1087.
68 St. Rspr. des BGH, 15.10.2003 – XII ZB 102/02, NJW-RR 2004, 361; BGH, 13.04.2005 – VIII ZB 115/04, NJW-RR 2005, 1086, 1087.

Erfolgt die Zustellung des vollständigen Urteils erst nach Ablauf der Begründungsfrist, ist die Nachholung – unverschuldet – nicht mehr möglich. Allerdings ist dann Wiedereinsetzung in den vorigen Stand zu gewähren (§ 233 ZPO).[69]

28

Wer als Prozessbevollmächtigter den sicheren Weg wählen will, sollte spätestens eine Woche nach Ablauf von fünf Monaten nach Verkündung des Berufungsurteils bei der zuständigen Geschäftsstelle des LAG Akteneinsicht nehmen oder zumindest telefonisch nachzufragen, ob und wenn ja, wann das vollständige Urteil versehen mit den Unterschriften aller an der Entscheidung beteiligten Richter eingegangen ist. Erteilt die Geschäftsstelle eine Falschauskunft und wird deswegen die Frist für die sofortige Beschwerde versäumt, so kommt eine Wiedereinsetzung in den vorigen Stand nach § 233 ZPO in Betracht.

29

VI. Ausschluss der Nichtzulassungsbeschwerde

§ 72b Abs. 1 Satz 2 ordnet ausdrücklich an, dass die Bestimmung über die Nichtzulassungsbeschwerde gem. § 72a keine Anwendung findet. Im Zusammenhang mit § 72b Abs. 1 Satz 1 bedeutet dies nach Ansicht des BAG, dass § 72a insgesamt unanwendbar ist, sobald ein Urteil verspätet abgesetzt worden ist.[70] Dieses Verständnis wird durch die Auslassung des § 547 Nr. 6 ZPO (»Urteil ohne Gründe«) in § 72a Abs. 3 Satz 2 Nr. 3 und durch einen Vergleich mit § 73 Abs. 1 Satz 2 bestätigt. Während dort, im Fall einer aufgrund Zulassung statthaften Revision, nur bestimmt wird, die Revision könne nicht auf einen nach allgemeinen Regeln an sich denkbaren Revisionsgrund aus § 72b gestützt werden, ordnet § 72b Abs. 1 Satz 2 an, im Fall eines verspätet abgesetzten Urteils finde § 72a insgesamt keine Anwendung. Es fehlt an einer Sachentscheidung des Beschwerdegerichts, die Gegenstand einer beschwerderechtlichen Prüfung im Verfahren nach § 72a Abs. 1 ArbGG sein könnte.[71]

30

Der Grundsatz der Meistbegünstigung[72] kommt nicht zur Anwendung. Danach kann ein an sich unzulässiges Rechtsmittel als zulässig anzusehen sein, wenn für den Rechtsmittelführer aufgrund einer von der angefochtenen Entscheidung geschaffenen Unsicherheit eine schwer ausräumbare Unklarheit entstanden ist, welches Rechtsmittel er bei welchem Gericht einlegen soll. Hier liegt wegen der verspäteten Absetzung zwar ein Versäumnis des Berufungsgerichts vor, aber die Unklarheit, welches Rechtsmittel einzulegen ist, kann jeder Prozessbevollmächtigte im Rahmen der Fristenkontrolle und Nachfrage bei der Geschäftsstelle mit einfachen Mittel aufklären. Anerkannt ist nämlich, dass bei der Auswahl der möglichen Rechtsbehelfe den Prozessbevollmächtigten eine Sorgfaltspflicht trifft.[73] Allerdings ist bei der unzulässigen Einlegung einer Nichtzulassungsbeschwerde jeweils vom Beschwerdegericht noch zu prüfen, ob eine unzulässige Nichtzulassungsbeschwerde als zulässige sofortige Beschwerde angesehen werden kann (vgl. Rdn. 12). Das ist der Fall, wenn in der Beschwerde die Verspätung der Urteilsabsetzung gerügt wird. Dann liegt nur eine Falschbezeichnung der Beschwerde vor.

Bestehen Zweifel daran, ob die Entscheidungsgründe als verspätet anzusehen sind, empfiehlt es sich zweigleisig vorzugehen: Einlegung der sofortigen Beschwerde mit der Rüge der Verspätung und Einlegung der Nichtzulassungsbeschwerde, die sich vorsorglich mit den Urteilsgründen im Hinblick auf Zulassungsgründe nach § 72 Abs. 2 auseinandersetzt. Das BAG kann dann nach Ermittlung des Verspätungssachverhalts beide Beschwerden zur gemeinsamen Entscheidung verbinden.[74]

---

69 St. Rspr. des BGH, 15.10.2003 – XII ZB 102/02, NJW-RR 2004, 361; BGH, 13.04.2005 – VIII ZB 115/04, NJW-RR 2005, 1086, 1087.
70 BAG, 02.11.2006 – 4 AZN 716/06, EzA § 72b ArbGG 1979 Nr. 1.
71 BAG, 24.06.2009 – 7 ABN 12/09, EzA § 72b ArbGG 1979 Nr. 4.
72 BGH, 04.10.1978 – IV ZB 84/77, BGHZ 72, 182, 187; BGH, 21.10.1993 – V ZB 45/93, WM 1994, 180, 181; BGH, 14.07.2011 – V ZB 67/11, Rn 9, NJW 2011, 3306; Zöller/Heßler Vor § 511 Rn 31.
73 BGH, 12.04.2010 – V ZB 224/09, Rn 12, NJW-RR 2010, 1096 m.w.N.
74 BAG, 24.06.2009 – 7 ABN 12/09, EzA § 72b ArbGG 1979 Nr. 4.

Der Senat hat nämlich nach § 72b Abs. 4 Satz 1 und § 72a Abs. 5 Satz 3 in beiden Fällen ohne Hinzuziehung der ehrenamtlichen Richter zu entscheiden.

Der in § 72b Abs. 1 Satz 2 geregelte Ausschluss der Nichtzulassungsbeschwerde bezieht sich nicht auf alle möglichen Rügen mangelhafter Entscheidungsgründe.[75] Hätte der Gesetzgeber des Anhörungsrügengesetzes das gewollt, hätte er dies klargestellt. So ist im Anwendungsbereich des § 547 Nr. 6 ZPO anerkannt, dass die Revisionsrüge nicht schon deshalb verneint werden kann, weil die angefochtene Entscheidung irgendwelche Entscheidungsgründe enthält. Vielmehr kann ein Begründungsmangel in diesem Sinne bei einer vorhandenen Begründung dann vorliegen, wenn diese unverständlich, widersprüchlich oder verworren ist.[76] Allerdings kann nach § 72 Abs. 2 Nr. 3, § 72a Abs. 3 Satz 2 der Verfahrensmangel des § 547 Nr. 6 ZPO nicht als Zulassungsgrund im Nichtzulassungsbeschwerdeverfahren geltend gemacht werden. Ist aus anderen Gründen die Revision zugelassen, so ist in diesen Fällen schon dann der Revision stattzugeben, wenn die Nachprüfung des Berufungsurteils aufgrund der Mängel von Tatbestand und Entscheidungsgründen übermäßig erschwert wird (Einzelheiten § 73 Rdn. 70).

VII. Kosten

31 Hat die sofortige Beschwerde keinen Erfolg, so hat der Beschwerdeführer nach § 97 Abs. 1 ZPO die Kosten zu tragen. Die Kostenentscheidung ist dann vom BAG zu treffen. Wird auf die sofortige Beschwerde das Berufungsurteil aufgehoben, so trifft das BAG keine Kostenentscheidung. Das LAG hat dann die Kostenentscheidung nach der neuen Berufungsverhandlung zu treffen; denn der Aufhebungsbeschluss des BAG stellt sich nur als Zwischenerfolg für den Beschwerdeführer dar. Entscheidend ist das Endergebnis. Die Kosten des Beschwerdeverfahrens sind Teil der Kosten des Rechtsstreits, also von der endgültig unterlegenen Partei zu tragen.

32 Im Fall des Erfolgs entsteht keine Gerichtsgebühr. Wird die sofortige Beschwerde dagegen zurückgewiesen oder verworfen, fällt eine **gerichtliche Festgebühr** von 40,00 € nach Nr. 8613 des Kostenverzeichnisses in der Anlage 1 zu § 3 Abs. 2 des KostRMoG an.[77] Wird die Beschwerde teilweise verworfen oder zurückgewiesen, kann die Gebühr ermäßigt oder erlassen werden.[78] Nach § 21 Abs. 2 GKG entscheidet das Beschwerdegericht über die Nichterhebung von Kosten wegen unrichtiger Sachbehandlung. Entscheidungen des BAG sind dazu bisher nicht veröffentlicht.

33 Der anwaltliche Bevollmächtigte kann nach Nr. 3500 des Vergütungsverzeichnisses in der Anlage 1 zu § 2 Abs. 2 RVG eine **5/10-Gebühr** nach § 13 RVG beanspruchen, wobei der **Gegenstandswert** der Beschwerde nach § 72b, die den gesamten Streit in die nächste Instanz bringt, dem Streitwert des angefochtenen Urteils entspricht.

VIII. Prozesskostenhilfe

34 Für die sofortige Beschwerde kann Prozesskostenhilfe bewilligt werden (§ 119 Abs. 1 Satz 1 ZPO). Für den Beschwerdeführer bedarf es der Darlegung der Aussicht auf Erfolg des Rechtsmittels: Dazu ist dem Beschwerdeführer die Einsicht in den Vermerk der Geschäftsstelle über das Datum der Übergabe der abgesetzten Urteilsfassung oder die Einholung einer Auskunft zumutbar.[79] Zusätzlich muss eine Erfolgsaussicht in der neuen Endentscheidung bestehen. Die Bewilligung soll deshalb abzulehnen sein, wenn zwar wegen der verspäteten Absetzung das Berufungsurteil aufzuheben ist, aber dennoch in der Sache keine Erfolgsaussicht besteht.[80]

---

75 BAG, 15.03.2006 – 9 AZN 885/05, EzA § 72a ArbGG 1979 Nr. 107.
76 BGH, 21.12.1962 – I ZB 27/62 – »Warmpressen«, BGHZ 39, 333, 337.
77 BGBl. I, S. 768.
78 GK-ArbGG/Mikosch § 72b Rn 54.
79 GK-ArbGG/Mikosch § 72 b Rn 56.
80 BGH, 14.12.1993 – VI ZR 235/92, NJW 1994, 1160.

§ 73 Revisionsgründe

(1) ¹Die Revision kann nur darauf gestützt werden, dass das Urteil des Landesarbeitsgerichts auf der Verletzung einer Rechtsnorm beruht. ²Sie kann nicht auf die Gründe des § 72b gestützt werden.

(2) § 65 findet entsprechende Anwendung.

Übersicht	Rdn.
I. Einleitung	1
1. Das BAG als Revisionsgericht	1
2. Das BAG als Tatsacheninstanz	4
3. Statistik	5
II. Die Prüfung der Verletzung einer Rechtsnorm (Abs. 1)	6
1. Die maßgeblichen Vorschriften	6
a) Überblick	6
b) Die für die Revisionsgründe maßgeblichen ZPO-Vorschriften	7
2. Die Revisionsgründe	8
a) Prüfung von Gesetzesverletzungen	8
b) Begriff der Gesetzesverletzung	9
3. Die Verletzung materiellen Rechts	11
a) Sachrüge	11
b) Revisibles Recht	12
aa) Keine Beschränkung auf Bundesrecht	12
bb) Denkgesetze, Erfahrungssätze, Subsumtion	13
cc) Darlegungs- und Beweislastregeln	14
dd) Tarifverträge	15
ee) Betriebsvereinbarungen	17
ff) Satzungen	18
gg) Sollvorschriften	19
hh) Kirchliches Recht	20
ii) Willenserklärungen und Verträge	21
jj) Ermessensentscheidungen	23
kk) Beurteilungsspielräume	24
ll) Schätzungen	25
mm) Beweiswürdigungen	26
nn) Interessenabwägungen	32
oo) Prozesshandlungen	33
pp) Geschäftsverteilungspläne	34
qq) Ausländisches Recht	35
rr) Unionsrecht	37
ss) Völkerrecht	38
tt) Revisibilität außer Kraft getretenen Rechts	39
uu) Behördliche und gerichtliche Akte	40
c) Normkenntnis und Normermittlung	41
4. Verletzung von Verfahrensrecht	42
a) Allgemeines	42
b) Einschränkung der Prüfkompetenz	43
c) Auf Rüge zu berücksichtigende Verfahrensmängel	46
d) Von Amts wegen zu berücksichtigende Verfahrensmängel	47
aa) Überblick	47
bb) Ermittlung von Normtatsachen	48
e) Absolute Verfahrensfehler	49
aa) Mängel bei der Besetzung des Gerichts	50
bb) Zuständigkeitsfehler	64
cc) Mitwirkung ausgeschlossener oder befangener Richter	66
dd) Fehlerhafte Vertretung oder unterlassene Beteiligung eines Dritten	67
ee) Verletzung der Öffentlichkeit	69
ff) Entscheidung ohne Gründe	70
f) Aufklärungspflicht und rechtliches Gehör	77
g) Verletzung von Vorschriften über die Beratung und Abstimmung	86
5. Tatsächliche Grundlage der Nachprüfung	93
a) Tatbestand des LAG	93
b) Neue Tatsachen	95
c) Klageänderung in der Revision	96
6. Entscheidungserheblichkeit	98
7. Maßgeblicher Zeitpunkt für die Gesetzesverletzung	102
III. Einschränkung der Zulässigkeitsprüfung (Abs. 2)	103
1. Rechtsweg, Zuständigkeit und Verfahrensart	104
2. Berufung der ehrenamtlichen Richter	106

I. Einleitung

1. Das BAG als Revisionsgericht

Das Revisionsverfahren vor dem BAG ist kein Urteilsverfahren dritter Instanz in dem Sinne, dass nach dem ArbG und dem LAG nunmehr ein aus drei Berufsrichtern und zwei ehrenamtlichen

Richtern zusammengesetzter Senat des BAG zum »dritten« Mal über den Streitgegenstand entscheidet. Ebenso wie im Revisionsverfahren vor dem BGH überprüft das BAG das Berufungsurteil nur auf **Rechtsfehler**. Grundlage dieser Prüfung sind nach § 561 ZPO die tatsächlichen Feststellungen im Berufungsurteil. Die Revision kann deshalb nach Abs. 1 nur darauf gestützt werden, das Berufungsurteil des Landesarbeitsgerichts beruhe auf der Verletzung einer Rechtsnorm.

2 Wegen dieser **Beschränkung auf Überprüfung von Gesetzesverletzungen** wird häufig die revisionsrichterliche Tätigkeit als Entscheidung über Rechtsfragen bezeichnet. So wird im richterlichen Geschäftsverteilungsplan des BAG auch die Zuständigkeit der Senate nach Rechtsfragen getroffen, die bestimmten Materien zuzuordnen sind. Diese Ausdrucksweise gibt den Umfang der Entscheidungstätigkeit des BAG im revisionsrichterlichen Verfahren nur verkürzt wieder. Auch im Revisionsverfahren ergeht eine Entscheidung über den Streitgegenstand. Soweit die tatsächlichen Grundlagen des Berufungsurteilsverfahrens fehlerhaft festgestellt sind oder im Laufe des Revisionsverfahrens ein entscheidungserheblicher tatsächlicher Umstand unzweifelhaft eingetreten ist (*z.B. Ablauf des 2-jährigen nachvertraglichen Wettbewerbsverbots*), kann das BAG auch gehalten sein, **Tatfragen** zu berücksichtigen.

3 Seit dem 01.01.2005 ist zur Verhinderung des Eintritts der Rechtskraft ein weiterer Rechtsbehelf gegen Berufungsurteile der Landesarbeitsgerichte gegeben: die Rüge der entscheidungserheblichen Verletzung rechtlichen Gehörs.[1] Ihr fehlt Rechtsmittelqualität, weil mit dieser in einer Notfrist von zwei Wochen[2] geltend zu machenden Rüge kein Devolutiveffekt verbunden ist. Diese Rüge erweitert nicht die Rechtsschutzmöglichkeiten in den Fällen, in denen die Revision zugelassen ist. Sie ist nämlich nur bei unanfechtbaren instanzbeendenden Entscheidungen in allen Rechtszügen anwendbar. Die Möglichkeit der Nichtzulassungsbeschwerde nach § 72a schließt die Rüge nach § 78a nicht aus, denn mit der Beschwerde nach § 72a wird nur die Nichtzulassung nicht aber das Urteil angefochten.

2. Das BAG als Tatsacheninstanz

4 Das BAG entscheidet als oberster Gerichtshof grds. nur im letzten Rechtszug über die zugelassenen Revisionen und Rechtsbeschwerden. Es kann aber auch als Tatsachengericht im ersten und letzten Rechtszug zugleich tätig werden. Diese Ausnahme ist in § 158 Nr. 5 SGB IX geregelt. Danach entscheidet über Rechtsstreitigkeiten, die aufgrund des SchwbG im Bereich des Bundesnachrichtendienstes entstehen, im ersten und letzten Rechtszug der oberste Gerichtshof des zuständigen Gerichtszweiges. Somit besteht die Möglichkeit, dass ein schwerbehinderter Arbeitnehmer aus dem Geschäftsbereich des Bundesnachrichtendienstes Kündigungsschutzklage beim BAG erhebt. Bisher ist erst eine derartige Klage anhängig gemacht worden.

3. Statistik

5 Das Verhältnis zwischen der Aufgabenstellung des BAG als Revisionsgericht und als Beschwerdegericht hat sich so entwickelt, dass gemessen an der Anzahl der Sachen mehr Entscheidung über den Zugang zur Fehlerkontrolle als im Rahmen der Fehlerkontrolle selbst ergehen. Das zeigt die folgende Tabelle der im jeweiligen erledigten Zahl der revisionsrichterlich und beschwerderechtlich zu bearbeitenden Verfahren und deren prozentuales Verhältnis bezogen auf die Gesamtzahl aller – auch sonstigen – im Jahr erledigten Verfahren deutlich auf:[3]

2015	Revisionen und Rechtsbeschwerden 1.062	Nichtzulassungsbeschwerden 1.262	43,2 % zu 51,4 %
2014	Revisionen und Rechtsbeschwerden 1.189	Nichtzulassungsbeschwerden 1.262	45 % zu 47,7%
2013	Revisionen und Rechtsbeschwerden 1.034	Nichtzulassungsbeschwerden 1.538	39 % zu 58%

---

1 § 78a.
2 Vgl. § 78a Abs. 2.
3 Zahlen entnommen den Jahresberichten des BAG, herausgegeben von der Präsidentin, veröffentlicht unter www.bundesarbeitsgericht.de.

2012	Revisionen und Rechtsbeschwerden 1.047	Nichtzulassungsbeschwerden 3.069	24,3 % zu 71,3 %
2011	Revisionen und Rechtsbeschwerden 903	Nichtzulassungsbeschwerden 1.808	31,8 % zu 63,7 %
2010	Revisionen und Rechtsbeschwerden 1.123	Nichtzulassungsbeschwerden 1.404	42,3 % zu 56,3 %

In diesem Sechsjahresvergleich ist in den Jahren 2012 und 2013 eine deutlich erkennbare einmalige Sonderbewegung enthalten. Sie beruht darauf, dass ein großes Technologieunternehmen auf Weisung seines amerikanischen Hauptaktionärs weder ein Pilotverfahren noch die in der Sache ergehenden LAG-Entscheidung in einer betriebsrentenrechtlichen Massensache akzeptierte und deshalb mehrere Tausend Nichtzulassungsbeschwerde beim BAG anfielen. Wird diese Sonderbewegung herausgerechnet, so stellt sich dennoch deutlich heraus: Das BAG ist nur zu rund 40 % der Sachen in der Rechtsfehlerkontrolle und zu rund 60 % im Rahmen der Zulassungskontrolle tätig. Das beweist, dass der Kampf um die Zulassung zur dritten Instanz erbittert geführt wird. Die Ursachen sind unbekannt. Es wäre zu prüfen, ob das Zulassungsverhalten der Landesarbeitsgerichte zu restriktiv ist. Dazu lagen im Jahresbericht 2010 folgende statistische Zahlen vor, die einen deutlichen Rückgang der zugelassenen Revisionen in Bayern und Schleswig-Holstein und bei den absoluten Zahlen eine niedrige Zulassungsneigung in den großen Flächenländern Baden-Württemberg sowie Bayern belegt haben.

Land	Eingang 2010 mit Änderung	Eingang 2011 mit Änderung
Baden-Württemberg	56 + 9	88 + 32
Bayern	55 – 30	109 + 54
Berlin-Brandenburg	84 – 20	72 – 12
Bremen	13 + 5	8 – 5
Hamburg	40 + 10	25 – 15
Hessen	119 + 14	154 + 35
Mecklenburg-Vorpommern	14 + 3	17 + 3
Niedersachsen	57 – 14	76 + 19
Nordrhein-Westfalen	216 – 57	272 + 56
Rheinland-Pfalz	24 – 2	59 + 35
Saarland	10 – 1	7 – 3
Sachsen	44 + 15	41 – 3
Sachsen-Anhalt	29 – 2	18 – 11
Schleswig-Holstein	12 – 24	31 + 19
Thüringen	13 + 7	18 + 5

Nachdem die Zulassungszahlen im Verhältnis zu 2011 in den großen Flächenländern sich entsprechend der obigen Tabelle verbesserten,[4] hat die Präsidentin des BAG ab 2012 die Übung eingestellt, länderbezogene Eingangszahlen im Tabellenanhang der Jahresberichte zu veröffentlichen. Deshalb sind seitdem keine Aussagen mehr dazu möglich, ob und wie sich die Verhältnisse seitdem geändert haben. Das ist bedauerlich; denn das Führen einer nach Eingängen und Zulassungsentscheidungen sowie Revisionserfolgszahlen gegliederten Statistik ist zur Qualitätskontrolle erforderlich.[5]

---

[4] Eine Analyse der mit dem Jahresbericht für 2010 im Frühjahr 2011 bekannt gewordenen Daten im Hinblick auf Hell- und Dunkelfeld bei Düwell, Verengung und Ausweitung des Revisionszugangs zum Bundesarbeitsgericht, in: Arbeitsgerichtsbarkeit und Wissenschaft, Festschrift für Bepler, 2012, S. 113, 114 ff.

[5] Einzelheiten Düwell, Verengung und Ausweitung des Revisionszugangs zum Bundesarbeitsgericht, in: Arbeitsgerichtsbarkeit und Wissenschaft, Festschrift für Bepler, 2012, S. 113, 129.

Mit Hilfe des Benchmarking könnten Schwachstellen aufgespürt und eine gute, vorbildliche Praxis übernommen werden. Dazu besteht hinreichend Anlass; denn bei Verwendung der Daten aus dem Bericht des Statistischen Bundesamts zur Tätigkeit der Arbeitsgerichtsbarkeit im Jahr 2010[6] fällt auf, wie stark die Bandbreite der Zulassungsquoten ist.[7] Sie schwankten je nach Land (L) in den kollektivrechtlichen Beschlussverfahrensangelegenheiten (BV) zwischen 0 % (MV und TH) und 17 % (HB) und in den individual-rechtlichen Urteilsverfahren (U) zwischen 2 % (TH) und 33 % (HB). Der länderübergreifende Mittelwert für U betrug bei insgesamt 5.991 Sachen und 800 Zulassungen 13 % und für BV bei insgesamt 1.620 Sachen und 85 Zulassungen 5 %. Das Ausmaß der Streuung und der Abweichung vom Mittelwert zeigt die folgende, von mir erstellte Tabelle auf, die die Zahl der Zulassungen bezogen auf Hundert angibt:

L	BW	BY	BE-BB	HB	HH	HE	MV	NI	NRW	RP	SL	SN	ST	SH	TH
U[1]	7	12	13	33	18	19	14	9	15	14	20	14	15	21	2
BV[2]	5	4	2	17	9	6	0	2	5	8	15	10	5	4	0

1. Revisionszulassungsquote für Urteilsverfahren ermittelt aus Verhältnis Berufungsurteile und Zulassungen.
2. Rechtsbeschwerdezulassungsquote für Beschlussverfahren ermittelt aus Verhältnis Beschwerdebeschlüsse im Beschlussverfahren und Zulassungen.

Die 2010 erledigten Revisionen und Rechtsbeschwerden führten unter Berücksichtigung der Zurückverweisungen in 218 Sachen zu einer Aufhebung der Vorentscheidung. Das war eine Erfolgsquote von 38,6 %. 2011 fiel diese Erfolgsquote auf 27,5 %. Sie sank weiter im Jahr 2012 auf 23,5 %, im Jahr 2013 auf 21,2 %, und im Jahr 2014 auf 14,3 %. Im Jahr 2015 stieg sie wieder auf 25,2 % an. Damit zeigt das sechsjährige Mittel an, dass nur in rund ein Viertel der angefochtenen Entscheidungen das BAG einen entscheidungserheblichen Rechtsfehler gefunden hat.

II. Die Prüfung der Verletzung einer Rechtsnorm (Abs. 1)

1. Die maßgeblichen Vorschriften

a) Überblick

6   Nach § 72 Abs. 5 gelten für das Urteilsverfahren vor dem BAG die revisionsrechtlichen Vorschriften der ZPO entsprechend. Ausdrücklich ausgenommen ist lediglich § 566 ZPO *(Sprungrevision)*; insoweit enthält § 76 eine eigenständige Regelung. Die Verweisung in § 72 Abs. 5 auf die Vorschriften der ZPO erfasst auch § 555 ZPO, der seinerseits die für das Verfahren vor den Landgerichten in erster Instanz geltenden Vorschriften für entsprechend anwendbar erklärt. Über § 565 ZPO werden weiterhin die Vorschriften des zivilgerichtlichen Berufungsverfahrens in §§ 511 ff. ZPO für entsprechend anwendbar erklärt. Deshalb beträgt die **Einspruchsfrist** gegen ein vom BAG erlassenes Versäumnisurteil **zwei Wochen**. Das folgt aus § 565 ZPO i.V.m. § 339 ZPO. § 64 Abs. 7 i.V.m. § 59 Satz 1 sieht demgegenüber für das erstinstanzliche Verfahren eine Einspruchsfrist von einer Woche vor. Da die zivilprozessualen Vorschriften gelten, unterliegt der Einspruch auch dem in § 11 Abs. 4 geregelten Vertretungszwang.[8]

b) Die für die Revisionsgründe maßgeblichen ZPO-Vorschriften

7   Mit der Revision wird das angefochtene Urteil nur auf Rechtsfehler überprüft. Dadurch unterscheidet sie sich von der Berufung, die auch neue tatsächliche Feststellungen ermöglicht. Von dem Beschwerdeverfahren nach § 72a unterscheidet sich das Revisionsverfahren dadurch, dass eine

---

6 Statistisches Bundesamt, Fachserie 10 Reihe 2.8., 2010.
7 Einzelheiten Düwell, Verengung und Ausweitung des Revisionszugangs zum Bundesarbeitsgericht, in: Arbeitsgerichtsbarkeit und Wissenschaft, Festschrift für Bepler, 2012, S. 113, 118 ff.
8 Vgl. zum damaligen Anwaltszwang: BAG, 04.05.1956 – 1 AZR 284/55.

gerechte Einzelfallentscheidung angestrebt wird. Ziel des Beschwerdeverfahrens ist ausschließlich die Herstellung und Bewahrung der Rechtseinheit. Bei der Überprüfung des Berufungsurteils auf Rechtsfehler hat das BAG anzuwenden:
- § 557 Abs. 2 ZPO: Beurteilung auch der dem Berufungsurteil vorausgegangenen Entscheidungen, soweit sie nicht unanfechtbar geworden sind;
- § 546 ZPO: Begriff der Gesetzesverletzung;
- § 547 ZPO: unbedingte Revisionsgründe;
- § 551 Abs. 1 und 2, 3 Satz 1 ZPO: Notwendigkeit der Angabe der Revisionsgründe;
- § 552 ZPO: Prüfung der Zulässigkeit der Revision;
- § 556 ZPO: Verlust des Rügerechts für Verfahrensmängel;
- § 557 ZPO: Umfang der Revisionsprüfung i.R.d. Anträge;
- § 559 ZPO: tatsächliche Grundlage der Prüfung;
- § 561 ZPO: Revisionszurückweisung, weil sich das fehlerhafte Urteil aus anderen Gründen als richtig erweist;
- § 562 ZPO: Aufhebung des Urteils und des mangelhaften Verfahrens;
- § 563 Abs. 1 bis 3 ZPO: Zurückverweisung an die Vorinstanz oder ersetzende Entscheidung;
- § 564 ZPO: Erleichterung der richterlichen Begründung bei nicht durchgreifenden Verfahrenszügen.
- § 552a ZPO, der durch das 1. Justizmodernisierungsgesetz mit Wirkung zum 01.09.2004 eingefügt worden ist, um offensichtlich unbegründete Revisionen durch einstimmigen Beschluss verwerfen zu können. Diese Norm ist für das BAG nicht anwendbar.[9]

2. Die Revisionsgründe

a) Prüfung von Gesetzesverletzungen

Im arbeitsgerichtlichen Revisionsverfahren kann die Revision auf **jede** Gesetzesverletzung gestützt werden. Die vor dem BGH für die übrigen bürgerlichen Rechtsstreitigkeiten geltende Beschränkung des § 545 Abs. 1 ZPO auf Bundesrecht gilt nicht. Damit kann vor dem BAG die Revision auch darauf gestützt werden, dass die Entscheidung des Landesarbeitsgerichts auf der Verletzung von Landesrecht beruhe, dessen Geltungsbereich sich über den Bereich eines Landesarbeitsgerichts hinaus erstreckt.[10] Somit sind insb. die in den Bildungsurlaubsgesetzen der Länder enthaltenen Rechtsvorschriften revisibel. 8

b) Begriff der Gesetzesverletzung

Der Begriff der **Gesetzesverletzung** ist in § 546 ZPO legaldefiniert. Danach ist das Gesetz verletzt, wenn eine Rechtsnorm nicht oder nicht richtig angewendet worden ist. Zu den Rechtsnormen, die das LAG in seiner Entscheidung verletzt haben kann, gehören nicht nur Bundes- und Landesgesetze sowie die auf gesetzlicher Ermächtigung beruhenden Rechtsverordnungen *(Gesetze im formellen Sinne)*. Zu den »Gesetzen« gehören auch die allgemeinen Denkgesetze[11] und Erfahrungssätze.[12] 9

Revisibel sind sowohl die geltenden Sätze des materiellen Rechts als auch die von den Vorinstanzen zu beachtenden Vorschriften des Verfahrensrechts. Die Unterscheidung zwischen materiellen und verfahrensrechtlichen Vorschriften ist notwendig. Verfahrensfehler, die nicht von Amts wegen zu berücksichtigen sind, sind nach § 551 Abs. 3 Nr. 2 Buchst. b) ZPO in jedem Einzelfall ausdrücklich zu rügen und zu begründen. Demgegenüber genügt eine materiell-rechtliche Rüge für die Verpflichtung des Revisionsgerichts, das gesamte Berufungsurteil auf materiell-rechtliche Mängel zu überprüfen, § 551 Abs. 3 Nr. 2 Buchst. a) ZPO. 10

---

9 Düwell FA 2004, 364, 365.
10 BAG, 07.10.1981 – 4 AZR 173/81.
11 RG, 11.05.1927 – I 219/26.
12 BAG, 09.03.1972 – 1 AZR 261/71.

3. Die Verletzung materiellen Rechts

a) Sachrüge

11 Im Rahmen einer zugelassenen, frist- und formgerecht eingelegten sowie ordnungsgemäß begründeten Revision überprüft das BAG von Amts wegen **die Anwendung des materiellen Rechts** durch das LAG. Die ordnungsgemäße Erhebung einer Sach- oder Verfahrensrüge eröffnet so die volle materiell-rechtliche Überprüfung. Wird eine Revision sowohl auf die Rüge der Verletzung formellen und sachlichen Rechts gestützt und hat die Revision bereits mit der Sachrüge Erfolg, muss das Gericht nicht mehr auf die Verfahrensrüge eingehen.[13]

b) Revisibles Recht

aa) Keine Beschränkung auf Bundesrecht

12 Zu den materiellen Rechtsnormen, die das LAG verletzt haben kann, gehören das gesamte **Bundes- und Landesrecht** einschließlich der auf gesetzlicher Ermächtigungsgrundlage ergangenen **Rechtsverordnungen** und der zu ihrer Ausführung erlassenen **Verwaltungsvorschriften**, soweit ihnen als objektives Recht Außenwirkung zukommt, z.B. die bindenden Festsetzungen der **Heimarbeitsausschüsse**. Zum materiellen Recht gehört auch das **Gewohnheitsrecht**.[14] Das ist von der früher als besonderes Rechtsinstitut aufgefassten »betrieblichen Übung« schon wegen des größeren, die Allgemeinheit umfassenden Geltungsbereiches zu unterscheiden.

bb) Denkgesetze, Erfahrungssätze, Subsumtion

13 Das RG hat die allg. Denkgesetze als Bestandteil des materiellen Rechts angesehen.[15] Ihm folgend hat die Rechtsprechung anerkannt, dass auch mit Rechenfehlern oder logischen Trugschlüssen eine Revision begründet werden kann.[16] Zu den materiellen Rechtsfehlern gehören auch Verstöße gegen allgemeine Erfahrungssätze.[17] Das Revisionsgericht kann deren Existenz und Inhalt überprüfen. Denn allgemeine Erfahrungssätze haben die Natur von Normen, weil sie als Beurteilungsmaßstab für Tatsachen dienen.[18] Der Streit um die Zuordnung von Denkgesetzen zu Rechtsnormen ist überflüssig. Nach § 545 Abs. 1 ZPO ist die Revision darauf zu stützen, dass die Entscheidung »auf einer Verletzung ... des Rechts beruht«. Damit ist der Denkweg vom Gesetz als Obersatz zum Sachverhalt als Untersatz und der daraus folgende Schluss auf das Ergebnis revisibel. Fehler im Obersatz können bei dem Aufstellen des Rechtssatzes durch eine fehlerhafte Gesetzesauslegung oder Übersehen von anwendbaren Normen, im Untersatz durch eine falsche Beweiswürdigung und beim Schließen durch eine fehlerhafte Anwendung von anerkannten logischen Schlussregeln entstehen.[19]

cc) Darlegungs- und Beweislastregeln

14 Die Grundsätze der **Darlegungs- und Beweislast** werden dem materiellen Recht zugerechnet, sodass Verstöße vom Revisionsgericht von Amts wegen zu berücksichtigen sind.[20]

---

13 BGH, 03.09.2013 – 1 StR 206/13, Rn 2.
14 Grunsky § 73 Rn 12.
15 RG, 11.03.1931 – IX 554/30, JW 1931, 2237 Nr. 9; RG, 11.05.1927 – I 219/26, JW 1927, 2135; kritisch zu dieser Rechtsprechung: Schwinge, Grundlagen des Revisionsrechts Bonn 1960 S. 196 ff.
16 BAG, 21.04.1956 – 2AZR 254/54, AP Nr. 2 zu § 549 ZPO.
17 BAG, 09.03.1972 – 1 AZR 261/71, AP § 561 ZPO Nr. 2.
18 BGH, 15.01.1993 – V ZR 202/91, BGHR ZPO § 550 Erfahrungssatz 1 = MDR 1993, 646.
19 Zöller/Gummer § 546 Rn 7.
20 GK-ArbGG/Mikosch § 73 Rn 44.

dd) Tarifverträge

Zu den Rechtsnormen des materiellen Rechts, die vom BAG überprüft werden können, gehören die **Rechtsnormen von Tarifverträgen**.[21] Das gilt gleichermaßen für die **Inhalts-, Abschluss- und Beendigungsnormen**, mit denen das Arbeitsverhältnis zwischen den organisationsgebundenen Parteien i.S.v. § 3 Abs. 1 TVG ausgestaltet wird. Erfasst werden diese Normen auch im Zustand der Nachwirkung, wenn ihre zwingende Wirkung wegen des Ablaufs des Tarifvertrages nach § 4 Abs. 5 TVG entfallen ist. Zum revisiblen materiellen Recht gehören ferner die **Betriebsnormen**, die betriebliche Regelungen *(z.B. Mindestbesetzung eines Fahrzeugs, Betriebsruhe an einem bestimmten Feiertag)* verbindlich vorschreiben oder zulässige Abweichungen vom Betriebsverfassungsrecht[22] vorschreiben. Demgegenüber ist der obligatorische Teil eines Tarifvertrages, in dem sich die Tarifvertragsparteien zu einem bestimmten gegenseitigen Verhalten verpflichten, wegen seiner fehlenden »normativen« Wirkung nicht als solcher revisibel. Zu beachten ist, dass die im obligatorischen Teil des Tarifvertrages geregelten wechselseitigen vertraglichen Verpflichtungen dennoch der revisionsrichterlichen Überprüfung zugänglich sind, soweit das LAG bei der Auslegung gegen die allgemeinen Denkgesetze, Erfahrungssätze oder die gesetzlichen Auslegungsregeln der §§ 133, 157 BGB verstoßen hat. Insofern gelten dieselben Grundsätze wie bei der Auslegung von Willenserklärungen (vgl. Rdn. 21). Keine normative Wirkung haben die **Eingruppierungsrichtlinien**, die im öffentlichen Dienst vom Arbeitgeber aufgestellt werden. Normqualität kommt nur dem Tarifvertragstext einschließlich seiner Anlagen zu.[23]

15

Ob **Tarifbindung** gegeben ist und der Geltungsbereich des Tarifvertrages das Arbeitsverhältnis in räumlicher, persönlicher und fachlicher Hinsicht erfasst, ist von den Parteien darzulegen. Nur soweit die erforderlichen Tatsachen festgestellt sind, kann das BAG die Normanwendung überprüfen. Keine Partei braucht sich aber auf den Tarifvertrag zu »berufen«. Sind die von Tarifbindung und Tarifgeltung vorausgesetzten Tatsachen festgestellt, hat das BAG die Rechtsnormen des Tarifvertrages von Amts wegen nach § 293 ZPO zu ermitteln und anzuwenden.[24] Dabei prüft das BAG auch die Wirksamkeitsvoraussetzungen des Tarifvertrags.[25]

16

ee) Betriebsvereinbarungen

Die gem. § 77 Abs. 4 BetrVG unmittelbar und zwingend geltenden Bestimmungen einer **Betriebsvereinbarung** oder der **Spruch einer Einigungsstelle** sind Normen. Ihre Verletzung kann vom BAG überprüft werden.[26] Kommt es für die Frage, ob eine Regelung eine Betriebsvereinbarung ist, auf tatsächliche Feststellungen an, können diese als Normtatsachen vom BAG nach § 293 ZPO durch Beweiserhebung festgestellt werden. Ob der Arbeitnehmer von den normativen Regelungen der Betriebsvereinbarung im konkreten Fall erfasst wird, hat das BAG dagegen nicht von Amts wegen zu prüfen. Das muss der Arbeitnehmer darlegen und ggf. beweisen.

17

ff) Satzungen

Überprüfbar sind auch Bestimmungen von **Satzungen** der Gebiets- und sonstigen öffentlich-rechtlichen Körperschaften und Anstalten sowie der Satzungen von juristischen Personen des Privatrechts einschließlich der Statuten von Gewerkschaften, die sich als nicht rechtsfähige Vereine organisiert haben.[27] Dazu gehören auch die **Dienstordnungen** der Sozialversicherungsträger für die Dienstordnungsangestellten. Ebenso revisibel ist das **Stiftungsrecht**, das als statutarisches Recht

18

---

21 BAG, 30.09.1971 – 5 AZR 123/71.
22 Z.B. Zustimmungserfordernis zu einer beabsichtigten ordentlichen Kündigung nach § 102 Abs. 6 BetrVG.
23 BAG, 18.08.1999 – 10 AZR 543/98.
24 BAG, 29.03.1957 – 1 AZR 208/55.
25 Vgl. BAG, 20.04.1994 – 4 AZR 354/93.
26 BAG, 19.04.1963 – 1 AZR 160/62.
27 BAG, 27.11.1964 – 1 ABR 13/63.

i.S.v. § 293 ZPO gilt.[28] Umstritten ist, ob **Vereinssatzungen** überhaupt Rechtsnormen darstellen. Sie werden im Schrifttum nicht als Statuten i.S.d. § 293 ZPO aufgefasst.[29] Das BAG stellt den Inhalt von Vereinssatzungen fest und überprüft ihre Anwendung.[30] Für Streitigkeiten aus dem Bereich der betrieblichen Altersversorgung hat das große praktische Bedeutung. Nur bei Annahme statutarischen Rechts kann die Auslegung und Anwendung der Satzungen der als Vereine organisierten Pensionskassen revisionsgerichtlich überprüft werden.

gg) Sollvorschriften

19   Bloße »Soll«-Vorschriften, die nur der guten Ordnung dienen und deren Verletzung keine rechtlichen Auswirkungen haben, werden im Schrifttum als nicht revisibel angesehen.[31] Beispiel: Die in § 36 Abs. 2 GVG enthaltene Bestimmung, dass für die zu wählenden Schöffen deren Berufe anzugeben ist, wird als Sollvorschrift angesehen, deren Verletzung keinen Einfluss auf die Gültigkeit der Wahl hat.[32]

hh) Kirchliches Recht

20   Auch das autonom von Kirchen gesetzte Recht wird als revisibel behandelt.[33] Das BAG hat deshalb die Pflicht, den Inhalt dieses Rechts nach § 293 ZPO zu ermitteln.[34]

ii) Willenserklärungen und Verträge

21   Als Rechtsnormen i.S.v. § 73 Abs. 1 und § 546 ZPO sind **nicht** anzusehen **Willenserklärungen** und **einzelvertragliche Absprachen**. Die Rechtsprechung hat hier jedoch die Unterscheidung zwischen typischen und nichttypischen Vereinbarungen geschaffen. Bei **typischen Willenserklärungen** und vorformulierten Vereinbarungen besteht ein Bedürfnis nach einheitlicher Auslegung, weil sie in einer Vielzahl von Fällen gleichlautend verwandt werden und durch die Rechtsprechung des BAG eine bundeseinheitliche Anwendung sichergestellt werden soll. Die ältere Rechtsprechung ging dabei davon aus, dass dieses Bedürfnis nur dann bestehe, wenn die typisierte Willenserklärung über den Bezirk eines Landesarbeitsgerichts hinaus verwandt werde. Dieses Erfordernis wird in der neueren Rechtsprechung nicht mehr geprüft.[35] Beispiele für typisierte Verträge sind:
– **Verweisungsklauseln** in Arbeitsverträgen, die auf Tarifverträge Bezug nehmen, um eine einheitliche Anwendung des Tarifvertrages im Betrieb sicherzustellen;
– **Ausgleichsquittungen**, die nach Vordruck verwendet werden;[36]
– **Formular- und Musterarbeitsverträge**, die von Behörden oder Verbänden aufgestellt worden sind;
– **Ruhegeldzusagen**, die eine einheitliche betriebliche Altersversorgung zum Ziel haben;
– **betriebliche Übungen**.[37]

Enthält ein Vertragsformular zusätzliche einzelvertraglich ausgehandelte Abreden, so ist der gesamte Vertrag als nicht typisch anzusehen.[38] Ob einzelvertragliche Abreden getroffen oder dem Formular im Betrieb allgemein verwendete Zusätze hinzugefügt worden sind, muss sich aus der Tatsachen-

---

28 BAG, 07.12.1961 – 2 AZR 12/61, NJW 1962, 555.
29 Vgl. Thomas/Putzo § 293 Rn 3.
30 BAG, 17.01.1969 – 3 AZR 96/67; a.A. die ältere Rspr. BAG, 21.04.1956 – 2 AZR 254/54.
31 ErfK/Koch § 73 ArbGG Rn 11; Hauck/Helml/Hauck § 73 Rn 6; GMPMG/Müller-Glöge § 73 Rn 12; a.A. GK-ArbGG/Mikosch § 73 Rn 34.
32 BayObLG, 12.08.1997 – 5St RR 158/96, juris.
33 BAG, 19.12.1969 – 1 AZR 10/69.
34 GK-ArbGG/Mikosch § 73 Rn 21.
35 So zustimmend Grunsky § 73 Rn 15.
36 BAG, 04.06.1977 – 4 AZR 721/75.
37 BAG, 21.01.2003 – 9 AZR 546/01.
38 BAG, 16.10.1987 – 7 AZR 204/87; ablehnend Grunsky § 73 Rn 15.

feststellung des Berufungsurteils ergeben.³⁹ Fehlen entsprechende Feststellungen, ist von einem »nichttypischen« Vertrag auszugehen.

Die Auslegung von **atypischen Willenserklärungen** und Verträgen kann nicht überprüft werden, weil sie wegen der fehlenden Typisierung keine »Gesetze« i.S.v. § 73 Abs. 1 sind. Revisibel ist nicht eine zwischen den Parteien umstrittene Auslegung, sondern nur die Anwendung der bei der Auslegung vom LAG zu beachtenden Normen. Der **Prüfungsmaßstab** des BAG ist deshalb revisionsrechtlich darauf beschränkt, Verstöße gegen die allgemeinen Denkgesetze, Erfahrungssätze oder die gesetzlichen Auslegungsregeln der §§ 133, 157 BGB festzustellen.⁴⁰ Beispiel: Mit Erfolg kann gerügt werden, dass das LAG bei der Auslegung Begleitumstände berücksichtigt hat, die dem Empfänger der Erklärung unbekannt waren. Es hat dann gegen § 133 BGB verstoßen; nach § 133 BGB kommt es darauf an, wie der Empfänger die Erklärung verstehen musste. Deshalb durften nur die Umstände berücksichtigt werden, die dem Empfänger erkennbar waren.⁴¹ Ausnahmsweise darf das Revisionsgericht atypische Verträge und Willenserklärungen auslegen, wenn der erforderliche Sachverhalt festgestellt ist und kein weiteres tatsächliches Vorbringen nach dem Inhalt der Revisionsverhandlung zu erwarten ist.⁴² 22

jj) **Ermessensentscheidungen**

Zu unterscheiden sind Ermessenentscheidungen des Arbeitgebers und Ermessenentscheidungen des Berufungsgerichts. Ist eine Entscheidung in das freie Ermessen des Arbeitgebers gestellt, kann das Revisionsgericht **nicht sein eigenes Ermessen an deren Stelle setzen**. Die Anwendung des freien Ermessens ist der Nachprüfung entzogen.⁴³ Ob die Voraussetzungen und die Grenzen der Ausübung des pflichtgemäßen oder billigen Ermessens eingehalten sind, ist dagegen überprüfbar. Sie setzt voraus, dass die beiderseitigen Interessen abgewogen und dabei alle wesentlichen Umstände angemessen berücksichtigt werden. Maßgeblich ist der Zeitpunkt, in dem der Arbeitgeber die Ermessensentscheidung zu treffen hat.⁴⁴ Ob die Entscheidung der Billigkeit i.S.v. § 106 GewO oder § 315 Abs. 1 und Abs. 3 Satz 2 BGB entspricht, unterliegt der gerichtlichen Kontrolle.⁴⁵ Geprüft wird, ob der Arbeitgeber den äußeren Ermessensrahmen überschritten oder innere Ermessensfehler begangen hat, also sachfremde Erwägungen in die Entscheidung hat einfließen lassen oder wesentliche Tatsachen außer Acht gelassen hat.⁴⁶ 23

Die Sachentscheidung ist wegen der zu berücksichtigenden Umstände des Einzelfalls vorrangig den Tatsachengerichten vorbehalten.⁴⁷ Nur soweit die maßgeblichen Tatsachen feststehen, ist das Revisionsgericht in der Lage, die Beurteilung, ob Anordnungen getroffen sind, die billiges Ermessen i.S.v. § 106 GewO oder § 315 BGB wahren, selbst vorzunehmen.⁴⁸ Das ist insbesondere dann geboten, wenn die Tatsachen, die die Ablehnung rechtfertigen sollen, feststehen und nur eine zustimmende Entscheidung dem Maßstab der Billigkeit entspricht.⁴⁹ Sonst beschränkt sich die revisionsgerichtliche Überprüfung der Beurteilung der Ermessensentscheidung des Arbeitgebers durch das LAG

---

39 BAG, 16.10.1987 – 7 AZR 204/87.
40 BAG, 26.05.1992 – 9 AZR 27/91, NZA 1992, 976; BAG, 07.10.1993 – 2 AZR 260/93, NZA 1994, 212.
41 BAG, 02.03.1973 – 3 AZR 325/72.
42 BAG, 23.04.2002 – 3 AZR 224/01.
43 GK-ArbGG/Mikosch § 73 Rn 34 unter Bezug auf RG 24.10.1919 – III 144/19, RGZ 97, 30, 32.
44 BAG, 10.05. 2005 – 9 AZR 294/04, zu B II 3 b aa der Gründe, AP TVG § 1 Altersteilzeit Nr. 20 = EzA TVG § 4 Altersteilzeit Nr. 15.
45 Vgl. BAG, 23.01.2007 – 9 AZR 624/06, Rn 29, AP AVR Diakonisches Werk § 1 Nr. 14.
46 BAG, 26.01.1971 – 1 AZR 304/70, AP § 847 BGB Nr. 10.
47 BAG, 10.05.2005 – 9 AZR 294/04, zu B II 3 b und B IV 1 der Gründe, AP TVG § 1 Altersteilzeit Nr. 20 = EzA § 4 TVG Altersteilzeit Nr. 15; zu Meinungsverschiedenheiten einzelner Senate des BAG: GMPMG/Müller-Glöge § 73 Rn 10.
48 BAG, 16.09.1998 – 5 AZR 183/97, AP § 24 BAT-O Nr. 2; BAG, 22.08.2001 – 5 AZR 108/00, BAGE 98, 368 = AP § 611 BGB Lehrer, Dozenten Nr. 144.
49 BAG, 23.01.2007 – 9 AZR 624/06, Rn 29, AP AVR Diakonisches Werk § 1 Nr. 14.

darauf, ob es den Begriff des Ermessens verkannt und die Grundsätze der Ermessensausübung richtig angewandt hat.

Das Schrifttum geht davon aus, dass immer, wenn dem Arbeitgeber ein Ermessensspielraum eingeräumt ist, auch das LAG denselben Spielraum habe.[50] Das ist unzutreffend. Das LAG hat in diesen Fällen nur die Ermessensausübung des Arbeitgebers zu beurteilen und nicht selbst Ermessen auszuüben. Nur soweit nach § 315 Abs. 3 Satz 2 BGB dem Gericht die Ermessensentscheidung übertragen wird, hat es selbst einen Ermessensspielraum. Anders als im materiellen Recht werden den Tatsachengerichten im Verfahrensrecht regelmäßig eigene Ermessensentscheidungen übertragen, z.B. die Aussetzung des Verfahrens nach § 148 ZPO.[51] Das Ermessen kann im Einzelfall auf Null reduziert sein: das wird bei der Ermessensentscheidung über einen Aussetzungsantrag wegen eines vorgreiflichen Kündigungsschutzprozesses abgenommen.[52] Wie Ermessensvorschriften werden die Bestimmungen behandelt, die den Tatsachengerichten lediglich einen Rahmen oder allgemeine Richtlinien vorgeben, sodass es prozessual gerechtfertigt ist, einen unbezifferten Leistungsantrag als ausreichend bestimmt anzusehen. Beispiele: Schmerzensgeld nach § 847 BGB, Entschädigung nach § 15 Abs. 2 AGG, Abfindung nach § 10 KSchG und Nachteilsausgleich nach § 113 Abs. 3 BetrVG.

kk) Beurteilungsspielräume

24 Bei **unbestimmten Rechtsbegriffen**[53] oder bei Generalklauseln[54] ist nach der Rechtsprechung des BAG die Rechtsanwendung durch das LAG **nur beschränkt nachprüfbar**. Eine Rechtsverletzung wird nur bejaht, wenn der Rechtsbegriff verkannt oder wenn die Unterordnung des festgestellten Sachverhalts unter diesen Rechtsbegriff Denkgesetze bzw. allgemeine Erfahrungssätze verletzt. Ist eine Interessenabwägung geboten, müssen weiterhin alle wesentlichen Gesichtspunkte berücksichtigt werden und das Ergebnis widerspruchsfrei begründet worden sein.[55] Diese Praxis des BAG, die dem Tatrichter einen unüberprüfbaren Beurteilungsspielraum zusteht, ist nicht unumstritten.[56] Die Schwierigkeit besteht darin, auch dann einen Unterschied zwischen Tat- und Rechtsfragen zu definieren, wenn das sprachliche von dem rechtlichen Begriffssystem nicht klar getrennt werden kann.[57]

Geht es darum, ob ein vom Berufungsgericht festgestelltes bestimmtes Verhalten rechtlich als sittenwidrig anzusehen ist und ob das Berufungsgericht dazu die Gesamtumstände im erforderlichen Umfang gewürdigt hat, unterliegt das der uneingeschränkten Überprüfung durch das Revisionsgericht.[58]

ll) Schätzungen

25 Die revisionsrechtliche Überprüfung einer vom Berufungsgericht nach § 287 ZPO in freier Überzeugung vorgenommenen Schätzung ist auf die Kontrolle der Schlüssigkeit und Plausibilität des Ergebnisses beschränkt.[59] Allerdings müssen die Voraussetzungen einer Schätzung gegeben sein. So hat der Fünfte Senat des BAG die Voraussetzungen nach § 287 Abs. 2 ZPO i.V.m. § 287 Abs. 1 Satz 1 und Satz 2 ZPO für eine Schätzung der Höhe der üblichen Vergütung bezogen auf angestellte

---

50 ErfK/Koch ArbGG § 73 Rn 10,11; GMPMG/Müller-Glöge § 73 ArbGG Rn 11.
51 BAG, 04.11.1968 – 3 AZR 276/67, AP HGB § 65 Nr. 5.
52 BAG, 11.01.2006 – 5 AZR 98/05, AP BGB § 615 Nr. 113.
53 Z.B. leichte, mittlere oder grobe Fahrlässigkeit, Angemessenheit, Sozialwidrigkeit in § 1 KSchG.
54 Z.B. »wichtiger Grund« in § 626 Abs. 1 BGB.
55 BAG, 30.05.1985 – 2 AZR 321/85.
56 Krit. GK-ArbGG/Mikosch § 73 Rn 23 f.; zustimmend Schwab/Weth-Ulrich § 73 Rn 18.
57 Vgl. Stein/Jonas/Grunsky § 549 Rn 9.
58 BGH, 10.07.2001 – VI ZR 160/00, VersR 2001, 1431; BGH, 25.03.2003 – VI ZR 175/02, NJW 2003, 1934.
59 BFH, 18.05.1993 – VII R 44/92, BB 1993, 2517; BFH, 18.12.1984 – VIII R 195/82, BFHE 142, 558, BStBl II 1986, 226.

Rechtsanwälte als nicht erfüllt angesehen.⁶⁰ Eine solche Schätzung erfordere insbesondere die Darlegung der notwendigen Anknüpfungstatsachen. Eine Schätzung nach bloßer Billigkeit lasse § 287 ZPO nicht zu.⁶¹ Das entspricht der Rechtsprechung des BGH zur Schadensschätzung. Danach benötigt der Richter als Ausgangssituation greifbare Tatsachen, die der Geschädigte im Regelfall im Einzelnen darlegen und beweisen muss. Eine völlig abstrakte Berechnung des Schadens, auch in Form der Schätzung eines »Mindestschadens«, lässt § 287 ZPO grundsätzlich nicht zu.⁶²

mm) Beweiswürdigungen

Die tatrichterliche Beweiswürdigung ist ebenso nach § 286 ZPO frei. Deshalb ist sie der Nachprüfung im Revisionsverfahren weitgehend entzogen. Sie ist nur insoweit reversibel, als dem Tatrichter Verstöße gegen die Verfahrensordnung, gegen **Denkgesetze** oder gegen **allgemeine Erfahrungssätze** unterlaufen sind. Liegen solche Verstöße nicht vor, binden Schlussfolgerungen tatsächlicher Art das Revisionsgericht auch dann, wenn sie nicht zwingend, sondern nur möglich sind.⁶³ Dabei genügt der Rechtsprechung nicht schon jeder Angriff der Revision gegen die Wahrscheinlichkeit einer Erwägung des Tatrichters, um darin eine Rüge der Verletzung eines allgemeinen Erfahrungssatzes zu sehen. Als allgemeine Erfahrungssätze i.S.d. gerichtlichen Beweiserhebungs- und Beweiswürdigungsrechts werden nur die jedermann zugänglichen Sätze anerkannt, die nach der allgemeinen Erfahrung unzweifelhaft gelten und durch keine Ausnahmen durchbrochen sind.⁶⁴ Die Beweiswürdigung unterliegt somit der Nachprüfung in der Hinsicht, ob sie von irrigen rechtlichen Grundlagen ausgeht oder gegen die Denkgesetze verstößt oder ob Schlüsse gezogen werden, die mit einer feststehenden Auslegungsregel oder mit der allgemeinen Lebenserfahrung unvereinbar sind. Das Recht zur **freien Beweiswürdigung** ist folglich dann nicht sachgemäß ausgeübt, wenn das Gericht Schlüsse gezogen hat, die in dem Ergebnis der Beweisaufnahme keine Grundlage finden, oder wenn es die Beweise, die vorgelegen haben, überhaupt nicht oder nur teilweise gewürdigt, teilweise aber übergangen hat.⁶⁵ Die Urteilsgründe müssen erkennen lassen, dass das Tatgericht alle Umstände, die seine Entscheidung hinsichtlich der Glaubwürdigkeit der Zeugen und der Glaubhaftigkeit ihrer Aussagen beeinflussen können, erkannt und in seine Überlegungen einbezogen hat.⁶⁶ 26

Die Rechtsprechung entwickelt dabei eine hohe Kontrolldichte. So wird geprüft, ob eine **ausreichende** und in sich **widerspruchsfreie Beweiswürdigung** vorgenommen wurde,⁶⁷ insbesondere ob eine tatrichterliche Erwägung »gedanklich ... nachvollziehbar« sei.⁶⁸ Es wird auch darauf geachtet, ob der Berufungsrichter sich hinsichtlich des gesetzlichen **Beweismaßes** an den Erfahrungen des praktischen Lebens orientiert oder der beweisbelasteten Partei nicht erfüllbare Anforderungen aufgebürdet hat.⁶⁹ Kommt es zur Situation Aussage gegen Aussage und glaubt das Gericht einen Teil der Aussage des Belastungszeugen, obwohl es ihm in anderen Teilen nicht folgt, bedarf dies regelmäßig einer besonderen Begründung.⁷⁰ 27

---

60 BAG, 17.12.2014 – 5 AZR 663/13 – Rn 29, EzA § 138 BGB 2002 Nr. 11.
61 BAG, 17.12.2014 – 5 AZR 663/13 – Rn 29, EzA § 138 BGB 2002 Nr. 11; BAG 26.09.2012 – 10 AZR 370/10 – Rn 27, BAGE 143, 165.
62 Vgl. BGH, 08.05.2012 – VI ZR 37/11 – NJW 2012, 2267; BGH, 16.03.2004 – VI ZR 138/03, VersR 2004, 874, 875 m.w.N.
63 BFH, 01.04.1971 – IV R 195/69, BFHE 102, 85 = BStBl II 1971, 522; BFH, 21.10.1997 – VIII R 18/96, BFH/NV 1998, 582.
64 BFH, 21.10.1997 – VIII R 18/96, BFH/NV 1998, 582.
65 BayObLG, 15.09.1989 – BReg 3 Z 26/89, juris.
66 BGH, 19.11.2014 – 4 StR 427/14, NStZ-RR 2015, 86; BGH, 12.12.2012 – 5 StR 544/12, NStZ-RR 2013, 119.
67 BAG, 15.02.2007 – 6 AZR 286/06, AP Nr. 35 zu § 620 BGB Aufhebungsvertrag.
68 BGH, 13.11.1998 – V ZR 216/97, NJW 1999, 486.
69 BGH, 13.11.1998 – V ZR 216/97, NJW 1999, 486.
70 Vgl. BGH, 03.09.2013 – 1 StR 206/13, Rn 19; BGH 20.02.2014 – 3 StR 289/13, Rn 14, insoweit in NStZ 2014, 600 nicht abgedruckt; BGH, 24.06.2003 – 3 StR 96/03, NStZ-RR 2003, 332 f.

Düwell

28 Bei einem auf **Indizien** gestützten Beweis ist der Tatrichter grundsätzlich frei, welche Beweiskraft er den Indizien im Einzelnen und in einer Gesamtschau für seine Überzeugungsbildung beimisst.[71] Er stellt die den Indizien zukommenden Wahrscheinlichkeitsgrade und somit die sich daraus ergebenden Schlussfolgerungen fest. Er unterliegt dabei – abgesehen von den allgemeinen Beweisverwertungsverboten – keinen rechtlichen Einschränkungen für die Berücksichtigung von Tatsachen, die eine häufigere Wahrscheinlichkeit für die eigentlich zu beweisende Haupttatsache aufweisen und damit eine Indizwirkung entfalten können. Damit die eingeschränkte revisionsrechtliche Überprüfung seiner Beweiswürdigung darauf, ob er alle Umstände vollständig berücksichtigt und nicht gegen Denk- oder Erfahrungssätze verstoßen hat, möglich ist, hat der Richter die für seine Überzeugungsbildung wesentlichen Gesichtspunkte nachvollziehbar darzulegen.[72] Wendet ein Tatrichter zur Beweiswürdigung eigene Sachkenntnis an, so muss er die Parteien auf seine vorhandene eigene Sachkenntnis hinweisen und spätestens in den Entscheidungsgründen ausreichend begründen, woher er diese Sachkunde hat.[73]

29 Liegen einander widersprechende **Sachverständigengutachten** vor, darf der Tatrichter, ohne seinen Ermessensspielraum zu überschreiten, nicht den Streit der Sachverständigen dadurch entscheiden, dass er ohne einleuchtende und logisch nachzuvollziehende Begründung einem von ihnen den Vorzug gibt. Er muss alle Aufklärungsmöglichkeiten einschließlich der Einholung eines Obergutachtens prüfen. Das gilt auch dann, wenn er meint, keiner der Sachverständigen habe mehr überzeugt als der andere, sodass keinem der Vorzug zu geben und eine Entscheidung zu Ungunsten der beweisbelasteten Partei zu treffen sei.[74] Die Beweiswürdigung muss dann erkennen lassen, dass die widersprechenden Ansichten der Sachverständigen gegeneinander abgewogen worden sind und dass sich nach Herausarbeitung der abweichenden Standpunkte keine weiteren Aufklärungsmöglichkeiten ergeben.

30 Keines Beweises bedürfen nach § 291 ZPO **offenkundige Tatsachen**. Offenkundig können nur Tatsachen, nicht jedoch Erfahrungssätze sein. So hat der BGH erkannt, dass die Feststellung, ob der Verkehr die Bezeichnung »TÜV« für die in Rede stehenden Dienstleistungen als Hinweis auf ein bestimmtes Unternehmen auffasst, stützt sich auf Erfahrungswissen, das nicht durch Zeugenbeweis, sondern mit Hilfe eines Sachverständigen zu ermitteln ist.[75] Offenkundig ist eine Tatsache dann, wenn sie zumindest **am Gerichtsort der Allgemeinheit bekannt** oder ohne besondere Fachkunde – auch durch **Information aus allgemein zugänglichen zuverlässigen Quellen** – wahrnehmbar ist. Offenkundig kann eine Tatsache auch dann sein, wenn der Richter sie aus seiner jetzigen oder früheren amtlichen Tätigkeit kennt (»gerichtskundige Tatsachen«). Dies allerdings nur dann, wenn die zur Entscheidung berufenen Richter sich nicht erst durch Vorlegung von Akten u.ä. informieren müssen. Keine Gerichtskundigkeit begründet die Sachkunde, die das Gericht aus ähnlichen Verfahren gewonnen haben will. Solche offenkundigen oder gerichtskundigen Tatsachen sind seitens des Gerichts in die mündliche Verhandlung einzuführen, um den in Art. 103 Abs. 1 GG normierten Anspruch auf Gewährung rechtlichen Gehörs vor Gericht zu sichern. Nur solche Tatsachen, Beweisergebnisse und Äußerungen anderer dürfen zugrunde gelegt werden, zu denen die Streitbeteiligten Stellung nehmen konnten.[76]

---

71 BGH, 23.01.1997 – I ZR 29/94, NJW 1997, 2757, 2759.
72 BGH, 13.07.2004 – VI ZR 136/03, NJW 2004, 3423.
73 BAG, 19.04.2005 – 9 AZR 184/04 – Rn 38, EzA § 15 BErzGG Nr 14; BAG 14.01.1993 – 2 AZR 343/92, EzA § 1 KSchG Krankheit Nr. 39; BVerwG, 24.03.2000 – 9 B 530.99, Buchholz 310 VwGO § 86 Abs. 1 Nr. 308.
74 BGH, 23.09.1986 – VI ZR 261/85, NJW 1987, 442.
75 Vgl. BGH, 02.10.2003 – I ZR 150/01 – »Marktführerschaft«, BGHZ 156, 250, 253 f.
76 BAG, 28.10.2010 – 8 AZR 546/09 – Rn 26, EzA § 611 BGB 2002 Persönlichkeitsrecht Nr. 10; BAG, 11.09.1997 – 8 AZR 4/96, BAGE 86, 278 = AP Einigungsvertrag § 38 Nr. 7 = EzA Art. 20 Einigungsvertrag Soziale Auswahl Nr. 5; BVerfG, 14.04.1959 – 1 BvR 109/58, BVerfGE 9, 261; BVerfG, 07.10.1980 – 2 BvR 1581/79, BVerfGE 55, 95.

Sind den Richtern des Berufungsgerichts aus anderen Verfahren Zeugenaussagen bekannt, können 31 sie diese nicht als **gerichtsbekannt** verwerten. Es gilt nämlich der Grundsatz der **Unmittelbarkeit der Beweisaufnahme** vor dem Prozessgericht (§ 355 ZPO). Dagegen wird verstoßen, wenn die Ergebnisse der Beweisaufnahme in einem anderen Verfahren verwertet werden. Diese können nur dann im Wege des Urkundenbeweises verwertet werden, wenn dies von der beweispflichtigen Partei beantragt wird.[77] Der Verstoß des Berufungsgerichts gegen § 355 ZPO kann nach § 295 ZPO geheilt werden, wenn bei der nächsten mündlichen Verhandlung der Mangel nicht gerügt wird.[78] Wird der Verstoß gegen § 355 ZPO jedoch erst durch das Berufungsurteil selbst offengelegt, ist kein Raum für eine Heilung des Mangels, weil für die betroffene Partei keine vorherige Möglichkeit bestand, den Fehler zu rügen.[79]

nn) Interessenabwägungen

Ist eine Interessenabwägung geboten, müssen alle wesentlichen Gesichtspunkte berücksichtigt und 32 das Ergebnis widerspruchsfrei begründet worden sein.[80]

oo) Prozesshandlungen

Prozesshandlungen können nach allgemeiner Ansicht durch das Revisionsgericht ausgelegt wer- 33 den.[81] Deshalb kann das BAG auch **Prozessvergleiche** selbstständig auslegen und z.B. feststellen, ob eine **Klagerücknahme** erklärt worden ist. Das gilt selbst dann, wenn ihr Inhalt ausschließlich individueller Natur ist.[82] Beispiel: In der Erklärung eines Prozessbevollmächtigten vor dem Berufungsgericht, er wolle die Berufung nur hinsichtlich der im ersten Rechtszug abgewiesenen Widerklage durchführen, kann ein Verzicht auf die Berufung gegen die im ersten Rechtszug erfolgte Verurteilung zur Zahlung der Klageforderung liegen.[83] Durch Auslegung kann sowohl der »wahre« Inhalt des **Klageantrags**[84] als auch die »wahre« Beklagtenbezeichnung[85] ermittelt werden. Lässt sich der Klageschrift entnehmen, dass es sich um eine Kündigung durch den Insolvenzverwalter handelt, so richtet sich folgerichtig die Kündigungsklage auch gegen diesen. Eine Falschbezeichnung kann so geheilt werden.

pp) Geschäftsverteilungspläne

An einem Gericht mit mehreren Spruchkörpern wird der gesetzliche Richter durch den Geschäfts- 34 verteilungsplan bestimmt (§ 21e GVG). Dieser ist kein bloßes Internum der Gerichtsverwaltung. Er wird aufgestellt, um den »gesetzlichen Richter« i.S.v. Art. 101 Abs. 1 Satz 2 GG zu gewährleisten. Dies bedeutet, dass sich der für die einzelne Sache zuständige Richter im Voraus eindeutig aus einer allgemeinen Regelung ergeben muss.[86] Für die Zuteilung müssen objektive, ohne Ansehen der Person und des einzelnen Falles getroffene Regelungen aufgestellt werden, durch die gewährleistet wird, dass ein bestimmtes richterliches Gremium als gesetzlicher Richter mit einer Sache befasst wird. Der Geschäftsverteilungsplan kann auch vorsehen, dass gleich gelagerte Sachen (sog. Parallelsachen) bei einem bestimmten Spruchkörper zusammengefasst werden. Das BAG prüft sowohl die Rechtmäßigkeit des Geschäftsverteilungsplans als auch dessen richtige Anwendung.

---

77 BGH, 30.11.1999 – VI ZR 207/98, NJW 2000, 1420, 1421.
78 BGH, 09.01.1997 – III ZR 162/95, NJW-RR 1997, 506 m.w.N.
79 BGH, 09.01.1997 – III ZR 162/95, NJW-RR 1997, 506 = AP Nr. 2 zu § 355 ZPO.
80 BAG, 30.05.1985 – 2 AZR 321/84, AP § 1 KSchG 1969 Betriebsbedingte Kündigung Nr. 24.
81 BAG, 22.05.1985 – 4 AZR 88/84, NZA 1986, 169.
82 BAG, 19.05.2004 – 5 AZR 434/03.
83 BGH, 28.03.1989 – VI ZR 246/88.
84 BAG, 27.11.2003 – 2 AZR 692/02.
85 BAG, 27.03.2003 – 2 AZR 272/02.
86 BAG, 13.10.2010 – 5 AZN 861/10, Rn 3, EzA § 547 ZPO 2002 Nr. 4; BAG, 26.09.2007 – 10 AZR 35/07, Rn 11, AP ZPO § 547 Nr. 7.

Beispiel GVP 1990 des LAG Köln: »Wenn mehrere Sachen mit im wesentlichen gleichem Sachverhalt (Parallelsachen) denselben Kläger, Beklagten oder Beteiligten betreffen und nach dem Registereingang verschiedenen Kammern zufallen, gehen sie nach Feststellung der Parallelität durch das Präsidium in diejenige Kammer über, die für die erste Sache zuständig ist. Die Entscheidung des Präsidiums ist durch die Vorsitzenden der Kammern herbeizuführen. Vor der Entscheidung des Präsidiums geben die beteiligten Vorsitzenden ihre Stellungnahme zur Parallelität der Verfahren ab. ...«. Das BAG hat diese Regelung nicht beanstandet, weil sie zweckmäßig ist und dazu beiträgt, Divergenzen innerhalb des Gerichts und überflüssige Mehrarbeit zu vermeiden. Dabei wahrt sie auch den Anspruch der Parteien auf den gesetzlichen Richter.[87] Das in seinen Entscheidungen unabhängige Präsidium des Gerichts befindet lediglich, ob eine Parallelität vorliegt. Die Rechtsfolge, die Zuständigkeit einer oder – wenn eine Parallelität verneint wird – mehrerer Kammern ergibt sich dann aus dem Geschäftsverteilungsplan selbst. Wird die Parallelität bejaht, so ist immer die Kammer zuständig, bei der die erste Sache eingegangen ist. Befürchtungen, diese Regelung lasse Manipulationen zu, hat das BAG zurückgewiesen.[88]

Es ist nicht unüblich, subjektive Vorstellungen der Präsidiumsmehrheit, die bei der Aufstellung des GVP eine bestimmte Zuteilung vor Augen gehabt hat, zur Grundlage von Einzelfallentscheidungen zu machen. Das ist unzulässig. Subjektive Vorstellungen, die im Text des beschlossenen Geschäftsverteilungsplans keinen Niederschlag gefunden haben, sind ebenso unbeachtlich wie Auffassungen, die ein aufsichtsführender Direktor oder Präsident äußert.[89]

Bei der Anwendung des GVP kommt es nicht darauf an, ob Richter bewusst außerhalb der Geschäftsverteilung tätig geworden sind. Maßgeblich ist, ob die Auslegung und Anwendung einer Zuteilungsregelung objektiv noch verständlich erscheint.[90] Insoweit liegt ein eingeschränkter revisionsrechtlicher Prüfungsmaßstab vor.

qq) Ausländisches Recht

35 Das BAG ist nicht darauf beschränkt, nur inländisches Recht zu überprüfen. Die Revision kann auch darauf gestützt werden, dass **ausländisches Recht** verletzt sei.[91] Allerdings muss der Revisionskläger ggf. die Nichtanwendung eines tatsächlich bestehenden ausländischen Rechtssatzes rügen.

36 Ist in Fällen mit Auslandsberührung aufgrund des internationalen Privatrechts materielles ausländisches Recht anzuwenden, so ist dessen Inhalt von Amts wegen festzustellen. Das BAG ist bei der Ermittlung der maßgeblichen Rechtsnormen auf die von den Parteien beigebrachten Nachweise nicht beschränkt. Es ist befugt, auch andere Erkenntnisquellen zu benutzen.[92]

rr) Unionsrecht

37 Die Verletzung des Rechts der Europäischen Union (vormals Gemeinschaftsrecht) kann nur, soweit der Anwendungsvorrang des Unionsrecht besteht (vgl. Einführung Rdn. 22 f.), geprüft werden. D.h. revisibel sind die Rechtsnormen des Primärrechts, bestehend aus den die Union konstituierenden Verträgen und den Verordnungen. Das Richtlinienrecht ist nur insoweit revisibel, wie es unmittelbar und unbedingt gilt. Das setzt voraus, dass die Bestimmung in einer Richtlinie »unbedingt und hinreichend genau« formuliert ist und ihr nach Ablauf der Umsetzungsfrist eine »unmittelbare vertikale Wirkung« zukommt.[93] Der Anwendungsvorrang des Unionsrechts hat zur Folge,

---

[87] BAG, 03.09.1991 – 3 AZR 369/90, juris Rn 32 ff., EzA § 1 BetrAVG Ablösung Nr. 7.
[88] BAG, 03.09.1991 – 3 AZR 369/90, juris Rn 32 ff., EzA § 1 BetrAVG Ablösung Nr. 7.
[89] Erfreulich deutlich: BAG, 09.06.2011 – 2 ABR 35/10, Rn 23, NJW 2011, 3053.
[90] BAG, 09.06.2011 – 2 ABR 35/10, Rn 20, NJW 2011, 3053.
[91] BAG, 10.04.1975 – 2 AZR 128/74.
[92] Vgl. Einzelheiten zu § 293 ZPO unter Rdn. 41.
[93] EuGH, 11.07.2002 – C-62/00, EuGHE 2002, I-6325 Marks & Spencer Rn 25; Schlussanträge von Generalanwalt Mazák vom 15.02.2007 – C-411/05 Palacios, Rn 107 ff.

dass die das Unionsrecht verletzende deutsche Rechtsnorm unangewendet bleiben muss.[94] Soweit einer Richtlinienbestimmung keine unmittelbare und unbedingte Wirkung zukommt, kann zwar auf deren Verletzung die Revision nicht gestützt werden. Es bleibt jedoch die Möglichkeit, die Verletzung der deutschen Rechtsnorm zu rügen, die richtigerweise im Lichte der Richtlinie anders hätte ausgelegt werden müssen.

▶ **Beispiel:**

Die Klage ist auf einen Urlaubsabgeltungsanspruch für einen nach lang andauernder Arbeitsunfähigkeit aus dem Arbeitsverhältnis ausgeschiedenen Arbeitnehmer gerichtet. Das LAG hat die Klage abgewiesen. Die Revision kann nicht die Verletzung von Art. 7 der Arbeitszeitrichtlinie sondern nur die Verletzung von § 7 Abs. 4 BUrlG in der nach dem Unionsrecht gebotenen Auslegung[95] rügen.

Beantwortet das LAG eine unklare Rechtsfrage in Auslegung des Unionsrechts, ohne nach Art. 267 AEUV den EuGH um Vorabentscheidung zu ersuchen (Einzelheiten s. Einführung Rdn. 22 f.), und lässt es gegen sein Berufungsurteil die Revision zu, so kann der Revisionskläger nicht mit Erfolg die mangelnde Anrufung rügen; denn eine Verpflichtung zur Vorlage trifft nach Art. 267 Abs. 3 AEUV nur das Gericht, »dessen Entscheidung selbst nicht mehr mit einem Rechtsmittel angefochten werden kann«. Bei zugelassener Revision ist deshalb die unterlassene oder sonst wie fehlerhafte Auslegung der deutschen Rechtsnorm im Lichte des unionsrechtlichen Sekundärrechts oder die fehlerhafte Anwendung des unionsrechtlichen Primärrechts zu rügen.

Hat das LAG die Revision nicht zugelassen, besteht eine problematische Rechtsschutzsituation (dazu Einzelheiten § 72 Rdn. 52). Die für den Betroffenen optimale Lösung des Rechtsschutzproblems liegt in der Einlegung einer Grundsatzbeschwerde i.S.v. § 72a Abs. 3 Satz 2 Nr. 1 gegen die Nichtzulassung der Revision. Nach der Rechtsprechung zu § 543 Abs. 2 Satz 1 Nr. 1 ZPO kommt einer Rechtssache »grundsätzliche Bedeutung« zu, wenn in künftigen Revisionsverfahren voraussichtlich ein Vorabentscheidungsersuchen an den EuGH nach Art. 267 Abs. 3 AEUV erforderlich sein wird.[96] Dieses Ersuchen ist geboten, wenn sich eine entscheidungserhebliche und der einheitlichen Auslegung bedürfende Frage des Unionsrechts stellt. Unter Rechtssache i.S.v. § 543 Abs. 2 Satz 1 Nr. 1 ZPO ist auch die Rechtsfrage zu verstehen. Es besteht insoweit zur grundsätzlichen Bedeutung der Rechtsfrage in § 72 Abs. 2 Nr. 1, § 72a Abs. 3 Satz 2 Nr. 1 kein Unterschied.

ss) **Völkerrecht**

Das Revisionsgericht kann auch die Verletzung von Rechtsnormen des Völkerrechts prüfen, soweit diese eine **unmittelbare Wirkung** für die Rechtsverhältnisse der Staatsbürger entfalten (vgl. Einführung Rdn. 24). Bedarf – was die Regel ist[97] – die Norm noch der Umsetzung durch die Bundesrepublik als Ratifikationsstaat, so kann die Revision nur einen Auslegungsfehler rügen. Diese Rüge ist eröffnet, weil jede deutsche Rechtsnorm im Lichte der völkerrechtlich eingegangenen Verpflichtungen von Deutschland auszulegen ist, sog. **völkerrechtskonforme Auslegung**.[98] Vor der völkerrechtskonformen Auslegung des deutschen Rechts muss zunächst der Inhalt der völkerrechtlichen, zumeist in Konventionen (= Übereinkommen) enthaltenen Norm ermittelt werden. Dafür gelten die in Art. 5, 31 ff. des Wiener Übereinkommens über das Recht der Verträge (Wiener Vertragsrechtskonvention – WVK) aufgestellten Grundsätze. Diese sind für die Bundesrepublik am

38

---

94 EuGH, 09.03.1978 – 106/77, EuGHE 1978, 629 Simmenthal Rn 24; EuGH 20.03.2003 – C-187/00, EuGHE 2003, I-2741 Kutz-Bauer Rn 73.
95 BAG, 24.03.2009 – 9 AZR 983/07, AP Nr. 39 zu § 7 BUrlG.
96 BVerfG, 03.03.2014 – 1 BvR 2534/10, NJW 2014, 1796 Rn 24; BVerfG, 01.04.2008 – 2 BvR 2680/07, BVerfGK 13, 418, 425 = NVwZ-RR 2008, 611.
97 Vgl. Schmahl JuS 2013, 961, 965; Aichele AnwBl. 2011, 727, 728.
98 Zum Grundsatz völkerrechtsfreundlicher Interpretation Rojahn, in: von Münch/Kunig GG Bd. 2, 5. Aufl. 2001, Art. 24 Rn 2.

20.08.1987 aufgrund des Gesetzes vom 03.08.1985[99] in Kraft getreten. Soweit Auslegungs- und Abwägungsspielräume eröffnet sind, trifft deutsche Gerichte die Pflicht, einer konventionsgemäßen Auslegung den Vorrang zu geben.[100] Dabei ist die Rechtsprechung des Europäischen Gerichtshofs für Menschenrechte (EGMR) für die im Europäischen Raum geltenden Übereinkommen, insbesondere zur Europäischen Menschenrechtskonvention (EMRK), zu beachten. Die fehlende Auseinandersetzung mit einer Entscheidung dieses Gerichtshofs kann deshalb gegen Grundrechte i.V.m. dem Rechtsstaatsprinzip verstoßen.[101]

Soweit **allgemeine Regeln des Völkerrechtes** bestehen, erzeugen diese schon nach Art. 25 GG unmittelbar Rechte und Pflichten für den Einzelnen. Sie sind deshalb Bestandteil des Bundesrechtes und folglich revisibel.[102] Hat das Revisionsgericht Zweifel, ob eine Regel des Völkerrechtes Bestandteil des Bundesrechtes ist und ob sie unmittelbar Rechte und Pflichten für den Einzelnen erzeugt, so darf es über die Revision nicht entscheiden, bevor es nach Art. 100 Abs. 2 GG die Entscheidung des BVerfG eingeholt hat.

Für die Bestimmungen des Übereinkommens vom 13.12.2006 über die Rechte von Menschen mit Behinderungen (**Behindertenrechtskonvention** der Vereinten Nationen = VN-BRK) hat der EuGH erkannt, dass sie »integrierender Bestandteil der Unionsrechtsordnung« sind.[103] Dadurch sind sie zugleich Bestandteil des – ggf. unionsrechtskonform auszulegenden – deutschen Rechts.[104] Dennoch hat das BAG es sowohl ausdrücklich abgelehnt, Art. 2 Unterabs. 4 VN-BRK unmittelbar anzuwenden[105] als auch §§ 7 und 8 AGG völkerrechtskonform auszulegen. Es hat statt dessen eine den Arbeitgeber treffende Verpflichtung zu angemessenen Vorkehrungen zur Vermeidung der Benachteiligung behinderter Beschäftigter nach § 241 Abs. 2 BGB angenommen. Dazu hat er im Lichte von Art. 5 RL 2000/78/EG i.V.m. Art. 2 Unterabs. 4 VN-BRK § 241 Abs. 2 BGB »unionsrechtskonform« ausgelegt.[106]

tt) Revisibilität außer Kraft getretenen Rechts

39 Zwar hat die Rechtsprechung des Reichsgerichts angenommen, aufgehobenen Gesetzen komme keine Revisibilität zu.[107] Diese Rechtsprechung ist jedoch zu Recht vom BGH abgelehnt worden, soweit die aufgehobenen Gesetze weiterhin auf Altfälle anzuwenden sind. Dann besteht ein Bedürfnis daran, dass das Revisionsgericht eine einheitliche Rechtsprechung auch für diese Altfälle herbeiführt.[108] Dem hat sich das BAG angeschlossen: § 73 Abs. 1 ArbGG ist so auszulegen, dass die Revision auch auf die fehlerhafte Anwendung einer bereits außer Kraft getretenen Rechtsnorm gestützt werden kann.[109]

uu) Behördliche und gerichtliche Akte

40 Das Revisionsgericht kann die vom Berufungsgericht getroffenen Feststellungen hinsichtlich des Bestehens von gerichtlichen, schiedsgerichtlichen und behördlichen Entscheidungen und deren

---

99 BGBl. II, 1985, 926.
100 BVerfG, 14.10.2004 – 2 BvR 1481/04 (Görgülü), NJW 2004, 3407.
101 BVerfG, 14.10.2004 – 2 BvR 1481/04 (Görgülü), NJW 2004, 3407.
102 Vgl. BVerwG, 22.04.2009 – 8 C 2/09, Rn 59, GWR 2009, 249; BFH, 17.11.2004 – I R 75/01, BFH/NV 2005, 690.
103 EuGH, 11.04.2013 – Rs. C-335/11 u.a. (Ring), Rn 28 ff.
104 BAG, 19.12.2013 – 6 AZR 190/12, Rn 53 – BAGE 147, 60.
105 So aber von Roetteken jurisPR-ArbR 33/2013 Anm. 1 unter D.
106 BAG 19.12.2013 – 6 AZR 190/12, Rn 53 – BAGE 147, 60; zu Recht a.A. von Roetteken, jurisPR-ArbR 33/2013 Anm. 1 unter D.
107 RG, 22.11.1881 – II 399/81, RGZ 5, 417.
108 BGH, 20.05.1957 – III ZR 118/56, BGHZ 24, 253.
109 BAG, 05.06.2007 – 9 AZR 82/07, juris.

Auslegung durch die Vorinstanz uneingeschränkt überprüfen.[110] Dies gilt insbesondere für die Allgemeinverbindlicherklärung von Tarifverträgen.[111]

Allerdings kann das BAG nur Verwaltungsakte auf deren Nichtigkeit, nicht aber deren Rechtmäßigkeit prüfen. Das folgt aus deren sogenannter Tatbestandswirkung.[112] Diese entspricht hinsichtlich der Bindungswirkung im Wesentlichen der von gerichtlichen Urteilen. Für die Annahme einer weitergehenden Feststellungswirkung bedarf es besonderer gesetzlicher Vorschriften, die diese Feststellungswirkung anordnen.[113] Daraus ergibt sich: Die Tatbestandswirkung des Verwaltungsakts zwingt die Gerichte für Arbeitssachen nur dazu, die Tatsache, dass dieser Verwaltungsakt erlassen wurde und seinen Inhalt als gegeben hinzunehmen und in diesem Sinne den Verwaltungsakt zu beachten, selbst wenn er rechtswidrig sein sollte, es sei denn, er ist nichtig. Ein Verwaltungsakt ist nicht schon deshalb nichtig und damit rechtlich unwirksam, weil er unter Verstoß gegen zwingende gesetzliche Vorschriften oder ohne hinreichende rechtliche Grundlagen ergangen ist. Zur Nichtigkeit führt vielmehr nur ein besonders schwerer Form- oder Inhaltsfehler, der mit der Rechtsordnung unter keinen Umständen vereinbar ist und überdies für den urteilsfähigen Bürger offensichtlich sein muss.[114]

▶ **1. Beispiel für Tatbestandswirkung:**

Durch den Zustimmungsbescheid des Integrationsamts nach §§ 85, 91 SGB IX wird das BAG gehindert, die Rechtmäßigkeit der Zustimmung zur außerordentlichen Kündigung zu prüfen. Angesichts der Zweigleisigkeit der Rechtswege und der fehlenden ausdrücklichen gesetzlichen Anordnung der Feststellungswirkung gibt es jedoch keine Bindung an die dem Verwaltungsakt des Integrationsamts zugrunde liegenden tatsächlichen Feststellungen oder an die Beurteilung vorgreiflicher Inzidentfragen, insbesondere ob die Antragsfrist des § 91 Abs. 2 Satz 1 SGB IX eingehalten ist.[115]

▶ **2. Beispiel für Tatbestandswirkung:**

Der nicht angefochtenen behördlichen Anerkennung einer Bildungsveranstaltung nach § 9 Satz 1 Buchst. d AWbG a.F. durch den zuständigen Minister des Landes Nordrhein-Westfalen wurde nur bezogen auf den Gegenstand dieses Verwaltungsakts, also der Frage, ob die Veranstaltung für die Bildungsveranstaltung geeignet ist, Bindungswirkung zugemessen.[116] Das schloss die inhaltliche Überprüfung der Bildungsmaßnahme durch die Arbeitsgerichte nicht aus. Die Tatbestandswirkung der Anerkennung der Bildungsveranstaltung verwehrte den Gerichten für Arbeitssachen nur die Prüfung der Rechtmäßigkeit des Anerkennungsbescheids, nicht aber die Prüfung, ob die Bildungsveranstaltung gemäß den Bestimmungen des Weiterbildungsgesetzes durchgeführt wurde. Das BAG nahm nämlich an, die wirksame behördliche Anerkennung sei nur eine Voraussetzung für den Anspruch auf Entgeltfortzahlung, zu der noch zwei weitere Voraussetzungen hinzutreten mussten, nämlich nach § 9 Satz 1 Buchst. a AwbG a.F. die Durchführung der Veranstaltung von einer anerkannten Einrichtung der Weiterbildung und nach § 1 Abs. 2 AWbG die ordnungsgemäße Durchführung der Veranstaltung entsprechend den Bestimmungen des Weiterbildungsgesetzes.[117]

---

110 BGH, 15.11.1989 – IVb ZR 95/88, NJW-RR 1990, 194.
111 BAG, 15.02.1989 – 4 AZR 499/88, juris.
112 BAG, 11.05.2000 – 2 AZR 276/99, BAGE 94, 313, 323; 17.02.1977 – 2 AZR 687/75, BAGE 29, 17, 25; BVerwG, 02.05.1996 – 5 B 186/95, Buchholz 436.61 SchwBG § 21 Nr. 7; Einzelheiten Kopp/Ramsauer VwVfG 9. Aufl. § 43 Rn 18 f.
113 BVerwG, 16.10.1969 – I C 20.66, BVerwGE 34, 90 zu § 15 BVFG a.F.; BVerwG, 11.07.1985 – 7 C 44/83, BVerwGE 72, 8 zu § 3 SchwBG 1979.
114 BVerwG, 11.05.2000 – 11 B 26/00, NVwZ 2000, 1039.
115 BAG, 02.03.2006 – 2 AZR 46/05, AP Nr. 6 zu § 91 SGB IX.
116 BAG, 03.08.1989 – 8 AZR 249/87, EzA § 9 AWbG NW Nr. 3; BAG, 03.08.1989 – 8 AZR 249/87 – EzA § 9 AWbG NW Nr. 3.
117 BAG, 03.08.1989 – 8 AZR 249/87, EzA § 9 AWbG NW Nr. 3.

c) Normkenntnis und Normermittlung

41 Es wird unterschieden zwischen revisiblen Normen, die das BAG als Revisionsgericht zu kennen hat oder bei denen es von Amts wegen für die notwendige Kenntnis durch eigene Ermittlungen zu sorgen hat, und solchen, deren Bestehen und Geltung die Parteien darzulegen haben. Das BAG muss das anzuwendende **Bundes- und Landesrecht** kennen. Für die in § 293 Satz 1 ZPO bezeichneten Normen ausländischen Rechts, Gewohnheitsrechts oder statuarischen Rechts, zu denen auch **Tarifnormen**[118] oder unmittelbar geltende Regelungen in **Betriebsvereinbarungen**[119] sowie **Satzungen** oder **Formulararbeitsverträge** gehören, gilt § 293 Satz 2 ZPO. Danach ist das Gericht nicht auf die von den Parteien beigebrachten Nachweise beschränkt. Es ist befugt, andere Erkenntnisquellen zu nutzen oder das Erforderliche im Wege des Freibeweises zu veranlassen. Dazu gehört auch die Einholung von amtlichen Auskünften oder von Gutachten. Die Rechtsprechung folgert aus § 293 ZPO, dass für das Gericht auch noch in der Revisionsinstanz[120] ohne Rücksicht auf die prozessuale Beweislast[121] der **Untersuchungsgrundsatz** gilt. Dieser verpflichtet zur Normermittlung.[122] Die Ermittlung, auf welche Weise das Gericht sich Kenntnis von diesem Recht verschafft, liegt im **pflichtgemäßen Ermessen** des Gerichts.[123] Das BAG kann dabei die Ermittlung der Norm selbst vornehmen oder diese dem LAG überlassen und den Rechtsstreit zu diesem Zweck zurückverweisen.[124]

Soll die Verletzung einer der in § 293 Satz 1 ZPO bezeichneten Rechtsnormen geltend gemacht werden, hat der Revisionskläger eine **Sachrüge** erheben. Die Verletzung der Ermittlungspflicht des Gerichts aus § 293 Satz 2 ZPO ist durch **Verfahrensrüge** geltend zu machen. Das BAG als Revisionsgericht hat auf die Verfahrensrüge zu prüfen, ob der Tatrichter sein Ermessen rechtsfehlerfrei ausgeübt, insbesondere die sich anbietenden Erkenntnisquellen hinreichend ausgeschöpft hat.[125] Es besteht eine Mitwirkungspflicht der Parteien.[126] Insoweit hat die Aufforderung des Gerichts Bedeutung, einen angeblich einschlägigen Tarifvertrag vorzulegen. Kommen die Parteien der Aufforderung nicht nach und ist dem Gericht aufgrund der ungenauen Bezeichnung des Tarifvertrags auch nicht möglich, ihn von den Tarifvertragsparteien anzufordern, so darf das Gericht davon ausgehen, dass ein auf den konkreten Fall anzuwendender Tarifvertrag nicht besteht.[127]

4. Verletzung von Verfahrensrecht

a) Allgemeines

42 Die Revision kann auf alle Verfahrensfehler (sog. Verfahrensrüge) gestützt werden, die dem ArbG oder dem LAG unterlaufen sind. Auf Fehler des ArbG kann die anzufechtende Entscheidung des Landesarbeitsgerichts aber nur dann beruhen, wenn der Verfahrensverstoß zwischenzeitlich nicht geheilt worden ist.

---

118 BAG, 29.03.1957 – 1 AZR 208/55, BAGE 4, 37, 39 = AP TVG § 4 Tarifkonkurrenz Nr. 4.
119 GK-ArbGG/Mikosch § 73 Rn 3.
120 RG, 10.12.1926 – VI 344/25, RGZ 115, 103, 104.
121 BGH, 30.04.1992 – IX ZR 233/90, BGHZ 118, 151; BGH, 23.12.1981 – IVb ZR 643/80, NJW 1982, 1215.
122 BGH, 25.01.2005 – XI ZR 78/04, NJW-RR 2005, 1071, 1072; BGH, 25.09.1997 – II ZR 113/96, NJW 1998, 132; zustimmend: GK-ArbGG/Mikosch § 73 Rn 3.
123 BGH, 13.12.2005 – XI ZR 82/05, BGHZ 165, 248, 260 = NJW 2006, 762, 764; Reichold in Thomas/Putzo § 293 Rn 4 f.; Zöller/Geimer § 293 Rn 20.
124 BAG, 10.04.1975 – 2 AZR 128/74, BAGE 27, 99, 109; BAG, 19.02.1965 – 1 AZR 237/64, BAGE 17, 95, 103 = AP TVG § 8 Nr. 4; vgl. auch BGH, 25.01.2005 – XI ZR 78/04, NJW-RR 2005, 1071, 1072.
125 BGH, 25.01.2005 – XI ZR 78/04, NJW-RR 2005, 1071, 1072; BGH, 25.09.1997 – II ZR 113/96, NJW 1998, 132.
126 Reichold in Thomas/Putzo § 293 Rn 6; GK-ArbGG/Mikosch § 73 Rn 3.
127 GK-ArbGG/Mikosch § 73 Rn 3.

b) Einschränkung der Prüfkompetenz

Zu beachten ist, dass durch die Bezugnahme in § 73 Abs. 2 auf § 65 die **Prüfkompetenz** des Revisionsgerichts hinsichtlich des Rechtswegs,[128] der Verfahrensart und der Verfahrensmängel bei der Berufung zum Richteramt **beschränkt** ist.[129] Hinsichtlich der Mängel bei der Besetzung der Richterbank mit Berufsrichtern siehe Rdn. 51 ff. und der Mängel bei der Berufung sowie Heranziehung ehrenamtlichen Richter siehe Rdn. 60 ff. 43

Wird mit der Revision allein die **Unzulässigkeit des Rechtsweges** zur Arbeitsgerichtsbarkeit gerügt, so ist die Revision unzulässig.[130] Angesichts der beschränkten Prüfkompetenz ist es durchaus möglich, dass das BAG als letztinstanzlich zuständiges Gericht Rechtsfragen des Sozialversicherungsrechts[131] oder des Verwaltungsrechts entscheidet, weil die Vorinstanz zu Unrecht die Zulässigkeit des Rechtsweges zu den Gerichten für Arbeitssachen bejaht hat.[132] Etwas anderes gilt nur dann, wenn bereits im ersten Rechtszug die Unzulässigkeit des eingeschlagenen Rechtswegs gerügt worden ist.[133] 44

Ergänzend ist § 268 ZPO anzuwenden. Danach sind die zur **Zulässigkeit von Klageänderungen** nach § 533 ZPO ergehenden Entscheidungen der Vorinstanz, sowohl im Hinblick darauf, ob eine Änderung der Klage vorliegt, als auch im Hinblick darauf, ob eine Klageänderung zu Recht zugelassen wird, nicht anfechtbar. Diese Bestimmung bewirkt für das BAG ein Prüfverbot, dem Revisionsgericht sei analog § 268 ZPO die Überprüfung verwehrt.[134] Das entspricht der ständigen Rechtsprechung. Danach ist die Zulässigkeit der Klageänderung in der Revisionsinstanz in entsprechender Anwendung von § 268 ZPO nicht mehr zu prüfen.[135] Nicht erfasst von dieser Einschränkung der Prüfkompetenz ist der Fall, dass das LAG aufgrund seiner abweichenden Auslegung des Klageantrags einen Klageantrag behandelt, der so nicht gestellt war.[136] 45

▶ Beispiele:

1. Das BAG hat es wegen der eingeschränkten Prüfkompetenz offen lassen können, ob der in der Berufungsverhandlung erfolgte Übergang vom Haupt- auf den Hilfsantrag eine Klageänderung darstelle und die Voraussetzungen des § 533 ZPO erfülle.[137]

2. Ein Kläger hat seine Klage mit der Berufungsbegründung erweitert, indem er das Klagebegehren hilfsweise auf einen Schadensersatzanspruch wegen Verletzung vertraglicher Rücksichtnahmepflichten gestützt hat. Das LAG hat über diesen Streitgegenstand sachlich entschieden und damit die Voraussetzungen einer Klageänderung in der Berufungsinstanz nach § 533 ZPO i.V.m. § 64 Abs. 6 Satz 1 ArbGG stillschweigend bejaht. Das BAG hat erkannt, es sei ihm nach § 268 ZPO verwehrt, die Zulässigkeit der Klageänderung zu prüfen.[138]

---

128 So auch in § 17a Abs. 5 GVG.
129 Holthaus/Koch RdA 2002, 140, 156; Schmidt/Schwab/Wildschütz NZA 2001, 1217, 1223.
130 BAG, 02.02.1983 – 5 AZR 1173/79, AP Nr. 1 zu § 73 ArbGG 1979 mit Anm. Grunsky.
131 Vgl. zu Arbeitgeberzuschüssen zur privaten Krankenversicherung BAG, 21.01.2003 – 9 AZR 695/01, AP Nr. 3 zu § 257 SGB V; weiterführend zu Zuständigkeitsfragen: Mittag juris PR-ArbR 47/2008 Anm. 3.
132 Vgl. zum Anspruch auf Nachversicherung eines ausgeschiedenen Beamten BAG, 20.03.2001 – 3 AZR 349/00 – AP Nr. 28 zu § 18 BetrAVG.
133 BAG, 21.08.1996 – 5 AZR 1011/94, AP Nr. 42 zu § 2 ArbGG 1979.
134 BAG, 24.09.2015 – 2 AZR 562/14, Rn 23.
135 Vgl. BAG, 27.05.2015 – 5 AZR 88/14 – Rn 24, EzA § 280 BGB 2002 Nr. 7; BAG 09.12.2014 – 1 AZR 146/13 – Rn 24, EzA § 112 BetrVG 2001 Nr. 53; BAG 19.01.2011 – 3 AZR 111/09 – Rn 22, EzA § 64 ArbGG 1979 Nr. 44.
136 BAG 19.01.2011 – 3 AZR 111/09 – Rn 22, EzA § 64 ArbGG 1979 Nr. 44.
137 BAG, 24.09.2015 – 2 AZR 562/14, Rn 23.
138 BAG 27.05.2015 – 5 AZR 88/14 – Rn 24, EzA § 280 BGB 2002 Nr. 7.

c) Auf Rüge zu berücksichtigende Verfahrensmängel

46 Bei den Verfahrensfehlern ist zwischen denen zu unterscheiden, die vom Gericht nach § 557 Abs. 3 Satz 2 ZPO von Amts wegen, und denen, die nur auf Rüge zu berücksichtigen sind. **Verfahrensrügen** müssen vom Revisionskläger innerhalb der Revisionsfrist erhoben werden.

> ▶ **Beispiel:**
>
> Das LAG kommt aus eigener Sachkunde zu der Feststellung, für den Kläger sei auf dem Arbeitsmarkt keine Ersatzkraft verfügbar. Die Revision rügt zu Recht, dass weder auf die besondere richterliche Sachkunde hingewiesen worden, noch dass diese nachvollziehbar im Urteil dargelegt sei.[139]

Bis zum Schluss der mündlichen Verhandlung ist es dem Revisionsbeklagten möglich, die sog. **Gegenrüge** zu erheben.[140] S. dazu auch § 74 Rdn. 68 ff.

d) Von Amts wegen zu berücksichtigende Verfahrensmängel

aa) Überblick

47 Welche Verfahrensmängel von Amts wegen auch ohne eine Rüge der Parteien zu berücksichtigen sind, ist gesetzlich nicht definiert. Entscheidend ist das öffentliche Interesse daran, dass dieser Verfahrensverstoß der Vorinstanzen nicht hingenommen werden kann. Beispiele für die Fälle, in denen die Rechtsprechung die Verpflichtung des Revisionsgerichts zur Amtsprüfung angenommen hat:

– Fehlen der staatlichen Rechtsprechungsgewalt, z.B. für die Klage eines Pfarrers gegen die Kirche;[141]
– Fehlen der allgemeinen Prozessvoraussetzungen, wie z.B. Partei- und Prozessfähigkeit,[142] sowie fehlende Prozessführungsbefugnis bei der Geltendmachung fremder Rechte;[143]
– Fehlen der Prozessfortsetzungsvoraussetzungen, z.B. wenn das LAG zu Unrecht die Wirksamkeit eines Prozessvergleichs verneint hat oder trotz unzulässiger Berufung das Urteil des ArbG abgeändert hat[144] oder wenn ein Einspruch gegen eine Säumnisentscheidung nicht fristgerecht eingelegt worden ist;[145]
– Nichtbeachtung der Rechtskraft einer Vorentscheidung;
– Aufspaltung eines einheitlichen Klageantrags in zwei prozessuale Ansprüche verstößt gegen § 308 ZPO. Dieser Verfahrensmangel ist von Amts wegen zu berücksichtigen;[146]
– Widersprüchlicher oder ansonsten wegen offensichtlicher Lücken unklarer Tatbestand, der dem Revisionsgericht keine sichere Entscheidungsgrundlage bietet;[147]
– anderweitige Rechtshängigkeit als negative Prozessvoraussetzung;[148]

bb) Ermittlung von Normtatsachen

48 Aus § 293 Satz 2 ZPO ergibt sich eine Pflicht des Tatrichters, den Inhalt der tariflichen Normen als Bestandteil des auf den Sachverhalt anzuwendenden Rechts zu ermitteln und daraufhin zu überprüfen, ob er die erhobenen Ansprüche betrifft.[149] Zum Inhalt der Normen gehört dabei auch die

---

139 BAG, 19.04.2005 – 9 AZR 184/04.
140 Vgl. BAG, 20.04.1983 – 4 AZR 497/80.
141 BAG, 07.02.1990 – 5 AZR 84/89, NJW 1990, 2082.
142 BAG, 05.06.2014 – 6 AZN 267/14, BAGE 148, 206; BAG, 28.02.1974 – 2 AZR 191/73.
143 BAG, 11.08.1998 – 9 AZR 83/97.
144 BAG, 20.02.1986 – 6 AZR 236/84.
145 BAG, 27.05.1969 – 3 AZR 120/69.
146 BAG, 18.02.2003 – 9 AZR 164/02, NZA 2003, 1392.
147 BAG, 18.09.2003 – 2 AZR 498/02.
148 BAG, 12.12.2000 – 9 AZR 1/00, NZA 2001, 1082; RG, 17.05.1939 – II 200/38, RGZ 160, 338, 344; BGH, 20.01.1989 – V ZR 173/87, NJW 1989, 2064.
149 BAG, 29.03.1957 – 1 AZR 208/55, BAGE 4, 37, 39.

Frage ihrer zeitlichen Geltung.[150] Das Gericht ist nicht an Beweisangebote gebunden, sondern darf auch andere Erkenntnisquellen einschließlich des Freibeweises nutzen. Die Verletzung dieser Pflicht ist von Amts wegen zu berücksichtigen.[151]

Beispiel: Das LAG hat keine Feststellungen zu der Beendigung oder Fortdauer des von ihm angewandten alten Entgeltfirmentarifvertrags getroffen. Das Revisionsgericht kann über Rechtstatsachen, das »Ob« der Beendigung von Tarifverträgen im Wege des Freibeweises eine Auskunft der Tarifvertragsparteien einholen, muss das jedoch nicht, sondern kann insbesondere zur Aufklärung weiterer Tatsachen zurückverweisen.[152]

e) **Absolute Verfahrensfehler**

Besonders schwere Verfahrensfehler sind als absolute Revisionsgründe in § 547 ZPO aufgezählt. Die Bezeichnung »**absoluter Revisionsgrund**« erlaubt nicht den Schluss darauf, dass jeder dieser Gründe von Amts wegen vom Revisionsgericht zu prüfen sei. Es wird lediglich die unwiderlegbare Vermutung aufgestellt, das Berufungsurteil beruhe auf dem Gesetzesverstoß (ausführlich hierzu Rdn. 100). Hinsichtlich der Amtsprüfung unterscheidet die Rechtsprechung zwischen den einzelnen absoluten Revisionsgründen. 49

aa) **Mängel bei der Besetzung des Gerichts**

Nach § 547 Nr. 1 ZPO ist ein absoluter Revisionsgrund, wenn das erkennende Gericht nicht vorschriftsmäßig besetzt war. Erkennendes Gericht ist das Gericht, dessen Entscheidung angefochten wird. Abzustellen ist auf die Besetzung des Spruchkörpers bei Schluss der mündlichen Verhandlung. Soweit das Urteil im schriftlichen Verfahren ergangen ist, ist die Besetzung bei der Beschlussfassung maßgeblich.[153] Wird das Vorliegen eines absoluten Revisionsgrundes geltend gemacht, muss die Rechtsmittelbegründung die Darlegung des absoluten Revisionsgrundes enthalten. Die bloße Benennung eines Zulassungsgrundes genügt nicht. Vielmehr sind die Tatsachen, aus denen sich der Verfahrensfehler des Berufungsgerichts ergeben soll, substantiiert vorzutragen.[154] 50

Der absolute Revisionsgrund der nicht vorschriftsmäßigen Besetzung des Berufungsgerichts gemäß § 547 Nr. 1 ZPO liegt vor, wenn über die Rechtsstreitigkeit andere Richter entscheiden als die gesetzlich berufenen. »Gesetzlicher Richter« bedeutet, dass sich der für die einzelne Sache zuständige Richter im Voraus eindeutig aus einer allgemeinen Regelung ergeben muss.[155] Scheidet ein ehrenamtlicher Richter nach der mündlichen Verhandlung und vor der abschließenden Kammerberatung aus dem Amt, so muss neu in die mündliche Verhandlung eingetreten werden.[156] Die frühere Streitfrage, ob Mängel bei der Berufung der ehrenamtlichen Richter durch den Minister absolute Revisionsgründe sind, ist nunmehr durch § 73 Abs. 2 i.V.m. § 65 gesetzlich geregelt: Eine Überprüfung des Verfahrens der Berufung in das Richteramt ist ausgeschlossen. Keine ordnungsgemäße Besetzung des Gerichts liegt vor, wenn ein ehrenamtlicher Richter noch nach Ablauf seiner Amtszeit mitwirkt.[157]

Keine ordnungsgemäße Besetzung liegt vor, wenn der Berufsrichter nicht nach § 8 DRiG in das Richteramt berufen worden ist. § 35 Abs. 1 geht davon aus, dass die Richter, die die Funktion eines Kammervorsitzenden am Landesarbeitsgericht ausüben, an diesem Gericht planmäßig angestellt 51

---

150 BAG, 09.08.1995 – 6 AZR 1047/94, BAGE 80, 316, zu II 2 b der Gründe.
151 BAG, 15.04.2008 – 9 AZR 159/07, AP Nr. 38 zu § 1 TVG Altersteilzeit.
152 BAG, 15.04.2008 – 9 AZR 159/07, AP Nr. 38 zu § 1 TVG Altersteilzeit.
153 BAG, 27.03.1961 – 4 AZR 94/95.
154 BAG, 05.12.2011 – 5 AZN 1036/11, NZA 2012, 351.
155 BAG 13.10.2010 – 5 AZN 861/10, Rn 3, EzA § 547 ZPO 2002 Nr. 4; BAG, 26.09.2007 – 10 AZR 35/07 – Rn 11, AP ZPO § 547 Nr. 7.
156 BAG, 16.05.2002 – 8 AZR 412/01.
157 BAG, 12.05.1961 – 1 AZR 570/59.

und als »Vorsitzende Richter am Landesarbeitsgericht« ernannt sind. Nur einem solchen garantiert Art. 97 Abs. 2 GG die persönliche Unabhängigkeit durch Unabsetzbarkeit und Unversetzbarkeit.[158] Die Heranziehung von abgeordneten Richtern darf deshalb nur in den Grenzen erfolgen, die sich nach verständigem Ermessen aus der Notwendigkeit, Nachwuchs heranzubilden, oder aus anderen zwingenden Gründen ergeben.[159] Sie muss die Ausnahme sein und darf nicht zur Regel werden.[160] Die Notwendigkeiten, die eine solche Verwendung rechtfertigen, können in den einzelnen Gerichtszweigen, bei den einzelnen Gerichten und bei ihren Kammern örtlich und zeitlich verschieden sein; daher hängt es von den jeweiligen besonderen Umständen ab, ob und in welchem Maß im Einzelfall die Besetzung der erkennenden Gerichte mit nicht planmäßigen Richtern zulässig ist. In jedem Fall muss es sich um unumgängliche Bedürfnisse der Rechtspflege handeln. Das Grundgesetz beschränkt eine solche Verwendung auf das zwingend gebotene Maß.[161] Das BAG hat sich die Auffassung des BVerfG zu eigen gemacht: »Der Einsatz von nicht planmäßigen Richtern bei einem Gericht ist auf das zwingend gebotene Maß zu beschränken.«[162]

52 Nach der Rechtsprechung des BVerfG kann ein zwingender Grund für den Einsatz planmäßiger Richter unterer Gerichte in Abordnung an obere Gerichte die Eignungserprobung sein.[163] Es besteht nämlich die Notwendigkeit, im Rahmen der Erprobung Nachwuchs heranzubilden und Beurteilungsgrundlagen für ein richterliches Beförderungsamt zu schaffen. Deshalb ist es verfassungsrechtlich nicht zu beanstanden, solche Richter am Arbeitsgericht für die zeitweise Besetzung von Stellen der Vorsitzenden Richter am LAG heranzuziehen, obwohl sie nicht planmäßige Richter dieses Gerichts sind.[164] Ist somit die Erprobung von Richtern im Grundsatz statthaft, muss jedoch noch in jedem Einzelfall geprüft werden, ob die vermeintliche Erprobung nicht auch anderen Zwecken dient. Dies gilt insbesondere für die nicht unübliche Praxis, Planstellen aus Ersparnisgründen mit der Besetzung von niedriger besoldeten Richtern unterer Instanzen längere Zeit freizuhalten. Problematisch ist auch die Praxis, weit über Bedarf der Nachwuchsförderung Richter zur »Erprobung« heranzuziehen. Verfassungsrechtlich bedenklich ist dies vor allem, wenn auf diese Weise ein größerer Teil der Vorsitzendenstellen kontinuierlich mit abgeordneten nichtplanmäßigen Richtern besetzt wird. So waren z.B. nach den Geschäftsverteilungsplänen der Jahre 2011 und 2012 vier und zeitweise sogar fünf von 22 Kammern des LAG Baden-Württemberg mit abgeordneten Richtern besetzt. Es erscheint zweifelhaft, ob dafür die von der Rechtsprechung geforderten »zwingende Gründe« vorliegen können.

53 Neben der Nachwuchsförderung durch Erprobung werden zwingende Gründe für einen Einsatz nicht planmäßiger Richter an oberen Gerichten angenommen, wenn vorübergehend ausfallende planmäßige Richter, deren Arbeit von den im Geschäftsverteilungsplan bestimmten Vertretern neben den eigenen Aufgaben nicht bewältigt werden kann, vertreten werden müssen. Gleiches gilt, wenn z.B. durch Krankheitsfälle oder infolge von Massenklagen ein zeitweiliger außergewöhnlicher Arbeitsanfall aufzuarbeiten ist.[165] Allerdings führen auch an sich zulässige Zwecke wie Erprobung, Krankheitsvertretung und Entlastungsabordnung zu einer verfassungswidrigen Gerichtsbesetzung, wenn die Arbeitslast des Gerichts deshalb nicht bewältigt werden kann, weil es unzureichend mit Planstellen ausgestattet ist oder weil die Justizverwaltung es verabsäumt hat, offene Planstellen binnen angemessener Frist zu besetzen.[166]

---

158 BGH, 13.07.1995 – V ZB 6/94, BGHZ 130, 304, 308.
159 BVerfG, 09.11.1955 – 1 BvL 13/52 u.a., BVerfGE 4, 331, 345.
160 BVerfG, 03.07.1972 – 2 BvR 628/60 u.a., BVerfGE 14, 156, 163 f.
161 BVerfG, 03.07.1962 – 2 BvR 628/60, 2 BvR 247/61 – zu B I der Gründe, BVerfGE 14, 156.
162 BAG, 18.06.2015 – 8 AZN 881/14 – Rn 6, AE 2015, 226.
163 BVerfG, 22.06.2006 – 2 BvR 957/05, Rn 7 m.w.N.; BVerfG, 03.07.1962 – 2 BvR 628/60, 2 BvR 247/61 – zu B I der Gründe, BVerfGE 14, 156 = NJW 1962, 1495.
164 Vgl. BVerfG, 22.06.2006 – 2 BvR 957/05, Rn 7 m.w.N.; BVerfG 13.11.1997 – 2 BvR 2269/93, NJW 1998, 1053; BVerfG 23.01.1996 – 1 BvR 1551/95, DtZ 1996, 175; BVerfG 09.11.1955 – 1 BvL 13/52, 1 BvL 21/52 – zu IV 2 b der Gründe, BVerfGE 4, 331.
165 BAG, 18.06.2015 – 8 AZN 881/14 – Rn 8, AE 2015, 226.
166 BVerfG, 03.07.1962 – 2 BvR 628/60 u.a., BVerfGE 14, 156, 165.

Ferner muss sich jede Abordnung in **zeitlichen und sachlichen Grenzen** halten. Die sich aus § 27 Abs. 2 Satz 3 BBG und § 17 Abs. 2 Satz 3 BRRG ergebende Wertung einer Beamtenabordnung von zwei Jahren und mehr als »vorübergehend« ist auf eine Richterabordnung nicht übertragbar.[167] Hier sind verfassungsrechtlich strengere Maßstäbe anzulegen. Die Grenze soll nach Auffassung des Vierten Senats des BAG im Einzelfall anhand der jeweils konkreten Gegebenheiten unter Berücksichtigung der verfassungsrechtlichen Wertungen zu bestimmen sein.[168] Der vom Vierten Senat der Verwaltung zugebilligte Ermessensspielraum erscheint im Lichte der jüngeren Rechtsprechung des BVerfG[169] allerdings zu weitgehend. Nur unter Einhaltung dieser einschränkenden Bedingungen kann ein Richter am ArbG vorübergehend als Vorsitzender einer Kammer am LAG zum gesetzlicher Richter berufen sein.[170] Wird ein Richter für einen Zeitraum von neun Monaten zum Zwecke der Erprobung abgeordnet, so wird das für eine Erprobung als angemessen angesehen, sofern keine sachfremden fiskalischen Erwägungen bei der Abordnungsentscheidung der Landesjustizverwaltung erkennbar sind.[171] Eine **langfristige Besetzung einer Vorsitzendenstelle** beim LAG mit einem abgeordneten Richter ist in jedem Fall unzulässig.[172]

54

Fallstudie[173]: Ein Richter am Arbeitsgericht und ständiger Vertreter des Direktors wurde vom 1. Januar 2013 bis zum 31. Dezember 2013 mit seiner vollen Arbeitskraft an das LAG S. abgeordnet. Seine Abordnung wurde zum 1. Januar 2014 zunächst bis zum 31. Dezember 2014 mit seiner halben Arbeitskraft verlängert. Im Übrigen nahm er seine Aufgaben als ständiger Vertreter des Direktors beim Arbeitsgericht wahr. Aus dem Geschäftsverteilungsplan 2015 ergab sich eine weitere Verlängerung mit halber Arbeitskraft bis zum 31. Dezember 2015. Die Revision rügte, die Mitwirkung des Richters am Arbeitsgericht in der erkennenden Kammer des LAG habe zu deren ordnungswidriger Besetzung geführt; denn die Abordnung werde nicht den in der Rechtsprechung vorgegebenen Grenzen gerecht. Die Abordnung sei weder zur Erprobung erfolgt noch wegen einer nicht vorhersehbaren Überlastung des Landesarbeitsgerichts. Der Achte Senat hat hier abweichend von der Praxis des Siebten Senats, der keine Auskünfte einholt,[174] im Rahmen des Freibeweises eine dienstliche Auskunft des LAG eingeholt.[175] Nach dem Inhalt der Auskunft hat es festgestellt, dass ein aufzuarbeitender – also bereits tatsächlich bestehender – zeitweiliger außergewöhnlicher Arbeitsanfall nicht dargelegt worden ist. Im Übrigen bewertet das BAG den Inhalt der Auskunft so: »... es geht für die Verlängerung ab dem 1. Januar 2014 der zuvor bereits ein Jahr in Vollzeit zur Erprobung erfolgten Abordnung nicht hervor, dass auch sie zur Erprobung erfolgt ist. Bezogen auf den Verlängerungszeitraum reicht allein ein ›auch‹(jedenfalls ›ab Juli 2014 bestand sie auch aufgrund einer befürchteten vorübergehenden Überlastung‹) nicht aus, um mit der gebotenen Eindeutigkeit von einer Eignungserprobung ausgehen zu können. Auch sind tatsächliche Umstände dafür nicht aufgezeigt worden. Eine ›weitere Bewährung in der zweiten Instanz‹, für die ebenfalls keine tatsächlichen Umstände angeführt worden sind, kann nicht als zwingender Grund i.S.d. Vorgaben angesehen werden.«[176]

Die ausnahmsweise zulässige Abordnung muss in jedem Einzelfall für den Rechtssuchenden hinsichtlich Anlass, Dauer und deren jeweiliger Begründung erkennbar sein. Das setzt ein gehöriges Maß an Transparenz der Abordnung voraus. Dazu gehört, dass die Voraussetzungen der Zulässigkeit der Besetzung des Kammervorsitzes mit dem abgeordneten Richter vom Präsidium bei der Aufstellung des Geschäftsverteilungsplans sorgfältig geprüft, Anlass und Dauer der Abordnung doku-

55

---

167 BAG, 23.07.2014 – 7 ABR 23/12 – Rn 27, EzA § 94 SGB IX Nr. 8.
168 BAG, 06.06.2007 – 4 AZR 411/06, BAGE 123, 46.
169 BVerfG, 08.04.1997 – 1 PBvU 1/95 »Spruchgruppen«, EzA Art. 101 GG Nr. 2.
170 BAG, 25.03.1971 – 2 AZR 187/70, NJW 1971, 1631.
171 BAG 23.07.2014 – 7 ABR 23/12, Rn 28 – NZA 2014, 1288.
172 BGH, 05.06.1985 – VIII ZR 135/84.
173 Daten aus BAG, 18.06.2015 – 8 AZN 881/14, AE 2015, 226.
174 BAG, 23.07.2014 – 7 ABR 23/12, EzA § 94 SGB IX Nr. 8.
175 BAG, 18.06.2015 – 8 AZN 881/14 – Rn 9, AE 2015, 226.
176 BAG, 18.06.2015 – 8 AZN 881/14 – Rn 15, AE 2015, 226.

mentiert werden. Die rechtsuchende Partei muss die Möglichkeit haben, durch Einsichtnahme in den Geschäftsverteilungsplan prüfen zu können, ob der in ihrer Sache tätig werdende abgeordnete Richter ordnungsgemäß berufener gesetzlicher Richter ist. Sind die erforderlichen Angaben im Geschäftsverteilungsplan enthalten, so ist auch für die nötige Publizität gesorgt, denn der Geschäftsverteilungsplan muss nach § 21e Abs. 9 GVG in einer vom Gerichtspräsidenten bestimmten Geschäftsstelle aufgelegt werden. Das ist ein Mindesterfordernis. Erfreulich ist, dass Gerichte wie z.B. das BAG[177] und das LAG Niedersachsen[178] ihre vollständigen Geschäftsverteilungspläne im Internet veröffentlichen und so für vorbildliche Transparenz sorgen.

56   Manche Senate setzen an die Substantiiertheit der Besetzungsrüge zu hohe Anforderungen. So wird der Vortrag, dass die im letzten veröffentlichten Geschäftsverteilungsplan nicht die erste sondern die zweite Abordnung der Richterin gewesen sei oder dass die Abordnung auf fiskalischen Erwägungen beruhe, als das bloße Äußern von Vermutungen ins Blaue abgetan. Es sei Aufgabe des Revisionsklägers, selbst durch Einholung von Auskünften für eine entsprechende tatsächliche Klärung zu sorgen.[179] Dem ist zu widersprechen. Es obliegt dem Revisionsgericht bei hinreichend deutlichem Vortrag, im Wege des Freibeweises die Klärung von Amts wegen herbeizuführen. So hat es auch der Achte Senat 2015 im Beispielsfall unter Rdn. 54 getan.[180] Dennoch ist aus Gründen der Vorsorge zu raten, vor Erhebung der Rüge ein umfassendes Auskunftsersuchen zu stellen und in die Geschäftsverteilungspläne auch der abgelaufenen Jahre Einsicht zu nehmen.

57   Für die Zuteilung der Sache an die zuständige Kammer ist der vom Präsidium des LAG aufgestellte **Geschäftsverteilungsplan** maßgebend. Dieser regelt auch die ordnungsgemäße Besetzung der Kammer. Durch einen bloßen »error in procedendo« wird niemand seinem gesetzlichen Richter entzogen. Wird allerdings bewusst oder in einer objektiv nicht nachvollziehbaren Weise vom Geschäftsverteilungsplan bei der Heranziehung der hauptberuflichen und ehrenamtlichen Richter abgewichen, so ist das auch dann ein absoluter Revisionsgrund, wenn die Parteien sich damit einverstanden erklärt haben.[181] Weitere Einzelheiten siehe unter § 72a Rdn. 61.

58   Kennzeichen der Gewährleistung des gesetzlichen Richters ist die normative, abstrakt-generelle Vorherbestimmung des jeweils für die Entscheidung zuständigen Richters. Der gesetzliche Richter ist deshalb nicht gewahrt, wenn er durch eine Ermessensentscheidung bestimmt wird. Eine abstrakt-generelle Regelung, die eine Ermessensentscheidung über die Zuständigkeit ausschließt, liegt nicht vor, wenn der Geschäftsverteilungsplan eines Landesarbeitsgerichts vorsieht, dass »in Sachen, die in mehreren Kammern anhängig sind und bei denen eine Verbindung nach § 147 ZPO in Frage kommt, die Verbindung durch die Kammer erfolgen soll, in der die zuerst eingegangene Sache anhängig ist«.[182]

59   Nicht zu beanstanden ist, dass bei Bedarf im laufenden Geschäftsjahr auch Hilfskammern eingerichtet werden, denen ein Teil der bereits zugewiesenen Sachen abstrakt-generell zugeteilt werden; denn nach § 21e Abs. 3 GVG, § 6a darf der für das laufende Geschäftsjahr beschlossene Geschäftsverteilungsplan geändert werden, wenn dies wegen Überlastung oder ungenügender Auslastung eines Richters oder Spruchkörpers oder infolge Wechsels oder dauernder Verhinderung einzelner Richter nötig wird. Das Präsidium kann aus einem dieser Gründe alle Maßnahmen treffen, mit denen eine geordnete Rechtspflege gewährleistet wird. Welche Änderungen nötig sind, um den Geschäftsbetrieb des Gerichts aufrechtzuerhalten, entscheidet das Präsidium nach pflichtgemäßem Ermessen. Die Rüge, anstelle der Zuteilung von Sachen an eine Hilfskammer hätte auch eine Vertretungsregelung für einen verhinderten Richter getroffen werden können, greift nicht durch.[183]

---

177 Http://www.bundesarbeitsgericht.de/geschaeftsverteilung/verteilung.html Aufruf 29.2.2016.
178 Http://www.landesarbeitsgericht.niedersachsen.de/portal/Aufruf 29.2.2016.
179 BAG 23.7.2014 – 7 ABR 23/12, Rn 28 – NZA 2014, 1288.
180 BAG, 18.06.2015 – 8 AZN 881/14 – Rn 9, AE 2015, 226.
181 BAG, 25.08.1983 – 6 R 31/82.
182 BAG, 22.03.2001 – 8 AZR 565/00.
183 BAG, 24.03.1998 – 9 AZR 172/97.

Die **Berufung der ehrenamtlichen Richter** ist in den §§ 20 bis 27 geregelt. Fehler, die bei der Berufung der an den Entscheidungen mitwirkenden ehrenamtlichen Richter aufgetreten sind, dürfen wegen der Bezugnahme in § 73 Abs. 2 auf § 65 nicht überprüfbar werden (vgl. Rdn. 43). Folglich kann die Verletzung §§ 20 bis 27 mit der Revision nicht durchgreifend gerügt werden.[184] Von der Beschränkung der Revisionsgründe in Abs. 2 werden auch die Umstände erfasst, die zu einer Amtsenthebung oder positiven Entscheidung der zuständigen Stelle zur Berechtigung der Ablehnung oder Niederlegung des Amtes hätte führen müssen. Solange der ehrenamtliche Richter formell berufen ist, kommt es weder darauf an, ob er hätte berufen werden dürfen oder ob er abberufen werden müsste. Das Revisionsgericht darf folglich insbesondere nicht prüfen, ob der ehrenamtliche Richter nach § 21 Abs. 5 von seinem Amt hätte entbunden werden müssen.[185] Folglich gilt: Verliert ein ehrenamtlicher Richter die Eigenschaft als Arbeitgeber oder als Arbeitnehmer und wirkt er gleichwohl an einer Entscheidung mit, kann dies nicht mit einem Rechtsmittel gerügt werden, solange er nicht von seinem Amt entbunden ist.[186] Ist die fünfjährige Amtszeit (§ 20 Abs. 1 Satz 1) abgelaufen oder endet das Amt vorzeitig, und wird der ehrenamtliche Richter dennoch nach § 31 zu Sitzungen vom LAG herangezogen, so kann dieser Verfahrensmangel gerügt werden. Es liegt dann keine ordnungsgemäße Besetzung des Spruchkörpers vor (absoluter Revisionsgrund i.S.v. § 547 Nr. 1 ZPO).[187]

60

Von den Mängeln bei der Berufung der ehrenamtlichen Richter sind die Fehler bei der Heranziehung der ehrenamtlichen Richter nach dem jeweiligen Geschäftsverteilungsplan zu unterscheiden. Diese Mängel betreffen die ordnungsgemäße Besetzung des Spruchkörpers und können als absolute Revisionsgründe i.S.v. § 547 Nr. 1 ZPO gerügt werden. Die **Heranziehung der ehrenamtlichen Richter** muss nach einer Liste gem. § 31 erfolgen.[188] Diese Liste ist nach § 39 vom jeweiligen Kammervorsitzenden aufzustellen und unterliegt selbst dann nicht der strengen Offenlegungsvorschrift des § 21e Abs. 9 GVG, wenn sie vorbereitend für die Kammervorsitzenden vom Präsidium aufgestellt worden ist.[189] Nach Auffassung des Zweiten Senats des BAG wird dem für die Bestimmung des gesetzlichen Richters geltenden Publizitätsprinzip hinreichend dadurch Rechnung getragen, dass die Prozesspartei sich die Kenntnis von der Zusammensetzung des erkennenden Spruchkörpers in zumutbarer Weise durch Anfrage beim Vorsitzenden verschaffen könne. Das ist zweifelhaft. Die Liste darf nicht im Einzelfall einer Ermessensentscheidung des Vorsitzenden oder der Kammer überlassen bleiben, auch nicht für den Fall der Fortsetzung der mündlichen Verhandlung in der gleichen Besetzung.[190] Die Regelung im Geschäftsverteilungsplan, dass ein verhinderter ehrenamtlicher Richter bei nächster Gelegenheit *(außerhalb der Reihenfolge)* hinzugezogen werden muss, ist mit der Garantie des gesetzlichen Richters vereinbar.[191] Die Revision kann nicht auf Mängel im Berufungsverfahren für ehrenamtliche Richter gestützt werden. Ist der ehrenamtliche Richter von der zuständigen Behörde berufen,[192] so kommt es nicht darauf an, ob sämtliche Berufungsvoraussetzungen ordnungsgemäß erfüllt sind.[193] I.Ü. s. Rdn. 106 ff.

61

Bei überbesetzten Spruchkörpern muss die **Heranziehung der Berufsrichter** zu den einzelnen Sitzungen vorab in abstrakt genereller Form durch einen Beschluss des Spruchkörpers geregelt sein. Sie

62

---

184 BAG 15.05. 2012 – 7 AZN 423/12, AE 2013, 128.
185 BAG 15.05. 2012 – 7 AZN 423/12, AE 2013, 128; vgl. GMPMG/Germelmann § 65 Rn 12 und GMPMG/Müller-Glöge § 73 Rn 35.
186 BAG 15.05. 2012 – 7 AZN 423/12, AE 2013, 128; vgl. GMPMG/Germelmann § 65 Rn 12 und GMPMG/Müller-Glöge § 73 Rn 35.
187 BAG 12.05.1961 – 1 AZR 570/59, BAGE 11, 119 = AP ZPO § 551 Nr. 2.
188 Vgl. ausführlich § 31 Rdn. 5 ff.
189 BAG, 21.06.2001 – 2 AZR 359/00, EzA § 21e GVG Nr. 2.
190 BAG, 16.11.1995 – 8 AZR 864/93; BAG, 26.09.1996 – 8 AZR 126/95, NJW 1997, 2133 = NZA 1997, 333.
191 VerfGH Leipzig, 25.06.1998 – 7 IV 97.
192 Vgl. § 20 Rdn. 9 ff.
193 So zutreffend GMPMG/Müller-Glöge § 73 Rn 25.

darf nicht dem Ermessen des Vorsitzenden überlassen bleiben.[194] Das ist seit 01.01.2000 positives Recht, geschaffen durch das Gesetz zur Stärkung der Unabhängigkeit der Richter und Gerichte vom 22.12.1999.[195] Nach § 21g GVG ist für die Bestimmung des gesetzlichen Richters der von allen Berufsrichtern beschlossene Mitwirkungsplan maßgebend. Für die Arbeitsgerichtsbarkeit hat das aber nur für die Senate des BAG Bedeutung. Nur dort bestehen »überbesetzte« Spruchkörper.

63 Ob ein absoluter Revisionsgrund vorliegt, ist nur auf eine zulässige Rüge nach § 551 Abs. 3 Nr. 2 ZPO zu prüfen.[196] Die Rüge greift nur durch, wenn der Verstoß auf objektiver Willkür beruhte und nicht durch einen Irrtum zustande kam.

bb) Zuständigkeitsfehler

64 Der absolute Revisionsgrund der fehlerhaften Entscheidung über die Zuständigkeit des Gerichts[197] war durch die Regelung des § **73 Abs. 2 i.V.m.** § **65** und § **17a GVG** stark eingeschränkt. Dieser Grund ist bei der ZPO-Reform nicht in den neuen § 547 ZPO übernommen worden. Er ist weggefallen. I.Ü. s. Rdn. 103. Durch die Bezugnahme in § 73 Abs. 2 ArbGG ist im Übrigen die **Prüfungskompetenz** des Revisionsgerichts hinsichtlich des Rechtswegs **beschränkt**.[198]

65 Der absolute Revisionsgrund des § **547 Nr. 1 ZPO** *(nicht vorschriftsmäßige Besetzung des Gerichts)* liegt vor, wenn fälschlicherweise der Vorsitzende anstelle der Kammer entschieden hat, ohne dass ein Fall des § 55 Abs. 1 und 2 ArbGG vorlag. Dieser Fall hat vor allem für die Sprungrevision praktische Bedeutung. Er ist jedoch auch gegeben, wenn das LAG eine Entscheidung nach Aktenlage gem. § 331a ZPO durch Alleinentscheidung der Vorsitzenden getroffen hat. Die Alleinentscheidung stellt eine Entscheidung bei nicht vorschriftsmäßiger Besetzung des Gerichts dar.[199]

cc) Mitwirkung ausgeschlossener oder befangener Richter

66 Die in § 547 Nr. 2 und 3 ZPO genannten absoluten Revisionsgründe betreffen die Fälle, in denen gegen ein Mitwirkungsverbot verstoßen wurde. Hier sind die Ausschließungsgründe[200] und die erfolgreiche Richterablehnung[201] maßgebend.

dd) Fehlerhafte Vertretung oder unterlassene Beteiligung eines Dritten

67 Eine Entscheidung des Landesarbeitsgerichts beruht nach § 547 Nr. 4 ZPO unwiderlegbar auf einer Gesetzesverletzung, wenn eine Partei in dem Verfahren nicht ordnungsgemäß vertreten war und dieser Mangel nicht durch zumindest eine stillschweigende Genehmigung der Prozessführung geheilt worden ist. Hauptanwendungsfall ist das Auftreten eines Prozessunfähigen ohne gesetzlichen Vertreter. Die Prozessfähigkeit i.S.v. § 51 Abs 1 ZPO, § 52 ZPO ist zwingende Prozessvoraussetzung. Bestehen konkrete Anhaltspunkte dafür, dass die Partei prozessunfähig sein könnte, hat deshalb das LAG nach § 56 Abs. 1 ZPO von Amts wegen zu ermitteln, ob **Prozessunfähigkeit** vorliegt. Das mögliche Fehlen der Prozessfähigkeit im Berufungsverfahren ist auch ohne Rüge noch in der Revisionsinstanz, von Amts wegen zu berücksichtigen.[202] Im arbeitsgerichtlichen Urteilsverfahren ist die Prozessvertretung im Berufungsrechtszug nach § 11 Abs. 4 nur durch einen Verband- oder Verbandsvertreter zulässig, soweit dieser ein Mitglied vertritt. Fehlt die Mitgliedschaft, so liegt

---

194 BVerfG, 08.04.1997 – 1 BvU 1/95.
195 BGBl. I, S. 2598.
196 BAG, 25.08.1983 – 6 R 31/82; a.A. BVerwG, 14.12.1962 – VII P 3.62.
197 § 551 Nr. 4 ZPO a.F.
198 Holthaus/Koch RdA 2002, 140, 156; Schmidt/Schwab/Wildschütz NZA 2001, 1217, 1223.
199 BAG, 05.06.2014 – 6 AZN 267/14, BAGE 148, 206 = EzA § 72a ArbGG 1979 Nr. 133.
200 § 41 ZPO.
201 § 46 ZPO.
202 BAG, 05.06.2014 – 6 AZN 267/14, BAGE 148, 206.

keine ordnungsgemäße Vertretung vor.²⁰³ Die Rüge dieses Verfahrensmangels kann nur von der nicht vertretenen Partei mit Erfolg erhoben werden.²⁰⁴

Wird ein **Dritter** entgegen einer zwingenden Vorschrift nicht am Verfahren beteiligt, stellt das in entsprechender Anwendung des § 547 Nr. 4 ZPO einen von Amts wegen zu berücksichtigenden absoluten Revisionsgrund dar, der die Zurückverweisung der Sache in jedem Fall erforderlich macht.²⁰⁵ Dieser Schutz gilt zu Gunsten des streitgenössischen Nebenintervenienten, der als selbstständiger Streithelfer (§ 69 ZPO) dem Rechtsstreit beitritt und deshalb frei von den für gewöhnliche Nebenintervenienten geltenden Beschränkungen (§ 67 ZPO) Prozesshandlungen auch im Widerspruch zu der von ihr unterstützten Partei vornehmen und dadurch selbstständig, auch durch Einlegung eines Rechtsmittels, auf eine nach seiner Ansicht richtige Entscheidung hinwirken kann. Für den Fall einer »Betriebsübergangs-Feststellungsklage« käme eine notwendige Streitgenossenschaft i.S.v. § 62 ZPO zwischen den beklagten »Arbeitgebern« in Betracht.²⁰⁶ 68

ee) Verletzung der Öffentlichkeit

Nach § 547 Nr. 6 ZPO ist ein absoluter Verfahrensmangel gegeben, wenn während der letzten mündlichen Verhandlung, auf die das Urteil ergeht, die Öffentlichkeit entgegen den gesetzlichen Bestimmungen in § 52 Satz 4 i.V.m. § 169 Satz 2, §§ 173 bis 175 GVG ausgeschlossen war. Dasselbe gilt, wenn die Öffentlichkeit teilgenommen hat, obwohl sie ausgeschlossen war. Zu beachten ist, dass nach § 160 Abs.1 Nr. 5 ZPO das Sitzungsprotokoll anzugeben hat, ob die Öffentlichkeit ausgeschlossen war oder öffentlich verhandelt wurde. Nach § 165 Satz 2 ZPO ist gegen entsprechende Feststellungen im Protokoll nur der Nachweis der Fälschung gegeben. Wer die Verletzung der Öffentlichkeit entgegen der Feststellung in der Sitzungsniederschrift rügt und nicht die Fälschung des Protokolls behaupten will, muss rechtzeitig vor Revisionsbegründung die Berichtigung des Protokolls beantragen.²⁰⁷ Weitere Einzelheiten siehe unter § 72a Rdn. 59 f. 69

ff) Entscheidung ohne Gründe

Nach § 547 Nr. 6 ZPO ist ein absoluter Revisionsgrund gegeben, wenn das Urteil überhaupt nicht oder völlig unverständlich begründet ist. Das ist auch dann anzunehmen, wenn der Tatbestand oder die Entscheidungsgründe fehlen, soweit sie nicht nach § 69 Abs. 2 ArbGG, §§ 540, 313a, 313b ZPO entbehrlich sind.²⁰⁸ 70

Hat das LAG zulässigerweise nach § 69 Abs. 2 ArbGG auf das Urteil des ArbG Bezug genommen, gilt die Entscheidung als mit Gründen versehen. Dazu genügt nicht der Satz, von der Darstellung des Tatbestands werde abgesehen. Fehlen tatsächliche Feststellungen, ist das Urteil aufzuheben, denn das Revisionsgericht kann nicht prüfen, auf welchen Sachverhalt das Recht angewandt worden ist.²⁰⁹ Das Berufungsgericht darf den Tatbestand in aller Regel nicht durch eine Bezugnahme ersetzen, weil damit nur der Sach- und Streitstand erster Instanz wiedergegeben wird.²¹⁰ 71

Die ordnungsgemäße Bezugnahme auf die Entscheidung des ArbG genügt dann nicht, wenn der Berufungskläger in der Berufungsinstanz neue Angriffs- oder Verteidigungsmittel vorbringt. § 69 Abs. 2 soll das Berufungsgericht von unnötiger Arbeit entlasten, um das Verfahren zu vereinfachen und zu beschleunigen. Die Vorschrift gestattet es nicht, die Mindestanforderung an die Begrün- 72

---

203 So zutreffend Schwab/Weth-Ulrich § 73 Rn 45.
204 BAG 09.09.2010 – 4 AZN 354/10, NZA 2010, 1309.
205 BGH 30.10.2002 – XII ZR 345/00 – Rn 8, NJW 2003, 585.
206 Dies erwägend: BAG, 24.09. 2015 – 2 AZR 562/14, Rn 22.
207 Vgl. BAG, 13.11.2007 – 3 AZN 414/07, JurionRS 2007, 44149.
208 GK-ArbGG/Mikosch § 73 Rn 62.
209 BAG, 30.10.1987 – 7 AZR 92/87, NJW 1988, 843 = NZA 1988, 218.
210 BAG, 28.05.1997 – 5 AZR 632/96, NZA 1998, 279.

dung richterlicher Entscheidung zu missachten. Geschieht das nicht, fehlt es an einer Begründung i.S.d. § 547 Nr. 6 ZPO.[211]

73 Ist gegen das Berufungsurteil die Revision statthaft, so hat es nach § 69 Abs. 3 Satz 1 einen Tatbestand mit einer gedrängten Darstellung des Sach- und Streitstands zu enthalten. Die Beweiskraft des Tatbestands und seine Bindungswirkung für das Revisionsgericht entfallen, wenn die dort getroffenen Feststellungen unklar, lückenhaft oder widersprüchlich sind. Ein unzureichender Tatbestand bietet nämlich keine geeignete Grundlage für die revisionsrichterliche Fehlerkontrolle.[212] Hat das LAG die Revision nicht zugelassen, so bedarf es dennoch des Tatbestands und der Entscheidungsgründe. Ein völliges Absehen von der Darstellung des Tatbestandes gem. § 69 Abs. 2 ArbGG, § 313a Abs. 1 Satz 1 ZPO kommt bei Berufungsurteilen nur dann in Betracht, wenn ein **Rechtsmittelverzicht** erklärt worden ist. Sonst ist zumindest eine verkürzte Darstellung des zweitinstanzlichen Vorbringens erforderlich.[213] Das hat die Rechtsprechung zu Recht aus der in § 72a Abs. 1 eröffneten Möglichkeit gefolgert, die Nichtzulassung der Revision selbständig mit der Beschwerde anzufechten. Damit fehlt die für das Absehen vom Tatbestand in § 313a Abs. 1 ZPO aufgestellte Voraussetzung, dass ein Rechtsmittel gegen das Berufungsurteil »unzweifelhaft nicht zulässig« ist.[214] Ausnahmsweise können die in den Entscheidungsgründen erwähnten Sachverhaltselemente eine ausreichende tatsächliche Grundlage für eine abschließende Beurteilung der aufgeworfenen Rechtsfragen darstellen.[215]

74 Liegen Tatbestand und Entscheidungsgründe nicht innerhalb von fünf Monaten nach der Verkündung des Urteils schriftlich vor, so ist auch die später vollständig abgefasste Entscheidung als nicht mit Gründen versehen anzusehen.[216] Unschädlich ist es, wenn zwischen Verkündung der Entscheidung und der letzten mündlichen Verhandlung mehr als fünf Monate vergangen sind. Die Bestimmung, dass ein Urteil, das nicht nach Schluss der mündlichen Verhandlung verkündet wird, am **Verkündungstag** vollständig abgesetzt sein muss,[217] wird als Ordnungsvorschrift angesehen. Ein Verstoß soll keine prozessualen Auswirkungen haben.[218] Entscheidend ist, dass das Urteil mit Tatbestand und Entscheidungsgründen und den Unterschriften aller mitwirkenden Richter fünf Monate nach Verkündung der Geschäftsstelle übergeben worden ist. Eine Entscheidung gilt auch dann als unterschrieben, wenn die Unterschrift eines an der Entscheidung beteiligten Richters durch einen Verhinderungsvermerk nach § 315 Abs. 1 Satz 2 ZPO wirksam ersetzt worden ist.[219] Eine Verhinderung liegt aber nicht vor, wenn der betreffende Richter nur an einem Tag nicht erreichbar ist.

75 Das Endurteil eines Landesarbeitsgerichts kann seit 2005 mit der sofortigen Beschwerde nach § 72b angefochten werden, wenn es nicht binnen **fünf Monaten nach der Verkündung** vollständig abgefasst und mit den Unterschriften sämtlicher Mitglieder des Vorsitzenden und der beteiligten ehrenamtlichen Richter versehen der Geschäftsstelle des Gerichts übergeben worden ist. Das **Fristende** für den letztmöglichen Übergabezeitpunkt ist gemäß § 222 Abs. 1 ZPO zu berechnen, **ohne** dass eine **Fristverlängerung** nach § 222 Abs. 2 ZPO in Betracht kommt. Die mit dem Anhörungsrügegesetz zum 01.01.2005 wirksam gewordene Ergänzung des § 73 Abs. 1 besagt ausdrücklich, dass eine Revision nicht mehr auf die Gründe der Kassationsbeschwerde des § 72b gestützt werden kann.[220]

76 Der **Mangel der verspäteten Urteilsabsetzung** blieb nach der älteren Rechtsprechung unberücksichtigt, wenn er von der beschwerten Partei nicht bis zum Ablauf der Revisionsbegrün-

---

211 BAG, 16.06.1998 – 5 AZR 255/98, NZA 1998, 1079.
212 BAG 14.6.1967 – 4 AZR 282/66 – AP § 91a ZPO Nr. 13.
213 BAG, 24.03.2011 – 2 AZR 170/10 – Rn 11, EzA § 84 SGB IX Nr. 8 = NZA 2011, 993.
214 BAG, 30.09.2010 – 2 AZR 160/09 – Rn 11, NZA 2011, 349.
215 BAG, 24.03.2011 – 2 AZR 170/10 – Rn 15, EzA § 84 SGB IX Nr. 8 = NZA 2011, 993.
216 GmS OGB, 27.04.1993 – GmS OBG 1/92, NZA 1993, 1147; BVerfG, 26.03.2001 – 1 BvR 363/00.
217 § 60 Abs. 4 Satz 2.
218 BAG, 16.06.1998 – 1 R 59/97; BAG, 20.11.1997 – 6 AZR 215/96, Rn 52.
219 BAG, 17.08.1999 – 3 AZR 526/97.
220 Zu Recht Bepler RdA 2005, 77.

dungsfrist[221] gerügt wurde.[222] Hier ist ein Ansatzpunkt für die Zulässigkeit von Revisionen gegen verspätet abgesetzte Urteile, soweit die Revision sich mit den verspätet abgesetzten Gründen auseinandersetzen und daher keine Beschwerde nach § 72b einlegen will. Allerdings ist von der Rechtsprechung des Ersten Senats das Vorhandensein von Entscheidungsgründen, mit denen sich die Revision auseinandersetzen könnte, verneint worden.[223] Bepler hat angeregt, diese Rechtsprechung aufzugeben.[224] Dem ist das BAG bislang nicht gefolgt.

f) Aufklärungspflicht und rechtliches Gehör

Ist vom LAG die Revision zugelassen, können mit einer Verfahrensrüge sowohl Verletzungen des verfassungsrechtlichen Anspruchs auf rechtliches Gehör (Art. 103 Abs. 1 GG) als auch der einfachrechtlichen Pflicht des Gerichts zur materiellen Prozessleitung (§ 139 ZPO) gerügt werden. Ist die Revision nicht zugelassen, so kann nach § 72 Abs. 2 Nr. 3, § 72a Abs. 3 Nr. 3 mit der Nichtzulassungsbeschwerde die Verletzung des verfassungsrechtlichen Anspruchs auf gesetzliches Gehör geltend gemacht werden. Hat das BAG in einer Endentscheidung über die Revision gegen den verfassungsrechtlichen Anspruch auf gesetzliches Gehör verstoßen, ist nach § 78a Abs. 1 dagegen die Gehörsrüge statthaft.

77

Der verfassungsrechtlich durch Art. 103 Abs. 1 GG gewährleistete Anspruch auf rechtliches Gehör verpflichtet das Gericht, die Ausführungen der Prozessbeteiligten zur Kenntnis zu nehmen und in Erwägung zu ziehen. Der Anspruch auf rechtliches Gehör gewährleistet den Verfahrensbeteiligten das Recht, sich nicht nur zu dem der Entscheidung zugrunde liegenden Sachverhalt, sondern auch zur Rechtslage zu äußern. Es verstößt daher gegen Art. 103 Abs. 1 GG, wenn das Gericht ohne vorherigen Hinweis auf einen rechtlichen Gesichtspunkt abstellt, mit dem auch ein gewissenhafter und kundiger Prozessbeteiligter selbst unter Berücksichtigung der Vielzahl vertretbarer Rechtsauffassungen nicht zu rechnen brauchte.[225] Geht das Gericht auf den wesentlichen Kern des Tatsachenvortrags einer Partei zu einer Frage, die für das Verfahren von zentraler Bedeutung ist, in den Entscheidungsgründen nicht ein, so lässt dies auf die Nichtberücksichtigung des Vortrags schließen, sofern er nicht nach dem Rechtsstandpunkt des Gerichts unerheblich oder aber offensichtlich unsubstantiiert war.

Eine Verletzung des Art. 103 Abs. 1 GG kann auch in der in der Nichterfüllung der **Hinweispflicht** nach § 139 Abs. 2 ZPO liegen. Diese Vorschrift kann als einfachrechtliche Konkretisierung des Rechts auf Gehör für den Zivilprozess verstanden werden. Eine derartige Rüge, sog. Aufklärungsrüge, muss besonderen Anforderungen genügen.[226] Der Rügende muss zum einen konkret vortragen welchen Hinweis das LAG hätte geben müssen und zum anderen, inwiefern diese Rechtsverletzung entscheidungserheblich war. Zur Entscheidungserheblichkeit muss dargelegt werden, dass zwischen der Gehörsverletzung und dem Ergebnis des Berufungsurteils eine Kausalität besteht. Dieses setzt voraus, dass er Rügende zugleich darlegt, wie er auf einen entsprechenden Hinweis des Gerichts reagiert hätte, welchen tatsächlichen Vortrag er gehalten oder welche für die Entscheidung erheblichen rechtlichen Ausführungen er gemacht hätte. Darauf aufbauend muss weiter nachvollziehbar aufgezeigt werden, warum das LAG bei Berücksichtigung dieses tatsächlichen oder rechtlichen Vorbringens möglicherweise anders als tatsächlich geschehen entschieden hätte.[227]

78

---

221 § 74 Rdn. 71.
222 BAG, 12.01.1994 – 4 AZR 133/93.
223 BAG, 01.10.2003 – 1 ABN 62/01, NZA 2003, 1356.
224 Bepler RdA 2005, 65, 77.
225 BVerfG, 29.05.1991 – 1 BvR 1383/90, BVerfGE 84, 188.
226 BAG, 15.09.2011 – 8 AZR 846/09 – Rn 53, EzA § 611 BGB 2002 Krankenhausarzt Nr. 4; BAG, 22.03.2005 – 1 ABN 1/05, AP § 72 a ArbGG 1979 Rechtliches Gehör Nr. 3; BAG, 06.01.2004 – 9 AZR 680/02, AP § 74 ArbGG1979 Nr. 11.
227 BAG, 15.09.2011 – 8 AZR 846/09 – Rn 53, EzA § 611 BGB 2002 Krankenhausarzt Nr 4; BAG, 22.03.2005 – 1 ABN 1/05 – AP § 72 a ArbGG 1979 Rechtliches Gehör Nr. 3; BAG, 06.01.2004 – 9 AZR 680/02 – AP § 74 ArbGG1979 Nr. 11.

79 § 139 Abs. 1 ZPO schreibt dem Berufungsrichter vor, das Sach- und Streitverhältnis, soweit erforderlich, mit den Parteien nach der tatsächlichen und rechtlichen Seite zu erörtern und zum Zwecke der Aufklärung Fragen zu stellen, damit die Parteien sich rechtzeitig und vollständig über alle erheblichen Tatsachen erklären, insbesondere ungenügende Angaben zu den geltend gemachten Tatsachen ergänzen, die Beweismittel bezeichnen und die sachdienlichen Anträge stellen. Das sind keine bloße Empfehlungen zur Verhandlungsleitung, sondern zwingende Aufklärungspflichten, die auf ein mit den Parteien zu führendes **Rechtsgespräch** abzielen. Zum Maßstab dessen, was zur Erfüllung dieser Pflichten erforderlich ist, kann § 522 Abs. 2 Satz 2 ZPO dienen. Diese Bestimmung verpflichtet, bevor eine Berufung durch Beschluss zurückgewiesen werden darf, das Gericht zu einem substantiierten Hinweis auf die Gründe für die beabsichtigte Zurückweisung der Berufung. Ein solcher Hinweis muss gezielt und konkret genug sein, um den Berufungskläger zuverlässig über die Rechtsauffassung des Gerichts ins Bild zu setzen und ihm so die Möglichkeit zu geben, seinen Vortrag nachzubessern. Nach der zutreffenden Ansicht des Thüringer Verfassungsgerichtshofs entsprechen diese Voraussetzungen den Anforderungen, die an die allgemeine Hinweispflicht nach § 139 ZPO zu stellen sind.[228]

80 Anlass für einen gerichtlichen Hinweis besteht insbesondere, wenn der Richter im entscheidungserheblichen Vortrag einer Partei **Widersprüche** erkennt. Er ist dann verpflichtet, darauf hinzuweisen.[229] Das gilt erst recht, wenn das erstinstanzliche Gericht den Vortrag des Klägers als schlüssig angesehen hat. Dann darf der Kläger darauf vertrauen, dass das Berufungsgericht ihm seine davon abweichende Auffassung rechtzeitig durch einen Hinweis nach § 139 ZPO mitteilt.[230]

81 Rechtliche Hinweise müssen unter Berücksichtigung der konkreten Situation der Parteien in der Weise und so frühzeitig erteilt werden, dass es den Parteien auch tatsächlich möglich ist, Einfluss auf das Verfahren und sein Ergebnis ausüben und sie nicht daran gehindert sind, ihren Sachvortrag rechtzeitig zu ergänzen.[231] Sie müssen nach § 139 Abs. 4 Satz 2 ZPO **aktenkundig** gemacht werden. Werden sie in der Berufungsverhandlung erteilt, müssen sie als wesentliche Vorgänge i.S.v. § 160 Abs. 2 ZPO in die Niederschrift des Sitzungsprotokolls aufgenommen werden. Sie sind dann durch **Aufnahme in das Protokoll** aktenkundig.[232] Ausreichend soll auch die Aufnahme des Hinweises in den Tatbestand des Berufungsurteils sein.[233] Unter Tatbestand in diesem Sinne ist dabei nicht nur der mit dieser Überschrift versehene Teil des Urteils gemeint, sondern erfasst alle tatsächlichen Feststellungen des Gerichts, auch wenn sich diese in den Entscheidungsgründen finden.[234] Was nicht aktenkundig ist, darf nach § 165 Satz 1 ZPO nicht berücksichtigt werden.[235] Nicht ausreichende Hinweise sind die nicht selten in Protokollen zu lesenden Floskeln wie »Auf Bedenken wurde hingewiesen«. Es bedarf einer Wiedergabe der **konkreten rechtlichen Gesichtspunkte**.[236] Reicht eine Partei aufgrund eines **nicht rechtzeitig erteilten Hinweises** des Berufungsgerichts einen nicht nachgelassenen Schriftsatz ein, so muss das Berufungsgericht den darin enthaltenen neuen Sachvortrag berücksichtigen und die mündliche Verhandlung wiedereröffnen, wenn sich der Parteivortrag als entscheidungserheblich darstellt. Anderenfalls liegt ein Verstoß gegen den Grundsatz

---

228 Thüringer VGH, 07.09.2011 – 13/09 – Rn 31, DVBl 2011, 1478; ebenso: Gravenhorst jurisPR-ArbR 14/2007 Anm. 6.
229 BGH, 24.02.2003 – II ZR 322/00, Rn 11, NJW-RR 2003, 742 f.; BGH, 11.09.2003 – VII ZR 136/02 – Rn 34 ff., NJW-RR 2003, 1718 f.
230 So schon ständige Rechtsprechung vor Verschärfung der Aufklärungspflicht durch das ZPO RG: BGH, 25.05.1993 – XI ZR 141/92, NJW-RR 1994, 566; BGH, 16.05.2002 – VII ZR 197/01, NJW-RR 2002, 1437; BGH, 11.09.2003 – VII ZR 136/02 – Rn 42, MDR 2004, 169.
231 BGH, 04.07.2013 – V ZR 151/12 – Rn 8, NJW-RR 2014, 177; BVerfG, 29.05.1991 – 1 BvR 1383/90 – Rn 8, BVerfGE 84, 188.
232 Thomas/Putzo/Reichold ZPO § 139 Rn 30.
233 OLG Frankfurt, 06.10.2004 – 9 U 81/03 – MDR 2005, 647.
234 BGH, 17.05.2000 – VIII ZR 216/99, NJW 2000, 3007.
235 Thomas/Putzo/Reichold ZPO § 139 Rn 31.
236 Thomas/Putzo/Reichold ZPO § 139 Rn 30.

des rechtlichen Gehörs.[237] Dies gilt auch dann, wenn die Partei auf den erst in der mündlichen Verhandlung erteilten Hinweis nicht in der angemessenen Weise reagiert, dass sie nach § 139 Abs. 5 ZPO eine Schriftsatzfrist beantragt, weil ihr eine sofortige Erklärung zu dem gerichtlichen Hinweis nicht möglich ist. Wird die durch § 139 Abs. 5 ZPO eröffnete Befugnis, sich weiteren Vortrag vorzubehalten, nicht wahrgenommen, so führt dies nicht dazu, dass eine Verletzung des Verfahrensgrundrechts nach Art. 103 Abs. 1 GG zu verneinen wäre.[238] Ist streitig, ob ein gerichtlicher Hinweis erteilt wurde, so kann nach § 139 Abs. 4 Satz 2 ZPO dessen Erteilung nur durch den Inhalt der Akten bewiesen werden. Sofern das Berufungsgericht die Erteilung des Hinweises nicht hinreichend dokumentiert hat, gilt dieser als nicht erteilt. Es darf daher kein Beweis erhoben werden zur Frage, ob die Vorinstanz einen Hinweis erteilt hat.[239]

Das LAG verstößt nach der Rechtsprechung des BAG nicht in jedem Fall gegen die Hinweispflicht aus § 139 ZPO, wenn es unterlässt, auf weiteren Sachvortrags hinzuweisen, obwohl dieser Hinweis an sich erforderlich wäre. Macht die gegnerische Partei bereits in der Berufungserwiderung zu einem bestimmten Anspruch geltend, dass der Vortrag der Klägerin nicht hinreichend substantiiert sei, soll es keines weiteren Hinweises durch das LAG mehr bedürfen; denn das Berufungsgericht sei nicht zur weiteren Aufklärung verpflichtet, wenn eine **Partei bereits darauf hingewiesen** habe, dass nötiges Vorbringen fehle.[240] 82

Das Art. 103 Abs. 1 GG i.V.m. Art. 2 Abs. 1 GG und Art. 20 Abs. 3 GG gewährleistete Rechtsstaatsprinzip beinhaltet das Gebot eines fairen Prozesses und eines wirkungsvollen Rechtsschutzes. Dazu gehört ein Ausmaß an rechtlichem Gehör, das sachangemessen ist, um den Erfordernissen eines wirkungsvollen Rechtsschutzes gerecht zu werden. Zu den dazu unerlässlichen Verfahrensregeln zählt, dass das Gericht über die **Richtigkeit bestrittener Tatsachenbehauptungen** nicht ohne hinreichende **Prüfung** entscheidet. Ohne eine solche Prüfung fehlt es an einer dem Rechtsstaatsprinzip genügenden Entscheidungsgrundlage.[241] 83

Legt eine Partei eine gutachtliche Stellungnahme von Wirtschaftsprüfern vor, so gilt diese als Privatgutachten und ist wie ein Parteivortrag zu werten.[242] Den dort enthaltenen inhaltlichen Angaben kommt nicht unmittelbar die Kraft eines Beweismittels i.S.d. §§ 355 ff. ZPO zu.[243] Die gutachtliche Stellungnahme begründet – für sich genommen – nach § 416 ZPO lediglich Beweis dafür, dass die beauftragten Wirtschaftsprüfer die im Gutachten enthaltenen Erklärungen auch abgegeben haben, nicht aber, dass die zugrunde gelegten Zahlen auch zutreffend sind. Deshalb können die in der Stellungnahme enthaltenen inhaltlichen Angaben auch mit Nichtwissen bestritten werden. 84

Bei erstinstanzlich eingeholten **Sachverständigengutachten** ist zu beachten, dass die unterlegene Partei, die sich kritisch mit dem Gutachten in der Berufungsschrift auseinandersetzt, auch Gelegenheit zur Befragung des Sachverständigen erhalten sollte. Wird ohne jede Auseinandersetzung 85

---

237 BGH, 04.07.2013 – V ZR 151/12 – Rn 8, NJW-RR 2014, 177 in Festhaltung an frühere Rechtsprechung: BGH, 28.10.1999 – IX ZR 341/98, NJW 2000, 142; BGH, 18.09.2006 – II ZR 10/05, NJW-RR 2007, 412.
238 BGH, 04.07.2013 – V ZR 151/12 – Rn 12, NJW-RR 2014, 177.
239 BGH, 30.06. 2011 – IX ZR 35/10 – Rn 5, NJW-RR 2011, 1556.
240 BAG, 30.09.2014 – 3 AZR 998/12 – Rn 18, EzA § 2 BetrAVG Nr. 37 = NZA 2015, 750; BAG 19.01.2010 – 9 AZR 426/09 – Rn 47 m.w.N. AP Nr. 44 zu § 7 BUrlG.
241 Vgl. BVerfG, 21.02.2001 – 2 BvR 140/00 – zu III 1 a der Gründe; BAG, 10.03.2015 – 3 AZR 56/14 – Rn 57, EzA § 1 BetrAVG Ablösung Nr. 52; BAG, 13.11.2007 – 3 AZN 449/07 – Rn 18, EzA § 72 ArbGG 1979 Nr. 36.
242 BAG, 10.03.2015 – 3 AZR 56/14 – Rn 59, EzA § 1 BetrAVG Ablösung Nr. 52.
243 BAG, 10.03.2015 – 3 AZR 56/14 – Rn 59, EzA § 1 BetrAVG Ablösung Nr. 52; BAG 18.09.2001 – 3 AZR 728/00, zu II 2 c bb (2) (a) der Gründe, BAGE 99, 75; BGH, 08.07.2009 – VIII ZR 314/07 – Rn 22, NJW 2009, 2894.

mit deren Vortrag und ohne erneute Anhörung des Sachverständigen isoliert auf Ausführungen im erstinstanzlichen Gutachten Bezug genommen, kann rechtliches Gehör verletzt werden.[244]

g) Verletzung von Vorschriften über die Beratung und Abstimmung

86 § 193 Abs. 1 GVG schreibt vor, dass jede Entscheidung eines Kollegialgerichts auf einer Beratung und Abstimmung der zur Entscheidung berufenen Richter beruhen muss; die hierbei einzuhaltende Verfahrensweise bestimmt § 194 GVG. Die mündliche Beratung im Beisein sämtlicher beteiligter Richter ist die Regel. Ausnahmsweise kommt eine Entscheidung im sog. **Umlaufverfahren**, also die schriftliche Beratung und Abstimmung aufgrund eines Entscheidungsentwurfs, in Betracht, wenn die beteiligten Richter mit diesem Verfahren einverstanden sind.[245] Rügen, mit denen Mängel der Beratung oder der Abstimmung des Spruchkörpers geltend gemacht werden, sind zwar zulässig, müssen aber das in § 43 DRiG bzw. § 45 Abs. 1 Satz 2 DRiG geschützte Beratungsgeheimnis beachten. Zu weitgehend werden jedoch derartige Rügen pauschal unter Hinweis auf das zu schützende Beratungsgeheimnis zurückgewiesen.[246] Das ist rechtsfehlerhaft; denn durch das Beratungsgeheimnis wird nur die individuelle Stimmabgabe und deren Gesamtergebnis geschützt. Selbst dieser Schutz ist nicht vollkommen, denn in § 552a Satz 1 ZPO wird für den Erlass eines Zurückweisungsbeschlusses ein »einstimmiger« Beschluss vorausgesetzt, so dass hier das Abstimmungsergebnis offengelegt wird. Eine gezielt auf die Verletzung von § 193 Abs. 1, § 194 GVG gerichtete Verfahrensrüge kann deshalb durchgreifen.[247] So, wenn die Beratung und Abstimmung telefonisch durchgeführt worden ist.[248] Erst recht ist die Rüge begründet, wenn der Vorsitzende des LAG die Zustimmung der ehrenamtlichen Richter zu einem Urteilsvorschlag fernmündlich eingeholt hat.[249]

87 Das weitere zur Abwehr derartiger Verfahrensrügen häufig verwandte Argument, die Gerichtsakte gäbe über die Einhaltung der in §§ 193 bis 197 GVG vorgeschriebenen Regeln keine Auskunft, trägt nicht. Die Gerichtsakte gibt auch über viele andere Fragen, z.B. ob das Gericht von seiner Aufklärungs- und Hinweispflicht Gebrauch gemacht hat, keine Auskunft. Wird die Einhaltung des gesetzlich geregelten Verfahrens der Beratung und des Gangs der Abstimmung (§ 197 GVG) gerügt, ist die Einhaltung der Vorschriften durch Einholung **dienstlicher Stellungnahmen** der beteiligten Richter überprüfbar.

88 Wird den Parteien in der mündlichen Berufungsverhandlung vor dem LAG noch ein **Vortrag nachgelassen**, so muss die **Schlussberatung** mit den ehrenamtlichen Richtern nach Eingang des nachgelassenen Schriftsatzes stattfinden. Eine telefonische »Schlussberatung« mit den ehrenamtlichen Richtern war schon nach der älteren Rechtsprechung unzureichend.[250] Das ist für den Fall der Abfrage der Meinungen der zur Entscheidung berufenen Richter in Einzeltelefonaten bestätigt worden.[251] Es hat nach einer grundlegenden Entscheidung des BGH[252] 2013 eine Öffnung zu Gunsten einer Telefonkonferenz stattgefunden. Eine Nachberatung im Wege der Telefonkonferenz soll danach in Betracht kommen, wenn über den Streitgegenstand selbst bereits im Beisein aller Richter beraten worden ist. In der älteren BGH-Rechtsprechung war vorher offen geblieben, ob eine **Beratung und Abstimmung** in einer **Konferenzschaltung** zulässig ist.[253]

---

244 BGH, 19.07.2011 – VI ZR 179/10, VersR 2011, 1450.
245 BVerwG, 23.09.1991 – 2 B 99/91, NJW 1992, 257; BFH, 18.04.1986 – IV B 127/85, BFH/NV 1986, 482.
246 Vgl. dazu beispielhaft: BAG, 21.01.1988 – 2 AZR 449/87, EzA § 394 ZPO Nr. 1.
247 BGH, 28.11.2008 – LwZR 4/08, MDR 2009, 279; Kissel/Mayer GVG, 4. Aufl., § 193 Rn 3; Baumbach/Lauterbach/Albers/Hartmann, ZPO, 69. Aufl., § 194 GVG Rn 1; a.A. MünchKomm-ZPO/Zimmermann 3. Aufl., § 194 GVG Rn 6.
248 BSG, 27.05.1971 – 8 RV 773/70, NJW 1971, 2096 = AP Nr. 1 zu § 194 GVG.
249 BSG, 27. 05.1971 – 8 RV 773/70, NJW 1971, 2096 = AP Nr. 1 zu § 194 GVG.
250 BGH, 28.11.2008 – LwZR 4/08, MDR 2009, 279.
251 BGH 29.11. 2013 – BLw 4/12 – Rn 29, NJW-RR 2014, 243.
252 BGH 29.11. 2013 – BLw 4/12 – Rn 30, 33, NJW-RR 2014, 243.
253 BGH, 28.11.2008 – LwZR 4/08, MDR 2009, 279.

Der Zweite Senat des BAG hat zwar die Telefonkonferenz als zusätzliche, die mündliche Beratung ergänzende Beratungsform akzeptiert, aber die Ersetzung der mündlichen Beratung bei gleichzeitiger Anwesenheit aller Richter durch eine Telefonkonferenz verneint.[254] Eine geheime Beratung und Abstimmung i.S.d. § 193 Abs. 1, § 194 GVG verlange danach grundsätzlich die mündliche Beratung über den Streitgegenstand im Beisein sämtlicher beteiligten Richter. Eine Beratung im Wege einer Telefonkonferenz könne diese nicht ersetzen. Dabei differenziert der Zweite Senat zwischen der Beratung über die Berücksichtigung des Parteivorbringens, das dem Gericht im Rahmen eines nachgelassenen Schriftsatzes nach § 283 ZPO zugeht oder das ohne Einräumung einer Frist nach § 296a ZPO zugeht. Das letztere Vorbringen sei lediglich darauf hin zu prüfen, ob es **Anlass zu einer Wiedereröffnung der mündlichen Verhandlung** nach § 156 ZPO gibt. Ist in letzteren Fall das Urteil im Anschluss an die mündliche Verhandlung im Beisein aller Richter schon inhaltlich beraten worden, so könne über die Reaktion auf den nachgereichten Schriftsatz in einer Telefonkonferenz beraten werden. Sehe das Gericht keinen Anlass für eine Wiedereröffnung der mündlichen Verhandlung, verbleibe es bei dem bereits gefällten Urteil. Anders sei die Rechtslage, wenn erstmalig über den Inhalt des nachgereichten Schriftsatzes beraten werden; denn dann werde eine inhaltliche Entscheidung über den Streitgegenstand erstmalig in der Telefonkonferenz gefällt. Darin liege keine Beratung nach § 193 GVG. Ebenso hat der Erste Senat eine Nachberatung im Wege einer Telefonkonferenz »in geeigneten Fällen« als zulässig angesehen, wenn unter der Leitung des Vorsitzenden jeder Teilnehmer von seinem Telefonapparat zeitgleich mit jedem anderen Teilnehmer kommunizieren kann und alle Teilnehmer die gesamte Kommunikation mithören.[255] Voraussetzung sei, dass alle beteiligten Richter mit dieser Verfahrensweise einverstanden sind und sichergestellt ist, dass jederzeit in eine mündliche Beratung im Beisein aller Richter eingetreten werden kann, falls ein Richter dies wünscht oder ein neuer Gesichtspunkt es erfordert. Die Telefonkonferenz könne bei Erfüllung dieser Voraussetzungen die mündliche Beratung ersetzen. Sie könne jedoch nur neben diese treten, wie etwa bei der Beratung über einen nachträglich eingegangenen Schriftsatz. **Zuvor** müsse als Grundlage für die Entscheidung in der Hauptsache zwingend im Beisein sämtlicher beteiligter Richter **mündlich und nicht fernmündlich** beraten werden. Der Fall des Ersten Senats betraf anders als im Fall des Zweiten Senats nicht die erstmalige inhaltliche Beratung, sondern die Frage der Wiedereröffnung der Verhandlung. Insoweit besteht zwischen beiden Entscheidungen keine Divergenz. Dennoch ist diese Rechtsprechung nicht unbedenklich. Sie entfernt sich vom Gesetzeswortlaut. Sie gefährdet zudem das Gebot der geheimen Abstimmung; denn eine Telefonkonferenz stellt nicht ohne Weiteres sicher, dass bei den zugeschalteten Richtern niemand im Raum anwesend ist, der mithört. Deshalb sollte von dieser vom BGH eröffneten Möglichkeit erst Gebrauch gemacht werden, wenn eine gesetzliche Ausgestaltung erfolgt ist. Diese muss sowohl die gleichberechtigte Teilnahme eines jeden mitwirkenden Richters als auch den Schutz der geheimen Abstimmung gewährleisten.

89

Die Rechtsprechung hat geringe Anforderungen an den Nachweis einer echten Telefonkonferenz gestellt. Es genügt der **Aktenvermerk des Vorsitzenden**, der die Art und Weise der Beratung als »Telefonkonferenz« dokumentiert. Das soll ausreichen, um eine Beratung zu beschreiben, bei welcher unter der Leitung des Vorsitzenden jeder Teilnehmer von seinem Telefonapparat zeitgleich mit jedem anderen Teilnehmer kommunizieren kann und alle Teilnehmer die gesamte Kommunikation mithören. Auch das Einverständnis sämtlicher beteiligter Richter mit dieser Art und Weise der Beratung über den nachgereichten Schriftsatz und die Möglichkeit, in eine mündliche Beratung im Beisein aller Richter einzutreten, sollen in einem so gefassten Aktenvermerk zum Ausdruck kommen.[256]

90

---

254 BAG, 26.03.2015 – 2 AZR 417/14 – Rn 12, NZA 2015, 1083 = EzA § 1 KSchG Betriebsbedingte Kündigung Nr. 183.
255 BAG, 14.04.2015 – 1 AZR 223/14 – Rn 12, EzA § 194 GVG Nr. 2 = NJW 2015, 3738.
256 BAG, 14.04.2015 – 1 AZR 223/14 – Rn 17, EzA § 194 GVG Nr. 2 = NJW 2015, 3738 unter Bezug auf BGH 29.11.2013 – BLw 4/12, Rn 35.

91 Behauptet ein Kläger, einer oder mehrere der genannten Berufsrichter und ehrenamtlichen Richter hätten im Gegensatz zur Bekundung auf dem Rubrum an der Beratung und Abstimmung (sog. **Urteilsfällung**) nicht teilgenommen oder das Urteil sei nicht von den Richtern gefällt worden, die an der mündlichen Verhandlung teilgenommen haben, so muss er dies mit der Verfahrensrüge vorbringen.[257] Gemäß § 309 ZPO kann das Urteil nur von denjenigen Richtern gefällt werden, die an der dem Urteil zugrunde liegenden Verhandlung teilgenommen haben. **Scheidet einer der beteiligten Richter vor der Schlussberatung aus**, in der das Urteil gefällt wird, muss gem. § 156 Abs. 2 Nr. 3 ZPO zwingend die Verhandlung wieder eröffnet werden.[258] Ein Verstoß gegen § 309 ZPO stellt einen absoluten Revisionsgrund i.S.v. § 547 Nr. 1 ZPO sowie eine Verletzung des Rechts auf den gesetzlichen Richter (Art. 101 Abs. 1 Satz 2 GG) dar.[259] Wird ein nachgereichter Schriftsatz lediglich zur Akte genommen und den ehrenamtlichen Mitgliedern der Kammer nicht bekannt gegeben, wird der Partei, die den Schriftsatz nachgereicht hat, der gesetzliche Richter entzogen. Aus § 193 Abs. 1 GVG ergibt sich nämlich, dass jede Entscheidung eines Kollegialgerichts auf einer Beratung und Abstimmung der zur Entscheidung berufenen Mitglieder beruhen muss.[260] Die Nichtmitwirkung eines zuständigen Richters verletzt zugleich Art. 101 Abs. 1 Satz 2 GG.[261]

92 Liegt der gerügte Beratungsmangel vor, so ist ohne Weiteres zu vermuten, dass er entscheidungserheblich war; denn es kann nicht ausgeschlossen werden, dass bei ordnungsgemäßer Beratung und Abstimmung das Berufungsurteil anders ausgefallen wäre (vgl. Rdn. 99).

5. Tatsächliche Grundlage der Nachprüfung

a) Tatbestand des LAG

93 Tatsächliche Grundlage der revisionsrechtlichen Nachprüfung ist der vom LAG festgestellte Tatbestand.[262] Dazu gehören auch die tatsächlichen Feststellungen, die sich außerhalb des »Tatbestands« in den Entscheidungsgründen des Berufungsurteils befinden.[263] Zu berücksichtigen ist auch das Parteivorbringen, das im Sitzungsprotokoll festgehalten ist. Es gilt der Grundsatz, dass die Urteilsgrundlage mit dem Ende der Berufungsverhandlung abgeschlossen wird.[264] Der Tatbestand entfaltet für das Revisionsgericht grundsätzlich Beweiskraft und Bindungswirkung hinsichtlich der enthaltenen Feststellungen. Diese entfallen ausnahmsweise, sofern die Feststellungen unklar, lückenhaft oder widersprüchlich sind.[265]

94 Ein in sich widersprüchlicher Tatbestand ist keine geeignete Grundlage für eine abschließende Sachentscheidung des BAG.[266] Das ist insb. der Fall, wenn widersprüchliche Feststellungen getroffen sind, wer Arbeitgeber ist.[267] Ist z.B. eine erhebliche Tatsache vom LAG zugleich als unstreitig und als streitig dargestellt, hat das BAG das Berufungsurteil aufzuheben und die Sache zur anderweiten Verhandlung und Entscheidung zurückzuverweisen.

---

257 BFH, 28.04.1999 – V R 49/98.
258 BGH, 21.04.2015 – II ZR 255/13 – Rdn. 11, NJW-RR 2015, 893; BGH, 01.03.2012 – III ZR 84/11, NJW-RR 2012, 508 Rn. 9 mwN.
259 BGH, 11.09.2008 – I ZR 58/06 – Rn. 11 mwN, GRUR 2009, 418.
260 BGH, 29.11.2013 – BLw 4/12 – Rn 26, NJW-RR 2014, 443.
261 BGH, 28. 11.2008 – LwZR 4/08 – Rn 11, NJW-RR 2009, 286.
262 Vgl. § 559 Abs. 1 ZPO.
263 BAG, 14.06.1967 – 4 AZR 282/66.
264 BGH, 25.04.1988 – II ZR 252/86, BGHZ 104, 215.
265 St. Rspr. BAG, 18.09.2003 – 2 AZR 498/02, AP ZPO § 314 Nr. 4; BAG Senat, 19.08.2003 – 9 AZR 611/02, AP TVG § 1 Tarifverträge: Luftfahrt Nr. 20, zu I 1 der Gründe; BAG, 28.05.1997 – 5 AZR 632/96, AP ZPO 1977 § 543 Nr. 9; BGH, 17.05.2000 – VIII ZR 216/99, NJW 2000, 3007, zu II 2 a der Gründe; für Beschlussverfahren BAG, 26.04.2005 – 1 ABR 1/04, BAGE 114, 272, zu B I 1 der Gründe.
266 BAG, 14.06.1967 – 4 AZR 282/66.
267 BAG, 18.09.2003 – 2 AZR 498/02.

Das Revisionsgericht hat das tatsächliche Vorbringen einer Partei nach § 559 Abs 1 S 1 Alt 1, § 314 ZPO in erster Linie dem Tatbestand des angefochtenen Urteils zu entnehmen. Beruht die rechtliche Würdigung des Berufungsgerichts auf lückenhaften Feststellungen, die dem Revisionsgericht keine hinreichend sichere Beurteilung des Parteivorbringens z.B. zur Tarifbindung erlauben, ist das Berufungsurteil schon wegen dieses Mangels aufzuheben und die Sache zur neuen Verhandlung und Entscheidung zurückzuverweisen, ohne dass es einer Verfahrensrüge i.S.v. § 551 Abs. 3 Satz 1 Nr. 2 Buchst b, § 559 Abs. 1 Satz 2 ZPO bedarf.[268]

b) **Neue Tatsachen**

Neues tatsächliches Vorbringen ist in der Revisionsinstanz **grds. ausgeschlossen**. Das gilt auch dann, wenn die maßgeblichen Tatsachen dem Revisionskläger erst nach Schluss der mündlichen Berufungsverhandlung bekannt werden oder eintreten.[269] Dieser aus § 559 Abs. 1 ZPO abzuleitende Grundsatz gilt nicht uneingeschränkt. Das Gesetz und die Rechtsprechung lassen einige **Ausnahmen** zu: 95

– Nach § 561 Abs. 1 Satz 2 ZPO können neue Tatsachen eingeführt werden, wenn sie zur Begründung einer Verfahrensrüge i.S.v. § 551 Abs. 3 Nr. 2 Buchst. b) ZPO dienen.
– Neues tatsächliches Vorbringen ist auch dann zu berücksichtigen, wenn Sachurteilsvoraussetzungen betroffen sind, die von Amts wegen zu beachten sind und das Revisionsgericht die Tatsachen selbst feststellen kann.[270] Dazu gehören insb. die Tatsachen, von denen die Zulässigkeit der Revision abhängt.[271]
– Neue Tatsachen sind weiter zu berücksichtigen, wenn erstmals das Revisionsgericht auf eine bisher nicht beachtete Rechtslage nach § 278 Abs. 3 ZPO hinweist. Der neue Sachvortrag kann dann die Zurückverweisung rechtfertigen.[272] Häufig fehlt es allerdings an der »Schlüssigkeit« des neuen Sachvortrags, sodass das BAG selbst in der Sache entscheiden kann.
– Aus prozessökonomischen Gründen hat die Rechtsprechung neuen Tatsachenvortrag ausnahmsweise dann zugelassen, wenn er in der Revisionsinstanz unstreitig gestellt worden ist.[273] Das war in einem Drittschuldnerprozess möglich, in dem der gegen den Drittschuldner unterlegene nachrangige Pfändungsgläubiger nach Schluss der Berufungsverhandlung Rangänderungsvereinbarungen mit den vorrangigen Pfändungsgläubigern getroffen hatte.
– Im Schrifttum werden zusätzlich als berücksichtigungsfähig angesehen: Verwaltungsakte und die Eröffnung des Insolvenzverfahrens.[274]

c) **Klageänderung in der Revision**

Das Revisionsgericht prüft, ob die Vorinstanz über die Klage rechtsfehlerfrei entschieden hat. Das folgt aus dem in § 561 Abs. 1 Satz 1 ZPO festgelegten Grundsatz, dass das maßgebliche Sachverhältnis bereits vom LAG festgestellt sein muss. Aus diesen Erwägungen kommt eine **Klageänderung in der Revisionsinstanz** nur in wenigen Ausnahmefällen in Betracht. Beispiel: Der geänderte Sachantrag wird auf Tatsachen gestützt, die bereits in der Vorinstanz festgestellt worden sind[275] oder unstreitig geworden sind.[276] Das BAG hat es deshalb für statthaft angesehen, dass in der Revisionsinstanz nach Aufhebung des Konkursverfahrens und Hinterlegung des Streitgegenstandes der Kläger den Zahlungsantrag fallen gelassen und stattdessen die Abgabe einer Freigabeerklärung 96

---

268 BAG, 15.04.2008 – 9 AZR 159/07, AP Nr. 38 zu § 1 TVG Altersteilzeit.
269 BAG, 13.04.1956 – 1 AZR 390/55.
270 BGH, 11.10.1979 – III ZR 25/77.
271 BGH, 17.12.1956 – II ZR 274/55.
272 BAG, 09.10.1973 – 1 R 29/73; BAG, 09.12.1975 – 1 R 37/74.
273 BAG, 16.05.1990 – 4 AZR 145/90.
274 ErfK/Koch § 73 Rn 4; Hauck/Helml § 73 Rn 2.
275 BAG, 05.11.1985 – 1 R 49/83; BAG, 10.02.2004 – 9 AZR 69/03.
276 BAG, 14.10.2003 – 9 AZR 100/03.

beantragt hat.²⁷⁷ Ebenso hat der BGH die Umstellung des Klageantrags auf Leistung an den Abtretungsempfänger zugelassen.²⁷⁸

97 Ob eine Klageänderung wegen der Fiktion in § 264 ZPO nicht als Klageänderung gilt, ist an sich unerheblich. Die Fiktion schließt nur aus, dass die in § 263 ZPO aufgestellten Zulässigkeitsvoraussetzungen – Einwilligung des Beklagten oder Erachtung der Sachdienlichkeit – durch das Gericht vorliegen müssen. Revisionsrechtlich maßgebend ist deshalb, ob das Revisionsgericht mit neuem Tatsachenvortrag befasst werden soll und darf.²⁷⁹ Wegen der weiteren Einzelheiten siehe § 74 Rdn. 60.

6. Entscheidungserheblichkeit

98 Nach § 73 Abs. 1 kann die Revision nur darauf gestützt werden, dass das Urteil des Landesarbeitsgerichts auf einer von Amts wegen zu prüfenden oder von einer Partei gerügten Verletzung einer Rechtsnorm **beruht**. Die Kausalität der Normverletzung ist grds. daran zu messen, ob ohne den festgestellten Fehler die Entscheidung des Berufungsgerichts anders hätte ausfallen müssen. Dabei muss zwar von dem Berufungsurteil ausgegangen werden. Das Revisionsgericht ist aber nicht gehalten, nur die vom Berufungsgericht erwogenen Anspruchsgrundlagen seinem Revisionsurteil zugrunde zu legen. Nach § 561 ZPO ist nämlich auch dann die Revision zurückzuweisen, wenn das Berufungsurteil zwar fehlerhaft war, sich aber aus anderen Gründen als richtig darstellt.

99 Ist gegen eine **Verfahrensvorschrift** verstoßen worden, bedarf es nicht der strengen Kausalitätsprüfung. Dann genügt die **Möglichkeit**, dass eine für den Revisionskläger günstigere Entscheidung bei Beachtung der verletzten Verfahrensvorschrift nicht ausgeschlossen werden kann. Dies gilt insbesondere, wenn nicht ausgeschlossen werden kann, dass die Entscheidung bei ordnungsgemäßer Beratung und Abstimmung anders ausgefallen wäre.²⁸⁰ Das Revisionsgericht ist nämlich i.d.R. nicht in der Lage, von sich aus festzustellen, wie das Urteil ohne Fehler ausgefallen wäre.²⁸¹ Das hat das BAG jüngst im Fall der unzulässigen Beratung und Abstimmung im Rahmen einer Telefonkonferenz bestätigt.²⁸²

100 Liegt ein **absoluter Revisionsgrund** i.S.d. § 547 ZPO vor, so wird die **Kausalität** des Verfahrensverstoßes für die angefochtene Entscheidung **unwiderlegbar vermutet** (vgl. Rdn. 49). Der Katalog der absoluten Revisionsgründe (vgl. Rdn. 50 bis 76) ist durch die Rechtsprechung des Gemeinsamen Senats der obersten Gerichtshöfe zur verspäteten Absetzung von Berufungsurteilen ergänzt worden: Ist die Entscheidung fünf Monate nach Verkündung nicht vollständig mit Tatbestand und Entscheidungsgründen von sämtlichen Richtern des Spruchkörpers unterschrieben *(im gerichtlichen Sprachgebrauch: »abgesetzt«)*, so fehlt die nötige Nähe zur mündlichen Verhandlung. Das Berufungsurteil gilt dann als »Entscheidung ohne Gründe«.²⁸³

101 Das BSG geht bei einer von der Partei gerügten verspäteten Absetzung des Berufungsurteils nicht von einem absoluten Revisionsgrund i.S.d. § 551 ZPO aus.²⁸⁴ Es tritt deshalb in eine begrenzte Sachprüfung ein: Ist seiner Ansicht nach eine Klage unter keinem rechtlichen Gesichtspunkt gerechtfertigt, so soll trotz des Verfahrensmangels keine Zurückverweisung an das Landessozialge-

---

277 BAG, 07.11.1995 – 9 AZR 645/94.
278 BGH, 07.11.1957 – II ZR 280/55.
279 So im Ergebnis auch GK-ArbGG/Mikosch § 73 Rn 94.
280 Zu diesem Maßstab bei Verfahrensverstößen: BAG, 26.03.2015 – 2 AZR 417/14 – Rn 23, EzA § 1 KSchG Betriebsbedingte Kündigung Nr. 183; BAG, 23.01.1996 – 9 AZR 600/93 – zu I 2 c der Gründe, BAGE 82, 74; ErfK/Koch § 73 ArbGG Rn 10; GK-ArbGG/Mikosch § 73 Rn 90; Schwab/Weth/Ulrich § 73 Rn 62 m.w.N.; für § 545 Abs. 1 ZPO vgl. BGH 26.04.1989 – I ZR 220/87, zu II 2 a der Gründe; Zöller/Heßler ZPO, 30. Aufl., § 545 Rn 1.
281 Beispiel: Verletzung des Grundsatzes der mündlichen Berufungsverhandlung, vgl. BAG, 23.01.1996 – 9 AZR 600/93.
282 BAG, 26.03.2015 – 2 AZR 417/14, NZA 2015, 1083 = EzA § 1 KSchG Betriebsbedingte Kündigung Nr. 183.
283 GmS OGB, 27.04.1993 – GmS OGB 1/92, NZA 1993, 1147.
284 BSG, 14.09.1994 – 3/1 RK 36/93, AP Nr 37 zu § 551 ZPO.

richt in Betracht kommen. Die Rechtsprechung des BAG sieht die verspätet abgesetzten Entscheidungsgründe einschließlich des Tatbestands als nicht vorhanden an.[285] Damit ist für eine Prüfung der materiellen Rechtslage keine Grundlage gegeben (s. Rdn. 76). Nach Einführung der Kassationsbeschwerde in § 72b ist die Rechtsfolge, die Sache zur neuen Verhandlung zurückzuverweisen, ausdrücklich vorgeschrieben.

7. Maßgeblicher Zeitpunkt für die Gesetzesverletzung

Das Revisionsgericht prüft, ob objektiv eine Rechtsverletzung vorliegt. Nicht erforderlich ist, dass das Berufungsgericht vorsätzlich oder fahrlässig verstoßen hat. Deshalb kann eine Rechtsnorm durch das Berufungsgericht auch dann verletzt worden sein, wenn sie zum Zeitpunkt des Schlusses der mündlichen Verhandlung vor dem LAG noch nicht verkündet war. Maßgeblich ist nämlich die Rechtslage **zum Schluss der mündlichen Verhandlung** vor dem Revisionsgericht. Hat das LAG eine Norm angewandt, die zum Zeitpunkt des Schlusses der mündlichen Revisionsverhandlung nicht mehr in Kraft ist, so muss geprüft werden, ob der Klageanspruch noch nach altem Recht zu beurteilen ist.[286] Ist die verletzte Norm erst nach Schluss der mündlichen Verhandlung vor dem Berufungsgericht in Kraft getreten, so ist entscheidend, ob die neue Norm noch in verfassungsrechtlich zulässiger Weise rückwirkend den in der Vergangenheit liegenden Tatbestand erfasst.[287] 102

III. Einschränkung der Zulässigkeitsprüfung (Abs. 2)

Obwohl es sich um die Verletzung von Rechtsnormen handelt, kann nach § 73 Abs. 2 i.V.m. § 65 in den folgenden Fällen die Revision nicht darauf gestützt werden (weitere Einzelheiten Rdn. 43 ff.). 103

1. Rechtsweg, Zuständigkeit und Verfahrensart

Die Frage des richtigen Rechtsweges, der örtlichen Zuständigkeit und der richtigen Verfahrensart *(Urteils- oder Beschlussverfahren)* wird nach § 48 Abs. 1 vorab in dem besonderen Verfahren nach § 17a GVG entschieden.[288] 104

Die gesetzliche Ausgestaltung der Zulässigkeitsprüfung setzt jedoch voraus, dass das nach § 17a GVG vorgegebene Verfahren eingehalten worden ist. Hat ein Gericht, das den beschrittenen Rechtsweg für zulässig erachtet, entgegen § 17a Abs. 3 Satz 2 GVG über die Zulässigkeit des Rechtsweges nicht vorab durch Beschluss, sondern erst inzidenter im Urteil entschieden und wird dies von der Revision gerügt, so kann das BAG das bei einer zugelassenen Revision berücksichtigen. Die zugelassene Revision muss insoweit wie eine Zulassung der weiteren sofortigen Beschwerde nach § 17a Abs. 4 Satz 6 GVG behandelt werden.[289] Ist demgegenüber die Revision erst auf eine Nichtzulassungsbeschwerde zugelassen worden, besteht das Prüfungsverbot des § 73 Abs. 2 fort. Gegen einen Beschluss nach § 17a Abs. 4 GVG findet nach § 78 Abs. 2 keine Nichtzulassungsbeschwerde statt.[290] 105

2. Berufung der ehrenamtlichen Richter

Die Berufung der ehrenamtlichen Richter ist in den §§ 22 und 23 geregelt. Die Verletzung dieser Vorschriften kann mit der Revision nicht geltend gemacht werden (dazu Einzelheiten Rdn. 60 f.). Von den Mängeln bei der Berufung der ehrenamtlichen Richter sind Fehler bei der Heranziehung der ehrenamtlichen Richter nach dem jeweiligen Geschäftsverteilungsplan zu unterscheiden. Diese Mängel betreffen die ordnungsgemäße Besetzung des Spruchkörpers und sind absolute Revisionsgründe i.S.v. § 547 Nr. 1 ZPO (vgl. Rdn. 50). 106

---

285 BAG, 01.10.2003 – 1 ABN 62/01, NZA 2003, 1356.
286 BGH, 20.05.1957 – III ZR 118/56.
287 Vgl. BAG, 22.01.1959 – 1 AZR 535/55; BAG, 14.11.1979 – 4 AZR 3/78.
288 S. dazu ausführlich § 48 Rdn. 2 ff.
289 GMPMG/Müller-Glöge § 73 Rn 21.
290 GMPMG/Müller-Glöge § 73 Rn 22.

§ 74 Einlegung der Revision, Terminbestimmung

(1) ¹Die Frist für die Einlegung der Revision beträgt einen Monat, die Frist für die Begründung der Revision zwei Monate. ²Beide Fristen beginnen mit der Zustellung des in vollständiger Form abgefassten Urteils, spätestens aber mit Ablauf von fünf Monaten nach der Verkündung. ³Die Revisionsbegründungsfrist kann einmal bis zu einem weiteren Monat verlängert werden.

(2) ¹Die Bestimmung des Termins zur mündlichen Verhandlung muss unverzüglich erfolgen. ²§ 552 Abs. 1 der Zivilprozessordnung bleibt unberührt. ³Die Verwerfung der Revision ohne mündliche Verhandlung ergeht durch Beschluss des Senats und ohne Zuziehung der ehrenamtlichen Richter.

Übersicht

	Rdn.
I. Regelungsinhalt und anzuwendende Normen	1
II. Form der Einlegung	3
1. Die anzuwendenden Formvorschriften	3
2. Schriftform	4
3. Pflichtangaben in der Revisionsschrift	10
4. Unbedingte Einlegung des Rechtsmittels	13
5. Revisionseinlegung und PKH	15
6. Anfall Hilfsanträge in der Revisionsinstanz	16
7. Kein Anfall von übergangenen Anträgen	17
8. Anfall des Zuvielzugesprochenen	18
9. Beschränkung der Revision	19
III. Einlegungsfrist	20
1. Einreichung	20
2. Frist für Einreichung	21
a) Fristberechnung	21
b) Beginn des Fristlaufs	24
c) Amtszustellung als fristauslösend	25
d) Fristenlauf bei Urteilsberichtigung	27
e) Fristenlauf bei Ergänzungsurteil	28
f) Fristenlauf nach Zulassung durch das BAG	29
g) Fristenlauf bei Verfahrensunterbrechung	30
3. Einlegung vor Zustellung des Berufungsurteils	31
4. Wiedereinsetzung	32
a) Schuldlose Verhinderung	32
b) PKH-Bedürftigkeit	33
c) Verzögerte Rechtsschutzzusage	34
d) Kein vertretungsbereiter Anwalt	35
5. Revisionseinlegung gegen Scheinurteil	35
IV. Revisionsbegründung	36
1. Die anzuwendenden ZPO Bestimmungen	36
2. Revisionsbegründungsfrist	37
a) Frist	37
b) Fristverlängerung	41
c) Wiedereinsetzung	46
d) Mittellose Partei	52
e) Verzögerte Rechtsschutzzusage	53
3. Form der Revisionsbegründung	54
4. Inhalt der Revisionsbegründung	57
a) Revisionsantrag	57
b) Klageänderung in der Revisionsinstanz	60
c) Anfall von Hilfsanträgen	61
d) Gewillkürter Parteiwechsel	62
e) Parteiwechsel bei Rechtsträgerumwandlung und Betriebsübergang	63
f) Revisionsbegründung	64
5. Materiell-rechtliche Sachrüge	68
6. Verfahrensrüge	70
7. Gegenrüge	78
V. Beschwer	79
VI. Terminsbestimmung und Verlegung	82
VII. Die Verwerfung der unzulässigen Revision	87
1. Überblick	87
2. Zulässigkeitsprüfung	89
3. Verwerfungsbeschluss	97
VIII. Rücknahme und Erledigung der Revision	102
IX. Verzicht	110
X. Anschlussrevision	115
1. Allgemein	115
2. Unselbständigkeit der Anschlussrevision	116
3. Beschwer des Anschlussrevisionsklägers	120
4. Zulassungsfreiheit der Anschlussrevision	121
5. Unmittelbarer rechtlicher oder wirtschaftlicher Zusammenhang mit der Hauptrevision	122
6. Frist und Form der Anschließung	123
7. Verwerfung der unzulässigen Anschließung	126
8. Verlust der Anschlusswirkung	128
9. Kostentragung	129
XI. Zwangsvollstreckungsfragen	130
1. Einstweilige Einstellung	130
2. Nachträgliche Erklärung der vorläufigen Vollstreckbarkeit	132

I. Regelungsinhalt und anzuwendende Normen

In Abs. 1 ist keine abgeschlossene Regelung enthalten, wie die Revision einzulegen und wie sie ordnungsgemäß zu begründen ist. Deshalb ist auf § 72 Abs. 5 zurückzugreifen, der regelt, dass für das Verfahren vor dem BAG, soweit das Arbeitsgerichtsgesetz nichts anderes bestimmt, die Vorschriften der Zivilprozessordnung über die Revision entsprechend gelten. Insoweit sind über § 72 Abs. 5 § 549 ZPO *(Revisionsschrift)*, § 550 ZPO *(Zustellung der Revisionsschrift)*, § 551 ZPO *(Revisionsbegründung)*, § 552 ZPO *(Prüfung der Zulässigkeit)*, § 553 Abs. 2 ZPO *(Einlassungsfrist)* und § 557 ZPO *(Bindung an die von den Parteien gestellten Anträge)* anzuwenden. Eine spezielle Teilregelung ist in § 73 zur Einschränkung von Revisionsrügen und in § 72a Abs. 5 und 6 zur Fortsetzung des erfolgreichen Nichtzulassungsbeschwerdeverfahrens als Revisionsverfahren getroffen.

Abs. 2 regelt das einzuhaltende Revisionsverfahren. Auch hier ist nur eine Regelung der Besonderheiten getroffen. Im Übrigen sind über § 72 Abs. 5 die Vorschriften der §§ 555 bis 565 ZPO über das Revisionsverfahren anwendbar. Ferner sind nach § 555 Abs. 1 Satz 1 ZPO ergänzend die im ersten Rechtszug vor den Landgerichten geltenden Vorschriften entsprechend anzuwenden, soweit sich keine Abweichungen aus dem spezielleren Revisionsrecht oder den Besonderheiten des arbeitsgerichtlichen Verfahrensrechts ergeben. Insoweit sind über die Verweisung in § 72 Abs. 6 die entsprechend anwendbaren § 49 Abs. 1 *(Ablehnung von Gerichtspersonen)*, des § 50 *(Zustellung des Urteils)*, des § 52 *(Öffentlichkeit)*, des § 53 *(Befugnisse des Vorsitzenden und der ehrenamtlichen Richter)*, des § 57 Abs. 2 *(gütliche Erledigung des Rechtsstreits)*, des § 61 Abs. 2 *(Inhalt des Urteils)* und des § 63 *(Übersendung von Urteilen in Tarifvertragssachen)* zu berücksichtigen.

II. Form der Einlegung

1. Die anzuwendenden Formvorschriften

Die zu beachtenden Förmlichkeiten ergeben sich neben § 74 aus der Verweisung in § 72 Abs. 5 auf die revisionsrechtlichen Vorschriften der ZPO. Dazu gehören insbesondere § 553 ZPO *(Einreichung und Inhalt der Revisionsschrift)* und § 551a i.V.m. § 550 ZPO *(Zustellung der Revisionsschrift)*.

§ 549 ZPO Revisionseinlegung

(1) Die Revision wird durch Einreichung der Revisionsschrift bei dem Revisionsgericht eingelegt. Die Revisionsschrift muss enthalten:
1. die Bezeichnung des Urteils, gegen das die Revision gerichtet wird;
2. die Erklärung, dass gegen dieses Urteil Revision eingelegt werde.
§ 544 Abs. 6 Satz 2 bleibt unberührt.

(2) Die allgemeinen Vorschriften über die vorbereitenden Schriftsätze sind auch auf die Revisionsschrift anzuwenden.

§ 550 ZPO Zustellung der Revisionsschrift

(1) Mit der Revisionsschrift soll eine Ausfertigung oder beglaubigte Abschrift des angefochtenen Urteils vorgelegt werden, soweit dies nicht bereits nach § 544 Abs. 1 Satz 4 geschehen ist.

(2) Die Revisionsschrift ist der Gegenpartei zuzustellen.

2. Schriftform

Die Revisionsschrift leitet das Revisionsverfahren ein. Sie ist ein sog. »bestimmender Schriftsatz« i.S.v. § 130 Nr. 6 ZPO. Nach § 549 Abs. 2 ZPO findet die für vorbereitende Schriftsätze geltende Schriftform Anwendung. § 130 Nr. 6 ZPO schreibt dazu für Anwaltsprozesse die Unterschrift des

§ 74 ArbGG   Einlegung der Revision, Terminbestimmung

Anwalts vor.[1] Die das Verfahren wirksam einleitende Prozesshandlung ist deshalb erst vollzogen, wenn der Schriftsatz **eigenhändig** von einem RA nach § 11 Abs. 4 Satz 2 oder einem nach § 11 Abs. 4 Satz 3 postulationsfähigen Verbandsvertreter **unterschrieben** und beim BAG eingereicht ist.

5 Fehlt die Unterschrift der postulationsfähigen Person und wird sie nicht vor Fristablauf nachgeholt, so ist die Revision unzulässig. Hat eine für den Gegner bestimmte beglaubigte Abschrift mit vollständiger Unterschrift dem an das BAG gerichteten Schriftsatz beigelegen, so genügt das für die Einhaltung der Schriftform.[2] Die Rspr. des BAG macht jedoch einen Vorbehalt. Die Abschrift muss von dem RA beglaubigt worden sein, der es unterlassen hat, seine Unterschrift unter das Original zu setzen.[3]

Eine Abkürzung durch Wiedergabe von Anfangsbuchstaben, wie sie bei Abzeichen eines Entwurfs üblich ist und als Paraphe bezeichnet wird, reicht als Unterschrift nicht aus.[4] Das BAG hat die vom BFH *(29.11.1995 – X B 56/95)* gegen diese Auffassung geltend gemachten Bedenken abgelehnt. Es ist nicht erforderlich, dass die Unterschrift lesbar sein muss. Es genügt, wenn ein Dritter, der den Namen kennt, den vollen Namen aus dem Schriftzug herauslesen kann. Hat ein RA längere Zeit unbeanstandet mit einer Paraphe unterzeichnet, so ist ihm, wenn die verkürzte Unterschrift erstmalig auf Bedenken stößt, Wiedereinsetzung in den vorigen Stand zu bewilligen.[5]

Durch die Unterzeichnung muss der Anwalt zum Ausdruck bringen, dass er persönlich und in seiner Eigenschaft als RA für die Einlegung der Revision die Verantwortung übernimmt.[6] Ist das der Fall, so ist es unschädlich, wenn der Anwalt den Kopfbogen eines Verbandes benutzt. Bei Sozietäts-Briefköpfen muss der Name des unterzeichnenden RA angegeben werden, wenn die Unterschrift nicht leserlich ist. Der pauschale Hinweis auf die Sozietät reicht nicht aus.[7] Einschränkende Zusätze können die Einlegung unwirksam machen, wenn z.B. von einem sozietätsfremden Anwalt der Zusatz beigefügt wird »Im Auftrag des verhinderten Rechtsanwalts A«[8] oder neben der Unterschrift vermerkt wird: »Verfasser RA Y«.[9] Der Zusatz »für Rechtsanwalt X« ist als Erklärung eines Unterbevollmächtigten ausgelegt worden, für den Inhalt des Schriftsatzes geradezustehen.[10]

6 Dem Formerfordernis muss vor Fristablauf (Rdn. 18 ff.) genügt sein. Eine Heilung durch rügelose Einlassung oder Rügeverzicht des Revisionsbeklagten kommt nicht in Betracht. Nach Fristablauf tritt die Rechtskraft der Berufungsentscheidung ein. Auch die Nachholung der vollständigen Unterschrift kann daher den Mangel nicht mehr heilen.

7 Nach der älteren Rechtsprechung wird der Schriftlichkeit Genüge getan bei telegrafischer Übermittlung,[11] bei Durchgabe mittels Fernschreiber und bei Überbringung als Telebrief[12] sowie bei Empfang als Telefax.[13] Angesichts des technischen Fortschritts der Telekommunikation bestehen Zweifel, ob an dieser Lockerung der Schriftform festgehalten werden darf.

8 Umstritten war lange, wie die Übermittlung einer Revisionsschrift mittels PC-Modem als Textdatei an das Telefaxgerät des BAG zu beurteilen ist. Hier wird keine Fernkopie eines Originals erstellt. Deshalb ist keine Wiedergabe eines eigenhändig unter das Original gesetzten Namenszuges mög-

---

1 Düwell NZA 1999, 291 ff.
2 BGH, 22.09.1992 – XI ZR 35/92.
3 BAG, 11.08.1987 – 7 AZB 14/87 – AP § 518 ZPO Nr. 42; zustimmend GK-ArbGG/Mikosch § 74 Rn 6.
4 BAG, 27.03.1996 – 5 AZR 576/94, NZA 1996, 1115.
5 BGH, 28.09.1998 – II ZB 19/98.
6 BAG, 27.09.2001 – 6 AZR 462/00.
7 BAG, 27.09.1983 – 3 AZR 424/81.
8 BAG, 26.07.1967 – 4 AZR 172/66.
9 BAG, 22.05.1990 – 3 AZR 55/90.
10 BAG, 22.05.1990 – 3 AZR 55/90.
11 BAG, 01.07.1971 – 5 AZR 75/71, NJW 1971, 2190.
12 BAG, 01.06.1983 – 5 AZR 458/80.
13 BAG, 14.03.1989 – 1 AZB 26/88, NJW 1989, 1822.

lich. Anstelle der Unterschrift soll der Zusatz genügen »dieser Brief wurde maschinell erstellt und wird nicht unterschrieben«[14] oder die Angabe »last page«.[15] Wenn der Anwalt seine Unterschrift in seinen Rechner einscannt und verbunden mit einem als Datei abgespeicherten Schriftsatz über ein Modem an das Telefaxgerät des Gerichts sendet, fehlt in Ermangelung eines auf Papier geschriebenen Originals zwangsläufig die Unterschrift.[16] Dem folgend hat der BGH die Einreichung eines bestimmenden Schriftsatzes mittels Computerfax als unzulässig angesehen.[17] Der vom BGH angerufene Gemeinsame Senat hat das Computerfax dennoch, um dem technischen Fortschritt Rechnung zu tragen, zugelassen. Das ist kaum mit dem Gleichheitssatz des Art. 3 GG zu vereinbaren. Wenn bei fernmeldetechnischer Übermittlung eine Fernkopie der Unterschrift *(Faksimile)* genügt, dann ist es sachlich nicht gerechtfertigt, bei konventioneller Übermittlung ein Faksimile zurückzuweisen und stattdessen eine Originalunterschrift zu verlangen. Die Prozessordnungen enthalten keinen Anhalt dafür, dass die Nutzer moderner Kommunikationswege begünstigt werden sollen.[18] Das Erfordernis der eigenhändigen Unterschrift des RA hat seinen Sinn: Nur Postulationsfähige sollen Rechtsmittel einlegen oder sonstige bestimmende Schriftsätze erstellen.[19]

Seit dem 01.04.2006 ist der elektronische Rechtsverkehr zum BAG eröffnet. Mit der Verordnung über den elektronischen Rechtsverkehr beim Bundesarbeitsgericht vom 09.03.2006[20] hat die Bundesregierung die dazu erforderliche Rechtsgrundlage geschaffen.[21] Die Zugangs- und Übertragungssoftware kann von der Internetseite *www.bundesarbeitsgericht.de* kostenlos heruntergeladen werden. Weitere Einzelheiten siehe § 72a Rdn. 23.

9

Die Rechtsprechung hat noch keine überzeugende Lösung für die Zuleitung von Dokumenten entwickelt, die der Schriftform genügende Revisionsschriften enthalten und die nicht in den elektronischen Briefkasten des BAG eingereicht, sondern dem BAG auf einem anderen Übertragungsweg zugeleitet werden. Eine klare Lösung wäre es, wenn der elektronische Rechtsverkehr alle fernmeldetechnischen Datenübermittlungen verdrängen würde. Das ist jedoch nicht mit der Rechtsprechung der anderen OGB vereinbar, die eine »schriftliche Übermittlung« mit technischen Mitteln zulassen; wenn auf Veranlassung des Absenders am Empfangsort (Gericht) eine körperliche Urkunde erstellt wird: Dann ist für den Eingangszeitpunkt der Ausdruck maßgebend.[22] So gilt für ein Telefax, dass die Speicherung der Nachricht noch nicht an die Stelle der Schriftform tritt.[23] Erst der Ausdruck der auf elektronischem Wege übermittelten Datei erfüllt die Schriftform. Hier zeigt sich der Unterschied zu dem im elektronischen Rechtsverkehr übermittelten Dokument, das bereits mit der Speicherung als eingegangen gilt. Als weitere schriftliche Übertragung kommt auch die Echtzeitübertragung von Faxnachrichten über IP-Netze mittels des von der International Telecommunication Union (ITU) definierten Standards T.38 (»Fax over IP« – FoIP) in Betracht. Auch solche Fernkopien fallen in den Anwendungsbereich des § 130 Nr. 6 ZPO, weil die Übermittlung an den Empfänger über das Telefonnetz erfolgt.[24] Der BGH verweist zusätzlich auf die Möglichkeit, ein Telefax über das Internet zu versenden. Als eine Art der schriftlichen Übertragung hat es der BGH darüber hinaus akzeptiert, wenn ein unterschriebener Schriftsatz als PDF-Datei per E-Mail an das Gericht geschickt und dort ausgedruckt wird. Mit dem Ausdruck gilt dann die Rechtsmittelschrift als eingegangen.[25] Um die Anforderungen an eine »schriftliche« Übertragung zu erfüllen, muss

---

14 BSG, 15.10.1996 – 14 BEg 9/96, NJW 1997, 1254.
15 BVerwG, 19.12.1994 – 5 B 79/94.
16 OLG Karlsruhe, 14.11.1997 – 14 U 202/96, NJW 1998, 1650.
17 BGH, 29.09.1998 – XI ZR 367/97, NJW 1998, 3649.
18 Ebenfalls Bedenken GMPMG/Müller-Glöge § 74 Rn 11.
19 Einzelheiten bei Düwell NZA 1999, 293.
20 BGBl. I, S. 519.
21 Düwell FA 2006, 172.
22 GmS-OGB, 05.04.2000 – GmS-OGB 1/98, AP Nr. 2 zu § 129 ZPO.
23 BGH, 25.04.2006 – IV ZB 20/05, BB 2006, 1654. § 130 Nr. 6 ZPO.
24 Vgl. dazu Einzelheiten Kloppenburg jurisPR-ArbR 4/2009 Anm. 2.
25 BGH, 15.07.2008 – X ZB 8/08, NJW 2008, 2649.

zudem der einer Email anhängte Schriftsatz vor dem Scannen unterschrieben worden sein. Insoweit hat der BGH Emailanhänge mit Telefaxen gleichbehandelt. Das ist eine logische Weiterentwicklung zu den Computerfaxen, deren Ausdrucke auch ohne Unterschrift auf dem Original bereits für den GmS-OGB dem Schriftformerfordernis genügten.[26] Zu berücksichtigen ist allerdings, dass es zum Zeitpunkt dieser Entscheidungen § 46c ArbGG noch nicht gab. Auf eine handschriftliche Unterzeichnung wurde damals mit der Begründung verzichtet, die Partei müsse nur das tun, was technisch möglich sei, um die Anforderungen der eigenhändigen Unterschrift zu erfüllen. Da für die Revision an das BAG die Möglichkeit besteht, Schriftsätze durch mit elektronischer Signatur versehene elektronische Dokumente einzureichen, ist der Gesichtspunkt, der die Zulassung des Computerfaxes einmal gerechtfertigt hat, seit Eröffnung des elektronischen Rechtsverkehrs am 01.04.2006 für den Zugang zum BAG überholt. Gleiches muss für sogenannte »Funkfaxe« gelten, die das BVerwG noch 2006 als zur Formwahrung geeignet angesehen hat.[27]

3. Pflichtangaben in der Revisionsschrift

10 Nach § 551 Abs. 2 ZPO sind die allgemeinen Vorschriften über die vorbereitenden Schriftsätze auf die Revisionsschrift anzuwenden. Nach § 130 Nr. 1 ZPO bedeutet dies, dass die Revisionsschrift enthalten muss:
– die Bezeichnung der Parteien und ihrer gesetzlichen Vertreter nach Namen, Stand oder Gewerbe, Wohnort und Parteistellung,
– die Bezeichnung des angerufenen Gerichts und des Streitgegenstandes sowie
– die Zahl der Anlagen.

Üblich ist, dass derjenige, der die Revision einlegt, das Rubrum der angefochtenen Entscheidung in der Revisionsschrift so wiedergibt, dass die Partei, die die Revision einlegt, als Erstes erscheint. Um Fehler zu vermeiden *(z.B. Vertauschen der Parteirollen)*, ist es empfehlenswert, entsprechend § 550 Abs. 1 ZPO mit der Revisionsschrift eine Ausfertigung oder beglaubigte Abschrift des angefochtenen Urteils vorzulegen. Soweit Unklarheiten vorhanden sind, können diese dann im Wege der Auslegung geklärt werden. Ist auch anhand des Berufungsurteils eine »unzweideutige« Bezeichnung des Rechtsmittelführers nicht möglich, weil z.B. schon in der Berufungsinstanz eine Verwechslung vorlag, so kommt eine Klarstellung nach Fristablauf ebenso wenig wie eine Wiedereinsetzung in Betracht.[28] Die frühere Auffassung des BAG, die Revision müsse auch die ladungsfähige Anschrift des Rechtsmittelbeklagten oder seines Prozessbevollmächtigten enthalten, ist aufgegeben worden.[29]

11 Das Urteil, das angefochten wird, muss mit Angabe der Parteien, des Gerichts, des Verkündungstermins und des Aktenzeichens individualisiert werden. Fehlt die Angabe, welches LAG entschieden hat, ist die Revision insgesamt unzulässig.[30] Es reicht nicht aus, dass der Rechtsmittelgegner erkennen kann, welches Gericht gemeint ist. Das Rechtsmittelgericht selbst muss bis zum Ablauf der Frist in der Lage sein, die Identität des angefochtenen Urteils zu erkennen. Zu empfehlen ist daher, eine beglaubigte Abschrift des angefochtenen Urteils stets der Revisionsschrift beizufügen.

12 Sind einzelne Angaben unzutreffend oder lückenhaft, kann aber eine eindeutige Identifizierung noch aus anderen Tatsachen erfolgen, genügt das. Ist nur das Aktenzeichen falsch angegeben, so ist das unschädlich; denn aufgrund der übrigen Angaben kann das angefochtene Urteil ohne Verwechslungsgefahr beim LAG angefordert werden.[31] Wegen des Grundsatzes des fairen Verfahrens sind die noch innerhalb der Rechtsmittelfrist eingegangenen Prozessakten zu berücksichtigen.[32]

---

26 Gemeinsamer Senat der Obersten Bundesgerichte, 05.04.2000 – GmS-OGB 1/98, AP Nr. 2 zu § 129 ZPO.
27 BVerwG, 30.03.2006 – 8 B 8/06, NJW 2006, 1989.
28 BGH, 07.04.2004 – XII ZR 253/03.
29 BAG, 16.09.1986 – GS 4/85, NJW 1987, 1356.
30 BAG, 18.02.1972 – 5 AZR 5/72.
31 BAG, 12.01.2005 – 5 AZR 144/04.
32 BAG, 27.08.1996 – 8 AZB 14/96, NZA 1997, 456.

Es muss innerhalb der Frist auch feststehen, wer der Revisionsbeklagte ist.[33] Zweifel bestehen insbesondere, wenn beide Parteien durch das Berufungsurteil beschwert sind und subjektive Klagehäufung vorliegt.

Die an die Schriftform gestellten Anforderungen müssen innerhalb der Revisionsfrist (vgl. Rdn. 6) erfüllt sein. Zwar ist in der älteren Rspr. des BAG angenommen worden, es genügt, dass von der Geschäftsstelle aufgrund telefonischer Nachfrage die schriftlichen Angaben des Revisionsklägers ergänzt werden.[34] Demgegenüber vertritt der BGH die Auffassung, eine in einem Aktenvermerk festgehaltene fernmündliche Auskunft der Kanzlei des Prozessbevollmächtigten zur Person des unklar in dem Schriftsatz bezeichneten Rechtsmittelführers genüge nicht.[35] Dem BGH ist zuzustimmen;[36] denn es würde der Bedeutung der notwendigen Pflichtangaben nicht gerecht, wenn insoweit mündliche oder fernmündliche Angaben ausreichten. Die Schriftform ist deshalb nur gewahrt, wenn sich insbesondere die Person des Rechtsmittelklägers aus Schriftstücken, wie etwa dem angefochtenen Urteil oder den Gerichtsakten, entnehmen lässt, die dem Revisionsgericht vorliegen. Mit dem Gebot der Rechtssicherheit ist es nicht mehr vereinbar, wenn sich die Bezeichnung des Berufungsklägers nur aus einer mündlichen Erläuterung ergibt, wobei es letztlich gleichgültig ist, ob diese Erläuterung von dem Prozessbevollmächtigten selbst oder einem seiner Angestellten gegeben wird.[37]

4. Unbedingte Einlegung des Rechtsmittels

Die Revision muss **unbedingt erhoben** werden. Sie ist nicht wirksam, wenn sie nur für den Fall der Statthaftigkeit oder ihrer Zulässigkeit eingelegt wird.[38] Besteht bei der Einreichung Besorgnis, ob die Einlegungsfrist (Rdn. 18 bis 31) gewahrt ist, kann bereits vorsorglich die Wiedereinsetzung beantragt werden. 13

Der Schriftsatz muss erkennen lassen, dass gegen das bezeichnete Urteil das **Rechtsmittel der Revision** eingelegt wird.[39] Eine Falschbezeichnung des Rechtsmittels *(z.B. Rechtsbeschwerde)* schadet nicht. Entscheidend ist, ob das BAG über das eingelegte Rechtsmittel befinden soll. 14

5. Revisionseinlegung und PKH

Da vor dem BAG nach § 11 Abs. 4 Vertretungszwang besteht, ist eine mittellose Partei ohne Bewilligung von PKH nicht in der Lage, die Revisionsfrist einzuhalten. Ihr ist daher bei rechtzeitiger Antragstellung auf PKH auch nach Ablauf der Revisionsfrist für die Einlegung der Revision Wiedereinsetzung in den vorigen Stand zu gewähren.[40] Weitere Einzelheiten vgl. § 72a Rdn. 98. 15

Ungenügend ist die Beantragung von **PKH** zum Zwecke der Durchführung der Revision. Aus dieser Formulierung wird nicht hinreichend deutlich, dass das Prozesskostenhilfegesuch zugleich als Einlegung der Revision zu verstehen ist.[41] Eine gefahrenträchtige Situation entsteht, wenn ein Rechtsanwalt innerhalb der Revisionsfrist PKH beantragt und zugleich »unter der Bedingung gewährter PKH« das Rechtsmittel einlegt. Nach der Rechtsprechung des BGH[42] gereicht es ihm zum Verschulden, wenn er nicht innerhalb der mit Zustellung des Beschlusses über die Bewilligung von Prozesskostenhilfe beginnenden zweiwöchigen Frist nach § 236 Abs. 2 Satz 2, § 234 Abs. 1 Satz 1 ZPO Wiedereinsetzung beantragt und die Rechtsmitteleinlegung in dieser Frist nachholt; denn die zuvor erfolgte

---

33 § 551 Abs. 2 i.V.m. § 130 Nr. 1 ZPO.
34 BAG, 27.08.1996 – 8 AZB 11/96.
35 BGH, 09.07.1985 – VI ZB 8/85, NJW 1985, 2650.
36 So im Ergebnis auch: GK-ArbGG/Mikosch § 74 Rn 19.
37 BGH, 09.07.1985 – VI ZB 8/85 – NJW 1985, 2650.
38 BAG, 22.11.1968 – 1 AZB 31/68, NJW 1969, 446.
39 § 551 Abs. 3 Nr. 2 ZPO.
40 Vgl. Zöller ZPO, § 119 Rn 60a.
41 BAG, 03.12.1985 – 4 R 7/85.
42 BGH, 30.11.2011 – III ZB 34/11; krit. dazu: Gravenhorst juris PraxisReport 27/2012 Anm. 3.

Rechtsmitteleinlegung unter der Bedingung gewährter Prozesskostenhilfe war nicht wirksam.[43] Da das Hindernis für die Einlegung der Revision mit der Bekanntgabe des Beschlusses über die Bewilligung von PKH entfällt,[44] muss er innerhalb der zweiwöchigen Frist des § 234 Abs. 1 Satz 1 ZPO Wiedereinsetzung beantragen und ebenfalls in dieser Frist die versäumte Revisionseinlegung nachholen. Die Frist für die Nachholung der Revisionsbegründungsfrist ist in der ab dem 21. Oktober 2005 geltenden Neufassung von § 234 Abs. 1 Satz 2 ZPO auf einen Monat verlängert worden.

6. Anfall Hilfsanträge in der Revisionsinstanz

16 Ein Hilfsantrag, über den die Vorinstanz nicht zu entscheiden brauchte, weil sie dem vorrangig gestellten (Haupt- oder Hilfs-) Antrag des Klägers entsprochen hat, fällt automatisch durch das Rechtsmittel des Beklagten in der Rechtsmittelinstanz an, ohne dass eine Anschlussrevision eingelegt werden müsste.[45] Das gilt auch dann, wenn bereits in der Berufungsinstanz das Anfallen des Hilfsantrags übersehen wurde.[46] Legt die beklagte Partei gegen ihre Verurteilung nach dem Hauptantrag Revision ein, so ist somit auch der auf einem einheitlichen Sachverhalt beruhende Hilfsantrag des Klägers Gegenstand der Revisionsverhandlung.[47] Das ist in der Rspr. der Zivilgerichte schon seit Langem anerkannt.[48] Nach der Rspr. des Zweiten Senats des BAG gilt das »zumindest dann, wenn zwischen dem Haupt- und dem Hilfsantrag ein enger sachlicher und rechtlicher Zusammenhang besteht«, wie dies zwischen der Kündigungsschutzklage und dem Wiedereinstellungsanspruch anzunehmen ist.[49] Diese Einschränkung ist überflüssig.

7. Kein Anfall von übergangenen Anträgen

17 Bisweilen übergeht das Berufungsgericht einen gestellten Sachantrag. Beispiel: In einem Kündigungsschutzprozess weist das LAG die Kündigungsschutzklage ab und übersieht, dass der Kläger hilfsweise für den Fall des Unterliegens den Urlaubsabgeltungsanspruch erhoben hat. Der Kläger muss in diesem Fall binnen zwei Wochen nach Zustellung des Urteils die Ergänzung des Urteils beantragen. Nach Ablauf der Antragsfrist des § 321 Abs. 2 ZPO entfällt die Rechtshängigkeit der Klage, soweit sie Gegenstand des übergangenen Antrags gewesen ist.[50] Das kann zu Regressforderungen gegen den Prozessbevollmächtigten führen; denn durch die dann notwendige neue Klageerhebung entstehen vermeidbare Kosten. Noch gefährlicher sind Ausschlussfristen zur Anrufung des Gerichts, die dann nicht eingehalten werden. Ein übergangener Antrag, dessen Rechtshängigkeit durch Ablauf der Frist nach § 321 Abs. 2 ZPO entfallen ist, kann allenfalls noch in der zweiten, aber nicht mehr in der dritten Instanz durch Klageerweiterung wieder in den Prozess eingeführt werden. Hat das LAG auch den Sachverhalt des übergangenen Antrags nicht in den Tatbestand seines unvollständigen Urteils aufgenommen, muss zur Urteilsergänzung nach § 321 ZPO auch noch eine Berichtigung des Tatbestands nach § 320 ZPO beantragt werden.[51]

8. Anfall des Zuvielzugesprochenen

18 Nach § 308 Abs. 1 Satz 1 ZPO darf einer Partei nicht mehr und auch nichts anderes zugesprochen werden, als sie beantragt hat. Das wurde schon von dem alten römischen Grundsatz »ne ultra

---

43 BGH, 24.06.1999 – IX ZB 30/99, NJW 1999, 2823.
44 BGH, 19.06.2007 – XI ZB 40/06, BGHZ 173, 14 Rn 10.
45 BAG, 12.08.2008 – 9 AZR 620/07, DB 2008, 2839; BVerwG, 24.05.2000 – 9 B 144/00, Buchholz 402.240 § 53 AuslG Nr. 36.
46 BAG, 24.04.2001 – 3 AZR 329/00, BAGE 97, 301 = AP § 1 TVG Tarifverträge Bau Nr. 243.
47 BGH, 24.01.1990 – VIII ZR 296/88, DB 1990, 877.
48 BGH, 29.06.1957 – IV ZR 313/56, BGHZ 25, 79.
49 BAG, 20.08.1997 – 2 AZR 620/96, AP § 626 BGB Verdacht strafbarer Handlung Nr. 27; BAG, 18.12.1980 – 2 AZR 1006/78, AP § 102 BetrVG 1972 Nr. 22; GMPMG/Müller-Glöge § 74 Rn 26.
50 BAG, 26.06.2008 – 6 AZN 1161/07, NZA 2008, 1028; Gravenhorst jurisPR-ArbR 38/2008 Anm. 6.
51 BGH, 16.02.2005 – VIII ZR 133/04, NJW-RR 2005, 790, zu II 2 der Gründe.

petita« zum Ausdruck gebracht. Dennoch kommt es immer wieder zu Verstößen. Nur soweit die beschwerte Partei Revision einlegt, kann der Verstoß überprüft werden. Er ist auch dann zu berücksichtigen, wenn der Revisionskläger den Fehler nicht erkennt; denn dieser Mangel ist von Amts wegen zu beachten.[52] Die vom Verstoß begünstigte Partei kann jedoch den Verstoß heilen, indem sie sich die Antragsüberschreitung zu Eigen macht. Das wird schon darin gesehen, dass sie das angefochtene Urteil als zutreffend verteidigt.[53] Der BGH hält in einer insoweit nicht näher begründeten Entscheidung eine Heilung in der Revisionsinstanz für ausgeschlossen, weil »eine darin liegende Klageänderung in der Revisionsinstanz grundsätzlich nicht zulässig wäre«.[54] Das beruht auf einer zu engen Sicht der Zulässigkeit der Klageänderung in der Revisionsinstanz; denn soweit es keiner neuen Feststellungen bedarf, ist auch die Klageänderung in der Revisionsinstanz zulässig.[55] Zu beachten ist jedoch, dass die klagende Partei nicht die Sachanträge aus der zweiten Instanz wiederholen darf, sondern diese entsprechend dem Berufungsurteil zu ändern hat.

9. Beschränkung der Revision

Der Revisionskläger kann die Anfechtung des Berufungsurteils und damit den Prüfungsauftrag des Revisionsgerichts streitgegenständlich begrenzen. Die Ankündigung beschränkter Anträge in der Revisionseinlegungsschrift stellt noch keine Rechtsmittelbeschränkung dar. Das gilt selbst dann, wenn die Ankündigung beschränkter Anträge in der Revisionsschrift keinen Vorbehalt ihrer Erweiterung enthält.[56] Maßgeblich ist der Inhalt der Revisionsbegründung. Praktische Bedeutung ist dieser Rechtsfrage vom BAG für den Fall zugemessen worden, dass der Revisionskläger entsprechend einer beschränkten Revisionszulassung Revision einlegt und erst später in der Begründungsschrift ausgeführt, weshalb er die Beschränkung der Revisionszulassung durch das LAG oder das BAG für unzulässig hält.[57] Ob es dazu überhaupt des Rückgriffs auf die Erklärung in der Begründungsschrift bedarf, erscheint zweifelhaft; denn eine unzulässige, nicht teilurteilsfähige Beschränkung der Revisionszulassung bindet weder den erkennenden Spruchkörper[58] noch ist sie geeignet, den Anfall der Revision zu beschränken. Vielmehr ist in einem derartigen Fall stets vom unbeschränkten Anfall auszugehen. 19

III. Einlegungsfrist

1. Einreichung

Die Revision wird durch Einreichung einer Revisionsschrift beim BAG »eingelegt«.[59] Eine Einlegung beim LAG wahrt die Revisionsfrist nicht.[60] Wird die Revisionsschrift vom LAG dem BAG so rechtzeitig weitergeleitet, dass der Schriftsatz vor Ablauf der Einlegungsfrist in die Verfügungsgewalt des BAG gelangt ist, so reicht das aus.[61] Die Partei und ihr Prozessbevollmächtigter sind allein für die Einlegung verantwortlich. Der Eingangsstempel des Rechtsmittelgerichts beweist als öffentliche Urkunde den Tag, an dem das Schriftstück eingegangen ist. Dieser Beweis kann nach § 418 Abs. 2 ZPO durch Gegenbeweis entkräftet werden.[62] 20

---

52 BAG, 13.06.1989 – 1 ABR 4/88, NZA 1989, 934; BAG, 16.12.1970 – 4 AZR 98/70, BAGE 23, 146, 148 = AP Nr. 1 zu § 308 ZPO; BGH, 25.01.1961 – IV ZR 244/60, LM Nr. 7 zu § 308 ZPO.
53 BGH, 19.03.1986 – IVb ZR 19/85, FamRZ 1986, 661, 662; KG Berlin, 04.01.1999 – 8 U 2636/98, KGR Berlin 1999, 164.
54 BGH, 20.11.1992 – V ZR 82/91, Rn 37 juris, NJW 1993, 925, 928.
55 BAG, 03.05.2006 – 10 AZR 310/05, DB 2006, 1499; BAG, 27.01.2004 – 1 AZR 105/03, AP ArbGG 1979 § 64 Rn. 35; BAG, 05.06.2003 – 6 AZR 277/02, AP ZPO 1977 § 256 Nr. 81.
56 BAG, 29.04.2008 – 3 AZR 266/06, Rn 15, NZA 2008, 1417; BGH, 19.11.1957 – VI ZR 249/56, NJW 1958, 343.
57 Vgl. BAG, 29.04.2008 – 3 AZR 266/06, Rn 15, NZA 2008, 1417.
58 Vgl. § 72 Rdn. 62.
59 Vgl. § 549 Abs. 1 Satz 1 ZPO.
60 BAG, 17.11.1975 – 4 AZR 546/75.
61 BAG, 29.04.1986 – 7 AZB 6/85.
62 BGH, 30.10.1997 – VII ZB 19/97.

Kommt es zu mehreren Einlegungsakten einer Partei, ist dennoch nur von einem eingelegten Rechtsmittel auszugehen; denn ein Urteil kann von einer Partei nur mit einem Rechtsmittel angegriffen werden.[63] Über dieses Rechtsmittel ist einheitlich zu entscheiden, selbst wenn eine Partei gegen eine bestimmte Entscheidung mehrfach Revision eingelegt hat.[64]

Bei Revisionseinlegung auf fernmeldetechnischen Wegen müssen alle notwendigen Angaben und auch die Unterschrift bis zum Fristablauf vom Empfängergerät empfangen und aufgezeichnet werden. Das Empfangsgerät des Gerichts ist wie ein elektronischer Nachtbriefkasten zu behandeln.[65] Risiken und Unsicherheiten, deren Ursache in der Sphäre des Gerichts liegen, dürfen nicht abgewälzt werden.[66] Eine rechtzeitige Einlegung per Telefax erfordert deshalb, dass die Aufzeichnung von dem automatisch arbeitenden Empfangsgerät des Gerichts bis 24:00 Uhr des letzten Tages der Frist abgeschlossen ist. Es kommt dabei darauf an, dass die gesendeten Signale noch vor Ablauf des letzten Tages der Frist vom Telefaxgerät des Gerichts vollständig empfangen und gespeichert worden sind, nicht hingegen darauf, ob der Ausdruck noch vollständig vor Fristablauf erfolgte. Der Eingangszeitpunkt bestimmt sich nach dem (ordnungsgemäß eingestellten) Uhrzeitaufdruck des Telefaxgeräts des Gerichts.[67] Liegt die Ursache der mangelnden Lesbarkeit der übermittelten Daten beim Empfänger, ist der Schriftsatz ordnungsgemäß eingegangen, wenn das Original nachgereicht wird und die empfangene Sendung so lesbar wird. Soweit hinreichende Anhaltspunkte dafür vorliegen, dass die abgesandten Signale fristgerecht eingegangen sind, fingiert die Rechtsprechung deren rechtzeitigen Zugang.[68] Bei einer Fristversäumung wegen gestörten Telefaxempfangs wird deshalb nicht nur das Risiko der Funktionsbeeinträchtigung des Empfangsgeräts, sondern auch das einer Leitungsstörung dem Gericht zugerechnet. Daher ist Wiedereinsetzung in den vorigen Stand zu gewähren, wenn ein RA so rechtzeitig mit der Sendung eines Fax beginnt, dass unter normalen Umständen vor Fristablauf um 24 Uhr mit dem Empfang beim Rechtsmittelgericht zu rechnen ist, sich aber beim Sendevorgang herausstellt, dass die Leitung gestört ist.[69]

2. Frist für Einreichung

a) Fristberechnung

21 Nach **Abs. 1 Satz 1** beträgt die **Revisionsfrist einen Monat** nach wirksamer Zustellung des Berufungsurteils. Sie kann **nicht verlängert** werden: Das ergibt zum einen der Umkehrschluss aus Abs. 1 Satz 3, zum anderen die ergänzende Verweisung in § 72 Abs. 5 auf § 548 ZPO. Dort ist der Begriff Revisionsfrist als »Einlegung der Revision« definiert und ausdrücklich als »Notfrist« bezeichnet.

22 Bei der **Berechnung der Frist** wird nach den Grundsätzen der Zivilkomputation (§§ 187, 188 BGB), auf die § 222 Abs. 1 ZPO verweist, der Tag der Zustellung nicht mitgerechnet.[70] Die Revision muss also nach § 188 Abs. 2 1. Alt. BGB spätestens an dem Tag beim BAG eingehen, der seiner Zahl nach dem des Vormonats entspricht.[71]

---

63 GK-ArbGG/Mikosch § 74 Rn 22.
64 St. Rspr., BAG, 18.03.2010 – 8 AZR 1044/08, EzA § 15 AGG Nr. 7; BAG, 18.11.2009 – 5 AZR 41/09, EzA § 66 ArbGG 1979 Nr. 43.
65 LAG Hamm, 27.11.1989 – 19 Sa 1618/89, LAGE § 518 ZPO Nr. 3.
66 BVerfG, 14.05.1985 – 1 BvR 370/84, NJW 1986, 244.
67 BAG, 14.07.2010 – 10 AZR 781/08, JurionRS 2010, 23260: Entscheidungsbesprechung Hansens JurBüro 2011, 278.
68 BGH, 19.04.1994 – VI ZB 3/94, NJW 1994, 1881.
69 BVerfG, 01.08.1996 – 1 BvR 121/95, NJW 1996, 2857 = NZA 1996, 1173.
70 §§ 221, 222 ZPO, § 188 BGB.
71 § 188 Abs. 2 BGB.

▶ **Beispiele:**

Ist das Urteil am 01.06. zugegangen, läuft die Revisionsfrist am 01.07. um 24 Uhr ab. Ist das Urteil am 31.01. zugegangen, läuft die Frist am 28.02. (bzw. 29.02. im Schaltjahr, vgl. § 188 Abs. 3 BGB) ab. Fällt der letzte Tag der Frist auf einen Sonnabend, Sonntag oder allgemeinen Feiertag, so verlängert sich die Frist auf den nächsten Werktag (§ 222 Abs. 2 ZPO).

Ohne Einfluss auf den Fristablauf sind die nach **örtlichem Brauch** ganz oder teilweise beim Sitz 23 des Revisionsgerichts **arbeitsfreien Tage** *(z.B. Rosenmontag)* oder die Tage, an denen im ganzen Land die Behörden geschlossen sind *(wie gelegentlich am 31. Dezember).* Etwas anderes gilt für Fristende, die auf Sonntage, allgemeine Feiertage und Samstage fällt. Hier tritt nach § 222 Abs. 2 ZPO (inhaltsgleich mit § 193 BGB) an die Stelle eines solchen Tages der nächste Werktag. Deshalb können an einem allgemeinen Feiertag, der nach Landesrecht am Sitz des Rechtsmittelgerichts gilt, keine Fristen ablaufen.[72] Seitdem das BAG an seinen neuen Sitz in Erfurt umgezogen ist, sind nicht mehr die hessischen, sondern die Thüringer Feiertage maßgeblich, geregelt im Thüringer Feiertagsgesetz vom 21.12.1994[73] zuletzt geändert durch Gesetz vom 24.10.2001.[74] Danach ist auch der Reformationstag gesetzlicher Feiertag.

b) Beginn des Fristlaufs

Der **Lauf der Revisionsfrist** beginnt nach Abs. 1 Satz 2 wie im Zivilprozess (§ 548 ZPO) mit der 24 Zustellung des Urteils in vollständiger Form, spätestens jedoch fünf Monate nach Verkündung des Urteils. Das gilt unabhängig davon, ob das LAG-Urteil eine ordnungsgemäße Rechtsmittelbelehrung enthält. Die ältere Rspr. nahm bei fehlender oder nicht ordnungsgemäßer Rechtsmittelbelehrung nach Ablauf der Fünf-Monats-Frist noch kumulativ den Lauf der Jahresfrist nach § 9 Abs. 5 an.[75] Wurde das verspätete Urteil noch innerhalb der Jahresfrist in vollständiger Form mit Rechtsmittelbelehrung zugestellt, lief von diesem Zeitpunkt an die Revisionsfrist. Danach begann der Lauf der Revisionsfrist erst 17 Monate nach Verkündung des Urteils. Diese Rechtslage ist durch die Änderung des Abs. 1 Satz 2 im Zuge der ZPO-Reform seit 2002 überholt; denn auf alle nach dem 01.01.2002 verkündeten Berufungsurteile ist die mit der ZPO-Reform geänderte Fassung anwendbar.[76] Danach gibt es für den Fall der nicht erfolgten Zustellung des arbeitsgerichtlichen Urteils keine Verlängerung mehr.[77] Die Gesetzesmaterialien sind nur eingeschränkt ergiebig. Es finden sich keine Hinweise auf das Verhältnis zwischen § 66 Abs. 1 Satz 1 und § 9 Abs. 5.[78] Da § 9 Abs. 1 dem Ziel dient, den Ablauf arbeitsgerichtlicher Verfahren zu beschleunigen, und die Einführung der Fünf-Monats-Frist einen vergleichbaren Zweck verfolgt, nämlich die Absetzung von Berufungsurteilen wegen des »abnehmenden richterlichen Erinnerungsvermögens« in einer bestimmten Frist zu gewährleisten, würde mit der Beibehaltung der 17-Monats-Frist der mit dem Beschleunigungsgrundsatz verfolgte Zweck in sein Gegenteil verkehrt. Folgerichtig hat das BAG daher die alte Rechtsprechung aufgegeben.[79]

---

72 BAG, 24.09.1996 – 9 AZR 364/95, NZA 1997, 507.
73 GVBl. 1994, 1221.
74 GVBl. 2001, 265.
75 BAG, 14.09.1984 – 7 AZR 528/83.
76 Gravenhorst jurisPR-ArbR 29/2007 Anm. 3; Künzl ZZP 118; Treber jurisPR-ArbR 17/2006 Anm. 1; zum arbeitsgerichtlichen Urteilsverfahren: BAG, 24.10.2006 – 9 AZR 709/05, AP Nr. 34 zu § 66 ArbGG 1979 Rn 12; BAG, 16.01.2008 – 7 AZR 1090/06, JurionRS 2008, 11116 Rn 9; ebenso zum arbeitsgerichtlichen Beschlussverfahren, das auf Sachen nach dem BPersVG Anwendung findet: BVerwG, 05.10.2011 – 6 P 18/10, ZfPR online 2012, Nr. 2, 5–7.
77 Schmidt/Schwab/Wildschütz NZA 2001, 1217, 1218; GK-ArbGG/Mikosch § 74 Rn 26.
78 BT-Drucks. 14/4722, S. 138; BR-Drucks. 536/00, S. 350.
79 BAG, 28.10.2004 – 8 AZR 492/03, NJW 2005, 1004 = NZA 2005, 125; BAG, 16.12.2004 – 2 AZR 611/03.

c) Amtszustellung als fristauslösend

25 Wird das Berufungsurteil vor Ablauf der Fünf-Monats-Frist zugestellt, so ist für den Fristbeginn die Zustellung von Amts wegen maßgebend.[80] Nach § 310 Abs. 1 Satz 1 ZPO sind nämlich Urteile den Parteien zuzustellen. Die ordnungsgemäße Art der Zustellung des Urteils erfolgt grds. durch Übergabe einer Ausfertigung. Gem. § 317 Abs. 3 ZPO ist die Ausfertigung des Urteils von dem Urkundsbeamten der Geschäftsstelle zu unterschreiben und mit dem Gerichtssiegel zu versehen. Es ist nicht erforderlich, dass die Ausfertigung von dem zuständigen Urkundsbeamten der Geschäftsstelle des erkennenden Gerichts erteilt werden muss. Daher setzt auch die Zustellung der Ausfertigung, die von einem unzuständigen Urkundsbeamten der Geschäftsstelle des erkennenden Gerichts erteilt worden ist, den Lauf der Rechtsmittelfrist in Gang.[81] Der Fristablauf wird somit **nicht** ausgelöst durch:

– Formlose Übersendung des Urteils durch die Geschäftsstelle,
– Zustellung des Urteils im Parteibetrieb oder
– Zustellung eines abgekürzten Urteils ohne Tatbestand und Entscheidungsgründe i.S.v. § 60 Abs. 4 Satz 2.

Die Zustellung hat an den für den Rechtszug bestellten RA zu erfolgen, §§ 172 Abs. 1, 176 ZPO.[82] Hier sind die seit dem 03.05.2011 geltenden neuen Zustellungsbestimmungen an Anwälte zu beachten.

§ 174 ZPO Zustellung gegen Empfangsbekenntnis

(1) Ein Schriftstück kann an einen Anwalt, einen Notar, einen Gerichtsvollzieher, einen Steuerberater oder an eine sonstige Person, bei der auf Grund ihres Berufes von einer erhöhten Zuverlässigkeit ausgegangen werden kann, eine Behörde, eine Körperschaft oder eine Anstalt des öffentlichen Rechts gegen Empfangsbekenntnis zugestellt werden.

(2) An die in Absatz 1 Genannten kann das Schriftstück auch durch Telekopie zugestellt werden. Die Übermittlung soll mit dem Hinweis »Zustellung gegen Empfangsbekenntnis« eingeleitet werden und die absendende Stelle, den Namen und die Anschrift des Zustellungsadressaten sowie den Namen des Justizbediensteten erkennen lassen, der das Dokument zur Übermittlung aufgegeben hat.

(3) An die in Absatz 1 Genannten kann auch ein elektronisches Dokument zugestellt werden. Gleiches gilt für andere Verfahrensbeteiligte, wenn sie der Übermittlung elektronischer Dokumente ausdrücklich zugestimmt haben. Für die Übermittlung ist das Dokument mit einer elektronischen Signatur zu versehen und gegen unbefugte Kenntnisnahme Dritter zu schützen. Die Übermittlung kann auch über De-Mail-Dienste im Sinne von § 1 des De-Mail-Gesetzes erfolgen.

(4) Zum Nachweis der Zustellung genügt das mit Datum und Unterschrift des Adressaten versehene Empfangsbekenntnis, das an das Gericht zurückzusenden ist. Das Empfangsbekenntnis kann schriftlich, durch Telekopie oder als elektronisches Dokument (§ 130a) zurückgesandt werden. Wird es als elektronisches Dokument erteilt, soll es mit einer qualifizierten elektronischen Signatur nach dem Signaturgesetz versehen werden.

Die Zustellung des Urteils gegen Empfangsbekenntnis muss auch wirksam geworden sein. § 174 Abs. 1, Abs. 4 Satz 1 ZPO setzt nicht nur den Zugang der Sendung beim Empfänger oder dessen Kenntnisnahme voraus, sondern darüber hinaus auch dessen Annahmewillen oder Empfangsbereitschaft. Erforderlich ist die mindestens konkludente Äußerung, die Sendung als zugestellt annehmen zu wollen. Daran fehlt es, wenn der Prozessbevollmächtigte die Annahme der Sendung unter Hin-

---

80 BAG, 11.02.1985 – 2 AZB 1/85, EzA § 317 ZPO Nr. 1.
81 BAG, 11.02.1985 – 2 AZB 1/85, EzA § 317 ZPO Nr. 1.
82 BAG, 28.02.1989 – 3 AZR 374/88, JurionRS 1989, 14526.

weis auf die von ihm behauptete Beendigung des Mandatsverhältnisses verweigert und die Urteilsausfertigung mit dem unausgefüllten Empfangsbekenntnis zurücksendet.⁸³

Nach § 175 ZPO kann ein Urteil auch durch Einschreiben mit Rückschein zugestellt werden; zum Nachweis der Zustellung genügt dann der Rückschein. Zu beachten ist, dass wenn keine persönliche Übergabe erfolgt ist, entsprechend § 130 Abs. 1 Satz 1 BGB maßgebend ist, wann der Empfänger unter normalen Verhältnissen die Möglichkeit hat, vom Inhalt der Erklärung Kenntnis zu nehmen. Mangels anderer Anhaltspunkte wird davon ausgegangen, dass der Empfänger ab dem Tag der Einlegung in sein Postfach die Möglichkeit der Kenntnisnahme hat.⁸⁴ Erfolgt die Zustellung nicht per Empfangsbekenntnis, sondern wird nach § 176 ZPO ein Zustellungsauftrag durch Zustellungsurkunde erteilt, so darf sich ein Rechtsanwalt bei Übergabe nach § 177 ZPO oder bei Ersatzzustellung nicht blindlings auf die Richtigkeit eines dem Berufungsurteil verliehenen Eingangsstempels verlassen, sondern muss selbst prüfen, ob das dort angegebene Datum mit dem von dem Postbediensteten auf dem Zustellungsumschlag eingetragenen Zustellungsdatum übereinstimmt. Das muss spätestens in dem Moment geschehen, in dem ihm die Akte zur Fertigung der Revisionsbegründung vorzulegen ist. Der Zustellungsumschlag, auf dem der Postbedienstete das Zustellungsdatum angegeben hat, ist deshalb zu den Handakten zu nehmen.⁸⁵

Hat eine Partei **mehrere Prozessbevollmächtigte**, so ist die erste Zustellung an einen dieser Prozessbevollmächtigten für alle maßgeblich.⁸⁶ Die Urteilszustellung an einen Unterbevollmächtigten setzt die Rechtsmittelfrist nicht in Lauf.⁸⁷ 26

d) Fristenlauf bei Urteilsberichtigung

Ein Berichtigungsbeschluss, der eine Berichtigung des Urteils wegen Schreibfehlern, Rechenfehlern und ähnlichen Unrichtigkeiten enthält, beeinflusst grundsätzlich nicht den Beginn und die Dauer der Revisionsfrist.⁸⁸ Es beginnt jedoch dann eine neue Frist zu laufen, wenn erst die Berichtigung eine Beschwer erkennen lässt⁸⁹ oder wenn das Urteil insgesamt nicht klar genug war, um die Grundlage für die Entschließungen und das weitere Handeln der Parteien und für die Entscheidung des Rechtsmittelgerichts zu bilden; denn der Irrtum des Gerichts darf sich nicht dahin auswirken, dass die Rechtsmittelmöglichkeit einer Partei beeinträchtigt oder gar vereitelt wird.⁹⁰ 27

e) Fristenlauf bei Ergänzungsurteil

Ergeht innerhalb der Revisionsfrist ein **Ergänzungsurteil** nach § 321 ZPO, so beginnt mit der Zustellung des Ergänzungsurteils der Lauf der Frist auch gegen das zuerst zugestellte Urteil von neuem. § 517 ZPO gilt auch für das Revisionsverfahren.⁹¹ Ist die Revision vom LAG nicht zugelassen, wird sie jedoch auf Beschwerde durch Beschluss des BAG zugelassen, so beginnt die Revisionsfrist auch für das zunächst ergangene Urteil mit der Zustellung des Zulassungsbeschlusses für das Ergänzungsurteil nach § 72a Abs. 5 Satz 7 erneut zu laufen.⁹² Im Fall einer Urteilsberichtigung beginnt nur dann eine Frist zu laufen, wenn erst die Berichtigung eine Beschwer erkennen lässt.⁹³ 28

---

83 BVerwG, 29.04.2011 – 8 B 86/10, Buchholz 310 § 56 VwGO Nr. 13.
84 Vgl. für das sozialgerichtlich Verfahren: LSG Baden-Württemberg, 04.08.2010 – L 2 SO 18/10, Rn 21, 12, juris unter Bezugnahme auf BSG, 07.10.2004 – B 3 KR 14/04 R, NJW 2005, 1303.
85 BFH, 16.01.2009 – VII R 31/08, BFH/NV 2009, 951; Verfassungsbeschwerde unter 1 BvR 895/09 anhängig.
86 BAG, 23.01.1986 – 6 ABR 47/82, NZA 1986, 404.
87 BAG, 12.03.1964 – 1 AZB 5/64, AP § 176 ZPO Nr. 1 mit Anm. Pohle.
88 GMPMG/Germelmann § 66 Rn 13.
89 BGH, 05.11.1998 – VII ZB 24/98, NJW 1999, 646–647.
90 Hessisches LAG, 25.04.2005 – 7 Sa 1517/04, juris, unter Bezug auf: BGH, 09.11.1994 – XII ZR 184/93, NJW 1995, 1033 m.w.N.
91 BGH, 24.02.1953 – I ZR 98/52.
92 GMPMG/Müller-Glöge § 74 Rn 6.
93 BGH, 05.11.1998 – VII ZB 24/98.

f) Fristenlauf nach Zulassung durch das BAG

29 Ist die Revision erst auf eine **Nichtzulassungsbeschwerde** nach § 72a hin vom BAG zugelassen worden, so beginnt nach § 72a Abs. 6 in der Neufassung als Anhörungsrügungsgesetzes die Revisionsfrist mit der Zustellung des Zulassungsbeschlusses nicht erneut zu laufen. Vielmehr wird das Beschwerdeverfahren als Revisionsverfahren fortgesetzt. Die Einlegung der Beschwerde gilt auch als Einlegung der Revision.

g) Fristenlauf bei Verfahrensunterbrechung

30 Ist das Verfahren von Amts wegen unterbrochen oder vom Gericht ausgesetzt worden, so hat das nach § 249 Abs. 1 ZPO die Wirkung, dass der Lauf jeder Frist aufhört. Wird dennoch während der Unterbrechung ein Berufungsurteil verkündet, so kann der Gegner Revision einlegen, um diesen Mangel geltend zu machen.[94] Prozesshandlungen sind nach § 249 Abs. 2 ZPO nicht absolut wirkungslos. Prozesshandlungen wie die Revisionseinlegung sind dem Gericht ggü. voll wirksam.[95] Hat eine Partei während der Unterbrechung oder Aussetzung Revision eingelegt, ist diese Prozesshandlung im Verhältnis zur anderen Partei unwirksam, sie muss aber nach Ende des Verfahrensstillstandes nicht wiederholt werden, denn sie war nicht dem Gericht ggü. wirkungslos. Das Revisionsgericht wird während der Unterbrechung und Aussetzung nur nicht tätig. Nach Aufnahme des Verfahrens[96] hat es dann über die Sache zu verhandeln und zu entscheiden. Praktisch bedeutsame Fälle der Unterbrechung sind der Tod einer Partei,[97] die Eröffnung des Insolvenzverfahrens, wenn der Rechtsstreit die Insolvenzmasse betrifft,[98] der Eintritt der Prozessunfähigkeit einer Partei durch Krankheit oder Tod des gesetzlichen Vertreters[99] und in Anwaltsprozessen der Wegfall des Anwalts durch Tod oder Amtsunfähigkeit.[100] Die Aussetzung des Verfahrens wird nach § 148 ZPO angeordnet, wenn die Entscheidung des Rechtsstreits von einer gerichtlichen oder behördlichen Entscheidung abhängt.

▶ Beispiele:
> Für die gerichtliche Entscheidung im Kündigungsprozess kann die Entscheidung des Versorgungsamtes über den Antrag auf Feststellung des weiteren Vorliegens der Schwerbehinderung oder die Entscheidung des Widerspruchausschusses des Integrationsamtes über den Widerspruch des Schwerbehinderten gegen die Zustimmung zur Kündigung vorgreiflich sein.

Ein Ablehnungsgesuch wegen Befangenheit des Richters bewirkt keine Unterbrechung.[101] Verstößt ein abgelehnter Vorsitzender einer LAG-Kammer gegen das Gebot, nur unaufschiebbare Handlungen vorzunehmen,[102] ist das ein Verfahrensfehler, der mit der Revision gerügt werden muss. In allen Fällen der Unterbrechung oder Aussetzung ist zu beachten, dass nach § 249 Abs. 1 ZPO mit dem Ende der Unterbrechung oder Aussetzung die Fristen »von neuem« in voller Länge laufen. Ein gerichtlicher Hinweis ist nicht erforderlich.[103] Das erfordert besondere Sorgfalt des Anwalts bei der Fristenkontrolle.[104]

---

94 BAG, 18.03.1976 – 3 AZR 161/75, NJW 1976, 1334.
95 BGH, 30.09.1968 – VII ZR 93/67; BAG, 24.01.2001 – 5 AZR 228/00.
96 § 250 ZPO.
97 § 239 ZPO.
98 § 240 ZPO.
99 § 241 ZPO.
100 § 244 ZPO.
101 BAG, 28.12.1999 – 9 AZN 739/99.
102 § 47 ZPO.
103 BGH, 24.01.1989 – XI ZR 75/88.
104 Wagner FA 1999, 349 ff.

▶ **Beispiel:**
Nach Zustellung des Berufungsurteils ist der allein praktizierende Anwalt des obsiegenden Arbeitgebers verstorben, ohne dass ein Vertreter bestellt wurde. Zunächst läuft für den Arbeitnehmer keine Frist. Der Lauf der Revisionsfrist beginnt »automatisch« mit der Aufnahme des unterbrochenen Verfahrens.[105]

3. Einlegung vor Zustellung des Berufungsurteils

Die Revision kann eingelegt werden, sobald das Urteil verkündet ist. Wird sie bereits vor Verkündung eingelegt, so ist sie unstatthaft. Sie wird auch nicht mit der späteren Verkündung des Urteils wirksam. Sie ist als unzulässig zu verwerfen. Etwas anderes gilt nur, wenn das Urteil bereits vor Verkündung oder Zustellung formlos der Partei vom Gericht zugeleitet worden ist. Dann ist die Einlegung eines Rechtsmittels gegen das Scheinurteil zulässig.[106]   31

4. Wiedereinsetzung

a) Schuldlose Verhinderung

War eine Partei ohne ihr Verschulden verhindert, die Notfrist zur Einlegung der Revision einzuhalten, so ist ihr auf Antrag nach § 233 ZPO die Wiedereinsetzung in den vorigen Stand zu gewähren. Hinsichtlich Anwaltsverschulden siehe Rspr. zur Revisionsbegründungsfrist Rdn. 46.   32

b) PKH-Bedürftigkeit

Als Sonderfall der unverschuldeten Verhinderung ist die Bedürftigkeit der Partei anzusehen, wenn die Partei innerhalb der Revisionsfrist einen vollständigen Prozesskostenhilfeantrag stellt sowie alle für die Bewilligung von Prozesskostenhilfe erforderlichen Unterlagen dem zuständigen Gericht vorlegt.[107] Auf einen rechtzeitig innerhalb der Revisionsfrist (§ 234 Abs. 1 und Abs. 2 ZPO) gestellten Antrag ist somit der bedürftigen Partei nach § 233 ZPO Wiedereinsetzung in den vorigen Stand zu gewähren, wenn sie ohne eigenes Verschulden verhindert ist, die in § 72 Abs. 5 ArbGG i.V.m. § 548 ZPO bestimmte Notfrist zur Einlegung der Revision einzuhalten.[108]   33

c) Verzögerte Rechtsschutzzusage

Das Hindernis der Bedürftigkeit wird von der Rechtsprechung zu Gunsten der rechtsschutzversicherten Partei bis zur Deckungszusage des Versicherers abgenommen. Voraussetzung ist, dass die Partei ohne schuldhaftes Zögern nach der Zustellung des Berufungsurteils Rechtsschutz beantragt hatte.[109]   34

d) Kein vertretungsbereiter Anwalt

Wird von der im Berufungsurteil beschwerten Partei kein vor dem BAG zur Vertretung notwendiger Rechtsanwalt (§ 11 Abs. 4 Satz 1) gefunden, so kann dieser nach § 72 Abs. 5 i.V.m. §§ 555, 78b ZPO beizuordnen sein. Voraussetzung ist, dass die Partei glaubhaft macht, dass sie eine gewisse Anzahl von Rechtsanwälten vergeblich um die Übernahme eines Mandats ersucht hat.[110] Die Beiordnung eines Notanwalts setzt ferner voraus, dass die Rechtsverfolgung nicht mutwillig

---

105 § 250 ZPO.
106 BGH, 18.09.1963 – V ZR 192/61, NJW 1964, 248.
107 St. Rspr., BAG, 28.04.2011 – 8 AZR 709/09, juris; BAG, 20.01.2010 – 5 AZR 106/09, EzA § 611 BGB 2002 Arbeitnehmerbegriff Nr. 17.
108 BAG, 13.03.2013 – 5 AZR 146/12 – Rn 11, EzA § 10 AÜG Nr. 17.
109 Vgl BVerfG, 23.01.1995 – 1 BvR 762/94, AP § 233 ZPO 1977 Nr. 39 = EzA § 233 ZPO Nr. 26.
110 BAG, 25.8.2014 – 8 AZN 226/14 (A), NJW 2015, 1712; BAG, 28.12.2007 – 9 AS 5/07, BAGE 125, 230; BFH, 11.5.2007 – III S 37/06 (PKH), Rn 6; BFH, 14.10.2002 – VI B 105/02, JurionRS 2002, 12274 Rn 7.

oder aussichtslos erscheint (§ 78b Abs. 1 ZPO). Hat die Partei vor Ablauf der Revisionseinlegungsfrist einen Antrag auf Bestellung des Notanwalts gestellt und sind die Voraussetzungen der Bestellung erfüllt, so liegt ein Wiedereinsetzungsgrund vor.

5. Revisionseinlegung gegen Scheinurteil

35 Wird ein Urteil mit Tatbestand und Entscheidungsgründe ohne eine mit dem Urteilstenor versehene Entscheidungsformel zugestellt, so stellt das ein sog. Nichturteil oder Scheinurteil dar, welches keinerlei rechtliche Wirkung entfaltet, weil sich nicht feststellen lässt, ob überhaupt ein Urteil ergangen ist. Gleichwohl muss gegen ein solches Nichturteil die Einlegung der Revision zulässig sein, um den äußeren Schein einer wirksamen gerichtlichen Entscheidung zu beseitigen. Der Rechtsstreit ist dann an das Berufungsgericht zur Fortführung des noch nicht abgeschlossenen Berufungsverfahrens zurückzuverweisen.[111]

IV. Revisionsbegründung

1. Die anzuwendenden ZPO Bestimmungen

36 Aufgrund der Verweisung in § 72 Abs. 5 auf das Revisionsrecht der ZPO sind insbesondere §§ 551, 557 ZPO anzuwenden. § 551 ZPO ordnet in Abs. 1 an, dass die Revision zu jedem einzelnen Beschwerdepunkt begründet werden muss. Abs. 3 regelt unter Nr. 2 die Angabe der Revisionsgründe. Abs. 2 Satz 2 bis 5 sind für das arbeitsgerichtliche Verfahren ohne Bedeutung. In Abs. 4 werden die bereits bei der Revisionseinlegung zu beachtenden Förmlichkeiten erneut vorgeschrieben. Nach § 557 ZPO ist das Gericht an die gestellten Anträge gebunden und kann von Amts wegen nur bestimmte Verfahrensmängel berücksichtigen.

§ 551 ZPO Revisionsbegründung

(1) Der Revisionskläger muss die Revision begründen.

(2) Die Revisionsbegründung ist, sofern sie nicht bereits in der Revisionsschrift enthalten ist, in einem Schriftsatz bei dem Revisionsgericht einzureichen. Die Frist für die Revisionsbegründung beträgt zwei Monate. Sie beginnt mit der Zustellung des in vollständiger Form abgefassten Urteils, spätestens aber mit Ablauf von fünf Monaten nach der Verkündung. § 544 Abs. 6 Satz 3 bleibt unberührt. Die Frist kann auf Antrag von dem Vorsitzenden verlängert werden, wenn der Gegner einwilligt. Ohne Einwilligung kann die Frist um bis zu zwei Monate verlängert werden, wenn nach freier Überzeugung des Vorsitzenden der Rechtsstreit durch die Verlängerung nicht verzögert wird oder wenn der Revisionskläger erhebliche Gründe darlegt; kann dem Revisionskläger innerhalb dieser Frist Einsicht in die Prozessakten nicht für einen angemessenen Zeitraum gewährt werden, kann der Vorsitzende auf Antrag die Frist um bis zu zwei Monate nach Übersendung der Prozessakten verlängern.

(3) Die Revisionsbegründung muss enthalten:
1. die Erklärung, inwieweit das Urteil angefochten und dessen Aufhebung beantragt werde (Revisionsanträge);
2. die Angabe der Revisionsgründe, und zwar:
   a) die bestimmte Bezeichnung der Umstände, aus denen sich die Rechtsverletzung ergibt;
   b) soweit die Revision darauf gestützt wird, dass das Gesetz in Bezug auf das Verfahren verletzt sei, die Bezeichnung der Tatsachen, die den Mangel ergeben.
Ist die Revision auf Grund einer Nichtzulassungsbeschwerde zugelassen worden, kann zur Begründung der Revision auf die Begründung der Nichtzulassungsbeschwerde Bezug genommen werden.

(4) § 549 Abs. 2 und § 550 Abs. 2 sind auf die Revisionsbegründung entsprechend anzuwenden.

---

111 Vgl. zum zweitinstanzlichen sozialgerichtlichen Verfahren: LSG Nordrhein-Westfalen, 29.04.2008 – L 4 R 23/07, juris.

§ 557 ZPO Umfang der Revisionsprüfung

(1) Der Prüfung des Revisionsgerichts unterliegen nur die von den Parteien gestellten Anträge.

(2) Der Beurteilung des Revisionsgerichts unterliegen auch diejenigen Entscheidungen, die dem Endurteil vorausgegangen sind, sofern sie nicht nach den Vorschriften dieses Gesetzes unanfechtbar sind.

(3) Das Revisionsgericht ist an die geltend gemachten Revisionsgründe nicht gebunden. Auf Verfahrensmängel, die nicht von Amts wegen zu berücksichtigen sind, darf das angefochtene Urteil nur geprüft werden, wenn die Mängel nach den §§ 551 und 554 Abs. 3 gerügt worden sind.

2. Revisionsbegründungsfrist

a) Frist

Die Revisionsbegründungsfrist beträgt **zwei Monate**.[112] Ihr Lauf beginnt mit der Zustellung des Berufungsurteils bei der beschwerten Partei.[113] Sie ist keine Notfrist; denn sie ist weder in Abs. 1 Satz 1 noch in § 551 Abs. 2 Satz 2 ZPO als solche bezeichnet. Das wäre aber nach § 224 Abs. 1 Satz 2 ZPO notwendig, um als Notfrist zu gelten. Deshalb ist im Grundsatz eine Verlängerung möglich (dazu Rdn. 41 ff.). Vom Prozessbevollmächtigten zu beachten ist, dass die Pflicht zur Rechtsmittelbelehrung gem. § 9 Abs. 5 nicht die Belehrung über eine Frist zur Begründung des Rechtsmittels umfasst.[114] Ist ein Rechtsmittel eingereicht, so hat der Prozessbevollmächtigte die weitere Frist zur Begründung auch ohne Belehrung selbst zu ermitteln und einzuhalten.[115]

37

War die **Nichtzulassungsbeschwerde** erfolgreich und gilt deshalb nach 72a Abs. 6 Satz 2 die Einlegung der Nichtzulassungsbeschwerde als Einlegung der Revision, so bedarf es noch einer eigenständigen Revisionsbegründung innerhalb der zweimonatigen Begründungsfrist. Entspricht die Begründung der Nichtzulassungsbeschwerde den Anforderungen des § 551 Abs. 3 Satz 1 ZPO, so genügt nach der Verweisung in § 72 Abs. 5 auf § 551 Abs. 3 Satz 2 ZPO eine ausdrückliche Bezugnahme auf die Begründung der Nichtzulassungsbeschwerde.[116] Eine für die Bezugnahme ausreichende Begründung kann bei einer auf Verfahrensmängel i.S.v. § 72a Abs. 3 Satz 2 Nr. 3 gestützten Nichtzulassungsbeschwerde vorliegen. Ob die bloße Bezugnahme jedoch sinnvoll ist, wenn das BAG nicht von seiner Befugnis nach § 72 Abs. 7 Gebrauch gemacht und die Sache nicht schon aufgrund der erfolgreichen Beschwerde an das LAG zurückverwiesen hat, sollte sorgfältig geprüft werden. Soweit keine Revisionsbegründung erfolgt, ist die gesonderte und **nach der Zulassungsentscheidung** erklärte Bezugnahme unverzichtbar. Die gesetzliche Formulierung gibt diese Reihenfolge zwingend vor.[117] Der Lauf der Zweimonatsfrist für die Bezugnahmeerklärung oder die gesonderte Revisionsbegründung wird nach § 72a Abs. 6 Satz 3 mit der Zustellung des Zulassungsbeschlusses in Gang gesetzt.

38

Wird bereits nach Verkündung aber noch **vor Zustellung des Berufungsurteils Revision** eingelegt, braucht kein Nachteil hinsichtlich der Verkürzung der Begründungsfrist befürchtet zu werden; denn die Begründungsfrist läuft erst ab Zustellung bzw. mit Ablauf von fünf Monaten nach der Urteilsverkündung.

39

Probleme tauchen insb. dann auf, wenn erst nach **Ablauf der Fünf-Monats-Frist das Berufungsurteil zugestellt** wird und in der Rechtsmittelbelehrung nicht darauf hingewiesen wird, dass infolge der späten Zustellung nicht mehr die volle Monatsfrist seit Zustellung zur Verfügung steht; denn die Rechtsmittel- und Rechtsmittelbegründungsfrist verlängern sich nach der Rechtsprechung

40

---

112 § 74 Abs. 1 Satz 1.
113 § 72 Abs. 1 Satz 2.
114 BAG, 04.06.2003 – 10 AZR 586/02, EzA § 209 InsO Nr. 1.
115 Grunsky ArbGG § 9 Rn 29 m.w.N.
116 BAG, 08.05.2008 – 1 ABR 56/06, BAGE 126, 339 = EzA § 551 ZPO 2002 Nr. 9.
117 BGH, 20.12.2007 – III ZR 27/06 – zu II 1 der Gründe, NJW 2008, 588.

auch dann nicht, wenn innerhalb der fünf Monate nach Verkündung beginnenden einmonatigen Rechtsmittelfrist die Entscheidung zugestellt wird.[118] Tappt der Revisionskläger in diese Falle, so kommt eine Wiedereinsetzung in Betracht. Bei der Entscheidung über die Wiedereinsetzung sind u.a. die Grundrechte der Partei aus Art. 2 Abs. 1 i.V.m. Art. 20 Abs. 3 GG und aus Art. 19 Abs. 4 GG zu berücksichtigen. Nach dem Gebot eines fairen Verfahrens darf das Gericht aus eigenen oder ihm zuzurechnenden Fehlern, Unklarheiten oder Versäumnissen keine Verfahrensnachteile ableiten.[119] Beruht die Fristversäumung auf einer unzutreffenden Rechtsmittelbelehrung, sind die Anforderungen an eine Wiedereinsetzung mit besonderer Fairness zu handhaben, es sei denn, die Rechtsmittelbelehrung ist als offensichtlich falsch zu erkennen.[120] Seit der endgültigen Klärung der Berechnung der »Fünf-Monats-Frist« durch das BAG im Jahre 2005[121] dürfte jedoch die Annahme eines fehlenden Verschuldens des Prozessbevollmächtigten an der Fristversäumung nicht mehr gerechtfertigt sein; denn jeder RA und nach § 11 Abs. 4 vor dem BAG zum Auftreten berechtigte Verbandsvertreter ist gehalten, den Beginn der Rechtsmittelfrist für den Tag nach Ablauf von fünf Monaten nach Verkündung des Urteils zu notieren.[122]

b) Fristverlängerung

41 Die Revisionsbegründungsfrist verlängert sich nicht von selbst, wenn bereits **vor Zustellung** des vollständigen Berufungsurteils Revision eingelegt worden ist. Die Frist wird nämlich nicht gehemmt, solange noch keine Entscheidungsgründe bei Einlegung der Revision vorliegen, mit denen man sich auseinandersetzen kann. Das bewirkt keine Rechtsschutzlücke; denn ist die Fünf-Monats-Frist nach Verkündung verstrichen, so kann nach § 72b die sofortige Beschwerde wegen verspäteter Absetzung eingelegt werden. Hält man daneben noch die Einlegung der Revision für statthaft,[123] so genügt die Rüge der verspäteten Urteilsabsetzung. I.Ü. kann nach der Zustellung des vollständigen Urteils erneut Revision eingelegt werden. Die Begründungsfrist läuft dann von »neuem«. Über die Zulässigkeit der Revision ist dann einheitlich zu entscheiden.[124]

42 Die **Verlängerung der Revisionsbegründungsfrist** ist nach § 224 Abs. 2 ZPO statthaft, weil sie keine Notfrist ist. Es bedarf dazu eines Antrags (§ 225 ZPO: »Gesuch«). Nach § 72 Abs. 5 i.V.m. § 551 Abs. 2 Satz 5 und 6 ZPO ist allein der **Senatsvorsitzende** entscheidungsbefugt.[125] Der Beschluss, mit dem die Revisionsbegründungsfrist verlängert wird, muss vom Vorsitzenden gem. § 329 Abs. 1 Satz 2 i.V.m. § 317 Abs. 2 Satz 1 ZPO unterzeichnet werden.[126] Es soll jedoch aus Gründen des Vertrauensschutzes die bewilligte Verlängerung auch wirksam sein, wenn der Berichterstatter an Stelle des Vorsitzenden entschieden hat.[127]

43 Nach § 551 Abs. 2 Satz 4 ZPO kann die Frist vom Vorsitzenden auf Antrag verlängert werden, wenn der Gegner einwilligt. Ohne Einwilligung kann nach § 551 Abs. 2 Satz 5 ZPO verlängert werden, wenn nach der freien Überzeugung des Vorsitzenden der Rechtsstreit durch die Verlängerung nicht verzögert wird. Insoweit bestehen keine arbeitsgerichtlichen Abweichungen vom ZPO-Recht. Die Verlängerung muss **vor Fristablauf beantragt** werden.[128] Wird ein Verlängerungsantrag rechtzeitig gestellt, kann er auch noch nach Fristablauf positiv beschieden werden. Bevor über den Verlänge-

---

118 BAG, 12.10.2005 – 4 AZR 314/04, juris; Treber jurisPR-ArbR 17/2006 Anm. 1.
119 BVerfG, 04.05.2004 – 1 BvR 1892/03, NJW 2004, 2887.
120 BAG, 16.12.2004 – 2 AZR 611/03, NJW 2005, 3515; Treber jurisPR-ArbR 17/2006, Anm. 1.
121 BAG, 12.10.2005 – 4 AZR 314/04, juris; Treber jurisPR-ArbR 17/2006 Anm. 1.
122 Treber jurisPR-ArbR 17/2006, Anm. 1.
123 S. § 73 Rdn. 76.
124 BGH, 20.09.1993 – II ZB 10/93.
125 Vgl. BAG, 19.07.2011 – 3 AZR 571/09 – Rn 8, ZTR 2011, 540; so auch GK-ArbGG/Mikosch § 74 Rn 34.
126 BAG, 14.03.1979 – 4 AZR 435/77, AP BAT 1975 §§ 22, 23 Nr. 17.
127 GK-ArbGG/Mikosch § 74 Rn 34; Zöller/Heßler § 520 Rn 20.
128 BAG, 16.06.2004 – 5 AZR 529/03.

rungsantrag nicht negativ entschieden ist, darf das Rechtsmittel nicht verworfen werden.[129] Eine auf Antrag des Streithelfers gewährte Fristverlängerung wirkt auch zugunsten der Hauptpartei.[130]

In **Abs. 1 Satz 3** ist abweichend von § 551 Abs. 2 Satz 6 ZPO die Verlängerungsmöglichkeit beschränkt: Sie kann nur **einmal** und nur um **einen weiteren Monat verlängert** werden. Eine Verlängerung der Revisionsbegründungsfrist um mehr als einen Monat ist unzulässig.[131] Eine darüber hinausgehende Verlängerung kommt selbst dann nicht in Betracht, wenn der Gegner damit einverstanden ist und gewichtige Gründe vorliegen.[132] Das Gesetz lässt die weitere Verlängerung selbst dann nicht zu, wenn bei der ersten Verlängerung die Frist von einem Monat nicht ausgeschöpft war.[133] Ist gesetzwidrig ein zweites Mal verlängert worden, so ist die Verlängerung nichtig.[134] Wird über die Monatsfrist hinaus verlängert, so gilt die Verlängerung bis zu der zulässigen Höchstgrenze als wirksam.[135] Das Gesetz enthält keine Anhaltspunkte für eine erweiterte Verlängerungskompetenz des Gerichts.[136] Dies würde auch dem Beschleunigungsgrundsatz des Arbeitsgerichtsverfahrens widersprechen.[137] Eine zweite Verlängerung ist deshalb auch dann nicht statthaft, wenn die Gründe des Berufungsurteils noch nicht zugestellt sind.[138] Verlängert der Vorsitzende die Begründungsfrist gesetzwidrig ein zweites Mal oder über die gesetzliche Höchstfrist hinaus, so ist das unwirksam.[139] Allerdings kommt eine Wiedereinsetzung in Betracht, vgl. Rdn. 46. 44

Hat durch ein **Versehen der Geschäftsstelle** der Antragsteller die Mitteilung erhalten, der Vorsitzende habe antragsgemäß die Frist um einen Monat verlängert, obwohl nur ein nicht unterschriebener Entwurf des Vorsitzenden vorliegt, so soll der Partei, zu deren Gunsten die Frist verlängert wird, ein nach den Umständen begründeter Vertrauensschutz darauf zukommen, dass der Fristverlängerung eine wirksame Entscheidung zugrunde liegt. Dann ist die Frist zu ihren Gunsten als verlängert zu behandeln, auch wenn in Wirklichkeit keine wirksame Verlängerung vorliegt.[140] Ein solcher Fall liegt auch vor, wenn den Parteien eine Ausfertigung eines Beschlusses, mit dem die Frist zur Begründung der Revision verlängert wurde, zugeht, obwohl der zugrunde liegende Beschlussentwurf noch nicht unterzeichnet war.[141] 45

c) Wiedereinsetzung

Gegen die Versäumung der Begründungsfrist, auch der nach § 74 Abs. 1 Satz 2 verlängerten Frist, kann nach § 233 ZPO **Wiedereinsetzung in den vorigen Stand** gewährt werden. Das gilt auch dann, wenn die Revision bereits begründet worden ist, aber noch ein weiterer Revisionsgrund nachgeschoben werden soll, der ohne Verschulden nicht rechtzeitig geltend gemacht werden konnte.[142] 46

---

129 BGH, 03.02.1988 – IVb ZR 19/88.
130 BGH, 26.03.1982 – V ZR 87/81.
131 BAG, 20.01.2004 – 9 AZR 291/02, EzA § 4 TVG Rundfunk Nr. 25.
132 Ebenso GK-ArbGG/Mikosch § 74 Rn 34; a.A. GMPMG/Müller-Glöge § 74 Rn 20.
133 BAG, 06.12.1994 – 1 ABR 34/94, BAGE 79, 1, 2 f. = EzA § 66 ArbGG 1979 Nr. 20; GMPMG/Müller-Glöge § 74 Rn 36; Grunsky § 74 Rn 3.
134 BAG, 06.12.1994 – 1 ABR 34/94, BAGE 79, 1, 2 f. = EzA § 66 ArbGG 1979 Nr. 20.
135 BAG, 20.01.2004 – 9 AZR 291/02, BAGE 109, 180, 186 = AP LPVG Rheinland-Pfalz § 112 Nr. 1; BAG, 19.03.2008 – 7 AZR 1100/06, BAGE 126, 211, 214 = EzA § 620 BGB 2002 Hochschulen Nr. 3.
136 Wie hier GK-ArbGG/Mikosch § 74 Rn 34; a.A. GMPMG/Müller-Glöge § 74 Rn 36; Grunsky § 74 Rn 3.
137 BAG, 20.01.2004 – 9 AZR 291/02, EzA § 4 TVG Rundfunk Nr. 25.
138 BAG, 13.09.1995 – 2 AZR 855/94, NJW 1996, 1430.
139 BAG, 20.01.2004 – 9 AZR 291/02, NZA 2004, 1058.
140 BAG, 19.07.2011 – 3 AZR 571/09, Rn 10 unter Bezug auf BGH, 23.01.1985 – VIII ZB 18/84, zu II 2 b aa der Gründe, BGHZ 93, 300; für den vergleichbaren Fall der Verlängerung der Berufungsbegründungsfrist: BAG, 14.03.1979 – 4 AZR 435/77, AP BAT 1975 §§ 22, 23 Nr. 17.
141 BAG, 14.03.1979 – 4 AZR 435/77, AP BAT 1975 §§ 22, 23 Nr. 17.
142 GMPMG/Müller-Glöge § 74 Rn 21; Grunsky § 74 Rn 8; a.A. BAG, 06.06.1962 – 3 AZR 296/59; GK-ArbGG/Mikosch § 74 Rn 37.

Nach § 236 Abs. 2 Satz 2 ZPO kann, soweit die rechtfertigenden Tatsachen akten- oder offenkundig sind, das BAG auch von Amts wegen Wiedereinsetzung in den vorigen Stand gewähren.

47 Verlängert der Vorsitzende die Begründungsfrist gesetzwidrig ein zweites Mal oder über die gesetzliche Höchstfrist hinaus, so ist die Überschreitung der gesetzlichen Begrenzung unwirksam (Einzelheiten Rdn. 44).[143] Die betroffene Partei kann dann, wenn sie im Vertrauen auf die Verlängerung die gesetzliche Höchstfrist überschritten hat, Wiedereinsetzung beantragen. Ob der Antrag Erfolg hat, hängt von den Umständen des Einzelfalles ab. Musste sich die Rechtswidrigkeit der Fristverlängerung durch den Senatsvorsitzenden aufdrängen, kann wegen des Mitverschuldens keine Wiedereinsetzung bewilligt werden. Anders lag der Sachverhalt in dem vom BAG entschiedenen Fall. Dort war die Frist nur um einige Tage gegenüber den zulässigen Verlängerungsrahmen überschritten worden. Zudem galt die Besonderheit des Übergangsrechts. Deshalb nahm der Neunte Senat an, die Partei sei durch die Fristverlängerung des Vertreters des Vorsitzenden irregeleitet und dadurch gehindert worden, das Rechtsmittel rechtzeitig zu begründen.[144]

48 Es reicht nicht aus, einen Antrag auf Verlängerung der abgelaufenen Begründungsfrist zu stellen.[145] Wer um die Wiedereinsetzung nachsucht, muss nach § 236 Abs. 2 Satz 1 ZPO die Tatsachen angeben, die die Wiedereinsetzung begründen und die versäumte Revisionsbegründung nachholen. Die Nachholung hat gleichzeitig, spätestens jedoch bis zum Ablauf der einmonatigen Antragsfrist des § 234 Abs. 1 Satz 2 ZPO, § 236 Abs. 2 Satz 2 ZPO zu geschehen.[146]

49 Wird innerhalb der zweiwöchigen Antragsfrist nicht gem. § 233 ZPO dargelegt, ohne Verschulden an der Einhaltung der Frist für die Einlegung der Revision gehindert gewesen zu sein, wird die Wiedereinsetzung in den vorigen Stand versagt.[147] Der Maßstab, den das BAG an die Sorgfalt des Prozessbevollmächtigten anlegt, ist hoch. So reichen weder Arbeitsunfähigkeit noch ein stationärer Krankenhausaufenthalt aus, um dessen Verschulden an einer Fristversäumung auszuschließen.[148] Ein Verschulden an der Fristversäumung liegt nur dann nicht vor, wenn die Erkrankung den Prozessbevollmächtigten überrascht hat und Maßnahmen zur Fristwahrung nicht mehr zumutbar gewesen sind.[149]

50 Die Revisionsbegründungsfrist ist seit Inkrafttreten der durch das ZPO-RG geänderten Fassung des § 74 Abs. 1 zusammen mit der Revisionsfrist im Fristenkalender zu vermerken.[150] Diese hohen Anforderungen an die **persönliche Sorgfaltspflicht** hat die jüngste Rechtsprechung bestätigt: Der Prozessbevollmächtigte ist verpflichtet, aus Anlass der Einlegung der Revision die notierte Rechtsmittelbegründungsfrist selbst zu prüfen und nach späterer Zustellung des Berufungsurteils (vgl. dazu Rdn. 40) ggf. zu korrigieren.[151] Die Berechnung einer Revisionsbegründungsfrist soll nicht dem **Büropersonal** überlassen bleiben, selbst wenn es geschult ist. Nach der Rechtsprechung handelt der Prozessbevollmächtigte schuldhaft, der die Handakte, die ihm noch vor Ablauf der Revisionsbegründungsfrist vorgelegt wird, ohne eigene Prüfung bearbeitet, ob im Fristenkalender der richtige Fristablauf vermerkt ist.[152] Das Verschulden wird gem. § 85 Abs. 2 ZPO der Partei zugerechnet.[153]

---

143 BAG, 20.01.2004 – 9 AZR 291/02, NZA 2004, 1058.
144 Zustimmend: GK-ArbGG/Mikosch § 74 Rn 34.
145 BAG, 16.01.1989 – 5 AZR 579/88, EzA § 222 ZPO Nr. 1; BGH, 13.07.1988 – IV a ZR 303/87, NJW 1988, 3021.
146 BAG, 24.08.2005 – 2 AZB 20/05, EzA § 234 ZPO 2002 Nr. 1.
147 BAG, 15.10.2013 – 3 AZR 640/13, JurBüro 2015, 54.
148 BAG, 20.08.2013 – 3 AZR 302/13 – Rn 8, AP Nr. 91 zu § 233 ZPO 1977 = FA 2013, 340.
149 BAG, 20.08.2013 – 3 AZR 302/13 – Rn 9, AP Nr. 91 zu § 233 ZPO 1977 = FA 2013, 340.
150 So auch schon zum früheren Recht BAG, 29.04.2003 – 3 AZR 242/02, m. erläuternder Anm. Gravenhorst jurisPR-ArbR 21/2003 Anm. 3; BAG, 19.02.2002 – 3 AZR 105/00, EzA § 233 ZPO Nr. 54.
151 BAG 18.06.2015 – 8 AZR 556/14 – Rn 14, FA 2015, 369, m. Anm. Wagner FA 2015, 369.
152 Vgl. BAG, 20.06.1995 – 3 AZN 261/95, EzA § 233 ZPO Nr. 32; BAG, 27.09.1995 – 4 AZN 473/95, AP ZPO 1977 § 233 Nr. 43; BAG, 31.01.2008 – 8 AZR 27/07, EzA § 613a BGB 2002 Nr. 89.
153 So auch GK-ArbGG/Mikosch § 74 Rn 36.

Die Sorgfaltspflicht des Rechtsanwalts in Fristensachen verlangt zuverlässige **Vorkehrungen** für 51
einen rechtzeitigen Ausgang fristwahrender Schriftsätze. Hat ein Rechtsanwalt die Begründungsfrist
versäumt, muss er folglich dartun, dass die Versäumung der Revisionsbegründungsfrist nicht auf
seine unzureichende Büroorganisation zurückzuführen ist. Gelingt ihm das nicht, kann Wiedereinsetzung in den vorigen Stand nicht gewährt werden.[154] Es reicht nicht sicherzustellen, dass dem
Anwalt die Akten von Verfahren, in denen Rechtsmittelfristen laufen, rechtzeitig zur Bearbeitung
vorgelegt werden. Es muss durch begleitende organisatorische Maßnahmen außerdem gewährleistet
sein, dass diese Fristen im Weiteren auch tatsächlich beachtet werden.[155] Auf Mängel in der **Kanzleiorganisation** kommt es dann nicht an, wenn der Anwalt eine klare und präzise Anweisung für
den konkreten Fall erteilt, deren Befolgung die Fristwahrung sichergestellt hätte. Da der Anwalt
grundsätzlich darauf vertrauen darf, dass seine einem zuverlässigen Mitarbeiter erteilte Einzelanweisung befolgt wird, ist für die Fristversäumnis dann nicht die Büroorganisation, sondern der Fehler
des Mitarbeiters ursächlich. Eine konkrete Einzelanweisung kann den Rechtsanwalt jedoch nicht
entlasten, wenn sie die mangelhafte Organisation nicht gänzlich außer Kraft setzt, sondern sich in
diese einfügt und nur einzelne ihrer Elemente ersetzt, während andere ihre Bedeutung behalten und
zwar dazu bestimmt sind, einer Fristversäumung entgegen zu wirken, dies aber infolge des Organisationsmangels nicht vermögen.[156]

d) Mittellose Partei

Da die Revisionsbegründungsfrist eine Notfrist ist, kann einer mittellosen Partei auf ihren Antrag 52
auch **Prozesskostenhilfe** unter Wiedereinsetzung in den vorigen Stand zur **Begründung der Revision** (§ 74 Abs. 1 Satz 1 und Satz 2 ArbGG) gewährt werden.[157] Davon ist auszugehen, wenn er
innerhalb der Revisionsfrist alles in seinen Kräften Stehende und Zumutbare getan hat, um das in
seiner Mittellosigkeit bestehende Hindernis zu beheben. Aus diesem Grund muss er bis zum Ablauf
der Revisionsfrist alle Voraussetzungen für die Bewilligung der PKH schaffen.[158] Die Versäumnis
der Einlegungs- und Begründungsfrist ist gesondert zu beurteilen.[159] Seit dem 1. Justizmodernisierungsgesetz hat sich die Lage der **bedürftigen Rechtsmittelführer** verbessert. Nach dem zum
01.09.2004 angefügten § 234 Abs. 1 Satz 2 ZPO beträgt die Wiedereinsetzungsfrist einen Monat,
wenn die Partei verhindert war, die Frist zur Begründung der Revision einzuhalten. Die Verlängerung der Frist für den Antrag auf Wiedereinsetzung und für die Nachholung der versäumten Prozesshandlung[160] von zwei Wochen auf einen Monat nach Wegfall des Hindernisses soll sicherstellen,
dass einem Rechtsmittelführer, dem PKH nach Ablauf der Rechtsmittelbegründungsfrist gewährt
wird, ein Monat Zeit für die Rechtsmittelbegründung verbleibt. Die mittellose Partei soll nicht
schlechter gestellt werden als die vermögende Partei.

e) Verzögerte Rechtsschutzzusage

Das Hindernis der Bedürftigkeit besteht auch für die rechtsschutzversicherte Partei bis zur 53
Deckungszusage des Versicherers, wenn die Partei ohne schuldhaftes Verzögern Rechtsschutz beantragt hatte.[161]

---

154 BAG, 07.07.2011 – 2 AZR 38/10, JurionRS 2011, 32214.
155 BAG, 07.07.2011 – 2 AZR 38/10, JurionRS 2011, 32214.
156 BGH, 25.06.2009 – V ZB 191/08, zu III 2 a der Gründe m.w.N., NJW 2009, 3036.
157 BAG, 13.03.2013 – 5 AZR 146/12 – Rn 11, EzA § 10 AÜG Nr 17.
158 Vgl. BAG, 19.09.1983 – 5 AZN 446/83, BAGE 43, 297; BGH, 18.10.2000 – IV ZB 9/00, NJW-RR 2001, 570; BFH, 13.07.2005 – X S 13/05 (PKH).
159 Vgl. BAG, 20.08.2013 – 3 AZR 302/13, FA 2013, 340; GMPMG/Müller-Glöge § 74 Rn 38.
160 § 236 Abs. 2 Satz 2 ZPO.
161 Vgl. BVerfG, 23.01.1995 – 1 BvR 762/94, AP § 233 ZPO 1977 Nr. 39 = EzA § 233 ZPO Nr. 26.

3. Form der Revisionsbegründung

54 Die Revisionsbegründung ist nach § 551 Abs. 4, § 549 Abs. 2 ZPO ein bestimmender Schriftsatz. Sie muss deshalb von einem RA unterzeichnet (vgl. Rdn. 5) sein. Es gelten die gleichen Anforderungen wie bei der Revisionseinlegung (s. ausführlich Rdn. 6 bis 12).

55 Der Revisionsbegründungsschriftsatz muss selbst die Begründung enthalten; eine **Bezugnahme** auf im Berufungsverfahren gewechselte Schriftsätze ist nicht statthaft. Es genügt aber die Bezugnahme auf eine Begründung, die im Prozesskostenhilfeverfahren vor dem Revisionsgericht abgegeben worden ist.[162]

56 Sind am Rechtsstreit **Streitgenossen** beteiligt, genügt auch die Bezugnahme auf die von den Streitgenossen mit Wirkung für die Partei eingelegte Revision und deren Revisionsbegründung.

4. Inhalt der Revisionsbegründung

a) **Revisionsantrag**

57 Nach § 72 Abs. 5 i.V.m. § 551 Abs. 3 Nr. 1 ZPO muss die Revisionsbegründung eine Erklärung darüber enthalten, inwieweit das Urteil angefochten und dessen Aufhebung beantragt wird (sog. **Revisionsantrag**). Die Revision wird nicht deshalb unzulässig, weil der Revisionsantrag nicht gesondert hervorgehoben oder ausdrücklich formuliert worden ist.[163] Ausreichend ist, wenn sich unzweideutig erkennen lässt, in welchem Umfange das Urteil angefochten wird, also sich der Antrag aus der Revisionsschrift oder der Revisionsbegründung ergibt.[164]

58 Zum Revisionsantrag gehört auch der sog. **Sachantrag**. Das ist der Antrag, mit dem erklärt wird, wie in der Sache selbst entschieden werden soll *(z.B. die Beklagte zu verurteilen, an den Kläger 10.000,00 € zu zahlen)*. Aus dem Revisionsantrag muss insgesamt ersichtlich sein, inwieweit das Urteil angefochten und dessen Aufhebung begehrt wird. Der Revisionskläger muss deshalb erkennbar machen, welche sachliche Änderung er verfolgt. Der Antrag, das angefochtene Urteil aufzuheben und den Rechtsstreit an die Vorinstanz zurückzuverweisen, ist nicht hinreichend deutlich. I.Ü. braucht der Antrag auf Zurückverweisung der Sache an das Berufungsgericht nicht gestellt zu werden. Das Revisionsgericht hat darüber von Amts wegen zu entscheiden. Das Revisionsgericht kann auch trotz eines solchen ausdrücklich gestellten Antrages in der Sache nach § 563 Abs. 3 ZPO eine Endentscheidung treffen.[165]

59 Der Antrag muss darauf gerichtet sein, die aus dem Berufungsurteil folgende Beschwerde des Revisionsklägers zu beseitigen.[166] Daher ist es unzulässig, in der Revisionsinstanz eine Widerklage zu erheben. Wird ein von der Antragstellung in der Berufungsinstanz abweichender Antrag gestellt, so liegt darin i.d.R. eine unzulässige Klageänderung. Nur in Ausnahmefällen kann noch in der Revisionsinstanz eine wirksame Klageänderung vorgenommen werden.[167] Einzelheiten siehe Rdn. 60.

Die forensische Praxis tut sich nicht selten schwer mit der ordnungsgemäßen Antragstellung: Es ist nämlich zu berücksichtigen, dass nach Aufhebung des Berufungsurteils der Verfahrensstand der zweiten Instanz erreicht wird und der Revisionskläger, wenn er zweitinstanzlich unterlegen ist, auch die Änderung des arbeitsgerichtlichen Urteils erstrebt. Bei teilweisem Obsiegen ist auch zu berücksichtigen, dass die Vorentscheidung nur im Umfang der Beschwer aufzuheben bzw. abzuändern ist.

---

162 BAG, 02.02.1968 – 1 AZR 248/67, JurionRS 1968, 10005.
163 BAG, 06.10.1965 – 2 AZR 404/64.
164 BAG, 29.06.1954 – 2 AZR 13/53, AP Nr. 1 zu § 611 BGB Gratifikation.
165 BAG, 06.10.1965 – 2 AZR 404/64.
166 BGH, 29.10.1969 – I ZR 72/67.
167 Vgl. § 73 Rdn. 95.

Beispiele für ordnungsgemäße Revisionsanträge:

▶ **Revisionsantrag im Kündigungsschutzprozess beim Unterliegen in beiden Vorinstanzen**

auf die Revision des Klägers, das Urteil des LAG ..... vom ..... (Az: .....) aufzuheben und auf die Berufung des Klägers das Urteil des Arbeitsgerichts ..... vom ..... (Az: .....) wie folgt abzuändern: Es wird festgestellt, dass das zwischen den Parteien bestehende Arbeitsverhältnis durch die Kündigung der Beklagten vom ..... zum ..... nicht aufgelöst worden ist.

Hat das Arbeitsgericht der Klage stattgegeben, das LAG sie aber im Ergebnis abgewiesen, dann ist zu beantragen:

▶ **Revisionsantrag im Kündigungsschutzprozess beim Obsiegen beim ArbG und Unterliegen nur beim LAG**

auf die Revision des Klägers, das Urteil des LAG ..... vom ..... (Az: .....) aufzuheben und die Berufung des Beklagten gegen das Urteil des Arbeitsgerichts ..... vom ..... (Az: .....) zurückzuweisen.

b) Klageänderung in der Revisionsinstanz

Zunächst ist zu unterscheiden zwischen Änderung des Streitgegenstandes (Klagegrund) und einer bloßen Antragsumstellung, wie z.B. beim Wechsel vom Leistungs- zum Feststellungsantrag oder Austausch von Haupt- und angefallenem Hilfsantrag. 60

Die Erweiterung oder Beschränkung des Antrags ohne Klageänderung und insbesondere der Wechsel vom Leistungs- zum Feststellungsantrag sollen nach der Rspr. wegen der Fiktion aus § 264 Nr. 2 ZPO keine Klageänderung darstellen und deshalb auch in der Revision zulässig sein. Die Antragsbeschränkung in der Form des Wechsels vom Leistungs- zum Feststellungsantrag ist demnach nach der jüngeren Rspr. auch in der Revisionsinstanz noch zulässig.[168] Schon in der älteren Rspr. wurde es als zulässig angesehen, von einer Leistungsklage zu einer Feststellungsklage überzugehen, wenn das Feststellungsinteresse sich aus den Feststellungen des Berufungsgerichts oder den im Sitzungsprotokoll niedergelegten Parteierklärungen ergab.[169] Zu berücksichtigen ist stets, ob anstelle der Änderung schon die Auslegung der Klageschrift zu dem gewünschten Ergebnis führt (§ 73 Rdn. 33). Stimmen materielles Prozessziel und prozessualer Antrag nicht überein und hat das LAG eine entsprechende Klärung unterlassen, so ist auf die Rüge der Revision wegen eines Verfahrensmangels zurück zu verweisen.[170] In dem neuen Berufungsverfahren besteht dann auch Gelegenheit zur Feststellung der neuen Tatsachen. Allerdings wurde in der älteren Rspr. der Übergang vom Feststellungs- zum Leistungsbegehren als Erweiterung des Antrages in der Revisionsinstanz als nicht statthaft angesehen.[171] Diese Auffassung erscheint überholt.

Die Umstellung von Haupt- und Hilfsantrag ist auch in der Revisionsinstanz noch zulässig. Es handelt sich insoweit auch um einen Fall, in dem die Fiktion der Nichtänderung gem. § 264 Nr. 2 ZPO eingreift. Dies trifft auf einen Wechsel von Haupt- und Hilfsantrag regelmäßig zu.[172] Mit ihm ist jedenfalls dann keine Erweiterung des bisherigen Prüfprogramms verbunden, wenn über den bisherigen Hilfsantrag in der Vorinstanz bereits entschieden worden ist. Wird dabei ein Hauptantrag

---

168 BAG, 27.01.2004 – 1 AZR 105/03, zu III der Gründe m.w.N., AP ArbGG 1979 § 64 Nr. 35; BAG, 28.06.2005 – 1 ABR 25/04, NZA 2006, 48; BAG, 01.02.2006 – 5 AZR 187/05, AP Nr. 28 zu § 77 BetrVG 1972 Betriebsvereinbarung; BAG, 21.06.2011 – 9 AZR 238/10, BB 2011, 2868.
169 BAG, 03.09.1986 – 4 AZR 355/85, JurionRS 1986, 14625.
170 BAG, 10.12.1991 – 4 AZR 319/90; BAG, 20.02.2001 – 1 ABR 30/00.
171 BAG, 10.04.1957 – 4 AZR 384/54, AP Nr. 6 zu § 256 ZPO.
172 BAG, 19.09.2006 – 1 ABR 58/05 – Rn 11, EzA § 77 BetrVG 2001 Nr. 16; BAG, 11.02.1992 – 1 ABR 49/91 – zu B I der Gründe, BAGE 69, 302; BFH, 23.04.1985 – 7 R 65/84; a.A. BGH, 18.09.1958 – II ZR 332/56.

zu einem uneigentlichen Hilfsantrag, führt dies sogar zu einer revisionsrechtlich unbedenklichen Einschränkung des bis dahin zur Entscheidung gestellten Begehrens.[173]

In der Revisionsinstanz ist es auch möglich, die Zinsforderung zu erhöhen, wenn die Erhöhung sich auf den festgestellten Sachverhalt oder auf den unstreitigen Parteivortrag stützt. Insoweit handelt es sich um einen Fall des § 264 Nr. 2 ZPO, denn der Klageantrag wird lediglich in Bezug auf die Nebenforderungen erweitert, ohne dass sich der Klagegrund änderte. Beispiel: Der Kläger, der in den Vorinstanzen Zinsen erst ab Rechtshängigkeit geltend gemacht hat, verlangt nunmehr Zinsen ab festgestelltem Verzugszeitpunkt.[174]

Die Rspr. geht zumeist davon aus, Klage- und Antragsänderungen, die zur Änderung des Klagegrundes (Streitgegenstands) führen, seien in der Revisionsinstanz wegen § 559 Abs. 1 ZPO »grundsätzlich nicht mehr möglich«. Der Schluss der mündlichen Verhandlung in zweiter Instanz bilde »nicht nur bezüglich des tatsächlichen Vorbringens die Entscheidungsgrundlage für das Revisionsgericht, sondern auch bezüglich der Anträge der Parteien«.[175] Das ist weder sprachlich (»möglich«) noch rechtlich zutreffend. Zwar begrenzt § 559 Abs. 1 ZPO den vom Revisionsgericht zu beurteilenden Sachverhalt auf die vom Berufungsgericht festgestellten Tatsachen, schließt jedoch nicht per se eine auch den Klagegrund betreffende Antragsänderung aus. Ein Hinderungsgrund besteht nur, soweit die Entscheidung des Revisionsgerichts weitere tatsächliche Feststellungen erfordert. Solche können regelmäßig von einem für die Beantwortung von Rechtsfragen zuständigem Revisionsgericht nicht getroffen werden. Soweit jedoch Klageänderungen und Klageerweiterungen in der Revisionsinstanz ausnahmsweise keinen Feststellungen bedürfen, weil der neue Sachantrag sich auf den vom LAG bereits festgestellten Sachverhalt oder auf den unstreitigen Parteivortrag stützt, sind sie zulässig.[176] Die Umstellung des Antrages auf Verurteilung zur Leistung an den Abtretungsempfänger ist nur eine unerhebliche Modifikation des früheren Antrages; wenn die Tatsache der Abtretung bereits in dem Berufungsurteil festgestellt ist.[177]

▶ **Beispiel:**

Der AN hat als Prozessstandschafter erstinstanzlich einen Zahlungstitel für die Arbeitsagentur gegen den Arbeitgeber erwirkt. Tritt die Arbeitsagentur nach dem Berufungsurteil die Forderung an den AN ab, so kann der AN den Sachantrag umstellen, auf Zahlung an sich selbst klagen und die Klage zur Abführung an die Arbeitsagentur für erledigt erklären.

Die Klageänderung muss ferner auch dann zulässig sein, wenn zwar neue Tatsachen zur Begründung der Klageänderung herangezogen werden, diese aber auch vom Revisionsgericht berücksichtigt werden müssen. So müssen die tatsächlichen Voraussetzungen für das Vorliegen der Prozessvoraussetzungen auch in der Revisionsinstanz ermittelt werden.[178] Nach § 559 Abs. 1 Satz 2 ZPO kann weiter das Revisionsgericht die Tatsachen berücksichtigen, die durch eine ordnungsgemäße Verfahrensrüge nach § 551 Abs. 3 Nr. 2 ZPO eingeführt werden.

Ferner wird es auch als zulässig erachtet, neue Tatsachen auch dann, wenn sie nicht unstreitig sind, vorzutragen, wenn auf sie eine Restitutionsklage gestützt werden könnte.[179] Das Revisionsgericht hat bei einem solchen Vorbringen nur zu prüfen, ob es an sich geeignet wäre, die Zulässigkeit einer Restitutionsklage zu begründen. Ob die tatsächlichen Voraussetzungen für das Wirksamwerden des

---

173 BAG, 17.11.2010 – 4 AZR 118/09, AP Nr. 48 zu § 1 TVG Tarifverträge: Lufthansa.
174 BAG, 23.02.2010 – 9 AZR 52/09, Rn 35, EzTöD 100 § 21 TVöD-AT Nr. 4.
175 BAG, 07.12.2005 – 5 AZR 535/04, zu A II der Gründe; BAG, 27.01.2004 – 1 AZR 105/03, AP ArbGG 1979 § 64 Nr. 35, zu III der Gründe m.w.N.; BAG, 01.02.2006 – 5 AZR 187/05, AP Nr. 28 zu § 77 BetrVG 1972 Betriebsvereinbarung.
176 BAG, 03.05.2006 – 10 AZR 310/05, DB 2006, 1499; BAG, 27.01.2004 – 1 AZR 105/03, AP ArbGG 1979 § 64 Nr. 35; BAG, 05.06.2003 – 6 AZR 277/02, AP ZPO 1977 § 256 Nr. 81.
177 BGH, 07.11.1957 – II ZR 280/55, BGHZ 26, 31, 37.
178 Für die Prozessführungsbefugnis: BGH, 24.02.1994 – VII ZR 34/93, BGHZ 125, 196, 201.
179 BGH, 09.07.1951 – IV ZR 3/50, BGHZ 3, 65.

Restitutionsgrundes vorliegen, ist dann aufgrund einer neuen Verhandlung in der Tatsacheninstanz zu entscheiden.[180] Veränderungen des Prozessgegenstandes, die wegen der neuen Ermittlungen eine das Verfahren abschließende Entscheidung verzögern würden, sollen regelmäßig ausgeschlossen werden.[181] Deshalb ist zu unterscheiden: Soweit die Restitutionsgründe auf einer strafbaren Handlung beruhen (§ 580 Nr. 1 bis 5 ZPO), können sie in der Revisionsinstanz geltend gemacht werden: Voraussetzung ist, dass, wie § 581 Abs. 1 ZPO es verlangt, eine rechtskräftige Verurteilung ergangen ist.[182] Entsprechendes gilt für den Restitutionsgrund des § 580 Nr. 6 ZPO, der ebenfalls ein rechtskräftiges Urteil voraussetzt.[183] Beruft sich der Revisionskläger in der Revisionsinstanz dagegen auf einen der Tatbestände des § 580 Nr. 7b ZPO (Wiederauffinden einer Urkunde oder Möglichkeit, diese zu gebrauchen), kann das neue tatsächliche Vorbringen erst zugelassen werden, wenn anderenfalls in dem anhängigen Verfahren noch weitere unrichtige Urteile ergehen würden, die nur durch eine Restitutionsklage beseitigt werden könnten. Wird der Rechtsstreit durch das Urteil des Revisionsgerichts insgesamt beendet, können neue Tatsachen und Beweismittel, die einen Restitutionsgrund nach § 580 Nr. 7b ZPO darstellen, grundsätzlich nicht berücksichtigt werden.[184] Beruht das neue tatsächliche Vorbringen darauf, dass eine neue Urkunde aufgefunden worden ist (§ 580 Nr. 7b ZPO), kann nur in ganz besonders gelagerten Ausnahmefällen der neue Vortrag berücksichtigt werden.

Hat das Revisionsgericht neue Tatsachen, insbesondere wenn sie unstreitig sind, zu berücksichtigen, kann es dem Kläger nicht verwehrt sein, im Revisionsverfahren unter Bezug auf diese neuen vom Revisionsgericht zu beachtende Tatsachen sein Klageziel entsprechend zu ändern.[185] Das gebietet der Grundsatz der Prozessökonomie. Soweit dem entgegengehalten wird, das Revisionsgericht solle nicht mit der Bewertung neuer Tatsachen befasst werden,[186] ist dem zu widersprechen. Das Revisionsgericht soll im Grundsatz keine Tatsachenfeststellung treffen, hat aber das Recht auf das Sachverhältnis anzuwenden (§ 563 Abs. 3 ZPO), gleich ob das Sachverhältnis von der Vorinstanz bewertet worden ist oder nicht. Es erscheint bisweilen so, dass die Ausschließung von Klageänderungen, die nach dem Prinzip der Prozessökonomie sinnvoll sind, der Abwehr richterlicher Arbeitsbelastung dient.

Für die Zulässigkeit von Antragsänderungen spricht insbesondere der Grundsatz der Prozessökonomie in den Fällen, in denen erledigende Ereignisse auftreten. Beispiel: Fällt das alsbaldige Feststellungsinteresse nach Schluss der Berufungsverhandlung weg, so wird die Feststellungsklage unzulässig. Das hat das Revisionsgericht von Amts wegen zu berücksichtigen. Soweit sich dann die Klägerin auf ein solches erledigendes Ereignis beruft, das nach der Berufungsverhandlung eingetreten ist, kann es ihr nicht verwehrt werden, die negative Kostenfolge einer Revisionszurückweisung dadurch zu vermeiden, dass sie den Rechtsstreit in der Revisionsinstanz für erledigt erklärt.[187]

c) Anfall von Hilfsanträgen

Mit der Revision gegen die Entscheidung über den Hauptantrag fällt auch ein **Hilfsantrag beim Revisionsgericht** an. Dazu bedarf es keines besonderen Antrags des Revisionsklägers.[188] Das gilt zumindest soweit zwischen Haupt- und Hilfsantrag ein enger sachlicher und rechtlicher Zusammenhang besteht,

61

---

180 BGH, 09.07.1951 – IV ZR 3/50, BGHZ 3, 65.
181 May Die Revision, 2. Aufl., S. 255.
182 BGH, 13.01.2000 – IX ZB 3/99, LM ÜberlG Nr. 1 unter II 4a aa.
183 BGH, 23.11.2006 – IX ZR 141/04, ZIP 2007, 697 Rn 14 a.E. unter II. 4 a bb.
184 BGH, 13.01.2000 – IX ZB 3/99, LM ÜberlG Nr. 1 unter II 4a aa.
185 BAG, 06.06.2007 – 4 AZR 411/06, AP Nr. 11 zu § 9 TVG.
186 Zöller/Heßler § 559 Rn 10; GK-ArbGG/Mikosch § 73 Rn 94.
187 Stuckert Die Erledigung in der Rechtsmittelinstanz, S. 173; Gottwald Die Revisionsinstanz als Tatsacheninstanz, S. 395.
188 BAG, 18.12.1980 – 2 AZR 1006/78, JurionRS 1980, 10115.

wie bei Kündigungsschutzklage und Auflösungsantrag.[189] Hat der Beklagte gegen die Verurteilung auf den Hilfsantrag Revision eingelegt und der Kläger gegen die Abweisung des Hauptantrages Revision eingelegt, so wird die Revision des Beklagten gegenstandslos, wenn das Revisionsgericht dem Hauptantrag stattgibt. Die auf den Hilfsantrag abstellende Verurteilung ist aufzuheben.[190]

d) Gewillkürter Parteiwechsel

62 Verschiedene Senate des BAG haben einen gewillkürten Parteiwechsel in der Revisionsinstanz grundsätzlich mit dem Hinweis auf § 559 Abs.1 ZPO abgelehnt: »zwangsläufig (ist) ein Parteienwechsel in der Revisionsinstanz ausgeschlossen«.[191] Das prozessrechtliche Schrifttum hat gegen diese Rspr. keine Einwände erhoben.[192] Richtig ist daran nur, dass der Ausschluss weiteren Sachvortrags in § 559 Abs. 1 ZPO, für einen Parteiwechsel in der Rechtsmittelinstanz eine Zulassungsschranke darstellt. Er schließt jedoch nicht den Parteiwechsel generell aus. Für einen auf den festgestellten Sachverhalt rekurrierenden gewillkürten Parteiwechsel besteht dann nur noch die Schranke der Schutzbedürftigkeit der vom Austausch betroffenen Parteien. Die bislang am Rechtsstreit nicht beteiligte Partei darf nicht ohne ihre Zustimmung in einen Rechtsstreit hineingezogen werden, der bereits so weit gediehen ist, dass die Tatsacheninstanzen den Streitstoff mit Bindung für das Revisionsgericht festgestellt haben (§ 559 ZPO). Denn in diesem Fall kann sich die Partei, gegen die sich die Klage nach vollzogenem Parteiwechsel richtet, nur mit Rechtsargumenten, nicht aber mit eigenem Sachvortrag verteidigen. Dieses Schutzbedürfnis fehlt beim streitgenössischen Nebenintervenienten.[193] Zwar ist ein Nebenintervenient in seiner Rechtsverteidigung eingeschränkt (§ 67 2. Halbsatz ZPO), weil er in den Tatsacheninstanzen nicht dieselben Rechte wie die Hauptpartei genießt. Denn er darf Angriffs- und Verteidigungsmittel nur insoweit geltend machen, wie seine Erklärungen und Handlungen nicht mit Erklärungen und Handlungen der Hauptpartei in Widerspruch stehen.[194] Anders sind die Verhältnisse bei der streitgenössischen Nebenintervention. Nach § 69 ZPO gilt dieser Nebenintervenient insoweit als Streitgenosse i.S.d. § 61 ZPO, als nach den Vorschriften des bürgerlichen Rechts die Rechtskraft der in dem Hauptprozess erlassenen Entscheidung auf das Rechtsverhältnis des Nebenintervenienten zu dem Gegner von Wirksamkeit ist. Beispiel: Tritt der Erwerber eines Betriebs noch in der ersten Instanz als streitgenössischer Nebenintervenient dem beklagten Betriebsveräußerer bei, ist ein Parteiwechsel auch nach Schluss der mündlichen Verhandlung vor dem Berufungsgericht zulässig, wenn die klagende Partei nunmehr den Betriebserwerber anstelle des Betriebsveräußerers auf Abgabe einer das Arbeitsverhältnis gestaltenden Willenserklärung in Anspruch nimmt. Dies gilt jedenfalls dann, wenn sowohl der aus dem Rechtsstreit ausscheidende Betriebsveräußerer als auch der in den Rechtsstreit eintretende Betriebserwerber ihr Einverständnis mit dem Parteiwechsel erklären.[195] Diese, den Parteiwechsel zulassende Auffassung vertritt auch der Erste Senat des BAG. Er ist von dem mit § 559 Abs. 1 ZPO begründeten generellen Ausschluss des gewillkürten Parteiwechsels abgewichen und hat inhaltlich übereinstimmend mit § 263 ZPO die Möglichkeit des einvernehmlichen oder des gerichtlich als geboten angesehenen Austausches geöffnet: »Eine Auswechselung der beklagten Partei in der Rechtsmittelinstanz ist zulässig, wenn der bisherige Beklagte zustimmt oder sich dessen verweigerte Zustimmung als rechtsmissbräuchlich erweist«.[196]

---

189 BAG, 10.10.2002 – 2 AZR 598/01, JurionRS 2002, 17656.
190 GMPMG/Müller-Glöge § 74 Rn 26.
191 BAG, 14.09.1983 – 4 AZR 78/81, juris; ebenso: BGH, 07.02.1990 – VIII ZR 98/89, zu II 2 der Gründe, WM 1990, 742.
192 Vgl. Zöller/Heßler § 559 Rn 4; MünchKomm-ZPO/Wenzel § 559 Rn 21; Musielak/Ball § 559 Rn 3; Prütting/Gehrlein-Ackermann § 559 Rn 4; Saenger/Kayser § 559 Rn 9.
193 BAG, 21.06.2011 – 9 AZR 236/10, DB 2011, 2441; weiterführend und im Ergebnis zustimmend: Uffmann RdA 2012, 113 ff.
194 OLG Hamm, 10.11.1997 – 6 U 1/97, Rn 7, MDR 1998, 285.
195 BAG, 21.06.2011 – 9 AZR 236/10, Rn 16, DB 2011, 2441.
196 BAG, 18.05.2010 – 1 AZR 864/08, Rn 8, NJW 2010, 2909 unter Bezug auf BGH, 26.02.1987 – VII ZR 58/86, m.w.N., NJW 1987, 1946, 1947.

Liegen die Voraussetzungen für einen zulässigen gewillkürten Parteiwechsel nicht vor, weil die auszutauschende Partei ihrer Entlassung aus dem Rechtsstreit nicht zugestimmt hat, ohne dass Anhaltspunkte für die rechtsmissbräuchliche Verweigerung ersichtlich oder vorgetragen sind, so besteht das zwischen den Parteien begründete Prozessrechtsverhältnis unverändert fort.[197]

e) Parteiwechsel bei Rechtsträgerumwandlung und Betriebsübergang

Bei der Verschmelzung erlischt der übertragende Rechtsträger nach § 20 Abs. 1 Nr. 2 UmwG und der übernehmende Rechtsträger erhält nach § 20 Abs. 1 Nr. 1 UmwG mit der Eintragung in des Register das Vermögen des erloschenen Rechtsträgers als Ganzes einschließlich aller Verbindlichkeiten. Der übernehmende Rechtsträger tritt bei der Verschmelzung deshalb als Gesamtrechtsnachfolger ipso jure auch in der Revisionsinstanz in laufende Prozesse ein.[198] Entsprechendes gilt auch für Vollübertragungen nach dem Vierten Buch des UmwG, für die nach § 174 Abs. 2 Nr. 1, § 176 Abs. 1, § 178 Abs. 1, § 180 Abs. 1, § 185, § 188 Abs. 1 UmwG die entsprechende Anwendung der Bestimmungen des Verschmelzungsrechts angeordnet ist. Es liegt nahe, diesen gesetzlichen Prozesseintritt auch bei Aufspaltungen von Rechtsträgern nach § 123 Abs. 1, § 131 Abs. 1 Nr. 1 und 2 UmwG anzunehmen; denn auch hier erfolgt die Auflösung ohne Abwicklung bei Übertragung des Vermögens als Ganzes. Allerdings tritt hier das Problem auf, dass der Streitgegenstand nach der subjektiven Wahl zugeordnet wird (§ 126 Abs. 1 Nr. 9 UmwG). Nur soweit bereits vor Registereintragung im laufenden Verfahren die Aufteilung der Gegenstände des Aktiv- und Passivvermögens festgestellt ist und keine Auslegungszweifel bestehen, kann die nötige Gewissheit bestehen, welcher der übernehmenden Rechtsträger Gesamtrechtsnachfolger ist.

63

Bei dem bloßen Formwechsel bleibt die Identität des Rechtsträgers gewahrt. Da die Inhaber- bzw. Schuldnerschaft in Bezug auf die Klageforderung unberührt bleibt, kann es mangels Rechtsnachfolge i.S.v. § 265 ZPO zu keinen Problemen mit der Aktiv- bzw. Passivlegitimation kommen.

Bei der Abspaltung (§ 123 Abs. 2 UmwG), Ausgliederung (§ 123 Abs. 3 UmwG) und der Teilübertragung nach dem Vierten Buch des UmwG (§ 174 Abs. 2 und 3 UmwG) kommt mangels Erlöschens des übertragenden Rechtsträgers kein Eintritt in das Prozessrechtsverhältnis in Betracht.[199] Aus dem gleichen Grund scheidet eine »Berichtigung des Passivrubrums« aus; denn es liegt keine Gesamtrechtsnachfolge vor. Zulässig kann deshalb nur ein gewillkürter Parteiwechsel sein.[200] Die dem Gericht obliegende Auslegung von Prozesshandlungen ergibt regelmäßig, dass im Antrag auf »Berichtigung des Passivrubrums« auch ein Antrag auf gewillkürten Parteiwechsel gesehen werden kann.[201]

Ist der übertragende Rechtsträger Beklagter, so ändert sich seine Stellung im Prozess nach der Abspaltung, Ausgliederung oder Teilvermögensübertragung auch dann nicht, wenn die streitgegenständliche Verbindlichkeit auf den übernehmenden Rechtsträger im Wege der »partiellen« Gesamtrechtsnachfolge[202] übertragen wurde. So ist es bei einem Passivprozess des übertragenden Rechtsträgers nach einer Abspaltung nach § 123 Abs. 2 UmwG oder einer Ausgliederung nach § 123 Abs. 3 UmwG.[203] Hier scheitert ein Eintreten des übernehmenden Rechtsträgers als Rechtsnachfolger daran, dass es sich nicht um den Übergang des gesamten Vermögens eines unterge-

---

197 BAG, 18.05.2010 – 1 AZR 864/08, Rn 8, NJW 2010, 2909 unter Bezug auf BGH, 26.02.1987 – VII ZR 58/86, m.w.N., NJW 1987, 1946, 1947.
198 BAG, 13.02.2007 – 1 AZR 184/06, EzA § 47 BetrVG 2001 Nr. 4.
199 Stöber NZG 2006, 574, 575; LAG Sachsen, 04.02.2000 – 3 Sa 618/99, NZA-RR 2000, 496.
200 LAG Sachsen, 04.02.2000 – 3 Sa 618/99, NZA-RR 2000, 496.
201 LAG Sachsen, 04.02.2000 – 3 Sa 618/99, NZA-RR 2000, 496.
202 Zum Begriff vgl. Teichmann in Lutter UmwG, 2. Aufl., § 123 Rn 8 u. 9; übernommen von BAG, 22.02.2005 – 3 AZR 499/03 (A), BAGE 114, 1 und BAG, 11.03.2008 – 3 AZR 358/06, Der Konzern 2008, 519; kritisch zum Sprachgebrauch: BFH, 05.11.2009 – IV R 29/08, Rn 19, 20, Der Konzern 2010, 137: »der Begriff der ›partiellen‹ ›Gesamt‹-Rechtsnachfolge (ist) widersprüchlich«.
203 BGH, 06.12.2000 – XII ZR 219/98, NJW 2001, 1217.

henden Rechtsträgers handelt, sondern nur um eine besondere Übertragungsart, die es gestattet, statt der Einzelübertragung verschiedener Vermögensgegenstände eine allein durch den Parteiwillen zusammengefasste Summe von Vermögensgegenständen einschließlich der Verbindlichkeiten nach § 131 Abs. 1 Nr. 1 UmwG in einem Akt zu übertragen.[204] Die übertragende Gesellschaft bleibt nach § 133 Abs. 1 Satz 1, § 133 Abs. 3 UmwG auch weiterhin Schuldnerin der Klageforderung und damit passivlegitimiert, selbst wenn die streitgegenständliche Verbindlichkeit im Spaltungs- und Übernahmevertrag dem übernehmenden oder neuen Rechtsträger zugewiesen worden ist.

Das BAG hat für den Fall des Betriebsübergangs nach § 613a BGB keinen Parteiwechsel kraft Gesetzes angenommen, sondern lediglich die Fortsetzung des Prozesses gegen den alten Arbeitgeber in analoger Anwendung des § 265 Abs. 2 ZPO für zulässig erachtet.[205] Danach kann der Arbeitnehmer den Rechtsstreit gegen den alten Arbeitgeber fortsetzen, obgleich der alte Arbeitgeber nach § 613a Abs. 2 BGB nur mithaftet und der neue Arbeitgeber den Anspruch nach § 613a Abs. 1 Satz 1 BGB zu erfüllen hat. Das in diesem Rechtsstreit ergehende Urteil wirkt hier allerdings in entsprechender Anwendung von § 265 Abs. 2 ZPO auch gegen den Übernehmer. Dies beruht darauf, dass das BAG abweichend von der Rechtsprechung des BGH § 265 Abs. 2 ZPO nicht nur für Fälle der Veränderung einer Berechtigung sondern auch für Fälle der Veränderung einer Verpflichtung anwendet, wenn die Schuldnerstellung durch einen Rechtsübergang nach § 613a BGB verändert wird: »Vom Sinn und Zweck des § 613a BGB her erscheint es geboten, den seine Ansprüche verfolgenden Arbeitnehmer davor zu schützen, dass er sich nach der Betriebsveräußerung auf einen Prozess mit dem neuen Arbeitgeber einlassen muss«.[206] Was für Betriebsübergänge gilt, muss auch für die kumulative Schuldübernahme bei Abspaltung, Ausgliederung und Teilübertragung gelten.

Bei Aktivprozessen des (teil-)übertragenden Rechtsträgers erfordert die Zuordnung des streitgegenständlichen Anspruchs zum übernehmenden Rechtsträger entsprechend § 265 Abs. 2 Satz 1 ZPO ebenfalls keinen Wechsel der Prozesspartei.[207] Der Übergang der Klageforderung auf den übernehmenden oder neuen Rechtsträger stellt nach § 131 Abs. 1 Nr. 1, § 135 Abs. 1 UmwG eine Rechtsnachfolge i.S.d. § 265 Abs. 2, § 325 Abs. 1 ZPO dar. Nach § 265 Abs. 2 Satz 1 ZPO hat dennoch die Übertragung des Anspruchs auf den Prozess keinen Einfluss. Die übertragende Gesellschaft kann trotz des Verlusts der Aktivlegitimation als gesetzliche Prozessstandschafterin des übernehmenden Rechtsträgers den Prozess weiterführen. Ein der Klage stattgebendes Urteil wirkt auch für den übernehmenden oder neuen Rechtsträger und kann nach § 727 Abs. 1 ZPO umgeschrieben werden. Nach § 265 Abs. 2 Satz 2 ZPO ist der Rechtsnachfolger allerdings berechtigt, mit Zustimmung des Gegners den Prozess als Hauptpartei zu übernehmen. Insoweit liegt dann ein gewillkürter Parteiwechsel vor. Dieser ist nach den Regeln zu behandeln, die allgemein für Klageänderungen gelten. Im Schrifttum wird der gewillkürte Parteiwechsel in der Revisionsinstanz nur als zulässig erachtet, soweit das Berufungsurteil bereits die Rechtsnachfolge festgestellt hat.[208] Das ist jedoch heute überzogen. Es sollte aus prozessökonomischen Gründen der gewillkürte Parteiwechsel zugelassen werden. Voraussetzung ist, dass übereinstimmend die Tatsachen dargelegt werden, aus denen sich ergibt, dass der Streitgegenstand zum übergegangenen Vermögen gehört. Im Aktivprozess ist ein gewillkürter Parteiwechsel auch noch nach Schluss der mündlichen Verhandlung vor dem Berufungsgericht zulässig, wenn die auf Abgabe einer Willenserklärung klagende Partei nach vollzogenem Betriebsübergang nunmehr den Betriebserwerber anstelle des Betriebsveräußerers in Anspruch nehmen muss.[209]

Einem abgespaltenen oder ausgegliederten Rechtsträger, dem im Spaltungsplan die Verbindlichkeit zugewiesen worden ist, wird wegen der nur »partiellen« Nachfolge nicht Gesamtrechtsnachfolger.

---

204 BFH, 05.11.2009 – IV R 29/08, Rn 19, Der Konzern 2010, 137.
205 BAG, 15.12.1976 – 5 AZR 600/75, EzA § 613a BGB Nr. 10; hierzu Zeuner in Festschrift für Schwab 1990, S. 575 ff.
206 BAG, 15.12.1976 – 5 AZR 600/75, EzA § 613a BGB Nr. 10.
207 Ausf. Stöber NZG 2006, 574, 576.
208 Thomas/Putzo-Reichold § 265 Rn 15.
209 BAG, 21.06.2011 – 9 AZR 236/10, NZA 2011, 1274.

Er kann folglich keine Revision einlegen. Legt er dennoch diese Rechtsmittel ein, ist zu prüfen, ob die Rechtsmittelschrift dahin ausgelegt oder umgedeutet werden kann, dass er als Nebenintervenient dem Rechtsstreit beitreten will und in dieser Eigenschaft als Nebenintervenient das Rechtsmittel einlegt.[210] § 66 Abs. 2 ZPO bestimmt ausdrücklich, dass der Beitritt als Nebenintervenient auch in Verbindung mit der Einlegung eines Rechtsmittels erfolgen kann. Es muss deutlich werden, dass er sich aufseiten des Klägers oder des Beklagten aktiv beteiligen will.[211] Gibt es keinen Anhalt für den Streitbeitritt des Dritten und legt auch der übertragende Arbeitgeber nicht den zulässigen Rechtsbehelf ein, so wird das Urteil rechtskräftig.[212]

f) Revisionsbegründung

Für die inhaltliche Begründung sind § 72 Abs. 5 ArbGG i.V.m. § 551 Abs. 3 Satz 1 Nr. 2 ZPO zu beachten. Danach sind die Revisionsgründe anzugeben.[213] Dazu gehört die Bezeichnung der verletzten Rechtsnorm und bei Verfahrensrügen[214] die Angabe der den Verfahrensfehler begründenden Tatsachen. 64

Das Revisionsgericht ist zwar nach § 72 Abs. 5 i.V.m. § 557 Abs. 1 ZPO an die **Anträge der Parteien gebunden**. Diese Bindung beinhaltet aber keine Bindung an die Revisionsbegründung.[215] Das Revisionsgericht ist deshalb bei einer zulässigen Revision von Amts wegen gehalten, das Urteil auf alle Verletzungen des materiellen Rechts zu überprüfen.[216] 65

Das BAG verlangt eine sorgfältige Begründung, die sich mit den Erwägungen des angefochtenen Urteils auseinandersetzt und im Einzelnen darlegt, warum diese unrichtig sind.[217] Wegen des angelegten Maßstabs siehe Rdn. 91. Wendet sich die Revision gegen die Anwendung eines unbestimmten Rechtsbegriffs, so muss sie dartun, welchen Rechtsbegriff das LAG verkannt, welche Denkgesetze es verletzt oder welche wesentlichen Umstände es bei der Bewertung vernachlässigt hat.[218] Diese strengen Anforderungen werden z.T. für überzogen gehalten.[219] Die nach § 520 Abs. 3 Nr. 2 ZPO im Einzelnen anzuführenden Gründe der Anfechtung *(Berufungsgründe)* seien für die Revision entbehrlich. 66

Ist im Berufungsurteil über mehrere selbstständige Streitgegenstände entschieden, so muss die Revision für jeden Streitgegenstand einzeln begründet werden. Anderenfalls ist sie hinsichtlich des nicht begründeten Streitgegenstandes unzulässig.[220] Ein einheitlicher Revisionsangriff genügt nur dann, wenn die Entscheidung über den nicht eigens behandelten Anspruch denknotwendig von der ordnungsgemäß angegriffenen Entscheidung über den anderen Anspruch abhängt.[221] Das ist z.B. der Fall, wenn beide Ansprüche akzessorisch voneinander abhängen, wie Kündigungsschutzklage und Klage auf Lohn wegen Annahmeverzugs.[222] Enthält die Entscheidung über die Zahlungsklage nicht nur den Hinweis auf die Berechtigung der Kündigung, so muss sich die Revision allerdings auch zusätzlich mit den weiteren Erwägungen des LAG zum Annahmeverzug auseinandersetzen. 67

---

210 BAG, 31.01.2008 – 8 AZR 10/07, AP Nr. 52 zu § 72 ArbGG 1979; BGH, 06.12.2000 – XII ZR 219/98, NJW 2001, 1217.
211 BAG, 31.01.2008 – 8 AZR 10/07, AP Nr. 52 zu § 72 ArbGG 1979.
212 BAG, 11.08.2011 – 9 AZN 806/11, NZA 2011, 1445 m. Anm. Hoppe ArbR 2011, 535.
213 § 551 Abs. 3 Nr. 2 ZPO.
214 Vgl. § 73 Rdn. 46 bis 76.
215 Arg. e. § 72 Abs. 5 i.V.m. § 557 Abs. 2 Satz 1 ZPO.
216 BAG, 06.01.2004 – 9 AZR 680/02, JurionRS 2004, 10009.
217 BAG, 29.04.1997 – 5 AZR 624/96, NZA 1998, 336; BAG, 06.01.2004 – 9 AZR 680/02, JurionRS 2004, 10009.
218 BAG, 29.10.1997 – 5 AZR 624/96, NZA 1998, 336.
219 GK-ArbGG/Mikosch § 74 Rn 57; Grunsky § 74 Rn 7b.
220 BAG, 16.10.1991 – 2 AZR 332/91; BAG, 06.12.1994 – 9 AZN 337/94, NZA 1995, 445.
221 BAG, 19.04.2005 – 9 AZR 184/04, EzA § 15 BErzGG Nr. 14; BAG, 15.12.2011 – 8 AZR 197/11, DB 2012, 696.
222 Uneigentliches Eventualverhältnis, vgl. BAG, 13.08.1992 – 2 AZR 119/92; BAG, 09.04.1991 – 1 AZR 488/90, NZA 1991, 812.

> **Beispiele:**
>
> Der Kläger hat 1.500,00 € Arbeitsentgelt nebst Verzugszinsen eingeklagt. Das LAG hat Erfüllung angenommen und die Klage insgesamt abgewiesen. Legt die Revision dar, aus welchen Gründen keine Erfüllung eingetreten ist, ist die Revision auch hinsichtlich des Zinsantrages sachlich zu bescheiden.

Ist der Klage auf Lohnabrechnung und Auszahlung mit der Begründung stattgegeben, es bestehe ein Lohnanspruch und damit auch ein Abrechnungsanspruch, so genügt es, wenn die Revision sich gegen den Zahlungsanspruch wendet.[223]

5. Materiell-rechtliche Sachrüge

68 Wird eine Sachrüge[224] erhoben, sollte die Rechtsnorm angegeben werden, die der Revisionskläger als verletzt ansieht. Nach der ZPO Reform bedarf es nicht mehr der Benennung der Norm. Es genügt die Bezeichnung der Umstände, aus denen sich die Gesetzesverletzung ergeben soll.[225] Es genügt nicht, allgemeine Ausführungen dazu zu machen, aus welchen Gründen das angefochtene Urteil unrichtig sei. Es genügt die rechtliche Einordnung des gerügten Rechtsfehlers in ein bestimmtes **Rechtsgebiet**.

> **Beispiel:**
>
> »Das Berufungsgericht hat die Voraussetzungen der Betriebsrisikolehre verkannt ...«

Empfehlenswert ist es jedoch stets, eine ganz bestimmte Norm zu bezeichnen. Ist diese Norm falsch benannt, so ist das für die Zulässigkeit der Begründetheit der Revision unschädlich. Denn das Revisionsgericht ist nach § 72 Abs. 5 i.V.m. § 557 Abs. 2 Satz 1 ZPO an die geltend gemachten Revisionsgründe nicht gebunden.[226] Unzureichend ist die Rüge, das Urteil berücksichtigt nicht »die allgemeinen Regeln des Europäischen Arbeitsrechts«.[227]

69 Der Revisionskläger kann deshalb auch nach Ablauf der Revisionsbegründungsfrist noch die Anregung zur Prüfung weiterer Begründungsteile des Berufungsurteils **nachschieben**. Voraussetzung ist, dass in der Revisionsbegründung zumindest eine Sachrüge ordnungsgemäß erhoben worden ist.[228]

6. Verfahrensrüge

70 Bei Verfahrensrügen nach § 557 Abs. 2 Satz 2 ZPO ist das BAG in seiner Nachprüfung auf den Umfang der ordnungsgemäß erhobenen Rügen beschränkt.[229] Zusätzlich darf es das angefochtene Urteil nur auf Mängel prüfen, die von Amts wegen zu berücksichtigen sind. Es empfiehlt sich deshalb, stets auch Sachrügen zu erheben, damit das Urteil nicht nur auf Verfahrensfehler, sondern auch auf materiell-rechtliche Mängel überprüft wird. Wird die Revision darauf gestützt, das Berufungsurteil beruhe auf Verfahrensmängeln, so sind nach § 551 Abs. 3 Nr. 2 Buchst. b) ZPO diejenigen Tatsachen vorzutragen, die einen tragenden Verfahrensverstoß ergeben. Das bedeutet, dass auch die **Kausalität** zwischen Verfahrensmangel und Ergebnis des Berufungsurteils dargelegt werden muss. Dazu genügt, wenn vorgebracht wird, dass bei richtigem Verfahren das Berufungsgericht möglicherweise anders entschieden hätte.

---

223 BAG, 12.01.2005 – 5 AZR 144/04, JurionRS 2005, 11750.
224 Vgl. § 73 Rdn. 11.
225 BAG, 06.01.2004 – 9 AZR 680/02, JurionRS 2004, 10009.
226 § 72 Abs. 5 i.V.m. § 557 Abs. 2 Satz 1 ZPO.
227 BAG, 07.07.1999 – 10 AZR 575/98, JurionRS 1999, 10103.
228 BAG, 06.01.2004 – 9 AZR 680/02, JurionRS 2004, 10009.
229 BAG, 06.01.2004 – 9 AZR 680/02; unzutreffend Schwab/Weth-Ulrich § 74 Rn 55 Fn. 3, der von der Zulässigkeit des Nachschiebens von Sachrügen ausgeht.

> **Beispiel:**
> Nach Schluss der mündlichen Verhandlung weist das Berufungsgericht auf einen neuen rechtlichen Gesichtspunkt hin und verkündet ohne Zustimmung der Parteien im schriftlichen Verfahren seine Entscheidung. Für die Revisionsbegründung genügt es hier, dass der Revisionskläger die Nichteinhaltung des Mündlichkeitsprinzips rügt und darlegt, dass unter dem Eindruck der mündlichen Verhandlung das LAG anders entschieden hätte.[230]

Eine ausdrückliche Verfahrensrüge durch den Revisionskläger ist auch dann notwendig, wenn ein **absoluter Revisionsgrund**[231] vorliegt.[232] Etwas anderes gilt nur dann, wenn dieser absolute Revisionsgrund von Amts wegen zu beachten ist.[233] Bei absoluten Revisionsgründen entfällt lediglich die Darlegung der Kausalität zwischen Verfahrensverstoß und Berufungsurteil, weil die Ursächlichkeit dieses Mangels von Gesetzes wegen vermutet wird.[234] 71

Verfahrensrügen können nach Fristablauf nicht nachgeschoben werden.[235] Das BAG hat jedoch Wiedereinsetzung in den vorigen Stand zugelassen. Das ist im Hinblick auf den Wortlaut des § 233 ZPO bedenklich.[236] 72

An die Darlegung des Verfahrensverstoßes werden strenge Anforderungen gestellt. Es genügt kein pauschaler Hinweis. Die Tatsachen, die den vermeintlichen Mangel ergeben, sind genau zu bezeichnen. Für die Rüge des übergangenen Beweisantrags gilt: Ohne Mitteilung des Inhalts eines nach Auffassung der Revision zu Unrecht abgelehnten Beweisantrags fehlt es an der ordnungsgemäßen Darlegung des behaupteten Verfahrensmangels.[237] Eine abstrakte Bezugnahme auf das Vorbringen in der Berufungsinstanz reicht nicht aus. Erforderlich ist die genaue Angabe der vorinstanzlichen Fundstelle des übergangenen Beweisantrags nach Datum des Schriftsatzes. Bei umfangreichen Schriftsätzen ist zusätzlich die Seitenzahl anzugeben.[238] Ferner muss das Beweisthema und das Beweismittel angegeben werden, zu welchem Punkt das LAG rechtsfehlerhaft eine an sich gebotene Beweisaufnahme unterlassen haben soll und welches Ergebnis diese Beweisaufnahme hätte zeitigen können.[239] Schließlich muss auch noch dargelegt werden, dass die Unterlassung der Beweiserhebung kausal für die Entscheidung gewesen ist.[240] 73

Soll eine fehlerhafte Beweiswürdigung (§ 286 ZPO) gerügt werden, so genügt es nicht zu behaupten, das Gericht habe ein sachlich falsches Gutachten zugrunde gelegt. Es muss aufgezeigt werden, welche anderen Methoden zu einem anderen Ergebnis geführt hätten.[241]

Wird eine Verletzung der dem LAG obliegenden **Aufklärungspflicht** (§ 139 ZPO) gerügt, reicht es nicht aus, pauschal auf die Verletzung der Aufklärungspflicht hinzuweisen. Es muss im Einzelnen vorgetragen werden, welchen konkreten Hinweis das LAG dem Revisionskläger aufgrund welcher Tatsachen hätte erteilen müssen, und welche weiteren erheblichen Tatsachen der Revisionskläger 74

---

230 BAG, 23.01.1996 – 9 AZR 600/93.
231 Vgl. § 73 Rdn. 49 bis 76.
232 BAG, 18.10.1961 – 1 AZR 437/60, NJW 1962, 318.
233 Vgl. dazu § 73 Rdn. 47.
234 Vgl. ausführlich § 73 Rdn. 49.
235 BAG, 06.01.2004 – 9 AZR 680/02.
236 GK-ArbGG/Mikosch § 74 Rn 64.
237 BVerwG, 24.03.2000 – 9 B 530/99.
238 BAG 13.11.2013 – 10 AZR 639/13, Rn 12.
239 BAG 13.11.2013 – 10 AZR 639/13, Rn 12.
240 BAG, 25.04.2013 – 8 AZR 453/12 – Rn 46, NZA 2013, 1206; BAG, 23.02.2010 – 2 AZR 959/08, Rn 23.
241 BAG, 06.01.2004 – 9 AZR 680/02.

dann in der Berufungsinstanz vorgebracht hätte.[242] Nur so kann das Revisionsgericht feststellen, ob die gerügte Verletzung möglicherweise für das Urteil kausal war.[243]

75 Sollen Feststellungen des Landesarbeitsgerichts gerügt werden, kann das durch einen **Tatbestandsberichtigungsantrag** geschehen, der nach § 320 ZPO binnen drei Monaten nach Verkündung des Urteils beim LAG gestellt werden muss. Wird das Urteil vom LAG später zugestellt, kann ein Tatbestandsberichtigungsantrag nicht mehr gestellt werden kann. Dann muss bei der Rüge der Verletzung des § 320 ZPO auch dargelegt werden, welche Berichtigung im Einzelnen bei Einhaltung der Drei-Monats-Frist beim LAG beantragt worden wäre.[244] Hat das Berufungsgericht zu Unrecht ein Teilurteil nach § 301 ZPO erlassen, muss die Revision rügen, dass eine zweifelsfreie Abgrenzung des durch Teilurteil entschiedenen Streitstoffs von dem übrigen noch anhängigen Streitstoff nicht möglich ist. Dann ist das Verfahren aufzuheben und zurückzuverweisen.[245]

76 Hat das LAG **verspätetes Vorbringen** zugelassen, so kann eine dagegen gerichtete Verfahrensrüge des Revisionsklägers nicht durchgreifen.[246] Demgegenüber kann aber gerügt werden, das LAG habe unzulässiger Weise das Vorbringen als verspätet behandelt und nicht zugelassen.[247]

77 Die Rüge, das LAG habe eine Klageänderung zu Unrecht als sachdienlich zugelassen, ist durch § 268 ZPO ausgeschlossen.

7. Gegenrüge

78 Der Revisionskläger greift die angefochtene Entscheidung an, der Revisionsbeklagte verteidigt sie. Der Revisionsbeklagte muss bei seiner Verteidigung jedoch berücksichtigen, dass sich seine Lage verschlechtert, wenn eine Rüge durchgreift. Das Berufungsgericht kann z.B. tatsächliche Feststellungen getroffen haben, die sich für den in der zweiten Instanz erfolgreichen Revisionsbeklagten nicht ungünstig ausgewirkt haben, weil das Berufungsgericht von einem anderen rechtlichen Gesichtspunkt ausgegangen ist. Vertritt das Revisionsgericht einen anderen Standpunkt, kann der Revisionsbeklagte im dritten Rechtszug aufgrund der für ihn ungünstigen Tatsachenfeststellungen des LAG verurteilt werden, ohne dass es zu einer Zurückverweisung der Sache an das LAG zur erneuten Tatsachenfeststellung kommt. Der Revisionsbeklagte muss dann seinerseits Verfahrensmängel rügen, damit sich die andere Rechtsansicht des Revisionsgerichts nicht für ihn derartig nachteilig auswirkt. Diese sog. Gegenrügen kann der Revisionsbeklagte bis zum Schluss der mündlichen Verhandlung vor dem Revisionsgericht vorbringen.[248] Weist in der mündlichen Verhandlung das Revisionsgericht auf einen anderen rechtlichen Gesichtspunkt hin, so wird damit der Revisionsbeklagte gehalten sein, spätestens jetzt mögliche Gegenrügen zu erheben. Zur Vorbereitung der Revisionsverhandlung ist dem Prozessbevollmächtigten des Revisionsbeklagten dringend zu empfehlen, den Streitstoff auf mögliche Gegenrügen durchzuarbeiten.

V. Beschwer

79 Die Beschwer wird gebildet durch das Minus zwischen dem Sachantrag, der beim Berufungsgericht gestellt worden ist, und der vom Berufungsgericht ergangenen Entscheidung. Hat der Revisionskläger vollständig obsiegt, ist eine Beschwer ausgeschlossen. Sie kann nicht aus der Art der Begründung entnommen werden.

80 Eine Beschwer für den Beklagten liegt auch dann vor, wenn das LAG die Klage als unzulässig zurückgewiesen hat. Ein obsiegender Beklagter kann daher mit der Revision das Ziel verfolgen, die

---

242 BAG, 14.10.2003 – 9 AZR 636/02.
243 Vgl. BAG, 05.07.1979 – 3 AZR 197/78.
244 BAG, 11.06.1963 – 4 AZR 180/62.
245 BSG, 28.04.1999 – B 6 KA 52/98 R.
246 BAG, 20.04.1983 – 4 AZR 497/80.
247 GMPMG/Müller-Glöge § 74 Rn 40.
248 BAG, 14.07.1965 – 4 AZR 347/63; BAG, 20.01.2004 – 9 AZR 23/03.

Klage als unbegründet zurückzuweisen, damit er nicht mit einem neuen Prozess überzogen werden kann.[249]

Eine Beschwer ist ebenfalls anzunehmen, wenn die Klage mit der Begründung zurückgewiesen worden ist, die Klageforderung sei durch Aufrechnung erloschen. Mit der Revision kann dann das Ziel verfolgt werden, die Klage aus anderen Gründen abzuweisen, um den Bestand der Aufrechnungsforderung zu erhalten.[250] 81

VI. Terminsbestimmung und Verlegung

Nach **Abs. 2 Satz 1** muss der Termin zur mündlichen Verhandlung unverzüglich bestimmt werden. **Abs. 2 Satz 2** i.V.m. § 552 Abs. 2 ZPO stellt klar, dass durch die Terminsanberaumung die Befugnis unberührt bleibt, die Revision auch ohne mündliche Verhandlung als unzulässig zu verwerfen. Beim BAG findet bei Eingang der Sache keine sofortige Terminierung statt. Die Terminierungsvorschriften werden so angewandt, dass die Senate über einen Zeitraum von einem halben Jahr im Voraus terminieren. Die terminierungsreifen Sachen werden in der Regel in der Reihenfolge des Eingangs bearbeitet. Allerdings muss das BAG beachten, dass so terminiert wird, dass der Justizgewährungsanspruch nicht leerläuft; denn der Rechtsuchende hat nach Art 19 Abs. 4 Satz 1 GG Anspruch auf die Klärung strittiger Rechtsverhältnisse in angemessener Zeit.[251] Das gilt insbesondere in fristgebundenen Sachen, deren Hauptsache sich bei später Terminierung von selbst erledigen.[252] Falls der Senat überbelastet sein sollte oder subjektiv keine angemessene Terminierung für möglich gehalten wird, hat der Vorsitzende eine Überlastungsanzeige an die Präsidentin des BAG als Vorsitzende des Präsidiums zu erstatten, damit gem. § 21e Abs. 3 Satz 1 GVG das Präsidium gegebenenfalls durch eine den Senat entlastende Änderung der Geschäftsverteilung für Abhilfe zu sorgen hat. Vgl. dazu § 95 Rdn. 4. 82

§ 72 Abs. 5 verweist auf das zivilprozessuale Revisionsrecht. Dieses verweist wiederum in § 555 ZPO auf die für die Terminsbestimmung und Terminsänderung vor dem Revisionsgericht geltenden allgemeinen Verfahrensgrundsätze, die in §§ 216, 227 ZPO geregelt sind. In entsprechender Anwendung von § 216 Abs. 2 ZPO ist der **Senatsvorsitzende** für die Bestimmung des Termins zuständig. Gleiches gilt für die Bescheidung von Anträgen auf Terminsverlegung.[253] Die Terminsbestimmung ist ebenso wie die Verlegung des Termins nach § 227 Abs. 4 Satz 3 ZPO unanfechtbar. Kommt es bei der Terminierung zu unzumutbaren Verzögerungen, kann dem mit einer Gegenvorstellung begegnet werden. Wenn Anlass zur Besorgnis besteht, dass das Verfahren wegen der verzögerten Terminierung nicht in einer angemessenen Zeit abgeschlossen wird, sollte nach § 198 Abs. 3 GVG Verzögerungsrüge erhoben werden; denn diese ist Voraussetzung dafür, dass später ein Anspruch auf Entschädigung für die überlange Verfahrensdauer geltend gemacht werden kann. 83

Nach § 227 Abs. 3 Satz 1 ZPO ist ein für die Zeit vom 1. Juli bis 31. August bestimmter Verhandlungstermin auf Antrag einer Partei innerhalb einer Woche nach Zugang der Ladung oder Terminsbestimmung zu verlegen. Bei den aus anderen Gründen gestellten Anträgen gilt: Nach § 227 Abs. 1 Satz 1 ZPO kann ein Termin zur mündlichen Revisionsverhandlung aus erheblichen Gründen aufgehoben oder verlegt sowie eine Verhandlung vertagt werden. Eine nicht zu beseitigende **Terminüberlagerung** mit einem anderen Gerichtstermin stellt nur dann einen erheblichen Grund dar, wenn die **andere Sache vorrangig** ist.[254] Um dem Gericht die Prüfung zu ermöglichen, ob ein erheblicher Grund vorliegt, muss der Beteiligte, der eine Verhinderung geltend macht, dem Gericht mitteilen, aus welchen Gründen die Terminkollision nicht zu beseitigen und dem anderen 84

---

249 Vgl. BAG, 15.04.1986 – 1 R 55/84.
250 Vgl. BAG, 24.01.1974 – 5 AZR 17/73.
251 Vgl. BVerfG, 16.05.1995 –1 BvR 1087/91, BVerfGE 93, 1, 13.
252 Zur »arbeitsökonomischen« Herbeiführung der Erledigung: Sachadae jurisPR-ArbR 20/2015 Anm. 6.
253 BAG, 04.02.1993 – 4 AZR 541/92 (A), BAGE 72, 184 = EzA § 219 ZPO Nr 1.
254 BFH, 14.01.2016 – III B 73/15, juris; BFH, 13.12 2012 – III B 102/12, BFH/NV 2013, 573.

Termin der Vorrang einzuräumen ist.[255] Die erheblichen Gründe sind nach § 227 Abs. 2 ZPO auf Verlangen des Vorsitzenden **glaubhaft** zu machen. Wird ein Antrag auf Terminverlegung »in letzter Minute« gestellt, muss der Beteiligte von sich aus den Verlegungsgrund glaubhaft machen.[256] Wird durch Vorlage eines aussagekräftigen ärztlichen Attests glaubhaft gemacht, dass ein Anwalt aufgrund einer plötzlichen und unvorhersehbaren Verschlechterung seines gesundheitlichen Zustands daran gehindert ist, selbst an der mündlichen Verhandlung teilzunehmen oder wenigstens einen umfassend informierten Kollegen mit seiner Vertretung zu beauftragen, so kann die unter Verstoß gegen § 227 Abs. 1 Satz 1 ZPO erfolgte Zurückweisung des Verlegungsantrags eine Verletzung des Anspruchs auf Gewährung rechtlichen Gehörs (Art. 103 Abs. 1 GG) darstellen.[257] Eine darauf ergehende Endentscheidung kann nach § 78a Abs. 1 Satz 1 mit der Gehörsrüge angegriffen werden. Die vorausgehende Zurückweisung des Verlegungsantrags ist nach § 78a Abs. 1 Satz 2 nicht mit der Rüge anfechtbar.

85 Erteilt der Senat erst in der Revisionsverhandlung einen gerichtlichen Hinweis zum Sachverhalt, der so überraschend ist, dass auch ein sorgfältig vorbereiteter Anwalt nicht mit ihm zu rechnen brauchte, und kann der Anwalt auch nicht im Rahmen der Unterbrechung der Verhandlung eine Klärung mit seiner Partei herbeiführen, so muss er eine Gelegenheit zur späteren Äußerung entweder nach **Vertagung** gem. § 227 Abs. 1 Satz 1 ZPO oder nach Einräumung einer Schriftsatzfrist gem. § 139 Abs. 5 ZPO verlangen.[258] Dazu ist er zur Vermeidung von Regressansprüchen gehalten.

86 Die Termine sind zwar grds. nur an der **Gerichtsstelle** abzuhalten. Der Begriff der Gerichtsstelle ist jedoch nicht identisch mit dem in § 40 Abs. 1 bestimmten Sitz des BAG in Erfurt.[259] Im Übrigen ist nach § 219 Abs. 1 ZPO der Vorsitzende berechtigt, eine Verhandlung **außerhalb des Gerichtssitzes** anzuordnen, wenn eine sonstige Handlung erforderlich ist, die an der Gerichtsstelle nicht vorgenommen werden kann. Erforderlich ist eine auswärtige Sitzung nicht nur dann, wenn sie technisch nicht am Gerichtssitz vorgenommen werden kann, sondern auch, wenn sie im Interesse der Rechtsfindung an einem auswärtigen Ort vorzunehmen ist. Dieser Auslegung haben sich BGH[260] und BAG[261] angeschlossen.

VII. Die Verwerfung der unzulässigen Revision

1. Überblick

87 In **Abs. 2 Satz 3** ist lediglich geregelt, dass die Verwerfung der Revision ohne mündliche Verhandlung durch Beschluss der berufsrichterlichen Mitglieder des Senats ohne Zuziehung der ehrenamtlichen Richter erfolgt. Ergänzend ist § 552 ZPO anzuwenden.

§ 552 ZPO Zulässigkeitsprüfung

(1) Das Revisionsgericht hat von Amts wegen zu prüfen, ob die Revision an sich statthaft und ob sie in der gesetzlichen Form und Frist eingelegt und begründet ist. Mangelt es an einem dieser Erfordernisse, so ist die Revision als unzulässig zu verwerfen.

(2) Die Entscheidung kann durch Beschluss ergehen.

---

255 BFH, 14.01.2016 – III B 73/15, juris; BFH, 31.05.1995 – IV B 167/94, BFH/NV 1995, 1079.
256 BFH, 10.04.2015 – III B 42/14, BFH/NV 2015, 1102.
257 BGH, 16.12.2011 – AnwZ (Brfg) 52/11, juris.
258 BGH, 15.12.2011 – IX ZR 86/10, JurionRS 2011, 31066; BGH, 08.10. 2009 – IX ZR 235/06 – Rn. 3, GWR 2009, 430.
259 BAG, 04.02.1993 – 4 AZR 541/92 (A), BAGE 72, 184 = EzA § 219 ZPO Nr. 1; BAG, 10.03.1993 – 4 AZR 541/92(B), AP ZPO § 216 Nr. 2.
260 BGH, 15.10.1968 – 2 ARs 291/68, BGHSt 22, 250.
261 BAG, 04.02.1993 – 4 AZR 541/92 (A), BAGE 72, 184 = EzA § 219 ZPO Nr 1; BAG, 10.03.1993 – 4 AZR 541/92(B), AP ZPO § 216 Nr. 2; zustimmende Anm. Däubler BB 1993, 660.

Ist die Revision hinsichtlich eines selbstständigen abtrennbaren Teils unzulässig, so ist sie nur insoweit zu verwerfen.²⁶² Das BAG prüft von Amts wegen, ob ein selbstständiger abtrennbarer Streitgegenstand vorliegt.²⁶³ So ist es, wenn Elternteilzeit nicht nur für die Zukunft, sondern auch für die während des Prozesses bereits abgelaufene Zeit beantragt wird.²⁶⁴ 88

2. Zulässigkeitsprüfung

Die Zulässigkeitsvoraussetzungen werden von Amts wegen geprüft. Sie beziehen sich auf Statthaftigkeit der Revision und Einhaltung der gesetzlichen Formen und Fristen.²⁶⁵ Ferner werden Rechtsschutzbedürfnis, Feststellungsinteresse, Beschwer, Postulationsfähigkeit des Prozessbevollmächtigten, Zustimmung des Gegners nach § 76 Abs. 1 Satz 1 bei Sprungrevision sowie die Prozessführungsbefugnis des Revisionsklägers und seine zutreffende gesetzliche Vertretung von Amts wegen geprüft. Ein Rechtsmittelverzicht (vgl. Rdn. 110 ff.) wird nur berücksichtigt, soweit er von einer Partei geltend gemacht wird.²⁶⁶ Ob eine wirksame Vollmacht des Prozessbevollmächtigten vorliegt, der die Revisionsschrift unterschrieben hat, wird gem. § 88 Abs. 2 ZPO nur auf Rüge des Revisionsbeklagten geprüft. Für die Erfüllung der Zulässigkeitsvoraussetzungen ist der Zeitpunkt des Erlasses des Beschlusses maßgebend. Der Revisionskläger hat die Beweislast für die Zulässigkeitsvoraussetzungen, der Revisionsbeklagte für etwaige Hindernisse. Das Gericht wendet den Freibeweis an.²⁶⁷ Das BAG kann deshalb ohne Bindung an das förmliche Beweisverfahren und die gesetzlichen Beweismittel (Strengbeweis) alle Erkenntnisquellen zur Klärung der beweisbedürftigen Tatsachen heranziehen. Dadurch wird das Beweismaß hinsichtlich der Anforderungen an die richterliche Überzeugungsbildung nicht herabgesetzt.²⁶⁸ 89

Nicht zu prüfen ist, ob in den Vorinstanzen die Voraussetzungen für ein zulässiges Verfahren oder die sog. Prozessfortsetzungsvoraussetzungen vorgelegen haben. Diese Prüfungen betreffen die Begründetheit des Rechtsmittels, nicht dessen Zulässigkeit. Fehlte bspw. bereits bei Erhebung der Klage die Prozessführungsbefugnis, so ist die Revision des beim LAG mit einem Sachurteil unterlegenen Klägers begründet, denn die Klage war als unzulässig abzuweisen.

Das BAG prüft, ob das Rechtsmittel der **Revision statthaft** ist. Das ist dann der Fall, wenn das LAG die Revision bindend für das BAG (vgl. § 72 Rdn. 68, 69) oder das BAG sie auf eine begründete Nichtzulassungsbeschwerde²⁶⁹ zugelassen hat. Es ist auch dann kein Zugang zur Revisionsinstanz eröffnet, wenn die unterlegene Partei sich gegen ein Zweites Versäumnisurteil mit der Behauptung wendet, es habe kein Fall schuldhafter Säumnis vorgelegen.²⁷⁰ 90

Unzulässig ist die zugelassene Revision, wenn sie nicht frist- und formgerecht eingelegt worden ist (vgl. Rdn. 3 bis 17). Gleiches gilt für eine nicht frist- oder ordnungsgemäß begründete Revision. Zur ordnungsgemäßen Begründung der Revision müssen die Revisionsgründe angegeben werden, § 72 Abs. 5 ArbGG i.V.m. § 551 Abs. 3 Satz 1 Nr. 2 ZPO. Bei Sachrügen sind diejenigen Umstände bestimmt zu bezeichnen, aus denen sich die Rechtsverletzung ergibt, § 551 Abs. 3 Satz 1 Nr. 2 Buchst. a ZPO. Die Revisionsbegründung muss die Rechtsfehler des Landesarbeitsgerichts so aufzeigen, dass Gegenstand und Richtung des Revisionsangriffs erkennbar sind. Daher muss die Revisionsbegründung eine Auseinandersetzung mit den tragenden Gründen des angefochtenen Urteils enthalten. Dadurch soll sichergestellt werden, dass der Prozessbevollmächtigte des Revisionsklägers das angefochtene Urteil im Hinblick auf das Rechtsmittel überprüft und mit Blickrichtung auf 91

---

262 BAG, 17.11.1966 – 3 AZR 347/66.
263 BAG, 16.04.1997 – 4 AZR 635/95.
264 BAG, 19.04.2005 – 9 AZR 184/04.
265 Vgl. Rdn. 3 bis 31, 37 bis 56.
266 GK-ArbGG/Mikosch § 74 Rn 76.
267 Vgl. BGH, 30.09.2003 – X ZR 41/02, BGHReport 2003, 1431.
268 BGH, 07.12.1999 – VI ZB 30/99, NJW 2000, 814.
269 Vgl. § 72a Rdn. 84 bis 97.
270 BAG, 22.04.2004 – 2 AZR 314/03.

die Rechtslage genau durchdacht hat. Außerdem soll die Revisionsbegründung durch ihre Kritik des angefochtenen Urteils zur richtigen Rechtsfindung durch das Revisionsgericht beitragen.[271] Die bloße Darstellung anderer Rechtsansichten ohne jede Auseinandersetzung mit den Gründen des Berufungsurteils genügt den Anforderungen an eine ordnungsgemäße Revisionsbegründung nicht.[272] Bei Verfahrensrügen müssen nach § 551 Abs. 3 Satz 1 Nr. 2 Buchst. b ZPO die Tatsachen bezeichnet werden, die den Mangel ergeben, auf den sich die Revision stützen will. Dazu muss auch die Kausalität zwischen Verfahrensmangel und Ergebnis des Berufungsurteils dargelegt werden.[273] Wird eine Revision wegen formeller Mängel verworfen, ist eine erneute Einlegung möglich. Ist die Revision wegen unzureichender Begründung verworfen worden, so muss die neue Begründung innerhalb der »alten« Frist eingehen.[274]

92 Sind alle Fristen und Formen eingehalten, liegt die in der Begründung behauptete Verletzung materiellen Rechts jedoch nicht vor, ist die **Revision unbegründet**. Das soll auch gelten, wenn die Revision auf die Verletzung einer nicht revisiblen Bestimmung gestützt wird, z.B. auf eine nicht typische Willenserklärung oder Verwaltungsvorschrift.[275]

93 Wird ausschließlich eine nicht ordnungsgemäß begründete Verfahrensrüge erhoben (vgl. Rdn. 70 bis 77), so ist die **Revision unzulässig**. Wird zugleich mit der nicht ordnungsgemäßen Verfahrensrüge auch in ausreichender Weise die Verletzung materiellen Rechts gerügt, so ist die Revision insgesamt zulässig.[276]

94 Die Revision ist auch unzulässig, wenn der Revisionskläger durch die angefochtene Entscheidung nicht beschwert ist (vgl. Rdn. 79 bis 81). Ist der Urteilsausspruch nicht eindeutig, so kann sich die Beschwer auch aus den Entscheidungsgründen ergeben. Eine Beschwer liegt auch dann vor, wenn das LAG den Rechtsstreit an das ArbG zurückverwiesen hat, statt in der Sache zu entscheiden.[277]

95 In den arbeitsgerichtlichen Verfahrensarten gilt bei **Fehlern des Gerichts** das **Prinzip der Meistbegünstigung**. Soweit nach der objektiven Rechtslage die Zulassung eines Rechtsmittels statthaft gewesen wäre, kann sich eine fehlerhafte Entscheidung nicht zulasten der beschwerten Partei auswirken. Hätte das LAG statt im Beschlussverfahren im Urteilsverfahren entscheiden und dementsprechend statt der Rechtsbeschwerde die Revision zulassen müssen, kann die unterlegene Partei entsprechend dem Prinzip der Meistbegünstigung zwischen dem tatsächlich zugelassenen Rechtsmittel der Rechtsbeschwerde und dem objektiv statthaften Rechtsmittel der Revision wählen.[278]

96 Unzulässig ist die Revision, wenn der Revisionskläger ggü. dem BAG oder dem LAG auf die Revision verzichtet hat *(z.B. in einem gerichtlichen Vergleich)*. Ist dieser Verzicht nur außergerichtlich vereinbart worden, so kann er lediglich i.R.d. Begründetheitsprüfung auf die Einrede des Revisionsbeklagten berücksichtigt werden.[279]

3. Verwerfungsbeschluss

97 Ist die Revision nicht ordnungsgemäß begründet oder aus sonstigen Gründen unzulässig, so ist sie nach § 72 Abs. 5, § 74 Abs. 2 Satz 3 ArbGG i.V.m. § 552 Abs. 1 Satz 1 ZPO »als unzulässig zu verwerfen«. Das BAG soll berechtigt sein, die Zulässigkeit ausnahmsweise dahingestellt sein zu

---

271 Ständige Rechtsprechung: BAG, 08.07.2015 – 4 AZR 323/14, Rn 8 unter Bezug auf BAG, 24.03.2009 – 9 AZR 983/07 – Rn 16, BAGE 130, 119.
272 BAG 18.05.2011 – 10 AZR 346/10 – Rn 10 m.w.N., NZA 2011, 878; BAG 28.01.2009 – 4 AZR 912/07 – Rn 11 m.w.N., EzA § 551 ZPO 2002 Nr. 10.
273 BAG, 06.01.2004 – 9 AZR 680/02 – zu II 2 b der Gründe, BAGE 109, 145.
274 BAG, 14.11.1975 – 3 AZR 609/75; vgl. Rdn. 37 bis 56.
275 BGH, 26.10.1979 – I ZR 6/79; a.A. BAG, 02.02.1983 – 5 AZR 1133/79 m. abl. Anm. v. Grunsky.
276 BAG, 06.01.2004 – 9 AZR 680/02.
277 BAG, 24.02.1982 – 4 AZR 313/80.
278 GK-ArbGG/Mikosch § 74 Rn 77.
279 BAG, 08.03.1957 – 2 AZR 554/55.

lassen, wenn eine Klärung der Zulässigkeit die Entscheidung des Rechtsstreits erheblich verzögern würde.[280] Die Entscheidung kann ohne mündliche Verhandlung ergehen. In diesem Fall entscheidet der Senat ohne Zuziehung der ehrenamtlichen Richter (**Abs. 2 Satz 3**).

Nach § 552 Abs. 2 ZPO kann durch Beschluss auch die Zulässigkeit der Revision festgestellt werden. Auch an diesem Beschluss wirken die ehrenamtlichen Richter nicht mit.[281] 98

Das Revisionsgericht ist an seine Beschlüsse über die Zulässigkeit oder Unzulässigkeit der Revision gebunden. Gegenvorstellungen können daher keinen Erfolg haben.[282] 99

Ist die Revision als unzulässig verworfen, kann erneut Revision eingelegt werden, wenn die Revisionseinlegungsfrist noch nicht abgelaufen ist, weil z.B. die Revision vor Zustellung des vollständig abgefassten Urteils eingelegt worden ist. 100

Ist die Revision verworfen worden, weil der Revisionsbegründungsschriftsatz nicht rechtzeitig beim BAG eingegangen oder zwar eingegangen, aber nicht zur Kenntnis des Senats gelangt ist, kann der Revisionskläger nach § 233 ZPO **Wiedereinsetzung in den vorigen Stand** beantragen.[283] Soweit von der Geschäftsstelle des Gerichts der Eingang der Revisionsbegründung nicht festgestellt werden konnte, ist zugleich mit dem Wiedereinsetzungsantrag die abgesandte, aber nicht eingegangene Rechtsmittelbegründungsschrift dem Gericht erneut zuzuleiten. 101

VIII. Rücknahme und Erledigung der Revision

Nach § 72 Abs. 5 gelten für die Rücknahme der Revision die Vorschriften der §§ 565, 516 ZPO. 102

§ 516 ZPO Zurücknahme der Berufung

(1) Der Berufungskläger kann die Berufung bis zur Verkündung des Berufungsurteils zurücknehmen.

(2) Die Zurücknahme ist dem Gericht gegenüber zu erklären. Sie erfolgt, wenn sie nicht bei der mündlichen Verhandlung erklärt wird, durch Einreichung eines Schriftsatzes.

(3) Die Zurücknahme hat den Verlust des eingelegten Rechtsmittels und die Verpflichtung zur Folge, die durch das Rechtsmittel entstandenen Kosten zu tragen. Diese Wirkungen sind durch Beschluss auszusprechen.

§ 565 ZPO Anzuwendende Vorschriften des Berufungsverfahrens

[1]Die für die Berufung geltenden Vorschriften über die Anfechtbarkeit der Versäumnisurteile, über die Verzichtsleistung auf das Rechtsmittel und seine Zurücknahme, über die Rügen der Unzulässigkeit der Klage und über die Einforderung, Übersendung und Zurücksendung der Prozessakten sind auf die Revision entsprechend anzuwenden. [2]Die Revision kann ohne Einwilligung des Revisionsbeklagten nur bis zum Beginn der mündlichen Verhandlung des Revisionsbeklagten zur Hauptsache zurückgenommen werden.

Die Rücknahme ist eine bedingungsfeindliche Prozesshandlung. Sie bezieht sich nur auf das konkret eingelegte Rechtsmittel. Die Revision kann deshalb, soweit die Revisionsfrist nicht abgelaufen ist, erneut wirksam eingelegt werden. Hierdurch unterscheidet sich die Zurücknahme von dem Verzicht. 103

Die Rücknahme der Revision war nach altem Recht nur bis zum Beginn der mündlichen Revisionsverhandlung ohne Einwilligung des Revisionsbeklagten zulässig, danach nur mit Zustimmung. Durch die ZPO-Reform war der Zustimmungsvorbehalt entfallen, vgl. § 72 Abs. 5 i.V.m. 104

---

280 BAG, 29.07.1997 – 3 AZR 134/96, EzA § 6 BetrAVG Nr. 20, zu II 1 der Gründe = AP BetrAVG § 6 Nr. 24; GMPMG/Müller-Glöge § 74 Rn 84; Schwab/Weth/Ulrich § 74 Rn 72; Hauck § 74 Rn 24.
281 BAG, 15.05.1984 – 1 AZR 532/80.
282 BAG, 18.05.1972 – 3 AZR 27/72, NJW 1972, 1684.
283 BAG, 29.03.1971 – 4 AZB 34/70.

Düwell

§§ 565 a.F., 516 Abs. 1 ZPO. Danach konnte sie auch nach der Stellung der Anträge ohne Zustimmung des Revisionsbeklagten zurückgenommen werden. Zum 1. Januar 2014 ist in § 565 Satz 2 ZPO n.F.[284] eingefügt: »Die Revision kann ohne Einwilligung des Revisionsbeklagten nur bis zum Beginn der mündlichen Verhandlung des Revisionsbeklagten zur Hauptsache zurückgenommen werden.« Ohne Einwilligung des Revisionsbeklagten ist damit nach der Verweisungskette § 72 Abs. 5 i.V.m. §§ 565, 516 Abs. 1 ZPO die Rücknahme der Revision beim BAG nur bis zum Beginn der mündlichen Revisionsverhandlung zulässig. Danach kann sie nur mit Zustimmung des Revisionsbeklagten zurückgenommen werden.

105 Nach Verkündung des Revisionsurteils ist der Rechtsstreit rechtskräftig beendet. Eine Rücknahme der Revision ist dann schon begrifflich nicht mehr möglich. Angesichts der 2013 vorgenommen Neuregelung hat sich die alte Streitfrage erledigt, ob der Beginn der Verkündung abgewartet und während der Verlesung des Tenors die Rücknahme wirksam erklärt werden kann.

106 Nach § 72 Abs. 5 i.V.m. §§ 565, 516 Abs. 2 Satz 1 ZPO ist die Rücknahme ggü. dem BAG zu erklären. Sie erfolgt durch Einreichung eines Schriftsatzes[285] oder in der mündlichen Verhandlung vor dem BAG. Sie ist Prozesshandlung. Sie kann deshalb nur durch einen Bevollmächtigten i.S.v. § 11 Abs. 4 oder einen zugelassenen RA erfolgen. Hat eine nicht postulationsfähige Person einen Rechtsbehelf oder ein Rechtsmittel eingelegt, so ist sie zur »Rücknahme« der unwirksamen Einlegung berechtigt.[286]

107 Der Rücknehmende hat die durch das Rechtsmittel entstandenen **Kosten** zu tragen. Hierzu zählen auch die Kosten einer unselbstständigen Anschlussrevision des Gegners.[287]

108 Auf Antrag des Gegners hat das Gericht durch Beschluss auszusprechen, dass der Revisionskläger des eingelegten Rechtsmittels verlustig ist und die Verpflichtung hat, die durch das Rechtsmittel entstandenen Kosten zu tragen.

109 Es kann auch das Rechtsmittel für erledigt erklärt werden. Das gilt jedenfalls, wenn ihm durch ein nachträgliches Ereignis die Grundlage entzogen wird und die Rücknahme des Rechtsmittels zu einer unangemessenen Kostenentscheidung führen würde (siehe § 75 Rdn. 54).[288]

IX. Verzicht

110 Über die Verweisung in § 72 Abs. 5 gilt für den Verzicht die Regelung des § 515 ZPO.

§ 515 ZPO Verzicht auf Berufung

Die Wirksamkeit eines Verzichts auf das Recht der Berufung ist nicht davon abhängig, dass der Gegner die Verzichtsleistung angenommen hat.

111 **Empfänger** der Verzichtserklärung ist das Gericht oder der Gegner. Wird der Verzicht außergerichtlich erklärt, unterliegt er nicht dem Anwaltszwang.[289]

112 Die **Auslegung** als Verzichtserklärung setzt voraus, dass der eindeutige Wille zum Ausdruck kommt, es bei dem ergangenen Urteil zu belassen.[290] Das ist verneint worden für die Äußerung, es sei nicht

---

284 Neufassung aufgrund des Gesetzes zur Förderung des elektronischen Rechtsverkehrs mit den Gerichten vom 10.10.2013 (BGBl. I S. 3786).
285 § 516 Abs. 2 Satz 2 ZPO.
286 BAG, 17.11.2004 – 9 AZN 789/04 (A).
287 OLG München, 24.11.1988 – 5 U 3599/98.
288 BAG, 20.12.2007 – 1040/06, BAGE 125, 226 = EzA § 91a ZPO 2002 Nr. 4.
289 BGH, 03.04.1974 – IV ZR 83/73, NJW 1974, 1248.
290 BGH, 03.04.1974 – IV ZR 83/73, NJW 1974, 1248.

beabsichtigt, ein Rechtsmittel einzulegen.[291] Erbringt der Beklagte die vom LAG ausgeurteilte Leistung, so rechtfertigt das ebenfalls noch nicht die Annahme des Verzichts.

Der Verzicht ist als Prozesshandlung an sich **unwiderrufbar**. Mit Einverständnis des Gegners kann er jedoch wirksam widerrufen werden.[292] Eine Anfechtung kommt nur in Betracht, sofern ein Restitutionsgrund gegeben ist.[293] 113

Eine Partei kann sich bereits bei Erlass des LAG-Urteils vertraglich verpflichten, auf ein Rechtsmittel zu verzichten. Hält sie sich nicht an diese Verpflichtung, kann der Rechtsmittelgegner die **Einrede des Verzichts** erheben. Dadurch soll die Revision unzulässig werden. Die Einrede des Verzichts muss nicht förmlich erhoben werden. Sind die den Verzicht begründenden Tatsachen vorgebracht, kann bereits in dem Antrag auf Zurückweisung der Revision die Einrede liegen.[294] 114

X. Anschlussrevision

1. Allgemein

Über die Verweisung in § 72 Abs. 5 richtet sich das Recht der Anschlussrevision nach § 554 ZPO. 115

§ 554 ZPO Anschlussrevision

(1) Der Revisionsbeklagte kann sich der Revision anschließen. Die Anschließung erfolgt durch Einreichung der Revisionsanschlussschrift bei dem Revisionsgericht.

(2) Die Anschließung ist auch statthaft, wenn der Revisionsbeklagte auf die Revision verzichtet hat, die Revisionsfrist verstrichen oder die Revision nicht zugelassen worden ist. Die Anschließung ist bis zum Ablauf eines Monats nach der Zustellung der Revisionsbegründung zu erklären.

(3) Die Anschlussrevision muss in der Anschlussschrift begründet werden. § 549 Abs. 1 Satz 2 und Abs. 2 und die §§ 550 und 551 Abs. 3 gelten entsprechend.

(4) Die Anschließung verliert ihre Wirkung, wenn die Revision zurückgenommen, verworfen oder durch Beschluss zurückgewiesen wird.

2. Unselbstständigkeit der Anschlussrevision

Legen teilunterlegene Parteien nacheinander gegen ein Berufungsurteil Revision ein, liegen zwei selbstständige Revisionen vor. Die Bezeichnung »Anschlussrevision« ist unangebracht; denn die selbstständigen Anschlussrechtsmittel (§ 522 Abs. 2, § 556 Abs. 2 Satz 3 ZPO a.F.) sind durch das ZPO-RG vom 27.07.2001 abgeschafft worden. Es handelt sich um zwei **Hauptrevisionen**, deren Schicksal voneinander unabhängig ist. Bei der unselbstständigen Anschlussrevision ist das anders. Das Anschlussrechtsmittel wird bei Rücknahme oder Verwerfung des Hauptrechtsmittels nach § 554 Abs. 3 ZPO wirkungslos. Bei der abgeschafften selbstständigen Anschlussrevision war das anders. Bei Rücknahme oder Verwerfung der Hauptrevision des Revisionsklägers erstärkte die selbstständige Anschlussrevision zur Hauptrevision des Revisionsbeklagten. 116

Charakteristikum der unselbstständigen **Anschlussrevision** ist, dass nach § 554 Abs. 2 ZPO der Einlegende sich dem Rechtsmittel der Gegenpartei noch anschließen kann, obwohl er auf die Einlegung der Revision ausdrücklich oder durch Ablauf der Einlegungsfrist verzichtet hat. Dem zunächst friedfertig gebliebenen Rechtsmittelbeklagten soll nämlich dann, wenn der Rechtsmittelkläger den 117

---

291 BGH, 26.02.1958 – IV ZR 211/57, NJW 1958, 831.
292 RG, 19.03.1936 – IV 290/35.
293 BGH, 06.03.1985 – VIII ZR 123/84, NJW 1985, 2335.
294 BAG, 08.03.1957 – 2 AZR 554/55.

Rechtsfrieden nicht eintreten lassen will, sondern angreift, aus Gründen der Waffengleichheit noch die Möglichkeit zum nachträglichen Offensivantrag eingeräumt werden.

Der Vorteil der Anschließung liegt darin, dass der Hauptrevisionskläger nach § 72 Abs. 5 i.V.m. § 516 Abs. 3 Satz 1 ZPO die gesamten Kosten tragen muss, wenn er sein Rechtsmittel zurücknimmt, und dass damit auch die Anschlussrevision gegenstandslos wird. Der Nachteil der unselbstständigen Anschlussrevision ist darin zu sehen, dass es in der Hand des Hauptrechtsmittelführers liegt, bei Erkennen des Erfolgs der Anschlussrevision durch die Rücknahme der Hauptrevision die Entscheidung über die Anschlussrevision zu verhindern. Die Rechtsmittelrücknahme bedarf nämlich – anders als die Klagerücknahme – keiner Zustimmung des Gegners. Entscheidend ist deshalb, dass der Revisionsbeklagte sein Rechtsmittel als Anschlussrevision bezeichnet oder ansonsten den Willen zur unselbstständigen Anschließung eindeutig erklärt.

118 Wer eine Revision innerhalb der Revisionsfrist ausdrücklich als Anschlussrevision einlegt, muss wissen, dass sie wirkungslos wird, wenn die Hauptrevision zurückgenommen oder verworfen wird (§ 524 Abs. 4 ZPO). Auch ohne die Bezeichnung »Anschließung« kann sich bei der gebotenen Auslegung einer Revisionseinlegung durch den Revisionsbeklagten ergeben, dass nur eine unselbstständige Anschlussrevision gewollt ist.[295] Im Zweifel ist dann, wenn die Revision vor Ablauf der Revisionsfrist eingelegt wird, von einer selbstständigen Hauptrevision auszugehen.

119 Die Konstruktion der Anschlussrevision wirkt sich auf die Bewilligung von Prozesskostenhilfe aus. Dem Revisionskläger wird die Bewilligung von Prozesskostenbewilligung für die Rechtsverteidigung gegen die Anschlussrevision abgelehnt.[296] Das folgt daraus, dass der Kläger einer im Anschlussrevisionsverfahren drohenden Verböserung dadurch entgehen kann, dass er seine Hauptrevision zurücknimmt und damit die unselbstständige Anschlussrevision hinfällig wird (§ 554 Abs. 4 ZPO).

3. Beschwer des Anschlussrevisionsklägers

120 Die Statthaftigkeit der Anschlussrevision setzt eine Beschwer des Anschlussrevisionsklägers voraus;[297] denn auch eine Hauptrevision wäre unzulässig, wenn mit ihr keine Abhilfe gegen eine Beschwer des vorinstanzlichen Urteils gesucht wird. Das folgt aus der in § 559 ZPO angelegten Konstruktion der Revisionsinstanz als bloßer Rechtsinstanz, in der keine neuen Ansprüche geltend gemacht werden können.[298] Ob eine Beschwer vorliegt, ergibt sich aus einem Vergleich zwischen dem Inhalt der Entscheidung, der ohne Rechtsmittel in Rechtskraft erwächst, und den in dieser Instanz gestellten Anträgen der betreffenden Partei.[299]

4. Zulassungsfreiheit der Anschlussrevision

121 Nach dem Wortlaut des § 554 Abs. 2 Satz 1 ZPO ist die Anschlussrevision auch dann statthaft, wenn »die Revision nicht zugelassen worden ist«. Vor der Neuregelung durch das ZPO-RG wurde das einhellig anders gesehen. Für den Fall, dass die Revisionszulassung auf einen von mehreren Streitgegenständen beschränkt war, konnte ein nicht zur Revision zugelassener Teil des Berufungsurteils nicht im Wege der unselbstständigen Anschlussrevision zum Gegenstand des Revisionsver-

---

295 HWK/Bepler § 74 ArbGG Rn 38.
296 BFH, 15.09.2006 – VII S 16/05 (PKH), BFH/NV 2007, 455.
297 BAG, 26.01.1995 – 2 AZR 355/94, EzA § 626 n.F. BGB Nr. 155; BGH, 16.031983 – IV b ZB 807/80, LM § 556 ZPO Nr. 14.
298 Zutreffend: Jacoby Das Anschlussrechtsmittel und seine Kosten nach dem ZPO-RG, ZZP Bd 155, 185, 192.
299 BAG, 26.01.1995 – 2 AZR 355/94, EzA § 626 n.F. BGB Nr. 155; BGH, 16.03.1983 – IV b ZB 807/80, LM § 556 ZPO Nr. 14.

fahrens gemacht werden.[300] Nach Inkrafttreten des ZPO-RG hat die Rechtsprechung unter Bezug auf den neu gefassten Wortlaut des § 554 Abs. 2 Satz 1 ZPO die Zulassung als Zulässigkeitsvoraussetzung abgelehnt.[301] Die Rechtsprechung des BAG und die überwiegende Meinung in der arbeitsgerichtlichen Kommentarliteratur sieht die Anschlussrevision als statthaft an, ohne darauf einzugehen, ob eine Zulassung entbehrlich ist.[302] Das ist bedenklich. Die Leitidee der unselbstständigen Anschlussrevision wurzelt in der Billigkeitsvorstellung, dass ein Anschluss für den möglich sein soll, der auf sein zulässiges Hauptrechtsmittel in Erwartung des eintretenden Rechtsfriedens verzichtet hat. Die Neufassung der Statthaftigkeit in § 554 Abs. 2 Satz 2 ZPO ist missglückt. In der Begründung des Gesetzentwurfs[303] wird ausgeführt: »Absatz 2 Satz 1 knüpft an die Regelung des bisherigen § 556 Abs. 1 an und lässt die Anschließung auch dann zu, wenn der Revisionsbeklagte auf die Revision verzichtet hat, die Revisionsfrist für ihn verstrichen ist oder – insoweit abweichend vom geltenden Recht – wenn die Revision für ihn weder vom Berufungsgericht noch vom Revisionsgericht im Verfahren über die Nichtzulassungsbeschwerde zugelassen worden ist. Dem Revisionsbeklagten soll damit die Möglichkeit eröffnet werden, eine Abänderung des Berufungsurteils zu seinen Gunsten zu erreichen, wenn das Revisionsverfahren ohnehin durchgeführt werden muss. Es wäre unbillig, der friedfertigen Partei, die bereit ist, sich mit der Entscheidung abzufinden, die Anschließungsmöglichkeit für den Fall abzuschneiden, dass der Gegner die Entscheidung wider Erwarten angreift.« Diese Begründungen für die abweichende Neuregelung tragen nicht.[304] Sie verstoßen gegen die Denkgesetze. Es kann nämlich kein friedfertiger Verzicht vorliegen, wenn für den Anschlussrevisionskläger mangels Zulassung die Einlegung der Hauptrevision überhaupt nicht statthaft ist. Auch die weitere Begründung ist irreführend. Das Revisionsverfahren ist nicht schon wegen der Hauptrevision des Gegners durchzuführen; denn diese beschränkt sich nur auf die zugelassenen und mit der Hauptrevision angefochtenen Teile des Berufungsurteils. Jacoby schlägt wegen dieser Diskrepanz zu Sinn und Zweck des Instituts der Anschlussrevision eine teleologische Reduktion vor: Eine Anschlussrevision soll dann, wenn sie für die Partei oder einen bestimmten Streitgegenstand nicht zugelassen ist, nur dann statthaft sein, wenn das Revisionsgericht inzidenter einen Zulassungsgrund feststellt. Der Anschluss soll insoweit zugleich als Zulassungsbeschwerde fungieren.[305] Das ist bedenkenswert, wenngleich es vorzuziehen ist, dass der Gesetzgeber den legislatorischen Fehler selbst korrigiert.

5. Unmittelbarer rechtlicher oder wirtschaftlicher Zusammenhang mit der Hauptrevision

Im Zivilprozess löst sich das Problem der mit § 554 Abs. 2 Satz 1 ZPO verbundenen sinnwidrigen Privilegierung der zulassungsbefreiten Anschlussrevision durch die Rechtsprechung des BGH. Sie akzeptiert zwar den Wegfall der Zulassungsschranke, sieht aber die Anschlussrevision an den für unselbstständige Rechtsmittel geltenden Grundsatz der **Akzessorietät** gebunden. Danach ist eine Anschlussrevision unzulässig, wenn sie einen Sachverhalt betrifft, der nicht mit dem der Revision in unmittelbarem rechtlichen oder wirtschaftlichen Zusammenhang steht.[306] Der Abhängigkeit der Anschlussrevision würde es nämlich widersprechen, wenn mit ihr ein Streitstoff eingeführt werden

122

---

300 BAG, 19.10.1982 – 4 AZR 303/82, AP Nr. 1 zu § 72 ArbGG 1979; BAG, 25.02.1987 – 4 AZR 239/86, n.v.; BGH, 21.05.1968 – VI ZR 27/68, NJW 1968, 1476, 1477; BGH, 06.03.1991 – IV ZR 114/89, NJW 1991, 1736, 1737; Germelmann/Matthes/Prütting 2. Aufl., § 72 Rn 37.
301 BGH, 26.03.2003 – IV ZR 232/02, FamRZ 2003, 1274.
302 BAG, 16.06.2005 – 6 AZR 411/04, EzA § 14 BBiG Nr. 13; BAG, 03.12.2003 – 10 AZR 124/03, EzBAT Orchester-TVG Tätigkeitszulage Nr. 4; ebenso HWK/Bepler § 74 ArbGG Rn 39; GK-ArbGG/Mikosch § 74 Rn 94; ErfK/Koch § 74 ArbGG Rn 21; Schwab/Weth-Ulrich § 74 Rn 93, Bader/Creutzfeldt/Friedrich-Friedrich § 74 Rn 11.
303 BT-Drucks. 14/4722, S.108.
304 Zutreffend: Jacoby Das Anschlussrechtsmittel und seine Kosten nach dem ZPO-RG, ZZP Bd 155, 185, 193 f.
305 Jacoby Das Anschlussrechtsmittel und seine Kosten nach dem ZPO-RG, ZZP Bd 155, 185, 195.
306 BGH, 22.11.2007 – I ZR 74/05, NJW 2008, 920 unter Bezug auf MünchKomm-ZPO/Wenzel § 554 Rn 6.

könnte, der mit dem Gegenstand der Hauptrevision weder in einem rechtlichen noch in einem wirtschaftlichen Zusammenhang steht. Der BGH weist zu Recht auf die durch die verunglückte Neuregelung geschaffene absurde Situation hin, die entsteht, wenn das Berufungsgericht die Revision auf einen Teil des Rechtsstreits zulässig beschränkt hat. Sie führt dazu, dass der Revisionskläger das Urteil im Revisionsverfahren nur zum Teil angreifen kann und soweit er keinen Revisionszulassungsgrund geltend machen kann, das Berufungsurteil hinnehmen muss. Anders stellte sich für den Anschlussrevisionskläger die verfahrensrechtliche Lage dar. Wird vom Gegner die Hauptrevision eingelegt, könnte er mit seiner zulassungsbefreiten Anschlussrevision das Urteil – soweit er unterlegen ist – insgesamt anfechten, selbst wenn eine Nichtzulassungsbeschwerde wegen Fehlens eines Zulassungsgrundes aussichtslos wäre. Unter dem Gesichtspunkt der Waffengleichheit wäre eine Benachteiligung des Revisionsklägers nur dann nicht gegeben, wenn man ihm das Recht zu einer Gegenanschließung gewährte. Eine derartige Möglichkeit hat der Gesetzgeber jedoch nicht vorgesehen.[307] Die mit der Privilegierung der Anschlussrevision verbundene Ungleichbehandlung von zulassungspflichtiger Haupt- und zulassungsfreier Anschlussrevision kann nur dann gerechtfertigt sein, wenn der Gegenstand der Anschlussrevision in einem inneren Zusammenhang mit der angefochtenen Entscheidung steht. Das wird als »unmittelbarer rechtlicher oder wirtschaftlichen Zusammenhang« mit der Hauptrevision bezeichnet.[308] Zusammenfassend: Der Wortlaut des § 554 Abs. 2 Satz 1 ZPO ist waffengleichheitswidrig. Die vom BGH gefundene Rechtfertigung führt für den Zivilprozess zu einer einschränkenden verfassungskonformen Auslegung; denn nur wenn die Hauptrevision zugelassen ist, kann eine mit ihr im inneren Zusammenhang stehende nicht zugelassene Anschlussrevision statthaft sein. Dem hat sich im Ergebnis die Rechtsprechung des BAG angeschlossen.[309]

Die BGH Rechtsprechung[310] verlangt als Zulässigkeitsvoraussetzung Konnexität. Diese ist in vergleichbarer Weise in § 33 Abs. 1 ZPO für die Zulässigkeit der Widerklage oder in § 273 BGB für das Zurückbehaltungsrecht gefordert. Für den Arbeitsgerichtsprozess wird diese Anforderung von dem problembewussten Teil des Schrifttums übernommen.[311] Ob die vom BGH gefundene salomonische Lösung für den Arbeitsgerichtsprozess allerdings tauglich ist, muss bezweifelt werden; denn hier besteht schon wegen der Zuständigkeitsregelung in § 2 ArbGG regelmäßig ein unmittelbarer rechtlicher oder wirtschaftlicher Zusammenhang. Dieser folgt schon aus dem sowohl für Ansprüche des Arbeitnehmers als auch für Ansprüche des Arbeitgebers maßgebenden einheitlichen Lebensverhältnis, dem Arbeitsverhältnis. Hier kann, wenn überhaupt, nur ein engerer Maßstab für den inneren Zusammenhang Waffengleichheit herstellen. Beispiel: Gegenstand der Hauptrevision Klage auf Arbeitsentgelt und Anschlussrevision Aufrechnung mit Schadensersatz für einen infolge der Nichterfüllung von Arbeitspflichten dem Arbeitgeber zugefügten Schaden.

6. Frist und Form der Anschließung

123 Die Anschließung muss nach § 554 Abs. 2 Satz 1 und 2 ZPO durch Einreichung einer Revisionsanschlussschrift beim BAG erklärt werden. Die Vorschrift des § 554 Abs. 2 Satz 2 ZPO, nach der die Anschlussschrift bereits die Begründung enthalten muss, wird erweiternd ausgelegt. Die Begründung in einem gesonderten Schriftsatz kann nachgeholt werden, wenn dieser noch innerhalb der einmonatigen Anschlussfrist beim BAG eingeht.

124 Die Einlegung der Anschlussrevision muss nach § 554 Abs. 3 ZPO denselben Anforderungen entsprechen, die für die Revisionsschrift gelten (vgl. Rdn. 3 bis 17). Das gilt nach § 551 Abs. 3 ZPO auch für die Begründung (vgl. Rdn. 54 bis 56). Die Anschlussrevision kann auch hilfsweise für den

---

307 BGH, 27.10.1983 – VII ZR 41/83, AP ZPO § 521 Nr. 7.
308 BGH, 22.11.2007 – I ZR 74/05, NJW 2008, 92; BGH, 21.06.2001 – IX ZR 73/00, NJW 2001, 3543.
309 Vgl. BAG, 17.01.2012 – 3 AZR 10/10, BB 2012, 1099.
310 BGH, 22.11.2007 – I ZR 74/05, NJW 2008, 920.
311 HWK/Bepler § 74 ArbGG Rn 40; GK-ArbGG/Mikosch § 74 Rn 93.

Fall des Erfolgs der gegnerischen Revision eingelegt werden.³¹² Vorteil der hilfsweisen Einlegung ist, dass sie nur anfällt, wenn die prozessuale Bedingung eintritt.

Anders als bei der Anschlussberufung ist die Anschlussmöglichkeit bei der Anschlussrevision nach § 554 Abs. 1 ZPO auf **einen Monat nach der Zustellung der Revisionsbegründung des Revisionsklägers** befristet. Die Zustellung der Revisionsbegründung an den Prozessbevollmächtigten des Anschlusswilligen ist das Frist auslösende Ereignis i.S.v. § 187 Abs. 1 BGB. Dementsprechend entspricht das Fristende dem Ereignistag (§ 188 Abs. 2 1. Alt. BGB). Ist für eine selbstständige Revision die Einlegungs- oder Begründungsfristfrist versäumt worden, kann vom Revisionsbeklagten ggf. unter Nachholung der Revisionsbegründung noch innerhalb der Monatsfrist nach Zustellung der Begründung des Revisionsklägers erklärt werden, sie solle als unselbstständige Anschlussrevision gelten.

125

Bei Fristversäumnis kommt keine **Wiedereinsetzung** in den vorigen Stand nach § 233 ZPO in Betracht.³¹³ Das folgt daraus, dass die Anschließungsfrist in § 554 ZPO nicht als Notfrist bezeichnet ist. Nach § 224 Abs. 1 Satz 2 ZPO gilt die Frist nur als Notfrist, die im Gesetz ausdrücklich so bezeichnet ist. Gemäß § 233 ZPO ist die Wiedereinsetzung nur bei Notfristen oder den in § 233 ZPO selbst aufgeführten Fristen zulässig. Zu den in § 233 ZPO aufgeführten Rechtsmittelfristen gehört nicht die Frist für Anschlussrechtsmittel. Soweit mit Teilen des Schrifttums in der Vorauflage die Meinung vertreten wurde, wegen Versäumung der Frist zur Begründung der Anschlussrevision könne eine Wiedereinsetzung erlangt werden,³¹⁴ wird diese aufgegeben.

Im Unterschied zur Anschlussberufung, die auch mit dem Ziel eingelegt werden kann, die in erster Instanz gestellten Anträge zu erweitern, ist dies in der Revisionsinstanz i.d.R. unstatthaft, allerdings sind Ausnahmen möglich, soweit keine Kollision mit § 559 ZPO eintritt.³¹⁵ Die Rechtsprechung des BAG stellt demgegenüber auf einen so nicht vorhandenen Grundsatz des Erfordernisses der formellen Beschwer ab, der generell für alle Anschlussrechtsmittel gelten soll.³¹⁶

7. Verwerfung der unzulässigen Anschließung

Das Revisionsgericht prüft auch bei der Anschlussrevision nach § 552 ZPO von Amts wegen, ob das Rechtsmittel an sich statthaft und in der gesetzlichen Form und Frist eingelegt sowie begründet worden ist. Fehlt es an einem dieser Erfordernisse, ist die Anschlussrevision als unzulässig zu verwerfen. Das gilt auch dann, wenn die Hauptrevision bspw. durch Rücknahme oder Vergleich erledigt worden ist und der Revisionsbeklagte an seiner wirkungslos gewordenen Anschlussrevision festhält.³¹⁷

126

Der Verwerfungsbeschluss ergeht entsprechend § 74 Abs. 2 Satz 3 ohne mündliche Verhandlung und ohne Zuziehung der ehrenamtlichen Richter durch den nur aus Berufsrichtern bestehenden Senat. Bei überbesetzten Senaten entscheidet der im Senatsgeschäftsverteilungsplan bestimmte Spruchkörper.

127

8. Verlust der Anschlusswirkung

Die Anschließung verliert nach § 554 Abs. 4 ZPO ihre Wirkung, sobald die Hauptrevision »zurückgenommen, verworfen oder durch Beschluss zurückgewiesen wird«. Die Rücknahme der Hauptrevision mit der Folge des Verlusts der Anschlusswirkung kann der Anschlussrevisionskläger nicht

128

---

312 BAG, 15.09.2011 – 8 AZR 781/10 (F), juris.
313 GMPMG/Müller-Glöge § 74 ArbGG Rn 59; GK-ArbGG/Mikosch § 74 Rn 95.
314 Düwell/Lipke-Düwell 2. Aufl. § 74 Rn 93; GMPMG/Müller-Glöge § 74 ArbGG Rn 73.
315 Vgl. § 73 Rdn. 95 bis 97.
316 Vgl. BAG, 26.01.1995 – 2 AZR 355/94, EzA § 626 n.F. BGB Nr. 155.
317 BAG, 14.05.1976 – 2 AZR 539/75.

verhindern; denn nach § 555 Abs. 1, § 516 Abs. 1 ZPO kann das Rechtsmittel ohne Zustimmung des Gegners zurückgenommen werden. Erweist sich die Revision als unzulässig, so entfällt auch die Anschlussrevision. Die dritte im § 544 Abs. 4 ZPO zum Verlust des Anschlusses genannte Variante »durch Beschluss zurückgewiesen« ist ohne Bedeutung, denn die Möglichkeit der Zurückweisung der Revision durch einstimmigen Beschluss (§ 555 Abs. 1, § 522 Abs. 2 ZPO) ist im Arbeitsgerichtsprozess nicht gegeben.[318]

Über die gesetzlich genannten Fälle hinaus wird die Anschließung wirkungslos, wenn sich die Hauptrevision ohne Sachentscheidung erledigt.[319] Das ist der Fall, wenn die Klage im Umfang der Hauptrevision zurückgenommen wird.[320] Die Rücknahme der Klage in der Revisionsinstanz bedarf allerdings der Zustimmung des Gegners (§ 269 ZPO). Insoweit kann der Anschlussrevisionskläger den Verlust der Anschließung verhindern. Ein weiterer Verlusttatbestand ist die Erklärung des Verzichts auf die Hauptrevision. Die Verzichtserklärung bedarf keiner Zustimmung (§ 515 ZPO). Zum Verlust der Anschließung führt auch ein Prozessvergleich, der den Rechtsstreit über den Streitgegenstand der Hauptrevision erledigt; denn auch dann kommt es nicht zu einer Sachentscheidung des Revisionsgerichts.[321] Streitig ist, ob eine Verlustwirkung von einer übereinstimmenden Erledigungserklärung ausgeht. Der BGH hat entschieden, dass dann, wenn die Parteien den Streitgegenstand des Hauptrechtsmittels in der Hauptsache für erledigt erklären und sie insoweit eine Kostenentscheidung nach ZPO § 91a beantragen, das Anschlussrechtsmittel seine Wirkung nicht verliere.[322] Diese Auffassung verkennt, dass die übereinstimmende Erledigung eine privilegierte Form der Klagerücknahme ist; denn das Gericht darf nicht mehr über die Hauptsache entscheiden.[323]

9. Kostentragung

129 Wird das Anschlussrechtsmittel wirkungslos, so stellt sich die Frage, wer die durch die Anschließung verursachten Kosten zu tragen hat. Es besteht keine kostenrechtliche Sonderregelung. Allgemein fallen nach § 97 Abs. 1 ZPO die Kosten eines ohne Erfolg eingelegten Rechtsmittels der Partei zur Last, die es eingelegt hat. Nach der grundlegenden Entscheidung des Großen Senats für Zivilsachen des Bundesgerichtshofs vom 17.12.1951[324] findet diese Vorschrift jedoch auf die unselbstständige Anschließung keine Anwendung, weil diese ihrem Wesen nach kein Rechtsmittel, sondern nur ein Antrag innerhalb des vom Revisionskläger eingelegten Rechtsmittels sein soll. Dem Revisionsbeklagten sind danach die Kosten seiner wirkungslos gewordenen Anschließung also nicht schon deshalb aufzuerlegen, weil sie ohne Erfolg geblieben ist. Wird allerdings über die Anschließung sachlich entschieden, wird sie insbesondere als unbegründet zurückgewiesen, so wird sie kostenrechtlich wie ein Rechtsmittel behandelt, mit der Folge, dass der Anschlussrevisionsbeklagte – wie nach § 97 Abs. 1 ZPO – die Kosten der Anschließung zu tragen hat. Für Fall der Zurücknahme einer Revision sollen dem Hauptrevisionskläger sowohl nach § 516 Abs. 3 Satz 1, § 555 ZPO die Kosten der Hauptrevision als auch stets die Kosten einer wirkungslos gewordenen zulässigen unselbstständigen Anschlussrevision aufzuerlegen sein.[325] Ist die Anschließung z.B. wegen Fristversäumnis unzulässig, so ist sie mit der Folge aus § 97 ZPO kostenpflichtig für den Anschließenden zu verwerfen.[326] Gegen die nicht immer widerspruchsfreie Rechtsprechung

---

318 Einzelheiten siehe § 75 Rdn. 9.
319 Im Ergebnis ebenso Jacoby ZZP 155 (2002), 185, 200.
320 HWK/Bepler § 74 ArbGG Rn 41; Jacoby ZZP 155 (202), 185, 200.
321 BAG, 14.05.1976 – 2 AZR 539/75, NJW 1976, 2143.
322 BGH, 22.05.1984 – III ZB 9/84, NJW 1986, 852; BGH, 22.05.1984 – III ZB 9/84, NJW 1986, 852.
323 Zutreffende Kritik durch Jacoby ZZP 155 (2002), 185, 200.
324 BGH, 17.12.1951 – GSZ 2/51, BGHZ 4, 229.
325 BGH, 17.12.1951 – GSZ 2/51, BGHZ 4, 229.
326 Jacoby ZZP 155 (2002), 185, 211.

des BGH werden im Schrifttum[327] und in der Instanzrechtsprechung[328] Bedenken erhoben. Der Wirkungsverlust wird von den pragmatisch eingestellten Instanzgerichten der Erledigung kostenrechtlich gleichgestellt und eine Kostenentscheidung nach § 91a ZPO getroffen.[329] Demgegenüber erscheint es sachgerecht, die Kosten einer zulässigen, aber nach § 554 Abs. 4 ZPO wirkungslos gewordenen Anschließung dem Hauptrevisionskläger nach den Kostenregeln aufzuerlegen, die für die jeweilige Art der Erledigung gelten, die den Verlust der Anschlusswirkung herbeiführt. Bei der Zurücknahme der Hauptrevision folgt das schon aus § 516 Abs. 3 Satz 1 ZPO, der alle »durch das Rechtsmittel entstanden Kosten« umfasst. Bei der Klagerücknahme folgt die Kostenpflicht auch für die Anschließung aus § 269 Abs. 3 ZPO. Vergleichen sich die Parteien über den Streitgegenstand der Hauptrevision, so hat das Gericht die Kosten der Anschließung nach § 98 ZPO gegeneinander aufzuteilen. Zu einer Kostenentscheidung nach § 91 ZPO kommt es nur bei einer übereinstimmenden Erledigungserklärung.

XI. Zwangsvollstreckungsfragen

1. Einstweilige Einstellung

Berufungsurteile sind nach § 62 Abs. 1 vorläufig vollstreckbar. Hat das LAG die vorläufige Vollstreckbarkeit ausgeschlossen, kann das BAG das Urteil gem. § 72 Abs. 5 i.V.m. § 558 ZPO nach Ablauf der Revisionsbegründungsfrist ohne mündliche Verhandlung durch Beschluss für vorläufig vollstreckbar erklären, soweit es durch die Revisionsanträge nicht angefochten ist. 130

Nach § 719 Abs. 2 ZPO kann das BAG nach Einlegung der Revision die Zwangsvollstreckung aus dem Urteil des Landesarbeitsgerichts einstweilen einstellen. Die Einstellung ist abzulehnen, wenn die Revision keine Aussicht auf Erfolg hat[330] oder einer zeitlich beschränkten Verurteilung jede Wirkung genommen würde.[331] Weitere Einzelheiten vgl. § 72a Rdn. 28 f. 131

2. Nachträgliche Erklärung der vorläufigen Vollstreckbarkeit

Soweit ein Berufungsurteil, dessen vorläufige Vollstreckbarkeit nach § 62 im Urteil ausgeschlossen wurde, nicht mit den Revisionsanträgen angefochten wird, kann auf Antrag des Vollstreckungsgläubigers in entsprechender Anwendung von § 558 ZPO das Urteil für vollstreckbar erklärt werden.[332] Der Beschluss darf erst nach Ablauf der Revisionsbegründungsfrist gefasst werden (§ 558 Satz 2). 132

§ 75 Urteil

(1) ¹Die Wirksamkeit der Verkündung des Urteils ist von der Anwesenheit der ehrenamtlichen Richter nicht abhängig. ²Wird ein Urteil in Abwesenheit der ehrenamtlichen Richter verkündet, so ist die Urteilsformel vorher von sämtlichen Mitgliedern des erkennenden Senats zu unterschreiben.

(2) Das Urteil nebst Tatbestand und Entscheidungsgründen ist von sämtlichen Mitgliedern des erkennenden Senats zu unterschreiben.

---

327 Jacoby ZZP 155 (2002), 185, 205.
328 OLG Frankfurt, 14.10.1992 – 2 UF 1/92, NJW-RR 1993, 768.
329 OLG Frankfurt, 14.10.1992 – 2 UF 1/92, NJW-RR 1993, 768.
330 BAG, 06.01.1971 – 3 AZR 384/70.
331 BAG, 22.06.1972 – 3 AZR 263/72.
332 GMPMG/Müller-Glöge § 74 Rn 87.

§ 75 ArbGG Urteil

Übersicht

		Rdn.			Rdn.
I.	Regelungsinhalt und anzuwendende Normen	1		3. Besonderheiten	38
			VII.	Entscheidung nach Aktenlage	41
II.	Die Entscheidung über die Begründetheit der Revision	2	VIII.	Anerkenntnisurteil	42
			IX.	Verzichtsurteil	45
	1. Die materielle Prozessleitungspflicht	2	X.	Entscheidung bei Erledigung	47
	2. Die Verhandlungsführung	5		1. Übereinstimmende Erledigung der Hauptsache	47
	3. Amtsermittlung und Freibeweis	7		2. Einseitige Erledigung der Hauptsache	50
	4. Die unbegründete Revision	8		3. Rechtsmittelerledigung	54
	5. Zurückweisung der unbegründeten Revision durch Beschluss	9	XI.	Entscheidung im schriftlichen Verfahren	55
	6. Die begründete Revision	10	XII.	Inhalt des Revisionsurteils	56
III.	Kassation und Entscheidung in der Sache	12	XIII.	Verkündung des Revisionsurteils	62
	1. Grundsatz der Zurückverweisung	12	XIV.	Unterzeichnung des Revisionsurteils	68
	2. Ausnahmsweises Durcherkennen	20	XV.	Besetzung der Richterbank und Beratung	70
IV.	Bindung des Berufungsgerichts	23			
V.	Selbstbindung des BAG für Rückläufer	33	XVI.	Berichtigung und Ergänzung	75
VI.	Entscheidung bei Säumnis	35	XVII.	Verfassungsbeschwerde gegen das Revisionsurteil	78
	1. Säumnis des Revisionsklägers	36	XVIII.	Menschenrechtsbeschwerde gegen das Revisionsurteil	81
	2. Säumnis des Revisionsbeklagten	37			

I. Regelungsinhalt und anzuwendende Normen

1 § 75 enthält entgegen der Überschrift keine vollständige Regelung des Revisionsurteils, sondern nur eine Teilregelung. Es wird nur bestimmt, in welchem Umfang die ehrenamtlichen Richter an der Unterzeichnung der Urteilsformel und an der Verkündung des Revisionsurteils mitwirken.

Über die Verweisung in § 72 Abs. 5 gelten die ZPO-Bestimmungen über das revisionsgerichtliche Urteil über die Weiterverweisung in § 555 ZPO die §§ 310 bis 312, die §§ 313, 313a und 313b und der § 315 sowie die §§ 317 bis 321 ZPO. Nach § 72 Abs. 6 sind aus dem erstinstanzlichen arbeitsgerichtlichen Verfahren § 61 Abs. 2 (*Entschädigung bei Fristablauf*) und § 63 (*Übermittlung von Urteilen in Tarifvertragssachen*) auch für das Revisionsurteil anzuwenden. Zu beachten ist, dass die Entscheidung über die unzulässige Revision in § 74 Abs. 2 Satz 2 für den Fall der Verwerfung ohne mündliche Verhandlung geregelt ist. Kommt es zu einer Verwerfung nach mündlicher Verhandlung, so ist durch Urteil unter Hinzuziehung der ehrenamtlichen Richter zu entscheiden.[1]

Von Bedeutung für die forensische Praxis sind folgende ZPO Bestimmungen:

§ 552a ZPO Zurückweisungsbeschluss

Das Revisionsgericht weist die von dem Berufungsgericht zugelassene Revision durch einstimmigen Beschluss zurück, wenn es davon überzeugt ist, dass die Voraussetzungen für die Zulassung der Revision nicht vorliegen und die Revision keine Aussicht auf Erfolg hat. § 522 Abs. 2 Satz 2 und 3 gilt entsprechend.

§ 567 ZPO Sofortige Beschwerde; Anschlussbeschwerde

(1) Die sofortige Beschwerde findet statt gegen die im ersten Rechtszug ergangenen Entscheidungen der Amtsgerichte und Landgerichte, wenn
1. *dies im Gesetz ausdrücklich bestimmt ist oder*
2. *es sich um solche eine mündliche Verhandlung nicht erfordernde Entscheidungen handelt, durch die ein das Verfahren betreffendes Gesuch zurückgewiesen worden ist.*

---

1 GK-ArbGG/Mikosch § 74 Rn 79; Schwab/Weth-Ulrich § 74 Rn 96.

(2) Gegen Entscheidungen über Kosten ist die Beschwerde nur zulässig, wenn der Wert des Beschwerdegegenstands 200 Euro übersteigt.

(3) Der Beschwerdegegner kann sich der Beschwerde anschließen, selbst wenn er auf die Beschwerde verzichtet hat oder die Beschwerdefrist verstrichen ist. Die Anschließung verliert ihre Wirkung, wenn die Beschwerde zurückgenommen oder als unzulässig verworfen wird.

§ 562 ZPO Aufhebung des angefochtenen Urteils

(1) Insoweit die Revision für begründet erachtet wird, ist das angefochtene Urteil aufzuheben.

(2) Wird das Urteil wegen eines Mangels des Verfahrens aufgehoben, so ist zugleich das Verfahren insoweit aufzuheben, als es durch den Mangel betroffen wird.

§ 563 ZPO Zurückverweisung; eigene Sachentscheidung

(1) Im Fall der Aufhebung des Urteils ist die Sache zur neuen Verhandlung und Entscheidung an das Berufungsgericht zurückzuverweisen. Die Zurückverweisung kann an einen anderen Spruchkörper des Berufungsgerichts erfolgen.

(2) Das Berufungsgericht hat die rechtliche Beurteilung, die der Aufhebung zugrunde gelegt ist, auch seiner Entscheidung zugrunde zu legen.

(3) Das Revisionsgericht hat jedoch in der Sache selbst zu entscheiden, wenn die Aufhebung des Urteils nur wegen Rechtsverletzung bei Anwendung des Gesetzes auf das festgestellte Sachverhältnis erfolgt und nach letzterem die Sache zur Endentscheidung reif ist.

(4) Kommt im Fall des Absatzes 3 für die in der Sache selbst zu erlassende Entscheidung die Anwendbarkeit von Gesetzen, auf deren Verletzung die Revision nach § 545 nicht gestützt werden kann, in Frage, so kann die Sache zur Verhandlung und Entscheidung an das Berufungsgericht zurückverwiesen werden.

II. Die Entscheidung über die Begründetheit der Revision

1. Die materielle Prozessleitungspflicht

Die im 1. Buch der ZPO stehenden »Allgemeine Vorschriften« gelten über § 72 Abs.5 i.V.m. § 555 ZPO auch für das Revisionsverfahren. Danach hat das BAG nicht nur die Hinweispflichten aus § 139 Abs. 1 Satz 2 und Abs. 2 ZPO zu erfüllen, sondern auch die **Pflicht zur materiellen Prozessleitung** nach § 139 Abs. 1 Satz 1 ZPO. Folglich ist das Gericht verpflichtet, die Sache »mit den Parteien nach der tatsächlichen und rechtlichen Seite zu erörtern und Fragen zu stellen.« Entgegen einer noch immer weit verbreiteten Auffassung hat nach dem völlig eindeutigen und zwingenden Gesetzeswortlaut auch in der mündlichen Revisionsverhandlung ein Rechtsgespräch[2] stattzufinden.[3] Der Richter kommt nämlich seiner Pflicht zur materiellen Prozessleitung nicht nach, wenn er der unterschiedlichen Positionierung der Parteien zu den Anforderungen an das Maß des Klagevorbringens für die Schlüssigkeit der Klage lediglich zusieht und erst im Urteil seine eigene Auffassung offenbart.[4] Das gilt nicht nur gegenüber der nicht anwaltlich vertretenen Partei, sondern auch gegenüber einer anwaltlich vertretenen Partei. In beiden Konstellationen muss der Richter auf **Bedenken hinsichtlich der Zulässigkeit oder der Schlüssigkeit** der Klage hinweisen.[5] Der Richter soll nämlich nach der Konzeption des § 139 ZPO aktiv zur **Klärung der Sach- und Rechtslage** bei-

2

---

2 Wegweisend dazu A. Arndt NJW 1959, 6.
3 Gravenhorst jurisPR-ArbR 40/2015 Anm. 5.
4 Brandenburgisches OLG 11.12. 2013 – 11 U 172/12, NJW-RR 2014, 57, OLG Report Ost 6/2014 Anm. 4.
5 BGH, 04.07.1989 – XI ZR 45/88 – Rn 23, BGHR ZPO § 565 Abs. 3 Sachentscheidung 1.

tragen.⁶ Darin liegt weder eine Verzerrung des Konkurrenzverhältnisses der anwaltlich vertretenen Parteien noch die Preisgabe der richterlichen Neutralität oder des Gleichbehandlungsgrundsatzes.⁷

3   Der Umfang der Erörterung ergibt sich aus dem, was erforderlich ist.⁸ Dementsprechend ist für die Revisionsinstanz die Erörterung aller Rechtsfragen geboten, die der Senat für entscheidungserheblich hält. Soweit Bedenken gegen die Zulässigkeit von Anträgen oder gegen die Schlüssigkeit von Ansprüchen oder Einwendungen bestehen, sind nach § 139 Abs. 4 ZPO möglichst früh Fragen zu stellen und sachdienliche Hinweise zu erteilen (Einzelheiten siehe § 73 Rdn. 86 ff.). Diese sind, wenn sie außerhalb der Verhandlung erteilt werden durch einen Vermerk **aktenkundig** zu machen. Werden sie in der Verhandlung erteilt, sind sie als wesentliche Vorgänge i.S.v. § 160 Abs. 2 ZPO durch Aufnahme in das Protokoll aktenkundig zu machen.⁹ Was nicht aktenkundig oder in das auch für die Revision nach § 72 Abs. 5 i.V.m. § 555 ZPO zu führende Protokoll aufgenommen ist, darf nach § 165 Satz 1 ZPO nicht berücksichtigt werden.¹⁰ Bei der Führung des Protokolls reichen auch keine Floskeln wie »Auf prozessuale Bedenken wurde hingewiesen« aus. Es bedarf einer Wiedergabe der konkreten rechtlichen Gesichtspunkte.¹¹ Rügt ein unterlegener Revisionskläger oder Revisionsbeklagter im Verfahren der Anhörungsrüge nach § 78a diese Mängel, so muss der Senat davon ausgehen, dass überhaupt keine Hinweise oder keine hinreichenden Hinweise erteilt worden sind.¹² Das haben sowohl der Fünfte Senat als auch die beteiligten Parteien in dem am 25. September 2013 entschiedenen Anhörungsrügenverfahren¹³ übersehen; denn in dem angegriffenen Revisionsverfahren¹⁴ hatte zwar der Fünfte Senat erstmalig Anforderungen an die Darlegungslast des klagenden Leiharbeitnehmers aufgestellt, aber es nach der Darstellung des akribisch derartige Vorgänge untersuchenden Urteilsrezensenten¹⁵ versäumt, in das Protokoll der Revisionsverhandlung den nach § 139 Abs. 2 ZPO erforderlichen Hinweis auf seine Beurteilung der Darlegungslast aufzunehmen. Weitere Einzelheiten zur Anhörungsrüge § 78a Rdn. 17ff.

4   Im Schrifttum wird eine Verletzung der Hinweispflicht durch die Rechtsprechung des Ersten und Fünften Senats kritisiert.¹⁶ Die Kritik entzündet sich daran, dass diese Senate ohne gehörige Aufklärung der Hinweismängel zur Antragstellung, dort insbesondere zur mangelnden Bestimmtheit, oder Schlüssigkeit in den Vorinstanzen »überraschend« durchentscheiden, ohne es dem Kläger zu ermöglichen, durch Zurückverweisung in einem »‚Zweiten Durchgang‘« des Berufungsverfahrens auf sachdienliche Hinweise reagieren zu können.¹⁷ Weitere Einzelheiten s. Rdn. 14.

2. Die Verhandlungsführung

5   Die Eröffnung der Verhandlung und die Verhandlungsführung obliegt nach § 72 Abs. 5 i.V.m. §§ 555, 136 Abs. 1 ZPO dem Senatsvorsitzenden. Dieser hat nach § 136 Abs. 2 Satz 2 ZPO jedem

---

6   Vgl. dazu die Begründung zum Regierungsentwurf eines Gesetzes zur Reform des Zivilprozesses, BT-Drucks. 14/4722, S. 58, 77; ferner Zöller/Greger ZPO, 29. Aufl., § 139 Rn 1.
7   Brandenburgisches OLG 11.12. 2013 – 11 U 172/12 – Rn 21, NJW-RR 2014, 57, OLG Report Ost 6/2014 Anm. 4.
8   E. Schneider Praxis der neuen ZPO, 2. Aufl. 2003, Rn 100.
9   Thomas/Putzo/Reichold ZPO, § 139 Rn 30.
10 Thomas/Putzo/Reichold ZPO, § 139 Rn 31.
11 Thomas/Putzo/Reichold ZPO, § 139 Rn 30.
12 Vgl. BGH, 30.06. 2011 – IX ZR 35/10 – Rn 5, NJW-RR 2011, 1556.
13 BAG, 25.09.2013 – 5 AZR 617/13 (F), NZA 2013, 1231; Gravenhorst jurisPR-ArbR 1/2014 Anm. 2.
14 BAG, 13.03.2013 – 5 AZR 146/12, NZA 2013, 782.
15 Siehe bei Gravenhorst jurisPR-ArbR 1/2014 Anm. 2.
16 BAG, 09.07.2013 – 1 ABR 17/12, NZA 2013, 1166, abl. Gravenhorst FA 2013, 361; BAG, 07.02.2012 – 1 ABR 58/10, NZA 2012, 878, abl. Gravenhorst jurisPR-ArbR 34/2012 Anm. 7; BAG, 25.09.2013 – 5 AZR 617/13 (F), NZA 2013, 1231; Gravenhorst jurisPR-ArbR 1/2014 Anm. 2.
17 Gravenhorst jurisPR-ArbR 15/2015 Anm. 5; Gravenhorst jurisPR-ArbR 1/2014 Anm. 2; anschließend zu den überbordenden Anforderungen an das Bestimmtheitserfordernis ohne hinreichende sachdienliche Hinweise zur Antragsfassung: Fischer jurisPR-ArbR 17/2014 Anm. 3.

Mitglied des Gerichts auf Verlangen zu gestatten, Fragen zu stellen. Diese Bestimmung garantiert nur den störungsfreien Ablauf der Verhandlung. Der Vorsitzende kann keine Fragen verwehren und hat auch kein Korrekturrecht. Wichtig ist daher die auch für das Revisionsverfahren anzuwendende Vorschrift des § 140 ZPO: Wird eine auf die Sachleitung bezügliche Anordnung des Vorsitzenden oder eine von dem Vorsitzenden oder einem Senatsmitglied gestellte Frage von einer bei der Verhandlung beteiligten Person als unzulässig beanstandet, entscheidet der Senat. Berechtigt zur Beanstandung ist jeder an der mündlichen Verhandlung Beteiligter, auch die Streithelfer. Nicht berechtigt sind die einzelnen Mitglieder des Senats. Es kann also ein berufsrichterlicher oder ehrenamtlicher Richter nicht die Frage eines anderen Senatsmitglieds beanstanden. Der Beschluss des Senats ist unanfechtbar.[18]

Nach § 72 Abs. 6 ist auch § 57 anwendbar. Auch in der Revisionsinstanz ist daher die Möglichkeit einer vergleichsweisen Erledigung des Rechtsstreits zu prüfen. Der Vorsitzende oder der Berichterstatter, die auf Rechtsfragen hinweisen, deren Beantwortung offen ist, und Vorschläge zur vergleichsweisen Bereinigung unterbreiten, sind deshalb selbst dann nicht befangen, wenn sie zu bedenken geben, dass sonst eine Zurückverweisung der Sache in Frage kommt.[19] Es findet allerdings in der Revisionsinstanz keine Güteverhandlung gem. § 54 statt. In § 72 Abs. 6 fehlt auch der Verweis auf die in § 54a geregelte Möglichkeit, eine **Mediation** oder ein anderes Verfahren der außergerichtlichen Konfliktlösung vorzuschlagen. Es erleichtert dem Senat die Möglichkeit, eine gütliche Einigung herbeizuführen, wenn Parteien selbst frühzeitig auf ihre Vergleichsbereitschaft und den Stand ihrer Vergleichsbemühungen hinweisen. Im Geschäftsverteilungsplan des BAG für 2016 ist unter A. 11 der jeweils lebensälteste Richter zum **Güterichter** bestellt. Auch wenn mangels Verweisung in § 76 Abs. 6 das BAG nicht berechtigt ist, eine Mediation von sich aus vorzuschlagen, sind die Parteien nicht gehindert. Sie können den im Geschäftsverteilungsplan bestimmten Güterichter um die Vermittlung einer gütlichen Einigung bitten. 6

3. Amtsermittlung und Freibeweis

Das BAG muss dem Vorbringen der Parteien zu den Normtatsachen nach § 293 ZPO von Amts wegen nachgehen. Es hat sie als Bestandteil des auf den Sachverhalt anzuwendenden Rechts zu ermitteln und darauf zu überprüfen, ob der ermittelte Sachverhalt die erhobenen Ansprüche betrifft. Das ermittelnde Gericht ist nicht an Beweisangebote gebunden, sondern darf auch andere Erkenntnisquellen einschließlich des Freibeweises nutzen. Hierfür besteht auch im Revisionsverfahren eine Pflicht zur Amtsermittlung.[20] 7

4. Die unbegründete Revision

Nach § 561 ZPO ist die Revision durch Endurteil als unbegründet zurückzuweisen, wenn 8
– sie nur auf die Verletzung irreversiblen Rechts[21] gestützt ist oder
– eine materielle oder formelle Rechtsverletzung erfolglos[22] gerügt wird oder
– von Amts wegen zu beachtende Verfahrensmängel[23] und materielle Rechtsverletzungen[24] nicht festgestellt werden können oder
– das angefochtene Urteil nicht auf den festgestellten Rechtsverletzungen beruht[25] oder
– das angefochtene Urteil sich trotz festgestellter Rechtsverletzungen aus anderen Gründen als richtig erweist.

---

18 BGH, 12.10.1989 – VII ZB 4/89, BGHZ 109, 41 = NJW 1990, 840.
19 Zutreffend: GK-ArbGG/Mikosch § 72 Rn 73.
20 BAG, 13.04. 2010 – 9 AZR 113/09 – Rn 21, EzA § 308 BGB 2002 Nr. 11; BAG, 15.04. 2008 – 9 AZR 159/07 – Rn 41 m.w.N., AP TVG § 1 Altersteilzeit Nr. 38 = EzA § 4 TVG Tarifkonkurrenz Nr. 21.
21 Vgl. dazu § 73 Rdn. 12.
22 Vgl. dazu § 73 Rdn. 11 bis 76.
23 Vgl. § 73 Rdn. 47.
24 Vgl. § 73 Rdn. 11.
25 Vgl. § 73 Rdn. 98 bis 101.

5. Zurückweisung der unbegründeten Revision durch Beschluss

9 Seit dem Ersten Justizmodernisierungsgesetz ist in § 552a ZPO dem Revisionsgericht die Befugnis zur Selbstentlastung eingefügt. Durch einstimmigen Beschluss kann das Revisionsgericht offensichtlich erfolglose Revisionen durch Beschluss zurückweisen.[26] Damit wird ein Absehen von der sonst in § 553 Abs. 1 ZPO zwingend vorgeschriebenen mündlichen Revisionsverhandlung möglich. Der Beschluss ist nur zulässig, wenn
1. die Voraussetzungen für die Zulassung der Revision nicht vorliegen und
2. die Revision keine Aussicht auf Erfolg hat.

Aufgrund der Verweisung in § 552a Satz 2 ist die Anhörungspflicht aus der berufungsrechtlichen Bestimmung des § 522 Abs. 2 Satz 2 zu beachten. Danach hat der Vorsitzende einen Hinweis über die beabsichtigte Zurückweisung und die Gründe hierfür zu erteilen. Bei entsprechender Anwendung der Bestimmung auf das Revisionsverfahren hat den Hinweis nicht der Vorsitzende sondern der Senat zu erteilen. Mangels einer Vorschrift, die wie Abs. 2 Satz 3 die Mitwirkung ehrenamtlichen Richter ausschließt, sind diese sowohl an der Entscheidung über den Hinweis als auch an der über die Zurückweisung zu beteiligen.[27] Der Zurückweisungsbeschluss ist zu begründen, soweit die Gründe nicht bereits im Hinweisbeschluss enthalten waren (§ 552a Satz 2, § 522 Abs. 2 Satz 3 ZPO).

Diese Art der Verkürzung des Rechtsschutzes wird vom BVerfG als vereinbar mit dem GG angesehen.[28] Die Gewährung rechtlichen Gehörs in schriftlicher Form nach § 552a Satz 2 ZPO ist ausreichend.[29] Allerdings darf der Hinweisbeschluss sich nicht in einer formelhaften Begründung erschöpfen.[30]

Diese auf Anregung des BGH in das Gesetz aufgenommene Bestimmung ist auf den Zivilprozess angelegt. Im arbeitsgerichtlichen Revisionsverfahren hat die Bestimmung bisher keine durch veröffentlichte Entscheidungen nachweisbare Anwendung gefunden. Über die Anwendbarkeit der Bestimmung durch das BAG besteht noch keine endgültige Klarheit.[31] Zweifel sind angebracht; denn abweichend von der in § 553 ZPO für den BGH geregelten Terminierungsbestimmung hat das BAG nach § 74 Abs. 2 den Termin zur mündlichen Verhandlung unverzüglich zu bestimmen. Nur der Fall der Verwerfung einer unzulässigen Revision nach § 552 ZPO bleibt davon ausgenommen. Der Fall der Zurückweisung einer offensichtlich erfolglosen Revision nach § 552a ZPO ist ebenso so wenig in Abs. 2 erwähnt. Es hätte nahe gelegen, dort eine Klarstellung vorzunehmen. Dies ist jedoch nicht geschehen.[32]

§ 552a Satz 1 ZPO führt dazu, dass die in § 72 Abs. 3 angeordnete Bindung des Revisionsgerichts an die Zulassung partiell aufgehoben wird. Dies gilt für die Fälle des Wegfalls des Zulassungsgrundes:[33]
– Die Divergenz, die durch einen vom BAG abweichenden Rechtssatz entstanden und derentwegen die Revision zugelassen war, ist inzwischen durch eine Änderung der Rspr. des BAG bereinigt.
– Die Divergenz, die durch einen von einem anderen LAG abweichenden Rechtssatz entstanden und derentwegen die Revision zugelassen war, ist inzwischen durch Aufgabe der herangezogen Rspr. des LAG oder eine erste Entscheidung des BAG zu dieser Rechtsfrage bereinigt.
– Die vom Berufungsurteil aufgeworfene Rechtsfrage hat ihre grundsätzliche Bedeutung verloren, insbesondere dadurch, dass die Rspr. des BAG zu einer Klärung geführt hat.

---

26 Düwell FA 2004, 364, 365.
27 GK-ArbG/Mikosch § 74 Rn 66.
28 Zur korrespondierenden Ermächtigungsnorm § 522 ZPO: BVerfG, 26.04.2005 – 1 BvR 1924/04, NJW 2005,1931; zu § 552a ZPO BVerfG, 17.03.2005 – 1 BvR 308/05, NJW 2005, 1485, 1486.
29 BVerfG 1. Senat 3. Kammer, 08.12.2011 – 1 BvR 2514/11, NJW 2012, 443.
30 BVerfG 1. Senat 3. Kammer, 08.12.2011 – 1 BvR 2514/11, NJW 2012, 443.
31 Für Anwendbarkeit: GMPMG/Müller-Glöge § 74 Rn 88; »gilt an sich«: GK-ArbGG/Mikosch § 74 Rn 66; »Zweifel«: Düwell FA 2004, 364, 365.
32 Düwell FA 2004, 364, 365.
33 Düwell FA 2004, 364, 365.

Praktische Bedeutung kommt der Norm wegen ihrer Entlastungswirkung vor allem für Parallelsachen zu. Ist im Pilotverfahren die Rechtsfrage geklärt, so kann bei uneinsichtigen Parteien über § 552a ZPO eine schnelle Erledigung ohne mündliche Verhandlung herbeigeführt werden.

6. Die begründete Revision

Soweit die Revision begründet ist, muss das angefochtene Urteil nach § 562 Abs. 1 ZPO aufgehoben werden (sog. *kassatorische Entscheidung*). Bei selbstständigen, abtrennbaren Streitgegenständen[34] führt das u.U. dazu, dass auf die Revision das Urteil teilweise aufzuheben und i.Ü. die Revision zurückzuweisen ist. Hat der Revisionskläger sowohl die Verletzung formellen und sachlichen Rechts gerügt und greift nach der Überzeugung des Gerichts bereits die Sachrüge (vgl. § 73 Rdn. 11 ff.) durch, muss das Gericht nicht mehr auf die Verfahrensrüge (vgl. § 73 Rdn. 42 ff.) eingehen.[35] 10

War das Verfahren des Landesarbeitsgerichts mangelhaft, ist es nach § 562 Abs. 2 ZPO insoweit aufzuheben. 11

▶ **Beispiel:**

Die Beweiserhebung durch das LAG war fehlerhaft. Das BAG hebt insoweit auch das Verfahren auf, sodass die Beweisaufnahme vom LAG völlig wiederholt werden muss.

III. Kassation und Entscheidung in der Sache

1. Grundsatz der Zurückverweisung

Ist der Rechtsstreit aufgrund der tatsächlichen Feststellung des Landesarbeitsgerichts zur Endentscheidung reif, so ergeht eine abschließende Sachentscheidung durch das BAG.[36] Diese **Endentscheidungsreife** setzt grds. die Bindung des BAG an den vom LAG festgestellten Sachverhalt voraus. Das ist dann der Fall, wenn dem LAG nur ein Subsumtionsfehler unterlaufen ist oder das LAG einen fehlerhaften Rechtssatz aufgestellt hat und das BAG, ohne dass es weiterer tatsächlicher Feststellungen bedarf, durch bloße Korrektur des Rechtsfehlers in der Sache entscheiden kann. 12

Geht das BAG von einer anderen Rechtslage als das LAG aus, hat es nach § 139 ZPO (vor dem ZPO-RG § § 278 Abs. 3 ZPO) den Parteien rechtliches Gehör zu gewähren. Soweit spätestens in der mündlichen Verhandlung vor dem BAG ein schlüssiger Tatsachenvortrag erfolgt, muss die Partei Gelegenheit erhalten, diesen in der Tatsacheninstanz vorbringen zu können.[37] 13

Unterschiedlich wird von den Senaten in der Beantwortung der Rechtsfrage verfahren, was nach § 563 ZPO zu geschehen hat, wenn erst das Revisionsgericht die Unschlüssigkeit oder Unbestimmtheit einer Klage entdeckt: Darf dann der Senat durchentscheiden und die Revision des Klägers zurückweisen, oder muss der Senat den Rechtsstreit gem. § 563 Abs. 1 Satz 1 ZPO an das Berufungsgericht zurückverweisen? Der Fünfte Senat hat in zwei Urteilen[38] eine Klage, deren Unschlüssigkeit erstmals in der Revisionsverhandlung entdeckt wurde, mit der Begründung zurückgewiesen, die auf den Hinweis des Senats erfolgte Ergänzung des Sachvortrags sei als unzulässiger neuer Sachvortrag in der Revisionsinstanz zu behandeln, der nach § 559 Abs. 1 ZPO nicht berücksichtigt werden dürfe. Im Schrifttum wird gerügt, hier sei wegen des Aufklärungsfehlers des LAG noch keine Reife zur Endentscheidung vorhanden gewesen. Der Fünfte Senat hätte die Sache gem. § 563 Abs. 1 Satz 1 ZPO zurückverweisen müssen. Er hätte dem Berufungsgericht aufgeben müssen, den Kläger zunächst gem. § 139 ZPO auf die bisherige Unschlüssigkeit seiner Klage hinzuweisen, damit 14

---

34 Vgl. § 74 Rdn. 67.
35 BGH, 03.09.2013 – 1 StR 206/13 – Rn 2, juris.
36 § 563 Abs. 3 ZPO.
37 BAG, 27.03.1981 – 7 AZR 523/78, NJW 1984, 1703.
38 BAG, 17.12.2014 – 5 AZR 963/12, JurionRS 2014, 33114; BAG, 17.12.2014 – 5 AZR 962/12, JurionRS 2014, 33113; abl. Gravenhorst jurisPR-ArbR 15/2015 Anm. 5.

dieser seinen Sachvortrag ergänzen kann (sog. »Segelanweisung« an die untere Instanz). Der Kritik ist zuzustimmen, soweit der auf den Hinweis der Unschlüssigkeit vorgebrachte Tatsachenvortrag erwarten ließ, dass in der erneuten Berufungsverhandlung der Anspruch als schlüssig begründet zu beurteilen wäre. Zutreffend an der Kritik ist auch, dass andere Senate in vergleichbaren Lagen die Möglichkeit der Zurückverweisung nutzen. So hat der Neunte Senat in einer Sache erkannt: »Die Sache ist nicht zur Endentscheidung reif (§ 563 Abs. 3 ZPO). Denn der Senat hat neue rechtliche Gesichtspunkte aufgezeigt, die beide Vorinstanzen unberücksichtigt gelassen haben. Es ist zu erwarten, dass die Beklagte unter Beachtung dieser neuen rechtlichen Gesichtspunkte weitere Tatsachen [...] in der neuen Berufungsverhandlung darlegt. Daher ist eine Zurückverweisung der Sache an das Landesarbeitsgericht geboten.«[39] Ferner hat der Siebte Senat eine abschließende Entscheidung nur für möglich gehalten, »wenn die Klägerin nach dem Verfahrensverlauf ausreichend Gelegenheit und Veranlassung gehabt hätte, einen Antrag zu stellen, der den Bestimmtheitserfordernissen des § 253 Abs. 2 Satz 2 ZPO genügt. Hieran fehlt es [...]. Um ihr hierzu Gelegenheit zu geben, musste die Sache an das Landesarbeitsgericht zurückverwiesen werden.«[40] Wenn es auch an divergierend aufgestellten Rechtssätzen fehlt, so wäre hier dennoch zu prüfen gewesen, ob eine Frage von grundsätzlicher Bedeutung berührt ist, die zur Sicherung einer einheitlichen Rechtsprechung nach § 45 Abs. 4 dem Großen Senat vorzulegen wäre.[41] Es ist nämlich eine verfahrensrechtliche Rechtsfrage berührt, für die keine ausschließliche Zuständigkeit eines Fachsenats gegeben ist, so dass eine einheitliche Rechtsprechung aller Senate herzustellen ist (dazu § 45 Rdn. 22 ff.).

15 Die Endentscheidungsreife fehlt, wenn absolute Revisionsgründe[42] vorliegen, Verfahrensrügen[43] durchgreifen oder von Amts wegen zu berücksichtigen sind und dadurch die Bindungswirkung der Feststellung des Landesarbeitsgerichts entfällt.

16 Sind Tatsachen vom LAG nur im Rahmen von Hilfserwägungen festgestellt worden, weil die Klage wegen Fehlens von Sachurteilsvoraussetzungen als unzulässig abgewiesen wurde, so sind diese Feststellungen für das BAG nicht bindend festgestellt.[44]

17 Weitere Voraussetzung für eine Endentscheidung ist, dass das BAG zu einer abschließenden Sachverhaltsbeurteilung insb. bei Willenserklärungen und nicht typischen Verträgen durch Feststellung aller maßgeblichen Umstände in der Lage ist.[45]

18 Kommt eine abschließende Endentscheidung nicht in Betracht, verweist das Revisionsgericht den Rechtsstreit zur anderweiten Verhandlung und Entscheidung an das LAG zurück. Beim LAG ist die Kammer zur Entscheidung berufen, die sich aus dem Geschäftsverteilungsplan ergibt. Eine ausdrückliche Zuweisung durch das BAG an eine andere Kammer des Berufungsgerichts kann nach § 563 Abs. 1 Satz 2 ZPO erfolgen. Diese Zuweisung geht der Regelung im Geschäftsverteilungsplan des Landesarbeitsgerichts vor. Unter dem Gesichtspunkt des gesetzlichen Richters begegnet es Bedenken, wenn das BAG gezielt an eine bestimmte, für ihre Rechtsprechung bekannte Kammer des Landesarbeitsgerichts zurückverweist.

19 Nach Zurückverweisung der Sache hat das Berufungsgericht gem. § 563 Abs. 2 ZPO die rechtliche Beurteilung, die der Aufhebung zugrunde liegt, auch seiner Entscheidung zugrunde zu legen. Die Bindung an das zurückverweisende Revisionsurteil besteht auch bei verfassungsrechtlichen Bedenken des Berufungsgerichts.[46] Die Bindungswirkung erfasst jedoch nur die Gründe, die die

---

39 BAG, 05.06.2007 – 9 AZR 82/07 – Rn 62, FamRZ 2008, 263.
40 BAG, 11.11.2009 – 7 AZR 387/08 – Rn 16, JurionRS 2009, 30099.
41 Gravenhorst jurisPR-ArbR 1/2014 Anm. 2.
42 Vgl. § 73 Rdn. 49 bis 76.
43 Vgl. § 73 Rdn. 46.
44 BGH, 25.11.1966 – V ZR 39/64.
45 Vgl. BAG, 21.11.1958 – 1 AZR 105/58.
46 BGH, 21.11.2006 – XI ZR 347/05, jurisPR-BGHZivilR 10/2007 Anm. 1 Geisler.

aufhebende Entscheidung tragen (»ratio decendendi«).⁴⁷ Insb. die vom Revisionsgericht regelmäßig dem Berufungsgericht für die erneute Verhandlung und Entscheidung erteilten Hinweise (sog. »Hausaufgaben«) nehmen nicht an der Bindungswirkung teil.⁴⁸ Ist das aufgehobene Urteil im Wege der Sprungrevision an das BAG gelangt, so kann das BAG nach seinem Ermessen die Sache an das ArbG oder an das LAG zurückverweisen, das für eine Berufung zuständig gewesen wäre.

2. Ausnahmsweises Durcherkennen

Das BAG entscheidet selbst abschließend, soweit für ein positives Feststellungsurteil dem Kläger das besondere nach § 256 Abs. 1 ZPO von Amts wegen zu berücksichtigende Feststellungsinteresse fehlt, auch dann, wenn die Vorinstanzen dazu keine Feststellungen getroffen haben, sondern der Klage stattgegeben haben.⁴⁹ 20

Hat die Vorinstanz eine Klage zu Unrecht als unzulässig abgewiesen, kann das BAG die Klage als unbegründet abweisen, soweit es dazu keiner weiteren tatsächlichen Feststellungen bedarf, weil das LAG den Sachverhalt erschöpfend aufgeklärt hat und neuer Sachvortrag auch im Fall der Zurückverweisung nicht zu erwarten ist. 21

Ist bei der Beurteilung eines Sachverhalts ein Ermessen oder ein nur beschränkt nachprüfbarer Beurteilungsspielraum eingeräumt,⁵⁰ so kommt eine Endentscheidung durch das BAG nur in Betracht, wenn sich nur eine Entscheidung als richtig erweisen kann. Ansonsten muss der Rechtsstreit an das LAG zurückverwiesen werden. 22

IV. Bindung des Berufungsgerichts

Nach der Zurückverweisung ist die Tatsacheninstanz wieder eröffnet. Die neue mündliche Verhandlung bildet mit der vorausgegangenen eine Einheit. Neue Tatsachen können vorgetragen und weitere Einreden sowie Gestaltungsrechte geltend gemacht werden. Allerdings ist die Zulassung neuer Tatsachen und Beweismittel durch § 67 begrenzt. 23

Das Berufungsgericht ist nach § 563 Abs. 2 ZPO an die **rechtliche Beurteilung** gebunden, die das BAG der Aufhebung des Berufungsurteils tragend (ratio decendendi) zugrunde gelegt hat.⁵¹ Damit ist dem Revisionsgericht ein **Beurteilungsmonopol** zugewiesen. Es soll die Verzögerung der endgültigen Sachentscheidung vermieden werden, die dadurch eintreten kann, wenn keines der beiden Gerichte seine Rechtsauffassung ändert und folglich ein ständiges Hin- und Herschieben zwischen Berufungsgericht und Revisionsgericht stattfindet.⁵² Damit bei einer der Aufhebung zugrunde liegenden höchstrichterlichen Rechtsfortbildung für das Berufungsgericht jeder Anreiz entfällt, seine gegenteiligen Erwägungen in demselben Verfahren unter Verstoß gegen § 563 Abs. 2 ZPO gleichwohl zur höchstrichterlichen Nachprüfung zu stellen, korrespondiert mit der Bindungswirkung für die Berufungsgerichte, eine Selbstbindung des Revisionsgerichts, die lediglich für den Ausnahmefall einer inzwischen geänderten höchstrichterlichen Rechtsprechung entfällt.⁵³ Folgerichtig ist das Berufungsgericht an die der Aufhebung zugrunde liegenden Rechtsauffassung selbst dann gebunden, wenn nach seiner Ansicht ein **Rechtssatz übersehen**, ein solcher irrtümlich **falsch ausgelegt** worden ist⁵⁴ oder **verfassungsrechtliche Bedenken** des Berufungsgerichts bestehen.⁵⁵ 24

---

47 H.M. Zöller/Gummer § 663 Rn 3a.
48 BFH, 17.12.2007 – XI B 32/07, JurionRS 2007, 46027; krit. zur abweichenden Praxis einiger BAG-Senate: Gravenhorst NZA 2008, 803, 804.
49 BAG, 10.12.1965 – 4 AZR 161/65, JurionRS 1965, 10044.
50 Vgl. § 73 Rdn. 23.
51 BAG, 27.01.2011 – 8 AZR 483/09, EzA § 611a BGB 2002 Nr. 7.
52 Vgl. GemS OGB, 06.02.1973 – GmS-OGB 1/7, BGHZ 60, 392, 396.
53 Vgl. GemS OGB, 06.02.1973 – GmS-OGB 1/7, BGHZ 60, 392, 397.
54 BGH, 04.05.1994 – XII ARZ 36/93, NJW 1994, 2956, 2957.
55 BGH, 21.11.2006 – XI ZR 347/05 – Rn 21, BB 2007, 287.

25 Die Bindungswirkung erstreckt sich nicht **obiter dicta**[56] oder auf **technische Regeln** oder technische Erfahrungssätze, die das Revisionsgericht seiner rechtlichen Beurteilung zugrunde gelegt hat. Diese binden weder den Tatrichter noch die Parteien. Begründete Zweifel an ihrer Richtigkeit zwingen zur Aufklärung des technischen Sachverhalts und dürfen nicht unter Hinweis auf eine anderslautende höchstrichterliche Rechtsprechung unterdrückt werden.[57] Im Übrigen ist das Berufungsgericht stets frei in der **Würdigung des neu von den Parteien vorgebrachten Sachverhalts**.[58]

26 Die Nichtbeachtung der Bindungswirkung ist in einem erneuten Revisionsverfahren vom Bundesarbeitsgericht **von Amts wegen** zu berücksichtigen.[59]

27 Hat das BAG das Urteil wegen eines Verfahrensfehlers aufgehoben, muss das LAG diesen beheben. Es ist auch daran gebunden, dass nach Ansicht des BAG dieser Verfahrensverstoß für die Entscheidung ursächlich war. Das LAG darf daher bei Aufhebung seines Beweisverfahrens nicht zusätzlich anderen Beweis erheben und entscheiden, auf die aufgehobene Beweisaufnahme komme es nicht mehr an.[60]

28 Hat sich in der neuen Verhandlung vor dem LAG der Sachverhalt geändert, so hat das LAG neue tatsächliche Feststellungen zu treffen.[61] Das gilt auch dann, wenn insoweit Revisionsrügen in der Zurückverweisungsentscheidung nicht als durchgreifend erachtet worden sind.[62]

29 Das LAG ist nicht gebunden an rechtliche Erwägungen, die die vorangegangenen Entscheidungen des Landesarbeitsgerichts als fehlerfrei bestätigt haben.[63]

30 Die Hinweise des Revisionsgerichts zur weiteren Sachbehandlung binden das LAG nur dann, wenn die entsprechenden rechtlichen Erwägungen auch zugleich der Aufhebung zugrunde lagen.[64]

31 Weicht nach der Zurückverweisung das LAG von den nicht bindenden Ausführungen des zurückverweisenden BAG-Urteils ab, muss es nach § 72 Abs. 2 Nr. 2 die **Revision zulassen**. Gelangt das Urteil nach der Zurückverweisung wieder durch eine zugelassene Revision an das BAG, so ist das erneut entscheidende Revisionsgericht an die Rechtsauffassung des zurückverweisenden Revisionsurteils gebunden.[65] Etwas anderes gilt, soweit sich zwischenzeitlich die Rechtsprechung geändert hat (Einzelheiten Rdn. 33 f.).[66]

32 Hat das BAG entsprechend § 538 Abs. 1 ZPO neben dem Urteil des Landesarbeitsgerichts auch das zugrunde liegende Urteil des ArbG aufgehoben und die Sache deshalb unmittelbar an das ArbG zurückverwiesen,[67] ist das ArbG an die rechtliche Beurteilung der Aufhebung gebunden.

V. Selbstbindung des BAG für Rückläufer

33 Kommt es nach der neuen Berufungsverhandlung und Entscheidung zu einer erneuten Revisionseinlegung (sog. Rückläufer), so tritt eine Selbstbindung des BAG an die im ersten Revisionsurteil

---

56 BAG, 27.01.2011 – 8 AZR 483/09, EzA § 611a BGB 2002 Nr. 7 unter Bezug auf die Rechtsprechung zu § 565 Abs. 2 ZPO i.d.F. bis 31.12.2001: BGH, 23.06.1992 – XI ZR 227/91, NJW 1992, 2831.
57 BGH, 27.10.1981 – VI ZR 66/80, NJW 1982, 1049.
58 BAG, 22.04.2004 – 8 AZR 269/03, EzA § 628 BGB 2002 Nr. 4.
59 BAG, 27.01.2011 – 8 AZR 483/09, EzA § 611a BGB 2002 Nr. 7 unter Bezug auf die Rechtsprechung zu § 565 Abs. 2 ZPO i.d.F. bis 31.12.2001: BGH, 23.06.1992 – XI ZR 227/91, NJW 1992, 2831.
60 BAG, 28.07.1981 – 1 R 56/78.
61 BAG, 14.04.1967 – 5 AZR 535/65.
62 BGH, 07.02.1969 – V ZR 39/64.
63 BAG, 24.02.1972 – 5 AZR 414/71.
64 GMPMG/Müller-Glöge § 75 Rn 41.
65 BAG, 22.04.2004 – 8 AZR 269/03, EzA § 628 BGB 2002 Nr. 4.
66 BAG, 22.04.2004 – 8 AZR 269/03, EzA § 628 BGB 2002 Nr. 4 unter Bezug auf GemS OGB, 06.02.1973 – GmS-OGB 1/7, BGHZ 60, 392.
67 Vgl. BAG, 28.11.1963 – 5 AZR 68/63.

enthaltenen tragenden Entscheidungsgründe ein.[68] Das wird aus einem ungeschriebenen Grundsatz des Rechtsmittelrechts abgeleitet, nach dem die Selbstbindung eine logische Folge der Bindung der Vorinstanz ist.[69]

Die Selbstbindung des BAG entfällt, wenn sich die maßgebliche Sach- und Rechtslage erheblich geändert hat oder eine Änderung der höchstrichterlichen Rechtsprechung zwischenzeitlich eingetreten ist. Ausreichend ist, wenn die in demselben Rechtsstreit in einem früheren Urteil vertretene Rechtsauffassung vor der erneuten Revisionsentscheidung aufgegeben wurde.[70] Ein Fall der Änderung der Rechtslage liegt auch vor, wenn das BVerfG die Verfassungswidrigkeit einer landesrechtlichen Vorschrift festgestellt und das Revisionsgericht im zurückverweisenden Revisionsurteil zur Verfassungsmäßigkeit einer vergleichbaren Vorschrift eines anderen Landes eine hiervon abweichende Ansicht vertreten hat.[71] Ist bei der Entscheidung über den Rückläufer beabsichtigt, die unionsrechtliche Beurteilung zu ändern, soll nach Ansicht des BVerwG diese Absicht allein noch nicht geeignet sein, das Revisionsgericht von der Selbstbindung zu lösen.[72] Das erscheint bedenklich; denn aus Art 267 AEUV ergeben sich vorrangige unionsrechtliche Pflichten, die den letztinstanzlich entscheidenden Richter anhalten, bei Unklarheiten den EuGH um Vorabentscheidung zu ersuchen und sonst an dem Wirksamwerden von EuGH-Entscheidungen mitzuwirken.

34

VI. Entscheidung bei Säumnis

Fehlt eine Partei in der mündlichen Verhandlung vor dem BAG, sind über die Verweisungsnormen des § 72 Abs. 5 und §§ 565, 525 ZPO die für die Säumnis nach §§ 333 ff. ZPO im Berufungsverfahren geltenden Bestimmungen entsprechend anzuwenden.

35

§ 565 ZPO Anzuwendende Vorschriften des Berufungsverfahrens
Die für die Berufung geltenden Vorschriften über die Anfechtbarkeit der Versäumnisurteile, über die Verzichtsleistung auf das Rechtsmittel und seine Zurücknahme, über die Rügen der Unzulässigkeit der Klage und über die Einforderung, Übersendung und Zurücksendung der Prozessakten sind auf die Revision entsprechend anzuwenden.

1. Säumnis des Revisionsklägers

Ist der Revisionskläger säumig,[73] wird die Revision auf Antrag des Revisionsbeklagten ohne Sachprüfung verworfen (sog. **echtes Versäumnisurteil**).

36

2. Säumnis des Revisionsbeklagten

Ist der Revisionsbeklagte säumig,[74] ergeht ein sog. **unechtes Versäumnisurteil**. Das BAG hat in der Sache selbst zu entscheiden.[75] Soweit der Revisionskläger zulässigerweise für Verfahrensrügen neue Tatsachen vorgetragen hat,[76] gelten diese nach § 331 Abs. 1 Satz 1 ZPO als zugestanden.

37

---

68 BAG, 13.12.2007 – 6 AZR 200/07, Rn 16, EzA § 123 BGB 2002 Nr. 8; BAG 20.03.2003 – 8 AZR 77/02, EzA § 563 ZPO 2002 Nr. 1, zu II 2 a aa der Gründe.
69 GmS-OGB, 06.02.1973 – GmS-OGB 1/72, BVerwGE 41, 363, 36.
70 BAG, 19.02.1997 – 5 AZR 982/94, EzA § 273 BGB Nr. 7; so auch: BVerwG, 16.09.2011 – 8 B 32/11, ZOV 2011, 260; BVerwG, 22.01.2009 – 8 B 93.08, Rn 8 f., Buchholz 428 § 1 Abs. 8 VermG Nr. 40.
71 BFH, 07.09.2011 – II R 25/11, BFH/NV 2012, 78.
72 BVerwG, 04.07.2011 – 7 B 26/11, VersorgW 2011, 293; BVerwG, 22.06.1977 – 8 C 49.76, BVerwGE 54, 116, 121; BFH, 24.05.1989 – V R 137/84, BFHE 57, 28; a.A. Neumann in: Sodan/Ziekow, VwGO, 3. Aufl. 2010, § 144 Rn 80.
73 Zum Begriff der Säumnis vgl. § 59 Rdn. 7.
74 Zum Begriff vgl. § 59 Rdn. 7.
75 BAG, 04.10.1978 – 5 AZR 326/77, NJW 1979, 1264.
76 § 554 Abs. 3 Nr. 3 Buchst. b) ZPO.

3. Besonderheiten

38 Für das Revisionsverfahren gilt die einwöchige Einspruchsfrist des § 59 nicht. Gegen ein Versäumnisurteil des BAG beträgt die Einspruchsfrist über die Verweisungskette § 72 Abs. 5, §§ 565, 525, 339 ZPO **zwei Wochen**. Da die zivilprozessualen Berufungsvorschriften anzuwenden sind, kann Einspruch nur durch einen RA eingelegt werden.

39 Ist der Einspruch unzulässig, kann er ohne mündliche Verhandlung durch Beschluss ohne Zuziehung der ehrenamtlichen Richter verworfen werden.[77]

40 Die ansonsten nach § 62 geltende vorläufige Vollstreckbarkeit von Urteilen gilt nicht für das Versäumnisurteil des BAG. Dieses muss nach § 708 Nr. 2 ZPO für vorläufig vollstreckbar erklärt werden.[78]

VII. Entscheidung nach Aktenlage

41 Ist in einem früheren Termin beim BAG bereits verhandelt worden, so kann nach § 331a ZPO auch eine Entscheidung nach Lage der Akten ergehen.[79]

VIII. Anerkenntnisurteil

42 Über die Verweisung in § 72 Abs. 5 i.V.m. § 555 Abs. 1 ZPO gilt auch vor dem BAG die Bestimmung aus § 307 ZPO für ein Anerkenntnisurteil. Das in § 307 Satz 1 ZPO geregelte Anerkenntnis unterscheidet sich von der Klagerücknahme dadurch, dass es den prozessualen Anspruch betrifft und auf den Erlass eines Sachurteils gerichtet ist. Es beendet das Verfahren nicht unmittelbar mit der Folge, dass dem Gericht, die Möglichkeit zu entscheiden, genommen ist. Das Gericht ist lediglich davon enthoben, den ihm ursprünglich vorgelegten Streitstoff zu überprüfen.[80] Das Anerkenntnis ist damit mit seinem prozessualen Gegenstück, dem Verzicht gem. § 306 ZPO, vergleichbar.

43 Seit dem 1. Januar 2014 ist zur Regelung der Voraussetzungen des Erlasses eines Anerkenntnisurteils vor dem BGH dem § 555 ZPO ein Abs. 3 angehängt.[81] Danach bedarf es für ein Anerkenntnisurteil eines gesonderten Antrags des Klägers. Hintergrund der Rechtsänderung ist, dass im Interesse der Rechtsfortbildung den Parteien die Flucht in einseitige, ein Sachurteil vermeidende Prozesshandlungen erschwert werden soll.[82] Die Regelung gilt nach der Verweisung in § 72 Abs. 5 auch für das Verfahren vor dem BAG.

44 Die Erklärung eines Anerkenntnisses unterliegt als Prozesshandlung vor dem BGH nach § 78 Abs. 1 ZPO dem Anwaltszwang.[83] Für die Wirksamkeit der vor dem BAG vorzunehmenden Prozesshandlung des Anerkenntnisses ist nach § 11 Abs. 4 die Vertretung durch einen Prozessbevollmächtigten erforderlich, der entweder Bevollmächtigter nach § 11 Abs. 4 Satz 2 oder Rechtsanwalt ist. Während ein Verzichtsurteil nach § 306 ZPO nur auf Grund eines »bei der mündlichen Verhandlung« erklärten Verzichts ergehen kann, bedarf es für den Erlass eines Anerkenntnisurteils nach § 307 Satz 2 ZPO keiner mündlichen Verhandlung. Das Anerkenntnis kann, was die Form angeht, auch durch Schriftsatz und in zeitlicher Hinsicht ab Rechtshängigkeit bis zum rechtskräftigen Abschluss in jeder Lage des Verfahrens und damit insbesondere auch während laufender Rechtsmittelbegründungsfrist erklärt werden.[84]

---

77 BAG, 07.05.1968 – 1 AZR 339/67.
78 BAG, 28.10.1981 – 4 AZR 251/79, NJW 1982, 1175.
79 BAG, 01.03.1963 – 1 AZR 356/61.
80 BGH, 08.10.1953 – III ZR 206/51, BGHZ 10, 333, 335.
81 Neufassung aufgrund des Gesetzes zur Förderung des elektronischen Rechtsverkehrs mit den Gerichten vom 10.10.2013 (BGBl. I S. 3786).
82 Wenning MRW 2014, 2.
83 BGH, 06.05.2014 – X ZR 11/14, NJW-RR 2014, 831.
84 BGH, 18.07.2013 – IX ZB 41/12 – Rn 8, NJW-RR 2013, 1827; BGH, 04.03.2010 – XI ZR 228/09 – Rn 2, NJW-RR 2010, 783.

IX. Verzichtsurteil

Nach § 72 Abs. 5 i.V.m. § 555 Abs. 1 ZPO ist auch vor dem BAG die Bestimmung des § 306 ZPO zum Verzichtsurteil anzuwenden. Über die Verweisung in § 72 Abs. 5 gilt für den Verzicht die Regelung des § 515 ZPO. Dort ist bestimmt: »Die Wirksamkeit eines Verzichts auf das Recht der Berufung ist nicht davon abhängig, dass der Gegner die Verzichtsleistung angenommen hat.« Empfänger der Verzichtserklärung ist das Gericht oder der Gegner. Wird der Verzicht außergerichtlich erklärt, unterliegt er nicht dem Vertretungszwang des § 11 Abs. 4. Ein dem Gegner gegenüber erklärter Rechtsmittelverzicht ist jedoch vom BAG nur auf eine prozessuale Einrede zu berücksichtigen, auf die zudem wiederum verzichtet werden kann.[85] Da ein solcher Verzicht vom Gericht erst zu beachten ist, wenn er durch Einrede in das Verfahren eingeführt wird, kann mit dem Empfänger der Verzichtserklärung nachträglich vereinbart werden, von ihr keinen Gebrauch zu machen. Auf diese Weise kann ein außergerichtlicher Rechtsmittelverzicht wieder rückgängig gemacht werden, so dass von einer Widerruflichkeit im Einverständnis mit dem Gegner gesprochen werden kann. Die Dispositionsbefugnis der Parteien endet erst mit dem Eintritt der Rechtskraft der Entscheidung, insbesondere aufgrund eines beiderseitigen Rechtsmittelverzichts, weil in die Rechtskraft durch Parteivereinbarung nicht mehr eingegriffen werden kann.[86]

45

Ein Rechtsmittelverzicht, der als Prozesshandlung gegenüber dem Gericht durch einen postulationsfähigen Prozessbevollmächtigten i.S.v. § 11 Abs. 4 abgegeben worden ist, gilt grds. als unwiderruflich. Sie kann auch nicht nach bürgerlichem Recht wegen Willensmängeln mit Erfolg angefochten werden.[87] Eine Ausnahme von diesem Grundsatz ist aus Gründen der Prozesswirtschaftlichkeit angebracht, wenn ein Restitutionsgrund i.S.v. § 580 ZPO vorliegt.[88]

46

X. Entscheidung bei Erledigung

1. Übereinstimmende Erledigung der Hauptsache

Für das Revisionsverfahren gilt über § 72 Abs. 5 auch § 91a ZPO. Danach können die Parteien den Rechtsstreit vor dem BAG **übereinstimmend für erledigt erklären**.[89] Die übereinstimmenden Erledigungserklärungen beschränken ihre Wirkungen auf das Hauptsacheverfahren. Nicht erfasst wird ein anhängiges Prozesskostenhilfeprüfungsverfahren.[90]

47

Eine übereinstimmende Erledigungserklärung beider Parteien setzt voraus, dass die Revision bei Abgabe der Erklärungen zulässig ist.[91] Sonst ist das unzulässige Rechtsmittel trotz übereinstimmender Erledigungserklärung mit der Kostenfolge des § 97 Abs. 1 ZPO als unzulässig zu verwerfen. Das hat der Fünfte Senat jüngst bestätigt.[92] Danach ist eine Beendigung des Rechtsstreits durch übereinstimmende Erledigungserklärungen beider Parteien in der Rechtsmittelinstanz nach § 91a ZPO nur möglich, wenn das jeweilige **Rechtsmittel zur Zeit der Erledigungserklärung (noch) zulässig** ist. Andernfalls ist das Rechtsmittel mit der Kostenfolge des § 97 Abs. 1 ZPO als unzulässig zu verwerfen. Der vom Fünften Senat entschiedene Fall zeigt für den Anwalt eine Regressfalle auf: Der Kläger begründete die beim Fünften Senat anhängige Revision nicht, sondern erklärte den Rechtsstreit für erledigt, weil die Beklagte inzwischen das restliche Gehalt gezahlt hatte. Die Beklagte

48

---

85 BGH, 14.06.1967 – IV ZR 21/66, NJW 1968, 794 = LM ZPO § 514 Nr. 14.
86 RG, 19.03.1936 – IV 290/35, RGZ 150, 393,395; BGH, 08.05.1985 – IVb ZB 56/84, NJW 1985, 2334.
87 BGH, 08.05.1985 – IVb ZB 56/84, FamRZ 1985, 801.
88 BGH, 06.03.1985 – VIII ZR 123/84, AP § 514 ZPO Nr. 3; BGH, 25.06.1986 – IVb ZB 75/85, FamRZ 1986, 1089.
89 BAG, 12.06.1967 – 3 AZR 368/66.
90 BGH, 15.07.2009 – I ZB 118/08, FamRZ 2009, 1663.
91 BAG, 17.08.1961 – 5 AZR 311/60, EzA § 91a ZPO 2002 Nr. 5; zustimmend: Sievers jurisPR-ArbR 45/2015 Anm. 2.
92 BAG 23.09.2015 – 5 AZR 290/15 (F), EzA § 91a ZPO 2002 Nr. 5 unter Bezugnahme auf BGH, 28.10.2008 – VIII ZB 28/08 – Rn 3, NJW-RR 2009, 422.

stimmte der Erledigungserklärung zu. Gleichwohl hat der Fünfte Senat nicht durch Beschluss nach § 91a ZPO über die Kosten des Rechtsstreits entschieden, sondern die Revision des Klägers durch Urteil als unzulässig verworfen. Zur Begründung hat er darauf verwiesen, dass die Revision nicht innerhalb der zweimonatigen Revisionsbegründungsfrist begründet worden sei und die nach Ablauf der Revisionsbegründungsfrist abgegebene Erledigungserklärung unwirksam war. Besondere Sorgfalt ist geboten, wenn eine Unterbrechung der Rechtsmittelbegründungsfrist infolge Aussetzung eingetreten ist; denn der Anwalt muss auch auf das Ende der Aussetzung achten.[93]

49 Bei wirksamer übereinstimmender Erledigungserklärung hat das BAG über die Kosten unter Berücksichtigung des bisherigen Sach- und Streitstandes zu entscheiden. Dabei bedarf es keiner abschließenden Beurteilung einer schwierigen Rechtslage. Die Kosten können gleichmäßig auf beide Parteien verteilt werden.[94] Macht der Senat von der Möglichkeit Gebrauch, gem. § 91a Abs. 1 Satz 2 ZPO ohne mündliche Verhandlung zu entscheiden, so ergeht die Entscheidung nach § 72 Abs. 6 i.V.m. § 52 Abs. 1 ohne Hinzuziehung der ehrenamtlichen Richter.[95]

Ist die Hauptsache nur zum Teil übereinstimmend für erledigt erklärt worden, ist diese Entscheidung nicht durch Beschluss, sondern im Urteil zu treffen.[96] Die ehrenamtlichen Richter sind dann hinzuzuziehen.

2. Einseitige Erledigung der Hauptsache

50 Der Kläger kann auch vor dem BAG die Hauptsache, nicht aber die Revision, **einseitig für erledigt erklären**. Dazu ist er im eigenen Interesse gehalten. Hat sich nämlich die Sache tatsächlich erledigt, kann die Klage keinen Erfolg mehr haben.

> **Beispiel:**
>
> Der Kläger klagt auf Unterlassung von nachvertraglichem Wettbewerb. Während der Revision läuft das 2-jährige nachvertragliche Wettbewerbsverbot ab. Behält der Kläger seinen Sachantrag aufrecht, ist bei zulässiger Revision die Klage als unbegründet abzuweisen.

51 Ist die Revision zulässig und war vor Eintritt des erledigenden Ereignisses die Klage zulässig und begründet,[97] ist bei nur einseitiger Erledigungserklärung im Revisionsurteil die Erledigung der Hauptsache im Entscheidungsausspruch festzustellen.

52 Ist streitig, ob die Hauptsache erledigt ist, hat das BAG die Feststellungen des Landesarbeitsgerichts zugrunde zu legen. Trägt der Kläger neue – bestrittene – Tatsachen vor, gelten dieselben Regeln wie bei der Klageänderung.[98] In diesem Fall steht der ursprüngliche Antrag weiter zur Entscheidung. Stellt der Kläger ihn nicht mehr, kann die Klage durch Versäumnisurteil zurückgewiesen werden. Der BGH hat in einer älteren Entscheidung angenommen, er müsse Beweis über die Erledigung der Hauptsache erheben.[99] Das ist abzulehnen.[100]

53 Bei wirksamer einseitiger Erledigungserklärung hat der widersprechende Beklagte die Kosten nach § 72 Abs. 5 i.V.m. § 91 ZPO zu tragen.

---

93 Vgl. dazu: Wagner FA 1999, 349; kritisch dazu Sievers jurisPR-ArbR 45/2015 Anm. 2 mit Hinweis auf die verfassungsrechtlichen Bedenken in der Entscheidung BVerfG, 14.10.1996 – 1 BvR 975/95, NJW-RR 1997, 188.
94 BAG, 21.07.2009 – 9 AZR 279/08, AP Nr. 98 zu § 256 ZPO 1977; BAG, 12.06.1967 – 3 AZR 368/66.
95 BAG, 28.08.1999 – 4 AZR 686/98.
96 BAG, 21.07.2009 – 9 AZR 279/08, AP Nr. 98 zu § 256 ZPO 1977; BAG, 12.06.1967 – 3 AZR 368/66, AP Nr. 12 zu § 91a ZPO.
97 Vgl. BAG, 09.12.1981 – 4 AZR 312/79.
98 Vgl. § 73 Rdn. 95.
99 BGH, 07.11.1968 – VII ZR 76/66.
100 BGH, 07.11.1968 – VII ZR 76/66.

3. Rechtsmittelerledigung

Die Frage, ob auch ein **Rechtsmittel für erledigt erklärt** werden kann, ist umstritten. Der BGH lässt eine solche Erledigung der Rechtsmittel in besonderen Fällen jedenfalls dann zu, wenn **übereinstimmende** Erledigungserklärungen der Parteien vorliegen.[101] Damit soll eine unangemessene Kostenentscheidung vermieden werden, die durch die Rücknahme des Rechtsmittels entstünde. Eine **einseitige** Erledigungserklärung hinsichtlich des Rechtsmittels hält der BGH für wirksam, wenn dem Rechtsmittel durch eine nachträgliche Entscheidung nach § 269 Abs. 3 ZPO die Grundlage entzogen worden ist.[102] Dem sind das BVerwG[103] und das BAG gefolgt.[104] Zweck des § 91a ZPO ist der Schutz des Klägers, dessen ursprünglich zulässige und begründete Klage durch ein von ihm nicht zu vertretendes Ereignis unzulässig oder unbegründet geworden ist.[105] Das ist der Fall, wenn ein außerprozessuales Ereignis eintritt, das geeignet ist, dem Rechtsschutzbegehren die Grundlage zu entziehen, sei es, weil es entweder bereits außerhalb des gerichtlichen Verfahrens erreicht worden oder überhaupt nicht mehr erreichbar ist.[106] Der Kläger soll nicht auf eine Klagerücknahme mit den Kostenfolgen des § 269 Abs. 3 ZPO verwiesen sein. Damit vergleichbar ist die Interessenlage eines Rechtsmittelführers, dessen zunächst zulässiges Rechtsmittel durch ein von ihm nicht zu vertretendes Ereignis, insbesondere Korrektur der Entscheidung oder Wegfall der Beschwer durch die angefochtene Entscheidung infolge einer Berichtigung, unzulässig wird. Ein Verweis auf die Rücknahme des Rechtsmittels führt zur nachteiligen Kostenfolge des § 515 Abs. 3 Satz 1 ZPO. Andere Möglichkeiten der angemessenen Kostenverteilung stehen in einem derartigen Fall nicht zur Verfügung. Das rechtfertigt es, § 91a ZPO entsprechend anzuwenden.[107] Wird entsprechend § 91a ZPO über die Kosten entschieden, so sind nur die Kosten des Revisionsverfahrens Gegenstand der Entscheidung. Für eine Entscheidung über die in den Vorinstanzen entstandenen Kosten ist kein Raum.[108]

54

XI. Entscheidung im schriftlichen Verfahren

Das BAG kann ohne mündliche Verhandlung im schriftlichen Verfahren entscheiden. Voraussetzung ist die Zustimmung beider Parteien. Die Zulässigkeit folgt aus § 72 Abs. 5 i.V.m. §§ 542, 555, 128 Abs. 1 ZPO. Am schriftlichen Verfahren wirken die ehrenamtlichen Richter mit.

55

XII. Inhalt des Revisionsurteils

Der notwendige Inhalt des Revisionsurteils wird über die Verweisungsnorm des § 72 Abs. 5 durch § 313 ZPO vorgegeben. Danach hat das Urteil zu enthalten:
1. die Bezeichnung der Parteien, ihrer gesetzlichen Vertreter und der Prozessbevollmächtigten;
2. die Bezeichnung des Gerichts und die Namen der Richter, die bei der Entscheidung mitgewirkt haben;
3. den Tag an dem die mündliche Verhandlung geschlossen worden ist;
4. die Urteilsformel;
5. den Tatbestand;
6. die Entscheidungsgründe.

56

---

101 BGH 17.09.2008 – IV ZB 17/08, Rn 4 – NJW 2009, 234; 18.10.2006 – XII ZB 244/04, NJW-RR 2007, 411 unter II a.E; BGH 11.1.2001 – V ZB 40/99, NJW-RR 2001, 1007 unter II 1 a; BGH 12.5.1998 – XI ZR 219/97, NJW 1998, 2453, 2454 unter II 2 m.w.N.
102 BGH 12.05.1998 – XI ZR 219/97, NJW 1998, 2453, 2454.
103 BVerwG, 22.04.1994 – 9 C 456.93, DVBl 1994, 1244.
104 BAG, 20.12.2007 – 9 AZR 1040/06, AP § 91a ZPO Nr. 29 = EzA § 91a ZPO 2002 Nr. 4.
105 Vgl Zöller/Vollkommer § 91a ZPO Rn 1.
106 BVerwG 31.10.1990 – BVerwG 4 C 7.88, BVerwGE 87, 62.
107 BGH, 12.05.1998 – XI ZR 219/97, NJW 1998, 2453, 2454; BAG, 24.06.2003 – 9 AZN 319/03, AP § 72a ArbGG 1979 Nr. 48; LAG Hessen, 25.02.2002 – 16/9 Sa 1776/01, JurionRS 2002, 10618.
108 Vgl. Gaier JZ 2001, 445, 449.

57 Nach § 313 Abs. 3 ZPO haben die Entscheidungsgründe eine kurze Zusammenfassung der Erwägungen, auf denen die Entscheidung in tatsächlicher und rechtlicher Hinsicht beruht, zu enthalten. § 564 ZPO enthält hiervon eine Abweichung.

§ 564 ZPO Keine Begründung der Entscheidung bei Rügen von Verfahrensmängeln

Die Entscheidung braucht nicht begründet zu werden, soweit das Revisionsgericht Rügen von Verfahrensmängeln nicht für durchgreifend erachtet. Dies gilt nicht für Rügen nach § 547.

Danach braucht die Entscheidung nicht begründet zu werden, soweit das Revisionsgericht Rügen von Verfahrensmängeln nicht für durchgreifend erachtet. Das gilt nicht für Rügen, die absolute Verfahrensmängel[109] betreffen.[110]

58 Die aufgrund der Verweisung in § 72 Abs. 5 i.V.m. § 555 Abs.1 ZPO anwendbaren §§ 313a und 313b ZPO erlauben es dem BAG, von der Darstellung der Entscheidungsgründe abzusehen. Nach § 313a ZPO ist das der Fall, wenn die Parteien auf ein Rechtsmittel verzichtet haben. Ergeht ein Versäumnis-, Anerkenntnis- oder Verzichtsurteil so bedarf es nach § 313b Abs. 1 ZPO keines Tatbestandes und keiner Entscheidungsgründe.[111] Das Urteil ist nach § 313b Abs. 1 Satz 2 ZPO als Versäumnis-, Anerkenntnis- oder Verzichtsurteil zu bezeichnen.

59 Wird vom BAG gegen § 313 ZPO verstoßen, bleibt die Wirksamkeit des Revisionsurteils davon unberührt. Das Urteil ist mit der Verkündung existent (Rdn. 62) und beachtlich.

60 Die Parteien können auch beim BAG entsprechend § 313a ZPO auf Tatbestand und Entscheidungsgründe verzichten. Voraussetzung ist, dass das BAG eine Endentscheidung (vgl. Rdn. 12 bis 22) trifft. Bei einer Zurückverweisung muss das LAG wissen, aus welchen Gründen die angefochtene Entscheidung aufgehoben worden ist.

61 Spricht das BAG im Urteil eine **Verpflichtung zur Vornahme einer Handlung** aus, ist gem. § 61 Abs. 2 zugleich für den Fall, dass die Handlung nicht binnen einer bestimmten Frist vorgenommen ist, auf Antrag des Klägers der Beklagte zur Zahlung einer nach freiem Ermessen festzusetzenden Entschädigung zu verurteilen. Dann ist jedoch nach § 61 Abs. 2 Satz 2 in diesem Fall die Zwangsvollstreckung nach § 887 ZPO (Vollstreckung bei vertretbarer Handlung) und § 888 ZPO (Vollstreckung bei unvertretbarer Handlung) ausgeschlossen. Der Kläger behält noch in der Revisionsinstanz sein Wahlrecht, ob er die Entschädigung verlangt oder den Weg der Vollstreckung des Urteils gehen will. Die für die Ausübung des Wahlrechts nötige Antragstellung, beinhaltet eine Klageänderung. § 61 Abs. 2 geht von deren Zulässigkeit aus. Allerdings ist dazu in der Revisionsinstanz erforderlich, dass die für den neuen Antrag notwendigen Tatsachen spätestens in der Berufungsinstanz vorgetragen worden oder in dem Revisionsverfahren von beiden Parteien unstreitig gestellt worden sind.[112]

XIII. Verkündung des Revisionsurteils

62 Jedes Urteil des BAG ist zu verkünden. Unerheblich ist, ob es aufgrund mündlicher Verhandlung oder im schriftlichen Verfahren nach § 128 Abs. 2 ZPO ergeht. Erst mit der Verkündung wird das **Urteil existent**. Solange die Entscheidung nicht verkündet ist, bleibt sie ein **Entwurf**, der niemandem zur Einsicht vorgelegt oder schriftlich mitgeteilt werden darf.[113]

63 Nach § 310 Abs. 1 ZPO wird das Urteil in dem Termin, in dem die mündliche Verhandlung geschlossen wird, oder in einem besonderen, sofort anzuberaumenden Termin verkündet (sog. **Verkündungstermin**). Im Revisionsverfahren kann ein Verkündungstermin bestimmt werden, wenn

---

109 Vgl. ausführlich § 73 Rdn. 49 bis 76.
110 § 564 Satz 2 ZPO.
111 BAG, 09.03.1993 – 9 AZR 180/92.
112 Vgl. GK-ArbGG/Mikosch § 72 Rn 76.
113 § 299 Abs. 3 ZPO.

die sofortige Verkündung in dem Termin, aufgrund dessen das Urteil erlassen wird, aus besonderen Gründen nicht möglich ist. Der Verkündungstermin liegt beim BAG außerhalb der Regelfrist von drei Wochen. Die Zeit für die Absetzung und Versendung des Urteilsentwurfs an die ehrenamtlichen Richter zum Zwecke der Unterzeichnung (vgl. Rdn. 68) übersteigt regelmäßig diese Frist. Wird das Urteil verkündet, muss es in vollständig abgesetzter Form vorliegen. Das ist jedoch keine Wirksamkeitsvoraussetzung.[114] Nach **Abs. 1 Satz 1** ist die Wirksamkeit der Verkündung des Urteils nicht von der Anwesenheit der ehrenamtlichen Richter abhängig. Soll die Verkündung ohne sie erfolgen, ist nach **Abs. 1 Satz 2** die Urteilsformel vorher von sämtlichen Mitgliedern des erkennenden Senats zu unterschreiben.

Die Berufsrichter müssen bei der Verkündung anwesend sein, sofern die Verkündung nach Schluss der mündlichen Verhandlung erfolgt. Der Senatsvorsitzende ist nur dann allein zur Verkündung befugt, wenn ein besonderer Verkündungstermin angesetzt worden ist.[115] 64

Die Verkündung geschieht durch **Verlesung** der schriftlich abgefassten, aber nicht notwendigerweise unterschriebenen Urteilsformel.[116] Erscheint zur Verkündung keine Partei, genügt die Bezugnahme. 65

Versäumnisurteile, Anerkenntnisurteile und solche Urteile, welche die Folgen der Zurücknahme einer Klage oder eines Verzichts auf den Klageausspruch aussprechen, können bereits verkündet werden, ohne dass die Urteilsformel schriftlich abgefasst ist.[117] 66

Anders als im Berufungsverfahren ist das BAG nicht verpflichtet, bei Anwesenheit der Parteien die wesentlichen Entscheidungsgründe mitzuteilen. § 60 Abs. 2 ist nicht anwendbar. Es gilt über § 72 Abs. 5 die Vorschrift des § 311 Abs. 3 ZPO. Danach werden die Entscheidungsgründe, wenn das Revisionsgericht es für angemessen erachtet, vorgelesen oder durch mündliche Mitteilung des wesentlichen Inhalts verkündet. Um dem Interesse der Öffentlichkeit an einem frühzeitigen Bekanntwerden der Entscheidungsgründe zu genügen, gibt das BAG **Pressemitteilungen** heraus, die im Internet auf der Website www.bundesarbeitsgericht.de gelesen werden können. 67

XIV. Unterzeichnung des Revisionsurteils

Nach Abs. 2 wird das mit Tatbestand und Entscheidungsgründen vollständig abgesetzte Revisionsurteil von den ehrenamtlichen und hauptberuflichen Mitgliedern des erkennenden Senats, die an der mündlichen Verhandlung oder dem schriftlichen Verfahren teilgenommen haben, unterschrieben. Im Fall der **Verhinderung** wird über § 72 Abs. 5 nach § 315 Abs. 1 Satz 2 ZPO verfahren. Danach ist der Verhinderungsgrund anzugeben und von dem Vorsitzenden oder bei dessen Verhinderung von dem ältesten beisitzenden Berufsrichter unter dem Urteil zu vermerken. 68

Die **Unterschriftsverweigerung** eines Richters, der an der Verhandlung teilgenommen hat, ist kein Fall der Verhinderung i.S.v. § 315 Abs. 1 Satz 2 ZPO. Verhinderungsgründe sind längere Krankheit, längerer Urlaub oder das Ablaufen der Amtszeit eines ehrenamtlichen Richters. 69

XV. Besetzung der Richterbank und Beratung

Für die Zuteilung der Sache an den zuständigen Senat ist der vom Präsidium des BAG aufgestellte Geschäftsverteilungsplan maßgebend. Für die ordnungsgemäße Besetzung des konkreten Spruchkörpers ist der senatsinterne **Geschäftsverteilungsplan** maßgeblich. Wird bewusst vom Geschäftsverteilungsplan bei der Heranziehung der hauptberuflichen und ehrenamtlichen Richter abgewichen, so ist das selbst dann ein absoluter Revisionsgrund, wenn die Parteien sich damit einverstanden erklärt haben.[118] 70

---

114 BGH, 02.03.1988 – IVb ZR 19/88, FamRZ 1988, 1153.
115 § 311 Abs. 4 Satz 1 ZPO.
116 § 311 Abs. 2 Satz 1 ZPO.
117 § 311 Abs. 2 Satz 2 ZPO.
118 BAG, 25.08.1983 – 6 ABR 31/82, EzA § 39 ArbGG 1979 Nr. 3.

71 Aus § 193 Abs. 1 GVG ergibt sich, dass jede Senatsentscheidung auf einer Beratung und Abstimmung beruhen muss. Bei überbesetzten Senaten dürfen nach § 192 Abs. 1 GVG nur die dem zuständigen Spruchköper angehörenden Richter an der Beratung teilnehmen, die im senatsinternen Mitwirkungsplan bezeichnet werden. Die bei der Beratung einzuhaltende Verfahrensweise bestimmen §§ 194 bis 197 GVG. Die mündliche Beratung im Beisein sämtlicher dem Spruchkörper angehörender Richter ist danach die Regel. Die schriftliche Beratung und Abstimmung aufgrund eines Entscheidungsentwurfs, sog. Umlaufverfahren soll zulässig sein, wenn die beteiligten Richter sämtlich mit diesem Verfahren einverstanden sind.[119] Die telefonische Beratung und Abstimmung ist unzulässig.[120] Etwas anders wird dann gelten müssen, wenn durch eine dem Beratungsgeheimnis Rechnung tragende verschlüsselte Konferenzschaltung gesichert ist, dass die beteiligten Richter unter der Leitung des Vorsitzenden gleichzeitig miteinander kommunizieren und auf diese Weise ihre Argumente austauschen können.

72 Wird den Parteien in der mündlichen Revisionsverhandlung nachgelassen, zu einer berücksichtigungsfähigen Rechtstatsache, z.B. Datum des Inkrafttretens eines Tarifvertrags, Unterlagen beizubringen, so muss die Schlussberatung mit den ehrenamtlichen Richtern nach Eingang des nachgelassenen Schriftsatzes stattfinden. Eine telefonische »Beratung« des Berichterstatters mit den ehrenamtlichen Richtern ist unzureichend.[121] Zur Zulässigkeit einer die mündliche Beratung ergänzenden Telefonkonferenz vgl. § 73 Rdn. 88 ff.

73 Die in § 197 GVG vorgeschriebene Regelung des förmlichen Abstimmungsgangs darf in ihrer prozessualen Bedeutung nicht überschätzt werden. Denn ausschlaggebend für die Abstimmung sind letztlich die in der Beratung, im offenen Gespräch aller mitwirkenden Richter, auch des Vorsitzenden, mit wechselnder Reihenfolge geäußerten Meinungen und Vorschläge, nach denen es meistens einer förmlichen Abstimmung gar nicht mehr bedarf.[122] Aus der besonderen Rolle bei der Vorbereitung und der weiteren Behandlung der Streitsache in der Beratung ergibt sich, dass der Berichterstatter zuerst abstimmt. Er ist es, der den ersten Entscheidungsvorschlag macht, und er hat deshalb auch den Vortritt bei einer etwa notwendig werdenden Schlussabstimmung. Der Vorsitzende soll aus zwei Gründen zuletzt abstimmen. Erstens weil auf Grund seiner Stellung im Spruchkörper – und das gilt dann auch im Verhinderungsfall für den stellvertretenden Vorsitzenden – generell vermutet wird, dass sein Abstimmungsverhalten die dienstjüngeren Mitglieder mehr beeindrucken könnte als sachlich gerechtfertigt ist. Dazu kommt zweitens, dass man ihm allgemein auch am meisten zutrauen wird, eine knappe Mehrheitsentscheidung zu verantworten, wenn es nur noch auf eine, nämlich dann seine Stimme ankommt.[123]

74 Die Urteilsfindung als solche und deren Zeitpunkt müssen weder in der Sitzungsniederschrift oder sonst wo protokolliert werden.[124] Findet eine die mündliche Beratung ergänzende Telefonkonferenz statt, ist diese in der Akte durch einen Vermerk des Vorsitzenden zu dokumentieren (vgl. § 73 Rdn. 90).

XVI. Berichtigung und Ergänzung

75 Nach §§ 319, 321 ZPO kann auch die Berichtigung oder Ergänzung eines Revisionsurteils beantragt werden. Ergänzungsbedürftig ist das Revisionsurteil, wenn es lückenhaft ist, weil ganz oder teilweise ein geltend gemachter Anspruch oder ein Kostenpunkt übergangen ist. Der Ergänzungs-

---

[119] BGH, 28.11.2008 – LwZR 4/08, MDR 2009, 279.
[120] BGH, 28.11.2008 – LwZR 4/08, MDR 2009, 279; Kissel/Mayer GVG, 4. Aufl., § 193 Rn 3; Baumbach/Lauterbach/Albers/Hartmann ZPO, 69. Aufl., § 194 GVG Rn 1; a.A. MünchKomm-ZPO/Zimmermann, 3. Aufl., § 194 GVG Rn 6.
[121] BGH, 28.11.2008 – LwZR 4/08, MDR 2009, 279.
[122] BVerwG, 22.08.1979 – 8 C 44/78, Buchholz 300 § 197 GVG Nr. 1.
[123] BVerwG, 22.08.1979 – 8 C 44/78, Buchholz 300 § 197 GVG Nr. 1.
[124] BFH, 24.08.1993 – VII R 126/92, BFH/NV 1994, 252; BFH, 28.04.1999 – V R 49/98, BFH/NV 1999, 1364.

antrag kann sich darauf beziehen, dass das BAG einen Rechtsmittelantrag, z.B. Anschlussrevision, nicht beschieden hat. Der Antrag muss innerhalb von zwei Wochen nach Zustellung des Revisionsurteils (§ 321 Abs. 2 ZPO) gestellt werden. Mit Ablauf der Frist entfällt die Rechtshängigkeit.[125] Ob sich die Entscheidung des Senats als vollständig oder unvollständig darstellt, ist im Rahmen der Begründetheit des Ergänzungsantrags zu prüfen.[126] Die Zurückweisung des Ergänzungsantrags hat durch Urteil zu erfolgen.[127] Bei einem Ergänzungsurteil oder der Zurückweisung eines Ergänzungsantrags entscheiden die nach dem Senatsgeschäftsverteilungsplan zuständigen Berufs- und ehrenamtlichen Richter. Das gilt auch dann, wenn sie an der Hauptentscheidung des Senats nicht mitgewirkt haben.[128]

Die Berichtigung einer offenbaren Unrichtigkeit des Revisionsurteils ist nach § 319 Abs. 1 ZPO jederzeit – auch von Amts wegen – zulässig. Unrichtig ist nur eine versehentliche Abweichung der gerichtlichen Willenserklärung von der Willensbildung. Offenbar ist die Unrichtigkeit, wenn sich der Fehler bereits unmittelbar aus der Entscheidung selbst oder aus den Vorgängen bei Erlassung oder Verkündung auch für Dritte erkennbar ergibt. Beispiel: Stattgabe der Revision im verkündeten Tenor, demgegenüber in den Gründen Kostentragung für Revisionskläger. Ein nur gerichtsintern gebliebenes Versehen ist »keine offenbare Unrichtigkeit« i.S.v. § 319 ZPO.[129] Die »Offenbarkeit« einer Unrichtigkeit verlangt im Gegenteil danach, dass die Berichtigung auch von Richtern vorgenommen werden kann, die am Urteil gerade nicht beteiligt waren.[130] Das entspricht auch der Zusammensetzung des Spruchkörpers. Im Unterschied zu Tatbestandsberichtigungsanträgen findet keine Beschränkung auf die Richter statt, die an dem zu berichtigenden oder zu ergänzenden Urteil mitgewirkt haben. 76

Die Berichtigung des Tatbestandes eines Revisionsurteils kann nicht verlangt werden. Die Möglichkeit der Tatbestandsberichtigung ist in § 320 ZPO mit Rücksicht auf die urkundliche Beweiskraft eröffnet worden, die dem Tatbestand von Urteilen nach § 314 ZPO zukommt. Deswegen ist eine Tatbestandsberichtigung auch nur insoweit zulässig, als dem Urteilstatbestand Beweiskraft nach § 314 ZPO zukommt. Dies trifft für die Tatbestände des Revisionsgerichts jedoch nicht zu. Grundlage seiner Entscheidung sind nämlich nach § 559 ZPO (vormals § 561 ZPO) allein der Tatbestand des Berufungsurteils und das Sitzungsprotokoll des Berufungsgerichts. Demgegenüber hat der Tatbestand des Revisionsurteils überhaupt keine eigenwertige rechtliche Bedeutung. Er dient vielmehr nur dazu, die Entscheidungsgründe des Revisionsgerichts zu erläutern und zu verdeutlichen. Ein Antrag auf Tatbestandsberichtigung des Revisionsurteils ist deshalb als unzulässig zu verwerfen, soweit er nicht in einen solchen auf Berichtigung einer offenbaren Unrichtigkeit nach § 319 ZPO umgedeutet werden kann.[131] 77

Der Antrag auf Berichtigung ist von den Richtern zu bescheiden, die an der vermeintlich oder tatsächlich fehlerhaften Entscheidung mitgewirkt haben. Ist das Richteramt eines beteiligten Richters inzwischen ausgelaufen, so hat kein Vertreter für den ausgeschiedenen Richter mitzuwirken.[132] Das ergibt sich aus § 320 Abs. 4 Satz 2 bis 3 ZPO: »Bei der Entscheidung wirken nur diejenigen Richter mit, die bei dem Urteil mitgewirkt haben. Ist ein Richter verhindert, so gibt bei Stimmengleichheit

---

125 So zu übergangenen Anträgen in den Vorinstanzen BGH, 16.02.2005 – VIII ZR 133/04; BGH, 10.01.2002 – III ZR 62/01, NJW 2002, 1115; BAG, 15.03.2011 – 1 ABR 97/09, Rn 42, ZIP 2011, 1433; BAG, 20.04.2010 – 1 ABR 78/08, Rn 35, EzA § 118 BetrVG 2001 Nr. 9.
126 BAG, 15.09.2011 – 8 AZR 781/10 (F), JurionRS 2011, 31868; BGH, 16.12.2005 – V ZR 230/04, NJW 2006, 1351.
127 BGH, 08.02.1982 – II ZB 1/82, WM 1982, 491.
128 Baumbach/Lauterbach/Albers/Hartmann § 321 Rn 9; Thomas/Putzo-Reichold § 321 Rn 4; Zöller/Vollkommer § 321 Rn 10; RG 07.11.1892 – Beschw.-Rep. VI.125/92, RGZ 30, 342.
129 BGH, 25.02.2000 – V ZR 206/99, NJW-RR 2001, 61.
130 BAG, 29.08.2001 – 5 AZB 32/00, NZA 2002, 286.
131 BAG, 27.04.1982 – 4 AZR 272/79, BAGE 38, 316.
132 BAG, 27.04.1982 – 4 AZR 272/79, BAGE 38, 316.

XVII. Verfassungsbeschwerde gegen das Revisionsurteil

78 Nach Art. 93 Abs.1 Nr. 4a GG kann gegen ein Revisionsurteil Verfassungsbeschwerde mit der Behauptung erhoben werden, durch das BAG als Bestandteil der öffentlichen Gewalt in einem seiner Grundrechte oder in einem seiner in Art. 20 Abs. 4, 33, 38, 101, 103 und 104 enthaltenen Rechte verletzt worden zu sein. Nach § 13 Nr. 8a BVerfGG entscheidet das BVerfG über Verfassungsbeschwerden aus Art. 93 Abs. 1 Nr. 4a GG in dem besonders in §§ 90 ff. BVerfGG ausgestalteten Verfahren. Nach § 93 Abs. 1 BVerfGG ist die Verfassungsbeschwerde binnen eines Monats zu erheben und zu begründen. Die Frist beginnt mit der Zustellung des in vollständiger Form abgefassten Revisionsurteils. Nach § 92 BVerfGG sind das Recht, das verletzt sein soll und das Urteil des BAG durch das sich der Beschwerdeführer verletzt fühlt, konkret zu bezeichnen. Die Verfassungsbeschwerde bedarf nach § 93a BVerfGG der Annahme zur Entscheidung. Sie ist zur Entscheidung anzunehmen, soweit ihr entweder eine grundsätzliche verfassungsrechtliche Bedeutung zukommt, oder es zur Durchsetzung der in § 90 Abs. 1 genannten Grundrechte des Beschwerdeführers oder einem seiner in Art. 20 Abs. 4, Art. 33, 38, 101, 103 und 104 genannten Rechte angezeigt ist. Die Annahme kann im letzteren Fall auch angezeigt sein, wenn dem Beschwerdeführer durch die Versagung der Entscheidung zur Sache ein besonders schwerer Nachteil entstehen würde.

79 Beispiel für eine erfolgreiche auf Verletzung von Art. 101 Abs. 1 Satz 2 GG gestützte Verfassungsbeschwerde: Das BVerwG hat in seinem Urteil vom 26.01.2011[133] erkannt: »Die Gewährleistung eines geordneten Rechtsverkehrs ist ein legitimes Ziel, das für öffentlich bestellte und vereidigte Sachverständige eine Ungleichbehandlung wegen des Alters durch Festsetzung eines Höchstalters von 68 Jahren mit einer Verlängerung bis zur Vollendung des 71. Lebensjahres rechtfertigen kann.« Auf die Verfassungsbeschwerde des unterlegenen Klägers hat die Zweite Kammer des Ersten Senats des BVerfG das Urteil des BVerwG wegen Verletzung des Anspruchs auf den gesetzlichen Richter aus Art. 101 Abs. 1 Satz 2 GG aufgehoben.[134] Die Kammer hat beanstandet, dass das BVerwG davon abgesehen hat, dem EuGH die Frage nach Art. 267 AEUV vorzulegen, ob Art. 6 Abs. 1 EGRL 78/2000 einer solchen Regelung entgegenstehe. Die Begründung des BVerwG dafür, dass keine Vorlagepflicht bestehe, war nach Auffassung des BVerfG nicht tragfähig. Deshalb hat es den Beschwerdeführer in seinem Recht als verletzt angesehen.[135] Zu beachten ist, dass das BVerfG bei Zuständigkeitsfragen keine volle Rechtsfehlerkontrolle vornimmt. Es überprüft in Selbstbeschränkung auch bei der Vorlagepflicht nach Art. 267 Abs. 3 AEUV nur, ob die Auslegung und die Anwendung dieser Zuständigkeitsregeln bei verständiger Würdigung der das Grundgesetz bestimmenden Gedanken nicht mehr verständlich erscheinen und offensichtlich unhaltbar sind oder das Gericht Bedeutung und Tragweite von Art. 101 Abs. 1 Satz 2 GG grundlegend verkannt hat (vgl. auch § 72 Rdn. 52).[136] Diesen Maßstab hat das Bundesverfassungsgericht in seiner Rechtsprechung[137] durch beispielhafte Fallgruppen präzisiert:
– grundsätzliche Verkennung der Vorlagepflicht,
– bewusstes Abweichen von der Rspr. des EuGH ohne Vorlagebereitschaft und
– Verkennung oder Unvollständigkeit der herangezogenen Rspr. des EuGH.

---

133 BVerwG, 26.01.2011 – 8 C 46/09, NZA-RR 2011, 233.
134 BVerfG, 24.10.2011 – 1 BvR 1103/11.
135 BVerfG, 25.01.2011 – 1 BvR 1741/09, NJW 2011, 1427, 1431; BVerfG, 19.07.2011 – 1 BvR 1916/09, JurionRS 2011, 23065.
136 Vgl. BVerfG, 28.01.2014 – 2 BvR 1561/12, 2 BvR 1562/12, 2 BvR 1563/12, 2 BvR 1564/12 – Rn 180, BVerfGE 135, 155.
137 BVerfG, 25.02.2010 – 1 BvR 230/09, NJW 2010, 1268, 1269.

Die Kammerrechtsprechung des BVerfG erleichtert sich die Kontrolle, indem sie den Fachgerichten eine Substantiierungslast auferlegt. Die Fachgerichte müssen danach in ausreichendem Maße Gründe angeben, die zeigen, dass sie sich hinsichtlich des europäischen Rechts ausreichend kundig gemacht haben.[138] Nicht beanstandet wird, wenn das Fachgericht nach Auswertung der entscheidungserheblichen Bestimmungen des Unionsrechts eine vertretbare Begründung dafür gibt, dass die maßgebliche Rechtsfrage durch den EuGH bereits entschieden ist oder dass die richtige Antwort auf diese Rechtsfrage derart offenkundig ist, dass für einen vernünftigen Zweifel keinerlei Raum bleibt. Beanstandet wird, wenn das Fachgericht eine sich stellende entscheidungserhebliche Frage des Unionsrechts nicht in zumindest vertretbarer Weise beantwortet. Das wird angenommen, wenn das Fachgericht eine eigene Lösung entwickelt, die nicht auf die bestehende Rechtsprechung des Gerichtshofs der Europäischen Union zurückgeführt werden kann und auch nicht einer eindeutigen Rechtslage entspricht. Dann erscheint die Verneinung der Erforderlichkeit eines Vorabentscheidungsersuchens als nicht mehr verständlich und offensichtlich unhaltbar.[139] 80

XVIII. Menschenrechtsbeschwerde gegen das Revisionsurteil

Gegen das Revisionsurteil kann Beschwerde beim Europäischen Gerichtshof für Menschenrechte (EGMR) erhoben werden. Der EGMR ist ein auf Grundlage der Konvention zum Schutze der Menschenrechte und Grundfreiheiten (Europäischen Menschenrechtskonvention – EMRK) in der Fassung des Protokolls Nr. 11[140] eingerichteter Gerichtshof mit Sitz in Straßburg. Er überprüft sowohl Akte der Gesetzgebung und Verwaltung als auch der Rechtsprechung darauf, ob sie die Konvention verletzen. Mit dem 11. Protokoll vom 11.05.1994[141] wurde der Rechtsschutz innerhalb der EMRK völlig umgestaltet, sodass seitdem die Kontrolle durch den EGMR als ständigen Gerichtshof wahrgenommen wird. Die eingebrachte Individualbeschwerde wird nur noch der Vorprüfung eines Richterausschusses des EGMR unterzogen, um offensichtlich unzulässige Beschwerden auszusondern. Seit dem Inkrafttreten des 11. Protokolls am 01.11.1998 unterliegen auch Revisionsurteile des BAG der Rechtsprechung des EGMR. Nach Art. 34 EMRK kann jede natürliche Person, nicht staatliche Organisation oder Personengruppe, die behauptet, durch ein Urteil des BAG in einem der in der Konvention oder den Protokollen dazu anerkannten Rechte verletzt zu sein, den EGMR anrufen. Nach Art. 35 EMRK befasst sich der Gerichtshof mit einer Angelegenheit erst nach Erschöpfung aller innerstaatlichen Rechtsbehelfe und nur innerhalb einer Frist von sechs Monaten nach der endgültigen innerstaatlichen Entscheidung. Der Gerichtshof erklärt eine nach Art. 34 erhobene Individualbeschwerde für unzulässig, wenn er sie für unvereinbar mit dieser Konvention oder den Protokollen dazu, für offensichtlich unbegründet oder für einen Missbrauch des Beschwerderechts hält. Der Gerichtshof weist eine Beschwerde zurück, die er nach diesem Artikel für unzulässig hält. Er kann dies in jedem Stadium des Verfahrens tun. In Artikel 41 der Konvention sind als Entscheidungsmöglichkeiten bestimmt: 81
1. Der EGMR stellt fest, dass diese EMRK oder deren Protokolle verletzt worden sind.
2. Der EGMR spricht der verletzten Partei eine gerechte Entschädigung zu, wenn dies notwendig ist, weil das innerstaatliche Recht nur eine unvollkommene Wiedergutmachung für die Folgen dieser Verletzung gestattet.

Nach Art. 46 hat sich Deutschland wie alle anderen europäischen Staaten mit Ausnahme des Vatikans und Weißrusslands verpflichtet, in allen Rechtssachen, in denen Deutschland Partei ist, das endgültige Urteil des Gerichtshofs zu befolgen. Das Ministerkomitee des Europarats überwacht den Vollzug.

---

138 BVerfG, 2. Kammer des Ersten Senats 09.01.2001 – 1 BvR 1036/99, NJW 2001, 1267, 1268; 3. Kammer des Ersten Senats 14.05.2007 – 1 BvR 2036/05, NVwZ 2007, 942, 945; 2. Kammer des Ersten Senats, 30.08.2010 – 1 BvR 1631/08, NJW 2011, 288.
139 BVerfG, 03.03.2014 – 1 BvR 2534/10, NJW 2014, 1796.
140 http://conventions.coe.int/Treaty/ger/Treaties/Html/005.htm Aufruf 10.02.2012.
141 http://conventions.coe.int/Treaty/ger/Treaties/Html/155.htm Aufruf 10.02.2012.

▶ **Beispiel** für erfolgreiche Anrufung des EGMR bei Kündigung eines Kirchenangestellten wegen Ehebruchs: Im Fall Schüth hat der EGMR dem BAG vorgehalten, das Gericht habe die Abwägung zwischen den Grundrechten des bei der katholischen Kirchengemeinde angestellten Organisten und denen des kirchlichen Arbeitgebers nicht in Übereinstimmung mit der Konvention vorgenommen.[142] Abzuwägen waren das Recht auf Achtung des Privat- und Familienlebens nach Art. 8 MRK einerseits und die Konventionsrechte des kirchlichen Arbeitgebers nach Art. 9 MRK (Religionsfreiheit) i.V.m. Art. 11 MRK (Vereinigungsfreiheit) andererseits. Zwar sei der Organist Schüth gegenüber der katholischen Kirche eine Loyalitätsverpflichtung eingegangen, die sein Recht auf Achtung des Privatlebens in gewissem Maße einschränkte. Das durfte jedoch nicht so verstanden werden, dass er im Fall einer Trennung oder Scheidung verpflichtet sei, ein enthaltsames Leben zu führen. Der Gerichtshof entschied, dass Art. 8 der Konvention verletzt ist: Er hielt die Frage des Schadensersatzes noch nicht für spruchreif und behielt sich infolgedessen die Beurteilung dieser Frage vor. Er forderte die deutsche Regierung und den Beschwerdeführer auf, innerhalb von drei Monaten darüber eine Einigung zu erzielen. Im Fall der Nichteinigung wurde der Kammerpräsident zur Fortsetzung des Verfahrens ermächtigt.[143]

82 Durch das Zweite Gesetz zur Modernisierung der Justiz ist mit Wirkung zum 31.12.2006 in § 580 Nr. 8 ZPO ein neuer Restitutionsgrund in das deutsche Prozessrecht eingefügt worden. Die Vorschrift sieht vor, dass die Restitutionsklage stattfindet, wenn der Europäische Gerichtshof für Menschenrechte eine Verletzung der Europäischen Konvention zum Schutz der Menschenrechte und Grundfreiheiten oder ihrer Protokolle festgestellt hat und das Urteil auf dieser Verletzung beruht. Nach § 35 EGZPO gilt die Regelung allerdings nur für Verfahren, die nach dem 31.12.2006 rechtskräftig abgeschlossen worden sind. Da das Verfahren des beim EGMR erfolgreichen Klägers Schüth vor dem Stichtag abgeschlossen war, hat der Zweite Senat des BAG dessen Restitutionsklage verworfen.[144] Jedoch hat er angenommen, dass die festgestellte Konventionsverletzung nicht in jeder Hinsicht folgenlos bleiben müsste. So könne das vom Gerichtshof angenommene Abwägungsdefizit unter Umständen im Rahmen eines Wiedereinstellungsbegehrens des Arbeitnehmers Bedeutung gewinnen. Die darauf von Schüth erhobene Klage auf Wiedereinstellung ist dennoch vom Neunten Senat des BAG letztinstanzlich abgewiesen worden, weil die »nationale Zivilrechts- und Zivilverfahrensrechtsdogmatik« der richterrechtlichen Anerkennung eines Wiedereinstellungsanspruchs bei Konventionsverletzung durch ein rechtskräftiges klageabweisendes Urteil im Kündigungsschutzverfahren entgegen stehe.[145]

83 Nach § 586 Abs.1 ZPO sind Restitutionsklagen vor Ablauf der Notfrist eines Monats zu erheben. Nach § 586 Abs. 2 Satz 1 ZPO beginnt der Fristlauf mit dem Tag, an dem die Partei von dem Anfechtungsgrund Kenntnis erhalten hat, jedoch nicht vor eingetretener Rechtskraft des die Partei beschwerenden Urteils. Nach Ablauf von fünf Jahren, von dem Tag der Rechtskraft des beschwerenden Urteils an gerechnet, sind die Klagen unstatthaft. Da es regelmäßig zu einer langen Verfahrensdauer beim Europäischen Gerichtshof für Menschenrechte kommt, ist die Anwendung dieser Ausschlussfrist auf den Restitutionsgrund des § 580 Nr. 8 ZPO problematisch. Im Prozessrecht gilt der rechtsstaatliche Grundsatz, dass dann, wenn eine weitere Instanz eröffnet wird, auch eine Inanspruchnahme gewährleistet sein muss.[146] Hinzukommt, dass die überlange Verfahrensdauer wiede-

---

142 EGMR, 23.09.2010 – 1620/03, NZA 2011, 279.
143 Zum weiteren Verfahrensgang in dieser bis heute noch nicht abgeschlossenen Sache: Höpfner/Richter, Wiederaufnahme des Verfahrens und Wiedereinstellungsanspruch, RdA 2016 Heft 6.
144 BAG, 22.11.2012 – 2 AZR 570/11, BAGE 144, 59 = EzA § 580 ZPO 2002 Nr. 3; Verfassungsbeschwerde unter 1 BvR 1593/13 anhängig.
145 BAG, 20.10.2015 – 9 AZR 743/14, EzA § 1 KSchG Wiedereinstellungsanspruch Nr. 13; zustimmend erläuternd: Höpfner/Richter, Wiederaufnahme des Verfahrens und Wiedereinstellungsanspruch, RdA 2016 Heft 6.
146 BVerfG, 28.04.2011 – 1 BvR 3007/07, JurionRS 2011, 15852.

rum eine Verletzung der Menschenrechtskonvention darstellt.[147] Soll daher der Restitutionsgrund des § 580 Nr. 8 ZPO nicht faktisch leerlaufen, muss § 586 Abs. 2 Satz 2 ZPO verfassungs- und menschenrechtsfreundlich ausgelegt werden.[148] Die Bestimmung ist so zu verstehen, dass der Lauf der fünfjährigen Ausschlussfrist erst mit der Rechtskraft des Urteils des Europäischen Gerichtshofs für Menschenrechte beginnt.[149]

§ 76 Sprungrevision

(1) [1]Gegen das Urteil eines Arbeitsgerichts kann unter Übergehung der Berufungsinstanz unmittelbar die Revision eingelegt werden (Sprungrevision), wenn der Gegner schriftlich zustimmt und wenn sie vom Arbeitsgericht auf Antrag im Urteil oder nachträglich durch Beschluss zugelassen wird. [2]Der Antrag ist innerhalb einer Notfrist von einem Monat nach Zustellung des in vollständiger Form abgefassten Urteils schriftlich zu stellen. [3]Die Zustimmung des Gegners ist, wenn die Revision im Urteil zugelassen ist, der Revisionsschrift, andernfalls dem Antrag beizufügen.

(2) [1]Die Sprungrevision ist nur zuzulassen, wenn die Rechtssache grundsätzliche Bedeutung hat und Rechtsstreitigkeiten betrifft
1. zwischen Tarifvertragsparteien aus Tarifverträgen oder über das Bestehen oder Nichtbestehen von Tarifverträgen,
2. über die Auslegung eines Tarifvertrags, dessen Geltungsbereich sich über den Bezirk des Landesarbeitsgerichts hinaus erstreckt, oder
3. zwischen tariffähigen Parteien oder zwischen diesen und Dritten aus unerlaubten Handlungen, soweit es sich um Maßnahmen zum Zwecke des Arbeitskampfes oder um Fragen der Vereinigungsfreiheit einschließlich des hiermit im Zusammenhang stehenden Betätigungsrechts der Vereinigungen handelt.

(2) [2]Das Bundesarbeitsgericht ist an die Zulassung gebunden. 3Die Ablehnung der Zulassung ist unanfechtbar.

(3) [1]Lehnt das Arbeitsgericht den Antrag auf Zulassung der Revision durch Beschluss ab, so beginnt mit der Zustellung dieser Entscheidung der Lauf der Berufungsfrist von neuem, sofern der Antrag in der gesetzlichen Form und Frist gestellt und die Zustimmungserklärung beigefügt war. [2]Lässt das Arbeitsgericht die Revision durch Beschluss zu, so beginnt mit der Zustellung dieser Entscheidung der Lauf der Revisionsfrist.

(4) Die Revision kann nicht auf Mängel des Verfahrens gestützt werden.

(5) Die Einlegung der Revision und die Zustimmung gelten als Verzicht auf die Berufung, wenn das Arbeitsgericht die Revision zugelassen hat.

(6) [1]Verweist das Bundesarbeitsgericht die Sache zur anderweitigen Verhandlung und Entscheidung zurück, so kann die Zurückverweisung nach seinem Ermessen auch an dasjenige Landesarbeitsgericht erfolgen, das für die Berufung zuständig gewesen wäre. [2]In diesem Falle gelten für das Verfahren vor dem Landesarbeitsgericht die gleichen Grundsätze, wie wenn der Rechtsstreit auf eine ordnungsmäßig eingelegte Berufung beim Landesarbeitsgericht anhängig geworden wäre. [3]Das Arbeitsgericht und das Landesarbeitsgericht haben die rechtliche Beurteilung, die der Aufhebung zu Grunde gelegt ist, auch ihrer Entscheidung zu Grunde zu legen. [4]Von der Einlegung der Revision nach Absatz 1 hat die Geschäftsstelle des Bundesarbeitsgerichts der Geschäftsstelle des Arbeitsgerichts unverzüglich Nachricht zu geben.

---

147 EGMR, 20.01.2011 – 21980/06, JurionRS 2011, 14682.
148 BAG, 06.04.2011 – 7 AZR 716/09, JurionRS 2011, 20835; Höpfner NZA 2011, 893, 898.
149 JurisPR-ArbR 42/2011 Anm. 4 Sievers = jurisPR extra 2011, 258–259.

§ 76 ArbGG Sprungrevision

Übersicht

		Rdn.
I.	Sprungrevision als Sonderrechtsmittel	1
II.	Zulassungsverfahren	3
1.	Allgemeines	3
2.	Zulassung im Urteil (Abs. 1)	4
	a) Antrag	4
	b) Zulassungsentscheidung, Rechtsmittelbelehrung	6
3.	Nachträgliche Zulassung durch Beschluss (Abs. 1)	10
	a) Antrag und Zustimmungserklärung	10
	b) Zulassungsentscheidung	17
	c) Kosten	20
4.	Formelle Zulassungsvoraussetzungen	21
5.	Materielle Zulassungsvoraussetzungen (Abs. 2)	23
III.	Wirkung der Entscheidung über die Zulassung	28

		Rdn.
1.	Abschließende Entscheidung gegenüber den Parteien	28
2.	Bindung des Bundesarbeitsgerichts	29
3.	Wirkung einer die Zulassung ablehnenden Entscheidung (Abs. 3 Satz 1)	36
4.	Wirkung der Zulassungsentscheidung	38
	a) Ursprünglich: Rechtsmittelwahlrecht	38
	b) Ende des Wahlrechts (Abs. 5)	39
	c) Beginn der Revisionsfrist (Abs. 3 Satz 2)	42
IV.	Durchführung des Revisionsverfahrens	43
1.	Grundsatz	43
2.	Ausschluss von Verfahrensrügen (Abs. 4)	45
3.	Zurückverweisung (Abs. 6)	46
4.	Kosten	48

I. Sprungrevision als Sonderrechtsmittel

1 Das Arbeitsgerichtsgesetz hält wie jede Verfahrensordnung, die einen Rechtsweg durch drei Instanzen vorsieht, auch einen Weg bereit, auf dem die belastete Partei nach einem Urteil erster Instanz das Revisionsgericht unmittelbar erreichen kann.[1] Der hiermit verbundene Verzicht auf eine zweite Tatsacheninstanz hat zur Folge, dass eine Sprungrevision nur für sehr **seltene Fallkonstellationen** geeignet ist: Es müssen bereits in erster Instanz alle Tatsachen aufgeklärt sein, die unter irgendeinem denkbaren rechtlichen Gesichtspunkt für die Entscheidung des Rechtsstreits von Bedeutung sein können (vgl. auch Rdn. 45).

2 Der Gesetzgeber hat zwar im Jahr 1979 darauf verzichtet, das Überspringen einer Instanz von hierfür streitenden öffentlichen Interessen abhängig zu machen; bis dahin war eine Sprungrevision nur dann statthaft, wenn der zuständige Bundesminister eine sofortige Entscheidung des Rechtsstreits durch das BAG im Interesse der Allgemeinheit für notwendig erklärt hatte. Der **Ausnahmecharakter** des § 76 wird aber weiterhin durch das komplizierte Verfahren der Zulassung und Einlegung der Sprungrevision *(Abs. 1)* und durch die Beschränkung der für eine Sprungrevision an sich geeigneten Rechtsstreitigkeiten auf einige wenige privilegierte Streitgegenstände *(Abs. 2)* deutlich. Durch das ZPO-Reformgesetz vom 27.07.2001 ist die Sprungrevision im Zivilprozess grundlegend neu gestaltet worden. Eine entsprechende Änderung für das arbeitsgerichtliche Verfahren ist unterblieben, sodass nun in Abs. 6 anstelle der bisherigen Verweisung auf die Bestimmungen der ZPO eigenständige Verfahrensregeln aufgenommen werden mussten.

II. Zulassungsverfahren

1. Allgemeines

3 Die Sprungrevision ist nur statthaft, wenn sie vom **ArbG** – anders im Zivilprozess gem. § 566 Abs. 2 ZPO durch das Revisionsgericht – zugelassen worden ist. Dafür sieht das Gesetz zwei Wege vor: die Zulassung im Urteil (Rdn. 4 bis 9) und die nachträgliche Zulassung durch Beschluss (Rdn. 10 bis 17).

2. Zulassung im Urteil (Abs. 1)

a) Antrag

4 Eine oder beide Parteien können schon während des laufenden Rechtsstreits den **Antrag** stellen, gegen das erwartete Urteil die Sprungrevision zuzulassen. Ohne Antrag ist das ArbG nicht befugt,

---

[1] Vgl. § 566 ZPO, § 161 SGG, § 134 VwGO.

die Sprungrevision zuzulassen. Der Antrag kann bis zum Schluss der mündlichen Verhandlung formfrei[2] von jeder in erster Instanz postulationsfähigen Person gestellt werden. Der Antrag wird im Verfahren vor den Arbeitsgerichten gem. § 11 Abs. 1 bis 3 gestellt. Es handelt sich nicht um einen Fall des § 11 Abs. 4, für den besondere Vertretungsvorschriften gelten.[3]

Der während des Rechtsstreits gestellte Antrag ist auch dann **ordnungsgemäß**, wenn eine Zustimmungserklärung des Gegners nicht vorliegt. Ihrer bedarf es nur, wenn eine im Urteil zugelassene Sprungrevision eingelegt oder die Sprungrevision nachträglich durch Beschluss des ArbG zugelassen werden soll (dazu Rdn. 10 bis 17). Der Antrag bedarf keiner Begründung. Das ArbG muss die gesetzlichen Voraussetzungen unabhängig von einer Begründung prüfen. Auch insoweit unterscheidet sich die arbeitsgerichtliche von der zivilprozessualen Sprungrevision. Zur Erhöhung der Erfolgsaussichten empfiehlt das Schrifttum eine an Abs. 2 Satz 1 ausgerichtete Begründung.[4]

b) Zulassungsentscheidung, Rechtsmittelbelehrung

Der ordnungsgemäße Zulassungsantrag (Rdn. 4 f.) ist im Urteil erster Instanz von dem zur Entscheidung der Hauptsache befugten Gericht zu bescheiden. Dies bedeutet, dass sowohl die Zulassung der Sprungrevision als auch die Zurückweisung des Zulassungsantrags in den Tenor des Urteils erster Instanz aufzunehmen sind.

▶ **Beispiel:**

Das ArbG Berlin hat in einem Verfahren über das Bestehen eines Tarifvertrags erkannt, zwischen der Tarifgemeinschaft CGZP und dem Bundesarbeitgeberverband BAP bestehe der Streit über das Bestehen der in den Jahren 2003 bis 2010 zwischen der CGZP und den Vorgängerorganisationen des BAP geschlossenen Tarifverträgen nur zum Schein. Es hat deshalb entschieden: »für die Zulassung der Sprungrevision nach § 76 Abs. 1 und 2 ArbGG bestand keine Veranlassung.«[5]

Unerheblich ist, dass in § 76 keine dem § 72 Abs. 1 Satz 2 entsprechende Regelung aufgenommen worden ist. Es geht hier um die Bescheidung eines Parteiantrages, für die man auch § 64 Abs. 3a entsprechend heranziehen kann.[6] Daraus folgt zugleich, dass dann, wenn der Zulassungsantrag nach Abs. 1 im verkündeten Urteil **übergangen** wurde, ein Antrag auf **Urteilsergänzung** statthaft und binnen zwei Wochen geboten ist.[7] Es besteht nicht die Möglichkeit, innerhalb der längeren Frist des Abs. 1 Satz 2 eine nachträgliche **Zulassung** durch Beschluss des ArbG zu erreichen.[8]

Die **Sprungrevision** ist nicht notwendig zugunsten des Antragstellers **zuzulassen**, sondern aufgrund des Antrages stets für die letztlich beschwerte Partei oder die beschwerten Parteien. Der während des Verfahrens erster Instanz gestellte Antrag bringt nur das Interesse des Antragstellers zum Ausdruck, dass der Rechtsstreit auch im Fall seines Obsiegens möglichst schnell rechtskräftig entschieden wird. Es ist Sache der Partei, deren Handlungsmöglichkeiten durch die Zulassungsentscheidung erweitert worden sind, darüber zu entscheiden, ob sie hiervon Gebrauch macht (Rdn. 38 f.).

Das Gesetz verbietet nicht ausdrücklich, die Sprungrevision nur hinsichtlich einzelner Streitgegenstände zuzulassen. Grundsätze der Prozessökonomie und die Rücksichtnahme auf die Kostenbelastung der Parteien sprechen jedoch dafür, dass eine solche Beschränkung nur dann erfolgen sollte,

---

2 BAG, 10.11.1993 – 4 AZR 316/93, EzA § 4 TVG Bauindustrie Nr. 70 = NZA 1994, 622; GMPMG/Müller-Glöge § 76 Rn 5.
3 Zutreffend: GK-ArbGG/Mikosch § 76 Rn 4.
4 Zutreffend: GK-ArbGG/Mikosch § 76 Rn 4.
5 ArbG Berlin, 28.11.2011 – 55 Ca 5022/11 – Rn 73, AiB 2012, 135.
6 GMPMG/Müller-Glöge § 76 Rn 7; Hauck/Helml § 76 Rn 4; a.A. GK-ArbGG/Mikosch § 76 Rn 9, der eine Zulassung in den verkündeten Entscheidungsgründen für ausreichend hält.
7 § 64 Abs. 3a Satz 2 oder § 46 Abs. 2 i.V.m. § 321 ZPO.
8 A.A. Hauck/Helml § 76 Rn 4; GMPMG/Müller-Glöge § 76 Rn 7; GK-ArbGG/Mikosch § 76 Rn 9, die eine nachträgliche Zulassung durch Beschluss für statthaft halten.

§ 76 ArbGG Sprungrevision

wenn die Entscheidung über die verbliebenen Streitgegenstände nicht durch Berufung angegriffen werden kann, bspw. dann, wenn insoweit der für eine Berufung erforderliche Wert des Beschwerdegegenstandes (§ 64 Abs. 2) nicht erreicht wird. Eine **Trennung des Rechtsstreits** in einen Teil, der durch die Berufung, und in einen anderen, der durch die Sprungrevision weiterverfolgt wird, sollte grds. vermieden werden. Von Rechts wegen ausgeschlossen ist eine solche gerichtliche Entscheidung allerdings nicht. Eine **Beschränkung** der Zulassung ist allerdings nur **wirksam**, wenn und soweit sie im Entscheidungsausspruch selbst zum Ausdruck gekommen ist; eine – weitere – Einschränkung in den Entscheidungsgründen ist wirkungslos.[9]

9   Auch nach einer Zulassung der Sprungrevision hat die durch das Urteil beschwerte Partei die Möglichkeit, von einer Sprungrevision abzusehen und Berufung einzulegen. Deshalb muss ein Urteil, in dem die Sprungrevision zugelassen wurde, stets eine **Rechtsmittelbelehrung für beide Rechtsmittel** enthalten. Fehlt eine von ihnen, kann die beschwerte Partei das Rechtsmittel, über das sie nicht belehrt worden ist, innerhalb der sich aus § 9 Abs. 5 Satz 4 ergebenden Frist, längstens aber innerhalb von sechs Monaten – § 66 Abs. 1 Satz 2, § 74 Abs. 1 Satz 2 sind Spezialvorschriften –, einlegen, wenn sie hierauf nicht zuvor nach Abs. 5[10] verzichtet hat. Deshalb müssen Sprungrevision und Berufung auch bei unterbliebener, unvollständiger und fehlerhafter Rechtsmittelbelehrung spätestens sechs Monate nach der Urteilsverkündung eingelegt werden.[11] Die **Rechtsmittelbelehrung** zur Möglichkeit, Sprungrevision einzulegen, muss auch den **Hinweis** dazu enthalten, dass der Revisionsschrift die **Zustimmung** des Gegners zur Einlegung der Sprungrevision (Rdn. 12) beizufügen ist. Ist dieser Hinweis unterblieben, gilt § 9 Abs. 5 Satz 4. Die **Beifügung der Zustimmungserklärung** gehört zur **Form**, die bei der Einlegung der Sprungrevision einzuhalten ist.[12]

3. Nachträgliche Zulassung durch Beschluss (Abs. 1)

a) Antrag und Zustimmungserklärung

10   War die Zulassung der Sprungrevision noch nicht Gegenstand des Verfahrens bis zur Verkündung des Urteils erster Instanz, kann jede beschwerte Partei innerhalb einer **Notfrist** (so ausdrücklich gem. § 224 Abs. 1 Satz 2 ZPO in Abs. 1 Satz 2 bezeichnet) **von einem Monat** ab Zustellung des in vollständiger Form abgefassten Urteils die nachträgliche Zulassung der Sprungrevision durch das ArbG schriftlich **beantragen (Abs. 1 Satz 2)**. Eine Verlängerung der Notfrist ist nach § 224 Abs. 1 Satz 1 ZPO unzulässig. Hat eine Partei die Monatsfrist schuldlos versäumt, kann um Wiedereinsetzung in den vorigen Stand gem. § 233 ZPO nachgesucht werden, vgl. hierzu § 74 Rdn. 46 ff. Der BGH hat einen Wiedereinsetzungsgrund für den Fall angenommen, in dem die Bürokraft versehentlich das Original der Zustimmung des Gegners (vgl. Rdn. 14) nicht dem Schriftsatz beifügte.[13] Der mit seinem Wiedereinsetzungsgesuch erfolgreiche Antragsteller hat vorgetragen und durch mehrere eidesstattliche Versicherungen glaubhaft gemacht, dass die Rechtsanwaltsfachangestellte bereits bei dem Diktat der Sprungrevisionsschrift vom Anwalt angewiesen worden sei, den Hinweis im Schriftsatz auf die Einwilligungserklärung zu markieren, weil das – bereits vorliegende – Original der Erklärung beigefügt werden müsse, andernfalls die Rechtsmitteleinlegung unwirksam sei. Nach Fertigstellung des Schriftsatzes und Entfernung der Markierung habe der Anwalt seine – bis dahin stets zuverlässige – Angestellte nochmals ausdrücklich darauf hingewiesen, dass der Rechtsmittelschrift das angefochtene Urteil und das Original der Einwilligungserklärung beigefügt werden müssten. Er habe seine Mitarbeiterinnen allgemein darüber unterrichtet – und diese hätten sich bis

---

9   BAG, 19.03.2003 – 5 AZN 751/02, EzA § 72 ArbGG 1979 Nr. 30; BAG, 05.11.2003 – 4 AZR 643/02, NZA 2004, 447, jeweils zur parallelen Fragestellung bei der Revisionszulassung.
10 Vgl. Rdn. 40 bis 42.
11 Ebenso: GMPMG/Müller-Glöge § 76 Rn 23; GK-ArbGG/Mikosch § 76 Rn 13, Schwab/Weth/Ulrich § 76 Rn 25; a.A. für den Lauf der Jahresfrist nach § 9 Abs. 5 Satz 4 Natter/Gross § 76 Rn 11.
12 BAG, 16.06.1998 – 5 AZR 67/97, NZA 1998, 1288.
13 BGH, 06.03.2007 – VIII ZR 330/06, NJW-RR 2007, 1075; ebenso für Wiedereinsetzungsmöglichkeit: GK-ArbGG/Mikosch § 76 Rn 27, GMPMG/Müller-Glöge § 76 Rn 17.

dahin stets daran gehalten –, dass eine mit einem Schriftsatz vorzulegende Erklärung dem für das Gericht bestimmten Schriftsatz im Original, wie sie in der Kanzlei eingegangen sei, und nicht in Kopie beigefügt werde, das Original also nicht in der Handakte verbleiben dürfe. Demgegenüber hat das BAG es bislang offen gelassen, ob wegen der versäumten fristgerechten Vorlage überhaupt Wiedereinsetzung in den vorigen Stand bewilligt werden kann.[14]

Für den Antrag besteht kein Anwalts- oder sonstiger Vertretungszwang nach § 11 Abs. 4, denn Antragstellung und Zulassungsentscheidung sind Teile des Verfahrens erster Instanz (vgl. Rdn 4). 11

Dem Antrag ist die **Zustimmung des Gegners**[15] beizufügen *(Abs. 1 Satz 3)*. Die Zustimmung muss schon wegen Abs. 4 und 5 eindeutig und zweifelsfrei zum Ausdruck bringen, dass der Prozessgegner der **Einlegung** der Sprungrevision **zustimmt**. Die Zustimmung zur Zulassung der Sprungrevision durch das ArbG, also zur bloßen Erweiterung der möglichen prozessualen Reaktionsweisen, ein übereinstimmender Antrag beider Parteien, die Sprungrevision zuzulassen, oder die Anschließung an einen entsprechenden Antrag der beschwerten Partei reichen nicht aus.[16] Sind Streithelfer nach §§ 66, 67 ZPO am Verfahren beteiligt, so ist weder deren Zustimmung erforderlich noch ausreichend.[17] 12

Die Zustimmung kann von jeder in erster Instanz postulationsfähigen Person erklärt werden. **Anwaltszwang** besteht **nicht**.[18] Sie muss **schriftlich**, d.h. gem. § 126 BGB auch eigenhändig unterzeichnet, erfolgen. Sie kann aber auch zur Niederschrift des Urkundsbeamten oder zu Protokoll der mündlichen Verhandlung erklärt werden.[19] Für die Einreichung der Zustimmungserklärung gilt selbst dann kein Vertretungszwang, wenn sie erst der Revisionsschrift beigefügt ist.[20] 13

Die Zustimmungserklärung ist dem Zulassungsantrag in der Form beizufügen, die bei der Einlegung eines Rechtsbehelfs zu beachten ist. Regelmäßig ist also die **originalunterzeichnete** Erklärung vorzulegen. Die Vorlage einer vom Antragsteller beglaubigten Kopie reicht nicht.[21] Bei einer Erklärung zur Niederschrift oder zu Protokoll genügt auch die Vorlage einer entsprechenden Fotokopie oder Abschrift **in amtlich beglaubigter Form**.[22] Bei einer Zustimmung durch **Telefax** genügt die Vorlage des Original-Faxes;[23] es ist aber auch ausreichend, wenn die Zustimmung per Fax an das Gericht übermittelt wird.[24] Nach § 46c Abs. 1 Satz 1 ist auch die Einreichung als elektronisches Dokument zugelassen. 14

Nach dem Gesetzeswortlaut des Abs. 1 Satz 3 ist eine **Beifügung** erforderlich. Der Antrag ist also an sich nicht ordnungsgemäß gestellt, wenn die Zustimmungserklärung nicht mit ihm zusammen vorgelegt worden ist. Nach richtiger Auffassung reicht es aber auch aus, wenn die Zustimmungserklärung bis zum Ablauf der Antragsfrist nachgereicht worden ist.[25] 15

---

14 BAG, 14.03.2001 – 4 AZR 367/00 – Rn 17, JurionRS 2001, 24754; BAG, 28.10.1986 – 3 AZR 218/86, EzA § 76 ArbGG 1979 Nr. 5.
15 Hierzu im Einzelnen Bepler NJW 1989, 686.
16 BAG, 16.06.1998 – 5 AZR 67/97, EzA § 4 EntgeltfortzG Tarifvertrag Nr. 5; BAG, 04.12.2002 – 10 AZR 83/02; BAG, 16.04.2003 – 7 ABR 27/02, NZA 2003, 1106.
17 GK-ArbGG/Mikosch § 76 Rn 5.
18 BAG, 15.06.1989 – 6 AZR 466/87, ZTR 1990, 18; BAG, 30.07.1992 – 6 AZR 11/92, NZA 1993, 324.
19 GMPMG/Müller-Glöge § 76 Rn 17 m.w.N.
20 BAG, 09.06.1982 – 4 AZR 247/80, AP §§ 22, 23 BAT Lehrer Nr. 8.
21 BAG, 24.03.2001 – 4 AZR 367/00, AR-Blattei ES 160.10.3 (1979) Nr. 68.
22 Vgl. GK-ArbGG/Mikosch § 76 Rn 3 m.w.N.
23 BAG, 30.05.2001 – 4 AZR 269/00; BSG, 12.11.1996 – 9 RVs 4/96, NZS 1997, 387.
24 BAG, 27.05.2004 – 6 AZR 6/03, EzA § 76 ArbGG 1979 Nr. 10.
25 BAG, 04.12.2002 – 10 AZR 83/02, EzA § 76 ArbGG 1979 Nr. 9; GMPMG/Müller-Glöge § 76 Rn 17 m.w.N.

16 Die Zustimmungserklärung ist rechtlich einer Prozesshandlung gleichzusetzen, weil sie eine Änderung des Prozessrechtsverhältnisses bewirkt.[26] So kann sie nicht mehr widerrufen werden, sobald sie beim ArbG oder beim BAG eingegangen ist.[27] Sie kann nach § 130 Abs. 1 BGB auch nicht mehr widerrufen werden, sobald sie in schriftlicher Form dem Prozessgegner zugegangen ist.

b) Zulassungsentscheidung

17 Der Zulassungsantrag ist vom ArbG durch **Beschluss** der Kammer zu bescheiden, die für die Hauptsache zuständig war, aber nicht notwendig auch in identischer Besetzung. Sie kann auch ohne mündliche Verhandlung und dann nach § 53 Abs. 1 **durch den Vorsitzenden allein** ergehen.[28] Auch eine Zurückweisung des Antrages muss durch förmlichen Beschluss erfolgen. Wird die Sprungrevision nachträglich zugelassen, muss der Beschluss eine das Urteil erster Instanz ergänzende und § 9 Abs. 5 genügende Rechtsmittelbelehrung enthalten, wie und wo die Sprungrevision einzulegen ist; denn mit der Zustellung des Beschlusses wird nach § 76 Abs. 3 Satz 2 der Lauf der Revisionsfrist in Gang gesetzt. Fehlt die Belehrung, tritt die Rechtsfolge aus § 9 Abs. 5 Satz 4 ein (vgl. Rdn. 9).

18 Der Beschluss, mit dem die **Zulassung abgelehnt** wird, ist nach Abs. 2 Satz 3 **unanfechtbar**. Auf Grund des Rechtsstaatsprinzips wird dennoch eine Begründung für erforderlich gehalten.[29] Wird dem Antrag in vollem Umfang stattgegeben und die Sprungrevision zugelassen, ist zwar dagegen keine Anfechtungsmöglichkeit eröffnet, aber die Zulassung zwingt nicht die Parteien, die zugelassene Revision auch einzulegen. Die beschwerte Partei kann statt der Sprungrevision auch die Berufung einlegen. Sie hat ein Wahlrecht (vgl. Einzelheiten Rdn. 38 ff.). Insoweit bewirkt § 76 eine Erweiterung der Rechtsschutzoptionen.

19 Wird antragsgemäß die **Zulassung beschlossen**, so ist dagegen, ohne dass es einer ausdrücklichen Regelung in Abs. 2 bedarf, ein Rechtsmittel nicht gegeben, vgl. Rdn. 28.[30] Soweit im Schrifttum die Statthaftigkeit der sofortigen Beschwerde nach § 567 Abs. 1 ZPO jedenfalls für den Fall des Fehlens der Zustimmungserklärung erwogen wird, fehlt es schon an der Voraussetzung aus § 567 Abs. 1 Nr. 2 ZPO; denn es ist kein das Verfahren betreffendes Gesuch zurückgewiesen worden.[31]

c) Kosten

20 Beschlüsse des Arbeitsgerichts nach Abs. 3 Satz 1 und 2 enthalten keine Kostenentscheidung. Eine besondere Gerichtsgebühr fällt nicht an; das Antragsverfahren gehört zum »Verfahren im Allgemeinen« i.S.v. Nr. 8210 der Anlage 1 zu § 3 Abs. 2 GKG (Kostenverzeichnis).[32]

4. Formelle Zulassungsvoraussetzungen

21 Eine positive Zulassungsentscheidung setzt die Erfüllung der in Abs. 1 genannten Voraussetzungen und weiterhin voraus, dass eine **Revision** gegen das Urteil im Anschluss an die Berufungsinstanz überhaupt **statthaft** wäre. Deshalb ist die Sprungrevision ist bei Urteilen in Arrest- und einstweiligen Verfügungssachen ausgeschlossen, weil nach § 72 Abs. 4 die Revision ausgeschlossen ist. Gleiches gilt für Urteile, gegen die ausschließlich ein anderer Rechtsbehelf eröffnet ist, so z.B. für Versäumnisurteile, gegen die der Einspruch statthaft ist, und für solche Urteile, die mit der sofortigen Beschwerde angefochten werden können. Soweit im Schrifttum die weitere Vorausset-

---

26 BGH, 06.03.2007 – VIII ZR 330/06, NJW-RR 2007, 1075, 1076.
27 Vgl. BGH, 05.07.1984 – I ZR 102/83, NJW 1984, 2890.
28 BAG, 09.06.1982 – 4 AZR 247/80, DB 1982, 2360.
29 GK-ArbGG/Mikosch § 76 Rn 13; Natter/Gross § 76 Rn 10; GMPMG/Müller-Glöge § 76 Rn 13; Schwab/Weth/Ulrich § 76 Rn 28.
30 GMPMG/Müller-Glöge § 76 Rn 18, 27; a.A. HWK/Bepler § 76 Rn 14; Schwab/Weth/Ulrich § 76 Rn 35.
31 Zutreffend GMPMG/Müller-Glöge § 76 Rn 18.
32 GMPMG/Müller-Glöge § 76 Rn 13.

zung aufgestellt wird, die Zulassung der Sprungrevision setze voraus, dass wegen der aufgeworfenen Rechtsfrage auch die Revision nach § 72 Abs. 2 hätte zugelassen werden können,[33] ist dem nicht zuzustimmen; denn die besonderen Zulassungsgründe zur Sprungrevision sind in Abs. 2 enger gefasst.

Übersteigt der **Wert des Streitgegenstandes** nicht den in § 64 Abs. 2 lit. b mit **600 €** festgelegten Schwellenwert, so hindert das nicht die Zulassung der Sprungrevision. Der Zulassungsbeschluss des ArbG beseitigt auch diese formelle Hürde.[34] Eine im Urteil des ArbG enthaltene Zulassung muss nämlich zwingend auch die Voraussetzungen für die Berufungszulassung aus § 64 Abs. 3 Nr. 1 und 2 bei Unterschreiten des Schwellenwertes bejahen.[35] Ein Teil des Schrifttums weist darauf hin, man müsse zwischen Zulassung der Sprungrevision im Urteil, die auch die Berufung zulässt, und durch nachträglichen Beschluss unterscheiden; denn eine Zulassung der Berufung durch Beschluss sei nicht vorgesehen.[36] Letzteres ist zwar zutreffend, aber aus der Konstruktion der in § 76 geregelten Zulassung ergibt sich, dass der Gesetzgeber diese scharfsinnige Unterscheidung für unwesentlich hält. Daher ist davon auszugehen, dass sowohl bei der Zulassung im Urteil als auch bei der Zulassung im Beschluss die Sache als berufungs- und damit auch revisionsfähig anzusehen ist. Ist die Zulassung der Berufung wirksam im Tenor des arbeitsgerichtlichen Urteils nach § 64 Abs. 3a abgelehnt worden, ist eine nachträgliche Zulassung der Sprungrevision durch Beschluss nicht mehr statthaft.[37]

22

5. Materielle Zulassungsvoraussetzungen (Abs. 2)

Das ArbG ist bei der Zulassungsentscheidung – ob nun im Urteil oder nachträglich durch Beschluss – stets an die **Zulassungsgründe des Abs. 2** gebunden. Liegen sie nicht vor, muss der Zulassungsantrag zurückgewiesen werden. Liegen die Zulassungsgründe aus Abs. 2 und die formellen Voraussetzungen (vgl. Rdn. 18) vor, hat das ArbG die Sprungrevision zuzulassen.

23

Die Sprungrevision ist nur zuzulassen, wenn die Rechtssache grundsätzliche Bedeutung hat und einen der in Abs. 2 Satz 1 Nr. 1 bis 3 abschließend aufgezählten Streitgegenstände betrifft. Dies sind die Zulassungsvoraussetzungen, deren Erfüllung nach § 72 Abs. 2 Nr. 1 i.V.m. § 72a Abs. 1 Nr. 1 bis 3 in der bis zum 31.12.2004 geltenden Fassung auf eine Nichtzulassungsbeschwerde wegen grundsätzlicher Bedeutung der Rechtssache hin die nachträgliche Zulassung der Revision rechtfertigte. Durch das Gesetz über die Rechtsbehelfe bei Verletzung des Anspruchs auf rechtliches Gehör *(Anhörungsrügengesetz)* vom 09.12.2004[38] ist die Einschränkung der Kontrollaufgabe des BAG i.R.d. Nichtzulassungsbeschwerde wegen grundsätzlicher Bedeutung auf die **drei kollektivrechtlichen Verfahrensgegenstände** des § 72a Abs. 1 Nr. 1 bis 3 a.F. ersatzlos entfallen. § 76 Abs. 2 ist demgegenüber **unverändert** geblieben. Die angesprochenen privilegierten Verfahrensgegenstände sind neben der grundsätzlichen Bedeutung der Rechtssache Voraussetzung geblieben für eine Zulassung der Sprungrevision durch das ArbG. Die Zulassungsgründe gelten nur im Urteilsverfahren. Für Beschlussverfahren sieht die Sprungrechtsbeschwerde in § 96a ArbGG keine derartigen Zulassungsbeschränkungen vor.[39]

24

Was den Begriff der grundsätzlichen Bedeutung angeht,[40] kann auf die Kommentierung zu § 72 (Rdn. 15 bis 28) verwiesen werden. Der Gesetzgeber hat die Formulierung dort zwar dahin geändert, dass es darauf ankomme, dass »eine entscheidungserhebliche Rechtsfrage grundsätzliche Bedeutung hat«. Es ist bei dieser Änderung aber nach der amtlichen Gesetzesbegründung nur

---

33 GK-ArbGG/Mikosch § 76 Rn 11.
34 GMPMG/Müller-Glöge § 76 Rn 8; GK-ArbGG/Mikosch § 76 Rn 13.
35 Vgl. BSG 10.10.1978 – 3 RK 23/78, SozR 1500 § 150 SGG Nr. 13.
36 GK-ArbGG/Mikosch § 76 Rn 13.
37 GK-ArbGG/Mikosch § 76 Rn 13.
38 BGBl. I, S. 3220, 3222.
39 BAG, 16.05.2007 – 7 ABR 63/06, AP Nr. 3 zu § 96a ArbGG 1979.
40 § 76 Abs. 1 Eingangssatz.

darum gegangen, die bisherige Rechtsprechung deutlicher als bisher in das Gesetz zu übernehmen und auch begrifflich zu unterstreichen, dass es hier weniger um Einzelfallgerechtigkeit als darum geht, die Rechtseinheit und die Fortbildung des Rechts zu wahren.[41] Eine **inhaltliche Änderung** ist mit der Neuformulierung **nicht verbunden.**

25 Was die privilegierten Verfahrensgegenstände des § 76 Abs. 2 Nr. 1 bis 3 angeht, so gilt kurz zusammengefasst: Privilegiert ist nach **Nr. 1** nur der Streit aus Tarifverträgen oder über das Bestehen oder Nichtbestehen von Tarifverträgen zwischen Gewerkschaften und Arbeitgeberverbänden i.S.v. § 2 Abs. 1 bis 3 TVG oder einem einzelnen Arbeitgeber, der nach § 3 Abs. 1 TVG Partei des betreffenden Tarifvertrags ist. Dabei kommt es nicht darauf an, ob der derart umstrittene Tarifvertrag einen Geltungsbereich hat, der sich über den Bezirk eines Landesarbeitsgerichts hinaus erstreckt.[42]

26 Dieser Umstand spielt nur in Abs. 2 **Nr. 2** eine Rolle: Das ArbG hat die Sprungrevision bei einem Streit über die Auslegung eines Tarifvertrages nur dann zuzulassen, wenn sich dessen Geltungsbereich über den Bezirk eines Landesarbeitsgerichts hinaus erstreckt. Hierfür genügt es, wenn zwar der unmittelbar umstrittene Tarifvertrag nur innerhalb des Bezirks eines Landesarbeitsgerichts gilt, wenn aber die tarifvertragliche Regelung, wegen deren Inhalt Streit besteht, in **Tarifverträgen anderer Landesarbeitsgerichtsbezirke** wortgleich wiederholt wird und sich aus den jeweiligen tariflichen Regelungen i.Ü. **keine** Anhaltspunkte für einen **unterschiedlichen Regelungswillen** der Tarifvertragsparteien ergeben.[43] Der Begriff des Tarifvertrages in § 76 Abs. 2 Nr. 2 ist rechtstechnisch i.S.v. § 1 TVG gemeint. Sonstige kollektivrechtliche Regelungen – auch solche der Kirchen – fallen nicht darunter. Um die **Auslegung** eines Tarifvertrages geht es, wenn der **abstrakte, Fall übergreifende Inhalt** eines oder mehrerer Tarifbegriffe im Streit steht; es muss um den Inhalt einer Tarifnorm, nicht um dessen richtige Anwendung auf den Einzelfall gehen. Darüber hinaus muss um **Begriffe** gestritten werden, die von den Tarifvertragsparteien **selbst gewählt** worden sind, nicht um solche, welche die Tarifvertragsparteien aus außertariflichen normativen Regelungen lediglich übernommen haben.[44]

27 Was schließlich die besonderen Verfahrensgegenstände im Zusammenhang mit dem Arbeitskampfrecht und Fragen der Vereinigungsfreiheit angeht,[45] so ist der in diesem Zusammenhang verwendete **Begriff der unerlaubten Handlung weit** zu verstehen. Hierzu gehören auch die Bewertung des Verhaltens eines Mitgliedes einer Koalition, das in Ausübung seines Rechts auf koalitionsgemäße Betätigung Streikarbeit verweigert hat, oder des Verhaltens einer Tarifvertragspartei, das darauf gerichtet ist, eine koalitionsgemäße Betätigung zu behindern oder zu sanktionieren.[46]

III. Wirkung der Entscheidung über die Zulassung

1. Abschließende Entscheidung gegenüber den Parteien

28 Die Entscheidung des ArbG, die Sprungrevision entgegen einem gestellten Antrag nicht zuzulassen, ist unanfechtbar *(Abs. 2 Satz 3)*; es bleibt nur – unter den Voraussetzungen des § 64 – die Berufung. Dass auch eine zulassende Entscheidung unanfechtbar ist, ergibt sich daraus, dass der oder die Antragsteller durch eine solche Entscheidung nicht beschwert sind. Die Partei, die in erster Instanz in der Sache obsiegt hat, kann die Zustimmung zur Einlegung der Sprungrevision verweigern und so einen Zulassungsbeschluss im Urteil leer laufen lassen. Nur in dem eher theoretischen Fall, dass das ArbG die Sprungrevision nachträglich durch Beschluss zugelassen

---

41 BR-Drucks. 663/04, S. 47.
42 BAG, 17.06.1997 – 9 AZN 251/97, NZA 1998, 500; Etzel ZTR 1997, 248, 249.
43 Ebenso BAG, 24.03.1993 – 4 AZN 5/93, NZA 1993, 850; Hauck NZA 1999, 925, 927; enger BAG, 29.09.1982 – 4 AZN 329/82; GK-ArbGG/Mikosch § 72a Rn 25.
44 BAG, 26.03.1981 – 2 AZN 410/80; GK-ArbGG/Mikosch § 72a Rn 17.
45 § 76 Abs. 2 Nr. 3.
46 BAG, 18.08.1987 – 1 AZN 260/87, EzA § 72a ArbGG 1979 Nr. 49.

hat, ohne dass ihm eine Zustimmung des Prozessgegners zur Einlegung der Sprungrevision vorlag, kommt für diesen eine einfache Beschwerde gegen den Zulassungsbeschluss in Betracht.[47] Bei einer nachträglichen Zulassung der Sprungrevision durch Beschluss des ArbG kann die beschwerte Partei an sich ohne Vorlage einer Zustimmungserklärung Sprungrevision einlegen, wie sich im Umkehrschluss aus Abs. 1 Satz 3 ergibt. Man wird eine solche Sprungrevision aber auch ohne eine vorherige Beschwerde des Prozessgegners als unstatthaft zu verwerfen haben. Der Zulassungsbeschluss des ArbG bindet bei einem derartigen Verstoß gegen eine der Gewährleistung verfassungsrechtlicher Rechte[48] dienende Verfahrensbestimmung das BAG nicht (vgl. auch Rdn. 29 ff.).

2. Bindung des Bundesarbeitsgerichts

Nach **Abs. 2 Satz 2** ist das BAG an die Zulassung der Sprungrevision gebunden. 29

Die überwiegende Meinung bezieht dies allerdings nur auf die Feststellung des ArbG, der Rechtsstreit habe grundsätzliche Bedeutung i.S.v. Abs. 2 Satz 1 Einleitungssatz. Die Zulassungsentscheidung sei für das BAG **unverbindlich**, wenn sie in einer Rechtssache erfolgt sei, die keine Rechtsstreitigkeit i.S.v. Abs. 2 Satz 1 Nr. 1 bis 3, also **keinen gesetzlich privilegierten Streitgegenstand**, betrifft.[49] 30

Diese Auffassung überzeugt nicht. Abs. 2 Satz 2 bezieht sich auf **beide** Zulassungsvoraussetzungen des Abs. 2 Satz 1 und ordnet insoweit die Bindung des BAG an. Außerdem enthält Abs. 3 keine Regelung zu der Frage, was zu geschehen hat, wenn das BAG eine Sprungrevision als – fehlerhaft zugelassen und deshalb – unstatthaft verwirft. Eine Wiedereinsetzung in den vorigen Stand nach § 233 ZPO dürfte angesichts des Umstandes ausscheiden, dass der Rechtsmittelführer zunächst die freie Wahl hatte *(Rdn. 38)*, Berufung oder Sprungrevision einzulegen.[50] Man könnte zwar in einem solchen Fall auch mit einer analogen Anwendung des Abs. 3 helfen. Die Berufungsfrist würde mit Zustellung der die Sprungrevision wegen Fehlens der Zulassungsvoraussetzungen aus Abs. 2 Satz 1 Nr. 1 bis 3 verwerfenden Entscheidung des BAG von Neuem zu laufen beginnen. In jedem Fall steht einer zulässigen Berufung aber der gesetzlich fingierte Verzicht auf die Berufung nach Abs. 5 entgegen (Rdn. 41). Richtigerweise wird man deshalb davon auszugehen haben, dass die Entscheidung des ArbG, die Sprungrevision zuzulassen, das BAG umfassend bindet, soweit es um die Erfüllung der beiden Voraussetzungen von Abs. 2 Satz 1 geht.[51] 31

Angesichts der systematischen Stellung des Abs. 2 Satz 2 und der Wertung in Abs. 3 Satz 1 letzter Halbsatz ist es andererseits sehr **zweifelhaft**, eine **Bindung** des BAG auch dann anzunehmen, wenn das ArbG ohne Antrag oder nur auf einen verspäteten Antrag hin die Sprungrevision zugelassen hat oder wenn bei einer nachträglichen Zulassungsentscheidung eine ordnungsgemäße Erklärung, wonach der Einlegung der Sprungrevision zugestimmt wurde, nicht vorgelegen hat.[52] Eine Bindung wird im letztgenannten Fall wohl nur eintreten, wenn das ArbG im anzufechtenden Urteil selbst festgestellt hat, der Prozessgegner habe der Einlegung der Sprungrevision zugestimmt.[53] Ansonsten weist Abs. 3 Satz 1 das Risiko für formelle Fehler dem Sprungrevisionsführer zu. Es ist nicht erkennbar, warum sich hieran etwas ändern muss, wenn der Revisionskläger einen für ihn offenkundigen Fehler des ArbG verwertet (vgl. auch Rdn. 28). 32

---

47 § 78.
48 Art. 103 GG.
49 BAG, 16.11.1982 – 3 AZR 177/82, NJW 1983, 2215; BAG, 12.01.1989 – 8 AZR 251/88, NZA 1989, 848; BAG, 15.10.1992 – 6 AZR 349/91, NZA 1993, 1088; GMPMG/Müller-Glöge § 76 Rn 20; GK-ArbGG/Mikosch § 76 Rn 15; Grunsky § 76 Rn 3; Hauck/Helml § 76 Rn 7.
50 A.A. GK-ArbGG/Mikosch § 76 Rn 2; GMPMG/Müller-Glöge § 76 Rn 28.
51 Ebenso BAG, 25.04.1996 – 3 AZR 316/95 [A], NZA 1997, 231; so im Ergebnis auch Wieser Rn 344.
52 So aber GMPMG/Müller-Glöge § 76 Rn 22.
53 GK-ArbGG/Mikosch § 76 Rn 15 m.w.N.

33 Unbestritten tritt eine **Bindung** des Revisionsgerichts an die Zulassungsentscheidung dann **nicht** ein, wenn die Sprungrevision in einer Sache zugelassen worden ist, in der eine Revision unstatthaft ist.[54]

34 Liegt eine **objektive Klagehäufung** vor, weil in dem Urteil des ArbG über mehrere abtrennbare prozessuale Klagebegehren entschieden wurde und hat das ArbG die Sprungrevision ohne ausdrückliche Beschränkung zugelassen, stellt sich ebenso wie bei der Zulassung der Revision nach § 72 Abs. 3 die Frage, ob für alle Streitgegenstände die Zulassung gilt, dazu § 72 Rdn. 55 ff. Diese Frage hat besonderes Gewicht, wenn nicht für alle Streitgegenstände, wären sie getrennt eingeklagt worden, die Zulassungsvoraussetzungen aus Abs. 2 Satz 1 erfüllt sind. Hier gilt wie bei der Revisionszulassung allgemein: Liegt keine konkret definierte Beschränkung nach Streitgegenständen vor, so erstreckt sich die Zulassung der Sprungrevision auch auf die übrigen Streitgegenstände.[55] Somit ist Voraussetzung für eine erfolgreiche Antragstellung zur Zulassung der Sprungrevision in diesen Fällen, dass zumindest ein abtrennbarer Streitgegenstand zur Entscheidung des Revisionsgerichts gestellt wird, für den die grundsätzliche Bedeutung nach Abs. 2 und das Vorliegen einer der privilegierten Rechtsstreitigkeiten bejaht werden kann. Allerdings ist das ArbG zur Beschränkung der Zulassung bezogen auf einzelne Streitgegenstände berechtigt, für die die Voraussetzungen des Abs. 2 erfüllt sind. In diesem Fall ist eine Prozesstrennung tunlich.

35 Im Fall der **subjektiven Klagehäufung** ist über die Zulassung der Sprungrevision für jeden Streitgenossen zu entscheiden. Außer im Falle der notwendigen Streitgenossenschaft (§ 62 ZPO) kann das ArbG die Sprungrevision nur für einzelne Streitgenossen zulassen. Dann kann der Rechtsstreit in unterschiedliche Rechtsmittelinstanzen gelangen. Das erscheint jedoch nicht tunlich, vgl. Rdn. 8.[56] Auch bleiben die (einfachen) Streitgenossen in ihrer Entscheidung frei, eine Berufung oder die zugelassene Sprungrevision einzulegen.

3. Wirkung einer die Zulassung ablehnenden Entscheidung (Abs. 3 Satz 1)

36 Hat das ArbG den Antrag auf Zulassung der Sprungrevision im **Urteil** zurückgewiesen, ist die Sprungrevision endgültig ausgeschlossen. Die Berufung bleibt möglich, soweit die Voraussetzungen des § 64 vorliegen. Die Berufungsfrist beginnt mit Zustellung des anzufechtenden Urteils zu laufen.

37 Im Fall eines den Antrag auf nachträgliche Zulassung zurückweisenden gesonderten **Beschlusses** gilt dasselbe (vgl. Rdn. 36), nur beginnt die Berufungsfrist mit Zustellung dieses Beschlusses neu zu laufen. Diese Rechtsfolge tritt allerdings nur dann ein, wenn der Antrag form- und fristgerecht gestellt worden ist und ihm die Zustimmungserklärung des Prozessgegners (Rdn. 12 bis 15) beigefügt war. War der **Antrag** der beschwerten Partei **formell mangelhaft**, ist nicht nur die nachträgliche Zulassung der Sprungrevision ausgeschlossen. Auch eine **Berufung scheidet** in einem solchen Fall aufgrund Fristablaufs und fehlender Möglichkeit der Wiedereinsetzung in den vorigen Stand regelmäßig **aus**.

4. Wirkung der Zulassungsentscheidung

a) Ursprünglich: Rechtsmittelwahlrecht

38 Auch wenn das ArbG die Sprungrevision zugelassen hat, kann die beschwerte Partei noch wählen, ob sie statt der möglichen **Sprungrevision** nicht doch **Berufung** einlegen will. Dies ergibt sich aus einem Umkehrschluss zu Abs. 5.[57] Dabei bedeutet, soweit dies wegen § 64 Abs. 2 erforderlich ist, die Zulassung der Sprungrevision zugleich auch eine Zulassung der Berufung. Die Voraussetzungen des § 64 Abs. 3 sind vom ArbG mit seiner Entscheidung, die Sprungrevision nach Abs. 2 zuzu-

---

54 Vgl. § 72 Rdn. 11 bis 13.
55 GMPMG/Müller-Glöge § 76 Rn 4, GK-ArbGG/Mikosch § 76 Rn 15.
56 Wie hier: GMPMG/Müller-Glöge § 76 Rn 4; Schwab/Weth/Ulrich § 76 Rn 32; a.A. GK-ArbGG/Mikosch § 76 Rn 16.
57 GMPMG/Müller-Glöge § 76 Rn 25; GK-ArbGG/Mikosch § 76 Rn 25.

lassen, ebenfalls bejaht worden. Auch wenn die erstinstanzlich belastete Partei die Zulassung der Sprungrevision erreicht hat, sollte sie vor deren Einlegung stets prüfen, ob ihr Rechtsmittel auf der Grundlage des vom ArbG festgestellten Sachverhaltes Aussicht auf Erfolg hat. Eine Sprungrevision wird immer dann ausscheiden, wenn der für die Entscheidungsbegründung – einschließlich etwaiger Hilfs- oder Doppelbegründungen – maßgebliche Sachverhalt vom ArbG unrichtig festgestellt worden ist. Solche Feststellungen können in der Revisionsinstanz nur noch durch Verfahrensrügen angegriffen werden. Solche Rügen sind aber bei einer Sprungrevision ausgeschlossen *(Abs. 4)*.

b) Ende des Wahlrechts (Abs. 5)

Mit der Einlegung der zugelassenen Sprungrevision endet das Wahlrecht (Rdn. 38) der beschwerten Partei. Eine zur Verfahrensbeschleunigung vorsorglich während des laufenden Zulassungsverfahrens nach Abs. 1 eingelegte **Berufung wird unzulässig.** Sie ist nach § 516 ZPO zurückzunehmen, um die Entstehung weiterer Kosten zu vermeiden. Die Erklärung der Erledigung in der Hauptsache ist ausgeschlossen. Dabei kommt es nicht auf den Streit darüber an, ob überhaupt ein Rechtsmittel für erledigt erklärt werden kann.[58] Eine Entscheidung nach § 91a ZPO, die sich notwendigerweise auch mit den materiellen Erfolgsaussichten der Sache befassen müsste, ist wegen anderweitiger Rechtshängigkeit der Hauptsache in der Sprungrevision ausgeschlossen. 39

Die **gegnerische Partei**, die ebenfalls beschwert und deshalb rechtsmittelbefugt sein kann, verliert mit ihrer Zustimmung zur Einlegung der Sprungrevision ein etwaiges Recht, selbst Berufung einzulegen oder sie weiter zu verfolgen; dies gilt allerdings erst dann, wenn die Sprungrevision, deren Einlegung zugestimmt worden ist, auch **tatsächlich eingelegt** wurde.[59] Der gegnerischen Partei bleibt die Möglichkeit der Anschlussrevision.[60] 40

Besteht für keine der Parteien mehr die Möglichkeit, ein Berufungsverfahren durchzuführen, bleibt es dabei auch dann, wenn die Sprungrevision zurückgenommen oder aus formellen Gründen verworfen wird. Dies gilt nach der überwiegenden, hier für den größten Teil der Fälle abgelehnten Auffassung (Rdn. 31 f.) allerdings dann nicht, wenn die Sprungrevision verworfen worden ist, weil sie vom ArbG zu Unrecht zugelassen wurde.[61] Hiernach soll das Recht, Berufung einzulegen, wieder aufleben. Nach richtiger Auffassung hat das BAG ein solches Verwerfungsrecht im Regelfall aber nicht. 41

c) Beginn der Revisionsfrist (Abs. 3 Satz 2)

Die Revisionsfrist beginnt mit **Zustellung** der **Entscheidung** zu laufen, in der die Sprungrevision zugelassen worden ist, bei einer nachträglichen Zulassung durch Beschluss also mit der Zustellung dieses Beschlusses. 42

IV. Durchführung des Revisionsverfahrens

1. Grundsatz

Die Besonderheit der Sprungrevision, bei deren Einlegung die Zustimmungserklärung des Prozessgegners (Rdn. 12 bis 15) beizufügen ist, wenn die Sprungrevision bereits im arbeitsgerichtlichen Urteil zugelassen worden war, liegt darin, dass mit ihr eine Tatsacheninstanz übersprungen werden kann. Ist die Revisionsinstanz erreicht, sind auf die Durchführung des Verfahrens die allgemeinen Regeln über das Revisionsverfahren anzuwenden. Mit der wirksamen Einlegung der zugelassenen Sprungrevision bestimmen diese allein den weiteren Gang des Revisionsverfahrens. Daraus 43

---

58 Vgl. einerseits Thomas/Putzo-Hüßtege § 91a Rn 8 m.w.N.; andererseits Zöller/Vollkommer § 91a Rn 19 m.w.N.
59 GMPMG/Müller-Glöge § 76 Rn 25; GK-ArbGG/Mikosch § 76 Rn 17; a.A. Grunsky § 76 Rn 7.
60 § 554 ZPO.
61 GK-ArbGG/Mikosch § 76 Rn 18; GMPMG/Müller-Glöge § 76 Rn 28.

folgt z.B. auch, dass der Revisionsgegner die nach der ZPO-Reform verbliebene unselbstständige Anschlussrevision einlegen kann, ohne dass der Revisionsführer dem zustimmen muss.[62]

44　Die Geschäftsstelle des BAG hat nach Abs. 6 Satz 4 das ArbG über den Eingang einer Sprungrevision unverzüglich Nachricht zu geben. Das geschieht gewöhnlich innerhalb von 24 Stunden. Das dient dazu, die Ausstellung unrichtiger Rechtskraftzeugnisse (§ 706 Abs. 1 ZPO) zu vermeiden.

2. Ausschluss von Verfahrensrügen (Abs. 4)

45　Das BAG muss zwar auch bei einer Sprungrevision überprüfen, ob in der Vorinstanz Verfahrensmängel unterlaufen sind, die von Amts wegen berücksichtigt werden müssen, vgl. dazu § 75 Rdn. 8. Die Sprungrevision kann vom Revisionsführer aber nicht auf Verfahrensmängel gestützt werden. Das bedeutet insbesondere, dass die tatsächlichen Feststellungen des ArbG nicht mehr mit Aufklärungsrügen angegriffen werden können. Der Revisionsführer bleibt hieran gebunden. Will ein Rechtsmittelführer geltend machen, das ArbG habe unter Verletzung verfahrensrechtlicher Vorschriften unstreitigen Parteivortrag übergangen, muss er anstelle der Sprungrevision Berufung einlegen.[63] Wird die Sprungrevision ausschließlich mit von Amts wegen nicht zu berücksichtigenden Verfahrensmängeln begründet, ist sie unzulässig.[64] Die Zulässigkeit der Revision setzt zumindest eine innerhalb der Revisionsbegründungsfrist ordnungsgemäß erhobene zulässige Sachrüge voraus.[65]

3. Zurückverweisung (Abs. 6)

46　Das BAG entscheidet gem. Abs. 6 Satz 1 nach pflichtgemäßem Ermessen, ob es bei fehlender Entscheidungsreife[66] den Rechtsstreit an das ArbG oder an das LAG zurückverweist, das für eine Berufung zuständig gewesen wäre. Nach Zurückverweisung müssen der erneuten Entscheidung die entscheidungserheblichen rechtlichen Beurteilungen des (Sprung-) Revisionsgerichts gem. Abs. 6 Satz 3 zugrunde gelegt werden. Es gelten die Grundsätze, die auch bei der Zurückverweisung nach § 563 Abs. 2 ZPO anzuwenden sind, vgl. dazu § 75 Rdn. 23 bis 32.

47　Das BAG hat die Wahl, ob es den Rechtsstreit zur neuen Verhandlung an das ArbG oder im Interesse der Beschleunigung an das für die Berufung zuständige LAG zurückverweist. Dieses Wahlrecht ist auch im Hinblick auf den gesetzlichen Richter (Art. 101 Abs. 1 Satz 2 GG) verfassungsrechtlich unbedenklich.[67]

4. Kosten

48　Wird die Sprungrevision eingelegt, so sind die Gebührenvorschriften für die Revision anzuwenden. Der erstinstanzliche Antrag sowie die Einholung und Abgabe der Zustimmung sind für die Rechtsanwaltsvergütung nicht gesondert zu berechnen. Sie gehören nach § 19 Abs. 1 RVG zum Verfahren des ersten Rechtszugs und sind durch die Gebühren nach § 13 RVG i.V.m. Nr. 3100 ff. der Anlage 1 zu § 2 Abs. 2 RVG (Vergütungsverzeichnis) abgegolten. Der Rechtsanwalt ist nicht berechtigt, dafür Gebühren wie für ein Verfahren vor dem Rechtsmittelgericht über die Zulassung des Rechtsmittels (Vorbemerkung 3.2 Abs. 1 Vergütungsverzeichnis) abzurechnen.[68]

62　Für die Sprungrechtsbeschwerde vgl. BAG, 12.06.1996 – 4 ABR 1/95, JurionRS 1996, 15866; allgemein BVerwG, 04.02.1982 – 4 C 58/81; GK-ArbGG/Mikosch § 76 Rn 19; GMPMG/Müller-Glöge § 76 Rn 29.
63　BAG, 28.05.1998 – 6 AZR 349/96, NZA 1998, 1015.
64　Wie hier: GK-ArbGG/Mikosch § 76 Rn 28; a.A. Schwab/Weth/Ulrich § 76 Rn 49; GMPMG/Müller-Glöge § 76 Rn 31.
65　BAG, 06.01. 2004 – 9 AZR 680/02, BAGE 109, 145, 152 = AP ArbGG 1979 § 74 Nr. 11.
66　§ 563 Abs. 1, 3 ZPO.
67　BVerfG, 14.06.2007 – 2 BvR 1447, 136/05, BVerfGE 118, 212, 240.
68　GK-ArbGG/Mikosch § 76 Rn 30.

§ 77 Revisionsbeschwerde

¹Gegen den Beschluss des Landesarbeitsgerichts, der die Berufung als unzulässig verwirft, findet die Rechtsbeschwerde nur statt, wenn das Landesarbeitsgericht sie in dem Beschluss zugelassen hat. ²Für die Zulassung der Rechtsbeschwerde gilt § 72 Abs. 2 entsprechend. ³Über die Rechtsbeschwerde entscheidet das Bundesarbeitsgericht ohne Zuziehung der ehrenamtlichen Richter. 4Die Vorschriften der Zivilprozessordnung über die Rechtsbeschwerde gelten entsprechend.

Übersicht

	Rdn.
I. Allgemeines	1
II. Statthaftigkeit der Revisionsbeschwerde	4
III. Zulassung und Zulassungsgründe	11
IV. Wiedereinsetzung	15
V. Entscheidung durch Verwerfungsbeschluss	17
VI. Bindung an die Zulassung oder Nichtzulassung	18
VII. Einlegung der Revisionsbeschwerde	22
VIII. Entscheidung über die Revisionsbeschwerde	28
IX. Kosten	33

I. Allgemeines

§ 77 knüpft an die Möglichkeit des Vorsitzenden des Berufungsgerichts an, nach § 66 Abs. 2 Satz 2 Halbs. 2 eine unzulässige Berufung ohne mündliche Verhandlung durch Beschluss zu verwerfen. Nach § 522 Abs. 1 ZPO ist im Zivilprozess gegen einen solchen Verwerfungsbeschluss die Rechtsbeschwerde gegeben, sofern gegen ein Urteil gleichen Inhalts die Revision zulässig wäre. Aufgrund von § 66 Abs. 2 Satz 3 ArbGG findet § 522 Abs. 2 und 3 ZPO (Zurückweisung der Berufung durch einstimmigen Beschluss) keine Anwendung. 1

§ 522 ZPO § 522 ZPO Zulässigkeitsprüfung

(1) Das Berufungsgericht hat von Amts wegen zu prüfen, ob die Berufung an sich statthaft und ob sie in der gesetzlichen Form und Frist eingelegt und begründet ist. Mangelt es an einem dieser Erfordernisse, so ist die Berufung als unzulässig zu verwerfen. Die Entscheidung kann durch Beschluss ergehen. Gegen den Beschluss findet die Rechtsbeschwerde statt.

...

Die Zivilprozessordnung versteht unter der Rechtsbeschwerde eine Beschwerde gegen Entscheidungen des Berufungsgerichts, des Beschwerdegerichts oder des Oberlandesgerichts in erster Instanz, § 574 ZPO. Im ArbGG wird eine Rechtsbeschwerde, die sich gegen die Verwerfung der Berufung durch das LAG richtet, als Revisionsbeschwerde bezeichnet. Während bei der sofortigen Beschwerde nach § 567 ZPO das Gericht, dessen Entscheidung angefochten wird, nach § 572 Abs. 1 ZPO zu einer Abhilfe befugt ist, fehlt eine entsprechende Regelung für die Rechtsbeschwerde. Das Berufungsgericht ist daher nicht befugt, seine der Rechtsbeschwerde unterliegende Entscheidung zu ändern. § 77 Satz 1 beschränkt ggü. der ZPO den Rechtsschutz. Die Revisionsbeschwerde ist nur statthaft, wenn sie das LAG in dem Beschluss über die Verwerfung der Berufung wegen der Bedeutung der Rechtssache zugelassen hat. Das auch in der Überschrift zu § 77 als »**Revisionsbeschwerde**« bezeichnete Rechtsmittel ist eine Unterart der Rechtsbeschwerde. Diese darf nicht mit der nach § 92 für das Beschlussverfahren zugelassenen Rechtsbeschwerde an das BAG (vgl. § 92 Rdn. 2) verwechselt werden. Sie ist ebenso von der Rechtsbeschwerde nach § 78 i.V.m. §§ 567 ff., 574 ff. ZPO zu unterscheiden, die im Rahmen des umfassenderen zivilprozessualen Beschwerdeverfahrens bis an das BAG führt, vgl. hierzu § 78 Rdn. 57 ff.

Nach § 77 Satz 4 gelten die Vorschriften der ZPO über die Rechtsbeschwerde entsprechend. Das sind: 2
1. § 574 Abs. 1 bis 3 ZPO Statthaftigkeit der Rechtsbeschwerde, dazu Rdn. 4,
2. § 574 Abs. 4 Anschlussrechtsbeschwerde, dazu Rdn. 3,
3. § 575 ZPO Frist, Form und Begründung der Rechtsbeschwerde, dazu Rdn. 22 ff.,
4. § 576 ZPO Gründe der Rechtsbeschwerde, dazu Rdn. 26,
5. § 577 ZPO Prüfung und Entscheidung der Rechtsbeschwerde, dazu Rdn. 28 ff.

Düwell

3 Nach § 574 Abs. 4 ZPO ist die Anschließung an die Revisionsbeschwerde des Gegners zulässig. Sie kommt nur in Betracht, wenn das LAG die Berufung teils als unzulässig verworfen und im Übrigen als zulässig erachtet hat.

II. Statthaftigkeit der Revisionsbeschwerde

4 Erfolgt gem. § 66 Abs. 2 Satz 2 HS. 1 i.V.m. § 522 Abs. 1 Satz 2 ZPO die Verwerfung einer Berufung durch Urteil der mit dem Vorsitzenden und den ehrenamtlichen Richtern besetzten Berufungskammer des LAG, so ist hiergegen bei deren Zulassung die Revision oder bei deren Nichtzulassung die Nichtzulassungsbeschwerde zum BAG gegeben. Demgegenüber findet nach § 77 Satz 1 gegen den Beschluss des Vorsitzenden der Berufungskammer des LAG, mit dem er die Berufung als unzulässig verwirft, die Rechtsbeschwerde in Abweichung von § 522 Abs. 1 Satz 4 ZPO nur statt, wenn er sie in dem Beschluss zugelassen hat. § 77 Satz 2 ArbGG verweist für die Zulassung der Rechtsbeschwerde zwar auf die Zulassungsgründe in § 72 Abs. 2 ArbGG, nicht jedoch auf die in § 72a ausdrücklich geregelte Nichtzulassungsbeschwerde. Nach § 77 Satz 4 finden im Übrigen die Vorschriften der ZPO über die Rechtsbeschwerde entsprechende Anwendung. Diese sehen in § 574 ZPO gegen die Nichtzulassung der Rechtsbeschwerde eine Nichtzulassungsbeschwerde nicht vor.[1] Das entspricht nach Ansicht der Rechtsprechung einer bewussten Entscheidung des Gesetzgebers.[2] Es sind hier vier verschiedene Rechtsfragen zu unterscheiden:
1) Ist diese Auslegung des BAG zur Unstatthaftigkeit der Nichtzulassungsbeschwerde zutreffend?
2) Begegnet diese Unstatthaftigkeit verfassungsrechtlichen Bedenken?
3) Hat der Vorsitzende das Alleinentscheidungsrecht zur Verwerfungsentscheidung?
4) Eröffnen Alleinentscheidungsrecht und Ausschluss der Beschwerde einen Freibrief für Vorsitzende von Berufungskammern, im »kurzen Prozess« unverhältnismäßig viele Berufungen ohne Kontrolle verwerfen zu können?

5 Die **Auslegung des BAG** ist im Schrifttum **kritisiert** worden.[3] Bei sorgfältiger Analyse von Gesetzeswortlaut und Gesetzesgeschichte bestünden keine Hinderungsgründe für die Auslegung, dass berufungsverwerfende Beschlüsse der Nichtzulassungsbeschwerde unterlägen. Soweit § 77 Satz 1 ArbGG die Rechtsbeschwerde auf die Fälle der Zulassung durch das Landesarbeitsgericht beschränke, ziele dies lediglich auf eine Sperrung von § 522 Abs. 1 Satz 4 ZPO, der im Zivilprozess die Rechtsbeschwerde ohne Zulassung eröffnet. Damit sei keine Aussage zur Anfechtbarkeit einer Nichtzulassung verbunden. Die gegenteilige Meinung sei weder mit Art. 101 Abs. 1 Satz 2 GG noch mit Art. 3 Abs. 1 GG vereinbar. Sie lasse zudem den durch das Anhörungsrügengesetz zum 1. Januar 2005 eingeführten Zulassungsgrund der Verletzung rechtlichen Gehörs nach § 72 Abs. 2 Nr. 3 ArbGG leer laufen.[4] Deshalb bestehe zumindest Bedarf für eine verfassungskonforme Auslegung. Das BAG ist jedoch unbeeindruckt von der Kritik bei seiner Auffassung geblieben. Es entscheid, gegen die Nichtzulassung der Revisionsbeschwerde im Verwerfungsbeschluss des LAG finde **keine** Beschwerde statt.[5] Es stützt sich auf die fast einhellige Meinung im Schrifttum.[6] Zur Begründung verweist das BAG darauf, der Gesetzgeber habe auch anlässlich der Änderungen des ArbGG durch das Anhörungsrügengesetz vom 9. Dezember 2004[7] und das Gesetz zur Änderung des Sozialgerichtsgesetzes und des Arbeitsgerichts-

---

1 BAG, 05.09.2007 – 3 AZB 41/06, EzA § 72a ArbGG 1979 Nr. 114; BAG, 19.12.2002 – 5 AZB 54/02 – BAGE 104, 239.
2 BT-Drucks. 14/4722, S. 69.
3 Ulrici NZA 2014, 1245 ff.
4 Ulrici NZA 2014, 1245, 1248.
5 BAG, 06.01.2015 – 6 AZB 105/14 – Rn 4, EzA § 77 ArbGG 1979 Nr 5; ablehnend: Gravenhorst jurisPR-ArbR 7/2015 Anm. 5.
6 Vgl. GMPMG/Müller-Glöge § 77 Rn 9; GK-ArbGG/Mikosch § 77 Rn 2, 7, 17; ErfK/Koch § 77 ArbGG Rn. 2; AR/Spelge 7. Aufl., § 77 ArbGG Rn 4; HWK/Bepler § 77 ArbGG Rn 5; BeckOK ArbR/Klose Stand 01.12.2014 ArbGG § 77 Rn 1; Schwab/Weth/Schwab ArbGG 4. Aufl., § 77 Rn 13; Gross in Natter/Gross ArbGG § 77 Rn 1; GWBG/Benecke ArbGG § 77 Rn 2.
7 BGBl. I S. 3220.

gesetzes vom 26. März 2008[8] keine Verweisung in § 77 Satz 2 ArbGG auf § 72a ArbGG vorgenommen. Es ist daher davon auszugehen, dass der Ausschluss des Zugangs zum Rechtsbeschwerdegericht bei Nichtzulassung der Revisionsbeschwerde bewusst und gewollt erfolgt ist. Durch das Änderungsgesetz vom 26. März 2008 wurde § 66 Abs. 2 Satz 2 Halbs. 2 ArbGG dahingehend abgeändert, dass die Verwerfung der Berufung nicht mehr durch Beschluss der Kammer, sondern durch den Vorsitzenden erfolgt. Da § 77 Satz 1 ArbGG an eben diese Entscheidung anknüpft, ist ersichtlich, dass der Gesetzgeber sich mit dem Verfahren bei Unzulässigkeit der Berufung im Rahmen der Überarbeitung des Arbeitsgerichtsgesetzes auseinandergesetzt hat. Zur Begründung der Alleinentscheidungsbefugnis des Vorsitzenden wurde dabei angeführt, dass bei der Verwerfung einer unzulässigen Berufung nicht materielle Rechtsfragen, sondern formale Kriterien im Vordergrund der Prüfung stünden.[9] Durch die Nichtbeteiligung der ehrenamtlichen Richter werde eine Vereinfachung und Beschleunigung des Verfahrens erreicht.[10] Dem BAG ist zuzustimmen. Die fehlende Verweisung auf § 72a ArbGG in § 77 ArbGG entspricht diesen Zielsetzungen. Der weitere von *Ulrici* erhobene Einwand, der eingeführte Zulassungsgrund der Verletzung rechtlichen Gehörs liefe leer, trägt nicht. Verletzungen des rechtlichen Gehörs können nach § 78a ArbGG korrigiert werden.

Der Sechste Senat hat den Ausschluss der Rechtskontrolle als verfassungsrechtlich unbedenklich angesehen.[11] Die **Garantie einer gerichtlichen Rechtsschutzmöglichkeit** gegen behauptete Rechtsverletzungen (Art. 20 Abs. 3 i.V.m. Art. 2 Abs. 1 GG) gewährleiste keinen Rechtsweg über mehrere Instanzen hinweg. Allerdings dürfe das LAG den von der Prozessordnung in § 77 Satz 2 eröffneten Zugang zum BAG nicht ineffektiv machen und für den Beschwerdeführer leerlaufen lassen.[12] Werde von der gesetzlich vorgesehenen Möglichkeit der Zulassung der Revision kein Gebrauch gemacht, so verstoße dies zusätzlich auch gegen die Gewährleistung des gesetzlichen Richters in Art. 101 Abs. 1 Satz 2 GG, wenn sich die Entscheidung insoweit als objektiv willkürlich erweise und so den Zugang zur nächsten Instanz unzumutbar erschwere.[13] Das Grundgesetz gebe dann dem Berufungskläger, dessen Berufung so willkürlich ohne Zulassung der Revision als unzulässig verworfen wurde, keinen Anspruch auf die Möglichkeit des Nichtzulassungsbeschwerdeverfahrens, sondern er müsse diese Verfassungsverstöße des Berufungsgerichts im Rahmen einer Verfassungsbeschwerde geltend machen. Dem ist zustimmen. 6

Die Ausgestaltung des arbeitsgerichtlichen Verfahrens in § 77 Satz 2 i.V.m. § 66 Abs. 2 verstößt nach Ansicht des Sechsten Senats auch nicht gegen die in Art. 101 Abs. 1 Satz 2 GG enthaltene **Gewährleistung des gesetzlichen Richters**.[14] Dieses prozessuale Grundrecht schützt den Anspruch auf eine Entscheidung durch den hierfür von Gesetzes wegen vorgesehenen Richter, indem es eine sachfremde Einflussnahme auf die rechtsprechenden Organe verbietet. Adressaten des Verbots sind neben der Exekutive auch die Judikative und die Legislative. Für den Gesetzgeber folgt aus Art. 101 Abs. 1 Satz 2 GG die Pflicht, Normen, die gerichtliche Zuständigkeiten bestimmen, so zu fassen, dass aus ihnen der im Einzelfall zuständige Richter möglichst eindeutig erkennbar wird.[15] Der Gesetzgeber kann dem Richter daher im gesetzlich vorgegebenen Rahmen einen Ermessensspielraum einräumen.[16] Hinsichtlich der Ausgestaltung des Nichtzulassungsbeschwerdeverfahrens in § 160a Abs. 4 i.V.m. § 169 SGG ist bereits entschieden, dass es mit Art. 101 Abs. 1 Satz 2 GG grds. 7

---

8 BGBl. I S. 444.
9 BT-Drucks. 16/7716 S. 25.
10 BT-Drucks. 16/7716 S. 14; vgl. hierzu BAG, 05.10.2010 – 5 AZB 10/10 – Rn 6, BAGE 135, 372.
11 BAG, 06.01.2015 – 6 AZB 105/14 – Rn 7 ff., EzA § 77 ArbGG 1979 Nr 5; ablehnend: Gravenhorst jurisPR-ArbR 7/2015 Anm. 5.
12 Vgl. BVerfG, 03.03.2014 – 1 BvR 2534/10, Rn 19.
13 Vgl. BVerfG, 23.04.2014 – 1 BvR 2851/13, Rn 22.
14 BAG, 06.01.2015 – 6 AZB 105/14 – Rn 10, EzA § 77 ArbGG 1979 Nr 5; ablehnend: Gravenhorst jurisPR-ArbR 7/2015 Anm. 5.
15 BVerfG, 14.06.2007 – 2 BvR 1447/05, 2 BvR 136/05 – Rn 106, BVerfGE 118, 212; BVerfG, 08.04.1997 – 1 PBvU 1/95 – zu C I 4 der Gründe, BVerfGE 95, 322.
16 Vgl. Pieroth in Jarass/Pieroth GG 13. Aufl., Art. 101 Rn 9 m.w.N.; kritisch zum Ermessen der Übertragung auf einen Einzelrichter Classen in v. Mangoldt/Klein/Starck GG III 6. Aufl., Art. 101 Abs. 1 Rn 43.

vereinbar sei, die ehrenamtlichen Richter an Entscheidungen über Nichtzulassungsbeschwerden nur dann mitwirken zu lassen, wenn über deren Begründetheit zu befinden ist. Dies setze allerdings voraus, dass die Abgrenzung zwischen Zulässigkeitsvoraussetzungen und Begründetheitsfragen nach eindeutigen und sachgerechten Kriterien erfolge.[17] In Anwendung dieser Maßstäbe hält das BAG § 77 i.V.m. § 66 Abs. 2 ArbGG als mit Art. 101 Abs. 1 Satz 2 GG vereinbar.

8 Die verfassungsrechtliche Unbedenklichkeit soll auch angesichts des dem Vorsitzenden Richter am LAG eingeräumten **Entscheidungsspielraums** bestehen, wie er bei einer als unzulässig angesehenen Berufung verfahren will. Das ist sehr weitgehend; denn wenn der Vorsitzende eine mündliche Verhandlung anberaumt, entscheidet die Kammer unter Hinzuziehung der ehrenamtlichen Richter durch Urteil und eröffnet der unterlegenen Partei damit die Möglichkeit der Nichtzulassungsbeschwerde nach § 72a ArbGG. Sonst verfährt der Vorsitzende nach § 66 Abs. 2 Satz 2 Halbs. 2 und verwirft die Berufung durch Beschluss. Der ist nur vom BAG überprüfbar, wenn der Vorsitzende das zulässt. Dieses dem Vorsitzenden vom BAG eingeräumte **Alleinentscheidungsrecht**[18] hat somit weitreichende prozessuale Konsequenzen. Der Vorsitzende überschreitet sein Alleinentscheidungsrecht, wenn er bei seiner Prüfung der Zulässigkeit materielle Rechtsfragen in den Vordergrund stellt.[19] Dem hat der Sechste Senat zugestimmt.[20] Der Intention des Gesetzgebers entspricht es, die Prüfung der Zulässigkeit der Berufung beschränkt sich nämlich nur auf die formalen Kriterien der Statthaftigkeit (§ 511 ZPO), der Form (§ 519 ZPO), der Frist (§ 66 Abs. 1) sowie der ordnungsgemäßen Begründung nach § 520 Abs. 3 ZPO zu beschränken.[21] Diese Prüfungspflicht ergibt sich aus § 66 Abs. 2 Satz 2 Halbs. 1 i.V.m. § 522 Abs. 1 ZPO. Nur in diesem Anwendungsbereich ist das Recht zur Alleinentscheidung nach § 66 Abs. 2 Satz 2 Halbs. 2 hinreichend bestimmt. Wenn der Vorsitzende in Zweifelsfragen zu der Auffassung gelangen kann, dass eine mündliche Verhandlung unter Hinzuziehung der ehrenamtlichen Richter angebracht ist, so genügt das für die Gewährleistung des gesetzlichen Richters. Insoweit gilt nichts anderes wie bei der Anwendung eines unbestimmten Rechtsbegriffs.

9 Der Sechste Senat hat schließlich auch verneint, dass der von § 522 Abs. 1 Satz 4 ZPO abweichende Ausschluss jeder Rechtskontrolle in § 77 Satz 1 und 2 für den Fall der Nichtzulassung der Rechtsbeschwerde gegen den **Gleichheitssatz** aus Art. 3 Abs. 1 GG verstoße.[22] Zwar eröffne § 77 Satz 1 und 2 i.V.m. § 66 Abs. 2 Satz 2 Halbs. 2 eine ungleiche prozessuale Behandlung unzulässiger Berufungen mit Auswirkungen auf die Eröffnung eines Nichtzulassungsbeschwerdeverfahrens nach § 72a ArbGG. Diese Ungleichbehandlung sei allerdings durch die in der Gesetzesbegründung[23] zum Ausdruck kommenden Ziele der **Verfahrensvereinfachung und -beschleunigung** gerechtfertigt. Durch die Verfahrensvereinfachung trete eine Entlastung der Arbeitsgerichtsbarkeit ein, weil kein Kammertermin anberaumt werden müsse. Einem prozessökonomischen Zweck diene auch der Ausschluss des Nichtzulassungsbeschwerdeverfahrens; denn dieses diene nicht der Überprüfung von Formalien der Berufung. Deshalb habe der Gesetzgeber die betroffenen Parteien bei angenommenen Rechtsanwendungsfehlern auf die Anhörungsrüge und im Übrigen auf die Verfassungsbeschwerde verweisen dürfen. Diese Rechtfertigung des Sechsten Senats vermag nicht zu überzeugen.[24] Differenzierungen bedürfen nämlich der Rechtfertigung durch **Sachgründe, die dem Differenzierungsziel und dem Ausmaß der Ungleichbehandlung angemessen** sind.[25] Das

---

17 BVerfG, 14.06.1994 – 1 BvR 1022/88 – zu C III der Gründe, BVerfGE 91, 93; zustimmend Müller-Terpitz in Schmidt-Bleibtreu/Hofmann/Henneke GG 13. Aufl. Art. 101 Rn 17.
18 BAG, 06.01.2015 – 6 AZB 105/14 – Rn 12, EzA § 77 ArbGG 1979 Nr. 5; BAG, 05.10.2010 – 5 AZB 10/10 – BAGE 135, 372; erläuternd: Maul-Sartori jurisPR-ArbR 2/2011 Anm. 6.
19 Staatsgerichtshof Baden-Württemberg, 03.11.2014 – 1 VB 8/14 – zu B II 1 a der Gründe, NZA 2015, 506; Ulrici jurisPR-ArbR 3/2015 Anm. 2.
20 BAG, 06.01.2015 – 6 AZB 105/14 – Rn 13, EzA § 77 ArbGG 1979 Nr 5.
21 BT-Drucks. 16/7716 S. 25.
22 BAG, 06.01.2015 – 6 AZB 105/14 – Rn 14 ff., EzA § 77 ArbGG 1979 Nr 5.
23 BT-Drucks. 16/7716 S. 14.
24 Gravenhorst jurisPR-ArbR 7/2015 Anm. 5: »Das Ziel Ulricis, die gebotene Gleichheit herzustellen, ist vollauf berechtigt.«
25 BVerfG, 21.06.2011 – 1 BvR 2035/07, BVerfGE 129, 49.

vom BAG angenommene Differenzierungsziel Verfahrensvereinfachung und -beschleunigung des Verfahrens beim LAG würde auch dann erreicht, wenn die Nichtzulassungsbeschwerde zugelassen würde. Allein die **Entlastung des BAG von den wenigen Nichtzulassungsbeschwerden**, die Zulassungsgründe i.S.v. § 72a Abs. 3 Satz 2 Nr. 1 bis 3 aufzeigen könnten, **rechtfertigt nicht die Einschränkung der Justizgewährleistung**. Dies gilt um so mehr als nach seriösen Schätzungen erfahrener Richter von einzelnen LAG-Kammervorsitzenden in bestimmten Regionen **bis zu 30 % der Berufungen nach § 522 Abs. 1 ZPO verworfen** werden, während der bundesweite Durchschnitt nur 2 % beträgt.[26] Angesichts dieser Auffälligkeiten, die auf regional unterschiedliche Maßstäbe schließen lassen, die an die Prüfung der Formalien der Berufung angelegt werden, ist der Ausschluss der Nichtzulassungsbeschwerde mit dem Rechtvereinheitlichungsauftrag des BAG kaum vereinbar.

Der von Ulrici vorgeschlagene Weg einer analogen Anwendung von § 72a für den Fall, dass der Verwerfungsbeschluss eine Zulassung der Revisionsbeschwerde gem. § 77 Satz 1 und 2 nicht enthält, ist nicht gangbar. Zu Recht weist Gravenhorst darauf hin, dass keine planwidrige Regelungslücke besteht, weil der Gesetzgeber mehrfach ausdrücklich seine ungleiche Behandlung bestätigt hat (vgl. Rdn. 5). Deshalb ist der von Ulrici vorgeschlagene Weg einer »verfassungskonformen Analogie« zu § 72a ArbGG contra legem.[27] Es bleiben nur zwei Wege zur Herstellung der verfassungsrechtlich gebotenen Gleichbehandlung:
1. der Betroffene legt gegen die Nichtzulassung in der Verwerfungsentscheidung des LAG Verfassungsbeschwerde ein oder
2. der Betroffene legt gegen die Nichtzulassung Beschwerde ein und regt die Richtervorlage gem. Art. 100 GG an das BVerfG an. Dazu muss er den für seine Beschwerde zuständigen Senat davon überzeugen, dass die Regelung in § 77 Satz 1 und 2 wie oben dargestellt verfassungswidrig ist. Lehnt der Senat die Vorlage ab, kommt die Verfassungsbeschwerde gegen die Senatsentscheidung in Betracht.

III. Zulassung und Zulassungsgründe

Satz 2 in der ab dem 1. Januar 2002 geltenden Fassung regelt, dass für die Zulassung der Rechtsbeschwerde § 72 Abs. 2 entsprechend gilt. Danach hat das LAG wegen der Bedeutung der Rechtssache oder bei einer Abweichung von der Rechtsprechung divergenzfähiger Gerichte i.S.v. § 72 Abs. 2 Nr. 2 (vgl. dazu § 72 Rdn. 18 bis 42) oder bei Verfahrensfehlern nach § 72 Abs. 2 Nr. 3 die Revisionsbeschwerde zuzulassen. Die Prüfung der Zulassungsgründe muss **von Amts wegen** erfolgen. Es bedarf keines Antrags einer Partei. Es besteht kein Beurteilungs- oder Ermessensspielraum.

Nach § 72 Abs. 2 Nr. 1 ist Voraussetzung, dass im Verwerfungsbeschluss eine entscheidungserhebliche **Rechtsfrage von grundsätzlicher Bedeutung** aufgeworfen und beantwortet wird, vgl. insoweit § 72 Rdn. 18 ff. Nach § 72 Abs. 2 Nr. 2 ist Voraussetzung, dass eine Rechtsatzabweichung von den dort genannten Entscheidungen vorliegt und die Entscheidung auf dieser Abweichung beruht, vgl. insoweit § 72 Rdn. 30 ff. Die grundsätzliche Bedeutung irgendeiner Rechtsfrage bzw. die Abweichung im Rechtssatz bei irgendeiner Rechtsfrage reicht aus. Es muss sich nicht etwa um eine prozessuale Frage aus dem Berufungsrecht handeln.[28] Dagegen besitzt § 72 Abs. 2 Nr. 3 für die Zulassung der Rechtsbeschwerde wenig praktische Bedeutung, weil kaum ein Richter auf den Gedanken kommt, in Kenntnis eines absoluten Revisionsgrundes oder eines Gehörsverstoßes die Rechtsbeschwerde zuzulassen. In Betracht kommt eine Zulassung wegen § 72 Abs. 2 Nr. 3 nur, wenn das LAG den erkannten Verfahrensmangel nicht heilen könnte.

Die Zulassung hat im Verwerfungsbeschluss selbst zu erfolgen; eine nachträgliche Änderung der getroffenen Nichtzulassungsentscheidung zu Gunsten einer Zulassung ist ausgeschlossen.[29] Ist dagegen die erforderliche Entscheidung über eine Zulassung unterblieben (»vergessen«), soll § 64 Abs. 3a Satz 2 und 3 aus verfassungsrechtlichen Gründen entsprechend Anwendung fin-

---

26 Ulrici jurisPR-ArbR 3/2015 Anm. 2.
27 BVerfG, 16.12.2014 – 1 BvR 2142/11, BVerfGE 138, 64.
28 Zutreffend: GK-ArbGG/Mikosch § 77 Rn 15.
29 BAG, 25.10.1979 – 5 AZB 43/79, EzA § 77 ArbGG 1979 Nr. 1.

den.[30] Eine unmittelbare Anwendung scheidet aus, weil § 77 allein auf § 72 Abs. 2, nicht aber über § 72 Abs. 1 Satz 2 auf § 64 Abs. 3a verweist. Danach kann binnen zwei Wochen ab Verkündung oder Zustellung eine Ergänzung beantragt werden. Da keine Notfrist vorliegt, kommt eine Wiedereinsetzung wegen Fristversäumnis nach § 233 ZPO nicht in Betracht. Über den Antrag entscheidet der Vorsitzende, der auch nach § 66 Abs. 2 Satz 2 Halbs. 2 die Alleinentscheidungskompetenz für die Verwerfung hat. Der **Ergänzungsantrag** ist ein »anderer Rechtsbehelf« i.S.v. § 78a Abs. 1 Satz 1 Nr. 1. Gegen die Entscheidung nach § 64 Abs. 3a Satz 3 ist deshalb die Anhörungsrüge nach § 78a statthaft.[31]

14 Im **einstweiligen Verfügungsverfahren** ist für die Zulassung der Rechtsbeschwerde kein Raum. Denn der einstweilige Rechtsschutz ist nur auf zwei Rechtszüge beschränkt. § 77 enthält zwar keine § 72 Abs. 4 entsprechende Einschränkung. Das ergibt sich aber aus dem Sinn der Gesamtregelung des Rechtsmittelverfahrens.[32] Ferner verweist § 77 Satz 4 auf die §§ 574 Abs. 1 Satz 2 und 542 Abs. 2 ZPO. Danach findet die Rechtsbeschwerde gegen Beschlüsse nicht statt, durch die über die Anordnung, Abänderung oder Aufhebung eines Arrestes oder einer einstweiligen Verfügung entschieden worden ist.

IV. Wiedereinsetzung

15 Liegen Gründe für die Wiedereinsetzung in den vorigen Stand wegen Versäumung der Berufungs- oder Berufungsbegründungsfrist nach § 233 ZPO vor, kann die beschwerte Partei mit einem Wiedereinsetzungsantrag dem LAG Gelegenheit geben, in der erneuten Entscheidung die sofortige Beschwerde an das BAG zuzulassen.[33]

16 Ist die Berufungsfrist oder die Begründungsfrist versäumt und Wiedereinsetzung in den vorigen Stand beantragt, ist gegen den Beschluss, durch den die Wiedereinsetzung versagt und die Berufung als unzulässig verworfen wird, die Revisionsbeschwerde gegeben, wenn das Landesarbeitsgericht sie in dem Beschluss zugelassen hat.[34] Hat das Gericht die Verhandlung und Entscheidung gem. § 238 Abs. 1 Satz 2 ZPO auf den Wiedereinsetzungsantrag zunächst beschränkt und dann die **Wiedereinsetzung durch Beschluss** verweigert, ist in diesem Beschluss ebenfalls eine Entscheidung über die Zulassung der Rechtsbeschwerde zu treffen.[35] Wird die Rechtsbeschwerde nicht zugelassen, kommt nur das statthafte Rechtsmittel oder der statthafte Rechtsbehelf gegen die abschließende Entscheidung in Betracht. Diese Regelung kann dahin verstanden werden, dass der Beschluss, mit dem die Wiedereinsetzung wegen Versäumung der Berufungsbegründungsfrist versagt wird, in dem Maße anfechtbar ist, wie der Beschluss, mit dem die Berufung wegen Versäumung der Berufungsbegründungsfrist verworfen wird.[36] Dann käme es darauf an, wie ein Beschluss, mit dem die Berufung als unzulässig verworfen wurde, anfechtbar ist und nicht welche Anfechtungsmöglichkeiten gegen ein entsprechendes Urteil, das ebenfalls zulässig ist (§ 522 Abs. 1 Satz 1–3 ZPO), gegeben wären. Da im Arbeitsgerichtsprozess die Beschränkung aus § 77 Satz 1 und 2 gilt (vgl. Rdn. 5 ff.) findet gegen den Beschluss des LAG, der die Berufung als unzulässig verwirft, die Rechtsbeschwerde in Abweichung von § 522 Abs. 1 Satz 4 ZPO nur statt, wenn das LAG sie in dem Beschluss zugelassen hat. Stellt man dagegen entsprechend dem Wortlaut von § 238 Abs. 2 ZPO darauf ab, in welcher Form das LAG tatsächlich über die Verwerfung der Berufung entschieden hat, käme es darauf an, ob dies durch Urteil oder durch Beschluss entschieden hat. Wurde die Berufung durch Urteil verworfen, wäre gegen den Beschluss über den Wiedereinsetzungsantrag, ebenso wie gegen das die Berufung verwerfende Urteil die Nichtzulassungsbeschwerde gegeben.[37] Hatte das LAG die Berufung bereits

---

30 GMPMG/Müller-Glöge § 77 Rn 5 i.V.m. § 78 Rn 42, Hauck/Helml/Biebl § 77 Rn 3; BCF/Friedrich § 77 Rn 2; ErfK/Koch § 77 ArbGG Rn 3; a.A. Schwab/Weth/Ulrich § 77 Rn 8; Natter/Gross § 77 Rn 2.
31 GK-ArbGG/Mikosch § 77 Rn 15.
32 GK-ArbGG/Mikosch § 77 Rn 12.
33 Vgl. BAG, 23.05.1989 – 2 AZB 1/89, NZA 1989, 818.
34 BAG, 04.02.1994 – 8 AZB 16/93, EzA § 66 ArbGG 1979 Nr. 17.
35 Vgl. BGH, 17.03.2004 – IV ZB 41/03, NJW-RR 2004, 1150.
36 BAG, 05.09.2007 – 3 AZB 41/06, EzA § 72a ArbGG 1979 Nr. 114.
37 Dazu BAG, 31.07.2007 – 3 AZN 326/07.

als unzulässig verworfen und hat die betroffene Partei hierauf Wiedereinsetzung in den vorigen Stand beantragt, ist auch gegen den Beschluss des LAG durch den allein die Wiedereinsetzung versagt wird, die Revisionsbeschwerde zulässig, wenn das LAG sie in dem Beschluss betreffend die Wiedereinsetzung zugelassen hat. Dieser Beschluss steht der Verwerfung der Berufung gleich.[38] Die Statthaftigkeit der Revisionsbeschwerde setzt nicht voraus, dass auch der **vorhergehende Beschluss über die Verwerfung der Berufung** angefochten wird; dieser wird ohne Weiteres gegenstandslos.[39]

V. Entscheidung durch Verwerfungsbeschluss

Der Verwerfungsbeschluss ergeht **ohne mündliche Verhandlung.** Er wird deshalb mit Zustellung an die Parteien gem. § 329 Abs. 3 ZPO wirksam. Es genügt, dass die Zulassung in den Gründen des Beschlusses ausgesprochen wird. Eine Aufnahme in die Entscheidungsformel ist sinnvoll, aber nicht zwingend erforderlich. Werden Beschlüsse nicht verkündet, entfällt die Notwendigkeit, die Zulassung in die Entscheidungsformel aufzunehmen.[40] 17

VI. Bindung an die Zulassung oder Nichtzulassung

Die Revisionsbeschwerde kann vom BAG nicht zugelassen werden. Die Anfechtbarkeit der Entscheidung des Landesarbeitsgerichts ist gesetzlich nicht geregelt. Zu Möglichkeiten des Rechtsschutzes s. Rdn. 5 ff. 18

Hat das LAG die Revisionsbeschwerde zugelassen, ist das BAG stets an die Zulassungsentscheidung **gebunden.** Eine Nachprüfung der gesetzwidrigen Zulassung würde eine Begründungspflicht für das LAG voraussetzen. Diese fehlt. Deshalb soll selbst eine offensichtlich unzutreffende Begründung nicht zur Unwirksamkeit der Zulassung führen.[41] Ist dagegen die Entscheidung des Landesarbeitsgerichts generell unanfechtbar, so ändert sich daran auch durch eine Zulassung der Revisionsbeschwerde nichts.[42] Diese bindet nicht. 19

Die Abweichung von der Rechtsprechung des BAG oder eines anderen Landesarbeitsgerichts war bis zum ZPO-ReformG nicht ausdrücklich als Zulassungsgrund genannt. In der seit dem 01.01.2002 geltenden Neufassung ist keine Beschränkung mehr enthalten. Durch das Anhörungsrügengesetz sind Verfahrensmängel *(das Vorliegen eines absoluten Revisionsgrundes oder eine Verletzung des rechtlichen Gehörs)* durch die Erweiterung der Zulassungsgründe in § 72 Abs. 2 ArbGG hinzugekommen. Das hat jedoch wenig praktische Bedeutung. Einzelheiten dazu § 72 Rdn. 43 ff. In Betracht kommt nur die Zulassung wegen Verfahrensmängel im Falle des Ergänzungsbeschlusses entsprechend § 64 Abs. 3a.[43] 20

Ist vom LAG durch einen Beschluss über die Berufung in der Sache entschieden und die Revisionsbeschwerde zugelassen worden, so ist sowohl die Revisionsbeschwerde statthaft, obwohl sie **aufgrund einer falschen Verfahrensweise** eröffnet ist, als auch die Revision, die bei richtigem Vorgehen gegeben gewesen wäre. Das entspricht dem **Meistbegünstigungsprinzip.**[44] Hat das LAG in diesem Fall die Revisionsbeschwerde nicht zugelassen, ist dagegen nur die Nichtzulassungsbeschwerde i.S.v. § 72a statthaft.[45] Das ergibt sich aus der Rechtsprechung im Zivilprozess. Danach hat das Rechts- 21

---

38 BAG, 04.08.1969 – 1 AZB 16/69, AP ZPO § 519b Nr. 6; ebenso GMPM-G/Müller-Glöge § 77 Rn 3; Schwab/Weth/Ulrich § 77 Rn 5; Grunsky/Benecke § 77 Rn 1, 5.
39 BGH, 10.05.2006 – XII ZB 42/05, NJW 2006, 2269.
40 GK-ArbGG/Mikosch § 77 Rn 13; GMPMG/Müller-Glöge § 77 Rz. 5; BCF/Friedrich § 77 Rn 2; HWK/Bepler § 77 ArbGG Rn 4; Grunsky/Benecke § 77 Rn 2; vgl. BAG 17.01.2007 – 5 AZB 43/06, EzA § 78 ArbGG 1979 Nr. 8; jetzt auch Schwab/Weth/Ulrich § 77 Rn 7; a.A. Hauck/Helml/Biebl § 77 Rn 3.
41 GMPMG/Müller-Glöge § 77 Rn 7; GK-ArbGG/Mikosch § 77 Rn 16; Schwab/Weth-Ulrich § 77 Rn 13; a.A. Grunsky § 77 Rn 1.
42 BAG, 22.01.2003 – 9 AZB 7/03, BAGE 104, 302 = EzA § 72 ArbGG 1979 Nr. 29.
43 GK-ArbGG/Mikosch § 77 Rn 15.
44 BGH, 10.12.1998 – III ZR 2/98, BGHZ 140, 208, 217 f.
45 GK-ArbGG/Mikosch § 77 Rn 19; GMPMG/Müller-Glöge § 77 Rn 10.

mittelgericht ein Verfahren so weiter zu betreiben, wie dies im Falle einer formell richtigen Entscheidung durch die Vorinstanz mit dem danach gegebenen Rechtsmittel geschehen wäre.[46]

VII. Einlegung der Revisionsbeschwerde

22 Für die Einlegung und Begründung der Revisionsbeschwerde sind nach Satz 4 die für das Beschwerdeverfahren geltenden Vorschriften aus § 575 ZPO anzuwenden.

§ 575 ZPO Frist, Form und Begründung der Rechtsbeschwerde

(1) Die Rechtsbeschwerde ist binnen einer Notfrist von einem Monat nach Zustellung des Beschlusses durch Einreichen einer Beschwerdeschrift bei dem Rechtsbeschwerdegericht einzulegen. Die Rechtsbeschwerdeschrift muss enthalten:
1 die Bezeichnung der Entscheidung, gegen die die Rechtsbeschwerde gerichtet wird und
2. die Erklärung, dass gegen diese Entscheidung Rechtsbeschwerde eingelegt werde.

Mit der Rechtsbeschwerdeschrift soll eine Ausfertigung oder beglaubigte Abschrift der angefochtenen Entscheidung vorgelegt werden.

(2) Die Rechtsbeschwerde ist, sofern die Beschwerdeschrift keine Begründung enthält, binnen einer Frist von einem Monat zu begründen. Die Frist beginnt mit der Zustellung der angefochtenen Entscheidung. § 551 Abs. 2 Satz 5 und 6 gilt entsprechend.

(3) Die Begründung der Rechtsbeschwerde muss enthalten:
1. die Erklärung, inwieweit die Entscheidung des Beschwerdegerichts oder des Berufungsgerichts angefochten und deren Aufhebung beantragt werde (Rechtsbeschwerdeanträge),
2. in den Fällen des § 574 Abs. 1 Nr. 1 eine Darlegung zu den Zulässigkeitsvoraussetzungen des § 574 Abs. 2,
3. die Angabe der Rechtsbeschwerdegründe, und zwar
    a) die bestimmte Bezeichnung der Umstände, aus denen sich die Rechtsverletzung ergibt;
    b) soweit die Rechtsbeschwerde darauf gestützt wird, dass das Gesetz in Bezug auf das Verfahren verletzt sei, die Bezeichnung der Tatsachen, die den Mangel ergeben.

(4) Die allgemeinen Vorschriften über die vorbereitenden Schriftsätze sind auch auf die Beschwerde- und die Begründungsschrift anzuwenden. Die Beschwerde- und die Begründungsschrift sind der Gegenpartei zuzustellen.

(5) Die §§ 541 und 570 Abs. 1, 3 gelten entsprechend.

23 Die Beschwerde kann nur beim Beschwerdegericht eingelegt werden. Das folgt aus § 575 Abs. 1 Satz 1 ZPO. Damit besteht Vertretungszwang i.S.v. § 11 Abs. 4. Die Revisionsbeschwerdeschrift muss deshalb als bestimmender Schriftsatz entweder nach § 11 Abs. 4 Satz 2 von einem RA oder nach § 11 Abs. 4 Satz 3 von einem Volljuristen, der für eine bevollmächtigte Organisation i.S.v. § 11 Abs. 2 Satz 2 Nr. 4 oder 5 handelt, eigenhändig unterzeichnet sein, vgl. § 11 Rdn. 33 ff.

24 Die Frist zur Einlegung der Revisionsbeschwerde beträgt gem. § 575 Abs. 1 Satz 1 ZPO einen Monat nach Zustellung des Beschlusses. Die Frist beginnt nach § 577 Abs. 2 Satz 1 ZPO mit der Zustellung. Im Falle eines Ergänzungsbeschlusses (vgl. Rdn. 13) beginnt die Rechtsbeschwerdefrist mit dessen Zustellung. Ist die Rechtsmittelbelehrung unterblieben oder fehlerhaft, so verlängert sich die Frist. Es gilt dann nach § 9 Abs. 5 Satz 4 die Jahresfrist, siehe § 9 Rdn. 68 ff. Der einfache Streithelfer kann die Revisionsbeschwerde stets nur so lange einlegen, wie die Rechtsmittelfrist für die Hauptpartei läuft.[47] Gegen die Versäumung der Notfrist aus § 575 ZPO ist die Wiedereinsetzung in den vorigen Stand nach § 233 ZPO möglich.

---

46 BGH, 29.02.2012 – XII ZB 198/11 – Rn 12 f., NJW-RR 2012, 753.
47 BGH, 20.08.2013 – IX ZB 2/12, NJW-RR 2013, 1400.

Für den notwendigen Inhalt der Rechtsbeschwerdeschrift verweist § 575 Abs. 3 ZPO auf § 551 ZPO. Die Rechtsbeschwerdeschrift ist so dem Muster der Revisionsschrift nachgebildet.

25

Nach dem Wortlaut des § 576 Abs. 1 ZPO kann die Rechtsbeschwerde »nur darauf gestützt werden, dass die Entscheidung auf der Verletzung des Bundesrechts oder einer Vorschrift beruht, deren Geltungsbereich sich über den Bezirk eines Oberlandesgerichts hinaus erstreckt«. Die nach § 77 Satz 4 gebotene entsprechende Anwendung muss für das Verfahren vor dem BAG die für den vor dem BGH auszutragenden Zivilprozess sinnvolle Beschränkung der Revisibilität entfallen lassen, vgl. § 73 Rdn. 12 ff. Praktische Bedeutung kommt der Rechtsfrage jedoch kaum zu, weil im Revisionsbeschwerdeverfahren vor allem die Verletzung des bundesrechtlichen Verfahrensrechts aus ZPO und ArbGG gerügt wird. Jedoch kann die Auslegung des Landesrechts maßgebend sein, wenn das beim Sitz des Berufungsgerichts für die Fristberechnung der Berufungsfristen anzuwendende landesrechtliche Feiertagsrecht zu beachten ist.

26

Die Revisionsbeschwerde ist nach § 575 Abs. 2 ZPO, sofern die Beschwerdeschrift noch keine Begründung enthielt, innerhalb der Monatsfrist nach § 575 Abs. 1 Satz 1 ZPO nachträglich zu begründen. Diese Frist kann in entsprechender Anwendung von § 551 Abs. 2 Satz 5 und 6 ZPO wie bei der Revision (vgl. § 74 Rdn. 41 f.) mit oder auch ohne Einwilligung des Gegners verlängert werden.[48]

27

VIII. Entscheidung über die Revisionsbeschwerde

Das BAG entscheidet nach § 77 Satz 3 über die Revisionsbeschwerde ohne Hinzuziehung der ehrenamtlichen Richter. Hierbei ist es unerheblich, ob aufgrund mündlicher Verhandlung oder ohne eine solche entschieden wird.[49] Das ist auch dann der Fall, wenn die Entscheidung aufgrund mündlicher Verhandlung ergeht.[50] Werden die ehrenamtlichen Richter hinzugezogen, so ist der Grundsatz des gesetzlichen Richters verletzt, denn der zu große Spruchkörper entspricht nicht dem Gesetz.

28

Der Senat kann gem. § 128 Abs. 4 ZPO ohne mündliche Verhandlung entscheiden, da die mündliche Verhandlung nicht gesetzlich angeordnet wird. Die Entscheidung über die Rechtsbeschwerde ergeht gem. § 577 Abs. 6 ZPO durch Beschluss. Dies gilt auch, wenn der Senat eine mündliche Verhandlung anberaumt und nach mündlicher Verhandlung entscheidet.[51]

29

Das BAG hat nach § 577 Abs. 1 ZPO von Amts wegen zu prüfen, ob die Rechtsbeschwerde an sich statthaft und ob sie in der gesetzlichen Form und Frist eingelegt und begründet ist. Mangelt es an einem dieser Voraussetzungen, so ist die Rechtsbeschwerde als unzulässig zu verwerfen. Auf die zulässige und begründete Revisionsbeschwerde hebt das BAG den Verwerfungsbeschluss des LAG auf. Damit steht bindend für das LAG die Zulässigkeit der Berufung fest. Nach § 563 Abs. 2 ZPO hat das LAG dann in der Sache zu entscheiden. Erweist sich die Revisionsbeschwerde zwar als zulässig, aber nicht als begründet, so ist sie zurückzuweisen. Ergibt die Begründung der angefochtenen Entscheidung zwar eine Rechtsverletzung, stellt die Entscheidung selbst aber aus anderen Gründen sich als richtig dar, so ist nach § 577 Abs. 3 ZPO die Revisionsbeschwerde zurückzuweisen.

30

Eine Entscheidung des Bundesarbeitsgerichts in der »Sache« entsprechend § 577 Abs. 5 ZPO dürfte kaum in Betracht kommen; denn das vom LAG in einem Verwerfungsbeschluss festgestellte Sachverhältnis wird in aller Regel nicht die für die Entscheidung zur Hauptsache nötigen Feststellungen umfassen. Wird die Revisionsbeschwerde für begründet erachtet, ohne dass die Zulässigkeit der Berufung schon abschließend, d.h. mit Endentscheidungsreife (§ 577 Abs. 5), festgestellt werden kann, ist ebenfalls nach § 577 Abs. 4 Satz 1 ZPO zur erneuten Entscheidung zurückzuverweisen. Das LAG hat dann unter Beachtung der Rechtsauffassung des Rechtsbeschwerdegerichts auch hierüber noch zu

31

---

48 ErfK/Koch § 77 ArbGG Rn 3.
49 GK-ArbGG/Mikosch § 77 Rn 27; GMPMG/Müller-Glöge § 77 Rn 14; Schwab/Weth/Ulrich § 77 Rn 18; Grunsky/Benecke § 77 Rn 9.
50 BAG, 19.06.1998 – 6 AZB 48/97 [A], EzA § 64 ArbGG 1979 Nr. 36.
51 GK-ArbGG/Mikosch § 77 Rn 30.

entscheiden.⁵² Wird der Beschluss wegen eines Mangels des Verfahrens aufgehoben, so ist nach § 562 Abs. 2 ZPO zugleich das Verfahren insoweit aufzuheben, als es durch den Mangel betroffen wird.

32 Nach § 564 ZPO braucht der Senat seine Entscheidung nicht zu begründen, soweit er Rügen von Verfahrensmängeln nicht für durchgreifend erachtet. Das gilt nicht, soweit absolute Revisionsgründe i.S.v. § 547 ZPO geltend gemacht werden.⁵³ Ferner darf der Senat nach § 577 Abs. 6 Satz 3 ZPO von einer Begründung absehen, sofern diese nicht geeignet wäre, zur Klärung von Rechtsfragen grundsätzlicher Bedeutung, zur Fortbildung des Rechts oder zur Sicherung einer einheitlichen Rechtsprechung beizutragen. Da die Zulassung der Revisionsbeschwerde gem. § 77 Satz 2 nur nach Maßgabe des § 72 Abs. 2 stattfindet, ist die Zulässigkeit, von einer Begründung abzusehen, anders als nach § 72a Abs. 5 Satz 5 auf die Fälle der grundsätzlichen Bedeutung i.S.v. § 72 Abs. 2 Nr. 1 beschränkt. Einer erweiternden Auslegung der Vorschriften, die das Absehen von der Begründungspflicht erlauben, auch auf die Divergenzbeschwerde kann nicht zugestimmt werden.⁵⁴

IX. Kosten

33 Das BAG entscheidet über die **Kosten der Revisionsbeschwerde** nach den §§ 91 ff. ZPO. Ist die Revisionsbeschwerde erfolglos, so fallen die Kosten nach § 97 Abs. 1 ZPO dem Rechtsbeschwerdeführer zur Last. Hat das BAG zur erneuten Verhandlung der Sache an das LAG zurückverwiesen, so muss das LAG je nach dem Enderfolg der Berufung auch über die Kosten der Revisionsbeschwerde entscheiden.

34 Der obsiegenden Partei sind im Berufungsverfahren die **Anwaltskosten** auch dann zu ersetzen, wenn eine Vereinigung von Arbeitnehmern oder Arbeitgebern oder Gewerkschaften i.S.v. § 11 Abs. 2 Satz 2 Nr. 4 und Nr. 5 bereit gewesen wäre, die Vertretung unentgeltlich zu übernehmen.⁵⁵ Anders als im Verfahren der Prozesskostenhilfebewilligung, bei der die Möglichkeit der Inanspruchnahme gewerkschaftlichen Rechtsschutzes zu berücksichtigen ist, kommt es bei der Frage der Kostenerstattung nach § 91 Abs. 2 Satz 1 Halbs. 1 ZPO nicht darauf an, ob die erstattungsberechtigte Partei über zumutbar einzusetzendes Vermögen verfügt. Maßgeblich ist insoweit allein die Frage, ob die Hinzuziehung eines Rechtsanwalts als zweckentsprechende Rechtsverfolgung bzw. Rechtsverteidigung anzusehen ist.

35 Der Streitwert entspricht dem Wert der Hauptsache. Die **Gerichtsgebühr** ergibt sich aus der Anlage 1 zu § 3 Abs. 2 GKG (Kostenverzeichnis). Wenn die Rechtsbeschwerde verworfen oder zurückgewiesen wird, beträgt gem. Nr. 8623 die Gebühr 95 €. Die **Rechtsanwaltsvergütung** berechnet der Anwalt nach § 13 RVG i.V.m. Nr. 3502 der Anlage 1 zu § 2 Abs. 2 RVG (Vergütungsverzeichnis). Es fallen an: eine 1,0-fache Verfahrensgebühr und ggf. nach Nr. 3516 eine 1,2-fache Terminsgebühr.

36 Im Gesetzentwurf der Bundesregierung vom 18.05.2016 zu einem Sechsten Gesetz zur Änderung des Vierten Buches Sozialgesetzbuch und anderer Gesetze ist in Art. 12 folgende Änderung vorgesehen:

» *§ 77 Revisionsbeschwerde*

Gegen den Beschluss des Landesarbeitsgerichts, der die Berufung als unzulässig verwirft, findet die Revisionsbeschwerde statt, wenn das Landesarbeitsgericht sie in dem Beschluss oder das Bundesarbeitsgericht sie zugelassen hat. Für die Zulassung der Revisionsbeschwerde gelten § 72 Absatz 2 und § 72a entsprechend. Über die Nichtzulassungsbeschwerde und die Revisionsbeschwerde entscheidet das Bundesarbeitsgericht ohne Hinzuziehung der ehrenamtlichen Richter. Die Vorschriften der Zivilprozessordnung über die Rechtsbeschwerde gelten entsprechend.«

Damit wird den hier dargestellten Bedenken Rechnung getragen.⁵⁶

---

52 BAG 04.06.2008 – 3 AZB 37/08 – zu III der Gründe, EzA § 64 ArbGG 1979 Nr. 43.
53 GK-ArbGG/Mikosch § 77 Rn 30.
54 GK-ArbGG/Mikosch § 77 Rn 30.
55 BAG, 18.11.2015 – 10 AZB 43/15, NZA 2016, 188.
56 BT-Drs. 18/8487 S. 25 f.

Vierter Unterabschnitt Beschwerdeverfahren, Abhilfe bei Verletzung des Anspruchs auf rechtliches Gehör

§ 78 Beschwerdeverfahren

¹Hinsichtlich der Beschwerde gegen Entscheidungen der Arbeitsgerichte oder ihrer Vorsitzenden gelten die für die Beschwerde gegen Entscheidungen der Amtsgerichte maßgebenden Vorschriften der Zivilprozessordnung entsprechend. ²Für die Zulassung der Rechtsbeschwerde gilt § 72 Abs. 2 entsprechend. ³Über die sofortige Beschwerde entscheidet das Landesarbeitsgericht ohne Hinzuziehung der ehrenamtlichen Richter, über die Rechtsbeschwerde das Bundesarbeitsgericht.

Übersicht

	Rdn.			Rdn.
I. Allgemeines	1		3. Beschwerdefrist	26
1. Inbezugnahme des Beschwerderechts der ZPO durch § 78 Satz 1	1		4. Einlegung	31
			5. Neues Vorbringen und Präklusion	35
2. Änderungen des ArbGG durch das Zivilprozessreformgesetz	4		6. Anschlussbeschwerde	38
			7. Aufschiebende Wirkung	39
II. Statthaftigkeit	6		8. Rücknahme der Beschwerde	41
1. Allgemeines	6	IV.	Entscheidung	42
2. Ausdrückliche Zulassung nach § 567 Abs. 1 Nr. 1 ZPO	7		1. Abhilfeentscheidung des Arbeitsgerichts	42
3. Generalklausel des § 567 Abs. 1 Nr. 2 ZPO	11		2. Entscheidung des Landesarbeitsgerichts	49
4. Ausschluss	14	V.	Rechtsbeschwerde zum Bundesarbeitsgericht	57
5. Vorrangigkeit der Erinnerung	16			
III. Verfahren	17		1. Einführung der Rechtsbeschwerde durch das Zivilprozessreformgesetz	57
1. Vorschriften	17			
2. Beschwer	18		2. Statthaftigkeit	60
a) Grundsatz	18		3. Verfahren	66
b) Beschwerde gegen Kostenentscheidungen	19	VI.	Verhältnis zu anderen Rechtsbehelfen	71
c) Konvergenz von Hauptsacheverfahren und Beschwerderechtszug	23			

I. Allgemeines

1. Inbezugnahme des Beschwerderechts der ZPO durch § 78 Satz 1

Durch § 78 wird das **Rechtsmittel der Beschwerde** gegen Entscheidungen der ArbG und ihrer Vorsitzenden eröffnet. Das ArbGG enthält keine eigenständige Regelung, sondern verweist hinsichtlich der Zulässigkeit der Beschwerde und bzgl. des Verfahrens auf das Recht der Zivilprozessordnung, §§ 567 bis 577 ZPO.

Das Beschwerderecht wurde durch das Gesetz zur Reform des Zivilprozesses (**Zivilprozessreformgesetz – ZPO-RG**) vom 27.07.2001[1] zum 01.01.2002 umfassend neu gestaltet. Mit dieser Reform will der Gesetzgeber den **Rechtsmittelzug** in Nebenentscheidungen dem Hauptsacherechtsmittelzug **anpassen** und das **Verfahren straffen**.[2] Erreicht werden soll dies durch den Wegfall der einfachen, unbefristeten zugunsten der sofortigen, befristeten Beschwerde. Darüber hinaus kann das Verfahren durch das eingeführte Begründungserfordernis und die damit verbundene Möglichkeit der Fristsetzung verkürzt werden. Der Verfahrensbeschleunigung dient auch die generelle **Abhilfebefugnis** durch das Ausgangsgericht.

1

2

---

1 BGBl. I, S. 1887.
2 BAG, 20.08.2002 – 2 AZB 16/02, NJW 2002, 3650 = NZA 2002, 1228.

3 Die gesetzlichen Änderungen betreffen nach dem ausdrücklichen Willen des Gesetzgebers nur die **Beschwerden**, die dem Recht der ZPO unterliegen.[3] Die sog. Rechtshilfebeschwerde in § 159 Abs. 1 Satz 3 GVG, auf welche die §§ 567 ff. ZPO nicht anwendbar sind, ist unverändert geblieben.[4]

2. Änderungen des ArbGG durch das Zivilprozessreformgesetz

4 Mit dem ZPO-RG wurde § 78 neu gefasst.[5] Satz 3 der Vorschrift bestimmt, dass über die Beschwerde **nur der Vorsitzende** ohne Hinzuziehung der ehrenamtlichen Richter **entscheidet**, und zwar unabhängig davon, ob die Entscheidung aufgrund einer mündlichen Verhandlung ergeht oder nicht. Wegen der Besonderheiten des einstweiligen Verfügungsverfahrens ergeht ausnahmsweise die Entscheidung unter Beteiligung der ehrenamtlichen Richter, wenn das Arbeitsgericht ohne mündliche Verhandlung einen Antrag auf Erlass einer einstweiligen Verfügung zurückgewiesen hat und das Landesarbeitsgericht aufgrund mündlicher Verhandlung durch Urteil über die sofortige Beschwerde entscheidet.[6] Für die Zulassung der Rechtsbeschwerde wird in Satz 2 – abweichend von § 574 Abs. 2 ZPO – auf § 72 Abs. 2 Bezug genommen.

5 Ersatzlos **gestrichen** wurde durch das ZPO-RG § 70 a.F.[7] Die Vorschrift schloss Rechtsmittel gegen Beschlüsse und Verfügungen des Landesarbeitsgerichts aus, sah aber Ausnahmen für Beschlüsse nach § 519b ZPO vor, mit denen die Berufung als unzulässig verworfen wurde. Hier gilt nunmehr § 77. Weitere Vorbehalte galten für die Verwerfung des Einspruchs gegen ein Versäumnisurteil[8] und bei Entscheidungen über die Zulässigkeit des Rechtswegs nach § 17a Abs. 2, 3 GVG. Für die **Verwerfung eines Einspruchs** sieht das ZPO-RG nach § 341 Abs. 2 ZPO eine Entscheidung durch Urteil auch dann vor, wenn sie ohne mündliche Verhandlung getroffen wird, sodass hier die Revision möglich ist.[9] Nach § 17a Abs. 4 Satz 4 bis 6 GVG findet die *(weitere)* Beschwerde statt, wenn sie das LAG zugelassen hat. Es handelt sich nach dem Inkrafttreten des ZPO-RG um eine Rechtsbeschwerde i.S.d. §§ 574 ff. ZPO.[10]

II. Statthaftigkeit

1. Allgemeines

6 Die Beschwerde ist nach § 78 Satz 1 ausschließlich gegen **erstinstanzliche** Entscheidungen der ArbG statthaft. Dagegen findet gegen Entscheidungen der LAG lediglich die Rechtsbeschwerde statt.[11] Die **Zulässigkeit** der Beschwerde richtet sich nach der Streichung von § 70 a.F. allein nach § 567 ZPO. Bei der sog. Revisionsbeschwerde nach § 77 handelt es sich in der Sache um eine Rechtsbeschwerde i.S.d. §§ 574 ff. ZPO. Das ZPO-RG hat die Systematik der Statthaftigkeit – einerseits Enumerationsprinzip, andererseits Generalklausel – beibehalten:

§ 567 ZPO Sofortige Beschwerde; Anschlussbeschwerde

(1) Die sofortige Beschwerde findet statt gegen die im ersten Rechtszug ergangenen Entscheidungen der Amtsgerichte und Landgerichte, wenn

---

3 BT-Drs. 14/4722, S. 69.
4 Baumbach/Lauterbach/Albers/Hartmann § 159 GVG Rn 1.
5 Art. 30 Nr. 15 ZPO-RG.
6 LAG Baden-Württemberg, 09.08.2012 – 18 SaGa 2/12, JurionRS 2012, 24310; HWK/Kalb § 78 ArbGG Rn 22; a.A. Schwab/Weth/Schwab § 78 Rn 61.
7 Art. 30 Nr. 10 ZPO-RG.
8 §§ 543 Abs. 3, 341 Abs. 2 ZPO a.F.
9 BGH, 19.07.2007 – I ZR 136/05, NJW-RR 2008, 218.
10 BAG, 26.09.2002 – 5 AZB 15/02, NJW 2002, 3725 = NZA 2002, 1302; BGH, 12.11.2002 – XI ZB 5/02, NJW 2003, 433.
11 BAG, 21.06.2006 – 3 AZB 65/05, NJW 2006, 2718 = NZA 2006, 1006.

1. dies im Gesetz ausdrücklich bestimmt ist oder
2. es sich um solche eine mündliche Verhandlung nicht erfordernde Entscheidungen handelt, durch die ein das Verfahren betreffendes Gesuch zurückgewiesen worden ist.

(2) Gegen Entscheidungen über Kosten ist die Beschwerde nur zulässig, wenn der Wert des Beschwerdegegenstands 200 Euro übersteigt.

(3) Der Beschwerdegegner kann sich der Beschwerde anschließen, selbst wenn er auf die Beschwerde verzichtet hat oder die Beschwerdefrist verstrichen ist. Die Anschließung verliert ihre Wirkung, wenn die Beschwerde zurückgenommen oder als unzulässig verworfen wird.

2. Ausdrückliche Zulassung nach § 567 Abs. 1 Nr. 1 ZPO

Die Beschwerde ist nach § 567 Abs. 1 Nr. 1 ZPO in den **ausdrücklich** im Gesetz **genannten** Fällen statthaft. Hierzu zählte § 5 Abs. 4 KSchG a.F., wonach das ArbG durch mit sofortiger Beschwerde anfechtbarem Beschluss in einem gesonderten Zwischenverfahren über die Zulassung verspäteter Kündigungsschutzklagen entschied. Nach dem zum 01.04.2008 in Kraft getretenen § 5 Abs. 4 KSchG n.F. entscheidet das Arbeitsgericht, ggf. das LAG, über die Klage und deren nachträgliche Zulassung nun stets **durch Urteil**.[12] Für das arbeitsgerichtliche Verfahren sind neben den Entscheidungen über die Zulässigkeit des Rechtswegs nach § 17a Abs. 2, 3 GVG noch folgende in der ZPO geregelten Fallgestaltungen zu nennen:

– § 71 Abs. 2 ZPO: Zurückweisung oder Zulassung der Nebenintervention,
– § 78b Abs. 2 ZPO: Ablehnung der Beiordnung eines RA,
– § 78c Abs. 3 ZPO: Auswahl des beigeordneten RA,
– § 91a Abs. 2, § 99 Abs. 2 ZPO: Kostenentscheidung bei übereinstimmender Erledigungserklärung und bei Anerkenntnisurteil, wobei keine Privilegierung für Bestandsstreitigkeiten besteht,[13]
– § 104 Abs. 3 und § 107 Abs. 3 ZPO: Kostenfestsetzung,
– § 109 Abs. 4 ZPO: Ablehnung der Fristsetzung und Anordnung der Rückgabe einer Sicherheitsleistung,
– § 127 Abs. 2 Satz 2, Abs. 3 ZPO: Prozesskostenhilfe,
– § 135 Abs. 3 ZPO: Rückgabe von Urkunden unter Rechtsanwälten,
– § 141 Abs. 3 Satz 1 i.V.m. § 380 Abs. 3 ZPO: Ordnungsgeldbeschluss gegen die ausgebliebene Partei trotz Anordnung des persönlichen Erscheinens,
– § 252 ZPO: Aussetzung oder Ablehnung der Aussetzung des Verfahrens, einschließlich der Ruhens- oder Unterbrechungsentscheidungen,
– § 269 Abs. 5 ZPO: Kostenentscheidung bei Klagerücknahme,
– § 319 Abs. 3 ZPO: Urteilsberichtigungsbeschluss (keine analoge Anwendung auf die Berichtigung gerichtlicher Vergleiche[14]),
– § 336 Abs. 1 Satz 1 ZPO: Zurückweisung des Antrags auf Erlass eines Versäumnisurteils,
– §§ 380 Abs. 3, 390 Abs. 3, 409 Abs. 2 ZPO: Ordnungsmittel gegen Zeugen oder Sachverständige,
– §§ 387 Abs. 3, 408 i.V.m. § 402 ZPO: Entscheidung über Zeugnis- oder Gutachtensverweigerungsrecht,
– § 494a Abs. 2 Satz 2 ZPO: Kostenentscheidung im selbstständigen Beweisverfahren,
– § 691 Abs. 3 ZPO: Zurückweisung des Mahnantrags,
– § 793 ZPO: Beschlüsse im Zwangsvollstreckungsverfahren,[15]
– §§ 934 Abs. 4, 936 ZPO: Beschluss über die Aufhebung des Arrests oder der einstweiligen Verfügung.

---

12 Vgl. ErfK/Kiel § 5 KSchG, Rn 1.
13 ErfK/Koch § 78 ArbGG, Rn 2.
14 BAG, 25.11.2008 – 3 AZB 64/08, NJW 2009, 1161 = NZA 2009, 332.
15 Hessisches LAG, 10.09.1997 – 16 Ta 371/97, MDR 1998, 925.

8 Die Zurückweisung eines **Ablehnungsgesuchs**, das sich gegen einen gerichtlich bestellten **Sachverständigen** richtet, durch das Arbeitsgericht unterliegt **nicht** der sofortigen Beschwerde gem. § 406 Abs. 5 ZPO. Vielmehr ist entsprechend § 49 Abs. 3 im arbeitsgerichtlichen Verfahren **kein Rechtsmittel** gegeben.[16]

9 Nach **§ 127 Abs. 3 Satz 1, 2 ZPO** ist der Staatskasse gegen die Bewilligung der PKH die Beschwerde dann eröffnet, »wenn weder Monatsraten noch aus dem Vermögen zu zahlende Beträge festgesetzt worden sind«. Dieses beschränkte Beschwerderecht der Staatskasse soll nur dazu dienen, im Interesse der Haushaltsmittel der Länder zu Unrecht unterbliebene Zahlungsanordnungen nachträglich zu erreichen.[17] Ob die Voraussetzungen für die Bewilligung von Prozesskostenhilfe überhaupt vorlagen, ist der Kontrolle durch die Staatskasse entzogen.[18] Diese Einschränkung der Beschwerdebefugnis gilt auch nach der **Neuregelung des Prozesskostenhilferechts** durch das Gesetz zur Änderung des Prozesskostenhilfe- und Beratungshilferechts vom 31. August 2013.[19] Die von der Bundesregierung zunächst beabsichtigte Ausweitung des Beschwerderechts der Staatskasse mit dem Ziel, dieser auch ein Beschwerderecht bei Entscheidungen über die Aufhebung von Prozesskostenhilfebewilligungen einzuräumen,[20] ist nicht Bestandteil der beschlossenen Gesetzesänderungen geworden.[21]

10 Das Rechtsmittel der Beschwerde ist auch nach anderen gesetzlichen Regelungen statthaft. Hervorzuheben ist zum einen die Beschwerde nach **§ 181 GVG** gegen die Festsetzung von Ordnungsmitteln nach §§ 178, 180 GVG.[22] Zum anderen sind die **Beschwerden nach §§ 66 ff. GKG und § 33 RVG** zu nennen.

3. Generalklausel des § 567 Abs. 1 Nr. 2 ZPO

11 Statthaft ist die Beschwerde nach § 567 Abs. 1 Nr. 2 ZPO, wenn es sich um **Entscheidungen** handelt, für die eine **mündliche Verhandlung nicht erforderlich** ist und durch die ein das Verfahren betreffendes **Gesuch zurückgewiesen wird**. Ist dagegen eine **Entscheidung von Amts wegen** zu treffen, führt auch der entsprechende Antrag einer Partei nicht dazu, dass das Rechtsmittel eröffnet wird.[23] Nach der durch das ZPO-RG eingefügten Generalklausel des § 128 Abs. 4 ZPO[24] können, soweit nichts anderes bestimmt ist, alle Entscheidungen, die kein Urteil sind, ohne mündliche Verhandlung ergehen. Ob im Einzelfall tatsächlich eine mündliche Verhandlung stattgefunden hat, ist für die Zulässigkeit der Beschwerde ohne Bedeutung. Die Beschwerde ist danach etwa statthaft, wenn die **öffentliche Zustellung** nach §§ 185 ff. ZPO,[25] die **Verkürzung einer Frist**,[26] die **Protokollberichtigung**, sofern sich die Unrichtigkeit aus den Akten selbst ergeben soll,[27] oder ein **Akteneinsichtsgesuch**[28] der Parteien nach § 299 Abs. 1 ZPO abgelehnt wird. Weist der Gerichtsvorstand ein Akteneinsichtsgesuch Dritter nach § 299 Abs. 2 ZPO zurück, so handelt es sich um

---

16 BAG, 22.07.2008 – 3 AZB 26/08, NJW 2009, 935 = NZA 2009, 453; LAG Berlin-Brandenburg, 26.04.2010 – 10 Ta 589/10, JurionRS 2010, 38281; a.A. LAG Hamm, 19.06.1986 – 8 Ta 16/86, AP Nr. 1 zu § 49 ArbGG 1979.
17 BGH, 08.05.2013 – XII ZB 282/12, NJW 2013, 2289; BGH, 08.10.1992 – VII ZB 3/92, NJW 1993, 135.
18 LAG Rheinland-Pfalz, 11.04.2006 – 10 Ta 57/06, JurionRS 2006, 20217.
19 BGBl. I, S. 3533.
20 BT-Drs. 17/11472, S. 9 und 36.
21 BAG, 18.11.2015 – 10 AZB 34/15, NJW 2016, 892 = NZA 2016, 192.
22 Nach h.M. ist der Rechtsbehelf eine sofortige Beschwerde: Kissel/Mayer § 181 GVG Rn 2.
23 Zöller/Heßler § 567 ZPO Rn 31.
24 Vgl. BT-Drs. 14/4722, S. 76.
25 LAG Hamm, 02.11.2010 – 1 Ta 606/10, JurionRS 2010, 33435.
26 § 225 ZPO.
27 OLG Frankfurt, 11.02.2013 – 19 W 8/13, NJW-RR 2013, 574.
28 OLG Brandenburg, 28.06.2000 – 7 W 17/00, NJW-RR 2000, 1454; Thomas/Putzo/Reichold § 299 ZPO Rn 1.

einen Justizverwaltungsakt, für den § 567 ZPO nicht gilt.[29] Vielmehr ist, da § 23 EGGVG für Justizverwaltungsakte[30] von Organen der Arbeitsgerichtsbarkeit nicht einschlägig ist,[31] der Rechtsweg zu den Verwaltungsgerichten nach § 40 Abs. 1 VwGO eröffnet.[32] Die gerichtliche Entscheidung über ein Gesuch der Partei auf **Reiseentschädigung** stellt hingegen keine Tätigkeit der Justizverwaltung dar, sondern einen Akt der Rechtsprechung, gegen den gem. § 127 ZPO analog die sofortige Beschwerde gegeben ist.[33] Im **vorläufigen Rechtsschutz** ist die Ablehnung der Anordnung eines Arrests oder einer einstweiligen Verfügung mit der Beschwerde angreifbar.[34]

Ausgeschlossen ist die Beschwerde bei Prozess leitenden Verfügungen während der mündlichen Verhandlung. Hier entscheidet nach § 140 ZPO die Kammer, gegen deren Entscheidungen die Beschwerde nicht zulässig ist.[35] Entscheidungen über eine Prozessverbindung nach § 147 ZPO sind mit der Beschwerde nicht angreifbar.[36] 12

Umstritten ist, ob es sich bei einem Einstellungsbeschluss nach § 81 Abs. 2 Satz 2, § 83a Abs. 2 Satz 1 um einen das Verfahren beendenden Beschluss i.S.d. § 87 Abs. 1 handelt[37] oder ob hiergegen die Beschwerde nach § 567 ZPO gegeben ist. Das BVerwG hat sich für das personalvertretungsrechtliche Beschlussverfahren der letzteren Meinung angeschlossen.[38] 13

4. Ausschluss

Zu beachten ist, dass die **Statthaftigkeit** der Beschwerde in manchen Fällen **durch das Gesetz ausgeschlossen** wird, obwohl die Voraussetzungen des § 567 Abs. 1 Nr. 2 ZPO an sich vorliegen. Im **ArbGG** betrifft dies: 14
– § 49 Abs. 3: Ablehnung von Gerichtspersonen, wobei unerheblich ist, ob dem Ablehnungsgesuch stattgegeben oder ob es abgelehnt wurde,
– § 51 Abs. 2 Satz 1 und 2 i.V.m. § 141 Abs. 3 Satz 2 und 3 ZPO: Zurückweisung des Prozessbevollmächtigten einer ausgebliebenen Partei.[39]

Des Weiteren ist hinzuweisen auf: 15
– § 225 Abs. 3 ZPO: Zurückweisung des Gesuchs um Verlängerung einer Frist,
– § 238 Abs. 3 ZPO: Gewährung der Wiedereinsetzung in den vorigen Stand,
– § 319 Abs. 3 ZPO: Zurückweisung des Antrags auf Berichtigung eines Urteils. Allerdings ist die Beschwerdemöglichkeit ausnahmsweise eröffnet, wenn die Berichtigung ohne Prüfung der tatsächlichen Voraussetzungen abgelehnt wurde.[40]

---

29 LAG Hamm, 19.07.2010 – 1 Ta 174/10, JurionRS 2010, 21473.
30 Unter diesen Begriff fällt auch die Erteilung eines berichtigten gerichtlichen Posteingangsstempels: BGH, 10.02.2016 – IV AR (VZ) 8/15, NJW-RR 2016, 445.
31 BGH, 16.07.2003 – IV AR (VZ) 1/03, NJW 2003, 2989 = NZA 2003, 1165; LAG Hamm, 14.02.2014 – 12 Ta 63/14, LAGE § 80 InsO Nr. 2.
32 LAG Hamm, 19.07.2010 – 1 Ta 174/10, JurionRS 2010, 21473.
33 LAG Baden-Württemberg, 10.06.2014 – 5 Ta 70/14; LAG Düsseldorf, 19.08.2013 – 13 Ta 213/13, JurionRS 2013, 44130.
34 LAG Nürnberg, 30.09.2010 – 5 Ta 135/10, ZTR 2010, 576. Dagegen fehlt es an der Beschwerdefähigkeit bei einer »Zwischenverfügung«, mit der dem Antrag zeitlich beschränkt entsprochen wird: LAG Saarland, 11.05.2006 – 1 Ta 19/06, ZTR 2006, 377; OLG Stuttgart, 21.07.2015 – 10 W 31/15, NJW-RR 2016, 187.
35 BGH, 12.10.1989 – VII ZB 4/89, NJW 1990, 840.
36 LAG Köln, 19.11.2009 – 7 Ta 221/09, JurionRS 2009, 36684.
37 Vgl. Bier jurisPR-BVerwG 12/2010 Anm. 4, m.N.z.M.
38 BVerwG, 08.03.2010 – 6 PB 47/09, PersR 2010, 210; s. hierzu i.E. § 92 Rdn. 7.
39 LAG Rheinland-Pfalz, 11.11.1981 – 1 Ta 158/81, BB 1982, 191.
40 LAG München, 10.02.1984 – 8 Ta 252/83, MDR 1985, 170.

- Ein Beschluss, mit dem das Arbeitsgericht dem Antrag des Klägers auf Berichtigung des Beklagtenrubrums vor Urteilserlass entspricht, kann nicht mit der Beschwerde angefochten werden. § 319 Abs. 3 ZPO ist mangels Regelungslücke nicht analog anwendbar.[41] Gleiches gilt für die gerichtliche Korrektur einer offenbaren Unrichtigkeit in einem Prozessvergleich,[42]
- § 320 Abs. 4 Satz 4 ZPO: Berichtigung des Tatbestands (anders wenn der Berichtigungsantrag allein aus prozessualen Gründen zurückgewiesen wurde),[43]
- § 336 Abs. 2 ZPO: Ablehnung des Antrags auf Entscheidung nach Lage der Akten,
- § 355 Abs. 2 ZPO: Beweisbeschluss[44]

▶ Hinweis:

Im Hinblick auf das Verfahrensgrundrecht des Art. 103 Abs. 1 GG kann ausnahmsweise ein Beweisbeschluss über die Erstellung eines Gutachtens zur Prozessfähigkeit einer Partei selbstständig mit der sofortigen Beschwerde angegriffen werden, wenn die Partei zu dieser Frage nicht zuvor persönlich angehört wurde.[45]

- §§ 707 Abs. 2, 719 Abs. 1 ZPO: Einstweilige Einstellung der Zwangsvollstreckung nach Wiedereinsetzung oder Einspruch.

5. Vorrangigkeit der Erinnerung

16 Der **Rechtsbehelf der befristeten**, binnen einer Notfrist von zwei Wochen einzulegenden **Erinnerung**, die dazu führt, dass eine Entscheidung im selben Rechtszug durch dasselbe Gericht nachgeprüft wird, ist gem. § 573 Abs. 1 Satz 1 ZPO gegeben, wenn die Entscheidung eines **ersuchten oder beauftragten Richters** (§§ 361 f. ZPO) oder des **Urkundsbeamten der Geschäftsstelle** (§ 153 GVG) angegriffen werden soll. Die sofortige Beschwerde ist dann ausgeschlossen. Erst gegen die hierauf ergangene **erstinstanzliche Entscheidung** ist nach § 573 Abs. 2 ZPO unter den Voraussetzungen des § 567 ZPO die Beschwerde möglich. Dies gilt auch dann, wenn die andere Partei durch die ergangene Entscheidung erstmals beschwert wird. Für Entscheidungen des **Rechtspflegers** gilt **§ 11 Abs. 2 RPflG**.[46] Der Rechtspfleger hat der Erinnerung abzuhelfen, soweit er sie als begründet ansieht (§ 11 Abs. 2 Satz 5 RPflG). Hilft er ihr nicht ab, so entscheidet der Richter. Dessen Entscheidung ist mangels Erreichens des Beschwerdewerts unanfechtbar. Gegen Entscheidungen des **Urkundsbeamten** ist die **Erinnerung** beim Kostenansatz für die Gerichtsgebühren (§ 66 GKG) und bei der Festsetzung der aus der Staatskasse an den im Rahmen der Prozesskostenhilfe beigeordneten Rechtsanwalt zu zahlenden Vergütung und Vorschüsse (§ 56 RVG) gegeben.

III. Verfahren

1. Vorschriften

17 Das Beschwerdeverfahren bestimmt sich neben § 567 ZPO (Rdn. 6) nach den §§ 569 bis 572 ZPO. § 568 ZPO, der die originäre Zuständigkeit des Einzelrichters bestimmt, hat im arbeitsgerichtlichen Verfahren keine Bedeutung.

---

41 LAG Rheinland-Pfalz, 15.12.2011 – 3 Ta 239/11, JurionRS 2011, 33587; LAG Baden-Württemberg, 17.06.2008 – 18 Ta 6/08, JurionRS 2008, 21467; Hessisches LAG, 11.02.2004 – 16 Ta 15/04, LAGE § 319 ZPO 2002 Nr. 1.
42 BAG, 25.11.2008 – 3 AZB 64/08, NJW 2009, 1161 = NZA 2009, 332.
43 LAG Hamm, 11.03.2015 – 12 Ta 91/15, JurionRS 2015, 11993; Hessisches LAG, 12.08.2003 – 17 Ta 271/03, NZA-RR 2004, 105.
44 LAG Köln, 28.12.2005 – 9 Ta 361/05, NZA-RR 2006, 434.
45 BGH, 28.05.2009 – I ZB 93/08, NJW-RR 2009, 1223.
46 LAG Nürnberg, 04.04.2002 – 7 Ta 57/02, LAGE § 120 ZPO Nr. 1.

§ 569 ZPO Frist und Form

(1) Die sofortige Beschwerde ist, soweit keine andere Frist bestimmt ist, binnen einer Notfrist von zwei Wochen bei dem Gericht, dessen Entscheidung angefochten wird, oder bei dem Beschwerdegericht einzulegen. Die Notfrist beginnt, soweit nichts anderes bestimmt ist, mit der Zustellung der Entscheidung, spätestens mit dem Ablauf von fünf Monaten nach der Verkündung des Beschlusses. Liegen die Erfordernisse der Nichtigkeits- oder der Restitutionsklage vor, so kann die Beschwerde auch nach Ablauf der Notfrist innerhalb der für diese Klagen geltenden Notfristen erhoben werden.

(2) Die Beschwerde wird durch Einreichung einer Beschwerdeschrift eingelegt. Die Beschwerdeschrift muss die Bezeichnung der angefochtenen Entscheidung sowie die Erklärung enthalten, dass Beschwerde gegen diese Entscheidung eingelegt werde.

(3) Die Beschwerde kann auch durch Erklärung zu Protokoll der Geschäftsstelle eingelegt werden, wenn
1. der Rechtsstreit im ersten Rechtszug nicht als Anwaltsprozess zu führen ist oder war,
2. die Beschwerde die Prozesskostenhilfe betrifft oder
3. sie von einem Zeugen, Sachverständigen oder Dritten im Sinne der §§ 142, 144 erhoben wird.

§ 570 ZPO Aufschiebende Wirkung; einstweilige Anordnungen

(1) Die Beschwerde hat nur dann aufschiebende Wirkung, wenn sie die Festsetzung eines Ordnungs- oder Zwangsmittels zum Gegenstand hat.

(2) Das Gericht oder der Vorsitzende, dessen Entscheidung angefochten wird, kann die Vollziehung der Entscheidung aussetzen.

(3) Das Beschwerdegericht kann vor der Entscheidung eine einstweilige Anordnung erlassen; es kann insbesondere die Vollziehung der angefochtenen Entscheidung aussetzen.

§ 571 ZPO Begründung, Präklusion, Ausnahmen vom Anwaltszwang

(1) Die Beschwerde soll begründet werden.

(2) Die Beschwerde kann auf neue Angriffs- und Verteidigungsmittel gestützt werden. Sie kann nicht darauf gestützt werden, dass das Gericht des ersten Rechtszuges seine Zuständigkeit zu Unrecht angenommen hat.

(3) Der Vorsitzende oder das Beschwerdegericht kann für das Vorbringen von Angriffs- und Verteidigungsmitteln eine Frist setzen. Werden Angriffs- und Verteidigungsmittel nicht innerhalb der Frist vorgebracht, so sind sie nur zuzulassen, wenn nach der freien Überzeugung des Gerichts ihre Zulassung die Erledigung des Verfahrens nicht verzögern würde oder wenn die Partei die Verspätung genügend entschuldigt. Der Entschuldigungsgrund ist auf Verlangen des Gerichts glaubhaft zu machen.

(4) Ordnet das Gericht eine schriftliche Erklärung an, so kann diese zu Protokoll der Geschäftsstelle abgegeben werden, wenn die Beschwerde zu Protokoll der Geschäftsstelle eingelegt werden darf (§ 569 Abs. 3).

§ 572 ZPO Gang des Beschwerdeverfahrens

(1) Erachtet das Gericht oder der Vorsitzende, dessen Entscheidung angefochten wird, die Beschwerde für begründet, so haben sie ihr abzuhelfen; andernfalls ist die Beschwerde unverzüglich dem Beschwerdegericht vorzulegen. § 318 bleibt unberührt.

(2) Das Beschwerdegericht hat von Amts wegen zu prüfen, ob die Beschwerde an sich statthaft und ob sie in der gesetzlichen Form und Frist eingelegt ist. Mangelt es an einem dieser Erfordernisse, so ist die Beschwerde als unzulässig zu verwerfen.

(3) Erachtet das Beschwerdegericht die Beschwerde für begründet, so kann es dem Gericht oder Vorsitzenden, von dem die beschwerende Entscheidung erlassen war, die erforderliche Anordnung übertragen.

(4) Die Entscheidung über die Beschwerde ergeht durch Beschluss.

2. Beschwer

a) Grundsatz

18 Wie bei allen Rechtsmitteln setzt die Zulässigkeit der Beschwerde voraus, dass der **Rechtsmittelführer** durch die angegriffene Entscheidung **beschwert ist**.[47] Ansonsten fehlt es am erforderlichen Rechtsschutzbedürfnis.[48]

Unter anderem bei prozessualen Nebenentscheidungen kann die Beschwer infolge **prozessualer Überholung** entfallen, was zur Unzulässigkeit der Beschwerde führt.[49] Weitere Zulässigkeitsvoraussetzungen ergeben sich aus § 567 Abs. 2 ZPO (Rdn. 19) und der durch das ZPO-RG ausdrücklich eingeführten Konvergenz von Hauptsacheverfahren und Beschwerderechtszug (Rdn. 23).

b) Beschwerde gegen Kostenentscheidungen

19 Die Beschwerde gegen **Entscheidungen über Kosten, Gebühren und Auslagen** ist nur dann zulässig, wenn der Wert des Beschwerdegegenstandes 200,00 € übersteigt (§ 567 Abs. 2 ZPO, § 66 Abs. 2 Satz 1 GKG, § 33 Abs. 3 Satz 1 RVG, § 4 Abs. 3 Satz 1 JVEG). Die **Beschwerdesumme** beträgt somit einheitlich 200,01 €. Die Unterscheidung zwischen Entscheidungen über die Kostenpflicht und anderen Kostenentscheidungen ist entfallen.[50]

20 Allerdings kann das entscheidende Gericht nach Satz 2 der genannten Vorschriften die Beschwerde wegen grundsätzlicher Bedeutung auch in anderen Fällen **zulassen**.[51]

21 **Keine Kostenscheidungen** i.S.v. § 567 Abs. 2 ZPO sind solche über **Ordnungsgelder**.[52]

22 Ob die **Beschwerdesumme** erreicht wird, richtet sich nicht nach dem Kostengesamtbetrag, sondern nach der Differenz, um die der Beschwerdeführer sich verbessern will.[53] Die Beschwerde wird unzulässig, wenn das Ausgangsgericht nach § 572 Abs. 1 Halbs. 1 ZPO nur teilweise abhilft, dies aber dazu führt, dass der Beschwerdewert nunmehr nicht mehr erreicht wird.[54]

c) Konvergenz von Hauptsacheverfahren und Beschwerderechtszug

23 Das ZPO-RG hat die Statthaftigkeit der Beschwerde in einigen Fällen davon abhängig gemacht, dass der Berufungsstreitwert im Hauptsacheverfahren überschritten wird. Mit der Einführung der **Konvergenz von Hauptsacheverfahren und Beschwerderechtszug** soll verhindert werden, dass gegen Nebenentscheidungen ein Rechtsmittel statthaft ist,[55] obwohl im Hauptsacheverfahren ein solches nicht gegeben ist.[56]

24 Danach ist die Beschwerde gegen eine **Kostenentscheidung nach § 91a ZPO** bei beiderseitiger Erledigungserklärung,[57] in einem **Anerkenntnisurteil**, welches die Hauptsache erledigt[58] und bei der **Klagerücknahme**[59] nicht zulässig, wenn in der Hauptsache der Berufungsstreitwert von **mehr**

---

47 BAG, 23.06.1993 – 2 AZR 56/93, NJW 1994, 1428 = NZA 1994, 264.
48 BAG, 17.02.2016 – 5 AZN 981/15, NJW 2016, 1262 = NZA 2016, 574.
49 BGH, 29.06.2004 – X ZB 11/04, NJW-RR 2004, 1365; BGH, 18.01.1995 – IV ZB 22/94, NJW-RR 1995, 765.
50 Zöller/Heßler § 567 ZPO Rn 39.
51 Schwab/Maatje NZA 2011, 769, 772.
52 Baumbach/Lauterbach/Albers/Hartmann § 567 ZPO Rn 18.
53 KG, 17.08.2006 – 5 W 21/06, MDR 2007, 235; Zöller/Heßler § 567 ZPO Rn 40.
54 KG, 17.08.2006 – 5 W 21/06, MDR 2007, 235; Zöller/Heßler § 567 ZPO Rn 46.
55 Weil der Beschwerdewert nach § 567 Abs. 2 ZPO erreicht wird.
56 BT-Drs. 14/4722, S. 74.
57 LAG Rheinland-Pfalz, 17.01.2008 – 3 Ta 281/07, JurionRS 2008, 10514.
58 § 99 Abs. 2 ZPO.
59 § 269 Abs. 5 Satz 1 ZPO.

als 600,00 € nicht erreicht wird. Hier wirkt die Privilegierung der Bestandsstreitigkeiten (§ 64 Abs. 2 Buchst. c) nicht.[60]

Nach § 127 Abs. 2 Satz 2 Halbs. 2 ZPO ist die sofortige Beschwerde gegen einen die **Prozesskostenhilfe verweigernden Beschluss** nur statthaft, wenn der Streitwert der Hauptsache die Berufungssumme des § 511 ZPO übersteigt, es sei denn, die Verweigerung der PKH beruht ausschließlich auf der Verneinung des Vorliegens der wirtschaftlichen und persönlichen Verhältnisse für die PKH-Bewilligung. 25

▶ Hinweis:

Hier ist im arbeitsgerichtlichen Verfahren § 46 Abs. 2 Satz 3 zu beachten, wonach in Bestandsschutzstreitigkeiten die sofortige Beschwerde unabhängig vom Streitwert der Hauptsache zulässig ist.[61]

3. Beschwerdefrist

Nach dem neuen Recht ist allein die **sofortige Beschwerde** das statthafte Rechtsmittel. Sie muss binnen einer **Notfrist**[62] von **zwei Wochen** eingelegt werden. 26

▶ Hinweis:

Abweichende Fristen enthält das Recht der PKH. Durch das ZPO-RG wurde die Notfrist an die des Hauptsacheverfahrens angeglichen[63] und beträgt nach § 127 Abs. 2 Satz 3 ZPO einen Monat. Für die Beschwerde der Staatskasse beträgt die Frist einen Monat ab Bekanntgabe; drei Monate nach Verkündung ist sie nicht mehr statthaft.[64]

Die nach § 222 Abs. 1 ZPO i.V.m. §§ 187 ff. BGB zu berechnende Frist beginnt gem. § 569 Abs. 1 Satz 2 ZPO mit der Zustellung der Entscheidung.[65] 27

Die **Frist wird nicht in Gang gesetzt**, wenn die nach § 9 Abs. 5 Satz 1 erforderliche **Rechtsmittelbelehrung fehlt**[66] oder **Mängel aufweist**.[67] Hier gilt die Jahresfrist des § 9 Abs. 5 Satz 4. 28

Ist die **Zustellung unterblieben oder fehlerhaft**, etwa weil die Entscheidung nur formlos mitgeteilt wurde, beginnt nach § 569 Abs. 1 Satz 1 und 2 ZPO eine Notfrist von zwei Wochen spätestens mit dem Ablauf von **fünf Monaten nach Verkündung** der Entscheidung. Der Gesetzgeber hat das Beschwerderecht hier an das der Berufung und Revision angepasst.[68] Erforderlich ist allerdings, dass eine Verkündung stattgefunden hat. In anderen Fällen bestimmt sich der Fristbeginn nach der Bekanntgabe der Entscheidung.[69] Ist eine Zustellung nicht erfolgt, fehlt es auch an der erforderlichen Rechtsmittelbelehrung, sodass nach den Grundsätzen der Rechtsprechung eine **Frist von 17 Monaten** eingreift.[70] Eine gesonderte Regelung wie in §§ 66 Abs. 1 Satz 2, 74 Abs. 1 Satz 2 fehlt in § 78.[71] 29

---

60 GMPMG/Müller-Glöge § 78 Rn 10.
61 BAG, 08.09.2011 – 3 AZB 46/10, NJW 2011, 3260 = NZA 2011, 1382.
62 § 224 Abs. 1 Satz 2 ZPO.
63 Zur Begr. vgl. BT-Drs. 14/4722, S. 76.
64 § 127 Abs. 3 Satz 3, 4 ZPO.
65 § 329 Abs. 3 ZPO.
66 BAG, 08.05.2003 – 2 AZB 56/02, AP Nr. 25 zu § 9 ArbGG 1979.
67 BAG, 26.09.2002 – 5 AZB 15/02, NJW 2002, 3725 = NZA 2002, 1302; LAG Berlin, 18.06.2002 – 2 Ta 945/02, LAGE § 118 ZPO 2002 Nr. 1.
68 §§ 66 Abs. 1 Satz 2, 74 Abs. 1 Satz 2, §§ 517, 548 ZPO.
69 BCF/Friedrich § 78 Rn 4.
70 BAG, 05.08.1996 – 5 AZB 15/96, NJW 1997, 343 = NZA 1996, 1175; GK-ArbGG/Ahrendt § 78 Rn 46.
71 Ebenso GMPMG/Müller-Glöge § 78 Rn 24.

30 Der von Amts wegen zu berücksichtigende **Einwand der prozessualen Verwirkung** kann in den beiden vorgenannten Fallgestaltungen – wenn überhaupt[72] – nur in besonders gelagerten Ausnahmefällen eingreifen.[73]

4. Einlegung

31 Eingelegt wird die Beschwerde durch **Einreichung einer Beschwerdeschrift** oder durch **Erklärung zu Protokoll der Geschäftsstelle**. Das kann wahlweise beim Ausgangsgericht *(iudex a quo)* oder beim Beschwerdegericht *(iudex ad quem)* geschehen,[74] ohne dass im letzteren Fall wie nach altem Recht eine besondere Dringlichkeit erforderlich ist.

32 ▶ **Hinweis:**

> Die Einreichung beim iudex ad quem führt zu vermeidbaren Verzögerungen, weil das LAG die Beschwerde dem Arbeitsgericht wegen einer etwaigen Abhilfe vorzulegen hat (§ 572 Abs. 1 ZPO). Allerdings ist die Durchführung des Abhilfeverfahrens keine Verfahrensvoraussetzung für das Beschwerdeverfahren oder für die Beschwerdeentscheidung selbst.[75]

33 Die inhaltlichen Anforderungen ergeben sich aus § 569 Abs. 2 Satz 2 ZPO.[76] Sie galten in der Praxis schon nach dem alten Recht, wurden aber nun zur »Klarstellung« in das Gesetz aufgenommen.[77] Ein **bestimmter Antrag** ist auch nach dem ZPO-RG **nicht erforderlich**, es genügt die einfache Bitte um Überprüfung der Entscheidung.[78] Er ist aber – nicht zuletzt aus Kostengründen – dann zweckmäßig, wenn die Entscheidung nach dem Willen des Beschwerdeführers nur teilweise überprüft werden soll.

34 **Vertretungszwang i.S.d. § 11 Abs. 4 besteht nicht.** Das folgt aus §§ 569 Abs. 3 Nr. 1, 78 Abs. 3 ZPO. Da vor den Arbeitsgerichten – anders als bei den Landgerichten – kein Anwaltszwang herrscht,[79] ist der Beschwerdeführer nicht dazu angehalten, eine Beschwerdeschrift einzureichen. Er kann das Rechtsmittel auch **zu Protokoll der Geschäftsstelle** einlegen. Einer Unterschrift bedarf es bei nicht anwaltlich vertretenen Beschwerdeführern nicht in jedem Fall.[80] Eine telefonische Einlegung zu Protokoll der Geschäftsstelle ist allerdings unzulässig.[81] Beraumt das LAG eine mündliche Verhandlung an, besteht für diese nach § 11 Abs. 4 Vertretungszwang.[82] Hierauf ist die Partei hinzuweisen.

5. Neues Vorbringen und Präklusion

35 Nach § 571 Abs. 1 ZPO **soll** die **Beschwerde begründet** werden. Ein Verstoß gegen die Begründungspflicht führt aber zu keinen prozessualen Folgen, insbesondere nicht zur Unzulässigkeit der sofortigen Beschwerde. Die Begründung ist aber zweckmäßig, um eine »gezielte, problemorientierte und konzentrierte Nachprüfung« zu ermöglichen und das Verfahren zu beschleunigen.[83] Nach § 571 Abs. 4 ZPO kann das Gericht eine schriftliche Erklärung anordnen, die auch zu Protokoll der Geschäftsstelle abgegeben werden kann.

---

72 Anders die Erwartung des Gesetzgebers, BT-Drs. 14/4722, S. 111.
73 Vgl. aber Baumbach/Lauterbach/Albers/Hartmann § 569 ZPO Rn 8; unter Hinweis auf BGH, 23.02.1989 – BLw 11/88, NJW-RR 1989, 768.
74 § 569 Abs. 1 Satz 1 ZPO.
75 LAG Berlin, 15.02.2006 – 13 Ta 170/06, NZA-RR 2006, 493.
76 BGH, 23.10.2003 – IX ZB 369/02, NJW 2004, 1112.
77 BT-Drs. 14/4722, S. 112.
78 GK-ArbGG/Ahrendt § 78 Rn 42.
79 § 11 Abs. 1.
80 LAG Köln, 20.09.2007 – 11 Ta 254/07, JurionRS 2007, 38885.
81 BGH, 12.03.2009 – V ZB 71/08, NJW-RR 2009, 852.
82 ErfK/Koch § 78 ArbGG Rn 7.
83 BT-Drs. 14/4722, S. 113.

Die Beschwerdeinstanz ist vollwertige **zweite Tatsacheninstanz**.[84] **Neue Angriffs- und Verteidigungsmittel**[85] können nach § 571 Abs. 2 Satz 1 ZPO unabhängig vom Zeitpunkt ihrer Entstehung vorgebracht werden.[86] Das Vorbringen der Parteien ist bis zum Erlass des Beschlusses zu berücksichtigen. 36

▶ Hinweis:

Es erscheint im Hinblick auf die nunmehr in § 120a Abs. 2 Satz 1 ZPO statuierte Mitteilungspflicht zweifelhaft, ob – wie für § 120 Abs. 4 Satz 2 ZPO a.F. anerkannt[87] – auch jetzt noch eine Erklärung über eine etwaige Änderung der persönlichen und wirtschaftlichen Verhältnisse, die erst im Beschwerdeverfahren wegen Aufhebung der PKH-Bewilligung abgegeben wird, Berücksichtigung finden kann.[88] Wurde der PKH-Antrag allerdings im Ausgangsverfahren noch vor dem 01.01.2014 gestellt, so gilt gem. § 40 EGZPO auch für das Nachprüfungsverfahren noch das bis dahin geltende Recht und somit auch § 120 Abs. 4 Satz 2 ZPO a.F.

Einschränkungen ergeben sich bei Ablehnung der Wiedereinsetzung gem. § 238 Abs. 2 ZPO.[89]

Grenzen werden der Beibringung neuer Tatsachen durch die neu geschaffene **Möglichkeit der Präklusion neuen Vorbringens in § 571 Abs. 3 ZPO** gesetzt. Nach § 571 Abs. 3 Satz 1 ZPO kann der Vorsitzende Richter am LAG nach seinem Ermessen den Parteien für ihr Vorbringen von Angriffs- und Verteidigungsmitteln eine Frist setzen. Zwar sieht § 571 Abs. 3 ZPO – anders als etwa die §§ 56 Abs. 2 Satz 2, 61a Abs. 6, §§ 276 Abs. 2, 277 Abs. 2, 296 Abs. 1 ZPO – keine **Belehrung über die Folgen** der Fristversäumung vor. Ein entsprechender Hinweis dürfte aber im Hinblick auf die Gewährung eines fairen Verfahrens geboten sein.[90] Die **Zurückweisung des verspäteten Vorbringens** richtet sich nach § 571 Abs. 3 Satz 2 ZPO. Für die Begriffe der Verzögerung und des Verschuldens gelten die von der Rechtsprechung zu § 296 ZPO entwickelten Grundsätze.[91] Die Möglichkeit zur Fristsetzung und Zurückweisung ist nach § 571 Abs. 3 ZPO nur dem Beschwerdegericht eingeräumt. Mangels einer dem § 67 Abs. 2 entsprechenden Vorschrift kann ein erstinstanzlich verspätetes Vorbringen vom Beschwerdegericht nicht zurückgewiesen werden. Auch ist es dem Ausgangsgericht nicht gestattet, i.R.d. Abhilfeverfahrens eine Frist zu setzen und damit neues Vorbringen zu präkludieren.[92] 37

6. Anschlussbeschwerde

§ 567 Abs. 3 ermöglicht die **unselbstständige Anschlussbeschwerde** des Beschwerdegegners, auch wenn er auf die Beschwerde verzichtet hat oder die Frist nach § 569 Abs. 1 Satz 1 ZPO abgelaufen ist. Einer Beschwer bedarf es für die Anschlussbeschwerde nicht.[93] Das Rechtsmittel ist an die Anhängigkeit und Zulässigkeit der Hauptbeschwerde gebunden. Die Anschließung verliert ihre Wirkung, wenn die Beschwerde zurückgenommen oder als unzulässig verworfen wird.[94] Eine Anschließungsfrist und die selbstständige Anschlussbeschwerde sind nicht vorgesehen. 38

---

84 BAG, 18.11.2003 – 5 AZB 46/03, NZA 2004, 1062.
85 Anders noch § 570 ZPO a.F.: »neue Tatsachen und Beweise«.
86 LAG Rheinland-Pfalz, 30.07.2008 – 11 Ta 115/08, JurionRS 2008, 20564.
87 LAG Köln, 08.11.2012 – 11 Ta 309/12, JurionRS 2012, 27657.
88 BeckOK-ZPO/Reichling § 120a Rn 29; verneinend LAG Düsseldorf, 03.02.2016 – 5 Ta 38/16, JurionRS 2016, 13247; bejahend Büttner/Wrobel-Sachs/Gottschalk/Dürbeck, Prozess- und Verfahrenskostenhilfe, Beratungshilfe, 7. Aufl., Rn 400.
89 BGH, 08.04.1997 – VI ZB 8/97, NJW 1997, 2120: Die Beschwerde kann nur auf neue Tatsachen gestützt werden, die innerhalb der Antragsfrist nach §§ 234 Abs. 1, 236 Abs. 2 ZPO vorgebracht werden.
90 ErfK/Koch § 78 ArbGG Rn 4; GK-ArbGG/Ahrendt § 78 Rn 72.
91 Ostrowicz/Künzl/Scholz/Ostrowicz Rn 648.
92 Ostrowicz/Künzl/Scholz/Ostrowicz Rn 648.
93 GK-ArbGG/Ahrendt § 78 Rn 52.
94 § 567 Abs. 3 Satz 2 ZPO.

7. Aufschiebende Wirkung

39 Die Beschwerde hat **aufschiebende Wirkung nur bei der Festsetzung von Ordnungs- und Zwangsmitteln**.[95] Anders als in § 572 ZPO a.F. sind die Fälle der aufschiebenden Wirkung nicht mehr enumerativ geregelt. Erfasst werden aber nur die einschlägigen Bestimmungen der ZPO. Bei Ordnungsgeld oder -haft nach §§ 178, 181 Abs. 2 GVG tritt keine aufschiebende Wirkung ein.[96]

40 In den **anderen Fällen** kann das Ausgangsgericht[97] auf Antrag, aber auch von Amts wegen bis zur Vorlage an das Beschwerdegericht die **Vollziehung nach pflichtgemäßem Ermessen aussetzen**, danach ist dieses zuständig. Das LAG kann zudem noch einstweilige Anordnungen erlassen. Eine solche hat nicht den Charakter einer einstweiligen Verfügung.[98] Hiergegen besteht keine Beschwerdemöglichkeit.[99] Das Gericht kann sie aber selbst ändern oder wieder aufheben.[100]

8. Rücknahme der Beschwerde

41 Die sofortige Beschwerde kann bis zu einer Entscheidung über sie auch ohne Einwilligung des Gegners zurückgenommen werden. Die Rücknahme ist bedingungsfeindlich und grundsätzlich unwiderruflich und unanfechtbar.[101] Ein Verbrauch des Beschwerderechts tritt durch die Rücknahme nicht ein. Im Fall der Rücknahme gilt § 516 Abs. 3 ZPO analog.

IV. Entscheidung

1. Abhilfeentscheidung des Arbeitsgerichts

42 Das ZPO-RG hat eine **generelle Abhilfebefugnis** des Ausgangsgerichts eingeführt.[102] Diese umfasst allerdings nicht einen mit der Beschwerde neu gestellten Hilfsantrag.[103] Die Abhilfemöglichkeit steht auch dem Rechtspfleger i.R.d. § 11 RPflG zu. Mit der **Abhilfe** durch das Arbeitsgericht **erledigt** sich die sofortige Beschwerde. Das Arbeitsgericht hat sodann auch gleichzeitig über die **Kosten** zu entscheiden.

43 Das ArbG kann einen Beschluss, der der sofortigen Beschwerde unterliegt, auch **von Amts wegen** aufheben oder ändern, solange es instanziell mit der Sache befasst ist.[104] Ein nach § 567 ZPO anfechtbarer Beschluss kann deshalb während des Laufs der Rechtsmittelfrist grundsätzlich auch dann geändert werden, wenn kein Rechtsmittel eingelegt ist.[105] Begründet wird dies mit dem Umstand, dass § 318 ZPO in § 329 Abs. 1 Satz 2 ZPO nicht genannt wird. Dem stehen der Vertrauensschutzgedanke und das Verbot der reformatio in peius nicht entgegen.[106]

44 Wenn das Gericht den Mangel auch von Amts wegen beseitigen durfte, hat es auch die Befugnis, einer unzulässigen, seiner Ansicht nach aber begründeten Beschwerde **abzuhelfen**. In diesem Fall hat die Beschwerde allein die Funktion einer Gegenvorstellung.[107]

---

95 § 570 Abs. 1 ZPO.
96 Ausdr. BT-Drs. 14/4722, S. 112.
97 Durch den Kammervorsitzenden, § 53 Abs. 1.
98 BGH, 01.12.2005 – IX ZB 208/05, NJW-RR 2006, 332.
99 KG Berlin, 19.06.2009 – 2 W 105/09, MDR 2010, 105.
100 Baumbach/Lauterbach/Albers/Hartmann § 570 ZPO Rn 8.
101 BGH, 26.09.2007 – XII ZB 80/07, NJW-RR 2008, 85.
102 § 572 Abs. 1 ZPO.
103 BGH, 21.12.2006 – IX ZB 81/06, NZI 2007, 166.
104 Deshalb ist z.B. ein Verweisungsbeschluss nach § 281 ZPO unabänderlich: Baumbach/Lauterbach/Albers/Hartmann § 329 ZPO Rn 17.
105 Zöller/Vollkommer § 318 ZPO Rn 8, dort Rn 9 auch zu den ausnahmsweise bindenden Beschlüssen.
106 BGH, 13.07.2006 – IX ZB 117/04, NJW-RR 2006, 1554.
107 MünchKomm-ZPO/Lipp § 572 Rn 7; GMPMG/Müller-Glöge § 78 Rn 28; enger im Hinblick auf den Zweck der Rechtsmittelfrist LAG Berlin-Brandenburg, 29.05.2007 – 17 Ta (Kost) 6014/07, LAGE § 572 ZPO 2002 Nr. 2; OLG Schleswig, 06.01.2004 – 16 W 170/03, JurionRS 2004, 14570.

Eine **Abhilfe** ist **nicht möglich** bei Beschwerden gegen ein Zwischenurteil (z.B. nach § 387 Abs. 3 **45** ZPO) und gegen Nebenentscheidungen von Endurteilen (§ 99 Abs. 2 ZPO), weil dem § 318 ZPO entgegensteht (§ 572 Abs. 1 Satz 2 ZPO).[108]

Wird durch den Abhilfebeschluss des ArbG die andere Partei **erstmals beschwert**, steht ihr gegen **46** diesen – ggf. bei Erreichen der Beschwerdesumme – die (Erst-) Beschwerde zu.[109] Vor einer zumindest teilweisen Abhilfeentscheidung ist dem Gegner rechtliches Gehör zu gewähren.

Ist die Ausgangsentscheidung **unter Beteiligung der ehrenamtlichen Richter** ergangen (z.B. bei **47** Beschlüssen nach § 17a GVG), sind diese auch an der Abhilfeentscheidung zu beteiligen.[110] Dabei entscheidet die Kammer des ArbG in der für den Entscheidungstag abstrakt bestimmten und damit nicht notwendigerweise in der gleichen Besetzung wie bei der Ausgangsentscheidung.[111] Hat das ArbG die Abhilfeentscheidung ohne die notwendige Beteiligung der ehrenamtlichen Richter getroffen, ist streitig, ob das LAG das Verfahren nach § 572 Abs. 3 ZPO zurückzuverweisen hat[112] oder ob das LAG über die Beschwerde in der Sache entscheiden kann.[113]

Bei *(teilweiser)* **Nichtabhilfe** ist die Beschwerde dem LAG **mittels begründeten und den Parteien** **48** **mitzuteilenden Beschlusses vorzulegen**.[114] Die Vorlage hat unverzüglich und somit ohne schuldhaftes Zögern zu erfolgen. Unterlässt das ArbG die Vorlegung, kann der Beschwerdeführer die Beschwerde nochmals unmittelbar beim LAG einlegen.[115]

2. Entscheidung des Landesarbeitsgerichts

Das LAG **entscheidet** nach § 78 Satz 3 **durch seinen Vorsitzenden ohne** Hinzuziehung der **49** **ehrenamtlichen Richter**. Das gilt auch im Fall einer[116] mündlichen Verhandlung, wenn mit der Beschwerde ein Beschluss der vollbesetzten Kammer des ArbG angegriffen wird[117] und bei einer Entscheidung nach § 17a Abs. 4 GVG.[118] Bei einer erfolgreichen Beschwerde richtet sich der **Tenor** nach dem jeweiligen **Beschwerdegegenstand**: So beschränkt sich die Beschlussformel bspw. auf eine Aufhebung des Beschlusses, wenn sich die Beschwerde gegen eine fehlerhafte Ver-

---

108 Baumbach/Lauterbach/Albers/Hartmann § 572 ZPO Rn 4; Thomas/Putzo/Reichold § 572 ZPO Rn 12.
109 LAG Baden-Württemberg, 04.07.2002 – 15 Ta 9/02, LAGE § 572 ZPO 2002 Nr. 1.
110 BAG, 17.09.2014 – 10 AZB 43/14, NJW 2015, 572 = NZA 2014, 1293; LAG Baden-Württemberg, 07.12.2015 – 3 Ta 21/15, JurionRS 2015, 34598; LAG Rheinland-Pfalz, 25.01.2007 – 11 Ta 10/07, JurionRS 2007, 32855; LAG Bremen, 05.01.2006 – 3 Ta 69/05, LAGE § 68 ArbGG 1979 Nr. 9; LAG Schleswig-Holstein, 01.07.2005 – 2 Ta 160/05, NZA 2005, 1079.
111 LAG Köln, 10.03.2006 – 3 Ta 47/06, NZA-RR 2006, 319; LAG Baden-Württemberg, 07.08.2002 – 15 Ta 12/02, JurionRS 2002, 10268; a.A. LAG Hamburg, 18.01.2016 – 4 Ta 12/15, juris.
112 So LAG Rheinland-Pfalz, 25.01.2007 – 11 Ta 10/07, JurionRS 2008, 32855; LAG Baden-Württemberg, 07.08.2002 – 15 Ta 12/02, JurionRS 2002, 10268.
113 So LAG Hamm, 08.09.2011 – 2 Ta 738/10, JurionRS 2011, 29790; Hessisches LAG, 15.05.2008 – 20 Ta 80/08, JurionRS 2008, 19510; 15.02.2008 – 8 Ta 259/07, JurionRS 2008, 19554 mit der Begründung, dass Prüfungsgegenstand für das Beschwerdegericht die angefochtene Entscheidung und nicht die Nichtabhilfeentscheidung sei; ebenso ErfK/Koch § 78 ArbGG Rn 6 unter Hinweis auf das Beschleunigungsgebot.
114 § 572 Abs. 1 Satz 1 Halbs. 2 ZPO.
115 BGH, 16.12.2008 – IX ZA 46/08, NJW-RR 2009, 718.
116 Fakultativen, § 128 Abs. 4 ZPO.
117 Ostrowicz/Künzl/Scholz/Ostrowicz Rn 653; ErfK/Koch § 78 ArbGG Rn 7; s. aber auch Rdn. 4 zum einstweiligen Verfügungsverfahren.
118 BAG, 10.12.1992 – 8 AZB 6/92, NZA 1993, 619; LAG Hamburg, 19.08.1992 – 2 Ta 10/92, LAGE § 48 ArbGG 1979 Nr. 8.

fahrensaussetzung gerichtet hat. Bei einer gegen die Zurückweisung eines Antrags gerichteten Beschwerde kann das LAG eine eigene Sachentscheidung treffen, also z.B. – unter Abänderung des arbeitsgerichtlichen Beschlusses – die vom Arbeitsgericht zu Unrecht abgelehnte Prozesskostenhilfe bewilligen.

50 Das LAG prüft von Amts wegen zunächst die Zulässigkeit der Beschwerde.[119] Hält es sie für nicht gegeben, ist die Beschwerde zu verwerfen. Die unbegründete Beschwerde wird zurückgewiesen. Das LAG ist bei der Überprüfung der arbeitsgerichtlichen Entscheidung auf eine Rechtskontrolle beschränkt und darf deshalb bei **Ermessensentscheidungen**[120] nicht sein Ermessen an die Stelle der erstinstanzlichen Ermessensentscheidung setzen.[121] Die Überprüfung von Rechtsbegriffen auf der Tatbestandsseite ist nicht eingeschränkt.[122] Wenn das LAG in der Sache selbst entscheidet, hat es das **Verbot der reformatio in peius** zu beachten.[123]

51 Hinweis: Für die Streitwertbeschwerde nach § 63 Abs. 3 GKG gilt das Verbot der reformatio in peius nicht, weil keine Bindung des Gerichts an Anträge besteht.[124]

52 Da § 68 ArbGG im Beschwerdeverfahren nicht anwendbar ist,[125] kann das LAG die Sache auch an das ArbG **zurückverweisen** und diesem die erforderlichen Anordnungen übertragen. Das ArbG ist entsprechend § 563 Abs. 2 ZPO an die Rechtsauffassung des Beschwerdegerichts gebunden.[126] Eine Zurückverweisung an eine andere Kammer des ArbG ist gesetzlich nicht zugelassen und bindet nicht.[127] Von der Zurückverweisungsmöglichkeit sollte jedoch im Hinblick auf den Beschleunigungsgrundsatz nur zurückhaltend Gebrauch gemacht werden.[128]

53 Hinweis: Das BAG hält im Beschwerdeverfahren nach § 17a Abs. 4 GVG eine Zurückverweisung vom LAG an das ArbG für generell unzulässig.[129]

54 Die **Entscheidung ergeht durch Beschluss**,[130] der im Fall einer mündlichen Verhandlung zu verkünden ist.[131] Eine formlose Mitteilung an die Parteien nach § 329 Abs. 2 Satz 1 ZPO kommt nur in Betracht, wenn das Beschwerdegericht die Rechtsbeschwerde nicht zugelassen hat. Sonst ist die Entscheidung nach § 329 Abs. 2 Satz 2 ZPO zuzustellen.[132]

55 Hat das LAG die Sache selbst entschieden, so hat es, sofern im Beschwerdeverfahren Gerichtskosten entstanden sind oder ein Kostenerstattungsanspruch einer Partei besteht, eine **Kostenentscheidung** nach §§ 91 ff. ZPO zu treffen;[133] ansonsten ist eine Kostenentscheidung entbehrlich. Bei einer **Zurückverweisung** nach § 572 Abs. 3 ZPO ergeht **keine Kostenentscheidung** durch das LAG, da dann der Verfahrensausgang noch nicht feststeht.

---

119 § 572 Abs. 2 ZPO.
120 Praktisch wichtig: Aussetzung des Verfahrens nach §§ 148, 149 ZPO; Streitwertfestsetzung.
121 BGH, 12.12.2005 – II ZB 30/04, NJW-RR 2006, 1289; Sächsisches LAG, 07.07.2008 – 4 Ta 117/08, LAGE § 5 ArbGG 1979 Nr. 13; LAG Nürnberg, 11.11.1992 – 6 Ta 153/92, JurionRS 1992, 15750; Gravenhorst jurisPR-ArbR 32/2007 Anm. 6, m.w.N.; a.A. LAG Baden-Württemberg, 24.02.2006 – 9 Ta 13/05, JurionRS 2006, 34144.
122 BGH, 12.12.2005 – II ZB 30/04, NJW-RR 2006, 1289.
123 BGH, 06.05.2004 – IX ZB 349/02, NJW-RR 2004, 1422.
124 Ostrowicz/Künzl/Scholz/Ostrowicz Rn 653.
125 LAG Bremen, 05.01.2006 – 3 Ta 69/05, LAGE § 68 ArbGG 1979 Nr. 9.
126 Sächsisches LAG, 07.07.2008 – 4 Ta 117/08, LAGE § 5 ArbGG 1979 Nr. 13.
127 GMPMG/Müller-Glöge § 78 Rn 35; a.A. Sächsisches LAG, 08.04.1997 – 1 Ta 89/97, NZA 1998, 223.
128 Ostrowicz/Künzl/Scholz/Ostrowicz Rn 653; ErfK/Koch § 78 ArbGG Rn 7.
129 BAG, 17.02.2003 – 5 AZB 37/02, NZA 2003, 517.
130 § 572 Abs. 4 ZPO.
131 § 329 Abs. 1 Satz 1 ZPO.
132 Ostrowicz/Künzl/Scholz/Ostrowicz Rn 653.
133 GK-ArbGG/Ahrendt § 78 Rn 81; GMPMG/Müller-Glöge § 78 Rn 37.

Im Beschwerdeverfahren nach §§ 567 ff. ZPO findet die Sonderregelung des § 12a Abs. 1 Satz 1 auch dann keine Anwendung, wenn das Beschwerdeverfahren in die 2. Instanz zum LAG gelangt ist.[134] Vielmehr sind die Kosten der Hinzuziehung eines Prozessbevollmächtigten grundsätzlich nach den allgemeinen Regeln erstattungsfähig, soweit im Beschwerdeverfahren überhaupt eine Kostenerstattung stattfinden kann (z.B. gem. § 127 Abs. 4 ZPO nicht in Beschwerdeverfahren über Prozesskostenhilfeangelegenheiten). Der Wortlaut des § 12a Abs. 1 Satz 1 erwähnt das Beschwerdeverfahren nicht. Dieses ist auch nicht Teil des erstinstanzlichen Urteilsverfahrens.[135] 56

V. Rechtsbeschwerde zum Bundesarbeitsgericht

1. Einführung der Rechtsbeschwerde durch das Zivilprozessreformgesetz

Mit der im Beschwerderecht neu eingeführten **Rechtsbeschwerde** hat das ZPO-RG den Rechtsmittelzug für Nebenentscheidungen an den in der Hauptsache angeglichen. Das Rechtsmittel ist **revisionsähnlich ausgestaltet** und dient der **Überprüfung der Rechtsanwendung**,[136] nicht der Tatsachenfeststellungen.[137] Damit wird auch für Nebenentscheidungen der Rechtsweg zum BAG eröffnet. 57

Eine **Nichtzulassungsbeschwerde** entsprechend den Bestimmungen der Revision und der Rechtsbeschwerde nach § 92 Abs. 1[138] ist **nicht vorgesehen**.[139] § 78 Satz 2 nimmt für die Zulassung der Rechtsbeschwerde nur auf § 72 Abs. 2 Bezug, nicht auch auf § 72a.[140] Eine dennoch eingelegte Nichtzulassungsbeschwerde ist unstatthaft.[141] 58

Der Gesetzgeber erwartet sich eine **Vereinheitlichung der Rechtsprechung** auf Gebieten, in denen nach der bisherigen Gesetzeslage Entscheidungen eines Obersten Gerichtshofs des Bundes nicht möglich waren.[142] 59

2. Statthaftigkeit

§ 574 ZPO Rechtsbeschwerde; Anschlussrechtsbeschwerde

(1) Gegen einen Beschluss ist die Rechtsbeschwerde statthaft, wenn
1. *dies im Gesetz ausdrücklich bestimmt ist oder*
2. *das Beschwerdegericht, das Berufungsgericht oder das Oberlandesgericht im ersten Rechtszug sie in dem Beschluss zugelassen hat.*

§ 542 Abs. 2 gilt entsprechend.

(2) In den Fällen des Absatzes 1 Nr. 1 ist die Rechtsbeschwerde nur zulässig, wenn
1. *die Rechtssache grundsätzliche Bedeutung hat oder*
2. *die Fortbildung des Rechts oder die Sicherung einer einheitlichen Rechtsprechung eine Entscheidung des Rechtsbeschwerdegerichts erfordert.*

(3) In den Fällen des Absatzes 1 Nr. 2 ist die Rechtsbeschwerde zuzulassen, wenn die Voraussetzungen des Absatzes 2 vorliegen. Das Rechtsbeschwerdegericht ist an die Zulassung gebunden.

---

134 Schwab/Weth/Schwab § 78 Rn 63.
135 BAG, 27.10.2014 – 10 AZB 93/14, NZA 2015, 182.
136 Vgl. § 576 ZPO.
137 BAG, 05.11.2003 – 10 AZB 59/03, NZA 2003, 1421.
138 §§ 72a, 92a.
139 BAG, 19.09.2007 – 3 AZB 11/07, NZA 2008, 1030; BAG, 19.12.2002 – 5 AZB 54/02, NJW 2003, 1069 = NZA 2003, 287.
140 BAG, 03.06.2015 – 2 AZB 116/14, NZA 2015, 894.
141 BAG, 11.06.2009 – 9 AZA 8/09, NZA 2009, 1374.
142 BT-Drs. 14/4722, S. 116; Rummel NZA 2004, 419.

(4) Der Rechtsbeschwerdegegner kann sich bis zum Ablauf einer Notfrist von einem Monat nach der Zustellung der Begründungsschrift der Rechtsbeschwerde durch Einreichen der Rechtsbeschwerdeanschlussschrift beim Rechtsbeschwerdegericht anschließen, auch wenn er auf die Rechtsbeschwerde verzichtet hat, die Rechtsbeschwerdefrist verstrichen oder die Rechtsbeschwerde nicht zugelassen worden ist. Die Anschlussbeschwerde ist in der Anschlussschrift zu begründen. Die Anschließung verliert ihre Wirkung, wenn die Rechtsbeschwerde zurückgenommen oder als unzulässig verworfen wird.

60 Die Rechtsbeschwerde findet statt gegen **Entscheidungen des LAG** über eine sofortige Beschwerde oder bei prozessualen Nebenentscheidungen des LAG, in denen es als Berufungsgericht tätig ist. Das **LAG** kann die Rechtsbeschwerde auch bei **eigenen Erstentscheidungen** außerhalb des Hauptsache-/Erkenntnisverfahrens zulassen.[143] Die Zulassung einer (Sprung-) Rechtsbeschwerde durch das ArbG ist nicht möglich.[144] Sie ist weiterhin **gegen Entscheidungen i.R.d. Beschlussverfahrens nach §§ 80 ff. statthaft**.[145]

61 Die **Statthaftigkeit** der Rechtsbeschwerde ergibt sich aus § 574 Abs. 1 Nr. 1 ZPO, wenn das Rechtsmittel **im Gesetz ausdrücklich vorgesehen** ist. Diese Bestimmung hat derzeit im arbeitsgerichtlichen Verfahren keinen Anwendungsbereich.[146] Die in § 522 Abs. 1 Satz 4 ZPO vorgesehene Rechtsbeschwerde bei Verwerfung einer Berufung durch Beschluss als unzulässig wird durch die eigenständige Regelung der Revisionsbeschwerde in § 77 verdrängt.[147]

62 Darüber hinaus ist die Rechtsbeschwerde statthaft, wenn sie **vom LAG im Beschluss zugelassen wurde** (§ 574 Abs. 1 Nr. 2 ZPO). Dies richtet sich nach § 78 Satz 2 und abweichend von § 574 Abs. 2 ZPO nach den Zulassungsgründen für die Revision gem. § 72 Abs. 2.[148] Danach ist die Rechtsbeschwerde zuzulassen wegen grundsätzlicher Bedeutung einer Rechtsfrage, Divergenz, wegen eines absoluten Rechtsbeschwerdegrundes (§ 547 Nr. 1 bis 5 ZPO analog) oder einer entscheidungserheblichen Verletzung des Anspruchs auf rechtliches Gehör. Es ist **von Amts wegen** zu entscheiden. Die Zulassung muss vom LAG in der Entscheidung ausdrücklich ausgesprochen werden.[149] Bei nicht verkündeten Beschlüssen kann die Zulassungsentscheidung in den Gründen erfolgen.[150] Bei verkündeten Beschlüssen ist § 64 Abs. 3a entsprechend anwendbar.[151] Die Zulassung ist für das BAG insoweit **bindend**, als es die zugelassene Rechtsbeschwerde nicht deshalb verwerfen kann, weil es die Zulassungsvoraussetzungen für nicht gegeben hält. Ist ein Rechtsmittel durch Gesetz ausgeschlossen, führt die Zulassung durch das LAG nicht zu dessen Statthaftigkeit,[152] denn die Zulassung kann die gesetzlich festgelegte Prüfungskompetenz des Rechtsbeschwerdegerichts nicht erweitern.[153] Im Verfahren über die Bewilligung von PKH kommt die Zulassung nur wegen solcher Rechtsfragen in Betracht, die das Verfahren oder die persönlichen und wirtschaftlichen Voraussetzungen ihrer Bewilligung, nicht aber die Erfolgsaussicht der beabsichtigten Rechtsverfolgung betreffen.[154] Hält das LAG wegen der Erfolgsaussichten der beabsichtigten Rechtsverfolgung die Voraussetzungen des § 574 Abs. 3 Satz 1 i.V.m. Abs. 2 ZPO für gegeben, muss es PKH bewilligen.

---

143 BAG, 03.06.2015 – 2 AZB 116/14, NZA 2015, 894; LAG Baden-Württemberg, 05.06.2007 – 4 TaBV 5/06, JurionRS 2007, 48513; GMPMG/Müller-Glöge § 78 Rn 38; GK-ArbGG/Ahrendt § 78 Rn 90.
144 BGH, 10.10.2006 – X ZB 6/06, NJW-RR 2007, 285.
145 BAG, 25.08.2004 – 1 AZB 41/03, AP Nr. 41 zu § 23 BetrVG 1972.
146 Ostrowicz/Künzl/Scholz/Ostrowicz Rn 657.
147 BAG, 06.01.2015 – 6 AZB 105/14, NZA 2015, 316.
148 Im Einzelnen § 72.
149 BGH, 24.11.2003 – II ZB 37/02, NJW 2004, 779.
150 BAG, 17.01.2007 – 5 AZB 43/06, NZA 2007, 644.
151 ErfK/Koch § 78 ArbGG Rn 9; GMPMG/Müller-Glöge § 78 Rn 40 und 42.
152 BAG, 05.11.2003 – 10 AZB 59/03, NZA 2003, 1421.
153 BGH, 29.01.2009 – VII ZB 79/08, NJW 2009, 1974.
154 BAG, 05.04.2006 – 3 AZB 61/04, NZA 2006, 694.

Es darf diese nicht verweigern und gleichzeitig die Rechtsbeschwerde wegen der aufgeworfenen Rechtsfragen zulassen.[155]

Die Rechtsbeschwerde ist auf diejenigen **Verfahren** beschränkt, die dem **Recht der ZPO unterliegen**.[156] Das betrifft etwa das Kostenfestsetzungsverfahren nach §§ 103 ff. ZPO[157] und das Verfahren der Klauselerteilung.[158] 63

▶ **Hinweis:**

Ausgeschlossen ist die Rechtsbeschwerde im einstweiligen Verfügungsverfahren,[159] bei der Streitwertfestsetzung[160] und gegen Zwangsvollstreckungsmaßnahmen.[161]

Im Verfahren über die nachträgliche Zulassung der Kündigungsschutzklage war für § 5 Abs. 4 KSchG a.F. streitig, ob die Rechtsbeschwerde statthaft war.[162] Nach der zum 01.04.2008 in Kraft getretenen **Neuregelung des § 5 KSchG** durch Art. 3 des Gesetzes zur Änderung des Sozialgerichtsgesetzes und des Arbeitsgerichtsgesetzes vom 26.03.2008[163] ist für § 5 Abs. 4 und 5 KSchG n.F. geklärt, dass die Arbeitsgerichte über die nachträgliche Klagezulassung durch Urteil oder Zwischenurteil zu entscheiden haben. Der nunmehr unter den Voraussetzungen des § 72 Abs. 1 eröffnete Weg zum BAG ermöglicht eine bundeseinheitliche Rechtsanwendung.[164] Da eine Übergangsregelung fehlt, ist nach den Grundsätzen des intertemporalen Prozessrechts § 5 KSchG n.F. auch auf solche Anträge anzuwenden, die vor dem 01.04.2008 eingereicht wurden. Selbst wenn das ArbG bereits vor dem 01.04.2008 über den Antrag durch Beschluss entschieden hat, muss das LAG über die hiergegen gerichtete sofortige Beschwerde nicht durch Beschluss, sondern durch (Zwischen-) Urteil entscheiden.[165] Gleiches gilt, wenn das ArbG nach dem 01.04.2008 rechtsfehlerhaft durch Beschluss statt durch Urteil über den Antrag auf nachträgliche Klagezulassung entscheidet.[166] 64

Ist die Rechtsbeschwerde nicht statthaft, eröffnet die Zulassung im Beschluss des LAG das Rechtsmittel nicht. Die Bindungswirkung nach § 574 Abs. 3 Satz 2 ZPO bezieht sich nur auf das Vorliegen der Zulassungsgründe i.S.d. § 72 Abs. 2.[167] 65

3. Verfahren

Das Verfahren der Rechtsbeschwerde richtet sich nach den §§ 574 bis 577 ZPO. Es ist dem **Revisionsrecht weitgehend nachgebildet**. 66

---

155 BGH, 13.12.2005 – VI ZB 76/04, VersR 2006, 718.
156 BAG, 17.03.2003 – 2 AZB 21/02, NZA 2003, 682.
157 BAG, 19.02.2013 – 10 AZB 2/13, NZA 2013, 395.
158 GMPMG/Müller-Glöge § 78 Rn 46; BCF/Friedrich § 78 Rn 7b.
159 Dies ergibt sich jetzt aus § 574 Abs. 1 Satz 2 ZPO i.V.m. § 542 Abs. 2 Satz 1 ZPO: BGH, 15.01.2009 – V ZB 130/08, WuM 2009, 145; Baumbach/Lauterbach/Albers/Hartmann § 574 ZPO Rn 4. Zur Rechtslage vor der Einfügung des § 574 Abs. 1 Satz 2 ZPO: BAG, 22.01.2003 – 9 AZB 7/03, NJW 2003, 1621 = NZA 2003, 399; BGH, 10.10.2002 – VII ZB 11/02, NJW 2003, 69.
160 BAG, 17.03.2003 – 2 AZB 21/02, NZA 2003, 682.
161 BAG, 05.11.2003 – 10 AZB 59/03, NZA 2003, 1421.
162 Verneinend BAG, 15.09.2005 – 3 AZB 48/05, NZA-RR 2006, 211; 20.08.2002 – 2 AZB 16/02, NJW 2002, 3650 = NZA 2002, 1228; bejahend LAG Düsseldorf, 30.07.2002 – 15 Ta 282/02, NZA-RR 2003, 80; Treber jurisPR-ArbR 27/2006 Anm. 6.
163 BGBl. I, S. 444, 448.
164 Francken/Natter/Rieker NZA 2008, 377, 380.
165 BAG, 28.05.2009 – 2 AZR 548/08, NJW 2009, 2971 = NZA 2009, 1052; BAG, 11.12.2008 – 2 AZR 472/08, NJW 2009, 2841 = NZA 2009, 692.
166 LAG Köln, 22.12.2010 – 8 Sa 1195/10, JurionRS 2010, 31834.
167 BAG, 22.07.2008 – 3 AZB 26/08, NJW 2009, 935 = NZA 2009, 453; 22.01.2003 – 9 AZB 7/03, NJW 2003, 1621 = NZA 2003, 399.

§ 575 ZPO Frist, Form und Begründung der Rechtsbeschwerde

(1) Die Rechtsbeschwerde ist binnen einer Notfrist von einem Monat nach Zustellung des Beschlusses durch Einreichen einer Beschwerdeschrift bei dem Rechtsbeschwerdegericht einzulegen. Die Rechtsbeschwerdeschrift muss enthalten:
1. die Bezeichnung der Entscheidung, gegen die die Rechtsbeschwerde gerichtet wird und
2. die Erklärung, dass gegen diese Entscheidung Rechtsbeschwerde eingelegt werde.

Mit der Rechtsbeschwerdeschrift soll eine Ausfertigung oder beglaubigte Abschrift der angefochtenen Entscheidung vorgelegt werden.

(2) Die Rechtsbeschwerde ist, sofern die Beschwerdeschrift keine Begründung enthält, binnen einer Frist von einem Monat zu begründen. Die Frist beginnt mit der Zustellung der angefochtenen Entscheidung. § 551 Abs. 2 Satz 5 und 6 gilt entsprechend.

(3) Die Begründung der Rechtsbeschwerde muss enthalten:
1. die Erklärung, inwieweit die Entscheidung des Beschwerdegerichts oder des Berufungsgerichts angefochten und deren Aufhebung beantragt werde (Rechtsbeschwerdeanträge),
2. in den Fällen des § 574 Abs. 1 Nr. 1 eine Darlegung zu den Zulässigkeitsvoraussetzungen des § 574 Abs. 2,
3. die Angabe der Rechtsbeschwerdegründe, und zwar
    a) die bestimmte Bezeichnung der Umstände, aus denen sich die Rechtsverletzung ergibt;
    b) soweit die Rechtsbeschwerde darauf gestützt wird, dass das Gesetz in Bezug auf das Verfahren verletzt sei, die Bezeichnung der Tatsachen, die den Mangel ergeben.

(4) Die allgemeinen Vorschriften über die vorbereitenden Schriftsätze sind auch auf die Beschwerde- und die Begründungsschrift anzuwenden. Die Beschwerde- und die Begründungsschrift sind der Gegenpartei zuzustellen.

(5) Die §§ 541 und 570 Abs. 1, 3 gelten entsprechend.

§ 576 ZPO Gründe der Rechtsbeschwerde

(1) Die Rechtsbeschwerde kann nur darauf gestützt werden, dass die Entscheidung auf der Verletzung des Bundesrechts oder einer Vorschrift beruht, deren Geltungsbereich sich über den Bezirk eines Oberlandesgerichts hinaus erstreckt.

(2) Die Rechtsbeschwerde kann nicht darauf gestützt werden, dass das Gericht des ersten Rechtszuges seine Zuständigkeit zu Unrecht angenommen oder verneint hat.

(3) Die §§ 546, 547, 556 und 560 gelten entsprechend.

§ 577 ZPO Prüfung und Entscheidung der Rechtsbeschwerde

(1) Das Rechtsbeschwerdegericht hat von Amts wegen zu prüfen, ob die Rechtsbeschwerde an sich statthaft und ob sie in der gesetzlichen Form und Frist eingelegt und begründet ist. Mangelt es an einem dieser Erfordernisse, so ist die Rechtsbeschwerde als unzulässig zu verwerfen.

(2) Der Prüfung des Rechtsbeschwerdegerichts unterliegen nur die von den Parteien gestellten Anträge. Das Rechtsbeschwerdegericht ist an die geltend gemachten Rechtsbeschwerdegründe nicht gebunden. Auf Verfahrensmängel, die nicht von Amts wegen zu berücksichtigen sind, darf die angefochtene Entscheidung nur geprüft werden, wenn die Mängel nach § 575 Abs. 3 und § 574 Abs. 4 Satz 2 gerügt worden sind. § 559 gilt entsprechend.

(3) Ergibt die Begründung der angefochtenen Entscheidung zwar eine Rechtsverletzung, stellt die Entscheidung selbst aber aus anderen Gründen sich als richtig dar, so ist die Rechtsbeschwerde zurückzuweisen.

(4) Wird die Rechtsbeschwerde für begründet erachtet, ist die angefochtene Entscheidung aufzuheben und die Sache zur erneuten Entscheidung zurückzuverweisen. § 562 Abs. 2 gilt entsprechend. Die Zurückverweisung kann an einen anderen Spruchkörper des Gerichts erfolgen, das die angefochtene Entscheidung erlassen hat. Das Gericht, an das die Sache zurückverwiesen ist, hat die rechtliche Beurteilung, die der Aufhebung zugrunde liegt, auch seiner Entscheidung zugrunde zu legen.

(5) Das Rechtsbeschwerdegericht hat in der Sache selbst zu entscheiden, wenn die Aufhebung der Entscheidung nur wegen Rechtsverletzung bei Anwendung des Rechts auf das festgestellte Sachverhältnis erfolgt und nach letzterem die Sache zur Endentscheidung reif ist. § 563 Abs. 4 gilt entsprechend.

(6) Die Entscheidung über die Rechtsbeschwerde ergeht durch Beschluss. § 564 gilt entsprechend. Im Übrigen kann von einer Begründung abgesehen werden, wenn sie nicht geeignet wäre, zur Klärung von Rechtsfragen grundsätzlicher Bedeutung, zur Fortbildung des Rechts oder zur Sicherung einer einheitlichen Rechtsprechung beizutragen.

Die Rechtsbeschwerde ist binnen einer **Notfrist von einem Monat** nach Zustellung der angegriffenen Entscheidung beim BAG **einzulegen**.[168] Ist die den Fristbeginn für die Einlegung und Begründung der Rechtsbeschwerde auslösende **Zustellung** des angefochtenen Beschlusses **unterblieben**, so kann die Rechtsbeschwerde ab der **formlosen Mitteilung** des Beschlusses eingelegt werden.[169] Die Einlegung der Rechtsbeschwerde beim LAG wahrt die Notfrist nicht. Ein Abhilfeverfahren findet nicht statt. Nach § 11 Abs. 4 besteht Vertretungszwang. Der Inhalt der Rechtsbeschwerdeschrift ergibt sich aus § 575 Abs. 1 Satz 2, Abs. 3 ZPO und entspricht den §§ 519 Abs. 2, 549 Abs. 1 Satz 2 ZPO. Anders als bei der Revision[170] ist die Rechtsbeschwerde **binnen eines Monats ab Zustellung der Entscheidung zu begründen**.[171] Die Frist kann aber entsprechend § 551 Abs. 2 Satz 5 und 6 ZPO verlängert werden.[172] Die Einzelheiten der Rechtsbeschwerdebegründung ergeben sich aus § 575 Abs. 3 ZPO. Dies entspricht den Regelungen im Revisionsrecht. Auch neue Tatsachen können nur wie im Revisionsverfahren vorgebracht werden.[173] Weitere Verfahrensvorschriften enthält § 575 Abs. 4 und 5 ZPO. 67

Die Möglichkeit der **Anschlussrechtsbeschwerde** ist in § 574 Abs. 4 ZPO geregelt und entspricht weitgehend dem § 554 ZPO über die Anschlussrevision. Sie ist allerdings – ebenso wie die Rechtsbeschwerde – innerhalb der Anschlussfrist von einem Monat zu begründen.[174] 68

Über die Rechtsbeschwerde **entscheidet das BAG ohne Heranziehung der ehrenamtlichen Richter (§ 78 Satz 3) durch Beschluss,**[175] wobei die Anordnung der mündlichen Verhandlung im Ermessen des Gerichts liegt.[176] Die Prüfung des Rechtsmittels sowie der Inhalt der Entscheidung entsprechen den revisionsrechtlichen Bestimmungen der §§ 552, 557, 559, 561 bis 564 ZPO. Das betrifft die Prüfung der Zulässigkeit der Rechtsbeschwerde[177] und den Umfang der Begründetheitsprüfung.[178] Wie bei der Revision ist die Rechtsbeschwerde auch dann zurückzuweisen, wenn der angegriffene Beschluss im Ergebnis richtig ist.[179] Die angefochtene Entscheidung ist aufzuheben, wenn die Rechtsbeschwerde begründet ist. Das BAG kann die Sache entweder zur erneuten Entscheidung 69

---

168 § 575 Abs. 1 Satz 1 ZPO.
169 BAG, 18.05.2010 – 3 AZB 9/10, NJW 2010, 2748.
170 § 74 Abs. 1 Satz 1.
171 BAG, 29.03.2006 – 3 AZB 69/05, NJW 2006, 1997 = NZA 2006, 693.
172 ErfK/Koch § 78 ArbGG Rn 10; GMPMG/Müller-Glöge § 78 Rn 52.
173 GWBG/Benecke § 78 Rn 14.
174 Ostrowicz/Künzl/Scholz/Ostrowicz Rn 661.
175 BCF/Friedrich § 78 Rn 9.
176 § 128 Abs. 4 ZPO.
177 § 577 Abs. 1 ZPO.
178 § 577 Abs. 2 bis 4 ZPO.
179 § 577 Abs. 3 ZPO.

zurückverweisen[180] oder bei Entscheidungsreife selbst abschließend über sie entscheiden.[181] Bei Zurückverweisung muss das Beschwerdegericht den Parteien ausreichend Gelegenheit geben, sich erneut zur Sache zu äußern.[182]

70 Unter den Voraussetzungen des § 577 Abs. 6 Satz 3 ZPO kann das BAG von einer **Begründung** seines Beschlusses **absehen**. Eine weiter gehende Begründung ist auch verfassungsrechtlich nicht geboten.[183]

VI. Verhältnis zu anderen Rechtsbehelfen

71 Das Rechtsmittel nach § 78 ist nicht zu verwechseln mit der **Beschwerde nach § 87 Abs. 1** gegen die das Verfahren beendenden Beschlüsse des ArbG im Beschlussverfahren. Die Beschwerde nach § 87 Abs. 1 entspricht funktionell vielmehr der Berufung im Urteilsverfahren. Gleiches gilt für die **Rechtsbeschwerde nach § 92**, die das der Revision entsprechende Rechtsmittel im Beschlussverfahren nach den §§ 80 ff. regelt. Ein eigenständiger Rechtsbehelf ist schließlich die **Nichtzulassungsbeschwerde** nach §§ 72a, 92a. Soweit allerdings **Verfahrensbeschwerden und Beschwerden in Nebenverfahren** betroffen sind (z.B. Ordnungsgeld-, Protokollberichtigungs-, Streitwert- und Vollstreckungsbeschwerden), ist gem. § 83 Abs. 5 die Vorschrift des § 78 **auch im Beschlussverfahren** anwendbar.[184]

72 Neben der ordentlichen Beschwerde hatte die Rechtsprechung *praeter legem* zwei außerordentliche Rechtsbehelfe etabliert: die **außerordentliche Beschwerde** wegen sog. greifbarer Gesetzeswidrigkeit und die **Gegenvorstellung**. Erstere wurde in »wirklichen Ausnahmefällen krassen Unrechts«[185] gegen Beschlüsse gegeben, die mit der ordentlichen Beschwerde nicht mehr anfechtbar waren, im Ergebnis also dann, wenn die Entscheidung mit der Rechtsordnung schlichtweg unvereinbar war.[186]

73 Nach der Plenumsentscheidung des BVerfG vom 30.04.2003[187] ist die außerordentliche Beschwerde wegen Verstoßes gegen das Rechtsstaatsprinzip i.V.m. dem allgemeinen Justizgewährungsanspruch **verfassungswidrig**. Die **außerordentliche Beschwerde** ist somit **kein statthafter Rechtsbehelf** mehr.[188] Das BVerfG hatte dem Gesetzgeber aufgegeben, etwaige Rechtsschutzlücken bis zum Ende des Jahres 2004 zu schließen. Dem dient das am 01.01.2005 in Kraft getretene Gesetz über die Rechtsbehelfe bei Verletzung des Anspruchs auf rechtliches Gehör (Anhörungsrügengesetz). Danach ist die Gehörsrüge gegen alle unanfechtbaren Entscheidungen statthaft und im ArbGG in § 78a eigenständig geregelt.

74 Hinweis: Nach der Rspr. des BAG folgt aus dem Gebot der Rechtsmittelklarheit nicht die Unzulässigkeit von der Rechtsprechung entwickelter Rechtsbehelfe von Verfassungs wegen. Es ist möglich, soweit dafür Anhaltspunkte im Gesetz gegeben sind, Rechtsmittel für statthaft zu halten. Dies kann z.B. der Fall sein, wenn die Voraussetzungen einer Analogie vorliegen[189] oder ein Erst-Recht-Schluss möglich ist.[190]

---

180 § 577 Abs. 4 ZPO.
181 § 577 Abs. 5 ZPO.
182 BGH, 06.10.2005 – IX ZB 417/02, NJW-RR 2005, 1727.
183 BGH, 12.01.2006 – IX ZB 223/04, FamRZ 2006, 408; kritisch Knauer/Wolf NJW 2004, 2857, 2865.
184 GK-ArbGG/Ahrendt § 78 Rn 13; HWK/Kalb § 78 ArbGG Rn 4.
185 BAG, 21.04.1998 – 2 AZB 4/98, NZA 1998, 1357.
186 So z.B. BAG, 10.07.1996 – 4 AZB 9/96, NZA 1997, 515.
187 BVerfG, 30.04.2003 – 1 PBvU 1/02, NJW 2003, 1924.
188 BAG, 03.02.2009 – 3 AZB 101/08, NZA 2009, 396; 25.11.2008 – 3 AZB 64/08, NJW 2009, 1161 = NZA 2009, 332; LAG Köln, 14.06.2010 – 4 Ta 211/10, JurionRS 2010, 20745.
189 BAG, 25.11.2008 – 3 AZB 64/08, NJW 2009, 1161 = NZA 2009, 332.
190 BAG, 22.04.2009 – 3 AZB 97/08, NZA 2009, 804.

Bisher erkannten einige LAG zur **Vermeidung einer unangemessenen Verfahrensdauer** eine 75
(außerordentliche) **Beschwerdemöglichkeit** an. Die beschwerdeführende Partei musste hierzu eine
unzumutbare Verzögerung des Rechtsstreits darlegen, die auf einen Rechtsverlust oder eine Rechtsverweigerung hinauslief.[191]

Mittlerweile hat der Gesetzgeber mit dem Gesetz über den Rechtsschutz bei überlangen Gerichts- 76
verfahren und strafrechtlichen Ermittlungsverfahren vom 24.11.2011[192] eine Regelung getroffen,
die für eine außerhalb des geschriebenen Rechts bestehende Beschwerde keinen Raum mehr lässt.
Der Gesetzgeber hat ausweislich seiner Gesetzesbegründung die konkret-präventive Beschleunigungswirkung der neu eingeführten **Verzögerungsrüge**[193] als **verfahrensrechtlich ausreichend**
betrachtet und von einer **Beschwerdemöglichkeit** für den Fall der Nichtabhilfe ausdrücklich **abgesehen**, »um die Belastungen für die Praxis begrenzt zu halten«.[194] Gem. Art. 23 des Gesetzes (Übergangsvorschrift) ist der Rechtsbehelf der Verzögerungsrüge auch auf solche Verfahren anzuwenden,
die bei seinem Inkrafttreten am 03.12.2011 bereits anhängig waren.[195] Eine planwidrige Regelungslücke, die durch einen von der Rechtsprechung entwickelten Rechtsbehelf geschlossen werden
könnte, besteht nicht mehr, weshalb eine **Untätigkeitsbeschwerde** jedenfalls nach Einführung der
Verzögerungsrüge **nicht mehr statthaft** ist.[196] Das vom EGMR in seinem Urteil vom 15.01.2015[197]
monierte Defizit der derzeitigen gesetzlichen Regelung betrifft nur familiengerichtliche Verfahren
i.S.d. § 155 FamFG.[198] Die Möglichkeit, Maßnahmen der Dienstaufsicht zu beantragen, wird von
der Neuregelung dagegen nicht berührt.[199]

Die **Gegenvorstellung**, mit der eine Partei beim Gericht die Abänderung einer mit Rechtsmit- 77
tel nicht anfechtbaren Entscheidung begehrt, sollte bei abänderbaren Entscheidungen die Funktion der außerordentlichen Beschwerde übernehmen sowie bei Verstößen gegen das rechtliche
Gehör und die Rechtsschutzgleichheit zulässig sein. Im Bereich der Willkür wurde sie ggü. der
außerordentlichen Beschwerde überwiegend als der speziellere, weil »einfachere« Rechtsbehelf
angesehen.[200]

Im Anschluss an die Entscheidung des BVerfG vom 08.02.2006[201] war teilweise angenommen 78
worden, dass die Gegenvorstellung die Anforderungen an die Rechtsmittelklarheit nicht erfülle und
deshalb generell unstatthaft sei.[202] Das BVerfG hat nunmehr klargestellt, dass eine Gegenvorstellung weder aus verfassungsrechtlichen Gründen noch nach der Rechtsprechung der Fachgerichte
als generell unzulässig anzusehen ist.[203] Der der Gegenvorstellung eröffnete **Anwendungsbereich**

---

191 Sächsisches LAG, 14.03.2008 – 4 Ta 347/07 (7), LAGE Art. 19 GG Nr. 1; an der Statthaftigkeit
  einer Untätigkeitsbeschwerde im Hinblick auf das Gebot der Rechtsmittelklarheit zweifelnd BVerfG,
  20.09.2007 – 1 BvR 775/07, NJW 2008, 503; BAG, 25.11.2008 – 3 AZB 64/08, NJW 2009, 1161 =
  NZA 2009, 332.
192 BGBl. I, S. 2302.
193 § 9 Abs. 2 Satz 2 i.V.m. § 198 Abs. 3 GVG; vgl. hierzu i.E. § 9 Rdn. 33 ff.
194 BT-Drs. 17/3802, S. 16.
195 BVerfG, 21.12.2011 – 1 BvQ 44/11, BayVBl. 2012, 314.
196 BGH, 20.11.2012 – VIII ZB 49/12, NJW 2013, 385; GK-ArbGG/Ahrendt § 78 Rn 36.
197 EGMR, 15.01.2015 – 62198/11, NJW 2015, 1433.
198 Steinbeiß-Winkelmann NJW 2015, 1437, 1438.
199 Althammer/Schäuble NJW 2012, 1, 5.
200 BAG, 22.10.1999 – 5 AZB 21/99, NZA 2000, 503; s.a. LAG Rheinland-Pfalz, 28.05.1997 – 8 Ta
  254/96, NZA 1998, 55: Abänderung eines rechtskräftigen Beschlusses nach § 5 Abs. 4 KSchG a.F. aufgrund einer Gegenvorstellung bei Verletzung des rechtlichen Gehörs.
201 BVerfG, 08.02.2006 – 2 BvR 575/05, NJW 2006, 2907.
202 BVerwG, 11.01.2007 – 8 KSt 17/06, JurionRS 2007, 10269; BFH, 26.09.2007 – V S 10/07,
  NJW 2008, 543.
203 BVerfG, 25.11.2008 – 1 BvR 848/07, NJW 2009, 829.

beschränkt sich nunmehr aber auf noch abänderbare Entscheidungen der betreffenden Instanz.[204] **Ausgeschlossen** ist die Gegenvorstellung damit gegen rechtskräftige Urteile[205] und sonstige Entscheidungen, die durch den Ablauf einer Rechtsmittelfrist in **materieller Rechtskraft** erwachsen.[206] Die **Gegenvorstellung** ist in analoger Anwendung von § 78a Abs. 2 **fristgebunden** und unterliegt einer **zweiwöchigen Einlegungsfrist**.[207]

79 ▶ Hinweis:

> Eine Gegenvorstellung hält die Monatsfrist des § 93 Abs. 1 Satz 1 BVerfG zur Einlegung und Begründung einer Verfassungsbeschwerde nicht ein, da die Gegenvorstellung nicht zum Rechtsweg gehört und ihre Einlegung auch nicht vom Subsidiaritätsgrundsatz gefordert wird.[208]

§ 78a Abhilfe bei Verletzung des Anspruchs auf rechtliches Gehör

(1) ¹Auf die Rüge der durch die Entscheidung beschwerten Partei ist das Verfahren fortzuführen, wenn
1. ein Rechtsmittel oder ein anderer Rechtsbehelf gegen die Entscheidung nicht gegeben ist und
2. das Gericht den Anspruch dieser Partei auf rechtliches Gehör in entscheidungserheblicher Weise verletzt hat.

²Gegen eine der Endentscheidung vorausgehende Entscheidung findet die Rüge nicht statt.

(2) ¹Die Rüge ist innerhalb einer Notfrist von zwei Wochen nach Kenntnis von der Verletzung des rechtlichen Gehörs zu erheben; der Zeitpunkt der Kenntniserlangung ist glaubhaft zu machen. ²Nach Ablauf eines Jahres seit Bekanntgabe der angegriffenen Entscheidung kann die Rüge nicht mehr erhoben werden. ³Formlos mitgeteilte Entscheidungen gelten mit dem dritten Tage nach Aufgabe zur Post als bekannt gegeben. ⁴Die Rüge ist schriftlich bei dem Gericht zu erheben, dessen Entscheidung angegriffen wird. ⁵Die Rüge muss die angegriffene Entscheidung bezeichnen und das Vorliegen der in Absatz 1 Satz 1 Nr. 2 genannten Voraussetzungen darlegen.

(3) Dem Gegner ist, soweit erforderlich, Gelegenheit zur Stellungnahme zu geben.

(4) ¹Das Gericht hat von Amts wegen zu prüfen, ob die Rüge an sich statthaft und ob sie in der gesetzlichen Form und Frist erhoben ist. ²Mangelt es an einem dieser Erfordernisse, so ist die Rüge als unzulässig zu verwerfen. ³Ist die Rüge unbegründet, weist das Gericht sie zurück. ⁴Die Entscheidung ergeht durch unanfechtbaren Beschluss. ⁵Der Beschluss soll kurz begründet werden.

(5) ¹Ist die Rüge begründet, so hilft ihr das Gericht ab, indem es das Verfahren fortführt, soweit dies aufgrund der Rüge geboten ist. ²Das Verfahren wird in die Lage zurückversetzt, in der es sich vor dem Schluss der mündlichen Verhandlung befand. ³§ 343 der Zivilprozessordnung gilt entsprechend. ⁴In schriftlichen Verfahren tritt an die Stelle des Schlusses der mündlichen Verhandlung der Zeitpunkt, bis zu dem Schriftsätze eingereicht werden können.

(6) ¹Die Entscheidungen nach den Absätzen 4 und 5 erfolgen unter Hinzuziehung der ehrenamtlichen Richter. ²Die ehrenamtlichen Richter wirken nicht mit, wenn die Rüge als unzulässig verworfen wird oder sich gegen eine Entscheidung richtet, die ohne Hinzuziehung der ehrenamtlichen Richter erlassen wurde.

---

204 BAG, 10.10.2012 – 5 AZN 991/12 (A), NJW 2013, 1549 = NZA 2013, 167; BFH, 01.07.2009 – V S 10/07, NJW 2009, 3053.
205 BVerwG, 03.05.2011 – 6 KSt 1/11, NVwZ-RR 2011, 709.
206 GK-ArbGG/Ahrendt § 78 Rn 17.
207 Vgl. BGH, 08.09.2004 – X ZR 68/99, MDR 2005, 407; OLG Koblenz, 10.03.2014 – 3 U 1287/13, MDR 2014, 986; OLG Dresden, 17.10.2005 – 21 UF 527/04, NJW 2006, 851; a.A. Zöller/Heßler § 567 ZPO Rn 22.
208 BVerfG, 25.11.2008 – 1 BvR 848/07, NJW 2009, 829.

(7) § 707 der Zivilprozessordnung ist unter der Voraussetzung entsprechend anzuwenden, dass der Beklagte glaubhaft macht, dass die Vollstreckung ihm einen nicht zu ersetzenden Nachteil bringen würde.

(8) Auf das Beschlussverfahren finden die Absätze 1 bis 7 entsprechende Anwendung

Übersicht

	Rdn.		Rdn.
I. Entstehungsgeschichte	1	VI. Verfahren	36
II. Normzweck und Regelungskonzeption	6	1. Form	36
III. Statthaftigkeit	9	2. Frist	42
1. Allgemeines	9	3. Rüge- und Abhilfeverfahren	46
2. Subsidiarität	15	a) Grundsatz	46
a) Grundsatz	15	b) Zulässigkeitsprüfung	49
b) Einzelfälle	17	c) Begründetheitsprüfung	52
IV. Rügeberechtigung	21	d) Fortsetzungsverfahren	54
V. Gehörsverletzung als Rügegrund	24	e) Beteiligung der ehrenamtlichen Richter (Abs. 6)	57
1. Begrenzung des Rechtsbehelfs auf die Gehörsverletzung	24	VII. Zwangsvollstreckung (Abs. 7)	59
2. Einzelfälle	31	VIII. Kosten des Rügeverfahrens	60

I. Entstehungsgeschichte

Die Vorschrift wurde durch das am 01.01.2005 in Kraft getretene Gesetz über die Rechtsbehelfe bei Verletzung des Anspruchs auf rechtliches Gehör[1] neu in das ArbGG eingefügt.[2] Zuvor fand aufgrund der Verweisung in § 46 Abs. 2 die Gehörsrüge nach § 321a ZPO a.F. Anwendung.[3] **1**

Der Gesetzgeber hatte im Zivilprozess erstmals durch das ZPO-RG die **Möglichkeit einer fachgerichtlichen Abhilfe** bei einer Verletzung des Grundrechts auf rechtliches Gehör vorgesehen – sog. **Gehörsrüge nach § 321a ZPO a.F.**[4] Durch die Neuregelung kam der Gesetzgeber den Forderungen nach einer Entlastung des BVerfG nach.[5] Die gleichzeitig eingeführte generelle Abhilfemöglichkeit des *iudex a quo* i.R.d. sofortigen Beschwerde nach § 571 ZPO sollte zu einem Rückgang von außerordentlichen Beschwerden in Fällen von Gehörsverletzungen führen.[6] **2**

Der neue Rechtsbehelf stand nach dem Gesetzeswortlaut jedoch nur den erstinstanzlichen Gerichten im Fall unanfechtbarer Urteile zur Verfügung – wenngleich sowohl in der **Rechtspraxis** als auch in der **Literatur** eine **entsprechende Anwendung von § 321a ZPO a.F. auf alle bindenden und unanfechtbaren Entscheidungen**[7] und **auf andere Grundrechtsverletzungen** befürwortet wurde.[8] **3**

Der BGH hatte bereits in seiner Entscheidung vom 07.03.2002 die Gehörsrüge als alleinigen fachgerichtlichen Rechtsbehelf für die Fälle der »Verletzung eines Verfahrensgrundrechts, insbesondere des Grundrechts auf das rechtliche Gehör« und die sog. außerordentliche Beschwerde als nicht mehr statthaft angesehen.[9] Mit Beschl. v. 30.04.2003 hat das **Plenum des BVerfG** die gerichtliche Praxis von »teilweise außerhalb des geschriebenen Rechts« entwickelten **außerordentlichen Rechtsbehelfen für mit den verfassungsrechtlichen Anforderungen an die Rechtsmittelklarheit und **4**

---

1 Anhörungsrügengesetz v. 09.12.2004, BGBl. I, S. 3220.
2 Zum Anhörungsrügengesetz: Gravenhorst NZA 2005, 24; Guckelberger NVwZ 2005, 11; Treber NJW 2005, 97.
3 S. im Einzelnen Treber NJW 2005, 97.
4 In Kraft getreten zum 01.01.2002.
5 BT-Drs. 14/4722, S. 16, 61 ff., 85, 159; s.a. Voßkuhle NJW 2003, 2193, 2195, m.w.N.
6 BT-Drs. 14/4722, S. 69.
7 OLG Frankfurt am Main, 12.10.2004 – 21 U 75/03, NJW 2005, 517.
8 BGH, 19.05.2004 – IXa ZB 182/03, NJW 2004, 2529; OLG Celle, 24.09.2002 – 2 W 57/02, NJW 2002, 3715; in der Lit. z.B. Lipp NJW 2002, 1700, 1702; Müller NJW 2002, 2743.
9 BGH, 07.03.2002 – IX ZB 11/02, NJW 2002, 1577.

Rechtssicherheit unvereinbar erklärt. Das Grundrecht auf Gewährung rechtlichen Gehörs i.V.m. dem allgemeinen Justizgewährungsanspruch erfordere eine ausreichende Rechtsschutzmöglichkeit gegen Gehörsverletzungen in der jeweiligen Verfahrensordnung.[10]

5   Dem Gesetzgeber wurde aufgegeben, bis zum 31.12.2004 eine Lösung zu finden, soweit dies nicht schon durch das ZPO-RG geschehen war, um »Lücken im Rechtsschutz ggü. Gehörsverstößen zu schließen«.[11] Dem dient das Anhörungsrügengesetz.

II. Normzweck und Regelungskonzeption

6   Die Gehörsrüge eröffnet einen **fachgerichtlichen Rechtsbehelf** gegen gerichtliche Entscheidungen **in jeder Instanz**, sofern ein Rechtsmittel oder ein Rechtsbehelf gegen die betreffende Entscheidung nicht oder nicht mehr gegeben ist und in entscheidungserheblicher Weise das rechtliche Gehör einer Partei oder eines Beteiligten verletzt wurde. Die vormalige Begrenzung in § 321a ZPO a.F. auf erstinstanzliche, unanfechtbare Urteile wurde aufgehoben. Zuständig ist der *iudex a quo* geblieben.

7   Die als **wiedereinsetzungsähnlicher**[12] **außerordentlicher Rechtsbehelf**[13] ausgestaltete Rüge ist sachlich – entsprechend den Vorgaben der Plenumsentscheidung des BVerfG – auf die Verletzung des rechtlichen Gehörs begrenzt.

8   Das Anhörungsrügengesetz implementiert die Gehörsrüge – deren Ausgestaltung sich an der Vorgängerregelung des § 321a ZPO a.F. orientiert – als **eigenständige Regelung in den einzelnen Verfahrensordnungen**. Durch diese Regelungstechnik konnte in Abs. 6 zugleich die Mitwirkung der ehrenamtlichen Richter ausdrücklich bestimmt werden. Infolgedessen ist **§ 55 Abs. 1 Nr. 9 a.F. ersatzlos entfallen**. Die Gehörsrüge gilt auch im arbeitsgerichtlichen Beschlussverfahren *(Abs. 8)*.

III. Statthaftigkeit

1. Allgemeines

9   Die Gehörsrüge nach § 78a ist nunmehr der einschlägige Rechtsbehelf bei Verletzungen des Anspruchs auf rechtliches Gehör gegen alle mit Rechtsmitteln oder Rechtsbehelfen nicht mehr angreifbaren Entscheidungen, unabhängig davon, in welcher Instanz sie ergehen. Hierunter fallen sowohl **Urteile und Beschlüsse im Urteilsverfahren nach §§ 46 ff.** als auch die in diesen Verfahren ergangenen Beschlüsse, und zwar sowohl im Haupt- als auch in den sog. Nebenverfahren *(etwa bei Entscheidungen über die Gewährung von PKH,[14] die Wiedereinsetzung,[15] ein Richterablehnungsgesuch,[16] Entscheidungen in der Zwangsvollstreckung[17] und Streitwert- und Kostenfestsetzungsbeschlüsse)*.[18]

10 Vor der **Verwerfung einer Berufung als unzulässig** sind die Parteien in jedem Fall **anzuhören**.[19] Erfolgt die Verwerfungsentscheidung ohne vorherige Anhörung, so kann gegen die Entscheidung eine Rüge nach § 78 zulässig sein.[20]

---

10 BVerfG, 30.04.2003 – 1 PBvU 1/02; NJW 2003, 1924; s.a. die Folgeentscheidung BVerfG, 07.10.2003 – 1 BvR 10/99, NJW 2003, 3687.
11 BVerfG, 07.10.2003 – 1 BvR 10/99, NJW 2003, 3687.
12 BGH, 10.05.2012 – IX ZR 143/11, NJW 2012, 3087; BCF/Creutzfeldt § 78a Rn 1.
13 BVerfG, 08.12.2010 – 1 BvR 1382/10, NJW 2011, 1497.
14 BVerfG, 17.02.2011 – 1 BvR 279/11, JurionRS 2011, 11959; Sächsisches LAG, 17.02.2012 – 4 Ta 310/11, JurionRS 2012, 15792.
15 BGH, 20.01.2009 – Xa ZB 34/08, NJW-RR 2009, 642.
16 BVerfG, 23.10.2007 – 1 BvR 782/07, NZA 2008, 1201; BAG, 23.09.2008 – 6 AZN 84/08, NJW 2009, 1693 = NZA 2009, 396.
17 LAG Hamm, 02.07.2012 – 7 Ta 117/12, JurionRS 2012, 18421.
18 BCF/Creutzfeldt § 78a Rn 2 und 7.
19 BAG, 06.01.2015 – 6 AZB 105/14, NZA 2015, 316; BGH, 24.02.2010 – XII ZB 168/08, NJW-RR 2010, 1075.
20 GMPMG/Müller-Glöge § 64 Rn 96.

Der Rechtsbehelf ist auch in den **Verfahren des einstweiligen Rechtsschutzes** statthaft.[21] Das BVerfG[22] hielt zwar insoweit eine gesetzliche Differenzierung für zulässig, sofern dem Betroffenen durch den Verweis auf das Hauptsacheverfahren keine unzumutbaren Nachteile entstehen. Der Gesetzgeber hielt aber, da eine Eilentscheidung auch endgültige Verhältnisse schaffen kann und prozessökonomische Gründe für eine sofortige Abhilfe sprechen, die Rügemöglichkeit im einstweiligen Rechtsschutzverfahren für sinnvoller.[23]

11

Nach der ausdrücklichen Regelung in **Abs. 8** gelten die Abs. 1 bis 7 auch für Entscheidungen i.R.d. **Beschlussverfahrens nach §§ 80 ff.** So kann bspw. ein zu Unrecht nicht am Verfahren Beteiligter seine Nichteinbeziehung mit der Gehörsrüge geltend machen.[24]

12

Nach § 78a Abs. 1 Satz 2 werden **Zwischenentscheidungen**, die der Endentscheidung vorausgehen, grds. nicht erfasst. **Ausnahmsweise** besteht ggü. Zwischenentscheidungen eine **Rügemöglichkeit** nach § 78a, wenn in diesen abschließend und mit Bindungswirkung für das weitere Verfahren über einen Antrag befunden wird und die Entscheidung später nicht mehr im Rahmen einer Inzidentprüfung korrigiert werden kann.[25]

13

Ein Verweisungsbeschluss nach § 48 Abs. 1 wegen **örtlicher Unzuständigkeit** ist für das Gericht, an das verwiesen wird, grds. bindend. Lediglich ein offensichtlich gesetzwidriger Verweisungsbeschluss kann keine Bindungswirkung entfalten. **Offensichtlich gesetzwidrig** ist ein Verweisungsbeschluss, wenn er jeder Rechtsgrundlage entbehrt, willkürlich gefasst ist oder auf der Versagung rechtlichen Gehörs ggü. einem Verfahrensbeteiligten beruht.[26] Damit ist auch ein Verweisungsbeschluss des Arbeitsgerichts über die örtliche Zuständigkeit nach § 78a Abs. 1 rügefähig.[27]

14

2. Subsidiarität

a) Grundsatz

Die Rüge ist nur gegeben, wenn ein anderes Rechtsmittel oder ein anderer Rechtsbehelf nicht oder nicht mehr gegeben ist – **Grundsatz der Subsidiarität der Gehörsrüge**. Ein Wahlrecht zwischen Gehörsrüge und Rechtsmittel besteht selbst in offenkundigen, sog. Pannenfällen, nicht.[28]

15

Der Rechtsbehelf kann noch nach Ablauf der Frist für ein an sich gegebenes Rechtsmittel erhoben werden, wenn die Notfrist zu ihrer Einlegung nach Abs. 2 Satz 1 und 2 gewahrt bleibt.[29] Erlangt die beschwerte Partei bspw. erst nach Ablauf der Berufungseinlegungsfrist Kenntnis von der Grundrechtsverletzung, kann sie, obwohl das eigentlich statthafte Rechtsmittel nicht mehr zulässig ist, beim *iudex a quo* die Gehörsrüge einlegen. Der Gesetzeswortlaut stellt auf die Unanfechtbarkeit der Entscheidung, nicht aber darauf ab, ob ein Rechtsmittel oder ein Rechtsbehelf dem Grunde nach statthaft gewesen ist. Diese Ausgestaltung der Gehörsrüge als **rechtskraftdurchbrechender Rechts-**

16

---

21 Ostrowicz/Künzl/Scholz/Ostrowicz Rn 664a.
22 BVerfG, 30.04.2003 – 1 PBvU 1/02, NJW 2003, 1924.
23 BT-Drs. 15/3706, S. 14.
24 ErfK/Koch § 78a ArbGG Rn 1.
25 BVerfG, 23.10.2007 – 1 BvR 782/07, NZA 2008, 1201; BVerfG, 12.01.2009 – 1 BvR 3113/08, NJW 2009, 833; BAG, 23.09.2008 – 6 AZN 84/08, NJW 2009, 1693 = NZA 2009, 396 – Richterablehnung; BGH, 20.01.2009 – Xa ZB 34/08, NJW-RR 2009, 642 – Gewährung von Wiedereinsetzung.
26 BAG, 03.11.1993 – 5 AS 20/93, NZA 1994, 479; LAG Baden-Württemberg, 16.02.2005 – 3 AR 4/05, JurionRS 2005, 10435.
27 Schwab/Weth/Schwab § 78a Rn 5; Zöller/Vollkommer § 321a ZPO Rn 5.
28 BT-Drs. 15/3706, S. 13; Zöller/Vollkommer § 321a ZPO Rn 4.
29 Thomas/Putzo/Reichold § 321a ZPO Rn 2; Treber NJW 2005, 97, 98; Zöller/Vollkommer § 321a ZPO Rn 5; a.A. GK-ArbGG/Dörner § 78a Rn 12; GWBG/Benecke § 78a Rn 5; Stein/Jonas/Leipold § 321a ZPO Rn 21.

behelf, der vergleichbar der Wiederaufnahme ausgestaltet ist,[30] spiegelt sich auch in der Neufassung des § 707 Abs. 1 ZPO wider.[31]

b) Einzelfälle

17 **Vorrangig** ggü. der Gehörsrüge sind die **Urteilsberichtigung** nach § 319 ZPO,[32] sofern sie überhaupt auf einer Verletzung des rechtlichen Gehörs beruht, und die Möglichkeit der **Berichtigung des Tatbestands** nach § 320 ZPO.[33] Kann die erforderliche Korrektur bereits durch diese Optionen erreicht werden, ist eine Gehörsrüge mangels Rechtsschutzbedürfnisses unzulässig.[34]

18 Der Rechtsbehelf scheidet aus, wenn eine *(zugelassene)* **Rechtsbeschwerde** nach § 78, § 574 ZPO eingelegt werden kann.[35] Etwas anderes kann sich aus dem Meistbegünstigungsgrundsatz allerdings dann ergeben, wenn das Gericht rechtsfehlerhaft auf den unzutreffenden Rechtsbehelf hingewiesen hatte.[36]

19 Die Gehörsrüge ist gleichfalls unstatthaft, wenn die **Nichtzulassungsbeschwerde** zur Verfügung steht.[37]

20 Wie zu verfahren ist, wenn die **eine Partei zulässigerweise ein Rechtsmittel eingelegt hat**, welches der anderen, durch eine Gehörsverletzung betroffenen Partei nicht zusteht, hat das Anhörungsrügengesetz nicht geklärt. Der Verfahrensbeschleunigung entspricht es, das Rechtsmittelverfahren zunächst nicht nach § 148 ZPO auszusetzen,[38] sondern die Gehörsrüge im Wege der Anschließung nach § 524 ZPO zu erheben.[39] Wird das Rechtsmittel zurückgenommen, ist das Verfahren dann allerdings beim *iudex a quo* nach § 78a fortzuführen.[40] Sollte bei Berufungsrücknahme die Frist für die Einlegung der Anhörungsrüge abgelaufen sein, wäre für die Anhörungsrüge Wiedereinsetzung in den vorigen Stand zu gewähren, weil der Subsidiaritätsgrundsatz die belastete Partei zur Einlegung der Anschlussberufung gezwungen hatte.[41]

IV. Rügeberechtigung

21 Die Rüge kann von jeder Partei oder jedem Beteiligten erhoben werden, der durch die Entscheidung **beschwert** ist und dessen Anspruch auf **rechtliches Gehör in entscheidungserheblicher Weise beeinträchtigt** wurde. Das ist der Fall, wenn die Entscheidung auf der Gehörsverletzung beruht. Hier kann auf die revisionsrechtlichen Maßstäbe zurückgegriffen werden. Es genügt, dass eine andere Entscheidung nicht ausgeschlossen werden kann.[42] Enthält die Entscheidung eine selbst-

---

30 BGH, 24.02.2005 – III ZR 263/04, NJW 2005, 1432; GWBG/Benecke § 78a Rn 2.
31 GK-ArbGG/Dörner § 78a Rn 14.
32 Baumbach/Lauterbach/Albers/Hartmann § 321a ZPO Rn 6.
33 Baumbach/Lauterbach/Albers/Hartmann § 321a ZPO Rn 7.
34 Baumbach/Lauterbach/Albers/Hartmann § 321a ZPO Rn 1.
35 BGH, 05.11.2003 – VIII ZR 10/03, NJW 2004, 1598.
36 BGH, 05.11.2003 – VIII ZR 10/03, NJW 2004, 1598.
37 BGH, 13.12.2004 – II ZR 249/03, NJW 2005, 680; LAG Bremen, 11.06.2008 – 3 Sa 110/07, NZA 2008, 968; Zöller/Vollkommer § 321a ZPO Rn 4.
38 So aber: Musielak/Voit/Musielak § 321a ZPO Rn 5.
39 Schwab/Weth/Schwab § 78a Rn 9; Zöller/Vollkommer § 321a ZPO Rn 4; Thomas/Putzo/Reichold § 321a ZPO Rn 2a; differenzierend GMPMG/Müller-Glöge § 78a Rn 26 ff.; a.A. GK-ArbGG/Dörner § 78a Rn 13.
40 Schwab/Weth/Schwab § 78a Rn 9; Thomas/Putzo/Reichold § 321a ZPO Rn 2a; a.A. Zöller/Vollkommer § 321a ZPO Rn 4.
41 Schwab/Weth/Schwab § 78a Rn 9.
42 BVerfG, 14.10.2010 – 2 BvR 409/09, JurionRS 2010, 26274; BAG, 05.02.2013 – 7 AZR 947/12 (F), NZA 2013, 1376; BGH, 19.08.2010 – VII ZB 2/09, NJW-RR 2011, 424.

ständig tragende Zweitbegründung, für die die Gehörsverletzung ohne Bedeutung ist, ist die Rüge unbegründet, ggf. sogar unzulässig.[43]

Unzulässig ist eine sog. **sekundäre Gehörsrüge**, die sich nur dagegen wendet, dass das zuletzt entscheidende Gericht einen angeblichen Gehörsverstoß der Vorinstanz nicht geheilt hat.[44] Vielmehr muss die »neue und eigenständige« Verletzung d. Art. 103 Abs. 1 GG durch die letzte von der Prozessordnung vorgesehene Instanz gerügt werden.[45]   22

Auf einen bestimmten **Beschwerdewert** kommt es **nicht** an. Er spielt nur i.R.d. Überprüfung eine Rolle, ob gegen die Entscheidung ein Rechtsmittel oder ein Rechtsbehelf statthaft ist.[46]   23

V. Gehörsverletzung als Rügegrund

1. Begrenzung des Rechtsbehelfs auf die Gehörsverletzung

Die Gehörsrüge setzt materiell eine **Verletzung des Anspruchs auf rechtliches Gehör** voraus. Verlangt wird von dem erkennenden Gericht, dass es die Ausführungen der Prozessparteien zur Kenntnis nimmt und bei der Urteilsfindung in Erwägung zieht.[47]   24

Maßstab ist dabei der Anspruch auf rechtliches Gehör i.S.d. Art. 103 Abs. 1 GG. **Nicht jede Verletzung von Hinweispflichten nach § 139 ZPO** führt dazu, dass der Anspruch auf rechtliches Gehör verletzt ist,[48] wie er in § 78a *(und § 321a ZPO)* verankert ist, und deshalb eine Gehörsrüge erhoben werden kann. Ein **Rechtsfehler** des Gerichts stellt nur dann eine Verletzung des Anspruchs auf rechtliches Gehör dar, wenn die Entscheidung einer bloßen Willkürkontrolle nicht Stand hält oder wenn die Rechtsanwendung offenkundig unrichtig ist. Dies ist nur dann der Fall, wenn sie **jeder rechtlichen Grundlage entbehrt**.[49] Aus Art. 103 Abs. 1 GG ergibt sich nicht eine allgemeine Frage- und Hinweispflicht des Richters, wie sie sich in § 139 ZPO einfachgesetzlich konkretisiert hat.[50] Wird ein unterbliebener gerichtlicher Hinweis gerügt, so muss der Gehörsrügeführer darlegen, dass der **unterbliebene Hinweis** für die anzufechtende Entscheidung **ursächlich** war. Es ist darzutun, welcher tatsächliche Vortrag gehalten oder welche für die Entscheidung erheblichen rechtlichen Ausführungen auf einen entsprechenden Hinweis gemacht worden wären und dass die Entscheidung unter Berücksichtigung dieses Vorbringens möglicherweise anders ausgegangen wäre.[51]   25

Eine **analoge Anwendung** der Regelungen über die Gehörsrüge auf die **Verletzung anderer Verfahrensgrundrechte** würde dem eindeutigen gesetzgeberischen Willen[52] widersprechen[53] und wird in der jüngeren Rspr. zu Recht[54] abgelehnt.   26

Der BGH hatte zunächst offen gelassen, ob § 321a ZPO auf die Rüge der Verletzung des Anspruchs auf den gesetzlichen Richter (Art. 101 Abs. 1 Satz 2 GG) analog anzuwenden ist.[55] Das BVerfG   27

---

43 GK-ArbGG/Dörner § 78a Rn 15.
44 BVerfG, 05.05.2008 – 1 BvR 562/08, NJW 2008, 2635; BAG, 07.02.2012 – 8 AZA 53/11 (F), NZA 2012, 524.
45 BGH, 20.11.2007 – VI ZR 38/07, NJW 2008, 923; BVerwG, 28.11.2008 – 7 BN 5/08, NJW 2009, 457.
46 Zöller/Vollkommer § 321a ZPO Rn 6.
47 BVerfG, 17.07.2013 – 1 BvR 2540/12, EzA § 72 ArbGG 1979 Nr. 46; 23.07.2003 – 2 BvR 624/01, NVwZ-RR 2004, 3; BAG, 07.02.2012 – 8 AZA 53/11 (F), NZA 2012, 524.
48 BGH, 16.10.2008 – III ZR 253/07, NJW 2009, 148.
49 BAG, 07.02.2012 – 8 AZA 53/11 (F), NZA 2012, 524.
50 BVerfG, 12.06.2003 – 1 BvR 2285/02, NJW 2003, 2524.
51 BAG, 25.08.2015 – 8 AZN 268/15, EzA § 72a ArbGG 1979 Nr. 134; BAG, 05.02.2013 – 7 AZR 947/12 (F), NZA 2013, 1376.
52 BT-Drs. 15/3706, S. 14.
53 Schwab/Weth/Schwab § 78a Rn 3.
54 Musielak/Voit/Musielak § 321a Rn 6.
55 BGH, 19.01.2006 – I ZR 151/02, NJW 2006, 1978.

hat in seinem Beschl. v. 09.07.2007 den Anwendungsbereich des § 321a ZPO zunächst als noch ungeklärt erachtet.[56]

28 Mit Beschl. v. 13.12.2007[57] hat der BGH sodann darauf erkannt, dass sich die zivilprozessuale **Gehörsrüge auf Verstöße gegen Art. 103 Abs. 1 GG beschränke**. § 321a ZPO eröffne **keine Möglichkeit der Selbstkorrektur bei anderen Verfahrensverstößen**. Die Vorschrift gehe, wie der Gesetzentwurf[58] zeige, nicht über den verfassungsrechtlich gebotenen Mindestschutz hinaus. Alleiniger Zweck des § 321a ZPO sei die Umsetzung des Plenarbeschlusses des BVerfG v. 30.04.2003.[59] Durch die Vorschrift solle das BVerfG von auf Gehörsverletzungen gestützten Verfassungsbeschwerden entlastet werden. Dieser Entlastungszweck könne nur bei Rügen erreicht werden, mit denen eine Verletzung des Art. 103 Abs. 1 GG geltend gemacht werde und die deshalb zum Gegenstand einer Verfassungsbeschwerde gemacht werden könnten.

29 Im Hinblick auf die Entscheidung des BGH v. 13.12.2007[60] hält das BVerfG es mittlerweile für **geklärt**, dass sich die **Gehörsrüge nur auf die Geltendmachung von Verstößen gegen Art. 103 Abs. 1 GG beschränkt** und nicht auf weitere Verfahrensgrundrechte erstreckt.[61]

30 **Ungeklärt** bleibt nach wie vor, wie in sog. **Willkürfällen** – die mit Rechtsbehelfen nicht mehr angreifbare Entscheidung ist sachlich schlechthin unhaltbar und daher objektiv willkürlich; sie stellt dann einen Verstoß gegen Art. 3 Abs. 1 GG dar[62] – zu verfahren ist. Einer außerordentlichen Beschwerde ist im Hinblick auf den Plenumsbeschluss des BVerfG v. 30.04.2003[63] der Boden entzogen.[64] Hier verbleibt allein die Möglichkeit der Verfassungsbeschwerde.[65]

2. Einzelfälle

31 In welchen Fällen ein Verstoß gegen das rechtliche Gehör i.S.d. Art. 103 Abs. 1 GG vorliegt, ist Gegenstand einer umfangreichen Rechtsprechung des BVerfG. Unter anderen nachstehende Fallgruppen[66] sind von Bedeutung:

32 Eine Verletzung des rechtlichen Gehörs liegt vor, wenn das Gericht auf einen **wesentlichen Kern des Tatsachenvortrags**, der für den Rechtsstreit von zentraler Bedeutung ist, nicht eingeht, obwohl der Vortrag weder unsubstantiiert noch vom Rechtsstandpunkt des Gerichts aus unerheblich ist.[67] Ebenso kann die Rüge bei der **Nichtberücksichtigung eines erheblichen Beweisantrags**, die im Prozessrecht keine Stütze findet, erhoben werden.[68] Schließlich ist das Grundrecht verletzt, wenn ein **rechtzeitig eingegangener Schriftsatz nicht berücksichtigt** wurde.[69] Dies gilt auch dann, wenn der nicht berücksichtigte Schriftsatz wegen der Angabe eines **falschen Aktenzeichens** im Zeitpunkt der gerichtlichen Entscheidung nicht zur richtigen Akte gelangt war. In §§ 129, 130 ZPO ist die Angabe eines bereits zugeordneten und mitgeteilten Aktenzeichens nicht vorgeschrieben. Es han-

---

56 BVerfG, 09.07.2007 – 1 BvR 646/06, NJW 2007, 3418.
57 BGH, 13.12.2007 – I ZR 47/06, NJW 2008, 2126; bestätigt durch BGH, 17.07.2008 – V ZR 149/07, NJW-RR 2009, 144.
58 BT-Drs. 15/3706, S. 1, 13.
59 BVerfG, 30.04.2003 – 1 PBvU 1/02, NJW 2003, 1924.
60 BGH, 13.12.2007 – I ZR 47/06, NJW 2008, 2126.
61 BVerfG, 30.06.2009 – 1 BvR 893/09, NJW 2009, 3710; vgl. auch BGH, 01.12.2011 – IX ZR 70/10, NJW-RR 2012, 306; BGH, 04.03.2011 – V ZR 123/10, NJW 2011, 1516.
62 BVerfG, 18.11.2004 – 1 BvR 2315/04; NJW 2005, 1103.
63 BVerfG, 30.04.2003 – 1 PBvU 1/02, NJW 2003, 1924.
64 BAG, 03.02.2009 – 3 AZB 101/08, NZA 2009, 396.
65 GMPMG/Müller-Glöge § 78a Rn 35.
66 Weitere Beispiele bei Baumbach/Lauterbach/Albers/Hartmann § 321a ZPO Rn 36 ff.
67 BVerfG, 23.07.2003 – 2 BvR 624/01, NVwZ-RR 2004, 3.
68 BVerfG, 08.04.2004 – 2 BvR 743/03, NJW-RR 2004, 1150.
69 BVerfG, 27.08.2003 – 1 BvR 1646/02, JurionRS 2003, 14758.

delt sich um eine Ordnungsmaßnahme, die für die Sachentscheidung ohne Bedeutung ist.[70] Auf ein Verschulden des Gerichts kommt es nicht an.[71]

Gleiches gilt für sog. **Überraschungsentscheidungen**, wenn die Entscheidung auf einen rechtlichen Gesichtspunkt gestützt wird, mit dem ein gewissenhafter und kundiger Prozessbeobachter nach dem bisherigen Prozessverlauf nicht rechnen musste;[72] dies gilt umso mehr, wenn zuvor ein gegensätzlicher richterlicher Hinweis gegeben wurde.[73] 33

Eine Verletzung des rechtlichen Gehörs kann in der **Verweigerung einer Terminsverlegung** liegen.[74] 34

Eine Verletzung von Art. 103 Abs. 1 GG liegt jedenfalls dann vor, wenn die einfachgesetzlichen **Präklusionsvorschriften offenkundig falsch angewendet** wurden,[75] wobei das BVerfG wegen der für die betroffene Partei einschneidenden Folgen die Auslegung und Anwendung der Präklusionsvorschriften einer strengeren verfassungsgerichtlichen Kontrolle unterzieht.[76] 35

VI. Verfahren

1. Form

Die Rüge ist **schriftlich** bei dem Gericht zu erheben, dessen Entscheidung angegriffen werden soll (*Abs. 2 Satz 4*). Die Einreichung beim Gericht höherer Instanz wirkt nicht Frist wahrend. Es genügt die Erklärung zu Protokoll der Geschäftsstelle des Prozess- oder eines anderen Arbeitsgerichts (§ 46 Abs. 2 i.V.m. §§ 496, 129a ZPO). In zweiter und dritter Instanz besteht Vertretungszwang nach Maßgabe des § 11 Abs. 4.[77] 36

Die **Entscheidung, die angegriffen werden soll, ist nach Datum, Aktenzeichen und Gericht anzugeben.** 37

Praxistipp: Es empfiehlt sich, der Rügeschrift eine Kopie der angegriffenen Entscheidung beizufügen. Hierdurch können evtl. Zweifel hinsichtlich der Identität der angegriffenen Entscheidung beseitigt werden.[78] 38

Ferner ist die **Darlegung des Rügegrunds** nach Abs. 1 Satz 1 Nr. 2 erforderlich, also aufgrund welcher Gegebenheiten der Anspruch auf das rechtliche Gehör verletzt worden und weshalb die Verletzung entscheidungserheblich gewesen ist. Hinsichtlich der Begründungsanforderungen kann auf die Maßstäbe bei der Revisionsbegründung nach § 551 Abs. 3 Nr. 2 Buchst. b) ZPO zurückgegriffen werden.[79] Allerdings sollten bei der anwaltlich nicht vertretenen Partei keine allzu hohen Anforderungen gestellt werden,[80] um nicht den Zugang zu den Gerichten in nicht mehr zu rechtfertigender Weise zu erschweren.[81] 39

Hinweis: Eine gegen ein Urt. des BAG gerichtete Gehörsrüge, mit der die Verletzung rechtlichen Gehörs in Bezug auf Tatsachenvortrag geltend gemacht wird, ist nur zulässig, wenn sie darlegt, dass 40

---

70 BVerfG, 12.12.2012 – 2 BvR 1294/10, NJW 2013, 925.
71 BAG, 14.12.2010 – 6 AZN 986/10, NZA 2011, 229.
72 BVerfG, 12.06.2003 – 1 BvR 2285/02, NJW 2003, 2524; BAG, 31.05.2006 – 5 AZR 342/06 (F), NJW 2006, 2346 = NZA 2006, 875.
73 BVerfG, 15.08.1996 – 2 BvR 2600/95, NJW 1996, 3202.
74 BGH, 13.01.2004 – X ZR 212/02, GRUR 2004, 354.
75 BVerfG, 30.01.1985 – 1 BvR 876/84, NJW 1985, 1150; StGH Baden-Württemberg, 03.11.2014 – 1 VB 8/14, NZA 2015, 506.
76 BVerfG, 26.10.1999 – 2 BvR 1292/96, NJW 2000, 945.
77 LAG Rheinland-Pfalz, 02.02.2005 – 2 Sa 1212/03, LAGReport 2005, 157.
78 Vgl. BAG, 27.07.2011 – 10 AZR 454/10, NJW 2011, 3052 = NZA 2011, 998; BAG, 26.06.2008 – 2 AZR 23/07, NZA 2008, 1241; BGH, 12.04.1989 – IVb ZB 23/89, NJW-RR 1989, 958.
79 Zöller/Vollkommer § 321a ZPO Rn 13; s.a. BGH, 19.03.2009 – V ZR 142/08, NJW 2009, 1609.
80 ErfK/Koch § 78a ArbGG Rn 3.
81 BVerfG, 04.07.2002 – 2 BvR 2168/00, NJW 2002, 3534.

die vom BAG – angeblich – nicht berücksichtigten Tatsachen nach § 559 ZPO berücksichtigungsfähig waren.[82]

41 Darüber hinaus ist in den Fällen, in denen die Gehörsrüge später als zwei Wochen nach Bekanntgabe der angegriffenen Entscheidung eingelegt wird, darzulegen, wann die Kenntnis von der Gehörsverletzung eingetreten ist. Die betreffenden Umstände sind glaubhaft zu machen *(Abs. 2 Satz 1)*.

2. Frist

42 Abweichend von der früheren Rechtslage nach § 321a ZPO a.F. ist die Frist für die Einlegung und Begründung der Gehörsrüge durch das Anhörungsrügengesetz umgestaltet worden. Waren es früher zwei Wochen nach Zustellung des Urteils, innerhalb derer die Rüge erhoben werden musste, stellt Abs. 2 Satz 1 für den **Beginn der zweiwöchigen Notfrist** jetzt auf die **Kenntnis von der Verletzung des Anspruchs auf rechtliches Gehör** ab. Die Darlegung der Umstände, aus denen sich eine entscheidungserhebliche Verletzung des Anspruchs auf rechtliches Gehör ergeben soll, muss in der Rügeschrift und damit innerhalb der Rügefrist erfolgen. Die vom BAG bislang offen gelassene[83] Frage, ob den Anforderungen des § 78a Abs. 2 Satz 5 auch durch einen weiteren, innerhalb der Rügefrist eingehenden Schriftsatz Genüge getan werden kann, ist zu bejahen.[84] Es ist nicht ersichtlich, warum dem Gehörsrügeführer eine fristgemäße Nachbesserung seines Vortrags verwehrt sein sollte. Bis zum Ablauf der weiteren, materiellen Ausschlussfrist[85] des Abs. 2 Satz 2 von einem Jahr seit Bekanntgabe der betreffenden Entscheidung ist eine **Wiedereinsetzung möglich**. Eine Belehrung nach § 9 Abs. 5 über den Rechtsbehelf ist nicht erforderlich.[86]

43 Den **Fristbeginn** an die **Kenntnis der betroffenen Partei** zu **koppeln** ist im Hinblick auf evtl. damit einhergehende Streitigkeiten und Beweiserhebungen über den Zeitpunkt der Kenntniserlangung nicht unproblematisch[87] und wurde auch im Gesetzgebungsverfahren kritisiert. Für die Regelung[88] spricht, dass eine Gehörsverletzung nicht immer ohne Weiteres erkennbar ist oder durch das bloße Studium der Entscheidungsgründe ersichtlich wird. Ggf. ist eine Akteneinsicht erforderlich. Zudem ist, anders als bei der Vorgängerregelung, der Suspensiveffekt des Rechtsbehelfs entfallen.

44 Nach dem Wortlaut des Abs. 2 Satz 1 ist die **positive Kenntnis** der Gehörsverletzung für den Fristbeginn maßgeblich. Die bloße **Möglichkeit der Kenntnisnahme** oder das »Kennenmüssen« ist **nicht ausreichend**.[89] Allerdings ist ein bewusstes Verschließen der Partei oder ihres Vertreters vor der Kenntnis der tatsächlichen Kenntnisnahme gleichzusetzen.[90]

45 Damit nicht alle Entscheidungen einem Zustellungserfordernis unterfallen, um die Jahresfrist in Gang zu setzen, enthält **Abs. 2 Satz 3 eine Bekanntgabefiktion**. Darüber ist entsprechend § 184 Abs. 2 Satz 4 ZPO ein Aktenvermerk zu fertigen.[91] Die Bekanntgabefiktion ist nur für die Jahresfrist des Abs. 2 Satz 2 maßgebend. Sie kann die für den Beginn der Frist des Abs. 2 Satz 1 erforderliche Kenntnis nicht ersetzen.[92] Die Geltendmachung einer späteren Bekanntgabe entsprechend § 270 Satz 2 ZPO ist nicht vorgesehen und daher ausgeschlossen.

---

82 BAG, 30.11.2005 – 2 AZR 622/05 (F), NJW 2006, 1614 = NZA 2006, 452.
83 BAG, 27.04.2010 – 5 AZN 336/10 (F), NZA 2010, 1032.
84 GK-ArbGG/Dörner § 78a Rn 26.
85 Schwab/Weth/Schwab § 78a Rn 20.
86 BAG, 22.07.2008 – 3 AZN 584/08 (F), NJW 2009, 541 = NZA 2009, 1054.
87 GK-ArbGG/Dörner § 78a Rn 19.
88 Vgl. auch § 586 Abs. 2 Satz 1 ZPO beim Wiederaufnahmeverfahren.
89 BVerfG, 04.04.2007 – 1 BvR 66/07, NJW 2007, 2242 = NZA 2007, 1124; BAG, 31.05.2006 – 5 AZR 342/06 (F), NJW 2006, 2346 = NZA 2006, 875; a.A.: BGH, 11.05.2006 – IX ZR 171/03, FamRZ 2006, 1029.
90 BVerfG, 14.04.2010 – 1 BvR 299/10, NJW-RR 2010, 1215; OLG Oldenburg, 27.04.2009 – 13 U 46/08, MDR 2009, 764.
91 Zöller/Vollkommer § 321a ZPO Rn 14.
92 BVerfG, 04.04.2007 – 1 BvR 66/07, NJW 2007, 2242 = NZA 2007, 1124.

3. Rüge- und Abhilfeverfahren

a) Grundsatz

Durch die Gehörsrüge wird zunächst das Kontrollverfahren nach Abs. 4 eingeleitet (Rdn. 49 ff.), das in die Fortsetzung des Rechtsstreits gem. den näheren Bestimmungen nach Abs. 5 münden kann (Rdn. 54 ff.). Der Eintritt der Rechtskraft wird – anders als nach § 321a ZPO a.F. – nicht gehindert. Der Rechtsbehelf ist wiedereinsetzungsähnlich ausgestaltet worden.[93] Dementsprechend wurden § 705 Satz 1 und 2 ZPO geändert. 46

Bei eingelegter Rüge ist dem **Gegner** »soweit erforderlich«, **Gelegenheit zur Stellungnahme** zu geben *(Abs. 3)*. Dies wird in aller Regel notwendig sein, da die Beschwer der rügenden Partei sich für den Gegner begünstigend darstellt. Ein anderes kann sich allenfalls dann ergeben, wenn die Rüge offensichtlich unzulässig oder unbegründet ist.[94] 47

Unverändert geblieben ist die **Entscheidung über die Gehörsrüge** durch den *iudex a quo*. Der Plenumsbeschluss des BVerfG v. 30.04.2003[95] hatte offen gelassen, welche Instanz über die Grundrechtsverletzung zu befinden hat. Die Kritik,[96] die Abhilfe nicht beim Ausgangsgericht zu belassen, hat der Gesetzgeber nicht aufgenommen. Er hat v.a. die sog. »Pannenfälle«[97] im Blick, um »das Bedürfnis des erstinstanzlichen Gerichts [zu befriedigen], vorwiegend unbeabsichtigte Verletzungen des Anspruchs auf das rechtliche Gehör bei Beanstandung korrigieren zu können«.[98] Es kann nicht ohne Weiteres davon ausgegangen werden, dass der Richter außerstande ist, eigene Fehler unbefangen zu korrigieren.[99] I.Ü. verbleibt den betroffenen Parteien oder Beteiligten die Möglichkeit der Verfassungsbeschwerde.[100] 48

b) Zulässigkeitsprüfung

Das Gericht überprüft zunächst die Statthaftigkeit und Zulässigkeit der Rüge. Fehlt es hieran, ist der Rechtsbehelf als unzulässig zu verwerfen *(Abs. 4 Satz 2)*. **Herabgesetzt** wurden die **Anforderungen an einen** die Gehörsrüge ablehnenden Beschluss: Nach Abs. 4 Satz 5 »soll« der Beschluss kurz[101] begründet werden. Der Gesetzgeber wollte vermeiden, dass über den Weg einer Gehörsrüge gegen eine Entscheidung über eine Nichtzulassungsbeschwerde doch noch eine Begründungsergänzung erreicht werden kann.[102] Das Revisionsgericht kann in entsprechender Anwendung von § 544 Abs. 4 Satz 2 Halbs. 2 ZPO von einer Begründung seiner Entscheidung über die Gehörsrüge absehen.[103] Dies ist verfassungsrechtlich unbedenklich.[104] Von Verfassungs wegen geboten ist lediglich eine einmalige Kontrolle gerichtlichen Verfahrenshandelns auf eine Gehörsverletzung, nicht aber eine Begründung der hierauf ergehenden Entscheidung.[105] Eine nach § 78a Abs. 4 Satz 4 unanfechtbare Entscheidung kann auch nicht dadurch einer erneuten Überprüfung zugeführt werden, dass im Gewand einer Gegenvorstellung die Behauptung vorgebracht wird, es sei durch die Zurückweisung der Anhörungsrüge erneut der Anspruch auf rechtliches Gehör verletzt.[106] 49

---

93 BGH, 24.02.2005 – III ZR 263/04, NJW 2005, 1432.
94 ErfK/Koch § 78a ArbGG Rn 5.
95 BVerfG, 30.04.2003 – 1 PBvU 1/02, NJW 2003, 1924.
96 Z.B. Gravenhorst NZA 2005, 24, 27.
97 Zum Begriff siehe Zöller/Vollkommer § 321a ZPO Rn 9.
98 BT-Drs. 14/4722, S. 63, 85.
99 Treber NJW 2005, 97, 99.
100 Gravenhorst NZA 2005, 24, 25.
101 Vgl. BT-Drs. 14/6036, S. 121.
102 BAG, 09.04.2014 – 1 AZN 262/14 (F), NJW 2014, 2976 = NZA 2014, 992; BGH, 09.04.2013 – IX ZR 100/11, JurionRS 2013, 34988.
103 BGH, 28.07.2005 – III ZR 443/04, NJW-RR 2006, 63.
104 BVerfG, 08.12.2010 – 1 BvR 1382/10, NJW 2011, 1497.
105 BAG, 07.02.2012 – 8 AZA 53/11 (F), NZA 2012, 524.
106 BAG, 19.11.2014 – 10 AZN 618/14 (A), AP Nr. 14 zu § 78a ArbGG 1979.

50 ▶ Hinweis:

   Wiederholten rechtsmissbräuchlichen Gehörsrügen kann das Gericht durch den Hinweis begegnen, dass weitere Eingaben in dieser Sache nicht mehr beschieden werden.[107]

51 Eine **offensichtlich unzulässige** Gehörsrüge hält die **Frist zur Erhebung der Verfassungsbeschwerde** (**§ 93 Abs. 1 Satz 1 BVerfGG**) **nicht offen**.[108] Andererseits verletzt die Verwerfung einer zulässigen Rüge als unzulässig Art. 103 Abs. 1 GG und eröffnet die Verfassungsbeschwerde gegen die Verwerfungsentscheidung.[109]

c) Begründetheitsprüfung

52 Anschließend ist über die Begründetheit der Rüge in der nach Abs. 6 (Rdn. 57) vorgesehenen Besetzung des Gerichts zu befinden. Bei der Entscheidungsfindung ist zu berücksichtigen, dass aus **Fehlern des Gerichts** oder Umständen, die in **dessen Sphäre** liegen, **keine Verfahrensnachteile** für die rügende Partei abgeleitet werden dürfen, etwa wenn es um die Glaubhaftmachung von Umständen geht, die bei fehlendem behördlichen Versagen leicht nachzuweisen wären – z.B. beim gerichtsinternen Verlust von Schriftstücken, ggf. mit Eingangsstempel.[110]

53 Die unbegründete Gehörsrüge wird zurückgewiesen.[111]

d) Fortsetzungsverfahren

54 Die zulässige und begründete Gehörsrüge versetzt das Verfahren – ähnlich wie beim Einspruch gegen ein Versäumnisurteil – in den Stand zurück, in dem es sich vor dem Schluss der mündlichen Verhandlung befunden hat *(Abs. 5 Satz 2)*.

55 Das gilt allerdings nur, »soweit dies aufgrund der Rüge geboten ist« *(Abs. 5 Satz 1)*. Das Fortsetzungsverfahren wird nur insoweit durchgeführt, als sich die Verletzung des rechtlichen Gehörs ausgewirkt hat. Gegenstand der neuen Verhandlung ist nur derjenige Streitgegenstand, der von der Gehörsverletzung betroffen ist.

56 Die **neue Sachentscheidung** ergeht aufgrund der Fortsetzungsverhandlung, zu der die Parteien oder Beteiligten auch neuen Sachvortrag beibringen können. Da Abs. 5 Satz 3 auf § 343 ZPO verweist, ist die zu treffende Entscheidung **wie die Entscheidung nach Einspruch gegen ein Versäumnisurteil** zu fassen. Führt das Fortsetzungsverfahren zu keinem anderen Ergebnis, ist die ursprüngliche Entscheidung aufrechtzuerhalten; anderenfalls ist diese – soweit erforderlich – aufzuheben und eine neue zu treffen. Das Gericht kann einen Gehörsverstoß durch ergänzende Erwägungen in einer die Gehörsrüge zurückweisenden Entscheidung heilen.[112]

e) Beteiligung der ehrenamtlichen Richter (Abs. 6)

57 Die Entscheidung über die Begründetheit der Gehörsrüge erfolgt unter **Beteiligung der ehrenamtlichen Richter**, wenn diese an der angegriffenen Entscheidung beteiligt waren. Es müssen **nicht notwendig dieselben** ehrenamtlichen Richter sein, die an der ursprünglichen Entscheidung mitgewirkt haben.[113]

---

107 BGH, 08.06.2010 – IX ZA 16/10, JurionRS 2010, 16745; OLG Braunschweig, 05.09.2013 – 6 SchH 267/13, NJW-RR 2014, 250.
108 BVerfG, 14.05.2007 – 1 BvR 730/07, NJW-RR 2008, 75.
109 BVerfG, 14.03.2007 – 1 BvR 2748/06, NJW 2007, 2241.
110 BVerfG, 06.04.1998 – 1 BvR 2194/97, NJW 1998, 2044.
111 Zum Begründungserfordernis s. Rdn. 49.
112 BVerfG, 24.02.2009 – 1 BvR 182/09, JurionRS 2009, 10550.
113 BAG, 22.07.2008 – 3 AZN 584/08 (F), NJW 2009, 541 = NZA 2009, 1054; BGH, 28.07.2005 – III ZR 4443/04, NJW-RR 2006, 63.

In den anderen Fällen **entscheidet der Vorsitzende** gem. Abs. 6 Satz 2 alleine. Das betrifft die Verwerfung der Rüge als unzulässig sowie diejenigen angegriffenen Entscheidungen, die durch den Vorsitzenden allein ergangen sind. 58

VII. Zwangsvollstreckung (Abs. 7)

Da dem Rechtsbehelf kein Suspensiveffekt mehr zukommt, wurde die Gehörsrüge in § 707 Abs. 1 Satz 1 ZPO aufgenommen. Die einstweilige Einstellung der Zwangsvollstreckung setzt voraus, dass die rügende Partei die **Voraussetzungen des § 62 Abs. 1 Satz 3 glaubhaft** macht. Soweit der **Wortlaut** des § 78a Abs. 7 voraussetzt, dass »der Beklagte« einen entspr. nicht zu ersetzenden Nachteil glaubhaft machen muss, dürfte es sich um ein **Redaktionsversehen** des Gesetzgebers handeln. Gemeint ist, dass dem Vollstreckungsschuldner des Titels aus dem Ausgangsverfahren die Antragsbefugnis zur Einstellung der Zwangsvollstreckung unabhängig von seiner Partei- bzw. Beteiligtenrolle zustehen soll.[114] 59

VIII. Kosten des Rügeverfahrens

Der die Gehörsrüge **verwerfende** oder **zurückweisende** Beschluss muss eine **Kostenentscheidung** enthalten, weil die vollumfänglich erfolglose Rüge eine Gerichtsgebühr von in allen Instanzen einheitlich 50 € auslöst (KV Nr. 8500 von Teil 8 der Anlage 1 zu § 3 Abs. 2 GKG). Wird das Verfahren dagegen gem. § 78a Abs. 5 ganz oder teilweise fortgeführt, fällt keine eigenständige Gerichtsgebühr an.[115] 60

Der bisherige Rechtsanwalt erhält für die Vertretung im Rügeverfahren keine gesonderte Gebühr.[116] 61

Fünfter Unterabschnitt Wiederaufnahme des Verfahrens

§ 79

¹Die Vorschriften der Zivilprozessordnung über die Wiederaufnahme des Verfahrens gelten für Rechtsstreitigkeiten nach § 2 Abs. 1 bis 4 entsprechend. ²Die Nichtigkeitsklage kann jedoch nicht auf Mängel des Verfahrens bei der Berufung der ehrenamtlichen Richter oder auf Umstände, die die Berufung eines ehrenamtlichen Richters zu seinem Amt ausschließen, gestützt werden.

Übersicht	Rdn.			Rdn.
I. Allgemeines	1	IV. Restitutionsklage		13
II. Anfechtbare Entscheidungen	3	1. Strafbare Handlungen		14
III. Nichtigkeitsklage	8	2. Urteilsaufhebung		15
1. Besetzung des Gerichts	9	3. Auffinden von Urteilen und anderen Urkunden		16
2. Ausschluss vom Richteramt	10	V. Wiederaufnahmeverfahren		20
3. Befangenheit	11			
4. Vertretungsmängel	12			

I. Allgemeines

Für die **Wiederaufnahme des Urteilsverfahrens** gelten gem. Satz 1 für Rechtsstreitigkeiten nach § 2 Abs. 1 bis 4 die Vorschriften der Zivilprozessordnung über die Wiederaufnahme des Verfahrens nach den §§ 578 bis 591 entsprechend. In einem ersten Schritt ist die **Zulässigkeit der Wiederaufnahmeklage**, in einem zweiten Schritt das **Bestehen von Anfechtungsgründen** zu prüfen. 1

---

114 GK-ArbGG/Dörner § 78a Rn 47; Schwab/Weth/Schwab § 78a Rn 55.
115 Schwab/Weth/Schwab § 78a Rn 56.
116 BCF/Creutzfeldt § 78a Rn 23.

Erst danach folgt in einem dritten Schritt eine **neue Verhandlung und Entscheidung**.[1] Für das **arbeitsgerichtliche Beschlussverfahren** verweist § 80 Abs. 2 auf die für das Urteilsverfahren des ersten Rechtszugs maßgebenden Vorschriften und damit für die Wiederaufnahme ebenfalls auf § 79, sodass hier die gleichen Voraussetzungen wie im Urteilsverfahren gelten. Abweichend von der ZPO ist dagegen eine **Nichtigkeitsklage nicht statthaft**, soweit sie sich auf eine verfahrensfehlerhafte **Berufung der ehrenamtlichen Richter** oder einen Ausschließungsgrund stützt, der ihn an der Ausübung des Richteramtes hindert (Folge von § 65 ArbGG).[2] Die **Nichtigkeitsklage** soll bei **schweren Verfahrensverstößen** die erneute Verhandlung und Entscheidung eines **rechtskräftig abgeschlossenen Verfahrens** eröffnen; die **Restitutionsklage** dient demselben Zweck um **falsche Urteilsgrundlagen** beseitigen zu helfen.[3]

2   Die Wiederaufnahme kann gem. § 578 Abs. 1 ZPO durch Nichtigkeitsklage nach § 579 ZPO oder durch Restitutionsklage nach § 580 ZPO erfolgen. In beiden Fällen werden – in Ausnahme von der dem **Rechtsfrieden** dienenden Rechtskraft unanfechtbarer Entscheidungen – Möglichkeiten eröffnet, Urteile zu korrigieren, die schwerste Mängel aufweisen oder grob verfahrensfehlerhaft zustande gekommen sind.[4] Es handelt sich dabei nicht um den Gebrauch eines Rechtsmittels, da es den Klagen sowohl am Suspensiv- als auch am Devolutiveffekt fehlt.[5]

II. Anfechtbare Entscheidungen

3   Die Wiederaufnahme des Verfahrens ist nur zulässig, wenn der Rechtsstreit durch Endurteil oder Beschluss **formell rechtskräftig** abgeschlossen worden ist.[6] Es kann sich hierbei um Endurteile nach § 705 ZPO, um Versäumnis-, Anerkenntnis-, Arrest-, Verfügungs-, Teil- und Grundurteile, aber auch um Vollstreckungsbescheide handeln.

4   Eine Wiederaufnahmeklage des Arbeitnehmers kann sogar auf die nach Antrag des Arbeitgebers erfolgte Auflösung des Arbeitsverhältnisses gegen Abfindung[7] beschränkt werden.[8] Die Wiederaufnahme findet auch gegen **das Verfahren beendende unanfechtbare Beschlüsse** analog §§ 578 ff. ZPO statt, wie z.B. gegen Beschlüsse nach § 91a ZPO oder nach § 72a Abs. 5 oder gegen Beschlüsse im Zwangsvollstreckungsverfahren, etwa nach § 888 ZPO. Dasselbe gilt für einen urteilsvertretenden Beschluss, etwa den Beschluss nach § 66 Abs. 2 i.V.m. § 522 ZPO oder § 74 Abs. 2 Satz 2 i.V.m. § 522 ZPO, durch den eine Berufung oder Revision als unzulässig verworfen worden ist.[9] Gegen einen Beschluss des BAG, durch den der Rechtsbehelf der **Nichtzulassungsbeschwerde** verworfen wird, findet entsprechend § 79 Satz 1 i.V.m. §§ 578 ff. ZPO ebenso die Wiederaufnahme statt.[10] Vorbehalts- und Zwischenurteile[11] sind nur mit dem Endurteil angreifbar. **Schein- und Nichturteile** sind nicht über ein Wiederaufnahmeverfahren, sondern durch Feststellungsklage auf ihre Nichtigkeit[12] zu beseitigen, die Nichtigkeit eines Prozessvergleichs durch Fortsetzung des Verfahrens zu beheben.[13]

---

1   § 590 ZPO.
2   HWK-Kalb § 79 Rn 5; Schwab/Weth-Schwab § 79 Rn 13.
3   Hako/Gross § 79 Rn 2; BCF/Friedrich § 79 Rn 1; GK-ArbGG/Mikosch § 79 Rn 3.
4   Schwab/Weth-Schwab § 79 Rn 1.
5   Schwab/Weth-Schwab § 79 Rn 4.
6   BFH, 08.12.2010 – IX R 12/10.
7   § 9 Abs. 1 KSchG.
8   BAG, 02.12.1999 – 2 AZR 843/98, NZA 2000, 733.
9   BGH, 08.11.1982 – III ZR 113/79, NJW 1983, 883.
10 BAG, 13.10.2015 – 3 AZN 915/15, EzA § 579 ZPO 2002 Nr. 1, Rn 7; BAG, 18.10.1990 – 8 AS 1/90, NZA 1991, 363.
11 §§ 302, 280 ZPO.
12 § 256 ZPO; ErfK/Koch § 79 ArbGG Rn 1.
13 Hauck/Helml § 79 Rn 2; Schwab/Weth-Schwab § 79 Rn 8; GK-ArbGG/Mikosch § 79 Rn 12; ErfK/Koch § 79 ArbGG Rn 1.

Im arbeitsgerichtlichen **Beschlussverfahren** muss ein das Verfahren beendender Beschluss ergangen sein. Dies sind insbesondere Beschlüsse nach § 84. **Sonderfälle** des Wiederaufnahmeverfahrens regeln § **97 Abs. 4** in Entscheidungen über die **Tariffähigkeit** und **Tarifzuständigkeit** und § **98 Abs. 5** in Entscheidungen über die Wirksamkeit einer **Allgemeinverbindlicherklärung oder einer Rechtsverordnung**. § 581 ZPO mit seinen besonderen Voraussetzungen zur Restitutionsklage findet insoweit keine Anwendung, um hier eine Wiederaufnahme zu erleichtern. Diese Regelung ist auch für die Entscheidung über den nach § 4a TVG im **Betrieb anwendbaren Tarifvertrag** in § **99 Abs. 4** übernommen worden.[14] Näher dazu Erl. zu § 97 Rdn. 15 und zu §§ 98, 99.

5

Die Parteien des Wiederaufnahmeverfahrens sind die des Vorprozesses. Insoweit reicht die einmal erteilte **Prozessvollmacht** nach § 81 ZPO. Bei **Erfolg** der **Wiederaufnahmeklage** wird das *(rechtskräftige)* frühere Urteil mit rückwirkender Kraft beseitigt.[15]

6

§ 578 ZPO

7

(1) Die Wiederaufnahme eines durch rechtskräftiges Endurteil geschlossenen Verfahrens kann durch Nichtigkeitsklage und durch Restitutionsklage erfolgen.

(2) Werden beide Klagen von derselben Partei oder von verschiedenen Parteien erhoben, so ist die Restitutionsklage bis zur rechtskräftigen Entscheidung über die Nichtigkeitsklage auszusetzen.

Die Wiederaufnahme erfolgt nach § 578 Abs. 1 ZPO durch Nichtigkeitsklage oder durch Restitutionsklage. Die **Nichtigkeitsklage** nach § 579 ZPO richtet sich gegen die **Verletzung von Verfahrensvorschriften**. Bei **gleichzeitiger Erhebung von Nichtigkeits- und Restitutionsklage** ist das Verfahren über die Restitutionsklage abzutrennen und bis zur rechtskräftigen Entscheidung über die Nichtigkeitsklage auszusetzen.[16] Bei Erfolg der Nichtigkeitsklage hat sich die Restitutionsklage erledigt.

III. Nichtigkeitsklage

Die **Nichtigkeitsklage** richtet sich gegen **schwere Verfahrensfehler** und zwar unabhängig davon, ob das Urteil darauf beruht,[17] vgl. auch Rdn. 2. Der Katalog des § 579 ZPO ist **abschließend**; eine analoge Anwendung auf andere schwere Verfahrensfehler ist daher unzulässig.[18] Bei Verletzungen des **rechtlichen Gehörs** oder der richterlichen Hinweispflicht geht § 78a der Nichtigkeitsklage vor.[19]

8

§ 579 ZPO

(1) Die Nichtigkeitsklage findet statt:
1. *wenn das erkennende Gericht nicht vorschriftsmäßig besetzt war;*
2. *wenn ein Richter bei der Entscheidung mitgewirkt hat, der von der Ausübung des Richteramts kraft Gesetzes ausgeschlossen war, sofern nicht dieses Hindernis mittels eines Ablehnungsgesuchs oder eines Rechtsmittels ohne Erfolg geltend gemacht ist;*

---

14 Art. 2 des Gesetzes zur Tarifeinheit vom 03.07.2015, BGBl. I, S. 1130.
15 Stein/Jonas/Grunsky Vor § 598 Rn 20; GK-ArbGG/Mikosch § 79 Rn 93 m.w.N.; Schwab/Weth-Schwab § 79 Rn 27.
16 § 578 Abs. 2 ZPO.
17 GK-ArbGG/Mikosch § 79 Rn 18.
18 BAG, 13.10.2015 – 3 AZN 915/15, EzA § 579 ZPO 2002 Nr. 1, Rn 19; BAG, 21.07.1993 – 7 ABR 25/92, NZA 1994, 957.
19 BAG, 13.10.2015 – 3 AZN 915/15, EzA § 579 ZPO 2002 Nr. 1, Rn 19; vgl. näher dazu die Erl. zu § 78a.

3. wenn bei der Entscheidung ein Richter mitgewirkt hat, obgleich er wegen Besorgnis der Befangenheit abgelehnt und das Ablehnungsgesuch für begründet erklärt war;
4. wenn eine Partei in dem Verfahren nicht nach Vorschrift der Gesetze vertreten war, sofern sie nicht die Prozessführung ausdrücklich oder stillschweigend genehmigt hat.

(2) In den Fällen der Nummern 1, 3 findet die Klage nicht statt, wenn die Nichtigkeit mittels eines Rechtsmittels geltend gemacht werden konnte.

1. Besetzung des Gerichts

9   Der Nichtigkeitsgrund des § 579 Abs. 1 **Nr. 1 ZPO** ist gegeben, wenn das zuletzt erkennende Gericht nicht vorschriftsmäßig besetzt war, z.B. weil der Vorsitzende allein anstelle der allein dazu berufenen Kammer[20] oder umgekehrt die Kammer anstelle des allein dazu befugten Vorsitzenden entscheidet[21] oder wegen eines gewichtigen Verstoßes gegen die Geschäftsverteilung.[22] Dies gilt aber nicht, wenn dieser Mangel durch Einlegung eines Rechtsmittels hätte geltend gemacht werden können,[23] wozu auch **Einspruch** und **Gehörsrüge** nach § 78a zählen. Als eine i.S.v. § 579 Abs. 1 Nr. 1 ZPO **nicht vorschriftsmäßige Heranziehung** der ehrenamtlichen **Richter** zum zweiten Kammertermin ist zu erkennen, wenn diese nicht aus den Regelungen des **Geschäftsverteilungsplans** heraus auf einer **abstrakt generellen Bestimmbarkeit** der gesetzlichen Richter[24] fußt, sondern auf einer Ermessensregel beruht, die es den Richtern im ersten Kammertermin überlässt, welche ehrenamtliche Richter im fortgesetzten Verfahren zu entscheiden haben.[25] Ein Nichtigkeitsgrund ist indessen nicht gegeben, wenn die Besetzung auf einer irrigen Gesetzesauslegung oder irrtümlichen Abweichung von den Festsetzungen des Geschäftsverteilungsplans beruht, es muss sich vielmehr um eine klar zutage tretende Gesetzesverletzung handeln, die auf einer nicht mehr hinnehmbaren Rechtsansicht und damit auf **objektiver Willkür** beruht.[26] Die Nichtigkeitsklage ist in diesem Fall in der einzelnen Sache begründet, die übrigen an diesem Sitzungstag verhandelten Sachen werden hierdurch nicht erfasst.[27] Dagegen liegt ein solcher Mangel nach § 79 **Satz 2** nicht vor, wenn die Nichtigkeitsklage auf Mängel des Verfahrens bei der **Berufung der ehrenamtlichen Richter** durch die zuständige oberste Landesbehörde[28] oder auf Umstände, die eine Berufung in das Amt eines ehrenamtlichen Richters ausschließen,[29] gestützt wird.

2. Ausschluss vom Richteramt

10 § 579 Abs. 1 Nr. 2 ZPO nennt als weiteren Nichtigkeitsgrund, dass ein Richter bei der Entscheidung mitgewirkt hat, obwohl er kraft Gesetzes von der Ausübung des Richteramts ausgeschlossen war. Diese Ausschließungsgründe ergeben sich im Einzelnen aus § 41 ZPO:
– So darf ein Richter nach § 41 Nr. 1 ZPO nicht in eigener Sache und nach § 41 Nr. 2 nicht in Sachen seines Ehegatten entscheiden, selbst bei nicht mehr bestehender Ehe. Gleiches gilt nach § 41 Nr. 2a in Sachen eines Lebenspartners, auch wenn die Partnerschaft nicht mehr besteht.

---

20 Vgl. §§ 53, 55.
21 Streitig; im umgekehrten Fall verneinen ErfK/Koch § 79 Rn 2; GK-ArbGG/Mikosch § 79 Rn 22 und GMPMG/Müller-Glöge § 79 Rn 7 einen Nichtigkeitsgrund; für Gleichstellung wegen Überschreitung der richterlichen Legitimation wie hier Schwab/Weth-Schwab § 79 Rn 11.
22 BAG, 21.06.2001 – 2 AZR 359/00, Rn 26, EzA § 21e GVG Nr. 2; HWK-Kalb § 79 Rn 5.
23 § 579 Abs. 1 Nr. 1 und Abs. 2 ZPO; Schwab/Weth-Schwab § 79 Rn 11.
24 Art. 101 Abs. 1 Satz 2 GG.
25 BAG, 02.12.1999 – 2 AZR 843/98, NZA 2000, 733; vgl. auch § 6a Rdn. 26.
26 BAG, 13.10.2015 – 3 AZN 915/15, EzA § 579 ZPO 2002 Nr. 1, Rn 16.
27 BAG, 07.05.1998 – 2 AZR 344/97, NZA 1998, 1301 – kein Dominoeffekt; Hauck/Helml § 79 Rn 4; Schwab/Weth-Schwab § 79 Rn 11.
28 §§ 20 ff.
29 § 21 Abs. 2; BCF/Friedrich § 79 Rn 2 und 3; Schwab/Weth-Schwab § 79 Rn 13; ErfK/Koch § 79 ArbGG Rn 2.

- Ein Richter ist nach § 41 Nr. 3 ZPO ebenso in Sachen von nahen Verwandten und Verschwägerten ausgeschlossen. Dabei reicht es aus, dass dieses Verhältnis einmal bestanden hat. Dies gilt für die Verwandtschaft in gerader Linie, die Schwägerschaft bis zum zweiten Grad sowie die Verwandtschaft in der Seitenlinie bis zum dritten Grad. Nach § 1589 BGB sind Personen, deren eine von der anderen abstammt, in gerader Linie verwandt. Nach § 1590 BGB sind die Verwandten eines Ehegatten mit dem anderen Ehegatten verschwägert. Linie und Grad der Schwägerschaft bestimmen sich nach der Linie und dem Grad der sie vermittelnden Verwandtschaft, z.B. den Schwiegereltern *(aufsteigende Linie)* oder den Kindern des Ehegatten *(absteigende Linie)*.
- Nach § 41 Nr. 4 ZPO ist ein Richter ausgeschlossen, wenn er in derselben Sache als Prozessbevollmächtigter nach § 81 ZPO, als Beistand nach § 90 ZPO oder als gesetzlicher Vertreter nach § 51 ZPO für eine Partei aufzutreten berechtigt ist oder gewesen ist.
- Nach § 41 Nr. 5 ZPO ist ein Richter von der Ausübung des Richteramtes ausgeschlossen, wenn er in dieser Sache als Zeuge oder Sachverständiger vernommen ist. Die Vernehmung muss daher bereits stattgefunden haben. Der Beweisantritt oder ein gerichtlicher Beweisbeschluss reicht nicht aus. Eine dienstliche Äußerung des Richters reicht für den Ausschluss nicht aus.
- Nach § 41 Nr. 6 ZPO darf ein Richter nicht beim Erlass der nunmehr zu überprüfenden Entscheidung mitgewirkt haben, etwa im Berufungsverfahren als Richter erster Instanz. Er muss dabei an der Entscheidungsfindung mitgewirkt haben. Allein die Verkündung des Urteils reicht nicht aus.
- Nach § 41 Nr. 7 ZPO darf ein Richter nicht in Sachen wegen überlanger Gerichtsverfahren mitwirken, wenn er in dem beanstandeten Verfahren in einem Rechtszug mitgewirkt hat, auf dessen Dauer der Entschädigungsanspruch gestützt wird.
- Nach § 41 Nr. 8 ZPO darf ein Richter nicht in Sachen mitwirken, in denen er an einem Mediationsverfahren oder einem anderen Verfahren der außergerichtlichen Konfliktbeilegung mitgewirkt hat.

3. Befangenheit

§ 579 Abs. 1 Nr. 3 ZPO setzt eine erfolgreiche Ablehnung eines Richters wegen Besorgnis der Befangenheit[30] voraus. Der Richter muss zudem bei der Entscheidung mitgewirkt haben. Es kommt nicht darauf an, dass die Partei während des Prozesses den **Ablehnungsgrund** hätte geltend machen können. Deshalb reicht es nicht aus, dass die Möglichkeit einer Ablehnung bestand oder der Richter sich selbst hätte ablehnen müssen, auch wenn sich dies aus den Gründen des angegriffenen Urteils aufdrängt.[31] War der Ablehnungsgrund hingegen **erfolglos geltend gemacht** worden, ist dieser als Wiederaufnahmegrund ausgeschlossen. Wie im Fall des § 579 Abs. 1 Nr. 1 ZPO ist die **Nichtigkeitsklage** hier nur **subsidiär**, wenn ein Rechtsmittel vorher nicht eingelegt werden konnte.[32]

11

4. Vertretungsmängel

§ 579 Abs. 1 Nr. 4 ZPO setzt für die Nichtigkeitsklage voraus, dass eine Partei in dem Verfahren nicht ordnungsgemäß vertreten war. Dies ist insb. gegeben, wenn die **nicht prozessfähige Partei** überhaupt nicht oder nicht durch ihren gesetzlichen Vertreter vertreten war,[33] der Prozessbevollmächtigte ohne Vollmacht gehandelt hat oder die Parteifähigkeit fehlt. Die Prozessfähigkeit ist von

12

---

30 § 42 Abs. 2 ZPO.
31 BAG, 13.10.2015 – 3 AZN 915/15, EzA § 579 ZPO 2002 Nr. 1, Rn 19, BGHZ 120, 141.
32 Thomas/Putzo § 579 ZPO Rn 3; ErfK/Koch § 79 ArbGG Rn 2; vgl. BAG, 13.10.2015 – 3 AZN 915/15, EzA § 579 ZPO 2002 Nr. 1, Rn 19.
33 BAG, 20.01.2000 – 2 AZR 733/98, NZA 2000, 613; Schwab/Weth-Schwab § 79 Rn 14.

§ 79 ArbGG

Amts wegen in jeder Lage des Verfahrens zu überprüfen. Die fehlende **Postulationsfähigkeit** des Prozessvertreters setzt dagegen keinen Nichtigkeitsgrund i.S.v. § 579 Abs. 1 Nr. 4 ZPO.[34]

IV. Restitutionsklage

13 Die **Restitutionsklage** dient der Autorität der Gerichte und dem **Vertrauen der Allgemeinheit in die Rechtsprechung**. Hierzu muss es ausnahmsweise erlaubt sein, **rechtskräftige Urteile** und Beschlüsse zu überprüfen, deren **tatsächliche Grundlagen entfallen** sind.[35] Wie bei der Nichtigkeitsklage kann sie **nur subsidiär** (§ 582 ZPO) erhoben werden und das rechtskräftig gewordene angegriffene Urteil muss auf einem der in § 580 ZPO abschließend aufgelisteten Fehler beruhen.[36]

§ 580 ZPO

Die Restitutionsklage findet statt:
1. *wenn der Gegner durch Beeidigung einer Aussage, auf die das Urteil gegründet ist, sich einer vorsätzlichen oder fahrlässigen Verletzung der Eidespflicht schuldig gemacht hat;*
2. *wenn eine Urkunde, auf die das Urteil gegründet ist, fälschlich angefertigt oder verfälscht war;*
3. *wenn bei einem Zeugnis oder Gutachten, auf welches das Urteil gegründet ist, der Zeuge oder Sachverständige sich einer strafbaren Verletzung der Wahrheitspflicht schuldig gemacht hat;*
4. *wenn das Urteil von dem Vertreter der Partei oder von dem Gegner oder dessen Vertreter durch eine in Beziehung auf den Rechtsstreit verübte Straftat erwirkt ist;*
5. *wenn ein Richter bei dem Urteil mitgewirkt hat, der sich in Beziehung auf den Rechtsstreit einer strafbaren Verletzung seiner Amtspflichten gegen die Partei schuldig gemacht hat;*
6. *wenn das Urteil eines ordentlichen Gerichts, eines früheren Sondergerichts oder eines Verwaltungsgerichts, auf welches das Urteil gegründet ist, durch ein anderes rechtskräftiges Urteil aufgehoben ist;*
7. *wenn die Partei*
    a) *ein in derselben Sache erlassenes, früher rechtskräftig gewordenes Urteil oder*
    b) *eine andere Urkunde auffindet oder zu benutzen in den Stand gesetzt wird, die eine ihr günstigere Entscheidung herbeigeführt haben würde;*
8. *wenn der Europäische Gerichtshof für Menschenrechte eine Verletzung der Europäischen Konvention der Menschenrechte und Grundfreiheiten oder ihrer Protokolle festgestellt hat und das Urteil auf dieser Verletzung beruht.*

1. Strafbare Handlungen

14 Nach § 580 Nr. 1 bis 5 ZPO ist die Restitutionsklage zulässig, wenn die verfahrensbeendende Entscheidung auf einer strafbaren Handlung beruht, etwa durch falschen Parteieid *(Nr. 1)*, Urkundenfälschung *(Nr. 2)*, falsche Zeugenaussage oder Gutachten *(Nr. 3)*, Urteilserschleichung *(Nr. 4)* oder Amtspflichtverletzung eines mitwirkenden Richters, etwa Rechtsbeugung *(Nr. 5)*. In diesen Fällen findet die Restitutionsklage gem. § 581 Abs. 1 ZPO nur statt, wenn wegen dieser strafbaren Handlung ein **rechtskräftiges** verurteilendes **Strafurteil** vorliegt.

2. Urteilsaufhebung

15 § 580 Nr. 6 ZPO setzt voraus, dass das angegriffene Urteil seine Stütze in einem anderen Urteil, Schiedsspruch, **Verwaltungsakt** oder einer Entscheidung der freiwilligen Gerichtsbarkeit gefunden hat und diese frühere Entscheidung durch ein anderes rechtskräftiges Urteil aufgehoben worden ist. Der für das ArbG wichtigste Restitutionsgrund ist gegeben, wenn die Zustimmung des Inte-

---

[34] BAG, 18.10.1990 – 8 AS 1/90, NZA 1991, 363; GK-ArbGG/Mikosch § 79 Rn 29.
[35] GK-ArbGG/Mikosch § 79 Rn 35; Schwab/Weth-Schwab § 79 Rn 16a; ErfK/Koch § 79 ArbGG Rn 3; vgl. Rdn. 2.
[36] Zöller/Greger § 579 ZPO Rn 1; § 580 ZPO Rn 2; Hauck/Helml § 79 Rn 6.

grationsamtes[37] zur **Kündigung eines schwerbehinderten Arbeitnehmers** nach rechtskräftigem Abschluss des Kündigungsschutzprozesses im Verwaltungsrechtsweg aufgehoben wird,[38] oder wenn nach rechtskräftigem Abschluss des Kündigungsrechtsstreits die rechtzeitig beantragte[39] **Schwerbehinderteneigenschaft** des zu Kündigenden **festgestellt** wird[40] oder wenn der zustimmende Bescheid des zuständigen Landesamtes, welcher die **außerordentliche Kündigung** der **schwangeren Arbeitnehmerin** erlaubt,[41] durch verwaltungsgerichtliche Entscheidung endgültig aufgehoben wird. Hauptanwendungsfall im Arbeitsgerichtsverfahren ist – nach Abschluss des Kündigungsschutzprozesses und Klagabweisung – die **nachträgliche Feststellung** der **Schwerbehinderteneigenschaft** im Sozialgerichtsverfahren oder die Feststellung im verwaltungsgerichtlichen Verfahren, die **Kündigung** des schwerbehinderten Arbeitnehmers sei wegen **fehlender oder fehlerhafter Zustimmung des Integrationsamtes nichtig.**[42] Gleichwohl ist es wegen des das Arbeitsgerichtsverfahren beherrschenden **Grundsatzes der Beschleunigung** (§ 61a ArbGG) nicht ratsam, das Verfahren im Blick auf die vor anderen Gerichtsbarkeiten laufenden Prozesse auszusetzen.[43] Denkbar sind auch Überschneidungen, die sich aus Insolvenzverfahren nach § 127 Abs. 2 InsO ergeben können.[44] Die wenigen Fälle nachträglich zur Aufhebung berechtigenden Entscheidungen stehen in keinem Verhältnis zu den beide Parteien belastenden Verfahrensverzögerungen.

3. Auffinden von Urteilen und anderen Urkunden

§ 580 Nr. 7 Buchst. a) ZPO setzt voraus, dass ein in derselben Sache erlassenes, früher rechtskräftig gewordenes Urteil von der Partei aufgefunden worden ist und eine Rechtskrafterstreckung nach § 325 ZPO auf dieselben Parteien des späteren Urteils eingetreten ist. Eine **Änderung der Rechtsprechung** ist kein Grund für die Erhebung einer Restitutionsklage.[45] 16

Nach **§ 580 Nr. 7 Buchst. b) ZPO** muss die Partei eine andere **Urkunde** auffinden oder benutzen können, die eine für sie **günstigere Entscheidung** herbeigeführt haben würde.[46] Die Nichtbenutzbarkeit der aufgefundenen Urkunde darf nicht auf ein **Verschulden** der Partei zurückzuführen sein (§ 582 ZPO, s. Rdn 18). Liegt ein solches vor, schließt ein solches die Restitutionsklage auch dann aus, wenn dieses Verschulden dem gesetzlichen Vertreter zur Last fällt. Auch ein Verschulden von Prozessbevollmächtigten wird nach § 85 Abs. 2 ZPO der Partei zugerechnet.[47] Darüber hinaus hätte das Gericht die Urkunde bei der Urteilsfindung berücksichtigen müssen, was bei einer nach Ablauf der Berufungsbegründungsfrist errichteten Urkunde und unzulässiger Berufung infolge nicht ordnungsgemäßer Begründung nicht der Fall ist.[48] Der Begriff der Urkunde wird weit verstanden, z.B. Fotokopie eines Schriftstücks. Nicht zu den Urkunden i.S.d. Vorschrift rechnen **Gegenstände der Augenscheinnahme** wie Fotografien, Schallplatten, Tonbandaufnahmen oder Kfz-Kennzeichen.[49] Hierzu zählen auch weder ein Vernehmungsprotokoll über entlastende Zeugenaussagen nach Rechtskraft, noch der nachfolgende Beschluss des Strafgerichts, die Eröffnung des Hauptverfahrens abzulehnen. Die Beurteilung eines Sachverhaltes in einem **Strafurteil** oder Straf- 17

---

37 §§ 85 SGB IX; vgl. VG München, 18.05.2011 – M 18K 10.1473.
38 BAG, 25.11.1980 – 6 AZR 210/80, EzA § 580 ZPO Nr. 1.
39 § 90 Abs. 2a SGB IX.
40 BAG, 15.08.1984 – 7 AZR 558/82, NJW 1985, 1485; GK-ArbGG/Mikosch § 79 Rn 49 ff.
41 § 9 Abs. 3 MuSchG.
42 BAG, 15.08.1984 – 7 AZR 558/82, NJW 1985, 1485; BAG, 24.11.2005 – 2 AZR 514/04, NZA 2006, 665; BCF/Friedrich § 79 Rn 20.
43 Vgl. BAG 16.04.2014 – 10 AZB 6/14, EzA § 148 ZPO 2002 Nr. 2.
44 BAG, 17.06.2003 – 2 AZR 245/02, NZA 2003, 1329; GMPMG/Müller-Glöge § 79 Rn 9; Schwab/Weth-Schwab § 79 Rn 17; GK-ArbGG/Mikosch § 79 Rn 51.
45 BAG, 20.10.1955 – 2 AZR 438/54, AP Nr. 1 zu § 580 ZPO.
46 ErfK/Koch § 79 ArbGG Rn 3; BCF/Friedrich § 79 Rn 25.
47 LAG Hamm, 07.09.2011 – 3 Sa 938/11, Rn 101.
48 BAG, 25.04.2007 – 6 AZR 436/05, NZA 2007, 1387.
49 BGH, 28.11.1975 – V ZR 124/74; GK-ArbGG/Mikosch § 79 Rn 56.

§ 79 ArbGG

befehl bindet das ArbG nicht und schafft daher keinen Restitutionsgrund (z.B. bei Kündigung wegen Verdachts einer Straftat). Dies gilt auch für einen späteren **Freispruch** im Strafverfahren.[50] Die Restitutionsklage ist nur für solche Urkunden eröffnet, die zum Zeitpunkt des früheren Verfahrens bereits errichtet waren.[51] Die Urkunde darf **im Hauptprozess nicht benutzbar gewesen** sein, weil sie von der Partei unverschuldet nicht aufgefunden werden konnte oder sie aus anderen Gründen nicht verwertbar gewesen ist. **Nachträglich**, d.h. nach der letzten mündlichen Verhandlung in der Berufungs- und Beschwerdeinstanz errichtete Urkunden können deshalb grds. keinen gesetzlichen Restitutionsgrund schaffen, es sei denn sie bezeugen Tatsachen, die einer zurückliegenden Zeit angehören (z.B. Geburtsurkunde, Feststellungsbescheid Schwerbehinderung).

18 Seit dem 01.01.2007 (Überleitungsvorschrift § 35 EGZPO) ist nach Nr. 8 eine Wiederaufnahme des Verfahrens möglich,[52] wenn der Europäische Gerichtshof für Menschenrechte (EGMR) in der Gerichtsentscheidung einen **Rechtsverstoß gegen die Menschenrechtskonvention** oder die Grundrechtcharta festgestellt hat. Für bis zum 31.12.2006 rechtskräftig gewordene Entscheidungen kann nur auf § 580 Nr. 7 ZPO zurückgegriffen werden.[53] War die Verletzung für die Entscheidung ursächlich, kommt eine Wiederaufnahme als **Teil des zu leistenden Schadensersatzes** in Betracht (Art. 41, 46 EMRK).[54] Lässt sich aus dem nationalen Recht auch nach konventionsfreundlicher Auslegung unter Anwendung der anerkannten Methoden der Gesetzesauslegung und Verfassungsinterpretation kein Anspruch herleiten, dürfen die Gerichte keine Anspruchsgrundlage annehmen.[55] Die Vorschrift des § 580 Nr. 8 ZPO kann nicht generell auf Entscheidungen des **EuGH** ausgeweitet werden.[56]

19 *§ 582 ZPO*

Die Restitutionsklage ist nur zulässig, wenn die Partei ohne ihr Verschulden außerstande war, den Restitutionsgrund in dem früheren Verfahren, insbesondere durch Einspruch oder Berufung oder mittels Anschließung an eine Berufung, geltend zu machen.

Die Restitutionsklage ist nur zulässig, wenn die Partei **unverschuldet gehindert** war, den Restitutionsgrund im früheren Verfahren geltend zu machen.[57] Dies setzt voraus, dass die Partei selbst bei sorgfältiger Prozessführung den Grund nicht schon früher hätte geltend machen können. Die Fahrlässigkeit des Vertreters ist nach § 85 Abs. 2 ZPO zuzurechnen.[58] Die Voraussetzungen sind von Amts wegen zu prüfen.

V. Wiederaufnahmeverfahren

20 Die Wiederaufnahme kann nur durch Klage nach §§ 579, 580 ZPO angestrengt werden. Vgl. auch Rdn. 1.

---

50 BAG, 22.01.1998 – 2 AZR 455/97, NZA 1998, 726.
51 BAG, 29.09.2011 – 2 AZR 674/10, EzA § 580 ZPO 2002 Nr. 2, Rn 20.
52 Art. 10 Nr. 6 des 2. JuMoG v. 22.12.2006, BGBl. I, S. 3416; gegen die Überleitungsvorschrift des § 35 EGZPO bestehen keine verfassungsrechtlichen Bedenken, BVerfG, 20.04.2016 – 2 BvR 1488/14, Rn 17 ff.
53 Zöller/Geimer Einleitung Rn 136; GK-ArbGG/Mikosch § 79 Rn 62; BCF/Friedrich § 79 Rn 26; LAG Düsseldorf, 04.05.2011 – 7 Sa 1427/10, EuGRZ 2011, 417.
54 Vgl. EGMR, 21.07.2011 – Beschwerdenr. 28274/08 (Heinisch), EzA § 626 BGB 2002 Anzeige gegen Arbeitgeber Nr. 1; vorgehend LAG Berlin-Brandenburg, 28.03.2006 – 7 Sa 1884/05; BAG, 22.11.2012 – 2 AZR 570/11, EzA § 580 ZPO 2002 Nr. 3.
55 BAG, 20.10.2015 – 9 AZR 743/14, EzA § 1 KSchG Wiedereinstellungsanspruch Nr. 13, Rn 14, 16.
56 GK-ArbGG/Mikosch § 79 Rn 62.
57 BAG, 25.11.1980 – 6 AZR 210/80, NJW 1981, 2023; ArbG Düsseldorf, 26.02.2010 – 10 Ca 8395/09.
58 LAG Hamm, 07.09.2011 – 3 Sa 938/11.

§ 584 ZPO

(1) Für die Klagen ist ausschließlich zuständig: das Gericht, das im ersten Rechtszuge erkannt hat; wenn das angefochtene Urteil oder auch nur eines von mehreren angefochtenen Urteilen von dem Berufungsgericht erlassen wurde oder wenn ein in der Revisionsinstanz erlassenes Urteil aufgrund des § 580 Nr. 1 bis 3, 6, 7 angefochten wird, das Berufungsgericht; wenn ein in der Revisionsinstanz erlassenes Urteil aufgrund der §§ 579, 580 Nr. 4, 5 angefochten wird, das Revisionsgericht.

(2) Sind die Klagen gegen einen Vollstreckungsbescheid gerichtet, so gehören sie ausschließlich vor das Gericht, das für eine Entscheidung im Streitverfahren zuständig gewesen wäre.

Für die Wiederaufnahmeklage ist grds. das **beteiligte Gericht** erster Instanz örtlich und sachlich ausschließlich **zuständig**.[59] Das Berufungsgericht ist zuständig, wenn es in der Sache selbst im Wege der Sachentscheidung entschieden hat. Das Revisionsgericht ist ebenso zuständig, wenn es in der Sache selbst erkannt hat und die Wiederaufnahme auf § 579 ZPO oder auf § 580 Nr. 4, 5 ZPO gestützt wird, es sei denn, die tatsächlichen Feststellungen des Berufungsgerichts werden im Fall von § 580 Nr. 4 ZPO angegriffen. Wird der Wiederaufnahmegrund auf § 580 Nr. 1 bis 3, 6 oder 7 ZPO gestützt, ist das Berufungsgericht zuständig. Der **Vollstreckungsbescheid** ist ebenso nach Rechtskraft wiederaufnahmefähig.[60] Die Zuständigkeit bestimmt sich nach den Regeln für die Zuständigkeit im Streitverfahren.

§ 586 ZPO

21

(1) Die Klagen sind vor Ablauf der Notfrist eines Monats zu erheben.

(2) Die Frist beginnt mit dem Tage, an dem die Partei von dem Anfechtungsgrund Kenntnis erhalten hat jedoch nicht vor eingetretener Rechtskraft des Urteils. Nach Ablauf von fünf Jahren, von dem Tage der Rechtskraft des Urteils an gerechnet, sind die Klagen unstatthaft.

(3) Die Vorschriften des vorstehenden Absatzes sind für die Nichtigkeitsklage wegen mangelnder Vertretung nicht anzuwenden; die Frist für die Erhebung der Klage läuft von dem Tage, an dem der Partei und bei mangelnder Prozessfähigkeit ihrem gesetzlichen Vertreter das Urteil zugestellt ist.

(4) Die Vorschrift des Absatzes 2 Satz 2 ist auf die Restitutionsklage nach § 580 Nummer 8 nicht anzuwenden.

Die Wiederaufnahmeklage ist nur zulässig, wenn sie **vor Ablauf eines Monats** erhoben wird. Sie kann zur Fristwahrung auch vor dem unzuständigen Gericht erhoben werden. Eine Wiedereinsetzung in den vorigen Stand ist nach § 233 ZPO möglich. Gem. § 586 Abs. 2 ZPO beginnt die Frist mit **positiver sicherer Kenntnis des Wiederaufnahmegrundes** durch die Partei, ihren Vertreter oder Prozessbevollmächtigten, es sei denn, deren Auftrag bzw. Vertretung war beendet. Dem steht es gleich, wenn sich die Partei **erkennbaren Tatsachen** bewusst verschließt.[61] Für die Restitutionsgründe des § 580 Nr. 1 bis 5 gehört hierzu die Kenntnis der rechtskräftigen Verurteilung oder Unmöglichkeit des Strafverfahrens. Fünf Jahre ab formeller Rechtskraft des anzugreifenden Urteils wird die Klage unzulässig.[62] Diese 5-jährige **Anschlussfrist** gilt nicht für den Nichtigkeitsgrund nach § 579 Abs. 1 Nr. 4 ZPO. Die Monatsfrist kann erst mit Eintritt der Rechtskraft der Entscheidung beginnen. Dies setzt aber eine wirksame Zustellung an den gesetzlichen Vertreter oder an die prozessfähig gewordene Partei voraus.

---

59 ErfK/Koch § 79 Rn 4.
60 Vgl. § 584 Abs. 2 ZPO; GK-ArbGG/Mikosch § 79 Rn 64.
61 BAG, 20.08.2002 – 3 AZR 133/02, NZA 2003, 453; GK-ArbGG/Mikosch § 79 Rn 65; ErfK/Koch § 79 ArbGG Rn 4.
62 Schwab/Weth-Schwab § 79 Rn 21.

§ 79 ArbGG

▶ **Hinweis:**
Im Fall der Aufhebung einer bis dahin rechtskräftigen Entscheidung im Kündigungsschutzverfahren nach Verfassungsbeschwerde durch das BVerfG und Rückverweisung an das LAG läuft die Monatsfrist zur Erhebung der Wiederaufnahmeklage ab Zustellung der Entscheidung des BVerfG.[63]

22 *§ 587 ZPO*

In der Klage muss die Bezeichnung des Urteils, gegen das die Nichtigkeits- oder Restitutionsklage gerichtet wird, und die Erklärung, welche dieser Klagen erhoben wird, enthalten sein.

Die **Klage** muss zur Wahrung der Frist des § 586 ZPO als Zulässigkeitsvoraussetzungen den **notwendigen Inhalt** des § 587 ZPO, insb. die genaue Bezeichnung des aufzuhebenden Urteils und die Erklärung, ob Nichtigkeit **oder** Restitutionsklage erhaben wird, enthalten. Ansonsten ist sie als unzulässig zu verwerfen. Der Mangel kann allerdings bis zum Fristablauf des § 586 ZPO behoben werden.[64]

23 *§ 588 ZPO*

(1) Als vorbereitender Schriftsatz soll die Klage enthalten:
1. *die Bezeichnung des Anfechtungsgrundes;*
2. *die Angabe der Beweismittel für die Tatsachen, die den Grund und die Einhaltung der Notfrist ergeben;*
3. *die Erklärung, inwieweit die Beseitigung des angefochtenen Urteils und welche andere Entscheidung in der Hauptsache beantragt werde.*

(2) Dem Schriftsatz, durch den eine Restitutionsklage erhoben wird, sind die Urkunden, auf die sie gestützt wird, in Urschrift oder in Abschrift beizufügen. Befinden sich die Urkunden nicht in den Händen des Klägers, so hat er zu erklären, welchen Antrag er wegen ihrer Herbeischaffung zu stellen beabsichtigt.

Bei § 588 ZPO handelt es sich nur um eine Sollvorschrift. Die Nichtbeachtung macht die Klage nicht unzulässig. Es reicht daher, wenn die **Anfechtungsgründe** in der mündlichen Verhandlung vorgebracht werden.[65]

24 *§ 589 ZPO*

(1) Das Gericht hat von Amts wegen zu prüfen, ob die Klage an sich statthaft und ob sie in der gesetzlichen Form und Frist erhoben sei. Mangelt es an einem dieser Erfordernisse, so ist die Klage als unzulässig zu verwerfen.

(2) Die Tatsachen, die ergeben, dass die Klage vor Ablauf der Notfrist erhoben ist, sind glaubhaft zu machen.

§ 590 ZPO

(1) Die Hauptsache wird, insoweit sie von dem Anfechtungsgrunde betroffen ist, von neuem verhandelt.

(2) Das Gericht kann anordnen, dass die Verhandlung und Entscheidung über Grund und Zulässigkeit der Wiederaufnahme des Verfahrens vor der Verhandlung über die Hauptsache erfolge. In diesem Fall ist die Verhandlung über die Hauptsache als Fortsetzung der Verhandlung über Grund und Zulässigkeit der Wiederaufnahme des Verfahrens anzusehen.

---

63 BAG, 07.11.2002 – 2 AZR 297/01, NJW 2003, 2849; Hako/Gross § 79 Rn 8.
64 BAG, 07.05.1998 – 2 AZR 344/97, EzA § 551 ZPO Nr. 6; GK-ArbGG/Mikosch § 79 Rn 67; Thomas/Putzo § 580 Rn 1.
65 Thomas/Putzo § 580 Rn 1.

(3) Das für die Klage zuständige Revisionsgericht hat die Verhandlung über Grund und Zulässigkeit der Wiederaufnahme des Verfahrens zu erledigen, auch wenn diese Erledigung von der Feststellung und Würdigung bestrittener Tatsachen abhängig ist.

Die Zulässigkeit der Klage ist vom Gericht von Amts wegen zu prüfen. Hierzu gehören insb. neben den **allgemeinen Prozessvoraussetzungen** die Statthaftigkeit nach § 578 ZPO, die **Beschwer des Wiederaufnahmeklägers** durch die angefochtene Entscheidung, die **unverschuldete Unmöglichkeit** der früheren Geltendmachung des Wiederaufnahmegrundes[66] sowie die **Wahrung der Fristen** des § 586 ZPO. Das schlüssige Behaupten eines Wiederaufnahmegrundes reicht für die Zulässigkeit der Klage aus.[67] Spätestens in der mündlichen Verhandlung sind die **Tatsachen** zur Wahrung der Notfrist des § 586 ZPO **glaubhaft zu machen**. Richtet sich ein Nichtigkeits- oder Restitutionsantrag gegen einen Beschluss des Bundesarbeitsgerichts, mit dem eine **Nichtzulassungsbeschwerde** des Antragstellers verworfen oder zurückgewiesen worden ist, muss der Antragsteller darlegen, dass gerade dieser Beschluss auf einem Nichtigkeits- oder Restitutionsgrund beruht.[68]

Bei **Erfolg der Wiederaufnahmeklage** kommt es zur Aufhebung der Entscheidung und zum Erlass eines neuen Urteils. Bleibt es trotz Wiederaufnahmegrundes bei der früheren Entscheidung, so ist das Urteil zu bestätigen.[69]

§ 591 ZPO

Rechtsmittel sind insoweit zulässig, als sie gegen die Entscheidungen der mit den Klagen befassten Gerichte überhaupt stattfinden.

Für die Zulässigkeit des Rechtsmittels gegen die **ersetzende Wiederaufnahmeentscheidung** kommt es auf die Zuständigkeit nach § 584 ZPO an. Insoweit gelten dann keine Besonderheiten. Rechtsmittel gegen Urteile erster Instanz sind die Berufung,[70] gegen Urteile zweiter Instanz die Revision, falls nach allgemeinen Grundsätzen zulässig,[71] und gegen Beschlüsse die Beschwerde.[72] Der unterlegenen Partei im Restitutionsverfahren werden die **Kosten** des gesamten Rechtsstreits auferlegt.[73]

Zweiter Abschnitt Beschlussverfahren

Erster Unterabschnitt Erster Rechtszug

§ 80 Grundsatz

(1) Das Beschlussverfahren findet in den in § 2a bezeichneten Fällen Anwendung.

(2) ¹Für das Beschlussverfahren des ersten Rechtszugs gelten die für das Urteilsverfahren des ersten Rechtszugs maßgebenden Vorschriften über Prozessfähigkeit, Prozessvertretung, Ladungen, Termine und Fristen, Ablehnung und Ausschließung von Gerichtspersonen, Zustellungen, persönliches Erscheinen der Parteien, Öffentlichkeit, Befugnisse des Vorsitzenden und der ehrenamtlichen Richter, Mediation und außergerichtliche Konfliktbeilegung, Vorbereitung der streitigen Verhandlung, Verhandlung vor der Kammer, Beweisaufnahme, gütliche Erledigung des

---

66 Vgl. § 582 ZPO.
67 GK-ArbGG/Mikosch § 79 Rn 76.
68 BAG, 12.09.2012 – 5 AZN 1743/12, NZA 2012, 1319.
69 Schwab/Weth-Schwab § 79 Rn 28.
70 § 511 ZPO.
71 § 545 ZPO.
72 § 567 ZPO.
73 Hess. LAG, 25.06.2001 – 2 Ta 266/01, LAGE § 103 ZPO Nr. 4.

Verfahrens, Wiedereinsetzung in den vorigen Stand und Wiederaufnahme des Verfahrens entsprechend, soweit sich aus den §§ 81 bis 84 nichts anderes ergibt. ²Der Vorsitzende kann ein Güteverfahren ansetzen; die für das Urteilsverfahren des ersten Rechtszugs maßgebenden Vorschriften über das Güteverfahren gelten entsprechend.

(3) § 48 Abs. 1 findet entsprechende Anwendung.

Übersicht	Rdn.		Rdn.
I. Allgemeines	1	III. Beschlussverfahren nach der Insolvenzordnung (InsO)	15
II. Anwendbare Vorschriften	2	1. Durchführung der Betriebsänderung	15
1. Grundsatz	2		
2. Einzelheiten	3	2. Interessenausgleich und Kündigungsschutz	16
3. Güteverfahren	12		

I. Allgemeines

1 Beim Beschlussverfahren handelt es sich um eine **eigenständige Verfahrensart** für die in § 2a und anderen Vorschriften[1] bestimmten kollektivrechtlichen Streitigkeiten. Die gesetzliche Aufzählung der Angelegenheiten ist grds. abschließend und **zwingend**; Urteils- und Beschlussverfahren schließen sich gegenseitig aus.[2] Weder ist die Verfahrensart durch rügelose Einlassung abänderbar noch ist eine gemeinsame Verhandlung oder Verbindung der unterschiedlichen Verfahren möglich. Die Wahl der richtigen Verfahrensart ist zunächst Sache des Antragstellers; er hat dies im Antrag deutlich zum Ausdruck zu bringen. Bei Unklarheiten muss das Gericht nachfragen. Hält das Arbeitsgericht die Verfahrensart für unzutreffend, so hat es den Rechtsstreit nach Anhörung der Parteien gem. §§ 80 Abs. 3, 48 Abs. 1 i.V.m. 17 ff. GVG in die richtige Verfahrensart zu verweisen. Auf Rüge muss eine Entscheidung über die Verfahrensart vorab erfolgen (§ 17a Abs. 3 Satz 2 GVG).[3] Im Beschlussverfahren erforscht das Gericht den Sachverhalt im Rahmen der gestellten Anträge von Amts wegen.[4] Es gilt ein (**eingeschränkter**) **Untersuchungsgrundsatz**, nicht der Beibringungsgrundsatz. Zwischen Urteils- und Beschlussverfahren bestehen auch terminologische Unterschiede: Das Beschlussverfahren wird nicht durch Klage, sondern durch Antrag eingeleitet, die Verfahrensbeteiligten werden als Antragsteller und weitere Beteiligte, die mündliche Verhandlung vor der Kammer als Anhörung bezeichnet. Die verfahrensbeendende Entscheidung ergeht gem. § 84 nicht durch Urteil, sondern durch Beschluss.

Die Regelungen des ArbGG über das Beschlussverfahren finden qua bundes- und landespersonalvertretungsrechtlicher Verweisungen auch Anwendung auf **personalvertretungsrechtliche Streitigkeiten** vor den Verwaltungsgerichten.[5]

II. Anwendbare Vorschriften

1. Grundsatz

2 § 80 Abs. 2 enthält eine nicht abschließende Aufzählung der im Beschlussverfahren anwendbaren Vorschriften des Urteilsverfahrens. Insoweit liegt über weite Strecken eine Annäherung der Verfahrensvorschriften vor. Ausdrücklich ist aber der Vorrang der in §§ 81 bis 84 getroffenen Regelungen angeordnet; Gleiches gilt für weitere Verfahrensregelungen wie z.B. in §§ 98–100. Bei Regelungs-

---

1 Z.B. §§ 122, 126 InsO.
2 BAG, 25.11.1992 – 7 ABR 80/91, zu II 1 der Gründe.
3 Vgl. z.B. BAG, 30.03.2010 – 7 AZB 32/09, NJW 2010, 1769 = NZA 2010, 668.
4 Dazu § 83 Rdn. 1 f.
5 Z.B. § 83 Abs. 2 BPersVG; Einzelheiten bei GMPMG/Matthes/Spinner § 80 Rn 7 ff.

lücken sind die Bestimmungen der Zivilprozessordnung anzuwenden, soweit der Charakter des Beschlussverfahrens dem nicht entgegensteht.[6]

2. Einzelheiten

Anwendbar sind die Regelungen über die Rechtshängigkeit,[7] den Mindestinhalt der Antragsschrift und der bestimmenden Schriftsätze,[8] des Bekanntgabeerfordernisses von nicht verfahrensbeendenden Verfügungen und Beschlüssen,[9] der Verfahrenstrennung bzw. -verbindung,[10] der Aussetzung[11] und Unterbrechung.[12] Die neugeschaffenen Bestimmungen über **Mediation und außergerichtliche Konfliktbeilegung** finden ebenfalls Anwendung. Insbesondere kann das Gericht den Parteien eine Mediation oder ein anderes Verfahren der außergerichtlichen Konfliktbeilegung nach § 54a vorschlagen. Auf die dortigen Erläuterungen wird verwiesen. Nicht hingegen gelten die Regelungen über das **Versäumnisverfahren** (§§ 331 ff. ZPO); diese sind mit dem Untersuchungsgrundsatz nicht vereinbar. Ein **Mahnverfahren** gem. §§ 688 ff. ZPO kommt ebenfalls nicht in Betracht. Das arbeitsgerichtliche Beschlussverfahren ist gem. § 2 Abs. 2 GKG gerichtskostenfrei, eine Kostenentscheidung ist nicht zu treffen. Eine Anwendung der §§ 91 ff. ZPO scheidet auch hinsichtlich der außergerichtlichen Kosten aus.[13] Die einzige Ausnahme bildet § 126 Abs. 1 Satz 1 InsO für das Verfahren vor dem Bundesarbeitsgericht.[14] 3

Aufgrund der ausdrücklichen Bezugnahme gelten im Beschlussverfahren die Vorschriften über die **Prozessfähigkeit** (§§ 51 ff. ZPO). Bei einem Streit um die Rechte der Jugend- und Auszubildendenvertretung ist auch ein Minderjähriger prozessfähig, soweit er ein eigenes Recht dieses Organs geltend macht. Für die **Prozessvertretung** der am Beschlussverfahren Beteiligten ist vorrangig § 11 maßgeblich; darüber hinaus finden ergänzend die Regelungen der ZPO Anwendung.[15] 4

Anwendbar sind die Vorschriften über die **Bewilligung von PKH** und die Beiordnung eines RA (§ 11a Abs. 1 i.V.m. §§ 114 ff. ZPO). Die Bewilligung von PKH kommt indessen nur für eine natürliche Person in Betracht, die eigene Rechte geltend macht. Hingegen scheidet PKH für betriebsverfassungsrechtliche Organe wegen deren Vermögenslosigkeit und wegen des Kostenerstattungsanspruchs gegen den Arbeitgeber (§ 40 BetrVG) aus. 5

Für **Ladungen, Termine, Fristen und Zustellungen** gelten § 50 und die §§ 166 ff. ZPO und §§ 214 ff. ZPO (ohne § 227 Abs. 3 Satz 1 ZPO, vgl. § 46 Abs. 2). § 50 Abs. 2 erstreckt die Regelungen über die Zustellung gegen Empfangsbekenntnis (§ 174 ZPO) und die Ersatzzustellung in Geschäftsräumen (§ 178 Abs. 1 Nr. 2 ZPO) auch auf die nach § 11 vertretungsberechtigten Personen. Bei betriebsverfassungsrechtlichen Organen ist die Zustellung grds. an den Vorsitzenden oder den gesetzlichen Stellvertreter persönlich vorzunehmen (§ 170 Abs. 2 ZPO). Die Ersatzzustellung an den Betriebsrat nach § 178 Abs. 1 Nr. 2 ZPO *(Übergabe an eine im Geschäftsraum anwesende Person)* ist zulässig, wenn dieser ein eigenes Büro unterhält.[16] Ebenso ist die Zustellung an den Betriebsrat nach § 180 ZPO möglich, wenn dieser über einen eigenen, gegen den Zugriff Dritter geschützten Briefkasten verfügt. Eine Ersatzzustellung über die allgemeine Poststelle des Arbeitge- 6

---

6 BAG, 16.07.1996 – 3 ABR 13/95 zu II 2 a der Gründe, NZA 1997, 337.
7 § 261 ZPO; BAG, 16.07.1996 – 3 ABR 13/95 zu II 2 a der Gründe, NZA 1997, 337.
8 § 253 ZPO; z.B. BAG, 14.09.2010 – 1 ABR 32/09, Rn. 14, NZA 2011, 364.
9 § 329 ZPO.
10 §§ 145, 147 ZPO.
11 §§ 148 ff. ZPO.
12 §§ 239 ff. ZPO.
13 BAG, 02.10.2007 – 1 ABR 59/06, Rn. 11, NZA 2008, 372.
14 BAG, 20.01.2000 – 2 ABR 30/99 zu B III 4 der Gründe, NZA 2001, 170.
15 Dazu ausführlich § 11 Rdn. 6 ff.
16 Schwab/Weth-Weth § 80 Rn 32.

§ 80 ArbGG Grundsatz

bers dürfte hingegen ausscheiden, da die dort Beschäftigten nicht dem Betriebsrat, sondern dem Arbeitgeber zuzuordnen sind.[17]

7 Ein Berufs- oder ehrenamtlicher Richter kann im Beschlussverfahren entsprechend den §§ 41 ff. ZPO von der Ausübung seines Richteramtes **ausgeschlossen sein oder abgelehnt werden**.[18] Er ist auch dann von der Mitwirkung am Verfahren nach § 41 ZPO ausgeschlossen, wenn das Verwandtschaftsverhältnis nicht zum Antragsteller, sondern zu einem sonstigen Verfahrensbeteiligten besteht. Gleiches gilt, wenn er zuvor als Vorsitzender oder Beisitzer mit der Sache in einer Einigungsstelle befasst war und Gegenstand des Verfahrens die Überprüfung des Spruchs der Einigungsstelle ist.[19]

8 Das Gericht kann das **persönliche Erscheinen** des Antragstellers oder eines anderen Beteiligten gem. § 51 Abs. 1, § 141 Abs. 2 und 3 ZPO in jeder Lage des Verfahrens anordnen. Die **Zurückweisung eines Verfahrensbevollmächtigten** eines nicht erschienenen Beteiligten ist aber mit dem Untersuchungsgrundsatz nicht vereinbar und daher im Beschlussverfahren **nicht zulässig**.[20] Hierfür besteht auch keine Notwendigkeit. Wird der Sachverhalt in der Anhörung vor der Kammer trotz des Ausbleibens des Beteiligten ausreichend aufgeklärt, kann das Gericht unabhängig von der Frage genügender Entschuldigung des Ausbleibens eine Entscheidung durch Beschluss treffen. Den Bevollmächtigten als Erkenntnisquelle muss das Gericht dabei nutzen. Ebenso ist eine instanzbeendende Entscheidung gem. § 83 Abs. 4 möglich, wenn das Ausbleiben des Beteiligten nicht genügend entschuldigt ist und das Gericht auf die Folgen des Ausbleibens hingewiesen hat. Nur bei genügender Entschuldigung und fehlender Entscheidungsreife kommt eine Vertagung in Betracht; eine solche Konstellation könnte aber auch keine Zurückweisung rechtfertigen. Zulässig ist hingegen die Verhängung eines Ordnungsgeldes nach § 141 Abs. 3 ZPO. Bei betriebsverfassungsrechtlichen Organen betrifft dies den Vorsitzenden, er ist persönlicher Schuldner eines festgesetzten Ordnungsgeldes.

9 Gütetermin und mündliche Anhörung vor der Kammer einschließlich der Verkündung der Beschlüsse sind öffentlich. Ein Ausschluss der **Öffentlichkeit** ist unter den Voraussetzungen des § 52 Satz 2 i.V.m. §§ 171b GVG möglich. Im Güteverfahren reichen Zweckmäßigkeitserwägungen aus (§ 52 Satz 3). Im Übrigen gilt § 169 Satz 2 GVG (Verbot von Ton- und Filmaufnahmen) sowie die §§ 173 bis 175 GVG entsprechend.

10 Die §§ 59 ff. ZPO sind in § 80 Abs. 2 nicht in Bezug genommen. Gleichwohl ist eine **Streitgenossenschaft** auch im Beschlussverfahren **möglich**.[21] In bestimmten Verfahren wird sie vorausgesetzt (z.B. § 19 Abs. 2 Satz 1 BetrVG). Eine notwendige Streitgenossenschaft liegt dabei vor, wenn über einen identischen Sachantrag nur eine einheitliche Sachentscheidung ergehen kann.[22] **Ausgeschlossen** ist hingegen die Anwendbarkeit der Vorschriften der Zivilprozessordnung (§§ 66 ff. ZPO) über die **Beteiligung Dritter** am Rechtsstreit. Vielmehr werden diese durch §§ 81, 83 Abs. 1 Satz 2 und Abs. 3 verdrängt.[23]

11 Für die **Wiedereinsetzung in den vorigen Stand** gelten die §§ 233 ff. ZPO, für die **Wiederaufnahme des Verfahrens** über § 79 die §§ 578 ff. ZPO.[24] Zur Zurückweisung verspäteten Vorbrin-

---

17 Großzügiger zum alten Recht BAG, 20.01.1976 – 1 ABR 48/75, AP BetrVG 1972 § 47 Nr. 2: Ersatzzustellung auch an Posteingangsstelle des Arbeitgebers, sofern der Betriebsrat diese regelmäßig nutzt.
18 Vgl. die Erl. zu § 49 Rdn. 19 ff.
19 § 41 Nr. 6 ZPO analog; GK-ArbGG/Schütz § 49 Rn 17; GMPMG/Germelmann § 49 Rn 13; zur Gegenauffassung: Zöller/Vollkommer, ZPO § 41 Rn 1 m.w.N. (nicht analogiefähig, aber als Grund i.S.v. § 42 Abs. 2 ZPO zu würdigen).
20 GMPMG/Matthes/Spinner § 80 Rn 52; a.A. Schwab/Weth-Weth § 80 Rn 34.
21 BAG, 27.09.2005 – 1 ABR 41/04, Rn 24, NZA 2006, 273.
22 BAG, 14.12.2010 – 1 ABR 19/10, Rn 32, NZA 2011, 289.
23 BAG, 05.12.2007 – 7 ABR 72/06, Rn 25, NZA 2008, 653; LAG Köln, 18.08.2010 – 11 Ta 336/09 zu II 1 der Gründe, ArbR 2010, 613.
24 Ausführlich dazu § 79 Rdn. 1 ff.

gens vgl. § 83 Rdn. 9 ff., zu den Befugnissen des Vorsitzenden und der ehrenamtlichen Richter vgl. § 83 Rdn. 5, zu den verfahrensbeendenden Beschlüssen und ihrer Rechtskraft vgl. § 84 Rdn. 5 f.

3. Güteverfahren

Durch § 80 Abs. 2 Satz 2 wird dem Gericht die Durchführung eines Gütetermins auch im Beschlussverfahren ermöglicht. Dies trägt einem Bedürfnis der Praxis Rechnung, da oftmals Streitigkeiten im Beschlussverfahren durch atmosphärische Störungen in der Zusammenarbeit der Betriebspartner ausgelöst werden, die durch eine umfassende Erörterung vor dem Vorsitzenden gelöst werden können. Die Durchführung des Gütetermins wird dabei in dessen Ermessen gestellt. Er entscheidet, ob der Anhörung vor der Kammer ein Güteverfahren vorausgeht oder ob es entfällt. Letzteres wird die Ausnahme sein. Nach der Gesetzesbegründung soll das Güteverfahren dann entbehrlich sein, wenn erkennbar ist, dass eine gütliche Einigung nicht zu erwarten ist und deshalb seine Durchführung zu einer Verfahrensverzögerung führt.[25] Dies ist naheliegend, wenn eine vergleichsweise Beendigung des Verfahrens wegen fehlender Verfügungsbefugnis der Beteiligten über den Streitgegenstand[26] erkennbar nicht in Betracht kommt. Allerdings kann es auch in solchen Fällen angemessen sein, einen Gütetermin durchzuführen, wenn etwa der entscheidungserhebliche Sachverhalt noch nicht feststeht und die Sachaufklärung durch eine Erörterung mit den Beteiligten gefördert werden kann. Findet kein Güteverfahren statt, ist unmittelbar eine Anhörung vor der Kammer anzusetzen und vom Vorsitzenden umfassend vorzubereiten. Auf eine gütliche Erledigung ist aber auch in diesen Fällen gem. § 57 Abs. 2 hinzuwirken. § 80 Abs. 2 Satz 2 findet grundsätzlich auch auf die besonderen Beschlussverfahren gem. §§ 97–100 oder Beschlussverfahren nach anderen Vorschriften (z.B. §§ 122, 126 InsO) Anwendung. Bei der Klärung der **Tariffähigkeit** bzw. **-zuständigkeit** (§ 97) wird die Durchführung eines besonderen Gütetermins regelmäßig nicht in Betracht kommen: Die Beteiligten haben keine Möglichkeit, den Rechtsstreit vergleichsweise zu beenden, da sie nicht über den Verfahrensgegenstand verfügen können. Gleiches gilt bei Entscheidungen über den im Betrieb anwendbaren Tarifvertrag (§ 99). In § 98 Abs. 2 (Entscheidungen über die Wirksamkeit einer Allgemeinverbindlicherklärung oder einer Rechtsverordnung) ist § 80 Abs. 2 von vornherein nicht in Bezug genommen. Beim **Einigungsstelleneinsetzungsverfahren** nach § 100 ist das Ansetzen eines besonderen Gütetermins wegen der Eilbedürftigkeit der Angelegenheit und den kurzen gesetzlichen Fristen regelmäßig ermessensfehlerhaft. 12

Das Ansetzen des Gütetermins erfolgt durch Beschluss, der keiner Begründung bedarf und unanfechtbar ist. Möglich ist aber die Gegenvorstellung eines Beteiligten, wenn aus seiner Sicht der Vorsitzende sein Ermessen überschritten hat. Die Beteiligten sind förmlich zu laden. Für die Durchführung der Güteverhandlung sind wegen der Verweisung in § 80 Abs. 2 Satz 1 die Grundsätze des § 54 Abs. 1 und 3 anzuwenden. Dies beinhaltet auch die Möglichkeit der **Fortsetzung des Gütetermins** bei Einverständnis aller Beteiligten (§ 54 Abs. 1 Satz 5). Die Öffentlichkeit kann im Gütetermin auch aus Zweckmäßigkeitsgründen ausgeschlossen werden (§ 52 Satz 3). Ebenso kann der Vorsitzende nach § 54 Abs. 6 die Parteien für die Güteverhandlung sowie deren Fortsetzung an einen **Güterichter** verweisen; auf die dortigen Erläuterungen wird verwiesen. Nicht anwendbar sind hingegen die Vorschriften über die Säumnis einer oder beider Parteien; insoweit enthält § 83 Abs. 4 für das Beschlussverfahren eine abschließende Regelung. Eine Säumnisentscheidung ist wegen der Besonderheiten des Beschlussverfahrens unstatthaft (§ 54 Abs. 4); auch gibt es keine Fiktion der Antragsrücknahme nach § 54 Abs. 5. Ob eine **Alleinentscheidung des Vorsitzenden** nach erfolgloser Güteverhandlung gem. § 55 Abs. 3 zulässig ist, ist **umstritten**.[27] Meines Erachtens ist dies zu bejahen, da § 80 Abs. 2 hinsichtlich der Befugnisse des Vorsitzenden ausdrücklich auf die Regelungen über das Urteilsverfahren verweist, weder §§ 81 bis 84 abweichende Regelungen 13

---

25 BT-Drs. 14/2490, S. 12.
26 Vgl. hierzu § 83a Rdn. 3.
27 Bejahend GK-ArbGG/Dörner § 80 Rn 55; GMPMG/Matthes/Spinner § 80 Rn 57 m.w.N.; Schwab/Weth-Weth § 84 Rn 1 unter Hinweis auf das Beschleunigungsinteresse; abl. ErfK/Koch § 80 ArbGG Rn 4.

treffen noch der Charakter des Beschlussverfahrens einer Alleinentscheidung entgegenstehen. Die Voraussetzungen des § 55 Abs. 3 liegen aber nur dann vor, wenn im Gütetermin tatsächlich alle Beteiligten *(nicht nur Antragsteller und Antragsgegner)* anwesend sind und übereinstimmend eine Entscheidung durch den Vorsitzenden beantragen.

III. Beschlussverfahren nach der Insolvenzordnung (InsO)

14   **§ 122 InsO Gerichtliche Zustimmung zur Durchführung einer Betriebsänderung**

(1) Ist eine Betriebsänderung geplant und kommt zwischen Insolvenzverwalter und Betriebsrat der Interessenausgleich nach § 112 des Betriebsverfassungsgesetzes nicht innerhalb von drei Wochen nach Verhandlungsbeginn oder schriftlicher Aufforderung zur Aufnahme von Verhandlungen zustande, obwohl der Verwalter den Betriebsrat rechtzeitig und umfassend unterrichtet hat, so kann der Verwalter die Zustimmung des Arbeitsgerichts dazu beantragen, dass die Betriebsänderung durchgeführt wird, ohne dass das Verfahren nach § 112 Abs. 2 des Betriebsverfassungsgesetzes vorangegangen ist. § 113 Abs. 3 des Betriebsverfassungsgesetzes ist insoweit nicht anzuwenden. Unberührt bleibt das Recht des Verwalters, einen Interessenausgleich nach § 125 zustande zu bringen oder einen Feststellungsantrag nach § 126 zu stellen.

(2) Das Gericht erteilt die Zustimmung, wenn die wirtschaftliche Lage des Unternehmens auch unter Berücksichtigung der sozialen Belange der Arbeitnehmer erfordert, dass die Betriebsänderung ohne vorheriges Verfahren nach § 112 Abs. 2 des Betriebsverfassungsgesetzes durchgeführt wird. Die Vorschriften des Arbeitsgerichtsgesetzes über das Beschlussverfahren gelten entsprechend; Beteiligte sind der Insolvenzverwalter und der Betriebsrat. Der Antrag ist nach Maßgabe des § 61a Abs. 3 bis 6 des Arbeitsgerichtsgesetzes vorrangig zu erledigen.

(3) Gegen den Beschluss des Gerichts findet die Beschwerde an das Landesarbeitsgericht nicht statt. Die Rechtsbeschwerde an das Bundesarbeitsgericht findet statt, wenn sie in dem Beschluss des Arbeitsgerichts zugelassen wird; § 72 Abs. 2 und 3 des Arbeitsgerichtsgesetzes gilt entsprechend. Die Rechtsbeschwerde ist innerhalb eines Monats nach Zustellung der in vollständiger Form abgefassten Entscheidung des Arbeitsgerichts beim Bundesarbeitsgericht einzulegen und zu begründen.

§ 125 InsO Interessenausgleich und Kündigungsschutz

(1) Ist eine Betriebsänderung (§ 111 des Betriebsverfassungsgesetzes) geplant und kommt zwischen Insolvenzverwalter und Betriebsrat ein Interessenausgleich zustande, in dem die Arbeitnehmer, denen gekündigt werden soll, namentlich bezeichnet sind, so ist § 1 des Kündigungsschutzgesetzes mit folgenden Maßgaben anzuwenden:
1. *es wird vermutet, dass die Kündigung der Arbeitsverhältnisse der bezeichneten Arbeitnehmer durch dringende betriebliche Erfordernisse, die einer Weiterbeschäftigung in diesem Betrieb oder einer Weiterbeschäftigung zu unveränderten Arbeitsbedingungen entgegenstehen, bedingt ist;*
2. *die soziale Auswahl der Arbeitnehmer kann nur im Hinblick auf die Dauer der Betriebszugehörigkeit, das Lebensalter und die Unterhaltspflichten und auch insoweit nur auf grobe Fehlerhaftigkeit nachgeprüft werden; sie ist nicht als grob fehlerhaft anzusehen, wenn eine ausgewogene Personalstruktur erhalten oder geschaffen wird.*

Satz 1 gilt nicht, soweit sich die Sachlage nach Zustandekommen des Interessenausgleichs wesentlich geändert hat.

(2) Der Interessenausgleich nach Absatz 1 ersetzt die Stellungnahme des Betriebsrats nach § 17 Abs. 3 Satz 2 des Kündigungsschutzgesetzes.

§ 126 InsO Beschlussverfahren zum Kündigungsschutz

(1) Hat der Betrieb keinen Betriebsrat oder kommt aus anderen Gründen innerhalb von drei Wochen nach Verhandlungsbeginn oder schriftlicher Aufforderung zur Aufnahme von Verhandlungen ein Inter-

essenausgleich nach § 125 Abs. 1 nicht zustande, obwohl der Verwalter den Betriebsrat rechtzeitig und umfassend unterrichtet hat, so kann der Insolvenzverwalter beim Arbeitsgericht beantragen festzustellen, dass die Kündigung der Arbeitsverhältnisse bestimmter, im Antrag bezeichneter Arbeitnehmer durch dringende betriebliche Erfordernisse bedingt und sozial gerechtfertigt ist. Die soziale Auswahl der Arbeitnehmer kann nur im Hinblick auf die Dauer der Betriebszugehörigkeit, das Lebensalter und die Unterhaltspflichten nachgeprüft werden.

(2) Die Vorschriften des Arbeitsgerichtsgesetzes über das Beschlussverfahren gelten entsprechend; Beteiligte sind der Insolvenzverwalter, der Betriebsrat und die bezeichneten Arbeitnehmer, soweit sie nicht mit der Beendigung der Arbeitsverhältnisse oder mit den geänderten Arbeitsbedingungen einverstanden sind. § 122 Abs. 2 Satz 3, Abs. 3 gilt entsprechend.

(3) Für die Kosten, die den Beteiligten im Verfahren des ersten Rechtszugs entstehen, gilt § 12a Abs. 1 Satz 1 und 2 des Arbeitsgerichtsgesetzes entsprechend. Im Verfahren vor dem Bundesarbeitsgericht gelten die Vorschriften der Zivilprozessordnung über die Erstattung der Kosten des Rechtsstreits entsprechend.

§ 127 InsO Klage des Arbeitnehmers

(1) Kündigt der Insolvenzverwalter einem Arbeitnehmer, der in dem Antrag nach § 126 Abs. 1 bezeichnet ist, und erhebt der Arbeitnehmer Klage auf Feststellung, dass das Arbeitsverhältnis durch die Kündigung nicht aufgelöst oder die Änderung der Arbeitsbedingungen sozial ungerechtfertigt ist, so ist die rechtskräftige Entscheidung im Verfahren nach § 126 für die Parteien bindend. Dies gilt nicht, soweit sich die Sachlage nach dem Schluss der letzten mündlichen Verhandlung wesentlich geändert hat.

(2) Hat der Arbeitnehmer schon vor der Rechtskraft der Entscheidung im Verfahren nach § 126 Klage erhoben, so ist die Verhandlung über die Klage auf Antrag des Verwalters bis zu diesem Zeitpunkt auszusetzen.

§ 128 InsO Betriebsveräußerung

(1) Die Anwendung der §§ 125 bis 127 wird nicht dadurch ausgeschlossen, dass die Betriebsänderung, die dem Interessenausgleich oder dem Feststellungsantrag zugrunde liegt, erst nach einer Betriebsveräußerung durchgeführt werden soll. An dem Verfahren nach § 126 ist der Erwerber des Betriebs beteiligt.

(2) Im Falle eines Betriebsübergangs erstreckt sich die Vermutung nach § 125 Abs. 1 Satz 1 Nr. 1 oder die gerichtliche Feststellung nach § 126 Abs. 1 Satz 1 auch darauf, dass die Kündigung der Arbeitsverhältnisse nicht wegen des Betriebsübergangs erfolgt.

1. Durchführung der Betriebsänderung

Nach § 122 Abs. 1 InsO kann der Insolvenzverwalter drei Wochen nach Aufnahme erfolgloser Verhandlungen über einen Interessenausgleich die gerichtliche Zustimmung zur Durchführung der geplanten Betriebsänderung beantragen. Beteiligte an dem Verfahren sind gem. § 122 Abs. 2 Satz 2 InsO ausschließlich der Insolvenzverwalter und Betriebsrat. Die Vorschrift dient der zügigen Abwicklung des Insolvenzverfahrens;[28] das Beschlussverfahren unterliegt daher dem besonderen Beschleunigungsgebot gem. § 61a Abs. 3 bis 6. Gegen den Beschluss des ArbG gibt es keine Beschwerde zum LAG (§ 122 Abs. 3 InsO). Das ArbG kann die Rechtsbeschwerde zum BAG aus den Gründen des § 72 Abs. 2 zulassen; eine Nichtzulassungsbeschwerde an das BAG ist nicht statthaft.[29]

15

---

28 BAG, 22.07.2003 – 1 AZR 541/02 zu B I 2 b aa der Gründe, NJW 2004, 875 = NZA 2004, 93.
29 BAG, 14.08.2001 – 2 ABN 20/01, AP ArbGG 1979 § 72a Divergenz Nr. 44.

2. Interessenausgleich und Kündigungsschutz

16 Nach § 125 Abs. 1 InsO können Insolvenzverwalter und Betriebsrat einen Interessenausgleich abschließen, in dem die zu kündigenden Arbeitnehmer namentlich benannt sind. Die Betriebsbedingtheit der Kündigung und die soziale Auswahl des Gekündigten sind dann gem. § 125 Abs. 1 Nr. 1 bzw. 2 InsO nur eingeschränkt überprüfbar.[30] Hat der Betrieb keinen Betriebsrat oder kommt ein solcher Interessenausgleich nicht innerhalb von drei Wochen nach Verhandlungsbeginn zustande, so kann der Verwalter die soziale Rechtfertigung von Kündigungen bestimmter Arbeitnehmer in einem arbeitsgerichtlichen Beschlussverfahren gem. § 126 InsO feststellen lassen. Haben die Betriebspartner einen Interessenausgleich nach § 125 InsO abgeschlossen, ist ein späteres Beschlussverfahren nach § 126 InsO gleichwohl zulässig, wenn wegen einer weiteren Betriebsänderung ein Interessenausgleich nicht zustande kommt.[31] Das Beschlussverfahren ist auch dann zulässig, wenn die Kündigung der im Antrag bezeichneten Arbeitnehmer schon vor Einleitung des Verfahrens erfolgt ist. Die gerichtliche Prüfung im Beschlussverfahren erstreckt sich auf die Kündigungsbefugnis des vorläufigen Insolvenzverwalters.[32] Die Arbeitnehmer sind im Antrag namentlich zu bezeichnen. Beteiligte in diesem Verfahren sind der Insolvenzverwalter, ein ggf. vorhandener Betriebsrat, die betroffenen Arbeitnehmer, soweit sie nicht mit der Beendigung des Arbeitsverhältnisses oder der Änderung der Arbeitsbedingungen einverstanden sind und ggf. ein Betriebserwerber (§ 128 Abs. 1 Satz 2 InsO). Die rechtskräftige Entscheidung im Verfahren nach § 126 InsO hat gem. § 127 InsO weitgehende Bindungswirkung für individuelle Kündigungsrechtsstreitigkeiten, die bis zur Entscheidung des Beschlussverfahrens auszusetzen sind. Der Verwalter kann das Verfahren auch zugunsten des Betriebserwerbers durchführen. Für die Rechtsmittel gilt § 122 Abs. 3 InsO entsprechend, für die außergerichtlichen Verfahrenskosten der Beteiligten § 12a Abs. 1 Satz 1 und 2. Vor dem Bundesarbeitsgericht findet – anders als sonst im Beschlussverfahren – eine Kostenerstattung nach allgemeinen zivilprozessualen Regeln statt (§ 126 Abs. 3 Satz 2 InsO).

§ 81 Antrag

(1) Das Verfahren wird nur auf Antrag eingeleitet; der Antrag ist bei dem Arbeitsgericht schriftlich einzureichen oder bei seiner Geschäftsstelle mündlich zur Niederschrift anzubringen.

(2) ¹Der Antrag kann jederzeit in derselben Form zurückgenommen werden. ²In diesem Fall ist das Verfahren vom Vorsitzenden des Arbeitsgerichts einzustellen. ³Von der Einstellung ist den Beteiligten Kenntnis zu geben, soweit ihnen der Antrag vom Arbeitsgericht mitgeteilt worden ist.

(3) ¹Eine Änderung des Antrags ist zulässig, wenn die übrigen Beteiligten zustimmen oder das Gericht die Änderung für sachdienlich hält. ²Die Zustimmung der Beteiligten zu der Änderung des Antrags gilt als erteilt, wenn die Beteiligten sich, ohne zu widersprechen, in einem Schriftsatz oder in der mündlichen Verhandlung auf den geänderten Antrag eingelassen haben. ³Die Entscheidung, dass eine Änderung des Antrags nicht vorliegt oder zugelassen wird, ist unanfechtbar.

Übersicht	Rdn.		Rdn.
I. Allgemeines	1	VI. Antragsrücknahme (Abs. 2)	11
II. Form	2	VII. Antragsänderung (Abs. 3)	12
III. Antragsarten	3	VIII. Antragsbefugnis	13
IV. Objektive Antragshäufung	7	1. Grundsatz	13
V. Antragsteller	8	2. Gesetzliche Antragsbefugnis	14
1. Grundsatz	8	a) Arbeitgeber	15
2. Mehrheit von Antragstellern	10	b) Arbeitnehmer bzw. -gruppen	19

---

30 Zu den Rechtswirkungen: BAG, 28.08.2003 – 2 AZR 368/02, NZA 2004, 432.
31 BAG, 20.01.2000 – 2 ABR 30/99, NZA 2001, 170.
32 BAG, 29.06.2000 – 8 ABR 44/99, NZA 2000, 1180.

c) Betriebsrat bzw. betriebsverfassungsrechtliche Organe, Sprecherausschuss, andere Mitbestimmungsorgane 22	rausschuss, andere Mitbestimmungsorgane 33
d) Gewerkschaften und Arbeitgeberverbände 25	d) Betriebsratsmitglieder 37
e) Sonstige Stellen 28	e) Gewerkschaften 38
3. Antragsbefugnis ohne ausdrückliche gesetzliche Regelung 29	f) Schwerbehindertenvertretung 40
a) Arbeitgeber und Arbeitgeberverbände 30	g) Sonstige Organe und Stellen 41
b) Arbeitnehmer 32	4. Prozessstandschaft 43
c) Betriebsrat bzw. betriebsverfassungsrechtliche Organe, Sprecherausschuss	IX. Rechtsschutzinteresse 45
	1. Grundsatz 45
	a) Leistungsantrag 46
	b) Feststellungsantrag 47
	c) Gestaltungsantrag 48
	2. Einzelfälle 49
	X. Auslegung des Antrags 52

I. Allgemeines

Auch ein Beschlussverfahren wird nicht von Amts wegen, sondern nur **auf Antrag** eingeleitet. § 81 **1** regelt die Form, in der der Antrag erhoben werden kann, die Voraussetzungen einer Antragsänderung und die einer Antragsrücknahme. Zur Bestimmung des Antragsinhalts, der Antragsbefugnis und des Rechtsschutzinteresses ist hingegen der Rückgriff auf allgemeine zivilprozessuale Grundsätze und die Grundregeln des Beschlussverfahrens erforderlich.

II. Form

Die Einleitung eines Beschlussverfahrens setzt einen Antrag voraus. Er kann **schriftlich** (§ 126 BGB) **2** beim ArbG eingereicht werden oder in der Geschäftsstelle **zu Protokoll** erklärt werden (Abs. 1). Schriftliche Anträge müssen unterschrieben sein; es gelten die allgemeinen Regeln für Schriftsätze (§ 130 ZPO). Die Einreichung des Antrags in elektronischer Form gem. § 46c, § 130a ZPO ist statthaft, wenn eine entsprechende RechtsVO ergangen ist.[1] Vgl. die Erl. zu § 46c Rdn. 1 ff. Unabhängig von der Form muss die Antragsschrift den Sachverhalt angeben, aus dem der Antragsteller sein Begehren herleitet, sowie einen bestimmten Sachantrag enthalten (§ 253 Abs. 2 Nr. 2 ZPO). Die Angabe eines Antragsgegners und der weiteren Beteiligten[2] ist grds. nicht erforderlich. Das Gericht bestimmt von Amts wegen die übrigen Beteiligten des Beschlussverfahrens. Soll allerdings durch den Antrag eine bestimmte Person oder Stelle verpflichtet werden, so muss diese zur Konkretisierung des Streitgegenstandes notwendig angegeben werden.[3] Das Gericht darf *(und muss)* den Antragsteller zur Ergänzung seiner Angaben auffordern, wenn die in der Antragsschrift enthaltenen Angaben auch nach Auslegung zur Bestimmung des Verfahrensgegenstandes nicht ausreichen.

III. Antragsarten

Der Sachantrag kann einen Leistungs-, Feststellungs- oder Gestaltungsantrag enthalten. Für den **3** **Leistungsantrag** und seine möglichen Gegenstände gelten im Beschlussverfahren keine Besonderheiten. Ein Leistungsantrag kann ebenso auf **Vornahme** einer Handlung wie auf die Verpflichtung zur Duldung oder **Unterlassung** eines Verhaltens gerichtet sein. Der Antrag kann auch entsprechend § 259 ZPO auf künftige Leistung gerichtet sein, vorausgesetzt der Anspruch ist bereits entstanden oder hängt lediglich vom Eintritt einer Bedingung ab.[4] In jedem Fall gilt das **Bestimmtheitserfordernis**; § 253 Abs. 2 Nr. 2 ZPO ist entsprechend anwendbar. Der Streitgegenstand muss

---

1 Z.B. VO über den elektronischen Rechtsverkehr beim BAG v. 09.03.2006, BGBl. I, S. 519; vgl. zu den Länderregelungen Baumbach/Lauterbach/Albers/Hartmann § 130a Rn 6.
2 Vgl. dazu Erl. zu § 83.
3 GMPMG/Matthes/Spinner § 81 Rn 11.
4 BAG, 17.09.2013 – 1 ABR 26/12, Rn 11, NZA 2014, 269; BAG, 27.10.2010 – 7 ABR 86/09, Rn 10, NZA 2011, 418; BAG, 27.10.2010 – 7 ABR 36/09, Rn. 13, NZA 2011, 527.

so genau bezeichnet werden, dass die eigentliche Streitfrage mit Rechtskraftwirkung zwischen den Beteiligten entschieden werden kann.[5] Unterlassungsanträge müssen aus rechtsstaatlichen Gründen für den in Anspruch genommenen Beteiligten eindeutig erkennen lassen, welcher Handlungen er sich enthalten soll und in welchen Fällen gegen ihn als Sanktion ein Ordnungsgeld verhängt werden kann.[6] Ausreichend ist allerdings, wenn der Antrag in einer dem Bestimmtheitserfordernis genügenden Weise ausgelegt werden kann.[7] Auch steht die – teilweise unvermeidbare – Verwendung allgemeiner Rechtsbegriffe der Bestimmtheit nicht entgegen.[8] Etwas anderes gilt allerdings, wenn gerade über deren Auslegung im konkreten Fall Streit herrscht. Auch kann es dem Arbeitgeber überlassen werden, wie er eine bestimmte Verpflichtung erfüllt *(z.B. EDV-Ausstattung des Betriebsrates)*, ohne dass dadurch der Antrag unbestimmt würde.[9]

4 Bei **Feststellungsanträgen** ist ein besonderes Feststellungsinteresse Zulässigkeitsvoraussetzung; § 256 ZPO findet entsprechende Anwendung. Gegenstand eines Feststellungsantrags kann das Bestehen oder Nichtbestehen eines Rechtsverhältnisses oder bestimmter Rechte aus einem gegenwärtigen Rechtsverhältnis sein, wenn der Antragsteller hieran ein berechtigtes Interesse hat.[10] Rechtsverhältnis i.S.d. § 256 Abs. 1 ZPO können auch einzelne Beziehungen, Ansprüche, Verpflichtungen oder der Umfang einer Leistungspflicht sein. Bloße Elemente oder Vorfragen eines Rechtsverhältnisses können jedoch ebenso wie abstrakte Rechtsfragen nicht Gegenstand eines Feststellungsantrages sein. Die Erstellung von Rechtsgutachten ist den Gerichten verwehrt.[11] Negative Feststellungsanträge sind zulässig;[12] ebenso ein Zwischenfeststellungsantrag gem. § 256 Abs. 2 ZPO.[13] Hauptanwendungsfälle für Feststellungsanträge im Beschlussverfahren sind regelmäßig Streitigkeiten über das Bestehen und den Umfang von Beteiligungsrechten in der Betriebsverfassung,[14] die Wirksamkeit eines Einigungsstellenspruchs,[15] die Klärung von Status- und Zuordnungsfragen oder die Wirksamkeit von Wahlen.[16]

5 Zulässig sind schließlich **Gestaltungsanträge**. Hier wird durch die gerichtliche Entscheidung eine bestimmte Gestaltungswirkung herbeigeführt. Beispiele sind die Anfechtung einer Betriebsratswahl (§ 19 BetrVG), die Auflösung des Betriebsrates oder der Ausschluss einzelner Mitglieder (§ 23 Abs. 1 BetrVG), die Zustimmungsersetzung bei einer personellen Maßnahme (§§ 99 Abs. 4, 103 Abs. 2 Satz 1 BetrVG) oder die Auflösung eines Arbeitsverhältnisses (§ 78a Abs. 4 Satz 1 Nr. 2 BetrVG).

---

5 St. Rspr., zuletzt z.B. BAG, 22.07.2014 – 1 ABR 94/12, Rn 24 (Feststellung von Mitbestimmungsrechten); BAG, 27.10.2010 – 7 ABR 86/09, Rn. 15, NZA 2011, 418 (Geltendmachung eines Informationsrechts); BAG, 27.07.2010 – 1 ABR 74/09, Rn 11, AP ZPO § 253 Nr. 51 (Gewährung des Zugriffs auf EDV-Daten); BAG, 17.03.2010 – 7 ABR 95/08, Rn 13, NJW 2010, 3322 = NZA 2010, 1133 (Unterlassung parteipolitischer Äußerungen).
6 BAG, 22.07.2014 – 1 ABR 9/13, Rn 12 (Unterlassung bestimmter Schichtarten); BAG, 14.09.2010 – 1 ABR 32/09, Rn 14, NZA 2011, 364 (Unterlassung der Verwendung bestimmter Vertragsklauseln); BAG, 11.12.2007 – 1 ABR 73/06, Rn 12, NZA-RR 2008, 353 (Unterlassung bestimmter Versetzungen).
7 BAG, 23.06.2009 – 1 ABR 23/08, Rn 11 f., NJW 2010, 172 = NZA 2009, 1430 (Unterlassung personeller Einzelmaßnahmen).
8 BAG, 25.08.2004 – 1 AZB 41/03 zu B II 2 c der Gründe, AP BetrVG 1972 § 23 Nr. 41.
9 BAG, 14.07.2010 – 7 ABR 80/08, Rn 13, DB 2010, 2731.
10 BAG, 20.01.2015 – 1 ABR 1/14, NZA 2015, 765; zum Rechtsschutzinteresse allgemein vgl. Rdn. 45 ff.
11 BAG, 20.05.2008 – 1 ABR 19/07, Rn. 19, NZA-RR 2009, 102.
12 BAG, 13.08.2008 – 7 ABR 21/07, Rn. 15 f., NZA-RR 2009, 255.
13 BAG, 01.02.1989 – 4 ABR 86/88, NZA 1989, 814.
14 Umfassend dazu BAG, 13.10.1987 – 1 ABR 10/86, NZA 1988, 251; vgl. auch BAG, 12.01.2011 – 7 ABR 34/09, NZA 2011, 1297 [zu § 99 BetrVG].
15 BAG, 18.05.2010 – 1 ABR 96/08, Rn 10, NZA 2011, 171.
16 Z.B. Wahlrecht von Rehabilitanden, BAG, 27.06.2001 – 7 ABR 50/99, NZA 2002, 50; Errichtung eines Konzernbetriebsrates BAG, 27.10.2010 – 7 ABR 85/09, DB 2011, 769; Feststellung betriebsratsfähiger Organisationseinheiten BAG, 09.12.2009 – 7 ABR 38/08, NZA 2010, 906; Unwirksamkeit der Wahl einer Schwerbehindertenvertretung BAG, 24.05.2006 – 7 ABR 40/05, EzA § 97 SGB IX Nr. 1.

Sog. **Globalanträge**, die auf ein Verhalten oder eine Feststellung für eine Vielzahl möglicher Fallge- 6
staltungen gerichtet sind, sind zwar regelmäßig zulässig, wenn sie hinreichend bestimmt sind. Oftmals fehlt es aber an ihrer Begründetheit, weil bereits eine denkbare unbegründete Fallgestaltung
zur vollständigen Abweisung führt.[17]

IV. Objektive Antragshäufung

Der Antragsteller ist nicht nur auf einen Antrag beschränkt, er kann auch **mehrere Anträge** zur Ent- 7
scheidung des Gerichts stellen *(objektive Antragshäufung)*.[18] In bestimmten Fällen, z.B. bei der vorläufigen Durchführung einer personellen Maßnahme ist der Arbeitgeber hierzu sogar regelmäßig
verpflichtet, wenn der Betriebsrat seine Zustimmung verweigert hat und die Dringlichkeit bestreitet.[19] Nicht erforderlich ist, dass sich die Anträge gegen alle am Verfahren Beteiligten gleichermaßen
richten. Allerdings ist für jeden Antrag die Beteiligtenstellung gesondert zu bestimmen.[20] Zulässig
und aus anwaltlicher Vorsicht gerade bei Zweifeln an der Bestimmtheit eines Antrags häufig geboten sind Hilfsanträge. Hingegen scheidet eine Antragstellung unter einer außerprozessualen Bedingung aus Gründen der Rechtssicherheit aus.[21]

V. Antragsteller

1. Grundsatz

§ 81 enthält keine besonderen Bestimmungen über die Person des Antragstellers. Dementsprechend 8
kommen als Antragsteller entsprechend § 50 ZPO alle rechtsfähigen natürlichen und juristischen
Personen in Betracht. Darüber hinaus sind dies die in § 10 genannten parteifähigen Vereinbarungen
und Stellen.[22] Maßgeblich ist weiter, dass im Verfahren ein eigener Sachantrag gestellt wird.[23] Die
Eigenschaft als Antragsteller i.S.v. § 81 wird nicht dadurch berührt, dass beispielsweise das Mandat
eines Betriebsratsmitglieds endet[24] oder personelle Veränderungen innerhalb eines betriebsverfassungsrechtlichen Organs erfolgen. Endet aufgrund einer Neuwahl das Amt eines Betriebsrates, wird
nach dem Prinzip der Funktionsnachfolge und dem Grundgedanken der Kontinuität betriebsverfassungsrechtlicher Interessenvertretungen der neu gewählte Betriebsrat Funktionsnachfolger seines
Vorgängers und tritt in dessen Stellung im Beschlussverfahren ein.[25] Ebenso tritt der neue Arbeitgeber nach einem *(unstreitigen)* Betriebsübergang automatisch in die betriebsverfassungsrechtliche
und verfahrensrechtliche Rechtsposition des bisherigen Rechteinhabers ein.[26] Gleiches gilt, wenn
zwischenzeitlich die Zuständigkeit in der streitbefangenen Angelegenheit auf ein anderes betriebsverfassungsrechtliches Gremium übergegangen ist.[27] Endet die Amtszeit ohne Neuwahl, so bleibt

---

17 BAG, 17.09.2013 – 1 ABR 26/12, NZA 2014, 269 (Auskunftsanspruch über Abmahnungen); BAG, 29.06.2011 – 7 ABR 135/09, NZA 2012, 47 (Ab- und Rückmeldung von BR-Mitgliedern); BAG, 27.06.2006 – 1 ABR 35/05, Rn. 9, NZA 2006, 1289 (Unterlassung).
18 St. Rspr., vgl. zur Abgrenzung zum einheitlichen Antrag: BAG, 22.07.2008 – 1 ABR 40/07, Rn. 34, NJW 2008, 3731 = NZA 2008, 1248.
19 § 100 Abs. 2 BetrVG, vgl. BAG, 15.09.1987 – 1 ABR 44/86, NZA 1988, 101.
20 BAG, 31.01.1989 – 1 ABR 60/87, NZA 1989, 606.
21 BAG, 07.05.1986 – 2 ABR 27/85 zu B II 1 a der Gründe, NZA 1986, 719.
22 Z.B. BAG, 10.03.2009 – 1 ABR 93/07, Rn 18, NZA 2009, 622; zu den weiteren Einzelheiten vgl. die Erl. zu § 10.
23 BAG, 14.12.2010 – 1 ABR 19/10, Rn 57, NZA 2011, 289.
24 BAG, 10.10.1969 – 1 AZR 5/69, AP ArbGG 1953 § 8 Nr. 1.
25 BAG, 23.06.2010 – 7 ABR 3/09, Rn 11, NZA 2010, 1361.
26 BAG, 09.12.2008 – 1 ABR 75/07, Rn 13, NJW 2009, 872 = NZA 2009, 254.
27 BAG, 21.01.2003 – 1 ABR 9/02 zu I der Gründe, NZA 2003, 1097 (Wechsel in der Betriebsidentität – Zuständigkeit eines anderen Betriebsrates); BAG, 18.10.1988 – 1 ABR 31/87, NZA 1989, 396 (Wechsel vom BR zum GBR).

die Stellung als Antragsteller davon unberührt.[28] Fraglich kann allein sein, ob dem Antragsteller für die geltend gemachten Rechte noch die **Antragsbefugnis** (Rdn. 13 ff.) zukommt oder sich das Verfahren zwischenzeitlich erledigt hat. Der Antragsteller zählt nicht zu den Beteiligten i.S.d. § 83 Abs. 3, er ist aber notwendig beteiligt, da durch ihn das Verfahren erst eingeleitet wird.[29]

9 Voraussetzung für die wirksame Verfahrensbeteiligung ist aufseiten des Betriebsrats eine **ordnungsgemäße Beschlussfassung** des Gremiums. Gleiches gilt für die Beauftragung eines Bevollmächtigten. Fehlt eine kollektive Willensbildung des Betriebsrats oder ist sie unwirksam, ist der Antrag als unzulässig abzuweisen, da ein wirksames Prozessrechtsverhältnis nicht entstanden ist.[30] Die Wirksamkeit eines Betriebsratsbeschlusses setzt voraus, dass er in einer Betriebsratssitzung gefasst worden ist, zu der die Mitglieder des Betriebsrats gem. § 29 Abs. 2 Satz 3 BetrVG rechtzeitig und ordnungsgemäß unter Mitteilung der Tagesordnung geladen worden sind. Der Betriebsrat muss sich mit dem entsprechenden Sachverhalt befasst und durch Abstimmung eine einheitliche Willensbildung herbeigeführt haben. Dabei müssen die in dem Beschlussverfahren zu stellenden Anträge nicht bereits im Einzelnen formuliert sein. Vielmehr ist es ausreichend, wenn der Gegenstand, über den in dem Beschlussverfahren eine Klärung herbeigeführt werden soll, und das angestrebte Ergebnis bezeichnet sind.[31] Die Unwirksamkeit eines Betriebsratsbeschlusses über die Einleitung eines Beschlussverfahrens und die Beauftragung eines Rechtsanwalts kann durch einen ordnungsgemäßen späteren Beschluss geheilt werden, wenn dieser noch vor Erlass einer den Antrag als unzulässig zurückweisenden Prozessentscheidung gefasst wird. Zu einem späteren Zeitpunkt kann eine rückwirkende Heilung des Mangels nicht mehr erfolgen. Lediglich der Nachweis über die bis zum Zeitpunkt der Prozessentscheidung erfolgte Beschlussfassung kann noch im Rechtsmittelverfahren geführt werden.[32] Bestreitet der Arbeitgeber eine ordnungsgemäße Beschlussfassung des Betriebsrats, hat der Betriebsrat die Tatsachen vorzutragen, aus denen das Zustandekommen des Beschlusses folgt.[33] Stellt sich heraus, dass die Verfahrenseinleitung nicht ordnungsgemäß erfolgt ist, hat das Gericht den Betriebsrat im Regelfall auf die Möglichkeit einer Heilung des Verfahrensmangels hinzuweisen und ihm gleichzeitig Gelegenheit zu geben, die fehlende Beschlussfassung nachzuholen oder die fehlerhafte Beschlussfassung zu korrigieren. Bis zu diesem Zeitpunkt kann die Beteiligung des Betriebsrats nach § 56 Abs. 2 ZPO vorläufig erfolgen.[34] Zur Einlegung eines Rechtsmittels bedarf es prinzipiell keiner neuen Beschlussfassung.[35]

2. Mehrheit von Antragstellern

10 Eine Mehrheit von Antragstellern ist zulässig. Es werden notwendige und tatsächliche Antragstellermehrheiten unterschieden. Bei **notwendigen Mehrheiten** ist das Erreichen der Mindestzahl an Antragstellern Prozessvoraussetzung, die während des gesamten Verfahrens bis zu seiner Beendigung vorliegen muss.[36] Allerdings kann jeder Antragsteller eigenständig über seine weitere Beteiligung im Verfahren entscheiden, d.h. er kann seinen Antrag vor Verkündung der erstinstanzlichen Ent-

---

28 BAG, 17.11.2010 – 7 ABR 113/09, Rn 16, NZA 2011, 816; BAG, 25.08.1981 – 1 ABR 61/79, DB 1982, 546.
29 BAG, 14.12.2010 – 1 ABR 93/09, Rn 10, NJW 2011, 1624 = NZA 2011, 473; BAG, 30.10.1986 – 6 ABR 52/83 zu B I 1 der Gründe, NZA 1988, 27.
30 BAG, 04.11.2015 – 7 ABR 61/13, Rn 24 f.
31 BAG, 29.04.2004 – 1 ABR 30/02 zu B II 1 a aa der Gründe, NZA 2004, 670.
32 BAG, 04.11.2015 – 7 ABR 61/13, Rn 25; BAG, 06.12.2006 – 7 ABR 627/05, Rn 20, AP BetrVG 1972 § 21b Nr. 5; BAG, 18.02.2003 – 1 ABR 17/02 zu B I 2 b der Gründe, NZA 2004, 336.
33 BAG, 04.11.2015 – 7 ABR 61/13, Rn 26; vgl. zu den Anforderungen an das Bestreiten des AG und zum Beweiswert der Sitzungsniederschrift BAG, 30.09.2014 – 1 ABR 32/13, Rn 37 ff., NZA 2015, 370.
34 BAG, 06.12.2006 – 7 ABR 627/05, Rn 21, AP BetrVG 1972 § 21b Nr. 5.
35 BAG, 06.11.2013 – 7 ABR 84/11, Rn 21, NZA-RR 2014, 196.
36 Z.B. bei Wahlanfechtung bzw. Ausschluss aus dem Betriebsrat mindestens drei wahlberechtigte Arbeitnehmer, vgl. BAG, 16.11.2005 – 7 ABR 9/05 zu B I 3 b der Gründe, NZA 2006, 340; BAG, 04.12.1986 – 6 ABR 48/85 zu II 1 4 der Gründe, NZA 1987, 166.

scheidung jederzeit zurücknehmen. Ist die gesetzlich vorgeschriebene Anzahl nicht mehr erreicht, wird der Antrag unzulässig. Bei notwendiger Antragstellermehrheit ist über die gestellten Anträge vom Gericht einheitlich zu entscheiden. Ebenso ist eine einheitliche Entscheidung im Fall der notwendigen Streitgenossenschaft einer **tatsächlichen Mehrheit** von Antragstellern mit identischen Anträgen erforderlich.[37] Bei einer bloß tatsächlichen Mehrheit von Antragstellern kann hingegen jeder der am Verfahren Beteiligten einen eigenständigen Antrag stellen, eine Deckungsgleichheit braucht nicht zu bestehen. Stellen zwei oder mehr Beteiligte unabhängig voneinander Sachanträge oder schließt sich ein Beteiligter ausdrücklich einem gestellten Sachantrag an, trifft das Gericht auch über diesen Antrag eine Entscheidung. Dabei ist es ohne Belang, ob die Übernahme eines anderen Sachantrags nur zur Unterstützung erfolgt ist.[38] Die am Verfahren Beteiligten können stets – auch in der Beschwerdeinstanz – einen Sachantrag stellen.[39] Ein Übergang auf einen eigenen Sachantrag stellt aber ggf. eine Antragsänderung dar, deren Zulässigkeit sich nach Abs. 3 richtet (vgl. Rdn. 12). Generell muss sowohl im Fall der notwendigen als auch der tatsächlichen Mehrheit für jeden Antrag eines Beteiligten eigenständig das Vorliegen der Prozessvoraussetzungen geprüft werden.[40]

VI. Antragsrücknahme (Abs. 2)

Der Antrag kann bis zur Verkündung einer Entscheidung in der ersten Instanz jederzeit schriftlich, zu Protokoll der Geschäftsstelle oder im Anhörungstermin vom Antragsteller ohne Einverständnis der anderen Beteiligten zurückgenommen werden. Im Beschwerde- und im Rechtsbeschwerdeverfahren ist eine Rücknahme hingegen nur mit Zustimmung der Beteiligten möglich, §§ 87 Abs. 2 Satz 3, 92 Abs. 2 Satz 3.[41] Auch eine Teilrücknahme ist möglich, wenn der Verfahrensgegenstand teilbar ist. Bei mehreren Antragstellern (vgl. Rdn. 10) kann jeder seinen Antrag zurücknehmen. Dies gilt auch dann, wenn eine notwendige Mehrheit von Antragstellern erforderlich ist; ggf. werden die Anträge der verbliebenen Antragsteller dadurch unzulässig. Soweit der Antrag zurückgenommen ist, hat der Vorsitzende das Verfahren durch Beschluss einzustellen (Abs. 2 Satz 2), der allen bisher am Verfahren Beteiligten bekannt zu geben ist (Abs. 2 Satz 3). Erst durch diesen Beschluss endet die Instanz;[42] er kann mit der Beschwerde nach §§ 87 ff. angefochten werden.[43] Bei Streit über das Vorliegen der Einstellungsvoraussetzungen kann auch durch Zwischenbeschluss gem. § 303 ZPO entschieden werden. Der Antrag kann nach Rücknahme später neu erhoben werden. Dies gilt auch innerhalb eines Rechtsstreits, wenn ein Antrag in erster Instanz zurückgenommen wurde und nunmehr in zweiter Instanz erneut gestellt werden soll.[44] Die Regelung über die Kostentragungspflicht in § 269 Abs. 3 Satz 2 ZPO findet keine Anwendung.

11

VII. Antragsänderung (Abs. 3)

Abs. 3 entspricht der Vorschrift des § 263 ZPO. Entsprechende Anwendung findet aber auch § 264 ZPO, sodass die dort genannten Fälle nicht als Antragsänderung i.S.v. Abs. 3 anzusehen sind.[45] Eine **Antragsänderung** kann vorliegen, wenn der Gegenstand des gerichtlichen Verfahrens durch

12

---

37 BAG, 14.12.2010 – 1 ABR 19/10, Rn 32, NZA 2011, 289.
38 BAG, 26.03.1987 – 6 ABR 1/86 zu II 2 a der Gründe, NZA 1988, 65.
39 BAG, 31.01.1989 – 1 ABR 60/87, NZA 1989, 606.
40 BAG, 14.12.2010 – 1 ABR 19/10, Rn 32, NZA 2011, 289.
41 BAG, 26.04.1990 – 1 ABR 79/89, NZA 1990, 822.
42 BAG, 10.03.2009 – 1 ABR 93/07, Rn 52, NZA 2009, 622; GMPMG/Matthes/Spinner § 81 Rn 80.
43 ErfK/Koch § 81 ArbGG Rn 6; Hauck/Helml/Biebl-Hauck § 81 Rn. 11; GK-ArbGG/Ahrendt § 81 Rn 128 ff.; a.A. LAG Nürnberg, 20.08.2014 – 2 TaBV 5/14; LAG Frankfurt, 24.01.1984 – 4 TaBV 82/83, NZA 1984, 269; LAG Hamm, 21.09.1999 – 13 TaBV 53/99, NZA-RR 2000, 660; Schwab/Weth-Weth § 83 Rn. 122 (Beschwerde nach § 83 Abs. 5).
44 BAG, 12.11.2002 – 1 ABR 60/01 zu B II 1 b der Gründe, NZA 2004, 1289.
45 BAG, 30.09.2008 – 1 ABR 54/07, Rn 14, NZA 2009, 502 (Übergang vom Leistungs- zum Feststellungsantrag); 14.01.1983 – 6 ABR 39/82 zu II 2 der Gründe, DB 1983, 2142 (Übergang auf Wahlanfechtung).

Veränderungen des Antrags selbst, des dem Verfahren zugrunde liegenden Lebenssachverhaltes,[46] der Rechtslage[47] oder der Beteiligten[48] nicht mehr derselbe ist. Zu unterscheiden hiervon ist die bloße Auslegung der Anträge oder die Klarstellung deren Inhalts durch den Antragsteller. Eine Antragsänderung ist **zulässig**, wenn ihr alle Beteiligten ausdrücklich zustimmen oder sich, ohne zu widersprechen, in einem Schriftsatz oder in der mündlichen Verhandlung auf den Antrag eingelassen haben. In diesem Fall gilt ihre Zustimmung gem. **Abs. 3 Satz 2** als erteilt. Die Vorschrift geht insoweit über § 267 ZPO hinaus. Die Zustimmung ist aber auch von den Beteiligten erforderlich, die sich bisher im Verfahren noch nicht geäußert haben. Das Gericht kann unabhängig vom Verhalten der Beteiligten die Antragsänderung als **sachdienlich** zulassen. Dies ist der Fall, wenn der bisherige Verfahrensstoff zumindest teilweise genutzt werden kann und ein neues Verfahren auf diese Weise vermieden wird. Der Gesichtspunkt der Prozesswirtschaftlichkeit steht dabei im Vordergrund.[49] Die stattgebende Entscheidung ergeht durch die Kammer entweder durch Zwischenbeschluss nach § 303 ZPO oder in den Gründen des verfahrensabschließenden Beschlusses und ist unanfechtbar (Abs. 3 Satz 3).[50] Das Gericht muss nach einer Antragsänderung und vor einer Endentscheidung stets prüfen, ob neue Beteiligte in das Verfahren einzubeziehen sind oder bisherige Beteiligte ausscheiden.[51] Den im Anhörungstermin nicht erschienenen Beteiligten ist vor einer Entscheidung rechtliches Gehör zu dem geänderten Verfahrensgegenstand zu gewähren. Ist die Antragsänderung nicht sachdienlich und liegt auch die Zustimmung der anderen Beteiligten nicht vor, ist der geänderte Antrag als unzulässig abzuweisen. Nur wenn der Antragsteller seinen ursprünglichen Antrag mindestens hilfsweise aufrechterhalten hat, ist über diesen noch zu entscheiden. Praktisch kann er aber die Abweisung durch die Rücknahme des ursprünglichen Antrags vermeiden und mit seinem geänderten Antrag ein neues Verfahren einleiten.

VIII. Antragsbefugnis

1. Grundsatz

13 Im arbeitsgerichtlichen Beschlussverfahren ist ein Beteiligter antragsbefugt, wenn er eigene Rechte geltend macht. Antragsbefugnis und Beteiligtenstatus fallen nicht notwendig zusammen; § 83 Abs. 3 ArbGG besagt nichts darüber, ob ein Beteiligter im Beschlussverfahren einen Antrag stellen kann. Die Antragsbefugnis ist vielmehr nach den Regeln über die Einleitung eines gerichtlichen Verfahrens zu bestimmen; sie ist der Prozessführungsbefugnis im Zivilprozess vergleichbar. Regelmäßig kann nur derjenige ein gerichtliches Verfahren einleiten, der vorträgt, Träger des streitbefangenen Rechts zu sein. Ausnahmen gelten im Fall zulässiger Prozessstandschaft. Prozessführungsbefugnis im Urteilsverfahren und Antragsbefugnis im Beschlussverfahren dienen dazu, Popularklagen auszuschließen. Im Beschlussverfahren ist die Antragsbefugnis daher nur gegeben, wenn der Antragsteller durch die begehrte Entscheidung in seiner kollektivrechtlichen Rechtsposition betroffen sein kann. Das ist – soweit sich die Antragsbefugnis nicht unmittelbar aus gesetzlichen Regelungen ergibt – regelmäßig nur dann der Fall, wenn er eigene Rechte geltend macht und dies nicht von vornherein als gänzlich aussichtslos erscheint.[52] Der Antragsteller hat trotz des Untersuchungsgrundsatzes die Tatsachen vorzutragen, aus denen sich seine Antragsbefugnis ergibt.[53] Die Antragsbefugnis muss zu jedem Zeitpunkt des Verfahrens und bei einer Mehrheit von Antragstellern für jeden von ihnen

---

46 BAG, 08.12.2010 – 7 ABR 69/09, Rn 9 und 15 ff., NZA 2011, 362; BAG, 02.10.2007 – 1 ABR 79/06, Rn 18 f., NZA 2008, 429.
47 BAG, 25.01.2005 – 1 ABR 61/03 zu B I 1 der Gründe, NZA 2005, 1199.
48 BAG, 31.01.1989 – 1 ABR 60/87 zu II 2 b der Gründe, NZA 1989, 606.
49 BAG, 15.03.2011 – 1 ABR 112/09, Rn 29 ff., NZA-RR 2011, 462; BAG, 06.12.2001 – 2 AZR 733/00 zu B I 2 a der Gründe, AP ZPO § 263 Nr. 3.
50 BAG, 12.11.2002 – 1 ABR 60/01 zu B II 1 c der Gründe, NZA 2004, 1289.
51 BAG, 31.01.1989 – 1 ABR 60/87, NZA 1989, 606.
52 BAG, 05.03.2013 – 1 ABR 75/11, Rn 17, DB 2013, 1423; BAG, 17.06.2009 – 7 ABR 96/07, Rn 9; BAG, 20.05.2008 – 1 ABR 19/07, Rn 14, NZA-RR 2009, 102.
53 BAG, 09.09.1975 – 1 ABR 21/74 zu 1 der Gründe, AP ArbGG 1953 § 83 Nr. 6.

vorliegen.⁵⁴ Die Antragsbefugnis ist Sachentscheidungsvoraussetzung, ihr Fehlen ist **von Amts wegen zu berücksichtigen** und führt zur Antragsabweisung als unzulässig.

Von der Antragsbefugnis ist die **Begründetheit seines Begehrens** zu unterscheiden, also die Frage, ob der Antragsteller wirklich Inhaber des geltend gemachten eigenen Rechts ist.

2. Gesetzliche Antragsbefugnis

Die Antragsbefugnis im Beschlussverfahren ist teilweise ausdrücklich im Gesetz geregelt. 14

a) Arbeitgeber

Ein Arbeitgeber ist nach § 18 Abs. 2 BetrVG,⁵⁵ § 19 Abs. 2 BetrVG *(Anfechtung der Betriebsratswahl)*, § 63 Abs. 2 i.V.m. § 19 Abs. 2 BetrVG *(Anfechtung der Wahl der Jugend- und Auszubildendenvertretung)* und den §§ 23 Abs. 1, 48, 56, 65 Abs. 1 und 73 Abs. 2 BetrVG *(Auflösung betriebsverfassungsrechtlicher Organe, Ausschluss einzelner Mitglieder)* antragsbefugt. Ebenso strukturiert ist die Antragsbefugnis für Angelegenheiten des **Sprecherausschusses** nach § 8 Abs. 1 Satz 2 SprAuG *(Wahlanfechtung)* und §§ 9 Abs. 1, 17 Abs. 1, 22 Abs. 1 SprAuG *(Auflösung, Ausschluss von Mitgliedern)*. Der Arbeitgeber ist darüber hinaus nach § 76 Abs. 2 bzw. 5 BetrVG *(Einigungsstelle)*, § 78a Abs. 4 BetrVG *(Arbeitsverhältnis mit Auszubildendem)*⁵⁶ und den §§ 99 Abs. 4, 100 Abs. 2, 103 Abs. 2 und 3 BetrVG *(Zustimmungsersetzung bei personellen Maßnahmen)* antragsbefugt. 15

Kraft Gesetzes ist der einzelne Arbeitgeber gem. § 97 Abs. 5 Satz 2 im Verfahren über die **Tariffähigkeit oder Tarifzuständigkeit** einer Vereinigung antragsbefugt, wenn er Partei eines gem. § 97 Abs. 5 Satz 1 ausgesetzten Verfahrens ist.⁵⁷ Nach § 98 Abs. 1 Nr. 1 ist er antragsbefugt, wenn er geltend macht durch eine **Allgemeinverbindlicherklärung oder Rechtsverordnung** in seinen Rechten verletzt zu sein oder in absehbarer Zeit zu werden, nach § 98 Abs. 6 Satz 2 auch als Partei eines ausgesetzten Verfahrens. 16

Dem **Insolvenzverwalter** steht eine besondere Antragsbefugnis in den Fällen der §§ 122 Abs. 1, 126 Abs. 1 InsO zu, wenn er die gerichtliche Zustimmung zur Durchführung einer Betriebsänderung oder die Feststellung beantragt, dass die Kündigung bestimmter Arbeitnehmer durch dringende betriebliche Erfordernisse bedingt und sozial gerechtfertigt ist. 17

Im Bereich der **Unternehmensmitbestimmung** besteht kraft Gesetzes die Antragsbefugnis für das zur gesetzlichen Vertretung des Unternehmens befugte Organ zur Anfechtung der Wahl der Delegierten bzw. Aufsichtsratsmitglieder (§§ 21, 22 MitbestG, §§ 10k, 10l MontMitbestErgG, § 11 DrittelbG). Ähnliche Regelungen bestehen im Bereich der europäischen Gesellschaftsformen und bei grenzüberschreitenden Verschmelzungen (z.B. §§ 37 Abs. 2 SE-BeteiligungsG, 37 Abs. 2 SCE-BeteiligungsG, 26 Abs. 2 MgVG). 18

b) Arbeitnehmer bzw. -gruppen

Jeweils drei wahlberechtigte Arbeitnehmer sind antragsbefugt nach den §§ 16 Abs. 2, 17 Abs. 4, 17a Nr. 4, 18 Abs. 1, 63 Abs. 3 BetrVG *(Bestellung bzw. Ersetzung des Wahlvorstands)* und §§ 19 Abs. 2, 63 Abs. 2 BetrVG *(Wahlanfechtung)*. Das Quorum für Anträge nach §§ 23 Abs. 1, 48, 56, 65 Abs. 1, 73 Abs. 2 BetrVG *(Ausschluss von Mitgliedern bzw. Auflösung des BR)* beträgt ein Viertel der jeweils wahlberechtigten Arbeitnehmer. Die Wahl des Sprecherausschusses anfechten können jeweils mindestens drei leitende Angestellte (§ 8 Abs. 1 Satz 2 SprAuG), den Ausschluss eines 19

---

54 Grds. für alle Prozessvoraussetzungen: BAG, 14.12.2010 – 1 ABR 19/10, Rn 32, NZA 2011, 289.
55 Z.B. BAG, 13.08.2008 – 7 ABR 21/07, NZA-RR 2009, 255.
56 Vgl. zur Konstellation im (ehemaligen) Gemeinschaftsbetrieb: BAG, 17.02.2010 – 7 ABR 89/08, Rn 14, DB 2010, 1355.
57 Zur Antragsbefugnis in entsprechender Anwendung des § 97 Abs. 1 vgl. Rdn. 30.

Mitgliedes des *(Gesamt-/Konzern-)* Sprecherausschusses bzw. dessen Auflösung beantragen (§§ 9 Abs. 1, 17 Abs. 1, 22 Abs. 1 SprAuG) jeweils ein Viertel der leitenden Angestellten.

20 Im Bereich der **Unternehmensmitbestimmung** besteht kraft Gesetzes die Antragsbefugnis von drei wahlberechtigten Arbeitnehmern zur Anfechtung der Wahl der Delegierten bzw. Aufsichtsratsmitglieder (§§ 21, 22 MitbestG, §§ 10k, 10l MontMitbestErgG, § 11 DrittelbG). Ähnliche Regelungen bestehen im Bereich der europäischen Gesellschaftsformen und bei grenzüberschreitenden Verschmelzungen (z.B. §§ 37 Abs. 2 SE-BeteiligungsG, 37 Abs. 2 SCE-BeteiligungsG, 26 Abs. 2 MgVG).

21 Kraft Gesetzes ist der einzelne Arbeitnehmer gem. § 97 Abs. 5 Satz 2 im Verfahren über die **Tariffähigkeit oder Tarifzuständigkeit** einer Vereinigung antragsbefugt, wenn er Partei eines gem. § 97 Abs. 5 Satz 1 ausgesetzten Verfahrens ist. Ebenso ist eine Antragsbefugnis nach § 98 Abs. 1 Nr. 1 und Abs. 6 Satz 2 beim Streit über die Wirksamkeit einer Allgemeinverbindlicherklärung oder Rechtsverordnung denkbar.

c) Betriebsrat bzw. betriebsverfassungsrechtliche Organe, Sprecherausschuss, andere Mitbestimmungsorgane

22 Der Betriebsrat ist antragsbefugt nach § 18 Abs. 2 BetrVG *(Zuordnung eines Betriebsteils, ebenso der Wahlvorstand)*, den §§ 23 Abs. 1, 48, 56, 65 Abs. 1, 48, 73 Abs. 2 BetrVG *(Ausschluss einzelner Mitglieder betriebsverfassungsrechtlicher Organe)*, § 23 Abs. 3 *(grobe Pflichtverletzungen durch den Arbeitgeber)*, § 76 Abs. 2 bzw. 5 BetrVG *(Einigungsstelle)* und den §§ 98 Abs. 5, 101, 104 BetrVG *(Durchführung von personellen Maßnahmen)*. Entsprechendes gilt gem. §§ 114 ff. BetrVG für Bordvertretung und Seebetriebsrat. Eine Antragsbefugnis für den Sprecherausschuss ergibt sich aus §§ 9 Abs. 1, 17 Abs. 1, 22 Abs. 1 SprAuG *(Ausschluss von Mitgliedern)*.

23 Den beteiligten Arbeitnehmervertretungen, dem Sprecherausschuss, dem SE-Betriebsrat oder dem SCE-Betriebsrat steht die Antragsbefugnis kraft Gesetzes für ein Anfechtungsrecht bei der Wahl der Mitglieder der Vertretungsgremien zu (§ 37 Abs. 2 SE-BeteiligungsG, § 37 Abs. 2 SCE-BeteiligungsG, § 26 Abs. 2 MgVG).

24 Eine besondere Antragsbefugnis ergibt sich für den Betriebsrat aus **§ 17 Abs. 2 AGG** i.V.m. § 23 Abs. 3 BetrVG bei groben Verstößen des Arbeitgebers gegen Vorschriften des Abschnitts 2 des AGG (§§ 6 bis 16 AGG).[58]

d) Gewerkschaften und Arbeitgeberverbände

25 Den im Betrieb vertretenen Gewerkschaften ist die Antragsbefugnis verliehen in § 18 Abs. 2 BetrVG *(Bestimmung einer betriebsratsfähigen Organisationseinheit)*, den §§ 16 Abs. 2, 17 Abs. 4, 17a Nr. 4, 18 Abs. 1, 63 Abs. 3 BetrVG *(Wahlvorstand)*, §§ 19 Abs. 2, 63 Abs. 2 BetrVG *(Wahlanfechtung)*, §§ 23 Abs. 1, 48, 56, 65 Abs. 1, 73 Abs. 2 BetrVG *(Auflösung bzw. Ausschluss)* sowie in § 23 Abs. 3 BetrVG *(grobe Verstöße des Arbeitgebers gegen betriebsverfassungsrechtliche Pflichten)*. Eine Antragsbefugnis besteht nach § 17 Abs. 2 AGG iVm § 23 Abs. 3 BetrVG auch bei groben Verstößen des Arbeitgebers gegen Vorschriften des Abschnitts 2 des AGG (§§ 6 bis 16).

26 Im Bereich der Unternehmensmitbestimmung haben die Gewerkschaften kraft Gesetzes die Antragsbefugnis zur Anfechtung der Wahl der Delegierten bzw. Aufsichtsratsmitglieder (§§ 21, 22 MitbestG, §§ 10k, 10l MontMitbestErgG, § 11 DrittelbG). Ähnliche Regelungen bestehen im Bereich der europäischen Gesellschaftsformen und bei grenzüberschreitenden Verschmelzungen (§§ 37 Abs. 2 SE-BeteiligungsG, 37 Abs. 2 SCE-BeteiligungsG, 26 Abs. 2 MgVG).

27 Zur Herbeiführung einer Entscheidung über die **Tariffähigkeit oder Tarifzuständigkeit einer Vereinigung** sind sowohl Arbeitgeberverbände als auch Gewerkschaften gem. § 97 Abs. 1 antrags-

---

58 Vgl. z.B. ArbG Berlin, 27.01.2012 – 28 BV 17882/11.

befugt.⁵⁹ Gleiches gilt im Hinblick auf Entscheidungen über die Wirksamkeit einer Allgemeinverbindlicherklärung oder Rechtsverordnung (§ 98 Abs. 1 Nr. 2) und – soweit sie Partei eines kollidierenden Tarifvertrags sind – im Verfahren über den im Betrieb anwendbaren Tarifvertrag (§ 99 Abs. 1).

e) Sonstige Stellen

Die oberste **Arbeitsbehörde** des Bundes oder die oberste Arbeitsbehörde eines Landes, auf dessen Gebiet sich die Tätigkeit der Vereinigung erstreckt, sind zur Herbeiführung einer Entscheidung über die **Tariffähigkeit oder Tarifzuständigkeit einer Vereinigung** gem. § 97 Abs. 1 antragsbefugt.⁶⁰   28

3. Antragsbefugnis ohne ausdrückliche gesetzliche Regelung

Auch bei Fehlen einer ausdrücklichen gesetzlichen Regelung kann die Antragsbefugnis gegeben sein. Von der Rspr. ist sie in den nachfolgenden Fallgestaltungen anerkannt worden: 29

a) **Arbeitgeber und Arbeitgeberverbände**

Der Arbeitgeber ist antragsbefugt bei Streitfragen über das aktive und passive Wahlrecht und insb. bei Meinungsverschiedenheiten über die Zuordnung zu den leitenden Angestellten.⁶¹ Ferner ist er antragsbefugt bei Streitigkeiten über die Unwirksamkeit der Bestellung des Wahlvorstands,⁶² über die Nichtigkeit einer Betriebsratswahl, auch wenn die Anfechtungsfrist bereits verstrichen ist,⁶³ über die Wirksamkeit einer abgeschlossenen Betriebsvereinbarung⁶⁴ und die **Reichweite der Beteiligungsrechte** des Betriebsrats. Nach der Rspr. fehlt dem Arbeitgeber die Antragsbefugnis bei Streit um die Anerkennung einer Schulungsveranstaltung nach § 37 Abs. 7 BetrVG. Hier ist nur die Spitzenorganisation der Arbeitgeberverbände zur Anfechtung berechtigt, die im Anerkennungsverfahren zu beteiligen ist.⁶⁵   30

Nach Sinn und Zweck des § 97 Abs. 1 ist auch ein einzelner Arbeitgeber zur Einleitung eines Verfahrens über die **Tariffähigkeit oder Tarifzuständigkeit** einer Vereinigung antragsbefugt, wenn es darum geht, diese Fragen für sein Unternehmen oder einen seiner Betriebe zu klären.⁶⁶   31

b) **Arbeitnehmer**

Der einzelne Arbeitnehmer – auch der leitende Angestellte – kann im Beschlussverfahren seinen Status⁶⁷ und sein aktives und passives Wahlrecht feststellen lassen,⁶⁸ ebenso das Bestehen einer Mitgliedschaft in einer Arbeitnehmervertretung oder seine Stellung als Mitglied im Aufsichtsrat.⁶⁹ Die Gültigkeit einer Betriebsvereinbarung kann er hingegen nur im Rahmen einer Individualklage im Urteilsverfahren als Vorfrage für den geltend gemachten Anspruch nachprüfen lassen, nicht im Beschlussverfahren. Ebenso wenig besteht eine Antragsbefugnis im Rahmen des Verfahrens nach §§ 99 ff. BetrVG.⁷⁰   32

---

59 BAG, 14.12.2010 – 1 ABR 19/10, Rn 42, NZA 2011, 289 (Gewerkschaft); BAG, 19.11.1985 – 1 ABR 37/83 zu III 1 der Gründe, NZA 86, 840 (Arbeitgeberverband).
60 BAG, 14.12.2010 – 1 ABR 19/10, Rn 46 ff., NZA 2011, 289.
61 BAG, 23.01.1986 – 6 ABR 47/82 zu C 3 der Gründe, AP BetrVG 1972 § 5 Nr. 31.
62 BAG, 14.01.1983 – 6 ABR 39/82 zu II 1 c der Gründe, DB 1983, 2142.
63 BAG, 28.11.1977 – 1 ABR 36/76 zu II 1 der Gründe, DB 1978, 643.
64 BAG, 10.03.1992 – 3 ABR 54/91 zu II 1 der Gründe, NZA 1992, 235.
65 BAG, 30.08.1989 – 7 ABR 65/87 zu III 2 der Gründe, NZA 1990, 483.
66 BAG, 13.03.2007 – 1 ABR 24/06, Rn. 20, NZA 2007, 1069.
67 BAG, 23.01.1986 – 6 ABR 47/82 zu C 3 der Gründe, AP BetrVG 1972 § 5 Nr. 31.
68 BAG, 15.12.1972 – 1 ABR 8/72, EzA § 14 BetrVG 1972 Nr. 1.
69 BAG, 21.12.1965 – 1 ABR 12/65, AP BetrVG 1952 § 76 Nr. 14.
70 BAG, 17.05.1983 – 1 ABR 5/80 zu B I der Gründe, DB 1983, 2638.

c) Betriebsrat bzw. betriebsverfassungsrechtliche Organe, Sprecherausschuss, andere Mitbestimmungsorgane

33 Der **Betriebsrat** ist antragsbefugt bei Streitfragen über das aktive und passive Wahlrecht, die Bestellung des Wahlvorstands und die Freistellung für Schulungs- und Bildungsveranstaltungen. Gleiches gilt, wenn er sich gegen eine (behauptete) Störung oder Behinderung seiner Arbeit wendet.[71] Antragsbefugt ist der Betriebsrat auch bei Streitfragen über die Durchsetzung von Freistellungs- und Kostenersatzansprüchen für seine Mitglieder,[72] die Bildung eines Gesamtbetriebsrats[73] und die Zuziehung eines Sachverständigen.[74] Gleiches gilt bei Streitigkeiten über Bestehen und Reichweite eines Mitbestimmungsrechts und die Wirksamkeit einer Betriebsvereinbarung[75] oder die Anwendung eines Tarifvertrags im Betrieb durch den Arbeitgeber.[76] Der Betriebsrat ist auch antragsbefugt, wenn er Rechte im Rahmen seines Übergangs- oder Restmandats nach §§ 21a, 21b BetrVG geltend macht. Hingegen fehlt dem Betriebsrat die Antragsbefugnis zur Anfechtung der Wahl der Schwerbehindertenvertretung und seiner eigenen Wahl.[77] Zu Fragen der **Prozessstandschaft, d.h. der Geltendmachung fremder Rechte in eigenem Namen** vgl. Rdn. 43. Gewisse Besonderheiten ergeben sich bei der Beschäftigung von Beamten und Soldaten in privatrechtlich organisierten Unternehmen (vgl. § 5 Abs. 1 Satz 3 BetrVG).[78] Dem **Gesamtbetriebsrat** fehlt die Antragsbefugnis, wenn er lediglich das Mitbestimmungsrecht des Einzelbetriebsrats verteidigt, sofern keine Übertragung nach § 50 Abs. 2 BetrVG stattgefunden hat.[79]

34 Die **Jugend- und Auszubildendenvertretung** ist im Verhältnis zum Arbeitgeber nicht nach § 23 Abs. 3 BetrVG antragsbefugt,[80] sondern nur bei Durchsetzung ihrer eigenen Beteiligungsrechte aus dem BetrVG ggü. dem Betriebsrat.[81] Keine eigenen Antragsrechte haben **Wirtschaftsausschuss**[82] und **Einigungsstelle**.

35 Keine Antragsbefugnis steht dem Betriebsrat für die Einleitung eines Verfahrens zur Klärung der **Tariffähigkeit oder Tarifzuständigkeit** nach § 97 Abs. 1 zu.[83] Gleiches gilt für Verfahren nach § 98 und § 99.

36 Die vorstehenden Ausführungen gelten sinngemäß auch für den **Sprecherausschuss**, soweit ihm durch das SprAuG entsprechende Beteiligungsrechte eingeräumt werden. Eine Antragsbefugnis kommt ihm insb. bei Statusfragen im Zusammenhang mit der Wahl und der Reichweite seiner Beteiligungsrechte zu. Gleiches gilt für andere Arbeitnehmervertretungen wie bspw. den **Europäischen Betriebsrat, den SE-Betriebsrat oder den SCE-Betriebsrat**.

---

71 BAG, 04.12.2013 – 7 ABR 7/12, Rn 15 f., NZA 2014, 803.
72 BAG, 28.06.1995 – 7 ABR 55/94 zu B I 1 der Gründe, NZA 1995, 1216; anders, wenn die Ansprüche an einen Dritten abgetreten worden sind: BAG, 15.01.1992 – 7 ABR 23/90 zu B I 2 b der Gründe, NZA 1993, 189.
73 BAG, 30.10.1986 – 6 ABR 52/83, NZA 1988, 27.
74 BAG, 18.07.1978 – 1 ABR 34/75 zu B I 2 der Gründe, DB 1978, 2223.
75 BAG, 18.02.2003 – 1 ABR 17/02 zu III 2 b der Gründe, NZA 2004, 336; nicht aber wenn die Unwirksamkeit einer von einer anderen Arbeitnehmervertretung abgeschlossenen BV unabhängig von einem Eingriff in die eigene Rechtsposition geltend gemacht wird: BAG, 05.03.2013 – 1 ABR 75/11, Rn 18, DB 2013, 1423.
76 BAG, 10.06.1986 – 1 ABR 59/84 zu B III 4 der Gründe, NZA 1987, 28.
77 BAG, 20.02.1986 – 6 ABR 5/85, NZA 1986, 690.
78 Vgl. z.B. BAG, 12.12.1995 – 1 ABR 23/95, NZA 1996, 667; BAG, 12.12.1995 – 1 ABR 31/95, NZA 1996, 837; BAG, 12.08.1997 – 1 ABR 7/97, NZA 1998, 273; BAG, 22.11.2005 – 1 ABR 50/04, NZA 2006, 803; umfassend dazu Fitting, BetrVG § 5 Rn 316 ff.
79 BAG, 13.03.1984 – 1 ABR 49/82 zu B der Gründe, NZA 1984, 172; BAG, 06.04.1976 – 1 ABR 27/74 zu II 1 der Gründe, DB 1976, 1290.
80 BAG, 15.08.1978 – 6 ABR 10/76 zu II 3 b der Gründe, DB 1978, 2275.
81 Z.B. §§ 29 Abs. 2, 35 Abs. 1, 39 BetrVG.
82 BAG, 15.03.2006 – 7 ABR 24/05, Rn 23, NZA 2006, 1422.
83 BAG, 13.03.2007 – 1 ABR 24/06, Rn 14 ff., NZA 2007, 1069.

d) Betriebsratsmitglieder

Antragsbefugt ist auch das einzelne Betriebsratsmitglied für die Überprüfung der Rechtswirksamkeit eines Betriebsratsbeschlusses[84] sowie bei der Anfechtung betriebsratsinterner Wahlen.[85] Ebenso kann es selbst vom Arbeitgeber den Ersatz von Aufwendungen verlangen, die ihm durch seine Tätigkeit als Betriebsratsmitglied entstanden sind. Dieses Recht besteht neben der Befugnis des Betriebsrates, solche Ansprüche zugunsten des einzelnen Mitgliedes geltend zu machen.[86]

e) Gewerkschaften

Eine Antragsbefugnis der Gewerkschaften in der Betriebsverfassung besteht außerhalb der gesetzlich bestimmten Fälle dann, wenn sie in ihren **eigenen Rechten unmittelbar betroffen** sind. Dies wurde bejaht bei Streitigkeiten um den Zutritt von Gewerkschaftsvertretern zu Sitzungen der Arbeitnehmervertretungen[87] oder zu einer Betriebsversammlung. Gleiches gilt für die Anfechtung der Wahl des Betriebsratsvorsitzenden bzw. dessen Stellvertreter, da es sich um einen konstitutiven Akt des Betriebsrates handelt.[88] Keine Anfechtungsberechtigung steht den im Betrieb vertretenen Gewerkschaften hingegen hinsichtlich der Wahl der Schwerbehindertenvertretung zu.[89] Verneint wurde die Antragsbefugnis auch bei vermeintlich fehlerhafter Bildung des Gesamtbetriebsrats[90] und der Anfechtung lediglich interner Beschlüsse des Betriebsrats ohne Außenwirkung.[91]

Tarifwidrige Betriebsvereinbarungen oder entsprechende **Regelungsabsprachen** kann eine Gewerkschaft auch außerhalb des Anwendungsbereichs des § 23 Abs. 3 BetrVG[92] angreifen, wenn sie geltend macht, es liege ein Eingriff in ihre durch Art. 9 Abs. 3 GG geschützte Koalitionsfreiheit vor.[93] Bei Streit um die Anerkennung einer **Schulungs- und Bildungsveranstaltung** nach § 37 Abs. 7 BetrVG sind nur der Antragsteller und die am Verfahren beteiligten Spitzenorganisationen antragsbefugt, soweit dem Antrag nicht entsprochen wird.[94]

f) Schwerbehindertenvertretung

Die Schwerbehindertenvertretung (§§ 94 ff. SGB IX) ist im Beschlussverfahren antragsbefugt, wenn sie die Verletzung ihrer Mitwirkungsrechte[95] geltend macht oder Fragen der Rechtsstellung der Vertrauenspersonen der schwerbehinderten Menschen nach § 96 SGB IX[96] zu klären sind.

---

84 BAG, 15.08.2012 – 7 ABR 16/11, Rn 10, NZA 2013, 284 (Zulässigkeit der Aufgabenübertragung auf anderes Gremium); BAG, 03.04.1979 – 6 ABR 64/76 zu III 2 der Gründe, DB 1979, 2091.
85 BAG, 15.01.1992 – 7 ABR 24/91 zu B II 2 der Gründe, NZA 1992, 1091; BAG, 13.11.1991 – 7 ABR 8/91 zu B I der Gründe, NZA 1992, 944.
86 BAG, 23.06.2010 – 7 ABR 103/08, Rn 10, NZA 2010, 1298; BAG, 16.01.2008 – 7 ABR 71/06, Rn. 11, NZA 2008, 546.
87 BAG, 18.11.1980 – 1 ABR 31/78 zu B II 1 b der Gründe, DB 1981, 1240.
88 BAG, 12.10.1976 – 1 ABR 17/76 zu II 4 der Gründe, NJW 1977, 831; Fitting BetrVG § 26 Rn 57 m.w.N. zum Meinungsstand.
89 BAG, 29.07.2009 – 7 ABR 25/08, NZA 2009, 1221 (zur entsprechenden Vorschrift des SächsPersVG).
90 BAG, 30.10.1986 – 6 ABR 52/83 zu II 2 der Gründe, NZA 1988, 27.
91 BAG, 16.02.1973 – 1 ABR 18/72 zu II 2 b der Gründe, DB 1973, 1254.
92 Vgl. dazu BAG, 29.04.2004 – 1 ABR 30/02 zu II 1 b der Gründe, NZA 2004, 670.
93 BAG, 20.04.1999 – 1 ABR 72/98 zu B I 3 a der Gründe, NZA 1999, 887; vgl. zum Beschlussverfahren als richtige Verfahrensart: BAG, 13.03.2001 – 1 AZB 19/00, NJW 2001, 3724 = NZA 2001, 1037.
94 BAG, 11.08.1993 – 7 ABR 52/92 zu B I 3 der Gründe, NZA 1994, 517; BAG, 30.08.1989 – 7 ABR 65/87 zu III 2 der Gründe, NZA 1990, 483.
95 § 95 SGB IX, §§ 32, 35 Abs. 3, 52 BetrVG; vgl. BAG, 17.08.2010 – 9 ABR 83/09, NJW 2010, 3531 = NZA 2010, 1431.
96 BAG, 30.03.2010 – 7 AZB 32/09, NJW 2010, 1769 = NZA 2010, 668.

g) Sonstige Organe und Stellen

41 Die Interessen der in Werkstätten beschäftigten Behinderten werden gem. §§ 139, 144 SGB IX durch die Mitwirkung von **Werkstatträten** bei den sie berührenden Angelegenheiten der Werkstatt wahrgenommen. Die Werkstatträte sind nach § 10 parteifähig und können die Verletzung der ihnen durch Rechtsverordnung[97] übertragenen Mitwirkungsrechte als Antragsteller im Beschlussverfahren geltend machen.

42 Keine Antragsbefugnis für ein Verfahren nach § 97 Abs. 1 *(Klärung der Tariffähigkeit oder Tarifzuständigkeit)* steht hingegen der **Zusatzversorgungskasse des Baugewerbes** als gemeinsame Einrichtung der Tarifvertragsparteien zu; etwas anderes gilt nur im Fall des § 97 Abs. 5, wenn sie selbst Partei des ausgesetzten Verfahrens ist.[98]

4. Prozessstandschaft

43 Einen Fall der gesetzlichen Prozessstandschaft stellt § 23 Abs. 3 BetrVG dar. Die Geltendmachung von Rechten des Betriebsrats durch die Gewerkschaft scheidet außerhalb des § 23 Abs. 3 BetrVG aus.[99] Darüber hinaus bestehen Fälle der zulässigen **gewillkürten Prozessstandschaft**, d.h. der Geltendmachung fremder Rechte in eigenem Namen. So sind Gesamtbetriebsrat bzw. Konzernbetriebsrat im Fall der Übertragung von Rechten gem. §§ 50 Abs. 2, 58 Abs. 2 BetrVG auch berechtigt, diese gerichtlich durchzusetzen.[100] Ebenso kann der Betriebsrat Rechte seiner Mitglieder auf Kostenerstattung zu deren Gunsten geltend machen.[101] Dagegen ist der Betriebsrat nicht berechtigt, individual-rechtliche Ansprüche oder Rechte einzelner Arbeitnehmer geltend zu machen.[102] Dies gilt auch hinsichtlich von Rechten aus Betriebsvereinbarungen; insoweit hat er sich auf die Durchsetzung seines Durchführungsanspruchs ggü. dem Arbeitgeber zu beschränken.[103] Die Abgrenzung kann im Einzelfall schwierig sein, entscheidend ist, was der Betriebsrat »mit seinem Antrag letztlich begehrt«.[104]

44 Kein Fall der Prozessstandschaft ist gegeben, wenn ein neuer Arbeitgeber nach einem Betriebsübergang ohne Änderung des Verfahrensgegenstandes in die verfahrensrechtliche Stellung des bisherigen Arbeitgebers eintritt. Er macht dann eigene Rechte geltend, keine fremden.[105]

IX. Rechtsschutzinteresse

1. Grundsatz

45 Die Gerichte sollen im Beschlussverfahren nur über Streitfragen entscheiden, die für die Beteiligten wegen der Rechtskraftwirkung von praktischer Bedeutung sind. Ansonsten würde das Gericht ein Rechtsgutachten für die Beteiligten erstellen, das aber für ihre zukünftigen Beziehungen ohne Belang wäre. Nach der Rechtsprechung fehlt in einem solchen Fall das Rechtsschutzinteresse und der Antrag ist unzulässig.[106] Insb. bei Feststellungsanträgen ist das besondere Feststellungsinteresse kritisch zu prüfen.[107] Das Rechtsschutzinteresse muss noch zum Zeitpunkt der letzten Anhö-

---

97 Werkstättenmitwirkungsverordnung (WMVO) v. 25.06.2001 (BGBl. I, S. 1297).
98 BAG, 29.06.2004 – 1 ABR 14/03, Rn 20 ff., NZA 2004, 1236.
99 BAG, 27.11.1973 – 1 ABR 11/73 zu II 2 der Gründe, DB 1974, 213.
100 BAG, 06.04.1976 – 1 ABR 27/74 zu II 1 der Gründe, DB 1976, 1290.
101 BAG, 28.06.1995 – 7 ABR 55/94 zu B I 1 der Gründe, NZA 1995, 1216.
102 BAG, 18.02.2003 – 1 ABR 17/02 zu B II 2 der Gründe, NZA 2004, 336.
103 BAG, 21.08.2012 – 3 ABR 20/10, Rn 26 f., BetrAV 2013, 63; BAG, 18.05.2010 – 1 ABR 6/09, Rn 14, NZA 2010, 1433; BAG, 18.01.2005 – 3 ABR 21/04 zu B III 2 der Gründe, NZA 2006, 167.
104 BAG, 17.10.1989 – 1 ABR 31/87 (B) zu B I 2 b der Gründe, NZA 1990, 399.
105 BAG, 28.04.2009 – 1 ABR 97/07, Rn 15, NZA 2009, 1102.
106 BAG, 18.02.2003 – 1 ABR 17/02 zu B III 1 b der Gründe, NZA 2004, 336.
107 Vgl. Rdn. 3, 47.

rung vor der Kammer bzw. dem für das schriftliche Verfahren festgesetzten Termin bestehen. Der Antragsteller hat ungeachtet des Untersuchungsgrundsatzes die Tatsachen vorzutragen, aus denen das Gericht auf das Vorliegen des Rechtsschutzinteresses schließen kann.[108] Im Rahmen des § 139 ZPO ist das Gericht allerdings verpflichtet, auf entsprechende Bedenken hinzuweisen.

a) Leistungsantrag

Das Rechtsschutzinteresse ist bei Leistungsanträgen regelmäßig gegeben. Dies gilt auch für einen Unterlassungsantrag; das mögliche Erfordernis der Wiederholungsgefahr ist kein Element der Zulässigkeit, sondern der Begründetheit des Antrags.[109] Bei Unmöglichkeit der Leistung nach Anhängigkeit kann der Antragsteller seinen Antrag gem. § 264 Nr. 3 ZPO umstellen bzw. bei Erfüllung während des Verfahrens ggf. Erledigung in der Hauptsache erklären. Das Rechtsschutzinteresse entfällt nicht schon, wenn eine Vollstreckung der Entscheidung ausscheidet.[110]

46

b) Feststellungsantrag

Bei Feststellungsanträgen muss nach § 256 ZPO ein **besonderes Feststellungsinteresse** gegeben sein. Dieses Erfordernis verhindert, dass noch eine gerichtliche Entscheidung ergeht, wenn die streitige Maßnahme bereits beendet und für die Beteiligten ohne Bedeutung für die Zukunft ist.[111] Häufigster Anwendungsfall für einen Feststellungsantrag ist die Festlegung des Umfangs eines Beteiligungsrechts in der Betriebsverfassung. Das Rechtsschutzinteresse fehlt, wenn ausschließlich beantragt wird, dass eine bestimmte, bereits abgeschlossene Maßnahme unwirksam ist und sie unter den Beteiligten keine Wirksamkeit mehr entfalten kann.[112] Ist hingegen die Maßnahme noch nicht beendet oder besteht eine **Wiederholungsgefahr** in der Zukunft, liegt ein Rechtsschutzinteresse vor.[113] Möglich ist die isolierte Feststellung eines Beteiligungsrechts nur für die Zukunft, wenn im Antrag bestimmte, konkret bezeichnete betriebliche Voraussetzungen für das Eingreifen des Mitwirkungsrechts genannt sind. In diesem Fall können beide Anträge nebeneinander in einem Verfahren gestellt werden.[114] Auch im Rahmen des Beschlussverfahrens ist ein **Leistungsantrag** dem Feststellungsantrag im Allgemeinen **vorzuziehen**, weil aus ihm vollstreckt werden kann. Ob daraus ein allgemeiner Vorrang des Leistungsantrags abzuleiten ist, ist allerdings fraglich.[115] Auch im Urteilsverfahren steht der Vorrang der Leistungsklage einem Feststellungsinteresse nicht entgegen, wenn das angestrebte Feststellungsurteil geeignet ist, den Konflikt der Parteien endgültig beizulegen und weitere Prozesse zwischen ihnen zu vermeiden.[116] Darüber hinaus ist dann, wenn es um die grundsätzliche Klärung eines streitigen Rechtsverhältnisses zwischen den Betriebspartnern geht, das Feststellungsverfahren häufig das geeignetere Verfahren, wenn es zu einer umfassenden Bereinigung des Streits führen kann. Für die **prozesswirtschaftliche Zweckmäßigkeit** des Begehrens spricht weiter, dass die Betriebspartner kraft der gem. § 2 BetrVG ausdrücklich gebotenen vertrauensvollen Zusammenarbeit gehalten sind, eine rechtskräftige Feststellung zu beachten. Das hat zumindest

47

---

108 BAG, 17.07.1964 – 1 ABR 3/64, NJW 1965, 320.
109 BAG, 17.03.2010 – 7 ABR 95/08, Rn 22, NJW 2010, 3322 = NZA 2010, 1133.
110 Vgl. § 888 Abs. 3 ZPO; BAG, 17.03.2010 – 7 ABR 95/08, Rn 23, 28, NJW 2010, 3322 = NZA 2010, 1133; anders offenbar BAG, 17.03.1987 – 1 ABR 65/85 zu III 2 der Gründe, NZA 1987, 786.
111 BAG, 23.02.2010 – 1 ABR 65/08, Rn 17, AP BetrVG 1972 § 77 Nr. 100.
112 BAG, 18.02.2003 – 1 ABR 17/02 zu B III 1 b der Gründe, NZA 2004, 336.
113 Zur Einstellung vgl. BAG, 16.07.1985 – 1 ABR 35/83 zu B I 2 b der Gründe, NZA 1986, 163; zur Versetzung vgl. BAG, 18.02.1986 – 1 ABR 27/84 zu B I 2 d der Gründe, NZA 1986, 616.
114 BAG, 29.07.1982 – 6 ABR 51/79 zu II 4 der Gründe, DB 1983, 666.
115 So wohl BAG, 19.06.1984 – 1 ABR 6/83 zu B I 2 der Gründe, NZA 1984, 329; offen gelassen 24.07.2007 – 1 ABR 27/06, Rn 18, NZA 2007, 1011.
116 St.Rspr., zuletzt z.B. BAG, 09.11.2010 – 1 AZR 147/09, Rn 14, NZA-RR 2011, 278.

Bedeutung für ein Vorgehen nach § 23 BetrVG wegen eines groben Verstoßes gegen betriebsverfassungsrechtliche Pflichten. Dem Arbeitgeber, der das festgestellte Recht missachtet, kann bei Würdigung seines Verhaltens nicht mehr eine ungeklärte Rechtslage zugutegehalten werden. Deshalb ist ein Feststellungsinteresse vom Bundesarbeitsgericht häufig auch dann bejaht worden, wenn Leistungsanträge denkbar gewesen wären.[117]

c) Gestaltungsantrag

48 Bei Gestaltungsanträgen fehlt das Rechtsschutzinteresse nur, wenn eine gerichtliche Entscheidung die Rechtsbeziehungen der Beteiligten aufgrund veränderter tatsächlicher oder rechtlicher Umstände nicht mehr erfassen kann.[118]

2. Einzelfälle

49 **Statusfragen** können grundsätzlich auch unabhängig von einer bevorstehenden Wahl geklärt werden.[119] Das Rechtsschutzbedürfnis für die Feststellung des aktiven und passiven **Wahlrechts** oder der Zuordnung zu einer bestimmten Arbeitnehmergruppe bzw. den leitenden Angestellten entfällt aber, wenn der Arbeitnehmer während des Verfahrens aus dem Betrieb ausscheidet oder eine andere Tätigkeit übernommen hat.[120] Der Fortbestand des Betriebsratsmandats nach einem Betriebsübergang bis zum Amtszeitende kann festgestellt werden.[121] Endet die Amtszeit und wird kein neuer Betriebsrat gebildet, kommt eine Erledigung des anhängigen Rechtsstreits (§ 83a Abs. 2, 3) in Betracht. Für ein Verfahren auf **Auflösung** des gesamten Betriebsrats nach § 23 BetrVG fehlt das Rechtsschutzbedürfnis, wenn seine Amtszeit durch Zeitablauf zwischenzeitlich geendet hat.[122] Gleiches gilt hinsichtlich der Anfechtung von **Betriebsratswahlen**[123] oder Wahlen der Schwerbehindertenvertretung.[124] Entsprechendes gilt bei Streitigkeiten über betriebsratsinterne Wahlen *(z.B. Freistellungen)*, wenn das Gremium nicht mehr im Amt ist.[125] Anderes gilt hingegen im Fall des Rücktritts.[126] Bei einem **Ausschlussverfahren** gegen einzelne Betriebsratsmitglieder ist zu unterscheiden: Wird das Mitglied wiedergewählt, entfällt das Rechtsschutzinteresse nicht; ob ein Ausschluss noch in Betracht kommt, ist eine Frage der Begründetheit. Ist das Mitglied nicht wiedergewählt, entfällt das Rechtsschutzinteresse für ein Verfahren wegen § 15 Abs. 1 Satz 2 KSchG erst ein Jahr nach Ablauf der Amtszeit. Ist eine **Betriebsratswahl** wegen Verkennung des Betriebsbegriffs mit der Begründung angefochten worden in einem einheitlichen Betrieb oder in einem Gemeinschaftsbetrieb seien fälschlicherweise mehrere Betriebsräte gewählt worden, besteht ein Rechtsschutzinteresse nur, wenn die Wahlen aller gewählten Betriebsräte frist- und formgerecht angefochten wurden.[127] Nach neuester Rechtsprechung ist ein Antrag auf **Feststellung des Tendenzcharakters eines Unternehmens** i.S.d. § 118 Abs. 1 BetrVG **unzulässig**. Es handelt sich lediglich um eine Vorfrage, deren Klärung nicht geeignet ist, das betriebsverfassungsrechtliche Rechtsverhältnis insgesamt außer Streit zu stellen. Vielmehr müsste auch bei Feststellung des Tendenzcharakters in jedem Einzelfall überprüft werden, inwieweit Mitbestimmungsrechte aufgrund des Tendenzschutzes Einschränkungen

---

117 BAG, 15.12.1998 – 1 ABR 9/98 zu B I 3 der Gründe m.w.N., NZA 1999, 722.
118 So z.B. bei Anträgen nach § 19 BetrVG nach Beendigung der Amtszeit: BAG, 13.03.1991 – 7 ABR 5/90, NZA 1991, 946.
119 BAG, 29.06.2011 – 7 ABR 5/10, NZA-RR 2011, 647; BAG, 09.12.1975 – 1 ABR 80/73 zu II 3 der Gründe, DB 1976, 631.
120 BAG, 23.01.1986 – 6 ABR 47/82 zu C 4 der Gründe, AP BetrVG 1979 § 5 Nr. 31.
121 BAG, 11.10.1995 – 7 ABR 17/95 zu B 2 a der Gründe, NZA 1996, 495.
122 BAG, 13.03.1991 – 7 ABR 5/90 zu B der Gründe, NZA 1991, 946.
123 BAG, 16.04.2008 – 7 ABR 4/07, Rn 13, NZA-RR 2008, 583.
124 BAG, 18.03.2015 – 7 ABR 6/13, Rn 17.
125 BAG, 21.06.2006 – 7 ABR 45/05, Rn 9.
126 BAG, 29.05.1991 – 7 ABR 54/90 zu B I der Gründe, NZA 1992, 74.
127 BAG, 31.05.2000 – 7 ABR 78/98 zu II 1 der Gründe, NZA 2000, 1350; BAG, 07.12.1988 – 7 ABR 10/88 zu B der Gründe, NZA 1989, 731.

erfahren.[128] Anderes gilt für die Feststellung des Bestehens einer Religionsgemeinschaft i.S.v. § 118 Abs. 2 BetrVG, da damit die Anwendung oder Nichtanwendung des BetrVG einer Klärung zugeführt werden kann.[129]

Für Feststellungsanträge zum **Bestehen und Umfang von Mitbestimmungsrechten** besteht regelmäßig ein Feststellungsinteresse, außer das Beteiligungsrecht wird vom Arbeitgeber nicht bestritten.[130] Jedoch muss der Antragsinhalt noch Wirkungen für die Zukunft haben. Der bloße Wunsch nach Dokumentation eines Verstoßes gegen ein unstreitig bestehendes Mitbestimmungsrecht genügt nicht; dies gilt auch, wenn ein Verfahren nach § 23 Abs. 3 BetrVG vorbereitet werden soll.[131] Etwas anderes gilt aber, wenn das Bestehen eines Mitbestimmungsrechts oder eines Pflichtverstoßes gerade im Streit steht.[132] Für einen *(negativen)* Feststellungsantrag des Arbeitgebers liegt ein Rechtsschutzinteresse vor, wenn sich der Betriebsrat ernsthaft eines Mitbestimmungsrechts in einer Angelegenheit berühmt.[133] Hingegen entfällt das Rechtsschutzbedürfnis für ein **Zustimmungsersetzungsverfahren** nach § 99 Abs. 4 BetrVG, wenn die rechtliche Existenz des Betriebsrates *(bspw. durch rechtskräftige Feststellung der Unwirksamkeit der Wahl)* endet[134] oder der betroffene Arbeitnehmer aus dem Betrieb ausscheidet.[135] Ein Feststellungsantrag des Betriebsrats hinsichtlich des Umfangs seines Mitbestimmungsrechts ist auch dann noch zulässig, wenn eine **Einigungsstelle** in dieser Angelegenheit bereits eingerichtet ist. Trifft diese aber eine inhaltliche Entscheidung zu der vom Betriebsrat beanspruchten Regelungsmaterie, entfällt das Rechtsschutzbedürfnis und der Betriebsrat ist auf eine Anfechtung nach § 76 Abs. 5 BetrVG beschränkt.[136] Das Feststellungsinteresse für ein solches Verfahren entfällt wiederum, wenn sich aus dem Einigungsstellenspruch keine Rechtswirkungen mehr für die Zukunft ergeben können.[137] Gleichermaßen besteht für die Anfechtung von zuständigkeitsbejahenden **Zwischenbeschlüssen** einer Einigungsstelle jedenfalls dann kein Feststellungsinteresse mehr, wenn diese abschließend entschieden hat. Generell gilt dies für sonstige vorläufige, verfahrensbegleitende Beschlüsse im Einigungsstellenverfahren.[138] Ein Antrag des Betriebsrats auf Feststellung seines Mitbestimmungsrechts bei der Anordnung bestimmter Überstunden wird unzulässig, wenn dessen Beteiligung in einer Betriebsvereinbarung geregelt wird;[139] beim Streit über die **Wirksamkeit einer Betriebsvereinbarung**, wenn deren Laufzeit ohne Nachwirkung endet.[140] Gegenstand eines Feststellungsantrags kann schließlich die Wirkung der Kündigung einer Betriebsvereinbarung sein.[141]

Kein Feststellungsinteresse besteht für einen Antrag des Arbeitgebers auf Klärung der **Tarifzuständigkeit** einer Gewerkschaft für den Betrieb, wenn die Gewerkschaft keinerlei Aktivitäten in dieser Richtung entfaltet.[142] Bei Streitigkeiten über die **Tariffähigkeit** einer Vereinigung reicht es hingegen

---

128 BAG, 14.12.2010 – 1 ABR 93/09, Rn 14 ff., NJW 2011, 1624 = NZA 2011, 473 unter Aufgabe von BAG, 21.07.1998 – 1 ABR 2/98 zu B I 2 der Gründe, NZA 1999, 277.
129 BAG, 14.12.2010 – 1 ABR 93/09, Rn 16, NJW 2011, 1624 = NZA 2011, 473.
130 BAG, 18.02.2003 – 1 ABR 17/02 zu III 2 b der Gründe, NZA 2004, 336.
131 BAG, 05.10.2000 – 1 ABR 52/99 zu B II der Gründe, DB 2001, 2056.
132 BAG, 17.03.2010 – 7 ABR 95/08, Rn 29, NJW 2010, 3322 = NZA 2010, 1133.
133 BAG, 13.10.1987 – 1 ABR 53/86 zu B II 3 der Gründe, NZA 1988, 249.
134 BAG, 19.02.2008 – 1 ABR 65/05, Rn 14, NZA-RR 2008, 490.
135 BAG, 10.02.1999 – 10 ABR 42/98 zu II 3 der Gründe, NZA 1999, 1225.
136 BAG, 13.10.1987 – 1 ABR 53/86, NZA 1988, 249.
137 BAG, 23.02.2010 – 1 ABR 65/08, Rn 17, AP BetrVG 1972 § 77 Nr. 100; BAG, 19.01.2001 – 1 ABR 48/00 zu B I 3 der Gründe, NZA 2002, 756.
138 BAG, 22.01.2002 – 3 ABR 28/01 zu II 2 der Gründe, DB 2002, 1839.
139 BAG, 12.01.1988 – 1 ABR 54/86 zu B II 4 b der Gründe, NZA 1988, 517.
140 BAG, 20.01.2015 – 1 ABR 1/14, Rn 19, NZA 2015, 765; BAG, 18.02.2003 – 1 ABR 17/02 zu B III 1 b der Gründe, NZA 2004, 336.
141 BAG, 17.05.1999 – 3 ABR 55/98 zu B I 2 der Gründe, NZA 2000, 498.
142 BAG, 13.03.2007 – 1 ABR 24/06, Rn. 21 f., NZA 2007, 1069.

aus, wenn diese von den nach § 97 Abs. 1 kraft Gesetzes Antragsberechtigten oder sonst im Arbeitsleben in Zweifel gezogen wird.[143]

X. Auslegung des Antrags

52 Auch im Beschlussverfahren sind Anträge auslegungsfähig und häufig auslegungsbedürftig. Ausgehend vom Wortlaut des Antrages ist dabei das tatsächliche Vorbringen des Antragstellers und derjenige Vorgang heranzuziehen, der Anlass des konkreten Streits ist. Eine solche Auslegung darf sich allerdings nicht über einen eindeutigen Antrag hinwegsetzen (§ 308 ZPO).[144] Bei unklarer Antragstellung ist das Gericht im Rahmen des § 139 ZPO verpflichtet, das wahre Begehren des Antragstellers zu erfragen und auf die Stellung eines sachdienlichen Antrags hinzuwirken.[145] Diese Pflicht dient einer Entscheidung des Streits der Parteien in der Sache und damit der Herstellung von Rechtsfrieden. Ein Verstoß gegen diese Pflicht stellt einen Verfahrensfehler dar. In diesem Zusammenhang hat das Gericht insbesondere auch auf die Bestimmtheit der erhobenen Anträge im Rahmen der gegebenen Antragsbegründung hinzuwirken. Stellt der Antragsteller ausdrücklich sein Anliegen klar oder nimmt er trotz des Hinweises des Gerichts keine Änderung seines Antrags vor, bleibt für eine Auslegung des Antrags allerdings regelmäßig kein Raum mehr. Einer solchen steht § 308 ZPO entgegen.

§ 82 Örtliche Zuständigkeit

(1) ¹Zuständig ist das Arbeitsgericht, in dessen Bezirk der Betrieb liegt. ²In Angelegenheiten des Gesamtbetriebsrats, des Konzernbetriebsrats, der Gesamtjugendvertretung oder der Gesamt-Jugend- und Auszubildendenvertretung, des Wirtschaftsausschusses und der Vertretung der Arbeitnehmer im Aufsichtsrat ist das Arbeitsgericht zuständig, in dessen Bezirk das Unternehmen seinen Sitz hat. ³Satz 2 gilt entsprechend in Angelegenheiten des Gesamtsprecherausschusses, des Unternehmenssprecherausschusses und des Konzernsprecherausschusses.

(2) ¹In Angelegenheiten eines Europäischen Betriebsrats, im Rahmen eines Verfahrens zur Unterrichtung und Anhörung oder des besonderen Verhandlungsgremiums ist das Arbeitsgericht zuständig, in dessen Bezirk das Unternehmen oder das herrschende Unternehmen nach § 2 des Gesetzes über Europäische Betriebsräte seinen Sitz hat. ²Bei einer Vereinbarung nach § 41 Absatz 1 bis 7 des Gesetzes über Europäische Betriebsräte ist der Sitz des vertragschließenden Unternehmens maßgebend.

(3) In Angelegenheiten aus dem SE-Beteiligungsgesetz ist das Arbeitsgericht zuständig, in dessen Bezirk die Europäische Gesellschaft ihren Sitz hat; vor ihrer Eintragung ist das Arbeitsgericht zuständig, in dessen Bezirk die Europäische Gesellschaft ihren Sitz haben soll.

(4) In Angelegenheiten nach dem SCE-Beteiligungsgesetz ist das Arbeitsgericht zuständig, in dessen Bezirk die Europäische Genossenschaft ihren Sitz hat; vor ihrer Eintragung ist das Arbeitsgericht zuständig, in dessen Bezirk die Europäische Genossenschaft ihren Sitz haben soll.

(5) In Angelegenheiten nach dem Gesetz über die Mitbestimmung der Arbeitnehmer bei einer grenzüberschreitenden Verschmelzung ist das Arbeitsgericht zuständig, in dessen Bezirk die aus der grenzüberschreitenden Verschmelzung hervorgegangene Gesellschaft ihren Sitz hat; vor ihrer Eintragung ist das Arbeitsgericht zuständig, in dessen Bezirk die aus der grenzüberschreitenden Verschmelzung hervorgehende Gesellschaft ihren Sitz haben soll.

1 Die Vorschrift regelt die **örtliche Zuständigkeit im Beschlussverfahren**. Sie erfasst aber nicht alle Fallgestaltungen. Im Anwendungsbereich des § 82 finden die Vorschriften der Zivilprozessord-

---

143 BAG, 14.12.2010 – 1 ABR 19/10, Rn. 46 ff., NZA 2011, 289.
144 BAG, 17.06.1997 – 1 ABR 10/97; BAG, 10.06.1986 – 1 ABR 61/84 zu B I 1 der Gründe, NZA 1986, 840.
145 BVerwG, 08.12.1999 – 6 P 3.98 zu II 1 der Gründe, NZA-RR 2000, 389.

nung keine Anwendung. Die Vorschrift **ist zwingend**. Eine andere Zuständigkeit kann nicht durch rügeloses Verhandeln oder eine Gerichtsstandsvereinbarung der Beteiligten begründet werden. Lediglich im Ausnahmefall der Zuständigkeit mehrerer Arbeitsgerichte hat der Antragsteller ein Wahlrecht entsprechend § 35 ZPO. Das Gericht hat seine Zuständigkeit **von Amts wegen zu prüfen**. Bei Unzuständigkeit verweist es das Verfahren durch Beschluss an das örtlich zuständige ArbG. Über die örtliche Zuständigkeit entscheidet der Vorsitzende gem. § 48 Abs. 1 Nr. 2 alleine ohne die Mitwirkung der ehrenamtlichen Richter. Nach Rechtshängigkeit eintretende Änderungen sind unbeachtlich.[1] Beschlüsse über die örtliche Zuständigkeit sind unanfechtbar. Im Fall negativer Kompetenzkonflikte zweier ArbG entscheidet nach § 36 Nr. 2 das LAG, zu dessen Bezirk das zuerst mit der Sache befasste Gericht gehört.[2]

Örtlich zuständig ist das ArbG, in dessen Bezirk der **Betrieb** liegt, in dem der Streit stattfindet. Der Betriebsbegriff bestimmt sich nach materiellem Betriebsverfassungsrecht, insbesondere den §§ 1 und 4 BetrVG.[3] Ohne Bedeutung für die örtliche Zuständigkeit ist daher, wer Antragsteller oder Beteiligter ist und wo deren allgemeiner Gerichtsstand ist. Nach § 3 Abs. 5 BetrVG gelten die nach § 3 Abs. 1 bis 3 BetrVG gebildeten Organisationseinheiten als Betriebe. Sind Betriebsratsbezirke und betriebliche Leitungsstrukturen nicht deckungsgleich, so soll es auf den Bezirk der zuständigen Leitung ankommen, wenn diese keinen festen Sitz hat.[4] Im Anwendungsbereich des § 117 Abs. 2 BetrVG (Personalvertretung des fliegenden Personals auf tariflicher Grundlage) kommt es regelmäßig darauf an, für welchen Bereich (»Base«, Flughafen, von dem der Flugbetrieb erfolgt) die Personalvertretung errichtet wurde.[5]

In Angelegenheiten des Gesamtbetriebsrats, des Konzernbetriebsrats, der Gesamt-Jugend- und Auszubildendenvertretung, des Wirtschaftsausschusses und der Vertretung der Arbeitnehmer im Aufsichtsrat ist der Sitz **des Unternehmens** maßgeblich. Dies ist – soweit nichts anderes bestimmt ist – der Ort, an dem die Verwaltung geführt wird (§ 17 Abs. 1 Satz 2 ZPO).[6] Bei ausländischen Unternehmen ist der Verwaltungssitz im Inland entscheidend. Eine Angelegenheit des Gesamtbetriebsrats ist auch die Bestellung der inländischen Arbeitnehmervertreter für einen Europäischen Betriebsrat.[7]

Bei einem Streit um die Wirksamkeit einer vom Gesamtbetriebsrat abgeschlossenen Betriebsvereinbarung für einen Einzelbetrieb ist nicht der Betriebs-, sondern der Unternehmenssitz maßgeblich.[8] Die örtliche Zuständigkeit bestimmt sich hingegen nach dem Sitz des Betriebes (§ 82 Satz 1), wenn der Gesamtbetriebsrat nach § 50 Abs. 2 BetrVG für den Einzelbetriebsrat tätig wird.

Bei Streitigkeiten um Mitwirkungsrechte des **Europäischen Betriebsrats** oder des besonderen Verhandlungsgremiums ist das ArbG für ein Beschlussverfahren örtlich zuständig, in dessen Bezirk das Unternehmen oder herrschende Unternehmen seinen Sitz hat (Abs. 2 Satz 2). Hiervon abweichend ist der Sitz des vertragschließenden Unternehmens maßgeblich, wenn die Auseinandersetzung eine vor dem 22.09.1996 abgeschlossene Altvereinbarung über die grenzübergreifende Mitwirkung von Arbeitnehmervertretungen betrifft (§ 41 EBRG). Voraussetzung für eine internationale Zuständigkeit der deutschen Arbeitsgerichtsbarkeit ist, dass ein solcher Sitz in Deutschland besteht.[9]

---

1 § 261 Abs. 3 Nr. 2 ZPO.
2 BAG, 02.07.2014 – 10 AS 3/14, NZA 2015, 448; vgl. beispielhaft LAG Berlin-Brandenburg, 20.04.2015 – 21 SHa 462/15, NZA-RR 2015, 324.
3 Zuletzt z.B. BAG, 09.12.2009 – 7 ABR 38/08, Rn. 22, NZA 2010, 906.
4 LAG Baden-Württemberg, 07.08.2009 – 3 SHa 2/09, LAGE § 82 ArbGG 1979 Nr. 2.
5 LAG Berlin-Brandenburg, 08.02.2011 – 7 TaBV 2744/10, IPRspr 2011, Nr. 186, 477.
6 BAG, 31.10.1975 – 1 ABR 4/74, AP BetrVG 1972 § 106 Nr. 2.
7 BAG, 18.04.2007 – 7 ABR 30/06, Rn. 27 ff., NZA 2007, 1375.
8 BAG, 19.06.1986 – 6 ABR 66/84, AP ArbGG 1979 § 82 Nr. 1.
9 BAG, 18.04.2007 – 7 ABR 30/06, Rn 25 f., NZA 2007, 1375.

6 Für die Zuständigkeit nach dem **SE-Beteiligungsgesetz** ist gem. Abs. 3 das Arbeitsgericht zuständig, in dessen Bezirk die Europäische Gesellschaft ihren Sitz hat oder haben soll, wenn eine Eintragung noch nicht erfolgt ist. Dies gilt freilich nur, wenn ein solcher Sitz in Deutschland besteht oder beabsichtigt ist. Gleiches gilt gem. Abs. 4 und 5 für Angelegenheiten nach dem **SCE-Beteiligungsgesetz** und nach den Regelungen bei **grenzüberschreitenden Verschmelzungen**.

7 Örtlich zuständig bei Streitigkeiten nach § 97 ist das ArbG, in dessen Bezirk die Vereinigung ihren Sitz hat, über deren **Tariffähigkeit** oder Tarifzuständigkeit gestritten wird.[10] In Verfahren über die **Wirksamkeit einer Allgemeinverbindlicherklärung oder einer Rechtsverordnung** ist nach § 98 Abs. 2 das LAG zuständig, in dessen Bezirk die Behörde ihren Sitz hat, die den Tarifvertrag für allgemeinverbindlich erklärt oder die Verordnung erlassen hat. Zur örtlichen Zuständigkeit in Verfahren nach § 99 vgl. Erl. zu § 99 Rdn. 16. In Angelegenheiten der **Schwerbehindertenvertretung** und des Werkstattrates gem. §§ 94, 95, 139 SGB IX ist § 82 entsprechend anzuwenden. Gleiches gilt für Angelegenheiten der besonderen Interessenvertretung der Auszubildenden nach § 51 BBiG. Bei der Anerkennung einer Schulungsveranstaltung nach § 37 Abs. 7 BetrVG richtet sich die Zuständigkeit nach dem Sitz der Anerkennungsbehörde. Dies ist die Behörde des Bundeslandes, in dem der Träger seinen Sitz hat.[11] In Verfahren nach **§§ 122, 126 InsO** kommt es für die örtliche Zuständigkeit auf den Sitz des Betriebes an, in dem die Betriebsänderung erfolgen soll.[12]

§ 83 Verfahren

(1) ¹Das Gericht erforscht den Sachverhalt im Rahmen der gestellten Anträge von Amts wegen. ²Die am Verfahren Beteiligten haben an der Aufklärung des Sachverhalts mitzuwirken.

(1a) ¹Der Vorsitzende kann den Beteiligten eine Frist für ihr Vorbringen setzen. ²Nach Ablauf einer nach Satz 1 gesetzten Frist kann das Vorbringen zurückgewiesen werden, wenn nach der freien Überzeugung des Gerichts seine Zulassung die Erledigung des Beschlussverfahrens verzögern würde und der Beteiligte die Verspätung nicht genügend entschuldigt. ³Die Beteiligten sind über die Folgen der Versäumung einer nach Satz 1 gesetzten Frist zu belehren.

(2) Zur Aufklärung des Sachverhalts können Urkunden eingesehen, Auskünfte eingeholt, Zeugen, Sachverständige und Beteiligte vernommen und der Augenschein eingenommen werden.

(3) In dem Verfahren sind der Arbeitgeber, die Arbeitnehmer und die Stellen zu hören, die nach dem Betriebsverfassungsgesetz, dem Sprecherausschussgesetz, dem Mitbestimmungsgesetz, dem Mitbestimmungsergänzungsgesetz, dem Drittelbeteiligungsgesetz, den §§ 94, 95, 139 des Neunten Buches Sozialgesetzbuch, dem § 18a des Berufsbildungsgesetzes und den zu diesen Gesetzen ergangenen Rechtsverordnungen sowie nach dem Gesetz über Europäische Betriebsräte, dem SE-Beteiligungsgesetz, dem SCE-Beteiligungsgesetz und dem Gesetz über die Mitbestimmung der Arbeitnehmer bei einer grenzüberschreitenden Verschmelzung im einzelnen Fall beteiligt sind.

(4) ¹Die Beteiligten können sich schriftlich äußern. ²Bleibt ein Beteiligter auf Ladung unentschuldigt aus, so ist der Pflicht zur Anhörung genügt; hierauf ist in der Ladung hinzuweisen. ³Mit Einverständnis der Beteiligten kann das Gericht ohne mündliche Verhandlung entscheiden.

(5) Gegen Beschlüsse und Verfügungen des Arbeitsgerichts oder seines Vorsitzenden findet die Beschwerde nach Maßgabe des § 78 statt.

---

10 GMPMG/Matthes/Spinner § 82 Rn 20; a.A. Schwab/Weth-Weth § 82 Rn 21 für Fälle, in denen die Vereinigung Antragsteller ist: Sitz des Antragsgegners.
11 WPK/Kreft § 37 Rn. 80.
12 ArbG Bautzen, 30.11.2005 – 5 BV 5001/05, LAGE § 82 ArbGG 1979 Nr. 1.

Übersicht

		Rdn.
I.	Untersuchungsgrundsatz	1
	1. Grundsatz	1
	2. Mitwirkungspflicht der Beteiligten	2
II.	Anhörung vor der Kammer	5
	1. Vorbereitung durch den Vorsitzenden	5
	2. Ablauf der Anhörung	6
	3. Beweisaufnahme und Beweiswürdigung	7
	4. Zurückweisung verspäteten Vorbringens	9
	a) Voraussetzungen	11
	b) Verfahren	16
III.	Beteiligte	17
	1. Grundsatz	17

		Rdn.
	2. Einzelfälle	19
	a) Arbeitgeber, Unternehmen, Arbeitgeberverbände	19
	b) Arbeitnehmer	22
	c) Betriebsrat bzw. betriebsverfassungsrechtliche Organe, Sprecherausschuss, andere Mitbestimmungsorgane	23
	d) Gewerkschaften	31
	e) Schwerbehindertenvertretung, Werkstattrat	33
	f) Beauftragte	34
	g) Behörden	35
IV.	Beschwerde gegen nicht verfahrensbeendende Entscheidungen	36

I. Untersuchungsgrundsatz

1. Grundsatz

Abs. 1 Satz 1 verpflichtet das Gericht den Sachverhalt **von Amts wegen** zu erforschen. Hierin liegt der entscheidende Unterschied zum Urteilsverfahren. Der Antragsteller und die weiteren am Verfahren Beteiligten geben durch ihre Anträge vor, worüber das Gericht zu entscheiden hat. Der Antragsteller muss dabei die Tatsachen vortragen, aus denen das Gericht ggf. nach Hinweisen und Auslegung des Antrags den Umfang des Verfahrensgegenstands bestimmen kann. Im nächsten Schritt hat das Gericht dann festzustellen, wer zu beteiligen ist und für die tatsächliche Beteiligung zu sorgen. Auch die weitere Verantwortung für die Ermittlung des entscheidungserheblichen Sachverhalts liegt im Wesentlichen beim Gericht. Es hat alle Tatsachen zu erforschen, die nach seiner Ansicht in dem durch den Antrag konkretisierten Verfahrensgegenstand[1] entscheidungserheblich sind. Unbeachtlich ist, ob sie für eine stattgebende oder abweisende Entscheidung sprechen. Diese Aufklärungspflicht zwingt das Gericht aber nicht zu einer unbegrenzten Amtsermittlungstätigkeit und Beweisaufnahme *(eingeschränkter Untersuchungsgrundsatz)*.[2]

2. Mitwirkungspflicht der Beteiligten

Abs. 1 Satz 2 begründet eine Mitwirkungspflicht aller Verfahrensbeteiligten – natürlich auch des Antragstellers – an der Aufklärung des maßgeblichen Sachverhalts. Aufgabe des Gerichts ist es dabei, durch gezielte und konkrete Auflagen die Mitwirkung der Beteiligten zu steuern und zu fördern. Allgemeine Stellungnahmefristen sind regelmäßig nicht ausreichend, führen zu unnötigen Verfahrensverzögerungen und ggf. zu einer Aufblähung des Tatsachenstoffes. Ein Verhalten eines Beteiligten vor Verfahrenseinleitung kann sich auf Umfang und Inhalt seiner Mitwirkungspflicht auswirken.[3]

Das Gericht kann nach §§ 80 Abs. 2, 51 Abs. 1 das **persönliche Erscheinen** der Beteiligten im Anhörungstermin anordnen. Bei Ausbleiben eines Beteiligten kann gegen ihn bei fehlender Entschuldigung ein Ordnungsgeld verhängt werden (§ 141 Abs. 3 ZPO), wenn das persönliche Erscheinen zum Zweck der Sachverhaltsaufklärung angeordnet worden ist und durch das Ausbleiben der Zweck der Anordnung vereitelt wird. Dem steht § 83 Abs. 4 Satz 1 nicht entgegen. Hat sich der nicht erschienene Beteiligte aber zuvor schriftlich geäußert und kann der Sachverhalt aufgrund seiner Stellungnahme aufgeklärt werden, entfällt die Möglichkeit zur Festsetzung eines Ordnungsgeldes. Gleiches gilt, wenn der Sachverhalt auf andere Weise im Anhörungstermin fest-

---

1 »Im Rahmen der gestellten Anträge«, Abs. 1 Satz 1.
2 BAG, 25.03.1992 – 7 ABR 65/90 zu B III 6 der Gründe, NJW 1993, 612 = NZA 1993, 134.
3 BAG, 25.03.1992 – 7 ABR 65/90 zu B III 4 der Gründe, NZA 1993, 134.

gestellt werden kann oder das persönliche Erscheinen zur Herbeiführung einer gütlichen Einigung angeordnet wird. Da der Abschluss eines Vergleichs den Beteiligten überlassen bleibt, kann die fehlende Teilnahme an Vergleichsgesprächen nicht durch ein Ordnungsgeld sanktioniert werden.[4] Die Zurückweisung eines Verfahrensbevollmächtigten kommt im Beschlussverfahren nicht in Betracht (vgl. § 80 Rdn. 8).

4 Eine unmittelbare Sanktion ist bei Verletzung der Mitwirkungspflicht nicht vorgesehen. Soweit Aufklärungsmöglichkeiten ohne die Mitwirkung der Beteiligten bestehen, hat das Gericht diese auszuschöpfen. Die Nichtberücksichtigung von Vorbringen wegen nicht hinreichender Substantiierung ist nur zulässig, wenn ohne Mitwirkung der Beteiligten keine weitere Sachaufklärung möglich ist, das Gericht auf diese Einschätzung hingewiesen und die Beteiligten zu einer Ergänzung des Vorbringens anhand konkreter Fragestellungen aufgefordert hat.[5] Der Umfang der Mitwirkungspflicht und die Anforderungen an den Vortrag der Beteiligten hängen nicht zuletzt vom Verfahrensgegenstand ab. Macht bspw. der Betriebsrat im Rahmen eines Zustimmungsersetzungsverfahren bei Ein- und Umgruppierungen geltend, die beabsichtigte Eingruppierung sei zu niedrig, so hat er die Tatsachen, die ein Heraushebungsmerkmal begründen, darzulegen.[6] Aus der fehlenden Mitwirkungsbereitschaft eines Beteiligten kann das Gericht Rückschlüsse auf die Erweislichkeit einer Tatsache ziehen. I.R.d. freien Beweiswürdigung (§ 286 Abs. 1 ZPO) kann sich dementsprechend das erforderliche Beweismaß für den ansonsten mit der *(objektiven)* Beweislast belasteten Beteiligten verringern.[7] Eine Darlegungs- und Beweislast im zivilprozessualen Sinn gibt es hingegen im Beschlussverfahren nicht. Ist eine wesentliche Tatsache nicht aufklärbar, so geht das zulasten des Beteiligten, für den sich günstige Rechtsfolgen ableiten ließen.[8]

II. Anhörung vor der Kammer

1. Vorbereitung durch den Vorsitzenden

5 Der Vorsitzende kann – neben der Fristsetzung nach § 83 Abs. 1a – vor der mündlichen Anhörung Maßnahmen nach § 55 Abs. 4[9] treffen und hat entsprechend der Regelung in § 56 die Anhörung so vorzubereiten, dass sie möglichst in einem Termin durchgeführt werden kann. Eine Beweisaufnahme findet grds. vor der Kammer statt, soweit nicht Anordnungen nach § 56 Abs. 4 vor dem Anhörungstermin ausgeführt worden sind (§ 56 Abs. 4 Satz 2). Zum Gütetermin im Beschlussverfahren vgl. § 80 Rdn. 12 f.

2. Ablauf der Anhörung

6 Die Entscheidung im Beschlussverfahren ergeht nach **Abs. 4** regelmäßig nach einer mündlichen Anhörung der Beteiligten vor der Kammer. Eine Entscheidung im **schriftlichen Verfahren** (§ 83 Abs. 4 Satz 3) ist nur zulässig, wenn sämtliche Beteiligten sich damit ausdrücklich einverstanden erklärt haben. Die Beteiligten sind nicht verpflichtet, zur Anhörung vor der Kammer zu erscheinen, sofern das Gericht nicht ihr persönliches Erscheinen angeordnet hat. Ihre schriftliche Äußerung ist ausreichend und von der Kammer bei der Entscheidungsfindung auch bei ihrem Ausbleiben zu berücksichtigen. Bleibt ein Beteiligter auf Ladung unentschuldigt der Anhörung fern, ist damit nach **Abs. 4 Satz 2** der Pflicht zur Anhörung genügt, wenn er zuvor über die Folgen seines Ausbleibens in der Ladung belehrt worden ist.[10] Ein »Versäumnisbeschluss« scheidet aus (vgl. § 80 Rdn.

---

4 Vgl. auch BAG, 01.10.2014 – 10 AZB 24/14, NZA 2014, 1421 (entscheidungsreifer Prozess im Urteilsverfahren).
5 BAG, 12.05.1999 – 7 ABR 36/97 zu B II 3 a der Gründe, NZA 1999, 1290.
6 BAG, 22.04.2004 – 8 ABR 10/03 zu B II 2 c bb der Gründe, ZTR 2004, 582.
7 BAG, 25.03.1992 – 7 ABR 65/90 zu B IV 2 b der Gründe, NZA 1993, 134.
8 ErfK/Koch § 83 ArbGG Rn 5; GK-ArbGG/Dörner § 83 Rn 153; GMPMG/Matthes/Spinner § 83 Rn 94; Hauck/Helml/Biebl-Hauck § 83 Rn 6.
9 Ausführlich hierzu § 55 Rdn. 42 ff.
10 Vgl. beispielhaft BAG, 20.08.2014 – 7 ABR 60/12, Rn 20, ZTR 2015, 53.

3). Liegt eine ausreichende Entschuldigung für das Ausbleiben vor, ist zu vertagen, wenn der Beteiligte nicht auf eine mündliche Anhörung verzichtet. Die unterlassene Anhörung eines Beteiligten stellt einen Verfahrensfehler dar, der aber durch nachträgliche Anhörung in der höheren Instanz geheilt wird. Eine Zurückverweisung an das Arbeitsgericht kommt darüber hinaus wegen § 91 Abs. 1 Satz 2 nicht in Betracht.[11] Die Anhörung ist gem. §§ 80 Abs. 2, 52 öffentlich und beginnt mit der Antragstellung (§ 137 Abs. 1 ZPO). Für die Protokollierung gelten die §§ 159 ff. ZPO entsprechend.

3. Beweisaufnahme und Beweiswürdigung

Dem Gericht stehen zur Sachverhaltsaufklärung die in **Abs. 2** genannten Möglichkeiten zur Verfügung. Grds. gilt, dass es wegen des Untersuchungsgrundsatzes keiner Beweisanträge der Beteiligten bedarf. Zulässig sind diese selbstverständlich. Das Gericht hat Beweis zu erheben, wenn eine entscheidungserhebliche Tatsache umstritten ist. Für die Beweisaufnahme gelten die §§ 355 ff. ZPO; der Grundsatz der freien Beweiswürdigung (§ 286 Abs. 1 ZPO) findet Anwendung. Eine Beweisführung durch mittelbare Beweismittel ist zulässig, wenn diese zur Überzeugungsbildung ausreicht und objektiv dazu dient, die Beeinträchtigung verfassungsrechtlich geschützter Rechtspositionen zu verhindern. Ein solches Vorgehen erfordert aber eine besonders sorgfältige Beweiswürdigung durch das Gericht.[12] Einen durch förmlichen Beweisantrag angebotenen Gegenbeweis hat das Gericht zu erheben, wenn die Tatsachen entscheidungserheblich sind und Erhebungshindernisse nicht bestehen. Keine Anwendung finden die §§ 138 Abs. 3 und 288 ZPO; an Geständnisse ist das Gericht nicht gebunden und die Geständnisfiktion greift nicht ein. Soweit die Beteiligten einen Sachverhalt aber übereinstimmend vortragen oder das substantiierte Vorbringen von anderen nicht bestritten wird und sich an dessen Richtigkeit keine Zweifel aufdrängen, bedarf es i.d.R. trotzdem keiner Beweisaufnahme.[13]

7

Die Einsichtnahme von **Urkunden** und die Anordnung, solche vorzulegen, richtet sich nach den §§ 134 und 142 ZPO, **amtliche Auskünfte** können entsprechend § 56 Abs. 1 Satz 2 Nr. 2 eingeholt und berücksichtigt werden. Die Beteiligten haben sich auf Aufforderung des Gerichts zu erklären; bei Vorliegen der Voraussetzungen des § 448 ZPO kommt ihre **Vernehmung als Partei** in Betracht. Es gelten die allgemeinen Regeln über die **Zeugenvernehmung** (§§ 375 ff. ZPO). Daneben können nach § 144 ZPO **Sachverständige** hinzugezogen und eine **Augenscheinseinnahme** durchgeführt werden.

8

4. Zurückweisung verspäteten Vorbringens

Die Vorschrift in Abs. 1a dient der Verfahrensbeschleunigung. Erfolgt tatsächliches Vorbringen außerhalb einer vom Gericht gesetzten Frist kann es unter den Voraussetzungen des § 83 Abs. 1a unberücksichtigt bleiben. Die Norm steht in einem Spannungsverhältnis zum Untersuchungsgrundsatz. Sie darf daher nicht lediglich zur Verkürzung der gerichtlichen Aufklärungspflicht angewandt werden. Wegen des Amtsermittlungsgrundsatzes ist das Gericht verpflichtet, alle Möglichkeiten der Sachverhaltsaufklärung auszuschöpfen. Nur soweit hierzu die Mitwirkung eines Beteiligten erforderlich ist, ist eine Nichtberücksichtigung von Vorbringen nach Fristsetzung zulässig.

9

Da die Beschlussverfahren gem. **§§ 122, 126 InsO** Kündigungen betreffen, finden kraft ausdrücklicher gesetzlicher Anordnung die besonderen Beschleunigungsvorschriften des § 61a Abs. 3 bis 6 Anwendung (§§ 122 Abs. 2 Satz 3, 126 Abs. 2 Satz 2). Der inhaltliche Unterschied besteht darin, dass § 83 Abs. 2 die Zurückweisung in das Ermessen des Gerichts stellt, während bei § 61a bei Vorliegen der Voraussetzungen verspätetes Vorbringen zurückzuweisen ist. Außerhalb dieser Verfahren verdrängt § 83 Abs. 1a sowohl die Präklusionsvorschriften in §§ 56, 61a als auch die allgemeinen zivilprozessualen Vorschriften (§§ 282, 296 ZPO).

10

---

11 Zur Rechtsbeschwerde vgl. die Erl. zu § 92.
12 BAG, 25.03.1992 – 7 ABR 65/90 zu B III 6 der Gründe, NZA 1993, 134.
13 BAG, 10.12.1992 – 2 ABR 32/92 zu B II 5 c aa der Gründe, NZA 1993, 501.

§ 83 ArbGG Verfahren

a) Voraussetzungen

11 Nach Abs. 1a Satz 1 kann der Vorsitzende den Beteiligten eine **Frist** zum Vorbringen von Angriffs- und Verteidigungsmitteln **setzen**. Die Regelung ergänzt die sich aus § 83 Abs. 1 ergebende Verpflichtung des Gerichts zur Sachverhaltsermittlung und die der Beteiligten, hieran mitzuwirken. Der Umfang ihrer Pflicht wird durch § 83 Abs. 1a nicht erweitert, die Vorschrift gibt dem Gericht lediglich die Möglichkeit, die nicht rechtzeitige Mitwirkung eines Beteiligten durch den Ausschluss seines Vorbringens zu sanktionieren. Inhaltlich entspricht Abs. 1a Satz 1 den Regelungen für das Urteilsverfahren in §§ 56 Abs. 1 Nr. 1, Abs. 2, 61a Abs. 4 bis 6. Das Gericht wird durch Abs. 1a nicht gezwungen den Beteiligten fristgebundene Auflagen für ihr Vorbringen zu setzen; die Entscheidung hierüber steht vielmehr in seinem pflichtgemäßen Ermessen. Da es sich um eine Regelung zur Konkretisierung des Beschleunigungsgrundsatzes (§ 9 Abs. 1) handelt, dürfte eine Fristsetzung aber regelmäßig angebracht sein, da sie ein geeignetes Mittel zur Beschleunigung und Konzentration von Vorbringen der Verfahrensbeteiligten darstellt.

12 Die Zurückweisung darf nur erfolgen, wenn in einer **Auflage** die klärungsbedürftigen Punkte **hinreichend bestimmt** werden. Das Gericht muss die Tatsachen, zu denen sich die Beteiligten erklären sollen, konkret bezeichnen. Allgemeine bzw. ungenaue Angaben *(... zum Vorbringen des Antragstellers Stellung zu nehmen...)* genügen nicht. Dies folgt aus dem Ausnahmecharakter der Präklusionsvorschriften.[14] Die gesetzte Frist darf nicht zu kurz bemessen sein; sie ist bei einem begründeten Antrag des Beteiligten gem. § 224 Abs. 2 ZPO angemessen zu verlängern. Über die Folgen der Nichtbeachtung der gesetzten Frist muss das Gericht konkret und in verständlicher Form belehren; dem betroffenen Beteiligten ist die Konsequenz klar und unmissverständlich vor Augen zu führen. Die bloße Wiederholung des Gesetzeswortlauts genügt wegen der einschneidenden Folgen einer Fristversäumung deshalb im Allgemeinen nicht. Etwas anderes gilt aber, soweit Beteiligte anwaltlich oder gem. § 11 Abs. 2 Satz 2 vertreten sind.[15] Für **Fristsetzungen** gelten die allgemein für Beschlüsse anwendbaren Regelungen; insb. sind sie **mit vollem Namenszug zu unterzeichnen**, eine Paraphe genügt nicht. Bei verkündeten Beschlüssen gilt dies auch hinsichtlich des Protokolls, da ansonsten der Nachweis der Verkündung nicht geführt werden kann.[16] Nicht verkündete Auflagenbeschlüsse, die eine Fristsetzung enthalten, sind gem. § 329 Abs. 2 Satz 2 ZPO **zuzustellen**. Ohne ordnungsgemäße Fristsetzung ist der Ausschluss von Vorbringen nicht zulässig.[17]

13 Die Zurückweisung von Vorbringen darf nur erfolgen, wenn die Berücksichtigung des verspäteten Vortrags zu einer **Verzögerung des Verfahrens** führen würde. Wie im Urteilsverfahren gilt der sog. absolute Verzögerungsbegriff.[18] Maßgeblich ist, ob bei Zulassung des Vortrags der Rechtsstreit länger dauern würde als im Fall seiner Präklusion. Hierzu ist die Verfahrensdauer ohne Zurückweisung des verspäteten Vorbringens derjenigen gegenüberzustellen, die sich bei seiner Berücksichtigung voraussichtlich ergeben würde. Die Verspätung muss daher alleine **kausal** für die Verzögerung sein. Gegenstand der Zurückweisung kann nur ein entscheidungserheblicher Vortrag eines Beteiligten sein; soweit er für den Verfahrensausgang ohne Bedeutung ist, führt er nicht zu einer Verfahrensverlängerung.

14 Die Präklusion von Vorbringen ist bei fehlendem **Verschulden** des säumigen Beteiligten ausgeschlossen. Wird die Fristüberschreitung ausreichend entschuldigt, kann das Vorbringen nicht zurückgewiesen werden, selbst wenn eine Verfahrensverzögerung eintritt. Vor der Zurückweisung ist dem Beteiligten rechtliches Gehör und Gelegenheit zur Entschuldigung der Verspätung zu gewähren. Die **Entschuldigungsgründe** sind auf Verlangen des Gerichts von dem Beteiligten

---

14 BAG, 25.03.2004 – 2 AZR 380/03 zu B II 1 c ee der Gründe, AP BGB § 611 Kirchendienst Nr. 40.
15 BAG, 19.05.1998 – 9 AZR 366/97 zu II 2 d bb der Gründe, EzA § 56 ArbGG 1979 Nr. 2.
16 BAG, 19.05.1998 – 9 AZR 366/97 zu II 2 a der Gründe, EzA § 56 ArbGG 1979 Nr. 2.
17 BGH, 27.06.1991 – IX ZR 222/90 zu II 2 der Gründe, NJW 1991, 2774 – keine Heilung nach § 295 ZPO.
18 Umfassend dazu § 56 Rdn. 63 ff.

spätestens in der Anhörung vor der Kammer **glaubhaft** zu machen; § 296 Abs. 4 ZPO ist insoweit entsprechend anwendbar. Nur eine in erster Instanz schuldlos unterlassene Entschuldigung kann mit der Beschwerde nachgeholt werden.[19] Die Zurückweisung ist wegen Verstoßes gegen Art. 103 Abs. 1 GG ausgeschlossen, wenn das Gericht seiner **Hinweis- und Aufklärungspflicht**[20] nicht oder nicht ausreichend nachgekommen ist und die Verzögerung bei ordnungsgemäßer Verfahrensleitung nicht eingetreten wäre. Insb. muss der Vorsitzende versuchen, eine drohende Verzögerung durch zumutbare Maßnahmen bei der Terminvorbereitung abzuwenden.[21] Schon bei einer Mitursächlichkeit seines Verhaltens für die längere Verfahrensdauer ist das Gericht gehindert, das verspätete Vorbringen auszuschließen.[22]

Nach dem Wortlaut des Abs. 1a Satz 2 steht die Zurückweisung des Vorbringens im **Ermessen** des Gerichts. Jedoch entscheidet es nicht nach freiem, sondern nach pflichtgemäßem Ermessen, dessen Ausübung insb. den Grundsatz der Verhältnismäßigkeit wahren muss. Der Ausschluss von Vorbringen dient vornehmlich der geordneten Verfahrensdurchführung. Gleichzeitig sind der besondere Charakter des Beschlussverfahrens und die häufig über die konkrete Entscheidung hinausgehenden Wirkungen entsprechender Beschlüsse zu beachten. Dies gilt insb. wenn Individualansprüche Dritter vom Ausgang des Verfahrens abhängen. Bedeutsam ist ferner der Grad des Verschuldens, der zur Verspätung geführt hat, sowie die Dauer der voraussichtlichen Verfahrensverzögerung. Unverhältnismäßig ist eine Zurückweisung z.B. dann, wenn der entscheidungserhebliche Sachverhalt vom Gericht zeitnah ohne großen Aufwand auf andere Weise ermittelt werden kann. 15

b) Verfahren

Für die Zurückweisung verspäteten Vorbringens ist nicht der Vorsitzende, sondern die gesamte Kammer zuständig. Eine gesonderte Entscheidung über die Präklusion erfolgt nicht vorab durch einen Beschluss, sondern i.R.d. Hauptsacheentscheidung (§ 84). Die Zurückweisung kann auch in einem Teilbeschluss ergehen, soweit er über einen abtrennbaren Streitgegenstand ergeht. Eine Entscheidung, die sich nur auf den Ausschluss von Vorbringen nach Abs. 1a beschränkt, ist hingegen unzulässig. In den Gründen seiner Entscheidung hat das Gericht darzulegen, aus welchem Grund es das Vorbringen als verspätet und die Verspätung als nicht ausreichend entschuldigt angesehen hat. Die Rechtmäßigkeit der Zurückweisung unterliegt der Prüfung durch das Rechtsmittelgericht, hierzu zählt auch die Frage der zutreffenden Ermessensausübung. Ist das Vorbringen zu Recht zurückgewiesen worden, bleibt es auch im Beschwerdeverfahren ausgeschlossen (§ 87 Abs. 3 Satz 1). Hat das erstinstanzliche Gericht allerdings das Vorbringen nicht als verspätet zurückgewiesen, darf das Beschwerdegericht keine eigene Prüfung vornehmen, ob die Voraussetzungen einer Präklusion vorgelegen haben, sondern muss den Vortrag verwerten.[23] 16

III. Beteiligte

1. Grundsatz

Über den Begriff des **Beteiligten** im Beschlussverfahren gibt es in der arbeitsrechtlichen Literatur viele Streitfragen.[24] Das Arbeitsgerichtsgesetz unterscheidet zwischen dem Antragsteller und den übrigen Beteiligten (z.B. in § 83a Abs. 3); teilweise wird der Begriff aber auch umfassend für alle am Verfahren Beteiligten verwendet (z.B. § 83a Abs. 1). Einigkeit besteht, dass alleine die Nennung in § 83 Abs. 3 nicht automatisch zu einer Beteiligung der genannten Stellen im konkreten Verfahren 17

---

19 BVerfG, 14.04.1987 – 1 BvR 162/84 zu B I 2 der Gründe, NJW 1987, 2003.
20 §§ 139 ZPO, 83 Abs. 1.
21 BVerfG, 21.02.1990 – 1 BvR 1117/89 m.w.N., NJW 1990, 2373; BAG, 11.11.1987 – 5 AZR 478/86 zu II 2 der Gründe.
22 BVerfG, 14.04.1987 – 1 BvR 162/84 zu B I 1 der Gründe, NJW 1987, 2003, dazu auch § 56 Rdn. 69 f.
23 BAG, 18.02.2003 – 1 ABR 17/02 zu B I 3 b der Gründe, NZA 2004, 336; BVerfG, 26.01.1995 – 1 BvR 1068/93 zu B I 1 der Gründe, NJW 1995, 2980.
24 Vgl. GMPMG/Matthes/Spinner § 83 Rn 6 ff.; Schwab/Weth-Weth § 83 Rn 37 ff. jeweils m.w.N.

führt. Der **Antragsteller** ist **notwendiger Beteiligter**, weil er mit seinem Antrag das Verfahren erst einleitet; auf § 83 Abs. 3 kommt es insoweit nicht an. Ob er befugt ist, den konkreten Antrag zur Entscheidung zu stellen, ist eine Frage seiner Antragsbefugnis, nicht aber seiner Beteiligung am Verfahren.[25] Richtet er seinen Antrag gegen eine bestimmte Person oder ein in Abs. 3 genanntes Organ bzw. Organteil, ist der so bezeichnete Antragsgegner ebenfalls notwendig Beteiligter und bleibt dies, solange er in Anspruch genommen wird.[26] Die **Beteiligungseigenschaft folgt dem materiellen Recht**, ohne dass es einer darauf gerichteten Handlung der Person, der Stelle oder des Gerichts bedarf.[27] Beteiligter ist, wer ausdrücklich vom Gesetz als Beteiligter bestimmt wird[28] oder durch den Verfahrensgegenstand in seiner betriebsverfassungs- bzw. mitbestimmungsrechtlichen Stellung unmittelbar vom Ausgang des Verfahrens betroffen bzw. berührt werden kann.[29] Gleiches gilt in Streitigkeiten nach dem SprAuG und in entsprechender Anwendung des Abs. 3 im Verfahren nach § 97; es kommt auf die unmittelbare Betroffenheit in der Rechtsstellung an.[30] Dieser Grundsatz dürfte auch für die Verfahren nach § 98 und § 99 gelten (Einzelheiten jeweils dort). Das bloße Interesse an der gerichtlichen Klärung einer umstrittenen Rechtsfrage ist nicht ausreichend.[31] Die Beteiligtenstellung der in Betracht kommenden Stellen i.S.d. Abs. 3 ist vom Gericht in jeder Lage des Verfahrens zu prüfen.[32] Unterbleibt eine Beteiligung in 1. Instanz, kann sie im Beschwerdeverfahren nachgeholt werden.[33] Eine Zurückverweisung ist nicht zulässig (§ 91 Abs. 1 Satz 2). Hat auch das LAG eine gebotene Beteiligung unterlassen, ist eine Nachholung in der Rechtsbeschwerdeinstanz möglich, sofern der Kreis der anzuhörenden Personen oder Stellen bestimmt werden kann.[34] Andernfalls führt dieser Rechtsfehler zur Zurückverweisung. Ausnahmsweise kann die Beteiligung unterbleiben, wenn der Antrag als unzulässig abzuweisen ist und deshalb nicht in Rechtskraft erwächst.[35]

18 Da für das Verfahrensrechtsverhältnis entscheidend ist, wer materiell-rechtlich berechtigt oder verpflichtet ist, kann es bei einer Antragsänderung,[36] einem erstmaligen Sachantrag eines anderen Beteiligten oder einem geänderten Vertragsgegenstand zu einem Fortfall bzw. Hinzutreten von Beteiligten kommen. Geht während des Verfahrens das umstrittene Beteiligungsrecht auf ein anderes betriebsverfassungsrechtliches Organ *(Betriebsrat/Gesamtbetriebsrat)* über, wird dieses Beteiligter.[37] Der Beteiligtenwechsel tritt ohne Weiteres und allein aufgrund materiellen Rechts ein; der Vornahme irgendwelcher Prozesshandlungen bedarf es dazu nicht. Bei einem Betriebsübergang wird grundsätzlich anstelle des Betriebsveräußerers der Betriebserwerber Beteiligter.[38] Dies gilt

---

25 BAG, 14.12.2010 – 1 ABR 93/09, Rn 10, NJW 2011, 1624 = NZA 2011, 473; BAG, 30.10.1986 – 6 ABR 52/83 zu B I 1 der Gründe, NZA 1988, 27.
26 BAG, 20.08.2014 – 7ABR 60/12, Rn 19, ZTR 2015, 53 (Betriebsübergang); BAG, 30.10.1986 – 6 ABR 52/83 zu B I 1 der Gründe, NZA 1988, 27.
27 BAG, 08.12.2010 – 7 ABR 69/09, Rn 11, NZA 2011, 362; BAG, 09.12.2008 – 1 ABR 75/07, Rn. 13, NJW 2009, 872 = NZA 2009, 254.
28 Z.B. § 103 Abs. 2 BetrVG.
29 St. Rspr., vgl. zuletzt BAG, 09.07.2013 – 1 ABR 17/12, Rn 11, NZA 2013, 1166; beispielhaft zu einer tariflich eingerichteten Paritätischen Kommission: BAG, 16.08.2011 – 1 ABR 30/10, Rn 13, NZA 2012, 873 [im Ergebnis abgelehnt].
30 BAG, 11.06.2013 – 1 ABR 33/12, Rn 13 f., DB 2013, 2751; BAG, 14.12.2010 – 1 ABR 19/10, Rn 58, NZA 2011, 289.
31 BAG, 05.12.2007 – 7 ABR 72/06, Rn 18, NZA 2008, 653; BAG, 29.08.1985 – 6 ABR 63/82 zu B II 4 c der Gründe, NZA 1986, 400.
32 BAG, 14.12.2010 – 1 ABR 93/09, Rn 10, NJW 2011, 1624 = NZA 2011, 473.
33 Vgl. nur LAG Hamm, 14.08.2009 – 10 TaBV 175/08 zu B. I. 2. der Gründe m.w.N.
34 BAG, 17.04.2012 – 1 ABR 84/10, Rn 15, NZA 2013, 230.
35 BAG, 09.07.2013 – 1 ABR 17/12, Rn 11, 20.
36 Dazu § 81 Rdn. 12.
37 Umfassend dazu BAG, 23.06.2010 – 7 ABR 3/09, Rn 11, NZA 2010, 1362.
38 BAG, 23.06.2010 – 7 ABR 3/09, Rn 15, NZA 2010, 1362; BAG, 28.04.2009 – 1 ABR 97/07, Rn 12, NZA 2009, 1102.

jedenfalls dann, wenn der Betriebsübergang nicht streitig ist.[39] Eine Ausnahme gilt, wenn auch der Veräußerer noch in Anspruch genommen wird.[40] Hingegen bleibt der Betriebsrat Beteiligter, sofern die Betriebsidentität fortbesteht.[41] Alle Beteiligten können entweder einen eigenen Sachantrag stellen, sich auf einen Abweisungsantrag beschränken oder überhaupt von der Antragstellung absehen. Letzteres führt regelmäßig nicht zu ihrem Ausscheiden aus dem Verfahren.[42] Selbst bei formeller Beteiligtenstellung ist eine Prüfung der Antragsbefugnis erforderlich, da beide nicht notwendig zusammenfallen.[43]

2. Einzelfälle

a) Arbeitgeber, Unternehmen, Arbeitgeberverbände

Der **Arbeitgeber** ist in betriebsverfassungsrechtlichen Streitigkeiten immer Beteiligter, weil er durch die betriebsverfassungsrechtliche Ordnung stets betroffen ist.[44] Dies gilt auch bei rein betriebsratsinternen Streitigkeiten.[45] Besonderheiten ergeben sich bei den Alliierten Streitkräften.[46] Ist streitig, ob eine bestimmte natürliche oder juristische Person Arbeitgeber i.S.d. BetrVG ist, so ist diese zu beteiligen. Im Gemeinschaftsbetrieb kommt es darauf an, ob beide Arbeitgeber in ihrer betriebsverfassungsrechtlichen Stellung betroffen sind[47] oder nur der Vertragsarbeitgeber, wie bspw. bei einem Streit nach § 78a BetrVG.[48] Wird i.R.d. Überprüfung eines Einigungsstellenspruchs nach § 112 Abs. 4 BetrVG über die Zulässigkeit eines Bemessungsdurchgriffs auf ein anderes Unternehmen gestritten, ist dieses nicht zu beteiligen, da es an einer unmittelbaren betriebsverfassungsrechtlichen Betroffenheit fehlt.[49]

19

Entsprechendes gilt bei Streitigkeiten nach dem SprAuG. Auch bei Streitigkeiten nach den verschiedenen in Abs. 3 genannten Bestimmungen zur **Unternehmensmitbestimmung** ist das betroffene Unternehmen stets zu beteiligen.[50] Bei der Anfechtung der Wahl einer Schwerbehindertenvertretung im Anwendungsbereich des Personalvertretungsrechts ist die jeweilige Dienststelle zu beteiligen.[51]

20

Bei Streitigkeiten über die Anerkennung von Schulungs- bzw. Bildungsveranstaltungen nach § 37 Abs. 7 BetrVG ist nur der jeweilige Spitzenverband beteiligungsbefugt.[52] Auch kommt eine Beteiligung des einzelnen Arbeitgebers im Verfahren über die **Tariffähigkeit oder Tarifzuständigkeit** nach § 97 grundsätzlich nicht in Betracht. Dies gilt auch, wenn sie Tarifverträge mit der Vereinigung geschlossen haben, deren Tariffähigkeit im Streit steht. Vielmehr werden ihre Interessen durch die Beteiligung der jeweiligen Spitzenverbände ausreichend gewahrt.[53] Ansonsten kommen **Arbeitge-**

21

---

39 BAG, 09.12.2008 – 1 ABR 75/07, Rn 13, NJW 2009, 872 = NZA 2009, 254.
40 BAG, 20.08.2014 – 7 ABR 60/12, Rn 19, ZTR 2015, 53.
41 BAG, 11.10.1995 – 7 ABR 17/95 zu B 2 a der Gründe, NZA 1996, 495.
42 Vgl. aber Besonderheiten im Verfahren nach § 97: BAG, 11.06.2013 – 1 ABR 33/12, Rn 14, DB 2013, 2751.
43 Dazu § 81 Rdn. 13 ff.
44 BAG, 22.05.2012 – 1 ABR 11/11, Rn 10, NZA 2012, 1176.
45 BAG, 16.03.2005 – 7 ABR 37/04 zu B I der Gründe, NZA 2005, 1069; enger GMPMG/Matthes/Spinner § 83 Rn 38; ErfK/Koch § 83 ArbGG Rn 7 [AG ist lediglich zu hören].
46 BAG, 11.09.2013 – 7 ABR 18/11, Rn 28, NZA 2014, 323.
47 BAG, 08.12.2009 – 1 ABR 66/08, Rn 14, NZA 2010, 404 (Vergütungsordnung); BAG, 15.05.2007 – 1 ABR 32/06, Rn 13 ff., NZA 2007, 1240 (Unterlassung verlängerter Arbeitszeiten).
48 BAG, 17.02.2010 – 7 ABR 89/08, Rn 14, DB 2010, 1355.
49 BAG, 15.03.2011 – 1 ABR 97/09, Rn 13, NZA 2011, 1112.
50 Vgl. z.B. bei Verfahren über Wahlen: WWKK/Wißmann § 22 MitbestG Rn 74.
51 BAG, 20.01.2010 – 7 ABR 39/08, Rn 14, NZA 2010, 1435.
52 BAG, 11.08.1993 – 7 ABR 52/92 zu B I 3 der Gründe, NZA 1994, 517; BAG, 30.08.1989 – 7 ABR 65/87 zu III 2 der Gründe, NZA 1990, 483.
53 BAG, 11.06.2013 – 1 ABR 33/12, Rn 13 f., DB 2013, 2751; BAG, 14.12.2010 – 1 ABR 19/10, Rn 59, NZA 2011, 289.

bervereinigungen** als Beteiligte in Verfahren nach dem BetrVG regelmäßig nicht in Betracht, da ihnen das BetrVG keine eigenständigen Rechte verleiht, sondern sie nur auf eine Hilfsfunktion des Arbeitgebers verweist.[54] Auch bei einem Streit um die Nachwirkung einer durch Tarifvertrag zugelassenen ergänzenden Betriebsvereinbarung sind Arbeitgebervereinigungen *(und Gewerkschaften)* als Tarifvertragsparteien nicht Verfahrensbeteiligte, da deren betriebsverfassungsrechtliche Positionen nicht betroffen sind.[55]

b) Arbeitnehmer

22 Einzelne Arbeitnehmer sind immer beteiligt, sofern sie Antragsteller sind oder dies – wie bspw. in §§ 78a Abs. 4, 103 Abs. 2, 3 BetrVG oder § 126 Abs. 2 InsO – gesetzlich angeordnet ist. Eine Beteiligung nach Abs. 3 kommt in Betracht, wenn um ihren **individuellen Status**[56] oder **individuelle betriebsverfassungsrechtliche Rechtspositionen** gestritten wird.[57] Soll hingegen der arbeitsrechtliche Status einer nach abstrakten Merkmalen abgegrenzten Personengruppe generell geklärt werden, müssen die einzelnen zu dieser Gruppe gehörenden Personen nicht beteiligt werden.[58] Entsprechendes gilt nach dem SprAuG, dem EBRG und den in Abs. 3 genannten Regelungen über die Unternehmensmitbestimmung. Hingegen sind die Arbeitnehmer nach der Rspr. auch dann nicht in Verfahren über **personelle Einzelmaßnahme** nach §§ 99 ff. BetrVG oder in Verfahren über die Reichweite von Mitbestimmungsrechten zu beteiligen, wenn sie davon mittelbar betroffen sind.[59] Gleiches gilt für zugewiesene Beamte.[60] Der Arbeitnehmer ist auch nicht Beteiligter in einem Verfahren nach § 85 Abs. 2 BetrVG über seine eigene Beschwerde[61] oder einem Verfahren nach § 17 Abs. 2 AGG i.V.m. § 23 Abs. 3 BetrVG.[62]

c) Betriebsrat bzw. betriebsverfassungsrechtliche Organe, Sprecherausschuss, andere Mitbestimmungsorgane

23 Der **Betriebsrat** ist Beteiligter, wenn seine Wahl, sein Bestand, seine Zusammensetzung, Kostenerstattungsansprüche[63] oder der Umfang seiner eigenen Beteiligungsrechte umstritten ist. Der Betriebsrat ist auch zu beteiligen bei einem Streit um die Bildung eines Wirtschaftsausschusses[64] oder im Rahmen eines durch eine Gewerkschaft eingeleiteten Verfahrens nach § 23 Abs. 3 BetrVG im Zusammenhang mit einer möglicherweise tarifwidrigen Betriebsvereinbarung.[65] Gleiches dürfte gelten bei einem durch die Gewerkschaft eingeleiteten Verfahren nach §§ 17 Abs. 2 AGG i.V.m. § 23 Abs. 3 BetrVG. Bei einer Neuwahl des Betriebsrates tritt der neu gewählte Betriebsrat als Funktionsnachfolger in die Beteiligtenstellung ein; ebenso beim Übergang eines Mitbestimmungsrechts auf ein anderes Organ. Dieses wird kraft Gesetzes zum Beteiligten.[66] Keine Beteili-

---

54 BAG, 19.05.1978 – 6 ABR 41/75 zu II 3 d der Gründe, DB 1978, 2032.
55 BAG, 09.02.1984 – 6 ABR 10/81 zu II 2 der Gründe, NZA 1984, 96.
56 BAG, 29.06.2011 – 7 ABR 5/10, NZA-RR 2011, 647 (leitende Angestellte).
57 BAG, 23.01.1986 – 6 ABR 47/82 zu C III der Gründe, NZA 1986, 404; BAG, 17.11.2010 – 7 ABR 113/09, Rn. 13, NZA 2011, 816 [Kostenerstattungsanspruch].
58 BAG, 27.06.2001 – 7 ABR 50/99, zu B I 1 d der Gründe, NZA 2002, 50.
59 BAG, 12.12.2006 – 1 ABR 38/05, Rn 10, DB 2007, 1361; BAG, 23.09.2003 – 1 ABR 35/02 zu B I 1 d aa der Gründe, NZA 2004, 800 (Eingruppierung); BAG, 27.05.1982 – 6 ABR 105/79 zu II 3 der Gründe, DB 1982, 2410 (Versetzung); vgl. zur Bindungswirkung von Entscheidungen im Beschlussverfahren § 84 Rdn. 8.
60 BAG, 23.06.2009 – 1 ABR 30/08, Rn 13, NZA 2009, 1162.
61 BAG, 22.11.2005 – 1 ABR 50/04 zu B I der Gründe, NZA 2006, 803.
62 Fitting, BetrVG § 23 Rn 114.
63 Vgl. z.B. BAG, 23.06.2010 – 7 ABR 103/08, NZA 2010, 1298.
64 BAG, 07.04.1981 – 1 ABR 83/78 zu B II der Gründe, AP BetrVG 1972 § 118 Nr. 16.
65 Vgl. die Konstellation in BAG, 20.08.1991 – 1 ABR 85/90, NZA 1992, 317.
66 BAG, 24.08.2011 – 7 ABR 8/10, Rn 15, NZA 2012, 223 [Funktionsnachfolge bei Veränderung der Strukturen nach § 3 TVG]; BAG, 23.06.2010 – 7 ABR 3/09, Rn 11 ff., NZA 2010, 1362.

gung des Betriebsrats hat hingegen bei Streitigkeiten über die Wahl der Arbeitnehmervertreter im Aufsichtsrat oder ähnlichen mitbestimmungsrechtlichen Streitigkeiten zu erfolgen.[67]

Entsprechende Grundsätze gelten für den **Sprecherausschuss** und den **Europäischen Betriebsrat**.

Bei der Beteiligung von **Gesamt- bzw. Konzernbetriebsrat** oder Regional-/Spartenbetriebsräten bestehen keine Besonderheiten. Maßgeblich ist, ob eine Entscheidung in die Rechtsstellung dieses Organs unmittelbar eingreift.[68] Beansprucht der Gesamtbetriebsrat nach § 50 Abs. 1 BetrVG ein Beteiligungsrecht, sind regelmäßig auch die örtlichen Betriebsräte zu hören.[69] Dasselbe gilt im umgekehrten Fall.[70] Der Gesamtbetriebsrat ist hingegen nicht in ein Verfahren einbezogen, in dem ausschließlich um das Bestehen eines Mitbestimmungsrechts des örtlichen Betriebsrats gestritten wird.[71] 24

Bei Streitigkeiten um die Befugnisse des Leiters der Betriebsversammlung *(regelmäßig der Betriebsratsvorsitzende)* sind dieser und der Betriebsrat als Organ in das Verfahren einzubeziehen.[72] Hat der Betriebsrat in zulässigem Rahmen eigene Rechte *(auf Kostenerstattung)* an einen Dritten abgetreten, so ist er dann nicht mehr selbst zu beteiligen, wenn seine betriebsverfassungsrechtliche Rechtsstellung z.B. wegen Beendigung des Amtes bei Betriebsstilllegung nicht mehr berührt werden kann.[73] Eine Beteiligung kommt ebenfalls nicht in Betracht, wenn Mitglieder der Einigungsstelle ihre Vergütungsansprüche geltend machen.[74] 25

Die **Jugend- und Auszubildendenvertretung** ist regelmäßig nicht zu beteiligen, da sie kein selbstständiges Organ der Betriebsverfassung ist. Etwas anderes gilt nur, wenn es wie in § 78a Abs. 4 BetrVG ausdrücklich angeordnet ist, der Verfahrensgegenstand besonders den in § 60 Abs. 1 BetrVG genannten Personenkreis betrifft oder sie im Verhältnis zum Betriebsrat eigene Beteiligungsrechte wahrnimmt. Macht eines ihrer Mitglieder eigene Kostenerstattungsansprüche gegen den Arbeitgeber geltend, so ist das Mitglied neben dem Betriebsrat Beteiligter, nicht hingegen die JAV.[75] 26

Der **Wirtschaftsausschuss** ist gleichfalls kein eigenständiges betriebsverfassungsrechtliches Organ und regelmäßig nicht Beteiligter.[76] Nur wenn er zu einem bestimmten Verhalten angehalten werden soll, ist er als Antragsgegner Beteiligter.[77] 27

Beim **Wahlvorstand** ist zu unterscheiden: Er ist i.R.d. Wahlverfahrens solange Verfahrensbeteiligter, bis die Wahl durchgeführt worden ist und sich der Betriebsrat konstituiert hat. Danach entfällt seine Beteiligtenstellung in einem nachfolgenden Wahlanfechtungsverfahren, auch wenn die Gründe für die Anfechtung aus seiner Bestellung herrühren.[78] Besteht hingegen Streit über die Betriebsratsfähigkeit eines Betriebs und wird die Wahl einstweilen nicht durchgeführt, ist er bis zum 28

---

67 BAG, 27.01.1993 – 7 ABR 37/92 zu B I der Gründe, NZA 1993, 949.
68 BAG, 22.05.2012 – 1 ABR 7/11, Rn 13, NZA-RR 2013, 78 (Bildung Wirtschaftsausschuss); BAG, 17.04.2012 – 1 ABR 84/10, Rn 15 f., NZA 2013, 230 (Regionalbetriebsräte); BAG, 15.11.2006 – 7 ABR 15/06, Rn 17, NZA 2007, 1381 (Konzernauszubildendenvertretung).
69 BAG, 09.07.2013 – 1 ABR 17/12, Rn 11 f., NZA 2013, 1166.
70 BAG, 23.03.2010 – 1 ABR 82/08, Rn 10, NZA 2011, 642; BAG, 10.12.2002 – 1 ABR 27/01 zu B I der Gründe, ZTR 2003, 584.
71 BAG, 08.11.2011 – 1 ABR 42/10, Rn 12, DB 2012, 1213; BAG, 13.03.1984 – 1 ABR 49/82 zu B der Gründe, NZA 1984, 172.
72 BAG, 19.05.1978 – 6 ABR 41/75 zu II 3 der Gründe, DB 1978, 2032.
73 BAG, 09.12.2009 – 7 ABR 90/07 Rn 11, NZA 2010, 461.
74 BAG, 12.02.1992 – 7 ABR 20/91 zu B I der Gründe, NZA 1993, 605.
75 BAG, 30.03.1994 – 7 ABR 45/93 zu B I 3 b der Gründe, NZA 1995, 382.
76 BAG, 08.03.1983 – 1 ABR 44/81 zu B I der Gründe, NJW 1984, 1144.
77 BAG, 05.11.1985 – 1 ABR 56/83 zu B I 3 b der Gründe, AP BetrVG 1972 § 117 Nr. 4 (Duldung der Teilnahme von Gesamtbetriebsratsmitgliedern).
78 BAG, 14.01.1983 – 6 ABR 39/82 zu II 1 c der Gründe, DB 1983, 2142.

rechtskräftigen Abschluss des Verfahrens über die Statthaftigkeit der Betriebsratswahl im Amt und am Verfahren zu beteiligen.[79] Dies gilt auch dann, wenn seine Bestellung nichtig ist.[80]

29 Die **Einigungsstelle** nach BetrVG ist nach der Rspr. des BAG nicht Verfahrensbeteiligte, auch wenn sie sich für unzuständig erklärt hat.[81]

30 Organe der **Mitbestimmung auf Unternehmensebene** nach den in Abs. 3 genannten Vorschriften sowie ihre Mitglieder sind immer dann zu beteiligen, wenn ihre mitbestimmungsrechtliche Stellung unmittelbar betroffen ist.

d) Gewerkschaften

31 Soweit sie nicht als Antragsteller notwendig beteiligt sind, sind auch Gewerkschaften nur zu beteiligen, wenn sie in ihrer betriebsverfassungs- oder mitbestimmungsrechtlichen Stellung unmittelbar berührt sind.[82] Ihre Beteiligteneigenschaft ist unbestritten im Verfahren über das Zugangsrecht von Beauftragten zu Sitzungen des Betriebsrats und seiner Ausschüsse.[83] Eine Beteiligung kommt auch in Betracht, wenn es um die Feststellung der Fortgeltung einer Tarifregelung geht, nicht aber, wenn dies lediglich eine Vorfrage im Streit über Rechte des Betriebsrates ist.[84] Das BAG verneint eine Beteiligtenstellung der Gewerkschaften bei Streit um den Betriebsbegriff,[85] die Wirksamkeit von Betriebsratsbeschlüssen[86] und die Freistellung von Betriebsratsmitgliedern für Schulungsveranstaltungen.[87] Ebenso wird die Beteiligteneigenschaft verneint bei Meinungsverschiedenheiten über die Bildung eines Konzernbetriebsrates,[88] eines Gesamtbetriebsrats,[89] das Bestehen von Beteiligungsrechten[90] sowie über die Wirksamkeit oder Nachwirkung einer Betriebsvereinbarung.[91] Eine Beteiligung im Wahlanfechtungsverfahren scheidet sowohl bei der Betriebsratswahl als auch bei der Wahl der Arbeitnehmervertreter zum Aufsichtsrat aus, wenn die Gewerkschaft von ihrem Anfechtungsrecht nicht selbst Gebrauch gemacht hat.[92]

32 Im Verfahren über die **Tariffähigkeit oder Tarifzuständigkeit** nach § 97 ist grundsätzlich die Beteiligung der Spitzenverbände ausreichend, soweit eine Gewerkschaft nicht Antragsteller ist oder über ihre Tariffähigkeit gestritten wird.[93] Zu den Verfahren nach § 98 und § 99 vgl. die dortigen Erläuterungen. Bei einem Streit um die Anerkennung einer Schulungs- und Bildungsveranstaltung nach § 37 BetrVG sind nur die Spitzenverbände Beteiligte, nicht die Gewerkschaften, auch wenn sie Träger der Veranstaltung sind.[94]

---

79 BAG, 25.09.1986 – 6 ABR 68/84 zu II 2 a der Gründe, NZA 1987, 708.
80 BAG, 27.07.2011 – 7 ABR 61/10, Rn 13 f., NZA 2012, 345.
81 BAG, 22.01.1980 – 1 ABR 28/78 zu B I 2 der Gründe, NJW 1980, 2094.
82 BAG, 14.02.2007 – 7 ABR 26/06, Rn 39, NZA 2007, 999; BAG, 19.09.1985 – 6 ABR 4/85, NZA 1986, 368 [Betriebsratswahl]; BAG, 27.01.1993 – 7 ABR 37/92, NZA 1993, 949 [Arbeitnehmervertreter im Aufsichtsrat].
83 BAG, 18.11.1980 – 1 ABR 31/78, DB 1981, 1240.
84 BAG, 11.11.1998 – 4 ABR 40/97 zu II 2 der Gründe, NZA 1999, 1056.
85 BAG, 29.01.1987 – 6 ABR 7/86 zu B I 2 der Gründe; BAG, 25.09.1986 – 6 ABR 68/84 zu II 2 c der Gründe, NZA 1987, 708.
86 BAG, 26.02.1987 – 6 ABR 55/85 zu B II 2 der Gründe, DB 1987, 1995.
87 BAG, 28.01.1975 – 1 ABR 92/73 zu II 3 der Gründe, DB 1975, 1996.
88 BAG, 14.02.2007 – 7 ABR 26/06, Rn. 39, NZA 2007, 999.
89 BAG, 30.10.1986 – 6 ABR 52/83 zu B II 2 der Gründe, NZA 1988, 27.
90 BAG, 24.04.1979 – 1 ABR 43/77 zu B I 2 der Gründe, NJW 1980, 140.
91 BAG, 30.10.1986 – 6 ABR 52/83 zu B II 2 der Gründe, NZA 1988, 27; auch nicht als Tarifvertragspartei: BAG, 09.02.1984 – 6 ABR 10/81 zu II 2 der Gründe, NZA 1984, 96 (Nachwirkung).
92 BAG, 27.01.1993 – 7 ABR 45/93 zu B II 1 der Gründe, NZA 1993, 949.
93 BAG, 14.12.2010 – 1 ABR 19/10, Rn 58, NZA 2011, 289; BAG, 28.03.2006 – 1 ABR 58/04, Rn 19, NZA 2006, 1112.
94 BAG, 11.08.1993 – 7 ABR 52/92 zu B I 3 der Gründe, NZA 1994, 517.

e) Schwerbehindertenvertretung, Werkstattrat

Die Schwerbehindertenvertretung ist zu beteiligen, wenn es um ihre Wahl,[95] um Rechte nach §§ 94 ff. SGB IX, aus dem BetrVG oder anderen Normen geht.[96] Gleiches gilt für den Werkstattrat nach § 134 SGB IX. 33

f) Beauftragte

Betriebliche Beauftragte können grundsätzlich beteiligtenfähig sein, wenn ihnen das BetrVG oder andere in § 83 Abs. 3 genannte Gesetze Rechte oder Funktionen zuweisen, die sie entweder selbst geltend machen können oder in Abhängigkeit vom Verfahrensgegenstand zumindest ihre Beteiligung am Verfahren erfordert. Dies kommt z.B. beim Beauftragten für Angelegenheiten der schwerbehinderten Menschen nach § 98 SGB IX,[97] dem Beauftragten für Datenschutz (§ 4f BDSG),[98] bei Betriebsärzten und Fachkräften für Arbeitssicherheit nach §§ 2, 5 ASiG sowie beim Sicherheitsbeauftragten (§ 22 SGB VII) in Betracht. 34

g) Behörden

Im Verfahren um die Anerkennung von Schulungs- und Bildungsveranstaltungen nach § 37 Abs. 7 BetrVG sind die dort genannten Behörden zu beteiligen.[99] Im Verfahren über die Feststellung der Tariffähigkeit oder Tarifzuständigkeit nach § 97 ist *(nur)* die oberste Arbeitsbehörde des Bundes beteiligt, wenn sich die Zuständigkeit der Vereinigung, um deren Tariffähigkeit es geht, auf das Gebiet mehrerer Bundesländer erstreckt.[100] Soweit die oberste Arbeitsbehörde eines Landes selbst Antragstellerin ist,[101] ergibt sich deren notwendige Beteiligung aus dieser verfahrensrechtlichen Stellung. Zu weiteren Einzelheiten vgl. § 97 Rdn. 11. 35

IV. Beschwerde gegen nicht verfahrensbeendende Entscheidungen

Nach § 83 Abs. 5 ist gegen Beschlüsse und Verfügungen des ArbG oder seines Vorsitzenden im Beschlussverfahren die sofortige Beschwerde nach Maßgabe des § 78 statthaft; auf die dortige Kommentierung kann daher verwiesen werden. Entscheidungen über den Rechtsweg und die zutreffende Verfahrensart unterliegen nach den §§ 17a Abs. 4 GVG, 48 ArbGG ebenfalls der sofortigen Beschwerde. Hingegen sind Beschlüsse über die örtliche Zuständigkeit im Beschlussverfahren (§ 82) unanfechtbar. Abs. 5 bezieht sich hingegen nicht auf instanzbeendende Beschlüsse nach § 84; diese sind nur nach den Bestimmungen über die Beschwerde (§§ 87 ff.) bzw. die Sprungrechtsbeschwerde (§ 96a) angreifbar. Um einen solchen instanzbeendenden Beschluss handelt es sich auch bei der Einstellungsentscheidung nach §§ 81 Abs. 2 Satz 2 oder § 83a Abs. 2 Satz 1.[102] 36

---

95 Vgl. auch zur Beteiligung bei Streitigkeiten über die Wahl der Stellvertreter: BAG, 23.07.2014 – 7 ABR 23/12, NZA 2014, 1288.
96 Z.B. BAG, 11.09.2013 – 7 ABR 18/11, NZA 2014, 323 (Teilnahmerecht der Haupt-SBV an Personalversammlungen); BAG, 17.08.2010 – 9 ABR 83/09, NJW 2010, 3531 = NZA 2010, 1431 (Beteiligung bei Einstellungen); BAG, 20.01.2010 – 7 ABR 39/08, NZA 2010, 1435 (Wahl); BAG, 04.06.1987 – 6 ABR 70/85, NZA 1987, 861 (Teilnahme an Sitzungen des Wirtschaftsausschusses).
97 Dazu LPK-SGB IX/Düwell § 98 Rn 2.
98 A.A. BAG, 11.11.1997 – 1 ABR 21/97 zu B II der Gründe, NJW 1998, 2466 = NZA 1998, 385 wenn Arbeitgeber und Betriebsrat darüber streiten, ob eine Kontrollbefugnis ggü. dem Betriebsrat besteht; GK-ArbGG/Dörner § 83 Rn 117.
99 BAG, 11.08.1993 – 7 ABR 52/92 zu B I 3 der Gründe, NZA 1994, 517.
100 BAG, 05.10.2010 – 1 ABR 88/09, Rn 18, DB 2011, 481.
101 Vgl. zur Antragsbefugnis BAG, 14.12.2010 – 1 ABR 19/10, Rn 46 ff., NZA 2011, 289.
102 Str., vgl. die Erl. zu § 81 Rdn. 11 m.w.N.

§ 83a Vergleich, Erledigung des Verfahrens

(1) Die Beteiligten können, um das Verfahren ganz oder zum Teil zu erledigen, zur Niederschrift des Gerichts oder des Vorsitzenden oder des Güterichters einen Vergleich schließen, soweit sie über den Gegenstand des Vergleichs verfügen können, oder das Verfahren für erledigt erklären.

(2) ¹Haben die Beteiligten das Verfahren für erledigt erklärt, so ist es vom Vorsitzenden des Arbeitsgerichts einzustellen. ²§ 81 Abs. 2 Satz 3 ist entsprechend anzuwenden.

(3) ¹Hat der Antragsteller das Verfahren für erledigt erklärt, so sind die übrigen Beteiligten binnen einer von dem Vorsitzenden zu bestimmenden Frist von mindestens zwei Wochen aufzufordern, mitzuteilen, ob sie der Erledigung zustimmen. ²Die Zustimmung gilt als erteilt, wenn sich der Beteiligte innerhalb der vom Vorsitzenden bestimmten Frist nicht äußert.

Übersicht	Rdn.		Rdn.
I. Allgemeines	1	1. Übereinstimmende Erledigungserklärung	7
II. Vergleich	2	2. Erledigungserklärung des Antragstellers	8
1. Grundsatz	2		
2. Verfügungsbefugnis der Beteiligten	3		
3. Außergerichtlicher Vergleich	4	3. Erledigungserklärung eines Beteiligten	9
4. Streitigkeiten	5		
III. Erledigungserklärung	6		

I. Allgemeines

1 § 83a bestimmt, dass auch im Beschlussverfahren eine Verfahrensbeendigung durch Abschluss eines Vergleichs oder übereinstimmende Erledigungserklärung zulässig ist. Die Dispositionsbefugnis der Parteien wird damit erweitert. Darüber hinaus wird in Abs. 3 eine *(verfahrensbeschleunigende)* Regelung für den Fall der einseitigen Erledigungserklärung des Antragstellers getroffen.

II. Vergleich

1. Grundsatz

2 Über die Verweisungsnorm des § 80 Abs. 2 findet § 57 Abs. 2 auch im Beschlussverfahren Anwendung. Damit ist das Gericht grundsätzlich verpflichtet, auch im Beschlussverfahren auf eine gütliche Einigung hinzuwirken. Das schließt alle Möglichkeiten der konsensualen Streiterledigung einschließlich des Güterichterverfahrens (§ 54 Abs. 6) und der Verfahrensaussetzung für eine außergerichtliche Mediation (§ 54a) ein. Voraussetzung dafür ist allerdings, dass die Beteiligten über den Verfahrensgegenstand verfügen können (vgl. Rdn. 3). Dem Abschluss des Vergleichs müssen alle Beteiligten zustimmen. Ist der Verfahrensgegenstand teilbar, müssen bei einem Teilvergleich nur die entsprechenden Beteiligten mitwirken. Der Vergleich hat wie im Urteilsverfahren eine Doppelnatur: Er ist materiell-rechtlicher und zugleich prozessrechtlicher Vertrag zwischen den Abschließenden.[1] Die Protokollierung kann vor dem Vorsitzenden allein erfolgen, die Beteiligung der ehrenamtlichen Richter ist nicht erforderlich. Ebenso kann eine vergleichsweise Einigung zur Niederschrift des Güterichters erfolgen. Das ist durch die Ergänzung des § 83a Abs. 1 um die Worte »oder des Güterichters« ausdrücklich klargestellt worden. Der Vergleichstext ist in das Protokoll aufzunehmen und nach Vorlesen bzw. Vorspielen von den Abschließenden zu genehmigen (§§ 160 Abs. 3 Nr. 1, 162 ZPO). Darüber hinaus findet aufgrund der Verweisung in §§ 80 Abs. 2, 46 Abs. 2 die Regelung des § 278 Abs. 6 ZPO Anwendung.[2] Ein Vergleich kann daher auch durch Annahme eines gerichtlichen Vergleichsvorschlags oder eines übereinstimmenden Vorschlags der Beteiligten geschlossen werden. In diesem Fall stellt das Gericht das Zustandekommen und den Inhalt des

---

[1] BAG, 12.05.2010 – 2 AZR 544/08, Rn 15, NZA 2010, 1250.
[2] ErfK/Koch § 83a ArbGG Rn 1; GMPMG/Matthes/Spinner § 83a Rn 2; Hauck/Helml/Biebl-Hauck § 83a Rn 1; a.A. Schwab/Weth-Weth § 83a Rn 2.

Vergleichs durch einen Beschluss fest. In anderen Fällen des Vergleichsschlusses wird das Verfahren oder der durch einen Teilvergleich erfasste Verfahrensgegenstand ohne förmlichen Einstellungsbeschluss beendet. Vorher ergangene Entscheidungen verlieren ihre Wirkung. Der Vergleich ist bei vollstreckungsfähigem Inhalt gem. § 85 Abs. 1 Satz 1 Vollstreckungstitel.[3]

2. Verfügungsbefugnis der Beteiligten

Eine gütliche Erledigung des Verfahrens kommt aber nach dem klaren Wortlaut des Abs. 1 Satz 1 nur in Betracht, wenn eine **Verfügungsbefugnis** der Beteiligten über den Verfahrensgegenstand besteht. Diese richtet sich nach dem materiellen Recht. Keine Verfügungsbefugnis besteht regelmäßig im Bereich des zwingend gesetzlich geregelten **formellen Betriebsverfassungsrechts** und der Organisation der Betriebsverfassung *(Betriebsbegriff, aktives und passives Wahlrecht, Arbeitnehmerbegriff)*. Bei **vermögensrechtlichen Ansprüchen** *(Schulungskosten, Freistellungs- und Kostenerstattungsansprüche des Betriebsrats)* können die Beteiligten hingegen regelmäßig über den Verfahrensgegenstand verfügen. Im Bereich des materiellen Betriebsverfassungsrechts ist zu unterscheiden: Problemlos können die Beteiligten im Vergleichswege im Rahmen der Vorschriften des BetrVG Regelungen treffen, wie sie auch ansonsten bei innerbetrieblichen Einigungen zulässig wären. Dies schließt eine vorläufige oder endgültige Regelung über einen konkreten Mitbestimmungsstreit ein. Ebenso kann ein Streit über die der streitigen Rechtsfrage zugrunde liegenden Tatsachen beseitigt werden. Die Grenze der Verfügungsbefugnis ist aber überschritten, wenn der Betriebsrat auf zukünftige **Beteiligungsrechte** verzichtet.[4] Ebenso wenig dürfen Regelungen getroffen werden, die nicht auf die Wiederherstellung eines betriebsverfassungsmäßigen Zustands gerichtet sind. Deshalb scheidet bspw. die Vereinbarung der Zahlung einer Vertragsstrafe an Dritte bei Verletzung der Rechte nach §§ 99 ff. BetrVG aus.[5] Hingegen kann der Arbeitgeber dem Betriebsrat weiter gehende Beteiligungsrechte einräumen, sofern nicht zwingende gesetzliche Regelungen verletzt werden. Das Gericht ist bei übereinstimmendem Willen der Abschließenden grundsätzlich verpflichtet, eine vergleichsweise Regelung auch dann zu protokollieren, wenn es Bedenken hinsichtlich der Verfügungsbefugnis der Beteiligten hat. Es hat aber auf die Bedenken hinzuweisen. Die Protokollierungspflicht endet dort, wo die Beteiligten klar gesetzeswidrige Regelungen treffen wollen. Kommt es zum Vergleichsabschluss, so beendet der Vergleich zunächst das Verfahren, auch wenn er materiell unwirksam ist.[6] Allerdings besteht die Gefahr einer Verfahrensfortsetzung, wenn ein Beteiligter die Unwirksamkeit des Vergleichs geltend macht.[7]

3. Außergerichtlicher Vergleich

Der Abschluss eines außergerichtlichen Vergleichs ist zulässig. Er beendet das Verfahren nicht, sondern es bedarf hierzu einer Antragsrücknahme oder einer Erledigungserklärung aller Beteiligten im Wege des Abs. 2 oder 3. Ein außergerichtlicher Vergleich, in dem die Abschließenden in zulässiger Weise über den Verfahrensgegenstand verfügt haben, nimmt dem Antrag aber regelmäßig das Rechtsschutzinteresse.

4. Streitigkeiten

Haben die Beteiligten einen gerichtlich protokollierten Vergleich abgeschlossen oder ist dieser durch Annahme eines Vorschlags des Gerichts zustande gekommen, sind Streitigkeiten um seinen Inhalt oder seine Auslegung zwischen den Beteiligten in einem neuen Beschlussverfahren auszutragen. Hingegen wird das ursprüngliche Verfahren fortgesetzt, wenn einer der am Vergleichsschluss Beteiligten die Unwirksamkeit der getroffenen Vereinbarung geltend macht oder meint, sie wirksam angefochten zu haben. In diesem Fall hat das Gericht zunächst als Vorfrage festzustellen, ob das

---

3 Dazu § 85 Rdn. 7, 16 ff.
4 BAG, 23.06.1992 – 1 ABR 53/91 zu II 1 der Gründe, NZA 1992, 1098.
5 BAG, 19.01.2010 – 1 ABR 62/08, Rn 14 ff., NZA 2010, 592.
6 ErfK/Koch § 83a ArbGG Rn 1; GMPMG/Matthes/Spinner § 83a Rn 9; a.A. Schwab/Weth-Weth § 83a Rn 9 f.
7 GK-ArbGG/Dörner § 83a Rn 16a f.

Verfahren durch den Vergleich wirksam beendet worden ist. Ist Letzteres der Fall, ist die förmliche Beendigung im Tenor auszusprechen, andernfalls ist das Verfahren fortzusetzen.[8]

III. Erledigungserklärung

6 § 83a regelt in seinen Abs. 2 und 3 lediglich die übereinstimmende Erledigungserklärung. Stimmt nur ein Beteiligter einer Erledigungserklärung des Antragstellers nicht zu, so findet sie keine unmittelbare Anwendung. Es ist aber anerkannt, dass auch im Beschlussverfahren eine einseitige Erledigungserklärung in Betracht kommt. Der Ausspruch einer Erledigung von Amts wegen durch das Gericht ist hingegen unzulässig, selbst wenn zwischenzeitlich ein erledigendes Ereignis eingetreten ist. In diesem Fall ist das Verfahren zur Entscheidung reif, da der Antrag nunmehr entweder unzulässig oder unbegründet ist. Kein Fall einer Erledigungserklärung von Amts wegen ist die auf den Wegfall der Rechtshängigkeit eines Antrags nach § 100 BetrVG entsprechend §§ 81 Abs. 2 Satz 2, 83a Abs. 2 Satz 1 folgende Verfahrenseinstellung.[9]

1. Übereinstimmende Erledigungserklärung

7 Bei ausdrücklich erklärter Erledigungserklärung **aller Beteiligten**[10] hat der Vorsitzende ohne nähere Sachprüfung das Verfahren durch Beschluss förmlich einzustellen (Abs. 2 Satz 1). Ihre Abgabe ist als Prozesshandlung unwiderruflich und bindend. Der Einstellungsbeschluss bedarf der Bekanntgabe an die Beteiligten (Abs. 2 Satz 2 i.V.m. § 81 Abs. 2 Satz 3). Gegen ihn ist die Beschwerde nach §§ 87 ff. statthaft.[11] Wird das Verfahren wegen Erledigung eingestellt, verlieren alle bis dahin ergangenen, noch nicht rechtskräftigen Entscheidungen ihre Wirkung.[12]

2. Erledigungserklärung des Antragstellers

8 Erklärt **nur der Antragsteller** das Verfahren für erledigt, hat der Vorsitzende die übrigen Beteiligten unter Setzung einer Frist von mindestens zwei Wochen zur Stellungnahme aufzufordern. Ihre Zustimmung zur Erledigung gilt als erteilt, wenn sie sich innerhalb der Frist nicht äußern und sie auf diese Zustimmungsfiktion hingewiesen worden sind (Abs. 3 Satz 2). Bei unterlassener Belehrung beginnt die Frist nicht zu laufen. Liegt die Zustimmung aller Beteiligten vor oder gilt sie als erteilt, ist das Verfahren ohne nähere Sachprüfung vom Vorsitzenden einzustellen. Fehlt es hingegen an einer wirksamen Zustimmung der anderen Beteiligten, liegt ein Fall der **einseitigen Erledigungserklärung** vor. Das Gericht hat dann aufgrund einer Anhörung der Beteiligten *(nur)* darüber zu entscheiden, ob ein erledigendes Ereignis eingetreten ist. Ein solches liegt vor, wenn nach Rechtshängigkeit tatsächliche Umstände eingetreten sind, aufgrund derer der Antrag jedenfalls im Entscheidungszeitpunkt als unzulässig oder unbegründet abgewiesen werden müsste. Dies gilt entsprechend auch für das Nichtzulassungsbeschwerdeverfahren.[13] Darauf, ob der Antrag ursprünglich zulässig und begründet war, kommt es – anders als im Urteilsverfahren – nicht an.[14] Ein arbeitsgerichtliches Beschlussverfahren kann sich dabei auch durch ein Ereignis erledigen, das schon vor Rechtshängigkeit eingetreten ist.[15] Eine Entscheidung über einen einseitigen Erledigungsantrag ergeht durch Beschluss nach § 84 durch die Kammer unter Mitwirkung der ehrenamtlichen Richter[16] und ist nach § 87 mit der Beschwerde anfechtbar.[17] Die Vorschrift hat für das

---

8 BAG, 12.05.2010 – 2 AZR 544/08, Rn 16, NZA 2010, 1250.
9 BAG, 25.01.2005 – 1 ABR 61/03 zu III der Gründe, NZA 2005, 1199.
10 BAG, 03.06.2015 – 2 AZB 116/14, Rn 12: Im Verfahren nach § 103 BetrVG auch des Betroffenen.
11 Str., vgl. die Erl. zu § 81 Rdn. 11 m.w.N.
12 BAG, 03.06.2015 – 2 AZB 116/14, Rn 9, NZA 2015, 894.
13 BAG, 15.02.2012 – 7 ABN 74/11.
14 BAG, 19.02.2008 – 1 ABR 65/05, Rn 10 m.w.N., NZA-RR 2008, 490; ebenso in personalvertretungsrechtlichen Streitigkeiten: Zuletzt z.B. Sächsisches OVG, 15.12.2014 – PL 9 A 743/12, PersV 2015, 150.
15 BAG, 23.01.2008 – 1 ABR 64/06, Rn 11 ff., NJW 2008, 1977 = NZA 2008, 841.
16 BAG, 03.06.2015 – 2 AZB 116/14, Rn 17, NZA 2015, 894.
17 BAG, 23.01.2008 – 1 ABR 64/06, Rn 9, NJW 2008, 1977 = NZA 2008, 841.

Verfahren vor dem Arbeitsgericht nur geringe Bedeutung, da der Antragsteller seinen Antrag gem. § 81 Abs. 2 Satz 1 jederzeit auch ohne Zustimmung der anderen Beteiligten zurücknehmen kann.

3. Erledigungserklärung eines Beteiligten

Erklärt **ein Beteiligter** das Verfahren für erledigt, so findet § 83a keine Anwendung. Unmittelbar hat eine solche Erledigungserklärung auch keine Auswirkungen auf das Verfahren. Es ist Sache des Antragstellers zu entscheiden, ob er eine gerichtliche Entscheidung herbeiführen will. Allerdings wird Anlass zur Prüfung bestehen, ob ein erledigendes Ereignis eingetreten ist und ein Rechtsschutzinteresse für den Antrag noch besteht. 9

§ 84 Beschluss

¹Das Gericht entscheidet nach seiner freien, aus dem Gesamtergebnis des Verfahrens gewonnenen Überzeugung. ²Der Beschluss ist schriftlich abzufassen. ³§ 60 ist entsprechend anzuwenden.

Übersicht	Rdn.		Rdn.
I. Allgemeines	1	3. Beschlussform	5
II. Beschluss	2	III. Rechtskraft	7
1. Grundsatz	2	IV. Bindungswirkung	8
2. Entscheidung durch die Kammer	3		

I. Allgemeines

Im Beschlussverfahren wird die instanzbeendende Sachentscheidung nicht als Urteil, sondern als Beschluss bezeichnet. § 84 betrifft nur diese Entscheidung; die Vorschrift findet keine Anwendung auf verfahrensleitende Beschlüsse, die der Endentscheidung vorausgehen.[1] 1

II. Beschluss

1. Grundsatz

Das Gericht trifft auch im Beschlussverfahren keine Ermessens-, sondern eine **Rechtsentscheidung** auf Grundlage des materiellen Rechts und des Verfahrensrechts. Das notwendige Maß an Überzeugung unterscheidet sich nicht vom Urteilsverfahren. Die §§ 280, 300 ff. ZPO sind anwendbar, soweit dem nicht Sonderregelungen des arbeitsgerichtlichen Verfahrens entgegenstehen. Über die Anträge ist bei Entscheidungsreife zu erkennen. Möglich ist ein Teilbeschluss (§ 301 ZPO), sofern der Rechtsstreit nur hinsichtlich eines abgrenzbaren Teils entscheidungsreif ist.[2] Der Erlass eines Anerkenntnis- bzw. Verzichtsbeschlusses kommt in Betracht, sofern die anerkennende bzw. verzichtende Partei über den Verfahrensgegenstand verfügen kann.[3] Das Gesetz kennt eine gesonderte und selbstständig anfechtbare Entscheidung über die Zulässigkeit des Antrags durch Zwischenbeschluss gem. § 280 ZPO.[4] Die ebenfalls mögliche Entscheidung über den Anspruchsgrund gem. § 304 ZPO ist – anders als im Urteilsverfahren – eigenständig anfechtbar, da § 61 Abs. 3 nicht in Bezug genommen ist.[5] Eine Versäumnisentscheidung kann hingegen mangels Anwendbarkeit der §§ 313 ff. ZPO nicht erfolgen. Schließlich gilt auch im Beschlussverfahren § 308 ZPO, wonach die Entscheidung nicht über die Anträge der Beteiligten hinausgehen oder etwas anderes als beantragt zusprechen darf.[6] In diesem Rahmen muss sich auch die Sachaufklärung durch das ArbG halten. 2

---

1 Dazu § 83 Rdn. 36.
2 BAG, 10.03.2009 – 1 ABR 93/07, Rn 21, NZA 2009, 622.
3 § 83a Rdn. 3.
4 BAG, 18.04.2007 – 7 ABR 30/06, Rn 21 m.w.N., NZA 2007, 1375.
5 GMPMG/Matthes/Spinner § 84 Rn 5.
6 BAG, 09.12.2009 – 7 ABR 46/08, Rn 10, NZA 2010, 662.

2. Entscheidung durch die Kammer

3 Die Endentscheidungen im Beschlussverfahren ergehen regelmäßig unter Mitwirkung der ehrenamtlichen Richter durch die Kammer des ArbG. Dies gilt auch im Fall der einseitigen Erledigungserklärung.[7] Ausnahmen bestehen nur in den gesetzlich geregelten Fällen: Dies sind die Entscheidungen über die örtliche Zuständigkeit (§ 80 Abs. 2 i.V.m. § 55 Abs. 1 Nr. 7), über die Verfahrensbeendigung durch Einstellungsbeschluss bei Antragsrücknahme (§ 81 Abs. 2 Satz 2) und übereinstimmender Erledigungserklärung (§ 83a Abs. 2 Satz 1), Entscheidungen bei Verzicht bzw. Anerkenntnis des geltend gemachten Anspruchs (§ 80 Abs. 2 i.V.m. § 55 Abs. 1 Nr. 2 und 3), über die Aussetzung des Verfahrens (§ 80 Abs. 2 i.V.m. § 55 Abs. 1 Nr. 8) und bei der einstweiligen Einstellung der Zwangsvollstreckung (§ 80 Abs. 2 i.V.m. § 55 Abs. 1 Nr. 6). Darüber hinaus ist eine Alleinentscheidung des Vorsitzenden nach § 55 Abs. 3 nach erfolgloser Güteverhandlung auf Antrag aller Beteiligten zulässig.[8]

4 Die fehlende Mitwirkung der ehrenamtlichen Richter ist ein wesentlicher Verfahrensmangel. Einer Zurückverweisung steht allerdings § 91 Abs. 1 Satz 2 entgegen; auch wirkt sie sich auf das weitere Verfahren nicht aus, wenn die Beschwerdeentscheidung in zutreffender Besetzung erfolgt ist.[9]

3. Beschlussform

5 Nach der Verweisung in **Satz 3** gelten für die Verkündung, Abfassung und Unterschrift die Vorschriften für das Urteilsverfahren.[10] Im **Rubrum** sind sämtliche Beteiligten aufzunehmen, selbst wenn sie sich im Verfahren nicht geäußert haben. Die gem. § 9 Abs. 5 erforderliche **Rechtsmittelbelehrung** ist Bestandteil der Entscheidung. Sie muss von der Unterschrift des Vorsitzenden mitumfasst sein und die Beschwerdeberechtigten konkret bezeichnen. Eine unrichtige oder nur in allgemeiner Form gehaltene Rechtsmittelbelehrung setzt die Rechtsmittelfrist nicht in Gang. Allerdings führt § 9 Abs. 5 auch im Fall der fehlerhaften oder unterbliebenen Rechtsmittelbelehrung nicht zu einer Verlängerung der Beschwerdefrist über 6 Monate seit Verkündung der angegriffenen Entscheidung hinaus. Vielmehr finden die Fristen des §§ 87 Abs. 2, 66 Abs. 1 Satz 2 vorrangig Anwendung.[11] In den Fällen der §§ 122 Abs. 2 und 126 Abs. 2 InsO muss der Beschluss eine Entscheidung über die **Zulassung der Rechtsbeschwerde** enthalten.

6 Die Entscheidung enthält **keine Kostenentscheidung**, da das arbeitsgerichtliche Beschlussverfahren gem. § 2 Abs. 2 GKG gerichtskostenfrei ist. Eine Anwendung der §§ 91 ff. ZPO scheidet auch hinsichtlich der außergerichtlichen Kosten aus.[12] Eine Festsetzung des Beschlussstreitwerts nach § 61 Abs. 1 entfällt gleichfalls. Zum einen wird § 61 nicht für anwendbar erklärt, zum anderen ist nach § 87 stets die Beschwerde gegen verfahrensbeendende Beschlüsse statthaft. Eine Festsetzung des anwaltlichen **Gegenstandswerts** erfolgt auf Antrag gem. § 33 RVG durch gesonderten Beschluss. Da Entscheidungen im Beschlussverfahren gem. § 85 Abs. 1 Satz 2 kraft Gesetzes in vermögensrechtlichen Streitigkeiten **vorläufig vollstreckbar** sind, hat eine (klarstellende) Aufnahme in den Tenor nur deklaratorische Wirkung.[13] In allen anderen Fällen schließt die gesetzliche Regelung die vorläufige Vollstreckbarkeit außerhalb des einstweiligen Verfügungsverfahrens aus. § 313a Abs. 1 ZPO findet keine Anwendung, da die Beschwerde nach § 87 gegen alle verfahrensbeendenden Beschlüsse eröffnet ist. Die **Gründe** können daher nur unter den Voraussetzungen des § 313a Abs. 2 ZPO weggelassen werden. Dies setzt voraus, dass der Beschluss im Anhörungstermin

---

7 BAG, 23.01.2008 – 1 ABR 64/06, Rn 9, NJW 2008, 1977 = NZA 2008, 841.
8 Str., Einzelheiten § 80 Rdn. 13.
9 BAG, 23.01.2008 – 1 ABR 64/06, Rn 9, NJW 2008, 1977 = NZA 2008, 841.
10 Vgl. die Erl. zu § 60.
11 Einzelheiten § 9 Rdn. 68 ff.
12 BAG, 02.10.2007 – 1 ABR 59/06, Rn 11, NZA 2008, 372.
13 LAG Berlin-Brandenburg, 17.07.2012 – 10 Ta 1367/12; ErfK/Koch § 84 ArbGG Rn 1; GK-ArbGG/Ahrendt § 84 Rn 12 und GK-ArbGG/Vossen § 85 Rn 13 (»zur Klarstellung«); a.A. GMPMG/Matthes/Spinner § 84 Rn 12; Schwab/Weth-Weth § 84 Rn 5.

verkündet wird und die beschwerdebefugten Beteiligten auf Rechtsmittel verzichten. Der Verzicht kann gem. § 313a Abs. 3 ZPO vor der Verkündung, muss aber spätestens eine Woche danach erklärt werden. Die Entscheidung ist zu verkünden und gem. § 80 Abs. 2, 50 Abs. 1 Satz 1 allen Beteiligten förmlich zuzustellen, selbst wenn sie sich im Verfahren nicht geäußert haben.[14] Zulässig ist eine Berichtigung wegen offenbarer Unrichtigkeiten gem. § 319 ZPO, eine Tatbestandsberichtigung gem. § 320 ZPO[15] oder ein Ergänzungsbeschluss nach § 321 ZPO.[16]

III. Rechtskraft

Die Entscheidung nach § 84 erwächst in formelle und materielle Rechtskraft.[17] **Formelle Rechtskraft** tritt ein, wenn sie mit einem ordentlichen Rechtsmittel nicht mehr angefochten werden kann. **Materielle Rechtskraft** bedeutet, dass die in dem Beschluss behandelten Fragen durch die am Verfahren Beteiligten bei unverändertem Sachverhalt nicht erneut einer Entscheidung der Gerichte für Arbeitssachen unterbreitet werden können. Es gelten die §§ 322, 325 ff. ZPO. Subjektiv wirkt die materielle (innere) Rechtskraft nicht nur gegen Antragsteller und -gegner eines früheren Beschlussverfahrens, sondern **ggü. sämtlichen in das Verfahren einbezogenen Beteiligten**, selbst wenn sie sich nicht geäußert haben. Dabei kommt es auf die jeweiligen betriebsverfassungsrechtlichen Organe an; ein Wechsel der Amtsperiode ist unerheblich.[18] Die Rechtskraft erstreckt sich damit auf einen neu gewählten Betriebsrat oder bei einem Betriebsübergang auf den Betriebserwerber.[19] Die materielle Rechtskraft eines Beschlusses führt zur Unzulässigkeit eines erneuten Verfahrens mit identischem Verfahrensgegenstand. Verhindert wird auch, dass in einem zweiten Verfahren das unmittelbare Gegenteil der Entscheidung begehrt wird.[20] Die Rechtskraftwirkung ist in zeitlicher Hinsicht grds. unbegrenzt. Bei Entscheidungen mit Dauerwirkung gilt die Rechtskraft aber nur so lange, wie sich die tatsächlichen oder rechtlichen Verhältnisse nicht wesentlich ändern, die der früheren Entscheidung zugrunde gelegen haben.[21] Eine Rechtsprechungsänderung reicht zur Durchbrechung der Rechtskraft nicht aus.[22] Andererseits ist es für die Zulässigkeit des neuen Beschlussverfahrens nicht erforderlich, dass die geänderten tatsächlichen Verhältnisse eine in der Sache abweichende Entscheidung bedingen.[23]

IV. Bindungswirkung

Wegen der Besonderheiten des Beschlussverfahrens kann es unabhängig von der Rechtskraftwirkung zwischen den Beteiligten darüber hinaus auf die Frage einer Bindungswirkung ggü. nichtbeteiligten Dritten ankommen. Dies gilt insbesondere bei Entscheidungen, die die Struktur der Betriebsverfassung und ihrer Organe betreffen, wie die Anfechtung einer Betriebsratswahl, Streitigkeiten über den Betriebsbegriff[24] oder die Feststellung über die Betriebsratsfähigkeit einer Organisationseinheit nach § 18 Abs. 2 BetrVG. Gleiches gilt für Feststellungen zu Statusfragen *(z.B. als leitender Angestellter i.S.v. § 5 Abs. 3 BetrVG)* oder zum Bestehen des aktiven oder passiven Wahlrechts.[25] Daneben hat die Rspr. eine Bindungswirkung von Beschlüssen bspw. bejaht bei Entscheidungen

---

14 BAG, 06.10.1978 – 1 ABR 75/76 zu II 1 b der Gründe, AP BetrVG 1972 § 101 Nr. 2.
15 BAG, 24.05.1957 – 1 ABR 8/56, AP ArbGG § 92 Nr. 7.
16 BAG, 10.03.2009 – 1 ABR 93/07, Rn 21, NZA 2009, 622.
17 BAG, 06.06.2000 – 1 ABR 21/99 zu II 1 der Gründe, NZA 2001, 156; BAG, 20.03.1996 – 7 ABR 41/95, NZA 1996, 1058.
18 BAG, 20.03.1996 – 7 ABR 41/95 zu B II 3 der Gründe, NZA 1996, 1058.
19 BAG, 05.02.1991 – 1 ABR 32/90 zu B IV 2 der Gründe, NZA 1991, 639.
20 Schwab/Weth-Weth § 84 Rn 22.
21 BAG, 06.06.2000 – 1 ABR 21/99 zu II 4 a der Gründe, NZA 2001, 156; nachfolgend BVerfG, 23.01.2001 – 1 BvR 4/01, AP GG Art. 20 Nr. 32.
22 BAG, 20.03.1996 – 7 ABR 41/95 zu B II 4 der Gründe, NZA 1996, 1058.
23 BAG, 01.02.1983 – 1 ABR 33/78 zu B II 3 der Gründe, NJW 1984, 1710.
24 BAG, 09.04.1991 – 1 AZR 488/90 zu II 2 c der Gründe, NZA 1991, 812.
25 BAG, 20.03.1996 – 7 ABR 41/95 zu B II der Gründe, NZA 1996, 1058.

Reinfelder

zum *(Nicht-)* Bestehen eines Mitbestimmungsrechts,[26] zu Wirksamkeit und Inhalt einer Betriebsvereinbarung[27] oder eines Einigungsstellenspruchs zum Dotierungsrahmen eines Sozialplans,[28] sowie beim Nachteilsausgleich nach § 113 BetrVG.[29] Bei **personellen Einzelmaßnahmen** entfaltet eine das Mitbestimmungsrecht nach § 99 BetrVG verneinende Entscheidung Bindungswirkung im Individualprozess.[30] Gleiches gilt für die Ersetzung der Zustimmung zur außerordentlichen Kündigung eines Betriebsratsmitglieds[31] oder bei Feststellungen zu § 15 KSchG.[32] Dabei ist die Reichweite der Bindungswirkung auf Umstände begrenzt, die Gegenstand des Beschlussverfahrens waren oder dort schon hätten eingebracht werden können.[33] Ebenso wenig kann sich der Arbeitgeber in einem späteren Rechtsstreit auf eine **Eingruppierung** berufen, die den Feststellungen eines Beschlussverfahrens nach § 99 BetrVG widerspricht.[34] Die Bindungswirkung ist allerdings nur eine partielle; der Arbeitnehmer ist nicht gehindert, eine ihm günstigere Eingruppierung geltend zu machen.[35] Andererseits führt die rechtskräftige Abweisung eines Antrags auf Ersetzung der vom Betriebsrat verweigerten Zustimmung zu einer Versetzung nicht zur Unwirksamkeit einer Änderungskündigung ggü. dem Arbeitnehmer, da die Ausführung der mit der Änderungskündigung beabsichtigten Vertragsänderung nicht dauernd unmöglich wird.[36]

9 Eine Bindungswirkung haben naturgemäß auch Entscheidungen über die **Tariffähigkeit oder Tarifzuständigkeit** von Vereinigungen gem. § 97; dies ist zwischenzeitlich in Abs. 3 Satz 1 ausdrücklich geregelt. Dementsprechend sind individualrechtliche Streitigkeiten, bei denen es entscheidungserheblich auf eine solche Frage ankommt, gem. § 97 Abs. 5 Satz 1 auszusetzen. Inter-omnes-Wirkung kommt kraft ausdrücklicher gesetzlicher Regelung den Entscheidungen über die **Wirksamkeit einer Allgemeinverbindlicherklärung oder Rechtsverordnung** (§ 98 Abs. 4 Satz 1) und den Entscheidungen über den **im Betrieb anwendbaren Tarifvertrag** (§ 99 Abs. 3) zu. Ausdrücklich geregelt ist auch die Präjudizwirkung eines Beschlussverfahrens nach **§ 126 Abs. 1 InsO**.[37]

§ 85 Zwangsvollstreckung

(1) ¹Soweit sich aus Absatz 2 nichts anderes ergibt, findet aus rechtskräftigen Beschlüssen der Arbeitsgerichte oder gerichtlichen Vergleichen, durch die einem Beteiligten eine Verpflichtung auferlegt wird, die Zwangsvollstreckung statt. ²Beschlüsse der Arbeitsgerichte in vermögensrechtlichen Streitigkeiten sind vorläufig vollstreckbar; § 62 Abs. 1 Satz 2 bis 5 ist entsprechend anzuwenden. ³Für die Zwangsvollstreckung gelten die Vorschriften des Achten Buches der Zivilprozessordnung entsprechend mit der Maßgabe, dass der nach dem Beschluss Verpflichtete als Schuldner, derjenige, der die Erfüllung der Verpflichtung auf Grund des Beschlusses verlangen kann, als Gläubiger gilt und in den Fällen des § 23 Abs. 3, des § 98 Abs. 5 sowie der §§ 101 und 104 des Betriebsverfassungsgesetzes eine Festsetzung von Ordnungs- oder Zwangshaft nicht erfolgt.

---

26 BAG, 10.03.1998 – 1 AZR 658/97 zu III 2 a bb der Gründe, NZA 1998, 1242.
27 BAG, 17.02.1992 – 10 AZR 448/91 zu II 1 der Gründe, NZA 1992, 999.
28 BAG, 17.02.1981 – 1 AZR 290/78 zu II 2 c der Gründe, NJW 1982, 69.
29 BAG, 10.11.1987 – 1 AZR 360/86 zu 2 der Gründe, NZA 1988, 287.
30 Versetzung eines Betriebsratsmitglieds: BAG, 21.09.1989 – 1 ABR 32/89 zu B II 3 der Gründe, NZA 1990, 314.
31 BAG, 23.06.1993 – 2 ABR 58/92 zu B II 4 b der Gründe, NZA 1993, 1052; BAG, 10.12.1992 – 2 ABR 32/92 zu B I der Gründe, NZA 1993, 501.
32 BAG, 18.09.1997 – 2 ABR 15/97 zu C II 4 der Gründe, NZA 1998, 189.
33 BAG, 11.05.2000 – 2 AZR 276/99 zu II 2 der Gründe, NZA 2000, 1106.
34 BAG, 28.08.2008 – 2 AZR 967/06 Rn 33 ff., NZA 2009, 505.
35 BAG, 03.05.1994 – 1 ABR 58/93 zu B II 2 c bb der Gründe, NZA 1995, 484.
36 BAG, 22.04.2010 – 2 AZR 491/09 Rn 16 ff., NZA 2010, 1235.
37 Vgl. § 127 Abs. 1 InsO.

(2) ¹Der Erlass einer einstweiligen Verfügung ist zulässig. ²Für das Verfahren gelten die Vorschriften des Achten Buches der Zivilprozessordnung über die einstweilige Verfügung entsprechend mit der Maßgabe, dass die Entscheidungen durch Beschluss der Kammer ergehen, erforderliche Zustellungen von Amts wegen erfolgen und ein Anspruch auf Schadensersatz nach § 945 der Zivilprozessordnung in Angelegenheiten des Betriebsverfassungsgesetzes nicht besteht. ³Eine in das Schutzschriftenregister nach § 945a Absatz 1 der Zivilprozessordnung eingestellte Schutzschrift gilt auch als bei allen Arbeitsgerichten der Länder eingereicht.

Übersicht	Rdn.
I. Zwangsvollstreckung im Beschlussverfahren	
1. Allgemeines	1
2. Vollstreckungstitel	2
a) Rechtskräftige Beschlüsse	3
b) Vorläufig vollstreckbare Beschlüsse	4
c) Vergleiche, einstweilige Verfügungen	8
d) Ausschluss, Einstellung der Zwangsvollstreckung	9
3. Beteiligte der Zwangsvollstreckung	10
a) Stellen als Vollstreckungsgläubiger	11
b) Stellen als Vollstreckungsschuldner	12
4. Verfahren der Vollstreckung	16
II. Arrest und einstweilige Verfügung	19
1. Allgemeines	19
2. Die einstweilige Verfügung	20
a) Der Verfügungsanspruch	20
b) Der Verfügungsgrund	21
c) Ausschluss einstweiliger Verfügungen durch besondere Verfahren	22
d) Einzelfälle	26
e) Das Verfahren im Einzelnen	32
f) Entscheidung und Rechtsmittel	36
g) Zustellung und Vollziehung	39
h) Schadensersatz	40
3. Der Arrest	41

I. Zwangsvollstreckung im Beschlussverfahren

1. Allgemeines

Nach Abs. 1 Satz 1 findet aus **rechtskräftigen Beschlüssen** der ArbG oder aus gerichtlichen Vergleichen im Beschlussverfahren, durch die einem Beteiligten eine Verpflichtung auferlegt wird, die Zwangsvollstreckung statt. Nach Satz 2 sind Beschlüsse in **vermögensrechtlichen Streitigkeiten** vorläufig vollstreckbar. 1

2. Vollstreckungstitel

Im arbeitsgerichtlichen Beschlussverfahren kommt eine Vollstreckung aus rechtskräftigen Beschlüssen, vorläufig vollstreckbaren Beschlüssen in vermögensrechtlichen Streitigkeiten, aus Vergleichen und einstweiligen Verfügungen in Betracht. Kein zur Zwangsvollstreckung geeigneter Titel ist der Spruch einer Einigungsstelle.¹ Schiedssprüche scheiden wegen der Unzulässigkeit des schiedsgerichtlichen Verfahrens in Angelegenheiten des § 2a ArbGG ebenfalls aus (§§ 4, 101).² Voraussetzung für die Zwangsvollstreckung ist, dass der zu vollstreckende Titel einen vollstreckungsfähigen Inhalt hat, insb. **hinreichend bestimmt** ist. Der Schuldner muss zuverlässig erkennen können, welche Handlungen er zu tun oder zu unterlassen hat und in welchen Fällen er mit einem Zwangsmittel zu rechnen hat.³ Ein Auswahlrecht des Schuldners hinsichtlich der Art der Leistung steht der Bestimmtheit nicht entgegen.⁴ 2

---

1 GK-ArbGG/Vossen § 85 Rn 5; GMPMG/Matthes/Spinner § 85 Rn 10.
2 Schwab/Weth-Walker § 85 Rn 14.
3 BAG, 14.09.2010 – 1 ABR 32/09, Rn 14, NZA 2011, 364; 11.12.2007 – 1 ABR 73/06, Rn 12, NZA-RR 2008, 353; vgl. auch 15.04.2009 – 3 AZB 93/08, Rn 15 ff., NZA 2009, 917 (am Beispiel des Weiterbeschäftigungsanspruchs).
4 BAG, 20.01.2010 – 7 ABR 79/08, Rn 8, NJW 2010, 1901 = NZA 2010, 709; LAG Nürnberg, 10.12.2002 – 2 TaBV 20/02, NZA-RR 2003, 418.

Reinfelder

a) Rechtskräftige Beschlüsse

3 Vollstreckungsfähig sind rechtskräftige Beschlüsse, die einem Beteiligten eine **Verpflichtung** zu einem Tun oder Unterlassen auferlegen. Sie müssen dem Bestimmtheitserfordernis genügen. Als Inhalt der Verpflichtung kommen die Zahlung einer Geldsumme, die Herausgabe beweglicher Sachen sowie die Vornahme, Unterlassung oder Duldung einer Handlung in Betracht.[5] Welche Verpflichtungen einem Beteiligten auferlegt werden können, ergibt sich aus materiellem Recht. Keinen Vollstreckungstitel stellen Feststellungs- und Gestaltungsbeschlüsse dar. Deren Wirkung tritt ohne Vollstreckung mit Rechtskraft des Beschlusses ein. Eine Anwendung des § 61 Abs. 2 scheidet im Beschlussverfahren aus.[6] Da im Beschlussverfahren keine Kostenentscheidung ergeht,[7] kommt eine Vollstreckbarkeit wegen der Kosten nicht in Betracht.

b) Vorläufig vollstreckbare Beschlüsse

4 Aus **Beschlüssen in vermögensrechtlichen Streitigkeiten** kann gem. Abs. 1 Satz 2 auch vollstreckt werden, wenn diese **noch nicht rechtskräftig** sind. Insoweit finden die Regelungen für das Urteilsverfahren (§ 62 Abs. 1 Satz 2 bis 5) entsprechend Anwendung. Eine **vermögensrechtliche Streitigkeit** liegt immer dann vor, wenn der Antragsteller mit dem Verfahren in erheblichem Umfang wirtschaftliche Zwecke verfolgt, wenn die Streitigkeit auf Geld oder Geldwert geht oder der Streitgegenstand auf einem vermögensrechtlichen Rechtsverhältnis beruht, das auf Gewinn in Geld oder geldwerten Gegenständen gerichtet ist.[8] Danach sind v.a. Streitigkeiten über Sachmittel und über Ansprüche auf Erstattung der Kosten aus Betriebsratstätigkeit oder der Wahlkosten vermögensrechtliche Streitigkeiten.[9] Gleiches gilt bei einem Streit um Schadensersatzansprüche.

5 Nicht um vermögensrechtliche Streitigkeiten i.d.S. handelt es sich hingegen bei den typischen Streitigkeiten über personelle Einzelmaßnahmen und das Bestehen oder den Umfang von Mitbestimmungsrechten, auch wenn diese vermögensrechtliche Folgen für einzelne Arbeitnehmer, die Belegschaft oder den Arbeitgeber haben. Bei diesen Verfahren geht es im Kern nach zutreffender Auffassung nicht um die Verfolgung wirtschaftlicher Zwecke, sondern um Teilhabe an der Gestaltung des Geschehens im Betrieb.[10] Eine vermögensrechtliche Streitigkeit ist ebenfalls nicht gegeben, wenn um Ansprüche auf Unterrichtung des Betriebsrats oder Vorlage von Unterlagen an den Wirtschaftsausschuss gestritten wird.[11] Dasselbe gilt, wenn es um die Aufstellung, Durchführung oder Wirksamkeit eines Sozialplans,[12] einer Betriebsvereinbarung oder um Fragen der betrieblichen Lohngestaltung geht.

6 Beschlüsse nach **§ 23 Abs. 3 BetrVG** sind auch dann nicht-vermögensrechtlicher Art i.S.v. Abs. 1 Satz 2, wenn sie dem Arbeitgeber eine **Verpflichtung vermögensrechtlicher Art** auferlegen. Sie sind erst vollstreckbar, wenn Rechtskraft eingetreten ist; § 23 Abs. 3 BetrVG schließt insoweit als spezielle Regelung die Anwendung des § 85 Abs. 1 Satz 2 aus.[13] Die Vollstreckung der Ansprüche aus §§ 98 Abs. 5, 101 und 104 BetrVG setzt nach dem Wortlaut dieser Vorschriften ebenfalls einen rechtskräftigen Beschluss voraus.

---

5 GMPMG/Matthes/Spinner § 85 Rn 2.
6 ErfK/Koch § 85 ArbGG Rn 1; GK-ArbGG/Vossen § 85 Rn 6; GMPMG/Matthes/Spinner § 85 Rn 2; Hauck/Helml/Biebl-Hauck § 85 Rn 3.
7 § 2 Abs. 2 GKG; vgl. § 80 Rdn. 3, § 84 Rdn. 5.
8 BAG, 28.09.1989 – 5 AZB 8/89 zu II 1 a der Gründe, NZA 1990, 202.
9 ErfK/Koch § 85 ArbGG Rn. 1; GK-ArbGG/Vossen § 85 Rn 10; GMPMG/Matthes/Spinner § 85 Rn 6; Schwab/Weth-Weth § 85 Rn 8.
10 GMPMG/Matthes/Spinner § 85 Rn 6; Schwab/Weth-Weth § 85 Rn. 8.
11 Hauck/Helml/Biebl-Hauck § 85 Rn 4.
12 BAG, 22.01.2013 – 1 ABR 92/11, EzS § 85 ArbGG 1979 Nr. 6.
13 GK-ArbGG/Vossen § 85 Rn 12; GMPMG/Matthes/Spinner § 85 Rn 6.

Die (empfehlenswerte) Klarstellung der vorläufigen Vollstreckbarkeit eines Beschlusses in vermögensrechtlichen Streitigkeiten im Tenor hat lediglich deklaratorische Wirkung.[14] Nach der hier vertretenen Auffassung ist deren Fehlen daher unschädlich; die Vollstreckungsfähigkeit kann auch i.R.d. **Erteilung der Vollstreckungsklausel** gem. § 724 ZPO geprüft werden. Folgt man hingegen der Meinung, der Ausspruch sei notwendig, so kommt bei dessen Fehlen ein **Ergänzungsbeschluss** nach §§ 716, 321 ZPO in Betracht. Wird gegen den Beschluss Beschwerde gem. § 87 eingelegt, kann mit diesem Rechtsmittel geltend gemacht werden, der Ausspruch der vorläufigen Vollstreckbarkeit sei unterblieben. Nach § 718 ZPO ist dann über die vorläufige Vollstreckbarkeit der Entscheidung des ArbG vorab zu entscheiden.[15]

c) Vergleiche, einstweilige Verfügungen

Nach Abs. 1 Satz 1 findet die Zwangsvollstreckung aus **gerichtlichen Vergleichen** statt, die einem Beteiligten eine Verpflichtung auferlegen. Die Zwangsvollstreckung findet ferner aus **einstweiligen Verfügungen im Beschlussverfahren** (§ 85 Abs. 2) statt; für diese gilt § 85 Abs. 1 nicht.[16] Auch hier ist Voraussetzung, dass sie einem Beteiligten eine hinreichend bestimmte Verpflichtung auferlegen.[17] Die Androhung eines Ordnungsgeldes allein in einem gerichtlichen Vergleich ersetzt die gerichtliche Androhung nach § 890 Abs. 2 ZPO nicht; dies gilt auch im Fall eines nach § 278 Abs. 6 ZPO festgestellten Vergleichs.[18]

d) Ausschluss, Einstellung der Zwangsvollstreckung

Macht ein Beteiligter glaubhaft, dass die Vollstreckung ihm einen **nicht zu ersetzenden Nachteil** bringen würde, hat das Gericht auf seinen Antrag hin die vorläufige Vollstreckbarkeit auszuschließen (Abs. 1 Satz 2 Halbs. 2 i.V.m. § 62 Abs. 1 Satz 2). Unter denselben Voraussetzungen kann die Zwangsvollstreckung eingestellt werden (Abs. 1 Satz 2 Halbs. 2 i.V.m. § 62 Abs. 1 Satz 3). Eine Einstellung gegen Sicherheitsleistung darf nicht erfolgen. Es gelten insoweit die Ausführungen zum Urteilsverfahren entsprechend.[19]

3. Beteiligte der Zwangsvollstreckung

Für die Zwangsvollstreckung gelten gem. **Abs. 1 Satz 3** die Vorschriften des Achten Buches der Zivilprozessordnung mit Modifikationen hinsichtlich der Zwangsmittel entsprechend. Während das Erkenntnisverfahren im Beschlussverfahren nur Antragsteller und Beteiligte kennt, ist das Vollstreckungsverfahren ein Parteienverfahren. **Parteien der Zwangsvollstreckung** nach der ZPO sind **Gläubiger** und **Schuldner**. Der nach dem **Beschluss Verpflichtete** gilt nach Abs. 1 Satz 3 als **Schuldner**, derjenige, der die Erfüllung der Verpflichtung aufgrund des Beschlusses verlangen kann, als **Gläubiger**. Die Anwendung der Zwangsvollstreckungsvorschriften unterliegt keinen Besonderheiten, soweit die nach dem Beschluss Berechtigten oder Verpflichteten **natürliche oder juristische Personen** oder auch nicht-rechtsfähige Vereine oder Personengesellschaften sind.[20] Bei sonstigen Beteiligten können jedoch Probleme wegen fehlender oder beschränkter Rechts- und Vermögensfähigkeit entstehen. Dies gilt für den Betriebsrat ebenso wie bspw. für den Sprecherausschuss oder andere Mitbestimmungsorgane.

---

14 Vgl. § 84 Rdn. 5; LAG Berlin-Brandenburg, 17.07.2012 – 10 Ta 1367/12; ErfK/Koch § 84 ArbGG Rn 1; GK-ArbGG/Ahrendt § 84 Rn 12 und GK-ArbGG/Vossen § 85 Rn 13 (»zur Klarstellung«); a.A. GMPMG/Matthes/Spinner § 84 Rn 12; Schwab/Weth-Weth § 84 Rn 5.
15 GMPMG/Matthes/Spinner § 85 Rn 7.
16 LAG Berlin, 12.11.2003 – 3 Ta 2142/03 zu II 3 der Gründe, LAGE § 85 ArbGG 1979 Nr. 6.
17 Beispielhaft BAG, 25.08.2004 – 1 AZB 41/03, AP BetrVG 1972 § 23 Nr. 41.
18 BGH, 02.02.2012 – I ZB 95/10, MDR 2012, 1060; Zöller/Stöber, ZPO § 890 Rn 12a; LAG München, 16.10.1986 – 5 Ta BV 45/86, LAGE § 87a ArbGG 1979 Nr. 2.
19 Vgl. § 62.
20 GMPMG/Matthes/Spinner § 85 Rn 11.

a) Stellen als Vollstreckungsgläubiger

11 Neben natürlichen und juristischen Personen kommen als **Vollstreckungsgläubiger** der Betriebsrat, andere betriebsverfassungsrechtliche Stellen *(z.B. Gesamtbetriebsrat, Wirtschaftsausschuss, Wahlvorstand)* und alle sonstigen Stellen in Betracht, denen § 10 Halbs. 2 die Beteiligtenfähigkeit im Beschlussverfahren zuerkennt. Wem ein materielles Recht eingeräumt wird und wer fähig ist, am Erkenntnisverfahren teilzunehmen, der kann grds. auch Partei in der Zwangsvollstreckung sein. Der Betriebsrat kann daher aus Beschlüssen vollstrecken, die er als Antragsteller erstritten hat und die einem am Beschlussverfahren Beteiligten eine Verpflichtung auferlegen. Dies gilt auch für Geldforderungen.[21]

b) Stellen als Vollstreckungsschuldner

12 Möglich ist die Zwangsvollstreckung wegen der Herausgabe von Sachen nach § 883 ZPO und Räumen nach § 885 ZPO gegenüber dem Betriebsrat oder anderen Stellen.[22] Diese Vollstreckung setzt lediglich den **Besitz** des Vollstreckungsschuldners voraus. Solchen Besitz an Akten, Unterlagen, Geschäftsbedarf und Räumen können die nach § 10 Halbs. 2 beteiligungsfähigen Stellen haben. Damit kommt auch eine Wegnahme oder Räumung durch den Gerichtsvollzieher in Betracht. Das gilt auch dann, wenn die zu pfändenden Sachen im Eigentum des Arbeitgebers stehen. Ist dies der Fall, muss der Arbeitgeber Drittwiderspruchsklage nach § 771 ZPO erheben. Wer zur Abgabe der eidesstattlichen Versicherung nach § 883 Abs. 2 ZPO verpflichtet ist, richtet sich danach, im Besitz welcher Stelle sich die Sache befinden soll. Deren Vertreter (z.B. der Vorsitzende des Betriebsrates) ist dann zur Abgabe der eidesstattlichen Versicherung verpflichtet, nach materiellem Recht kann es aber auch ein anderes Mitglied sein.[23]

13 Ist der Betriebsrat zur **Abgabe einer Willenserklärung** verpflichtet, entfällt eine Zwangsvollstreckung, da die Erklärung gem. § 894 Abs. 1 Satz 1 ZPO als abgegeben gilt, sobald der Beschluss rechtskräftig ist. Ist der Betriebsrat zur **Fassung eines Beschlusses** verurteilt worden, gilt ebenfalls § 894 ZPO, wenn dieser einen konkret titulierten Inhalt haben soll. Andernfalls kommt nur eine Verurteilung der einzelnen Mitglieder und eine Vollstreckung gegen diese nach § 888 ZPO in Betracht, wobei die Verpflichtung nur auf ihre Mitwirkung, nicht auf den Erfolg gerichtet sein kann.[24]

14 Die Vollstreckung der Verpflichtung einer betriebsverfassungsrechtlichen Stelle, namentlich eines Betriebsrats, zu einer vertretbaren oder unvertretbaren Handlung nach §§ 887 ff. ZPO scheidet hingegen aus. Vertretbare Handlungen werden üblicherweise nach § 887 ZPO vollstreckt, indem der Gläubiger auf Kosten des Schuldners eine **Ersatzvornahme** durchführt. Zu einer entsprechenden Kostenerstattung ist der Betriebsrat nicht fähig, denn er hat kein eigenes Vermögen. Dies gilt auch im Fall der Zuordnung eines sog. Budgets. Daran scheitert auch die Vollstreckung unvertretbarer Handlungen nach § 888 ZPO durch Verurteilung zur Zahlung eines Zwangsgeldes. Die Anordnung von Zwangshaft kommt nicht in Betracht, weil ein Kollegialorgan als solches nicht inhaftiert werden kann.[25] Der Betriebsratsvorsitzende ist lediglich Vertreter in der Erklärung und kann nicht stellvertretend für das Kollegialorgan in Haft genommen werden. Gleiches gilt für die Vollstreckung eines Unterlassungstitels gem. § 890 ZPO.[26] Ebenso wenig sind eine Vollstreckung

---

21 Zu den Einzelheiten: Schwab/Weth-Walker § 85 Rn 20 m.w.N.; vgl. zur partiellen Vermögensfähigkeit BAG, 29.09.2004 – 1 ABR 30/03 zu B I 1 der Gründe, NZA 2005, 123.
22 ErfK/Koch § 85 ArbGG Rn 2; GMPMG/Matthes/Spinner § 85 Rn 15 f.
23 Schwab/Weth-Walker § 85 Rn. 28.
24 Schwab/Weth-Walker § 85 Rn. 34 f.
25 ErfK/Koch § 85 ArbGG Rn 2.
26 BAG, 17.03.2010 – 7 ABR 95/08, Rn 28, NJW 2010, 3322 = NZA 2010, 1133 (Unterlassung parteipolitischer Betätigung); GK-ArbGG/Vossen § 85 Rn 24 ff.; a.A. wohl Schwab/Weth-Walker § 85 Rn 36 m.w.N. (Verpflichtung jedes Mitglieds der Stelle zur Unterlassung); ebenso LAG Baden-Württemberg, 26.03.1996 – 7 TaBV 1/96, DB 1996, 2084.

des Titels gegen den Vorsitzenden oder einzelne Mitglieder oder eine Umschreibung des Titels zulässig. Eine solche vollstreckungsrechtliche Lösung ist nicht möglich; für eine Umschreibung des Titels gibt es keine Rechtsgrundlage.[27] Lediglich dann, wenn eine bestimmte Person nach materiellem Recht verpflichtet ist, die Handlung für die Stelle vorzunehmen, kommt entsprechend § 731 ZPO ein Beschlussverfahren mit dem Ziel der Erteilung der Vollstreckungsklausel gegen diese Person in Betracht.[28]

In allen anderen Fällen bleibt nur der Weg über die jeweiligen **Mitglieder der Stelle**. Soll eine vertretbare oder unvertretbare Handlung durchgesetzt werden, ist bereits bei der Antragstellung im Erkenntnisverfahren aufzunehmen, dass diese gegen die natürlichen Personen als Mitglieder der betriebsverfassungsrechtlichen Stellen zu richten ist.[29] Ob eine solche Verpflichtung der in Anspruch genommenen Personen besteht, richtet sich nach materiellem Recht und ist im Erkenntnisverfahren zu prüfen. Wird ein solcher Titel erwirkt, ist die Zwangsvollstreckung nach §§ 887, 888 ZPO gegenüber diesen natürlichen Personen unproblematisch. 15

4. Verfahren der Vollstreckung

Die Zwangsvollstreckung richtet sich nach den Vorschriften des Achten Buches der ZPO. **Organe der Zwangsvollstreckung** sind der **Gerichtsvollzieher**, das AG als **Vollstreckungsgericht** oder das ArbG als **Prozessgericht**. Soweit das ArbG als Prozessgericht zuständig ist, entscheidet es im Zwangsvollstreckungsverfahren grds. nach den Vorschriften der ZPO, soweit § 85 keine abweichende Regelung trifft. In den Fällen der §§ 731, 767 und 771 ZPO, also wenn nach der ZPO eine Klage erforderlich ist, ist hingegen ein Beschlussverfahren nach §§ 80 ff. durchzuführen.[30] Auch Entscheidungen im Zwangsvollstreckungsverfahren sind gerichtskostenfrei nach § 2 Abs. 2 GKG und eine Erstattung der außergerichtlichen Kosten nach § 788 ZPO findet nicht statt. Die Kostentragungspflicht richtet sich vielmehr nach materiellem Recht.[31] 16

Die ganz h.M. im Schrifttum ging bisher davon aus, dass der Vollstreckungsgläubiger in betriebsverfassungsrechtlichen Streitigkeiten bei späterer **Aufhebung des angefochtenen Beschlusses** nicht nach § 717 Abs. 2 ZPO haftet.[32] Begründet wurde dies vor allem unter Hinweis darauf, dass für die Vollstreckung von einstweiligen Verfügungen die Anwendbarkeit der entsprechenden Vorschrift des § 945 ZPO ausdrücklich ausgeschlossen ist (Abs. 2 Satz 2) und für § 717 Abs. 2 ZPO nichts anderes gelten könne. In Betracht komme allerdings ein Anspruch aus Bereicherungshaftung nach § 717 Abs. 3 ZPO.[33] Das BAG hat sich dieser Auffassung nicht angeschlossen. Vielmehr soll § 717 Abs. 2 ZPO nach § 85 Abs. 1 Satz 3 grundsätzlich Anwendung finden. Die Vermögenslosigkeit betriebsverfassungsrechtlicher Stellen stehe dem nicht generell entgegen. Ob in solchen Fällen, d.h. bei Ansprüchen gegen den BR oder andere Mitbestimmungsorgane, eine teleologische Einschränkung der Anwendung vorzunehmen sei, hat das BAG ausdrücklich offengelassen.[34] 17

---

27 GMPMG/Matthes/Spinner § 85 Rn 18; Hauck/Helml/Biebl-Hauck § 85 Rn 5; Schwab/Weth-Walker § 85 Rn 33; a.A. und für Vollstreckung gegen die Mitglieder des Betriebsrats LAG Baden-Württemberg, 26.03.1996 – 7 TaBV 1/96, DB 1996, 2084; LAG Hamburg, 03.09.1987 – 1 TaBV 4/87, LAGE § 888 ZPO Nr. 11.
28 ErfK/Koch § 85 ArbGG Rn 2; GMPMG/Matthes/Spinner § 85 Rn 19.
29 GMPMG/Matthes/Spinner § 85 Rn 19; Schwab/Weth-Walker § 85 Rn 33.
30 BAG, 19.06.2012 – 1 ABR 35/11, Rn 12, NZA 2012, 1179; BAG, 18.03.2008 – 1 ABR 3/07, Rn 13, NZA 2008, 1259 (§ 767 ZPO – Beschluss); BAG, 19.02.2008 – 1 ABR 86/06, Rn 11, NZA 2008, 899 (§ 767 ZPO – Vergleich).
31 BAG, 02.06.2008 – 3 AZB 24/08, Rn 9 ff, AP ArbGG 1979 § 85 Nr. 11.
32 GK-ArbGG/Vossen § 85 Rn 32; GMPMG/Matthes/Spinner § 85 Rn 26.
33 Hauck/Helml/Biebl-Hauck § 85 Rn 6; Schwab/Weth-Walker § 85 Rn 42.
34 BAG, 12.11.2014 – 7 ABR 86/12 Rn 16 ff., NZA 2015, 252 (Anspruch gegen Bevollmächtigten des BR auf Ausgleich eines Zinsschadens im Zusammenhang mit RA-Gebühren).

18 Kraft gesetzlicher Regelung darf in den Fällen des § 23 Abs. 3, des § 98 Abs. 5 sowie der §§ 101 und 104 BetrVG **keine Ordnungs- oder Zwangshaft** festgesetzt werden (Abs. 1 Satz 3). Zur Vermeidung von Wertungswidersprüchen gilt dies über die ausdrücklich bestimmten Sachverhalte hinaus auch bei der Durchsetzung des allgemeinen Unterlassungsanspruchs oder sonstiger betriebsverfassungsrechtlicher Ansprüche. Zwangsmaßnahmen bei einer »einfachen« Verletzung betriebsverfassungsrechtlicher Pflichten können nicht weitgehender sein als bei einer groben Pflichtverletzung des Arbeitgebers.[35]

II. Arrest und einstweilige Verfügung

1. Allgemeines

19 Nach **Abs. 2 Satz 1** ist der Erlass einer **einstweiligen Verfügung** zulässig. Für das Verfahren gelten nach **Abs. 2 Satz 2** die Vorschriften des Achten Buches der ZPO im Gegensatz zum Urteilsverfahren nicht **unmittelbar**, sondern nur **entsprechend**. Damit sind die für die Hauptsache geltenden Abweichungen des arbeitsgerichtlichen Beschlussverfahrens vom Urteilsverfahren und vom Zivilprozess im Verfahren des einstweiligen Rechtsschutzes ebenfalls zu berücksichtigen. Die Vorschriften des Achten Buches der ZPO finden mit folgenden Abweichungen entsprechende Anwendung:
– Entscheidungen ergehen durch Beschluss der Kammer;
– Erforderliche Zustellungen sind von Amts wegen zu bewirken;
– Ein Anspruch auf Schadensersatz nach § 945 ZPO in Angelegenheiten des BetrVG besteht nicht.

Darüber hinaus ist § 942 Abs. 1 ZPO nicht anwendbar. Eine Zuständigkeit des Amtsgerichts ist auch in dringenden Fällen nicht gegeben.[36]

2. Die einstweilige Verfügung

a) Der Verfügungsanspruch

20 Der Erlass einer einstweiligen Verfügung im Beschlussverfahren setzt wie im Urteilsverfahren das Bestehen eines **Verfügungsanspruchs** voraus. Als Verfügungsanspruch kommt jeder materiell-rechtliche Anspruch in Betracht, der im Beschlussverfahren geltend gemacht werden kann und dessen Vereitelung oder Gefährdung durch Zeitablauf im Eilverfahren verhindert werden soll. Der zu sichernde Anspruch kann sich aus dem BetrVG, anderen Gesetzen, Tarifverträgen oder Betriebsvereinbarungen ergeben. Die Sicherung von Geldzahlungsansprüchen ist hingegen grds. nur im Wege des Arrestes möglich. Etwas anderes gilt dann, wenn ausnahmsweise die Voraussetzungen für den Erlass einer Befriedigungsverfügung vorliegen.

b) Der Verfügungsgrund

21 Die Anforderungen, die an den **Verfügungsgrund** zu stellen sind, richten sich auch im Beschlussverfahren nach dem Inhalt des begehrten Rechtsschutzes, also nach der Art der beantragten Verfügung.[37] Verfügungsgrund ist die Besorgnis, dass die Verwirklichung eines Anspruchs oder Rechts ohne eine alsbaldige einstweilige Regelung vereitelt oder wesentlich erschwert wird. Die einstweilige Verfügung muss zur Abwendung dieser Gefahr erforderlich sein.[38] Dabei ist zu berücksich-

---

35 BAG, 05.10.2010 – 1 ABR 71/09, Rn 7, NZA 2011, 174.
36 GK-ArbGG/Vossen § 85 Rn 69; GMPMG/Matthes/Spinner § 85 Rn 42; Hauck/Helml/Biebl-Hauck § 85 Rn 13; Schwab/Weth-Walker § 85 Rn 67.
37 Vgl. auch die Erl. zu § 62 Rdn. 47 ff.
38 ErfK/Koch § 85 ArbGG Rn 5; GMPMG/Matthes/Spinner § 85 Rn 35; Hauck/Helml/Biebl-Hauck § 85 Rn 11.

tigten, dass nach § 85 Abs. 1 Satz 1 Beschlüsse in nicht vermögensrechtlichen Streitigkeiten erst nach Rechtskraft vollstreckbar sind. Dies verstärkt die Gefahr der Vereitelung von Rechten durch Zeitablauf. Andererseits kann die Durchführung von Beschlüssen in nicht vermögensrechtlichen Streitigkeiten in aller Regel weder rückgängig gemacht noch ausgeglichen werden. Dies steht dem Erlass einer sog. **Befriedigungsverfügung** nicht entgegen, ist aber ebenso wie der Ausschluss eines Schadensersatzanspruchs nach § 945 ZPO angemessen zu berücksichtigen. Regelmäßig ist daher eine **umfassende Interessenabwägung** unter Berücksichtigung aller Umstände des Einzelfalls vorzunehmen. Einzubeziehen in die Abwägung sind der mutmaßliche Ausgang des Hauptsacheverfahrens, die Schutzbedürftigkeit und Schutzwürdigkeit der Beteiligten und die Höhe des jeweils drohenden Schadens.

c) Ausschluss einstweiliger Verfügungen durch besondere Verfahren

Der Erlass einer einstweiligen Verfügung ist ausgeschlossen, wenn das materielle Betriebsverfassungsgesetz für die Geltendmachung eines Rechts ein besonderes **Verfahren** vorsieht, das **abschließenden Charakter** hat.[39] 22

Aufgrund der speziellen Reglungen der §§ 99 bis 101 BetrVG besteht im Bereich der **personellen Einzelmaßnahmen** kein von den Voraussetzungen des § 23 Abs. 3 BetrVG unabhängiger allgemeiner Unterlassungsanspruch.[40] Ebenso enthält § 100 BetrVG eine Sonderregelung zur Vornahme vorläufiger Maßnahmen, die eine einstweilige Verfügung des Arbeitgebers, die verweigerte Zustimmung durch das Gericht ersetzen zu lassen, ausschließt. Der Erlass einer einstweiligen Verfügung ist aber sowohl im Fall des Vorliegens der Voraussetzungen des § 23 Abs. 3 BetrVG (grober Verstoß des Arbeitgebers) als auch zur Sicherung des gesetzlichen Aufhebungsanspruchs aus § 101 Satz 1 BetrVG denkbar.[41] In den Fällen der §§ 103 und 104 BetrVG scheidet der Erlass einer einstweiligen Verfügung mit entsprechender Zielrichtung aus.[42] 23

Im Bereich der **Organisation der Betriebsverfassung** ist die Anfechtung einer Wahl (§ 19 BetrVG) ebenso dem Eilverfahren entzogen, wie die Auflösung des Betriebsrates oder der Ausschluss einzelner Mitglieder (§ 23 Abs. 1 und 2 BetrVG).[43] Gleiches gilt für entsprechende Fallgestaltungen im Bereich der Unternehmensmitbestimmung. Hinsichtlich der **Bestellung** und **Abberufung** von **Ausbildern** enthält § 98 Abs. 5 BetrVG eine abschließende Regelung, neben der der Erlass einer einstweiligen Verfügung mit gleicher Zielrichtung nicht in Betracht kommt.[44] Ebenso kann die Klärung der **Tariffähigkeit oder Tarifzuständigkeit** einer Vereinigung nur im Verfahren nach § 97 erfolgen; eine vorläufige Regelung im einstweiligen Verfügungsverfahren scheidet aus.[45] Gleiches gilt in Verfahren nach § 98 über die Wirksamkeit einer Allgemeinverbindlicherklärung oder Rechtsverordnung und nach 99 über den im Betrieb anwendbaren Tarifvertrag. 24

Ausgeschlossen ist der Erlass einer einstweiligen Verfügung auf Einsetzung einer **Einigungsstelle**; die Regelung in § 100 ist abschließend. Auch scheidet eine **vorläufige Regelung** einer **mitbestim-** 25

---

39 GMPMG/Matthes/Spinner § 85 Rn 37; Hauck/Helml/Biebl-Hauck § 85 Rn 12; Schwab/Weth-Walker § 85 Rn. 54 ff.
40 BAG, 23.06.2009 – 1 ABR 23/08, Rn 14 ff., NJW 2010, 172 = NZA 2009, 1430.
41 Vgl. die entsprechenden Hinweise in BAG, 23.06.2009 – 1 ABR 23/08, Rn 25 und 26, NJW 2010, 172 = NZA 2009, 1430; LAG Hamburg, 03.07.2013 – 6 TaBVGa 3/13; a.A. GK-ArbGG/Vossen § 85 Rn 58 f. [mit Ausnahme von krassen Fällen der Missachtung von Mitbestimmungsrechten]; GMPMG/Matthes/Spinner § 85 Rn 39, Schwab/Weth-Walker § 85 Rn 55 und 109; Hauck/Helml/Biebl-Hauck § 85 Rn 12.
42 Schwab/Weth-Walker § 85 Rn 57 f.
43 Schwab/Weth-Walker § 85 Rn 61; zum Eingriff in laufende Wahlen vgl. Rdn. 26.
44 GMPMG/Matthes/Spinner § 85 Rn 39.
45 Hauck/Helml/Biebl-Hauck § 85 Rn 12.

mungspflichtigen Angelegenheit vor Entscheidung der Einigungsstelle aus. Regelungsstreitigkeiten fallen in die ausschließliche Kompetenz der Einigungsstelle und sind damit einer Regelung durch die ArbG entzogen.[46] Der für die Beteiligten bindende Spruch der Einigungsstelle kann hingegen im Wege der einstweiligen Verfügung durchgesetzt werden, sofern die Voraussetzungen des vorläufigen Rechtsschutzes *(Verfügungsgrund)* gegeben sind.[47] Wird in einem Beschlussverfahren die Überschreitung des eingeräumten Ermessens durch die Einigungsstelle gerügt, kann die Durchführung des Spruchs der Einigungsstelle nicht durch einstweilige Verfügung verhindert werden, es sei denn, die betreffende Regelung ist nichtig oder offensichtlich rechtswidrig.[48]

d) Einzelfälle

26 Sind die Voraussetzungen für die Bestellung eines Wahlvorstandes durch das ArbG (§§ 16 Abs. 2, 17 Abs. 4, 17a Nr. 4, 18 Abs. 1 BetrVG) unzweifelhaft gegeben, kommt eine solche Maßnahme mit Rücksicht auf das Gebot effektiven Rechtsschutzes zur Vermeidung eines betriebsratslosen Zustandes in Betracht.[49] Mit dem Erlass einer einstweiligen Verfügung kann berichtigend in eine laufende **Betriebsratswahl** eingegriffen werden. Dies kann dadurch geschehen, dass dem Wahlvorstand bestimmte Maßnahmen aufgegeben oder untersagt werden.[50] Ein solcher Eingriff stellt i.d.R. ein milderes Mittel gegenüber dem Abbruch oder der Aussetzung der Wahl dar, die die Gefahr eines länger andauernden betriebsratslosen Zustandes beinhalten. Allerdings sind an das Vorliegen des Verfügungsanspruchs strenge Anforderungen zu stellen, da durch den Erlass einer solchen Leistungsverfügung nicht bloß unerheblich in das Wahlverfahren eingegriffen wird.[51] Ein Abbruch der Wahl kommt nur dann in Betracht, wenn die Mängel des Wahlverfahrens nicht korrigierbar und so schwerwiegend sind, dass sie voraussichtlich zur Nichtigkeit der Betriebsratswahl führen würden.[52] Gleiches gilt im Hinblick auf den Wahlvorstand bei Streitigkeiten über dessen Bestellung.[53] Der **Wahlvorstand** kann seinerseits im Wege der einstweiligen Verfügung die Herausgabe notwendiger Unterlagen vom Arbeitgeber verlangen.[54] Entsprechendes gilt für Wahlen im Bereich der Unternehmensmitbestimmung.

27 Nach § 23 Abs. 1 BetrVG kann der Arbeitgeber beim ArbG den **Ausschluss** eines Betriebsratsmitglieds aus dem Betriebsrat verlangen, wenn ein Betriebsratsmitglied seine Amtspflichten grob verletzt. Dieses Verfahren ist dem einstweiligen Rechtsschutz entzogen (vgl. Rdn. 24). Ebenso wenig kann der Arbeitgeber im Wege der Unterlassungsverfügung ein Verbot betriebsverfassungswidrigen Verhaltens (z.B. parteipolitischer Betätigung) des Betriebsrats erreichen.[55] Ist dem Arbeitgeber die

---

46 GMPMG/Matthes/Spinner § 85 Rn 40.
47 Hessisches LAG, 16.12.2004 – 5 TaBV Ga 153/04 zu II 1 der Gründe, ArbRB 2005, 241; LAG Berlin, 06.12.1984 – 4 TaBV 2/84, ArbuR 1985, 293.
48 LAG Frankfurt, 24.09.1987 – 12 TaBV Ga 70/87, LAGE § 85 ArbGG 1979 Nr. 2; LAG Baden-Württemberg, 07.11.1989 – 8 TaBV Ga 1/89, NZA 1990, 286.
49 LAG München, 20.04.2004 – 5 TaBV 18/04, LAGE § 16 BetrVG 2001 Nr. 1; die noch in der Vorauf. vertretene Gegenauffassung wird aufgegeben; a.A. Schwab/Weth-Walker § 85 Rn 61 unter Hinweis auf die Gefahr einer nachfolgenden anderslautenden Entscheidung.
50 Z.B. Sächsisches LAG, 22.04.2010 – 2 TaBVGa 2/10; LAG Bremen, 26.03.1998 – 1 TaBV 9/98, NZA-RR 1998, 401; LAG Hamm, 10.03.1998 – 3 TaBV 37/98, NZA-RR 1998, 400; Schwab/Weth-Walker § 85 Rn 84.
51 Fitting, BetrVG § 18 Rn 41.
52 BAG, 27.07.2011 – 7 ABR 61/10, Rn 25 ff. m.w.N., NZA 2012, 345; LAG Hamm, 06.09.2013 – 7 TaBV 7/13, NZA-RR 2013, 637; LAG Düsseldorf, 13.03.2013 – 9 TaBVGa 5/13; die Auffassung eines Teils der Landesarbeitsgerichte, wonach eine sichere Anfechtbarkeit genüge, ist damit überholt: z.B. LAG Schleswig-Holstein, 07.04.2011 – 4 TaBVGa 1/11; LAG Hamburg, 19.04.2010 – 7 TaBVGa 2/10, NZA-RR 2010, 585; Hessisches LAG, 07.08.2008 – 9 TaBVGa 188/08.
53 LAG Hamm, 06.09.2013 – 7 TaBV 7/13, NZA-RR 2013, 637.
54 LAG Nürnberg, 08.02.2011 – 6 TaBV Ga 17/10, DB 2011, 715 (Ls.).
55 BAG, 28.05.2014 – 7 ABR 36/12, Rn 18 f., NZA 2014, 1213 (allerdings mit dem Hinweis auf die Möglichkeit einer entsprechenden Feststellungsverfügung, Rn 21).

vertrauensvolle Zusammenarbeit bis zur rechtskräftigen Entscheidung über den Ausschlussantrag aber ausnahmsweise unzumutbar, kann er im Eilverfahren die Untersagung der weiteren Amtsausübung verlangen.[56] Umgekehrt kann ein Betriebsratsmitglied sein aus § 78 Satz BetrVG folgendes **Zutrittsrecht** zum Betrieb und zur **ungestörten Amtsausübung** erzwingen; schutzwürdige Interessen des Arbeitgebers sind i.R.d. Interessenabwägung zu berücksichtigen.[57]

Im Betrieb vertretene Gewerkschaften können das vom Arbeitgeber bestrittene **Zugangsrecht nach § 2 Abs. 2 BetrVG** durch einstweilige Verfügung im Beschlussverfahren durchsetzen.[58] Der Nachweis des Vertretenseins einer Gewerkschaft im Betrieb kann durch notarielle Erklärung ohne Namensnennung einzelner Arbeitnehmer geführt werden.[59] 28

Der Arbeitgeber kann eine **Verschiebung** oder **Unterlassung** einer **Betriebsversammlung** durch einstweilige Verfügung erreichen, wenn die Wahl des Zeitpunktes der Betriebsversammlung mit betrieblichen Belangen nicht vereinbar ist (§ 2 i.V.m. § 44 BetrVG) oder die Voraussetzungen für deren Durchführung nicht vorliegen.[60] Der **Betriebsrat** kann die vorübergehende oder *(im Wege der Befriedigungsverfügung)* dauerhafte Zurverfügungstellung von **Räumen und anderen Sachmitteln** erreichen, wenn er ein entsprechendes Eilbedürfnis glaubhaft macht. 29

Bei Verletzung seiner **Mitbestimmungsrechte** aus **§ 87 BetrVG** steht dem Betriebsrat ein Anspruch auf Unterlassung der mitbestimmungswidrigen Maßnahme auch außerhalb des Anwendungsbereichs des § 23 Abs. 3 BetrVG zu.[61] Dieser Anspruch kann bei Vorliegen eines Verfügungsanspruchs durch einstweilige Verfügung durchgesetzt werden. Bei den Anforderungen, die an den Verfügungsgrund zu stellen sind, können das Gewicht des drohenden Verstoßes und die Bedeutung der umstrittenen Maßnahme für den Arbeitgeber und die Belegschaft im Rahmen einer umfassenden Interessenabwägung angemessen berücksichtigt werden.[62] Bei anderen Mitbestimmungs- und Beteiligungsrechten kommt es auf die jeweilige Ausgestaltung an.[63] 30

Streitig ist die Zulässigkeit einstweiliger Verfügungen im Rahmen **geplanter Betriebsänderungen** nach § 111 BetrVG. Nach Maßgabe des § 111 BetrVG hat der Unternehmer den Betriebsrat über geplante Betriebsänderungen zu unterrichten und mit ihm darüber zu beraten. Kommt der Arbeitgeber dieser Verpflichtung nicht nach, kann der Betriebsrat den Unterrichtungs- und Beratungsanspruch im Wege der einstweiligen Verfügung verfolgen. Nach zutreffender Auffassung kann dem Arbeitgeber durch einstweilige Verfügung untersagt werden, eine Betriebsänderung durchzuführen, insb. bei einer Betriebsstilllegung betriebsbedingte Kündigungen auszusprechen, bis das 31

---

56 Fitting, BetrVG § 23 Rn 32.
57 Zuletzt z.B. LAG München, 18.11.2009 – 11 TaBVGa 16/09, NZA-RR 2010, 189; LAG Berlin-Brandenburg, 02.09.2009 – 17 TaBVGa 1372/09, LAGE § 78 BetrVG 2001 Nr. 4; LAG München, 19.03.2003 – 7 TaBV 65/02, NZA-RR 2003, 61; LAG Köln, 12.12.2001 – 8 TaBV 72/01, NZA-RR 2002, 425; GK-ArbGG/Vossen § 85 Rn 42a; Schwab/Weth-Walker § 85 Rn 93.
58 LAG Rheinland-Pfalz, 11.01.2013 – 9 TaBVGa 2/12; Sächsisches LAG, 27.03.2006 – 3 TaBV 6/06; LAG Hamm, 03.06.2005 – 13 TaBV 58/05.
59 BAG, 25.03.1992 – 7 ABR 65/90, NZA 1993, 154; LAG Düsseldorf, 05.12.1988 – 4 TaBV 140/88, NZA 1989, 236.
60 Schwab/Weth-Walker § 85 Rn 87.
61 Grundlegend BAG, 03.05.1994 – 1 ABR 24/93, NJW 1995, 1044 = NZA 1995, 40; BAG, 25.02.1997 – 1 ABR 69/96, NZA 1997, 955; zuletzt z.B. LAG Hamm, 22.10.2010 – 10 TaBVGa 19/10 [Überstunden]; LAG Köln, 07.06.2010 – 5 Ta 176/10, NZA-RR 2010, 469 [Technische Kontrolleinrichtungen]; LAG Hamburg, 28.01.2010 – 7 TaBVGa 2/09, AE 2010, 182 [Arbeitszeit]; Hessisches LAG, 04.10.2007 – 5 TaBVGa 91/07, AiB 2008, 100 [Arbeitszeit und Einsatzplangestaltung].
62 ErfK/Koch § 85 ArbGG Rn 5; GK-ArbGG/Vossen § 85 Rn 45; Schwab/Weth-Walker § 85 Rn 107.
63 BAG, 03.05.1994 – 1 ABR 24/93 zu B III 1 der Gründe, NJW 1995, 1044 = NZA 1995, 40; GK-ArbGG/Vossen § 85 Rn 44.

Interessenausgleichsverfahren abgeschlossen ist.[64] Ähnliche Fragen stellen sich im Hinblick auf die Konsultationsrechte des EBR.[65]

e) Das Verfahren im Einzelnen

32 Das einstweilige Verfügungsverfahren nach Abs. 2 folgt den Vorschriften über das Beschlussverfahren.[66] Die Beteiligten des Verfahrens bestimmen sich nach § 83 Abs. 3. Der für das Beschlussverfahren geltende Amtsermittlungsgrundsatz (§ 83 Abs. 1 Satz 1) gilt auch im Eilverfahren.[67] Der **Untersuchungsgrundsatz** entbindet den Antragsteller allerdings nicht von der Verpflichtung, seinen Anspruch zu begründen und den Sachverhaltskern vorzutragen und glaubhaft zu machen.[68] I.R.d. Anträge und des Vorbringens der Beteiligten hat das Gericht den Sachverhalt von Amts wegen aufzuklären und alle erforderlichen Tatsachen und Mittel der Glaubhaftmachung zu prüfen. Es ist deshalb entgegen § 294 Abs. 2 ZPO nicht auf präsente Beweismittel beschränkt, sondern muss (kurzfristig) einen neuen Anhörungstermin anberaumen, wenn es eine weitere Aufklärung des Sachverhalts oder eine Beweisaufnahme für erforderlich hält.[69] Der eingeschränkte Untersuchungsgrundsatz zwingt das Gericht aber schon im normalen Beschlussverfahren nicht zu einer unbegrenzten Amtsermittlungstätigkeit und Beweisaufnahme.[70] Erst recht gilt dies im einstweiligen Verfügungsverfahren. Sind Mängel in der Darlegung des Verfügungsanspruchs nicht behebbar, ist der Antrag zurückzuweisen.

33 Für das Verfahren ist seit 01.01.2016 § 85 Abs. 2 Satz 3 zu beachten: **Schutzschriften**, die in das zentrale **Schutzschriftenregister** nach § 945a ZPO eingestellt sind, gelten bei allen ArbG der Länder als eingereicht. Eine Nichtbeachtung einer eingereichten Schutzschrift vor Erlass einer einstweiligen Verfügung würde eine Verletzung der Rechte des Antragsgegners auf Gewährung rechtlichen Gehörs (Art. 103 Abs. 1 GG) darstellen.

34 Das einstweilige Verfügungsverfahren ist ein **summarisches Erkenntnisverfahren**. Die rechtliche Prüfung ist ggü. dem Hauptsacheverfahren nicht eingeschränkt.[71] Summarisch ist das Verfahren lediglich insoweit, als die gerichtliche Entscheidung sich nicht auf vollen Beweis stützt, sondern auf bloße Glaubhaftmachung (mit den damit verbundenen Risiken). Der Untersuchungsgrundsatz hat keine Auswirkungen auf diese Beschränkung des Beweismaßes. Das Gericht muss sich die Überzeugung von einer überwiegenden Wahrscheinlichkeit der zu ermittelnden Tatsache bilden.[72] An

---

64 A.A. GMPMG/Matthes/Spinner § 85 Rn 34; Schwab/Weth-Walker § 85 Rn 110; aus der neueren Rechtsprechung dafür: LAG Hamm, 17.02.2015 – 7 TaBVGa 1/15, NZA-RR 2015, 247; LAG München, 22.12.2008 – 6 TaBVGa 6/98, AuR 2009, 142 = BB 2010, 896; LAG Hamm, 21.08.2008 – 13 TaBVGa 16/08; LAG Schleswig-Holstein, 20.07.2007 – 3 TaBVGa 1/07, NZA-RR 2008, 244; LAG Hessen, 27.06.2007 – 4 TaBVGa 137/07, AuR 2008, 267; LAG Niedersachsen, 04.05.2007 – 17 TaBVGa 57/07, LAGE § 111 BetrVG 2001 Nr. 7; dagegen: LAG Köln, 27.05.2009 – 2 TaBVGa 7/09; LAG München, 08.06.2005 – 5 TaBV 46/05, ArbRB 2006, 78; LAG Rheinland-Pfalz, 30.03.2006 – 11 TaBV 53/05; LAG Sachsen-Anhalt, 30.11.2004 – 11 TaBV 18/04; LAG Niedersachsen, 29.11.2002 – 12 TaBV 1117/02, BB 2003, 1337.
65 Einen Unterlassungsanspruch ablehnend LAG Köln, 08.09.2011 – 13 Ta 267/11, BB 2012, 197.
66 GK-ArbGG/Vossen § 85 Rn 70.
67 LAG Nürnberg, 01.04.1999 – 6 Ta 6/99, NZA 2000, 335; ErfK/Koch § 85 ArbGG Rn 6; GMPMG/Matthes/Spinner § 85 Rn 44; Hauck/Helml/Biebl-Hauck § 85 Rn 13.
68 BAG, 28.08.1991 – 7 ABR 72/90 zu B II 2 a der Gründe, NZA 1992, 41; Schwab/Weth-Walker § 85 Rn 70.
69 Schwab/Weth-Walker § 85 Rn 71.
70 BAG, 25.03.1992 – 7 ABR 65/90 zu B III 6 der Gründe, NJW 1993, 612 = NZA 1993, 134.
71 GMPMG/Matthes/Spinner § 85 Rn. 44; vgl. auch § 62 Rdn. 63.
72 BAG, 27.08.2003 – 4 AZR 527/02; BGH, 11.09.2003 – IX ZB 37/03 zu III 1 a der Gründe, NJW 2003, 3558.

Geständnisse[73] oder als zugestanden geltende Tatsachen[74] ist das Gericht nicht gebunden. Soweit die Beteiligten einen Sachverhalt übereinstimmend vortragen oder das substantiierte Vorbringen von anderen nicht bestritten wird und sich an dessen Richtigkeit keine Zweifel aufdrängen, bedarf es i.d.R. trotzdem keiner Beweisaufnahme.[75]

Nach **Abs. 2 Satz 2** ergehen Entscheidungen über den Erlass einer einstweiligen Verfügung »**durch Beschluss der Kammer**«. Dies gilt auch, wenn die Entscheidung ohne Anhörung vor der Kammer erlassen wird; das Alleinentscheidungsrecht des Vorsitzenden gem. § 53 Abs. 1 besteht nach dem eindeutigen Wortlaut des Abs. 2 Satz 2 nicht. Ob der Vorsitzende unter den Voraussetzungen des § 944 ZPO, also in dringenden Fällen, allein entscheiden kann, ist zweifelhaft.[76] In jedem Fall ist durch gerichtsorganisatorische Maßnahmen sicherzustellen, dass ehrenamtliche Richter möglichst kurzfristig hinzugezogen werden können. Trotzdem sind Fälle denkbar, in denen der Antragsteller so frühzeitig wie möglich das Verfahren eingeleitet hat und trotzdem ehrenamtliche Richter aus objektiven Gründen nicht schnell genug herangezogen werden können. In solchen Fällen ist eine Alleinentscheidung des Vorsitzenden zur Gewährung effektiven Rechtsschutzes zulässig, wenn andernfalls irreparable Rechtsverluste drohen.[77] 35

f) Entscheidung und Rechtsmittel

Die Entscheidung über den Antrag auf Erlass einer einstweiligen Verfügung ergeht i.d.R. nur **nach mündlicher Anhörung** der Beteiligten. Lediglich in (besonders) dringenden Fällen kann sie gem. § 937 Abs. 2 ZPO ohne Anhörung erfolgen. Dies gilt auch im Fall der Zurückweisung des Antrags. 36

Entscheidet das ArbG aufgrund mündlicher Anhörung durch Beschluss, ist die **Beschwerde** nach § 87 eröffnet. Die Rechtsbeschwerde gegen Entscheidungen des LAG ist gem. § 92 Abs. 1 Satz 3 hingegen nicht statthaft. Sofern dem Antrag durch das ArbG ohne mündliche Anhörung stattgegeben worden ist, ist der **Widerspruch** gegeben. Auf den Widerspruch hat das Gericht gem. §§ 936, 924 Abs. 2 ZPO einen Termin zur Anhörung der Beteiligten anzuberaumen. Über den Widerspruch entscheidet das Gericht dann durch Beschluss nach § 84. Sind nicht alle Beteiligten im Anhörungstermin angehört worden, so können die nicht angehörten Beteiligten Widerspruch einlegen, während die Angehörten das Recht der Beschwerde haben.[78] Weist das ArbG den Antrag auf Erlass einer einstweiligen Verfügung ohne mündliche Verhandlung zurück, so ist gegen diese Entscheidung für den Antragsteller die sofortige **Beschwerde** nach § 567 Abs. 1 Nr. 2 ZPO gegeben, der das Arbeitsgericht gem. § 572 Abs. 1 Satz 1 ZPO abhelfen kann. Weist das LAG die Beschwerde zurück, so ist dagegen keine weitere Beschwerde statthaft.[79] Eine fehlerhafte Zulassung bindet das BAG nicht.[80] 37

Stattgebende Verfügungsbeschlüsse bedürfen im Interesse der Verfahrensbeschleunigung keiner Begründung, wenn sie ohne Anhörung des gegnerischen Beteiligten erlassen werden.[81] Ergeht der Beschluss aufgrund eines Anhörungstermins, dann ist er in entsprechender Anwendung des § 84 zu 38

---

73 § 288 ZPO.
74 § 138 Abs. 3 ZPO.
75 BAG, 10.12.1992 – 2 ABR 32/92 zu B II 5 c aa der Gründe, NZA 1993, 501.
76 Abl. BAG, 28.08.1991 – 7 ABR 72/90 zu B II 2 b der Gründe, NZA 1992, 41.
77 ErfK/Koch § 85 ArbGG Rn. 6; Hauck/Helml/Biebl-Hauck § 85 Rn 14; Schwab/Weth-Walker § 85 Rn 68; a.A. GMPMG/Matthes/Spinner § 85 Rn 45.
78 Schwab/Weth-Walker § 85 Rn 75.
79 GK-ArbGG/Vossen § 85 Rn 84; GMPMG/Matthes/Spinner § 85 Rn 48; Schwab/Weth-Walker § 85 Rn 75.
80 BAG, 22.01.2003 – 9 AZB 7/03, NZA 2003, 399.
81 GK-ArbGG/Vossen § 85 Rn 81; GMPMG/Matthes/Spinner § 85 Rn 46.

§ 86 ArbGG

begründen. Wird der Antrag ohne mündliche Anhörung zurückgewiesen – was nur bei besonderer Dringlichkeit zulässig ist –, ist der **zurückweisende Beschluss** zu begründen, um dem Antragsteller eine Prüfung seiner Erfolgsaussichten im Beschwerdeverfahren zu ermöglichen. Alle mit einem befristeten Rechtsmittel angreifbaren Entscheidungen sind gem. § 9 Abs. 5 Satz 1 mit einer Rechtsmittelbelehrung zu versehen (vgl. § 9 Rdn. 56 ff.).

g) Zustellung und Vollziehung

39 Die erforderlichen Zustellungen werden gem. § 85 Abs. 2 Satz 2 im Beschlussverfahren von Amts wegen bewirkt. Eine Ausnahme gilt nur für den Fall der Zurückweisung des Antrags ohne mündliche Anhörung (§ 922 Abs. 3 ZPO).[82] Das entbindet den Antragsteller aber nicht von seiner Verpflichtung, die einstweilige Verfügung zu vollziehen. Dies geschieht gem. §§ 928, 936 ZPO durch die Zwangsvollstreckung; bei Unterlassungsverfügungen durch die Zustellung im Parteibetrieb.[83] Die Vollziehung ist vor der Zustellung von Amts wegen zulässig (§ 929 Abs. 3 ZPO).[84] Diese bloße Vollziehung bleibt allerdings ohne Wirkung, wenn die förmliche Zustellung nicht innerhalb einer Woche seit der Vollziehung und vor Ablauf der Monatsfrist des § 929 Abs. 2 ZPO erfolgt.[85]

h) Schadensersatz

40 Nach Abs. 2 Satz 2 ist in betriebsverfassungsrechtlichen und anderen dem Beschlussverfahren zugänglichen Angelegenheiten auch bei Aufhebung einer ergangenen *(und vollzogenen)* einstweiligen Verfügung eine Schadensersatzverpflichtung nach § 945 ZPO ausdrücklich ausgeschlossen. Die gesetzliche Regelung unterscheidet dabei nicht zwischen verschiedenen Antragstellern. Privilegiert sind deshalb sowohl Organe der Betriebsverfassung oder der Mitbestimmung, denen es sowieso an entsprechendem Vermögen fehlt als auch jede natürliche oder juristische Person, die eine einstweilige Verfügung im Beschlussverfahren erwirkt hat.[86] Zu beachten ist aber, dass § 717 Abs. 2 ZPO nach neuester Rechtsprechung des BAG grundsätzlich anwendbar sein soll.[87]

3. Der Arrest

41 Abs. 2 Satz 1 erklärt ausdrücklich nur den Erlass einstweiliger Verfügungen für zulässig. Trotzdem kann nicht davon ausgegangen werden, dass dadurch ein Ausschluss des Arrestverfahrens bestimmt werden sollte. Vielmehr dürfte die Auslassung nur der geringen praktischen Bedeutung des Arrests im Beschlussverfahren geschuldet sein. Die §§ 916 ff. ZPO finden daher auch insoweit entsprechende Anwendung.[88] Als im Arrestverfahren zu sichernde Geldforderungen kommen insb. Kostenerstattungsansprüche betriebsverfassungsrechtlicher Organe in Betracht.

§ 86

(weggefallen)

---

[82] Schwab/Weth-Walker § 85 Rn 74.
[83] BAG, 28.08.1991 – 7 ABR 72/90 zu B II 2 a bb der Gründe, NZA 1992, 41; LAG Hamburg, 28.03.1995 – 3 TABV 3/95, LAGE § 929 ZPO Nr. 3; LAG Berlin, 18.08.1987 – 3 TaBV 4/87, NZA 1987, 825; Hessisches LAG, 20.02.1990 – 5 TaBVGa 171/89, NZA 1991, 30.
[84] BAG, 28.08.1991 – 7 ABR 72/90, NZA 1992, 41.
[85] Vgl. zur Vollziehung § 62 Rdn. 72 ff.
[86] BAG, 12.11.2014 – 7 ABR 86/12, Rn 25, NZA 2015, 252.
[87] Vgl. Rdn. 17.
[88] ErfK/Koch § 85 ArbGG Rn 4; GMPMG/Matthes/Spinner § 85 Rn 28; Hauck/Helml/Biebl-Hauck § 85 Rn 8 f.; Schwab/Weth-Walker § 85 Rn 52.

Zweiter Unterabschnitt Zweiter Rechtszug

§ 87 Grundsatz

(1) Gegen die das Verfahren beendenden Beschlüsse der Arbeitsgerichte findet die Beschwerde an das Landesarbeitsgericht statt.

(2) ¹Für das Beschwerdeverfahren gelten die für das Berufungsverfahren maßgebenden Vorschriften über die Einlegung der Berufung und ihre Begründung, über Prozessfähigkeit, Ladungen, Termine und Fristen, Ablehnung und Ausschließung von Gerichtspersonen, Zustellungen, persönliches Erscheinen der Parteien, Öffentlichkeit, Befugnisse des Vorsitzenden und der ehrenamtlichen Richter, Güterichter, Mediation und außergerichtliche Konfliktbeilegung, Vorbereitung der streitigen Verhandlung, Verhandlung vor der Kammer, Beweisaufnahme, gütliche Erledigung des Rechtsstreits, Wiedereinsetzung in den vorigen Stand und Wiederaufnahme des Verfahrens sowie die Vorschriften des § 85 über die Zwangsvollstreckung entsprechend. ²Für die Vertretung der Beteiligten gilt § 11 Abs. 1 bis 3 und 5 entsprechend. ³Der Antrag kann jederzeit mit Zustimmung der anderen Beteiligten zurückgenommen werden; § 81 Abs. 2 Satz 2 und 3 und Absatz 3 ist entsprechend anzuwenden.

(3) ¹In erster Instanz zu Recht zurückgewiesenes Vorbringen bleibt ausgeschlossen. ²Neues Vorbringen, das im ersten Rechtszug entgegen einer hierfür nach § 83 Abs. 1a gesetzten Frist nicht vorgebracht wurde, kann zurückgewiesen werden, wenn seine Zulassung nach der freien Überzeugung des Landesarbeitsgerichts die Erledigung des Beschlussverfahrens verzögern würde und der Beteiligte die Verzögerung nicht genügend entschuldigt. ³Soweit neues Vorbringen nach Satz 2 zulässig ist, muss es der Beschwerdeführer in der Beschwerdebegründung, der Beschwerdegegner in der Beschwerdebeantwortung vortragen. ⁴Wird es später vorgebracht, kann es zurückgewiesen werden, wenn die Möglichkeit es vorzutragen vor der Beschwerdebegründung oder der Beschwerdebeantwortung entstanden ist und das verspätete Vorbringen nach der freien Überzeugung des Landesarbeitsgerichts die Erledigung des Rechtsstreits verzögern würde und auf dem Verschulden des Beteiligten beruht.

(4) Die Einlegung der Beschwerde hat aufschiebende Wirkung; § 85 Abs. 1 Satz 2 bleibt unberührt.

Übersicht	Rdn.		Rdn.
I. Allgemeines	1	3. Antragsrücknahme und -änderung (Abs. 2 Satz 3)	12
II. Beschwerdefähige Entscheidungen	2	4. Zurückweisung verspäteten Vorbringens (Abs. 3)	17
III. Das Beschwerdeverfahren	8	5. Vollstreckbarkeit (Abs. 4)	18
1. Anwendbare Vorschriften (Abs. 2 Satz 1)	8		
2. Vertretung der Beteiligten (Abs. 2 Satz 2)	11		

I. Allgemeines

Die §§ 87 bis 91 regeln das zweitinstanzliche Beschlussverfahren. Die Beschwerde nach § 87 Abs. 1 entspricht der Berufung im Urteilsverfahren. Sie stellt ein **echtes Rechtsmittel** dar, dem Devolutiv- und Suspensiveffekt (Abs. 4)[1] zukommen. Das LAG kann die arbeitsgerichtliche Entscheidung im Umfang der erfolgten Anfechtung in tatsächlicher und rechtlicher Hinsicht grundsätzlich **uneingeschränkt überprüfen**.[2] Nach Einlegung der Beschwerde ist eine **Abhilfe** des ArbG **nicht möglich**.

1

---

[1] Auch bei der unzulässigen Beschwerde: GK-ArbGG/Ahrendt § 87 Rn 48.
[2] GWBG/Greiner § 87 Rn 1; Schwab/Weth/Busemann § 87 Rn. 23a.

II. Beschwerdefähige Entscheidungen

2 Die Beschwerde richtet sich nach Abs. 1 gegen die meisten instanzbeendenden Beschlüsse des ArbG nach § 84. **Ausnahmen** sind arbeitsgerichtliche **Beschlüsse nach §§ 122 Abs. 2, 126 Abs. 2 InsO**, die lediglich mit einer zugelassenen Rechtsbeschwerde angefochten werden können,[3] und über **Anträge auf Ablehnung eines Einigungsstellenvorsitzenden wegen Befangenheit**, die unanfechtbar sind.[4]

3 **Streitig** ist, ob die Beschwerde auch gegen **verfahrenseinstellende Beschlüsse** des ArbG[5] nach §§ 81 Abs. 2 und 83a Abs. 2 gegeben ist.[6]

4 Nach § 96a besteht die Möglichkeit, einen verfahrensbeendenden Beschluss des ArbG unter **Übergehung der Beschwerdeinstanz** unmittelbar beim BAG anzufechten, wenn das ArbG die **Sprungrechtsbeschwerde** wegen grds. Bedeutung der Rechtssache zulässt und die übrigen Beteiligten zustimmen.[7]

5 Die Beschwerde nach § 87, die sich gegen instanzbeendende Beschlüsse richtet, ist zu **unterscheiden** von der **Beschwerde nach § 78 Satz 1 i.V.m. § 83 Abs. 5** gegen Beschlüsse, die im Laufe des Verfahrens ergehen.[8]

6 Auch **Teil- und Zwischenbeschlüsse** sind beschwerdefähig, soweit entspr. Urteile nach §§ 280 Abs. 2, 302 Abs. 3 und 304 Abs. 2 ZPO selbstständig durch Rechtsmittel angefochten werden könnten. Da § 61 Abs. 3 im Beschlussverfahren nicht anwendbar ist, kann auch ein **Beschluss über den Grund des Anspruchs** mit der Beschwerde angegriffen werden.[9]

7 Die Statthaftigkeit der Beschwerde hängt nicht von einer Zulassung oder einer Mindesthöhe des Streit- oder Beschwerdewertes ab.[10]

III. Das Beschwerdeverfahren

1. Anwendbare Vorschriften (Abs. 2 Satz 1)

8 Die Verweisung in Abs. 2 Satz 1 auf Vorschriften des Urteilsverfahrens ist kompliziert, weil nicht generell auf die Regelungen des Berufungsverfahrens verwiesen wird, sondern nur bzgl. der in Abs. 2 genannten Rechtsinstitute. Diese werden durch §§ 64 ff. teilweise selbstständig und teilweise dadurch geregelt, dass sie auf Vorschriften der ZPO (so § 64 Abs. 6) und des erstinstanzlichen Urteilsverfahrens (so § 64 Abs. 7) verweisen.

9 Auch wenn Abs. 2 – im Gegensatz zu § 80 Abs. 2 – keine diesbezügliche ausdrückliche Einschränkung enthält, sollen die dort genannten Vorschriften nur gelten, soweit sich aus den Sonderrege-

---

[3] § 122 Abs. 3, § 126 Abs. 2 Satz 2 InsO.
[4] § 1065 Abs. 1 Satz 1 und 2 i.V.m. § 1062 Abs. 1 Nr. 1 ZPO analog: BAG, 17.11.2010 – 7 ABR 100/09, NZA 2011, 940 mit abl. Anm. von Bertzbach jurisPR-ArbR 27/2011 Anm. 3.
[5] Zu deren Erforderlichkeit s. BAG, 17.11.2010 – 7 ABR 120/09, NZA-RR 2011, 415.
[6] Bejahend z.B. LAG Rheinland-Pfalz, 25.06.1982 – 6 TaBV 10/82, LAGE § 92 ArbGG 1979 Nr. 1; verneinend LAG Nürnberg, 20.08.2014 – 2 TaBV 5/14, JurionRS 2014, 20450; LAG Hamm, 21.09.1999 – 13 TaBV 53/99, NZA-RR 2000, 660, so für das personalvertretungsrechtliche Beschlussverfahren jetzt auch BVerwG, 08.03.2010 – 6 PB 47/09, PersR 2010, 210, hierzu vertiefend auch § 92 Rdn 5.
[7] Vgl. BAG, 18.02.2003 – 1 ABR 2/02, NZA 2003, 742.
[8] S. zur Abgrenzung BAG, 23.01.2008 – 1 ABR 64/06, NJW 2008, 1977 = NZA 2008, 841.
[9] GMP/Matthes/Schlewing § 87 Rn 3; GWBG/Greiner § 87 Rn 2.
[10] Francken/Natter/Rieker NZA 2008, 377, 384, die zur Entlastung des LAG von Bagatellverfahren de lege ferenda eine Angleichung des Beschluss- an das Urteilsverfahren dahingehend befürworten, dass die Statthaftigkeit der Beschwerde von einer Zulassung durch das ArbG oder einem Wert des Beschwerdegegenstandes von über 600 € abhängig gemacht werden sollte.

lungen der §§ 87 Abs. 2 Satz 2 bis 91 nichts anderes ergibt und soweit die Besonderheiten des arbeitsgerichtlichen Beschlussverfahrens dem nicht entgegenstehen.[11]

Entspr. anwendbar sind insb. die folgenden für das Berufungsverfahren maßgeblichen Vorschriften über 10

- die Einlegung und Begründung der Beschwerde, nicht aber deren Beantwortung: §§ 89, 88, 66 Abs. 2 (außer Satz 3), 64 Abs. 6 i.V.m. §§ 517 bis 521 ZPO.
- Die Beschwerde ist innerhalb eines Monats ab Zustellung des arbeitsgerichtlichen Beschlusses einzulegen und innerhalb von zwei Monaten ab Zustellung zu begründen (vgl. § 66 Abs. 1). Die Beschwerdefrist beginnt spätestens mit Ablauf von fünf Monaten nach Verkündung des Beschlusses zu laufen (vgl. § 64 Abs. 6 i.V.m. § 517 ZPO).

▶ **Hinweis:**

Im besonderen Beschlussverfahren über die Einrichtung und Besetzung der Einigungsstelle gem. § 76 Abs. 2 Satz 2 und 3 BetrVG ist die Beschwerde nach der Sonderregelung in § 100 Abs. 2 Satz 2 innerhalb einer Frist von zwei Wochen einzulegen und zu begründen.

- Die Prozessfähigkeit: § 46 Abs. 2 i.V.m. § 51 ZPO, wonach die Prozessfähigkeit die Parteifähigkeit des Verfahrenssubjekts voraussetzt. Diese ergibt sich aus § 10, denn die dort geregelte Beteiligtenfähigkeit entspricht der Parteifähigkeit des § 50 ZPO.[12]
- Ladungen, Termine und Fristen: §§ 66 Abs. 2 Satz 1, 64 Abs. 6 Satz 1 i.V.m. §§ 214 ff. ZPO. Da das Beschwerdeverfahren kein Anwaltsprozess i.S.d. § 78 Abs. 1 ZPO ist, beträgt die Ladungsfrist nach § 217 ZPO mindestens drei Tage, die Einlassungsfrist mindestens zwei Wochen (§§ 523 Abs. 2, 274 Abs. 3 Satz 1 ZPO).
- Die Ablehnung und Ausschließung von Gerichtspersonen: §§ 64 Abs. 7, 49 Abs. 1 i.V.m. §§ 41 ff. ZPO. Gegen die Entscheidung ist nach § 49 Abs. 3 und § 90 Abs. 3 kein Rechtsmittel gegeben.
- Die Zustellung: §§ 64 Abs. 7, 50, 46 Abs. 2 i.V.m. §§ 166 ff. ZPO.
- Das persönliche Erscheinen der Beteiligten: §§ 64 Abs. 7, 51. Allerdings kann bei Ausbleiben eines geladenen Beteiligten dessen Verfahrensbevollmächtigter nicht nach § 51 Abs. 2 Satz 1 ausgeschlossen werden, weil das gegen den Untersuchungsgrundsatz verstoßen würde.[13] Die Bestimmungen der §§ 83a Abs. 1, 87 Abs. 3 reichen aus, um die Beteiligten zur Mitwirkung an der Sachverhaltsaufklärung anzuhalten.[14]
- Die Öffentlichkeit, Befugnisse des Vorsitzenden und der ehrenamtlichen Richter: § 64 Abs. 7 i.V.m. §§ 52, 53 und 55.
- Die Vorbereitung der streitigen Verhandlung und Verhandlung vor der Kammer: § 64 Abs. 7 i.V.m. §§ 56 f., § 90 Abs. 2 i.V.m. §§ 83, 83a.
- Die Beweisaufnahme: §§ 64 Abs. 7, 58 i.V.m. §§ 355 ff. ZPO. Für deren Durchführung sind die Besonderheiten des Untersuchungsgrundsatzes und hier in erster Linie die **geringeren Anforderungen an einen Beweisantritt** zu berücksichtigen.[15]
- Die gütliche Erledigung des Rechtsstreits: § 64 Abs. 7 i.V.m. § 57 Abs. 2. Auch im Beschwerdeverfahren soll während des gesamten Rechtsstreits eine gütliche Erledigung angestrebt werden.
- Die Bestimmungen über Güterichter, Mediation und außergerichtliche Konfliktbeilegung nach § 54 Abs. 6 und § 54a. Auch im zweiten Rechtszug des Beschlussverfahrens sollen alle Möglichkeiten der konsensualen Streiterledigung ausgeschöpft werden können. Deshalb kann auch im zweitinstanzlichen Beschlussverfahren mit Zustimmung aller Beteiligten eine **Verweisung an den Güterichter** erfolgen.[16]

---

11 ErfK/Koch § 87 ArbGG Rn 2; GMPMG/Matthes/Schlewing § 87 Rn 10.
12 BAG, 25.08.1981 – 1 ABR 61/79, DB 1982, 546.
13 Natter/Groß-Görg § 87 Rn 5; Ostrowicz/Künzl/Scholz/Ostrowicz Rn 762.
14 Schwab/Weth/Busemann § 87 Rn 32.
15 HWK/Bepler/Treber § 87 Rn 9.
16 ErfK/Koch § 54 Rn 11.

§ 87 ArbGG Grundsatz

— Die Wiedereinsetzung in den vorigen Stand: § 64 Abs. 6 i.V.m. §§ 233 ff. ZPO. Danach ist eine Wiedereinsetzung auch möglich, wenn die Frist zur Beschwerdebegründung unverschuldet nicht eingehalten wurde. Das Verschulden des Verfahrensbevollmächtigten steht auch im arbeitsgerichtlichen Beschlussverfahren dem Verschulden des Beteiligten nach § 85 Abs. 2 ZPO gleich.[17]
— Die Wiederaufnahme: §§ 64 Abs. 6, 79 i.V.m. §§ 578 ff. ZPO.
— Die Zwangsvollstreckung: § 87 Abs. 2 Satz 1 a.E. Aus der Verweisung (auch) auf § 85 Abs. 2 ergibt sich, dass das LAG als Gericht der Hauptsache i.S.d. §§ 937 Abs. 1, 943 ZPO eine — mit der Rechtsbeschwerde nicht angreifbare (§ 92 Abs. 1 Satz 3) — einstweilige Verfügung erlassen kann.[18]

2. Vertretung der Beteiligten (Abs. 2 Satz 2)

11 Nach Abs. 2 Satz 2 i.V.m. § 11 Abs. 1 bis 3 analog können sich die Beteiligten vor dem LAG **selbst vertreten oder** sich durch eine vertretungsbefugte Person oder Institution **vertreten lassen**. Eine **Ausnahme** gilt für den Beschwerdeführer: Die **Einlegung** und die **Begründung** der Beschwerde müssen durch einen Rechtsanwalt oder Verbandsvertreter erfolgen (§ 89 Abs. 1 i.V.m. § 11 Abs. 4 und 5).

3. Antragsrücknahme und -änderung (Abs. 2 Satz 3)

12 Nach einer Entscheidung erster Instanz soll sich der Antragsteller nicht mehr einseitig dem Verfahren entziehen können.[19] Deshalb sieht Abs. 2 Satz 3 Halbs. 1 vor, dass der **Antrag (nur) mit Zustimmung der anderen Beteiligten zurückgenommen** werden kann. Erforderlich ist die Zustimmung aller weiteren neben dem Antragsteller Beteiligten.[20] Die Zustimmung muss ausdrücklich erklärt werden.[21] § 83a Abs. 3 (Zustimmung durch Schweigen nach Fristsetzung) ist nicht entspr. anwendbar.[22]

13 ▶ Hinweis:

§ 87 Abs. 2 Satz 3 regelt nur die **Antrags**rücknahme. Die **Beschwerde** kann, wie sich aus § 89 Abs. 4 Satz 1 ergibt, bis zur Rechtskraft der Beschwerdeentscheidung auch ohne Zustimmung der anderen Beteiligten zurückgenommen werden.

14 Bei wirksamer **Antragsrücknahme** ist das Verfahren vom Vorsitzenden der LAG-Kammer **einzustellen** (Abs. 2 Satz 3 Halbs. 2 i.V.m. § 81 Abs. 2 Satz 2 analog).[23] Hiervon sind die Beteiligten zu unterrichten, denen der Antrag bzw. die Beschwerde mitgeteilt worden ist (Abs. 2 Satz 3 Halbs. 2 i.V.m. § 81 Abs. 2 Satz 3 analog).

15 Mit der **Einstellung** des Verfahrens **endet die Rechtshängigkeit**. Der angefochtene Beschluss des ArbG wird nach § 269 Abs. 3 ZPO wirkungslos. Dies ist gem. § 269 Abs. 4 ZPO auf Antrag eines Beteiligten durch Beschluss des Vorsitzenden der LAG-Kammer auszusprechen. Die Antragsrücknahme steht einer erneuten Antragstellung im Beschlussverfahren nicht entgegen.[24]

16 Eine **Antragsänderung** ist in der Beschwerdeinstanz nach Abs. 2 Satz 3 Halbs. 2 i.V.m. § 81 Abs. 3 Satz 1 **zulässig**, wenn die übrigen Beteiligten **zustimmen**, die Zustimmung wegen rügelo-

---

17 BAG, 08.05.2008 – 1 ABR 56/06, NZA 2008, 726.
18 HWK/Bepler/Treber § 87 Rn 9.
19 BAG, 10.06.1986 – 1 ABR 59/84, NZA 1987, 28.
20 ErfK/Koch § 87 ArbGG Rn 3; GMPMG/Matthes/Schlewing § 87 Rn 24.
21 BAG, 19.02.1991 – 1 ABR 36/90, NZA 1991, 565; BCF/Friedrich § 87 Rn 6; GMPMG/Matthes/Schlewing § 87 Rn 26.
22 So aber Natter/Groß-Görg § 87 Rn 8.
23 Zur streitigen Rechtsnatur des Einstellungsbeschlusses s. Bier jurisPR-BVerwG 12/2010 Anm. 4.
24 BAG, 12.11.2002 – 1 ABR 60/01, NZA 2004, 1289.

ser Einlassung der Beteiligten **als erteilt gilt** oder das Gericht die Änderung für **sachdienlich** hält.[25] Eine Antragsänderung liegt vor, wenn der Streitgegenstand eines anhängigen Verfahrens geändert oder erweitert wird.[26] Die Zustimmung der übrigen Beteiligten zur Antragsänderung gilt nach Abs. 2 Satz 3 Halbs. 2 i.V.m. § 81 Abs. 3 Satz 2 als erteilt, wenn diese sich auf den geänderten Antrag einlassen, ohne der Antragsänderung zu widersprechen.[27] Die Entscheidung des LAG, dass eine Antragsänderung nicht vorliegt oder zugelassen wird, ist nach Abs. 2 Satz 3 Halbs. 2 i.V.m. § 81 Abs. 3 Satz 3 unanfechtbar.[28] Dagegen ist das BAG an eine **Nichtzulassung der Antragsänderung** durch das LAG wegen einer von diesem nicht angenommenen Sachdienlichkeit **nicht gebunden**.[29]

▶ Hinweis:

Der Verfahrensbevollmächtigte eines Betriebsrats, der gegen einen diesen beschwerenden arbeitsgerichtlichen Beschluss Beschwerde einlegt, muss hierfür regelmäßig auch dann **keine gesonderte Beschlussfassung** des Betriebsratsgremiums herbeiführen, wenn mit der Beschwerde eine Antragsänderung oder -erweiterung verfolgt wird. Denn nach den auch im Beschlussverfahren geltenden Vorschriften des § 81 ZPO i.V.m. § 46 Abs. 2 ermächtigt die einmal erteilte Prozessvollmacht im Außenverhältnis in den zeitlichen Grenzen des § 87 ZPO zu allen den Rechtsstreit betreffenden Prozesshandlungen einschließlich der Einlegung von Rechtsmitteln. Deshalb ist der Verfahrensbevollmächtigte zu einer **Änderung der Antragstellung**, auch wenn sie erst in der Beschwerdeinstanz erfolgt, jedenfalls dann befugt, wenn damit **keine gänzlich neuen Verfahrensgegenstände** in das eingeleitete Verfahren eingebracht werden.[30]

4. Zurückweisung verspäteten Vorbringens (Abs. 3)

Nach den für das Beschwerdeverfahren in Abs. 3 aufgestellten **eigenständigen Regelungen**[31] gilt Folgendes:

— Bereits in erster Instanz **zu Recht** zurückgewiesenes streitiges Vorbringen muss auch in der Beschwerdeinstanz **zurückgewiesen** werden (Abs. 3 Satz 1) und zwar unabhängig davon, ob seine Berücksichtigung die Erledigung des Verfahrens in zweiter Instanz verzögern würde.[32] **Zu Unrecht** zurückgewiesen mit der Folge seiner zweitinstanzlichen **Berücksichtigungsfähigkeit** wurde erstinstanzliches Vorbringen, wenn das Arbeitsgericht keine ordnungsgemäße und wirksame Fristsetzung vorgenommen hat, was eine genaue Bezeichnung der klärungsbedürftigen Punkte und eine Belehrung nach § 83a Abs. 1a über die Folgen der Fristversäumnis voraussetzt, oder das Arbeitsgericht unzutreffenderweise von einer Verfahrensverzögerung bei Berücksichtigung des Vorbringens ausgegangen ist.[33]
— Neues Vorbringen, das in erster Instanz entgegen einer hierfür nach § 83a Abs. 1a gesetzten Frist nicht vorgebracht wurde, kann zurückgewiesen werden, wenn seine Zulassung nach der freien Überzeugung des Beschwerdegerichts die Erledigung des Beschlussverfahrens verzögern würde und der Beteiligte die Verzögerung nicht genügend entschuldigt. Diese Regelung entspricht weitgehend der in § 67 Abs. 2 für das Berufungsverfahren. Zu beachten ist, dass das Beschwerdegericht das neue Vorbringen bei Vorliegen der Voraussetzungen des Abs. 3 Satz 2 unberücksich-

---

25 BAG, 04.12.2013 – 7 ABR 7/12, NZA 2014, 803.
26 BAG, 19.02.1991 – 1 ABR 36/90, NZA 1991, 565.
27 BAG, 16.11.2005 – 7 ABR 12/05, NZA 2006, 553; BAG, 31.01.1989 – 1 ABR 60/87, NZA 1989, 606.
28 BAG, 15.04.2008 – 1 ABR 14/07, NZA 2008, 1020.
29 BAG, 04.12.2013 – 7 ABR 7/12, NZA 2014, 803.
30 BAG, 04.12.2013 – 7 ABR 7/12, NZA 2014, 803.
31 Nicht anwendbar sind die strengeren Vorschriften der §§ 530, 531 ZPO: GWBG/Greiner § 87 Rn 26.
32 BCF/Friedrich § 87 Rn 8; ErfK/Koch § 87 ArbGG Rn 4.
33 Vgl. Natter/Groß-Görg § 87 Rn 10.

tigt lassen kann, aber nicht muss. Lässt es das neue Vorbringen zu, ist diese Entscheidung nicht anfechtbar.[34]

– Das nach Satz 2 zulässige neue Vorbringen muss nach Abs. 3 Satz 3 vom Beschwerdeführer in der Beschwerdebegründung, vom Beschwerdegegner in der Beschwerdebeantwortung vorgetragen werden. Diese Regelung ist, soweit sie sich auf den »Beschwerdegegner« bezieht, missglückt.[35] Denn nach § 90 Abs. 1 Satz 1 wird die Beschwerdebegründung den übrigen Beteiligten zur Äußerung zugestellt. Eine gesetzlich vorgeschriebene Beschwerdebeantwortungsfrist gibt es – im Gegensatz zur Berufungsbeantwortungsfrist des § 66 Abs. 1 Satz 3 – nicht.[36] Setzt der Vorsitzende der LAG-Kammer den übrigen Beteiligten nicht nach § 90 Abs. 2, § 83 Abs. 1a eine Frist, können sie noch im Termin vor dem LAG zulässigerweise vortragen. Ferner ist unklar, wer »Beschwerdegegner« i.S.d. Abs. 3 Satz 3 ist.[37]

– Erfolgt neues Vorbringen später als in der Beschwerdebegründung oder der Beschwerdebeantwortung, kann (nicht: muss) das LAG es zurückweisen, wenn die Möglichkeit des Vortrags vor der Begründung oder Beantwortung entstanden ist und die Zulassung des Vorbringens die Erledigung des Rechtsstreits nach der freien Überzeugung des LAG verzögern würde und das verspätete Vorbringen auf dem Verschulden des Beteiligten beruht (Abs. 3 Satz 4).

5. Vollstreckbarkeit (Abs. 4)

18 Nach Abs. 4 Halbs. 1 hat die Einlegung der Beschwerde **aufschiebende Wirkung**. Diese tritt auch dann ein, wenn die Beschwerde **unzulässig** ist.[38] Erst mit Verwerfung der unzulässigen Beschwerde nach § 89 Abs. 3 wird der angefochtene Beschluss rechtskräftig. Die arbeitsrechtlichen Beschlüsse in **vermögensrechtlichen Streitigkeiten**[39] bleiben, wie nach § 85 Abs. 1 Satz 2 vorgesehen, **vorläufig vollstreckbar**, was Abs. 4 Halbs. 2 ausdrücklich klarstellt. I.Ü. sind nur rechtskräftige Beschlüsse vollstreckbar.[40] Da gegen Beschlüsse des LAG, mit denen ein Arrest oder eine einstweilige Verfügung erlassen wird, ein Rechtsmittel nicht gegeben ist, sind solche ohne Weiteres vollstreckbar.

§ 88 Beschränkung der Beschwerde

§ 65 findet entsprechende Anwendung.

Übersicht	Rdn.		Rdn.
I. Allgemeines und Grundsatz	1	II. Ausnahme	5

I. Allgemeines und Grundsatz

1 Die Vorschrift erschöpft sich darin, § 65 für entspr. anwendbar zu erklären. Insoweit kann zunächst auf die Kommentierung zu § 65 verwiesen werden. Die Beschwerde kann somit grundsätzlich nicht auf einen der in § 65 genannten Gründe gestützt werden. Das LAG darf den erstinstanzlichen Beschluss nicht allein deshalb aufheben, weil dem Arbeitsgericht einer der in

---

34 BAG, 18.02.2003 – 1 ABR 17/02, NZA 2004, 336.
35 GMPMG/Matthes/Schlewing § 87 Rn 29; kritisch auch Natter/Groß-Görg § 87 Rn 12.
36 BCF/Friedrich § 87 Rn 8.
37 Vgl. BAG, 17.04.2003 – 8 ABR 24/02, JurionRS 2003, 27051: Der durch den arbeitsgerichtlichen Beschluss begünstigte Beteiligte; ErfK/Koch § 87 ArbGG Rn 4: Die neben dem Beschwerdeführer Beteiligten; nach GMPMG/Matthes/Schlewing § 87 Rn 29 gibt es im Beschwerdeverfahren keinen Beschwerdegegner.
38 ErfK/Koch § 87 ArbGG Rn 2; GMPMG/Matthes/Schlewing § 87 Rn 6.
39 S. hierzu § 85 Rdn. 4 und Rudolf NZA 1988, 420.
40 LAG Hamm, 14.08.2009 – 10 TaBVGa 3/09, NZA-RR 2010, 191.

§ 65 aufgeführten Verfahrensfehler unterlaufen ist. Die **Prüfungskompetenz** des LAG ist insoweit **eingeschränkt**.[1]

Soweit § 88 durch seinen Verweis auf § 65 klarstellt, dass auch im Beschlussverfahren die Beschwerde nicht mit Erfolg darauf gestützt werden kann, dass bei der Berufung der ehrenamtlichen Richter Verfahrensmängel unterlaufen sind oder Umstände vorgelegen haben, die die Berufung eines ehrenamtlichen Richters zu seinem Amt ausgeschlossen haben, kommt dem **keine eigenständige Bedeutung** zu.[2] Denn eine **Zurückverweisung des Rechtsstreits** an das ArbG aufgrund solcher Verfahrensfehler ist schon **nach § 91 Abs. 1 Satz 2 ausgeschlossen**. 2

Nach §§ 88, 65 sind darüber hinaus auch die Frage der **Zulässigkeit des Rechtswegs**[3] und die Wahl der **richtigen Verfahrensart**[4] grds. **keiner erneuten Prüfung** durch das LAG zu unterziehen.[5] Die §§ 17 f. GVG und u.a. die §§ 48, 65, 80 Abs. 3 und 88 wurden durch das Vierte Gesetz zur Änderung der VwGO vom 17.12.1990[6] neu gefasst bzw. eingefügt. Mit der Einfügung des Vorabentscheidungsverfahrens sollte der Gleichwertigkeit aller Rechtswege und praktischen Bedürfnissen Rechnung getragen werden.[7] Die Frage der Rechtswegzuständigkeit bzw. der richtigen Verfahrensart soll zu einem möglichst frühen Zeitpunkt des Verfahrens **in erster Instanz abschließend geklärt** und das weitere Verfahren nicht mehr mit dem Risiko eines später erkannten Mangels des gewählten Rechtswegs bzw. der Verfahrensart belastet werden.[8] 3

Eine **fehlerhafte Entscheidung** kann somit den **Rechtsweg zu den Arbeitsgerichten** in einer nicht arbeitsrechtlichen Angelegenheit **begründen**,[9] ebenso ist es möglich, dass das LAG über einen **Streit im Beschlussverfahren entscheiden** muss, der **richtigerweise im Urteilsverfahren auszutragen** gewesen wäre. Letzteres kann zu Nachteilen für die Beteiligten bzw. Parteien führen, weil im Beschlussverfahren bspw. kein Versäumnisurteil und keine Kostenentscheidung ergehen können.[10] 4

II. Ausnahme

Ausnahmsweise darf das LAG über die Frage der **Zulässigkeit des Rechtswegs** oder der **richtigen Verfahrensart entscheiden**, wenn das ArbG einen **Verfahrensfehler begangen** und trotz einer diesbezüglich erhobenen Rüge entgegen (§ 48 Abs. 1 i.V.m.) § 17a Abs. 2 und 3 GVG nicht vorab durch Beschluss, sondern inzident in der Entscheidung zur Hauptsache mitentschieden hat. Hinter dieser Ausnahme steht die Erwägung, dass die **inkorrekte Verfahrensweise** des ArbG **nicht** zu **Rechtsnachteilen** für die Betroffenen führen darf.[11] Würde man auf diese Fallkonstellation § 88 i.V.m. 5

---

1 GK-ArbGG/Ahrendt § 88 Rn 3.
2 GK-ArbGG/Ahrendt § 88 Rn. 9; GMPMG/Matthes/Schlewing § 88 Rn 2; GWBG/Greiner § 88 Rn 1.
3 BAG, 08.06.1999 – 3 AZR 136/98, NZA 1999, 1103; BAG, 14.12.1998 – 5 AS 8/98, NZA 1999, 390; LAG Baden-Württemberg, 07.05.2007 – 4 Sa 1/07, AuA 2007, 433.
4 BAG, 20.04.1999 – 1 ABR 72/98, NJW 1999, 3281 = NZA 1999, 887; LAG Rheinland-Pfalz, 08.11.2007 – 9 TaBV 37/07, JurionRS 2007, 47310.
5 §§ 88, 65 sind dagegen nicht auf das Verhältnis der Arbeitsgerichte zu den nach dem BetrVG errichteten Stellen für eine innerbetriebliche Streitschlichtung anwendbar: BAG, 11.02.2014 – 1 ABR 76/12, NZA-RR 2015, 26.
6 BGBl. I, S. 2809.
7 BAG, 14.12.1998 – 5 AS 8/98, NZA 1999, 390.
8 Vgl. BT-Drs. 11/7030, S. 36.
9 BAG, 14.12.1998 – 5 AS 8/98, NZA 1999, 390.
10 GMPMG/Matthes/Schlewing § 88 Rn 5; Natter/Groß-Görg § 88 Rn 1.
11 LAG Schleswig-Holstein, 16.02.2012 – 4 TaBV 28/11, JurionRS 2012, 12460; Schwab/Weth/Busemann § 88 Rn 9.

§ 65 anwenden, so wäre den Beteiligten **jegliche Überprüfungsmöglichkeit genommen**.[12] In diesem Fall ist[13] die Beschwerde nach § 87 Abs. 1 nach dem **Grundsatz der Meistbegünstigung** (auch) als sofortige Beschwerde gem. § 83 Abs. 5 und § 78 i.V.m. § 17a Abs. 4 GVG zu behandeln. Das LAG hat das Verfahren sodann in die Bahn zu lenken, in die es bei richtiger Entscheidung der Vorinstanz und dem danach gegebenen Rechtsmittel gelangt wäre.[14]

6 Auch wenn §§ 88, 65 keine Regelung hinsichtlich der Prüfung der **örtlichen Zuständigkeit** enthalten, verbleibt es insoweit gem. § 513 Abs. 2 ZPO bei der **Prüfungssperre** durch § 48 Abs. 1 Nr. 1 i.V.m. § 17a Abs. 5 GVG analog, wenn das Arbeitsgericht trotz Rüge seine Zuständigkeit nur in der Hauptsacheentscheidung und nicht vorab durch Beschluss festgestellt hat. Denn die Erwägung, dass die inkorrekte Verfahrensweise des Arbeitsgerichts nicht zu Rechtsnachteilen für die hiervon Betroffenen führen darf,[15] spricht in diesem Fall nicht für eine Überprüfungsmöglichkeit des LAG. Hätte das Arbeitsgericht nach § 48 Abs. 1 Nr. 1 i.V.m. § 17a Abs. 3 GVG analog formell ordnungsgemäß vorab durch Beschluss über seine örtliche Zuständigkeit entschieden, wäre dieser Beschluss wegen seiner Unanfechtbarkeit der Überprüfung im Beschwerdeverfahren entzogen. Die verfahrensfehlerhafte Vorgehensweise des Arbeitsgerichts begründet keine rechtliche Möglichkeit, die bei richtiger Verfahrensweise nicht bestanden hätte.[16]

7 Prüft das LAG einen der gesperrten Beschwerdegründe, obwohl keine Ausnahme vom Prüfungsverbot des § 88 i.V.m. § 65 vorliegt, so stellt dies einen wesentlichen **Verfahrensmangel** dar, der bei Erhebung einer entspr. Rüge im Rechtsbeschwerdeverfahren zu einer **Zurückverweisung** führen kann.[17]

§ 89 Einlegung

(1) Für die Einlegung und Begründung der Beschwerde gilt § 11 Abs. 4 und 5 entsprechend.

(2) ¹Die Beschwerdeschrift muss den Beschluss bezeichnen, gegen den die Beschwerde gerichtet ist, und die Erklärung enthalten, dass gegen diesen Beschluss die Beschwerde eingelegt wird. ²Die Beschwerdebegründung muss angeben, auf welche im einzelnen anzuführenden Beschwerdegründe sowie auf welche neuen Tatsachen die Beschwerde gestützt wird.

(3) ¹Ist die Beschwerde nicht in der gesetzlichen Form oder Frist eingelegt oder begründet, so ist sie als unzulässig zu verwerfen. ²Der Beschluss kann ohne vorherige mündliche Verhandlung durch den Vorsitzenden ergehen; er ist unanfechtbar. ³Er ist dem Beschwerdeführer zuzustellen. ⁴§ 522 Abs. 2 und 3 der Zivilprozessordnung ist nicht anwendbar.

(4) ¹Die Beschwerde kann jederzeit in der für ihre Einlegung vorgeschriebenen Form zurückgenommen werden. ²Im Falle der Zurücknahme stellt der Vorsitzende das Verfahren ein. ³Er gibt hiervon den Beteiligten Kenntnis, soweit ihnen die Beschwerde zugestellt worden ist.

---

12 GK-ArbGG/Ahrendt § 88 Rn 10.
13 Unter der Voraussetzung, dass die prozessordnungswidrige Verfahrensweise des ArbG auch zweitinstanzlich noch beanstandet wird: Schwab/Weth/Busemann § 88 Rn 10. Ein in erster Instanz verfahrensfehlerhaft nicht angehörter materiell Beteiligter kann eine entsprechende Rüge ausnahmsweise auch erstmals vor dem LAG wirksam erheben, da ihm eine frühere Rüge nicht möglich war: OLG Frankfurt, 28.03.2007 – 3 W 20/07, NZA 2007, 710.
14 BAG, 26.03.1992 – 2 AZR 443/91, NZA 1992, 954; BSG, 09.02.1993 – 12 RK 75/92, NZA 1994, 191; LAG Berlin-Brandenburg, 27.01.2014 – 4 Sa 1731/13, LAGE § 17a GVG Nr. 14. Zu den möglichen Fallgruppen und den sich daraus i.E. ergebenden Konsequenzen für das vom LAG einzuschlagende Verfahren s. Schwab/Weth/Busemann § 88 Rn 12 ff.
15 Hierzu Rdn. 5.
16 GK-ArbGG/Ahrendt § 88 Rn 5; HWK/Bepler/Treber § 88 Rn 6.
17 GK-ArbGG/Ahrendt § 88 Rn 2; Schwab/Weth/Busemann § 88 Rn 19.

Übersicht	Rdn.		Rdn.
I. Allgemeines	1	IV. Begründung der Beschwerde	13
II. Sachentscheidungsvoraussetzungen	2	V. Anschlussbeschwerde	18
1. Beschwerdebefugnis	2	VI. Unzulässige Beschwerde	24
2. Beschwer	4	VII. Rücknahme der Beschwerde	28
III. Einlegung der Beschwerde	7		

I. Allgemeines

§ 89 regelt die **Einlegung** und **Begründung** der Beschwerde (Abs. 1 und 2), deren **Verwerfung** (Abs. 3) und **Rücknahme** (Abs. 4). 1

II. Sachentscheidungsvoraussetzungen

1. Beschwerdebefugnis

Eine zulässige Beschwerde setzt voraus, dass der Beschwerdeführer auch beschwerdebefugt ist. Beschwerdebefugt sind grds. alle zu Recht beteiligten oder zu beteiligenden Personen und Stellen, soweit sie durch die Entscheidung beschwert sind. Beteiligte in Angelegenheiten des BetrVG ist jede Stelle, die durch die begehrte Entscheidung in ihrer **betriebsverfassungsrechtlichen Stellung unmittelbar betroffen** ist.[1] Damit ist auch derjenige beschwerdebefugt, der **erstinstanzlich zu Unrecht nicht** am Verfahren **beteiligt** wurde.[2] Andererseits ist ein vom ArbG **zu Unrecht Beteiligter** nicht beschwerdebefugt.[3] Ist eine Person oder Stelle nur hinsichtlich eines von mehreren gestellten Anträgen Beteiligte, so kann sie wegen der Entscheidung über die anderen Anträge keine Beschwerde einlegen.[4] 2

Im **Wahlanfechtungsverfahren** nach § 19 BetrVG ist der Betriebsrat beschwerdebefugt, wenn das ArbG die Betriebsratswahl für nichtig oder unwirksam erklärt hat.[5] Im Verfahren nach **§ 103 Abs. 2 BetrVG** ist das Betriebsratsmitglied Beteiligter (§ 103 Abs. 2 Satz 2 BetrVG) und somit beschwerdebefugt.[6] Gleiches gilt für die nach § 78a Abs. 4 Satz 2 BetrVG beteiligte **Jugend- und Auszubildendenvertretung**. 3

2. Beschwer

Voraussetzung für die Zulässigkeit der Beschwerde ist, dass der Beschwerdeführer durch die angefochtene Entscheidung beschwert ist und er mit seiner Beschwerde gerade die **Beseitigung dieser Beschwer** begehrt.[7] Die Beschwer eines Beteiligten besteht, wenn er durch die angegriffene Entscheidung nach ihrem dem Tenor und den Entscheidungsgründen zu entnehmenden rechtskraftfähigen Inhalt in seiner **Rechtsstellung** in irgendeiner Weise **beeinträchtigt** wird[8] und diese Beschwer zum Zeitpunkt der Beschwerdeeinlegung noch anhält.[9] 4

Für den **Antragsteller** ergibt sich die Beschwer aus dem Vergleich zwischen dem von ihm gestellten Antrag und der ergangenen Entscheidung.[10] Ob für die **übrigen Beteiligten** eine Beschwer gegeben ist, lässt sich nur **materiell** nach dem Inhalt der Entscheidung beantworten. Auf eine Differenz zwischen einem Antrag und einer Entscheidung kann nicht abgestellt werden, weil die übrigen 5

---

1 BAG, 08.12.2009 – 1 ABR 66/08, NJW 2010, 1990 = NZA 2010, 404.
2 BAG, 10.09.1985 – 1 ABR 15/83, AP Nr. 2 zu § 117 BetrVG 1972.
3 BAG, 07.11.2000 – 1 ABR 55/99, NZA 2001, 1211; 13.03.1984 – 1 ABR 49/82, NZA 1984, 172.
4 BAG, 31.01.1989 – 1 ABR 60/87, NZA 1989, 606.
5 BAG, 20.03.1996 – 7 ABR 34/95, NZA 1997, 107.
6 BAG, 10.12.1992 – 2 ABR 32/92, NZA 1993, 501.
7 BAG, 08.12.2009 – 1 ABR 66/08, NJW 2010, 1990 = NZA 2010, 404.
8 BAG, 29.01.1992 – 7 ABR 29/91, NZA 1993, 379.
9 LAG Schleswig-Holstein, 12.11.2015 – 5 TaBV 18/15, JurionRS 2015, 35926.
10 LAG Köln, 04.06.1987 – 10 TaBV 15/87, LAGE § 87 ArbGG 1979 Nr. 1.

Beteiligten einen Antrag nicht zu stellen brauchen.[11] Eine Beschwer ist nicht schon dann zu bejahen, wenn ein Beteiligter um Zurückweisung eines Antrags gebeten hat, diesem aber stattgegeben wird. Ansonsten könnte sich ein Beteiligter durch bloße Stellung eines Abweisungsantrags eine ihm materiell nicht zukommende Beschwerdebefugnis verschaffen.[12] Auch die Beschwerde eines in **erster Instanz zu Unrecht nicht Beteiligten** ist **nur zulässig**, wenn dieser **materiell** durch die Entscheidung **beschwert** ist.[13] Allein die unterlassene Beteiligung beinhaltet nicht zugleich das Vorliegen einer Beschwer.[14]

6 Eine Beschwer kann auch zu bejahen sein, wenn ein Antrag als **unzulässig statt als unbegründet** abgewiesen wird, weil es in diesem Fall an einer Sachentscheidung zugunsten des die Abweisung des Antrags als unbegründet erstrebenden Beteiligten fehlt.[15]

III. Einlegung der Beschwerde

7 Die Beschwerde muss **beim LAG** als Beschwerdegericht (§§ 87 Abs. 2 Satz 1, 64 Abs. 6 i.V.m. § 519 Abs. 1 ZPO) **eingelegt** werden. Wird sie beim ArbG eingereicht, wird die einmonatige Beschwerdefrist (§ 87 Abs. 2 Satz 1 i.V.m. § 66 Abs. 1) nur gewahrt, wenn die Beschwerdeschrift nach Weiterleitung im Rahmen des üblichen Geschäftsgangs noch fristgerecht beim LAG eingeht.[16] Die Beschwerdefrist beginnt nach § 66 Abs. 1 Satz 2 mit der **Zustellung** des **in vollständiger Form abgefassten Beschlusses** nach § 84, **spätestens** aber mit Ablauf von fünf Monaten nach der Verkündung. Sie ist eine **Notfrist** (§ 517 ZPO), die nicht verlängert werden kann (§ 224 Abs. 2 ZPO). Gegen ihre schuldlose Versäumung ist **Wiedereinsetzung** zulässig. Allerdings wird auch im Beschlussverfahren das Verschulden des Verfahrensbevollmächtigten dem vertretenen Beteiligten nach § 85 Abs. 2 ZPO zugerechnet.[17]

8 Die Beschwerdeschrift muss von einem **Rechtsanwalt oder** einer nach § 11 Abs. 2 Satz 2 Nr. 4 und 5 **zur Vertretung befugten Person** unterzeichnet sein (Abs. 1).[18] Eine solche Person muss im Beschwerdeverfahren keine formalen Anforderungen hinsichtlich ihrer juristischen Qualifikation erfüllen,[19] also insbesondere nicht die Befähigung zum Richteramt besitzen.[20] Die in § 11 geregelte Postulationsfähigkeit ist eine Prozesshandlungsvoraussetzung. Eine von einer nicht postulationsfähigen Person vorgenommene Rechtshandlung ist unwirksam.[21] Der Mangel der fehlenden Unterzeichnung der Beschwerdeschrift durch eine hierzu befugte Person kann nur bis zum Ablauf der Beschwerdefrist geheilt werden.[22]

9 Die einem Rechtsanwalt oder Verbandsvertreter für die Einleitung des Beschlussverfahrens erteilte **Verfahrensvollmacht** berechtigt diesen nach §§ 80 Abs. 2, 46 Abs. 2 i.V.m. § 81 ZPO auch zur **Einlegung von Rechtsmitteln**.[23] Die Bevollmächtigung zur Verfahrenseinleitung ist auch in der Beschwerdeinstanz zu prüfen.[24]

---

11 LAG Köln, 07.05.1992 – 6 (13) TaBV 7/92, LAGE § 87 ArbGG 1979 Nr. 2.
12 LAG Köln, 07.05.1992 – 6 (13) TaBV 7/92, LAGE § 87 ArbGG 1979 Nr. 2; a.A. BAG, 19.11.1974 – 1 ABR 50/73, NJW 1975, 1244, das eine formelle Beschwer ausreichen lässt.
13 GMPMG/Matthes/Schlewing § 89 Rn 8.
14 BAG, 29.01.1992 – 7 ABR 29/91, NZA 1993, 379.
15 BAG, 18.09.1997 – 2 ABR 15/97, NZA 1998, 189.
16 Vgl. BVerfG, 17.01.2006 – 1 BvR 2558/05, NJW 2006, 1579.
17 LAG Hamm, 07.10.2005 – 10 TaBV 93/05, JurionRS 2005, 25753.
18 Schwab/Weth/Busemann § 89 Rn 1a; für das zweitinstanzliche personalvertretungsrechtliche Beschlussverfahren: BVerwG, 04.08.2010 – 6 P 12/09, NZA-RR 2010, 672.
19 BAG, 18.06.2015 – 2 AZR 58/14, NZA 2016, 380.
20 HWK/Bepler/Treber § 89 Rn 4; a.A. GMPMG/Matthes/Schlewing § 89 Rn 24.
21 BAG, 29.01.1992 – 7 ABR 29/91, NZA 1993, 379.
22 GK-ArbGG/Ahrendt § 89 Rn 19.
23 BAG, 04.12.2013 – 7 ABR 7/12, NZA 2014, 803.
24 BAG, 30.09.2008 – 1 ABR 54/07, NZA 2009, 502.

▶ **Hinweis:**

Hat der Betriebsrat den für ihn auftretenden Rechtsanwalt nicht – wie erforderlich[25] – durch einen ordnungsgemäßen Betriebsratsbeschluss ermächtigt, so kann der Vertretungsmangel durch eine nachträgliche ordnungsgemäße Beschlussfassung und deren Nachweis auch noch im Rechtsmittelverfahren geheilt werden.[26]

In der Beschwerdeschrift ist nach Abs. 2 Satz 1 der **Beschluss**, gegen den sich die Beschwerde richtet, unter Nennung von erkennendem Gericht, Az. und Verkündungs- bzw. Zustellungsdatum zu **bezeichnen**.

▶ **Praxistipp:**

Der **Beschwerdeschrift** sollte entspr. § 519 Abs. 3 ZPO eine **Abschrift des angefochtenen Beschlusses beigefügt** werden, weil hierdurch für das Beschwerdegericht bei evtl. Fehlern in der Beschwerdeschrift erkennbar ist, welcher Beschluss angefochten wird. Ist dies dem Beschwerdegericht mangels entspr. Angaben nicht möglich, wird die Beschwerde nach Ablauf der Beschwerdefrist unzulässig.[27]

Die Beschwerdeschrift muss die Erklärung enthalten, dass gegen diesen Beschluss Beschwerde eingelegt werde. Eine **falsche Bezeichnung** des **Rechtsmittels schadet nicht**, sofern der Wille, das gegebene Rechtsmittel einzulegen, aus der Beschwerdeschrift ersichtlich ist.[28] Ferner muss der **Beschwerdeführer** nebst ladungsfähiger Anschrift **bezeichnet** werden, damit klargestellt wird, für wen die Beschwerde eingelegt wird. Nicht erforderlich ist die Angabe der übrigen Beteiligten und ihrer Anschriften[29] – dies ist vom LAG von Amts wegen zu ermitteln.

IV. Begründung der Beschwerde

Die Beschwerde kann bereits in der Beschwerdeschrift begründet werden. Geschieht dies nicht, so ist auch die gesonderte **Beschwerdebegründungsschrift** von einem **Rechtsanwalt** oder **Verbandsvertreter** zu **unterzeichnen** (vgl. den Wortlaut von § 89 Abs. 1: »Für die Einlegung **und** Begründung ...«).[30] Die **Begründungsfrist**, die mit der Zustellung des in vollständiger Form abgefassten Beschlusses, spätestens aber mit Ablauf von fünf Monaten seit Verkündung des angefochtenen Beschlusses, beginnt, **beträgt zwei Monate** (§ 87 Abs. 2 Satz 1 i.V.m. § 66 Abs. 1 Satz 1). Sie kann, wenn der Rechtsstreit nach freier Überzeugung des Vorsitzenden durch die Verlängerung nicht verzögert wird oder erhebliche Gründe für eine Fristverlängerung vorgebracht werden,[31] **einmal** (§ 87 Abs. 2 i.V.m. § 66 Abs. 1 Satz 5) vom Vorsitzenden **verlängert** werden. Die Entscheidung des Vorsitzenden über den Verlängerungsantrag, bei der ihm ein durch das Gebot des fairen Verfahrens begrenzter Ermessensspielraum zusteht, ist nach § 90 Abs. 3 unanfechtbar. Eine **wiederholte** Fristverlängerung ist **nicht** möglich. Eine Verlängerung der Begründungsfrist um mehr als einen Monat ist rechtlich zulässig.[32] Im Hinblick auf den auch im Beschlussverfahren geltenden Beschleunigungsgrundsatz (§ 9 Abs. 1) dürfte eine solche einen Monat überschreitende Verlängerung allerdings ohne das Vorliegen besonderer Umstände nicht in Betracht kommen.[33] Die Frist-

---

25 BAG, 16.11.2005 – 7 ABR 12/05, NZA 2006, 553.
26 BAG, 16.11.2005 – 7 ABR 12/05, NZA 2006, 553.
27 BAG, 15.02.1973 – 5 AZR 554/72, NJW 1973, 1392.
28 BAG, 03.12.1985 – 4 ABR 7/85, BAGE 50, 277.
29 BCF/Friedrich § 89 Rn 6 unter Hinweis auf BAG, 16.09.1986 – GS 4/85, NJW 1987, 1356 = NZA 1987, 136; GMPMG/Matthes/Schlewing § 89 Rn 18; Schwab/Weth/Busemann § 89 Rn 4; strenger BAG, 17.04.2003 – 8 ABR 24/02, JurionRS 2003, 27051; LAG Hamm, 15.04.2005 – 10 TaBV 101/04, JurionRS 2005, 17969; Ostrowicz/Künzl/Scholz/Ostrowicz Rn 768.
30 BVerwG, 04.08.2010 – 6 P 12/09, NZA-RR 2010, 672.
31 Hierzu BAG, 20.10.2004 – 5 AZB 37/04, NJW 2005, 173 = NZA 2004, 1350.
32 BAG, 16.07.2008 – 7 ABR 13/07, NZA 2009, 202.
33 HWK/Bepler/Treber § 89 Rn 4; GK-ArbGG/Ahrendt § 89 Rn 31.

verlängerung muss **vor Fristablauf beantragt** werden.[34] Bei schuldloser Versäumung der Beschwerdebegründungsfrist ist die Wiedereinsetzung in den vorigen Stand möglich.[35]

14 Der **Beschwerdebegründung** muss sich entweder durch einen ausdrücklichen Antrag oder doch zumindest durch die Ausführungen in der Begründung entnehmen lassen, **inwieweit** eine **Abänderung des erstinstanzlichen Beschlusses begehrt** wird (§§ 87 Abs. 2 Satz 1, 64 Abs. 6 i.V.m. § 520 Abs. 3 Satz 2 Nr. 1 ZPO).[36] Der **Antrag** muss **hinreichend bestimmt** sein. § 253 Abs. 2 Nr. 2 ZPO ist auch im Beschlussverfahren anwendbar.[37] Eine nur **teilweise Anfechtung** ist zulässig, wenn der Verfahrensgegenstand teilbar ist oder das ArbG mehrere selbstständige Anträge beschieden hat.[38] Der Antrag muss auf die vollständige oder teilweise Beseitigung der Beschwer des Beschwerdeführers gerichtet sein.[39]

15 Nach **Abs. 2 Satz 2** muss die Beschwerde angeben, auf welche i.E. anzuführenden **Beschwerdegründe** sowie auf welche **neuen Tatsachen** die Beschwerde gestützt wird. Dabei ist eine ausführliche **Auseinandersetzung mit der angefochtenen Entscheidung** erforderlich. **Zweck** des Begründungszwangs für ein Rechtsmittel ist auch im Beschlussverfahren, eine ausreichende **Vorbereitung** des Rechtsmittelverfahrens und eine **Konzentration des Streitstoffs** zu erreichen. Der Beschwerdeführer muss i.E. klar und konkret angeben, wie er durch die erstinstanzliche Entscheidung beschwert ist und welche Tatsachenfeststellungen und/oder welche die Entscheidung tragenden Rechtsansichten der ersten Instanz aus seiner Sicht unzutreffend sind.[40] Dabei reicht es **nicht** aus, die rechtliche oder tatsächliche Würdigung durch den Erstrichter mit formelhaften Wendungen zu rügen, lediglich auf das erstinstanzliche Vorbringen zu verweisen oder dieses zu wiederholen.[41] Dadurch soll sichergestellt werden, dass der Beschwerdeführer die **angefochtene Entscheidung** im Hinblick auf das Rechtsmittel **überprüft** und mit Blickrichtung auf die Rechtslage **durchdenkt**.[42]

16 Inwiefern vorgebrachte **neue Tatsachen** i.S.d. Abs. 2 Satz 2 **berücksichtigungsfähig** sind, richtet sich nach § **87 Abs. 3**.

17 Hat das ArbG seinen Beschluss auf **mehrere voneinander unabhängige**, selbstständig tragende **Gründe** gestützt, muss sich die **Beschwerdebegründung** mit **jedem** dieser Gründe **auseinandersetzen**. Ansonsten ist die Beschwerde **insgesamt unzulässig**.[43] Hat das ArbG über **mehrere Anträge** entschieden, muss sich die Begründung der uneingeschränkt eingelegten Beschwerde mit **allen** angefochtenen Beschlussteilen auseinandersetzen, ansonsten ist sie hinsichtlich der **nicht begründeten** Streitgegenstände unzulässig.[44]

V. Anschlussbeschwerde

18 Die **Anschlussbeschwerde** ist im Beschlussverfahren nach der Angleichung des Beschwerdeverfahrens an das Berufungsverfahren **statthaft**, auch wenn eine ausdrückliche gesetzliche Regelung fehlt. § 87 Abs. 2 Satz 1 erklärt über § 64 Abs. 6 auch § 524 ZPO für anwendbar.[45] Die Möglichkeit

---

34 BAG, 04.06.2003 – 10 AZR 586/02, NZA 2003, 1087.
35 Schwab/Weth/Busemann § 89 Rn 14.
36 BAG, 03.12.1985 – 4 ABR 60/85, BAGE 50, 258.
37 BAG, 09.12.2008 – 1 ABR 75/07, NJW 2009, 872 = NZA 2009, 254.
38 GMPMG/Matthes/Schlewing § 89 Rn 26.
39 GMPMG/Matthes/Schlewing § 89 Rn 25.
40 Hessisches LAG, 04.09.2007 – 4/5 TaBV 88/07, JurionRS 2007, 70934; 23.02.1988 – 5 TaBV 18/87, LAGE § 89 ArbGG 1979 Nr. 1.
41 Sächsisches LAG, 16.08.2006 – 2 TaBV 11/05, JurionRS 2006, 32860.
42 BAG, 30.10.2012 – 1 ABR 64/11, NJW 2013, 2218 = NZA 2013, 287.
43 BAG, 10.11.2009 – 1 ABR 64/08, NZA-RR 2010, 416; 15.11.2006 – 7 ABR 6/06, JurionRS 2006, 29393; Hessisches LAG, 04.09.2007 – 4/5 TaBV 88/07, JurionRS 2007, 70934.
44 BAG, 19.11.2003 – 7 ABR 25/03, AP Nr. 55 zu § 19 BetrVG 1972; Hessisches LAG, 03.07.2007 – 4 TaBV 204/06, JurionRS 2007, 43144.
45 GMPMG/Matthes/Schlewing § 89 Rn 34.

der Anschlussbeschwerde steht allerdings nur einem **beschwerdebefugten Beteiligten** offen. Nicht erforderlich ist, dass der Anschlussbeschwerdeführer durch die erstinstanzliche Entscheidung tatsächlich beschwert ist.[46] Dies bedeutet, dass ein in **erster** Instanz **voll obsiegender** Antragsteller in der **Beschwerdeinstanz** weitere Ansprüche (nur) im Rahmen einer **Anschlussbeschwerde** rechtshängig machen kann.[47] Gleiches gilt, wenn der erstinstanzlich voll obsiegende Antragsteller den bisherigen Verfahrensgegenstand im Beschwerdeverfahren ändern will.[48] Die **prozessuale Zulässigkeit** dieses Vorgehens i.Ü. richtet sich nach den Bestimmungen über die **Antragsänderung** (§ 87 Abs. 2 Satz 3 Halbs. 2 i.V.m. § 81 Abs. 3 Satz 1).

Für **Form und Inhalt** der Anschlussbeschwerde und deren **Begründung** gilt das **Gleiche** wie für die Einlegung und Begründung einer **selbstständigen Beschwerde**.[49] Der Anschlussbeschwerdeführer muss erklären, dass keine selbstständige Beschwerde, sondern Anschlussbeschwerde eingelegt werde und welcher eingelegten Beschwerde er sich anschließt. **19**

Ein vorheriger **Verzicht** auf die Beschwerde und der **Ablauf** der eigentlichen **Beschwerdefrist** stehen der Einlegung einer Anschlussbeschwerde **nicht** entgegen (§ 524 Abs. 2 Satz 1 ZPO).[50] **20**

Die Anschlussbeschwerde kann grundsätzlich **bis zum Schluss der mündlichen Anhörung** vor der Kammer eingelegt werden, denn eine **Frist für die Beschwerdeerwiderung** im Beschlussverfahren ist im ArbGG **nicht vorgesehen**. Hat der Vorsitzende den übrigen Beteiligten ordnungsgemäß nach § 83a Abs. 1a eine **Frist zur Erwiderung** auf die Beschwerde gesetzt, kann die Anschlussbeschwerde nur bis zum Ablauf dieser Frist eingelegt werden.[51] Wird die Beschwerdeerwiderungsfrist verlängert, **verlängert sich** automatisch **auch die Frist zur Einlegung der Anschlussbeschwerde**.[52] Der Fristablauf setzt voraus, dass die gerichtliche Verfügung eine **Fristsetzung** i.S.v. § 521 Abs. 2 Satz 1 ZPO enthält, wofür **nicht** genügt, wenn »Gelegenheit zur Stellungnahme« gegeben wird,[53] und dass sie **förmlich zugestellt** wird.[54] Wurde keine wirksame Frist gesetzt, kann die Anschlussbeschwerde bis zum Schluss des Anhörungstermins vor der Kammer eingelegt werden.[55] **21**

Die Anschlussbeschwerde muss **in der Anschlussschrift begründet** werden (§§ 87 Abs. 2 Satz 1, 64 Abs. 6 i.V.m. § 524 Abs. 3 Satz 1 ZPO).[56] Auch sie bedarf zu ihrer Zulässigkeit einer **konkreten**, ins Einzelne gehenden **Begründung**.[57] **22**

Nach § 524 Abs. 4 ZPO wird die **Anschlussbeschwerde wirkungslos**, wenn die Beschwerde, der sie sich angeschlossen hat, zurückgenommen oder als unzulässig verworfen wird. Dies ist im Einstellungs- oder Verwerfungsbeschluss **auszusprechen** wobei der **Tenor**, dem nur deklaratorische Bedeutung zukommt, insoweit lautet: »Die Anschlussbeschwerde des ... hat ihre Wirkung verloren«.[58] Die Rechtsfolge des § 524 Abs. 4 ZPO tritt auch ein, wenn der Sachantrag zurückgenommen, **23**

---

46 BAG, 14.09.2010 – 1 ABR 26/09, JurionRS 2010, 27830; Schwab/Weth/Busemann § 89 Rn 45; a.A. Natter/Groß-Görg § 89 Rn 7.
47 BAG, 17.02.2015 – 1 ABR 45/13, NZA 2015, 762; LAG Schleswig-Holstein, 09.12.2015 – 3 TaBV 39/15.
48 BAG, 17.02.2015 – 1 ABR 45/13, NZA 2015, 762.
49 LAG Hamm, 22.10.2010 – 10 TaBVGa 19/10, JurionRS 2010, 33432.
50 GMPMG/Matthes/Schlewing § 89 Rn 37.
51 BAG, 10.03.2009 – 1 ABR 93/07, NZA 2009, 622.
52 BAG, 17.02.2015 – 1 ABR 45/13, NZA 2015, 762.
53 BAG, 17.02.2015 – 1 ABR 45/13, NZA 2015, 762.
54 BGH, 23.09.2008 – VIII ZR 85/08, NJW 2009, 515.
55 BAG, 17.02.2015 – 1 ABR 45/13, NZA 2015, 762; a.A. BAG, 27.07.2005 – 7 ABR 54/04, NZA 2006, 59: Bis zum Ablauf eines Monats nach Zustellung der Beschwerdebegründung.
56 BAG, 14.09.2010 – 1 ABR 26/09, JurionRS 2010, 27830.
57 LAG Hessen, 06.05.1997 – 9 TaBV 187/96, JurionRS 1997, 14392.
58 BAG, 15.04.2014 – 1 ABR 80/12, NJW 2014, 2741 = NZA 2015, 62.

die Beschwerde von allen Beteiligten für erledigt erklärt oder über den Verfahrensgegenstand ein Vergleich geschlossen wird.[59]

VI. Unzulässige Beschwerde

24 **Grundsätzlich** entscheidet die Kammer des LAG über die Beschwerde durch einen instanzbeendenden Beschluss nach § 91 Abs. 1 Satz 1. In diesem wird bei einer unzulässigen Beschwerde diese als unzulässig verworfen. **Ausnahmsweise** kann nach Abs. 3 Satz 1 und 2 der **Vorsitzende allein** eine Beschwerde, die **nicht in der gesetzlichen Form oder Frist eingelegt** worden ist, im Interesse der Verfahrensbeschleunigung ohne mündliche Verhandlung – nach Gewährung rechtlichen Gehörs – als unzulässig verwerfen. Diese **Alleinentscheidungsbefugnis** umfasst auch die Versagung der **Wiedereinsetzung** in den vorigen Stand gegen die **Versäumung der Fristen** zur Einlegung und Begründung der Beschwerde.[60] Auch die **ordnungsgemäße Begründung** der Beschwerde gehört zur »gesetzlichen Form« des Rechtsmittels.[61] Der **Verwerfungsbeschluss** ist nach Abs. 3 Satz 2 Halbs. 2 **unanfechtbar** unabhängig davon, ob eine mündliche Verhandlung stattgefunden hat.[62] Lässt das LAG die **Rechtsbeschwerde** dennoch zu, ist das BAG hieran **nicht gebunden**.[63]

25 **Streitig** ist, ob Abs. 3 auch auf **sonstige Mängel**, die zur Unzulässigkeit der Beschwerde führen, Anwendung findet. Richtigerweise ist danach zu differenzieren, ob die Prüfung der Zulässigkeit zugleich eine **Beurteilung der materiellen Rechtslage** erfordert.[64] Ist dies der Fall, z.B. wenn sich die Frage nach der **Beschwerdebefugnis** des Beschwerdeführers oder seiner **Beschwer** stellt, ist darüber nach mündlicher Verhandlung der Beteiligten durch Beschluss der Kammer nach § 91 zu entscheiden.[65] Ist die Verwerfung der Beschwerde ohne Beurteilung der materiellen Rechtslage möglich, wie z.B. bei der mangelnden **Beschwerdefähigkeit** der angefochtenen Entscheidung, ist das vereinfachte Verfahren nach Abs. 3 anzuwenden.[66]

26 Der Beschluss nach Abs. 3 ist dem **Beschwerdeführer förmlich zuzustellen** (Abs. 3 Satz 3). Dies gilt **unabhängig** davon, ob er auf Grund **mündlicher Verhandlung** ergeht oder nicht. Hinsichtlich der **übrigen Beteiligten** genügt die **formlose** Mitteilung gem. § 329 Abs. 2 ZPO.

27 **§ 522 Abs. 2 und 3 ZPO**, wonach das Berufungsgericht die Berufung bei fehlender Erfolgsaussicht durch Beschluss zurückweisen kann, ist im Beschlussverfahren **nicht anwendbar** (Abs. 3 Satz 4). Auch eine in der Sache aussichtslose Beschwerde kann deshalb nur nach Anhörung der Beteiligten vor der Kammer gem. § 91 Abs. 1 Satz 1 durch Beschluss als unbegründet zurückgewiesen werden.

VII. Rücknahme der Beschwerde

28 Gem. Abs. 4 Satz 1 kann die **Beschwerde** jederzeit und somit **bis zum Eintritt der Rechtskraft** der Beschwerdeentscheidung oder der Einlegung der Rechtsbeschwerde[67] – **anders als der Antrag** – **ohne Zustimmung** der anderen Beteiligten[68] in der für ihre Einlegung vorgeschriebenen Form, also mittels Einreichung eines Schriftsatzes durch einen Rechtsanwalt oder Verbandsvertreter, zurückgenommen werden. Die Beschwerderücknahme kann auch durch den Beteiligten selbst **im**

---

59 HWK/Bepler/Treber § 89 Rn 8; GK-ArbGG/Ahrendt § 89 Rn 49.
60 LAG Schleswig-Holstein, 02.04.2014 – 5 TaBV 6/14, JurionRS 2014, 17451.
61 BAG, 08.09.2010 – 7 ABR 73/09, NZA 2011, 934.
62 BAG, 25.07.1989 – 1 ABR 48/88, NZA 1990, 73.
63 BAG, 23.06.1954 – 1 ABR 15/54, AP Nr. 5 zu § 92 ArbGG 1953.
64 BAG, 08.09.2010 – 7 ABR 73/09, NZA 2011, 934; ErfK/Koch § 89 ArbGG Rn 6; GK-ArbGG/Ahrendt § 89 Rn 55.
65 ErfK/Koch § 89 ArbGG Rn 6; GMPMG/Matthes/Schlewing § 89 Rn 48; Schwab/Weth/Busemann § 89 Rn 30.
66 GMPMG/Matthes/Schlewing § 89 Rn 48; Schwab/Weth/Busemann § 89 Rn 29.
67 HWK/Bepler/Treber § 89 ArbGG Rn 12.
68 LAG Nürnberg, 20.08.2014 – 2 TaBV 5/14, JurionRS 2014, 20450.

Anhörungstermin zu Protokoll erklärt werden.[69] Hat der Beschwerdeführer entgegen § 89 Abs. 1 **selbst Beschwerde** eingelegt, kann er diese **auf die gleiche Weise** auch wirksam zurücknehmen.[70] Die Einschaltung eines Rechtsanwalts oder Verbandsvertreters nur zur Beschwerderücknahme wäre eine unnötige Förmelei.[71]

Im Fall der Beschwerderücknahme **stellt** der Vorsitzende das Verfahren durch Beschluss **ein** (Abs. 4 Satz 2). **Streitig** ist, ob dieser **Einstellungsbeschluss** einen mit der Rechtsbeschwerde anfechtbaren **verfahrensbeendenden Beschluss** i.S.d. § 92 Abs. 1 Satz 1 darstellt.[72] Bejaht man dies, ist der Einstellungsbeschluss den Beteiligten mit einer entspr. Rechtsmittelbelehrung zuzustellen, da er dann eine Rechtsmittelfrist in Lauf setzt. Auch der Einstellungsbeschluss nach § 89 Abs. 4 Satz 2 enthält keine Kostenentscheidung.[73] 29

Die Beschwerderücknahme hat nach § 516 Abs. 3 Satz 1 ZPO zur Folge, dass der Beschwerdeführer der eingelegten Beschwerde **verlustig** wird, was durch entspr. Beschluss von Amts wegen auszusprechen ist (§ 516 Abs. 3 Satz 2 ZPO).[74] Die Beschwerde kann innerhalb noch offener Beschwerdefrist **erneut eingelegt** werden. 30

Dagegen bedeutet der **Verzicht** auf die Beschwerde (§ 515 ZPO analog) den endgültigen Verlust dieses Rechtsmittels. Die Beteiligten können bereits **vor** der erstinstanzlichen **Entscheidung** auf das **Rechtsmittel der Beschwerde** hiergegen wirksam **verzichten**.[75] 31

§ 90 Verfahren

(1) ¹Die Beschwerdeschrift und die Beschwerdebegründung werden den Beteiligten zur Äußerung zugestellt. ²Die Äußerung erfolgt durch Einreichung eines Schriftsatzes beim Beschwerdegericht oder durch Erklärung zur Niederschrift der Geschäftsstelle des Arbeitsgerichts, das den angefochtenen Beschluss erlassen hat.

(2) Für das Verfahren sind die §§ 83 und 83a entsprechend anzuwenden.

(3) Gegen Beschlüsse und Verfügungen des Landesarbeitsgerichts oder seines Vorsitzenden findet kein Rechtsmittel statt.

Übersicht	Rdn.		Rdn.
I. Allgemeines	1	3. Vergleich	12
II. Anhörung der Beteiligten (Abs. 1)	2	4. Erledigungserklärung	13
III. Das Verfahren vor dem LAG (Abs. 2)	7	IV. Unanfechtbare Beschlüsse und Verfügungen (Abs. 3)	17
1. Sachverhaltsaufklärung	8		
2. Terminsbestimmung	9		

---

69 GMPMG/Matthes/Schlewing § 89 Rn 56.
70 BCF/Friedrich § 89 Rn 10.
71 BGH, 22.03.1994 – XI ZB 3/94, NJW-RR 1994, 759; BVerwG, 27.10.2008 – 3 B 101/08, NVwZ 2009, 192; Zöller/Vollkommer § 78 Rn 19.
72 Bejahend z.B. LAG Rheinland-Pfalz, 25.06.1982 – 6 TaBV 10/82, LAGE § 92 ArbGG 1979 Nr. 1; verneinend z.B. LAG Hamm, 21.09.1999 – 13 TaBV 53/99, NZA-RR 2000, 660; s. zum Meinungsstand Bier jurisPR-BVerwG 12/2010 Anm. 4.
73 LAG Nürnberg, 20.08.2014 – 2 TaBV 5/14, JurionRS 2014, 20450.
74 LAG Nürnberg, 20.08.2014 – 2 TaBV 5/14, JurionRS 2014, 20450.
75 BAG, 08.09.2010 – 7 ABR 73/09, NZA 2011, 934 mit zust. Anm. von Matthes jurisPR-ArbR 13/2011 Anm. 7.

I. Allgemeines

1 Entgegen seiner Überschrift regelt § 90 nicht umfassend den Ablauf des Beschwerdeverfahrens im arbeitsgerichtlichen Beschlussverfahren, sondern enthält in den Abs. 1 und 3 nur Bestimmungen zur **Anhörung** der Beteiligten und zur **Unanfechtbarkeit** von Beschlüssen und Verfügungen des LAG. Abs. 2 verweist auf die in §§ 83, 83a enthaltenen **Verfahrensvorschriften des ersten Rechtszugs. Ergänzend** gelten nach § 87 Abs. 2 Satz 1 i.V.m. § 64 Abs. 6 die **Regelungen der ZPO über die Berufung, also u.a. die §§ 521 ff. ZPO**.

II. Anhörung der Beteiligten (Abs. 1)

2 Nach Abs. 1 Satz 1 sind die **Beschwerdeschrift** und die **Beschwerdebegründung** den Beteiligten **zuzustellen**, um ihnen die Möglichkeit zur Äußerung zu geben. Ob die Beteiligten zur Äußerung verpflichtet sind,[1] oder nicht,[2] ist ohne praktische Relevanz: Auch der Beteiligte, der sich nicht äußert, bleibt am Verfahren beteiligt[3] und ist zum Anhörungstermin zu laden.[4]

3 Die förmliche **Zustellung** muss an alle (materiell) Beteiligten erfolgen, also ggf. auch an Beteiligte, die im Beschluss des ArbG nicht genannt sind oder irrtümlich nicht beteiligt wurden.[5] Eine in den Tatsacheninstanzen verfahrensfehlerhaft **unterbliebene** Anhörung kann grundsätzlich noch in der Rechtsbeschwerdeinstanz **nachgeholt** werden.[6] Von der Zustellung kann **abgesehen** werden, wenn schon nach Eingang der Beschwerdeschrift oder der Begründung feststeht, dass die Beschwerde gem. § 89 Abs. 1 als **unzulässig** zu **verwerfen** ist.[7]

4 Bei erstinstanzlich durch einen Verfahrensbevollmächtigten vertretenen Beteiligten muss die Zustellung an diesen erfolgen (§§ 87 Abs. 2 Satz 1, 64 Abs. 7, 50 Abs. 2 i.V.m. § 172 Abs. 2 ZPO). Sollen bestimmte Stellen oder Personen zweitinstanzlich nicht mehr beteiligt werden, ist ihnen zuvor rechtliches Gehör zu gewähren.[8]

5 Nach Abs. 1 Satz 2 kann die Stellungnahme der Beteiligten schriftlich oder zu Protokoll der Geschäftsstelle des ArbG, das den angefochtenen Beschluss erlassen hat, erfolgen. Eine Erklärung zu Protokoll der Geschäftsstelle des LAG sieht das Gesetz nicht vor.[9] Für die Stellungnahme besteht **kein Vertretungszwang**.[10] Eine eingehende Stellungnahme ist den übrigen Beteiligten formlos (§ 270 Satz 1 ZPO) zuzuleiten.

6 Da es keine gesetzliche Frist zur Beschwerdebeantwortung gibt,[11] kann der Vorsitzende hierfür eine **angemessene Frist** – in der Praxis meist eine Frist von einem Monat – setzen, deren **Versäumung** dazu führen kann, dass der säumige Beteiligte mit seinem Vorbringen **ausgeschlossen** wird.[12]

III. Das Verfahren vor dem LAG (Abs. 2)

7 Nach Abs. 2 sind für das Verfahren die für das erstinstanzliche Beschlussverfahren geltenden **§§ 83 und 83a entspr.** anzuwenden.

---

1 So ErfK/Koch § 90 ArbGG Rn 1.
2 So BCF/Friedrich § 90 Rn 3 und 4.
3 GMPMG/Matthes/Schlewing § 90 Rn 4 und 5.
4 BCF/Friedrich § 90 Rn 4.
5 GMPMG/Matthes/Schlewing § 90 Rn 2.
6 BAG, 17.04.2012 – 1 ABR 84/10, NZA 2013, 230.
7 GK-ArbGG/Ahrendt § 90 Rn 4.
8 Schwab/Weth/Busemann § 90 Rn 23.
9 GK-ArbGG/Ahrendt § 90 Rn 7.
10 BAG, 20.03.1990 – 1 ABR 20/89, NZA 1990, 699.
11 § 87 Abs. 2 Satz 1 verweist nicht auf § 66 Abs. 1 Satz 3.
12 S. zu den hierfür erforderlichen Voraussetzungen i.E. Schwab/Weth/Busemann § 90 Rn 12.

1. Sachverhaltsaufklärung

Vor dem LAG wird der Rechtsstreit im Rahmen der gestellten Anträge in tatsächlicher und rechtlicher Hinsicht **neu verhandelt** (§§ 528, 529 ZPO). Die Beteiligten können sich schriftlich äußern (Abs. 2 i.V.m. § 83 Abs. 4 Satz 1). Neues Vorbringen ist nach Maßgabe des Abs. 2 i.V.m. § 83 Abs. 1a zu berücksichtigen. Nach Abs. 2 i.V.m. § 83 Abs. 1 muss das Beschwerdegericht den Sachverhalt von Amts wegen ermitteln, es gilt somit auch im Beschwerdeverfahren der **Untersuchungsgrundsatz**. Dieser wird häufiger als im Berufungsverfahren eine Wiederholung der vor dem ArbG durchgeführten Beweisaufnahme (§ 83 Abs. 2) erfordern, wenn dies eine weitere Sachverhaltsaufklärung erwarten lässt.[13]

8

2. Terminsbestimmung

Sofern die Beschwerde nicht als unzulässig verworfen wird, bestimmt der Vorsitzende der Beschwerdekammer einen **Termin zur Anhörung der Beteiligten** und lädt sie zu diesem Termin, was mit der Zustellung der Beschwerdeschrift erfolgen kann, spätestens aber mit Zustellung der Beschwerdebegründung erfolgen sollte. Die Anhörung erfolgt auch dann vor der Kammer, wenn sich die Beteiligten schon schriftlich geäußert haben. Die **Ladungsfrist** beträgt nach § 523 Abs. 2 i.V.m. § 274 Abs. 3 ZPO **zwei Wochen**.

9

Bleibt ein Beteiligter der Anhörung **trotz Ladung unentschuldigt** fern, ist der **Pflicht zur Anhörung genügt**, wenn in der Ladung auf die Folgen unentschuldigten Fehlens hingewiesen wurde (Abs. 2 i.V.m. § 83 Abs. 4 Satz 2).

10

Mit **Einverständnis aller Beteiligten** kann das Gericht **ohne mündliche Verhandlung** entscheiden (Abs. 2 i.V.m. § 83 Abs. 4 Satz 3).

11

3. Vergleich

Auch das LAG soll eine **gütliche Einigung** der Beteiligten anstreben (§§ 87 Abs. 2 Satz 1, 64 Abs. 7, 57 Abs. 2). Die Beteiligten können deshalb auch in der Beschwerdeinstanz das Verfahren durch einen Vergleich erledigen, soweit sie über den Gegenstand des Vergleichs verfügen können (Abs. 2 i.V.m. § 83a Abs. 1).

12

4. Erledigungserklärung

Ebenso ist im Beschwerdeverfahren eine Beilegung des Streits durch **übereinstimmende Erledigungserklärung** der Beteiligten möglich (§ 90 Abs. 2 i.V.m. § 83a Abs. 1). Mit der daraufhin erfolgenden **Verfahrenseinstellung** durch den Vorsitzenden der LAG-Kammer (§ 90 Abs. 2 i.V.m. § 83a Abs. 2 Satz 1) wird der angefochtene Beschluss des ArbG gegenstandslos.

13

Eine wirksame Erledigungserklärung setzt eine **zulässige Beschwerde** voraus. Fehlt es hieran, ist die Beschwerde als unzulässig zu verwerfen.[14]

14

Erklärt der Antragsteller das Verfahren **einseitig** für **erledigt** und **widersprechen** andere Verfahrensbeteiligte der Erledigungserklärung, ist zu prüfen, ob ein erledigendes Ereignis eingetreten ist. Ist dies der Fall, ist das **Verfahren einzustellen**.[15] Anders als im Urteilsverfahren ist unerheblich, ob der gestellte Antrag bis dahin zulässig und begründet war.[16]

15

Fehlt es an einem **erledigenden Ereignis**, liegt in der einseitigen Erledigungserklärung eine mangels Zustimmung in der Beschwerdeinstanz unzulässige (vgl. § 87 Abs. 2 Satz 3 Halbs. 1) Antragsrücknahme, sodass über den Antrag in der Sache zu entscheiden ist.[17]

16

---

13 GMPMG/Matthes/Schlewing § 90 Rn 11.
14 BAG, 27.08.1996 – 3 ABR 21/95, NZA 1997, 623.
15 BAG, 19.02.2008 – 1 ABR 65/05, NZA-RR 2008, 490.
16 BAG, 08.12.2010 – 7 ABR 69/09, NZA 2011, 362.
17 BAG, 27.08.1996 – 3 ABR 21/95, NZA 1997, 623.

Oesterle

IV. Unanfechtbare Beschlüsse und Verfügungen (Abs. 3)

17 Abs. 3 betrifft **im Laufe des Verfahrens** ergehende Beschlüsse und Verfügungen des LAG oder seines Vorsitzenden, **nicht** dagegen den **instanzbeendenden Beschluss**. Abs. 3 stellt eine Sonderregelung für die verfahrensbegleitenden Beschlüsse dar, die das Beschwerdeverfahren selbst betreffen. Diese werden für **unanfechtbar** erklärt. Soweit Abs. 3 greift, findet § 83 Abs. 5 trotz der Inbezugnahme in Abs. 2 **keine Anwendung**.

18 Von der Unanfechtbarkeit gem. Abs. 3 **ausgenommen** sind die Beschlüsse, in denen das LAG als **Rechtsmittelgericht** über Prozess leitende Beschlüsse und Verfügungen des ArbG befunden hat. Gegen solche Beschlüsse kann das LAG die **Rechtsbeschwerde** jedenfalls dann **zulassen**, wenn es als Rechtsmittelgericht über eine sofortige Beschwerde nach § 78 i.V.m. § 83 Abs. 5 entscheidet.[18]

§ 91 Entscheidung

(1) ¹Über die Beschwerde entscheidet das Landesarbeitsgericht durch Beschluss. ²Eine Zurückverweisung ist nicht zulässig. ³§ 84 Satz 2 gilt entsprechend.

(2) ¹Der Beschluss nebst Gründen ist von den Mitgliedern der Kammer zu unterschreiben und den Beteiligten zuzustellen. ²§ 69 Abs. 1 Satz 2 gilt entsprechend.

Übersicht	Rdn.		Rdn.
I. Entscheidung durch Beschluss	1	II. Rechtskraft des Beschlusses	13

I. Entscheidung durch Beschluss

1 Abs. 1 Satz 1 regelt den **instanzbeendenden Beschluss**, mit dem über die Beschwerde entschieden wird. **Ausgenommen** sind die Verwerfung der Beschwerde als unzulässig (§ 89 Abs. 3) und die Einstellungsentscheidungen bei Antrags- (§ 87 Abs. 2 Satz 3) oder Beschwerderücknahme (§ 89 Abs. 4 Satz 2) und übereinstimmender Erledigungserklärung (§§ 90 Abs. 2, 83a Abs. 2 Satz 1).

2 Der **Beschluss ergeht** sowohl bei mündlicher Anhörung der Beteiligten als auch im schriftlichen Verfahren durch die Kammer **einschließlich der ehrenamtlichen Richter**.[1] Er ist gem. Abs. 1 Satz 3 i.V.m. § 84 Satz 2 **schriftlich** abzufassen.

3 Der Beschluss enthält zunächst das **Rubrum** und die **Entscheidungsformel** (den Tenor). Die Entscheidung des ArbG darf nur insoweit abgeändert werden, als das beantragt ist (§ 528 Satz 2 ZPO). Dies **schließt** eine **Abänderung** zu Lasten des **Beschwerdeführers** aus.

4 Eine **Zurückverweisung** an das ArbG ist nach § 91 Abs. 1 Satz 2 **generell ausgeschlossen**,[2] womit die Regelung über das in § 68 geregelte Zurückverweisungsverbot wegen Verfahrensmängeln hinausgeht.[3] Das LAG muss daher auch in den – seltenen – Fällen des § 538 Abs. 2 ZPO selbst entscheiden.[4] Wird contra legem zurückverwiesen, so wird das Verfahren bei nicht zugelassener oder erfolgloser Rechtsbeschwerde wieder beim ArbG anhängig, das unter Beachtung der Rechtsauffassung des LAG erneut entscheidet.[5]

5 In den **Tenor** ist auch **aufzunehmen, ob** die **Rechtsbeschwerde** an das BAG **zugelassen** wird oder nicht. Enthält der Tenor keinen diesbezüglichen Ausspruch, kann jeder Beteiligte binnen zwei

---

18 AG, 28.02.2003 – 1 AZB 53/02, NZA 2003, 516; BAG, 25.08.2004 – 1 AZB 41/03, AP Nr. 41 zu § 23 BetrVG 1972.
1 Schwab/Weth/Busemann § 90 Rn 21.
2 Sächsisches LAG, 05.05.2015 – 2 TaBV 26/14, JurionRS 2015, 18085.
3 Schwab/Weth/Busemann § 91 Rn 7.
4 GK-ArbGG/Ahrendt § 91 Rn 6.
5 ErfK/Koch § 91 ArbGG Rn 1; BCF/Friedrich § 91 Rn 2.

Wochen seit Verkündung des Beschlusses eine entspr. **Ergänzung der Entscheidung** beantragen (§§ 92 Abs. 1 Satz 2, 72 Abs. 1 Satz 2, 64 Abs. 3a Satz 2). Über den Antrag kann die Kammer ohne mündliche Verhandlung, aber unter Mitwirkung **derselben ehrenamtlichen Richter** wie bei Erlass des Beschlusses entscheiden.[6]

▶ **Hinweis:** 6

Die Zwei-Wochen-Frist des § 64 Abs. 3a Satz 2 beginnt nach dem klaren Gesetzeswortlaut mit der Verkündung der Entscheidung zu laufen. Auf die Kenntnis des Beteiligten vom Entscheidungsinhalt kommt es nicht an. Ggf. empfiehlt sich eine entspr. zeitnahe Nachfrage beim Gericht.[7]

In den Tenor ist auch eine evtl. **vorläufige Vollstreckbarkeit** des Beschlusses aufzunehmen. Grundsätzlich[8] wird die Entscheidung des LAG mit der Verkündung noch nicht rechtskräftig. 7

Unter der Überschrift »Gründe« sind **Tatbestand und Entscheidungsgründe darzustellen.** § 69 Abs. 2, nach dem im Berufungsurteil von der Darstellung des Tatbestands abgesehen werden kann, findet im zweitinstanzlichen Beschlussverfahren ebenso **keine** Anwendung[9] wie § 69 Abs. 3 Satz 2, wonach auf die arbeitsgerichtliche Entscheidung Bezug genommen werden kann. Nach § 91 Abs. 2 Satz 2 **gilt** für die Beschwerdeentscheidung **(nur)** § 69 Abs. 1 Satz 2 entsprechend. Enthält diese **keine Sachverhaltsdarstellung,** so führt dieser Rechtsfehler regelmäßig zu deren **Aufhebung und Zurückverweisung** der Sache an das LAG.[10] Für diese gesetzgeberische Entscheidung sprechen folgende Erwägungen: Die im Beschlussverfahren ergehenden Entscheidungen können für die Beteiligten, aber auch für nicht verfahrensbeteiligte Dritte (z.B. für betriebsangehörige Arbeitnehmer bei der im Verfahren zu klärenden Wirksamkeit einer Betriebsvereinbarung) für längere Dauer von erheblicher Bedeutung sein. Deshalb ist es zweckmäßig und dient auch der Akzeptanz und Befriedungswirkung[11] der Entscheidung, wenn der Sachverhalt nach erfolgter Aufklärung von Amts wegen in der Entscheidung der letzten Tatsacheninstanz aus sich selbst heraus verständlich und nachvollziehbar dargestellt wird.[12] Auch ein **Verzicht** auf die Darstellung der Gründe entspr. § 313a ZPO scheidet aus den genannten Gründen aus.[13] Wird die **Rechtsbeschwerde zugelassen,** muss der Beschluss eine **Rechtsmittelbelehrung** enthalten (§ 9 Abs. 5 Satz 1). Wird die Rechtsbeschwerde **nicht zugelassen,** genügt ein **Hinweis auf die Möglichkeit der Nichtzulassungsbeschwerde** nach § 92a,[14] denn diese ist kein Rechtsmittel, sondern nur ein Rechtsbehelf.[15] 8

Eine **Kostenentscheidung** und eine **Streitwertfestsetzung** enthält der Beschluss **nicht.** Der Streitwert wird (nur) auf Antrag gem. § 33 Abs. 1 RVG durch gesonderten Beschluss ohne Beteiligung der ehrenamtlichen Richter (§ 33 Abs. 8 Satz 3 RVG) festgesetzt. Dieser unterliegt im Hinblick auf § 33 Abs. 4 Satz 3 RVG keinem Rechtsmittel.[16] 9

Für die **Verkündung** des Beschlusses gelten nach Abs. 2 Satz 2 über § 69 Abs. 1 Satz 2 die Regelungen für das erstinstanzliche Beschlussverfahren entspr. 10

---

6 Germelmann NZA 2000, 1017, 1023; GMPMG/Matthes/Schlewing § 91 Rn 10.
7 Germelmann NZA 2000, 1017, 1022.
8 Siehe i.E. Rdn. 13 f.
9 BAG, 26.04.2005 – 1 ABR 1/04, NZA 2005, 884.
10 BAG, 13.05.2014 – 1 ABR 51/11, NZA 2014, 991. **Anders** ausnahmsweise dann, wenn das BAG den Streitstoff, über den das LAG entschieden hat, auf andere Weise als durch einen gesonderten Tatbestand in der angefochtenen Entscheidung, namentlich aufgrund einer ausreichenden Darstellung des Sach- und Streitstandes in den Entscheidungsgründen, zuverlässig feststellen kann: BAG, 26.04.2005 – 1 ABR 1/04, NZA 2005, 884.
11 GMPMG/Matthes/Schlewing § 91 Rn 6.
12 GWBG/Greiner § 91 Rn 3.
13 GK-ArbGG/Ahrendt § 91 Rn 4.
14 Schwab/Weth/Busemann § 91 Rn 19; ErfK/Koch § 91 ArbGG Rn 1; a.A. GWBG/Greiner § 91 Rn 8.
15 BAG, 08.07.2008 – 3 AZB 31/08, NZA-RR 2008, 540.
16 Natter/Groß-Pfitzer/Augenschein § 12 Rn 127; a.A. HWK/Bepler/Treber § 91 Rn 6.

Oesterle

11 ▶ **Hinweis:**

Auch im schriftlichen Verfahren erlassene Beschlüsse sind zu verkünden (§ 91 Abs. 2 Satz 2 i.V.m. §§ 69 Abs. 1 Satz 2, 60 Abs. 1 Satz 3).

12 Der **vollständige Beschluss** ist von den **Mitgliedern der Kammer**, also auch den ehrenamtlichen Richtern, zu **unterschreiben** und allen Beteiligten **zuzustellen** (Abs. 2 Satz 1). Bei **Verhinderung** eines ehrenamtlichen Richters an der Unterschriftsleistung hat der Vorsitzende dies unter Angabe des Verhinderungsgrundes unter dem Beschluss zu vermerken (§ 315 Abs. 1 Satz 2 ZPO analog).

II. Rechtskraft des Beschlusses

13 Der Beschluss des LAG beendet die zweite Instanz. **Mit Verkündung** werden nur solche Beschlüsse des LAG ggü. allen Beteiligten[17] **rechtskräftig**, die in Beschlussverfahren ergehen, in denen ein Rechtsbeschwerdeverfahren gesetzlich nicht vorgesehen ist, also Beschlüsse nach § 89 Abs. 3 Satz 2, § 100 Abs. 2 Satz 4 und in Verfahren des einstweiligen Rechtsschutzes.

14 Ansonsten gilt Folgendes: Wird die Rechtsbeschwerde zugelassen, tritt die Rechtskraft mit Ablauf der Rechtsbeschwerdefrist ein, wenn die Rechtsbeschwerde nicht eingelegt wird. Wenn die Rechtsbeschwerde nicht zugelassen wurde, wird der Beschluss mit Ablauf der Nichtzulassungsbeschwerdefrist[18] oder mit der Verwerfung oder Zurückweisung der Nichtzulassungsbeschwerde durch das BAG rechtskräftig.[19]

15 Dies hat erhebliche **praktische Bedeutung** in den Fällen, in denen von der **Rechtskraft** der Entscheidung im Beschlussverfahren **materiell-rechtliche Wirkungen abhängen** wie bspw. die Ersetzung der Zustimmung des Betriebsrats zu einer personellen Einzelmaßnahme. So kann der Arbeitgeber erst dann einem Betriebsratsmitglied wirksam eine außerordentliche Kündigung aussprechen, wenn der Beschluss über die Ersetzung der vom Betriebsrat verweigerten Zustimmung (§ 103 Abs. 2 BetrVG) rechtskräftig ist (§ 15 Abs. 1 KSchG).[20]

16 Nach der Rspr. des BAG können rechtskräftige Beschlüsse in Verfahren über betriebsverfassungsrechtliche Streitigkeiten über die Rechtskraftwirkung hinaus eine **präjudizielle Bindungswirkung** für spätere Individualstreitigkeiten entfalten, wenn der nachfolgende Rechtsstreit »als inhaltliche Fortsetzung des rechtskräftig abgeschlossenen Vorprozesses« erscheint.[21] In einem solchen Fall kann der einzelne Arbeitnehmer sich auch dann, wenn er am vorherigen Beschlussverfahren nicht beteiligt war, im nachfolgenden Individualprozess nicht darauf berufen, die im Individualprozess als Vorfrage zu beantwortende kollektivrechtliche Streitfrage sei im Beschlussverfahren unrichtig entschieden worden.[22]

17 Eine solche aus der Rechtskraft folgende **Präklusionswirkung** wurde z.B.[23] bei Entscheidungen im Zustimmungsersetzungsverfahren nach § 103 Abs. 2 BetrVG für das nachfolgende Kündigungsschutzverfahren[24] und im Beschlussverfahren über die Mitbestimmungspflichtigkeit einer Betriebsänderung für nachfolgende Ansprüche auf Nachteilsausgleich (§ 113 Abs. 3 BetrVG)[25] angenommen.

---

17 BAG, 29.09.2004 – 1 ABR 39/03, NZA 2005, 420.
18 LAG Niedersachsen, 22.01.2010 – 10 Sa 424/09, LAGE § 103 BetrVG 2001 Nr. 10.
19 BAG, 09.07.1998 – 2 AZR 142/98, NJW 1999, 444 = NZA 1998, 1273.
20 BAG, 09.07.1998 – 2 AZR 142/98, NJW 1999, 444 = NZA 1998, 1273; LAG Niedersachsen, 22.01.2010 – 10 Sa 424/09, LAGE § 103 BetrVG 2001 Nr. 10.
21 BAG, 18.10.2006 – 2 AZR 434/05, NZA 2007, 552.
22 BAG, 03.07.1996 – 2 AZR 813/95, NZA 1997, 607.
23 Zu weiteren Fallgruppen s.a. § 84 Rdn. 8 f.
24 BAG, 15.08.2002 – 2 AZR 214/01, NJW 2003, 1204 = NZA 2003, 432.
25 BAG, 10.11.1987 – 1 AZR 360/86, NZA 1988, 287.

Dritter Unterabschnitt Dritter Rechtszug

§ 92 Rechtsbeschwerdeverfahren, Grundsatz

(1) ¹Gegen den das Verfahren beendenden Beschluss eines Landesarbeitsgerichts findet die Rechtsbeschwerde an das Bundesarbeitsgericht statt, wenn sie in dem Beschluss des Landesarbeitsgerichts oder in dem Beschluss des Bundesarbeitsgerichts nach § 92a Satz 2 zugelassen wird. ²§ 72 Abs. 1 Satz 2, Abs. 2 und 3 ist entsprechend anzuwenden. ³In den Fällen des § 85 Abs. 2 findet die Rechtsbeschwerde nicht statt.

(2) ¹Für das Rechtsbeschwerdeverfahren gelten die für das Revisionsverfahren maßgebenden Vorschriften über Einlegung der Revision und ihre Begründung, Prozessfähigkeit, Ladung, Termine und Fristen, Ablehnung und Ausschließung von Gerichtspersonen, Zustellungen, persönliches Erscheinen der Parteien, Öffentlichkeit, Befugnisse des Vorsitzenden und der Beisitzer, gütliche Erledigung des Rechtsstreits, Wiedereinsetzung in den vorigen Stand und Wiederaufnahme des Verfahrens sowie die Vorschriften des § 85 über die Zwangsvollstreckung entsprechend, soweit sich aus den §§ 93 bis 96 nichts anderes ergibt. ²Für die Vertretung der Beteiligten gilt § 11 Abs. 1 bis 3 und 5 entsprechend. ³Der Antrag kann jederzeit mit Zustimmung der anderen Beteiligten zurückgenommen werden; § 81 Abs. 2 Satz 2 und 3 ist entsprechend anzuwenden.

(3) ¹Die Einlegung der Rechtsbeschwerde hat aufschiebende Wirkung. ²§ 85 Abs. 1 Satz 2 bleibt unberührt.

Übersicht	Rdn.
I. Mehrfachverwendung des Begriffs	1
II. Die anzuwendenden Bestimmungen	6
III. Statthaftigkeit der Rechtsbeschwerde	7
1. Anfechtung von verfahrensbeendenden Beschlüssen	7
2. Anfechtung von Einstellungsbeschlüssen	12
3. Anwendung des Zulassungsrechts aus dem Urteilsverfahren	18
4. Rechtsmittelbefugnis und Beteiligtenstellung	19
5. Prüfung der Beteiligung bislang nicht angehörter Beteiligter	20
6. Prüfung der Beteiligung der bisher Beteiligten	21
IV. Rechtsbeschwerdeschrift und Antragstellung	22
1. Bezeichnung der Verfahrensbeteiligten	22
2. Fassung des Rechtsbeschwerdeantrags	23
3. Schwierigkeiten bei der Sachantragsfassung	24
V. Besonderheiten des Rechtsbeschwerdeverfahrens	25
1. Verkürzung des Instanzenzugs nach der InsO	25
2. Vertretung der Beteiligten vor dem BAG	26
3. Rücknahme des Antrags	30
4. Antragsänderung	33
5. Abgrenzung der Zuständigkeit der Berufs- und Ehrenamtsrichter	35
VI. Anschlussrechtsbeschwerde	36
VII. Rechtsbeschwerde beim BVerwG	37
1. Angelegenheiten der Personalvertretungen nach dem Bundespersonalvertretungsgesetz	38
2. Angelegenheiten der Personalvertretungen nach den Landespersonalvertretungsgesetzen	39
3. Vertretungen der Richter und Staatsanwälte	43
4. Beteiligung des Oberbundesanwalts	44
VIII. Wirkung der Rechtsbeschwerde	45
IX. Rechtsmittel gegen nicht verfahrensbeendende Beschlüsse	46

I. Mehrfachverwendung des Begriffs

Zu Missverständnissen führt, dass der Gesetzgeber den Begriff der Rechtsbeschwerde im ArbGG mehrfach verwandt und dreifach unterschiedlich besetzt hat. In § 77 wird als Rechtsbeschwerde das Rechtsmittel im Urteilsverfahren bezeichnet, das sich gegen eine durch Beschluss des LAG als unzulässig verworfene Berufung richtet. Die in §§ 92 ff. geregelte Rechtsbeschwerde ist das im Beschlussverfahren zur Fehlerkontrolle durch das BAG führende Rechtsmittel. Es ist das Gegenstück zum Rechtsmittel der Revision im Urteilsverfahren. 1

2 Es bedarf noch einer weiteren begrifflichen Unterscheidung: Die Rechtsbeschwerde nach § 92 darf nicht mit der durch die ZPO-Reform 2001 zur Ablösung der weiteren Beschwerde eingeführten Rechtsbeschwerde verwechselt werden. Diese zur besseren Unterscheidung als »ZPO-Rechtsbeschwerde« zu bezeichnende Rechtsbeschwerde ist in § 78 ArbGG i.V.m. § 574 ZPO geregelt. Sie führt nur in den gesetzlich besonders geregelten Zulassungsfällen zum BAG. Sie betrifft sog. Nebenentscheidungen, die nicht aufgrund einer materiellen Erkenntnis das Beschlussverfahren beenden, wie z.B. in Entscheidungen über die Zulässigkeit des Rechtswegs oder über die Festsetzung eines Ordnungsgeldes.[1] Der dreistufige Rechtsweg beginnt in diesen Fällen mit der Beschwerde gegen die Entscheidung des ArbG (§ 78 Satz 1 i.V.m. §§ 567 ff. ZPO) und führt auf die sofortige Beschwerde zum LAG (§ 78 Satz 3 1. Alt.) und schließt mit der »ZPO-Rechtsbeschwerde« zum BAG (§ 78 Satz 3 2. Alt.). Diese zum BAG führende ZPO-Rechtsbeschwerde findet in beiden arbeitsgerichtlichen Verfahrensarten, also sowohl im Urteils- als auch im Beschlussverfahren, statt. Deshalb können sich mit der gesetzlichen Bezeichnung »Rechtsbeschwerde im Beschlussverfahren« zwei unterschiedliche Begriffsinhalte verbinden:

– Das in § 92 geregelte gegen verfahrensbeendende Beschlüsse gerichtete Rechtsmittel, das Gegenstück zur Revision ist, und
– das in § 78 gegen nichtverfahrensbeendende Beschlüsse gerichtete Rechtsmittel, das zur Vermeidung von Missverständnissen als »ZPO-Rechtsbeschwerde« zu bezeichnen ist.

3 Die Unterscheidung zwischen Rechtsbeschwerde i.S.v. § 92 ArbGG und ZPO-Rechtsbeschwerde hat Bedeutung für die forensische Praxis. Bei der ZPO-Rechtsbeschwerde besteht der Zugang zum BAG nur, soweit das LAG die Rechtsbeschwerde gemäß § 78 Satz 2 i.V.m. § 72 Abs. 2 zugelassen hat. Eine nachträgliche Zulassung über eine erfolgreiche Beschwerde ist ausgeschlossen[2] (weitere Einzelheiten vgl. § 78 Rdn. 58).

4 Umstritten ist die Beantwortung der Frage, ob die vom Vorsitzenden des Beschwerdegerichts nach übereinstimmender Erledigungserklärung der Beteiligten nach § 83a Abs. 2 Satz 1 beschlossene **Verfahrenseinstellung** als verfahrensbeendender Beschluss i.S.v. § 91 Abs. 1 anzusehen ist, der mit der Rechtsbeschwerde nach § 92 Abs. 1 Satz 1 anfechtbar ist. Das hat das BVerwG verneint.[3] Die überwiegende Meinung im Schrifttum bejaht dagegen die Frage.[4] Da das BVerwG aufgrund landesrechtlicher Verweisungen in Angelegenheiten der Personalvertretungen ebenfalls das arbeitsgerichtliche Beschlussverfahren anwendet, besteht die Gefahr einer Divergenz, die gemäß § 2 Abs. 1 des Gesetzes zur Wahrung der Einheitlichkeit der Rechtsprechung der obersten Gerichtshöfe des Bundes (RsprEinhG) zu einer Anrufung des Gemeinsamen Senats der obersten Gerichtshöfe des Bundes führen müsste. Das BVerwG hat den Rechtssatz aufgestellt, Einstellungsbeschlüsse seien keine verfahrensbeendenden Beschlüsse, weil diese über das Begehren des Antragstellers streitig entscheiden und daher in ihrer Bedeutung mit Urteilen vergleichbar sein müssten.[5] Wollte das

---

1 BAG, 02.06.2008 – 3 AZB 24/08, EzA § 23 BetrVG 2001 Nr. 2.
2 BAG, 11.06.2009 – 9 AZA 8/09, AP Nr. 21 zu § 78 ArbGG 1979; BAG, 28.02.2003 – 1 AZB 53/02, BAGE 105, 195, 197.
3 BVerwG, 08.03.2010 – 6 PB 47/09, PersR 2010, 210; zustimmend: Bier jurisPR-BVerwG 12/2010 Anm. 4.
4 ErfK/Koch ArbGG § 92 Rn 1 m. Verweis auf § 81 Rn 6; GMPMG/Matthes/Schlewing Rn 4; GK-ArbGG/Ahrendt § 83a Rn 4 mit missverständlichem Bezug auf Düwell/Lipke-Düwell § 92 Rn 2, obwohl ich mich bereits in der Vorauflage (2011) der gegenteiligen Ansicht des BVerwG angeschlossen habe; Hauck/Helml § 92 Rn 2; Schwab/Weth-Busemann § 92 Rn 3; ebenso LAG Rheinland-Pfalz, 25.06.1982 – 6 TaBV 10/82, EzA § 92 ArbGG 1979 Nr. 1; a.A. der sich das BVerwG angeschlossen hat: LAG Hessen, 24.01.1984 – 4 TaBV 82/83; LAG Hamm, 26.05.1989 – 8 TaBV 34/89, LAGE § 81 ArbGG 1979 Nr. 1; LAG Hamm, 21.09.1999 – 13 TaBV 53/99; LAG Hamburg, 27.08.1990 – 5 TaBV 3/90, LAGE § 92 ArbGG 1979 Nr. 2; LAG Köln, 27.11.1995 – 3 Ta 297/95; ebenso Schwab/Weth-Weth § 81 Rn 110, § 83a Rn 18.
5 BVerwG, 08.03.2010 – 6 PB 47/09 – Rn 5, PersR 2010, 210; deutlich hervorgehoben von Bier jurisPR-BVerwG 12/2010 Anm. 4.

BAG, wie in der jüngsten Entscheidung vorsichtig angedeutet,[6] davon abweichen, müsste es den Gemeinsamen Senat der obersten Gerichtshöfe des Bundes anrufen. Dem vom BVerwG entschiedenen Fall ist trotz der Klarstellung der Rechtsnatur des Einstellungsbeschlusses keine Lösung des aufgetretenen Rechtsschutzproblems zu entnehmen. Nach Meinung des BVerwG sind gegen Einstellungsbeschlüsse trotz aller Mängel, sofern das LAG keine Zulassung beschlossen hat, weder eine ZPO-Rechtsbeschwerde (§ 574 ZPO)[7] noch die sofortige Beschwerde nach § 567 ZPO (vgl. dazu § 78 Rdn. 13)[8] statthaft.

Die Rechtsprechung zum Rechtsschutz gegen zweifelhafte Einstellungsbeschlüsse ist widersprüchlich und auch hinsichtlich ihrer Auswirkungen auf die Justizgewährung überprüfungsbedürftig. So soll der Rechtsschutz gegen **erstinstanzliche nicht verfahrensbeendende Einstellungsbeschlüsse** über die sofortige Beschwerde zum BAG führen, während gegen **verfahrensbeendende Einstellungsbeschlüsse des LAG** Rechtsschutz nach § 92 Abs. 1 Satz 1 bestehen soll. Ausgangspunkt ist, dass gegen Beschlüsse und Verfügungen des Arbeitsgerichts oder seines Vorsitzenden nach § 83 Abs. 5 die Beschwerde nach Maßgabe des § 78 ArbGG stattfindet. § 78 Satz 1 ArbGG verweist auf die Beschwerdevorschriften der Zivilprozessordnung. Es handelt sich dabei um die sofortige Beschwerde zum LAG nach §§ 567 ff. ZPO und die Rechtsbeschwerde zum Bundesarbeitsgericht nach §§ 574 ff. ZPO (§ 78 Satz 3). An die Stelle der Zulassungsgründe nach § 574 Abs. 2 und 3 Satz 1 ZPO treten diejenigen nach § 72 Abs. 2 (§ 78 Satz 2 ArbGG). Daraus folgert das BAG, dass ein Beschluss des LAG, mit welchem dieses über die Beschwerde gegen einen Einstellungsbeschluss des Arbeitsgerichts entschieden hat, mit der Rechtsbeschwerde beim BAG angefochten werden kann, wenn das LAG die Zulassung beschlossen hat.[9] Das BAG kommt zu dieser Rechtswegkonstruktion, weil es den Einstellungsbeschluss der ersten Instanz als nicht verfahrensbeendenden Beschluss i.S.v. § 83 Abs. 5 behandelt. Da nach § 90 Abs. 3 für nicht verfahrensbeendende Beschlüsse des LAG oder seines Vorsitzenden kein Rechtsmittel stattfindet, ist dieser beschwerderechtliche Zugang bei Einstellungsbeschlüssen des LAG versperrt. Jetzt sieht das BAG plötzlich den Einstellungsbeschluss, so er denn in der höheren Instanz ergeht, als »förmlich« das Verfahren beendenden Beschluss an,[10] gegen den die Rechtsbeschwerde nach § 92 Abs. 1 Satz 1 eröffnet ist. Die Lösung der komplexen Rechtsfragen wird unter Rdn. 8 ff. dargestellt.

II. Die anzuwendenden Bestimmungen

Die Rechtsbeschwerde als dritter Rechtszug im Beschlussverfahren ist nur unvollständig durch eigenständige Bestimmungen in §§ 93 bis 96a ArbGG geregelt. In Abs. 2 Satz 1 ist auf die Bestimmungen über die Revision im arbeitsgerichtlichen Urteilsverfahren verwiesen, die ihrerseits wiederum auf die zivilprozessualen Vorschriften für Revision und Berufung verweisen (vgl. § 72 Rdn. 71 ff.). Das BAG hat seine frühere Rechtsprechung, nach der die unselbständige Anschlussrevision unstatthaft sei,[11] aufgegeben.[12] Danach ist § 92 Abs. 2 Satz 1, der für die Einlegung und Begründung der Rechtsbeschwerde auf die für das Revisionsverfahren maßgebenden Vorschriften verweist, so auszulegen, dass auch die Vorschrift über die Anschlussrevision (§ 556 ZPO) im arbeitsgericht-

---

6 So ausdrücklich ErfK/Koch § 91 Rn 1, § 81 Rn 6 unter Bezug auf BAG, 10.03.2009 – 1 ABR 93/07 – Rn 51, BAGE 130, 1 = EzA § 99 BetrVG 2001 Nr. 12.
7 BVerwG, 08.03.2010 – 6 PB 47/09, PersR 2010, 210.
8 Vgl. Schwab/Weth-Weth § 81 Rn 110, § 83a Rn 18.
9 BAG, 28.02.2003 – 1 AZB 53/02, BAGE 105, 195, 197 f. = EzA § 78 ArbGG 1979 Nr. 5.
10 So ausdrücklich ErfK/Koch § 91 Rn 1, § 81 Rn 6 unter Bezug auf BAG, 10.03.2009 – 1 ABR 93/07 – Rn 51, BAGE 130, 1 = EzA § 99 BetrVG 2001 Nr. 12.
11 BAG, 15.05.1957 – 1 ABR 8/55, AP Nr. 5 zu § 56 BetrVG.
12 BAG, 12.06.1996 – 4 ABR 1/95, AP § 96a ArbGG 1979 Nr. 2; BAG, 20.12.1988 – 1 ABR 63/87, BAGE 60, 311 = AP Nr. 5 zu § 92 ArbGG 1979.

lichen Beschlussverfahren Anwendung findet.[13] Die im ArbGG enthaltenen Sondervorschriften für das Rechtsbeschwerdeverfahren entsprechen weitgehend denen, die nach § 87 Abs. 2 Satz 1 für die Beschwerde im Beschlussverfahren gelten. Kraft der Verweisung in Abs. 2 Satz 1 und 2 gelten folgende allgemeine Bestimmungen:

– Ablehnung und Ausschließung von Gerichtspersonen: §§ 72 Abs. 6, 49 Abs. 1 i.V.m. § 41 ff. ZPO;
– Befugnisse des Vorsitzenden und Hinzuziehung der ehrenamtlichen Richter: §§ 72 Abs. 6, 53;
– Einlegung und Begründung des Rechtsmittels: §§ 77 Abs. 1, 72 Abs. 5 i.V.m. §§ 549 bis 551 ZPO;
– Gütliche Erledigung des Rechtsstreits: §§ 72 Abs. 6, 57 Abs. 2;
– Ladung, Termine und Fristen: § 52 Abs. 5 i.V.m. §§ 557, 214 ff. ZPO; § 74 Abs. 2 Satz 1 i.V.m. § 553 ZPO;
– Öffentlichkeit: §§ 72 Abs. 6, 52;
– Persönliches Erscheinen der Parteien: § 72 Abs. 5 i.V.m. § 141 ZPO;
– Prozessfähigkeit: § 50 ZPO i.V.m § 10;
– Vertretung durch Verfahrensbevollmächtigte: §§ 92 Abs. 2 Satz 2, 11 Abs. 1 bis 3 und 5;
– Wiederaufnahme: §§ 72 Abs. 5, 79 i.V.m. § 578 ZPO;
– Wiedereinsetzung in den vorigen Stand: § 72 Abs. 5 i.V.m. §§ 565, 230 ff. ZPO;
– Zustellung: §§ 72 Abs. 6, 50 i.V.m. §§ 166 ff. ZPO;
– Zwangsvollstreckung: §§ 92 Abs. 2 Satz 1, 85.

III. Statthaftigkeit der Rechtsbeschwerde

1. Anfechtung von verfahrensbeendenden Beschlüssen

7   Im Beschlussverfahren findet die Rechtsbeschwerde nur gegen verfahrensbeendende Beschlüsse der Landesarbeitsgerichte statt. **Verfahrensbeendende Beschlüsse** sind Beschlüsse, mit denen das LAG i.S.v. § 91 über die Beschwerde entscheidet, die gegen einen im Beschlussverfahren ergangenen verfahrensbeendenden Beschluss des ArbGG eingelegt worden ist (§§ 84, 87).

8   Im Beschlussverfahren ergehende **Teil- und Zwischenbeschlüsse** sind ebenso wie im Urteilsverfahren ergehende Teilurteile und Zwischenurteile mit der Rechtsbeschwerde anfechtbar, sofern sie selbstständig anfechtbar und abschließend sind.[14] Das ergibt die gebotene entsprechende Anwendung von §§ 301 und 303 ZPO.[15]

9   Ausgeschlossen ist ausdrücklich nach Abs. 1 Satz 3 die Rechtsbeschwerde gegen Beschlüsse im einstweiligen Verfügungsverfahren. Zwar heißt es in § 92 Abs. 1 i.V.m. § 72 Abs. 3 ArbGG, dass das BAG an die Zulassung der Rechtsbeschwerde durch das LAG gebunden ist. Diese Bindung bezieht sich jedoch nur auf eine Zulassung der Rechtsbeschwerde in solchen Entscheidungen, gegen die nach der gesetzlichen Regelung ein Rechtsmittel an das Bundesarbeitsgericht überhaupt möglich sein soll. Soweit dieses Rechtsmittel – wie hier – ausdrücklich ausgeschlossen wird, ist die Zulassung gesetzwidrig. An eine solche gesetzwidrige Zulassung ist das BAG nicht gebunden.[16] Nach der Systematik des Revisionsrechts soll nämlich das BAG von vornherein nicht im Verfahren über den **Erlass einer einstweiligen Verfügung** entscheiden. Das ist unabhängig davon, auf welchem prozessualen Weg das BAG mit der Entscheidung befasst wird.[17]

---

13 BAG, 12.06.1996 – 4 ABR 1/95, AP § 96a ArbGG 1979 Nr. 2; BAG, 20.12.1988 – 1 ABR 63/87, BAGE 60, 311 = AP Nr. 5 zu § 92 ArbGG 1979.
14 GMPMG/Matthes/Schlewing § 92 Rn 5; Schwab/Weth-Busemann § 92 Rn 3.
15 Bader/Creutzfeldt/Friedrich § 92 Rn 6.
16 BAG, 25.07.1989 – 1 ABR 48/88, EzA § 89 ArbGG 1979 Nr. 3.
17 BAG, 16.12.2004 – 9 AZN 969/04, EzA § 72 ArbGG 1979 Nr. 33.

Ferner ist die Rechtsbeschwerde nicht statthaft, wenn das LAG über eine Beschwerde gegen die **Bestimmung des Einigungsstellen-Vorsitzenden** bzw. der Zahl der Beisitzer durch das ArbG nach § 98 Abs. 1 entschieden hat. Die Rechtsbeschwerde ist in § 98 Abs. 2 Satz 4 ausgeschlossen und deshalb selbst dann nicht statthaft, wenn das LAG sie durch eine fehlerhafte Rechtsmittelbelehrung oder ausdrücklich auch in den Entscheidungsgründen zugelassen hat.[18]

10

Wegen der besonderen gesetzlichen Bestimmung in § 89 Abs. 3 Satz 2 Halbs. 2 ist die Rechtsbeschwerde auch nicht gegen den Beschluss des LAG statthaft, mit dem die Beschwerde als unzulässig verworfen worden ist.[19] Darauf, ob der Verwerfungsbeschluss ohne mündliche Anhörung oder aufgrund einer solchen ergangen ist, kommt es nicht an.[20] Eine **versehentlich** entgegen § 89 Abs. 3 Satz 2 Halbs. 2 **erfolgte Zulassung** der Rechtsbeschwerde bindet das Rechtsbeschwerdegericht nicht. Die gesetzlich angeordnete Unanfechtbarkeit kann nicht durch das LAG beseitigt werden.[21] Hier liegt ein schwer nachvollziehbares Rechtsschutzdefizit im Vergleich zum Urteilsverfahren vor. Nach § 77 ist dort die Revisionsbeschwerde gegen den Verwerfungsbeschluss jedenfalls dann statthaft, wenn das LAG die Rechtsbeschwerde zulässt. Die Einschränkung des Rechtsschutzes in § 89 Abs. 3 Satz 2 Hs. 2 findet jedoch keine Anwendung, wenn eine Beschwerde wegen eines außergerichtlich erklärten Rechtsmittelverzichts als unzulässig verworfen wird.[22] Dem ist zuzustimmen; denn die Prüfung des Beschwerdegerichts ist dann nicht auf die Einhaltung von gesetzlichen Anforderungen an Frist und Form der Einlegung des Rechtsmittels sowie der Ordnungsgemäßheit seiner Begründung[23] beschränkt; vielmehr ist die Auslegung und Beurteilung einer außerprozessualen materiellrechtlichen Vereinbarung notwendig.

11

2. Anfechtung von Einstellungsbeschlüssen

Nach der überwiegenden Meinung im Schrifttum sollen auch die **Einstellungsbeschlüsse**, die nach der Rücknahme der Beschwerde gemäß § 89 Abs. 4 Satz 2, nach der Rücknahme des Antrags gemäß § 87 Abs. 2 Satz 3 i.V.m. § 81 Abs. 2 Satz 2 oder nach dem Abschluss eines Vergleichs der Beteiligten oder nach übereinstimmenden Erledigungserklärungen aller Beteiligten gemäß § 90 Abs. 2 i.V.m. § 83a Abs. 2 Satz 1 gefasst werden, das Verfahren beendend wirken. Folgte man dieser Ansicht, so wären Einstellungsbeschlüsse grds. rechtsbeschwerdefähig. Allerdings bedarf es noch einer Zulassung der Rechtsbeschwerde entweder durch das LAG nach § 92 Abs. 1 Satz 2, § 72 Abs. 2 oder nach erfolgreicher Beschwerde durch das BAG nach §§ 92a, 72a. Dafür wird es regelmäßig an einem Zulassungsgrund fehlen.

12

Das **BVerwG** zählt die Einstellungsbeschlüsse zu Recht nicht zu den verfahrensbeendenden Beschlüssen (vgl. Rdn. 4).[24] Darunter fallen:
— Einstellungsbeschlüsse nach § 89 Abs. 4 Satz 2 wegen Rücknahme der Beschwerde,
— Einstellungsbeschlüsse nach §§ 81 Abs. 2 Satz 2, 87 Abs. 2 Satz 3 wegen Rücknahme des Antrags,
— Einstellungsbeschlüsse nach § 90 Abs. 2 sowie nach § 83a Abs. 2 Satz 1 wegen Abschluss eines Vergleichs oder sonstiger Erledigung.

13

---

18 BAG, 25.07.1989 – 1 ABR 48/88, EzA § 89 ArbGG 1979 Nr. 3.
19 BAG, 25.07.1989 – 1 ABR 48/88, EzA § 89 ArbGG 1979 Nr. 3.
20 BAG, 25.07.1989 – 1 ABR 48/88, EzA § 89 ArbGG 1979 Nr. 3.
21 BAG, 25.07.1989 – 1 ABR 48/88, EzA § 89 ArbGG 1979 Nr. 3.
22 BAG, 08.09.2010 – 7 ABR 73/09, BAGE 135, 264 = EzA § 99 BetrVG 2001 Nr. 17; zustimmend: Matthes jurisPR-ArbR 13/2011 Anm. 7.
23 Dazu, dass die ordnungsgemäße Begründung zu diesen formellen Anforderungen gehört: BAG, 08.09.2010 – 7 ABR 73/09, BAGE 135, 264 = EzA § 99 BetrVG 2001 Nr. 17.
24 BVerwG, 08.03.2010 – 6 PB 47/09, PersR 2010, 210.

14 Die Verfahrenseinstellung ist nach Auffassung des BVerwG[25] und vieler Instanzgerichte[26] sowie eines Teils des Schrifttums[27] kein konstitutiv das Verfahren beendender Beschluss i.S.v. § 90 Abs. 1, der mit der Rechtsbeschwerde nach § 92 Abs. 1 Satz 1 anfechtbar ist. Für die Auffassung des BVerwG spricht, dass §§ 87, 92 ArbGG nur die Rechtsmittel gegen im Beschlussverfahren ergangene Entscheidungen eröffnen sollen, die in ihrer Bedeutung Urteilen vergleichbar sind. Dazu zählen nur Beschlüsse, durch welche aufgrund materieller Erkenntnis über das Begehren des Antragstellers entschieden wird. Einstellungsbeschlüssen nach § 83a Abs. 2 ArbGG liegt demgegenüber keine materielle Prüfung zugrunde. Es wird noch nicht einmal geprüft, ob ein erledigendes Ereignis tatsächlich eingetreten ist. Das Verfahren ist einzustellen, wenn die Erledigungserklärungen aller Beteiligten vorliegen oder die Zustimmung der sonstigen Beteiligten zur Erledigungserklärung des Antragstellers als erteilt gilt. Der Entscheidung des BVerwG lag folgender Sachverhalt zugrunde:[28] Das Beschwerdegericht ging von übereinstimmenden Erledigungserklärungen aller Beteiligten aus. Der Vorsitzende stellte darauf das Verfahren nach § 83a Abs. 2 Satz 1 ein. Das BVerwG verneinte sowohl – wegen fehlender Zuordnung des Einstellungsbeschlusses als verfahrensbeendender Beschluss – die Statthaftigkeit einer Rechtsbeschwerde nach § 92 als auch – wegen fehlender Zulassung – die Zulässigkeit der sonst nach §§ 78, 83 Abs. 5 i.V.m. § 574 ZPO als statthaft angesehenen Beschwerde.

15 Meine früher vertretene Auffassung, dass die Einstellungsbeschlüsse des Vorsitzenden verfahrensbeendende Entscheidungen i.S.v. § 91 Abs. 1 Satz 1 seien, habe ich mit Rücksicht auf die zutreffenden Erwägungen des BVerwG bereits in der Vorauflage[29] aufgegeben. Bemerkenswert ist, dass die überwiegenden Stimmen in der Kommentarliteratur weder die Entscheidung des BVerwG erwähnen, noch belastbare Argumente für die Beibehaltung ihrer Auffassung liefern. Koch verweist zur Begründung auf einen Einstellungsbeschluss des Ersten Senats hinsichtlich eines in der Rechtsbeschwerdeinstanz angefallenen Hilfsantrags.[30] In der zitierten Entscheidung führt der Senat aus: »Die Einstellung sei in entsprechender Anwendung des § 81 Abs. 2 Satz 2, § 83a Abs. 2 Satz 1 ArbGG i.V.m. § 92 Abs. 2 Satz 3, § 95 Satz 4 in Fällen wie diesem (hier: übereinstimmend für erledigt erklärt) – durch den Senat – auszusprechen.«[31] Daraus kann kein zur konstitutiven Wirkung der Beendigung des Verfahrens aufgestellter Rechtssatz entnommen werden. Die vom BVerwG in dessen Entscheidung angestellten Erwägungen werden überhaupt nicht angesprochen. Für die Auffassung des BVerwG spricht, dass der Einstellungsbeschluss den Beteiligten **nicht förmlich zuzustellen**, sondern den Beteiligten nach § 81 Abs. 2 Satz 3, § 83a Abs. 2 Satz 2, § 89 Abs. 4 Satz 3 nur zur Kenntnis zu geben ist. Wäre er ein das Verfahren beendender Beschluss, so müsste er förmlich zugestellt werden, damit er die Rechtsmittelfrist nach § 92 Abs. 2, § 74 Abs. 1 in Gang setzt. Zu Recht sieht deshalb die jüngste Rspr. den Einstellungsbeschluss nach §§ 81 Abs. 2, § 83a Abs. 2, 89 Abs. 4 Satz 2 nicht als einen mit verfahrensbeendender Wirkung i.S.v. § 84 bzw. § 91 an. Vielmehr wird dem Einstellungsbeschluss nur eine deklaratorische Wirkung zuerkannt, so dass er keiner Entscheidung über die Zulassung der Rechtsbeschwerde zugänglich ist.[32]

16 Für den Rechtsschutz gegen einen Einstellungsbeschluss im Beschlussverfahren, der in der Beschwerdeinstanz ergeht, bedarf es weder der Einlegung einer Beschwerde nach § 78 noch einer Rechtsbeschwerde nach § 92 Abs. 1 Satz 1. Es genügt vielmehr der **Antrag eines Beteiligten auf Fortsetzung** des zu Unrecht eingestellten Beschlussverfahrens. Das ergibt sich aus folgenden Erwä-

---

25 BVerwG, 08.03.2010 – 6 PB 47/09, PersR 2010, 210.
26 Hessisches LAG, 24.01.1984 – 4 TaBV 82/83; LAG Hamm, 06.05.1989 – 8 TaBV 34/89, LAGE § 81 ArbGG 1979 Nr. 1; LAG Hamm, 21.09.1999 – 13 TaBV 53/99; LAG Hamburg, 27.08.1990 – 5 TaBV 3/90, LAGE § 92 ArbGG 1979 Nr. 2; LAG Köln, 27.11.1995 – 3 Ta 297/95.
27 GWBG/Greiner 8. Aufl., § 89 ArbGG Rn 22; Schwab/Weth § 81 Rn 110, § 83a Rn 18.
28 BVerwG 08.03.2010 – 6 PB 47/09 – Rn 4 ff., PersR 2010, 210.
29 Düwell/Lipke-Düwell 3. Aufl., § 92 Rn 2 und 5.
30 ErfK/Koch § 81 Rn 6.
31 BAG, 10.03.2009 – 1 ABR 93/07 – Rn 51, BAGE 130, 1 = EzA § 99 BetrVG 2001 Nr. 12.
32 LAG Nürnberg, 20.08.2014 – 2 TaBV 5/14 – Rn 8, BB 2014, 2227.

gungen: Wird das Verfahren eingestellt, ohne dass eine wirksame Rücknahme oder wirksame übereinstimmende Erledigungserklärungen die Einstellung rechtfertigen, wäre bei Anwendung des § 90 Abs. 1 Satz 1 gegen den Einstellungsbeschluss, keine wirksame Rechtsschutzmöglichkeit gegeben; denn es bestünde nur in einem extrem seltenen Fall Veranlassung, die Rechtsbeschwerde zuzulassen (vgl. Rdn. 8 am Ende). Das wäre nur dann der Fall, wenn eine Meinungsverschiedenheit über die Wirksamkeit der Prozesshandlungen bestünde und die vom LAG dazu vertretene Rechtsansicht von der dazu ergangenen Rechtsprechung des BAG abwiche oder so neu und bedeutsam wäre, dass ihr eine grundsätzliche Bedeutung zukäme. Demgegenüber wäre bei einer Statthaftigkeit der Beschwerde nach § 78 ein uneingeschränkter Rechtsschutz gegen zweifelhafte Einstellungen gegeben. Allerdings fehlt in den Vorschriften über den zweiten und dritten Rechtszug im Beschlussverfahren (§§ 87 bis 96a) eine Verweisung auf die Statthaftigkeit der Beschwerde nach § 78. Eine entsprechende Verweisung findet sich nur für die Anfechtbarkeit erstinstanzlicher Verfügungen und Beschlüsse in § 83 Abs. 5. Das ist kein Konstruktionsfehler des Gesetzgebers; denn beschwerdefähige Entscheidungen i.S.v. § 83 Abs. 5 sind Entscheidungen, die im Laufe des Verfahrens ergehen.[33] Gegen in der zweiten Instanz ergehende verfahrensleitende Verfügungen und Beschlüsse soll nach § 90 Abs. 3 kein Rechtsmittel stattfinden. Ein Teil des Schrifttums sieht in der Beibehaltung des § 90 Abs. 3 nach der Änderung des ArbGG durch das ZPO-RG vom 27.07.2001[34] ein »Redaktionsversehen des Gesetzgebers«, weil mit diesem Änderungsgesetz nur die in § 70 enthaltene Verweisung aufgehoben worden ist. Der Gesetzgeber habe vergessen, § 90 Abs. 3 zu streichen oder zu modifizieren.[35] Damit ist keine Einschränkung des Rechtsschutzes gegen unrechtmäßige Einstellungsbeschlüsse verbunden. Wie bereits im Ansatz das BVerwG und danach noch deutlicher das LAG Nürnberg herausgestellt haben (vgl. Rdn. 11), kommt dem Einstellungsbeschluss nur deklaratorische Bedeutung zu. Das belegen die Vorschriften § 90 Abs. 2, § 83a Abs. 2 Satz 1 und 2, § 81 Abs. 2 Satz 2, nach denen bei übereinstimmender Erledigungserklärung und Antragsrücknahme nur den Beteiligten von der Einstellung »Kenntnis zu geben« ist. Die das Verfahren beendende Wirkung tritt durch die wirksame Antragsrücknahme bzw. die wirksame übereinstimmende Erledigungserklärung ein. Der Einstellungsbeschluss stellt nur den Eintritt der Beendigung deklaratorisch fest. Insoweit weicht der im Beschlussverfahren ergehende Einstellungsbeschluss von dem nach § 269 Abs. 4 ZPO im Urteilsverfahren auf Antrag der beklagten Partei ergehenden Beschluss über die beendigende Wirkung der Klagerücknahme ab; denn für den letzteren Fall hat der Gesetzgeber ausdrücklich das Rechtsmittel der binnen einer Notfrist nach §§ 567, 569 ZPO einzulegenden sofortigen Beschwerde in § 269 Abs. 5 ZPO vorgesehen. Da weder ein Anhalt dafür besteht, dass der Gesetzgeber weder den Einstellungsbeschluss als unüberprüfbar ausgestalten wollte, noch überhaupt die für einen befristeten Rechtsbehelf notwendige Zustellung angeordnet hat, ist mit dem LAG Nürnberg davon auszugehen, dass der deklaratorische Einstellungsbeschluss keine die Fortsetzung des Verfahrens sperrende Wirkung haben soll. Deshalb kann jeder Beteiligte die Fortsetzung des Verfahrens verlangen, wenn er geltend macht, **mangels wirksamer Erklärungen habe kein Grund für die verfahrensbeendende Einstellung** bestanden. Das entspricht allgemeinen Prozessrechtsgrundsätzen.[36] Das BAG hat bislang diese Rechtsschutzmöglichkeit übersehen. So führt der Zweite Senat in der jüngsten Entscheidung aus: »Gegen den fehlerhaft zustande gekommenen Einstellungsbeschluss vom ... haben sich die Beteiligten rechtlich nicht zur Wehr gesetzt. Mögliche Rechtsmittel- oder Rechtsbehelfsfristen sind abgelaufen. Der Beschluss ist formell und – da

---

33 GMPMG/Matthes/Spinner § 83 Rn 118.
34 BGBl. I, S. 1887.
35 ErfK/Koch § 90 ArbGG Rn 1 in Übernahme der Vorgängerkommentierung ErfK/Eisemann 8. Aufl., § 90 ArbGG, Rn 3; a.A. Schwab/Weth-Busemann § 90 Rn 28a, der zu Recht darauf hinweist, dass für die Annahme eines Redaktionsversehens es an jedem Anhalt in den Gesetzesmaterialien fehlt und der Gesetzgeber die zwischenzeitlichen Gesetzesänderung nicht zu einer klarstellenden Korrektur genutzt hat.
36 Bayerisches LSG, 12.06.2014 – L 20 R 981/13; BFH, 11.07.2007 – XI R 1/07, BFHE 218, 20 = BStBl II 2007, 833; für die Fortsetzung des Verfahrens bei Geltendmachung der Unwirksamkeit des prozessbeendigenden Vergleichs: BAG, 25.06.1981 – 2 AZR 219/79 – BAGE 36, 105 = EzA § 794 ZPO Nr. 5; für den Fall der Klagerücknahme: BGH, 22.12.1964 – Ia ZR 237/63, NJW 1965, 760.

jedenfalls kein ›Nicht-Beschluss‹ – materiell rechtskräftig.«[37] Der Senat verkennt sowohl, dass nach der h.M. kein Zugang zu einem effektiven Rechtsmittel eröffnet ist (vgl. Rdn. 12), als auch, dass nach § 90 Abs. 2, § 83a Abs. 2 Satz 2, § 81 Abs. 2 Satz 3 vom Einstellungsbeschluss nur formlos Kenntnis gegeben werden soll. Eine Beschwerde gegen die Nichtzulassung der Rechtsbeschwerde findet damit von Gesetzes wegen nicht statt. Hätte der Gesetzgeber den Rechtsweg der Anfechtung durch eine befristete Beschwerde oder durch ein Rechtsmittel gewollt, wäre die Zustellung des Einstellungsbeschlusses statt der formlosen Kenntnisgabe gewählt worden. Da abweichend von § 269 Abs. 5 ZPO in § 90 Abs. 3 sogar ausdrücklich jedes Rechtsmittel ausgeschlossen wird, muss im Lichte der grundgesetzlichen Pflicht zur Justizgewährleistung[38] eine Auslegung gefunden werden, die eine Korrektur eines fehlerhaften Einstellungsbeschluss erlaubt. Hier hat der Zweite Senat einen wichtigen Schritt auf dem Weg zur richtigen Lösung zurückgelegt. Er hat erkannt, dass der Einstellungsbeschluss »die Rechtsfolge in Anlehnung an § 269 Abs. 4 ZPO lediglich deklaratorisch feststellt« und ihm selbst »weder ein materiell-rechtlicher Gehalt noch eine eigenständige prozessrechtliche Bedeutung« zukommt.[39] Die Lösung aus dem aufgezeigten Dilemma bietet der **Fortsetzungsantrag**. Wird er vom LAG abschlägig beschieden, so liegt dann tatsächlich ein das Verfahren beendender Beschluss i.S.v. § 91 vor, der dann mit der pflichtgemäß nach § 91 Abs. 1 Satz 2, § 72 Abs. 2 zugelassenen Rechtsbeschwerde nach § 92 Abs. 1 Satz 1 angefochten werden kann.

17 Der Fortsetzungsantrag ist beim **iudex a quo**, also beim LAG, zu stellen. Da die Prozesserklärungen wie Antragsrücknahme oder Erledigungserklärung grds. weder widerrufen noch angefochten werden können, kommen die Fälle in Betracht, in denen die Voraussetzungen der Wiederaufnahme eines Verfahrens entsprechend §§ 579, 580, 586 ZPO erfüllt sind.[40] Das hat insbesondere Bedeutung für einen am Verfahren als Antragsteller beteiligten Betriebsrat. Dieser kann, wenn § 29 Abs. 2 Satz 1 BetrVG nicht durch entsprechende Beschlussfassung gewahrt ist, nach § 579 Abs. 1 Nr. 4 ZPO geltend machen, dass er bei Abgabe der Antragsrücknahme nicht »nach Vorschrift der Gesetze vertreten war«. Er muss jedoch noch zusätzlich darstellen, dass er die Antragsrücknahme nicht »ausdrücklich oder stillschweigend genehmigt« hat. Abweichend von § 72 Abs. 2 Satz 3 i.V.m. § 56 Abs. 3 FGO ist im Arbeitsgerichtsprozess keine Jahresfrist für die Geltendmachung der Unwirksamkeit von Antragsrücknahmen und Erledigungserklärungen gesetzt. Deshalb kann auch noch nach Ablauf eines Jahres die Fortsetzung des Verfahrens verlangt werden. Eine Begrenzung des Fortsetzungsverlangens findet nur durch die Grundsätze der Verwirkung statt.

3. Anwendung des Zulassungsrechts aus dem Urteilsverfahren

18 Ebenso wie die Revision im Urteilsverfahren nur aufgrund besonderer Zulassung durch das LAG (Rdn. 7) oder auf aufgrund einer erfolgreichen Beschwerde gegen die Nichtzulassungsentscheidung statthaft ist, setzt die Zulässigkeit der Rechtsbeschwerde im Beschlussverfahren ihre **Zulassung** voraus.

Die Zulassung ist in der Entscheidungsformel des Landesarbeitsgerichts zum Ausdruck zu bringen. Die vor 2000 ergangene Rechtsprechung des BAG, nach der die Zulassung in den Gründen genügen sollte,[41] ist seit dem Inkrafttreten des Arbeitsgerichtsbeschleunigungsgesetzes zum 01.05.2000[42] überholt (Einzelheiten dazu siehe § 72 Rdn. 2). Hat das LAG die Aufnahme der positiven oder negativen Zulassungsentscheidung in den Tenor unterlassen, können die insoweit beschwerten Beteiligten nach § 92 Abs. 1 Satz 2, § 72 Abs. 1 Satz 2, § 64 Abs. 3a binnen zwei Wochen eine entsprechende Ergänzung beantragen. Über den Antrag hat das Gericht unter Hin-

---

37 BAG, 03.06.2015 – 2 AZB 116/14 – Rn 22, NZA 2015, 894 = EzA § 83a ArbGG 1979 Nr. 11.
38 Vgl. BVerfG, 11.06.1980 – 1 PBvU 1/79, BVerfGE 54, 277.
39 BAG, 03.06.2015 – 2 AZB 116/14 – Rn 9, NZA 2015, 894 = EzA § 83a ArbGG 1979 Nr. 11.
40 Bayerisches LSG, 12.06.2014 – L 20 R 981/13.
41 BAG, 11.12.1998 – 6 AZB 48/97, EzA § 72 ArbGG 1979 Nr. 24.
42 BGBl. 2000 I, S. 333.

zuziehung derselben Richter zu entscheiden, die an dem Beschluss mitgewirkt haben.[43] Kommt es zu keiner Antragstellung binnen der Frist, ist von einer Nichtzulassung auszugehen, die dann mit der der Beschwerde nach § 92a Satz 2, § 72 a Abs. 3 binnen zwei Monaten nach der Zustellung des vollständig abgesetzten Beschwerdebeschlusses i.S.v. § 91 anzufechten ist.

Abs. 1 Satz 2 verweist hinsichtlich der **Zulassungsgründe** auf die für die Revisionszulassung geltende Vorschrift des § 72 Abs. 2 bis 5.[44] Liegt ein Zulassungsgrund vor, muss das LAG die Rechtsbeschwerde zulassen. Es besteht kein Ermessen.

Nach § 92 Abs. 1 Satz 1 kann bei Stattgabe der gegen die Nichtzulassungsentscheidung gerichteten Beschwerde (§ 92a Satz 1) vom BAG nachträglich die Rechtsbeschwerde zugelassen werden. Dann kommen alternativ zwei Rechtsfolgen in Betracht:
1. nach § 92a Satz 2, § 72a Abs. 6 die Fortsetzung des Verfahrens als Rechtsbeschwerdeverfahren oder
2. nach § 92a Satz 2, § 72a Abs. 7 die Aufhebung des verfahrensbeendenden LAG-Beschlusses und die Zurückverweisung der Sache zur erneuten Anhörung und Entscheidung an das LAG.

4. Rechtsmittelbefugnis und Beteiligtenstellung

Die Zulässigkeit eines Rechtsmittels setzt voraus, dass der Rechtsmittelführer durch die angefochtene Entscheidung beschwert ist und er mit seinem Rechtsmittel gerade die Beseitigung dieser **Beschwer** begehrt. Während im Urteilsverfahren die Bestimmung der Beschwerdebefugnis einfach nach der formellen Beschwer zu treffen ist, ist es im Beschlussverfahren wegen der unterschiedlichen Stellung der Beteiligten und Antragsbefugten (vgl. dazu § 83 Rdn. 17) schwieriger. Lässt der Beschluss, der das zweitinstanzliche Beschlussverfahren beendet, keine Rechtsbeschwerde zu, so kann jeder durch den Beschluss materiell beschwerte Beteiligte die Nichtzulassung dieses Rechtsmittels anfechten, sofern er auch zur Einlegung der zuzulassenden Rechtsbeschwerde befugt wäre. Nach § 83 Abs. 1 Satz 1 sind im Beschlussverfahren der Arbeitgeber, die Arbeitnehmer und die Stellen zu hören, die nach dem BetrVG, dem MitbestG, dem BetrVG 1952 und den zu diesen Gesetzen ergangenen RechtsVO im einzelnen Fall beteiligt sind: Daraus wird gefolgert, dass die Beteiligtenstellung nicht erst durch einen Akt des Gerichts begründet wird.[45] Somit ist es für die Frage, ob jemand Beteiligter des Beschlussverfahrens ist, unerheblich, ob das LAG den Arbeitnehmer oder die Stelle zum Verfahren hinzugezogen hat. Die verfahrensrechtliche Stellung ergibt sich allein aus dem materiellen Recht. Daher kann auch ein Beteiligter, der nicht vom LAG hinzugezogen wurde, zur Einlegung von Rechtsmitteln berechtigt sein.[46] Im Umkehrschluss bedeutet das: Ein zu Unrecht vom LAG zum Verfahren Hinzugezogener kann nicht die Stellung eines Beteiligten erlangt haben: Er kann daher nicht rechtsmittelbefugt sein,[47] soweit er nicht eine seine Antragsbefugnis verneinende Entscheidung anfechten will.[48]

Das BAG hat deshalb die durch eine noch andauernde Beteiligtenstellung vermittelte Rechtsmittelbefugnis **von Amts wegen** zu prüfen. Deshalb ist z.B. auch das Beteiligtsein an einem Verfahren über die Tarifzuständigkeit einer Arbeitnehmerkoalition noch im Rechtsbeschwerdeverfahren von Amts wegen zu prüfen.[49]

---

43 BAG, 23.08.2011 – 3 AZR 650/09, NZA 2012, 37.
44 Vgl. § 72 Rdn. 2 bis 12.
45 BAG, 13.07.1977 – 1 ABR 19/75, AP § 83 ArbGG 1953 Nr. 8.
46 BVerwG, 18.09.1970 – VII P 1.70, PersV 1971, 60.
47 BVerwG, 15.12.1978 – 6 P 13/78, PersV 1980, 145; BAG, 14.11.1975 – 1 ABR 61/75, AP § 18 BetrVG 1972 Nr. 1.
48 Insoweit teilweise Aufgabe des zu weit gefassten Ausschlusses in der Entscheidung BAG, 14.11.1975 – 1 ABR 61/75, AP § 18 BetrVG 1972 Nr. 1 durch BAG, 25.08.1981 – 1 ABR 61/79, AP § 83 ArbGG 1979 Nr. 2.
49 BAG, 10.02.2009 –1 ABR 36/08 – Rn 17, EzA § 2 TVG Tarifzuständigkeit Nr. 12.

Das Rechtsmittelgericht wird nicht etwa dadurch an der Prüfung der Beteiligungsbefugnis gehindert, dass wegen Wegfalls der Beteiligtenstellung das Verfahren in einen Erledigungsstreit einmündet, bei dem es auf die ursprüngliche Zulässigkeit und Begründetheit und damit die Fortdauer der Beteiligtenstellung nicht ankommt. Bei dieser Argumentation wird verkannt, dass die Frage der Rechtsmittelbefugnis und Beteiligtenstellung Vorfrage dafür ist, ob es im Beschwerdeverfahren überhaupt zu einem Erledigungsstreit kommen kann.[50]

Die für die Einlegung der Rechtsbeschwerde erforderliche Beschwer eines Beteiligten im Beschlussverfahren besteht, sobald und solange er durch die angegriffene Entscheidung nach ihrem materiellen Inhalt in seiner Rechtsstellung, die seine Beteiligungsbefugnis begründet, unmittelbar betroffen wird.[51] **Geht ein Betrieb** oder Betriebsteil unter Wahrung seiner bisherigen Identität durch Rechtsgeschäft auf einen Betriebserwerber **über**, tritt dieser betriebsverfassungsrechtlich an die Stelle des früheren Betriebsinhabers. Der neue Betriebsinhaber ist deshalb zur Rechtsbeschwerde befugt.[52] Das gilt auch für einen Arbeitgeber, der nicht den gesamten Betrieb, sondern nur einen Betriebsteil übernimmt und ihn ohne wesentliche Änderung der bestehenden Organisation gemeinsam mit dem Veräußerer als **Gemeinschaftsbetrieb** i.S.d. § 1 Abs. 1 Satz 2 BetrVG fortführt.[53] Ebenso lässt ein Betriebsinhaberwechsel die Rechtsstellung des für den Betrieb gewählten **Betriebsrats** so lange unberührt, wie die Identität des Betriebs beim neuen Arbeitgeber fortbesteht.[54] Demzufolge bleiben Betriebsräte in den Betrieben eines Arbeitgebers auch in ihrer Rechtsstellung als Beteiligte durch den Wechsel des Arbeitgebers unberührt, solange die **Betriebsidentität** erhalten bleibt. Überträgt jedoch nach der Beschwerdeentscheidung ein Unternehmen seine sämtlichen Betriebe auf zwei andere, rechtlich selbstständige Unternehmen, so endet das Amt des in dem übertragenden Unternehmen gebildeten Gesamtbetriebsrats.[55] Nach Erlöschen des Amts fehlt dem früheren Gesamtbetriebsrat die Beteiligtenstellung und damit die Rechtsmittelbefugnis.[56]

5. Prüfung der Beteiligung bislang nicht angehörter Beteiligter

20 Personen und Stellen, die, obwohl in ihrer materiellen Rechtsstellung betroffen, bis zum Rechtsbeschwerdeverfahren zu Unrecht nicht gehört wurden, sollen nach der jüngeren Rspr. des Ersten Senats auch ohne Rüge zum Verfahren hinzuzuziehen sein.[57] Vordem hatte der Erste Senat unter Bezug auf den früher zuständigen Sechsten Senat die Auffassung vertreten, eine vor dem LAG unterbliebene Hinzuziehung eines Beteiligten könne in der Rechtsbeschwerdeinstanz anlässlich der sachlichen Überprüfung der angefochtenen Entscheidung nur auf eine ordnungsgemäße Rüge hin berücksichtigt werden.[58] Eine Klarstellung wäre angebracht. Vermutlich handelt es sich nur um eine missverständliche Formulierung; denn eine ausdrückliche Aufgabe der älteren Rspr. ist nicht erfolgt.

Haben die Vorinstanzen unmittelbar in ihrer Rechtsstellung betroffene Stellen oder Personen nicht angehört, so kann deren Anhörung in der Rechtsbeschwerdeinstanz auch ohne Rüge nachgeholt

---

50 Zutreffend: OVG Lüneburg, 09.11.2011 – 18 LP 10/10, PersR 2012, 80.
51 BAG, 10.02.2009 – 1 ABR 36/08, Rn 14, EzA § 2 TVG Tarifzuständigkeit Nr. 12; BAG, 29.01.1992 – 7 ABR 29/91, zu B II 2 a der Gründe, AP ArbGG 1979 § 11 Prozessvertreter Nr. 14 = EzA § 11 ArbGG 1979 Nr. 11.
52 BAG, 08.12.2009 – 1 ABR 66/08, EzA § 87 BetrVG 2001 Betriebliche Lohngestaltung Nr. 20.
53 BAG, 08.12.2009 – 1 ABR 66/08, EzA § 87 BetrVG 2001 Betriebliche Lohngestaltung Nr. 20.
54 BAG, 28.09.1988 – 1 ABR 37/87, AP BetrVG 1972 § 99 Nr. 55, zu B I 2 der Gründe; BAG, 05.02.1991 – 1 ABR 32/90, AP BGB § 613 a Nr. 89, zu B IV 2 c bb der Gründe; BAG, 11.10.1995 – 7 ABR 17/95, EzA § 81 ArbGG 1979 Nr. 16, zu B 2 der Gründe.
55 BAG, 05.06.2002 – 7 ABR 17/01, EzA § 47 BetrVG 1972 Nr. 9.
56 BAG, 16.03.2005 – 7 ABR 37/04, AP § 51 BetrVG 1972 Nr. 5.
57 BAG, 28.03.2006 – 1 ABR 58/04, Rn 18 m.w.N., BAGE 117, 308 BAG, 10.12.2002 – 1 ABR 27/01, a.a.O. m.w.N.; 25.09.1996 – 1 ABR 25/96, EzA § 97 ArbGG 1979 Nr. 2.
58 BAG, 06.06.2000 – 1 ABR 10/99, EzA § 2 TVG Nr. 24; BAG, 15.08.1978 – 6 ABR 56/77, BAGE 31, 58, zu II 3 e der Gründe.

werden.⁵⁹ Eine auf unmittelbare Betroffenheit gestützte Beteiligtenbefugnis ist dazu auch noch in der Rechtsbeschwerdeinstanz **von Amts wegen zu prüfen** und zu berücksichtigen.⁶⁰ Die zu Unrecht unterbliebene Beteiligung eines Verfahrensbeteiligten wird noch in der Rechtsbeschwerdeinstanz nachgeholt. Die betroffene Person, Vertretung oder Stelle wird dann vom BAG am Verfahren beteiligt und zur Anhörung geladen.

Die rechtsfehlerhafte Nichtbeteiligung von Beteiligten durch die Vorinstanzen soll nach der Rechtsprechung des BAG nur dann erheblich sein, wenn eine darauf gerichtete und ordnungsgemäß i.S.v. § 551 Abs. 3 Nr. 2 b ZPO begründete **Verfahrensrüge** erhoben wird. Diese Rüge soll zudem für die Überprüfung des angefochtenen Beschlusses unerheblich werden, wenn das Gericht durch **Nachholung der Beteiligung** den Verfahrensfehler **heilt**.⁶¹ Die Rechtssätze des BAG zum Erfordernis der Verfahrensrüge und zur Heilung des Verfahrensfehlers stellen jedoch **Abweichungen von der Rspr. des BGH** zu § 547 Nr. 4 ZPO dar. Danach stellt es einen von Amts wegen zu berücksichtigenden absoluten und damit nichtheilbaren Revisionsgrund dar, wenn ein Dritter entgegen einer zwingenden Vorschrift nicht vorinstanzlich am Verfahren beteiligt worden ist.⁶²

6. Prüfung der Beteiligung der bisher Beteiligten

Im Rechtsbeschwerdeverfahren soll nicht ohne Rüge zu prüfen sein, ob alle in den Vorinstanzen angehörten Personen, Vereinigungen und Stellen tatsächlich betroffen und damit zu beteiligen sind.⁶³ Eine Begründung für diese Auffassung fehlt. Die Verweisung auf die in Bezug genommene Vorentscheidung⁶⁴ geht ins Leere. In der dort in Bezug genommenen weiteren Entscheidung heißt es: »Ob alle diese Personen, Vereinigungen und Stellen zu beteiligen waren, bedarf vorliegend keiner Entscheidung. Sie haben gegen die Entscheidung des Landesarbeitsgerichts kein Rechtsmittel eingelegt und keine Sachanträge gestellt. Ihre Beteiligung ist zu keiner Zeit gerügt worden. Der Senat hat allen Beteiligten die Rechtsbeschwerde und die Rechtsbeschwerdebegründung gemäß § 95 ArbGG zur Äußerung zugestellt. Dass weitere Personen oder Stellen zu beteiligen waren, ist nicht ersichtlich.«⁶⁵ Eine Klarstellung ist hier geboten.

IV. Rechtsbeschwerdeschrift und Antragstellung

1. Bezeichnung der Verfahrensbeteiligten

Grds. gilt für die Antragstellung in der Rechtsbeschwerdeinstanz nichts anderes, als bereits zur Revisionsantragstellung erläutert worden ist (vgl. § 74 Rdn. 57). Eine Besonderheit besteht in der Begrifflichkeit des Beschlussverfahrens. Die Beteiligten werden auch in der Rechtsbeschwerde nach ihrer Stellung als Person, Organ oder Stelle in der Betriebsverfassung z.B. als Betriebsrat, Arbeitgeber, Schwerbehindertenvertretung etc. oder nach ihrem Koalitionsnamen, z.B. Gewerkschaft X und Arbeitgeberverband Y benannt.

---

59 BAG, 10.12.2002 – 1 ABR 27/01, EzA § 99 BetrVG Umgruppierung Nr. 1.
60 BAG, 23.07.2014 – 7 ABR 23/12 – Rn 13, NZA 2014, 1288; BAG, 20.02.1986 – 6 ABR 25/85, AP § 63 BetrVG 1972 Nr. 1.
61 BAG, 23.07.2014 – 7 ABR 23/12 – Rn 13, NZA 2014, 1288; BAG, 20.04.2005 – 7 ABR 44/04 – zu B I 1 der Gründe m.w.N., BAGE 114, 228; BVerwG, 06.04.2011 – 6 PB 20/10, NZA-RR 2011, 447.
62 BGH 30.10.2002 – XII ZR 345/00, NJW 2003, 585; BAG, 27.03.2002 – XII ZR 203/99, NJW 2002, 2109; BAG, 11.6.1992 – III ZR 102/91, NJW 1992, 2636, 2637; BGH, 28.06.1983 – KVR 7/82, NJW 1984, 494 f.
63 BAG, 10.02.2009 – 1 ABR 36/08, Rn 17, EzA § 2 TVG Tarifzuständigkeit Nr. 12.
64 BAG, 14.12.2004 – 1 ABR 51/03, EzA § 2 TVG Nr. 27, zu B I 1.
65 Vgl. BAG, 10.09.1985 – 1 ABR 32/83, EzA § 2 TVG Nr. 14, zu B III 2 der Gründe.

2. Fassung des Rechtsbeschwerdeantrags

23 Da es nur den Antragsteller und Beteiligte gibt, muss z.B. der Rechtsbeschwerdeantrag des in allen Vorinstanzen unterlegenen Betriebsrats lauten:

»auf die Rechtsbeschwerde des Betriebsrats den Beschluss des LAG (...) vom (...) TaBV (...) aufzuheben und auf die Beschwerde des Betriebsrats den Beschluss des Arbeitsgerichts (...) vom (...) BV (...) wie folgt abzuändern: Es wird festgestellt, dass dem Betriebsrat ein Mitbestimmungsrecht hinsichtlich der Einführung und Ausgestaltung des betrieblichen Eingliederungsmanagements zusteht.«[66]

Der Zurückweisungsantrag des in der Vorinstanz erfolgreichen Betriebsrats lautet:

»die Rechtsbeschwerde der Arbeitgeberin gegen den Beschluss des Landesarbeitsgerichts (...) vom (...) TaBV (...) zurückzuweisen.«

3. Schwierigkeiten bei der Sachantragsfassung

24 In der Praxis immer wieder unterschätzte Schwierigkeiten bestehen für den Verfahrensbevollmächtigten des Betriebsrats bei der Fassung der Sachanträge, mit denen ein Mitbestimmungsrecht gesichert werden soll. Es besteht in formeller Hinsicht das Erfordernis, den Antrag **hinreichend bestimmt** i.S.v. § 253 Abs. 2 Nr. 2 ZPO zu stellen, um späteren Streit über die Vollstreckbarkeit zu vermeiden. Eine Antragsformulierung, die sich auf die Wiedergabe des gesetzlichen Verbotstatbestands beschränkt, genügt deshalb grundsätzlich nicht dem Erfordernis der Bestimmtheit.[67] Dennoch gilt dieser Rechtssatz nicht uneingeschränkt. So werden bei Klagen gegen Rabattverstöße ausnahmsweise auch allein am Gesetzesverbot orientierte Formulierungen als zulässig angesehen.[68] Diese Ausnahme beruht darauf, dass im Regelfall eines Rabattverstoßes – durch Ankündigung oder Gewährung eines bestimmten Nachlasses auf einen konkreten Preis – der Gesetzestext das tatsächliche Verhalten zwar verallgemeinernd, aber hinreichend konkret umschreibt, so dass eine nähere Konkretisierung – abgesehen von den Schwierigkeiten, die sie beim Versuch anderweitig notwendiger Verallgemeinerung bereiten könnte – entbehrlich erscheint. Die betriebsverfassungsrechtlichen Fachsenate des BAG gehen dieser Frage nicht nach, ob ausnahmsweise eine Konkretisierung angesichts des Wortlauts der Norm und der pauschal negatorischen Haltung des Arbeitgeber entbehrlich ist. Das ist zu bedauern. Der Rechtsberater muss deshalb dem Erfordernis einer Vollstreckbarkeit durch bestimmte zusätzliche charakterisierende Elemente des angegriffenen Verhaltens Rechnung tragen. Übersehen wird von der Rspr. der betriebsverfassungsrechtlichen Senate zudem, dass nach der Rspr. des BGH unter Umständen auch die zu unbestimmte Fassung des Unterlassungsantrags als unschädlich angesehen wird, soweit eine Auslegung des Antragsinhalts auch unter Heranziehung des Sachvortrags des Antragsstellers erfolgen kann.[69] Bemerkenswert ist, was der BGH dazu ausführt: »Hierbei braucht insbesondere dann nicht engherzig verfahren zu werden, wenn dieser Sachvortrag das mit dem selbst nicht hinreichend klaren Antrag Begehrte im Tatsächlichen eindeutig umschreibt und diese tatsächliche Gestaltung zwischen den Parteien nicht in Frage gestellt wird, sondern der Streit der Parteien sich ausschließlich auf die rechtliche Qualifizierung der angegriffenen Verhaltensweise beschränkt«.

---

66 Vgl. zu diesem Mitbestimmungstatbestand: ArbG Dortmund, 20.06.2005 – 5 BV 48/05; LAG Schleswig-Holstein, 19.12.2006 – 6 TaBV 14/06, jurisPR-ArbR 18/2007 Anm. 1 Gagel; umfassend: Düwell FS Küttner, S. 139.

67 Vgl. zum Wettbewerbsrecht BGH, 02.04.1992 – I ZR 131/90, WRP 1992, 482, 483 – Ortspreis; allgemein: Zöller/Greger ZPO, 19. Aufl., § 253 Rn 13b, ebenfalls m.w.N.

68 Vgl. OLG Frankfurt, 18.09.1978 – 6 W 110/78, WRP 1978, 830; Baumbach/Hefermehl Wettbewerbsrecht 17. Aufl., Einl. UWG Rn 462; Teplitzky Wettbewerbsrechtliche Ansprüche, Kap. 51 Rn 8 mit Fn. 24.

69 BGH, 09.10.1986 – I ZR 138/84, GRUR 1987, 172, 174 – Unternehmensberatungsgesellschaft I; BGH, 12.07.1990 – I ZR 236/88, GRUR 1991, 138 – Flacon; BGH, 09.04.1992 – I ZR 171/90, GRUR 1992, 561, 562 = WRP 1992, 560 – Unbestimmter Unterlassungsantrag II.

Wird dem Genüge getan und werden alle umstrittenen Konstellationen erfasst, so stellt sich die Frage, ob der so weit gefasste Antrag begründet ist.[70] Ein alle denkbaren Konstellationen umfassender Antrag wird als **Globalantrag** bezeichnet. Er ist zwar nicht unbestimmt, wird aber zumeist als zu weitgehend und damit als unbegründet zurückgewiesen.[71] Wird ein Antrag als ein zu weit gehender global gefasster Unterlassungsantrag angesehen, so soll er nach Meinung des Ersten Senats des BAG nicht mehr in der Rechtsbeschwerdeinstanz eine Konkretisierung erfahren dürfen, indem ein die geltend gemachten Mitbestimmungstatbestände einschränkender Feststellungsantrag gestellt wird.[72] Das Feststellungsbegehren wird dann nicht etwa als ein Minus angesehen, das bereits im Unterlassungsantrag enthalten ist. Nach Ansicht des Ersten Senats sind Gegenstand eines globalen Unterlassungsantrags nämlich sämtliche tatsächlichen Fallgestaltungen, die vom Antrag erfasst werden. Einschränkende Voraussetzungen, die bislang nicht zum Inhalt des Antrags erhoben worden sind, sollen nach dieser zweifelhaften Auffassung im Vergleich zu diesem nicht ein **Minus**, sondern ein **Aliud** (etwas anderes) darstellen.[73] Sie erweiterten nämlich das für die Sachentscheidung erforderliche Prüfprogramm. Somit schließt der Erste Senat nicht nur aus, dass das Gericht von sich aus einen als Globalantrag unbegründeten Antrag auf die begründeten Fälle einschränkt, sondern auch, dass der antragstellende Betriebsrat diese Einschränkungen in der Rechtsbeschwerdeinstanz zum Antragsinhalt machen kann. Deshalb ist dringend zu empfehlen, spätestens in der Beschwerdeinstanz Hilfsanträge zur Einschränkung eines möglicherweise zu weit gefassten Unterlassungsantrags zu stellen.

Ein weiteres Problem stellt sich bei dem Verfolgen eines Feststellungsantrags in der dritten Instanz. Es muss auch noch bis zur mündlichen Anhörung den Anforderungen des § 256 Abs. 1 ZPO gerecht werden. Es muss ein betriebsverfassungsrechtliches Rechtsverhältnis der Betriebsparteien betroffen sein, das durch die Herrschaft von Rechtsnormen über einen konkreten Sachverhalt als rechtliche Beziehung eines Organs der Betriebsverfassung zu einem anderen Beteiligten entstanden ist.[74] Hinzukommen muss das erforderliche Feststellungsinteresse, das – von einem konkreten Ausgangsfall – abgelöst zum Zeitpunkt der Anhörung noch einer Klärung bedarf. Beispiel: Es trat in der Vergangenheit ein Streit über die Ab- und Rückmeldepflicht von Betriebsräten auf. Da sich das Problem künftig jederzeit wiederholen kann, hat der Siebte Senat ein Feststellungsinteresse bejaht.[75]

V. Besonderheiten des Rechtsbeschwerdeverfahrens

1. Verkürzung des Instanzenzugs nach der InsO

In insolvenzrechtlichen Angelegenheiten findet zur Beschleunigung nach § 122 Abs. 3 Satz 1, § 126 Abs. 2 Satz 2 InsO keine Beschwerdeverfahren statt. Stattdessen ist die Rechtsbeschwerde an das BAG nach § 122 Abs. 3 Satz 2, § 126 Abs. 2 Satz 2 InsO eröffnet, wenn das ArbG die Rechtsbeschwerde zulässt. Der zweitinstanzliche Rechtszug entfällt in den eilbedürftigen Fällen der Zustimmung des Arbeitsgerichts zur Durchführung einer Betriebsänderung und des Beschlussverfahrens zur Bestimmung der von einer betriebsbedingten Kündigung betroffenen Arbeitnehmer. Hier wird einzelgesetzlich die grundsätzliche Dreistufigkeit des arbeitsgerichtlichen Beschlussverfahrens durch eine ausnahmsweise Zweistufigkeit ersetzt. Diese Ausnahme ist von dem – wie im Urteilsverfahren – so auch im Beschlussverfahren zulässigen Sprungrechtsmittel (Sprungrechtsbeschwerde § 96a) zu unterscheiden.

25

---

70 BAG, 17.08.2010 – 9 ABR 83/09, Rn 10 m.w.N., EzA § 95 SGB IX Nr. 3.
71 BAG, 17.11.2010 – 7 ABR 123/09, Rn 15, EzA BetrVG 2001 § 99 Eingruppierung Nr. 7.
72 BAG, 11.12.2001 – 1 ABR 3/01, AP § 87 BetrVG 1972 Arbeitszeit Nr. 93.
73 BAG, 11.12.2001 – 1 ABR 3/01, AP § 87 BetrVG 1972 Arbeitszeit Nr. 93.
74 BAG, 17.11. 2010 – 7 ABR 123/09 – Rn 20, EzA § 99 BetrVG 2001 Eingruppierung Nr. 7.
75 BAG, 29.06.2011 – 7 ABR 135/09 – Rn 27 ff., NZA 2012, 47; ebenso für die Feststellung eines Mitbeurteilungsrechts BAG, 17.11.2010 – 7 ABR 123/09 – Rn 22, EzA § 99 BetrVG 2001 Eingruppierung Nr. 7.

2. Vertretung der Beteiligten vor dem BAG

26 **Abs. 2 Satz 2** verweist für die Vertretung der Beteiligten auf § 11 Abs. 1 bis 3 und Abs. 5. Diese Verweisungsbestimmung wird ergänzt durch die Verweisung in § 94 Abs. 1, nach der für die Einlegung der Rechtsbeschwerde und deren Begründung § 11 Abs. 4 und 5 gelten. Aus dem Zusammenspiel dieser Vorschriften folgt ein partieller Zwang zur Bevollmächtigung besonderer in § 11 Abs. 4 Satz 2 als **postulationsfähig** anerkannter Vertreter. Dieser Zwang ist auf diese Fertigung und Unterzeichnung der Rechtsbeschwerdeeinlegung und die Rechtsbeschwerdebegründung beschränkt. Diese Art der Beschränkung entspricht der Rechtslage nach dem alten Recht,[76] das galt, bevor es durch Art. 11 des Gesetzes zur Neuregelung des Rechtsberatungsrechts[77] zu einer Öffnung der Vertretungsbefugnis vor dem BAG für Nichtanwälte kam. Seit Inkrafttreten des neuen Rechts am 01.08.2008 bedarf es nicht mehr unbedingt der Unterschrift eines Rechtsanwalts unter der Rechtsbeschwerdeeinlegung oder Rechtsbeschwerdebegründung. Es genügt, wenn eine Person unterzeichnet, die für eine bevollmächtigte Arbeitsgebervereinigung oder eine Gewerkschaftsorganisation (§ 11 Abs. 2 Satz 2 Nr. 4) oder deren verselbstständigte Rechtschutzgesellschaft (§ 11 Abs. 2 Satz 2 Nr. 5) handelt, und diese Person die Befähigung zum Richteramt besitzt (§ 11 Abs. 4 Satz 2).[78] Der weitere Verweis auf § 11 Abs. 5 Satz 1 schließt aus, dass die für die Organisationen i.S.v. § 11 Abs. 2 Satz 2 Nr. 4 oder 5 handelnde Person ein Richter des BAG sein kann. Der Verweis auf § 11 Abs. 5 Satz 2 verhindert, dass ehrenamtliche Richter des BAG von ihrer Postulationsfähigkeit für Rechtsbeschwerden Gebrauch machen, die bei dem Senat anhängig sind, dem sie nach dem Geschäftsverteilungsplan zugewiesen sind.

27 Weder der Rechtsbeschwerdeführer noch die anderen am Rechtsbeschwerdeverfahren Beteiligten müssen im gesamten weiteren Rechtsbeschwerdeverfahren von Bevollmächtigten i.S.v. § 11 Abs. 4 Satz 2 vertreten sein.[79] In der mündlichen Anhörung besteht **kein Vertretungszwang**. Das folgt aus Abs. 2 Satz 2, der ausdrücklich bestimmt, dass für die Vertretung der Beteiligten § 11 Abs. 1 bis 3 und 5 entsprechend gelten.[80] Deshalb ist es zulässig, dass sich entsprechend § 11 Abs. 1 Satz 1 alle Beteiligten im Anhörungstermin wie vor dem ArbG selbst vertreten oder wahlweise sich gem. § 11 Abs. 2 Satz 1 durch einen Rechtsanwalt oder nach Abs. 2 Satz 2 durch sozial- und berufspolitische Vereinigungen, Gewerkschaften, Arbeitgebervereinigungen sowie deren verselbstständigte Rechtsschutzorganisationen vertreten lassen. Seit 2008 haben die Vereinigungen und Rechtsschutzorganisationen den Status von Bevollmächtigten (vgl. Rdn. 26).

28 Durch die Verbandsvertretung (vgl. Rdn. 27) können verbandsangehörige Arbeitnehmer und Arbeitgeber Kosten sparen. Ebenso kann ein »verbandsfreier« Arbeitgeber Kosten sparen, wenn er den Leiter seiner Rechtsabteilung oder einen sonstigen Rechtskundigen anstelle eines Rechtsanwalts zur mündlichen Anhörung entsendet. Das ist nach § 92 Abs. 2 Satz 2 i.V.m. § 11 Abs. 2 Satz 2 Nr. 1 zulässig. Allerdings schließt § 46c Abs. 2 Nr. 2 Bundesrechtsanwaltsordnung (BRAO), geändert durch das Gesetz zur Neuordnung des Rechts der Syndikusanwälte und zur Änderung der Finanzgerichtsordnung vom 21. Dezember 2015[81], die Vertretung des eigenen Arbeitgebers durch **angestellte Syndikusrechtsanwälte** aus. Eine Ausnahme ist zugelassen für die Vertretung von Arbeitgebern, die wie z.B. DGB oder BDA selbst vertretungsbefugte Bevollmächtigte i.S.d. § 11 Abs. 4 Satz 2 sind. Eine weitere Ausnahme besteht dann, wenn der angestellte Syndikusanwalt noch auf seinen Antrag von der Rechtsanwaltskammer eine **Zweitzulassung** erhalten hat, in deren Rahmen er seinen Arbeitgeber als Mandanten vertritt. Diese Ausnahme setzt voraus, dass ihm in seiner Eigenschaft als selbständigem oder einer Anwaltskanzlei angehörendem Anwalt ein Auftrag zur

---

76 BAG, 20.03.1990 – 1 ABR 20/89, AP § 99 BetrVG 1972 Nr. 79.
77 BGBl. I 2007, S. 2840.
78 Düwell FA 2008, 200, ebenso Bader/Creutzfeldt/Friedrich-Bader § 11 Rn 38.
79 So noch zur alten Rechtslage BAG, 20.03.1990 – 1 ABR 20/89, AP Nr. 79 zu § 99 BetrVG 1972 = NZA 1990, 699.
80 BAG, 18.03.2015 – 7 ABR 6/13 – Rn 14 f., ArbR 2015, 329.
81 BGBl. I, S. 2517.

Rechtsdienstleistung erteilt wurde.[82] Daraus folgt: Ein Syndikusrechtsanwalt kann nur in diesen zwei Ausnahmefällen die Rechtsbeschwerdeschrift wirksam unterzeichnen und den Arbeitgeber in der Anhörung vor dem Senat vertreten. Damit das BAG erkennen kann, in welcher Funktion der Syndikusrechtsanwalt tätig wird, muss er seine Zweitzulassung, die ihn zur freiberuflichen Erbringung von Rechtsdienstleistungen berechtigt, rechtzeitig **offenlegen**.

Ein Beteiligter braucht zur mündlichen Anhörung im Rechtsbeschwerdeverfahren nicht erscheinen. Das BAG genügt seiner Pflicht zur Anhörung, wenn es den Beteiligten zur Anhörung lädt. Bleibt der Beteiligte trotz ordnungsgemäßer **Ladung** unentschuldigt aus, ist das nach § 83 Abs. 4 Satz 2 für das Verfahren unerheblich.[83] 29

3. Rücknahme des Antrags

In **Abs. 2 Satz 3** ist bestimmt, dass der Antrag auch noch während des gesamten Laufs des Rechtsbeschwerdeverfahrens, also noch bis zur Verkündung der Entscheidung zurückgenommen werden kann. Dafür bedarf es allerdings nicht nur der Zustimmung des vom Antragsteller als »**Antragsgegner**« Bezeichneten sondern auch **aller übrigen Beteiligten**.[84] In entsprechender Anwendung des § 81 Abs. 2 Satz 2 und 3 **stellt** danach der Vorsitzende **das Beschlussverfahren ein**. Die Rücknahme des Antrags ist von der Rücknahme der Rechtsbeschwerde zu unterscheiden. Die Rücknahme des Rechtsmittels ist in § 94 Abs. 3 Satz 1 geregelt (dazu § 94 Rdn. 31). Im Unterschied zur Antragsrücknahme bedarf die Rücknahme des Rechtsmittels keiner Zustimmung der Beteiligten.[85] 30

Die Zustimmung zur Antragsrücknahme muss **ausdrücklich** erklärt werden. Die Zustimmungsfiktion aus § 83a Abs. 3 Satz 2 ist hier nicht anwendbar.[86] Geht es um Anträge, für die eine **Mindestzahl von Antragstellern** vorgeschrieben ist, so vertrat das BAG ursprünglich die Auffassung, dass der Antrag stets nur gemeinsam zurückgenommen werden könne. Diese Auffassung ist aufgegeben: »Jeder anfechtende Arbeitnehmer kann seinen Antrag in der ersten Instanz ohne Zustimmung der übrigen Beteiligten zurücknehmen. Seine frühere Entscheidung, dass der Antrag nur von den drei anfechtenden Arbeitnehmern gemeinsam zurückgenommen werden kann, gibt der Senat auf.«[87] 31

Soweit teilbare Streitgegenstände vorliegen, ist mit Zustimmung der übrigen Beteiligten eine Teilrücknahme wirksam. 32

4. Antragsänderung

Anders als in § 87 Abs. 2 Satz 3 für das Verfahren des zweiten Rechtszugs ist in Abs. 2 Satz 3 die Regelung zur Antragsänderung in § 81 Abs. 3 nicht in Bezug genommen. Daraus schließt das Schrifttum, dass eine Antragsänderung im Rechtsbeschwerdeverfahren ausgeschlossen sein soll.[88] Die Rspr. ist zu Recht dieser Begründung nicht gefolgt, sondern hat im Gleichlauf zur Revision im Urteilsverfahren den Ausschluss mit der Bindungswirkung des festgestellten Sachverhalts begründet.[89] Dabei werden die von der revisionsrechtlichen Rspr. entwickelten Spielräume für die Fälle, in denen es keiner weiterer Feststellungen bedarf (vgl. § 74 Rdn. 60), nicht immer ausgeschöpft. 33

---

82 Düwell Gesetz zur Neuordnung des Rechts der Syndikusanwälte und zur Änderung der Finanzgerichtsordnung, HzA aktuell Heft 3/2016, S. 28, 38 f.; ders. Die Neuregelung des Rechts der Anwälte im Anstellungsverhältnis und der Syndikusanwälte, jurisPR-ArbR 7/2016 Anm. 1.
83 BAG, 18.03.2015 – 7 ABR 6/13, Rn 14 f., ArbR 2015, 329.
84 GK-ArbGG/Ahrendt § 92 Rn 24.
85 GMPMG/Matthes-Schlewing § 94 Rn 36, § 88 Rn 56.
86 GMPMG/Matthes-Schlewing § 92 Rn 23, § 87 Rn 26.
87 BAG, 12.02.1985 – 1 ABR 11/84, BAGE 48, 96, 107 = EzA § 19 BetrVG 1972 Nr. 2.
88 GK-ArbGG/Ahrendt § 92 Rn 25.
89 BAG, 11.12.2001 – 1 ABR 3/01, AP § 87 BetrVG 1972 Arbeitszeit Nr. 93.

Grundsätzlich wird angenommen, § 559 Abs. 1 ZPO schließe eine Antragsänderung in der Rechtsbeschwerdeinstanz aus. Der **Schluss der mündlichen Anhörung** in zweiter Instanz bilde nicht nur hinsichtlich des tatsächlichen Vorbringens, sondern auch im Hinblick auf die Anträge der Beteiligten die **Entscheidungsgrundlage** für das Rechtsbeschwerdegericht.

34 **Ausnahmen** sind »insbesondere aus verfahrensökonomischen Gründen möglich (treffender: zulässig), etwa wenn sich der geänderte Sachantrag auf einen in der Beschwerdeinstanz festgestellten oder von den Beteiligten des Rechtsbeschwerdeverfahrens **übereinstimmend vorgetragenen Sachverhalt** stützen kann, sich das rechtliche Prüfprogramm nicht wesentlich ändert und die Verfahrensrechte der Beteiligten durch eine Sachentscheidung nicht verkürzt werden«.[90] Eine weitere Ausnahme hat der Erste Senat für den Fall anerkannt, dass der geänderte Sachantrag sich auf einen in der Beschwerdeinstanz festgestellten Sachverhalt stützen kann, die anderen Verfahrensbeteiligten gegen die Antragsänderung oder -erweiterung keine Einwendungen erheben, ihre Verfahrensrechte nicht verkürzt werden und die geänderte Antragstellung darauf beruht, dass die Vorinstanzen **einen nach § 139 Abs. 1 ZPO gebotenen Hinweis** unterlassen haben. Hier ist es ein Gebot der Prozessökonomie, den Beteiligten eine sonst erforderliche Zurückverweisung an das LAG oder eine erneute Anrufung des ArbG zu ersparen.[91] Ferner wird von der Rspr. des Ersten und Siebten Senats als wirksam angesehen, wenn anstelle des in der Rechtsbeschwerdebegründung angekündigten Eventualantrags vorrangig zu dem in zweiter Instanz zuletzt gestellten Hilfsantrag zurückgekehrt wird.[92] Zu Recht wird in der Rückkehr zu dem letzten Hilfsantrag zweiter Instanz keine unzulässige Antragsänderung gesehen. Der **Austausch von Haupt- und Hilfsanträgen** muss in der Rechtsbeschwerde ebenso wie in der Revisionsinstanz statthaft sein (vgl. dazu § 74 Rdn. 60).

5. Abgrenzung der Zuständigkeit der Berufs- und Ehrenamtsrichter

35 § 92 Abs. 2 nimmt hinsichtlich der **Befugnisse des Vorsitzenden** auf § 76 Abs. 6 Bezug. Nach § 53 Abs. 1 Satz 1 werden die nicht aufgrund einer mündlichen Verhandlung ergehenden Beschlüsse, soweit nichts anderes bestimmt ist, vom Vorsitzenden allein erlassen. Nach § 72 Abs. 6 ist eine entsprechende Anwendung auf den dritten Rechtszug geboten. Da dort im Unterschied zur Vorinstanz nicht nur ein **Berufsrichter** als Vorsitzender, sondern drei Berufsrichter mitwirken, dient die Norm dort zur Abgrenzung der Befugnisse der Berufsrichter von denen des Gesamtsenats. Es gilt die Regel: Die nicht aufgrund einer mündlichen Verhandlung ergehenden Beschlüsse werden nicht vom Senatsvorsitzenden allein, sondern vom Senat ohne **Hinzuziehung der ehrenamtlichen Richter** erlassen.[93] Da nach § 95 für Entscheidungen im Rechtsbeschwerdeverfahren abweichend von der für das Revisionsverfahren in § 74 Abs. 2 Satz 1 getroffenen Regelung die mündliche Anhörung nicht obligatorisch ist, stellt sich die Frage, ob dieser Unterschied Auswirkungen auf die Zusammensetzung des Spruchkörpers haben kann. Die Kommentarliteratur sieht darin keinen Anlass, die ehrenamtlichen Richter nicht zu beteiligen.[94] Die ehrenamtlichen Richter wirken aufgrund besonderer Regelung nicht mit:
1. wenn die Rechtsbeschwerde ohne Anhörung verworfen wird, § 94 Abs. 2 Satz 3 i.V.m. § 74 Abs. 2,
2. wenn die Nichtzulassungsbeschwerde als unzulässig aus den in § 72a Abs. 5 Satz 3 genannten Gründen verworfen wird, § 92a Satz 2.

---

90 BAG, 12.01.2011 – 7 ABR 15/09, Rn 19 m.w.N., EzA § 99 BetrVG 2001 Umgruppierung Nr. 7.
91 BAG, 15.04.2014 – 1 ABR 80/12, EzA § 551 ZPO 2002 Nr. 11; BAG, 26.10.2004 – 1 ABR 37/03, EzA § 99 BetrVG 2001 Umgruppierung Nr. 2 = AP Nr. 29 zu § 99 BetrVG 1972 Eingruppierung; zustimmend GK-ArbGG/Ahrendt § 92 Rn 27.
92 BAG, 29.06.2011 – 7 ABR 135/09, Rn 32, NZA 2012, 47.
93 Ständige Rspr. seit BAG, 02.06.1954 – 2 AZR 63/53, AP Nr. 1 zu § 53 ArbGG 1953.
94 ErfK/Koch § 92 Rn 1; GK-ArbGG/Ahrendt § 92 Rn 20; GMPMG/Matthes/Schlewing § 92 Rn 20.

VI. Anschlussrechtsbeschwerde

Die **Anschlussrechtsbeschwerde** ist auch im Beschlussverfahren zulässig.[95] Sie ist seit dem Inkrafttreten des ZPO-RG als unselbstständiges Rechtsmittel ausgestaltet, d.h. bei Rücknahme der Rechtsbeschwerde entfällt ihre Wirkung. Sie bedarf keiner Zulassung.[96] Denn in der Neufassung des § 554 Abs. 2 ZPO durch das ZPO-RG ist die Anschlussrevision ausdrücklich auch dann für statthaft erklärt worden, wenn die Revision nicht zugelassen worden ist. Diese für die Revision geltende Bestimmung gilt über § 92 Abs. 2 Satz 1 auch für das Rechtsbeschwerdeverfahren. Zur Einlegung und Begründung der Anschlussrechtsbeschwerde vgl. § 94 Rdn. 29.

36

VII. Rechtsbeschwerde beim BVerwG

Die Vorschriften über die Rechtsbeschwerde werden auch vom BVerwG im personalvertretungsrechtlichen Beschlussverfahren angewandt.

37

1. Angelegenheiten der Personalvertretungen nach dem Bundespersonalvertretungsgesetz

Nach § 83 Abs. 1, § 106 BPersVG entscheiden die Verwaltungsgerichte, im dritten Rechtszug das BVerwG in den Angelegenheiten der Personalvertretung, die in den Dienststellen des Bundes gewählt werden. Allerdings besteht abweichend von der für die Betriebsverfassung in § 2a Abs. 1 Nr. 1 bestimmten Zuständigkeit in allen Angelegenheiten, eine Beschränkung des Rechtsschutzes auf folgende einzeln aufgeführte Angelegenheiten:

38

– Fälle der §§ 9, 25, 28 und 47 Abs. 1 BPersVG,
– Wahlberechtigung und Wählbarkeit,
– Wahl und Amtszeit der Personalvertretungen und der in den §§ 57, 65 BPersVG genannten Vertreter,
– Zusammensetzung der Personalvertretungen und der JAV,
– Zuständigkeit, Geschäftsführung und Rechtsstellung der Personalvertretungen und der in den §§ 57, 65 BPersVG genannten Vertreter,
– Bestehen oder Nichtbestehen von Dienstvereinbarungen.

Für das Verfahren sind nach § 83 Abs. 2 BPersVG die Vorschriften des ArbGG über das Beschlussverfahren und damit auch die Vorschriften über den dritten Rechtszug in §§ 92 bis 96a entsprechend anzuwenden. Diese Vorschriften treten an die Stelle von Teil II und Teil III der VwGO.

2. Angelegenheiten der Personalvertretungen nach den Landespersonalvertretungsgesetzen

Die Personalvertretungsgesetze der Länder sind dem Vorbild des BPersVG nachgebildet. Eine Ausnahme bildete das LPersVG für **Rheinland-Pfalz** vom 26.09.2000.[97] Das hatte die noch im PersVG von 05.07.1977 enthaltene Verweisung auf die Vorschriften des ArbGG über das Beschlussverfahren aufgehoben. Deshalb waren seit Ende 2000 in Rheinland-Pfalz personalvertretungsrechtliche Verfahren nach dem Verwaltungsprozessrecht (§ 123 VwGO) abzuwickeln.[98] Das ist mit Gesetz vom 28.09.2010 zum 07.10.2010 geändert worden. Seitdem hat Rheinland-Pfalz seinen Sonderweg aufgegeben.[99] Nunmehr gelten auch dort nach § 121 Abs. 2 LPersVG die Bestimmungen des ArbGG über das Beschlussverfahren einschließlich der §§ 92 bis 96a. Als Besonderheiten sind dort

39

---

95 Zur Rechtslage vor Inkrafttreten des ZPO-RG: BAG, 20.12.1988 – 1 ABR 63/87, AP Nr. 5 zu § 92 ArbGG 1979 = NZA 1989, 393; zur geltenden Rechtslage: BAG, 20.08.2014 – 7 ABR 60/12 – Rn 29, ZTR 2015, 53; BAG, 15.04.2014 – 1 ABR 80/12, EzA § 551 ZPO 2002 Nr. 11; BAG, 13.03.2013 – 7 ABR 70/11, EzA § 3 BetrVG 2001 Nr. 6.
96 Bader/Creutzfeldt/Friedrich-Friedrich § 94 Rn 10; HWK/Bepler § 94 Rn 12; BAG, 03.12.2003 – 10 AZR 124/03, AP Nr. 19 zu § 1 TVG Tarifverträge: Musiker.
97 GVBl. S. 402.
98 VG Mainz, 14.01.2005 – L 1238/04.MZ.
99 Dazu Lautenbach/Renninger PersV 2011, 204.

zwei Fälle geregelt: Der in § 89 Abs. 1 enthaltene Zwang zur Vertretung der Beteiligten bei Einlegung und Begründung der Beschwerde durch eine nach § 11 Abs. 4 postulationsfähige Person und die in § 91 Abs. 2 Satz 1 begründete Verpflichtung, den Beschwerdebeschluss nebst Gründen zu unterschreiben, sind nicht anzuwenden.

40 Eine die Anwendung der §§ 92 bis 96a ausschließende Regelung besteht in **Bayern**. Nach § 81 Abs. 2 Satz 1 Bayerisches Personalvertretungsgesetz (BayPVG)[100] gelten zwar auch die Vorschriften des ArbGG über das Beschlussverfahren entsprechend, aber davon ausgenommen sind § 89 Abs. 1 und §§ 92 bis 96a. In § 81 Abs. 2 Satz 2 BayPVG wird klargestellt: »Die Entscheidung des (Bayerischen) VGH ist endgültig«. Zwar darf das Land Bayern seit Wegfall der Gesetzgebungsrahmenkompetenz des Bundes in Personalvertretungssachen regeln, dass in Rechtsfragen der bayerischen Landespersonalverfassung die bayerische Verwaltungsgerichtsbarkeit abschließend entscheidet. Insofern jedoch eine bayerische Personalvertretung eine sie begünstigende Norm des Bundesrechts zur Stützung eines Anspruchs anführt und der Bayerische VGH (BayVGH) letztinstanzlich abweichend von der Auslegung der Bundesnorm durch die obersten Gerichtshöfe des Bundes entscheidet, ist eine **Rechtsschutzlücke** eröffnet.

▶ **Beispielsfall:**

§ 84 Abs. 2 Satz 6 SGB IX räumt kraft Bundesrechts auch einem Personalrat in einer Dienststelle des Landes Bayern einen Anspruch ein. Danach kann der Personalrat im Rahmen des betrieblichen Eingliederungsmanagements verlangen, dass gemeinsam mit ihm die Möglichkeiten geklärt werden, wie die Arbeitsunfähigkeit eines Betroffenen überwunden, mit welchen Leistungen oder Hilfen erneuter Arbeitsunfähigkeit vorgebeugt und der Arbeitsplatz erhalten werden kann.

Verfassungsrechtlich ist in den Art. 92 und 95 GG die Sicherung der Einheitlichkeit des Bundesrechts durch oberste Gerichte des Bundes geboten. Eine weitere Rechtsschutzlücke tut sich bei den Bestimmungen in §§ 94 bis 109 BPersVG auf. Diese Normen waren als Rahmenvorschriften und unmittelbar für die Länder geltende Vorschriften erlassen worden. Seit Inkrafttreten der Föderalismusreform I vom 28.08.2006 ist die Zuständigkeit zwischen Bund und Ländern neu verteilt. Nach Art. 125a Abs. 1 GG gelten diese Bestimmungen, soweit sie nicht mehr als Bundesrecht erlassen werden könnten, als Bundesrecht fort. Das so fortgeltende Bundesrecht kann durch Landesrecht ersetzt werden. Nach Art. 125b Abs. 1 GG gelten diese Bestimmungen als Bundesrecht fort, soweit sie auch noch nach der Föderalismusreform als Bundesrecht erlassen werden könnten. Im Unterschied zu Art. 125a GG können diese Normen nicht durch Landesrecht ersetzt werden kann. Mit dem in Art. 31 GG geregelten Vorrang des Bundesrechts ist es nicht zu vereinbaren, dass über Bundesrecht, gleich ob es nach Art. 125a oder Art. 125b GG gilt, ein Landesgericht abschließend entscheidet. Das ist auch nicht Ziel der landesrechtlichen Regelung. Deshalb muss der zu weitgehende Wortlaut des **§ 81 Abs. 2 BayPVG** entweder **teleologisch reduziert** oder im Lichte des Bundesvorrangs **verfassungskonform ausgelegt** werden. Es gibt keinen Anhalt, dass Bayern bewusst und gewollt, den Vorrang des Bundesrechts verletzen will. Folglich muss § 81 Abs. 2 BayPVG so ausgelegt werden, dass nur in den in § 81 Abs. 1 aufgeführten Tatbeständen, die ausschließlich landesrechtlicher Regelung unterliegen, der Rechtsweg zum BVerwG beschränkt werden soll. Daraus ergibt sich: Wendet der BayVGH entscheidungserheblich eine Bundesnorm an, so muss er bei **Divergenz oder grundsätzlicher Bedeutung der Rechtsfrage** nach Abs. 1 Satz 2 die Rechtsbeschwerde zum BVerwG zulassen. Geschieht dies nicht, ist die Beschwerde zum BVerwG entsprechend § 92a gegeben, das dann über die Zulassung der Rechtsbeschwerde entscheidet.

41 Der **BayVGH** ist in zumindest einem bekannt gewordenen Fall **entscheidungserheblich von der Rechtsprechung des BVerwG** sowie BAG abgewichen. So verneint der BayVGH den Anspruch des Personalrats, über die Namen der Beschäftigten unterrichtet zu werden, denen ab dem 43. Tag der

---

100 Fassung der Bekanntmachung v. 11.11.1986, GVBl 1986, 349.

Arbeitsunfähigkeit gemäß § 84 Abs. 2 Satz 1 SGB IX ein betriebliches Eingliederungsmanagement anzubieten ist. Er vertritt die Ansicht, dass vor der Erfüllung des Auftrags aus § 84 Abs. 2 SGB IX dem aus Art. 1 und 2 GG ableitbaren Grundrecht auf informationelle Selbstbestimmung der Vorrang gebühre. Erst wenn die Zustimmung des Beschäftigten zur Durchführung des Eingliederungsmanagements unter Beteiligung der Personalvertretung vorliege, dürfe der Dienststellenleiter den Personalrat unterrichten.[101] Da sich die Information auf die betriebsöffentliche Tatsache der nicht urlaubsbedingten Abwesenheit des Mitarbeiters vom Arbeitsplatz bezieht, ist die Logik der Argumentation schon datenschutzrechtlich schwer nachvollziehbar. Die Entscheidung weicht von den Rechtssätzen ab, die vom BVerwG und BAG zu § 84 Abs. 2 SGB IX aufgestellt worden sind.[102] Auch unter dem Gesichtspunkt der Folgenkontrolle, erweist sich die Ansicht des BayVGH als nicht durchdacht; denn die Schwerbehindertenvertretung der Dienststelle, deren Personalrat nach der Entscheidung des BayVGH keine Information erhalten darf, kann ihren Unterrichtungsanspruch ohne Weiteres durchsetzen, soweit die betroffen Arbeitsunfähigen Schwerbehinderte oder Gleichgestellte sind; denn über den Anspruch der Schwerbehindertenvertretung entscheiden nach § 2a Abs. 1 Nr. 3a die Gerichte für Arbeitssachen. Sehen diese Veranlassung von der Rechtsprechung des BAG abzuweichen, muss die Rechtsbeschwerde zugelassen werden. Mit einer Bestätigung der bisherigen Rechtsprechungslinie des BAG ist zu rechnen. Inzwischen ist auch bekannt geworden, dass die erstinstanzliche Rechtsprechung dem BayVGH nicht folgt. So hat das VG München die vom BVerwG aufgestellten Rechtssätze zu Grunde gelegt und erkannt: »Es ist nicht erkennbar, dass die Rechtslage nach bayerischem Landesrecht anders zu beurteilen wäre«.[103]

Da ebenso wie der Bund im BPersVG auch die Länder in ihren Personalvertretungsgesetzen keine generalklauselartige sondern nur eine auf einzelne Tatbestände bezogene Zuordnung der personalvertretungsrechtlichen Angelegenheiten zum arbeitsgerichtlichen Beschlussverfahren vornehmen, ist für jede einzelne Angelegenheit die Anwendbarkeit des ArbGG zu prüfen. Soweit es an der besonderen Zuordnung fehlt, ist das Verfahren der VwGO anzuwenden. Deshalb kann die Prüfung der Gültigkeit einer Rechtsverordnung nach § 24 Abs. 6 Hessisches Personalvertretungsgesetz (HePersVG) Gegenstand eines Normenkontrollantrages nach § 47 VwGO sein.[104] So ist über das Begehren, die VO über die Sicherstellung der Personalvertretung in den Universitätskliniken Gießen und Marburg vom 17.03.2004, in der die Amtszeit der zusammengeschlossenen Dienststellen geregelt wurde, für nichtig zu erklären, nicht im personalvertretungsrechtlichen Beschlussverfahren entschieden worden. § 111 Abs. 1 Nr. 2 (HePersVG), der für Streitigkeiten über Wahl und Amtszeit von Personalvertretungen in einem konkreten Fall oder aus Anlass eines solchen auf die Anwendung der Verfahrensvorschriften des arbeitsgerichtlichen Beschlussverfahrens verweist, fand nach Ansicht des BVerwG keine Anwendung. Die Verweisung erstrecke sich nämlich nicht auf Fälle, in denen Streitgegenstand allein die Gültigkeit einer Rechts-VO nach § 24 Abs. 6 HePersVG ist, durch welche das zuständige Ministerium den Zeitpunkt für die Neuwahl der Personalvertretungen festgelegt und deren Amtszeit verlängert hat. Insoweit komme allein ein Normenkontrollverfahren nach § 47 VwGO in Betracht.[105]

3. Vertretungen der Richter und Staatsanwälte

In § 60 Deutsches Richtergesetz (DRiG), neugefasst durch Bekanntmachung vom 19.04.1972,[106] ist für den Rechtsweg in Angelegenheiten der bei den **Bundesgerichten gewählten Richtervertretungen** bestimmt: »Für Rechtsstreitigkeiten aus der Bildung oder Tätigkeit der Richtervertretungen steht der Rechtsweg zu den Verwaltungsgerichten offen. Das Verwaltungsgericht entscheidet

---

101 BayVGH 12.6.2012 – 17 P 11.1140 – PersV 2012, 383.
102 BVerwG, 04.09.2012 – 6 P 5/11 – BVerwGE 144, 156; BAG, 07.02.2012 – 1 ABR 46/10 – BAGE 140, 350.
103 VG München, 04.11.2014 – M 20 P 13.3160, Rn 32.
104 BVerwG, 01.02.2005 – 6 BN 5/04, PersR 2005, 157.
105 BVerwG, 02.04.1980 – 6 P 4/79, Buchholz 238.31 § 56 BaWüPersVG Nr. 1; BVerwG, 01.02.2005 – 6 BN 5/04, PersR 2005, 157.
106 BGBl. I, S. 713.

bei Rechtsstreitigkeiten aus der gemeinsamen Beteiligung von Richterrat und Personalvertretung (§ 53 Abs. 1) nach den Verfahrensvorschriften und in der Besetzung des § 83 Abs. 2 und § 84 des Bundespersonalvertretungsgesetzes.« In den **Landesrichtergesetzen** ist zumeist bestimmt, dass auch für die Angelegenheiten der Vertretungen der Richter und Staatsanwälte die für personalvertretungsrechtliche Streitigkeiten geltende Zuweisung zum arbeitsgerichtlichen Beschlussverfahren anzuwenden ist. So ist in § 19 Landesrichter- und Landesstaatsanwaltsgesetz (LRiStAG) des Landes Baden-Württemberg i.d.F. vom 12.03.2015, zuletzt geändert durch Art. 2 des Gesetzes vom 06.10.2015,[107] geregelt: »(1) Für Rechtsstreitigkeiten aus der Bildung und Tätigkeit der Richtervertretungen steht der Rechtsweg zu den Verwaltungsgerichten offen. Für das Verfahren gelten die Vorschriften des Arbeitsgerichtsgesetzes über das Beschlussverfahren entsprechend.« Eine vergleichbare Zuweisung findet sich in § 28 Hessisches Richtergesetz (HRiG) i.d.F. vom 11. März 1991[108]: »(1) Für Rechtsstreitigkeiten aus der Bildung und der Tätigkeit der Richtervertretungen ist der Verwaltungsrechtsweg gegeben. Das Verfahren ist gerichtskostenfrei. Die §§ 154, 161 der Verwaltungsgerichtsordnung finden keine Anwendung. Bei Rechtsstreitigkeiten aus der gemeinsamen Beteiligung von Richterrat und Personalvertretung (§ 36 Abs. 1 Nr. 2) entscheiden die Gerichte nach den Verfahrensvorschriften und in der Besetzung des § 111 Abs. 3 und § 112 des Hessischen Personalvertretungsgesetzes.« Soweit im Einzelfall eine ausdrückliche Zuweisung zum arbeitsgerichtlichen Beschlussverfahren fehlt, haben die Verwaltungsgerichte in uneingeschränkter **Anwendung der VwGO** zu verfahren.

▶ **Beispiele:**

1. Im Fall der Anfechtung der Wahl eines Bezirksstaatsanwaltsrats in Hessen ist gemäß § 78a Abs. 3 HRiG, der auf § 28 HRiG verweist, das Verfahren der VwGO angewandt worden, das im Gegensatz zum arbeitsgerichtlichen Beschlussverfahren nicht kostenfrei ist.[109] Die in einem derartigen Verfahren entstehenden Kosten der Prozessführung entstehen den Personalvertretungsorganen »durch ihre Tätigkeit«, weil sie als Beteiligte eines Wahlanfechtungsverfahrens sich prozessrechtlich auf dieses Verfahren einlassen müssen.[110]
2. Die Anfechtung von Beschlüssen der Einigungsstellen, die gem. § 51 Abs. 2 Satz 4 Hamburgisches Richtergesetz (HmbRiG) in Angelegenheiten gebildet worden sind, an denen Richterrat und Personalrat i.S.v. § 58 Abs. 1 HmbRiG beteiligt sind, wird gem. § 70 HmbRiG im allgemeinen verwaltungsgerichtlichen Verfahren ausgetragen.[111]

4. Beteiligung des Oberbundesanwalts

44 Die Anwendung der arbeitsgerichtlichen Vorschriften im personalvertretungsrechtlichen Beschlussverfahren hindert nicht die Beteiligung des Oberbundesanwalts im Rechtsbeschwerdeverfahren vor dem BVerwG; denn der in Teil I des Gesetzes enthaltene § 35 VwGO, der die Bestellung und Beteiligung des Oberbundesanwaltes bei dem BVerwG regelt, ist keine Verfahrensvorschrift, sondern – wie auch die Überschrift zum Teil I der Verwaltungsgerichtsordnung ausdrücklich besagt – eine solche der Gerichtsverfassung.[112]

VIII. Wirkung der Rechtsbeschwerde

45 Da die Rechtsbeschwerde gegen einen Beschluss i.S.v. § 91 als Rechtsmittel ausgestaltet ist, muss sich der vom Beschluss beschwerte Beteiligte an den judex ad quem, d.h. entweder an das BAG oder an das BVerwG wenden (Devolutiveffekt). § 92 Abs. 3 stellt klar, dass der Einlegung der Rechts-

---

107 GBl. S. 842, 851.
108 GVBl. I, S. 1991, 54.
109 Hessischer VGH, 12.03.1980 – I OE 73/79, PersV 1982, 194.
110 Hessischer VGH, 12.03.1980 – I OE 73/79, PersV 1982, 194.
111 Hamburgisches OVG, 08.11.1999 – 8 Bs 368/99.PVL, PersR 2000, 252.
112 BVerwG, 08.11.1989 – 6 P 7/87, PersR 1990, 102.

beschwerde aufschiebende Wirkung (Suspensiveffekt) zukommt. Deshalb wird der Eintritt der Rechtskraft des angefochtenen Beschwerdebeschlusses gehemmt. Der Suspensiveffekt steht jedoch nicht der vorläufigen Vollstreckbarkeit entgegen. Soweit einem Beteiligten eine Verpflichtung in vermögensrechtlichen Streitigkeiten auferlegt worden ist, kann der Begünstige nach § 87 Abs. Satz 2, § 85 Abs. 1 Satz 2 vorläufig vollstrecken. Siehe ergänzend die Erläuterungen zu § 85 Rdn. 4.

IX. Rechtsmittel gegen nicht verfahrensbeendende Beschlüsse

Nicht mit der Rechtsbeschwerde i.S.v. § 92 anfechtbar sind die **verfahrensleitenden Beschlüsse und Verfügungen** des LAG oder seines Vorsitzenden (wegen der Besonderheiten bei Einstellungsbeschlüssen s. Rdn. 13 ff.). Gegen diese findet nach dem Wortlaut des § 90 Abs. 3 »kein Rechtsmittel statt«. Die Rechtsprechung ist zu Recht über den Wortlaut der Norm hinausgegangen. Zu Grunde liegt eine mit der zum 01.01.2002 in Kraft getretenen ZPO-Reform[113] verbundene Änderung des Beschwerderechts. Diese hat auf Grund der Verweisung in § 83 Abs. 5 ArbGG auch das arbeitsgerichtliche Beschlussverfahren erfasst. Die Verweisung bezieht sich nicht nur auf den Satz 1 des § 78, sondern auf die gesamte Vorschrift und damit auch auf die aus § 78 Satz 2 ArbGG folgende Möglichkeit der Zulassung der **Rechtsbeschwerde i.S.d. ZPO**. Durch die pauschale Verweisung in § 83 Abs. 5 soll das Recht der Beschwerde gegen nicht verfahrensbeendende Beschlüsse im arbeitsgerichtlichen Beschlussverfahren erkennbar ebenso ausgestaltet sein wie das Beschwerderecht im Urteilsverfahren. Etwas anderes folgt nach der Rechtsprechung des BAG auch nicht aus § 90 Abs. 3, obwohl nach dieser Norm gegen Beschlüsse und Verfügungen des LAG oder seines Vorsitzenden kein Rechtsmittel stattfindet. Der Gesetzgeber hat diese Bestimmung anders als die bis 31.12.2001 für das Urteilsverfahren geltende entsprechende Vorschrift des § 70 ArbGG nicht gestrichen. Ob es sich hierbei um ein Redaktionsversehen handelt,[114] hat das BAG »dahinstehen« lassen.[115] Das konnte das BAG, weil es in einer nach § 574 Abs. 1 Nr. 2 ZPO vom LAG zugelassenen Rechtsbeschwerde über die Zurückweisung einer sofortigen Beschwerde zu entscheiden hat und sich auf den gut vertretbaren Standpunkt gestellt hat, § 90 Abs. 3 ArbGG regele nur die Fälle, in denen das LAG als Ausgangsgericht – im Rahmen des Beschwerdeverfahrens nach §§ 87 ff. – tätig wird, und nicht die Fälle, in denen es als Rechtsmittelgericht über eine sofortige Beschwerde nach § 78 ArbGG i.V.m. § 83 Abs. 5 ArbGG entscheidet. Dafür spricht insbesondere die systematische Stellung der Vorschrift. Sie befindet sich im Dritten Teil, Zweiter Abschnitt, Zweiter Unterabschnitt des Arbeitsgerichtsgesetzes (§§ 87 bis 91), der das Beschwerdeverfahren gegen verfahrensbeendende Beschlüsse im Beschlussverfahren regelt. Hätte der Gesetzgeber die Möglichkeit eines weiteren Rechtsmittels auch für das Beschwerdeverfahren nach § 78 ArbGG i.V.m. § 83 Abs. 5 ArbGG ausschließen wollen, hätte es sich aufgedrängt, dies durch eine entsprechende Ergänzung des § 83 Abs. 5 zu tun. Dies ist nicht geschehen. Folglich darf das LAG auch die ZPO-Rechtsbeschwerde gegen Entscheidungen des LAG zulassen, wenn dieses als Beschwerdegericht tätig wird.[116] Damit ergibt sich aus § 78 Satz 2, dass die Zulassung der ZPO-Rechtsbeschwerde gegen verfahrensbegleitende Beschlüsse jedenfalls dann statthaft ist, wenn das LAG als Rechtsmittelgericht über eine sofortige Beschwerde nach § 78 ArbGG i.V.m. § 83 Abs 5 ArbGG entscheidet.[117]

▶ **Beispiel:**

Das ArbG setzt im Laufe eines betriebsverfassungsrechtlichen Beschlussverfahrens gegen einen Zeugen ein Ordnungsgeld fest. Hat das LAG bei seiner Entscheidung über die sofortige Beschwerde des durch die Festsetzung beschwerten Zeugen die Rechtsbeschwerde an das BAG zugelassen, entscheidet das BAG letztinstanzlich über das Ordnungsmittel.[118]

---

113 BGBl. I 2001, S. 1887.
114 So beginnend mit ErfK/Eisemann 3. Aufl., § 90 ArbGG Rn 3 und fortführend ErfK/Koch § 90 ArbGG Rn 1; a.A. Schwab/Weth-Busemann § 90 Rn 28a.
115 BAG, 28.02.2003 – 1 AZB 53/02 – Rn 13, BAGE 105, 195 = EzA § 78 ArbGG 1979 Nr. 5.
116 Vgl. BAG 20.08.2002– 2 AZB 16/02, AP KSchG 1969 § 5 Nr. 14, zu B I 2 c bb der Gründe m.w.N.
117 BAG 28.02.2003 – 1 AZB 53/02, EzA § 78 ArbGG 1979 Nr. 5 = AP § 78 ArbGG 1979 n.F. Nr. 2.
118 BAG, 28.02.2003 – 1 AZB 53/02, EzA § 78 ArbGG 1979 Nr. 5.

§ 92a ArbGG   Nichtzulassungsbeschwerde

Soweit im Schrifttum generell die »Rechtsbeschwerdefähigkeit« verfahrensleitender Beschlüsse bejaht wird,[119] ist das missverständlich ausgedrückt. In diesen Fällen ist – wie in Rdn. 7 dargestellt – nicht die Rechtsbeschwerde nach § 92 statthaft, sondern es kommt nur die Anfechtung durch eine vom LAG nach §§ 78, 83 Abs. 5 i.V.m. § 574 Abs. 1 Nr. 2 ZPO zugelassenen ZPO-Rechtsbeschwerde in Betracht.

47 Daraus ergibt sich nach dem bisherigen Stand der Rechtsprechung eine im Lichte der Pflicht zur Justizgewährung[120] verfassungsrechtlich bedenkliche Rechtsschutzlücke; denn wenn das LAG nicht als Rechtsmittelgericht über eine sofortige Beschwerde entscheidet sondern im Beschwerderechtszug selbst einen nicht verfahrensbeendenden Beschluss trifft, sperrt § 90 Abs. 3 die Anfechtbarkeit der Entscheidung. Für eine derartige Rechtsschutzdifferenzierung gibt es keinen einleuchtenden Sachgrund. Das verdeutlicht der in Rdn. 46 dargestellte Beispielsfall: Das nach § 80 Abs. 2, § 51 Abs. 1 Satz 2 ArbGG i.V.m. § 141 Abs. 3, § 380 Abs. 1 ZPO vom Arbeitsgericht gegen den unentschuldigt fehlenden Zeugen verhängte Ordnungsgeld kann auf die nach §§ 78, 83 Abs. 5 i.V.m. § 574 Abs. 1 Nr. 2 ZPO zugelassene ZPO-Rechtsbeschwerde vom BAG überprüft werden. Hat dagegen das LAG selbst das Ordnungsgeld verhängt, so findet keine Überprüfung statt. Für diese Differenzierung gibt es keinen Sachgrund. Sie verstößt gegen Art. 3 Abs. 1 GG. Der Ausschluss jeden Rechtsbehelfs in § 90 Abs. 3 ist verfassungswidrig.

§ 92a Nichtzulassungsbeschwerde

¹Die Nichtzulassung der Rechtsbeschwerde durch das Landesarbeitsgericht kann selbständig durch Beschwerde angefochten werden. ²§ 72a Abs. 2 bis 7 ist entsprechend anzuwenden.

Übersicht

		Rdn			Rdn
I.	Rechtsgrundlagen	1	VI.	Entscheidung des BAG	13
II.	Postulationsfähigkeit	3	VII.	Ausschluss der Nichtzulassungsbeschwerde	17
III.	Divergenz-, Grundsatz- und Verfahrensbeschwerde	4	VIII.	Personalvertretungsrechtliche Beschlussverfahren	20
IV.	Suspensiveffekt und Rechtskraft	10			
V.	Kosten	11			

I. Rechtsgrundlagen

1 Durch die Beschleunigungsnovelle vom 21.05.1979 ist auch in das arbeitsgerichtliche **Beschlussverfahren** die Beschränkung des Zugangs zum BAG durch die Zulassungsentscheidung des LAG und deren Anfechtbarkeit durch eine **Nichtzulassungsbeschwerde** eingefügt worden. Die Nichtzulassungsbeschwerde ist nur statthaft gegen verfahrensbeendende Beschlüsse des LAG i.S.v. § 91 (vgl. dazu § 92 Rdn. 7 ff.). Die Anfechtbarkeit der Nichtzulassung gegen Entscheidungen, die nicht verfahrensbeendend im Hauptsache-/Erkenntnisverfahren ergehen, ist ausgeschlossen (vgl. Rdn. 17 f.).

2 Die Bestimmung des § 92a regelt nicht selbst, unter welchen Voraussetzungen eine nachträgliche Zulassung der Rechtsbeschwerde erreicht werden kann. Da die Nichtzulassung der Rechtsbeschwerde durch das Beschwerdegericht angefochten wird, ist vom **Beschwerdeführer darzulegen** und **vom Rechtsbeschwerdegericht zu prüfen**, ob die in § 92 Abs. 1 Satz 2 in Bezug genommenen Gründe für eine Zulassung der Revision vorgelegen haben und vom LAG nicht berücksichtigt worden sind. § 92 Abs. 1 Satz 2 verweist insoweit auf das Zulassungsverfahren und die in § 72 Abs. 2 aufgeführten Zulassungsgründe. Von dieser Verweisung ist auch die Möglichkeit der nachholenden Ergänzung der Zulassungsentscheidung gemäß § 64 Abs. 3a erfasst, vgl. § 72 Rdn. 60. Außerdem

---

119 Vgl. GK-ArbGG/Ahrendt § 92 Rn 5.
120 Vgl. BVerfG, 11.06.1980 – 1 PBvU 1/79, BVerfGE 54, 277.

enthält § 92 Abs. 1 Satz 2 den Verweis auf § 72 Abs. 3. Danach wird die Bindungswirkung von positiven Zulassungsentscheidungen des LAG auch auf das Beschlussverfahren erstreckt.

II. Postulationsfähigkeit

Es fehlt eine ausdrückliche Regelung des Vertretungszwangs, wie er in § 11 Abs. 4 bestimmt und für die Einlegung der Rechtsbeschwerde und deren Begründung in § 94 Abs. 1 enthalten ist. Die in § 11 Abs. 4 geregelte besondere Postulationsbefugnis wird vom Schrifttum[1] aus dem Gesamtzusammenhang abgeleitet: Nur der, der berechtigt ist, die Rechtsbeschwerde einzulegen und zu begründen, soll befugt sein, auch die Nichtzulassungsbeschwerde einzulegen und zu begründen. Siehe dazu § 92 Rdn. 19 und § 94 Rdn. 20. Da nach § 94 Abs. 1, § 11 Abs. 4 die Rechtsbeschwerdeschrift und die Rechtsbeschwerdebegründung von einem RA oder einer sonstigen postulationsfähigen Person mit Befähigung zum Richteramt unterzeichnet werden muss (vgl. § 92 Rdn. 26), muss auch der Vertretungszwang nur in diesem beschränkten Umfang zur Anwendung kommen. Das bedeutet: Die neben dem Beschwerdeführer weiteren Beteiligten können ihre Stellungnahmen oder Erklärungen ohne anwaltliche oder sonstige in § 11 Abs. 4 vorgeschriebene Vertretung abgeben.

3

III. Divergenz-, Grundsatz- und Verfahrensbeschwerde

Die **Zulassungsgründe** ergeben sich aus § 72 Abs. 2 Nr. 1 bis 3 *(grundsätzliche Bedeutung, Divergenz, Verstoß gegen bestimmte Verfahrensgebote)*. Das Nichtzulassungsbeschwerdeverfahren richtet sich nach der Verweisung in § 92a Satz 2 auf § 72a Abs. 2 bis 7 nach den für das Urteilsverfahren geltenden Anforderungen, wie sie bei § 72a erläutert worden sind.[2] Bei divergenzfähigen Entscheidungen kommt es nicht darauf an, in welcher Verfahrensart sie ergangen sind.[3] Der Beschwerdeführer muss darlegen, dass der anzufechtende Beschluss des LAG einen allgemeinen, die Entscheidung tragenden Rechtssatz aufgestellt hat und dass dieser von einem in einer divergenzfähigen Entscheidung aufgestellten Rechtssatz abweicht, den ein Gericht aufgestellt hat, das in der Aufzählung in § 72 Abs. 2 Nr. 2 enthalten ist.[4] Auf § 72 Rdn. 18 bis 50 und § 72a Rdn. 20 bis 59 wird wegen der weiteren Einzelheiten verwiesen.

4

Zu beachten ist, dass der in Bezug genommene § 72 Abs. 2 Nr. 2 in der Aufzählung der Gerichte, deren Entscheidungen zum Aufzeigen einer Rechtssatzdivergenz herangezogen werden dürfen, nicht das BVerwG enthält. Damit wird ausgeschlossen, dass im arbeitsgerichtlichen Beschlussverfahren eine Nichtzulassungsbeschwerde mit einer **Abweichung von der Rspr. des BVerwG zu Vorschriften des ArbGG** begründet werden kann, obwohl das BVerwG auch **dieselben Normen** anwenden und auslegen (vgl. § 92 Rdn. 24).[5] Diese Art von Divergenzen kann allein durch die Anrufung des Gemeinsamen Senats der obersten Gerichtshöfe des Bundes bereinigt werden. Es bleibt jedoch zu prüfen, ob die Abweichung nicht eine Rechtsfrage von grundsätzlicher Bedeutung i.S.v. § 72 Abs. 2 Nr. 1 aufzeigt. Der Rechtsbeschwerdeführer muss, wenn er diesen Beschwerdegrund geltend machen will, allerdings die vom BAG aufgestellten Anforderungen an die Begründung einer **Grundsatzbeschwerde** erfüllen.

5

Bei der **Grundsatzbeschwerde im Beschlussverfahren** sind dieselben Gesichtspunkte zu beachten wie bei der Grundsatzbeschwerde im Urteilsverfahren.[6] Danach muss gemäß § 92a, § 72a Abs. 3 Satz 2 Nr. 1 die grundsätzliche Bedeutung einer Rechtsfrage und ihre Entscheidungserheblichkeit in der Beschwerdebegründung dargelegt werden. Dies erfordert, dass die durch die anzufechtende

6

---

1 ErfK/Koch § 92a ArbGG Rn 1; GK-ArbGG/Ahrendt § 92a Rn 12; Schwab/Weth-Busemann § 92a Rn 8: Anwendung von § 94 Satz 1 analog.
2 § 72a Rdn. 20 f.
3 ErfK/Koch § 92 Rn 2.
4 BAG, 22.05.2012 – 1 ABN 27/12 – Rn 4, FA 2012, 220.
5 Zustimmend: GK-ArbGG/Ahrendt § 92a Rn 8.
6 § 72 Rdn. 18 bis 23 und § 72a.

Entscheidung aufgeworfene Rechtsfrage konkret benannt und ihre Klärungsfähigkeit, Klärungsbedürftigkeit, Entscheidungserheblichkeit und die allgemeine Bedeutung für die Rechtsordnung oder ihre Auswirkung auf die Interessen jedenfalls eines größeren Teils der Allgemeinheit aufzeigt wird.[7] Auch bei der **Grundsatzbeschwerde im Beschlussverfahren** kommt es für die Überprüfung der Nichtzulassungsentscheidung durch das BAG **nicht** darauf an, dass das Verfahren **bestimmte** abschließend aufgezählte **Gegenstände** betrifft. Die betreffende Einschränkung durch § 92a Satz 1 Halbs. 2 a.F. ist durch das Anhörungsrügengesetz mit Wirkung zum 01.01.2005 ersatzlos entfallen.

7 Auch die in § 72 (s. § 72 Rdn. 43 bis 50) und § 72a (s. § 72a Rdn. 58 ff.) erörterten Grundsätze zur Verfahrensbeschwerde gelten im Beschlussverfahren entsprechend. Hinsichtlich der Anforderungen an die gerichtlichen Hinweis- und Aufklärungspflichten ist zu beachten, dass für das arbeitsgerichtliche Beschlussverfahren nicht der Beibringungsgrundsatz gilt, sondern das Gericht nach § 83 Abs. 1 Satz 1 den Sachverhalt von Amts wegen zu erforschen hat (sog. **Inquisitionsmaxime**). Auch wenn in § 83 Abs. 1 Satz 2 den Beteiligten Mitwirkungspflichten auferlegt sind, wirkt sich der Amtsermittlungsgrundsatz dahin aus, dass im Unterschied zum Urteilsverfahren weiter gehende gerichtliche Hinweis- und Aufklärungspflichten bestehen. Diese Wirkung geht jedoch nicht soweit, dass in der Beschwerdebegründung weniger als im Urteilsverfahren dargelegt werden müsste. So hat der Beschwerdeführer konkret darzulegen, welches wesentliche Vorbringen vom LAG vermeintlich übergangen worden sein soll.[8] Dementsprechend muss eine Beschwerdebegründung, die eine Verletzung des Anspruchs auf rechtliches Gehör durch eine **Überraschungsentscheidung** geltend machen will, nach § 72a Abs. 3 Nr. 3, § 92a Satz 2 den Inhalt des Rechtsgesprächs im Anhörungstermin so darlegen, dass das Rechtsbeschwerdegericht beurteilen kann, ob die geltend gemachte Gehörsverletzung vorliegt.[9] Werden Verletzungen des Überzeugungsgrundsatzes, der gerichtlichen Aufklärungspflicht oder der Aktenwidrigkeit gerügt, führt dies allein noch nicht zur Zulassung der Rechtsbeschwerde, weil diese Rügen im Verfahren wegen Nichtzulassung der Rechtsbeschwerde nicht den in § 92 Abs. 1 Satz 2, § 72 Abs. 2 Nr. 3 in Bezug genommenen absoluten Revisionsgründen i.S.v. § 547 Nr. 1 bis 5 ZPO entsprechen.[10] Soweit ein Beschwerdeführer mit diesem Vorbringen eine Verletzung des Anspruchs auf Gewährung rechtlichen Gehörs geltend machen will, muss er nach § 92a Satz 2 und § 72a Abs. 3 Satz 2 Nr. 3 Alt. 2 ArbGG diese Verletzung speziell darlegen. Dazu gehört insbesondere konkret im Einzelnen schlüssig darzutun, welches wesentliche und entscheidungserhebliche Vorbringen die Vorinstanz übergangen haben soll.[11]

8 Der im Beschlussverfahren nach übereinstimmenden Erledigungserklärungen ergangene Einstellungsbeschluss des Beschwerdegerichts kann nicht mit der Nichtzulassungsbeschwerde angefochten werden.[12] Eine derartige Verfahrenseinstellung ist nämlich kein verfahrensbeendender Beschluss i.S.v. § 92 Abs. 1 Satz 1, § 91 Satz 1 (weitere Einzelheiten s. § 92 Rdn. 12).

9 Im Übrigen kommt es auch bei dem Verfahren der Nichtzulassungsbeschwerde im Beschlussverfahren auf dieselben Grundsätze an, wie sie für Urteilsverfahren dargestellt worden sind. Auf § 72a Rdn. 82 bis 96 wird verwiesen.

IV. Suspensiveffekt und Rechtskraft

10 Die Einlegung der Nichtzulassungsbeschwerde hat im Beschlussverfahren dieselbe Wirkung wie im Urteilsverfahren.[13] Wegen der **aufschiebenden Wirkung** der Nichtzulassungsbeschwerde kommt den Zustimmungsersetzungsverfahren nach § 103 BetrVG große praktische Bedeutung zu. Wird

---

7 BAG, 17.11.2015 – 1 ABN 39/15, ArbuR 2016, 41.
8 BAG, 22.03.2005 – 1 ABN 1/05, AP § 72a ArbGG 1979 Rechtliches Gehör Nr. 3.
9 BVerwG, 10.07.2008 – 6 PB 10/08, NZA-RR 2008, 659 unter Bezug auf BAG, 01.03.2005 – 9 AZN 29/05, BAGE 114, 57.
10 BVerwG, 06.08.2015 – 5 PB 15/14, Rn 18.
11 BVerwG, 25.06.2015 – 5 PB 9.14, Rn 3.
12 BVerwG, 08.03.2010 – 6 PB 47/09, PersR 2010, 210.
13 § 72a Rdn. 26 ff.

gegen den ersetzenden Beschluss die Nichtzulassungsbeschwerde eingelegt, so tritt erst gem. § 322 Abs. 1 ZPO i.V.m. §§ 46 Abs. 2, 80 Abs. 2 mit Zustellung des die Nichtzulassungsbeschwerde zurückweisenden Beschlusses des BAG die Rechtskraft ein.[14] Die Rechtskraft umfasst nicht allein die Ersetzung der Zustimmung als solche, sondern auch die Feststellung der Berechtigung oder im Fall der Antragszurückweisung die Feststellung der Nichtberechtigung der Herbeiführung der Gestaltungswirkung, d.h. das Bestehen oder Nichtbestehen eines Kündigungsgrundes.[15] Im Übrigen wird wegen des Suspensiveffekts auf § 72a Rdn. 26 verwiesen.

V. Kosten

Im Rahmen der Nichtzulassungsbeschwerde nach § 92a entscheidet das BAG nicht über die Kosten; denn nach § 2 Abs. 2 GKG werden im Beschlussverfahren **keine Kosten** erhoben. Das BAG setzt den Wert des Verfahrens nach § 33 Abs. 1 RVG auf Antrag fest. 11

Zu der nach § 10 Abs. 3 BRAGO (heute § 33 Abs. 3 RVG) erhobenen **Streitwertbeschwerde** wurde vertreten, diese habe ebenfalls an der Kostenfreiheit des § 2 Abs. 2 GKG teil.[16] Seit der Neuregelung des Kostenrechts mit Wirkung zum 01.01.2007 kann an dieser Auffassung nicht mehr festgehalten werden. Ist eine nach § 33 Abs. 3 RVG gegen die Festsetzung des Gegenstandswertes erhobene Beschwerde erfolglos, so ist seitdem auch in arbeitsgerichtlichen Beschwerdeverfahren kostenpflichtig zurückzuweisen. Dies folgt aus § 1 Satz 2 GKG i.d.F. des 2. JuMoG vom 22.12.2006.[17] Die Kostenfreiheit des § 2 Abs. 2 GKG für arbeitsgerichtliche Beschlussverfahren steht dem nicht mehr entgegen.[18] 12

VI. Entscheidung des BAG

Hat das LAG in der **falschen Verfahrensart** den verfahrensbeendenden Beschluss gefasst, indem es eine Streitsache, über die im Urteilsverfahren zu entscheiden gewesen wäre, im Beschlussverfahren entschieden, kommt dem für die Entscheidung des BAG über Nichtzulassungsbeschwerde keine Bedeutung zu. Das BAG prüft im Rahmen der Nichtzulassungsbeschwerde nicht, ob die Verfahrensart zulässig ist.[19] Das ergibt sich aus §§ 93 Abs. 2, 65, 48 i.V.m. § 17a Abs. 5 GVG. Daher lässt das BAG auf eine begründete Nichtzulassungsbeschwerde die Rechtsbeschwerde zu, obwohl das richtige Rechtsmittel die Revision wäre. 13

Wie jeder Rechtsbehelf bedarf es auch für eine Nichtzulassungsbeschwerde eines Rechtsschutzbedürfnisses, das derjenige, der um Rechtsschutz nachsucht, darlegen muss. Dieses setzt zumindest voraus, dass der Beschwerdeführer durch die anzufechtende Entscheidung beschwert ist. **Entfällt** die mit der anzufechtenden Entscheidung verbundene **Beschwer** während des Nichtzulassungsbeschwerdeverfahrens, so entfällt auch das Rechtsschutzbedürfnis für die weitere Durchführung der Nichtzulassungsbeschwerde.[20] Das Nichtzulassungsbeschwerdeverfahren kann dann für erledigt erklärt werden. Das BAG stellt, auch wenn nur eine einseitige Erledigterklärung des Beschwerdeführers vorliegt, in entsprechender Anwendung von § 83a Abs. 2 das Verfahren ein, sofern ein erledigendes Ereignis tatsächlich eingetreten ist.[21] Dem hat sich das BVerwG angeschlossen.[22] 14

---

14 BAG, 09.07.1998 – 2 AZR 142/98, BAGE 89, 220, 225 = EzA § 103 BetrVG 1972 Nr. 39; LAG Niedersachsen, 22.01.2010 – 10 Sa 424/09, LAGE § 103 BetrVG 2001 Nr. 10 = ArbR 2010, 179.
15 BAG, 08.06.2000 – 2 ABR 1/00, AP § 2 BeschSchG Nr. 3.
16 LAG Hamm, 14.10.1976 – 8 TaBV 52/76, AR-Blattei ES 160.13 Nr. 78; LAG Hamm, 13.09.1979 – 8 TaBV 63/79, AR-Blattei ES 160.13 Nr. 97; so auch GK-ArbGG/Schleusener § 12 Rn 105; a.A. LAG Köln, 31.03.2000 – 10 Ta 50/00, LAGE § 10 BRAGO Nr. 10.
17 BGBl. I 2006, S. 3416.
18 LAG Hamm, 19.03.2007 – 10 Ta 97/07, juris.
19 GK-ArbGG/Ahrendt § 92a Rn 3.
20 BAG, 15.02.2012 – 7 ABN 74/11 – Rn 8, FA 2012, 148.
21 BAG, 15.02.2012 – 7 ABN 74/11 – Rn 2 ff., FA 2012, 148.
22 BVerwG, 08.07.2015 – 5 PB 19/14 – PersV 2015, 47.

> **Beispiel:**
> Während des laufenden Nichtzulassungsbeschwerdeverfahrens, das wegen der vor dem LAG erfolgreichen **Wahlanfechtung** geführt wird, tritt der Betriebsrat zurück und veranlasst eine neue Betriebsratswahl. Nach der Bekanntgabe des Wahlergebnisses erklärt der neue Betriebsrat daraufhin die Nichtzulassungsbeschwerde für erledigt.

15 Das Bundesarbeitsgericht entscheidet gemäß § 92a Satz 2 in der **Besetzung** des § 72a Abs. 5 Satz 2 und 3. Die ehrenamtlichen Richter wirken nicht mit, wenn die Nichtzulassungsbeschwerde wegen formeller Mängel als unzulässig verworfen wird.

16 Wird der Nichtzulassungsbeschwerde stattgegeben, ergibt sich das Verfahren aus § 92a Satz 2 i.V.m. § 72a Abs. 6 und 7. Es bedarf keiner Einlegung der Rechtsbeschwerde mehr; denn das Beschwerdeverfahren wird nun als Rechtsbeschwerdeverfahren fortgesetzt. Die Einlegung der Nichtzulassungsbeschwerde gilt dann als Einlegung der Rechtsbeschwerde. Von dem Rechtsbeschwerdeführer ist zu beachten, dass mit der Zustellung der Entscheidung der Lauf der zweimonatige Frist zur Begründung der Rechtsbeschwerde beginnt. Die Begründung wird nicht schon deshalb entbehrlich, weil insbesondere bei einer auf Verfahrensmängel gestützten Nichtzulassungsbeschwerde diese schon Anforderungen des § 94 Abs. 2 entspricht. Erforderlich ist nach § 551 Abs. 3 Satz 2 ZPO zumindest die – ausdrückliche – Bezugnahme auf eine in dem bezeichneten Sinne hinreichende Begründung der Nichtzulassungsbeschwerde.[23] Für den Fall, dass das LAG den Anspruch des Beschwerdeführers auf rechtliches Gehör entscheidungserheblich verletzt hat, kann das BAG nach § 2a Abs. 6 anstelle einer Zulassung der Rechtsbeschwerde den angefochtenen Beschluss aufheben und das Verfahren an das LAG zurückverweisen (vgl. § 72a Rdn. 95 f.).

VII. Ausschluss der Nichtzulassungsbeschwerde

17 Das ArbGG sieht die Nichtzulassungsbeschwerde als Mittel zur Öffnung des Zugangs zum BAG für die revisionsrichterliche Fehlerkontrolle vor. So ist gleichermaßen gegen die im Urteilsverfahren ergehenden Berufungsurteile i.s.v. § 69 wie gegen die das Beschlussverfahren beendende Beschlüsse des Beschwerdegerichts i.S.v. § 91 die Anfechtbarkeit der Nichtzulassung des Rechtsmittels zum BAG in § 72a bzw. § 92a geregelt. Während im Urteilsverfahren die Zulassung der Revision nach § 77 Satz 1 und 2 statthaft ist und nur die Möglichkeit der Nichtzulassungsbeschwerde ausgeschlossen ist (vgl. § 77 Rdn. 4 f.), ist nach § 89 Abs. 3 Satz 3 im Beschlussverfahren sogar dem LAG die Möglichkeit verwehrt, die Rechtsbeschwerde zuzulassen, wenn es die **Beschwerde als unzulässig verwirft** (dazu § 89 Rdn. 24 ff.). Für diese den Rechtsschutz einschränkende Differenzierung gibt es im Lichte der grundgesetzlichen Justizgewährungspflicht[24] keinen einleuchtenden Sachgrund. Es liegt eine echte **Rechtsschutzlücke** vor. Es wäre eine Aufgabe der empirischen Rechtswissenschaft zu überprüfen, ob durch die hier angeordnete Unanfechtbarkeit ein Anreiz geschaffen wurde, die Anzahl der Verwerfungen von Beschwerden als unzulässig zu steigern.

18 Die Anfechtbarkeit der Nichtzulassung ist gegen Entscheidungen ausgeschlossen, die **nicht verfahrensbeendend** im Hauptsache-/Erkenntnisverfahren ergehen. Im Zivilprozess ist in § 574 Abs. 1 Nr. 2 ZPO für die Rechtsbeschwerde zum BGH die Zulassung durch das OLG Voraussetzung, ohne dass die Nichtzulassung anfechtbar ist. Die gleiche Rechtslage gilt sowohl für das arbeitsgerichtliche Urteils- als auch für das arbeitsgerichtliche Beschlussverfahren. Gegen Beschlüsse des LAG in Verfahren über die sofortige Beschwerde gegen einen Beschluss des ArbG nach § 78 ArbGG und gegen solche, die es als Erstgericht außerhalb des Hauptsache-/Erkenntnisverfahrens erlassen hat (vgl. dazu § 92 Rdn. 7 ff., 46 f.), findet daher die Rechtsbeschwerde nur statt, wenn sie vom LAG selbst zugelassen wurde. Die Zulassung durch das BAG aufgrund einer Nichtzulassungsbe-

---

23 BAG, 08.05.2008 – 1 ABR 56/06, BAGE 126, 339, 341 ff. = EzA § 551 ZPO 2002 Nr. 9; siehe weitere Einzelheiten § 72a Rdn. 93.
24 Vgl. BVerfG, 11.06.1980 – 1 PBvU 1/79, BVerfGE 54, 277.

schwerde ist gesetzlich nicht vorgesehen.[25] § 78 Satz 2 ArbGG nimmt für die Zulassung der Rechtsbeschwerde nur auf § 72 Abs. 2 ArbGG Bezug, nicht auch auf § 72a ArbGG. Da der Gesetzgeber das Rechtsmittelrecht durch das Gesetz zur Reform des Zivilprozesses vom 27. Juli 2001[26] und das Anhörungsrügengesetz vom 9. Dezember 2004[27] umfassend neu geregelt hat, ist davon auszugehen, dass dieser Ausschluss des Zugangs zum Rechtsbeschwerdegericht bewusst und gewollt erfolgt ist. Eine dennoch gegen die Nichtzulassung der Rechtsbeschwerde eingelegte Beschwerde ist somit als unstatthaft zu verwerfen.

▶ **Beispiele:**

1. Im Rahmen der Zwangsvollstreckung aus Titeln, die im Beschlussverfahren entstanden sind, ist eine Nichtzulassungsbeschwerde gegen die Nichtzulassung der Rechtsbeschwerde nach § 574 Abs. 1 ZPO unzulässig.[28]
2. Gegen den Beschluss, in dem ohne Zulassung der Rechtsbeschwerde festgestellt wird, dass der vorher ergangene verfahrensbeendende Beschluss i.S.v. § 91 infolge eines Einstellungsbeschlusses wirkungslos ist, soll keine Nichtzulassungsbeschwerde statthaft sein. Das soll selbst dann gelten, wenn der Einstellungsbeschluss offensichtlich rechtsfehlerhaft ist.[29]

In den **insolvenzrechtlichen Beschlussverfahren** nach § 122 Abs. 2, § 126 Abs. 2 InsO ist die Beschwerde gegen einen Nichtzulassungsbeschluss des ArbG nicht vorgesehen.[30] Nach § 126 Abs. 2 Satz 1 InsO gelten die Vorschriften des ArbGG über das Beschlussverfahren entsprechend. § 126 Abs. 2 Satz 2 InsO ordnet insbesondere die entsprechende Anwendung der Regelung des § 122 Abs. 3 InsO an. Nach dessen Satz 1 findet gegen den Beschluss des ArbG die Beschwerde an das LAG nicht statt. Grundsätzlich wird damit der Beschluss des ArbG sofort rechtskräftig. Einziges Rechtsmittel gegen die Entscheidung des ArbG ist nach § 122 Abs. 3 Satz 2 InsO die Rechtsbeschwerde an das BAG. Diese findet statt, wenn sie im Beschluss des Arbeitsgerichts zugelassen wird; § 72 Abs. 2 und 3 gilt hierbei entsprechend. Damit hat der Gesetzgeber zwar die Bestimmungen über die Zulassung der Revision, nicht aber die über die Nichtzulassungsbeschwerde für entsprechend anwendbar erklärt. In der gesetzlichen Verweisungsnorm fehlt jeglicher Hinweis auf die die Nichtzulassungsbeschwerde regelnden Bestimmungen der §§ 72a, 92a ArbGG. Daraus ist zwingend zu schließen, dass der Gesetzgeber in diesem besonderen Beschlussverfahren eine Nichtzulassungsbeschwerde ausschließen wollte. Das entspricht auch dem gesetzgeberischen Konzept. Das grundsätzlich einzügige besondere Beschlussverfahren soll nämlich der besonderen Eilbedürftigkeit einer Konfliktlösung im Falle der Insolvenz Rechnung tragen.[31]

VIII. Personalvertretungsrechtliche Beschlussverfahren

Die Vorschriften des arbeitsgerichtlichen Beschlussverfahren gelten nach Maßgabe des BPersVG (vgl. § 92 Rdn. 37) und der Personalvertretungsgesetze der Länder (vgl. § 92 Rdn. 38) und des DRiG (vgl. § 92 Rdn. 43) sowie der Landesrichtergesetze auch für die personalvertretungsrechtlichen Beschlussverfahren, die die Verwaltungsgerichte in den Angelegenheiten der **Personal-, Richter- und Staatsanwaltsräte**, durchführen. Daher findet nach § 92a auch die Nichtzulassungsbeschwerde an das BVerwG statt. Eine Ausnahme besteht bei der Anwendung Bayerischen Personalvertretungsrechts. Das BVerwG entscheidet gemäß § 10 Abs. 3 VwGO außerhalb der mündlichen Verhandlung in der Besetzung von drei Richtern. Die Hinzuziehung ehrenamtlicher Richter ist nicht vorgesehen.

---

25 BAG, 03.06.2015 – 2 AZB 116/14 – Rn 7, NZA 2015, 894 = EzA § 83a ArbGG 1979 Nr. 11; BAG, 11.06.2009 – 9 AZA 8/09 – Rn 6, AP Nr. 21 zu § 78 ArbGG 1979; BAG, 02.06. 2008 – 3 AZB 24/08 – Rn 8, EzA § 23 BetrVG 2001 Nr. 2; GMPMG/Müller-Glöge 8. Aufl. § 78 Rn 43 m.w.N.
26 BGBl. I, S. 1887.
27 BGBl. I, S. 3220.
28 BAG, 02.06.2008 – 3 AZB 24/08 – Rn 8, EzA § 23 BetrVG 2001 Nr. 2.
29 BAG, 03.06.2015 – 2 AZB 116/14 – Rn 7, NZA 2015, 894 = EzA § 83a ArbGG 1979 Nr. 11.
30 BAG, 14.08.2001 – 2 ABN 20/01 – ZInsO 2001, 1071.
31 Vgl. BT-Drucks. 12/2443 S. 149.

§ 92b ArbGG Sofortige Beschwerde wegen verspäteter Absetzung der Beschwerdeentscheidung

21 In personalvertretungsrechtlichen Beschlussverfahren kommt eine Divergenz bei entsprechender Anwendung von § 92a Satz 2, § 72 Abs. 2 Nr. 2 zwischen Entscheidungen der zweiten Instanz der Verwaltungsgerichtsbarkeit, bestehend aus OVG bzw. VGH, und der dritten Instanz in Gestalt des BVerwG in Betracht. Also auch hier kann eine Divergenzbeschwerde nicht mit der Abweichung von einer LAG- oder BAG-Entscheidung begründet werden (vgl. Rdn. 5). Hier kann jedoch angesichts der in vielen Punkten inhaltsgleichen 16 Ländergesetze eine Rechtssatzdivergenz auch dann anzunehmen sein, wenn beide Entscheidungen auf der Grundlage von **verschiedenen, aber inhaltsgleichen landesrechtlichen Rechtsnormen** ergangen sind.[32] Die Inhaltsgleichheit muss der Beschwerdeführer darlegen. Entsprechendes gilt bei Inhaltsgleichheit von BPersVG und Landespersonalvertretungsgesetz.

§ 92b Sofortige Beschwerde wegen verspäteter Absetzung der Beschwerdeentscheidung

[1]Der Beschluss eines Landesarbeitsgerichts nach § 91 kann durch sofortige Beschwerde angefochten werden, wenn er nicht binnen fünf Monaten nach der Verkündung vollständig abgefasst und mit den Unterschriften sämtlicher Mitglieder der Kammer versehen der Geschäftsstelle übergeben worden ist. [2]§ 72b Abs. 2 bis 5 gilt entsprechend. [3]§ 92a findet keine Anwendung.

Übersicht	Rdn		Rdn
I. Rechtsgrundlagen	1	IV. Zulässigkeitsvoraussetzungen	11
II. Einlegung und Begründung	2	V. Entscheidung des BAG	17
III. Verhältnis zu anderen Rechtsbehelfen	6		

I. Rechtsgrundlagen

1 Durch das Gesetz über die Rechtsbehelfe bei Verletzung des Anspruchs auf rechtliches Gehör *(Anhörungsrügengesetz)* vom 09.12.2004[1] ist nicht nur in § 72b für das Urteilsverfahren, sondern mit § 92b auch in das arbeitsgerichtliche Beschlussverfahren ein besonderes **Rechtsmittel** gegen **Beschlüsse** des Landesarbeitsgerichts eingeführt worden, die **nicht innerhalb von fünf Monaten nach ihrer Verkündung** vollständig abgefasst und mit den Unterschriften von sämtlichen Mitgliedern der Kammer versehen **der Geschäftsstelle des Landesarbeitsgerichts übergeben** worden sind. Solche Beschlüsse können durch sofortige Beschwerde beim BAG mit dem Ziel angefochten werden, keine Sachentscheidung, sondern eine Zurückverweisung des Verfahrens an das LAG zu erreichen.[2] Der im Schrifttum verwandte Begriff »Kassationsbeschwerde«[3] kennzeichnet dieses beschränkte Rechtsschutzziel des Rechtsmittels. Demgegenüber charakterisiert der weitere im Schrifttum verwandte Begriff »Untätigkeitsbeschwerde«[4] den Grund für das Rechtsmittel, nämlich dass es den Beteiligten obliegt, wegen der Untätigkeit des Gerichts, innerhalb der Fünfmonatsfrist die Pflicht, zur Abgabe der vollständig abgefassten und unterschriebenen Entscheidung zu erfüllen, Beschwerde einzulegen.

II. Einlegung und Begründung

2 Die sofortige Beschwerde muss nach Satz 2 i.V.m. § 72b Abs. 2 innerhalb der **Notfrist von einem Monat** beim BAG eingelegt werden. Die Frist beginnt mit dem Ablauf von fünf Monaten nach der Verkündung des Beschlusses des LAG. Das Fehlen einer Rechtsmittelbelehrung ist nach Satz 2 i.V.m. § 72b Abs. 2 Satz 3 unbeachtlich. Die Beschwerdeschrift ist **bestimmender Schriftsatz**

---

32 BVerwG, 06.08.2015 – 5 PB 15/14, Rn 12; BVerwG, 28.01.2004 – 6 PB 10.03, Buchholz 251.2 § 91 BlnPersVG Nr. 2 S. 1 f.
1 BGBl. I, S. 3220, 3222.
2 Vgl. BAG 24.06.2009 – 7 ABN 12/09, EzA § 72b ArbGG 1979 Nr. 4.
3 BCF/Friedrich § 92b Rn 1, 10.
4 Grunsky/Greiner § 92b Rn 1.

i.S.v. § 130 ZPO. Sie muss nach § 72b Abs. 3 Satz 2 die Bezeichnung der angefochtenen Entscheidung sowie die Erklärung enthalten, dass die Beschwerde gegen diese Entscheidung eingelegt wird. Eine auf abtrennbare Streitgegenstände beschränkte Einlegung ist zulässig.

Die Beschwerdeschrift muss ebenso wie die Rechtsbeschwerdeschrift und die Rechtsbeschwerdebegründung gemäß § 11 Abs. 4 von einem RA oder einer sonstigen postulationsfähigen Person mit Befähigung zum Richteramt unterzeichnet werden (vgl. § 92 Rdn. 26). Nur in diesem Umfang besteht Vertretungszwang für das Verfahren der sofortigen Beschwerde nach § 92b.[5] Das bedeutet: Die übrigen am Verfahren Beteiligten können ihre Stellungnahmen oder Erklärungen ohne anwaltliche oder sonstige in § 11 Abs. 4 vorgeschriebene Vertretung abgeben. 3

Die rechtzeitige Einlegung der sofortigen Beschwerde hemmt den Eintritt der **Rechtskraft** des verfahrensbeendenden Beschlusses des LAG.[6] Der Suspensiveffekt ist jedoch umstritten.[7] 4

Die sofortige Beschwerde muss nach Satz 2 i.V.m. § 72b Abs. 2 Satz 1 auch **innerhalb der Einlegungsfrist begründet** werden. Erforderlich und ausreichend ist, dass entsprechend § 72b Abs. 3 Satz 3 geltend gemacht wird der Beschluss des LAG sei nicht innerhalb von fünf Monaten nach der Verkündung nicht vollständig abgefasst und mit den Unterschriften sämtlicher Mitglieder der Kammer versehen der Geschäftsstelle übergeben worden. 5

III. Verhältnis zu anderen Rechtsbehelfen

Fehlt es dem Beschluss, in welchem die Rechtsbeschwerde nicht zugelassen worden ist, überhaupt an Entscheidungsgründen, so ist die sofortige Beschwerde nach § 92b ArbGG der statthafte Rechtsbehelf. Enthält der Beschluss des LAG oder OVG dagegen nur mangelhafte Entscheidungsgründe, so ist dies im Rahmen der Nichtzulassungsbeschwerde der Gehörsrüge i.S.v. § 92 a Satz 2, § 72a Abs. 3 Satz 2 Nr. 3 zugänglich.[8] Der Anspruch der Beteiligten auf rechtliches Gehör wird jedoch noch nicht dadurch verletzt, wenn das OVG zum Vorliegen des maßgeblichen Mitbestimmungstatbestandes nach § 76 Abs. 1 Nr. 3 Alt. 2 BPersVG – Übertragung einer niedriger zu bewertenden Tätigkeit an Beamte – von eigenen Ausführungen abgesehen hat. Daraus kann noch nicht ohne Weiteres darauf geschlossen werden, das OVG habe relevantes Vorbringen der Beteiligten im zweitinstanzlichen Verfahren nicht zur Kenntnis genommen oder nicht in Erwägung gezogen.[9] 6

Hat das LAG die **Rechtsbeschwerde zugelassen**, so ist der beschwerte Beteiligte **vorsorglich** gehalten, zur Vermeidung des Ablaufs der Rechtsmittelfrist nach §§ 92 Abs. 1, 74 Abs. 1 Satz 2 **nach Ablauf von fünf Monaten nach Verkündung als Rechtsmittel** die zugelassene Rechtsbeschwerde einzulegen. Ergibt die spätere Einsichtnahme auf der Geschäftsstelle, dass die Fünf-Monats-Frist für die Absetzung nicht eingehalten ist, so sollte von der Rechtsbeschwerde auf die sofortige Beschwerde umgestiegen werden. Für den Wechsel des Rechtsmittels bedarf es dann der Begründung, dass nach Lauf der Rechtsbeschwerdefrist die Einsichtnahme in die Verfahrensakte ergeben hat, dass der zugestellte Beschluss verspätet abgesetzt worden ist. Hier kommt der **Meistbegünstigungsgrundsatz** zur Anwendung. Danach steht den Parteien dasjenige Rechtsmittel zu, welches nach der Art der tatsächlich ergangenen Entscheidung statthaft ist; denn den Parteien dürfen durch das fehlerhafte Verfahren des Gerichts keine Nachteile entstehen.[10] Im Schrifttum wird die Auffassung vertreten, das Wahlrecht ende mit Ablauf des sechsten Monats nach Verkündung.[11] Zutreffend daran ist, dass 7

---

5 GK-ArbGG/Ahrendt § 92b Rn 8; HWK/Bepler § 92b ArbGG Rn 1.
6 GK-ArbGG/Ahrendt § 92b Rn 8.
7 GMPMG/Müller-Glöge § 72b Rn 5, der deshalb auch die Einordnung als Rechtsmittel ablehnt.
8 BVerwG, 02.12.2009 – 6 PB 33/09, PersR 2010, 85 im Anschluss an: BAG, 02.11.2006 – 4 AZN 716/06, BAGE 120, 69; BAG, 20.12.2006 – 5 AZB 35/06, BAGE 120, 358.
9 BVerwG, 02.12.2009 – 6 PB 33/09, PersR 2010, 85.
10 BGH, 17.10.1986 – V ZR 169/85, NJW 1987, 442; BAG, 14.10.1982 – 2 AZR 570/80, AP § 72 ArbGG 1979 Nr. 2.
11 GMPMG/Matthes/Schlewing § 92b Rn 1 unter Verweis auf GMPMG/Müller-Glöge § 72b Rn 9.

dann die Notfrist aus § 92b Satz 2, § 72b Abs.1 Satz 1 abgelaufen ist, so dass die Verspätungsrüge nach diesem Zeitpunkt nicht mehr statthaft ist. Bleibt es bei der Weiterverfolgung des Rechtsmittels der Rechtsbeschwerde kann diese nicht mehr wegen des Mangels der verspäteten Absetzung der Entscheidung erfolgreich sein; denn in § 93 Abs. 1 Satz 2 ist ausdrücklich ausgeschlossen, die Rechtsbeschwerde auf den in § 92b geregelten Verspätungsgrund zu stützen. Soweit im Schrifttum dennoch die Verfahrensrüge im Rechtsbeschwerdeverfahren erörtert wird,[12] wird zumeist der in § 93 Abs. 1 Satz 2 geregelte Ausschluss vernachlässigt, der mit § 72b Abs. 1 Satz 2 inhaltsgleich ist.[13] Allerdings ist hier wegen der überschießenden Tendenz der Norm eine teleologische Reduktion geboten (dazu vgl. § 72b Rdn. 22, 24). Daraus folgt, dass dann, wenn ein anderer im Rechtsbeschwerdeverfahren zulässig vorgebrachter Verfahrens- oder Sachmangel durchgreift, dessen Berücksichtigung nicht durch § 92b Satz 3 ausgeschlossen werden soll.[14] Das bedeutet: Im Rechtsbeschwerdeverfahren bleibt die Verspätungsrüge unberücksichtigt. Für den, der den sicheren Weg wählt, ist die sofortige Beschwerde nach § 92b »vorzugswürdig«.[15]

8   Sind fünf Monate nach Verkündung vergangen und hat das LAG in dem verkündeten Tenor die Rechtsbeschwerde **nicht zugelassen**, so wird erwogen, eine auf andere Verfahrensmängel oder auf die grundsätzliche Bedeutung einer vom LAG in der mündlichen Anhörung aufgeworfenen Rechtsfrage gestützte **Nichtzulassungsbeschwerde** als statthaft anzusehen.[16] Die Gründe, die für die Annahme eines Rechts sprechen, zwischen Rüge in einem Revisionsverfahren und der Einlegung der Kassationsbeschwerde zu wählen (dazu vgl. § 72b Rdn. 22 bis 26), sind jedoch nicht ohne Weiteres auf die Statthaftigkeit der Nichtzulassungsbeschwerde übertragbar (dazu speziell § 72b Rdn. 27).[17] Hier hat der Gesetzgeber nach dem Wortlaut des § 92b Satz 3 ausdrücklich die Nichtzulassungsbeschwerde ausgeschlossen.[18] Dort ist im Unterschied zu § 93 Abs. 1 Satz 2 und § 72b Abs. 1 Satz 3 nicht nur ein Anwendungsausschluss für bestimmte »Gründe« der Rechtsbeschwerde bzw. Revision geregelt, sondern die vollständige Nichtanwendung des Rechts der Nichtzulassungsbeschwerde. Deshalb hat der Vierte Senat des BAG zu Recht für das Urteilsverfahren erkannt: »Ist in einem i.S.v. § 72b Abs. 1 Satz 1 ArbGG verspätet abgesetzten Berufungsurteil die Revision nicht zugelassen worden, ist eine Beschwerde gegen die Nichtzulassung der Revision nicht statthaft. Einzig möglicher Rechtsbehelf ist die gegen das Urteil selbst gerichtete sofortige Beschwerde nach § 72b ArbGG.«[19] Das entspricht auch der Auffassung des Neunten Senats, der nur in den Fällen, in denen keine verspätete Absetzung sondern ein unwirksamer Verzicht auf Entscheidungsgründe gerügt wird, die Nichtzulassungsbeschwerde als statthaft angesehen hat.[20] Für das Beschlussverfahren besteht insoweit keine Besonderheit. Deshalb hat der Siebte Senat nachfolgend erkannt: »Ist in einem i.S.v. § 92b Satz 1 ArbGG verspätet abgesetzten Beschluss die Rechtsbeschwerde nicht zugelassen worden, ist Beschwerde gegen die Nichtzulassung der Rechtsbeschwerde (§ 92a ArbGG) nicht statthaft«.[21] Soweit im Schrifttum dennoch die Nichtzulassungsbeschwerde als stat-

---

12 HWK/Bepler § 92b ArbGG Rn 1.
13 So zu Recht Ostrowicz/Künzl/Scholz Rn 795.
14 GK-ArbGG/Ahrendt § 92b Rn 7; Ostrowicz/Künzl/Scholz Rn 796; BGH, 17.10.1986 – V ZR 169/85, NJW 1987, 442; BAG, 14.10.1982 – 2 AZR 570/80, AP § 72 ArbGG 1979 Nr. 2.
15 HWK/Bepler § 92b ArbGG Rn 1.
16 GK-ArbGG/Ahrendt § 92b Rn 7.
17 Das übersieht GK-ArbGG/Ahrendt § 92b Rn 7, wo auf die Ausführungen Düwell/Lipke-Düwell § 72b Rdn. 22–24, nicht jedoch auf die einschlägige Erläuterung zu § 72b Rdn. 30 zum Ausschluss der Nichtzulassungsbeschwerde hingewiesen wird.
18 Ebenso GMPMG/Matthes/Schlewing § 92b Rn 1 unter Verweis auf GMPMG/Müller-Glöge § 72a Rn 5; HWK/Bepler § 92b ArbGG Rn 1.
19 BAG, 02.11.2006 – 4 AZN 716/06, BAGE 120, 69 = EzA § 72b ArbGG 1979 Nr. 1.
20 BAG, 15.03.2006 – 9 AZN 885/05, NJW 2006, 1995.
21 BAG, 24.06.2009 – 7 ABN 12/09 – Rn 11, EzA § 72b ArbGG 1979 Nr. 4.

thaft angesehen wird,[22] fehlt eine Auseinandersetzung mit dieser Rechtsprechung. Zu beachten sind zwei Gesichtspunkte:
1. Die bisherigen BAG Entscheidungen haben zwar Rechtssätze zu dem generellen Ausschluss der Nichtzulassungsbeschwerde aufgestellt, sind aber nicht zu Fällen ergangen, in denen Beschwerdeführer andere Zulassungsgründe dargestellt haben.
2. Mit dem Ausschluss der Nichtzulassungsbeschwerde wird der Rechtsschutz stark eingeschränkt und der Beschwerte zu einer Verfassungsbeschwerde angehalten, obwohl das BVerfG vom Gesetzgeber insoweit eine Entlastung durch Übertragung der Rechtsprechung auf die Fachgerichtsbarkeit gefordert hat (dazu § 72a Rdn. 1 f.).

Wegen des klaren Wortlauts von § 92b Satz 3 und § 72b Abs. 1 Satz 2 bestehen jedoch Bedenken, ob das BAG befugt ist, abweichend von den dargestellten Entscheidungen des Vierten, Siebten und Neunten Senats eine Nichtzulassungsbeschwerde dann als statthaft anzusehen, wenn sie nicht auf die Verspätungsrüge sondern auf andere Gründe i.S.v. § 72 Abs. 2 Nr. 1 bis 3 gestützt wird. Jedenfalls müsste einer derartigen Entscheidung eine Rechtsprechungsänderung vorausgehen, die gemäß § 45 Abs. 2 und 3 entweder im Anfrageverfahren zur Aufgabe der entgegenstehenden Rechtsprechung des Vierten, Siebten und Neunten Senats oder zu einer Entscheidung des **Großen Senats** führt.

9

Der Praktiker sollte davon ausgehen: Hat das LAG keine Rechtsbeschwerde zugelassen, so ist nur die sofortige Beschwerde nach § 92b statthaft. Zur Vermeidung unnötiger, durch die Rücknahme der Beschwerde entstehender Kosten ist es ratsam, vor Einlegung der Beschwerde **in die Gerichtsakte Einsicht** zu nehmen. Dazu sollte eine Wiedervorlagefrist eingetragen werden, die ausreichend für ein mehrtägiges Einsichtsbegehren ist, weil Komplikationen nicht auszuschließen sind.

10

IV. Zulässigkeitsvoraussetzungen

Die sofortige Beschwerde findet nur gegen **verfahrensbeendende Beschlüsse** eines LAG (oder im personalvertretungsrechtlichen Beschlussverfahren eines OVG vgl. § 92 Rdn. 38 ff.) i.S.v. § 91 statt. Das sind die Sachentscheidungen über die Beschwerde im Beschlussverfahren, gleich ob sie das gesamte Verfahren oder als **Teilbeschlüsse** analog § 301 ZPO nur Verfahrensteile beenden. Ebenso werden zweitinstanzliche Entscheidungen über die **Tariffähigkeit und Tarifzuständigkeit** einer Vereinigung nach § 97 erfasst; denn gemäß § 97 Abs. 2 ist § 91 entsprechend anzuwenden.[23] Für die **insolvenzrechtlichen Beschlussverfahren** nach §§ 122, 126 InsO gilt § 92b entsprechend. Das ergibt sich aus § 122 Abs. 2 Satz 2, § 126 Abs. 2 InsO. Die dortige Verweisung bezieht sich auch auf die Rechtsbeschwerde i.S.v. § 92 und deren Ersetzung durch die bei verspäteter Absetzung der Entscheidung zu erhebende sofortige Beschwerde nach § 92b.[24] Unerheblich ist, dass sich die Beschwerde in diesem Fall gegen die verspätete Absetzung der Entscheidung durch das ArbG richtet.

11

Nicht erfasst werden:
1. **Verfahrensleitende Beschlüsse** nach § 90 Abs. 3, wie z.B. Verhängung von Ordnungsgeld gegenüber nicht erschienen Zeugen (vgl. dazu § 92 Rdn. 46 f.),
2. Beschlüsse über die **Verwerfung unzulässiger Beschwerden** nach § 89 Abs. 3 Satz 1,
3. Beschwerdeentscheidungen in den Fällen des Antrags auf **einstweilige Verfügung** nach § 85 Abs. 2, Einstellungsbeschlüsse (vgl. § 92 Rdn. 12),

12

---

22 GK-ArbGG/Ahrendt § 92b Rn 7, unter unzutreffendem Bezug auf GMPMG/Matthes/Schlewing § 92b Rn 1, dort heißt es ausdrücklich: »Nichtzulassungsbeschwerde nicht möglich«. Das stimmt mit der Verweisung auf GMPMG/Müller-Glöge § 72b Rn 11 überein: »Die Nichtzulassungsbeschwerde ist nicht statthaft«; unklar: ErfK/Koch § 92b Rn 1 mit Verweisung auf § 72b Rn 3 »NZB statthaft«.
23 GK-ArbGG/Ahrendt § 92b Rn 4.
24 GK-ArbGG/Ahrendt § 92b Rn 4.

4. **Zwischenbeschlüsse** entsprechend § 303 ZPO, auch soweit sie selbständig anfechtbar sind[25],
5. Beschwerdeentscheidungen über die **Besetzung der Einigungsstelle**, die nach § 100 Abs. 2 Satz 4 unanfechtbar sind.

13 Die von § 91 nicht erfassten Beschlüsse unterliegen auch dann nicht der sofortigen Beschwerde i.S.v. § 92b, wenn das LAG die **Rechtsbeschwerde zugelassen** haben sollte; denn mit einer vom Gesetz nicht vorgesehenen Zulassung des Rechtsmittels kann auch nicht über § 92b ein sonst nicht vorgesehener Zugang zur dritten Instanz erreicht werden.[26]

14 Hat das ArbG im **insolvenzrechtlichen Beschlussverfahren** die Rechtsbeschwerde nicht zugelassen, ist die Entscheidung des ArbG unanfechtbar. Dann findet weder die Nichtzulassungsbeschwerde[27] noch die – nur ersatzweise eingreifende – sofortige Beschwerde des § 92b statt.[28]

15 Die Rechtsmittelbefugnis folgt aus der **Beteiligtenbefugnis**. Deshalb ist nicht die vom LAG vorgenommene Beteiligung, sondern die materielle Betroffenheit maßgebend, nämlich ob der Beschluss nach § 91 eine unmittelbare Betroffenheit in der nach § 2a geschützten Rechtsstellung zur Folge haben kann.[29] Ob und wer betroffen ist, ergibt sich aus dem Entscheidungstenor.

16 Die Zulässigkeit der sofortigen Beschwerde setzt außerdem eine **Beschwer** voraus. Die Beschwer besteht nicht gleichermaßen für alle von der verspäteten Entscheidung Betroffenen. Sie ergibt sich noch nicht aus dem Fehlen einer rechtzeitigen Begründung[30], sondern setzt nach allgemeinen Grundsätzen des Rechtsmittelrechts voraus, dass die angegriffene Entscheidung hinter dem zurückbleibt, was beantragt worden ist, oder dass die Entscheidung in die Rechte eines Beteiligten eingreift. Es soll durch § 92b kein Anspruch für alle Beteiligte auf eine rechtzeitig abgesetzte Entscheidung geschaffen, sondern ein vereinfachtes, kassationsmäßig und schnell wirkendes Rechtsmittel als Ersatz für die zu »langsame« und in diesem Fall auch unnötig komplizierte Rechtsbeschwerde zur Verfügung gestellt werden. Deshalb ist die Beschwer des Antragstellers auch hier im Vergleich der beantragten mit der ergangenen Entscheidung festzustellen.[31] Dabei kann wegen des Fehlens der abzusetzenden Entscheidung auf den verkündeten Tenor, das Protokoll der Anhörung und auf die eingereichten Schriftsätze abgestellt werden. Bei den übrigen Beteiligten ist zu prüfen, ob der angefochtene Beschluss deren materielle Rechtsstellung nachteilig betreffen kann.

V. Entscheidung des BAG

17 Ist die Beschwerde nicht frist- und formgerecht eingelegt oder begründet worden, verwirft der Senat die Beschwerde als unzulässig. Ist die Beschwerde zulässig, findet die Begründetheitsprüfung statt. Diese besteht in der Feststellung, ob die gerügte Verspätung der Übergabe des vollständigen Beschlusses zur Geschäftsstelle tatsächlich vorlag (dazu § 72b Rdn. 21). Kommt der Senat zur Zulässigkeit und Begründetheit der Beschwerde, wird der landesarbeitsgerichtliche Beschluss i.S.v. § 91 ohne Weiteres nach Satz 2 i.V.m. § 72b aufgehoben und die Sache an das LAG, ggf. an eine andere Kammer, **zurückverwiesen**. Für das arbeitsgerichtliche Beschlussverfahren gelten in diesem Zusammenhang keine anderen Verfahrensregeln als für das Urteilsverfahren. Deshalb wird auf die Kommentierung zu § 72b ArbGG verwiesen.

---

25 GK-ArbGG/Ahrendt § 92b Rn 4; GMPMG/Matthes/Schlewing § 92b Rn 2; Grunsky/Greiner § 92b Rn 3; ErfK/Koch § 92b Rn 1.
26 So zu Recht: GK-ArbGG/Ahrendt § 92b Rn 4.
27 BAG, 14.08.2001 – 2 ABN 20/01, AP § 72a ArbGG 1979 Divergenz Nr. 44 = ZInsO 2001, 1071.
28 Zu Recht: GK-ArbGG/Ahrendt § 92b Rn 4; a.A. Schwab/Weth-Busemann § 92b Rn 2: »erwägt« die analoge Anwendung.
29 GK-ArbGG/Ahrendt § 92b Rn 6.
30 So aber GMPMG/Matthes/Schlewing § 92b Rn 5; Grunsky/Greiner § 92b Rn 4.
31 GK-ArbGG/Ahrendt § 92b Rn 6; HWK/Bepler § 92b ArbGG Rn 1 a.E.; a.A. GMPMG/Matthes/Schlewing § 92b Rn 5.

Der zuständige Senat entscheidet allein durch die **berufsrichterlichen Richter**. Soweit keine mündliche Anhörung stattfindet, wird die Entscheidung entsprechend § 94 Abs. 2 Satz 3 i.V.m. § 74 Abs. 2 Satz 3 gefällt, ohne die ehrenamtlichen Richter hinzuzuziehen.[32] Eine Anhörung der Beteiligten ist nicht geboten; denn die Beteiligten können zu der Klärung der entscheidungserheblichen Frage, ob der unterschriebene vollständig abgesetzte Beschluss rechtzeitig der Geschäftsstelle übergeben worden ist, keinen Mitwirkungsbeitrag leisten. 18

Ebenso wie die Rechtsbeschwerde kann entsprechend § 94 Abs. 3 die sofortige Beschwerde jederzeit in der für ihre Einlegung vorgeschriebenen Form **zurückgenommen** werden.[33] Im Falle der Zurücknahme hat der Senatsvorsitzende das Verfahren einzustellen. Für die wirksame Rücknahme des Antrags ist nach § 92 Abs. 2 Satz 3 die Zustimmung der anderen Beteiligten erforderlich.[34] 19

§ 93 Rechtsbeschwerdegründe

(1) ¹**Die Rechtsbeschwerde kann nur darauf gestützt werden, dass der Beschluss des Landesarbeitsgerichts auf der Nichtanwendung oder der unrichtigen Anwendung einer Rechtsnorm beruht.** ²Sie kann nicht auf die Gründe des § 92b gestützt werden.

(2) § 65 findet entsprechende Anwendung.

Übersicht	Rdn		Rdn
I. Rechtsfehlerprüfung wie im Revisionsverfahren	1	5. Satzungsrecht der Koalitionen	12
II. Ausschlüsse von der Rechtsfehlerprüfung	3	6. Betriebsvereinbarungen	13
		7. Unbestimmte Rechtsbegriffe	14
III. Intensität der Rechtsfehlerkontrolle im Rechtsbeschwerdeverfahren	5	8. Nachprüfbarkeit von Einigungsstellensprüchen	15
1. Von Amts wegen zu berücksichtigende Mängel.	5	9. Antragsänderung in der Vorinstanz. . .	16
		IV. Personalvertretungsangelegenheiten	17
2. Auf Rüge zu berücksichtigende Verfahrensmängel	8	1. Revisibilität	17
		2. Verfahrensart	18
3. Problem Nachholung der Beteiligung.	10	3. Sachentscheidung auch nach Erledigung	19
4. Umfassende Prüfung bei einer zulässigen Rüge	11	4. Offizialmaxime	20

I. Rechtsfehlerprüfung wie im Revisionsverfahren

Gemäß § 93 Abs. 1 Satz 1 muss die Rechtsbeschwerde darauf gestützt werden, dass der angefochtene Beschluss des LAG auf der Nichtanwendung oder der unrichtigen Anwendung einer Rechtsnorm beruht. Deshalb prüfen das BAG und das BVerwG (vgl. § 92 Rdn. 37 ff.) im dritten Rechtszug eines Beschlussverfahrens die angefochtene Entscheidung ebenso wie im Revisionsverfahren lediglich in rechtlicher Hinsicht. Das BAG ist im Beschlussverfahren ausnahmslos Rechtsinstanz: »Nach § 93 Abs. 1 Satz 1 ArbGG ist der Senat als Rechtsbeschwerdegericht auf eine **Rechtskontrolle** des Beschlusses des Landesarbeitsgerichts beschränkt. Ebenso wie im Revisionsverfahren nach § 559 ZPO unterliegt seiner Beurteilung nur der vom Beschwerdegericht festgestellte Sachverhalt sowie grundsätzlich nur das aus der Beschwerdeentscheidung oder dem Sitzungsprotokoll ersichtli- 1

---

32 GMPMG/Matthes/Schlewing § 92b Rn 9, Hauck/Helml/Biebl-Hauck § 92b Rn 3.
33 GK-ArbGG/Ahrendt § 92b Rn 10.
34 GK-ArbGG/Ahrendt § 92b Rn 10.

che Vorbringen der Beteiligten.«.¹ Das gilt auch insoweit das BAG nach § 98 Abs. 2 bei Entscheidungen über die Wirksamkeit einer Allgemeinverbindlicherklärung oder einer Rechtsverordnung ausnahmsweise zweitinstanzlich tätig wird. Dem steht auch nicht der Untersuchungsgrundsatz des Beschlussverfahrens entgegen.² Deshalb kann weitgehend auf die Kommentierung zu § 73 verwiesen werden.

2 Die nach § 93 Abs. 1 Satz 1 von dem Rechtsbeschwerdeführer geltend zu machenden Rechtsbeschwerdegründe entsprechen inhaltlich den Revisionsgründen des § 73 Abs. 1.³ Rechtsbeschwerdegründe können nach § 93 Abs. 1 Satz 1, § 92 Abs. 2 Satz 1 ArbGG i.V.m. § 551 Abs. 3 Satz 1 Nr. 2 lit. a ZPO Verletzungen materiellen Rechts (**Sachrügen**, dazu siehe § 94 Rdn. 22) oder nach Abs. 1 Satz 1 i.V.m. § 551 Abs. 3 Satz 1 Nr. 2 lit. b ZPO Verletzungen des Gesetzes »in Bezug auf das Verfahren« (**Verfahrensrügen**, dazu siehe § 94 Rdn. 23) sein.

II. Ausschlüsse von der Rechtsfehlerprüfung

3 Es ist nach § 93 Abs. 1 Satz 2 nicht statthaft, die Rechtsbeschwerde auf die verspätete Absetzung der Beschwerdeentscheidung durch das LAG zu stützen (**Verspätungsrüge**). Will ein Beteiligter diesen Verfahrensmangel geltend machen, so muss er das besondere, durch das Anhörungsrügegesetz in das ArbGG eingeführte Beschwerdeverfahren nach § 92b durchführen (vgl. dazu die Erläuterungen bei § 92b). Er hat dazu innerhalb der Notfrist von einem Monat, beginnend mit dem Ablauf von fünf Monaten nach der Verkündung des Beschlusses des LAG, sofortige Beschwerde beim BAG einzulegen (wegen der Möglichkeit kumulativ und alternativ eine Rechtsbeschwerde einzulegen siehe § 92b Rdn. 7 ff.).

4 § 93 Abs. 2, der § 65 für entsprechend anwendbar erklärt, enthält ein inhaltlich mit § 73 Abs. 2 übereinstimmendes **Prüfverbot**. Hiernach ist im Rechtsbeschwerdeverfahren – ebenso wie im Revisions- und Berufungsverfahren – sowohl die amtswegige Prüfung als auch die Verfahrensrüge hinsichtlich Rechtsweg, Verfahrensart und Berufung der ehrenamtlichen Richter ausgeschlossen.⁴ Die Rechtsbeschwerde kann somit weder darauf gestützt werden, dass der beschrittene Rechtsweg noch die gewählte Verfahrensart unzulässig sind.⁵ Ungeprüft muss auch bleiben, ob das Arbeitsgericht seine Zuständigkeit zu Unrecht bejaht hat oder bei der Berufung der ehrenamtlichen Richter Verfahrensmängel unterlaufen sind oder Umstände vorgelegen haben, die die Berufung eines ehrenamtlichen Richters zu seinem Amt ausschließen. Nicht ausgeschlossen sind jedoch Rügen eines materiell Beteiligten, der im bisherigen Verfahren nicht formell beteiligt worden ist und dessen Beteiligung das BAG nachholt.⁶ Er darf wegen des fehlenden rechtlichen Gehörs noch die Wahl der Verfahrensart rügen.⁷ Das Prüfverbot sowohl hinsichtlich des Rechtswegs als auch hinsichtlich der Zulässigkeit der Verfahrensart gilt auch dann nicht, wenn das Arbeitsgericht trotz ausdrücklicher Rüge nicht vorab durch besonderen Beschluss, sondern im Rahmen der Entscheidung zur Hauptsache entschieden hat.⁸ Wegen der weiteren Einzelheiten § 65 Rdn. 9 ff. und wegen der Rechtslage im personalvertretungsrechtlichen Beschlussverfahren siehe Rdn. 18.

---

1 BAG, 14.08.2013 – 7 ABR 46/11, Rn 29.
2 BAG, 27.01.1977 – 2 ABR 77/76, EzA § 103 BetrVG 1972 Nr. 16 = AP Nr. 7 zu § 103 BetrVG 1972; ErfK/Koch § 93 Rn 1; GMPMG/Matthes/Schlewing § 93 Rn 4; Grunsky § 93 Rn 3.
3 Ausführlich hierzu § 73 Rdn. 8 bis 102.
4 Ausführlich hierzu § 73 Rdn. 103 bis 106, § 65 Rdn. 1 bis 5.
5 BAG, 20.04.1999 – 1 ABR 72/98 – Rn 63, BAGE 91, 210 = EzA Art. 9 GG Nr. 65; BVerwG, 01.10.2013 – 6 P 11.13.
6 GK-ArbGG/Ahrendt § 93 Rn 7.
7 BAG, 24.04.2007 – 1 ABR 27/06, BAGE 122, 121 = EzA § 256 ZPO 2002 Nr. 8 = NZA 2007, 1011.
8 Vgl. BAG, 20.04.1999 – 1 ABR 72/98 – zu B I 2 a der Gründe, BAGE 91, 210; BAG, 14.12.1998 – 5 AS 8/98, EzA § 65 ArbGG 1979 Nr. 4.

III. Intensität der Rechtsfehlerkontrolle im Rechtsbeschwerdeverfahren

1. Von Amts wegen zu berücksichtigende Mängel

Von Amts wegen sind alle Verfahrensfortsetzungsvoraussetzungen zu prüfen. Dazu gehören insbesondere die schon vom LAG von Amts wegen zu prüfenden Zulässigkeitsvoraussetzungen der Beschwerde im Beschlussverfahren.[9] Zu den Verfahrensfortsetzungsvoraussetzungen gehört ferner, dass die Betriebsparteien keine Vereinbarung geschlossen haben, nach deren Inhalt die Anrufung des Gerichts erst zulässig ist, wenn sie eine innerbetriebliche Streitschlichtung ergebnislos durchgeführt haben. Deshalb stellt das BAG noch im dritten Rechtszug fest, dass ein Antrag zur Klärung einer betriebsverfassungsrechtlichen Meinungsverschiedenheit unzulässig ist, wenn sich die Betriebsparteien verpflichtet haben, in einem Konfliktfall zunächst eine innerbetriebliche Einigung in einem von ihnen vereinbarten Verfahren zu versuchen. Ein solches Vorverfahren ist keine nach § 4 unzulässige Schiedsvereinbarung, denn § 76 Abs. 6 BetrVG eröffnet die Möglichkeit, den Vorrang einer innerbetrieblichen Konfliktlösung zu vereinbaren.[10] 5

Die Einleitung des arbeitsgerichtlichen Beschlussverfahrens und die Beauftragung des für ihn auftretenden Rechtsanwalts bedürfen eines **Beschlusses des Betriebsrats**. Fehlt es daran, ist der Betriebsrat nicht wirksam gerichtlich vertreten.[11] Nach § 56 Abs. 1 ZPO, der gemäß § 80 Abs. 2 Satz 1 i.V.m. § 46 Abs. 2 Satz 1 ArbGG im arbeitsgerichtlichen Beschlussverfahren entsprechend gilt, hat das Gericht den Mangel der Legitimation eines gesetzlichen Vertreters und der erforderlichen Ermächtigung zur Prozessführung von Amts wegen zu berücksichtigen.[12] Eine Heilung ist durch eine genehmigende Beschlussfassung für eine von dem Betriebsratsvorsitzenden im Namen des Betriebsrats als vollmachtloser Vertreter abgegebene Erklärung möglich.[13] Eine Heilung ist ausgeschlossen, wenn das LAG den Antrag bereits mangels Beschlusses als unzulässig abgewiesen hat (weitere Einzelheiten siehe § 94 Rdn. 20 f.). 6

Das in § 308 ZPO ausdrücklich normierte Prinzip der **Bindung des Gerichts an die Parteianträge** gilt in gleicher Weise für das arbeitsgerichtliche Beschlussverfahren. Die mit den Parteien eines Zivilprozesses vergleichbare Dispositionsbefugnis der Beteiligten findet in § 81 ArbGG und § 83 Abs. 1 Satz 1 ArbGG deutlichen Ausdruck. Verstöße sind deshalb von Amts wegen zu beachten.[14] 7

2. Auf Rüge zu berücksichtigende Verfahrensmängel

Eine Verfahrensrüge ist in Anwendung des § 92 Abs. 2 Satz 1 ArbGG i.V.m. § 551 Abs. 3 Satz 1 Nr. 2b ZPO erst zulässig, wenn der Rechtsbeschwerdeführer konkret die Tatsachen bezeichnet, die den Mangel ergeben, auf den er die Rechtsbeschwerde stützt. Dabei hat er darzulegen, dass der im Beschwerdeverfahren ergangene Beschluss auf dem Verfahrensmangel beruht, also bei richtigem Verhalten das LAG zu einer anderen Entscheidung gekommen wäre.[15] Nur wenn ein absoluter Revisionsgrund i.S.v. § 547 Nr. 1 bis 6 ZPO dargetan wird, wird das »Beruhen« unwiderlegbar vermutet.[16] 8

---

9 BAG, 28.06.2005 – 1 ABR 26/04, NZA 2006, 111, 113; BAG, 27.01.2004 – 1 AZR 105/03, AP ArbGG 1979 § 64 Nr. 35.
10 BAG, 11.02.2014 – 1 ABR 76/12 – Rn 14, NZA-RR 2015, 26; BAG, 20.11.1990 – 1 ABR 45/89 – zu B II 3 der Gründe, BAGE 66, 243.
11 BAG, 18.02.2003 – 1 ABR 17/02, BAGE 105, 19 = AP BetrVG 1972 § 77 Betriebsvereinbarung Nr. 11; BAG, 09.12.2003 – 1 ABR 44/02, AP BetrVG 1972 § 33 Nr. 1, zu B I 1 b der Gründe.
12 BAG, 19.01.2005 – 7 ABR 24/04, ZBVR online 2005, Nr. 9, 6.
13 BAG, 10.10.2007 – 7 ABR 51/06, BAGE 124, 188 = AP Nr. 17 zu § 26 BetrVG 1972.
14 BAG, 12.06.1996 – 4 ABR 1/95, AP § 96a ArbGG 1979 Nr. 2; BAG, 20.12.1988 – 1 ABR 63/87, BAGE 60, 311 = AP Nr. 5 zu § 92 ArbGG 1979.
15 BAG, 09.03.1972 – 1 AZR 261/71, AP § 561 ZPO Nr. 2.
16 BAG, 23.07.2014 – 7 ABR 23/12 – Rn 22, NZA 2014, 1288 unter Bezug auf die zum Urteilsverfahren ergangene Rspr.: BAG, 05.12.2011 – 5 AZN 1036/11, Rn 7 und BAG, 25.01.2012 – 4 AZR 185/10, Rn 10 – NZA-RR 2013, 41; BAG, 18.01.2012 – 7 ABR 72/10 – Rn 58, EzA § 1 BetrVG 2001 Nr. 9.

9 Eine Verfahrensrüge kann insbesondere darauf gestützt werden, dass das LAG seiner Pflicht aus §§ 90 Abs. 2, 83 Abs. 1 zur Aufklärung des Sachverhalts nicht nachgekommen ist.[17] § 83 Abs. 2 verpflichtet das Gericht, den Sachverhalt von Amts wegen aufzuklären. Die Ermittlung ist jedoch nur soweit auszudehnen, als das bisherige Vorbringen der Beteiligten und der schon bekannte Sachverhalt bei pflichtgemäßer Würdigung Anhaltspunkte dafür bieten, dass der entscheidungserhebliche Sachverhalt noch weiterer Aufklärung bedarf. Bei der Aufklärung haben gem. § 83 Abs. 1 Satz 2 neben dem Antragsteller alle am Verfahren Beteiligten mitzuwirken. Sie haben unabhängig von ihrer Stellung im Verfahren und von ihrem Interesse an seinem Ausgang alle entscheidungserheblichen Tatsachen vorzutragen. Kommen sie trotz entsprechender Hinweise des Gerichts ihrer Mitwirkungspflicht nicht nach, so kann dies je nach dem Grund der Weigerung dazu führen, dass auch das Gericht nicht mehr zu weiterer Aufklärung verpflichtet ist.[18] Da das Gericht den wahren Sachverhalt ermitteln soll, ist es an Geständnisse der Parteien nicht gebunden. Die Vorschriften des § 138 Abs. 3 und des § 288 ZPO finden keine Anwendung.[19] Jedoch folgt daraus nicht, dass über jede Tatsachenbehauptung Beweis zu erheben ist. Soweit die Beteiligten einen Sachverhalt übereinstimmend vortragen oder das substantiierte Vorbringen von anderen nicht bestritten wird oder sich an dessen Richtigkeit keine Zweifel aufdrängen, bedarf es i.d.R. keiner Beweisaufnahme.[20] Die Rechtsbeschwerde kann daher mit Erfolg rügen, das Beschwerdegericht habe bei der Feststellung des einem Beteiligten zur Last gelegten Verhaltens gegen den Untersuchungsgrundsatz des § 83 Abs. 1 verstoßen, weil es nicht ausreichend die Sachdarstellung eines Beteiligten gewürdigt und infolgedessen zu Unrecht die Sachdarstellung des Antragstellers als »unstreitig« angesehen habe.[21] Bei der auf § 286 ZPO gestützten Rüge, das LAG habe einen bestimmten Sachvortrag übersehen, ist anzugeben, aufgrund welchen Vortrags das LAG zu welcher anderen Tatsachenfeststellung hätte gelangen müssen.[22]

3. Problem Nachholung der Beteiligung

10 Umstritten ist die Behandlung des Verfahrensmangels, der darin besteht, dass die **Beteiligung** eines nach § 83 Abs. 3 ArbGG zu Beteiligenden in der Vorinstanz **unterblieben** ist. Dieser Verfahrensmangel soll nach Ansicht des BAG nicht von Amts wegen sondern nur auf ausdrückliche Rüge zu berücksichtigen sein.[23] Unabhängig davon wird im Rechtsbeschwerdeverfahren die Anhörung der bislang zu Unrecht nicht Beteiligten, aber in ihrer materiellen Rechtsstellung unmittelbar Betroffenen von Amts wegen auch noch vom Rechtsbeschwerdegericht nachgeholt.[24] Zu der amtswegigen Beteiligung weitere Einzelheiten vgl. § 92 Rdn. 20. Die Unterscheidung zwischen amtswegiger Prüfung der in der Rechtsbeschwerdeinstanz nach materiellem Recht zu Beteiligenden und des nicht amtswegigen, sondern nur auf Rüge zu berücksichtigenden Verfahrensfehlers erscheint widersprüchlich, hat aber keine praktische Bedeutung, denn die Kausalität der Nichtbeteiligung in den Vorinstanzen für die Entscheidung wird regelmäßig vom BAG mit folgender Formel verneint: »Es ist nicht ersichtlich und nichts dafür vorgetragen, dass nach einer nachgeholten Anhörung des Betriebsrats von einem anderen Sachverhalt als dem vom Landesarbeitsgericht festgestellten ausgegangen werden müsste.«[25] Erfolgversprechender ist es, statt die Verletzung des § 83 Abs. 3 zu

---

17 GK-ArbGG/Ahrendt § 93 Rn 5; HWK/Bepler § 93 ArbGG Rn 2.
18 Vgl. GMPMG/Matthes/Schlewing § 83 Rn 85 bis 91.
19 BAG, 10.12.1992 – 2 ABR 32/92, AP § 87 ArbGG 1979 Nr. 4.
20 BAG, 10.12.1992 – 2 ABR 32/92, AP § 87 ArbGG 1979 Nr. 4.
21 BAG, 10.12.1992 – 2 ABR 32/92, AP § 87 ArbGG 1979 Nr. 4.
22 BAG, 29.01.1992 – 7 ABR 27/91 – Rn 32 ff., BAGE 69, 286 = AP § 7 BetrVG 1972 Nr. 1.
23 BAG, 28.03.2006 – 1 ABR 58/04, Rn 18 m.w.N., BAGE 117, 308; BAG, 10.12.2002 – 1 ABR 27/01, m.w.N.; BAG, 25.09.1996 – 1 ABR 25/96, EzA § 97 ArbGG 1979 Nr. 2.
24 BAG, 15.01.2002 – 1 ABR 10/01, BAGE 100, 157 = AP Nr. 23 zu § 50 BetrVG 1972; BAG, 06.06.2000 – 1 ABR 10/99, EzA § 2 TVG Nr. 24; BAG, 27.01.1998 – 1 ABR 35/97, AP BetrVG 1972 § 87 Sozialeinrichtung Nr. 14 = EzA § 87 BetrVG 1972 Arbeitszeit Nr. 58, zu B I der Gründe; BAG, 15.08.1978 – 6 ABR 56/77, BAGE 31, 58, zu II 3 e der Gründe.
25 BAG, 19.05.1978 – 6 ABR 41/75, AP Nr. 2 zu § 43 BetrVG 1972.

rügen, auf die nach § 551 Abs. 3 Nr. 2 b ZPO die Rechtsbeschwerde gestützt wird, sich auf den **absoluten Revisionsgrund nach** § 547 Nr. 4 ZPO (mangelnde Vertretung) zu berufen. Allerdings kann nach Auffassung von BVerwG und BAG sich im Beschlussverfahren nur derjenige Beteiligte auf die Verletzung von § 547 Nr. 4 ZPO berufen, dessen ordnungsgemäße Vertretung mangels Beteiligung im Prozess unterblieben ist.[26] Dem zu Unrecht in den Vorinstanzen nicht Beteiligten kann dann das Rechtsbeschwerdegericht nicht vorhalten, es sei nicht ersichtlich, dass bei rechtzeitiger Anhörung ein anderer Sachverhalt festgestellt worden wäre, denn nach § 547 Nr. 4 ZPO kommt es allein darauf an, dass der verspätet Beteiligte die bisherige Prozessführung nicht genehmigt. Diese Rechtsprechung dient erkennbar dem Ziel, möglichst eine »Heilung« des Verfahrensmangels zu erreichen, um die gesetzlich vorgeschriebene Zurückverweisung zu vermeiden.[27] Sie berücksichtigt nicht ausreichend die Gewährleistung des Rechts auf rechtliches Gehör. Soweit der Siebte Senat zur Vermeidung der Zurückverweisung sogar den Rechtssatz aufgestellt hat: »Die rechtsfehlerhafte Nichtbeteiligung von Beteiligten ist als Verfahrensfehler ohne eine darauf gerichtete Rüge für die Überprüfung des angefochtenen Beschlusses nicht von Bedeutung«,[28] liegt eine **Divergenz** vor. Er ist vom dem zu § 547 Nr. 4 ZPO aufgestellten Rechtssatz des BGH abgewichen, ohne den Gemeinsamen Senat anzurufen. Nach der Rechtsprechung des BGH stellt es einen von Amts wegen zu berücksichtigenden absoluten Revisionsgrund dar, wenn ein Dritter entgegen einer zwingenden Vorschrift nicht am Verfahren beteiligt wird.[29] Das Verfahren der Vorinstanzen leidet deshalb an einem von Amts wegen zu berücksichtigenden **unheilbaren Verfahrensmangel**; denn bei diesem absoluten Revisionsgrund darf nicht geprüft werden, ob die angefochtene Entscheidung auf diesem Mangel beruht. Der zu Unrecht nicht Beteiligte hat einen Anspruch darauf, schon in den Tatsacheninstanzen beteiligt zu werden.[30] Der Erste Senat des BAG hat inzwischen das Problem erkannt. Er berücksichtigt diesen absoluten Verfahrensmangel jedoch nur zu Gunsten des Beteiligten, dessen ordnungsgemäße Vertretung im Prozess unterblieben ist.[31]

4. Umfassende Prüfung bei einer zulässigen Rüge

Ist die Rechtsbeschwerdebegründung ausreichend, weil zumindest eine fehlerhafte Rechtsanwendung ordnungsgemäß (wenn auch nicht durchgreifend) gerügt worden ist, so ist das Rechtsbeschwerdegericht nicht darauf beschränkt, nur die geltend gemachten Rechtsbeschwerdegründe zu prüfen. Es ist insoweit bei der Prüfung der fehlerhaften Anwendung materiellen Rechts nicht gebunden (§§ 92 Abs. 2 Satz 1, 72 Abs. 5, § 557 Abs. 3 Satz 2 ZPO). Es ist befugt, jede materielle Rechtsnorm seiner Nachprüfung zu unterziehen. 11

5. Satzungsrecht der Koalitionen

Im Rechtsbeschwerdeverfahren ist auch die richtige Anwendung und Auslegung von **Satzungen der Gewerkschaften** und Arbeitgeberverbände als Bestandteil des objektiven Rechts ohne Einschrän- 12

---

26 BVerwG, 06.04. 2011 – 6 PB 20/10, zu 1 der Gründe, NZA-RR 2011, 447; dem folgend: BAG, 22.05.2012 – 1 ABN 27/12, Rn 31.
27 BAG, 23.07.2014 – 7 ABR 23/12 – Rn 13, NZA 2014, 1288; BAG, 20.04.2005 – 7 ABR 44/04 – zu B I 1 der Gründe m.w.N., BAGE 114, 228; BAG, 15.01.2002 – 1 ABR 10/01, BAGE 100, 157 = AP § 50 BetrVG 1972 Nr. 23; BAG 27.01.1998 – 1 ABR 35/97, AP § 87 BetrVG 1972 Sozialeinrichtung Nr. 14 = EzA § 87 BetrVG 1972 Arbeitszeit Nr. 58, zu B I der Gründe.
28 BAG, 23.07.2014 – 7 ABR 23/12 – Rn 13, NZA 2014, 1288; BAG, 20.04.2005 – 7 ABR 44/04 – zu B I 1 der Gründe m.w.N. – BAGE 114, 228.
29 BGH, 30.10.2002 – XII ZR 345/00, NJW 2003, 585; BGH, 27.03.2002 – XII ZR 203/99, NJW 2002, 2109; BGH, 11.06.1992 – III ZR 102/91, NJW 1992, 2636, 2637; BGH, 28.06.1983 – KVR 7/82, NJW 1984, 494 f.
30 BGH, 27.03.2002 – XII ZR 203/99, NJW 2002, 2109 = FamRZ 2002, 880, 882.
31 BAG, 22.05.2012 – 1 ABN 27/12 – Rn 31, BB 2012, 1471; ebenso BVerwG, 06.4.2011 – 6 PB 20/10 – zu 1 der Gründe, NZA-RR 2011, 447.

kungen auf Rechtsverletzungen zu prüfen.[32] Das hat eine große praktische Bedeutung für Fragen der Tariffähig- und Tarifzuständigkeit. So wird z.B. geprüft, welche Aufgabe sich eine Arbeitnehmervereinigung in der Satzung gesetzt hat, wenn diese die betriebsverfassungsrechtliche Rechtsstellung einer Gewerkschaft geltend macht.[33]

6. Betriebsvereinbarungen

13 Betriebsvereinbarungen stellen ebenfalls revisible Rechtsnormen i.S.v. § 93 Abs. 1 Satz 1 ArbGG dar.[34] Deren Anwendbarkeit setzt ihre Wirksamkeit voraus. Diese ist als **Rechtstatsache** von Amts wegen zu prüfen.[35] Rechtlich problematisch ist die Revisibilität der Regelungsabreden,[36] die der Betriebsrat mit dem Arbeitgeber zur Ausübung des Mitbestimmungsrechts trifft, insbesondere um Kriterien für über-/außertarifliche Zulagen festzulegen.[37] Obwohl Regelungsabreden keine Normen darstellen, sondern nur nichttypische schuldrechtliche Vereinbarungen zwischen BR und Arbeitgeber sind, nimmt die Rechtsprechung sie nicht von der Revisibilität aus.[38]

7. Unbestimmte Rechtsbegriffe

14 Bei der Anwendung unbestimmter Rechtsbegriffe hat das Rechtsbeschwerdegericht nur zu prüfen, ob das Beschwerdegericht den Rechtsbegriff selbst verkannt hat, ob es bei der Unterordnung des Sachverhaltes unter die Rechtsnorm Denkgesetze und allg. Erfahrungssätze verletzt hat und ob es alle vernünftigerweise in Betracht kommenden Umstände widerspruchsfrei beachtet hat.[39]

8. Nachprüfbarkeit von Einigungsstellensprüchen

15 Die Entscheidung der Einigungsstelle nach § 109 BetrVG darüber, ob, wann und in welcher Weise die **Auskunft** unter Vorlage welcher Unterlagen zu geben ist, also auch über die Frage, ob eine Gefährdung von Betriebs- oder Geschäftsgeheimnissen die Auskunft verbietet, unterliegt nicht nur einer eingeschränkten Ermessenskontrolle nach § 76 Abs. 5 BetrVG, sondern der Rechtskontrolle. Die Einigungsstelle trifft keine Ermessensentscheidung hinsichtlich des Umfangs der zu erteilenden Auskünfte, sondern wendet unbestimmte Rechtsbegriffe an. Die Abgrenzung dieser Begriffe obliegt im Streitfall den Gerichten. Dies ist gerade für den Begriff des »Betriebs- oder Geschäftsgeheimnisses« in anderen Vorschriften anerkannt.[40] Dies folgt schon daraus, dass die Einigungsstelle im Verfahren nach § 109 BetrVG über den Inhalt gesetzlich definierter Ansprüche befindet.[41]

Ein Spruch der Einigungsstelle über einen **Sozialplan** nach § 112 BetrVG unterliegt in vollem Umfang der arbeitsgerichtlichen Rechtskontrolle. Diese umfasst insb. die Beachtung der Kompetenz der Einigungsstelle, wenn diese gegen den Willen eines der Betriebspartner eine verbindliche Entscheidung trifft.[42] Bei einem Betriebsübergang, der mit Betriebsänderungsmaßnahmen i.S.v. § 111 BetrVG verbunden wird, ist ein von der Einigungsstelle durch Mehrheitsbeschluss aufgestellter Sozialplan nicht schon deshalb wegen Kompetenzüberschreitung unwirksam, weil in der Begründung des Spruchs ausschließlich Nachteile der Arbeitnehmer aufgeführt sind, die auf dem

---

32 BVerwG, 27.11.1981 – 6 P 38/79, PersV 1983, 408.
33 BAG, 22.05.2012 – 1 ABR 11/11 – Rn 22, BAGE 141, 360 = EzA Art. 9 GG Nr. 106.
34 BAG, 15.05.2007 – 1 ABR 32/06, Rn 38, BAGE 122, 280 = AP Nr. 30 zu § 1 BetrVG 1972.
35 BAG, 15.05.2007 – 1 ABR 32/06, Rn 38, BAGE 122, 280 = AP Nr. 30 zu § 1 BetrVG 1972.
36 Brune, Betriebsvereinbarung, AR-Blattei SD 520 unter A IV.
37 BAG Großer Senat, 03.12.1991 – GS 2/90, BAGE 69, 134 = AP Nr. 51 zu § 87 BetrVG 1972 Lohngestaltung.
38 Vgl. BAG, 15.04.2008 – 1 AZR 86/07, Rn 27, AP Nr. 96 zu § 77 BetrVG 1972.
39 BAG, 10.02.1999 – 2 ABR 31/98, AP § 15 KSchG 1969 Nr. 42 = EzA § 15 KSchG n.F. Nr. 47.
40 Vgl. zu § 79 BetrVG: BAG, 26.02.1987 – 6 ABR 46/84, BAGE 55, 96; zu § 93 AktG: BGH, 05.06.1975 – II ZR 156/73, DB 1975, 1308, 1310.
41 BAG, 11.07.2000 – 1 ABR 43/99, BAGE 95, 228.
42 BAG, 25.01.2000 – 1 ABR 1/99, AP § 112 BetrVG 1972 Nr. 137.

Betriebsübergang beruhen. Ein Rechtsverstoß liegt erst dann vor, wenn bei Aufstellung des Sozialplans keine Nachteile zu erwarten waren, welche die vorgesehenen Ausgleichs- oder Milderungsmaßnahmen (z.B. Abfindungen) rechtfertigen konnten.[43]

Ermessensentscheidungen bei der Aufstellung eines Sozialplans sind unbeschränkt darauf überprüfbar, ob die durch den Spruch getroffene Regelung die Grenzen des der Einigungsstelle gesetzlich in § 112 Abs. 1 Satz 2, Abs. 5 BetrVG eingeräumten Ermessens überschreitet. Es liegt grds. im Ermessen der Betriebsparteien bzw. der Einigungsstelle, ob und welche Nachteile der Betriebsänderung berücksichtigt werden sollen.[44] Die nach dem Spruch der Einigungsstelle auszugleichenden Nachteile dürfen jedoch nur solche sein, die gerade auf die mitbestimmungspflichtige Betriebsänderung zurückzuführen sind.[45] Wirtschaftliche Nachteile aus Vorgängen, die selbst keine Betriebsänderung und auch nicht deren notwendige Folge darstellen, sind dagegen einer erzwingbaren Regelung durch einen Spruch der Einigungsstelle nicht zugänglich.[46]

9. Antragsänderung in der Vorinstanz

Eingeschränkt überprüfbar ist die Sachdienlichkeit einer **Antragsänderung**. Hat das LAG die Zulassung eines erstmals in der Beschwerdeinstanz gestellten Antrags mangels Sachdienlichkeit zurückgewiesen, darf das vom Rechtsmittelgericht nur daraufhin geprüft werden, ob die Vorinstanz den Begriff der Sachdienlichkeit verkannt und damit die Grenze ihre Ermessens überschritten hat. Maßgebend ist, ob und inwieweit die Zulassung der Antragsänderung den sachlichen Streitstoff im Rahmen des anhängigen Rechtsstreits ausräumt und einem anderenfalls zu gewärtigenden Rechtsstreit vorbeugt.[47]

16

IV. Personalvertretungsangelegenheiten

1. Revisibilität

Nach § 137 Abs. 1 Nr. 1 VwGO sind grds. nur Bundesrecht und nach Nr. 2 zusätzlich nur die Vorschriften des Verwaltungsverfahrensgesetzes eines Landes, die ihrem Wortlaut nach mit dem Verwaltungsverfahrensgesetz des Bundes übereinstimmen, vor dem BVerwG revisibel. Sind Normen des Bundespersonalvertretungsrechts betroffen, geht das BVerwG von deren Revisibilität nach »83 Abs. 2 BPersVG i.V.m. § 93 Abs. 1 Satz 1 ArbGG« aus.[48] Das BVerwG kann Verletzungen des Landespersonalvertretungsrechts prüfen, soweit das durch ein anderes Bundesgesetz (z.B. § 93 Abs. 1 Satz 1)[49] geregelt oder ihm die Zuständigkeit nach Art. 99 GG als obersten Gerichtshof durch Landesgesetz zugewiesen worden ist. In diesen Fällen ist nach Meinung des BVerwG durch die Verweisung auf das ArbGG die Revisibilität positiv geregelt.[50] Über den Wortlaut des § 137 Abs. 1 VwGO hinausgehend hat das BVerwG die Auslegung landesrechtlicher Normen des Personalvertretungsrechts für revisibel erklärt, wenn sie einen beamtenrechtlichen Inhalt haben und deshalb materiell dem Beamtenrecht zuzuordnen sind. Das kommt insbesondere in Betracht, wenn geregelt wird, ob und in welcher Weise der Personalrat an beamtenrechtlichen Maßnahmen zu beteiligen ist.[51] Nur für Bayern besteht eine landesrechtliche Besonderheit. Dieses Land hat zwar das arbeitsgerichtliche Beschlussverfahren eingeführt, aber in § 81 Abs. 2 Satz 1 BayPersVG die

17

---

43 BAG, 11.07.2000 – 1 ABR 43/99, BAGE 95, 228.
44 BAG, 14.09.1994 – 10 ABR 7/94, BAGE 78, 30.
45 BAG, 10.12.1996 – 1 ABR 32/96, AP § 112 BetrVG 1972 Nr. 110.
46 BAG, 11.07.2000 – 1 ABR 43/99, BAGE 95, 228.
47 BAG, 05.05.1992 – 1 ABR 1/92, NZA 1992, 1089.
48 BVerwG, 30.01.2013 – 6 P 5/12, NZA-RR 2013, 446.
49 BVerwG, 30.04.2001 – 6 P 9/00, ZTR 2001, 433.
50 BVerwG 30.04.2001 – 6 P 9/00, ZTR 2001, 433.
51 BVerwG, 30.04.2013 – 2 B 10/12, ZfPR 2014, 41; BVerwG, 28.8.1986 – 2 C 67.85, Buchholz 237.5 § 42 HeLBG Nr. 5 S. 8 m.w.N.

Anwendung der §§ 92 bis 96a ausgeschlossen und in § 81 Abs. 2 Satz 2 BayPersVG klargestellt, dass gegen Entscheidungen des VGH keine Rechtsbeschwerde zum BVerwG statthaft ist.

2. Verfahrensart

18 Der Ausschluss in § 93 Abs. 2 gilt auch für die **Rüge der falschen Verfahrensart** in der Verwaltungsgerichtsbarkeit.[52] Die Prüfsperre tritt jedoch nicht ein, wenn das VG gegen die verfahrensrechtlichen Bestimmungen verstoßen hat. Hält das VG das Beschlussverfahren für unzulässig, so hat es entsprechend § 17a Abs. 2 Satz 1 GVG mit einer eigenständigen Vorabentscheidung in das Urteilsverfahren nach der VwGO überzuleiten. Dagegen ist nach § 17a Abs. 4 Satz 3 GVG die sofortige Beschwerde zum OVG statthaft. Hat das VG stattdessen den Antrag durch verfahrensbeendenden Beschluss nach § 84 als unzulässig abgelehnt, so ist das verfahrensfehlerhaft. Der Antragsteller hat nach dem **Meistbegünstigungsgrundsatz** die Wahl, entweder die Beschwerde nach § 17a Abs. 4 Satz 3 GVG oder die Beschwerde nach § 87 Abs. 1 einzulegen.[53] Im letzteren Fall muss das OVG vorab durch eigenständigen Beschluss über die zulässige Verfahrensart und auch darüber entscheiden, ob es die weitere Beschwerde zum BVerwG gem. § 17a Abs. 4 Satz 4 GVG zulässt. Bejaht das OVG entgegen der Auffassung des VG im Rahmen seines verfahrensbeendenden Beschlusses nach § 91 inzidenter die Zulässigkeit des Beschlussverfahrens, so handelt es sich um einen Verfahrensfehler. Dieser bindet das BVerwG nicht und hebt deshalb das Prüfverbot aus §§ 65, 93 Abs. 2 auf. In diesem Fall entscheidet das BVerwG, auch ohne dass das OVG die weitere Beschwerde zugelassen hat. Eine Zurückverweisung zur Nachholung der unterbliebenen Entscheidung des Beschwerdegerichts über die Zulassung der weiteren Beschwerde nach § 17a Abs. 4 Satz 4 GVG scheidet dann aus Gründen der Verfahrensökonomie aus.[54] Teilt das BVerwG die Auffassung des OVG zur Verfahrensart, so entscheidet es abschließend über die vom OVG zugelassene Rechtsbeschwerde. Anderenfalls verweist es die Sache unanfechtbar ins Urteilsverfahren an das zuständige VG.[55] Eine derartig am Beschleunigungsgrundsatz des § 9 ArbGG ausgerichtete Verfahrensweise hat das BAG bislang noch nicht praktiziert. Es hat jeweils an das LAG zurückverwiesen, damit dieses über die Frage der Zulässigkeit entscheiden und nach dem Grundsatz der Meistbegünstigung das Verfahren auf den Weg bringen könne, auf den es bei fehlerfreier Entscheidung des Arbeitsgerichts gelangt wäre. Dem BAG sei diese Möglichkeit hingegen verschlossen, da das LAG zunächst gemäß § 17a Abs. 4 Satz 3 und 4 GVG selbst darüber zu befinden habe, ob gegen die Vorabentscheidung die weitere Beschwerde an den obersten Gerichtshof des Bundes zuzulassen sei.[56] Eine Abweichung zu dieser BAG-Rechtsprechung soll nach Ansicht des BVerwG jedoch nicht vorliegen, weil in den vom BAG entschiedenen Fällen das Beschwerdegericht die Prüfung vollständig unterlassen habe.[57]

3. Sachentscheidung auch nach Erledigung

19 Nach der Rspr. des BVerwG kann in personalvertretungsrechtlichen Beschlussverfahren auch nach Erledigung des Streitfalles die dem Vorgang zugrunde liegende personalvertretungsrechtliche Streitfrage noch der Klärung durch eine gerichtliche Feststellung zugeführt werden.[58] Dieses gilt allerdings im Rahmen des Verfügungsgrundsatzes nur, wenn und soweit Antrag und Sachvortrag des

---

52 BVerwG, 30.01.2013– 6 P 5/12 – Rn 11, BVerwGE 145, 368 = NZA-RR 2013, 446; BVerwG, 11.03.2011 – 6 PB 19.10 – Rn 2, Buchholz 250 § 84 BPersVG Nr. 1; BVerwG, 11.05.2011 – 6 P 4.10 – Rn 11, Buchholz 251.6 § 75 NdsPersVG Nr. 6.
53 BVerwG, 30.01.2013– 6 P 5/12 – Rn 12, BVerwGE 145, 368 = NZA-RR 2013, 446 unter Bezug auf BAG, 21.04.1993 – 5 AZR 276/92; BAG, 11.11.1997 – 1 ABR 21/97, BAGE 87, 64, 67; BAG, 21.05.1999 – 5 AZB 31/98, AP Nr. 1 zu § 611 BGB Zeitungsverlage; BAG, 22.05.2012 – 1 ABR 11/11 – Rn 9, EzA Art 9 GG Nr. 106.
54 BVerwG, 30.01.2013 – 6 P 5/12 – Rn 13, BVerwGE 145, 368.
55 BVerwG, 30.01.2013 – 6 P 5/12 – Rn 13, BVerwGE 145, 368.
56 BAG, 21.04.1993 – 5 AZR 276/92, Rn 34.
57 BVerwG, 30.01.2013 – 6 P 5/12 – Rn 13, BVerwGE 145, 368 = NZA-RR 2013, 446.
58 BVerwG, 01.10.1965 – VII P 1.65, BVerwGE 22, 96, 97.

Rechtsmittelführers in diese Richtung weisen und wenn es mit einiger – mehr als nur geringfügiger – Wahrscheinlichkeit wiederum Streit darüber geben wird. Daher muss ein Antragsteller, der eine Entscheidung nicht nur über einen bestimmten konkreten Vorgang, sondern außerdem über die dahinter stehende personalvertretungsrechtliche Frage begehrt, dies spätestens mit seinem in der letzten Tatsacheninstanz gestellten Antrag deutlich gemacht haben.[59] Deren Möglichkeiten sind auch auszuschöpfen, soweit sich auf diese Weise eine hinreichend bestimmte Rechtsfrage als Streitgegenstand ermitteln lässt. Die Auslegung muss sich jedoch darauf beschränken, den eigentlichen Antragsinhalt anhand des Vorbringens der Verfahrensbeteiligten zu ermitteln, darf also den sich aus dem Wortlaut ergebenden Sinn nicht verkehren.[60] Für eine Übergangszeit hatte das BVerwG Erleichterungen gewährt und als Rechtsbeschwerdegericht die Sachentscheidung nicht mit der Begründung verweigert, der Rechtsmittelführer habe den Verfahrensgegenstand in seinen Anträgen nicht (mehr) zutreffend bezeichnet.[61] Diese Übergangszeit ist seit 1993 abgelaufen.[62]

4. Offizialmaxime

Die personalvertretungsrechtliche Rspr. der Verwaltungsgerichtsbarkeit sieht sich nach der »Offizialmaxime« i.S.v. § 83 Abs. 1 (im Sprachgebrauch der Gerichte für Arbeitssachen: »Amtsermittlungsgrundsatz«) berechtigt und verpflichtet, bei ihrer Entscheidung über einen zulässig erhobenen Anfechtungsantrag auch nachträglich vorgetragene, ja sogar überhaupt nicht geltend gemachte Anfechtungsgründe zu berücksichtigen.[63] 20

§ 94 Einlegung

(1) Für die Einlegung und Begründung der Rechtsbeschwerde gilt § 11 Abs. 4 und 5 entsprechend.

(2) ¹Die Rechtsbeschwerdeschrift muss den Beschluss bezeichnen, gegen den die Rechtsbeschwerde gerichtet ist, und die Erklärung enthalten, dass gegen diesen Beschluss die Rechtsbeschwerde eingelegt werde. ²Die Rechtsbeschwerdebegründung muss angeben, inwieweit die Abänderung des angefochtenen Beschlusses beantragt wird, welche Bestimmungen verletzt sein sollen und worin die Verletzung bestehen soll. ³§ 74 Abs. 2 ist entsprechend anzuwenden.

(3) ¹Die Rechtsbeschwerde kann jederzeit in der für ihre Einlegung vorgeschriebenen Form zurückgenommen werden. ²Im Falle der Zurücknahme stellt der Vorsitzende das Verfahren ein. ³Er gibt hiervon den Beteiligten Kenntnis, soweit ihnen die Rechtsbeschwerde zugestellt worden ist.

Übersicht	Rdn		Rdn
I. Überblick	1	3. Bezugnahme auf Zulassungsgründe	28
II. Zulässigkeit der Rechtsbeschwerde	2	IV. Anschlussrechtsbeschwerde	29
1. Statthaftigkeit	2	V. Anfall von Hilfsanträgen	30
2. Rechtsbeschwerdebefugnis und Beschwer	3	VI. Antragsrücknahme	31
3. Beschwer	11	VII. Verwerfung der unzulässigen Rechtsbeschwerde	32
III. Einlegung und Begründung der Rechtsbeschwerde	14	VIII. Personalvertretungsangelegenheiten	33
1. Form und Frist	14	IX. Terminierung in Anwendung von § 74 Abs. 2	35
2. Inhalt der Begründungsschrift	20		

---

59 BVerwG, 02.06.1993 – 6 P 23/91, PersR 1993, 444.
60 BVerwG, 02.06.1993 – 6 P 23/91, PersR 1993, 444.
61 BVerwG, 12.03.1986 – 6 P 5.85, BVerwGE 74, 100, 102 f.
62 BVerwG, 02.06.1993 – 6 P 23/91, PersR 1993, 444.
63 BVerwG, 13.05.1998 – 6 P 9/97, BVerwGE 106, 378.

I. Überblick

1 Abs. 1 und 2 bestimmen Form und Inhalt der Einlegung der Rechtsbeschwerde durch die Rechtsbeschwerdeschrift mit ihrer Begründung. Die Vorschrift des § 94 wird aufgrund der Verweisung in § 92 Abs. 2 Satz 1 durch die Bestimmungen über das Revisionsverfahren[1] ergänzt.[2]

II. Zulässigkeit der Rechtsbeschwerde

1. Statthaftigkeit

2 Die Rechtsbeschwerde ist statthaft, wenn sie sich **gegen** einen **verfahrensbeendenden Beschluss** i.S.v. § 91 richtet und wenn sie vom LAG oder auf eine erfolgreiche Nichtzulassungsbeschwerde vom BAG zugelassen worden ist. Wegen der Einzelheiten siehe § 92 Rdn. 7 ff. Hat das LAG die Rechtsbeschwerde nur **beschränkt zugelassen**, so ist das zulässig.[3] Ist die Beschränkung wirksam, so ist die Rechtsbeschwerde nur insoweit statthaft.[4] Ist die Beschränkung unwirksam, so ist die uneingeschränkte Überprüfung der Entscheidung eröffnet.[5] Die Rechtsprechung fordert als Wirksamkeitsvoraussetzungen für Beschränkungen:
1. Die Beschränkung muss sich aus Gründen der Rechtsmittelklarheit **klar und eindeutig** aus der angefochtenen Entscheidung ergeben.[6]
2. Die Beschränkung muss sich auf einen **tatsächlich und rechtlich selbstständigen und abtrennbaren Teil** des Gesamtstreitstoffes beziehen. Eine Beschränkung auf einzelne Anspruchsgrundlagen oder Rechtsfragen ist unzulässig und deshalb unwirksam.[7]

2. Rechtsbeschwerdebefugnis und Beschwer

3 Die Beteiligtenstellung ist in jeder Lage des Verfahrens und daher auch in der Rechtsbeschwerdeinstanz von Amts wegen zu beachten.[8] Rechtsbeschwerdebefugt ist deshalb nur, wer **beteiligungsbefugt** ist.[9] Das ist dann der Fall, wenn auch eine unmittelbare rechtliche Betroffenheit in einer der in § 2a Abs. 1 aufgeführten Angelegenheiten besteht. Die Rechtsprechung des BAG verwendet in ihren Textbausteinen zumeist verkürzt die engere Formulierung »in der betriebsverfassungsrechtlichen Rechtsstellung unmittelbar betroffen«.[10] Weitere Einzelheiten siehe zur Beschwerdebefugnis unter § 89 Rdn. 2 f.

4 Die Beteiligungsbefugnis hängt nicht von der in den Vorinstanzen vorgenommen Beteiligung ab. Eine **zu Unrecht** von der Vorinstanz am Verfahren **beteiligte Person oder Stelle** i.S.v. § 10 ist nicht rechtsmittelbefugt; denn die fehlerhafte Beteiligung kann die Rechtsmittelbefugnis nicht begründen.[11] Besteht Streit über die Beteiligtenbefugnis oder ist die materiell-rechtliche Beteiligung eines formell Beteiligten ungeklärt, besteht für das Rechtsbeschwerdeverfahren eine Befugnis, diese

---
1 §§ 74 Abs. 1, 74 Abs. 5 i.V.m. §§ 552 bis 565 ZPO.
2 Vgl. dazu § 74 Rdn. 4.
3 Vgl. BAG, 18.02.1986 – 1 ABR 27/84 – zu B I 1 b der Gründe mit der missglückten Formulierung »möglich«, BAGE 51, 151 = EzA § 85 ArbGG 1979 Nr. 7.
4 BAG, 18.02.1986 – 1 ABR 27/84, EzA § 95 BetrVG 1972 Nr. 12 = AP Nr. 33 zu § 99 BetrVG 1972.
5 BAG, 12.11.2014 – 7 ABR 86/12 – NZA 2015, 252.
6 Vgl. BAG, 18.02.1986 – 1 ABR 27/84 – zu B I 1 b der Gründe, BAGE 51, 151 = EzA § 85 ArbGG 1979 Nr. 7.
7 BAG, 12.11.2014 – 7 ABR 86/12 – Rn 13, NZA 2015, 252.
8 BAG, 28.03.2006 – 1 ABR 59/04 – zu B I der Gründe, BAGE 117, 337 = EzA § 83 ArbGG 1979 Nr. 10.
9 BAG, 05.12.2007 – 7 ABR 72/06, EzA § 118 BetrVG 2001 Nr. 8 = AP Nr. 82 zu § 118 BetrVG 1972; BAG, 08.08.2007 – 7 ABR 43/06, AP Nr. 42 zu § 78a BetrVG 1972; BAG, 20.03.1996 – 7 ABR 34/95, EzA § 5 BetrVG 1972 Nr. 60 = AP Nr. 72 BetrVG § 5 Ausbildung Nr. 10.
10 Vgl. BAG, 10.12.2002 – 1 ABR 27/01 – zu B I der Gründe, BAGE 104, 187; BAG, 23.10.2002 – 7 ABR 55/01 – zu II 1 der Gründe, AP BetrVG 1972 § 50 Nr. 26 = EzA BetrVG 2001 § 50 Nr. 1.
11 BAG, 05.12.2007 – 7 ABR 72/06, EzA § 118 BetrVG 2001 Nr. 8 = AP Nr. 82 zu § 118 BetrVG 1972.

Rechtsfragen hierzu klären zu lassen.¹² Rechtsbeschwerdebefugt sind deshalb Arbeitnehmervertretungen, deren Beteiligung streitig geworden ist, weil geltend gemacht wird, deren Dienststelle sei aufgelöst worden. Selbst wenn die Fähigkeit des Beteiligten, an dem Verfahren teilzunehmen, zu verneinen ist, bleibt dieser zur Klärung dieser Frage und auch der weiteren Frage befugt, ob noch nach der organisatorischen Änderung eine Sachentscheidung über den vom Antragsteller verfolgten Antrag und ggf. unter welchen Voraussetzungen ergehen kann.¹³ Rechtsbeschwerdebefugt ist ausnahmsweise auch eine i.S.v. § 10 nicht beteiligungsfähige Person oder Stelle, wenn ihr das LAG ein Unterlassen oder die Vornahme einer Handlung aufgegeben hat.¹⁴ Rechtsbeschwerdebefugt ist immer auch diejenige Person oder Stelle, deren Beschwerde vom LAG mangels Beschwerdebefugnis als unzulässig verworfen worden ist.¹⁵ War die Entscheidung des LAG richtig, so ist die Rechtsbeschwerde unbegründet. Rechtsbeschwerdebefugt sind ferner Beteiligte, die **zu Unrecht in den Vorinstanzen nicht beteiligt** worden sind.¹⁶

Eine Rechtbeschwerdebefugnis soll sich nach der Rechtsprechung des BAG nicht aus einem in der Rechtsbeschwerdeschrift erklärten **Beitritt als Nebenintervenient** zur Unterstützung eines rechtsmittelbefugten Beteiligten ergeben können. Zwar kann ein Nebenintervenient nach § 66 Abs. 2 ZPO i.V.m. § 67 ZPO das der Hauptpartei zustehende Rechtsmittel einlegen. Das BAG, das Hessische LAG und ein Teil des Schrifttums nehmen an, durch die Verfahrensregelungen nach § 80 Abs. 2 Satz 1 letzter Halbs. in § 81, § 83 Abs. 1 Satz 2, Abs. 3 sei die Anwendung der Vorschriften der ZPO über die Nebenintervention in Angelegenheiten aus dem Betriebsverfassungsgesetz ausgeschlossen.¹⁷ 5

Die Rechtsbeschwerdebefugnis einer Arbeitnehmervertretung, insbesondere des Betriebsrats oder einer Schwerbehindertenvertretung, fällt nicht mit dem **Amtsende** der gewählten Mitglieder weg. Zwar entfällt die Befugnis zur Fortführung einer Rechtsbeschwerde mit dem Untergang des Betriebs oder mit der sonstigen Tatsache, die zum Ende der Amtszeit der Vertretung führt, wenn nicht wieder neu gewählt wird.¹⁸ Endet allerdings aufgrund einer turnusgemäßen Neuwahl das Amt der jeweiligen Arbeitnehmervertretung wird nach dem Prinzip der Funktionsnachfolge und dem Grundgedanken der Kontinuität der Interessenvertretungen die neu gewählte Vertretung stets als **Funktionsnachfolgerin** angesehen und tritt automatisch in die Rechtsstellung der Vorgängerin für die nunmehr von ihm repräsentierte Einheit ein.¹⁹ Soweit der Siebte Senat auf die Funktions- 6

---

12 BAG, 08.08.2007 – 7 ABR 43/06, AP Nr. 42 zu § 78a BetrVG 1972; BAG, 12. 01.2000 – 7 ABR 61/98, EzA § 24 BetrVG 1972 Nr. 2 = AP BetrVG 1972 § 24 Nr. 5.
13 BVerwG, 03.10.1983 – 6 P 23/81, Buchholz 238.3 A § 83 Nr. 22.
14 BAG, 19.11.1985 – 1 ABR 37/83, BAGE 50, 179 = AP § 2 TVG Tarifzuständigkeit Nr. 4 = EzA § 2 TVG Nr. 15.
15 BAG, 25.11.1986 – 1 ABR 22/85, BAGE 53, 347 = EzA § 2 TVG Nr. 17.
16 GK-ArbGG/Ahrendt § 94 Rn 5; GMPMG/Matthes/Schlewing § 94 Rn 2.
17 BAG, 05.12.2007 – 7 ABR 72/06, EzA § 118 BetrVG 2001 Nr. 8 = AP Nr. 82 zu § 118 BetrVG 1972; Hess. LAG, 24.10.1989 – 5 TaBVGa 155/89, LAGE § 87 BetrVG 1972 Arbeitszeit Nr. 17; offengelassen in BAG, 12.07.1988 – 1 ABR 85/86, EzA § 99 BetrVG 1972 Nr. 59 = AP BetrVG 1972 § 99 Nr. 54; zustimmend: GK-ArbGG/Ahrendt § 94 Rn 5; GMPMG/Matthes/Spinner § 83 Rn 23; a.A. v. Hoyningen-Huene RdA 1992, 355, 363; Schwab/Weth/Weth ArbGG § 83 Rn 97 f.; Laux Die Antrags- und Beteiligungsbefugnis im arbeitsgerichtlichen Beschlussverfahren, 1985, S. 74.
18 BAG, 18.03.2015 – 7 ABR 6/13; BAG, 25.09.1996 – 1 ABR 25/96, EzA § 97 ArbGG 1979 Nr. 2 = AP Nr. 4 zu § 97 ArbGG 1979.
19 Für den Betriebsrat: BAG, 18.03.2015 – 7 ABR 6/13; BAG, 13.05.2014 – 1 ABR 9/12, EzA § 99 BetrVG 2001 Nr. 24; BAG, 24.08.2011 – 7 ABR 8/10 – Rn 15, EzA § 42 BetrVG 2001 Nr. 1 = AP Nr. 13 zu § 5 BetrVG 1972 Ausbildung; BAG, 25.09.1996 – 1 ABR 25/96 – EzA § 97 ArbGG 1979 Nr. 2 = AP Nr. 4 zu § 97 ArbGG 1979; BAG, 25.04.1978 – 6 ABR 9/75 – zu II 3 der Gründe, AP BetrVG 1972 § 80 Nr. 11 = EzA § 80 BetrVG 1972 Nr. 15; BAG, 27.01.1981 – 6 ABR 68/79 – zu II der Gründe, BAGE 35, 1 = AP ArbGG 1979 § 80 Nr. 2; für die Schwerbehindertenvertretung: BAG, 18.03.2015 – 7 ABR 6/13 – Rn 11, juris.

nachfolge an »einer turnusgemäßen Neuwahl«[20] festmacht, handelt es sich wohl um eine missverständliche Formulierung; denn auch wenn außerhalb des Turnus neu gewählt wird, gilt der Kontinuitätsgrundsatz. Diese besondere Art der Kontinuität erfasst auch das Prozessrechtsverhältnis, das mit der Einleitung des arbeitsgerichtlichen Beschlussverfahrens entsteht. Die Funktionsnachfolge setzt an sich voraus, dass die Identität des Betriebs gewahrt bleibt. Die Rechtsprechung dehnt die Funktionsnachfolge auf alle neugewählten Betriebsräte aus, die aus Wahlen hervorgehen, die nach einem **unveränderten Betriebszuschnitt**, beim **Übergang von den gesetzlichen zu gewillkürten Betriebsverfassungsstrukturen**, bei der Änderung eines Tarifvertrags nach § 3 Abs. 1 Nr. 1 bis Nr. 3 BetrVG sowie bei der **Rückkehr zu den gesetzlichen Betriebsverfassungsstrukturen** stattfinden.[21] Diese Ausdehnung kann über die Identitätstheorie der Betriebsverfassung hinausgehen; denn beim Wechsel von gesetzlichen zu gewillkürten Betriebsverfassungsstrukturen und zurück ist nicht immer der Zuschnitt der repräsentierten Einheit im Vergleich vorher zu nachher identisch. Eine weitere Ausdehnung der Funktionsnachfolge findet statt, wenn während eines laufenden Beschlussverfahrens anstelle des bisher nur für den Betrieb eines Unternehmens gewählten Betriebsrats oder der mehreren in den Betrieben des Unternehmens gewählten Betriebsräte aufgrund der rechtlichen Beurteilung des Wahlvorstands ein Betriebsrat für einen – tatsächlichen oder vermeintlichen – **gemeinsamen Betrieb mehrerer Unternehmen** gewählt wird.[22]

7 Ist vor Einlegung der Rechtsbeschwerde das **letzte Mitglied** des Betriebsrats aus dem fortbestehenden Betrieb **ausgeschieden**, ohne dass ein neuer Betriebsrat gewählt worden ist, ist ein gleichwohl eingelegtes Rechtsmittel unzulässig. Die ausgeschiedenen Betriebsratsmitglieder haben kein zur Fortsetzung des Verfahrens berechtigendes allgemeines Restmandat.[23] Dieser Fall ist von den Konstellationen abzugrenzen, die seit Inkrafttreten des BetrVG-RG bestimmten Betriebsratsmitgliedern die Wahrnehmung des **Rest- und Übergangsmandats** in dem in §§ 21a und 21b BetrVG geregelten Umfang gestatten. Wird ein Betrieb stillgelegt, behält der Betriebsrat auch nach der Beendigung der Arbeitsverhältnisse aller Betriebsratsmitglieder ein erforderlichenfalls sogar über die reguläre Amtszeit hinaus andauerndes Restmandat für alle sich im Zusammenhang mit der Betriebsstilllegung ergebenden betriebsverfassungsrechtlichen und verfahrensrechtlichen Beteiligungsrechte.[24] Dieses Restmandat beinhaltet auch die Rechtsmittelbefugnis. Gleiches gilt für den Inhaber des Übergangsmandats nach § 21a BetrVG. Geht der Betrieb, dessen Betriebsrat das Verfahren anhängig gemacht hat, unter Verlust seiner Identität in einen anderen Betrieb **im Wege der Aufnahme** auf, erlischt das Amt des Betriebsrats des aufgenommenen Betriebs, ohne dass es zu einem Übergangsmandat kommt (§ 21a Abs. 2 BetrVG i.V.m. mit § 21a Abs. 1 Satz 1 letzter Halbsatz BetrVG). Das anhängige Beschlussverfahren wird dadurch jedoch nicht beendet. Beteiligter auf Betriebsratsseite wird vielmehr gemäß § 83 Abs. 3 ArbGG der Betriebsrat des aufnehmenden Betriebs. Der Beteiligtenwechsel und damit auch der Wechsel der Rechtsmittelbefugnis tritt ohne Weiteres und allein auf Grund materiellen Rechts ein.[25] Einer Vornahme irgendwelcher Prozesshandlungen bedarf es dazu nicht.

8 Endet das Amt des Betriebsrats aufgrund von Betriebsschließungen oder anderen Betriebsänderungen, ohne dass es zu einem Rest- und Übergangsmandat nach §§ 21a und 21b BetrVG kommt, gehen dessen **vermögensrechtliche Rechtspositionen** nicht ersatzlos unter. Dies folgt das BAG aus dem Prinzip der Funktionsnachfolge und der entsprechenden Anwendung von § 22 BetrVG, § 49 Abs. 2 BGB und dem »Grundgedanken der Kontinuität betriebsverfassungsrechtlicher Inter-

---

20 BAG 18.3.2015 – 7 ABR 6/13 – Rn 11, juris.
21 BAG, 13.05.2014 – 1 ABR 9/12 – Rn 14, EzA § 99 BetrVG 2001 Nr. 24.
22 BAG, 13.02.2013 – 7 ABR 36/11 – EzA § 1 BetrVG 2001 Nr. 10 = AP Nr. 34 zu § 1 BetrVG 1972 Gemeinsamer Betrieb.
23 BAG, 18.03.2015 – 7 ABR 6/13; BAG, 25.09.1996 – 1 ABR 25/96, EzA § 97 ArbGG 1979 Nr. 2 = AP Nr. 4 zu § 97 ArbGG 1979.
24 BAG, 24.10.2001 – 7 ABR 20/00 – Rn 21, BAGE 99, 208 = EzA § 22 BetrVG 1972 Nr. 2.
25 BAG, 21.01.2003 – 1 ABR 9/02 – Rn 35, NZA 2003, 1097 = EzA § 77 BetrVG 2001 Nr. 3.

essenvertretung«.²⁶ Kommt es zu keiner Funktionsnachfolge, weil kein neu gewählter Betriebsrat nachfolgt, gehen vermögensrechtliche Ansprüche mit dem Ende der Amtszeit des alten Betriebsrats nicht unter. Die alten Betriebsratsmitglieder bleiben auch nach dem Ende der Amtszeit befugt, noch nicht erfüllte Kostenerstattungsansprüche gegen den Arbeitgeber weiter zu verfolgen und an den Gläubiger abzutreten.²⁷

Geht ein Betrieb oder Betriebsteil im Laufe eines Beschlussverfahrens nach § 613a Abs. 1 BGB auf einen Erwerber über, nimmt dieser als neuer Inhaber des Betriebs oder des vom Beschlussverfahren betroffenen Betriebsteils automatisch die verfahrensrechtliche Stellung des bisherigen Betriebsinhabers und Arbeitgebers ein.²⁸ Der Eintritt in das Beschlussverfahren ist mit der Rechtsbeschwerdebefugnis verbunden. Hat nach dem **Betriebsübergang** der frühere Betriebsinhaber die Rechtsbeschwerde eingelegt, so ist diese unstatthaft; denn mit der Übergabe des Betriebs hat der frühere Betriebsinhaber seine Funktion als Arbeitgeber verloren. Da abweichend vom Urteilsverfahren im Beschlussverfahren die Rechtsmitteleinlegung durch den Nebenintervenienten unwirksam ist (vgl. Rdn. 5), wird die Entscheidung des LAG rechtskräftig, wenn der neue Betriebsinhaber die Frist zur rechtzeitigen Einlegung der Rechtsbeschwerde versäumt. 9

Die **Rechtsmittelbelehrung** in der Beschwerdeentscheidung braucht keine Belehrung über die Rechtsbeschwerdebefugnis zu enthalten.²⁹ 10

3. Beschwer

Der Rechtsmittelführer muss auch durch die angefochtene Entscheidung **beschwert** sein. Das bedeutet, er muss mit seiner Rechtsbeschwerde die Beseitigung dieser Beschwer verlangen.³⁰ Die Beschwer ergibt sich noch nicht aus der bloßen Rechtsbeschwerdebefugnis.³¹ Die Feststellung der Beschwer ist komplexer als im Urteilsverfahren. 11

Für den **Antragsteller** ergibt sich die Beschwer im Grundsatz aus der im Entscheidungsausspruch ausgewiesenen Differenz zwischen dem gestellten Antrag und der ergangenen Entscheidung.³² Jedoch kann auch dann, wenn zwar der Antrag nicht förmlich abgewiesen, der Antrag jedoch vom Gericht einengend ausgelegt worden ist, eine Beschwer vorliegen.³³ Keine Beschwer hat demgegenüber das BVerwG angenommen, wenn das Beschwerdegericht in den Gründen ausführt, dem Antragsteller stehe ein Mitbestimmungsrecht nur aus § 75 Abs. 3 Nr. 11 BPersVG, nicht aber dem geltend gemachten § 75 Abs. 3 Nr. 16 BPersVG zu.³⁴ Der Sache nach wende sich in diesem Fall der Antragsteller lediglich gegen die Richtigkeit der Begründung. Eine die Einlegung eines Rechtsmittels rechtfertigende Beschwer liege noch nicht schon dann vor, wenn die Entscheidung auf andere Gründe gestützt wurde, als sie der Rechtsmittelführer vorgebracht hatte.³⁵ Eine Ausnahme sei nur gerechtfertigt, wenn die Rechtsfolgen unterschiedlich seien.³⁶ Diese Ausnahme sei jedoch 12

---

26 BAG, 23.11.1988 – 7 AZR 121/88 – zu I 2 b aa der Gründe, BAGE 60, 191 = AP BGB § 613a Nr. 77; BAG, 31.05.2000 – 7 ABR 78/98 – zu B IV 2 a bb der Gründe, AP BetrVG 1972 § 1 Gemeinsamer Betrieb Nr. 12 = EzA BetrVG 1972 § 19 Nr. 39.
27 BAG, 24.10.2001 – 7 ABR 20/00 – BAGE 99, 208 = EzA § 22 BetrVG 1972 Nr. 2.
28 BAG, 23.06.2010 – 7 ABR 3/09 – Rn 15, BAGE 135, 57 = EzA § 99 BetrVG 2001 Einstellung Nr. 14.
29 BVerwG, 08.02.1982 – 6 P 43/80, BVerwGE 65, 33.
30 Vgl. BAG, 17.04.2012 – 1 ABR 5/11, EzA § 2 TVG Tarifzuständigkeit Nr. 13 = AP Nr. 23 zu § 2 TVG Tarifzuständigkeit; BAG, 14.09. 2010 – 1 ABR 32/09, EzA § 253 ZPO 2002 Nr. 4; BAG, 29.01.1992 – 7 ABR 29/91, EzA § 11 ArbGG 1979 Nr. 11 = AP ArbGG 1979 Prozessvertreter Nr. 14.
31 Vgl. BAG, 29.01.1992 – 7 ABR 29/91, EzA § 11 ArbGG 1979 Nr. 11 = AP ArbGG 1979 § 11 Prozessvertreter Nr. 14; zustimmend: GK-ArbGG/Ahrendt § 94 Rn 8.
32 ErfK/Koch ArbGG § 89 Rn 2.
33 BAG, 14.01.1986 – 1 ABR 82/83 – BAGE 50, 337 = BetrVG 1972 § 87 Lohngestaltung Nr. 21.
34 BVerwG, 25.08.1986 – 6 P 16/84, NJW 1987, 1658 = PersV 1987, 287.
35 BVerwG, 07.10.1980 – 6 P 24.80, PersV 1981, 503.
36 BVerwG, 15.03.1968 – VII C 183.65, BVerwGE 29, 210, 213.

nicht gegeben, wenn der Antragsteller das bloße Bestehen eines Mitbestimmungsrechts beantragt habe. Wolle der Antragsteller nicht nur das Bestehen eines Mitbestimmungsrechts, sondern außerdem wegen der damit verbundenen unterschiedlichen Rechtsfolgen die dahinterstehende Rechtsfrage eines bestimmten mitbestimmungsrechtlichen Tatbestands geklärt haben, so sei er gehalten, dies spätestens mit seinem in der letzten Tatsacheninstanz gestellten Antrag deutlich zu machen.[37]

13 Für die neben dem Antragsteller **übrigen Personen und Stellen**, die am Verfahren zu beteiligen sind, lässt sich nur materiell nach dem Inhalt der Entscheidung bestimmen, ob eine Beschwer vorliegt. Das Kriterium Differenz zwischen einem Antrag und der Entscheidung ist hier nicht hilfreich, weil die übrigen Beteiligten keinen Antrag zu stellen brauchen.[38] Nach der ständigen Rechtsprechung soll eine »formelle« Beschwer in der Form der Antragszurückweisung stets genügen.[39] Das ist das abzulehnen.[40] Sonst könnte jeder der Beteiligten einen Abweisungsantrag stellen, um sich bei einer zusprechenden Entscheidung eine formelle Beschwer zu verschaffen, die ihm materiell nicht zukommt (s. § 89 Rdn. 5). Eine Beschwer liegt erst dann vor, wenn der Beteiligte durch die Entscheidung in seiner Rechtsstellung, die seine Beteiligung begründet, in irgendeiner Weise beeinträchtigt wird.[41] Das führt hinsichtlich der Beteiligung des Arbeitgebers bei innerorganschaftlichen Streitigkeiten der Arbeitnehmervertretungen zu Problemen, weil die Rechtsprechung der betriebsverfassungsrechtlichen Senate des BAG davon ausgeht, dass der Arbeitgeber grundsätzlich ausnahmslos qua in der Betriebsverfassung festgelegten Arbeitgeberstellung immer betroffen sei.[42] In einem **Wahlanfechtungsverfahren** hat der Arbeitgeber stets die mit der Beschwer verbundene Rechtsbeschwerdebefugnis, weil er sowohl durch die Entscheidung, die Wahl für unwirksam zu erklären, als auch durch die gegenläufige Entscheidung, den Wahlanfechtungsantrag zurückzuweisen, in seiner Rechtsstellung betroffen ist.[43] Das folgt einerseits aus der Bestimmung in § 20 Abs. 3 BetrVG, die dem Arbeitgeber bei einer erfolgreichen Anfechtung die Kosten der Neuwahl auferlegt, andererseits aus der bei Nichterfolg der Anfechtung eintretenden belastenden Verpflichtung, mit einem Betriebsrat zusammen arbeiten zu müssen, der fehlerhaft gewählt worden ist.

III. Einlegung und Begründung der Rechtsbeschwerde

1. Form und Frist

14 Obwohl für die mündliche Anhörung kein Anwaltszwang besteht (vgl. § 92 Rdn. 26), muss die Rechtsbeschwerdeschrift von einem zugelassenen Rechtsanwalt oder einem Bevollmächtigten i.S.v. § 11 Abs. 4 (vgl. § 11 Rdn. 33) **eigenhändig unterschrieben** sein.[44] Hinsichtlich der Postulationsfähigkeit gilt insoweit nichts anders als für die Revisionsbegründungsschrift.[45] Nach § 11 Abs. 4 Satz 3 ist dem Rechtsanwalt jede Person mit Befähigung zum Richteramt gleichgestellt, die für Mitglieder der in § 11 Abs. 4 Satz 2 zur Vertretung befugten Organisationen oder für diese selbst

---

37 BVerwG, 25.8.1986 – 6 P 16/84, NJW 1987, 1658 = PersV 1987, 287.
38 LAG Hamm, 18.11.1977 – 3 TaBV 56/77, EzA § 83 ArbGG 1953 Nr. 27; ErfK/Koch ArbGG § 89 Rn 2; GMPMG/Matthes/Schlewing ArbGG § 89 Rn 8.
39 BAG, 16.03.2005 – 7 ABR 37/04 – Rn 19, BAGE 114, 110 = EzA § 51 BetrVG 2001 Nr. 2; BAG 19.11.1974 – 1 ABR 50/73, BAGE 26, 358 = AP BetrVG 1972 § 5 Nr. 3.
40 GMPMG/Matthes/Schlewing ArbGG § 89 Rn 8.
41 Zutreffend: GMPMG/Matthes/Schlewing ArbGG § 89 Rn 8.
42 BAG, 16.03.2005 – 7 ABR 37/04 – Rn 19, BAGE 114, 110 = EzA § 51 BetrVG 2001 Nr. 2; BAG, 16.03.2005 – 7 ABR 43/04 – zu B I der Gründe, EzA § 28 BetrVG 2001 Nr. 2; BAG, 19.02.1975 – 1 ABR 94/73 – zu II 2 der Gründe, BAGE 27, 46, 51 = AP BetrVG 1972 § 5 Nr. 10 = EzA § 5 BetrVG 1972 Nr. 17.
43 Im Ergebnis zutreffend: BAG, 04.12.1986 – 6 ABR 48/85 – Rn 19, BAGE 53, 385 = AP BetrVG 1972 § 19 Nr. 13 = EzA § 19 BetrVG 1972 Nr. 24: dort wird jedoch zu Unrecht darauf abgestellt, dass der Arbeitgeber in der Vorinstanz einen Antrag gestellt hatte, mit dem er unterlegen war.
44 §§ 94 Abs. 1 i.V.m. §§ 549 Abs. 2, 130 Nr. 6 ZPO.
45 Düwell NZA 1999, 291.

handelt (vgl. § 11 Rdn. 33). Es gelten im Übrigen die formellen und inhaltlichen Anforderungen, die auch an die Revision gestellt werden.[46]

Die **Einlegungsfrist** beträgt nach § 92 Abs. 2 Satz 1, 74 Abs. 1 Satz 1 **einen Monat**.[47] Die **Begründungsfrist** beträgt nach § 92 Abs. 2 Satz 1, 74 Abs. 1 Satz 1 **zwei Monate** ab Zustellung der in vollständiger Form abgefassten Beschwerdeentscheidung. Zu beachten ist, dass gemäß § 92 Abs. 2 Satz 1, § 74 Abs. 1 Satz 2 auch ohne Zustellung der Entscheidung des Beschwerdegerichts nach Ablauf von fünf Monaten seit der Verkündung der Lauf der Rechtsmittelfrist beginnt und die spätere Zustellung nicht den Lauf der Frist neu beginnen lässt.[48]   15

Die Frist zur Einlegung und Begründung der Rechtsbeschwerde beginnt mit der **Zustellung des in vollständiger Form abgefassten Beschlusses** des LAG. Ob eine Ausfertigung vollständig ist, bestimmt sich nach dem Zweck der Zustellung, den Beteiligten die Entscheidung über das Einlegen eines Rechtsmittels zu ermöglichen. Danach muss die Ausfertigung die Urschrift wortgetreu und richtig wiedergeben, wobei Abweichungen dann nicht schaden, wenn der Zustellungsempfänger aus der Ausfertigung den Inhalt der Urschrift und insbesondere den Umfang seiner Beschwer erkennen kann. Daran fehlt es, wenn einzelne Seiten der Ausfertigung versehentlich nicht oder nicht lesbar zugestellt werden.[49]   16

Der Fristlauf ist für jeden am Verfahren Beteiligten gesondert nach der bei ihm erfolgten Zustellung zu bestimmen. Hat ein Beteiligter **mehrere Verfahrensbevollmächtigte**, kann die Zustellung gegenüber jedem von ihnen wirksam vorgenommen werden. Für den Lauf der Rechtsbeschwerdefrist zählt jedoch nur die erste Zustellung.[50]   17

Die Einlegungsfrist ist als **Notfrist** nicht verlängerbar. Dagegen kann die **Frist zur Begründung** der Rechtsbeschwerde verlängert werden. Die Zulässigkeit der Fristverlängerung folgt aus der in § 92 Abs. 2 Satz 1 für die »Einlegung und deren Begründung« enthaltenen Verweisung auf die für das Revisionsverfahren geltenden Bestimmungen.[51] Diese Frist kann nur **einmal bis zu einem weiteren Monat** verlängert werden (§ 92 Abs. 2 Satz 1, § 74 Abs. 1 Satz 2). Eine nicht ordnungsgemäße Begründungsschrift kann bis zum Ablauf der Begründungsfrist ergänzt werden.[52] Wird die Frist versäumt, kann auch hier nach § 233 ZPO die Wiedereinsetzung in den vorigen Stand gewähren werden.[53]   18

In den besonderen **insolvenzrechtlichen Beschlussverfahren** nach §§ 122 und 126 InsO muss im Interesse der Beschleunigung die **Begründung der Rechtsbeschwerde noch innerhalb der Monatsfrist** für die Einlegung der Rechtsbeschwerde selbst erfolgen. Die Begründung kann sowohl in der Rechtsbeschwerdeschrift selbst als auch in einem gesonderten Schriftsatz erfolgen.   19

2. Inhalt der Begründungschrift

Nach § 94 Abs. 2 Satz 1 muss die Rechtsbeschwerdeschrift den Beschluss bezeichnen, gegen den die Rechtsbeschwerde gerichtet ist. Sie muss zusätzlich die Erklärung enthalten, dass Rechtsbeschwerde   20

---

46 Vgl. § 74 Rdn. 36 bis 78.
47 §§ 92 Abs. 2 Satz 1, 74 Abs. 1 Satz 1, 72 Abs. 5 i.V.m. § 549 ZPO.
48 BAG, 16.12.2004 – 2 AZR 611/03, NJW 2005, 3515; BAG, 24.10.2006 – 9 AZR 709/05, NJW 2007, 862; BAG, 16.01.2008 – 7 AZR 1090/06.
49 BAG, 22.04.1997 – 1 ABR 74/96, EzA § 99 BetrVG 1972 Einstellung Nr. 3 = AP BetrVG § 99 Einstellung Nr. 18.
50 BAG, 23.01.1986 – 6 ABR 47/82, EzA § 233 ZPO Nr. 7 = AP Nr. 31 zu § 5 BetrVG 1979.
51 Vgl. BAG, 16.07.2008 – 7 ABR 13/07, BAGE 127, 126 = AP BetrVG 1972 § 78a Nr. 50; so auch GK-ArbGG/Ahrendt § 94 Rn 13; ErfK/Koch ArbGG § 94 Rn 2; so jetzt auch GMPMG/Matthes/Schlewing § 94 Rn 15 unter Aufgabe der in der Vorauf. vertretenen Meinung; a.A. Hauck/Heml/Biebl/Hauck § 94 Rn 4.
52 BAG 26.04.1963 – 1 ABR 10/62, AP ArbGG 1953 § 94 Nr. 3.
53 BAG 24.10.2006 – 9 AZR 709/05, NJW 2007, 862.

eingelegt wird und nach Satz 2 auch angeben, inwieweit mit der Rechtsbeschwerde die Abänderung des angefochtenen Beschlusses beantragt wird.

21 § 94 Abs. 2 Satz 2 fordert vom Rechtsbeschwerdeführer eine **Begründung für sein Abänderungsbegehren**, in der er angibt, welche Bestimmungen verletzt sein sollen und worin die Verletzung bestehen soll.[54] Die ältere Rechtsprechung forderte, dass der Rechtsbeschwerdeführer sich mit der angefochtenen Entscheidung in einer Weise auseinandersetzt, die erkennen lässt, in welchem Umfang und warum er die Erwägungen des Beschwerdegerichts für unrichtig hält.[55] Die neuere Rechtsprechung verschärft die Anforderungen.[56]

22 Mit einer **Sachrüge** i.S.v. § 92 Abs. 2, § 72 Abs. 5 ArbGG i.V.m. § 551 Abs. 3 Satz 1 Nr. 2 lit. a ZPO zeigt die Rechtsbeschwerdebegründung die Verletzung des materiellen Rechts so auf, dass Gegenstand und Richtung des Rechtsbeschwerdeangriffs erkennbar sind. Dazu soll die Rechtsbeschwerdebegründung eine so konkrete Darlegung der Gründe enthalten, dass sich aus ihnen ohne Weiteres die Rechtsfehler des angefochtenen Beschlusses ergeben.[57] Damit will das BAG sicherstellen, dass der Verfahrensbevollmächtigte des Rechtsbeschwerdeführers den angefochtenen Beschluss im Hinblick auf das Rechtsmittel überprüft, mit Blickrichtung auf die Rechtslage genau durchdenkt und durch seine Kritik an der angefochtenen Entscheidung zur richtigen Rechtsfindung durch das Rechtsbeschwerdegericht beiträgt. Deshalb sieht das BAG die bloße Darstellung anderer Rechtsansichten, ohne sich im Einzelnen mit den Gründen der Beschwerdeentscheidung auseinanderzusetzen, als unzureichend für eine ordnungsgemäße Rechtsbeschwerdebegründung an. Das gilt insbesondere, wenn in der Beschwerdeinstanz mehrere gesonderte prozessuale Gegenstände anhängig waren, wie z.B. ein Zustimmungsersetzungsantrag, der auf die Neueinstellung gerichtet war, und ein Zustimmungsersetzungsantrag, der auf die Versetzung eines Arbeitnehmers gerichtet war. Wird die Rechtsbeschwerde nur bezüglich des Verfahrensgegenstandes der Zustimmungsersetzung zur Einstellung zugelassen, so ist die Rechtsbeschwerde unzureichend begründet und damit unzulässig, wenn die Begründung der Rechtsbeschwerde sich nur mit den Gründen der angefochtenen Entscheidung zu dem die Versetzung betreffenden Zustimmungsersetzungsantrag auseinandersetzt.[58]

23 Mit einer **Verfahrensrüge** wird die Verletzungen des Gesetzes »in Bezug auf das Verfahren« geltend gemacht. Sie ist jedoch erst nach § 92 Abs. 2, § 72 Abs. 5 ArbGG i.V.m. § 551 Abs. 3 Satz 1 Nr. 2 lit. b ZPO zulässig erhoben, wenn der Rechtsbeschwerdeführer die Tatsachen bezeichnet, die den Verfahrensmangel ergeben, auf den der angefochtene Beschluss in der Weise beruht, so dass ohne ihn das LAG zu einer anderen Entscheidung gekommen wäre. Wird ein absoluter Revisionsgrund i.S.v. § 547 Nr. 1 bis Nr. 6 ZPO geltend gemacht, braucht die Kausalität der Gesetzesverletzung für den angefochtenen Beschwerdebeschluss nicht aufgezeigt zu werden; denn bei diesen besonders schweren Verfahrensverstößen wird das »Beruhen« unwiderlegbar vermutet und folgerichtig jede Rechtfertigung der Entscheidung aus anderen Gründen (§ 561 ZPO) ausgeschlossen.[59] Die ordnungsgemäße Darlegung einer Sach- oder Verfahrensrüge i.S.v. § 92 Abs. 2, § 72 Abs. 5 ArbGG i.V.m. § 551 Abs. 3 Satz 1 Nr. 2 ZPO genügt (vgl. § 73 Rdn. 10 ff.). Im Übrigen wird wegen der

---

54 Zutreffend: BAG, 15.04.2014 – 1 ABR 80/12 – Rn 11, NJW 2014, 2741 = EzA § 551 ZPO 2002 Nr. 11; demgegenüber übergeht der Siebte Senat § 94 Abs. 2 Satz 2 und nimmt ausschließlich auf § 92 Abs. 2, § 72 Abs. 5 ArbGG i.V.m. § 551 Abs. 3 Satz 1 Nr. 2 ZPO Bezug, vgl. BAG, 27.05.2015 – 7 ABR 20/13 – Rn 12, EzA § 256 ZPO 2002 Nr. 15.
55 BAG, 10.10.2006 – 1 ABR 59/05, AP Nr. 24 zu § 77 BetrVG 1972 Tarifvorbehalt; BAG, 19.11.2003 – 7 ABR 25/03, AP Nr. 55 zu § 19 BetrVG 1972.
56 BAG, 27.05.2015 – 7 ABR 20/13 – Rn 12, EzA § 256 ZPO 2002 Nr. 15.
57 BAG, 27.05.2015 – 7 ABR 20/13 – Rn 12, EzA § 256 ZPO 2002 Nr. 15.
58 BAG, 23.02.2016 – 1 ABR 82/13 – Rn 16, NZA 2016, 654.
59 BAG, 23.07.2014 – 7 ABR 23/12, Rn 22 – NZA 2014, 1288 unter Bezug auf die zum Urteilsverfahren ergangene Rspr.: BAG, 05.12.2011 – 5 AZN 1036/11, Rn 7 und BAG, 25.01.2012 – 4 AZR 185/10 – Rn 10, NZA-RR 2013, 41; BAG, 18.01.2012 – 7 ABR 72/10 – Rn 58, EzA § 1 BetrVG 2001 Nr. 9.

Anforderung an eine Verfahrens- und Sachrüge auf die Erläuterungen zu § 73 Rdn. 12 ff., 47 ff. verwiesen.

Hat das Landesarbeitsgericht über **mehrere Anträge** oder über **einen teilbaren Verfahrensgegen-** 24 **stand** entschieden, muss der Rechtsbeschwerdeführer in Bezug auf jeden Teil der Entscheidung darlegen, weshalb die vom LAG gegebene Begründung fehlerhaft sein soll. Andernfalls ist die Beschwerde für den nicht begründeten Teil unzulässig.[60] Bei einem einheitlichen Verfahrensgegenstand muss die Rechtsbeschwerde nicht zu allen für ihn nachteilig beurteilten Streitpunkten in der Begründung Stellung beziehen, wenn bereits ein einziger rechtsbeschwerderechtlicher Angriff geeignet ist, der Begründung des angefochtenen Beschlusses die Tragfähigkeit zu entziehen.[61] Das gilt insbesondere bei der Anfechtung des Spruchs einer Einigungsstelle, soweit es sich wie bei der Dienstplanerstellung um ein komplexes Regelwerk handelt. Wenn die Wirksamkeit einer Bestimmung angegriffen wird, steht nach § 139 BGB die Wirksamkeit der Gesamtregelung auf dem Spiel.[62] Hat das LAG seine Entscheidung hinsichtlich eines Streitgegenstands auf mehrere voneinander unabhängige, die Entscheidung jeweils selbstständig tragende Erwägungen gestützt, muss die Rechtsbeschwerdebegründung beide Erwägungen angreifen. Setzt sich die Rechtsbeschwerdebegründung nur mit einer der beiden Erwägungen auseinander, ist die Rechtsbeschwerde insgesamt unzulässig, da der Angriff gegen eine der beiden Erwägungen nicht ausreicht, um die Entscheidung insgesamt infrage zu stellen.[63]

Hat das LAG seinen Beschwerdebeschluss auf **mehrere voneinander unabhängige, selbstständig** 25 **tragende Erwägungen** gestützt, so muss die Rechtsbeschwerdebegründung sämtliche Erwägungen angreifen. Daraus folgt: Setzt sich die Begründung nur mit einer von zwei selbstständig tragende Erwägungen auseinander, so ist das Rechtsmittel insgesamt unzulässig. Denn die Rechtsmittelbegründung muss geeignet sein, die gesamte Entscheidung infrage zu stellen.[64] Dieser Grundsatz, dass alle eigenständigen Begründungen angegriffen werden müssen, gilt im Rechtsbeschwerdeverfahren nicht unbegrenzt; denn wird ein absoluter Revisionsgrund i.S.v. § 547 ZPO geltend gemacht, so greift dieser wegen des Ausschlusses des § 561 ZPO stets durch.

Haben die Vorinstanzen einen Antrag des BR als unzulässig zurückgewiesen, weil für die Einlei- 26 tung eines Beschlussverfahrens keine ordnungsgemäße Beschlussfassung vorlag, so kann der BR in der Rechtsbeschwerde noch obsiegen, wenn er nachweist, dass zwischenzeitlich die gebotene Beschlussfassung nachgeholt ist. Denn es handelt sich insoweit um den Nachweis der Legitimation i.S.v. § 56 ZPO, der im Wege des Freibeweises noch in dritter Instanz zu prüfen ist.[65] Eine derartige Genehmigung durch eine nachträgliche Beschlussfassung ist nicht mehr möglich, wenn das LAG den Antrag bereits zu Recht mangels Beschlusses über die Durchführung des Verfahrens oder die Beauftragung des Verfahrensbevollmächtigten als unzulässig abgewiesen hat. Durch eine nachträgliche Genehmigung darf nämlich einer zu Recht ergangenen Prozessentscheidung nicht die Grundlage entzogen werden.[66] Eine nachträgliche Genehmigung ist jedoch nicht ausgeschlossen, wenn die Prozessentscheidung rechtsfehlerhaft und deshalb aufzuheben ist.[67]

Wird eine Verletzung der **Amtsaufklärungspflicht** durch das Beschwerdegericht gerügt, muss in 27 der Rechtsbeschwerdebegründung dargelegt werden, welche weiteren Tatsachen in den Vorinstanzen hätten ermittelt und welche weiteren Beweismittel hätten herangezogen werden können und

---

60 BAG, 16.05.2007 – 7 ABR 45/06, BAGE 122, 293 = AP Nr. 90 zu § 40 BetrVG 1972.
61 BAG, 16.05.2007 – 7 ABR 45/06, BAGE 122, 293 = AP Nr. 90 zu § 40 BetrVG 1972.
62 BAG, 22.07.2003 – 1 ABR 28/02, BAGE 107, 78–90.
63 BAG, 16.05.2007 – 7 ABR 45/06, BAGE 122, 293 = AP Nr. 90 zu § 40 BetrVG 1972; BAG, 15.11.2006 – 7 ABR 6/06, zu II 1 b der Gründe, juris.
64 BAG 15.11.2006 – 7 ABR 6/06.
65 Vgl. Linsenmaier FS Wißmann, S. 378, 386.
66 BAG, 04.11.2015 – 7 ABR 61/13 – Rn 44, unter Bezug auf Gemeinsamer Senat der obersten Gerichtshöfe des Bundes, 17.04.1984 – GmS-OGB 2/83 – zu II 2 der Gründe, BGHZ 91, 111.
67 BAG, 04.11.2015 – 7 ABR 61/13, Rn 44.

inwiefern sich dem Beschwerdegericht eine weitere Aufklärung des Sachverhalts hätte aufdrängen müssen.[68]

3. Bezugnahme auf Zulassungsgründe

28 War die Nichtzulassungsbeschwerde im Beschlussverfahren erfolgreich, so wird das Beschwerdeverfahren als Rechtsbeschwerdeverfahren fortgesetzt. Mit der Zustellung der Zulassungsentscheidung beginnt die Rechtsbeschwerdefrist. Mancher Verfahrensbevollmächtigte sonnt sich im Erfolg der Zulassungsbeschwerde und vernachlässigt die hohen Anforderungen, die das BAG wegen der erforderlichen Auseinandersetzung mit den Gründen der angefochtenen LAG-Entscheidung an die Rechtsbeschwerdebegründung stellt. Obwohl nach § 92a Abs. 2 Satz 2, § 72a Abs. 6 Satz 2 die Einlegung der Nichtzulassungsbeschwerde auch als Einlegung der Rechtsbeschwerde gilt, soll nach der Rechtsprechung des Ersten Senats des BAG nicht von Amts wegen zu berücksichtigen sein, was bereits mit der Begründung der Nichtzulassungsbeschwerde vorgebracht wurde.[69] Denn dazu soll es gem. § 92a Abs. 2 Satz 2 i.V.m. § 551 Abs. 3 Satz 2 ZPO noch einer ausdrücklichen Bezugnahme auf die Begründung der Nichtzulassungsbeschwerde bedürfen. Das erscheint in diese Absolutheit zweifelhaft. Die Regelung in § 551 Abs. 3 Satz 2 ZPO dient dazu, die Erstellung der Revisions- und Rechtsbeschwerdebegründung, zu erleichtern. Unnötige Wiederholungen aus der Nichtzulassungsbegründungsschrift sollen entbehrlich sein. Nötig ist die Bezugnahme auf die Beschwerdebegründung im Nichtzulassungsverfahren, wenn der Rechtsmittelführer auf eine eigenständige Rechtsbeschwerdebegründung verzichtet, weil er meint, die Gründe, die er bereits zur Begründung der Nichtzulassungsbeschwerde vorgetragen hat, seien auch als Rechtsbeschwerdegründe geeignet. Hier dient die Notwendigkeit der Bezugnahme dazu, dass der Rechtsmittelführer bedenken muss, ob wirklich die Zulassungsgründe zugleich auch eine Verletzung des formellen oder materiellen Rechts darlegen. Das ist nur in seltenen Fällen, z.B. bei einer auf einer erfolgreich auf einer Verletzung des rechtlichen Gehörs oder auf einen absoluten Revisionsgrund gestützten Nichtzulassungsbeschwerde der Fall. Hat der Rechtsmittelführer dagegen eine eigenständige Rechtsbeschwerdebegründung eingereicht, so ist angesichts der Fiktion, dass das Beschwerdeverfahren als Rechtsbeschwerdeverfahren fortgesetzt wird, schwer verständlich, wenn z.B. die bereits im Nichtzulassungsbeschwerdeverfahren vorgebrachten Verfahrensmängel unbeachtet bleiben sollen, nur weil es unterlassen wurde, ausdrücklich auf sie Bezug zu nehmen. Bis zur Änderung der Rechtsprechung ist deshalb dringend zu empfehlen, bei der Erstellung der Rechtsbeschwerdebegründung stets ergänzend auf die Begründung der Nichtzulassungsbeschwerde Bezug zu nehmen.[70]

IV. Anschlussrechtsbeschwerde

29 Die Anschlussrechtsbeschwerde, mit der sich ein Beteiligter der Rechtsbeschwerde noch nach Ablauf der Rechtsbeschwerdefrist unselbstständig dem Rechtsmittel anschließen kann, ist nach §§ 92 Abs. 2 Satz 1, 72 Abs. 5 i.V.m. § 554 ZPO zulässig.[71] Die Anschlussrechtsbeschwerde ist beim BAG einzulegen. Sie ist fristgebunden. Die Anschließung ist innerhalb eines Monats nach Zustellung der Rechtsbeschwerdebegründung an die Beteiligten zulässig (§ 554 Abs. 2 Satz 2 ZPO). Sie setzt keine Zulassung voraus (§ 554 Abs. 2 Satz 1 ZPO). Es gelten dieselben Zulässigkeitsanforderungen wie bei der Anschlussrevision (vgl. § 74 Rdn. 115 ff.). Für ihre Einlegung und Begründung gilt der partielle Vertretungszwang aus § 11 Abs. 4 Satz 2. Will ein Beteiligter Anschlussrechtsbeschwerde einlegen, muss er dazu einen Rechtsanwalt oder eine Organisation i.S.v. § 11 Abs. 2 Nr. 4 oder Nr. 5 beauftragen (Einzelheiten zum Vertretungszwang vor dem BAG siehe § 92 Rdn. 26).

---

68 BAG, 16.05.2007 – 7 ABR 45/06, BAGE 122, 293 = AP Nr. 90 zu § 40 BetrVG 1972; BAG, 22.10.2003 – 7 ABR 18/03, AP BetrVG 1972 § 1 Gemeinsamer Betrieb Nr. 21 = EzA BetrVG 2001 § 1 Nr. 1, zu C II 3 c der Gründe.
69 BAG, 08.05.2008 – 1 ABR 56/06, AP Nr. 62 zu § 72a ArbGG 1979.
70 So auch: Kloppenburg jurisPR-ArbR 36/2008 Anm. 2.
71 BAG, 20.12.1988 – 1 ABR 63/87, NZA 1989, 393.

V. Anfall von Hilfsanträgen

Sind in den Vorinstanzen vom Antragsteller Hilfsanträge gestellt worden, können diese Hilfsanträge des BR auch ohne Anschlussrechtsmittel im Rechtsbeschwerdezug anfallen. Voraussetzung ist, dass das BAG in der Entscheidung über die Rechtsbeschwerde den Hauptantrag abweist und der Hilfsantrag in der Beschwerdeinstanz noch nicht beschieden worden ist.[72]

30

VI. Antragsrücknahme

Nach § 94 Abs. 3 kann die Rechtsbeschwerde ebenso wie nach § 89 Abs. 4 die Beschwerde jederzeit in der für ihre Einlegung vorgeschriebenen Form zurückgenommen werden (Einzelheiten dazu vgl. § 89 Rdn. 28 f.). Im Falle der Zurücknahme stellt der Vorsitzende das Verfahren ein.

31

VII. Verwerfung der unzulässigen Rechtsbeschwerde

Ist eine Rechtsbeschwerde wegen Nichteinhaltung von Fristen oder Formen unzulässig oder mangels Zulassung nicht statthaft, so ist nach **Abs. 2 Satz 3** i.V.m. § 74 Abs. 2 Satz 2 § 552 Abs. 2 ZPO anzuwenden.[73] Sie kann ohne Hinzuziehung der ehrenamtlichen Richter durch Beschluss verworfen werden.[74] Da nach § 95 eine mündliche Verhandlung im Rechtsbeschwerdeverfahren nicht zwingend ist, hat die »Kann«-Bestimmung in § 552 Abs. 2 ZPO keine konstitutive Bedeutung. Hat bereits eine mündliche Anhörung stattgefunden, so sollen die ehrenamtlichen Richter an dem Verwerfungsbeschluss mitwirken,[75] weil im Beschlussverfahren die ehrenamtlichen Richter nach § 53 an allen Entscheidungen mitwirken, die nach mündlicher Anhörung der Beteiligten ergehen.[76]

32

VIII. Personalvertretungsangelegenheiten

Ist im personalvertretungsrechtlichen Beschlussverfahren nach Ergehen der Entscheidung des Beschwerdegerichts ein erledigendes Ereignis eingetreten und erklärt der Antragsteller unter Hinweis darauf nach formgerechter Einlegung der Rechtsbeschwerde bis zum Ablauf der Rechtsbeschwerdebegründungsfrist die Hauptsache für erledigt, ohne das Rechtsmittel selbst noch zu begründen, so ist das Verfahren in entsprechender Anwendung des § 83a Abs. 2 Satz 1 auch dann einzustellen, wenn sich nicht alle Beteiligten der Erledigungserklärung anschließen, der Eintritt der Erledigung als solcher aber unbestritten ist.[77]

33

§ 9 Abs. 5 Satz 4 bestimmt zwar, dass bei unrichtiger Rechtsmittelbelehrung die Einlegung des Rechtsmittels noch innerhalb eines Jahres seit Zustellung der Entscheidung zulässig ist. Diese Vorschrift ist jedoch nach der Rechtsprechung des BAG bei Zustellung eines Urteils nach Ablauf von fünf Monaten seit der Verkündung nicht anwendbar, weil in diesen Fällen der Lauf der Rechtsmittelfrist schon mit Ablauf der fünf Monate seit Verkündung der Entscheidung begonnen hat.[78] Dem hat sich das BVerwG jetzt für das arbeitsgerichtliche Beschlussverfahren angeschlossen.[79]

34

IX. Terminierung in Anwendung von § 74 Abs. 2

§ 94 Abs. 2 Satz 3 bestimmt, dass § 74 Abs. 2 Satz 1 und 2 entsprechend anzuwenden sind. Danach müsste die Bestimmung des **Termins zur mündlichen Anhörung** der Beteiligten mit der Maßgabe unverzüglich erfolgen, dass die Verwerfung der unzulässigen Rechtsbeschwerde (vgl.

35

---

72 BAG, 22.11.2005 – 1 ABR 49/04, BAGE 116, 223 = AP Nr. 7 zu § 117 BetrVG 1972.
73 Vgl. § 74 Rdn. 87.
74 § 74 Abs. 2 Satz 3.
75 GMPMG/Matthes § 94 Rn 23; GK-ArbGG/Dörner § 94 Rn 27.
76 Vgl. GK-ArbGG/Dörner § 92 Rn 20.
77 BVerwG, 20.11.1998 – 6 P 8/98, PersR 1999, 128.
78 BAG, 16.12.2004 – 2 AZR 611/03, NJW 2005, 3515; BAG, 24.10.2006 – 9 AZR 709/05, NJW 2007; BAG, 16.01.2008 – 7 AZR 1090/06.
79 BVerwG, 05.10.2011 – 6 P 18/10, NZA-RR 2012, 165.

Rdn. 32) entsprechend § 552 Abs. 1 der ZPO vorbehalten bleibt. Hinsichtlich der Anwendbarkeit des schriftlichen Verfahrens, das eine mündliche Anhörung entbehrlich macht, bestehen keine Unterschiede. Im revisionsrechtlichen Urteilsverfahren ist das schriftliche Verfahren (§ 128 Abs. 2 ZPO) aufgrund der Verweisungskette § 72 Abs. 5 i.V.m. § 555 ZPO anwendbar. Es setzt jedoch die Zustimmung der Parteien und eine Entscheidung binnen dreier Monate nach Zustimmung voraus. Davon abweichend nehmen Rechtsprechung und h.M. im Schrifttum an, dass für die Entscheidung über die Rechtsbeschwerde der Vorrang der mündlichen Verhandlung aus § 128 ZPO nicht gelte und im Regelfall im schriftlichen Verfahren im Beschlussverfahren zu verhandeln sei. Abweichend von § 128 Abs. 2 ZPO sei eine Zustimmung der Beteiligten dafür nicht erforderlich (vgl. § 95 Rdn. 3). Matthes hält deshalb die Inbezugnahme des § 74 Abs. 2 in § 94 Abs. 2 Satz 3 für verfehlt.[80]

§ 95 Verfahren

[1]Die Rechtsbeschwerdeschrift und die Rechtsbeschwerdebegründung werden den Beteiligten zur Äußerung zugestellt. [2]Die Äußerung erfolgt durch Einreichung eines Schriftsatzes beim Bundesarbeitsgericht oder durch Erklärung zur Niederschrift der Geschäftsstelle des Landesarbeitsgerichts, das den angefochtenen Beschluss erlassen hat. [3]Geht von einem Beteiligten die Äußerung nicht rechtzeitig ein, so steht dies dem Fortgang des Verfahrens nicht entgegen. [4]§ 83a ist entsprechend anzuwenden.

Übersicht

	Rdn
I. Rechtsgrundlagen	1
II. Zustellung der Rechtsmittelschriften	2
III. Terminierung zur Anhörung oder Entscheidung	3
IV. Äußerung der Beteiligten	5
V. Erledigung	10
VI. Vergleich	15

I. Rechtsgrundlagen

1 § 95 enthält Sonderregelungen für das Rechtsbeschwerdeverfahren ergänzend zu den nach § 92 Abs. 2 anzuwendenden Bestimmungen über das Revisionsverfahren. Die Zustellungen müssen an alle Beteiligten unabhängig davon erfolgen, ob sie bereits in einem früheren Stadium des Verfahrens beteiligt worden sind oder nicht.[1] Das BAG hat deshalb die Beteiligten in jeder Lage zu ermitteln und anzuhören.

II. Zustellung der Rechtsmittelschriften

2 Die Rechtsbeschwerdeschrift und die Rechtsbeschwerdebegründung müssen an alle Beteiligten unabhängig davon zugestellt werden, ob diese bereits in einem früheren Stadium des Beschlussverfahrens beteiligt worden sind oder nicht.[2] Das BAG hat deshalb die Beteiligten in jeder Lage zu ermitteln und anzuhören.

Zu beachten ist in diesem Zusammenhang, dass die Rspr., nach der im Verfahren über die Anfechtung der Wahl der Arbeitnehmer-Vertreter zum AR stets auch der BR und eine im Betrieb vertretene Gewerkschaft zu beteiligen sind, selbst wenn sie die Wahl nicht angefochten haben,[3] aufgegeben worden ist.[4] Nach dieser weisen Beschränkung reduziert sich die Anzahl der Beteiligten im Rechtsbeschwerdeverfahren.

---

80 GMPMG/Matthes 7. Aufl. § 95 Rn 33.
1 BAG, 20.07.1982 – 1 R 19/81.
2 BAG, 20.07.1982 – 1 ABR 19/81, AP § 76 BetrVG Nr. 26.
3 BAG, 20.07.1982 – 1 ABR 19/81, AP § 76 BetrVG Nr. 26; BAG 3.10.1989 – 1 ABR 12/88 – AP § 76 BetrVG 1952 Nr. 28.
4 BAG, 27.01.1993 – 7 ABR 37/92, BAGE 72, 161.

III. Terminierung zur Anhörung oder Entscheidung

Ob es einer Terminierung zur **mündlichen Anhörung** bedarf, hängt von der Beantwortung der Rechtsfrage ab, ob aufgrund der Verweisung in § 94 Abs. 2 Satz 3, § 74 Abs. 2 Satz 1 das revisionsrechtliche Terminierungsgebot anzuwenden ist. Das setzt jedoch voraus, dass überhaupt eine mündliche Anhörung stattzufinden hat. Das verneint die h.M., nach der das Rechtsbeschwerdeverfahren grds. als **schriftliches Verfahren** angelegt sein soll.[5] Es besteht jedoch keine restlose Übereinstimmung. Ein Teil des Schrifttums weist zutreffend darauf hin, dass auch im Revisionsverfahren über § 555 ZPO ein schriftliches Verfahren nach § 128 Abs. 2 ZPO statthaft ist, jedoch nach § 128 Abs. 1 ZPO die mündliche Verhandlung die Regel sei. In den §§ 92 ff. sei keine Ausnahme von dieser Regel enthalten.[6] Matthes räumt ein, die Inbezugnahme des § 74 Abs. 2 Satz 1 spreche nicht für den Grundsatz des schriftlichen Verfahrens, aber diese Inbezugnahme in § 94 Abs. 2 Satz 3 sei eben verfehlt.[7] Die Rechtsprechung geht davon aus, im Beschlussverfahren sei abweichend vom Urteilsverfahren die mündliche Verhandlung nicht als Regel vorgesehen. Der mündlichen Anhörung bedürfe es nur dann, wenn sie das Rechtsbeschwerdegericht zur Aufklärung von Unklarheiten für tunlich halte.[8] Das BAG trifft die Wahl nach pflichtgemäßem Ermessen.[9] Im Schrifttum findet sich eine Begründung, die für die h.M. angeführt werden kann. § 83 geht auch für das erstinstanzliche Beschlussverfahren von dem Grundsatz der mündlichen Anhörung der Beteiligten aus. Es findet in § 83 Abs. 4 nur die Modifikation statt, dass sich Beteiligte auch schriftlich äußern dürfen. Für das zweitinstanzliche Verfahren bleibt die mündliche Anhörung unberührt, das stellt die Verweisung in § 87 Abs. 2 auf die Vorschriften über die Berufungsverhandlung vor der Kammer sicher. Für das drittinstanzliche Rechtsbeschwerdeverfahren fehlt jedoch die entsprechende Inbezugnahme in § 92 Abs. 2 Satz 1.[10] Daraus kann geschlossen werden, dass kein Vorrang für die mündliche Anhörung besteht. Dass überhaupt eine mündliche Anhörung in Betracht kommt, ergibt sich aus dem Verweis auf die Bestimmungen zum persönlichen Erscheinen der Beteiligten in § 92 Abs. 2 Satz 1.[11] Im Ergebnis ist Matthes beizupflichten, dass dieses stimmige Konzept durch den »Redaktionsfehler« in § 92 Abs. 2 Satz 3 verunklart wird. Es wäre i.S.d. Transparenz dem Gesetzgeber zu empfehlen, bei der nächsten Änderung des ArbGG für eine Klarstellung zu sorgen. Die bisherige Praxis hat sich bewährt und sollte beibehalten werden.

Hat der Senat **keine mündliche Anhörung** der Beteiligten angeordnet, so hat er nach § 92 Abs. 2 die für das Revisionsverfahren geltenden Bestimmungen für die Termine und Fristen anzuwenden. Aufgrund der Verweisung in § 555 ZPO sind auch die allgemeinen Verfahrensgrundsätze anwendbar. Dazu gehört die für das schriftliche Verfahren geltende Vorschrift des § 128 Abs. 2 Satz 2 ZPO. Danach hat das Gericht »alsbald den Zeitpunkt, bis zu dem Schriftsätze eingereicht werden können, und den Termin zur Verkündung der Entscheidung« zu bestimmen. Gemäß der Verweisungskette § 92 Abs. 2 i.V.m. § 555 ZPO ist es entsprechend § 216 Abs. 2 ZPO Aufgabe des Senatsvorsitzenden, diese Fristen und den Verkündungstermin unverzüglich zu bestimmen. Dabei muss er den Justizgewährungsanspruch der Beteiligten berücksichtigen und darf nicht die Entscheidung so terminieren, dass sie sich zum Termin infolge Zeitablaufs bereits erledigt haben wird.

---

5 ErfK/Koch § 95 Rn 1; HWK/Bepler § 95 ArbGG Rn 1; GMPMG/Matthes/Schlewing § 95 Rn 5.
6 Schwab/Weeth/Busemann ArbGG § 94 Rn 13.
7 GMPMG/Matthes 7. Aufl. § 95 Rn 33.
8 BAG, 24.08.1976 – 1 ABR 109/74, AP § 95 ArbGG 1953 Nr. 2.
9 GK-ArbGG/Ahrendt § 95 Rn 9.
10 So ErfK/Koch § 95 Rn 1.
11 So ErfK/Koch § 95 Rn 1.

▶ **Beispielsfall für zweifelhafte Terminierung:**

Einem Wahlanfechtungsverfahren lag die am 10. November erfolgte Wahl der Schwerbehindertenvertretung zu Grunde. Das Wahlergebnis wurde am 11. November 2010 bekannt gegeben. Die Amtszeit begann am 1. Dezember 2010 und endete und am 30. November 2014. Das ArbG Stuttgart erklärte am 17. Januar 2012 – 25 BV 398/10 – die Anfechtung für begründet.[12] Das LAG Baden-Württemberg wies am 30. Oktober 2012 die Beschwerde der Schwerbehindertenvertretung zurück und ließ die Rechtsbeschwerde zu.[13] Das BAG entschied am 18. März 2015 im schriftlichen Verfahren, unter Aufhebung der Beschwerdeentscheidung und in Abänderung der arbeitsgerichtlichen Entscheidung, dass der Wahlanfechtungsantrag »abgewiesen wird«; denn der Antrag sei unzulässig, weil das Rechtsschutzinteresse an der begehrten Entscheidung nach Ablauf der Amtszeit am 30. November 2014 weggefallen sei.[14]

Hier stellt sich die Frage, ob der Vorsitzende die zu Jahresbeginn 2013 eingegangene Sache nicht nach § 216 Abs. 2 ZPO so hätte terminieren müssen, dass innerhalb der bis zum Ende der Amtszeit noch verbleibenden 22 Monate eine Entscheidung hätte ergehen können. Ist wegen Überlastung eine angemessene Terminierung nicht möglich, ist eine Überlastungsanzeige zu erstatten, damit das Präsidium gemäß § 21e Abs. 3 GVG durch Entlastung für Abhilfe sorgen kann. Im Schrifttum hat die Behandlung des Verfahrens Kritik hervorgerufen.[15]

IV. Äußerung der Beteiligten

5 In § 95 wird abweichend von § 90 Abs. 2 nicht auf § 83 verwiesen. Folglich findet § 83 Abs. 4, nach dem i.d.R. eine mündliche Anhörung vor der Kammer stattfindet und nur mit Einverständnis der Beteiligten hierauf verzichtet werden kann, im Rechtsbeschwerdeverfahren keine Anwendung. Damit ist das Rechtsbeschwerdeverfahren **grundsätzlich als schriftliches Verfahren** ausgestaltet.[16] Danach ist gesetzlich die mündliche Anhörung nur die Ausnahme. Die **Entscheidung**, ob ein Termin zur Beratung im schriftlichen Verfahren oder ein Termin zur **mündlichen Anhörung** anberaumt wird, trifft der **Vorsitzende des Senats** im Rahmen seines Ermessens. Ihm obliegt die Prozessleitung. Der Senatsvorsitzende kann seine Entscheidung auch **ändern**. Er kann von einer angeordneten mündlichen Anhörung absehen oder diese erst nach Eingang der Äußerung der Beteiligten beschließen.[17] In der Praxis ist die mündliche Anhörung der Beteiligten inzwischen die Regel geworden.

6 Nach Satz 2 erfolgt die Äußerung der Beteiligten regelmäßig nur schriftlich. Das geschieht fast ausschließlich durch Schriftsätze. Es besteht jedoch auch die Möglichkeit, sich **zur Niederschrift des LAG** zu erklären, dessen Beschluss angefochten ist. In der Praxis wird äußerst selten von dieser Möglichkeit der Stellungnahme Gebrauch gemacht. Damit wird auch dem Umstand Rechnung getragen, dass im Rechtsbeschwerdeverfahren nur die Rechtsbeschwerdeschrift und -begründung von einer postulationsfähigen Person unterschrieben sein muss (s. § 92 Rdn. 26, 27). Für die Äußerungen per Schriftsatz oder Niederschriftserklärungen besteht **kein Anwalts- oder sonstiger Vertretungszwang** (s. § 92 Rdn. 21). Nach § 94 Abs. 1 müssen nur die Rechtsbeschwerdeschrift und -begründung von einem Rechtsanwalt oder von einer Person mit der Befähigung zum Richteramt unterzeichnet sein, die für eine von dem Rechtsmittelführer beauftragte Organisation i.S.v. § 11 Abs. 2 Nr. 4 oder 5 handelt. Der Rechtsbeschwerdeführer muss deshalb nicht im gesamten Rechtsbeschwerdeverfahren von diesen postulationsfähigen Bevollmächtigten vertreten sein. Er

---

12 Nicht veröffentliche Entscheidung.
13 LAG Baden-Württemberg, 30.10.2012 – 15 TaBV 1/12.
14 BAG, 18.03.2015 – 7 ABR 6/13, ArbR 2015, 329.
15 Dazu: Sachadae jurisPR-ArbR 20/2015 Anm. 6.
16 So BAG, 22.10.1985 – 1 ABR 42/84, EzA § 99 BetrVG 1972 Nr. 44 = AP BetrVG 1972 § 99 Nr. 23; Schwab/Weth/Busemann § 95 Rn 4; ErfK/Koch § 95 Rn 1; Hauck/Helml/Biebl/Hauck § 95 Rn 2; GMPMG/Matthes/Schlewing § 95 Rn 5; BeckOK-ArbR/Roloff § 95 Rn 2.
17 GK-ArbGG/Ahrendt § 95 Rn 11; GMPMG/Matthes/Schlewing § 95 Rn 8; Grunsky/Greiner § 96 Rn 6.

kann gem. § 92 Abs. 2 Satz 2, § 11 Abs. 1 bis 3 ohne Vertretung handeln oder sich durch die zwar vor dem Arbeitsgericht zugelassenen, aber vom BAG nicht postulationsfähigen Bevollmächtigten ohne Befähigung zum Richteramt vertreten lassen. Das hat seinen guten Sinn: Die Beteiligten sollen sich in einer vom Senat als erforderlich angesehenen mündlichen Anhörung selbst äußern können. Sie brauchen keine Zwischenschaltung von Bevollmächtigten für die Abgabe schriftlicher oder mündlicher Stellungnahmen.[18] Dadurch wird ein direktes Rechtsgespräch mit den Beteiligten ermöglicht. Das erleichtert die gütliche Verfahrenserledigung und verbilligt die Verfahrenskosten. Diese vom Gesetzgeber getroffene Bestimmung zeigt deutlich an, dass das Beschlussverfahren auch in der Rechtsbeschwerdeinstanz kein »gelehrtes« Verfahren für hochspezialisierte Juristen sein soll. Die nach dem Geschäftsverteilungsplan mit Beschlussverfahren befassten Senate müssten aus dieser gesetzlichen Grundsatzentscheidung Folgerungen für die Gestaltung des Verfahrens ableiten. Insbesondere dürfen sie ihre formellen Anforderungen gegenüber den Beteiligten nicht überziehen, sondern müssen sich auf nicht anwaltlich vertretene Betriebsräte und Arbeitgeber einstellen. Tatsächlich werden jedoch so hohe Maßstäbe an das Bestimmtheitsgebot und die Gobalanträge vermeidende Formulierung von Unterlassungsanträgen angelegt, dass selbst die in Wettbewerbs- und Lauterkeitsverfahren hochspezialisierte Anwaltschaft beim BGH diesen Anforderungen nicht immer genügen könnte.[19] Geboten wäre es, dass die Senate, sobald sie prozessuale Bedenken haben, diese den Beteiligten in einer einfachen Sprache mit dem Ziel der Ausräumung der Bedenken so erläutern, dass die Beteiligten spätestens in der Anhörung tatsächlich in der Lage sind, Abhilfe zu schaffen. Vor allem: Beanstandet ein Senat die mangelnde Bestimmtheit eines Unterlassungsantrags, so müsste er zumindest selbst in der Lage sein, einen Antrag zu formulieren, der dem Maß an Bestimmtheit genügt, dessen Einhaltung der Senat von nicht durch Spezialisten vertretenen Arbeitgebern und Betriebsräten erwartet.

Aus der Formulierung in Satz 3, nach der der nicht rechtzeitige Eingang einer Äußerung nicht den Fortgang des Verfahrens ausschließt, wird gefolgert, dass das BAG **Äußerungsfristen** setzen darf.[20] Auf die Rechtsfolgen nicht rechtzeitiger Äußerung hat das BAG hinzuweisen.[21] Die Äußerungsfrist beträgt nach Gerichtsbrauch mindestens einen Monat.[22] Ob damit die Rechtsfolge verknüpft ist, dass eine **verspätet**, aber noch vor einer Entscheidung beim Bundesarbeitsgericht eingehende Stellungnahme, nicht mehr berücksichtigt werden muss,[23] erscheint zweifelhaft. Das Gesetz sieht keine Ausschlussfrist vor. Deshalb werden die allgemeinen Grundsätze über verspätete Angriffs- und Verteidigungsmittel entsprechend anzuwenden sein. 7

Die beim BAG eingegangenen Äußerungen sind den anderen Beteiligten jeweils **formlos mitzuteilen**.[24] Einer förmlichen Zustellung bedarf es nach § 270 Satz 1 ZPO nicht: »Mit Ausnahme der Klageschrift und solcher Schriftsätze, die Sachanträge enthalten, sind Schriftsätze und sonstige Erklärungen der Parteien, sofern nicht das Gericht die Zustellung anordnet, ohne besondere Form mitzuteilen.« Dem steht § 95 Abs. 1 Satz 1 nicht entgegen; denn diese Bestimmung betrifft nur die Zustellung der Rechtsbeschwerdeschrift und der Rechtsbeschwerdebegründung. Es bedarf auch keiner förmlichen Zustellung, wenn in einer Äußerung der Antrag auf Zurückweisung der Rechtsbeschwerde gestellt wird. Insoweit handelt es sich nicht um einen Sachantrag.[25] 8

---

18 GK-ArbGG/Ahrendt § 95 Rn 6.
19 Zur Kritik der Anforderungen: Fischer Bestimmtheit von Unterlassungsanträgen in betriebsverfassungsrechtlichen Streitigkeiten, jurisPR-ArbR 17/2014 Anm. 3; Gravenhorst »Bestimmtheit« des Antrags gemäß § 253 Abs. 2 Nr. 2 ZPO, FA 2013, 361.
20 GK-ArbGG/Ahrendt § 95 Rn 93.
21 GK-ArbGG/Ahrendt § 95 Rn 3.
22 GK-ArbGG/Ahrendt § 95 Rn 4.
23 So GK-ArbGG/Ahrendt § 95 Rn 10; Grunsky/Greiner § 95 Rn 3.
24 GK-ArbGG/Ahrendt § 95 Rn 10; GMPMG/Matthes/Schlewing § 95 Rn 7; Schwab/Weth/Busemann § 95 Rn 4.
25 GK-ArbGG/Ahrendt § 95 Rn 12.

9 Auch wenn ein Termin zur mündlichen Anhörung bestimmt ist, können sich die Beteiligten **schriftlich äußern**. Durch die Anberaumung des Anhörungstermins entfällt nicht die Möglichkeit, vorbereitend Stellung zu nehmen.[26]

V. Erledigung

10 Das arbeitsgerichtliche Beschlussverfahren kann sich durch ein Ereignis erledigen. Abweichend von § 91a ZPO kann das erledigende Ereignis schon vor Rechtshängigkeit bereits nach Anhängigkeit eintreten; denn nach § 83a Abs. 2 ArbGG besteht für die Beteiligten die Möglichkeit, »das Verfahren« **übereinstimmend** für erledigt zu erklären.[27] Es fällt auf, dass der Zweite Senat von dem allgemeinen Sprachgebrauch »Erledigungserklärung« abweicht und stattdessen den Begriff **»Erledigterklärung«** verwendet. Zwar wird sowohl in § 91a Abs. 1 Satz 1 ZPO als auch in § 83a Abs. 1 ArbGG die Prozesshandlung mit »erledigt erklärt« bezeichnet, aber allgemein wird das in § 91a Abs. 1 Satz 2 ZPO im Rahmen einer gesetzlichen Sprachregelung vorgegebene Substantiv **»Erledigungserklärung«** verwendet.[28] Wird das Beschlussverfahren wegen Erledigung eingestellt, verlieren alle bis dahin ergangenen, noch nicht rechtskräftigen Entscheidungen ihre Wirkung.[29]

11 Trotz der Erledigungserklärung des Verfahrensbevollmächtigten des antragstellenden BR kann ein Beschlussverfahren nicht nach § 95 Satz 4, § 83a Abs. 2 Satz 1 eingestellt werden, wenn der **Arbeitgeber der Erledigungserklärung widerspricht**. § 83a Abs. 2 gilt nämlich nur für den Fall übereinstimmender Erklärungen aller Beteiligten.[30] Diese Voraussetzung soll nach der Rechtsprechung des Zweiten Senats nicht erfüllt sein, wenn der **Arbeitnehmer** im Verfahren nach § 103 Abs. 2 BetrVG den »Erledigterklärungen« von Arbeitgeber und Betriebsrat **widerspricht**.[31] Das Verfahren bei einseitiger »Erledigterklärung« des Antragstellers, der nicht sämtliche Beteiligten zustimmen, ist gesetzlich nicht ausdrücklich geregelt. Der Zweite Senat entscheidet deshalb wie nach allgemeinem Zivilprozessrecht[32] inhaltlich darüber, ob das Verfahren sich tatsächlich erledigt hat. Anders als bei übereinstimmenden Erledigterklärungen aller Beteiligten hat einer möglichen Einstellung des Verfahrens die materiell-rechtliche Prüfung und Entscheidung vorauszugehen, ob der mit der »Erledigterklärung« des Antragstellers zumindest konkludent verbundene geänderte Antrag – festzustellen, dass das Verfahren sich erledigt hat – begründet ist.[33] Diese Entscheidung wird im Erkenntnisverfahren getroffen. Sie hat unter Beteiligung der ehrenamtlichen Richter zu ergehen.[34]

12 Zwar kann ein arbeitsgerichtliches Beschlussverfahren aufgrund einer lediglich einseitigen Erledigungserklärung im Rechtsbeschwerdeverfahren eingestellt werden, wenn nach der Entscheidung des LAG tatsächliche Umstände eintreten, die den Antragsteller hindern, seinen Antrag mit Aussicht auf Erfolg weiterzuverfolgen.[35] Darauf, ob der Antrag von Anfang an zulässig und begründet war, kommt es nicht an.[36] Voraussetzung für eine Einstellung ist jedoch eine **wirksame Erledigungserklärung**. Diese setzt voraus, dass die **Rechtsbeschwerde zulässig** war.[37] Ist dies nicht der Fall, ist trotz der Erledigungserklärung die Rechtsbeschwerde als unzulässig zu verwerfen. Ist vor Einlegung

---

26 GK-ArbGG/Ahrendt § 95 Rn 10; GMPMG/Matthes/Schlewing § 95 Rn 7.
27 BAG, 23.01.2008 – 1 ABR 64/06, AP Nr. 10 zu § 83a ArbGG 1979 = NJW 2008, 1977.
28 BAG, 03.06.2015 – 2 AZB 116/14 – Rn 9, NZA 2015, 894 = EzA § 83a ArbGG 1979 Nr. 11.
29 BAG, 03.06.2015 – 2 AZB 116/14 – Rn 9, NZA 2015, 894 = EzA § 83a ArbGG 1979 Nr. 11.
30 BAG, 03.06.2015 – 2 AZB 116/14 – Rn 12, NZA 2015, 894 = EzA § 83a ArbGG 1979 Nr. 11.
31 BAG, 03.06.2015 – 2 AZB 116/14 – Rn 13, NZA 2015, 894 = EzA § 83a ArbGG 1979 Nr. 11.
32 Vgl. dazu zuletzt: BGH, 03.12.2014 – IV ZB 9/14 – Rn 66, NJW 2015, 623.
33 BAG, 03.06.2015 – 2 AZB 116/14 – Rn 17, NZA 2015, 894 = EzA § 83a ArbGG 1979 Nr. 11.
34 BAG, 03.06.2015 – 2 AZB 116/14 – Rn 17, NZA 2015, 894 = EzA § 83a ArbGG 1979 Nr. 11; BAG, 23.01.2008 – 1 ABR 64/06 – Rn 9, BAGE 125, 300.
35 BAG, 27.08.1996 – 3 ABR 21/95, AP Nr. 4 zu § 83a ArbGG 1979.
36 BAG, 27.08.1996 – 3 ABR 21/95, AP Nr. 4 zu § 83a ArbGG 1979; BAG, 26.04.1990 – 1 ABR 79/89, BAGE 65, 105 = AP § 83a ArbGG 1979 Nr. 3.
37 BAG, 27.08.1996 – 3 ABR 21/95, AP § 83a ArbGG 1979 Nr. 4.

der Rechtsbeschwerde das letzte Mitglied des von der Entscheidung der Vorinstanz betroffenen BR aus dem fortbestehenden Betrieb ausgeschieden, ohne dass ein neuer BR gewählt worden ist, ist eine gleichwohl eingelegte Rechtsbeschwerde unzulässig. Die ausgeschiedenen BR-Mitglieder haben kein Restmandat für die Einlegung der Rechtsbeschwerde und die Abgabe der Erledigungserklärung.[38] Darüber, ob in diesem Fall der angefochtene Beschluss rechtskräftig wird, hat der Dritte Senat »ebenso wenig entschieden wie über den Umfang einer etwa eingetretenen Rechtskraft«.[39] Das ist nach der Rechtsprechung des noch BAG offen. Bei Anwendung dieser älteren Rspr. ist zu beachten, dass seit Inkrafttreten des BetrVerfG-RG das Rest- und Übergangsmandat in §§ 21a und 21b BetrVG geregelt ist (vgl. § 94 Rdn. 7). Im Übrigen ist die Rechtsprechung zu den vermögensrechtlichen Ansprüchen des Betriebsrats zu beachten, die das Amtsende des Betriebsrats überdauern und deshalb auch noch nach Amtsende gerichtlich weiterverfolgt werden dürfen (vgl. § 94 Rdn. 8).

Erklären die Beteiligten übereinstimmend die Erledigung eines Antrags, so ist die Einstellung des Verfahrens geboten (§ 95 Satz 4 i.V.m. § 83a Abs. 2). Die Einstellung erfolgt durch Beschluss des Senats.[40] 13

Von Amts wegen einzustellen ist das Beschlussverfahren, wenn im Lauf des Rechtsbeschwerdeverfahrens das erledigende Ereignis Wegfall der Rechtshängigkeit eintritt. Das kann in den Verfahren der Mitbestimmung bei personellen Einzelmaßnahmen geschehen, wenn der Arbeitgeber nach § 99 Abs. 4 BetrVG den Antrag auf Ersetzung der fehlenden Zustimmung des Betriebsrats und wegen der dringenden Erforderlichkeit der Maßnahme auch einen **Antrag nach § 100 Abs. 2 Satz 3 BetrVG** gestellt hat. Der Streitgegenstand eines Feststellungsantrags nach § 100 Abs. 2 Satz 3 BetrVG ist die betriebsverfassungsrechtliche Befugnis des Arbeitgebers, eine personelle Maßnahme solange vorläufig durchzuführen, bis über die Berechtigung zu ihrer dauerhaften Durchführung gerichtlich entschieden ist. Dieser Streit ist **objektiv erledigt**, sobald eine **rechtskräftige Entscheidung** über die Befugnis **zur endgültigen Durchführung** vorliegt.[41] 14

VI. Vergleich

§ 95 Satz 4 stellt durch den Verweis auf § 83a klar, dass auch im Rechtsbeschwerdeverfahren eine Erledigung durch Vergleich in Betracht kommt. Die Beteiligten müssen jedoch dazu befugt sein, über den Verfahrensgegenstand zu verfügen (siehe § 83a Rdn. 2 bis 5). 15

§ 96 Entscheidung

(1) ¹Über die Rechtsbeschwerde entscheidet das Bundesarbeitsgericht durch Beschluss. ²Die §§ 562, 563 der Zivilprozessordnung gelten entsprechend.

(2) Der Beschluss nebst Gründen ist von sämtlichen Mitgliedern des Senats zu unterschreiben und den Beteiligten zuzustellen.

Übersicht	Rdn		Rdn
I. Überblick 1		V. Rechtskraftwirkung	19
II. Grundlagen der Überprüfung 5		VI. Personalvertretungsangelegenheiten	21
III. Entscheidung durch Beschluss 8		VII. Verfassungsbeschwerde	24
IV. Inhalt der Entscheidung 11			

---

38 BAG, 27.08.1996 – 3 ABR 21/95, AP § 83a ArbGG 1979 Nr. 4.
39 BAG, 27.08.1996 – 3 ABR 21/95, AP § 83a ArbGG 1979 Nr. 4.
40 So BAG, 10.03.2009 – 1 ABR 93/07 – Rn 51, BAGE 130, 1 = EzA § 99 BetrVG 2001 Nr. 12.
41 BAG, 10.03.2009 – 1 ABR 93/07 – Rn 49, NZA 2009, 662; BAG 16.01.2007 – 1 ABR 16/06 – Rn 53 m.w.N., AP BetrVG 1972 § 99 Einstellung Nr. 52 = EzA § 99 BetrVG 2001 Versetzung Nr. 3.

I. Überblick

1 § 96 regelt die Entscheidung über die Rechtsbeschwerde für den Fall, dass eine abschließende **Sachentscheidung** getroffen wird. Ist die Rechtsbeschwerde als unzulässig zu verwerfen, so kommen die §§ 94 Abs. 2 Satz 3, 74 Abs. 1 i.V.m. § 552 ZPO zur Anwendung.[1]

2 Nach **Abs. 1 Satz 2** kann das BAG den zweitinstanzlichen Beschluss aufheben und das Verfahren zurückverweisen oder eine eigene Endentscheidung in der Sache treffen; §§ 562, 563 ZPO gelten entsprechend.[2] Durch das Erste Arbeitsrechtliche Bereinigungsgesetz vom 14.08.1969 ist das ehemals in Satz 2 enthaltene Verbot der Zurückverweisung aufgehoben worden.

3 Der Gesetzgeber hat durch ein redaktionelles Versehen die Verweisung auf § 561 ZPO[3] unterlassen. Ergeben die Entscheidungsgründe zwar eine Gesetzesverletzung, stellt sich die Entscheidung selbst aber aus anderen Gründen als richtig dar, so ist die Rechtsbeschwerde eben so wie im Revisionsverfahren zurückzuweisen.[4] Weiter werden auch die §§ 557 bis 559 ZPO über den Umfang der Rechtsbeschwerdeprüfung, die vorläufige Vollstreckbarkeit, die tatsächlichen Grundlagen der Nachprüfung sowie über den Umfang der Begründung für anwendbar gehalten.

4 Über **Form** und **Inhalt** des Beschlusses über die Rechtsbeschwerde ist weder in § 92 Abs. 2 noch in § 96 eine Aussage getroffen. Die Lücke wird mit den allgemeinen Vorschriften der ZPO über gerichtliche Entscheidungen[5] gefüllt, denn das Beschlussverfahren hat seine Grundlage im Verfahren der ZPO.[6]

II. Grundlagen der Überprüfung

5 Das Rechtsbeschwerdeverfahren führt nur zu einer **rechtlichen Überprüfung**. Neues tatsächliches **Vorbringen** ist wie im Revisionsverfahren ausgeschlossen.[7] Dazu vgl. § 73 Rdn. 95.

6 Das BAG prüft **im Rahmen der gestellten Anträge** die angefochtene Entscheidung, §§ 92 Abs. 2 Satz 1, 72 Abs. 5 i.V.m. § 557 Abs. 1 ZPO. Durch den Antrag wird das Rechtsbegehren festgelegt. Das Rechtsbeschwerdegericht darf deshalb nur in dem Umfang über den Antrag entscheiden, wie ihn das LAG beschieden hat.[8] Das ergibt sich aus der Verweisung in § 92 Abs. 1 Satz 1 ArbGG i.V.m. § 555 Abs. 1 Satz 1, § 525 Satz 1 ZPO auf § 308 Abs. 1 Satz 1 ZPO. Etwas anderes gilt nur, soweit rechtzeitig gerügt worden ist, dass das LAG dem Begehren nur teilweise entsprochen hat.[9]

7 Bei seiner Rechtsfehlerprüfung ist das BAG nicht an die geltend gemachten **Rechtsbeschwerdegründe** gebunden, § 92 Abs. 1 Satz 1 ArbGG i.V.m. § 557 Abs. 3 Satz 1 ZPO. Unter der Voraussetzung einer zulässigen, insbesondere auch ordnungsgemäß begründeten Rechtsbeschwerde überprüft es die Entscheidung des LAG in jeder materiellrechtlicher Hinsicht. Dagegen ist die Prüfung auf Verfahrensmängel nach § 557 Abs. 3 Satz 2 ZPO auf die ordnungsgemäß erhobenen Verfahrensrügen sowie auf die von Amts wegen zu beachtenden Verfahrensgebote beschränkt (vgl. § 94 Rdn. 23). Die Beteiligten haben nicht die Befugnis, das Rechtsbeschwerdegericht auf die **Prüfung bestimmter Rechtsfragen** zu beschränken.[10] Soweit das BAG erkannt hat, dass es »Sache

---

1 S. § 94 Rdn. 28.
2 S. § 75 Rdn. 12 bis 22.
3 S. § 75 Rdn. 8.
4 GMPMG/Matthes/Schlewing § 96 Rn 2; GK-ArbGG/Ahrendt § 96 Rn 2; Grunsky § 96 Rn 1.
5 §§ 300 bis 329 ZPO.
6 GK-ArbGG/Dörner § 80 Rn 31; GMPMG/Matthes/Spinner § 80 Rn 42.
7 Vgl. § 73 Rdn. 77 bis 97.
8 ErfK/Koch § 96 ArbGG Rn 1; GMPMG/Matthes/Schlewing § 96 Rn 3.
9 BAG, 14.01.1986 – 1 ABR 82/83 – Rn. 32, EzA § 95 BetrVG 1972 Nr. 11 = AP BetrVG 1972 § 87 Lohngestaltung Nr. 21.
10 So zutreffend: GK-ArbGG/Ahrendt § 96 Rn 4; GMPMG/Matthes/Schlewing § 96 ArbGG Rn 4; Hauck/Heml/Biebl/Hauck § 96 Rn 2.

des Antragstellers ist und dieser auch befugt ist, durch seine Anträge zu bestimmen, welche Fragen er von den Gerichten geklärt haben will«,[11] kann dem nicht zugestimmt werden.[12] Diese in der älteren Rechtsprechung des BAG zugelassene Beschränkung widerspricht dem mit § 557 ZPO in Bezug genommenen prozessualen Grundsätzen.

III. Entscheidung durch Beschluss

Unabhängig davon, ob ein schriftliches Verfahren oder eine mündliche Anhörung stattgefunden hat, entscheidet der Senat unter Hinzuziehung der ehrenamtlichen Richter durch **Beschluss**.[13] Hinsichtlich Form und Inhalt des Beschlusses sind auch ohne Verweisung die Vorschriften über das Revisionsverfahren entsprechend anzuwenden.[14]

8

Der Beschluss ist **schriftlich** abzufassen. Seine vollständige mit Gründen versehene Fassung muss nach § 96 Abs. 2 von sämtlichen Mitgliedern des Senats unterschrieben den Beteiligten zugestellt werden. Daraus folgt zu Recht die verwaltungsrechtliche Rechtsprechung, dass erst der förmlich zugestellte Beschluss in Rechtskraft erwächst (vgl. Rdn. 19, 23).

9

Nach mündlicher Anhörung der Beteiligten ist der Beschluss zu verkünden.[15] Ansonsten genügt in entsprechender Anwendung des § 329 Abs. 1 ZPO Zustellung an alle Beteiligten. Nach einem Teil des Schrifttums und der Rechtsprechung des BVerwG soll unter Verzicht auf die Verkündung stets die Zustellung genügen.[16]

10

IV. Inhalt der Entscheidung

Die Rechtsbeschwerde ist auch dann als unbegründet zurückzuweisen, wenn sich die Entscheidung aus anderen Gründen als richtig darstellt.[17] Ist die Rechtsbeschwerde begründet, so ist die Entscheidung des Landesarbeitsgerichts aufzuheben.[18]

11

Bei Verfahrensverstößen ist außerdem das Verfahren des Landesarbeitsgerichts insoweit aufzuheben, als es durch den Mangel betroffen ist.[19] Auf einem Mangel **beruht** die Entscheidung insb., wenn von Amts wegen zu berücksichtigende Mängel vorhanden sind, z.B. dass der Beschluss des Landesarbeitsgerichts über die Beschwerde keinen Tatbestand enthält.[20] Wurden in den Vorinstanzen notwendige Beteiligte nicht beteiligt, so beruht die Entscheidung nur dann auf Verfahrensfehler, wenn der nicht Beteiligte die tatsächlichen Feststellungen rügt und die Möglichkeit besteht, dass die Beteiligung zur Feststellung eines entscheidungserheblichen anderen Sachverhalts geführt hätte.[21] Die Rüge kann deshalb auch von einem in den Vorinstanzen nicht Beteiligten erhoben werden.[22]

12

Erachtet das Rechtsbeschwerdegericht eine Verfahrensrüge nicht für durchgreifend, muss es nach § 92 Abs. 2 Satz 1 i.V.m. § 564 Satz 1 ZPO seine Entscheidung insoweit nicht begründen. Etwas anderes gilt nach § 564 Satz 2 ZPO nur, sofern ein absoluter Revisionsgrund nach § 547 ZPO geltend gemacht wird. Das BAG macht von dieser Möglichkeit nur selten Gebrauch. In der Regel

13

---

11 BAG, 26.06.1973 – 1 ABR 24/72 – Gründe II 3, EzA § 2 BetrVG 1972 Nr. 5 = AP BetrVG 1972 § 2 Nr. 2.
12 So zutreffend GK-ArbGG/Ahrendt § 96 Rdn 4; GMPMG/Matthes/Schlewing § 96 ArbGG Rdn. 4.
13 So zutreffend GK-ArbGG/Ahrendt § 96 Rn 10.
14 Vgl. dazu § 75 Rdn. 55 bis 69.
15 Zwingend: ErfK/Koch § 96 ArbGG Rn 2; Hauck/Heml/Biebl/Hauck § 96 Rn 3; Schwab/Weth/Busemann § 96 Rn 34; fakultativ: GK-ArbGG/Ahrendt § 96 Rn 10; GMPMG/Matthes/Schlewing § 96 Rn 22.
16 Grunsky § 96 Rn 6; ebenso: BVerwG, 16.09.1977 – VII P 10.75, PersV 1979, 63.
17 § 561 ZPO.
18 § 562 Abs. 1 ZPO.
19 § 562 Abs. 2 ZPO.
20 BAG, 31.01.1985 – 6 ABR 25/82.
21 BAG, 13.07.1977 – 1 R 19/75.
22 BAG, 20.02.1986 – 6 R 25/85.

wird der Rechtsbeschwerdeführer auch hinsichtlich seiner nicht durchgreifenden Verfahrensrügen beschieden.[23]

14 Das BAG hat im Fall der Aufhebung des Verfahrens zur anderweitigen Verhandlung und Entscheidung zwingend zurückzuverweisen. Wird nur die angefochtene Sachentscheidung des Landesarbeitsgerichts aufgehoben, muss zurückverwiesen werden, sofern nicht die Sache zur eigenen Endentscheidung reif ist.[24] Bei einer erneuten Entscheidung über den »Rückläufer« ist das Beschwerdegericht an die rechtliche Beurteilung *(sog. Vorgaben)* durch das BAG gebunden.[25]

15 Nach § 565 Abs. 3 ZPO hat das Rechtsbeschwerdegericht selbst zu entscheiden, wenn das Verfahren zur Endentscheidung reif ist. Den Beteiligten ist vorher Gelegenheit zu geben, ihre Ausführungen zu ergänzen.[26] Dazu bedarf es spätestens seit der Einführung der Verpflichtung zur materiellen Prozessleitung durch das Inkrafttreten des ZPO-RG vom 27.07.2001[27] gemäß § 92 Abs. 2 ArbGG i.V.m. § 565 Satz 1, § 525 ZPO eines Rechtsgesprächs. In diesem Rechtsgespräch müssen nach § 139 Abs. 2 Hinweise erteilt werden, auf welche Gesichtspunkte das Gericht seine Entscheidung stützt. Nach § 139 Abs. 4 ZPO müssen die Hinweise so früh wie möglich erteilt und aktenkundig gemacht werden (dazu vgl. § 75 Rdn. 2, 3). Ferner hat das Gericht nach § 139 Abs. 3 ZPO auf Bedenken aufmerksam zu machen und nach § 139 Abs. 1 Satz 2 ZPO auf sachdienliche Anträge hinzuwirken. Diesen Geboten der materiellen Verfahrensleitung wird nicht im Rechtsbeschwerdeverfahren nicht in ausreichendem Umfang Rechnung getragen, obwohl dazu wegen der grundsätzlichen Ausrichtung des Verfahrens auf Beteiligte, die sich als Rechtslaien ohne anwaltliche Vertretung äußern dürfen (vgl. dazu § 95 Rdn. 6), ein besonderer Bedarf besteht.

16 Gemessen am Gebot der materiellen Verfahrensleitung darf das BAG nicht ohne Weiteres in der Rechtsbeschwerdeinstanz erstmals einen **Antrag als unzulässig zurückweisen**. Selbst in dem von besonders zugelassenen und deshalb von hoch spezialisierten Anwälten geführten Revisionsverfahren vor dem BGH gilt ein Überraschungsschutz. Wenn dort erstmalig in der dritten Instanz Bedenken gegen die Bestimmtheit der Antragsfassung auftreten, wird »ungeachtet der durchgreifenden Bedenken, die gegen die Zulässigkeit des Antrags bestehen« die Sache an die Vorinstanz zurückverwiesen, damit der Antragsteller Gelegenheit erhält, die Stellung seines Unterlassungsantrags »gegebenenfalls unter Gebrauchmachen von der Möglichkeit des § 139 ZPO« zu überprüfen.[28] Demgegenüber entscheidet der Erste Senat des BAG ohne Zurückverweisung durch, obwohl er erst in der dritten Instanz entdeckt, dass der von den Vorinstanzen als zulässig angesehene Antrag nicht hinreichend bestimmt i.S.v. § 253 Abs. 2 Nr. 2 ZPO sein soll.[29]

17 Ein weiteres bisher nicht zufriedenstellend gelöstes Problem tritt auf, wenn das Rechtsbeschwerdegericht erstmalig einen Antrag als **zu weitgehenden globalen Unterlassungsantrag** ansieht. Dann soll der nicht mehr eine **Konkretisierung** erfahren dürfen, indem ein die geltend gemachten Mitbestimmungstatbestände einschränkender **Feststellungsantrag** gestellt wird.[30] Das Feststellungsbegehren wird dann nicht etwa als ein Minus angesehen, das bereits im Unterlassungsantrag enthalten ist.[31] Daraus folgt dann, dass die antragstellenden Betriebsräte und Schwerbehindertenvertretungen die an sich gebotenen Einschränkungen in der Rechtsbeschwerdeinstanz nicht mehr zum Antragsinhalt machen dürfen, weil das eine unstatthafte Antragsänderung sei. Dem kann nicht zugestimmt wer-

---

23 So der Bericht der Bundesrichterin Ahrendt in GK-ArbGG § 96 Rn 7.
24 § 563 Abs. 1 und 3 ZPO.
25 § 563 Abs. 2 ZPO.
26 BAG, 09.12.1975 – 1 R 37/74.
27 BGBl. I S. 1887.
28 BGH 11.10.1990 – I ZR 35/89 – NJW 1991, 1114.
29 BAG, 09.07.2013 – 1 ABR 17/12 – Rn 13 ff., NZA 2013, 1166; kritisch: Gravenhorst FA 2013, 361.
30 BAG, 17.09.2013 – 1 ABR 37/12 – Rn 19, NZA 2014, 219; BAG, 13.12.2011 – 1 ABR 2/10 – Rn 16, BAGE 140, 113; BAG, 17.11.2010 – 7 ABR 123/09 – Rn 15, EzA § 99 BetrVG 2001 Eingruppierung Nr. 7; kritisch: Fischer jurisPR-ArbR 17/2014 Anm. 3.
31 BAG, 11.12.2001 – 1 ABR 3/01, AP § 87 BetrVG 1972 Arbeitszeit Nr. 93.

den. Jedenfalls dann, wenn der Mangel erstmals vom Rechtsbeschwerdegericht erkannt wird, muss nach § 96 Abs. 1 Satz 2 i.V.m. § 563 Abs. 1 Satz 1 ZPO an das Beschwerdegericht zurückverwiesen werden.

Einer Zurückverweisung bedarf es auch dann nicht, wenn die Beteiligten ihr tatsächliches Vorbringen zu den neuen rechtlichen Gesichtspunkten ergänzen konnten und dieses unstreitige Vorbringen vom Rechtsbeschwerdegericht berücksichtigt werden kann. So ist in der Rechtsbeschwerdeinstanz insb. das Vorbringen neuer Tatsachen zum Rechtsschutzinteresse zulässig.[32] Weiter können offenkundige neue Tatsachen berücksichtigt werden.[33] Wegen des im Beschlussverfahrens geltenden Amtsermittlungsprinzips sind jedoch zugestandene Tatsachen dann nicht zu berücksichtigen, wenn Zweifel an deren Richtigkeit bestehen.[34] 18

V. Rechtskraftwirkung

Beschlüsse im arbeitsgerichtlichen Beschlussverfahren sind nach st. Rspr. des BAG[35] der formellen und materiellen Rechtskraft fähig. Die Rechtskraft eines über die Rechtsbeschwerde gefällten Beschlusses des BAG tritt nicht bereits mit der telefonischen Mitteilung und auch nicht mit der **Telefaxübersendung des Tenors** des Beschlusses am selben Tag ein. Nach § 96 Abs. 2 ArbGG ist der Beschluss des Rechtsbeschwerdegerichts nebst Gründen von sämtlichen Mitgliedern des Senats zu unterschreiben und den Beteiligten zuzustellen. Der Beschluss wird mithin erst mit der förmlichen Zustellung des ausgefertigten, vollständig abgesetzten und von allen Richtern unterschriebenen Beschlusses bei den Beteiligten rechtskräftig.[36] Eine formlose Übersendung ersetzt nicht die Zustellung; denn § 329 Abs. 2 Satz 1 ZPO, der die formlose Mitteilung nicht verkündeter Beschlüsse für wirksam erklärt, wird durch die speziellere Bestimmung des § 96 Abs. 2 ArbGG verdrängt.[37] 19

Bei Entscheidungen des BAG mit **Dauerwirkung** kommt die **Beendigung der Rechtskraft** dann in Betracht, wenn sich die maßgeblichen tatsächlichen oder rechtlichen Verhältnisse wesentlich ändern. Für Eigenschaften, wie z.B. Tariffähigkeit und Tarifzuständigkeit, die nach § 2a Abs. 4 im Beschlussverfahren festgestellt werden, gilt demzufolge, dass die Rechtskraft dann einer erneuten Entscheidung nicht mehr im Wege steht, wenn sich der entscheidungserhebliche Sachverhalt oder die Rechtslage wesentlich geändert haben. Es müssen sich gerade diejenigen Tatsachen oder Rechtsgrundlagen geändert haben, die für die in der früheren Entscheidung ausgesprochene Rechtsfolge als maßgeblich angesehen worden sind.[38] 20

VI. Personalvertretungsangelegenheiten

In personalvertretungsrechtlichen Angelegenheiten muss der Beschluss über die Rechtsbeschwerde auch dann, wenn er nach einer mündlichen Anhörung ergeht, **nicht verkündet** werden. Er kann ohne vorherige Verkündung den Beteiligten zugestellt werden.[39] 21

Eine in der Rechtsbeschwerdeinstanz erfolgreiche **Wahlanfechtung** beendet die **Amtszeit des Personalrats** noch nicht mit Bekanntgabe der Entscheidung. Da die Entscheidung erst mit der förmlichen Zustellung des ausgefertigten, vollständig abgesetzten und von allen Richtern unterschriebenen Beschlusses des BVerwG bei den Beteiligten rechtskräftig wird, besteht der Personalrat, dessen 22

---

32 BAG, 23.01.1986 – 6 R 47/82.
33 BAG, 08.10.1985 – 1 R 40/83.
34 GMPMG/Matthes/Schlewing § 96 Rn 13; Grunsky § 93 Rn 3.
35 BAG, 06.06.2000 – 1 ABR 21/99, AP § 97 ArbGG 1979 Nr. 9 = EzA § 322 ZPO Nr. 12; BAG, 20.03.1996 – 7 ABR 41/95 – BAGE 82, 291, zu B II 1 der Gründe m.w.N.
36 OVG Berlin-Brandenburg, 30.10. 2015 – OVG 62 PV 6.15 – Rn 16, ZfPR online 2016, Nr. 3, 18.
37 BVerwG, 16.09.1977 – VII P 10.75 – Rn 42, ZBR 1978, 207.
38 BAG, 20.3.1996 – 7 ABR 41/95, AP § 19 BetrVG 1972 Nr. 32 zu B II 4 der Gründe.
39 BVerwG, 16.09.1977 – VII P 10.75, PersV 1979, 63.

Wahl angefochten wurde, in Kenntnis der Wahlanfechtungsentscheidung weiter bis zur förmlichen Zustellung des Beschlusses.[40]

23 In Rechtsbeschwerdeverfahren in Personalvertretungssachen entspricht es grds. der Billigkeit, als **Gegenstandswert** den Auffangwert festzusetzen. Mögliche Folgewirkungen der erstrebten Entscheidung lässt das BVerwG bei der Wertfestsetzung außer Betracht.[41] Die gegen diese Entscheidung erhobene Verfassungsbeschwerde nahm das BVerfG nicht zur Entscheidung an.[42] Die Obergerichte bemessen den Gegenstandswert in entsprechender Anwendung von § 23 Abs. 1 Satz 1 RVG nach den für die Gerichtsgebühren geltenden Wertvorschriften. Sie setzen ggf. den höheren Auffangwert von 5.000 EUR fest.[43]

VII. Verfassungsbeschwerde

24 Wird vom BAG in einer Rechtsbeschwerdeentscheidung nach § 96 Abs. 1 Satz 2 ArbGG i.V.m. § 563 ZPO die Sache an das LAG zurückverwiesen, lehnt das BVerfG die **Annahme der Verfassungsbeschwerde** i.S.v. § 93a Abs. 2 BVerfGG mangels Aussicht auf Erfolg ab, da sie nach § 90 Abs. 2 Satz 1 BVerfGG mangels **Rechtswegerschöpfung** unzulässig ist. Eine Ausnahme kommt allenfalls dann in Betracht, wenn der Betroffene im weiteren fachgerichtlichen Verfahren mit seinem Begehren keinen Erfolg mehr haben kann.[44]

25 Das BVerfG hat im Rahmen einer gegen den Rechtsbeschwerdebeschluss des BAG eingelegten Verfassungsbeschwerde die Frage der **Rechtskraft von Beschlüssen zur Gewerkschaftseigenschaft** im Beschlussverfahren geprüft. Es hat die Verfassungsbeschwerde in Ermangelung grundsätzlicher verfassungsrechtlicher Bedeutung nicht zur Entscheidung angenommen. In diesem Zusammenhang hat es erkannt: »Da der Gesetzgeber Fragen der Rechtskraft in dem verfahrensgegenständlichen Bereich nicht geregelt hat, sondern im Ergebnis der Rspr. und Lehre zur Lösung überlassen hat, ist die Bestimmung der Grenzen der Rechtskraft in erster Linie ein einfachrechtliches Problem, zu dessen Klärung gerade auch die obersten Gerichte des Bundes aufgerufen sind. Eine von ihnen gefundene Lösung ist verfassungsrechtlich nicht zu beanstanden, wenn die aus dem Prinzip der Rechtssicherheit sich ergebenden Grenzen – die ihrerseits mit dem auch aus dem Rechtsstaatsprinzip folgenden Gebot materieller Gerechtigkeit in Einklang zu bringen sind – ausreichend Beachtung gefunden haben.«[45]

§ 96a Sprungrechtsbeschwerde

(1) ¹Gegen den das Verfahren beendenden Beschluss eines Arbeitsgerichts kann unter Übergehung der Beschwerdeinstanz unmittelbar Rechtsbeschwerde eingelegt werden (Sprungrechtsbeschwerde), wenn die übrigen Beteiligten schriftlich zustimmen und wenn sie vom Arbeitsgericht wegen grundsätzlicher Bedeutung der Rechtssache auf Antrag in dem verfahrensbeendenden Beschluss oder nachträglich durch gesonderten Beschluss zugelassen wird. ²Der Antrag ist innerhalb einer Notfrist von einem Monat nach Zustellung des in vollständiger Form abgefassten Beschlusses schriftlich zu stellen. ³Die Zustimmung der übrigen Beteiligten ist, wenn die Sprungrechtsbeschwerde in dem verfahrensbeendenden Beschluss zugelassen ist, der Rechtsbeschwerdeschrift, andernfalls dem Antrag beizufügen.

(2) § 76 Abs. 2 Satz 2, 3, Abs. 3 bis 6 ist entsprechend anzuwenden.

---

40 OVG Berlin-Brandenburg, 30.10. 2015 – OVG 62 PV 6.15 – Rn 16, ZfPR online 2016, Nr. 3, 18.
41 BVerwG, 29.09.2005 – 6 P 9/05, PersR 2006, 344.
42 BVerfG, 04.01.2006 – 1 BvR 2528/05.
43 Bayerischer VGH, 29.12.2006 – 17 P 06.2136.
44 BVerfG, 16.11.2009 – 1 BvR 2545/09; BVerfG, 14.09.2009 – 1 BvR 1993/09, NZS 2010, 322.
45 BVerfG, 23.02.2001 – 1 BvR 4/01, AP Nr. 32 zu Art. 20 GG.

Übersicht

		Rdn
I.	Überblick	1
II.	Zulassungsverfahren	5
	1. Allgemein	5
	2. Zulassungsantrag	7
	3. Zustimmungserklärung	16
	4. Materielle Zulassungsvoraussetzungen	18
III.	Zulassungsentscheidung	19
	1. Nach Antrag im laufenden Beschlussverfahren	19
	2. Aufgrund eines nachträglichen Antrags	20
	3. Mangelnde Anfechtbarkeit	21
IV.	Durchführung des Sprungrechtsbeschwerdeverfahrens	22
V.	Anschlussrechtsbeschwerde nach Sprungrechtsbeschwerde	23
VI.	Sonderrecht der Rechtsbeschwerde in der InsO	24

I. Überblick

Durch die Beschleunigungsnovelle vom 21.05.1979 ist als ein der Sprungrevision entsprechendes Rechtsmittel die Sprungrechtsbeschwerde in das arbeitsgerichtliche **Beschlussverfahren** eingeführt worden. Seither ist es auch in dieser Verfahrensart möglich, unter bestimmten Bedingungen eine **Tatsacheninstanz zu überspringen**. Abweichend von der in § 76 geregelten Sprungrevision bestehen keine Einschränkungen auf privilegierte Beteiligte oder privilegierte Streitgegenstände. Die Sprungrechtsbeschwerde kommt daher in allen Angelegenheiten in Betracht, über die nach § 2a im Beschlussverfahren zu entscheiden ist. Zum Beispiel: 1

1. Durchführungsbeschlussverfahren nach § 77 Abs. 1 BetrVG,[1]
2. Feststellung des Umfangs der im Betrieb zulässigen Höchstarbeitszeit,[2]
3. Wirksamkeit einer Dienstplanregelung durch Spruch einer Einigungsstelle,[3]
4. Wirksamkeit der Errichtung eines beteiligte Konzernbetriebsrats,[4]
5. Anfechtung Betriebsratswahl wegen Wahlberechtigung von Beamten,[5]
6. Durchführung des betrieblichen Eingliederungsmanagements,[6]
7. Unterrichtung und Anhörung der Schwerbehindertenvertretung bei Abschluss eines Aufhebungsvertrags,[7]
8. Wirksamkeit des Beschlusses einer Einigungsstelle,[8]

In den in §§ 2a Abs. 1 Nr. 4, 97 und in §§ 2a Abs. 1 Nr. 5, 98 geregelten tariflichen Angelegenheiten ist erstinstanzlich das LAG zuständig. Daher ist in diesen Angelegenheiten allein die Rechtsbeschwerde nach den §§ 92, 92a statthaft. Im Falle der Besetzung der Einigungsstelle nach § 100 ist die Sprungrechtsbeschwerde ebenso wie die Rechtsbeschwerde durch Abs. 2 Satz 4 der Vorschrift ausgeschlossen. 2

Die Sprungrechtsbeschwerde ist wie die Sprungrevision nur auf Antrag *(vgl. Abs. 1 Satz 1 und 2)* und nach ausdrücklicher Zulassung durch das ArbG *(vgl. Abs. 1 Satz 1)* statthaft. Sie entspricht auch i.Ü. im Verfahren und in den Wirkungen weitgehend der Sprungrevision. Dazu siehe die Erläuterungen zu § 76. 3

Es bestehen zwei Besonderheiten:
1. Antragsbefugt sind alle Beteiligten i.S.v. § 83 Abs. 3 und deren Zustimmung ist zur Einlegung der Sprungrechtsbeschwerde erforderlich.

---

1 BAG, 12.06.1996 – 4 ABR 1/95 – AP ArbGG 1979 § 96a Nr. 2 = EzA § 96a ArbGG 1979 Nr. 1.
2 BAG, 18.02.2003 – 1 ABR 2/02 – BAGE 105, 32, 37 = EzA § 7 ArbZG Nr. 4.
3 BAG, 24.01.2006 – 1 ABR 6/05 – EzA § 87 BetrVG 2001 Arbeitszeit Nr. 8 = AP ArbZG § 3 Nr. 8.
4 BAG, 16.05.2007 – 7 ABR 63/06 – AP ArbGG 1979 § 96a Nr. 35 = FA 2007, 356.
5 BAG, 16.01.2008 – 7 ABR 66/06 – EzA § 7 BetrVG 2001 Nr. 1: Wahlanfechtung.
6 BAG, 07.02.2012 – 1 ABR 46/10 – EzA § 84 SGB IX Nr. 9: Auskunftsanspruch des Betriebsrats.
7 BAG 14.03.2012 – 7 ABR 67/10 – EzA § 95 SGB 9 Nr. 4: Unterlassungsanspruch.
8 BAG, 17.09.2013 – 1 ABR 21/12 – EzA § 4 BetrVG 2001 Nr. 3: Mitbestimmungsrecht des Betriebsrats.

2. Eine Begrenzung auf Streitigkeiten besonderer Art, die für eine Zulassung der Sprungrechtsbeschwerde infrage kommen, findet – anders als nach § 76 ArbGG bei der Sprungrevision – nicht statt.[9]

4 **Kein** Fall der **Sprungrechtsbeschwerde**, sondern ein gesetzlicher Sonderfall der Rechtsbeschwerde ist der in **§ 122 Abs. 3, § 126 Abs. 2 InsO** geregelte Rechtsbehelf. Einzelheiten siehe Rdn. 24.

II. Zulassungsverfahren

1. Allgemein

5 Ebenso wie bei der Zulassung der Sprungrevision sieht das Gesetz auch hier **zwei Wege** vor, auf denen es zu **der** für eine Sprungrechtsbeschwerde unumgänglichen **Zulassung** dieses Rechtsmittels kommen kann: die Zulassung in der instanzabschließenden Entscheidung, dem Beschluss i.S.v. § 84, und die nachträgliche Zulassung durch gesonderten Beschluss nach Abs. 1 Satz 1, 2. Alt. Voraussetzung ist stets ein Antrag (Rdn. 7) und, soweit eine nachträgliche Zulassung der Sprungrechtsbeschwerde angestrebt wird, die Zustimmung zur Einlegung der Sprungrechtsbeschwerde durch die übrigen Beteiligten (Rdn. 20 f.). Das ArbG hat **keinen Ermessensspielraum**, ob es die Sprungrechtsbeschwerde zulässt. Es kann also insb. nicht mit allgemeinen Opportunitätserwägungen, was diesen Rechtsbehelf angeht, den Zulassungsantrag zurückweisen. Liegen nach der rechtlichen Beurteilung durch das ArbG die Voraussetzungen der Zulassung vor, muss es einem entsprechenden Antrag folgen.[10]

6 Eine **Zulassung** im Beschluss nach § 84 ist nach richtiger Auffassung ebenso in die **Beschlussformel aufzunehmen** wie die Zurückweisung des Zulassungsantrages.[11] Eine Zulassung der Sprungrechtsbeschwerde **allein in den Gründen** des Beschlusses nach § 84 ist **wirkungslos**.[12]

2. Zulassungsantrag

7 Für die Zulassung der Sprungrechtsbeschwerde ist ein **Antrag** erforderlich. Er kann grds. von jedem Beteiligten gestellt werden. Der **materielle Beteiligtenbegriff** ist maßgebend. Es kommt für die Antragstellung nicht darauf an, ob das ArbG einen nach § 83 Abs. 3 materiell zu Beteiligenden tatsächlich beteiligt hat. Auch wenn dies fehlerhaft unterblieben ist, kann ein unmittelbar in seiner materiellen Rechtsstellung Betroffener nachträglich innerhalb der hierfür nach Abs. 1 Satz 2 geltenden Notfrist von einem **Monat** nach Zustellung des vollständig abgefassten Beschlusses die Zulassung der Sprungrechtsbeschwerde beantragen. Nach § 224 ZPO ist diese Notfrist unabänderlich. Sie kann somit nicht verlängert werden.

8 Der Antrag kann bereits vor Erlass des verfahrensbeendenden Beschlusses gestellt werden. Regt ein Beteiligter an, die Sprungrechtsbeschwerde zuzulassen, kann diese Anregung, so keine abweichende Erklärung abgegeben wird, als Antrag verstanden werden.[13] Der Antrag kann schriftlich, zur Niederschrift der Geschäftsstelle oder zu Protokoll des Gerichts gestellt werden.[14] Er bedarf keiner Begründung. Für die Stellung des Antrags besteht kein Vertretungszwang nach § 11 Abs. 4.[15]

---

9 BAG, 24.01.2006 – 1 ABR 6/05, Rn 11, EzA § 87 BetrVG 2001 Arbeitszeit Nr. 8.
10 GMPMG/Matthes/Schlewing § 96a Rn 5 ff.; Grunsky § 96a Rn 2.
11 Vgl. § 76 Rdn. 6.
12 GMPMG/Matthes/Schlewing § 96a Rn 10, § 76 Rn 7; wegen des Vorgehens bei der Übergehung eines Zulassungsantrags: § 76 Rdn. 6.
13 Vgl. BAG, 12.06.1996 – 4 ABR 1/95 – zu B I 1b der Gründe. AP ArbGG 1979 § 96a Nr. 2 = EzA § 96a ArbGG 1979 Nr. 1.
14 GK-ArbGG/Mikosch § 96a Rn 7; GMPMG/Matthes/Schlewing § 96a Rn 5; BCF/Friedrich § 96a Rn 3.
15 GK-ArbGG/Mikosch § 96a Rn 7; GMPMG/Matthes/Schlewing § 96a Rn 5; HWK/Bepler § 96a ArbGG Rn 5.

Umstritten war, ob der Beteiligte, der den Zulassungsantrag stellt, durch den Beschluss nach § 84 auch formell **beschwert** sein muss.[16] Alle materiell Beteiligten sind befugt, auch noch nach Erlass des verfahrensbeendenden Beschlusses den Antrag auf Zulassung der Sprungrechtsbeschwerde zu stellen. Der Antragsteller muss nicht durch den Beschluss des ArbG formell beschwert sein; denn der Antrag zielt auf eine Zulassung mit Wirkung für alle Beteiligte ab. Das ist inzwischen zu Recht herrschende Meinung.[17] Durch das Zustimmungserfordernis aller Beteiligten wird nämlich gewährleistet, dass keine überflüssige Zulassung erfolgt.[18] Erst recht kann das Erfordernis der formellen Beschwer nicht für Zulassungsanträge bestehen, die noch vor Verfahrensbeendigung im laufenden Verfahren gestellt werden, um eine Zulassung im Beschluss nach § 84 zu erreichen. Da zu diesem Zeitpunkt eine formelle Beschwer noch nicht feststeht, sondern allenfalls der Ausgang des Verfahrens vermutet werden kann, muss dieses Erfordernis entfallen, sonst müsste die Antragstellung zu diesem Zeitpunkt unstatthaft sein. 9

Der Zulassungsantrag eines materiell nicht Beteiligten ist unzulässig.[19] Das hat insbesondere Bedeutung für den nachträglich, weil nach Verkündung des die Instanz beendenden Beschlusses, gestellten Zulassungsantrag. Erkennt jetzt erst das ArbG, dass der formell Beteiligte nicht materiell in seinen Rechten unmittelbar betroffen ist, hat es den Antrag als unzulässig zurückzuweisen. 10

Der Antrag kann nach der Verkündung der die Instanz beendenden Entscheidung gestellt werden, sog. **nachträglicher Antrag**. Er muss dann nach Abs. 1 Satz 2 innerhalb eines Monats nach Zustellung des vollständig abgefassten Beschlusses beim ArbG eingegangen sein. Geht der Antrag verspätet ein, ist er unzulässig. Zu beachten ist die Fristverkürzung, die bei später Absetzung oder Zustellung der Entscheidungsgründe durch das ArbG eintritt. Nach der Verweisung in § 87 Abs. 1 und 2 auf § 66 Abs. 1 Satz 2, 2. Alt. gilt wie für Urteile auch für die das Verfahren der Arbeitsgerichte beendenden Beschlüsse, dass die Rechtskraft eintritt, wenn nicht das Rechtsmittel (hier: die Beschwerde) spätestens binnen eines Monats nach Ablauf von fünf Monaten seit Verkündung der Entscheidung eingelegt worden ist. Ist bereits auf diese Weise die Rechtskraft eingetreten, kann durch einen Antrag auf Zulassung der Sprungrechtsbeschwerde die Rechtskraftwirkung nicht mehr beseitigt werden.[20] Der in Verkennung der verkürzten Monatsfrist zu spät gestellte Antrag ist unstatthaft. 11

Wegen der Versäumung der einmonatigen Notfrist aus Abs. 1 Satz 2 und auch der nach § 87 Abs. 1 und 2 auf § 66 Abs. 1 Satz 2, 2. Alt. auf weniger als einen Monat verkürzten Notfrist kann zwar beim ArbG nach §§ 233 ff. ZPO um Wiedereinsetzung in den vorigen Stand nachgesucht werden. Ein Antrag auf Wiedereinsetzung ist aber erfolglos, wenn der Antragsteller nicht glaubhaft machen kann, dass er trotz Einhaltung aller erforderlichen Vorkehrungen schuldlos die verkürzte Frist versäumt hat. 12

Auch die rechtzeitige nachträgliche Antragstellung bedarf der Wahrung der Schriftform. Dieser wird auch durch Erklärung zur Niederschrift der Geschäftsstelle genügt. Ein Vertretungszwang besteht hier ebenso wenig wie bei der Antragstellung im laufenden Beschlussverfahren.[21] Nach Abs. 1 Satz 3 muss zwingend die Zustimmung der übrigen Beteiligten zur Einlegung des Rechtsmittels bereits dem Antrag beigefügt sein. Der Antrag kann insoweit bis zum Fristablauf (vgl. Rdn. 11) ergänzt werden. 13

Eine Begründung des nachträglich gestellten Antrags ist nicht erforderlich, vielfach jedoch zweckmäßig. Das gilt insbesondere, wenn das ArbG die entscheidungserhebliche Rechtsfrage von grundsätzlicher Bedeutung in den zugestellten Entscheidungsgründen verdeckt oder übersehen hat.[22] Dann kann der Antragsteller in seiner Begründung das objektive Vorliegen einer entscheidungs- 14

---

16 So noch Düwell/Lipke/Bepler ArbGG 2. Aufl. § 96a Rn 7.
17 GK-ArbGG/Mikosch § 96a Rn 7; GMPMG/Matthes/Schlewing § 96a Rn 5.
18 So zutreffend: GMPMG/Matthes/Schlewing § 96a Rn 8.
19 GMPMG/Matthes/Schlewing § 96a Rn 5.
20 So zutreffend: GK-ArbGG/Mikosch § 96a Rn 9.
21 BAG, 14.02.1995 – 1 ABR 41/94 – zu B I der Gründe, AP BetrVG 1972 § 87 Lohngestaltung Nr. 72 = EzA § 87 BetrVG 1972 Betriebliche Lohngestaltung Nr. 49.
22 GK-ArbGG/Mikosch § 96a Rn 18.

erheblichen Rechtsfrage von grundsätzlicher Bedeutung aufzeigen. Bei seiner Zulassungsentscheidung ist dann das ArbG gehalten, die tatsächliche Entscheidungserheblichkeit der dargestellten Rechtsfrage von grundsätzlicher Bedeutung zu prüfen. Wird der Antrag nach der Verkündung der Entscheidung, aber vor Zustellung des vollständigen Beschlusses gestellt, ist er nicht unzulässig, sondern kann ebenfalls bis zum Fristablauf ergänzt werden. Zum Verhältnis von im Verfahren und nachträglich gestelltem Antrag siehe Rdn. 20.

15 Der Zulässigkeit des nachträglichen Antrags steht nicht entgegen, dass bereits eine Beschwerde eingelegt worden ist oder noch vor Ablauf der Notfrist eingelegt wird. Der Beteiligte muss sich nicht auf den (Um-)Weg des § 96a Abs. 2 i.V.m. § 76 Abs. 3 Satz 1 (vgl. § 76 Rdn. 4, 30) einlassen (zum Verhältnis von Sprungrechtsbeschwerde und Beschwerde s. Rdn. 23).

3. Zustimmungserklärung

16 Auch bei der Sprungrechtsbeschwerde bedarf es einer **Erklärung**, wonach der **Einlegung** dieses Rechtsmittels, nicht lediglich deren Zulassung, **zugestimmt** wird.[23] Ist die Sprungrechtsbeschwerde bereits durch den instanzabschließenden Beschluss zugelassen worden, muss diese Erklärung erst der Rechtsbeschwerdeschrift an das BAG beigefügt werden. Wird eine nachträgliche Zulassung der Sprungrechtsbeschwerde durch gesonderten Beschluss angestrebt, muss die Zustimmungserklärung, für die kein Vertretungszwang besteht, der Antragsschrift an das ArbG im Original beigefügt sein. Eine vom Beschwerdeführer selbst **beglaubigte Kopie** reicht nicht aus.[24] Ist die Zustimmungserklärung zu Protokoll erklärt worden, genügt allerdings die Beifügung des amtlich beglaubigten Protokolls. Eine Zustimmung per **Telefax** ist möglich; der Beschwerdeführer muss hier den **Originalfaxausdruck** bei Gericht vorlegen;[25] er kann das Zustimmungsfax aber auch per Telefax dem Gericht übermitteln.[26] Falls der Gesetzgeber – wie geplant – auch eine Zustimmungserklärung **in elektronischer Form** zulassen sollte, dürfte die Vorlage eines beglaubigten Ausdrucks der elektronisch übermittelten Zustimmung ausreichen, es sei denn, man eröffnet diese Möglichkeit überhaupt nur im Zusammenhang mit einer elektronisch übermittelten Antrags-/Rechtsbeschwerdeschrift; dann wäre wohl eine Übermittlung des Originaldokuments in einem elektronischen Anhang zu einem solchen Schriftsatz geboten.

17 Voraussetzung für die Zulässigkeit der Sprungrechtsbeschwerde ist die **Zustimmung** zu deren Einlegung durch alle wegen eines **materiellen Rechts** am Verfahren vom ArbG formell **beteiligten Personen** und Stellen. Nicht erforderlich ist die Zustimmung der materiell Beteiligten, die das ArbG nicht beteiligt hat, die jedoch gegen den Beschluss des ArbG Beschwerde einlegen können.[27]

▶ Beispiel:

Ausweislich der Sitzungsniederschrift haben alle Beteiligten das ArbG um die Zulassung der Sprungrechtsbeschwerde gebeten. Dem hat das ArbG entsprochen. Den Rechtsbeschwerden der Arbeitgeberinnen war die Zustimmungserklärung der erstinstanzlich am Verfahren beteiligten Betriebsräte sowie des Konzernbetriebsrats beigefügt. Das genügt den gesetzlichen Anforderungen. Die Sprungrechtsbeschwerden sind auch nicht deshalb unzulässig, weil das BAG in der Rechtsbeschwerdeinstanz erstmals weitere Betriebsräte beteiligt hat, die der Einlegung der Sprungrechtsbeschwerde nicht zugestimmt haben. Nach § 96a Abs. 1 ist nur die Zustimmung der Beteiligten erforderlich, die das ArbG hinzugezogen hat.[28]

---

23 BAG, 04.12.2002 – 10 AZR 83/02; BAG, 16.04.2003 – 7 ABR 27/02, NZA 2003, 1106; vgl. § 76 Rdn. 12 bis 15.
24 BAG, 24.03.2001 – 4 AZR 367/00.
25 BAG, 30.05.2001 – 4 AZR 269/00; BSG, 12.11.1996 – 9 RVs 4/96.
26 BAG, 27.05.2004 – 6 AZR 6/03.
27 GMPMG/Matthes/Schlewing § 96a Rn 8; GK-ArbGG/Mikosch § 96a Rn 13; Hauck/Helml/Biebl § 96a Rn 3; Schwab/Weth/Busemann § 96a Rn 10; ErfK/Koch § 96a ArbGG Rn 1; Grunsky/Greiner § 96a Rn 4; a.A. noch Grunsky in der Vorauflage § 96a Rn 1.
28 BAG, 16.05.2007 – 7 ABR 63/06 – zu B I der Gründe, AP ArbGG 1979 § 96a Nr. 35 = FA 2007, 356.

Das BAG kann deshalb eine Sprungrechtsbeschwerde nicht mit der Begründung als unstatthaft verwerfen, es habe ein materiell zu Beteiligender, der bislang am Verfahren nicht beteiligt worden war, der Einlegung der Sprungrechtsbeschwerde nicht zugestimmt (vgl. Rdn. 7).

4. Materielle Zulassungsvoraussetzungen

Anders als im Recht der Sprungrevision setzt die Zulassung der Sprungrechtsbeschwerde nicht voraus, dass das Beschlussverfahren einen bestimmten privilegierten Streitgegenstand hat. Bei der Sprungrechtsbeschwerde hat der Gesetzgeber keine Einschränkungen hinsichtlich der möglichen Verfahrensgegenstände vorgenommen. Die Zulassung der Sprungrechtsbeschwerde ist daher in allen Angelegenheiten möglich, über die im Beschlussverfahren (§ 2a) entschieden wird.[29]

18

Zusätzlich zu den formellen Anforderungen wird als materielles Erfordernis allein vorausgesetzt, dass die Rechtssache grds. Bedeutung hat. Der Begriff der grds. Bedeutung entspricht dem, wie er in den §§ 72, 76 und 92 verwendet wird (ausführlich dazu siehe § 72 Rdn. 18). Hat nur einer von mehreren Verfahrensgegenständen grds. Bedeutung, kann das ArbG die Sprungrechtsbeschwerde nur für diesen Verfahrensgegenstand zulassen. Eine Beschränkung der Zulassung ist nur wirksam, wenn und soweit sie im Entscheidungsausspruch selbst zum Ausdruck gekommen ist. Spätere Einschränkungen in den Beschlussgründen sind wirkungslos.[30]

Da die Zulassung der Sprungrechtsbeschwerde im Beschluss des ArbG bereits nach § 84 ein Wahlrecht eröffnet, ob Beschwerde oder Sprungrechtsbeschwerde einlegt werden soll, muss eine zweifache Rechtsmittelbelehrung über Beschwerde (§ 87) und Sprungrechtsbeschwerde (§ 96a) erfolgen.

Die Entscheidung des ArbG, die Sprungrechtsbeschwerde zuzulassen oder nicht zuzulassen, ist nicht anfechtbar, vgl. Abs. 2, § 76 Abs. 2 Satz 3.[31]

III. Zulassungsentscheidung

1. Nach Antrag im laufenden Beschlussverfahren

Der im laufenden Beschlussverfahren gestellte Zulassungsantrag ist vom ArbG stets von der Kammer zu bescheiden und in den Entscheidungsausspruch des Hauptsachebeschlusses aufzunehmen. Die Zulassung in den Gründen reicht in entsprechender Anwendung von § 64 Abs. 3a nicht aus.[32] Wird der gestellte Antrag übergangen, so ist entsprechend § 64 Abs. 3a Satz 2 die Ergänzung zu beantragen.[33] Wird die Sprungrechtsbeschwerde zugelassen, so bedarf es zweier Rechtsmittelbelehrungen; denn der Beschwerte hat die Wahl, ob er Beschwerde oder Rechtsbeschwerde einlegen will.[34]

19

2. Aufgrund eines nachträglichen Antrags

Wird nachträglich ein Zulassungsantrag gestellt, so kann der Vorsitzende im schriftlichen Verfahren allein entscheiden.[35] Die Anordnung eines mündlichen Anhörungstermins vor der Kammer

20

---

29 BAG, 24.01.2006 – 1 ABR 6/05 – Rn 11, EzA § 87 BetrVG 2001 Arbeitszeit Nr. 8 = AP ArbZG § 3 Nr. 8.
30 BAG, 19.03.2003 – 5 AZN 751/02, AP § 72 ArbGG 1979 Nr. 47; jurisPR-ArbR 26/2003 Anm. 2 Gravenhorst; BAG, 05.11.2003 – 4 AZR 643/02, BAGE 108, 239.
31 HWK/Bepler § 96a ArbGG Rn 16.
32 HWK/Bepler § 96a ArbGG Rn 11; GMPMG/Matthes/Schlewing § 96a Rn 10; a.A. GK-ArbGG/Mikosch § 96a Rn 22.
33 HWK/Bepler § 96a ArbGG Rn 11; GMPMG/Matthes/Schlewing § 96a Rn 10; GK-ArbGG/Mikosch § 96a Rn 22.
34 HWK/Bepler § 96a ArbGG Rn 14; GMPMG/Matthes/Schlewing § 96a Rn 10; GK-ArbGG/Mikosch § 96a Rn 22.
35 BAG, 09.06.1982 – 4 AZR 247/80 – AP BAT §§ 22, 23 Lehrer Nr. 8; HWK/Bepler § 96a ArbGG Rn 11; GMPMG/Matthes/Schlewing § 96a Rn 10; GK-ArbGG/Mikosch § 96a Rn 22.

liegt im Ermessen des Vorsitzenden. Sie ist zwar zulässig, aber unüblich. Findet die mündliche Anhörung statt, sind die ehrenamtlichen Richter hinzuzuziehen. Maßgebend für die vom Vorsitzenden oder von der Kammer anzustellenden Beurteilungen, ob eine entscheidungserhebliche Rechtsfrage von grundsätzlicher Bedeutung vorliegt, ist der Zeitpunkt der Beschlussfassung über den nachträglichen Antrag.[36] Ist der Antrag beim Arbeitsgericht zwar nach der Verkündung der Entscheidung, aber noch vor Zustellung des in vollständiger Form abgefassten verfahrensbeendenden Beschlusses eingegangen, so muss der Vorsitzende das bei der Terminierung der Sache berücksichtigen. Er muss sicherstellen, dass die Zulassungsentscheidung keinesfalls vor der Zustellung des in vollständiger Form abgefassten verfahrensbeendenden Beschlusses gefällt wird.[37] Wird die Sprungrechtsbeschwerde nachträglich zugelassen, so genügt die Rechtsmittelbelehrung über die zugelassene Rechtsbeschwerde.[38] Die positive Zulassungsentscheidung bedarf keiner Begründung. Wird die Sprungrechtsbeschwerde nur beschränkt oder überhaupt nicht zugelassen, so ist die Entscheidung zu begründen.[39]

3. Mangelnde Anfechtbarkeit

21 Die Ablehnung der Zulassung der Sprungrechtsbeschwerde ist nach Abs. 2 i.V.m. § 76 Abs. 2 Satz 3 unanfechtbar. Die Zulassung der Sprungrechtsbeschwerde ist gleichfalls nicht anfechtbar. Ist die Zulassung in dem verfahrensbeendenden Beschluss des ArbG ausgesprochen, so besteht kein Bedürfnis nach einem Rechtsmittel; denn jeder Beteiligte hat es in der Hand, die zur Durchführung der Sprungrechtsbeschwerde notwendige Zustimmung zu verweigern. Ist die Zulassung aufgrund eines nachträglichen Antrags erfolgt, ist das Rechtsmittel der sofortigen Beschwerde nach § 567 ZPO nicht statthaft. Es fehlt an der Voraussetzung, dass ein das Verfahren betreffendes Gesuch zurückgewiesen ist.[40]

IV. Durchführung des Sprungrechtsbeschwerdeverfahrens

22 Das BAG ist an die Zulassung der Sprungrechtsbeschwerde gebunden (vgl. Abs. 2 i.V.m. § 76 Abs. 2 Satz 2). Überholt ist die Rspr. des 3., 6. und 8. Senats des BAG,[41] nach welcher der Beschluss, mit dem das Sprungrechtsmittel zugelassen wird, nur insoweit für das Revisionsgericht bindend sei, dass sich die Bindung nur auf die Feststellung des ArbG erstrecke, die Sache habe grds. Bedeutung. Das BAG hat diese im Lichte der Einfügung des § 96a nicht mehr haltbare Rspr. noch nicht förmlich aufgegeben.[42]

Mit der zulässigen Einlegung der Sprungrechtbeschwerde ist das Rechtsbeschwerdeverfahren eröffnet und wird nach den Bestimmungen der §§ 92 bis 96 durchgeführt.

V. Anschlussrechtsbeschwerde nach Sprungrechtsbeschwerde

23 Im Sprungrechtsbeschwerdeverfahren kann sowohl eine unselbständige als auch eine Anschlussrechtsbeschwerde eingelegt werden, ohne dass der Rechtsbeschwerdeführer dem zustimmen müsste.[43] Dazu hat das BAG seine frühere, entgegenstehende Rechtsprechung, nach der die unselb-

---

36 GK-ArbGG/Mikosch § 96a Rn 18.
37 GK-ArbGG/Mikosch § 96a Rn 21.
38 GK-ArbGG/Mikosch § 96a Rn 21.
39 GMPMG/Matthes/Schlewing § 96a Rn 12.
40 GMPMG/Matthes/Schlewing § 96a Rn 13 unter Verweis auf § 76 Rn 18.
41 BAG, 16.11.1982 – 3 AZR 177/82, BAGE 40, 355, 356 f.; BAG, 12.02.1985 – 3 AZR 335/82, AP § 76 ArbGG 1979 Nr. 4; BAG, 12.01.1989 – 8 AZR 251/88, BAGE 60, 362, 363; BAG, 15.10.1992 – 6 AZR 349/91, AP § 17 BAT Nr. 19.
42 Vgl. BAG, 12.06.1996 – 4 ABR 1/95, AP § 96a ArbGG 1979 Nr. 2.
43 BAG, 12.06.1996 – 4 ABR 1/95, AP § 96a ArbGG 1979 Nr. 2.

ständige Anschlussrevision unstatthaft sei,[44] aufgegeben.[45] Danach ist § 92 Abs. 2 Satz 1, der für die Einlegung und Begründung der Rechtsbeschwerde auf die für das Revisionsverfahren maßgebenden Vorschriften verweist, so auszulegen, dass auch die Vorschrift über die Anschlussrevision (§ 556 ZPO) im arbeitsgerichtlichen Beschlussverfahren Anwendung findet. Der Zulässigkeit einer **selbstständigen Anschlusssprungrechtsbeschwerde** steht häufig entgegen, dass die Frist für die Einlegung einer selbstständigen Sprungrechtsbeschwerde von einem Monat nach Zustellung des Beschlusses des ArbG versäumt wird (Abs. 1, § 92 Abs. 2, § 74 Abs. 1). Nur innerhalb dieser Frist kann der Beschwerte selbst Sprungrechtsbeschwerde oder Anschlusssprungrechtsbeschwerde einlegen. Der Sprungrechtsbeschwerdegegner hat ein Wahlrecht, ob er sich der Sprungrechtsbeschwerde selbstständig oder **unselbstständig** anschließen will. Er kann sich also bei Versäumung der Frist für die selbstständige Anschlussrechtsbeschwerde unselbstständig anschließen.[46] Für den Anschluss bedarf er dann weder der Zustimmung der übrigen Beteiligten noch einer gesonderten Rechtsbeschwerdezulassung. Nach der alten Fassung des § 522 Abs. 2 ZPO, die inzwischen durch das ZPO-RG geändert worden ist, wurde dann, wenn eine Anschlussbeschwerde innerhalb der Frist eingelegt wurde, diese als selbstständige Anschlussbeschwerde angesehen. Gleiches galt für die Sprungrechtsbeschwerde.[47] Seit der Gesetzesänderung verliert folglich auch die sog. selbstständige Anschlusssprungrechtsbeschwerde ihre Wirkung, wenn die Hauptbeschwerde zurückgenommen wird.[48]

Abweichend vom Rechtsbeschwerdeverfahren gilt hier im Grundsatz der Ausschluss von Verfahrensrügen (Abs. 2 i.V.m. § 76 Abs. 4). Diese Einschränkung darf sich jedoch nicht zulasten von materiell Beteiligten auswirken, die bislang am Verfahren nicht formell beteiligt worden waren. Ein erstmals in der Rechtsbeschwerdeinstanz Beteiligter kann so den Verfahrensmangel seiner Nichtbeteiligung rügen. Das führt zur Aufhebung des Beschlusses nach § 96, § 563 ZPO.

VI. Sonderrecht der Rechtsbeschwerde in der InsO

Ein gesetzlicher Sonderfall der Rechtsbeschwerde im Beschlussverfahren ist in §§ 122 Abs. 3, 126 Abs. 2 InsO geregelt. Nach diesen Bestimmungen entfällt die Beschwerdeinstanz, wenn das ArbG über die Zustimmung zur Durchführung einer vom Insolvenzverwalter geplanten Betriebsänderung ohne – zuvor erfolglos versuchten – Interessenausgleich entschieden hat. Ersatzweise wird der Weg zur Rechtsbeschwerde eröffnet. Das ist kein Fall einer besonderen Sprungrechtsbeschwerde, sondern eine eigenständige prozessuale Sonderregelung.

Das ArbG entscheidet nach den sonst für das LAG geltenden Vorschriften (§§ 92, 72 Abs. 2 und 3) darüber, ob es die Rechtsbeschwerde gegen seine Entscheidung zulässt. Diese Rechtsbeschwerde ist wegen des hier geltenden besonderen Beschleunigungsgebotes innerhalb von einem Monat seit Zustellung der vollständigen Entscheidung einzulegen und innerhalb dieser Frist auch zu begründen (§ 122 Abs. 3 Satz 3 InsO). I.Ü. gelten für dieses Rechtsmittel die allg. Grundsätze des Rechtsbeschwerdeverfahrens sowie, soweit die Verweisung in § 92 Abs. 2 reicht, des Revisionsverfahrens. Das bedeutet, dass auch die einmalige Verlängerungsmöglichkeit für die Begründungsfrist nach § 74 Abs. 1 Satz 2 gilt. § 122 Abs. 3 Satz 3 InsO ist nur eine Spezialvorschrift für die Frist zur Einlegung und Begründung dieses Sonderrechtsbehelfs, lässt aber die Regeln über die Behandlung der Begründungsfrist i.Ü. unberührt.

Eine weitere Besonderheit besteht in den Beschlussverfahren nach §§ 122 Abs. 3, 126 Abs. 2 InsO darin, dass dort die Möglichkeit, die Zulassungsentscheidung im Wege der Beschwerde nach § 92a

---

44 BAG, 15.05.1957 – 1 ABR 8/55, AP Nr. 5 zu § 56 BetrVG.
45 BAG, 12.06.1996 – 4 ABR 1/95, AP § 96a ArbGG 1979 Nr. 2; BAG, 20.12.1988 – 1 ABR 63/87, BAGE 60, 311 = AP Nr. 5 zu § 92 ArbGG 1979.
46 BAG, 12.06.1996 – 4 ABR 1/95, AP § 96a ArbGG 1979 Nr. 2.
47 Vgl. GMPMG/Matthes/Schlewing § 89 Rn 45, zur selbstständigen Anschlussbeschwerde.
48 Vgl. GMPMG/Matthes/Schlewing § 89 Rn 45, zur selbstständigen Anschlussbeschwerde.

anzufechten, ausgeschlossen ist. § 122 Abs. 3 Satz 2 Halbs. 2 InsO verweist zwar auf § 72 Abs. 2 und 3 und damit auch auf die Pflicht, bei Vorliegen der Zulassungsgründe aus § 72 Abs. 2 Nr. 1 bis 3 die Rechtsbeschwerde zuzulassen. Es wird aber nicht auf die gerichtliche Überprüfbarkeit der Entscheidung nach § 72a oder § 92a verwiesen. Hat das ArbG die Rechtsbeschwerde nicht zugelassen, wird somit seine Entscheidung mangels Anfechtbarkeit rechtskräftig.[49] Da der Gesetzgeber auch die Verweisung auf § 72 Abs. 1 Satz 2 ausgespart hat, besteht bei Fehlen einer Zulassungsentscheidung im verkündeten Entscheidungsausspruch keine Möglichkeit, durch den Antrag auf Ergänzung eine Nachholung der Zulassung zu erreichen.

Vierter Unterabschnitt Beschlussverfahren in besonderen Fällen

§ 97 Entscheidung über die Tariffähigkeit oder Tarifzuständigkeit einer Vereinigung

(1) In den Fällen des § 2a Abs. 1 Nr. 4 wird das Verfahren auf Antrag einer räumlich und sachlich zuständigen Vereinigung von Arbeitnehmern oder von Arbeitgebern oder der obersten Arbeitsbehörde des Bundes oder der obersten Arbeitsbehörde eines Landes, auf dessen Gebiet sich die Tätigkeit der Vereinigung erstreckt, eingeleitet.

(2) Für Verfahren nach § 2a Absatz 1 Nummer 4 ist das Landesarbeitsgericht zuständig, in dessen Bezirk die Vereinigung, über deren Tariffähigkeit oder Tarifzuständigkeit zu entscheiden ist, ihren Sitz hat.

(2a) [1]Für das Verfahren sind § 80 Absatz 1, 2 Satz 1 und Absatz 3, §§ 81, 83 Absatz 1 und 2 bis 4, §§ 83a, 84 Satz 1 und 2, § 90 Absatz 3, § 91 Absatz 2 und §§ 92 bis 96 entsprechend anzuwenden. [2]Für die Vertretung der Beteiligten gilt § 11 Absatz 4 und 5 entsprechend.

(3) [1]Der rechtskräftige Beschluss über die Tariffähigkeit oder Tarifzuständigkeit einer Vereinigung wirkt für und gegen jedermann. [2]Die Vorschrift des § 63 über die Übersendung von Urteilen gilt entsprechend für die rechtskräftigen Beschlüsse von Gerichten für Arbeitssachen im Verfahren nach § 2a Abs. 1 Nr. 4.

(4) [1]In den Fällen des § 2a Abs. 1 Nr. 4 findet eine Wiederaufnahme des Verfahrens auch dann statt, wenn die Entscheidung über die Tariffähigkeit oder Tarifzuständigkeit darauf beruht, dass ein Beteiligter absichtlich unrichtige Angaben oder Aussagen gemacht hat. [2]§ 581 der Zivilprozessordnung findet keine Anwendung.

(5) [1]Hängt die Entscheidung eines Rechtsstreits davon ab, ob eine Vereinigung tariffähig oder ob die Tarifzuständigkeit der Vereinigung gegeben ist, so hat das Gericht das Verfahren bis zur Erledigung des Beschlussverfahrens nach § 2a Abs. 1 Nr. 4 auszusetzen. [2]Im Fall des Satzes 1 sind die Parteien des Rechtsstreits auch im Beschlussverfahren nach § 2a Abs. 1 Nr. 4 antragsberechtigt.

Übersicht	Rdn		Rdn
I. Allgemeines	1	2. Antragsbefugnis	8
II. Tariffähigkeit	2	3. Beteiligte	11
III. Tarifzuständigkeit	4	4. Rechtsschutzinteresse	12
IV. Gerichtliches Verfahren	6	5. Rechtskraft	14
1. Allgemeine Grundsätze des Beschlussverfahrens	6	6. Wiederaufnahme des Verfahrens	15
		V. Aussetzung anderer Verfahren	16

---

[49] BAG 14.08.2001 – 2 ABN 20/01, EzA-SD 2001, Nr. 23.

I. Allgemeines

§ 97 dient der **Sicherung der Tarifautonomie** nach Art 9 Abs. 3 GG.[1] Entsprechend diesem Ordnungszweck soll eine nach § 97 Abs. 1 ArbGG zum Antrag berechtigte Stelle klären können, ob die Vereinigung, deren Tarif(un)zuständigkeit oder Tarif(un)fähigkeit umstritten ist, in der Lage ist, für ihre Mitglieder eine normative Regelung von Arbeitsbedingungen herbeizuführen.[2] Dabei handelt es sich um eine von den Gerichten für Arbeitssachen vorzunehmende rechtliche Bewertung.[3] § 97 ist zuletzt durch Art. 2 des Gesetzes zur Stärkung der Tarifautonomie zum 16.08.2014 geändert worden.[4] Die für die Ordnung des Arbeitslebens bedeutsame Eigenschaft der Tariffähigkeit oder Tarifzuständigkeit einer Vereinigung soll einheitlich und mit **umfassender Rechtskraft** entschieden werden.[5] Nach den §§ 2a Abs. 1 Nr. 4, 97 entscheiden die Gerichte für Arbeitssachen darüber im **Beschlussverfahren, nicht im Urteilsverfahren**. Es ist nur über die Tarif(un)fähigkeit oder die Tarif(un)zuständigkeit zu befinden, nicht aber über davon unabhängige weitere Rechtsfragen. § 97 enthält dabei besondere Maßgaben zur Antrags- und Beteiligungsbefugnis wie zur Wiederaufnahme und zur Verfahrensaussetzung, eröffnet aber ansonsten kein besonderes Beschlussverfahren. Das Verfahren nach § 97 ist Vorbild für das ab 16.08.2014 in § 98 ArbGG n.F. neu aufgenommene Beschlussverfahren zur Entscheidung über die Wirksamkeit einer Allgemeinverbindlicherklärung oder einer Rechtsverordnung, dem es nachgebildet ist.[6] Völlig neu in beiden Vorschriften ist die **erstinstanzliche Zuständigkeit des LAG**.[7]

1

II. Tariffähigkeit

§ 2 TVG nennt die Vereinigungen, die Tarifverträge abschließen können. Dies sind Gewerkschaften und Arbeitgebervereinigungen sowie der einzelne Arbeitgeber *(§ 2 Abs. 1 TVG)*. Nach § 2 Abs. 2 und 3 TVG können auch **Zusammenschlüsse** von Gewerkschaften und Arbeitgebervereinigungen *(Spitzenorganisationen)* Tarifverträge abschließen. Voraussetzung dafür ist aber; dass diese ihrerseits aus tariffähigen Mitgliedern bestehen oder satzungsmäßig absichern, dass nichttariffähige Mitglieder keinen Einfluss auf ihre tarifpolitische Entscheidungen nehmen können.[8] Die in der Spitzenorganisation zusammengeschlossenen Koalitionen müssen dieser ihre Tariffähigkeit vollständig vermitteln und nicht nur teilweise.[9] Eine rückwirkende Feststellung einer Tarifunfähigkeit verletzt nicht den verfassungsrechtlichen Grundsatz des Vertrauensschutzes, wenn von Anfang an erhebliche Zweifel an der Tariffähigkeit einer Vereinigung bestanden haben (CGZP).[10]

2

Weitere **inhaltliche Anforderungen** für die Tariffähigkeit der Koalitionen sind gesetzlich nicht festgeschrieben. Die Tariffähigkeit wird in § 2a Abs. 1 Nr. 4, § 97 Abs. 1, Abs. 5 Satz 1 ArbGG als Eigenschaft vorausgesetzt. Es handelt sich um die rechtliche Fähigkeit, durch Vereinbarung mit dem sozialen Gegenspieler Arbeitsbedingungen tarifvertraglich mit der Wirkung zu regeln, dass sie

3

---

1 BAG, 11.06.2013 – 1 ABR 32/12, Rn 19, EzA § 97 ArbGG 1979 Nr. 13.
2 BAG, 26.01.2016 –1 ABR 13/14, EzA § 97 ArbGG 1979 Nr. 15, Rn 31; BAG, 17.04.2012 – 1 ABR 5/11, Rn. 45, EzA § 2 TVG Tarifzuständigkeit Nr. 13; BAG, 11.06.2013 – 1 ABR 33/12, Rn 17, EzA § 97 ArbGG 1979 Nr. 14; Schwab/Weth-Walker § 97 Rn 2; GK-ArbGG/Ahrendt § 97 Rn 3; ErfK/Koch § 97 Rn 1.
3 BAG, 26.01.2016 –1 ABR 13/14, EzA § 97 ArbGG 1979 Nr. 15, Rn 31.
4 Tarifautonomiestärkungsgesetz vom 11.08.2014, BGBl. I, S. 1348.
5 Jetzt in Abs. 3 Satz 1 gesetzlich festgeschrieben; BVerfG 25.04.2015 – 1 BvR 2314/12, Rn 14, NJW 2015, 1867; zuvor BAG, 14.12.2010 – 1 ABR 19/10, EzA § 2 TVG Nr. 31; BAG, 23.05.2012 – 1 AZB 58/11, Rn 7, EzA § 97 ArbGG 1979 Nr. 10.
6 Art. 2 des Gesetzes zur Stärkung der Tarifautonomie vom 11.08.2014, BGBl. I, S. 1348.
7 Vgl. Rdn. 6.
8 BAG, 22.04.2009 – 4 AZR 111/08, NZA 2010, 105; BVerfG, 01.12.2010 – 1 BvR 2593/09, NZA 2011, 60.
9 BAG, 14.12.2010 – 1 ABR 19/10, Rn 71, EzA § 2 TVG Nr. 31; LAG Berlin-Brandenburg, 09.01.2012 – 24 TaBV 1285/11 u.a., LAGE § 97 ArbGG 1979 Nr. 8; ErfK/Koch § 97 Rn 1.
10 BVerfG, 25.04.2015 – 1 BvR 2314/12, Rn 13, 16, NJW 2015, 1867.

für die tarifgebundenen Personen unmittelbar und unabdingbar wie Rechtsnormen gelten.[11] Der 1. Staatsvertrag zwischen der BRD und der DDR vom 18.05.1990 bestimmt, dass Koalitionen frei gebildet, gegnerfrei, auf überbetriebliche Grundlage organisiert und unabhängig sein müssen sowie das geltende Tarifrecht als für sich verbindlich anerkennen; ferner müssen sie in der Lage sein, durch Ausüben von Druck auf den Tarifpartner zu einem Abschluss zu kommen. Zwar galten diese Anforderungen nur für Koalitionen auf dem Staatsgebiet der DDR, jedoch kann mit Abschluss des Staatsvertrages die bisherige Rechtsprechung[12] als einfach gesetzlich abgesichert gelten, die inhaltlich identische Anforderungen an die Tariffähigkeit der Verbände gestellt hatte. Um die Aufgabe als Tarifpartner zweckentsprechend erfüllen zu können, muss deshalb die Arbeitnehmervereinigung – anders als der grundsätzlich tariffähige einzelne Arbeitgeber (§ 2 Abs. 1 TVG) – über eine hinreichende innere und äußere **Durchsetzungskraft** gegenüber dem sozialen Gegenspieler verfügen,[13] um beispielsweise als Gewerkschaft Anerkennung zu finden (Mächtigkeit). Das BVerfG hat die vorstehenden Merkmale im Wesentlichen bestätigt,[14] sich aber noch nicht festgelegt, ob die Überbetrieblichkeit einer Gewerkschaft unverzichtbare Voraussetzung für die Tariffähigkeit ist. Nach § 54 Abs. 3 HandwerksO sind **Handwerksverbände** tariffähig, sofern Innungsverbände nicht für diesen Bereich Tarifverträge abgeschlossen haben.[15]

III. Tarifzuständigkeit

4 Tarifzuständigkeit ist die Fähigkeit eines tariffähigen Verbandes, Tarifverträge mit einem bestimmten **räumlichen, betrieblichen und persönlichen Geltungsbereich** abzuschließen.[16] Der Umfang der Tarifzuständigkeit wird von den Arbeitgeber- und Arbeitnehmerkoalitionen aufgrund freier Selbstbestimmung festgelegt und ergibt sich aus der Verbandssatzung. Die dort genannte Tarifzuständigkeit bildet den äußersten Rahmen, für den die Vereinigung wirksam Tarifverträge abschließen kann. Der gesamte Geltungsbereich eines Tarifvertrages muss innerhalb der Tarifzuständigkeit des abschließenden Verbandes liegen. Die fehlende satzungsmäßige Tarifzuständigkeit wird nicht durch ein rein tatsächliches Tätigwerden der Koalition außerhalb des in der Satzung festgelegten Bereichs ersetzt.[17] Fehlt die Tarifzuständigkeit bei Abschluss des Tarifvertrages, so ist dieser unwirksam.[18]

5 Die **Satzung** kann eine eindeutige Beschränkung der Tarifgebundenheit auf bestimmte Mitglieder vornehmen (sog. OT-Mitgliedschaft).[19] Die Tarifvertragsparteien können den Geltungsbereich des Tarifvertrags auf einen Teil ihrer Mitglieder begrenzen.[20] Der Tarifvertrag erfasst dann nur die in seinen persönlichen oder fachlichen Geltungsbereich ausdrücklich einbezogenen Mitglieder der Arbeitgeber- bzw. Arbeitnehmerkoalition, sofern die Abgrenzung hinreichend bestimmt

---

11 BAG, 14.12.2010 – 1 ABR 19/10, Rn 64, EzA § 2 TVG Nr. 31.
12 1. Staatsvertrag 18.05.1990, BGBl. II, S. 537; BAG, 25.11.1986 – 1 ABR 22/85, NZA 1987, 492; BAG, 06.06.2000 – 1 ABR 21/99, NZA 2001, 156; HWK-Bepler Rn 2 f.
13 BAG, 28.03.2006 – 1 ABR 58/04, NZA 2006, 1112; LAG Köln, 20.05.2009 –9 TaBV 5/08, LAGE § 2 TVG Nr. 7; LAG Hamburg, 21.03.2012 – 3 TaBV 7/11; Hess. LAG, 09.04.2015 – 9 TaBV 225/14, NZA-RR 2015, 482, Rn 80 ff. bei jungen Gewerkschaften ist ihre Durchsetzungskraft und Mächtigkeit prognostisch zu beurteilen.
14 BVerfG, 10.01.1995 – 1 BvF 1/90, NZA 1995, 272; BVerfG 31.07.2007 – 2 BvR 1831/06, EzA Art 9 GG Nr. 93; BCF/Friedrich § 97 Rn 2a.
15 BAG, 06.03.2003 – 1 AZR 241/02, NZA 2004, 262; GK-ArbGG/Ahrendt § 97 Rn 16.
16 BAG 11.06.2013 – 1 ABR 32/12, Rn 19, EzA § 97 ArbGG 1979 Nr. 13; BAG, 17.04.2012 – 1 ABR 5/11, Rn 53, EzA § 2 TVG Tarifzuständigkeit Nr. 13; BAG 10.02.2009 – 1 ABR 36/08, NZA 2009, 908; BAG, 18.07.2006 – 1 ABR 36/05, NZA 2006, 1225; BAG 27.09.2005 – 1 ABR 41/04, NZA 2006, 273; ErfK/Koch § 97 Rn 1; HWK-Bepler Rn 4.
17 BAG, 24.07.1990 – 1 ABR 46/89, NZA 1991, 21.
18 BAG, 27.11.1964 – 1 ABR 13/63.
19 BAG, 02.06.2008 – 4 AZR 419/07, NZA 2008, 1366.
20 Beispiel: außerordentliche/ordentliche Mitgliedschaft, dazu BAG, 24.02.1998 – 4 AZR 62/98, NZA 1999, 995.

oder bestimmbar erfolgt ist. Sind für einen Betrieb zwei DGB-Gewerkschaften zuständig, besteht im Fall der **Tarifpluralität** keine Notwendigkeit einer gerichtlichen Kollisionsregelung, da insoweit bei Abgrenzungsproblemen das Schiedsverfahren nach §§ 15, 16 DGB-Satzung vorgeht.[21] Nicht zur Klärung der Tarifzuständigkeit gehört die **Tarifgebundenheit** des einzelnen Arbeitgebers oder Arbeitnehmers. Diese ist als Vorfrage im jeweiligen Rechtsstreit zu prüfen, z.B. ob kraft Tarifbindung der Arbeitnehmer tarifliche Leistungen normativ beanspruchen kann. Während die Entscheidung zur Tarifzuständigkeit **Bindungswirkung gegenüber Dritten** erzeugt, bleibt eine inzidente Entscheidung allein auf die Wirkung zwischen den am Rechtsstreit beteiligten Parteien beschränkt.[22] Dagegen kann in dem Verfahren nach § 97 auch (beiläufig) die **Gewerkschaftseigenschaft** einer Arbeitnehmervereinigung geprüft und festgestellt werden.[23]

IV. Gerichtliches Verfahren

1. Allgemeine Grundsätze des Beschlussverfahrens

Bis zum 16.08.2014 war das Beschlussverfahren dreizügig angelegt. Mit dem Inkrafttreten des Tarifautonomiestärkungsgesetzes wird nun zum Zwecke der Verfahrensstraffung und schnellen Klärung die **erstinstanzliche Zuständigkeit des Landesarbeitsgerichts** festgelegt (ebenso in § 98 n.F.).[24] Nach § 112 ArbGG verbleibt es für die bis zum 15.08.2014 anhängigen Verfahren bei den bisherigen Regeln, d.h. Verfahren vor den Arbeitsgerichten erster Instanz sind weiterzuführen. 6

Nach der Verweisung in Abs. 2a auf die §§ 80 Abs. 1, Abs. 2 Satz 1 und Abs. 3, §§ 81, 83 Abs.1 und 2 bis 4, §§ 83a, 84 Satz 1 und 2, §§ 90 Abs. 2, 92 bis 96 sind die allgemeinen Vorschriften über das Beschlussverfahren entsprechend anzuwenden. Eine Entscheidung im einstweiligen Verfügungsverfahren ist unzulässig, ebenso wenig findet eine Zwangsvollstreckung statt, da eine Bezugnahme auf § 85 fehlt und ohnehin nur ein Feststellungsbeschluss erwirkt werden kann.[25] **Örtlich zuständig** ist nach § 97 Abs. 2 das LAG, in dessen Bezirk die Vereinigung, deren Tariffähigkeit oder Tarifzuständigkeit festgestellt werden soll, ihren Sitz hat oder die Verwaltung tatsächlich geführt wird.[26] Die Neuregelung ist verfassungsgemäß.[27] Die Prozessvertretung hat gem. Abs. 2a Satz 2 nach Maßgabe des § 11 Abs. 4 und 5 zu erfolgen; die Unterschrift eines Rechtsanwalts oder Verbandsvertreters auf der Antragsschrift und seiner Begründung genügt dem nicht mehr.[28] Die Sachentscheidung ergeht stets durch die Kammer, d.h. unter Mitwirkung der ehrenamtlichen Richter. Der **Entscheidungstenor** stellt die Tarif(un)zuständigkeit bzw. Tarif(un)fähigkeit einer Vereinigung fest oder weist den Antrag ab. Geht der Antrag auf die Feststellung der Tarifunzuständigkeit, so ist allein darüber und nicht über die Rechtsqualität eines Tarifvertrages zu entscheiden (§ 308 ZPO).[29] Die Entscheidung muss wegen der fehlenden Verweisung in Abs. 2a auf § 84 Satz 3 nicht verkündet werden, kann mithin schriftlich ergehen.[30] Der Abschluss eines **Vergleichs** ist wegen der Eigenart des Verfahrens in Verfahren nach § 97 durchweg **nicht möglich**, da eine Entscheidung über die Tariffähigkeit oder Tarifzuständigkeit nicht der Disposition der Beteiligten unterliegt[31], wie die Einleitungsbefugnis der obersten Arbeitsbehörden nach Abs. 1 aufzeigt. 7

---

21 Hess. LAG, 09.07.2015 – 9 BVL 1/15, Rn 77; Ludwig/Ramcke BB 2015, 2933; vgl. auch fehlendes Rechtsschutzinteresse, s. Rdn. 12.
22 BAG 24.04.2007 – 1 ABR 27/06, NZA 2007, 1011; GMPMG/Schlewing § 97 Rn 5; HWK-Bepler Rn 5; BCF/Friedrich § 97 Rn 2d.
23 BAG 14.12.2004 – 1 ABR 51/03, Rn 38, EzA § 2 TVG Nr. 27; Schwab/Weth-Walker § 97 Rn 4c.
24 GK-ArbGG/Ahrendt § 97 Rn 23; Bepler NJW Beilage 2014, 31; Schwab/Weth-Walker § 97 Rn 25a.
25 GK-ArbGG/Ahrendt § 97 Rn 71; Schwab/Weth-Walker § 97 Rn 36.
26 Hauck/Helml § 97 Rn 3a; Schwab/Weth-Walker § 97 Rn 25, 29; ErfK/Koch § 97 Rn 3.
27 Hess. LAG, 09.04.2015 – 9 TaBV 225/14, NZA-RR 2015, 482; Nichtzulassungsbeschwerde – 1 ABN 39/15, am 17.11.2015 zurückgewiesen.
28 GK-ArbGG/Ahrendt § 97 Rn 72.
29 BAG, 26.01.2016 – 1 ABR 13/14, EzA § 97 ArbGG 1979 Nr. Rn 30 ff.
30 ErfK/Koch § 97 Rn 5.
31 GMPMG/Schlewing § 97 Rn 30; Schwab/Weth-Walker § 97 Rn 30.

2. Antragsbefugnis

8   Die Verweisung in Abs. 2a auf Vorschriften des Beschlussverfahrens führt nicht zu einer Erweiterung des Kreises der Antragsberechtigten nach § 81; es bleibt vielmehr bei den in Abs. 1 und Abs. 5 Satz 2 Genannten.[32] Antragsteller eines Verfahrens nach § 97 können die in Abs. 1 genannten Arbeitnehmer- bzw. Arbeitgebervereinigungen als auch die **obersten Arbeitsbehörden** des Bundes bzw. eines Bundeslandes sein; je nachdem ob sich die infrage stehende Vereinigung räumlich und sachlich auf das Gebiet eines Bundeslandes oder darüber hinaus erstreckt.[33] Sind sie nicht Antragsteller, wären sie jedenfalls zu beteiligen.[34] Hierzu zählen **Spitzenorganisationen**, wenn die Voraussetzungen des § 2 Abs. 2 bzw. 3 TVG gegeben sind.[35] Das Antragsrecht steht auch der Vereinigung zu, deren Tariffähigkeit bzw. Tarifzuständigkeit bestritten wird.[36] Neben den in Abs. 1 ausdrücklich genannten sind auch **Innungen** bzw. **Innungsverbände**[37] antragsberechtigt. Der – gleichfalls nicht genannte – einzelne **Arbeitgeber** ist antragsbefugt, wenn er nicht Mitglied in einem Arbeitgeberverband ist[38] und die Tariffähigkeit bzw. Tarifzuständigkeit einer Gewerkschaft fraglich ist, die einen Abschluss mit ihm anstrebt.[39] Die räumliche und sachliche Zuständigkeit einer Vereinigung ist nicht für ihre Antragsberechtigung maßgeblich, sondern betrifft das Rechtsschutzinteresse (dazu Rdn. 12). Andere als die in Abs. 1 genannten Stellen sind – mit den beiden genannten Ausnahmen – nicht antragsberechtigt, sofern nicht der besondere Fall des Abs. 5 Satz 2 (s. Rdn. 16) gegeben ist.

9   Der **Betriebsrat** kann grds. nicht als Antragsteller im Verfahren nach § 97 die Unwirksamkeit eines Tarifvertrages feststellen lassen, obwohl er wegen § 77 Abs. 3 BetrVG hieran ein rechtliches Interesse hat.[40] Nur wenn ein anhängiges Beschlussverfahren nach Abs. 5 ausgesetzt wird, ist er antragsberechtigt (s. Rdn. 16). Soweit die **Tarifzuständigkeit unter Gewerkschaften** im Streit ist; schließt die Möglichkeit eines Schiedsverfahrens nach § 16 der DGB-Satzung die spätere Stellung eines Antrags nach § 97 nicht in jedem Fall aus.[41] Eine **Gemeinschaftseinrichtung der Tarifvertragsparteien** besitzt indessen keine Antragsbefugnis.[42]

10 Die Antragsbefugnis erweitert sich nach Abs. 5 auf Parteien und Beteiligte des ausgesetzten Rechtsstreits, bei dem es als **Vorfrage** um die entscheidungserhebliche Frage der **Tariffähigkeit oder Tarif-**

---

32 Vgl. BAG, 13.03.2007 – 1 ABR 24/06, NZA 2007, 1069; ErfK/Koch § 97 Rn 3; Hako-Zimmermann § 97 Rn 9.
33 Streitig, differenzierend bei obersten Arbeitsbehörden des Landes, Hauck/Helml § 97 Rn 4; GMPMG/Schlewing § 97 Rn 18; ErfK/Koch § 97 Rn 2; HWK-Bepler § 97 Rn 7, 9; **a.A.** Schwab/Weth-Walker § 97 Rn 11 f.; BCF/Friedrich § 97 Rn 5, oberste Arbeitsbehörde des Bundes immer antragsbefugt.
34 Zutreffend HWK-Bepler § 97 Rn 9, wegen ihrer »Wächterstellung«; einschränkend nur bei Feststellung der Tariffähigkeit gegenüber jedermann, BAG, 14.12.1999 – 1 ABR 74/98, NZA 2000, 1669; vgl. auch BAG, 26.01.2016 – 1 ABR 13/14, EzA § 97 ArbGG 1979 Nr. 15, Rn 23; BAG, 17.04.2012 – 1 ABR 5/11, EzA § 2 TVG Tarifzuständigkeit Nr. 13, Rn 45, kein Anhörungsrecht, soweit nicht selbst Antragsteller.
35 BAG, 14.12.2010 – 1 ABR 19/10, NZA 2011, 289; BAG, 22.03.2000 – 4 ABR 79/98, NZA 2000, 893; GMPMG/Schlewing § 97 Rn 16.
36 BAG, 29.06.2004 – 1 AZR 14/03, NZA 2004, 1236; BAG, 25.11.1986 – 1 ABR 22/85, NZA 1987, 492; BAG, 15.03.1977 – 1 ABR 16/75, NJW 1977, 1551.
37 §§ 54 Abs. 3 Nr. 1, 82 Abs. 3, 85 HandwerksO, nicht aber Kreishandwerkerschaften.
38 BAG, 13.03.2007 – 1 ABR 24/06, NZA 2007, 1069; BAG, 29.06.2004 – 1 ABR 14/03, NZA 2004, 1236; BAG, 10.05.1989 – 4 AZR 80/89, NZA 1989, 687.
39 BAG, 17.02.1970 – 1 ABR 14/69, AP Nr. 2 zu § 2 TVG Tarifzuständigkeit.
40 BAG, 17.04.2012 – 1 ABR 5/11, Rn 27 ff., EzA § 2 TVG Tarifzuständigkeit Nr. 13; BAG, 13.03.2007 – 1 ABR 24/06, NZA 2007, 1069; GMPMG/Schlewing § 97 Rn 19; BCF/Friedrich § 97 Rn 5a; GK-ArbGG/Ahrendt § 97 Rn 34; BAG, 13.03.2007 – 1 ABR 24/06, NZA 2007, 1069.
41 BAG, 27.09.2005 1 – ABR 41/04, NZA 2006, 273; BCF/Friedrich § 97 Rn 5; Hako-Zimmermann § 97 Rn 17.
42 BAG, 29.06.2004 – 1 ABR 14/03, NZA 2004, 1236.

zuständigkeit geht. Sie sind in ihrer Antragsbefugnis auf die im Aussetzungsbeschluss benannte Vorfrage beschränkt, können also keine anderen Fragen im Verfahren nach § 97 klären lassen.[43]

3. Beteiligte

Keine Sonderregelung enthält § 97 zur Beteiligtenstellung, insoweit gilt § 83.[44] Das Gericht hat **von Amts wegen** alle Personen und Stellen zu beteiligen, die in ihrer Rechtsstellung von dem Ausgang des Verfahrens nach § 97 unmittelbar betroffen sind.[45] Aus der Antragsberechtigung des Abs. 1 ergibt sich nicht notwendig die Beteiligtenstellung. So ist die oberste Arbeitsbehörde zu beteiligen, selbst wenn sie von ihrem Antragsrecht keinen Gebrauch gemacht hat, jedenfalls wenn es um die Tariffähigkeit geht.[46] Regelmäßig ist Beteiligter der **soziale Gegenspieler** der Koalition, deren Tariffähigkeit bzw. Tarifzuständigkeit in Zweifel gezogen wird. Bei der Entscheidung über die Tariffähigkeit einer Arbeitnehmerkoalition ist der räumliche und sachliche zuständige Arbeitgeberverband zu beteiligen, nicht der einzelne **Arbeitgeber**.[47] Dieser ist Beteiligter, wenn die Arbeitnehmerkoalition einen **Firmentarifvertrag** anstrebt. Bei Streitigkeiten zwischen konkurrierenden Arbeitgeber- bzw. Arbeitnehmerverbänden ist ebenfalls der gegenüberstehende Verband zu beteiligen. Dabei kann es auch zur Beteiligung von mehreren Verbänden auf der Gegenseite kommen.[48] **Spitzenorganisationen** sind zu beteiligen, vornehmlich soweit in ihre Rechtsstellung als Tarifvertragspartei eingegriffen werden kann, aber auch wenn sie repräsentativ für die von der Entscheidung betroffene Arbeitnehmer- oder Arbeitgeberseite auftreten.[49] Das kann im Verfahren über die Feststellung der Tariffähigkeit der Fall sein, nicht dagegen bei Festlegung der Tarifzuständigkeit, die regelmäßig über die Auslegung der Verbandssatzung stattfindet.[50]

11

4. Rechtsschutzinteresse

Für das Verfahren nach § 97 ist nach allgemeinen Grundsätzen ein Rechtsschutzinteresse des Antragstellers erforderlich.[51] Ein **Feststellungsinteresse** nach § 256 ZPO muss daneben nicht gesondert geprüft werden, weil die im Verfahren nach § 97 gestellten Anträge nicht auf das Bestehen eines Rechtsverhältnisses, sondern auf das **Vorliegen oder Nichtvorliegen einer Eigenschaft** (Tariffähigkeit oder Tarifzuständigkeit) gerichtet sind.[52] Das Rechtsschutzinteresse fehlt bei einem Streit von zwei **DGB-Einzelgewerkschaften** um ihre Tarifzuständigkeit. Die §§ 15, 16 der DGB-Satzung sehen in einem solchen Fall ein verbindliches Schiedsverfahren vor.[53] Einer Einigung der

12

---

43 BAG, 17.04.2012 – 1 ABR 5/11, Rn 30, EzA § 2 TVG Tarifzuständigkeit Nr. 13; ErfK/Koch § 97 Rn 2; GK-ArbGG/Ahrendt § 97 Rn 40; näher dazu s. Rdn 10.
44 BAG, 28.03.2006 – 1 ABR 58/04, NZA 2006, 1113; BAG, 13.03.2007 – 1 ABR 24/06, NZA 2007, 1069; Hako-Zimmermann § 97 Rn 12 f.; ausführlich dazu Erl. zu § 83 Rdn. 6 ff.
45 BAG 17.04.2012 – 1 ABR 5/11, Rn 20, EzA § 2 TVG Tarifzuständigkeit Nr. 13.
46 BAG, 17.04.2012 – 1 ABR 5/11, Rn 20, EzA § 2 TVG Tarifzuständigkeit Nr. 13; BAG, 13.03.2007 – 1 ABR 24/06, NZA 2007, 1069 unter Aufgabe früherer Rspr., vgl. dazu BAG, 25.11.1986 – 1 ABR 22/85, NZA 1987, 492; für Beteiligung: ErfK/Koch § 97 Rn 4; GMPMG/Schlewing § 97 Rn 27; dagegen: GK-ArbGG/Ahrendt § 97 Rn 59, 61; Hauck/Helml § 97 Rn 5; keine Betroffenheit der obersten Landesbehörde durch Feststellung der Tariffähigkeit zweifelnd HWK-Bepler Rn 9.
47 BAG, 14.12.2010 – 1 ABR 19/10, EzA § 2 TVG Nr. 31.
48 BAG, 25.11.1986 – 1 ABR 22/85, NZA 1987, 492.
49 BAG, 28.03.2006 – 1 ABR 58/04, NZA 2006, 1112; BAG, 25.11.1986 – 1 ABR 22/85, NZA 1987, 492; Hako-Zimmermann § 97 Rn 13; einschränkend GMPMG/Schlewing § 97 Rn 16; Schwab/Weth-Walker § 97 Rn 18.
50 BAG, 11.06.2013 – 1 ABR 33/12, Rn 13, EzA § 97 ArbGG 1979 Nr. 14; BAG, 17.04.2012 – 1 ABR 5/11, Rn 20, EzA § 2 TVG Tarifzuständigkeit Nr. 13; GK-ArbGG/Ahrendt § 97 Rn 48 f.
51 BAG, 13.03.2007 – 1 ABR 24/06, NZA 2007, 1069; ausführlich dazu § 81 Rdn. 45 bis 49.
52 BAG, 26.01.2016 – 1 ABR 13/14, EzA § 97 ArbGG 1979 Nr. 15, Rn 32; BAG, 11.06.2013 – 1 ABR 33/12, Rn 11, EzA § 97 ArbGG 1979 Nr. 14; BAG, 11.06.2013 – 1 ABR 32/12, Rn 22, EzA § 97 ArbGG 1979 Nr. 13; GK-ArbGG/Ahrendt § 97 Rn 64; unklar Schwab/Weth-Walker § 97 Rn 26, 34.
53 BAG, 25.09.1996 – 1 ABR 4/96, NZA 1997, 613.

beteiligten Gewerkschaften über die Tarifzuständigkeit in einem Vermittlungsverfahren nach § 16 DGB-Satzung kommt die gleiche Bindungswirkung zu wie einem **Schiedsspruch**. Sie ist daher nicht nur für die beteiligten Gewerkschaften, sondern auch für den Arbeitgeber verbindlich,[54] es sei denn der Arbeitgeber oder Arbeitgeberverband sieht sich weiterhin zwei konkurrierenden Gewerkschaften gegenüber.[55] Kommt es nicht zu einer Klärung durch die DGB-Schiedsstelle, so bleibt es bei der Tarifzuständigkeit der bis dahin als zuständig angesehenen Gewerkschaft.[56]

13 Daneben besteht kein Rechtsschutzinteresse, wenn die antragstellende Arbeitnehmer- oder Arbeitgebervereinigung nach ihrer Satzung keine Berührung zu der Vereinigung hat, deren Tariffähigkeit bzw. Tarifzuständigkeit von ihr bestritten wird (vgl. aber Rdn. 8 f.). Das Rechtsschutzinteresse kann sich schließlich aus den Aufgaben einer Vereinigung im Rahmen der **Betriebsverfassung** ergeben. So können die Verbände wechselseitig um ihre Zutritts- bzw. Beteiligungsrechte streiten.

5. Rechtskraft

14 Der Beschluss des LAG erwächst in Rechtskraft. Diese wirkt in subjektiver Hinsicht nicht nur gegenüber den Verfahrensbeteiligten, sondern **gegenüber jedermann**.[57] Hat das Gericht die Tariffähigkeit bzw. Tarifzuständigkeit einer Arbeitnehmervereinigung rechtskräftig verneint, so hindert dies eine erneute gerichtliche Entscheidung ohne **wesentliche Änderung des Sachverhalts** bzw. der Rechtslage.[58] Diese Situation kann beispielsweise eintreten, wenn eine **neugegründete Arbeitnehmervereinigung** nunmehr die Tarifzuständigkeit für sich beansprucht und dabei Streit entsteht, ob sie bereits tariffähig ist. Ansonsten ist aber von einer sehr **weitreichenden Rechtskraftwirkung** auszugehen (sog. **Konzentrationswirkung**), die neben dem im Beschlusstenor bezeichneten Zeitpunkt **darüber hinausgehende Zeiträume** erfassen kann, soweit die in § 2a Abs. 1 Nr. 4 genannten Eigenschaften in diesen nur einheitlich beurteilt werden können. Damit können fehlende oder bestehende Tariffähigkeit **nicht nur gegenwartsbezogen** sondern auch für entfernt zurückliegende Zeitspannen erkannt werden (z.B. CGZP-Verfahren).[59] Ein erneuter Antrag mit identischem Streitgegenstand scheitert deshalb in der Zulässigkeit bereits an der bestehenden Rechtskraft. Die **rückwirkende arbeitsgerichtliche Feststellung** der fehlenden Tariffähigkeit einer Vereinigung verletzt nicht den **rechtsstaatlichen Vertrauensschutz** (Art. 20 Abs. 3 GG), soweit er sich auf vergangene höchstrichterliche Rechtsprechung gründet. Für ein schutzwürdiges Vertrauen fehlt es an einem Anknüpfungspunkt, da an der Tariffähigkeit der Vereinigung von Anfang an erhebliche Zweifel bestanden.[60] Einen Ausgleich für die weitreichende Rechtskraftwirkung setzt insoweit die gegenüber § 581 ZPO erleichterte Wiederaufnahme des Verfahrens. Dazu im Folgenden.

6. Wiederaufnahme des Verfahrens

15 Abs. 4 enthält ebenso wie § 98 Abs. 5 eine Sonderregelung über die erleichterte Wiederaufnahme des Verfahrens mit dem Ziel einer Verfahrensbeschleunigung, indem die **Anwendung des § 581**

---

54 BAG, 14.12.1999 – 1 ABR 74/98, NZA 2000, 949; HWK-Bepler § 97 Rn 11 f.
55 Vgl. BAG, 27.09.2005 – 1 ABR 41/04, NZA 2006, 273; GK-ArbGG/Ahrendt § 97 Rn 68.
56 BAG, 12.11.1996 – 1 ABR 33/96, NZA 1997, 734; HWK-Bepler § 97 Rn 14.
57 Erga omnes, BVerfG, 25.04.2015-1BvR 2314/12 EzA § 97 ArbGG 1979 Nr. 10a, Rn 14; BAG, 23.05.2012 – 1 AZB 58/11, Rn 7, EzA § 97 ArbGG 1979 Nr. 10; BAG, 29.03.2006 – 1 ABR 58/04, EzA § 2 TVG Nr. 28; BAG, 06.06.2000 – 1 ABR 21/99, NZA 2001, 156; BAG, 25.11.1986 – 1 ABR 22/85, NZA 1987, 492; Hauck/Helml § 97 Rn 6; HWK-Bepler § 97 Rn 15; ErfK/Koch § 97 Rn 5; GK-ArbGG/Ahrendt § 97 Rn 73.
58 BAG, 06.06.2000 – 1 ABR 21/99, NZA 2001, 156; Schwab/Weth-Walker § 97 Rn 34 f.; näher dazu § 84 Rdn. 7.
59 BVerfG, 25.04.2015 – 1BvR 2314/12, EzA § 97 ArbGG 1979 Nr. 10a; LAG Berlin-Brandenburg, 09.01.2012 – 24 TaBV 1285/11 u.a., LAGE § 97 ArbGG 1979 Nr. 8 = DB 2012, 693, rechtskräftig nach Zurückweisung Nichtzulassungsbeschwerde durch BAG, 22.05.2012 – 1 ABN 27/12; BAG, 23.05.2012 – 1 AZB 58/11, EzA § 97 ArbGG 1979 Nr. 10 und – 1 AZB 67/11, EzA § 97 ArbGG 1979 Nr. 11.
60 BVerfG, 25.04.2015 – 1 BvR 2314/12, EzA § 97 ArbGG 1979 Nr. 10a, Rn 14, 17, im CGZP-Verfahren.

ZPO ausgeschlossen wird. Abweichend von § 580 Nr. 1 ZPO reichen absichtlich unrichtige – aber nicht nur lediglich fahrlässige falsche –Angaben oder Aussagen eines Beteiligten im Verfahren für eine Wiederaufnahme aus *(Abs. 4 Satz 1)*. Nicht erforderlich ist hierzu eine falsche Eidesleistung. Eine rechtskräftige strafrechtliche Verurteilung muss nicht abgewartet werden *(Abs. 4 Satz 2)*.[61]

V. Aussetzung anderer Verfahren

§ 97 Abs. 5 Satz 2 ArbGG erweitert die Antragsbefugnis zur Einleitung eines Beschlussverfahrens nach § 2a Abs. 1 Nr. 4 ArbGG in den Fällen, in denen ein Gericht einen Rechtsstreit gemäß § 97 Abs. 5 Satz 1 ArbGG bis zur Erledigung eines Beschlussverfahrens nach § 2a Abs. 1 Nr. 4 ArbGG ausgesetzt hat, über den Kreis der nach § 97 Abs. 1 ArbGG Antragsbefugten hinaus auf die Parteien des ausgesetzten Rechtsstreits.[62] Ist in einem Rechtsstreit **die Tariffähigkeit bzw. Tarifzuständigkeit** einer Vereinigung **entscheidungserheblich**, so hat das Gericht dieses Verfahren nach **Abs. 5** und nicht nach § 148 ZPO[63] auszusetzen. Als Ausgangsverfahren kommt **jedes gerichtliche Verfahren** – auch in einem anderen Rechtsweg – in Betracht, die Aussetzung ist noch im Rechtsmittelverfahren möglich.[64] Für die Aussetzung ist nicht Voraussetzung, dass bereits ein Beschlussverfahren nach § 2a Abs. 1 Nr. 4 anhängig ist.[65] Dieses ist dann von den Beteiligten oder Parteien in Gang zu setzen. Im Verfahren des einstweiligen Rechtsschutzes ist eine Aussetzung ausnahmsweise nicht geboten, da ansonsten das Verfahrensziel nicht erreicht werden kann.[66]

16

Notwendige Voraussetzung für eine antragserweiternde Aussetzung sind **Zweifel über das Vorliegen der Tariffähigkeit oder Tarifzuständigkeit**. Keine Aussetzung erfolgt, wenn zwischen den Parteien oder Beteiligten diese Frage nicht streitig ist. Davon unabhängig ist das Verfahren auszusetzen, wenn das Gericht im Rechtsstreit entsprechende Bedenken hat. Bestehen solche Zweifel, so können die Parteien die Tariffähigkeit bzw. Tarifzuständigkeit nicht unstreitig stellen; **Abs. 5** ist **zwingend** und unterliegt nicht ihrer Disposition.[67]

17

So hatte die Entscheidung des BAG vom 14.12.2010[68] unterschiedliche Auffassungen darüber zutage gefördert, inwieweit für die von dem Tarifwerk der Tarifgemeinschaft **CGZP** mangels Tariffähigkeit nicht mehr erfassten Leiharbeitnehmer **equal-pay-Ansprüche für die Vergangenheit** nach §§ 9 Nr. 2, 10 Abs. 4 AÜG gegen die Verleiharbeitgeber entstanden sind und ob diese Ansprüche neben den Verjährungsfristen früher eintretenden einzelvertraglichen Ausschlussfristen unterfallen. Von der Entscheidung zu dieser Frage war abhängig, ob der Zahlungsrechtsstreit bis zu einer Klärung der Rechtswirkungen der CGZP-Entscheidung für die Vergangenheit auszusetzen ist. Einige Instanzgerichte sahen die Ausschlussfristen spätestens seit der Entscheidung des LAG Berlin-Brandenburg vom 07.12.2009[69] in Lauf gesetzt, sodass eine Aussetzung nicht erforderlich sei;[70] andere hielten eine neuerliche Aussetzung für erforderlich, da Fristen erst seit der Entscheidung des BAG vom 14.12.2010 zu laufen begonnen hätten (z.B. LAG Hamm,[71] LAG Nürnberg[72] und LAG Sachsen-Anhalt[73]). Dagegen entschied das LAG Berlin-Brandenburg in seinem Beschluss

18

---

61 Schwab/Weth-Walker § 97 Rn 39 f.; HWK-Bepler Rn 17; ErfK/Koch Rn 5; vgl. auch Erl. zu § 79.
62 BAG, 26.01.2016 – 1 ABR 13/14, EzA § 97 ArbGG 1979 Nr. 15, Rn 37.
63 BAG, 28.01.2008 – 3 AZB 30/07, NZA 2008, 489.
64 BAG, 23.10.1996 – 4 AZR 409/95, NZA 1997, 383.
65 Schwab/Weth-Walker § 97 Rn 41; vgl. auch BAG, 29.06.2004 – 1 ABR 14/03, NZA 2004, 1236.
66 Hess. LAG, 11.01.2007 – 9 SaGa 2098/06; BCF/Friedrich § 97 Rn 4.
67 ErfK/Koch § 97 Rn 3; Hako-Zimmermann § 97 Rn 9.
68 BAG, 14.12.2010 – 1 ABR 19/10, NZA 2011, 289; dazu Heimann ArbuR 2012, 50 m.w.N.
69 LAG Berlin-Brandenburg, 07.12.2009 – 23 TaBV 1016/09, LAGE § 2 TVG Nr. 8.
70 Sächsisches LAG, 23.08.2011 – 1 Sa 322/11, BB 2011, 2943 m.w.N. und Anm. Bissels.
71 LAG Hamm, 28.09.2011 – 1 Ta 500/11.
72 LAG Nürnberg, 19.09.2011 – 2 Ta 128/11, DB 2011, 2497–2498.
73 LAG Sachsen-Anhalt, 02.11.2011 – 4 Ta 130/11, LAGE § 97 ArbGG Nr. 4, 5.

vom 09.01.2012,⁷⁴ dass die Spitzenorganisation CGZP auch am 29.11.2004, 16.06.2006 und 09.07.2008 mangels vollständiger Vermittlung der Tariffähigkeit durch die in ihr zusammengeschlossenen Gewerkschaften nicht den Anforderungen aus § 2 Abs. 3 TVG genügte. Nach Zurückweisung der dagegen eingelegten Nichtzulassungsbeschwerde durch das BAG[75] ist diese Entscheidung rechtskräftig. Das BAG hat deshalb die Rechtsbeschwerden gegen die Aussetzungsbeschlüsse dahin gehend entschieden, dass ein Aussetzungsgrund nach § 97 Abs. 5 nicht gegeben war und die Verfahren fortzusetzen sind.[76] Einer Aussetzung i.S.d. § 97 Abs. 5 ArbGG bedarf es deshalb nicht, wenn über den erhobenen Anspruch ohne Klärung der in § 2a Abs. 1 Nr. 4 ArbGG genannten Eigenschaften entschieden werden kann. Dies setzt eine vorherige **Prüfung der Schlüssigkeit und der Erheblichkeit des Parteivorbringens** in Bezug auf die Klageforderung ebenso voraus wie die Durchführung einer ggf. notwendigen Beweisaufnahme. Danach ist der Ausgangsrechtsstreit nicht schon dann auszusetzen, wenn die Tariffähigkeit oder die Tarifzuständigkeit einer Vereinigung nur von einer Partei ohne Angabe von nachvollziehbaren Gründen in Frage gestellt wird. So kann beispielsweise der Anspruch des Leiharbeitnehmers auf Auskunftserteilung nach § 13 AÜG nicht von vornherein von der Klärung der Tarifzuständigkeit oder Tariffähigkeit einer Vereinigung abhängen.[77]

19 Der **Aussetzungsbeschluss** nach Satz 1 eröffnet nur eine vergangenheitsbezogene Feststellung über die Tariffähigkeit der jeweiligen Arbeitnehmer- oder Arbeitgeberkoalition, deren Tariffähigkeit zwischen den Parteien des Ausgangsverfahrens im Streit steht. Das betrifft den **Zeitpunkt**, in dem der **Tarifvertrag abgeschlossen** worden ist, der für den **prozessualen Anspruch** der klagenden Partei (z.B. Lohndifferenz) **entscheidungserheblich** ist. Wegen der über den Beschlusstenor hinausreichenden Rechtskraftwirkung (s. Rdn. 14) eines bereits zur Tariffähigkeit entschiedenen Verfahrens zum gleichen Streitgegenstand (Antrag und Antragsbegründung) ist die Feststellung zur (fehlenden) sozialen Mächtigkeit dann für die Folgezeit ebenfalls bindend, soweit nicht wesentliche Änderungen entscheidungserheblicher tatsächlicher oder rechtlicher Verhältnisse eingetreten sind, was im Aussetzungsbeschluss näher zu begründen wäre.[78]

20 Die **Aussetzung** erfolgt **von Amts wegen**, ein Antrag der Parteien ist insoweit entbehrlich.[79] Der Aussetzungsbeschluss ist hinsichtlich der Bedeutung der Tariffähigkeit oder der Tarifzuständigkeit für das ausgesetzte Verfahren ausreichend zu begründen, ansonsten unterliegt der Beschluss der Aufhebung.[80] Im Fall einer rechtskräftigen Aussetzung sind die Parteien bzw. Beteiligten des Ausgangsverfahrens im Verfahren nach § 97 Abs. 1 ebenfalls antragsberechtigt *(Abs. 5 Satz 2)*. Die allein auf § 97 Abs. 5 Satz 2 ArbGG beruhende Befugnis einer Partei, die Tariffähigkeit oder Tarifzuständigkeit gerichtlich klären zu lassen, **beschränkt** sich aber auf die zwischen den Parteien **streitige Vorfrage**,[81] wegen derer ein Verfahren nach § 97 Abs. 5 Satz 1 ArbGG ausgesetzt

---

74 LAG Berlin-Brandenburg, 09.01.2012 – 24 TaBV 1285/11 u.a., LAGE § 97 ArbGG 1979 Nr. 8, rechtskräftig nach Zurückweisung Nichtzulassungsbeschwerde durch BAG, 22.05.2012 – 1 ABN 27/12; BAG, 23.05.2012 – 1 AZB 58/11 und 1 AZB 67/11.
75 BAG, 22.05.2012 – 1 ABN 27/12; Verfassungsbeschwerde nicht angenommen, BVerfG 25.04.2015 – 1 BvR 2314/12, Rn 13, NZA 2015, 757 im CGZP-Verfahren.
76 BAG, 23.05.2012 – 1 AZB 58, 67/11, EzA § 97 ArbGG 1979 Nr. 10, 11.
77 BAG, 26.01.2016 – 1 ABR 13/14, EzA § 97 ArbGG 1979 Nr. 15, Rn 41, 48 ff., zu den Anforderungen an den Aussetzungsbeschluss; BAG, 19.12.2012 – 1 AZB 72/12; BAG, 24.07.2012 – 1 AZB 47/11, Rn 11, EzA § 97 ArbGG 1979 Nr. 12; GK-ArbGG/Ahrendt § 97 Rn 88.
78 BAG 23.05.2012 – 1 AZB 58, 67/11, EzA § 97 ArbGG 1979 Nr. 10, 11 unter Hinweis auf BAG, 06.06.2000 – 1 ABR 21/99, NZA 2001, 156; vgl. auch HWK-Bepler Rn 18a f.
79 ErfK/Koch § 97 Rn 5.
80 BAG, 26.01.2016 – 1 ABR 13/14, EzA § 97 ArbGG 1979 Nr. 15, Rn 41; BAG, 19.12.2012 – 1 AZB 72/12, Rn 13 ff.
81 Vgl. Rdn. 10.

worden ist.[82] Bei Aussetzung durch das Landesarbeitsgericht ist ein Rechtsmittel nicht gegeben (§ 90 Abs. 3). Entscheidet das LAG aber in den Fällen des § 112 noch als Rechtsmittelgericht, gelten die Bestimmungen des § 78 Satz 1 und 2 i.V.m. § 72 Abs. 2. Das LAG kann in einem solchen Fall von grundsätzlicher Bedeutung (§ 72 Abs. 2) die **Rechtsbeschwerde** an das BAG zulassen.[83] Das LAG, das über das Verfahren nach § 97 Abs. 5 zu entscheiden hat, kann in den noch nach § 112 abzuwickelnden Verfahren den vorangegangenen Aussetzungsbeschluss nicht überprüfen.[84]

§ 98 Entscheidung über die Wirksamkeit einer Allgemeinverbindlicherklärung oder einer Rechtsverordnung

(1) In den Fällen des § 2a Absatz 1 Nummer 5 wird das Verfahren eingeleitet auf Antrag
1. jeder natürlichen oder juristischen Person oder
2. einer Gewerkschaft oder einer Vereinigung von Arbeitgebern,

die nach Bekanntmachung der Allgemeinverbindlicherklärung oder der Rechtsverordnung geltend macht, durch die Allgemeinverbindlicherklärung oder die Rechtsverordnung oder deren Anwendung in ihren Rechten verletzt zu sein oder in absehbarer Zeit verletzt zu werden.

(2) Für Verfahren nach § 2a Absatz 1 Nummer 5 ist das Landesarbeitsgericht zuständig, in dessen Bezirk die Behörde ihren Sitz hat, die den Tarifvertrag für allgemeinverbindlich erklärt hat oder die Rechtsverordnung erlassen hat.

(3) ¹Für das Verfahren sind § 80 Absatz 1, 2 Satz 1 und Absatz 3, §§ 81, 83 Absatz 1 und 2 bis 4, §§ 83a, 84 Satz 1 und 2, § 90 Absatz 3, § 91 Absatz 2 und §§ 92 bis 96 entsprechend anzuwenden. ²Für die Vertretung der Beteiligten gilt § 11 Absatz 4 und 5 entsprechend. ³In dem Verfahren ist die Behörde, die den Tarifvertrag für allgemeinverbindlich erklärt hat oder die Rechtsverordnung erlassen hat, Beteiligte.

(4) ¹Der rechtskräftige Beschluss über die Wirksamkeit einer Allgemeinverbindlicherklärung oder einer Rechtsverordnung wirkt für und gegen jedermann. ²Rechtskräftige Beschlüsse von Gerichten für Arbeitssachen im Verfahren nach § 2a Absatz 1 Nummer 5 sind alsbald der obersten Arbeitsbehörde des Bundes in vollständiger Form abschriftlich zu übersenden oder elektronisch zu übermitteln. ³Soweit eine Allgemeinverbindlicherklärung oder eine Rechtsverordnung rechtskräftig als wirksam oder unwirksam festgestellt wird, ist die Entscheidungsformel durch die oberste Arbeitsbehörde des Bundes im Bundesanzeiger bekannt zu machen.

(5) In den Fällen des § 2a Absatz 1 Nummer 5 findet eine Wiederaufnahme des Verfahrens auch dann statt, wenn die Entscheidung über die Wirksamkeit einer Allgemeinverbindlicherklärung oder einer Rechtsverordnung darauf beruht, dass ein Beteiligter absichtlich unrichtige Angaben oder Aussagen gemacht hat. § 581 der Zivilprozessordnung findet keine Anwendung.

(6) ¹Hängt die Entscheidung eines Rechtsstreits davon ab, ob eine Allgemeinverbindlicherklärung oder eine Rechtsverordnung wirksam ist, so hat das Gericht das Verfahren bis zur Erledigung des Beschlussverfahrens nach § 2a Absatz 1 Nummer 5 auszusetzen. ²Im Falle des Satzes 1 sind die Parteien des Rechtsstreits auch im Beschlussverfahren nach § 2a Absatz 1 Nummer 5 antragsberechtigt.

---

82 BAG, 29.06.2004 – 1 ABR 14/03, NZA 2004, 1236; ErfK/Koch § 97 Rn 5; GK-ArbGG/Ahrendt § 97 Rn 85, 92.
83 LAG Rheinland-Pfalz, 15.06.2011 – 6 Ta 99/11, BB 2011, 1916.
84 HWK-Bepler Rn 20.

§ 98 ArbGG   Entscheidung über die Wirksamkeit einer Allgemeinverbindlicherklärung

Übersicht

		Rdn.			Rdn.
I.	Allgemeines	1	1.	Sachliche und örtliche Zuständigkeit	13
II.	Verfahrensgegenstand	2	2.	Anwendbare Vorschriften	14
III.	Antrag, Antragsbefugnis und Feststellungsinteresse	5	VI.	Entscheidung und Rechtskraft	15
	1. Antragstellung	5	1.	Beschluss über (Un-)Wirksamkeit	15
	2. Antragsbefugnis	6	2.	Rechtskraft	17
	3. Feststellungsinteresse	10	3.	Publizität	18
IV.	Beteiligte	12	VII.	Aussetzung anderer Verfahren	19
V.	Verfahrensgrundsätze	13	VIII.	Übergangsregelung	25

I. Allgemeines

1 Durch Art. 2 Nr. 1 Buchst. b, 5 des Tarifautonomiestärkungsgesetzes[1] ist mit Wirkung ab 16.08.2014 mit dem Verfahren nach §§ 2a Abs. 1 Nr. 5, 98 eine neue und ausschließliche Zuständigkeit der Gerichte für Arbeitssachen zur Feststellung der Wirksamkeit einer Allgemeinverbindlicherklärung von Tarifverträgen nach § 5 TVG und bestimmter Rechtsverordnungen nach dem AEntG und dem AÜG geschaffen worden.[2] Der bisherige § 98 (Entscheidung über die Besetzung der Einigungsstelle) wurde inhaltlich unverändert zunächst zu § 99, seit dem 10.07.2015 zu § 100. Ziel der Neuregelung ist, die rechtliche Überprüfung der Erstreckung von Tarifverträgen bei den für Fragen des Arbeits- und Tarifrechts besonders sachnahen Arbeitsgerichten zu konzentrieren.[3] Konkurrierende Entscheidungen verschiedener Gerichtsbarkeiten über die Wirksamkeit einer Allgemeinverbindlicherklärung oder einer solchen Verordnung sollen damit ausgeschlossen werden. Die unbefriedigende Situation, dass verschiedene Gerichtsbarkeiten in unterschiedlichen Verfahrensarten[4] inzidenter die Wirksamkeit überprüfen mussten, ohne dass eine Bindungswirkung entsprechender Entscheidungen bestanden hätte,[5] ist damit im Anwendungsbereich der Norm beseitigt.[6] Der Sache nach handelt es sich um ein **abstraktes Normenkontrollverfahren**; die Ausgestaltung des Verfahrens ist am Modell des § 97 (Entscheidung über die Tariffähigkeit oder Tarifzuständigkeit einer Vereinigung) angelehnt.[7] Daneben bestehen Bezugspunkte zu § 47 VwGO.[8] Mangels Übergangsregelung findet die Vorschrift auch auf bereits anhängige Rechtsstreitigkeiten Anwendung, unabhängig davon, in welcher Gerichtsbarkeit und in welchem Verfahrensstand sich diese befinden, sofern der Streitgegenstand nicht mit dem Gegenstand des Verfahrens nach § 98 identisch ist.[9] Dies gilt insbesondere für die Aussetzungspflicht nach § 98 Abs. 6 Satz 1.[10]

II. Verfahrensgegenstand

2 Gegenstand einer Überprüfung im Verfahren nach § 98 können gem. § 2a Abs. 1 Nr. 5 zum einen Allgemeinverbindlicherklärungen nach § 5 TVG – der durch Art. 5 Nr. 1 des Tarifautonomiestärkungsgesetzes ebenfalls umfänglich verändert wurde – sein. Dabei spielt es keine Rolle, ob die Allgemeinverbindlicherklärung eines Tarifvertrags durch das Bundesministerium für Arbeit und Soziales oder durch die oberste Arbeitsbehörde eines Landes (§ 5 Abs. 6 TVG) erfolgt ist. Zum anderen können Rechtsverordnungen nach § 7 und § 7a AEntG und nach § 3a AÜG, durch die ebenfalls

---

1 Gesetz vom 11.08.2014, BGBl. I, S. 1348.
2 Vgl. umfassend Walker JbArbR, Bd. 52, S. 95 ff.; Maul-Sartori NZA 2014, 1305 ff.
3 BT-Drs. 18/1558, S. 44 f.
4 Vgl. z.B. BVerwG, 28.01.2010 – 8 C 38/09, NZA 2010, 1137; BVerwG, 28.01.2010 – 8 C 19/09, NZA 2010, 71; LSG Berlin-Brandenburg, 29.10.2010 – L 1 KR 24/04.
5 BAG, 26.10.2009 – 3 AZB 24/09, NZA 2009, 1436.
6 Vgl. auch VG Berlin, 13.02.2015 – 4 K 252.12, das eine entsprechende Feststellungsklage unter Hinweis auf § 98 als unzulässig abgewiesen hat.
7 BT-Drs. 18/1558, S. 45.
8 Walker JbArbR, Bd. 52, S. 97.
9 BT-Drs. 18/1558, S. 46; Einzelheiten s. Rdn. 25.
10 Einzelheiten s. Rdn. 19 ff.; BAG, 07.01.2015 – 10 AZB 109/14, Rn 9, NZA 2015, 237.

tarifvertragliche Regelungen auf Außenseiter erstreckt werden, einer arbeitsgerichtlichen Überprüfung auf ihre Rechtswirksamkeit unterzogen werden. Diese Aufzählung ist abschließend und nicht analogiefähig.[11] Rechtsverordnungen, die auf Vorschlag einer Kommission erlassen werden (Pflegebranche § 11 AEntG, Mindestlohn § 11 MiLoG), erfasst § 98 nicht,[12] deren Wirksamkeit ist ggf. inzident in anderen Verfahren zu prüfen. Ebenso wenig eröffnet die Neuregelung die Möglichkeit einer vor den Arbeitsgerichten durchzuführenden Normerlassklage für den Fall der (teilweisen) Ablehnung einer Allgemeinverbindlicherklärung[13] oder einer entsprechenden Rechtsverordnung. Insoweit bleibt es bei der Zuständigkeit der Verwaltungsgerichtsbarkeit.[14] Das Verfahren zwischen Tarifvertragsparteien über den Bestand oder die Auslegung eines Tarifvertrags nach § 9 TVG (»Verbandsklage«)[15] hat einen anderen Streitgegenstand und bleibt von § 98 ebenfalls unberührt.

Zum Gegenstand eines Verfahrens kann eine Allgemeinverbindlicherklärung oder Rechtsverordnung nach § 98 Abs. 1 Satz 1 erst werden, wenn sie im Bundesanzeiger bekannt gemacht wurde; ein vorbeugender Rechtsschutz gegen eine bloß beabsichtigte Erstreckung tariflicher Regelungen ist nicht vorgesehen.[16] Hieran ändert § 98 Abs. 1 letzter Halbsatz nichts, der lediglich bestimmt, dass eine Rechtsverletzung noch nicht eingetreten sein muss und trotzdem eine Antragsbefugnis bestehen kann. Allerdings muss die angegriffene Regelung noch nicht in Kraft getreten sein.[17] Außer Kraft getretene Allgemeinverbindlicherklärungen oder Rechtsverordnungen können hingegen grds. Verfahrensgegenstand sein. Ob eine entsprechende Entscheidung, die ex-tunc-Wirkung hat, im Einzelfall noch Rechtswirkungen haben kann, ist eine Frage der Antragsbefugnis und des Feststellungsinteresses.[18]

3

Ist bereits ein Verfahren nach § 98 über eine bestimmte Allgemeinverbindlicherklärung oder über eine bestimmte Rechtsverordnung anhängig, so steht einem weiteren eigenständigen Verfahren der **Einwand der doppelten Rechtshängigkeit** (§ 261 Abs. 3 Nr. 1 ZPO) entgegen.[19] Entsprechende Anträge in später anhängig gemachten Beschlussverfahren sind unzulässig. Allerdings besteht die Möglichkeit, sich in dem bereits anhängigen Verfahren als weiterer Antragsteller zu beteiligen.[20] Ist bereits rechtskräftig über die Wirksamkeit einer Allgemeinverbindlicherklärung oder einer Rechtsverordnung nach dem AEntG oder dem AÜG entschieden, steht dies der Einleitung eines neuen Verfahrens nach § 98 ebenfalls entgegen (§ 98 Abs. 4 Satz 1).

4

III. Antrag, Antragsbefugnis und Feststellungsinteresse

1. Antragstellung

Ziel des Verfahrens ist die Entscheidung über die Wirksamkeit der Allgemeinverbindlicherklärung oder einer entsprechenden Rechtsverordnung, also die Prüfung, ob sie formell ordnungsgemäß zustande gekommen sind und materiell die gesetzlichen Voraussetzungen für die Erstreckung der Tarifnormen auf nicht tarifgebundene Arbeitnehmer und Arbeitgeber vorlagen. Wie sich aus § 98 Abs. 4 Satz 3 ergibt, ist die Frage dem Gericht im Wege des Feststellungsantrags zu unterbreiten. Auch insoweit ist das Verfahren § 97 nachgebildet.[21] Der Antrag ist regelmäßig auf die **Feststellung der Unwirksamkeit** der angegriffenen Allgemeinverbindlicherklärung oder Rechtsverordnung gerichtet. Dementsprechend ist stets ein von der Antragsbefugnis zu unterscheidendes Feststel-

5

---

11 ErfK/Koch § 98 Rn 2; GK-ArbGG/Ahrendt § 98 Rn 5; Walker JbArbR, Bd. 52, S. 99.
12 BT-Drs. 18/1558, S. 45.
13 Vgl. dazu BVerwG, 03.11.1988 – 7 C 115/86, NZA 1989, 364.
14 Maul-Sartori NZA 2014, 1305 ff., 1310.
15 Vgl. zuletzt z.B. BAG 18.04.2012 – 4 AZR 371/10, NZA 2013, 161.
16 Weitergehend Walker JbArbR, Bd. 52, S. 99: Auch beim Anschein einer wirksamen Erstreckung.
17 GK-ArbGG/Ahrendt § 98 Rn 8.
18 Walker JbArbR, Bd. 52, S. 98 f.
19 GK-ArbGG/Ahrendt § 98 Rn 35.
20 ErfK/Koch § 98 Rn 5.
21 Vgl. dazu z.B. BAG, 11.06.2013 – 1 ABR 33/12, NZA-RR 2013, 2751.

lungsinteresse nach § 256 Abs. 1 ZPO erforderlich (vgl. Rdn. 10). Zur Frage der Zulässigkeit eines positiven Feststellungsantrags vgl. Rdn. 11.

2. Antragsbefugnis

6 Antragsbefugt sind nach § 98 Abs. 1 alle natürlichen und juristischen Personen, Gewerkschaften oder Vereinigungen von Arbeitgebern, die geltend machen, durch die Allgemeinverbindlicherklärung oder die Rechtsverordnung oder deren Anwendung in ihren Rechten verletzt zu sein oder in absehbarer Zeit verletzt zu werden. Der Wortlaut der Regelung ist an § 47 Abs. 2 Satz 1 VwGO orientiert.[22] Damit hat der Gesetzgeber die Antragsbefugnis aus Gründen des Individualrechtsschutzes weit gefasst. Nach der von den Verwaltungsgerichten in st. Rspr. zu § 47 VwGO verwendeten Formel ist eine Antragsbefugnis für ein Normenkontrollverfahren gegeben, wenn der Antragsteller hinreichend substantiiert Tatsachen vorträgt, die es zumindest als möglich erscheinen lassen, dass er durch den zur Prüfung gestellten Rechtssatz in einem subjektiven Recht verletzt wird.[23] Die bloße Behauptung der Unwirksamkeit einer Allgemeinverbindlicherklärung oder Verordnung genügt zur Bejahung der Antragsbefugnis noch nicht; vielmehr muss der Antragsteller konkrete Umstände benennen, die auf eine solche Unwirksamkeit schließen lassen.[24] Darüber hinaus muss deutlich gemacht werden, welches subjektive Recht aktuell oder zumindest in absehbarer Zeit durch die mögliche Unwirksamkeit verletzt wird. Popularklagen sind damit ausgeschlossen.[25]

7 Nach Abs. 1 Nr. 1 sind grds. alle **natürlichen und juristischen Personen** antragsbefugt, bei denen diese Voraussetzungen vorliegen. Dies können einzelne **Arbeitgeber** sein, die nicht tarifgebunden sind und auf die eine Tarifregelung durch eine Allgemeinverbindlicherklärung oder eine Rechtsverordnung erstreckt wird. Dies gilt insbesondere, wenn die Nichtbeachtung nach den Bestimmungen des AEntG oder des AÜG bußgeldbewehrt ist,[26] was gegenüber Arbeitgebern mit Sitz im Inland und im Ausland der Fall ist. Bei Arbeitgebern mit Sitz im Ausland oder Verleihunternehmen, die von § 8 Abs. 3 AEntG erfasst werden, steht der Antragsbefugnis nach Abs. 1 deshalb nicht entgegen, dass sich die Erstreckung unmittelbar erst aus Bestimmungen des AEntG ergibt.[27] Auch ein an einen anderen Tarifvertrag gebundener **Arbeitnehmer** kann antragsbefugt sein. Hingegen genügt es für eine Antragsbefugnis des Arbeitnehmers nach Abs. 1 nicht, wenn sich lediglich dessen Arbeitgeber auf eine Unwirksamkeit beruft.[28] In einem solchen Fall muss der Arbeitnehmer ein Klageverfahren über einen tariflichen Anspruch einleiten. Erst wenn dieses auf entsprechenden Einwand des Arbeitgebers ausgesetzt wird, besteht eine Antragsbefugnis nach Abs. 6 Satz 2 (vgl. Rdn. 9). Entscheidet das ArbG hingegen in der Sache zugunsten des Arbeitnehmers, besteht kein Anlass, diesem die Einleitung des Verfahrens nach § 98 zu ermöglichen. Keine Antragsbefugnis nach Abs. 1 Nr. 1 haben gemeinsame Einrichtungen der Tarifvertragsparteien, wie z. B. die Sozialkassen des Baugewerbes, da eine Verletzung eigener Rechte nicht in Betracht kommt. Auch sie sind auf die Antragsbefugnis nach Abs. 6 zu verweisen, wenn ein konkreter Rechtsstreit ausgesetzt wird, an dem sie als Partei beteiligt sind.[29]

8 Nach Nr. 2 besteht eine Antragsbefugnis auch für **Gewerkschaften und Vereinigungen von Arbeitgebern.** Regelmäßig wird es sich dabei um solche handeln, die nach ihren Satzungen ebenfalls eine Tarifzuständigkeit für den von der Allgemeinverbindlichkeit oder der Rechtsverordnung erfassten Geltungsbereich beanspruchen und konkurrierende tarifliche Regelungen abgeschlossen haben

---

22 BT-Drs. 18/1558, S. 45; ErfK/Koch § 98 Rn 3.
23 Vgl. z.B. BVerwG, 29.12.2011 – 3 BN 1/11; BVerwG, 22.08.2005 – 6 BN 1/05, DÖV 2006, 518.
24 Vgl. zur bish. Rechtslage: BAG, 25.09.2002 – 9 AZR 405/00, NZA 2003, 275; BAG, 22.09.1993 – 10 AZR 371/92, NZA 1994, 323.
25 GK-ArbGG/Ahrendt § 98 Rn 21; Walker JbArbR, Bd. 52, S. 100.
26 ErfK/Koch § 98 Rn 3; Walker JbArbR, Bd. 52, S. 101.
27 A.A. GK-ArbGG/Ahrendt § 98 Rn 27.
28 A.A. ErfK/Koch § 98 Rn 3.
29 Vgl. zu § 97: BAG, 29.06.2004 – 1 ABR 14/03, NZA 2004, 1236.

oder dies zumindest beabsichtigen. Sie sind damit von der verdrängenden Wirkung einer Allgemeinverbindlicherklärung oder Rechtsverordnung betroffen; ihre Rechte aus Art. 9 Abs. 3 GG berührt.[30] Hingegen wird es bei den Tarifvertragsparteien, die die erstreckten Tarifverträge vereinbart haben, an einer möglichen Rechtsverletzung fehlen.[31]

Antragsbefugt sind nach § 98 Abs. 6 Satz 2 kraft Gesetzes die Parteien oder Beteiligten, deren Verfahren nach § 98 Abs. 6 Satz 1 ausgesetzt wurde. Die Regelung entspricht § 97 Abs. 5 Satz 2. An den Aussetzungsbeschluss ist das LAG, das über die Wirksamkeit der Allgemeinverbindlicherklärung oder Verordnung zu entscheiden hat, hinsichtlich der Antragsbefugnis gebunden. Es darf nicht nachprüfen, ob die Frage für das andere Verfahren tatsächlich vorgreiflich ist.[32] Im Fall des Abs. 6 Satz 2 bedarf es – anders als nach Abs. 1 – keiner besonderen Darlegung der Antragsbefugnis mehr; diese ergibt sich aus der Aussetzung des Rechtsstreits.[33] Die Antragsbefugnis nach Abs. 6 Satz 2 ist auf die Allgemeinverbindlicherklärung oder Rechtsverordnung beschränkt, derentwegen das Gericht sein Verfahren ausgesetzt hat.[34] Ist bereits rechtskräftig über die Wirksamkeit der Allgemeinverbindlicherklärung oder Rechtsverordnung, die zur Aussetzung geführt hat, entschieden, entfällt zwar die Antragsbefugnis nicht. Ein solcher Antrag ist aber wegen der entgegenstehenden Rechtskraft der früheren Entscheidung (§ 98 Abs. 4 Satz 1, Einzelheiten Rdn. 4, 18) unzulässig. 9

3. Feststellungsinteresse

Neben der Antragsbefugnis bedarf es zur Zulässigkeit eines Feststellungsantrags nach § 256 Abs. 1 ZPO stets eines besonderen rechtlichen Interesses an der begehrten Feststellung.[35] Regelmäßig folgt dies im Verfahren nach § 98 aus der Antragsbefugnis, da bereits diese die Darlegung eines subjektiven Interesses voraussetzt (Rdn. 6). Anderes kann gelten im Fall außer Kraft getretener Allgemeinverbindlicherklärungen oder Rechtsverordnungen. Hier wird man die Darlegung verlangen müssen, inwieweit der Antragsteller – jenseits der behaupteten Verletzung subjektiver Rechte – noch ein aktuelles Interesse an der begehrten Feststellung besteht.[36] Rein vergangenheitsbezogene Feststellungen, ohne dass die Normen noch praktische Bedeutung im Arbeitsleben haben, dürften daher ausscheiden.[37] 10

§ 98 Abs. 1 trifft keine ausdrückliche Regelung zu der Frage, ob und unter welchen Voraussetzungen ein **positiver Antrag auf Feststellung** der Wirksamkeit einer Allgemeinverbindlicherklärung oder Rechtsverordnung zulässig ist. Eine Rechtsverletzung kann in diesem Fall ja nicht geltend gemacht werden. Allerdings setzt § 98 Abs. 4 Satz 3 anscheinend eine solche Möglichkeit voraus, da auch eine Entscheidungsformel über die Wirksamkeit einer Allgemeinverbindlicherklärung oder Rechtsverordnung zu veröffentlichen ist. ME folgt daraus, dass zwar mangels Antragsbefugnis nach § 98 Abs. 1 ein Verfahren nicht (vorbeugend) mit dem positiven Antrag auf Feststellung der Wirksamkeit einer Allgemeinverbindlicherklärung oder Rechtsverordnung eingeleitet werden kann.[38] Ist aber ein auf die Feststellung der Unwirksamkeit einer Allgemeinverbindlicherklärung oder Verordnung gerichtetes Verfahren anhängig, können die weiteren Beteiligten (einschließlich der stets zu beteiligenden erlassenden Behörde) einen positiven Feststellungsantrag als **Gegenantrag** stellen. Die Antragsbefugnis dafür ergibt sich aus dem Grund für die Beteiligung, also der unmittelbaren Betroffenheit in ihrer Rechtsstellung (dazu Rdn. 12). Das Feststellungsinteresse folgt aus 11

---

30 Vgl. umfassend GK-ArbGG/Ahrendt § 98 Rn 28 ff.
31 Walker JbArbR, Bd. 52, S. 101.
32 Vgl. zu § 97 Abs. 5: BAG, 29.06.2004 – 1 ABR 14/03, zu B I 2 b aa der Gründe, NZA 2004, 1236.
33 Walker JbArbR, Bd. 52, S. 102.
34 Vgl. zu § 97 Abs. 5: BAG, 18.07.2006 –1 ABR 36/05, NZA 2006, 1225.
35 Vgl. zu § 97: BAG, 14.12.2010 – 1 ABR 19/10, Rn 53, NZA 2011, 289.
36 GK-ArbGG/Ahrendt § 98 Rn 41; zweifelnd Walker JbArbR, Bd. 52, S. 104, der eher bereits die Antragsbefugnis als nicht gegeben ansieht.
37 Vgl. zu § 97 Abs. 5: BAG, 11.06.2013 – 1 ABR 32/12, Rn 54, NZA 2013, 1363.
38 Weiter wohl HWK/Treber § 98 Rn 3.

§ 98 Abs. 4 Satz 3; die entsprechende Feststellung ist für die beteiligten Verkehrskreise u.a. wegen der dann nicht mehr bestehenden Aussetzungspflicht nach Abs. 6 von Bedeutung.[39] Hingegen erscheint in Fällen der **Aussetzung** nach § 98 Abs. 6 eine Verfahrenseinleitung auch mit einem positiven Feststellungsantrag möglich, wenn bisher kein Verfahren nach § 98 anhängig ist.[40] Andernfalls wäre die Partei, die von der Wirksamkeit der Allgemeinverbindlichkeit oder Rechtsverordnung ausgeht, darauf angewiesen, dass der Gegner – der hieran möglicherweise kein Interesse hat – ein Verfahren einleitet. Dies wäre mit dem Gebot des effektiven Rechtsschutzes – bezogen auf das ausgesetzte Verfahren, das auf unbestimmte Zeit keinen Fortgang findet – nicht vereinbar.

IV. Beteiligte

12 Nach § 98 Abs. 3 sind die allgemeinen Vorschriften über die Beteiligung im Beschlussverfahren entsprechend anzuwenden (vgl. § 83 Rdn. 17 ff.). Neben dem(n) Antragsteller(n) nach § 98 Abs. 1 oder Abs. 6 Satz 2 sind das zunächst andere Antragsbefugten, die einen eigenen Antrag stellen.[41] Darüber hinaus sind diejenigen beteiligt, die durch das Verfahren unmittelbar in ihrer Rechtsstellung betroffen sind. Dazu gehören stets die Tarifvertragsparteien, die den Tarifvertrag abgeschlossen haben, den die Allgemeinverbindlicherklärung oder Rechtsverordnung betrifft.[42] Zwar wird ihre Normsetzungsbefugnis selbst durch die Entscheidung nicht berührt, aber durch ihre Normsetzung und die Beteiligung am Erstreckungsverfahren besteht an hinreichende rechtliche Betroffenheit in ihrer Eigenschaft als Tarifvertragspartei. Kraft ausdrücklicher gesetzlicher Anordnung ist weiter die Behörde zu beteiligen, die die Allgemeinverbindlicherklärung oder die Rechtsverordnung erlassen hat (§§ 10, 98 Abs. 3 Satz 3). In Betracht kommt auch die Beteiligung konkurrierender Gewerkschaften oder Arbeitgeberverbände im räumlichen und fachlichen Geltungsbereich der Allgemeinverbindlicherklärung oder Rechtsverordnung, sofern diese Tarifverträge abgeschlossen haben oder deren Abschluss anstreben und nicht bereits selbst Antragsteller sind.[43] Hingegen kommt eine Beteiligung der Spitzenverbände im Verfahren nach § 98 mangels Betroffenheit in eigenen Rechten nicht in Betracht.[44] Allein der Umstand, dass Personen und Stellen im Verfahren über den Erlass der Allgemeinverbindlicherklärung oder Rechtsverordnung angehört wurden (z.B. nach § 5 Abs. 2 TVG) oder eine Stellungnahme abgegeben haben, führt für sich genommen nicht zum Recht auf Beteiligung.[45] Nicht zu beteiligen sind schließlich einzelne Arbeitgeber oder Arbeitnehmer, die unter den Geltungsbereich der Allgemeinverbindlicherklärung oder der Rechtsverordnung fallen, solange sie selbst keinen Antrag nach §§ 2a Abs. 1 Nr. 5, 98 Abs. 1 Nr. 1 oder Abs. 6 Satz 2 stellen. Dafür sprechen auch Gründe der Verfahrensökonomie.[46] Beteiligt sich allerdings eine Partei eines ausgesetzten Verfahrens durch eine eigene Antragstellung, kommt in Betracht, die andere Partei von Amts wegen zu beteiligen.[47]

V. Verfahrensgrundsätze

1. Sachliche und örtliche Zuständigkeit

13 § 98 Abs. 2 bestimmt die **sachliche Zuständigkeit** abweichend von § 8 Abs. 1: Erstinstanzlich ist – ebenso wie nunmehr in Verfahren nach § 97 – das LAG zuständig, nicht das ArbG. Ziel ist eine Verfahrensbeschleunigung und eine schnellere Herbeiführung von Rechtssicherheit über die

---

[39] BT-Drs. 18/1558, S. 45 f.
[40] GK-ArbGG/Ahrendt § 98 Rn 9; Maul-Sartori NZA 2014, 1305 ff., 1309.
[41] GK-ArbGG/Ahrendt § 98 Rn 37 (»notwendige Beteiligung«) m.w.N. zur Rechtsprechung zu § 97.
[42] GK-ArbGG/Ahrendt § 98 Rn 39; HWK/Treber § 98 Rn 8; Walker JbArbR, Bd. 52, S. 107; a.A. ErfK/Koch § 98 Rn 5.
[43] Maul-Sartori NZA 2014, 1305 ff., 1309.
[44] Walker JbArbR, Bd. 52, S. 107.
[45] ErfK/Koch § 98 Rn 4; GK-ArbGG/Ahrendt § 98 Rn 40.
[46] Vgl. zum Verfahren nach § 97: BAG, 14.12.2010 – 1 ABR 19/10, NZA 2011, 289.
[47] Maul-Sartori NZA 2014, 1305 ff., 1309; Walker JbArbR, Bd. 52, S. 107.

wichtige Frage der Wirksamkeit einer Allgemeinverbindlicherklärung oder einer Rechtsverordnung nach AEntG und AÜG.[48] Gleichzeitig regelt § 98 Abs. 2 die **örtliche Zuständigkeit**: Zuständig ist das LAG, in dessen Bezirk die Behörde ihren Sitz hat, die den Tarifvertrag für allgemeinverbindlich erklärt oder die Rechtsverordnung erlassen hat. Im Regelfall, nämlich im Fall der Allgemeinverbindlicherklärung oder des Verordnungserlasses durch das Bundesministeriums für Arbeit und Soziales, wird daher eine Zuständigkeit des LAG Berlin-Brandenburg gegeben sein. Lediglich im Fall der Allgemeinverbindlicherklärung durch eine oberste Landesbehörde ist das für deren Sitz zuständige LAG zu befassen.[49]

2. Anwendbare Vorschriften

Grds. gelten die allgemeinen Vorschriften über das Beschlussverfahren, die entsprechend anzuwenden sind. Die Struktur des Verfahrens entspricht der des Verfahrens nach § 97, so dass auf die dort entwickelten Grundsätze zurückgegriffen werden kann. Besonderer Bedeutung kommt wegen der Verkürzung des Instanzenzuges – und generell wegen des Stellenwerts der Verfahren nach § 98 – dem **Untersuchungsgrundsatz** (§ 83 Abs. 1) zu. Dementsprechend findet auch die Bestimmung zur Zurückweisung verspäteten Vorbringens (§ 83 Abs. 1a) keine Anwendung. Die Präzisierung der in § 98 Abs. 3 in Bezug genommenen Vorschriften soll im Übrigen der **Eigenart des Streitgegenstandes** bzw. der Besonderheit des Verfahrens vor dem LAG Rechnung tragen.[50] So findet kein Güteverfahren statt; § 80 Abs. 2 Satz 2 gilt nicht. Aus dem Beginn des Rechtszuges beim LAG folgt der Zwang, sich in Verfahren über die Wirksamkeit einer Allgemeinverbindlicherklärung oder einer Rechtsverordnung durch Rechtsanwälte oder Verbandsvertreter vertreten zu lassen. Auf Anregung des Ausschusses für Arbeit und Soziales ist dieser **Vertretungszwang** in § 98 Abs. Satz 2 durch Bezugnahme auf § 11 Abs. 4 und 5 ausdrücklich klargestellt worden.[51] Ein Verkündungstermin darf mangels Bezugnahme auf § 60 Abs. 1 Satz 3 nicht anberaumt werden. § 83a soll zwar ohne Ausnahme Anwendung finden; ein Vergleich nach § 83a Abs. 1 scheidet allerdings wegen der fehlenden Verfügungsbefugnis der Beteiligten über den Streitgegenstand aus.[52] Eine Erledigung kommt hingegen – ggf. durch Zeitablauf – in Betracht. Eine einstweilige Verfügung über den Streitgegenstand scheidet bereits der Sache nach aus; im Übrigen ist § 85 ebenfalls nicht in Bezug genommen.[53]

14

VI. Entscheidung und Rechtskraft

1. Beschluss über (Un-)Wirksamkeit

Mit der Entscheidung im Verfahren nach § 98 wird – soweit die Zulässigkeitsvoraussetzungen für den Antrag erfüllt sind – festgestellt, ob die streitgegenständliche Allgemeinverbindlicherklärung oder Rechtsverordnung wirksam ist. Es ist also zu prüfen, ob sie **formell** – d.h. ohne wesentliche Verfahrensfehler[54] – ordnungsgemäß zustande gekommen ist und ob **materiell** die gesetzlichen Voraussetzungen für die Erstreckung der Tarifnormen auf nicht tarifgebundene Arbeitnehmer und Arbeitgeber nach § 5 TVG oder §§ 7, 7a AEntG, § 3a AÜG vorlagen. Maßgeblich ist dabei der Zeitpunkt der Allgemeinverbindlicherklärung bzw. des Erlasses der Verordnung. Dabei hat das LAG die angegriffene Allgemeinverbindlicherklärung oder Rechtsverordnung unter allen rechtlichen Gesichtspunkten zu prüfen; eine Bindung an die vorgebrachten Rügen besteht nicht.[55] Die Entscheidung ergeht durch das LAG als Beschluss, der entsprechend §§ 98 Abs. 3, 84 Satz 1

15

---

48 BT-Drs. 18/1558, S. 45.
49 Zu Einzelheiten vgl. GK-ArbGG/Ahrendt § 98 Rn 19.
50 BT-Drs. 18/1558, S. 44.
51 BT-Drs. 18/2010, S. 6, 27.
52 GK-ArbGG/Ahrendt § 98 Rn. 43.
53 Walker JbArbR, Bd. 52, S. 105 f.
54 ErfK/Koch § 98 Rn 6; GK-ArbGG/Ahrendt § 98 Rn 46; Walker JbArbR, Bd. 52, S. 107 m.w.N.
55 HWK/Treber § 98 Rn 4.

und 2, 91 Abs. 2 von allen Mitgliedern der Kammer zu unterzeichnen ist. Nach § 98 Abs. 4 Satz 3 soll die Entscheidungsformel die Feststellung der Unwirksamkeit oder Wirksamkeit enthalten. Wie es zur letztgenannten Feststellung kommen kann, macht das Gesetz nicht ganz deutlich, da typischerweise der Antrag weiterer Beteiligter nur auf Abweisung des Antrags des Antragstellers gerichtet ist. Wenn kein entsprechender Gegenantrag (vgl. Rdn. 11) vorliegt, kommt eine Auslegung des Abweisungsantrags im Lichte des § 98 Abs. 4 Satz 3 in Betracht.[56] Dass es an jeglichem Gegenantrag fehlt, dürfte im Verfahren nach § 98 schon wegen der verpflichtenden Beteiligung der erlassenden Behörde nach § 98 Abs. 3 Satz 3 in der Praxis nicht vorkommen.

16 Eine Rechtsbeschwerde ist nach den allgemeinen Regeln nur zulässig, wenn sie vom LAG oder nach erfolgreicher Nichtzulassungsbeschwerde vom BAG zugelassen wird. Im Beschluss ist hierüber eine Entscheidung zu treffen. Eine Kostenentscheidung erfolgt auch im Verfahren nach § 98 nicht, ebenso wenig die Erstattung außergerichtlicher Kosten.[57] Ein Ausspruch über die vorläufige Vollstreckbarkeit scheidet wegen des Feststellungsantrags ebenfalls aus.

2. Rechtskraft

17 § 98 Abs. 4 Satz 1 stellt klar, dass rechtskräftige Beschlüsse über die (Un-)Wirksamkeit einer Allgemeinverbindlicherklärung oder einer Verordnung nach §§ 7, 7a AEntG oder § 3a AÜG für und gegen jedermann wirken (sog. **inter-omnes- oder erga-omnes-Wirkung**). Dies entspricht der Rechtsprechung zur Wirkung von Entscheidungen im Verfahren nach § 97[58] und ist dort zwischenzeitlich in Abs. 3 Satz 1 ebenfalls klargestellt worden. Die Gefahr widersprüchlicher Entscheidung ist damit im Anwendungsbereich des § 98 beseitigt. Zeitlich nachfolgende Anträge über dieselbe Allgemeinverbindlicherklärung oder Rechtsverordnung sind unzulässig,[59] eine Aussetzung nach § 98 Abs. 6 Satz 1 darf nicht mehr erfolgen. Eine **Durchbrechung der Rechtskraft** wegen veränderter Umstände kommt im Verfahren nach § 98 – anders als bei § 97 (vgl. § 97 Rdn. 14) – nicht in Betracht, da bei der Feststellung der Wirksamkeit maßgeblich auf den Zeitpunkt der Allgemeinverbindlicherklärung bzw. des Erlasses der Verordnung abzustellen ist. Im Übrigen ist die Laufzeit der entsprechenden Tarifverträge regelmäßig begrenzt. Wegen der weitreichenden Wirkung der Entscheidung sieht § 98 Abs. 5 aber – wie § 97 Abs. 4 – eine erleichterte Wiederaufnahme vor, wenn ein Beteiligter absichtlich unrichtige Angaben oder Aussagen gemacht hat. § 581 ZPO findet keine Anwendung.[60]

3. Publizität

18 Wegen der Bedeutung der Entscheidung und der Wirkung für und gegen jedermann, sind rechtskräftige Beschlüsse in Verfahren nach § 98 gemäß Abs. 4 Satz 2 alsbald dem Bundesministerium für Arbeit und Soziales vollständig abschriftlich oder in elektronischer Form zu übermitteln. Dies gilt – wie aus Satz 3 deutlich wird – auch dann, wenn die entsprechenden Anträge unzulässig sind und unabhängig davon, durch wen die Allgemeinverbindlicherklärung erfolgt ist. Soweit eine inhaltliche Entscheidung über die (Un-)Wirksamkeit getroffen wurde, ist die Entscheidungsformel im Bundesanzeiger zu veröffentlichen.

VII. Aussetzung anderer Verfahren

19 Da die Frage der Wirksamkeit einer Allgemeinverbindlicherklärung nach § 5 TVG oder einer Verordnung nach §§ 7, 7a AEntG und § 3a AÜG nunmehr ausschließlich im Verfahren nach § 98

---

56 Im Ergebnis ebenso: ErfK/Koch § 98 Rn 6; GK-ArbGG/Ahrendt § 98 Rn. 48; Walker JbArbR, Bd. 52, S. 107.
57 Einzelheiten § 84 Rdn. 5.
58 Z.B. BAG, 23.05.2012 – 1 AZB 67/11, Rn 9, NZA 2012, 625.
59 GK-ArbGG/Ahrendt § 98 Rn 50.
60 Walker JbArbR, Bd. 52, S. 109 f.

zu klären ist, sind andere Rechtsstreite, bei denen es entscheidungserheblich hierauf ankommt, nach § 98 Abs. 6 Satz 1 – nicht nach § 148 ZPO – auszusetzen. Diese **Aussetzungspflicht** besteht nicht nur für die Arbeitsgerichtsbarkeit, sondern in jedem Rechtsweg unabhängig vom Verfahrensstand.[61] Eine Aussetzung hat auch noch im Rechtsmittelverfahren einschließlich der Revisions-/Rechtsbeschwerdeinstanz zu erfolgen.[62] Eine Aussetzung ist nur erforderlich und zulässig, wenn die Entscheidung ausschließlich davon abhängt, ob die Allgemeinverbindlicherklärung oder Rechtsverordnung rechtswirksam ist. Im Nichtzulassungsbeschwerdeverfahren scheidet eine Aussetzung deshalb aus, da dessen Gegenstand ausschließlich die Frage der Zulassung der Revision/Rechtsbeschwerde ist.[63] Auch im Fall der Unzulässigkeit eines Rechtsmittels kann keine Aussetzung erfolgen.[64] Im Übrigen bedarf es einer vorherigen Prüfung der Schlüssigkeit und Erheblichkeit des Parteivorbringens in Bezug auf die Klageforderung und ggf. die Durchführung einer Beweisaufnahme. Liegen die tatbestandlichen Voraussetzungen des § 98 Abs. 6 Satz 1 vor, hat eine Aussetzung zu erfolgen. Anders als nach § 148 ZPO hat das Gericht kein Ermessen, ob es aussetzt oder nicht.[65] Im Aussetzungsbeschluss ist sowohl die Entscheidungserheblichkeit zu begründen als auch darzulegen, welche Zweifel an der Wirksamkeit der Allgemeinverbindlichkeit oder Rechtsverordnung bestehen.[66]

Die Parteien oder Beteiligten des Ausgangsverfahrens können die Wirksamkeit oder Unwirksamkeit einer Allgemeinverbindlicherklärung oder Verordnung nicht wirksam unstreitig stellen, § 98 Abs. 6 ist zwingendes Recht. Die Aussetzung erfolgt **von Amts wegen**, ein entsprechender Antrag ist nur eine Anregung an das Gericht.[67] Eine Überprüfung von Amts wegen bedeutet aber nicht, dass die Gerichte verpflichtet sind, von sich aus das Vorliegen aller Voraussetzungen der Allgemeinverbindlicherklärung oder Rechtsverordnung zu überprüfen. Deshalb genügt es auch nicht, wenn die Parteien pauschal die Wirksamkeit der Allgemeinverbindlicherklärung oder Rechtsverordnung bestreiten. Vielmehr ist substanzieller Parteivortrag erforderlich, der **ernsthafte Zweifel** an der Wirksamkeit begründet oder das Vorliegen entsprechender gerichtsbekannter Tatsachen.[68] Dies gilt schon im Hinblick auf den Beschleunigungsgrundsatz nach § 9 Abs. 1 und das Gebot der Gewährung effizienten Rechtsschutzes. Wenn zwischen den Parteien über die Wirksamkeit der Allgemeinverbindlicherklärung oder Verordnung kein Streit besteht und auch von Amts wegen insoweit keine ernsthaften Bedenken gerechtfertigt sind, besteht keine Veranlassung zur Aussetzung des Rechtsstreits.[69] Auch die Einleitung eines Verfahrens nach § 98 Abs. 1 begründet für sich genommen solche Zweifel nicht.[70] Vielmehr müssen auch in einem solchen Fall die ernsthaften Zweifel konkretisiert werden, z.B. durch Vortrag der entsprechenden Antragsschrift. Sind entsprechende Tatsachen gerichtsbekannt, ist dies den Parteien offenzulegen. Bestehen solche ernsthaften Zweifel, hat das aussetzende Gericht selbst aber keine weiteren Schritte zur Überprüfung der Wirksamkeit der Allgemeinverbindlicherklärung oder Rechtsverordnung vorzunehmen; dies ist dem Verfahren nach § 98 vorbehalten.[71]

20

---

61 BT-Drs. 18/1558, S. 46.
62 Grundlegend BAG, 07.01.2015 – 10 AZB 109/14, NZA 2015, 237; BAG, 17.02.2016 – 10 AZR 600/14, JurionRS 2016, 13906; BAG, 10.09.2014 – 10 AZR 959/13, Rn 17 ff., NZA 2014, 1282.
63 BAG, 20.08.2014 – 10 AZN 573/14, Rn 4, EzA § 98 n.F. ArbGG 1979 Nr. 1.
64 BAG, 17.02.2016 – 10 AZR 600/14, JurionRS 2016, 13906.
65 BAG, 07.01.2015 – 10 AZB 109/14, Rn 23 f., NZA 2015, 237.
66 BAG, 07.01.2015 – 10 AZB 109/14, Rn 23, 25, NZA 2015, 237.
67 Vgl. zur früheren Rechtslage BAG, 25.06.2002 – 9 AZR 405/00, zu A II 2 b aa der Gründe, NZA 2003, 275.
68 Vgl. insgesamt dazu BAG, 07.01.2015 – 10 AZB 109/14, Rn 17 ff., NZA 2015, 237; zustimmend Walker JbArbR, Bd. 52, S. 111 f., 114; ähnlich ErfK/Koch § 98 Rn 7: »Vernünftige Zweifel/ernsthafte rechtliche Bedenken«; GK-ArbGG/Ahrendt § 98 Rn 56: »Substantiierte Zweifel«.
69 HWK/Treber § 98 Rn 10.
70 GK-ArbGG/Ahrendt § 98 Rn 56; a.A. Bader NZA 2015, 644 ff., 645 f.
71 BAG, 07.01.2015 – 10 AZB 108/14, Rn 22, NZA 2015, 237.

21 **Im einstweiligen Verfügungsverfahren** kommt eine Aussetzung nicht in Betracht, weil sonst ein vorläufiger Rechtsschutz nicht gewährleistet werden kann.[72] Ebenso scheidet eine Aussetzung aus, wenn bereits rechtskräftig über die Wirksamkeit der maßgeblichen Allgemeinverbindlicherklärung oder Rechtsverordnung entschieden ist (Einzelheiten Rdn. 17).

22 Gegen den Aussetzungsbeschluss eines ArbG nach § 98 Abs. 6 Satz 1 ist in einem Urteilsverfahren die **sofortige Beschwerde** gem. § 78 i.V.m., §§ 252, 567 ff. ZPO möglich.[73] Gleiches gilt über § 83 Abs. 5 im arbeitsgerichtlichen Beschlussverfahren. Das LAG kann die Rechtsbeschwerde zulassen, wenn es im Urteilsverfahren oder als Rechtsmittelgericht im Beschlussverfahren entschieden hat.[74] Dabei unterliegt die Ausfüllung des unbestimmten Rechtsbegriffs »ernsthafte Zweifel« nur der eingeschränkten Überprüfung durch das Rechtsbeschwerdegericht.[75] Wenn die Aussetzung im Beschlussverfahren hingegen erstmals durch das LAG erfolgt ist, ist ein Rechtsmittel nicht gegeben, § 90 Abs. 3.[76] Gleiches gilt in der Revisions- oder Rechtsbeschwerdeinstanz. Allenfalls kommt in diesen Fällen die Rüge nach § 78a in Betracht.[77] Verletzt das Gericht die Aussetzungspflicht, kann dieser Verfahrensfehler mit Erfolg in der Berufungs-/Beschwerde- oder Revisions-/Rechtsbeschwerdeinstanz gerügt werden: Das Verfahren wird dann ausgesetzt.

23 Wird das Verfahren nach § 98 Abs. 6 ausgesetzt, kommt es nicht automatisch zu einem Beschlussverfahren nach § 98 Abs. 1, vielmehr bedarf es eines entsprechenden Antrags. Diesen können nach § 98 Abs. 6 Satz 2 auch die Parteien oder Beteiligten des ausgesetzten Verfahrens stellen (Einzelheiten Rdn. 9); sie müssen es aber nicht. An den Aussetzungsbeschluss ist das LAG, das über die Wirksamkeit der Allgemeinverbindlicherklärung oder Rechtsverordnung zu entscheiden hat, gebunden. Es darf nicht nachprüfen, ob tatsächlich eine Vorgreiflichkeit besteht.[78] Ist allerdings bereits rechtskräftig über die Wirksamkeit einer bestimmten Allgemeinverbindlicherklärung oder Rechtsverordnung entschieden, ist ein trotzdem gestellter Antrag nach § 98 unzulässig (vgl. Rdn. 4, 18). Nach einem entsprechenden Ausspruch ist das Ausgangsverfahren fortzusetzen und in der Sache entsprechend des rechtskräftigen Beschlusses zu entscheiden. Gleiches gilt, wenn es nach der Aussetzung zu einer Entscheidung nach § 98 kommt: Wird diese rechtskräftig, ist die Aussetzung aufzuheben und das Verfahren unter Beachtung der Entscheidung fortzusetzen.

24 Erfolgt hingegen keine Aussetzung des Rechtsstreits, bei dem es auf die Wirksamkeit einer Allgemeinverbindlicherklärung oder Rechtsverordnung ankommt und stellt sich später in einem Verfahren nach § 98 deren Unwirksamkeit heraus, spricht vieles dafür, dass die die Wirkungen einer anderslautenden Entscheidung im Wege der Restitutionsklage beseitigt werden können; § 580 Nr. 6 ZPO analog.[79] Voraussetzung dafür dürfte allerdings wegen der Hilfsnatur der Restitutionsklage in entsprechender Anwendung des § 582 ZPO sein, dass die unterlegene Partei die Unwirksamkeit der Allgemeinverbindlicherklärung oder Rechtsverordnung geltend gemacht und versucht hat, eine Aussetzung nach § 98 Abs. 6 zu erreichen.

---

72 Walker JbArbR, Bd. 52, S. 113 f.; zu § 97 Abs. 5 vgl. z.B. Hess. LAG 11.01.2007 – 9 SaGa 2098/06; Hess. LAG, 22.07.2004 – 9 SaGa 593/04, NZA-RR 2005, 262.
73 Vgl. LAG Berlin-Brandenburg, 31.03.2015 – 15 Ta 433/15; LAG Köln, 17.12.2014 – 5 Ta 378/14; zu § 97 V: BAG 28.01.2008 –3 AZB 30/07, Rn 8, NZA 2008, 489.
74 BAG, 28.02.2003 –1 AZB 53/02, NZA 2003, 516; vgl. auch die Fallgestaltung in BAG, 07.01.2015 – 10 AZB 109/14, NZA 2015, 237.
75 BAG, 07.01.2015 – 10 AZB 109/14, Rn 22, NZA 2015, 237.
76 GMPMG/Matthes/Schlewing § 97 Rn 16; offen gelassen in BAG 28.02.2003 –1 AZB 53/02, zu B I 1 b der Gründe, NZA 2003, 516.
77 GK-ArbGG/Ahrendt § 97 Rn 86.
78 Zu § 97 Abs. 5: BAG, 18.07.2006 – 1 ABR 36/05, zu B I 2 b aa der Gründe, NZA 2004, 1236.
79 GK-ArbGG/Ahrendt § 97 Rn 56; ErfK/Koch § 98 Rn 7: § 580 Nr. 7b ZPO.

VIII. Übergangsregelung

§ 98 findet mangels Übergangsregelung unmittelbar seit Inkrafttreten des Tarifautonomiestärkungsgesetzes am 16.08.2014 Anwendung. Seit diesem Zeitpunkt kann die Wirksamkeit einer Allgemeinverbindlicherklärung nach § 5 TVG oder einer Rechtsverordnung nach §§ 7, 7a AEntG und § 3a AÜG ausschließlich in Verfahren nach § 98 in der Arbeitsgerichtsbarkeit überprüft werden. Die Zulässigkeit des Rechtswegs anderer bereits anhängiger Verfahren wird zwar dadurch nicht berührt (Grundsatz der perpetuatio fori), diese sind aber nach § 98 Abs. 6 Satz 1 bei Vorliegen der Voraussetzungen (vgl. Rdn. 19 ff.) auszusetzen.[80] Dies erfordert der Zweck der Regelung, widersprechende Entscheidungen verschiedener Gericht zu vermeiden.[81] Im Übrigen ist deren Streitgegenstand regelmäßig nicht identisch mit dem eines Verfahrens nach § 98: Dies liegt bei individualrechtlichen Streitigkeiten auf der Hand, gilt aber auch in Fällen, in denen zB die Feststellung der Verletzung eigener Rechte aus Art. 9 Abs. 3 GG vor den Verwaltungsgerichten begehrt wird.[82] Die Sachentscheidung selbst – z. B. über Beiträge zu den Sozialkassen des Baugewerbes – bleibt bei den zunächst angerufenen Gerichten; dortige Prozesshandlungen bleiben wirksam und eine Veränderung der Prozesslage tritt nicht ein. Diese sind lediglich nach § 98 Abs. 4 Satz 1 an rechtskräftige Entscheidungen über die Wirksamkeit einer Allgemeinverbindlicherklärung oder Rechtsverordnung gebunden.[83]

25

§ 99 Entscheidung über den nach § 4a Absatz 2 Satz 2 des Tarifvertragsgesetzes im Betrieb anwendbaren Tarifvertrag

(1) In den Fällen des § 2a Absatz 1 Nummer 6 wird das Verfahren auf Antrag einer Tarifvertragspartei eines kollidierenden Tarifvertrags eingeleitet.

(2) Für das Verfahren sind die §§ 80 bis 82 Absatz 1 Satz 1, die §§ 83 bis 84 und 87 bis 96a entsprechend anzuwenden.

(3) Der rechtskräftige Beschluss über den nach § 4a Absatz 2 Satz 2 des Tarifvertragsgesetzes im Betrieb anwendbaren Tarifvertrag wirkt für und gegen jedermann.

(4) ¹In den Fällen des § 2a Absatz 1 Nummer 6 findet eine Wiederaufnahme des Verfahrens auch dann statt, wenn die Entscheidung über den nach § 4a Absatz 2 Satz 2 des Tarifvertragsgesetzes im Betrieb anwendbaren Tarifvertrag darauf beruht, dass ein Beteiligter absichtlich unrichtige Angaben oder Aussagen gemacht hat. ²§ 581 der Zivilprozessordnung findet keine Anwendung.

Übersicht

	Rdn.		Rdn.
I. Überblick	1	V. Anzuwendende Verfahrensvorschriften	18
II. Regelungsinhalt und Geltungsbereich	9	VI. Entscheidungswirkungen	23
III. Verfahrensgegenstand	14	VII. Wiederaufnahme	25
IV. Antragstellung und Beteiligte	15	VIII. Bedeutung für das Urteilverfahren	26

---

[80] GK-ArbGG/Ahrendt § 98 Rn 58; Walker JbArbR, Bd. 52, S. 111.
[81] BAG, 07.01.2015 – 10 AZB 109/14, Rn 11 ff., NZA 2015, 237; BT-Drs. 18/1558, S. 46.
[82] Vgl. z.B. BVerwG, 28.01.2010 – 8 C 38/09, NZA 2010, 1137; das VG Berlin, 13.02.2015 – 4 K 252.12 hat zwischenzeitlich eine entsprechende Feststellungsklage unter Hinweis auf § 98 als unzulässig abgewiesen.
[83] BAG, 07.01.2015 – 10 AZB 109/14, Rn 13, NZA 2015, 237.

I. Überblick

1 Die Vorschrift ist durch Art. 2 des Gesetzes zur Regelung der Tarifeinheit (**Tarifeinheitsgesetz – TarifEinhG**) vom 03.07.2015[1] mit Wirkung zum 10.07.2015 in das ArbGG eingefügt worden. Der Gesetzgeber hat damit – neben den §§ 97 und 98 sowie dem neuen § 100 (dem früheren § 98) – ein weiteres besonderes Beschlussverfahren geschaffen. Dieses dient der verfahrensrechtlichen Umsetzung des mit dem TarifEinhG in das Tarifvertragsgesetz neu eingefügten § 4a TVG. Anstelle der sperrigen amtlichen Bezeichnung »Entscheidung über den nach § 4a Absatz 2 Satz 2 des Tarifvertragsgesetzes im Betrieb anwendbaren Tarifvertrag« wird das neue besondere Beschlussverfahren hier als »Tarifeinheitsverfahren« bezeichnet.

2 Bis zum Inkrafttreten des Tarifeinheitsgesetzes war das Verhältnis mehrerer Tarifverträge zueinander nicht gesetzlich geregelt, wenn es zu einer Tarifpluralität kam, weil arbeitgeberseits mehrere Tarifverträge auch mit verschiedenen Gewerkschaften geschlossen wurden. Überschneiden sich diese pluralen Tarifverträge in einem Betrieb in ihrem jeweiligen persönlichen betrieblichen Geltungsbereich, so liegt eine Tarifkollision vor. Innerhalb der Mitgliedsgewerkschaften des Deutschen Gewerkschaftsbundes findet in derartigen Fällen eine Koordination durch ein Schlichtungsverfahren statt, das gemäß § 16 der DGB-Satzung[2] in der Schiedsgerichtsordnung vom 02.12.1997 mit Ergänzungen vom 08.03.2000, 06.03.2002 und 05.03.2008 geregelt ist. Bis zum Jahr 2010 setzte die Rechtsprechung im Kollisionsfall im gesamten Betrieb nach dem Spezialitätsprinzip denjenigen Tarifvertrag durch, der dem Betrieb räumlich, betrieblich, fachlich und persönlich am nächsten stand und deshalb den Erfordernissen und Eigenarten des Betriebs am ehesten gerecht wurde, sog. richterrechtliche Tarifeinheit.[3]

3 Der für das Tarifrecht zuständige Vierte Senat des BAG gab nach Anfrage bei den anderen an der Rechtsprechung zur Tarifeinheit beteiligten Senaten[4] diese ständige Rechtsprechung zur Tarifeinheit mit Urteil vom 07.07.2010[5] auf. Seitdem nahm die Rechtsprechung Tarifpluralität hin, ohne die verdrängende Wirkung von Kollisionsregeln betriebsweit anzuwenden. Traten Kollisionen im einzelnen Arbeitsverhältnis auf, so wurde weiterhin nach dem Spezialitätsprinzip verfahren.[6]

4 Mit dem TarifEinhG wird das Ziel verfolgt, in einem Betrieb bei mehreren, sich im Geltungsbereich überschneidenden Tarifverträgen in Rückkehr zum früheren richterrechtlichen Grundsatz der Tarifeinheit grundsätzlich nur einen Tarifvertrag zur Anwendung kommen zu lassen.[7] Als Kollisionsregeln sollen jedoch nicht mehr das Spezialitätsprinzip, sondern das **Mehrheitsprinzip** zur Anwendung gelangen. Dieses stellt auf die Anzahl der in einem Betrieb von konkurrierenden Gewerkschaften organisierten Beschäftigten ab. Das Tarifeinheitsgesetz hat dazu die Kollisionsregel des § 4a in das Tarifvertragsgesetz (TVG) eingefügt. Flankierend hat es zur Vermeidung von Tarifkollisionen für die Tarifverhandlungen bestimmte Regeln aufgestellt, um die Minderheitsgewerkschaften vor einer Majorisierung zu schützen. So muss nach § 4a Abs. 5 TVG die Aufnahme von Tarifverhandlungen bekanntgegeben werden. Alle Gewerkschaften, die für den Abschluss des von der konkurrierenden Gewerkschaft angestrebten Tarifvertrags nach ihrer Satzung zumindest teilweise tarifzuständig sind, haben dann das Recht darauf, von der den Tarifvertrag aushandelnden Arbeitgeberseite angehört zu werden. Schließt der Arbeitgeber oder Arbeitgeberverband dann mit mehreren Gewerkschaften Tarifverträge ab, die sich in einem dem Tarifvertrag unterfallenden

---

[1] BGBl. I S. 1130.
[2] Http://www.dgb.de/uber-uns/dgb-heute/satzung Aufruf 07.04.2016.
[3] Vgl. BAG, 29.03.1957 – 1 AZR 208/55 – Rn 7, BAGE 4, 37; BAG, 14.06.1989 – 4 AZR 200/89 – Rn 21 ff., EzA § 4 TVG Tarifkonkurrenz Nr. 4; BAG, 05.09.1990 – 4 AZR 59/90 – Rn 16 ff., EzA § 4 TVG Tarifkonkurrenz Nr. 5; BAG, 20.03.1991 – 4 AZR 455/90 – Rn 28, EzA § 4 TVG Tarifkonkurrenz Nr. 7.
[4] BAG, 27.01. 2010 – 4 AZR 549/08 (A) – EzA § 4 TVG Tarifkonkurrenz Nr. 23.
[5] BAG, 07.07.2010 – 4 AZR 549/08 – EzA § 4 TVG Tarifkonkurrenz Nr. 25.
[6] Vgl. ErfK/Franzen 15. Aufl., TVG § 4 Rn 67 ff.
[7] Vgl. BT-Drucks 18/4062, S. 1 f.

Betrieb in ihrem persönlichen Geltungsbereich teilweise überschneiden, so liegt in diesem Betrieb nach § 4a Abs. 2 Satz 2 TVG ein Kollisionsfall vor.[8]

Für den Überscheidungsfall kann jede beteiligte Tarifvertragspartei i.S.v. § 3 TVG beantragen, dass die Arbeitsgerichte in dem Beschlussverfahren nach § 99 Abs. 1 i.V.m. § 2a Abs. 1 Nr. 6 ArbGG die Tarifkollision feststellen. Ausgenommen sind allgemeinverbindliche Tarifverträge[9] und gem. der Übergangsregelung in § 13 Abs. 3 TVG auch solche Tarifverträge aus, die am Tag nach der Verkündung des Tarifeinheitsgesetzes, das war der 10. Juli 2015, schon galten. Ferner gilt § 4a Abs. 2 Satz 2 TVG für betriebsverfassungsrechtliche Normen nur nach Maßgabe des § 4a Abs. 3 TVG. Schließlich ist der Arbeitgeber nach § 4a Abs. 2 Satz 1 TVG weiter an unterschiedliche Tarifverträge gebunden, wenn er als Vertragspartner eines Firmentarifvertrags oder im Fall des Verbandstarifvertrags seines Arbeitgeberverbandes als Tarifvertragspartei keinen Antrag nach § 99 Abs. 1 an das Arbeitsgericht stellt, ein Beschlussverfahren über den anwendbaren Tarifvertrag einzuleiten. Die Neuregelung soll nämlich nur »subsidiär« gelten.[10] Der Grundsatz der Tarifeinheit greift als Kollisionsregel mithin nur subsidiär ein, wenn es den Tarifvertragsparteien im Wege autonomer Entscheidungen nicht gelingt, Tarifkollisionen zu vermeiden. Das macht die Regelung dispositiv und eröffnet den Tarifvertragsparteien einen weiten Gestaltungsspielraum.[11] 5

Wird der **Kollisionsfall** in einem Betrieb festgestellt, gilt nach § 4a Abs. 2 Satz 2 TVG das Mehrheitsprinzip. Danach entfaltet nur der Tarifvertrag derjenigen Gewerkschaft Wirkung, die in diesem Betrieb die meisten Mitglieder hat.[12] Die Minderheitsgewerkschaft, deren Tarifvertrag verdrängt wird, kann sich nach Maßgabe des § 4a Abs. 4 TVG dem Tarifvertrag der Mehrheitsgewerkschaft durch Nachzeichnung anschließen. 6

Die materiell-rechtliche Regelung ist in § 4a TVG »Tarifkollision« getroffen. Die Norm hat folgenden Wortlaut: 7

> *(1) Zur Sicherung der Schutzfunktion, Verteilungsfunktion, Befriedungsfunktion sowie Ordnungsfunktion von Rechtsnormen des Tarifvertrags werden Tarifkollisionen im Betrieb vermieden.* 7
>
> *(2) ¹Der Arbeitgeber kann nach § 3 an mehrere Tarifverträge unterschiedlicher Gewerkschaften gebunden sein. Soweit sich die Geltungsbereiche nicht inhaltsgleicher Tarifverträge verschiedener Gewerkschaften überschneiden (kollidierende Tarifverträge), sind im Betrieb nur die Rechtsnormen des Tarifvertrags derjenigen Gewerkschaft anwendbar, die zum Zeitpunkt des Abschlusses des zuletzt abgeschlossenen kollidierenden Tarifvertrags im Betrieb die meisten in einem Arbeitsverhältnis stehenden Mitglieder hat. ²Kollidieren die Tarifverträge erst zu einem späteren Zeitpunkt, ist dieser für die Mehrheitsfeststellung maßgeblich. ³Als Betriebe gelten auch ein Betrieb nach § 1 Absatz 1 Satz 2 des Betriebsverfassungsgesetzes und ein durch Tarifvertrag nach § 3 Absatz 1 Nummer 1 bis 3 des Betriebsverfassungsgesetzes errichteter Betrieb, es sei denn, dies steht den Zielen des Absatzes 1 offensichtlich entgegen. ⁴Dies ist insbesondere der Fall, wenn die Betriebe von Tarifvertragsparteien unterschiedlichen Wirtschaftszweigen oder deren Wertschöpfungsketten zugeordnet worden sind.*
>
> *(3) Für Rechtsnormen eines Tarifvertrags über eine betriebsverfassungsrechtliche Frage nach § 3 Absatz 1 und § 117 Absatz 2 des Betriebsverfassungsgesetzes gilt Absatz 2 Satz 2 nur, wenn diese betriebsverfassungsrechtliche Frage bereits durch Tarifvertrag einer anderen Gewerkschaft geregelt ist.*
>
> *(4) ¹Eine Gewerkschaft kann vom Arbeitgeber oder von der Vereinigung der Arbeitgeber die Nachzeichnung der Rechtsnormen eines mit ihrem Tarifvertrag kollidierenden Tarifvertrags verlangen. ²Der Anspruch auf Nachzeichnung beinhaltet den Abschluss eines die Rechtsnormen des kollidierenden Tarifvertrags enthaltenden Tarifvertrags, soweit sich die Geltungsbereiche und Rechtsnormen der*

---

8 Vgl. BT-Drucks 18/4062, S. 13.
9 Vgl. BT-Drucks 18/4062, S. 12.
10 BT-Drucks 18/4062, S. 1 und S. 12.
11 Einzelheiten dazu ErfK/Franzen TVG, § 4a Rn 22 f.
12 Vgl. BT-Drucks 18/4062, S. 12.

Tarifverträge überschneiden. ³Die Rechtsnormen eines nach Satz 1 nachgezeichneten Tarifvertrags gelten unmittelbar und zwingend, soweit der Tarifvertrag der nachzeichnenden Gewerkschaft nach Absatz 2 Satz 2 nicht zur Anwendung kommt.

(5) ¹Nimmt ein Arbeitgeber oder eine Vereinigung von Arbeitgebern mit einer Gewerkschaft Verhandlungen über den Abschluss eines Tarifvertrags auf, ist der Arbeitgeber oder die Vereinigung von Arbeitgebern verpflichtet, dies rechtzeitig und in geeigneter Weise bekanntzugeben. ²Eine andere Gewerkschaft, zu deren satzungsgemäßen Aufgaben der Abschluss eines Tarifvertrags nach Satz 1 gehört, ist berechtigt, dem Arbeitgeber oder der Vereinigung von Arbeitgebern ihre Vorstellungen und Forderungen mündlich vorzutragen.

8   Die Vereinbarkeit des § 4a TVG mit dem Grundgesetz ist umstritten. Das Schrifttum äußert überwiegend Bedenken wegen eines Verstoßes gegen die in Art. 9 Abs. 3 GG geschützte Koalitionsfreiheit. Die Vorschrift schränke die verfassungsmäßigen Rechte der Minderheitengewerkschaften in unzulässigem Maße ein.[13] Es wird argumentiert, die im Gesetz enthalte Rechtsfolge der Verdrängung eines von einer Gewerkschaft geschlossenen Tarifvertrages nach § 4a Abs. 2 TVG stelle einen nicht gerechtfertigten Eingriff sowohl in die kollektive Koalitionsfreiheit der tarifschließenden Gewerkschaft als auch in die individuelle Koalitionsfreiheit des an diesen gebundenen Gewerkschaftsmitglieds dar. Entgegen der Erwartung zahlreicher Kritiker des Gesetzes hat das BVerfG eine einstweilige Anordnung abgelehnt, mit der die Anwendung des Gesetzes ausgesetzt werden sollte.[14] Es hat erkannt, die gegen das Gesetz eingelegten Verfassungsbeschwerden seien weder von vornherein unzulässig noch offensichtlich unbegründet. Es sei insbesondere nicht offensichtlich, dass eine Verletzung der durch Art. 9 Abs. 3 GG geschützten Koalitionsfreiheit ausgeschlossen werden könnte. Dennoch sei eine einstweilige Aussetzung des TarifEinhG nicht geboten. Es sei derzeit nicht feststellbar, dass es bei Fortgeltung der angegriffenen Vorschriften bis zur Entscheidung in der Hauptsache zu gravierenden, nur schwer revidierbaren Nachteilen käme. Käme es zu einer Nichtigkeitserklärung des § 4a TVG durch das BVerfG im Hauptsacheverfahren, so wäre § 99 funktionslos;[15] denn diese Verfahrensvorschrift ist ausschließlich dazu bestimmt, das Mehrheitsprinzip aus § 4a Abs. 2 TVG verfahrensrechtlich umsetzbar zu machen.

II. Regelungsinhalt und Geltungsbereich

9   Ebenso wie in den Verfahren nach §§ 97, 98 wird durch § 99 eine ganzheitliche Klärung der normativen Geltung eines Tarifvertrags für den einzelnen Betrieb ermöglicht. Diese wirkt nach § 99 Abs. 3 für und gegen jedermann (lateinisch: erga omnes). Das entspricht dem mit dem TarifEinhG verfolgten Ziel, die Tarifeinheit im Betrieb herzustellen (s. dazu Rdn. 1–6). Dieses Einheitsziel wird jedoch nicht von Amts wegen verfolgt. § 99 Abs. 1 setzt für die Feststellung des Kollisionsfalles und des dann für den Betrieb insgesamt anwendbaren Tarifvertrags den Antrag einer am kollidierenden Tarifvertrag beteiligten Tarifvertragspartei voraus. Die materiell-rechtliche Regelung in § 4a TVG ist bewusst subsidiär ausgestaltet (vgl. Rdn. 5). Der Gesetzgeber hat bewusst davon abgesehen, eine mit § 97 Abs. 5, § 98 Abs. 6 vergleichbare Aussetzungsanordnung in den Urteilsverfahren für den Fall der Vorgreiflichkeit der im Beschlussverfahren nach § 99 zu klärenden Kollision aufzunehmen. Das ergibt sich aus der Beschlussempfehlung des Ausschusses für Arbeit und Soziales, die schriftlich[16] und mündlich bei der Anhörung vorgebrachten Anregungen der Sachverständigen Vetter

---

13 Vgl. Greiner RdA 2015, 36; Rüthers ZRP 2015, 2; Schliemann NZA 2014, 1250; Schliemann/Konzen RdA 2015, 1; Hölscher ArbRAktuell 2015, 7; GK-ArbGG/Ahrendt § 99 Rn 3.
14 BVerfG, 06.10.2015 – 1 BvR 1571/15, 1 BvR 1582/15, 1 BvR 1588/15 – EzA Art. 9 GG Nr. 111.
15 Im Ergebnis zutreffend: NK-GA/Ulrici § 99 ArbGG Rn 2.
16 Vgl. Ausschussdrucks. 18(11)254, S. 5.

(Bund der Richterinnen und Richter der Arbeitsgerichtsbarkeit) und Düwell zur zwingenden Aussetzung[17] nicht nachträglich in den Entwurf aufzunehmen.[18]

Welche Folgen die bewusst unterlassene Aussetzungsregelung hat, wird noch von der Rechtsprechung zu klären sein. In der Begründung des Gesetzentwurfs wird dazu ausgeführt: »Eine grundsätzliche Pflicht zur Aussetzung anderer Rechtsstreite wie in § 97 Abs. 5 und § 98 Abs. 6 ist nicht vorgesehen. Damit kann eine Verfahrenseinleitung allein auf Antrag einer Tarifvertragspartei eines kollidierenden Tarifvertrags erfolgen.«[19] Das kann dafür sprechen, dass den Tarifvertragsparteien mit der in § 99 Abs. 1 geregelten Antragsbefugnis auch das Monopol für die Entscheidung eingeräumt wird, ob überhaupt die Anwendung des Mehrheitsprinzips und der Verdrängungsregel geprüft werden darf. Bei dieser Auslegung macht das bewusste Absehen von einer Aussetzung in Abweichung zu § 97 Abs. 5 und § 98 Abs. 6 Sinn. Die von Kritikern gegen das Mehrheitsprinzip vorgebrachten verfassungsrechtlichen Bedenken werden auch so weitgehend entschärft; denn dann ist, solange noch nicht im Beschlussverfahren die Feststellung nach § 99 Abs. 3 rechtskräftig getroffen ist, der Arbeitgeber, der sich mehrfach tarifvertraglich gebunden hat, gehindert, die objektiv vorhandene Kollisionslage zu Gunsten des Mehrheitstarifvertrags aufzulösen. Damit würde die Koalitionsbetätigungsfreiheit der Minderheitsgewerkschaften nur in einem geringen Umfang eingeschränkt, nämlich nicht automatisch für jeden betrieblichen Kollisionsfall, sondern nur auf Antrag einer anderen Tarifvertragspartei. Zudem stellt § 99 Abs. 3 auf einen »rechtskräftigen Beschluss« ab. Das bedeutet in diesem Zusammenhang, dass die Einschränkung der Koalitionsfreiheit durch die Verdrängungswirkung des festgestellten Mehrheitstarifvertrags regelmäßig nur nach Ablauf eines drei Instanzen umfassenden Verfahrens und nur für die Betriebe wirksam wird, die Gegenstand der Mehrheitsfeststellung waren. Diese Auslegung des einfachen Rechts hat Auswirkungen auf die verfassungsrechtlich geschützte Tarifautonomie und Koalitionsfreiheit. Sie trägt den in den Verfassungsbeschwerden des Marburger Bundes, des Deutschen Journalisten-Verbandes und der Vereinigung Cockpit vorgebrachten Bedenken Rechnung. Das scheint auch das BVerfG erkannt zu haben. In der auf Antrag der Beschwerdeführer im einstweiligen Anordnungsverfahren gefällten Entscheidung wird ausgeführt[20]: »Unterbleibt ein Antrag (ergänze: nach § 99 ArbGG) an die Arbeitsgerichte, ist der Arbeitgeber nach § 4a Abs. 2 Satz 1 TVG weiter an unterschiedliche Tarifverträge gebunden, denn die Neuregelung soll ›subsidiär‹ gelten (BT-Drs. 18/4062, 1 [unter B, S. 12]).«

Im Schrifttum ist die Bedeutung des Hinweises des BVerfG auf die auch hier vertretene verfassungskonforme Auslegungsvariante bislang nur von Löwisch[21] und Mikosch[22] erkannt worden. Die übrigen Autoren vertreten die Auffassung, die Auflösung einer Tarifkollision könne inzidenter im Rahmen von Leistungsklagen erfolgen, die Arbeitnehmer gegen ihre Arbeitgeber auf Gewährung tariflicher Arbeitsbedingungen führen.[23] Dem stünden auch nicht die großen Schwierigkeiten entgegen, die die Anwendung des im Urteilsverfahren geltenden Beibringungsgrundsatzes für die Feststellung der Mehrheitsverhältnisse bereite.[24] In der Kommentierung zu § 4a TVG geht das Schrifttum ohne nähere Begründung davon aus, die Entscheidung nach § 99 Abs. 3 wirke nur deklaratorisch.[25] Nach dem gesetzlich gewollten Subsidiaritätsgrundsatz (vgl. Rdn. 5) macht es dagegen Sinn, das Mehrheitsprinzip zur Auflösung der Kollision nur anzuwenden, soweit und

---

17 Anhörung der Sachverständigen vor dem Ausschuss für Arbeit und Soziales am 04.05.2015 Protokoll 18/41.
18 Beschlussempfehlung und Bericht des Ausschusses für Arbeit und Soziales (11. Ausschuss) – BT-Drucks. 18/4966 – 20.05.2015, ebenso BT-Drucks 18/4062 S. 16.
19 BR-Drucks. 635/14 S. 15.
20 BVerfG, 06.10.2015 – 1 BvR 1571/15, 1 BvR 1582/15, 1 BvR 1588/15 – Rn 4, EzA Art 9 GG Nr. 111.
21 Löwisch NZA 2015, 1369.
22 Mikosch HzA 409. Aktualisierungslieferung Gruppe 21 Arbeitsgerichtsverfahren Rn 1529/18.
23 Däubler/Bepler Das neue Tarifeinheitsrecht, Rn 116 ff., 287; ErfK/Koch § 99 ArbGG Rn 5; Greiner NZA 2015, 769, 774, GK-ArbGG/Ahrendt § 99 Rn 37 ff.; NK-GA/Ulrici § 99 ArbGG Rn 1.
24 NK-GA/Ulrici § 99 ArbGG Rn 1.
25 ErfK/Franzen § 4a TVG Rn 17; ErfK/Koch § 99 ArbGG Rn 2.

solange eine am Tarifvertrag beteiligte Tarifvertragspartei i.S.v. § 3 TVG den Antrag nach § 99 Abs. 1 stellt. § 99 stellt dann die verfahrensrechtliche Regelung zur Herstellung der Tarifeinheit dar.[26] Löwisch verwendet zur Umschreibung der Wirkungsweise den prozessrechtlichen Begriff des in die bisherige Rechtslage einbrechenden Gestaltungsklagerechts.[27] Der Minderheitstarifvertrag soll nur auf Antrag der beteiligten Tarifvertragsparteien zu Gunsten einer betriebseinheitlichen Anwendung des Mehrheitstarifvertrags verdrängt werden.

12 Die Feststellung des im Betrieb anwendbaren Mehrheitstarifvertrags mit Verdrängungswirkung für den Minderheitstarifvertrag ist in § 99 Abs. 3 geregelt. Dort ist die Bestimmung getroffen, dass erst ein rechtskräftiger Beschluss erga omnes wirken soll. Daraus folgt, dass zumindest bis zur Rechtskraft des Feststellungsbeschlusses keine Klarheit über die Tarifeinheit im Betrieb besteht. Der rechtskräftige Beschluss wirkt ex nunc. Im Gesetzgebungsverfahren finden sich nämlich keine Anhalte dafür, dass diese **Feststellung mit Rückwirkung** erfolgen soll. In § 4a Abs. 2 Satz 2 und 3 TVG sind nur die für die Feststellung der Mehrheitsverhältnisses maßgebenden Zeitpunkte mit dem Abschlusses des zuletzt abgeschlossenen kollidierenden Tarifvertrags oder der spätere Eintritt des Kollidierens bestimmt. Damit sind die für die Tatsachenfeststellung zugrunde zu legenden Zeitpunkte beschrieben. Daraus ergibt sich jedoch nicht zwingend eine Rückwirkung des Beschlusses nach § 99 Abs. 3a auf die für die Tatsachenfeststellung maßgebenden Zeitpunkte. Vielmehr ist die tarifgebundene Arbeitgeberseite gehalten, gleich ob ein Arbeitgeber nach § 3 Abs. 1 TVG selbst Tarifvertragspartei oder er Mitglied der Tarifvertragspartei ist, bis zur Auflösung der betrieblichen Kollisionslage durch den rechtskräftigen Beschluss die unterschiedliche Tarifverträge, an die er gebunden ist, »plural« anzuwenden. Somit spricht alles dafür, dass im Urteilsverfahren keine implizite Prüfung stattfinden soll, sondern die Entscheidung im Beschlussverfahren abgewartet werden muss. Das verkennt die Kommentarliteratur, die annimmt, auch ohne das Beschlussverfahren nach § 99 durchzuführen, könne im Urteilsverfahren über die Rechtsfrage nach § 4a Abs. 2 Satz 2 TVG entschieden werden.[28] Entgegen den Befürchtungen im Schrifttum sind nach der hier vertretenen Auslegung divergierende Entscheidungen im Urteils- und Beschlussverfahren[29] ausgeschlossen. Wird § 99 als Verfahren zur Herstellung der Tarifeinheit verstanden, so erübrigen sich alle sonst nötigen Vorschriften zur Verfahrenskonzentration.

13 Die Vorschrift gilt für alle Verfahren, für die das Beschlussverfahren nach § 2a Abs. 1 Nr. 6 eröffnet ist. Dies sind Verfahren, deren Verfahrensziel die positive Entscheidung über den im Betrieb nach § 4a Abs. 2 Satz 2 TVG anwendbaren Tarifvertrag ist. Es muss sich um eine Überschneidung von Tarifverträgen handeln, die aufgrund einer Tarifbindung nach § 4 Abs. 1 Satz 1, § 4 Abs. 2 und § 3 Abs. 2 TVG normativ gelten.[30] Nicht erfasst sind somit:
– in Bezug genommene Tarifverträge,
– allgemeinverbindliche Tarifverträge, soweit sie kraft Allgemeinverbindlicherklärung nach § 5 TVG auch für Nichtmitglieder gelten,
– Tarifverträge, soweit sie durch Rechtsverordnungen nach § 7 oder § 7a AEntG auf Nichtmitglieder erstreckt werden,
– Tarifverträge, soweit deren Mindestentgelte als Lohnuntergrenze in der Arbeitnehmerüberlassung kraft Rechtsverordnung nach § 3a AÜG gelten.

Soweit Betriebsnormen i.S.v. § 3 Abs. 2, § 4 Abs. 1 Satz 2 TVG betroffen sind, gilt die Einschränkung aus § 4a Abs. 3 TVG. Danach gilt § 4a Abs. 2 Satz 2 für Rechtsnormen eines Tarifvertrags über eine betriebsverfassungsrechtliche Frage der Betriebsorganisation nach § 3 Abs. 1 BetrVG

---

26 So zutreffend Mikosch HzA 409. Aktualisierungslieferung Gruppe 21 Arbeitsgerichtsverfahren Rn 1529/18.
27 Löwisch NZA 2015, 1369.
28 So GK-ArbGG/Ahrendt § 99 Rn 38; ErfK/Koch § 99 ArbGG Rn 5.
29 NK-GA/Ulrici § 99 ArbGG Rn 1.
30 Unklar zum Begriff der »normativen« Geltung, die auch Geltung kraft Allgemeinverbindlichkeit einbeziehen kann: NK-GA/Ulrici § 99 ArbGG Rn 3 f.

und über eine Frage der betriebsverfassungsrechtlichen Organisation der im Flugbetrieb beschäftigten Arbeitnehmer nach § 117 Abs. 2 BetrVG nur, wenn diese betriebsverfassungsrechtliche Frage bereits durch Tarifvertrag einer anderen Gewerkschaft geregelt ist.

III. Verfahrensgegenstand

Gegenstand des Beschlussverfahrens nach § 99 ist die Auflösung einer im Betrieb bestehenden Überschneidung mehrerer normativ wirkender Tarifverträge (vgl. Rdn. 13) anhand der in § 4a Abs. 2 Satz 2–5 TVG aufgestellten Mehrheitsregel. Während für das eine Beschlussverfahren über die Wirksamkeit einer Allgemeinverbindlicherklärung oder einer Rechtsverordnung in § 98 Abs. 4 Satz 3 bestimmt ist, dass deren Wirksamkeit »festgestellt« wird, enthält § 99 keine derartige Festlegung, sondern verwendet die offenen Bezeichnungen Beschluss (§ 99 Abs. 3) und Entscheidung (§ 99 Abs. 4). Dennoch geht die Kommentarliteratur ohne nähere Begründung von einer zu treffenden Feststellung aus.[31] Dahinter steht der Gedanke, dass das Gericht nur die Rechtslage deklaratorisch in Bezug auf die für die Mehrheitsberechnung maßgebenden Zeitpunkte i.S.v. § 4a Abs. 2 Satz 2 und Satz 3 TVG feststellen soll. Das ist jedoch unzutreffend. Das Beschlussverfahren stellt erst auf Antrag der Tarifvertragsparteien die Tarifeinheit im Betrieb konstitutiv her (dazu Rdn. 10). Solange keine Entscheidung über die Tarifeinheit in Rechtskraft erwachsen ist, hat der Arbeitgeber gem. § 4a Abs. 2 Satz 1 TVG entsprechend seiner Bindung an mehrere Tarifverträge unterschiedlicher Gewerkschaften seine unterschiedlichen Verpflichtungen »plural« zu erfüllen. Das Rechtsschutzziel des Beschlussverfahrens muss deshalb die positive Klärung sein, welcher der in einem Betrieb kollidierenden Tarifverträge ab Rechtskraft der Entscheidung kollektiv und normativ gelten soll. Die Klärung ist nach § 4a Abs. 2 Satz 2 darauf beschränkt, »soweit« sich die Geltungsbereiche nicht inhaltsgleicher Tarifverträge verschiedener Gewerkschaften überschneiden. Damit ist nicht nur zu entscheiden, ob ein bestimmter Mehrheitstarifvertrag im Betrieb anwendbar ist, sondern auch, ob für eine bestimmte Gruppe von Arbeitnehmern entsprechend der Differenzierung im persönlichen oder beruflichen Geltungsbereich ein konkreter Tarifvertrag im Betrieb anwendbar ist.[32] Folglich kann dann, wenn die Mehrheitsgewerkschaft einen Tarifvertrag schließt, der nicht alle Arbeitnehmergruppen im Betrieb erfasst, der Tarifvertrag der Minderheitsgewerkschaft für die übrigen Arbeitnehmer weiterhin gelten, ohne vom Mehrheitstarifvertrag verdrängt zu werden.[33] Unerheblich für die Überschneidung und damit für die nach § 99 Abs. 3 zu treffende Feststellung soll hingegen sein, ob sich die Regelungsgegenstände der Tarifverträge decken.[34] Gegenstand der positiven Klärung muss nicht zwingend der vom Antragsteller angeführte eigene Tarifvertrag sein. Es kann sich auch im Verfahren herausstellen, dass ein anderer, nicht benannter Tarifvertrag der Mehrheitstarifvertrag ist.[35] Eine negative Feststellung, dass ein bestimmter Tarifvertrag im Betrieb nicht anwendbar ist, weil er anhand der in § 4a Abs. 2 Satz 2–5 TVG aufgestellten Mehrheitsregel in einem Betrieb verdrängt wird, ist nicht vorgesehen.[36] Ein entsprechender Antrag wäre nicht statthaft.

14

IV. Antragstellung und Beteiligte

Antragsbefugt können nur die Parteien eines Tarifvertrags sein. Tarifvertragsparteien sind nach § 2 Abs. 1 TVG Gewerkschaften und einzelne Arbeitgeber sowie Arbeitgeberverbände. Nach § 2 Abs. 3 TVG können auch Spitzenorganisationen der Gewerkschaften (DGB) und der Arbeitgeberverbände (BDA) sein, wenn sie in ihrer Satzung den Abschluss von Tarifverträgen verankert haben.

15

---

31 ErfK/Franzen § 4a Rn 15; ErfK/Koch § 99 Rn 3; GK-Ahrendt § 99 Rn 5 ff; NK-GA/Ulrici § 99 ArbGG Rn 4.
32 GK-Ahrendt § 99 Rn 6.
33 Vgl. BT-Drucks. 18/4062, S. 13.
34 BT-Drucks. 18/4062, S. 13.
35 NK-GA/Ulrici § 99 ArbGG Rn 4.
36 ErfK/Koch § 99 ArbGG Rn 2, GK-Ahrendt § 99 Rn 5, NK-GA/Ulrici § 99 ArbGG Rn 4; a.A. Tiedemann ArbRB 2015, 124, 127.

Weder BDA noch DGB haben derzeit in ihrer Satzung, eine Bestimmung, die diese Aufgabenzuweisung enthält. Weitere Voraussetzung der Antragsbefugnis ist, dass die den Antrag stellende Tarifvertragspartei geltend macht, dass in dem Betrieb, für den die Feststellung der Tarifeinheit getroffen werden soll, sich der Geltungsbereich ihres Tarifvertrags mit dem von einer anderen Tarifvertragspartei geschlossenen Tarifvertrag in der Weise überschneidet, dass keine Übereinstimmung, sondern eine nach dem 10.07.2015 (vgl. Rdn. 5) eingetretene Kollisionslage i.S.v. § 4a Abs. 2 TVG vorliegt. Diese Kollision muss zudem auf einer vom Arbeitgeber eingegangenen mehrfachen Tarifbindung (vgl. Rdn. 13) beruhen. Deshalb reicht eine Kollision von Rechtsnormen eines kraft Allgemeinverbindlicherklärung nach § 5 TVG geltenden und eines kraft Tarifbindung nach § 3 Abs. 1 TVG geltenden Tarifvertrags nicht aus.[37] Ebenso wenig reicht für die Annahme der Kollisionslage die Überschneidung mit einem Tarifvertrag aus, dessen Anwendung durch Gesamtzusage oder durch arbeitsvertragliche Bezugnahmeklausel vereinbart worden ist.[38] In diesem Zusammenhang wird auch eine teleologische Reduktion der Antragsbefugnis für die Gewerkschaft gefordert, deren Tarifnormen im Betrieb zusätzlich zur Geltung nach § 4 Abs. 1 TVG auch wegen einer arbeitsvertraglichen Bezugnahmeklausel gelten; denn diese Gewerkschaft bedürfe für die Durchsetzung der Normen ihres Tarifvertrags zu Gunsten ihrer Mitglieder keiner Feststellung nach § 99 Abs. 3.[39] Ausreichend für die Antragsbefugnis ist, dass die geltend gemachte Möglichkeit einer solchen Tarifkollision nicht offensichtlich ausgeschlossen ist.[40] Ob wirklich die geltend gemachte Kollisionslage besteht, ist eine Frage der Begründetheit des Antrags.

16 Keine Antragsbefugnis kommt dem als Mitglied eines Verbandes nach § 3 Abs. 1 tarifgebundenen Arbeitgeber zu, der für seinen Betrieb die Tarifeinheit durch Feststellung des Mehrheitstarifvertrags herstellen will.[41] Er kann nur antragsbefugt sein, sofern er selbst als **Tarifvertragspartei** einen sog. Haustarifvertrag abgeschlossen hat. Sonst muss er auf seinen Verband einwirken, dass dieser einen Antrag stellt. Ebenso wenig sind die Arbeitnehmer, die Mitglied einer der konkurrierenden Gewerkschaften sind, befugt, die Einleitung eines Verfahrens nach § 99 zu beantragen.[42]

17 Wer neben dem Antragsteller vom Gericht am Verfahren zu beteiligen ist, hat der Gesetzgeber nicht in § 99 geregelt. Grundsätzlich sollen nach § 80 Abs. 1 in allen Verfahren nach § 2a gem. § 83 Abs. 3 der Arbeitgeber und die anderen dort genannten Stellen und Personen beteiligt werden. Hier ist jedoch zu berücksichtigen, dass ein besonderes, auf die Tarifeinheit im Betrieb nach § 2a Abs. 1 Nr. 6 bezogenes Beschlussverfahren stattfindet. Für die Beteiligungsbefugnis in Verfahren über die Tarifzuständigkeit nach § 2a Abs. 1 Nr. 4, § 97 hat die Rechtsprechung neben dem Antragsteller »entsprechend § 83 Abs. 3« nur diejenigen beteiligt, die von der Entscheidung über die Tarifzuständigkeit in ihrer Rechtsstellung unmittelbar betroffen sind.[43] Dazu hat sie den Arbeitgeber nicht gezählt.[44] In Anwendung dieses Grundsatzes sind alle in Ansehung der Feststellung des Mehrheitstarifvertrags i.S.v. § 99 Abs. 3 vom Verfahren betroffenen Personen und Stellen zu beteiligen. Dazu zählen die im Betrieb konkurrierenden Tarifvertragsparteien, die übrigens auch Antragsbefugte sind und dementsprechend auch im Laufe des Verfahrens Sachanträge stellen dürfen. Nicht beteiligungsbefugt sind dagegen die betriebsangehörigen Arbeitnehmer, weil deren Rechtsstellung durch die Feststellung nach § 99 Abs. 3 ebenso wie von einer Entscheidung nach § 97 nur mittelbar betroffen ist. Das Schrifttum sieht ebenso den Arbeitgeber als Betriebsinhaber nur als mittelbar Betroffenen an, der deshalb nicht zu beteiligen sei.[45] Dazu wird auf § 99 Abs. 3 verwiesen, des-

---

[37] ErfK/Koch § 99 ArbGG Rn 3.
[38] ErfK/Koch § 99 ArbGG Rn 3.
[39] GK-Ahrendt § 99 Rn 13; ErfK/Koch § 99 ArbGG Rn 3.
[40] ErfK/Koch § 99 ArbGG Rn 3; GK-Ahrendt § 99 Rn 9; NK-GA/Ulrici § 99 ArbGG Rn 5.
[41] GK-Ahrendt § 99 Rn 8.
[42] GK-Ahrendt § 99 Rn 8.
[43] BAG 10.02.2009 – 1 ABR 36/08 – Rn 18, BAGE 129, 322.
[44] BAG 10.02.2009 – 1 ABR 36/08 – Rn 18, BAGE 129, 322; zustimmend GMPMG/Schlewing § 97 Rn 26.
[45] NK-GA/Ulrici § 99 ArbGG Rn 6.

sen Erweiterung der Bindungswirkung entbehrlich sei, gehörten Belegschaft und Betriebsinhaber bereits zu den wegen unmittelbarer Betroffenheit zu Beteiligenden.[46] Dagegen spricht jedoch der Wortlaut des § 83 Abs. 3, der ausdrücklich den Arbeitgeber aufführt und dessen Anwendung in § 99 nicht eingeschränkt worden ist. Bis zur Klärung der Rechtsfrage durch das BAG ist zu beachten, dass die Rechtsprechung des BAG in betriebsverfassungsrechtlichen Angelegenheiten ohne tragfähige Begründung hinsichtlich der unmittelbaren Betroffenheit den Arbeitgeber stets als Beteiligten ansieht.[47]

V. Anzuwendende Verfahrensvorschriften

Das Beschlussverfahren nach § 2a Abs. 1 Nr. 6, § 99 fällt in die ausschließliche Zuständigkeit der Gerichte für Arbeitssachen. Anders als in § 98 Abs. 2 für die Prüfung der Wirksamkeit von Allgemeinverbindlicherklärungen und Rechtsverordnungen hat der Gesetzgeber bewusst das langwierige dreizügige Verfahren beibehalten, obwohl bei konkurrierenden Tarifverträgen sich die drängende Frage stellt, nach welchem Tarifvertrag der Arbeitgeber insbesondere Entgelt und Urlaub zu gewähren hat. Schon daraus ist zu schließen, dass der Gesetzgeber für die Zeit bis zum Eintritt der Rechtskraft des Beschlusses nach § 99 Abs. 3 dem Arbeitgeber zumutet, entsprechend seiner selbst herbeigeführten mehrfachen Tarifbindung plural i.S.v. § 4a Abs. 2 Satz 1 TVG zu verfahren (vgl. Rdn. 12 f.). Eingangsinstanz ist nach § 82 Abs. 1 Satz 1 das ArbG. Örtlich zuständig ist das ArbG, in dessen Bezirk der Betrieb liegt, für den der Beschluss nach § 99 Abs. 3 wirken soll. Hat der Betrieb mehrere Betriebsstätten oder mehrere nicht selbständige Betriebsteile, die sich auf mehrere Gerichtsbezirke erstrecken, so ist das ArbG zuständig, in dessen Gerichtsbezirk die Verwaltung des Betriebs ihre Tätigkeit entfaltet, d.h. wo die Betriebsleitung ihren Sitz hat.[48]

§ 99 Abs. 2 verweist für die anzuwendenden Verfahrensvorschriften auf die allgemein für Beschlussverfahren geltenden Regelungen. Eingeleitet wird das Verfahren nur auf einen schriftlichen Antrag oder zur Niederschrift der Geschäftsstelle des Arbeitsgerichts erklärten Antrags i.S.v. § 81. Obwohl für das Beschlussverfahren in § 80 Abs. 2 Satz 1 eine Verweisung auf § 253 Abs. 2 Nr. 2 ZPO fehlt, soll der Antrag im Beschlussverfahren nach der Rechtsprechung des BAG denselben Anforderungen wie die Klage im Urteilsverfahren unterliegen.[49] Dementsprechend muss im Verfahren nach § 99 der Antrag hinreichend bestimmt i.S.v. § 253 Abs. 2 Nr. 2 ZPO sein. Das gebietet eine genaue Bezeichnung sowohl des Tarifvertrags, der als verdrängender Mehrheitstarifvertrag zur Anwendung kommen soll, als auch des Betriebes als organisatorischer Einheit i.S.v. § 1 Abs. 1 (selbständiger Betrieb), § 1 Abs. 2 (gemeinsamer Betrieb), § 3 (Wahlbetrieb) und § 4 (als selbständiger Betrieb geltender Betriebsteil) BetrVG, in der der Mehrheitstarifvertrag zur Anwendung gelangen soll. Liegt nur eine teilweise personelle Überschneidung (zu dieser Teilkollision s. Rdn. 14) vor, muss der eingeschränkte Umfang der Verdrängungswirkung des Mehrheitstarifvertrags im Antrag zum Ausdruck gebracht werden.[50] Anzuwenden ist im Übrigen § 83, der die Erforschung des Sachverhalts von Amts wegen (Untersuchungsgrundsatz) vorschreibt. Anders als im Verfahren nach § 98 hat der Vorsitzende die Befugnis, den Beteiligten nach § 83 Abs. 1a Fristen für ihr Vorbringen mit der Möglichkeit zu setzen, verspätetes Vorbringen zurückzuweisen.

In dem Umfang, in dem die Tarifvertragsparteien trotz § 4a TVG einen Gestaltungsspielraum haben (vgl. Rdn. 6), können sie das Verfahren durch einen Vergleich nach § 83a Abs. 1 erledigen. Dann ist auf übereinstimmende Erledigungserklärung das Verfahren nach § 83 Abs. 2 Satz 1 vom Vorsitzenden einzustellen.

---

46 NK-GA/Ulrici § 99 ArbGG Rn 6.
47 Vgl. BAG, 16.03.2005 – 7 ABR 37/04, BAGE 114, 110 = EzA § 51 BetrVG 2001 Nr. 2.
48 LAG Berlin-Brandenburg, 20.04.2015 – 21 SHa 462/15 – Rn 21, NZA 2015, 324.
49 BAG, 14.09.2010 – 1 ABR 32/09 – Rn 14, EzA § 253 ZPO 2002 Nr. 4.
50 GK-ArbGG/Ahrendt § 99 Rn 7.

21 Gegen den verfahrensbeendenden Beschluss des ArbG i.S.v. § 84 finden nach § 87 die Beschwerde und gegen den Beschwerdebeschluss des LAG i.S.v. § 91 nach Maßgabe des § 92 die Rechtsbeschwerde statt. Dies muss jedoch vom LAG zugelassen sein. Die Nichtzulassungsbeschwerde ist nicht eröffnet.

22 Das Beschlussverfahren nach § 99 ist gem. § 2 Abs. 2 GKG gerichtskostenfrei. Deshalb ergeht keine Kostenentscheidung.

VI. Entscheidungswirkungen

23 Ergeht im Verfahren nach § 99 eine positive Sachentscheidung, weil das Gericht einem Antrag entsprochen hat, so wirkt sie nach Abs. 3 für und gegen jedermann (erga omnes). Mit der Rechtskraft des stattgebenden Beschlusses gilt dann im Umfang der Kollision betriebseinheitlich der Mehrheitstarifvertrag. Kontradiktorisch folgt daraus, dass in diesem Umfang der konkurrierende Tarifvertrag der Minderheitsgewerkschaft verdrängt wird, d.h., der kollidierende Tarifvertrag der Minderheit kommt wegen der Verdrängungswirkung des § 4a Abs. 2 TVG im Betrieb nicht (nach der hier vertretenen Auffassung: nicht mehr) zur Anwendung.[51] So wird gesichert, dass eine Tarifkollision für einen Betrieb einheitlich aufgelöst wird. Diese Bindungswirkung bezieht sich insbesondere
- auf den Arbeitgeber als Betriebsinhaber,
- jeden einzelnen Arbeitnehmer des Betriebs als Teil der Belegschaft und
- die am kollidierenden Tarifvertrag beteiligten Tarifvertragsparteien.

Sie schließt auch die Arbeitnehmervertretungen des Betriebes wie Betriebsrat und Schwerbehindertenvertretung ein; denn diese haben nach § 80 Abs. 1 Nr. 1 BetrVG bzw. § 95 Abs. 1 Satz 2 Nr. 1 SGB IX auch die Durchführung der im Betrieb zu Gunsten der von dem persönlichen Geltungsbereich der Tarifverträge erfassten Arbeitnehmer zu überwachen. Im Rahmen dieser Überwachungsaufgabe ist für sie gem. § 99 Abs. 3 die gerichtliche Entscheidung maßgebend. Weist das Gericht den Antrag als unbegründet ab, weil es keine Überzeugung darüber erlangt hat, dass eine der konkurrierenden Gewerkschaften zum maßgebenden Zeitpunkt in der Minderheit war, finden nach § 3 Abs. 1, § 4 Abs. 1 TVG weiterhin alle Tarifverträge auf die Arbeitsverhältnisse der jeweils Tarifgebundenen im Betrieb Anwendung.[52]

24 Jeder Arbeitgeber hat nach § 8 TVG die im Betrieb anwendbaren Tarifverträge innerbetrieblich bekanntzumachen. Das bedeutet, dass er im tarifpluralen Betrieb sämtliche Tarifverträge bekanntmachen muss.[53] Daran will auch das TarifEinhG nichts ändern; denn die Belegschaft soll alle abgeschlossenen Tarifverträge kennen, damit sie über ihre Rechte und Pflichten informiert ist.[54] Das gilt selbst, wenn einer dieser Tarifverträge später als Tarifvertrag einer Minderheitsgewerkschaft auf Antrag der Mehrheitsgewerkschaft verdrängt werden sollte. Die Publikationspflicht aus § 8 TVG entsteht nämlich bereits mit Anschluss des jeweiligen Tarifvertrags. Selbst wenn die Mehrheitsverhältnisse im Betrieb bereits bei Abschluss eines Tarifvertrags erkennbar sind, so ist weder sicher voraussehbar wie an dem maßgeblichen Zeitpunkt des zuletzt abgeschlossenen Tarifvertrags (§ 4a Abs. 2 Satz 2 TVG) oder der erstmaligen inhaltlichen Kollision (§ 4a Abs. 2 Satz 2 TVG) die Mehrheitsverhältnisse sein werden oder ob überhaupt der für die Verdrängung des kollidierenden Minderheitstarifvertrags notwendige Antrag nach § 99 Abs. 1 gestellt wird. Folgerichtig hat das TarifEinhG mit Wirkung vom 10.07.2015 in § 8 TVG zusätzlich die weitere Verpflichtung des Arbeitgebers eingefügt, auch die rechtskräftigen Entscheidungen i.S.v. § 99 Abs. 3 innerbetrieblich bekanntzumachen. Die Ergänzung war erforderlich; denn mit der Rechtskraft der gerichtlichen Entscheidung tritt die Verdrängungswirkung nach § 99 Abs. 3 ein. Ohne die Bekanntmachung der Entscheidung wäre die Belegschaft falsch informiert.

---

51 GK-ArbGG/Ahrendt § 99 Rn 31.
52 GK-ArbGG/Ahrendt § 99 Rn 33; ErfK/Koch § 99 Rn 4.
53 NK-GA/Forst § 8 TVG Rn 9.
54 BAG 23.01.2002 – 4 AZR 56/01, BAGE 100, 225 = EzA § 2 NachwG Nr. 3.

VII. Wiederaufnahme

Die in Abs. 4 getroffene Regelung erleichtert die Wiederaufnahme des Verfahrens. § 580 Abs. 1 Nr. 1–4 ZPO wird ergänzt und § 581 ZPO für unanwendbar erklärt. Als Restitutionsgründe kommen deshalb nicht nur Straftaten sondern bereits absichtlich unrichtige Angaben oder Aussagen von Beteiligten in Betracht, ohne dass diese zu einer rechtskräftigen Verurteilung geführt haben müssen.[55] Der Nachweis eines Restitutionsgrundes kann auch durch Vernehmung von Beteiligten geführt werden. Die Wiederaufnahmeregelungen in § 97 Abs. 4 und § 99 Abs. 4 stimme überein. Wegen der weiteren Einzelheiten wird deshalb auf § 97 Rdn. 15 verwiesen.

25

VIII. Bedeutung für das Urteilverfahren

Klagt ein Arbeitnehmer, der als Mitglied der tarifschließenden Gewerkschaft nach § 3 TVG tarifgebunden ist, auf Gewährung tariflicher Ansprüche, obliegt ihm die Darlegungs- und Beweislast dafür, dass dieser Tarifvertrag wegen der beiderseitigen kongruenten Tarifbindung anwendbar ist. Will der Arbeitgeber geltend machen, dass der an sich anwendbare Tarifvertrag nach § 4a Abs. 2 Satz 2 TVG verdrängt wird, macht er eine Einwendung geltend, für die er die Darlegungs- und Beweislast trägt.[56] Der einwendende Arbeitgeber hat nach dem Schrifttum darzulegen und im Bestreitensfall zu beweisen, dass er an mindestens zwei nicht inhaltsgleiche Tarifverträge verschiedener Gewerkschaften gebunden ist, deren Geltungsbereiche sich zumindest teilweise überschneiden, und dass zum Zeitpunkt des Abschlusses des zuletzt geschlossenen kollidierenden Tarifvertrags die andere Gewerkschaft im Betrieb die meisten in einem Arbeitsverhältnis stehenden Mitglieder hat.[57] Nach der hier vertretenen Auffassung über die Bedeutung des Beschlusses nach § 99 Abs. 3 (vgl. dazu Rdn. 12) ergibt sich eine erhebliche Vereinfachung für alle im Urteilsverfahren auszutragenden Streitigkeiten zwischen Arbeitgeber und Arbeitnehmer. Der Arbeitgeber kann danach den Einwand der Verdrängung der Bindung an den vom Arbeitnehmer herangezogenen Tarifvertrag nur erheben, wenn ein Feststellungsbeschluss nach § 99 Abs. 3 in Rechtskraft erwachsen ist. Bis dahin bleibt der Arbeitgeber an seine mehrfach eingegangene Tarifbindung gebunden.

26

Anders stellt sich die Rechtslage dar, wenn der Ansicht gefolgt wird, der in Rechtskraft erwachsene Feststellungsbeschluss i.S.v. § 99 Abs. 3 wirke nur deklaratorisch (vgl. Rdn. 12). Dann kann der Arbeitgeber bis zur Rechtskraft des gegenteiligen Beschlusses im Urteilsverfahren den Verdrängungseinwand erheben. Es muss dann im Wege der Beweisaufnahme in jedem Rechtsstreit zwischen Arbeitnehmer und Arbeitgeber im Urteilsverfahren eine Klärung der Tatfrage erfolgen, welche Gewerkschaft zum maßgebenden Zeitpunkt mehrheitlich im Betrieb vertreten war. Ist bereits ein Beschlussverfahren nach § 99 anhängig und hat ein Gericht in einem Urteilsverfahren zwischen Arbeitnehmer und Arbeitgeber über einen tarifvertraglich ausgestalteten Anspruch zu entscheiden, dessen Ergebnis vom Ausgang des Beschlussverfahrens abhängt, steht die Aussetzung des Urteilsverfahrens nach § 148 ZPO im pflichtgemäßen Ermessen des Gerichts.

27

§ 100 Entscheidung über die Besetzung der Einigungsstelle

(1) ¹In den Fällen des § 76 Abs. 2 Satz 2 und 3 des Betriebsverfassungsgesetzes entscheidet der Vorsitzende allein. ²Wegen fehlender Zuständigkeit der Einigungsstelle können die Anträge nur zurückgewiesen werden, wenn die Einigungsstelle offensichtlich unzuständig ist. ³Für das Verfahren gelten die §§ 80 bis 84 entsprechend. ⁴Die Einlassungs- und Ladungsfristen betragen 48 Stunden. ⁵Ein Richter darf nur dann zum Vorsitzenden der Einigungsstelle bestellt werden, wenn auf Grund der Geschäftsverteilung ausgeschlossen ist, dass er mit der Überprüfung, der Auslegung oder der Anwendung des Spruchs der Einigungsstelle befasst wird. ⁶Der Beschluss des Vorsitzenden soll den Beteiligten innerhalb von zwei Wochen nach Eingang des Antrags zuge-

---

55 Ebenso: NK-GA/Ulrici § 99 ArbGG Rn 11.
56 GK-ArbGG/Ahrendt § 99 Rn 38; ErfK/Koch § 99 ArbGG Rn 5.
57 GK-ArbGG/Ahrendt § 99 Rn 38; ErfK/Koch § 99 ArbGG Rn 5.

stellt werden; er ist den Beteiligten spätestens innerhalb von vier Wochen nach diesem Zeitpunkt zuzustellen.

(2) ¹Gegen die Entscheidungen des Vorsitzenden findet die Beschwerde an das Landesarbeitsgericht statt. ²Die Beschwerde ist innerhalb einer Frist von zwei Wochen einzulegen und zu begründen. ³Für das Verfahren gelten § 87 Abs. 2 und 3 und die §§ 88 bis 90 Abs. 1 und 2 sowie § 91 Abs. 1 und 2 entsprechend mit der Maßgabe, dass an die Stelle der Kammer des Landesarbeitsgerichts der Vorsitzende tritt. ⁴Gegen dessen Entscheidungen findet kein Rechtsmittel statt.

Übersicht

		Rdn.
I.	Allgemeines	1
II.	Zuständigkeit der Einigungsstelle	4
	1. Gesetzliche Zuständigkeit	4
	2. Zuständigkeit kraft Vereinbarung	6
III.	Zusammensetzung der Einigungsstelle	7
	1. Beisitzer	8
	2. Vorsitzender	11
IV.	Bildung der Einigungsstelle	13
	1. Vereinbarung	13
	2. Ständige Einigungsstellen	14
V.	Bildung der Einigungsstelle durch gerichtliche Entscheidung	15
	1. Grundsatz	15
	2. Zulässigkeit des Antrags	16
	a) Umfang	16
	b) Antrag	17
	c) Rechtsschutzinteresse	18
	d) Betriebsratsbeschluss	20
	e) Gleichzeitiges Beschlussverfahren	21
	f) Verfahren	22
	3. Begründetheit des Antrags	24
	a) Offensichtliche Unzuständigkeit der Einigungsstelle	25
	b) Bestellung des Vorsitzenden	32
	c) Zahl der Beisitzer	37
VI.	Rechtsmittel	38
VII.	Kosten der Einigungsstelle (§ 76a BetrVG)	41
	1. Kostentragungspflicht des Arbeitgebers (Abs. 1)	41
	2. Vergütungsansprüche der Einigungsstellenmitglieder (Abs. 2 bis 5)	42
	a) Vorsitzender	42
	b) Betriebsangehörige Beisitzer	43
	c) Betriebsfremde Beisitzer	45
	d) Abweichende Regelungen	46
	3. Gerichtliches Verfahren	47

§ 76 BetrVG Einigungsstelle

(1) Zur Beilegung von Meinungsverschiedenheiten zwischen Arbeitgeber und Betriebsrat Gesamtbetriebsrat oder Konzernbetriebsrat ist bei Bedarf eine Einigungsstelle zu bilden. Durch Betriebsvereinbarung kann eine ständige Einigungsstelle errichtet werden.

(2) Die Einigungsstelle besteht aus einer gleichen Anzahl von Beisitzern, die vom Arbeitgeber und Betriebsrat bestellt werden, und einem unparteiischen Vorsitzenden, auf dessen Person sich beide Seiten einigen müssen. Kommt eine Einigung über die Person des Vorsitzenden nicht zustande, so bestellt ihn das Arbeitsgericht. Dieses entscheidet auch, wenn kein Einverständnis über die Zahl der Beisitzer erzielt wird.

(3) Die Einigungsstelle fasst ihre Beschlüsse nach mündlicher Beratung mit Stimmenmehrheit. Bei der Beschlussfassung hat sich der Vorsitzende zunächst der Stimme zu enthalten; kommt eine Stimmenmehrheit nicht zustande, so nimmt der Vorsitzende nach weiterer Beratung an der erneuten Beschlussfassung teil. Die Beschlüsse der Einigungsstelle sind schriftlich niederzulegen, vom Vorsitzenden zu unterschreiben und Arbeitgeber und Betriebsrat zuzuleiten.

(4) Durch Betriebsvereinbarung können weitere Einzelheiten des Verfahrens vor der Einigungsstelle geregelt werden.

(5) In den Fällen, in denen der Spruch der Einigungsstelle die Einigung zwischen Arbeitgeber und Betriebsrat ersetzt, wird die Einigungsstelle auf Antrag einer Seite tätig. Benennt eine Seite keine Mitglieder oder bleiben die von einer Seite genannten Mitglieder trotz rechtzeitiger Einladung der Sitzung fern, so entscheiden der Vorsitzende und die erschienenen Mitglieder nach Maßgabe des Absatzes 3 allein. Die Einigungsstelle fasst ihre Beschlüsse unter angemessener Berücksichtigung der Belange des Betriebs und der betroffenen Arbeitnehmer nach billigem Ermessen. Die Überschreitung der Grenzen des Ermessens

kann durch den Arbeitgeber oder den Betriebsrat nur binnen einer Frist von zwei Wochen, vom Tage der Zuleitung des Beschlusses an gerechnet, beim Arbeitsgericht geltend gemacht werden.

(6) Im Übrigen wird die Einigungsstelle nur tätig, wenn beide Seiten es beantragen oder mit ihrem Tätigwerden einverstanden sind. In diesen Fällen ersetzt ihr Spruch die Einigung zwischen Arbeitgeber und Betriebsrat nur, wenn beide Seiten sich dem Spruch im Voraus unterworfen oder ihn nachträglich angenommen haben.

(7) Soweit nach anderen Vorschriften der Rechtsweg gegeben ist, wird er durch den Spruch der Einigungsstelle nicht ausgeschlossen.

(8) Durch Tarifvertrag kann bestimmt werden, dass an die Stelle der in Absatz 1 bezeichneten Einigungsstelle eine tarifliche Schlichtungsstelle tritt.

I. Allgemeines

§ 100 ist an die Stelle von § 99 getreten, der seinerseits § 98 abgelöst hat. Die Vorschrift des § 98 a.F. ist **inhaltlich unverändert** geblieben. Hintergrund des **zweimaligen Standortwechsels** ist zunächst das zum 16.08.2014 in Kraft getretene Tarifautonomiestärkungsgesetz gewesen,[1] welches die Vorschrift nach § 99 verlagerte. In einem weiteren Schritt hat das Gesetz zur Tarifeinheit (Tarifeinheitsgesetz)[2] die Norm zur Bestellung einer Einigungsstelle mit Wirkung vom 10.07.2015 nach § 100 verschoben. 1

Die **Einigungsstelle** soll als **betriebsverfassungsrechtliches Hilfsorgan** die aufgetretenen Meinungsverschiedenheiten der Betriebspartner beilegen und Konfliktsituationen schnell auflösen, um den Betriebsfrieden nicht zu belasten.[3] Ihre Hilfefunktion kann sie auf zweifache Weise erfüllen: Sie kann eine gütliche Einigung herbeiführen, aber auch im Wege einer autoritären Entscheidung in den dafür vorgesehenen Fällen (z.B. §§ 87 Abs. 2, 112 Abs. 4 BetrVG) eine gerichtlich überprüfbare Zwangsschlichtung *(besser: Zwangseinigung)* vornehmen. Die Einigungsstelle gewährleistet die Mitbestimmung insbesondere bei der Gestaltung der sozialen Angelegenheiten und **verhindert die Blockade** von notwendigen betrieblichen Entscheidungsprozessen durch den Betriebsrat oder die Arbeitgeberin. Durch ihre Tätigkeit wird nicht in unzulässiger Weise in die Tarifautonomie eingegriffen. Die Regelungsbefugnisse der Einigungsstelle werden wie die der Betriebspartner durch die §§ 77 Abs. 3, 87 Abs. 1 Eingangssatz BetrVG begrenzt. Ihre Einrichtung und Befugnisse stehen mit der Verfassung in Einklang.[4] 2

Die gerichtliche Bestellung der Einigungsstelle, die Grundlage für die Berechnung der vom Arbeitgeber zu tragenden Anwaltskosten hierzu ist § 40 BetrVG, wird regelmäßig mit einem **Gegenstandswert von 5.000,00 Euro** bewertet (§ 23 Abs. 3 RVG).[5] Sind nur Teilfragen bei der Einsetzung der Einigungsstelle streitig, so kann der Streitwert geringer ausfallen.[6] **Gerichtskosten** fallen nach § 2 Abs. 2 GKG nicht an.[7] Als **Bewertungsgesichtspunkte nach § 23 Abs. 3 RVG** kommen die 3

---

1 BGBl. I, S. 1348, 1354; Gussen FA 2015, 165, 167.
2 Art. 2 des Gesetzes zur Tarifeinheit vom 03.07.2015, BGBl. I, S. 1130 f.
3 GMPMG/Schlewing § 98 Rn 8; Schwab/Weth-Walker § 98 Rn 2; LAG Niedersachsen, 07.12.1998 – 1 TaBV 74/95, LAGE § 98 ArbGG Nr. 35; LAG Hamm, 11.10.2010 – 10 TaBV 99/09, LAGE § 98 ArbGG Nr. 57; Sasse DB 2015, 2817.
4 BVerfG, 18.10.1986 – 1 BvR 1426/83, NZA 1988, 25.
5 LAG Köln 07.07.2014 – 4 Ta 223/14; differenzierend LAG Hamm 18.03.2014 – 7 Ta 73/14, LAGE § 98 ArbGG 1979 Nr. 72 und LAG Hamm, 04.03.2015 – 13 Ta 48/15, je nach Streitgegenstand abstufend.
6 LAG Rheinland-Pfalz 08.04.2016 – 5 Ta 38/16, und LAG Köln 30.12.2015 – 12 Ta 358/15: ¼ des Hilfswertes nach § 23 Abs. 3 RVG bei Streit über die Person des Einigungsstellenvorsitzenden.
7 LAG Niedersachsen, 30.04.1999 – 1 Ta 71/99, LAGE § 8 BRAGO Nr. 40; LAG Baden-Württemberg, 19.03.2010 – 5 Ta 52/10; LAG Köln, 02.09.2010 – 7 Ta 277/10; LAG Hamm, 23.04.2007 – 13 Ta 130/07; Sächsisches LAG, 16.07.2007 – 4 Ta 136/07, LAGE § 23 RVG Nr. 10; vgl. auch Streitwertkatalog für die Arbeitsgerichtsbarkeit, NZA 2014, 745, 747, jetzt aktualisiert 5. April 2016, EzA-SD 11/2016, S. 18.

zu erwartenden Kosten des Einigungsstellenverfahrens in Betracht, die von deren Besetzung, deren Dauer und der Schwierigkeit der Regelungsmaterie abhängig sind. Die wirtschaftliche **Bedeutung der angestrebten Regelung** kann im Bestellungsverfahren nach hier vertretender Auffassung keine maßgebliche Rolle spielen.[8]

II. Zuständigkeit der Einigungsstelle

1. Gesetzliche Zuständigkeit

4   Die Einigungsstelle ist kraft ausdrücklicher gesetzlicher Regelung bei folgenden Streitigkeiten zuständig (a) Teilnahme von Arbeitnehmern an **Schulungs- und Bildungsveranstaltungen**;[9] (b) **Freistellung** von Betriebsratsmitgliedern von der Arbeit;[10] (c) Festlegung von Zeit und Ort der **Sprechstunden** der Arbeitnehmervertretungen;[11] (d) die **Herabsetzung der Mitgliederzahl** von Gesamtbetriebsrat,[12] Konzernbetriebsrat[13] sowie der Gesamtjugend- und Auszubildendenvertretung;[14] (e) die Entscheidung über **Beschwerden** der Arbeitnehmer;[15] (f) den in § 87 BetrVG aufgezählten Bereich der **sozialen Mitbestimmung**; (g) Angelegenheiten über die **Grundsätze menschengerechter Arbeitsgestaltung**;[16] (h) Fassung und Inhalt von **Personalfragebögen, Formularverträgen** und **Beurteilungsgrundsätzen**;[17] (i) Richtlinien zur **Personalauswahl**;[18] (j) Fragen der **Berufsbildung**;[19] (k) vereinbarte Mitbestimmung beim **Kündigungsausspruch**;[20] (l) Auskunftserteilung an den **Wirtschaftsausschuss**;[21] (m) Aufstellung eines **Sozialplanes**;[22] (n) im Bereich der **Seeschifffahrt** in Anwendung der §§ 74 bis 113 BetrVG[23] sowie in **Landbetrieben der Luftfahrt** nach den Vorgaben des BetrVG und schließlich (o) bei der Bestellung und Abberufung der **Betriebsärzte** und **Fachkräfte** für Arbeitssicherheit.[24] Vorgesehen ist die erzwingbare Einrichtung einer Einigungsstelle ferner in § 29 PostPersRG. Das Bestellungsverfahren nach § 100 findet im Personalvertretungsrecht keine entsprechende Anwendung.[25]

5   Die Zuständigkeit einer Einigungsstelle kann durch **Tarifvertrag** geschaffen werden (Flugbetrieb der Luftfahrt, § 117 BetrVG) oder in dem gleichen Umfang wie die Mitwirkungsrechte des Betriebsrats erweitert werden.[26] Eine solche Regelung kann das Mitbestimmungsrecht des Betriebsrats nach

---

8   Streitig, vgl. HWK-Kalb § 12 Rn 26; BCF/Friedrich § 98 Rn 14; H.G. Meyer Streitwerte § 98 Rn 325 ff., 394 ff.; Bertelsmann Gegenstandswerte S. 72 ff.; differenzierend GK-ArbGG/Schleusener § 12 Rn 452 ff.; Schwab/Weth-Walker § 99 Rn 69; TZA/Paschke S. 330 ff.
9   §§ 65 Abs. 1, 37 Abs. 6 BetrVG.
10 § 38 Abs. 2 BetrVG.
11 §§ 39 Abs. 1, 69 BetrVG.
12 § 47 Abs. 6 BetrVG.
13 § 55 Abs. 4 BetrVG.
14 § 72 Abs. 1 BetrVG.
15 § 85 Abs. 2 BetrVG.
16 § 91 BetrVG.
17 § 94 BetrVG.
18 § 95 Abs. 1, 2 BetrVG.
19 §§ 97 Abs. 2, 98 Abs. 3, 4 BetrVG.
20 § 102 Abs. 6 BetrVG.
21 § 109 BetrVG; LAG Düsseldorf, 26.02.2016 – 4 TaBV 8/16, zur notwendigen Beschlussfassung; Streit über Errichtung des Wirtschaftsausschusses bleibt dem allgemeinen arbeitsgerichtlichen Beschlussverfahren nach § 2a ArbGG vorbehalten, LAG Niedersachsen, 19.02.2013 – 1 TaBV 155/12, Rn 19 LAGE § 109 BetrVG 2001 Nr. 2.
22 § 112 Abs. 4 BetrVG.
23 § 116 Abs. 6 BetrVG.
24 § 9 Abs. 3 ASiG.
25 GMPMG/Schlewing § 98 Rn 3; GK-ArbGG/Schleusener § 100 Rn 4.
26 Vgl. BAG, 23.04.2009 – 6 AZR 263/08, NZA 2009, 915; BAG, 09.05.1995 – 1 ABR 56/94, NZA 1996, 156; BAG, 18.08.1987 – 1 ABR 30/86; LAG Baden-Württemberg 20.12.2012 – 1TaBV 1/12, Rn 32, 44, EzTöD 120 § 27 TVöD-K Zusatzurlaub Schicht-/Wechselschichtarbeit.

§ 87 Abs. 1 Eingangssatz BetrVG einschränken oder ganz ausschließen, wenn sie eine abschließende Regelung ohne Gestaltungsraum für die Betriebspartner enthält.[27] Im gleichen Umfang entfällt die Zuständigkeit der Einigungsstelle. Wird das Mitbestimmungsrecht im Tarifvertrag erweitert oder besteht eine tarifliche Öffnungsklausel,[28] können die Tarifvertragsparteien andere Konfliktlösungen anstelle der Einigungsstelle bestimmen.[29] So ist die Einrichtung einer tariflichen **Schlichtungsstelle** anstelle einer betrieblichen Einigungsstelle durch Tarifvertrag zulässig.[30]

2. Zuständigkeit kraft Vereinbarung

Besteht keine gesetzliche oder tarifliche Zuständigkeit der Einigungsstelle, können die Betriebspartner eine Vereinbarung *(Regelungsabrede oder Betriebsvereinbarung)* über ihre Einrichtung treffen[31] und sich dem Spruch einer Einigungsstelle im Voraus unterwerfen oder ihn nachträglich annehmen.[32] Das Einverständnis jeder Seite kann jederzeit frei widerrufen werden, sofern keine andere Abmachung getroffen wird. In diesem Fall ist das Einigungsstellenverfahren beendet, das Amt des Vorsitzenden und der Beisitzer erlischt. Der Verfahrensgegenstand kann für den Bereich der Mitwirkungsrechte des Betriebsrats frei gewählt werden. **Grundsätzlich** kann es hier **nur** um **Regelungsfragen** gehen; im Ausnahmefall zulässig ist eine Entscheidung über Rechtsfragen, die nur die Betriebspartner bindet. Für eine verbindliche Entscheidung von **Rechts- bzw. Auslegungsstreitigkeiten** mit Wirkung für Dritte fehlt den Betriebspartnern dagegen die Regelungsmacht. Keine Bindungswirkung entfalten daher Vereinbarungen, wonach die Einigungsstelle verbindlich über individualrechtliche Rechtsansprüche der Arbeitnehmer aus einer abgeschlossenen Betriebsvereinbarung oder bei Meinungsverschiedenheiten zwischen Arbeitgeber und Arbeitnehmern aus der Anwendung eines Sozialplans entscheidet.[33] Auch ein **Einigungsstellenspruch** nach § 76 Abs. 6 BetrVG ist **gerichtlich überprüfbar**.[34]

III. Zusammensetzung der Einigungsstelle

Die Einigungsstelle besteht aus einer geraden Anzahl von Beisitzern und einem Vorsitzenden.[35]

1. Beisitzer

Die Beisitzer werden jeweils zur Hälfte vom Arbeitgeber und Betriebsrat benannt. Beide Parteien sind bei der Benennung ihrer Beisitzer frei. Der anderen Partei steht ein Ablehnungsrecht wegen einer möglichen Parteilichkeit nicht zu.[36] Die **Beisitzer** sind **nicht** wie ehrenamtliche Richter zur **Unparteilichkeit** und einer strengen Bindung an Recht und Gesetz **verpflichtet**. Sie haben sich bei ihrer Einigungsstellentätigkeit nur am Wohl der Arbeitnehmer und des Betriebes zu orientieren[37] und sind **nicht weisungsgebunden**.[38] Von daher können Firmeninhaber und Betriebsratsmitglieder Beisitzer der Einigungsstelle sein.[39] Wird über das Vermögen des Arbeitgebers das Insolvenzverfah-

---

27 BAG, 09.11.2010 – 1 ABR 75/09, EzA § 87 BetrVG 2001 Arbeitszeit Nr. 15, Rn 18; BAG, 17.11.1998 – 1 ABR 12/98, NZA 1999, 662.
28 § 77 Abs. 3 Satz 2 BetrVG.
29 BAG, 28.02.1984 – 1 ABR 37/82, NZA 1984, 230.
30 § 76 Abs. 8 BetrVG; BAG, 18.08.1987 – 1 ABR 30/86, NZA 1987, 779; ErfK/Koch § 100 Rn 1; zweifelnd Schwab/Weth-Walker § 99 Rn 4.
31 § 76 Abs. 6 BetrVG, sog. freiwilliges Einigungsstellenverfahren.
32 BAG, 06.12.1988 – 1 ABR 47/87, NZA 1989, 399 [Interessenausgleich].
33 BAG, 20.11.1990 – 1 ABR 45/89, NZA 1991, 473; BAG, 27.10.1987 – 1 AZR 80/86, NZA 1988, 207.
34 BAG, 20.11.1990 – 1 ABR 45/89, NZA 1991, 473.
35 § 76 Abs. 2 Satz 1 BetrVG.
36 LAG Düsseldorf, 03.04.1981 – 8 TaBV 11/81, LAGE § 76 BetrVG 1972 Nr. 20.
37 Vgl. § 2 Abs. 1 BetrVG, vertrauensvolle Zusammenarbeit; dazu BAG, 28.05.2014 – 7ABR 36/12, Rn 36, EzA § 76 BetrVG 2001 Nr. 8: Erwartung der ordnungsgemäßen Aufgabenerfüllung.
38 BAG, 15.05.2001 – 1 ABR 39/00, NZA 2001, 1154.
39 BAG, 06.05.1986 – 1 AZR 553/84, NZA 1986, 800.

ren eröffnet, brauchen nicht notwendigerweise Vertreter der Gläubiger zu Mitgliedern der Einigungsstelle bestellt zu werden.[40] Unzulässig ist allerdings die Mitwirkung eines Beisitzers, wenn er von der Entscheidung der Einigungsstelle unmittelbar selbst betroffen ist. Zur Beurteilung der **Selbstbetroffenheit** sind die Grundsätze, die für die zeitweise Verhinderung eines Betriebsratsmitglieds[41] gelten, entsprechend heranzuziehen. Wirkt ein Beisitzer in eigenen Angelegenheiten an der Beschlussfassung mit, ist seine Stimme ungültig. Arbeitgeber und Betriebsrat können nach freiem Ermessen **betriebsfremde Personen** *(z.B. Vertreter von Arbeitgeberverbänden, Gewerkschaftssekretäre, Rechtsanwälte)* zu Beisitzern der Einigungsstelle berufen, selbst wenn diese nur zur Übernahme der Tätigkeit gegen ein Honorar bereit sind.[42] Ein Betriebsratsmitglied verletzt durch die Wahrnehmung des Beisitzeramtes in Einigungsstellen anderer Betriebe des Arbeitgebers nicht seine arbeitsvertraglichen Rücksichtnahmepflichten nach § 241 Abs. 2 BGB und setzt damit keinen wichtigen Grund für die außerordentliche Kündigung seines Arbeitsverhältnisses.[43] Einigt sich der Arbeitgeber mit dem Betriebsrat nur über die Anzahl der Beisitzer einer Einigungsstelle, so kann er nicht die Benennung eines betriebsinternen Beisitzers verlangen.[44]

9 Formelle Voraussetzung für die Tätigkeit als Beisitzer des Betriebsrats ist ein **ordnungsgemäßer Betriebsratsbeschluss**.[45] Die vorsorgliche Benennung von Ersatzbeisitzern für den Verhinderungsfall der benannten Beisitzer ist zulässig. Die Bestellung kann jederzeit von der entsendenden Stelle frei widerrufen werden. Die Anzahl der von jeder Seite zu benennenden Beisitzer wird durch das Gesetz nicht festgelegt; ihr müssen lediglich eine **gleich** große Anzahl von Beisitzern jeder Seite angehören. Die Anzahl der Beisitzer unterliegt zunächst der Vereinbarung der Parteien. Kommt eine Einigung nicht zustande, so entscheidet das ArbG,[46] wobei im **Regelfall** die Benennung von **zwei Beisitzern** auf jeder Seite angemessen ist,[47] da sie den Einsatz eines internen und eines externen Beisitzers ermöglicht. Eine **höhere Zahl** von Beisitzern kann im Ausnahmefall gerichtlich durchgesetzt werden, wenn die Komplexität des Regelungsgegenstandes unter Berücksichtigung der Besonderheiten des Einzelfalles dies erfordert.[48] Das setzt indessen voraus, dass der Betriebspartner, der für eine erhöhte Zahl der Beisitzer eintritt, deren Notwendigkeit als **erforderlich** anhand von »nachprüfbaren« Tatsachen darlegt. Der pauschale Hinweis auf eine Betriebsänderung und die Erarbeitung eines Sozialplans genügt dafür nicht.[49]

10 Die Beisitzer der Einigungsstelle unterliegen der **Verschwiegenheitspflicht**,[50] deren Verletzung nach § 120 Abs. 1 BetrVG strafbar ist. Sie dürfen wegen ihrer Tätigkeit in der Einigungsstelle nicht benachteiligt werden.[51] Betriebsratsmitglieder, die zugleich Mitglieder der Einigungsstelle sind, werden nach näherer Maßgabe des § 15 KSchG vor einer Kündigung des Arbeitgebers geschützt. Für andere betriebsangehörige Beisitzer der Einigungsstelle gilt § 15 KSchG nicht, auch eine ent-

---

40 BAG, 06.05.1986 – 1 AZR 553/84, NZA 1986, 800.
41 § 25 Abs. 1 BetrVG.
42 BAG, 24.04.1996 – 7 ABR 40/95, NZA 1996, 1171; BAG, 21.06.1989 – 7 ABR 92/87, NZA 1990, 110.
43 BAG, 13.05.2015 – 2 ABR 38/14, EzA § 626 BGB 2002 Nr. 51, Rn 19.
44 BAG, 24.04.1996 – 7 ABR 40/95, NZA 1996, 1171.
45 BAG, 14.02.1996 – 7 ABR 25/95; BAG, 19.08.1992 – 7 ABR 58/91, NZA 1993, 710.
46 § 76 Abs. 2 Satz 3 BetrVG.
47 Überwiegende Meinung: LAG Hamm, 18.03.2013 – 13 TaBV 34/13, Rn 12; LAG Niedersachsen, 12.01.2010 – 1 TaBV 73/09, LAGE § 98 ArbGG Nr. 58; LAG Hessen, 3.11.2009 – 4 TaBV 185/09, Rn 23, NZA-RR 2010, 359; ErfK/Koch § 100 Rn 6; Schwab/Weth-Walker § 99 Rn 56; GMPMG/Schlewing § 98 Rn 29; HWK-Bepler Rn 9; streitig; vgl. LAG Berlin-Brandenburg, 22.01.2015 – 10 TaBV 1812/14 u.a., Rn 47 f., LAGE § 87 BetrVG 2001 Kontrolleinrichtung Nr. 5; LAG Bremen, 20.09.1983 – 4 TaBV 104/83, ArbuR 1984, 91: 3 Beisitzer; LAG Schleswig-Holstein, 28.01.1993 – 4 TaBV 38/92, LAGE § 98 ArbGG 1979 Nr. 24: 81 Beisitzer.
48 ErfK/Koch § 100 Rn 6; Schwab/Weth-Walker § 99 Rn 56; LAG Niedersachsen 12.01.2012 – 1 TaBV 73/09, Rn 34, LAGE § 98 ArbGG 1979 Nr. 58.
49 LAG Niedersachsen, 07.08.2007 – 1 TaBV 63/07, Rn 20, LAGE § 98 ArbGG 1979 Nr. 49a.
50 § 79 Abs. 1, 2 BetrVG.
51 § 78 BetrVG.

sprechende Anwendung ist ausgeschlossen. Sie werden vor einer Kündigung des Arbeitgebers nur im Rahmen von § 78 BetrVG geschützt. Allerdings liegt die Beweislast für eine entsprechende Motivation des Arbeitgebers zum Kündigungsausspruch beim Arbeitnehmer. Zur Vergütungspflicht der Beisitzer siehe Rdn. 43 und 45.

2. Vorsitzender

Im Gegensatz zu den Beisitzern muss der Vorsitzende **unparteiisch** sein[52] und über die erforderliche Sachkunde verfügen. In der Praxis werden vielfach Richter aus der Arbeitsgerichtsbarkeit als Vorsitzende von Einigungsstellen tätig. Dies ist nicht zwingend, ebenso unbedenklich ist die Übernahme des Amtes durch Rechtsanwälte, Richter aus anderen Gerichtsbarkeiten oder Verbands- bzw. Behördenvertreter. Der Vorsitzende gibt im Konfliktfall durch seine Stimme den Ausschlag bei Ausgang der Zwangseinigung.[53] Er wird tätig entweder aufgrund einer Vereinbarung der Beteiligten oder aufgrund gerichtlicher Bestellung im Verfahren nach § 100[54] und ist an Aufträge und Weisungen der Parteien nicht gebunden. Zur Vergütungspflicht des Vorsitzenden s. Rdn. 44. Nach § 100 Abs. 1 Satz 5 darf ein Richter nur zum Vorsitzenden der Einigungsstelle bestellt werden, wenn aufgrund der **Geschäftsverteilung** ausgeschlossen ist, dass er mit der Überprüfung, der Auslegung oder der Anwendung des Spruchs der Einigungsstelle befasst wird. Diese Einschränkung gilt aber nur für das gerichtliche Bestellungsverfahren. 11

Das Amt eines Vorsitzenden endet – auch nach einer gerichtlichen Bestellung – wenn sich die Betriebspartner über dessen **Abberufung** einigen. Der Vorsitzende ist auf Antrag einer Partei vom ArbG abzuberufen, wenn hierfür ein wichtiger Grund besteht, insb. wenn Tatsachen vorliegen, aus denen sich die Besorgnis der **Befangenheit** des Vorsitzenden ergibt.[55] Einwände einer Betriebspartei gegen die Unparteilichkeit des Vorsitzenden sind ausreichend, wenn die vorgebrachten subjektiven Vorbehalte für das Gericht zumindest nachvollziehbar sind. Eine schlagwortartige Ablehnung des vom Antragsteller vorgesehenen Einigungsstellenvorsitzenden reicht hierzu nicht aus, allerdings soll die streitige Bestellung nicht den gewünschten Erfolg der Einigungsstelle von vornherein gefährden, denn eine Einigung setzt das **Vertrauen beider Betriebspartner** voraus.[56] Die Ablehnung ist jedoch nur wegen solcher Umstände zulässig, die nach der Bestellung bekannt geworden sind.[57] Ablehnungsgründe, die bis zur Abstimmung entstanden sind, jedoch nicht gerügt sind, können im Fall der Überprüfung des Spruchs nicht mehr geltend gemacht werden; Gleiches gilt auch, wenn zuvor Sach- oder Verfahrensanträge gestellt worden sind. Das Ablehnungsrecht steht nur Arbeitgeber und Betriebsrat, nicht aber den einzelnen Beisitzern zu. Legt der für befangen gehaltene Vorsitzende sein Amt nicht von sich aus nieder, entscheidet über den Ablehnungsantrag die Einigungsstelle zunächst ohne den abgelehnten Vorsitzenden; zu einer zweiten Abstimmung mit seiner Beteiligung kommt es nicht. Findet der Ablehnungsantrag unter den Beisitzern der Einigungsstelle keine Mehrheit, entscheidet die Einigungsstelle unter Beteiligung des für befangen gehaltenen Vorsitzenden darüber, ob sie das Verfahren fortsetzt oder ggf. bis zur **gerichtlichen Entscheidung** über die geltend gemachten Ablehnungsgründe aussetzt.[58] Über die **Ablehnung** wegen Besorgnis der Befangenheit entscheidet abschließend das **ArbG in Kammerbesetzung** im Beschlussverfahren in entsprechender Anwendung der §§ 1037 Abs. 3 Satz 1, 1062 Abs. 1 Alt. 2 ZPO.[59] Über die Neuberufung eines 12

---

52 Vgl. § 76 Abs. 2 Satz 1 BetrVG.
53 § 76 Abs. 3 Satz 3 BetrVG.
54 Vgl. § 76 Abs. 2 Satz 1 und 2 BetrVG; Näher dazu Rdn 18 ff.
55 §§ 42, 1032 ZPO entspr., BAG, 11.09.2001 – 1 ABR 5/01, NZA 2002, 572; BAG, 17.11.2010 – 7 ABR 100/09, Rn 16, EzA § 76 BetrVG 2001 Nr. 3.
56 LAG Niedersachsen, 22.10.2013 – 1 TaBV 53/13, Rn 19, LAGE § 98 ArbGG 1979 Nr. 68; ErfK/Koch § 100 Rn 5; GMPMG/Schlewing § 98 Rn 23.
57 BAG, 09.05.1995 – 1 ABR 56/94, NZA 1996, 156.
58 BAG, 29.01.2002 – 1 ABR 18/01, EzA § 76 BetrVG 1972 Nr. 70.
59 BAG, 17.11.2010 – 7 ABR 100/09, EzA § 76 BetrVG 2001 Nr. 3; a.A. GK-ArbGG/Schleusener § 100 Rn 55; Bertelsmann FS Wißmann 2005, S. 230, 242 m.w.N.

anderen unparteiischen Vorsitzenden ist dann im Verfahren nach § 100 neu zu befinden, soweit sich die Beteiligten nicht zwischenzeitlich auf einen neuen Vorsitzenden geeinigt haben.

IV. Bildung der Einigungsstelle

1. Vereinbarung

13 Arbeitgeber und Betriebsrat können sich über die Bildung einer Einigungsstelle einigen, einer Anrufung des Gerichts bedarf es dann nicht mehr. Einigkeit muss über den **Verfahrensgegenstand**, die **Anzahl der Beisitzer** und die **Person des unparteiischen Vorsitzenden** bestehen. Empfehlenswert, aber nicht unbedingt notwendig ist eine Übereinstimmung der Betriebspartner über die **Rechtswirkungen eines Spruchs** der Einigungsstelle. Ist nicht eindeutig, ob es sich um ein erzwingbares oder ein freiwilliges Einigungsstellenverfahren (vgl. Rdn. 6) handelt, so kann eine entweder *(klarstellende)* Vereinbarung darüber getroffen werden, dass der Spruch der Einigungsstelle die Einigung der Betriebspartner ersetzt, oder eine nach § 76 Abs. 6 BetrVG zulässige Regelung, dass beide Seiten sich ihrem Spruch im Voraus unterwerfen (dazu Rdn. 6).

2. Ständige Einigungsstellen

14 Für jede Streitigkeit ist bei Bedarf eine neue Einigungsstelle zu bilden. Zulässig und in der Praxis durchaus üblich sind sog. **ständige Einigungsstellen**.[60] Sie werden durch eine freiwillige Betriebsvereinbarung nach § 88 BetrVG, Regelungsabrede oder durch tarifliche Regelung[61] errichtet. In ihr sollten die Anzahl der Beisitzer und die Person des Vorsitzenden sowie die Antragsbefugnis jeder Seite festgelegt werden. Gegen die Bildung von ständigen Einigungsstellen bestehen rechtlich keine Bedenken. Auf diese Weise steht Arbeitgeber und Betriebsrat schnell eine Institution zur Beilegung von Meinungsverschiedenheiten zur Verfügung. Nachteilig wirkt sich oft aus, dass die Bereitschaft zur Konfliktlösung zwischen Arbeitgeber und Betriebsrat abnimmt, da anstehende Probleme auf die Einigungsstelle abgewälzt werden. Schließlich birgt die Festlegung auf einen bestimmten Vorsitzenden die Gefahr, dass für spezielle und komplexe Regelungsstreitigkeiten nicht immer eine entsprechend erfahrene Person am Verfahren beteiligt ist.

V. Bildung der Einigungsstelle durch gerichtliche Entscheidung

1. Grundsatz

15 Kommt in Fällen der gesetzlichen Zuständigkeit der Einigungsstelle (Rdn. 4) eine Vereinbarung über die Anrufung einer Einigungsstelle nicht zustande, können nach § 100 Abs. 1 Betriebsrat oder Arbeitgeber das ArbG zur Bildung der Einigungsstelle anrufen. Den Antrag kann im Bereich der erzwingbaren Mitbestimmung in sozialen Angelegenheiten[62] jede Seite stellen; der Betriebsrat im Rahmen seines **Initiativrechts** aber nur zur Ausübung seiner »Abwehrrechte«.[63] Kann die Einigungsstelle nur von einer Seite angerufen werden,[64] ist das Verfahren einzustellen, wenn die allein antragsbefugte Seite den Antrag zurückzieht. Bei der Entscheidung über die Bestellung eines **Einigungsstellenvorsitzenden** sowie der Festlegung der **Anzahl der Beisitzer** auf Seiten der Betrieb-

---

60 Vgl. § 76 Abs. 1 Satz 2 BetrVG.
61 § 76 Abs. 6 BetrVG.
62 § 87 BetrVG.
63 Ausnahme: Einführung einer technischen Kontrolleinrichtung, § 87 Abs. 1 Nr. 6 BetrVG, vgl. BAG, 28.11.1989 – 1 ABR 97/88, NZA 1990; 406; zur Überwachung von Vertrauensarbeitszeit: LAG Niedersachsen, 22.10.2013 – 1 TaBV 53/13, Rn 25, LAGE § 98 ArbGG 1979 Nr. 68; **a.A.** LAG Berlin-Brandenburg, 22.01.2015 – 10 TaBV 1812/14 u.a, LAGE § 87 BetrVG 2001 Kontrolleinrichtung Nr. 5; Thüringer LAG, 14.06.2012 – 3 TaBV 2/12, Rn 17, bei bereits angelegten, aber nicht betriebenen Kontrolleinrichtungen des Arbeitgebers; LAG Hamm 18.02.2014 – 7 TaBV 1/14, Rn 19, LAGE § 98 ArbGG 1979 Nr. 71, zur Initiative des Betriebsrats bei Kurzarbeit.
64 Z.B. §§ 37 Abs. 6, 38 Abs. 2, 95 Abs. 2 BetrVG – Arbeitgeber; § 85 Abs. 2 BetrVG – Betriebsrat.

sparteien ist das erkennende **Gericht an die Vorschläge der Beteiligten nicht gebunden**,[65] es sei denn, gegen die im Antrag vorgeschlagenen Personen werden keine nachvollziehbaren Einwände erhoben.[66]

2. Zulässigkeit des Antrags

a) Umfang

Nach **Abs. 1 Satz 1** entscheidet das ArbG über die **offensichtliche Unzuständigkeit** einer Einigungsstelle zu einem bestimmten Verfahrensgegenstand, über die **Person des unparteiischen Vorsitzenden** und die **Anzahl der Beisitzer** (Rdn. 25 bis 37). Eine gerichtliche Entscheidung ergeht nicht stets zu sämtlichen Gegenständen, sondern nur über die tatsächlichen Streitpunkte der Betriebspartner. So fehlt es an einem Rechtsschutzinteresse für eine Entscheidung zur Person des Vorsitzenden und der Anzahl der Beisitzer, wenn die Beteiligten ausschließlich über die Zuständigkeit der Einigungsstelle streiten.

16

b) Antrag

Der Antragsteller muss im Antrag den Gegenstand anführen, für den eine gerichtliche Entscheidung beantragt wird. Der Verfahrensgegenstand, besser **Regelungsgegenstand** der Einigungsstelle ist möglichst genau zu **bezeichnen**; pauschale oder schlagwortartige Bezeichnungen wie »Arbeitszeit«, »Lohngestaltung«, »Mobbing« oder »Überstunden« sind zu unbestimmt.[67] Im Bestellungsverfahren hat der Antragsteller den Regelungsgegenstand zu umreißen, es gilt der Bestimmtheitsgrundsatz aus § 253 ZPO; er muss aber nicht angeben, welchen Inhalt die von ihm angestrebte Regelung haben soll.[68] Das Gericht hat den Antragsteller auf eine unzulässige Antragstellung hinzuweisen und auf eine entsprechende Antragsänderung hinzuwirken. Ebenso muss die Person des Vorsitzenden vom Antragsteller namentlich im Antrag bezeichnet werden, ansonsten ist er unzulässig,[69] vgl. dazu Rdn. 32.

17

c) Rechtsschutzinteresse

Der Antragsteller muss angeben, warum er die **innerbetrieblichen Verhandlungen** als **gescheitert** ansieht. Eine sofortige Anrufung der Einigungsstelle ohne den vorhergehenden Versuch einer gütlichen Einigung ist daher ohne Rechtsschutzinteresse.[70] Ein Rechtsschutzinteresse für das Bestellungsverfahren liegt aber vor, wenn der Antragsteller aus seiner **subjektiven Sicht** eine innerbetriebliche Konfliktlösung in angemessener Zeit nicht mehr für erreichbar hält.[71] Ein Rechtsschutzinteresse besteht auch, wenn sich die andere Seite auf Verhandlungen überhaupt nicht einlässt oder diese verzögert. Vertreten die Betriebsparteien vor oder im Einigungsstellenbestellungsverfahren miteinander unvereinbare Standpunkte und sind sie nicht bereit, von diesen abzurücken, bedarf es keiner weiteren innerbetrieblichen Verhandlungen. Dies gilt auch dann, wenn die konträren Standpunkte nicht die Sache, sondern die weitere Verfahrensweise betreffen.[72] Es ist deshalb nicht erforderlich, dass der nach § 74 Abs. 1 BetrVG bestehende **Verhandlungsanspruch** zum Zeitpunkt der Einlei-

18

---

65 H.M., LAG Berlin-Brandenburg, 18.06.2015 – 21 TaBV 745/15, Rn 33 ff.; LAG Hamm, 10.08.2015 – 7 TaBV 43/15; LAG Mecklenburg-Vorpommern, 22.04.2015 – 3 TaBV 1/15; HWK-Bepler § 98 Rn 79; ErfK/Koch § 100 Rn 2 m.w.N.
66 Vgl. Rdn. 32, 37; Anm. Bertzbach in jurisPR-ArbR 9/2016.
67 LAG Rheinland-Pfalz, 11.08.2011 – 10 TaBV 25/11.
68 LAG Köln, 19.02.2014 – 11 TaBV 90/13, Rn 15; LAG Schleswig-Holstein 21.01.2014 – 1 TaBV 47/13, Rn 30, LAGE § 98 ArbGG 1979 Nr. 70.
69 § 253 ZPO.
70 BAG, 18.03.2015 – 7 ABR 4/13, Rn 17, EzA § 40 BetrVG 2001 Nr. 26; GMPMG/Schlewing § 98 Rn 15.
71 Hess. LAG, 12.11.1991 – 4 TaBV 148/91, NZA 1992, 853.
72 Hess. LAG 30.09.2014 – 4 TaBV 157/14.

tung des Bestellungsverfahrens nach § 100 objektiv ausgeschöpft ist.[73] Maßgeblich sind vielmehr – bis zur Grenze des Rechtsmissbrauchs[74] – die subjektiven Vorstellungen des Antragstellers. Teilweise wird die Möglichkeit, ob noch Verhandlungsmöglichkeiten für eine Verhandlung bestanden, nur unter dem Gesichtspunkt des **Rechtsmissbrauchs** geprüft.[75] Der **Verhandlungsanspruch** aus § 76 Abs. 2 Satz 2 BetrVG wird insoweit **durch das gerichtliche Bestellungsverfahren nach § 98 überlagert**, um die »stockende« vertrauensvolle Zusammenarbeit zwischen den Betriebspartnern i.S.v. § 2 Abs. 1 BetrVG schnell wieder in Gang zu bringen.[76] Signalisiert der Antragsgegner erst im gerichtlichen Bestellungsverfahren Verhandlungsbereitschaft, so entfällt das Rechtsschutzinteresse für dessen Fortsetzung nicht.[77] Eine Ermittlung darüber, ob »ernsthaft« versucht wurde zu verhandeln, ist praxisfern. Allein der Umstand, dass ein Angebot zu Verhandlungen stattgefunden hat, ist nachweisbar und notwendig. Im Übrigen müssen die **Betriebspartner autonom entscheiden** können, ob die Fortführung von Verhandlungen ohne gerichtlich bestellte Einigungsstelle Sinn macht oder nicht.[78] Ein Rechtsschutzinteresse ist nicht mehr gegeben, wenn eine Betriebsänderung nicht rückholbar durchgeführt worden ist.[79]

19 Soll ein **unparteiischer Vorsitzender** gerichtlich bestellt werden, besteht nur ein Rechtsschutzinteresse, wenn dieser bis zum Entscheidungszeitpunkt im Bestellungsverfahren sein **Einverständnis** für die Übernahme der Tätigkeit erklärt,[80] da bei fehlender Bereitschaft die Entscheidung wertlos ist.

d) Betriebsratsbeschluss

20 Ist eine Arbeitnehmervertretung Antragsteller im Verfahren nach § 100, so ist zwingende Voraussetzung für die Durchführung des Verfahrens ein entsprechender, nach den Vorgaben der §§ 29 ff BetrVG gefasster Betriebsratsbeschluss, der konkret den im gerichtlichen Verfahren gestellten Antrag umfasst.[81] Es bedarf – je nach Umfang des Antrags – der Aufnahme des konkreten Verfahrensgegenstandes der Einigungsstelle, der namentlichen Benennung der Person des unparteiischen Vorsitzenden sowie der Anzahl der Beisitzer. Der Beschluss kann bis zur letzten Anhörung in der jeweiligen Instanz nachgeholt werden.[82] Fehlt der Beschluss, so kann das Folgen für die Kostenübernahme des Arbeitgebers haben (vgl. Rdn. 41).

---

73 LAG Hamm, 11.01.2010 – 10 TaBV 99/09, LAGE § 98 ArbGG Nr. 57; LAG Hamm, 09.08.2004 – 10 TaBV 81/04 LAGE § 98 ArbGG 1979 Nr. 43; LAG Niedersachsen, 07.12.1998 – 1 TaBV 74/98, LAGE § 98 ArbGG 1979 Nr. 35; LAG Rheinland-Pfalz, 13.01.2012 – 6 TaBV 33/11; Schwab/Weth-Walker § 98 Rn 21.
74 LAG München, 04.04.2007 – 8 TaBV 13/07, LAGE § 98 ArbGG 1979 Nr. 48b.
75 LAG Hamm, 14.05.2014 – 7 TaBV 21/14, Rn 36 f.
76 LAG Niedersachsen, 25.10.2005 – 1 TaBV 48/05, LAGE § 98 ArbGG Nr. 45; LAG Hamm, 11.01.2010 – 10 TaBV 99/09, LAGE § 98 ArbGG Nr. 57; LAG Hamm, 19.09.2011 – 13 TaBV 62/11, Rn 5; einschränkend ErfK/Koch § 100 Rn 2.
77 LAG Baden-Württemberg, 16.10.1991 – 12 TaBV 10/91, NZA 1992, 186; LAG Niedersachsen, 05.05.2009 – 1 TaBV 28/09, LAGE § 98 ArbGG Nr. 54; Schwab/Weth-Walker § 99 Rn 21; GMPMG/Schlewing § 98 Rn 15; BCF/Friedrich § 98 Rn 3; a.A. Hauck/Helml § 98 Rn 98; GK-ArbGG/Schleusener § 100 Rn 8; ErfK/Koch § 100 Rn 2, ohne Verhandlungsversuch fehlt das Rechtsschutzinteresse.
78 Wohl h.M., statt vieler: LAG Rheinland-Pfalz, 02.11.2012 – 9 TaBV 34/12, LAGE § 98 ArbGG 1979 Nr. 64; LAG Hamm, 20.09.2012 – 10 TaBV 65/12, Rn 33; LAG Hamm, 11.01.2010 – 10 TaBV 99/09, LAGE § 98 ArbGG Nr. 57 m.w.N.; LAG Niedersachsen, 25.10.2005 – 1 TaBV 48/05, LAGE § 98 ArbGG 1979 Nr. 45; a.A. HWK-Bepler § 98 Rn 3 m.w.N. wegen Nachrangigkeit des Einigungsstellenbesetzungsverfahrens.
79 LAG Niedersachsen, 14.02.2006 – 1 TaBV 105/05, LAGE § 98 ArbGG Nr. 46; Schwab/Weth-Walker § 99 Rn 20; HWK-Bepler § 98 Rn 3.
80 LAG Düsseldorf, 11.05.1973 – 1 TaBV 17/73.
81 BAG, 18.03.2015 – 7ABR 4/13, Rn 12, NZA 2015, 954; LAG Berlin-Brandenburg, 28.07.2011 – 26 TaBV 1298/11, Rn 34, NZA-RR 2012, 38.
82 LAG München, 29.10.2009 – 4 TaBv 62/09, LAGE § 98 ArbGG Nr. 55.

e) Gleichzeitiges Beschlussverfahren

Parallel zum Verfahren nach § 100 kann in einem **allgemeinen Beschlussverfahren** die **Zuständigkeit der Einigungsstelle** für den umstrittenen Verfahrensgegenstand festgestellt werden. Es steht dem Bestellungsverfahren wegen des unterschiedlichen Streitgegenstands *(Zuständigkeit/offensichtliche Unzuständigkeit)* nicht entgegen und darf bis zu einer Entscheidung darüber nicht zur Aussetzung des Bestellungsverfahrens führen.[83] Dementsprechend ist das Bestellungsverfahren ohne Rücksicht auf ein anhängiges Beschlussverfahren über die Zuständigkeit (sog. **Vorabentscheidungsverfahren**) durchzuführen.[84] Eine doppelte Rechtshängigkeit nach Anfechtung des Spruchs bei gleichem Streitgegenstand ist ausgeschlossen.[85]

f) Verfahren

Das ArbG entscheidet im Beschlussverfahren durch den Vorsitzenden der nach der Geschäftsverteilung zuständigen Kammer ohne Mitwirkung der ehrenamtlichen Richter. Für das Verfahren gelten nach der Verweisung in **Abs. 1 Satz 3** die **Vorschriften über das Beschlussverfahren**[86] entsprechend[87]. Materiell-rechtlich betroffen und damit am Bestellungsverfahren beteiligt[88] sind regelmäßig nur Arbeitgeber und Betriebsrat, da im Verfahren nach § 100 nur über die offensichtliche Unzuständigkeit und Besetzung der Einigungsstelle (vgl. Rdn. 16) entschieden wird; ein Gegenantrag auf Feststellung der Unzuständigkeit der Einigungsstelle ist im Verfahren nach § 100 nicht zulässig.[89] Beanspruchen Betriebsrat und Gesamtbetriebsrat die Verhandlungsführung in der Einigungsstelle, so sind im Bestellungsverfahren beide zu beteiligen,[90] ansonsten nur der Betriebsrat, der das Mitbestimmungsrecht für sich beansprucht.[91] Die Entscheidung ergeht aufgrund **mündlicher Anhörung**. Ein Güteverfahren findet nicht statt, da das Bestellungsverfahren auf eine schnelle Entscheidung gerichtet ist.[92] Der **Grundsatz der Amtsermittlung** ist anzuwenden.[93] Nur im Einverständnis beider Beteiligter kann der Vorsitzende im schriftlichen Verfahren entscheiden.[94] Erscheint ein Beteiligter unentschuldigt nicht im Anhörungstermin, ist der Anhörung genügt.[95] Der Antragsteller kann im Verfahrensverlauf seinen Antrag ändern,[96] zurücknehmen[97] oder für erledigt erklären.[98] Daneben können die Beteiligten das Verfahren durch Vergleich[99] beenden. Insoweit bestehen keine Besonderheiten gegenüber dem allgemeinen Beschlussverfahren. Eine **Entscheidung im Wege der einstweiligen Verfügung ist unzulässig**,[100] da § 85 von der Verweisung in

---

[83] BAG, 22.10.1981 – 6 ABR 69/79, EzA § 76 BetrVG 1972 Nr. 32.
[84] BAG, 01.07.2003 – 1 ABR 20/02, NZA 2004, 620; GMPMG/Schlewing § 98 Rn 11; ErfK/Koch § 100 Rn 4.
[85] BAG, 16.07.1996 – 3 ABR 13/95, NZA 1997, 337.
[86] §§ 80 bis 84.
[87] LAG Hamm, 10.08.2015 – 7 TaBV 43/15, Rn 22 ff.
[88] § 83; LAG Düsseldorf, 04.02.2013 – 9 TaBV 129/12, Rn 54, LAGE § 98 ArbGG 1979 Nr. 65.
[89] LAG Hamm, 07.07.2003 – 10 TaBV 85/03, NZA-RR 2003, 637.
[90] LAG Hamm, 17.10.2011 – 10 TaBV 69/11; BAG, 22.07.2008 – 1 ABR 40/07, NZA 2008, 1248.
[91] LAG Hamm, 17.11.2011 – 10 TaBV 69/11, Rn 54 f.
[92] HWK-Bepler § 98 Rn 4; GK-ArbGG/Schleusener § 100 Rn 16.
[93] LAG Niedersachsen, 08.06.2007 – 1 TaBV 27/07, Rn 17, LAGE § 98 ArbGG 1979 Nr. 49; ErfK/Koch § 100 Rn 4; Schwab/Weth-Walker § 99 Rn 24; BCF/Friedrich § 98 Rn 4.
[94] Vgl. § 83 Abs. 4 Satz 3.
[95] § 83 Abs. 4 Satz 3.
[96] § 81 Abs. 3.
[97] § 81 Abs. 1.
[98] § 83a.
[99] § 83a Abs. 1.
[100] LAG Niedersachsen, 29.09.1988 – 14 TaBV 84/88, ArbuR 1989, 290; ArbG Siegburg, 15.11.2001 – 5 GaBV 6/01, DB 2002, 27; ArbG Ludwigshafen, 20.11.1996 – 3 GaBV 3062/96, NZA 1997, 172; ErfK/Koch § 100 Rn 4; GK-ArbGG/Schleusener § 99 Rn 13; a.A. LAG Düsseldorf, 08.02.1991 – 15 TaBV 11/91, LAGE § 98 ArbGG Nr. 19.

Abs. 1 Satz 3 nicht erfasst wird. An einer einstweiligen Verfügung wird ohnehin kein Bedürfnis bestehen, da nach § 100 Abs. 1 Satz 4 die **Einlassungs- und Ladungsfristen** 48 Std. betragen.[101]

23 Nach § 100 Abs. 1 Satz 6 soll der **Beschluss** des Gerichts den Beteiligten **innerhalb von zwei Wochen** nach Eingang des Antrags **zugestellt** werden; die Höchstfrist beträgt vier Wochen. Es fehlt aber an einer Rechtsfolge für den Fall der Fristüberschreitung. Die vorstehenden Grundsätze über das gerichtliche Bestellungsverfahren gelten auch für Einigungsstellen, die aufgrund von tariflichen Bestimmungen gebildet werden.[102]

3. Begründetheit des Antrags

24 Das ArbG entscheidet innerhalb der Begründetheit über die offensichtliche Unzuständigkeit der Einigungsstelle zu dem beantragten Verfahrensgegenstand, über die Bestellung des unparteiischen Vorsitzenden und die Anzahl der Beisitzer. Sind **mehrere Regelungsgegenstände** im Spiel, so hat das ArbG jeden einzelnen am Maßstab der »offensichtlichen Unzuständigkeit« zu prüfen. Sind die Regelungsgegenstände trennbar, so ist im Beschlusstenor auszuweisen, wozu die Einigungsstelle eingesetzt wird. Der Einsetzungsantrag ist dann im Übrigen zurückzuweisen. Erweisen sich Teile des nicht trennbaren Regelungsgegenstandes für eine Einigungsstelle als offensichtlich unzuständig, so ist gleichwohl die Einigungsstelle einzusetzen,[103] in den Beschlussgründen aber zu verdeutlichen, wozu in der Einigungsstelle nicht verhandelt werden kann.

a) Offensichtliche Unzuständigkeit der Einigungsstelle

25 Der Antrag zur Bildung der Einigungsstelle ist wegen fehlender Zuständigkeit nur dann unbegründet, wenn sie für den beantragten Verfahrensgegenstand offensichtlich unzuständig ist *(Abs. 1 Satz 2)*. Die Antragsbegründung muss dementsprechend Darlegungen zu konkreten Meinungsverschiedenheiten der Betriebspartner enthalten, für deren Beilegung die Einigungsstelle nicht offensichtlich unzuständig ist.[104] Gegenstand der gerichtlichen Entscheidung ist nicht die positive Feststellung zur Zuständigkeit der Einigungsstelle, sondern ihre fehlende oder bestehende offenbare Unzuständigkeit. **Offensichtlich unzuständig** ist die Einigungsstelle nur dann, wenn ihre **Zuständigkeit unter keinem denkbaren rechtlichen Gesichtspunkt als möglich erscheint**,[105] d.h. die beizulegende Streitigkeit darf sich bei fachkundiger Beurteilung durch das Gericht nicht unter einen mitbestimmungspflichtigen Tatbestand des BetrVG subsumieren lassen, was sofort erkennbar sein muss.[106] Die hier zur Beurteilung vorgebrachten **streitigen Tatsachen** sind – ungeachtet des eingeschränkten rechtlichen Prüfungsmaßstabs der »offensichtlichen Unzuständigkeit« – **von Amts wegen** zu **ermitteln**; es muss zwischen Rechtsfrage und den hierzu maßgeblichen Tatsachengrundlagen unterschieden werden. Der Eilbedürftigkeit des Bestellungsverfahrens wird schon über die Offensichtlichkeitsprüfung ausreichend Rechnung getragen.[107]

---

101 § 98 Abs. 1 Satz 4.
102 LAG Düsseldorf, 26.10.1976 – 5 TaBV 46/76, LAGE § 76 BetrVG 1972 Nr. 10.
103 GMPMG/Schlewing § 98 Rn 22; Schwab/Weth-Walker § 99 Rn 41; Hauck/Helml § 98 Rn 4.
104 LAG Hamm, 16.08.1977 – 3 TaBV 40/77, LAGE § 76 BetrVG 1972 Nr. 11.
105 H.M, statt aller LAG Düsseldorf, 21.12.1981 – 20 TaBV 92/81, LAGE § 98 ArbGG Nr. 4; LAG Niedersachsen, 08.07.2007 – 1 TaBV 27/07, LAGE § 98 ArbGG Nr. 49; LAG Hamm, 11.01.2010 – 10 TaBV 99/09, LAGE § 98 ArbGG Nr. 57; LAG Hamm, 14.05.2014 – 7 TaBV 21/14, Rn 32; GMPMG/Schlewing § 98 Rn 8; Schwab/Weth-Walker § 99 Rn 36 mit umfangreicher Auflistung der Rechtsprechung in FN 6; Lerch/Weinbrenner NZA 2015, 1229.
106 LAG Berlin, 18.02.1980 – 9 TaBV 5/79, LAGE § 98 ArbGG Nr. 1; LAG Hamm, 12.12.2012 – 10 TaBV 87/11, kein Mitbestimmungsrecht bei der Urlaubsdauer der Arbeitnehmer; aber Mitbestimmungsrecht bei der Verteilung von freiwilligen Arbeitgeberleistungen, deren Höhe und Zweckbindung allein der Arbeitgeber festlegt, LAG Hamm, 31.03.2015 – 7 TaBV 15/15, Rn 38.
107 LAG Düsseldorf, 10.12.1997 – 12 TaBV 61/97, LAGE § 98 ArbGG Nr. 31; LAG Niedersachsen, 14.02.2006 – 1 TaBV 105/05, LAGE § 98 ArbGG Nr. 46 zur Klärung, ob im Fall der § 111 ff. BetrVG mehr als 20 Arbeitnehmer beschäftigt waren; LAG Niedersachsen, 08.06.2007 – 1 TaBV 27/07, LAGE

Ist in Rechtsprechung oder Schrifttum **umstritten**, ob dem Betriebsrat zu dem beantragten Verfahrensgegenstand ein **Mitbestimmungsrecht** zusteht, liegt kein Fall der offensichtlichen Unzuständigkeit vor, wenn eine höchstrichterliche Entscheidung hierzu noch aussteht.[108] Bei Vorliegen einer höchstrichterlichen Entscheidung werden gleichwohl von den Landesarbeitsgerichten unterschiedliche Auffassungen vertreten. Teilweise wird offensichtliche Unzuständigkeit angenommen, wenn das BAG die Rechtsfrage negativ entschieden hat.[109] Nach anderer Auffassung soll bereits eine beachtliche Kritik an der höchstrichterlichen Rechtsprechung[110] oder das Vorliegen unterschiedlicher Gerichtsentscheidungen[111] nicht zur offensichtlichen Unzuständigkeit der Einigungsstelle führen. Bei dieser Frage ist zu differenzieren: Das Vorliegen einer höchstrichterlichen Rechtsprechung führt nur zu einer offensichtlichen Unzuständigkeit, wenn diese Rechtsprechung als gefestigt angesehen werden kann und keine Anhaltspunkte für ein Abweichen erkennbar sind.[112] Dementsprechend können auch personelle Wechsel in den Spruchkörpern oder Änderung der Senatszuständigkeit beim BAG zu Zweifeln an der Fortführung einer gefestigten Rechtsprechung führen.[113] 26

Offensichtlich unzuständig ist die Einigungsstelle aber dann, wenn nicht der antragstellende Betriebsrat, sondern eine **andere Arbeitnehmervertretung***(Gesamtbetriebsrat)* für den Verfahrensgegenstand **eindeutig zuständig** ist.[114] Ist es denkbar das mögliche Mitbestimmungsrecht sowohl dem Gesamtbetriebsrat als auch dem örtlichen Betriebsrat zuzuordnen, so hat das Einigungsstellenverfahren im Zweifel mit dem unmittelbar legitimierten örtlichen Betriebsrat stattzufinden. Insoweit gilt für die Beurteilung dieser Rechtsfrage ebenfalls der **Offensichtlichkeitsmaßstab**. Eine endgültige Klärung wäre in einem gesonderten Beschlussverfahren zur Zuständigkeit herbeizuführen.[115] Hingegen ist offensichtliche Unzuständigkeit zu verneinen, wenn der vorgelegte Entwurf einer Betriebsvereinbarung einen mitbestimmungsfreien Teil enthält, der nicht von einem mitbestim- 27

---

§ 8 ArbGG Nr. 49 zur Größenordnung der betroffenen Arbeitnehmer im Fall der § 111 Satz 3 Nr. 1 und 3 i.V.m. § 17 Abs. 1 Nr. 1 KSchG; BCF/Friedrich § 98 Rn 4; Schwab/Weth-Walker § 99 Rn 24; GMPMG/Schlewing § 98 Rn 19; ErfK/Koch § 100 Rn 4; HWK-Bepler § 98Rn 5; GK-ArbGG/Schleusener § 100 Rn 21; Sasse DB 2015, 2817; **a.A.** LAG Hamm, 20.09.2012 – 10 TaBV 65/12,Rn 44 m.w.N.; beweisbedürftige Tatsachen sind nicht offensichtlich; LAG Köln, 05.12.2001 – 7 TaBV 71/01, LAGE § 98 ArbGG Nr. 38, Eilt-Charakter verbietet umfassende Sachaufklärung; vermittelnd: nur im Fall eindeutiger Ergebnisse wie Urkundenbeweis oder amtliche Auskunft, so Lerch/Weinbrenner NZA 2015, 1229; DKKW/Berg § 76 BetrVG 2001 Rn 57.

108 LAG Niedersachsen, 19.12.2012 – 1 TaBV 112/12, Rn 37 f.; LAG Niedersachsen, 11.11.1993 – 1 TaBV 59/93, LAGE § 98 ArbGG Nr. 27; LAG Niedersachsen, 21.01.2011 – 1 TaBV68/10, LAGE § 98 ArbGG Nr. 62; LAG Schleswig-Holstein 08.02.2012 – 6 TaBV 47/11, zur Gefährdungsbeurteilung im Arbeitsschutz; HWK-Bepler § 98 Rn 6.

109 LAG München, 13.03.1986 – 7 TaBV 5/86, LAGE § 98 ArbGG Nr. 10; GK-ArbGG/Schleusener§ 100 Rn 24; ErfK/Koch § 100 Rn 3.

110 LAG Baden-Württemberg, 16.10.1991 – 12 TaBV 10/91, NZA 1992, 186; LAG Berlin-Brandenburg, 22.01.2015 – 10 TaBV 1812/14 u.a., Rn 44 ff. zum Initiativrecht des Betriebsrats bei Kontrolleinrichtungen nach § 87 Abs. 1 Nr. 6; vgl. dazu auch Rdn. 15.

111 LAG Nürnberg, 21.09.1992 – 7 TaBV 29/92, NZA 1993, 281; LAG Köln, 11.02.1992 – 3 TaBV 54/91, NZA 1992, 1103.

112 LAG Niedersachsen, 30.04.2013 – 1 TaBV 142/12, Rn 25, LAGE § 98 ArbGG 1979 Nr. 66; LAG Niedersachsen, 12.01.2010 – 1 TaBV 73/09, Rn. 23, LAGE § 98 ArbGG 1979 Nr. 58; GMPMG/Schlewing § 98 Rn 8; HWK/Bepler § 98 Rn 6.

113 LAG München, 14.03.1989 – 2 TaBV 53/88, LAGE § 98 ArbGG Nr. 18; wohl auch Schwab/Weth-Walker § 99 Rn 37.

114 LAG Frankfurt, 15.06.1984 – 14 TaBV 8/84, NZA 1985, 33; LAG Düsseldorf, 04.03.1992 – 5 TaBV 116/91, NZA 1992, 613; ErfK/Koch § 100 Rn 3; a.A. LAG Nürnberg, 21.09.1992 – 7 TaBV 29/92, NZA 1993, 281.

115 LAG Hamm, 11.03.2011 – 13 TaBV 8/11, Rn 7 f.; LAG Hamm, 19.07.2010 – 10 TaBV 39/10; LAG Niedersachsen, 26.08.2008 – 1 TaBV 62/08.

mungspflichtigen Komplex abgetrennt werden kann.[116] Maßgeblicher Zeitpunkt für die Beurteilung der offensichtlichen Unzuständigkeit ist der **Zeitpunkt der letzten Anhörung der Beteiligten**.

28 Weitere **Beispiele** für eine offensichtliche Unzuständigkeit:
– das **Mitbestimmungsrecht** ist bereits **ausgeübt** und/oder es besteht dazu noch eine ungekündigte **Betriebsvereinbarung**[117] oder das Mitbestimmungsrecht ist aufgrund einer abschließenden **tariflichen Regelung** gesperrt.[118]
– negative rechtskräftige Klärung zum Mitbestimmungsrecht, z.B. in einem Vorabentscheidungsverfahren[119] oder wenn im Wege einstweiliger Verfügung das Vorliegen einer Betriebsänderung verneint wurde.[120]
– noch **nicht geplante** oder bereits abgeschlossene **Betriebsänderung**[121] oder andere abgeschlossene Vorgänge.[122]
– Schließung mehrerer Filialen ohne nennenswerten Personalabbau bei gleichzeitiger Versetzung in andere Filialen.[123]
– Sozialplanverhandlung bei Personalabbau unterhalb der Zahlengrenzen des § 111 Satz 3 Nr. 1 BetrVG i.V.m. § 17 Abs. 1 KSchG[124] oder des § 112a BetrVG, soweit damit im Übrigen keine Betriebsänderung verbunden ist.[125]

---

116 LAG Düsseldorf, 22.02.1978 – 16 TaBV 35/77, LAGE § 148 ZPO Nr.3.
117 Es sei denn, es besteht Ergänzungsbedarf: LAG Niedersachsen, 29.07.2008 – 1 TaBV 47/08, LAGE § 98 ArbGG Nr. 51; LAG Köln, 03.12.2014 – 11 TaBV 64/14.
118 LAG Baden-Württemberg, 18.11.2008 – 9 TaBV 6/08;a.A. LAG Köln, 06.09.2005 – 4 TaBV 41/05, LAGE § 98 ArbGG Nr. 44a; LAG Berlin-Brandenburg, 01.06.2010 – 13 TaBV 1324/10, LAGE § 98 ArbGG Nr. 61, Bordvertretung Cockpitpersonal zur Gefährdungsanalyse Crew-Hotel Mallorca; LAG Schleswig-Holstein, 08.02.2012 – 6 TaBV 47/11, Rn 23, Gefährdungsbeurteilung und Unterweisung nach mitbestimmungsfreier Aufgabenübertragung gemäß § 13 Abs. 2 ArbSchG.
119 LAG Baden-Württemberg, 04.10.1984 – 11 TaBV 4/84, NZA 1985, 163; GK-ArbGG/Schleusener § 100 Rn 26; Schwab/Weth-Walker § 99 Rn 37; ErfK/Koch § 100 Rn 3.
120 LAG Hamburg, 26.03.2014 – 5 TaBV 3/14, Rn 44, LAGE § 98 ArbGG 1979 Nr. 73.
121 LAG München, 17.10.2007 – 11 TaBV 73/07, LAGE § 98 ArbGG Nr. 50; LAG Baden-Württemberg, 27.09.2004 – 4 TaBV3/04, NZA-RR 2005, 195; LAG Niedersachsen, 19.12.2012 – 1 TaBV 112/12, Rn 40; LAG Niedersachsen, 14.02.2006 – 1 TaBV 105/05, LAGE § 98 ArbGG Nr. 46; LAG Hamm, 06.09.2010 – 10 TaBV 51/10; LAG Köln, 14.03.2011 – 5 TaBV 101/10; ausführlich zu Betriebsänderungen, Lerch/Weinbrenner NZA 2015, 1229 ff.
122 LAG Köln, 14.03.2011 – 5 TaBV 101/10, Rn 27: Teilnahme an einem Schulungskurs.
123 LAG Schleswig-Holstein, 13.10.2011 – 5 TaBV 29/11; abweichend LAG Niedersachsen, 31.07.2012 – 1 TaBV 42/12, Rn 17: Ausnahme von der Sozialplanpflicht scheitert am Einwand des Rechtsmissbrauchs; LAG Niedersachsen, 12.01.2010 – 1 TaBV 73/09, LAGE § 98 ArbGG 1979 Nr. 58, bei sonstiger Betriebsänderung trotz geringen Personalabbaus i.S.v. § 111 Satz 3 Nr. 4.
124 LAG Hessen, 21.04.1998 – 4 TaBV 12/98, LAGE § 98 ArbGG 1979 Nr. 34; LAG Baden-Württemberg, 03.10.1984 – 9 TaBV 1/82, DB 1982, 1628; ErfK/Koch § 100 Rn 3; abweichend LAG Köln. 05.06.2014 – 7 TaBV 27/14, Rn 17 ff., das im konkreten Fall für die Frage, ob in einem Betrieb genügend Arbeitnehmer beschäftigt sind, um die Sozialplanpflichtigkeit einer Betriebsänderung zu begründen, auf den Zeitpunkt abstellt, in dem der Arbeitgeber den Entschluss fasst, die Betriebsänderung vorzunehmen, wozu nicht hinreichend vorgetragen worden war; Lerch/Weinbrenner NZA 2015, 1232 mwN.
125 LAG Niedersachsen, 28.02.2012 – 1 TaBV 134/11; anders LAG Hamm, 31.01.2014 – 13 TaBV 114/13, Rn 6: Abspaltung jenseits der Bagatellgrenze; LAG Niedersachsen, 31.07.2012 – 1 TaBV 42/12, Rn 17: Ausnahme von der Sozialplanpflicht scheitert am Einwand des Rechtsmissbrauchs; LAG Niedersachsen, 12.01.2010 – 1 TaBV 73/09, LAGE § 98 ArbGG 1979 Nr. 58: bei sonstiger Betriebsänderung trotz geringen Personalabbaus; abweichend LAG Köln, 05.06.2014 – 7 TaBV 27/14, Rn 17 ff., das im konkreten Fall für die Frage, ob in einem Betrieb genügend Arbeitnehmer beschäftigt sind, um die Sozialplanpflichtigkeit einer Betriebsänderung zu begründen, auf den Zeitpunkt abstellt, in dem der Arbeitgeber den Entschluss fasst, die Betriebsänderung vorzunehmen, wozu nicht hinreichend vorgetragen worden war.

- eindeutig **individualrechtliche Ansprüche** ohne kollektive Bezüge.[126]
- wiederholter Antrag zur Bildung einer Einigungsstelle bei gleichem Regelungsgegenstand, nachdem diese ihre eigene Zuständigkeit verneint hat[127] oder Überschneidung mit einer bereits bestehenden Einigungsstelle.[128]

Besonders **problematisch** erweisen sich Arbeitnehmerbeschwerden, die nach **§ 85 Abs. 2 BetrVG** Gegenstand eines Einigungsstellenverfahrens sein können, soweit die dortigen Beschwerdegegenstände nicht **individualrechtlich** klageweise verfolgt werden können. 29

§ 85 BetrVG Behandlung von Beschwerden durch den Betriebsrat

(1) [...]

(2) Bestehen zwischen Betriebsrat und Arbeitgeber Meinungsverschiedenheiten über die Berechtigung der Beschwerde, so kann der Betriebsrat die Einigungsstelle anrufen. Der Spruch der Einigungsstelle ersetzt die Einigung zwischen Arbeitgeber und Betriebsrat Dies gilt nicht, soweit Gegenstand der Beschwerde ein Rechtsanspruch ist.

(3) [...]

Die Rechtsprechung und das Schrifttum sind hierzu uneinheitlich.[129] Es wird deshalb vertreten, dass wegen der uneinheitlichen Rechtsprechung bereits kein Fall der offensichtlichen Unzuständigkeit gegeben ist. Dies wird man in **Grenzfällen der Beschwernis zu Fürsorge- und Gleichbehandlungspflichten des Arbeitgebers** bejahen müssen; vor allem wenn die Beschwernis kollektive Bezüge aufweist, ohne dass daraus jedoch eine Popularbeschwerde wird.[130] Gegenstände der 30

---

126 LAG Hamm, 14.05.2014 – 7 TaBV 31/14, Rn 43: Verteilung von Trinkgeldern; LAG Hamm, 12.12.2011 – 10 TaBV 87/11, Rn 50 zur Urlaubsdauer; LAG Berlin, 19.08.1988 – 5 TaBV 4/88, LAGE ArbGG 1979 § 98 Nr. 11 einerseits; Hess. LAG, 03.11.2009 – 4 TaBV 185/09, NZA-RR 2010, 359 andererseits Beschwerde nach § 85 Abs. 2 BetrVG jeweils zur Entfernung von Abmahnungen; LAG Niedersachsen, 17.05.1985 – 6 TaBV 5/85, LAGE § 98 ArbGG Nr. 8, Zuwendungszahlung auch an Streikteilnehmer; LAG Hamm 31.03.2015 – TaBv 15/15, Rn 39, freiwillige Leistungen; LAG Hamburg, 15.07.1998 – 5 TaBV 4/98, NZA 1998, 1245, Betriebsvereinbarung zu Fragen des Mobbings; zur Abgrenzung von individuellen und kollektiven Tatbeständen im Rahmen des Mitbestimmungsrechts nach § 87 Abs. 1 Nr. 10 BetrVG, vgl. LAG Köln, 15.11.2013 – 4 TaBV 61/13, Rn 11; LAG Niedersachsen, 30.04.2013 – 1 TaBV 142/12, Rn 25, LAGE § 98 ArbGG 1979 Nr. 66; LAG Hamm, 18.03.2013 – 13 TaBV 34/13, Rn 8 f., LAGE § 99 ArbGG Nr. 1.
127 LAG Baden-Württemberg, 21.03.1985 – 11 TaBV 11/84, NZA 1985, 745.
128 LAG Hamburg, 12.01.2015 – 8 TaBV 14/14, Rn 31 f.
129 LAG Rheinland-Pfalz, 11.12.2014 – 3 TaBV 8/14, keine offensichtliche Unzuständigkeit bei verbalen Auseinandersetzungen innerhalb einer Facebook-Gruppe eines Betriebes; LAG Hamm, 05.10.2009 – 10 TaBV 63/09, AiB 2010, 401 (keine offensichtliche Unzuständigkeit bei Arbeitnehmerbeschwerde wegen Mobbings); Hess LAG, 03.03.2009 – 4 TaBV 14/09, ArbuR 2009, 181(keine offensichtliche Unzuständigkeit bei Beschwerden zu Rechtsansprüchen im weiteren Sinne); LAG Hamburg, 18.07.2006 – 3 TaBV 7/06, ArbuR 2007, 219 (keine offensichtliche Unzuständigkeit bei Beschwerde zu unbezahltem Urlaub); differenzierend ErfK/Koch § 98 Rn 3; LAG Berlin-Brandenburg, 09.04.2014 – 4 TaBV 638/14, offensichtliche Unzuständigkeit nur solange der Arbeitgeber nicht die Beschwerde des Arbeitnehmers verhandelt hat; a.A. LAG Baden-Württemberg, 13.03.2006 – 13 TaBV 15/05 (offensichtliche Unzuständigkeit bei Anspruchsverfolgung wegen Verletzung der arbeitgeberseitigen Fürsorgepflicht); LAG Köln, 02.09.1999 – 10 TaBV 44/99; LAG Berlin-Brandenburg, 03.07.2007 – 12 TaBV 1166/07 (offensichtliche Unzuständigkeit bei möglicher Herleitung eines Individualanspruchs aus der Beschwerde); GK-ArbGG/Schleusener § 100 Rn 27 m.w.N.; ErfK/Kania § 85 BetrVG Rn 5 m.w.N.
130 BAG, 22.11.2005 – 1 ABR 50/04, NZA 2006, 803; LAG Schleswig-Holstein, 21.12.1989 – 4 TaBV 42/89, NZA 1990, 703; LAG Rheinland-Pfalz, 16.01.2008 – 7 TaBV 60/07; vgl. auch LAG Niedersachsen, 29.07.2008 – 1 TaBV 47/08, LAGE § 98 ArbGG Nr. 51; LAG Köln, 03.12.2014 – 11 TaBV 64/14.

zwingenden Mitbestimmung können nicht im Verfahren nach § 85 Abs. 2 BetrVG behandelt werden.[131]

31 Im Fall einer **freiwilligen Einigungsstelle** nach § 76 Abs. 6 BetrVG ist die in entsprechender Anwendung des § 98 ArbGG beantragte Einigungsstelle offensichtlich unzuständig, wenn das Einverständnis beider Betriebspartner fehlt.[132]

b) Bestellung des Vorsitzenden

32 Bei der Bestellung des Vorsitzenden der Einigungsstelle ist das ArbG zunächst an die Anträge der Beteiligten gebunden. Ist die Person des Vorsitzenden im Antrag namentlich benannt, so wird das **ArbG** dem regelmäßig folgen, kann aber unter bestimmten Umständen davon abweichen. Sein **Auswahlermessen** ist jedoch beschränkt, wenn von den anderen Beteiligten keine nachvollziehbaren Einwände gegen die vorgeschlagene Person erhoben werden.[133] Will der Antragsteller das Risiko der Antragsabweisung wegen fehlender Eignung des von ihm beantragten Vorsitzenden vermeiden, so hat er durch Hilfsanträge andere Ersatzpersonen zu benennen. Die anderen Beteiligten können hierzu ebenfalls weitere Vorschläge unterbreiten. Das teilweise vertretene »**Windhundprinzip**« oder »**Müllerprinzip**«[134] ist dagegen abzulehnen, da der am besten Geeignete und am ehesten von allen Akzeptierte den Vorsitz übernehmen soll und nicht der Zufall der ersten Benennung den Ausschlag geben darf.[135] Taktische Erwägungen dürfen nicht die Auswahl des Vorsitzenden beeinflussen.

33 ▶ **Hinweis:**

Ein Betriebspartner leitet das Einigungsbestellungsverfahren mit dem Antrag ein, einen von der Gegenseite bereits in den Vorverhandlungen abgelehnten Vorsitzenden zu benennen. Oder es werden über Hilfsanträge weitere der einen Seite genehme Personen ins Spiel gebracht. Dann muss es dem Arbeitsgericht möglich sein, diese nicht auszuwählen oder etwa einen besser Geeigneten auf den späteren Vorschlag der Gegenseite zu bestellen. In der Praxis bringt das Gericht auch eigene Personalvorschläge in Form einer Liste von beispielsweise fünf Personen ein, von denen zwei von jeder Seite abgelehnt werden können. In jedem Fall sind die Beteiligten vor Bestellung zu den neu unterbreiteten Vorschlägen anzuhören. Können gegen den zuerst genannten Personalvorschlag keine nachvollziehbaren Einwände vorgebracht werden, so bleibt es im Ergebnis beim »Müllerprinzip«.

---

131 Hess LAG, 08.04.2008 – 4 TaBV 15/08, ArbuR 2008, 406.
132 Hauck/Helml § 98 Rn 4; GMPMG/Schlewing § 98 Rn 10.
133 H.M. vgl. LAG Hamm, 16.08.1976 – 3 TaBV 43/76; LAG München, 31.01.1989 – 3 TaBV 62/88, NZA 1989, 525, aber rechtliches Gehör; LAG Nürnberg, 02.07.2004 – 7 TaBV 19/04, LAGE Art. 101 GG Nr. 2; LAG Berlin-Brandenburg, 07.08.2008 – 14 TaBV 1212/08; LAG Berlin-Brandenburg, 22.10.2010 – 10 TaBV 2829/09, LAGE § 98 ArbGG 1979 Nr. 56; LAG Berlin-Brandenburg, 18.06.2015 – 21 TaBV 745/15, Rn 33 ff mit Anm. Bertzbach in jurisPR-ArbR 9/2016; ErfK/Koch § 100 Rn 5; GK-ArbGG/Schleusener § 100 Rn 32 f.; abweichend, Antrag ist nur unverbindlicher Vorschlag GMPMG/Schlewing § 98 Rn 14, 23; Schwab/Weth-Walker § 99 Rn 51; a.A. LAG Hamburg, 27.10.1997 – 4 TaBV 6/97, LAGE § 98 ArbGG Nr. 30, grundsätzliche Bindung an den Antrag.
134 LAG Berlin-Brandenburg, 10.09.2014 – 15 TaBV 1308/14, Rn 10; LAG Berlin-Brandenburg, 22.01.2010 – 10 TaBV 2829/09 und 03.06.2010 – 10 TaBV 1058/10, LAGE § 98 ArbGG Nr. 56, 60; Francken NZA 2008, 750.
135 LAG Mecklenburg-Vorpommern, 22.04.2015 – 3 TaBV 1/15, Rn 28; LAG Düsseldorf, 25.08.2014 – 9 TaBV 39/14, Rn 44, LAGE § 98 ArbGG 1979 Nr. 74; LAG Baden-Württemberg, 30.09.2010 – 15 TaBV 4/10; LAG Rheinland-Pfalz, 15.05.2009 – 9 TaBV 10/09; LAG Baden-Württemberg, 26.06.2002 – 9 TaBV 3/02, NZA-RR 2002, 523; LAG Schleswig-Holstein, 04.09.2002 – 4 TaBV 8/02, LAGE § 98 ArbGG Nr. 39; Tschöpe NZA 2004, 945; Bauer NZA 1992, 433; ebenso wohl GK-ArbGG/Schleusener § 100 Rn 33.

Der Antragsteller hat weiter darzulegen, dass der vorgeschlagene Vorsitzende geeignet, d.h. **unparteiisch und ausreichend sachkundig** ist. Besondere Ausführungen sind bei Richtern aus der Arbeitsgerichtsbarkeit sowie bei Rechtsanwälten, die häufig im Arbeitsrecht tätig sind, nicht erforderlich. Eine Ausnahme mag dann gelten, wenn es sich um spezielle Materien handelt *(Lohnbewertungsfragen)*. Das Gericht darf eine vorgeschlagene Person nur dann ablehnen, wenn diese nicht die Gewähr für die erforderliche Eignung *(Sachkunde oder Unparteilichkeit)* für den Vorsitz bietet oder seine richterliche Befassung mit der Angelegenheit aufgrund der Geschäftsverteilung (§ 100 Abs. 1 Satz 5) droht. Es gibt es keinen Erfahrungssatz, dass Richter aus Rechtsmittelinstanzen für die Bearbeitung schwieriger Rechtsfragen besser geeignet sind als ihre erstinstanzlichen Kollegen.[136] 34

Einwände des Antragsgegners gegen die **Unparteilichkeit des Vorsitzenden** sind ausreichend, wenn die vorgebrachten subjektiven Vorbehalte für das Gericht zumindest nachvollziehbar sind. Die geäußerten Bedenken gegen den vorgeschlagenen Vorsitzenden müssen nicht für seine Ablehnung wegen Befangenheit[137] geeignet sein.[138] Eine schlagwortartige Ablehnung des vom Antragsteller vorgesehenen Einigungsstellenvorsitzenden reicht aber in keinem Fall aus.[139] Die streitige Bestellung darf indessen nicht den gewünschten Erfolg der Einigungsstelle von vornherein gefährden.[140] Für die Neutralität des Vorsitzenden ist sicherzustellen, dass dieser außerhalb des Betriebes steht und kein persönliches Interesse am Ausgang des Einigungsstellenverfahrens hat.[141] Bei einer abweichenden Bestellung hat das Gericht die Beteiligten zu der ins Auge gefassten Person vorher zu hören. 35

Nach § **100 Abs. 1 Satz 5** darf ein Richter nur zum **Vorsitzenden** der Einigungsstelle bestellt werden, wenn aufgrund der Geschäftsverteilung seines Gerichts **ausgeschlossen** ist, dass er mit der Überprüfung, der Auslegung oder der Anwendung des Spruchs der Einigungsstelle befasst wird. Diese Einschränkung gilt für sämtliche nachfolgende Urteils- und Beschlussverfahren, die mit dem **Verfahrensgegenstand** des Einigungsstellenverfahrens **zusammenhängen** können. Ausgeschlossen sind daher Richter der Arbeitsgerichtsbarkeit für Einigungsstellen im Bezirk ihres ArbG bzw. Rechtsmittelgerichts. Satz 5 ist von den Betriebspartnern zu beachten; sie können sich auch nicht freiwillig auf den von Gesetzes wegen ausgeschlossenen Richter der Arbeitsgerichtsbarkeit als Vorsitzenden einigen.[142] Ein Verstoß dagegen soll die Unwirksamkeit eines Einigungsstellenspruchs zur Folge haben. Das erscheint zweifelhaft. Über die Dienstaufsicht kann über Anzeige- und Genehmigungspflichten zur Nebentätigkeit eine Verletzung der Gesetzesbestimmung unterbunden werden.[143] Etwas anderes gilt, wenn aufgrund einer **Regelung im Geschäftsverteilungsplan** des Gerichts der Richter von der Mitwirkung an den in § 100 Abs. 1 Satz 4 genannten Verfahren entbunden ist. Diese Frage hat das ArbG im Bestellungsverfahren von Amts wegen aufzuklären. Eine rechtskräftige Entscheidung zur Bestellung bindet nur die Betriebsparteien, nicht aber den benannten Vorsitzenden.[144] Es sollte deshalb vorher die **Bereitschaft zur Übernahme** des Vorsitzes geklärt werden. 36

---

136 So aber LAG München, 31.01.1989 – 3 TaBV 62/88, NZA 1989, 525.
137 §§ 42 ff. ZPO.
138 Hessisches LAG, 28.06.1985 – 14 TaBV 61/85.
139 LAG Berlin-Brandenburg, 18.06.2015 – 21 TaBV 745/15, Rn 35; Hessisches LAG, 23.06.1988 – 12 TaBV 66/88, NZA 1988, 2173; ErfK/Koch § 100 Rn 5.
140 HWK-Bepler § 98 Rn 7; LAG Berlin-Brandenburg, 18.06.2015 – 21 TaBV 745/15, Rn 33 ff. mit Anm. Bertzbach in jurisPR-ArbR 9/2016; vgl. auch Rdn. 12.
141 Schwab/Weth-Walker § 99 Rn 60; GMPMG/Schlewing § 98 Rn 23.
142 GK ArbGG/Schleusener § 100 Rn 39; Schwab/Weth-Walker § 99 Rn 49 f.
143 Schwab/Weth-Walker § 99 Rn 50; BCF/Friedrich § 98 Rn 8, Regelung ist sanktionslos.
144 Schwab/Weth-Walker § 99 Rn 53; LAG Berlin, 22.06.1998 – 9 TaBV 3/98, LAGE § 98 ArbGG Nr. 32.

c) Zahl der Beisitzer

37 Das ArbG hat im Bestellungsverfahren nach § 100 die Zahl der Beisitzer nicht nur zu bestimmen, wenn sich die Beteiligten hierüber nicht geeinigt haben, sondern auch, wenn unter ihnen darüber Streit besteht, ob eine Einigung über die Zahl der Beisitzer erzielt worden ist.[145] Allerdings hat es erst aufzuklären, ob eine Einigung zustande gekommen ist und ggf. mit welchem Inhalt. Besteht eine wirksame **Vereinbarung**, so ist sie für die Anzahl der Beisitzer der Einigungsstelle **maßgeblich**, für eine abweichende Entscheidung des Gerichts besteht dann kein Rechtsschutzbedürfnis. Ansonsten ist bei der Zahl der Beisitzer auf den **Verfahrensgegenstand** abzustellen, d.h. dessen Komplexität, die mit dem Regelungsgegenstand verbundenen Rechtsfragen, Anzahl der betroffenen Arbeitnehmer und Zumutbarkeit der Kostenlast.[146] Umstritten ist, **wie viele Beisitzer** im Regelfall vom ArbG zu bestellen sind. Die überwiegende Zahl der Landesarbeitsgerichte sieht dabei eine **Regelbesetzung** von **zwei Beisitzern** für jede Seite als erforderlich an; ein Abweichen davon verlangt anhand der oben genannten Kriterien den Vortrag »nachprüfbarer Tatsachen«.[147] Die Gegenauffassung lässt jeweils einen betrieblichen Beisitzer für jede Seite als Regelbesetzung ausreichen, womit betriebsfremde Beisitzer de facto ausgeschlossen wären.[148] Die Festsetzung einer pauschalen Regelanzahl von Beisitzern ist nicht möglich, vielmehr ist eine differenzierte Betrachtungsweise angezeigt. Handelt es sich um eine einfache und überschaubare Angelegenheit, kann ein Beisitzer für jede Seite ausreichend sein. Ansonsten wird die Anzahl der **Beisitzer regelmäßig zwei für jede Seite** betragen.[149] Darüber hinaus kommt für den Betriebsrat die **Hinzuziehung einer weiteren Person** in Betracht (Rechtsanwalt, Tarifexperte, Sachverständiger z.B. im IT-Bereich), wenn Rechts- oder Tatsachenfragen von Bedeutung sind. Er kann zu seiner Beratung eine betriebsfremde Person seines Vertrauens hinzuziehen,[150] wenn nicht ein betriebseigener Beisitzer über die zu ihrer Bewältigung notwendigen Rechtskenntnisse bereits verfügt. Dies kann entweder durch einen Verfahrensbevollmächtigten oder einen zusätzlichen betriebsfremden Beisitzer erfolgen. Unerheblich ist, ob der Vorsitzende der Einigungsstelle als Richter aus der Arbeitsgerichtsbarkeit über die notwendigen Rechtskenntnisse verfügt.[151] Der Vorsitzende der Einigungsstelle ist unparteiisch und kann deshalb den Betriebsrat nicht interessengerecht beraten. Weicht das ArbG bei der Entscheidung über die Anzahl der Beisitzer vom Antrag nach unten ab, so hat es vorher dem Antragsteller rechtliches Gehör zu gewähren.

VI. Rechtsmittel

38 Nach **Abs. 2** ist gegen Entscheidungen des ArbG im Verfahren nach § 100 Abs. 1 die Beschwerde zum LAG stets statthaft. Dies gilt auch, wenn das ArbG nur über einzelne Streitpunkte (*offensichtliche Unzuständigkeit, Zahl der Beisitzer bzw. Person des Vorsitzenden*) entschieden hat. Dem

---

[145] LAG Hamm, 06.12.1976 – 3 TaBV 65/76, LAGE § 76 BetrVG 1972 Nr. 9.

[146] LAG Niedersachsen, 07.08.2007 – 1 TaBV 63/07; LAG Niedersachsen, 12.01.2010 – 1 TaBV 73/09, LAGE § 98 ArbGG Nr. 49a, 58; s.a. Rdn. 8, 9; insbesondere zur Auswahl der Beisitzer: BAG, 28.05.20143 – 7 ABR 36/12, Rn 36, EzA § 76 BetrVG 2001 Nr. 8.

[147] LAG Schleswig-Holstein, 21.01.2014 – 1 TaBV 47/13, Rn 45, LAGE § 98 ArbGG 1979 Nr. 70: Einzelfall mit 3 Beisitzern; Hessisches LAG, 03.11.2009 – 4 TaBV 185/09, NZA-RR 2010, 359, bei Beschwerde nach § 85 BetrVG nur ein Beisitzer, sonst zwei; h.M.: durchgängig regelmäßig 2 Beisitzer: LAG Hamm, 18.03.2013 – 13 TaBV 34/13; LAG Niedersachsen, 13.12.2005 – 1 TaBV 77/05, NZA-RR 2006, 306 m.w.N.; LAG München, 15.07.1991 – 4 TaBV 27/91, NZA 1992, 185; LAG Hamm, 20.06.1975 – 8 TaBV 38/75; Hessisches LAG, 29.09.1992 – 4 TaBV 114/92, NZA 1993, 1008; Schwab/Weth-Walker § 99 Rn 55 und hier Rdn. 15; GK-ArbGG/Schleusener § 100 Rn 43, jeweils mit Übersichten zur Rechtsprechung.

[148] LAG Schleswig-Holstein, 28.01.1993 – 4 TaBV 38/92; LAG Hamm, 08.04.1987 – 12 TaBV 17/87, NZA 1988, 210.

[149] Vgl. Rdn 148; **a.A.** LAG Bremen, 20.09.1983 – 4 TaBV 104/83, ArbuR 1884, 91, drei Beisitzer.

[150] BAG, 04.07.1989 – 1 ABR 40/88, NZA 1990, 29.

[151] So aber LAG Schleswig-Holstein, 28.01.1993 – 4 TaBV 38/92, LAGE § 98 ArbGG 1979 Nr. 24.

Beschwerdeführer steht für die **Einlegung und Begründung seines Rechtsmittels insgesamt nur eine Frist von zwei Wochen zur Verfügung**. Durch die Frist wahrende Einlegung wird die Zwei-Wochen-Frist des § 100 Abs. 2 nicht verlängert oder gehemmt, die Beschwerde und ihre Begründung müssen aber nicht in einem Schriftsatz enthalten sein. Die verkürzte Rechtsmittelfrist dient ebenso wie die Abkürzung der Einlassungs- und Ladungsfristen nach Abs. 1 Satz 4 der **Beschleunigung des Verfahrens** mit dem Ziel einer schnellen Konfliktlösung. Deshalb kommt eine Fristverlängerung zur Beschwerdebegründung[152] und eine Aussetzung des Verfahrens nach § 148 ZPO auch regelmäßig nicht in Betracht.[153] Gegen die Fristversäumung ist Wiedereinsetzung in den vorigen Stand möglich.[154] Für die Form der Beschwerdeschrift gilt § 87 Abs. 2.[155] Genügt die Beschwerde bzw. deren Begründung nicht den gesetzlichen Erfordernissen, ist sie vom Vorsitzenden, der stets allein entscheidet, ohne mündliche Verhandlung zu verwerfen.[156]

Ansonsten gelten für das Verfahren die Vorschriften über die Beschwerde im Beschlussverfahren[157] entsprechend. Gegenstand der Beschwer können Rechtsfehler des ArbG bei der offensichtlichen Unzuständigkeit der Einigungsstelle, der Bestimmung der Beisitzerzahl oder der Person des Vorsitzenden sein. Beschwerdeberechtigt ist der Antragsteller bereits dann, wenn das ArbG nicht vollständig seinen Anträgen entsprochen hat, insb. eine andere als die vorgeschlagene Person als Vorsitzenden eingesetzt hat. Im Streit ist, ob das LAG eine **eigene Ermessensentscheidung** zur Person des Vorsitzenden und zur Zahl der Beisitzer zu treffen hat oder auf die **Überprüfung der erstinstanzlichen Ermessensentscheidung** beschränkt ist.[158] Da im Bestellungsverfahren im zweiten Rechtszug häufig noch neue Personen für den Vorsitz benannt werden und die Zahl der Beisitzer über Anschlussrechtsmittel im Streit bleibt, ist eine eigene **Ermessensentscheidung des LAG** zu befürworten. Dafür spricht, dass auch die Offensichtlichkeitsprüfung uneingeschränkt zu erfolgen hat. Gegen die Entscheidung des LAG ist nach Abs. 2 Satz 4 ein **weiteres Rechtsmittel nicht gegeben**.

39

VII. Kosten der Einigungsstelle (§ 76a BetrVG)

§ 76a BetrVG Kosten der Einigungsstelle

40

(1) Die Kosten der Einigungsstelle trägt der Arbeitgeber.

(2) Die Beisitzer der Einigungsstelle, die dem Betrieb angehören, erhalten für ihre Tätigkeit keine Vergütung; § 37 Abs. 2 und 3 gilt entsprechend. Ist die Einigungsstelle zur Beilegung von Meinungsverschiedenheiten zwischen Arbeitgeber und Gesamtbetriebsrat oder Konzernbetriebsrat zu bilden, so gilt Satz 1 für die einem Betrieb des Unternehmers oder eines Konzernunternehmens angehörenden Beisitzer entsprechend.

---

152 Schwab/Weth-Walker § 99 Rn 65; HWK/Bepler § 98 Rn 12; einschränkend hinsichtlich der zeitlichen Fristverlängerung; GK-ArbGG/Schleusener § 100 Rn 49; a.A. ErfK/Koch § 100 Rn 7; LAG Düsseldorf, 31.05.2013 – 12 TaBV 49/13, Rn 4, LAGE § 98 ArbGG 1979 Nr. 67, bei unvollständiger Rechtsmittelbelehrung, LAG Nürnberg 17.06.2010 – 7 TaBV 32/10, Rn 17.
153 Hess. LAG 27.01.2015 – 4 TaBV 220/14, Rn 13 f.; LAG Niedersachen, 30.01.2007 – 1 TaBV 106/06.
154 GMPMG/Schlewing § 98 Rn 38; Schwab/Weth-Walker § 99 Rn 63 ff.; ErfK/Koch § 100 Rn 7; BCF/Friedrich § 98 Rn 12.
155 Dazu ausführlich § 87 Rdn. 6.
156 § 89 Abs. 3 Satz 1.
157 §§ 87 ff.
158 Für eigene Ermessensentscheidung: LAG Frankfurt, 06.04.1976 – 5 TaBV 13/76, ArbuR 1977, 62; LAG Hamm, 16.08.1976 – 3 TaBV 43/76, LAGE § 98 ArbGG Nr. 6; GMPMG/Schlewing § 98 Rn 40; HWK-Bepler § 98 Rn 12; BCF/Friedrich § 98 Rn 13; GK-ArbGG/Schleusener § 100 Rn 50; nur für Überprüfung der Ermessensentscheidung Schwab/Weth-Walker § 99 Rn 67; ErfK/Koch § 100 Rn 7; LAG Düsseldorf, 25.08.2014 – 9 TaBV 39/14, Rn 36, LAGE § 98 ArbGG 1979 Nr. 74 m.w.N.; offengelassen LAG Nürnberg, 02.07.2004 – 7 TaBV 19/04, LAGE Art. 101 GG Nr. 2.

(3) Der Vorsitzende und die Beisitzer der Einigungsstelle, die nicht zu den in Absatz 2 genannten Personen zählen, haben gegenüber dem Arbeitgeber Anspruch auf Vergütung ihrer Tätigkeit. Die Höhe der Vergütung richtet sich nach den Grundsätzen des Absatzes 4 Satz 3 bis 5.

(4) Das Bundesministerium für Arbeit und Soziales kann durch Rechtsverordnung die Vergütung nach Absatz 3 regeln. In der Vergütungsordnung sind Höchstsätze festzusetzen. Dabei sind insbesondere der erforderliche Zeitaufwand, die Schwierigkeit der Streitigkeit sowie ein Verdienstausfall zu berücksichtigen. Die Vergütung der Beisitzer ist niedriger zu bemessen als die des Vorsitzenden. Bei der Festsetzung der Höchstsätze ist den berechtigten Interessen der Mitglieder der Einigungsstelle und des Arbeitgebers Rechnung zu tragen.

(5) Von Absatz 3 und einer Vergütungsordnung nach Absatz 4 kann durch Tarifvertrag oder in einer Betriebsvereinbarung, wenn ein Tarifvertrag dies zulässt oder eine tarifliche Regelung nicht besteht, abgewichen werden.

1. Kostentragungspflicht des Arbeitgebers (Abs. 1)

41 Die Vorschrift des § 76a Abs. 1 BetrVG entspricht § 40 BetrVG, sie hat nur klarstellende Funktion. Der Arbeitgeber ist entgegen dem weitergehenden Wortlaut nicht zur Übernahme aller, sondern nur der **erforderlichen Kosten** der **Einigungsstelle** verpflichtet, die durch deren Sitzungen oder eine besondere Aufgabenzuweisung veranlasst sind.[159] § 76a Abs. 1 BetrVG gilt **nicht für Vergütungsansprüche der Mitglieder** der Einigungsstelle, insoweit stellen **Abs. 2 bis 5** des § 76a BetrVG eine abschließende Regelung dar. Von § 76a Abs. 1 BetrVG werden ebenso Sachkosten und persönliche Kosten der Einigungsstelle bzw. ihrer Mitglieder erfasst. Zu den **Sachkosten** zählen die Aufwendungen für die Bereitstellung von Räumlichkeiten und ggf. einer Schreibkraft. Als **persönliche Kosten** der Einigungsstellenmitglieder kommen Reise-, Verpflegungs- und sonstige Aufwendungen *(z.B. Telefon, Fax)* in Betracht. Wird ein **Sachverständiger** für die Einigungsstelle tätig, so fallen diese Kosten gleichfalls unter § 76a Abs. 1 BetrVG. Tritt ein **Rechtsanwalt als Verfahrensbevollmächtigter** für den Betriebsrat auf, ist § 80 Abs. 1 Satz 3 BetrVG nicht anwendbar. Wird der Betriebsrat von einem Rechtsanwalt vor der Einigungsstelle *(nicht als Beisitzer)* vertreten, so sind dessen **Aufwendungen nach § 40 BetrVG** erstattungsfähig. Allerdings hat der Arbeitgeber nur diejenigen Kosten einer anwaltlichen Tätigkeit zu tragen, die infolge einer Beauftragung aufgrund eines **ordnungsgemäßen Betriebsratsbeschlusses** zurückgehen. Eines Beschlusses bedarf es nicht nur vor der erstmaligen Beauftragung eines Anwalts, sondern grundsätzlich auch, bevor dieser im Namen des Betriebsrats ein **Rechtsmittel** einlegt. Fehlt ein solcher Beschluss, kann zwar das Rechtsmittel bei entsprechender Verfahrensvollmacht wirksam eingelegt sein, eine Pflicht zur Tragung der Anwaltskosten für ein Rechtsmittel zu Lasten des Arbeitgebers wird jedoch ohne entsprechenden Beschluss nicht ausgelöst.[160] Der Betriebsrat muss bei dessen Bestellung wegen der Kostentragungspflicht des Arbeitgebers nach § 76a Abs. 1 BetrVG den Grundsatz der Erforderlichkeit beachten, während er bei der Bestellung betriebsfremder Beisitzer nach der Rechtsprechung[161] einen größeren Spielraum hat. Höchstbeträge für das Honorar können die Gerichte wegen in § 76a Abs. 4 BetrVG vorgesehenen, aber nicht erlassenen Rechtsverordnung nicht im Wege der Lückenfüllung festsetzen.[162]

---

159 BAG, 18.03.2015 – 7 ABR 4/13, Rn 10, EzA § 40 BetrVG 2001 Nr. 26; BAG, 29.07.2009 – 7 ABR 95/07, Rn 22, EzA § 40 BetrVG 2001 Nr. 15; BAG, 14.02.1996 – 7 ABR 24/95, NZA 1996, 1225.

160 BAG, 18.03.2015 – 7 ABR 4/13, Rn 12, EzA § 40 BetrVG 2001 Nr. 26; ErfK/Koch § 40 BetrVG Rn 4; Fitting § 40 BetrVG Rn 32.

161 BAG, 29.07.2009 – 7 ABR 95/07, Rn 11, EzA § 40 BetrVG 2001 Nr. 15; BAG, 17.08.2005 – 7 ABR 56/04, EzA § 40 BetrVG 2001 Nr. 10; BAG, 24.04.1996 – 7 ABR 40/95, Rn 19, NZA 1996, 1171; LAG Schleswig-Holstein, 11.05.1995 – 4 TaBV 9/94 und LAG Düsseldorf, 01.08.1995 – 6 TaBV 40/95, LAGE § 76a BetrVG 1972 Nr. 7, 8; Lüders/Weller DB 2015, 2149.

162 BAG, 28.08.1996 – 7 ABR 42/95, NZA 1997, 222.

2. Vergütungsansprüche der Einigungsstellenmitglieder (Abs. 2 bis 5)

a) Vorsitzender

Der Einigungsstellenvorsitzende hat gegen den Arbeitgeber einen Honoraranspruch, dessen Höhe 42 sich nicht nach § 612 BGB, sondern nach § 76a Abs. 4 und 5 BetrVG richtet. Die durch § 76a Abs. 4 Satz 1 BetrVG mögliche Rechtsverordnung ist bisher noch nicht erlassen worden. Maßgeblich für den Honoraranspruch des Vorsitzenden ist zunächst die mit dem Arbeitgeber getroffene **Vereinbarung**, wobei Pauschalvereinbarungen zulässig sind. Nur bei Fehlen einer Absprache ist der Rückgriff auf die Regelungen in § 76a Abs. 4 Satz 2 BetrVG möglich. In diesen Fällen hat der Vorsitzende die Höhe seines Honorars unter **Beachtung des erforderlichen Zeitaufwands, der Schwierigkeit der Streitigkeit und eines etwaigen Verdienstausfalls** festzusetzen. Seine Festsetzung hat er nach billigem Ermessen[163] zu treffen.[164] Unzulässig ist nach der Neuregelung des § 76a BetrVG eine Anlehnung an das RVG.[165] Nicht angemessen ist eine Orientierung an dem ZSEG.[166] Bei der Bemessung nach **Stundensätzen** waren 1993 – je nach Aufwand – Beträge zwischen 75,00 – 250,00 DM zu veranschlagen, bei mittlerer Schwierigkeit waren danach 154,00 DM. angemessen.[167] Aufgrund des Kaufkraftverlustes dürften diese Beträge inzwischen überholt sein und erheblich höher liegen (250 bis 500 €/Std). Vor- und Nachbereitungszeiten sind durch den Stundensatz regelmäßig nicht abgegolten, sondern gesondert zu vergüten. Möglich sind auch Tagessätze von 2.000 bis 5.000 €. Wird ein **Pauschalhonorar** vereinbart, so ist nach erfolgreicher Anfechtung des Einigungsstellenspruchs und Fortsetzung der Einigungsstelle, regelmäßig kein weiteres Honorar zu zahlen.[168]

b) Betriebsangehörige Beisitzer

Nach § 76a Abs. 2 Satz 1 BetrVG erhalten die betriebsangehörigen Beisitzer für ihre Tätigkeit kein 43 Honorar. Sie haben nur Anspruch auf **Freistellung von der Arbeitsleistung unter Fortzahlung des Arbeitsentgelts**. Findet ihre Tätigkeit für die Einigungsstelle außerhalb ihrer Arbeitszeit statt, so haben sie Anspruch auf Vergütung oder Freizeitausgleich entsprechend den Regelungen in § 37 Abs. 3 BetrVG.[169] Nach § 76a Abs. 2 Satz 2 BetrVG gelten diese Grundsätze entsprechend für Gesamtbetriebsrats- bzw. Konzernbetriebsratsmitglieder in Einigungsstellen des Gesamtbetriebsrats bzw. des Konzernbetriebsrats. Für die Zeit nach Ausscheiden aus dem Betrieb richtet sich der Vergütungsanspruch nach § 76a Abs. 3 BetrVG.[170]

Die Erforderlichkeit einer **Schulung** i.S.d. § 37 Abs 6 BetrVG kann nicht mit einer möglichen 44 Tätigkeit eines Betriebsratsmitglieds in der Einigungsstelle begründet werden, denn die Tätigkeit als Beisitzer in der Einigungsstelle gehört nicht zu den Aufgaben des Betriebsrats und seiner Mitglieder. Anders ist es, wenn in der Einigungsstelle Aufgaben des Betriebsrates zu erfüllen sind und dazu konkret Schulungsbedarf besteht.[171]

c) Betriebsfremde Beisitzer

Ein Vergütungsanspruch der betriebsfremden Beisitzer besteht nur bei rechtswirksamer Bestellung 45 der Beisitzer durch den Betriebsrat und erfasst nur die Zeit nach der Bestellung, nicht aber eine

---

163 § 315 BGB.
164 BAG, 28.08.1996 – 7 ABR 42/95, NZA 1997, 222; HWK/Gaul § 76a BetrVG Rn 18; ErfK/Koch § 76a Rn 4 f.
165 GK-BetrVG/Kreutz/Jacobs § 76a Rn 44.
166 Gesetz über die Entschädigung von Zeugen und Sachverständigen; Höchststundensatz 100 €.
167 BAG, 28.08.1996 – 7 ABR 42/95, NZA 1997, 222.
168 LAG Niedersachsen, 25.01.2005 – 1 TaBV 65, 69/04, LAGE § 76a BetrVG 2001 Nr. 1.
169 ErfK/Koch § 76a Rn 3; ders. § 37 BetrVG Rn 7, 19; GK-BetrVG/Kreutz/Jacobs § 76a Rn 22.
170 ArbG Düsseldorf, 24.06.1992 – 4 BV 90/92.
171 BAG, 20.08.2014 – 7 ABR 64/12, Rn 25f., EzA § 37 BetrVG 2001 Nr. 18.

vorausgehende Tätigkeit. Der Vergütungsanspruch folgt unmittelbar aus § 76a Abs. 3 bis 5 BetrVG und setzt keine Abrede mit dem Arbeitgeber voraus. Die Höhe des Beisitzerhonorars beträgt **bei fehlender Abrede regelmäßig 7/10 des Vorsitzendenhonorars**.[172] Eine entsprechende Zusage des Betriebsrats gegenüber den Beisitzern ist entbehrlich, weitergehende Zusagen sind auch für den Versprechenden unverbindlich. Der Vergütungsanspruch ergibt sich für Beisitzer der Höhe nach aus dem Gesetz, für abweichende Vereinbarungen fehlt dem Betriebsrat die Regelungsmacht. In atypischen Fällen kann das Beisitzerhonorar vom Regelsatz abweichen, etwa wenn die Tätigkeit des Vorsitzenden von dem Zeitaufwand des Beisitzers erheblich abweicht. Die 7/10-Vergütung gilt auch, wenn es sich bei dem Beisitzer um einen Rechtsanwalt[173] oder einen Gewerkschaftssekretär handelt. Die betriebsfremden Beisitzer sind grds. in gleicher Höhe zu vergüten.[174] Die Erstattung der MwSt. können Vorsitzender und Beisitzer ohne besondere Abrede verlangen, wenn diese zur Abführung der USt. verpflichtet sind.[175]

d) Abweichende Regelungen

46 Von der gesetzlichen Regelung der Vergütungsansprüche in § 76a Abs. 3 und 4 BetrVG kann gem. § 76a Abs. 5 BetrVG durch Tarifvertrag oder zulässige Betriebsvereinbarung zugunsten, aber auch zulasten der Einigungsstellenmitglieder abgewichen werden.[176] Derartige Regelungen sind oft in Verfahren zu den tariflichen Schlichtungsstellen anzutreffen.

3. Gerichtliches Verfahren

47 Soweit Streit um die **Erstattung von Kosten** nach § 76a Abs. 1 BetrVG besteht, ist dieser im Beschlussverfahren auszutragen.[177] Hingegen ist für Ansprüche von betriebsangehörigen Beisitzern nach § 76a Abs. 2 BetrVG das Urteilsverfahren einschlägig. Streitigkeiten über das Honorar des Vorsitzenden und der betriebsfremden Beisitzer gehören dagegen in das Beschlussverfahren.[178] Eine gerichtliche Entscheidung über das Honorar kommt erst in Betracht, wenn die vom Vorsitzenden oder einem Beisitzer getroffene Vergütung unbillig ist,[179] eine gerichtliche Festsetzung von Höchstbeträgen anstelle der in § 76a Abs. 4 BetrVG vorgesehenen Rechtsverordnung scheidet aus.[180] Im Beschlussverfahren können auch sog. Honorardurchsetzungskosten des Vorsitzenden und der betriebsfremden Beisitzer geltend gemacht werden;[181] Anspruchsgrundlage ist § 286 Abs. 1 BGB, § 12a ist im Beschlussverfahren auch nicht entsprechend anwendbar.[182]

---

172 BAG, 14.02.1996 – 7 ABR 24/95, NZA 1996, 1225; Hess. LAG, 11.06.2012 – 16 TaBV 203/11, Rn 25; LAG Hamm, 10.02.2012 – 10 TaBV 61/11, Rn 99; LAG Hamm, 20.01.2006 – 10 TaBV 131/05, NZA-RR 2006, 323; LAG Niedersachsen, 25.01.2005 – 1 TaBV 65, 69/04, LAGE § 76a BetrVG 2001 Nr. 1; HWK/Gaul § 76a BetrVG Rn 24; ErfK/Koch § 76a BetrVG Rn 6; **a.A.** GK-BetrVG/Kreutz/Jacobs § 76a Rn 49; Lüders/Weller DB 2015, 2149 f.
173 BAG, 20.02.1991 – 7 ABR 6/90, NZA 1991, 651; LAG Hamm, 20.01.2006 – 10 TaBV 131/05, NZA-RR 2006, 323; ArbG Weiden, 20.03.2012 – 5 BV 30/11; abweichend Althoff NZA 2014, 75 für Stundensätze unter Hinweis auf § 34 RVG.
174 LAG Hamburg, 18.11.1991 – 4 TaBV 6/90.
175 BAG, 14.02.1996 – 7 ABR 24/95, NZA 1996, 1225.
176 Fitting § 76a BetrVG Rn 31; GK-BetrVG/Kreutz/Jacobs § 76a Rn 58.
177 BAG, 27.07.1994 – 7 ABR 10/93, NZA 1995, 545.
178 Schwab/Weth/Kliemt Einigungsstellenverfahren Rn 412; ErfK/Koch § 76a BetrVG Rn 8.
179 § 315 Abs. 3 Satz 2 BGB.
180 BAG, 28.08.1996 – 7 ABR 42/95, NZA 1997, 222.
181 LAG Niedersachsen, 25.01.2005 – 1 TaBV 65 & 69/04, LAGE § 76a BetrVG 2001 Nr. 1; LAG Hamm, 20.01.2006 – 10TaBV 131/05, NZA-RR 2006, 323.
182 BAG, 27.07.1994 – 7 ABR 10/93, NZA 1995, 545.

Vierter Teil Schiedsvertrag in Arbeitsstreitigkeiten

Vorbemerkung zum Vierten Teil

Die Vorschriften des Vierten Teils des Arbeitsgerichtsgesetzes über den Schiedsvertrag in Arbeitsstreitigkeiten sind **verfassungsrechtlich** unbedenklich.[1] Sie ersetzen die Vorschriften der Zivilprozessordnung (§§ 1025 ff. ZPO) über das schiedsrichterliche Verfahren i.d.F. des SchiedsVfG v. 22.12.1997[2], deren Anwendung für den Bereich des Arbeitsrechts ausgeschlossen ist.[3] 1

§ 101 Grundsatz

(1) Für bürgerliche Rechtsstreitigkeiten zwischen Tarifvertragsparteien aus Tarifverträgen oder über das Bestehen oder Nichtbestehen von Tarifverträgen können die Parteien des Tarifvertrags die Arbeitsgerichtsbarkeit allgemein oder für den Einzelfall durch die ausdrückliche Vereinbarung ausschließen, dass die Entscheidung durch ein Schiedsgericht erfolgen soll.

(2) ¹Für bürgerliche Rechtsstreitigkeiten aus einem Arbeitsverhältnis, das sich nach einem Tarifvertrag bestimmt, können die Parteien des Tarifvertrags die Arbeitsgerichtsbarkeit im Tarifvertrag durch die ausdrückliche Vereinbarung ausschließen, dass die Entscheidung durch ein Schiedsgericht erfolgen soll, wenn der persönliche Geltungsbereich des Tarifvertrags überwiegend Bühnenkünstler, Filmschaffende oder Artisten umfasst. ²Die Vereinbarung gilt nur für tarifgebundene Personen. ³Sie erstreckt sich auf Parteien, deren Verhältnisse sich aus anderen Gründen nach dem Tarifvertrag regeln, wenn die Parteien dies ausdrücklich und schriftlich vereinbart haben; der Mangel der Form wird durch Einlassung auf die schiedsgerichtliche Verhandlung zur Hauptsache geheilt.

(3) Die Vorschriften der Zivilprozessordnung über das schiedsrichterliche Verfahren finden in Arbeitssachen keine Anwendung.

Übersicht	Rdn.
I. Allgemeines	1
1. Zulässigkeit schiedsgerichtlicher Verfahren	1
2. Arten des Schiedsvertrages	2
a) Die »Gesamtschiedsvereinbarung«	3
b) Die »Einzelschiedsvereinbarung«	4
3. Schiedsgerichte	5
4. Ausschließlichkeit	6
II. Parteien des Schiedsvertrages	15
III. Form und Inhalt des Schiedsvertrages	17
1. Gesamtschiedsvereinbarung	17
2. Einzelschiedsvereinbarung	18
IV. Streitgegenstände für die Schiedsgerichtsbarkeit	21
1. Gesamt- und Einzelschiedsvereinbarung	21
2. Speziell die Gesamtschiedsvereinbarung (Abs. 1)	25
3. Speziell die Einzelschiedsvereinbarung (Abs. 2)	29
V. Fachlicher Geltungsbereich des Schiedsvertrages	33
1. Gesamtschiedsvereinbarung	33
2. Einzelschiedsvereinbarung	34
a) Bühnenkünstler	36
b) »Filmschaffende« und »Artisten«	38
c) Weitere Berufsgruppen	39
VI. Die durch Schiedsvertrag gebundenen Streitparteien	40
1. Gesamtschiedsvereinbarung (Abs. 1)	40
2. Einzelschiedsvereinbarung (Abs. 2)	41
a) Arbeitsvertragsparteien	41
b) Beiderseitige Tarifbindung (Abs. 2 Satz 2)	46
c) Erstreckung nach Abs. 2 Satz 3	50

---

1 BAG, 23.08.1963 – 1 AZR 469/62, NJW 1964, 268; GMPMG/Germelmann § 101 ArbGG Rn 3.
2 Schiedsverfahrens-Neuregelungsgesetz vom 22.12.1997, BGBl. I S. 324; §§ 1025 ff. ZPO zuletzt geändert durch die Neufassung der Zivilprozessordnung vom 05.12.2005, BGBl. I S. 3202.
3 Vgl. §§ 4, 101 Abs. 3; siehe hierzu auch BAG, 11.02.2014 – 1 ABR 76/12, NZA-RR 2015, 26.

aa) »Nicht-Bindung« und »anderweitige Bindung« 51	cc) Übernahmevereinbarung 53
bb) Anwendbarkeit des Tarifvertrages trotz fehlender Tarifbindung 52	dd) Heilung der formnichtigen Übernahmevereinbarung (Abs. 2 Satz 3 Halbs. 2) 55
	d) Rechtsnachfolge 56

I. Allgemeines

1. Zulässigkeit schiedsgerichtlicher Verfahren

1 Schiedsverträge in arbeitsrechtlichen Streitigkeiten sind grundsätzlich unzulässig.[1] Ausnahmen von diesem Grundsatz hat der Gesetzgeber nur unter den engen Voraussetzungen der Abs. 1 und 2 zugelassen.

2. Arten des Schiedsvertrages

2 Das Arbeitsgerichtsgesetz kennt zwei verschiedene Schiedsvertragstypen. Sie sind unter den Bezeichnungen »**Gesamtschiedsvereinbarung**« und »**Einzelschiedsvereinbarung**« bekannt.

a) Die »Gesamtschiedsvereinbarung«

3 wird in **Abs. 1** behandelt. Gemeint ist eine Vereinbarung zwischen Tarifvertragsparteien, mit der die Tarifvertragsparteien ihre eigenen Rechtsstreitigkeiten untereinander aus Tarifverträgen oder über das Bestehen oder Nichtbestehen von Tarifverträgen einer Schiedsgerichtsbarkeit unterwerfen.

b) Die »Einzelschiedsvereinbarung«

4 wird in **Abs. 2 Satz 1 und 2** behandelt. Gemeint ist eine Vereinbarung zwischen Tarifvertragsparteien in einem Tarifvertrag, durch die die Rechtsstreitigkeiten von Arbeitsvertragsparteien aus dem Arbeitsverhältnis einer Schiedsgerichtsbarkeit unterworfen werden. Zulässig sind Einzelschiedsvereinbarungen nur in Tarifverträgen, die überwiegend die in Abs. 2 Satz 1 genannten Berufsgruppen betreffen.

In Abs. 2 Satz 3 ist geregelt, unter welchen Voraussetzungen die tarifvertragliche Einzelschiedsvereinbarung durch eine vertragliche Regelung der nicht tarifgebundenen **Arbeitsvertragsparteien** für ihr individuelles Arbeitsverhältnis übernommen werden kann.

3. Schiedsgerichte

5 Die nach **Abs. 1** gebildeten Schiedsgerichte werden mitunter als »**Tarifschiedsgerichte**« bezeichnet. Sie sind zu unterscheiden von den im Arbeitskampf tätig werdenden **Schlichtungsstellen**, die ihre Existenz einem Schlichtungsabkommen der beteiligten Verbände verdanken und die den Abschluss eines Tarifvertrages fördern sollen. Mit solchen Schlichtungsstellen befassen sich die §§ 101 ff. nicht. Schiedsgerichte gibt es grds. in zwei Formen: als **Gelegenheitsschiedsgerichte** *(für eine einzelne Streitigkeit ad hoc gebildet)* und als **institutionelle** *(auf Dauer eingerichtete)* **Schiedsgerichte**. § 101 gilt für beide Formen. Wird von den Tarifvertragsparteien ein institutionelles Schiedsgericht unterhalten *(wie die Bühnenschiedsgerichte)*, handelt es sich um eine »**gemeinsame Einrichtung**« i.S.d. § 4 Abs. 2 TVG.

4. Ausschließlichkeit

6 **Abs. 3** schließt für den Geltungsbereich des Arbeitsgerichtsgesetzes sonstige Schiedsvereinbarungen aus. In »**Arbeitssachen**« sollen die Vorschriften der Zivilprozessordnung über das schiedsrichterliche Verfahren[2] keine Anwendung finden. Es gelten ausschließlich die §§ 101 ff.

---

1 § 4 i.V.m. § 101 Abs. 1 und 2; vgl. auch BAG, 18.05.1999 – 9 AZR 682/98, NZA 1999, 1350 ff.
2 = die das Zehnte Buch der Zivilprozessordnung bildenden §§ 1025 ff. ZPO i.d.F. des Schiedsverfahrens-Neuregelungsgesetzes vom 22.12.1997, BGBl. I, S. 324, zuletzt geändert durch die Neufassung der Zivilprozessordnung vom 05.12.2005, BGBl. I S. 3202.

»Arbeitssachen« i.S.v. Abs. 3 sind nicht nur die in den Abs. 1 und 2 angesprochenen Streitigkeiten, sondern alle Streitigkeiten, für die die Zuständigkeit der ArbG in §§ 2 Abs. 1 und 2, 2a und 3 i.V.m. § 5 **zwingend** vorgeschrieben ist. Ist die Zuständigkeit der Arbeitsgerichte gem. § 2 Abs. 3 und 4 fakultativ oder sind an der Streitigkeit Dienstnehmer beteiligt, denen durch § 5 Abs. 1 Satz 3, Abs. 3 die Arbeitnehmereigenschaft abgesprochen wird, ist das schiedsrichterliche Verfahren nach der ZPO zulässig.

Nur für diejenigen Arbeitssachen, die in Abs. 1 und 2 beschrieben sind, kann eine tarifliche Schiedsvereinbarung die Arbeitsgerichtsbarkeit ausschließen. Für die **übrigen Arbeitssachen** kann eine Schiedsvereinbarung weder nach dem ArbGG noch nach der ZPO getroffen werden.

Die Möglichkeit, Schiedsvereinbarungen abzuschließen, wird für arbeitsrechtliche Streitigkeiten durch zwei gesetzliche Vorgaben auf ein enges Feld begrenzt: Beschränkend wirkt sich zum einen der berufsspezifisch eingeengte Geltungsbereich des § 101 Abs. 2 aus. Beschränkend wirkt zum anderen, dass **nur Tarifvertragsparteien** eine Schiedsvereinbarung treffen können.

Der Ausschluss der ZPO bedeutet, dass eine **entsprechende Anwendung** ihrer Vorschriften zum Schiedsverfahren grds. nicht in Betracht kommt.[3] Literatur und Rechtsprechung zu Vorschriften der ZPO können herangezogen werden, soweit es um die Auslegung von wortgleichen Begriffen und Formulierungen in Bestimmungen des arbeitsgerichtlichen Schiedsverfahrens geht. Aus rechtsstaatlichen Grundsätzen kann eine analoge Anwendung einzelner zivilprozessualer Verfahrensvorschriften geboten sein,[4] in denen allgemeingültige prozessuale Grundsätze ihren Ausdruck gefunden haben.

Nicht erfasst werden vom Schiedsgerichtsverbot Einigungsstellen gem. § 76 BetrVG, Schlichtungsstellen im Arbeitskampf (s. Rdn. 5), Paritätische Kommissionen für Verbesserungsvorschläge in den Betrieben[5] und die Ausschüsse gem. § 111 Abs. 2. Auch auf die beim Patentamt errichtete Schiedsstelle gem. §§ 28 ff. ArbNErfG wirkt sich das Schiedsgerichtsverbot nicht aus. Diese Schiedsstelle wird zudem auf einem Rechtsgebiet tätig, das der Zuständigkeit der Arbeitsgerichte überwiegend entzogen ist.[6]

Zulässig sind Vereinbarungen der Betriebsparteien, mit denen diese ein Verfahren zur **innerbetrieblichen Konfliktlösung** bei betriebsverfassungsrechtlichen Meinungsverschiedenheiten festlegen, das vor der Einleitung eines Beschlussverfahrens durchlaufen werden muss.[7] Ein solches Vorverfahren ist keine Schiedsvereinbarung i.S.d. § 4 ArbGG, sondern eine für den Arbeitgeber und den Betriebsrat durch § 76 Abs. 6 BetrVG eröffnete Möglichkeit, zwischen ihnen bestehende Meinungsverschiedenheiten vorrangig einer innerbetrieblichen Lösung zuzuführen.[8] Vor Abschluss des vereinbarten Vorverfahrens ist ein Antrag im arbeitsgerichtlichen Beschlussverfahren unzulässig. Ausgenommen hiervon ist der einstweilige Rechtsschutz.[9] Die Einhaltung betrieblicher Regelungen zu einem obligatorischen Vorverfahren ist von den Arbeitsgerichten auch ohne ausdrücklichen Hinweis eines Beteiligten hierauf zu prüfen.[10]

Keine Schiedsgerichte gem. §§ 101 ff. sind ferner die **Kirchengerichte** und die von den Kirchen errichteten Schlichtungsstellen.[11] Die Kirchengerichte wenden von den Kirchen autonom gesetztes Kirchenrecht an und sind insbesondere für das Gebiet des kirchlichen Mitarbeitervertretungsrechts zuständig. Ihre Errichtung ist Ausfluss des kirchlichen Selbstordnungs- und Selbstverwaltungs-

---

3 GMPMG/Germelmann § 101 Rn 7; s.a. Schwab/Weth-Zimmerling § 101 Rn 57 ff.
4 BAG, 11.05.1983 – 4 AZR 545/80, zu § 278 Abs. 3 ZPO a.F.: Grundsatz des rechtlichen Gehörs.
5 BAG, 20.01.2004 – 9 AZR 393/03, NZA 2004, 94.
6 Vgl. § 39 ArbNErfG.
7 BAG, 11.02.2014 – 1 ABR 76/12, NZA-RR 2015, 26.
8 BAG, 11.02.2014 – 1 ABR 76/12, NZA-RR 2015, 26; BAG, 16.08.2011 –1 ABR 22/10, NZA 2012, 342.
9 BAG, 11.02.2014 – 1 ABR 76/12, NZA-RR 2015, 26; s.a. GWBG/Greiner § 101 Rn 4.
10 BAG, 11.02.2014 – 1 ABR 76/12, NZA-RR 2015, 26.
11 GMPMG/Germelmann § 101 ArbGG Rn 6.

rechts gem. Art. 140 GG i.V.m. Art. 137 Abs. 3 WRV. Dieses Recht kommt nicht nur den verfassten Kirchen und deren rechtlich selbstständigen Teilen zugute, sondern allen ihren Einrichtungen ohne Rücksicht auf ihre Rechtsform *(z. B. auch privatrechtlich organisierten Einrichtungen der Diakonie oder der Caritas)*. Maßgeblich ist, dass die Einrichtungen nach kirchlichem Selbstverständnis ihrem Zweck oder ihrer Aufgabe entsprechend berufen sind, ein Stück des Auftrags der Kirche wahrzunehmen und zu erfüllen.[12] Arbeitsvertragliche Vereinbarungen im kirchlichen Bereich, die vorsehen, dass vor einer arbeitsgerichtlichen Klage zunächst eine kirchliche Schlichtungsstelle oder ein Kirchengericht anzurufen ist, begründen keine prozesshindernde Einrede.[13] Für die kirchlichen Gerichts- oder Schlichtungsverfahren gilt: Die §§ 101 ff. finden insgesamt keine Anwendung.

14 **Schiedsgutachtenverträge** sind auf dem Gebiet des Arbeitsrechts trotz des Schiedsgerichtsverbots grds. wirksam. Schiedsgutachter unterscheiden sich von Schiedsgerichten dadurch, dass sie nur ein Element der Entscheidung zu begutachten haben. Ein zulässiger Schiedsgutachtenvertrag liegt vor, wenn dem Schiedsgutachter die Aufgabe übertragen wird, die tatbestandlichen Voraussetzungen eines Anspruchs zu prüfen[14] oder im Rahmen der §§ 317, 319 BGB eine materiellrechtliche Regelung festzulegen.[15] Die Grenze zur unzulässigen Schiedsgerichtsvereinbarung ist überschritten, wenn der dritten Stelle nicht nur die Feststellung von Tatsachen, sondern auch deren verbindliche Subsumtion unter einzelne Tatbestandsmerkmale, also die Rechtsanwendung, übertragen wird.[16]

II. Parteien des Schiedsvertrages

15 Der Schiedsvertrag kann im Arbeitsrecht nur von Tarifvertragsparteien i.S.d. § 2 Abs. 1 TVG geschlossen werden; das gilt für beide Absätze des § 101, also sowohl für die **Gesamt-** als auch für die **Einzelschiedsvereinbarung** (Rdn. 2 ff.). Für die Letztere heißt das: Auf dem Gebiet des Arbeitsrechts können sich weder die **Arbeitsvertragsparteien** durch Einzelabrede noch die **Betriebspartner** in einer **Betriebsvereinbarung** wirksam auf ein Schiedsgericht verständigen. Deshalb können die Betriebspartner nicht rechtswirksam regeln, dass Meinungsverschiedenheiten zwischen Arbeitgeber und Arbeitnehmer aus der Anwendung eines Sozialplans oder einer Betriebsvereinbarung durch den verbindlichen Spruch einer **Einigungsstelle** entschieden werden sollen.[17] Wohl aber können die Betriebspartner vereinbaren, bei Streitigkeiten untereinander über die Anwendung und Auslegung einer Betriebsvereinbarung zunächst die Entscheidung der Einigungsstelle herbeizuführen, bevor die Gerichte für Arbeitssachen angerufen werden können. In diesem Fall ist ein entsprechender Antrag vor dem ArbG solange unzulässig, wie das vereinbarte Einigungsstellenverfahren nicht durchgeführt worden ist[18] (s. Rdn. 12). Einigen sich die Betriebspartner in einer Betriebsvereinbarung auf die Besetzung einer für bestimmte Streitfälle vorgesehenen Einigungsstelle, so ist dies wirksam. In einer Betriebsvereinbarung, die durch Spruch einer Einigungsstelle zustande kommt, ist eine verbindliche Besetzungsregelung ausgeschlossen.[19]

16 Die Beschränkung der Regelungsbefugnis für Schiedsverträge auf die Tarifvertragsparteien gilt nicht für **Schiedsgutachten**. Solchen können sich nicht nur Tarifvertragsparteien, sondern auch Betriebspartner oder Arbeitsvertragsparteien wirksam unterwerfen (Rdn. 14, 24).

---

12 BVerfG, 04.06.1985 – 2 BvR 1703/83, NJW 1986, 356; BAG, 30.04.2014 – 7 ABR 30/12, NZA 2014, 1223; BAG, 10.12.1992 – 2 AZR 271/92, NZA 1993, 593.
13 BAG, 18.05.1999 – 9 AZR 682/98, NZA 1999, 1350.
14 BAG 19.05.2015 – 9 AZR 863/13, NZA 2015, 1468; BAG, 22.01.1997 – 10 AZR 468/96, NZA 1997, 837.
15 BAG 16.12.2014 – 9 AZR 431/13, NZA-RR 2015, 229; BAG 20.01.2004 – 9 AZR 23/03; BAG, 31.01.1979 – 4 AZR 378/77.
16 BAG, 20.01.2004 – 9 AZR 393/03, NZA 2004, 994; BAG 14.12.1999 – 1 AZR 175/99.
17 BAG, 14.12.1999 – 1 AZR 175/99; 27.10.1987 – 1 AZR 80/86, NZA 1988, 207.
18 BAG 11.02.2014 – 1 ABR 76/12, NZA-RR 2015, 26; BAG, 20.11.1990 – 1 ABR 45/89.
19 BAG, 26.08.2008 – 1 ABR 16/07, NZA 2008, 1187.

III. Form und Inhalt des Schiedsvertrages

1. Gesamtschiedsvereinbarung

Der Schiedsvertrag kann i.R.d. Abs. 1 **formlos** – also auch mündlich – getroffen werden, fordert aber eine **ausdrückliche** Erklärung beider Seiten *(Gegensatz: »stillschweigende« Vereinbarung; ergänzende und korrigierende »Auslegung«)*. Die Schiedsvereinbarung des Abs. 1 kann auch noch nach bereits entstandenem Streit geschlossen werden, auch noch nach Erhebung der Schiedsklage durch Erklärung vor dem Schiedsgericht.

17

2. Einzelschiedsvereinbarung

Im Gegensatz zur Gesamtschiedsvereinbarung des Abs. 1 ist die **Einzelschiedsvereinbarung** *(Abs. 2)* **formgebunden**. Die Tarifvertragsparteien müssen sie in einem **Tarifvertrag** und damit in der für diesen gem. § 1 TVG geltenden Form treffen. Ein Tarifvertrag mit einer Einzelschiedsvereinbarung ist der NV Bühne v. 15.10.2002, der zum 01.01.2003 die Vorgängertarifverträge im Bühnenbereich abgelöst hat[20] und der in § 53 eine Schiedsklausel enthält.

18

Die im Tarifvertrag enthaltene Vereinbarung muss »**ausdrücklich**« sein und zweierlei Dinge enthalten: den Ausschluss der Arbeitsgerichtsbarkeit sowie die Vereinbarung, dass ein Schiedsgericht entscheiden soll. Eine ausdrückliche Vereinbarung i.S.v. Abs. 2 enthalten z.B. für die Arbeitsverhältnisse im **Theaterbereich** der NV Bühne, die »Bühnenschiedsgerichtsordnung« v. 01.10.1948 (BSchGO) sowie der »Tarifvertrag über die Bühnenschiedsgerichtsbarkeit für Opernchöre« v. 30.03.1977 (BSchGO-C).

19

Zu der »Entscheidung«, die von der Schiedsklausel dem Schiedsgericht vorzubehalten ist *(»Schiedsspruch«)* s. § 108.

Nach dem Gesetzeswortlaut soll die Vereinbarung die Arbeitsgerichtsbarkeit »**ausschließen**«; der Ausschluss ist jedoch kein totaler, wie aus § 110 folgt: Im Unterschied zur Schiedsvereinbarung der ZPO (vgl. § 1059 Abs. 2 ZPO) unterliegt das Schiedsverfahren nicht nur in enumerierten Fällen, sondern ausnahmslos der Kontrolle durch die staatlichen Gerichte.

Ein gem. § 4 Abs. 5 TVG nur noch **nachwirkender Tarifvertrag** kann für Abs. 2 Satz 1 ausreichen.[21] Ein[22] **gekündigter Tarifvertrag** über gemeinsame Einrichtungen der Tarifvertragsparteien wirkt aber entgegen § 4 Abs. 5 TVG nicht nach, wenn die Tarifvertragsparteien die **Nachwirkung** ausschließen. Das kann ausdrücklich oder durch schlüssiges Verhalten in der Weise geschehen, dass die Tarifvertragsparteien die gemeinsame Einrichtung nicht mehr unterhalten.[23]

20

IV. Streitgegenstände für die Schiedsgerichtsbarkeit

1. Gesamt- und Einzelschiedsvereinbarung

Die Schiedsvereinbarungen nach Abs. 1 und 2 sind ausschließlich für »**bürgerliche Rechtsstreitigkeiten**« i.S.v. § 2 Abs. 1 und 2 zulässig *(arg.: § 4)*. Schiedsvereinbarungen können sich also nicht auf **Beschlussverfahren** erstrecken, die dem Gesetzgeber nicht als »bürgerliche Rechtsstreitigkeiten« gelten, s. § 2a. Eine Rechtsstreitigkeit liegt nur vor, wenn die Streitigkeit ohne die Schiedsvereinbarung vor die staatlichen Gerichte gehörte. **Regelungsstreitigkeiten**, also Streitigkeiten, in denen

21

---

20 S. hierzu die Begleittarifverträge zum NV Bühne, abgeschlossen mit der GdBA und dem VdO, vom 15.02.2002: Außer Kraft getreten sind z.B. der NV Solo v. 01.05.1924, der Bühnentechniker-Tarifvertrag v. 25.05.1961, der NV Chor/Tanz v. 02.11.2000 und der Tarifvertrag über die Mitteilungspflicht v. 23.11.1977; zur Wirksamkeit der Schiedsklausel im NV Solo s. BAG, 11.05.1983 – 4 AZR 545/80.
21 Vgl. auch GMPMG/Germelmann § 101 Rn 26; GWBG/Greiner § 101 Rn 13; Schwab/Weth-Zimmerling § 101 Rn 50.
22 Vgl. auch BAG, 11.02.2014 – 1 ABR 76/12, NZA-RR 2015, 26.
23 BAG, 03.09.1986 – 5 AZR 319/85, NZA 1987, 178; 05.05.1988 – 6 AZR 69/86.

nicht um eine Anwendung schon vorhandener Rechtsnormen, sondern darum gestritten wird, was künftig Recht sein soll,[24] können von einer Schiedsvereinbarung nicht erfasst werden.

22 Auch **Eilverfahren** *(Anträge auf Erlass von Arresten und einstweiligen Verfügungen)* fallen hier nicht unter den Begriff der bürgerlichen Rechtsstreitigkeit; Eilverfahren gehören – anders als gem. § 1041 ZPO n.F. im zivilprozessualen Schiedsverfahren – ohne Rücksicht auf ihre Rechtsnatur nicht vor die Schiedsgerichte, sondern ausschließlich vor die ArbG.[25]

23 Des Gleichen werden nicht erfasst die **Vollstreckungsabwehrklage** gem. § 767 ZPO und die **Drittwiderspruchsklage** gem. § 771 ZPO, denn eine privatrechtliche Gerichtsbarkeit kann nicht über das staatliche Hoheitsrecht der Zwangsvollstreckung befinden.[26]

24 Auf **Schiedsgutachtenverträge** sind die Abs. 1 und 2 nicht anwendbar, da sie keine Schiedsvereinbarungen i.S.d. Vorschrift sind (vgl. Rdn. 14).

2. Speziell die Gesamtschiedsvereinbarung (Abs. 1)

25 Hier müssen die Streitgegenstände bürgerliche Rechtsstreitigkeiten **zwischen Tarifvertragsparteien** sein, sofern sie **aus Tarifverträgen** erwachsen oder das **Bestehen oder Nichtbestehen** von Tarifverträgen betreffen. Insoweit wiederholt der Gesetzestext von Satz 1 den Wortlaut des **§ 2 Abs. 1 Nr. 1** mit Ausnahme der dort noch erwähnten »Rechtsstreitigkeiten zwischen Tarifvertragsparteien **und Dritten**«. Auf die Kommentierung zu § 2 Rdn. 4 kann daher verwiesen werden. Hinzuweisen ist auch auf § 9 TVG, der die gleiche Formulierung enthält.

26 Unter den Begriff »**Streitigkeiten aus Tarifverträgen**« fallen v.a. **Angriffs- und Abwehrrechte** einer Tarifvertragspartei aus dem schuldrechtlichen Teil des Tarifvertrages. Der Begriff betrifft aber auch den Fall des Streits um die **Auslegung** eines Tarifvertrages. Dies ist sogar ein häufiger Anwendungsfall von § 101 Abs. 1.[27] Besteht eine derartige *(Gesamt-)*Schiedsklausel, kann sie aber **nicht der Individualklage** eines Arbeitnehmers **entgegengehalten** werden – selbst dann nicht, wenn der Ausgang der Individualklage entscheidend von einer solchen Auslegung des Tarifvertrages abhängt.[28]

27 Ist ein vertraglicher Anspruch i.S.v. Abs. 1 gegeben, erstreckt sich die Prüfungsbefugnis des Schiedsgerichts auch auf konkurrierende Anspruchsgrundlagen.[29]

28 Schließlich kann der Streit, den die Tarifvertragsparteien einem Schiedsgericht unterbreiten wollen, die Frage betreffen, ob ein Tarifvertrag **besteht oder nicht**; er kann folglich auch den Umfang eines an sich bestehenden Tarifvertrags oder Teile von ihm betreffen.

3. Speziell die Einzelschiedsvereinbarung (Abs. 2)

29 Die Streitigkeit, die dem Schiedsgericht zugewiesen werden kann, muss »**aus einem Arbeitsverhältnis**« stammen. Der Streitigkeit muss also das Arbeitsverhältnis eines Bühnenkünstlers, eines Filmschaffenden oder eines Artisten betreffen, das sich nach einem Tarifvertrag bestimmt.[30] Die Formulierung deckt sich mit dem Wortlaut in § 2 Abs. 1 Nr. 3 Buchst. a), ist jedoch weiter zu ver-

---

24 Vgl. GMPMG/Germelmann § 101 Rn 11.
25 LAG Köln, 07.09.1982 – 1 Sa 608/82, n.v.; vgl. auch BAG, 11.02.2014 – 1 ABR 76/12, NZA-RR 2015, 26; GMPMG/Germelmann § 104 Rn 16; GK-ArbGG/Mikosch § 102 Rn 4; GWBG-Greiner § 101 Rn 5; Schwab/Weth-Zimmerling § 104 Rn 4.
26 LAG Köln, 07.09.1982 – 1 Sa 608/82, n.v.; GMPMG/Germelmann § 102 Rn 5; GK-ArbGG/Mikosch § 102 Rn 4.
27 Siehe bspw. LAG Baden-Württemberg, 23.11.2009 – 15 Sa 71/09, zur tariflichen Schlichtungsstelle nach § 19.3 des Manteltarifvertrags für Beschäftigte in der Metall- und Elektroindustrie in Nordwürttemberg/Nordbaden; vgl. GWBG/Greiner § 101 Rn 9 f.
28 BAG, 10.11.1993 – 4 AZR 316/93, NZA 1994, 622.
29 So auch GMPMG/Germelmann Rn 12; GWBG/Greiner § 102 Rn 10.
30 BAG, 28.01.2009 – 4 AZR 987/07; BAG, 25.02.2009 – 4 AZR 942/07.

stehen.³¹ Auch die in § 2 Abs. 1 Nr. 3 Buchst. b) bis e) genannten Streitgegenstände können durch Einzelschiedsvereinbarung den Schiedsgerichten zugewiesen werden. Im Bühnenbereich genügt die in § 53 NV Bühne getroffene Schiedsvereinbarung, die für alle bürgerlichen Rechtsstreitigkeiten zwischen den Arbeitsvertragsparteien die Zuständigkeit des Bühnenschiedsgerichts – unter Ausschluss der Arbeitsgerichtsbarkeit – vorsieht, deshalb den Anforderungen des § 101 Abs. 2 Satz 1.³²

Insbesondere **Bestandschutzklagen** *(Kündigungsschutzklagen, Entfristungsklagen, Klagen, die auf die Feststellung der Unwirksamkeit von Nichtverlängerungsmitteilungen im Bühnenbereich gerichtet sind)* werden von Schiedsvereinbarungen erfasst, denn Bestandschutzrechte wie der Kündigungs- und Befristungsschutz sind **Rechte »aus einem Arbeitsverhältnis«**. Die Zuständigkeit der Schiedsgerichte – in der Praxis geht es hier regelmäßig um die Bühnenschiedsgerichte – für Bestandschutzklagen ist in der Vergangenheit durch das BAG³³ nie infrage gestellt worden. 30

Erfasst werden *(bei beiderseitiger Tarifbindung oder unter den Voraussetzungen des Abs. 2 Satz 3 Halbs. 2)* auch Klagen, denen Verhandlungen über den Abschluss von Verträgen im Geltungsbereich eines Tarifvertrages i.S.v. Abs. 2 zugrunde liegen *(arg. § 48 Abs. 2 Nr. 1)*. **Statusklagen**³⁴ *(Klagen auf Feststellung, dass ein bestehendes Vertragsverhältnis ein Arbeitsverhältnis ist)* und Klagen auf **Feststellung**, dass ein **Arbeitsverhältnis** *(vertraglich oder gesetzlich)* **zustande gekommen** ist, sind dann erfasst, wenn die klagende Partei ein Arbeitsverhältnis im Geltungsbereich eines Tarifvertrages nach Abs. 2 behauptet.³⁵ Insoweit macht es keinen Unterschied, ob der Bestand eines solchen Arbeitsverhältnisses Vorfrage³⁶ oder Rechtsschutzziel ist.³⁷ In beiden Fällen ist die Frage des Bestehens bzw. des Zustandekommens des Arbeitsverhältnisses im Geltungsbereich eines Tarifvertrages i.S.v. Abs. 2 doppelrelevant sowohl für die Zuständigkeit der Schiedsgerichte als auch für den Erfolg der Klage. Ihre Klärung fällt in den Zuständigkeitsbereich der Schiedsgerichte. 31

Mit »Arbeitsverhältnis« ist in Abs. 2 auch das **Ausbildungsverhältnis** gemeint, s. § 5 Abs. 1 Satz 1. Allerdings ist hier **§ 111 Abs. 2** zu beachten, d.h. vor der Schiedsklage ist ein errichteter **Ausschuss** anzurufen. Die vom Gesetz in § 111 Abs. 2 Satz 3 ermöglichte **Klage vor dem ArbG** ist dann aber **vor dem Schiedsgericht** zu erheben. 32

V. Fachlicher Geltungsbereich des Schiedsvertrages

1. Gesamtschiedsvereinbarung

Für den Bereich der Gesamtschiedsvereinbarung stellt das Gesetz keine einschränkenden Anforderungen an die vom Schiedsvertrag betroffenen Fachbereiche *(Branchen)* auf: **In allen Fachbereichen** können Tarifvertragsparteien sich selbst durch Schiedsverträge binden. 33

2. Einzelschiedsvereinbarung

Hier lässt das Gesetz Schiedsverträge **nur für wenige Fachbereiche** zu: Der Tarifvertrag, der das Arbeitsverhältnis bestimmt und der die Schiedsklausel enthält, muss einen besonderen persönlichen **Geltungsbereich** haben – sein persönlicher Geltungsbereich muss **überwiegend** bestimmte **Berufe** umfassen, nämlich die Berufe der **Bühnenkünstler**, der **Filmschaffenden oder** der **Artisten**. Schiffs- 34

---

31 GK-ArbGG/Mikosch § 101 Rn 15; GWBG/Greiner § 102 Rn 16; anders Schwab/Weth-Zimmerling § 101 Rn 28 ff.; anders auch die 2. Auflage, die beide Regelungen – jedenfalls im Ausgangspunkt – für inhaltsgleich hielt.
32 Vgl. BAG, 25.02.2009 – 7 AZR 942/07.
33 Vgl. etwa BAG, 28.01.2009 – 4 AZR 987/07, NJW 2010, 795.
34 BAG, 07.02.2007 – 5 AZR 270/06, NZA 2007, 1072.
35 A.A. GWBG/Greiner § 101 Rn 16; GK-ArbGG/Mikosch § 101 Rn 15.
36 Wie in der Entscheidung BAG, 07.02.2007 – 5 AZR 270/06, NZA 2007, 1072.
37 A.A. GK-ArbGG/Mikosch § 101 Rn 15.

kapitäne und Schiffsbesatzungsmitglieder werden seit dem Inkrafttreten des Gesetzes zur Umsetzung des Seeübereinkommens 2006 der Internationalen Arbeitsorganisation[38] nicht mehr erfasst.

35 Nach dem ausdrücklichen Gesetzeswortlaut des Abs. 2 Satz 1 genügt es, wenn der Tarifvertrag mit Schiedsvereinbarung die enumerativ aufgeführten Berufsgruppen nur »**überwiegend**« mit seinem persönlichen Geltungsbereich erfasst, er muss also **nicht ausschließlich** die Arbeitsverhältnisse von **Bühnenkünstlern** etc. betreffen; er kann daneben auch die Arbeitsverhältnisse von sonstigem *(bspw. nichtkünstlerischem)* Personal wirksam der Schiedsklausel unterwerfen, sofern er i.Ü. die Vorgabe des »Überwiegens« erfüllt. Voraussetzung ist allerdings, dass das Arbeitsverhältnis dem Geltungsbereich des Tarifvertrages unterliegt. **Bühnentechniker**, deren Arbeitsverhältnisse in den Geltungsbereich des NV Bühne fallen, müssen Klagen aus dem Arbeitsverhältnis unter Ausschluss der staatlichen Arbeitsgerichtsbarkeit an die Bühnenschiedsgerichte richten. Ausreichend ist hierbei, dass der Tarifvertrag gem. § 1 Abs. 3 NV Bühne im Arbeitsverhältnis Anwendung findet, weil im Arbeitsvertrag vereinbart ist, dass die Bühnentechniker überwiegend künstlerisch tätig sind.[39] Darauf, ob der Arbeitnehmer tatsächlich überwiegend künstlerisch tätig ist, kommt es nicht entscheidend an. Unterliegt ein Arbeitnehmer – wie z.B. der Tontechniker in der Entscheidung des BAG v. 06.08.1996[40] – aber dem personellen Geltungsbereich eines Tarifvertrages i.S.d. Abs. 2 nicht, entfaltet auch die Schiedsvereinbarung für ihn keine Wirkung.

a) **Bühnenkünstler**

36 Bühnenkünstler sind Personen, die auf oder für eine Bühne mindestens auch **künstlerisch** tätig sind. »Bühne« bezeichnet ein *(Musik-, Sprech- oder Tanz-) Theater (sog. Sparten)*, das musikalische, dramatische, pantomimische oder tänzerische Darstellungen vor Publikum zur Aufführung bringt. Da eine Bühne der Vorführungsort eines **Theaters** ist, ist der engagierte Bühnenkünstler Arbeitnehmer eines Theaterunternehmens. Ein reines Konzertunternehmen wie eine städtische **Philharmonie** führt typischerweise nicht auf der Bühne, sondern auf dem **Podium** auf, ist also kein Theater; seine Arbeitnehmer sind folglich keine Bühnenkünstler. Auch die Tarifvertragsparteien sehen das so: Nach § 2 des NV Bühne, der die Bedingungen der Arbeitsverhältnisse an Bühnen regelt, ist mit dem Arbeitnehmer (»*Mitglied*«) ein Arbeitsvertrag in Form der Anlagen zu schließen; die Vertragsformulare der Anlagen sehen stets die Angabe vor, dass das »Mitglied« »für das/die ... (Theater)« eingestellt wird. »Künstlerisch tätig« wird hier in jedem Fall der »Darsteller« auf der Bühne, also der Sänger, Schauspieler, Tänzer, Pantomime; bei dem weiteren Personal kann es Abgrenzungsprobleme geben; die Tarifvertragsparteien verwenden den Begriff der »**Mitglieder**« *(an Bühnen)* und zählen zu diesen die »Solomitglieder und Bühnentechniker sowie Opernchor- und Tanzgruppenmitglieder«; zu den »Solomitgliedern« zählen sie die »Einzeldarsteller einschließlich Kabarettisten und Puppentheaterspielern, Dirigenten, Kapellmeister« usw.; ferner auch z.B. die Spielleiter *(Regisseure)*, Dramaturgen, Theaterpädagogen, Souffleure, Pressereferenten und Referenten der Öffentlichkeitsarbeit sowie »Personen in ähnlicher Stellung«.[41] Nach der Rechtsprechung des BAG ist den genannten Personen gemeinsam, dass sie durch ihre Tätigkeit an Erarbeitung und Umsetzung der künstlerischen Konzeption eines Werkes unmittelbar mitarbeiten[42]; an dieser Voraussetzung ist zu messen, wenn zu entscheiden ist, ob nicht genannte Personen solche »in ähnlicher Stellung« sind; das wurde z.B. verneint für einen Ersten Konzertstimmer.[43]

37 Zu den Bühnentechnikern zählen die Tarifvertragsparteien u.a. die Technischen Direktoren und technischen Leiter sowie deren Referenten und Assistenten; ferner etwa die Leiter des Beleuch-

---

38 Gesetz vom 20.04.2013, BGBl. I S. 868.
39 BAG, 25.02.2009 – 7 AZR 942/07; BAG, 28.01.2009 – 4 AZR 987/07, NJW 2010, 795; vgl. auch BAG, 27.10.2010 – 7 ABR 96/09, NZA 2011, 824; BAG, 15.12.2011 – 7 ABR 36/10.
40 BAG, 06.08.1997 – 7 AZR 156/96.
41 § 1 Abs. 2 NV Bühne.
42 So zum NV Solo als Vorgängertarifvertrag des NV Bühne BAG 26.08.1998 –7 AZR 263/97.
43 BAG, 16.11.1995 – 6 AZR 229/95, NZA 1996, 720.

tungswesens und des Kostümwesens sowie Chefmaskenbildner und Tonmeister. Andere technische Angestellte wie u.a. Beleuchter, Maskenbildner, Requisiteure, Tontechniker »und Personen in ähnlicher Stellung« sind nur dann Bühnentechniker i.S.d. NV Bühne, wenn mit ihnen im Arbeitsvertrag vereinbart wird, dass sie überwiegend künstlerisch tätig sind.[44]

b) »Filmschaffende« und »Artisten«

Für die Filmschaffenden nimmt die herrschende Meinung ohne Begründung an, nur solche seien gemeint, bei denen die künstlerische Gestaltung im Vordergrund stehe.[45] Die Einschränkung findet im Gesetz keinen Anhalt. Auch für Artisten und Filmschaffende muss gelten, dass für eine Anwendbarkeit des Abs. 2 ausreichend ist, wenn sie auch künstlerisch tätig sind.[46] In letzter Zeit sind weder Schiedsgerichte für Filmschaffende noch **Artistenschiedsgerichte** in Erscheinung getreten.

38

c) Weitere Berufsgruppen

Tarifverträge mit einem Geltungsbereich für **andere Berufsgruppen** können für ihre Arbeitsvertragsparteien ein Schiedsgericht nicht wirksam vorsehen, denn die Regelung in Abs. 2 Satz 1 ist abschließend.

39

VI. Die durch Schiedsvertrag gebundenen Streitparteien

1. Gesamtschiedsvereinbarung (Abs. 1)

Die Vereinbarung bindet zum einen ihre Kontrahenten, also die Tarifvertragsparteien, aber auch deren **Rechtsnachfolger** sowie die **Parteien kraft Amtes**, die an ihre Stelle treten.

40

2. Einzelschiedsvereinbarung (Abs. 2)

a) Arbeitsvertragsparteien

Es fällt auf, dass Abs. 2 für die Einzelschiedsvereinbarung im Gegensatz zu Abs. 1 (»*Rechtsstreitigkeiten zwischen TV-Parteien*«) die **Streitparteien** nicht angibt. Da die Vorschrift mit § 4 korrespondiert, sind diese dem dort angegebenen § 2 Abs. 1 und 2 zu entnehmen. Daraus folgt: In Betracht kommen als Streitsubjekte die Parteien eines Arbeitsverhältnisses, also **Arbeitnehmer** i.S.d. § 5 **und Arbeitgeber**. Parteien eines freien Dienstverhältnisses, in denen auf Dienstleistungsseite statt Arbeitnehmer **freie Dienstnehmer** stehen, die nicht arbeitnehmerähnlich sind (§ 5 Abs. 1 Satz 2), können von Abs. 2 nicht betroffen sein. Mit dem freien Dienstnehmer kann nur ein Schiedsvertrag nach den §§ 1025 ff. ZPO geschlossen werden. Das kann dem angerufenen Schiedsgericht mitunter eine **Statusprüfung** abverlangen (s. Rdn. 31).

41

Die **Statusprüfung** kann im **Bühnenbereich** davon ausgehen, dass es sich bei den »**Bühnenkünstlern**« in fester – unbefristeter oder zeitbefristeter – Anstellung als Mitglieder eines stehenden Ensembles üblicherweise um Arbeitnehmer handelt. Dies ist auch die Ansicht der beteiligten Kreise. Grenzfälle treten bei **gastierenden Künstlern** auf – insb. wenn es sich um prominente auswärtige Gäste handelt, die nicht oder kaum in die reguläre Probenarbeit eingebunden werden. Grds. können allerdings auch **Gastspielverträge** der Schiedsgerichtsbarkeit unterworfen werden.[47] Ob gastierende *(oder auf Stückdauer engagierte)* Bühnenkünstler als Arbeitnehmer zu betrachten sind, hängt von der Ausgestaltung der Gastverträge ab: Sind die Probenzeiten sowie die Vorstellungen im Gastvertrag im Vorhinein vereinbart, spricht viel für ein **Freies-Mitarbeiter-Verhältnis** zwischen Gast und Bühne. Denn in diesen Fällen ist die verbleibende Weisungsgebundenheit des Gastes insbesondere bei der Durchführung der Proben nicht so stark, dass sie zu einem Arbeits-

42

---

[44] BAG, 25.02.2009 –7 AZR 942/07; siehe auch LAG Köln, 11.09.2013 – 5 Sa 93/14, NZA-RR 2014, 127.
[45] Vgl. etwa GMPMG/Germelmann § 101 Rn 19; GK-ArbGG/Mikosch § 101 Rn 17.
[46] GWBG/Greiner § 101 Rn 16.
[47] BAG, 31.10.1963 – 5 AZR 283/62, NJW 1964, 270.

verhältnis führt. Sie tritt gegenüber der freien Stellung des Klägers nach dem Gesamtgepräge des Vertragsverhältnisses zurück.[48] Unterliegt der Gast insbesondere in Bezug auf die zeitliche Lage der Aufführungen und der Proben sowie der Anzahl der Proben Weisungen der Bühne, ist von einem Arbeitsverhältnis auszugehen.

43 Mit dem **Bühnenkünstler**, der nicht Arbeitnehmer ist, kann die arbeitsrechtliche Schiedsgerichtsbarkeit auch von den Vertrags- bzw. Streitparteien nicht wirksam vereinbart werden.[49] Es besteht insoweit **keine Parteidisposition**.

44 Nicht als Arbeitnehmer behandelt die Praxis insb. die **Intendanten** der Theater.[50] Deren Rechtsverhältnisse werden demzufolge nicht der Schiedsgerichtsbarkeit des ArbGG unterworfen.[51] Mit ihnen vereinbaren die Theaterträger regelmäßig Schiedsgerichte nach den §§ 1025 ff. ZPO.

45 Arbeitgeber und Arbeitnehmer müssen zudem Vertragspartner eines Arbeitsverhältnisses sein, das sich nach einem **Tarifvertrag** »bestimmt«. Ob sich ein Arbeitsverhältnis nach dem Tarifvertrag mit Schiedsklausel »bestimmt«, richtet sich nach § 4 Abs. 1, § 3 TVG, d.h. es muss grds. **beiderseitige Tarifbindung** i.S.v. § 3 TVG vorliegen und die Parteien müssen dem Geltungsbereich unterfallen, den sich der Tarifvertrag selber beilegt *(vgl. Abs. 2 Satz 2)*.

Diese Voraussetzung ist auch dann erfüllt, wenn der eingreifende **Tarifvertrag nichts weiter als die Schiedsvereinbarung** enthält und keine materiellen Bedingungen des Arbeitsverhältnisses regelt.[52]

b) Beiderseitige Tarifbindung (Abs. 2 Satz 2)

46 Sie führt zur Bindung an den Schiedsvertrag. Zum Begriff der Tarifbindung ist auf § 3 Abs. 1 TVG zu verweisen. Sehr umstritten, aber derzeit ohne praktische Relevanz ist die Frage, ob eine **Allgemeinverbindlichkeit** des Tarifvertrages gem. § 5 TVG die hier geforderte Tarifbindung ersetzen würde;[53] dies ist zu bejahen.[54] Denn Rechtsfolge der Allgemeinverbindlicherklärung ist gem. § 5 Abs. 4 TVG, dass die Tarifgeltung auf die bisher nicht tarifgebundenen Arbeitgeber und Arbeitnehmer erstreckt wird.[55]

47 Für die tarifgebundenen Arbeitsvertragsparteien steht die Schiedsvereinbarung der Tarifvertragsparteien nicht zur Disposition: Sie ist **unabdingbar**.[56] Das Günstigkeitsprinzip kann keine Anwendung finden:[57] In den enumerativ aufgelisteten Bereichen soll der Zugang zu den (fachlich spezialisierten) Schiedsgerichten nicht begrenzt werden.[58]

48 Die einmal gegebene Tarifbindung endet nicht durch **Verbandsaustritt** einer Arbeitsvertragspartei oder beider Parteien, sondern gem. § 3 Abs. 3 TVG erst mit dem Ende des Tarifvertrages.

49 Tarifbindung i.S.v. Abs. 2 Satz 2 kann sich auch aus der **Nachwirkung** des § 4 Abs. 5 TVG ergeben (vgl. hierzu Rdn. 20).

---

48 BAG, 07.02.2007 – 5 AZR 270/06, NZA 2007, 1072.
49 Möglich ist nur ein Schiedsvertrag nach §§ 1025 ff. ZPO.
50 Vgl. BAG, 17.12.1968 – 5 AZR 86/68; LAG Mecklenburg-Vorpommern, 16.12.1997 – 5 Ta 59/97; BAG, 22.02.1999 – 5 AZB 56/98.
51 Vgl. die ausdrückliche Regelung in § 1 Nr. 3 BSchGO.
52 BAG, 31.10.1963 – 5 AZR 283/62, NJW 1964, 270.
53 So GMPMG/Germelmann § 101 Rn 23 f.; GK-Mikosch § 101 Rn 21; dagegen GWBK/Greiner § 101 Rn 14; Schwab/Weth-Zimmerling § 101 Rn 47 ff.
54 Anders noch die 2. Auflage.
55 So auch GMPMG/Germelmann § 101 Rn 24.
56 BOSchG, Schiedsspruch v. 25.04.1959 – BOSch. 8/58–3/59.
57 So auch GMPMG/Germelmann § 101 Rn 25; Grunsky-Greiner § 101 Rn 17; anders Schwab/Weth-Zimmerling § 101 Rn 15.
58 Hierzu BAG, 31.10.1963 – 5 AZR 283/62, NJW 1964, 270.

c) Erstreckung nach Abs. 2 Satz 3

Abs. 2 Satz 3 erstreckt die tarifliche Schiedsvereinbarung auf **nicht tarifgebundene** Parteien *(»aus anderen Gründen«)*.

aa) »Nicht-Bindung« und »anderweitige Bindung«

Der »**Nicht-Bindung**« der Arbeitsvertragsparteien an einen Tarifvertrag ist ihre »**anderweitige Bindung**«, d.h. ihre Bindung an andere Tarifverträge, gleichzustellen, solange sich aus der anderweitigen **Tarifbindung** kein Verbot der Schiedsgerichtsbarkeit ergibt. Arbeitsvertragsparteien können durch Vereinbarung wirksam die Geltung eines Tarifvertrages mit einer Einzelschiedsvereinbarung auf ihr Arbeitsverhältnis erstrecken, den nicht ihre Verbände, sondern andere Verbände geschlossen haben. Voraussetzung ist lediglich, dass das Tarifwerk ihrer Verbände eine *(oder die vereinbarte)* Schiedsgerichtsbarkeit nicht ausschließt.

▶ **Beispiel:**

Die Gewerkschaft IG Medien hat die zusammen mit dem DBV getragene Bühnenschiedsgerichtsbarkeit aufgegeben, nicht so jedoch die Gewerkschaft GDBA. Mitglieder der IG Medien können – obwohl ihre Organisation keine Schiedsgerichtsbarkeit mehr unterhält – nach der Rechtsprechung dennoch die durch Tarifvertrag zwischen GDBA und DBV geschaffene Bühnenschiedsgerichtsbarkeit wirksam einzelvertraglich vereinbaren.[59]

bb) Anwendbarkeit des Tarifvertrages trotz fehlender Tarifbindung

Das Arbeitsverhältnis der nicht oder anderweitig tarifgebundenen Parteien muss sich »**aus anderen Gründen**« nach »dem Tarifvertrag« – nämlich nach dem, der die Schiedsklausel enthält – richten. Ist ein isolierter Tarifvertrag über die Schiedsgerichtsbarkeit – wie etwa die BSchGO – vorhanden, ist es ausreichend, wenn eine Bindung an diesen Tarifvertrag besteht.[60] Aus »anderen Gründen« richtet sich ein Arbeitsverhältnis insbesondere dann nach einem Tarifvertrag, wenn die Geltung einzelvertraglich vereinbart ist. Hierbei ist die **einzelvertragliche Vereinbarung** nicht identisch ist mit der **Übernahmevereinbarung** bezogen auf die Schiedsklausel selbst (hierzu Rdn. 53). Die **einzelvertragliche Vereinbarung** von Tarifverträgen ist im Gegensatz zur **Übernahmevereinbarung** i.S.v. Abs. 2 Satz 3 formlos möglich.

cc) Übernahmevereinbarung

Die Parteien müssen die Erstreckung der tarifvertraglichen Schiedsvereinbarung auf ihr Arbeitsverhältnis **ausdrücklich und schriftlich** vereinbaren. Es reicht also nicht, dass die Arbeitsvertragsparteien die Geltung des Tarifvertrages – u.U. formlos – vereinbart haben, auch wenn dieser eine Schiedsklausel enthält: Das führt lediglich zur Anwendbarkeit von dessen übrigen Regeln **mit Ausnahme der Schiedsklausel**. Hinzukommen muss die *weitere* – diesmal formgebundene – Vereinbarung, dass *auch* die Schiedsklausel dieses Tarifvertrages Anwendung finden soll.[61] Eine **ausreichende Vereinbarung** liegt **nicht** vor, wenn die Arbeitsvertragsparteien aus einem Tarifvertrag, der außer der Schiedsklausel noch andere Dinge regelt, **nur die Schiedsklausel für das Arbeitsverhältnis übernehmen**, die übrigen Regelungen hingegen nicht.[62]

---

59 BAG, 10.04.1996 – 10 AZR 722/95, NZA 1996, 942; BAG, 31.05.2000 –7 AZR 909/98.
60 LAG Nürnberg, 24.10.2012 – 2 Sa 131/12; GMPMG/Germelmann § 101 Rn 27; Schwab/Weth-Zimmerling § 101 Rn 54.
61 BAG, 28.01.2009 – 4 AZR 987/07, NJW 2010, 795.
62 GMPMG/Germelmann § 101 Rn 27; GWBG/Greiner § 101 Rn 19.

54 Wirksam getroffen werden kann die Übernahmevereinbarung nur von Arbeitsvertragsparteien, auf die die Schiedsklausel im Fall beiderseitiger Tarifbindung kraft Gesetzes Anwendung fände – also von Parteien, die als solche dem persönlichen Geltungsbereich der Schiedsklausel unterfallen.[63]

dd) Heilung der formnichtigen Übernahmevereinbarung (Abs. 2 Satz 3 Halbs. 2)

55 Nach Satz 3 Halbs. 2 wird **nur** der »Mangel der Form« geheilt, also **nicht das Fehlen** der einzelvertraglichen *(formlosen)* Vereinbarung als solcher oder das **Fehlen einer tarifvertraglichen Schiedsklausel**. Fehlt es an derartigen Voraussetzungen, ist das Schiedsgericht endgültig unzuständig.[64] Die Heilung des Formmangels erfolgt durch »**Einlassung auf die Verhandlung zur Hauptsache**«.[65] Diese beginnt gem. § 137 Abs. 1 ZPO mit **Stellung der Anträge**. Die Anträge können wegen § 105 Abs. 2 Satz 1 grds. nur mündlich gestellt werden, sodass Heilung noch nicht durch *(rügelose)* schriftsätzliche Stellungnahme eintritt. Das gilt auch für den Fall, dass der Beklagte im Termin des Schiedsgerichts **säumig** ist i.S.v. § 105 Abs. 3. In diesem Fall ist zwar der »Pflicht zur Anhörung genügt«, aber keine »Einlassung zur Hauptsache« gegeben.[66]

d) Rechtsnachfolge

56 Besteht die Bindung der Arbeitsvertragspartei an eine Einzelschiedsvereinbarung, erfasst diese grds. auch die **Rechtsnachfolger** des Arbeitgebers. Dies gilt sowohl i.F.d. Einzelrechtsnachfolge durch Betriebsübergang gem. § 613a Abs. 1 Satz 1 BGB 2 als auch i.F.d. Gesamtrechtsnachfolge (z.B. bei Verschmelzung nach den Vorschriften des Umwandlungsgesetzes, § 324 UmwG, § 613a Abs. 1 Satz 1 BGB). Etwas anderes kann gem. § 613a Abs. 1 Satz 3 BGB nur dann gelten, wenn beim Rechtsnachfolger ein Tarifvertrag mit einer abweichenden Regelung zur Schiedsgerichtsbarkeit gilt.[67] Die **Partei kraft Amtes** ist an die Einzelschiedsvereinbarung gebunden, wenn die Schiedsvertragsbindung die Rechtsperson trifft, an deren Stelle sie tritt.

▶ **Beispiel:**
Im Fall der Insolvenz eines Theater sind Rechtsstreitigkeiten zwischen den Bühnenmitgliedern und dem Insolvenzverwalter aus Arbeitsverhältnissen mit Bindung an eine Einzelschiedsvereinbarung vor dem Bühnenschiedsgericht zu führen.

57 **Streitigkeiten zwischen Arbeitnehmern** untereinander können nicht der Schiedsgerichtsbarkeit unterworfen werden. Hierauf gerichtete Einzelschiedsvereinbarungen sind nicht möglich. Dies folgt schon daraus, dass die Rechte der Arbeitnehmer untereinander nicht durch einen Tarifvertrag geregelt werden *(vgl. § 4 Abs. 1 Satz 1 TVG: »beiderseits Tarifgebundene«).*

▶ **Beispiel:**
Will ein Bühnenmitglied von einem anderen Bühnenmitglied Schadensersatz – etwa wegen Verletzung seines Persönlichkeitsrechts- verlangen, ist hierfür auch dann, wenn eine Einzelschiedsvereinbarung gilt, nicht das Bühnenschiedsgericht, sondern das Arbeitsgericht zuständig.

---

63 BAG, 06.08.1997 – 7 AZR 156/96, NZA 1998, 220; BAG, 28.01.2009 – 4 AZR 987/07, NJW 2010, 795.
64 GMPMG/Germelmann § 101 Rn 32.
65 Gleichbedeutend mit »Einlassung zur Hauptsache« in § 504 ZPO bzw. »Verhandlung zur Hauptsache« i.S.v. §§ 39, 282 Abs. 3 ZPO.
66 GMPMG/Germelmann § 101 Rn 31; Schwab/Weth-Zimmerling § 101 Rn 55.
67 So auch Schwab/Weth-Zimmerling § 101 Rn 53.

§ 102 Prozesshindernde Einrede

(1) Wird das Arbeitsgericht wegen einer Rechtsstreitigkeit angerufen, für die die Parteien des Tarifvertrages einen Schiedsvertrag geschlossen haben, so hat das Gericht die Klage als unzulässig abzuweisen, wenn sich der Beklagte auf den Schiedsvertrag beruft.

(2) Der Beklagte kann sich nicht auf den Schiedsvertrag berufen,
1. wenn in einem Falle, in dem die Streitparteien selbst die Mitglieder des Schiedsgerichts zu ernennen haben, der Kläger dieser Pflicht nachgekommen ist, der Beklagte die Ernennung aber nicht binnen einer Woche nach der Aufforderung des Klägers vorgenommen hat;
2. wenn in einem Falle, in dem nicht die Streitparteien, sondern die Parteien des Schiedsvertrags die Mitglieder des Schiedsgerichts zu ernennen haben, das Schiedsgericht nicht gebildet ist und die den Parteien des Schiedsvertrags von dem Vorsitzenden des Arbeitsgerichts gesetzte Frist zur Bildung des Schiedsgerichts fruchtlos verstrichen ist;
3. wenn das nach dem Schiedsvertrag gebildete Schiedsgericht die Durchführung des Verfahrens verzögert und die ihm von dem Vorsitzenden des Arbeitsgerichts gesetzte Frist zur Durchführung des Verfahrens fruchtlos verstrichen ist;
4. wenn das Schiedsgericht den Parteien des streitigen Rechtsverhältnisses anzeigt, dass die Abgabe eines Schiedsspruchs unmöglich ist.

(3) In den Fällen des Absatzes 2 Nummern 2 und 3 erfolgt die Bestimmung der Frist auf Antrag des Klägers durch den Vorsitzenden des Arbeitsgerichts, das für die Geltendmachung des Anspruchs zuständig wäre.

(4) Kann sich der Beklagte nach Absatz 2 nicht auf den Schiedsvertrag berufen, so ist eine schiedsrichterliche Entscheidung des Rechtsstreits auf Grund des Schiedsvertrags ausgeschlossen.

Übersicht	Rdn.
I. Allgemeines	1
II. Die Schiedseinrede (Abs. 1)	2
1. Voraussetzungen der Schiedseinrede	2
2. Erhebung der Schiedseinrede	3
3. Folgen der wirksam erhobenen Schiedseinrede	8
III. Der Verlust der Schiedseinrede (Abs. 2)	9
1. Allgemeines	9
2. Die Verlusttatbestände im Einzelnen	12
a) Verzögerung des Beklagten bei der Richterernennung (Nr. 1)	12
b) Nicht-Bildung des Schiedsgerichts trotz Fristsetzung durch das Arbeitsgericht (Nr. 2)	16
c) Verzögerungen durch das Schiedsgericht (Nr. 3)	18
d) Unmöglichkeit des Schiedsspruchs (Nr. 4)	25
IV. Das Fristsetzungsverfahren (Abs. 3)	29
1. Antragsverfahren	29
2. Zuständigkeit und Zuständigkeitsprüfung	30
3. Entscheidung und Rechtsmittel	31
V. Wirkung des Einredeverlustes (Abs. 4)	33

I. Allgemeines

§ 102 regelt die prozessualen Folgen für den Arbeitsgerichtsprozess für den Fall, dass für die Streitigkeit ein schiedsgerichtliches Verfahren durch einen Schiedsvertrag i.S.v. § 101 Abs. 1 oder 2 vorgesehen ist: Der Vertrag begründet gem. **Abs. 1** für den Beklagten im Arbeitsgerichtsprozess eine **prozesshindernde Einrede**. Die Einrede kann, muss aber nicht erhoben werden. Wird sie erhoben, führt dies zur Unzulässigkeit der Klage vor dem Arbeitsgericht. Etwas anderes gilt nur dann, wenn eine der in **Abs. 2** i.V.m. **Abs. 3** geregelten Konstellationen vorliegt. Mit den Folgen des Einredeverlustes wiederum befasst sich **Abs. 4**.

Abs. 1 der Vorschrift entspricht § 1032 Abs. 1 ZPO, **Abs. 2** hat in der ZPO keine Entsprechung mehr.[1]

---

[1] Früher: §§ 1028 bis 1033 ZPO a.F.

II. Die Schiedseinrede (Abs. 1)

1. Voraussetzungen der Schiedseinrede

2   Das Recht zur Erhebung der Schiedseinrede entsteht unter folgenden Voraussetzungen: Ein ArbG wird *(durch Klageerhebung)* angerufen – und zwar durch eine Tarifvertragspartei (§ 101 Abs. 1) oder durch eine Arbeitsvertragspartei (§ 101 Abs. 2). Diese Anrufung erfolgt »wegen einer Rechtsstreitigkeit ..., für die die Parteien des Tarifvertrages einen Schiedsvertrag geschlossen haben.« Für welche Rechtsstreitigkeiten die Tarifvertragsparteien wirksame Schiedsverträge – also Vereinbarungen, dass im Streitfall eine Entscheidung durch ein Schiedsgericht erfolgen soll – schließen können, ergibt sich aus § 101 Abs. 1 und Abs. 2. »Die Parteien des Tarifvertrages« sind i.F.d. § 101 Abs. 1 identisch mit den Prozessparteien des arbeitsgerichtlichen Verfahrens; i.F.d. § 101 Abs. 2 sind die Parteien desjenigen Tarifvertrages gemeint, der im Arbeitsverhältnis der Streitparteien Anwendung findet und den Schiedsvertrag enthält.

2. Erhebung der Schiedseinrede

3   Liegen die Voraussetzungen für die Schiedseinrede vor, entfaltet der Schiedsvertrag im Arbeitsgerichtsprozess dennoch nur dann Wirkung, wenn sich die beklagte Partei auf ihn »**beruft**«. Das ArbG darf den Schiedsvertrag also **nicht von Amts wegen** beachten. Die **Einrede** des Schiedsvertrages ist auch im Bereich des ArbGG eine **verzichtbare prozesshindernde Einrede**, auf die sich die beklagte Partei in **jeder Instanz** berufen muss.[2] Die Einrede kann in jeder Lage des Verfahrens – auch noch in der Revisionsinstanz – wieder **fallengelassen** werden.[3]

4   Bis zur Erhebung der Einrede ist die einem Schiedsvertrag unterfallende Klage, die unter Umgehung des Schiedsgerichts unmittelbar vor dem ArbG erhoben wurde, **zulässig**. Daraus wird zu Recht gefolgert, dass eine solche arbeitsgerichtliche Klage zunächst eine gesetzliche **Klagefrist** oder *(tarif-)*vertragliche **Ausschlussfrist** wahrt.[4]

Die wirksame Erhebung der Schiedseinrede hat die Unzulässigkeit der arbeitsgerichtlichen Klage zur Folge. Die klagende Partei kann hierauf mit Rücknahme der Klage reagieren. Tut sie dies nicht, wird die Klage durch das Arbeitsgericht als unzulässig abgewiesen. Die **fristwahrende Wirkung** der arbeitsgerichtlichen Klage bleibt erhalten, wenn alsbald – d.h. mit nicht allzu erheblichem zeitlichen Abstand – nach Rücknahme der arbeitsgerichtlichen Klage bzw. nach Rechtskraft des Urteils, mit dem die arbeitsgerichtliche Klage als unzulässig abgewiesen worden ist, die Schiedsklage erhoben wird.[5] Um zu klären, ob eine Schiedsklage alsbald und damit rechtzeitig erhoben worden ist, kann auf die Rspr. zur zeitlichen Komponente i.R.d. § 167 ZPO zurückgegriffen werden. Dort wird bei einer vom Zustellungsbetreiber zu verantwortenden Verzögerung der Zustellung die Rückwirkung auf den Zeitpunkt der Klageerhebung abgesprochen, wenn die Verzögerung mehr als 14 Tage beträgt.[6]

▶ **Beispiel:**

> Kündigt ein Theater einem Bühnenmitglied im Anwendungsbereich des NV Bühne und der BSchGO fristlos und erhebt das Bühnenmitglied innerhalb von drei Wochen Klage vor dem ArbG, so wahrt die Klage zunächst die Frist aus § 4 Satz 1 KSchG. Beruft sich das Theater als beklagte Partei auf den Schiedsvertrag aus § 53 NV Bühne i.V.m. der BSchGO und erhebt die Schiedseinrede, so führt dies zur Unzulässigkeit der Klage. Hierauf kann das Bühnenmitglied mit Rücknahme der Klage reagieren, ohne dass die Wirkung aus § 7 KSchG eintritt, wenn die Klage des Bühnenmitglieds gegen die Kündigung innerhalb eines angemessenen Zeitraums beim Bühnenschiedsgericht eingeht.

---

2   BAG, 30.09.1987 – 4 AZR 233/87; vgl. auch Schwab/Weth-Zimmerling § 102 Rn 2.
3   BAG, 30.09.1987 – 4 AZR 233/87.
4   BAG, 24.09.1970 – 5 AZR 54/70; Schwab/Weth-Zimmerling § 102 Rn 10.
5   BAG, 24.09.1970 – 5 AZR 54/70; vgl. auch BAG, 10.12.1970 – 2 AZR 82/70; Schwab/Weth-Zimmerling § 102 Rn 10.
6   BGH, 22.09.2004 – VIII ZR 360/03, NJW 2004, 3775.

Die **Schiedseinrede** muss in erster Instanz gem. § 46 Abs. 2 i.V.m. § 282 Abs. 3, 296 Abs. 3 ZPO vor der Verhandlung zur Hauptsache – also vor Stellung der Anträge – erhoben werden.[7] Die fehlende Erhebung der Schiedseinrede im **Gütetermin** führt nicht zum Einredeverlust. 5

▶ **Praxistipp:**

Wird eine Partei trotz bestehender wirksamer Schiedsvereinbarung vor dem Arbeitsgericht in Anspruch genommen, kann sie zunächst auf die Erhebung der Schiedseinrede verzichten und den Verlauf des Gütetermins abwarten. Kommt es nicht zu einer gütlichen Einigung, kann die Einrede anschließend ohne Rechtsverlust erhoben werden.[8]

Nach Stellung der Anträge tritt **Einredeverlust** ein, es sei denn, die Partei entschuldigt die Verspätung gem. § 296 Abs. 3 ZPO genügend.

Wird die Schiedseinrede in der Berufungsinstanz erstmalig erhoben, kann das Gericht sie gem. § 64 Abs. 6 i.V.m. § 532 ZPO nur dann zulassen, wenn die Partei die Verspätung ausreichend entschuldigt.[9] 6

Wird die Klage gleichzeitig beim Schiedsgericht und beim ArbG erhoben, kann in beiden Verfahren die **Einrede der** anderweitigen **Rechtshängigkeit** nicht erhoben werden. § 261 Abs. 3 Nr. 1 ZPO, der ausschließt, dass die Streitsache für die Dauer der Rechtshängigkeit von einer Partei anderweit anhängig gemacht werden kann, gilt nur im Verhältnis der staatlichen Gerichte zueinander.[10] 7

3. Folgen der wirksam erhobenen Schiedseinrede

Nach wirksamer Erhebung der Schiedseinrede ist die **Klageabweisung** zwingend vorgeschrieben *(Abs. 1)*. Eine **Verweisung** vom ArbG an das Schiedsgericht entsprechend § 48 i.V.m. §§ 17 ff. GVG kommt nicht in Betracht[11] *(eine Verweisung in umgekehrter Richtung ist ebenfalls nicht möglich)*. Entscheidet das Schiedsgericht mit der **Rechtskraftwirkung des § 108 Abs. 4** über seine Zuständigkeit, bindet dies das ArbG.[12] Andererseits **bindet** die Abweisung der Klage durch das ArbG als unzulässig wegen der bestehenden Schiedsvereinbarung **das Schiedsgericht** in der Zuständigkeitsfrage.[13] Ein praxistauglicher und zulässiger Weg ist die Aussetzung des Verfahrens durch das ArbG gem. § 148 ZPO bis zur Entscheidung des Schiedsgerichts.[14] Eine Entscheidung des ArbG durch **Zwischenurteil** gem. § 280 Abs. 1 ZPO, durch das die Schiedseinrede verworfen wird, ist möglich.[15] 8

III. Der Verlust der Schiedseinrede (Abs. 2)

1. Allgemeines

Abs. 2 regelt den **Einredeverlust** wegen der Verletzung von Pflichten der Prozessparteien, der Tarifvertragsparteien oder des Schiedsgerichts, die sich auf die Bildung und die Arbeit des Schiedsgerichts beziehen. Die Regelung bezieht sich sowohl auf den Zeitraum vor als auch nach Rechtshängigkeit der arbeitsgerichtlichen Klage.[16] 9

In der Praxis erfolgt die **Prüfung** der Voraussetzungen eines **Verlusttatbestandes** im arbeitsgerichtlichen Klageverfahren, falls die beklagte Partei die Schiedseinrede erhebt. 10

---

7 GMPMG/Germelmann § 102 Rn 6; GWBG/Greiner § 102 Rn 3; Schwab/Weth-Zimmerling § 102 Rn 2.
8 So auch Schwab/Weth-Zimmerling § 102 Rn 2.
9 GMPMG/Germelmann § 102 Rn 6; GK-ArbGG/Mikosch § 102 Rn 7.
10 Vgl. GMPMG/Germelmann § 102 Rn 8; Schwab/Weth-Zimmerling § 102 Rn 11.
11 GMPMG/Germelmann § 102 Rn 7.
12 GMPMG/Germelmann § 102 Rn 11; GK-ArbGG/Mikosch § 102 Rn 8.
13 Schwab/Weth-Zimmerling § 102 Rn 3a.
14 GMPMG/Germelmann § 102 Rn 8; GK-ArbGG/Mikosch § 102 Rn 8.
15 GMPMG/Germelmann § 102 Rn 10; Schwab/Weth-Zimmerling § 102 Rn 4; GK-ArbGG/Mikosch § 102 Rn 6.
16 GK-ArbGG/Mikosch § 102 Rn 10; anders noch die 2. Auflage.

11 Abs. 2 ist auch anwendbar, wenn im Schiedsvertrag ein zweitinstanzliches (**Oberschiedsgericht** *(wie das Bühnenoberschiedsgericht)* vorgesehen ist. Tritt nach Abschluss des erstinstanzlichen Schiedsverfahrens ein Wegfalltatbestand des Abs. 2 ein, entfällt ein erstinstanzlicher Schiedsspruch und der Kläger kann unmittelbar vor dem ArbG klagen, ohne den erstinstanzlichen Schiedsspruch mit der Aufhebungsklage beseitigen zu müssen. Das folgt aus Abs. 4, wonach nach Einredewegfall »eine schiedsrichterliche Entscheidung des Rechtsstreits aufgrund des Schiedsvertrags ausgeschlossen« ist. Ein dennoch ergehender oder schon ergangener Schiedsspruch wird damit zwangsläufig unwirksam.

2. Die Verlusttatbestände im Einzelnen

a) Verzögerung des Beklagten bei der Richterernennung (Nr. 1)

12 Nr. 1 setzt voraus, dass nach dem Schiedsvertrag die Parteien des Rechtsstreits (*»Streitparteien«*) die Schiedsrichter zu ernennen haben. Dies betrifft im Regelfall Schiedsverträge i.S.d. § 101 Abs. 1, also Streitigkeiten zwischen Tarifvertragsparteien.[17] In der Praxis sind keine Fälle bekannt, in denen nach einem Schiedsvertrag i.S.d. § 101 Abs. 2 die **Arbeitsvertragsparteien** die Mitglieder des Schiedsgerichts zu ernennen haben.

13 Voraussetzung dafür, dass die beklagte Partei das Recht zur Erhebung der Schiedseinrede verliert, ist zum einen, dass die klagende Partei die von ihr zu stellenden Schiedsrichter benannt hat. Zum anderen muss die klagende Partei die beklagte Partei zur Bestellung der von ihr zu benennenden Schiedsrichter aufgefordert haben. Die beklagte Partei darf ihrer Verpflichtung binnen der vorgesehenen **Wochenfrist** nach Kenntnis von der Aufforderung nicht nachgekommen sein. Auf ein Verschulden der beklagten Partei kommt es nicht an.[18] Die Aufforderung bedarf keiner Form, muss im Prozess jedoch nachgewiesen werden. *(Schriftform ist deshalb empfehlenswert)*.[19]

14 Hat die **klagende Partei** keine Schiedsrichter benannt, steht das der Erhebung der Schiedseinrede durch die beklagte Partei nicht entgegen.[20]

15 Ist die Wochenfrist versäumt, kann die beklagte Partei im arbeitsgerichtlichen Verfahren die Schiedseinrede nicht mehr wirksam erheben. Allerdings steht es den Parteien frei, sich bei **verspäteter Benennung der Schiedsrichter** durch die beklagte Partei auf ein schiedsgerichtliches Verfahren einzulassen.[21]

b) Nicht-Bildung des Schiedsgerichts trotz Fristsetzung durch das Arbeitsgericht (Nr. 2)

16 Nr. 2 kann nur den Fall des § 101 Abs. 2 *(Streit unter Arbeitsvertragsparteien)* erfassen, da ansonsten die Voraussetzung »nicht die Streitparteien, sondern die Parteien des Schiedsvertrags« nicht erfüllt sein kann. Voraussetzung für das in Nr. 2 vorgesehene Fristsetzungsverfahren ist, dass das Schiedsgericht **nicht** »gebildet« ist; das ist dann der Fall, wenn nicht alle Schiedsrichter von den Parteien des Schiedsvertrags ernannt worden sind und/oder die Ernennung angenommen haben. In diesem Fall kann durch Antrag das **Fristsetzungsverfahren** in Gang gesetzt werden. Zu diesem Verfahren s. die Erläuterungen zu Abs. 3 (Rdn. 29 ff.).

17 Weitere Voraussetzungen für eine Fristsetzung nach Nr. 2 sind lediglich die vom Schiedskläger erklärte Absicht, vor einem in einem Tarifvertrag vorgesehenen Schiedsgericht klagen zu wollen, die Angabe seines Petitums sowie eine nicht ganz abwegige Begründung, warum der Streitgegenstand vom Schiedsvertrag erfasst werden soll *(sofern Letzteres sich nicht von selbst ergibt)*. Eine **Prüfung der Rechtswegzuständigkeit** – also die Prüfung der Frage, ob bei Fehlen des Schiedsvertrags an sich der Rechtsweg zu den Arbeitsgerichten gegeben wäre – findet nicht statt: Diese Prüfung ist dem Aufhebungsverfahren vorbehalten.

---

17 In diesem Fall sind die Parteien des Schiedsvertrages und die Streitparteien identisch.
18 GMPMG/Germelmann § 102 Rn 13.
19 GMPMG/Germelmann § 102 Rn 13; Schwab/Weth-Zimmerling § 102 Rn 14.
20 GMPMG/Germelmann § 102 Rn 16; GK-ArbGG/Mikosch § 12 Rn 15; GWBG/Greiner § 102 Rn 12.
21 GMPMG/Germelmann § 102 Rn 15; Schwab/Weth-Zimmerling § 102 Rn 16.

c) Verzögerungen durch das Schiedsgericht (Nr. 3)

Nr. 3 betrifft den Fall, dass das bereits gebildete Schiedsgericht »die Durchführung des Verfahrens verzögert«. »**Durchführung**« meint nicht nur, das Verfahren zu beginnen, sondern auch »das Verfahren zum Abschluss zu bringen«. Es ist demnach gleichgültig, in welchem Stadium des schiedsgerichtlichen Verfahrens die Verzögerung eintritt. 18

»**Verzögern**« setzt zwar kein Verschulden voraus, zumindest aber ein Vorgehen des Schiedsgerichts, das für eine Verlängerung der Verfahrensdauer über das an sich Mögliche hinaus ursächlich ist. Denn zum einen muss nach dem Gesetzeswortlaut »das Schiedsgericht« verzögern, also zumindest irgendetwas tun oder unterlassen. Zum anderen setzt der Begriff der Verzögerung voraus, dass ein schnelleres Vorgehen möglich wäre. Objektive Verfahrenshindernisse, mit denen das ArbG in gleicher Weise zu kämpfen hätte, können deshalb ebenso wenig ausreichen wie eine lange Verfahrensdauer für sich genommen. 19

Bei der Prüfung der Frage, ob eine **Verzögerung** vorliegt, kann als Maßstab herangezogen werden, ob das ArbG selbst das Verfahren schneller abwickeln könnte. Hierbei sind allerdings die besonderen Verfahrensregeln des schiedsgerichtlichen Verfahrens, insbesondere die eingeschränkten Möglichkeiten zur Beweisaufnahme (§ 106), zu berücksichtigen.[22] 20

Liegt eine Verzögerung vor, kann durch Antrag das **Fristsetzungsverfahren** in Gang gesetzt werden. Zu diesem Verfahren s. die Erläuterungen zu Abs. 3 (Rdn. 29 ff.). 21

Voraussetzungen für eine Fristsetzung nach Nr. 3 sind lediglich ein bei einem bereits gebildeten Schiedsgericht anhängiges Verfahren sowie ein Verzögerungstatbestand. Eine **Prüfung der Rechtswegzuständigkeit** – also die Prüfung der Frage, ob bei Fehlen des Schiedsvertrags an sich der Rechtsweg zu den Arbeitsgerichten gegeben wäre – findet auch hier nicht statt. 22

Nach dem Wortlaut von Nr. 3 ist eine Frist zu setzen »**zur Durchführung des Verfahrens**« – d.h. also eine Frist, bis zu deren Ablauf das gesamte Verfahren **abgeschlossen** sein muss. Dies kann im Einzelfall geboten erscheinen, begegnet aber oft rechtsstaatlichen Bedenken. Eine solche Frist kann nämlich keine Rücksicht nehmen auf künftige nicht vorhersehbare Prozesssituationen, in denen eine ungeplante Verlängerung der Prozessdauer durch objektive Hindernisse etwa bei der Sachaufklärung eintritt (*z.B. ausbleibende Zeugen, verzögerliche Bearbeitung gerichtlicher Anfragen, Erforderlichkeit eines Rechtshilfeverfahrens*), ohne dass das Schiedsgericht »verzögert«. 23

Es kann daher geboten sein, die **Fristsetzung** auf bestimmte **schiedsrichterliche Maßnahmen** oder auf bestimmte **Verfahrensabschnitte** zu beschränken, z.B. auf die Einleitung des Verfahrens, Terminsbestimmungen, Zustellung der Entscheidungen und andere Maßnahmen, auf die das Schiedsgericht einen Einfluss ausüben kann.[23] Voraussetzung ist, dass der gerügte Missstand im Zeitpunkt des Antrags auf Fristsetzung noch andauert. Wiederholte Anträge auf Fristsetzung sind zulässig, falls weitere Verzögerungstatbestände auftreten. 24

d) Unmöglichkeit des Schiedsspruchs (Nr. 4)

Nach Nr. 4 geht die Schiedseinrede verloren, wenn das errichtete Schiedsgericht die Unmöglichkeit eines Schiedsspruchs »anzeigt«. Es kommt nur auf diese Anzeige an und nicht darauf, ob die Abgabe eines Schiedsspruchs tatsächlich unmöglich ist. Die Motive einer solchen Anzeige sind ohne Bedeutung – sie kann auch auf fehlender Bereitschaft des Schiedsgerichts zum Tätigwerden beruhen. Daher ist auch die Angabe des Grundes in der Anzeige entbehrlich. Eine **Form** ist 25

---

22 GMPMG/Germelmann § 102 Rn 21; GK-ArbGG/Mikosch § 102 Rn 24; Schwab/Weth-Zimmerling § 102 Rn 23.
23 Ebenso GK-ArbGG/Mikosch § 102 Rn 25; GWBG/Greimer § 102 Rn 19; anders noch die 7. Auflage: Grunsky § 111 Rn 11.

für die Anzeige nicht vorgeschrieben. Sie kann also insbesondere auch mündlich – etwa in einem Verhandlungstermin – erfolgen.

26 Die Anzeige hat »das Schiedsgericht« zu machen. Besteht das Schiedsgericht aus mehreren Personen, muss im Regelfall eine Entscheidung dieser Personen ergehen, die dann durch den Vorsitzenden des Schiedsgerichts mitgeteilt wird.[24] Stehen nicht alle Mitglieder des Schiedsgerichts zur Verfügung, genügt die Entscheidung der verbliebenen Mitglieder und die Mitteilung des Vorsitzenden. Fehlt es an einem Vorsitzenden, ist dessen Stellvertreter, fehlt dieser, ist ein Mitglied des Schiedsgerichts zur Mitteilung berufen.[25] Den Erfordernissen der Nr. 4 ist jedenfalls dann Genüge getan, wenn der Hinweis **in der mündlichen Verhandlung** erfolgt. Ihre Protokollierung trägt alsdann den Beweisinteressen des Klägers Rechnung.

27 Da für schiedsgerichtliche Verfahren keine Prozesskosten- oder Beratungshilfe gewährt werden kann[26], liegt ein Fall der »Unmöglichkeit« vor, wenn die Partei aufgrund ihrer wirtschaftlichen Situation die Verfahrenskosten nicht aufbringen kann. Trotz des fehlenden Anwaltszwangs in schiedsgerichtlichen Verfahren kann Unmöglichkeit zudem gegeben sein, wenn die Partei wirtschaftlich nicht in der Lage ist, die Kosten einer anwaltlichen Vertretung zu tragen.[27] Es gilt das aus dem Sozialstaatsprinzip (Art. 20 Abs. 1 GG) und dem allgemeinen Gleichheitssatz (Art. 3 Abs. 1 GG) abgeleitete **Gebot der Rechtsschutzgleichheit**, das eine weitgehende Angleichung der Situation von Bemittelten und Unbemittelten bei der Verwirklichung von gerichtlichem[28] und außergerichtlichem[29] Rechtsschutz verlangt. Regelungen, die den §§ 114 ff. ZPO entsprechen, gibt es für das schiedsgerichtliche Verfahren nicht. Weist die Partei nach, dass sie aufgrund ihrer persönlichen und wirtschaftlichen Situation nicht in der Lage ist, die Verfahrenskosten zu tragen und/oder legt sie dar, dass das Gebot der Rechtsschutzgleichheit die Vertretung durch einen Anwalt gebietet, sie diesen aber nicht bezahlen kann, bleibt dem Schiedsgericht nur der Weg nach § 102 Abs. 2 Nr. 4: Es hat die Unmöglichkeit auszusprechen und so der Partei den Zugang zu den staatlichen Gerichten und zur **Prozesskostenhilfe** zu eröffnen.[30]

28 Unmöglichkeit ist ein Schiedsspruch auch dann, wenn die klagende Partei nicht bereit oder in der Lage ist, einen im Schiedsvertrag vorgesehenen **Kostenvorschuss** (vgl. etwa § 13 Abs. 4 BSchGO, § 13 Abs. 1 BSchGO-C) an das Schiedsgericht zu zahlen. Im Ergebnis führt dies dazu, dass im Bühnenbereich die klagende Partei durch die Verweigerung des Kostenvorschusses über den Umweg des § 102 Abs. 2 Nr. 4 eine Zuständigkeit des ArbG begründen kann.

IV. Das Fristsetzungsverfahren (Abs. 3)

1. Antragsverfahren

29 Die nach Nr. 2 und 3 des Abs. 2 erforderliche **Fristsetzung** durch das Arbeitsgericht erfolgt auf **Antrag des Schiedsklägers**. Ein Antrag des Beklagten oder eines Dritten auf Fristsetzung scheidet aus.[31]

2. Zuständigkeit und Zuständigkeitsprüfung

30 Der Antrag des Klägers ist zu richten an das ArbG, »das für die Geltendmachung des Anspruchs **zuständig** wäre«. Mit der vom Gesetz erwähnten Zuständigkeit ist ausschließlich die **örtliche Zuständigkeit** gemeint. Die sachliche *(Rechtsweg-)* Zuständigkeit wird vom Gesetz vorausgesetzt;

---

24 GMPMG/Germelmann § 102 Rn 25; GK-ArbGG/Mikosch § 102 Rn 28; GWBG/Greiner § 102 Rn 23.
25 GMPMG/Germelmann § 102 Rn 25; GK-ArbGG/Mikosch § 102 Rn 28.
26 Schwab/Weth-Zimmerling § 102 Rn 28.
27 Schwab/Weth-Zimmerling § 102 Rn 28; anders noch die Vorauflage.
28 Vgl. etwa BVerfG, 19.02.2008 – 1 BvR 1807/07, NJW 1008, 1060.
29 So jetzt ausdrücklich BVerfG, 14.10.2008 – 1 BvR 2310/06, NJW 2009, 209; BVerfG, 29.04.2015 – 1 BvR 1849/11, NJW 2015, 2322.
30 Schwab/Weth-Zimmerling § 102 Rn 28; siehe auch GWBG/Greiner § 106 Rn 17; anders noch die Vorauflage und Obolny, FS Leinemann, 2006, S. 607 ff., 623.
31 Schwab/Weth-Zimmerling § 102 Rn 32 f., der dies allerdings für verfassungswidrig hält.

sie folgt daraus, dass ein nach dem ArbGG gebildetes oder zu bildendes Schiedsgericht angerufen worden ist bzw. werden soll. Eine **Prüfung der Rechtswegzuständigkeit** – d.h. die Prüfung der Frage, ob bei Fehlen des Schiedsvertrags an sich der Rechtsweg zu den Arbeitsgerichten gegeben wäre – findet nicht statt. Diese Prüfung hat zunächst einmal das schon gebildete oder noch zu bildende Schiedsgericht in eigener Verantwortung vorzunehmen. Eine Kontrolle durch die staatliche Gerichtsbarkeit erfolgt ggf. im **Aufhebungsverfahren**.

3. Entscheidung und Rechtsmittel

Die Entscheidung trifft »der Vorsitzende des Arbeitsgerichts«. Damit ist der **Vorsitzende der** nach dem Geschäftsverteilungsplan zuständigen **Kammer** gemeint. Die Dauer der zu setzenden Frist steht im Ermessen des Vorsitzenden. Die **Fristsetzung** erfolgt durch nicht anfechtbaren **Beschluss**.[32] Die **ehrenamtlichen Richter** wirken bei dem Beschluss nicht mit. Eine **Verlängerung der Frist** ist möglich. Eine **mündliche Verhandlung** ist zulässig, aber nicht erforderlich. Bei Fristversäumung ist eine Wiedereinsetzung in den vorigen Stand nicht möglich, da es sich bei der Frist nicht um eine Notfrist gem. § 233 ZPO handelt.[33] Ein die Fristsetzung ablehnender Beschluss ist durch sofortige Beschwerde angreifbar, § 567 Abs. 1 ZPO, § 78 ArbGG.[34]

31

Die Regelung des Abs. 2 ist nicht abschließend.[35] Die Schiedseinrede entfällt darüber hinaus in allen Fällen, in denen die Durchführung des Schiedsverfahrens objektiv unmöglich ist (Schiedsgericht besteht wegen des Todes oder der dauernden Erkrankung eines oder mehrerer Schiedsrichter nicht mehr, Tarifparteien haben die gemeinsame Einrichtung des Schiedsgerichts aufgehoben, Mitglieder des Schiedsgerichts sind erfolgreich abgelehnt worden, ohne dass Ersatzmitglieder bestehen etc.).[36]

32

V. Wirkung des Einredeverlustes (Abs. 4)

Rechtsfolge des Einredeverlustes ist gem. Abs. 4, dass »eine schiedsrichterliche Entscheidung des Rechtsstreits auf Grund des Schiedsvertrags **ausgeschlossen**« ist. Das Schiedsgericht hat damit seine Zuständigkeit für die Entscheidung des konkreten Rechtsstreits (endgültig) verloren. Das bedeutet zugleich, dass eine im selben Verfahren bereits ergangene *(erstinstanzliche)* schiedsrichterliche Entscheidung ihre **Wirksamkeit verliert**. Diese Rechtsfolge kann auch nicht dadurch beseitigt werden, dass nachträglich der Grund für den Einredeverlust entfällt *(wenn bspw. das Schiedsgericht mitteilt, nun doch zur Abgabe eines Schiedsspruchs in der Lage zu sein)*. Erlässt das Schiedsgericht dennoch einen Schiedsspruch, ist dieser gem. § 110 Abs. 1 Nr. 1 aufzuheben, soweit sich die Parteien ihm nicht unterwerfen.[37]

33

Der Ausschluss der schiedsrichterlichen Entscheidung betrifft nur eine Entscheidung »**auf Grund des Schiedsvertrags**«. Möglich ist eine Entscheidung auf anderer Grundlage, insb. aufgrund einer **neuen** Schiedsvereinbarung, die die gesetzlichen Voraussetzungen erfüllt; das gilt v.a. im Bereich der **Gesamtschiedsvereinbarung**,[38] da hier die Schiedsabrede formlos und auch für den konkreten Einzelfall vereinbart werden kann. De facto eröffnet dies den Parteien die Möglichkeit, das begonnene Verfahren nach Einredewegfall auf Grundlage einer erneuerten Schiedsvereinbarung fortzusetzen. I.Ü. ist die Ausschlusswirkung des Abs. 4 irreparabel.

34

---

32 Schwab/Weth-Zimmerling § 102 Rn 32.
33 GMPMG/Germelmann § 102 Rn 18.
34 Schwab/Weth-Zimmerling § 102 Rn 32.
35 Anders die 2. Auflage, § 102 Rn 10.
36 GMPMG/Germelmann § 102 Rn 26 ff.; GK-ArbGG/Mikosch § 102 Rn 30; Schwab/Weth-Zimmerling § 102 Rn 31.
37 GMPMG/Germelmann § 102 Rn 29; GK-ArbGG/Mikosch § 102 Rn 32; Schwab/Weth-Zimmerling § 102 Rn 34.
38 § 101 Abs. 1; siehe auch GK-ArbGG/Mikosch § 102 Rn 31.

35 Nach dem Wortlaut des Abs. 4 ist Voraussetzung für den **Ausschluss einer schiedsrichterlichen Entscheidung**, dass sich der Beklagte »nicht auf den Schiedsvertrag berufen« kann; das meint auch den Fall, dass er sich »nicht mehr« darauf berufen kann – falls nämlich die Klage vor dem ArbG anhängig war, bevor einer der Verlusttatbestände vollendet wurde. Die zunächst wirksam vom Beklagten erhobene **Schiedseinrede** wird dann nachträglich gegenstandslos.

§ 103 Zusammensetzung des Schiedsgerichts

(1) ¹Das Schiedsgericht muss aus einer gleichen Zahl von Arbeitnehmern und von Arbeitgebern bestehen; außerdem können ihm Unparteiische angehören. ²Personen, die infolge Richterspruchs die Fähigkeit zur Bekleidung öffentlicher Ämter nicht besitzen, dürfen ihm nicht angehören.

(2) Mitglieder des Schiedsgerichts können unter denselben Voraussetzungen abgelehnt werden, die zur Ablehnung eines Richters berechtigen.

(3) ¹Über die Ablehnung beschließt die Kammer des Arbeitsgerichts, das für die Geltendmachung des Anspruchs zuständig wäre. ²Vor dem Beschluss sind die Streitparteien und das abgelehnte Mitglied des Schiedsgerichts zu hören. ³Der Vorsitzende des Arbeitsgerichts entscheidet, ob sie mündlich oder schriftlich zu hören sind. ⁴Die mündliche Anhörung erfolgt vor der Kammer. ⁵Gegen den Beschluss findet kein Rechtsmittel statt.

Übersicht

		Rdn.			Rdn.
I.	Allgemeines	1	III.	Die Ablehnungsgründe (Abs. 2)	10
II.	Die Besetzung des Schiedsgerichts (Abs. 1)	2	IV.	Das Ablehnungsverfahren (Abs. 3)	11
	1. Arbeitnehmer und Arbeitgeber	2		1. Das zuständige Gericht	11
	2. Der »Unparteiische«	7		2. Gang des Verfahrens	14
	3. Subjektive Voraussetzungen für die Richter	9		3. Auswirkungen der Entscheidung	15

I. Allgemeines

1 Ein Verstoß gegen die **Besetzungsregeln** in § 103 führt – auch soweit diese zwingend sind – grds. nicht zur Nichtigkeit, sondern lediglich zur **Aufhebbarkeit des Schiedsspruchs** nach § 110 Abs. 1 Nr. 1 mit der Folge, dass dieser bei versäumter Aufhebung die Wirkung des § 108 Abs. 4 entfaltet[1] und auch nach § 109 für vollstreckbar erklärt werden kann.[2] Die Vorschrift tritt an die Stelle der §§ 1034 bis 1039 ZPO für das zivilprozessuale schiedsgerichtliche Verfahren.

II. Die Besetzung des Schiedsgerichts (Abs. 1)

1. Arbeitnehmer und Arbeitgeber

2 Zu den Begriffen sind die §§ 22, 23 heranzuziehen. Es wird insoweit auf die Erläuterungen zu § 22 und § 23 verwiesen.

3 Im **Bühnenbereich** sind Arbeitgeber die »**Theaterveranstalter**« *(oder deren bestellte Vertreter)* und Arbeitnehmer die »**Bühnenangehörigen**«[3] bzw. die »Beisitzer der Theaterleitungen oder der Theaterverwaltungen« und »Mitglieder eines Opernchores bzw. einer Tanzgruppe«.[4] Als Anzahl sind in der BSchGO jeweils zwei Schiedsrichter vorgesehen, in der BSchGO-C jeweils einer.

---

1 § 108 Rdn. 28 ff.
2 GMPMG/Germelmann § 103 Rn 2.
3 § 5 BSchGO.
4 Aktiv oder ehemalig, § 7 Abs. 1 BSchGO-C.

Berufen werden die Arbeitnehmer- und Arbeitgebervertreter im **Bühnenbereich** von den Verbänden; sie haben dort die Funktion von Beisitzern. Es ist Sache der beteiligten Verbände, sie zu den einzelnen Sitzungen heranzuziehen.[5]

Die Beteiligung von Arbeitgeber- und Arbeitnehmervertretern ist **zwingend**; auf sie können weder die Schiedsvertrags- noch die Streitparteien verzichten. Ein dennoch erklärter Verzicht – etwa der Streitparteien – wäre unwirksam mit der Folge, dass die **Besetzungsrüge im Aufhebungsverfahren** gem. § 110 Abs. 1 Nr. 1 möglich bliebe. Ebenso zwingend mit den gleichen Folgen ist das **Gebot der Parität** (»gleiche Anzahl«).

Da **Parität** der mitwirkenden Arbeitgeber und Arbeitnehmer vom Gesetz in **Abs. 1 Satz 1 Halbs. 1** zwingend vorgeschrieben ist, muss die Sitzung bei Ausfall eines Arbeitnehmer- oder Arbeitgeberbeisitzers vertagt werden. Verständigen sich die Parteien ad hoc auf eine **kleinere Besetzung** des Schiedsgerichts als im Tarifvertrag vorgesehen, liegt hierin kein wesentlicher Verfahrensmangel, solange die Mitwirkung mindestens eines Arbeitgebers und eines Arbeitnehmers gesichert und die Parität gewahrt bleibt.[6] Zwar können die tariflichen Besetzungsregeln durch eine Vereinbarung ohne die Rechtsqualität eines Tarifvertrags nicht wirksam abgeändert werden.[7] Doch sind vereinbarte Abweichungen von den tariflichen Regeln so lange nicht geeignet, eine **Aufhebungsklage** gem. § 110 Abs. 1 Nr. 1 zu begründen, wie die gesetzlichen Vorgaben eingehalten sind.[8]

2. Der »Unparteiische«

Die Beteiligung »Unparteiischer« ist vom Gesetz **nicht zwingend** vorgeschrieben (»*können*«, Abs. 1 Satz 1 Halbs. 2). Andererseits lässt das Gesetz die Teilnahme **beliebig vieler** »Unparteiischer« zu. Unparteiisch ist, wer **weder** Arbeitgeber **noch** Arbeitnehmer ist. Die Form der Ernennung der »Unparteiischen« ist freigestellt, sie darf jedoch nicht den Grundsatz der Parität verletzen; das wäre der Fall, wenn die »Unparteiischen« ausschließlich durch eine Seite ernannt werden könnten.[9] Werden Unparteiische beteiligt, schreibt das Gesetz für sie keine bestimmte Funktion vor, sie müssen also nicht den Vorsitz führen.

BSchGO und **BSchGO-C** sehen die Mitwirkung nur eines »Unparteiischen« vor. Das unparteiische Mitglied des Bühnenschiedsgerichts wird von den beteiligten Tariforganisationen berufen, führt den Vorsitz, trägt die Bezeichnung »**Obmann**« (bzw. »**Obfrau**«) und muss die Befähigung zum Richteramt haben.[10]

3. Subjektive Voraussetzungen für die Richter

An der erforderlichen »Fähigkeit zur Bekleidung öffentlicher Ämter« fehlt es, wenn die Anforderungen des § 21 Abs. 2 Nr. 1 erfüllt sind.[11] Fehlt einem mitwirkenden Schiedsrichter diese Fähigkeit, ist das Schiedsgericht fehlerhaft besetzt mit der Folge der Aufhebbarkeit seines Schiedsspruchs.[12] **Weitere Ausschließungsgründe** sind nicht vorgesehen und können weder dem § 41 ZPO entnommen noch im Wege der Analogie – etwa zu § 21 Abs. 2 – gebildet werden.[13]

---

5 § 7 Abs. 2 BSchGO, § 7 Abs. 4 BSchGO-C.
6 So auch Schwab/Weth-Zimmerling § 103 Rn 5; kritisch GK-ArbGG/Mikosch § 103 Rn 4; a.A. GWBG/Greiner § 103 Rn 5.
7 GWBG/Greiner § 103 Rn 5.
8 Vgl. BAG, 15.02.2015 – 7 AZR 626/10; LAG Köln, 03.06.2014 – 12 Sa 911/13.
9 GMPMG/Germelmann § 103 Rn 6.; GK-ArbGG/Mikosch § 103 Rn 5; GWBG/Greiner Rn 7.
10 § 6 BSchGO, § 5 Abs. 2 BSchGO-C.
11 GMPMG/Germelmann § 103 Rn 8.
12 § 110 Abs. 1 Nr. 1.
13 GMPMG/Germelmann § 103 Rn 9; GK-ArbGG/Mikosch § 103 Rn 7; Schwab/Weth-Zimmerling § 103 Rn 23.

III. Die Ablehnungsgründe (Abs. 2)

10 Vgl. hierzu die Ausführungen zu § 49; die materiellen Ablehnungsgründe ergeben sich aus §§ 41, 42 ff. ZPO. Daraus, dass die **Ausschließung** nach § 41 ZPO nicht erwähnt wird, ist zu folgern, dass die Ausschließungsgründe im Schiedsverfahren als Ablehnungsgründe wirken sollen.[14] Eine Selbstablehnung ist möglich.[15]

IV. Das Ablehnungsverfahren (Abs. 3)

1. Das zuständige Gericht

11 Das Ablehnungsverfahren findet vor den **staatlichen Gerichten** – und zwar den ArbG – statt. Zur Entscheidung ist also nicht etwa das Schiedsgericht mit ausgetauschter Besetzung berufen.

12 Wenn Abs. 3 Satz 1 vom »**zuständigen**« ArbG spricht, ist dabei nur die **örtliche** Zuständigkeit gemeint, da eine Prüfung der sachlichen *(Rechtsweg-)* Zuständigkeit durch das ArbG notwendigerweise ausscheidet: Die **sachliche** Zuständigkeit des ArbG folgt allein aus seiner Kontrollfunktion, die es im Ablehnungsverfahren über das laufende Schiedsverfahren ausübt. Wäre also »für die Geltendmachung des Anspruchs« kein ArbG, sondern etwa das LG zuständig, kann die Durchführung des Ablehnungsverfahrens vom ArbG dennoch nicht verweigert oder dem LG überlassen werden, sofern es sich nur bei dem Schiedsgericht um ein nach dem ArbGG gebildetes handelt, das in dieser Eigenschaft angerufen worden ist und tätig wird.[16]

13 Die **Zuständigkeit** der berufenen **Kammer** innerhalb des örtlich zuständigen ArbG ergibt sich aus dessen **Geschäftsverteilungsplan**.

2. Gang des Verfahrens

14 Das Verfahren wird durch das **Ablehnungsgesuch** einer Streitpartei in Gang gesetzt, das beim Schiedsgericht oder dem zuständigen ArbG vorgebracht werden kann. Geht das Ablehnungsgesuch beim Schiedsgericht ein, gibt dieses das Gesuch an das örtlich zuständige ArbG ab.[17] Das schiedsgerichtliche Verfahren wird unterbrochen, bis das ArbG über das Ablehnungsgesuch entschieden hat.[18] Die Entscheidung ergeht durch die **Kammer** des ArbG in voller Besetzung, auch wenn nicht mündlich verhandelt wird – abweichend von den sonstigen Fällen staatlicher Mitwirkung im Schiedsverfahren, in denen der Vorsitzende allein berufen ist *(vgl. §§ 102 Abs. 3, 109)*. Die Entscheidung ergeht durch **unanfechtbaren Beschluss** *(Abs. 3 Satz 5)* nach **Anhörung** der Streitparteien sowie des vom Ablehnungsgesuch betroffenen **Schiedsrichters** und **freigestellter mündlicher Verhandlung** *(Abs. 3 Satz 2 bis 4)*. »Der Vorsitzende des Arbeitsgerichts«, der nach *Abs. 3 Satz 3* über die Form der Anhörung entscheidet, ist der Vorsitzende der zuständigen Kammer. Einer Kostenentscheidung bedarf es nicht, da das Verfahren vor dem ArbG gem. § 2 Abs. 2 GKG kostenfrei ist.

3. Auswirkungen der Entscheidung

15 Das Schiedsgericht ist an die Entscheidung des ArbG gebunden.[19] Hält das ArbG das Ablehnungsgesuch für begründet, darf der abgelehnte Schiedsrichter an der Entscheidung des Schiedsgerichts nicht mitwirken. Tut er dies dennoch, führt das zur **Aufhebbarkeit des Schiedsspruchs** gem. § 110 Abs. 1 Nr. 1.

---

14 BAG, 27.05.1970 – 5 AZR 425/69, NJW 1970, 1702; Schwab/Weth-Zimmerling § 103 Rn 23.
15 GMPMG/Germelmann § 103 Rn 19; GWBG/Greiner § 103 Rn 10.
16 GWBG/Greiner § 103 Rn 12.
17 GMPMG/Germelmann § 103 Rn 20.
18 GMPMG/Germelmann § 103 Rn 24; GK-ArbGG/Mikosch § 103 Rn 15; GWBG/Greiner § 103 Rn 13.
19 GK-ArbGG/Mikosch § 103 Rn 14; GWBG/Greiner § 104 Rn 17.

§ 104 Verfahren vor dem Schiedsgericht

Das Verfahren vor dem Schiedsgericht regelt sich nach den §§ 105 bis 110 und dem Schiedsvertrag, im Übrigen nach dem freien Ermessen des Schiedsgerichts.

Übersicht

	Rdn.		Rdn.
I. Allgemeines	1	a) Anwendbare Regeln	12
II. Die Schiedsklage und ihre Wirkungen	2	b) Nicht anwendbare Regeln	14
1. Die Schiedsklage im Allgemeinen	2	2. Die §§ 105 bis 110	15
2. Insbesondere die Kündigungsschutzklage vor dem Schiedsgericht	5	3. Die Verfahrensregeln des Schiedsvertrages	16
a) Zuständigkeit der Schiedsgerichte	5	4. Freies Ermessen	17
b) Die Klagefrist	6	5. Die Kosten des Schiedsverfahrens	19
c) Die nachträgliche Zulassung	7	a) Kostenregelung vor Durchführung eines Aufhebungsverfahrens	19
III. Regeln für das weitere Verfahren	12	b) Kostenregelung nach Durchführung eines Aufhebungsverfahrens	23
1. Elementare Verfahrensregeln des staatlichen Prozessrechts	12		

I. Allgemeines

Die Vorschrift tritt an die Stelle der §§ 1042 ff. ZPO. **1**

II. Die Schiedsklage und ihre Wirkungen

1. Die Schiedsklage im Allgemeinen

Die Schiedsklage hat folgende **Wirkungen**: **2**

Sie wahrt gesetzliche und tarifvertragliche **Klagefristen**, insb. die **Klagefrist gem. § 4 KSchG**, aber auch Klagefristen im Rahmen **tariflicher Ausschlussklauseln**. Umgekehrt gefährdet die unmittelbare Klage vor dem ArbG unter Umgehung des Schiedsgerichts die Wahrung solcher Fristen, wenn der Schiedsvertrag eingreift und der Beklagte die **Schiedseinrede** erhebt; nimmt der Kläger aber in diesem Fall die Klage vor dem ArbG alsbald zurück und erhebt er sie innerhalb eines angemessenen Zeitraums vor dem Schiedsgericht neu, nimmt die Rechtsprechung noch Rechtzeitigkeit an (s. hierzu auch § 102 Rdn. 4).[1] Ferner unterbricht die Schiedsklage die **Verjährung**.

Die Klageerhebung vor einem Schiedsgericht begründet **keine Rechtshängigkeit** i.S.d. staatlichen Prozessrechts und des materiellen bürgerlichen Rechts.[2] Daraus folgt: Es können **keine Prozesszinsen** nach § 291 BGB geltend gemacht werden. Dies ist erst für die Zeit ab Zustellung der Klage im **Aufhebungsverfahren** möglich[3] *(verlangt werden können ggf. Verzugszinsen gem. §§ 288, 286 BGB)*. Ferner kann die Berufung auf eine anhängige Schiedsklage nicht die **Einrede anderweitiger Rechtshängigkeit** i.S.v. § 261 Abs. 3 Nr. 1 ZPO begründen, falls die gleiche Klage vor dem ArbG anhängig gemacht wird – und umgekehrt (s. hierzu § 102 Rdn. 7). **3**

Für die **Schiedsklage** findet das **Bestimmtheitserfordernis** des § 253 ZPO als allgemeiner Grundsatz Anwendung. Dies folgt schon daraus, dass der Schiedsspruch einen vollstreckbaren Inhalt haben muss, da er nur dann durch das ArbG für vollstreckbar erklärt werden kann (§ 109).[4] Bei Feststellungsklagen ist ein Feststellungserfordernis i.S.v. § 256 ZPO erforderlich.[5] **4**

---

1 BAG, 24.09.1970 – 5 AZR 54/70, NJW 1971, 213.
2 BGH, 11.04.1958 – VIII ZR 190/57, NJW 1958, 950; vgl. GMPMG/Germelmann § 102 Rn 8; Schwab/Weth-Zimmerling § 102 Rn 11.
3 BAG, 12.05.1982 – 4 AZR 510/81.
4 GMPMG/Germelmann § 104 Rn 12; GWBG/Greiner § 104 Rn 7; Schwab/Weth-Zimmerling § 104 Rn 4a.
5 GMPMG/Germelmann § 104 Rn 13; GK-ArbGG/Mikosch § 104 Rn 9; Schwab/Weth-Zimmerling § 104 Rn 4a.

2. Insbesondere die Kündigungsschutzklage vor dem Schiedsgericht

a) Zuständigkeit der Schiedsgerichte

5 Die **Kündigungsschutzklage** ist eine »bürgerliche Rechtsstreitigkeit aus einem Arbeitsverhältnis« i.S.v. § 101 Abs. 2 und fällt damit beim Eingreifen eines entsprechenden Schiedsvertrages in die **Zuständigkeit der Schiedsgerichte** (s. § 101 Rdn. 30).

b) Die Klagefrist

6 Die als Schiedsklage vor dem Schiedsgericht erhobene **Kündigungsschutzklage** wahrt die **Klagefrist** gem. § 4 KSchG. Wird die Klage bei Zuständigkeit des Schiedsgerichts fälschlicherweise vor dem ArbG erhoben, hilft die Rechtsprechung, indem sie Rechtzeitigkeit bei kurzfristiger Neueinreichung der Klage beim zuständigen Schiedsgericht annimmt (vgl. § 102 Rdn. 5).[6] Wird die Klage bei Zuständigkeit des ArbG fälschlicherweise beim Schiedsgericht eingereicht, hat dies keine fristwahrende Wirkung.[7] Denn im Gegensatz zur irrtümlichen Klage vor dem ArbG fehlt es der irrtümlichen Schiedsklage an einer zunächst einmal gegebenen Zulässigkeit. Eine **Verweisung an das staatliche Gericht** – und damit eine Rettung der Frist unter dem Gesichtspunkt der Einheitlichkeit des Verfahrens – kommt nicht in Betracht. Nach Ablauf der 3-Wochen-Frist bleibt nur der Weg einer verspäteten Klage vor dem ArbG i.V.m. einem Antrag auf nachträgliche Zulassung gem. § 5 KSchG. Ob ein solcher Antrag erfolgreich ist, hängt von den Umständen des Einzelfalls ab.

▶ **Praxistipp:**

Ist zweifelhaft, ob für das betroffene Arbeitsverhältnis eine Einzelschiedsvereinbarung gilt, sollte eine Kündigungsschutzklage vorsorglich in jedem Fall – zumindest auch – beim ArbG erhoben werden. Dies stellt sicher, dass die Klagefrist aus § 4 KSchG gewahrt ist. Eine gleichzeitige Klage sowohl beim ArbG als auch beim Schiedsgericht ist möglich, da die Einrede der doppelten Rechtshängigkeit nicht besteht.

c) Die nachträgliche Zulassung

7 Wird die **Kündigungsschutzklage** vor dem Schiedsgericht **verspätet** erhoben, kann gem. § 5 KSchG die **nachträgliche Zulassung** beantragt werden; der Antrag ist **an das Schiedsgericht** zu richten.[8] Eine Antragstellung an das ArbG ist nach dem in § 5 Abs. 4 und 5 KSchG i.d.F. v. 26.03.2008[9] geregelten Verfahren schon deshalb nicht möglich, weil ein gesonderter Beschluss über den Antrag auf nachträgliche Zulassung nicht mehr vorgesehen ist.

8 Allerdings entsteht im Zulassungsverfahren vor dem Schiedsgericht das **Problem der Glaubhaftmachung** (§ 5 Abs. 2 Satz 2 KSchG), weil das Schiedsgericht **eidesstattliche Versicherungen** gem. § 106 Abs. 1 Satz 2 nicht entgegennehmen kann. Aber zum einen darf das Schiedsgericht eidesstattliche Versicherungen, die ihm eingereicht werden, frei würdigen.[10] Zum anderen ist in entsprechender Anwendung des § 106 Abs. 2 Satz 2 die Abgabe der eidesstattlichen Versicherung vor dem ArbG *(mit Weiterleitung an das Schiedsgericht)* zuzulassen.[11] Die in § 5 Abs. 3 KSchG vorgesehene 2-Wochen-Frist ist gewahrt, wenn der Antrag auf nachträgliche Zulassung das Angebot der Abgabe

---

6 BAG, 24.09.1970 – 5 AZR 54/70, NJW 1971, 213.
7 GWBG/Greiner § 104 Rn 15.
8 ErfK/Koch §§ 101–110 ArbGG Rn 5; GK-ArbGG/Mikosch § 104 Rn 16; zweifelnd Schwab/Weth-Zimmerling § 104 Rn 2.
9 Neufassung durch Art. 3 des Gesetzes zur Änderung des Sozialgerichtsgesetzes und des Arbeitsgerichtsgesetzes (SGG/ArbGGÄndG) v. 26.03.2008 – BGBl. I, S. 444, Inkrafttreten der Änderung am 01.04.2008.
10 So auch GMPMG/Germelmann § 106 Rn 8; GWBG/Greiner § 104 Rn 17.
11 GWBG/Greiner § 106 Rn 11; a.A. GK-ArbGG/Mikosch § 106 Rn 16.

einer eidesstattlichen Versicherung vor dem zuständigen Arbeitsgericht als Mittel der Glaubhaftmachung enthält.[12]

Das Schiedsgericht trifft die Entscheidung über den Zulassungsantrag im Regelfall i.R.d. Schiedsspruchs über die Kündigungsschutzklage. Das Verfahren kann aber gem. § 5 Abs. 4 KSchG zunächst auf die Verhandlung und Entscheidung über den Antrag auf nachträgliche Zulassung beschränkt werden; eine Entscheidung ergeht in diesem Fall durch einen **Zwischenschiedsspruch** (zur Möglichkeit, Zwischenschiedssprüche zu fällen, s. § 108 Rdn. 10). 9

Ein Zwischenschiedsspruch unterliegt den Anforderungen des § 108 Abs. 1 bis 3. Da er an die Stelle des Zwischenurteils nach § 5 Abs. 4 Satz 3 KSchG tritt, ist er nach den Vorgaben dieser Bestimmung ebenso wie das Zwischenurteil über den Antrag auf nachträgliche Zulassung selbstständig anfechtbar.[13] Er kann wie ein verfahrensbeendender Schiedsspruch **in das staatliche Aufhebungsverfahren** nach § 110 gelangen und erwirbt **Bestandskraft** i.S.e. Aufhebungsresistenz. 10

Im Bereich der Bühnenschiedsgerichtsbarkeit mit ihrem zweistufigen schiedsgerichtlichen Instanzenzug kann der Zwischenschiedsspruch selbstständig vor dem BOSchG angegriffen werden. 11

III. Regeln für das weitere Verfahren

1. Elementare Verfahrensregeln des staatlichen Prozessrechts

a) Anwendbare Regeln

Die elementaren Verfahrensregeln des staatlichen Zivilprozessrechts gelten grds. auch im Schiedsverfahren.[14] Für den praktisch relevanten Bereich der **Bühnenschiedsgerichtsbarkeit** bedarf die Frage, welche Regelungen des staatlichen Prozessrechts ergänzend zu den §§ 105 bis 110 zur Anwendung kommen, keiner Diskussion. Denn die einschlägigen Bühnenschiedsgerichtsordnungen nehmen auf GVG, ZPO und ArbGG *(subsidiär)* Bezug.[15] Enthält die Schiedsvereinbarung der Tarifparteien nach § 101 Abs. 1 oder Abs. 2 eine solche Bezugnahme nicht, ist bei der Auslegung der Schiedsvereinbarung die Bindung der Schiedsgerichte an die allgemeinen Regeln des Rechtsstaats zu beachten. 12

Daraus ergibt sich die Beachtlichkeit der Regeln über die zulässigen **Klagearten**, die allgemeinen und besonderen **Prozessvoraussetzungen** sowie die **Prozesshandlungsvoraussetzungen**, die Zulässigkeit der **subjektiven und objektiven Klagehäufung, die Gewährung rechtlichen Gehörs** und die **Bindung des Schiedsgerichts** an die **Anträge** der Parteien.[16] Die Grundsätze über die **Zulässigkeit einer Feststellungsklage** gegen eine juristische Person des öffentlichen Rechts anstelle einer an sich möglichen Leistungsklage sind sinngemäß anwendbar.[17] 13

b) Nicht anwendbare Regeln

Trotz Inbezugnahme des staatlichen Prozessrechts *(und erst recht ohne eine solche)* sind jedoch folgende Regelungen **nicht anwendbar**:
– über die **Streitverkündung** und den **Beitritt** von Streithelfern nach §§ 72 ff. ZPO, denn es können keine Dritten, die vom Schiedsvertrag nicht erfasst werden, mit bindender Wirkung in 14

---

12 Kritisch Schwab/Weth-Zimmerling § 106 Rn 5.
13 A.A. GWBG/Greiner § 105 Rn 17.
14 GMPMG/Germelmann § 104 Rn 4.
15 § 39 BSchGO, § 38 BSchGO-C.
16 Vgl. GK-ArbGG/Mikosch § 104 Rn 5 ff.
17 BAG, 16.08.1962 – 5 AZR 366/61.

das Schiedsverfahren hineingezogen werden.[18] Jedoch sind Streitverkündung und Beitritt von Streithelfern im späteren **Aufhebungsverfahren** zulässig;[19]
- über die **PKH**, denn die §§ 114 ff. ZPO betreffen nur die Staatskasse;[20]
- über die Eilverfahren, denn **Arrest** und **einstweilige Verfügung** gibt es im arbeitsgerichtlichen Schiedsverfahren nicht;[21]
- über das **Säumnisverfahren**, denn § 105 Abs. 3 ArbGG ordnet als Folge der Säumnis einer Partei lediglich an, dass der Pflicht zur Anhörung genügt ist,[22] d.h. dass eine kontradiktorische Entscheidung zu ergehen hat, gegen die nicht der Einspruch zulässig ist *(sondern die üblichen Rechtsmittel)*;
- über die **Öffentlichkeit** der mündlichen Verhandlung; allerdings können die tariflichen Schiedsvereinbarungen Vorschriften über die Öffentlichkeit des Verfahrens enthalten;[23]
- über die **Normenkontrolle**: Hält ein Schiedsgericht ein staatliches, nachkonstitutionelles Gesetz, das Einfluss auf seine Entscheidung hat, für verfassungswidrig oder *(als Landesgesetz)* für unvereinbar mit Bundesrecht, hat es nicht die Möglichkeit eines Normenkontrollverfahrens nach Art. 100 GG, weil das Schiedsgericht nicht »ein Gericht« i.S.d. Grundgesetzes ist. Da es erst recht keine Verwerfungsbefugnis hat *(seine Befugnisse würden damit die der staatlichen Gerichte übertreffen)*, bedeutet dies, dass es die fragliche Vorschrift anwenden und die Normenkontrolle den staatlichen Gerichten im Aufhebungsverfahren überlassen muss.

2. Die §§ 105 bis 110

15 Ihre Beachtung ist grds. zwingend, es sei denn, sie enthalten ausdrückliche Öffnungsklauseln.[24] Das bedeutet, dass für das Verfahren v.a. folgende Grundsätze unverzichtbar sind: **mündliche Anhörung** der Parteien; **schriftliche Begründung** des von allen Mitgliedern des Schiedsgerichts unterschriebenen Schiedsspruchs; dessen **Zustellung** durch eine vom Verhandlungsleiter *(Obmann)* unterschriebene Ausfertigung; Vollstreckungsfähigkeit des Schiedsspruchs erst nach dessen **Vollstreckbarkeitserklärung** durch das ArbG; Anfechtbarkeit des Schiedsspruchs durch **Aufhebungsklage** vor dem ArbG.

3. Die Verfahrensregeln des Schiedsvertrages

16 Im **Bühnenbereich** enthalten die Bühnenschiedsgerichtordnungen Verfahrensregeln – z.T. vom staatlichen Prozessrecht abweichend – zu folgenden Themen: Sitz und Zusammensetzung der Schiedsgerichte, Zustellungen, Gerichtskosten, Erstattung der außergerichtlichen Kosten, Säumnisverfahren, Berufung und Gerichtsstand für die Aufhebungsklage. Mit der Möglichkeit der Berufung zum BOSchG sehen sie in zulässiger Weise[25] ein mehrstufiges Verfahren vor. Ergänzend verweisen die bühnenrechtlichen Schiedsverträge – also die Schiedsgerichtsordnungen[26] – auf GVG, ArbGG und ZPO.

4. Freies Ermessen

17 Der Gesetzgeber räumt dem Schiedsgericht in § 104 freies Ermessen ein, soweit eine Bindung an Verfahrensvorschriften nicht besteht. Das BAG folgert hieraus, dass im Aufhebungsverfahren nur

---

18 A.A. GMPMG/Germelmann § 104 Rn 10; GWBG/Greiner § 104 Rn 5, die aber darauf hinweisen, dass eine Streitverkündung keine Rechtskraftwirkung i.S.d. ZPO entfalten kann.
19 BAG, 11.05.1983 – 4 AZR 545/80.
20 GMPMG/Germelmann § 104 Rn 15; GK-ArbGG/Mikosch § 104 Rn 11.
21 S. § 101 Rdn. 22.
22 Wie § 83 Abs. 4 Satz 2; siehe auch GMPMG/Germelmann § 105 Rn 14.
23 GMPMG/Germelmann § 104 Rn 17; GK-ArbGG/Mikosch § 104 Rn 14.
24 § 105 Abs. 2 Satz 4: »..., soweit der Schiedsvertrag nicht anderes bestimmt.«.
25 GMPMG/Germelmann § 104 Rn 18; Schwab/Weth-Zimmerling § 104 Rn 10.
26 § 39 BSchGO, § 38 BSchGO-C.

Verstöße gegen für das Schiedsgericht unmittelbar geltendes staatliches Recht, nicht jedoch gegen Vorschriften aus der tariflichen Schiedsvereinbarung zu beachten sind.[27] Das ist nicht unproblematisch, da das freie Ermessen vom Gesetzgeber nur »im Übrigen« eingeräumt wird.[28]

Trotz freien Ermessens sind **verfassungsrechtliche Grundsätze**, insbesondere der Anspruch auf **rechtliches Gehör**, zu beachten, der auch in § 105 Abs. 2 Satz 1 seinen Niederschlag gefunden hat. Ein Verstoß hiergegen kann im Aufhebungsverfahren geltend gemacht werden.[29]   18

5. Die Kosten des Schiedsverfahrens

a) Kostenregelung vor Durchführung eines Aufhebungsverfahrens

Dem Schiedsgericht obliegt auch die **Kostenentscheidung**. Dies ergibt sich für die Bühnenschiedsgerichte aus den schiedsvertraglichen Regelungen der Bühnenschiedsgerichtsordnungen.[30] Auch wenn ausdrückliche Regelungen im Schiedsvertrag fehlen, wird die Auslegung im Allgemeinen ergeben, dass das Schiedsgericht über die Kostenlast befinden soll.   19

Der Kostenausspruch des Schiedsspruchs unterliegt – wie der Schiedsspruch selber – der **Aufhebung** im Aufhebungsverfahren nach § 110.   20

Zum **Kostenfestsetzungsverfahren** im schiedsgerichtlichen Verfahren s. § 108 Rdn. 7 bis 9.   21

Im **Bühnenbereich** bürdet der Schiedsvertrag der unterlegenen Partei schon im erstinstanzlichen Schiedsverfahren die uneingeschränkte **Kostenlast** auch für die außergerichtlichen Kosten des Gegners auf.[31] Gegen diese Abweichung von § 12a Abs. 1 Satz 1 bestehen keine Bedenken.   22

b) Kostenregelung nach Durchführung eines Aufhebungsverfahrens

S. hierzu die Erläuterungen zu § 110 Rdn. 38, 41.   23

§ 105 Anhörung der Parteien

(1) Vor der Fällung des Schiedsspruchs sind die Streitparteien zu hören.

(2) ¹Die Anhörung erfolgt mündlich. ²Die Parteien haben persönlich zu erscheinen oder sich durch einen mit schriftlicher Vollmacht versehenen Bevollmächtigten vertreten zu lassen. ³Die Beglaubigung der Vollmachtsurkunde kann nicht verlangt werden. ⁴Die Vorschrift des § 11 Abs. 1 bis 3 gilt entsprechend, soweit der Schiedsvertrag nicht anderes bestimmt.

(3) Bleibt eine Partei in der Verhandlung unentschuldigt aus oder äußert sie sich trotz Aufforderung nicht, so ist der Pflicht zur Anhörung genügt.

---

27 BAG, 12.05.1982 – 4 AZR 510/81: Form- und fristgerechte Einlegung der Berufung zum BOSchG ist nicht zu überprüfen; BAG, 11.05.1983 – 4 AZR 545/80: Verstöße des Schiedsgerichts gegen die §§ 139, 273 und 283 ZPO können nicht gerügt werden; BAG, 15.02.2012 – 7 AZR 626/10: Keine Aufhebung eines Schiedsspruchs aufgrund der Verletzung tarifvertraglicher Vorschriften; vgl. zum Prüfungsrahmen auch BAG, 16.12.2010 – 6 AZR 487/09, NZA 2011, 144; LAG Köln, 10.09.2014 – 11 Sa 786/13.
28 Vgl. die Anm. von Fessmann zu BAG, 12.05.1982 – 4 AZR 510/81, AP Nr. 20 zu § 611 BGB Bühnenengagementsvertrag und zu BAG, 11.05.1983 – 4 AZR 545/80, AP Nr. 21 zu § 611 BGB Bühnenengagementsvertrag.
29 BAG, 11.05.1983 – 4 AZR 545/80; BAG, 15.02.2012 – 7 AZR 626/10.
30 BAG, 21.05.1981 – 2 AZR 1117/78.
31 § 13 Abs. 1 und 5 BSchGO.

§ 105 ArbGG — Anhörung der Parteien

Übersicht

	Rdn.
I. Allgemeines	1
II. Anhörung der Parteien	2
1. Mündlichkeitsgrundsatz	2
a) Ausschluss des schriftlichen Verfahrens	3
b) Durchführung der Anhörung	4
c) Weiterverhandlung	5
2. Verfahren bei Säumnis einer Partei (Abs. 3)	6
a) Voraussetzungen der Säumnis	6
b) Folgen der Säumnis	7
3. Schweigen einer Partei	8
III. Prozessvertretung (Abs. 2 Satz 2 bis 4)	9

I. Allgemeines

1 Die Vorschrift, die zu den nach § 104 unverzichtbaren Verfahrensregeln gehört, überträgt den Grundsatz des rechtlichen Gehörs (Art. 103 Abs. 1 GG) auf das schiedsgerichtliche Verfahren.[1] Sie tritt damit an die Stelle von §§ 1042 Abs. 1 Satz 2, 1047 f. ZPO.

II. Anhörung der Parteien

1. Mündlichkeitsgrundsatz

2 Die Anordnung einer obligatorischen mündlichen Anhörung *(Abs. 2 Satz 1)* bedeutet:

a) Ausschluss des schriftlichen Verfahrens

3 Ein ausschließlich schriftliches Verfahren scheidet aus. Eine Verständigung der Parteien auf ein schriftliches Verfahren ohne mündliche Anhörung ist unzulässig.[2] Die Regelung in Abs. 2 Satz 1 ist eindeutig und enthält keine Öffnungsklausel.

b) Durchführung der Anhörung

4 Die mündliche **Anhörung** jeder Partei hat in Anwesenheit der jeweils anderen Partei zu erfolgen, und zwar vor dem Schiedsgericht in vollständiger Besetzung. Die Durchführung der Anhörung durch einen beauftragten Schiedsrichter oder ein anderes Gericht im Wege der Rechtshilfe ist unzulässig.[3] Der **Schiedsspruch** muss von den Schiedsrichtern gefällt werden, die an der (zeitlich letzten) mündlichen Anhörung teilgenommen haben. Tritt zwischen der letzten mündlichen Anhörung und dem Zeitpunkt der Entscheidung eine Änderung in der personellen Besetzung des Schiedsgerichts ein, muss die Anhörung wiederholt werden.[4]

c) Weiterverhandlung

5 Ist die mündliche Anhörung einmal erfolgt, besteht kein Hindernis, das evtl. gebotene weitere Verfahren schriftlich durchzuführen.[5] Voraussetzung ist, dass jeder Partei ausreichend Gelegenheit zur Stellungnahme zum gegnerischen Vorbringen oder zum Ergebnis einer evtl. durchgeführten Beweisaufnahme gegeben wird. Dies ergibt sich aus Abs. 3, 2. Alt., die eine Erfüllung der Anhörungspflicht auch außerhalb der mündlichen Verhandlung durch erfolglose Aufforderung zur Äußerung ermöglicht.

---

[1] GMPMG/Germelmann § 105 Rn 1.
[2] GMPMG/Germelmann § 105 Rn 4; GWBG/Greiner § 105 Rn 4; a.A. GK-ArbGG/Mikosch § 105 Rn 6; Schwab/Weth-Zimmerling § 105 Rn 10 f.: Schriftliches Verfahren im Einverständnis aller Streitparteien ist zulässig.
[3] GMPMG/Germelmann § 105 Rn 5; Schwab/Weth-Zimmerling § 105 Rn 8 f.; anders GK-ArbGG/Mikosch § 105 Rn 7.
[4] I.E. ebenso GMPMG/Germelmann § 105 Rn 5; GK-ArbGG/Mikosch § 105 Rn 7; GWBG/Greiner § 105 Rn 6; Schwab/Weth-Zimmerling § 105 Rn 9.
[5] GK-ArbGG/Mikosch § 105 Rn 7; GWBG/Greiner § 105 Rn 3.

2. Verfahren bei Säumnis einer Partei (Abs. 3)

a) Voraussetzungen der Säumnis

Die Voraussetzungen der Säumnis sind grds. dieselben wie im staatlichen Verfahren nach der ZPO, insb. müssen vorliegen:

— **Anberaumung eines Termins** vor dem Prozessgericht und **Ausbleiben der Partei** bei Aufruf;
— **Ordnungsgemäße Ladung der ausgebliebenen Partei**: Eine bestimmte **Form der Ladung der Parteien** zur mündlichen Anhörung schreibt das Gesetz nicht vor; die Ladung kann deshalb grds. auch durch einfachen Brief geschehen. Im Bühnenbereich ist dies in § 11 Abs. 3 BSchGO/BSchGO-C ausdrücklich vorgesehen. Über die Bezugnahme auf die ZPO in den Schiedsgerichtsordnungen führt das zur Anwendbarkeit des § 270 Abs. 2 Satz 2 ZPO mit der Folge, dass die Ladung am folgenden oder übernächsten Tag nach der Aufgabe zur Post als bewirkt gilt. Zur **öffentlichen Zustellung** s. § 108 Rdn. 23. Für **Ladungen** ist die **öffentliche Zustellung** im Bühnenbereich nur vorgesehen, sofern eine »formlose Ladung« nicht durchführbar ist.
— **Unentschuldbarkeit des Ausbleibens**: Ob das Ausbleiben entschuldigt ist oder nicht, entscheidet das Schiedsgericht nach **freiem Ermessen**, das im Aufhebungsverfahren nachprüfbar ist. Hält das Schiedsgericht das Ausbleiben einer Partei für **unentschuldigt**, fällt es bei Entscheidungsreife der Streitigkeit den Schiedsspruch.[6] War die Annahme nicht berechtigt, liegt eine Verletzung des Anspruchs auf **rechtliches Gehör** vor, die im Aufhebungsverfahren geltend gemacht werden kann. Hält das Schiedsgericht das Ausbleiben einer Partei für **entschuldigt**, muss es **vertagen**. Dabei sind ein Beweisbeschluss und ähnliche verfahrensfördernde Maßnahmen möglich. Eine Vertagung erfolgt trotz **Säumigkeit einer Partei** *(oder beider Parteien)* auch, wenn das Schiedsgericht eine **weitere Sachaufklärung** *(z. B. durch Beweisaufnahme)* für erforderlich hält.
— **Rechtliches Gehör**: Das tatsächliche Vorbringen und die Sachanträge des Gegners müssen der säumigen Partei rechtzeitig mitgeteilt worden sein.

b) Folgen der Säumnis

Als einzige Konsequenz des unentschuldigten Ausbleibens einer Partei ordnet das ArbGG an, dass der »Pflicht zur Anhörung genügt ist«. Daraus folgt:

(1) Ein **Versäumnisurteil** als Folge scheidet aus.[7] Dies wird durch die Schiedsgerichtsordnungen im **Bühnenrecht** ausdrücklich angeordnet.[8] Die Formulierung entspricht der in § 83 Abs. 4 Satz 2. Die **§§ 330 ff. ZPO** sind im Schiedsgerichtsverfahren insgesamt nicht anwendbar. Folglich ergeht im Fall der Entscheidungsreife bei unentschuldigtem Ausbleiben einer Partei ein **kontradiktorischer** Schiedsspruch, gegen den nicht der Einspruch, sondern das gewöhnliche Rechtsmittel[9] zulässig ist.

(2) Das Schiedsgericht hat zu prüfen, ob die Säumnis der Partei entschuldigt ist. Die Entschuldigungsgründe sind von der säumigen Partei im Einzelnen vorzutragen.[10] Ist es dem Schiedsgericht am Ende der mündlichen Verhandlung nicht möglich festzustellen, ob die Säumnis entschuldigt ist oder nicht, kann es einen **Verkündungstermin** bestimmen; diesen kann es wieder aufheben und neu terminieren, falls die säumige Partei ihr Ausbleiben **ausreichend entschuldigt**.[11] Ist ein Schiedsspruch ergangen, so kann die säumige Partei etwaige Entschuldigungsgründe nur in einem Berufungsverfahren vor dem Oberschiedsgericht — soweit der Schiedsvertrag ein solches Berufungsverfahren vorsieht — oder im Aufhebungsverfahren gem. § 110 geltend machen.[12] Berücksichtigt

---

6 GK-ArbGG/Mikosch § 105 Rn 6.
7 GMPMG/Germelmann § 105 Rn 10; GK-ArbGG/Mikosch § 105 Rn 16; Schwab/Weth-Zimmerling § 105 Rn 15.
8 § 24 BSchGO und § 24 BSchGO-C.
9 Berufung zum Oberschiedsgericht, sofern im Schiedsvertrag vorgesehen, oder Aufhebungsklage nach § 110.
10 GMPMG/Germelmann § 105 Rn 12; Schwab/Weth-Zimmerling § 105 Rn 16.
11 So auch GK-ArbGG/Mikosch § 105 Rn 18; Schwab/Weth-Zimmerling § 105 Rn 18.
12 GMPMG/Germelmann § 105 Rn 12.

das Schiedsgericht ausreichende Entschuldigungsgründe nicht, liegt eine Verletzung des Grundsatzes des rechtlichen Gehörs vor, die zur Aufhebung des Schiedsspruches berechtigt.[13]

(3) Liegt **schriftliches Vorbringen** *(Sachvortrag und/oder Anträge)* der ausgebliebenen Partei vor, ist dieses so zu berücksichtigen, als sei es im versäumten Termin mündlich vorgetragen worden; denn trotz des Mündlichkeitsgrundsatzes ist auch schriftlich Vorgetragenes zu berücksichtigen.

(4) Das Schiedsgericht darf unterstellen, dass evtl. gebotene **richterliche Hinweise und Nachfragen** in Ausübung des § 139 ZPO folgenlos geblieben sind: Die säumige Partei hat sich ihres Anspruchs auf Belehrung und Förderung begeben, denn § 139 ZPO ist Teil der Anhörungspflicht, der nach der Regelung in Abs. 3 im Fall unentschuldigter Säumnis genüge getan ist.

(5) Auch im Fall beidseitiger unentschuldigter Säumnis kann ein kontradiktorischer Schiedsspruch ergehen.[14] Das Vorstehende *(1 bis 4)* gilt entsprechend. In der Praxis wird das Schiedsgericht allerdings im Regelfall das Ruhen des Verfahrens anordnen, da beide Parteien ersichtlich kein Interesse an einer Entscheidung haben.[15] Die Vorschrift des § 251a ZPO kann keine Anwendung finden, da Abs. 3 eine zwingende Sonderregelung für den Bereich der Schiedsgerichte enthält.[16]

3. Schweigen einer Partei

8   Dem Fall der **Säumnis einer Partei** wird in Abs. 3 ihr Schweigen trotz gerichtlicher Aufforderung gleichgestellt (»*oder äußert sie sich trotz Aufforderung nicht*«). Damit ist zum einen die Situation gemeint, in der eine Partei zwar erscheint, aber **nicht verhandelt**; zum anderen betrifft die Regelung den Fall, dass die Partei eine ihr in zulässiger Weise aufgegebene **schriftliche Äußerung** nicht abgibt (*z.B. bei einer schriftlichen Fortsetzung des Verfahrens*, s. Rdn. 5).

III. Prozessvertretung (Abs. 2 Satz 2 bis 4)

9   Jede Partei kann den Rechtsstreit vor dem Schiedsgericht selbst führen oder sich durch einen Bevollmächtigten vertreten lassen. Hinsichtlich der Person des Bevollmächtigten gilt grds. § 11 Abs. 2 und 3. Auf die dortige Kommentierung kann verwiesen werden. Die den Tarifvertragsparteien in Abs. 2 Satz 4 Halbs. 2 eingeräumte Möglichkeit, den **Kreis der Prozessvertreter** zu beschränken oder zu erweitern, ist in den Schiedsgerichtsordnungen für den **Bühnenbereich** nicht genutzt worden.

10 Der Bevollmächtigte muss seine Bevollmächtigung **nachweisen**. Dies erfolgt durch eine schriftliche Vollmacht, bei der es sich nicht unbedingt um eine Prozessvollmacht handeln muss. Es muss lediglich deutlich werden, dass Vertretungsmacht für das schiedsgerichtliche Verfahren besteht.[17] Abs. 2 Satz 3 stellt klar, dass eine Beglaubigung der Vollmachtsurkunde – anders als gem. § 80 Abs. 2 ZPO in der bis zum 30.06.2008 geltenden Fassung des Gesetzes – nicht verlangt werden kann. Ein vollmachtloser Vertreter kann, muss aber durch das Schiedsgericht nicht einstweilen zugelassen werden. § 89 ZPO findet keine Anwendung.[18]

11 Tritt ein Rechtsanwalt als Bevollmächtigter auf, ist die Frage der Vollmacht **nicht von Amts wegen** zu prüfen.[19] Eine Bevollmächtigung zu Protokoll des Schiedsgerichts ist ausreichend.[20]

---

13 GMPMG/Germelman § 105 Rn 12; GK-ArbGG/Mikosch § 105 Rn 15; Schwab/Weth-Zimmerling § 105 Rn 16.
14 GK-ArbGG/Mikosch § 105 Rn 17; Schwab/Weth-Zimmerling § 105 Rn 15; a.A. GMPMG/Germelmann § 105 Rn 9.
15 So auch GK-ArbGG/Mikosch § 105 Rn 17; im Ergebnis auch GWBG/Greiner § 105 Rn 7.
16 A.A. offenbar GK-ArbGG/Mikosch § 105 Rn 17.
17 GMPMG/Germelmann § 105 Rn 7; GK-ArbGG/Mikosch § 105 Rn 13; Schwab/Weth-Zimmerling § 105 Rn 14.
18 GMPMG/Germelmann § 105 Rn 7; GWBG/Greiner § 105 Rn 11.
19 Vgl. § 88 Abs. 2 ZPO; so auch GMPMG/Germelmann § 105 Rn 7; GWBG/Greiner § 106 Rn 11; wohl auch Schwab/Weth-Zimmerling § 105 Rn 14; a.A. GK-ArbGG/Mikosch § 105 Rn 13.
20 GWBG/Greiner § 106 Rn 11.

§ 106 Beweisaufnahme

(1) ¹Das Schiedsgericht kann Beweise erheben, soweit die Beweismittel ihm zur Verfügung gestellt werden. ²Zeugen und Sachverständige kann das Schiedsgericht nicht beeidigen, eidesstattliche Versicherungen nicht verlangen oder entgegennehmen.

(2) ¹Hält das Schiedsgericht eine Beweiserhebung für erforderlich, die es nicht vornehmen kann, so ersucht es um die Vornahme den Vorsitzenden desjenigen Arbeitsgerichts oder, falls dies aus Gründen der örtlichen Lage zweckmäßiger ist, dasjenige Amtsgericht, in dessen Bezirk die Beweisaufnahme erfolgen soll. ²Entsprechend ist zu verfahren, wenn das Schiedsgericht die Beeidigung eines Zeugen oder Sachverständigen gemäß § 58 Abs. 2 Satz 1 für notwendig oder eine eidliche Parteivernehmung für sachdienlich erachtet. ³Die durch die Rechtshilfe entstehenden baren Auslagen sind dem Gericht zu ersetzen, die §§ 22 Abs. 1 und 29 des Gerichtskostengesetzes finden entsprechende Anwendung.

Übersicht

	Rdn.
I. Allgemeines	1
II. Beweisaufnahme vor dem Schiedsgericht (Abs. 1)	2
1. Beweismittel	2
2. Form der Beweiserhebung	9
a) Freies Ermessen	9
b) Beeidigungsverbot	10
c) Eidesstattliche Versicherung	11
3. Entschädigung von Zeugen und Sachverständigen	14
III. Das Rechtshilfeverfahren (Abs. 2)	15
1. Voraussetzungen	15
a) Beweisaufnahme	15
b) Unvermögen des Schiedsgerichts	16
c) Insbesondere: Beeidigung	17
d) Weitere Gründe	19
2. Die Rechtshilfeentscheidung des Schiedsgerichts	20
3. Die Rechtshilfegerichte	21
4. Das Verfahren des Rechtshilfegerichts	22
5. Die Kosten der Rechtshilfe (Abs. 2 Satz 3)	25

I. Allgemeines

Die Vorschrift tritt mit ihrem Abs. 1 an die Stelle von §§ 1042 Abs. 4, 1049 ZPO und mit ihrem Abs. 2 an die Stelle des § 1050 ZPO. Sie gehört zu den nach § 104 unverzichtbaren Verfahrensregeln. **1**

II. Beweisaufnahme vor dem Schiedsgericht (Abs. 1)

1. Beweismittel

In erster Linie kommen die **Beweismittel der ZPO** in Betracht, eine **Beschränkung** auf diese ist aber **nicht** vorgesehen. **2**

Die Beweismittel müssen dem Gericht von den Parteien »zur Verfügung gestellt« werden. Die Formulierung in Abs. 1 Satz 1 berücksichtigt die Tatsache, dass das Schiedsgericht über **keinerlei Zwangsmittel** verfügt, um die Beweismittel herbeizuschaffen, also insbesondere, um das Erscheinen von Zeugen, Sachverständigen und Parteien oder die Erstellung eines Gutachtens zu erzwingen. **3**

Aus dem **Fehlen von Zwangsmitteln** kann nicht gefolgert werden, dass auch die **Vorlegung von Urkunden** durch den Prozessgegner der beweisbelasteten Partei (vgl. § 425 ZPO) nicht angeordnet werden kann.¹ Denn die Anordnung zur Vorlage übt keinen Zwang aus. Die Weigerung des Urkundenbesitzers zur Vorlage trotz Anordnung ist vom Schiedsgericht wie nach § 427 ZPO frei zu würdigen.² **4**

Schriftliche **Sachverständigengutachten** können jedenfalls dann vom Schiedsgericht eingeholt werden, wenn beide Parteien dies übereinstimmend beantragen; das Schiedsgericht handelt dann **5**

---
1 So noch Grunsky ArbGG, 7. Aufl., § 106 Rn 5.
2 Jetzt auch GWBG/Greiner § 106 Rn 5; GK-ArbGG/Mikosch § 106 Rn 11.

in Vertretung der Parteien.³ Fehlt es an einem übereinstimmenden Antrag, kann das Schiedsgericht dem auf Einholung eines Sachverständigengutachtens gerichteten Beweisangebot der beweisbelasteten Partei nicht selbst nachgehen, sondern ist auf das Rechtshilfeverfahren gem. Abs. 2 angewiesen. Dies gilt – trotz der ergänzenden Verweisung auf die ZPO in den einschlägigen Schiedsverträgen *(BSchGO und BSchGO-C)* – auch für den **Bühnenbereich**. Denn die Regelung in Abs. 1 steht nicht zur Disposition der Tarifvertragsparteien.⁴ Legt eine der Parteien ein Sachverständigengutachten vor, handelt es sich nicht um eine Beweiserhebung des Bühnenschiedsgerichts, sondern um Parteivortrag.⁵

6   Das vorgeschriebene »Zur-Verfügung-Stellen« bedeutet nicht, dass das Schiedsgericht nicht von sich aus aktiv werden dürfte; es kann also insb. **Zeugen** und **Sachverständige** zum Erscheinen auffordern *(laden)*, auf Antrag beider Parteien ein **Gutachten** in Auftrag geben und **amtliche Auskünfte** einholen.⁶

7   Stellt eine Partei die Beweismittel nicht »zur Verfügung«, obwohl sie dies könnte, kann sie als **beweisfällig** behandelt werden. Das Schiedsgericht kann dann einen **Beweislast-Schiedsspruch** fällen.⁷

8   **Verwertungsverbote**, die sich aus der rechtswidrigen Erlangung der Beweismittel ergeben, sind vom Schiedsgericht zu beachten.⁸ Dies folgt daraus, dass die Verwertungsverbote dem Schutz von Rechtsgütern mit Verfassungsrang dienen.

2. Form der Beweiserhebung

a) Freies Ermessen

9   Eine bestimmte Form der Beweiserhebung ist **nicht vorgeschrieben**. Grds. kommt damit gem. § 104 das **freie Ermessen des Schiedsgerichts** zum Tragen. Aus dem stets zu beachtenden Grundsatz des **rechtlichen Gehörs** folgt,⁹ dass eine mündliche Vernehmung von Zeugen und Sachverständigen im Termin zur mündlichen Anhörung durchzuführen ist. Beiden Parteien muss die Gelegenheit gegeben werden, Fragen zu stellen und zum Ergebnis der Vernehmung Stellung zu nehmen. Möglich ist es auch, **schriftliche Äußerungen** der Zeugen und Sachverständigen einzuholen. Den Parteien muss in diesem Fall vor der Verwertung der Äußerungen Gelegenheit zur Kenntnis- und Stellungnahme gegeben werden (wie in § 377 Abs. 3 ZPO).¹⁰ Im Schiedsgerichtsverfahren gelten nicht zwingend die **Verhandlungsmaxime** und der **Beibringungsgrundsatz**.¹¹ Für den Bühnenbereich ergibt sich allerdings aus der ergänzenden Bezugnahme auf die ZPO und das ArbGG in den tariflichen Bühnenschiedsordnungen, dass diese zivilprozessualen Grundsätze zur Anwendung kommen.

b) Beeidigungsverbot

10 Das Schiedsgericht darf nicht beeidigen; das gilt nicht nur in Bezug auf die in **Abs. 1 Satz 2** erwähnten **Zeugen** und **Sachverständigen**, sondern ebenso für die **Parteivernehmung** *(arg. Abs. 2 Satz 2)*. Da das Schiedsgericht keine »zur eidlichen Vernehmung zuständige Stelle« ist, ist **§ 153 StGB** nicht

---

3   BGH, 19.11.1964 – VII ZR 8/63, NJW 1965, 298; GMPMG/Germelmann § 106 Rn 2; GK-ArbGG/Mikosch § 106 Rn 12; GWBG/Greiner § 106 Rn 6; Schwab/Weth-Zimmerling § 106 Rn 3.
4   Anders noch die 2. Auflage.
5   GK-ArbGG/Mikosch § 106 Rn 12; a.A. GMPMG/Germelmann § 106 Rn 2; Schwab/Weth-Zimmerling § 106 Rn 3.
6   GMPMG/Germelmann § 106 Rn 3; Schwab/Weth-Zimmerling § 106 Rn 6.
7   GMPMG/Germelmann § 106 Rn 7; GK-ArbGG/Mikosch § 106 Rn 13; GWBG/Greiner § 106 Rn 9; Schwab/Weth-Zimmerling § 106 Rn 12.
8   Zweifelnd noch die 2. Auflage; zu den Verwertungsverboten s.a. GMPMG/Prütting § 58 Rn 34 ff. m.w.N.
9   Vgl. § 104 Rdn. 18.
10 GMPMG/Germelmann § 106 Rn 4; GK-ArbGG/Mikosch § 106 Rn 7; Schwab/Weth-Zimmerling § 106 Rn 6.
11 GK-ArbGG/Mikosch § 106 Rn 5; Schwab/Weth-Zimmerling § 106 Rn 2; a.A. GMPMG/Germelmann § 106 Rn 3.

anwendbar. Eine **Falschaussage vor dem Schiedsgericht** ist deshalb *(als solche)* nicht strafbar; ggf. kann sie allerdings die Voraussetzungen des Betrugstatbestandes erfüllen.[12] Ein Verstoß gegen das Beeidigungsverbot ist ein **Aufhebungsgrund** gem. § 110, es sei denn, es kann ausgeschlossen werden, dass der Umstand der Beeidigung der Aussage die Entscheidung des Schiedsgerichts beeinflusst hat.[13]

c) Eidesstattliche Versicherung

Die Entgegennahme einer eidesstattlichen Versicherung durch das Schiedsgericht ist unzulässig. Wird durch eine Partei eine eidesstattliche Versicherung abgegeben, kann das Schiedsgericht den Inhalt aber **frei würdigen**. Damit in diesem Fall kein **Aufhebungsgrund** i.S.d. § 110 entsteht, ist im Schiedsspruch hervorzuheben, dass das eidesstattlich Versicherte bei der Entscheidungsfindung entweder gar nicht oder aber nur als nicht versicherter Vortrag gewürdigt worden ist.[14] Eine an anderer, zur Entgegennahme berechtigten, Stelle in zulässiger Weise abgegebene eidesstattliche Versicherung kann von der Partei eingereicht werden. Sie ist vom Schiedsgericht im Rahmen des ihm eingeräumten Ermessens wie jedes andere Beweismittel zu würdigen.[15]

11

Bei der Zurückweisung eidesstattlicher Versicherungen ist darauf zu achten, dass **keine Rechtsverkürzung** zulasten einer Partei eintritt, die nach der Prozesslage zur **Glaubhaftmachung** aufgerufen ist. Solche prozessualen Konstellationen treten auch im Schiedsverfahren auf. Dies ist z.B. dann der Fall, wenn der Schiedsvertrag – wie im **Bühnenbereich** – die *(ergänzende)* Anwendung der ZPO und damit des **Wiedereinsetzungsverfahrens** gem. §§ 233 ff. ZPO nach einer Fristversäumung vorsieht. Praktische Auswirkung hat die fehlende Befugnis des Schiedsgerichts, eidesstattliche Versicherungen entgegenzunehmen, aber v.a. dann, wenn in **Kündigungsschutzverfahren** die Klagefrist des § 4 KSchG versäumt worden und deshalb das Zulassungsverfahren nach § 5 KSchG durchzuführen ist.

12

Kann das Schiedsgericht sich in diesen Fällen keine Überzeugung aufgrund einfacher *(nicht eidesstattlicher)* Versicherung bilden, ist der Partei dadurch zu helfen, dass die **eidesstattliche Versicherung** in **entsprechender Anwendung von § 106 Abs. 2 Satz 2** zugelassen wird (s. hierzu und zum weiteren Verfahren § 104 Rdn. 8 ff.).[16] Wie im Fall eidlicher Parteivernehmung sind also die staatlichen Gerichte im Wege der **Rechtshilfe** einzuschalten. Die eidesstattliche Versicherung ist vor dem ArbG abzugeben, das diese alsdann an das Schiedsgericht weiterzuleiten hat. Entsprechend ist ggf. i.R.d. **Wiedereinsetzungsverfahrens** nach §§ 233 ff. ZPO vorzugehen.

13

3. Entschädigung von Zeugen und Sachverständigen

Das Schiedsgericht hat Zeugen und Sachverständige nicht zu entschädigen, wenn der Schiedsvertrag solches nicht vorsieht. Im Bühnenbereich ist eine solche Verpflichtung nicht vorgesehen. Sie kann auch nicht aus der Verweisung der Schiedsverträge auf GKG, ArbGG und ZPO entnommen werden. Hat der **Beweisführer** Zahlungen an Sachverständige oder Zeugen erbracht, findet der entsprechende Aufwand Eingang in den kostenrechtlichen Erstattungsanspruch.[17] Das folgt aus der Verpflichtung der Parteien, die dem Schiedsgericht Beweismittel »zur Verfügung« zu stellen haben *(vgl. Abs. 1 Satz 1).*

14

III. Das Rechtshilfeverfahren (Abs. 2)

1. Voraussetzungen

a) Beweisaufnahme

Um Rechtshilfe kann das Schiedsgericht die staatlichen Gerichte **nur zur Durchführung von Beweisaufnahmen** ersuchen, nicht zur Vornahme sonstiger richterlicher Handlungen wie im Anwendungs-

15

---

[12] Schwab/Weth-Zimmerling § 106 Rn 10.
[13] GMPMG/Germelmann § 106 Rn 10.
[14] GMPMG/Germelmann § 106 Rn 10; GK-ArbGG/Mikosch § 106 Rn 9; GWBG/Greiner § 106 Rn 11.
[15] GMPMG/Germelmann § 106 Rn 8.
[16] GWBG-Greiner § 106 Rn 11; a.A. GK-ArbGG/Mikosch § 106 Rn 16.
[17] GMPMG/Germelmann § 106 Rn 5; Schwab/Weth-Zimmerling § 106 Rn 9.

bereich des § 1050 ZPO. Sind derartige Handlungen – etwa eine öffentliche Zustellung oder eine Auslandszustellung – erforderlich, aber vom Schiedsgericht nicht durchführbar, kann das Schiedsverfahren nicht durchgeführt werden. Dies ist den Parteien ggf. gem. § 102 Abs. 2 Nr. 4 anzuzeigen.[18] Im **Bühnenbereich** hat dies kaum praktische Auswirkungen, da **Ladungen vor das Schiedsgericht** formlos und **Zustellungen** durch eingeschriebenen Brief mit Rückschein erfolgen können.[19]

b) Unvermögen des Schiedsgerichts

16   Ein **Rechtshilfeersuchen** kommt in Betracht, wenn eine Beweiserhebung durchzuführen ist, die das Schiedsgericht **nicht vornehmen kann**. Die Gründe für dieses Unvermögen können in der **fehlenden Zwangsgewalt des Schiedsgerichts** liegen, wenn nämlich Zeugen etc. nicht erscheinungs- bzw. mitwirkungswillig sind und die staatlichen Zwangsmittel zur Herbeiführung ihrer Mitwirkung erforderlich erscheinen. Auch dann, wenn sich lediglich eine Partei zum Beweis einer entscheidungserheblichen Tatsache auf ein **Sachverständigengutachten** beruft, sind die Schiedsgerichte auf die Rechtshilfe durch die staatlichen Gerichte angewiesen (s. Rdn. 5).

c) Insbesondere: Beeidigung

17   Einen ausdrücklich geregelten Grund für das Ersuchen um Rechtshilfe enthält Abs. 2 Satz 2 *(Beeidigung)*. Das Ersuchen um Beeidigung kann mit dem Ersuchen um Vernehmung verbunden werden, wenn das Schiedsgericht von vornherein eine beeidigte Aussage für notwendig hält.[20]

18   **Abs. 2 Satz 2** verpflichtet das Schiedsgericht zur Beachtung des **§ 58 Abs. 2 Satz 1**. Die Verweisung will das Schiedsgericht an die **verschärften Voraussetzungen** binden, unter denen im Verfahren vor den Gerichten für Arbeitssachen eine **Beeidigung** von Zeugen und Sachverständigen überhaupt in Betracht kommt: Zum einen ist also die Entscheidung, eine Beeidigung durchzuführen, vom **gesamten Spruchkörper** zu fällen; zum anderen muss das Gericht die Beeidigung für die Entscheidung des Rechtsstreits »für **notwendig**« erachten. Aus der Verweisung ist aber **nicht** zu folgern, dass das **Rechtshilfegericht** die diesbezügliche Willensbildung des Schiedsgerichts **zu überprüfen** hat; diese Befugnis steht ihm nicht zu.[21]

d) Weitere Gründe

19   Darüber hinaus kommen alle die Gründe in Betracht, die auch die **staatlichen Gerichte untereinander** zur **Rechtshilfe** bei der Beweisaufnahme verpflichten.[22]

2. Die Rechtshilfeentscheidung des Schiedsgerichts

20   Ob ein Rechtshilfeersuchen einzuleiten ist, entscheidet das Schiedsgericht nach dem ihm von § 104 eingeräumten **freien Ermessen**, das die ersuchten staatlichen Gerichte nicht zu überprüfen haben.[23] Die Entscheidung ist vom gesamten Schiedsgericht als Spruchkörper zu treffen. Der tarifliche Schiedsvertrag kann etwas anderes vorsehen,[24] soweit es nicht um Ersuchen geht, die eine **Beeidigung** zum Ziel haben. Hier ist durch die gesetzliche Regelung *(§ 58 Abs. 2 Satz 1)* die Entscheidung des gesamten Spruchkörpers vorgeschrieben.

---

18   So auch GMPMG/Germelmann § 106 Rn 12; GK-ArbGG/Mikosch § 106 Rn 15; GWBG/Greiner § 106 Rn 13.
19   §§ 11 BSchGO/BSchGO-C.
20   GMPMG/Germelmann § 106 Rn 9; GK-ArbGG/Mikosch § 106 Rn 10; Schwab/Weth-Zimmerling § 106 Rn 17.
21   GMPMG/Germelmann § 106 Rn 17; GK-ArbGG/Mikosch § 106 Rn 19; Schwab/Weth-Zimmerling § 106 Rn 14.
22   § 13 ArbGG, §§ 156 ff. GVG, §§ 375, 402, 434, 451 ZPO.
23   GMPMG/Germelmann § 106 Rn 17; GK-ArbGG/Mikosch § 106 Rn 19; Schwab/Weth-Zimmerling § 106 Rn 14.
24   GMPMG/Germelmann § 106 Rn 13.

3. Die Rechtshilfegerichte

Im **Bühnenbereich** sieht der **Schiedsvertrag** für die auf NV Bühne beschäftigten Mitglieder in erster Linie eine Rechtshilfeverpflichtung der **Schiedsgerichte** untereinander vor und lässt eine Inanspruchnahme der staatlichen Gerichte erst in zweiter Linie zu.[25] I.Ü. ist das **Arbeits- oder Amtsgericht** zu ersuchen, in dessen Bezirk die Beweisaufnahme erfolgen soll.[26] Die Auswahl zwischen Arbeits- oder Amtsgericht hat allein nach örtlichen Gesichtspunkten zu erfolgen. Trotz der Formulierung des Abs. 2 Satz 1 (*»den Vorsitzenden desjenigen Arbeitsgerichts«*) kann das Ersuchen nur an die Behörde gerichtet werden, da die interne Zuständigkeitsverteilung innerhalb des ArbG dessen Geschäftsverteilung vorbehalten ist. Wie stets meint das Gesetz mit dem »Vorsitzenden des Arbeitsgerichts« nicht den Behördenleiter, sondern den zuständigen Kammervorsitzenden.

21

4. Das Verfahren des Rechtshilfegerichts

Die **Beweisaufnahme** wird vom ersuchten staatlichen Gericht so durchgeführt, als wenn es von einem anderen staatlichen Gericht ersucht worden wäre. Den Parteien ist die Möglichkeit zur Teilnahme einzuräumen (vgl. § 357 ZPO). **Zuständig** ist das Arbeitsgericht, in dessen Bezirk die Beweisaufnahme durchgeführt werden soll. Ggf. kann aus Gründen der örtlichen Lage das AG um Rechtshilfe ersucht werden. Die Bestimmung des für die Durchführung der Maßnahme zuständigen Vorsitzenden richtet sich nach dem Geschäftsverteilungsplan des ersuchten Gerichts.

22

Die Bestimmungen des Rechtshilfeverfahrens, also § 13 i.V.m. §§ 156 ff. GVG, finden entsprechend Anwendung.[27] Das ersuchte Gericht hat von Amts wegen zu prüfen,[28] ob die allgemeinen Voraussetzungen für die Durchführung eines Schiedsverfahrens gegeben sind, ob der Schiedsvertrag wirksam vereinbart worden ist, ob die Voraussetzungen des § 106 Abs. 2 vorliegen und ob der auszuführende Beweisbeschluss deshalb unzulässig ist, weil er keine bestimmten Tatsachen enthält, die durch den Rechtshilferichter festgestellt werden sollen.[29] Die Prüfungskompetenz des ersuchten Gerichts ergibt sich daraus, dass eine Inanspruchnahme staatlicher Gerichte nur bei Vorliegen der gesetzlichen Anforderungen erfolgen kann.[30] Die Notwendigkeit der Beweisaufnahme unterliegt nicht der Überprüfung durch das ersuchte Gericht. Es hat nicht zu prüfen, ob der unter Beweis gestellte Sachvortrag schlüssig oder entscheidungserheblich ist.[31]

23

Das staatliche **Rechtshilfegericht** hat bei der Durchführung des Ersuchens alle **Zwangsmittel**, die ihm zur Verfügung stünden, wenn es das Gericht der Hauptsache wäre.

24

5. Die Kosten der Rechtshilfe (Abs. 2 Satz 3)

Das Rechtshilfegericht hat **Anspruch auf Auslagenersatz**. Der Anspruch richtet sich nicht gegen das Schiedsgericht, sondern gegen den **Kostenschuldner des GKG**, wie aus der Verweisung auf §§ 22 Abs. 1, 29 GKG folgt. Kostenschuldner ist die Partei, die das Schiedsgerichtsverfahren betreibt.[32] Zu ersetzen sind **nur** die »baren Auslagen«, also v.a. Zeugen- und Sachverständigengebühren; **Gerichtsgebühren** werden hingegen vom staatlichen Rechtshilfegericht nicht erhoben.

25

---

25 § 23 Abs. 2 BSchGO.
26 Vgl. § 13.
27 GMPMG/Germelmann § 106 Rn 17; GK-ArbGG/Mikosch § 106 Rn 17 f.
28 Allg. Auff., vgl. GMPMG/Germelmann § 106 Rn 17; GK-ArbGG/Mikosch § 106 Rn 18; GWBG/Greiner § 106 Rn 16; Schwab/Weth-Zimmerling § 106 Rn 14.
29 Vgl. BAG, 16.01.1991 – 4 AS 7/90, NJW 1991, 1252.
30 GK-ArbGG/Mikosch § 106 Rn 18; GWBG/Greiner § 106 Rn 15; die einschränkende Auff. der 2. Auflage wird aufgegeben.
31 GK-ArbGG/Mikosch § 106 Rn 19; Schwab/Weth-Zimmerling § 106 Rn 14.
32 GMPMG/Germelmann § 106 Rn 18; GK-ArbGG/Mikosch § 106 Rn 22; Schwab/Weth-Zimmerling § 106 Rn 21, der insoweit Bedenken wegen der fehlenden Möglichkeit, im schiedsgerichtlichen Verfahren PKH zu beantragen, geltend macht.

Voßkühler

26 Ist die klagende Partei aufgrund ihrer persönlichen und wirtschaftlichen Verhältnisse nicht in der Lage, die mit der Durchführung einer Beweisaufnahme vor dem Arbeitsgericht verbundenen Kosten zu tragen und zeigt die Partei dies dem Schiedsgericht an, hat das Schiedsgericht die Unmöglichkeit eines Schiedsspruchs nach § 102 Abs. 2 Nr. 4 auszusprechen und so das Verfahren zu den staatlichen Gerichten zu eröffnen (s.a. § 102 Rdn. 27).[33]

§ 107 Vergleich

Ein vor dem Schiedsgericht geschlossener Vergleich ist unter Angabe des Tages seines Zustandekommens von den Streitparteien und den Mitgliedern des Schiedsgerichts zu unterschreiben.

Übersicht	Rdn.		Rdn.
I. Allgemeines	1	II. Formalien des § 107	6
1. Verhältnis zur ZPO	1	1. Adressat	6
2. Allgemeine Voraussetzungen für den »schiedsrichterlichen Vergleich«	2	2. Datumsangabe	7
		3. Unterschriften	8
3. Kostenfolge des Vergleichs	4	4. Rücktrittsvergleich und Vergleich auf Widerruf	11
4. Vollstreckung aus dem Vergleich	5		

I. Allgemeines

1. Verhältnis zur ZPO

1 Die Vorschrift tritt an die Stelle des § 1053 ZPO. § 107 regelt nur das Verfahren, für den Inhalt des Vergleichs gilt § 779 BGB.[1]

2. Allgemeine Voraussetzungen für den »schiedsrichterlichen Vergleich«

2 Durch den »**schiedsrichterlichen Vergleich**« wird ein schiedsgerichtliches Verfahren des ArbGG – ganz oder teilweise – **beendet**. Der schiedsrichterliche Vergleich setzt also ein bereits **anhängiges Schiedsverfahren** voraus.

3 Der Abschluss des Vergleichs vor einem **örtlich unzuständigen Schiedsgericht** ist möglich, da auf die Rüge der örtlichen Unzuständigkeit verzichtet werden kann.[2] Das Schiedsgericht muss aber für die durch Vergleich erledigten Regelungsgegenstände sachlich **zuständig** sein. Das Schiedsgericht kann gem. §§ 107, 109 keine Vollstreckungstitel außerhalb seines Zuständigkeitsbereichs schaffen.[3]

3. Kostenfolge des Vergleichs

4 Die Auswirkungen auf die **Kosten des Schiedsgerichtsverfahrens** regelt der tarifliche Schiedsvertrag. Schweigt dieser, ist im Zweifel anzunehmen, dass die Tarifvertragsparteien die Kostenfolge des **§ 98 ZPO** gewollt haben.[4] Vor den **Bühnenschiedsgerichten** mindern sich die zu erhebenden **Gerichtskosten** auf 1 % des Streitwertes.[5]

4. Vollstreckung aus dem Vergleich

5 Bei einem Schiedsvergleich handelt es sich nicht um einen Prozessvergleich nach § 794 Abs. 1 Nr. 1 ZPO.[6] Eine **Zwangsvollstreckung aus dem schiedsrichterlichen Vergleich** setzt die Beach-

---

33 GWBG/Greiner § 106 Rn 17; Schwab/Weth-Zimmerling § 106 Rn 22.
1 GMPMG/Germelmann § 107 Rn 1.
2 GWBG/Greiner § 107 Rn 6.
3 GK-ArbGG/Mikosch § 107 Rn 6; Schwab/Weth-Zimmerling § 107 Rn 6.
4 GWBG/Greiner § 108 Rn 9; Schwab/Weth-Zimmerling § 107 Rn 15.
5 §§ 13 Abs. 2 BSchGO/BSchGO-C.
6 GWBG/Greiner § 107 Rn 2; GMPMG/Germelmann § 107 Rn 2.

tung der Formalien des § 107 sowie ein Vollstreckbarkeitsverfahren nach § 109 voraus. Nicht erforderlich ist, dass der Vergleich bei einem staatlichen Gericht niedergelegt wird (vgl. § 108 Abs. 3 Satz 1). In der Praxis ist dies jedoch sinnvoll, da der Vergleich – nach Durchführung des Vollstreckbarkeitsverfahrens – ein Vollstreckungstitel ist.[7] Das Vollstreckbarkeitsverfahren nach § 109 ist auch dann unverzichtbar, wenn sich der Schuldner der sofortigen Zwangsvollstreckung unterwirft, denn das Schiedsgericht ist kein staatliches Gericht i.S.v. § 794 Abs. 1 Nr. 1 ZPO und keine Institution i.S.v. § 794 Abs. 1 Nr. 5 ZPO. Sind die Parteien anwaltlich vertreten, steht ihnen alternativ die Möglichkeit offen, den Vergleich als Anwaltsvergleich nach § 796a ZPO abzuschließen und die Vollstreckbarkeit nach § 796b oder § 796c ZPO herbeizuführen.[8]

II. Formalien des § 107

1. Adressat

Der **Vergleich** muss »**vor dem Schiedsgericht**« geschlossen werden; das ist dann der Fall, wenn die Streitparteien die ihn bildenden Erklärungen dem Schiedsgericht ggü. abgeben – sei es **mündlich** in einer Verhandlung oder **schriftlich** durch Übersendung einer allseits unterschriebenen Urkunde.[9]

6

2. Datumsangabe

Der anzugebende »**Tag des Zustandekommens**« ist der Tag, an dem der **Schiedsvergleich** wirksam wird, also der Tag, an dem die letzte der erforderlichen Unterschriften geleistet wird. Eine **fehlerhafte** oder **unterbliebene Angabe** dieses Tages berührt allerdings nicht die Wirksamkeit des Vergleichs. Die Datumsangabe kann jederzeit durch den Vorsitzenden des Schiedsgerichts nachgeholt werden.[10]

7

3. Unterschriften

Einen der Vollstreckbarkeitserklärung nach § 109 zugänglichen **Vollstreckungstitel** bildet der schiedsrichterliche Vergleich nur mit allen vorgeschriebenen Unterschriften, also den Unterschriften der Parteien und aller Schiedsrichter *(mitunter ein sehr unpraktikables Verfahren, wenn der Vergleich in mündlicher Verhandlung geschlossen wird und eine Reinschrift des ausgehandelten Textes erst noch zu fertigen ist)*. Die Parteien können sich durch ihre Bevollmächtigten vertreten lassen.[11] Diese Formvorschrift schließt ein Vorgehen nach § 278 Abs. 6 ZPO auch dort aus, wo – wie im Bühnenbereich – die ZPO wegen der ergänzenden Bezugnahme in der tariflichen Schiedsvereinbarung zur Anwendung kommt.[12] Die Praxis nutzt das Instrument des (schieds-)gerichtlichen Vergleichsvorschlags dennoch und hilft sich, indem nach Zustimmung der Parteien zu dem Vergleichsvorschlag ein entsprechender, von den Schiedsrichtern unterzeichneter Vergleichstext zur Unterschrift an die Parteien übersandt wird.

8

Werden zwingende Formvorschriften des § 107 nicht eingehalten, ist kein Schiedsvergleich, sondern lediglich ein **bürgerlich-rechtlicher Vergleich** gemäß § 779 BGB zustande gekommen.[13] Eine Vollstreckbarkeitserklärung scheidet aus. Das Schiedsverfahren wird nur durch einen Vergleich beendet, der den Anforderungen des § 107 entspricht.[14]

9

---

7 So auch GMPMG/Germelmann § 107 Rn 11.
8 GMPMG/Germelmann § 107 Rn 2; s. auch Schwab/Weth-Zimmerling § 107 Rn 14.
9 ErfK/Koch § 110 ArbGG Rn 7; GK-ArbGG/Mikosch § 107 Rn 7; GWBG/Greiner § 107 Rn 5.
10 So auch GK-ArbGG/Mikosch § 107 Rn 5; GWBG/Greiner § 107 Rn 5; Schwab/Weth-Zimmerling § 107 Rn 4; anders noch die 2. Auflage für den Fall der unterbliebenen Datumsangabe.
11 GMPMG/Germelmann § 107 Rn 5; Schwab/Weth-Zimmerling § 107 Rn 3.
12 GK-ArbGG/Mikosch § 107 Rn 3; Schwab/Weth-Zimmerling § 107 Rn 4.
13 GMPMG/Germelmann § 107 Rn 7; Schwab/Weth-Zimmerling § 107 Rn 8.
14 GK-ArbGG/Mikosch § 107 Rn 9; Schwab/Weth-Zimmerling § 107 Rn 10.

§ 108 ArbGG Schiedsspruch

10 Die Unterschriften der Streitparteien genügen einem evtl. nach §§ 126, 127 BGB zu erfüllenden **Schriftformerfordernis**, ersetzen jedoch keine **notarielle Beurkundung**, auch nicht i.V.m. den Unterschriften der Schiedsrichter.

4. Rücktrittsvergleich und Vergleich auf Widerruf

11 Der Abschluss eines Schiedsvergleichs ist unter einer auflösenden Bedingung (Rücktrittsvorbehalt) oder einer aufschiebenden Bedingung (Widerrufsvorbehalt) möglich.[15] Ggf. muss das ArbG im **Vollstreckbarkeitsverfahren** des § 109 – in erster Linie durch Anhörung des Antragsgegners – überprüfen, ob ein Rücktritt erfolgt ist bzw. ob der Vergleich unwiderrufen geblieben ist. Wird der Schiedsvergleich – wegen Irrtums oder arglistiger Täuschung – angefochten, ist das Schiedsverfahren fortzusetzen. Das Schiedsgericht muss durch Schiedsspruch feststellen, ob das Verfahren durch den Vergleich wirksam beendet worden ist oder nicht.[16]

§ 108 Schiedsspruch

(1) Der Schiedsspruch ergeht mit einfacher Mehrheit der Stimmen der Mitglieder des Schiedsgerichts, falls der Schiedsvertrag nichts anderes bestimmt.

(2) ¹Der Schiedsspruch ist unter Angabe des Tages seiner Fällung von den Mitgliedern des Schiedsgerichts zu unterschreiben und muss schriftlich begründet werden, soweit die Parteien nicht auf schriftliche Begründung ausdrücklich verzichten. ²Eine vom Verhandlungsleiter unterschriebene Ausfertigung des Schiedsspruchs ist jeder Streitpartei zuzustellen. ³Die Zustellung kann durch eingeschriebenen Brief gegen Rückschein erfolgen.

(3) ¹Eine vom Verhandlungsleiter unterschriebene Ausfertigung des Schiedsspruchs soll bei dem Arbeitsgericht, das für die Geltendmachung des Anspruchs zuständig wäre, niedergelegt werden. ²Die Akten des Schiedsgerichts oder Teile der Akten können ebenfalls dort niedergelegt werden.

(4) Der Schiedsspruch hat unter den Parteien dieselben Wirkungen wie ein rechtskräftiges Urteil des Arbeitsgerichts.

Übersicht	Rdn.		Rdn.
I. Allgemeines	1	V. Zustellung des Schiedsspruchs (Abs. 2 Satz 2 und 3)	19
II. Wesen und Erscheinungsformen des Schiedsspruchs	2	1. Gegenstand der Zustellung	19
1. Wesen	2	2. Zustellungsarten	22
2. Kostenentscheidung und -festsetzung	5	3. Zustellungsadressat	25
		4. Folgen der Zustellung	26
3. Anzuwendende gesetzliche Vorschriften	10	5. Verkündung des Schiedsspruchs	27
		VI. Wirkungen des Schiedsspruchs (Abs. 4)	28
III. Die Entscheidungsfindung (Abs. 1)	11	1. Urteilsgleiche Wirkung	28
IV. Die urkundlichen Formalien des Schiedsspruchs (Abs. 2 Satz 1)	13	2. Zeitpunkt der Wirkung	32
1. Datumsangabe	13	3. Subjektive Reichweite der Wirkung	33
2. Unterschriften	14	4. Korrekturen der Rechtskraftwirkung	34
3. Schriftliche Begründung	16	VII. Niederlegung (Abs. 3)	35
4. Rechtsmittelbelehrung	18		

---

[15] GMPMG/Germelmann § 107 Rn 9; vgl. zum Rücktritts- und Widerrufsvorbehalt BAG, 05.11.2003 – 10 AZB 38/03, NZA 2004, 117 ff.
[16] GK-ArbGG/Mikosch § 107 Rn 10; GWBG/Greiner § 107 Rn 7; Schwab/Weth-Zimmerling § 107 Rn 11.

I. Allgemeines

Die Vorschrift tritt an die Stelle der §§ 1052, 1054 f. ZPO. Werden die Formvorgaben nicht beachtet, ist kein Schiedsspruch zustande gekommen, das Schiedsverfahren mithin nicht beendet. 1

II. Wesen und Erscheinungsformen des Schiedsspruchs

1. Wesen

»Schiedsspruch« ist die Entscheidung des Schiedsgerichts, die das Verfahren – ganz oder teilweise (»*Teilschiedsspruch*«) – **erledigt** und insoweit das **Urteil** im staatlichen Verfahren vertritt *(vgl. Abs. 4)*. Mangels verfahrensbeendender Wirkung sind verfahrensfördernde Beschlüsse wie **Beweis- und Auflagenbeschlüsse** sowie **Wiedereinsetzungsbeschlüsse keine Schiedssprüche** i.S.d. Gesetzes *(mit der Folge, dass sie nicht Gegenstand einer Aufhebungsklage sein können, also nicht gesondert durch die staatlichen Gerichte überprüft werden können).* 2

Hält das **Schiedsgericht** sich **für sachlich unzuständig**, hat es die Klage als unzulässig abzuweisen. Der Weg über eine Anzeige gem. § 102 Abs. 2 Nr. 4, durch die das Schiedsgericht mitteilt, dass die Abgabe eines Schiedsspruchs »unmöglich« ist, ist der Situation im Regelfall nicht angemessen.[1] Denn eine solche Anzeige ist nicht geeignet, die Zuständigkeitsfrage rechtlich mit einer für das Arbeitsgericht verbindlichen Wirkung zu klären (vgl. hierzu § 102 Rdn. 8). Zudem entzieht das Schiedsgericht seine Rechtsauffassung zur Frage der Zuständigkeit bei einer solchen Anzeige einer Überprüfung durch die staatlichen Gerichte (§ 110) bzw. – bei einem zweistufigen Aufbau der Schiedsgerichtsbarkeit – durch das Oberschiedsgericht. 3

Mit dem »**Schiedsspruch**« ist in § 108 **nicht nur die Formel** *(Tenor)*, sondern die vollständig abgefasste Entscheidung einschließlich der schriftlichen Begründung gemeint. Dies hat zur Folge, dass auch die Gründe von allen Schiedsgerichtsmitgliedern zu unterzeichnen sind. Die Unterzeichnung des Tenors reicht nicht aus.[2] Sieht der Schiedsvertrag – wie im **Bühnenbereich** – eine Rechtsmittelinstanz *(Oberschiedsgericht)* vor, müssen die Schiedssprüche beider Instanzen den formalen Anforderungen des § 108 genügen. Nur der Schiedsspruch des Oberschiedsgerichts unterliegt der Aufhebungsklage des § 110. 4

2. Kostenentscheidung und -festsetzung

Die **Kostengrundentscheidung** gehört zum Schiedsspruch, es sei denn, der tarifliche Schiedsvertrag sieht etwas anderes vor. Soweit der Schiedsvertrag keine eigenständigen Regelungen enthält, sind die **§§ 91 ff. ZPO** entsprechend anwendbar.[3] Die Kostengrundentscheidung kann nach der Vollstreckbarkeitserklärung gem. § 109 Grundlage für die Zwangsvollstreckung sein.[4] 5

Ist – etwa nach **Erledigung der Hauptsache** (§ 91a ZPO)[5] – nur noch über die **Kosten** zu entscheiden, ist die Entscheidung nur dann **als Grundlage für die Vollstreckung** geeignet, wenn sie durch **Schiedsspruch** ergeht. 6

Enthält der tarifliche Schiedsvertrag keine abweichenden Regelungen, muss auch die **Kostenfestsetzung**, also die ziffernmäßige Festsetzung der Kosten, im Wege des Schiedsspruchs ergehen, damit eine Vollstreckbarkeitserklärung erfolgen kann. Denn die Kostengrundentscheidung als solche hat 7

---

1 GWBG/Greiner § 108 Rn 2; a.A. GK-ArbGG/Mikosch § 108 Rn 6; vgl. zum Weg über § 102 Abs. 2 Nr. 4 auch BAG, 04.10.1974 – 5 AZR 550/73, NJW 1975, 408.
2 GMPMG/Germelmann § 108 Rn 13; GK-ArbGG/Mikosch § 108 Rn 10; GWBG/Greiner § 108 Rn 10; Schwab/Weth-Zimmerling § 108 Rn 12.
3 GMPMG/Germelmann § 108 Rn 10; GK-ArbGG/Mikosch § 108 Rn 7; GWBG/Greiner § 108 Rn 3; Schwab/Weth-Zimmerling § 108 Rn 13; vgl. auch BGH, 25.11.1976 – III ZR 112/74, DB 1977, 1502.
4 GMPMG/Germelmann § 108 Rn 10; GWBG/Greiner § 108 Rn 3.
5 Vgl. GK-ArbGG/Mikosch § 108 Rn 7.

keinen vollstreckungsfähigen Inhalt.⁶ Das Schiedsgericht kann daher, sofern der Schiedsvertrag nichts Abweichendes vorsieht, die **Kostengrundentscheidung** in seinem Schiedsspruch durch einen weiteren Schiedsspruch über die **Höhe** der zu erstattenden Kosten **ergänzen**.⁷ Dieser ergänzende Schiedsspruch kann nach § 109 für vollstreckbar erklärt werden, sofern die Förmlichkeiten des § 108 eingehalten werden. Der tarifliche Schiedsvertrag kann vorsehen, dass der **Streitwert** des Verfahrens im Schiedsspruch festzusetzen ist. In diesem Fall sind §§ 42 Abs. 1 bis 3 GKG sowie §§ 3 ff. ZPO entsprechend anwendbar.⁸

8 Sieht ein tariflicher Schiedsvertrag ein **vereinfachtes Kostenfestsetzungsverfahren** vor, ist dies zulässig. Aus der gesetzlichen Regelung des § 108 lässt sich eine zwingende Verpflichtung, die Kostenfestsetzung im Wege des Schiedsspruchs vorzunehmen, nicht herleiten. Vielmehr ist in Abs. 3 festgelegt, dass der Schiedsspruch unter den Parteien dieselben Wirkungen hat wie ein arbeitsgerichtliches Urteil. Im arbeitsgerichtlichen Urteil wird aber keine Entscheidung zur Kostenfestsetzung, sondern nur eine Kostengrundentscheidung getroffen. Die Regelung in § 13 Abs. 5 Satz 2 und 3 BSchGO, derzufolge der Obmann in einem gesonderten Verfahren ohne Hinzuziehung der Beisitzer über die Kostenfestsetzung durch einen Beschluss entscheidet, begegnet deshalb keinen Bedenken. Der Beschluss hat schiedsspruchersetzende Wirkung und kann für vollstreckbar erklärt werden.⁹ Denn bei der Kostenfestsetzung handelt es sich um die formale Umsetzung dessen, was durch die Kostenentscheidung im Schiedsspruch bzw. im Urteil des Aufhebungsklageverfahrens entschieden worden ist.

9 Größere Rechtssicherheit bringt der in § 13 Abs. 7 BSchGO-C vorgesehene Weg: Die Regelung ermöglicht es dem Kostengläubiger, zur Herbeiführung der Vollstreckbarkeit der Kostenerstattungsforderung einen Antrag auf Entscheidung durch Schiedsspruch oder auf Ergänzung eines schon gefällten Schiedsspruchs des Schiedsgerichts zu stellen. Eine Möglichkeit, die Kostenfestsetzung gegen die eigene Partei zu erreichen und durch das ArbG für vollstreckbar zu erklären, besteht mangels Rechtsgrundlage nicht. Auch das Schiedsgericht kann seine Kostenforderung gegen die unterlegene Partei nicht durch das ArbG für vollstreckbar erklären lassen.

3. Anzuwendende gesetzliche Vorschriften

10 Die Vorschriften der ZPO (**§§ 302 und 304 ZPO**) über die Urteilsarten sind im Zweifel auf den Schiedsspruch entsprechend anwendbar. Vorbehalts-, Grund- und Zwischenschiedssprüche sind möglich, soweit in den tariflichen Schiedsverträgen nichts anderes geregelt ist. Dies ist von praktischer Relevanz, wenn im schiedsgerichtlichen Verfahren ein **Antrag auf nachträgliche Zulassung der Kündigungsschutzklage** gestellt worden ist, über den nach der gesetzlichen Regelung in § 5 Abs. 4 KSchG durch Zwischenschiedsspruch entschieden werden kann (vgl. § 104 Rdn. 9). Anwendbar sind ferner die **§§ 318 bis 321 ZPO**, es sei denn, die Schiedsverträge enthalten – wie im Bühnenbereich – zur Berichtigung und Ergänzung des Schiedsspruchs eigene Regelungen.¹⁰

III. Die Entscheidungsfindung (Abs. 1)

11 Bei der **Abstimmung** hat jeder Schiedsrichter nur **eine** *(gleichgewichtige)* **Stimme**; das gilt auch für den Verhandlungsleiter *(Obmann)*. Etwas anderes kann auch der Schiedsvertrag nicht wirksam regeln.¹¹ Das wäre ein Eingriff in das zwingend vorgeschriebene Stimmenverhältnis des § 103 Abs. 1 Satz 1.

---

6 GMPMG/Germelmann § 109 Rn 3.
7 BGH, 25.11.1976 – III ZR 112/74, DB 1977, 1502; vgl. auch die Regelung in § 13 Abs. 7 BSchG-C.
8 So für die bis zum 31.08.2009 geltende Fassung des § 42 GKG auch GMPMG/Germelmann § 108 Rn 11; GK-ArbGG/Mikosch § 108 Rn 8; GWBG/Greiner § 108 Rn 3.
9 Die abweichende Meinung wurde ab der 3. Auflage aufgegeben; vgl. auch GMPMG/Germelmann § 109 Rn 3; abweichend GK-ArbGG/Mikosch § 109 Rn 24.
10 §§ 27 BSchGO/BSchGO-C.
11 GWBG/Greiner § 108 Rn 6; GK-ArbGG/Mikosch § 108 Rn 2.

In Abs. 1 ist für die Entscheidung des Schiedsgerichts das Prinzip der **einfachen Mehrheit** *(relative Mehrheit = Mehrheit der abgegebenen Stimmen)* vorgesehen. Damit weicht die Vorschrift ab von § 1052 ZPO und § 196 Abs. 1 GVG, die vom Prinzip der **absoluten Mehrheit** *(= Mehrheit der verfügbaren Stimmen)* ausgehen. Von der Möglichkeit, im Schiedsvertrag etwas anderes zu bestimmen, haben die Tarifvertragsparteien in den Schiedsverträgen des Bühnenbereichs keinen Gebrauch gemacht.[12] Ergänzende Vorschriften enthalten die Schiedsverträge des Bühnenbereichs insoweit, als sie ausdrücklich auf § 196 Abs. 2 GVG verweisen. Dies betrifft den Fall, dass sich bei der Entscheidung über Summen mehr als zwei Meinungen bilden, deren keine die Mehrheit für sich hat. Aus der Festschreibung des Prinzips der einfachen Mehrheit folgt, dass der Gesetzgeber die **Stimmenthaltung** einzelner Mitglieder des Schiedsgerichts für zulässig erachtet.[13] Der Abstimmung muss eine ausführliche Beratung des Schiedsgerichts vorausgehen. Dies ergibt sich aus allgemeinen rechtsstaatlichen prozessualen Grundsätzen.[14] Der Ablauf von Beratung und Abstimmung (einschließlich der Reihenfolge der Stimmabgabe) steht gem. § 104 im Ermessen des Schiedsgerichts, soweit nicht der tarifliche Schiedsvertrag Regelungen hierzu enthält.[15] Die §§ 194 bis 197 GVG gelten nicht unmittelbar. Die **Abstimmung** muss nicht zwingend mündlich erfolgen, sie kann **auch schriftlich** durchgeführt werden.[16] Das **Beratungsgeheimnis** ist zu wahren (vgl. § 43 DRiG). Deshalb kommt eine **Vernehmung der Schiedsrichter als Zeugen** zur Auslegung ihres Schiedsspruchs nicht in Betracht.

12

IV. Die urkundlichen Formalien des Schiedsspruchs (Abs. 2 Satz 1)

1. Datumsangabe

Anzugeben ist der »Tag der Fällung«. Dies ist der Tag der abschließenden Beratung und Abstimmung.[17] Bei schriftlicher Abstimmung kommt es auf den Eingang der letzten schriftlichen Meinungsäußerung beim Schiedsgericht an.[18] Die Datumsangabe ist Ordnungsvorschrift, jedoch keine Wirksamkeitsvoraussetzung. Eine **fehlende oder falsche Angabe** des Datums berühren die Wirksamkeit des Schiedsspruchs nicht.[19]

13

2. Unterschriften

Der **Schiedsspruch** ist **einschließlich der schriftlichen Begründung** von allen Mitgliedern des Schiedsgerichts zu unterschreiben.[20] Im **Bühnenbereich** sehen die Schiedsverträge ausdrücklich eine Unterschrift auch der Beisitzer unter den vom **Obmann** zu entwerfenden Schiedsspruch vor.[21]

14

Erforderlich ist grds. die **Unterschrift sämtlicher** Schiedsrichter – auch der überstimmten. Bei **Verhinderung eines Schiedsrichters** – z.B. wegen Krankheit oder Urlaub – ist es zulässig, dass ein anderer Schiedsrichter die Verhinderung im Schiedsspruch durch seine Unterschrift vermerkt (vgl. § 315 Abs. 1 Satz 2 ZPO). Voraussetzung ist aber, dass der verhinderte Schiedsrichter an der Entscheidung mitgewirkt hat.[22] Weigert sich ein Schiedsrichter, den begründeten Schiedsspruch zu

15

---

12 §§ 25 Abs. 4 BSchGO/BSchGO-C.
13 GMPMG/Germelmann § 108 Rn 2; GK-ArbGG/Mikosch § 108 Rn 2; GWBG/Greiner § 108 Rn 6; einschränkend Schwab/Weth-Zimmerling § 108 Rn 2.
14 GMPMG/Germelmann § 108 Rn 6.
15 GMPMG/Germelmann § 108 Rn 4; GK-ArbGG/Mikosch § 108 Rn 2.
16 GMPMG/Germelmann § 108 Rn 4; GK-ArbGG/Mikosch § 108 Rn 2.
17 GMPMG/Germelmann § 108 Rn 7; GK-ArbGG/Mikosch § 108 Rn 4; Schwab/Weth-Zimmerling § 108 Rn 5; die abweichende Auff. wurde ab der 3. Auflage aufgegeben.
18 GMPMG/Germelmann § 108 Rn 7; GK-ArbGG/Mikosch § 108 Rn 4.
19 GK-ArbGG/Mikosch § 108 Rn 4; GWBG/Greiner § 108 Rn 10; Schwab/Weth-Zimmerling § 108 Rn 5.
20 GWBG/Greiner § 108 Rn 12.
21 § 26 Abs. 1 Satz 1 BSchGO, § 26 Abs. 1 Satz 1 BSchGO-C.
22 GMPMG/Germelmann § 108 Rn 9; GK-ArbGG/Mikosch § 108 Rn 5; Schwab/Weth-Zimmerling § 108 Rn 8.

unterzeichnen, ist die Abgabe eines Schiedsspruchs gem. § 102 Abs. 2 Nr. 4 unmöglich. Dies ist den Parteien mitzuteilen.[23]

3. Schriftliche Begründung

16 Die schriftliche Begründung ist an keine Formalien gebunden, es sei denn, der tarifliche Schiedsvertrag enthält hierzu Vorgaben. Fehlt es an solchen Vorgaben, muss aus dem Schiedsspruch hervorgehen, von welchem Sachverhalt das Schiedsgericht ausgegangen ist, aus welchen rechtlichen Erwägungen heraus es seine Entscheidung getroffen hat, ggf. warum und mit welchem Ergebnis eine Beweisaufnahme stattgefunden hat.[24] Im **Bühnenbereich** findet über die ergänzende Bezugnahme auf die ZPO § 313 ZPO Anwendung (§ 26 BSchGO/§ 26 BSchGO-C). Die Streitparteien des Schiedsverfahrens können auf die schriftliche Begründung »ausdrücklich« verzichten.[25] Eine entsprechende Regelung enthalten die Schiedsverträge im Bühnenbereich (§ 26 Abs. 3 BSchGO, § 26 Abs. 3 BSchGO-C). Für die Anwendung des § 313a ZPO ist – auch im Bühnenbereich – kein Raum.

17 Liegt kein Verzicht der Streitparteien vor, führt die fehlende Begründung zur **Aufhebbarkeit** nach § 110 Abs. 1 Nr. 1.[26] Ebenso wie im staatlichen Prozessrecht[27] steht die verspätete Begründung der fehlenden Begründung gleich. Schiedssprüche müssen wie die Urteile der staatlichen Gerichte[28] innerhalb von fünf Monaten nach ihrer Fällung in vollständiger, von den Schiedsrichtern unterzeichneter Form vorliegen.[29] Dies folgt aus dem verfassungsrechtlichen Gebot, effektiven, d.h. auch zeitnahen Rechtsschutz zu gewähren.[30] In der fehlenden oder verspäteten Begründung liegt nicht lediglich ein Verstoß gegen tarifvertragliche Verfahrensvorschriften[31], sondern zugleich eine Verletzung der gesetzlichen Vorgaben für das schiedsgerichtliche Verfahren. Diese Vorgaben konkretisieren ihrerseits das verfassungsrechtliche Rechtsstaatsprinzip. Verfahrensfehler mit solchem Gewicht rechtfertigen die Aufhebung des Schiedsspruchs.[32]

4. Rechtsmittelbelehrung

18 Sie ist vom Gesetz nicht zwingend vorgeschrieben, wohl aber von den Schiedsverträgen im **Bühnenbereich**,[33] die zudem eine ergänzende Bezugnahme auf das ArbGG enthalten. Folge hieraus ist, dass § 9 Abs. 5 Satz 3 *(erweiterte Rechtsmittelfrist)* gilt, wenn bei mehrstufigem Aufbau die erste Schiedsinstanz den Hinweis auf die Möglichkeit der Berufung zum **Oberschiedsgericht** unterlässt.[34] Entsprechendes gilt aber nicht, wenn die letzte Schiedsinstanz nicht auf § 110 hinweist, da die Schiedsverträge die gesetzliche Frist des § 110 Abs. 3 nicht erweitern können.

---

23 GMPMG/Germelmann § 108 Rn 8; GK-ArbGG/Mikosch § 108 Rn 5; GWBG/Greiner § 108 Rn 11; anders Schwab/Weth-Zimmerling § 108 Rn 6 ff.
24 GMPMG/Germelmann § 108 Rn 12; GK-ArbGG/Mikosch § 108 Rn 9; GWBG/Greiner § 108 Rn 12.
25 GMPMG/Germelmann § 108 Rn 16; GK-ArbGG/Mikosch § 108 Rn 12; GWBG/Greiner § 108 Rn 12.
26 GMPMG/Germelmann § 108 Rn 15; GK-ArbGG/Mikosch § 108 Rn 11; vgl. auch Zöller/Geimer § 1054 ZPO Rn 8 für das schiedsrichterliche Verfahren nach der ZPO.
27 GmS-OGB, 27.04.1993 – GmS-OGB 1/93, NJW 1993, 2603; BAG, 09.07.2003 – 5 AZR 175/03.
28 GmS-OGB, 27.04.1993 – GmS-OGB 1/93, NJW 1993, 2603; BAG, 09.07.2003 – 5 AZR 175/03.
29 GMPMG/Germelmann § 108 Rn 12; GK-ArbGG/Mikosch § 108 Rn 11; GWBG/Greiner § 108 Rn 12; Schwab/Weth-Zimmerling § 108 Rn 11.
30 BVerfG, 26.03.2001 – 1 BvR 383/00, NJW 2001, 2161.
31 So aber – jedenfalls für die verspätete Begründung – LAG Köln, 03.06.2014 – 12 Sa 911/13; LAG Köln, 11.09.2013 – 5 Sa 93/13.
32 Vgl. BAG, 15.02.2012 – 7 AZR 626/10.
33 § 26 Abs. 2 Buchst. h) BSchGO/BSchGO-C.
34 Schwab/Weth-Zimmerling § 108 Rn 14a.

V. Zustellung des Schiedsspruchs (Abs. 2 Satz 2 und 3)

1. Gegenstand der Zustellung

Zuzustellen ist eine Ausfertigung des Schiedsspruchs. »**Ausfertigung**« ist die vollständige Abschrift eines Schriftstücks, die im Verkehr die Urschrift ersetzen soll und deren Übereinstimmung mit der Urschrift versichert *(»beglaubigt«)* wird (vgl. § 317 ZPO). Dieser an sich amtliche Vorgang wird dem Verhandlungsleiter zugewiesen. Wer der **Verhandlungsleiter** ist, der die Ausfertigung zu unterschreiben hat, bestimmt zumeist der tarifliche Schiedsvertrag, sonst die tatsächliche Handhabung während der Schiedsgerichtsverhandlung.[35] Im Regelfall wird der »**Unparteiische**« Verhandlungsleiter sein (vgl. § 103 Abs. 1 Satz 1)[36]; dies ist aber nicht zwingend. Im **Bühnenbereich** schreiben die Schiedsverträge die Verhandlungsleitung dem »**Obmann**« als dem unparteiischen Schiedsgerichtsmitglied zu, der auch den Vorsitz führt.[37] 19

Bei Verhinderung des Verhandlungsleiters können die übrigen Schiedsrichter die Ausfertigung unterschreiben und die Verhinderung vermerken.[38] 20

Auszufertigen ist der **gesamte Schiedsspruch**, die Begründung eingeschlossen; eine **abgekürzte Fassung** reicht nicht aus. 21

2. Zustellungsarten

Als Form der **Zustellung** (= *Übermittlung einer Postsendung in besonderer Form*) wird die Möglichkeit einer Übermittlung durch **eingeschriebenen Brief gegen Rückschein** eingeräumt (§ 108 Abs. 2 Satz 3). In den Schiedsverträgen des **Bühnenbereichs** wird grds. nur diese Zustellungsform erwähnt.[39] 22

Daneben kennen die Bühnenschiedsgerichtsordnungen auch die **öffentliche Zustellung** für den Fall, dass der Aufenthalt einer Partei unbekannt ist oder eine Zustellung im Ausland erfolgen müsste und keinen Erfolg verspricht,[40] und zwar »durch zweimalige Bekanntmachung in dem amtlichen Mitteilungsblatt« *(zu den hierbei einzuhaltenden Formalien s. § 12 Abs. 1 BSchGO, BSchGO-C)*. Zu solcher Regelung sind die Tarifvertragsparteien befugt: Es handelt sich bei der öffentlichen Zustellung nicht um einen zwingend dem Staat vorbehaltenen Hoheitsakt; für eine Anzeige nach § 102 Abs. 2 Nr. 4 mit der Begründung, eine öffentliche Zustellung sei erforderlich, besteht daher kein Raum.[41] 23

Außerdem sind die weiteren Formen der Zustellung entsprechend §§ 170 bis 175 und 177 bis 180 ZPO zulässig, insbesondere die **vereinfachte Zustellung** gegen **Empfangsbekenntnis** bei Zustellung an einen Anwalt (§ 174 ZPO).[42] 24

3. Zustellungsadressat

Die Zustellung erfolgt **an die »Streitpartei«** und/oder an ihren Prozessbevollmächtigten.[43] Zwingend ist die Zustellung an den Prozessbevollmächtigten nur dann, wenn sich aus dem tariflichen Schiedsvertrag die Geltung von § 172 ZPO ergibt. Aber auch außerhalb des Geltungsbereichs des § 172 ZPO entspricht es angesichts der kurzen Notfrist von zwei Wochen (§ 110 Abs. 3 Satz 1), 25

---

35 GMPMG/Germelmann § 108 Rn 19; GK-ArbGG/Mikosch § 108 Rn 14.
36 Schwab/Weth-Zimmerling § 108 Rn 16.
37 §§ 7 Abs. 1 Satz 1, 20 BSchGO/BSchGO-C.
38 GMPMG/Germelmann § 108 Rn 20; GK-ArbGG/Mikosch § 108 Rn 14.
39 § 11 Abs. 1 BSchGO/BSchGO-C.
40 § 12 BSchGO/BSchGO-C.
41 A.A. GK-ArbGG/Mikosch § 108 Rn 15.
42 GMPMG/Germelmann § 108 Rn 21; ähnlich GWBG/Greiner § 108 Rn 16.
43 GMPMG/Germelmann § 108 Rn 21; GK-ArbGG/Mikosch § 108 Rn 15.

innerhalb derer eine Aufhebungsklage erhoben werden muss, dem Gebot der Fairness, den Schiedsspruch zumindest (auch) an den Bevollmächtigten zu übersenden.[44]

4. Folgen der Zustellung

26 Erst mit der **Zustellung** einer vom Verhandlungsleiter unterschriebenen Ausfertigung des Schiedsspruchs an jede der Streitparteien ist der Schiedsspruch endgültig erlassen und wirksam.[45] Spätestens jetzt kann ihn das Schiedsgericht nicht mehr ändern. Wenn das Schiedsgericht den Schiedsspruch verkündet, tritt die Selbstbindung bereits mit der **Verkündung** ein, auch wenn damit der Schiedsspruch noch nicht wirksam geworden ist[46] *(dies gilt insbesondere im Bühnenbereich).*

5. Verkündung des Schiedsspruchs

27 Sie ist – anders als seine Zustellung – nicht vorgeschrieben. Die **Schiedsverträge im Bühnenbereich** formulieren alternativ: »Der Schiedsspruch ist zu verkünden oder den Parteien zuzustellen«.[47] Trotz des Wortlauts dieser Regelung kann auch in ihrem Anwendungsbereich die Verkündung des Schiedsspruchs seine **Zustellung** nicht entbehrlich machen. Das ArbGG räumt den Schiedsvertragsparteien nicht die Befugnis ein, eine andere Form der Bekanntmachung als die der Zustellung zu vereinbaren.

VI. Wirkungen des Schiedsspruchs (Abs. 4)

1. Urteilsgleiche Wirkung

28 Die Formulierung in Abs. 4 (*»Wirkungen wie ein rechtskräftiges Urteil des Arbeitsgerichts«*) entspricht dem **§ 1055 ZPO**. Die **Wirkung** besteht v.a. in dem Einwand der rechtskräftig entschiedenen Sache, der einer nochmaligen Verhandlung desselben Streitgegenstandes – auch vor den staatlichen Gerichten – entgegensteht.[48] Nach richtiger Ansicht ist dieser Einwand wie im Geltungsbereich des § 1055 ZPO[49] **von Amts wegen** zu beachten, wenn das Gericht davon Kenntnis erlangt.[50] Nur so wird dem vom ArbGG gewollten Gleichstellungsgrundsatz (§ 108 Abs. 4) Rechnung getragen.

29 Neben den prozesshindernden Wirkungen der Rechtskraft kommt dem Schiedsspruch auch **präjudizielle Wirkung** zu, wenn zwischen den Parteien *(vor welchem Gericht auch immer)* ein neuer Streitgegenstand verhandelt wird, der zum früheren in präjudizieller Abhängigkeit steht.[51]

30 **Weitere Rechtskraftwirkungen**: Eintritt der Fiktion des § 894 ZPO *(soweit zur Herbeiführung dieser Wirkung erst das Vollstreckbarkeitsverfahren gem. § 109 durchgeführt werden soll,[52] ist dem wegen der eindeutigen Formulierung des Gesetzestextes nicht zu folgen).*

31 Folge des Gleichstellungsgrundsatzes des Abs. 4 ist, dass die Entscheidungen der Tarifschiedsgerichte gem. § 101 Abs. 1 auch die in § 9 TVG vorgesehene Bindungswirkung entfalten[53] und gem. § 63 zu übersenden sind.[54] Der Schiedsspruch gilt nur für den konkreten Tarifvertrag. Eine Bindungswir-

---

44 Vgl. hierzu auch Schwab/Weth-Zimmerling § 108 Rn 17a.
45 BAG, 20.05.1960 – 1 AZR 268/57, SAE 1961, 185.
46 GMPMG/Germelmann § 108 Rn 23.
47 § 26 Abs. 1 Satz 2 BSchGO, § 26 Abs. 1 Satz 2 BSchGO-C.
48 LAG Köln, 12.09.2014 – 9 Sa 730/13.
49 Zöller/Geimer § 1055 Rn 8; zur Rechtskraftwirkung von Schiedssprüchen nach § 1055 ZPO siehe auch BGH, 13.01.2009 – XI ZR 66/08.
50 Demgegenüber gehen GMPMG/Germelmann § 108 Rn 32, GK-ArbGG/Mikosch § 108 Rn 19 und GWBG/Greiner § 108 Rn 18 vom Bestehen einer Einrede aus.
51 GWBG/Greiner § 108 Rn 20.
52 Zöller/Geimer § 1055 Rn 2.
53 BAG, 20.05.1960 – 1 AZR 268/57; GWBG/Greiner § 108 Rn 20.
54 GMPMG/Germelmann § 108 Rn 31; GK-ArbGG/Mikosch § 108 Rn 18; Schwab/Weth-Zimmerling § 108 Rn 23.

kung tritt nicht für einen späteren Tarifvertrag ein, selbst wenn die frühere Bestimmung wörtlich mit der neuen Bestimmung übereinstimmt, im Gesamtzusammenhang aber verändert wurde.[55]

2. Zeitpunkt der Wirkung

Die **urteilsgleiche Wirkung** tritt mit der **Zustellung** des Schiedsspruchs ein. Sieht der tarifliche Schiedsvertrag allerdings – wie im Bühnenbereich – einen mehrstufigen Instanzenzug vor, tritt die Wirkung erst mit **Ablauf der Rechtsmittelfrist** bzw. mit Zustellung der Entscheidung des letztinstanzlichen Schiedsgerichts ein.[56] Zu den Rechtsmitteln in diesem Sinne gehört aber nicht die **Aufhebungsklage** nach § 110.[57] Der Eintritt der **Gleichstellungswirkung** wird also durch die noch offene Möglichkeit der Aufhebungsklage nicht gehindert. 32

3. Subjektive Reichweite der Wirkung

Die Wirkung soll nur »unter **den Parteien**« eintreten. Ausdehnungen aufgrund gesetzlicher Vorschriften sind jedoch geboten: Auf § 9 TVG wurde schon hingewiesen (Rdn. 31). U.U. ist aber auch eine Ausdehnung auf **Rechtsnachfolger** geboten. Für den Fall, dass auch der Rechtsnachfolger an den tariflichen Schiedsvertrag gebunden ist, finden die §§ 325 ff. ZPO Anwendung.[58] Unterliegt der Rechtsnachfolger der tariflichen Schiedsklausel nicht, kommt eine Rechtskrafterstreckung nicht in Betracht. Die Tarifvertragsparteien können im Schiedsvertrag nicht wirksam die Anwendung des § 325 ZPO auf Dritte außerhalb des Geltungsbereichs des Tarifvertrags vereinbaren.[59] 33

4. Korrekturen der Rechtskraftwirkung

Nach Zustellung des Schiedsspruchs können offenbare Unrichtigkeiten durch das Schiedsgericht auf Antrag der Parteien oder von Amts wegen korrigiert werden (entsprechend § 319 ZPO).[60] Ansonsten können keine Änderungen vorgenommen werden. Bei veränderten Umständen sind die **Abänderungsklage** gem. § 323 ZPO *(zu richten an das Schiedsgericht)* und die **Vollstreckungsabwehrklage** nach § 767 ZPO *(zu richten an das ArbG)* möglich. Nicht zulässig ist die **Restitutionsklage** gem. § 79 ArbGG, § 580 Nr. 1 bis 6 ZPO, weil diese durch die Möglichkeit der Aufhebungsklage verdrängt wird (vgl. § 110 Abs. 1 Nr. 3). Auch § 78a ArbGG findet keine Anwendung.[61] 34

VII. Niederlegung (Abs. 3)

Eine fehlende **Niederlegung** beim ArbG berührt die Wirksamkeit des **Schiedsspruchs** nicht.[62] Dies ergibt sich aus dem Wortlaut des Abs. 3 Satz 1 (*»soll«*). Die Niederlegung ist gem. § 2 Abs. 2 GKG gebührenfrei. **Niederlegungsstelle** ist nach Abs. 3 Satz 1 das ohne Schiedsvertrag örtlich zuständige ArbG. Abweichend hiervon sehen die Schiedsverträge im **Bühnenbereich** als Hinterlegungsstelle einheitlich das **ArbG Köln** vor, wobei die Hinterlegung durch die Geschäftsstelle des **Bühnenoberschiedsgerichts** zu erfolgen hat, der vom Obmann des erstinstanzlichen Schiedsgerichts zu diesem Zweck eine Ausfertigung des Schiedsspruchs zur Verfügung zu stellen ist.[63] Die vom ArbGG abwei- 35

---

55 BAG, 09.09.1981 – 4 AZR 48/79, BAGE 36, 183.
56 GMPMG/Germelmann § 108 Rn 29; GK-ArbGG/Mikosch § 108 Rn 17; Schwab/Weth-Zimmerling § 108 Rn 23.
57 § 109 Abs. 1 Satz 3 wäre sonst nicht erforderlich.
58 GMPMG/Germelmann § 108 Rn 30; GK-ArbGG/Mikosch § 108 Rn 18.
59 GMPMG/Germelmann § 108 Rn 30; GK-ArbGG/Mikosch § 108 Rn 18; Schwab/Weth-Zimmerling § 108 Rn 23; die abweichende Auff. wurde ab der 3 Auflage aufgegeben.
60 GMPMG/Germelmann § 108 Rn 14; für den Bühnenbereich ausdrücklich geregelt in § 27 Abs. 1 BSchGO, § 27 Abs. 1 BSchGO-C.
61 GK-ArbGG/Mikosch § 108 Rn 20.
62 GMPMG/Germelmann § 108 Rn 25; GK-ArbGG/Mikosch § 108 Rn 16; GWBG/Greiner § 108 Rn 17; Schwab/Weth-Zimmerling § 108 Rn 23.
63 § 28 Satz 2 BSchGO, § 28 Satz 2 BSchGO-C.

chende Bestimmung des Hinterlegungsgerichts durch die Tarifvertragsparteien ist mit Rücksicht auf § 48 Abs. 2 wirksam.

36 Keine Äußerung enthalten die Schiedsverträge im Bühnenbereich zu der von Abs. 3 Satz 2 weiterhin vorgesehenen Möglichkeit, die **Schiedsgerichtsakten** ganz oder teilweise beim ArbG zu hinterlegen. In der Praxis werden die Schiedsgerichtsakten der Bühnenschiedsgerichte – soweit ersichtlich – jeweils in dem ArbG bzw. LAG niedergelegt, in dessen Räumen das jeweilige Bühnenschiedsgericht tagt.

§ 109 Zwangsvollstreckung

(1) ¹Die Zwangsvollstreckung findet aus dem Schiedsspruch oder aus einem vor dem Schiedsgericht geschlossenen Vergleich nur statt, wenn der Schiedsspruch oder der Vergleich von dem Vorsitzenden des Arbeitsgerichts, das für die Geltendmachung des Anspruchs zuständig wäre, für vollstreckbar erklärt worden ist. ²Der Vorsitzende hat vor der Erklärung den Gegner zu hören. ³Wird nachgewiesen, dass auf Aufhebung des Schiedsspruchs geklagt ist, so ist die Entscheidung bis zur Erledigung dieses Rechtsstreits auszusetzen.

(2) Die Entscheidung des Vorsitzenden ist endgültig. ²Sie ist den Parteien zuzustellen.

Übersicht	Rdn.
I. Allgemeines	1
II. Das Vollstreckbarkeitsverfahren (Abs. 1 Satz 1 und 2)	2
1. Die verfahrenstauglichen Titel	2
2. Der Antrag auf Vollstreckbarkeitserklärung	5
3. Zuständiges Gericht	7
4. Das Verfahren des Arbeitsgerichts	9
5. Die Prüfungskompetenz des Arbeitsgerichts	11
a) Prüfungskompetenz gegeben	11
b) Prüfungskompetenz nicht gegeben	20
6. Entscheidung des Arbeitsgerichts	21
7. Die Aussetzung des Verfahrens (Abs. 1 Satz 3)	23
III. Das anschließende Vollstreckungsverfahren	26

I. Allgemeines

1 Die Vorschrift tritt an die Stelle der §§ 1060 ff. ZPO.[1] Neben dem Vollstreckbarkeitsverfahren ist eine Klage auf Feststellung der Wirksamkeit des Schiedsspruchs mangels Rechtsschutzbedürfnisses unzulässig.[2] Eine Regelung für **ausländische Schiedssprüche**, wie sie **§ 1061 ZPO** enthält, ist im ArbGG nicht enthalten. Da ihre Vollstreckbarkeitserklärung durch ein deutsches ArbG nicht vorgesehen ist, ist für sie der Weg gem. § 1061 ZPO zu beschreiten. § 109 ergänzt den Katalog der Vollstreckungstitel des § 794 ZPO und tritt neben die Regelung in § 794 Abs. 1 Nr. 4a ZPO.

II. Das Vollstreckbarkeitsverfahren (Abs. 1 Satz 1 und 2)

1. Die verfahrenstauglichen Titel

2 Dem Vollstreckbarkeitsverfahren zugänglich sind nur **Schiedssprüche** i.S.v. § 108 und **Schiedsvergleiche** i.S.v. § 107.

3 Daraus folgt, dass **andere Entscheidungen des Schiedsgerichts**, die nicht die Qualität eines Schiedsspruchs haben, der Vollstreckbarkeitserklärung und damit einer Zwangsvollstreckung nicht zugänglich sind. Eine Ausnahme kann für **Kostenfestsetzungsbeschlüsse** aufgrund rechtskräfti-

---

[1] So ausdrücklich LAG Bremen, 18.07.2003 – AR 4/03, LAGE § 109 ArbGG 1979 Nr. 1.
[2] GK-ArbGG/Mikosch § 109 Rn 1; GWBG/Greiner § 109 Rn 1; Schwab/Weth-Zimmerling § 109 Rn 1.

ger Schiedssprüche oder Urteile im Aufhebungsklageverfahren gelten, wenn hierfür im tariflichen Schiedsvertrag eine Sonderregelung enthalten ist (vgl. § 108 Rdn. 7 f.).[3]

Sieht der Schiedsvertrag einen **Instanzenzug** vor, kann eine Vollstreckbarkeitserklärung nur den letztinstanzlichen Schiedsspruch bzw. Schiedssprüche der unteren Instanzen nach Ablauf der Rechtsmittelfrist betreffen. Eine **vorläufige Vollstreckbarkeit** unterinstanzlicher Schiedssprüche entsprechend § 62 Abs. 1 gibt es nicht.[4] Für vollstreckbar zu erklären ist der **vollstreckungsfähige Inhalt** – ggf. des letztinstanzlichen Schiedsspruchs i.V.m. der bestätigten vorinstanzlichen Entscheidung. Ist der Schiedsspruch weder in der Hauptsache noch hinsichtlich der Kosten – ggf. i.V.m. einem Kostenfestsetzungsbeschluss – vollstreckbar, fehlt dem Antrag auf Vollstreckbarkeitserklärung das Rechtsschutzinteresse.[5]   4

2. Der Antrag auf Vollstreckbarkeitserklärung

Der Antrag auf Vollstreckbarkeitserklärung ist an **keine Frist** gebunden. Er kann auch vom **Rechtsnachfolger** des Gläubigers mit dem Ersuchen gestellt werden, die Vollstreckbarkeitserklärung zu seinen Gunsten abzugeben. Nicht vorgeschrieben, aber zweckmäßig ist die Beifügung des Titels im Fall des Schiedsspruchs in seiner Ausfertigung gem. § 108 Abs. 2 Satz 2. Die Angabe des Schiedsgerichts, bei dem das Vollstreckungsgericht die Schiedsgerichtsakten anfordern kann, ist empfehlenswert. Für die Bevollmächtigung eines Vertreters im Vollstreckbarkeitsverfahren gilt § 11 Abs. 1 bis 3, 5 und 6.[6]   5

Wird der **Antrag auf Vollstreckbarkeitserklärung** nach seiner Zurückweisung durch das ArbG **erneut** gestellt, ist er erneut zu prüfen und zu bescheiden, wenn geltend gemacht wird, dass die Ablehnungsgründe mittlerweile entfallen sind. Fehlt es an einer solchen Begründung, ist der erneute Antrag als unzulässig zurückzuweisen.[7]   6

3. Zuständiges Gericht

Der Antrag ist an das ArbG zu richten, das für die Geltendmachung des Anspruchs, der dem Schiedsspruch bzw. dem Vergleich zugrunde liegt, zuständig gewesen wäre. Wären mehrere ArbG zuständig gewesen, hat der Antragsteller ein entsprechendes **Wahlrecht**.[8] Ist im tariflichen Schiedsvertrag die Zuständigkeit eines **Aufhebungsgerichts** i.S.d. § 110 bestimmt, hat diese Festlegung für die **Zuständigkeit** des **Gerichts des Vollstreckbarkeitsverfahrens** keine Relevanz. Hat der Antragsteller ein örtlich unzuständiges Gericht angerufen, kann das Arbeitsgericht das Verfahren auf Antrag an das örtlich zuständige Gericht verweisen. § 48 findet entsprechende Anwendung.[9]   7

Innerhalb des zuständigen ArbG ist der Vorsitzende der geschäftsplanmäßig zuständigen Kammer berufen. Dabei ist der Antrag auf Vollstreckbarkeitserklärung als AR-Sache *(Allgemeines Register)* zu behandeln und entsprechend zu verteilen, sofern der Geschäftsverteilungsplan nicht ausdrücklich eine gesonderte Zuständigkeit für die Verfahren der Zwangsvollstreckung vorsieht.   8

4. Das Verfahren des Arbeitsgerichts

Das Zwangsvollstreckungsverfahren ist »von dem **Vorsitzenden des Arbeitsgerichts**«, also dem Vorsitzenden der zuständigen Kammer, durchzuführen *(vgl. Abs. 1 Satz 1)*. Ehrenamtliche Richter   9

---

3 GMPMG/Germelmann § 109 Rn 3.
4 GMPMG/Germelmann § 109 Rn 2; GK-ArbGG/Mikosch § 109 Rn 6; GWBG/Greiner § 109 Rn 7; Schwab/Weth-Zimmerling § 109 Rn 4.
5 GMPMG/Germelmann § 109 Rn 8; GK-ArbGG/Mikosch § 109 Rn 12; Schwab/Weth-Zimmerling § 109 Rn 4.
6 GK-ArbGG/Mikosch § 109 Rn 5.
7 GK-ArbGG/Mikosch § 109 Rn 23.
8 GWBG/Greiner § 109 Rn 2; GK-ArbGG/Mikosch § 109 Rn 2.
9 GMPMG/Germelmann § 109 Rn 5.

10   Eine **mündliche Verhandlung** ist freigestellt, die – ggf. schriftliche – **Anhörung** des Antragsgegners *(Schuldners)* zwingend *(Abs. 1 Satz 2)*. Werden vom Antragsgegner erhebliche Einwendungen vorgebracht, ist dem Antragsteller Gelegenheit zur Stellungnahme zu diesen Einwendungen zu geben.[11]

5. Die Prüfungskompetenz des Arbeitsgerichts

a) Prüfungskompetenz gegeben

11   Der Kammervorsitzende des ArbG **prüft** vor der Vollstreckbarkeitserklärung eines Schiedsspruchs die **Partei- und Prozessfähigkeit** der Verfahrensbeteiligten sowie seine eigene **örtliche Zuständigkeit**.[12]

12   Soll das ArbG eine Entscheidung für vollstreckbar erklären, erstreckt sich seine Prüfungskompetenz auch auf die Frage, ob es sich bei dem **Schiedsgericht**, von dem die Entscheidung stammt, um ein **nach dem ArbGG** gebildetes und angerufenes Schiedsgericht handelt. (Nur) wenn dies nicht der Fall ist, ist der **Rechtsweg** unzulässig mit der Folge, dass entsprechend § 48 ArbGG, §§ 17 ff. GVG eine Verweisung an ein Gericht des für das Schiedsgericht zuständigen Rechtswegs zu erfolgen hat.[13]

13   Ferner prüft der Kammervorsitzende, ob es sich bei der vorgelegten Entscheidung um einen **Schiedsspruch** i.S.d. Gesetzes handelt, insbesondere, ob die Entscheidung einen endgültigen, durch kein schiedsgerichtliches Rechtsmittel mehr angreifbaren Ausspruch enthält, der das Schiedsverfahren ganz oder zu einem abtrennbaren Teil abschließt. Eine Vollstreckbarkeitserklärung kommt nämlich erst in Betracht, wenn das **Schiedsverfahren erschöpft** ist.[14]

14   Ist eine Aufhebungsklage gem. § 110 erhoben worden, ist das Vollstreckbarkeitsverfahren gem. Abs. 1 Satz 3 **auszusetzen** (s. Rdn. 23 ff.). Der zuständige Kammervorsitzende hat insoweit keine Verpflichtung zur Amtsermittlung.[15] Vielmehr hat der Antragsgegner einen Nachweis darüber beizubringen, dass eine Aufhebungsklage erhoben worden ist.

15   Der Kammervorsitzende hat die vorgebrachten **Verteidigungsmittel** des Gegners tatsächlicher Art zu prüfen, sofern sie das Verfahren oder die Erhebung der Aufhebungsklage betreffen. Keine Berücksichtigung finden Einwendungen, die das Bestehen oder Nichtbestehen des zugrunde liegenden Anspruchs betreffen. Diese können nur im Rahmen und in den Grenzen eines Verfahrens gem. § 767 ZPO vor dem ArbG geltend gemacht werden.[16]

16   Die Prüfungspflicht des Kammervorsitzenden erstreckt sich v.a. auf die **Formalien**. Bei einem **Schiedsspruch** prüft der Vorsitzende, ob der Schiedsspruch als solcher zu erkennen ist, ob er von allen Schiedsrichtern unterzeichnet und den Parteien zugestellt worden ist (§ 108 Abs. 2). Fehlen das Datum der Entscheidung oder die Gründe, steht das einer Vollstreckbarkeitserklärung des Schiedsspruchs nicht entgegen. Denn bei der Verpflichtung zur Datumsangabe handelt es um eine

---

10   Schwab/Weth-Zimmerling § 109 Rn 13; GMPMG/Germelmann § 109 Rn 5, der allerdings eine Entscheidung unter Mitwirkung der ehrenamtlichen Richter nicht von sich aus für unwirksam hält; so im Ergebnis auch GK-ArbGG/Mikosch § 109 Rn 21; GWBG/Greiner § 109 Rn 3.
11   GMPMG/Germelmann § 109 Rn 11; GK-ArbGG/Mikosch § 109 Rn 7; GWBG/Greiner § 109 Rn 5; Schwab/Weth-Zimmerling § 109 Rn 8.
12   GMPMG/Germelmann § 109 Rn 7.
13   GK-ArbGG/Mikosch § 109 Rn 4.
14   GMPMG/Germelmann § 109 Rn 2; GK-ArbGG/Mikosch § 109 Rn 6.
15   GMPMG/Germelmann § 109 Rn 10; GWBG/Greiner § 109 Rn 8; Schwab/Weth-Zimmerling § 109 Rn 9.
16   GMPMG/Germelmann § 109 Rn 12; GK-ArbGG/Mikosch § 109 Rn 8.

Ordnungsvorschrift (s. § 108 Rdn. 13). Ist der Schiedsspruch nicht begründet, liegt zwar ein Aufhebungsgrund im Verfahren nach § 110, jedoch kein die Vollstreckbarkeit des Schiedsspruchs hindernder Umstand vor.[17]

Bei einem **Vergleich** prüft der Kammervorsitzende, ob die Form des § 107 gewahrt ist, ob also die vorgeschriebenen Unterschriften der Parteien und der Mitglieder des Schiedsgerichts vorliegen. Fehlt die Datumsangabe, steht dieser (Ordnungs-) Verstoß der Vollstreckbarkeit des Vergleichs nicht entgegen (s. § 107 Rdn. 7). Ausnahmsweise ist die Vollstreckbarkeitserklärung abzulehnen, wenn die Verpflichtung aus dem Vergleich offensichtlich rechtswidrig ist, also bspw. auf eine rechtswidrige Handlung gerichtet ist.[18]

Der Kammervorsitzende prüft, ob ein **Rechtsschutzbedürfnis** für die Vollstreckbarkeitserklärung besteht. Daran fehlt es, wenn der Schiedsspruch oder der Vergleich keinen **vollstreckungsfähigen Inhalt** haben.[19] Sind die im Schiedsspruch oder im Vergleich enthaltenen Verpflichtungen nicht hinreichend bestimmt, ist die Vollstreckbarkeitserklärung abzulehnen.[20] In Fällen, in denen die Vollstreckbarkeitserklärung für oder gegen einen Rechtsnachfolger erfolgen soll, prüft der Kammervorsitzende außerdem die Voraussetzungen der **Rechtsnachfolge**.[21]

Soweit eine Prüfungskompetenz des ArbG im Vollstreckbarkeitsverfahren gegeben ist, ist i.R.d. Anhörung zu klären, ob die zu prüfenden Voraussetzungen zwischen den Parteien unstreitig sind. Bleiben hier entscheidungserhebliche Einzelheiten **streitig**, hat das ArbG die Frage – etwa durch Beiziehung der Schiedsgerichtsakten – zu klären. Darlegungs- und **beweispflichtig** für die Einhaltung der Formalien gem. § 107 bzw. § 108 Abs. 2 ist der Antragsteller. Gelingt die Beweisführung nicht, ist der Antrag auf Vollstreckbarkeitserklärung durch Beschluss zurückzuweisen.

b) Prüfungskompetenz nicht gegeben

Nicht zu berücksichtigen bei der Vollstreckbarkeitsprüfung sind: a) Etwaige Verfahrensfehler des schiedsgerichtlichen **Verfahrens** und b) das eventuelle Vorliegen von **Aufhebungsgründen** i.S.v. § 110.[22] c) Nicht zu prüfen hat das ArbG im Vollstreckbarkeitsverfahren ferner die **Rechtswegzuständigkeit** der ArbG für den zugrunde liegenden Anspruch. Die Zuständigkeit des Vollstreckbarkeitsgerichts ergibt sich allein aus § 109 i.V.m. der Tatsache, dass der Titel eines gem. § 101 Abs. 2 gebildeten Schiedsgerichts vorliegt.[23] Eine fehlende Zuständigkeit des »arbeitsrechtlichen Schiedsgerichts« wäre ein Aufhebungsgrund gem. § 110. Hätte hier das Vollstreckbarkeitsgericht eine Prüfungskompetenz mit der Möglichkeit, das Vollstreckbarkeitsverfahren ggf. an die ordentlichen Gerichte zu verweisen, wäre durch die Kompetenzaufspaltung die Gefahr divergierender Entscheidungen gegeben. Denn für die auf Unzuständigkeit des Schiedsgerichts gestützte Aufhebungsklage bleibt in jedem Fall das ArbG zuständig. d) Nicht zu überprüfen ist ferner der **Schiedsspruch** in der Sache.

6. Entscheidung des Arbeitsgerichts

Die Vollstreckbarkeitserklärung ergeht durch Beschluss. Er lautet darauf, dass der zu bezeichnende Schiedsspruch (Datum, Parteien, Schiedsgericht) für vollstreckbar erklärt wird oder darauf, dass

---

17 GK-ArbGG/Mikosch § 109 Rn 10.
18 GK-ArbGG/Mikosch § 109 Rn 11; GWBG/Greiner § 109 Rn 6; Schwab/Weth-Zimmerling § 109 Rn 6.
19 GK-ArbGG/Mikosch § 109 Rn 12; vgl. zur fehlenden Möglichkeit, feststellende und gestaltende Schiedssprüche für vollstreckbar zu erklären, auch Zöller/Geimer § 1060 ZPO Rn 6.
20 GK-ArbGG/Mikosch § 109 Rn 12; GMPMG/Germelmann, § 109 Rn 8; Schwab/Weth-Zimmerling § 109 Rn 4.
21 Schwab/Weth-Zimmerling § 109 Rn 5.
22 GK-ArbGG/Mikosch § 109 Rn 10; GWBG/Greiner § 109 Rn 6.
23 So auch Schwab/Weth-Zimmerling § 109 Rn 1; a.A. GWBG/Greiner § 109 Rn 4; siehe auch GK-ArbGG/Mikosch § 109 Rn 4.

der Antrag auf Vollstreckbarkeitserklärung zurückgewiesen wird. Weitergehende Entscheidungen stehen dem Vollstreckbarkeitsgericht nicht zu.[24] Eine **Kostenentscheidung** ist nicht erforderlich. Denn der Beschluss ergeht gem. § 2 Abs. 2 GKG gerichtskostenfrei; eine **außergerichtliche Kostenerstattung** ist gem. § 12a ausgeschlossen.[25] Eine Festsetzung des Streitwerts im Beschluss erfolgt nicht. Auf Antrag eines anwaltlichen Vertreters erfolgt die Wertfestsetzung im Verfahren gem. § 32 Abs. 2 RVG. Eine **Begründung** des Vollstreckbarkeitsbeschlusses ist gesetzlich nicht vorgeschrieben, im Fall der Zurückweisung des Antrags jedoch unter rechtsstaatlichen Gesichtspunkten geboten.[26]

22 Seine Entscheidung hat das ArbG gem. Abs. 2 Satz 2 von Amts wegen förmlich **zuzustellen**. Ein **Rechtsmittel** ist gem. Abs. 2 Satz 1 nicht gegeben. Hierauf ist in der Entscheidung gem. § 9 Abs. 5 Satz 2 hinzuweisen.

7. Die Aussetzung des Verfahrens (Abs. 1 Satz 3)

23 Die Erhebung der **Aufhebungsklage** nach § 110 ist vom Gegner des Antrags auf Vollstreckbarkeitserklärung **nachzuweisen**. Dazu gehört der Nachweis, dass die bezeichnete Aufhebungsklage die Minimalvoraussetzungen einer Klage erfüllt, dass die Klage auf Aufhebung gerade des gegenständlichen Schiedsspruchs gerichtet und bei einem ArbG eingegangen ist. Nicht zu überprüfen hat das Vollstreckbarkeitsgericht, ob der Aufhebungskläger das zuständige ArbG gewählt hat, ob die Klagefrist gem. § 110 Abs. 3 Satz 1 eingehalten worden ist und ob die übrigen Prozessvoraussetzungen für die Aufhebungsklage vorliegen.[27] Die bloße Ankündigung, eine Aufhebungsklage erheben zu wollen, genügt nicht. Für die umstrittene Frage, ob eine Vollstreckbarkeitserklärung schon vor Ablauf der Frist für die Aufhebungsklage gem. § 110 Abs. 3 Satz 1 erfolgen kann,[28] gibt es in der Praxis keinen Anwendungsbereich. Denn die Verpflichtung des ArbG aus Abs. 1 Satz 2, den Antragsgegner zu dem Antrag auf Vollstreckbarkeitserklärung zu hören, führt dazu, dass die zweiwöchige Notfrist aus § 110 Abs. 3 Satz 1 zum Zeitpunkt der Entscheidung des Kammervorsitzenden abgelaufen ist. Der Umstand, dass es nach den gesetzlichen Regelungen formal möglich ist, eine Vollstreckbarkeitserklärung vor Ablauf der Frist zur Erhebung der Aufhebungsklage zu beschließen, wirkt sich deshalb nicht aus.

24 Das Verfahren ist »**bis zur Erledigung dieses Rechtsstreits**« auszusetzen. Der (Aufhebungs-) Rechtsstreit ist mit Eintritt der Rechtskraft der ihn beendenden Entscheidung »erledigt«. Bei Ausschöpfung aller Rechtsmittel ist dies u.U. erst der Zeitpunkt, in dem das BAG über die Revision entscheidet oder gem. § 72a Abs. 5 Satz 6 eine Nichtzulassungsbeschwerde ablehnt.[29]

25 Dass trotz erhobener Aufhebungsklage lediglich **auszusetzen** ist zeigt, dass der mit der **Aufhebungsklage** angegriffene Schiedsspruch seine potenzielle Vollstreckbarkeit **behält** und nicht etwa mit dem Übergang in das staatliche Verfahren seine Bedeutung verliert.

III. Das anschließende Vollstreckungsverfahren

26 Grundlage der Zwangsvollstreckung sind die **schiedsgerichtlichen Titel** *(Schiedsspruch oder Schiedsvergleich)* und nicht etwa der Vollstreckbarkeitsbeschluss des ArbG.

27 Die Zwangsvollstreckung aus den schiedsgerichtlichen Titeln folgt – nach Vollstreckbarkeitserklärung – dem Achten Buch der ZPO. Der Antragsteller kann sofort die Zwangsvollstreckung aus dem für vollstreckbar erklärten Schiedsspruch bzw. Vergleich betreiben.[30]

---

24 GMPMG/Germelmann § 109 Rn 13.
25 GMPMG/Germelmann § 109 Rn 14; Schwab/Weth-Zimmerling § 109 Rn 15; GK-ArbGG/Mikosch § 109 Rn 26; die abweichende Auff. wurde ab der 3. Auflage aufgegeben.
26 GWBG/Greiner § 109 Rn 11.
27 GK-ArbGG/Mikosch § 109 Rn 18.
28 Dafür: GMPMG/Germelmann § 109 Rn 10; GK-ArbGG/Mikosch § 109 Rn 25; GWBG/Greiner § 109 Rn 8; dagegen: Schwab/Weth-Zimmerling § 109 Rn 11.
29 GMPMG/Germelmann § 109 Rn 10.
30 GMPMG/Germelmann § 109 Rn 17.

Die **Verteidigungsmittel** im Vollstreckungsverfahren bleiben auch nach durchgeführtem Vollstreckbarkeitsverfahren erhalten. Dies gilt insb. für die **Vollstreckungsabwehrklage** *(zu richten an das staatliche Gericht)*. »**Prozessgericht**« i.S.v. § 767 Abs. 1 ZPO ist in diesem Fall das gem. § 109 zuständige ArbG. Möglich bleibt auch die **Vollstreckungserinnerung** gem. § 766 ZPO. 28

§ 110 Aufhebungsklage

(1) Auf Aufhebung des Schiedsspruchs kann geklagt werden,
1. wenn das schiedsgerichtliche Verfahren unzulässig war;
2. wenn der Schiedsspruch auf der Verletzung einer Rechtsnorm beruht;
3. wenn die Voraussetzungen vorliegen, unter denen gegen ein gerichtliches Urteil nach § 580 Nr. 1 bis 6 der Zivilprozessordnung die Restitutionsklage zulässig wäre.

(2) Für die Klage ist das Arbeitsgericht zuständig, das für die Geltendmachung des Anspruchs zuständig wäre.

(3) ¹Die Klage ist binnen einer Notfrist von zwei Wochen zu erheben. ²Die Frist beginnt in den Fällen des Absatzes 1 Nr. 1 und 2 mit der Zustellung des Schiedsspruchs. ³Im Falle des Absatzes 1 Nr. 3 beginnt sie mit der Rechtskraft des Urteils, das die Verurteilung wegen der Straftat ausspricht, oder mit dem Tage, an dem der Partei bekannt geworden ist, dass die Einleitung oder die Durchführung des Verfahrens nicht erfolgen kann; nach Ablauf von Jahren, von der Zustellung des Schiedsspruchs an gerechnet, ist die Klage unstatthaft.

(4) Ist der Schiedsspruch für vollstreckbar erklärt, so ist in dem der Klage stattgebenden Urteil auch die Aufhebung der Vollstreckbarkeitserklärung auszusprechen.

Übersicht	Rdn.		Rdn.
I. Allgemeines	1	2. Verletzung einer Rechtsnorm (Nr. 2)	24
II. Das Aufhebungsverfahren	3	3. Restitutionsklage (Nr. 3)	30
1. Grundsatz	3	4. Prüfungsmaßstab	32
2. Anwendung der Revisionsvorschriften	5	VI. Das Urteil im Aufhebungsverfahren	33
3. Weitere Grundsätze des Verfahrens	10	VII. Die Rechtslage nach dem Aufhebungsverfahren	36
III. Die Aufhebungsklage	12	1. Erfolgloses Aufhebungsverfahren	36
1. Klagegegenstand	12	a) Einstufiger Aufbau des Schiedsverfahrens	36
2. Klagefrist (Abs. 3)	16	b) Zweistufiger Aufbau des Schiedsverfahrens	37
3. Inhalt der Klageschrift	19	c) Kosten	38
IV. Das Aufhebungsgericht (Abs. 2)	20	2. Erfolgreiches Aufhebungsverfahren	39
1. Sachliche Zuständigkeit	20		
2. Örtliche Zuständigkeit	21		
V. Die Aufhebungsgründe (Abs. 1 Nr. 1 bis 3)	22		
1. Unzulässigkeit des schiedsgerichtlichen Verfahrens (Nr. 1)	22		

I. Allgemeines

Die Vorschrift regelt die Aufhebung von Schiedssprüchen abschließend und ersetzt insoweit die §§ 1059, 1062 f. ZPO.¹ 1

Mit der Entscheidung über die Aufhebungsklage klärt das ArbG, ob der Schiedsspruch Bestand hat oder ob er aufgehoben wird. **Gegenstand des Aufhebungsverfahrens** nach § 110 ArbGG ist hierbei nicht die vom Schiedsgericht getroffene Entscheidung, sondern das Sachbegehren, das der Kläger 2

---

1 GWBG/Greiner § 110 Rn 1.

vor dem Schiedsgericht anhängig gemacht hat.² Hat die Aufhebungsklage Erfolg, so entscheidet das Arbeitsgericht auch in der Sache.³ Die klagende Partei muss in diesem Fall kein neues Schiedsverfahren durchführen. Eine Zurückverweisung der Sache an das Schiedsgericht erfolgt nicht, da das Schiedsverfahren »verbraucht« ist.⁴ Die Parteien sind gehalten, im Aufhebungsverfahren die ursprünglichen Sachanträge aus dem Schiedsverfahren zu stellen. Die gebotene Formulierung der **Anträge** ergibt sich aus der prozessualen Konstellation. War der Kläger in allen Schiedsinstanzen erfolglos, beantragt er: 1. den Schiedsspruch aufzuheben und 2. die Beklagte zu verurteilen,... *(ursprünglicher Antrag der Schiedsklage)*. War er nur in der letzten Schiedsinstanz erfolglos, beantragt er ausschließlich, den *(letztinstanzlichen)* Schiedsspruch aufzuheben; eines Sachantrags bedarf es nicht, weil durch die beantragte Aufhebung der für ihn erfolgreiche Schiedsspruch der Vorinstanz wiederhergestellt wird. War der Kläger in allen Schiedsinstanzen oder nur in der letzten erfolgreich, sodass er im Aufhebungsverfahren Beklagter ist, lautet sein Antrag: die (Aufhebungs-) Klage abzuweisen, **hilfsweise widerklagend** die Beklagte zu verurteilen,... *(ursprünglicher Antrag der Schiedsklage)*.⁵ Fehlt es an einer ausdrücklichen Antragstellung, ergibt sich der Wille der Parteien, die Sachanträge zu stellen, i.d.R. konkludent aus dem Parteivorbringen.⁶ In dem (Sach-) Verfahren ist das Aufhebungsgericht nicht ausschließlich Rechtsprüfungsinstanz, sondern kann i.R.d. ihm zufallenden »**Sachentscheidungsbefugnis**« auch eine weitere Sachaufklärung – z.B. durch eine ergänzende Beweisaufnahme – betreiben.⁷

II. Das Aufhebungsverfahren

1. Grundsatz

3 Das Aufhebungsverfahren hat in allen drei Instanzen der Arbeitsgerichtsbarkeit **revisionsähnlichen Charakter**.⁸ Daraus folgt, dass das ArbG im Aufhebungsverfahren keine Tatsachen-, sondern nur **Rechtsprüfungsinstanz** ist. Neue Tatsachen und Beweismittel können nicht vorgebracht werden.⁹ Die **Beweiswürdigung** des Schiedsgerichts kann nur unter dem Gesichtspunkt des Verfahrensmangels – also mit ausdrücklicher Verfahrensrüge – angegriffen werden kann; sie kann vom Aufhebungsgericht nur daraufhin überprüft werden, ob sie rechtlich möglich ist und Voraussetzungen und Grenzen der richterlichen Überzeugung wahrt.¹⁰

4 Weitere Folge der Revisionsähnlichkeit: Erscheint die beklagte Partei im Termin nicht, kann bezogen auf die Aufhebungsklage kein Versäumnisurteil erlassen werden, weil eine reine Rechtsprüfung

---

2 BAG, 12.01.2000 – 7 AZR 925/98, NZA 2000, 1345; BAG, 15.02.2012 – 7 AZR 626/10; LAG Köln, 12.09.2014 – 9 Sa 730/13.
3 St. Rspr., vgl. BAG, 27.01.1993 – 7 AZR 124/92, NZA 1993, 1102; BAG, 07.11.1995 – 3 AZR 955/94, NZA 1996, 487; BAG, 15.02.2012 – 7 AZR 626/10; ebenso GK-ArbGG/Mikosch § 110 Rn 29; Schwab/Weth-Zimmerling § 110 Rn 35; a.A. GMPMG/Germelmann § 110 Rn 28; Germelmann NZA 1994, 12, 18.
4 BAG, 15.02.2012 – 7 AZR 626/10; BAG, 12.01.2000 – 7 AZR 925/98, NZA 2000, 1345; BAG, 27.01.1993 – 7 AZR 124/92, NZA 1993, 1102; GK-ArbGG/Mikosch § 110 Rn 30; GWBG/Greiner § 110 Rn 18; Schwab/Weth-Zimmerling § 110 Rn 35.
5 Zur Antragstellung s.a. GK-ArbGG/Mikosch § 110 Rn 25; GWBG/Greiner § 110 Rn 18.
6 BAG, 12.01.2000 – 7 AZR 925/98, NZA 2000, 1345; GK-ArbGG/Mikosch § 110 Rn 29.
7 LAG Köln, 12.11.1998 – 6 Sa 1225/97, n.v.; bestätigt durch BAG, 12.01.2000 – 7 AZR 925/98, NZA 2000, 1345; BAG, 15.02.2012 – 7 AZR 626/10; s.a. GK-ArbGG/Mikosch § 110 Rn 30.
8 BAG, 18.04.1986 – 7 AZR 114/85, NZA 1987, 94; BAG, 07.11.1995 – 3 AZR 955/94, NZA 1996, 487; BAG, 02.07.2003 – 7 AZR 613/02, AP Nr. 39 zu § 611 BGB Musiker; BAG, 16.12.2010 – 6 AZR 487/09, NZA 2011, 1441.
9 BAG, 24.09.1970 – 5 AZR 54/70, NJW 1971, 213; BAG, 06.11.1997 – 2 AZR 253/97, NZA 1998, 833; BAG, 16.12.2010 – 6 AZR 487/09, NZA 2011, 1441.
10 BAG, 18.04.1986 – 7 AZR 114/85, BAGE 51, 375; BAG, 12.01.2000 – 7 AZR 925/98, NZA 2000, 1345.

stattfindet. Ist die Aufhebungsklage (aus Rechtsgründen) erfolgreich, kann in der Sache ein echtes Versäumnisurteil ergehen.[11]

2. Anwendung der Revisionsvorschriften

Der revisionsähnliche Charakter (Rdn. 2 bis 4) erfordert zudem die **entsprechende Anwendung** der für das **Revisionsrecht** geltenden Vorschriften, wenn und soweit sie einer analogen Anwendung fähig sind.[12] Im Einzelnen: 5

a) *§ 557 Abs. 3 ZPO* ist entsprechend anzuwenden. Das bedeutet: Das ArbG ist an die im Aufhebungsverfahren geltend gemachten Aufhebungsgründe nicht gebunden. Es hat die Begründung des Schiedsspruchs insgesamt auf seine Gesetzmäßigkeit zu überprüfen. Etwas anderes gilt für **Verfahrensmängel**; diese sind nur nachzuprüfen, wenn sie ausdrücklich gerügt werden (*§ 551 Abs. 3 Nr. 2 Buchst. b) ZPO*), es sei denn, dass es sich um Verfahrensmängel handelt, die auch in der Revisionsinstanz von Amts wegen zu berücksichtigen sind.[13]   6

b) Aus der entsprechenden Anwendung von *§ 551 Abs. 3 Nr. 2 Buchst. b) ZPO* folgt, dass Verfahrensrügen innerhalb der zweiwöchigen Notfrist des Abs. 3 Satz 1 vorzubringen sind.[14] Bedenken wegen der Kürze der Frist[15] greifen wegen der eindeutigen Regelung in Abs. 3 Satz 1 nicht durch.[16]   7

c) *§ 559 Abs. 2 ZPO* ist ebenfalls entsprechend anwendbar. Das ArbG ist also im Aufhebungsverfahren an die Feststellung der Tatsachen durch das Schiedsgericht gebunden.[17]   8

d) *§ 563 ZPO* ist **nicht** entsprechend anwendbar. Die staatlichen Gerichte können nicht an die Schiedsgerichte zurückverweisen.[18]   9

3. Weitere Grundsätze des Verfahrens

Eine **Streitverkündung** und der Beitritt eines **Streithelfers** sind im Aufhebungsverfahren zulässig.[19]   10

Sehen das ArbG oder das LAG einen materiellrechtlichen oder einen verfahrensrechtlichen Aufhebungsgrund als gegeben an, müssen sie eine für die Sachentscheidung ggf. notwendige weitere Sachaufklärung selbst betreiben.[20] Im Revisionsverfahren ist der Rechtsstreit zu diesem Zweck an das LAG zurückzuverweisen.[21]   11

---

11 GK-ArbGG/Mikosch § 110 Rn 6; siehe auch Schwab/Weth-Zimmerling § 110 Rn 10; BAG, 24.09.1970 – 5 AZR 54/70, NJW 1971, 213.
12 BAG, 31.10.1963 – 5 AZR 283/62, DB 1964, 520; BAG, 02.07.2003 – 7 AZR 613/02, AP Nr. 39 zu § 611 BGB Musiker; BAG, 16.12.2010 – 6 AZR 487/09, NZA 2011, 1441.
13 BAG, 27.05.1970 – 5 AZR 425/69, NJW 1970, 1702; BAG, 16.12.2010 – 6 AZR 487/09, NZA 2011, 1441; BAG, 15.02.2012 – 7 AZR 626/10; GMPMG/Germelmann § 110 Rn 9.
14 BAG, 27.05.1970 – 5 AZR 425/69, NJW 1970, 1702; GMPMG/Germelmann § 110 Rn 9; GK-ArbGG/Mikosch § 110 Rn 7; das BAG hat die Frage in den Entscheidungen v. 26.04.1990 – 6 AZR 462/88, NZA 1990, 979, 12.01.2000 – 7 AZR 925/98, NZA 2000, 1345 und 16.12.2010 – 6 AZR 487/09, NZA 2011, 1441 offengelassen, zumindest aber die Geltendmachung innerhalb der Revisionsfrist von einem Monat gem. § 74 ArbGG verlangt.
15 BAG, 18.04.1986 – 7 AZR 114/85, NZA 1987, 94; siehe auch BAG, 12.01.2000 – 7 AZR 925/98, NZA 2000, 1345.
16 GMPMG/Germelmann § 110 Rn 9; GK-ArbGG/Mikosch § 110 Rn 7; offengelassen in den Entscheidungen des BAG v. 26.04.1990 – 6 AZR 462/88, NZA 1990, 979 und 16.12.2010 – 6 AZR 487/09, NZA 2011, 1441.
17 BAG, 06.11.1997 – 2 AZR 253/97, NZA 1998, 833; BAG, 16.12.2010 – 6 AZR 487/09, NZA 2011, 1441; Schwab/Weth-Zimmerling § 110 Rn 10.
18 BAG, 27.01.1993 – 7 AZR 124/92, NZA 1993, 1102; BAG, 15.02.2012 – 7 AZR 626/10; GK-ArbGG/Mikosch § 110 Rn 29; Schwab/Weth-Zimmerling § 110 Rn 11.
19 BAG, 11.05.1983 – 4 AZR 545/80, BAGE 42, 349; GK-ArbGG/Mikosch § 110 Rn 26.
20 GK-ArbGG/Mikosch § 108 Rn 30; Schwab/Weth-Zimmerling § 110 Rn 10.
21 GK-ArbGG/Mikosch § 110 Rn 30.

III. Die Aufhebungsklage

1. Klagegegenstand

12 Klagegegenstand muss in jedem Fall ein **Schiedsspruch** sein. Ein **Schiedsvergleich** kann nicht Gegenstand einer Aufhebungsklage sein. Hält eine Partei einen Schiedsvergleich für unwirksam, ist das schiedsgerichtliche Verfahren zur Klärung der Frage, ob das Verfahren durch den Schiedsvergleich erledigt worden ist, fortzusetzen (vgl. § 107 Rdn. 11).[22]

13 Nur ein **letztinstanzlicher** Schiedsspruch kann angegriffen werden. Sieht der Schiedsvertrag – wie im **Bühnenbereich** – mehrere Instanzen für das Schiedsverfahren vor, muss dieser Instanzenzug ausgeschöpft werden.[23] Nutzt eine Partei den Instanzenzug nicht aus und greift einen unterinstanzlichen Schiedsspruch mit der Aufhebungsklage an, ist diese unzulässig.[24]

14 Besteht die Entscheidung des Oberschiedsgerichts in einer Zurückweisung des schiedsgerichtlichen Rechtsmittels und damit in der Sache in einer Bestätigung des erstinstanzlichen Schiedsspruchs, so erfasst die gegen die Oberschiedsgerichtsentscheidung gerichtete Aufhebungsklage auch den erstinstanzlichen Schiedsspruch. Bei einem Erfolg der Aufhebungsklage erwächst dieser nicht in Rechtskraft.

15 Die Klage ist auf **Aufhebung** des Schiedsspruchs zu richten; auf **Änderung** kann nicht geklagt werden. Der Schiedsspruch kann auch **teilweise** angegriffen werden, wenn der Streitgegenstand insoweit teilbar ist. Die Aufhebungsklage ist mit dem ursprünglichen Sachantrag zu verbinden, um im Falle ihres Erfolges eine Entscheidung des Arbeitsgerichts in der Sache herbeizuführen.[25]

2. Klagefrist (Abs. 3)

16 Die gesetzliche »**Notfrist** von zwei Wochen« kann weder durch den tariflichen Schiedsvertrag noch durch Parteivereinbarung **verändert** werden. Die Fristberechnung erfolgt gem. § 222 ZPO. Bei Versäumung der Notfrist ist **Wiedereinsetzung** in den vorigen Stand gem. § 233 ZPO möglich.[26]

17 Abs. 3 sieht **keine zusätzliche Begründungsfrist** vor. Innerhalb der Notfrist muss deshalb eine Klage erhoben werden, die den Erfordernissen des § 253 ZPO genügt. Hierzu gehören die Bezeichnung der Parteien und des Gerichts, ein konkreter Antrag, der darauf gerichtet ist, einen genau bezeichneten Schiedsspruch aufzuheben sowie die formellen Rügen, mit denen die Aufhebung des Schiedsspruchs begründet werde soll (vgl. Rdn. 7).[27]

18 Von den Restitutionsfällen abgesehen **beginnt** die **Frist** mit der **Zustellung** des Schiedsspruchs; gemeint ist die Zustellung i.S.v. § 108 Abs. 2 Satz 2 und 3. Wird der Schiedsspruch den Parteien zu unterschiedlichen Zeitpunkten zugestellt, ist ein entsprechend unterschiedlicher Fristbeginn anzunehmen.[28] Der abweichenden Auffassung, derzufolge die Frist für beide Parteien erst mit der **zeitlich letzten** Zustellung beginnen soll,[29] ist wegen des klaren Wortlauts des Abs. 3 Satz 1 und aus Gründen der Rechtsklarheit und Rechtssicherheit nicht zu folgen.

---

22 GMPMG/Germelmann § 110 Rn 3; GWBG/Greiner § 110 Rn 3.
23 ArbG Köln, 05.12.1978 – 10 Ca 4788/78; GMPMG/Germelmann § 110 Rn 3; GK-ArbGG/Mikosch § 110 Rn 2.
24 GK-ArbGG/Mikosch § 110 Rn 2.
25 Siehe hierzu BAG, 27.01.1993 – 7 AZR 124/92, NZA 1993, 1102; BAG, 12.01.2000 – 7 AZR 925/98, NZA 2000, 1345; vgl. auch GK-ArbGG/Mikosch § 110 Rn 29.
26 GK-ArbGG/Mikosch § 110 Rn 24; GWBG/Greiner § 110 Rn 16.
27 BAG, 26.02.1980 – 6 AZR 970/77, AP Nr. 3 zu § 110 ArbGG 1953; vgl. auch BAG, 16.12.2010 – 6 AZR 487/09, NZA 2011, 1441; s. hierzu GMPMG/Germelmann § 110 Rn 22.
28 GMPMG/Germelmann § 110 Rn 18; Schwab/Weth-Zimmerling § 110 Rn 29; Grunsky-Greiner § 110 Rn 15.
29 GK-ArbGG/Mikosch § 110 Rn 21.

3. Inhalt der Klageschrift

Die innerhalb der Notfrist eingereichte Klageschrift muss den Voraussetzungen einer zulässigen Klage nach § 253 ZPO entsprechen.[30] Das bedeutet u.a., dass die Aufhebungsklage gem. § 253 Abs. 2 Nr. 2 ZPO die »bestimmte Angabe des Gegenstandes und des Grundes des erhobenen Anspruchs« beinhalten muss; dies erfordert für die Aufhebungsklage nicht die Konkretisierung des **schiedsgerichtlichen** Streitgegenstandes, d.h. nicht die Begründung, warum der Schiedsklageanspruch gegeben ist *(= Wiederholung der Schiedsklage)*; vielmehr sind die **Aufhebungsgründe** zu konkretisieren. Es muss ersichtlich sein, welcher der drei Aufhebungsgründe des § 110 Abs. 1 in Anspruch genommen wird und warum die Voraussetzungen eines solchen Grundes vorliegen.[31]

IV. Das Aufhebungsgericht (Abs. 2)

1. Sachliche Zuständigkeit

Die Frage der sachlichen Zuständigkeit bzw. der **Rechtswegzuständigkeit** stellt sich nicht. Ist das Schiedsverfahren nach dem ArbGG abgewickelt worden, können nur die ArbG zur Überprüfung berufen sein. War der Rechtsweg zum Schiedsgericht falsch gewählt, ist ein Aufhebungsgrund für das ArbG gegeben.

2. Örtliche Zuständigkeit

Die Regelung des Abs. 2 entspricht der Vorschrift des § 109 Abs. 1 Satz 1.[32] Zu beachten ist § 48 Abs. 2, wonach die Tarifvertragsparteien den Gerichtsstand mit Wirkung für die Arbeitsvertragsparteien **prorogieren** können – mit Wirkung auch für die Nicht-Tarifgebundenen, wenn diese die Anwendung des gesamten Tarifvertrages, der die Prorogation enthält, vereinbart haben. Im **Bühnenbereich** ist von der Prorogationsmöglichkeit Gebrauch gemacht worden: Für alle Aufhebungsklagen ist das **ArbG Köln** als zuständiges Gericht vereinbart worden.[33]

V. Die Aufhebungsgründe (Abs. 1 Nr. 1 bis 3)

1. Unzulässigkeit des schiedsgerichtlichen Verfahrens (Nr. 1)

Gedacht ist an Hindernisse, die der **Zulässigkeit** des Verfahrens als solchem entgegenstehen, sowie an die **Verletzung wesentlicher Verfahrensgrundsätze**.[34] Hierunter fallen Verfahrensfehler, die die Grundregeln der §§ 105 ff. betreffen, nicht aber Verstöße gegen tarifvertragliche Vorschriften über das schiedsgerichtliche Verfahren.[35] Die Vorschrift entspricht inhaltlich weitgehend § 551 Abs. 3 Nr. 2 Buchst. b) ZPO.[36] Die Verfahrensmängel müssen innerhalb der Notfrist des Abs. 3 Satz 1 gerügt werden (s. Rdn. 7).

Das schiedsgerichtliche Verfahren ist unzulässig, wenn ein Schiedsvertrag überhaupt nicht bestand, das Schiedsgericht **sachlich oder örtlich unzuständig** war oder wenn das Schiedsgericht nicht den gesetzlichen Vorgaben entsprechend **ordnungsgemäß besetzt** war (§ 103 Rdn. 6). Ein Verstoß gegen wesentliche Verfahrensvorschriften liegt bspw. vor, wenn der **Grundsatz des rechtlichen**

---

30 BAG, 26.02.1980 – 6 AZR 970/77, AP Nr. 3 zu § 110 ArbGG 1953.
31 BAG, 26.02.1980 – 6 AZR 970/77, AP Nr. 3 zu § 110 ArbGG 1953; BAG, 16.12.2010 – 6 AZR 487/09, NZA 2011, 144.
32 Vgl. dazu § 109 Rdn. 7 f.
33 § 38 BSchGO; § 37 BSchGO-C.
34 GMPMG/Germelmann § 110 Rn 8; GK-ArbGG/Mikosch § 110 Rn 10; Schwab/Weth-Zimmerling § 110 Rn 13; die abweichende Auff., wonach Verfahrensverstöße von Nr. 3 erfasst sein sollten, wurde ab der 2. Auflage aufgegeben.
35 BAG, 15.02.2012 – 7 AZR 626/10; GMPMG/Germelmann § 110 Rn 8; Schwab/Weth-Zimmerling § 110 Rn 15.
36 GMPMG/Germelmann § 110 Rn 8.

Gehörs verletzt worden ist, das Schiedsgericht gegen die **Grundsätze des § 286 ZPO** verstoßen hat (s. Rdn. 28) oder der Schiedsspruch entgegen § 108 Abs. 2 Satz 1 nicht begründet ist.[37] Die verspätete Begründung unter Überschreitung der 5-Monats-Frist steht der fehlenden Begründung gleich (§ 108 Rdn. 17). Die Rechtsverletzung muss für den Inhalt des Schiedsspruchs **ursächlich** sein.[38] Das ist schon dann der Fall, wenn die Entscheidung ohne den Verstoß gegen Verfahrensvorschriften möglicherweise anders, d.h. für die betreffende Partei günstiger ausgefallen wäre.[39] Die Anforderungen an die Darlegungen der Partei hängen von der Art des festgestellten Verstoßes ab. Rügt die Partei die Verletzung des rechtlichen Gehörs, muss sie zugleich darlegen, was sie bei Gewährung rechtlichen Gehörs vorgetragen hätte und ausführen, weshalb dies zu einer anderen Entscheidung des Schiedsgerichts hätte führen können.[40] Ist der Schiedsspruch entgegen § 108 Abs. 2 Satz 1 nicht begründet oder war das Schiedsgericht nicht gesetzeskonform besetzt, reicht es aus, den jeweiligen Verfahrensmangel zu rügen, da grds. davon auszugehen ist, dass sich dieser Mangel auf den Schiedsspruch ausgewirkt hat.[41]

2. Verletzung einer Rechtsnorm (Nr. 2)

24 Die Vorschrift wiederholt den Wortlaut des § 73 Abs. 1. Sie erfasst alle Verstöße gegen das materielle Recht.[42] Wie im Revisionsrecht sind **materielle Rechtsfehler** vom ArbG **von Amts wegen** zu berücksichtigen, ohne dass es einer Rüge der klagenden Partei bedarf.[43] Eine Rechtsnorm ist verletzt, wenn sie nicht oder nicht richtig angewendet worden ist (vgl. § 546 ZPO). Die Normverletzung muss für den Inhalt des Schiedsspruchs ursächlich sein (»beruht«).

25 Vom ArbG zu prüfen sind Verstöße gegen Rechtsnormen des Bundesrechts, des Landesrechts, gegen **tarifliche Bestimmungen**[44] sowie gegen normative Regelungen in **Betriebsvereinbarungen**.[45]

26 Als verletzte Rechtsnormen kommen auch die **Auslegungsregeln** der §§ 133, 157 BGB in Betracht. Eine Aufhebungsklage ist deshalb begründet, wenn das Schiedsgericht Regelungen aus individuellen Verträgen oder Normen eines Tarifvertrages oder einer Betriebsvereinbarung **fehlerhaft ausgelegt** hat. Haben die auszulegenden unbestimmten Rechtsbegriffe Kunstbezug, ist zu beachten, dass der Beurteilungsspielraum für die Schiedsgerichtsbarkeit auch wegen Art. 5 Abs. 3 Satz 1 GG weit ist.[46]

27 Weitere Fälle sind die Verkennung von **Beweislastregeln** und die Verletzung allgemeiner **Erfahrungs- und Denkgesetze**.[47]

28 Die **Beweiswürdigung** des Schiedsgerichts kann nur daraufhin überprüft werden, ob sie rechtlich möglich ist und ob Voraussetzungen und Grenzen schiedsrichterlicher Überzeugung gewahrt sind.

---

37 GMPMG/Germelmann § 110 Rn 8; GK-ArbGG/Mikosch § 110 Rn 10; Schwab/Weth-Zimmerling § 108 Rn 13.
38 GK-ArbGG/Mikosch § 110 Rn 10; GWBG/Greiner § 110 Rn 7.
39 GK-ArbGG/Mikosch § 110 Rn 10; differenzierend Schwab/Weth-Zimmerling § 110 Rn 14.
40 Schwab/Weth-Zimmerling § 110 Rn 16.
41 Vgl. für das schiedsgerichtliche Verfahren nach der ZPO Zöller/Greiner § 1059 Rn 45; BGH, 26.09.1985 – III ZR 16/84, NJW 1986, 1436.
42 BAG, 11.05.1983 – 4 AZR 545/80, BAGE 42, 349; BAG, 15.02.2012 – 7 AZR 626/10; GMPMG/Germelmann § 110 Rn 10; GK-ArbGG/Mikosch § 110 Rn 15; GWBG/Greiner § 110 Rn 9; Schwab/Weth-Zimmerling § 110 Rn 20.
43 BAG, 18.04.1986 – 7 AZR 314/85; BAG, 16.12.2010 – 6 AZR 487/09, NZA 2011, 1441; BAG, 15.02.2012 – 7 AZR 626/10.
44 BAG, 02.07.2003 – 7 AZR 613/02, AP Nr. 39 zu § 611 BGB Musiker.
45 GK-ArbGG/Mikosch § 110 Rn 16; GWBG/Greiner § 110 Rn 9.
46 BAG, 11.05.1983 – 4 AZR 545/80, BAGE 42, 349; BAG, 16.12.2010 – 6 AZR 487/09, NZA 2011, 1441; LAG Köln, 10.09.2014 – 11 Sa 786/13.
47 LAG Köln, 17.10.1997 – 11 Sa 222/97, NZA 1998, 1304; BAG, 16.12.2010 – 6 AZR 487/09, NZA 2011, 1441; GMPMG/Germelmann § 110 Rn 11.

Will der Kläger die Aufhebungsklage auf eine Rechtsverletzung im Zusammenhang mit der Beweiswürdigung des Schiedsgerichts stützen, bedarf es einer **formellen Verfahrensrüge** unter genauer Darlegung, aufgrund welcher Tatsachen sich ergeben soll, dass das Schiedsgericht gegen § 286 ZPO verstoßen habe oder ihm bei der Beweiswürdigung ein sonstiger Rechtsfehler unterlaufen sei.[48]

Der Spruch des Schiedsgerichts »beruht« auf einer Normverletzung, wenn diese für die Entscheidung **ursächlich** war. Das ist dann nicht der Fall, wenn sich die angegriffene Entscheidung aus anderen Gründen als richtig erweist.[49] 29

3. Restitutionsklage (Nr. 3)

Die Aufhebungsklage kann auch darauf gestützt werden, dass ein Grund vorliegt, der im arbeitsgerichtlichen Verfahren eine Restitutionsklage gem. § 580 Nr. 1 bis 6 ZPO begründen könnte.. Hinsichtlich der Restitutionsgründe in § 580 Nr. 1 bis 5 ZPO ist eine rechtskräftige strafgerichtliche Verurteilung (§ 581 ZPO) erforderlich. Die Klagefrist des Abs. 3 Satz 1 beginnt gem. Abs. 3 Satz 2 mit Rechtskraft des strafgerichtlichen Urteils. 30

Aus der fehlenden Erwähnung von § 579 ZPO muss geschlossen werden, dass die Möglichkeit einer **Nichtigkeitsklage** gegen Schiedssprüche nicht eröffnet werden sollte. Liegen Nichtigkeitsgründe vor, kann hierauf eine Aufhebungsklage nach Abs. 1 Nr. 1 oder 2 gestützt werden.[50] 31

4. Prüfungsmaßstab

Grundlage für die Überprüfung des Schiedsverfahrens durch das Aufhebungsgericht ist die Rechtslage, wie sie bei Fällung des Schiedsspruchs bestanden hat; spätere Änderungen bleiben unberücksichtigt.[51] 32

VI. Das Urteil im Aufhebungsverfahren

Nur zwei Entscheidungen des ArbG sind vom Gesetz vorgesehen und möglich: **Abweisung** der Aufhebungsklage oder Stattgabe durch **Aufhebung** des Schiedsspruchs *(auch teilweise)*; beachte aber Rdn. 2. 33

Der **Ausschluss weiterer Entscheidungsmöglichkeiten** im Aufhebungsverfahren bedeutet: Die ArbG können **nicht** an die Schiedsgerichtsbarkeit **zurückverweisen**.[52] Entweder wird der *(klageabweisende oder -stattgebende)* Schiedsspruch durch Abweisung der Aufhebungsklage bestandskräftig oder er wird durch stattgebendes Aufhebungsurteil aufgehoben. 34

Liegt in Bezug auf den Schiedsspruch bereits eine Vollstreckbarkeitserklärung nach § 109 Abs. 1 Satz 1 vor – was wegen der Verpflichtung gem. § 109 Abs. 1 Satz 3, das Vollstreckbarkeitsverfahren für die Dauer eines nachgewiesenen Aufhebungsverfahrens auszusetzen, nur selten vorkommen dürfte – hat ein stattgebendes Aufhebungsurteil diese – ohne Antrag – aufzuheben *(Abs. 4)*. Auch ohne diesen Ausspruch könnte ein stattgebendes Aufhebungsurteil evtl. Vollstreckungsversuchen erfolgreich entgegengesetzt werden. 35

---

48 BAG, 18.04.1986 – 7 AZR 114/85, AP Nr. 27 zu § 611 BGB Bühnenengagementsvertrag; LAG Köln, 29.05.2008 – 10 Sa 593/06.
49 LAG Köln, 17.10.1997 – 11 Sa 222/97, NZA 1998, 1304.
50 GMPMG/Germelmann § 110 Rn 15; GK-ArbGG/Mikosch § 110 Rn 19.
51 GMPMG/Germelmann § 110 Rn 12; GK-ArbGG/Mikosch § 110 Rn 17; Schwab/Weth-Zimmerling § 110 Rn 20.
52 BAG, 27.01.1993 – 7 AZR 124/92, NZA 1993, 1102; BAG, 15.02.2012 – 7 AZR 626/10; ErfK/Koch § 110 Rn 8; GK-ArbGG/Mikosch § 110 Rn 29; GWBG/Greiner § 110 Rn 18; Schwab/Weth-Zimmerling § 110 Rn 35; a.A. GMPMG/Germelmann § 110 Rn 26.

VII. Die Rechtslage nach dem Aufhebungsverfahren

1. Erfolgloses Aufhebungsverfahren

a) Einstufiger Aufbau des Schiedsverfahrens

36   Wird die Aufhebungsklage abgewiesen, wird der angegriffene Schiedsspruch rechts- und bestandskräftig.

b) Zweistufiger Aufbau des Schiedsverfahrens

37   In diesem Fall muss differenziert werden: **a)** Bestand der angegriffene Schiedsspruch des Oberschiedsgerichts in einer **Zurückweisung/Verwerfung der Schiedsberufung**, ist es der erstinstanzliche Schiedsspruch, der in Rechts- und Bestandskraft erwächst. Hatte dieser die Schiedsklage abgewiesen, ist der Anspruch endgültig aberkannt; hatte er zugesprochen, steht der Anspruch endgültig fest. Der erstinstanzliche Schiedsspruch in Verbindung mit den nachfolgenden Entscheidungen ist in diesem Fall Gegenstand des Verfahrens nach § 109. **b)** Hat das Oberschiedsgericht eine Erstverurteilung vorgenommen, steht ebenfalls durch Abweisung der Aufhebungsklage der Anspruch des Schiedsverfahrens endgültig fest. In diesem Fall ist der Spruch des Oberschiedsgerichts Gegenstand des Verfahrens nach § 109. **c)** Hat das Oberschiedsgericht den klagestattgebenden Schiedsspruch erster Instanz aufgehoben und die Klage abgewiesen, ist der Anspruch des Schiedsverfahrens durch Abweisung der Aufhebungsklage endgültig aberkannt.

c) Kosten

38   Das arbeitsgerichtliche Urteil, mit dem über die Aufhebungsklage entschieden wird, bedarf einer **Kostenentscheidung** und einer **Festsetzung des Streitwerts**.[53] Die Kostenentscheidung des Schiedsgerichts bleibt unangetastet. Damit ergeben sich zwei Kostenentscheidungen nebeneinander: die schiedsgerichtliche für das Schiedsgerichtsverfahren und die arbeitsgerichtliche für das Aufhebungsverfahren. Hiergegen bestehen keine Bedenken. Beide Kostenregelungen sind parallel zueinander abzuwickeln.

2. Erfolgreiches Aufhebungsverfahren

39   Wird der angegriffene Schiedsspruch aufgehoben, ist die Zuständigkeit des Arbeitsgerichts für die Sachentscheidung gegeben (vgl. Rdn. 2).

40   Bestand der aufgehobene Schiedsspruch in einer **Abweisung der Schiedsklage**, bedeutet seine Aufhebung noch keinen Zuspruch des Anspruchs. Bestand der aufgehobene Schiedsspruch in einem **Zuspruch der Schiedsklage**, bedeutet seine Aufhebung noch keine Abweisung der des geltend gemachten Anspruchs. Vielmehr muss in beiden Fällen das ArbG nunmehr in der Sache prüfen, ob der vom Kläger geltend gemachte Sachantrag begründet ist.

41   Die Aufhebung des Schiedsspruchs betrifft auch eine etwaige **Kostenentscheidung** des Schiedsgerichts. In diesem Fall hat das ArbG i.R.d. §§ 91 ff. ZPO über die Kosten des Aufhebungsverfahrens einschließlich der Kosten des Schiedsverfahrens zu entscheiden. Hierbei muss es ggf. die einschlägigen Regelungen des Schiedsvertrages anwenden. Die Kosten des Schiedsverfahrens sind i.d.R. notwendige »**Kosten des Rechtsstreits**« i.S.d. § 91 ff. ZPO.[54]

42   **Leistungen des erfolgreichen Aufhebungsklägers**, die er auf den aufgehobenen Schiedsspruch erbracht hat, sind zurückzugewähren; dabei findet allerdings § **717 Abs. 2 ZPO** keine Anwendung, es muss vielmehr auf das materielle Recht zurückgegriffen werden, in erster Linie auf § 812 BGB.[55]

---

53 GMPMG/Germelmann § 110 Rn 29; GK-ArbGG/Mikosch § 110 Rn 31.
54 So auch GK-ArbGG/Mikosch § 110 Rn 31; GWBG/Greiner § 110 Rn 21.
55 GMPMG/Germelmann § 110 Rn 24.

Fünfter Teil Übergangs- und Schlussvorschriften

§ 111 Änderung von Vorschriften

(1) ¹Soweit nach anderen Rechtsvorschriften andere Gerichte, Behörden oder Stellen zur Entscheidung oder Beilegung von Arbeitssachen zuständig sind, treten an ihre Stelle die Arbeitsgerichte. ²Dies gilt nicht für Seemannsämter, soweit sie zur vorläufigen Entscheidung von Arbeitssachen zuständig sind.

(2) ¹Zur Beilegung von Streitigkeiten zwischen Ausbildenden und Auszubildenden aus einem bestehenden Berufsausbildungsverhältnis können im Bereich des Handwerks die Handwerksinnungen, im Übrigen die zuständigen Stellen im Sinne des Berufsbildungsgesetzes Ausschüsse bilden, denen Arbeitgeber und Arbeitnehmer in gleicher Zahl angehören müssen. ²Der Ausschuss hat die Parteien mündlich zu hören. ³Wird der von ihm gefällte Spruch nicht innerhalb einer Woche von beiden Parteien anerkannt, so kann binnen zwei Wochen nach ergangenem Spruch Klage beim zuständigen Arbeitsgericht erhoben werden. ⁴§ 9 Abs. 5 gilt entsprechend. ⁵Der Klage muss in allen Fällen die Verhandlung vor dem Ausschuss vorangegangen sein. ⁶Aus Vergleichen, die vor dem Ausschuss geschlossen sind, und aus Sprüchen des Ausschusses, die von beiden Seiten anerkannt sind, findet die Zwangsvollstreckung statt. ⁷Die §§ 107 und 109 gelten entsprechend.

Übersicht	Rdn.
I. Allgemeines	1
II. Seemannsämter (Abs. 1)	3
III. Ausbildungsstreitigkeiten (Abs. 2)	6
1. Die Bildung der Ausschüsse durch die zuständigen Stellen (Satz 1)	6
a) Zuständige Stellen (Satz 1)	6
b) Bildung der Ausschüsse	7
c) Besetzung der Ausschüsse (Satz 1)	8
d) Zuständiger Ausschuss	9
2. Streitgegenstände des Schlichtungsverfahren (Satz 1)	10
a) Der objektive Streitgegenstand	10
b) Die Streitsubjekte	13
c) Insbesondere Kündigungsschutz- und sonstige Bestandsschutzstreitigkeiten	15
d) Eilverfahren	17
3. Arbeitsgerichtsklage trotz Ausbildungsstreitigkeit	18
a) Ein zuständiger Ausschuss existiert	18
b) Ein zuständiger Ausschuss existiert nicht	20
4. Wirkungen der Anrufung des Ausschusses	21
5. Verfahren des Ausschusses	22
a) Mündliche Anhörung der Parteien (Satz 2)	22
b) Weitere Verfahrensgrundsätze	24
6. Abschluss des Schlichtungsverfahrens	30
a) Der Schlichtungsspruch	31
b) Der Vergleich	35
c) Sonstige Fälle des Verfahrensabschlusses	36
7. Anerkennung des Schlichtungsspruchs (Satz 3)	38
a) Form der Anerkennung	38
b) Zeitpunkt der Anerkennung	39
c) Wirkung der Anerkennung	42
d) Beseitigung der Anerkennung	43
8. Zwangsvollstreckung (Satz 6)	44
a) Vollstreckung aus dem Vergleich	45
b) Vollstreckung aus dem Schlichtungsspruch	46
c) Das Vollstreckbarkeitsverfahren (Satz 7)	47
9. Die Klage beim zuständigen Arbeitsgericht (Satz 3)	48
a) Klageart	48
b) Folgen unterbliebener oder verspäteter Klage	52
c) Zuständiges Gericht und Verfahren	53

I. Allgemeines

In Abs. 1 hatte in der Vergangenheit nur der Satz 2 einen eigenen Regelungsgehalt, indem er die Zuständigkeit der Seemannsämter für die (vorläufige) Entscheidung von Arbeitssachen verdeut- 1 lichte. Die Formulierung in Abs. 1 Satz 1 hat klarstellende Funktion. Mit dem Inkrafttreten des Seearbeitsgesetzes vom 10.04.2013[1] ist der Regelungsgehalt des Satzes 2 entfallen.

2 Die Einreihung von Abs. 2 unter die »Übergangs- und Schlussvorschriften« ist nicht recht verständlich. Er regelt für Ausbildungsstreitigkeiten ein umständliches und kompliziertes Verfahren, das verfassungsrechtlicher Kritik ausgesetzt ist. Die Kritik knüpft daran an, dass das in § 111 Abs. 2 geregelte Verfahren nicht für alle Streitigkeiten aus Ausbildungsverhältnissen gilt, da die Bildung der Schlichtungsausschüsse nicht obligatorisch ist.[2] Nach einer Entscheidung des BAG[3] ist Abs. 2 mit **Art. 101 GG** vereinbar. Der frühere Satz 8 in Abs. 2 sah den Ausschluss des Güteverfahrens vor dem ArbG vor, soweit ein Ausschuss zur Beilegung von Ausbildungsstreitigkeiten gebildet war. Diese Regelung ist mit dem Arbeitsgerichtsbeschleunigungsgesetz v. 30.03.2000[4] durch Streichung von Satz 8 mit dem Ziel beseitigt worden, das arbeitsgerichtliche Güteverfahren zu stärken. Ein noch im Gesetzesantrag der Länder vorgeschlagener Abs. 3, der zur Beilegung von Eingruppierungsstreitigkeiten die Einführung eines vorgerichtlichen Verfahrens vor einem von den Tarifvertragsparteien zu schaffenden Schlichtungsausschuss vorsah, ist nicht Gesetz geworden.

II. Seemannsämter (Abs. 1)

3 Regelungen zu den in Satz 2 erwähnten **Seemannsämter** traf bis zu seinem Außerkrafttreten zum 31. Juli 2013 das Seemannsgesetz *(SeemG)* v. 26.07.1957.[5] Seit dem 01.08.2013 gilt das Seearbeitsgesetz vom 10.04.2013, das keine Regelungen zu den Seemannsämtern enthält. Seemannsämter waren im Geltungsbereich des GG die von den Landesregierungen eingerichteten **Verwaltungsbehörden**, b) außerhalb des Geltungsbereichs des GG die vom Bundesministerium des Auswärtigen Amtes bestimmten **diplomatischen und konsularischen Vertretungen** der BRD, also Hoheitsträger. Sie fungierten als Sonderaufsichtsbehörden für die Seeschifffahrt. In bestimmten arbeitsrechtlichen Streitigkeiten zwischen Schiffsbesatzungsmitgliedern i.S.d. § 3 SeemG und Reedern hatten die Seemannsämter **arbeitsgerichtsähnliche Funktion**: Insbesondere konnten sie gem. § 69 SeemG bei Kündigungen des Heuerverhältnisses außerhalb des Geltungsbereichs des GG angerufen werden, um »**vorläufig**« – also für die Zeit bis zur Anrufung des ArbG – über die Berechtigung der Kündigung zu entscheiden. Einzelheiten zur Tätigkeit der Seemannsämter waren in der **Seemannsamtsverordnung** *(SeemannsamtVO)* vom 21.10.1981[6] geregelt. § 14 SeemannsamtVO enthielt eine Auflistung aller Streitigkeiten, in denen das Seemannsamt zur Entscheidung befugt war.

4 Mit dem **Außerkrafttreten des SeemG** und der SeemannsamtsVO läuft die Vorschrift des § 111 Abs. 1 ArbGG leer.[7]

5 Für Streitigkeiten aus dem Bereich der **Binnenschifffahrt** waren auch in der Vergangenheit allein die ArbG zuständig.

---

1 BGBl. I, S. 868.
2 GMPMG/Prütting § 111 Rn 71; vgl. auch Schwab/Weth-Zimmerling, § 111 Rn 31 ff.
3 BAG, 18.10.1961 – 1 AZR 437/60, NJW 1962, 318; vgl. auch BAG, 13.04.1989 – 2 AZR 441/88, NZA 1990, 395.
4 BGBl. I 2000, S. 333.
5 BGBl. II 1957, S. 713, zuletzt geändert am 31.10.2006, BGBl. I 2006, S. 2407.
6 BGBl. I 1981, S. 1146, zuletzt geändert durch Art. 4 Verordnung v. 27.10.2006, BGBl. I 2006, S. 2403, außer Kraft mit Wirkung zum 01.06.2014.
7 Ebenso GMPMG/Prütting § 111 Rn 5; GK-ArbGG/Mikosch § 111 Rn 2; a.A. (Zuständigkeit der ArbG) Schwab/Weth-Zimmerling § 111 Rn 3.

III. Ausbildungsstreitigkeiten (Abs. 2)

1. Die Bildung der Ausschüsse durch die zuständigen Stellen (Satz 1)

a) Zuständige Stellen (Satz 1)

Zuständig zur Bildung der Schlichtungsausschüsse für Ausbildungsstreitigkeiten sind außer den für den Bereich des Handwerks ausdrücklich erwähnten **Handwerksinnungen** *(nicht Handwerkskammern)* die nach §§ 71 ff. **Berufsbildungsgesetz** *(BBiG)* für den jeweiligen Wirtschafts- und Berufszweig zuständigen Stellen. Das sind im Allgemeinen die **Berufskammern** (§ 71 Abs. 2 bis 7 BBiG), also die Industrie- und Handelskammern, die Landwirtschaftskammern, die Rechtsanwalts-, Patentanwalts- und Notarkammern, die Wirtschaftsprüfer- und Steuerberaterkammer und die Ärzte-, Zahnärzte-, Tierärzte- und Apothekerkammern. Im öffentlichen Dienst werden die zuständigen Stellen gem. § 73 BBiG vom Bund, den Ländern sowie den Gemeinden und den Gemeindeverbänden für ihre jeweiligen Bereiche bestimmt. Entsprechendes gilt gem. § 75 BBiG für die Kirchen und sonstigen Religionsgemeinschaften. Keine Schlichtungsausschüsse existieren für Ausbildungsberufe, für die bundes- oder landesgesetzliche Sonderregelungen bestehen. Dies betrifft bspw. die bundesgesetzlich geregelten Ausbildungsberufe im Bereich des Gesundheits- und Sozialwesens *(z.B. Altenpfleger/in, Hebammen/Entbindungshelfer, Ergotherapeut/in, Krankenschwester/ Krankenpfleger, Krankengymnast/in, Logopäde/in, Diätassistent/in, medizinisch-technische/r Assistent/ in, Laborassistent/in, medizinisch-technische/r Radiologieassistent/in, Masseur/in, Physiotherapeut/in, medizinische/r Bademeister/in)*. Für diese Berufe kommt das BBiG nur ergänzend zur Anwendung.[8] Eine »zuständige Stelle« i.S.d. Abs. 2 Satz 1 zur Errichtung eines Schlichtungsausschusses besteht für diese Ausbildungsberufe nicht.

6

b) Bildung der Ausschüsse

Das **Verfahren** bei der Bildung der Ausschüsse bestimmt sich nach den Statuten der Innung oder Berufskammer. Mit seiner Bildung gibt die zuständige Stelle dem Ausschuss zweckmäßigerweise eine Verfahrensordnung. Es besteht **keine Verpflichtung** der Handwerksinnungen und der übrigen zuständigen Stellen, Schlichtungsausschüsse zu bilden.[9] Nicht alle zuständigen Stellen haben von der Möglichkeit Gebrauch gemacht. Hieraus erwachsen erhebliche praktische Probleme. Im Streitfall bestehen für die Parteien des Ausbildungsverhältnisses – und im Fall einer Klageerhebung auch für das angerufene ArbG – regelmäßig Schwierigkeiten, schnell und zuverlässig festzustellen, ob ein Schlichtungsausschuss gebildet ist.[10]

7

c) Besetzung der Ausschüsse (Satz 1)

Ebenso wie die Bildung eines Ausschusses für Ausbildungsstreitigkeiten im Belieben der zuständigen Stellen steht, entscheiden diese Stellen auch, mit wie vielen Mitgliedern sie ihn versehen wollen. Zwingend vorgeschrieben ist nur die Mitgliedschaft von Arbeitgebern und Arbeitnehmern in gleicher Anzahl *(vgl. Satz 1 a.E.)*. Wegen der Einzelheiten kann auf die Erläuterung zu **§ 103 Abs. 1 Satz 1 Halbs. 1** (§ 103 Rdn. 6 f.) verwiesen werden. Obwohl nicht ausdrücklich erwähnt, können dem Ausschuss auch – wie in § 103 Abs. 1 Satz 1 – **Unparteiische** angehören.[11] Eine **falsche Besetzung** des Ausschusses führt nicht zur Unwirksamkeit seines Spruchs; sie ist auch nicht im Vollstreckbarkeitsverfahren nach Satz 7 i.V.m. § 109 überprüfbar.[12]

8

---

8 Vgl. BAG, 07.03.1990 – 5 AZR 217/89, MDR 1991, 86; außer Acht gelassen in BAG, 19.02.2008 – 9 AZR 1091/06, NZA 2008, 828; Leinemann/Taubert § 3 BBiG § 3 Rn 17.
9 GMPMG/Prütting § 111 Rn 12; GK-ArbGG/Mikosch § 111 Rn 7; GWBG/Greiner § 111 Rn 5; Schwab/ Weth-Zimmerling § 111 Rn 9.
10 So auch GK-ArbGG/Mikosch § 111 Rn 7.
11 GK-ArbGG/Mikosch § 111 Rn 17; GWBG/Greiner § 111 Rn 12; Schwab/Weth-Zimmerling § 111 Rn 10.
12 GMPMG/Prütting § 111 Rn 15; GK-ArbGG/Mikosch § 111 Rn 19; GWBG/Greiner § 111 Rn 12.

d) Zuständiger Ausschuss

9   Welcher Schlichtungsausschuss konkret **zuständig** ist, richtet sich nach dem Ausbildungsvertrag. Anzurufen ist der Ausschuss derjenigen Stelle, die den Ausbildungsvertrag gem. § 34 ff. BBiG in das Verzeichnis der Berufsausbildungsverhältnisse einzutragen hat.[13]

2. Streitgegenstände des Schlichtungsverfahren (Satz 1)

a) Der objektive Streitgegenstand

10 Der Ausschuss ist zuständig für »Streitigkeiten zwischen Ausbildenden und Auszubildenden aus einem bestehenden Berufsausbildungsverhältnis«. Ein **Berufsausbildungsverhältnis** ist das Vertragsverhältnis, das durch einen Berufsausbildungsvertrag i.S.d. § 10 BBiG begründet wird. Praktikantenverhältnisse, Volontärsverhältnisse etc. sind keine Berufsausbildungsverhältnisse i.S.d. Abs. 2 Satz 1.[14] Zu den Streitigkeiten aus einem Berufsausbildungsverhältnis gehören nach st. Rspr. auch **Bestandsschutzstreitigkeiten**, insbesondere Streitigkeiten über die Wirksamkeit von **Kündigungen** *(vgl. § 22 BBiG)*.[15] Folglich müssen Kündigungsschutz- und andere Bestandsschutzklagen vor dem ArbG zunächst durch ein Schlichtungsverfahren vorbereitet werden.[16]

11 Keine Zuständigkeit des Ausschusses ist gegeben, wenn die Parteien darüber streiten, **ob überhaupt ein Berufsausbildungsverhältnis besteht** oder nicht, insb. ob es wirksam zustande gekommen ist. Auch für Streitigkeiten im Zusammenhang mit den **Verhandlungen über den Vertragsabschluss** ist der Ausschuss nicht zuständig, wenn der Berufsausbildungsvertrag nicht zustande gekommen ist.

12 Das Berufsausbildungsverhältnis muss bis zum Abschluss des Schlichtungsverfahrens **noch »bestehen«**, wenn der Ausschuss zuständig sein und bleiben soll.[17] Denn ein Anlass für das umständliche Verfahren besteht nicht *(mehr)*, wenn es kein fortdauerndes Ausbildungsverhältnis mehr zu schonen gilt. In diesem Fall ist der **unmittelbare Zugang zum ArbG** eröffnet. Das berührt aber **nicht** die Zuständigkeit der Ausschüsse für die Bestandsschutz- und insb. **Kündigungsschutzstreitigkeiten**: Da über das Schicksal der Kündigung erst noch zu befinden ist, bleibt der Fortbestand des Berufsausbildungsverhältnisses möglich; dies genügt im Interesse des Gesetzeszwecks, um die Zuständigkeit des Ausschusses zu begründen.

b) Die Streitsubjekte

13 Der Streit muss ausgetragen werden zwischen »**Ausbildenden und Auszubildenden**« (vgl. § 10 Abs. 1 BBiG). Hieraus und aus dem **Gesetzeszweck**, das Klima zwischen den Ausbildungspartnern im Interesse der künftigen weiteren Ausbildung nicht durch einen vor Gericht ausgetragenen Streit zu belasten, ist zu schließen, dass der Ausschuss nicht zuständig ist, wenn **Auszubildende untereinander streiten**.

---

13 GK-ArbGG/Mikosch § 111 Rn 5.
14 GK-ArbGG/Mikosch § 111 Rn 3; GWBG/Greiner § 111 Rn 6; Schwab/Weth-Zimmerling § 111 Rn 4.
15 BAG, 18.09.1975 – 2 AZR 602/74, NJW 1976, 909; BAG, 09.10.1979 – 6 AZR 776/77, NJW 1980, 2095; BAG, 17.06.1998 – 2 AZR 741/97; LAG Schleswig-Holstein, 20.01.2009 – 1 Ta 206/08; s.a. GMPMG/Prütting § 111 Rn 17; GK-ArbGG/Mikosch § 111 Rn 9; GWBG/Greiner § 111 Rn 6; Schwab/Weth-Zimmerling § 111 Rn 7 f.
16 BAG, 18.09.1975 – 2 AZR 602/74, NJW 1976, 909; BAG, 23.07.2015 – 6 AZR 490/14; LAG Schleswig-Holstein, 20.01.2009 – 1 Ta 206/08.
17 BAG, 13.03.2007 – 9. AZR 494/06, AP Nr. 13 zu § 14 BBiG; BAG, 22.01.2008 – 9 AZR 999/06, NJW 2008, 1833.

Die Streitparteien müssen Parteien eines Berufsausbildungsverhältnisses i.S.d. § 10 BBiG sein. Keine Zuständigkeit des Ausschusses besteht für Streitigkeiten aus einem Volontärs- oder Praktikantenverhältnis sowie im Fall der beruflichen Umschulung.[18] Auch für Streitigkeiten von Auszubildenden, deren Ausbildungsverhältnisse nicht dem Ersten und Zweiten Teil des BBiG unterfallen, gilt § 111 Abs. 2 nicht (vgl. auch Rdn. 6).[19]

14

c) Insbesondere Kündigungsschutz- und sonstige Bestandsschutzstreitigkeiten

Will der Auszubildende die Kündigung seines Berufsausbildungsverhältnisses vor dem Schlichtungsausschuss angreifen, muss er nach der Rechtsprechung des BAG allein die Verfahrensregelung gem. § 111 Abs. 2 einhalten. Eine Anrufungsfrist ist nicht zu beachten. Die Drei-Wochen-Frist aus §§ 4 Satz 1, 13 Abs. 1 Satz 2 KSchG greift nicht ein.[20] Der Klageerhebung kann nur der Einwand der **Prozessverwirkung** entgegengehalten werden. Bei der Bestimmung des Zeitmoments im Rahmen des Verwirkungstatbestandes ist die Drei-Wochen-Frist zur Konkretisierung heranzuziehen.[21] Dies führt aber nicht zu einer Konkretisierung dergestalt, dass der Ausschuss regelmäßig innerhalb von drei Wochen nach Zugang der Kündigung angerufen werden muss.[22] Vielmehr ist das Zeitmoment jeweils nach den konkreten Umständen des Einzelfalls zu ermitteln.[23] Ist ein **Schlichtungsausschuss** von der »zuständigen Stelle« **nicht gebildet** worden, muss der Auszubildende Kündigungsschutzklage vor dem ArbG erheben. Hierbei ist die Klagefrist aus §§ 4 Satz 1, 13 Abs. 1 Satz 2 KSchG zu beachten.[24] Erhebt der Auszubildende trotz existierendem Schlichtungsausschuss eine Kündigungsschutzklage vor dem ArbG, ohne zuvor das Schlichtungsverfahren durchzuführen, ist die arbeitsgerichtliche Klage zunächst unzulässig. Sie wird jedoch zulässig, wenn das Schlichtungsverfahren abgeschlossen ist.[25]

15

▶ Praxistipp:
Will ein Auszubildender eine Kündigung seines Berufsausbildungsverhältnisses angreifen, ist es ratsam, auf alle Fälle eine **fristwahrende Klage vor dem ArbG** zu erheben. Stellt sich die Existenz eines Ausschusses gem. § 111 Abs. 2 heraus, ist die Klage zwar zunächst unzulässig. Sie wird dann aber nach Abschluss des parallel geführten Schlichtungsverfahrens ohne erneute Einreichung zulässig. Die zunächst unzulässige Klage wahrt ggf. auch die zweiwöchige Klagefrist aus § 111 Abs. 2 Satz 3. Wird das Schlichtungsverfahren durch einen Vergleich oder einen Spruch beendet, der fristgemäß von beiden Parteien anerkannt wird, kann die arbeitsgerichtliche Klage gerichtskostenfrei zurückgenommen werden.

Nach Abschluss des Vorverfahrens kann – sofern nicht schon vorher geschehen – unter den Voraussetzungen des Satzes 3 Klage erhoben werden; für diese Klage gilt die **Zwei-Wochen-Frist** aus Satz 3; § 4 KSchG bleibt unanwendbar.

16

---

18 LAG Berlin, 12.10.1998 – 9 Sa 73/98, LAGE § 13 BBiG Nr. 2; GK-ArbGG/Mikosch § 111 Rn 3; Schwab/Weth-Zimmerling § 111 Rn 4.
19 Vgl. BAG, 16.10.1974 – 5 AZR 575/73; BAG, 18.06.1980 – 4 AZR 545/78.
20 BAG, 13.04.1989 – 2 AZR 441/88, NZA 1990, 395; 17.06.1998 – 2 AZR 741/97; BAG, 23.07.2015 – 6 AZR 490/14; vgl. auch LAG Rheinland-Pfalz, 23.05.2007 – 6 Ta 133/07; LAG Mecklenburg-Vorpommern, 30.08.2011 – 5 SA 3/11; GK-ArbGG/Mikosch § 111 Rn 30; Schwab/Weth-Zimmerling § 111 Rn 15; a.A. GMPMG/Prütting § 111 Rn 22 ff. m.w.N.; GWBG/Greiner § 111 Rn 10.
21 BAG, 13.04.1989 – 2 AZR 441/88, NZA 1990, 395; LAG Rheinland-Pfalz, 23.05.2007 – 6 Ta 133/07.
22 BAG, 23.07.2015 – 6 AZR 490/14; a.A. GK-ArbGG/Mikosch § 111 Rn 30.
23 BAG, 23.07.2015 – 6 AZR 490/14.
24 BAG, 05.07.1990 – 2 AZR 53/90, NZA 1991, 671; BAG, 23.07.2015 – 6 AZR 490/14.
25 BAG, 23.07.2015 – 6 AZR 490/14; LAG Schleswig-Holstein, 20.01.2009 – 1 Ta 206/08; BAG, 13.03.2007 – 9 AZR 494/06, AP Nr. 13 zu § 14 BBiG; GMPMG/Prütting § 111 Rn 19.

d) Eilverfahren

17 Für die Gewährung von einstweiligem Rechtsschutz ist der Ausschuss nicht zuständig. Der Gläubiger muss sich insoweit unmittelbar an die ArbG wenden.[26]

3. Arbeitsgerichtsklage trotz Ausbildungsstreitigkeit

a) Ein zuständiger Ausschuss existiert

18 Die Anrufung eines existierenden Ausschusses und die vollständige Durchführung des Verfahrens sind **Zulässigkeitsvoraussetzungen** für eine Klage vor dem ArbG. Das ergibt sich aus **Satz 5**. Danach muss »der Klage« **die Verhandlung vor dem Ausschuss vorangegangen sein**. Diese Zulässigkeitsvoraussetzung *(Prozessvoraussetzung)* ist **von Amts wegen** zu prüfen. Nach der aktuellen Rspr. des BAG kann das Fehlen dieser Prozessvoraussetzung nicht durch rügelose Verhandlung zur Hauptsache geheilt werden.[27]

19 Eine zunächst unzulässige Klage wird ohne Neueinreichung **nachträglich zulässig**, wenn das Schlichtungsverfahren beendet und ein ergangener Spruch nicht anerkannt wurde.[28]

b) Ein zuständiger Ausschuss existiert nicht

20 Existiert ein zuständiger Ausschuss nicht, muss ein Vorverfahren nicht durchgeführt werden. Hier steht dem Auszubildenden der unmittelbare Gang zum ArbG offen. Dem **Fehlen eines Ausschusses** steht seine **Weigerung** gleich, das beantragte Schlichtungsverfahren durchzuführen.[29]

4. Wirkungen der Anrufung des Ausschusses

21 Die Anrufung des Ausschusses begründet – wie die Schiedsklage (vgl. § 104 Rdn. 3) **keine Rechtshängigkeit** i.S.d. staatlichen Prozessrechts und des materiellen bürgerlichen Rechts. Deshalb können **keine Prozesszinsen** nach § 291 BGB *(im Gegensatz zu Verzugszinsen)* geltend gemacht werden.[30] Die Anrufung begründet auch **nicht die Einrede anderweitiger Rechtshängigkeit**. Die Frage, ob die Anrufung die **Verjährung** unterbricht, ist in Analogie zur Schiedsklage zu bejahen.[31] Desgleichen ist davon auszugehen, dass durch die Anrufung des Ausschusses gesetzliche und tarifliche **Klagefristen** gewahrt werden. Da zur fristwahrenden Wirkung der Anrufung des Schlichtungsausschusses noch keine höchstrichterliche Rspr. ergangen ist, empfiehlt sich in der Praxis die vorsorgliche fristwahrende Erhebung einer arbeitsgerichtlichen Klage.[32]

5. Verfahren des Ausschusses

a) Mündliche Anhörung der Parteien (Satz 2)

22 Die mündliche Anhörung der Parteien ist ausdrücklich vorgeschrieben. Dies entspricht der Regelung in § 105 Abs. 1 i.V.m. Abs. 2 Satz 1. Auf die dortigen Ausführungen (§ 105 Rdn. 3 bis 5) kann verwiesen werden. Nach mündlicher Anhörung kann das evtl. erforderlich werdende **weitere Verfahren schriftlich** durchgeführt werden, sofern jeder Partei ausreichend Gelegenheit zur Stel-

---

26 GMPMG/Prütting § 111 Rn 63; GK-ArbGG/Mikosch § 111 Rn 13; GWBG/Greiner § 111 Rn 9; Schwab/Weth-Zimmerling § 111 Rn 6.
27 BAG, 13.03.2007 – 9 AZR 494/06, AP Nr. 13 zu § 14 BBiG; so auch GMPMG/Prütting § 111 Rn 19; Schwab/Weth-Zimmerling § 111 Rn 5; a.A. noch BAG, 17.09.1987 – 2 AZR 654/86, NZA 1988, 735; GK-ArbGG/Mikosch § 111 Rn 12.
28 BAG, 25.11.1976 – 2 AZR 751/75; BAG, 13.03.2007 – 9 AZR 494/06, AP Nr. 13 zu § 14 BBiG; LAG Schleswig-Holstein, 20.01.2009 – 1 Ta 206/08; GMPMG/Prütting § 111 Rn 19.
29 BAG, 17.09.1987 – 2 AZR 654/86, NZA 1988, 735; GK-ArbGG/Mikosch § 111 Rn 7.
30 GMPMG/Prütting § 111 Rn 28; GK-ArbGG/Mikosch § 111 Rn 14.
31 GMPMG/Prütting § 111 Rn 26.
32 So auch GMPMG/Prütting § 111 Rn 27.

lungnahme zum gegnerischen Vorbringen und zum Ergebnis einer evtl. durchgeführten Beweisaufnahme gegeben wird. Für einen zu fällenden Spruch ist die **Verkündung** in mündlicher Verhandlung nicht vorgeschrieben.[33]

Trotz des Fehlens einer dem § 105 Abs. 3 entsprechenden Regelung kann die Pflicht zur **mündlichen Anhörung** nicht bedeuten, dass eine Partei durch unentschuldigtes Ausbleiben eine Verschleppung erzwingen oder den Fortgang des Verfahrens endgültig blockieren kann. In diesem Fall muss ein Schlichtungsspruch dennoch möglich sein.[34] Der Ausschuss kann – wie im Anwendungsbereich des § 105 Abs. 3 – nach Lage der Akten entscheiden.[35] Eine solche Entscheidung sollte nicht als »Versäumnisspruch«[36] bezeichnet werden. Denn eine solche Bezeichnung wäre geeignet, irrige Vorstellungen der Parteien über Einspruchsmöglichkeiten auszulösen. Die Vorschriften über das Versäumnisverfahren nach §§ 330 ff. ZPO können auf das Schlichtungsverfahren keine Anwendung finden.[37] 23

b) Weitere Verfahrensgrundsätze

(1) Das Schlichtungsverfahren muss strengen **rechtsstaatlichen Grundsätzen** entsprechen.[38] Der Ausschuss kann sich eine **Verfahrensordnung** geben. Im Übrigen bestimmt der Ausschuss das Verfahren im Rahmen der rechtsstaatlichen Grundsätze nach freiem **Ermessen**.[39] Dazu gehört in jedem Fall die ausreichende Gewährung **rechtlichen Gehörs**, also auch die **Erhebung angebotener Beweise**, bevor eine Entscheidung auf eine Beweisfälligkeit der beweisbelasteten Partei gestützt wird. Dabei unterliegt der Ausschuss allerdings in gleicher Weise wie ein Schiedsgericht den in § 106 Abs. 1 aufgeführten Beschränkungen (vgl. § 106 Rdn. 10 bis 13), ohne die Möglichkeit zu haben, sich der Hilfe staatlicher Gerichte zu bedienen. Er kann die beweisbelastete Partei als beweisfällig behandeln, wenn er ihr erfolglos aufgegeben hat, einen Zeugen oder einen Sachverständigen, auf den sie sich berufen hat, »zur Verfügung zu stellen«.[40] 24

(2) Eine **Prozessvertretung** vor dem Ausschuss ist möglich. Die Beschränkungen des § 11 Abs. 1 bis 3 gelten nicht. Denn anders als für die Schiedsgerichte (vgl. § 105 Abs. 2 Satz 4) hat der Gesetzgeber für die Schlichtungsausschüsse die Anwendung des § 11 Abs. 1 bis 3 nicht angeordnet.[41] 25

(3) **PKH**: PKH können auch die Ausschüsse – wie die Schiedsgerichte – nicht zulasten der Staatskasse gewähren.[42] 26

(4) **Ablehnungsverfahren**: Anders als in § 103 Abs. 2 und 3 ist ein Ablehnungsverfahren nicht vorgesehen. Hierfür besteht wegen der Freiwilligkeit einer Unterwerfung der Parteien unter den Spruch des Schlichtungsausschusses auch kein Bedürfnis. 27

(5) **Verweisung des Verfahrens**: Der Ausschuss kann das Verfahren nicht an das ArbG verweisen. Entsprechendes gilt in umgekehrter Richtung. 28

---

33 GMPMG/Prütting § 111 Rn 36; GWBG/Greiner § 111 Rn 17.
34 BAG, 18.10.1961 – 1 AZR 437/60, MDR 1962, 165; GMPMG/Prütting § 111 Rn 31; GK-ArbGG/Mikosch § 111 Rn 21; vgl. auch Schwab/Weth-Zimmerling § 111 Rn 17.
35 GK-ArbGG/Mikosch § 111 Rn 21; Schwab/Weth-Zimmerling § 111 Rn 17.
36 So GMPMG/Prütting § 111 Rn 32; GWBG/Greiner § 111 Rn 13.
37 So GMPMG/Prütting § 111 Rn 32: »Versäumnisspruch«, gegen den es keinen Einspruch gibt.
38 BAG, 18.10.1961 – 1 AZR 437/60, MDR 1962, 165; GMPMG/Prütting § 111 Rn 30; GK-ArbGG/Mikosch § 111 Rn 22; GWBG/Greiner § 111 Rn 15; vgl. auch Schwab/Weth-Zimmerling § 111 Rn 18.
39 GK-ArbGG/Mikosch § 111 Rn 22.
40 Formulierung aus § 106 Abs. 1 Satz 1.
41 So auch GK-ArbGG/Mikosch § 111 Rn 20; a.A. GMPMG/Prütting § 111 Rn 35; die abweichende Auff. wurde ab der 3. Auflage aufgegeben.
42 LAG Nürnberg, 30.04.1997 – 4 Ta 52/97, LAGE § 114 ZPO Nr. 29; vgl. auch LAG Schleswig-Holstein, 20.01.2009 – 1 Ta 206/08; GK-ArbGG/Mikosch § 111 Rn 38; GWBG/Greiner § 111 Rn 31.

29 (6) **Kostenerstattung**: Das Vergütungsverzeichnis der Anlage 1 zu § 2 Abs. 2 RVG sieht unter Nr. 2303, Ziff. 2, vor, dass ein Rechtanwalt für seine Vertretung vor dem Ausschuss eine Vergütung i.H.v. 1,5 Gebühren gem. § 13 RVG erhält. Diese Gebühr wird auf die im arbeitsgerichtlichen Verfahren entstehenden Gebühren des Rechtsanwalts nicht angerechnet.[43] Der Ausschuss kann für das Verfahren nur dann **Gebühren** erheben, wenn seine Verfahrensordnung dies vorsieht.[44] Eine prozessuale Kostenerstattung ist nicht vorgesehen. Da § 12a nicht eingreift, kann aber ein materiellrechtlicher Kostenerstattungsanspruch geltend gemacht werden.[45]

6. Abschluss des Schlichtungsverfahrens

30 Das Gesetz sieht vor, dass das **Schlichtungsverfahren** mit einem **Schlichtungsspruch** endet. Auch der Abschluss eines **Vergleichs** vor dem Ausschuss ist möglich.

a) Der Schlichtungsspruch

31 Das Gesetz enthält für den Schlichtungsspruch – anders als für den Schiedsspruch (vgl. § 108) – keine Vorgaben. Doch ergibt sich aus der Bindung des Ausschusses an **rechtsstaatliche Grundsätze**, dass der Schlichtungsspruch bestimmten Anforderungen genügen muss.[46] So ist es einem mehrköpfigen Entscheidungsgremium immanent, dass der Entscheidung eine **Abstimmung** vorauszugehen hat, in der die **Mehrheit** der Stimmen den Ausschlag gibt; andernfalls wäre auch der Nachdruck nicht verständlich, mit dem das Gesetz Wert auf eine paritätische Besetzung des Ausschusses legt *(vgl. Satz 1 a.E.)*. Hat die zuständige Stelle dem Ausschuss keine Verfahrensordnung gegeben, wird man im Zweifel die einfache Mehrheit wie in § 108 Abs. 1 ausreichen lassen.

32 Außerdem ist der **Schlichtungsspruch schriftlich** abzufassen und zu **begründen**.[47] Der Spruch ist von den Mitgliedern des Ausschusses zu **unterschreiben** und den Streitparteien **zuzustellen**.[48]

33 Der Spruch ist mit einer **Belehrung** über **die weiteren Verfahrensmöglichkeiten** zu versehen, andernfalls beginnt die zweiwöchige **Klagefrist** nicht zu laufen *(Abs. 2 Satz 4 i.V.m. § 9 Abs. 5)*. Zu informieren ist über die in Satz 3 eingeräumte Möglichkeit, fristgebunden »Klage beim zuständigen Arbeitsgericht« zu erheben.[49] § 9 Abs. 5 ist nur »entsprechend« anzuwenden, da eine **Rechtsmittelbelehrung** im eigentlichen Sinne nicht in Betracht kommt: Die Klage vor dem ArbG ist kein Rechtsmittel gegen den Schlichtungsspruch. Fehlt es an einer Belehrung entsprechend § 9 Abs. 5, ist die Klage vor dem ArbG nur innerhalb eines Jahres seit Zustellung der Entscheidung zulässig (vgl. § 9 Abs. 5 Satz 4).[50]

34 Wie der Schiedsspruch kann der Schlichtungsspruch **verkündet** werden; erforderlich ist dies aber nicht.[51]

b) Der Vergleich

35 Für den Fall des Vergleichs verweist das Gesetz in Satz 7 ausdrücklich auf § 107. Auf die dortigen Ausführungen kann Bezug genommen werden.

---

43 Vgl. GMPMG/Prütting § 111 Rn 64.
44 GK-ArbGG/Mikosch § 111 Rn 37.
45 GK-ArbGG/Mikosch § 111 Rn 37; GMPMG/Prütting § 111 Rn 68; GWBG/Greiner § 111 Rn 29; vgl. auch Schwab/Weth-Zimmerling § 111 Rn 26.
46 BAG, 18.10.1961 – 1 AZR 437/60, MDR 1962, 165; GMPMG/Prütting § 111 Rn 30; GK-ArbGG/Mikosch § 111 Rn 23; vgl. auch Schwab/Weth-Zimmerling § 111 Rn 18.
47 GMPMG/Prütting § 111 Rn 36; GK-ArbGG/Mikosch § 111 Rn 23; GWBG/Greiner § 111 Rn 17; Schwab/Weth-Zimmerling § 111 Rn 19.
48 GMPMG/Prütting § 111 Rn 36; GK-ArbGG/Mikosch § 111 Rn 23; Schwab/Weth-Zimmerling § 111 Rn 19.
49 LAG Frankfurt, 14.06.1989 – 10 Sa 1678/88, NZA 1990, 328.
50 BAG, 17.06.1998 – 2 AZR 741/97; GK-ArbGG/Mikosch § 111 Rn 23.
51 GMPMG/Prütting § 111 Rn 36; GK-ArbGG/Mikosch § 111 Rn 23; GWBG/Greiner § 111 Rn 17.

c) Sonstige Fälle des Verfahrensabschlusses

Das Verfahren kann auch durch die **Erklärung** des Ausschusses enden, einen Spruch nicht fällen zu können. Dies kann insbesondere dann der Fall sein, wenn die paritätische Besetzung des Ausschusses zu einer Pattsituation führt. Eine solche Erklärung ist einem Spruch gleichzusetzen und macht den Weg zu den ArbG frei.[52] Eine bereits eingetretene **fristwahrende Wirkung** der Anrufung des Ausschusses geht in einem solchen Fall **nicht verloren**. 36

Ist die einzuhaltende Klagefrist für eine **Kündigungsschutzklage** schon verstrichen, empfiehlt sich, die nunmehr gebotene Klage vor dem ArbG vorsorglich mit einem Antrag auf nachträgliche Zulassung gem. § 5 KSchG zu verbinden. 37

7. Anerkennung des Schlichtungsspruchs (Satz 3)

a) Form der Anerkennung

Für die Anerkennung des Schlichtungsspruchs durch die Parteien ist weder eine Form vorgesehen noch der Erklärungsempfänger bestimmt. Sie kann also auch **formlos** erklärt werden, und zwar sowohl **gegenüber dem Ausschuss** als auch **gegenüber der anderen Partei**. Die Anerkennung muss **ausdrücklich** erfolgen, Stillschweigen genügt nicht.[53] Für das Vollstreckbarkeitsverfahren *(Satz 6 und 7 i.V.m. § 109)* ist der Nachweis der Anerkennung erforderlich.[54] 38

b) Zeitpunkt der Anerkennung

Die **Anerkennung** muss »**innerhalb einer Woche**« erfolgen, d.h. dem Erklärungsempfänger zugehen. Die Wochenfrist kann **erst nach der Fällung des Spruchs** zu laufen beginnen und wird **durch die Zustellung** des Spruchs bei der jeweiligen Partei ausgelöst. Die *(freigestellte)* **Verkündung** des Spruchs löst den Lauf der Wochenfrist nicht aus. Über die Frist zur Erklärung der Anerkennung muss der Spruch **keine Belehrung** enthalten. **Nach Ablauf** der einwöchigen Frist ist eine Anerkennung **nicht mehr** mit den in Satz 6 und 7 genannten Folgen *(Vollstreckbarkeitsverfahren und Zwangsvollstreckung)* möglich. Wird die Anerkennung **verspätet** erklärt, bleibt sie prozessual ohne Bedeutung, d.h., dem Kläger bleibt der Weg zum ArbG weiterhin offen *(Satz 3)*.[55] 39

Im Einzelfall ist denkbar, dass in einer **verspäteten Anerkennung** eines Schlichtungsspruchs eine **Willenserklärung** liegt, die zum Abschluss eines materiellrechtlichen Vertrags mit der Gegenpartei führt. Ob ein entsprechender Rechtsbindungswille vorhanden ist, ist durch Auslegung zu ermitteln.[56] 40

Eine **verfrühte** *(vor Fristbeginn erklärte)* **Anerkennung**, die im Nachhinein nicht wiederholt wird, gilt als nicht abgegeben. Für den Kläger ist der Klageweg zum ArbG gegeben *(Satz 3)*; der Schlichtungsspruch kann in diesem Fall nicht für vollstreckbar erklärt werden *(Satz 6 i.V.m. § 109)*. Ob aus der verfrüht erklärten Anerkennung ein materiell-rechtlicher Anspruch auf Wiederholung zur rechten Zeit erwächst, hängt von den Umständen des Einzelfalles ab. 41

c) Wirkung der Anerkennung

Die Anerkennung erzeugt nur dann Wirkungen, wenn sie **von beiden Parteien** *(fristgemäß)* erklärt wird. Nur durch sie kann der Spruch in **materielle Rechtskraft** erwachsen. Eine **Klage vor dem ArbG** mit gleichem Streitgegenstand wird unzulässig. Nur die beiderseitige fristgemäße Anerken- 42

---

52 GMPMG/Prütting § 111 Rn 14.
53 GMPMG/Prütting § 111 Rn 45; GK-ArbGG/Mikosch § 111 Rn 25; anders Dersch/Volkmar § 111 Rn 13: Anerkennung durch Erfüllung möglich.
54 GK-ArbGG/Mikosch § 111 Rn 25.
55 GMPMG/Prütting § 111 Rn 46; GK-ArbGG/Mikosch § 111 Rn 26.
56 So auch GMPMG/Prütting § 111 Rn 50; GWBG/Greiner § 111 Rn 21.

nung ermöglicht die Zwangsvollstreckung aus dem Spruch nach Durchführung des Vollstreckbarkeitsverfahrens *(Satz 6 und 7)*. **Fehlt** die **Anerkennung** *(bzw. ist sie einseitig geblieben)*, treten diese Rechtsfolgen nicht ein. Dem Kläger wird nunmehr die Möglichkeit eröffnet, den gleichen Streitgegenstand durch Klage vor das ArbG zu bringen.

d) Beseitigung der Anerkennung

43 Die **Anerkennung** ist **bedingungsfeindlich** und **nicht widerruflich**.[57] Als Prozesshandlung kann sie nicht wegen Willensmängeln angefochten werden.[58]

8. Zwangsvollstreckung (Satz 6)

44 Die Zwangsvollstreckung findet sowohl aus Vergleichen statt, die vor dem Ausschuss geschlossen worden sind, als auch aus einem Spruch des Ausschusses, sofern er von beiden Seiten anerkannt worden ist.

a) Vollstreckung aus dem Vergleich

45 Welche formellen Voraussetzungen der Schlichtungsvergleich erfüllen muss, ergibt sich aus § 107, auf den Satz 7 verweist. Auf die Erläuterungen zu § 107 wird Bezug genommen.

b) Vollstreckung aus dem Schlichtungsspruch

46 Welche formellen Voraussetzungen der Schlichtungsspruch erfüllen muss, lässt das Gesetz offen, weil die Verweisung in Satz 7 den § 108 auslässt. Die Anforderungen an den Schlichtungsspruch ergeben sich aus allgemeinen rechtsstaatlichen Grundsätzen (s. hierzu Rdn. 31 bis 34).

c) Das Vollstreckbarkeitsverfahren (Satz 7)

47 Der Zwangsvollstreckung hat eine Vollstreckbarkeitserklärung durch das ArbG vorauszugehen. Für das Verfahren verweist das Gesetz in Satz 7 auf § **109**. Auf die Erläuterungen zu dieser Vorschrift kann daher Bezug genommen werden. **Zusätzlich** setzt eine Vollstreckbarkeitserklärung des Schlichtungsspruchs voraus, dass ihn **beide Parteien anerkannt** haben. Die beiderseitige Anerkennung muss **nachgewiesen** werden. Wird sie bestritten, muss das ArbG durch den zuständigen Kammervorsitzenden zu dieser Frage die angebotenen **Beweise** erheben, notfalls in mündlicher Verhandlung.[59]

9. Die Klage beim zuständigen Arbeitsgericht (Satz 3)

a) Klageart

48 Wird der Spruch des Schlichtungsausschusses nicht von beiden Parteien anerkannt und Klage vor dem ArbG erhoben, handelt es sich um ein normales Klageverfahren nach § 46 ff.[60] Eine **Aufhebungsklage**, wie sie § 110 für Sprüche eines Schiedsgerichts vorsieht, kommt gegenüber Schlichtungssprüchen nicht in Betracht.[61]

49 (1) Im Regelfall wird der Antragsteller – unabhängig vom Ausgang des Schlichtungsverfahrens – dasselbe Klageziel verfolgen und denselben Antrag stellen, über den nunmehr im arbeitsgerichtlichen Urteilsverfahren entschieden wird.[62]

---

[57] GK-ArbGG/Mikosch § 111 Rn 25; GWBG/Greiner § 111 Rn 23; Schwab/Weth-Zimmerling § 111 Rn 20; a.A. GMPMG/Prütting § 111 Rn 47: bis zur Erklärung der Gegenpartei widerruflich. Die abweichende Auff. wurde ab der 3. Auflage aufgegeben.
[58] GMPMG/Prütting § 111 Rn 47; a.A. GK-ArbGG/Mikosch § 111 Rn 25.
[59] Dersch/Volkmar § 111 Rn 17.
[60] GK-ArbGG/Mikosch § 111 Rn 32; vgl. auch BAG, 09.10.1979 – 6 AZR 776/77, NJW 1980, 2095.
[61] GK-ArbGG/Mikosch § 111 Rn 32; Schwab/Weth-Zimmerling § 111 Rn 28.
[62] GK-ArbGG/Mikosch § 111 Rn 32.

(2) Ausnahmsweise kann eine negative Feststellungklage, gerichtet auf die Feststellung der Unwirksamkeit des Spruchs des Schlichtungsausschusses, erhoben werden, wenn sich die siegreiche Partei auf Ansprüche aus dem Schlichtungsspruch beruft.[63]

Die Klage gem. Satz 3 – also die Klage, die denselben Streitgegenstand betrifft wie die vor dem Ausschuss verhandelte Sache – ist **fristgebunden**. Sie ist binnen **zwei Wochen** nach »ergangenem« Spruch zu erheben, sofern der Spruch eine entsprechende Belehrung enthält *(Satz 4 i.V.m. § 9 Abs. 5)*. Der Spruch »ergeht« mit seiner **Zustellung**, auch für den Fall, dass er verkündet wurde. Hier gilt das Gleiche wie bei der einwöchigen **Anerkennungsfrist** (Rdn. 39). Die Klagefrist beträgt auch dann zwei Wochen, wenn es sich um eine **Kündigungsschutzklage** handelt; die Zwei-Wochen-Frist des Abs. 2 Satz 3 wird nicht etwa durch die dreiwöchige Frist des § 4 KSchG verdrängt.[64]

b) Folgen unterbliebener oder verspäteter Klage

Die **Versäumung der Klagefrist** hat nur die prozessuale Folge, dass der von dem Ausschuss verhandelte Streitgegenstand **von keiner Partei mehr vor die ArbG** gebracht werden kann; eine dennoch erhobene Klage ist unzulässig. Gegen die Versäumung der Zwei-Wochen-Frist ist ein Antrag auf Wiedereinsetzung in den vorigen Stand möglich.[65] **Weitere** – etwa materiell-rechtliche – **Wirkungen** kommen der Fristversäumung **nicht** zu. Wurde der Schlichtungsspruch nicht beidseitig anerkannt und der Streitgegenstand nicht vor dem ArbG weiter verfolgt, kann das **ArbG** die von dem Ausschuss entschiedene Frage als Vorfrage in einem Folgeprozess selbstständig würdigen und **abweichend vom Ausschuss beantworten**,[66] da der Spruch **keinerlei Rechtskraftwirkung** entfalten konnte.

c) Zuständiges Gericht und Verfahren

Die Klage ist beim *(örtlich)* »**zuständigen Arbeitsgericht**« zu erheben; örtlich zuständig ist das ArbG, das auch ohne die Existenz eines Ausschusses zuständig wäre. Es hat entgegen früherem Recht nunmehr eine Güteverhandlung durchzuführen.

§ 112 Übergangsregelung

Für Beschlussverfahren nach § 2a Absatz 1 Nummer 4, die bis zum Ablauf des 15. August 2014 anhängig gemacht worden sind, gilt § 97 in der an diesem Tag geltenden Fassung bis zum Abschluss des Verfahrens durch einen rechtskräftigen Beschluss fort.

Die Vorschrift soll sicherstellen, dass die bei Inkrafttreten des **Tarifautonomiestärkungsgesetzes** am 16.08.2014 bereits anhängigen Beschlussverfahren nach § 2a Abs. 1 Nr. 4 weiterhin den Vorgaben der bis zu diesem Tag geltenden Rechtslage folgend zu Ende geführt werden können.[1] Damit wird an dem Grundsatz der fortdauernden Zuständigkeit des einmal zuständigen Gerichts (perpetuatio fori) festgehalten.[2]

In der Praxis bedeutet es, dass die zum 16.08.2014 **beim Arbeitsgericht anhängigen Verfahren** dort **nach den bisherigen Regeln fortgeführt** werden müssen und deren Entscheidung auch mit der Beschwerde zum LAG angegriffen werden kann, obwohl nach neuer Rechtslage die erstinstanzliche

---

63 Schwab/Weth-Zimmerling § 111 Rn 28; GMPMG/Prütting § 111 Rn 54.
64 BAG, 23.07.2015 – 6 AZR 490/14; GMPMG/Prütting § 111 Rn 23; GK-ArbGG/Mikosch § 111 Rn 29.
65 GMPMG/Prütting § 111 Rn 53; Stein/Jonas/Schumann vor § 253 ZPO Rn 135.
66 BAG, 09.10.1979 – 6 AZR 776/77, NJW 1980, 2095.
1 Gesetz zur Stärkung der Tarifautonomie (Tarifautonomiestärkungsgesetz) vom 11.08.2014, BGBl. I, S. 1348.
2 Vgl. § 261 Abs. 3 Nr. 2 ZPO; GK-ArbGG/Mikosch § 112 Rn 3; ErfK/Koch § 97 Rn 3.

Zuständigkeit des LAG gegeben wäre. Vgl. dazu Erläuterungen zu § 97. Anders als nach neuem Recht bleibt es dann beim dreistufigen Rechtszug.

3 Abgesehen von der neuen Zuständigkeitsregelung haben sich die inhaltlichen Abläufe des Beschlussverfahrens und ihre Rechtsfolgen (z.B. Rechtskraftwirkung) nicht verändert. **Ausnahme** bleibt, dass die nach altem Verfahrensrecht ergehenden Beschlüsse anders als nach neuen Recht verkündet (§ 97a.F. i.V.m. § 84 Satz 3) werden müssen[3] und die der neue Vertretungszwang nicht für die »Altfälle« gilt.[4] Nach dem 15.08.2014 fehlerhaft beim Arbeitsgericht eingereichte Anträge nach § 97 Abs. 1 i.V.m. § 2a Abs. 1 Nr. 4 sind an das zuständige LAG im Wege der Abgabe weiterzuleiten.

§§ 113–116

(weggefallen)

§ 117 Verfahren bei Meinungsverschiedenheiten der beteiligten Verwaltungen

Soweit in den Fällen der §§ 40 und 41 das Einvernehmen nicht erzielt wird, entscheidet die Bundesregierung.

Es wurden keine Einträge für das Inhaltsverzeichnis gefunden.

1 Das Arbeitsgerichtsbeschleunigungsgesetz vom 30.03.2000[1] hat auf der **Ebene der Länder** eine Zuständigkeitsbegründung in einem Ministerium bewirkt.[2] Die wesentlichen Organisationsentscheidungen können nunmehr **ohne Benehmen** oder Einvernehmen mit einem zweiten Ministerium im Rechtspflege-, Arbeits- oder Justizministerium getroffen werden. Für das BAG bleibt es dagegen auf **Bundesebene** beim alten Rechtszustand, der Ressortierung im Bundesministerium für Arbeit und Soziales.

2 Das hiernach herbeizuführende **Einvernehmen** zwischen Justizverwaltung und Arbeitsbehörde bedeutet die **Zustimmung des anderen Teils**.[3] Es ist daher mehr als das in § 42 Abs. 1 vorausgesetzte Benehmen. Beim **Benehmen** entscheidet letztlich das zuständige **Bundesministerium für Arbeit und Soziales (BMAS)** allein. Er ist allerdings gehalten, sich zuvor mit dem Bundesminister der Justiz in Verbindung zu setzen und diesen anzuhören. Dies ist bei der **Berufung von Bundesrichtern** nach § 42 Abs. 1 der Fall. Über dessen abweichende Meinung kann er sich nur aus wichtigen Gründen hinwegsetzen.

3 Kommt ein Einvernehmen in den wichtigen Organisationsentscheidungen nicht zustande, hat in den das BAG betreffenden Fällen die **Bundesregierung** zu entscheiden.

4 Wichtige **Organisationsentscheidungen** sind die Führung und Verwaltung der Dienstaufsicht und die Bestimmung der Zahl der Senate beim BAG. Vgl. hierzu Erl. zu §§ 40, 41.

§§ 118–122

(weggefallen)

---

3 GK-ArbGG/Mikosch Rn 5.
4 Schwab/Weth-Zimmerling § 112 Rn 2.
1 BGBl. I, S. 333.
2 § 7 Rdn. 2; § 14 Rdn 11.
3 GMPMG/Prütting § 117 Rn 2; Schwab/Weth/Zimmerling Rn 2 m.w.N.

Anhänge

Anhang 1 Gerichtskostengesetz (GKG)

Vom 5. Mai 2004 (BGBl. I S. 718).
In der Fassung der Bekanntmachung vom 27. Februar 2014 (BGBl. I S. 154), zuletzt geändert durch Artikel 8 des Gesetzes vom 11. April 2016 (BGBl. I, S. 720).

– Auszug –

§ 2 GKG Kostenfreiheit

(1) [...]

(2) Für Verfahren vor den Gerichten für Arbeitssachen nach § 2a Absatz 1, § 103 Absatz 3, § 108 Absatz 3 und § 109 des Arbeitsgerichtsgesetzes sowie nach den §§ 122 und 126 der Insolvenzordnung werden Kosten nicht erhoben.

(3) Sonstige bundesrechtliche Vorschriften, durch die für Verfahren vor den ordentlichen Gerichten und den Gerichten der Finanz- und Sozialgerichtsbarkeit eine sachliche oder persönliche Befreiung von Kosten gewährt ist, bleiben unberührt. Landesrechtliche Vorschriften, die für diese Verfahren in weiteren Fällen eine sachliche oder persönliche Befreiung von Kosten gewähren, bleiben unberührt.

(4) Vor den Gerichten der Verwaltungsgerichtsbarkeit und den Gerichten für Arbeitssachen finden bundesrechtliche oder landesrechtliche Vorschriften über persönliche Kostenfreiheit keine Anwendung. Vorschriften über sachliche Kostenfreiheit bleiben unberührt.

(5) Soweit jemandem, der von Kosten befreit ist, Kosten des Verfahrens auferlegt werden, sind Kosten nicht zu erheben; bereits erhobene Kosten sind zurückzuzahlen. Das Gleiche gilt, soweit eine von der Zahlung der Kosten befreite Partei Kosten des Verfahrens übernimmt.

Übersicht	Rdn.		Rdn.
I. Vorbemerkung	1	2. Persönliche Kostenfreiheit	9
II. Fälle der Kostenfreiheit	4	3. Sachliche Kostenfreiheit	10
1. Beschlussverfahren und gleichgestellte Verfahren	4	4. Erstattung bei persönlicher Kostenfreiheit	11

I. Vorbemerkung

Die Kosten des arbeitsgerichtlichen Verfahrens sind gemäß § 1 Abs. 2 Ziff. 4 GKG im Gerichtskostengesetz geregelt. 1

Unter »Kosten« sind gemäß § 1 Abs. 1 GKG die Gebühren und Auslagen des Gerichtes zu verstehen. 2

Das arbeitsgerichtliche Verfahren kennt mannigfache Kostenerleichterungen, um die Schwelle des Zuganges zur Arbeitsgerichtsbarkeit herabzusetzen: 3
– § 2 Abs. 2 GKG ordnet generelle Kostenfreiheit für das Beschlussverfahren an;
– die ansonsten geltende Vorschusspflicht gilt nicht im arbeitsgerichtlichen Verfahren, § 11 GKG; die Fälligkeit der Gerichtsgebühren tritt nicht mit Klageeinreichung, sondern mit der Kostenentscheidung ein, § 6 Abs. 3, 9 GKG;
– die Wertberechnung für Bestandsstreitigkeiten richtet sich gemäß § 42 Abs. 3 GKG nach dem Arbeitsentgelt für ein Vierteljahr;

Anhang 1 Auszug GKG

- der Gebührensatz für das Verfahren reduziert sich wesentlich, wenn das Verfahren durch einen Vergleich oder in sonstiger Weise ohne streitiges Urteil beendet wird; bei einem Vergleich entfällt die Gerichtsgebühr für die betreffende Instanz insgesamt, Vorbemerkung 8 und Nr. 8100 ff. KV zum GKG;
- hinsichtlich der außergerichtlichen Kosten erster Instanz besteht keine Kostenerstattungspflicht, § 12a ArbGG.

II. Fälle der Kostenfreiheit

1. Beschlussverfahren und gleichgestellte Verfahren

4 Die Kostenfreiheit betrifft zunächst sämtliche Beschlussverfahren gemäß § 2a ArbGG. Nach § 3 ArbGG sind einbezogen die Rechtsstreitigkeiten durch Rechtsnachfolger und die Personen, die kraft Gesetzes an die Stelle der in § 2a ArbGG genannten Personen treten.

5 Die Kostenfreiheit betrifft alle Instanzen und alle Kostenarten, also sowohl Gerichtsgebühren als auch die gerichtlichen Auslagen, insbesondere die Vergütung von Zeugen und Sachverständigen.

6 Kostenfreiheit besteht auch in folgenden Fällen:
- § 103 Abs. 3 ArbGG: In einem Schiedsverfahren gemäß §§ 101 ff. ArbGG entscheidet das Gericht über die Ablehnung eines Schiedsrichters;
- § 108 Abs. 3 ArbGG: Niederlegung des Schiedsspruches und Aufbewahrung der Akten des Schiedsgerichtes bei dem Arbeitsgericht;
- § 109 ArbGG: Vollstreckbarerklärung eines Schiedsspruchs oder eines Vergleichs vor dem Schiedsgericht durch den Vorsitzenden des Arbeitsgerichts;
- § 122 InsO: Verfahren auf Zustimmung des Arbeitsgerichts zur Betriebsänderung innerhalb der Insolvenz, wenn der Interessenausgleich mit dem Betriebsrat nicht zustande gekommen ist, und zwar einschließlich des möglichen Rechtsbeschwerdeverfahrens vor dem Bundesarbeitsgericht;
- § 126 InsO: Feststellung der Zulässigkeit der Kündigung bei Nichtzustandekommen des Interessenausgleichs durch das Arbeitsgericht.

7 Es handelt sich hierbei um dem Beschlussverfahren nach § 2a ArbGG gleichgestellte Verfahren.

8 Wegen der im Beschlussverfahren im Einzelnen geltenden Grundsätze für die Ermittlung des Gegenstandswertes vgl. die Anmerkung zu § 63 GKG.

2. Persönliche Kostenfreiheit

9 Die bundesrechtlichen oder landesrechtlichen Vorschriften über persönliche Kostenfreiheit – z.B. die Freistellung von Kirchen, Gemeinden und Universitäten nach § 122 des Justizgesetzes Nordrhein-Westfalen – findet auf die Arbeitsgerichtsbarkeit keine Anwendung (§ 2 Abs. 4 Satz 1 GKG). § 2 Abs. 3 GKG, wonach bundesrechtliche Vorschriften, die eine sachliche oder persönliche Befreiung von Kosten gewähren, unberührt bleiben, gilt nur für Verfahren vor den ordentlichen Gerichten sowie den Gerichten der Finanz- und Sozialgerichtsbarkeit, nicht für die Arbeitsgerichtsbarkeit.

3. Sachliche Kostenfreiheit

10 Gemäß § 2 Abs. 4 Satz 2 bleiben die Vorschriften über sachliche Kostenfreiheit auch vor den Gerichten für Arbeitssachen unberührt; regelmäßig betrifft diese Vorschrift aber Verfahren mit sozialgerichtlichem Einschlag vor den Verwaltungsgerichten, nicht vor den Arbeitsgerichten.

4. Erstattung bei persönlicher Kostenfreiheit

11 § 2 Abs. 5 GKG regelt die Fälle, in denen irrtümlich einer von Kosten befreiten Partei Kosten auferlegt worden sind, von einer solchen Partei Kosten bereits gezahlt worden sind oder eine solche Partei Kosten des Verfahrens übernimmt. Da es in der Arbeitsgerichtsbarkeit keine persönliche Kostenbefreiung gibt, ist diese Vorschrift in der Arbeitsgerichtsbarkeit nicht relevant.

§ 6 GKG Fälligkeit der Gebühren im Allgemeinen

(1) In folgenden Verfahren wird die Verfahrensgebühr mit der Einreichung der Klage-, Antrags-, Einspruchs- oder Rechtsmittelschrift oder mit der Abgabe der entsprechenden Erklärung zu Protokoll fällig:
1. in bürgerlichen Rechtsstreitigkeiten,
2. in Sanierungs- und Reorganisationsverfahren nach dem Kreditinstitute-Reorganisationsgesetz,
3. in Insolvenzverfahren und in schifffahrtsrechtlichen Verteilungsverfahren,
4. in Rechtsmittelverfahren des gewerblichen Rechtsschutzes und
5. in Prozessverfahren vor den Gerichten der Verwaltungs-, Finanz- und Sozialgerichtsbarkeit.

Im Verfahren über ein Rechtsmittel, das vom Rechtsmittelgericht zugelassen worden ist, wird die Verfahrensgebühr mit der Zulassung fällig.

(2) Soweit die Gebühr eine Entscheidung oder sonstige gerichtliche Handlung voraussetzt, wird sie mit dieser fällig.

(3) In Verfahren vor den Gerichten für Arbeitssachen bestimmt sich die Fälligkeit der Kosten nach § 9.

Es wurden keine Einträge für das Inhaltsverzeichnis gefunden.

Während regelmäßig nach § 6 Abs. 1 die Gerichtskosten mit Antragstellung fällig werden, ist gemäß § 6 Abs. 3 von dieser Regelung die Arbeitsgerichtsbarkeit ausdrücklich ausgenommen, indem auf die Auffangvorschrift des § 9 GKG verwiesen wird.   1

§ 9 GKG Fälligkeit der Gebühren in sonstigen Fällen, Fälligkeit der Auslagen

(1) Die Gebühr für die Anmeldung eines Anspruchs zum Musterverfahren nach dem Kapitalanleger-Musterverfahrensgesetz wird mit Einreichung der Anmeldungserklärung fällig. Die Auslagen des Musterverfahrens nach dem Kapitalanleger-Musterverfahrensgesetz werden mit dem rechtskräftigen Abschluss des Musterverfahrens fällig.

(2) Im Übrigen werden die Gebühren und die Auslagen fällig, wenn
1. eine unbedingte Entscheidung über die Kosten ergangen ist,
2. das Verfahren oder der Rechtszug durch Vergleich oder Zurücknahme beendet ist,
3. das Verfahren sechs Monate ruht oder sechs Monate nicht betrieben worden ist,
4. das Verfahren sechs Monate unterbrochen oder sechs Monate ausgesetzt war oder
5. das Verfahren durch anderweitige Erledigung beendet ist.

(3) Die Dokumentenpauschale sowie die Auslagen für die Versendung von Akten werden sofort nach ihrer Entstehung fällig.

Die Fälligkeit der Gerichtskosten im arbeitsgerichtlichen Urteilsverfahren ergibt sich aus Abs. 2 und 3.   1

Der Regelfall ist das Wirksamwerden einer unbedingten Kostenentscheidung. Regelmäßig tritt die Wirksamkeit durch Verkündung ein, bei nicht verkündeten Kostenentscheidungen durch förmliche Zustellung, formlose Mitteilung oder auch schon durch die in Aufgabe zur Zustellung.[1] Rechtskraft der Kostenentscheidung ist nicht erforderlich.   2

Ist eine Kostenentscheidung nicht oder noch nicht ergangen, tritt Fälligkeit ersatzweise mit Abschluss eines Vergleichs oder der Erklärung einer Klage- oder Rechtsmittelrücknahme ein, ebenso mit dem Ruhen oder Nichtbetreiben, der Unterbrechung oder Aussetzung des Verfahrens nach sechs Monaten. Auch eine Beendigung durch anderweitige Erledigung führt zur Fälligkeit der   3

---

[1] Hartmann, Kostengesetze, § 9 GKG Rn 8.

Gerichtskosten, etwa die Mitteilung der Parteien an das Gericht, man habe den Rechtsstreit durch außergerichtlichen Vergleich erledigt.[2]

4   Entsteht die Dokumentenpauschale oder wird das Gericht (nur) durch das Übersenden von Akten aktiv, hat der jeweilige Antragsteller die dadurch entstehenden Kosten sofort zu zahlen (Abs. 3).

§ 11 GKG Verfahren nach dem Arbeitsgerichtsgesetz

In Verfahren vor den Gerichten für Arbeitssachen sind die Vorschriften dieses Abschnitts nicht anzuwenden; dies gilt für die Zwangsvollstreckung in Arbeitssachen auch dann, wenn das Amtsgericht Vollstreckungsgericht ist. Satz 1 gilt nicht in Verfahren wegen überlanger Gerichtsverfahren (§ 9 Absatz 2 Satz 2 des Arbeitsgerichtsgesetzes).

1   Alle gesetzlichen Vorschriften über Vorschuss und Vorauszahlung von Gerichtskosten gelten nicht in Arbeitsgerichtsverfahren aller Instanzen. Das gilt unabhängig davon, in welchem Gesetz (GKG, ZPO usw.) die Vorschusspflicht angeordnet ist. Den arbeitsgerichtlichen Verfahren sind die Zwangsvollstreckungsverfahren, soweit das Amtsgericht Vollstreckungsgericht ist, gleichgestellt. Weder das Vollstreckungsgericht noch der Gerichtsvollzieher darf also einen Gebührenvorschuss erheben, wenn es um die Vollstreckung aus einer Entscheidung des ArbG oder eines arbeitsgerichtlichen Vergleiches geht.

2   Eine Ausnahme dürfte gelten, wenn der Gerichtsvollzieher Aufwendungen zu erbringen hat, etwa für eine Räumung oder für den Transport eines herauszugebenden Gegenstandes. Hier kann er von der vollstreckenden Partei einen Vorschuss für seinen voraussichtlich entstehenden Aufwand verlangen.[1]

3   Eine Ausnahme von der Befreiung von der Vorschusspflicht gilt für Entschädigungsverfahren wegen überlanger Gerichtsverfahren, § 9 Abs. 2 Satz 2 ArbGG i.V.m. § 201 GVG. Bei überlangen Gerichtsverfahren können danach vor dem Landesarbeitsgericht und gegebenenfalls dem Bundesarbeitsgericht Entschädigungsklagen anhängig gemacht werden. Für die insoweit entstehenden Gerichtskosten besteht Vorschusspflicht.

§ 22 GKG Streitverfahren, Bestätigungen und Bescheinigungen zu inländischen Titeln

(1) In bürgerlichen Rechtsstreitigkeiten mit Ausnahme der Restitutionsklage nach § 580 Nummer 8 der Zivilprozessordnung sowie in Verfahren nach § 1 Absatz 1 Satz 1 Nummer 14, Absatz 2 Nummer 1 bis 3 sowie Absatz 4 schuldet die Kosten, wer das Verfahren des Rechtszugs beantragt hat. Im Verfahren, das gemäß § 700 Absatz 3 der Zivilprozessordnung dem Mahnverfahren folgt, schuldet die Kosten, wer den Vollstreckungsbescheid beantragt hat. Im Verfahren, das nach Einspruch dem Europäischen Mahnverfahren folgt, schuldet die Kosten, wer den Zahlungsbefehl beantragt hat. Die Gebühr für den Abschluss eines gerichtlichen Vergleichs schuldet jeder, der an dem Abschluss beteiligt ist.

(2) In Verfahren vor den Gerichten für Arbeitssachen ist Absatz 1 nicht anzuwenden, soweit eine Kostenhaftung nach § 29 Nummer 1 oder 2 besteht. Absatz 1 ist ferner nicht anzuwenden, solange bei einer Zurückverweisung des Rechtsstreits an die Vorinstanz nicht feststeht, wer für die Kosten nach § 29 Nummer 1 oder 2 haftet, und der Rechtsstreit noch anhängig ist; er ist jedoch anzuwenden, wenn das Verfahren nach Zurückverweisung sechs Monate geruht hat oder sechs Monate von den Parteien nicht betrieben worden ist.

(3) [...]

---

2 Oestreich/Hellstab/Trenkle, GKG-FamGKG, § 9 GKG Rn 5.
1 Hartmann, Kostengesetze, § 11 GKG Rn 3; Oestreich/Hellstab/Trenkle, GKG-FamGKG, § 11 GKG.

(4) [...]

Nach Abs. 1 haftet für die Gerichtskosten grundsätzlich der Antragsteller, unabhängig davon, ob ihm später auch die Kosten auferlegt werden (Antragshaftung).

Für die Arbeitsgerichtsbarkeit wird dieser Grundsatz in Abs. 2 eingeschränkt. Die Antragshaftung greift nicht ein, wenn eine Kostenhaftung nach § 29 Nr. 1 oder 2 GKG besteht.

Nach § 29 Nr. 1 GKG besteht eine Kostenhaftung desjenigen, dem durch gerichtliche Entscheidung die Kosten des Verfahrens auferlegt sind (Entscheidungsschuldner).

Nach § 29 Ziff. 2 GKG haftet für die Kosten auch derjenige, der durch eine vor Gericht abgegebene oder dem Gericht mitgeteilte Erklärung oder in einem vor Gericht abgeschlossenen oder dem Gericht mitgeteilten Vergleich die Kosten übernommen hat (Übernahmeschuldner). Das gilt entsprechend, wenn ohne Kostenregelung im Vergleich gemäß § 98 ZPO die Kosten des Vergleichs und/oder des Rechtsstreits als gegeneinander aufgehoben anzusehen sind.

Da grundsätzlich im arbeitsgerichtlichen Verfahren die Gerichtskosten erst mit der Entscheidung fällig werden (§ 9 GKG), haftet regelmäßig derjenige ausschließlich, dem die Kosten auferlegt worden sind, bzw. wer in einem Vergleich die Kosten ganz oder teilweise übernommen hat. Die Antragshaftung nach § 22 greift also nur ein, wenn die Gerichtskosten nach § 9 Abs. 2 Ziff. 3 bis 5 GKG fällig geworden sind, mithin nach Ruhen oder Unterbrechung von sechs Monaten bzw. anderweitiger Erledigung ohne Vergleich.

Das gilt auch bei einer Unterbrechung infolge eines Insolvenzverfahrens.[1]

Nach Zurückverweisung eines Rechtsstreites haftet der Antragsteller bis zur Kostenentscheidung nach § 29 GKG ebenfalls nicht, d.h. die Antragstellerhaftung lebt nicht etwa auf, nachdem eine Kostenentscheidung durch das Rechtsmittelgericht zusammen mit der Hauptsacheentscheidung aufgehoben worden ist; es wird die dann neu zu treffende Kostenentscheidung abgewartet.

§ 29 GKG Weitere Fälle der Kostenhaftung

Die Kosten schuldet ferner,
1. wem durch gerichtliche oder staatsanwaltschaftliche Entscheidung die Kosten des Verfahrens auferlegt sind;
2. wer sie durch eine vor Gericht abgegebene oder dem Gericht mitgeteilte Erklärung oder in einem vor Gericht abgeschlossenen oder dem Gericht mitgeteilten Vergleich übernommen hat; dies gilt auch, wenn bei einem Vergleich ohne Bestimmung über die Kosten diese als von beiden Teilen je zur Hälfte übernommen anzusehen sind;
3. wer für die Kostenschuld eines anderen kraft Gesetzes haftet und
4. der Vollstreckungsschuldner für die notwendigen Kosten der Zwangsvollstreckung.

Während in den übrigen Gerichtsbarkeiten der Entscheidungsschuldner bzw. der Übernahmeschuldner neben den Antragsschuldner tritt, wenn auch mit der Qualifikation als Erstschuldner gemäß § 31 GKG, verdrängt gemäß Abs. 2 im arbeitsgerichtlichen Verfahren die Haftung als Entscheidungs- oder Übernahmeschuldner die Haftung als Antragsschuldner. Mit Rücksicht auf das Fehlen einer Vorschusspflicht im arbeitsgerichtlichen Verfahren kommt es hier ohnehin nur dann zu einer Kostenhaftung, wenn Fälligkeit nach § 9 GKG eintritt. Das ist aber gerade dann der Fall, wenn über die Kosten entschieden oder die Angelegenheit durch Vergleich oder ähnliche Regelungen beendet wird.

Unerheblich ist, in welcher Form die Entscheidung über die Kosten ergeht, etwa durch Urteil oder Beschluss. Die Entscheidung muss wirksam, aber nicht rechtskräftig sein.

---

1 Hartmann, Kostengesetze, § 22 GKG Rn 20.

Anhang 1   Auszug GKG

3 Der typische Übernahmeschuldner ist derjenige, der bestimmte Kosten in einem Vergleich übernimmt. Darüber hinaus kann eine Partei oder ein Dritter auch durch ausdrückliche Übernahmeerklärung Kosten übernehmen und haftet dann nach § 29 Ziffer 2 GKG.

4 Typische Fälle der gesetzlichen Haftung sind die Haftung als Erwerber eines Handelsgeschäftes bei Fortführung der Firma gemäß § 25 HGB, die Haftung der Gesellschafter einer OHG oder KG nach §§ 128, 171 HGB und die Haftung des Erben nach § 1967 BGB.

5 Gemäß § 29 Ziffer 4 GKG haftet der Vollstreckungsschuldner kraft Gesetzes (§ 788 ZPO) für die notwendigen Kosten der Zwangsvollstreckung. In diesen Fällen ist nur zu klären, ob die entstandenen Kosten tatsächlich notwendig waren, was etwa bei offensichtlich fruchtlosen wiederholten Pfändungsversuchen zu verneinen sein kann.

§ 38 GKG   Verzögerung des Rechtsstreits

Wird außer im Fall des § 335 der Zivilprozessordnung durch Verschulden des Klägers, des Beklagten oder eines Vertreters die Vertagung einer mündlichen Verhandlung oder die Anberaumung eines neuen Termins zur mündlichen Verhandlung nötig oder ist die Erledigung des Rechtsstreits durch nachträgliches Vorbringen von Angriffs- oder Verteidigungsmitteln, Beweismitteln oder Beweiseinreden, die früher vorgebracht werden konnten, verzögert worden, kann das Gericht dem Kläger oder dem Beklagten von Amts wegen eine besondere Gebühr mit einem Gebührensatz von 1,0 auferlegen. Die Gebühr kann bis auf einen Gebührensatz von 0,3 ermäßigt werden. Dem Kläger, dem Beklagten oder dem Vertreter stehen gleich der Nebenintervenient, der Beigeladene, der Vertreter des Bundesinteresses beim Bundesverwaltungsgericht und der Vertreter des öffentlichen Interesses sowie ihre Vertreter.

1 Die hier geregelte Verzögerungsgebühr tritt neben die Folgen eines verspäteten Vorbringens gemäß §§ 56 Abs. 2 ArbGG, 296 ZPO.

2 Ob das Gericht eine Verzögerungsgebühr auferlegt, liegt in seinem pflichtgemäßen Ermessen.

3 Voraussetzungen sind

entweder
- Notwendigkeit der Vertagung einer mündlichen Verhandlung oder Anberaumung eines neuen Termins zur mündlichen Verhandlung
- aufgrund eines Verschuldens der betroffenen Partei oder ihres Prozessbevollmächtigten

oder
- Nachträgliches Vorbringen von Angriffs- oder Verteidigungsmitteln, Beweismitteln oder Beweiseinreden,
- dadurch bedingte Verzögerung bei der Erledigung des Rechtsstreites und
- Verschulden der Partei oder ihres Prozessbevollmächtigten.

4 Mit Rücksicht darauf, dass die Verzögerungsgebühr Strafcharakter hat, also der Richter das prozessuale Vorgehen einer Partei mit Strafe belegen darf, sollte von der Vorschrift nur zurückhaltend Gebrauch gemacht werden. In der Praxis spielt die Vorschrift kaum eine Rolle; allenfalls die Androhung einer möglichen Verzögerungsgebühr ist von Bedeutung. Die Gefahr, dass das Gericht hier versucht, unliebsames Verhalten einer Partei mit einer Strafe zu bedenken, ist nicht von der Hand zu weisen.

5 Während eines Verfahrens kann die Verzögerungsgebühr auch mehrfach verhängt werden. Der Höhe nach richtet sich die 0,3- bis 1,0-fache Gebühr nach dem Streitwert.

6 Gegen unberechtigte Verzögerungsgebühren ist die Beschwerde nach § 69 GKG zulässig.

7 Mit der Verzögerungsgebühr kann nur die Partei oder ein in § 38 Satz 3 GKG gleichgestellter anderer Beteiligter bedacht werden, nicht dagegen der Prozessbevollmächtigte, auch wenn sein Verhalten Anlass war.

§ 42 GKG Wiederkehrende Leistungen

(1) Bei Ansprüchen auf wiederkehrende Leistungen aus einem öffentlich-rechtlichen Dienst- oder Amtsverhältnis, einer Dienstpflicht oder einer Tätigkeit, die anstelle einer gesetzlichen Dienstpflicht geleistet werden kann, bei Ansprüchen von Arbeitnehmern auf wiederkehrende Leistungen sowie in Verfahren vor Gerichten der Sozialgerichtsbarkeit, in denen Ansprüche auf wiederkehrende Leistungen dem Grunde oder der Höhe nach geltend gemacht oder abgewehrt werden, ist der dreifache Jahresbetrag der wiederkehrenden Leistungen maßgebend, wenn nicht der Gesamtbetrag der geforderten Leistungen geringer ist. Ist im Verfahren vor den Gerichten der Verwaltungs- und Sozialgerichtsbarkeit die Höhe des Jahresbetrags nicht nach dem Antrag des Klägers bestimmt oder nach diesem Antrag mit vertretbarem Aufwand bestimmbar, ist der Streitwert nach § 52 Absatz 1 und 2 zu bestimmen.

(2) Für die Wertberechnung bei Rechtsstreitigkeiten vor den Gerichten für Arbeitssachen über das Bestehen, das Nichtbestehen oder die Kündigung eines Arbeitsverhältnisses ist höchstens der Betrag des für die Dauer eines Vierteljahres zu leistenden Arbeitsentgelts maßgebend; eine Abfindung wird nicht hinzugerechnet. Bei Rechtsstreitigkeiten über Eingruppierungen ist der Wert des dreijährigen Unterschiedsbetrags zur begehrten Vergütung maßgebend, sofern nicht der Gesamtbetrag der geforderten Leistungen geringer ist.

(3) Die bei Einreichung der Klage fälligen Beträge werden dem Streitwert hinzugerechnet; dies gilt nicht in Rechtsstreitigkeiten vor den Gerichten für Arbeitssachen. Der Einreichung der Klage steht die Einreichung eines Antrags auf Bewilligung der Prozesskostenhilfe gleich, wenn die Klage alsbald nach Mitteilung der Entscheidung über den Antrag oder über eine alsbald eingelegte Beschwerde eingereicht wird.

Übersicht

	Rdn.		Rdn.
I. Vorbemerkung	1	2. Bestandsstreitigkeiten	3
II. Voraussetzung der Wertberechnung nach § 42 Abs. 3 GKG	2	3. Vierteljahresentgelt	10
		III. Probleme bei Klagehäufungen	11
1. Arbeitsgerichtssachen	2		

I. Vorbemerkung

Während außerhalb der Arbeitsgerichtsbarkeit die Ansprüche auf wiederkehrende Leistungen aus Dienst- oder Amtsverhältnissen nach dem Dreijahresbetrag berechnet werden, ist gemäß § 42 Abs. 2 GKG bei den »Bestandsstreitigkeiten« vor den Gerichten für Arbeitssachen das Arbeitsentgelt für die Dauer eines Vierteljahres maßgebend. Weiter ist zu berücksichtigen, dass gemäß § 42 Abs. 4 GKG entgegen der sonst geltenden Regel Rückstände, also die bei Einreichung der Klage fälligen Beträge, nicht dem Streitwert hinzugerechnet werden, sondern Teil des Dreimonatsbetrages sind. 1

II. Voraussetzung der Wertberechnung nach § 42 Abs. 3 GKG

1. Arbeitsgerichtssachen

Die Vorschrift gilt ausschließlich für Rechtsstreitigkeiten vor den **Gerichten für Arbeitssachen**; gleichgelagerte Streitigkeiten aus Dienstverträgen vor den ordentlichen Gerichten haben einen nach § 3 ZPO – entsprechend dem Interesse des Klägers – zu bemessenden Wert. 2

2. Bestandsstreitigkeiten

Auch wenn § 42 Abs. 3 GKG als Ausnahmevorschrift grundsätzlich eng auszulegen ist, handelt es sich um eine grundsätzliche Entscheidung des Gesetzgebers für die **Beschränkung des Kostenrisikos** bei Bestandsstreitigkeiten im Arbeitsverhältnis, so dass im arbeitsgerichtlichen Verfahren § 42 Abs. 3 auf gleichgelagerte Fälle angewandt wird. 3

4   Das betrifft zunächst **alle Arten des Streites über das Bestehen oder Nichtbestehen eines Arbeitsverhältnisses**, also unabhängig von der Frage, ob es um das Zustandekommen eines Arbeitsvertrages, dessen Anfechtung oder um die Nichtigkeit eines Arbeitsvertrages geht. Schon aus dem Wortlaut ergibt sich, dass es unerheblich ist, ob das Feststellungsverlangen vom Arbeitgeber oder vom Arbeitnehmer ausgeht.

5   Gleichgültig ist die Art des Arbeitsverhältnisses, also Haupt- oder Nebenbeschäftigung. Gleichgestellt werden Ausbildungs- und Praktikantenverhältnisse.

6   Beim Streit über die **Kündigung** des Arbeitsverhältnisses ist unerheblich, wer gekündigt hat.

7   Geht es bei dem Rechtsstreit um die Gefährdung des Arbeitsverhältnisses – **Abmahnung, Ermahnung** –, wird regelmäßig von einem Monatsentgelt ausgegangen.[1]

8   Bei einem Streit um **Änderungskündigungen** wird bei Ablehnung des Änderungsangebotes die Änderungskündigung zur Beendigungskündigung, sodass § 42 Abs. 3 GKG unmittelbar anzuwenden ist.[2] Nimmt der Arbeitnehmer die Änderungskündigung unter Vorbehalt an und wendet er sich dann aufgrund des Vorbehaltes gegen die Änderungskündigung, ist vom dreifachen Jahresbetrag der monatlichen Vergütungsdifferenz auszugehen, höchstens jedoch vom Vierteljahresentgelt gemäß § 42 Abs. 3 GKG.[3] Ergibt sich keine Vergütungsdifferenz, greift wiederum § 42 Abs. 3 GKG ein, wobei mit Rücksicht darauf, dass das Bestehen des Arbeitsverhältnisses nicht mehr im Streit steht, ein Abschlag vorzunehmen ist.[4]

9   Betrifft der Rechtsstreit einzelne Aspekte des Arbeitsverhältnisses, etwa die Freistellung oder die Entziehung von Leitungsfunktionen, wird von einem Bruchteil des Dreimonatsentgeltes ausgegangen.

3. Vierteljahresentgelt

10 Maßgeblich ist das für die Dauer eines Vierteljahres zu leistende Arbeitsentgelt, und zwar des Vierteljahres, das dem Zeitpunkt folgt, in dem die Kündigung wirksam werden soll. Freiwillige Gratifikationen bleiben unberücksichtigt; dagegen werden durch Tarif- oder Arbeitsvertrag gesicherte Urlaubs- oder Weihnachtsgeldansprüche anteilmäßig berücksichtigt.

III. Probleme bei Klagehäufungen

11 Wird um die Wirksamkeit **mehrerer Kündigungen** gestritten, ist zu differenzieren:

12 Wird eine Kündigung **wiederholt**, weil etwa Form oder Zugang streitig sind, erhöht sich der Streitwert dadurch, dass auch die zweite Kündigung Gegenstand des Verfahrens ist, nicht. Dasselbe gilt, wenn der Kündigungsgrund identisch ist und ein zumindest zeitlich enger Zusammenhang zwischen den Kündigungen besteht.

13 Wird dagegen **neu** aus anderem Grund gekündigt, handelt es sich grundsätzlich um zwei Streitgegenstände mit gesondert zu ermittelnden und dann zu addierenden Streitwerten. Eine Anrechnung kommt allerdings dann in Betracht, wenn die Vierteljahreszeiträume, berechnet nach dem Wirksamwerden der jeweiligen Kündigung sich überschneiden. Die sich überschneidenden Zeiträume werden nur einmal angesetzt.

---

1   Vgl. im Einzelnen – auch hinsichtlich der abweichenden Auffassung des LAG Baden-Württemberg: BAG, 16.05.2007 – 2 AZB 53/06, NZA 2007, 829.
2   LAG Rheinland-Pfalz, 25.07.2007 – 1 Ta 179/07, NZA-RR 2007, 604.
3   BAG, 23.03.1989 – 7 AZR 527/85 (B), DB 1989, 880, LAG Rheinland-Pfalz, 25.07.2007 – 1 Ta 179/07, NZA-RR 2007, 604.
4   LAG Rheinland-Pfalz, 25.07.2007 – 1 Ta 179/07, NZA-RR 2007, 604.

Durch den »**Schleppnetzantrag**« – Feststellung, dass das Arbeitsverhältnis unverändert fortbesteht – wird der Vierteljahresbetrag nicht erhöht, es sei denn, dadurch wird eine bestimmte weitere Kündigung erfasst, für die dann wiederum der Vierteljahresbetrag ermittelt werden muss.[5]

14

Wird mit dem Antrag auf Feststellung der Unwirksamkeit der Kündigung der Antrag auf **Weiterzahlung** der Bezüge verbunden, geht die wohl herrschende Auffassung[6] davon aus, dass es sich um wirtschaftlich identische Ansprüche handelt, bei der der jeweils höher zu bewertende Anspruch für den Streitwert maßgeblich ist. Für den Leistungsanspruch ist § 42 Abs. 2 GKG maßgeblich, also die verlangte Leistung bis zum dreifachen Jahresbetrag, für den Kündigungsschutzantrag der Vierteljahresbetrag nach § 42 Abs. 3 GKG. In jedem Fall zu addieren sind die Lohnrückstände.

15

§ 63 GKG Wertfestsetzung für die Gerichtsgebühren

(1) Sind Gebühren, die sich nach dem Streitwert richten, mit der Einreichung der Klage-, Antrags-, Einspruchs- oder Rechtsmittelschrift oder mit der Abgabe der entsprechenden Erklärung zu Protokoll fällig, setzt das Gericht sogleich den Wert ohne Anhörung der Parteien durch Beschluss vorläufig fest, wenn Gegenstand des Verfahrens nicht eine bestimmte Geldsumme in Euro ist oder gesetzlich kein fester Wert bestimmt ist. Einwendungen gegen die Höhe des festgesetzten Werts können nur im Verfahren über die Beschwerde gegen den Beschluss, durch den die Tätigkeit des Gerichts aufgrund dieses Gesetzes von der vorherigen Zahlung von Kosten abhängig gemacht wird, geltend gemacht werden. Die Sätze 1 und 2 gelten nicht in Verfahren vor den Gerichten der Finanzgerichtsbarkeit.

(2) Soweit eine Entscheidung nach § 62 Satz 1 nicht ergeht oder nicht bindet, setzt das Prozessgericht den Wert für die zu erhebenden Gebühren durch Beschluss fest, sobald eine Entscheidung über den gesamten Streitgegenstand ergeht oder sich das Verfahren anderweitig erledigt. In Verfahren vor den Gerichten für Arbeitssachen oder der Finanzgerichtsbarkeit gilt dies nur dann, wenn ein Beteiligter oder die Staatskasse die Festsetzung beantragt oder das Gericht sie für angemessen hält.

(3) Die Festsetzung kann von Amts wegen geändert werden
1. von dem Gericht, das den Wert festgesetzt hat, und
2. von dem Rechtsmittelgericht, wenn das Verfahren wegen der Hauptsache oder wegen der Entscheidung über den Streitwert, den Kostenansatz oder die Kostenfestsetzung in der Rechtsmittelinstanz schwebt.

Die Änderung ist nur innerhalb von sechs Monaten zulässig, nachdem die Entscheidung in der Hauptsache Rechtskraft erlangt oder das Verfahren sich anderweitig erledigt hat.

Übersicht	Rdn.		Rdn.
I. Wertfestsetzung für Gerichtsgebühren ...	1	III. Wertfestsetzung im Beschlussverfahren ..	9
II. Wertfestsetzung für Anwaltsgebühren ...	5	IV. Änderung der Wertfestsetzung	20

I. Wertfestsetzung für Gerichtsgebühren

Die Vorschrift regelt einen Teilbereich der Streitwertfestsetzung durch das Gericht.

1

Dabei geht es im arbeitsgerichtlichen Verfahren nur um den Gebührenstreitwert oder den Streitwert, der für die Berechnung der Gerichts- und Anwaltsgebühren maßgebend ist, § 62 Satz 1 GKG, wonach der für die Zuständigkeit des Prozessgerichtes oder die Zulässigkeit des Rechtsmittels maßgebliche Streitwert auch der Gebührenstreitwert ist, gilt nicht vor den Gerichten für Arbeitssachen

2

---

[5] GMPMG/Germelmann § 12 Rn 111.
[6] BAG, 16.01.1968 – 2 AZR 156/66, AP Nr. 17 zu § 12 ArbGG 1953; GMPMG/Germelmann § 12 Rn 114; AnwK-ArbR/Krönig § 12 ArbGG Rn 43.

(§ 62 Satz 2 GKG). Dieser für die Zulässigkeit des Rechtsmittels maßgebliche Wert wird gemäß § 61 Abs. 1 ArbGG im Urteil festgesetzt.

3 Die in Abs. 1 geregelte Festsetzung des Gebührenstreitwertes mit Einreichung der Klage entfällt im arbeitsgerichtlichen Verfahren, weil diese Vorschrift nur dann eingreift, wenn die Gebühren mit der Einreichung der Klage oder einer ähnlichen Schrift fällig werden. Das sind die Fälle des § 6 GKG; diese Vorschrift gilt aber nicht im arbeitsgerichtlichen Verfahren, in dem gemäß § 9 GKG grundsätzlich erst mit der Kostenentscheidung die Gebühren fällig werden.

4 Maßgebend ist danach Abs. 2, wonach der Gebührenstreitwert durch Beschluss festgesetzt wird, sobald eine Entscheidung über den gesamten Streitgegenstand ergeht oder sich das Verfahren anderweitig erledigt. Dieser Grundsatz ist im arbeitsgerichtlichen Verfahren nach Abs. 2 Satz 2 wiederum eingeschränkt; die Festsetzung erfolgt nicht generell von Amts wegen, sondern nur auf Antrag eines Beteiligten oder der Staatskasse oder dann, wenn das Gericht sie für angemessen hält.

II. Wertfestsetzung für Anwaltsgebühren

5 Die Wertfestsetzung nach Abs. 2 kann insbesondere dann entfallen, wenn aufgrund des Abschlusses eines Vergleiches Gerichtsgebühren nicht angesetzt werden.

6 Die Wertfestsetzung gemäß Abs. 2 gilt für die Berechnung der Gerichtsgebühren und ist gemäß § 32 Abs. 1 RVG auch maßgeblich für die Berechnung der Anwaltsgebühren.

7 Ein Beteiligter, der die Wertfestsetzung nach Abs. 2 Satz 2 beantragen kann, ist auch der Prozessbevollmächtigte, für den auch § 32 Abs. 2 RVG das eigene Antragsrecht vorsieht.

8 Mit Rücksicht auf Abs. 2 Satz 1 und § 33 Abs. 2 RVG i.V.m. § 8 Abs. 1 RVG kann der Antrag auf Festsetzung des Streitwertes erst nach Kostenentscheidung oder Erledigung des Verfahrens gestellt werden. Eine Streitwertfestsetzung ausschließlich zur Berechnung eines Vorschusses ist im Gesetz nicht vorgesehen.

III. Wertfestsetzung im Beschlussverfahren

9 Im arbeitsgerichtlichen Beschlussverfahren nach § 2a RVG ist eine Wertfestsetzung nach Abs. 2 GKG nicht möglich, weil keine Gerichtsgebühren anfallen.

10 Hier bleibt es bei dem Antragsrecht des Rechtsanwaltes und der Partei nach § 33 Abs. 1 und 2 RVG.

11 Die Wertfestsetzung in arbeitsgerichtlichen Beschlussverfahren ist in den Einzelheiten umstritten:

12 Maßgebend ist § 23 Abs. 3 RVG. Danach ist der Wert nach billigem Ermessen zu bestimmen. In Ermangelung genügender tatsächlicher Anhaltspunkte für eine Schätzung und bei nichtvermögensrechtlichen Gegenständen ist der Gegenstandswert mit 5.000,- Euro, nach Lage des Falles niedriger oder höher, jedoch nicht über 500.000,- Euro, anzunehmen.

13 Regelmäßig werden arbeitsgerichtliche Beschlussverfahren als Verfahren mit nichtvermögensrechtlichen Gegenständen angesehen, insbesondere wenn es um Zustimmungen von Betriebsrat oder Arbeitgeber bzw. um die Beteiligung des Betriebsrates geht.

14 Dabei verkennt die Rechtsprechung nicht, dass wirtschaftliche Gesichtspunkte hier eine erhebliche Rolle spielen.

15 Daher wird der in § 23 Abs. 3 Satz 2 RVG vorgesehene Gegenstandswert von 5.000,- Euro entweder als bloßer Ausgangswert oder – so die herrschende Auffassung – als Hilfswert angesehen, der dann eingreift, wenn keine individuelle Bewertung möglich ist.[1]

---

[1] Mayer/Kroiß RVG, § 23 Rn 22; Gerold/Schmidt/Müller-Rabe RVG, § 23 Rn 31; Düwell/Teubel Betriebsverfassungsgesetz, § 93 Rn 33.

In der Praxis werden die wirtschaftlichen Interessen maßgeblich berücksichtigt. 16

Soweit Beschäftigungsverhältnisse von Arbeitnehmern maßgeblich vom Beschlussverfahren berührt 17
werden, berücksichtigt die Praxis regelmäßig § 42 GKG, bewertet also das jeweilige Interesse am
Bestand eines Arbeitsverhältnisses mit dem Vierteljahresbruttoentgelt. Wenn nur Teilaspekte des
Beschäftigungsverhältnisses betroffen sind, z.B. bei höherer oder niedrigerer Gruppierung, wird ein
Bruchteil des Vierteljahresbruttoentgeltes angesetzt.

Nach § 48 Abs. 2 GKG sind alle Umstände des Einzelfalls, insbesondere Umfang und Bedeutung 18
der Sache sowie die Vermögens- und Einkommensverhältnisse der Parteien, zu berücksichtigen.
Während die Einkommens- und Vermögensverhältnisse der Parteien regelmäßig in den Beschlussverfahren keine Rolle spielen, ist die Bedeutung der Angelegenheit für die Verfahrensbeteiligten
wesentlich.

Wird vom Beschlussverfahren eine Mehrzahl von Arbeitnehmern betroffen, kann der Hilfswert von 19
5.000,- Euro entsprechend dem Multiplikator in § 38 BetrVG erhöht werden.

IV. Änderung der Wertfestsetzung

Gemäß § 63 Abs. 3 kann – auch ohne Beschwerde – das Gericht die Streitwertfestsetzung ändern, 20
und zwar bis sechs Monate nach Rechtskraft der Hauptsache oder sonstigen Erledigung des Verfahrens. Entsprechendes gilt auch für die Änderungsmöglichkeit durch das Rechtsmittelgericht,
das den Streitwert sowohl dann, wenn gegen die Hauptsache ein Rechtsmittel eingelegt worden
ist, ändern kann, als auch bei Rechtsmitteln gegen den Streitwert, den Kostenansatz oder die
Kostenfestsetzung.

§ 66 GKG Erinnerung gegen den Kostenansatz, Beschwerde

(1) Über Erinnerungen des Kostenschuldners und der Staatskasse gegen den Kostenansatz entscheidet das Gericht, bei dem die Kosten angesetzt sind. Sind die Kosten bei der Staatsanwaltschaft angesetzt, ist das Gericht des ersten Rechtszugs zuständig. War das Verfahren im ersten
Rechtszug bei mehreren Gerichten anhängig, ist das Gericht, bei dem es zuletzt anhängig war,
auch insoweit zuständig, als Kosten bei den anderen Gerichten angesetzt worden sind. Soweit
sich die Erinnerung gegen den Ansatz der Auslagen des erstinstanzlichen Musterverfahrens nach
dem Kapitalanleger-Musterverfahrensgesetz richtet, entscheidet hierüber das für die Durchführung des Musterverfahrens zuständige Oberlandesgericht.

(2) Gegen die Entscheidung über die Erinnerung findet die Beschwerde statt, wenn der Wert
des Beschwerdegegenstands 200 Euro übersteigt. Die Beschwerde ist auch zulässig, wenn sie das
Gericht, das die angefochtene Entscheidung erlassen hat, wegen der grundsätzlichen Bedeutung
der zur Entscheidung stehenden Frage in dem Beschluss zulässt.

(3) Soweit das Gericht die Beschwerde für zulässig und begründet hält, hat es ihr abzuhelfen; im
Übrigen ist die Beschwerde unverzüglich dem Beschwerdegericht vorzulegen. Beschwerdegericht
ist das nächsthöhere Gericht. Eine Beschwerde an einen obersten Gerichtshof des Bundes findet
nicht statt. Das Beschwerdegericht ist an die Zulassung der Beschwerde gebunden; die Nichtzulassung ist unanfechtbar.

(4) Die weitere Beschwerde ist nur zulässig, wenn das Landgericht als Beschwerdegericht entschieden und sie wegen der grundsätzlichen Bedeutung der zur Entscheidung stehenden Frage
in dem Beschluss zugelassen hat. Sie kann nur darauf gestützt werden, dass die Entscheidung auf
einer Verletzung des Rechts beruht; die §§ 546 und 547 der Zivilprozessordnung gelten entsprechend. Über die weitere Beschwerde entscheidet das Oberlandesgericht. Absatz 3 Satz 1 und 4
gilt entsprechend.

(5) Anträge und Erklärungen können ohne Mitwirkung eines Bevollmächtigten schriftlich eingereicht oder zu Protokoll der Geschäftsstelle abgegeben werden; § 129a der Zivilprozessordnung

gilt entsprechend. Für die Bevollmächtigung gelten die Regelungen der für das zugrunde liegende Verfahren geltenden Verfahrensordnung entsprechend. Die Erinnerung ist bei dem Gericht einzulegen, das für die Entscheidung über die Erinnerung zuständig ist. Die Erinnerung kann auch bei der Staatsanwaltschaft eingelegt werden, wenn die Kosten bei dieser angesetzt worden sind. Die Beschwerde ist bei dem Gericht einzulegen, dessen Entscheidung angefochten wird.

(6) Das Gericht entscheidet über die Erinnerung durch eines seiner Mitglieder als Einzelrichter; dies gilt auch für die Beschwerde, wenn die angefochtene Entscheidung von einem Einzelrichter oder einem Rechtspfleger erlassen wurde. Der Einzelrichter überträgt das Verfahren der Kammer oder dem Senat, wenn die Sache besondere Schwierigkeiten tatsächlicher oder rechtlicher Art aufweist oder die Rechtssache grundsätzliche Bedeutung hat. Das Gericht entscheidet jedoch immer ohne Mitwirkung ehrenamtlicher Richter. Auf eine erfolgte oder unterlassene Übertragung kann ein Rechtsmittel nicht gestützt werden.

(7) Erinnerung und Beschwerde haben keine aufschiebende Wirkung. Das Gericht oder das Beschwerdegericht kann auf Antrag oder von Amts wegen die aufschiebende Wirkung ganz oder teilweise anordnen; ist nicht der Einzelrichter zur Entscheidung berufen, entscheidet der Vorsitzende des Gerichts.

(8) Die Verfahren sind gebührenfrei. Kosten werden nicht erstattet.

1 Die Feststellung der Gerichtskosten – Aufstellung der Kostenrechnung – wird als »Kostenansatz« bezeichnet. Gegen diesen Kostenansatz können sich sowohl der Kostenschuldner als auch die Staatskasse wenden, und zwar gemäß § 66 Abs. 1 GKG durch Erinnerung, über die das Gericht entscheidet, bei dem die Kosten angesetzt sind. War im ersten Rechtszug das Verfahren bei mehreren Gerichten anhängig, ist das Gericht, bei dem es zuletzt anhängig war, insgesamt für die Entscheidung über die Erinnerung zuständig.

2 Gegen die Entscheidung über die Erinnerung ist die Beschwerde zulässig, wenn der Wert des Beschwerdegegenstandes 200,- Euro übersteigt oder das Erinnerungsgericht wegen der grundsätzlichen Bedeutung die Beschwerde zugelassen hat.

3 Die Beschwerde ist nur vom Arbeitsgericht zum Landesarbeitsgericht zulässig, nicht vom Landesarbeitsgericht zum Bundesarbeitsgericht (Abs. 3 und 4); demgemäß gibt es in arbeitsgerichtlichen Angelegenheiten auch keine weitere Beschwerde nach Abs. 4.

§ 68 GKG Beschwerde gegen die Festsetzung des Streitwerts

(1) Gegen den Beschluss, durch den der Wert für die Gerichtsgebühren festgesetzt worden ist (§ 63 Absatz 2), findet die Beschwerde statt, wenn der Wert des Beschwerdegegenstands 200 Euro übersteigt. Die Beschwerde findet auch statt, wenn sie das Gericht, das die angefochtene Entscheidung erlassen hat, wegen der grundsätzlichen Bedeutung der zur Entscheidung stehenden Frage in dem Beschluss zulässt. Die Beschwerde ist nur zulässig, wenn sie innerhalb der in § 63 Absatz 3 Satz 2 bestimmten Frist eingelegt wird; ist der Streitwert später als einen Monat vor Ablauf dieser Frist festgesetzt worden, kann sie noch innerhalb eines Monats nach Zustellung oder formloser Mitteilung des Festsetzungsbeschlusses eingelegt werden. Im Fall der formlosen Mitteilung gilt der Beschluss mit dem dritten Tage nach Aufgabe zur Post als bekannt gemacht. § 66 Absatz 3, 4, 5 Satz 1, 2 und 5 sowie Absatz 6 ist entsprechend anzuwenden. Die weitere Beschwerde ist innerhalb eines Monats nach Zustellung der Entscheidung des Beschwerdegerichts einzulegen.

(2) War der Beschwerdeführer ohne sein Verschulden verhindert, die Frist einzuhalten, ist ihm auf Antrag von dem Gericht, das über die Beschwerde zu entscheiden hat, Wiedereinsetzung in den vorigen Stand zu gewähren, wenn er die Beschwerde binnen zwei Wochen nach der Beseitigung des Hindernisses einlegt und die Tatsachen, welche die Wiedereinsetzung begründen, glaubhaft macht. Ein Fehlen des Verschuldens wird vermutet, wenn eine Rechtsbehelfsbelehrung

unterblieben oder fehlerhaft ist. Nach Ablauf eines Jahres, von dem Ende der versäumten Frist an gerechnet, kann die Wiedereinsetzung nicht mehr beantragt werden. Gegen die Ablehnung der Wiedereinsetzung findet die Beschwerde statt. Sie ist nur zulässig, wenn sie innerhalb von zwei Wochen eingelegt wird. Die Frist beginnt mit der Zustellung der Entscheidung. § 66 Absatz 3 Satz 1 bis 3, Absatz 5 Satz 1, 2 und 5 sowie Absatz 6 ist entsprechend anzuwenden.

(3) Die Verfahren sind gebührenfrei. Kosten werden nicht erstattet.

Während § 66 GKG die Rechtsmittel gegen den Kostenansatz regelt, ergeben sich die Rechtsmittel gegen den Streitwertbeschluss aus vorliegender Norm. Voraussetzung ist ein Streitwertbeschluss nach § 63 Abs. 2 GKG, also nicht die vorläufige, sondern die endgültige Streitwertfestsetzung nach oder zusammen mit der Entscheidung über den gesamten Streitgegenstand oder bei anderweitiger Erledigung des Verfahrens. 1

Die Beschwerde ist nur zulässig, wenn der Wert des Beschwerdegegenstandes 200,- Euro übersteigt oder das Gericht, das den Streitwertbeschluss erlassen hat, wegen der grundsätzlichen Bedeutung der zur Entscheidung stehenden Frage die Beschwerde zugelassen hat. 2

Der Wert des Beschwerdegegenstandes entspricht dem Kosteninteresse des Beschwerdeführers.[1] 3

Beschwert ist die beschwerdeführende Partei dadurch, dass der Streitwert zu hoch festgesetzt worden ist. Ein nach Auffassung der Partei zu niedrig festgesetzter Streitwert beschwert die Partei niemals, auch dann nicht, wenn sie Kostenerstattung verlangen kann. 4

Dagegen ist der nach § 32 Abs. 2 Satz 1 RVG beschwerdeberechtigte Rechtsanwalt nur durch eine zu niedrige Wertfestsetzung beschwert. 5

Legt ein Anwalt die Beschwerde ein, empfiehlt es sich daher dringend, klarzustellen, wer Beschwerdeführer ist, nämlich die Partei, vertreten durch den Anwalt, oder der Anwalt nach § 32 Abs. 2 RVG im eigenen Namen. Eine Beschwerde gegen die Streitwertfestsetzung ist nur in den zeitlichen Grenzen des § 63 Abs. 3 Satz 2 GKG zulässig, also spätestens binnen sechs Monaten nach Rechtskraft der Hauptsache oder nach sonstiger Erledigung des Verfahrens. Ist die Streitwertfestsetzung kurz vor oder nach Ablauf der vorgenannten Frist erfolgt, besteht noch eine Monatsfrist nach Zustellung oder formloser Mitteilung des Festsetzungsbeschlusses zur Einlegung der Beschwerde. Bei schuldloser Fristversäumnis ist nach Maßgabe des Abs. 2 Wiedereinsetzung möglich. 6

---

1 Hartmann, Kostengesetze, § 68 GKG Rn 7.

Anhang 2 Streitwertlexikon

I. Einleitung

1. **Zum Streitwertkatalog Arbeitsrecht 2016:**

Eine aus 8 Richtern zusammengesetzte Streitwertkommission hat auf der 76. Konferenz der Präsidentinnen und Präsidenten der Landesarbeitsgerichte vom 25. bis 27.05.2014 einen **Streitwertkatalog Arbeitsrecht 2014** verabschiedet (NZA 2014, 745 ff.). Die Vorbemerkung des Streitwertkataloges 2014 enthielt bereits den Hinweis darauf, dass dieser auch künftig weiter entwickelt werden soll. Am 05.04.2016 wurde eine neue Fassung des Streitwertkataloges auf der 78. Konferenz der Präsidenten verabschiedet. Nach Mitteilung der Kommission handelt es sich dabei jedoch nur um **gewisse Klarstellungen und Ergänzungen.** Neben der Klarstellung, dass sich der Streitwertkatalog jeweils nur auf ein Verfahren bezieht und sich nicht verfahrensübergreifend versteht, wurden in I. Ziff. 22 die Beispiele und Vorschläge neu gefasst und in II. 2, 4, 8.2, 9.1 und 10 sowie 13.7 als auch 16 klarstellende Formulierungen aufgenommen. Die Vorbemerkung des Streitwertkataloges 2016 für die Arbeitsgerichtsbarkeit lautet wie folgt:

> »VORBEMERKUNG:
>
> *Auf der Basis der ersten Fassung eines einheitlichen Streitwertkatalogs für die Arbeitsgerichtsbarkeit aus dem Jahre 2013 hat die Streitwertkommission unter Auswertung der Stellungnahmen und Vorschläge aus der Anwaltschaft, von Seiten der Gewerkschaften und der Arbeitgeberverbände, von Seiten der Versicherungswirtschaft und aus der Richterschaft eine überarbeitete Fassung des Streitwertkatalogs erstellt. Auch künftig soll der Streitwertkatalog weiter entwickelt werden. Der Streitwertkatalog kann selbstverständlich nur praktisch wichtige Fallkonstellationen aufgreifen, ebenso selbstverständlich sind die darin enthaltenen Bewertungsvorschläge zugeschnitten auf die entsprechenden typischen Fallkonstellationen. Die Aussagen des Katalogs sind verfahrensbezogen zu sehen und gelten nicht verfahrensübergreifend. Trotz dieser Einschränkungen versteht sich der Streitwertkatalog als Angebot auf dem Weg zu einer möglichst einheitlichen Wertrechtsprechung in Deutschland, im Interesse der Rechtssicherheit und Rechtsklarheit für alle Beteiligten. Er beansprucht jedoch keine Verbindlichkeit.«*

Der Streitwertkatalog enthält demnach **unverbindliche Vorschläge** zu einzelnen Streitwerten. Der Streitwert bemisst sich, mit Ausnahme der Regelungen des § 42 Abs. 1, 2 GKG, nach § 3 Halbs. 1 ZPO. Dabei hat das Gericht sein **pflichtgemäßes Ermessen** zu wahren. Deshalb kommt es immer auf den **Einzelfall** an und das Gericht hat bei der Festsetzung das Gesetz, insbesondere § 3 Halbs. 1 ZPO, zu beachten. Dementsprechend muss das Gericht den Streitwertkatalog bei seiner Festsetzung nicht beachten und kann jederzeit nach oben oder unten »abweichen«.[1] Die unverbindlichen Vorschläge des Streitwertkataloges werden im vorliegenden Streitwertlexikon bei den einzelnen Stichpunkten angeführt und der jeweiligen bisherigen und aktuellen **Rechtsprechung** der Gerichte (die teilweise die Vorschläge des Streitwertkataloges ausdrücklich ablehnt) **gegenübergestellt.**

2. **Zum Streitwertlexikon**

Das gesamte Streitwertlexikon listet neben den **Vorschlägen des Streitwertkataloges** gerichtliche Entscheidungen in der Reihenfolge **BAG, LAG, Arbeitsgericht** auf und innerhalb der LAG und Arbeitsgerichte **alphabetisch** nach dem Sitz des jeweiligen Gerichtes. Bei Entscheidungen der ordentlichen Gerichtsbarkeit ist die Reihenfolge entsprechend. Um eine einheitliche Reihenfolge bei den zentralen Entscheidungen der LAG zu gewährleisten, sind alle LAG einheitlich mit »LAG Ort« zitiert. Bei mehreren Entscheidungen des gleichen Gerichtes werden diese nach dem Entscheidungsdatum, **beginnend** mit der **aktuellsten** Entscheidung, aufgelistet. Bei den LAG ergibt sich folgende Reihenfolge (soweit Entscheidungen vorhanden sind):

---

1 Ausführlich dazu: Schäder/Weber Praxiskommentar Streitwertkatalog Arbeitsrecht.

- LAG Baden-Württemberg
- LAG Berlin
- LAG Bremen
- LAG Düsseldorf
- LAG Hamburg
- LAG Hamm
- LAG Hessen (anstatt: Hessisches LAG)
- LAG Köln
- LAG Mecklenburg-Vorpommern
- LAG München
- LAG Niedersachsen
- LAG Nürnberg
- LAG Rheinland-Pfalz
- LAG Saarland
- LAG Sachsen (anstatt: Sächsisches LAG)
- LAG Sachsen-Anhalt
- LAG Schleswig-Holstein
- LAG Thüringen (anstatt: Thüringer LAG)

II. Individualarbeitsrecht

Abfindung

Im Regelfall (z.B. Abschluss eines Vergleiches mit Abfindung im Kündigungsschutzprozess; aber auch hier sieht die Rechtsprechung Ausnahmen) ist eine Abfindung neben der Kündigung **nicht gegenstandswerterhöhend** zu berücksichtigen (§ 42 Abs. 2 Satz 1 Halbs. 2 GKG). Es verbleibt hinsichtlich des Gegenstandswertes bei der Berechnung nach § 42 Abs. 2 Satz 1 Halbs. 2 GKG. Nach der herrschenden Auffassung erfolgt aber eine Bewertung des Gegenstandswertes und **Addition** der Gegenstandswerte, wenn hilfsweise für den Fall der Wirksamkeit der Kündigung ein Anspruch auf Abfindung (aus einem Sozialplan, aus einem Rationalisierungsschutzabkommen oder ein Nachteilsausgleich) eingeklagt wird. Die Abfindung wird auch dann mit einem Gegenstandswert bemessen, wenn die Zahlung einer Abfindung nicht als Hilfsantrag geltend gemacht wird oder zwischen den Parteien die Beendigung des Arbeitsverhältnisses nicht streitig war und nur die **Zahlung der Abfindung** geltend gemacht wird. Bei der Bewertung der Abfindung ist der geltend gemachte Zahlungsbetrag als Gegenstandswert festzusetzen.

Streitwertkatalog Arbeitsrecht:[1]

1. Abfindung und Auflösungsantrag, tarifliche Abfindung, Sozialplanabfindung, Nachteilsausgleich

   Wird im Kündigungsrechtsstreit eine gerichtliche Auflösung des Arbeitsverhältnisses beantragt (§§ 9, 10 KSchG; § 13 I 3–5, II KSchG; § 14 II 2 KSchG), führt dies nicht zu einer Werterhöhung.

   Wird in der Rechtsmittelinstanz isoliert über die Auflösung gestritten, gilt § 42 II 1 GKG; wird isoliert über die Abfindungshöhe gestritten, ist maßgebend der streitige Differenzbetrag, höchstens jedoch das Vierteljahresentgelt.

   Eine im Vergleich vereinbarte Abfindung in entsprechender Anwendung der §§ 9, 10 KSchG ist nicht streitwerterhöhend; Vereinbarungen über andere Abfindungen oder einen Nachteilsausgleich im Vergleich können hingegen zu einer Werterhöhung führen.

   Wird hingegen über eine Sozialplanabfindung, über eine tarifliche Abfindung oder über einen Fall des Nachteilsausgleichs nach § 113 I BetrVG gestritten, richtet sich der Wert nach dem streitigen Betrag. Ggf. ist das zum Hilfsantrag (siehe I. Nr. 18) Ausgeführte zu beachten.

   Grundsätzlich. keine Berücksichtigung der Abfindung bei Kündigungsschutzverfahren:
   - BAG, 26.06.1986 – 2 AZR 522/85, NZA 1987, 139 = DB 1987, 184 = BB 1986, 2420
   - LAG Berlin, 16.04.2002 – 19 O 490/01, AE 2002, 141; 26.10.2001 – 17 Ta 6152/02, AE 2002, 140;
   - LAG Düsseldorf, 20.07.1987 – 7 Ta 198/87, LAGE § 12 ArbGG 1979 Streitwert Nr. 66 = JurBüro 1987, 1728
   - LAG Hamm, 21.10.1982 – 8 Ta 275/82, MDR 1983, 170
   - LAG Hessen, 25.02.1977 – 8 Ta 24/77, BB 1977, 1549
   - LAG Rheinland-Pfalz, 22.01.1980 – 1 Ta 119/79, AnwBl. 1981, 35
   - LAG München, 22.11.1988 – VI ZR 341/87, MDR 1988, 346

   Wird im Kündigungsschutzverfahren ein Vergleich mit Beendigung des Arbeitsverhältnisses und Zahlung einer Abfindung vereinbart, kann die Abfindung gegenstandswerterhöhend berücksichtigt werden:
   - LAG Berlin, 26.10.2001 – 17 Ta 6152/02, AE 2002, 140 (Vereinbarung über tarifliche Abfindung; 10 % des tariflichen Abfindungsbetrages)
   - LAG Hamm, 15.10.1981 – 8 Ta 13/81, AE 2003, 43 (bei Einbeziehung von Sozialplananspüchen: volle Abfindung)
   - LAG Hessen, 23.10.2002 – 15 Ta 220 u.a./02 und 217/02, n.v. (Sozialplanabfindung)

---

[1] Ausführlich dazu: Schäder/Weber Praxiskommentar Streitwertkatalog Arbeitsrecht.

Gegenstandswertaddition bei Kündigungsschutzklage, hilfsweise Abfindung aus Sozialplan, Rationalisierungsschutzabkommen oder aus Nachteilsausgleich, wenn über Hilfsantrag **entschieden** oder dieser **mitverglichen** wird:
- LAG Berlin, 09.03.2004 – 17 Ta (Kost) 6010/04, NZA-RR 2004, 492; 17.03.1995 – 1 Ta 6+8/95, NZA 1995, 1072
- LAG Bremen, 15.03.1983 – 4 Sa 265/82, EzA Nr. 22 zu § 12 ArbGG 1979 Streitwert = LAGE § 12 ArbGG 1979 Streitwert Nr. 20
- LAG Düsseldorf, 17.01.1985 – 7 Ta 267/84, LAGE Nr. 33 zu § 12 ArbGG 1979 Streitwert = JurBüro 1985, 745; 30.04.1981 – 25 Ta 32/85, LAGE Nr. 3 zu § 12 ArbGG 1979
- LAG Hamburg, 22.01.2013 – 5 Ta 33712, ArbRB 2013,211; 15.02.1984 – 2 Ta 3/84, AnwBl. 1984, 315
- LAG Hamm, 15.10.1981 – 8 Ta 137/81, EzA § 12 ArbGG 1979 Streitwert Nr. 8 (Rationalisierungsschutzabkommen)
- LAG Schleswig-Holstein, 26.12.2009 – 5 Ta 176/09, AE 2010, 64
- LAG Köln, 16.10.2007 – 9 Ta 298/07, NZA-RR 2008, 380; 02.05.2005 – 3 Ta 142/05, ArbRB 2006, 334; 14.09.2001 – 13 Ta 214/01, AnwBl. 2002, 185
- LAG München, 12.12.2006 – 7 Ta 378/06, ArbRB 2007, 44 = AE 2007, 276
- LAG Niedersachsen, 07.10.2005 – 2 Ta 707/05, AE 2006, 145
- ArbG Ludwigshafen am Rhein, 18.02.2005 – 1 Ca 1257/04, AE 2005, 276
- ArbG Neunkirchen, 01.03.2005 – 1 Ca 41/04, AE 2005, 276
- (**a.A.** Gegenstandswert nur nach § 42 Abs. 2 Satz 1 GKG:
- LAG Hessen, 25.02.1977 – 8 Ta 24/77, BB 1977, 1549)

Gegenstandswertberücksichtigung bei von Kündigungsschutzklage unabhängiger eigener Zahlungsklage:
- LAG Berlin, 17.03.1995 – 1 Ta 6+8/95, NZA 1995, 1072
- LAG Bremen, 15.03.1983 – 4 Sa 265/82, EzA § 12 ArbGG 1979 Streitwert Nr. 20
- LAG Düsseldorf, 17.01.1985 – 7 Ta 267/84, LAGE § 12 ArbGG 1979 Streitwert Nr. 3 und 33; 30.04.1981 – 25 Ta 32/81, EzA § 12 ArbGG 1979 Streitwert Nr. 3 = LAGE § 12 ArbGG 1979 Streitwert Nr. 3
- LAG Hamburg, 15.02.1984 – 2 Ta 3/84, AnwBl. 1984, 315
- LAG Hamm, 15.10.1981 – 8 Ta 982/85, EzA § 12 ArbGG 1979 Nr. 8
- LAG Köln, 02.03.1999 – 12 Ta 71/99, n.v.
- LAG Rheinland-Pfalz, 27.04.2015 – 8 Ta 12/15, ArbRB 2016, 107 (Klage auf Feststellung eines Aufhebungsvertrages und Zahlung der daraus resultierenden Abfindung)
- ArbG Berlin, 17.07.1999 – 78 Ca 16308/99, AE 1999, 169 (Einigung auf Abfindung im Rahmen eines Rechtsstreits, der keine Kündigungsschutzklage zum Gegenstand hat)

Gegenstandswert ist die Höhe der geltend gemachten Abfindung, wenn sie in der Berufungsinstanz den einzigen Streitgegenstand darstellt:
- LAG Berlin, 30.11.1987 – 9 Sa 102/87, AnwBl. 1988, 486

Eine Bestandsstreitigkeit i.S.d. § 42 Abs. 2 GKG ist nicht gegeben, wenn der Bestand des Arbeitsverhältnisses nach den konkreten Umständen des Falles nicht im Streit stand und sich die Beauftragung des Rechtsanwaltes auf die Modalitäten des Abfindungsangebotes beschränkt:
- OLG Karlsruhe, 07.07.2015 – 17 U 125/14

Die Aufnahme einer Abgeltungsklausel in einen Vergleich ist mit einem Bruttomonatsgehalt zu bewerten:
- LAG Hessen, 26.05.1995 – 6 Ta 170/95, MDR 1999, 814

Abgeltungsklausel

Anhang 2 Streitwertlexikon

Abmahnung

Der Gegenstandswert für die Klage auf Entfernung einer Abmahnung aus der Personalakte wird von der Rechtsprechung höchst **unterschiedlich** beurteilt. Die Rechtsprechung hält dafür 1/3 eines Bruttomonatsgehaltes, 1/2 Bruttomonatsgehalt, ein ganzes Bruttomonatsgehalt (wohl herrschende Auffassung) bis hin zu einem Vierteljahresentgelt oder auch vom Inhalt der Abmahnung nach dem Interesse der Klagepartei gem. § 3 ZPO für angemessen.

Sind **mehrere Abmahnungen** Gegenstand der Entfernungsklage, wird sowohl die Auffassung vertreten, dass jede Abmahnung einzeln zu bewerten ist, als auch, dass mehrere Abmahnungen maximal zu einem Gegenstandswert von Vierteljahresentgelt (in Orientierung an § 42 Abs. 2 Satz 1 GKG) aufaddiert werden. Zum Teil werden auch andere Bewertungen (für die Abmahnungen Teile eines Bruttomonatsgehaltes) vorgenommen.

Streitwertlexikon Arbeitsrecht:[2]

2.1 Der Streit über eine Abmahnung wird – unabhängig von der Anzahl und der Art der darin enthaltenen Vorwürfe und unabhängig von dem Ziel der Klage (Entfernung, vollständige Entfernung, ersatzlose Entfernung, Zurücknahme/Widerruf, Feststellung der Unwirksamkeit) – mit 1 Monatsvergütung bewertet.

2.2 Mehrere in einem Verfahren angegriffene Abmahnungen werden mit maximal dem Vierteljahresentgelt bewertet.

Eine Abmahnung

Pauschal 250,00 €:
– LAG Baden-Württemberg, 21.05.1990 – 8 Ta 55/90, JurBüro 1990, 1333

1/3 Bruttomonatsgehalt:
– ArbG Wetzlar, 12.04.1990 – 1 Ca 113/90, DB 1990, 2480 = BB 1990, 2340

1/2 Bruttomonatsgehalt:
– LAG Hamburg, 12.01.1991 – 1 Ta 6/91, LAGE § 12 ArbGG 1979 Streitwert Nr. 94
– LAG Köln, 14.06.1982 – 4 Sa 67/82, BB 1982, 1799 = DB 1982, 2091
– LAG Rheinland-Pfalz, 02.07.1982 – 6 Sa 150/82, LAGE § 12 ArbGG 1979 Streitwert Nr. 60

1 Bruttomonatsgehalt:
– LAG Baden-Württemberg, 02.08.2010 – 5 Ta 141/10, n.v.; 14.05.2010 – 1 Ta 77/10, AE 2011, 91 (Bewertung nach dem wirtschaftlichen Interesse der Klagepartei, dabei Orientierung am Bruttomonatsgehalt ohne starre Anbindung)
– LAG Berlin, 27.11.2000 – 7 Ta 6017/00, AE 2001, 44
– LAG Bremen, 03.05.1983 – 4 Ta 32/83, KostRspr, ArbGG, § 12 Streitwert Nr. 73
– LAG Düsseldorf, 04.09.1995 – 7 Ta 245/95, NZA-RR 1996, 391
– LAG Hessen, 01.03.1988 – 6 Ta 14/88, LAGE § 12 ArbGG Streitwert Nr. 72 (bei mehreren Abmahnungen multipliziert mit der jeweiligen Anzahl der Abmahnungen)
– LAG Hamburg, 12.08.1991 – 1 Ta 6/91, LAGE § 12 ArbGG Streitwert Nr. 94
– LAG Hamm, 16.08.1989 – 2 Sa 308/98, BB 1989, 2048 = NZA 1990, 328 = DB 1989, 2032; 05.07.1984 – 8 Ta 115/84, DB 1984, 877 (bei mehreren Abmahnungen multipliziert mit der jeweiligen Anzahl der Abmahnungen)
– LAG Köln, 19.12.1985 – 3 Sa 810/85, BB 1986, 600
– LAG Niedersachsen, 10.03.2003 – 14 Ta 214/02 (jeweils gesondert mit einem Monatsverdienst zu bewerten, keine Begrenzung auf den Vierteljahresverdienst)

---

[2] Ausführlich dazu: Schäder/Weber Praxiskommentar Streitwertkatalog Arbeitsrecht.

- LAG Rheinland-Pfalz, 20.12.1993 – 6 Ta 258/93, ARST 1994, 137
- LAG Schleswig-Holstein, 07.06.1995 – 1 Ta 63/95, BB 1995, 1596
- ArbG Leipzig, 27.08.2004 – 8 Ca 2614/04, AE 2005, 84

Nicht regelmäßig mit einem Bruttomonatsverdienst anzusetzen, sondern nach freiem Ermessen unter Berücksichtigung der im Einzelfall geltend gemachten wirtschaftlichen oder persönlichen Ziele zu bemessen:
- BAG, 16.05.2007 – 2 AZB 53/06, NZA 2007, 829; 02.03.1998 – 9 AZR 61/96 (a), DB 1998, 2228 (nach § 3 ZPO höher/niedriger, wenn höher/niedriger zu bewertende wirtschaftliche Interessen verfolgt werden)
- LAG Baden-Württemberg, 26.06.2001 – 3 Ta 75/01, AE 2001, 146 (vier Bruttomonatsgehälter; bei schwerwiegenden Beurteilungen in der Personalakte: Wert höher)
- LAG Berlin, 28.04.2003 – 17 Ta 6024/03, AE 2003, 142 (jede einzeln zu bewerten und anschließend Gesamtwert bilden)
- ArbG Köln, 17.12.1993 – 2 Ca 7959/93, BB 1994, 580 (jede separat zu bewerten)

Zwei Bruttomonatsgehälter:
- LAG Düsseldorf, 05.01.1989 – 7 Ta 400/88, JurBüro 1989, 954
- ArbG Düsseldorf, 17.10.2000 – 11 Ca 2411/00, AE 2000, 212 (wenn neben Entfernung aus der Personalakte auch der Widerruf begehrt wird; hier jedoch Festsetzung auf 1,5-Bruttomonatsgehälter); 29.08.1997 – 8 Ca 5441/96, AnwBl. 1998, 111 (wenn neben Entfernung aus der Personalakte auch der Widerruf begehrt wird)

Vierteljahresentgelt:
- LAG Düsseldorf, 04.09.1995 – 7 Ta 245/95, NZA-RR 1996, 391; 05.01.1989 – 7 Ta 400/88, JurBüro 1989, 954 (Anwendung des § 42 Abs. 3 Satz 1 GKG); LAG Rheinland-Pfalz, 15.07.1986 – 1 Ta 84/86, LAGE § 12 ArbGG 1979 Streitwert Nr. 60

Bei mehreren Abmahnungen unterschiedliche Bewertungen:
- LAG Berlin, 28.04.2003 – 17 Ta 6024/03, www.jurisuma.de (jede Abmahnung grundsätzlich mit einem Bruttomonatsgehalt)
- LAG Düsseldorf, 04.09.1995 – 7 Ta 245/95, NZA-RR 1996, 391 (je ein Bruttomonatsgehalt, wenn mindestens 3 Monate dazwischen)
- LAG Hamm, 16.04.2007 – 6 Ta 49/07, ArbRB 2007, 236; 08.08.2002 – 9 Ta 352/02, AE 2003, 39 (Keine einzelne Bewertung, Streitwert soll innerhalb der Grenze von § 42 Abs. 3 Satz 1 GKG liegen; auch bei mehreren Abmahnungen)
- LAG Hessen, 24.05.2000 – 15 Ta 16/00, NZA-RR 2000, 438 = MDR 2000, 960 (erste und zweite Abmahnung jeweils mit einem Bruttomonatsverdienst bewertet, weitere innerhalb von 6 Monaten ab Zugang der ersten Abmahnung jeweils mit 1/3 eines Bruttomonatseinkommens)
- LAG Köln, 11.09.2003 – 3 Ta 228/03, AE 2004, 138 (erste und zweite Abmahnung jeweils mit einem Bruttomonatsverdienst bewertet, weitere innerhalb von 6 Monaten ab Zugang der ersten Abmahnung jeweils mit 1/3 eines Bruttomonatseinkommens bewertet)
- ArbG Leipzig, 27.08.2004 – 8 Ca 2614/04, AE 2005, 84 (für jede Abmahnung ein Bruttomonatsgehalt, selbst bei gleichem Fehlverhalten)
- ArbG München, 01.12.2015 – 13 Ca 2471/15, ArbRB 2016, 108 (für jede Abmahnung ein Bruttomonatsgalt sowie für den begehrten Widerruf der Vorwürfe ein weiteres Bruttomonatsgehalt)

Bei einem vom Arbeitnehmer geltend gemachten Anspruch auf Erstellung der Lohnabrechnung durch den Arbeitgeber ist auf dessen wirtschaftliches Interesse abzustellen. Hier ist grundsätzlich 1/10 bis 1/2 der Zahlung, die voraussichtlich abgerechnet wird, zugrunde zu legen, von der Rechtsprechung werden aber auch Pauschalen angesetzt.

Abrechnung

Anhang 2 Streitwertlexikon

Streitwertkatalog Arbeitsrecht:[3]

3. Abrechnung

Reine Abrechnung nach § 108 GewO, ggf. auch kumulativ mit einer Vergütungsklage:

5 % der Vergütung für den geltend gemachten Abrechnungszeitraum.

Pauschal 300,00 € pro Lohnabrechnung:
– LAG Rheinland-Pfalz, 02.06.2009, 1 Ta 98/09, LNR 2009, 24036

Abschluss eines Arbeitsverhältnisses

> Arbeitsvertrag

Altersteilzeitvertrag

(Anspruch auf Abschluss)

Der mit der Klage geltend gemachte Anspruch auf Abschluss eines Altersteilzeitvertrages wird mit der dreijährigen Vergütungsdifferenz (z.T. auch begrenzt auf das Vierteljahresentgelt) oder pauschal mit dem Vierteljahrentgelt (entsprechend § 42 Abs. 2 GKG) bewertet.

Streitwertkatalog Arbeitsrecht:[4]

5. Altersteilzeitbegehren

Bewertung entsprechend I. Nr. 4.:

4.1 1 Monatsvergütung bis zu einem Vierteljahresentgelt je nach dem Grad der Vertragsänderung.

4.2 Bei Änderungskündigungen mit Vergütungsänderung oder sonstigen messbaren wirtschaftlichen Nachteilen: 3-fache Jahresdifferenz, mindestens 1 Monatsvergütung, höchstens die Vergütung für ein Vierteljahr.

Dreijährige Vergütungsdifferenz begrenzt auf das Vierteljahresentgelt:
– LAG Berlin, 26.09.2005 – 17 Ta (Kost) 6059/05, n.v.

Vierteljahresentgelt (entsprechend § 42 Abs. 3 GKG):
– LAG Köln, 28.01.2009 – 2 Sa 875/08, AE 2009, 157; = RVGReport 2009, 197.
– ArbG Detmold, 13.08.1999 – 2 Ca 426/99, n.v.

Altersversorgung

> Betriebliche Altersversorgung

Amtsenthebung eines ehrenamtlichen Richters

Bei einem Verfahren auf Amtsenthebung/Amtsentbindung eines ehrenamtlichen Richters gem. §§ 21 Abs. 5, 27 ArbGG (bei grober Verletzung von Amtspflichten) errechnet sich der Gegenstandswert nach § 42 Abs. 3 Satz 1 ArbGG analog mit dem dreifachen Bruttomonatsgehalt des ehrenamtlichen Richters:
– LAG Hamm, 24.02.1993 – 8 AR 26/92, AP Nr. 2 zu § 21 ArbGG 1979

Änderungskündigung

> Kündigung

Anfechtung

(vgl. auch > Kündigung)

Bei außergerichtlicher Anfechtung des Arbeitsvertrages und geltend gemachter Rückabwicklung des gesamten Arbeitsverhältnisses sowie Einigung darüber, dass vom Anfechtungsrecht kein Gebrauch gemacht wird, ist der Wert nicht gem. § 42 Abs. 3 GKG auf das Vierteljahresentgelt beschränkt, sondern errechnet sich aus den geltend gemachten Beträgen:
– LAG Köln, 11.01.2006 – 2 Ta 447/05, AE 2006, 305

---

[3] Ausführlich dazu: Schäder/Weber Praxiskommentar Streitwertkatalog Arbeitsrecht.
[4] Ausführlich dazu: Schäder/Weber Praxiskommentar Streitwertkatalog Arbeitsrecht.

Anmeldung einer Insolvenzforderung

> Insolvenzanmeldung

Annahmeverzug

> Arbeitsentgelt

Arbeitnehmer

a) Statusklage

Klagen, die die Feststellung des Bestehens eines Arbeitsverhältnisses (Statusklagen) zum Gegenstand haben, werden nach § 42 Abs. 2 Satz 1 GKG mit dem Vierteljahresverdienst bewertet:
- BAG, 09.04.1965 – 3 AZR 182/64, AP zu § 72 ArbGG 1953 Streitwertrevision, Nr. 16 (in Abgrenzung zu einem Handelsvertreterverhältnis)
- LAG Nürnberg, 26.07.2000 – 6 Ta 180/00, NZA-RR 2001, 53

b) Klage von Organmitgliedern

Bei Organmitgliedern, die keine Arbeitnehmer sind, wird der Gegenstandswert einer Klage über den Bestand des Vertragsverhältnisses nach der Vergütung nach § 42 Abs. 1 GKG (maximal der dreifache Jahresbetrag) bemessen, eine Mindermeinung stellt auf § 42 Abs. 2 GKG (Vierteljahresentgelt) ab.

§ 42 Abs. 1 GKG:
- BGH, 09.06.2005 – III ZR 21/04, NZA 2006, 287 (§§ 52 Abs. 4, 42 Abs. 3 GKG nicht entsprechend anwendbar)
- KG, 18.12.1967 – 1 W 2030/67, NJW 1968, 756
- § 42 Abs. 2 GKG:
- LAG Düsseldorf, 17.01.2002 – 7 Ta 475/01, AE 2002, 139

Arbeitsbescheinigung

> Arbeitspapiere

Arbeitsentgelt

(Vgl. auch: > Wiederkehrende Leistungen)

Grundsätzlich ist das vom Arbeitnehmer eingeklagte Arbeitsentgelt – gleich ob brutto oder netto – in der eingeklagten Höhe als Gegenstandswert festzusetzen. Dies gilt für sämtliche bezifferbaren Ansprüche, so beispielsweise auch für Urlaubsgeld, Weihnachtsgeld und Gratifikationen.

Die Begründetheit des Antrages ist unerheblich:
- LAG Rheinland-Pfalz, 18.12.2009 – 1 Ta 280/09, AE 2010, 116

a) Brutto- oder Nettobetrag

Bei einer Bruttoklage ist nur auf den eingeklagten Betrag, nicht auf den geschätzten Nettobetrag abzustellen:
- LAG Baden-Württemberg, 04.03.1983 – 1 Ta 11/83, AP Nr. 1 zu § 25 GKG 1975

b) Überschneidung Arbeitsentgelt und Zeitraum der Kündigungsschutzklage

Probleme ergeben sich, wenn das Arbeitsentgelt den **gleichen** Zeitraum wie die Kündigungsschutzklage betrifft und diese in **einem** Verfahren verfolgt werden. In diesem Fall überschneidet sich zeitlich die Feststellung mit dem Zeitraum des eingeklagten Arbeitsentgelts. Hierzu wird ganz überwiegend die Meinung vertreten, dass eine Addition der Gegenstandswerte der Kündigungsschutzklage und der Zahlungsklage erfolgt, da keine wirtschaftliche Identität gegeben ist. Nach anderen Auffassungen sind bei einem Vergleich beider Gegenstandswerte nur der höhere bzw. der niedrigere Wert maßgebend. Zum Teil wird auch vertreten, dass Gegenstandswertobergrenze das Vierteljahresentgelt nach § 42 Abs. 2 GKG sein soll. Wird zusammen mit einer Kündigungsschutzklage auch der **Feststellungsantrag** auf künftige Leistungen gestellt, so soll sich der Streitwert nach den um 20 % gekürzten Betrag des Vierteljahresentgeltes gem. § 42 Abs. 2 GKG berechnen, Obergrenze soll das 3-fache Bruttojahresgehalt sein.

Anhang 2 Streitwertlexikon

Streitwertkatalog Arbeitsrecht:[5]

6. Annahmeverzug

Wird in einer Bestandsstreitigkeit im Wege der Klagehäufung Annahmeverzugsvergütung geltend gemacht, bei der die Vergütung vom streitigen Fortbestand des Arbeitsverhältnisses abhängt, so besteht nach dem Beendigungszeitpunkt eine wirtschaftliche Identität zwischen Bestandsstreit und Annahmeverzug. Nach § 45 I 3 GKG findet keine Wertaddition statt. Der höhere Wert ist maßgeblich.

Gegenstandswertaddition:
- LAG Baden-Württemberg, 06.11.1985 – 1 Ta 197/85, DB 1986, 388 = BB 1986, 262 = AnwBl. 1988, 180; 27.09.1982 – 1 Ta 166/82, DB 1983, 400 = AP Nr. 6 zu § 12 ArbGG 1979; 27.11.1981 – 1 Ta 151/81, AnwBl. 1982, 207
- LAG Berlin, 04.06.1985 – 2 Ta 46/85, JurBüro 1985, 1707; 18.10.1982 – 2 Ta 56/82, AnwBl. 1983, 35; 15.10.1982 – 2 Ta 60/82, AnwBl. 1984, 151
- LAG Bremen, 25.08.2005 – 3 Ta 39/05, AE 2006, 214; 13.04.1989 – 2 Ta 12/89, LAGE § 12 ArbGG 1979 Streitwert Nr. 80
- LAG Düsseldorf, 20.03.1986 – 7 Ta 433/87, JurBüro 1986, 911; 11.02.1985 – 7 Ta 55/85, JurBüro 1985, 767; 13.07.1978 – 7 Ta 107/78, AnwBl. 1979, 26
- LAG Hamburg, 29.04.1983 – 6 Ta 43/82, AnwBl. 1984, 150; 02.03.1977 – 1 Ta 2/77, NJW 1977, 2327
- LAG Hamm, 30.01.2002 – 9 Ta 652/98, NJW 2002, X (allgemeiner Zahlungsantrag: eigenständiger Wert in Höhe eines Bruttomonatsgehalts); 15.10.1981 – 8 Ta 13/81, MDR 1982, 259; 07.12.1979 – 8 Sa 627/79, BB 1980, 212; 01.12.1977 – 8 Ta 173/77, AnwBl. 1978, 143; 26.11.1970 – 8 Ta 56/70, MDR 1971, 428
- LAG Hessen, 06.01.2014 – 4 Sa 677/13, ArbRB 2014, 236 (unter ausdrücklicher Ablehnung des Streitwertkataloges!); 01.08.1994 – 6 Ta 139/94, LAGE § 12 ArbGG 1979 Streitwert Nr. 101; 03.06.1970 – 5 Ta 47/69, NJW 1970, 2134
- LAG Köln, 13.11.2014 – 6 Ta 311/14, AE 2015, 103 (ausdrücklich entgegen dem Streitwertkatalog!)
- LAG München, 14.12.2012 – 6 Ta 404/12, ArbRB 2013, 116; 20.11.2001 – 9 Ta 354/01, AE 2002, 139; 17.01.1987 – 7 Sa 3/82, JurBüro 1990, 1609; 17.01.1983 – 7 Sa 3/82, AnwBl. 1984, 152
- LAG Nürnberg, 02.07.2015 – 4 Ta 60/15, ArbRB 60/15 (wenn die Zahlungsansprüche nicht alleine vom Ausgang der Bestandsstreitigkeit abhängen); 18.04.1985 – 7 Ta 20/84, JurBüro 1986, 437
- LAG Niedersachsen, 17.09.1984 – 10 Ta 19/84, JurBüro 1985, 767 = AnwBl. 1985, 97
- LAG Rheinland-Pfalz, 23.07.1982 – 1 Ta 121/82, AnwBl. 1983, 36; 23.07.1981 – 1 Ta 121/82, AnwBl. 1983, 36
- LAG Saarland, 03.12.1984 – 2 Ta 34/84, JurBüro 1985, 592; 27.05.1981 – 2 Ta 30/80, MDR 1981, 789
- LAG Schleswig-Holstein, 28.11.2008 – 1 Ta 109/08, AE 2009, 290 –; 02.11.1981 – 5 Ta 62/81, AnwBl. 1982, 206
- ArbG Hannover, 30.12.1985 – 4 Ta 541/84, JurBüro 1986, 754
- ArbG Neuruppin, 01.07.2002 – 6 Ca 29/02, AE 2003, 42

Der höhere Gegenstandswert ist maßgebend:
- LAG Bremen, 13.04.1989 – 2 Ta 12/89, MDR 1989, 765; 01.11.1982 – 1 Ta 63/82, AnwBl. 1983, 38
- LAG Niedersachsen, 15.03.1988 – 13 Ta 10/88, JurBüro 1988, 855
- LAG Nürnberg, 02.07.1988 – 1 Ta 6/88, JurBüro 1989, 60 = LAGE § 12 ArbGG 1979 Streitwert Nr. 74; LAG Nürnberg, 12.02.1988 – 6 Ta 22/87, LAGE § 12 ArbGG 1979 Streitwert Nr. 73

---

[5] Ausführlich dazu: Schäder/Weber Praxiskommentar Streitwertkatalog Arbeitsrecht.

- LAG Sachsen-Anhalt, 20.09.1995 – 1(3) Ta 93/95, LAGE § 12 ArbGG 1979 Streitwert Nr. 104

Der Niedrigere der beiden Werte:
- BAG, 29.03.1989 – 7 AZR 527/85, AP Nr. 17 zu § 12 ArbGG 1979; BAG, 24.05.1955 – 2 AZR 174/54, AP Nr. 1 zu § 17 GKG

Höchstwert des § 42 Abs. 2 Satz 1 GKG (Vierteljahresentgelt) ist maßgebend:
- BAG, 16.01.1986 – 2 AZR 156/86, AP Nr. 17 zu § 12 ArbGG 1953; BAG, 06.12.1984 – 2 AZR 754/79, NZA 1985, 296; BAG, 20.01.1967 – 2 AZR 232/65, AP Nr. 16 zu § 12 ArbGG 1953
- LAG Baden-Württemberg, 29.05.1990 – 8 Ta 54/90, AP Nr. 5 zu § 12 ArbGG 1979 = JurBüro 1991, 210; 06.11.1985 – 1 Ta 197/85, AnwBl. 1988, 180
- LAG Bremen, 13.04.1989 – 2 Ta 12/89, MDR 1989, 765; 01.11.1982 – 3 Ta 63/82, AnwBl. 1983, 37 = MDR 1983, 170
- LAG Nürnberg, 27.11.2003 – 9 Ta 190/03, NZA 2005, 71
- LAG Sachsen-Anhalt, 20.09.1995 – 1/3 Ta 93/95, LAGE § 12 ArbGG 1979 Streitwert Nr. 104
- Zum Feststellungsantrag:
- LAG Baden-Württemberg, 12.12.1991 – 8 Ta 9/91, JurBüro 1991, 1479
- LAG Hamm, 27.01.1983 – 7 Sa 3/82, AnwBl. 1984, 152

Bei einem Streit über Arbeitspapiere sind die **Lohnsteuerkarte**, die **elektronische Lohnsteuerbescheinigung**, der **Sozialversicherungsnachweis**, die **Arbeitsbescheinigung der Bundesagentur für Arbeit** (§ 312 SGB III), eine **Verdienstbescheinigung** und auch **Lohnabrechnungen** Gegenstand eines Verfahrens. Die Rechtsprechung nimmt bei der Geltendmachung der Herausgabe (auch bei der reinen Titulierung im Rahmen eines Vergleiches ohne Rechtshängigkeit) als Wert pauschale Beträge pro Arbeitspapier oder auch generell für alle Arbeitspapiere an. Dabei werden (meist) pauschale Beträge von 150,00 € bis zu 500,00 € pro Arbeitspapier zugrunde gelegt.

Arbeitspapiere

Streitwertkatalog Arbeitsrecht:[6]

7. Arbeitspapiere

7.1 Handelt es sich hierbei nur um reine Bescheinigungen z. B. hinsichtlich sozialversicherungsrechtlicher Vorgänge, Urlaub oder Lohnsteuer: pro Arbeitspapier 10 % einer Monatsvergütung.

7.2 Nachweis nach dem Nachweisgesetz: 10 % einer Monatsvergütung.

Je 150,00 €:
- LAG München, 07.06.2002 – 3 Ta 130/02, AE 2002, 140

Je 250,00 €:
- LAG Baden-Württemberg, 09.02.1984 – 1 Ta 10/84, BB 1984, 1234 = DB 1984, 676 = AuR 1984, 380
- LAG Düsseldorf, 16.12.1996 – 7 Ta 344/96, AnwBl. 1997, 290
- LAG Hamm, 23.02.1989 – 8 Ta 146/88, AnwBl. 1989, 621; 08.04.1985 – 8 Ta 92/85, AnwBl. 1985, 586 = DB 1985, 1897 = LAGE § 3 ZPO Nr. 1;
- LAG Köln, 12.11.1997 – 8 Ta 271/97, BB 1998, 543 (entscheidend sind jedoch die Umstände des Einzelfalls, insbesondere das wirtschaftliche Interesse an der Durchsetzung des Anspruchs, der Schwierigkeit des Prozessstoffes, die Frage, inwieweit die Parteien über die Herausgabe gestritten haben)
- LAG Schleswig-Holstein, 24.05.1999 – 6 Ta 163/99, n.v.

Je 300,00 €:
- LAG Rheinland-Pfalz, 02.06.2009 – 1 Ta 98/09, LNR 2009, 24036; 14.03.2007 – 1 Ta 55/07, AE 2007, 371;

Je 500,00 €:
- LAG Köln, 12.11.1997 – 8 Ta 271/97, n.v.

---

6 Ausführlich dazu: Schäder/Weber Praxiskommentar Streitwertkatalog Arbeitsrecht.

Auch bei einer Klage auf Bestätigung des Fortbestandes des Arbeitsverhältnisses zur Vorlage bei der **Krankenversicherung** soll der Gegenstandswert in Anlehnung an den Streitwert für Streitigkeiten um Arbeitspapiere **250,00 €** betragen.
– LAG Köln, 13.12.1999 – 13 (7) Ta 369/99, AnwBl. 2001, 634

Arbeitspflicht

Bei einer Klage des Arbeitgebers auf Erfüllung der Leistungspflichten des Arbeitnehmers wird dies mit einem bis zwei Bruttomonatsgehältern bewertet.

Arbeitsvertrag

a) Abschluss eines Arbeitsvertrages

a) Abschluss eines Arbeitsvertrages

Bei einer Vertretung hinsichtlich des Abschlusses eines Arbeitsvertrages oder bei sonstigen Vertretungen, die den Bestand oder Erhalt des Arbeitsplatzes zum Gegenstand haben, wird bei der Bewertung von der Rechtsprechung entweder § 42 Abs. 2 GKG (dreifacher Jahresbetrag) oder § 42 Abs. 3 Satz 1 GKG (Vierteljahresentgelt) entsprechend angewandt.

Dreifacher Jahresbetrag:
– LAG Bremen, 05.05.1987 – 4 Ta 8/87, AnwBl. 1987, 485

Vierteljahresentgelt nach § 42 Abs. 3 Satz 1 GKG:
– LAG Köln, 23.01.1985 – 6 Ta 228/84, LAGE § 12 ArbGG 1979 Nr. 35
– LAG Rheinland-Pfalz, 26.07.2006 – 11 Ta 103/06, AE 2007, 99 (Vierteljahresentgelt nicht generell, sondern Bewertung nach Einzelfall)

b) Annahme eines veränderten Arbeitsvertragsangebotes

b) Annahme eines veränderten Arbeitsvertragsangebotes

Bei der Geltendmachung der Annahme eines veränderten Arbeitsvertragsangebotes gegen die andere Vertragspartei ist entweder das Vierteljahresentgelt gem. § 42 Abs. 2 Satz 1 GKG oder nach dem wirtschaftlichen Interesse an der Änderung gem. § 3 ZPO der Streitwert zu bewerten.

Streitwertkatalog Arbeitsrecht:[7]

8. Arbeitszeitveränderung

Bewertung entsprechend I. Nr. 4.

4. Änderungskündigung – bei Annahme unter Vorbehalt – und sonstiger Streit über den Inhalt des Arbeitsverhältnisses:

4.1 1 Monatsvergütung bis zu einem Vierteljahresentgelt je nach dem Grad der Vertragsänderung.

4.2 Bei Änderungskündigungen mit Vergütungsänderung oder sonstigen messbaren wirtschaftlichen Nachteilen: 3-fache Jahresdifferenz, mindestens 1 Monatsvergütung, höchstens die Vergütung für ein Vierteljahr.

Nach dem wirtschaftlichen Interesse:
– LAG Baden-Württemberg, 29.10.1991 – 3 Sa 56/91, JurBüro 1992, 627

Vierteljahresentgelt:
– LAG Köln, 23.01.1985 – 6 Ta 228/84, JurBüro 1985, 1242

c) Nachweis nach dem Nachweisgesetz

c) Nachweis nach dem Nachweisgesetz

Macht der Arbeitnehmer gegen den Arbeitgeber die Pflicht, innerhalb eines Monats nach dem Beginn des Arbeitsverhältnisses die wesentlichen Vertragsbedingungen schriftlich nach dem NachwG festzuhalten, geltend, so geht die Rechtsprechung von einem Gegenstandswert von 150,00 € bis zu einem Bruttomonatsgehalt aus.

Streitwertkatalog Arbeitsrecht:[8]

7.2 Nachweis nach dem Nachweisgesetz: 10 % einer Monatsvergütung.

---

[7] Ausführlich dazu: Schäder/Weber Praxiskommentar Streitwertkatalog Arbeitsrecht.
[8] Ausführlich dazu: Schäder/Weber Praxiskommentar Streitwertkatalog Arbeitsrecht.

Ein Bruttomonatsgehalt:
- ArbG Düsseldorf, 16.12.1998 – 3 Ca 7703/98, n.v.
- ArbG Ulm, 21.02.2014 – 1 Ca 101/13, ArbRB 2014, 236

150,00 €:
- LAG Hamm, 17.03.1996 – 9 Ta 295/96, n.v.
- ArbG Bocholt, 19.09.1996 – 1 Ca 1282/96, n.v.

Ärztliche Untersuchung

Bei einem Streit über die Pflicht zur Durchführung einer ärztlichen Untersuchung berechnet sich der Gegenstandswert nach § 3 ZPO nach dem vollen Interesse, bei negativer Feststellungsklage ist 80 % des vollen Interesses der Gegenstandswert:
- LAG Hamm, 15.07.1999 – 17 Sa 877/99, NZA 2000, 792

Aufgabenentziehung

> Direktionsrecht

Aufhebungsvertrag

Der Gegenstandswert bei der Tätigkeit hinsichtlich eines Aufhebungsvertrages (bezogen auf die Beendigung des Arbeitsverhältnisses; bei weiteren Streitpunkten werden die zusätzlichen Gegenstandswerte addiert!) bestimmt sich nach § 42 Abs. 2 Satz 1 GKG (Vierteljahresentgelt):
- BAG, 16.05.2000 – 9 AZR 279/99, NZA 2000, 1246
- LAG Düsseldorf, 08.01.2001 – 7 Ta 533/00, NZA 2001, 856
- AG Bad Oeynhausen, 28.05.2001 – 10 C 6/01, AE 2001, 147 (Vertragsaufhebung ohne Kündigung)

Zusätzliche Leistungen für die Vereinbarung der Beendigung des Arbeitsverhältnisses sind **gegenstandswerterhöhend** zu berücksichtigen:
- ArbG Köln, 05.07.2001 – 117 c 12/01, AnwBl. 2002, 184

Aufkündigungsmöglichkeit, vorzeitige

Vereinbaren die Parteien in einem Vergleich eine vorzeitige Aufkündigungsmöglichkeit des Arbeitnehmers und ist dies im Interesse des Arbeitgebers beträgt der Streitwert dafür ein Bruttomonatsgehalt:
- LAG Saarbrücken, 22.11.2011 – 2 Ta 42/11, ArbRB 2012, 275

Auflösungsantrag

Wird in einem Kündigungsschutzverfahren zusätzlich ein Auflösungsantrag gestellt, ist in der Rechtsprechung umstritten, ob dieser eine Erhöhung des Gegenstandswertes verursacht oder nicht. Auch die konkrete Bewertung des Auflösungsantrages ist umstritten (der selbstständige Auflösungsantrag wird mit ein bis zwei Bruttomonatsgehältern bewertet)

Streitwertlexikon Arbeitsrecht:[9]

9. Auflösungsantrag nach dem KSchG

Dazu wird auf I. Nr. 1 verwiesen:

1. Abfindung und Auflösungsantrag, tarifliche Abfindung, Sozialplanabfindung, Nachteilsausgleich

   Wird im Kündigungsrechtsstreit eine gerichtliche Auflösung des Arbeitsverhältnisses beantragt (§§ 9, 10 KSchG; § 13 I 3–5, II KSchG; § 14 II 2 KSchG), führt dies nicht zu einer Werterhöhung.

   Wird in der Rechtsmittelinstanz isoliert über die Auflösung gestritten, gilt § 42 II 1 GKG; wird isoliert über die Abfindungshöhe gestritten, ist maßgebend der streitige Differenzbetrag, höchstens jedoch das Vierteljahresentgelt.

   Eine im Vergleich vereinbarte Abfindung in entsprechender Anwendung der §§ 9, 10 KSchG ist nicht streitwerterhöhend; Vereinbarungen über andere Abfindungen oder einen Nachteilsausgleich im Vergleich können hingegen zu einer Werterhöhung führen.

---

9 Ausführlich dazu: Schäder/Weber Praxiskommentar Streitwertkatalog Arbeitsrecht.

Wird hingegen über eine Sozialplanabfindung, über eine tarifliche Abfindung oder über einen Fall des Nachteilsausgleichs nach § 113 I BetrVG gestritten, richtet sich der Wert nach dem streitigen Betrag. Ggf. ist das zum Hilfsantrag (vgl. I. Nr. 18) Ausgeführte zu beachten.

Kein zusätzlicher Gegenstandswert:
– BAG, 25.01.1960 – 2 AZR 519/57, BB 1960, 249 = DB 1960, 472 = AP Nr. 7 zu § 12 ArbGG 53 = BAGE 8, 358
– LAG Düsseldorf, 20.07.1987 – 7 Ta 198/87, LAGE § 12 ArbGG 1979 Streitwert Nr. 66
– LAG Hamm, 16.08.1989 – 2 Sa 108/89, NZA 1990, 328 (Grundsätzlich wird der Auflösungsantrag wertmäßig nicht erfasst. Etwas anderes gilt, wenn in der zweiten Instanz Streitgegenstand nur noch der Auflösungsantrag ist. In diesem Fall ist 2/3 des Wertes des Feststellungsantrags festzusetzen.)
– LAG Köln, 27.07.1995 – 13 Ta 144/95, ARST 1996, 18
– LAG Nürnberg, 29.08.2005 – 2 Ta 109/05, AE 2006, 144 (bei Auflösungsantrag und Abfindungsbetrag)
– ArbG Nürnberg, 30.05.2001 – 15 Ca 8895/00, AE 2001, 148

Zusätzliche Bewertung mit einem Bruttomonatsgehalt:
– LAG Berlin, 30.12.1999 – 7 Ta 6121/99, AE 2000, 71 = DB 2000, 484
– ArbG Kiel, 01.07.1999 – 1 Ca 2633/98, NZA-RR 1999, 670
– ArbG München, 30.10.2002 – 21 Ca 4706/02, AE 2003, 43 (erstinstanzlich gestellt)
– ArbG Würzburg, 05.06.2000 – 6 Ca 118/99 A, NZA-RR 2001, 107

Zusätzliche Bewertung mit zwei Bruttomonatsgehältern:
– LAG Hamm, 16.08.1989 – 2 Sa 308/80, NZA 1990, 328 = DB 1989, 2032 = BB 1989, 2048

Ausbildungsnachweis

Ein Streit um den Ausbildungsnachweis wird zwischen pauschal 250,00 € und dem Vierteljahrentgelt bewertet:

Vierteljahresentgelt:
– LAG Thüringen, 30.03.2007 – 8 Ta 26/07, AE 2007, 181

250,00 € (bei Berichtsheft):
– LAG Sachsen, 14.02.2001 – 2 Sa 10/01, AE 2001, 94

Auskunft

Die Erteilung von Auskünften wird nicht mit dem Gesamtwert der möglichen Zahlungsklage bewertet. Für die erste Instanz wird das Klägerinteresse an der Durchführung des Hauptanspruches zugrunde gelegt, das mit einem Bruchteil des Hauptanspruchs bewertet wird. Unterliegt der Beklagte und geht in Berufung wird die wirtschaftliche Belastung des Beklagten mit der Auskunft bewertet (mithin der Aufwand, der zur Auskunftserteilung notwendig ist):
– BAG, 27.05.1994 – 5 AZB 3/94, NZA 1994, 1054
– LAG Hessen, 11.03.1968 – 1 Ta 84/67, DB 1969, 1764 = AP Nr. 9 zu § 3 ZPO = AuR 1969, 57 = RdA 1969, 192

Streitwertkatalog Arbeitsrecht:[10]

10. Auskunft/Rechnungslegung/Stufenklage

(für leistungsabhängige Vergütung z. B. Provision oder Bonus):

10.1 Auskunft (isoliert): von 10 % bis 50 % der zu erwartenden Vergütung, je nach Bedeutung der Auskunft für die klagende Partei im Hinblick auf die Durchsetzung des Zahlungsanspruchs.

10.2 Eidesstattliche Versicherung (isoliert): 10 % der Vergütung.

10.3 Zahlung: Nennbetrag (ggf. nach der geäußerten Erwartung der klagenden Partei, unter Berücksichtigung von § 44 GKG).

---

10 Ausführlich dazu: Schäder/Weber Praxiskommentar Streitwertkatalog Arbeitsrecht.

Wird ein Auskunftsanspruch mit einem **Entschädigungsantrag** gem. § 61 Abs. 2 ArbGG (zur Zahlung einer festzusetzenden Entschädigung bei Nichterteilung der Auskunft) verbunden, so bemisst sich der Gegenstandswert nach der verlangten Entschädigung:
- LAG Hessen, 22.08.1966 – 1 Ta 24/66, ARST 1967, 32

Eine Beschwerde gegen die Aussetzung des Verfahrens wird von der Rechtsprechung mit 20-25% des Wertes des Hauptverfahrens bewertet.

Aussetzung des Verfahrens

20% des Hauptverfahrens:
- LAG Nürnberg, 27.02.2003 – 7 Ta 13/03, NZA-RR 2003, 602

Ausstellung

\> Arbeitspapiere

\> Zeugnis

Auszubildende/r

\> Kündigung

Der Wert einer Feststellungsklage, dass eine vereinbarte Befristung unwirksam ist (Entfristungsklage), wird regelmäßig mit dem Vierteljahresentgelt nach § 42 Abs. 2 Satz 1 GKG bemessen.

Befristung

(\> Entfristungsklage)

Streitwertkatalog Arbeitsrecht:[11]

11. Befristung, sonstige Beendigungstatbestände

Für den Streit über die Wirksamkeit einer Befristungsabrede, einer auflösenden Bedingung, einer Anfechtung des Arbeitsvertrags, einer Eigenkündigung und eines Auflösungs- oder Aufhebungsvertrags gelten die Bewertungsgrundsätze der I. Nr. 19 und 20 sowie der Nr. 17:

17. Feststellungsantrag, allgemeiner (Schleppnetzantrag):

17.1 Allgemeiner Feststellungsantrag isoliert: höchstens Vergütung für ein Vierteljahr.

17.2 Allgemeiner Feststellungsantrag neben punktuellen Bestandsschutzanträgen (Schleppnetzantrag): keine zusätzliche Bewertung (arg. § 42 II 1 GKG).

19. Kündigung (eine)

Die Vergütung für ein Vierteljahr, es sei denn unter Auslegung des Klageantrags und der Klagebegründung ist nur ein Fortbestand des Arbeitsverhältnisses von unter 3 Monaten im Streit (dann entsprechend geringerer Wert).

20. Kündigungen (mehrere):

20.1 Außerordentliche Kündigung, die hilfsweise als ordentliche erklärt wird (einschließlich Umdeutung nach § 140 BGB): höchstens die Vergütung für ein Vierteljahr, unabhängig davon, ob sie in einem oder in mehreren Schreiben erklärt werden.

20.2 Mehrere Kündigungen ohne Veränderung des Beendigungszeitpunktes: keine Erhöhung.

20.3 Folgekündigungen mit Veränderung des Beendigungszeitpunktes: Für jede Folgekündigung die Entgeltdifferenz zwischen den verschiedenen Beendigungszeitpunkten, maximal jedoch die Vergütung für ein Vierteljahr für jede Folgekündigung. Die erste Kündigung – bewertet nach den Grundsätzen der I. Nr. 19 – ist stets die mit dem frühesten Beendigungszeitpunkt, auch wenn sie später ausgesprochen und später angegriffen wird.

---

[11] Ausführlich dazu: Schäder/Weber Praxiskommentar Streitwertkatalog Arbeitsrecht.

Die Grundsätze des Absatzes 1 gelten jeweils für die betreffende Instanz. Fallen Klagen gegen einzelne Kündigungen im Laufe des Verfahrens in einer Instanz weg, gelten die Grundsätze des ersten Absatzes ab diesem Zeitpunkt für die in dieser Instanz verbleibenden Kündigungen.

Regelmäßig Vierteljahresentgelt:
— LAG Köln, 17.01.2008 – 8 Ta 393/07, AE 2009, 89 (bei mehreren Beendigungstatbeständen wir nach der Differenztheorie jeweils das Vierteljahrentgelt zugrunde gelegt, wenn der Abstand mindestens drei Monate beträgt)
— LAG Sachsen, 19.05.2011 – 4 Ta 91/11(3), ArbRB 2011, 271

Berichtigung
> Zeugnis

Berufsausbildung
> Kündigung

Beschäftigungsanspruch
> Freistellung

Bestandsschutz
> Arbeitnehmer,
> Dienstvertrag,
> Kündigung

Bestehen eines Arbeitsverhältnisses
> Arbeitnehmer

Betriebliche Altersversorgung

Wird eine **zukünftige Leistung** aus der betrieblichen Altersversorgung geltend gemacht, so gilt § 42 Abs. 1 Satz 1 GKG mit dem dreijährigen Bezugswert. Bei Erhebung einer **Feststellungsklage** auf Bestehen des Anspruchs auf betriebliche Altersversorgung ist im Regelfall ein Abschlag (von 20 %) von diesem Gegenstandswert vorzunehmen. Bei der Geltendmachung der **Übertragung einer Direktversicherung** ist der Gegenstandswert der bisher eingezahlte Betrag, die **Herausgabe einer Versicherungspolice** kann mit 1/3 der Versicherungssumme bewertet werden.

Dreijähriger Bezugswert bei Leistungsklage:
— LAG Baden-Württemberg, 02.12.1980 – 1 Ta 134/80, AP Nr. 1 zu § 12 ArbGG 1979

Bei Feststellungsanträgen ein Abschlag von 20 %:
— BAG, 18.12.1961 – 3 AZR 313/59, AP Nr. 6 zu § 3 ZPO

Eingezahlter Betrag bei Übertragung der Direktversicherung:
— LAG München, 07.06.2002 – 3 Ta 130/02, AE 2002, 140

Herausgabe einer Lebensversicherungspolice nach § 3 ZPO (hier 1/3 der Versicherungssumme):

LAG Baden-Württemberg, 18.10.2001 – 3 Ta 103/01, VersR 2002, 913

Betriebsübergang

Verklagt der Arbeitnehmer bei einem (auch strittigen) Betriebsübergang den ursprünglichen Inhaber auf Feststellung der Unwirksamkeit der von diesem ausgesprochenen Kündigung und den Betriebsübernehmer auf Feststellung des Fortbestehens des Arbeitsverhältnisses mit dem Betriebsübernehmer, ist umstritten, ob beide Gegenstandswerte (jeweils das Vierteljahresentgelt) addiert werden oder nur einmal das Vierteljahresentgelt nach § 42 Abs. 2 Satz 1 GKG festzusetzen ist.

Streitwertkatalog Arbeitsrecht:[12]

13. Betriebsübergang

Bestandsschutzklage gegen Veräußerer und Feststellungs- bzw. Bestandsschutzklage gegen Erwerber: allein Bewertung der Beendigungstatbestände nach I. Nrn. 11, 19 und 20, keine Erhöhung nur wegen subjektiver Klagehäufung (also z. B. bei Klage gegen eine Kündigung des Veräußerers und Feststellungsklage gegen Erwerber im selben Verfahren: Vergütung für ein Vierteljahr).

Bestandsschutzklage gegen Veräußerer und Beschäftigungsklage/Weiterbeschäftigungsklage gegen Erwerber: Bewertung nach I. Nrn. 11, 12, 19 und 20, keine Erhöhung allein wegen subjektiver Klagehäufung (also z. B. bei Klage gegen eine Kündigung des Veräußerers und Beschäftigungsklage gegen Erwerber im selben Verfahren): 4 Monatsvergütungen.

Alleiniger Streit in Rechtsmittelinstanz über Bestand Arbeitsverhältnis mit Betriebserwerber: Vergütung für ein Vierteljahr.

Doppeltes Vierteljahresentgelt:
– LAG Köln, 16.12.1993 – 12 Ta 204/93, ARST 1994, 57
– ArbG München, 08.06.2010 – 30 Ca 3138/10, ArbRB 2010, 212

Einfaches Vierteljahresentgelt:
– LAG Schleswig-Holstein, 12.04.2005 – 1 Ta 85/04, LAG Report 2005, 223

Bei einer Klage auf Darlehensgewährung ist der Gegenstandswert mit dem Darlehensbetrag ohne Einbeziehung von Zinsen und Kosten zu bewerten:
– BGH, 16.06.1959 – VII ZR 155/58, NJW 1959, 1493

<small>Darlehen</small>

Bei Streitigkeiten aus oder um einen Dienstvertrag (der kein Arbeitsvertrag ist und der Vertragspartner keine arbeitnehmerähnliche Person ist) sind die ordentlichen Gerichte zuständig. Einhellige Meinung ist, dass deshalb die Regelung des § 42 Abs. 2 Satz 1 GKG für die Berechnung des Gegenstandswertes bei einer Klage auf Feststellung des Fortbestehens des Dienstverhältnisses nicht maßgeblich ist. Die wohl herrschende Meinung in der Rechtsprechung geht in diesem Fall in Orientierung an § 42 Abs. 1 Satz 1 GKG von den **dreijährigen Bruttobezügen** aus. Teilweise wird der Gegenstandswert bis zum zehnfachen Bruttojahresentgelt (gem. § 9 ZPO, der jetzt als Obergrenze das 3,5-fache Bruttojahresentgelt festlegt) festgesetzt. Eine andere Auffassung legt den Betrag zugrunde, der bis zur nächstmöglichen Beendigung des Vertrages gezahlt werden müsste.

<small>Dienstvertrag</small>

Regelung des § 42 Abs. 2 GKG gilt nicht:
– BGH, 13.02.1986 – IX ZR 114/85, JurBüro 1986, 713
– LAG Düsseldorf, 05.02.1998 – 3 Sa 1837/96, LAGE § 12 ArbGG 1979 Streitwert Nr. 112
– OLG Köln, 08.09.1994 – 19 W 31/94, NJW-RR 1995, 318 = AnwBl. 1995, 317

Der dreifache Bruttojahresbetrag ist maßgebend:
– BGH, 21.07.1993 – 4 AZR 468/92, GmbHR 1994, 244; 13.02.1986 – IX ZR 114/85, NJW-RR 1986, 676; 24.11.1980 – II ZR 183/80, NJW 1981, 2465
– OLG Köln, 08.09.1994 – 19 W 31/94, NJW-RR 1995, 318
– OLG München, 01.09.1987 – 5 W 2184/97, NJW-RR 1988, 190

Der zehnfache Bruttojahresbetrag ist maßgebend:
– OLG Hamm, 17.12.1976 – 12 W 27/76, AnwBl. 1977, 111

Der Betrag, der bis zur nächstmöglichen Beendigung des Vertrages zu zahlen wäre, ist maßgebend:
– BGH, 13.02.1986 – IX ZR 114/85, NJW-RR 1986, 676
– LAG Köln, 31.10.1994 – 2 Ta 225/94, AnwBl. 1995, 317; 08.04.1994 – 19 W 31/94, JurBüro 1995, 255

---

12 Ausführlich dazu: Schäder/Weber Praxiskommentar Streitwertkatalog Arbeitsrecht.

Dienstwagen

Bei der Geltendmachung der Herausgabe eines Dienstwagens durch den Arbeitgeber richtet sich der Gegenstandswert nach dem Verkehrswert des Fahrzeuges zum Zeitpunkt der Geltendmachung (bei Klage: Zeitpunkt der Klageerhebung), nach anderer Auffassung nach dem dreijährigen Sachbezugswert gem. § 42 Abs. 1 Satz 1 GKG:

Verkehrswert
- LAG Düsseldorf, 06.03.2003 – 17 Ta 42/03, AE 2003, 141
- OLG Neustadt, 25.10.1954 – 2 W 110/54, Rpfl. 1957, 238
- LAG Rheinland-Pfalz, 16.10.2008 – 1 Ta 190/08, AE 2009, 157

36-facher monatlicher Sachbezugswert:
- LAG Berlin, 27.11.2000 – 7 Ta 6017/2000, AE 2001, 44

Direktionsrecht

Der Streit zwischen den Arbeitsvertragsparteien um den Umfang des Direktionsrechts des Arbeitgebers bzw. um den Umfang der Weisungsgebundenheit des Arbeitnehmers ist eine vermögensrechtliche Streitigkeit, deren Wert in Orientierung an § 42 Abs. 2 Satz 1 GKG von 1/3 bis zum Vierteljahresentgelt bewertet wird, wobei es aber auch auf die wirtschaftlichen Interessen des Arbeitnehmers ankommt.

Streitwertkatalog Arbeitsrecht:[13]

14. Direktionsrecht – Versetzung

Von i.d.R. 1 Monatsvergütung bis zu einem Vierteljahresentgelt, abhängig vom Grad der Belastungen aus der Änderung der Arbeitsbedingungen für die klagende Partei.

1/3 Bruttomonatsgehalt:
- BAG, 28.09.1989 – 5 AZB 8/89, NZA 1990, 202 = DB 1990, 640

Ein Bruttomonatsgehalt:
- LAG Berlin, 27.11.2000 – 7 Ta 6017/2000, AE 2001, 44
- LAG Hamburg, 30.08.1991 – 1 Ta 7/91, LAGE § 12 ArbGG 1979 Streitwert Nr. 93
- LAG Köln, 07.06.1985 – 8 Ta 71/85, n.v.
- LAG Niedersachsen, 19.04.2002 – 10 Sa 109/02, AE 2003, 38 (Entzug von Leitungsfunktionen, der sich nicht auf Lohn auswirkt)
- LAG Nürnberg, 27.12.1994 – 8 Ta 150/94, ARST 1995, 142
- LAG Sachsen, 31.03.1999 – 2 Sa 1384/97, AE 1999, 168

2,5 Bruttomonatsgehälter:
- LAG Hamm, 24.07.1986 – 8 Ta 174/86, AnwBl. 1986, 544 = DB 1986, 1932 (bei Entzug der Leitung einer Abteilung)

Vierteljahresentgelt:
- LAG Bremen, 31.08.1988 – 4 Ta 41/88, LAGE § 12 ArbGG 1979 Streitwert Nr. 75

Drittschuldnerprozess

Im Drittschuldnerprozess ist der Gegenstandswert im Regelfall gem. § 42 Abs. 1 Satz 1 GKG auf den Wert des dreijährigen Bezugs festzusetzen (auch wenn der Lohnpfändung ein Unterhaltstitel zugrunde liegt):
- LAG Düsseldorf, 14.10.1991 – 7 Ta 216/91, AnwBl. 1992, 398

Ehrverletzung

Bei Unterlassungsklagen, die den persönlichen Schutz der Ehre zum Gegenstand haben, ist grundsätzlich vom Regelwert nach § 23 Abs. 3 RVG (4.000,00 €) auszugehen. Es sind jedoch die Umstände des Einzelfalls zu beachten (nach denen der Gegenstandswert auch auf 50.000,00 €, z.B. bei Beschädigung des sozialen Ansehens in der Öffentlichkeit, festgesetzt werden kann):
- BAG, 02.03.1998 – 9 AZR 61/96(A), NZA 1998, 670

---

[13] Ausführlich dazu: Schäder/Weber Praxiskommentar Streitwertkatalog Arbeitsrecht.

Eingruppierung

Hier gilt für die Gegenstandswertberechnung grundsätzlich § 42 Abs. 1 Satz 1 GKG, sodass der **dreijährige Unterschiedsbetrag** zwischen den verschiedenen Eingruppierungen bei der Berechnung zugrunde gelegt wird. Dies gilt dann nicht, wenn die insgesamt eingeklagten Leistungen geringer sind (dann sind die eingeklagten Leistungen der Bewertung zugrunde zu legen).

Bei einer Eingruppierungsfeststellungsklage nimmt die Rechtsprechung keinen Abschlag mehr vor, sondern legt den vollen dreifachen Jahresbetrag des Unterschiedes zugrunde. Bei der Wertberechnung wird auch die Auffassung vertreten, dass Sonderleistungen (z.B. Gratifikationen) nicht hinzuzurechnen seien.

Dreifacher Jahresbetrag der Differenz:
- BAG, 04.09.1996 – 4 AZR 151/96, DB 1996, 2552 = NZA 1997, 283 = AnwBl. 1997, 292 = AP Nr. 19 zu § 12 ArbGG 1979 = EzA § 12 ArbGG 1979 Streitwert Nr. 67; 24.03.1981 – 4 AZR 395/78, AP Nr. 3 zu § 12 ArbGG 1979 Streitwert = EzA § 12 ArbGG 1979 Streitwert Nr. 5 = RdA 1981, 264 = AuR 1981, 189 = ARST 1982, 47; 20.07.1977 – 4 AZR 174/76, BB 1977, 1767
- LAG Baden-Württemberg, 12.07.1990 – 8 Ta 79/90, JurBüro 1991, 665
- LAG Berlin, 07.12.1987 – 9 Sa 92/87, LAGE § 12 ArbGG 1979 Streitwert Nr. 68 = AnwBl. 1988, 487 = BB 1988, 844
- LAG Hamburg, 28.12.1983 – 6 Ta 28/83, AnwBl. 1984, 157
- LAG Hamm, 18.12.1996 – 7 Sa 539/96, AnwBl. 1997, 292
- LAG Niedersachsen, 21.04.1980 – 9 Ta 6/80, JurBüro 1980, 1547 = KostRspr, ArbGG, § 12 Streitwert Nr. 25

Bei Feststellungsklage dreijähriger Unterschiedsbetrag ohne Abschlag:
- LAG Baden-Württemberg, 12.07.1990 – 8 Ta 79/90, JurBüro 1991, 665
- LAG Berlin, 07.12.1987 – 9 Sa 92/87, LAGE § 12 ArbGG 1979 Streitwert Nr. 68
- LAG Düsseldorf, 13.12.2007 – 6 Ta 641/07
- LAG Hamburg, 28.12.1983 – 6 Ta 28/83, AnwBl. 1984, 157
- LAG Hamm, 18.12.1996 – 7 Sa 539/96, AnwBl. 1997, 292

Bei der Feststellungsklage ein Abschlag von 20 %:
- LAG Baden-Württemberg, 08.09.1984 – 1 Ta 205/83, AnwBl. 1985, 101
- LAG Hamm, 27.06.1978 – 8 Ta 85/78, AuR 1979, 92

Streitwertkatalog Arbeitsrecht:[14]

Einstweilige Verfügung

16. Einstweilige Verfügung

16.1 Bei Vorwegnahme der Hauptsache: 100 % des allgemeinen Wertes.

16.2 Einstweilige Regelung: Je nach Einzelfall, i.d.R. 50 % des Hauptsachestreitwerts.

Entfernung

> Abmahnung

Entgelt

> Arbeitsentgelt

Entzug einer Aufgabe

> Direktionsrecht

Erstellung

> Zeugnis

> Arbeitspapiere

---

[14] Ausführlich dazu: Schäder/Weber Praxiskommentar Streitwertkatalog Arbeitsrecht.

Feststellungsklage

(vgl. auch
> Eingruppierung
> Arbeitsentgelt)

Grunds. ist bei einer **positiven** Feststellungsklage hinsichtlich des Hauptinteresses ein Abschlag von 20 % vorzunehmen (gilt wegen § 42 Abs. 3 Satz 1 GKG nicht bei Bestandsstreitigkeiten).

Bei einer **negativen** Feststellungsklage entspricht der Gegenstandswert dem der Leistungsklage.

Gleiches gilt grundsätzlich auch bei der Vergütungsfeststellungsklage (> **Arbeitsentgelt**).

Bei der positiven Eingruppierungsfeststellungsklage wird kein Abzug vorgenommen (> **Eingruppierung**).

Positive Feststellungsklage ein Abzug von 20 %:
– BAG, 18.04.1961 – 3 AZR 313/59, AP Nr. 6 zu § 3 ZPO
– LAG Hamm, 27.04.1972 – 8 Ta 92/72, MDR 1972, 732; 24.07.1986 – 8 Ta 249/86, DB 1986, 1984

Negative Feststellungsklage Bewertung wie bei entsprechender Leistungsklage:
– BAG, 19.07.1961 – 3 AZR 387/60, AP zu Nr. 7 § 3 ZPO = BB 1962, 612 = DB 1961, 1428
– LAG Düsseldorf, 13.04.1988 – 7 Ta 131/88, JurBüro 1988, 1234
– LAG München, 16.02.2007 – 9 Ta 43/07, ArbRB 2008, 49 = NZA-RR 2007, 382

Firmenfahrzeug
> Dienstwagen

Freier Mitarbeiter
> Arbeitnehmer
> Dienstvertrag

Freistellung

Wird die Unwirksamkeit einer Freistellung des Arbeitnehmers geltend gemacht, so hat dieser Streit einen eigenen Gegenstandswert (auch neben dem Kündigungsschutzantrag oder der Lohnklage). Zum Teil wird angenommen, dass die Freistellung nur dann einen eigenen Gegenstandswert begründet, wenn der Beschäftigungsanspruch rechtshängig gemacht worden ist.

Bei der Bewertung werden 25 % bis 100 % der im Freistellungszeitraum anfallenden Bruttomonatsgehälter zugrunde gelegt oder auch völlig pauschal ein oder zwei Bruttomonatsgehälter.

Streitwertkatalog Arbeitsrecht:[15]

12. Beschäftigungsanspruch 1 Monatsvergütung.

Gesamtes Gehalt im Freistellungszeitraum:
– LAG Hessen, 26.05.1995 – 6 Ta 170/95, n.v.
– LAG Köln, 27.07.1995 – 13 Ta 144/95, AR-Blattei, Streitwert und Kosten, Nr. 199 = NZA-RR 1996, 317
– LAG Rheinland-Pfalz, 02.06.2008 – 1 Ta 80/08, n.v. (orientiert sich am Gehalt bei begehrter Freistellung eines Betriebsratsmitgliedes)
– LAG Sachsen-Anhalt, 22.11.2000 – 1 Ta 133/80, AnwBl. 2001, 632 = FA 2001, 280; 20.09.1995 – 1(3) Ta 93/95, LAGE § 12 ArbGG 1979 Streitwert Nr. 104
– ArbG München, 13.07.2009 – 21 Ca 5889/09, ArbRB 2009, 299

Höchstens 50 % des Gehaltes im Freistellungszeitraum:
– LAG Berlin, 23.10.2001 – 17 Ta 6137/01, AE 2002, 40; 01.10.2001 – 17 Ta 6136/01, NZA 2002, 406

---

15 Ausführlich dazu: Schäder/Weber Praxiskommentar Streitwertkatalog Arbeitsrecht.

25 % des Gehaltes im Freistellungszeitraum:
- LAG Berlin, 27.11.2000 – 7 Ta 6017/2000, AE 2001, 43
- LAG Schleswig-Holstein, 12.01.1981 – 5 Ta 88/80, AnwBl. 1981, 503
- LAG Köln, 17.04.1985 – 7 Ta 219/84, AnwBl. 1986, 205

10 % des Gehaltes im Freistellungszeitraum:
- LAG Rheinland-Pfalz, 24.04.2007 – 1 Ta 81/07, AE 2007, 372 = MDR 2007, 1106 (wenn kein besonderes Interesse an der Weiterbeschäftigung des Arbeitnehmers vorliegt); 19.06.2002 – 2 Ta 531/02, AE 2002, 138 = LAGReport 2002, 353 = MDR 2002, 1397

Pauschal ein Bruttomonatsgehalt:
- LAG Hamburg, 13.01.2010, 7 Ta 27/09, LNR 2010, 33680

Pauschal zwei Bruttomonatsgehälter:
- LAG Köln, 12.09.2007 – 7 Ta 125/07, AE 2008, 154

Generelle Festsetzung:
- LAG Köln, 27.07.1995 – 13 Ta 144/95, AR-Blattei Streitwert und Kosten Nr. 199 = ARSt 1996, 18M; 17.04.1985 – 7 Ta 218/84, AnwBl. 1986, 205
- LAG Sachsen, 20.09.1995 – 1(3) Ta 93/95, LAGE § 12 ArbGG 1979 Streitwert Nr. 104
- LAG Schleswig-Holstein, 20.05.1998 – 3 Ta 37/98 d – LAGE § 12 ArbGG 1979 Streitwert Nr. 113; 12.01.1981 – 5 Ta 88/80, AnwBl. 1981, 503

Festsetzung nur bei Rechtshängigkeit:
- LAG Hamm, 17.03.1994 – 8 Ta 465/93, NZA 1994, 912 = MDR 1994, 625 = BB 1995, 155 = AnwBl. 1995, 155

Geschäftsführer
> Arbeitnehmer

Geschäftswagen
> Dienstwagen

Gratifikation
> Arbeitsentgelt

Herausgabe
(vgl. auch
> Arbeitspapiere
> Dienstwagen
> Versicherung)

Bei einem Streit um die Herausgabe von Geschäftspapieren ist zu dem Wert zu schätzen (§ 23 Abs. 1 RVG, § 3 ZPO) und richtet sich nach der wirtschaftlichen Interessenlage der Parteien.
- LAG Rheinland-Pfalz, 04.10.2007 – 1 Ta 174/07, NZA-RR 2008, 324 = LNR 2007, 41294

Eine Regelung über die Herausgabe von **Gegenständen** in einem **Vergleich** erhöht den Gegenstandswert nur dann (dann wohl Wert der Gegenstände), wenn über die Herausgabe der Gegenstände Streit bestand:
- LAG Hamburg, 30.06.2005 – 8 Ta 5/05, LAGReport Schnelldienst 2005, 352

Hilfsantrag

Die Gegenstandswerte von Haupt – und Hilfsantrag sind zu **addieren**, wenn zwei selbstständige Streitgegenstände verfolgt werden. Die Zulässigkeit oder Begründetheit des Hilfsantrages bleibt bei der Gegenstandswertfestsetzung unberücksichtigt:
- LAG Rheinland-Pfalz, 19.03.1999 – 6 Ta 48/99, BB 1999, 2252
- ArbG Nürnberg, 27.02.2004 – 3 Ca 9457/03 A, AE 2004, 290

Unechter Hilfsantrag ist jeweils gesondert zu bewerten:
- LAG Berlin, 27.11.2000 – 7 Ta 6017/2000, AE 2001, 43

Der Wert eines durch **Vergleich miterledigten Hilfsantrages** ist auch bei der Festsetzung des Gegenstandswertes zu berücksichtigen:
- LAG Berlin, 09.03.2004 – 17 Ta 6010/03, AE 2004, 290
- LAG Köln, 12.05.2005 – 3 Ta 142/05, AE 2006, 216

Anhang 2 Streitwertlexikon

Insolvenzforderung

Bei einem Streit über die Anmeldung einer **Insolvenzforderung** zur Insolvenztabelle ist umstritten, ob der Gegenstandswert mit der zu erwartenden Quote (mindestens jedoch der niedrigste Wert von 300,00 €) oder pauschal mit 10 % der Forderung festzusetzen ist. Bei einer Kündigungsschutzklage gegen den Insolvenzverwalter beträgt der Gegenstandswert das Vierteljahresentgelt gem. § 42 Abs. 3 Satz 1 GKG.

Pauschal 10 % der Forderung:
- OLG Frankfurt am Main, 16.05.1986 – 8 U 240/85, ZIP 1986, 1063

Die Quote, mindestens jedoch niedrigster Wert (derzeit 300,00 €):
- LAG Berlin, 28.08.2001 – 17 Ta 6089/01, AE 2002, 42
- LAG Köln, 05.01.1994 – 10 Ta 192/93, ZIP 1994, 639 = AnwBl. 1995, 380

Kündigungsschutzklage gegen den Insolvenzverwalter: Vierteljahresentgelt:
- LAG Düsseldorf, 16.02.1989 – 7 Ta 11/89, JurBüro 1989, 955'

Integrationsamt

Bei einer Vertretung in einem Verfahren vor dem Integrationsamt hinsichtlich der Zustimmung zur Kündigung eines Schwerbehinderten gem. § 85 SGB IX wird der Gegenstandswert entweder mit dem Auffangwert (derzeit: 5.000,00 €) oder entsprechend § 42 Abs. 2 Satz 1 GKG mit dem Vierteljahresentgelt (mit der Begründung, dass es um die Wirksamkeit der Kündigung geht), angenommen.

Auffangwert (5.000,00 €):
- BVerwG, 16.12.1992 – 5 G 39/89, MDR 1993, 584; 20.04.1988 – 5 B 7/88, JurBüro 1988, 1555
- OVG Nordrhein-Westfalen, 10.2.1992 – 13 E 1352/91, NVwZ-RR 1992, 448

Vierteljahresentgelt:
- OVG Hamburg, 12.03.1987 – Bf 91/84, n.v.
- VG München, 16.11.2011 – M 18 K 11.532, ArbRB 2012, 84 (wenn der Rechtsstreit für den Arbeitnehmer von wirtschaftlich höherer Bedeutung als der Auffangwert ist)
- VGH Hessen, 23.12.1987 – 9 TE 3288/86, AnwBl. 1988, 488 = AnwBl. 1988, 646 = JurBüro 1988, 1556
- OVG Niedersachsen, 25.05.1989 – 4 L 22/89, n.v.

Karenzentschädigung

(vgl. auch

> Wettbewerbsverbot)

Wird eine Karenzentschädigung geltend gemacht, so ist der Gegenstandswert die geltend gemachte Summe. Wird die Karenzentschädigung im Rahmen einer Kündigungsschutzklage geltend gemacht und hängt diese von der Wirksamkeit der Kündigung ab, ist die Karenzentschädigung auch gesondert zu bewerten. Nach anderer Ansicht darf sie wegen des Additionsverbotes angeblich nicht berücksichtigt werden.

Addition:
- LAG Schleswig-Holstein, 12.01.1981 – 5 Ta 88/80, AnwBl. 1981, 503

Keine Berücksichtigung:
- LAG Baden-Württemberg, 17.07.2001 – 9 S 13/01, n.v.

Klageerweiterung

Grundsätzlich ist jeder Streitgegenstand (auch mit Klageerweiterung) selbständig zu bewerten. Eine Klageerweiterung mit identischer Begründung soll aber nicht zur Verdopplung des Gegenstandswertes führen:
- LAG Rheinland-Pfalz, 25.10.2004 – 2 Ta 234/0, AE 2005, 278

Kraftfahrzeug

> Dienstwagen

Kündigung

Ein zentrales Problem bei Gegenstandswerten im Individualarbeitsrecht besteht hinsichtlich Bestandsschutzstreitigkeiten.

Streitwertkatalog Arbeitsrecht:[16]

17. Feststellungsantrag, allgemeiner (Schleppnetzantrag):

17.1 Allgemeiner Feststellungsantrag isoliert: höchstens Vergütung für ein Vierteljahr.

17.2 Allgemeiner Feststellungsantrag neben punktuellen Bestandsschutzanträgen (Schleppnetzantrag): keine zusätzliche Bewertung (arg. § 42 II 1 GKG).

19. Kündigung (eine)

Die Vergütung für ein Vierteljahr, es sei denn unter Auslegung des Klageantrags und der Klagebegründung ist nur ein Fortbestand des Arbeitsverhältnisses von unter 3 Monaten im Streit (dann entsprechend geringerer Wert).

20. Kündigungen (mehrere):

20.1 Außerordentliche Kündigung, die hilfsweise als ordentliche erklärt wird (einschließlich Umdeutung nach § 140 BGB): höchstens die Vergütung für ein Vierteljahr, unabhängig davon, ob sie in einem oder in mehreren Schreiben erklärt werden.

20.2 Mehrere Kündigungen ohne Veränderung des Beendigungszeitpunktes: keine Erhöhung.

20.3 Folgekündigungen mit Veränderung des Beendigungszeitpunktes: Für jede Folgekündigung die Entgeltdifferenz zwischen den verschiedenen Beendigungszeitpunkten, maximal jedoch die Vergütung für ein Vierteljahr für jede Folgekündigung. Die erste Kündigung – bewertet nach den Grundsätzen der I. Nr. 19 – ist stets die mit dem frühesten Beendigungszeitpunkt, auch wenn sie später ausgesprochen und später angegriffen wird.

Die Grundsätze des Absatzes 1 gelten jeweils für die betreffende Instanz. Fallen Klagen gegen einzelne Kündigungen im Laufe des Verfahrens in einer Instanz weg, gelten die Grundsätze des ersten Absatzes ab diesem Zeitpunkt für die in dieser Instanz verbleibenden Kündigungen.

Trotz der gesetzlichen Regelung (§ 42 Abs. 2 Satz 1 GKG) gibt es hier eine Vielzahl unklarer Punkte und umstrittener Probleme im Wesentlichen wie folgt:

a) **§ 42 Abs. 2 Satz 1 GKG – Regelgegenstandswert oder Gegenstandswertobergrenze**
b) Berechnung des Vierteljahresentgeltes i.S.d. § 42 Abs. 2 Satz 1 GKG
c) Mehrere Kündigungen in einem Verfahren
d) Mehrere Kündigungen in verschiedenen Verfahren
e) Kündigungsschutzklage gegen mehrere Arbeitgeber
f) Zusätzliche Geltendmachung von Entgeltansprüchen im Kündigungsschutzprozess > Arbeitsentgelt
g) Änderungskündigung
h) außerordentliche Kündigung
i) Kündigung des Berufsausbildungsverhältnisses
j) Kündigung von Praktikanten
k) Weiterbeschäftigungsantrag > Weiterbeschäftigung
l) Allgemeiner Feststellungsantrag
m) Abkürzung der Kündigungsfrist
n) Kündigung eines Schwerbehinderten >Integrationsamt

---

16 Ausführlich dazu: Schäder/Weber Praxiskommentar Streitwertkatalog Arbeitsrecht.

a) § 42 Abs. 2 Satz 1 GKG – Regelgegenstandswert oder Gegenstandswertobergrenze

Bei der Bestimmung des § 42 Abs. 3 Satz 1 GKG ist umstritten, ob diese Regelung einen **Regelgegenstandswert** oder aber die **Gegenstandswertobergrenze** darstellt. Es wird die Auffassung vertreten, dass generell das Vierteljahresentgelt als Gegenstandswert in einem Bestandsschutzverfahren festzusetzen ist. Nach der überwiegenden Rechtsprechung stellt die Regelung des § 42 Abs. 3 Satz 1 GKG und damit das Vierteljahresentgelt den **Regelgegenstandswert** und nicht die Obergrenze dar. Nach der überwiegenden Rechtsprechung ist immer dann von einem Regelgegenstandswert auszugehen, wenn die Unwirksamkeit einer Kündigung auf länger als drei (nach anderer Auffassung sechs) Monate oder auf unbestimmte Zeit gerichtet ist. Daraus folgt, dass der Gegenstandswert dann geringer ist, wenn das Arbeitsverhältnis aus anderen Gründen (z.B. Befristung, angegriffene außerordentliche Kündigung bei wirksamer ordentlicher Kündigung) vor dem Ablauf von drei Monaten endet. Die andere Auffassung, die in § 42 Abs. 3 Satz 1 GKG eine Gegenstandswertobergrenze sieht, nimmt bei der Streitwertbemessung zum Teil eine Staffelung vor.

Streitwertkatalog Arbeitsrecht:[17]

19. Kündigung (eine)

   Die Vergütung für ein Vierteljahr, es sei denn unter Auslegung des Klageantrags und der Klagebegründung ist nur ein Fortbestand des Arbeitsverhältnisses von unter 3 Monaten im Streit (dann entsprechend geringerer Wert).

Generell bei einer Kündigung das Vierteljahresentgelt:
- LAG Hamburg, 07.08.1987 – 1 Ta 5/87, MDR 1987, 1051 = JurBüro 1988, 1153
- LAG Niedersachsen, 26.11.2009 – 8 Ta 516/09, AE 2010, 116
- LAG Schleswig-Holstein, 23.08.1984 – 4 Ta 89/84, AnwBl. 1985, 99

Auch bei einer angedrohten Kündigung beträgt der Gegenstandswert das Vierteljahresgehalt:
- OLG Düsseldorf, 12.04.2005 – I – 24 U 66/04, AE 2011, 259

Regelgegenstandswert (Verlängerung um mindestens drei Monate):
- BAG, 19.10.2010 – 2 AZN 194/10 (A), ArbRB 2011, 144
- LAG Baden-Württemberg, 21.12.2004 – 3 Ta 214/04, LAGReport 2005, 190; 02.01.1991 – 8 Ta 126/90, JurBüro 1991, 667
- LAG Berlin, 05.01.1996 – 7 Ta 120/95, AE 1997, 102; 18.0.1982 – 2 Ta 56/82, AnwBl. 1983, 35; 15.04.1981 – 2 Ta 17/80, AnwBl. 1981, 154
- LAG Bremen, 28.02.1986 – 4 Ta 8/86, BB 1979, 683 = AnwBl. 1986, 250 = Rpfleger 1986, 317
- LAG Düsseldorf, 16.02.1989 – 7 Ta 1/89, JurBüro 1989, 955; 17.10.1985 – 7 Ta 302/85, JurBüro 1985, 1858 = KostRspr, ArbGG, § 12 Streitwert Nr. 123 = LAGE § 12 ArbGG 1979 Streitwert Nr. 41; 01.08.1982 – 7 Ta 15/82, AnwBl. 1982, 316; 08.06.1978 – 7 Ta 100/78, AnwBl. 1979, 25
- LAG Hamburg, 09.11.1990 – 4 Ta 4/90, JurBüro 1991, 373; 15.05.1990 – 2 Ta 21/89, LAGE § 12 ArbGG Streitwert 1979 Nr. 85; 08.03.1989 – 5 Ta 3/89, LAGE § 12 ArbGG Streitwert Nr. 79; 30.05.1984 – 7 Ta 6/84, AnwBl. 1985, 96
- LAG Hamm, 13.05.1986 – 8 Ta 137/86, LAGE § 12 ArbGG 1979 Streitwert Nr. 55; 27.06.1985 – 8 Ta 184/85, LAGE § 12 ArbGG 1979 Streitwert Nr. 38 = BB 1985, 1472; 17.03.1983 – 8 Ta 8/83, AnwBl. 1984, 152 = MDR 1986, 787 = BB 1986, 1092

---

[17] Ausführlich dazu: Schäder/Weber Praxiskommentar Streitwertkatalog Arbeitsrecht.

- LAG Hessen, 21.01.1999 – 15/6 Ta 630/98, BB 1999, 852 = NZA-RR 1999, 159 = § 12 ArbGG 1979 Streitwert Nr. 11729.04.1986 – 6 Ta 116/86, BB 1986, 1512; 04.11.1985 – 6 Ta 337/85, NZA 1986, 171 = LAGE § 12 ArbGG 1979 Streitwert Nr. 45; 02.11.1981 – 6 Ta 149/81, BB 1982, 52; 08.06.1979 – 6 Ta 55/79, AnwBl. 1979, 389; 18.10.1965 – 1 Ta 45/65, AP Nr. 12 zu § 12 ArbGG 1953
- LAG Köln, 17.07.2002 – 7 Ta 116/02, AE 2003, 41 (wenn sich der Arbeitnehmer auf § 102 Abs. 1 BetrVG oder auf § 242 BGB beruft); 23.03.1999 – 10 Ta 69/99, AE 1999, 168; 22.07.1991 – 10 Ta 102/91, MDR 1992, 60 = LAGE § 12 ArbGG Streitwert Nr. 55; 06.05.1982 – 1 Ta 51/82, AnwBl. 1982, 393 = LAGE § 12 ArbGG 1979 Streitwert Nr. 42; LAG Mecklenburg-Vorpommern, 17.10.1997 – 2 Ta 62/97, AE 1997, 102
- LAG München, 30.10.1990 – 5 Ta 135/90, NZA 1992, 140; 09.05.1990 – 7 Ta 42/90, JurBüro 1990, 1606; 13.01.1986 – 5 Ta 211/85, JurBüro 1987, 112; 21.11.1985 – 6 Ta 150/85, NZA 1986, 496 = MDR 1986, 698 = AnwBl. 1986, 106 = LAGE § 12 ArbGG 1979 Streitwert Nr. 51; 29.06.1981 – 7(9) Ta 7/90, AP Nr. 4 zu § 12 ArbGG 1979 =– AP Nr. 4 zu § 12 ArbGG 1979
- LAG Niedersachsen, 11.07.1997 – 12 Ta 273/97, AE 1998, 65; 13.07.1993 – 10 Ta 210/93, AnwBl. 1994, 152; 31.08.1987 – 14 Ta 157/87, JurBüro 1988, 232; 21.01.1986 – 3 Ta 17/85, LAGE § 12 ArbGG Streitwert Nr. 46; 24.06.1985 – 3 Ta 5/85, KostRspr ArbGG § 12 Streitwert Nr. 122; 03.01.1984 – 12 Ta 26/83, AnwBl. 1985, 99 = JurBüro 1988, 855
- LAG Schleswig-Holstein, 08.06.2011 – 6 Ta 67/11, ArbRB 2011, 237; 23.08.1984 – 4 Ta 89/84, AnwBl. 1985, 99

Regelgegenstandswert (bei Verlängerung des Arbeitsverhältnisses um mindestens sechs Monate):
- LAG Düsseldorf, 08.07.1985 – 7 Ta 244/85, JurBüro 1985, 1709
- LAG Hamm, 28.01.1982 – 8 Ta 289/81, JurBüro 1982, 1227; 31.08.1989 – 8 Ta 33/89, JurBüro 1990, 39
- LAG Köln, 08.03.1989 – 5 Ta 3/89, JurBüro 1989, 1109

§ 42 Abs. 2 GKG als Gegenstandswertobergrenze:
- LAG Baden-Württemberg, 27.09.1982 – 1 Ta 166/82, BB 1982, 2188 = DB 1983, 400; 05.01.1981 – 1 Ta 154/80, DB 1981, 801 = AP Nr. 2 zu § 12 ArbGG 1979
- LAG Berlin, 21.05.1979 – 2 Ta 18/79, BB 1980, 45
- LAG Hessen, 29.05.1981 – 6 Ta 77/81, ARST 1982, 94
- LAG München, 29.06.1981 – 7(9) Ta 7/80, AP Nr. 4 zu § 12 ArbGG
- LAG Niedersachsen, 07.10.1980 – 4 Ta 40/80, DB 1981, 589
- LAG Rheinland-Pfalz, 27.01.1982 – 1 Ta 236/81, AnwBl. 1982, 314 = DB 1982, NZA 1985, 369 = BB 1985, 1472 = DB 1985, 746

§ 42 Abs. 2 GKG als Gegenstandswertobergrenze, wobei bei begehrtem Fortbestand des Arbeitsverhältnisses bis sechs Monate ein Bruttomonatsgehalt, bis 12 Monate zwei Bruttomonatsgehälter und bei mehr als 12 Monaten das Vierteljahresentgelt festzusetzen sind:
- BAG, 30.11.1984 – 2 AZN 527/82, AP Nr. 22 zu § 12 ArbGG 1953 = NZA 1985, 369 = BB 1985, 1472 = DB 1985, 746 = AP Nr. 9 zu § 12 ArbGG 1979
- LAG Berlin, 04.06.1985 – 2 Ta 46/85, JurBüro 1985, 1707
- LAG Niedersachsen, 05.06.1986 – 4 Ta 263/86, JurBüro 1987, 110
- LAG Nürnberg, 05.06.1987 – 6 Ta 10/87, JurBüro 1987, 1384
- LAG Rheinland-Pfalz, 24.03.1986 – 1 Ta 55/86, NZA 1986, 49; 22.01.1980 – 1 Ta 119/79, AnwBl. 1981, 35
- LAG Schleswig-Holstein, 19.11.2002 – 2 Ta 185/02, AE 2003, 87
- ArbG Mainz, 13.12.1985 – 4 Ca 2211/85, DB 1986, 1184

b) Berechnung des Vierteljahresverdienstes nach § 42 Abs. 2 Satz 1 GKG

Da Arbeitnehmer häufig neben der monatlichen Grundvergütung weitere Leistungen (monatlich, quartalsweis oder auch oder jährlich) erhalten, ist hinsichtlich dieser Leistungen fraglich, ob und wie sie in das Vierteljahresentgelt einzuberechnen sind. Die herrschende Rechtsprechung geht von einer Hinzurechnung aus, wenn die jeweilige Leistung **Entgeltcharakter** hat. Entgeltliche Leistungen, die nicht monatlich bezahlt werden, sind danach auf den Monat umzurechnen. Auszugehen ist stets von der Bruttoleistung, auch wenn eine Nettoleistung vereinbart wurde.

Alles, was Entgeltcharakter hat, auch der Wert der privaten Nutzung eines **Kfz** und eine vertraglich zugesagte **Gratifikation**, sind mit einzurechnen:
- BAG, 19.07.1973 – 2 AZR 190/72, BB 1973, 1262; 24.03.1981 – 4 AZR 395/78, EzA § 12 ArbGG 1979 Streitwert Nr. 5
- LAG Baden-Württemberg, 18.06.1990 – 8 Ta 70/90, JurBüro 1990, 1268
- LAG Bremen, 01.11.1982 – 3 Ta 63/82, AnwBl. 1983, 38 = MDR 1983, 170
- LAG Düsseldorf, 28.06.1990 – 7 Ta 93/90, JurBüro 1990, 1153
- LAG Hamburg, 19.11.1990 – 4 Ta 4/90, JurBüro 1991, 373 = AnwBl. 1991, 165 (bei teilweisem Entgeltcharakter)
- LAG Hamm, 29.01.1976 – 8 Ta 116/75, BB 1976, 746 = AnwBl. 1976, 166
- LAG Köln, 04.03.1994 – 3 Ta 38/94, MDR 1994, 843; 19.04.1982 – 1 Ta 41/82, BB 1982, 1427 = DB 1982, 1226
- LAG Rheinland-Pfalz, 24.04.2007 – 1 Ta 81/07, AE 2007, 372 = MDR 2007, 1106; 25.04.1985 – 1 Ta 76/85, NZA 1986, 34
- ArbG München, 19.01.2010 – 12 Ca 181/09, ArbRB 2010, 246

Der Wert der Gestellung eines **Dienstwagens** ist ebenfalls anteilig mit einzurechnen, wobei zugrunde zu legen ist, welche Kosten dem Arbeitnehmer durch das Überlassen des Firmenfahrzeugs zur Privatnutzung erspart bleiben (nach den vom ADAC veröffentlichten Kostentabellen):
- BAG, 23.06.1994 – 8 AZR 537/92, DB 1994, 2239 = BB 1994, 2276
- LAG Hamburg, 19.11.1990 – 4 Ta 4/90, AnwBl. 1991, 165
- LAG Hamm, 29.01.1976 – 8 Ta 146/75, BB 1976, 747 = AnwBl. 1976, 166
- LAG Köln, 04.03.1994 – 3 Ta 38/94, NZA 1994, 1104 = BB 1994, 1719 = MDR 1994, 843
- LAG Rheinland-Pfalz, 23.03.1990 – 6 Sa 32/90, BB 1990, 1202

Zu dem Monatsentgelt hinzuzurechnen ist ein **13. Monatsgehalt**, wenn dies vertraglich oder tarifvertraglich geschuldet ist und keine freiwillige Leistung darstellt:
- LAG Berlin, 16.10.1985 – 2 Ta 97/85, LAGE § 12 ArbGG 1979 Streitwert Nr. 44
- LAG Hamburg, 19.11.1990 – 4 Ta 4/90, AnwBl. 1991, 165
- LAG Hessen, 23.11.1985 – 6 Ta 341/85, JurBüro 1986, 756
- LAG Köln, 17.11.1995 – 5 Ta 288/95, NZA-RR 1996, 392 (a.A. LAG Rheinland-Pfalz, 25.04.1985 – 1 Ta 76/85, NZA 1986, 34)

Auch **Gratifikationen** sind anteilsmäßig zu berücksichtigen:
- LAG Düsseldorf, 28.06.1990 – 7 Ta 93/90, LAGE § 12 ArbGG Streitwert Nr. 84 = JurBüro 1990, 1153)

(a.A. LAG Berlin, 16.10.1985 – 2 Ta 97/85, LAGE § 12 ArbGG 1979 Streitwert Nr. 44; LAG Köln, 18.07.1994 – 10 Ta 113/94, AnwBl. 1995, 317 = BB 1994, 1868 = LAGE § 12 ArbGG 1979 Streitwert Nr. 100)

Sachbezüge sind anteilig mit einzurechnen:
- BAG, 06.08.1998 – 6 AZR 177/97, AP Nr. 27 zu § 611 BGB
- LAG Köln, 04.03.1994 – 3 Ta 38/94, NZA 1994, 1104 = BB 1994, 1719 = MDR 1994, 843

Alle **Zuschläge** und regelmäßig anfallende **Prämien** und sonstige **Leistungszulagen** sind zu berücksichtigen:
- LAG Bremen, 01.11.1982 – 3 Ta 63/82, AnwBl. 1983, 37 = MDR 1983, 170
- LAG Hamburg, 19.11.1990 – 4 Ta 4/90, AnwBl. 1991, 165

Fahrtkostenpauschalen, Aufwendungsersatz und **Trennungsentschädigungen** sind hinzuzurechnen, wenn diese auch im Urlaub bezahlt werden:
- LAG Baden-Württemberg, 16.08.1984 – 1 Ta 113/84, AuR 1985, 197
- LAG Hessen, 12.06.1984 – 1 Ta 119/84, AP Nr. 14 zu § 12 ArbGG 1953

Zuwendungen, soweit sie keine Gegenleistung für die erbrachte Tätigkeit darstellen, bleiben unberücksichtigt (**Jubiläums- oder Sonderzuwendungen, Treueprämien, Fahrtkostenerstattung**):
- BAG, 24.03.1981 – 4 AZR 395/78, KostRspr ArbGG § 12 Streitwert Nr. 36
- LAG Baden-Württemberg, 15.05.1990 – 8 Ta 49/90, JurBüro 1990, 1268; 09.08.1984 – 1 Ta 134/84, AuR 1985, 194
- LAG Berlin, 16.10.1985 – 2 Ta 917/85, LAGE § 12 ArbGG 1979 Streitwert Nr. 44
- LAG Düsseldorf, 28.06.1990 – 7 Ta 93/90, JurBüro 1990, 1153
- LAG Hamm, 29.01.1976 – 8 Ta 116/75, AnwBl. 1976, 166 = BB 1976, 746
- LAG Köln, 19.04.1982 – 1 Ta 41/82, EzA § 12 ArbGG 1979 Streitwert Nr. 12 = DB 1982, 1226 = BB 1982, 1427
- LAG Saarland, 03.12.1984 – 2 Ta 34/84, JurBüro 1985, 592

Auch die Einräumung von **Nebenbeschäftigungsmöglichkeiten** (mit Personaleinsatz und Verwendung der Ausstattung des Arbeitgebers) und dadurch mögliche weitere Einnahmen sind mit einzurechnen:
- LAG Hamm, 29.01.1976 – 8 Ta 116/75, BB 1976, 747 = AnwBl. 1976, 166 (Chefarzt)
- LAG Rheinland-Pfalz, 18.06.1991 – 4 Ta 107/91, MedR 1992, 118 (Chefarzt)

Eine **variable Vergütung** ist neben der Grundvergütung zu berücksichtigen, wenn sie nicht an die Erreichung bestimmter Ziele gerichtet ist:
- LAG München, 24.03.2005 – 2 Ta 79/05, AE 2005, 277

Das **Vierteljahresentgelt** entspricht dem Jahresbruttoentgelt geteilt durch 4, wobei das Bruttojahresgehalt auf der Basis des vom Arbeitnehmer in den letzten drei Monaten bezogenen Arbeitsentgeltes maßgeblich ist:
- LAG Düsseldorf, 30.10.1980 – 8 Sa 251/80, EzA § 12 ArbGG Nr. 1

Es ist stets von der **Bruttovergütung** auszugehen, auch wenn eine Nettolohnvereinbarung vorliegt:
- LAG Düsseldorf, 07.01.1991 – 7 Ta 414/90, LAGE § 12 ArbGG 1979, Streitwert Nr. 89

Abzustellen ist nicht auf das dem Arbeitnehmer tatsächlich zustehende Gehalt, sondern auf das vom Arbeitnehmer **geforderte Gehalt**.
- LAG Hamm, 23.02.1989 – 8 Ta 146/88, AnwBl. 1989, 621

c) Mehrere Kündigungen in einem Verfahren

Werden mehrere verschiedene Kündigungen in einem Kündigungsschutzverfahren angegriffen, so stellt sich grundsätzlich die Frage, ob der Angriff mehrerer Kündigungen den Gegenstandswert erhöht und ob § 42 Abs. 2 Satz 1 GKG insgesamt die Höchstgrenze bei der Festsetzung des Gegenstandswertes darstellt. Zum Teil wird die Auffassung vertreten, dass unabhängig davon, ob die angegriffenen Kündigungen gleichzeitig oder in zeitlichen Abständen ausgesprochen werden, das Vierteljahresentgelt gem. § 42 Abs. 2 Satz 1 GKG die **Höchstgrenze** darstellt. Richtigerweise wird auch vertreten, dass bei einem zeitlichen Abstand zwischen mehreren Kündigungen jeweils ein eigener Gegenstandswert für die weiteren Kündigungen anzusetzen ist, wobei der zeitliche Abstand zwischen den Kündigungen als Bewertung der nachfolgenden Kündigung herangezogen wird (**Differenztheorie**). Darüber hinaus wird vertreten, dass generell **jede Kündigung mit dem Vierteljahresentgelt** zu bewerten ist und eine Addition der einzelnen Gegenstandswerte zu erfolgen hat.

Streitwertkatalog Arbeitsrecht:[18]

20. Kündigungen (mehrere):

20.1 Außerordentliche Kündigung, die hilfsweise als ordentliche erklärt wird (einschließlich Umdeutung nach § 140 BGB): höchstens die Vergütung für ein Vierteljahr, unabhängig davon, ob sie in einem oder in mehreren Schreiben erklärt werden.

20.2 Mehrere Kündigungen ohne Veränderung des Beendigungszeitpunktes: keine Erhöhung.

20.3 Folgekündigungen mit Veränderung des Beendigungszeitpunktes: Für jede Folgekündigung die Entgeltdifferenz zwischen den verschiedenen Beendigungszeitpunkten, maximal jedoch die Vergütung für ein Vierteljahr für jede Folgekündigung. Die erste Kündigung – bewertet nach den Grundsätzen der I. Nr. 19 – ist stets die mit dem frühesten Beendigungszeitpunkt, auch wenn sie später ausgesprochen und später angegriffen wird.

Die Grundsätze des Absatzes 1 gelten jeweils für die betreffende Instanz. Fallen Klagen gegen einzelne Kündigungen im Laufe des Verfahrens in einer Instanz weg, gelten die Grundsätze des ersten Absatzes ab diesem Zeitpunkt für die in dieser Instanz verbleibenden Kündigungen.

Vierteljahresentgelt als Höchstgrenze:
- BAG, 06.12.1984 – 2-AZR 154/79, NZA 1985, 296; 20.01.1967 – 2 AZR 232/65, DB 1967, 472 = AP Nr. 16 zu § 12 ArbGG 1953
- LAG Düsseldorf, 20.02.1996 – 7 Ta 1/96, AnwBl. 1996, 296
- LAG Hamburg, 07.08.1987 – 1 Ta 5/87, JurBüro 1988, 1154
- LAG Hamm, 30.11.1989 – 8 Ta 470/89, JurBüro 1990, 1605
- LAG Hessen, 12.03.1971 – 5 Ta 7/70, AR-Blatt, Kündigungsschutz Nr. 130
- LAG München, 21.04.1988 – 5 Ta 66/88, JurBüro 1989, 58
- LAG Niedersachsen, 11.07.1997 – 12 Ta 273/97, AE 1998, 65; 08.02.1994 – 4 Ta 35/94, MDR 1994, 627
- LAG Nürnberg, 07.02.1992 – 4 Ta 144/91, NZA 1992, 617 (bei engem zeitlichen Zusammenhang der Kündigungen)
- LAG Rheinland-Pfalz, 13.06.2001 – 2 Ta 619/01, MDR 2001, 1174 = LAGReport 2001, 63 (wenn zeitlicher Zusammenhang und dieselben Kündigungsgründe); 12.05.1982 – 1 Ta 63/82, JurBüro 1982, 1381
- LAG Thüringen, 23.10.1996 – 8 Ta 109/96, LAGE § 12 ArbGG 1979 Streitwert Nr. 107 (bei zeitlichem Zusammenhang und gleichem Lebenssachverhalt)

---

18 Ausführlich dazu: Schäder/Weber Praxiskommentar Streitwertkatalog Arbeitsrecht.

Eigener Gegenstandswert für zweite Kündigung nach Differenztheorie (z.B. zweite Kündigung wirkt zwei Monate später = Gegenstandswert für zweite Kündigung: zwei Bruttomonatsgehälter, gesamt fünf Bruttomonatsgehälter):
– BAG, 19.10.2010 – 2 AZN 194/10 (A), ArbRB 2011, 144
– LAG Baden-Württemberg, 15.10.1991 – 8 Ta 92/91, JurBüro 1992, 536; 05.02.1988 – 3 Ta 14/88, JurBüro 1988, 1161; 19.06.1990 – 8 Ta 71/90, JurBüro 1991, 212; 23.11.1983 – 1 Ta 227/83, AnwBl. 1985, 99
– LAG Berlin, 12.09.2003 – 17 Ta 6071/03, AE 2004, 74; 10.04.2001 – 17 Ta 6052/01, AE 2001, 96; 20.10.1984 – 2 Ta 102/84, NZA 1985, 297; 02.12.1986 – 2 Ta 112/86, DB 1987, 2664
– LAG Bremen, 13.02.1987 – 4 Ta 5/87, DB 1987, 2160 = BB 1987, 479; 13.02.1987 – 4 Ta 5/87, LAGE § 12 ArbGG Streitwert Nr. 62
– LAG Düsseldorf, 09.09.1993 – 7 Ta 188/93, LAGE § 12 ArbGG 1979 Streitwert Nr. 99; 27.11.1980 – 7 Ta 189/80, EzA § 12 ArbGG 1979 Streitwert Nr. 2
– LAG Hamburg, 30.05.1984 – 7 Ta 6/84, AnwBl. 1985, 98 = JurBüro 1985, 766
– LAG Hamm, 15.10.2001 – 9 Ta 552/01, AE 2002, 39; 29.03.1990 – 8 Ta 585/89, JurBüro 1990, 1607; 24.05.1984 – 8 Ta 130/84, NZA 1984, 364 = AnwBl. 1985, 98; 06.05.1982 – 8 Ta 104/82, MDR 1982, 695
– LAG Köln, 16.10.2007 – 9 Ta 298/07, NZA-RR 2008, 380; 20.02.1996 – 7 Ta 7/96, AnwBl. 1996, 296 = MDR 1996, 752; 08.03.1989 – 5 Ta 3/89, LAGE § 12 ArbGG 1979 Streitwert Nr. 79; 19.07.1984 – 3 Ta 113/84, MDR 1989, 673; JurBüro 1989, 1109
– LAG München, 12.12.2006 – 7 Ta 378/06, ArbRB 2007, 44 = AE 2007, 276; 18.08.2004 – 5 Ta 18/04, AE 2005, 84; 03.11.2003 – 9 Ta 384/03, AE 2004, 73; 16.09.2003 – 9 Ta 338/03, AE 2004, 139; 07.06.2002 – 3 Ta 130/02, AE 2002, 140; 08.05.1989 – 5 Ta 15/89, LAGE § 12 ArbGG 1979 Streitwert Nr. 81 = JurBüro 1989, 1389; 12.07.1989 – 9 Ta 104/89, JurBüro 1990, 40; 16.01.1984 – 7 Sa 701/82, AnwBl. 1985, 96; 15.09.1983 – 7 Ta 49/83, EzA § 12 ArbGG 1979 Streitwert Nr. 24
– LAG Nürnberg, 16.11.2004 – 5 Ta 214/04, AE 2005, 84; 07.02.1992 – 4 Ta 144/91, NZA 1992, 617; 23.06.1987 – 4 Ta 10/87, EzA § 12 ArbGG 1979 Streitwert Nr. 55
– LAG Rheinland-Pfalz, 18.04.1986 – 1 Ta 63/86, LAGE § 12 ArbGG 1979 Streitwert Nr. 59
– LAG Sachsen-Anhalt, 20.09.1995 – 1(3) Ta 93/95, LAGE § 12 ArbGG 1979 Streitwert Nr. 104
– ArbG Kiel, 30.09.2002 – 6 Ca 712 b/02, AE 2003, 41

Bei weiterer Kündigung innerhalb von sechs Monaten ist die zweite Kündigung mit einem Bruttomonatsgehalt zu bewerten:
– LAG Hessen, 21.01.1999 – 15/6 Ta 630/98, BB 1999, 852
– LAG Sachsen, 31.05.2006 – 1 Ta 97/06, AE 2006, 303
– ArbG Leipzig, 02.04.2007 – 4 Ta 68/07, AE 2007, 372

Folgekündigung gesondert mit einem Bruttomonatsverdienst zu bewerten, auch bei kurzem zeitlichen Abstand:
– LAG München, 12.12.2006 – 7 Ta 378/06, AE 2007, 276; 02.05.2006 – 7 Ta 138/06, AE 2006, 216
– LAG Niedersachsen, 01.02.2006 – 4 Ta 31/06, AE 2006, 307 (jede Folgekündigung)

Einheitlich insgesamt das Vierteljahresentgelt:
– LAG Baden-Württemberg, 02.01.1991 – 8 Ta 126/90, JurBüro 1991, 667
– LAG Berlin, 22.10.1984 – 2 Ta 102/84, NZA 1985, 297
– LAG München, 21.04.1988 – 5 Ta 66/88, LAGE § 12 ArbGG 1979 Streitwert Nr. 76

- LAG Niedersachsen, 08.02.1994 – 4 Ta 35/94, MDR 1994, 627
- LAG Rheinland-Pfalz, 18.04.1986 – 1 Ta 63/86, LAGE § 12 ArbGG 1979 Streitwert Nr. 59

Generell für jede Kündigung das Vierteljahresentgelt:
- LAG Hamburg, 15.11.1994 – 1 Ta 7/94, LAGE § 12 ArbGG 1979 Streitwert Nr. 162; 08.02.1994 – 4 Ta 20/93, NZA 1995, 495 = AnwBl. 1995, 318; 07.08.1987 – 1 Ta 5/87, LAGE § 12 ArbGG 1979 Streitwert Nr. 67; 11.11.1983 – 1 Ta 12/83, AnwBl. 1984, 316
- LAG Sachsen-Anhalt, 20.09.1995 – 1 (3) Ta 93/95, LAGE § 12 ArbGG Streitwert Nr. 104
- LAG Schleswig-Holstein, 23.08.1984 – 4 Ta 89/84, AnwBl. 1985, 99

Eigener Wert für jede Kündigung von **verschiedenen Arbeitgebern**:
- LAG Rheinland-Pfalz, 21.11.2008 – 1 Ta 200/08, AE 2010, 116

d) Mehrere Kündigungen in verschiedenen Verfahren

Die Problematik des Gegenstandswertes der weiteren Kündigung(en) stellt sich auch bei mehreren ausgesprochenen Kündigungen, die in unterschiedlichen Verfahren angegriffen werden. Auch hier wird die Auffassung vertreten, dass das Vierteljahresentgelt insgesamt für beide Verfahren die **Höchstgrenze** darstellt. Auch wird vertreten, dass für die weitere Kündigung oder Kündigungen ein weiterer, jedoch geringerer Wert **hinzuzurechnen** ist. Eine weitere Auffassung geht davon aus, dass für **jede Kündigung das Vierteljahresentgelt** zu berücksichtigen ist. Die herrschende Rechtsprechung wendet hier auch die **Differenztheorie** an.

Insgesamt Vierteljahresentgelt:
- BAG, 06.12.1994 – 2 AZR 754/79, NZA 1985, 296
- LAG Berlin, 02.12.1986 – 2 Ta 112/86, DB 1987, 2664
- LAG Düsseldorf, 08.07.1985 – 7 Ta 244/85, JurBüro 1985, 1709
- LAG Köln, 04.10.1990 – 5 Ta 242/90, JurBüro 1991, 64
- LAG München, 21.04.1988 – 5 Ta 66/88, JurBüro 1989, 57; 09.03.1988 – 17 Ca 10625/87, AnwBl. 1989, 239; 15.09.1983 – 7 Ta 49/83, EzA § 12 ArbGG 1979 Streitwert Nr. 24
- LAG Niedersachsen, 23.05.1986 – 10 Ta 197/86, JurBüro 1986, 1868

Für weitere Kündigung geringerer Wert als das Vierteljahresentgelt:
- BAG, 21.03.1984 – 5 AZR 320/82, NZA 1984, 365
- LAG Baden-Württemberg, 05.02.1988 – 3 Ta 14/88, JurBüro 1988, 1161; 23.12.1983 – 1 Ta 227/83, AnwBl. 1985, 99
- LAG Bremen, 13.02.1987 – 4 Ta 5/87, Rpfleger 1987, 338 = DB 1987, 2160
- LAG Hessen, 13.10.1988 – 7 Ta 77/88, JurBüro 1989, 191 = LAGE § 12 ArbGG 1979, Streitwert Nr. 77; 30.04.1988 – 6 Ta 59/88, JurBüro 1989, 58
- LAG Hamburg, 07.08.1987 – 1 Ta 5/87, MDR 1987, 1051
- LAG Hamm, 03.04.1986 – 8 Ta 25/86, JurBüro 1986, 1237 = BB 1986, 1020 = DB 1986, 118409.01.1985 – 8 Ta 275/84, AnwBl. 1985, 535; 06.05.1982 – 8 Ta 93/82, BB 1982, 1799 = DB 1982, 1472
- LAG Köln, 19.07.1984 – 3 Ta 113/84, EzA § 12 ArbGG 1979 Streitwert Nr. 29
- LAG München, 13.10.1988 – 5 Ta 78/88, LAGE § 12 ArbGG 1979 Streitwert Nr. 77; 21.01.1985 – 8 Ta 93/85, ABlBayArbM 1985, C 22
- LAG Nürnberg, 21.02.1985 – 2 Ta 22/84, NZA 1985, 298
- LAG Rheinland-Pfalz, 10.04.1987 – 10 Ta 69/87, ARST 1988, 125
- LAG Schleswig-Holstein, 23.08.1984 – 4 Ta 89/84, AnwBl. 1985, 99

Gegenstandswert für zweite Kündigung nach Differenztheorie (z.B. zweite Kündigung einen Monat später = zweite Kündigung ein Bruttomonatsgehalt):
– BAG, 19.10.2010 – 2 AZN 194/10 (A), ArbRB 2011, 144
– LAG Bremen, 13.02.1987 – 4 Ta 5/87, Rpfleger 1987, 338 = DB 1987, 2160 = BB 1987, 479 = LAGE § 12 ArbGG 1979 Streitwert Nr. 50
– LAG Düsseldorf, 16.02.1980 – 7 Ta 47/89, JurBüro 1989, 955
– LAG Hamburg, 13.01.1987 – 5 Ta 35/86, JurBüro 1988, 1158
– LAG Hamm, 29.03.1990 – 8 Ta 585/89, JurBüro 1990, 1607
– LAG Köln, 08.03.1989 – 5 Ta 3/89, LAGE § 12 ArbGG 1979 Streitwert Nr. 79; 19.07.1984 – 3 Ta 113/84, EzA § 12 ArbGG 1979 Nr. 29 = LAGE § 12 ArbGG Streitwert Nr. 27
– LAG München, 12.07.1989 – 9 Ta 104/89, JurBüro 1990, 40; 08.05.1989 – 5 Ta 15/89, LAGE § 12 ArbGG 1979 Streitwert Nr. 81 = JurBüro 1989, 1389; 13.10.1988 – 5 Ta 78/88, LAGE § 12 ArbGG 1979 Streitwert Nr. 77

Für jede Kündigung das Vierteljahresentgelt:
– BAG, 19.10.2010 – 2 AZN 194/10(A), ArbRB 2011, 144 (wenn der Fortbestand jeweils für mindestens drei Monate begehrt wird)
– LAG Baden-Württemberg, 19.06.1990 – 8 Ta 71/90, JurBüro 1991, 212; 23.12.1983 – 1 Ta 227/83, AnwBl. 1985, 99 (Begrenzung nur, wenn zwischen beiden Kündigungen ein enger sachlicher und zeitlicher Zusammenhang besteht)
– LAG Niedersachsen, 03.01.1984 – 12 Ta 26/83, AnwBl. 1985, 99
– LAG Nürnberg, 23.06.1987 – 4 Ta 10/87, LAGE § 12 ArbGG 1979 Streitwert Nr. 71 = EzA § 12 ArbGG 1979 Streitwert Nr. 55

e) **Kündigungsschutzklage gegen mehrere Arbeitgeber**

Bei einem Kündigungsschutzverfahren gegen mehrere Arbeitgeber oder gegen mehrere Kündigungen von verschiedenen Arbeitgebern ist jeder einzelne Feststellungsantrag eigenständig mit dem Vierteljahresentgelt zu bewerten:
– LAG Hamm, 07.03.1985 – 8 Ta 235/84, MDR 1985, 348; 09.01.1985 – 8 Ta 275/84, JurBüro 1986, 436; 28.01.1982 – 8 Ta 289/81, JurBüro 1982, 1227
– LAG Nürnberg, 18.04.1985 – 7 Ta 20/84, JurBüro 1986, 437

f) **Zusätzliche Geltendmachung von Entgeltansprüchen im Kündigungsschutzprozess**

g) **Gegenstandswert bei Änderungskündigung**

Bei einer Änderungskündigung ist grundsätzlich zu unterscheiden, ob der Arbeitnehmer das Angebot des Arbeitgebers unter dem Vorbehalt der sozialen Rechtfertigung **annimmt** oder ob er das Änderungsangebot ablehnt (sodass die Änderungskündigung zur **Beendigungskündigung** wird). Im Fall der Beendigungskündigung wird § 42 Abs. 2 Satz 1 GKG unmittelbar angewandt, sodass insoweit auf die obigen Ausführungen zur Kündigung verwiesen wird. Im Fall der Annahme unter einem Vorbehalt gem. § 2 KSchG werden höchst unterschiedliche Auffassungen zur Berechnung des Gegenstandswertes vertreten. Bei der Änderung des Gehaltes ist umstritten, ob der Wert des dreijährigen Unterschiedsbetrages, die Vierteljahresdifferenz oder pauschal das Vierteljahresentgelt oder weniger Bruttomonatsgehälter als Gegenstandswert zutreffend sind. Bei Änderung anderer Umstände wird auch von § 42 Abs. 2 Satz 1 GKG ausgegangen, wobei die Anzahl der Bruttomonatsgehälter umstritten ist.

e) Kündigungsschutzklage gegen mehrere Arbeitgeber

f) Zusätzliche Geltendmachung von Entgeltansprüchen im Kündigungsschutzprozess

> Arbeitsentgelt

g) Gegenstandswert bei Änderungskündigung

Anhang 2 Streitwertlexikon

Streitwertkatalog Arbeitsrecht:[19]

4.1   1 Monatsvergütung bis zu einem Vierteljahresentgelt je nach dem Grad der Vertragsänderung.

4.2   Bei Änderungskündigungen mit Vergütungsänderung oder sonstigen messbaren wirtschaftlichen Nachteilen: 3-fache Jahresdifferenz, mindestens 1 Monatsvergütung, höchstens die Vergütung für ein Vierteljahr.

1. Bei Gehaltsdifferenz:

Dreijährige Differenz, maximal begrenzt auf das Vierteljahresentgelt:
- BAG, 23.03.1989 – 7 AZR 527/85, DB 1989, 1880 = BB 1989, 1340; BAG, 31.01.1989 – 1 AZB 67/87, AP Nr. 1 zu § 17 GKG 1975 = EzA § 12 ArbGG Streitwert Nr. 64
- LAG Baden-Württemberg, 18.06.1990 – 8 Ta 70/90, JurBüro 1990, 1268
- LAG Bremen, 05.05.1987 – 4 Ta 8/87, NZA 1987, 716 = AnwBl. 1988, 485 = AP Nr. 14 zu § 12 ArbGG 1979 = EzA zu § 12 ArbGG 1979 Streitwert Nr. 54 = ARST 1988, 92 = LAGE § 12 ArbGG 1979 Streitwert Nr. 63
- LAG Hamburg, 02.06.1998 – 4 Ta 8/98, BB 1998, 1695; 28.10.1996 – 4 Ta 18/96, LAGE § 12 ArbGG 1979 Streitwert Nr. 110
- LAG Hamm, 19.10.1989 – 8 Ta 385/89, JurBüro 1990, 329
- LAG Köln, 22.03.1999 – 11 Ta 241/98, AnwBl. 2001, 635; 17.11.1995 – 5 Ta 288/95, NZA-RR 1996, 392; 20.04.1982 – 1/8 Sa 528/81, EzA § 12 ArbGG 1979 Streitwert Nr. 13
- LAG München, 31.05.1985 – 5 Ta 66/85, AP Nr. 10 zu § 12 ArbGG 1979; 16.01.1984 – 7 Ta 701/82, AnwBl. 1985, 96 = EzA § 12 ArbGG 1979 Streitwert Nr. 28
- LAG Rheinland-Pfalz, 25.07.2007 – 1 Ta 179/07, NZA-RR 2007, 604; 25.02.1991 – 9 Ta 31/91, LAGE § 12 ArbGG 1979 Streitwert Nr. 91
- LAG Sachsen, 28.04.2003 – 4 Ta 93/03, AE 2004, 69; 03.03.1997 – 9 Ta 17/97, LAGE § 12 ArbGG 1979 Streitwert Nr. 109

Dreimonatsdifferenz vom bisherigen und neuem Einkommen:
- LAG Baden-Württemberg, 02.01.1991 – 8 Ta 138/90, DB 1991, 1840; 05.05.1990 – 8 Ta 49/90, JurBüro 1990, 1268
- LAG Berlin, 07.11.1977 – 9 Sa 48/77, AP Nr. 24 zu § 12 ArbGG 1953 = DB 1978, 548 = AuR 1978, 217 = ARST 1978, 95
- LAG Hamm, 14.10.1984 – 8 Ta 385/89, JurBüro 1990, 329 = MDR 1990, 186 = BB 1990, 426
- LAG Hessen, 10.04.1985 – 6 Ta 27/85, NZA 1986, 35 = DB 1986, 1400
- LAG Rheinland-Pfalz, 25.04.1985 – 1 Ta 76/85, NZA 1986, 34 = LAGE § 12 ArbGG 1979 Streitwert Nr. 37
- LAG Thüringen, 14.12.1999 – 8 Ta 180/99, AE 2000, 161 (aber mindestens ein Bruttomonatsgehalt)
- ArbG Dortmund, 19.10.1989 – 8 Ca 388/89, AnwBl. 1990, 398

Dreimonatsdifferenzbetrag mit Erhöhung bei weiteren Nachteilen:
- LAG Baden-Württemberg, 19.04.1985 – 1 Ta 53/85, AnwBl. 1985, 588
- LAG Berlin, 03.08.1982 – 2 Ta 49/82, AuR 1983, 124
- LAG Hamm, 19.10.1989 – 8 Ta 385/89, JurBüro 1990, 329 = MDR 1990, 18621.11.1985 – 8 Ta 360/85, BB 1986, 186 = DB 1986, 1344; 15.06.1982 – 8 Ta 127/82, DB 1982, 1680 = MDR 1982, 876
- LAG Sachsen, 31.05.2006 – 1 Ta 97/06, AE 2006, 303

Vierteljahresentgelt entsprechend § 42 Abs. 2 Satz 1 GKG:
- LAG Baden-Württemberg, 18.06.1990 – 8 Ta 70/90, JurBüro 1990, 1269
- LAG Hamburg, 28.10.1996 – 4 Ta 18/96, JurBüro 1997, 593
- LAG Hamm, 29.10.1989 – 2 Ta 385/89, JurBüro 1990, 329
- LAG Rheinland-Pfalz, 25.02.1991 – 9 Ta 31/91, DB 1991, 764
- LAG Sachsen-Anhalt, 06.07.1999 – 5 Ta 101/99, AE 1999, 169

---

19 Ausführlich dazu: Schäder/Weber Praxiskommentar Streitwertkatalog Arbeitsrecht.

Pauschal das Vierteljahresentgelt:
- LAG Baden-Württemberg, 02.01.1991 – 8 Ta 138/90, DB 1991, 1840
- LAG Berlin, 27.09.1977 – 3 Sa 29/77, DB 1978, 548
- LAG Düsseldorf, 20.03.1986 – 7 Ta 76/86, JurBüro 1986, 911
- LAG Hessen, 10.04.1985 – 7 Ta 27/85, NZA 1986, 35
- LAG Hamm, 09.10.1989 – 8 Ta 385/89, MDR 1990, 186
- LAG Köln, 20.04.1982 – 1/8 Sa 528/81, EzA § 12 ArbGG 1979 Streitwert Nr. 13
- LAG München, 16.01.1984 – 7 Sa 701/82, EzA § 12 ArbGG Streitwert Nr. 28 = AnwBl. 1985, 96
- LAG Rheinland-Pfalz, 25.04.1985 – 1 Ta 76/85, NZA 1986, 34

Pauschal zweifaches Bruttomonatsgehalt:
- LAG Berlin, 25.09.1998 – 7 Ta 129/97, NZA 2001, 1190
- LAG Düsseldorf, 30.08.1984 – 7 Ta 178/84, EzA § 12 ArbGG 1979 Streitwert Nr. 35

Pauschal ein Bruttomonatsgehalt:
- LAG Hessen, 10.04.1985 – 6 Ta 27/85, NZA 1986, 35

2. Bei Änderung anderer Umstände des Arbeitsverhältnisses

Wenn es nicht um die Gehaltsdifferenz, sondern um Änderung anderer Umstände (z.B. anderer Arbeitsbedingungen) geht, soll § 42 Abs. 2 Satz 1 GKG unmittelbar anzuwenden sein, wobei strittig ist, in welcher Höhe die Anzahl der Bruttomonatsgehälter gewählt wird.

Das Vierteljahresentgelt darf nur bei Vorliegen außergewöhnlicher Umstände unterschritten werden:
- LAG München, 09.05.1990 – 7 Ta 42/90, JurBüro 1990, 1606
- LAG Niedersachsen, 15.03.1988 – 13 Ta 10/88, JurBüro 1988, 855

Das Vierteljahresentgelt darf nur dann unterschritten werden, wenn der Streitpunkt der Vertragszeit weniger als drei Monate beträgt:
- LAG Düsseldorf, 17.10.1985 – 7 Ta 302/85, JurBüro 1985, 1858
- LAG Köln, 15.11.1985 – 9 Ta 195/85, JurBüro 1986, 1235

Zwei Bruttomonatsgehälter:
- LAG Baden-Württemberg, 15.05.1990 – 8 Ta 49/90, JurBüro 1990, 1268
- LAG Düsseldorf, 21.08.1986 – 7 Ta 248/86, JurBüro 1987, 626; 20.03.1986 – 7 Ta 76/86, JurBüro 1986, 911

Ein Bruttomonatsgehalt:
- LAG Hessen, 10.04.1985 – 6 Ta 27/85, NZA 1986, 35

Nach erkennbarem wirtschaftlichem Wert mit der Streitwertobergrenze des § 42 Abs. 3 Satz 1 GKG – Pauschalwert des § 23 Abs. 3 RVG nur, wenn keine anderen Anhaltspunkte:
- LAG Köln, 26.01.2005 – 3 Ta 457/04, AE 2005, 278

h) Gegenstandswert bei außerordentlicher Kündigung

Sämtliche oben ausgeführten Grundsätze zur Kündigung gelten auch für eine außerordentliche Kündigung:
- BAG, 28.04.1981 – 1 ABR 53/79, DB 1981, 1886

Wird das Arbeitsverhältnis **außerordentlich und ordentlich** gekündigt, ist umstritten, ob insgesamt nur das Vierteljahresentgelt oder für jede Kündigung gesondert festzusetzen ist.

Streitwertkatalog Arbeitsrecht:[20]

20. Kündigungen (mehrere):

20.1 Außerordentliche Kündigung, die hilfsweise als ordentliche erklärt wird (einschließlich Umdeutung nach § 140 BGB): höchstens die Vergütung für ein Vierteljahr, unabhängig davon, ob sie in einem oder in mehreren Schreiben erklärt werden.

Insgesamt Vierteljahresentgelt:
- LAG München, 02.05.2006 – 7 Ta 138/06, AE 2006, 216

Gesonderte Festsetzung, außer beide Kündigungen beruhen auf demselben Lebenssachverhalt:
- LAG Berlin, 23.10.2001 – 17 Ta 6137/01, AE 2002, 39

i) Beendigung von Berufsausbildungsverhältnissen

Die Wertberechnung des § 42 Abs. 2 Satz 1 GKG gilt auch für Berufsausbildungsverhältnisse:
- BAG, 22.05.1984 – 2 AZB 25/82, BB 1984, 1943 = DB 1985, 136 = NZA 1984, 332 = AuR 1984, 315 = ARST 1984, 158 = RdA 1984, 321 = AP Nr. 7 zu § 12 ArbGG 1979
- LAG Düsseldorf, 12.04.1984 – 7 Ta 92/84, EzA § 12 ArbGG 1979 Streitwert Nr. 30 = LAGE § 12 ArbGG 1979 Streitwert Nr. 28
- LAG Hamm, 27.11.1986 – 8 Ta 222/86, LAGE § 12 ArbGG 1979 Streitwert Nr. 57

Bei Bestandsstreitigkeiten in **zeitlicher Nähe zur Abschlussprüfung** ist bei der Gegenstandswertberechnung als Bruttomonatsgehalt das Gehalt des ersten Berufsjahres nach dem Abschluss zugrunde zu legen:
- ArbG Siegen, 17.09.1982 – 2 Ca 634/82, AnwBl. 1984, 155

j) Kündigung von Praktikanten

Die Wertberechnung des § 42 Abs. 2 Satz 1 GKG gilt auch für Praktikantenverhältnisse:
- LAG Hessen, 20.06.1984 – 6 Ta 156/84, AnwBl. 1985, 100

k) Weiterbeschäftigungsantrag

> Weiterbeschäftigung

l) Allgemeiner Feststellungsantrag

Wird neben dem Kündigungsschutzantrag ein allgemeiner Feststellungsantrag (Feststellung, dass das Arbeitsverhältnis auch aus anderen Gründen nicht beendet ist) gestellt, ist umstritten, ob diesem ein eigener Wert zukommt. Wird ein eigener Wert zugrunde gelegt, wird dies sehr unterschiedlich bewertet.

Kein eigener Gegenstandswert:
- BAG, 06.12.1984 – 2 AZR 754/79, AP Nr. 8 zu § 12 ArbGG 1979 = NZA 1985, 296 (auch wenn er als selbstständiger Antrag gekennzeichnet und begründet wird)
- LAG Düsseldorf, 27.07.2000 – 7 Ta 249/00, NZA 2001, 120
- LAG Hamm, 03.02.2003 – 9 Ta 520/02, LAGReport 2003, 148 = NZA-RR 2003, 321
- LAG Köln, 08.09.1998 – 4 Ta 207/98, LAGE § 12 ArbGG 1979 Streitwert Nr. 115; 12.12.1996 – 3 Ta 274/96, LAGEE § 12 ArbGG 1979 Streitwert Nr. 108
- LAG Nürnberg, 27.11.2003 – 9 Ta 190/03, NZA 2005, 71
- LAG Thüringen, 03.06.1996 – 8 Ta 76/96, LAGE § 12 ArbGG 1979 Streitwert Nr. 106

---

[20] Ausführlich dazu: Schäder/Weber Praxiskommentar Streitwertkatalog Arbeitsrecht.

Eigene Bewertung, wenn der Kläger diesen über den reinen Klageantrag nach § 4 KSchG hinaus festgestellt wissen will:
- BAG, 06.12.1984 – 2 AZR 754/79, DB 1985, 556 = AP Nr. 8 zu § 12 ArbGG 1779 = NZA 1985, 296; 20.01.1967 – 2 AZR 232/65, AP Nr. 16 zu § 12 ArbGG 1953
- LAG Bremen, 14.12.2000 – 4 Ta 15/00, AnwBl. 2001, 633

Gesonderte Bewertung mit einem Drittel des Vierteljahresentgeltes:
- LAG Hamm, 30.01.2002 – Ta 652/98, AE 2002, 85

Gesonderte Bewertung mit einem Zehntel des Vierteljahresentgeltes:
- LAG Berlin, 12.09.2003 – 17 Ta 6071/03, AE 2004, 74; 26.01.2001 – 17 Ta 6017/01, AE 2004, 88

Ein Bruttomonatsgehalt:
- LAG Hessen, 07.01.2005 – 15 Ta 688/04, http://www.urteile.net/42/71237.html = LNR 15389; 30.01.2002 – 9 Ta 652/98, NZA-RR 2002, 267

m) Abkürzung der Kündigungsfrist

Die Abkürzung der geltenden Kündigungsfrist in einem Vergleich erhöht den Gegenstandswert um 50 % des auf den Abkürzungszeitraum entfallenden Entgelts:
- LAG Hamm, 10.11.1983 – 8 Ta 306/83, AnwBl. 1984, 157

m) Abkürzung der Kündigungsfrist

Kündigungsschutzverfahren
> Kündigung

Lohn
> Arbeitsentgelt

Lohnsteuerkarte
> Arbeitspapiere

Lohnzahlung
> Arbeitsentgelt

> Wiederkehrende Leistungen

Mobbing

Mobbing ist nach der Rechtsprechung ein unbestimmter Begriff. Da in solchen Verfahren immaterielle Schäden (Schmerzensgeld) und materielle Schäden eingeklagt werden können, richtet sich der Wert nach dem **eingeklagten (Mindest-) betrag**:
- LAG Rheinland-Pfalz, 04.10.2005 – 5 Sa 140/05, GesR 2006, 552
- ArbG Stuttgart, 19.10.2006 – 6 Ca 120098/05, n.v. (zusätzlich für den Feststellungsantrag auch weitere Schäden tragen zu müssen: 40.000,00 €; für den weiteren Antrag zukünftige Mobbinghandlungen zu **unterlassen**: 5.000,00 €)

Nachteilsausgleich
> Abfindung

Nachträgliche Zulassung einer Kündigungsschutzklage

Die nachträgliche Zulassung einer Kündigungsschutzklage besitzt nach der Rechtsprechung dann einen eigenen Gegenstandswert, wenn sie noch in der Beschwerdeinstanz verfolgt wird (mit 3 Bruttomonatsgehältern):
- LAG Bremen, 05.09.1986 – 4 Ta 47/86, DB 1987, 996

Anhang 2 Streitwertlexikon

Nachweis nach dem Nachweisgesetz

> Arbeitsvertrag

Organmitglieder

> Arbeitnehmer

Bei einer Zusage einer Outplacementmaßnahme im Vergleich ist der Wert der vereinbarten Maßnahme dann zu berücksichtigen, wenn der Arbeitnehmer darauf keinen Anspruch hat:
— ArbG Frankfurt, 27.01.2015 – 19 Ca 7621/14, AE 2015, 103

Outplacement

Praktikanten

> Kündigung

Der Gegenstandswert einer einstweiligen Verfügung auf die Bewilligung einer beantragten Pflegezeit von maximal sechs Monate ist mit dem **zweifachen Bruttomonatsgehalt** zu bewerten:
— LAG Baden-Württemberg, 14.09.2010 – 5 Ta 180/10, ArbRB 2011, 48 (die Bewertung erfolgt nach § 3 ZPO nach dem wirtschaftlichen Interesse der Klagepartei)

Pflegezeit

> Bewilligung

Der Gegenstandswert bei einer Klage auf einen rauchfreien Arbeitsplatz bemisst sich mit einem Bruttomonatsgehalt:
— ArbG Berlin, 20.09.2006 – 29 Ca 7261/06, AE 2007, 39

Rauchfreier Arbeitsplatz

Bei der Rechtswegbestimmung zu den Arbeitsgerichten wird ein eigener Gegenstandswert oft erst in der Rechtsmittelinstanz angenommen. Dabei ist umstritten, ob der Gegenstandswert der Hauptsache oder nur ein Teil des Wertes der Hauptsache dafür anzunehmen ist.

Rechtsweg

Gegenstandswert der Hauptsache:
— LAG Hamm, 19.05.1995 – 4 Sa 443/95, LAGE § 48 ArbGG 1979 Nr. 12
— LAG Köln, 14.10.1992 – 14 Ta 121/92, DB 1992, 2351 = MDR 1993, 915

1/3 des Gegenstandswertes der Hauptsache:
— OLG Frankfurt am Main, 20.04.1994 – 5 W 6/94, OLG-Rep.Frankf. 1994, 119
— OLG Köln, 08.07.1993 – 7 W 9/93, EzA § 17a GVG Nr. 8 = MDR 1993, 1117 = AnwGeb. 1995, 18
— LAG München, 22.05.2000 – 10 Ta 1134/99, AE 2000, 159

Bei der Geltendmachung eines Anspruchs auf Versetzung des Arbeitnehmers in den Ruhestand ist entsprechend § 42 Abs. 3 Satz 1 GKG das Vierteljahresentgelt als Gegenstandswert anzusetzen:
— LAG Schleswig-Holstein, 04.07.1996 – 1 Ta 68/96, LAGE § 12 ArbGG 1979 Streitwert Nr. 105

Ruhestand

Bei der Geltendmachung von Schadensersatz ist Gegenstandswert der als Schadensersatz bezifferte Betrag. Bei einer Klage zur Feststellung der Verpflichtung zum Schadensersatz ist ein Abschlag von 20 % vorzunehmen (> Feststellungsklage).

Schadensersatz

Wird in einem Vergleich eine Schweigepflicht vereinbart, ist ein dafür ein gesonderter Gegenstandswert festzusetzen, wenn konkrete Interessen eines Beteiligten erkennbar sind und diesen ein wirtschaftlicher Wert zugeordnet werden kann:
— LAG Hamburg, 30.06.2005 – 8 Ta 5/05, LAG Report Schnelldienst 2005, 352

Schweigepflicht des Arbeitnehmers

Schwerbehinderter,
Kündigung

> Integrationsamt

Sonderleistungen

> Arbeitsentgelt

Sozialversicherungsnachweis

> Arbeitspapiere

Statusklage

> Arbeitnehmer

Tantieme

> Arbeitsentgelt

Teilzeitklage

Bei der Teilzeitklage nach dem TzBfG werden die verschiedensten Bewertungen des Gegenstandswerts vorgenommen. Zum einen wird als Ausgangspunkt der 36-fache Unterschiedsbetrag analog § 42 Abs. 1 Satz 1 GKG herangezogen, wobei dieser auf den Betrag des Vierteljahresentgeltes gem. § 42 Abs. 2 Satz 1 GKG (unzulässig) begrenzt wird. Auch wird teilweise der Gegenstandswert wie bei der Änderungskündigung festgesetzt. Des Weiteren wird der Wert nach § 48 Abs. 2 Satz 1 GKG berechnet oder § 3 ZPO herangezogen. Davon abweichend wird pauschal das Vierteljahresentgelt oder auch der Regelwert von 4.000,00 € angenommen.

36-fache Vergütungsdifferenz, begrenzt auf das Vierteljahresentgelt:
— LAG Hamburg, 08.11.2001 – 6 Ta 24/01, NZA 2002, 1303
— LAG Hessen, 28.11.2001 – 15 Sa 361/01, NZA 2002, 404
— LAG Köln, 29.08.2001 – 11 Ta 200/01, AE 2002, 41 (entspricht der mit der Herabsetzung der Arbeitszeit verbundenen Entgeltminderung für drei Jahre)
— LAG Sachsen, 28.04.2003 – 4 Ta 93/03-3, AE 2004, 69
— ArbG Düsseldorf, 28.07.2001 – 9 Ca 2663/01, AE 2002, 41
— ArbG Köln, 20.09.2009 – 7 Ca 5112/09, AE 2010, 66

Wie bei der Änderungsschutzklage:
— LAG Berlin, 04.09.2001 – 17 Ta 6121/01, NZA 2002, 350
— LAG Düsseldorf, 21.05.1999 – 14 [11] Sa 1015/98, NZA 2002, 103
— LAG Niedersachsen, 14.12.2001 – 17 Ta 396/01, NZA 2002, 1303 (Höchstgrenze des § 42 Abs. 3 Satz 1 GKG)
— LAG Rheinland-Pfalz, 26.10.2007 – 1 Ta 242/07, LNR 2007, 41865 (36-fache Vergütungsdifferenz begrenzt auf 1,5 Bruttomonatsgehälter entsprechend der Änderungsschutzklage)
— ArbG Düsseldorf, 11.06.2001 – 10 Ca 2695/01, AE 2002, 41 (hier: zwei Bruttomonatsgehälter)
— ArbG Freiburg, 13.03.2003 – 6 Ga 1/03, AE 2003, 87

Vierteljahresentgelt aus Vollzeittätigkeit:
— AG Düsseldorf, 20.09.2010 – 231 C 9941/10, ArbRB 2010, 372 (in einem Verfahren gegen die Rechtsschutzversicherung: bei zusätzlicher Vertretung wegen einer Änderungskündigung: zwei Vierteljahresentgelte)
— ArbG Stuttgart, 17.01.2002 – 17 Ca 6010/01, AE 2002, 52

Gegenstandswertberechnung nach § 48 Abs. 2 Satz 1 GKG (nichtvermögensrechtlich, alle Umstände des Einzelfalls zu berücksichtigen):
— LAG München, 21.02.2003 – 8 Ta 61/02, NZA-RR 2003, 382 (ein Bruttomonatsgehalt)

Nach § 3 ZPO:
– LAG Baden-Württemberg, 15.02.2002 – 3 Ta 502/02, n.v.
– ArbG Stuttgart, 16.12.2002 – 3 Ca 4487/02, AE 2003, 141

Regelwert des § 23 Abs. 3 Satz 2 RVG (4.000,00 €):
– LAG Rheinland-Pfalz, 30.05.2005 – 7 Ta 71/05, AE 2006, 146

Titulierungsinteresse

Wird in einem Vergleich ein nicht streitiger Punkt mitgeregelt, so erfolgt dies aus einem Titulierungsinteresse, das mit 10 % des Gegenstandswertes festzusetzen ist:
– LAG Berlin, 26.10.2001 – 17 Ta 6152/02, AE 2002, 140 (tarifliche Abfindung); 31.05.2001 – 17 Ta 6092/01, AE 2001, 147 (Zeugnis)

Trennungsentschädigung

\> Arbeitsentgelt

Treueprämien

\> Arbeitsentgelt

Unterlassung

(vgl. auch

\> Feststellungsklage (negative))

Bei Unterlassungsklagen ist der Wert nach dem wirtschaftlichen Interesse des Unterlassungsgläubigers am Verbot der Handlungen zu bemessen. Maßgeblich ist der Zeitpunkt der Antragstellung.

Wertbestimmend ist bei einem Wettbewerb des Arbeitnehmers der drohende Umsatzverlust für den Arbeitgeber (in Abzug kommt das im Zeitraum der Unterlassung gezahlte Arbeitsentgelt):
– LAG München, 13.05.2002 – 10 Ta 6/02, AE 2002, 139
– Bei Unterlassung **geschäftsschädigender Äußerungen** bemisst sich der Wert nach dem wirtschaftlichen Interesse an dem Wert der Verhinderung durch das begehrte Unterlassen (hier: Verlust des Geschäftspartners: € 25.000,-):
– LAG Rheinland-Pfalz, 17.05.2010 – 1 Ta 57/10, AE 2010, 268

Urlaub

Bei Streit um den Urlaubszeitpunkt ist der Regelwert gem. § 23 Abs. 3 Satz 2 RVG (4.000,00 €) anzunehmen:
– LAG Köln, 23.09.1991 – 3 Ta 183/91, LAGE § 8 BRAGO Nr. 16

Urlaubsabgeltung

\> Arbeitsentgelt

Urlaubsbescheinigung

\> Arbeitspapiere

Urlaubsentgelt

\> Arbeitsentgelt

Urlaubsgeld

\> Arbeitsentgelt

Urlaubskarte

\> Arbeitspapiere

Vergleichsmehrwert

Streitwertkatalog Arbeitsrecht:[21]

22. Vergleichsmehrwert

22.1 Ein Vergleichsmehrwert fällt nur an, wenn durch den Vergleichsabschluss ein weiterer Rechtsstreit und/oder außergerichtlicher Streit erledigt und/oder die Ungewissheit über ein Rechtsverhältnis beseitigt werden. Der Wert des Vergleichs erhöht sich nicht um den Wert dessen, was die Parteien durch den Vergleich erlangen oder wozu sie sich verpflichten.

---

21 Ausführlich dazu: Schäder/Weber Praxiskommentar Streitwertkatalog Arbeitsrecht.

Beispiele:

22.1.1 Die Veränderung des Beendigungszeitpunkts führt (auch bei Verknüpfung mit einer Erhöhung des Abfindungsbetrages – Turbo- oder Sprinterklausel) nicht zu einem Vergleichsmehrwert

22.1.2 Wird im Rahmen eines Abmahnungsrechtsstreits oder des Streits über eine Versetzung die Beendigung des Arbeitsverhältnisses vereinbart, ist dies zusätzlich nach I. Nr. 19 zu bewerten.

22.1.3 Typischer Weise wird das Merkmal der »Ungewissheit« insbesondere bei Vereinbarung eines Arbeitszeugnisses mit inhaltlichen Festlegungen zum Leistungs- und Führungsverhalten in einem Rechtsstreit über eine auf Verhaltens- oder Leistungsmängel gestützte Kündigung gegeben sein; dies ist zusätzlich nach I. Nr. 25 zu bewerten.

22.1.4 Nur wenn eine Partei sich eines Anspruchs auf oder eines Rechts zur Freistellung berühmt hat, wird die Freistellungsvereinbarung mit bis zu 1 Monatsvergütung (unter Anrechnung des Werts einer Beschäftigungs- oder Weiterbeschäftigungsklage) bewertet. Die Freistellung wird nur zukunftsbezogen ab dem Zeitpunkt des Vergleichsabschlusses berücksichtigt, etwaige Zeiten einer Freistellung zuvor spielen keine Rolle.

22.1.5 Ausgleichsklauseln erhöhen den Vergleichswert nur, wenn durch sie ein streitiger oder ungewisser Anspruch erledigt wird.

Wird im Rahmen eines Abmahnungsrechtsstreits oder des Streits über eine Versetzung die Beendigung des Arbeitsverhältnisses vereinbart oder im Rahmen einer verhaltensbedingten Kündigung eine Regelung zum Arbeitszeugnis mit inhaltlichen Festlegungen vereinbart, ist dies mit dem Wert der Hauptsache zu bewerten.

Nur wenn eine Partei sich eines Anspruchs auf oder eines Rechts zur Freistellung berühmt hat, wird die Freistellungsvereinbarung mit bis zu 1 Monatsvergütung (unter Anrechnung des Werts einer Beschäftigungs- oder Weiterbeschäftigungsklage) bewertet. Die Freistellung wird nur zukunftsbezogen ab dem Zeitpunkt des Vergleichsabschlusses bewertet, etwaige Zeiten einer Freistellung zuvor spielen keine Rolle.

22.2 Ist ein Anspruch unstreitig und gewiss, aber seine Durchsetzung ungewiss, wird das Titulierungsinteresse mit 20 % des Wertes des Anspruches bewertet.

Verdienstbescheinigung

> Arbeitspapiere

Vergütung

> Arbeitsentgelt

Verlust des Arbeitsplatzes

> Abfindung

Versetzung

Bei der Abwehr des Arbeitnehmers gegen eine Versetzung des Arbeitgebers ist der Gegenstandswert nach § 42 Abs. 2 Satz 1 GKG zu bemessen, sodass das Vierteljahresentgelt die Obergrenze darstellt, wobei die Bedeutung der Angelegenheit zu bewerten ist.

Vierteljahresentgelt:
— LAG Baden-Württemberg, 28.09.2009 – 5 Ta 87/09, n.v. (Bewertung nach § 3 ZPO, aber Orientierung am Vierteljahresentgelt nicht ermessensfehlerhaft)
— LAG Bremen, 31.08.1988 – 4 Ta 41/88, LAGE § 12 ArbGG 1979 Streitwert Nr. 75
— LAG München, 28.02.1990 – 10 (9) Ta 85/89, JurBüro 1990, 1609

Ein Bruttomonatsgehalt:
— LAG Hessen, 18.08.1999 – 15 Ta 520/99, n.v.
— LAG Nürnberg, 27.12.1994 – 8 Ta 150/94, ARST 1995, 142

250,00 €:
— LAG Köln, 14.05.1999 – 5 Ta 128/99, AE 1999, 170 (wenn nur eine Änderung des Aufgabengebietes vorliegt)
— LAG München, 09.11.1987 – 7 Sa 771/87, JurBüro 1988, 856

Versicherungsnachweis

> Arbeitspapiere

Vorruhestand

Bei einer Geltendmachung eines Anspruches des Arbeitnehmers auf Zustimmung des Arbeitgebers zum Eintritt in den Vorruhestand ist das Vierteljahresentgelt festzusetzen. Soweit zusätzlich die Feststellung der Leistungspflicht geltend gemacht wird, ist das 36-fache Bruttomonatsgehalt zu berücksichtigen, wobei umstritten ist, ob davon ein Abschlag von 20 % vorzunehmen ist.

Höchstens Vierteljahresentgelt:
— LAG München, 19.06.1987 – 5(6) Sa 696/86, JurBüro 1987, 1382
— LAG Düsseldorf, 01.08.1985 – 7 Ta 110/84, JurBüro 1985, 1711

Bei einer positiven Feststellungsklage darauf, dass Vorruhestandsleistungen zu erbringen sind, ist kein Abschlag vorzunehmen.
— LAG Hamm, 24.07.1986 – 8 Ta 249/86, AnwBl. 1986, 544 = JurBüro 1986, 1559

Bei einer positiven Feststellungsklage darauf, dass Vorruhestandsleistungen zu erbringen sind, ist ein Abschlag von 20 % vorzunehmen.
— LAG Düsseldorf, 13.11.1989 – 7 Ta 382/89, JurBüro 1990, 331 = LAGE § 12 ArbGG 1979 Streitwert Nr. 83

Weihnachtsgeld

> Arbeitsentgelt

Weihnachtsgratifikation

> Arbeitsentgelt

Weisungsrecht

> Direktionsrecht

Weiterbeschäftigung

Bei der Geltendmachung eines **allgemeinen Weiterbeschäftigungsantrages** durch den Arbeitnehmer im Rahmen eines Kündigungsschutzverfahrens ist grundsätzlich zu unterscheiden, ob dieser unbedingt (also als echter Antrag auf Weiterbeschäftigung) oder hilfsweise für den Fall des Obsiegens mit der Kündigungsschutzklage (unechter Hilfsantrag) gestellt wird. Bei einem echten Antrag auf Weiterbeschäftigung wird stets von einem zusätzlichen Gegenstandswert ausgegangen. Beim unechten Hilfsantrag geht die überwiegende Rechtsprechung von einem eigenen Gegenstandswert aus, und zwar bereits vor dem Obsiegen mit der Kündigungsschutzklage (in diesem Fall kommt es zur Entscheidung über den Hilfsantrag). Ist ein eigener Gegenstandswert zu berücksichtigen, so wird in Anlehnung an § 42 Abs. 2 Satz 1 GKG ein Gegenstandswert von 1/3 Bruttomonatsgehalt bis zum Vierteljahresentgelt vertreten, wobei ein Großteil der Rechtsprechung **ein oder zwei Bruttomonatsgehälter** zugrunde legt. Diese unterschiedlichen Bewertungen werden grundsätzlich auch bei einem Weiterbeschäftigungsantrag des Arbeitnehmers nach **§ 102 Abs. 5 Satz 1 BetrVG** zugrunde gelegt. Der **Entbindungsantrag** des Arbeitgebers nach § 102 Abs. 5 Satz 2 BetrVG wird im Regelfall ebenfalls mit einem Bruttomonatsgehalt (aber auch höher) bewertet.

Streitwertkatalog Arbeitsrecht:[22]

23. Weiterbeschäftigungsantrag incl. Anspruch nach § 102 Abs. 5 BetrVG

 1 Monatsvergütung.

a) **Eigener Gegenstandswert**

Für eine Gegenstandswertaddition bei Hilfsantrag:
- LAG Bremen, 20.11.1980 – 4(5) Ta 42/80, KostRspr, ArbGG, § 12 Streitwert Nr. 30 = AuR 1981, 285
- LAG Düsseldorf, 11.02.1985 – 7 Ta 55/85, JurBüro 1985, 767; 13.07.1978 – 7 Ta 107/78, AnwBl. 1979, 26
- LAG Hamm, 26.05.1989 – 8 Ta 65/89, LAGE § 19 GKG Nr. 6; 28.07.1988 – 8 Ta 122/88, BB 1988, 1754 = NZA 1989, 231 = MDR 1988, 944; 11.11.1982 – 8 Ta 305/82, AnwBl. 1984, 147
- LAG Köln, 25.06.2009 – 6 Ta 112/09, AE 2010, 63; 31.07.1995 – 13 Ta 114/95, NZA 1996, 840; 04.07.1995 – 10 Ta 80/95, MDR 1995, 1150; 11.07.1989 – 4 Ta 117/89, NZA 1989, 862; 19.04.1982 – 1 Ta 41/82, EzA § 12 ArbGG Nr. 12
- LAG Mecklenburg-Vorpommern, 17.10.1997 – 2 Ta 62/97, AE 1997, 102
- LAG München, 12.12.2006 – 7 Ta 378/06, ArbRB 2007, 44 = AE 2007, 276; 30.10.1990 – 5 Ta 135/90, BB 1991, 1868 = DB 1991, 2248 = NZA 1992, 140; 28.03.1984 – 4 Ta 18/84, JurBüro 1984, 1399
- LAG Nürnberg, 24.08.1999 – 6 Ta 166/99, AE 1999, 170; 02.12.1991 – 3 Ta 138/91, JurBüro 1992, 738
- LAG Rheinland-Pfalz, 16.04.1992 – 10 Ta 76/92, NZA 1992, 664 = LAGE § 12 ArbGG 1979 Streitwert Nr. 98, 23.07.1982 – 1 Ta 121/82, AnwBl. 1983, 36
- LAG Sachsen, 04.04.1996 – 6 Ta 48/96, NZA-RR 1997, 150
- LAG Schleswig-Holstein, 13.08.2009 – 1 Ta 100d/09, ArbRB 2010, 80; 10.02.1987 – 5 Ta 10/87, AnwBl. 1988, 294 = JurBüro 1987, 1056

Keine Gegenstandswertberücksichtigung bei Hilfsantrag, da § 19 Abs. 1 Satz 2 GKG anwendbar ist, wenn keine Entscheidung über den Antrag erfolgt:
- LAG Baden-Württemberg, 15.05.1990 – 8 Ta 49/90, JurBüro 1990, 1268; 12.03.1990 – 8 Ta 36/90, JurBüro 1990, 1270; 10.09.1987 – 3 Ta 114/87, JurBüro 1988, 1156
- LAG Düsseldorf, 27.07.2000 – 7 Ta 249/00, NZA 2001, 120; 16.02.1989 – 7 Ta 47/89, NZA 1989, 862 = JurBüro 1989, 955
- LAG Rheinland-Pfalz, 21.06.1990 – 9 Ta 104/90, NZA 1991, 32
- LAG Schleswig-Holstein, 14.01.2003 – 2 Ta 224/02, AnwBl. 2003, 308

Gegenstandswertaddition bei echtem Antrag auf Weiterbeschäftigung:
- LAG Baden-Württemberg, 27.01.1982 – 1 Ta 17/82, EzA § 12 ArbGG 1979 Streitwert Nr. 17
- LAG Bremen, 20.11.1980 – 4 Ta (5 H) 42/80, KostRspr, ArbGG, § 12 Streitwert Nr. 30
- LAG Düsseldorf, 06.08.1980 – 8(2) Ta 17/80, AnwBl. 1981, 36
- LAG Hamburg, 11.11.1983 – 1 Ta 12/83, AnwBl. 1984, 316
- LAG Hamm, 11.09.1986 – 8 Ta 218/86, MDR 1987, 85
- LAG Hessen, 23.04.1999 – 15(6) Ta 28/98, BB 1999, 1607; 26.06.1997 – LAGE zu § 19 GKG Nr. 16: 20.06.1984 – 6 Ta 169/84, EzA § 12 ArbGG 1979 Streitwert Nr. 32
- LAG Köln, 19.04.1982 – 1 Ta 41/82, BB 1982, 1427
- LAG Rheinland-Pfalz, 23.07.1982 – 1 Ta 121/82, AnwBl. 1983, 36

---

22 Ausführlich dazu: Schäder/Weber Praxiskommentar Streitwertkatalog Arbeitsrecht.

b) **Bewertung des eigenen Gegenstandswertes**

b) **Bewertung des Gegenstandswertes**

1/3 Bruttomonatsgehalt:
- LAG Bremen, 20.11.1980 – 4 Ta (5H) 42/80, KostRspr, ArbGG, § 12 Streitwert Nr. 30 = AuR 1981, 285

1/2 Bruttomonatsgehalt:
- LAG Hamm, 30.11.1989 – 8 Ta 470/89, JurBüro 1990, 1605; 28.07.1988 – 8 Ta 122/88, NZA 1989, 231
- LAG Rheinland-Pfalz, 23.07.1982 – 1 Ta 121/82, AnwBl. 1983, 36

Ein Bruttomonatsgehalt:
- LAG Baden-Württemberg, 27.01.1982 – 1 Ta 17/82, EzA § 12 ArbGG 1979 Streitwert Nr. 17
- LAG Berlin, 18.11.2003 – 17 Ta 6116/03, AE 2004, 290; 27.11.2000 – 7 Ta 6017/2000, AE 2001, 44
- LAG Bremen, 02.02.1982 – 4 Sa 392/82, DB 1982, 1278; 20.11.1980 – 4 Ta (5 H) 42/80, AuR 1981, 285
- LAG Hamburg, 30.06.2005 – 8 Ta 5/05, LAG Report Schnelldienst 2005, 352; 26.03.1992 – 4 Ta 21/91, LAGE § 19 GKG Nr. 14; 02.07.1989 – 3 AR 2037/89, AnwBl. 1990, 49 = AnwBl. 1990, 168; 29.08.1988 – 2 Ta 18/88, AnwBl. 1989, 168; 11.11.1983 – 1 Ta 12/83, AnwBl. 1984, 316
- LAG Hessen, 20.06.1984 – 6 Ta 169/84, EzA § 12 ArbGG 1979 Streitwert Nr. 32 = AuR 1985, 62
- LAG Köln, 16.10.2007 – 9 Ta 298/07, www.jurisuma.de
- LAG Mecklenburg-Vorpommern, 17.10.1997 – 2 Ta 62/97, AE 1997, 102
- LAG München, 19.10.2009 – 2 Ta 305/09, AE 2010, 62 – (wenn neben dem Weiterbeschäftigungsanspruch auch der Beschäftigungsanspruch bis zum Ablauf der Kündigungsfrist geltend gemacht wird, ist **jeweils ein Bruttomonatsgehalt** zugrunde zu legen); 12.12.2006 – 7 Ta 378/06, ArbRB 2007, 44 = AE 2007, 276; 30.10.1990 – 5 Ta 135/90, NZA 1992, 140; 28.02.1990 – 10(9) Ta 85/89, JurBüro 1990, 1609; 30.03.1989 – 6 Ta 32/88, AnwBl. 1990, 49
- LAG Niedersachsen, 11.07.1997 – 12 Ta 273/97, AE 1997, 65
- LAG Nürnberg, 24.08.1999 – 6 Ta 166/99, AE 1999, 170 = BB 2001, 205; 02.12.1991 – 3 Ta 138/91, JurBüro 1992, 738; 03.01.1989 – 8 Ta 134/88, NZA 1989, 862
- LAG Rheinland-Pfalz, 16.04.1992 – 10 Ta 76/92, NZA 1992, 664
- LAG Sachsen, 31.05.2006 – 1 Ta 97/06, AE 2006, 305; 24.03.1998 – 4 Ta 29/98, AE 1998, 32; 15.05.1997 – 7 Ta 101/97, LAGE § 12 ArbGG 1979 Streitwert Nr. 111; 14.06.1993 – 4 Ta 92/93, LAGE § 12 ArbGG 1979 Streitwert Nr. 97; LAG Thüringen, 27.02.1996 – 8 Ta 16/96, AuR 1996, 196

1,5 Bruttomonatsgehälter:
- LAG Hamm, 07.12.1979 – 8 Sa 627/79, EzA § 12 ArbGG 1979 Streitwert Nr. 1
- LAG Hessen, 23.04.1999 – 15(6) Ta 28/98, BB 1999, 1607
- LAG München, 28.03.1984 – 4 Ta 18/84, JurBüro 1984, 1399
- LAG Saarland, 12.02.1989 – 1 Ta 37/89, LAGE § 19 GKG Nr. 9

Zwei Bruttomonatsgehälter:
- BAG, 18.01.1996 – 8 AZR 440/94, NZA 1996, 1175 = DB 1996, 1348 = AP Nr. 18 zu § 12 ArbGG 1979
- LAG Düsseldorf, 25.06.1987 – 7 Ta 187/87, AnwBl. 1987, 554; 23.08.1985 – 7 Ta 269/85, JurBüro 1985, 1710; 11.02.1985 – 7 Ta 55/85, JurBüro 1985, 767; 30.10.1980 – 8 Sa 251/80, EzA § 12 ArbGG 1979 Streitwert Nr. 1
- LAG Hamm, 28.07.1988 – 5 Ta 122/88, NZA 1989, 231; 11.09.1986 – 8 Ta 218/86, MDR 1987, 85; 24.11.1983 – 8 Ta 320/83, AnwBl. 1984, 149; 11.11.1982 – 8 Ta 305/82, KostRspr, ArbGG, § 12 Streitwert Nr. 68; 06.05.1982 – 8 Ta 107/82, EzA § 12 ArbGG 1979 Streitwert Nr. 7 = AnwBl. 1982, 394

- LAG Köln, 12.02.2010 – 7 Ta 363/09, AE 2010, 267; 31.07.1995 – 13 Ta 114/95, NZA 1996, 840; 04.07.1995 – 10 Ta 80/95, LAGE § 19 GKG Nr. 15 = MDR 1995, 1150; 19.04.1982 – 1 Ta 41/82, EzA § 12 ArbGG 1979 Streitwert Nr. 12
- ArbG Duisburg, 16.12.1997 – 2 Ca 2492/97, AE 1998, 34
- ArbG Iserlohn, 27.05.2008 – 5 Ca 2274/07, AE 2008, 339

Vierteljahresentgelt:
- LAG Düsseldorf, 06.08.1980 – 8/2 Ta 17/80, AnwBl. 1981, 36

Stets nach individuellen Umständen zu bewerten:
- LAG Baden-Württemberg, 24.10.2005 – 3 Ta 159/05, AE 2006, 308

c) Entbindungsantrag des Arbeitgebers nach § 102 Abs. 5 Satz 2 BetrVG

Dieser ist höher als der Weiterbeschäftigungsantrag des Arbeitnehmers zu bewerten, nämlich mit dem 1,5-fachen Bruttomonatsgehalt:
- LAG Hamburg, 12.03.2003 – 3 Sa 29/01, AE 2004, 75

Hier kann entweder die **Wirksamkeit** des Wettbewerbsverbotes streitig sein oder **Unterlassung** aufgrund des Wettbewerbsverbotes geltend gemacht werden (wobei dann auch die Wirksamkeit des Wettbewerbsverbotes infrage stehen kann).

a) Wirksamkeit des Wettbewerbsverbotes

Bei einer Streitigkeit über die Wirksamkeit eines nachvertraglichen Wettbewerbsverbotes richtet sich der Wert nach dem **Interesse** des Arbeitgebers an der Unterlassung des Wettbewerbes (§ 3 ZPO). Nach anderer Auffassung ist der Betrag der für den gesamten Zeitraum des Wettbewerbsverbotes höchstens geschuldeten **Karenzentschädigung** zugrunde zu legen. Nach einer weiteren Auffassung soll der Mindestgegenstandswert ein Bruttojahresgehalt sein.

Interesse des Arbeitgebers an der Unterlassung:
- LAG Thüringen, 08.09.1998 – 8 Ta 89/98, FA 1999, 60

Karenzentschädigung für den Zeitraum des Wettbewerbsverbotes:
- BAG, 04.04.1960 – 2 AZR 448/59, NJW 1960, 1173
- LG Bayreuth, 14.03.1990 – 2 O 287/90, JurBüro 1990, 772
- LAG Düsseldorf, 08.11.1984 – 7 Ta 242/84, JurBüro 1985, 764; 27.11.1980 – 7 Ta 189/80, EzA § 12 ArbGG 1979 Streitwert Nr. 2
- LAG Hamm, 24.11.1983 – 8 Ta 329/83, AnwBl. 1984, 156; 23.12.1980 – 8 Ta 184/80, AnwBl. 1981, 106 = DB 1981, 648 = JurBüro 1980, 742
- LAG Köln, 12.11.2007 – 7 Ta 295/07, AE 2008, 154 (wenn keine konkreten Ansatzpunkte für die Berechnung vorliegen)

Mindestens ein Bruttojahreseinkommen:
- LAG Düsseldorf, 27.11.1980 – 7 Ta 189/80, EzA § 12 ArbGG 1979 Streitwert Nr. 2
- LAG Hamm, 01.12.1983 – 8 Ta 272/83, AnwBl. 1984, 156; 07.03.1980 – Ta 21/80, JurBüro 1980, 742

b) Unterlassung von Wettbewerb

Für die Geltendmachung einer Unterlassung von Wettbewerb aufgrund einer Wettbewerbsvereinbarung ist grundsätzlich die **Umsatzeinbuße**, die aufgrund des wettbewerbswidrigen Verhaltens zu befürchten ist, als Gegenstandswert anzusetzen. Ist dies nicht möglich, so kann die vereinbarte **Karenzentschädigung** oder das Bruttojahreseinkommen angesetzt werden.

---

c) Entbindungsantrag des Arbeitgebers nach § 102 Abs. 5 Satz 2 BetrVG

Wettbewerbsverbot

(vgl. auch

> Karenzentschädigung

> Wiederkehrende Leistungen)

a) Wirksamkeit des Wettbewerbsverbotes

b) Unterlassung von Wettbewerb

Umsatzeinbuße:
- BGH, 19.09.1990 – VIII ZR 117/90, WM 1990, 2058
- LAG Berlin, 28.05.2003 – 17 Ta 6046/03, AE 2003, 142 (hilfsweise: Karenzentschädigung)
- ArbG München, 30.10.2000 – 36 Ca 15.656/99, AE 2001, 45

Karenzentschädigung:
- LG Bayreuth, 14.03.1990 – 2 O 287/90, JurBüro 1990, 772
- LAG Berlin, 28.05.2003 – 17 Ta 6046/03, AE 2003, 142 (hilfsweise)
- LAG Düsseldorf, 27.11.1980 – 7 Ta 189/80, EzA § 12 ArbGG 1979 Streitwert Nr. 2
- LAG Hamm, 01.12.1983 – 8 Ta 272/83, AnwBl. 1984, 156 (Höhe der höchst geschuldeten Karenzentschädigung); 23.12.1980 – 8 Ta 148/80, AnwBl. 1981, 106
- LAG Nürnberg, 25.06.1999 – 2 Ta 56/99, BB 1999, 1929 = AE 1999, 170 (als Hilfsstreitwert)

Jahreseinkommen:
- LAG Hamm, 23.12.1980 – 8 Ta 148/80, DB 1981, 648 = AuR 1981, 156 = LAGE § 61 ArbGG 1979 Nr. 4

Bei der Bewertung eines Wiedereinstellungsanspruches, der einen eigenen Streitgegenstand darstellt, ist umstritten, ob § 42 Abs. 2 Satz 1 GKG entsprechend Anwendung findet oder nicht. **Wiedereinstellung**

Streitwertkatalog Arbeitsrecht:[23]

24. Wiedereinstellungsanspruch:

vgl. Einstellungsanspruch (I. Nr. 15.):

15. Einstellungsanspruch/Wiedereinstellungsanspruch

Die Vergütung für ein Vierteljahr; ggf. unter Berücksichtigung von I. Nr. 18:

18. Hilfsantrag

Auch uneigentlicher/unechter Hilfsantrag: Es gilt § 45 I 2 und 3 GKG.

Anwendung des § 42 Abs. 2 Satz 1 GKG:
- LAG Hamm, 22.03.2000 – 13 Sa 717/99, n.v. (Wert der zwischen dem Ausscheiden und Wiedereintritt angefallenen Vergütung ist nicht zu berücksichtigen)

Keine Anwendung des § 42 Abs. 2 Satz 1 GKG, aber Begrenzung auf die Vierteljahresvergütung:
- ArbG Karlsruhe, 15.07.2003 – 4 Ca 197/03, AE 2004, 76

Berücksichtigung bei der Wertfestsetzung nach § 42 Abs. 2 Satz 1 GKG, wenn der Arbeitgeber dem Arbeitnehmer bei Ausspruch einer Kündigung eine Wiedereinstellung zusagt (Schlechtwetterkündigung):
- LAG Berlin, 27.05.2003 – 17 Ta 6054/03, AE 2004, 74

Bei Rechtsstreitigkeiten über wiederkehrende Leistungen (z.B. Arbeitsentgelt, Betriebsrente, Ruhegeld) ist § 42 Abs. 1 Satz 1 GKG anwendbar. Danach ist grundsätzlich der Wert des **dreijährigen Bezugs** maßgebend, sofern nicht der Gesamtbetrag der geforderten Leistungen geringer ist. Dabei sind bis zur Klageerhebung entstandene Rückstände nicht hinzuzurechnen. Dies gilt auch, wenn die Rückstände in einer Summe verlangt werden und diese Summe sogar die Feststellung übersteigt. Obergrenze ist jeweils der dreijährige Bezug. **Wiederkehrende Leistungen**

Dreijähriger Bezug:
- BAG, 10.12.2002 – 3 AZR 197/02 (A), NZA 2003, 456 (auch wenn ausschließlich die bis zur Klageerhebung angefallenen Rückstände aus wiederkehrenden Leistungen eingeklagt werden)

---

23 Ausführlich dazu: Schäder/Weber Praxiskommentar Streitwertkatalog Arbeitsrecht.

- LAG Baden-Württemberg, 08.11.1985 – 1 Ta 202/85, LAGE § 12 ArbGG 1979, Streitwert Nr. 48 = JurBüro 1986, 1239 = BB 1986, 532 = DB 1986, 1080 = AnwBl. 1988, 181
- LAG Berlin, 16.04.2002 – 19 O 490/01, AE 2002, 141 (auch bei Lohn- und Ruhegeldansprüchen); 30.11.1987 – 9 Sa 102/87, MDR 1988, 346 = LAGE § 12 ArbGG 1979 Streitwert Nr. 69
- LAG Bremen, 24.03.1988 – 4 Sa 316 + 335/87, MDR 1988, 609 = AnwBl. 1988, 487
- LAG Hamburg, 22.03.2012 – H 6 Ta 2/12, ArbRB 2012, 372 (auch wenn der gestellte Antrag unzulässig ist)
- LAG Hamm, 27.09.1990 – 8 Ta 222/90, JurBüro 1991, 61; 19.08.1982 – 8 Ta 193/82, BB 1982, 1860 = MDR 1982, 1052; 29.10.1981 – 8 Ta 207/81, EzA § 12 ArbGG 1979 Streitwert Nr. 9;
- LAG Saarland, 23.12.1987 – 2 Ta 30/87, JurBüro 1988, 725
- ArbG Weiden, 01.02.2005 – 1 Ca 1516/04 C, AE 2005, 134

Bei Ablauf des Arbeitsvertrages vor einem Zeitraum von drei Jahren (z.B. durch Befristung oder Beendigung durch Kündigung) sind als Gegenstandswert die Bezüge bis zum **Beendigungszeitpunkt** festzusetzen:
- LAG Baden-Württemberg, 08.10.1985 – 1 Ta 202/85, AnwBl. 1988, 181 = PB 1986, 1080 = BB 1986, 532 = LAGE § 12 ArbGG 1979 Streitwert Nr. 79

Bei einer **Feststellungsklage** auf wiederkehrende Leistungen ist der Wert der entsprechenden Leistungsklage (dreijähriger Bezug) anzusetzen:
- BAG, 19.07.1961 – 3 AZR 387/60, AP Nr. 7 zu § 3 ZPO
- LAG Köln, 27.11.1992 – 14 (11) Ta 225/92, LAGE § 12 ArbGG 1979 Streitwert Nr. 95

(a.A. LAG Hamm, 17.03.1983 – 8 Ta 8/83, AnwBl. 1984, 152 = EzA § 12 ArbGG 1979 Nr. 21 = LAGE § 12 ArbGG 1979 Streitwert Nr. 21: Abzug von 20 %)

Die Regelung des § 42 Abs. 1 Satz 1 GKG gilt auch für eine Klage auf Schadensersatz bzw. gegen die Unterstützungskasse:
- LAG Baden-Württemberg, 06.12.1980 – 1 Ta 134/80, AnwBl. 1981, 502 (gegen Unterstützungskasse)
- LAG Hamm, 27.09.1990 – 8 Ta 222, 223 + 224/90, DB 1990, 2380 = JurBüro 1991, 61 = MDR 1991, 88 (bei Schadensersatz)

Bei einer Widerklage ist der Gegenstandswert nicht gesondert, sondern **einheitlich** mit der Klage festzusetzen:
- BAG, 03.01.1955 – 2 AZR 529/54, AP Nr. 10 zu § 61 ArbGG 1953 = AP Nr. 24 zu § 72 ArbGG 1953

Widerklage

Bei einer getrennten Festsetzung durch das Arbeitsgericht ist eine **Zusammenrechnung** durchzuführen:
- BAG, 13.03.1959 – 2 AZR 282/58, AP Nr. 28 zu § 69 ArbGG 1953 = DB 1960, 980

Die Feststellung der Nichtigkeit des Widerrufs der Ernennung zur Generalbevollmächtigten ist mit einem Bruttomonatsgehalt zu bewerten:
- LAG Berlin, 27.11.2000 – 7 Ta 6017/2000, AE 2001, 44

Widerruf einer Ernennung

Bei Zeugnisstreitigkeiten ist grundsätzlich die **Erteilung** des Zeugnisses (also die Ausstellung) und die **Berichtigung** (die Korrektur eines bereits ausgestellten Zeugnisses) zu unterscheiden, auch wenn nach dem BAG nur ein vollständiges und richtiges Zeugnis die Erfüllung des Zeugnisanspruches bewirkt. Ist noch kein Zeugnis erstellt, ist zunächst die Erteilung geltend zu machen. Erst nach Erteilung kann Berichtigung des Zeugnisses (also ein konkreter Wortlaut des Zeugnisses) geltend gemacht werden.

Zeugnis

(siehe auch
> Zwischenzeugnis)

Bei der Geltendmachung der **Zeugniserteilung** nimmt die Rechtsprechung überwiegend ein Bruttomonatsgehalt als Gegenstandswert an. Bei der **Zeugnisberichtigung** wird grundsätzlich auch ein Bruttomonatsgehalt als Gegenstandswert angenommen.

Wird erst auf Erteilung und nach der Erteilung auf Berichtigung geklagt, ist jeder Antrag (da unterschiedlicher Streitgegenstand = Antrag + Lebenssachverhalt) **einzeln** zu bewerten.

Handelt es sich um eine Berichtigung eines qualifiziertes Zeugnisses ist das tatsächlichen Interesse der Klagepartei (§ 3 ZPO) zu bewerten.

Ist der Zeugniserteilungsanspruch nicht rechtshängig, wird er aber im Rahmen eines Vergleiches **tituliert**, so wird der Gegenstandswert zwischen einem Bruttomonatsgehalt (z.T. nur, wenn auch inhaltliche Vereinbarungen getroffen werden) und Pauschalwerten (250,00 €) festgesetzt.

Streitwertkatalog Arbeitsrecht:[24]

25. Zeugnis

25.1 Erteilung oder Berichtigung eines einfachen Zeugnisses: 10 % einer Monatsvergütung.

25.2 Erteilung oder Berichtigung eines qualifizierten Zeugnisses: 1 Monatsvergütung, und zwar unabhängig von Art und Inhalt eines Berichtigungsverlangens, auch bei kurzem Arbeitsverhältnis.

25.3 Zwischenzeugnis: Bewertung wie I. Nr. 25.2. Wird ein Zwischen- und ein Endzeugnis (kumulativ oder hilfsweise) im Verfahren verlangt: Insgesamt 1 Monatsvergütung.

a) Zeugniserteilung

Pauschal ein Bruttomonatsgehalt:
- LAG Berlin, 13.08.2003 – 17 Ta 6069/03, AE 2004, 75
- LAG Bremen, 23.12.1982 – 4 Ta 82/82, AnwBl. 1984, 155
- LAG Düsseldorf, 05.11.1987 – 7 Ta 339/87, JurBüro 1988, 725; 05.11.1987 – 7 Ta 361/87, JurBüro 1988, 1079; 13.07.1978 – 7 Ta 107/78, AnwBl. 1979, 26
- LAG Hamburg, 30.05.1984 – 7 Ta 6/84, AnwBl. 1984, 155; 11.11.1983 – 1 Ta 11/83, AnwBl. 1985, 98
- LAG Hamm, 19.06.1986 – 8 Ta 142/86, AnwBl. 1987, 497; 17.03.1983 – 8 Ta 8/83, AnwBl. 1984, 152; 19.08.1982 – 8 Ta 193/82, MDR 1982, 1053 = BB 1982, 1860
- LAG Hessen, 09.12.1970 – 5 Ta 76/69, BB 1971, 653; 13.01.1969 – 1 Ta 97/68, ARST 1970, 15
- LAG Köln, 11.06.2010 – 10 Ta 157/10, AE 2011, 95 (auch wenn als Hilfsantrag gestellt); 10.06.2010 – 10 Ta 20/10, AE 2011, 95 (wenn nicht eingeklagt, aber im Vergleich ein Zeugnis mit Bewertung vereinbart wird); 18.07.2007 – 9 Ta 164/07, NZA 2008, 728 = NZA-RR 2008, 92 –; 29.12.2000 – 8 Ta 299/00, NZA 2001, 856; 28.04.1999 – 13 Ta 96/99, AE 1999, 169; 26.08.1991 – 10 Ta 61/91, MDR 1991, 1177
- LAG München, 20.07.2000 – 3 Ta 326/00, MDR 2000, 1254; 28.04.1999 – 3 Ta 110/99, AE 1999, 171
- LAG Rheinland-Pfalz, 24.04.2007 – 1 Ta 81/07, AE 2007, 372 = MDR 2007, 1106, 12.06.2007 – 1 Ta 135/07, AE 2007, 374
- LAG Saarbrücken, 08.02.1977 – 2 Ta 5/78, AnwBl. 1977, 252
- LAG Schleswig-Holstein, 18.03.1986 – 2 Ta 31/86, AnwBl. 1987, 497
- ArbG München 09.07.2014 – 25 Ca 6752/14, ArbRB 2014, 301; 20.11.2013 – 28 Ca 9371/13, ArbRB 2014, 108

a) Zeugniserteilung

---

24 Ausführlich dazu: Schäder/Weber Praxiskommentar Streitwertkatalog Arbeitsrecht.

Zwischen 250,00 € und 500,00 €:
- LAG Baden-Württemberg, 19.04.1985 – 1 Ta 53/85, AnwBl. 1985, 588
- LAG Niedersachsen, 17.09.1984 – 10 Ta 19/84, AnwBl. 1985, 97

b) **Zeugnisberichtigung**

Ein Bruttomonatsgehalt:
- LAG Düsseldorf, 05.11.1987 – 7 Ta 361/87, JurBüro 1988, 1079; 05.11.1987 – 7 Ta 339/87, JurBüro 1988, 725
- LAG Hamm, 17.03.1983 – 8 Ta 8/83, AnwBl. 1984, 152
- LAG Köln, 29.12.2000 – 8 Ta 299/00, NZA 2001, 856; 28.04.1999 – 13 Ta 96/99, AE 1999, 169 (wenn neben Leistungsbeurteilung auch andere inhaltliche Änderungen streitig sind); 26.08.1991 – 10 Ta 61/91, MDR 1991, 1177
- LAG Rheinland-Pfalz, 31.07.1991 – 9 Ta 138/91, NZA 1992, 524 (auch wenn nur Verbesserung der Leistungsbeurteilung gewünscht)
- LAG Schleswig-Holstein, 18.03.1986 – 2 Ta 31/86, AnwBl. 1987, 497
- ArbG München, 09.07.2014 – 25 Ca 6752/14, ArbRB 2014, 301; 20.11.2013 – 28 Ca 9371/13, ArbRB 2014, 108; 12.09.2011 – 27 Ca 8231/11, ArbRB 2011, 340 (wenn in einem Kündigungsschutzverfahren ein Vergleich auch dahingehend erzielt wird, dass das erteilte Zeugnis ordnungsgemäß ist)

1/2 Bruttomonatsentgelt:
- LAG Hamm, 23.02.2989 – 8 Ta 3/89, MDR 1989, 572; 12.02.1988 – 16 Sa 1834/87, BB 1989, 634;

Qualifiziertes Zeugnis nach dem Interesse der Klagepartei (§ 3 ZPO):
- LAG Baden-Württemberg, 29.11.2007 – 3 Ta 264/07, n.v.
- LAG Düsseldorf, 14.05.1985 – 7 Ta 180/85, JurBüro 1985, 1702
- ArbG München, 25.03.2010 – 13 Ca 13280/09, ArbRB 2010, 147 (hier aufgrund des Umfanges der begehrten Berichtigungen: **zweifaches Bruttomonatsgehalt**)

c) **Erst Klage auf Erteilung und nach Erteilung Klage auf Berichtigung**

Wird zunächst Zeugniserteilung und nach Erteilung des Zeugnisses Berichtigung eingeklagt, ist für beide Anträge jeweils ein Bruttomonatsgehalt festzusetzen:
- ArbG München, 26.05.2015 – 11 Ca 7677/14, ArbRB 2015, 204; 08.06.2010 – 30 Ca 3138/10, AE 2010, 212; 13.07.2009 – 21 Ca 5889/09, ArbRB 2009, 299

d) **Reine Titulierung**

Ein Bruttomonatsgehalt:
- LAG Düsseldorf, 26.08.1982 – 7 Ta 191/82, LAGE § 12 ArbGG 1979 Streitwert Nr. 17
- LAG Köln, 27.07.1995 – 13 Ta 144/95, KostRspr, ZPO, § 3 Nr. 1217
- ArbG München, 19.01.2010 – 12 Ca 18103/09, ArbRB 2010, 246

Ein Bruttomonatsgehalt bei inhaltlicher Regelung (z.B. Leistungsbeurteilung):
- LAG Köln, 27.07.1995 – 13 Ta 144/95, ARST 1996, 18; LAG Köln, 26.08.1991 – 10 Ta 61/91, MDR 1991, 1177
- LAG Rheinland-Pfalz, 31.07.1991 – 9 Ta 138/91, NZA 1992, 524

1/4 Bruttomonatsgehalt:
- LAG Düsseldorf, 14.05.1985 – 7 Ta 180/85, LAGE § 3 ZPO Nr. 4 = JurBüro 1985, 1702

10 % eines Bruttomonatsgehalts:
- LAG Berlin, 31.05.2001 – 17 Ta 6092/01, AE 2001, 147

Anhang 2 Streitwertlexikon

250,00 € pauschal:
- LAG Bremen, 23.12.1982 – 4 Ta 82/82, DB 1983, 1152 = AnwBl. 1984, 155
- LAG Hamburg, 15.11.1994 – 1 Ta 7/94, LAGE § 12 ArbGG 1979 Streitwert Nr. 102

Sowohl für die Erteilung und Berichtigung als auch für die Titulierung eines Zwischenzeugnisses gelten grundsätzlich die Ausführungen unter »Zeugnis« (also zum Endzeugnis). Bewertet man den Anspruch (zutreffender Weise) nach § 3 ZPO ist stets auf das **individuelle Interesse** des Anspruchsstellers abzustellen. Grundsätzlich hat das Zwischenzeugnis keine geringere Bedeutung als das Endzeugnis, da es für Bewerbungen schnell Verwendung finden kann und häufig (einzige) Grundlage des Endzeugnisses ist. Beim Endzeugnis kommt der Schlusssatz hinzu, der das Zeugnis auch sehr abwerten oder aufwerten kann (und der nicht im Zwischenzeugnis enthalten ist).

Zwischenzeugnis

(vgl. auch

> Zeugnis)

Für die Erteilung eines qualifizierten Zwischenzeugnisses nimmt die Rechtsprechung grundsätzlich mehrheitlich ein Bruttomonatsgehalt, teilweise aber auch geringere Werte bis zu 250,00 € pauschal als Gegenstandswert an.

Streitwertkatalog Arbeitsrecht:[25]

25.3 Zwischenzeugnis:

   Bewertung wie I. Nr. 25.2.:

   Erteilung oder Berichtigung eines qualifizierten Zeugnisses: 1 Monatsvergütung, und zwar unabhängig von Art und Inhalt eines Berichtigungsverlangens, auch bei kurzem Arbeitsverhältnis

   Wird ein Zwischen- und ein Endzeugnis (kumulativ oder hilfsweise) im Verfahren verlangt: Insgesamt 1 Monatsvergütung.

Ein Bruttomonatsgehalt:
- LAG Baden-Württemberg, 15.12.1987 – 3 Ta 152/87, JurBüro 1988, 1158
- LAG Düsseldorf, 05.11.1987 – 7 Ta 361/87, JurBüro 1988, 1079 (bei Berichtigung eines qualifizierten Zwischenzeugnisses)
- LAG Hamburg, 11.11.1983 – 1 Ta 11/83, AnwBl. 1984, 155; 30.05.1984 – 7 Ta 6/84, AnwBl. 1985, 98
- LAG Hamm, 30.01.2002 – 9 Ta 652/98, http://www.arbeitsrecht.jurisuma.de
- LAG München, 12.12.2006 – 7 Ta 378/06, AE 2007, 276 (Erteilung eines Zwischenzeugnisses und hilfsweise eines Endzeugnisses); 16.09.2003 – 9 Ta 338/03, AE 2004, 139
- LAG Schleswig-Holstein, 18.03.1986 – 2 Ta 31/86, AnwBl. 1987, 497

1/2 Bruttomonatsverdienst:
- LAG Hamm, 23.02.1989 – 8 Ta 3/89, BB 1989, 634 = MDR 1989, 572 = JurBüro 1982, 634; 19.06.1986 – 8 Ta 142/86, AnwBl. 1987, 497
- LAG Köln, 10.12.2006 – 4(5) Ta 437/06, AE 2007, 374
- LAG Rheinland-Pfalz, 18.01.2002 – 9 Ta 1472/01, LAGReport 2002, 150 = MDR 2002, 954 (im Regelfall)
- ArbG Bocholt, 03.08.2001 – 4 Ca 2478/00, AE 2002, 39

Pauschal 500,00 €:
- LAG Hamburg, 30.06.2005 – 8 Ta 5/05, LAG Report Schnelldienst 2005, 352 (sofern keine inhaltliche Regelung); 30.05.1984 – 7 Ta 6/84, AnwBl. 1985, 98
- LAG Hamm, 24.05.1984 – 8 Ta 130/84, AnwBl. 1985, 97
- LAG Niedersachsen, 17.09.1984 – 10 Ta 19/84, AnwBl. 1985, 97

Pauschal 250,00 €:
- LAG Baden-Württemberg, 19.04.1985 – 1 Ta 53/85, AnwBl. 1985, 588

---

25 Ausführlich dazu: Schäder/Weber Praxiskommentar Streitwertkatalog Arbeitsrecht.

III. Kollektives Arbeitsrecht

Bei Verfahren auf Gewährung von Akteneinsicht (z.B. in die Arbeitsverträge der Arbeitnehmer oder in die Lohnlisten) wird der Regelwert (5.000,00 €) als Gegenstandswert angenommen:
- BAG, 12.02.1980 – 6 ABR 2/78, BB 1980, 1157

Akteneinsicht
(> Arbeitsverträge
> Lohnlisten)

Amtsentbindungs-/ Amtsenthebungsverfahren
> Betriebsratswahl

Anfechtung
> Betriebsratswahl
> Einigungsstelle (Spruchanfechtung)
> Sozialplananfechtung

Arbeitnehmer
> Statusverfahren

Aufhebungsvertrag
> Unterlassung

Auflösung
> Betriebsrat

Außerordentliche Kündigung
> Zustimmungsersetzungsverfahren

Ausschluss
> Betriebsrat

Bestellungsverfahren
> Einigungsstelle (Bestellungsverfahren)

Betriebsänderung
> Wirtschaftliche Angelegenheiten

Den Betriebsrat betreffend kann gem. § 23 Abs. 1 BetrVG der Antrag auf **Verbot der Ausübung des Betriebsratsamtes** eines einzelnen Betriebsratsmitglieds oder der **Antrag auf Auflösung des gesamten Betriebsrates** gestellt werden.

Betriebsrat
(vgl. auch
> Gesamtbetriebsrat
> Freistellung
> Betriebsratsmitglied
> Betriebsratswahl)

a) Betriebsratsausschluss

Bei Ausschluss eines Mitglieds aus dem Betriebsrat ist umstritten, ob als Gegenstandswert der Regelwert (5.000,00 €) festzusetzen ist oder § 42 Abs. 3 Satz 1 GKG analog zur Anwendung kommt.

Regelwert (5.000,00 €):
- BAG, 18.09.1978 – 6 ABR 40/78, n.v.
- LAG Berlin, 17.12.1991 – 1 Ta 50/90, BB 1992, 216

Vierteljahresentgelt nach § 42 Abs. 2 Satz 1 GKG analog:
- LAG Baden-Württemberg, 17.07.1980 – 1 Ta 61/80, BB 1980, 1695
- LAG Bremen, 15.08.1984 – 3 Ta 47/84, DB 1985, 396
- LAG Düsseldorf, 11.05.1999 – 7 Ta 143/99, LAGE § 8 BRAGO Nr. 41
- LAG Hamm, 07.03.1980 – 8 Ta BV 1/80, DB 1980, 994 = LAGE § 8 BRAGO Nr. 2 = EzA § 8 BRAGO Nr. 2; 14.10.1976 – 8 Ta BV 53/76, AuR 1977, 59 (bei einstweiliger Verfügung 80 % des Vierteljahresentgeltes)

b) Betriebsratsauflösung

Bei einer Auflösung des gesamten Betriebsrats wird auf die Anzahl der Betriebsratsmitglieder (gem. § 9 BetrVG) abgestellt.
- LAG Hamm, 18.11.1993 – 8 Ta BV 126/93, BB 1994, 291 (11.250,00 € als Gegenstandswert bei neunköpfigem Betriebsrat mit 320 wahlberechtigten Arbeitnehmern); 04.05.1976 – 8 Ta BV 21/75, DB 1977, 722; 06.11.1975 – 8 Ta BV 126/93, DB 1976, 343 (125.000,00 € als Gegenstandswert für Betrieb mit 160-köpfiger Belegschaft)
- LAG Köln, 17.06.2008 – 10 Ta 341/08, AE 2008, 337 (bei Antrag des Betriebsrates auf Feststellung, dass er im Amt ist)

Regelwert nach § 23 Abs. 3 RVG (5.000,00 €) nach den Stufen des § 9 BetrVG bei einem Streit um die Beendigung der Amtszeit des Betriebsrates aufgrund einer Umorganisation:

LAG Bremen, 12.05.1999 – 1 Ta 16 + 27-29/99, AE 1999, 171

Bei einer Streitigkeit wegen der **Nichtigkeit** von Betriebsratsbeschlüssen ist für jede Kategorie der Nichtigkeit jeweils der Regelwert (5.000,00 €) zugrunde zu legen:
- LAG Sachsen, 08.12.2000 – 4 Ta 371/00, BB 2001, 1689

Die Klage des Betriebsrates auf Verschaffung eines Betriebsratsbüros ist mit dem Regelwert des § 23 Abs. 3 RVG (5.000,00 €) zu bewerten:
- ArbG Stralsund, 06.07.2001 – 4 BVGa 1/01, AE 2002, 38

Bei Streit um den Anspruch des Betriebsrates auf eine Bürokraft zur Erledigung der Schreib- und Verwaltungstätigkeiten ist der Gegenstandswert nach § 42 Abs. 1 Satz 1 GKG mit dem dreifachen Jahresverdienst der Bürokraft zu bewerten:
- LAG Hamm, 16.07.2007 – 13 Ta 232/07, LNR 2007, 36639

Bei der Festsetzung des Gegenstandswertes für ein Verfahren betreffend die Wirksamkeit der Betriebsratswahl (Anfechtung bzw. Nichtigkeit) ist sich die Rechtsprechung wohl grds. darüber einig, dass eine Staffelung entsprechend § 9 BetrVG nach der **Anzahl der Betriebsratsmitglieder** erfolgt. Allerdings ist sich die Rechtsprechung über die Höhe der einzelnen Staffelung überhaupt nicht einig. Bei der Gegenstandswertberechnung werden bei durchschnittlichen Fällen pro Betriebsratsmitglied der Regelwert (5.000,00 € oder mehr oder für das erste Betriebsratsmitglied der einfache bis zum doppelten Regelwert und für jedes weitere 750,00 € oder mehr oder ganz andere Staffelungen sowie auch pauschale Festsetzungen nach der Anzahl der Betriebsratsmitglieder bzw. der wahlberechtigten Arbeitnehmern zugrunde gelegt.

Seitenverweise:
- a) Betriebsratsausschluss
- b) Betriebsratsauflösung
- Betriebsratsbeschluss
- Betriebsratsbüro
- Betriebsratsbürokraft
- Betriebsratsmitglied (Freistellung) > Freistellung
- Betriebsratswahl (Anfechtung/Nichtigkeit)

Streitwertkatalog Arbeitsrecht:[26]

2. Betriebsratswahl

2.1 Bestellung des Wahlvorstands: Ausgehend vom Hilfswert des § 23 Abs. 3 S. 2 RVG kann abhängig vom Gegenstand des Mitbestimmungsrechts und der Bedeutung des Einzelfalls sowie des Aufwands eine Heraus- oder Herabsetzung erfolgen; bei zusätzlichem Streit über die Größe des Wahlvorstandes bzw. Einzelpersonen: Erhöhung jeweils um ½ Hilfswert nach § 23 Abs. 3 Satz 2 RVG.

2.2 Maßnahmen innerhalb des Wahlverfahrens (incl. einstweilige Verfügungen) z.B. Abbruch der Wahl: ½ Wert der Wahlanfechtung (vgl. II. Nr. 2.3).

Zurverfügungstellung von Unterlagen (auch Herausgabe der Wählerlisten): ½ Hilfswert von § 23 Abs. 3 Satz 2 RVG.

2.3 Wahlanfechtung (incl. Prüfung der Nichtigkeit der Wahl): ausgehend vom doppelten Hilfswert nach § 23 Abs. 3 Satz 2 RVG, Steigerung nach der Staffel gemäß § 9 BetrVG mit jeweils ½ Hilfswert.

12. Nichtigkeit einer Betriebsratswahl

Vgl. Betriebsratswahl (II. Nr. 2.3).
Regelwert pro Betriebsratsmitglied ergibt folgende Staffelung:

1 Betriebsratsmitglied	5.000,00 €
3 Betriebsratsmitglieder	15.000,00 €
5 Betriebsratsmitglieder	25.000,00 €
7 Betriebsratsmitglieder	35.000,00 €
9 Betriebsratsmitglieder	45.000,00 €
11 Betriebsratsmitglieder	55.000,00 €

– LAG Berlin, 21.09.1995 – 2 Ta 155/95, NZA 1996, 112

4.500,00 € für das erste und 750,00 € für jedes weitere Betriebsratsmitglied ergibt folgende Staffelung (bei altem Regelwert von 4.000,00 €):

1 Betriebsratsmitglied	4.500,00 €
3 Betriebsratsmitglieder	6.000,00 €
5 Betriebsratsmitglieder	7.500,00 €
7 Betriebsratsmitglieder	9.000,00 €
9 Betriebsratsmitglieder	10.500,00 €
11 Betriebsratsmitglieder	12.000,00 €
15 Betriebsratsmitglieder	15.000,00 €
19 Betriebsratsmitglieder	18.000,00 €
23 Betriebsratsmitglieder	21.000,00 €

---

26 Ausführlich dazu: Schäder/Weber Praxiskommentar Streitwertkatalog Arbeitsrecht.

Anhang 2 Streitwertlexikon

- LAG Berlin, 17.12.1991 – 1 Ta 50/91, ARST 1992, 110 = NZA 1992, 327
- LAG Rheinland-Pfalz, 30.03.1992 – 9 Ta 40/92, NZA 1992, 667

Zweifacher Regelwert (jetzt: 10.000,00 €) für das erste Betriebsratsmitglied und halber Regelwert (jetzt: 2.500,00 €) für jede Stufe des § 9 BetrVG:
- LAG Baden-Württemberg, 22.09.2008 – 3 Ta 182/08, AE 2008, 334 (unter Bezugnahme auf BAG, 17.10.2001 – 7 ABR 42/99, n.v.)
- LAG Bremen, 16.02.2007 – 3 Ta 4/07, NZA 2007, 1389 (unter Bezugnahme auf BAG, 17.10.2001 – 7 ABR 42/99, n.v.)

Dreifacher Regelwert für das erste Betriebsratsmitglied und halber Regelwert für jede Stufe des § 9 BetrVG:
- LAG Hamburg, 07.01.2009 – 4 Ta 22/08, LNR 2009, 26654 (bei Konzernbetriebsrat)
- Regelwert bei einköpfigem Betriebsrat, bei mehrköpfigem für jede weitere Staffel des § 9 BetrVG um halber Regelwert zu erhöhen:
- LAG Köln, 19.05.2004 – 10 Ta 79/04, LAGReport 2004, 344

Für einköpfigen Betriebsrat das 1,5-fache des Regelwertes des § 23 Abs. 3 RVG und einfachen Regelwertes des § 23 Abs. 3 RVG für jede weitere Staffel:

1 Betriebsratsmitglied	7.500,00 €
3 Betriebsratsmitglieder	12.500,00 €
5 Betriebsratsmitglieder	17.500,00 €
7 Betriebsratsmitglieder	22.500,00 €

- LAG Baden-Württemberg, 17.06.1009 – 5 TaBVGa 1/09, InfoA 2009, 387 (gilt auch bei einstweiliger Verfügung auf Abbruch der BR-Wahlen)
- LAG Hamburg, 09.10.2003 – 4 Ta 12/03, LNR 2003, 26738; 23.05.2002 – 3 TaBV 2/01, LNR 2002, 10446
- LAG Hamm, 09.03.2001 – 13 TaBV 7/01, AE 2001, 95 = NZA 2002, 350

Für einköpfigen Betriebsrat 1,5-fache des Regelwertes des § 23 Abs. 3 RVG und einem stark verminderten Erhöhungsbetrag für jedes weitere Betriebsratsmitglied:
- LAG Niedersachsen, 12.08.2002 – 8 Ta 269/02, AE 2003, 41

Je Staffel gem. § 9 BetrVG ist der 1,5-fache Regelwert (§ 23 Abs. 3 RVG) zugrunde zu legen:
- LAG Hessen, 03.01.2003 – 5 Ta 499/02, AE 2003, 85; 08.08.2002 – 5 Ta 399/02, AE 2003, 40; 03.03.2000 – 5 Ta 791/99, AE 2000, 160

1,5-facher Regelwert für erstes Betriebsratsmitglied, für jedes weitere pauschal 1.000,00 €:
- LAG Sachsen, 25.09.2007 – 4 Ta 174/07(5), AE 2007, 370; 18.12.2006 – 4 Ta 232/06, NJ 2007, 240 = LNR 2006, 32527

7 Betriebsratsmitglieder: 11.000,00 €
- LAG Köln, 20.10.1997 – 12 Ta 263/97, NZA-RR 1998, 275 = JurBüro 1998, 366

9 Betriebsratsmitglieder: 11.250,00 €
- LAG Hamm, 18.11.1993 – 8 Ta BV 126/93, BB 1994, 291

9 Betriebsratsmitglieder: 5-facher Hilfswert:
- LAG Niedersachsen, 26.04.1996 – 3 Ta 79/95, DB 1996, 1632

15 Betriebsratsmitglieder und komplizierter Sachverhalt: 36.000,00 €
- LAG Bremen, 11.04.1988 – 2 Ta 75/87, LAGE § 8 BRAGO Nr. 5

15 Betriebsratsmitglieder: 20.000,00 €
- LAG Nürnberg, 07.04.1999 – 6 Ta 61/99, NZA 1999, 840

Betrieb mit 3.600 wahlberechtigten Arbeitnehmern: 37.500,00 €
- LAG Hamm, 28.04.1976 – 8 Ta BV 74/75, DB 1977, 357

Betrieb mit 70 wahlberechtigten Arbeitnehmern: 5.000,00 €
— LAG Hamm, 14.11.1974 – 8 Ta BV 41/74, AnwBl. 1975, 29

Bei der Geltendmachung der **Kosten** einer Betriebsratswahl richtet sich der Gegenstandswert nach dem verlangten Betrag:
— LAG Bremen, 24.12.1982 – 4 Ta 71/82, AnwBl. 1984, 164

Bei Betriebsvereinbarungen kann um die Wirksamkeit der Betriebsvereinbarung, aber auch die Frage der Weitergeltung der Betriebsvereinbarung gestritten werden.

Betriebsvereinbarung

Streitwertkatalog Arbeitsrecht:[27]

3. Betriebsvereinbarung

Ausgehend vom Hilfswert nach § 23 III 2 RVG wird ggf. unter Berücksichtigung der Umstände des Einzelfalles, z.B. Inhalt und Bedeutung der Regelungsfrage, eine Erhöhung bzw. ein Abschlag vorgenommen.

a) **Streit um die Wirksamkeit einer Betriebsvereinbarung**

Bei einem Streit um die **Wirksamkeit einer Betriebsvereinbarung** über wiederkehrende Leistungen ist in Anlehnung an § 42 Abs. 2 Satz 1 GKG für den ersten betroffenen AN der dreifache Jahresbetrag der Leistungen abzüglich 20 % und in Anlehnung an die Staffel des § 9 BetrVG ab dem zweiten AN der Wert folgendermaßen zu bestimmen:

a) Wirksamkeit einer Betriebsvereinbarung

Arbeitnehmer 2 – 20 = jeweils 25 % des Ausgangswertes

Arbeitnehmer 21 – 50 = jeweils 12,5 % des Ausgangswertes

Arbeitnehmer 51 – 100 = jeweils 10 % des Ausgangswertes:
— LAG Hamm, 03.03.2006 – 13 Ta 179/06, NZA-RR 2006, 595

b) **Weitergeltung der Betriebsvereinbarung**

Der Streit um die **Weitergeltung** von Betriebsvereinbarungen ist wegen der wirtschaftlichen Auswirkungen mit dem dreifachen Ausgangswert des § 23 Abs. 3 RVG bewerten:
— LAG Düsseldorf, 12.11.2001 – 7 Ta 382/01, AE 2002, 38

b) Weitergeltung der Betriebsvereinbarung

Computer

> Sachmittel

Dienstpläne

Bei einem Streit über die **Mitbestimmung** des Betriebsrates bei der Erstellung von Dienstplänen, wenn dabei mehr als 100 Arbeitnehmer betroffen sind und der zeitliche Umfang der Dienstplanänderung 13 Stunden monatlich beträgt, ist der Gegenstandswert auf 20.000,00 € festzusetzen. Die Bestimmung des § 23 Abs. 3 RVG beinhaltet keinen Regelwert, sondern nur einen Hilfswert:
— LAG Mecklenburg-Vorpommern, 03.04.1997 – 2 Ta 14/92, AE 1998, 65

Bei Streitigkeiten hinsichtlich der **Bestellung** der Mitglieder der Einigungsstelle ist umstritten, ob grds. der Regelwert gem. § 23 Abs. 3 RVG (5.000,00 €) anzusetzen ist oder ob gestaffelt nach der Person des Vorsitzenden oder des Beisitzers nur ein Teil, nämlich 1/6, höchstens aber 3/6 des Regelwertes zugrunde zu legen ist.

Einigungsstelle

(Bestellungsverfahren)

(vgl. auch

> Einigungsstelle

– Spruchanfechtung

– Zuständigkeit)

---

27 Ausführlich dazu: Schäder/Weber Praxiskommentar Streitwertkatalog Arbeitsrecht.

Streitwertkatalog Arbeitsrecht:[28]

4. Einigungsstelle, Einsetzung nach § 100 ArbGG bei Streit um:

4.1 Offensichtliche Unzuständigkeit: Höchstens Hilfswert nach § 23 Abs. 3 Satz 2 RVG.

4.2 Person des Vorsitzenden: Grundsätzlich ¼ Hilfswert nach § 23 Abs. 3 Satz 2 RVG.

4.3 Anzahl der Beisitzer: Grundsätzlich insgesamt ¼ Hilfswert nach § 23 Abs. 3 Satz 2 RVG.

Grundsätzlich der Regelwert (5.000,00 €):
– LAG Baden-Württemberg, 04.12.1979 – 1 Ta 111/79, BB 1980, 321
– LAG Düsseldorf, 21.09.1990 – 7 Ta 248/90, DB 1991, 184 (bei Streit über Person des Vorsitzenden und Zahl der Beisitzer)
– LAG Hamm, 26.09.1985 – 8 Ta BV 118/85, LAGE § 8 BRAGO Nr. 4 = DB 1986, 132; LAG Hamm, 28.08.1985 – 25 U 273/84, DB 1986, 132
– LAG Hessen, 23.08.2002 – 5 Ta 406/02, AE 2003, 86
– LAG Köln, 05.08.1999 – 11 (8) Ta 55/99, AE 2000, 211 (Verdoppelung nur, wenn es um den Vorsitzenden und die Größe der Einigungsstelle geht)
– LAG München, 01.09.1993 – 3 Ta 67/93, DB 1993, 2604
– LAG Schleswig-Holstein, 14.10.1993 – 4 Ta BV 8/93, DB 1993, 2392

Jeweils 1/6 bei Streit um Anzahl der Beisitzer oder um die Person des Vorsitzenden, bei Streit über die Zuständigkeit der Einigungsstelle höchstens 3/6 des Regelwertes:
– LAG Schleswig-Holstein, 29.09.1995 – 4 Ta BV 8/93, NZA-RR 1996, 307; 14.10.1993 – 4 Ta BV 8/93, DB 1993, 2392

Bei der **Anfechtung von Entscheidungen** der Einigungsstelle kommt es auf den jeweiligen Gegenstand des Einigungsstellenspruches an. Grundsätzlich ist zu unterscheiden, ob eine Orientierung am Regelwert (5.000,00 €) oder eine Festsetzung des Gegenstandswertes anhand des konkreten Gegenstandes erfolgt. Eine weitere Meinung geht bei der Anfechtung eines Einigungsstellenspruches davon aus, dass sich der Gegenstandswert anhand der Kosten des Arbeitgebers für das Tätigwerden der Einigungsstelle, mithin der Summe der Honorare für den Vorsitzenden und der weiteren Mitglieder berechnet.

Einigungsstelle
(Spruchanfechtung)
(vgl. auch
> Einigungsstelle
- Bestellungsverfahren)
- Zuständigkeit)
> Sozialplananfechtung

Streitwertkatalog Arbeitsrecht:[29]

5. Einigungsstelle, Anfechtung des Spruchs

Ausgehend vom Hilfswert nach § 23 Abs. 3 Satz 2 RVG wird ggf. unter Berücksichtigung der Umstände des Einzelfalls, z.B. Inhalt und Bedeutung der Regelungsfrage, eine Erhöhung bzw. ein Abschlag vorgenommen.

Festsetzung nach dem jeweiligen Gegenstand des Einigungsstellenspruches:
– LAG Düsseldorf, 06.03.1986 – 7 Ta 473/85, JurBüro 1987, 230 (Differenzbetrag bei Positionsordnung zwischen alter und neuer Leistung)
– LAG Hamm, 08.08.1991 – 8 Ta BV 50/91, BB 1991, 1940 (bei Versetzungsstreit 1/4 des durchschnittlichen Wertes multipliziert mit der Anzahl der Versetzungsfälle, hier: 50.000,00 €)
– LAG Hessen, 30.01.2002 – 5 TaBV 1/01, AE 2002, 39
– LAG München, 28.01.1987 – 5(6) Ta 268/86, JurBüro 1987, 858 (25.000,00 € Lohnkosteneinsparung)

---

28 Ausführlich dazu: Schäder/Weber Praxiskommentar Streitwertkatalog Arbeitsrecht.
29 Ausführlich dazu: Schäder/Weber Praxiskommentar Streitwertkatalog Arbeitsrecht.

Orientierung am Regelwert (5.000,00 €):
- LAG Schleswig-Holstein, 16.06.1995 – 4(3) Ta 149/94, ARST 1995, 286

Summe der Honorare für Vorsitzenden und weitere Mitglieder maßgeblich:
- LAG Baden-Württemberg, 08.04.1994 – 13 Ta BV 2/93, DB 1994, 1044
- LAG München, 01.09.1993 – 3 Ta 67/93, BB 1994, 92 = DB 1993, 2604
- LAG Niedersachsen, 30.04.1999 – 1 Ta 71/99, LAGE § 8 BRAGO Nr. 40
- LAG Schleswig-Holstein, 14.10.1993 – 4 Ta BV 8/93, DB 1993, 2392

Bei einer Anfechtung des Spruches der Einigungsstelle, der übertarifliche Zulagen betrifft, wird der Gegenstandswert nach der Bedeutung, dem Umfang und der Schwierigkeit der Sache bemessen:
- LAG Düsseldorf, 28.11.1994 – 7 Ta 213/94, JurBüro 1995, 483

Bei Anfechtung eines Einigungsstellenspruches hinsichtlich der Festlegung von zwei Dienstplänen von Fluglotsen beträgt der Gegenstandswert 8.000,00 €:
- LAG Bremen, 17.06.1998 – 4 Ta 32/98, LAGE § 8 BRAGO Nr. 42

Hinsichtlich der Frage der **Zuständigkeit** der Einigungsstelle ist der Gegenstandswert des zugrunde gelegten Gegenstandes mit einem Teil des beabsichtigten Verfahrens festzusetzen:
- LAG Baden-Württemberg, 04.12.1979 – 1 Ta 111/79, BB 1980, 321
- LAG Hamm, 11.02.1976 – 8 Ta BV 66/74, DB 1976, 1244; BB 1974, 934; 06.04.1972 – 8 Ta BV 1/72, DB 1972, 880 = MDR 1972, 640 (soll ein Sozialplan verhandelt werden, so ist ein Zehntel des Sozialplanvolumens angemessen, hier: Sozialplanvolumen 750.000,00 €, Streitwert somit 75.000,00 €)

Bei der Bestimmung des Gegenstandswertes für ein Zustimmungsersetzungsverfahren stellt sich grds. die Frage, ob § 42 Abs. 1 Satz 1 GKG analog oder § 23 Abs. 3 RVG anzuwenden ist. Dies ist fraglich sowohl bei Verfahren, die nur eine Einzelmaßnahme betreffen, als auch bei Verfahren, die eine Vielzahl solcher Fälle zum Gegenstand haben.

Einigungsstelle

(Zuständigkeit)

Eingruppierung/ Umgruppierung

(vgl. auch

> Zustimmungsersetzungsverfahren

> Personelle Einzelmaßnahme)

Streitwertkatalog Arbeitsrecht:[30]

13.3 Eingruppierung/Umgruppierung:

Die Grundsätze zu II. Nr. 13.1 und 13.2 gelten unter Berücksichtigung des Einzelfalles auch bei diesem Mitbestimmungsrecht, wobei bei der Wertung gemäß II. Nr. 13.2.2 die Orientierung an § 42 II 2 GKG vorzunehmen ist. Bei der 36-fachen Monatsdifferenz erfolgt ein Abschlag i.H.v. 25 % wegen der nur beschränkten Rechtskraftwirkung des Beschlussverfahrens für den fraglichen Arbeitnehmer.

13. Personelle Einzelmaßnahmen nach §§ 99, 100, 101 BetrVG

13.1 Grundsätzliches: Es handelt sich um nichtvermögensrechtliche Angelegenheiten; entscheidend sind die Aspekte des Einzelfalles, z.B. die Dauer und Bedeutung der Maßnahme und die wirtschaftlichen Auswirkungen, die zur Erhöhung oder Verminderung des Wertes führen können.

13.2 Einstellung: Als Anhaltspunkte für die Bewertung können dienen:

13.2.1 der Hilfswert von § 23 III 2 RVG oder

13.2.2 die Regelung von § 42 II 1 GKG, wobei eine Orientierung am 2-fachen Monatsverdienst des Arbeitnehmers sachgerecht erscheint.

---

30 Ausführlich dazu: Schäder/Weber Praxiskommentar Streitwertkatalog Arbeitsrecht.

a) § 42 Abs. 1 Satz 1 GKG analog oder § 23 Abs. 3 RVG?

Bei einem Zustimmungsersetzungsverfahren nach § 99 Abs. 4 BetrVG für eine Eingruppierung oder Umgruppierung ist umstritten, ob § 42 Abs. 1 Satz 1 GKG analog zur Anwendung kommt (dreijähriger Bezug der Vergütungsdifferenz, z.T. nimmt die Rechtsprechung hier Abzüge von 20 bis 40 % vor) oder der Regelwert des § 23 Abs. 3 RVG zugrunde zu legen ist.

Dreijährige Vergütungsdifferenz analog § 42 Abs. 1 Satz 1 GKG:
- LAG Hamm, 19.03.1987 – 8 Ta BV 2/87, DB 1987, 1847
- LAG Köln, 29.10.1991 – 10 Ta 205/91, MDR 1992, 165 = JurBüro 1992, 91
- LAG Schleswig-Holstein, 18.04.1996 – 1 Ta 30/96, LNR 1996, 10939

Dreifacher Jahresbetrag der Vergütungsdifferenz abzüglich 20 % bis 25 %:
- LAG Düsseldorf, 16.02.1981 – 25 Ta 32/81, EzA § 8 BRAGO Nr. 3
- LAG Hamburg, 01.09.1995 – 7 Ta 13/95, LAGE § 8 BRAGO Nr. 30 = NZA-RR 1996, 266
- LAG Hamm, 03.03.1976 – 8 Ta BV 78/75, DB 1976, 1019
- LAG Köln, 29.10.1991 – 10 Ta 205/91, MDR 1992, 165
- LAG Schleswig-Holstein, 27.04.1988 – 5 Ta 188/87, LAGE § 8 BRAGO, Nr. 6

Dreifacher Jahresbetrag der Vergütungsdifferenz abzüglich 40 %:
- LAG Hamm, 18.04.1985 – 8 Ta BV 38/85, DB 1985, 1535

Regelwert gem. § 23 Abs. 3 RVG (5.000,00 €):
- LAG Rheinland-Pfalz, 31.08.2000 – 3 Ta 918/00, NZA-RR 2001, 325
- LAG Schleswig-Holstein, 01.08.1986 – 5 Ta BV 5/86, NZA 1986, 723
- LAG Thüringen, 21.01.1997 – 8 Ta 137/96, LAGE § 8 BRAGO Nr. 34

b) Vielzahl gleichgelagerter Fälle

Bei einer Vielzahl gleichgelagerter Fälle ist es ebenfalls umstritten, ob die Gegenstandswertfestsetzung nach § 42 Abs. 1 Satz 1 GKG analog mit Addition der einzelnen Gegenstandswerte (mit oder ohne Abschlag) oder in Anlehnung an § 23 Abs. 3 RVG zu erfolgen hat.

Streitwertkatalog Arbeitsrecht:[31]

13.7 Bei Massenverfahren (objektive Antragshäufung) mit wesentlich gleichem Sachverhalt, insbesondere bei einer einheitlichen unternehmerischen Maßnahme und parallelen Zustimmungsverweigerungsgründen und/oder vergleichbaren Eingruppierungsmerkmalen, erfolgt – ausgehend von vorgenannten Grundsätzen – ein linearer Anstieg des Gesamtwertes, wobei als Anhaltspunkt folgende Staffelung für eine Erhöhung angewendet wird:
- beim 2. bis einschließlich 20. parallel gelagerten Fall wird für jeden Arbeitnehmer der für den Einzelfall ermittelte Ausgangswert mit 25 % bewertet,
- beim 21. bis einschließlich 50. parallel gelagerten Fall wird für jeden Arbeitnehmer der für den Einzelfall ermittelte Ausgangswert mit 12,5 % bewertet,
- ab dem 51. parallel gelagerten Fall wird für jeden Arbeitnehmer der Ausgangswert mit 10 % bewertet.

Addition der Gegenstandswerte nach § 42 Abs. 1 Satz 1 GKG analog mit Abschlag:
- LAG Düsseldorf, 16.02.1981 – 7 Ta 229/80, EzA § 8 BRAGO Nr. 3 (Abschlag 25 %)
- LAG Hamburg, 01.09.1995 – 7 Ta 13/95, NZA-RR 1996, 266 (Abschlag 40 %)
- LAG München, 07.12.1995 – 3 Ta 10/95, NZA-RR 1996, 419 = LAGE § 8 BRAGO Nr. 29 (Abschlag 50 %)
- LAG Thüringen, 21.01.1997 – 8 Ta 137/96, JurBüro 1997, 420 (Abschlag 50 %)

Addition der Gegenstandswerte nach § 42 Abs. 1 Satz 1 GKG ohne Abschlag:
- LAG Schleswig-Holstein, 18.04.1996 – 1 Ta 90/96, n.v.

---

31 Ausführlich dazu: Schäder/Weber Praxiskommentar Streitwertkatalog Arbeitsrecht.

Bei Streitigkeiten über das **Mitbestimmungsrecht** des Betriebsrates zur Einstellung oder Versetzung eines Arbeitnehmers ist umstritten, ob der Regelwert nach § 23 Abs. 3 RVG festzusetzen ist oder ob grds. das Vierteljahresentgelt analog § 42 Abs. 2 Satz 1 GKG den Gegenstandswert oder bei Leiharbeitnehmer das bezahlte Entgelt darstellt.

Einstellung

(vgl. auch

> Personelle Einzelmaßnahmen

> Versetzung)

Streitwertkatalog Arbeitsrecht:[32]

13.2 Einstellung: Als Anhaltspunkte für die Bewertung können dienen:

13.2.1 der Hilfswert von § 23 III 2 RVG oder

13.2.2 die Regelung von § 42 II 1 GKG, wobei eine Orientierung am 2-fachen Monatsverdienst des Arbeitnehmers sachgerecht erscheint.

Vierteljahresentgelt analog § 42 Abs. 2 Satz 1 GKG:
- LAG Düsseldorf, 25.04.1995 – 7 Ta 399/94, AuR 1995, 332
- LAG Hamburg, 02.05.1988 – 1 Ta 9/87, DB 1988, 1404
- LAG Hamm, 26.06.2002 – 10 TaBV 61/02, AE 2003, 40; 23.02.1989 – 8 Ta BV 146/88, AnwBl. 1989, 619 = DB 1989, 1580 = LAGE § 8 BRAGO Nr. 12; 19.03.1987 – 8 Ta BV 2/87, AnwBl. 1988, 647 = LAGE § 12 ArbGG 1979 Streitwert Nr. 70; 13.05.1986 – 8 Ta 137/86, LAGE § 12 ArbGG 1979 Streitwert Nr. 55
- LAG Hessen, 10.06.1993 – 6 Ta 333/92, AuR 1994, 426 (ohne Abschlag)
- LAG Schleswig-Holstein, 27.04.1988 – 5 Ta 188/87, LAGE § 8 BRAGO Nr. 6; 27.04.1988 – 2 Ta 188/87, DB 1988, 2260

§ 23 Abs. 3 RVG ist nur ein Hilfswert, daher grds. ein Bruttomonatsgehalt, nach Aufwand und Bedeutung jedoch auch Abweichungen nach oben oder unten möglich:
- LAG Hamburg, 13.11.1995, – 2 Ta 20/95, NZA-RR 1996, 307; 12.09.1995 – 3 Ta 17/95, NZA-RR 1996, 267; 04.08.1992 – 2 Ta 6/92, NZA 1993, 42; 24.05.1988 – 1 Ta 9/87, LAGE § 8 BRAGO Nr. 7
- LAG Rheinland-Pfalz, 11.05.1995 – 6 Ta 48/95, DB 1995, 1720

Regelwert des § 23 Abs. 3 RVG (5.000,00 €):
- LAG Bremen, 29.06.1983 – 4 Ta 10-18/83, AnwBl. 1984, 165; 20.01.1993 – 4 Ta 79/92, DB 1993, 492
- LAG Köln, 11.11.2008 – 13 Ta 368/08, InfoA 2009, 254; 27.06.2007 – 7(9) Ta 479/06, NZA-RR 2008, 43 = NZA 2008, 728; 30.09.1997 – 5 Ta 196/97, BB 1998, 2116 = NZA 1998, 448 (nach billigem Ermessen gem. § 23 Abs. 3 RVG)
- LAG München, 07.12.1995 – 3 Ta 10/95, NZA-RR 1996, 419 = LAGE § 8 BRAGO Nr. 29
- LAG Niedersachsen, 19.04.1983 – 1 Ta BV 19/82, AnwBl. 1984, 166
- LAG Rheinland-Pfalz, 23.10.2007 – 1 Ta 223/07, LNR 2007, 41783 (Regelwert für Antrag nach § 99 Abs. 4 BetrVG und halber Regelwert zusätzlich für Antrag nach § 100 Abs. 2 Satz 3 BetrVG)
- LAG Schleswig-Holstein, 11.03.1997 – 4 Ta 2/97, LAGE § 8 BRAGO Nr. 33

1,5-faches Bruttomonatsgehalt bei dreimonatiger Aushilfebeschäftigung:
- LAG Hamm, 19.03.1987 – 8 Ta 2/87, AnwBl. 1988, 647

Bei Leiharbeitnehmern das für den Zeitraum der Leiharbeit zu zahlende Entgelt, auch bei mehreren Leiharbeitnehmern:
- LAG Hamburg, 27.09.2007 – 8 Ta 10/07, AE 2008, 73 + 156

Streitwertkatalog Arbeitsrecht:[33]

Einstweilige Verfügung

7. Einstweilige Verfügung

7.1 Bei Vorwegnahme der Hauptsache: 100 % des allgemeinen Wertes.

---

32 Ausführlich dazu: Schäder/Weber Praxiskommentar Streitwertkatalog Arbeitsrecht.

7.2 Einstweilige Regelung: Je nach Einzelfall, i.d.R. 50 % des Hauptsachestreitwerts.   Feststellung

> Leistung

> Leitender Angestellter

Bei einer Streitigkeit um die **Freistellung eines Betriebsratsmitgliedes** ist umstritten, ob sich der Gegenstandswert am Verdienst des Betriebsratsmitgliedes und damit am Vierteljahresentgelt entsprechend § 42 Abs. 2 Satz 1 GKG orientiert oder der Regelwert des § 23 Abs. 3 RVG oder der Vergütungsanspruch des BR-Mitgliedes während der Freistellung festzusetzen ist.   **Freistellung Betriebsratsmitglied**

Streitwertkatalog Arbeitsrecht:[34]

8. Freistellung eines Betriebsratsmitglieds

8.1 Freistellung von der Arbeitspflicht im Einzelfall (§ 37 Abs. 2 und 3 BetrVG): Bewertung nach § 23 Abs. 3 Satz 2 RVG, abhängig von Anlass und Dauer der Freistellung kann eine Herauf- oder Herabsetzung des Wertes erfolgen.

8.2 Zusätzliche Freistellung (§ 38 BetrVG): Ausgehend vom doppelten Hilfswert des § 23 Abs. 3 Satz 2 RVG kann abhängig von der Bedeutung des Einzelfalls sowie des Aufwands eine Heraus- oder Herabsetzung erfolgen.

Vierteljahresentgelt analog § 42 Abs. 2 Satz 1 GKG:
- LAG Baden-Württemberg, 21.03.1991 – 8 Ta 15/91, JurBüro 1991, 1483; 17.07.1980 – 1 Ta 61/80, BB 1980, 1695
- LAG Rheinland-Pfalz, 03.03.1993 – 9 Ta 8/93, ARST 1994, 14
- Regelwert des § 23 Abs. 3 RVG (5.000,00 €):
- LAG Baden-Württemberg, 21.03.1991 – 8 Ta 15/91, JurBüro 1991, 1483
- LAG Düsseldorf, 22.08.1991 – 7 Ta 245/91, JurBüro 1992, 94
- LAG Sachsen, 17.05.2004 – 4 Ta 131/04, AE 2004, 291 (bei Streit um Freistellung eines Mitgliedes des Wahlvorstandes)

Vergütungsanspruch des BR-Mitgliedes während der Dauer der Freistellung:
- LAG Köln, 26.06.2007 – 7 Ta 75/07, LNR 2007, 36454
- LAG Rheinland-Pfalz, 02.06.2008 – 1 Ta 80/08, JurBüro 2008, 478 = LNR 2008, 18144

Bei Geltendmachung eines Anspruches auf Zahlung ist der Gegenstandswert grds. mit dem vollen Betrag anzusetzen: Geldanspruch
- LAG Bremen, 24.02.1982 – 4 Ta 71/82, AnwBl. 1984, 164

Bei Streitigkeiten hinsichtlich der Bildung eines Gesamtbetriebsrates ist grds. vom Regelwert nach § 23 Abs. 3 RVG (5.000,00 €) auszugehen, multipliziert mit der Anzahl der betroffenen Mitglieder von Betriebsräten: Gesamtbetriebsrat
- LAG Düsseldorf, 18.11.1977 – 8 Ta 184/77, LAGE § 8 BRAGO Nr. 1

Bei einer Streitigkeit um die Eigenschaft einer Gewerkschaft kommt es nach der Rechtsprechung auf die Anzahl der Mitglieder und die Größe der Gewerkschaft an. Dementsprechend wurden beispielsweise Gegenstandswerte zwischen 25.000,00 € und 50.000,00 € festgesetzt.   Gewerkschaftseigenschaft

50.000,00 €:
- LAG Hamm, 29.01.1976 – 8 Ta BV 108/75, AR-Blattei, Arbeitsgerichtsbarkeit XIII, Entscheidung Nr. 73

25.000,00 €:
- ArbG Stuttgart, 04.02.1972 – 8 Ta BV 3/73, EzA Art. 9 GG Nr. 9 = AuR 1972, 344

---

33 Ausführlich dazu: Schäder/Weber Praxiskommentar Streitwertkatalog Arbeitsrecht.
34 Ausführlich dazu: Schäder/Weber Praxiskommentar Streitwertkatalog Arbeitsrecht.

Gewerkschaftszutritt

Bei einem Streit um den Zugang eines Gewerkschaftsbeauftragten zu einer Betriebsratssitzung wurde der einfache oder der doppelte Regelwert (derzeit 5.000,00 €) angenommen.

Einfacher Regelwert:
- LAG Düsseldorf, 18.11.2002 – 17 Ta 483/02, AE 2003, 85
- LAG Hamm, 06.10.1981 – 8 Ta BV 112/81, DB 1981, 2388

Doppelter Regelwert:
- LAG Düsseldorf, 23.08.1984 – 7 Ta 161/84, JurBüro 1985, 712

Hilfswert

> Regelwert

Informations- und Beratungsansprüche

Streitwertkatalog Arbeitsrecht:[35]

9. Informations- und Beratungsansprüche

9.1 Ausgehend vom Hilfswert des § 23 Abs. 3 Satz 2 RVG; abhängig vom Gegenstand des Mitbestimmungsrechts und der Bedeutung des Einzelfalls sowie des Aufwands kann eine Herauf- oder Herabsetzung des Wertes erfolgen.

9.2 Sachverständige/Auskunftsperson: Nichtvermögensrechtliche Streitigkeit: Es ist vom Hilfswert nach § 23 Abs. 3 Satz 2 RVG auszugehen, einzelfallabhängig kann eine Herauf- oder Herabsetzung erfolgen.

Konzernbetriebsrat

Bei einem Streit über die Rechtmäßigkeit der Zusammensetzung eines Konzernbetriebsrates kann sich der Gegenstandswert an der Größe des Gremiums in Anlehnung an die Staffel des § 9 BetrVG orientieren (mit der gesetzlichen Obergrenze von 40 Konzernbetriebsratsmitgliedern).
- LAG Köln, 22.06.2005 – 10 (5) Ta 144/04, AE 2006, 146

Kosten

> Betriebsratsbüro

> Betriebsratsbürokraft

> Betriebsratswahl

> Leistung

> Schulungskosten

> Sachmittel

Kündigung

> Unterlassung

> Zustimmungsersetzungsverfahren

Leistung

Wird in einem Beschlussverfahren die Feststellung von **Arbeitnehmeransprüchen** auf Leistung aufgrund Unwirksamkeit eines Widerrufs begehrt, so ist bei der Gegenstandswertberechnung von der festzustellenden Gesamtleistung ein Abzug von 25 % vorzunehmen:
- LAG Bremen, 24.12.1982 – 4 Ta 71/82, AnwBl. 1984, 165

Wird ein **Einigungsstellenspruch** bezüglich der Verteilung von übertariflichen Zulagen angefochten, beträgt der Gegenstandswert nach Umfang und Schwierigkeitsgrad 6.000,00 €:
- LAG Düsseldorf, 28.11.1994 – 7 Ta 213/94, JurBüro 1995, 483

---

35 Ausführlich dazu: Schäder/Weber Praxiskommentar Streitwertkatalog Arbeitsrecht.

Der Antrag auf Feststellung, dass Arbeitnehmer die Eigenschaft eines leitenden Angestellten haben, ist mit dem Regelwert oder dem doppelten Regelwert gem. § 23 Abs. 3 RVG (5.000,00 €) zu bewerten.	**Leitender Angestellter** (Feststellung)

Regelwert nach § 23 Abs. 3 RVG (5.000,00 €):
— LAG Bremen, 24.04.1978 – 3 Ta BV 3/77, BB 1979, 1096
— LAG Düsseldorf, 07.04.2011 – 2 Ta 767/10, n.v.

Doppelter Regelwert nach § 23 Abs. 3 RVG (5.000,00 €):
— LAG München, 21.06.1982 – 6 Ta 61/82, AnwBl. 1984, 160

Bei einem Verfahren hinsichtlich der **Mitbestimmung** zu Lohnerhöhungen (bei variabler Vergütung) richtet sich der Gegenstandswert (wenn keine weiteren Anhaltspunkte ersichtlich sind) nach § 23 Abs. 3 Satz 2 RVG (Auffangwert): — LAG Rheinland-Pfalz, 30.08.2007 – 1 Ta 194/07, NZA-RR 2007, 658 = NZA 2008, 376	**Lohnerhöhung**
	Lohnlisten
	> Akteneinsicht
	Mitbestimmung
	> Eingruppierung
	> Lohnerhöhung
	> Personelle Einzelmaßnahmen
	> Soziale Angelegenheiten
	> Versetzung
	> Zustimmungsersetzungsverfahren
	Nichtigkeit
	> Betriebsratswahl
Für die grundsätzliche Bewertung des Gegenstandswertes im Beschlussverfahren kommt es entscheidend darauf an, ob diese Verfahren als **vermögensrechtliche** oder als **nichtvermögensrechtliche** Streitigkeiten angesehen werden. Bei einer vermögensrechtlichen Streitigkeit kommt § 3 ZPO und bei einer nichtvermögensrechtlichen Streitigkeit § 23 Abs. 3 RVG zur Anwendung.	**Nichtvermögensrechtliche Streitigkeit**

Nach (wohl) überwiegender Auffassung handelt es sich bei Beschlussverfahren um **nichtvermögensrechtliche** Streitigkeiten, soweit keine bezifferten oder bezifferbaren Anträge gestellt werden, sodass § 23 Abs. 3 RVG zur Anwendung kommt.

Nichtvermögensrechtliche Streitigkeit (§ 23 Abs. 3 RVG):
— BAG, 31.01.1984 – 1 AZR 174/81, BAGE 45, 91; 24.02.1982 – 5 AZR 347/81, BAGE 38, 52; 24.03.1980 – 6 AZB 1/80, AP Nr. 1 zu § 64 ArbGG 1979
— LAG Düsseldorf, 29.11.1994 – 1 Ta 136/94, DB 1995, 52 = LAGE § 8 BRAGO Nr. 25
— LAG Hamburg, 04.08.1992 – 2 Ta 6/92, LAGE § 8 BRAGO Nr. 18
— LAG München, 07.12.1995 – 3 Ta 10/95, NZA-RR 1996, 419 = LAGE § 8 BRAGO Nr. 29
— LAG Nürnberg, 02.11.1998 – 7 Ta 167/98, LAGE § 8 BRAGO Nr. 39
— LAG Rheinland-Pfalz, 06.08.1992 – 9 Ta 163/92, NZA 1993, 93
— LAG Schleswig-Holstein, 16.06.1995 – 4 (3) Ta 194/94, ARST 1995, 286; 15.12.1988 – 6 Ta 204/87, LAGE § 8 BRAGO Nr. 10

Ordentliche Kündigung

> Zustimmungsersetzungsverfahren

Personalfragebogen

> Zustimmungsersetzungsverfahren

Streitigkeiten hinsichtlich der Personalvertretung sind mit arbeitsgerichtlichen Verfahren wirtschaftlich nicht gleichzusetzen, sodass als Gegenstandswert der Auffangwert zugrunde zu legen ist:
- OVG Berlin-Brandenburg, 25.09.2006 – 60 PV 15/06, RVGreport 2007, 157

Personalvertretungsverfahren

Bei personellen Einzelmaßnahmen ist sowohl bei einem **Zustimmungsersetzungsverfahren** als auch bei einem Verfahren zur **Aufhebung** einer personellen Einzelmaßnahme umstritten, ob der Gegenstandswert nach § 42 Abs. 3 Satz 1 GKG analog oder nach § 23 Abs. 3 RVG zu berechnen ist.

Personelle Einzelmaßnahmen
(vgl. auch
> Eingruppierung/Umgruppierung
> Versetzung
> Einstellung)

Streitwertkatalog Arbeitsrecht:[36]

13. Personelle Einzelmaßnahmen nach §§ 99, 100, 101 BetrVG

13.1 Grundsätzliches: Es handelt sich um nichtvermögensrechtliche Angelegenheiten; entscheidend sind die Aspekte des Einzelfalles, z.B. die Dauer und Bedeutung der Maßnahme und die wirtschaftlichen Auswirkungen, die zur Erhöhung oder Verminderung des Wertes führen können.

13.7 Bei Massenverfahren (objektive Antragshäufung) mit wesentlich gleichem Sachverhalt, insbesondere bei einer einheitlichen unternehmerischen Maßnahme und parallelen Zustimmungsverweigerungsgründen und/oder vergleichbaren Eingruppierungsmerkmalen, erfolgt – ausgehend von vorgenannten Grundsätzen – ein linearer Anstieg des Gesamtwertes, wobei als Anhaltspunkt folgende Staffelung für eine Erhöhung angewendet wird:
- beim 2. bis einschließlich 20. parallel gelagerten Fall wird für jeden Arbeitnehmer der für den Einzelfall ermittelte Ausgangswert mit 25 % bewertet,
- beim 21. bis einschließlich 50. parallel gelagerten Fall wird für jeden Arbeitnehmer der für den Einzelfall ermittelte Ausgangswert mit 12,5 % bewertet,
- ab dem 51. parallel gelagerten Fall wird für jeden Arbeitnehmer der Ausgangswert mit 10 % bewertet.

a) Zustimmungsersetzung

Bei einem Beschlussverfahren bezüglich der Zustimmungsersetzung bei personellen Einzelmaßnahmen ist generell umstritten, ob der Regelwert des § 23 Abs. 3 RVG (5.000,00 €) zur Anwendung kommt oder der Gegenstandswert nach § 42 Abs. 3 Satz 1 GKG analog festzusetzen ist.

Vierteljahresentgelt analog § 42 Abs. 3 Satz 1 GKG:
- LAG Düsseldorf, 25.04.1995 – 7 Ta 399/94, AuR 1995, 332
- LAG Hamm, 07.07.1994 – 8 Ta BV 80/94, JurBüro 1995, 590; 23.02.1989 – 8 Ta 146/88, LAGE § 8 BRAGO, Nr. 12; 19.03.1987 – 8 Ta BV 2/87, LAGE § 12 ArbGG 1979 Streitwert Nr. 70 = AnwBl. 1988, 647
- LAG Hessen, 26.09.2009 – 5 Ta 603/09, AE 2010, 65
- LAG Köln, 29.10.1991 – 10 Ta 205/91, AnwBl. 1992, 238
- LAG Schleswig-Holstein, 27.04.1988 – 5 Ta 188/87, LAGE § 8 BRAGO Nr. 6

a) Zustimmungsersetzung

---

36 Ausführlich dazu: Schäder/Weber Praxiskommentar Streitwertkatalog Arbeitsrecht.

Regelwert nach § 23 Abs. 3 RVG (5.000,00 €):
- LAG Berlin, 18.02.2003 – 17 Ta 6016/03, NZA-RR 2003, V (bei mehreren personellen Einzelmaßnahmen ist jede einzeln zu bewerten und anschließend ein Gesamtwert zu bilden); 21.10.2002 – 17 Ta 6085/02, NZA-RR 2003, VI; 06.04.2001 – 17 Ta 6049/01, AE 2001, 96 (mehrere Maßnahmen einzeln bewerten und Gesamtwert bilden)
- LAG Bremen, 17.12.1997 – 1 Ta 60/97 + 64/97, AnwBl. 1999, 176 (bei vorläufiger personeller Maßnahme nach § 100 BetrVG nur die Hälfte, mithin 2.500,00 €); 20.01.1993 – 4 Ta 79/92, BB 1993, 366; 24.12.1982 – 4 Ta 71/82, AnwBl. 1984, 164
- LAG Hannover, 04.01.1984 – 12 Ta 31/83, AnwBl. 1984, 166
- LAG Köln, 30.09.1997 – 5 Ta 196/97, LAGE § 8 BRAGO Nr. 36 = BB 1998, 2116
- LAG Schleswig-Holstein, 11.03.1997 – 4 Ta 2/97, LAGE § 8 BRAGO Nr. 33 (hier 3/4 des Wertes); LAG Schleswig-Holstein, 15.02.1988 – 6 Ta 204/97, LAGE § 8 BRAGO, Nr. 10

Ein Bruttomonatsgehalt des betroffenen Arbeitnehmers:
- LAG Hamburg, 24.05.1988 – 1 Ta 9/87, DB 1988, 1404

b) **Aufhebung einer personellen Einzelmaßnahme**

Bei Streit um die Aufhebung einer vorläufigen personellen Einzelmaßnahme gem. § 100 BetrVG ist umstritten, ob (pauschal) ein Bruttomonatsgehalt oder das Vierteljahresentgelt gem. § 42 Abs. 3 Satz 1 GKG analog oder der Regelwert anzusetzen ist.

Vierteljahresentgelt gem. § 42 Abs. 2 Satz 1 GKG analog:
- LAG Hamm, 09.11.2006 – 13 Ta 508/06, NZA 2007, 232; 19.03.1987 – 8 Ta BV 2/87, LAGE § 12 ArbGG 1979 Streitwert Nr. 70
- LAG Köln, 29.10.1991 – 10 Ta 205/91, AnwBl. 1992, 238

Ein Bruttomonatsgehalt:
- LAG Hamburg, 13.11.1995 – 2 Ta 20/95, NZA-RR 1996, 306; 12.09.1995 – 3 Ta 17/95, NZA-RR 1996, 267
- LAG München, 07.12.1995 – 3 Ta 10/95, LAGE § 8 BRAGO Nr. 29
- LAG Rheinland-Pfalz, 11.05.1995 – 6 Ta 48/95, LAGE § 8 BRAGO Nr. 28

Regelwert des § 23 Abs. 3 RVG (5.000,00 €):
- LAG Sachsen, 09.11.2005 – 1 Ta 282/05, AE 2006, 144

c) **Einzelfälle**

Bei dem Streit über die Ausführung auswärtiger Montagen ist der dreifache Regelwert gem. § 23 Abs. 3 RVG (5.000,00 €) anzusetzen:
- LAG Niedersachsen, 31.08.1987 – 6 Ta 150/87, NZA 1988, 220

Bei der Untersagung des Einsatzes von Arbeitnehmern bei Fremdfirmen ist der doppelte Regelwert gem. § 23 Abs. 3 RVG (5.000,00 €) anzusetzen:
- LAG Bremen, 21.09.1983 – 4 Ta 78/83 + 79/83, KostRspr, ArbGG, § 12 Streitwert Nr. 76

Bei Aufhebung von getroffenen Personalmaßnahmen für 43 Beschäftigte sind nach der Bedeutung der Angelegenheit 25.000,00 € als Gegenstandswert festzusetzen:
- LAG Hamburg, 04.08.1992 – 2 Ta 6/92, NZA 1993, 42

Da die (wohl) überwiegende Auffassung bei einem Beschlussverfahren von einer **nichtvermögensrechtlichen** Streitigkeit ausgeht, kommt demnach § 23 Abs. 3 RVG zur Anwendung. Bei Berücksichtigung des Wertes (derzeit 5.000,00 €) ist grds. umstritten, ob es sich dabei um einen **Regelwert** handelt, bei dem anhand von konkreten Tatsachen eine Abweichung nach oben oder unten erfolgen kann, oder um einen **Hilfswert**, der nur dann zur Anwendung kommt, wenn keine anderen Tatsachen zur Gegenstandswertfestsetzung vorliegen.

Regelwert

(vgl. auch

> Nichtvermögensrechtliche Streitigkeit)

§ 23 Abs. 3 RVG ist Hilfswert:
– VGH Hessen, 10.03.1992, HPVTL 2697/90, JurBüro 1994, 242
– LAG Baden-Württemberg, 05.11.1981 – 1 Ta 128/81, DB 1982, 1016
– LAG Berlin, 21.09.1995 – 2 Ta 155/95, NZA 1996, 112; 17.12.1991 – 1 Ta 50/91, NZA 1992, 327
– LAG Düsseldorf, 28.11.1994 – 7 Ta 213/94, JurBüro 1995, 483
– LAG Hamburg, 04.08.1992 – 2 Ta 6/92, NZA 1993, 42 = JurBüro 1993, 168 = LAGE § 8 BRAGO Nr. 18; 24.05.1988 – 1 Ta 9/87, LAGE § 8 BRAGO Nr. 7 = DB 1988, 1404 = BB 1992, 1857
– LAG Hamm, 08.08.1991 – 8 Ta BV 50/91, BB 1991, 1940
– LAG Mecklenburg-Vorpommern, 03.04.1997 – 2 Ta 14/97, AE 1998, 65
– LAG München, 07.12.1995 – 3 Ta 10/95, NZA-RR 1996, 419 = LAGE § 8 BRAGO Nr. 29; 24.05.1993 – 2 Ta 295/92, BB 1993, 1812
– LAG Niedersachsen, 26.04.1986 – 3 Ta 79/95, LAGE § 8 BRAGO Nr. 31
– LAG Schleswig-Holstein, 06.05.1993 – 1 Ta 54/93, DB 1993, 2088; 17.03.1992 – 3(2) Ta 13/92, DB 1992, 1148

§ 23 Abs. 3 RVG ist Regelwert:
– LAG Köln, 12.06.2006 – 2 Ta 221/06 n.v.; 29.10.1991 – 10 Ta 205/91, MDR 1992, 165
– LAG München, 21.06.1982 – 6 Ta 61/82, AnwBl. 1984, 160
– LAG Schleswig-Holstein, 17.03.1992 – 3(2) Ta 13/92, DB 1992, 1148

Beim Streit um die Zurverfügungstellung von Sachmitteln für den Betriebsrat ist der **Wert** des entsprechenden Sachmittels zugrunde zu legen
– LAG Düsseldorf, 12.10.1995 – 7 Ta 267/95, n.v.

Sachmittel des BR

Streitwertkatalog Arbeitsrecht:[37]

14. Sachmittel – Kostenerstattung nach § 40 BetrVG

14.1 Vermögensrechtliche Streitigkeit: Entscheidend ist die Höhe der angefallenen Kosten/des Wertes der Aufwendungen; bei dauernden Kosten, z.B. Mietzinszahlungen: Max. 36 Monatsaufwendungen.

Bei der Geltendmachung von Ansprüchen für die **Kosten** der Betriebsratstätigkeit gem. § 40 BetrVG richtet sich der Gegenstandswert nach dem verlangten Betrag:
– LAG Bremen, 29.06.1983 – 4 Ta 10-18/83, AnwBl. 1984, 164

Schulungskostendes BR

Streitwertkatalog Arbeitsrecht:[38]

14. Sachmittel – Kostenerstattung nach § 40 BetrVG

14.2 Schulungskosten: Vermögensrechtliche Streitigkeit: Entscheidend ist die Höhe der Schulungskosten, inklusive Fahrtkosten.

---

37 Ausführlich dazu: Schäder/Weber Praxiskommentar Streitwertkatalog Arbeitsrecht.
38 Ausführlich dazu: Schäder/Weber Praxiskommentar Streitwertkatalog Arbeitsrecht.

Bei Streit um die Übernahme von Schulungskosten eines Betriebsratsmitglieds durch den Arbeitgeber ist grds. die **Höhe dieser bezifferten Kosten** als Gegenstandswert anzusetzen. Bei der Problematik, ob Schulungsveranstaltungen erforderlich sind, wird auch die abweichende Auffassung vertreten, dass der **Regelwert** nach § 23 Abs. 3 RVG (5.000,00 €) festzusetzen ist.

Höhe der Kosten für Gegenstandswert maßgeblich:
— BVerwG, 15.02.1995 – 6 K St 3/94, JurBüro 1995, 538 (zum Personalrat)
— LAG Bremen, 24.12.1982 – 4 Ta 71/82, AnwBl. 1984, 164
— LAG Hamm, 24.11.1994 – 8 Ta BV 144/94, LAGE § 8 BRAGO Nr. 27 (beim Streit um die Freistellung von Betriebsratsmitgliedern für die Veranstaltung und Fortzahlung der Bezüge sowie Übernahme der Seminarkosten sind die Gesamtaufwendungen des Arbeitgebers mit einem Abschlag von 25 % als Gegenstandswert festzusetzen)
— LAG Köln, 26.06.2007 – 7 Ta 75/07, LNR 2007, 36454 (hinsichtlich der zusätzlich begehrter Freistellung des BR-Mitgliedes ist das Gehalt für die Freistellung anzusetzen)
— LAG Schleswig-Holstein, 15.12.1988 – 6 Ta 204/87, LAGE § 8 BRAGO Nr. 10

Regelwert nach § 23 Abs. 3 RVG:
— LAG Berlin 28.05.2008 – 17 Ta (Kost) 8056/07, AE 2008, 240
— LAG Düsseldorf, 02.07.1990 – 7 Ta 217/90, LAGE § 8 BRAGO Nr. 15
— LAG Hessen, 01.02.2002 – 5 Ta 29/02, AE 2002, 84; 22.12.2000 – 5 Ta 68/2001, AE 2001, 94

Bei Streitigkeiten über die **Mitbestimmungsrechte** bezüglich sozialer Angelegenheiten nach § 87 BetrVG ist nach der Rechtsprechung grds. der Regelwert gem. § 23 Abs. 3 RVG (5.000,00 €) festzusetzen. Oftmals kommt jedoch eine erhebliche Überschreitung/Multiplizierung des Regelwertes in Betracht, wenn umfangreiche Probleme, insbesondere hinsichtlich der wirtschaftlichen Folgen, Gegenstand des Verfahrens sind.

Soziale Angelegenheiten

Streitwertkatalog Arbeitsrecht:[39]

10. Mitbestimmung in sozialen Angelegenheiten

Streit über das Bestehen eines Mitbestimmungsrechts:

Ausgehend vom Hilfswert des § 23 Abs. 3 Satz 2 RVG; abhängig vom Gegenstand des Mitbestimmungsrechts und der Bedeutung des Einzelfalls (organisatorische und wirtschaftliche Auswirkungen, Anzahl der betroffenen Arbeitnehmer u.a.) kann eine Herauf- oder Herabsetzung des Wertes ohne Staffelung erfolgen.

Regelwert:
— BAG, 12.06.1975 – 3 ABR 13/74, DB 1975, 1559
— LAG Hamm, 26.11.1975 – 8 Ta BV 63/75, AR-Blattei, ArbGG XIII, Entscheidung Nr. 72

Doppelter Regelwert:
— LAG Düsseldorf, 16.02.1989 – 7 Ta 11/89, JurBüro 1989, 953 (bei einem Verbot der einseitigen Mehrarbeitsanordnung)

Vierfacher Regelwert:
— LAG Hessen, 25.06.2001 – 5 Ta 154/01, AE 2001, 147 (ca. 40 Aushilfskräfte in monatlich wiederkehrender Weise sowie Kompetenzabgrenzung zwischen Betriebsrat und Gesamtbetriebsrat) 20.000,00 € bei Einführung neuer Dienstpläne)
— LAG Mecklenburg-Vorpommern, 03.04.1997 – 2 Ta 14/92, AE 1998, 65 (betroffen waren mehr als 100 Arbeitnehmer und durchschnittlich 13 Stunden mehr oder weniger)

---

39 Ausführlich dazu: Schäder/Weber Praxiskommentar Streitwertkatalog Arbeitsrecht.

Wert der Kosten:
- LAG Düsseldorf, 23.02.2005 – 15 TaBV 82/04, AE 2005, 279 (Die Installationskosten, die bei Stattgabe des Antrages auf Entfernung von Videoüberwachungsanlagen, vergeblich aufgewandt worden wären.)

Bei der Anfechtung des Spruches der Einigungsstelle kommt es dem betroffenen Arbeitgeber häufig darauf an, nicht unerhebliche wirtschaftliche Belastungen zu beseitigen bzw. dem Betriebsrat das Volumen nicht unerheblich zu erhöhen. Dies gilt insbesondere auch für die Anfechtung von Einigungsstellensprüchen über einen Sozialplan. Die Rechtsprechung stellt dabei meist auf das Volumen des Sozialplans (mit oder ohne Abzüge) ab, zum Teil auch auf den Betrag der Sozialplanleistungen, die zwischen den Parteien streitig sind, unter Einhaltung der Höchstgrenze von 500.000,00 € gem. § 23 Abs. 3 RVG. Zum Teil wird auch eine Orientierung am Regelwert vorgenommen.

Sozialplan
> Einigungsstelle
Sozialplananfechtung
(vgl. auch
> Einigungsstelle
– Spruchanfechtung)

Streitwertkatalog Arbeitsrecht:[40]

6. Einigungsstelle, Anfechtung des Spruchs über Sozialplan

6.1 Macht der Arbeitgeber eine Überdotierung geltend, dann entspricht der Wert des Verfahrens der vollen Differenz zwischen dem festgesetzten Volumen und der von ihm als angemessen erachteten Dotierung.

6.2 Beruft sich der anfechtende Betriebsrat nur auf eine Unterdotierung, dann finden die Grundsätze von § 23 Abs. 3 Satz 2 RVG Anwendung.

Gesamtes strittiges Leistungsvolumen des Sozialplans ohne Abzüge:
- BAG, 09.11.2004 – 1 ABR 11/02 (A), BAGReport 2005, 63 = ArbRB 2005, 44 (wenn der Arbeitgeber den Spruch der Einigungsstelle eines überhöhten Gesamtvolumens des Sozialplans anficht)
- LAG Berlin, 30.10.1975 – 4 Ta BV 2/75, DB 1976, 1388
- LAG Düsseldorf, 29.11.1994 – 7 Ta 1336/94, DB 1995, 52 = LAGE § 8 BRAGO Nr. 25
- LAG Hamm, 13.10.1988 – 8 Ta BV 53/88, LAGE § 8 BRAGO = MDR 1989, 186 = DB 1989, 52
- LAG Köln, 28.02.1986 – 4(3) Ta BV 47/85, LAGE § 76 BetrVG 1972 Nr. 23

Gesamtes strittiges Leistungsvolumen des Sozialplans mit Abzügen:
- LAG Brandenburg, 20.11.1992 – 1 Ta 41/92, LAGE § 8 BRAGO Nr. 20 (50.000,00 €)
- LAG Rheinland-Pfalz, 06.08.1992 – 9 Ta 163/92, NZA 1993, 93 (250.000,00 € bei Geltendmachung eines um 1,75 Mio. € höheren Sozialplanvolumens durch Betriebsrat)

Die den Arbeitnehmern zur Verfügung gestellten Gelder sind für Gegenstandswert maßgebend:
- LAG Hessen, 15.08.1980 – 4(5) Ta BV 67/76, ZIP 1980, 787

Festsetzung durch Ausübung des billigen Ermessens gem. § 23 Abs. 3 RVG:
- BAG, 20.07.2005 – 1 ABR 23/03 (A), ArbRB 2005, 298 (wenn der Betriebsrat den Spruch der Einigungsstelle über einen Sozialplan aufgrund des zu niedrigen Volumens anficht)

Hilfswert des § 23 Abs. 3 RVG (5.000,00 €):
- LAG Hamm, 09.11.2006 – 13 Ta 508/06, NZA 2007, 232

---

[40] Ausführlich dazu: Schäder/Weber Praxiskommentar Streitwertkatalog Arbeitsrecht.

Anhang 2 Streitwertlexikon

Spruchanfechtung

> Einigungsstelle (Spruchanfechtung)

> Sozialplananfechtung

Statusverfahren

> Leitender Angestellter

Tagungsräume

> Sachmittel

Überstunden

> Unterlassung

Übertarifliche Zulagen

> Einigungsstelle (Spruchanfechtung)

Umgruppierung

> Eingruppierung

Unterlassung

(Aufhebungsvertrag, Überstunden)

Streitwertkatalog Arbeitsrecht:[41]

15. Unterlassungsanspruch

Sowohl für den allgemeinen Unterlassungsanspruch als auch den Anspruch nach § 23 Abs. 3 BetrVG:

Festsetzung entsprechend dem Wert des streitigen Mitbestimmungs- oder Mitwirkungsrechts.

a) **Aufhebungsvertrag**

Bei einem Verfahren auf Untersagung des Abschlusses von **Aufhebungsverträgen** durch den Arbeitgeber ohne Zustimmung des Betriebsrats (diese ist aufgrund einer Betriebsvereinbarung notwendig), wurde das 1,5-fache des Regelwertes gem. § 23 Abs. 3 RVG angesetzt:
— LAG Schleswig-Holstein, 13.03.1997 – 4 Ta 115/97 n.v.

b) **Überstunden**

Beim Antrag auf Unterlassung von **Überstunden**, die **mitbestimmungspflichtig** gewesen wären, wird regelmäßig ein Mehrfaches des Regelwertes des § 23 Abs. 3 RVG festgesetzt.

Doppelter Regelwert:
— LAG Düsseldorf, 16.02.1989 – 7 Ta 11/89, JurBüro 1989, 953

1,5-facher Regelwert:
— LAG Hamm, 27.01.1994 – 8 Ta BV 147/93, n.v.

Regelwert:
— LAG Sachsen, 09.11.2005 – 1 Ta 282/05, AE 2006, 144

a) Aufhebungsvertrag

b) Überstunden

---

41 Ausführlich dazu: Schäder/Weber Praxiskommentar Streitwertkatalog Arbeitsrecht.

	Vermögensrechtliche Streitigkeit
	> Nichtvermögensrechtliche Streitigkeit
Bei einem Verfahren wegen der **Mitbestimmung** bei einer Versetzung eines Arbeitnehmers ist umstritten, ob grds. von dem Regelwert des § 23 Abs. 3 RVG auszugehen ist oder das Vierteljahresentgelt nach § 42 Abs. 2 Satz 1 GKG analog oder sogar weniger Bruttomonatsgehälter festzusetzen ist.	**Versetzung**
	Vgl. auch
	> **Personelle Einzelmaßnahme**

Streitwertkatalog Arbeitsrecht:[42]

13.4 Versetzung:

Je nach Bedeutung der Maßnahme Hilfswert (bei Vorgehensweise nach II. Nr. 13.2.1) oder Bruchteil davon bzw. (bei Vorgehensweise nach II Nr. 13.2.2) 1 bis 2 Monatsgehälter, angelehnt an die für eine Versetzung im Urteilsverfahren genannten Grundsätze.

(13.2.1 der Hilfswert von § 23 Abs. 3 Satz 2 RVG oder 13.2.2 die Regelung von § 42 Abs. 2 Satz 1 GKG, wobei eine Orientierung am 2-fachen Monatsverdienst des Arbeitnehmers sachgerecht erscheint.)

13.5 Das Verfahren nach § 100 BetrVG wird mit dem ½ Wert des Verfahrens nach § 99 Abs. 4 BetrVG bewertet.

13.6 Das Verfahren nach § 101 BetrVG wird als eigenständiges Verfahren wie das Verfahren nach § 99 Abs. 4 BetrVG bzw. nach § 100 BetrVG bewertet. Als kumulativer Antrag in einem Verfahren mit ½ Wert des Verfahrens nach § 99 Abs. 4 bzw. 100 BetrVG.

Regelwert (5.000,00 €):
– LAG Berlin, 17.12.1991 – 1 Ta 50/91, ARST 1992, 110
– LAG Hamburg, 04.08.1992 – 2 Ta 6/92, JurBüro 1993, 168
– LAG München, 24.05.1993 – 2 Ta 295/92, NZA 1994, 47 = BB 1993, 1812 = DB 1993, 2088 = LAGE § 8 BRAGO Nr. 33
– LAG Schleswig-Holstein, 26.06.2000 – 3 Ta 68/00, AnwBl. 2000, 695 (nur kurzzeitige Versetzung); 15.12.1988 – 6 Ta 204/87, LAGE § 8 BRAGO Nr. 10

Vierteljahresentgelt hinsichtlich des Unterschiedsbetrages gem. § 42 Abs. 2 Satz 1 GKG analog:
– LAG Hamm, 18.04.1985 – 8 Ta BV 38/85, DB 1985, 1535; 25.05.1974 – 5 Ta BV 106/73, AuR 1974, 313
– LAG Hannover, 04.01.1984 – 12 Ta 31/83, AnwBl. 1984, 166

Zweifaches Bruttomonatsgehalt:
– LAG Düsseldorf, 11.05.1999 – 7 Ta 143/99, LAGE § 8 BRAGO Nr. 41

Einfaches Bruttomonatsgehalt:
– LAG Hamburg, 24.05.1988 – 1 Ta 9/87, LAGO § 8 BRAGO Nr. 7

	Wählbarkeit
	> Betriebsrat
	Wahlanfechtung
	> Betriebsratswahl
Ist das **Zugangsrecht** des Wahlvorstands zu den Beschäftigten, um die **anstehende Betriebsratswahl vorzubereiten**, streitig, ist der Regelwert (5.000,00 €) festzusetzen:	**Wahlvorstand**

– ArbG Leipzig, 13.02.2006 – 16 BVGa 77/05, AE 2006, 143

---
42 Ausführlich dazu: Schäder/Weber Praxiskommentar Streitwertkatalog Arbeitsrecht.

Wirtschaftliche Angelegenheiten

Bei wirtschaftlichen Angelegenheiten, wird von der Rechtsprechung ausgehend vom Regelwert gem. § 23 Abs. 3 RVG (5.000,00 €) ein Mehrfaches davon angesetzt.

Streitwertkatalog Arbeitsrecht:[43]

11. Mitbestimmung in wirtschaftlichen Angelegenheiten

Vgl. II. Nr. 1.

1. Betriebsänderung/Personalabbau

1.1 Realisierung des Verhandlungsanspruchs: Ausgehend vom Hilfswert nach § 23 Abs. 3 Satz 2 RVG wird ggf. unter Berücksichtigung der Umstände des Einzelfalles, z.B. Inhalt und Bedeutung der Regelungsfrage, eine Erhöhung bzw. ein Abschlag vorgenommen.

1.2 Unterlassung der Durchführung einer Betriebsänderung: Ausgehend von II Nr. 1.1 erfolgt eine Erhöhung nach der Staffelung von II. Nr. 13.7.

13.7 Bei Massenverfahren (objektive Antragshäufung) mit wesentlich gleichem Sachverhalt, insbesondere bei einer einheitlichen unternehmerischen Maßnahme und parallelen Zustimmungsverweigerungsgründen und/oder vergleichbaren Eingruppierungsmerkmalen, erfolgt – ausgehend von vorgenannten Grundsätzen – ein linearer Anstieg des Gesamtwertes, wobei als Anhaltspunkt folgende Staffelung für eine Erhöhung angewendet wird:
- beim 2. bis einschließlich 20. parallel gelagerten Fall wird für jeden Arbeitnehmer der für den Einzelfall ermittelte Ausgangswert mit 25 % bewertet,
- beim 21. bis einschließlich 50. parallel gelagerten Fall wird für jeden Arbeitnehmer der für den Einzelfall ermittelte Ausgangswert mit 12,5 % bewertet,
- ab dem 51. parallel gelagerten Fall wird für jeden Arbeitnehmer der Ausgangswert mit 10 % bewertet.

Doppelter Regelwert bei Streit zwischen dem Betriebsrat und dem Arbeitgeber über die Einrichtung eines **Wirtschaftsausschusses**:
- LAG Bremen, 13.12.1984 – 4 Ta 81/84, AnwBl. 1985, 101 = DB 1985, 768

Doppelter Regelwert bei Untersagung eines Ausspruchs einer Kündigung während laufender Verhandlungen über Interessenausgleich:
- LAG Bremen, 15.02.1990 – 2 Ta 85/89, LAGE § 8 BRAGO Nr. 14

Bei einer **Betriebsänderung** ist der Wert ausgehend vom Regelwert nach freiem Ermessen zu bestimmen, wobei die Bedeutung der Angelegenheit für die Beteiligten maßgebend ist:
- LAG Berlin, 24.10.2003 – 17 Ta 6080/03, AE 2004, 138

Maßgebliche Kriterien für die Bestimmung des Wertes beim Streit um eine **Betriebsänderung** sind: wirtschaftliche Auswirkungen für die Beteiligten, Anzahl der betroffenen Arbeitnehmer, Betroffenheit des Betriebes:
- LAG Hamburg, 13.06.2006 – 9 Ta 20/05, AE 2006, 214

Bei einer einstweiligen Verfügung des Betriebsrates auf Unterlassung einer **Betriebsstilllegung** ist das Interesse des Betriebsrates an der Wahrung seines Beteiligungsrechts maßgeblich, sodass der Gegenstandswert anhand des Regelwertes des § 23 Abs. 3 Satz 2 RVG nach der Zahl der betroffenen Arbeitnehmer und deren Relation zur Gesamtzahl der Arbeitnehmer zu ermitteln ist:
- LAG Mecklenburg-Vorpommern, 16.11.2000 – 1 Ta 67/00, NZA 2001, 1160

Wirtschaftsausschuss

> Wirtschaftliche Angelegenheiten

---

[43] Ausführlich dazu: Schäder/Weber Praxiskommentar Streitwertkatalog Arbeitsrecht.

Streitwertkatalog Arbeitsrecht:[44]

16. Zuständigkeitsstreitigkeiten/Kompetenzabgrenzung

Zuständigkeit des BR

16.1 Abgrenzung Zuständigkeit Betriebsratsgremien:

Ausgehend vom Hilfswert nach § 23 Abs. 3 Satz 2 RVG, ggf. wird unter Berücksichtigung der Umstände des Einzelfalles eine Erhöhung bzw. ein Abschlag in Betracht kommen.

16.2 Abgrenzung Betrieb/gemeinsamer Betrieb/Betriebsteil:

Ausgehend vom Hilfswert nach § 23 Abs. 3 Satz 2 RVG, ggf. wird unter Berücksichtigung der Umstände des Einzelfalles eine Erhöhung bzw. ein Abschlag in Betracht kommen.

Der Streit, ob der **Gesamtbetriebsrat** oder der **Betriebsrat** zuständig ist, kann nach § 23 Abs. 3 Satz 2 RVG mit 20.000,00 € bemessen werden:
– LAG Köln, 06.03.2007 – 9 Ta – 480/06, AE 2007, 371

Zustimmungsersetzungsverfahren

Bei Verfahren über die Zustimmung des Betriebsrates, mithin die Notwendigkeit bzw. Ersetzung der Zustimmung des Betriebsrates, herrscht grds. Uneinigkeit darüber, ob der **Regelwert** nach § 23 Abs. 3 RVG oder die Regelung des § 42 Abs. 1 Satz 1 GKG (**dreifacher Jahresbetrag**) zur Anwendung kommt. Nachfolgend wird nach den einzelnen Zustimmungsersetzungsverfahren unterschieden:

a) Antrag, dem Arbeitgeber die Einleitung eines Zustimmungsersetzungsverfahrens aufzugeben

Bei einem Antrag, dem Arbeitgeber unter Androhung von Zwangsgeld, die Einleitung eines Zustimmungsersetzungsverfahrens aufzugeben, werden grds. auch zwei unterschiedliche Auffassungen vertreten. Zum einen wird die Regelung des § 42 Abs. 1 Satz 1 GKG und damit der dreifache Jahresbetrag mit Kürzungen herangezogen, zum anderen wird der Regelwert des § 23 Abs. 3 RVG der Gegenstandswertberechnung zugrunde gelegt.

Dreifacher Jahresbetrag mit Abzügen:
– LAG Baden-Württemberg, 02.01.1984 – 1 Ta 205/83, AnwBl. 1985, 100
– LAG Hamm, 18.04.1985 – 8 Ta BV 38/85, LAGE § 3 ZPO Nr. 3
– LAG Köln, 27.07.1995 – 4 Ta 126/95, JurBüro 1996, 590; 29.10.1991 – 10 Ta 205/91, JurBüro 1992, 91
– LAG Schleswig-Holstein, 27.04.1988 – 5 Ta 188/87, LAGE § 8 BRAGO Nr. 6

Regelwert mit Verringerung bzw. Erhöhung je nach Einzelfall:
– LAG Schleswig-Holstein, 01.08.1986 – 5 Ta BV 5/86, NZA 1986, 723
– LAG Thüringen, 21.01.1997 – 8 Ta 205/83, LAGE § 8 BRAGO Nr. 34
– ArbG Würzburg, 15.12.1993 – 4 BV 12/93, BB 1994, 1015

b) Zustimmung zur Eingruppierung/Umgruppierung

> Eingruppierung/Umgruppierung

> Personelle Einzelmaßnahme

---

44 Ausführlich dazu: Schäder/Weber Praxiskommentar Streitwertkatalog Arbeitsrecht.

c) Zustimmung bei Einstellung von Arbeitnehmern

d) Zustimmung zur Kündigung nach § 103 BetrVG

Bei einem Zustimmungsersetzungsverfahren zur außerordentlichen Kündigung eines Betriebsratsmitgliedes ist umstritten, ob dabei das Vierteljahresentgelt entsprechend § 42 Abs. 2 Satz 1 GKG oder der Regelwert gem. § 23 Abs. 3 RVG (5.000,00 €) heranzuziehen ist.

Streitwertkatalog Arbeitsrecht:[45]

17. Zustimmungsersetzungsantrag (§ 103 BetrVG)

Vergütung des betroffenen Arbeitnehmers für ein Vierteljahr (wegen der Rechtskraftwirkung).

Regelwert des § 23 Abs. 3 RVG:
- LAG Baden-Württemberg, 15.06.1990 – 8 Ta 222/90, JurBüro 1991, 62
- LAG Düsseldorf, 06.02.2006 – 6 Ta 54/06, AE 2006, 216
- LAG Köln, 22.03.1999 – 11 Ta 241/98, AnwBl. 2001, 635 (bei Änderungskündigung)
- LAG Schleswig-Holstein, 12.04.1994 – 6 Ta 16/94, LNR 1994, 17390

Doppelter Regelwert des § 23 Abs. 3 RVG:
- LAG München, 02.11.1998 – 3 Ta 279/98, AE 1999, 50

Vierteljahresentgelt analog § 42 Abs. 2 Satz 1 GKG:
- LAG Baden-Württemberg, 05.11.2007 – 3 Ta 219/07, HRA 2008, 8 = LNR 2007, 42781; 25.11.1981 – 1 Ta 147/81, AnwBl. 1982, 313
- LAG Berlin, 28.03.1974 – 2 Ta 15/74, DB 1975, 503
- LAG Bremen, 20.01.1993 – 4 Ta 79/92, DB 1993, 492; 15.08.1984 – 3 Ta BV 2/84, DB 1984, 2416
- LAG Hamm, 14.10.1976 – 8 Ta BV 53/76, DB 1977, 722
- LAG Hessen, 17.01.2002 – 5 Ta 492/01 + 493/01, AE 2002, 83; 10.05.1999 – 5(6) Ta 370/98, AE 1999, 172
- LAG Köln, 20.10.1998 – 13 Ta 233/98, AE 1999, 49 (Abschlag von 20 %)
- LAG München, 31.03.2010 – 4 TaBV 86/09, ArbRB 2010, 212 (unter Berücksichtigung von Erfolgsbeteiligung und variabler Vergütung)
- LAG Nürnberg, 02.04.1991 – 7 Ta 31/90, LAGE § 12 ArbGG 1979 Streitwert-Nr. 90

e) Personalfragebogen nach § 94 BetrVG

Bei einem Streit über die Zustimmung zu einem Personalfragebogen oder zu Beurteilungsgrundsätzen wird grds. das Vierteljahresentgelt gem. § 42 Abs. 3 Satz 1 GKG zum Teil ohne, zum Teil mit Abzug festgesetzt.

Vierteljahresentgelt:
- LAG Hamm, 19.03.1987 – 8 Ta BV 2/87, DB 1987, 1847

Geringerer Ansatz:
- LAG Berlin, 28.03.1974 – 2 Ta 15/74, DB 1975, 503

Vierteljahresentgelt mit Abzug in Höhe von 20 %:
- LAG Köln, 29.10.1991 – 10 Ta 205/91, JurBüro 1992, 91

f) Personelle Einzelmaßnahmen nach § 99 BetrVG

---

45 Ausführlich dazu: Schäder/Weber Praxiskommentar Streitwertkatalog Arbeitsrecht.

Anlage zu Anhang 2

Streitwertkatalog für die Arbeitsgerichtsbarkeit überarbeitete Fassung 5. April 2016

VORBEMERKUNG

Auf der Basis der ersten Fassung eines einheitlichen Streitwertkatalogs für die Arbeitsgerichtsbarkeit aus dem Jahre 2013 hat die Streitwertkommission unter Auswertung der Stellungnahmen und Vorschläge aus der Anwaltschaft, von Seiten der Gewerkschaften und der Arbeitgeberverbände, von Seiten der Versicherungswirtschaft und aus der Richterschaft eine überarbeitete Fassung des Streitwertkatalogs erstellt. Auch künftig soll der Streitwertkatalog weiter entwickelt werden.

Der Streitwertkatalog kann selbstverständlich nur praktisch wichtige Fallkonstellationen aufgreifen, ebenso selbstverständlich sind die darin enthaltenen Bewertungsvorschläge zugeschnitten auf die entsprechenden typischen Fallkonstellationen. Die Aussagen des Katalogs sind verfahrensbezogen zu sehen und gelten nicht verfahrensübergreifend.

Trotz dieser Einschränkungen versteht sich der Streitwertkatalog als Angebot auf dem Weg zu einer möglichst einheitlichen Wertrechtsprechung in Deutschland, im Interesse der Rechtssicherheit und Rechtsklarheit für alle Beteiligten. Er beansprucht jedoch keine Verbindlichkeit.

I. URTEILSVERFAHREN

Nr.	Gegenstand
1.	**Abfindung und Auflösungsantrag, tarifliche Abfindung, Sozialplanabfindung, Nachteilsausgleich**

Wird im Kündigungsrechtsstreit eine gerichtliche Auflösung des Arbeitsverhältnisses beantragt (§§ 9, 10 KSchG; § 13 Abs. 1 S. 3 – 5, Abs. 2 KSchG; § 14 Abs. 2 S. 2 KSchG), führt dies nicht zu einer Werterhöhung.

Wird in der Rechtsmittelinstanz isoliert über die Auflösung gestritten, gilt § 42 Abs. 2 S. 1 GKG; wird isoliert über die Abfindungshöhe gestritten, ist maßgebend der streitige Differenzbetrag, höchstens jedoch das Vierteljahresentgelt.

Eine im Vergleich vereinbarte Abfindung in entsprechender Anwendung der §§ 9, 10 KSchG ist nicht streitwerterhöhend; Vereinbarungen über andere Abfindungen oder einen Nachteilsausgleich im Vergleich können hingegen zu einer Werterhöhung führen.

Wird hingegen über eine Sozialplanabfindung, über eine tarifliche Abfindung oder über einen Fall des Nachteilsausgleichs nach § 113 Abs. 1 BetrVG gestritten, richtet sich der Wert nach dem streitigen Betrag. Ggf. ist das zum Hilfsantrag (siehe I. Nr. 18) Ausgeführte zu beachten.

2.	**Abmahnung**
2.1	Der Streit über eine Abmahnung wird – unabhängig von der Anzahl und der Art der darin enthaltenen Vorwürfe und unabhängig von dem Ziel der Klage (Entfernung, vollständige Entfernung, ersatzlose Entfernung, Zurücknahme/Widerruf, Feststellung der Unwirksamkeit) – mit 1 Monatsvergütung bewertet.
2.2	<u>Mehrere</u> in einem Verfahren angegriffene Abmahnungen werden mit maximal dem Vierteljahresentgelt bewertet.
3.	**Abrechnung**
	Reine Abrechnung nach § 108 GewO, gegebenenfalls auch kumulativ mit einer Vergütungsklage: 5 % der Vergütung für den geltend gemachten Abrechnungszeitraum.
4.	**Änderungskündigung** – bei Annahme unter Vorbehalt – und sonstiger **Streit über den Inhalt des Arbeitsverhältnisses:**
4.1	1 Monatsvergütung bis zu einem Vierteljahresentgelt je nach dem Grad der Vertragsänderung.

Nr.	Gegenstand
4.2	Bei Änderungskündigungen mit Vergütungsänderung oder sonstigen messbaren wirtschaftlichen Nachteilen: 3-fache Jahresdifferenz, mindestens 1 Monatsvergütung, höchstens die Vergütung für ein Vierteljahr.

5. **Altersteilzeitbegehren**

   Bewertung entsprechend I. Nr. 4.

6. **Annahmeverzug**

   Wird in einer Bestandsstreitigkeit im Wege der Klagehäufung Annahmeverzugsvergütung geltend gemacht, bei der die Vergütung vom streitigen Fortbestand des Arbeitsverhältnisses abhängt, so besteht nach dem Beendigungszeitpunkt eine wirtschaftliche Identität zwischen Bestandsstreit und Annahmeverzug. Nach § 45 Abs. 1 S. 3 GKG findet keine Wertaddition statt. Der höhere Wert ist maßgeblich.

7. **Arbeitspapiere**

   7.1 Handelt es sich hierbei nur um reine Bescheinigungen z.B. hinsichtlich sozialversicherungsrechtlicher Vorgänge, Urlaub oder Lohnsteuer: pro Arbeitspapier 10 % einer Monatsvergütung.

   7.2 Nachweis nach dem Nachweisgesetz: 10 % einer Monatsvergütung.

8. **Arbeitszeitveränderung**

   Bewertung entsprechend I. Nr. 4.

9. **Auflösungsantrag nach dem KSchG**

   Dazu wird auf I. Nr. 1 verwiesen.

10. **Auskunft/Rechnungslegung/Stufenklage**

    (für leistungsabhängige Vergütung z.B. Provision oder Bonus):

    10.1 **Auskunft (isoliert)**: von 10 % bis 50 % der zu erwartenden Vergütung, je nach Bedeutung der Auskunft für die klagende Partei im Hinblick auf die Durchsetzung des Zahlungsanspruchs.

    10.2 **Eidesstattliche Versicherung (isoliert)**: 10 % der Vergütung.

    10.3 **Zahlung**: Nennbetrag (ggf. nach der geäußerten Erwartung der klagenden Partei, unter Berücksichtigung von § 44 GKG).

11. **Befristung, sonstige Beendigungstatbestände**

    Für den Streit über die Wirksamkeit einer Befristungsabrede, einer auflösenden Bedingung, einer Anfechtung des Arbeitsvertrags, einer Eigenkündigung und eines Auflösungs- oder Aufhebungsvertrags gelten die Bewertungsgrundsätze der I. Nrn. 19 und 20 sowie der Nr. 17.

12. **Beschäftigungsanspruch**

    1 Monatsvergütung.

13. **Betriebsübergang**

    Bestandsschutzklage gegen Veräußerer und Feststellungs- bzw. Bestandsschutzklage gegen Erwerber: allein Bewertung der Beendigungstatbestände nach I. Nrn. 11, 19 und 20, keine Erhöhung nur wegen subjektiver Klagehäufung (also z.B. bei Klage gegen eine Kündigung des Veräußerers und Feststellungsklage gegen Erwerber im selben Verfahren: Vergütung für ein Vierteljahr).

    Bestandsschutzklage gegen Veräußerer und Beschäftigungsklage/Weiterbeschäftigungsklage gegen Erwerber: Bewertung nach I. Nrn. 11, 12, 19 und 20, keine Erhöhung allein wegen subjektiver Klagehäufung (also z.B. bei Klage gegen eine Kündigung des Veräußerers und Beschäftigungsklage gegen Erwerber im selben Verfahren): 4 Monatsvergütungen.

    Alleiniger Streit in Rechtsmittelinstanz über Bestand Arbeitsverhältnis mit Betriebserwerber: Vergütung für ein Vierteljahr.

Nr.	Gegenstand
14.	**Direktionsrecht – Versetzung**

Von in der Regel 1 Monatsvergütung bis zu einem Vierteljahresentgelt, abhängig vom Grad der Belastungen aus der Änderung der Arbeitsbedingungen für die klagende Partei.

15. Einstellungsanspruch/Wiedereinstellungsanspruch

Die Vergütung für ein Vierteljahr; ggf. unter Berücksichtigung von I. Nr. 18.

16. Einstweilige Verfügung

16.1 Bei Vorwegnahme der Hauptsache: 100 % des allgemeinen Wertes.

16.2 Einstweilige Regelung: Je nach Einzelfall, i.d.R. 50 % des Hauptsachestreitwerts.

17. Feststellungsantrag, allgemeiner (Schleppnetzantrag):

17.1 Allgemeiner Feststellungsantrag isoliert: höchstens Vergütung für ein Vierteljahr.

17.2 Allgemeiner Feststellungsantrag neben punktuellen Bestandsschutzanträgen (Schleppnetzantrag): keine zusätzliche Bewertung (arg. § 42 Abs. 2 S. 1 GKG).

18. Hilfsantrag

Auch uneigentlicher/unechter Hilfsantrag: Es gilt § 45 Abs. 1 S. 2 und 3 GKG.

19. Kündigung (eine)

Die Vergütung für ein Vierteljahr, es sei denn unter Auslegung des Klageantrags und der Klagebegründung ist nur ein Fortbestand des Arbeitsverhältnisses von unter 3 Monaten im Streit (dann entsprechend geringerer Wert).

20. Kündigungen (mehrere):

20.1 Außerordentliche Kündigung, die hilfsweise als ordentliche erklärt wird (einschließlich Umdeutung nach § 140 BGB): höchstens die Vergütung für ein Vierteljahr, unabhängig davon, ob sie in einem oder mehreren Schreiben erklärt werden.

20.2 Mehrere Kündigungen ohne Veränderung des Beendigungszeitpunktes: keine Erhöhung.

20.3 Folgekündigungen mit Veränderung des Beendigungszeitpunktes: Für jede Folgekündigung die Entgeltdifferenz zwischen den verschiedenen Beendigungszeitpunkten, maximal jedoch die Vergütung für ein Vierteljahr für jede Folgekündigung. Die erste Kündigung – bewertet nach den Grundsätzen der I. Nr. 19 – ist stets die mit dem frühesten Beendigungszeitpunkt, auch wenn sie später ausgesprochen und später angegriffen wird.

Die Grundsätze des Absatzes 1 gelten jeweils für die betreffende Instanz. Fallen Klagen gegen einzelne Kündigungen im Laufe des Verfahrens in einer Instanz weg, gelten die Grundsätze des ersten Absatzes ab diesem Zeitpunkt für die in dieser Instanz verbleibenden Kündigungen.

21. Rechnungslegung: siehe Auskunft (I. Nr. 10.)

22. Vergleichsmehrwert

22.1 Ein Vergleichsmehrwert fällt nur an, wenn durch den Vergleichsabschluss ein weiterer Rechtsstreit und/oder außergerichtlicher Streit erledigt und/oder die Ungewissheit über ein Rechtsverhältnis beseitigt werden. Der Wert des Vergleichs erhöht sich nicht um den Wert dessen, was die Parteien durch den Vergleich erlangen oder wozu sie sich verpflichten.

Beispiele:

22.1.1 Die Veränderung des Beendigungszeitpunkts führt (auch bei Verknüpfung mit einer Erhöhung des Abfindungsbetrages - Turbo- oder Sprinterklausel) nicht zu einem Vergleichsmehrwert.

22.1.2 Wird im Rahmen eines Abmahnungsrechtsstreits oder des Streits über eine Versetzung die Beendigung des Arbeitsverhältnisses vereinbart, ist dies zusätzlich nach I. Nr. 19 zu bewerten.

Nr.	Gegenstand

22.1.3 Typischer Weise wird das Merkmal der »Ungewissheit« insbesondere bei Vereinbarung eines Arbeitszeugnisses mit inhaltlichen Festlegungen zum Leistungs- und Führungsverhalten in einem Rechtsstreit über eine auf Verhaltens- oder Leistungsmängel gestützte Kündigung gegeben sein; dies ist zusätzlich nach I. Nr. 25 zu bewerten.

22.1.4 Nur wenn eine Partei sich eines Anspruchs auf oder eines Rechts zur Freistellung berühmt hat, wird die Freistellungsvereinbarung mit bis zu 1 Monatsvergütung (unter Anrechnung des Werts einer Beschäftigungs- oder Weiterbeschäftigungsklage) bewertet. Die Freistellung wird nur zukunftsbezogen ab dem Zeitpunkt des Vergleichsabschlusses berücksichtigt, etwaige Zeiten einer Freistellung zuvor spielen keine Rolle.

22.1.5 Ausgleichsklauseln erhöhen den Vergleichswert nur, wenn durch sie ein streitiger oder ungewisser Anspruch erledigt wird.

22.2 Ist ein Anspruch unstreitig und gewiss, aber seine Durchsetzung ungewiss, wird das Titulierungsinteresse mit 20 % des Wertes des Anspruches bewertet.

23. **Weiterbeschäftigungsantrag incl. Anspruch nach § 102 Abs. 5 BetrVG**

1 Monatsvergütung.

24. **Wiedereinstellungsanspruch:** siehe Einstellungsanspruch (I. Nr. 15.)

25. **Zeugnis**

25.1 Erteilung oder Berichtigung eines einfachen Zeugnisses: 10 % einer Monatsvergütung.

25.2 Erteilung oder Berichtigung eines qualifizierten Zeugnisses:

1 Monatsvergütung, und zwar unabhängig von Art und Inhalt eines Berichtigungsverlangens, auch bei kurzem Arbeitsverhältnis.

25.3 Zwischenzeugnis: Bewertung wie I. Nr. 25.2. Wird ein Zwischen- und ein Endzeugnis (kumulativ oder hilfsweise) im Verfahren verlangt: Insgesamt 1 Monatsvergütung.

II. BESCHLUSSVERFAHREN

Nr.	Verfahrensgegenstand

1. **Betriebsänderung/Personalabbau**

1.1 Realisierung des Verhandlungsanspruchs: Ausgehend vom Hilfswert nach § 23 Abs. 3 S. 2 RVG wird gegebenenfalls unter Berücksichtigung der Umstände des Einzelfalles, z.B. Inhalt und Bedeutung der Regelungsfrage, eine Erhöhung bzw. ein Abschlag vorgenommen.

1.2 Unterlassung der Durchführung einer Betriebsänderung: Ausgehend von II Nr. 1.1 erfolgt eine Erhöhung nach der Staffelung von II. Nr. 13.7.

2. **Betriebsratswahl**

2.1 Bestellung des Wahlvorstands: Ausgehend vom Hilfswert des § 23 Abs. 3 S. 2 RVG kann abhängig vom Gegenstand des Mitbestimmungsrechts und der Bedeutung des Einzelfalls sowie des Aufwands eine Herauf- oder Herabsetzung erfolgen; bei zusätzlichem Streit über die Größe des Wahlvorstandes bzw. Einzelpersonen: Erhöhung jeweils um 1/2 Hilfswert nach § 23 Abs. 3 S. 2 RVG.

2.2 Maßnahmen innerhalb des Wahlverfahrens (incl. einstweilige Verfügungen) z.B.:

Abbruch der Wahl: 1/2 Wert der Wahlanfechtung (siehe II. Nr. 2.3).

Zurverfügungstellung von Unterlagen (auch Herausgabe der Wählerlisten): 1/2 Hilfswert von § 23 Abs. 3 S. 2 RVG.

Nr.	Verfahrensgegenstand
2.3	Wahlanfechtung (incl. Prüfung der Nichtigkeit der Wahl):

ausgehend vom doppelten Hilfswert nach § 23 Abs. 3 S. 2 RVG, Steigerung nach der Staffel gemäß § 9 BetrVG mit jeweils 1/2 Hilfswert.

3. Betriebsvereinbarung

Ausgehend vom Hilfswert nach § 23 Abs. 3 S. 2 RVG wird gegebenenfalls unter Berücksichtigung der Umstände des Einzelfalles, z.B. Inhalt und Bedeutung der Regelungsfrage, eine Erhöhung bzw. ein Abschlag vorgenommen.

4. Einigungsstelle, Einsetzung nach § 100 ArbGG bei Streit um:

4.1 Offensichtliche Unzuständigkeit: Höchstens Hilfswert nach § 23 Abs. 3 S. 2 RVG.

4.2 Person des Vorsitzenden: Grundsätzlich 1/4 Hilfswert nach § 23 Abs. 3 S. 2 RVG.

4.3 Anzahl der Beisitzer: Grundsätzlich insgesamt 1/4 Hilfswert nach § 23 Abs. 3 S. 2 RVG.

5. Einigungsstelle, Anfechtung des Spruchs

Ausgehend vom Hilfswert nach § 23 Abs. 3 S. 2 RVG wird gegebenenfalls unter Berücksichtigung der Umstände des Einzelfalls, z.B. Inhalt und Bedeutung der Regelungsfrage, eine Erhöhung bzw. ein Abschlag vorgenommen.

6. Einigungsstelle, Anfechtung des Spruchs über Sozialplan

6.1 Macht der Arbeitgeber eine Überdotierung geltend, dann entspricht der Wert des Verfahrens der vollen Differenz zwischen dem festgesetzten Volumen und der von ihm als angemessen erachteten Dotierung.

6.2 Beruft sich der anfechtende Betriebsrat nur auf eine Unterdotierung, dann finden die Grundsätze von § 23 Abs. 3 S. 2 RVG Anwendung.

7. Einstweilige Verfügung

7.1 Bei Vorwegnahme der Hauptsache: 100 % des allgemeinen Wertes.

7.2 Einstweilige Regelung: Je nach Einzelfall, i.d.R. 50 % des Hauptsachestreitwerts.

8. Freistellung eines Betriebsratsmitglieds

8.1 Freistellung von der Arbeitspflicht im Einzelfall (§ 37 Abs. 2 und 3 BetrVG):

Bewertung nach § 23 Abs. 3 S. 2 RVG, abhängig von Anlass und Dauer der Freistellung kann eine Herauf- oder Herabsetzung des Wertes erfolgen.

8.2 Zusätzliche Freistellung (§ 38 BetrVG): Ausgehend vom doppelten Hilfswert des § 23 Abs. 3 S. 2 RVG kann abhängig von der Bedeutung des Einzelfalls sowie des Aufwands eine Herauf- oder Herabsetzung erfolgen.

9. Informations- und Beratungsansprüche

9.1 Ausgehend vom Hilfswert des § 23 Abs. 3 S. 2 RVG kann abhängig vom Gegenstand des Mitbestimmungsrechts und der Bedeutung des Einzelfalls sowie des Aufwands eine Herauf- oder Herabsetzung des Wertes erfolgen.

9.2 Sachverständige/Auskunftsperson:

Nichtvermögensrechtliche Streitigkeit: Es ist vom Hilfswert nach § 23 Abs. 3 S. 2 RVG auszugehen, einzelfallabhängig kann eine Herauf- oder Herabsetzung erfolgen.

Nr.	Verfahrensgegenstand
10.	**Mitbestimmung in sozialen Angelegenheiten**

Streit über das Bestehen eines Mitbestimmungsrechts:

Ausgehend vom Hilfswert des § 23 Abs. 3 S. 2 RVG kann abhängig vom Gegenstand des Mitbestimmungsrechts und der Bedeutung des Einzelfalls (organisatorische und wirtschaftliche Auswirkungen, Anzahl der betroffenen Arbeitnehmer u.a.) eine Herauf- oder Herabsetzung des Wertes ohne Staffelung erfolgen.

11. **Mitbestimmung in wirtschaftlichen Angelegenheiten**

Siehe II. Nr. 1.

12. **Nichtigkeit einer Betriebsratswahl**

Siehe Betriebsratswahl (II. Nr. 2.3).

13. **Personelle Einzelmaßnahmen nach §§ 99, 100, 101 BetrVG**

13.1 **Grundsätzliches**: Es handelt sich um nichtvermögensrechtliche Angelegenheiten; entscheidend sind die Aspekte des Einzelfalles, z.B. die Dauer und Bedeutung der Maßnahme und die wirtschaftlichen Auswirkungen, die zur Erhöhung oder Verminderung des Wertes führen können.

13.2 **Einstellung**:

Als Anhaltspunkte für die Bewertung können dienen:

13.2.1 der Hilfswert von § 23 Abs. 3 S. 2 RVG **oder**

13.2.2 die Regelung von § 42 Abs. 2 S. 1 GKG, wobei eine Orientierung am 2-fachen Monatsverdienst des Arbeitnehmers sachgerecht erscheint.

13.3 **Eingruppierung/Umgruppierung**:

Die Grundsätze zu II. Nr. 13.1 und 13.2 gelten unter Berücksichtigung des Einzelfalles auch bei diesem Mitbestimmungsrecht, wobei bei der Wertung gemäß II. Nr. 13.2.2 die Orientierung an § 42 Abs. 2 S. 2 GKG vorzunehmen ist. Bei der 36-fachen Monatsdifferenz erfolgt ein Abschlag i.H.v. 25 % wegen der nur beschränkten Rechtskraftwirkung des Beschlussverfahrens für den fraglichen Arbeitnehmer.

13.4 **Versetzung**

Je nach Bedeutung der Maßnahme Hilfswert (bei Vorgehensweise nach II. Nr. 13.2.1) oder Bruchteil davon **bzw.** (bei Vorgehensweise nach II Nr. 13.2.2) 1 bis 2 Monatsgehälter, angelehnt an die für eine Versetzung im Urteilsverfahren genannten Grundsätze.

13.5 Das Verfahren nach **§ 100 BetrVG** wird mit dem 1/2 Wert des Verfahrens nach § 99 Abs. 4 BetrVG bewertet.

13.6 Das Verfahren nach **§ 101 BetrVG** wird als eigenständiges Verfahren wie das Verfahren nach § 99 Abs. 4 BetrVG bzw. nach § 100 BetrVG bewertet.

Als kumulativer Antrag in einem Verfahren mit 1/2 Wert des Verfahrens nach § 99 Abs. 4 bzw. 100 BetrVG.

Nr.	Verfahrensgegenstand
13.7	Bei **Massenverfahren** (objektive Antragshäufung) mit wesentlich gleichem Sachverhalt, insbesondere bei einer einheitlichen unternehmerischen Maßnahme und parallelen Zustimmungsverweigerungsgründen und/oder vergleichbaren Eingruppierungsmerkmalen, erfolgt – ausgehend von vorgenannten Grundsätzen – ein linearer Anstieg des Gesamtwertes, wobei als Anhaltspunkt folgende Staffelung für eine Erhöhung angewendet wird:

- beim **2. bis einschließlich 20.** parallel gelagerten Fall wird für jeden Arbeitnehmer der für den Einzelfall ermittelte Ausgangswert mit 25 % bewertet,
- beim **21. bis einschließlich 50.** parallel gelagerten Fall wird für jeden Arbeitnehmer der für den Einzelfall ermittelte Ausgangswert mit 12,5 % bewertet,
- **ab dem 51.** parallel gelagerten Fall wird für jeden Arbeitnehmer der Ausgangswert mit 10 % bewertet.

14.	**Sachmittel – Kostenerstattung nach § 40 BetrVG**
14.1	Vermögensrechtliche Streitigkeit: Entscheidend ist die Höhe der angefallenen Kosten/des Wertes der Aufwendungen; bei dauernden Kosten, z.B. Mietzinszahlungen: Max. 36 Monatsaufwendungen.
14.2	Schulungskosten:
	Vermögensrechtliche Streitigkeit: Entscheidend ist die Höhe der Schulungskosten, inklusive Fahrtkosten.
15.	**Unterlassungsanspruch**
	Sowohl für den allgemeinen Unterlassungsanspruch als auch den Anspruch nach § 23 Abs. 3 BetrVG:
	Festsetzung entsprechend dem Wert des streitigen Mitbestimmungs- oder Mitwirkungsrechts.
16.	**Zuständigkeitsstreitigkeiten/Kompetenzabgrenzung**
16.1	Abgrenzung Zuständigkeit Betriebsratsgremien:
	Ausgehend vom Hilfswert nach § 23 Abs. 3 S. 2 RVG kann unter Berücksichtigung der Umstände des Einzelfalles eine Erhöhung bzw. ein Abschlag in Betracht kommen.
16.2	Abgrenzung Betrieb/gemeinsamer Betrieb/Betriebsteil:
	Ausgehend vom Hilfswert nach § 23 Abs. 3 S. 2 RVG kann unter Berücksichtigung der Umstände des Einzelfalles eine Erhöhung bzw. ein Abschlag in Betracht kommen.
17.	**Zustimmungsersetzungsantrag (§ 103 BetrVG)**
	Vergütung des betroffenen Arbeitnehmers für ein Vierteljahr (wegen der Rechtskraftwirkung).

▶ **Allgemeiner Hinweis:**

Personenbezogene Bezeichnungen beziehen sich auf beide Geschlechter. Zur besseren Lesbarkeit wird im Text nur die männliche Form verwendet.

Anhang 3 Verfahren vor den Kirchlichen Arbeitsgerichten

Einleitung

1 Die evangelische und die katholische Kirche verfügen jeweils über eine eigene Arbeitsgerichtsbarkeit mit eigenständigen prozessualen Regelwerken. Im Bereich der katholischen Kirche trat am 01.07.2005 die Kirchliche Arbeitsgerichtordnung (KAGO) in Kraft; die Kirchengerichtsbarkeit der Evangelischen Kirche in Deutschland wurde am 01.01.2004 mit Inkrafttreten des Gesetzes über die Errichtung, die Organisation und das Verfahren der Kirchengerichte der EKD neu geordnet.[1] Die Vorschriften über das Verfahren vor den evangelischen Arbeitsgerichten finden sich in den §§ 56 ff. Mitarbeitervertretungsgesetz (MAVG) EKD.

2 Als Teil des kirchlichen Arbeitsrechts beruht die kircheneigene Arbeitsgerichtsbarkeit auf den **staatskirchenrechtlichen Vorgaben** des Grundgesetzes. Nach Art. 140 GG i.V.m. Art. 137 Abs. 3 Satz 1 WRV ordnet und verwaltet jede Religionsgemeinschaft ihre Angelegenheiten selbstständig innerhalb der Schranken der für alle geltenden Gesetze. Dieses **Selbstbestimmungsrecht** gilt nach der Rechtsprechung des BVerfG nicht nur für die verfasste Kirche und ihre rechtlich selbstständigen Teile, sondern auch für der Kirche in bestimmter Weise zugeordnete Einrichtungen ohne Rücksicht auf ihre Rechtsform, wenn sie nach kirchlichem Selbstverständnis ihrem Zweck oder ihrer Aufgabe entsprechend berufen sind, ein Stück des Auftrags der Kirche wahrzunehmen und zu erfüllen.[2] Das Selbstbestimmungsrecht gibt den Kirchen die Möglichkeit, Dienstverhältnisse nach kirchlichem oder öffentlichem Recht einzugehen und so beispielsweise Beamtenverhältnisse zu begründen.[3] Es eröffnet den Kirchen aber ebenso die Möglichkeit, ihre Dienstverhältnisse nach den Regeln der **Privatautonomie** zu gestalten und ein Arbeitsverhältnis nach staatlichem Arbeitsrecht abzuschließen und zu regeln.[4] Für Streitigkeiten aus dem Arbeitsverhältnis kirchlicher Bediensteter sind demzufolge die staatlichen Arbeitsgerichte zuständig gem. § 2 Abs. 1 Nr. 3 ArbGG.

3 Sowohl die katholische als auch die evangelische Arbeitsgerichtsbarkeit ist im jeweils zugewiesenen Rahmen ausschließlich zuständig für Streitigkeiten aus dem **kollektiven** kirchlichen Arbeitsrecht. Dieses zeichnet sich durch seine Besonderheiten im Bereich des kirchlichen Mitarbeitervertretungsrechts, dem Pendant zum staatlichen Betriebsverfassungs- und Personalvertretungsrecht, und des kirchlichen Arbeitsrechtsregelungsverfahrens aus.

4 Im Bereich des **Arbeitsrechtsregelungsverfahrens** schließen die Kirchen keine Tarifverträge (Ausnahmen bilden hier im Bereich der EKD die Nordelbische Evangelisch-lutherische Landeskirche und die Kirche von Berlin-Brandenburg), sondern haben als eigene Beteiligungsform den sog. »Dritten Weg« entwickelt. Charakteristisch für den »Dritten Weg« ist die Festlegung von allgemeinen Arbeitsbedingungen durch mit Vertretern der Arbeitgeber und Arbeitnehmer paritätisch besetzten Kommissionen. Grundlage bildet in der Katholischen Kirche die »Grundordnung des kirchlichen Dienstes im Rahmen kirchlicher Arbeitsverhältnisse« (GrO),[5] in der evangelischen Kirche das vom Rat der EKD empfohlene »Arbeitsrechts-Regelungsgesetz« (ARRG).[6] Die so zustande gekommenen kirchlichen Arbeitsvertragsrichtlinien und -ordnungen haben nach ständiger Rechtsprechung des BAG grundsätzlich keinen Tarifvertragscharakter und entfalten somit keine normative Wirkung; auf das Arbeitsverhältnis finden sie kraft einzelarbeitsvertraglicher Vereinbarung Anwendung.[7]

---

1 Überblick bei Richardi NJW 2005, 2744; Schliemann NJW 2005, 392.
2 BVerfG, 11.10.1977 – 2 BvR 209/76, BVerfGE 46, 73, 87 = NJW 1978, 581.
3 Richardi, Münchener Handbuch zum Arbeitsrecht, § 327 Rn 18 ff.
4 BVerfG, 04.06.1985 – 2 BvR 1703/83, BVerfGE 70, 138, 165 = NJW 1986, 367.
5 Richardi, Arbeitsrecht in der Kirche, § 14 II 1, S. 226.
6 Richardi, Arbeitsrecht in der Kirche, § 14 I 1, S. 220.
7 BAG, 26.01.2005 – 4 AZR 171/03, NZA 2005, 1059; BAG, 28.01.1998 – 4 AZR 491/96, NZA-RR 1998, 424; BAG, 23.01.2002 – 4 AZR 760/01, ZMV 2002, 87; BAG, 16.02.2012 – 6 AZR 573/06 Rn 17; BAG, 12.06.2013 – 7 AZR 917/11, Rn 13; BAG, 26.09.2013 – 8 AZR 1013/12, Rn 27 NZA-RR 2014, 177.

Die Religionsgemeinschaften und ihre karitativen und erzieherischen Einrichtungen unabhängig von ihrer Rechtsform sind nach § 118 Abs. 2 BetrVG und § 112 BPersVG vom Geltungsbereich dieser Gesetze ausgenommen. Die Kirchen haben zur Regelung der betrieblichen Mitbestimmung eigene Mitarbeitervertretungsordnungen erlassen. Bei dem kirchlichen **Mitarbeitervertretungsrecht** handelt es sich um Kirchenrecht, zu dessen Erlass die Kirchen aufgrund eigenständiger Rechtsetzungsmacht im Rahmen ihres verfassungsmäßig gewährleisteten Selbstbestimmungsrechts ebenso befugt sind, wie zur selbstständigen Kontrolle des selbst gesetzten Rechts.[8] Im Hinblick auf die Rechtsweggarantie im kirchlichen Bereich hat das BAG entschieden, dass für Streitigkeiten nach dem kirchlichen Mitarbeitervertretungsrecht die Gerichtsbarkeit der staatlichen Gerichte zumindest dann nicht gegeben ist, wenn eine Schlichtungsstelle über solche Streitigkeiten entscheidet.[9] Die vor Errichtung der kirchlichen Arbeitsgerichte zuständigen kirchlichen Schlichtungsstellen entsprachen nach dieser Rechtsprechung den rechtsstaatlichen Mindestanforderungen an ein Gericht im Hinblick auf Art. 19 Abs. 4 GG.[10]

Teil 1: Katholische Kirche

A. Kirchliche Arbeitsgerichte

I. Errichtung der Kirchlichen Arbeitsgerichtsbarkeit

Bereits Art. 10 Abs. 2 GrO gab die Bildung von unabhängigen kirchlichen Gerichten für Rechtsstreitigkeiten auf den Gebieten der kirchlichen Ordnungen für ein Arbeitsvertrags- und das Mitarbeitervertretungsrecht vor. Die GrO wurde am 22.09.1993 von der Deutschen Bischofskonferenz beschlossen. Sie wurde von den Bischöfen für ihr (Erz-) Bistum in Kraft gesetzt, denn in der Katholischen Kirche sind die Bischöfe nach can. 391 § 2 Codex Iuris Canonici (CIC), dem Gesetzbuch der römisch-katholischen Kirche, Gesetzgeber für ihren jeweiligen Bereich. Mit Beschluss der Deutschen Bischofskonferenz vom 27.04.2015 wurde die GrO geändert. Bis zur teilweise bereits erfolgten Inkraftsetzung durch den jeweiligen Diözesanbischof hat der Beschluss allerdings nur empfehlenden Charakter. Die Novelle geht u.a. auf das Urteil des BAG vom 20.11.2012 zum Streikverbot in kirchlichen Einrichtungen zurück und greift das Gebot auf, Gewerkschaften am Zustandekommen kirchlicher Arbeitsvertragsbedingungen organisatorisch zu beteiligen.[11] Neu geregelt wurden weiterhin das Zugangsrecht von Gewerkschaften zu kirchlichen Einrichtungen sowie die Loyalitätsanforderungen an die Beschäftigten im kirchlichen Dienst. Art. 10 GrO regelt weitere wesentliche Grundsätze des gerichtlichen Rechtsschutzes im Bereich des kirchlichen Arbeitsrechts. So bestätigt Art. 10 Abs. 1 GrO die Zuständigkeit der staatlichen Arbeitsgerichte für Rechtsstreitigkeiten, die sich nach dem staatlichen Arbeitsrecht richten (vgl. auch § 2 Abs. 3 KAGO).

Durch Erlass der KAGO mit Wirkung zum 01.07.2005 wurde die in Art. 10 Abs. 2 GrO enthaltene Forderung in den deutschen Bistümern umgesetzt. Sie wurde aufgrund einer besonderen, durch den Apostolischen Stuhl verliehenen Gesetzgebungskompetenz gem. can. 455 CIC durch die Deutsche Bischofskonferenz beschlossen. Hintergrund war neben weiteren Abweichungen zum kanonischen Prozessrecht die Bildung interdiözesaner Arbeitsgerichte und die Konstituierung des Kirchlichen Arbeitsgerichtshofs als zweite Instanz auf Ebene der Deutschen Bischofskonferenz, welche gem. can. 1423 § 1 CIC von der Genehmigung des Apostolischen Stuhls abhängig ist. Die erste Fassung der KAGO galt durch Dekret des Obersten Gerichtshofs der Apostolischen Signatur für einen Zeitraum von fünf Jahren »ad experimentum«. Mit der Novellierung der KAGO zum 01.07.2010 erhielt sie die unbefristete Geltung.[12]

---

8 BAG, 11.03.1986 – 1 ABR 26/84, NZA 1986, 685 = NJW 1986, 2591.
9 Vgl. Richardi, Arbeitsrecht in der Kirche, § 22 I., S. 385 ff.
10 BAG, 25.04.1989 – 1 ABR 88/87, NJW 1989, 2284; BAG, 09.09.1992 – 5 AZR 456/91, NZA 1993, 597.
11 BAG, 20.11.2012 – 1 AZR 179/11.
12 Zum Gesetzgebungsverfahren: Fischermeier RdA 2007, 193, 195.

8 Vor der Errichtung der Kirchlichen Arbeitsgerichte waren die MAVO-Schlichtungsstellen nach §§ 40 ff. MAVO a.F. zuständig sowohl für Rechts- als auch Regelungsstreitigkeiten aus dem Bereich der MAVO. Sie hatten also sowohl rechtsprechende als auch schlichtende Funktion. Konnte im Rahmen von Regelungsstreitigkeiten eine Einigung zwischen den Betriebsparteien nicht herbeigeführt werden, bestand die Möglichkeit, diese durch Schlichtungsspruch zu ersetzen.

9 Durch die im Zusammenhang mit der Einführung der KAGO erforderliche Novellierung der MAVO sind die Schlichtungsstellen abgeschafft und neben den Kirchlichen Arbeitsgerichten ständige Einigungsstellen mit Zuständigkeit für die von der MAVO vorgesehenen Regelungsstreitigkeiten geschaffen worden.[13]

II. Gerichtsorganisation

10 Bei den Kirchlichen Gerichten für Arbeitssachen nach der KAGO handelt es sich nach § 1 KAGO um die Kirchlichen Arbeitsgerichte als erste Instanz und den Kirchlichen Arbeitsgerichtshof in zweiter Instanz. Der Rechtsweg ist gem. § 6 KAGO grundsätzlich auf zwei Rechtszüge beschränkt; gegen die Urteile der Kirchlichen Arbeitsgerichte ist die Revision an den Kirchlichen Arbeitsgerichtshof möglich. Die Gerichte sind nach § 4 KAGO mit Personen, die die Befähigung zum Richteramt nach staatlichem oder kirchlichem Recht besitzen und mit beisitzenden ehrenamtlichen Richtern aus den Kreisen der Dienstgeber und der Mitarbeiter zu besetzen.[14]

1. Kirchliche Arbeitsgerichte erster Instanz

a) Errichtung, Zusammensetzung

11 Die **Kirchlichen Arbeitsgerichte der ersten Instanz** sind gem. § 14 Abs. 1 KAGO für jedes Bistum oder Erzbistum durch Dekret des zuständigen Diözesanbischofs zu errichten. Der Sitz der erstinstanzlichen Gerichte wird gem. § 15 Abs. 1 KAGO durch Gesetzgebung des zuständigen Diözesanbischofs bestimmt,[15] welcher auch die Dienstaufsicht über die Mitglieder des Kirchlichen Arbeitsgerichts ausübt.

12 Die Kirchlichen Arbeitsgerichte erster Instanz bestehen gem. § 16 KAGO aus dem Vorsitzenden, dem stellvertretenden Vorsitzenden sowie je sechs beisitzenden Richtern von Dienstgeber- und Mitarbeiterseite. Die Ernennung erfolgt durch den Diözesanbischof für die Dauer von fünf Jahren, wobei die Wiederernennung zulässig ist. Die Richter sind von Weisungen unabhängig und nur an Gesetz und Recht gebunden, § 17 Abs. 1 Satz 1 KAGO und Art 10 Abs. 3 Satz 1 GrO. Sie müssen nach § 18 Abs. 1 KAGO und Art. 10 Abs. 3 Satz 2 GrO katholisch sein, die Gewähr dafür bieten, dass sie jederzeit für das kirchliche Gemeinwohl eintreten und dürfen nicht in der Ausübung der allen Kirchenmitgliedern zustehenden Rechte behindert sein.

13 Vorsitzender und stellvertretender Vorsitzender müssen nach § 18 Abs. 2 KAGO weiterhin die Befähigung zum Richteramt nach Deutschem Richtergesetz oder kanonischem Recht besitzen, dürfen keinen anderen kirchlichen Dienst mit Ausnahme eines Richters oder Hochschullehrers ausüben und sollen Erfahrung im kanonischen Recht und Berufserfahrung im Arbeitsrecht oder Personalwesen haben. Die Ernennung der beisitzenden Richter sowie die Beteiligung der vorschlagsberechtigten Gremien richten sich nach § 20 KAGO.

b) Gemeinsame Kirchliche Arbeitsgerichte erster Instanz

14 Gemeinsame Kirchliche Arbeitsgerichte erster Instanz können gem. § 14 Abs. 2 KAGO für mehrere Bistümer durch gemeinsames Errichtungsdekret der beteiligten Diözesanbischöfe errichtet werden.

---

13 Frank, Freiburger Kommentar MAVO, Einführung in die KAGO, Rn 3.
14 Urteile des Kirchlichen Arbeitsgerichtshofs und der Kirchlichen Arbeitsgerichte erster Instanz werden z.B. auf der Homepage des KAGH unter http://www.dbk.de/kagh/home-kagh veröffentlicht.
15 Nachweis der Errichtungsdekrete bei Thiel/Fuhrmann/Jüngst Anhang 2.

Die Zuständigkeit dieser Interdiözesanen Arbeitsgerichte kann sich auf alle Gegenstände der sachlichen Zuständigkeit nach § 2 KAGO oder alternativ nur auf die Zuständigkeit für die Angelegenheiten des Arbeitsrechtsregelungsverfahrens (§ 2 Abs. 1 KAGO) oder des Mitarbeitervertretungsrechts (§ 2 Abs. 2 KAGO) beziehen.

Diese Möglichkeit haben z.B. die (Erz-) Bistümer Berlin, Dresden-Meißen, Erfurt, Görlitz, Hamburg, Hildesheim, Magdeburg, Osnabrück und der Oldenburgische Teil des Bistums Münster mit der Errichtung des Kirchlichen Arbeitsgerichts erster Instanz in Hamburg und die nordrhein-westfälischen (Erz-) Bistümer mit der Errichtung des Interdiözesanen Arbeitsgerichts in Köln, das ausschließlich für den KODA-Bereich zuständig ist, genutzt.[16] Dementsprechend besteht für die Kirchlichen Arbeitsgerichte der (Erz-) Bistümer Aachen, Essen, Köln, Münster und Paderborn eine ausschließliche Zuständigkeit für Angelegenheiten nach § 2 Abs. 2 KAGO.

c) Besetzung

Das Gericht der ersten Instanz entscheidet als Kammer in dreiköpfiger Besetzung bestehend aus dem Vorsitzenden oder seinem Stellvertreter und je einem beisitzenden Richter der Dienstgeber- und der Mitarbeiterseite. Die Verteilung der Verfahren zwischen Vorsitzendem und stellvertretendem Vorsitzenden wird nach § 16 Abs. 3 KAGO über einen Geschäftsverteilungsplan geregelt. Die auf Beisitzerlisten geführten beisitzenden Richter werden in alphabetischer Reihenfolge an der mündlichen Verhandlung mit, § 20 Abs. 2 KAGO.

2. Kirchlicher Arbeitsgerichtshof

a) Errichtung, Zusammensetzung

Der **Kirchliche Arbeitsgerichtshof (KAGH)** als Gericht der zweiten Instanz auf Ebene der Deutschen Bischofskonferenz hat seinen Sitz in Bonn, § 21 KAGO. Die Dienstaufsicht über seine Mitglieder übt nach § 23 KAGO der Vorsitzende der Deutschen Bischofskonferenz aus. Die Geschäftsstelle ist beim Sekretariat der Deutschen Bischofskonferenz eingerichtet.

Der KAGH setzt sich zusammen aus dem Präsidenten und dem Vizepräsidenten, welche die Befähigung zum Richteramt nach staatlichem oder kanonischem Recht besitzen müssen, einem Mitglied mit Befähigung zum staatlichen Richteramt nach dem Deutschen Richtergesetz und seinem Stellvertreter, einem Mitglied mit der Befähigung zum kanonischen Richteramt und seinem Stellvertreter sowie beisitzenden Richtern aus den Kreisen der Dienstgeber und der Mitarbeiter. Die Richter mit Befähigung zum Richteramt werden nach § 25 KAGO vom Vorsitzenden der Deutschen Bischofskonferenz auf Vorschlag des Ständigen Rates für die Dauer von fünf Jahren ernannt. Eine Wiederernennung ist auch hier zulässig.

b) Besetzung

Der Gerichtshof entscheidet in der Besetzung mit dem Präsidenten oder dem Vizepräsidenten, den beiden Mitgliedern mit der Befähigung zum Richteramt und jeweils einem beisitzenden Richter aus den Kreisen der Mitarbeiter und der Dienstgeber, § 22 KAGO. Das Recht auf den gesetzlich bestimmten Richter gewährleisten die Regelungen über den Geschäftsverteilungsplan, § 22 Abs. 3 KAGO sowie die Vertretungsregelung nach § 22 Abs. 4 KAGO.

3. Oberster Gerichtshof der Apostolischen Signatur

Die KAGO sieht kein Rechtsmittel gegen Urteile des KAGH vor. Nach can. 1417 CIC ist für die Beteiligten der Rechtsweg an den Obersten Gerichtshof der Apostolischen Signatur als höchstem kirchlichem Gericht eröffnet. Aufgrund des Primats des Papstes steht es jedem Gläubigen frei,

---

16 Übersicht über die Kirchlichen Arbeitsgerichte: siehe Rdn. 82.

seine Streit- oder Strafsache in jeder Gerichtsinstanz und in jedem Prozessabschnitt dem Heiligen Stuhl zur Entscheidung zu übergeben oder bei ihm einzubringen, can. 1417 § 1 CIC. Ob sich der Apostolische Stuhl der Sache annimmt, liegt jedoch in seinem Ermessen.[17] Die Anrufung des Apostolischen Stuhls unterbricht, außer im Fall der Berufung, nicht die Ausübung der Jurisdiktion des Richters, der die Sache schon in Angriff genommen hat, can. 1417 § 2, 1. Halbs. CIC. Das Gericht kann deshalb das Verfahren bis zum Endurteil fortsetzen, es sei denn, der Apostolische Stuhl hat ihm zu erkennen gegeben, dass er die Sache an sich gezogen hat, can. 1317 § 2, 2. Halbs. CIC.[18]

B. Verfahren im ersten Rechtszug – Kirchliche Arbeitsgerichte

I. Zuständigkeit des Gerichts

1. Sachliche Zuständigkeit nach § 2 KAGO

a) Sachliche Zuständigkeit nach § 2 Abs. 1 KAGO

21 Die sachliche Zuständigkeit der kirchlichen Arbeitsgerichte besteht nach § 2 Abs. 1 KAGO für Rechtsstreitigkeiten auf dem Gebiet der nach **Art. 7 GrO** gebildeten Kommissionen.

22 Die Vorschrift bezieht sich auf das Recht der paritätisch besetzten **Kommissionen zur Ordnung des Arbeitsrechts (KODA)**, die mitwirken bei der Aufstellung kollektiver kirchlicher Arbeitsvertragsnormen über Inhalt, Abschluss und Beendigung von Arbeitsverhältnissen. Rechtsnormen über den Inhalt des Arbeitsverhältnisses kommen nach Art. 7 Abs. 1 GrO zustande durch Beschlüsse der KODA. Sie bedürfen der Inkraftsetzung durch den jeweils zuständigen Bischof. Grundlage für Bildung, Zusammensetzung, Wahl der Mitglieder sowie Regelungen zur Beschlussfassung stellen die **KODA-Ordnungen** einschließlich der zugehörigen Wahlordnungen dar, die durch die Diözesanbischöfe als Kirchengesetze erlassen und in den kirchlichen Amtsblättern veröffentlicht worden sind.[19] Die Basis der KODA-Ordnungen bildet die Rahmenordnung für die Kommission zur Ordnung des Diözesanen Arbeitsvertragsrechtes (Rahmen-KODA-Ordnung), eine Empfehlung des Verbandes der Diözesen Deutschlands in der aktuellsten Fassung vom 24.11.2014.

23 In den (Erz-) Bistümern Freiburg, Fulda, Hildesheim, Limburg, Mainz, Rottenburg-Stuttgart, Speyer und Trier existieren eigene Kommissionen auf diözesaner Ebene (Bistums-KODA).

24 Daneben haben sich einige Bistümer zusammengeschlossen und eine Kommission mit Zuständigkeit für mehrere Bistümer gebildet (Regional-KODA). Zu nennen sind:
– für die (Erz-) Bistümer Berlin, Dresden-Meißen, Erfurt, Görlitz, Hamburg und Magdeburg die Regional-KODA Nord-Ost,
– für die Diözese Osnabrück sowie den niedersächsischen Teil der Diözese Münster die Regional-KODA Osnabrück/Vechta,
– für die nordrhein-westfälischen (Erz-) Diözesen Aachen, Essen, Köln, Münster und Paderborn die Regional-KODA NW und
– für die (Erz-) Bistümer Augsburg, Bamberg, Eichstätt, München und Freising, Passau, Regensburg und Würzburg die Bayrische Regional-KODA.

25 Ausgenommen von der Zuständigkeit dieser Kommissionen sind die kirchlichen Anstellungsträger, die die Richtlinien für Arbeitsverträge in den Einrichtungen des Deutschen Caritasverbandes (AVR) anwenden. Für diesen Bereich ist die Arbeitsrechtliche Kommission des Deutschen Caritasverbandes zuständig. Diese besteht aus einer Bundeskommission und sechs Regionalkommissionen. Rechtliche Grundlagen sind die Ordnung der Arbeitsrechtlichen Kommission des Deutschen Caritasverbandes (AK-O) in der seit dem 01.01.2014 geltenden Fassung und die diese ergänzenden Ordnungen.

---

17 Fischermeier RdA 2007, 193, 197.
18 Zum Verfahren vor der Apostolischen Signatur: Thiel/Fuhrmann/Jüngst-Thiel § 40 MAVO Rn 9, 10, 46.
19 Richardi, Arbeitsrecht in der Kirche, § 14 II 1. b), S. 226 ff.

Die Zentral-KODA, die für den überdiözesanen Bereich der deutschen Bischofskonferenz und des Deutschen Caritasverbandes eingerichtet wurde, ist zuständig für die Aussprache von Beschlussempfehlungen und die Beschlussfassung in den ihr nach der Zentral-KODA-Ordnung zugewiesenen Gegenständen.[20] 26

b) Sachliche Zuständigkeit nach § 2 Abs. 2 KAGO

Der Rechtsweg zu den kirchlichen Arbeitsgerichten ist ferner nach § 2 Abs. 2 KAGO eröffnet für Rechtsstreitigkeiten aus dem Mitarbeitervertretungsrecht sowie dem Recht der Mitwirkung in Caritas-Werkstätten für Menschen mit Behinderungen einschließlich des Wahlverfahrensrechts und des Verfahrens vor der Einigungsstelle. 27

aa) Mitarbeitervertretungsrecht

Das **Mitarbeitervertretungsrecht** ist nach Art. 8 GrO das kirchliche Betriebsverfassungsverfassungsrecht. Gegenstand der Mitbestimmung nach Art. 8 GrO ist die Sicherung der Selbstbestimmung der Arbeitnehmer in der Arbeitsorganisation kirchlicher Einrichtungen durch Mitarbeitervertretungen. Wahl und Beteiligung der Mitarbeitervertretungen richten nach der MAVO. Grundlage der MAVO ist die Rahmenordnung für eine Mitarbeitervertretungsordnung, zuletzt geändert durch Beschluss der Vollversammlung des Verbandes der Diözesen Deutschlands vom 20.06.2011, die ein empfohlenes Muster darstellt. Rechtsqualität als Kirchengesetz erlangt die MAVO in der jeweils durch den Ortsbischof als zuständigen Gesetzgeber in Kraft gesetzten Fassung, daher sind Abweichungen von der Rahmen-MAVO im Einzelfall möglich.[21] 28

bb) Recht der Mitwirkung in Caritas-Werkstätten für Menschen mit Behinderungen

Die Kirchlichen Arbeitsgerichte sind seit der KAGO-Novellierung vom 01.07.2011 zuständig für Streitigkeiten aus dem Recht der Mitwirkung in Caritas-Werkstätten für Menschen mit Behinderungen. Die Zuweisung an die kirchlichen Arbeitsgerichte entspricht der Zuständigkeit der staatlichen Arbeitsgerichte gem. § 2a Abs. 1 Buchst. 3a, 3. Var. ArbGG. 29

§ 144 Abs. 2 Satz 2 SGB IX i.V.m. § 1 Abs. 2 WMVO nimmt die Religionsgemeinschaften und ihre Einrichtungen von deren Anwendung aus, soweit sie eigene gleichwertige Regelungen erlassen haben. Als entsprechende kirchenrechtliche Regelung trat im Jahr 2003 die Caritas-Werkstätten-Mitwirkungsverordnung (CWMVO) in den deutschen Diözesen in Kraft. 30

cc) Gerichtliche Überprüfung des Spruchs oder des Verfahrens vor der kirchlichen Einigungsstelle nach § 47 Abs. 4 MAVO

Die MAVO sieht zur Beilegung bestimmter Streitigkeiten die Zuständigkeit der Einigungsstelle vor. Bei der Einigungsstelle nach § 40 Abs. 1 MAVO handelt es sich um eine ständige Einrichtung auf diözesaner, also überbetrieblicher Ebene. § 45 MAVO enthält eine abschließende Aufzählung der Angelegenheiten, sog. Regelungsstreitigkeiten (vgl. § 40 MAVO), in denen das Einigungsstellenverfahren durchzuführen ist. Sie betrifft vor allem die Fälle der Mitbestimmungsrechte bei Angelegenheiten der Dienststelle i.S.v. § 36 und § 37 MAVO. 31

Das Kirchliche Arbeitsgericht ist gem. § 47 Abs. 4 Satz 1 MAVO zuständig für die rechtliche Überprüfung des Spruchs der Einigungsstelle, des Verfahrens sowie der Überschreitung der Grenzen des Ermessens durch die Einigungsstelle. Der kirchliche Arbeitgeber kann mit einer Klage auch die fehlende finanzielle Deckung der durch Einigungsstellenspruch festgesetzten Maßnahmen i.S.v. § 47 Abs. 3 Satz 3 MAVO geltend machen. Der Klageantrag ist gerichtet auf die Feststellung der 32

---

20 Ausführliche Darstellung der nach Art. 7 GrO gebildeten Kommissionen bei Thiel/Fuhrmann/Jüngst-Jüngst § 38 MAVO Rn 16 ff.
21 Thiel/Fuhrmann/Jüngst-Thiel Präambel Rn 8.

Unwirksamkeit des Spruchs der Einigungsstelle.[22] Die Überprüfung der Ermessensausübung ist nach § 47 Abs. 4 Satz 2 MAVO an eine Frist von zwei Wochen gebunden, in allen anderen Fällen beträgt die Ausschlussfrist vier Wochen nach Zugang des Einigungsspruchs. Wegen der eingeschränkten Prüfungskompetenz des Kirchlichen Arbeitsgerichts soll eine Klage vor dem Kirchlichen Arbeitsgericht ohne vorher durchgeführtes Einigungsstellenverfahren mangels Rechtsschutzbedürfnis unzulässig sein.[23]

c) Keine Normenkontrolle nach § 2 Abs. 4 KAGO

33 § 2 Abs. 4 KAGO stellt klar, dass eine Überprüfung der Rechtmäßigkeit kirchlicher Rechtsnormen im Sinne eines Normenkontrollverfahren durch die kirchlichen Arbeitsgerichte nicht stattfindet. Dies schließt nach der Rechtsprechung des KAGH auch die Ordnung der Arbeitsrechtlichen Kommission des Deutschen Caritasverbandes ein.[24]

2. Örtliche Zuständigkeit nach § 3 KAGO

34 Der Gerichtsstand richtet sich gem. § 3 Abs. 1 KAGO grundsätzlich nach dem Sitz des Beklagten. Handelt es sich dabei um eine natürliche Person, bestimmt er sich nach deren Dienstort.

35 Bei Streitigkeiten aus dem Bereich der Arbeitsrechtlichen Kommissionen ist das Kirchliche Arbeitsgericht ausschließlich zuständig, in dessen Bezirk sich der Sitz der Geschäftsstelle befindet, § 3 Abs. 2 KAGO. Sind mehrere Kommissionen an dem Verfahren beteiligt, ist nach § 3 Abs. 2 Satz 2 KAGO das Gericht örtlich zuständig, in dem die Geschäftsstelle der beklagten Kommission ihren Sitz hat.

36 Bei Beteiligung eines mehr- oder überdiözesanen Rechtsträgers ist das Gericht der Hauptniederlassung zuständig, soweit nicht eine abweichende gesetzliche Zuständigkeit besteht, § 3 Abs. 3 KAGO. Die örtliche Zuständigkeit eines in erster Instanz unzuständigen Kirchlichen Arbeitsgerichts kann durch rügelose Einlassung nach § 39 ZPO begründet werden.[25]

II. Allgemeine Verfahrensvorschriften

1. Urteilsverfahren

37 Nach § 27 KAGO findet auf das Verfahren vor den Kirchlichen Arbeitsgerichten in der ersten Instanz die Vorschriften des ArbGG über das **Urteilsverfahren** in ihrer jeweiligen Fassung Anwendung, soweit die Ordnung nichts anderes bestimmt. Soweit die KAGO also keine Regelung enthält, sind zunächst die Vorschriften der §§ 46 bis 63 ArbGG und im nächsten Schritt über § 46 Abs. 2 ArbGG die Vorschriften der ZPO heranzuziehen. Das Verfahren wird durch Erhebung der Klage eingeleitet, welche die Parteien, den Streitgegenstand, einen bestimmten Antrag sowie eine Klagebegründung enthalten muss, § 28 KAGO. Zur Begründung dienende Beweismittel sollen angegeben werden.

38 Die KAGO lehnt sich in einigen Vorschriften jedoch dem Beschlussverfahren vor den staatlichen Arbeitsgerichten an, wie z.B. bei der **Klagerücknahme** nach § 29 KAGO, die wie die Antragsrücknahme nach § 81 Abs. 2 ArbGG jederzeit in derselben Form wie die Einleitung des Verfahrens möglich ist. Eine **Klageänderung** ist nach § 30 KAGO zuzulassen, wenn die übrigen Beteiligten zustimmen oder das Gericht die Änderung für sachdienlich hält. Die Zustimmung der Beteiligten gilt als erteilt, wenn sie sich ohne zu widersprechen in einem Schriftsatz oder in der mündlichen Verhandlung auf die geänderte Klage einlassen. Die Vorschrift entspricht § 81 Abs. 3 ArbGG. Wie

---

22 Thiel/Fuhrmann/Jüngst-Jüngst § 47 MAVO Rn 25.
23 Frank, Freiburger Kommentar MAVO, § 47 Rn 4.
24 KAGH, 28.08.2009 – M 02/09.
25 KAGH, 26.06.2009 – M 22/08 Rn 17.

im arbeitsgerichtlichen Beschlussverfahren gilt vor den kirchlichen Gerichten für Arbeitssachen der Amtsermittlungsgrundsatz.

2. Verfahrensgrundsätze

Die Grundsätze des Verfahrens vor der kirchlichen Arbeitsgerichtsbarkeit nennt § 7 KAGO: 39

§ 7 Abs. 1 bestimmt, dass Urteile grundsätzlich aufgrund mündlicher Verhandlung ergehen. Ausnahmen vom **Grundsatz der Mündlichkeit** sind nur zulässig mit Einverständnis der Beteiligten oder aufgrund ausdrücklicher gesetzlicher Anordnung. Dies ist beispielsweise die Entscheidung über die Ausschließung oder Ablehnung des Vorsitzenden, welche nach § 35 KAGO ohne mündliche Verhandlung ergeht. Entscheidungen im Verfahren über einstweilige Verfügungen nach § 52 Abs. 2 KAGO ergehen ebenso wie Beschlüsse über Verfahrensbeschwerden § 55 KAGO grds. ohne mündliche Verhandlung. 40

Die Verhandlung einschließlich der Beweisaufnahme findet öffentlich statt, § 7 Abs. 2 KAGO. Ausnahmen vom **Öffentlichkeitsgrundsatz** sind nach Satz 2 aus wichtigem Grund zulässig, beispielhaft genannt sind die erhebliche Beeinträchtigung kirchlicher Belange oder schutzwürdiger Interessen eines der Beteiligten sowie der Schutz von Dienstgeheimnissen. 41

Nach § 7 Abs. 3 KAGO gilt der **Amtsermittlungsgrundsatz**. Das Gericht erforscht den Sachverhalt von Amts wegen, wobei wie im Beschlussverfahren vor den staatlichen Arbeitsgerichten die Beweismittel Urkundeneinsicht, Einholung von Auskünften, Vernehmung von Zeugen, Sachverständigen und Beteiligten sowie Augenscheinnahme vorgesehen sind.[26] Die Verfahrensbeteiligten haben an der Aufklärung des Sachverhaltes mitzuwirken. Zu beachten sind in diesem Zusammenhang die Vorschriften über die Rechts- und Amtshilfe, § 13 Abs. 1 und 2 KAGO. Danach leisten die kirchlichen Gerichte für Arbeitssachen einander Rechtshilfe in entsprechender Anwendung der einschlägigen Vorschriften des GVG. Amtshilfe leisten alle kirchlichen Dienststellen und Einrichtungen auf Anforderung der kirchlichen Arbeitsgerichte. 42

Das Gericht hat ferner in jeder Lage des Verfahrens auf eine **gütliche Beilegung** des Rechtsstreits hinzuwirken, § 7 Abs. 5 KAGO. So soll das Kirchliche Arbeitsgericht vor der Verkündung eines Urteils einen Einigungsvorschlag unterbreiten, welcher in der mündlichen Verhandlung vorgeschlagen werden oder nach der mündlichen Verhandlung (oder bei schriftlichem Verfahren) schriftlich erfolgen kann.[27] 43

Alle Entscheidungen der Kirchlichen Arbeitsgerichte sind mit einer **Rechtsmittelbelehrung** zu versehen, § 7 Abs. 4 KAGO.[28] 44

III. Parteien

1. Beteiligungsfähigkeit

Ähnlich dem arbeitsrechtlichen Beschlussverfahren bestimmt § 8 KAGO, wer als **Beteiligter** Partei eines Rechtsstreits sein kann. Hierbei wird differenziert, ob es sich um Streitigkeiten nach § 2 Abs. 1 oder Abs. 2 KAGO handelt. Wegen des kollektivrechtlichen Bezugs handelt es sich i.d.R. um Organe oder Institutionen. In Streitigkeiten, die das Recht der arbeitsrechtlichen Kommissionen betreffen, sind dies die Hälfte der Mitglieder der Kommission oder die Mehrheit der Mitglieder der Dienstgeber- oder Mitarbeiterseite gem. § 8 Abs. 1 Buchst. a) KAGO oder in Angelegenheiten der MAVO die Mitarbeitervertretung und der Dienstgeber gem. § 8 Abs. 2 Buchst. a) KAGO. Eine einzelne Person ist nur beteiligungsfähig, soweit sie in ihrer Rechtsstellung aus dem kollektiv-recht- 45

---

26 Vgl. § 83 Abs. 1, 2 ArbGG.
27 Thiel/Fuhrmann/Jüngst-Jüngst § 47 MAVO Rn 37.
28 Ähnlich § 9 Abs. 5 ArbGG.

lichen Rechtskreis betroffen ist.²⁹ Dies ist beispielsweise die jeweils betroffene Person in Streitigkeiten hinsichtlich der Rechtsstellung als Mitglied einer Mitarbeitervertretung, als Sprecherin oder Sprecher der Jugendlichen und Auszubildenden oder als Vertrauensperson der Schwerbehinderten gem. § 8 Abs. 2 Buchst. e) KAGO. Infrage kommt auch die Beteiligungsfähigkeit aufgrund der Stellung als Kommissionsmitglied gem. § 8 Abs. 1 Buchst. b) KAGO (z.B. in einem Rechtsstreit über den erforderlichen Umfang der Arbeitsfreistellung nach § 8 der Ordnung der Arbeitsrechtlichen Kommission des Deutschen Caritasverbandes³⁰). In Angelegenheiten des Wahlverfahrensrechts ist u.a. auch der einzelne Mitarbeiter beteiligungsfähig, § 8 Abs. 1 Buchst. c) und Abs. 2 Buchst. b) KAGO (so ist beispielsweise nach § 12 Abs. 1 MAVO auch jeder einzelne Wahlberechtigte anfechtungsberechtigt).

2. Klagebefugnis

46 Die **Klagebefugnis** vor den Kirchlichen Arbeitsgerichten setzt voraus, dass der Kläger eine Verletzung eigener kollektivrechtlicher Rechte oder eine Verletzung von Rechten eines Organs, dem er angehört, geltend macht, § 10 KAGO. Kann der Kläger kein besonderes kollektivrechtliches Rechtsschutzbedürfnis geltend machen, ist die Klage unzulässig.³¹

3. Beiladung

47 § 9 KAGO regelt in Anlehnung an §§ 65, 66 VwGO die **Beiladung** Dritter. Solange das Verfahren noch nicht abgeschlossen oder in höherer Instanz anhängig ist, kann das Kirchliche Arbeitsgericht nach § 9 Abs. 1 KAGO von Amts wegen oder auf Antrag andere, deren rechtliche Interessen durch die Entscheidung berührt werden, beiladen. Der Beigeladene kann innerhalb der Anträge selbstständig Angriffs- und Verteidigungsmittel geltend machen und wirksam alle Verfahrenshandlungen vornehmen, § 9 Abs. 4 Satz 1 KAGO. Eigene Sachanträge kann er gem. § 9 Abs. 4 Satz 2 KAGO nur im Fall der notwendigen Beiladung stellen. Bei der notwendigen Beiladung nach § 9 Abs. 2 KAGO hat das Gericht Dritte beizuladen wenn sie an dem streitigen Rechtsverhältnis derart beteiligt sind, dass die Entscheidung auch ihnen gegenüber nur einheitlich ergehen kann. Die gilt gem. § 9 Abs. 2 Satz 2 KAGO auch für den Dritten, der verpflichtet ist, einer Partei oder einem Beigeladenen die Kosten des rechtshängig gemachten Anspruchs zu ersetzen. So ist z.B. in einem Verfahren wegen Arbeitsfreistellung für die Tätigkeit in einer Regionalkommission, in dem der Dienstgeber Beklagter ist, der Deutsche Caritasverband zur Erstattung der Auslagen der Verfahrensbeteiligten verpflichtet.³²

4. Prozessvertretung, Kosten

48 Die Beteiligten können den Rechtsstreit nach § 11 KAGO vor den kirchlichen Gerichten für Arbeitssachen selbst führen oder sich von einer sach- und rechtskundigen Person vertreten lassen. Die Vertretung setzt (anders: § 61 Abs. 4 MVG EKD) nicht die Zugehörigkeit zu einer Kirche voraus.³³ Anwaltszwang besteht vor den kirchlichen Gerichten für Arbeitssachen in beiden Instanzen nicht.

49 **Gebühren** werden gem. § 12 Abs. 1 Satz 1 KAGO vor den Gerichten für Arbeitssachen nicht erhoben. Über die **Auslagen** nach materiell-rechtlichen Vorschriften, also der MAVO oder den KODA-Ordnungen, entscheidet das Gericht durch Urteil, § 12 Abs. 1 Satz 2 KAGO. Das Gericht entscheidet beispielsweise nach § 17 Abs. 1 Satz 2 MAVO über die Pflicht zur Übernahme der Kosten der Beauftragung eines Verfahrensbevollmächtigten der Mitarbeitervertretung. Auf Antrag

---

29 Frank, Freiburger Kommentar MAVO, Einführung in die KAGO, Rn 8.
30 KAGH, 26.06.2009 – M 01/09.
31 Frank, Freiburger Kommentar MAVO, Einführung in die KAGO, Rn 8.
32 KAGH, 26.06.2009 – M 01/09.
33 Thiel/Fuhrmann/Jüngst-Fuhrmann § 17 MAVO Rn 85.

eines Beteiligten kann der Vorsitzende bereits vor Verkündung der mündlichen Verhandlung durch nach § 55 KAGO selbstständig anfechtbaren Beschluss entscheiden, ob Auslagen nach § 12 Abs. 1 Satz 2 KAGO zu erstatten sind.

Zeugen und Sachverständige werden gem. § 12 Abs. 3 KAGO in Anwendung des staatlichen Gesetzes über die Entschädigung von Zeugen und Sachverständigen[34] entschädigt.

IV. Mündliche Verhandlung

1. Vorbereitung

Die mündliche Verhandlung wird durch den Vorsitzenden vorbereitet. Er stellt dem Beklagten die Klageschrift zu und bestimmt die Frist, innerhalb der dieser auf die Klage schriftlich zu erwidern hat, § 31 KAGO. Nach Eingang der Klageerwiderung, spätestens nach Fristablauf, bestimmt der Vorsitzende den Termin zur mündlichen Verhandlung und lädt die Beteiligten mit einer Frist von mindestens zwei Wochen, § 32 KAGO. In der Ladung ist darauf hinzuweisen, dass auch in Abwesenheit einer Partei verhandelt und entschieden werden kann. Ein Versäumnisurteil bei Ausbleiben eines Beteiligten in der mündlichen Verhandlung ist somit wie im Beschlussverfahren vor den staatlichen Arbeitsgerichten nicht vorgesehen.

Der Vorsitzende hat die streitige Verhandlung gem. § 33 Abs. 1 KAGO so vorzubereiten, dass sie möglichst in einem Termin zu Ende geführt werden kann. Der Vorsitzende kann nach § 33 Abs. 1 Nr. 1 bis 4 KAGO den Parteien unter Fristsetzung die Ergänzung oder Erläuterung der vorbereitenden Schriftsätze sowie die Vorlage von Urkunden oder Niederlegung anderer Gegenstände bei Gericht aufgeben. Er ist befugt, kirchliche Behörden oder Amtsträger um Mitteilung von Urkunden oder Erteilung von Auskünften zu ersuchen, das persönliche Erscheinen der Parteien anzuordnen sowie Zeugen und Sachverständige zur mündlichen Verhandlung laden. § 33 Abs. 2 KAGO regelt den Ausschluss des Parteivorbringens in der ersten Instanz wie § 56 Abs. 2 ArbGG.

Der Lauf einer gesetzten **Frist** beginnt mit der Zustellung der zugrunde liegenden Anordnung oder Entscheidung. Die **Zustellung** selbst wird gegen Empfangsbescheinigung oder durch Übergabeeinschreiben mit Rückschein bewirkt, § 36 Abs. 1, 2 KAGO. Das Verfahren zur Wiedereinsetzung in versäumte Fristen ist § 37 KAGO geregelt.

Die **Alleinentscheidungskompetenz** des Vorsitzenden richtet sich nach § 34 KAGO. Alleinentscheidungen sind nach Abs. 1 bei Zurücknahme der Klage, Verzicht oder Anerkenntnis (§ 34 Abs. 1 Nr. 1 bis 3 KAGO) vorgesehen und können nach § 34 Abs. 2 KAGO ohne mündliche Verhandlung getroffen werden. Der Vorsitzende entscheidet ferner gem. § 34 Abs. 3 KAGO auf übereinstimmenden Antrag der Parteien allein, wenn eine das Verfahren beendende Entscheidung ergehen kann.[35]

Nach § 34 Abs. 4 Nr. 1 bis 4 KAGO ist der Vorsitzende befugt, vor der streitigen Verhandlung einen Beweisbeschluss der jeweils bezeichneten Art zu erlassen. Bis auf die dortige Nr. 5 (Einholung eines schriftlichen Sachverständigengutachtens) entspricht die Regelung § 55 Abs. 4 ArbGG. Im Fall der Beweiserhebung vor der mündlichen Verhandlung durch ein Mitglied des Gerichts oder einen ersuchten Richter sind die Beteiligten von allen Beweisterminen zu benachrichtigen und können der Beweisaufnahme beiwohnen, § 40 Abs. 2 KAGO.

2. Ablauf der mündlichen Verhandlung

§ 38 KAGO legt den Gang der mündlichen Verhandlung fest. Sie wird vom Vorsitzenden eröffnet und geleitet. Nach Aufruf der Sache trägt er den bisherigen Sach- und Streitgegenstand vor und erörtert die Sache mit den Beteiligten, wobei er gem. § 38 Abs. 2 Satz 2 KAGO ihre Einigung fördern soll. Das Gericht erhebt Beweis in der mündlichen Verhandlung, § 40 Abs. 1 KAGO.

---

34 Seit 01.07.2004: JVEG.
35 Vgl. § 55 Abs. 3 ArbGG.

57 Als **Beweismittel** werden insbesondere die Vernehmung von Zeugen, Sachverständigen und Beteiligten sowie Heranziehung von Urkunden genannt. Den Zeugen trifft vor den kirchlichen Arbeitsgerichten keine Pflicht zur Aussage; eine Verletzung der Wahrheitspflicht ist nicht strafbewehrt nach § 153 StGB.[36] Das Gericht kann darüber hinaus die in § 39 KAGO genannten Dritten anhören, die nicht am Verfahren im Sinne der §§ 8 und 9 KAGO beteiligt sind.

58 § 41 KAGO regelt den **Vergleich** und die **Erledigung** des Verfahrens entsprechend § 83 ArbGG. Die Entscheidung des Vorsitzenden über die Einstellung des Verfahrens nach Erledigungserklärungen der Beteiligten ist in entsprechender Anwendung des § 30 Satz 3 KAGO unanfechtbar.

59 Das Gericht entscheidet durch **Urteil** nach seiner freien, aus dem Gesamtergebnis des Verfahrens gewonnenen Überzeugung, § 43 Abs. 1 KAGO. Vorauszugehen hat eine Beratung und Abstimmung, an der ausschließlich der Vorsitzende und die beisitzenden Richter teilnehmen. Bei der Abstimmung entscheidet die Mehrheit der Stimmen, wobei die Stimmabgabe nicht verweigert werden kann und der Vorsitzende zuletzt abstimmt. Über den Hergang von Beratung und Abstimmung ist Stillschweigen zu bewahren, § 42 KAGO.

60 Das Urteil ist schriftlich abzufassen unter Angabe der tatsächlichen und rechtlichen Gründe, die für die richterliche Überzeugung leitend gewesen sind. Es darf sich nicht auf Tatsachen und Beweismittel stützen, zu denen die Beteiligten sich nicht äußern konnten, § 43 Abs. 2 KAGO.

V. Besondere Verfahrensarten

61 Die §§ 44 bis 45 KAGO enthalten Sonderregelungen für bestimmte Verfahrensarten.

62 In den in § 44 Satz 1 KAGO genannten Angelegenheiten ist die Klageerhebung an eine Frist von vier Wochen gebunden, soweit das materielle Recht eine entsprechende Klagemöglichkeit vorsieht. Die Frist beginnt ab Kenntnis des zugrunde liegenden Sachverhalts. Sie gilt im Bereich des Mitarbeitervertretungsrechts gem. § 44 Satz 1 KAGO für die Klage auf **Auflösung** der Mitarbeitervertretung (§ 13 Abs. 3 Nr. 6 MAVO), auf **Amtsenthebung** eines einzelnen Mitglieds der Mitarbeitervertretung sowie auf Feststellung des **Verlusts der Mitgliedschaft** in der Mitarbeitervertretung (§ 13c Nr. 4 MAVO). Klageberechtigt sind in diesen Verfahren nur mindestens die Hälfte der Mitglieder der Mitarbeitervertretung und der Dienstgeber, § 44 Satz 2 KAGO. Die Frist des § 44 Satz 1 KAGO gilt nach § 44a Satz 1 KAGO ferner für die Klagen auf Amtsenthebung oder Feststellung des Verlusts der Mitgliedschaft in einer Arbeitsrechtlichen Kommission. Klageberechtigt sind in diesem Verfahren nur die Hälfte der Mitglieder der Kommission oder die Mehrheit der Mitglieder einer Seite der Kommission, § 44 Satz 2 KAGO.

63 Für die **Wahlprüfungsklage** legt § 44b KAGO eine Frist von zwei Wochen ab Bekanntgabe der Entscheidung fest. Die kirchlichen Ordnungen sehen z.T. ein zweistufiges Verfahren für die Wahlanfechtung vor. Vor Anrufung des Kirchlichen Arbeitsgerichts ist die Anfechtung gegenüber dem Wahlausschuss zu erklären.[37] Dieser hat eine eigene Entscheidung über die Wahlanfechtung zu treffen, vgl. § 44b Satz 2 KAGO.

64 Für das **Organstreitverfahren** über die Zuständigkeit einer Arbeitsrechtlichen Kommission enthält § 45 KAGO eine Sonderregung zur Beteiligungsfähigkeit. Diese ist beschränkt auf die Kommissionen; die Beschlussfassung über die Anrufung des Kirchlichen Arbeitsgerichts setzt mindestens eine Drei-Viertel-Mehrheit der Gesamtzahl der Mitglieder voraus.

---

36 Thiel/Fuhrmann/Jüngst-Jüngst § 47 MAVO Rn 35.
37 Vgl. § 12 MAVO, § 11 Wahl-O für die Wahl der Mitarbeitervertreter in der Regional-KODA NW.

C. Verfahren im zweiten Rechtszug – Kirchlicher Arbeitsgerichtshof

I. Revision

1. Allgemeines

Die Revision an den KAGH dient der rechtlichen Überprüfung der Urteile der Kirchlichen Arbeitsgerichte. Es erfolgt keine tatsächliche, nur eine rechtliche Überprüfung der erstinstanzlichen Entscheidungen. Das Revisionsverfahren soll neben dem Parteiinteresse zusätzlich dem Ziel der Sicherung einer einheitlichen Rechtsprechung im Bereich der Deutschen Bischofskonferenz dienen.[38] Für das Verfahren ordnet § 46 KAGO die Anwendung der Vorschriften des ersten Rechtszugs an, soweit sich aus den Vorschriften der §§ 47 bis 51 KAGO nichts anderes ergibt.

65

2. Zulassung der Revision

Die Revision ist zulässig, wenn sie im Urteil des Kirchlichen Arbeitsgerichts zugelassen worden ist oder der KAGH sie aufgrund einer Nichtzulassungsbeschwerde zulässt, § 47 Abs. 1 KAGO. Das Kirchliche Arbeitsgericht hat die Revision zuzulassen
— aufgrund der grundsätzlichen Bedeutung der Rechtssache, § 47 Abs. 2 Buchst. a) KAGO,
— wenn das Urteil von einer Entscheidung des KAGH oder, solange eine Entscheidung des KAGH in der Rechtsfrage nicht ergangen ist, von einem Urteil eines anderen Kirchlichen Arbeitsgerichts abweicht und die Entscheidung auf dieser Abweichung beruht, § 47 Abs. 2 Buchst. b) KAGO oder
— wenn ein Verfahrensmangel geltend gemacht wird, auf dem die Entscheidung beruht, § 47 Abs. 2 Buchst. c) KAGO.

66

An die Zulassung der Revision durch das Kirchliche Arbeitsgericht ist der KAGH gem. § 47 Abs. 3 KAGO gebunden.

67

3. Einlegung und Begründung der Revision

Die Revisionsfrist beträgt nach § 50 Abs. 1 KAGO einen Monat. Die Frist beginnt mit der Zustellung des vollständigen Urteils oder des Beschlusses über die Zulassung der Revision, § 48 Abs. 5 Satz 1 KAGO. Für den Fall, dass der Nichtzulassungsbeschwerde stattgegeben wird, wird das Beschwerdeverfahren also nicht wie nach § 72a ArbGG als Revisionsverfahren fortgesetzt. Es bedarf der gesonderten Einlegung der Revision. Die Revision kann Frist während beim KAGH oder auch beim Ausgangsgericht eingelegt werden. Sie muss schriftlich eingelegt werden und hat das angefochtene Urteil zu bezeichnen.

68

Nach § 50 Abs. 2 KAGO beträgt die Revisionsbegründungsfrist zwei Monate. Sie beginnt mit der Zustellung des vollständigen Urteils oder Beschlusses über die Zulassung der Revision. Der Präsident des KAGH kann die Begründungsfrist auf vor Ablauf dieser Frist gestellten Antrag einmalig um einen weiteren Monat verlängern. Die Revisionsbegründung ist beim KAGH einzulegen. Sie muss einen bestimmten Antrag enthalten sowie die verletzte Rechtsnorm. Werden Verfahrensmängel gerügt, muss die Begründung die Tatsachen angeben, die den Mangel ergeben.

69

4. Revisionsentscheidung, Revisionsgründe

Die Revision ist gem. § 51 Abs. 1 KAGO zulässig, wenn sie statthaft ist und in der Form und Frist des § 50 KAGO eingelegt worden ist. Fehlt es an einer dieser Voraussetzungen, verwirft der KAGH die Revision durch Beschluss als **unzulässig** ohne Mitwirkung der beisitzenden Richter, § 51 Abs. 2 KAGO. Der Verwerfungsbeschluss kann ohne mündliche Verhandlung ergehen.

70

---

38 Thiel/Fuhrmann/Jüngst-Jüngst § 47 MAVO Rn 46.

71 Nach § 49 Abs. 1 KAGO kann die Revision nur auf die **Verletzung einer Rechtsnorm** durch das Kirchliche Arbeitsgericht gestützt werden. Die Vorschrift setzt zudem voraus, dass das angefochtene Urteil auf der Verletzung der Rechtsnorm beruht. Dies ist gem. § 49 Abs. 2 KAGO stets der Fall, wenn das erkennende Gericht nicht vorschriftsmäßig besetzt war, § 49 Abs. 2 Buchst. a), bei der Entscheidung ein Richter mitgewirkt hat, der kraft Gesetz von der Ausübung des Richteramtes kraft Gesetz ausgeschlossen oder wegen Besorgnis der Befangenheit mit Erfolg abgelehnt war, § 49 Abs. 2 Buchst. b) KAGO (wegen der Ablehnung von Gerichtspersonen verweist § 35 KAGO auf die Vorschriften der §§ 41 bis 49 ZPO), einem Beteiligten das rechtliche Gehör versagt war, § 49 Abs. 2 Buchst. c), bei einer Verletzung der Vorschriften über die Öffentlichkeit der Verhandlung, § 49 Abs. 2 Buchst. d) KAGO oder das Urteil nicht mit Gründen versehen ist, § 49 Abs. 2 Buchst. e) KAGO.

72 Die unbegründete Revision weist der KAGH gem. § 51 Abs. 3 KAGO durch Urteil zurück. Die Revision ist nach § 51 Abs. 5 KAGO auch dann zurückzuweisen, wenn sich aus den Entscheidungsgründen zwar eine Verletzung des materiellen Rechts ergibt, das Urteil sich aber aus anderen Gründen als richtig darstellt. Ist die Revision begründet, kann der KAGH eine **eigene Sachentscheidung** treffen, § 51 Abs. 4 Buchst. a) KAGO, oder das angefochtene Urteil aufheben und die Sache zur anderweitigen Verhandlung und Entscheidung zurückzuverweisen, § 51 Abs. 4 Buchst. b) KAGO. Nach der **Zurückverweisung** sind die Kirchlichen Arbeitsgerichte bei ihrer Entscheidung an die rechtliche Beurteilung des KAGH gebunden, § 51 Abs. 6 KAGO.

II. Nichtzulassungsbeschwerde nach § 48 KAGO

73 Lässt das Kirchliche Arbeitsgericht die Revision nicht zu, hat es diese Entscheidung im Urteil zu begründen, § 47 Abs. 1 Satz 1 KAGO. Die Nichtzulassung der Revision kann nach § 48 Abs. 1 KAGO durch Beschwerde angefochten werden. Möglich sind in Ansehung von § 47 Abs. 2 KAGO Grundsatzbeschwerde, Divergenzbeschwerde und Verfahrensbeschwerde.

74 Die Beschwerdefrist beträgt einen Monat und beginnt mit der Zustellung des vollständigen erstinstanzlichen Urteils. Die Beschwerde kann wie die Revision wahlweise beim KAGH oder beim Ausgangsgericht eingelegt werden und muss das angefochtene Urteil bezeichnen, § 48 Abs. 2 KAGO. Die Einlegung der Nichtzulassungsbeschwerde hemmt die Rechtskraft gem. § 48 Abs. 4 KAGO.

75 Die Beschwerde ist innerhalb einer Frist von zwei Monaten nach Zustellung der Entscheidung des Kirchlichen Arbeitsgerichts zu begründen. Die Begründung muss beim KAGH eingelegt werden. Mit ihr muss die grundsätzliche Bedeutung der Rechtssache dargelegt oder die Entscheidung, von welcher das Urteil abweicht oder der Verfahrensmangel bezeichnet werden, § 48 Abs. 3 Satz 3 KAGO.

76 Die Entscheidung des KAGH über die Nichtzulassungsbeschwerde ergeht ohne die beisitzenden Richter durch Beschluss. Eine mündliche Verhandlung ist nicht erforderlich, § 48 Abs. 5 Satz 1 KAGO. Der Beschluss soll begründet werden, hiervon kann wie nach § 72a Abs. 5 Satz 5 ArbGG abgesehen werden. Das erstinstanzliche Urteil wird rechtskräftig mit der Ablehnung der Nichtzulassungsbeschwerde, § 48 Abs. 5 Satz 3 KAGO.

D. Einstweiliger Rechtsschutz

77 Nach § 52 KAGO kann bereits vor Erhebung der Klage auf Antrag eine einstweilige Verfügung über den Streitgegenstand getroffen werden. § 52 Abs. 2 KAGO nimmt für das Verfahren Bezug auf die §§ 935 bis 943 ZPO. Abweichend vom Verfahren vor der staatlichen Arbeitsgerichtsbarkeit ergeht die Entscheidung grundsätzlich ohne Hinzuziehung der beisitzenden Richter und ohne mündliche Verhandlung. Daher stehen im einstweiligen Verfügungsverfahren vor dem Kirchlichen Arbeitsgericht der Urkundenbeweis und die Versicherung an Eides statt als einzige Mittel der

Glaubhaftmachung zur Verfügung.³⁹ Die Zustellung erfolgt von Amts wegen. Die Revision gegen Beschlüsse über die Anordnung, Abänderung oder Aufhebung einer einstweiligen Verfügung ist unzulässig, § 47 Abs. 4 KAGO. Als Rechtsmittel gegen Erlass oder Zurückweisung einer einstweiligen Verfügung kann sofortige Beschwerde bei dem Kirchlichen Arbeitsgericht eingelegt werden, dessen Entscheidung angefochten wird; eine Vorlage an den KAGH ist allerdings nicht statthaft.⁴⁰

E. Vollstreckung

Kirchengerichtliche Urteile sind mangels gesetzlicher Grundlage nicht nach staatlichem Recht vollstreckbar.⁴¹ Die Vollstreckung von Entscheidungen der kirchlichen Arbeitsgerichtsbarkeit regeln die §§ 53, 54 KAGO. Bei der Verurteilung zur Abgabe einer Willenserklärung gilt die Erklärung entsprechend § 894 Abs. 1 ZPO als abgegeben mit der Rechtskraft des Urteils, § 54 KAGO. 78

Die Vollstreckungsmaßnahmen im Fall einer Verurteilung zu einer Leistung richten sich nach § 53 KAGO. § 53 Abs. 1 KAGO sieht eine Berichtspflicht des Verurteilten vor. Dieser hat innerhalb eines Monats nach Rechtskraft des Urteils dem Gericht, das die Sache verhandelt und entschieden hat, zu berichten, dass er die auferlegte Verpflichtung erfüllt hat. 79

Hat der Verurteilte diese Berichtspflicht nicht befolgt, hat der Vorsitzende ihn aufzufordern, sie unverzüglich zu erfüllen, § 53 Abs. 2 Satz 1 KAGO. Kommt der verpflichtete Beteiligte auch dieser Aufforderung nicht nach, ersucht das Gericht gem. § 53 Abs. 2 Satz 2 KAGO den kirchlichen Vorgesetzten um Vollstreckungshilfe. In der KAGO ist die Durchführung der Vollstreckungshilfe nicht geregelt. Vorgeschlagen wird in der Literatur, dass das Gericht dem kirchlichen Vorgesetzten ein geeignetes Vorgehen mitteilt.⁴² Für den Bereich der verfassten Kirche wird das Weisungsrecht des zuständigen Ortsordinarius herangezogen unter Hinweis auf mögliche Disziplinarmaßnahmen und bei selbstständigen Rechtsträgern auf ggfs. ergreifbare Maßnahmen der Rechts- und Fachaufsicht.⁴³ Vorgeschlagen wird auch eine Anzeige an die zuständigen Aufsichtsgremien bei gerichtlich festgestellten Verstößen gegen die kirchlichen Ordnungen.⁴⁴ Disziplinarmaßnahmen kann das Kirchliche Arbeitsgericht allerdings selbst nicht ergreifen.⁴⁵ 80

Bleibt auch die Aufforderung nach § 53 Abs. 2 KAGO ohne Erfolg, kann das Gericht nach Abs. 3 auf Antrag eine Geldbuße bis zu 2.500,00 Euro verhängen, für deren Vollstreckung allerdings die Rechtsgrundlage nach staatlichem Recht fehlt.⁴⁶ Weiterhin kann es anordnen, dass die Entscheidung des Gerichts unter Nennung der Verfahrensbeteiligten im Amtsblatt des für den säumigen Beteiligten zuständigen Bistums zu veröffentlichen ist. 81

Anlage I

Anschriften der kirchlichen Arbeitsgerichte im Bereich der Deutschen Bischofskonferenz

Gemeinsames Kirchliches Arbeitsgericht erster Instanz für die (Erz-) Diözesen Augsburg, Bamberg, Eichstädt, München und Freising, Passau, Regensburg und Würzburg 82
Gemeinsames Kirchliches Arbeitsgericht erster Instanz in Bayern
c/o Bischöfliches Ordinariat
Fronhof 4
86152 Augsburg

---

39 Thiel/Fuhrmann/Jüngst-Jüngst § 47 MAVO Rn 56.
40 KAGH, 06.04.2011 – K 04/11.
41 Thiel/Fuhrmann/Jüngst-Jüngst § 47 MAVO Rn 70.
42 Thiel/Fuhrmann/Jüngst-Jüngst § 47 MAVO Rn 77.
43 Frank, Freiburger Kommentar MAVO, Einführung in die KAGO, Rn 10.
44 Thiel/Fuhrmann/Jüngst-Jüngst § 47 MAVO Rn 84.
45 Thiel/Fuhrmann/Jüngst-Jüngst § 47 MAVO Rn 84.
46 Thiel/Fuhrmann/Jüngst-Jüngst § 47 MAVO Rn 81.

Anhang 3 Verfahren vor den Kirchlichen Arbeitsgerichten

Gemeinsames Kirchliches Arbeitsgericht erster Instanz für die (Erz-) Diözesen Berlin, Dresden-Meißen, Erfurt, Görlitz, Hamburg, Hildesheim, Magdeburg, Osnabrück und Oldenburgischer Teil des Bistums Münster
Gemeinsames kirchliches Arbeitsgericht in Hamburg
c/o Bischöfliches Generalvikariat
Danziger Str. 52a
20099 Hamburg

Gemeinsames Kirchliches Arbeitsgericht erster Instanz für die Diözesen Limburg, Mainz, Speyer und Trier
Kirchliches Arbeitsgericht für die Diözesen Limburg, Mainz, Speyer und Trier
c/o Bischöfliches Generalvikariat
Bischofsplatz 2
55116 Mainz

Kirchliches Arbeitsgericht erster Instanz für die Erzdiözese Freiburg
Kirchliches Arbeitsgericht der Erzdiözese Freiburg
c/o Erzbischöfliches Ordinariat
Schoferstr. 2
79089 Freiburg

Kirchliches Arbeitsgericht erster Instanz für die Diözese Fulda
Kirchliches Arbeitsgericht für die Diözese Fulda
c/o Erzbischöfliches Ordinariat
Paulustor 5
36037 Fulda

Kirchliches Arbeitsgericht erster Instanz für die Diözese Rottenburg-Stuttgart
Kirchliches Arbeitsgericht für die Diözese Rottenburg-Stuttgart
c/o Bischöfliches Ordinariat
Marktplatz 11
72108 Rottenburg a.N.

Interdiözesanes Arbeitsgericht erster Instanz für den KODA-Bereich gem. § 2 Abs. 1 KAGO für die (Erz-) Diözesen Aachen, Essen, Köln, Münster (nordrhein-westfälischer Teil und Paderborn
Interdiözesanes Arbeitsgericht für den KODA-Bereich
c/o Erzbischöfliches Ordinariat
Kardinal-Frings-Str. 12
50668 Köln

Kirchliches Arbeitsgericht erster Instanz für die Diözese Aachen mit Zuständigkeit nach § 2 Abs. 2 KAGO
Kirchliches Arbeitsgericht für die Diözese Aachen
Klosterplatz 7
52062 Aachen

Kirchliches Arbeitsgericht erster Instanz für das Bistum Essen mit Zuständigkeit nach § 2 Abs. 2 KAGO
Kirchliches Arbeitsgericht Essen
c/o Erzbischöfliches Ordinariat Köln
Zwöfling 14
45127 Essen

Kirchliches Arbeitsgericht erster Instanz für die Erzdiözese Köln mit Zuständigkeit nach § 2 Abs. 2 KAGO
Diözesanes Arbeitsgericht für den MAVO-Bereich Köln
Erzbischöfliches Ordinariat
Kardinal-Frings-Str. 12
50668 Köln

Kirchliches Arbeitsgericht erster Instanz für die Diözese Münster mit Zuständigkeit nach § 2 Abs. 2 KAGO
Kirchliches Arbeitsgericht 1. Instanz der Diözese Münster
Horsteberg 11
48143 Münster

Kirchliches Arbeitsgericht erster Instanz für die Erzdiözese Paderborn mit Zuständigkeit nach § 2 Abs. 2 KAGO
Kirchliches Arbeitsgericht
c/o Erzbischöfliches Generalvikariat
Domplatz 3
33098 Paderborn

Kirchlicher Arbeitsgerichtshof für die Deutschen Diözesen mit Sitz in Bonn
Kirchlicher Arbeitsgerichtshof
c/o Sekretariat der Deutschen Bischofskonferenz
Kaiserstr. 161
53113 Bonn

Anlage II

Kirchliche Arbeitsgerichtsordnung – KAGO

In der Fassung des Beschlusses der Vollversammlung der deutschen Bischofskonferenz vom 25. Februar 2010

Präambel KAGO

Die Deutsche Bischofskonferenz erlässt aufgrund eines besonderen Mandats des Apostolischen Stuhls gemäß can. 455 § 1 CIC in Wahrnehmung der der Kirche durch das Grundgesetz für die Bundesrepublik Deutschland garantierten Freiheit, ihre Angelegenheiten selbständig innerhalb der Schranken des für alle geltenden Gesetzes zu ordnen,
- *zur Sicherung der Glaubwürdigkeit der Einrichtungen, welche die Kirche unterhält und anerkennt, um ihren Auftrag in der Gesellschaft wirksam wahrnehmen zu können,*
- *zur Herstellung und Gewährleitung eines wirksamen gerichtlichen Rechtsschutzes auf den Gebieten der kirchlichen Ordnungen für das Zustandekommen von arbeitsvertragsrechtlichen Regelungen und das Mitarbeitervertretungsrecht, wie dies in Artikel 10 Absatz 2 der »Grundordnung des kirchlichen Dienstes im Rahmen kirchlicher Arbeitsverhältnisse« (GrO) vorgesehen ist,*
- *zur Sicherstellung einer einheitlichen Auslegung und Anwendung der in den deutschen Bistümern übereinstimmend geltenden arbeitsrechtlichen Grundlagen*

die folgende Ordnung:

Erster Teil

Allgemeine Vorschriften

§ 1 KAGO Kirchliche Gerichte für Arbeitssachen

Die Gerichtsbarkeit in kirchlichen Arbeitssachen (§ 2) wird in erster Instanz durch Kirchliche Arbeitsgerichte und in zweiter Instanz durch den Kirchlichen Arbeitsgerichtshof ausgeübt.

§ 2 KAGO Sachliche Zuständigkeit

(1) Die kirchlichen Gerichte für Arbeitssachen sind zuständig für Rechtsstreitigkeiten aus dem Recht der nach Art. 7 GrO gebildeten Kommissionen zur Ordnung des Arbeitsvertragsrechts.

(2) Die kirchlichen Gerichte für Arbeitssachen sind ferner zuständig für Rechtsstreitigkeiten aus dem Mitarbeitervertretungsrecht sowie dem Recht der Mitwirkung in Caritas-Werkstätten für Menschen mit Behinderungen einschließlich des Wahlverfahrensrechts und des Verfahrens vor der Einigungsstelle.

(3) Ein besonderes Verfahren zur Überprüfung der Rechtmäßigkeit von kirchlichen Rechtsnormen (Normenkontrollverfahren) findet nicht statt.

§ 3 KAGO Örtliche Zuständigkeit

(1) [1]Das Gericht, in dessen Dienstbezirk eine beteiligungsfähige Person (§ 8) ihren Sitz hat, ist für alle gegen sie zu erhebenden Klagen zuständig. [2]Ist der Beklagte eine natürliche Person, bestimmt sich der Gerichtsstand nach dem dienstlichen Einsatzort des Beklagten.

(2) [1]In Rechtsstreitigkeiten nach § 2 Absatz 1 ist das Gericht ausschließlich zuständig, in dessen Dienstbezirk die Geschäftsstelle der Kommission ihren Sitz hat. [2]Sind mehrere Kommissionen am Verfahren beteiligt, ist das für die beklagte Kommission errichtete Gericht ausschließlich zuständig.

(3) In Rechtsstreitigkeiten nach § 2 Absatz 2, an denen ein mehrdiözesaner oder überdiözesaner Rechtsträger beteiligt ist, ist das Gericht ausschließlich zuständig, in dessen Dienstbezirk sich der Sitz der Hauptniederlassung des Rechtsträgers eines Verfahrensbeteiligten befindet, soweit nicht durch Gesetz eine hiervon abweichende Regelung der örtlichen Zuständigkeit getroffen wird.

§ 4 KAGO Besetzung der Gerichte

Die kirchlichen Gerichte für Arbeitssachen sind mit Personen, welche die Befähigung zum Richteramt nach staatlichem oder kirchlichem Recht besitzen, und mit ehrenamtlichen Richtern (beisitzenden Richtern) aus den Kreisen der Dienstgeber und Mitarbeiter, welche nach Maßgabe dieser Ordnung stimmberechtigt an der Entscheidungsfindung mitwirken, besetzt.

§ 5 KAGO Aufbringung der Mittel

[1]Die Kosten des Kirchlichen Arbeitsgerichts trägt das Bistum, für das es errichtet ist. [2]Im Falle der Errichtung eines gemeinsamen kirchlichen Arbeitsgerichts durch mehrere Diözesanbischöfe (§ 14 Absatz 2) tragen die beteiligten Bistümer die Kosten nach einem zwischen Ihnen vereinbarten Verteilungsmaßstab. [3]Die Kosten des Kirchlichen Arbeitsgerichtshofs trägt der Verband der Diözesen Deutschlands.

§ 6 KAGO Gang des Verfahrens

(1) Im ersten Rechtszug ist das Kirchliche Arbeitsgericht zuständig.

(2) Gegen das Urteil des Kirchlichen Arbeitsgerichts findet die Revision an den Kirchlichen Arbeitsgerichtshof nach Maßgabe des § 47 statt.

§ 7 KAGO Verfahrensgrundsätze

(1) [1]Das Gericht entscheidet, soweit diese Ordnung nichts anderes bestimmt, auf Grund mündlicher Verhandlung durch Urteil. [2]Mit Einverständnis der Beteiligten kann das Gericht ohne mündliche Verhandlung entscheiden.

(2) [1]Die Verhandlung einschließlich der Beweisaufnahme ist öffentlich. [2]Das Gericht kann die Öffentlichkeit für die Verhandlung oder für einen Teil der Verhandlung aus wichtigem Grund ausschließen, insbesondere wenn durch die Öffentlichkeit eine erhebliche Beeinträchtigung kirchlicher Belange oder

schutzwürdiger Interessen eines Beteiligten zu besorgen ist oder wenn Dienstgeheimnisse zum Gegenstand der Verhandlung oder der Beweisaufnahme gemacht werden. ³Die Entscheidung wird auch im Fall des Satzes 2 öffentlich verkündet.

(3) ¹Das Gericht erforscht den Sachverhalt von Amts wegen. Die am Verfahren Beteiligten haben an der Aufklärung des Sachverhalts mitzuwirken. ²Zur Aufklärung des Sachverhalts können Urkunden eingesehen, Auskünfte eingeholt, Zeugen, Sachverständige und Beteiligte vernommen und ein Augenschein eingenommen werden.

(4) ¹Alle mit einem befristeten Rechtsmittel anfechtbaren Entscheidungen enthalten die Belehrung über das Rechtsmittel. ²Soweit ein Rechtsmittel nicht gegeben ist, ist eine entsprechende Belehrung zu erteilen. ³Die Frist für ein Rechtsmittel beginnt nur, wenn der Beteiligte über das Rechtsmittel und das Gericht, bei dem das Rechtsmittel einzulegen ist, die Anschrift des Gerichts und die einzuhaltende Frist und Form schriftlich belehrt worden ist. ⁴Ist die Belehrung unterblieben oder unrichtig erteilt, so ist die Einlegung des Rechtsmittels nur innerhalb eines Jahres seit Zustellung der Entscheidung zulässig.

§ 8 KAGO Verfahrensbeteiligte

(1) In Rechtsstreitigkeiten gemäß § 2 Absatz 1 können beteiligt sein:
a) in allen Angelegenheiten die Hälfte der Mitglieder der nach Artikel 7 GrO gebildeten Kommission oder die Mehrheit der Mitglieder der Dienstgeber- bzw. Mitarbeiterseite der Kommission,
b) in Angelegenheiten, welche die eigene Rechtsstellung als Kommissions-Mitglied betreffen, das einzelne Mitglied der Kommission und der Dienstgeber,
c) in Angelegenheiten des Wahlverfahrensrechts darüber hinaus der Dienstgeber, der einzelne Mitarbeiter und die Wahlorgane und Koalitionen nach Art. 6 GrO,
d) in Angelegenheiten, welche die Rechtsstellung als Koalition nach Art. 6 GrO betreffen, die anerkannte Koalition.

(2) In Rechtsstreitigkeiten gemäß § 2 Absatz 2 können beteiligt sein:
a) in Angelegenheiten der Mitarbeitervertretungsordnung einschließlich des Verfahrens vor der Einigungsstelle die Mitarbeitervertretung und der Dienstgeber,
b) in Angelegenheiten des Wahlverfahrensrechts und des Rechts der Mitarbeiterversammlung die Mitarbeitervertretung, der Dienstgeber und der einzelne Mitarbeiter und die Wahlorgane,
c) in Angelegenheiten aus dem Recht der Arbeitsgemeinschaften für Mitarbeitervertretungen die Organe der Arbeitsgemeinschaft, der Dienstgeber und die (Erz-) Bistümer bzw. Diözesan-Caritasverbände,
d) in Angelegenheiten aus dem Recht der Mitwirkung in Caritas-Werkstätten für Menschen mit Behinderungen der Werkstattrat und der Rechtsträger der Werkstatt,
e) in Angelegenheiten, welche die eigene Rechtsstellung als Mitglied einer Mitarbeitervertretung, als Sprecherin oder Sprecher der Jugendlichen und Auszubildenden, als Vertrauensperson der Schwerbehinderten, als Vertrauensmann der Zivildienstleistenden oder als Mitglied einer Arbeitsgemeinschaft der Mitarbeitervertretungen betreffen, die jeweils betroffene Person, die Mitarbeitervertretung und der Dienstgeber.

§ 9 KAGO Beiladung

(1) Das Gericht kann, solange das Verfahren noch nicht rechtskräftig abgeschlossen oder in höherer Instanz anhängig ist, von Amts wegen oder auf Antrag andere, deren rechtliche Interessen durch die Entscheidung berührt werden, beiladen.

(2) ¹Sind an dem streitigen Rechtsverhältnis Dritte derart beteiligt, dass die Entscheidung auch ihnen gegenüber nur einheitlich ergehen kann, so sind sie beizuladen (notwendige Beiladung). ²Dies gilt auch für einen Dritten, der aufgrund Rechtsvorschrift verpflichtet ist, einer Partei oder einem Beigeladenen die Kosten des rechtshängig gemachten Anspruchs zu ersetzen (Kostenträger).

(3) ¹Der Beiladungsbeschluss ist allen Beteiligten zuzustellen. ²Dabei sollen der Stand der Sache und der Grund der Beiladung angegeben werden. ³Die Beiladung ist unanfechtbar.

(4) ¹Der Beigeladene kann innerhalb der Anträge eines Beteiligten selbständig Angriffs- und Verteidigungsmittel geltend machen und alle Verfahrenshandlungen wirksam vornehmen. ²Abweichende Sachanträge kann er nur stellen, wenn eine notwendige Beiladung vorliegt.

§ 10 KAGO Klagebefugnis

Die Klage ist nur zulässig, wenn der Kläger geltend macht, in eigenen Rechten verletzt zu sein, oder wenn er eine Verletzung von Rechten eines Organs, dem er angehört, geltend macht.

§ 11 KAGO Prozessvertretung

Die Beteiligten können vor den kirchlichen Gerichten für Arbeitssachen den Rechtsstreit selbst führen oder sich von einer sach- und rechtskundigen Person vertreten lassen.

§ 12 KAGO Kosten (Gebühren und Auslagen)

(1) ¹Im Verfahren vor den kirchlichen Gerichten für Arbeitssachen werden Gebühren nicht erhoben. ²Im Übrigen entscheidet das Gericht durch Urteil, ob Auslagen aufgrund materiell-rechtlicher Vorschriften erstattet werden und wer diese zu tragen hat.

(2) Der Vorsitzende kann auf Antrag eines Beteiligten auch vor Verkündung des Urteils durch selbständig anfechtbaren Beschluss (§ 55) entscheiden, ob Auslagen gemäß Absatz 1 Satz 2 erstattet werden.

(3) Zeugen und Sachverständige werden in Anwendung des staatlichen Gesetzes über die Entschädigung von Zeugen und Sachverständigen entschädigt.

§ 13 KAGO Rechts- und Amtshilfe

(1) ¹Die kirchlichen Gerichte für Arbeitssachen leisten einander Rechtshilfe. ²Die Vorschriften des staatlichen Gerichtsverfassungsgesetzes über Rechtshilfe finden entsprechende Anwendung.

(2) Alle kirchlichen Dienststellen und Einrichtungen leisten den kirchlichen Gerichten für Arbeitssachen auf Anforderung Amtshilfe.

Zweiter Teil

Aufbau der kirchlichen Gerichte für Arbeitssachen

1. Abschnitt

Kirchliche Arbeitsgerichte erster Instanz

§ 14 KAGO Errichtung

(1) ¹Für jedes Bistum/Erzbistum wird ein Kirchliches Arbeitsgericht als Gericht erster Instanz errichtet. ²Das Nähere wird im Errichtungsdekret des zuständigen Diözesanbischofs geregelt.

(2) ¹Für mehrere Bistümer/Erzbistümer kann aufgrund Vereinbarung der Diözesanbischöfe ein gemeinsames Kirchliches Arbeitsgericht als Gericht erster Instanz errichtet werden. ²Dem gemeinsamen Kirchlichen Arbeitsgericht können alle nach dieser Ordnung wahrzunehmenden Zuständigkeiten oder nur die Zuständigkeiten nach § 2 Absatz 1 oder § 2 Absatz 2 übertragen werden. ³Das Nähere wird im gemeinsamen Errichtungsdekret der Diözesanbischöfe geregelt.

§ 15 KAGO Gerichtssitz/Dienstaufsicht/Geschäftsstelle

(1) Der Sitz des Gerichts wird durch diözesanes Recht bestimmt.

(2) Die Dienstaufsicht über die Mitglieder des Kirchlichen Arbeitsgerichts übt der Diözesanbischof des Bistums, in dem sich der Sitz des Gerichtes befindet, aus.[47]

(3) Die Geschäftsstelle des Kirchlichen Arbeitsgerichts wird beim Erz-/Bischöflichen Diözesangericht (Offizialat/Konsistorium) eingerichtet.

§ 16 KAGO Zusammensetzung/Besetzung

(1) Das Kirchliche Arbeitsgericht besteht aus dem Vorsitzenden, dem stellvertretenden Vorsitzenden, sechs beisitzenden Richtern aus den Kreisen der Dienstgeber und sechs beisitzenden Richtern aus den Kreisen der Mitarbeiter.

(2) Das Kirchliche Arbeitsgericht entscheidet in der Besetzung mit dem Vorsitzenden oder dem stellvertretenden Vorsitzenden, einem beisitzenden Richter aus den Kreisen der Dienstgeber und einem beisitzenden Richter aus den Kreisen der Mitarbeiter.

(3) Die Verteilung der Verfahren zwischen dem Vorsitzenden und dem stellvertretenden Vorsitzenden erfolgt anhand eines Geschäftsverteilungsplans, der spätestens am Ende des laufenden Jahres für das folgende Jahr vom Vorsitzenden nach Anhörung des stellvertretenden Vorsitzenden schriftlich festzulegen ist.

(4) Ist der Vorsitzende oder der stellvertretende Vorsitzende an der Ausübung seines Amtes gehindert, tritt an seine Stelle der stellvertretende Vorsitzende oder der Vorsitzende.

§ 17 KAGO Rechtsstellung der Richter

(1) ¹Die Richter sind von Weisungen unabhängig und nur an Gesetz und Recht gebunden. ²Sie dürfen in der Übernahme oder Ausübung ihres Amtes weder beschränkt, noch wegen der Übernahme oder Ausübung ihres Amtes benachteiligt oder bevorzugt werden. ³Sie unterliegen der Schweigepflicht auch nach dem Ausscheiden aus dem Amt.

(2) Dem Vorsitzenden und dem stellvertretenden Vorsitzenden kann eine Aufwandsentschädigung oder eine Vergütung gewährt werden.

(3) 1Die Tätigkeit der beisitzenden Richter ist ehrenamtlich. ²Sie erhalten Auslagenersatz gemäß den am Sitz des Gerichts geltenden reisekostenrechtlichen Vorschriften.

(4) ¹Die beisitzenden Richter werden für die Teilnahme an Verhandlungen im notwendigen Umfang von ihrer dienstlichen Tätigkeit freigestellt. ²Auf die beisitzenden Richter der Mitarbeiterseite finden die §§ 18 und 19 der Mitarbeitervertretungsordnung entsprechend Anwendung.

§ 18 KAGO Ernennungsvoraussetzungen/Beendigung des Richteramtes

(1) Zum Richter kann ernannt werden, wer katholisch ist und nicht in der Ausübung der allen Kirchenmitgliedern zustehenden Rechte behindert ist sowie die Gewähr dafür bietet, dass er jederzeit für das kirchliche Gemeinwohl eintritt.

(2) Der Vorsitzende und der stellvertretende Vorsitzende
  a) müssen die Befähigung zum Richteramt nach dem Deutschen Richtergesetz[48] *oder nach kanonischem Recht besitzen,*
  b) dürfen keinen anderen kirchlichen Dienst als den eines Richters oder eines Hochschullehrers beruflich ausüben und keinem Leitungsorgan einer kirchlichen Körperschaft oder eines anderen Trägers einer kirchlichen Einrichtung angehören,

---

47 [Amtl. Anm.:] Die Einzelheiten bleiben der Regelung durch diözesanes Recht überlassen.
48 [Amtl. Anm.:] Der Befähigung zum Richteramt nach dem Deutschen Richtergesetz steht die Befähigung zum Dienst als Berufsrichter nach Anlage I Kapitel III Sachgebiet A Abschnitt III Nr. 8 des Einigungsvertrages gleich.

c) sollen Erfahrung auf dem Gebiet des kanonischen Rechts und Berufserfahrung im Arbeitsrecht oder Personalwesen haben.

(3) [1]Die beisitzenden Richter der Dienstgeberseite müssen die Voraussetzungen für die Mitgliedschaft in einer Kommission nach Artikel 7 GrO erfüllen. [2]Die beisitzenden Richter der Mitarbeiterseite müssen die Voraussetzungen für die Wählbarkeit in die Mitarbeitervertretung erfüllen und im Dienst eines kirchlichen Anstellungsträgers im Geltungsbereich dieser Ordnung stehen.

(4) [1]Das Amt eines Richters endet vor Ablauf der Amtszeit
a) mit dem Rücktritt;
b) mit der Feststellung des Wegfalls der Ernennungsvoraussetzungen oder der Feststellung eines schweren Dienstvergehens. Diese Feststellungen trifft der Diözesanbischof oder ein von ihm bestimmtes kirchliches Gericht nach Maßgabe des diözesanen Rechts.[49]

[2]Endet das Amt eines Richters vor Ablauf seiner regulären Amtszeit, wird für die Dauer der Amtszeit, die dem ausgeschiedenen Richter verblieben wäre, ein Nachfolger ernannt.

(5) [1]Das Amt des Richters an einem Kirchlichen Arbeitsgericht endet auch mit Beginn seiner Amtszeit beim Kirchlichen Arbeitsgerichtshof. [2]Absatz 4 Satz 2 gilt entsprechend. [3]Niemand darf gleichzeitig beisitzender Richter der Dienstgeberseite und der Mitarbeiterseite sein oder als beisitzender Richter bei mehr als einem kirchlichen Gericht für Arbeitssachen ernannt werden.

(6) Sind zum Ende der Amtszeit neue Richter noch nicht ernannt, führen die bisherigen Richter die Geschäfte bis zur Ernennung der Nachfolger weiter.

§ 19 KAGO Ernennung des Vorsitzenden

[1]Der Vorsitzende und der stellvertretende Vorsitzende des Kirchlichen Arbeitsgerichts werden vom Bischof/ Erzbischof für die Dauer von fünf Jahren ernannt. 2Der Diözesanbischof gibt dem Domkapitel als Konsultorenkollegium und/oder dem Diözesanvermögensverwaltungsrat,[50] dem Diözesancaritasverband, sowie der/den diözesanen Arbeitsgemeinschaft(en) für Mitarbeitervertretungen und der Mitarbeiterseite der Bistums-/Regional-KODA zuvor Gelegenheit zur Stellungnahme. [3]Die Wiederernennung ist zulässig.

§ 20 KAGO Ernennung/Mitwirkung der beisitzenden Richter

(1) [1]Die sechs beisitzenden Richter aus den Kreisen der Dienstgeber werden auf Vorschlag des Domkapitels als Konsultorenkollegium und/oder des Diözesanvermögensverwaltungsrats[51] vom Diözesanbischof ernannt. [2]Drei beisitzende Richter aus den Kreisen der Mitarbeiter werden auf Vorschlag des Vorstands/ der Vorstände der diözesanen Arbeitsgemeinschaft(en) für Mitarbeitervertretungen und drei beisitzende Richter auf Vorschlag der Mitarbeitervertreter in der Bistums-/Regional-KODA vom Diözesanbischof ernannt. [3]Die Ernennung erfolgt für die Dauer von fünf Jahren. [4]Bei der Abgabe der Vorschläge durch die vorschlagsberechtigten Gremien werden Vertreter aus Einrichtungen der Caritas, die jeweils von der Dienstgeberseite und der Mitarbeiterseite der zuständigen Regional-Kommission der Arbeitsrechtlichen Kommission des Deutschen Caritasverbandes nominiert werden, angemessen berücksichtigt. [5]Die Wiederernennung ist zulässig.

(2) [1]Die beisitzenden Richter wirken in alphabetischer Reihenfolge an der mündlichen Verhandlung mit. [2]Zieht sich ein Verfahren über mehrere Verhandlungstage hin, findet ein Wechsel bei den beisitzenden Richtern grundsätzlich nicht statt. [3]Bei Verhinderung eines beisitzenden Richters tritt an dessen Stelle derjenige, der in der Reihenfolge an nächster Stelle steht.

---

49 [Amtl. Anm.:] Das Nähere regeln die jeweiligen in der Diözese geltenden disziplinarrechtlichen Bestimmungen oder für anwendbar erklärten Bestimmungen des staatlichen Rechts, hilfsweise die cc. 192 – 195 CIC; auf das jeweils anwendbare Recht wird an dieser Stelle verwiesen.
50 [Amtl. Anm.:] Das Nähere regelt das diözesane Recht.
51 [Amtl. Anm.:] Das Nähere regelt das diözesane Recht.

(3) Bei unvorhergesehener Verhinderung kann der Vorsitzende abweichend von Absatz 2 aus der Beisitzerliste einen beisitzenden Richter heranziehen, der am Gerichtssitz oder in der Nähe wohnt oder seinen Dienstsitz hat.

2. Abschnitt

Kirchlicher Arbeitsgerichtshof

§ 21 KAGO Errichtung

Für die Bistümer im Bereich der Deutschen Bischofskonferenz wird als Kirchliches Arbeitsgericht zweiter Instanz der Kirchliche Arbeitsgerichtshof mit Sitz in Bonn errichtet.

§ 22 KAGO Zusammensetzung/Besetzung

(1) Der Kirchliche Arbeitsgerichtshof besteht aus dem Präsidenten und dem Vizepräsidenten (§ 18 Abs. 2 Buchstabe a), einem Mitglied mit der Befähigung zum staatlichen Richteramt (§ 5 DRiG) und dessen Stellvertreter, einem Mitglied mit der Befähigung zum kirchlichen Richteramt (can. 1421 § 3 CIC) und dessen Stellvertreter, sechs beisitzenden Richtern aus den Kreisen der Dienstgeber und sechs beisitzenden Richtern aus den Kreisen der Mitarbeiter.

(2) Der Kirchliche Arbeitsgerichtshof entscheidet in der Besetzung mit dem Präsidenten oder dem Vizepräsidenten, den beiden Mitgliedern mit der Befähigung zum Richteramt, einem beisitzenden Richter aus den Kreisen der Dienstgeber und einem beisitzenden Richter aus den Kreisen der Mitarbeiter.

(3) Die Verteilung der Verfahren zwischen dem Präsidenten und dem Vizepräsidenten erfolgt anhand eines Geschäftsverteilungsplans, der spätestens am Ende des laufenden Jahres für das folgende Jahr vom Präsidenten nach Anhörung des Vizepräsidenten schriftlich festzulegen ist (vgl. § 16 Abs. 3).

(4) Sind der Präsident bzw. Vizepräsident oder ein Mitglied mit der Befähigung zum Richteramt an der Ausübung ihres Amtes gehindert, treten an deren Stelle der Vizepräsident bzw. Präsident bzw. die jeweiligen Stellvertreter.

§ 23 KAGO Dienstaufsicht/Verwaltung

(1) Die Dienstaufsicht über die Mitglieder des Kirchlichen Arbeitsgerichtshofs übt der Vorsitzende der Deutschen Bischofskonferenz aus.

(2) Die Geschäftsstelle des Kirchlichen Arbeitsgerichtshofs wird beim Sekretariat der Deutschen Bischofskonferenz eingerichtet.

§ 24 KAGO Rechtsstellung der Richter/Ernennungsvoraussetzungen/Beendigung des Richteramtes

(1) § 17 gilt entsprechend.

(2) § 18 gilt entsprechend mit der Maßgabe, dass auch für die weiteren Mitglieder mit der Befähigung zum Richteramt sowie deren Stellvertreter die Voraussetzungen für die Ernennung nach § 18 Absatz. 2 Buchstaben b) und c) entsprechend Anwendung finden und dass die Feststellungen nach § 18 Absatz 4 durch den Vorsitzenden der Deutschen Bischofskonferenz oder durch ein von ihm bestimmtes Gericht auf der Grundlage der entsprechenden Vorschriften des Bistums, in dem der Kirchliche Arbeitsgerichtshof seinen Sitz hat, zu treffen sind.

§ 25 KAGO Ernennung des Präsidenten und der weiteren Mitglieder mit der Befähigung zum Richteramt

[1]Der Präsident und die weiteren Mitglieder mit der Befähigung zum Richteramt werden auf Vorschlag des Ständigen Rates der Deutschen Bischofskonferenz vom Vorsitzenden der Deutschen Bischofskonferenz für die Dauer von fünf Jahren ernannt. [2]Der Vorsitzende der Deutschen Bischofskonferenz gibt dem Verwaltungsrat des Verbandes der Diözesen Deutschlands, dem Deutschen Caritasverband, der Bundes-

arbeitsgemeinschaft der Mitarbeitervertretungen, der Mitarbeiterseite der Zentral-KODA und der Deutschen Ordensobernkonferenz zuvor Gelegenheit zur Stellungnahme. ³Die Wiederernennung ist zulässig.

§ 26 KAGO Ernennung/Mitwirkung der beisitzenden Richter aus den Kreisen der Dienstgeber und Mitarbeiter

(1) ¹Die beisitzenden Richter aus den Kreisen der Dienstgeber werden auf Vorschlag des Verwaltungsrates des Verbandes der Diözesen Deutschlands, die beisitzenden Richter aus den Kreisen der Mitarbeiter werden auf Vorschlag des Vorstandes der Bundesarbeitsgemeinschaft der Mitarbeitervertretungen und auf Vorschlag der Mitarbeiterseite der Zentral-KODA vom Vorsitzenden der Deutschen Bischofskonferenz für die Dauer von fünf Jahren ernannt. ²Bei der Abgabe des Vorschlages für die beisitzenden Richter aus den Kreisen der Dienstgeber werden Vertreter aus Einrichtungen der Caritas bzw. der Orden, die von der Dienstgeberseite der Bundeskommission der Arbeitsrechtlichen Kommission bzw. der Deutschen Ordensobernkonferenz nominiert werden, angemessen berücksichtigt. ³Bei der Abgabe des Vorschlags für die beisitzenden Richter aus den Kreisen der Mitarbeiter werden Vertreter der Caritas, die von der Mitarbeiterseite der Bundeskommission der Arbeitsrechtlichen Kommission nominiert werden, angemessen berücksichtigt. ⁴Die Wiederernennung ist zulässig.

(2) § 20 Absatz 2 und 3 gelten entsprechend.

Dritter Teil

Verfahren vor den kirchlichen Gerichten für Arbeitssachen

1. Abschnitt

Verfahren im ersten Rechtszug

1. Unterabschnitt

Allgemeine Verfahrensvorschriften

§ 27 KAGO Anwendbares Recht

Auf das Verfahren vor den Kirchlichen Arbeitsgerichten im ersten Rechtszug finden die Vorschriften des staatlichen Arbeitsgerichtsgesetzes über das Urteilsverfahren in ihrer jeweiligen Fassung Anwendung, soweit diese Ordnung nichts anderes bestimmt.

§ 28 KAGO Klageschrift

¹Das Verfahren wird durch Erhebung der Klage eingeleitet; die Klage ist bei Gericht schriftlich einzureichen oder bei seiner Geschäftsstelle mündlich zur Niederschrift anzubringen. ²Die Klage muss den Kläger, den Beklagten, den Streitgegenstand mit einem bestimmten Antrag und die Gründe für die Klage bezeichnen. ³Zur Begründung dienende Tatsachen und Beweismittel sollen angegeben werden.

§ 29 KAGO Klagerücknahme

¹Die Klage kann jederzeit in derselben Form zurückgenommen werden. ²In diesem Fall ist das Verfahren durch Beschluss des Vorsitzenden einzustellen. ³Von der Einstellung des Verfahrens ist den Beteiligten Kenntnis zu geben, soweit ihnen die Klage vom Gericht mitgeteilt worden ist.

§ 30 KAGO Klageänderung

(1) ¹Eine Änderung der Klage ist zuzulassen, wenn die übrigen Beteiligten zustimmen oder das Gericht die Änderung für sachdienlich hält. ²Die Zustimmung der Beteiligten zu der Änderung der Klage gilt als erteilt, wenn die Beteiligten sich, ohne zu widersprechen, in einem Schriftsatz oder in der mündlichen Verhandlung auf die geänderte Klage eingelassen haben. ³Die Entscheidung, dass eine Änderung der Klage nicht vorliegt oder zugelassen wird, ist unanfechtbar.

§ 31 KAGO Zustellung der Klage/Klageerwiderung

Der Vorsitzende stellt dem Beklagten die Klageschrift zu mit der Aufforderung, auf die Klage innerhalb einer von ihm bestimmten Frist schriftlich zu erwidern.

§ 32 KAGO Ladung zur mündlichen Verhandlung

^{1}Der Vorsitzende bestimmt nach Eingang der Klageerwiderung, spätestens nach Fristablauf Termin zur mündlichen Verhandlung. ^{2}Er lädt dazu die Beteiligten mit einer Frist von mindestens zwei Wochen. ^{3}Dabei ist darauf hinzuweisen, dass auch in Abwesenheit einer Partei verhandelt und entschieden werden kann.

§ 33 KAGO Vorbereitung der mündlichen Verhandlung

(1) ^{1}Der Vorsitzende hat die streitige Verhandlung so vorzubereiten, dass sie möglichst in einem Termin zu Ende geführt werden kann. ^{2}Zu diesem Zweck soll er, soweit es sachdienlich erscheint, insbesondere
1. den Parteien die Ergänzung oder Erläuterung ihrer vorbereitenden Schriftsätze sowie die Vorlegung von Urkunden und von anderen zur Niederlegung bei Gericht geeigneten Gegenständen aufgeben, insbesondere eine Frist zur Erklärung über bestimmte klärungsbedürftige Punkte setzen;
2. kirchliche Behörden und Dienststellen oder Träger eines kirchlichen Amtes um Mitteilung von Urkunden oder um Erteilung von Auskünften ersuchen;
3. das persönliche Erscheinen der Parteien anordnen;
4. Zeugen, auf die sich eine Partei bezogen hat, und Sachverständige zur mündlichen Verhandlung laden sowie eine Anordnung nach § 378 der Zivilprozessordnung treffen.

^{3}Von diesen Maßnahmen sind die Parteien zu benachrichtigen.

(2) ^{1}Angriffs- und Verteidigungsmittel, die erst nach Ablauf einer nach Absatz 1 Satz 2 Nr. 1 gesetzten Frist vorgebracht werden, sind nur zuzulassen, wenn nach der freien Überzeugung des Gerichts ihre Zulassung die Erledigung des Rechtsstreits nicht verzögern würde oder wenn die Partei die Verspätung genügend entschuldigt. ^{2}Die Parteien sind über die Folgen der Versäumung der nach Absatz 1 Satz 2 Nr. 1 gesetzten Frist zu belehren.

§ 34 KAGO Alleinentscheidung durch den Vorsitzenden

(1) Der Vorsitzende entscheidet allein
1. bei Zurücknahme der Klage;
2. bei Verzicht auf den geltend gemachten Anspruch;
3. bei Anerkenntnis des geltend gemachten Anspruchs.

(2) Der Vorsitzende kann in den Fällen des Absatzes 1 eine Entscheidung ohne mündliche Verhandlung treffen.

(3) Der Vorsitzende entscheidet ferner allein, wenn eine das Verfahren beendende Entscheidung ergehen kann und die Parteien übereinstimmend eine Entscheidung durch den Vorsitzenden beantragen; der Antrag ist in die Niederschrift aufzunehmen.

(4) ^{1}Der Vorsitzende kann vor der streitigen Verhandlung einen Beweisbeschluss erlassen, soweit er anordnet
1. eine Beweisaufnahme durch den ersuchten Richter;
2. eine schriftliche Beantwortung der Beweisfrage nach § 377 Abs. 3 der Zivilprozessordnung;
3. die Einholung amtlicher Auskünfte;
4. eine Parteivernehmung.

^{2}Anordnungen nach Nummer 1 bis 3 können vor der streitigen Verhandlung ausgeführt werden.

§ 35 KAGO *Ablehnung von Gerichtspersonen*

¹Für die Ausschließung und die Ablehnung von Gerichtspersonen gelten die §§ 41 bis 49 der Zivilprozessordnung entsprechend mit der Maßgabe, dass die Entscheidung über die Ausschließung oder die Ablehnung eines beisitzenden Richters aus den Kreisen der Dienstgeber und der Mitarbeiter der Vorsitzende trifft. ²Ist der Vorsitzende betroffen, entscheidet der Arbeitsgerichtshof ohne mündliche Verhandlung und ohne Hinzuziehung der beisitzenden Richter aus den Kreisen der Dienstgeber und der Mitarbeiter.

§ 36 KAGO *Zustellungen und Fristen*

(1) Anordnungen und Entscheidungen, durch die eine Frist in Lauf gesetzt wird, sind gegen Empfangsbescheinigung oder durch Übergabeeinschreiben mit Rückschein zuzustellen.

(2) Der Lauf einer Frist beginnt mit der Zustellung.

§ 37 KAGO *Wiedereinsetzung in versäumte Fristen*

(1) Ist jemand ohne eigenes Verschulden gehindert, eine Ausschlussfrist einzuhalten, ist ihm auf Antrag Wiedereinsetzung in versäumte Fristen zu gewähren.

(2) Der Antrag muss die Angabe der die Wiedereinsetzung rechtfertigenden Tatsachen und der Mittel zu ihrer Glaubhaftmachung enthalten.

(3) ¹Der Antrag ist innerhalb von zwei Wochen nach Wegfall des Hindernisses zu stellen. ²In derselben Frist ist die versäumte Rechtshandlung nachzuholen.

(4) Über den Antrag entscheidet die Stelle, die über die versäumte Rechtshandlung zu befinden hat.

2. Unterabschnitt

Mündliche Verhandlung

§ 38 KAGO *Gang der mündlichen Verhandlung*

(1) ¹Der Vorsitzende eröffnet und leitet die Verhandlung. ²Nach Aufruf der Sache trägt er den bisherigen Streitstand vor. 3Hierauf erhalten die Beteiligten das Wort, um ihr Begehren zu nennen und zu begründen.

(2) ¹Der Vorsitzende erörtert die Sache mit den Beteiligten sachlich und rechtlich. ²Dabei soll er ihre Einigung fördern.

(3) Die beisitzenden Richter haben das Recht, Fragen zu stellen.

§ 39 KAGO *Anhörung Dritter*

In dem Verfahren können der Dienstgeber, die Dienstnehmer und die Stellen gehört werden, die nach den in § 2 Absatz 1 und 2 genannten Ordnungen im einzelnen Fall betroffen sind, ohne am Verfahren im Sinne der §§ 8 und 9 beteiligt zu sein.

§ 40 KAGO *Beweisaufnahme*

(1) ¹Das Gericht erhebt Beweis in der mündlichen Verhandlung. ²Es kann insbesondere Zeugen, Sachverständige und Beteiligte vernehmen und Urkunden heranziehen.

(2) ¹Das Gericht kann schon vor der mündlichen Verhandlung durch eines seiner Mitglieder Beweis erheben lassen oder ein anderes Gericht um die Beweisaufnahme ersuchen. ²Die Beteiligten werden von allen Beweisterminen benachrichtigt und können der Beweisaufnahme beiwohnen.

§ 41 KAGO Vergleich, Erledigung des Verfahrens

(1) Die Beteiligten können, um das Verfahren ganz oder zum Teil zu erledigen, zur Niederschrift des Gerichts oder des Vorsitzenden einen Vergleich schließen, soweit sie über den Gegenstand des Vergleichs verfügen können, oder das Verfahren für erledigt erklären.

(2) [1]Haben die Beteiligten das Verfahren für erledigt erklärt, so ist es vom Vorsitzenden des Arbeitsgerichts einzustellen. [2]§ 30 Satz 3 ist entsprechend anzuwenden.

(3) [1]Hat der Kläger das Verfahren für erledigt erklärt, so sind die übrigen Beteiligten binnen einer von dem Vorsitzenden zu bestimmenden Frist von mindestens zwei Wochen aufzufordern, mitzuteilen, ob sie der Erledigung zustimmen. [2]Die Zustimmung gilt als erteilt, wenn sich der Beteiligte innerhalb der vom Vorsitzenden bestimmten Frist nicht äußert.

§ 42 KAGO Beratung und Abstimmung

(1) An der Beratung und Abstimmung nehmen ausschließlich der Vorsitzende und die beisitzenden Richter teil.

(2) [1]Das Gericht entscheidet mit der Mehrheit der Stimmen. [2]Die Stimmabgabe kann nicht verweigert werden. [3]Der Vorsitzende stimmt zuletzt ab.

(3) Über den Hergang der Beratung und Abstimmung ist Stillschweigen zu bewahren.

§ 43 KAGO Urteil

(1) [1]Das Gericht entscheidet nach seiner freien, aus dem Gesamtergebnis des Verfahrens gewonnenen Überzeugung. [2]Das Urteil ist schriftlich abzufassen. [3]In dem Urteil sind die Gründe tatsächlicher und rechtlicher Art anzugeben, die für die richterliche Überzeugung leitend gewesen sind. [4]Das Urteil ist von allen mitwirkenden Richtern zu unterschreiben.

(2) Das Urteil darf nur auf Tatsachen und Beweisergebnisse gestützt werden, zu denen sich die Beteiligten äußern konnten.

3. Unterabschnitt

Besondere Verfahrensarten

§ 44 KAGO Auflösung der Mitarbeitervertretung/Verlust der Mitgliedschaft in der Mitarbeitervertretung

[1]Sieht das materielle Recht die Möglichkeit einer Klage auf Auflösung der Mitarbeitervertretung, auf Amtsenthebung eines einzelnen Mitglieds einer Mitarbeitervertretung oder auf Feststellung des Verlust der Mitgliedschaft in der Mitarbeitervertretung vor, ist die Erhebung der Klage innerhalb einer Frist von vier Wochen von dem Tage an zulässig, an dem der Kläger vom Sachverhalt Kenntnis erlangt hat. [2]Eine Klage nach Satz 1 kann nur von mindestens der Hälfte der Mitglieder der Mitarbeitervertretung oder vom Dienstgeber erhoben werden.

§ 44a KAGO Verlust der Mitgliedschaft in einer Kommission nach Art. 7 GrO

[1]§ 44 Satz 1 gilt entsprechend für Klagen auf Amtsenthebung oder Feststellung des Verlusts der Mitgliedschaft in einer Kommission nach Art. 7 GrO. [2]Eine Klage nach Satz 1 kann nur von der Hälfte der Mitglieder der Kommission oder der Mehrheit der Mitglieder einer Seite der Kommission erhoben werden.

§ 44b KAGO Wahlprüfungsklage

Eine Klage auf Feststellung der Ungültigkeit einer Wahl einer Mitarbeitervertretung, eines Mitglieds einer Mitarbeitervertretung, einer Kommission nach Art. 7 GrO oder eines Mitarbeitervertreters in einer

Kommission nach Art. 7 GrO ist nur innerhalb einer Frist von zwei Wochen nach Bekanntgabe der Entscheidung zulässig.

§ 45 KAGO Organstreitverfahren über Zuständigkeit einer nach Art. 7 GrO gebildeten Kommission

[1]*In Verfahren über den Streitgegenstand, welche KODA für den Beschluss über eine arbeitsvertragsrechtliche Angelegenheit zuständig ist, sind nur Kommissionen im Sinne von § 2 Absatz 1 beteiligungsfähig.* [2]*Die Beschlussfassung über die Anrufung des Kirchlichen Arbeitsgerichts bedarf mindestens einer Drei-Viertel-Mehrheit der Gesamtzahl der Mitglieder der Kommission.*

2. Abschnitt

Verfahren im zweiten Rechtszug

§ 46 KAGO Anwendbares Recht

Auf das Verfahren vor dem Kirchlichen Arbeitsgerichtshof im zweiten Rechtszug finden die Vorschriften über das Verfahren im ersten Rechtszug (§§ 27 bis 43) Anwendung, soweit die Vorschriften dieses Abschnitts (§§ 47 bis 51) nichts anderes bestimmen.

§ 47 KAGO Revision

(1) [1]*Gegen das Urteil des Kirchlichen Arbeitsgerichts findet die Revision an den Kirchlichen Arbeitsgerichtshof statt, wenn sie in dem Urteil des Kirchlichen Arbeitsgerichts oder in dem Beschluss des Kirchlichen Arbeitsgerichtshofes nach § 48 Abs. 5 Satz 1 zugelassen worden ist.* [2]*Die Nichtzulassung der Revision ist schriftlich zu begründen.*

(2) Die Revision ist zuzulassen, wenn
a) die Rechtssache grundsätzliche Bedeutung hat oder
b) das Urteil von einer Entscheidung des Kirchlichen Arbeitsgerichtshofes oder, solange eine Entscheidung des Kirchlichen Arbeitsgerichtshofes in der Rechtsfrage nicht ergangen ist, von einer Entscheidung eines anderen Kirchlichen Arbeitsgerichts abweicht und die Entscheidung auf dieser Abweichung beruht oder
c) ein Verfahrensmangel geltend gemacht wird, auf dem die Entscheidung beruhen kann.

(3) *Der Kirchliche Arbeitsgerichtshof ist an die Zulassung der Revision durch das Kirchliche Arbeitsgericht gebunden.*

(4) *Gegen Beschlüsse, durch die über die Anordnung, Abänderung oder Aufhebung einer einstweiligen Verfügung entschieden wird, ist die Revision nicht zulässig.*

§ 48 KAGO Nichtzulassungsbeschwerde

(1) Die Nichtzulassung der Revision kann durch Beschwerde angefochten werden

(2) [1]*Die Beschwerde ist beim Kirchlichen Arbeitsgerichtshof innerhalb eines Monats nach Zustellung des vollständigen Urteils schriftlich einzulegen.* [2]*Die Frist ist auch gewahrt, wenn die Beschwerde innerhalb der Frist bei dem Gericht, dessen Urteil angefochten wird, eingelegt wird.* [3]*Die Beschwerde muss das angefochtene Urteil bezeichnen.*

(3) [1]*Die Beschwerde ist innerhalb von zwei Monaten nach der Zustellung des vollständigen Urteils zu begründen.* [2]*Die Begründung ist beim Kirchlichen Arbeitsgerichtshof einzureichen.* [3]*In der Begründung muss die grundsätzliche Bedeutung der Rechtssache dargelegt oder die Entscheidung, von welcher das Urteil abweicht, oder der Verfahrensmangel bezeichnet werden.*

(4) *Die Einlegung der Beschwerde hemmt die Rechtskraft des Urteils.*

(5) [1]*Über die Beschwerde entscheidet der Kirchliche Arbeitsgerichtshof ohne Hinzuziehung der beisitzenden Richter durch Beschluss, der ohne mündliche Verhandlung ergehen kann.* [2]*Der Beschluss soll*

kurz begründet werden; von einer Begründung kann abgesehen werden, wenn sie nicht geeignet ist, zur Klärung der Voraussetzungen beizutragen, unter denen eine Revision zugelassen ist. ³Mit der Ablehnung der Beschwerde durch den Kirchlichen Arbeitsgerichtshof wird das Urteil rechtskräftig.

§ 49 KAGO Revisionsgründe

(1) Die Revision kann nur darauf gestützt werden, dass das Urteil des Kirchlichen Arbeitsgerichts auf der Verletzung einer Rechtsnorm beruht.

(2) Ein Urteil ist stets als auf der Verletzung einer Rechtsnorm beruhend anzusehen, wenn
a) das erkennende Gericht nicht vorschriftsmäßig besetzt war,
b) bei der Entscheidung ein Richter mitgewirkt hat, der von der Ausübung des Richteramtes kraft Gesetzes ausgeschlossen oder wegen Besorgnis der Befangenheit mit Erfolg abgelehnt war,
c) einem Beteiligten das rechtliche Gehör versagt war,
d) das Urteil auf eine mündliche Verhandlung ergangen ist, bei der die Vorschriften über die Öffentlichkeit des Verfahrens verletzt worden sind, oder
e) die Entscheidung nicht mit Gründen versehen ist.

§ 50 KAGO Einlegung der Revision

(1) ¹Die Revision ist beim Kirchlichen Arbeitsgerichtshof innerhalb eines Monats nach Zustellung des vollständigen Urteils oder des Beschlusses über die Zulassung der Revision nach § 48 Abs. 5 Satz 1 schriftlich einzulegen. ²Die Frist ist auch gewahrt, wenn die Revision innerhalb der Frist bei dem Gericht, dessen Urteil angefochten wird, eingelegt wird. ³Die Revision muss das angefochtene Urteil bezeichnen.

(2) ¹Die Revision ist innerhalb von zwei Monaten nach Zustellung des vollständigen Urteils oder des Beschlusses über die Zulassung der Revision nach § 48 Abs. 5 Satz 1 zu begründen. ²Die Begründung ist bei dem Kirchlichen Arbeitsgerichtshof einzureichen. ³Die Begründungsfrist kann auf einen vor ihrem Ablauf gestellten Antrag vom Präsidenten einmalig um einen weiteren Monat verlängert werden. ⁴Die Begründung muss einen bestimmten Antrag enthalten, die verletzte Rechtsnorm und, soweit Verfahrensmängel gerügt werden, die Tatsachen angeben, die den Mangel ergeben.

§ 51 KAGO Revisionsentscheidung

(1) ¹Der Kirchliche Arbeitsgerichtshof prüft, ob die Revision statthaft und ob sie in der gesetzlichen Form und Frist eingelegt und begründet worden ist. ²Mangelt es an einem dieser Erfordernisse, so ist die Revision unzulässig.

(2) Ist die Revision unzulässig, so verwirft sie der Kirchliche Arbeitsgerichtshof ohne Mitwirkung der beisitzenden Richter durch Beschluss, der ohne mündliche Verhandlung ergehen kann.

(3) Ist die Revision unbegründet, so weist der Kirchliche Arbeitsgerichtshof durch Urteil die Revision zurück.

(4) Ist die Revision begründet, so kann der Kirchliche Arbeitsgerichtshof
a) in der Sache selbst entscheiden,
b) das angefochtene Urteil aufheben und die Sache zur anderweitigen Verhandlung und Entscheidung zurückverweisen.

(5) Ergeben die Entscheidungsgründe zwar eine Verletzung des bestehenden Rechts, stellt sich die Entscheidung selbst aber aus anderen Gründen als richtig dar, so ist die Revision zurückzuweisen.

(6) Das Kirchliche Arbeitsgericht, an das die Sache zur anderweitigen Verhandlung und Entscheidung zurückverwiesen ist, hat seiner Entscheidung die rechtliche Beurteilung des Kirchlichen Arbeitsgerichtshofs zugrunde zu legen.

3. Abschnitt

Vorläufiger Rechtsschutz

§ 52 KAGO Einstweilige Verfügung

(1) Auf Antrag kann, auch schon vor der Erhebung der Klage, eine einstweilige Verfügung in Bezug auf den Streitgegenstand getroffen werden, wenn die Gefahr besteht, dass in dem Zeitraum bis zur rechtskräftigen Beendigung des Verfahrens die Verwirklichung eines Rechtes des Klägers vereitelt oder wesentlich erschwert werden könnte, oder wenn die Regelung eines vorläufigen Zustandes in einem streitigen Rechtsverhältnis erforderlich ist, um wesentliche Nachteile abzuwenden.

(2) Für das Verfahren gelten die Vorschriften des Achten Buches der Zivilprozessordnung über die einstweilige Verfügung (§§ 935 – 943) entsprechend mit der Maßgabe, dass die Entscheidungen ohne mündliche Verhandlung und ohne Hinzuziehung der beisitzenden Richter ergehen und erforderliche Zustellungen von Amts wegen erfolgen.

4. Abschnitt

Vollstreckung gerichtlicher Entscheidungen

§ 53 KAGO Vollstreckungsmaßnahmen

(1) Ist ein Beteiligter rechtskräftig zu einer Leistung verpflichtet worden, hat er dem Gericht, das die Streitigkeit verhandelt und entschieden hat, innerhalb eines Monats nach Eintritt der Rechtskraft zu berichten, dass die auferlegten Verpflichtungen erfüllt sind.

(2) [1]Berichtet der Beteiligte nicht innerhalb eines Monats, fordert der Vorsitzende des Gerichts ihn auf, die Verpflichtungen unverzüglich zu erfüllen. [2]Bleibt die Aufforderung erfolglos, ersucht das Gericht den kirchlichen Vorgesetzten des verpflichteten Beteiligten um Vollstreckungshilfe. [3]Dieser berichtet dem Gericht über die von ihm getroffenen Maßnahmen.

(3) Bleiben auch die nach Absatz 2 getroffenen Maßnahmen erfolglos, kann das Gericht auf Antrag gegen den säumigen Beteiligten eine Geldbuße bis zu 2500 EUR verhängen und anordnen, dass die Entscheidung des Gerichts unter Nennung der Verfahrensbeteiligten im Amtsblatt des für den säumigen Beteiligten zuständigen Bistums zu veröffentlichen ist.

§ 54 KAGO Vollstreckung von Willenserklärungen

Ist ein Beteiligter zur Abgabe einer Willenserklärung verurteilt, so gilt die Erklärung als abgegeben, sobald das Urteil Rechtskraft erlangt hat.

5. Abschnitt

Beschwerdeverfahren

§ 55 KAGO Verfahrensbeschwerde

Hinsichtlich der Beschwerde gegen Entscheidungen des Kirchlichen Arbeitsgerichts oder seines Vorsitzenden gilt § 78 Absatz 1 des Arbeitsgerichtsgesetzes entsprechend mit der Maßgabe, dass über die Beschwerde der Präsident des Arbeitsgerichtshofs durch Beschluss ohne mündliche Verhandlung entscheidet.

Vierter Teil

Schlussvorschriften

§ 56 KAGO Inkrafttreten

Diese Ordnung tritt am 1. Juli 2010 in Kraft.

Teil 2: Evangelische Kirche

Kirchengesetz über Mitarbeitervertretungen in der Evangelischen Kirche in Deutschland (Mitarbeitervertretungsgesetz der EKD – MVG.EKD) in der Fassung vom 29. Oktober 2009 (ABl. EKD 2009 S. 349) (Auszug)

XI. Abschnitt

Kirchengerichtlicher Rechtsschutz

§ 56 MVG.EKD Kirchengerichtlicher Rechtsschutz

[1]Zu kirchengerichtlichen Entscheidungen sind die Kirchengerichte in erster Instanz und in zweiter Instanz der Kirchengerichtshof der Evangelischen Kirche in Deutschland berufen. [2]Die Bezeichnung der Kirchengerichte erster Instanz können die Gliedkirchen abweichend regeln.

§ 57 MVG.EKD Bildung von Kirchengerichten

(1) [1]Die Gliedkirchen und die gliedkirchlichen Zusammenschlüsse errichten Kirchengerichte für den Bereich des gliedkirchlichen Zusammenschlusses, der Gliedkirche und ihres Diakonischen Werkes oder für mehrere Gliedkirchen und Diakonischen Werke gemeinsam. [2]Die Kirchengerichte bestehen aus einer oder mehreren Kammern. [3]Das Recht der Gliedkirchen und der gliedkirchlichen Zusammenschlüsse kann abweichend von Satz 1 die Zuständigkeit des Kirchengerichts der Evangelischen Kirche in Deutschland begründen.

(2) Durch Vereinbarungen mit Institutionen außerhalb des Geltungsbereichs dieses Kirchengesetzes kann bestimmt werden, dass ein Kirchengericht für diese Institutionen zuständig ist, sofern die Institutionen die Bestimmungen dieses Kirchengesetzes oder Bestimmungen wesentlich gleichen Inhalts für ihren Bereich anwenden.

Für Streitigkeiten aus dem Individualarbeitsrecht sind die staatlichen Arbeitsgerichte zuständig, die arbeitsrechtliche Zuständigkeit der Kirchengerichte der evangelischen Kirche erfasst allein Streitigkeiten im kirchlichen kollektiven Arbeitsrecht, also mitarbeitervertretungsrechtliche Streitigkeiten.[52] 84

Einschlägiges Gerichtsorganisations- und Prozessrecht bilden die Vorschriften des Mitarbeitervertretungsgesetzes der Evangelischen Kirche in Deutschland (MVG.EKD), das Kirchengerichtsgesetz der EKD (KiGG.EKD) sowie staatliches Prozessrecht aufgrund von Verweisungsvorschriften. 85

Die Evangelische Kirche in Deutschland (EKD) ist eine föderale Gemeinschaft von 22, grundsätzlich selbstständigen lutherischen, unierten und reformierten Gliedkirchen. 86

Die EKD nimmt für die Gliedkirchen Gemeinschaftsaufgaben wahr, wenn ihr solche durch die Gliedkirchen oder gliedkirchliche Zusammenschlüsse zugewiesen sind. Soweit eine einheitliche Ordnung der Gerichtsbarkeit durch die EKD vorgenommen wurde, folgt der föderalen Natur des evangelischen Kirchenwesens, dass gliedkirchliche Gerichte ihre innerkirchliche Gerichtsbarkeit selbstständig regeln können und nicht per se den Regelungen der EKD folgen müssen. Art 32 Abs. 3 und 4 der Grundordnung der EKD (GO.EKD) eröffnet der EKD die Möglichkeit, durch Kirchengesetz die Zuständigkeit von Kirchengerichten ihrer Gliedkirchen und deren gliedkirchlichen Zusammenschlüssen zu begründen, soweit dies das Recht der Gliedkirchen und gliedkirchlichen Zusammenschlüsse zulässt. Ebenso kann die EKD umgekehrt durch Kirchengesetz den Gliedkirchen und deren gliedkirchlichen Zusammenschlüssen die Möglichkeit eröffnen, die Zuständigkeit der Kirchengerichte der EKD zu begründen. 87

Der Beginn einer einheitlichen Ordnung der Gerichtsbarkeit in der Evangelischen Kirche Deutschlands erfolgte in Ablösung der zuvor bestehenden unterschiedlichen Regelungen in verschiedenen Kirchengesetzen durch Beschluss der Synode in Trier am 06.11.2003. 88

---

52 BAG, 11.03.1986 – 1 ABR 26/84, NZA 1986, 685.

89 Mit dem Gesetz über die Errichtung, die Organisation und das Verfahren der Kirchengerichte der Evangelischen Kirche in Deutschland (KiGOrgG.EKD[53]) wurde das kirchliche Gerichtswesen in der Evangelischen Kirche Deutschlands in der jetzt bestehenden Praxis gestaltet.

90 Die durch Art. 1 des KiGOrgG.EKD erfolgte Änderung der bis zum 01.01.2004 geltenden Fassung des Art. 32 GO.EKD weist die Aufgabe der Streitschlichtung den Kirchengerichten zu und vertraut die kirchliche Rechtsprechung in der evangelischen Kirche den Richtern und Richterinnen an, Art. 32 Abs. 1 GO.EKD.

91 Als Art. 2 dieses Beschlusses wurde das Kirchengerichtsgesetz der Evangelischen Kirche in Deutschland (KiGG.EKD) verkündet, das am 01.01.2004 in Kraft trat. Es enthält Regelungen zu der Gerichtsorganisation, der Berufung und Amtsstellung der Richter und Richterinnen sowie allgemeiner Verfahrensvorschriften und Zuständigkeitsregelungen.

92 Zentral für das Prozessrecht wurden in § 5 Abs. 2 Ziffer 2 des KiGG.EKD die Vorschriften des kirchenrechtlichen Rechtsschutzes im Mitarbeitervertretungsgesetzes der Evangelischen Kirche Deutschlands (MVG.EKD) neu gefasst und erweitert. § 56 MVG.EKD ermöglicht es den Gliedkirchen, die Bezeichnung der Kirchengerichte erster Instanz anderes zu regeln, sodass diese Teil als Schiedsstellen oder Schlichtungsstellen benannt werden können.

93 Aufgrund dieser Regelung sind die Schiedsstellen und Schlichtungsstellen ebenso wie die als Kirchengerichte bezeichneten Spruchkörper die Kirchengerichte erster Instanz. Ihre jeweilige Bereichszuständigkeit ergibt sich aus den Regelungen der Evangelischen Kirche in Deutschland oder aus den jeweiligen Regelungen der Gliedkirchen und gliedkirchlicher Diakonischer Werke.

94 So hat die EKD das Kirchengericht der Evangelischen Kirche in Deutschland (EKD) in Hannover als erstinstanzliches Gericht errichtet und die Gliedkirchen haben jeweils eigene Kirchengerichte, Schlichtungs- oder Schiedsstellen als erstinstanzliche Kirchengerichte errichtet (siehe Anhang). Die Errichtung erfolgte bei den Gliedkirchen durch kirchengesetzliche Übernahmeregelungen zum Mitarbeitervertretungsgesetz der EKD, wobei unter Ausnutzung der Ermächtigung in § 57 MVG.EKD eigene Kirchengerichte erster Instanz errichtet wurden. Ebenso wurde partiell auch von der in § 57 Abs. 1 Satz 3 MVG.EKD geregelten Möglichkeit, die Zuständigkeit des Kirchengerichts der EKD auch für eine Gliedkirche zu eröffnen, Gebrauch gemacht (derzeit durch die Union Evangelischer Kirchen in der EKD, die Ev. Landeskirche Anhalts und die Pommersche Ev. Kirche).

95 Als Gericht der zweiten Instanz ist der Kirchengerichtshof für mitarbeitervertretungsrechtliche Streitigkeiten zuständig, der für die EKD und sämtliche Gliedkirchen Obergericht ist, die das Mitarbeitervertretungsgesetz der EKD oder das Mitarbeitervertretungsgesetz der Konföderation evangelischer Kirchen in Niedersachsen anwenden.

96 Aufgrund des § 3 Abs. 2 KiGG.EKD wurden durch die Kirchengericht-Kammerverordnung[54] beim erstinstanzlichen Kirchengericht zwei Kammern für mitarbeitervertretungsrechtliche Streitigkeiten und beim zweitinstanzlichen Kirchengerichtshof zwei Senate für mitarbeiterrechtliche Streitigkeiten eingerichtet.

97 Der Sitz der Gerichte ist in Hannover.

§ 57a MVG.EKD Zuständigkeitsbereich des Kirchengerichts der Evangelischen Kirche in Deutschland

Das Kirchengericht der Evangelischen Kirche in Deutschland ist zuständig
1. für den Bereich der Evangelischen Kirche in Deutschland und ihrer Amts- und Dienststellen und Einrichtungen;

---

53 ABl. EKD 2003, 408.
54 ABl. EKD 2003, 416.

2. für das Diakonische Werk der Evangelischen Kirche in Deutschland und seine Dienststellen und die ihm unmittelbar angeschlossenen rechtlich selbstständigen Einrichtungen;
3. für die Gliedkirchen der Evangelischen Kirche in Deutschland und ihre gliedkirchlichen Zusammenschlüsse, die gemäß § 57 sowie gemäß § 5 Absatz 2 Nummer 2 und § 6 Absatz 1 des Kirchengerichtsgesetzes eine Zuständigkeit begründen;
4. für die kirchlichen und freikirchlichen Einrichtungen, Werke und Dienste im Bereich der evangelischen Kirchen, für die gemäß § 6 Absatz 2 des Kirchengerichtsgesetzes die Zuständigkeit begründet wird, sowie
5. für Mitgliedseinrichtungen der gliedkirchlichen diakonischen Werke, die das Mitarbeitervertretungsgesetz der EKD aufgrund einer Befreiung von der Anwendung des gliedkirchlichen Mitarbeitervertretungsrechts anwenden.

Die Vorschrift bestimmt die Bereichszuständigkeit des Kirchengerichtes der EKD erster Instanz. 98

Ziffern 1. und 2. der Vorschrift begründen die originäre Zuständigkeit für die Amts- und Dienststellen und Einrichtungen der EKD und des Diakonischen Werkes der EKD, seinen Dienststellen und angeschlossener, rechtliche selbstständiger Einrichtungen. 99

Ziffer 3. berücksichtigt in der ausdrücklich vorzunehmenden Zuweisung der Zuständigkeit des Kirchengerichtes der EKD das föderale Grundprinzip in der evangelischen Kirche. 100

Die EKD stellt die Möglichkeit der Nutzung der von ihr eingerichteten erstinstanzlichen Gerichtsbarkeit zur Verfügung, ohne damit eine Verbindlichkeit zu begründen. Von einer solchen Bestimmung haben die Gliedkirchen bislang nur begrenzt Gebrauch gemacht und die erstinstanzliche Gerichtsbarkeit selbstständig ihre jeweiligen Bereiche errichtet. (siehe Anhang) 101

Ziffer 4. eröffnet die Möglichkeit einer Rechtswegzuweisung für die genannten Rechtsträger, soweit dies aufgrund § 6 Abs. 2 des Kirchengerichtsgesetzes durch Vereinbarung mit der EKD ermöglicht wird. Eine Vereinbarung ist erforderlich, da den Synoden keine kirchengesetzliche Möglichkeit zur Verfügung steht, verbindliche Regelungen für die erfassten Rechtsträger zu erlassen, da es sich um privatrechtliche Rechtsträger handelt. 102

Ziffer 5. erfasst Einrichtungen der gliedkirchlichen diakonischen Werke, die aufgrund einer Befreiung vom gliedkirchlichen Mitarbeitervertretungsrecht das MVG-EKD anwenden. 103

§ 58 MVG.EKD Bildung und Zusammensetzung der Kammern

(1) Eine Kammer besteht aus drei Mitgliedern. Die Gliedkirchen können andere Besetzungen vorsehen. Vorsitzende und beisitzende Mitglieder müssen zu kirchlichen Ämtern in einer Gliedkirche der Evangelischen Kirche in Deutschland wählbar sein. Sofern das Kirchengericht auch für Freikirchen zuständig ist, können auch deren Mitglieder berufen werden. Für jedes Mitglied wird mindestens ein stellvertretendes Mitglied berufen.

(2) Vorsitzende sowie deren Stellvertreter und Stellvertreterinnen müssen die Befähigung zum Richteramt haben. Sie dürfen nicht in öffentlich-rechtlichen Dienst- oder privatrechtlichen Dienst- und Arbeitsverhältnissen zu einer kirchlichen Körperschaft oder einer Einrichtung der Diakonie innerhalb der Evangelischen Kirche in Deutschland stehen.

(3) Für die Berufung von Vorsitzenden und deren Stellvertretern oder Stellvertreterinnen soll ein einvernehmlicher Vorschlag der Dienstgeber- und Dienstnehmerseite vorgelegt werden.

(4) Für jede Kammer werden als beisitzende Mitglieder mindestens je ein Vertreter oder eine Vertreterin der Mitarbeiter und Mitarbeiterinnen und ein Vertreter oder eine Vertreterin der Dienstgeber berufen; das Gleiche gilt für die stellvertretenden Mitglieder.

(5) Das Nähere regeln
1. der Rat der Evangelischen Kirche in Deutschland durch Verordnung,
2. die Gliedkirchen für ihren Bereich.

104 Die Regelung bestimmt die Zusammensetzung des Kirchengerichtes der EKD und die persönliche Eignung und fachliche Voraussetzungen der Mitglieder. Die Gliedkirchen können nur insoweit abweichen, als die Vorschrift dies zulässt. Ergänzend sind die Vorschriften der KiGG.EKD heranzuziehen.

105 Das Kirchengericht der EKD besteht aus Kammern mit jeweils drei Mitgliedern, einem Vorsitzenden Richter und zwei Beisitzern. Die Besetzung der Beisitzer hat paritätisch zu erfolgen, sodass je ein Beisitzer der Dienstgeber bzw. der Mitarbeiterseite zugehörig sein muss. Soweit Abs. 4 die Zugehörigkeit zur Dienstgeber- und Mitarbeiterseite bestimmt, ist diese Bestimmung abstrakt und darf nicht so verstanden werden, dass die Beisitzer aus den Reihen der Streitparteien zu bestimmen sind. Die Zugehörigkeit zu einem Verfahrensbeteiligten hindert einen Beisitzer wegen Befangenheit an der Amtsausführung.

106 Die Mitglieder müssen für kirchliche Ämter in der EKD oder einer zugehörigen Gliedkirche wählbar sein. Für jedes Mitglied ist ein Stellvertreter zu berufen, wobei die Stellvertreter nicht der jeweiligen Kammer zugehörig sein können.

107 Ergänzt werden diese Regelungen durch die §§ 9 bis 14 KiGG.EKD.

108 Der Vorsitzende muss die Befähigung zum Richteramt haben und somit das zweite juristische Staatsexamen absolviert haben. Der Vorsitzende ist unabhängig, sodass er weder in einem öffentlich-rechtlichen Dienst- noch privatrechtlichen Arbeitsverhältnis zu einer kirchlichen Körperschaft oder einer Einrichtung der Diakonie innerhalb der EKD stehen darf.

109 Die Beisitzer müssen keine fachlichen Voraussetzungen erfüllen. Durch die paritätische Besetzung der Kammer ist die Unabhängigkeit der Kirchengerichte gewährleistet.

110 Das Verfahren zur Berufung der Mitglieder des Kirchengerichtes der EKD wird im MVG-EKD nicht abschließend geregelt. Aufgrund der Verordnungsermächtigung in Abs. 5 wurde durch den Rat der EKD die Verordnung über die Berufung der Mitglieder der MVG-Kammern und -Senate am 06.11.2003 erlassen (ABl. EKD 2003 S. 417).

111 Danach sind für die Berufung der Vorsitzenden Richter vorschlagsberechtigt das Kirchenamt der Evangelischen Kirche in Deutschland, das Diakonische Werk der Evangelischen Kirche in Deutschland, die Gesamtmitarbeitervertretung der Amts- und Dienststellen und Einrichtungen der Evangelischen Kirche in Deutschland und die Gesamt-Mitarbeitervertretung der Hauptgeschäftsstelle des Diakonischen Werkes der Evangelischen Kirche in Deutschland und ihrer Berliner Dienststelle.

112 Die Beisitzer der Mitarbeiterseite werden von der Gesamtmitarbeitervertretung der Amts-, Dienststellen und Einrichtungen der Evangelischen Kirche in Deutschland und der Gesamt-Mitarbeitervertretung der Hauptgeschäftsstelle des Diakonischen Werkes der Evangelischen Kirche in Deutschland und ihrer Berliner Dienststelle benannt.

113 Die Beisitzer der Dienstgeberseite werden vom Kirchenamt der Evangelischen Kirche in Deutschland und dem Diakonischen Werk der Evangelischen Kirche in Deutschland benannt.

114 Die Berufung der Mitglieder erfolgt sodann gem. § 9 Abs. 2 KiGG.EKD durch Rat der EKD.

115 Für die Gliedkirchen gelten deren eigenen Regelungen.

§ 59 MVG.EKD Rechtsstellung der Mitglieder des Kirchengerichts

(1) Die Mitglieder des Kirchengerichts sind unabhängig und nur an das Gesetz und ihr Gewissen gebunden. Sie haben das Verständnis für den Auftrag der Kirche zu stärken und auf eine gute Zusammenarbeit hinzuwirken. Sie unterliegen der richterlichen Schweigepflicht.

(2) Die Amtszeit der Mitglieder des Kirchengerichts beträgt sechs Jahre. Solange eine neue Besetzung nicht erfolgt ist, bleiben die bisherigen Mitglieder im Amt.

(3) § 19 Absatz 1 bis 3, § 21 und § 22 Absatz 1 Satz 1 bis 3 und 5 sowie Absatz 2 gelten entsprechend.

Kirchengerichtsgesetz der Evangelischen Kirche in Deutschland (KiGG.EKD) in der Fassung vom 10.11.2010 (ABl. EKD 2010, S. 339)

§ 9 KiGG.EKD Wahl, Berufung und Amtszeit

(1) ...

(2) Die Mitglieder des Kirchengerichts und des Kirchengerichtshofs werden vom Rat der Evangelischen Kirche in Deutschland berufen. Für jeden Richter und jede Richterin wird je ein erstes und ein zweites stellvertretendes Mitglied berufen. Für die stellvertretenden Mitglieder gelten die Vorschriften für die ordentlichen Mitglieder entsprechend.

(3) Ein Mitglied kann mehreren Kirchengerichten der Evangelischen Kirche in Deutschland und Kammern und Senaten angehören. Die Angehörigkeit ist bei der Berufung festzulegen.

(4) Die Amtszeit der Kirchengerichte beträgt sechs Jahre. Eine erneute Berufung ist zulässig. Solange eine Neuberufung nicht erfolgt ist, bleiben die bisherigen Mitglieder im Amt.

(5) Scheidet ein Mitglied während der Amtszeit aus, erfolgt eine Nachberufung bis zum Ablauf der regelmäßigen Amtszeit.

(6) Zu Mitgliedern können nur Personen berufen werden, die bei Beginn der Amtszeit das 66. Lebensjahr noch nicht vollendet haben. Bei der Berufung der Mitglieder sollen Männer und Frauen in gleicher Weise berücksichtigt werden.

Die zu den Anforderungen an ein rechtsstaatliches Verfahren gehörende richterliche Unabhängigkeit und das alleinige Gebundensein an Gesetz und Gewissen sind hier geregelt und diese Verpflichtung ist Gegenstand des Richtergelöbnisses nach § 10 KiGG.EKD, mit der die Annahme des Amtes erklärt wird. Bindende Gesetze sind die in der Evangelischen Kirche in Deutschland geltenden Rechtsvorschriften, zu denen ebenso die staatlichen Gesetze Rechtsvorschriften gehören, soweit von diesen nicht aufgrund der verfassungsrechtlichen Selbstbestimmungsgarantie der Kirchen abgewichen werden darf. 116

Mit der Verpflichtung den Kirchenauftrag zu stärken und auf eine gute Zusammenarbeit hinzuwirken wird die Bindung der Mitglieder des Kirchengerichtes an die Heilige Schrift und an das Bekenntnis der Kirche in Ausübung des Richteramtes unterstrichen, auch diese wird im Richtergelöbnis nach § 10 KiGG.EKD ausdrücklich erklärt. 117

Die Bestimmung der sechsjährigen Amtszeit erfolgt gemäß der Bestimmung des § 9 Abs. 4 KiGG.EKD, ebenso wie die Fortführung des Richteramtes nach Ablauf dieses Zeitraumes, wenn eine Besetzung der Stelle nicht erfolge. Ergänzend regelt die Vorschrift des § 9 Abs. 4 KiGG.EKD, dass eine wiederholte Berufung derselben Person in weiteren Amtszeiten zulässig ist. Scheidet ein Mitglied des Kirchengerichts während der Amtszeit aus, erfolgt eine Nachberufung bis zur Beendigung der regelmäßigen Amtszeit des ausgeschiedenen Mitgliedes, § 9 Abs. 5 KiGG.EKD. Zu Mitgliedern können nur Personen berufen werden, die bei Beginn der Amtszeit das 66. Lebensjahr noch nicht beendet haben, § 9 Abs. 6 KiGG.EKD. 118

Die Mitglieder des Kirchengerichtes unterliegen der richterlichen Schweigepflicht. Diese wird durch § 13 KiGG.EKD und die Verweisung in auf § 22 MVG.EKD gleich mehrfach begründet und hat daher ein besonderes Gewicht. Die Reichweite der Schweigepflicht umfasst erfasst alle in Wahrnehmung des Amtes bekannt gewordenen Angelegenheiten und Tatsachen ebenso wie die Art und Weise der Verhandlungsführung und das Verhalten der Beteiligten. Erfasst ist damit der gesamte Prozessinhalt, Beratungsinhalt und das Verhalten der Beteiligten im Verfahren. Dazu gehört die Verschwiegenheit über die Daten von Prozessbeteiligten. Die richterliche Schweigepflicht besteht auch nach Ausscheiden aus dem Amt fort. 119

Durch den Verweis auf § 22 MVG.EKD erfolgt eine Einschränkung der richterlichen Schweigepflicht, soweit es sich um Angelegenheiten und Tatsachen handelt, die offenkundig sind oder 120 ihrer Bedeutung nach keiner Geheimhaltung bedürfen. Zu Recht kritisiert diese Einschränkung der Schweigepflicht.[55] Vielmehr muss das Richteramt im Hinblick auf die Wahrung von Unabhängigkeit und Neutralität den Beteiligten gegenüber vor Auseinandersetzungen über eine Einschränkung der Schweigepflicht geschützt werden, was eine vollumfängliche Schweigepflicht begrüßenswert machte.

121 Die Unabhängigkeit der Mitglieder des Kirchengerichts wird durch das Abordnungs-Versetzungsverbot und Kündigungsschutz der Mitglieder geschützt (§ 21 MVG.EKD).

122 Die Mitglieder des Kirchengerichts führen ihre Tätigkeit als Ehrenamt und unentgeltlich aus (§ 19 Abs. 1 MVG.EKD). Eine Aufwandsentschädigung für die Zeitversäumnis und den Arbeitsaufwand bei mit ihrer Beteiligung durchgeführten Verfahren wird allerdings gewährt (Entschädigungsverordnung der Kirchengerichte vom 01.07.2011[56]).

§ 59a MVG.EKD Besondere Vorschriften über die Berufung der Richter und Richterinnen des Kirchengerichtshofes der Evangelischen Kirche in Deutschland

(1) Für die Berufung der Vorsitzenden Richter und Vorsitzenden Richterinnen soll ein einvernehmlicher Vorschlag der Dienstgeber- und Dienstnehmerseite vorgelegt werden. Kommt ein einvernehmlicher Vorschlag nicht spätestens binnen einer Frist von sechs Monaten nach dem Ablauf der regelmäßigen Amtszeit zu Stande, kann eine Berufung auch ohne Vorliegen eines solchen Vorschlags erfolgen.

(2) Die übrigen Richter und Richterinnen werden je als Vertreter oder Vertreterin der Mitarbeiter und Mitarbeiterinnen und der Dienstgeber vom Kirchenamt der Evangelischen Kirche in Deutschland und der Gesamtmitarbeitervertretung der Amts-, Dienststellen und Einrichtungen der Evangelischen Kirche in Deutschland benannt.

(3) Mitglied des Kirchengerichtshofes der Evangelischen Kirche in Deutschland kann nicht sein, wer einem kirchenleitenden Organ gliedkirchlicher Zusammenschlüsse oder einem leitenden Organ des Diakonischen Werkes angehört.

(4) Das Nähere regelt der Rat der Evangelischen Kirche in Deutschland durch Verordnung.

123 Die Vorschrift regelt die Berufung der Richter des Kirchengerichtshofes der EKD. Die Vorsitzenden Richter werden aufgrund eines einvernehmlichen Vorschlages der Dienstgeber- und Dienstnehmerseite berufen.

124 Näheres regelt die Verordnung über die Berufung der Mitglieder der MVG-Kammern und -Senate[57] aufgrund der Verordnungsermächtigung in Abs. 4.

125 Vorschlagsberechtigt für die Vorsitzenden Richter und Vorsitzenden Richterinnen sind das Kirchenamt der Evangelischen Kirche in Deutschland und die Gesamtmitarbeitervertretung der Amts-, Dienststellen und Einrichtungen der Evangelischen Kirche in Deutschland.

126 Die Benennung hat in Abstimmung mit der Gesamt-Mitarbeitervertretung der Hauptgeschäftsstelle des Diakonischen Werkes der Evangelischen Kirche in Deutschland und ihrer Berliner Dienststelle und den Vereinigungen der Mitarbeitervertretungen der entsprechenden Gliedkirchen und Diakonischen Werke zu erfolgen. Die Benennung erfolgt weiter im Benehmen mit dem Diakonischen Werk der Evangelischen Kirche in Deutschland und den Gliedkirchen und gliedkirchlichen Diakonischen Werken, für deren Bereich die Zuständigkeit des Kirchengerichtshofes der Evangelischen Kirche in Deutschland gegeben ist.

---

55 Baumann-Czichon/Dembski/Germer/Kopp, Mitarbeitervertretungsgesetz der EKD 3. Aufl. 2009, § 59 Rn. 4.
56 ABl. EKD 2011, S. 146.
57 ABl. EKD 2003, S. 417.

Der Vertreter oder die Vertreterin der Mitarbeiter und Mitarbeiterinnen wird von der Gesamt- 127
mitarbeitervertretung der Amts-, Dienststellen und Einrichtungen der Evangelischen Kirche in
Deutschland benannt. Die Benennung hat in Abstimmung mit der Gesamt-Mitarbeitervertretung
der Hauptgeschäftsstelle des Diakonischen Werkes der Evangelischen Kirche in Deutschland und
ihrer Berliner Dienststelle und den Vereinigungen der Mitarbeitervertretungen der entsprechenden
Gliedkirchen und Diakonischen Werke zu erfolgen.

Der Vertreter oder die Vertreterin der Dienstgeber wird vom Kirchenamt der Evangelischen Kirche 128
in Deutschland benannt. Die Benennung erfolgt im Benehmen mit dem Diakonischen Werk der
Evangelischen Kirche in Deutschland und den Gliedkirchen und gliedkirchlichen Diakonischen
Werken, für deren Bereich die Zuständigkeit des Kirchengerichtshofes der Evangelischen Kirche in
Deutschland gegeben ist.

Ausgeschlossen von der Tätigkeit als Mitglied des Kirchengerichtshofs sind Personen, die einem 129
kirchenleitenden Organ gliedkirchlicher Zusammenschlüsse oder einem leitenden Organ des Diakonischen Werkes angehören.

§ 60 MVG.EKD Zuständigkeit der Kirchengerichte

*(1) Die Kirchengerichte entscheiden auf Antrag unbeschadet der Rechte des Mitarbeiters oder der Mitar-
beiterin über alle Streitigkeiten, die sich aus der Anwendung dieses Kirchengesetzes zwischen den jeweils
Beteiligten ergeben.*

*(2) In den Fällen, in denen die Kirchengerichte wegen der Frage der Geltung von Dienststellenteilen und
Einrichtungen der Diakonie als Dienststellen angerufen werden (§ 3), entscheiden sie über die Ersetzung
des Einvernehmens.*

*(3) In den Fällen, in denen die Kirchengerichte wegen des Abschlusses von Dienstvereinbarungen angeru-
fen werden (§ 36), wird von ihnen nur ein Vermittlungsvorschlag unterbreitet.*

*(4) In den Fällen der Mitberatung (§ 46) stellen die Kirchengerichte nur fest, ob die Beteiligung der
Mitarbeitervertretung erfolgt ist. Ist die Beteiligung unterblieben, hat dies die Unwirksamkeit der Maßnahme zur Folge.*

*(5) In den Fällen, die einem eingeschränkten Mitbestimmungsrecht unterliegen (§§ 42 und 43), haben
die Kirchengerichte lediglich zu prüfen und festzustellen, ob für die Mitarbeitervertretung ein Grund zur
Verweigerung der Zustimmung nach § 41 vorliegt. Wird festgestellt, dass für die Mitarbeitervertretung
kein Grund zur Verweigerung der Zustimmung nach § 41 vorliegt, gilt die Zustimmung der Mitarbeitervertretung als ersetzt.*

*(6) In den Fällen der Mitbestimmung entscheiden die Kirchengerichte über die Ersetzung der Zustim-
mung der Mitarbeitervertretung. Die Entscheidung muss sich im Rahmen der geltenden Rechtsvorschriften und im Rahmen der Anträge von Mitarbeitervertretung und Dienststellenleitung halten.*

*(7) In den Fällen der Nichteinigung über Initiativen der Mitarbeitervertretung (§ 47 Absatz 2) stellen
die Kirchengerichte fest, ob die Weigerung der Dienststellenleitung, die von der Mitarbeitervertretung
beantragte Maßnahme zu vollziehen, rechtwidrig ist. Die Dienststellenleitung hat erneut unter Berücksichtigung des Beschlusses über den Antrag der Mitarbeitervertretung zu entscheiden.*

*(8) Der kirchengerichtliche Beschluss ist verbindlich. Die Gliedkirchen können bestimmen, dass ein Auf-
sichtsorgan einen rechtskräftigen Beschluss auch durch Ersatzvornahme durchsetzen kann, sofern die
Dienststellenleitung die Umsetzung verweigert.*

Die Kirchengerichte entscheiden allein in allen mitarbeitervertretungsrechtlichen Streitigkeiten. 130
Die sachliche Zuständigkeit der Kirchengerichte ist daher allumfänglich für sämtliche mitarbeiter-
vertretungsrechtlichen Streitigkeiten, die sich aus der Anwendung des MVG.EKD ergeben können.
Das Gericht wird auf Antrag tätig.

131 Beteiligte des Verfahrens können nur Personen, Einrichtungen, Institutionen und Stellen sein, denen das Mitarbeitervertretungsrecht Rechte und Pflichten zuweist.[58]

132 Mitarbeitern selbst fehlt daher i.d.R. die Beteiligtenfähigkeit in kirchengerichtlichen Verfahren, es sei denn, dass sie Funktionen nach dem MVG.EKD wahrnehmen und Streitigkeiten wegen dieser Funktionswahrnehmung zum Gegenstand eines Rechtsstreites werden.

133 Soweit Kirchengerichte zur Entscheidung berufen sind, ist der Rechtsweg zu den staatlichen Arbeitsgerichten nicht eröffnet.[59]

134 Soweit die Anwendbarkeit des Mitarbeitervertretungsrechts oder des staatlichen Betriebsverfassungsrechts und damit der Status eines Beteiligten als kirchliche Einrichtung insgesamt streitgegenständlich ist, können jedoch die staatlichen Arbeitsgerichte ebenso wie die Kirchengerichte zu einer Entscheidung berufen sein, so z.B. für den Fall einer Klage zur Feststellung der Nichtigkeit der Wahl einer Mitarbeitervertretung/eines Betriebsrats, wenn der Status der Kirchlichkeit der betroffenen Einrichtung streitig ist. Da die staatlichen Arbeitsgerichte nicht an abweichende Entscheidungen des Kirchengerichtes gebunden sind,[60] kann dies zu einer uneinheitlichen Beurteilung der Kirchengerichte und der staatlichen Arbeitsgerichtsbarkeit zu der Frage des anwendbaren Mitbestimmungsrechts nach MVG oder BetrVG führen. Dieser Konflikt kann nur durch eine klare Definition des kirchlichen Selbstbestimmungsrechtes gelöst werden. Soweit es in einem kirchengerichtlichen Verfahren streitig wird, ob eine auf Dienstgeberseite beteiligte Einrichtung kirchlich ist oder nicht, muss das Verfahren vor dem Kirchengericht ausgesetzt werden und die streitige Statusfrage von der staatlichen Arbeitsgerichtsbarkeit beantwortet werden. Auch vor dem Hintergrund des kirchlichen Selbstbestimmungsrechts sind die staatlichen Gerichte zuständig für die Auslegung und die Bestimmung der Reichweite der Verfassungsbestimmungen nach Art. 140 GG in Verbindung mit Art. 137 Ans 3 Satz 1 WRV, da es dabei um die Auslegung und Anwendung staatlichen Rechts geht.[61]

135 Nach Abs. 2 ersetzt das Kirchengericht das nach § 3 Abs. 2 MVG.EKD erforderliche Einvernehmen der Beteiligten, wenn die Beteiligten über Geltung von Dienststellenteilen oder Einrichtungen der Diakonie als mitarbeitervertretungsrechtlich selbstständige Dienststellen ein solches nicht selbst herbeiführen können.

136 Nach Abs. 3 muss das Gericht einen Vermittlungsvorschlag unterbreiten, wenn die Beteiligten sich nicht über den Abschluss von Dienstvereinbarungen einigen können.

137 Das Gericht kann daher eine fehlende Zustimmung eines Beteiligten zum Abschluss einer Dienstvereinbarung nicht ersetzen. Es kann nur einen Vorschlag unterbreiten, der die Beteiligten nicht bindet, soweit sie eine solche Verbindlichkeit nicht untereinander vereinbart haben. Kommt es hingegen um Streit um die Auslegung, Anwendbarkeit und über die Folgen einer Dienstvereinbarung, liegt kein Fall des Abs. 3 vor, das Gericht kann den Streit verbindlich entscheiden.

138 Abs. 4 erfasst die Fälle, in denen die Mitarbeitervertretung die Verletzung von Mitberatungsrechten gem. § 46 MVG.EKD geltend macht.

139 Mitberatungsrechte bestehen bei:
– Auflösung, Einschränkung, Verlegung und Zusammenlegung von Dienststellen oder erheblichen Teilen von ihnen,
– außerordentlicher Kündigung,
– ordentlicher Kündigung innerhalb der Probezeit,
– Versetzung und Abordnung von mehr als drei Monaten Dauer, wobei das Mitberatungsrecht hier für die Mitarbeitervertretung der abgebenden Dienststelle besteht,

---

58 KHG.EKD, 30.12.2010 – I-0124/S45–10.
59 BAG, 09.09.1992 – 5 AZR 456/91.
60 BAG, 13.09.2006 – 4 AZR 2/06.
61 Vgl. hierzu BAG, 05.12.2007 – 7 ABR 72/06.

- Aufstellung von Grundsätzen für die Bemessung des Personalbedarfs,
- Aufstellung und Änderung des Stellenplanentwurfs,
- Geltendmachung von Schadensersatzansprüchen auf Verlangen der in Anspruch genommenen Mitarbeiter und Mitarbeiterinnen,
- dauerhafter Vergabe von Arbeitsbereichen an Dritte, die bisher von Mitarbeitern und Mitarbeiterinnen der Dienststelle wahrgenommen werden.

Da in diesen Fällen nur ein Recht der Mitarbeitervertretung zur Mitberatung besteht, können die bezeichneten Maßnahmen auch gegen den Willen der Mitarbeitervertretung durchgeführt werden, wenn eine ordnungsgemäße Beteiligung nach § 45 Abs. 1 MVG.EKD erfolgt ist. Da nach § 45 Abs. 2 MVG.EKD bei einer fehlerhaft durchgeführten Mitberatung die der Mitberatung unterliegende Maßnahme unwirksam ist, hat das Kirchgericht in diesen Fällen nur festzustellen, ob die ordnungsgemäße Beteiligung erfolgt ist oder nicht. Stellt das Gericht fest, dass die Beteiligung fehlerhaft war, ergibt sich die Rechtsfolge der Unwirksamkeit aus § 45 Abs. 2 MVG.EKD, was in Abs. 4 Satz 2 wiederholt erwähnt ist. Ein Antrag zur Feststellung der Unwirksamkeit einer der Mitberatung unterfallenden Maßnahme ist daher unzulässig, vielmehr muss die Feststellung der unterbliebenen Beteiligung beantragt werden. 140

Abs. 5 regelt die Prüfungskompetenz des Gerichts in den Fällen der eingeschränkten Mitbestimmung der §§ 42 und 43 MVG.EKD. Diese Vorschriften erfassen umfangreich die Mitbestimmung bei personellen Angelegenheiten, vor deren Durchführung die Mitarbeitervertretungen zu beteiligen sind und zu denen die Zustimmung erteilt werden muss. Da die Zustimmung bei fehlerfreier Durchführung der Beteiligung nur aus den im Gesetz genannten Gründen verweigert werden darf, gilt die Zustimmung im Wege der Fiktion als erteilt, wenn ein gesetzlicher Grund zur Zustimmungsverweigerung nicht vorliegt. Gegenstand des Gerichtsverfahrens ist damit die Feststellung, dass ein Grund der Mitarbeitervertretung zur Zustimmungsverweigerung vorliegt oder nicht. Stellt das Gericht fest, dass ein solcher Grund nicht vorliegt, greift die Zustimmungsfiktion, ohne dass eine Zustimmungsersetzung durch das Gericht erfolgt. Ein zulässiger Antrag zur Entscheidung des Gerichts erfordert daher ein Feststellungsbegehren, dass die Mitarbeitervertretung keinen Grund zur Zustimmungsverweigerung hatte. Weicht der im Gerichtsverfahren gestellte Antrag von Anhörungsantrag bei Durchführung der Beteiligung der Mitarbeitervertretung ab, ist er unbegründet.[62] 141

Abs. 6 erfasst umfassend die Streitigkeiten im Bereich der unbeschränkten Mitbestimmung, also in allen Fällen, in denen die Zustimmung der Mitarbeitervertretung vor Durchführung der Maßnahmen erforderlich ist. Dies sind die Fälle der Mitbestimmung bei allgemeinen personellen Angelegenheiten, § 39 MVG.EKD, die Fälle der Mitbestimmung in organisatorischen und sozialen Angelegenheiten, § 40 MVG.EKD und die Fälle der Abordnung, Versetzung und Kündigung von Mitgliedern der Mitarbeitervertretungen, § 21 MGV.EKD. In diesen Fällen darf eine Maßnahme erst nach erteilter Zustimmung der Mitarbeitervertretung durchgeführt werden, § 38 Abs. 1 Satz 1. Der Antrag an das Gericht muss in den Fällen der unbeschränkten Mitbestimmung daher auf die gerichtliche Ersetzung der Zustimmung lauten. 142

Prüfungsgegenstand der Zustimmungsersetzung sind dabei nur die Einwände, die die Mitarbeitervertretung in der schriftlichen Zustimmungsverweigerung rechtzeitig vorgetragen hat.[63] 143

Einer beantragten Zustimmungsersetzung zu einer Maßnahme nach § 40 MGV.EKD fehlt das Rechtsschutzbedürfnis, wenn der Maßnahme infolge Zeitablaufes keine rechtliche relevante Bedeutung mehr zukommt.[64] 144

In den Fällen der Mitbestimmung nach §§ 39, 40, 42, 43 und 46 MVG.EKD steht der Mitarbeitervertretung ein Initiativrecht in Form eines Vorschlagrechtes zu, § 47 MVG.EKD. Weigert sich 145

---

62 KGH.EKD, 23.09.2009 – I-0124/R25–09.
63 KGH.EKD, 22.11.2010 – I-0124/S48–10.
64 KGH.EKD, 12.02.2010 – II-0124/P72–08.

die Dienststellenleitung, dem Vorschlag zu folgen oder äußert sie sich nicht innerhalb der geltenden Monatsfrist, kann das Gericht auf Antrag der Mitarbeitervertretung feststellen, dass die Weigerung des Vollzuges der vorgeschlagenen Maßnahme rechtswidrig ist. Folge eines solchen Beschlusses ist, dass die Dienststelle verpflichtet ist, unter Beachtung der Entscheidung des Gerichts den Vorschlag erneut zu entscheiden.

146 Abs. 8 erklärt die Entscheidungen des Kirchgerichts für verbindlich. Zum Eintritt der Bindung muss die Entscheidung an die Beteiligten zugestellt worden sein und sie muss rechtskräftig sein. Entscheidet das Gericht in Wege der einstweiligen Verfügung, ist die Entscheidung unmittelbar nach Zustellung wirksam. Die Zustellung erfolgt aufgrund §§ 29, 19 KiGG.EKD nach den Vorschriften des V. Abschnittes des Verwaltungsverfahrens- und -zustellungsgesetzes der EKD vom 28. Oktober 2009.[65] Eine Vollstreckung der Entscheidung kann bei Geltung einer entsprechenden gliedkirchlichen Regelung im Wege der Ersatzvornahme durch ein Aufsichtsorgan erfolgen.

§ 61 MVG.EKD Durchführung des kirchengerichtlichen Verfahrens in erster Instanz

(1) Sofern keine besondere Frist für die Anrufung der Kirchengerichte festgelegt ist, beträgt die Frist zwei Monate nach Kenntnis einer Maßnahme oder eines Rechtsverstoßes im Sinne von § 60 Absatz 1.

(2) Der oder die Vorsitzende der Kammer hat zunächst durch Verhandlungen mit den Beteiligten auf eine gütliche Einigung hinzuwirken (Einigungsgespräch). Gelingt diese nicht, so ist die Kammer einzuberufen. Im Einvernehmen der Beteiligten kann der oder die Vorsitzende der Kammer allein entscheiden.

(3) Das Einigungsgespräch findet unter Ausschluss der Öffentlichkeit statt.

(4) Die Beteiligten können zu ihrem Beistand jeweils eine Person hinzuziehen, die Mitglied einer Kirche sein muss, die der Arbeitsgemeinschaft Christlicher Kirchen angehört. Für die Übernahme der Kosten findet § 30 Anwendung. Im Streitfall entscheidet der oder die Vorsitzende der Kammer.

(5) Der oder die Vorsitzende der Kammer kann den Beteiligten aufgeben, ihr Vorbringen schriftlich vorzubereiten und Beweise anzutreten. Die Kammer entscheidet aufgrund einer von dem oder der Vorsitzenden anberaumten, mündlichen Verhandlung, bei der alle Mitglieder der Kammer anwesend sein müssen. Die Kammer tagt öffentlich, sofern nicht nach Feststellung durch die Kammer besondere Gründe den Ausschluss der Öffentlichkeit erfordern. Der Mitarbeitervertretung und der Dienststellenleitung ist in der Verhandlung Gelegenheit zur Äußerung zu geben. Die Kammer soll in jeder Lage des Verfahrens auf eine gütliche Einigung hinwirken. Im Einvernehmen mit den Beteiligten kann von einer mündlichen Verhandlung abgesehen und ein Beschluss im schriftlichen Verfahren gefasst werden.

(6) Die Kammer entscheidet durch Beschluss, der mit Stimmenmehrheit gefasst wird. Stimmenthaltung ist unzulässig. Den Anträgen der Beteiligten kann auch teilweise entsprochen werden.

(7) Der Beschluss ist zu begründen und den Beteiligten zuzustellen. Er wird mit seiner Zustellung wirksam.

(8) Der oder die Vorsitzende der Kammer kann einen offensichtlich unbegründeten Antrag ohne mündliche Verhandlung zurückweisen. Gleiches gilt, wenn das Kirchengericht für die Entscheidung über einen Antrag offenbar unzuständig ist oder eine Antragsfrist versäumt ist. Die Zurückweisung ist in einem Bescheid zu begründen. Der Bescheid ist zuzustellen. Der Antragsteller oder die Antragstellerin kann innerhalb von zwei Wochen nach Zustellung des Bescheides mündliche Verhandlung beantragen.

(9) Für das Verfahren werden Gerichtskosten nicht erhoben. Für die Übernahme der außergerichtlichen Kosten, die zur Rechtsverfolgung und Rechtsverteidigung notwendig waren, findet § 30 Anwendung.

(10) Kann in Eilfällen die Kammer nicht rechtzeitig zusammentreten, trifft der oder die Vorsitzende auf Antrag einstweilige Verfügungen.

---

65 ABl. EKD 2009, S. 334.

§ 62 MVG.EKD Verfahrensordnung

Im Übrigen finden, soweit kirchengesetzlich nicht etwas Anderes bestimmt ist, die Vorschriften des Arbeitsgerichtsgesetzes über das Beschlussverfahren in der jeweils geltenden Fassung entsprechende Anwendung. Die Vorschriften über Zwangsmaßnahmen sind nicht anwendbar.

Das Verfahren vor dem Kirchengerichts ist im MVG.EKD nur unvollständig geregelt und wird ergänzt durch die Verweisung auf die Anwendung der Vorschriften über das Beschlussverfahren nach dem Arbeitsgerichtsgesetz (ArbGG). Auf die Kommentierung dieser Vorschriften wird hier verwiesen. — 147

Das Verfahren vor dem Kirchengericht wird durch fristgebundenen Antrag eingeleitet. — 148

Die allgemeine Frist zur Anrufung des Kirchengerichtes beträgt zwei Monate und beginnt nach Kenntnis der Maßnahme oder des Rechtsverstoßes. Durch die Verweisung auf § 60 Abs. 1 MVG.EKD, der die Allgemeinzuständigkeit des Kirchengerichts zum Ausdruck bringt, sind damit alle Fragen im Zusammenhang mit der Anwendung des MVG.EKD innerhalb dieser Frist anzugreifen, soweit keine besonderen Fristregelungen eingreifen. Eine kürzere Frist von zwei Wochen ergibt sich aus § 14 Abs. 1 MVG.EKD bei der Wahlanfechtung, im Fall der Zustimmungsersetzung bei unbeschränkter Mitbestimmung nach § 38 Abs. 4 MVG.EKD sowie im Fall der beschränkten Mitbestimmung nach § 41 Abs. 3 in Verbindung mit § 38 Abs. 4 MVG.EKD sowie im Fall des Initiativrechts nach § 47 Abs. 2 MVG.EKD. Im Fall des Rechtsschutzes bei einem Verstoß gegen das Mitberatungsrecht gilt ebenfalls eine Frist zur Klageerhebung von 2 Wochen, allerdings muss das Kirchengericht spätestens 6 Monate nach Durchführung der Maßnahme angerufen werden, § 45 Abs. 2 MVG.EKD. — 149

Das Verfahren beginnt mit einem Einigungsgespräch in nicht öffentlicher Sitzung zwischen den Beteiligten und dem Vorsitzenden Richter. Scheitert die Einigung verhandelt die Kammer, es sei denn, die Beteiligten erklären sich mit einer Alleinentscheidung durch den Vorsitzenden einverstanden. — 150

Die Verhandlung ist öffentlich, soweit nicht nach Feststellung der Kammer besondere Gründe einen Ausschluss der Öffentlichkeit rechtfertigen. In jedem Verfahrensstadium ist hat das Gericht auf eine gütliche Einigung hinzuwirken und den Beteiligten ist rechtliches Gehör zu gewähren. Soweit das Einverständnis der Beteiligten vorliegt, kann das Gericht ohne mündliche Verhandlung entscheiden. — 151

Das Gericht entscheidet grundsätzlich durch Beschluss, der zu begründen und zuzustellen ist. Die Zustellung erfolgt aufgrund §§ 29, 19 KiGG.EKD nach den Vorschriften des V. Abschnittes des Verwaltungsverfahrens- und -zustellungsgesetzes der EKD vom 28. Oktober 2009.[66] — 152

Der Vorsitzende allein kann einen offensichtlich unbegründeten Antrag durch Gerichtsbescheid ohne mündliche Verhandlung zurückweisen, ebenso bei offensichtlicher Unzuständigkeit des Kirchengerichts oder bei Versäumung der Antragsfrist. Der Bescheid ist zuzustellen und die antragstellende Partei kann innerhalb einer Frist von zwei Wochen nach Zustellung die Durchführung einer mündlichen Verhandlung beantragen. — 153

Die Beteiligten können sich jeweils durch einen Beistand vertreten lassen. Solche Verfahrensbevollmächtigte müssen Mitglied einer Kirche sein, die der Arbeitsgemeinschaft christlicher Kirchen angehört. Ergänzend gilt nach § 21 KiGG.EKD, dass Verfahrensbevollmächtigten, die nicht die Zulassung zur Rechtsanwaltschaft besitzen, weiterer Vortrag durch unanfechtbaren Beschluss untersagt werden kann, wenn ihnen die Fähigkeit zum sachgemäßen Vortrag mangelt. — 154

Das Verfahren ist gerichtskostenfrei. Über die Übernahme notwendiger außergerichtlicher Kosten der ersten Instanz entscheidet der Vorsitzende als Prozessentscheidung alleine, hinsichtlich der — 155

---

66 ABl. EKD 2009, S. 334.

Übernahme notwendiger Kosten im zweiten Rechtszug entscheidet das erstinstanzliche Kirchengericht durch die Kammer, da mangels einer Regelung in den Vorschriften über das Beschwerdeverfahren hierfür eine Entscheidung über den materiellen Kostenerstattungsanspruch gem. § 30 II MVG.EKD erforderlich ist.[67]

156 Zur Gewährung effektiven Rechtsschutzes ist auch der Erlass einstweiliger Verfügungen geboten. Zuständig für den Erlass einstweiliger Verfügungen ist die Kammer; der Vorsitzende ist in Eilfällen, in denen die Kammer nicht rechtzeitig zusammentreten kann, zur Alleinentscheidung berufen.

157 Da weiter gehende Regelungen zum vorläufigen Rechtsschutz im MGV.EKD nicht bestehen, sind aufgrund der Verweisung nach § 62 Satz 1 MVG.EKD zu den Vorschriften des Beschlussverfahrens in § 85 Abs. 2 ArbGG die Regelungen des Achten Buches der ZPO einschlägig. Das § 62 Satz 2 MVG.EKD die Anwendung der Vorschriften über Zwangsmaßnahmen aus dem achten Buch des ArbGG ausschließt, bezieht sich nicht auf die Vorschriften über den Erlass einstweilige Verfügungen.[68]

§ 63 MVG.EKD Rechtsmittel

(1) Gegen die verfahrensbeendenden Beschlüsse der Kirchengerichte findet die Beschwerde an den Kirchengerichtshof der Evangelischen Kirche in Deutschland statt. § 87 Arbeitsgerichtsgesetz findet entsprechende Anwendung. Für die Anfechtung der nicht verfahrensbeendenden Beschlüsse findet § 78 Arbeitsgerichtsgesetz entsprechende Anwendung.

(2) Die Beschwerde bedarf der Annahme durch den Kirchengerichtshof der Evangelischen Kirche in Deutschland. Sie ist anzunehmen, wenn
1. ernstliche Zweifel an der Richtigkeit des Beschlusses bestehen,
2. die Rechtsfrage grundsätzliche Bedeutung hat,
3. der Beschluss von einer Entscheidung des Kirchengerichtshofes der Evangelischen Kirche in Deutschland, einer Entscheidung eines obersten Landesgerichts oder eines Bundesgerichts abweicht und auf dieser Abweichung beruht oder
4. ein Verfahrensmangel geltend gemacht wird und vorliegt, auf dem der Beschluss beruhen kann.

Für die Darlegung der Annahmegründe finden die für die Beschwerdebegründung geltenden Vorschriften Anwendung.

(3) Die Entscheidung nach Absatz 2 trifft der Kirchengerichtshof der Evangelischen Kirche in Deutschland ohne mündliche Verhandlung. Die Ablehnung der Annahme ist zu begründen.

(4) Die Kirchengerichte in erster Instanz legen dem Kirchengerichtshof der Evangelischen Kirche in Deutschland die vollständigen Verfahrensakten vor.

(5) Einstweilige Verfügungen kann der Vorsitzende Richter oder die Vorsitzende Richterin in dringenden Fällen allein treffen.

(6) Die Entscheidungen des Kirchengerichtshofes der Evangelischen Kirche in Deutschland sind endgültig.

(7) Im Übrigen finden, soweit kirchengesetzlich nicht etwas Anderes bestimmt ist, die Vorschriften des Arbeitsgerichtsgesetzes über die Beschwerde im Beschlussverfahren in der jeweils geltenden Fassung entsprechende Anwendung.

158 Die Beschwerde ist statthaft gegen alle verfahrensbeendigenden Beschlüsse des Kirchengerichts. Über sie befindet der Kirchengerichtshof der EKD. Die Vorschrift des § 87 ArbGG ist entsprechend anwendbar.

---

[67] KGH.EKD, 15.07.2009 – I-124/R24/09.
[68] KGH.EKD, 22.06.2009 – I-0123/R36–09.

Die Beschwerde gegen verfahrensbeendigende Beschlüsse des Kirchgerichts bewirkt die Überprüfung der angefochtenen Entscheidung durch den Kirchengerichtshof. Eine Abhilfebefugnis des Kirchgerichts besteht nicht und die Beschwerde entfaltet aufschiebende Wirkung und hindert den Eintritt der Rechtskraft des angefochtenen Beschlusses. Die aufschiebende Wirkung hat zur Folge, dass auch der Eintritt der materiellen Rechtskraft verhindert wird und etwa gestaltende Entscheidungen, wie die Ersetzung der Zustimmung zu einer mitbestimmungspflichtigen Maßnahme bei Anfechtung der Entscheidung des Kirchgerichtes, nicht eintritt. Auch eine unzulässige Beschwerde hindert den Eintritt der Rechtskraft. 159

Auch § 87 ArbGG enthält keine umfassende Regelung des Beschwerdeverfahrens, sondern das Verfahren wird durch die Verweisung auf die Vorschriften des Berufungsverfahrens näher geregelt. Auch eine Anschlussbeschwerde ist zulässig.[69] 160

Die Frist zur Einlegung der Beschwerde beträgt einen Monat, die Frist zur Begründung der Beschwerde zwei Monate. Beide Fristen beginnen mit der Zustellung des vollständig abgefassten, mit einer Rechtsmittelbelehrung versehenen Beschlusses, § 63 Abs. 7 MVG.EKD i.V.m. § 87 Abs. 2 Satz 1, § 66 Abs. 1 Satz 2, § 9 Abs. 5 Satz 1 bis 3 ArbGG. 161

Die Beschwerde bedarf der Annahme durch den Kirchengerichtshof. Die Beschwerde ist in den geregelten Fällen anzunehmen, wobei zu beachten ist, dass alle in das Verfahren einzubringenden Annahmegründe innerhalb der Beschwerdebegründungsfrist vorgetragen werden müssen. Später vorgebrachte Annahmegründe sind unbeachtlich.[70] 162

Die Beschwerde ist zur Entscheidung anzunehmen, wenn: 163
– ernstliche Zweifel an der Richtigkeit des Beschlusses bestehen,
– die Rechtsfrage grundsätzliche Bedeutung hat,
– der Beschluss von einer Entscheidung des Kirchengerichtshofes der Evangelischen Kirche in Deutschland, einer Entscheidung eines obersten Landesgerichts oder eines Bundesgerichts abweicht und auf dieser Abweichung beruht oder
– ein Verfahrensmangel geltend gemacht wird und vorliegt, auf dem der Beschluss beruhen kann.

Ernstliche Zweifel an der materiell-rechtlichen Richtigkeit des angefochtenen Beschlusses sind nur dann anzunehmen, wenn die Entscheidung mit überwiegender Wahrscheinlichkeit voraussichtlich anders zu treffen sein wird; die bloße Möglichkeit einer entgegengesetzten Entscheidung genügt nicht.[71] 164

Die grundsätzliche Bedeutung einer Rechtsfrage ist gegeben, wenn die Entscheidung der mitarbeitervertretungsrechtlichen Streitigkeit von der Beantwortung dieser Rechtsfrage abhängt, diese klärungsbedürftig und klärungsfähig und die Klärung von allgemeiner Bedeutung für die kirchliche oder diakonische Rechtsordnung ist.[72] 165

Für den Annahmegrund muss die Rechtsfrage so genau bezeichnet sein, dass sie grundsätzlich mit »Ja« oder mit »Nein« beantwortet werden kann.[73] 166

Weiterer Zulassungsgrund mit dem Zweck der Wahrung der Rechtseinheitlichkeit ist Abweichung von einer Entscheidung des KGH.EKD, eines obersten Landesgerichte oder Bundesgerichtes und das Berufen der angegriffenen Entscheidung auf dieser Abweichung. Die Annahme wegen Divergenz erfordert, dass in der angefochtenen Entscheidung ein abstrakter Rechtssatz aufgestellt wurde, der über den entschiedenen Einzelfall hinaus Geltung beansprucht. Auf die Ausführungen zu § 72 ArbGG wird verwiesen. 167

---

69 KGH.EKD, 20.10.2008 – I-0124/35–08.
70 KHG.EKD, 27.01.2010 – II-0124/P36–08.
71 Ständige Rechtsprechung des KGH.EKG, vgl. nur KGH.EKD, 12.02.2010 – II-0124/P53–08 m.w.N.
72 Ständige Rechtsprechung des KGH.EKG, vgl. nur KGH.EKD, 15.07.2009 – I-0124/R22–09.
73 KGH.EKD, 27.01.2010 – II-0124/P36–08.

Anhang 3 Verfahren vor den Kirchlichen Arbeitsgerichten

168 Der Zulassungsgrund eines Verfahrensmangels setzt die genaue Darlegung des behaupteten Verfahrensmangels voraus, wie dieser hätte vermieden werden können und dass die Vermeidung des Verfahrensmangels zu dem von der Beschwerde gewünschten Verfahrensergebnis geführt hätte.[74]

169 Die Beschwerde gegen einstweilige Verfügungen des Kirchengerichtes zum Kirchengerichtshof ist nur statthaft gegen einstweilige Verfügungen, die durch den Vorsitzenden oder die Kammer aufgrund mündlicher Verhandlung ergangen sind. Gegen eine Entscheidung, die ohne mündliche Verhandlung ergangen ist, ist der Widerspruch an das Kirchengericht gem. § 61 Satz 1 MVG.EKD, § 85 Abs. 2 ArbGG, § 924 ZPO mit dem Antrag, über die einstweilige Verfügung nach mündlicher Verhandlung erneut zu entscheidenden, gegeben.[75]

Anlage: Geschäftsstellen der Kirchengerichte, Schiedsstellen, Schlichtungsstellen und -ausschüsse

170 Kirchengerichtliche Schlichtungsstelle der Ev. Landeskirche in Baden und des Diakonischen Werkes der Ev. Landeskirche in Baden e.V.
Blumenstr. 1
76133 Karlsruhe

Kirchengericht der Ev.-Luth. Kirche in Bayern für mitarbeitervertretungsrechtliche Streitigkeiten
Postfach 200751
80007 München

Schiedsstelle der Ev. Kirche in Berlin-Brandenburg-schlesische Oberlausitz
Georgenkirchstraße 69/70
10249 Berlin

Schieds- und Schlichtungsstelle des Diakonischen Werkes Berlin-Brandenburg-schlesische Oberlausitz e.V.
Paulsenstr. 55–56
12163 Berlin

Kirchengericht der Bremischen Ev. Kirche und des Diakonischen Werkes Bremen e.V.
Franziuseck 2 – 4
28199 Bremen

Schlichtungsstelle der Ev. Kirche in Hessen und Nassau
Paulusplatz 1
64285 Darmstadt

Schlichtungsstelle des Diakonischen Werkes in Hessen und Nassau e.V.
Ederstraße 12
60442 Frankfurt/Main

Schiedsstelle der Konföderation ev. Kirchen in Niedersachsen und der Diakonischen Werke Braunschweig, Hannover, Oldenburg und Schaumburg-Lippe – Kammern der Kirchen
Rote Reihe 6
30169 Hannover

Schiedsstelle der Konföderation ev. Kirchen in Niedersachsen und der Diakonischen Werke Braunschweig, Hannover und Oldenburg – Kammer Diakonisches Werk Braunschweig
Klostergang 66
38104 Braunschweig

Schiedsstelle der Konföderation ev. Kirchen in Niedersachsen und der Diakonischen Werke Braunschweig, Hannover und Oldenburg – Kammer Diakonisches Werk Oldenburg
Kastanienallee 9 – 11
26121 Oldenburg

---

74 KGH.EKD, 21.04.2009 – I-0124/R10–09.
75 KGH.EKD, 22.06.2009 – I-0124/R36–09.

Schiedsstelle der **Konföderation ev. Kirchen in Niedersachsen und der Diakonischen Werke Braunschweig, Hannover und Oldenburg und Schaumburg-Lippe – Kammer Diakonisches Werk Hannovers**
Ebhardtstr. 3 A
30159 Hannover

Schlichtungsstelle der **Ev. Kirche von Kurhessen-Waldeck – Kammer für den kirchlichen Bereich**
Wilhelmshöher Allee 330
34131 Kassel

Schiedsstelle für mitarbeitervertretungsrechtliche Streitigkeiten beim **Diakonischen Werk in Kurhessen-Waldeck e.V.**
Kölnische Str. 136
34119 Kassel

Schlichtungsstelle für mitarbeitervertretungsrechtliche Streitigkeiten der **Ev.-Luth. Landeskirche Mecklenburgs und des Diakonischen Werkes der Ev.-Luth. Landeskirche Mecklenburgs e.V.**
Münzstr. 8/Postfach 11 10 63
19010 Schwerin

Kirchengericht für mitarbeitervertretungsrechtliche Streitigkeiten der **Nordelbischen Ev.-Luth. Kirche**
Königstr. 52
22767 Hamburg

Kirchengericht für mitarbeitervertretungsrechtliche Streitigkeiten des **Nordelbischen Diakonischen Werkes e.V. – Kammer Hamburg**
Königstr. 54
22767 Hamburg

Kirchengericht für mitarbeitervertretungsrechtliche Streitigkeiten der **Nordelbischen Ev.-Luth. Kirche – Kammer Diakonisches Werk Schleswig-Holstein e.V.**
Kanalufer 48
24768 Rendsburg

Schlichtungsstelle der **Ev. Kirche der Pfalz**
Domplatz 5
67346 Speyer

Schlichtungsstelle des **Diakonischen Werkes der Ev. Kirche der Pfalz**
Karmeliterstr. 20
67346 Speyer

Kirchengericht des **Diakonischen Werkes – Landesverband – in der Pommerschen Ev. Kirche e.V.**
Grimmerstraße 11 – 14
17489 Greifswald

Gemeinsame Schlichtungsstelle der **Ev. Kirche im Rheinland und des Diakonischen Werkes der Ev. Kirche im Rheinland e.V.**
Hans-Böckler-Str. 7
40476 Düsseldorf

Kirchengericht für mitarbeitervertretungsrechtliche Streitigkeiten – Erste Kammer (**Kirchenprovinz Sachsen**)
Am Dom 2
39104 Magdeburg

Kirchengericht für mitarbeitervertretungsrechtliche Streitigkeiten im **Diakonischen Werk der Ev. Kirchen in Mitteldeutschland e.V.**
Mittagsstraße 15
39124 Magdeburg

Kirchliche Gerichte der **Ev.-Luth. Landeskirche Sachsens** – Schlichtungsstelle für MV-rechtliche Streitigkeiten – 1. Kammer (Landeskirche) – 2. Kammer (Diakonie)
Lukasstr. 6
01069 Dresden

Anhang 3 Verfahren vor den Kirchlichen Arbeitsgerichten

Kirchengericht für mitarbeitervertretungsrechtliche Streitigkeiten – Zweite Kammer (**Ev.-Luth. Kirche in Thüringen**)
Dr.-Moriz-Mitzenheim-Str. 2a
99817 Eisenach

Schlichtungsstelle nach dem MVG der **Ev. Kirche von Westfalen**
Altstädter Kirchplatz 5
33602 Bielefeld

Schlichtungsstelle nach dem MVG der Ev. Kirche von Westfalen – 2. Kammer. c/o **Diakonisches Werk der Ev. Kirche von Westfalen e.V.**
Friesenring 32/34
48147 Münster

Schlichtungsstelle nach dem MVG der **Ev. Landeskirche in Württemberg**
Gänsheiderstr. 4
70184 Stuttgart

Kirchengericht der **Evangelischen Kirche in Deutschland (EKD)**

Kammern für mitarbeitervertretungsrechtliche Streitigkeiten
Herrenhäuser Str. 12
30419 Hannover

Schlichtungsstelle der **Union Evangelischer Kirchen in der EKD (UEK)**
Geschäftsstelle
c/o Kirchenamt der EKD
Herrenhäuser Str. 12
30419 Hannover

Schlichtungsstelle der **VELKD**
Richard-Wagner-Straße 26
30177 Hannover

Stichwortverzeichnis

Die fett gedruckten Zahlen beziehen sich auf den Paragraphen und die mageren Zahlen auf die dazugehörige Randnummer.

Abänderungsklage
- Schiedsspruch **108** 34

Abgabe einer Willenserklärung 61 24
Abhaltung von Gerichtstagen 14 13
Abhilfeverfahren
- Gehörsrüge **78a** 46 ff.

Ablehnung von Gerichtspersonen 49 1 ff., 18
- Allgemeines **49** 1
- Angriffe auf eine Gerichtsperson **49** 35
- anwaltliche Versicherung **49** 43
- Anzeige **49** 18
- Aufklärungspflicht **49** 33
- Äußerung von Rechtsansichten **49** 32
- Bekanntschaft **49** 27
- Berufungsverfahren **64** 71
- Besorgnis der Befangenheit **49** 24
- Beziehung zur Prozess- bzw. Verfahrensvertretung **49** 28
- dienstliche Äußerung **49** 43
- eigenes Verhalten der Partei/des Beteiligten **49** 35
- Eigeninteresse am Verfahrensausgang **49** 26
- Einigungsstellenverfahren **49** 3
- Einzelfälle **49** 26 ff.
- Entscheidung über das Gesuch **49** 49 ff.
- Erstattung von Strafanzeige **49** 32
- Form der Entscheidung **49** 57
- gebotenes richterliches Verhalten **49** 33
- Gerichtspersonen **49** 19
- Geschäftsführer des Arbeitgeberverbandes **49** 37
- gesetzlicher Ausschluss **49** 23
- Gesuch **49** 18, 42 ff.
- gewerkschaftlicher Arbeitskreis **49** 38
- Gewerkschaftsmitgliedschaft **49** 38
- Gründe **49** 22 ff.
- Interessenwahrnehmung für eine Partei/einen Beteiligten **49** 29
- mittelbare Beteiligung am Rechtsstreit **49** 26
- nahe persönliche Beziehung zu einer Partei/einem Beteiligten **49** 27
- neutrale Amtsführung **49** 31
- persönliche Beziehung **49** 27
- politische Einstellung/Betätigung **49** 36, 38
- Publikationen **49** 32
- Recht zur Ablehnung **49** 19
- Rechtsmissbrauch **49** 41
- rechtsmissbräuchliches Gesuch **49** 56
- Rechtsmittel **49** 62 ff.
- Revision **72** 76
- rügelose Einlassung **49** 39
- Selbstablehnungsanzeige der Gerichtsperson **49** 47
- Streitgehilfe **49** 20
- übergreifender Ablehnungsgrund **49** 30
- unvoreingenommener Amtsführung **49** 31
- Vereinsmitgliedschaft **49** 26
- Verfahren **49** 42 ff.
- Verfahren nach der ~ **49** 58 ff.
- Verlust des Ablehnungsrechts **49** 39
- Verwandtschaft **49** 28
- von Amts wegen **49** 47
- Vor- und Parallelbefassung **49** 30
- wissenschaftliche Äußerungen **49** 32
- Zeitschriftenbeitrag **49** 27
- zuständiger Spruchkörper **49** 49

Ablehnungsverfahren 103 11 ff.
- Ablauf **103** 14
- Auswirkungen der Entscheidung **103** 15
- Gesuch **103** 14
- Kosten **103** 14
- Zuständigkeit **103** 11

Abmahnung
- Darlegungs- und Beweislast **58** 108, 217
- Entfernung **62** 39
- Rücknahme **58** 110
- Widerruf **58** 110

Absolute Revisionsgründe 72 4
Abstimmung 9 25 ff.
- Geheimhaltungspflicht **9** 27
- Reihenfolge **9** 29
- Stimmabgabe **9** 29
- Stimmenthaltung **9** 28

Abstrakter Rechtssatz 72 4
Abtretung 3 3
Akkord
- Darlegungs- und Beweislast **58** 120

Akteneinsicht
- ehrenamtliche Richter **31** 9

Aktenkundigmachung 46 15
Aktenordnung 15 3
Aktenvermerk 46 15
Alleinentscheidung durch den Vorsitzenden 55 1 ff.
- Allgemeines **55** 1
- amtliche Auskünfte **55** 45
- Anerkenntnis **55** 11
- auf Antrag beider Parteien **55** 37 ff.
- Ausschlussfrist **55** 5
- außerhalb der mündlichen Verhandlung **55** 6
- Aussetzung des Verfahrens und Anordnung des Ruhens **55** 21 f.
- Aussetzung wegen Vorgreiflichkeit **55** 26

Stichwortverzeichnis

- behinderte Menschen 55 28
- Berufungsverfahren 55 3; 64 73
- Beteiligung der ehrenamtlichen Richter 55 4
- Beweisbeschluss vor streitiger Verhandlung 55 42 ff.
- Einholung amtlicher Auskünfte 55 45
- Einholung eines schriftlichen Sachverständigengutachtens 55 47
- einstweilige Einstellung der Zwangsvollstreckung 55 19
- Entgeltprozess 55 27
- Erledigungserklärung 55 8
- Gelegenheit zur Stellungnahme 55 32
- Gültigkeit eines Gesetzes 55 31
- Klagerücknahme 55 5
- Kostenentscheidung 55 33
- Kostentragungspflicht 55 8
- örtliche Zuständigkeit 55 20
- Parteivernehmung 55 46
- rechtliches Gehör 55 32, 36
- Sachverständigengutachten 55 47
- Säumnis beider Parteien 55 15 ff.
- Säumnis einer Partei 55 13
- schriftliche Beantwortung der Beweisfrage 55 44
- strafbare Handlung 55 30
- Tatbestandsberichtigung 55 34
- Untersagung der Vertretung 55 35
- unzulässige ~ 55 41
- Verdacht einer strafbaren Handlung 55 30
- Verfahrensverbindung 55 25
- Versäumnisurteil 55 14; 59 23 ff.
- Verzicht 55 9
- Vorabentscheidungsverfahren 55 24
- Zurückweisung des Bevollmächtigten 55 35
- Zweigleisigkeit des Rechtsweges 55 28

Allgemeine Bedingungen für die Rechtsschutzversicherung (ARB 2015) 11 41
Allgemeiner Gerichtsstand 2 66
Allgemeines Persönlichkeitsrecht 58 34
- Darlegungs- und Beweislast 58 228, 232
- Wahrnehmung überwiegender schutzwürdiger Interessen 58 38

Allgemeinkundige Tatsache 58 25
Allgemeinverbindlichkeitserklärung Einf. 21; 2 4
Altersversorgung
- Darlegungs- und Beweislast 58 112

Amicus curiae Einf. 36
Amtliche Auskünfte 55 45
Amtsenthebung
- kirchliches Arbeitsgerichtsverfahren Anh. 3 62

Amtsermittlungsgrundsatz
- kirchliches Arbeitsgerichtsverfahren Anh. 3 42

Amtshaftungsansprüche 2 5
Amtshilfe 13 1
Amtszustellung 74 25
Änderungskündigung 46 141; 42 GKG 8
- Änderungsangebot unter Vorbehalt 46 141
- Antrag 46 141
- auflösende Bedingung 46 143
- Ausscheidens des Arbeitnehmers 46 143
- betriebsbedingte ~ 58 203
- Darlegungs- und Beweislast 58 203
- Klagefristen 46 240, 263
- Rechtsschutzinteresse 46 143
- Rückwirkung des Bedingungseintritts 46 142
- Weiterbeschäftigungsanspruch 46 142

Änderungsschutzklage 46 291
Anerkenntnis 55 11
- Güteverfahren 54 35

Anerkenntnisurteil 46 56
- Berufungsverfahren 64 3
- Revision 72 8

Anfechtung 2 9; 67 9
Angestellte 2 6
Angriffs- und Verteidigungsmittel
- Anfechtung 67 9
- Aufrechnung 67 7
- Begriff 67 6
- Berufungsbegründung 66 19; 67 1 ff.
- Beschwerdeeinlegung 78 36
- bestandsschutzrechtliche Sonderregelungen 67 55 ff.
- erfasstes Vorbringen 67 5 ff.
- Frist zum Vortrag 56 47
- neues Vorbringen 67 11
- Novenrecht 67 4
- Präklusion 67 4
- Präklusion verspäteten Vorbringens 56 76 ff.
- rechtliches Gehör 67 16
- Rechtsauffassungen 67 10
- Rechtsfolge der Zurückweisung 67 13
- Sachanträge 67 10
- streitiges Vorbringen 67 12
- Überprüfung erstinstanzlicher Zurückweisung 67 21 ff.
- Überprüfung in der Revision 67 14 ff.
- Unbeachtlichkeit 67 4
- Verhinderung der Zurückweisung 56 89
- Verjährung 67 8
- Verletzung erstinstanzlicher Prozessförderungspflicht 67 20 ff.
- Verletzung zweitinstanzlicher Prozessförderungspflicht 67 41 ff.
- verspätete Mitteilung 56 87
- verspäteter Vortrag 56 56 ff.
- Verzögerung 67 14
- Zulassung 67 4
- Zurückverweisung verspäteten Vorbringens 56 43
- Zurückweisung 67 1
- Zurückweisung nach § 296 Abs. 1 ZPO 56 80
- Zurückweisung nach §§ 296 Abs. 2, 282 Abs. 1 ZPO 56 81 ff.
- Zurückweisung nach §§ 296 Abs. 2, 282 Abs. 2 ZPO 56 85

1528

Stichwortverzeichnis

- Zurückweisung nachlässig verspäteten Vorbringens 67 36 ff.
- Zurückweisung verfristeten Vorbringens durch das LAG 67 30 ff.

Anhängigkeit 46 64
Anhörung der Parteien 57 5
Anhörung der Verbände 14 16
- Landesarbeitsgerichte 33 6

Anhörungsrügengesetz 1 28; 46 34; 72 4, 18 ff.; 72a 9

Annahmeverzug
- Darlegungs- und Beweislast 58 114

Anordnung des persönlichen Erscheinens 51 2 ff.; 56 34
- Anfechtbarkeit der Entscheidung 51 13
- Ausbleibens der Partei 51 15
- Ausschließung des Prozessbevollmächtigten 51 24 ff.
- Begründung 51 9
- Belehrungspflicht 51 9
- Berufungsverfahren 64 72
- Entscheidung 51 8
- entschuldigtes Ausbleiben 51 15
- Entschuldigungsgrund 51 17
- Entsendung eines Vertreters 51 19
- genügende Entschuldigung 51 23
- große Entfernung 51 5
- Grund 51 4 ff.
- juristische Person 51 7
- Kurzbegründung 51 9
- Ordnungsgeld 51 21 ff.
- Parteierklärungen 51 14
- Unzumutbarkeit aus wichtigen Gründen 51 5
- Vertreter 51 19
- Vollmacht 51 19
- Voraussetzung 51 24 ff.
- Wirkung der Parteierklärungen 51 14
- Zeitpunkt 51 6
- Zeuge 51 19

Anpassung der Altersversorgung
- Antrag 46 310
- Leistungsbestimmungsrecht 46 310

Anscheinsbeweis 58 100 ff.
- Erleichterung der Beweisführung 58 103
- Kausalitätsfeststellung 58 101
- Rechtsprechung 58 104
- Umkehr der Darlegungs- und Beweislast 58 103

Anschlussberufung 64 86, 107 ff.
- Rechtsmittelbelehrung 9 59

Anschlussbeschwerde 72b 15; 78 38; 89 18 ff.

Anschluss der weiteren Verhandlung 9 4

Anschlussrechtsbeschwerde 78 68; 92 36; 94 29
- nach Sprungrechtsbeschwerde 96a 23

Anschlussrevision 72 66; 74 115 ff.; 76 43
- Allgemeines 74 115
- Anschlussschrift 74 123
- Beschwer des ~sklägers 74 120
- Form 74 123
- Frist 74 123, 125
- Kostentragung 74 129
- selbstständige ~ 74 118
- Unselbstständigkeit 74 116, 119
- Unzulässigkeit 74 126
- Verlust der Anschlusswirkung 74 128
- Verwerfung 74 126
- Zulassungsfreiheit 74 121
- Zusammenhang mit der Hauptrevision 74 122

Anschlusstatsachen 58 66
Anspruchsgrundlagenkonkurrenz 2 12
Antragsbefugnis
- Wirksamkeit einer Allgemeinverbindlicherklärung oder Rechtsverordnung 98 6 ff.

Antragsmängel 46 18
Antragsschuldner
- Kostenhaftung 29 GKG 1 ff.

Antragsteller
- Beteiligtenfähigkeit 10 12

Antragstellung 57 3
- Bestimmtheit 46 78 ff.
- Teilbetrag 46 80
- Wirksamkeit einer Allgemeinverbindlicherklärung oder Rechtsverordnung 98 5

Anwaltsgebühren
- Wertfestsetzung 63 GKG 5 ff.

Anwaltskosten
- Drittschuldnerklage 46 326

Anwaltsvergleich
- Vollstreckungstitel 62 4

Arbeitgeber 2 6
- Bekanntmachungspflicht 99 24
- Beschlussverfahren 81 15, 30
- ehrenamtliche Richter 22 1
- ehrenamtlicher Richter am BAG 43 7
- Schiedsrichter 103 2
- Streitigkeiten mit Mitgliedern von Betriebsverfassungsorganen 2a 6

Arbeitgeberverband 2a 13
Arbeitgebervereinigungen
- Beteiligtenfähigkeit 10 21
- Parteifähigkeit 10 10; 46 109
- Prozessvertretung 11 18

Arbeitnehmer
- Begriff 2 6; 5 1 ff.
- Beschlussverfahren 81 19, 32; 83 22
- ehrenamtliche Richter 21 2; 23 1 ff.
- Einzelfälle 5 2 ff.
- gleichgestellte Personen 23 3
- persönliche Abhängigkeit 5 3
- Schiedsrichter 103 2

Arbeitnehmerähnliche Personen 5 4
- ehrenamtliche Richter 23 2

Arbeitnehmeransprüche
- Sozialplan 2a 4

Arbeitnehmereigenschaft 46 349
Arbeitnehmer-Entsendegesetz 2 14

1529

Stichwortverzeichnis

Arbeitnehmererfindung 2 23
Arbeitnehmerhaftung
– betriebliche Tätigkeit 58 174
– Darlegungs- und Beweislast 58 173 ff.
– entgangener Gewinn 58 181
– Kasse 58 178
– Kundendienstwagen 58 175
– Mankohaftung 58 176
– Schlechtleistung in einer Akkordgruppe 58 180
– Unfallschäden 58 182
– Unmöglichkeit der Herausgabe 58 179
Arbeitnehmervereinigungen
– Prozessvertretung 11 18
Arbeitnehmervertreter
– Aufsichtsrat 2 15; 2a 17
Arbeitsbescheinigung 2 17
Arbeitsfreistellung
– ehrenamtliche Richter 6 11
Arbeitsgerichte 14 1 ff.
– Abhaltung von Gerichtstagen 14 13
– Allgemeines 14 1
– Anhörung der Verbände 14 16
– Aufbau 14 1
– Aufgabenbereich 14 4
– Aufstellung 14 7
– Auswärtige Kammer 14 12
– Besetzung 6 1 ff.; **Anh. 3** 16
– Eilfälle 19 5
– Einrichtung 14 6
– Ernennung der Vorsitzenden 18 1 ff.
– Errichtung 14 1; **Anh. 3** 11 ff.
– Fachkammern 17 3; 29 13 ff.
– fehlerhafte Besetzung 16 8
– Gerichtsorganisation **Anh. 3** 10 ff.
– Geschäftsstellen 7 7; **Anh. 3** 170
– Geschäftsverteilung 6a 1 ff.
– Geschäftsverteilungsplan 17 5
– Hilfskammern 17 6
– historische Entwicklung 14 3
– Kammern 17 1 ff.
– kirchliche ~ **Anh. 3** 6 ff., 11 ff., 83 ff.
– Lokaltermin 14 12
– Präsidium 6a 1 ff.
– Rechtsschutz gegen Vertretungsanordnung 19 6
– Sitzung 31 5 ff.
– Staatsvertrag 14 11
– ständige Vertretung 19 1 ff.
– tarifvertragliche Regelungen 14 11
– Terminsort 14 12
– Verhinderung eines Richters 19 3
– vorübergehende Verhinderung eines Richters 19 3
– Zusammensetzung 16 1, 5; **Anh. 3** 11 ff.
– zuständige oberste Landesbehörde 14 8
– Zuständigkeit 8 2; **Anh. 3** 83 ff.
Arbeitsgerichtsbarkeit Einf. 1; 1 1 ff.
– Aufbau 1 1
– Rechtsweg 1 5 ff.; 2 1 ff.

Arbeitsgerichtsgesetz 1953 14 6
Arbeitsgerichtsgesetz-Änderungen
– Beistandsleistung **Einf.** 2
– ehrenamtliche Richter **Einf.** 7
– Entschädigungsklagen wegen Benachteiligung **Einf.** 4
– Erweiterung der Zuständigkeit **Einf.** 10
– Geschäftsordnung des BAG **Einf.** 13
– Gesetz zur Förderung der Mediation und anderer Verfahren der außergerichtlichen Konfliktbeilegung **Einf.** 16
– justizielle Zusammenarbeit **Einf.** 11
– Mahnverfahren **Einf.** 6
– Mediation **Einf.** 16
– örtliche Zuständigkeit **Einf.** 12
– Prozessvertretung **Einf.** 8
– überlange Gerichtsverfahren **Einf.** 15
– unionsrechtliches Gesellschaftsrecht **Einf.** 5
– Verbandsklage **Einf.** 2
– Verfahrensvereinfachung **Einf.** 9
– Wiederaufnahme nach Entscheidung des EGMR **Einf.** 14
Arbeitsgerichtsverfahren
– besondere Verfahren 1 23 ff.
– Gerichtskosten 11 **GKG** 1 ff.
Arbeitsgruppen
– Beteiligtenfähigkeit 10 17
Arbeitskampf
– Begriff 2 5
Arbeitskampfstreitigkeit 2 5, 18
– Darlegungs- und Beweislast 58 118
– einstweilige Verfügung 62 59
Arbeitsleistung 61 23
– Darlegungs- und Beweislast 58 135
– Nichterfüllung 58 135
– Zwangsvollstreckung 62 39
Arbeitslosengeld
– Gleichwohlgewährung 46 115
Arbeitsort 2 59
Arbeitspapiere
– Ausfüllung 2 17; 61 23
– einstweilige Verfügung 62 51
– Herausgabe 2 10, 17
– Zwangsvollstreckung 62 39
Arbeitsunfähigkeit
– Entgeltfortzahlung 58 122
Arbeitsunfähigkeitsbescheinigung
– Darlegungs- und Beweislast 58 122
Arbeitsvergütung 46 144 ff.
– Abrechnung in Textform 46 145
– Auskunftsklage 46 144 ff.
– Brutto-/Netto-Klage 46 152
– Darlegungs- und Beweislast 58 120
– Nettolohnklage 46 156
– Teil-Vergütung 46 179
– Überstunden 46 147
– Zinsen auf Brutto-/Nettovergütung 46 174
– Zulage 46 161

Stichwortverzeichnis

Arbeitsverhältnis 2 7
- Bestehen 2 8
- Darlegungs- und Beweislast 58 185
- Darlehen 2 20
- Eingehung 2 10
- faktisches ~ 2 7
- fiktives ~ 2 9
- Nachwirkung 2 10
- Nichtbestehen 2 8

Arbeitsvertrag
- Darlegungs- und Beweislast 58 143

Arbeitszeitverringerung
- einstweilige Verfügung 62 58

Arrest 62 42, 76
- Beschlussverfahren 85 41
- Revision 72 11
- Schiedsgerichtsgerichtsverfahren 101 22

Arrestverfahren 56 79
- Einlassungsfrist 47 4
- Rechtsweg 48 7

Aufbau Gerichte für Arbeitssachen
- Ausschuss der ehrenamtlichen Richter 17 1

Aufenthalt bei natürlichen Personen
- Gerichtsstand 2 76

Aufhebungsgericht 110 20 ff.
- Gerichtsstand 110 21
- örtliche Zuständigkeit 110 21
- Prorogation 110 21
- Rechtswegzuständigkeit 110 20
- sachliche Zuständigkeit 110 20
- Zuständigkeit 110 20

Aufhebungsgründe 110 22 ff.
- Auslegungsregeln 110 26
- Besetzung des Schiedsgerichts 110 28
- Unzulässigkeit des schiedsgerichtlichen Verfahrens 110 22
- Verfahrensfehler 110 27
- Verfahrensverstoß 110 22
- Verkennung von Beweislastregeln 110 27
- Verletzung allgemeiner Erfahrungs- und Denkgesetze 110 27
- Verletzung einer Rechtsnorm 110 24

Aufhebungsklage 110 7, 12 ff.
- Antrag 110 15
- Begründungsfrist 110 17
- Gründe 110 22 ff.
- Inhalt der Klageschrift 110 19
- Instanzenzug 110 13
- Klagefrist 110 16
- Klagegegenstand 110 12
- Klageschrift 110 19
- Nichtigkeitsklage 110 31
- Notfrist 110 16
- Prüfungsmaßstab 110 32
- Restitutionsklage 110 30
- Schiedsspruch 108 34
- Wiedereinsetzung in den vorigen Stand 110 16

Aufhebungsverfahren 110 1 ff.
- Anwendung der Revisionsvorschriften 110 5
- Beitritt eines Streithelfers 110 10
- erfolgloses ~ 110 36 ff.
- erfolgreiches ~ 110 38 ff.
- Grundsatz 110 2 ff.
- Kosten 110 38
- Rechtslage nach dem ~ 110 36 ff.
- Rechtsprüfungsinstanz 110 1
- revisionsähnlicher Charakter 110 1 f.
- Streitverkündung 110 10
- Urteil 110 33 ff.
- Verfahrensmangel 110 6 f.
- Zurückverweisung an das Schiedsgericht 110 9
- Zurückverweisung des Aufhebungsverfahren 110 11

Aufhebungsvertrag 2 9
- Anfechtung 58 113
- Darlegungs- und Beweislast 58 144

Aufklärung
- Güteverfahren 54 25 ff.

Aufklärungsauflage
- gerichtliche ~ 56 46
- Vorbereitung der streitigen Verhandlung 56 46
- Zurückweisung verspäteten Vorbringens 56 46

Aufklärungsdefizite 46 21; 56 10

Aufklärungshindernis 58 99

Aufklärungspflicht 46 11, 14
- mündliche Verhandlung 57 6
- Nichtzulassungsbeschwerde 72a 67
- Verfahrensbeschwerde 72a 67
- Vorsitzende 53 17

Aufklärungsrüge
- Revisionsbegründung 74 74
- Sprungrevision 76 45

Auflagen- und Fristsetzungsverfügung
- Form 56 49
- Zustellung 56 50

Auflagenbeschlüsse 108 1

Auflösungsantrag
- nach Betriebsübergang 46 227

Aufrechnung 2 16; 67 7
- Beschwerdewert 64 60
- Darlegungs- und Beweislast 58 137

Aufrechnungserklärung
- Berufungsverfahren 64 119

Aufruf 59 6

Aufsichtsführender Richter 6a 21

Aufsichtsrat
- Arbeitnehmervertreter 2 15; 2a 17

Aufwandsentschädigung
- ehrenamtliche Richter 6 9 ff.; 31 22, 24

Augenscheinsbeweis 58 69
- Beweisantritt 58 74
- Datenträger 58 69

Stichwortverzeichnis

- Objekt **58** 69
- Schallplatten **58** 69
- Tonbänder **58** 69

Ausbildungsstreitigkeiten 111 5 ff.
- Ablehnungsverfahren **111** 27
- Anrufung des Ausschusses **111** 21
- Arbeitsgerichtsklage **111** 18
- Arrest **111** 17
- Berufsausbildungsverhältnis **111** 10
- Besetzung der Ausschüsse **111** 8
- Bestandsschutzstreitigkeit **111** 10, 15
- Bildung der Ausschüsse **111** 7
- Eilverfahren **111** 17
- Einrede anderweitiger Rechtshängigkeit **111** 21
- einstweilige Verfügung **111** 17
- Fehlen eines Ausschusses **111** 20
- Hilfe staatlicher Gerichte **111** 24
- Klagefrist **111** 15
- Kostenerstattung **111** 29
- Kündigungsschutzklage **111** 15
- Kündigungsschutzstreitigkeit **111** 12
- Kündigungsstreitigkeit **111** 10
- mündliche Anhörung der Parteien **111** 22
- mündliche Verhandlung **111** 22
- objektiver Streitgegenstand **111** 10
- Praktikanten **111** 14
- Prozesskostenhilfe **111** 26
- Prozessvertretung **111** 25
- Prozessvoraussetzung **111** 18
- Prozesszinsen **111** 21
- rechtliches Gehör **111** 24
- Rechtshängigkeit **111** 21
- Rechtsnachfolger **111** 13
- rechtsstaatlicher Grundsatz **111** 24
- Schlichtungsverfahren **111** 10
- Streitgegenstand **111** 10
- Streitigkeiten von Auszubildenden **111** 13
- Streitsubjekte **111** 13
- Untätigkeit des Ausschusses **111** 20
- Verfahren des Ausschusses **111** 22 ff.
- Verfahrensordnung **111** 24
- Verjährungsunterbrechung **111** 21
- Verschulden bei Vertragsschluss **111** 11
- Verweisung des Verfahrens **111** 28
- Verzögerung des Verfahrens **111** 20
- Volontäre **111** 14
- Wirkungen der Anrufung des Ausschusses **111** 21
- Zugang zum Arbeitsgericht **111** 12
- Zulässigkeitsvoraussetzung **111** 18
- zuständige Stellen **111** 6
- zuständiger Ausschuss **111** 9
- zweiwöchige Klagefrist **111** 15 f.

Ausbildungsvergütung
- Darlegungs- und Beweislast **58** 140

Ausbildungsverhältnis
- Schiedsgerichtsgerichtsverfahren **101** 32

Ausbildungszentren 5 5
Ausforschungsbeweis 58 32
- Urkunden **56** 20

Ausgleichskasse
- Vorruhestandsleistungen **2** 21

Auskunft
- begrenzte Auskunftspflicht **46** 315
- Drittschuldnerklage **46** 313 ff.
- Feststellungsinteresse **46** 302
- über Anwartschaft **46** 301 ff.
- vorläufige Vollstreckbarkeit **62** 11
- Zwangsvollstreckung **62** 39

Auskunftsklage 46 144 ff.
- Abrechnung in Textform **46** 145
- Beschwerdewert **64** 60
- Eidesstattliche Versicherung **46** 149
- Gehaltserhöhungen **46** 144
- Gewinnbeteiligungsanspruch **46** 146
- Heimarbeitnehmer **46** 146
- Informationsgefälle **46** 144
- Stufenklage **46** 149
- Überstunden **46** 147
- Umsatzbeteiligungsanspruch **46** 146

Auslagen
- Fälligkeit **9 GKG** 1
- kirchliches Arbeitsgerichtsverfahren **Anh. 3** 49

Ausländer
- Prozessfähigkeit **11** 3

Ausländersicherheit 46 123

Ausländische juristische Personen
- Parteifähigkeit **10** 5

Ausländische Partei 9 22
Ausländische Rechtsanwälte 11 10
Ausländisches Recht 58 47 f.
Auslandszustellung 47 8
- Nachweis **58** 95

Auslaufendes Recht 72 27
Ausschließliche Zuständigkeit 2 1
- Beschlussverfahren **2a** 1 ff.

Ausschließlicher Gerichtsstand 2 70
Ausschließung der Öffentlichkeit 52 12 ff.
- auf Antrag **52** 18 ff.
- Beschluss **52** 26
- Entscheidung **52** 28
- Erfindungsgeheimnis **52** 20
- Gefährdung der öffentlichen Ordnung/Staatssicherheit **52** 14
- Gefährdung der Sittlichkeit **52** 16
- Geschäfts- und Betriebsgeheimnis **52** 19
- Gründe **52** 12
- Inhalt der Entscheidung **52** 28
- Rechtsmittel **52** 30
- Schutz der Privatsphäre **52** 22
- Steuergeheimnis **52** 21
- Verfahren **52** 24
- Verkündung des Urteils **52** 27
- von Amts wegen **52** 13
- Zweckmäßigkeitsgründe **52** 17

Stichwortverzeichnis

Ausschließung des Prozessbevollmächtigten
– Anordnung des persönlichen Erscheinens 51 24 ff.
Ausschließung von Gerichtspersonen 49 4 ff.
– Anfechtbarkeit der Entscheidung 49 17
– Beteiligteneigenschaft 49 6
– betroffener Personenkreis 49 4
– Ehe 49 7
– Einigungsstellenverfahren 49 13
– Gründe 49 5
– Lebenspartnerschaft 49 7
– Partei- und Beteiligtenvertreter 49 9
– Parteieigenschaft 49 6
– Prätendentenstreit 49 6
– Sachverständigeneigenschaft 49 10
– Streitgenosse 49 6
– Verfahren 49 16 ff.
– Verkündung 49 11
– Versäumnisurteil 49 11
– Verwandtschaft 49 8
– Vorbefassung 49 11
– Vorlagenbeschluss 49 12
– Zeugeneigenschaft 49 10
Ausschlussfrist 46 238
– Darlegungs- und Beweislast 58 226
Ausschlussverfahren
– Beschlussverfahren 81 49
Ausschuss der ehrenamtlichen Richter 17 1; 29 1 ff.
– Amtszeit 29 13
– Anhörung 29 11
– Aufgaben 29 10
– Bildung 29 2 ff.
– Entschädigung 29 9
– freiwillige Bildung 29 2
– Funktion 29 1
– Landesarbeitsgerichte 38 1
– Tagung 29 6
– Übermittlung von Wünschen 29 12
– Wahl der Mitglieder 29 5
– Zusammensetzung 29 4
– zwingende Bildung 29 2
Außendienstmitarbeiter
– Erfüllungsort 2 63
Außergerichtliche Konfliktbeilegung 54a 6; 55 1, 22; 64 70; 80 3; 87 10
Außergerichtlicher Vergleich 83a 4
Außerordentliche Beschwerde 78 72 ff.
– Anwendungsbereich 78a 4
– Verfassungswidrigkeit 78a 4
Außerordentliche Kündigung 46 207 ff.
– Antrag 46 207 ff.
Außerordentlicher Rechtsbehelf beim Richter ad quem 72a 16
Aussetzung des Verfahrens 9 5; 55 21
– behinderte Menschen 55 28
– Entgeltprozess 55 27
– Gelegenheit zur Stellungnahme 55 32

– Gültigkeit eines Gesetzes 55 31
– rechtliches Gehör 55 32
– strafbare Handlung 55 30
– Verdacht einer strafbaren Handlung 55 30
– Verfahrensverbindung 55 25
– Vorabentscheidungsverfahren 55 24
– Vorgreiflichkeit 55 26
– Wirksamkeit einer Allgemeinverbindlicherklärung oder Rechtsverordnung 98 19 ff.
– Zweigleisigkeit des Rechtsweges 55 28
Auswahlrichtlinie
– Darlegungs- und Beweislast 58 201
Auswärtige Kammer 14 13
Auswärtiger Arbeitsort 2 62
Auszubildende 2 9; 5 5 f.
– Güteverfahren 54 13
– Klagefristen 46 262
Aut-aut-Fall 2 12
Automatisiertes Mahnverfahren 46a 41

Baugewerbe
– Lohnnachweiskarten 2 17
Beamte 2 5; 5 1, 7
Bedeutung für Allgemeinheit 72 26
Bedingte Klageerhebung 46 68
Beeidigungsverbot
– Beweisaufnahme vor dem Schiedsgericht 106 10
Beendigungskündigungen
– Klagefristen 46 238
Befangenheit 49 24
Befriedigungsverfügung 62 50
Befristetes Arbeitsverhältnis
– Darlegungs- und Beweislast 58 145
Befristungskontrolle 46 236 ff.
– Anderweitige Beschäftigung 46 237
– Antrag 46 236
Behauptungslast 58 7
– sekundäre – 58 12
Behinderte Menschen 2 19
– Aussetzung des Verfahrens 55 28
Behindertenwerkstätten 2 19; 5 5
– Werkstattrat der behinderten Menschen 2a 24
Behörden 2 3
– Gerichtsstand 2 66
– Kostenerstattung 12a 12
Beibringungsgrundsatz 46 6; 9 40
Beiladung
– kirchliches Arbeitsgerichtsverfahren Anh. 3 47
Beiordnung eines Rechtsanwalts 11a 1 ff.
– Antrag 11a 20 ff.
– anwaltliche Vertretung der Gegenpartei 11a 3
– Beiordnung eines Rechtsanwalts 11a 2 ff.
– DGB-Rechtsschutz GmbH 11a 5
– Einkommen 11a 11 ff.
– Erforderlichkeit 11a 18

1533

Stichwortverzeichnis

- fehlende Erforderlichkeit **11a** 18
- fehlende Vertretungsmöglichkeit durch einen Verbandsvertreter **11a** 4
- Folgen **11a** 28 ff.
- mutwillige Rechtsverfolgung **11a** 19
- offensichtlich mutwillige Rechtsverfolgung **11a** 19
- persönliche Voraussetzungen **11a** 16 ff.
- Unterbleiben **11a** 17 ff.
- Verfahren **11a** 24 ff.
- Vermögen **11a** 14 ff.
- Vertrauensverhältnis **11a** 5
- wirtschaftliche Voraussetzungen **11a** 9 ff.

Beistände
- Prozessvertretung **11** 40

Belehrung
- Kostenerstattung **12a** 8

Benachteiligung
- Entschädigung nach § 15 AGG **61b** 1
- Klage **61b** 1 ff.

Benachteiligungsverbot
- ehrenamtliche Richter **26** 1 ff.

Beratender Ausschuss
- Ernennung der Vorsitzenden **18** 1

Beratung **9** 25 ff.
- äußerer Ablauf **9** 28

Beratungsgeheimnis **9** 27

Berichterstatter
- Bundesarbeitsgericht **44** 19 ff.

Berufsausbildungsverhältnis **5** 6

Berufsrichter **6** 2; **18** 3
- Dienstaufsicht **6** 4
- gewerkschaftliche Tätigkeit **6** 6
- politische Betätigung **6** 6
- Prozessvertretung **11** 23
- Rechtsstellung **6** 5
- sachliche Unabhängigkeit **6** 3
- Unabhängigkeit **6** 3 ff.
- Verhalten **6** 6

Berufung
- Statthaftigkeit **64** 2
- unzulässige ~ **66** 67 ff.
- zweites Versäumnisurteil **59** 60

Berufungsanträge **66** 9

Berufungsbeantwortung **66** 75 ff.
- Frist **66** 75 ff.

Berufungsbegründung **64** 105; **66** 16, 18
- abweichende Tatsachengrundlage **66** 19, 21 ff.
- Angriffs- oder Verteidigungsmittel **66** 19; **67** 1 ff.
- Anträge **66** 18
- erfasstes Vorbringen **67** 5
- Frist **66** 40 ff.
- Fristablauf **66** 42 ff., 64
- Fristbeginn **66** 43
- Fristberechnung **66** 54
- Fristverlängerung **66** 59 ff.
- Inhalt **66** 24 ff.
- Monatsfristen **66** 41

- neue Angriffs- oder Verteidigungsmittel **66** 19; **67** 1 ff.
- neues Vorbringen **67** 11
- Rechtsverletzung **66** 19 f.
- Schriftform **66** 38 ff.
- Sonderfälle **66** 34 ff.
- streitiges Vorbringen **67** 12
- Tatsachenfeststellung durch die Vorinstanz **66** 19
- Umfang **66** 24 ff.
- Zurückweisung neuer Angriffs- oder Verteidigungsmittel **67** 1

Berufungseinlegung **66** 1 f.
- bedingte ~ **66** 15
- Einstellung der Zwangsvollstreckung **66** 14
- Erklärung der ~ **66** 8
- Frist **66** 40 ff.
- Fristablauf **66** 42 ff., 64
- Fristbeginn **66** 43
- Fristberechnung **66** 54
- Fristverkürzung **66** 58
- Fristverlängerung **66** 58 ff.
- Monatsfristen **66** 41
- PKH-Antrag **66** 15
- Wiederholung **66** 13
- Wirkungen **66** 14

Berufungsfrist **64** 105

Berufungsgericht **66** 3
- Zuständigkeit **66** 3

Berufungsgründe **66** 19

Berufungsrücknahme **64** 99 ff.

Berufungsschrift **64** 105; **66** 4
- Anträge **66** 9
- Beifügung einer Urteilskopie **66** 7
- Einreichung **66** 11 ff.
- Erklärung der Berufungseinlegung **66** 8
- fehlerhafte Angaben **66** 6
- Inhalt **66** 5
- ladungsfähigen Anschrift des Berufungsbeklagten **66** 9
- mehrfache Einreichung **66** 13
- notwendiger Inhalt **66** 5
- Schriftform **66** 10
- Unterschrift **66** 10
- Unterschrift-Faksimilestempel **66** 10
- unvollständige Angaben **66** 6

Berufungsurteil **69** 1 ff.
- Absetzungsfrist **69** 19
- Amtszustellung **74** 25
- Bezugnahmen **69** 8
- Entbehrlichkeit von Tatbestand und Entscheidungsgründen **69** 9
- Entscheidungsgründe **69** 6 ff.
- Formfehler **69** 20 ff.
- Inhalt **69** 3
- Nichtzulassung der Revision **69** 10
- Rechtsbehelfe **69** 20 ff.
- Rechtsfolgen von Formfehlern **69** 20 ff.
- Rechtsmittelbelehrung **69** 14

Stichwortverzeichnis

- Rechtsmittelverzicht **69** 9
- Tatbestand **69** 6 ff.
- Tenor **69** 5
- Unterschriften **69** 15 ff.
- Urteilseingang **69** 4
- Urteilsformel **69** 5
- Verkündung **69** 2
- Verzicht auf Entscheidungsgründe **69** 11
- Zustellung gegen Empfangsbekenntnis **74** 25

Berufungsverfahren 64 1 ff., 86
- Ablehnung von Gerichtspersonen **64** 71
- Alleinentscheidung durch den Vorsitzenden **64** 73
- Anerkenntnisurteil **64** 3
- Anordnung des persönlichen Erscheinens **64** 72
- Arbeitskampfrecht **64** 26
- Aufrechnungserklärung **64** 119
- Auslegung eines Tarifvertrags **64** 30 ff.
- Begründungsfrist **66** 40 ff.
- berufungsfähige Urteilsformen **64** 3 ff.
- Beschwerdewert **64** 51 ff.
- Bestandsstreitigkeiten **64** 52
- Beweisaufnahme **64** 75
- Bindungswirkung der Zulassungsentscheidung **64** 47 ff.
- Einlegungsfrist **66** 40 ff.
- Einzelheiten **64** 69 ff.
- Endurteil **64** 3
- Ergänzungsurteil **64** 3
- erstinstanzliche Verfahrensregeln **64** 116 ff.
- Geltung erstinstanzlicher Verfahrensvorschriften **64** 70
- Geltung von ZPO-Vorschriften **64** 83 ff.
- gerichtliche Zulassung **64** 19 ff.
- Geständnis **64** 120
- grundsätzliche Bedeutung **64** 24
- Grundurteil **64** 3
- Klageänderung **64** 119; **67** 48 ff.
- kollektives Arbeitsrecht **64** 26
- Nichturteil **64** 8
- Nichtzulassungsbeschwerde **69** 23
- Parteivernehmung **64** 120
- PKH-Bewilligungsverfahren **66** 64
- Prüfungsumfang **64** 85 ff.
- Revisionszulassung **72** 14 ff.
- Säumnis einer Partei **64** 78
- Scheinurteil **64** 8
- Schlussurteil **64** 3
- schriftliches Verfahren **64** 116 ff.
- Statthaftigkeit **64** 84
- Statthaftigkeit der Berufung **64** 2
- Statthaftigkeit kraft Gesetz **64** 19
- Statthaftigkeitsgrund **64** 21
- Streitwert **64** 19
- Tariffähigkeit **64** 28
- Tarifrecht **64** 26
- Tarifvertrag **64** 30 ff.
- Teilurteil **64** 3
- Terminsbestimmung **64** 106; **66** 80 ff.
- unzulässige Berufung **66** 67 ff.
- Urteil **69** 1 ff.
- Vereinigungsfreiheit **64** 26
- Verkündung des Urteils **64** 81
- Versäumnisurteil **64** 3, 64 ff.
- Versäumnisverfahren **64** 76, 122
- Verwerfung der unzulässigen Berufung **66** 67 ff.
- Verzicht **64** 94
- Verzichtsurteil **64** 3
- Vorbehaltsurteil **64** 3
- vorläufige Vollstreckbarkeit **64** 120
- wertabhängige Berufungsfähigkeit **64** 51 ff.
- Widerklage **64** 119; **67** 48 ff.
- Zulässigkeitsprüfung **64** 106
- Zulassung **64** 19 ff.
- Zulassungsentscheidung **64** 35 ff.
- Zulassungsgründe **64** 22 ff.
- Zurücknahme der Berufung **64** 99 ff.
- Zurückverweisung **68** 1 ff.
- Zurückverweisung in die erste Instanz **64** 121
- Zurückweisung **64** 106
- Zurückweisung verspäteten Vorbringens **64** 118
- Zwangsvollstreckung **64** 80
- zweites Versäumnisurteil **64** 64 ff.; **66** 34
- Zwischenurteil **64** 3

Berufungsverzicht 64 94
Berufungszulassung 61 19
- Streitwertfestsetzung **61** 11

Beschäftigungsanspruch 46 283 ff.; **61** 23
- Darlegungs- und Beweislast **58** 146
- Leistungsverfügung **62** 54
- vorläufige Vollstreckbarkeit **62** 13

Beschäftigungsantrag 46 292 ff.
- Direktionsrecht **46** 295
- teilweiser Entzug von Arbeitsaufgaben **46** 292

Beschäftigungsklage 46 282 ff.
Beschäftigungsverbot
- Darlegungs- und Beweislast **58** 128 ff., 227

Bescheinigungen gem. § 6 BUrlG 2 17
Bescheinigungen zu inländischen Titeln
- Gerichtskosten **22 GKG** 1 ff.

Beschleunigungsgrundsatz 2 51; **9** 2 ff.; **46** 36 ff.; **47** 13; **57** 10
- Aussetzung des Verfahrens **9** 5
- Bestandsstreitigkeiten **9** 4
- Erledigung von Bestandsstreitigkeiten **9** 4
- konkrete Normen **9** 2
- rechtliches Gehör **9** 4, 5
- überlange Gerichtsverfahren **9** 33 ff.

Beschleunigungspflicht
- Bestandsschutzstreitigkeiten **64** 124 ff.
- Bestandsschutzverfahren **61a** 2 ff.

Beschluss 61 40; **84** 1 ff.
- Allgemeines **84** 1
- Begründung **61** 40
- Beschwerdeverfahren vor dem LAG **91** 1 ff.

1535

Stichwortverzeichnis

- Bindungswirkung 84 8 f.
- Entscheidung durch die Kammer 84 3 f.
- Gegenstandswert 84 6
- Grundsatz 84 2 ff.
- Inhalt 61 40
- Kostenentscheidung 84 6
- Rechtskraft 84 7; 91 13 ff.
- Rechtsmittelbelehrung 84 5
- Rubrum 84 5
- Tatbestandsberichtigung 84 6
- Verkündungstermin 84 5
- vorläufige Vollstreckbarkeit 84 6
- Zustellung 50 3

Beschlussform 84 5
Beschlussverfahren 2 9; 80 1 ff.
- Ablauf der Anhörung 83 6
- Allgemeines 80 1
- Anhörung vor der Kammer 83 5 ff.
- Antrag 81 30 ff.
- Antragsänderung 81 12
- Antragsarten 81 3
- Antragsbefugnis 81 13 ff.
- Antragsbefugnis ohne ausdrückliche gesetzliche Regelung 81 30 ff.
- Antragshäufung 81 7
- Antragsrücknahme 81 11
- Antragsteller 81 8 ff.
- Antragstellermehrheit 81 10
- Arbeitgeber 81 15, 30; 83 19 ff.
- Arbeitgeberverbände 81 25 ff., 30; 83 21
- Arbeitnehmer 81 19, 32; 83 22
- Arrest 85 41
- Auslegung des Antrags 81 52
- Ausschlussverfahren 81 49
- Beauftragte 83 34
- Befangenheit 80 7
- Behörden 83 35
- Beschwerde an das LAG 87 1
- Beschwerde gegen nicht verfahrensbeendende Entscheidungen 83 35
- Bestehen und Umfang von Mitbestimmungsrechten 81 50
- Beteiligte 83 17 ff.
- Beteiligtenfähigkeit 10 12 ff.
- Betriebsänderung 80 15
- Betriebsrat 81 22, 33; 83 23
- Betriebsratsmitglieder 81 37
- Betriebsteil 81 22
- Beweisaufnahme 83 7
- Beweiswürdigung 83 7
- Durchführung der Betriebsänderung 80 15
- Einigungsstelle 83 29
- einseitige Erledigungserklärung 83a 8 f.
- einstweilige Verfügung 85 19 ff.
- Einzelfälle 81 49
- Einzelheiten 80 3
- Erledigungserklärung 83a 6 ff.
- Erledigungserklärung des Antragstellers 83a 8
- Erledigungserklärung eines Beteiligten 83a 9
- Europäischer Betriebsrat 83 23
- Feststellungsantrag 81 3 f., 47
- Form des Antrags 81 2
- Fristen 80 6
- Gesamtbetriebsrat 81 22 f.; 83 24
- gesetzliche Antragsbefugnis 81 14
- Gestaltungsantrag 81 3, 5, 50
- Gewerkschaften 81 25 ff., 38; 83 31 f.
- Globalanträge 81 6
- Grundsätze 80 2; 97 7
- Güteverfahren 80 12
- Hilfsantrag 81 7
- Insolvenzordnung (InsO) 80 14 ff.
- Interessenausgleich 80 16
- Jugend-/Auszubildendenvertretung 83 26
- Konzernbetriebsrat 83 24
- Ladungen 80 6
- Leistungsantrag 81 3, 46
- Mahnverfahren 46a 5; 80 3
- Mehrheit von Antragstellern 81 10
- Mitbestimmung auf Unternehmensebene 83 30
- Mitbestimmungsorgane 81 22, 33; 83 23
- Mitwirkungspflicht der Beteiligten 83 2
- Nebenintervention und Streitverkündung 80 10
- Nichtzulassungsbeschwerde 92a 1 ff.
- objektive Antragshäufung 81 7
- Öffentlichkeit 80 9
- örtliche Zuständigkeit 82 1 ff.
- persönliche Erscheinen 83 3
- persönliches Erscheinen 80 8
- Prozessbevollmächtigte 80 8
- Prozessfähigkeit 80 4
- Prozesskostenhilfe 80 5
- Prozessstandschaft 81 43
- Prozessvertretung 11 35; 80 4
- Rechtsbeschwerde 92 1 ff.
- Rechtsmittel gegen Ordnungsgeld 92 47
- Rechtsschutzinteresse 81 45 ff.
- Rechtsweg 48 4
- Sachverhaltermittlung von Amts wegen 83 1 ff.
- Schwerbehindertenvertretung 81 40; 83 33
- sonstige Stellen 81 28, 41
- Sprecherausschuss 81 22 f., 33; 83 23
- Statusfragen 81 49
- Streitgenossen 80 10
- Tarifeinheitsverfahren 99 1
- Tarifzuständigkeit oder Tariffähigkeit 81 51
- Termine 80 6
- übereinstimmende Erledigungserklärung 83a 6
- Unternehmen 83 19 ff.
- Untersuchungsgrundsatz 83 1 ff.
- Vergleich 83a 1 ff.
- Versäumnisverfahren 80 3

Stichwortverzeichnis

- verspätetes Vorbringen **83** 9
- Vorbereitung durch den Vorsitzenden **83** 5
- Wahlrecht **81** 49
- Wahlvorstand **81** 22; **83** 28
- Werkstattrat **83** 33
- Wertfestsetzung **63 GKG** 9 ff.
- Wiederaufnahmeverfahren **80** 11
- Wiedereinsetzung in den vorherigen Stand **80** 11
- Wirksamkeit einer Betriebsvereinbarung **81** 50
- Wirtschaftsausschuss **83** 27
- ZPO-Rechtsbeschwerde **92** 46
- Zurückweisung verspäteten Vorbringens **83** 9 ff.
- Zuständigkeit **2a** 1 ff.
- Zustellung **50** 14; **80** 6
- Zwangsvollstreckung **85** 1 ff.
- zweiter Rechtszug **87** 1
- Zwischenbeschlüssen einer Einigungsstelle **81** 50

Beschlussverfahren in besonderen Fällen 97 1 ff.
- allgemeine Grundsätze des Beschlussverfahrens **97** 7
- Antragsbefugnis **97** 8
- Aussetzung anderer Verfahren **97** 16 ff.
- Besetzung der Einigungsstelle **100** 1 ff.
- Beteiligte **97** 11
- Betriebsrat **97** 8, 9
- Entscheidung über die Besetzung der Einigungsstelle **100** 1 ff.
- Entscheidung über die Tariffähigkeit und Tarifzuständigkeit einer Vereinigung **97** 1 ff.
- Gemeinschaftseinrichtung der Tarifvertragsparteien **97** 9
- Gewerkschaften **97** 9
- Innungen **97** 8
- örtliche Zuständigkeit **97** 7
- Rechtskraft **97** 14
- Rechtsschutzinteresse **97** 12
- sofortige Beschwerde **97** 20
- Spitzenorganisation **97** 8
- Tariffähigkeit **97** 1 ff.
- Tarifzuständigkeit **97** 1 ff.
- Wiederaufnahme des Verfahrens **97** 15
- Wirksamkeit einer Allgemeinverbindlicherklärung oder Rechtsverordnung **98** 1 ff.

Beschlussverfügung 62 65

Beschränkt Geschäftsfähige
- Prozessfähigkeit **11** 2

Beschränkungsverbot
- ehrenamtliche Richter **26** 1 ff.

Beschwer 64 2, 10 ff.
- erforderliche ~ **64** 10
- formelle ~ **64** 11 ff.
- Gehörsrüge **78a** 21
- materielle ~ **64** 11 ff.

Beschwerde 87 1 ff.
- Abgrenzung **78** 71 ff.
- Abhilfe **78** 42 ff.
- Allgemeines **78** 6; **87** 1

- Anschluss~ **78** 38; **89** 18 ff.
- aufschiebende Wirkung **78** 39
- Ausschluss **78** 14 ff.
- außerordentliche ~ **78** 72 ff.
- Begründungspflicht) **78** 48, 54
- Beschluss **91** 1 ff.
- Beschlussverfahren **83** 36
- Beschränkung **88** 1 ff.
- Beschwer **78** 18 ff.; **89** 4
- beschwerdefähige Entscheidungen **87** 2
- Beschwerdefrist **89** 9
- Beteiligung der ehrenamtlichen Richter **78** 47
- ehrenamtliche Richter **78** 47, 49
- einstweilige Verfügung **85** 36
- Entscheidung **78** 42 ff.
- Entscheidung des Arbeitsgerichts **78** 42
- Entscheidung des Landesarbeitsgerichts **78** 49 ff.
- Entscheidung über die Erinnerung **66 GKG** 2
- Form **78** 17
- Frist **78** 17
- Generalklausel des § 567 Abs. 1 Nr. 2 ZPO **78** 11
- Kostenentscheidungen **78** 19 ff.
- nicht verfahrensbeendende Entscheidungen **83** 36
- Nichtabhilfe **78** 48
- Prozesskostenhilfe **78** 9
- reformatio in peius **78** 50
- Rücknahme **78** 41
- Sachentscheidungsvoraussetzungen **89** 2
- Statthaftigkeit **78** 6 ff., 11 ff.; **87** 2
- Streitwertfestsetzung **68 GKG** 1 ff.
- unzulässige ~ **89** 24 ff.
- Verhältnis zu anderen Rechtsbehelfen **78** 71 ff.
- Verkündung der Entscheidung **78** 54
- Vollstreckbarkeit **87** 18
- Vorrangigkeit der Erinnerung **78** 16
- Zulässigkeit **78** 6
- Zulassung nach § 567 Abs. 1 Nr. 1 ZPO **78** 7
- Zurückverweisung **78** 52
- Zustellung der Entscheidung **78** 54

Beschwerdeantrag 89 12

Beschwerdebefugnis 89 2

Beschwerdebegründung 89 1, 13
- Frist **89** 13 ff.
- neue Tatsachen **89** 16

Beschwerdeeinlegung 78 31 ff.; **89** 1 ff.
- Allgemeines **89** 1
- Angriffs- und Verteidigungsmittel **78** 36
- Antrag **78** 33
- Beschwerdeschrift **89** 7
- Einreichung einer Beschwerdeschrift **78** 31
- Erklärung zu Protokoll der Geschäftsstelle **78** 31
- Form **78** 31
- neues Vorbringen **78** 35

1537

Stichwortverzeichnis

- Präklusion 78 37
- Vertretungserfordernis 78 34

Beschwerdefrist 78 26 ff.
Beschwerdegericht 89 7
Beschwerderecht
- Zivilprozessreformgesetz 78 2 ff.

Beschwerderücknahme 89 28 ff.
Beschwerdeschrift 78 31; 89 7, 11
Beschwerdesumme 78 19 ff.
Beschwerdeverfahren 78 1, 17 ff.; 87 8 ff.; 90 1 ff.
- Ablauf 87 8 ff.
- Allgemeines 78 1; 90 1
- Anhörung der Beteiligten 90 2 ff.
- Antragsänderung 87 16
- Antragsrücknahme 87 12 ff.
- anwendbare Vorschriften 87 8 ff.
- Konvergenz von Hauptsacheverfahren und Beschwerderechtszug 78 23
- verspätetes Vorbringen 87 17
- Vertretung der Beteiligten 87 11
- Vorschriften 78 17
- Zurückweisung verspäteten Vorbringens 87 17

Beschwerdeverfahren vor dem LAG 90 7
- Beschlüsse 90 17
- Entscheidung durch Beschluss 91 1 ff.
- Erledigungserklärung 90 13
- Rechtskraft des Beschlusses 91 1 ff.
- Sachverhaltsaufklärung 90 8
- Terminsbestimmung 90 9
- unanfechtbare Beschlüsse und Verfügungen 90 17
- Verfügungen 90 17
- Vergleich 90 12

Beschwerdeverzicht 89 31
Beschwerdewert 64 51 ff.
- Aufrechnung 64 60
- Auskunftsklage 64 60
- Einzelfälle 64 60
- Hauptantrag 64 60
- Hilfsantrag 64 60
- Streitgenossen 64 60
- Widerklage 64 60

Besetzung
- kirchliche Arbeitsgerichte Anh. 3 16

Besondere Verfahren 1 23 ff.
- Kirchen 1 24
- NATO-Truppenstatut 1 23

Besonderes Verhandlungsgremium
- Parteifähigkeit 10 20

Besorgnis der Befangenheit 49 24
- Angriffe auf eine Gerichtsperson 49 35
- Äußerung von Rechtsansichten 49 32
- Beziehung zur Prozess- bzw. Verfahrensvertretung 49 28
- eigenes Verhalten der Partei/des Beteiligten 49 35
- Eigeninteresse am Verfahrensausgang 49 26
- Einzelfälle 49 26 ff.
- Erstattung von Strafanzeige 49 32
- gebotenes richterliches Verhalten 49 33
- Geschäftsführer des Arbeitgeberverbandes 49 37
- gewerkschaftlicher Arbeitskreis 49 38
- Gewerkschaftsmitgliedschaft 49 38
- Interessenwahrnehmung für eine Partei/einen Beteiligten 49 29
- mittelbare Beteiligung am Rechtsstreit 49 26
- nahe persönliche Beziehung zu einer Partei/einem Beteiligten 49 27
- neutrale Amtsführung 49 31
- persönliche Beziehung 49 27
- politische Einstellung/Betätigung 49 36
- politische Stellungnahme 49 38
- unvoreingenommener Amtsführung 49 31
- Vereinsmitgliedschaft 49 26
- Vor- und Parallelbefassung 49 30
- wissenschaftliche Äußerungen 49 32
- Zeitschriftenbeitrag 49 27

Bestandsschutz 46 182 ff.
- Antrag 46 183 ff.
- Grundsatz 46 182

Bestandsschutz bei Betriebsübergang 46 213
- § 613a Abs. 4 BGB 46 224
- Auflösungsantrag 46 227
- eventuelle subjektive Klagehäufung 46 229
- Gerichtsstand 46 223
- Klageantrag 46 228
- Prozessführungsbefugnis 46 215
- Streitgenossenschaft 46 219
- Streitverkündung 46 234
- Titelumschreibung 46 216
- Urteilstenor 46 218
- Vergleich 46 220

Bestandsschutzklagen
- Schiedsgerichtsgerichtsverfahren 101 30

Bestandsschutzverfahren
- Aufforderung an die klagende Partei 61a 13 ff.
- Aufforderung zur Stellungnahme an die beklagte Partei 61a 7 ff.
- Belehrung über Folgen bei Fristversäumung 61a 12
- Berufungsverfahren 64 52
- Beschleunigungspflicht 61a 2 ff.; 64 124 ff.
- Gütetermin 61a 5
- Kammertermin 61a 6
- Klagefristen 46 238 ff.
- Zurückweisung verspäteten Vorbringens 61a 16

Bestätigungen zu inländischen Titeln
- Gerichtskosten 22 GKG 1 ff.

Bestimmter Antrag 46 82 ff.
- Beschlussverfahren 81 3
- Zahlungsklage 46 83

Bestimmungsverfahren 2 77 f.
Bestreiten 58 15 ff.
- Nichtwissen 58 20
- schlichtes ~ 58 19
- substanziiertes ~ 58 19

Betätigungsfreiheit 2 5

1538

Stichwortverzeichnis

Beteiligte
- Beschlussverfahren 83 17 ff.
- Wirksamkeit einer Allgemeinverbindlicherklärung oder Rechtsverordnung 98 12

Beteiligtenfähigkeit 10 1, 12
- Arbeitgebervereinigungen 10 21
- Arbeitsgruppen 10 17
- Beschlussverfahren 10 12 ff.
- Besonderes Verhandlungsgremium 10 20
- beteiligtenfähige Behörden 10 22
- beteiligtenfähige Personen 10 15
- beteiligtenfähige Stellen 10 16
- beteiligtenfähige Vereinigungen 10 21
- Betriebsausschuss 10 17
- Betriebsrat 10 17
- Bordvertretung 10 17
- Bundesministerium für Wirtschaft und Arbeit 10 22
- Einigungsstelle 10 17
- Europäischer Betriebsrat 10 20
- Gesamtbetriebsrat 10 17
- Gewerkschaften 10 21
- Jugend- und Auszubildendenvertretung 10 17
- Konzernbetriebsrat 10 17
- mangelnde ~ 10 24
- oberste Arbeitsbehörde des Bundes 10 22
- Schlichtungsstelle 10 17
- Seebetriebsrat 10 17
- Spitzenorganisationen 10 21
- Wahlvorstand 10 17
- Werkstattvertretungen 10 19
- Wirtschaftsausschuss 10 17

Beteiligungsfähigkeit
- kirchliches Arbeitsgerichtsverfahren Anh. 3 45

Betreute
- Prozessfähigkeit 46 113

Betriebliche Altersversorgung 46 301 ff.
- Anpassung der Altersversorgung 46 310
- Antrag 46 303, 310
- Auskunft über Anwartschaft 46 301 ff.
- Betriebsübergang 46 305
- bezifferter Verschaffungsantrag 46 307
- Bezifferung der Versorgungsleistung 46 308
- Feststellungsinteresse 46 302, 308
- Leistung der Altersversorgung 46 303
- Leistungsbestimmungsrecht 46 310
- Leistungsklage 46 303
- Passivlegitimation 46 305
- Pensions-Sicherungs-Verein 46 304
- Verschaffung einer Versorgung 46 306 f.

Betriebliches Eingliederungsmanagement (BEM)
- Darlegungs- und Beweislast 58 206

Betriebsausschuss
- Beteiligtenfähigkeit 10 17

Betriebsbedingte Kündigung
- Darlegungs- und Beweislast 58 192

Betriebskantine 2 21

Betriebsküche 2 21

Betriebsrat 2a 4
- Beschlussfassung zur Verfahrenseinleitung 81 9
- Beteiligtenfähigkeit 10 17
- Parteifähigkeit 46 110
- Prozessvertretung 11 35

Betriebsratsanhörung 2a 3
- Darlegungs- und Beweislast 58 188

Betriebsratsmitglieder
- Entgeltansprüche 2a 4

Betriebsratstätigkeit
- Kosten 2a 15

Betriebsübergang
- Bestandsschutz 46 213
- Darlegungs- und Beweislast 58 147 ff., 221
- Gerichtsstand 2 78
- Klageantrag 46 228
- Kündigung 58 221
- Leistung der Altersversorgung 46 305

Betriebsvereinbarung 46 350
- Zuständigkeit im Beschlussverfahren 2a 9

Betriebsverfassungsgesetz 2a 1

Betriebsverfassungsorgan
- Errichtung 2a 11
- Lohnansprüche 2a 7
- Mitglieder 2a 6

Betriebsverfassungsrecht 2a 4

Betriebsverfassungsrechtliche Vorfragen 2a 3

Betriebsverfassungsrechtsverhältnis 2a 4

Betriebszugehörigkeit 46 351

Bevollmächtigte
- ausländische Rechtsanwälte 11 10
- Beschäftigte 11 11
- niedergelassener europäischer Rechtsanwalt 11 10
- Prozessvertretung 11 6
- Rechtsanwälte 11 7 ff.
- Syndikus-Anwälte 11 7

Beweis des Gegenteils 58 55

Beweisantritt 58 74 ff.
- Ablehnung 58 80
- Angabe von Einzelheiten 58 78
- Augenscheinsbeweis 58 74
- Parteivernehmung 58 77
- Sachverständigenbeweis 58 75
- Urkundsbeweis 58 76
- Zeugenbeweis 58 78

Beweisarten 58 51 ff., 54
- Beweis des Gegenteils 58 55
- Freibeweis 58 57
- Gegenbeweis 58 55
- Glaubhaftmachung 58 51
- Hauptbeweis 58 54
- Strengbeweis 58 56
- Vollbeweis 58 51

1539

Stichwortverzeichnis

Beweisaufnahme 55 43; 58 1 ff.
– Anordnung 58 81
– Berufungsverfahren 64 75
– Beschlussverfahren 83 7
– Durchführung 58 82 ff.
– Einzelheiten 58 56 ff.
– Gegenstand 58 17
– nach der EuBO 13a 3
– öffentliche Verhandlung 52 5
– schriftliche Beantwortung der Beweisfrage 55 44

Beweisaufnahme vor dem Schiedsgericht 106 1 ff.
– amtliche Auskünfte 106 6
– Aufhebungsgrund 106 10 f.
– Beeidigungsverbot 106 10
– Beweiserhebung 106 9
– Beweisfälligkeit 106 7
– Beweismittel 106 2 ff.
– eidesstattliche Versicherung 106 11 ff.
– Entschädigung von Zeugen und Sachverständigen 106 14
– Falschaussage 106 10
– freies Ermessen 106 9
– Gerichtsgebühren 106 25
– Glaubhaftmachung 106 12
– Gutachten 106 6
– Kosten der Rechtshilfe 106 25
– Parteivernehmung 106 10, 13
– rechtliches Gehör 106 9
– Rechtshilfe 106 13
– Rechtshilfeentscheidung 106 20
– Rechtshilfeersuchen 106 16
– Rechtshilfeverfahren 106 15 ff.
– Sachverständige 106 6, 10
– Sachverständigenentschädigung 106 14
– Sachverständigengutachten 106 5
– Unvermögen des Schiedsgerichts 106 16
– Vernehmung im schriftlichen Verfahren 106 9
– Verwertungsverbote 106 8
– Vorlegung von Urkunden 106 4
– Zeugen 106 6, 9
– Zeugenentschädigung 106 14 f.
– Zwangsmittel 106 3 f.

Beweisbedürftigkeit 58 18 ff.
– allgemeinkundige Tatsachen 58 25
– gerichtskundige Tatsachen 58 26
– gesetzliche Vermutung 58 28
– Geständnis 58 22 f.
– nicht bestrittene Tatsachen 58 19
– Nichtwissen 58 20
– offenkundige Tatsachen 58 24 ff.
– Rechtsvermutung 58 29
– schlichtes Bestreiten 58 19
– substanziiertes Bestreiten 58 19
– Tatsachenvermutung 58 29
– zugestandene Tatsachen 58 21

Beweisbeschluss 58 74; 108 1
– Inhalt 55 48
– vor streitiger Verhandlung 55 42 ff.

Beweiserheblichkeit 58 17

Beweiserhebung 56 6; 106 9
– Einleitung 58 73

Beweisführung 58 74
– Anscheinsbeweis 58 103
– Glaubhaftmachung 62 64

Beweisgegenstand
– Auskünfte der Tarifvertragsparteien 58 49
– Betriebsvereinbarung 58 49
– Erfahrungssätze 58 50
– Rechtssätze 58 47
– subjektive Beweislast 58 49
– Tatsachen 58 46

Beweiskraft 58 95

Beweislast 58 105 ff.
– Abmahnung 58 108, 217
– Akkord 58 120
– allgemein anerkannten -regeln 58 106
– allgemeines Persönlichkeitsrecht 58 228, 232
– Altersversorgung 58 112
– Änderungskündigung 58 203
– Anfechtung eines Aufhebungsvertrages 58 113
– Annahmeverzug 58 114 ff.
– Anrechnung von Tariflohnerhöhung 58 121
– Anwendung des KSchG 58 186
– Arbeitnehmerhaftung 58 173
– Arbeitskampf 58 118
– Arbeitsleistung 58 135
– Arbeitsunfähigkeitsbescheinigung 58 122
– Arbeitsvergütung 58 120
– Arbeitsvertrag 58 143
– Aufhebungsvertrag 58 144
– Aufrechnung 58 137 ff.
– Ausbildungsvergütung 58 140
– Ausschlussfrist 58 226
– Auswahlrichtlinie 58 201
– Befristung 58 145
– Beschäftigungsanspruch 58 146
– Beschäftigungsverbot 58 128 ff., 227
– betriebliche Tätigkeit 58 174
– Betriebliches Eingliederungsmanagement (BEM) 58 206
– betriebsbedingte Kündigung 58 192
– Betriebsratsanhörung 58 189
– Betriebsübergang 58 117, 147 ff., 221
– bewusste Irreführung 58 191
– Bildungsurlaub 58 151
– dienstliche Beurteilung 58 241
– Diskriminierung 58 152 ff.
– Drittschuldnerklage 58 166
– Druckkündigung 58 220
– Eignung 58 204
– Eingruppierung 58 168
– einstweilige Verfügung 62 63
– entgangener Gewinn 58 181

Stichwortverzeichnis

- Entgeltfortzahlung bei Arbeitsunfähigkeit 58 122
- Entgeltfortzahlung bei Feiertag 58 127
- Erfüllung 58 136
- Fortsetzungserkrankung 58 122
- gemeinsamer Betrieb 58 188
- Gesundheitsprognose 58 205
- gewerkschaftliche Betätigung 58 223
- Gleichbehandlung 58 152 ff.
- Interessenausgleich mit Namensliste 58 190
- Kasse 58 178
- Kleinbetrieb 58 222
- korrigierende Rückgruppierung 58 169
- krankheitsbedingte Kündigung 58 205
- Kundendienstwagen 58 175
- Kündigung 58 184 ff.
- Kündigungsentschluss 58 194
- Kündigungszugang 58 184
- Kurzerkrankungen 58 205
- Low Performer 58 218
- Mankohaftung 58 176
- Minderleistung 58 218
- Mobbing 58 228
- Mutterschutz 58 227
- Mutterschutzlohn 58 128 ff.
- Nachweis 58 230
- Namensliste 58 198
- negative Gesundheitsprognose 58 205
- Nichterfüllung der Arbeitsleistung 58 135
- nichtige Maßnahme 58 223
- Organisationsentscheidung 58 194
- Personalratsanhörung 58 189
- personenbedingte Kündigung 58 204 ff.
- präjudizielles Recht 58 106
- Probezeit 58 222
- Prozessfähigkeit 58 233
- Prozessvergleich 58 144
- Revisionsgründe 73 14
- Rückgruppierung 58 169
- Rückzahlungsklausel 58 234
- Schlechtleistung in einer Akkordgruppe 58 180
- Sexualdelikte 58 219
- Sozialauswahl 58 199
- Sozialkassenbeiträge nach VTV-Bau 58 242 ff.
- Sozialversicherungsausweis 58 122
- subjektive ~ 58 49
- Überstunden 58 126
- Überstundenvergütung 58 134
- Umkehr 58 103
- Umsatzrückgang 58 192
- Unfallschäden 58 182
- ungerechtfertigte Bereicherung 58 235 ff.
- unkündbare Arbeitnehmer 58 225
- Unmöglichkeit der Herausgabe 58 179
- unternehmerische Entscheidung 58 193
- Unterrichtung/Betriebsübergang 58 148
- unzumutbare Betriebsbeeinträchtigungen 58 213
- Urlaub 58 238
- Urlaubsabgeltung 58 238
- Urlaubsgewährung 58 239
- verhaltensbedingte Kündigung 58 217
- Verschulden an der Krankheit 58 122
- Verwirkung des Widerspruchsrechts 58 149
- Vorliegen eines Arbeitsverhältnisses 58 185
- Wegfall der Bereicherung 58 237
- Weiterbeschäftigungsanspruch 58 146
- wichtiger Grund 58 224
- Wiedereinstellungsanspruch 58 216
- Zeugnis 58 240

Beweismaß 58 93 ff.
Beweismittel 58 58 ff.; 106 2 ff.
- Augenscheinsbeweis 58 69
- kirchliches Arbeitsgerichtsverfahren **Anh. 3** 57
- mittelbare ~ 58 58
- Opferschutz 58 58, 66, 82
- Parteivernehmung 58 72
- Privatgutachten 58 68
- sachverständige Zeugen 58 59, 66
- Sachverständigenbeweis 58 59, 66
- subsidiäres ~ 58 72
- Urkundsbeweis 58 58, 70
- Verwertbarkeit 58 63
- Zeuge vom Hörensagen 58 58
- Zeugenbeweis 58 58

Beweisrecht 58 1 ff.
- Allgemeines 58 1
- Annahmeverzug 58 114
- dienstliche Beurteilung 58 241
- Minderleistung 58 218
- Videoüberwachung 58 37 ff.
- Zeugnis 58 240
- Zusatzversorgungskasse des Baugewerbes VVaG (ZVK) 58 242 ff.

Beweisregeln
- gesetzliche ~ 58 95 ff.

Beweisthema 58 74
Beweisunmittelbarkeit 58 66
Beweisverbote 58 31 ff.
- Allgemeines Persönlichkeitsrecht 58 34
- Ausforschungsbeweis 58 32
- Diebstahl 58 41
- Erhebungsverbot 58 31
- Indizienbeweis 58 32
- Mithörvorrichtung 58 35
- Notwehrsituation 58 38
- Recht am eigenen Bild 58 37
- Recht am gesprochenen Wort 58 34
- Telefongespräche 58 35
- Tonträgeraufnahmen 58 34
- Unterschlagung 58 41
- Verwertungsverbot 58 33
- Willkür 58 32
- Zeugenbeweis 58 63

Beweisvereitelung 58 98, 230
- Sanktion 58 99

Stichwortverzeichnis

Beweisverfahren 58 1 ff.
- Ablehnung des Beweisantritts 58 80
- Anordnung der Beweisaufnahme 58 81
- Aufklärungshindernis 58 99
- Ausforschungsverbot 58 32
- Behauptungslast 58 7
- Darlegungslast 58 8 ff., 97
- Einleitung der Beweiserhebung 58 73
- Einzelheiten 58 56 ff.
- Erheblichkeitsprüfung 58 14
- Erhebungsverbot 58 31
- Freibeweis 58 57
- gesetzliche Grundlagen 58 3 ff.
- gleichwertiges (äquivalentes) Parteivorbringen 58 16
- grds. materieller Unmittelbarkeit 58 82
- Grundlagen 58 2 ff.
- Mitwirkungspflicht des Gegners 58 12
- negative Tatsachen 58 12
- Normen des Arbeitsgerichtsverfahrens 58 3
- Notwendigkeit 58 7
- Schlüssigkeitsprüfung 58 9 ff.
- sekundäre Behauptungslast 58 12
- selbstständiges ~ 58 88
- Strengbeweis 58 56
- Substanziierungslast 58 9 ff., 97
- unionsrechtliche Regelungen 58 5
- Unmittelbarkeit der Beweisaufnahme 58 82
- verfassungsrechtliche Regelungen 58 4
- Verwertungsverbot 58 33
- Waffengleichheitsgrundsatz 58 6, 72
- Widersprüche im Vorbringen 58 13
- zivilprozessuale Regelungen 58 4
- Zweck 58 2 ff.

Beweiswürdigung 58 2, 89 ff.
- Anscheinsbeweis 58 100 ff.
- Aufklärungshindernis 58 99
- Beschlussverfahren 83 7
- Beweismaß 58 93 ff.
- Beweisvereitelung 58 98
- Denkgesetze 58 92
- freie Überzeugung 58 93
- gesetzliche Beweisregeln 58 95 ff.
- Glaubhaftmachung 58 94
- Grundsatz 58 89
- Rechtsprechung zum Anscheinsbeweis 58 104
- Sachverständigenbeweis 58 91
- Schadensschätzung 58 96
- Verstoß gegen Denkgesetze 58 92
- Vieraugengespräch 58 6
- Zeugenbeweis 58 90

Bewerbungsunterlagen
- Herausgabe 2 10

Bewerbungsverfahren 2 28

Bildungsurlaub
- Darlegungs- und Beweislast 58 151
- Feststellungsklage 46 372

Blinde und sehbehinderte Personen
- Zugang zu Schriftstücken 9 22

Bordvertretung
- Beteiligtenfähigkeit 10 17

Bringschulden 2 61

Brutto-/Netto-Klage 46 152
- Bruttolohnvereinbarung 46 159
- Einkommensteuerveranlagung 46 159
- fremde Währung 46 153
- Nettolohnvereinbarung 46 158
- pauschale Lohnsteuer 46 160
- Sozialversicherungsbeiträge 46 158
- Steuer 46 153, 158
- Tenor 46 154

Brutto-/Nettovergütung
- Zinsen 46 172

Bruttolohnvereinbarung 46 159

Bühnenschiedsgerichtsordnung 101 19

Bundesagentur für Arbeit
- Erstattungsansprüche 3 6

Bundesarbeitsgericht 40 1 ff.; 45 1 ff.; 73 1
- Allgemeines 40 1
- Anhörung der ehrenamtlichen Richter 44 28
- Berichterstatter 44 19 ff.
- Besetzung 41 1
- Bindung an Entscheidung des LAG 72 68
- Bundesminister für Wirtschaft und Arbeit 40 8
- Bundesrichter 42 1 ff.
- Dienstaufsicht 40 7
- Doppelvorsitz 44 17
- Einbeziehung der ehrenamtlichen Richter 41 4
- Errichtung 40 1
- erstinstanzliches Gericht 40 2
- fehlerhafte Besetzung 41 5
- Gerichtssitz 40 5
- Geschäftsordnung 40 9; 44 3, 29 ff.
- Geschäftsstelle 7 10
- Geschäftsverteilungsplan 41 7; 44 1
- Großer Senat 41 2; 44 1
- Kleiner Senat 41 3
- Mitwirkungsregeln für überbesetzte Senate 44 26
- Nichtzulassungsbeschwerde 72a 82
- Prozessvertretung 11 33
- Rechtsschutz für Rechtsuchende 44 25
- Rechtsschutz für Richter 44 22
- Senate 41 1 ff.; 44 1
- Sitz 40 5
- Stellung im Rechtsmittelsystem 72 1
- Tatsacheninstanz 73 4
- Überbesetzung des Senats 41 1
- Verwaltung 40 7
- Zahl der Senate 41 2
- Zurückverweisung an ArbG 68 28
- Zusammensetzung 41 1 ff.
- Zuständigkeit 8 3
- Zuständigkeit der Senate 41 7; 44 6

Stichwortverzeichnis

- Zuteilung der Berufsrichter 44 1
- Zuteilung der ehrenamtlichen Richter 44 1

Bundespersonalvertretungsangelegenheiten
- Rechtsbeschwerde beim BVerwG 92 38

Bundesregierung
- Entscheidungsbefugnis 117 1 ff.

Bundesrichter 42 1 ff.
- Beförderung 42 7
- persönliche Voraussetzungen 42 1
- Rechtsstellung 42 8
- Richterwahlausschuss 42 6
- Wahlverfahren 42 3

Bürgerliche Rechtsstreitigkeiten 2 3

Caritas-Werkstätten für Menschen mit Behinderungen
- Mitwirkungsrecht **Anh. 3** 29

Computerfax 46 90; 46c 8

Darlegungslast 58 8 ff.
- abgestufte ~ 58 199
- Abmahnung 58 108, 217
- Akkord 58 120
- allgemeines Persönlichkeitsrecht 58 228, 232
- Altersversorgung 58 112
- Änderungskündigung 58 203
- Anfechtung eines Aufhebungsvertrages 58 113
- Annahmeverzug 58 114
- Anrechnung von Tariflohnerhöhung 58 121
- Anwendung des KSchG 58 186
- Arbeitnehmerhaftung 58 173
- Arbeitskampf 58 118
- Arbeitsleistung 58 135
- Arbeitsunfähigkeitsbescheinigung 58 122
- Arbeitsvergütung 58 120
- Arbeitsvertrag 58 143
- Aufhebungsvertrag 58 144
- Aufrechnung 58 137
- Ausbildungsvergütung 58 140
- Ausschlussfrist 58 226
- Auswahlrichtlinie 58 201
- befristetes Arbeitsverhältnis 58 145
- Beschäftigungsanspruch 58 146
- Beschäftigungsverbot 58 128 ff., 227
- betriebliche Tätigkeit 58 174
- Betriebliches Eingliederungsmanagement (BEM) 58 206
- betriebsbedingte Kündigung 58 192
- Betriebsratsanhörung 58 189
- Betriebsübergang 58 147 ff., 221
- bewusste Irreführung 58 191
- Bildungsurlaub 58 151
- dienstliche Beurteilung 58 241
- Diskriminierung 58 152 ff.
- Drittschuldnerklage 58 166
- Druckkündigung 58 220
- Eignung 58 204
- Eingruppierung 58 168
- einstweilige Verfügung 62 63
- entgangener Gewinn 58 181
- Entgeltfortzahlung bei Arbeitsunfähigkeit 58 122
- Entgeltfortzahlung bei Feiertag 58 127
- Erfüllung 58 136
- Fortsetzungserkrankung 58 122
- gemeinsamer Betrieb 58 188
- Gesundheitsprognose 58 205
- gewerkschaftliche Betätigung 58 223
- Gleichbehandlung 58 152 ff.
- Interessenausgleich mit Namensliste 58 190
- Kasse 58 178
- Kleinbetrieb 58 222
- Krankheit 58 205
- Kundendienstwagen 58 175
- Kündigung 58 184 ff.
- Kündigungsentschluss 58 194
- Kündigungszugang 58 184
- Kurzerkrankungen 58 205
- Low Performer 58 218
- Mankohaftung 58 176
- Minderleistung 58 218
- Mobbing 58 228
- Mutterschutz 58 227
- Mutterschutzlohn 58 128 ff.
- Nachweis 58 230
- Namensliste 58 198
- negative Gesundheitsprognose 58 205
- negative Tatsachen 58 9
- Nichterfüllung der Arbeitsleistung 58 135
- nichtige Maßnahme 58 223
- Organisationsentscheidung 58 194
- Personalratsanhörung 58 189
- personenbedingte Kündigung 58 204 ff.
- Probezeit 58 222
- Prozessfähigkeit 58 233
- Prozessvergleich 58 144
- Revisionsgründe 73 14
- Rückgruppierung 58 169
- Rückzahlungsklausel 58 234
- Schlechtleistung in einer Akkordgruppe 58 180
- sekundäre ~ 58 12
- Sexualdelikte 58 58, 66, 82, 219
- Sozialauswahl 58 199
- Sozialversicherungsausweis 58 122
- Überstunden 58 126
- Überstundenvergütung 58 134
- Umkehr 58 103
- Umsatzrückgang 58 192
- Unfallschäden 58 182
- ungerechtfertigte Bereicherung 58 237
- unkündbare Arbeitnehmer 58 225
- Unmöglichkeit der Herausgabe 58 179
- unternehmerische Entscheidung 58 193

1543

Stichwortverzeichnis

- unzumutbare Betriebsbeeinträchtigungen 58 213
- Urlaub 58 238
- Urlaubsabgeltung 58 238
- Urlaubsgewährung 58 239
- verhaltensbedingte Kündigung 58 217
- Verschulden an der Krankheit 58 122
- Vorliegen eines Arbeitsverhältnisses 58 185
- Wegfall der Bereicherung 58 237
- Weiterbeschäftigungsanspruch 58 146
- wichtiger Grund 58 224
- Wiedereinstellungsanspruch 58 216
- Zeugnis 58 240
- Zusatzversorgungskasse des Baugewerbes VVaG (ZVK) 58 242 ff.

Darlegungslücken 46 20; 56 10
Darlehen 2 20
Datenträger
- Augenscheinsbeweis 58 69

Denkgesetze 58 92
Derogation 2 61 f.
Deutsche Gerichtsbarkeit 1 6 ff.
- internationale Zuständigkeit 1 6

Devolutiveffekt 87 1
DGB
- Prozessvertretung 11 18

DGB-Rechtsschutz GmbH
- Prozessvertretung 11 21

Diebstahl
- Beweismittel 58 33

Dienstaufsicht 15 1 ff., 6
- Allgemeines 15 1
- Anhörung der Verbände 15 7
- Berufsrichter 6 4
- Bundesarbeitsgericht 40 7
- Gerichtsverwaltung 15 2
- Übertragung von Befugnissen 15 8
- zuständige oberste Landesbehörde 15 1

Dienstliche Beurteilung
- Darlegungs- und Beweislast 58 241

Dienstvertrag 5 10
Diskriminierung
- Darlegungs- und Beweislast 58 152 ff.
- Transsexualität 58 152 ff.

Dispositionsgrundsatz 46 4
Divergenz 45 3; 72 4
- Abweichung im Rechtssatz 72 37
- divergenzfähige Entscheidung 72 32
- Entscheidungserheblichkeit 72 40 ff.
- Erfahrungssatz 72 37
- Revisionszulassung 72 30 ff.
- Vermutungsregel 72 37
- vorläufige Rechtsmeinung 72 34

Divergenzbeschwerde 72 37; 72a 9, 39 ff.; 92a 4
- Abweichung im Rechtssatz 72a 43
- Abweichung in der Beantwortung derselben Rechtsfrage 72a 47
- Aufzeigen des Widerspruchs der Rechtssätze 72a 46
- Aufzeigen eines verdeckten Rechtssatzes 72a 45
- Begründung 72a 75
- Benennung der divergenzfähigen Entscheidung 72a 40
- Divergenzfähigkeit 72a 42
- Entscheidungserheblichkeit 72a 48
- Entscheidungszeitpunkt des LAG 72a 42
- Verhältnis zur Grundsatzbeschwerde 72a 80

Divergenzvorlage 45 7 ff.
- Abweichung in entscheidungserheblicher Rechtsfrage 45 7
- Alternativbegründung 45 8
- anderer Senat 45 11
- Anfrage vor Vorlage 45 14
- Anfragebeschluss 45 16
- Anschluss 45 19
- Ausgangsverfahren 45 18
- Beantwortung der Anfrage 45 17
- Erledigung des Vorlageverfahrens 45 21
- fachfremde Senate 45 13
- Fachsenat 45 13
- Hilfsbegründung 45 8
- Hinzuziehung der ehrenamtlichen Richter 45 18
- Identität der Rechtsfrage 45 10
- klärungsbedürftige/-fähige Rechtsfrage 45 8
- Rechtssatz 45 7
- Schwerpunkt 45 13
- Vorabentscheidungsersuchen 45 7
- Vorlagebeschlüsse 45 7

Dokumentenpauschale 9 GKG 4
Dolmetscher 9 20
- Ordnungsmittel 9 24
- Vereidigung 9 24

Doppelrelevanz 2 9, 32
Drittschuldnerklage 3 4; 46 312 ff.
- Anwaltskosten 46 326
- Auskunftserteilung 46 313 ff.
- begrenzte Auskunftspflicht 46 315
- bestimmter Klageantrag 46 318
- Darlegungs- und Beweislast 58 166
- Drittschuldner 46 314
- Einziehungsklage 46 317
- Lohnverschleierung 46 323
- Nichterfüllung seiner Auskunftsverpflichtung 46 319
- prozessualer Kostenerstattungsanspruch 46 326
- Rechtsweg 46 327
- Schadensersatz 46 326
- Streitverkündung 46 312
- Zinsen 46 325

Drittwiderspruchsklage
- Schiedsgerichtsgerichtsverfahren 101 23

Druckkündigung
- Darlegungs- und Beweislast 58 220

Duldung der Vornahme einer Handlung 61 24
Durchgriffshaftung 3 5

Stichwortverzeichnis

EDV-Datei 58 70
EG-Richtlinie 2003/8/EG 13a 4
EG-Verordnung 1896/2006 46b 1
EG-Verordnung 861/2007 13a 10
Ehrenamtliche Richter 6 1, 7 ff.; 6a 29; 17 7 ff.; 20 1 ff.
– Ablehnung 31 16
– Ablehnung des Amtes 24 1
– Ablehnungs-/Niederlegungsverfahren 24 10
– Akteneinsicht 31 9
– Altersteilzeit 21 19
– Amtsentbindung 6a 33; 21 17 ff.
– Amtsentbindungsverfahren 21 20
– Amtsenthebung 20 13; 27 1 ff.; 28 1; 31 16
– Amtsenthebungsverfahren 24 1 ff.; 27 5
– Amtspflichtverletzung 27 2; 31 16
– angemessener Vorschuss 31 32
– Antrag auf Amtsenthebung 27 4 f.
– Arbeitgeber gleichgestellte Personen 22 2
– Arbeitgeberseite 21 2; 22 1 f.
– Arbeitnehmer gleichgestellte Personen 23 3
– arbeitnehmerähnliche Person 23 2
– arbeitnehmerlose Arbeitgeber 22 1
– Arbeitnehmerseite 21 2; 23 1 ff.
– Arbeitsfreistellung 6 11
– Arbeitslose 23 1
– Aufstellung der Hilfsliste 31 49
– Aufstellung der Sitzungsliste 31 1
– Aufwandsentschädigung 6 9 ff.; 31 22, 24
– Augenscheinseinnahme 31 12
– Ausschuss 29 1 ff.
– Ausschluss 31 16
– Auswahl 20 2 ff.
– Auswahlverfahren 20 9 ff.
– Beamte und Angestellte einer juristischen Person des öffentlichen Rechts 22 2
– Beamter oder Angestellter eines Gerichts für Arbeitssachen 21 14
– Befugnisse 53 18 ff.
– Benachteiligungsverbot 26 1 ff.
– Berufung 20 1 ff.
– Berufungsvoraussetzungen 21 1 ff.
– Beschränkungsverbot 26 1 ff.
– Betriebsleiter 22 2
– Beurlaubung 21 17, 22; 31 8
– Bindung an die Sitzungsliste 31 6
– Dauer der Amtszeit 20 13
– Disziplinarmaßnahmen 27 1; 28 1
– Elternzeit 21 17; 31 8
– Entschädigung 29 9; 31 21
– Entschädigungsverfahren 31 32
– Entscheidungsfindung 31 11 ff.
– Ergänzungsberufung 20 14
– Erlöschen des Entschädigungsanspruchs 31 32
– Ernennungsurkunde 20 12
– erneute Berufung 20 13
– Erreichen der Regelaltersgrenze 24 5
– Fachkammern 30 1 ff.
– Fähigkeit zur Bekleidung öffentlicher Ämter 21 7
– Fahrtkostenersatz 31 22 f.
– Fehlverhalten 9 19
– Folgen einer Amtsenthebung 27 7
– Form der Berufung 20 12
– Fragerecht 53 18
– Gehörsrüge 78a 57
– Geschäftsführer 22 2
– Geschäftsverteilungsplan 6a 27
– Geschichte 16 1
– gesetzliche Krankenversicherung 31 45
– gesetzliche Rentenversicherung 31 47
– gesetzliche Unfallversicherung 31 44
– grobe Amtspflichtverletzung 27 2
– Güteverfahren 54 5
– Haftung 28 1
– Heranziehung zu den Sitzungen 31 1 ff., 5
– Hilfsliste 31 7, 49
– Hinderung aus gesundheitlichen Gründen 24 6
– Interessenkonflikte 21 15
– mangelnde Zumutbarkeit 24 7
– Mitwirkung 16 4; 31 11 ff.
– Nachteile bei der Haushaltsführung 31 22, 28
– negative Berufungsvoraussetzung 21 7
– nicht gleichzeitig ehrenamtlicher Richter der Arbeitnehmer- und der Arbeitgeberseite 21 15
– Nichtzulassungsbeschwerde 72a 82
– Niederlegung des Amtes 24 3
– Ordnungsgeld 28 1 ff.; 31 7, 16
– Organmitglieder einer juristischen Person oder Personengesamtheit 22 2
– Personalleiter 22 2
– Pflegeversicherung 31 46
– Pflichtverletzung 28 3
– Prozessleitung 53 19
– Prozessvertretung 11 23
– Recht auf Akteneinsicht 31 9
– Rechtsbeschwerde 78 69
– Rechtsfolgen unzulässiger Beschränkung bzw. Benachteiligung 26 7 ff.
– Rechtsstellung 6 7
– Sachverständigengutachten 31 12
– Schulungsveranstaltungen 6 11
– Schutz 26 1 ff.
– Schutzdauer 26 6
– Schutzumfang 26 5
– Selbstablehnung 31 16
– Selbstständige 31 29
– Sitzungsliste 31 1
– Sitzungsverhinderung 31 7
– Sitzungsvorbereitung 31 9
– sofortige Beschwerde 78 47
– sonstige Aufwendungen 31 25
– Stasi-Tätigkeit 21 24
– Student 23 1
– Tätigkeit im Gerichtsbezirk 21 5
– Unabhängigkeit 6 7

1545

Stichwortverzeichnis

- Verdienstausfall **31** 22, 29
- Vereidigung **20** 13, 15
- Vergütung **6** 9
- Verjährung des Entschädigungsanspruchs **31** 32
- Vermögensverfall **21** 12
- vermögenswirksame Leistungen **31** 48
- Verstoß gegen Grundsätze der Menschlichkeit oder Rechtsstaatlichkeit **21** 24
- Verurteilung zu einer Freiheitsstrafe von mehr als sechs Monaten **21** 8
- Vollendung des 25. Lebensjahres **21** 3
- Vollendung des 65. Lebensjahres **24** 5
- vorausgegangenes ehrenamtliches Richteramt **24** 8
- Vorbereitung auf die Sitzungen **31** 9
- Vorschlagsberechtigung **20** 3
- Vorschlagslisten **20** 2, 5, 8
- Vorschlagsverfahren **20** 5
- Wahlrecht zum Deutschen Bundestag **21** 10
- wichtige Ablehnungs-/Niederlegungsgründe **24** 9
- Wiedereinsetzung in den vorigen Stand **31** 32
- Wohnsitz im Gerichtsbezirk **21** 6
- Zeitversäumnis **31** 22, 27
- Zeugenvernehmung **53** 18
- Zeugenvernehmungen **31** 12

Ehrenamtlicher Richter am BAG 43 1 ff.
- Amtsentbindung **43** 9
- Amtsenthebung **43** 4, 9
- Amtszeit **43** 1
- Anhörung **44** 1 ff.
- Ausübung des Richteramtes **43** 9
- Berufung **43** 1
- Berufungsverfahren **43** 2
- besondere Kenntnisse und Erfahrungen **43** 5
- Heranziehung **44** 2
- Lebensalter **43** 4
- Ordnungsgeld **43** 9
- persönliche Voraussetzungen **43** 3
- Stellung **43** 9
- Tätigkeit als Arbeitnehmer oder Arbeitgeber **43** 7
- Vollendung des 35. Lebensjahres **43** 4
- vorherige Tätigkeit als ehrenamtlicher Richter **43** 6
- Vorschlagsliste **43** 3

Ehrenamtlicher Richter am LAG 37 1 ff.
- Amtsentbindung **37** 1
- Amtsenthebung **37** 1
- Berufung **37** 1
- Berufungsvoraussetzungen **37** 2 ff.
- Heranziehung zu den Sitzungen **39** 1
- Hilfsliste **39** 1
- Stellung **37** 1
- Vollendung des 30. Lebensjahres **37** 5
- Zurückliegende Tätigkeit als ehrenamtlicher Richter **37** 6

Eidesleistung 58 64 f.
Eignung
- Darlegungs- und Beweislast **58** 204

Eilverfahren 56 79
- Schiedsgerichtsgerichtsverfahren **101** 22

Ein-Euro-Job 2 22
Einführung in den Sach- und Streitstand 57 4
Eingruppierung 46 328
- Darlegungs- und Beweislast **58** 168 ff.
- korrigierende Rückgruppierung **58** 169

Eingruppierungsfeststellungsklage 46 328 ff.
- Antrag **46** 329
- Auslegung **46** 337
- Bewährung **46** 333
- Bewährungsaufstieg **46** 332
- Beweislast/Darlegungslast **58** 168 ff.
- Fallgruppe **46** 332
- Feststellungswiderklage **46** 334
- Hilfsantrag **46** 329, 337
- Höhergruppierung **46** 333
- Inzidentfeststellungsklage **46** 341
- Rückgruppierungsprozess **46** 343
- Streitgegenstand **46** 340
- Vergangenheit **46** 341
- Vergütungsdifferenz **46** 337
- Zinsantrag **46** 336
- Zinsen **46** 335
- Zulagen **46** 339
- Zulässigkeit **46** 331

Einheit der mündlichen Verhandlung 46 25
Einigungsstelle 101 11
- Allgemeines **100** 1
- Beschlussverfahren in besonderen Fällen **100** 1 ff.
- Besetzung **100** 1 ff.
- Bestellung der Zahl der Beisitzer **100** 37
- Bestellung des Vorsitzenden **100** 32 ff.
- Beteiligtenfähigkeit **10** 17
- Bildung **100** 13 f.
- Bildung durch gerichtliche Entscheidung **100** 15
- freiwillige ~ **100** 6
- gerichtliche Entscheidung **100** 15 ff.
- gesetzliche Zuständigkeit **100** 4
- Kosten **100** 40 ff.
- Rechtsmittel **100** 38
- ständige ~ **100** 14
- Vereinbarung **100** 13
- Verfahren **100** 38 ff.
- Vorfragenkompetenz **100** 39
- Zahl der Beisitzer **100** 37
- Zusammensetzung **100** 7 ff., 8
- Zuständigkeit **100** 4 ff.
- Zuständigkeit im Beschlussverfahren **2a** 10
- Zuständigkeit kraft Vereinbarung **100** 6

Einigungsstelleneinsetzungsverfahren 80 12
Einigungsstellenmitglieder
- Beisitzer **100** 37
- Vorsitzende **100** 11, 32 ff.

Stichwortverzeichnis

Einlassungsfrist **9** 4; **47** 1 ff.
– Abkürzung **47** 9
– Allgemeines **47** 1
– Arrestverfahren **47** 4
– Auslandszustellung **47** 8
– Begriff **47** 2
– Berechnung **47** 6
– Dauer **47** 3, 5
– einstweiliges Verfügungsverfahren **47** 4
– Einzelheiten **47** 2 ff.
– Folgen bei Nichteinhaltung **47** 10
– Klageerweiterung **47** 3
– Klagezustellung **47** 3
– Nichteinhaltung **47** 10
– Wahrung **59** 5
– Widerklage **47** 3
Einrede des Schiedsvertrags **46** 122
Einreichung elektronischer Dokumente **46c** 5 ff.
Einspruch **46a** 36 ff.
– Auslegung der Erklärung **59** 46
– europäisches Mahnverfahren **46b** 2
– fehlende Rechtsbehelfsbelehrung **46a** 36
– Form **59** 44 ff.
– Frist **9** 4; **46a** 36; **59** 42
– Inhalt **59** 49
– Rechtsmittelbelehrung **9** 61
– Versäumnisurteil **59** 40 ff.
– Vollstreckungsbescheid **46a** 36
– weiteres Verfahren **59** 54 ff.
– Wirkung **59** 51
– Zulässigkeitsprüfung **59** 54
Einspruchstermin **59** 57 ff.
– Säumnis der einspruchführenden Partei **59** 58
– Säumnis des Einspruchsgegners **59** 62
– Verhandeln beider Parteien **59** 63
Einstweilige Verfügung **62** 42, 45 ff., 72
– Ablauf der Vollziehungsfrist **62** 74
– Allgemeines **85** 19
– Amtsgericht der Zwangsbereitschaft **62** 61
– Arbeitskampf **62** 59
– Arbeitspapiere **62** 51
– Arbeitszeitverringerung **62** 58
– Ausschluss **85** 22 ff.
– Befriedigungsverfügung **62** 50; **85** 21
– Beschäftigungsanspruch **62** 54
– Beschlussverfahren **85** 19 ff.
– Beschlussverfügung **62** 65
– Beschwerde **85** 36
– Betriebsänderung **85** 31
– Betriebsratsausschluss **85** 27
– Betriebsratswahl **85** 29
– Beweisführung **62** 64
– Darlegungs- und Beweislast **62** 63
– Eilverfahren **62** 51
– Einzelfälle **62** 51 ff.; **85** 26 ff.
– Entscheidung **62** 65 ff.; **85** 36
– Gericht der Hauptsache **62** 60
– Glaubhaftmachung **62** 64

– Herausgabe der Arbeitspapiere **62** 51
– Interessenausgleich **85** 31
– Leistungsverfügung **62** 50
– Massenentlassung **85** 31
– mündliche Verhandlung **62** 65
– Rechtsbeschwerde **62** 71
– Rechtshängigkeit der Hauptsache **62** 44
– Rechtsmittel **62** 70; **85** 36
– Regelungsverfügung **62** 49
– Revision **72** 11
– Schadensersatz **62** 75; **85** 40
– Schiedsgerichtsverfahren **101** 22
– Schlüssigkeitsprüfung **62** 63
– Schutzschrift **85** 33
– Schutzschriftenregister **85** 33
– Sicherungsverfügung **62** 48
– sofortige Beschwerde **62** 71
– summarisches Erkenntnisverfahren **85** 34
– Unterlassungsanspruch **85** 30
– Urlaub **62** 57
– Urteilsverfügung **62** 72
– Verfahren **62** 62 ff.; **85** 32 ff.
– Verfügungsanspruch **62** 46; **85** 20
– Verfügungsgrund **62** 47; **85** 21
– Vergütung **62** 53
– vertragsbrüchiger Arbeitnehmer **62** 52
– Vollziehung **62** 72; **85** 39
– Weiterbeschäftigungsanspruch **62** 55
– Widerspruch **62** 70; **85** 36
– Zugangsrecht **85** 28
– Zuständigkeit **62** 60
– Zustellung **62** 72; **85** 39
– Zustellung im Parteibetrieb **62** 73
– Zwangsvollstreckung **85** 8
Einstweiliger Rechtsschutz
– Güteverfahren **54** 14
– kirchliches Arbeitsgerichtsverfahren **Anh. 3** 77
– Verfahren für die Rechtswegentscheidung **2** 50
Einstweiliges Verfügungsverfahren **56** 79
– Einlassungsfrist **47** 4
– Rechtsweg **48** 7
Einzelfallgerechtigkeit **72** 16
Einzelrechtsnachfolge **3** 1
Einzelschiedsvereinbarung **101** 4, 15, 18, 29, 41
– NV Bühne **101** 18
Einziehungsklage **46** 317
Elektronische Akte Vorbem. zu §§ 46c-f 6 ff.; **46a** 1 ff.
– Einführung **46e** 1
– Medientransfer **46e** 4
– Übertragung der Papierform **46e** 4
– Übertragungsvermerk **46e** 5
Elektronische Bearbeitung von Schriftsätzen Vorbem. zu §§ 46c-f 20 ff.
Elektronische Dokumente Vorbem. zu §§ 46c-f 1
– Abgrenzung **46c** 9

1547

Stichwortverzeichnis

- Bearbeitung 46c 15
- Begriff 46c 6
- Computerfax 46c 8
- Eignung für die Bearbeitung 46c 15
- Eingang bei Gericht 46c 24
- eingescannte Unterschrift 46c 8
- elektronische Signatur 46c 8, 16 ff.
- ermächtigende Rechtsverordnung 46c 27 ff.
- Fristversäumnis aufgrund technischer Mängel 46c 25
- Fristwahrung 46c 12
- Funkfaxe 46c 13
- gerichtliche ~ 46d 1 ff.
- konkrete Übertragungsform 46c 14
- PDF-Datei 46c 8
- qualifizierte elektronische Signatur 46c 8
- Rechtsverordnung 46c 27 ff.
- Schriftformerfordernis 46c 2
- Störung der Empfangseinrichtung 46c 25
- technische Mängel 46c 25
- technische Möglichkeiten 46c 15
- Telefax 46c 8
- Übermittlung 46c 14
- Zeitpunkt des Eingangs bei Gericht 46c 24
- Zustellung 50 43, 50

Elektronische Signatur Vorbem. zu §§ 46c-f 7; 46c 16 ff.
- Definition 46c 16
- fortgeschrittene ~ 46c 16
- qualifizierte ~ 46c 8, 16
- Sollvorschrift 46c 17
- technischen Voraussetzungen 46c 18
- Vornahme durch verantwortende Person 46c 23
- Zustellung 50 43
- Zweck 46c 19

Elektronisches Dokument 46c 5 ff.
- Allgemeines 46c 5 ff.

Endurteil
- Anerkenntnisurteil 72 8
- Berufungsverfahren 64 3
- Ergänzungsurteil 72 8
- Revision 72 8
- Teilurteil 72 8
- vorläufige Vollstreckbarkeit 62 2

Entfernung einer Abmahnung
- Zwangsvollstreckung 62 39

Entfristungsklagen 2 9

Entgangener Gewinn
- Darlegungs- und Beweislast 58 181

Entgeltansprüche
- Betriebsratsmitglieder 2a 4

Entgeltfortzahlung bei Arbeitsunfähigkeit
- Berechnung 58 125
- Darlegungs- und Beweislast 58 122
- Überstunden 58 126

Entgeltfortzahlung bei Feiertag
- Darlegungs- und Beweislast 58 127

Entschädigung
- nach § 15 AGG 2 35, 60; 61b 1

Entschädigung der ehrenamtlichen Richter
- Festsetzung der Entschädigung 31 32

Entschädigungsanspruchs
- Verjährung 31 32

Entschädigungsfestsetzung 61 25 ff.
- Antrag des Klägers 61 25
- Erfüllungsfrist 61 30
- Festsetzung der Entschädigung 61 31
- Übergehen des Antrags 61 38
- Unzulässigkeit eines Teilurteils 61 32
- Zwangsvollstreckung 61 33

Entscheidung nach Aktenlage
- Revisionsverfahren 75 41
- Versäumnisurteil 59 33 ff.

Entscheidungserheblichkeit 72 4

Erfahrungssätze 58 50

Erfinderstreitigkeiten 2 23

Erfindungsgeheimnis
- Ausschließung der Öffentlichkeit 52 20

Erfüllung
- Darlegungs- und Beweislast 58 136

Erfüllungsort 2 61
- Außendienstmitarbeiter 2 63
- auswärtiger Arbeitsort 2 62
- Bringschulden 2 61
- Derogation 2 61
- einheitlicher ~ 2 62
- Gerichtsstandsvereinbarung 2 61
- Holschulden 2 61
- internationale Zuständigkeit 1 9
- Kundendienstmonteur 2 63
- Ort der Arbeitsleistung 2 62
- örtliche Zuständigkeit 1 9
- Prorogation 2 61
- Schickschulden 2 61
- Vollkaufleute 2 61

Ergänzungsurteil
- Berufungsverfahren 64 3
- Revision 72 8

Erheblichkeitsprüfung 58 14

Erhebungsverbot
- gesetzliches ~ 58 31

Erinnerung 7 12
- Beschwerde gegen Entscheidung 66 GKG 2
- Kostenansatz 66 GKG 1 ff.
- sofortige ~ 46a 20
- Vorrang vor Beschwerde 78 16

Erledigung
- Rechtsbeschwerdeverfahren 96 4

Erledigung der Hauptsache 75 49

Erledigungserklärung 46 56; 55 8
- Beschlussverfahren 83a 6 ff.
- Beschwerdeverfahren vor dem LAG 90 13
- des Antragstellers 83a 8
- eines Beteiligten 83a 9

Stichwortverzeichnis

- einseitige - 54 39; 83a 8
- übereinstimmende - 54 38; 83a 6

Ersatzzustellung 50 15
Erschöpfung des Rechtswegs 72 52
Erteilungspflicht 2 17
Erziehungsgeld 2 31
Et-et-Fall 2 12
Europäische Vollstreckungstitel 13a 5 ff.
Europäische Zahlungsbefehle
- Vollstreckungstitel 62 3

Europäischen Gesellschaft 2a 11
Europäischer Betriebsrat
- örtliche Zuständigkeit 82 5
- Parteifähigkeit 10 20

Europäischer Gerichtshof (EuGH) 1 31
- Verletzung der Vorlagepflicht 1 30
- Vorabentscheidungsverfahren 1 30

Europäischer Gerichtshof für Menschenrechte 1 31
Europäischer Zahlungsbefehl
- Einspruch 46b 3
- Erlass 46b 3
- Vollstreckbarkeit 46b 3
- Zustellung 46b 3

Europäisches Mahnverfahren 13a 9 ff.; 46b 1 ff.
- Abschnitt 5 des Elften Buches der ZPO 46b 2
- Allgemeines 46b 1
- Änderung des Antrags 46b 3
- Einleitung des Streitverfahrens 46b 2
- Einspruch 46b 2, 5
- EuMVVO 46b 3
- grenzüberschreitende Rechtssachen 46b 3
- maschinelle Bearbeitung 46b 2
- Prüfung des Antrags 46b 3
- Übersetzung 46b 2
- Vollstreckungsklausel 46b 2
- Zurückweisung des Antrags 46b 3
- Zuständigkeit 46b 2 f., 4
- Zustellung 46b 2

Fabrikgerichte 14 3
Fachgerichtsbarkeit für Arbeitssachen Einf. 1
Fachkammern 17 3; 29 13 ff.; 35 5
- Besetzung 17 7; 30 1 ff.
- ehrenamtliche Richter 17 7; 30 1 ff.
- erweiterte Zuständigkeit 30 6
- fehlerhafte Zuweisung einer Rechtsstreitigkeit 17 8
- für technische Angestellte 30 2
- Grundsatz 30 2
- leitende Angestellte 30 4
- Rechtsschutz 17 8

Fahrgemeinschaft 2 34
Fahrtkostenersatz
- ehrenamtliche Richter 31 22 f.

Faktisches Arbeitsverhältnis 2 7
- Klagefristen 46 246

Feststellungsantrag
- Beschlussverfahren 81 3 f., 47
- Klagefristen 46 242
- Kombination mit Kündigungsschutzantrag 46 188
- örtliche Zuständigkeit 82 2

Feststellungsinteresse 46 135 ff.
- Alsbald 46 135
- Auskunft 46 302
- betriebliche Altersversorgung 46 302, 308
- Kündigungsschutzantrag 46 192
- Prozesswirtschaftlichkeit 46 136
- Statusprozess 46 346
- Verschaffung einer Versorgung 46 308
- Vorgreiflichkeit 46 135
- Wirksamkeit einer Allgemeinverbindlicherklärung oder Rechtsverordnung 98 10 f.

Feststellungsklage 46 130 ff.
- besondere Prozessvoraussetzung 46 131
- Bestehen eines Rechtsverhältnisses 46 132
- Bildungsurlaub 46 372
- Schiedsklage 104 13
- Urlaub 46 369

Feststellungsrüge
- Revisionsbegründung 74 75

Feststellungswiderklage 46 334
Fiktives Arbeitsverhältnis 2 9
Fiskus
- Gerichtsstand 2 66
- Prozessfähigkeit 11 4

Flucht in die Berufungsinstanz 56 93
Flucht in die Säumnis 59 51; 56 89 ff.
Folgekündigung 46 190 f.
Fortsetzung als Revisionsverfahren 72 4
Fortsetzungserkrankung
- Darlegungs- und Beweislast 58 122

Fragepflicht 46 14
Freibeweis 58 57
Freie Mitarbeiter 2 8, 24
Freistellungsphase eines Altersteilzeitarbeitsverhältnisses 2 64
Friedenspflicht 2 4
Fristlose Kündigung 2 9
Fristsetzung 9 4
Fristsetzungsverfahren 102 29 ff.
- Antragsverfahren 102 29
- Aufhebungsverfahren 102 30
- Entscheidung 102 31
- örtliche Zuständigkeit 102 30
- Rechtsmittel 102 31
- Rechtswegzuständigkeit 102 30
- Status 102 30
- Vorsitzender des Arbeitsgerichts 102 31
- Zuständigkeit 102 30

Früher erster Termin 46 46
Fünf-Monats-Frist 9 73; 60 21, 23; 66 36
Funkfaxe 46c 13
Funktionale Zuständigkeit 8 1

Stichwortverzeichnis

Gang des Verfahrens 8 1 ff.
Gebühren
- Fälligkeit 6 GKG 1
- kirchliches Arbeitsgerichtsverfahren Anh. 3 49

Gegenbeweis 58 55
Gegenvorstellung 78 72, 77 ff.
- Nichtzulassungsbeschwerde 72a 113

Gegenvorstellung beim Richter a quo 72a 15
Gehörsrüge 72a 14, 66; 78a 1 ff.
- Abhilfeverfahren 78a 46 ff.
- Allgemeines 78a 9 ff.
- Begründetheitsprüfung 78a 52 f.
- Begründungspflicht 78a 37 f.
- Beschlussverfahren 78a 12
- Beschwer 78a 21
- Beteiligung der ehrenamtlichen Richter 78a 57
- Darlegung des Rügegrunds 78a 39
- ehrenamtliche Richter 78a 57
- Einlegung 78a 36 ff.
- einstweiliger Rechtsschutz 78a 11
- Einzelfälle 78a 17 ff., 31 ff.
- Entwicklung 78a 1 f.
- Form 78a 36 f.
- Fortsetzungsverfahren 78a 54 ff.
- Frist 78a 42 ff.
- Gelegenheit zur Stellungnahme 78a 47
- Grund 78a 24 ff.
- Hinweispflicht 78a 25
- Inhalt 78a 37
- Konkurrenz von - und Rechtmittel 78a 20
- Kopie der angegriffenen Entscheidung 78a 38
- nach § 321a ZPO a.F. 78a 2
- Nichtberücksichtigung eines erheblichen Beweisantrags 78a 32
- Nichtzulassungsbeschwerde 72a 115; 78a 19
- örtliche Zuständigkeit 78a 13
- Präklusion 78a 35
- Rechtskraftdurchbrechung 78a 16
- Rügeberechtigung 78a 21
- Schriftform 78a 36
- sekundäre - 78a 22
- Statthaftigkeit 78a 6, 9 ff.
- Subsidiarität 78a 15 f., 17 ff.
- Überraschungsentscheidungen 78a 33
- Verfahren 78a 36 ff., 46 ff.
- Verletzung anderer Verfahrensgrundrechte 78a 28
- Verstöße gegen Art. 103 Abs. 1 GG 78a 28
- Verweigerung einer Terminsverlegung 78a 34
- Willkürfälle 78a 30
- Zulässigkeitsprüfung 78a 49 ff.
- Zuständigkeit 78a 48

- Zwangsvollstreckung 78a 59
- Zwischenentscheidungen 78a 13

Geldschulden 2 62
Gemeinsame Arbeit
- Ansprüche aus - 2 34

Gemeinsamer Betrieb
- Darlegungs- und Beweislast 58 188

Gemischte Verträge 2 25
Generalvollmacht 50 38
Gerichte für Arbeitssachen 14 1 ff.
Gerichtliche Verfügung 50 7
Gerichtlicher Vergleich 46 48
Gerichtlicher Vorschlag 54a 4 ff.
- Ermessen 54a 11 ff.
- Fortsetzung des Verfahrens 54a 23
- Ruhensregelung 54a 19 ff.
- Wiederaufnahme 54a 24
- Zeitpunkt 54a 14

Gerichtliches elektronisches Dokument Vorbem. zu §§ 46c-f 1; 46d 1 ff.
Gerichtsakten
- Beiziehung 56 31 ff.

Gerichtsbezirke
- mehrere - 17 4

Gerichtsgebäude
- Hausrecht 9 14

Gerichtsgebühren
- Verzögerung des Rechtsstreits 38 GKG 1 ff.
- Wertfestsetzung 63 GKG 1 ff.

Gerichtsgebührenstreitwert
- Streitwertfestsetzung 61 12

Gerichtskosten 12 1 ff.
- Arbeitsgerichtsverfahren 11 GKG 1 ff.
- Beitreibung 12 2
- Bescheinigungen zu inländischen Titeln 22 GKG 1 ff.
- Bestätigungen zu inländischen Titeln 22 GKG 1 ff.
- Einziehung 12 2 f.
- Nichtzulassungsbeschwerde 72a 107
- sofortige Beschwerde 72b 32 f.
- Streitverfahren 22 GKG 1 ff.

Gerichtskundige Tatsachen 58 26
Gerichtspersonen
- Ablehnung 49 1 ff.
- Ausschließung 49 4 ff.

Gerichtssprache 9 20 ff.
- ausländische Partei 9 22
- blinde und sehbehinderte Personen 9 22
- Dolmetscher 9 20
- hör- oder sprachbehinderte Personen 9 22
- rechtliches Gehör 9 22

Gerichtsstand 46 223
- allgemeiner 2 66
- Aufenthalt bei natürlichen Personen 2 76
- ausschließlicher - 2 70; 61b 13
- Behörde 2 66
- Bestimmungsverfahren 2 77 f.

Stichwortverzeichnis

- Betriebsübergang **2** 78
- Erfüllungsort **2** 61
- Fiskus **2** 66
- Insolvenz **2** 67
- Niederlassung **2** 68
- rügelose Einlassung **2** 70
- Sitz der juristischen Person **2** 72
- Tatort **2** 73
- unerlaubte Handlung **2** 73
- Verweisungsantrag **2** 74
- Wahlrecht nach § 35 ZPO **2** 74
- Widerklage **2** 75
- Wohnsitz **2** 76
- Zurückverweisung **2** 78

Gerichtsstandsbestimmung 2 77 f.
- Beschluss **2** 77
- Bindungswirkung der Entscheidung **2** 77
- offensichtliche Gesetzeswidrigkeit **2** 77

Gerichtsstandsvereinbarung 2 1
- Erfüllungsort **2** 61
- erweitertes Wahlrecht des Arbeitnehmers **Art. 21 EuGVVO** 4
- Formerfordernisse **Art. 21 EuGVVO** 5
- internationale Zuständigkeit **1** 13, 18
- internationalen Zuständigkeit **Art. 21 EuGVVO 1** ff.
- Prorogation **2** 69
- tarifvertragliche Prorogation **2** 69
- Verbot vor Entstehen der Streitigkeit **Art. 21 EuGVVO** 2

Gerichtstage 33 4
- Abhaltung **14** 13

Gerichtsverwaltung 15 1 ff.
- Allgemeines **15** 1
- Anhörung der Verbände **15** 7
- Steuerungsmodelle **15** 4
- Übertragung von Befugnissen **15** 8

Gerichtsvollzieher 9 9; **62** 29
- Ausschließung **9** 12
- Parteibetrieb **9** 10
- Selbstbetroffenheit **9** 12
- Unzuständigkeit **9** 11
- Zustellungen von Amts wegen **9** 10

Gesamtbetriebsrat 2a 11
- Beteiligtenfähigkeit **10** 17
- Prozessvertretung **11** 35

Gesamtprokurist 5 10

Gesamtrechtsnachfolge 3 1, 3

Gesamtschiedsvereinbarung 101 3, 15, 17, 25, 40
- Fachbereiche **101** 33

Geschäfts- und Betriebsgeheimnis
- Ausschließung der Öffentlichkeit **52** 19

Geschäftsführer
- Vor-GmbH **5** 10

Geschäftsordnung
- Bindungswirkung **44** 5
- Präsidium **44** 3

Geschäftsordnung des BAG 44 29 ff.
- Erläuterungen **44** 32 ff.
- Inhalt **44** 31
- Rechtsgrundlage **44** 29

Geschäftsstelle 7 1 ff.
- Angestellte **7** 4 ff.
- Arbeitsgerichte **7** 7
- Aufgaben **7** 7 ff.
- Aufnahme von Erklärungen **7** 11
- Besetzung **7** 3
- Beurkundungen **7** 7
- Bundesarbeitsgericht **7** 10
- Einrichtung **7** 1 f.
- Einspruch gegen ein Versäumnisurteil **7** 7
- elektronischer Rechtsverkehr **7** 14
- Heranziehung von Protokollkräften **7** 14
- Kirchengerichte **Anh. 3** 115
- kirchengerichtliche Schiedsstellen **Anh. 3** 170
- kirchengerichtliche Schlichtungsstellen **Anh. 3** 170
- kirchliche Arbeitsgerichte **Anh. 3** 170
- kirchliche Schiedsstellen **Anh. 3** 115
- kirchliche Schlichtungsausschüsse **Anh. 3** 115
- kirchliche Schlichtungsstellen **Anh. 3** 115
- Kostentragungspflicht **7** 6
- Landesarbeitsgerichte **7** 9
- Organisationsformen **7** 13 ff.
- Protokollierung **7** 7, 13
- Protokollkräfte **7** 14
- Rechtsantragsstelle **7** 11
- Rechtsbehelfe **7** 12
- Referendare **9** 32
- Schreibarbeiten **7** 13
- Serviceeinheiten **7** 13
- Urkundsbeamten **7** 3

Geschäftsunfähige
- Prozessfähigkeit **11** 2

Geschäftsverteilung 6a 1 ff., 22
- Anforderungen **6a** 24
- fehlerhafte ~ **6a** 37
- Grundsätze **6a** 23 ff.
- nichtrichterlicher Dienst **15** 3

Geschäftsverteilungsplan 6a 23, 30; **17** 5
- Abstraktionsprinzip **6a** 26
- Amtsentbindung ehrenamtlicher Richter **6a** 33
- Anfechtung **6a** 38
- Ausgleichsregelung **6a** 34
- Bereitschaftsdienst **6a** 31
- Bestimmtheitsgrundsatz **6a** 27
- Bundesarbeitsgericht **41** 7; **44** 1
- ehrenamtliche Richter **6a** 27, 29, 33
- Fehlerhafte Anwendung **6a** 37
- gesetzliche Richter **6a** 37
- Heranziehung der ehrenamtlichen Richter **6a** 29
- Hilfskammer **6a** 24
- höheres Alter **6a** 34
- Jährlichkeitsprinzip **6a** 24
- Justizverwaltung **6a** 31

Stichwortverzeichnis

- Offenlegungspflicht **6a** 27
- Parallel- oder Massensachen **6a** 34
- Schwerbehinderung **6a** 34
- Streitigkeiten **6a** 36
- Verhinderung eines Richters **6a** 30
- Vertretung **6a** 30
- Vollständigkeitsprinzip **6a** 25
- Vorauswirkungsprinzip **6a** 25
- Zuweisung der Richter **6a** 28 ff.
- Zuweisung richterlicher Aufgaben **6a** 32

Gesellschaft bürgerlichen Rechts
- Firma **46** 108
- Kündigungsschutzklage **46** 108
- Parteifähigkeit **10** 3; **46** 107
- Rechts- und parteifähig **46** 107
- Rechtsschutzbedürfnis **46** 108
- Vollstreckung **46** 107

Gesetzesverletzung 73 8 ff.
- Begriff **73** 9

Gesetzliche Krankenversicherung
- ehrenamtliche Richter **31** 45

Gesetzliche Rentenversicherung
- ehrenamtliche Richter **31** 47

Gesetzliche Unfallversicherung
- ehrenamtliche Richter **31** 44

Gesetzliche Vertreter
- Zustellung **50** 13

Gesetzlicher Richter 6a 29, 37
- Rüge des Entzugs **72a** 61
- Vertagung **6a** 29

Gestaltungsklage 46 140

Geständnis
- Berufungsverfahren **64** 120
- Güteverfahren **54** 35

Geständnisses 58 22 f.

Gesundheitsprognose
- Darlegungs- und Beweislast **58** 205

Gewerbegerichte 14 3

Gewerkschaften 2a 13
- Begriff **10** 7
- Beteiligtenfähigkeit **10** 21
- Parteifähigkeit **10** 6; **46** 109
- Prozessvertretung **11** 18
- Unterorganisation **10** 8

Gewerkschaftliche Tätigkeit
- Berufsrichter **6** 6

Gewohnheitsrecht 58 48

Glaubhaftigkeitsgutachten 58 66

Glaubhaftmachung 58 51, 94
- Anwaltliche Versicherung **62** 64
- Beweisführung **62** 64
- einstweilige Verfügung **62** 64
- Hauptsacheakten **62** 64
- Vorlage schriftlicher Zeugenaussage **62** 64

Glaubwürdigkeit 58 90

Gleichbehandlung
- Darlegungs- und Beweislast **58** 152 ff.

GmbH
- Komplementär **5** 10
- Parteifähigkeit **10** 4

GmbH & Co. KG 5 10

Grenzüberschreitende Forderungsdurchsetzung Vorbem. zu §§ **46c-f** 1

Grenzüberschreitende Prozesskostenhilfe 11a 29

Große Justizreform 14 9

Großer Senat 41 2; **44** 1; **45** 1 ff., 33 ff.
- Abstimmung **45** 43
- Abweichung in entscheidungserheblicher Rechtsfrage **45** 7
- Bestimmung des Berichterstatters **45** 39
- Divergenz **45** 3
- Divergenzvorlage **45** 7 ff.
- Entscheidung **45** 3, 38
- Folgen unterlassener Vorlagen **45** 48
- Fortbildung des Rechts **45** 3
- Fortsetzung des Ausgangsrechtsstreits **45** 44
- Grundsätzliche Bedeutung **45** 3
- Grundsatzvorlage **45** 22 ff.
- Kosten **45** 45
- Mitglieder **45** 34
- Rechtseinheit **45** 1
- Sitzung **45** 40
- Stellvertretung **45** 35
- Verfahren **45** 33 ff.
- Verfahrensgang **45** 39
- Vorsitz **45** 42
- Zulässigkeit der Vorlage **45** 37
- Zusammensetzung **45** 33 ff.
- Zuständigkeit **45** 3, 37

Grundsatz der Selbstentscheidung 68 2 ff.

Grundsatz des fairen Verfahrens 9 5; **46** 86

Grundsatzbeschwerde 72a 9, 51 ff.; **92a** 4
- Allgemeines **72a** 51
- Begründung **72a** 76
- Entscheidungserheblichkeit **72a** 57
- grundsätzliche Bedeutung der Rechtsfrage **72a** 54
- Klärungsbedürftigkeit **72a** 55
- Klärungsfähigkeit **72a** 56
- Rechtseinheit **72a** 52
- Rechtsfortbildung **72a** 53
- Verhältnis zur Divergenzbeschwerde **72a** 80

Grundsätzliche Bedeutung der Rechtsfrage 72 18 ff.
- allgemeine Bedeutung **72** 23
- Entscheidungserheblichkeit **72** 21
- Klärungsbedürfnis **72** 22
- Klärungsfähigkeit **72** 20
- Nichtzulassungsbeschwerde **72a** 54
- Rechtsfrage **72** 19

Grundsatzvorlage 45 22 ff.
- Auffangtatbestand **45** 30
- grundsätzliche Bedeutung **45** 24
- Pflichtgemäßes Ermessen **45** 23
- Rechtsfortbildung **45** 23

Stichwortverzeichnis

- verfassungsrechtliche Bedenken 45 22
- Vorlagebeschluss 45 31

Grundurteil
- Berufungsverfahren 64 3

Güterichter 54 67 ff.; 64 70; 80 3; 83a 2; 87 10
- Abschluss 54 101 ff.
- Beschluss 54 85 ff.
- Einverständnis 54 72
- Einzelgespräche 54 100
- Ermessen 54 72 f.
- Geschäftsverteilung 54 67, 90
- Methode 54 97
- Verfahren 54 67, 88 ff., 97, 100 ff.
- Vertraulichkeit 54 93
- Verweisung 54 70 ff., 77 ff., 85 ff.
- Zeitpunkt 54 77 ff.

Gütetermin 56 2
- alsbaldiger ~ **61a** 5
- Schiedseinrede **102** 5

Güteverfahren 9 4; 54 1 ff.
- Ablauf 54 22 ff.
- Allgemeines 54 1 ff.
- Anerkenntnis 54 35
- Angriffs- und Verteidigungsmittel 54 27
- Antragstellung 54 26
- Aufklärung des Sachverhalts 54 25 ff.
- Auszubildende 54 13
- Beschlussverfahren 80 12
- Dispositionsmöglichkeiten der Parteien 54 28 ff.
- ehrenamtlicher Richter 54 5
- eidliche Vernehmung 54 25
- einseitige Erledigungserklärung 54 39
- einstweiliger Rechtsschutz 54 14
- Entscheidung durch den Vorsitzenden 54 55
- erfolgloses ~ 54 54
- Ergebnis 54 40
- Erledigungserklärungen 54 38
- Erörterung 54 22
- Fälle 54 12
- freie Würdigung aller Umstände 54 23
- Geständnis 54 35
- Klagerücknahme 54 33
- Klagerücknahmefiktion 54 51
- Klauselerteilungsklage 54 12
- Mahnbescheid 54 6
- Multi-Door-Courthous-System 54 1
- mündliche Verhandlung 54 4
- obligatorisches Verfahren 54 6
- örtliche Unzuständigkeit 54 8
- präsenter Zeuge 54 25
- Protokollierung des Prozessvergleichs 54 32
- Prozesstrennung 54 9
- Prozessvergleich 54 29
- Referendare 9 31; 54 5
- Ruhen des Verfahrens 54 46
- Säumnis beider Parteien 54 46 ff.
- Säumnis einer Partei 54 41 ff.
- subjektive Klagehäufung 54 9
- Teilverzicht 54 35
- Termin zur streitigen Verhandlung 54 55
- Übereinstimmende Erledigungserklärungen 54 38
- Veränderung des Streitgegenstandes 54 9
- Verfahren nach erfolglosem ~ 54 54
- Verfahrensgrundsätze 54 4 ff.
- Vergleichsvorschlag des Gerichts 54 31
- Verhandlung vor dem Vorsitzenden 54 5
- Versäumnisurteil 54 44
- Vertagung 54 16 ff.
- Verzicht 54 35
- Vollstreckungsabwehrklage 54 12
- Vollstreckungsbescheid 54 6
- Vorbereitung 54 20
- Vorbringen von Angriffs- und Verteidigungsmitteln 54 27
- weitere Güteverhandlung 54 15
- Weitere Verhandlung 54 40
- Widerrufsvergleich 54 30
- Wiederaufnahmeverfahren 54 12
- Würdigung aller Umstände 54 23

Gütliche Erledigung 57 25 ff.

Haftung
- ehrenamtliche Richter 28 1

Handelsvertreter 5 1, 8

Hauptantrag 2 26
- Beschwerdewert 64 60

Hauptbeweis 58 54

Hausgewerbebetreibende 5 9

Hausrecht
- Gerichtsgebäude 9 14

Heimarbeitnehmer
- Auskunftsklage 46 146

Heimarbeitsausschuss 5 9

Heimarbeitsverhältnis 5 9

Herausgabe von Sachen 61 24; 62 32

Hilfsantrag 2 26
- Beschwerdewert 64 60

Hilfskammern 17 6

Hinterbliebene 3 7

Hinweispflicht 46 12 ff.
- rechtliches Gehör 78a 25 f.

Hoheitliche Tätigkeit 1 7

Holschulden 2 61

Individualrechtliche Streitigkeiten 2 6 ff.
- Anspruchsgrundlagenkonkurrenz 2 12
- aus dem Arbeitsverhältnis 2 7 ff.
- Einzelfälle 2 11 ff.
- über das Bestehen oder Nichtbestehen eines Arbeitsverhältnisses 2 8
- über die Eingehung und Nachwirkung des Arbeitsverhältnisses 2 10
- Zuständigkeit 2 6 ff.
- Zuständigkeit im Beschlussverfahren 2a 5
- zwischen Arbeitnehmern 2 34

Stichwortverzeichnis

Indizienbeweis 58 32, 100; *s. auch unter Anscheinsbeweis*
Inkassozession 46 114
Innung
– Prozessvertretung 11 18
Insolvenzausfallgeld 46 114
Insolvenzforderungen 2 27
Insolvenzgeld 3 6
Insolvenzsicherungen 2 33
Insolvenzverfahren 2 27
– Beschlussverfahren 80 14 ff.
– Gerichtsstand 2 67
– Klagefrist 46 241
– Rechtsbeschwerdeverfahren 92 25
– Sprungrechtsbeschwerde 96a 4, 24
Insolvenzverwalter 2 27, 67
Interessenausgleich mit Namensliste
– Darlegungs- und Beweislast 58 190
Internationale Verfahren 13a 1 ff.
– Allgemeines 13a 1
– Beweisaufnahme nach der EuBO 13a 3
– EuVTVO 13a 5
– Verfahren für geringfügige Forderungen 13a 10
– Vollstreckungstitel 13a 5
– Zustellung nach der EuZustVO 13a 2
Internationale Zuständigkeit 1 6, 9 ff.; 46 105; **Art. 20 EuGVVO** 2
– Erfüllungsort 1 9
– erweitertes Wahlrecht des Arbeitnehmers **Art. 21 EuGVVO** 4
– Europäische Gemeinschaft 1 12
– Fehlen 1 17
– Gerichtsstandsvereinbarungen 1 13, 18; **Art. 21 EuGVVO** 1 ff.
– Rechtswahl der Parteien 1 21
– rügelose Einlassung 1 13
– Verbot von Vereinbarungen vor Entstehen der Streitigkeit **Art. 21 EuGVVO** 2
– Wohnsitz 1 13
– Wohnsitz des Arbeitnehmers **Art. 20 EuGVVO** 1 f.
– Zwischenurteil 1 17
Inzidentfeststellungsklage 46 341

Japan
– Übernahme des Modells der Arbeitsgerichte **Einf.** 1
Jugend- und Auszubildendenvertretung 2a 11, 14
– Beteiligtenfähigkeit 10 17
Juristische Personen
– ausländische - 1 8
– Parteifähigkeit 46 112
– Prozessfähigkeit 11 4
– Prozessvertretung 11 18
Justizgewährungsanspruch 17 2
Justizkommunikation Vorbem. zu §§ 46c-f 11 ff.
– elektronische Bearbeitung von Schriftsätzen **Vorbem. zu §§ 46c-f** 20 ff.

Justizkommunikationsgesetz Vorbem. zu §§ 46c-f 11
Justizverwaltung 15 1 ff., 5
– Anhörung der Verbände 15 7
– Übertragung von Befugnissen 15 8
Justizverwaltungskosten 12 1 ff.
– Einziehung 12 2

Kammern
– Beschleunigungs- und Konzentrationsgrundsatz 57 1
– Besetzung 35 2
– Landesarbeitsgerichte 35 1 ff.
– mündliche Verhandlung 57 1 ff.
– Prozessförderungspflicht 57 12
– Zahl 35 5
Kammern eines ArbG 17 1 ff.
– Bildung 17 1 ff.
– Fachkammern 17 3
– fehlerhafte Besetzung 16 8
– Hilfskammern 17 6
– Zahl 17 1
– Zusammensetzung 16 7
Kammertermin
– alsbaldiger ~ 61a 6
Kapitalgesellschaften
– Parteifähigkeit 10 4
Karenzentschädigung
– Zahlung 2 10
Kassationsbeschwerde 72 6; 72a 17
Kaufmannsgerichte 14 3
Kausalitätsfeststellung
– Anscheinsbeweis 58 101
Kennzeichenstreitsachen 2 23
Kirchen 1 24
– Schlichtungsausschüsse 1 26
Kirchengerichte 101 13
– Geschäftsstellen **Anh. 3** 115
Kirchengerichtliche Schiedsstellen
– Geschäftsstellen **Anh. 3** 170
Kirchengerichtliche Schlichtungsstellen
– Geschäftsstellen **Anh. 3** 170
Kirchengerichtsgesetz der Evangelischen Kirche in Deutschland (KiGG.EKD)
Anh. 3 115 ff.
Kirchenrechtliches Verfahren
Anh. 3 1 ff.
Kirchliche Arbeitsgerichte
Anh. 3 6 ff., 11 ff.
– Anschriften im Bereich der Deutschen Bischofskonferenz **Anh. 3** 82
– Besetzung **Anh. 3** 16
– Errichtung **Anh. 3** 11 ff.
– gemeinsame ~ **Anh. 3** 14
– Gerichtsorganisation **Anh. 3** 10 ff.
– Geschäftsstellen **Anh. 3** 170
– Zusammensetzung **Anh. 3** 11 ff.
– Zuständigkeit **Anh. 3** 83 ff.

Stichwortverzeichnis

Kirchliche Arbeitsgerichtsordnung (KAGO) Anh. 3 83 ff.
Kirchlicher Arbeitsgerichtshof Anh. 3 17 ff.
– Besetzung **Anh. 3** 19
– Errichtung **Anh. 3** 17
– Zusammensetzung **Anh. 3** 17
Kirchlicher Arbeitsgerichtshofverfahren Anh. 3 65 ff.
– Begründung der Revision **Anh. 3** 68
– Einlegung der Revision **Anh. 3** 68
– Nichtzulassungsbeschwerde **Anh. 3** 73 ff.
– Revisionsentscheidung **Anh. 3** 70
– Revisionsgründe **Anh. 3** 70
– Revisionsverfahren **Anh. 3** 65 ff.
– Sachentscheidung **Anh. 3** 72
– Verletzung einer Rechtsnorm **Anh. 3** 71
– Zulassung der Revision **Anh. 3** 65
Kirchliches Arbeitsgerichtsverfahren Anh. 3 21 ff.
– Ablauf der mündlichen Verhandlung **Anh. 3** 56 ff.
– Amtsenthebung **Anh. 3** 62
– Amtsermittlungsgrundsatz **Anh. 3** 42
– Auslagen **Anh. 3** 49
– Beiladung **Anh. 3** 47
– Beteiligungsfähigkeit **Anh. 3** 45
– Beweismittel **Anh. 3** 57
– Einstweiliger Rechtsschutz **Anh. 3** 77
– Erledigung des Verfahrens **Anh. 3** 58
– Gebühren **Anh. 3** 49
– gütliche Beilegung **Anh. 3** 43
– Klageänderung **Anh. 3** 38
– Klagebefugnis **Anh. 3** 46
– Klagerücknahme **Anh. 3** 38
– Kosten **Anh. 3** 49
– Mitarbeitervertretungsrecht **Anh. 3** 28
– Mitwirkungsrecht in Caritas-Werkstätten für Menschen mit Behinderungen **Anh. 3** 29
– mündliche Verhandlung **Anh. 3** 51 ff.
– Mündlichkeitsgrundsatz **Anh. 3** 40
– Normenkontrolle **Anh. 3** 33
– Öffentlichkeitsgrundsatz **Anh. 3** 41
– Organstreitverfahren **Anh. 3** 64
– örtliche Zuständigkeit **Anh. 3** 34 ff.
– Parteien **Anh. 3** 45 ff.
– Prozessvertretung **Anh. 3** 48
– Rechtsmittelbelehrung **Anh. 3** 43
– sachliche Zuständigkeit **Anh. 3** 21 ff.
– Sachverständige **Anh. 3** 50
– Überprüfung der Spruchs oder des Verfahrens vor der kirchlichen Einigungsstelle **Anh. 3** 31
– Urteilsverfahren **Anh. 3** 37 ff.
– Verfahrensarten **Anh. 3** 61 ff.
– Verfahrensgrundsätze **Anh. 3** 39
– Verfahrensvorschriften **Anh. 3** 37 ff.
– Vergleich **Anh. 3** 58
– Verlusts der Mitgliedschaft **Anh. 3** 62
– Vollstreckung **Anh. 3** 78 ff.
– Wahlprüfungsklage **Anh. 3** 63
– Zeugen **Anh. 3** 50
– Zuständigkeit **Anh. 3** 21 ff.
Klage 46 61 ff.
– Anhängigkeit 46 64
– auf künftige Leistung 46 127, 172
– Auskunft über Anwartschaft 46 301
– besondere Prozessvoraussetzungen 46 126 ff.
– Rechtshängigkeit 46 66, 94
– verspätete ~ 46 266
– Zinsantrag 46 178
– Zustellung 46 64
Klage gegen Vollstreckungsklausel 62 24
Klage wegen Benachteiligung 61b 1 ff.
– Allgemeines 61b 1
– ausschließlicher Gerichtsstand 61b 13
– Bekanntmachung 61b 18
– Klageantrag 61b 19
– Klagefrist 61b 6 ff.
– mündliche Verhandlung 61b 16
– örtliche Zuständigkeit 61b 13
– Verweisung 61b 14
– Zeitpunkt der mündlichen Verhandlung 61b 16
– Zuständigkeit 61b 13
Klageänderung 46 126
– Berufungsverfahren 64 119; 67 48 ff.
– Definition 67 49
– Einwilligung 67 51
– kirchliches Arbeitsgerichtsverfahren **Anh. 3** 38
– Prozesswirtschaftlichkeit 67 51
– Revisionsbegründung 74 77
– Revisionsverfahren 73 96; 74 60
– Sachdienlichkeit 67 51
Klageantrag
– allgemeiner Feststellungsantrag 46 183
– Änderungsschutz 46 141
– ausgewählte Streitgegenstände 46 141 ff.
– außerordentliche Kündigung 46 207 ff.
– Befristungskontrolle 46 236
– Beschäftigung 46 292, 295
– Bestimmtheit 46 78 ff.
– betriebliche Altersversorgung/Anpassung 46 310
– betriebliche Altersversorgung/Auskunft 46 301
– betriebliche Altersversorgung/Leistung 46 301
– betriebliche Altersversorgung/Verschaffung 46 306
– betriebliche Altersversorgung/Versorgungsschuldner 46 301
– Betriebsübergang 46 213 ff.
– Bildungsurlaub 46 372
– Bruttolohnklage 46 153
– Drittschuldnerklage 46 312 ff.
– Eingruppierung/Feststellungswiderklage 46 334
– Eingruppierung/Hilfsantrag 46 337
– Eingruppierung/Zinsantrag 46 336
– Eingruppierungsfeststellungsklage 46 329 ff.
– kombinierter Antrag 46 188, 200
– korrigierende Rückgruppierung 46 343

Stichwortverzeichnis

- Kündigungsschutzantrag **46** 185
- künftige Leistung **46** 172 ff.
- Nettolohnklage **46** 156
- Statusklage **46** 347 f.
- Teilbetrag **46** 80
- Teilvergütung **46** 179
- Teilzeit **46** 358
- Urlaub **46** 366 ff.
- Vergütungsfeststellungsklage **46** 169
- Weiterbeschäftigung **46** 296
- Wiedereinstellung **46** 374
- Zeugnis **46** 375 ff.
- Zinsen **46** 174

Klagearten 46 129 ff.

Klagebefugnis
- kirchliches Arbeitsgerichtsverfahren **Anh. 3** 46

Klageerhebung 46 63 ff.
- bedingte ~ **46** 68
- elektronisches Dokument **46** 63
- Fernschreiben **46** 63
- Telefax **46** 63
- Telegramm **46** 63
- Wirkungen **46** 93

Klageerhebungsfrist 46 266
- unzuständiges Arbeitsgericht **46** 268
- Verlängerungs- oder Verkürzungsvereinbarung **46** 267
- Zustellung demnächst **46** 267
- Zustellungsverzögerung **46** 267

Klageerweiterung
- Einlassungsfrist **47** 3

Klagefristen 46 238 ff.; **61b** 6 ff.
- allgemeiner Feststellungsantrag **46** 242
- Änderungskündigung **46** 263
- Änderungskündigungen **46** 240
- Anfechtung **46** 249
- Arbeitsmarktreformgesetz **46** 239
- Ausschlussfrist **46** 238
- Auszubildende **46** 262
- Beendigungskündigungen **46** 238
- Befristungs- und Bedingungsabrede **46** 265
- Berechnung **46** 250
- Bergmannsversorgungsschein **46** 252
- Bestandsschutzverfahren **46** 238 ff.
- Einzelfälle **46** 255 ff.
- faktisches Arbeitsverhältnis **46** 246
- Fristbeginn in Ausnahmefällen **46** 251
- Insolvenzverfahren **46** 241
- Kündigungsfrist **46** 247
- Luftverkehr **46** 261
- politisch Verfolgte **46** 252
- Rechtsfolge verspäteter Klagen **46** 266
- Schifffahrt **46** 261
- Schlichtungsausschluss **46** 262
- Schriftformerfordernis **46** 248
- Schwangerschaft **46** 259
- Schwerbehindertenrecht **46** 255
- Wehrdienst **46** 260
- Zivildienst **46** 260
- Zugang des Bescheides **46** 253
- Zustimmung einer Behörde **46** 251

Klagehäufung
- eventuelle subjektive ~ **46** 68, 98, 229
- Güteverfahren **54** 9
- objektive ~ **46** 99, 298
- subjektive ~ **46** 94 ff.; **54** 9

Klagerücknahme 46 56; **55** 5
- Ausschlussfrist **55** 5
- Einwilligung des Beklagten **55** 5
- Güteverfahren **54** 33
- kirchliches Arbeitsgerichtsverfahren **Anh. 3** 38
- Kostentragungspflicht **55** 5, 8
- Vereinbarung **46** 125

Klageschrift 46 70 ff.
- bestimmter Antrag **46** 82 ff.
- Bezeichnung der Parteien und des Gerichts **46** 70
- Streitgegenstand **46** 78 ff.
- Unterschrift **46** 84 ff.

Klagezulassung
- nachträgliche ~ **46** 269 ff.

Klagezustellung
- Aufenthaltsort der beklagten Partei unbekannt **47** 7
- Einlassungsfrist **47** 3
- öffentliche Bekanntmachung **47** 7

Klauselerteilungsklage
- Güteverfahren **54** 12

Kleinbetrieb
- Darlegungs- und Beweislast **58** 222
- Kündigung **58** 222

Kleiner Senat 41 3

Koalition 2 5

Kommanditgesellschaft
- Komplementär GmbH **5** 10
- Parteifähigkeit **10** 3

Komplementär GmbH
- Gesamtprokurist **5** 10

Konkurrentenklage 2 28

Konzentrationsgrundsatz 46 28; **57** 10

Konzernbetriebsrat 2a 11
- Beteiligtenfähigkeit **10** 17
- Prozessvertretung **11** 35

Kooperationsprinzip 46 8
- Kooperation bei der gerichtlichen Tatsachenfeststellung **46** 10

Kopien
- Vorlage **56** 29

Kosten 12 1 ff.
- Ablehnungsverfahren **103** 14
- Anschlussrevision **74** 129
- Aufhebungsverfahren **110** 38
- Einigungsstelle **100** 40 ff.
- Erledigungserklärung in der Revisionsinstanz **74** 129

- kirchliches Arbeitsgerichtsverfahren **Anh. 3** 49
- Mahnverfahren **46a** 39
- Nichtzulassungsbeschwerde **72a** 107 ff., 113; **92a** 11
- Rechtshilfe **106** 25
- Rücknahme in der Revisionsinstanz **74** 129
- Schiedsgerichtsverfahren **104** 22
- schiedsrichterlicher Vergleich **107** 4
- sofortige Beschwerde **72b** 31 ff.
- Versäumnisverfahren **59** 64
- verspätet abgesetzte Urteile **72b** 31 ff.

Kostenansatz
- Erinnerung **66 GKG** 1 ff.

Kostenentscheidung 55 33
- Beschluss **84** 6
- Schiedsspruch **108** 5 f.

Kostenentscheidungen
- Beschwerde **78** 19

Kostenerstattung 12 1 ff.
- Allgemeines **12a** 2
- Ausbildungsstreitigkeiten **111** 29
- Ausschluss **12a** 2
- auswärtiger Anwalt im Rechtsmittelverfahren **12a** 16
- Behörden **12a** 12
- Belehrung **12a** 8
- Berufungsrechtszug **12a** 10
- Beschlussverfahren **12a** 7
- Detektivkosten **12a** 13
- Drittschuldner **12a** 5
- Einzelfälle **12a** 12 ff.
- Entschädigung wegen Zeitversäumnis **12** 2 f.
- Festsetzungsverbot **12a** 6
- fiktive Anwaltskosten **12a** 11
- hypothetische Reisekosten **12a** 18
- Mehrkosten **12a** 9
- Rechtsmittelverfahren **12a** 10
- Reisekosten **12a** 12
- Revisionsrechtszug **12a** 10
- sittenwidrige Schädigung **12a** 19
- Umfang **12** 3
- Verbandsvertreter **12a** 10
- Verdienstausfall **12a** 3
- vertragliche Zusicherung **12a** 6
- Verweisung **12a** 8
- Vollstreckungsgegenklage **12a** 7
- Vollstreckungsverfahren **12a** 7
- Zuziehung eines Prozessbevollmächtigten oder Beistands **12a** 2

Kostenerstattungsanspruch
- Drittschuldnerklage **46** 326

Kostenfestsetzungsbeschluss
- Vollstreckungstitel **62** 3

Kostenfestsetzungsverfahren
- Schiedsgerichtsverfahren **104** 21
- Schiedsvertrag **108** 8

Kostenfreiheit 2 GKG 1 ff.
- persönliche ~ **2 GKG** 9
- sachliche ~ **2 GKG** 10

Kostengrundentscheidung
- Schiedsspruch **108** 5, 7

Kostenhaftung
- Antragsschuldner **29 GKG** 1 ff.

Kostenrechtsmodernisierungsgesetz 46 51

Kostenschlussurteil 46 54
- Anerkenntnisurteil **46** 56
- Erledigungserklärung **46** 56
- Klagerücknahme **46** 56
- Mischentscheidungen **46** 57
- Rechtsmittel **46** 56
- Teilurteil **46** 56

Kostenteilung 12a 11

Kostentragungspflicht 12a 1 ff.
- Klagerücknahme **55** 5, 8

Krankenversicherung
- AN-Anteile **2** 36

Krankheit
- Darlegungs- und Beweislast **58** 205
- unzumutbare Betriebsbeeinträchtigungen **58** 213
- Verschulden **58** 122

Kreishandwerkerschaft
- Prozessvertretung **11** 18

Kundenakten
- Beiziehung **56** 22

Kundendienstmonteur
- Erfüllungsort **2** 63

Kundendienstwagen
- Darlegungs- und Beweislast **58** 175

Kündigung 2 9
- Betriebsübergang **58** 221
- Darlegungs- und Beweislast **58** 184 ff.
- fristlose ~ **2** 9
- Kleinbetrieb **58** 222

Kündigungsentschluss
- Darlegungs- und Beweislast **58** 194

Kündigungsfrist 46 247

Kündigungsschutz
- Bestandsschutz außerhalb des KSchG **46** 211
- ordentliche Kündigung **46** 185 ff.

Kündigungsschutzantrag 46 185
- besonderes Feststellungsinteresse **46** 192
- Folgekündigung **46** 190 f.
- Form **46** 205
- Inhalt **46** 205
- Kombination mit Feststellungsantrag **46** 188
- kombinierter Antrag **46** 194
- kombinierter Kündigungsschutzantrag **46** 200
- punktueller Streitgegenstandsbegriff **46** 185
- Rechtsprechung **46** 205
- unzulässige Klage **46** 202
- weitere Beendigungstatbestände **46** 201
- Wurmfortsatz **46** 194

Kündigungsschutzklage 2 8, 9; **5** 11
- Schiedsgericht **104** 5 ff.

Stichwortverzeichnis

Kündigungsverfahren
– Prozessförderungspflicht 61a 1 ff.
Kurzarbeitergeld 2 29
Kurzerkrankungen
– Darlegungs- und Beweislast 58 205
– häufige – 58 207

Ladung 47 1 ff., 7; 59 3
– Aufenthaltsort der beklagten Partei unbekannt 47 7
– Terminsbestimmung 47 11
– Zustellung 50 9
Ladungsfrist 47 11 ff.
– Abkürzung 47 12
– Ausschluss des schriftlichen Vorverfahrens 47 13
– Berechnung 47 12
– schriftliches Vorverfahren 47 13
– Wahrung 59 5
Länderübergreifende Gerichte
– Staatsvertrag 14 11; 33 2
Landesarbeitsgerichte 33 1 ff.
– Anhörung der Verbände 33 6
– Aufstellung 14 7
– Ausschuss der ehrenamtlichen Richter 38 1
– Befugnisse des Vorsitzenden 35 4
– Bildung von Kammern 35 1 ff.
– Dienstaufsicht 34 1 ff.
– Errichtung 33 1 ff.
– Fachkammern 35 5
– Gerichtstage 33 4
– Geschäftsstelle 7 9
– gesetzliche Grundlagen 33 1
– Hilfskammern 35 6
– Kammerbesetzung 35 2
– Organisation 33 1 ff.
– Prozessvertretung 11 31 f.
– Verwaltung 34 1 ff.
– Vorsitzende 36 1 f.
– Zahl der Kammern 35 5
– Zusammensetzung 35 1 ff.
– Zuständigkeit 8 3
Landespersonalvertretungsangelegenheiten
– Divergenz zum BVerwG 92 41
– Einzelzuweisungen 92 42
– Rechtsbeschwerde beim BVerwG 92 39
– Sonderregelung in Bayern 92 40
Lehrer 2 3
Lehrwerkstätten 5 5
Leiharbeitsverhältnis 2 30
Leistung der Altersversorgung
– Leistungsklage 46 303
Leistungsklage 46 129
– betriebliche Altersversorgung 46 303
– Rechtsschutzbedürfnis 46 120
– Urlaubsgewährung 46 366
Leistungsverfügung 62 50

Leitende Angestellte
– Sprecherausschuss 2a 11, 21
Liste möglicher Gehörsfehler 72 46
Lohn- oder Provisionsabrechnung 62 39
– Zwangsvollstreckung 62 39
Lohnklage 2 36
– Aussetzung des Urteilsverfahrens 99 27
– Tarifeinheit als Einwand 99 26, 27
– Tarifeinheitsverfahren 99 26
Lohnnachweiskarten
– Baugewerbe 2 17
Lohnsteuerabzug 2 17
Lohnsteuerbescheinigung 2 17
Lohnsteuerkarten 2 17
Lohnverschleierung 46 323
Lokaltermin 14 13
Löschung von Daten 2 10
Low Performer
– Darlegungs- und Beweislast 58 218
Luftverkehr
– Klagefristen 46 261
Luganer Übereinkommen über die gerichtliche Zuständigkeit und Vollstreckung gerichtlicher Entscheidungen in Zivil- und Handelssachen 1 16

Mahnbescheid 46a 23 ff.
– Erlass 46a 23
– Güteverfahren 54 6
– Widerspruch 46a 26
– Zustellung demnächst 46a 25
Mahnverfahren 46a 1 ff.
– Allgemeines 46a 1
– Antrag 46a 9
– automatisiertes – 46a 41
– Bekanntmachung 46a 8
– Beschlussverfahren 46a 5
– Durchführung 46a 9 ff.
– EG-Verordnung Nr. 1896/2006 46b 1
– Entscheidung 46a 17 ff.
– erbrachte Gegenleistung 46a 7
– EuMahnVO 13a 9
– europäisches – 46b 1 ff.
– fehlende Rechtswegzuständigkeit 46a 22
– Formular 46a 9
– Inhalt 46a 15 ff.
– Kosten 46a 39
– mehrere Zahlungsansprüche 46a 6
– Mitteilung an Antragsgegner 46a 14
– Nebenforderung 46a 16
– öffentliche Bekanntmachung 46a 8
– örtliche Zuständigkeit 46a 3
– Prozesskostenhilfe 46a 40
– Rechtsweg 46a 22; 48 5
– Schlüssigkeitsprüfung 46a 17
– sofortige Erinnerung 46a 20
– Telefax 46a 10
– Telegramm 46a 28

Stichwortverzeichnis

- Unterzeichnung des Antrags **46a** 10
- Verfahrensvoraussetzungen **46a** 2 ff.
- Verjährungshemmung/Voraussetzungen **46a** 16
- Vollmacht **46a** 12
- Vollstreckungsbescheid **46a** 33 ff.
- Wahlrecht **46a** 3
- Zahlungsanspruch **46a** 4
- zeitliche Abgrenzung **46a** 15
- Zulässigkeit **46a** 2 ff.
- Zurückweisung **46a** 18
- Zuständigkeit **46a** 3

Mandatsniederlegung
- Anzeige **50** 36

Mankohaftung
- Darlegungs- und Beweislast **58** 176

Masseschulden **2** 27
Masseunzulänglichkeit **46** 121
Mediation Einf. 16; **54a** 5; **55** 1, 22; **64** 70; **80** 3; **83a** 2; **87** 10
- gerichtsinterne **54a** 2, 18

Mehrebenensystem Einf. 28 f.
Meinungsverschiedenheiten der beteiligten Verwaltungen **117** 1 ff.
Meistbegünstigungsgrundsatz **64** 5
Menschenrechtsbeschwerde **72a** 19, 122
- Revisionsurteil **75** 81

Menschenrechtsverletzungen **1** 31
Mietverhältnis **2** 41
Minderjährige
- Prozessfähigkeit **10** 27

Minderleistung
- Darlegungs- und Beweislast **58** 218

Mitarbeitervertretung **2a** 16
Mitarbeitervertretungsrecht
- kirchliches Arbeitsgerichtsverfahren **Anh. 3** 28

Mitbestimmungsgesetze **2a** 17
Mithörvorrichtung **58** 35
Mitwirkungsrecht
- Caritas-Werkstätten für Menschen mit Behinderungen **Anh. 3** 29

Mobbing
- Darlegungs- und Beweislast **58** 228

Mündliche Verhandlung
- Allgemeines **57** 1
- Anhörung der Parteien **57** 5
- Antragstellung **57** 3
- Aufklärungs- und Hinweispflicht **57** 6
- Beratung der Kammer **60** 7
- Beschleunigungsgrundsatz **57** 10
- Einführung in den Sach- und Streitstand **57** 4
- Einheit **46** 25; **57** 22
- einstweilige Verfügung **62** 65
- Entscheidung ohne ~ **46** 51, 53
- Erledigung im ersten Termin **57** 10
- Eröffnung **57** 2 ff.
- gütliche Erledigung des Rechtsstreits **57** 25
- Kammer **57** 1 ff.
- kirchliches Arbeitsgerichtsverfahren **Anh. 3** 51 ff., 56 ff.
- Klage wegen Benachteiligung **61b** 16
- Konzentrationsgrundsatz **57** 10
- nachgelassener Schriftsatz **60** 6
- Prozessförderungspflicht **56** 82; **57** 16 ff.
- Prozesstaktik **57** 17
- Schließung der mündlichen Verhandlung **60** 5 ff.
- schriftlicher Vergleichsvorschlag **57** 27
- Urteil **61** 4
- Vergleich **57** 25 ff.
- Verlauf **57** 2 ff.
- Vertagung **57** 19 ff.
- Vorbereitung **57** 11 ff.
- Wiedereröffnung **60** 6

Mündlichkeitsgrundsatz **46** 23
- Einheit der mündlichen Verhandlung **46** 25
- kirchliches Arbeitsgerichtsverfahren **Anh. 3** 40

Musterprozesse **72** 23, 26
Mutterschaftsgeld **2** 31
Mutterschutz
- Darlegungs- und Beweislast **58** 227

Mutterschutzlohn
- Darlegungs- und Beweislast **58** 128 ff.

Mutwillige Rechtsverfolgung **11a** 19, 32

Nachgelassener Schriftsatz **60** 6
Nachträgliche Klagezulassung **46** 269 ff.
- formelle Voraussetzung **46** 272
- gerichtliche Entscheidung **46** 273
- Gründe **46** 270
- Hilfsantrag **46** 274
- Rechtsmittel **46** 278
- subjektiver Maßstab **46** 270
- summarisches Verfahren **46** 276

Nachträgliche Zulassung der Kündigungsschutzklage **72** 10
Nachweis
- Darlegungs- und Beweislast **58** 230

Namensliste
- Darlegungs- und Beweislast **58** 198

NATO-Truppenstatut **1** 23
- Zuständigkeit im Beschlussverfahren **2a** 18

Natürliche Personen
- Parteifähigkeit **46** 111

Nebenintervenient
- Zustellung **50** 12

Nebenintervention
- Beschlussverfahren **80** 10

Negative Kompetenzkonflikte **2** 54, 78
Negative Tatsachen **58** 9
Nettolohnklage **46** 156
Nettolohnvereinbarung **46** 158
Nichterfüllung der Arbeitsleistung
- Darlegungs- und Beweislast **58** 135

Nichtigkeitsklage **17** 8; **79** 1, 7; **110** 31

Stichwortverzeichnis

- Ausschluss vom Richteramt 79 10
- Befangenheit 79 11
- Besetzung des Gerichts 79 9
- Postulationsfähigkeit 79 12
- Vertretungsmängel 79 12

Nichturteil
- Berufungsverfahren 64 8

Nichtwissen 58 20

Nichtzulassung der Revision
- unzureichende Entscheidungsgründe 72 51

Nichtzulassungsbeschwerde 1 29; 2 52; 72 4; 72a 1 ff.; 92a 20
- Abweichung im Rechtssatz 72a 43
- Abweichung in der Beantwortung derselben Rechtsfrage 72a 47
- Abweichung von BVerwG als Grundsatzfrage 92a 5
- Abweichung von BVerwG kein Zulassungsgrund 92a 5
- Allgemeines 72a 36
- Alternativen 72a 13
- anderweitige Verfahrenserledigung 72a 103, 109
- Anfechtbarkeit 72a 6
- Anspruchshäufung 72a 38
- Antrag 72a 1
- Aufklärungspflichten 72a 67
- aufschiebende Wirkung 72a 26 ff.
- Aufzeigen des Widerspruchs der Rechtssätze 72a 46
- Aufzeigen eines verdeckten Rechtssatzes 72a 45
- Ausfertigung des Urteils 72a 24
- Ausschluss 72b 30
- außergerichtliche Kosten 72a 113
- außerordentlicher Rechtsbehelf 72a 117
- bedingte - 72a 25
- beglaubigte Abschrift des Urteils 72a 24
- Begründung 72a 32 ff., 73 ff.
- Begründungsfrist 72a 100
- Berichtigung 72a 116
- Berufungsverfahren 69 23
- Beschlussverfahren 92a 1 ff.
- beschränkte Zulassung 72a 4
- Besetzung der Richterbank 72a 82; 92a 15
- Beurteilungszeitpunkt des Bundesarbeitsgerichts 72a 88
- Bindung an die Begründung 72a 79
- Divergenzbeschwerde 72a 9, 39 ff.; 92a 4, 5
- ehrenamtlicher Richter 72a 82
- Einlegung 72a 20 ff.
- einseitige Erledigungserklärung 72a 106
- Einstellung der Zwangsvollstreckung 72a 29 ff.
- Eintritt der Rechtskraft 72a 26
- Entscheidung des BAG 72a 82
- Entscheidungserheblichkeit 72a 57, 71
- Entzugs des gesetzlichen Richters 72a 61
- Erledigungserklärung 72a 104
- Erledigungserklärung in der Hauptsache 72a 105
- falsche Verfahrensart 92a 13
- Form 72a 23
- Form der Entscheidung 72a 84 ff.
- Fortsetzung als Rechtsbeschwerdeverfahren 92a 16
- Frist 72a 20, 32 ff.
- Fristversäumnis 72a 32 ff.
- Gegenstand 72a 1
- Gegenvorstellung 72a 113
- Gehörsrüge 72a 115
- Gerichtskosten 72a 107
- Gründe 72a 9 ff., 36 ff.
- Grundsatzbeschwerde 72a 9, 51 ff.; 92a 6
- Grundsatzbeschwerde im 92a 4
- grundsätzliche Bedeutung der Rechtsfrage 72a 54
- Hemmung der Rechtskraft 72a 26 ff.
- Hinweispflichten 72a 67
- im insolvenzrechtlichen Beschlussverfahren 92a 19
- Katalog der Beschwerdegründe 72a 9 ff.
- kirchliches Arbeitsgerichtverfahren Anh. 3 73 ff.
- Klärungsbedürftigkeit 72a 55
- Klärungsfähigkeit 72a 56
- Kosten 72a 107 ff.; 92a 11
- mangelnde Vertretung im Prozess 72a 64
- Mehrfachbegründung 72a 38
- Menschenrechtsbeschwerde 72a 122
- Mitwirkung des abgelehnten befangenen Richters 72a 62, 63
- nachträgliche Zulassung 72a 1
- nicht verfahrensbeendende Entscheidung 92a 8, 18
- Notanwalt 72a 102
- Notfrist 72a 20
- Öffentlichkeitsgrundsatz 72a 65
- PKH für Beschwerdeführer 72a 98
- PKH für Beschwerdegegner 72a 101
- Postulationsfähigkeit 92a 3
- Privilegierter Verfahrensgegenstand 72a 12
- Prozesskostenhilfe 72a 25, 98 ff.
- rechtliches Gehör 72a 66
- Rechtsanwaltsvergütung 72a 113
- Rechtsbehelf 72a 113
- Rechtsbehelfe gegen Verwerfung oder Zurückweisung 72a 113
- Rechtsbeschwerde 92a 1 ff.
- Rechtseinheit 72a 52
- Rechtsfortbildung 72a 53
- Rechtsmittelbelehrung 9 62; 72a 8
- Rechtsschutzbedürfnis 92a 14
- Rechtstatsachen zum Erfolg 72a 97
- Revisionszulassung 72 63; 72a 93
- richterliche Willkür 72a 72
- Rücknahme nach Zulassung 72a 112
- Rüge der richterlichen Willkür 72a 72
- Rüge eines absoluten Revisionsgrundes 72a 60
- Schriftform 72a 23

Stichwortverzeichnis

- sonstige Förmlichkeiten **72a** 24
- Stattgabe **72a** 93, 95, 110
- Suspensiveffekt **92a** 10
- teilweise Stattgabe **72a** 111
- Teilzulassung **72a** 3
- überstimmende Erledigungserklärung **72a** 105
- Umfang **72a** 1
- Umfang des Rechts zur Äußerung **72a** 68
- Ungleichbehandlung durch den Richter **72a** 69
- Urteil ohne Gründe **72a** 11
- Verfahren **72a** 90
- Verfahrensbeschwerde **72a** 9 f., 58 ff.; **92a** 4, 7
- Verfahrensgestaltung bei Prozessunfähigkeit **72a** 70
- Verfassungsbeschwerde **72a** 118 ff.
- Verhältnis Divergenz- und Grundsatzbeschwerde **72a** 80
- Verhältnis Verfahrens- und Gehörsrüge **72a** 81
- Verletzung des Anspruchs auf rechtliches Gehör **72a** 121
- Verletzung des gesetzlichen Richters **72a** 120
- Verletzung des Öffentlichkeitsgrundsatzes **72a** 65
- Verneinung grundsätzlicher Bedeutung **72a** 119
- Verwerfung **72a** 83, 91, 107
- Verwerfung der Beschwerde als unzulässig **92a** 17
- Vollzulassung **72a** 3
- Vorverfahren zur Verfassungsbeschwerde **72a** 7
- willkürliche Verneinung grundsätzlicher Bedeutung **72a** 119
- Wirkung **72a** 26
- Zulässigkeitsvoraussetzungen **72a** 73 ff.
- Zulassung **72a** 1 ff.
- Zulassungsgründe **92a** 4
- Zurücknahme **72a** 103, 109
- Zurückverweisung **72a** 95
- Zurückweisung **72a** 92, 107

Nichtzulassungsentscheidung
- Verletzung der Vorlagepflicht **72** 52

Niedergelassener europäischer Rechtsanwalt **11** 10

Niederlassung
- Gerichtsstand **2** 68

Niederlegung **50** 22

Normenkontrolle
- kirchliches Arbeitsgerichtsverfahren **Anh. 3** 33

Notanwalt **72a** 102
Notfristzeugnis **7** 7
Notwehrsituation **58** 33

Oberbundesanwalt
- Rechtsbeschwerde beim BVerwG **92** 44

Oberster Gerichtshof der Apostolischen Signatur **Anh. 3** 20

Objektive Klagenhäufung **46** 99, 298

Offenkundige Tatsachen **58** 24 ff.
- Allgemeinkundigkeit **58** 25
- Gerichtskundigkeit **58** 26

Öffentliche Verhandlung **52** 5
- Ausschließung der Öffentlichkeit **52** 12 ff.
- Ausschlussverfahren **52** 24
- Bekanntmachung **52** 2
- Beweisaufnahme **52** 5
- Bildaufnahme **52** 8
- Direktübertragungen **52** 8
- Erfindungsgeheimnis **52** 20
- Filmaufnahmen **52** 7 ff.
- freier Zugang **52** 2
- Gefährdung der öffentlichen Ordnung/Staatssicherheit **52** 14
- Gefährdung der Sittlichkeit **52** 16
- Geschäfts- und Betriebsgeheimnis **52** 19
- Hausrecht **52** 8
- Hinweis auf die Nichtöffentlichkeit **52** 3
- Jedermann-Zugänglichkeit **52** 2
- Rechtshilfe **52** 5
- Schutz der Privatsphäre **52** 22
- Sitzungspause **52** 8
- Steuergeheimnis **52** 21
- Tonaufnahmen **52** 7 ff.
- Verkündung des Urteils **52** 27
- Verkündung von Entscheidungen **52** 6
- Würde des Gerichts **52** 4

Öffentliche Zustellung **50** 24 ff.
- Aushang **50** 26
- Bundesanzeiger **50** 26
- funktionelle ~ **50** 26

Öffentlicher Dienst
- Vergütungs-Feststellungsklage **46** 171

Öffentlichkeit **72** 44

Öffentlichkeitsgrundsatz **46** 27; **51** 24; **52** 1 ff.; **72a** 65
- Allgemeines **52** 1
- kirchliches Arbeitsgerichtsverfahren **Anh. 3** 41
- Rechtsfolgen bei Verletzung **52** 31
- Verletzung **52** 31

Öffentlich-rechtliche Streitigkeiten **2** 3

Offizialmaxime **93** 20

OHG
- Parteifähigkeit **10** 3

Ordnungsgeld
- Anordnung des persönlichen Erscheinens **51** 21 ff.
- ehrenamtliche Richter **31** 7; **28** 1 ff.
- genügende Entschuldigung **51** 23
- Höhe **28** 7
- Voraussetzungen **28** 3 ff.

Ordnungsmittel **9** 16
- Dolmetscher **9** 24

Organisationsentscheidung
- Bundesregierung **117** 1 ff.
- Darlegungs- und Beweislast **58** 194

1561

Stichwortverzeichnis

Organmitglieder 5 10 f.
– Kündigungsschutzklage 5 11
Organstreitverfahren
– kirchliches Arbeitsgerichtsverfahren Anh. 3 64
Ort der Arbeitsleistung 2 62
Örtliche Zuständigkeit 2 46, 56 ff.; 55 20
– Arbeitsort 2 59
– Aufenthalt bei natürlichen Personen 2 76
– Aufhebungsgericht 110 21
– Beschlussverfahren 82 1
– Beschlussverfahren in besonderen Fällen 97 7
– Bezirk des Betriebes 82 2 ff.
– Einzelfälle 2 58 ff.
– Erfüllungsort 2 61
– Europäischer Betriebsrat 82 5
– Feststellungsantrag (BetrVG) 82 2
– Fristsetzungsverfahren 102 30
– Gehörsrüge 78a 13
– Gesamtbetriebsrat 82 3
– Grundsätze 2 57
– kirchliches Arbeitsgerichtsverfahren Anh. 3 34 ff.
– Klage wegen Benachteiligung 61b 13
– Mahnverfahren 46a 3
– Prorogation 2 69
– Revisionsgründe 73 104
– rügelose Einlassung 2 70
– Schwerbehindertenvertretung 82 7
– SE-Beteiligungsgesetz 82 6
– Tariffähigkeit oder Tarifzuständigkeit 82 7
– tarifvertragliche Prorogation 2 69
– Verfahren für die Entscheidung 2 77
– Verweisungsantrag 2 74
– Wahlrecht nach § 35 ZPO 2 74
– Widerklage 2 75
– Wirksamkeit einer Allgemeinverbindlicherklärung 82 7
– Wohnsitz 2 76

Pachtvertrag 2 32
Paritätische Kommissionen 101 11
Parteien
– kirchliches Arbeitsgerichtsverfahren Anh. 3 45 ff.
Parteifähigkeit 10 1 ff.; 46 109
– Allgemeines 10 1
– Arbeitgebervereinigungen 10 10; 46 109
– ausländische juristische Personen 10 5
– Betriebsrat 46 110
– Gesellschaft bürgerlichen Rechts 10 3; 46 106
– Gewerkschaften 10 6; 46 109
– GmbH 10 4
– Grundsatz 10 2
– juristische Person 46 112
– Kapitalgesellschaften 10 4
– Kommanditgesellschaft 10 3
– mangelnde 10 24
– natürliche Personen 46 111
– OHG 10 3
– Partnerschaftsgesellschaft 10 3; 46 111

– Pensions-Sicherungs-Verein 46 303
– Personengesellschaften 10 3
– Spitzenorganisationen 10 11
– Spitzenverbände 46 109
– Urteilsverfahren 10 2
– Verein 10 3
– Vereinigungen von Hausgewerbetreibenden 46 109
– Vorgesellschaft 10 4
Parteivernehmung 55 46; 58 72
– Berufungsverfahren 64 120
– Beweisantritt 58 77
Parteizustellung 50 49 ff.
– Gerichtsvollzieher 50 49
Partnerschaftsgesellschaft
– Parteifähigkeit 10 3; 46 10
Passivlegitimation
– Leistung der Altersversorgung 46 305
Pauschale Lohnsteuer 46 160
PDF-Datei 46c 8
Pensionssicherungsverein 2 33
– Parteifähigkeit 46 303
Personalakten
– Beiziehung 56 22 f.
Personalratsanhörung
– Darlegungs- und Beweislast 58 189
Personalvertretung 2a 19
Personalvertretungsgesetz 2a 21
Personalvertretungsrechtliche Beschlussverfahren 92a 20
Personalvertretungssachen 93 17 ff.
– Offizialmaxime 93 20
– Rechtsbeschwerdeverfahren 94 33; 96 21
– Revisibilität 93 17
– Sachentscheidung 93 19
Personenbedingte Kündigung
– Darlegungs- und Beweislast 58 204 ff.
– unzumutbare Betriebsbeeinträchtigungen 58 213
Personengesellschaften
– Parteifähigkeit 10 3
Persönliche Abhängigkeit 2 6
Persönliches Erscheinen der Parteien 51 1 ff.; 56 34
– Allgemeines 51 1
– Anordnung 51 2 ff.
– Beschlussverfahren 80 8; 83 3
Pfändungsgläubiger 3 4
Pflegeversicherung
– AN-Anteile 2 36
– ehrenamtliche Richter 31 46
Pflichtverletzung
– Schadensersatz 2 10
Pilotprozesse 72 23, 26
PKH-Bewilligungsverfahren
– Berufungsverfahren 66 64
Pläne
– Vorlage 56 28

Stichwortverzeichnis

Politische Betätigung
– Berufsrichter **6** 6
Postulationsbefugnis
– sofortige Beschwerde **92b** 2
Postulationsfähigkeit 46 117 ff.
– Nichtzulassungsbeschwerde **92a** 3
– sofortige Beschwerde **72b** 14
Präklusion
– Angriffs- und Verteidigungsmittel **67** 4; **56** 76 ff.
– Beschwerdeeinlegung **78** 37
– Gehörsrüge **78a** 35
– verspätetes Vorbringen **56** 43, 76 ff., 84
Präklusionsvorschriften 56 43
Praktikanten 5 12
Präsident 6a 21
Präsidialrat 15 10
Präsidium 6a 1 ff.
– Anfechtung einer Wahl **6a** 11
– Anhörungspflichten **6a** 16
– Aufgabenstellung **6a** 3
– Aufgabenwahrnehmung **6a** 6
– aufsichtführender Richter **6a** 21
– Ausscheiden **6a** 13 f.
– Beschlussfähigkeit **6a** 16
– Definition **6a** 3
– Eilanordnung **6a** 20
– Geschäftsordnung **6a** 15
– Größe **6a** 5
– Präsident **6a** 21
– Richteröffentlichkeit **6a** 19
– Schriftlichkeit der Beschlüsse **6a** 17
– Stellvertreter **6a** 12
– Stimmverhalten **6a** 20
– Umlaufverfahren **6a** 18
– Verfahren **6a** 15
– Verstöße gegen die Wahlpflicht **6a** 11
– Vertretung **6a** 12
– Vorsitz **6a** 5, 21
– Wahl **6a** 8 ff.
– Wahlanfechtung **6a** 11
– Wahlberechtigte **6a** 8
– Wahlpflicht **6a** 9
– Zusammensetzung **6a** 5
– Zuteilung der Richter **6a** 4
Privatgutachten 58 68
Probezeit
– Darlegungs- und Beweislast **58** 222
Projektakten
– Beiziehung **56** 22
Prokurist
– Gesamt- **5** 10
Prorogation 2 61, 69
Protokoll
– Beweiskraft **58** 95
Prozessbevollmächtigte
– Zurückweisung **9** 4
Prozessfähigkeit 11 2
– Ausländer **11** 3

– Begriff **10** 26
– Beschlussverfahren **80** 4
– Betreute **46** 113
– Darlegungs- und Beweislast **58** 233
– Fiskus **11** 4
– juristische Personen **11** 4
– Minderjährige **10** 27
– Sozialversicherungsträger **11** 4
– Urteilsverfahren **10** 25
Prozessförderungspflicht 56 10, 82; **57** 12
– Kündigungsverfahren **61a** 1 ff.
– mündliche Verhandlung **57** 16 ff.
– richterliche ~ **46** 12
– Verstöße **57** 14
– Zurückweisung von Vorbringen **67** 20 ff.
Prozessführungsbefugnis 46 114 ff., 215
– Bundesagentur für Arbeit **46** 114
– Inkassozession **46** 114
– Insolvenzausfallgeld **46** 114
– Prozessstandschaft **46** 114
– Sozialversicherungsträger **46** 114
Prozesshindernde Einrede 102 1 ff.
Prozesskostenhilfe 11a 1 ff., 29 ff.
– Antrag **11a** 33
– Ausbildungsstreitigkeiten **111** 26
– Beschlussverfahren **80** 5
– Beschwerde **78** 9
– Beschwerdeführer **72a** 98 ff.
– Beschwerdegegner **72a** 101
– EG-Richtlinie 2003/8/EG **13a** 4
– Einkommen **11a** 11 ff.
– Erfolgsprognose **11a** 29
– grenzüberschreitende ~ **11a** 29
– hinreichende Aussicht auf Erfolg **11a** 31
– Mahnverfahren **46a** 40
– mutwillige Rechtsverfolgung **11a** 32
– Nichtzulassungsbeschwerde **72a** 98 ff.
– persönliche Voraussetzungen **11a** 16 ff.
– Revisionseinlegung **74** 15
– Schiedsklage **104** 14
– sofortige Beschwerde **72b** 34
– Verfahren **11a** 33
– Vermögen **11a** 14 ff.
– verspätet abgesetzte Urteile **72b** 34
– Voraussetzungen **11a** 29
– wirtschaftliche Voraussetzungen **11a** 9 ff.
Prozesskostenhilfeverfahren
– Rechtsweg **48** 6
Prozessleitung 9 14
Prozessmaximen 46 3
Prozessstandschaft 46 114
– Beschlussverfahren **81** 43
– gewillkürte ~ **81** 43
Prozesstaktik 57 17
Prozessunfähigkeit
– Verfahrensgestaltung **72a** 70
Prozessvergleich 54 29 ff.; **57** 25 ff.

Stichwortverzeichnis

- Darlegungs- und Beweislast 58 144
- Protokollierung 54 32
- Vergleichsvorschlag des Gerichts 54 31
- Vollstreckungstitel 62 3
- Widerrufsvergleich 54 30
- Zustellung 50 9

Prozessvertretung 11 1 ff.; 11a 1
- Arbeitgebervereinigungen 11 18
- Arbeitnehmervereinigungen 11 18
- ausländische Rechtsanwälte 11 10
- Beistände 11 40
- Berufsrichter 11 23
- Beschäftigte 11 11
- Beschlussverfahren 11 35; 80 4
- beschränkt Geschäftsfähige 11 2
- Betriebsrat 11 35
- Bevollmächtigte 11 6 ff.
- Bevollmächtigung des Prozessvertreters 11 28 ff.
- Bundesarbeitsgericht 11 33
- DGB 11 18
- DGB-Rechtsschutz GmbH 11 18
- durch die Parteien selbst 11 2
- ehrenamtliche Richter 11 23
- Familienangehörige 11 14
- Gesamtbetriebsrat 11 35
- Geschäftsunfähige 11 2
- Gewerkschaften 11 18
- Innung 11 18
- juristische Personen 11 18
- kirchliches Arbeitsgerichtsverfahren Anh. 3 48
- Konzernbetriebsrat 11 35
- Kreishandwerkerschaft 11 18
- Landesarbeitsgerichte 11 31 f.
- niedergelassener europäischer Rechtsanwalt 11 10
- Personen mit Befähigung zum Richteramt 11 16
- Rechtsanwälte 11 7 ff.; 11a 1 ff.
- Rechtsbeistände 11 40
- Rechtsreferendare 11 9, 23
- Steuerbevollmächtigte 11 40
- Streitgenossen 11 17
- Syndikus-Anwälte 11 7
- Untersagung der weiteren – 11 26
- Verbände 11 18
- Vereinigungen 11 18
- Zurückweisung eines Bevollmächtigten 11 26

Prozessverwirkung 46 279 ff.
- Rechtsprechungsbeispiel 46 282
- Umstandsmoment 46 281
- Voraussetzungen 46 280
- Zeitmoment 46 280

Prozessvollmacht 11 28 ff.
- Untervollmacht 11 29

Punktueller Streitgegenstandsbegriff 46 185

Rechnungslegung
- vorläufige Vollstreckbarkeit 62 11

Recht am eigenen Bild 58 37
Recht am gesprochenen Wort 58 34
Rechtliches Gehör 1 28; 9 5, 22; 40 1; 46 29 ff.; 55 36; 56 70 ff.; 72 4; 72a 14, 66, 121; 73 77; 78a 24 ff.
- Abhilfe bei Verletzung 78a 1 ff.
- Angriffs- oder Verteidigungsmittel 67 16
- Ausbildungsstreitigkeiten 111 24
- außerordentliche Rechtsbehelfe 46 33
- Aussetzung des Verfahrens 55 32
- Beschleunigungsgrundsatz 9 5
- Beweisaufnahme vor dem Schiedsgericht 106 9
- Hinweispflicht 78a 25
- Rechtsmittel 46 31
- Revisionszulassung 72 46 ff., 49
- Schiedsgerichtsverfahren 104 18; 105 6
- Umfang des Rechts zur Äußerung 72a 68
- Ungleichbehandlung durch den Richter 72a 69
- Verfahrensgestaltung bei Prozessunfähigkeit 72a 70
- Versagung 2 53
- Verspätungsvorschriften 67 16
- Verzögerung des Rechtsstreits 56 71
- Zurückverweisung verspäteten Vorbringens 56 42
- Zurückweisung verspäteten Vorbringens 56 71
- Zwangsvollstreckung 62 19

Rechtsantragsstelle 7 11
Rechtsanwälte 11 7 ff.
- ausländische – 11 10
- Beiordnung 11a 1 ff.
- Prozessvertretung 11a 1 ff.

Rechtsanwaltsgebührenstreitwert
- Streitwertfestsetzung 61 12

Rechtsanwaltsvergütung
- Nichtzulassungsbeschwerde 72a 113
- sofortige Beschwerde 72b 32
- Terminsgebühr 46 51

Rechtsauffassungen 67 10
Rechtsbehelfe 1 28
- Zwangsvollstreckung 62 41

Rechtsbehelfsbelehrung Einf. 17
- Versäumnisurteil 59 37

Rechtsbeistände
- Prozessvertretung 11 40

Rechtsbeschwerde 77 1; 78 57 ff.
- Amtsende Betriebsrat 94 6
- Amtsprüfung 92 20
- Anfechtbarkeit verfahrensleitender Beschlüsse 92 46
- Anfechtung von verfahrensbeendenden Beschlüssen 92 7 ff.
- Anfechtung von verfahrensleitenden Beschlüssen 92 12

Stichwortverzeichnis

- Anforderungen an Bestimmtheit von Anträgen 95 6
- Anschluss- 78 68; 92 36; 94 29
- Antrag auf Fortsetzung des eingestellten Verfahrens 92 16
- Antragstellung 92 22
- Arbeitgeberwechsel bei Betriebsübergang 94 9
- Aufklärungsrüge 94 27
- Ausscheiden aller Mitglieder des Betriebsrats 94 7
- Äußerungsfristen 95 7
- Begründung 78 67
- Begründung bei teilbarem Verfahrensgegenstand 94 24
- Begründungsfrist bei insolvenzrechtlichen Beschlussverfahren 94 19
- Begründungsfrist mit Verlängerungsmöglichkeit 94 18
- Beschlussverfahren 92 1 ff.
- Beschwer 92 19; 94 3
- Beteiligtenstellung 92 19 ff.
- Beteiligung bislang nicht angehörter Beteiligter 92 20
- Beteiligung der bisher Beteiligten 92 21
- Beteiligungsbefugnis 94 3
- Betriebsidentität 92 19
- Betriebsrat 92 19
- Betriebsübergang 92 19
- ehrenamtliche Richter 78 69
- Einigungsstellenverfahren 92 10
- Einlegungsfrist ohne Verlängerungsmöglichkeit 94 18
- Einstellungsbeschluss 92 12
- einstweiliger Rechtsschutz 92 9
- fehlende Beschlussfassung des Betriebsrats 94 26
- Form 78 67
- Frist 78 67
- Funktionsnachfolge Betriebsrat 94 6
- gegen Verwerfungsbeschluss 92 11
- Gemeinschaftsbetrieb 92 19
- Heilung unterlassener Beteiligung 92 20
- Heranziehung der ehrenamtlichen Richter 78 69
- Kündigungsschutzklage 78 64
- Mehrfachbegründungen der angefochtenen Entscheidung 94 25
- mündliche Äußerung der Beteiligten 95 9
- Nebenintervention 94 5
- Nichtzulassungsbeschwerde 92a 1 ff.
- rechtliche Überprüfung 96 5
- Rechtsbeschwerdebefugnis 94 3
- Rechtsmittelbefugnis 92 19
- Rechtsmittelbelehrung über Rechtsbeschwerdebefugnis 94 10
- Restmandat des Betriebsrats 94 7
- Sachrüge 94 22
- schriftliche Äußerung der Beteiligten 95 9
- Sprung- 87 2; 96a 1 ff.
- Statthaftigkeit 78 60 ff.; 92 7; 94 2
- Suspensiveffekt 92 45
- Teilbeschluss 92 8
- Teilzulassung 94 2
- Termin zur Anhörung 94 35
- Überprüfung 96 5
- unterbliebene Beteiligung 94 4
- Verfahren 78 66 ff.
- verfahrensbeendende Beschlüsse 92 7
- verfahrensbeendender Beschluss 94 2
- verfahrensleitende Beschlüsse 92 12
- Verfahrensrüge 94 23
- Verfahrensrüge wegen unterlassener Beteiligung 92 20
- Verwerfung 94 32
- Zivilprozessreformgesetz 78 57 ff.
- Zulassung 78 62; 94 2
- Zulassungsentscheidung des LAG 92 18
- Zulassungsgründe 92 18
- Zwischenbeschluss 92 8

Rechtsbeschwerde beim BVerwG 92 37 ff.
- Ausnahmen 92 43
- Beteiligung des Oberbundesanwalts 92 44
- Bundespersonalvertretungsangelegenheiten 92 38
- Landespersonalvertretungsangelegenheiten 92 39

Rechtsbeschwerdebefugnis
- Beschwer 94 11

Rechtsbeschwerdebegründung 94 1
- Äußerung der Beteiligten 95 5
- Frist 94 14
- Inhalt 94 20
- Spruch einer Einigungsstelle 94 14
- Zustellung 95 1 ff.

Rechtsbeschwerdeeinlegung 94 1 ff.
- Anwaltsunterschrift 94 14
- Form 94 14
- Frist 94 14
- Rechtsbeschwerdeschrift 94 1 ff.

Rechtsbeschwerdegründe 93 1 ff.
- Antragsänderung in der Vorinstanz 93 16
- auf Rüge zu berücksichtigende Mängel 93 8
- Aufklärungsrüge 93 9
- Beschluss des Betriebsrats 93 6
- Betriebsvereinbarungen 93 13
- Bindung an Parteianträge 93 7
- Einigungsstellensprüche 93 15
- falsche Verfahrensart 93 18
- Intensität der Prüfung 93 11
- Nachprüfbarkeit von Einigungsstellensprüchen 93 15
- Personalvertretungssachen 93 17 ff.
- Prüfverbote 93 4
- Rechtsfehlerprüfung 93 1
- Revisibilität des Satzungsrechts 93 12
- Revisionsgründe 93 2
- Rüge der mangelnde Vertretung 93 10
- Umfang der Prüfung 93 11
- unbestimmte Rechtsbegriffe 93 14
- unterlassene Beteiligung 93 10

1565

Stichwortverzeichnis

– Verspätungsrüge 93 3
– von Amts wegen zu berücksichtigende Mängel 93 5

Rechtsbeschwerdeschrift 92 22 ff.; 94 1 ff.
– Antrag 92 23
– Antragsrücknahme 94 31
– Äußerung der Beteiligten 95 5
– Bezeichnung der Verfahrensbeteiligten 92 22
– Bezugnahme auf Zulassungsgründe 94 28
– Hilfsanträge 94 30
– Inhalt 94 20
– kein Vertretungszwang bei Anhörung 95 6
– Zustellung 95 1 ff.

Rechtsbeschwerdeverfahren 92 1 ff.
– Amtszeitende nach Wahlanfechtung 96 22
– Änderung von Unterlassungs- in Feststellungsantrag 96 17
– Anhörung der Beteiligten 92 29
– Antragsänderung 92 33
– Antragsrücknahme 92 30
– anzuwendenden Bestimmungen 92 6
– Aufklärungsmängel der Vorinstanz 92 34
– Befugnis des Vorsitzenden 92 35
– Behandlung von Verfahrensrügen 96 13
– Beschluss 96 8
– Beschlussabfassung 96 9
– Besetzung der Richterbank 92 35
– Besonderheiten 93 5; 92 25 ff.
– Bestimmtheitsgebot 96 16
– Dauer der Rechtskraftwirkung 96 19
– einseitige Erledigungserklärung 95 12
– Einstellungsbeschluss nach Erledigung 95 13
– Einstellungsbeschluss nach Wegfall der Rechtshängigkeit 95 14
– Endentscheidung 96 15
– Entscheidung 96 1 ff.
– Entscheidungsrundlage 92 33
– Erledigung des Verfahrens 95 10
– Erledigungserklärung 95 10
– erstmalige Bedenken 96 16
– Form der Entscheidung 96 4
– Gegenstandswert 96 23
– Globalantrag 96 17
– Hinzuziehung der Ehrenamtsrichter 92 35
– Inhalt der Entscheidung 96 4, 11
– Insolvenzordnung (InsO) 92 25
– neuer Vortrag 92 34
– neues tatsächliches Vorbringen 96 5
– neues Vorbringen 96 18
– partieller Vertretungszwang 92 27
– Personalvertretungssachen 94 33; 96 21
– Postulationsfähigkeit 92 26
– Prozessleitungspflicht 96 16
– Rechtskraft 96 19
– Sachentscheidung 96 1

– Syndikusanwalt 92 28
– Verfahrensverstöße 96 12
– Vergleich 95 15; 96 5
– Verkündung der Entscheidung 96 10
– Verkürzung des Instanzenzugs nach der InsO 92 25
– Vertretung der Beteiligten vor dem BAG 92 26
– Vertretung durch Verbände 92 28
– Widerspruch zur Erledigungserklärung 95 11
– Zurückverweisung 96 1, 14
– Zurückverweisung zur Ausräumung von Bedenken 96 16
– Zustellung der Rechtsbeschwerdeschrift/-begründung 95 1 ff.

Rechtsbeugung 72 17
Rechtsfähigkeit
– Antragsteller 10 12
Rechtsfehler 72 4
Rechtsfrage 72 4
Rechtshängigkeit 46 66, 94
Rechtshilfe 13 1 ff.
– Ablehnung 13 4
– Allgemeines 13 1
– Amtsgericht 13 3
– Amtshilfe 13 1
– Ausforschungsbeweis 13 3
– Ausland 13 6
– Entscheidung 13 5
– Ersuchen 13 4
– Inland 13 2
– Übermittlung personenbezogener Daten 13 7

Rechtshilfeabkommen 13 6
Rechtshilfeentscheidung 106 20
Rechtshilfeersuchen 53 16; 106 16
Rechtshilfegerichte 106 18, 21 ff.
– Beweisaufnahme 106 22
– Verfahren 106 22 ff.

Rechtshilfeverfahren 106 15 ff.
– Beeidigung 106 17 ff.
– Beweisaufnahme 106 15
– Gerichtsgebühren 106 25
– Kosten der Rechtshilfe 106 25
– Unvermögen des Schiedsgerichts 106 16
– Voraussetzungen 106 15

Rechtskraft 46 101; 62 1
– Ausdehnung 46 137
– Beschluss 84 7; 91 13 ff.
– Gehörsrüge 78a 16
– Schiedsspruch 108 30
– Wirksamkeit einer Allgemeinverbindlicherklärung oder Rechtsverordnung 98 17
– Zwischenfeststellungsklage 46 137

Rechtskrafterstreckung nach § 325 ZPO 46 222
Rechtsmittel 9 56 ff.

Stichwortverzeichnis

Rechtsmittelbefugnis
- Beschwer durch Entscheidungsgründe 94 12
- Wahlanfechtungsverfahren 94 13

Rechtsmittelbegründungs-/-beantwortungsfristen 9 4

Rechtsmittelbelehrung 9 56 ff.; 64 7
- Anschlussberufung 9 59
- befristete Rechtsmittel 9 56
- belehrungspflichtige Entscheidungen 9 56 ff.
- Berichtigung 9 75
- Einspruch 9 61
- fehlende ~ 9 68 ff.
- fehlende Zustellung der Entscheidung 9 73
- Folgen fehlender oder unrichtiger Belehrung 9 68 ff.
- Form 9 64
- Fünf-Monats-Frist 9 73
- Heilung 9 75
- höhere Gewalt 9 70
- Inhalt 9 65
- kirchliches Arbeitsgerichtsverfahren Anh. 3 43
- Nachholung 9 75
- Nichtzulassungsbeschwerde 9 62
- Notwendigkeit einer Begründung 9 66
- Rechtsbehelfe 9 57
- selbstständig anfechtbare Entscheidungen 9 63
- unbefristete Rechtsmittel 9 57
- unrichtige ~ 9 68 ff.
- Unterschrift 9 64
- Vertrauensschutz 9 72
- Widerspruch gegen Mahnbescheid 9 61
- zweites Versäumnisurteil 9 66

Rechtsmittelklarheit 78 74

Rechtsmittelkosten 46 15

Rechtsmittelverfahren
- Kostenerstattung 12a 10

Rechtsnachfolge 3 1, 3

Rechtspfleger 7 11 f.; 9 48 ff.
- Aufgaben 9 50
- Aufgabenkonflikt 9 53
- Aufgabenzuweisung 9 52
- Geschäfte 9 50
- Justizverwaltung 9 52
- Rechtsbehelfe gegen Entscheidungen 9 54
- Rechtsberatung 9 51
- sachliche Unabhängigkeit 9 49
- Unabhängigkeit 9 49

Rechtsreferendare
- Prozessvertretung 11 9, 23

Rechtssache 72 4

Rechtssätze 58 47

Rechtsschutzbedürfnis 46 120
- Ausländersicherheit 46 123
- Einrede des Schiedsvertrags 46 122
- Klagerücknahmevereinbarung 46 125
- Leistungsklagen 46 120 f.
- Masseunzulänglichkeit 46 121
- Schiedsvertragseinrede 46 122

Rechtsschutzinteresse
- Änderungskündigung 46 143
- Beschlussverfahren 81 45 ff.

Rechtsschutzversicherung 11 41 f.

Rechtsstreitigkeiten zwischen Arbeitnehmern 2 34

Rechtsvermutung 58 29

Rechtsweg 1 5 ff.; 2 1 ff.; 46 104; 48 1 ff.
- Allgemeines 48 1
- Arrestverfahren 48 7
- Aufzählung 2 2
- Beschlussverfahren 48 4
- Drittschuldnerklage 46 327
- einstweiliges Verfügungsverfahren 48 7
- Mahnverfahren 46a 22; 48 5
- negative Kompetenzkonflikte 2 54
- Prozesskostenhilfeverfahren 48 6
- Unzulässigkeit 2 49
- Urteilsverfahren 48 3
- Verweisung 2 8
- Weiterverweisung in einen anderen ~ 2 53
- Weiterverweisung wegen örtlicher Unzuständigkeit 2 53
- Zulässigkeit 2 46, 48; 48 2
- Zuständigkeit 2 78

Rechtswegentscheidung
- Verfahren 2 46 ff.

Rechtszug 8 1 f.

Referendare 9 30 ff.
- Führung der Gütesitzung 9 31
- Güteverfahren 54 5
- Rechtspflegeraufgaben 9 32
- Urkundsbeamter der Geschäftsstelle 9 32

Regelungsverfügung 62 49

Reisekosten
- Kostenerstattung 12a 12

Restitutionsklage 79 13 ff.; 110 30
- Auffinden von Urteilen und anderen Urkunden 79 16
- Freispruch 79 17
- Schiedsspruch 108 34
- strafbare Handlung 79 14
- Strafurteil 79 17
- Urteilsaufhebung 79 15
- Verwaltungsakt 79 15

Revision 72 1 ff.; 74 90
- Anschluss- 74 115 ff.
- Anwendbarkeit der ZPO 72 72
- Begründetheit 75 1
- Entschädigung § 61 Abs. 2 72 82
- Entscheidung über die Begründetheit 75 1
- Form der Rücknahme 74 106
- Meistbegünstigung 74 95
- Rücknahme 74 102
- Statthaftigkeit 74 90
- Statthaftigkeitsvoraussetzung 72 2
- Übersendung von Urteilen an Ministerien 72 83

Stichwortverzeichnis

- Unbegründetheit 74 92; 75 1
- Unzulässigkeit 74 87 ff., 93
- Verhältnis zur sofortigen Beschwerde 72b 22 ff.
- Verwerfung 74 87 ff.
- Verwerfungsbeschluss 74 97
- Vornahme einer Handlung 72 82
- Zulässigkeitsprüfung 74 87 ff.
- Zurückweisung 75 1
- Zurückweisung durch Beschluss 75 2

Revisionsbegründung 72a 94; 74 36 ff.
- Antrag 74 57
- Aufklärungsrüge 74 74
- Beschwer 74 79
- Betriebsübergang 74 63
- Beweisrüge 74 73
- Bezugnahme 74 55
- Bezugnahmemöglichkeit 72a 94
- Bindung an Anträge 74 65
- durch Aufrechnung erloschen 74 81
- Feststellungsrüge 74 75
- Form 74 54
- Frist 74 37
- Fristverlängerung 74 41 ff.
- Gegenrüge 74 78
- gewillkürter Parteiwechsel 74 62
- Hilfsanträge 74 61
- Inhalt 74 57, 64 ff.
- Kausalität 74 70
- kirchliches Arbeitsgerichtsverfahren Anh. 3 68
- Klageänderung 74 60, 77
- materiell-rechtliche Sachrüge 74 68
- mehrere selbstständige Streitgegenstände 74 67
- Nachschieben 74 69
- Parteiwechsel 74 62 ff.
- Rechtsträgerumwandlung 74 63
- Sachantrag 74 58
- Sachrüge 74 68
- Schriftsatz 74 55
- Tatbestandsberichtigungsantrag 74 75
- Teilurteil 74 75
- Verfahrensfehler 74 64
- Verfahrensrüge 74 64, 70
- Verletzte Rechtsnorm 74 64
- verspätetes Vorbringen 74 76
- ZPO-Bestimmungen 74 36
- Zurückweisung als unbegründet 74 80
- Zurückweisung als unzulässig 74 80

Revisionsbeschwerde 77 1 ff.
- Absehen von Entscheidungsgründen 77 32
- Allgemeines 77 1
- Anschließung 77 3
- Anwaltskosten 77 34
- Anwaltsvergütung 77 35
- Begründungsfrist 77 27
- Bindung an die Zulassung oder Nichtzulassung 77 18 ff.
- Einlegung 77 22
- Einlegungsfrist 77 24
- Entscheidung 77 28
- Entscheidung ohne ehrenamtliche Richter 77 28
- Entscheidung ohne mündliche Verhandlung 77 29
- Gerichtsgebühr 77 35
- Kostenentscheidung 77 33
- Revisionsbeschwerdegründe 77 26
- Revisionsbeschwerdeschrift 77 25
- Schriftform 77 23
- Statthaftigkeit 77 4
- Vertretungszwang 77 23
- Verwerfung 77 30
- Zulassung 77 11
- Zurückverweisung 77 31

Revisionseinlegung 74 1 ff.
- 17-Monats-Frist 74 24 f.
- Ablehnungsgesuch wegen Befangenheit 74 30
- Amtszustellung des Berufungsurteils 74 25
- anzuwendenden Formvorschriften 74 1
- Aussetzung 74 30
- bedingte ~ 74 13
- Beginn des Fristlaufs 74 24
- Beschränkung 74 19
- Computerfax 74 9
- Einreichung 74 20
- Ergänzungsurteil 74 28
- Form 74 1 ff.
- Frist 74 20
- Fristberechnung 74 21 ff.
- Fristenlauf bei Ergänzungsurteil 74 28
- Fristenlauf bei Urteilsberichtigung 74 27
- Fristenlauf bei Verfahrensunterbrechung 74 30
- Fristenlauf nach Zulassung durch das BAG 74 29
- Fristlauf 74 24
- Fünf-Monats-Frist 74 24
- Funkfaxe 74 9
- gestörter Telefaxempfang 74 8
- Heilung 74 6
- Hilfsanträge 74 16
- kirchliches Arbeitsgerichtshofverfahren Anh. 3 68
- mehrere Prozessbevollmächtigte 74 26
- neuer Fristenlauf 74 30
- Prozesskostenhilfe 74 15 f.
- rügelose Einlassung 74 6
- Rügeverzicht 74 6
- Scheinurteil 74 33
- Schriftform 74 4
- Telefax 74 7
- telegrafische Übermittlung 74 7
- übergangene Anträgen 74 17
- unbedingte ~ 74 13
- Unterbrechung 74 30
- Unterschrift eingescannt 74 9
- Urteilsberichtigung 74 27
- Verfahrensunterbrechung 74 30

Stichwortverzeichnis

- vor Verkündung des Berufungsurteils 74 31
- Zuvielzugesprochenes 74 18

Revisionsentscheidung
- kirchliches Arbeitsgerichtverfahren **Anh. 3** 70

Revisionsgericht 72 1; 73 1
- Hinweise 75 30

Revisionsgründe 73 1 ff.
- Abordnung eines Richters 73 50
- absolute ~ 73 49 ff., 100; 74 71; 75 15
- atypische Willenserklärungen 73 22
- auf Rüge zu berücksichtigende Verfahrensmängel 73 46
- Ausgleichsquittungen 73 21
- ausländisches Recht 73 35
- Auslegungsregel 73 22
- Ausschließungsgrund 73 66
- außer Kraft getretenen Recht 73 39
- behördliche Akte 73 40
- Berufung der ehrenamtlichen Richter 73 106
- Besetzung des Gerichts 73 50
- betriebliche Übung 73 21
- Betriebsnormen 73 15
- Betriebsvereinbarung 73 17
- Beurteilungsspielräume 73 24
- Beweiswürdigungen 73 26
- Bezugnahme 73 71
- Darlegungs- und Beweislast 73 14
- Denkgesetze 73 9, 13
- Dienstordnung 73 18
- Eingruppierungsrichtlinie 73 15
- Einschränkung der Prüfkompetenz 73 43
- Einschränkung der Zulässigkeitsprüfung 73 103
- Entscheidung ohne Gründe 73 70
- Entscheidung ohne Tatbestand 73 70
- Entscheidungserheblichkeit 73 98 ff.
- Erfahrungssatz 73 9
- Erfahrungssätze 73 13
- Ermessensentscheidung über die Zuständigkeit 73 58
- Ermessensentscheidungen 73 23
- Ermittlung von Normtatsachen 73 48
- Fehler des Arbeitsgerichts 73 42
- fehlerhafte Vertretung 73 67
- Formulararbeitsverträge 73 21
- Gegenrüge 73 46
- Gehörsrüge 73 77
- gerichtliche Akte 73 40
- Geschäftsverteilungsplan 73 34, 57
- Gesetze im formellen Sinne 73 9
- Gesetzesverletzungen 73 8 ff.
- gesetzliche Auslegungsregel 73 22
- Gewohnheitsrecht 73 12
- Heimarbeitsausschluss 73 12
- Heranziehung der Berufsrichter 73 62
- Heranziehung der ehrenamtlichen Richter 73 60
- Hilfskammer 73 59
- Interessenabwägungen 73 32
- Kausalität der Normverletzung 73 98 ff.
- kirchliches Arbeitsgerichtverfahren **Anh. 3** 70
- kirchliches Recht 73 20
- Klagerücknahme 73 33
- materiell-rechtliche Mängel 73 10
- Mitwirkung ausgeschlossener oder befangener Richter 73 66
- Mitwirkungsplan 73 62
- Mitwirkungsverbot 73 66
- Musterarbeitsverträge 73 21
- Normtatsache 73 17
- ordnungsgemäße Vertretung 73 67
- örtliche Zuständigkeit 73 104
- Prozesshandlung 73 33
- Prozessvergleich 73 33
- Prüfkompetenz 73 42
- rechtliches Gehör 73 77
- Rechtsnormen von Tarifverträgen 73 15
- Rechtsverordnung 73 9
- Rechtsweg 73 104
- Revisibilität außer Kraft getretenen Recht 73 39
- revisibles Recht 73 12
- Richterablehnung 73 66
- richtige Verfahrensart 73 104
- Rüge 73 63
- Ruhegeldzusage 73 21
- Sachrüge 73 11
- Satzungen 73 18
- Schätzungen 73 25
- Sollvorschriften 73 19
- Spruch einer Einigungsstelle 73 17
- Stiftungsrecht 73 18
- Subsumtion 73 13
- Tarifverträge 73 15
- typische Willenserklärung 73 21
- unbestimmter Rechtsbegriff 73 24
- Unionsrecht 73 37
- unverständlich Begründung 73 70
- Vereinssatzungen 73 18
- Verfahrensart 73 104
- Verfahrensfehler 73 10
- Verfahrensmängel 73 46 ff.
- Verfahrensrecht 73 42 ff.
- Verfahrensrüge 73 46
- verfristete Urteile 73 74
- Verletzung der Öffentlichkeit 73 69
- Verletzung materiellen Rechts 73 11 ff.
- Verletzung von Bundesrecht 73 8
- Verletzung von Landesrecht 73 8
- Verletzung von Verfahrensrecht 73 42 ff.
- verspätet abgesetzte Urteile 73 76
- Verträge 73 21
- Verweisungsklausel 73 21
- Völkerrecht 73 38
- von Amts wegen zu berücksichtigende Verfahrensmängel 73 46
- vorformulierte Vereinbarung 73 21
- widersprüchlicher Tatbestand 73 93
- Willenserklärungen 73 21

Stichwortverzeichnis

- Zeitpunkt für die Gesetzesverletzung 73 102
- Zuständigkeit 73 104
- Zuständigkeitsfehler 73 64

Revisionsinstanz
- Eröffnung 72 65

Revisionsschrift 74 4
- beglaubigte Abschrift des angefochtenen Urteils 74 11
- Bezeichnung der Parteien 74 10
- Bezeichnung des angerufenen Gerichts 74 10
- Falschbezeichnung des Rechtsmittels 74 14
- mangelnde Lesbarkeit 74 7
- Paraphe 74 5
- Pflichtangaben 74 10 ff.
- Sozietät 74 5
- Unterschrift 74 4
- Unterschrift des Anwalts 74 5
- Verantwortung 74 5
- Vertauschen der Parteirollen 74 10

Revisionsurteil 75 1 ff.
- Anwesenheit der ehrenamtlichen Richter 75 63
- anzuwendende Normen 75 1 ff.
- Begründetheit 75 1
- Berichtigung 75 75
- Berufsrichter 75 64
- Besetzung der Richterbank 75 70
- Beurteilungsspielraum 75 22
- Bindung des Berufungsgerichts 75 23
- Durcherkennen 75 20
- Endentscheidungsreife 75 12
- Entscheidung bei Säumnis 75 35 ff.
- Entscheidung im schriftlichen Verfahren 75 50
- Entscheidung in der Sache 75 12
- Entscheidung nach Aktenlage 75 41
- Entscheidungsgründe 75 67
- Ergänzung 75 75
- Ermessen 75 22
- Hinweise des Revisionsgerichts 75 30
- Inhalt 75 56
- Kassation 75 12
- Menschenrechtsbeschwerde 75 81
- Sachentscheidung 75 20
- Säumnis des Revisionsbeklagten 75 37
- Säumnis des Revisionsklägers 75 36
- schriftliches Verfahren 75 50
- Selbstbindung des BAG für Rückläufer 75 33
- Senatsvorsitzender 75 64
- Unterzeichnung 75 68
- Urteilsaufhebung 75 1
- Urteilsformel 75 65
- Verfahrensmängel 75 57
- Verfassungsbeschwerde 75 78
- Verhinderung 75 68
- Verkündung 75 62
- Verkündungstermin 75 63
- Verlesung 75 65
- Vermerk des Hinderungsgrundes 75 69
- Versäumnisurteil 75 35 ff., 58
- Verzicht auf Tatbestand mit Entscheidungsgründe 75 60
- Zurückverweisung 75 12, 18
- Zurückweisung 75 1

Revisionsverfahren 72 1 ff.
- Ablehnung eines Richters 72 76
- Anerkenntnisurteil 72 8
- Arrest 72 11
- Befugnisse des Senatsvorsitzenden 72 80
- Durchführung 76 43 ff.
- einseitige Erledigungserklärung 75 50
- einstweilige Einstellung der Zwangsvollstreckung 74 130
- einstweilige Verfügung 72 11
- Endurteile der LAG 72 8
- Entscheidung im schriftlichen Verfahren 75 50
- Entscheidung nach Aktenlage 75 41
- Ergänzungsurteil 72 8
- Erledigung der Hauptsache 75 47
- Fehler des Gerichts 74 95
- Grundlage der Nachprüfung 73 93 ff.
- Grundsatz 72 1 ff.
- kirchliches Arbeitsgerichtsverfahren **Anh. 3** 65 ff.
- Klageänderung 73 96; 74 60
- nachträgliche Erklärung der vorläufigen Vollstreckbarkeit 74 132
- neue Tatsachen 73 95
- nicht revisible Urteile 72 11
- Öffentlichkeit 72 76
- Prozessfortsetzungsvoraussetzungen 74 89
- Rechtliches Gehör 75 13
- Rücknahme 74 102
- Säumnis einer Partei 75 35 ff.
- schriftliches Verfahren 75 50
- Statistik 73 5
- Tatbestand des LAG 73 93
- tatsächliche Grundlage der Nachprüfung 73 93 ff.
- Teilurteil 72 8
- Terminbestimmung 74 82
- übereinstimmende Erledigungserklärung 75 49
- Vergleich 72 81
- verspätet abgesetzte Urteile **72b** 22
- Verwerfungsbeschluss 74 97
- Vorschriften des ArbGG 72 76
- ZPO-Bestimmungen 72 71
- Zurückweisung von Vorbringen 67 14 ff.
- Zwangsvollstreckung 74 130
- zweites Versäumnisurteil 72 5
- Zwischenurteil 72 9

Revisionsverwerfung 74 87 ff.

Revisionsverzicht 74 110 ff.
- Auslegung als Verzichtserklärung 74 112

Stichwortverzeichnis

- Empfänger 74 111
- unwiderrufbare 74 113

Revisionszulassung 72 2, 14 ff.
- absoluter Revisionsgrund 72 44
- Abweichung im Rechtssatz 72 37
- allgemeine Bedeutung 72 23
- Anschlussrevision 72 66
- Anträge 72 63 ff.
- auf Nichtzulassungsbeschwerde 72a 93
- Begründungspflicht 72 51
- Beschränkung 72 54
- Beurteilungsspielraum 72 14
- Bindung des Bundesarbeitsgerichts 72 68
- Divergenz 72 30 ff.
- divergenzfähige Entscheidung 72 32
- durch das Landesarbeitsgericht 72 14 ff.
- Einspruchsfrist 73 6
- Entscheidung des LAG 72 51
- Entscheidungserheblichkeit 72 21, 40 ff., 49 f.
- Erfahrungssatz 72 37
- Erhaltung der Rechtseinheit 72 15
- Eröffnung der Revisionsinstanz 72 65
- Form der Entscheidung 72 57 ff.
- Fortentwicklung des Rechts 72 15
- Geschichte 72 2
- Gründe 72 18 ff., 42 ff.; 73 1 ff.
- grundsätzliche Bedeutung der Rechtsfrage 72 18 ff.
- Haftung für rechtswidrige Zulassungsentscheidungen 72 70
- kirchliches Arbeitsgerichtsverfahren **Anh. 3** 65
- Klärungsbedürfnis 72 22
- Klärungsfähigkeit 72 20
- nachträgliche ~ 72 45
- nicht vorschriftsmäßige Besetzung 72 45
- Nichtzulassungsbeschwerde 72 63
- Prüfung von Amts wegen 72 14
- Prüfungsansatz 72 50
- rechtliches Gehör 72 46 ff., 49
- Rechtsfrage 72 19
- Streitwert 72 23
- Übergehung eines Beweisantritts 72 51
- Überraschungsentscheidung 72 51
- Umfang 72 53 ff.
- Urteil ohne Gründe 72 45
- Urteilsberichtigung 72 64
- Verfahrensmängel 72 43 ff.
- Verletzung einer Rechtsnorm 73 6 ff.
- Verletzung rechtlichen Gehörs 72 46 ff.
- Vermutungsregel 72 37
- Vorlagerecht/-pflicht 72 52
- vorläufige Rechtsmeinung 72 34
- Vorschriften der ZPO 73 6 ff.
- Wirkung der Entscheidung 72 65 ff.
- Zurückverweisung 72a 95
- Zurückweisung von Vorbringen 72 51

Richter
- Wechsel von Arbeits- in die Sozialgerichtsbarkeit **Einf.** 1

Richteramt 18 6
Richterliche Amtspflicht 72 17
Richterliche Prozessförderungspflicht 46 12
- Antragsmängel 46 18
- Aufklärungsdefizite 46 21
- Darlegungslücken 46 20
- fachkundige Prozessvertretung 46 22
- Gegenstände 46 17 ff.
- Zulässigkeitszweifel 46 17

Richteröffentlichkeit 6a 19
Richterrat 15 10
Richterwahlausschuss 18 1
Rubrum 46 72
- Gesellschaft bürgerlichen Rechts 46 77
- juristische Personen des öffentlichen Rechts 46 76
- juristische Personen des Privatrechts 46 75
- Kommanditgesellschaft 46 77
- natürliche Personen 46 74
- OHG 46 77
- Personengesellschaften 46 77

Rubrumsberichtigung 46 72
Rückgruppierung 46 328
- Darlegungs- und Beweislast 58 169
- korrigierende ~ 58 169

Rückgruppierungsprozess 46 132, 343
Rücktrittsvergleich 107 11
Rückzahlungsklausel
- Darlegungs- und Beweislast 58 234

Rüge der richterlichen Willkür 72a 72
Rügelose Einlassung
- Ablehnung von Gerichtspersonen 49 39
- internationale Zuständigkeit 1 13
- örtliche Zuständigkeit 2 70
- Zuständigkeit 2 1

Rügelose Verhandlung 2 70
Ruhegeld
- betriebliches ~ 2 10

Ruhegeld-Unterstützungskasse 2 21

Sachdienlichkeit 56 7
Sachentscheidung
- kirchliches Arbeitsgerichtshofverfahren **Anh. 3** 72

Sachliche Zuständigkeit 8 1
Sachurteilsvoraussetzung 46 101
- gewillkürte Prozessstandschaft 46 102
- Rechtskraft 46 101
- sic-non-Fall 46 102

Sachverständige
- kirchliches Arbeitsgerichtsverfahren **Anh. 3** 50
- Ladung 56 35

Sachverständigenbeweis 58 59, 66
- Beweisantritt 58 75
- Beweiswürdigung 58 91
- Glaubhaftigkeitsgutachten 58 66

1571

Stichwortverzeichnis

– Privatgutachten 58 68
– Unmittelbarkeitsgrundsatz 58 66
Sachverständigenentschädigung 9 55
Sachverständigengutachten 106 5
– schriftliches ~ 55 47
Säumnis beider Parteien 54 46 ff.; 55 15 ff.
– Klagerücknahmefiktion 54 51
Säumnis einer Partei 55 13; 59 7 ff.
– beklagte Partei 59 27
– Güteverfahren 54 41 ff.
– kein Verhandeln zur Sache 59 9
– klagende Partei 59 26
– Nichterscheinen 59 7
– Revisionsverfahren 75 35 ff.
– Versäumnisurteil 54 44
Schadensersatz 2 17
– Drittschuldnerklage 46 326
– einstweilige Verfügung 62 75; 85 40
– nach § 15 AGG 2 35
– Pflichtverletzung 2 10
– Zwangsvollstreckung 62 25
Schadensschätzung 58 96
– Darlegungslast 58 97
– Substantiierungslast 58 97
Schallplatten
– Augenscheinsbeweis 58 69
Scheinurteil
– Berufungsverfahren 64 8
– Revisionseinlegung 74 33
Schickschulden 2 61
Schiedseinrede 102 1 ff.; 104 2
– Allgemeines 102 1 f.
– Aufhebungsklage 102 11
– Ausschlussfrist 102 4
– Erhebung 102 3
– Folgen der wirksam erhobene ~ 102 8
– Gütetermin 102 5
– Klagefrist 102 4
– Rechtskraftwirkung 102 8
– Verweisung 102 8
– Voraussetzungen 102 2 ff.
– wirksam erhobene ~ 102 8
– Zulässigkeit 102 3
– Zwischenurteil 102 8
Schiedseinredeverlust 102 5, 9 ff.
– Ausschluss schiedsrichterlicher Entscheidung 102 34 f.
– Einzelheiten 102 12 ff.
– Fristsetzungsverfahren 102 29 ff.
– Nicht-Bildung des Schiedsgerichts trotz Fristsetzung durch das Arbeitsgericht 102 16
– Unmöglichkeit eines Schiedsspruchs 102 25 ff.
– Verzögerung des Beklagten bei der Richterernennung 102 12
– Verzögerungen durch Schiedsgericht 102 18
– Wirkung 102 33 ff.
Schiedsgericht 102 5 ff., 12
– absolute Mehrheit 108 12

– Aufhebungsklage 103 6
– Beratung 108 12
– Beratungsgeheimnis 108 12
– Besetzung 103 2 ff.; 110 28
– Besetzungsrüge im Aufhebungsverfahren 103 5 ff.
– Bühnenbereich 103 3 f.
– einfache Mehrheit 108 12
– Entscheidungsfindung 108 11
– freies Ermessen 104 17 f.
– Gelegenheitsschiedsgericht 101 5
– institutionelle ~ 101 5
– Kündigungsschutzklage 104 5 ff.
– Nicht-Bildung trotz Fristsetzung durch das Arbeitsgericht 102 16
– Ober- 102 11
– Parität 103 5
– Prüfungsbefugnis 101 27
– Rechtshilfeentscheidung 106 20
– Schlichtungsstelle 101 5
– Stimmenthaltung 108 12
– Tarif- 101 5
– Unparteiischer 103 7 f.
– Unvermögen 106 16
– Verzögerungen durch ~ 102 18
– Vorsitz 103 8
– Zusammensetzung 103 1 ff.; 104 16
– Zuständigkeit 104 5
Schiedsgerichtsakten 108 36
Schiedsgerichtsgerichtsverfahren 101 1 ff.
– Allgemeines 101 1 ff.
– Arbeitssachen 101 6 ff.
– Arrest 101 22
– Artist 101 34, 38
– Artistenschiedsgericht 101 38
– aus einem Arbeitsverhältnis 101 29
– Ausbildungsverhältnis 101 32
– Ausschließlichkeit 101 6
– Beleuchter 101 37
– Beschlussverfahren 101 21
– Bestandschutzklagen 101 30
– Betriebsvereinbarung 101 15
– Bühne 101 36
– Bühnenkünstler 101 35 ff.
– Bühnenschiedsgerichtsordnung 101 19
– Bühnentechniker 101 35, 36 f.
– bürgerliche Rechtsstreitigkeit 101 21
– Chefmaskenbildner 101 37
– Darsteller 101 36
– Dirigent 101 36
– Dramaturg 101 36
– Drittwiderspruchsklage 101 23
– Eilverfahren 101 22
– Einigungsstelle 101 15
– einstweilige Verfügung 101 22
– Einzeldarsteller 101 36
– Einzelschiedsvereinbarung 101 4, 15, 18
– erster Konzertstimmer 101 37

Stichwortverzeichnis

- Filmschaffender **101** 34, 38
- gekündigter Tarifvertrag **101** 20
- Gesamtschiedsvereinbarung **101** 3, 15, 17
- Kabarettist **101** 36
- Kapellmeister **101** 36
- konkurrierende Anspruchsgrundlage **101** 27
- Konzertunternehmen **101** 36
- Leiter des Beleuchtungswesens **101** 37
- Leiter des Kostümwesens **101** 37
- Maskenbildner **101** 37
- Mitglieder an Bühnen **101** 36
- nachwirkender Tarifvertrag **101** 20
- NV Bühne **101** 36 f.
- Opernchormitglied **101** 36
- Pantomime **101** 36
- Personen in ähnlicher Stellung **101** 36
- Philharmonie **101** 36
- Podium **101** 36
- Pressereferent **101** 36
- Puppentheaterspieler **101** 36
- Referent der Öffentlichkeitsarbeit **101** 36
- Regelungsstreitigkeiten **101** 21
- Regisseur **101** 36
- Requisiteur **101** 37
- Sänger **101** 36
- Schauspieler **101** 36
- Schiffsbesatzungsmitglied **101** 34
- Schiffskapitän **101** 34
- Solomitglieder **101** 36
- Souffleur **101** 36
- Sozialplan **101** 15
- Spielleiter **101** 36
- Statusklagen **101** 31
- Statusprüfung **101** 41 f.
- Streitgegenstände **101** 21 ff.
- Streitgegenstände für die Schiedsgerichtsbarkeit **101** 21
- Streitigkeiten aus Tarifverträgen **101** 26
- Tänzer **101** 36
- Tanzgruppenmitglied **101** 36
- technischer Direktor **101** 37
- technischer Leiter **101** 37
- Theater **101** 36
- Theaterbereich **101** 19
- Theaterpädagoge **101** 36
- Theaterunternehmen **101** 36
- Tonmeister **101** 37
- Tontechniker **101** 37
- Vollstreckungsabwehrklage **101** 23
- weitere Berufsgruppen **101** 39
- Zulässigkeit **101** 1

Schiedsgerichtsverbot **101** 9 ff.
- Ausnahmen **101** 11

Schiedsgerichtsverfahren
- Anberaumung eines Termins **105** 6
- Anhörung der Parteien **105** 1 ff.
- anwendbare Regeln **104** 12
- Arrest **104** 14
- Ausschluss des schriftlichen Verfahrens **105** 3
- Ausschluss schiedsrichterlicher Entscheidung **102** 34 f.
- außergerichtliche Kosten **104** 16
- beidseitige Säumnis **105** 7
- Beweisaufnahme **106** 1 ff.
- Bühnenbereich **104** 16, 22
- Durchführung der Anhörung **105** 4
- Eilverfahren **104** 14
- einstweilige Verfügung **104** 14
- Erledigung der Hauptsache **108** 6
- Erstattung der außergerichtlichen Kosten **104** 16
- Folgen der Säumnis **105** 7
- Gerichtskosten **104** 16
- Klage **104** 1 ff.
- Kosten **104** 19 ff.
- Kostenentscheidung **104** 19
- Kostenerstattung **104** 16
- Kostenfestsetzungsverfahren **104** 21
- Kostenlast **104** 22
- Ladung der Parteien **105** 6
- mündliche Anhörung **104** 15; **105** 4
- Mündlichkeitsgrundsatz **105** 3
- nicht anwendbare Regeln **104** 14
- Normenkontrolle **104** 14
- Prozessvertretung **105** 9
- rechtliches Gehör **104** 18; **105** 6
- Rechtsanwalt **105** 11
- Säumnis einer Partei **105** 6 ff.
- Säumnisverfahren **104** 16; **105** 6 ff.
- schriftliches Verfahren **105** 3
- Schweigen einer Partei **105** 8
- Verfahrensregeln **104** 12 ff.
- Verfahrensregeln des Schiedsvertrages **104** 16
- Vergleich **107** 1 ff.
- Verhandlungsleiter **104** 15
- Versäumnisurteil **105** 7
- Vertagung **105** 4, 6
- Vollmachtsurkunde **105** 10
- Weiterverhandlung **105** 5

Schiedsgutachtenverträge **101** 14, 24 f.
Schiedsklage **104** 1 ff.
- Allgemeines **104** 2
- Aufhebungsklage **104** 15 f.
- Aufhebungsverfahren **104** 3, 14
- Beitritt von Streithelfern **104** 4
- Bestimmtheitserfordernis **104** 4
- doppelte Rechtshängigkeit **104** 6
- eidesstattliche Versicherung **104** 8
- Einrede anderweitiger Rechtshängigkeit **104** 3
- Feststellungsklage **104** 13
- Glaubhaftmachung **104** 8
- Klageart **104** 13
- Klagefrist **104** 6

1573

Stichwortverzeichnis

- nachträgliche Zulassung **104** 7
- Prozesshandlungsvoraussetzung **104** 13
- Prozesskostenhilfe **104** 14
- Prozessvoraussetzung **104** 13
- Prozesszinsen **104** 3
- Rechtshängigkeit **104** 3
- Säumnisverfahren **104** 14
- Streitverkündung **104** 14
- tarifliche Ausschlussklausel **104** 2
- Verjährungsunterbrechung **104** 2
- Verweisung an das staatliche Gericht **104** 6
- Verzugszinsen **104** 3
- Vollstreckbarkeitserklärung **104** 15
- Zustellung **104** 15 f.

Schiedsrichter
- Ablehnungsgesuch **103** 14
- Ablehnungsgründe **103** 10
- Ablehnungsverfahren **103** 11 ff.
- Abstimmung **108** 11 f.
- Arbeitgeber **103** 2
- Arbeitnehmer **103** 2
- Ausschließungsgrund **103** 9 f.
- Berufung **103** 3
- Bühnenangehöriger **103** 3
- Ernennung **102** 14 f.
- Ernennungsverfahren **102** 12
- Obfrau/Obmann **103** 8; **104** 15; **108** 11
- subjektive Voraussetzungen **103** 9
- Theaterveranstalter **103** 3
- Unparteiischer **103** 7 f.
- Unterschriften **108** 14
- Unterschriftsverweigerung **108** 15
- Verhinderung **108** 15
- verspätete Benennung **102** 15

Schiedsrichterlicher Vergleich **107** 1 ff.
- Adressat **107** 6
- Allgemeines **107** 1
- Datumsangabe **107** 7
- Formalien **107** 6
- Kostenfolge **107** 4
- Nichteinhaltung der Formvorschriften **107** 9
- Rücktrittsvergleich **107** 11
- Schriftformerfordernis **107** 10 f.
- Unterschriften **107** 8
- Vergleich auf Widerruf **107** 11
- Vollstreckbarkeitserklärung **107** 8
- Vollstreckungstitel **107** 8
- Voraussetzungen **107** 2
- Widerrufsvorbehalt **107** 11
- Zwangsvollstreckung **107** 5

Schiedsspruch **104** 9, 15; **105** 4; **108** 1 ff.
- Abänderungsklage **108** 34
- absolute Mehrheit **108** 12
- Allgemeines **108** 1
- Antrag auf Vollstreckbarkeitserklärung **109** 5 f.
- anzuwendende gesetzliche Vorschriften **108** 10 ff.
- Aufhebbarkeit **103** 1, 15; **108** 17
- Aufhebungsgrund **110** 6
- Aufhebungsklage **108** 34; **110** 1 ff.
- Auflagenbeschlüsse **108** 1
- ausländischer ~ **109** 1
- Aussetzung des Vollstreckbarkeitsverfahren **109** 23 ff.
- Begründung **108** 16
- Berichtigung **108** 10
- Beweisbeschlüsse **108** 1
- Datumsangabe **108** 13
- einfache Mehrheit **108** 12 ff.
- Empfangsbekenntnis **108** 24
- ergänzender ~ **108** 7
- Ergänzung **108** 10
- Folgen der Zustellung **108** 26
- Formalien **108** 13 ff.
- Gleichstellungswirkung **108** 32
- Grundentscheidung **108** 1
- Korrekturen der Rechtskraftwirkung **108** 34
- Kostenausspruch **104** 20
- Kostenentscheidung **108** 5 f.
- Kostengrundentscheidung **108** 5, 7
- Niederlegung beim ArbG **108** 35
- Niederlegungsstelle **108** 35
- öffentliche Zustellung **108** 23
- präjudizielle Wirkung **108** 29
- Rechtskraftwirkung **108** 30, 34
- Rechtsmittelbelehrung **108** 18
- Rechtsnachfolger **108** 33
- res iudicata **108** 28
- Restitutionsklage **108** 34
- schriftliche Begründung **104** 15; **108** 4, 16
- subjektive Reichweite der Wirkung **108** 33
- Tag der Fällung **108** 13
- Teil- **108** 2, 7
- Tenor **108** 4
- Unmöglichkeit **102** 25 ff.
- Unterschriften **108** 14
- Unterschriftsverweigerung **108** 15
- Unzulässigkeit des schiedsgerichtlichen Verfahrens **110** 22
- Urteilsart **108** 10
- urteilsgleiche Wirkung **108** 28
- vereinfachte Zustellung **108** 24
- Verhandlungsleiter **108** 11
- Verkennung von Beweislastregeln **110** 27
- Verkündung **108** 7
- Verletzung allgemeiner Erfahrungs- und Denkgesetze **110** 27
- Verletzung einer Rechtsnorm **110** 24
- Vollstreckbarkeitsbeschluss **109** 21 ff.
- Vollstreckbarkeitserklärung **108** 9; **109** 2 ff.
- Vollstreckbarkeitsverfahren **109** 2 ff., 9 ff.
- Vollstreckungsabwehrklage **108** 34

Stichwortverzeichnis

- Vollstreckungstitel **62** 4
- Vollstreckungsverfahren **109** 26
- Vorbehaltsentscheidung **108** 10
- Wesen **108** 1
- Wiedereinsetzungsbeschlüsse **108** 2
- Wirkungen **108** 28
- Zeitpunkt der Wirkung **108** 32
- Zustellung **108** 19 ff.
- Zustellungsadressat **108** 25
- Zustellungsarten **108** 22
- Zwangsvollstreckung **109** 1 ff.
- Zwischen- **104** 9 f.

Schiedsvergleich
- Antrag auf Vollstreckbarkeitserklärung **109** 5
- Aussetzung des Vollstreckbarkeitsverfahren **109** 23 ff.
- Vollstreckbarkeitsbeschluss **109** 21 ff.
- Vollstreckbarkeitserklärung **109** 2 ff.
- Vollstreckbarkeitsverfahren **109** 9 ff.
- Vollstreckungstitel **62** 4

Schiedsvertrag 101 2
- Arbeitsvertragsparteien **101** 41
- Arten **101** 2
- beiderseitige Tarifbindung **101** 45 f., 54
- Bühnenbereich **101** 42
- Bühnenkünstler **101** 42 f.
- Einzelschiedsvereinbarung **101** 29, 34, 41
- fachlicher Geltungsbereich **101** 33 ff.
- Form **101** 17 ff.
- freie Dienstnehmer **101** 41
- Gastregisseur **101** 42
- Gastspielvertrag **101** 42
- gebundene Streitparteien **101** 40 ff.
- Geltungsbereich **101** 33 ff.
- Gesamtschiedsvereinbarung **101** 3 f., 25, 33, 40
- Gewerkschaft GDBA **101** 51
- Gewerkschaft IG Medien **101** 51
- Inhalt **101** 17 ff.
- Intendant **101** 44
- NV Bühne **101** 18 f.
- Partei kraft Amtes **101** 56
- Parteien **101** 15
- Parteien kraft Amtes **101** 40
- persönlicher Geltungsbereich **101** 54
- Rechtsnachfolger **101** 40, 56
- Streitigkeiten zwischen Arbeitnehmern **101** 57
- Streitparteien **101** 40 ff.
- Tarifbindung **101** 48 f., 51 f.
- Theaterbereich **101** 19
- Übernahmevereinbarung **101** 53 ff.
- Verbandsaustritt **101** 48
- vereinfachtes Kostenfestsetzungsverfahren **108** 8
- Verfahrensregeln **104** 16
- zweitinstanzliches Oberschiedsgericht **102** 11

Schiedsvertragseinrede 46 122

Schifffahrt
- Klagefristen **46** 261

Schlichtungsausschüsse 5 6
- Ausbildungsstreitigkeiten **9** 63
- Kirchen **1** 26

Schlichtungsspruch 111 30 ff.
- Abstimmung **111** 31
- Anerkennung **111** 38 ff.
- Anfechtungsklage **111** 48 ff.
- Aufhebung **111** 33
- Aufhebungsklage **111** 48 ff.
- Beseitigung der Anerkennung **111** 43
- Besetzung des Entscheidungsgremiums **111** 31
- Form der Anerkennung **111** 38
- Klage beim zuständigen Arbeitsgericht **111** 33, 48 ff.
- Klagefrist **111** 33
- Rechtsmittelbelehrung **111** 33
- Schriftform **111** 32
- unterbliebene Klage **111** 52
- verfrühte Anerkennung **111** 41
- Verkündung **111** 34
- verspätete Anerkennung **111** 40
- verspätete Klage **111** 52
- Vollstreckbarkeitsverfahren **111** 47
- Vollstreckungstitel **62** 4
- Wirkung der Anerkennung **111** 42
- Zeitpunkt der Anerkennung **111** 39
- Zwangsvollstreckung **111** 44 ff.

Schlichtungsstellen 101 11
- Beteiligtenfähigkeit **10** 17

Schlichtungsverfahren 111 10
- Abschluss **111** 30 ff., 36
- Kündigungsschutzklage **111** 36
- Untätigkeit des Ausschusses **111** 37
- Verzögerung **111** 37

Schlichtungsvergleich 111 30, 35
- Vollstreckungstitel **62** 4
- Zwangsvollstreckung **111** 45

Schlüssigkeitsprüfung 58 9 ff.

Schlüssigkeitstheorie 2 47; **5** 11

Schlussurteil
- Berufungsverfahren **64** 3

Schriftformerfordernis 46 248
- elektronische Dokumente **46c** 2 ff.

Schriftliches Verfahren
- Berufungsverfahren **64** 116 ff.
- Revisionsverfahren **75** 55

Schriftliches Vorverfahren
- Ausschluss **47** 13

Schriftsatzfrist 46 16

Schutz der Privatsphäre
- Ausschließung der Öffentlichkeit **52** 22

Schutzschrift
- Einstweilige Verfügung **85** 33

Schwangerschaft
- Klagefristen **46** 259

1575

Stichwortverzeichnis

Schwerbehinderte Menschen
– Vertrauensmann/Vertrauensfrau **2a** 20
Schwerbehindertenrecht
– Gleichstellungsverfahren **46** 258
– Nachweis **46** 258
– Schwerbehindertenrecht **46** 256
Schwerbehindertenvertretung 2a 20
– örtliche Zuständigkeit **82** 7
SE-Beteiligungsgesetz 2a 11
– örtliche Zuständigkeit **82** 6
Seebetriebsrat
– Beteiligtenfähigkeit **10** 17
Sekundäre Behauptungslast 58 12
Selbstständige Anschlussrevision 74 118
Selbstständiges Beweisverfahren 58 88
Senat der Obersten Gerichtshöfe des Bundes Einf. 18; **45** 46
Sicherungsverfügung 62 48
Sic-non-Antrag 2 44
Sic-non-Fall 2 8 f., 12, 24, 32, 71; **5** 11
Signaturgesetz 46c
Sitz der juristischen Person
– Gerichtsstand **2** 72
Sitzung
– Begriff **31** 5 ff.
Sitzungspolizei 9 13 ff.
– ehrenamtliche Richter **9** 19
– Fehlverhalten ehrenamtlicher Richter **9** 19
– Grundsatz der Verhältnismäßigkeit **9** 16
– Maßnahmen gegenüber Rechtsanwälten **9** 17
– Maßnahmen gegenüber Verbandsvertretern **9** 18
– Ordnungsmittel **9** 16
– Rechtsanwälte **9** 17
Sofortige Beschwerde 64 4
– Anschlussbeschwerde **72b** 15
– Antrag **72b** 13
– anwaltliche Fristenorganisation **72b** 11
– Ausschluss der Gegenrüge **72b** 25
– Ausschluss der Nichtzulassungsbeschwerde **72b** 30
– Begründetheitsprüfung **72b** 21
– Begründung **72b** 13
– Begründungsfrist **72b** 13; **92b** 5
– Beschlussverfahren in besonderen Fällen **97** 20
– Besetzung der Richterbank **92b** 18
– Einlegungsfrist **72b** 11
– einstweilige Verfügung **62** 71
– Entscheidung **72b** 16 ff.
– Entscheidung des BAG **92b** 17
– Form der Beschlussfassung des BAG **72b** 20
– Form der Beschwerdeschrift **72b** 12
– Fristenkalender **72b** 11
– Gerichtskosten **72b** 32 f.
– Hemmung des Eintritts der Rechtskraft **92b** 4
– Inhalt der Beschwerdeschrift **92b** 3

– Kosten **72b** 31 ff.
– kumulative Rechtsmitteleinlegung **72b** 26
– Notfrist **72b** 11
– Postulationsbefugnis **92b** 2
– Postulationsfähigkeit **72b** 14
– Prozesskostenhilfe **72b** 34
– Rechtsanwaltsvergütung **72b** 32
– Rechtsnatur **72b** 3
– Rücknahme **92b** 19
– Rüge der fehlenden, unvollständigen oder verspäteten Abfassung **72b** 5
– Stattgabe **72b** 18
– unvollständige Urteilsfassung **72b** 6
– unzulässige ~ **72b** 16
– Verfahren für die Rechtswegentscheidung **2** 51
– Verhältnis zu anderen Rechtsbehelfen **92b** 6
– Verhältnis zur Nichtzulassungsbeschwerde **92b** 8
– Verhältnis zur Revision **72b** 22 ff.
– verspätet abgesetzte Urteile **72b** 1 ff.
– verspätete Absetzung der Beschwerdeentscheidung **92b** 1 ff.
– verspätete Urteilszustellung **72b** 27
– Verwerfung der unzulässigen ~ **72b** 16
– Vorrang des Beschwerdeverfahrens **72b** 23
– Zulässigkeitsvoraussetzungen **72b** 5 ff.; **92b** 11
– Zurückweisung **72b** 17
Sofortige Erinnerung
– Mahnverfahren **46a** 20
Sozialauswahl
– Darlegungs- und Beweislast **58** 199
Sozialeinrichtungen 2 21
Sozialkassenbeiträge nach VTV-Bau 58 242 ff.
Sozialplan
– Arbeitnehmeransprüche **2a** 4
Sozialversicherung 2 38
– AN-Anteile **2** 36
Sozialversicherungsausweis
– Darlegungs- und Beweislast **58** 122
Sozialversicherungsträger
– Prozessfähigkeit **11** 4
– Rückgriffsansprüche **3** 8
Spitzenorganisationen
– Beteiligtenfähigkeit **10** 21
– Parteifähigkeit **10** 11
Spitzenverbände
– Parteifähigkeit **46** 109
Sportler 2 37
Sprecherausschuss 2a 11, 21
– Straf- und Bußgeldverfahren **2a** 22
Sprungrechtsbeschwerde 87 2; **96a** 1 ff.
– Allgemeines **96a** 5
– Anfechtbarkeit **96a** 21
– Anschlussrechtsbeschwerde **96a** 23
– Antrag **96a** 3, 7
– Antrag in laufenden Beschlussverfahren **96a** 19
– Antragsbefugnis **96a** 10

Stichwortverzeichnis

- Begründung des nachträglichen Antrags **96a** 14
- Beifügung der Zustimmung **96a** 13
- Beschlussformel **96a** 6
- Beschränkung der Zulassung **96a** 18
- Beteiligtenbegriff **96a** 7
- elektronische Form **96a** 16
- Entscheidung **96a** 19
- Ermessensspielraum **96a** 5
- Form **96a** 16
- formelle Beschwer **96a** 9
- Grundsätzliche Bedeutung **96a** 18
- Insolvenzordnung (InsO) **96a** 4, 24
- materielle Zulassungsvoraussetzungen **96a** 18
- nachträglicher Antrag **96a** 11, 20
- Rechtsbeschwerdeverfahren **96a** 22
- Rechtsmittelbelehrung **96a** 19
- Schriftform **96a** 13
- verspäteter Antrag **96a** 11
- Wiedereinsetzung **96a** 12
- Zeitpunkt der Antragstellung **96a** 8
- Zulassungsverfahren **96a** 5
- Zulassungsvoraussetzungen **96a** 18
- Zustimmung **96a** 3
- Zustimmungsbedarf **96a** 17
- Zustimmungserklärung **96a** 16

Sprungrevision 73 6; **76** 1 ff.
- abschließende Entscheidung gegenüber den Parteien **76** 28
- Allgemeines **76** 2
- Anhörungsrügengesetz **76** 24
- Anschlussrevision **76** 43
- Antrag **76** 4, 10
- Anwaltszwang **76** 10, 13
- Aufklärungsrüge **76** 45
- Auslegung eines Tarifvertrages **76** 26
- Ausnahmecharakter **76** 2
- Ausschluss **72** 72
- Ausschluss von Verfahrensrügen **76** 45
- Beginn der Revisionsfrist **76** 42
- Berufungsfrist **76** 37
- Beschwerde gegen den Zulassungsbeschluss **76** 28
- Bestehen oder Nichtbestehen von Tarifverträgen **76** 25
- Bindung des Bundesarbeitsgerichts **76** 29 ff.
- Durchführung des Revisionsverfahrens **76** 43 ff.
- einzelner Streitgegenstand **76** 8
- Ende des Wahlrechts **76** 39
- kollektivrechtlicher Verfahrensgegenstand **76** 24
- materielle Zulassungsvoraussetzungen **76** 23 ff.
- Rechtsmittelbelehrung **76** 9
- Rechtsmittelwahlrecht **76** 38
- Telefax **76** 14
- unerlaubte Handlung **76** 27
- Verfahrensrüge **76** 45
- Verwerfungsrecht **76** 41
- Wirkung der Entscheidung über die Zulassung **76** 28
- Wirkung der Zulassungsentscheidung **76** 38
- Zulassung ablehnenden Entscheidung **76** 36 ff.
- Zulassung durch Beschluss **76** 3, 10 ff.
- Zulassung im Urteil **76** 4 f.
- Zulassungsentscheidung **76** 6, 17
- Zulassungsgrund **76** 23
- Zulassungsverfahren **76** 2 ff.
- Zulassungsvoraussetzungen **76** 23 ff.
- Zurückverweisung **76** 46
- Zustimmung **76** 40
- Zustimmung des Gegners **76** 12
- Zustimmungserklärung **76** 5

Stammbäume
- Vorlage **56** 28

Ständige Vertretung 19 1 ff.
- Allgemeines **19** 1

Statistik zu Nichtzulassungsbeschwerdeverfahren 72 7

Statusklagen 2 8, 24
- Schiedsgerichtsgerichtsverfahren **101** 31

Statusprozess 46 344 ff.
- Anrechnung von Vordienstzeiten **46** 352
- Antrag **46** 347 f.
- anwendbare Rechtsordnungen **46** 350
- Arbeitnehmereigenschaft **46** 349
- Arbeitsbedingungen **46** 352
- Betriebsvereinbarung **46** 350
- Betriebszugehörigkeit **46** 351
- Feststellungsinteresse **46** 346
- gegenwartsbezogene Feststellung **46** 348
- Tarifvertrag **46** 350
- Vergangenheit **46** 344
- vergangenheitsbezogene Feststellung **46** 344

Steuerbevollmächtigte
- Prozessvertretung **11** 40

Steuergeheimnis
- Ausschließung der Öffentlichkeit **52** 21

Streitgegenstand 46 78 ff.
- Änderungsschutz **46** 141 ff.
- Eingruppierungsfeststellungsklage **46** 340
- Haupt- und Hilfsanspruch **46** 80
- Teilbetrag **46** 80
- Weiterbeschäftigungsanspruch **46** 289

Streitgenossenschaft 11 17; **46** 94 ff., 219
- Beschwerdewert **64** 60
- notwendige – **46** 217
- Zulässigkeit **46** 96
- Zustellung **50** 12

Streitige Verhandlung 54 55
- Vorbereitung **56** 1 ff.

Streitverfahren
- Gerichtskosten **22 GKG** 1 ff.

Streitverkündung 46 234
- Beschlussverfahren **80** 10

1577

Stichwortverzeichnis

Streitwert 12 3; 72 28
- Änderungskündigungen 42 GKG 8
- Berufungsverfahren 64 19
- Revisionszulassung 72 23
- Schleppnetzantrag 42 GKG 14
- wiederkehrende Leistungen 42 GKG 1 ff.
- Wirksamkeit mehrerer Kündigungen 42 GKG 11 ff.

Streitwertberechnung 61 13 ff.

Streitwertfestsetzung 61 11 ff.
- Bedeutung 61 11
- Berufungszulassung 61 11
- Beschwerde 68 GKG 1 ff.
- Form 61 15
- Gerichtsgebührenstreitwert 61 12
- Rechtsanwaltsgebührenstreitwert 61 12
- unterbliebene ~ 61 15
- Urteilsergänzung 61 18
- Urteilstenor 61 17

Strengbeweis 58 56

Stufenklage 46 145, 149
- Verbindung einer Auskunfts- und Entschädigungsklage 61 41
- Versäumnisurteil 59 32

Stuhlurteil 60 8

Subjektive Klagenhäufung 46 94 ff.

Substanziierungslast 58 9 ff.
- Schadensschätzung 58 97

Suspensiveffekt 87 1; 92a 10
- vorläufige Vollstreckbarkeit 92 45

Syndikus-Anwälte 11 7

Tarifautonomie 97 1

Tarifeinheit
- allgemeinverbindliche Tarifverträge 99 5
- Antragsbefugnis 99 15
- Arbeitgeber als Tarifvertragspartei 99 16
- Arbeitgeber als Verbandmitglied 99 16
- Aufgabe Richterrecht 99 3
- Aussetzung von Urteilsverfahren 99 9
- Beschlussverfahren 99 1
- Bezugnahme auf Tarifvertrag 99 15
- deklaratorische Feststellung 99 14
- Grundsatz der ~ 97 1
- Herstellung auf Antrag 99 10
- Herstellung von Amts wegen 99 9
- Kollisionsfall 99 4
- Kollisionsfeststellung 99 6
- konstitutive Feststellung 99 14
- mehrfache Tarifbindung 99 15
- Mehrheitsprinzip 99 4, 6
- Minderheitsgewerkschaft 99 4
- Nachzeichnungsrecht 99 6
- plurale Tarifbindung 99 14
- plurale Tarifgeltung 99 14
- Richterrecht 99 2
- Spitzenorganisation 99 15
- Subsidiaritätsgrundsatz 99 5
- Tarifkollision 99 7
- Tarifpluralität 99 2
- Tarifvertragsparteien 99 15
- Tarifvertragsüberschneidung 99 15
- Übergangsregelung 99 5
- Überschneidung 99 14
- Unterschiede im Geltungsbereich 99 14
- Urteilsverfahren 99 26

Tarifeinheitsgesetz
- allgemeinverbindliche Tarifverträge 99 13
- Antragsbefugnis der Tarifvertragsparteien 99 10
- Auflösung der Tarifkollision 99 12
- Betriebsnormen 99 13
- Bundesverfassungsgericht 99 8
- Feststellung der Mehrheitsverhältnisse 99 10
- Gestaltungsklagerecht 99 11
- in Bezug genommene Tarifverträge 99 13
- Koalitionsfreiheit 99 8
- Lohnuntergrenze in der Arbeitnehmerüberlassung 99 13
- Mehrheitsprinzip 99 10
- nach dem AEntG erstreckte Tarifverträge 99 13
- Subsidiarität 99 9
- Tarifbindung 99 13
- Tarifeinheit im Betrieb 99 9
- Verdrängungswirkung 99 12
- verfassungskonforme Auslegung 99 10
- verfassungsrechtliche Bedenken 99 8

Tarifeinheitsverfahren
- Antragsfassung 99 19
- Antragsform 99 19
- Antragsteller 99 17
- Arbeitgeber 99 17
- Arbeitnehmer 99 17
- Arbeitsgerichtsbarkeit 99 18
- Bekanntmachungspflicht 99 24
- Bestimmtheitsgebot 99 19
- Beteiligungsbefugnis 99 17
- Erga-omnes-Wirkung 99 23
- Gerichtskosten 99 22
- positive Sachentscheidung 99 23
- Rechtsmittel 99 21
- Restitutionsgründe 99 25
- Tarifeinheitsgesetz 99 11
- unbegründeter Antrag 99 23
- Untersuchungsgrundsatz 99 19
- Verdrängungswirkung 99 23
- Vergleich 99 20
- verspätetes Vorbringen 99 19
- Wiederaufnahme 99 25
- Zuständigkeit 99 18

Tariffähigkeit 2a 23; 10 7
- Begriff 97 2
- Berufungsverfahren 64 28
- Beschlussverfahren in besonderen Fällen 97 1 ff.

Tariffähigkeit oder Tarifzuständigkeit
– örtliche Zuständigkeit **82** 7
Tariflohnerhöhung
– Darlegungs- und Beweislast **58** 121
Tarifpluralität
– Kollisionsregeln **99** 3
– Spezialitätsprinzip **99** 3
Tarifrechtliche Streitigkeiten **2** 4
Tarifschiedsgericht **101** 5
Tarifverhandlungen **2** 4
Tarifvertrag **2** 4
– Allgemeinverbindlichkeit **101** 46, 52
– Geltung erga omnes **99** 9
– Nachwirkung **101** 49
– Revisionsgründe **73** 15
– Überschneidung **99** 13
Tarifverträge
– Bekanntmachungspflicht **99** 24
Tarifvertragliche Prorogation **2** 69
Tarifvertragsparteien **2** 4
– Einrichtungen **2** 21
Tarifvertragssachen
– Übermittlung von Urteilen **63** 1 ff.
Tarifzuständigkeit **2a** 23
– Begriff **97** 4
– Beschlussverfahren in besonderen Fällen **97** 1 ff.
Tatbestand
– Beweiskraft **58** 95
Tatbestandsberichtigung **55** 34; **66** 48
Tatort
– Gerichtsstand **2** 73
Tatsachen **58** 46
– Anschluss- **58** 66
Tatsachenvermutung **58** 29
Technische Aufzeichnungen
– Vorlage **56** 30
Technische Verbesserungsvorschläge **2** 23
Teilgeschäftsfähigkeit **11** 2
Teilschiedsspruch **108** 2, 7
Teilurteil **46** 56; **61** 32
– Berufungsverfahren **64** 3
– Revision **72** 8
– vorläufige Vollstreckbarkeit **62** 2
Teil-Vergütung **46** 179
– Teilbetrag **46** 180
Teilverzicht
– Güteverfahren **54** 35
Teilzeit **46** 354 ff.
– Alternativverhältnis **46** 359
– Antrag **46** 358
– betriebliche Gründe **46** 362
– Drei Stufen **46** 362
– Durchsetzung **46** 355
– Einzelfragen **46** 364
– kombinierter Klageantrag **46** 360
– Lage der Arbeitszeit **46** 360
– Organisationskonzept **46** 362

– unbefristete Herabsetzung **46** 362
– Vertragslösung **46** 355
– Zeitpunkt **46** 363
Telebrief **46** 88
Telefax **46** 88 f.; **46c** 8
Telefongespräche **58** 35
Terminsgebühr **46** 51
Terminsort **14** 12
Terminsverlegung **46** 60
Territorialitätsgrundsatz **46** 104
Titelumschreibung **46** 216
Ton- und Filmaufnahmen **58** 34; **52** 7 ff.
– Aufzeichnungen **52** 8
– Bildaufnahme **52** 8
– Direktübertragungen **52** 8
– Hausrecht **52** 8
– Sitzungspause **52** 8
– Vorlage **56** 30
Tonbänder
– Augenscheinsbeweis **58** 69
Trainer **2** 37

Übereinstimmende Erledigungserklärungen **54** 38
Überlange Gerichtsverfahren
– Entschädigung **9** 38 ff.
– Feststellung **9** 38
– haftende Institution **9** 41
– Klagefrist **9** 39
– Rechtsschutz **9** 33 ff.
– Übergangsrecht **9** 47
– Verfahren **9** 43
– Wartefrist **9** 39
– Zuständigkeit **9** 42
Übermittlung von Daten
– Rechtshilfe **13** 7
Übernahmevereinbarung **101** 53
– formnichtige - **101** 55
Überraschungsentscheidung **46** 12; **56** 10
– Gehörsrüge **78a** 33
Übersenden von Akten **9 GKG** 4
Überstunden **46** 147
– Darlegungs- und Beweislast **58** 126
Überstundenvergütung
– Darlegungs- und Beweislast **58** 134
Umsatzrückgang
– Darlegungs- und Beweislast **58** 192
Umschulungsverhältnis **5** 13
Unabhängigkeit der Richter
– sachliche - **15** 6
Unerlaubte Handlung **2** 5, 34, 39
– Gerichtsstand **2** 73
– Organ **2** 39
– Sprungrevision **76** 27
– Täter **2** 39
Unfallschäden
– Darlegungs- und Beweislast **58** 182

Stichwortverzeichnis

Ungerechtfertigte Bereicherung
– Darlegungs- und Beweislast **58** 237
– Wegfall der Bereicherung **58** 237
Unmittelbarkeit der Beweisaufnahme 58 82
– grds. materieller Unmittelbarkeit **58** 82
Unmittelbarkeitsgrundsatz 46 26
Untätigkeitsbeschwerde 78 75
Unterlassung einer Handlung 61 24
Unterlassungsanspruch
– vorläufige Vollstreckbarkeit **62** 12
Unternehmerische Entscheidung
– Darlegungs- und Beweislast **58** 193
Unterschlagung
– Beweismittel **58** 33
Unterschrift 46 84
– Computerfax **46** 90
– elektronische Dokumente **46** 91
– Erscheinungsbild **46** 86
– Grundsatz des fairen Verfahrens **46** 86
– Paraphe **46** 87
– Telebrief **46** 87
– Telefax **46** 87, 88
– telefonische Telegrammaufgabe **46** 90
– Urteil **60** 16
Unterschrift-Faksimilestempel 66 10
Untersuchungsgrundsatz
– Beschlussverfahren **83** 1
Untervollmacht 11 29
Urheberstreitigkeiten 2 23
Urkunden
– amtliche ~ **56** 31 ff.
– Anforderung von ~ **56** 17 ff.
– Ausforschungsbeweis **56** 20
– Kopien **56** 29
– Sammlungen **56** 22
Urkundenprozess 46 59
Urkundsbeamte 7 3
– Referendare **9** 32
Urkundsbeweis 58 70
– Beweisantritt **58** 76
– EDV-Datei **58** 70
Urkundsprozess 2 40
Urlaub 46 365 ff.
– Antrag **46** 369
– Bildungs- **46** 372
– Darlegungs- und Beweislast **58** 238
– einstweilige Verfügung **62** 57
– Feststellung des Umfangs **46** 369
– Grundsätzliches **46** 365
– Umfang **46** 369
– Verzug **46** 368
– Zwangsvollstreckung **62** 39
– Zwischenfeststellungsklage **46** 371
Urlaubsabgeltung
– Darlegungs- und Beweislast **58** 238
Urlaubsgewährung
– bestimmter Zeitraum **46** 366
– Darlegungs- und Beweislast **58** 239

– künftige ~ **46** 373
– Leistungsklage **46** 366
– unbestimmter Zeitraum **46** 368
– Vollstreckung **46** 367
Urlaubskasse des Baugewerbes und des Dachdeckerhandwerks 2 21
Urteil 61 1 ff.
– Abgabe einer Willenserklärung **61** 24
– Arbeitsleistung **61** 23
– Berufungsverfahren **69** 1 ff.
– Berufungszulassung **61** 19
– Bezeichnung der Parteien **61** 4
– Drei-Wochen-Frist **60** 19
– Duldung der Vornahme einer Handlung **61** 24
– Eingangsformel **61** 4
– Entschädigung **61** 31
– Entschädigungsfestsetzung **61** 25 ff.
– Entscheidungsgründe **61** 4, 7
– Erfüllungsfrist **61** 30
– Folgen gerichtlicher Fristversäumnisse **60** 19
– Fristversäumnisse **60** 19
– Fünf-Monats-Frist **60** 21, 23; **61** 23; **66** 36
– Gericht **61** 4
– gerichtliche Fristversäumnisse **60** 19
– Herausgabe einer Sache **61** 24
– im Namen des Volkes **60** 13
– Inhalt **61** 1 ff.
– Namen der Richter **61** 4
– Rechtsmittelbelehrung **61** 4
– sofortige Beschwerde **61** 24
– Spruchkörper **61** 4
– Streitwertfestsetzung **61** 11 ff.
– Tag der mündliche Verhandlung **61** 4
– Tatbestand **61** 4, 6
– Teil- **61** 32
– Übermittlung in Tarifvertragssachen **63** 1 ff.
– Übersendungspflicht **63** 2
– Unterlassung einer Handlung **61** 24
– Unterschrift **60** 16
– Vornahme einer Handlung **61** 20 ff.
– Weglassen von Tatbestand und Entscheidungsgründen **61** 8
– Zustellung **50** 3
– Zwangsvollstreckung **61** 33
– Zwischen- **61** 39
Urteilsabfassung 60 16
– Fristen **60** 17
Urteilsart 61 4
Urteilsausfertigungen 7 7
Urteilsberichtigung 66 47
– Revisionszulassung **72** 64
Urteilsergänzung 66 48; **72a** 13
– Streitwertfestsetzung **61** 18
Urteilsformel 61 4 f.
Urteilstenor 46 218
– Streitwertfestsetzung **61** 17

Urteilsverfahren 2a 7 ff.; 46 1 ff.
– Abgrenzung 46 2
– Allgemeines 46 1
– amtsgerichtliche Vorschriften 46 42
– anzuwendende Vorschriften 46 41
– ausdrücklich ausgenommene Vorschriften 46 46
– Begriff 46 2
– Entscheidung ohne mündliche Verhandlung 46 51
– früher erster Termin 46 46
– Grundsätze 46 3 ff.
– Güteverhandlung 46 47
– kirchliches Arbeitsgerichtverfahren **Anh. 3** 37 ff.
– Klage 46 61 ff.
– mündliche Verhandlung 46 53
– Parteifähigkeit 10 2
– Prozessfähigkeit 10 25
– Prozessförderungspflicht 46 12 ff.
– Rechtsweg 48 3
– Sonderregelungen 46 42
– Vergleich 46 47
– ZPO-Vorschriften 46 42
– Zuständigkeit 2 1 ff.
– Zustellung 46 50
Urteilsverfügung 62 72
Urteilsverkündung 60 1 ff.
– Allgemeines 60 1
Urteilszustellung
– fehlende ~ 9 73
– verspätete ~ 72b 27

Verbände
– Prozessvertretung 11 18
Verbandsklage 72 26
Verbandsmitglieder 2 4
Verbandsvertreter
– Zustellung 50 41
Verbesserungsvorschläge
– technische ~ 2 23
Vereidigung
– ehrenamtliche Richter 20 15
Verein
– Parteifähigkeit 10 3
Vereinigungen
– Prozessvertretung 11 18
Vereinigungen von Hausgewerbetreibenden
– Parteifähigkeit 46 109
Vereinigungsfreiheit 2 5
Verfahren bei Meinungsverschiedenheiten der beteiligten Verwaltungen 117 1 ff.
Verfahren für die Entscheidung über die örtliche Zuständigkeit 2 77
Verfahren für die Rechtswegentscheidung 2 46 ff.
– Anfechtbarkeit der Entscheidung 2 51
– Beschluss über die Zulässigkeit oder Unzulässigkeit des Rechtsweges 2 50
– Bindungswirkung der Entscheidung 2 53
– einstweiliger Rechtsschutz 2 50

– Kosten 2 55
– Prüfung von Amts wegen 2 47
– Schlüssigkeitstheorie 2 47
– sofortige Beschwerde 2 51
– Unzulässigkeit des Rechtswegs 2 49
– Verfahrensablauf der Entscheidung 2 50
– Verweisungsbeschluss 2 51
– Vorabentscheidung 2 48
– Vorabverfahren 2 51
Verfahren für geringfügige Forderungen 13a 10
Verfahren vor den Kirchlichen Arbeitsgerichten Anh. 3 1 ff.
Verfahrensakten
– Beiziehung anderer ~ 56 24
Verfahrensarten
– kirchliches Arbeitsgerichtverfahren **Anh. 3** 61 ff.
Verfahrensbeschwerde 72a 9, 58 ff.; 92a 4
– Aufklärungspflichten 72a 67
– Begründung 72a 77
– Entscheidungserheblichkeit 72a 59, 71
– Entzugs des gesetzlichen Richters 72a 61
– Hinweispflichten 72a 67
– mangelnde Vertretung im Prozess 72a 64
– Mitwirkung des abgelehnten befangenen Richters 72a 63
– Mitwirkung des ausgeschlossenen Richters 72a 62
– Öffentlichkeitsgrundsatz 72a 65
– rechtliches Gehör 72a 66
– richterliche Willkür 72a 72
– Rüge der richterlichen Willkür 72a 72
– Rüge eines absoluten Revisionsgrundes 72a 60 ff.
– Umfang des Rechts zur Äußerung 72a 68
– Ungleichbehandlung durch den Richter 72a 69
– Verfahrensgestaltung bei Prozessunfähigkeit 72a 70
– Verletzung des Öffentlichkeitsgrundsatzes 72a 65
Verfahrensgang 8 1 ff.
Verfahrensgegenstand
– Wirksamkeit einer Allgemeinverbindlicherklärung oder Rechtsverordnung 98 2 ff.
Verfahrensgrundrechte
– fair trial 78a 28
– rechtliches Gehör 78a 24 ff.
Verfahrensgrundsätze 46 3 ff.
– Aktenkundigmachung 46 15
– Aufklärungspflicht 46 11, 14
– Beibringungsgrundsatz 46 6
– Beschleunigungsgrundsatz 46 36 ff.
– Dispositionsgrundsatz 46 4
– Fragepflicht 46 14
– Hinweispflichten 46 12
– kirchliches Arbeitsgerichtverfahren **Anh. 3** 39
– Konzentrationsgrundsatz 46 28

Stichwortverzeichnis

- Kooperation bei der gerichtlichen Tatsachenfeststellung 46 10
- Kooperationsprinzip 46 8
- Mündlichkeitsgrundsatz 46 23
- Öffentlichkeitsgrundsatz 46 27
- Prozessförderungspflicht 46 12
- rechtliches Gehör 46 29 ff.
- Rechtsmittelkosten 46 15
- richterliche Prozessförderungspflicht 46 12
- Schriftsatzfrist 46 16
- Überraschungsentscheidungen 46 12
- Unmittelbarkeitsgrundsatz 46 26
- Verhandlungsgrundsatz 46 6
- Wahrheitspflicht 46 11

Verfahrensmängel 72 16
Verfahrensverbindung 55 25
Verfahrensvorschriften 9 1 ff.
- Allgemeines 9 1
- Beschleunigungsgrundsatz 9 2
- kirchliches Arbeitsgerichtsverfahren Anh. 3 37 ff.

Verfassungsbeschwerde 1 27; 17 8; 72a 18, 118 ff.
- gegen Rechtsbeschwerdeentscheidung 96 24
- Revisionsurteil 75 78
- Verletzung des Anspruchs auf rechtliches Gehör 72a 121
- Verletzung des gesetzlichen Richters 72a 120
- Voraussetzungen 72a 118
- Willkürfälle 78a 30
- willkürliche Verneinung grundsätzlicher Bedeutung 72a 119

Vergleich 46 47, 220; 107 9
- außergerichtlicher ~ 83a 4
- Beschlussverfahren 83a 1 ff.
- Beschwerdeverfahren vor dem LAG 90 12
- gerichtlicher ~ 46 48
- kirchliches Arbeitsgerichtsverfahren Anh. 3 58
- Prozess~ 54 29 ff.; 57 25 ff.
- Rechtsbeschwerdeverfahren 96 5
- Revision 72 81
- Schiedsgerichtsverfahren 107 1 ff.
- Schlichtungsverfahren 111 30, 35
- Streitigkeiten 83a 5
- Verfügungsbefugnis der Beteiligten 83a 3
- Vorschlag 46 47
- Zwangsvollstreckung 85 8; 107 5

Vergleich auf Widerruf 107 11
Vergleichsverhandlungen 46 13
- Einrede der Verjährung 46 13

Vergütung
- einstweilige Verfügung 62 53

Vergütungs-Feststellungsklage 46 169
- Öffentlicher Dienst 46 171
- Vorrang der Leistungsklage 46 170
- zukünftige Leistung 46 169

Verhaltensbedingte Kündigung
- Abmahnung 58 217
- Darlegungs- und Beweislast 58 217
- Low Performer 58 218
- Minderleistung 58 218
- Rechtfertigungsgrund 58 217

Verhandlung vor der Kammer 57 1 ff.
Verhandlungsgrundsatz 46 6
Verjährung 56 13; 67 8
- Entschädigungsanspruchs 31 32

Verjährungseinrede
- Vergleichsverhandlungen 46 13

Verjährungsunterbrechung
- Ausbildungsstreitigkeiten 111 21
- Schiedsklage 104 2

Verkündung 64 8; 66 49
- Berufungsurteil 69 2
- Revisionsurteil 75 62

Verkündung von Urteilen und Beschlüssen 60 1 ff.
- anwesende Richter und Parteien 60 15
- besonderer Verkündungstermin 60 9 ff.
- Form 60 13
- Protokollierung 60 15
- Schließung der mündlichen Verhandlung 60 5 ff.
- sofortige ~ 60 8
- Stuhlurteil 60 8
- Termin 60 9 ff.
- Verlesung der Urteilsformel 60 13
- wesentlicher Inhalt der Entscheidungsgründe 60 14
- Zeitpunkt 60 8

Verkündungsersetzung 64 9
Verkündungstermin 9 4; 47 11; 60 9 ff.
- Anberaumung 56 67
- Revisionsurteil 75 63

Vermutung 58 28 ff.
- gesetzliche 58 28
- richterrechtlich 58 29

Versäumnisurteil 59 23 ff.
- Antrag 59 25
- Berufungsverfahren 64 3, 64 ff.
- echtes ~ 54 44; 55 14; 59 27
- Einspruch 59 40 ff.
- Einspruch zur Niederschrift der Geschäftsstelle 7 7
- einwöchige Einspruchsfrist 75 38
- Entscheidung nach Lage der Akten 59 33 ff.
- Güteverfahren 54 44
- Rechtsbehelfsbelehrung 59 37
- Revisionsverfahren 75 35 ff., 58
- Säumnis der beklagten Partei 59 27
- Säumnis der klagenden Partei 59 26
- Säumnis des Revisionsbeklagten 75 37
- Säumnis des Revisionsklägers 75 36
- Schiedsgerichtsverfahren 105 7
- Stufenklage 59 32

Stichwortverzeichnis

- unechtes ~ **54** 44; **55** 14; **59** 26, 31
- vorläufige Vollstreckbarkeit **62** 2; **75** 40
- zweites ~ **9** 66
- zweiwöchige Einspruchsfrist **75** 38

Versäumnisverfahren 59 1 ff.
- Allgemeines **59** 1
- Anberaumung eines Güte- oder Kammertermins **59** 2
- Anträge **59** 16
- Aufruf **59** 6
- Auslegung der Einspruchserklärung **59** 46
- behebbare Verfahrensmängel **59** 14
- Berufungsverfahren **64** 76, 122
- Einspruchsfrist **59** 42
- Entscheidung **59** 23 ff.
- Flucht in die Säumnis **59** 51
- Hindernisse **59** 13 ff.
- kein Verhandeln zur Sache **59** 9
- Kosten **59** 64
- Nichtvorliegen der Hindernisse nach § 335 Abs. 1 Nr. 1 bis 3 ZPO **59** 13 ff.
- ordnungsgemäße Ladung **59** 3
- Prozessvoraussetzungen **59** 12 ff.
- Rechtzeitigkeit der Anträge und des Tatsachenvortrags **59** 16
- Säumnis einer Partei **59** 7 ff.
- Tatsachenvortrag **59** 16
- Terminsbestimmung **59** 2
- Verfahren beim Vorliegen eines Hindernisses **59** 19
- Verfahrensmängel **59** 14
- Vertagung von Amts wegen **59** 21
- Voraussetzungen **59** 2 ff.
- Wahrung der Ladungs- und Einlassungsfrist **59** 5
- zweites ~ **59** 58

Versäumung
- Berufungsbegründung **77** 15
- Berufungsfrist **77** 15

Verschaffung einer Versorgung
- Antrag **46** 306
- bezifferter Antrag **46** 307
- Bezifferung der Versorgungsleistung **46** 308
- Feststellungsinteresse **46** 308

Versicherungsnachweis 2 17
Versicherungsvertreter 5 8
Verspätet abgesetzte Urteile 72b 32 f.; **73** 76
- Ausschluss der Gegenrüge **72b** 25
- Ausschluss der Nichtzulassungsbeschwerde **72b** 30
- Begründetheitsprüfung **72b** 21
- Entscheidung über die Beschwerde **72b** 16 ff.
- Form der Beschlussfassung des BAG **72b** 20
- Kosten **72b** 31 ff.
- kumulative Rechtsmitteleinlegung **72b** 26

- Prozesskostenhilfe **72b** 34
- Rechtsanwaltsvergütung **72b** 32
- Rechtsstaatsprinzip **72b** 2
- Revision **72b** 22
- Rüge **72b** 2, 5
- sofortige Beschwerde **72b** 1 ff.
- Stattgabe der Beschwerde **72b** 18
- unvollständige Urteilsfassung **72b** 6
- unzulässige Beschwerde **72b** 16
- verspätete Urteilszustellung **72b** 27
- Verwerfung der unzulässigen Beschwerde **72b** 16
- Zurückweisung der Beschwerde **72b** 17

Verspätete Absetzung der Beschwerdeentscheidung
- sofortige Beschwerde **92b** 1 ff.

Vertagung 54 16 ff.; **57** 19 ff.
- alsbaldiger Termin **54** 18
- dringender sachlicher Grund **54** 17
- Einheit der mündlichen Verhandlung **57** 22
- Entscheidung **57** 22
- Gründe **57** 19
- von Amts wegen **59** 21
- zeitnaher weiterer Termin **54** 18
- Zustimmung aller Parteien **54** 19

Vertrauensmann/Vertrauensfrau
- schwerbehinderte Menschen **2a** 20

Verwaltung 15 1 ff.
Verwaltungsakte 2 3
- Beiziehung **56** 31 ff.

Verwaltungskosten 12 1 ff.
Verweisung
- Klage wegen Benachteiligung **61b** 14
- Kostenerstattung **12a** 9

Verweisungsantrag 2 74
- örtliche Zuständigkeit **2** 74

Verweisungsbeschluss 2 49, 51
Verwertungsverbot 58 33
- allgemeines Persönlichkeitsrecht **58** 34
- deliktischer Beweismittelerwerb **58** 41
- mitbestimmungswidrig erlangtes Beweismittel **58** 42
- Mithörvorrichtung **58** 35
- Notwehrsituation **58** 38
- öffentlich zugängliche Räume **58** 40
- Recht am eigenen Bild **58** 37
- Recht am gesprochenen Wort **58** 34
- Telefongespräche **58** 35
- Tonträgeraufnahmen **58** 34
- unstreitiger Parteivortrag **58** 44
- Unterschlagung **58** 41
- Videoaufnahmen **58** 37, 45

Verzeichnis der Gerichte für Arbeitssachen Anh. 4
Verzicht 55 9
- Güteverfahren **54** 35

Verzichtsurteil
- Berufungsverfahren **64** 3

Verzögerung des Rechtsstreits 56 59
- Anberaumung eines Verkündungstermins **56** 67
- Eilverfahren **56** 79

1583

Stichwortverzeichnis

- Entschuldigung 56 72
- Gerichtsgebühren 38 GKG 1 ff.
- Glaubhaftmachung 56 72
- hypothetischer Verfahrensverlauf 56 64
- Mitursächlichkeit des Gerichts für Verzögerung 56 69
- rechtliches Gehör 56 71
- Verschulden der Partei 56 73
- Verzögerungsbegriff 56 63
- Zurückweisungsentscheidung 56 75

Verzögerungsbegriff
- absoluter ~ 56 63

Verzögerungsrüge 9 37; 78 76
Videoüberwachung 58 37 ff.
Vieraugengespräch 58 6
Vollbeweis 58 51
Vollkaufleute 2 61

Vollmacht
- Mahnverfahren 46a 12

Vollstreckbare Ausfertigung 7 7
Vollstreckbare Urkunde
- Vollstreckungstitel 62 3

Vollstreckbarkeitserklärung 62 2
Vollstreckbarkeitsverfahren
- Schlichtungsspruch 111 47

Vollstreckung 3 9
- in Forderungen 62 33
- vertretbarer/unvertretbarer Handlungen 62 34

Vollstreckung von Duldungs- und Unterlassungstiteln 62 34
- Androhung eines Zwangsmittels 62 35
- Erfüllung 62 36
- Zwangsgeld 62 35
- Zwangshaft 62 35

Vollstreckung wegen Geldforderung 62 30 ff.
- Bruttobetrag 62 31

Vollstreckungsabwehrklage
- Güteverfahren 54 12
- Schiedsgerichtsgerichtsverfahren 101 23
- Schiedsspruch 108 34

Vollstreckungsbeamte 9 8 ff.
Vollstreckungsbescheid 46a 33 ff.; 62 3
- Einspruch 46a 36
- fehlende Rechtsbehelfsbelehrung 46a 36
- Güteverfahren 54 6

Vollstreckungsgegenklage 62 24
Vollstreckungsgericht 3 4, 9
Vollstreckungsklausel 7 7; 62 27
- Klage 62 24

Vollstreckungsorgan 62 29
- Amtsgericht als Vollstreckungsgericht 62 29
- Gerichtsvollzieher 62 29
- Prozessgericht des ersten Rechtszugs 62 29

Vollstreckungstitel 13a 5; 62 2, 27
- Anwaltsvergleich 62 4
- europäische Zahlungsbefehle 62 3
- Kostenfestsetzungsbeschluss 62 3
- Prozessvergleich 62 3

- rechtskräftige Beschlüsse 85 3
- Schiedsvergleich/-spruch 62 4
- Schlichtungsvergleich/-spruch 62 4
- unbestrittene Forderungen 13a 5
- vollstreckbare Urkunde 62 3
- vorläufig vollstreckbare Beschlüsse 85 4 ff.
- weitere ~ 62 3
- Zustellung 62 27
- Zwangsvollstreckung im Beschlussverfahren 85 2 ff.

Vorabentscheidung
- Zulässigkeit des Rechtswegs 2 48 f.

Vorabentscheidungsverfahren 1 27, 30; 55 24
Vorabverfahren 2 51
Vorbehalt der Entscheidung über die Aufrechnung 72 9
Vorbehaltsurteil 2 16
- Berufungsverfahren 64 3
- vorläufige Vollstreckbarkeit 62 2

Vorbereitung der mündlichen Verhandlung 57 11 ff.
Vorbereitung der streitigen Verhandlung 9 4; 56 1 ff.
- Allgemeines 56 1
- amtliche Auskünfte 56 31 ff.
- andere Verfahrensakten 56 24
- Anforderung amtlicher Auskünfte und Urkunden 56 31
- Anforderung von Urkunden und sonstigen Gegenständen 56 17 ff.
- Anordnung des persönlichen Erscheinens 56 34
- Anordnung vorbereitender Schriftsätze 56 86
- Arrestverfahren 56 79
- Aufklärungsauflage 56 46
- Aufklärungsdefizite 56 10
- Auflagen- und Fristsetzungsverfügung 56 49
- Ausforschungsbeweis 56 20
- Beiziehung anderer Verfahrensakten 56 24
- Belehrung über Folgen bei Fristversäumung 56 51
- Benachrichtigung der Parteien 56 41
- Beweiserhebung 56 6
- Darlegungslücken 56 10
- Eilverfahren 56 79
- Einstweiliges Verfügungsverfahren 56 79
- Ermittlung des Tarifrechts 56 40
- Flucht in die Berufungsinstanz 56 93
- Flucht in die Säumnis 56 89 ff.
- Fotos 56 28
- Frist zum Vortrag 56 47
- Gerichtsakten 56 31 ff.
- Gütetermin 56 2
- Hinweise 56 10 ff.
- hypothetischer Verzögerungsbegriff 56 64
- konkrete gerichtliche Aufklärungsauflage 56 46
- Kopien 56 29

Stichwortverzeichnis

- Kundenakten **56** 22
- Ladung von Zeugen und Sachverständigen **56** 35
- Maßnahmen **56** 9 ff.
- Mitursächlichkeit des Gerichts **56** 69
- ordnungsgemäße Belehrung **56** 54
- Personalakten **56** 22
- persönliches Erscheinen **56** 34
- Pflicht **56** 3
- Pläne **56** 28
- Präklusion **56** 84
- Präklusion verspäteten Vorbringens **56** 76 ff.
- Präklusionsvorschriften **56** 43
- Projektakten **56** 22
- Prozessförderungspflicht **56** 10, 82
- rechtliches Gehör **56** 42, 70 ff.
- Rechtsfolgenbelehrung **56** 51
- Rechtzeitigkeit des Vorbringens **56** 43
- Sachdienlichkeit **56** 7
- Sachverständige **56** 35
- sonstige Maßnahmen **56** 39 ff.
- Stammbäume **56** 28
- technische Aufzeichnungen **56** 30
- Ton- oder Bildaufnahmen **56** 30
- Überraschungsentscheidung **56** 10
- Urkunden **56** 31 ff.
- Verhinderung der Zurückweisung **56** 89
- Verjährungseinrede **56** 13
- verspätete Mitteilung von Angriffs- und Verteidigungsmitteln **56** 87
- verspäteter Vortrag von Angriffs- oder Verteidigungsmitteln **56** 56 ff.
- Verwaltungsakten **56** 31 ff.
- Verzögerung des Rechtsstreits **56** 59
- Verzögerungsbegriff **56** 63
- vorbereitende Schriftsätze **56** 86
- Vorbringen nach Schluss der mündlichen Verhandlung **56** 43
- Vorlage von anderen zur Niederlegung bei Gericht geeigneten Gegenständen **56** 30
- Vorlage von Urkundensammlungen **56** 22
- Zeichnungen **56** 28
- Zeuge **56** 35
- Zurückverweisung verspäteten Vorbringens **56** 42 ff.
- Zurückweisen von Angriffs- und Verteidigungsmitteln **56** 80 ff.
- Zurückweisungsentscheidung **56** 75

Vorgesellschaft
- Parteifähigkeit **10** 4

Vor-GmbH
- Geschäftsführer **5** 10

Vorläufige Vollstreckbarkeit 62 1 ff.
- Abfindung **62** 6
- Allgemeines **62** 1
- Antrag **62** 14
- Auskunft **62** 11
- Ausschluss **62** 7 ff.
- Ausschluss der vorläufigen Vollstreckbarkeit **62** 14
- Berufungsverfahren **64** 120
- Beschäftigungsanspruch **62** 13
- Beschluss **84** 6
- Einzelfälle **62** 7
- Endurteil **62** 2
- Endurteile als Vollstreckungstitel **62** 2
- Ermessensspielraum **62** 14
- Glaubhaftmachung **62** 14
- kraft Gesetzes **62** 2
- nachträgliche Erklärung **74** 132
- nicht zu ersetzender Nachteil **62** 7
- Rechnungslegung **62** 11
- Teilurteil **62** 2
- Unterlassungsanspruch **62** 12
- Versäumnisurteil **62** 2; **75** 40
- vollstreckbarer Inhalt **62** 5
- Vorbehaltsurteil **62** 2
- Weiterbeschäftigungsanspruch **62** 13
- Zwischenurteil **62** 2

Vornahme einer Handlung
- Abrechnung **61** 23
- Arbeitsleistung **61** 23
- Ausfüllen von Arbeitspapieren **61** 23
- Auskunft **61** 23
- Beschäftigungsanspruch **61** 23
- Urteil **61** 20 ff.
- Weiterbeschäftigungsanspruch **61** 23
- Zwangsvollstreckung **61** 21

Vorruhestandsleistungen
- Ausgleichskasse **2** 21

Vorsitzende
- Alleinentscheidung **55** 1 ff.
- Alleinentscheidung außerhalb der mündlichen Verhandlung **53** 3
- Aufklärungspflicht **53** 17
- Befugnisse **35** 4; **53** 1 ff.
- beratender Ausschuss **18** 1
- Berufsrichter **18** 3
- Ernennung **18** 1 ff., 5
- Fragerecht **53** 17
- Landesarbeitsgerichte **36** 1 f.
- persönliche Voraussetzungen **18** 3
- Rechtshilfeersuchen **53** 16
- Richter auf Lebenszeit **18** 6
- sonstige Befugnisse **53** 17
- ständige Vertretung **19** 1 ff.
- Terminsbestimmung **53** 17
- Unterzeichnung und Berichtigung des Protokolls **53** 17
- Wiedereröffnung der Verhandlung **53** 8 ff.

Vorstellungskosten
- Erstattung **2** 10

1585

Stichwortverzeichnis

Waffengleichheitsgrundsatz 46 30
– Beweisverfahren 58 6, 72
Wahlprüfungsklage
– kirchliches Arbeitsgerichtsverfahren Anh. 3 63
Wahlrecht nach § 35 ZPO 2 74
Wahlvorstand
– Beteiligtenfähigkeit 10 17
Wechselnde Beschäftigungsorte 2 62
Wechselprozess 46 59
Wegfall der Bereicherung
– Darlegungs- und Beweislast 58 237
Wehrdienst
– Klagefristen 46 260
Wehrdienst/Zivildienst 46 260
Weiterbeschäftigungsanspruch 46 142, 283 ff.; 61 23
– allgemeiner – 46 284 f.
– Änderungsschutzklage 46 291
– betriebsverfassungsrechtlicher – 46 284
– Darlegungs- und Beweislast 58 146
– einstweilige Verfügung 62 55
– Streitgegenstand 46 289
– unvertretbare Handlung 46 292
– vorläufige Vollstreckbarkeit 62 13
– Wiederholungskündigung 46 288
– Zwangsvollstreckung 62 39
Weiterbeschäftigungsantrag 46 296
– objektive Klagehäufung 46 298
– zurückliegender Zeitraum 46 300
Weitere Beschwerde 2 52
Werkdienstwohnung 2 41
Werkmietwohnung 2 41
Werkstattrat der behinderten Menschen 2a 24
Werkstattvertretungen
– Beteiligtenfähigkeit 10 19
Wertfestsetzung
– Änderung 63 GKG 20
– Anwaltsgebühren 63 GKG 5 ff.
– Beschlussverfahren 63 GKG 9 ff.
– Gerichtsgebühren 63 GKG 1 ff.
Wettbewerbsverbot 2 10, 42
Widerklage 2 43
– Berufungsverfahren 64 119; 67 48 ff.
– Beschwerdewert 64 60
– Einlassungsfrist 47 3
– Gerichtsstand 2 75
– örtliche Zuständigkeit 2 75
– Zulässigkeit 67 53
Widerrufsvergleich 54 30
Widerspruch
– Begründung 46a 29
– Frist 46a 26
– Mahnbescheid 46a 26
– Schriftlichkeit 46a 28
– Telefax 46a 28
– Telegramm 46a 28
– verspäteter – 46a 27

Widerspruch gegen Mahnbescheid
– Rechtsmittelbelehrung 9 61
Wiederaufnahme
– Tarifeinheitsverfahren 99 25
Wiederaufnahme des Verfahrens 79 1 ff.
– Allgemeines 79 1
– analoge Anwendung 79 8
– anfechtbare Entscheidungen 79 3 ff.
– Berufung der ehrenamtlichen Richter 79 1
– Beschlussverfahren 79 5
– Beschlussverfahren in besonderen Fällen 97 15
– Nichtigkeitsklage 79 1, 7 f.
– Nichtzulassungsbeschwerde 79 4
– Prozessvergleich 79 4
Wiederaufnahmeklage 79 1
– Anfechtungsgründe 79 23
– Erfolg 79 25
– Frist 79 21
– Kenntnis des Wiederaufnahmegrundes 79 21
– Rechtsmittel 79 25
Wiederaufnahmeverfahren 79 20 ff.
– Beschlussverfahren 80 11
– Güteverfahren 54 12
– Kosten 79 25
– zuständiges Gericht 79 20
Wiedereinsetzung 77 15
Wiedereinsetzung in den vorherigen Stand 66 63, 65; 72a 6, 22, 99; 74 32
– Beschlussverfahren 80 11
– Revisionsbegründungsfrist 74 46
Wiedereinsetzungsbeschlüsse 108 2
Wiedereinstellung 46 374 ff.
– Antrag 46 374
– Begründung 46 374
– Fortsetzung des Arbeitsverhältnisses 46 374
Wiedereinstellungsanspruch
– Darlegungs- und Beweislast 58 216
Wiederholungskündigung 46 288
Wiederkehrende Leistungen
– Streitwert 42 GKG 1 ff.
– Wertberechnung 42 GKG 2
Willkürfälle 78a 30
Willkürliche Auslegung oder Anwendung des Prozessrechts 72 52
Wirksamkeit einer Allgemeinverbindlicherklärung
– örtliche Zuständigkeit 82 7
Wirksamkeit einer Allgemeinverbindlicherklärung oder Rechtsverordnung
– Allgemeines 98 1
– Antragsbefugnis 98 6 ff.
– Antragstellung 98 5
– anwendbare Vorschriften 98 14
– Aussetzungspflicht 98 19 ff.

Stichwortverzeichnis

– Beschlussverfahren in besonderen Fällen **98** 1 ff.
– Beteiligte **98** 12
– Entscheidung **98** 15 f.
– Feststellungsinteresse **98** 10 f.
– inter-omnes-Wirkung **98** 17
– Publizität **98** 18
– Rechtskraft **98** 17
– Übergangsregelung **98** 25
– Verfahrensgegenstand **98** 2 ff.
– Verfahrensgrundsätze **98** 13 ff.
– Zuständigkeit **98** 13
Wirtschaftsausschuss
– Beteiligtenfähigkeit **10** 17
Wohnsitz
– Gerichtsstand **2** 76
– internationale Zuständigkeit **1** 13
– örtliche Zuständigkeit **2** 76

Zahlungsklage 46 83
Zeichnungen
– Vorlage **56** 28
Zeugen
– kirchliches Arbeitsgerichtverfahren **Anh. 3** 50
– Ladung **56** 35
– präsente - **54** 25
– vom Hörensagen **58** 58
Zeugenbeweis 58 58
– Ausforschungsbeweis **58** 32, 78
– Beweisantritt **58** 78
– Beweisverwertungsverbot **58** 63
– Beweiswürdigung **58** 90
– Eidesleistung **58** 64 f.
– Glaubhaftigkeit **58** 90
– Glaubwürdigkeit **58** 90
– mittelbare Beweismittel **58** 58
– sachverständige Zeuge **58** 66
– sachverständige Zeugen **58** 59
– Verwertbarkeit **58** 63
– Zeuge vom Hörensagen **58** 58
– Zeugenpflichten **58** 61
– Zeugnisfähigkeit **58** 60
Zeugenentschädigung 9 55
Zeugenpflichten 58 61
Zeugnis 2 17; **46** 375 ff.
– Berichtigungsantrag **46** 378
– Darlegungs- und Beweislast **58** 240
– Darlegungslast **46** 375
– einfaches - **46** 375
– Ergänzungsantrag **46** 378
– Fertigen **46** 376
– Herausgabe **46** 376
– Ordnungsgemäße Erfüllung **46** 375
– qualifiziertes - **46** 375
– teilweise fehlerhaftes - **46** 378
– unvollständiges - **46** 378
– Zwangsvollstreckung **62** 39

Zeugniserteilung
– Antrag **46** 376
– Bestimmtheitsgebot **46** 378
Zeugnisfähigkeit 58 60
Zinsen 46 172
– Antrag **46** 178
– Basiszins **46** 176
– Drittschuldnerklage **46** 325
– Eingruppierungsfeststellungsklage **46** 335
– Formulierung **46** 177
– gesetzlicher Zinssatz **46** 176
– Schadensersatz **46** 177
– Verbraucher **46** 176
Zivildienst
– Klagefristen **46** 260
Zivilprozessreformgesetz 78 2 ff.
ZPO-Rechtsbeschwerde 92 1
– Beschlussverfahren **92** 46
Zugestandene Tatsachen 58 21
Zulage 46 161
Zulässigkeitszweifel 46 17
Zulassung der Rechtsbeschwerde
– Ausschluss des einstweiligen Rechtsschutzes **77** 14
– grundsätzliche Bedeutung **77** 12
– im Tenor des Verwerfungsbeschlusses **77** 13
– nachträgliche Ergänzung **77** 13
– Prüfung von Amts wegen **77** 11
Zulassung neuer Tatsachen und Beweismittel 9 4
Zulassungsentscheidung
– zweites Berufungsurteil **72** 84
Zurückverweisung 2 78; **68** 1 ff.
– an ArbG durch BAG **68** 28
– Fälle nur teilweiser Klagebescheidung **68** 22
– fehlende Entscheidungsreife **68** 8
– Gründe **68** 9
– Grundsatz der Selbstentscheidung **68** 2 ff.
– korrigierbarer Verfahrensmangel **68** 10 ff.
– nach § 538 Abs. 2 ZPO **68** 18 ff.
– nach Nichtzulassungsbeschwerde **72a** 95
– nicht korrigierbarer Verfahrensmangel **68** 10 ff.
– Parteiantrag **68** 7
– unterbliebene Sachprüfung durch ArbG **68** 18 ff.
– Verfahrensmangel **68** 10 ff.
– Voraussetzungen **68** 6 ff.
Zurückverweisungsentscheidung 68 24 ff.
– Bindungswirkung **68** 27
– Ermessen **68** 25
– Tenor **68** 26
Zurückverweisungsverbot 68 2 ff.
– Ausnahmen **68** 4, 6 ff.
Zurückweisung verspäteten Vorbringens 9 4; **56** 42 ff., 59
– alleinursächlicher Zusammenhang **56** 61
– Allgemeines **56** 42
– Anberaumung eines Verkündungstermins **56** 67
– angemessene Frist zum Vortrag der Angriffs- oder Verteidigungsmittel **56** 47

1587

Stichwortverzeichnis

- Anordnung vorbereitender Schriftsätze **56** 86
- Aufklärungsauflage **56** 46
- Auflagen- und Fristsetzungsverfügung **56** 49
- Belehrung über Folgen bei Fristversäumnis **56** 51
- Berufungsverfahren **64** 118
- Beschlussverfahren **83** 9 ff.
- Beschwerdeverfahren **87** 17
- Bestandsschutzverfahren **61a** 16
- Eilverfahren **56** 79
- Entschuldigung **56** 72
- Flucht in die Berufungsinstanz **56** 93
- Flucht in die Säumnis **56** 89 ff.
- Frist zum Vortrag **56** 47
- Glaubhaftmachung **56** 72
- grobe Nachlässigkeit **56** 84
- hypothetischer Verfahrensverlauf **56** 64
- Kausalität **56** 61
- konkrete gerichtliche Aufklärungsauflage **56** 46
- Mitursächlichkeit des Gerichts **56** 69
- nach § 296 Abs. 1 ZPO **56** 80
- nach §§ 296 Abs. 2, 282 Abs. 1 ZPO **56** 81 ff.
- nach §§ 296 Abs. 2, 282 Abs. 2 ZPO **56** 85
- Nichterscheinen eines ordnungsgemäß geladenen Zeugen **56** 62
- Präklusion **56** 84
- Präklusion verspäteten Vorbringens **56** 76 ff.
- Präklusionsvorschriften **56** 43
- rechtliches Gehör **56** 42, 71
- Rechtzeitigkeit des Vorbringens **56** 43
- Verhinderung der Zurückweisung **56** 89
- Verschulden der Partei **56** 73
- verspätete Mitteilung von Angriffs- und Verteidigungsmitteln **56** 87
- verspäteter Vortrag von Angriffs- oder Verteidigungsmitteln **56** 56 ff.
- Verzögerungsbegriff **56** 63
- vorbereitende Schriftsätze **56** 86
- Vorbringen nach Schluss der mündlichen Verhandlung **56** 43
- Zulässigkeit **56** 45
- Zurückweisungsentscheidung **56** 75

Zurückweisung von Prozessbevollmächtigten **9** 4
Zusammenhangsklage **2** 13, 44
Zusatzversorgungseinrichtung **2** 45
Zusatzversorgungskasse des Baugewerbes VVaG (ZVK)
- Darlegungs- und Beweislast **58** 242 ff.

Zuständigkeit **48** 1 ff.
- Abtretung **3** 2
- Angelegenheiten aus dem Betriebsverfassungsgesetz **2a** 1 ff.
- Arbeitsgerichte **8** 2 ff.
- Arbeitskampfstreitigkeit **2** 5
- ausschließliche ~ **2** 1
- Berufungsgericht **66** 3
- Bundesarbeitsgericht **8** 3
- bürgerliche Rechtsstreitigkeiten **2** 3
- Drittschuldnerklage **3** 4
- Durchgriffshaftung **3** 5
- einstweilige Verfügung **62** 60
- Einzelrechtsnachfolge **3** 1, 3
- Erstattungsansprüche der Bundesagentur für Arbeit **3** 6
- europäisches Mahnverfahren **46b** 2 f., 4
- funktionale ~ **8** 1
- Gesamtrechtsnachfolge **3** 1, 3
- Hinterbliebene **3** 7
- individualrechtliche Streitigkeiten **2** 6 ff.
- Insolvenzgeld **3** 6
- kirchliche Arbeitsgerichte **Anh. 3** 83 ff.
- kirchliches Arbeitsgerichtsverfahren **Anh. 3** 21 ff.
- Landesarbeitsgerichte **8** 3
- Mahnverfahren **46a** 3
- örtliche ~ **2** 46, 56 ff.; **46a** 3; **55** 20; **61b** 13; **82** 1 ff.; **Anh. 3** 34 ff.
- Pfändungsgläubiger **3** 4
- Rechtsnachfolge **3** 1, 3
- Rückgriffsansprüche eines Sozialversicherungsträgers **3** 8
- rügelose Einlassung **2** 1
- sachliche ~ **8** 1
- tarifrechtliche Streitigkeiten **2** 4
- Urteilsverfahren **2** 1 ff.
- Vereinigungsfreiheit **2** 5
- Vollstreckung **3** 9
- Wirksamkeit einer Allgemeinverbindlicherklärung oder Rechtsverordnung **98** 13
- Zwangsvollstreckung **3** 9

Zuständigkeit im Beschlussverfahren **2a** 1 ff.
- Allgemeines **2a** 1
- Arbeitgeberverband **2a** 13
- Arbeitnehmervertreter im Aufsichtsrat **2a** 17
- Betriebsvereinbarung **2a** 9
- betriebsverfassungsrechtliche Vorfragen **2a** 3
- Betriebsverfassungsrechtsverhältnis **2a** 4
- Einigungsstelle **2a** 10
- Einzelfälle **2a** 2 ff.
- Errichtung von Betriebsverfassungsorganen **2a** 11
- Gewerkschaft **2a** 13
- individualrechtliche Streitigkeiten **2a** 5
- Jugend- und Auszubildendenvertretung **2a** 14
- Kosten der Betriebsratstätigkeit **2a** 15
- Mitarbeitervertretung **2a** 16
- Mitbestimmungsgesetze **2a** 17

Stichwortverzeichnis

- NATO-Truppenstatut **2a** 18
- Personalvertretung **2a** 19
- Schwerbehindertenvertretung **2a** 20
- Sprecherausschuss **2a** 21
- Straf- und Bußgeldvorschriften für den Sprecherausschuss **2a** 22
- Streitigkeiten zwischen Mitgliedern von Betriebsverfassungsorganen und dem Arbeitgeber **2a** 6
- Tariffähigkeit- und Tarifzuständigkeit **2a** 23
- Werkstattrat der behinderten Menschen **2a** 24

Zuständigkeit in sonstigen Fällen 3 1 ff.
- Allgemeines **3** 1
- Einzelfälle **3** 2 ff.

Zustellbevollmächtigte 50 32

Zustellfiktion 50 7

Zustellung 46 50, 64; **50** 1 ff.
- Allgemeines **50** 1 ff.
- an die Partei/den Beteiligten **50** 12
- Anwalt zu Anwalt **50** 47
- Aufgabe zur Post **50** 32
- Aushang **50** 26
- Auslands~ **47** 8
- Beschlüsse **50** 3
- Beschlussverfahren **50** 14; **80** 6
- Beurkundung **50** 51
- Briefkasten **50** 18 ff.
- Bundesanzeiger **50** 26
- Definition **50** 2
- Demnächst **46** 64, 267; **46a** 25
- Einlegung in den Briefkasten **50** 18 ff.
- einstweilige Verfügung **62** 73
- elektronische Dokumente **50** 43, 50
- elektronische Signatur **50** 43
- elektronisches Dokument **50** 50
- elektronisches Informationssystem **50** 26
- Empfangsbekenntnis **50** 42, 44; **74** 25
- Ersatz~ **50** 15
- europäisches Mahnverfahren **46b** 2
- Fristverzögerung **46** 66
- fristwahrende Wirkung **50** 60
- funktionelle ~ **50** 26
- Gemeinschaftseinrichtung **50** 22
- Generalvollmacht **50** 38
- gerichtliche Schriftstücke **50** 3 ff.
- gerichtliche Verfügung **50** 7
- Gerichtsvollzieher **50** 49
- gesetzliche Vertreter **50** 13
- Heilung von Mängeln **50** 55
- im Ausland **50** 30
- im Parteibetrieb **62** 73
- Ladung **50** 9
- Mängel **50** 55
- nach der EuZustVO **13a** 2
- Nebenintervenient **50** 12
- Niederlegung **50** 22
- öffentliche ~ **50** 24 ff.
- Ort **50** 12
- Partei~ **50** 49 ff.
- Parteizustellung **50** 49
- Personen mit erhöhter Zuverlässigkeit **50** 42
- Prozessbevollmächtigte **50** 35 ff.
- Prozessvergleich **50** 9
- Rechtsmittelschrift **50** 39
- Sachanträge **50** 9
- sonstige Entscheidungen **50** 7
- sonstige Schriftstücke **50** 9
- Streitgenossen **50** 12
- Tatbestand und Entscheidungsgründe **50** 34
- Telekopie **50** 43
- Umlaufverfahren **50** 12
- unverzügliche ~ **46** 66
- Urteile **50** 3
- Verbandsvertreter **50** 41
- Verfahrensbevollmächtigte **50** 35 ff.
- völkerrechtliche Vereinbarung **50** 31
- Wirkung **50** 60

Zustellung an Prozess-/Verfahrensbevollmächtigte 50 35 ff.
- Bestellung **50** 35
- Generalvollmacht **50** 38
- Mandatsniederlegung **50** 36
- Rechtsmittelschrift **50** 39
- Verbandsvertreter **50** 41

Zustellung im Ausland 50 30
- Aufgabe zur Post **50** 32
- Tatbestand und Entscheidungsgründe **50** 34
- völkerrechtliche Vereinbarung **50** 31
- Zustellbevollmächtigte **50** 32

Zustellung von Anwalt zu Anwalt
- Nachweis **58** 95

Zustellungen von Amts wegen 9 10

Zustellungsbeamte 9 8 ff.

Zustellungsfrist
- Urteile/Beschlüsse **50** 52

Zustellungsverfahren
- funktionelle Zuständigkeit **50** 10
- Zuständigkeit **50** 10

Zwangsvollstreckung 3 9; **62** 1 ff.
- Abfindung **62** 6
- allgemeine Voraussetzungen **62** 27
- Anwendung der §§ 704 bis 945 ZPO **62** 26 ff.
- Arbeitsleistung **62** 39
- Arbeitspapiere **62** 39
- Auskunft **62** 11, 39
- Berufungsverfahren **64** 80
- Beschäftigungsanspruch **62** 13
- Einstellung **66** 14; **62** 17 ff.; **72a** 29 ff.
- Einstellungsvoraussetzung **62** 17 ff.
- einstweilige Einstellung **55** 19; **62** 24; **74** 130
- Einzelfälle **62** 39 ff.

1589

Stichwortverzeichnis

- Entfernung einer Abmahnung **62** 39
- Entschädigungsfestsetzung **61** 33
- Entscheidung über Einstellung **62** 21
- Erfolgsaussicht eines Rechtsmittels **62** 19
- Gehörsrüge **78a** 59
- Herausgabe von Sachen **62** 32
- kirchliches Arbeitsgerichtsverfahren **Anh. 3** 78 ff.
- Klage gegen die Vollstreckungsklausel **62** 24
- Kosten **62** 40
- Lohn- oder Provisionsabrechnung **62** 39
- nicht zu ersetzender Nachteil **62** 7
- Rechnungslegung **62** 11
- rechtliches Gehör **62** 21
- Rechtsbehelfe **62** 41
- Revision **74** 130
- Schadensersatz **62** 25
- schiedsrichterlicher Vergleich **107** 5
- Schiedsspruch **109** 1 ff.
- Schlichtungsspruch **111** 44 ff.
- Schlichtungsvergleich **111** 45
- Unterlassungsanspruch **62** 12
- Urlaub **62** 39
- Vergleich **107** 5
- vollstreckbarer Inhalt **62** 5
- vollstreckbarer Titel **62** 27
- Vollstreckungsgegenklage **62** 24
- vorläufige Vollstreckbarkeit **62** 1 ff.; **74** 132
- Vornahme einer Handlung **61** 21
- Weiterbeschäftigungsanspruch **62** 13, 39
- Zeugnis **62** 39

Zwangsvollstreckung im Beschlussverfahren 85 1 ff.
- Allgemeines **85** 1
- Aufhebung des angefochtenen Beschlusses **85** 17
- Ausschluss **85** 9
- Beteiligte **85** 10 ff.
- Einstellung **85** 9
- einstweilige Verfügung **85** 8
- Gerichtsvollzieher **85** 16
- Organe **85** 16
- Prozessgericht **85** 16
- rechtskräftige Beschlüsse **85** 3
- Stellen als Vollstreckungsgläubiger **85** 11
- Stellen als Vollstreckungsschuldner **85** 12 ff.
- Verfahren **85** 16 ff.
- Vergleich **85** 8
- Vollstreckungsgericht **85** 16
- Vollstreckungstitel **85** 2 ff.
- vorläufig vollstreckbare Beschlüsse **85** 4 ff.

Zwangsvollstreckungsverfahren 62 27 ff.
- Voraussetzungen **62** 27

Zweites Versäumnisurteil 59 58
- Berufung **59** 60
- Berufungsverfahren **66** 34; **64** 64 ff.
- Erlass **59** 59
- Meistbegünstigung **59** 61
- Rechtsmittelbelehrung **9** 66
- Revision **72** 5

Zwischenfeststellungsklage 46 137 ff.
- Ausdehnung der Rechtskraft **46** 137
- Eingruppierungsprozess **46** 139
- Urlaub **46** 371
- Vorgreiflichkeit **46** 138

Zwischenmeister 5 9

Zwischenschiedsspruch 104 9 f.
- Aufhebungsverfahren **104** 10
- Bestandskraft **104** 9
- Bühnenbereich **104** 11 f.

Zwischenurteil 61 39; **9** 63
- Berufungsverfahren **64** 3
- Revision **72** 9
- Unanfechtbarkeit **9** 4
- vorläufige Vollstreckbarkeit **62** 2

Zwischenurteil anstatt Endurteil 72 10